OHG	Old High German
ON	Old Norse
ONF	Old Norman French
orig.	originally
OS	Old Saxon
OSlav.	Old Slavonic
pass.	passive
perf.	perfect
pers.	person
Pers.	Persian
pl.	plural
Pol.	Polish
Port.	Portuguese
p.p.	past participle
pred.	predicative
pref.	prefix
prep.	preposition
pres.	present
pres.p.	present participle
pret.	preterite
pron.	pronoun
Prov.	Provençal
Rum.	Rumanian
Russ.	Russian
S-Am.-Ind.	South American Indian
Sc.	Scottish
Scand.	Scandinavian
Sc.-Gael.	Scottish Gaelic
Sem.	Semitic
Serb.	Serbian
Siam.	Siamese
sing.	singular
Skt	Sanskrit
Slav.	Slavonic
Sp.	Spanish
subj.	subjunctive
suf.	suffix
superl.	superlative
Swed.	Swedish
Syr.	Syriac
Toch.	Tocharian
Turk.	Turkish
v.	verb
var.	variant
vi.	intransitive verb
VL	Vulgar Latin
voc.	vocative
vt.	transitive verb
W-Ind.	West-Indies
WS	West Saxon
Yid.	Yiddish

Shakespeare 作品名の略形

All's W *All's Well That Ends Well*
Antony *Antony and Cleopatra*
As Y L *As You Like It*
Caesar *Julius Caesar*
Corio *Coriolanus*
Cymb *Cymbeline*
Errors *The Comedy of Errors*
Hamlet *Hamlet*
1 Hen IV *1 Henry IV*
2 Hen IV *2 Henry IV*
Hen V *Henry V*
1 Hen VI *1 Henry VI*
2 Hen VI *2 Henry VI*
3 Hen VI *3 Henry VI*
Hen VIII *Henry VIII*
John *King John*
Kinsmen *The Two Noble Kinsmen*
Lear *King Lear*
Love's L L *Love's Labour's Lost*
Lucrece *The Rape of Lucrece*
Macbeth *Macbeth*
Measure *Measure for Measure*
Merch V *The Merchant of Venice*
Merry W *The Merry Wives of Windsor*
Mids N D *A Midsummer-Night's Dream*
Much Ado *Much Ado About Nothing*
Othello *Othello*
Pericles *Pericles*
Rich II *Richard II*
Rich III *Richard III*
Romeo *Romeo and Juliet*
Shrew *The Taming of the Shrew*
Sonnets *Sonnets*
Tempest *The Tempest*
Timon *Timon of Athens*
Titus *Titus Andronicus*
Troilus *Troilus and Cressida*
Twel N *Twelfth Night*
Two Gent *The Two Gentlemen of Verona*
Venus *Venus and Adonis*
Winter's *The Winter's Tale*

KENKYUSHA'S
NEW ENGLISH-JAPANESE DICTIONARY

PRINTED IN JAPAN

KENKYUSHA'S NEW ENGLISH-JAPANESE DICTIONARY

SHIGERU TAKEBAYASHI
Editor in Chief

SIXTH EDITION

TOKYO KENKYUSHA JAPAN

編　者

竹　林　　滋　　東　　信　行
寺　澤　芳　雄　　安　藤　貞　雄
小　島　義　郎　　河　上　道　生

編集顧問

John C. Wells　　James W. Hartman　　T. F. Hoad

編集協力

渡 邊 末耶子　　下 笠 徳 次　　Robert F. Ilson
P. Y. Su

執　筆　者

安藤貞雄	須賀川誠三	増田秀夫
石田雅近	杉本淳子	松村好浩
岩崎春雄	住本規子	松本　薫
上田明子	高木直之	松本理一郎
内田洋子	高野嘉明	南出康世
大関篤英	竹林　滋	宮井捷二
太田宜子	田中　実	三輪伸春
小倉美知子	寺澤芳雄	村田　年
河合祥一郎	土肥一夫	矢口正巳
河上道生	中尾啓介	山田　茂
川崎　潔	中道嘉彦	由井哲哉
木塚雅貴	中本恭平	湯澤伸夫
小島義郎	仁木久恵	米山三明
斎藤兆史	橋内　武	渡邊末耶子
斎藤弘子	橋本　宏	
設楽優子	東　信行	James W. Hartman
清水あつ子	廣瀬和清	Robert F. Ilson
下笠徳次	藤本陽子	P. Y. Su
白谷傳彦	牧野武彦	John C. Wells

執筆・調査協力

安達まみ	新富英雄	増田祐美子
岩崎　徹	田中逸郎	町田尚子
加藤雅子	田辺春美	丸井晃二朗
菅　英昭	中村幸一	村中亮子
楠瀬淳三	中谷喜一郎	山崎真稔
久屋孝夫	西村公正	山下光昭
小川貴宏	林　龍次郎	渡辺秀樹
小林篤志	樋口昌幸	
島崎里子	政村秀實	

挿絵　黒澤充夫　丸山圓嶠　改田昌直　川井輝雄
　　　中嶋英敏　浅野輝夫　ウノカマキリ　斎藤光一

まえがき

『研究社新英和大辞典』は1927年の初版以来今日まで，歴史の重みに加え，先達の英語学者および各界の専門家の努力と汗の結晶として，我が国を代表する最も学問的な英和辞典として高い評価を受けてきた．しかしながら第5版刊行以来20年が経過し，この間情報伝達の手段としての英語の重要性は社会のあらゆる分野において飛躍的に増大しつづけた．我々はこのような情勢をふまえて改訂の作業を進めてきたが，数々の編集上の困難を乗り越え，初版刊行以来まさに4分の3世紀を経た本年，ようやく第6版を世に送ることができたのは大きな喜びである．

「Shakespeare から IT まで」を編集のモットーに，新版は本辞典の利用者を狭く英語研究者および教師と想定せず，現在国の内外において実際に英語に接している人々の要求にできるだけ応えることを目標とした．そのため，定評のある旧版を基礎として，百科事典的な情報をいっそう強化し，IT 分野･社会･政治･経済･科学･医療･福祉･環境から芸術･文化･スポーツ･ファッション･料理など各方面の用語･略語･商標なども多数収録した．さらに英語が実質的には世界の共通語となっている現状を考慮して，英米以外の英語圏の多様化した語彙や表現はもとより，非英語圏の固有名なども重視した．しかし一方において，欽定訳聖書や Shakespeare などの語彙の充実も怠らなかった．また各項目の語義･用例･成句･句動詞･発音･語源などの記述もいっそう厳密になった．加えて，最近20年間の社会状況の変化を考慮し，訳語･用例において不適切となった記述内容を改めた．この結果，総収録項目は26万を超え，質量ともに旧版を遥かに上回ることとなった．以下，各分野において特に重視した点を列挙する．

(1)　旧版の刊行以降に英語の語彙に加わった新語･新語義を大幅に採り入れたのはもちろんであるが，最近急速に発展したコーパス言語学 (corpus linguistics) の資料を活用して，重要語を中心として語義などを原則として頻度順に配列し，検索の効率化をはかった．例文はインフォーマントが徹底的に吟味し，また特に頻出語については文中における主語･目的語の別，修飾語と被修飾語との関係，成句･慣用的表現などでの副詞･前置詞･接続詞･不定詞句の位置，それらに対応する訳語の部分の表示などの対応をいっそう明確にした．また生きた英語を理解する上で欠かせない成句や句動詞に特に留意し，従来の記述を洗い直して新しい意味を追加し，アクセントも示した．

(2)　「日英比較」欄を新設し，英語と日本語との意味や用法のずれ，最近特に頻繁に使われるカタカナ語とその基となった英語との間の意味や文化的な背景の相違などを，約800語について解説した．これはしばしば，日本人と英語圏の人々との間での誤解の原因となるものなので，一般の利用者には特に役立つものと信じる．

(3)　語法を他の見出し語との関連において詳しく説明するために，新たに「語法」欄を設け，囲み記事の形で見やすく配置した．また「★」を用いて適宜語法や風物的背景となる情報などを提供した．これは英語の理解力･表現力を増すための実際的･学習的な配慮でもある．

(4)　同様な配慮から，同じような意味をもちながら微妙なニュアンスの相違がある，いわゆる類義語約5千語について「類義語」欄を新設し，意味や用法上の相違を詳述した．

(5)　最近20年の間に英米の発音にはかなりの変化が認められ，もはや旧版の発音表記では対応できなくなった．そのため新版では英米の最新の資料を参考にして発音表記の全面的な改訂に踏み切った．その際高名な音声学者であるロンドン大学教授 John C. Wells 氏およびカンザス大学教授 James W. Hartman 氏には，単なる校閲ではなく，多数の項目において執筆に協力していただいた．また，多くの言語の研究者にご協力いただき，英語圏以外の固有名の発音も可能な限り記載することができた．

(6)　ことばの真の理解の上で語源的な知識は不可欠であるが，本辞典の「語源」欄は従来他の辞書の追従を許さぬものであった．新版ではさらに語源的·語史的情報を精密にし，語の初出年代の表示や，ゲルマン基語および印欧基語の推定形の記述およびそれらの相互参照をいっそう充実させた．また成句や英米の固有名のほか，主要な国名についてその由来や語源的情報を記したものも多い．特に不明な語源に関しては，*Oxford English Dictionary* (第 2 版)の編集に携わられた T. F. Hoad 氏に協力をお願いした．

(7)　数多くの百科的項目が追加されたが，これらは各界の専門家のお力添えの賜物である．また，第 5 版が基になっているのは言うまでもなく，ご尽力いただいた方々のお名前を別に記して心よりお礼申し上げる．

(8)　第 5 版の挿絵は精密·正確であるとの評価を受けてきたが，この度全体との関連を示す総合図を中心に，図解形式の挿絵を新しく採用した．

以上のような新機軸を打ち出すために，執筆者側と編集者側とは長期にわたって緊密な連絡をとりつつ作業を進めてきた．関係者一同全力を尽くしたつもりではあるが，なお遺漏·誤記·誤植など不備な点が残るのを恐れる．これについては利用者の方々のご教示·ご叱正を頂ければ幸である．

2002 年 3 月

竹　林　　滋
（編者代表）

専門分野協力者

（第5版校閲者を含む）

赤松成次郎	モルモン教
浅沼靖	動物分類学（ダニ類）
安倍勇	ハワイ語発音
安部英夫	貨幣
新井正男	法律学
新井良一	動物分類学（魚類）
池田博	映画
石川欣造	紡織
石井哲士朗	ポーランド語発音
石川嘉唯	ボーイスカウト
石野栞	原子力
板垣雄三	中近東史
市川苑江	服飾
伊東明	スポーツ
伊藤英人	朝鮮語発音
井上昌幸	歯科医学
今泉吉典	動物分類学（哺乳類）
今島実	動物分類学（無脊椎）
上田博人	スペイン語発音
上野俊一	動物分類学（爬虫両生類）・洞窟学
太田次郎	生物学
大槻虎男	植物・植物生理学
大脇直明	天文学
岡崎晋	北欧神話・北欧史
岡崎光雄	染色・染料
尾形学	獣医学
岡本清	簿記・会計学
小澤周三	教育学
尾高煌之助	経済学
乙竹宏	宝石
小野幹雄	植物分類学（顕花）
小畠郁生	古生物
小尾信彌	天文学
鍵和田務	家具
風間喜代三	言語学
柏谷博之	植物分類学（地衣類）
金井弘夫	植物分類学（顕花）
金指久美子	チェコ語発音
上島建吉	トランプ
上村勝彦	インド哲学・仏教・サンスクリット語
神山孝夫	ロシア語・セルビア語・クロアチア語・ウクライナ語発音

川口千代	ダンス・バレエ
川口裕司	トルコ語発音
川邊昌太	生化学
川村喜一	考古学
岸保勘三郎	気象学
菊地栄三	キリスト教
菊池徹夫	考古学
木村栄一	保険学
木村尚三郎	西洋史・フランス史
木村増三	証券
喜安朗	フランス史
久保正彰	ギリシャ・ローマ神話
倉持俊一	ロシア史
黒澤直俊	ポルトガル語発音
黒澤良彦	動物分類学（昆虫）
桑原五郎	光学
桑原輝男	言語学・英語学
小池銈	英文学・各国文学
輿水優	中国語
小瀧富雄	時計
小浪充	米国史
小林義雄	植物分類学（隠花）・植物病理学
小山博滋	植物分類学（顕花）
小山力	動物分類学（寄生虫）
後藤佐吉	金属工学
後藤まみ	タイ語発音
牛來正夫	地質・岩石・鉱物学
今野多助	医学
齊藤忠夫	コンピューター
榮谷温子	アラビア語語源
崎山亮三	園芸
笹井明	写真
佐藤章	医学
佐藤大七郎	林学
佐藤久	地理学
柴田稔彦	演劇
清水育男	スウェーデン語発音
正田陽一	畜産
素木洋一	窯業
須賀川誠三	郵趣
鈴木博之	建築学

赤攝也	数学・統計学
曾根悟	電気工学
祖父江孝男	文化人類学・民族学
染谷常雄	自動車工学
高井康雄	土壌学
高田弘之	釣
高野彰	図書館学・書誌学
高橋徹	社会学
高橋治男	競馬・馬術
高橋詢	物理化学・有機化学
高柳俊一	カトリック
竹内均	地球物理学
武田正倫	動物分類学(節足動物)
竹林滋	音声学
田内幸一	商業
田丸成三	ジャーナリズム
杖下隆英	哲学・論理学
辻静雄	料理
寺澤芳雄	英語語源学・シェークスピア・聖書語彙
戸塚秀夫	労働
砺波宏明	染色・染料
冨田健次	ベトナム語発音
友部直	美術
長岡鳩麻呂	犬
中口博	航空工学
中野暁雄	アラビア語語源
中村守純	動物分類学(淡水魚類)
西川正雄	ドイツ史
西川勝	物理化学・無機化学
西村仁嗣	土木・鉄道・測量
上神忠彦	広東語発音
丹羽行夫	皮革
丹羽芳雄	スポーツ
根岸勝雄	音響学
野口宏	軍事
能勢幸雄	水産学
橋本喬	アメリカンフットボール
蓮見徳郎	広告
花野学	薬学
花輪俊哉	金融論
埴原和郎	自然人類学
波部忠重	動物分類学(貝類)
原實	インド哲学
秀村欣二	ギリシャ・ローマ史
平井和之	中国語
平尾行藏	音楽
平田光弘	経営学
船戸英夫	聖書・遊戯・心霊
細谷資明	結晶学
穂積重行	西洋史
堀川清司	土木・鉄道・測量
堀口亘	商法・税法
北郷薫	機械工学
牧野信也	イスラム教・ユダヤ教
間瀬英夫	デンマーク語発音
町田昌昭	動物分類学(寄生虫)
松田伊作	セム語・古代エジプト語
松村一登	フィンランド語発音
松村赳	英国史
松本康司	チェス
真鍋輝明	スポーツ
三浦權利	甲冑・銃砲
水原明窻	郵趣
皆川達夫	音楽
南博	心理学
宮川松男	金属加工
三宅幸夫	音楽
三輪卓爾	医学
武者利光	物理学
村上攻	製靴
村上陽一郎	占星術・錬金術
村田吉男	農学
茂在寅男	海事
本都	服飾
森信嘉	ノルウェー語発音
森大吉郎	宇宙
森護	紋章学
森岡弘之	動物分類学(鳥類)
矢崎紘一	物理学
山口梅太郎	鉱山工学
山口嘉夫	物理学(原子核・素粒子)
山田睦男	ラテンアメリカ史
山室宗忠	クリケット
横山桂次	政治学
吉行瑞子	動物分類学(哺乳類)
早稲田みか	ハンガリー語発音
渡辺利雄	米国文学
渡辺眞之	植物分類学(微小藻類)

凡　　例

1. 見出し語

本辞典には，一般の英語語句のほか，固有名詞・常用外来語句・略語・記号・接頭辞・接尾辞・連結形などを収録し，また巻末には外国語フレーズ (Foreign Phrases and Quotations) を収めた．

1. 1　すべて立体のボールド体を用い，アルファベット順に配列した．

1. 2　つづりの切れ目は中丸 (·) で示した．

ac·a·dem·ic /ækədémɪk←/
a·cad·e·my /əkǽdəmi/

★ ただし，実際には行末あるいは行頭において 1 字を残して切ることはなく，2 字を残して切ることも好ましくない．

① 発音の違いによって語の音節の切れ目が異なる場合は，第一の発音に合わせて切った: **sta·tus** /stéɪtəs, stǽt- | stéɪt-, stǽt-/

外国語の場合は，必ずしも英語音の形によらず，その原語での切り方で示したものがある: **Pi·noc·chio** /pɪnóukiòu | pɪnɔ́ukiəu, -nɔ́k-; *It.* pinɔ́kkjo/

② 複合語については，各要素間の切れ目と音節の切れ目が一致するときは，各要素の切れ目にのみ中丸を示し，各要素の分節は省略した(なお 3. 14 参照)．

1. 3　同一つづりでも語源の異なるものは別見出しとし，[1,2] などの肩番号で区別した．ただし，語源上は同一語であっても，発音・語形変化その他の説明のために，便宜的に別見出しにしたものがある．

have[1] /hǽv/ *v.* (**had** /hǽd/; 三人称単数直説法現在 **has** /hǽz/)　── /hǽv/ *n.*
have[2] /(弱) (h)əv, v; (強) hǽv/　★ have, has, had の /h/ の脱落した発音は文や節の冒頭には現れない．　── *auxil. v.* (**had** /(弱) (h)əd, d; (強) hǽd/; 三人称単数直説法現在 **has** /(弱) (h)əz, z, s; (強) hǽz/)
pom·pier[1] /pɑ(:)mpíə, pɑ̀(:)mpiéɪ, pɑ(:)mpjéɪ | pɔ́mpɪə(r; *F.* pɔ̃pje/ *n.* **1** 消防士 (fireman).　**2** ＝pompier ladder.
pom·pi·er[2] /pɑ̀(:)mpiéɪ, pɑ(:)mpjéɪ | pɔ̀mpiéɪ, pɔmpjéɪ; *F.* pɔ̃pje/ *adj.* 型にはまった (conventional)，堅苦しい，古くさい (old-fashioned).

1. 4　つづりは英米の辞典を参考に，最も一般的と思われる形を採用した．

1. 5　米語と英語で習慣的につづりが異なるときは，米のつづりを優先し，次のように示した．

col·or, 《英》 **col·our** /kʌ́lə | -lə(r/
colour *n., v.* ＝color.
re·al·ize /ríːəlàɪz | ríəlaɪz, ríːəlàɪz/ *v.*
re·al·ise /ríːəlàɪz | ríəlaɪz, ríːəlàɪz/ *v.* 《英》 ＝realize.

1. 6　異つづりはそれぞれ見出しに立てたが，記述は一方の見出しのもとにまとめた．

① その語順が直前・直後のものであれば，(*also*…) として示し，見出しの代用とした．

a·bridge /əbrídʒ/ *vt.*
a·brídged *adj.*
a·brídg·ment /-mənt/ *n.* (*also* **a·bridge·ment** /～/)
a·brim /əbrím/ *adv., adj.*
Gal·a·had /gǽləhæ̀d/
gal·an·gal /gǽlɪŋgæ̀l, -lɪŋ- | -lɪŋ-/ *n.* (*also* **gal·an·gale** /-gèɪl/)
ga·lant /gælǽnt; *F.* galɑ̃/ *adj.*

② 複合語形・派生語形の見出しは原則として，主たる形のものだけをあげて，異つづりの場合の見出しは省略した．

1. 7　大文字・小文字の違いだけの場合はそれを明示し，併記見出しとした．

néw thíng, N- T- ＝**néw thíng, Néw Thíng**
Nèo-Gréek, nèo-G- ＝**Nèo-Gréek, nèo-Gréek**

1. 8　2 語以上の見出し語のとき，言い換えできる部分は [　] で示した．

áction phòtograph [pìcture]
＝**áction phòtograph**
áction pìcture

1. 9　見出し語の配列順

(1)		(2)
	air·line	**mat**
	air line	**Mat**
	air-taxi	**MAT**
	air taxi	**mat.**

(3) 数字が含まれた見出し

① 数字だけの見出し語または見出し語の第 1 語が数字の場合: その数字を発音に従って単語に書き表した場合の順に配列した．

-one *suf.*	**three-cornered** *adj.*	**thirty** *n.*
1-A *n.*	**3-D** *n.*	**30-dash** *n.*
one-a-cat *n.*	**three-day event** *n.*	**.38** *n.*
		thirtyfold

② 単語のあとに数字がつく場合:
その単語の順とし，数字部分は 1, 2, 3, …の順で配列した．

carbon *n.*	**U.** 《略》	**Henry I** *n.*
carbon 12 *n.*	**U-235** *n.*	**Henry II** *n.*
carbon 13 *n.*	**U-238** *n.*	**Henry III** *n.*
carbon 14 *n.*	**U-239** *n.*	
carbon-14 dating *n.*	**ua** 《記号》	
carbona *n.*	**UA** 《略》	

(4) 固有名詞

① 同一つづりの地名・人名では，地名を先にした．

Jack·son[1] /dʒǽksən, -sn̩/ *n.* ジャクソン: **1** 米国 Mississippi 州中部にある同州の州都.　**2** 米国 Michigan 州南部の都市．
Jack·son[2] /dʒǽksən, -sn̩/ *n.* ジャクソン《男性名》．

② 同一つづりの姓では，その名のアルファベット順に配列した．

Jackson, Andrew *n.*
Jackson, Barry *n.*
Jackson, Glenda *n.*
Jackson, Helen (**Maria**) **Hunt** *n.*
Jackson, Jesse (**Louis**) *n.*

③ 人名で，その人本来の名前でない肩書きなどは，ローマン体で示したが，その部分は順序には数えなかった．

Chur·chill /tʃə́ːtʃɪl | tʃə́ːtʃɪl/, **John** *n.*
Churchill, Lord **Randolph** (**Henry Spencer**) *n.*
Churchill, Winston *n.*
Churchill, Sir **Winston** (**Leonard Spencer**) *n.*

1. 10　意味の自明な派生語は，見出しの記述の最後に追い込んだ．

2. 準見出し

事典的な説明が必要な次のような名詞語群は，見出しに準ずるものとしてボールド体で，原則としてその第 1 語の見出しの箇所で扱った．主として「名詞＋前置詞(または接続詞)＋名詞」の形をもつ語群である．

lily *n.*
líly of the válley 〖植物〗 ユリ科スズラン属 (*Corvallaria*) の植物の総称; (特に)ドイツスズラン (*C. majalis*).
article *n.*
árticles of associátion [the —] 〖法律〗 (1) 《英》 (会社の)通常定款《基本定款 (memorandum of association) に記載されない会社の組織，…》．(2) 《米》 (法人でない社団 (unincorporated association) の)定款．
federal *adj.*

Féderal Búreau of Investigátion [the —] (米国の)連邦捜査局《司法省の一局; 略 FBI》.

★ 例外的に次のような語群も準見出しで扱った.

find *v.*

fínd the Lády〖トランプ〗=three-card monte.

north *n.*

nórth by éast 北微東 (略 NbE).

nórth by wést 北微西 (略 NbW).

3. 発音

3. 1 国際音声記号 (International Phonetic Alphabet; 略 IPA) を用い, /　/ に入れて示した.

3. 2 弱音節において /ə/ も /ɪ/ も現れるときは /ɪ̈/ の記号で示した.

de·cide /dɪ̈sáɪd/ =/dɪsáɪd, dəsáɪd/

3. 3 第1アクセントは / ˊ / で, 第2アクセントは / ˋ / で示した.

3. 4 米音と英音とが相違する場合には, 米音を先に示し, 短い縦線を引いて次に英音を示した.

hot /hɑ́(ː)t | hɔ́t/

3. 5 外国音は英語音の後に ; を用いて示した.

Ar·thur /ɑ́əθə | ɑ́ːθə^(r; G ártʊʁ, F. aʁtyːʁ/

3. 6 十分に英語化していない外国語の場合は原語の発音だけを示したものがある.

A·gram /G. áːgʁam/

3. 7 弱形と強形 (⇨ 発音解説 5. 5) の別は ; を用いて示した.

shall /(弱) ʃəɫ, ʃɫ̩; (強) ʃǽɫ/

3. 8 併記された発音記号中の一部が先に示された発音記号と共通する場合は, 原則として音節単位でハイフン [-] を用いてその共通部分を省略した.

air·way /ɛ́əwèɪ | ɛ́ə-/ =/ɛ́əwèɪ | ɛ́əwèɪ/

aitch·bone /éɪtʃbòʊn | -bəʊn/ =/éɪtʃbòʊn | éɪtʃbəʊn/

3. 9 見出し語の発音と全く共通の部分は ～ を用いて示した.

a·mi /æmíː, ɑːmíː; *F* ami/ *F. n.* (*pl.* **～s** /～z; *F.* ～/) =/æmíːz, ɑːmíːz; *F.* ami/

haus·frau /háʊsfràʊ; G. háʊsfʁàʊ/ *n.* (*pl.* **～s, ～·en** /～ən; G. ～ən/) =/háʊsfràʊən; G. háʊsfʁàʊən/

3. 10 単にアクセントだけが移動する場合, 各音節をダッシュ [—] で表わし, アクセントの位置の違いを示した.

cap·size /kǽpsaɪz, —ˊ | —ˊ/ =/kǽpsaɪz, kæpsáɪz | kæpsáɪz/

òver·spénd *v.* … **—** /ˊ— —ˋ/ *n.* =/òʊvəspénd | əʊvə^(r spénd/ *v.* … **—** /óʊvəspènd | əʊvə^(r spènd/ *n.*

3. 11 後続する語のアクセント型によってアクセントの位置が移動する語は /ˊ/ の記号で示した(⇨ 発音解説 5. 3).

ac·a·dem·ic /æ̀kədémɪk˴/

3. 12 省略可能な音は ( ) を用いて示した.

lib·er·al /líb(ə)rəɫ/ =/líbərəɫ, líbrəɫ/

3. 13 品詞や語義によって発音が異なる場合は, 該当箇所にそれぞれ発音を表示した.

im·port /ɪ̈mpɔ́ət, ìm-, ímpɔət | ɪmpɔ́ːt, ìm-, ímpɔːt/ *v.*

— /ímpɔət | -pɔːt/ *n.*

— /ímpɔət | -pɔːt/ *adj.* [限定的]

gey·ser /gáɪzə, -sə | giːzə^(r, gáɪ-/ *n.* **1** 間欠泉, 間欠温泉, 間欠噴泉. **2** /gíːzə, gáɪ- | gíːzə^(r/ 《英》(風呂・台所などに取り付けた)瞬間湯沸かし器.

3. 14 見出し語が2語(以上)の複合語などでは, その各々の要素の発音が他で示されている場合, アクセントだけを示した.

héad·hùnt

wéather màp

一方の語(あるいは一部の要素)が初出の場合は, その部分だけの発音と分節を示した.

cánnel còal /kǽnɫ̩-/

3. 15 単独の語であっても, ある語の派生語形で, その語幹となる語の発音と造語要素との結びつきが英語の通則で推測がつきやすいものは, アクセントだけを示した.

dam·age /dǽmɪdʒ/

dám·aged *adj.* =/dǽmɪdʒd/

dám·ag·ing *adj.* =/dǽmɪdʒɪŋ/

ただし, 発音が変わるときは, 変わる部分の発音を表示した.

con·di·tion·al /kəndíʃnəɫ, -ʃənɫ̩/ *adj.*

con·dí·tion·al·ly /-ʃ(ə)nəli/ *adv.* =/kəndíʃ(ə)nəli/

lib·er·ate /líbərèɪt/ *vt.*

líb·er·à·tor /-ṭə | -tə^(r/ *n.* =/líbərèɪṭə | líbərèɪtə^(r/

4. 語源

4. 1 見出し語の項目の末尾に,〖　〗の形式で示した. また, 成句や語義の一部などについても必要な限り《　》の中で, 句源や語義の由来を明らかにした.

4. 2 二つ以上の品詞にまたがるときは, 通例主要な品詞に限って語源をあげた. 特に一方の品詞からの転用によるものは略記した場合が多い.

4. 3 英語内で造語された語で, その構成要素の自明なものは一般に語源記述を省略し, 初出年のみを示した.

4. 4 固有名詞のうち, 英・米の地名および男性名・女性名また世界の主要な地名には可能な限り語源を与えた.

4. 5 OE (700–1100) にさかのぼる語は直ちに OE の語形をあげ, 初出年代を省いたが, ME (1100–1500) にさかのぼる語については, 英語における初出文献の執筆[成立]年代を, *OED* (*Oxford English Dictionary*), *MED* (*Middle English Dictionary*) などにより《　》に入れて示した. ただし, 語源欄が初出年代のみのときは,〖1440〗のように《　》は用いない. 16 世紀以後の語や成句についても, 可能な限り初出年代を示した. 初出年代は, '利用可能な文献による限りでの初出例の年代' ということで, 絶対的なものではない.

boat〖OE *bāt* small open vessel ＜ Gmc **baitaz*《原義》? dugout canoe or split planking (ON *beit*) ← IE **bheid-* to split: ⇨ bite〗

beef〖《?*a*1300》 *bēf, boef* ▭ AF & OF *boef, buef* (F *bœuf*) ＜ L *bovem, bōs* ox ＜ IE **gʷōus*: ⇨ cow[1]〗

smog〖《1905》《混成》← SM(OKE)+(F)OG[1]〗

branded〖《1652》: ⇨ -ed 2〗

dinner jacket〖1891〗

★《*c*1300》などの *c* は circa (=about),《*a*1325》などの *a* は ante (=before) を指す.

また, 初出例とするのにやや問題がある場合にはその年代を (　) に入れて示し, その直後に確実と思われる年代をあげた.

ego〖《(1789)》《1824》…〗

life preserver〖(1638) 1804〗

4. 6 言語名は多くの場合省略形で示した(表見返しの略語一覧表参照).

4. 7 語形はローマ字以外のものは転写してイタリック体で示し, その意味はローマン体で示した. 転写法については, 一般に標準的なものによったが, 一部は本文の alphabet 表を参照されたい.

4. 8 2語(以上)の見出し語で, その一部の要素についての語源を示す場合, それを明記した.

zip code〖《1963》 *zip*:《頭字語》← Z(*one*) I(*mprovement*) P(*lan*)〗

4. 9 人名に由来する語源の場合, その人名が本文の見出しにあるときには, その説明を省いた.

4. 10 語源欄で用いた記号等については以下の通り.

＜	発達 (developed from)	音法則的発達を示す.
▭	借入 (borrowed from)	
←	派生 (taken from)	広く造語関係を示し, また語形をあげず単に借入言語のみをあげる場合にも,「…語起源」の意味で用いた.
←?	語源不詳	
＋	結合 (and)	複合語・合成語などの構成関係を示す.
∽	交替 (replaced by):	**debt**〖《15C》▭ F《廃》*debte* ∽《?*a*1200》*det*(*t*)*e* …〗
*	推定形 (attested)	文証されないが理論上推定された語形であることを示す.
/	同族語を例示する場合, 言語間の区切りとした.	
//	異説を列挙する場合, その区切りとした.	
(i) (ii)	言語表記が混み入るとき, 異説列挙の区分に用いた.	
↑, ↓	その語の直前・直後の語源欄または見出し語を参照の意	

に用いた.

～　見出し語と同一語形のとき，誤解のない範囲で用いた.

?　次の記述に疑問の余地のあることを示す.

' '　意味表示を示す必要があるとき用いた.
意味表示とその語を参照の意を兼ねるときは ' ' の中で SMALL CAPITAL を用いて示した: **jongleur** 〘《1779》□ F ～ 'JUGGLER, 《古》 minstrel'〙

4.11　語源欄で用いた主な用語については以下の通り．用語の意味については，各語の右欄にあげた語の語源欄でその具体的記述を参照．一部は「語源解説」で説明されている.

		例
《異化》	dissimilation	colonel
《異分析》	metanalysis	apron
《英語化》	Anglicization	electrophore
《押韻俗語》	rhyming slang	half-inch
《音位転換》	metathesis	bird
《加重》	reduplication	zigzag
《逆成》	back-formation	baby-sit
《逆つづり》	anagram	Erewhon
《擬音語》	onomatopoeia	cuckoo
《混成》	blending	smog
《短縮》	contraction	fancy
《通俗語源》	folk etymology	sand-blind
《綴り変え》	anagram	lutidine
《転訛》	corruption	jitter
《転用》	conversion	spark[2]
《頭音消失》	aphaeresis	cute
《頭字語》	acronym	laser
《なぞり》	calque	folk dance
《鼻音化》	nasalization	bangtail
《尾音消失》	apocope	mitt
《部分訳》	partial translation	demiworld
《変形》	modification	tune
《ラテン語化》	Latinization	encarpus
《略》	abbreviation	exam

5.　品詞

5.1　用いた品詞は以下の通り.
n., pron., rel. pron., demons. pron.; v., vt., vi., auxil. v., substitute v.; adj., demons. adj.; definite article, indefinite article; adv., rel. adv.; conj.; prep.; int.; pref., suf.

5.2　同一語で異なる品詞は **—** をもって区切りとした.

5.3　《略》abbreviation, 《記号》symbol は品詞表示の代用とした.

5.4　連結形と一部の外来語句の見出しには品詞名は示さなかった.

5.5　特に外来語意識が残っていると思われる外国語については，品詞の前に *F., G., It.* などの言語名を示した.

6.　語形変化

名詞・動詞・形容詞・副詞の不規則変化はすべて示した.

6.1　名詞の複数形

①　見出し語の直後に -s か -es がつくもの，および -y が -i に変わって -es がつくものは，示さなかった.

ad·e·no·ma /æ̀dənóumə, æ̀dṇ- | æ̀dᵻnə́u-, æ̀dṇ-/ *n.* (*pl.* **～s, ～·ta** /～ṭə | ～tə/)

★不規則変化形と両方ある場合，規則変化も表示した.

②　-o で終わる語は -s か -es, またはその両形があるので，これを明記した.

ca·ca·o *n.* (*pl.* **～s**)
kan·ga·roo *n.* (*pl.* **～s, ～**)
mot·to *n.* (*pl.* **～es, ～s**)

③　複合語形の場合，複数形は示さなかった．ただし，語の第1要素が変化する場合は示した.

mother-in-law *n.* (*pl.* **mothers-**)
attorney general *n.* (*pl.* **attorneys g-, ～s**)

6.2　動詞の過去形・過去分詞・-ing 形

①　見出し語に直接 -ed, -ing がつくもの，および -e が落ちて -ed, -ing のつくもの，-y が -i- に変わって -ed がつくものは示さなかった.

②　語尾の子音が重なるものは示した.

nod *v.* (**nod·ded; nod·ding**)
yap *v.* (**yapped; yap·ping**)

③　複合語形では，変化する部分だけを表示した.

nóse-dìve *n.* (**-dived,** 《米》 **-dove; -dived**)

6.3　形容詞・副詞で，-er, -est の比較級・最上級がある場合，それを示した．-er, -est の型と more ～, most ～ の型がある場合，頻度に従って表示した.

clev·er *adj.* (**～·er; ～·est**)
chaste *adj.* (**chast·er, -est; more ～, most ～**)
com·mon *adj* (**more ～, most ～; ～·er, ～·est**)

6.4　代名詞の複数形・目的格・所有格を示した.

6.5　不規則変化形のつづりの語順が，もとの語の直前・直後にくる場合は，別見出しは立てなかった．語順が離れる場合は，検索の便のため別見出しを立てたが，そこでは発音・分節とも省略した.

7.　語義・用例

7.1　語義の配列順は，原則として，現代の用法として最も一般的なものから順次特殊な語義に及ぶようにした.

7.2　品詞別に **1 2 3** で語義を大別し，必要に応じて **a b c** と細別した．また，特に必要な場合には **A B C** を用いて，より大きな範疇を示した.

7.3　[　　] を用いて，必要な構文指示などを示した.

god *n.* **3** [G-] **a** 〘キリスト教〙神，創造の神…. **5** [the ～s] (劇場の)天上桟敷(さじき); …
king *vt.* **2** [通例 ～ it として] 君臨する (rule); …
amuse *vt.* **1 b** …; [～ one*self* で] 楽しく過ごす, 遊ぶ.

7.4　《　　》を用いて，用法指示を示した (11 用法指示一覧参照).

7.5　〘　　〙を用いて，ある特定の分野で使われることを示した. 〘医学〙〘英史〙〘音楽〙〘数学〙〘哲学〙〘法律〙〘服飾〙〘料理〙など.

7.6　訳語部分に ＝ として語句をあげたものは後者と同義であることを示す.

7.7　用例において見出し語に該当する部分は ～ で示した.

7.8　見出し語に関連する前置詞・副詞など，および語法上注意すべき部分はイタリックで示した.

7.9　用例中 one は主として「自分」, a person は「相手」の意に用いた(詳しくは 8.5 参照).

7.10　用例中などで，その引用の出典は次のように示した.

①　原文の句などをそのまま引用する場合: *Frailty, thy name is woman.* もろきものよ汝の名は女なり (Shak., *Hamlet* 1. 2. 146).

②　原文の形そのままでない場合, cf. をつけた: a *pearl* of great price 非常に高価なもの (cf. *Matt.* 13: 46).

7.11　〈　　〉の用法

①　語義を限定する次のような語を示した.
動詞の主語・目的語，形容詞の名詞連結，前置詞の目的語など.

arbitrate *vt.* **1** 〈争議などを〉仲裁[調停]する: ….
crab[3] *vt.* 〈鷹(たか)が〉〈他の鷹を〉つめでひっかく，つかむ (scratch); つかみ合う(fight). **—** *vi.* 〈鷹が〉つめでひっかき合う.
effervesce *vi.* **1** 〈炭酸水などが〉気泡を出す，(盛んに)泡立つ (bubble up). **2** 〈ガスが〉泡となって出る. **3** 〈人が〉熱狂する，興奮する，活気づく: …
blank *adj.* **4** 〈生活など〉空虚な，からっぽの; …: a ～ existence [day] …. **5 a** 〈顔など〉ぼんやりした，ぽかんとした (vacant); 生気[表情]のない; …: a ～ face 無表情な顔 / …
stiff *adj.* **5 a** 〈風・流れなど〉強い，激しい: …. **b** 《口語》〈酒など〉アルコール分の多い，強い…. **6 a** 〈半固体など〉比較的堅い, …. **b** 〈土など〉密質で堅い: ….
around *prep.* **3** 〈角〉を曲がった所に (round): a store ～ the corner.

②　慣用的に用いられる副詞・接続詞・不定詞などを訳語の後で示し，訳語中でもそれに対応する部分を示した.

throw *vt.* **5 a** 〈衣服などを〉急いで着る，引っかぶる 〈*on*〉, かなぐり捨てる〈*off*〉: ～ *off* [*on*] one's coat 上着をさっと脱ぐ[着る] / ….
game[1] *adj.* **1** 《口語》…; 〈…する〉気[元気]がある 〈*to* do〉: … / He is ～ *for* [*to* do] anything. 元気で何でもする / ….

③　訳語中で，[構文指示]に対応する部分を示した.

decide *vt.* **1** **b** [*to* do を伴って]〈…しようと〉決心する,〈…すること〉にする: She ~*d to* stay at home. 彼女は家にいることにした. **c** [*that*-clause を伴って]〈…と〉判定[推定]する, 考える: I ~*d that* there would be nothing for it but to obey him. ….

7.12 〔 〕の用法
慣用的に用いられる前置詞または as を示し, 訳語中でも, それに対応する部分を示した.

consist *vi.* **1**〔部分・要素から〕なる〔*of*〕: Water ~*s of* hydrogen and oxygen …. / The household ~*ed of* four women. …. **2**〔…に〕存する, ある (lie)〔*in*〕: Happiness ~*s in* contentment. …. **3**《古》〔…と〕両立する, 一致する (harmonize)〔*with*〕: Health does not ~ *with* intemperance. … / The story does not ~ *with* the evidence. ….

dredge[2] *vt.*〔食物に〕〈小麦粉・砂糖などを〉振りかける (sprinkle)〔*over*〕, …に〔粉を〕まぶす〔*with*〕: ~ flour *over* meat＝~ meat *with* flour.

gift *vt.* **1** **a**〈人〉に〔物を〕贈る (present)〔*with*〕: ~ a person *with* a thing. …. **2**[主に p.p. 形で]〔性質などを〕…に賦与する (endow)〔*with*〕: He *is* ~*ed with* poetic genius. ….

regard *vt.* **1**〔…であると〕考える,〔…と〕みなす (look upon)〔*as*〕: I ~ him *as* a friend. ….

fond[1] *adj.* **1** [叙述的]〔…を〕好んで,〔…が〕好きで〔*of*〕: be ~ *of* children [music, drink] … / get [grow] ~ *of* ….

7.13 〈 〉に示された語句と〔 〕で示された語句が同一センテンスに現れ得る(共起する)場合は〈 〉と〔 〕とを併記し, そうでない(共起しない)場合は短い斜線 (/) を用いて区別した.

共起する場合:

blossom *vi.* **2** 栄える, 発展する, 発達して〔…と〕なる〈*out*〉〔*into*〕: His genius ~*ed* early. … / The village ~*ed* (*out*) *into* a town. … / He will ~ *out as* [*into*] a statesman. …

共起しない場合:

shut *vt.* **3** **a**〈人・騒音などを〉閉じ込める (confine)〈*in, up*〉/〔*into*〕: ~ noise *in* … / ~ oneself *up in* … / ~ *a bird in*(*to*) a cage … / He has been ~ *in* by illness. … / ~ a criminal *up in* prison ….

fame *vt.* **2** [通例受身で]《古》(…と)世間でいう〔*as, for*〕/〈*to* be [do]〉: He is ~*d as* [*to be, for* being] cruel. ….

slice *vt.* **2** 薄く切り取る〈*away, off*〉/〔*from*〕: ~ *off* a piece of meat.

7.14 同一の語で前置詞にも副詞にも機能する場合は, どちらか主要な用法のかっこで(もう一方を)代表させ, 可能な限り用例で両様の用法を示した.

deal[1] *vt.* **4**《口語》〈人を〉〔トランプ・仕事などに〕仲間入りさせる, 仲間に加える〔*in*〕: Father *dealt* me *in* the business. … / He asked me to ~ him *in*. …

8. 成句

構成要素の交替をほとんど許さない語群で, 一つの意味単位をなし, しかもその意味が構成要素の総和からは予測困難なものは, 通例成句として扱い, 品詞ごとにまとめて斜体のボールド体で示した.

8.1 すべてボールド体のアルファベット順に配列したが, 固定していない不定冠詞の a, an は語順に数えていない.

8.2 成句を出す箇所は, 原則として以下のようにした.
① 名詞が含まれた成句は, 名詞の箇所で扱った.
② 動詞＋副詞または前置詞の成句は, 動詞で扱った.
③ 形容詞・副詞・前置詞の結びつきの成句は, 最初の語のもとで扱った.

8.3 同一の成句に二つ以上の名詞または動詞が含まれているものは, 原則として, 最初の名詞または動詞の見出し語のもとで扱った.

8.4 動詞の成句では, 説明の必要上, その動詞の機能により (*vi.*), (*vt.*) に分けて表記したものがある.

8.5 成句中 one, one's は主として「自分」に, a person, a person's は「相手」「他人」の意に用いた.

mind *n.* ***gíve*** *a person* ***a píece of*** *one's* ***mínd***〈人〉に直言する;〈人を〉しかる[とがめる]: I *gave* him *a piece of my* ~ on [about] the matter. その事について彼に率直な意見を述べた. ***knów*** *one's* ***ówn mínd*** はっきりした自分の意見をもっている, 考えがぐらつかない: He doesn't *know his own* ~. 彼には定見がない.

one, a person ともに可能な場合は a person で代表させた.

nose *n.* ***ùnder*** *a person's* (***véry***) ***nóse***《口語》人のすぐ目の前[面前]で, 鼻っ先に[で]; 人が気づかぬうちに: She found her eyeglasses *under her very* ~. 彼女は(探していた)眼鏡をすぐ目の前に見つけた / The man snatched the article right *from under our* ~*s*. その男は私たちの見ている目の前でその品をかっぱらった.

9. 挿絵

語の理解を助けるために必要な挿絵・図解・表を採用した.

9.1 可能な限り情報の集中化をはかり (airplane, car, reproductive system など), 必要に応じて他の項目からその挿絵の出ている項目を ⇨ で指示した.

9.2 動物・植物などの挿絵で, その語の説明と関係で特に必要な場合は, その絵が示す動物・植物の学名を挿絵の名前に付した: auk, ibex など.

10. 諸記号の用法

:	訳語の後に用いて, 用例の始まりを示す.
~	見出し語のつづりまたは発音と共通の部分を示す.
/	用例と用例の区切りを示す.
cf.	参照すべき語句を示す.
⇨	その先の語句に詳しい説明があることを示す.
( )	① かっこ内の語(句)は省略可能を示す. ② 訳語の後で双解を示す.
(↔)	訳語の後で対照語(句)を示す.
《 》	語義などの補足説明を示す.
[ ]	① かっこ内の語(句)と直前の語(句)との言い換えを示す. ② 訳語の前で構文指示や語法指示を示す.
〈 〉	① 訳語中で, その語義の限定に必要なものを示す. ② 訳語の後で, 統語関係にある副詞・接続詞などを示す. ③ 訳語中で, ② に, あるいは[構文指示]に対応する部分を示す. (詳しくは 7.11 参照)
〔 〕	① 訳語の後で, 統語関係にある前置詞などを示す. ② 訳語中で, ① の前置詞に対応する部分を示す. (詳しくは 7.12 参照)
/	〈 〉と〔 〕が共起しないことを示す(詳しくは 7.13 参照).
★	語法・用法上の注意事項を示す.
SMALL CAPITAL	参照する語句が数語からなるとき, その語句がおさめられている見出しを示す: cf. signs of the ZODIAC, ⇨ *at a* TIME
-	つづり字本来のハイフン: phone-in
-	行末のハイフン.

11. 主な用法指示一覧

《米》 Americanism	《方言》 dialectal
《英》 Briticism	《軽蔑》 contemptuous, etc.
《スコット》 Scottish	《ロンドン方言》 cockney
《アイル》 Irish	《学生語》 school term
《ウェールズ》 Welsh	《小児語》 nursery term
《豪》 Australian	《古》 archaic
《NZ》 New Zealandism	《戯言》 humorous *or* facetious
《カナダ》 Canadianism	《反語》 ironical
《インド》 Anglo-Indian *or* Indian	《皮肉》 sarcastic
《北英》 Nothern England	《文語》 literary
《南ア》 South African	《詩》 poetical
《カリブ》 West Indian	《比喩》 figurative
《口語》 colloquial	《婉曲》 euphemistic
《俗》 slang	《まれ》 rare
《卑》 vulgar *or* taboo	《廃》 obsolete *or* obsolescent
《俗用》 improperly used, not in technical use, etc.	

★ いずれも特に限定するものではなく, その傾向を示すもので《英》ならば英国用法ないし, 主として英国用法を意味する.

発 音 解 説

1. 米音と英音

1. 1　本辞典では世界各地の英語のうちで最も大きな比重を占める米国と英国の標準的な発音(以下「米音」,「英音」と呼ぶ)を示す.

ある言語において同じ音とされる「音素」(phoneme) を基にして発音を示す方式は「簡略表記」と呼ばれ，現在の言語学･音声学では /　　/ で囲んで示すのが慣行である．本辞典もこの方式を採用しているが，一部の音素 (/t/, /d/, /l/ など) では日本人の使用者の便宜のために「精密表記」(以下の解説では [　　] で囲んで示すことがある)を行っている.

1. 2　米国では全米的な標準発音は存在しなかったが，戦後テレビの全国的な放送網が確立し，全米向けの広域放送が日常的に聞かれるようになった．全国放送で使われる発音では，地方色が濃い「東部型」や「南部型」が敬遠され，広範囲でしかも人口の過半数を占める均質的な「中西部型」が標準的と見なされるようになった．この型の発音は地域性が薄いためしばしば「一般米語」(General American; 略 GA) と呼ばれるが，最近ではまた「放送網英語」(Network English) とも呼ばれる.

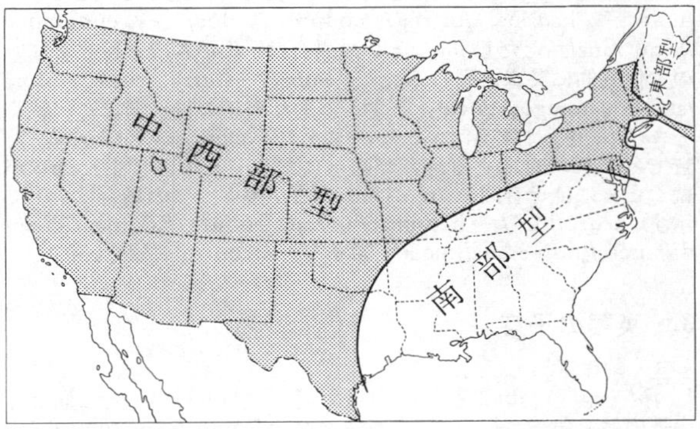

1. 3　英国の標準発音は元来は London を中心とするイングランド南東部の上流ないし中上流の高等教育を受けた人たちの発音であったが，現在では全く地域性が消えた階層方言となり，しばしば「容認発音」(Received Pronunciation; 略 RP) と呼ばれる．RP を話す人の数は英国の人口のわずか数パーセント足らずであるが，政治･経済･教育･文化など各分野の指導層が使用するため実質的な標準発音とみなされている．また BBC 放送もこの型の英音を使用するので，「BBC 発音」(BBC pronunciation) とも呼ばれる．しかし英国では最近社会の階層の別が崩れる傾向があり，それに伴って RP の範囲も多少曖昧になった.

2. 英語の母音

英語には「強母音」と「弱母音」の別があり，前者は多少とも強いアクセントを受ける音節に現れ，後者は常に弱音節にのみ現れる．強母音はまた「短母音」と「長母音」とに分かれる．英語の母音は無声子音の前では短く，有声母音の前および語末では長くなり，さらに語の音節数が多いほど短くなる．従って b*i*d の短母音 /ɪ/ の長さと b*ea*t の長母音 /iː/ の長さは実際は殆ど同じである．また happ*y* /hǽpi/ や butt*er* /bʌ́ṭɚ | -tə$^{(r}$/ の語末の弱母音 /i/ や /ɚ | ə/ は happ*i*ness /hǽpin$^{ɪ}_{ə}$s/ や butt*er*fly /bʌ́ṭɚflàɪ | -tə-/ の語中の /i/ や /ɚ | ə/ と比べるとかなり長い．また同じ /æ/ の母音でも，h*a*nd /hǽnd/, h*a*ndy /hǽndi/, h*a*ndiness /hǽndin$^{ɪ}_{ə}$s/ のように音節の数が増えるほど短くなる.

2. 1　短母音

1　/ɪ/　「イ」と「エ」の中間の響きをもつが，むしろ「エ」に近く発音したほうがよく，後述の長母音 /iː/ が短くなったものではない．/iː/ とはかなり音色が違う: b*i*g /bíg/, b*u*siness /bízn$^{ɪ}_{ə}$s/.

2　/ɛ/　英音では「エ」に近い．しかし米音では「エ」より舌の位置が下がって「ア」に近く聞こえることがある．このため本辞典では /e/ を使わず，それよりは舌が低い母音を表す /ɛ/ の記号を使用した: b*e*t /bɛ́t/, qu*e*stion /kwɛ́stʃən/.

3 a　/æ/　この母音は伝統的に「ア」と「エ」の中間の短母音とされてきたが，単音節語(特に有声子音の前)ではかなり長くなる．また /æ/ を発音する際には咽頭が収縮するのが特徴である．米音では /æ/ は最近かなり大きな変動が起こっている．一つは /æ/ が二重母音化して /ɛə/ のように二重母音化すること，もう一つは舌の位置が高くなって上の /ɛ/ に接近して両者の区別が曖昧となる傾向である．このため，to g*a*ther /təgǽðɚ/ と tog*e*ther /təgɛ́ðɚ/ などがしばしば同じ発音に聞こえる．いっぽう英音では逆に舌の位置が低くなって [a] に近づく傾向がある．このような複雑な事情を本文の発音表記に反映することは不可能なので，本辞典では従来通り /æ/ で示すこととした: b*a*g /bǽg/, p*a*ckage /pǽkɪdʒ/.

3 b　/æ/ の直後に /f, θ, s/ および /m, n/＋子音が続くとき，米音では /æ/ であるが，英音では後述の長母音 /ɑː/ となる語がある: *a*fter /ǽftɚ | áːftə$^{(r}$/, b*a*th /bǽθ | báːθ/, p*a*ss /pǽs | páːs/; s*a*mple /sǽmpl̩ | sáːm-/.

4 a　/ɑ(ː) | ɔ/　米音では「ア」よりもやや舌の位置が低く発音される．長めに発音されることが多く，ほとんどの地域で長母音の /ɑː/ と同じ音になって bomb /bá(ː)m/ と b*al*m /báːm/ とは同じ発音になっているので，本辞典では /ɑ(ː)/ で表すこととした．また最近では舌の位置が前寄りとなる傾向がある．英音では /ɑ/ に唇の丸めがわずかに加わった /ɔ/ (精密表記では [ɒ])で，「オ」よりかなり口が開き唇の丸めも弱く多少「ア」の響きが感じられる: dot /dá(ː)t | dɔ́t/, polish /pá(ː)lɪʃ | pɔ́l-/.

4 b　/ɔ(ː) | ɔ/　英音では短母音の /ɔ/ だが，米音では /ʃ/ を除く無声摩擦音と /ŋ/ の前では同じ母音だが長めに発音され，多くの地域で長母音の /ɔː/ と同じになっている．従って精密には [ɒ(ː) | ɒ]: *o*ff /ɔ́(ː)f | ɔ́f/, cl*o*th /klɔ́(ː)θ | klɔ́θ/, l*o*ng /lɔ́(ː)ŋ | lɔ́ŋ/.

5　/ʌ/　米音と英音とでは音色に多少の違いがある．英音の /ʌ/ は「ア」をそのまま流用しても差し支えない．米音の /ʌ/ は「ア」よりも舌の位置が高く奥の方で発音される: c*u*t /kʌ́t/, c*ou*ntry /kʌ́ntri/．米音の /ʌ/ は /l/ の前では「オ」のように聞えることがある (⇨ 3. 5. 2).

6　/ʊ/　米音･英音ともに最近は丸めが弱くなって「ウ」に近い音色になった．/ʊ/ は後述の長母音 /uː/ が短くなったものではなく，両者の音色はかなり違っている: b*u*sh /bʊ́ʃ/, w*o*man /wʊ́mən/.

2. 2　長母音

1　/iː/　「イー」に近い音であるが，それよりも唇や舌が緊張しているので，短母音 /ɪ/ の長い音ではない: *eat* /íːt/, *sea* /síː/.

2　/ɑː/　短母音の 4 で説明した /ɑ(ː)/ が長くなった母音: c*al*m /káːm/, f*a*ther /fáːðɚ | -ə$^{(r}$/, sp*a* /spáː/.

3　/ɔː, ɑː | ɔː/　/ɔː/ は米音と英音とではかなり違う．米音の /ɔː/ は「オー」よりも口が大きく開き，舌の位置が低くて /ɑː/ に近く，精密には [ɒː]．最近では完全に /ɑː/ と発音する人も多数いる．このような事情なので，本辞典では /ɔː/ の後に常に /ɑː/ を併記した．いっぽうの RP の /ɔː/ は「オー」に近く，/oː/ で表してもよい: c*au*se /kɔ́ːz, káːz | kɔ́ːz/, l*aw* /lɔ́ː, láː | lɔ́ː/.

4　/uː/　「ウ」よりも唇が強く丸まり舌の位置も高く，緊張している．この点で短母音の /ʊ/ とは音色がかなり異なる: s*ou*p /súːp/, bl*ue* /blúː/.

5　/ɚː | əː/　この母音は米音と英音の最も重要な相違点であ

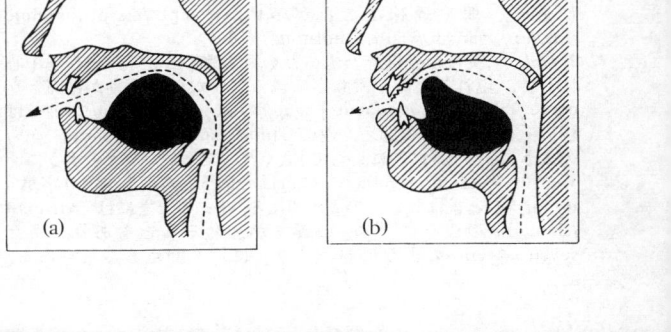

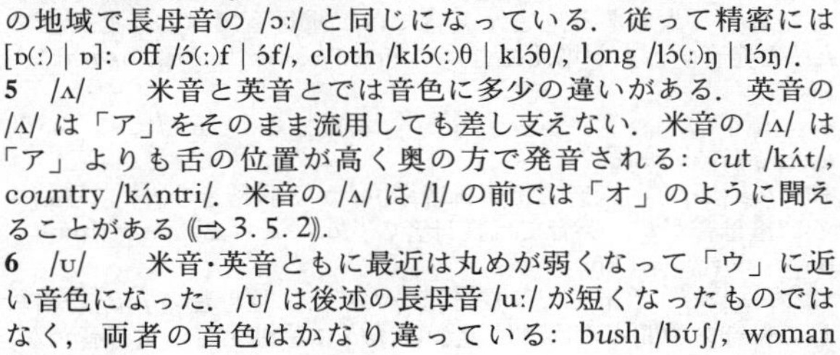

る．米音では図のように 2 種類の /ɚ:/ がある．(a) の発音では中舌面がもり上がり，(b) 型では舌先は多少そり返って歯茎の後方に近づき，中舌面は凹状となる．このように舌面の形状は異なるが，舌の奥が後ろに引っ張られて咽頭が圧迫され，舌の後部の縁が上の奥歯に触れ唇が多少丸まる，などの共通点があるため，両者は聞いてもほとんど区別がつかない独特の同じ音色を持つ．英音の /ə:/ は口をあまり開かず，「アー」と「ウー」の中間のような不明瞭な響きである: l*ear*n /lɚ́:n | lə́:n/, occ*ur* /əkɚ́: | əkə́:$^{(r)}$/.

2. 3　二重母音

1　/eɪ/　「エ」あたりから /ɪ/ の方向へ移動する: c*a*ke /kéɪk/, aw*ay* /əwéɪ/.

2　/aɪ/　「ア」のあたりから /ɪ/ の方向へ移動する: s*i*de /sáɪd/, rel*y* /r$^{ɪ}_{ə}$láɪ/.

3　/ɔɪ/　「オ」より少し低い位置から /ɪ/ の方向に移動する: v*oi*ce /vɔ́ɪs/, enj*oy* /$^{ɪ}_{ə}$nʤɔ́ɪ/.

4　/aʊ/　「ア」のあたりから /ʊ/ の方向へ移動するが，出だしの母音の位置にはかなりの変動があり，米音では /æʊ/ と発音する人も多い: h*ou*se /háʊs/, all*ow* /əláʊ/.

5　/oʊ | əʊ/　米音では「オ」のあたりから /ʊ/ の方向に移動し，始めの母音はかなり唇が丸まるが，次第に丸めは弱くなる．英音では出だしの母音の唇の丸めはなく，長母音 /ə:/ の始めの /ə/ に近い: b*oa*t /bóʊt | bə́ʊt/, ag*o* /əgóʊ | əgə́ʊ/.

6　/ju:/　後述する半母音 /j/＋/u:/ と解釈されるのが普通だが，歴史的には /u:/ と /ju:/ とは別の母音であり，また子音の後には /ju:/ しか続かない (cue /kjú:/ という語はあるが /kjét, kjéɪ, kjá:/ などは存在しない)，などの理由で本辞典では独立した二重母音として扱う．後半の唇の丸めを強くした「ユー」: h*u*ge /hjú:ʤ/, rev*iew* /r$^{ɪ}_{ə}$vjú:/.

7　/ɪɚ | ɪə/　短母音の /ɪ/ あたりから後述する弱母音 /ɚ | ə/ に移動する．ただし英音では語末では /ə/ よりもさらに舌の位置が低くなる(これは以下で扱う /ɛə/, /ʊə/ および三重母音全てに当てはまる(語末の /$^{(r)}$/ については後述する)): p*ier*ce /píɚs | píəs/, app*ear* /əpíɚ | əpíə$^{(r)}$/.

8　/ɛɚ | ɛə/　/ɛ/ から /ɚ | ə/ に移動するが，始めの母音を /æ/ と発音する人もある．また英音では二重母音ではなく長母音の /ɛ:/ と発音する人が増えてきた: sc*ar*ce /skɛ́ɚs | skɛ́əs/, b*ear* /bɛ́ɚ | bɛ́ə$^{(r)}$/.

9　/ʊɚ | ʊə/　/ʊ/ から /ɚ | ə/ に移動する: t*our* /tʊ́ɚ | tʊ́ə$^{(r)}$/, ass*ure* /əʃʊ́ɚ | əʃʊ́ə$^{(r)}$/.

10　/ɑɚ | ɑ:/　米音では短母音の /ɑ/ から弱母音の /ɚ/ に移動する二重母音だが，英音では長母音の /ɑ:/ となる: p*ar*t /pɑ́ɚt | pɑ́:t/, c*ar* /kɑ́ɚ | kɑ́:$^{(r)}$/.

11　/ɔɚ | ɔ:/　米音では長母音の /ɔ:/ と二重母音の /oʊ/ の出だしの母音の中間くらいの位置から /ɚ/ に移動する二重母音だが，英音では長母音の /ɔ:/ と同じになる: c*our*t /kɔ́ɚt | kɔ́:t/, w*or*n /wɔ́ɚn | wɔ́:n/, p*our* /pɔ́ɚ | pɔ́:$^{(r)}$/.

2. 4　三重母音

次の二つは実際は /aɪ/＋/ɚ | ə/ および /aʊ/＋/ɚ | ə/ で 2 音節となることが多く，真の三重母音とはいい難い．

1　/aɪɚ | aɪə/: f*ire* /fáɪɚ | fáɪə$^{(r)}$/.

2　/aʊɚ | aʊə/: fl*our* /fláʊɚ | fláʊə$^{(r)}$/, p*ower* /páʊɚ | páʊə$^{(r)}$/.

3　/jʊɚ | jʊə/　元来は上で扱った /ju:/＋/ɚ | ə/ が合体して 1 音節になったもので，英語で唯一の三重母音である: p*ure* /pjʊ́ɚ | pjʊ́ə$^{(r)}$/, sec*ure* /s$^{ɪ}_{ə}$kjʊ́ɚ | -kjʊ́ə$^{(r)}$/.

2. 5　弱母音

1　/i/　/i:/ の短く弱い母音で，現れる位置が二つある．一つは語末で，このときはかなり長めとなる．ただし refug*ee* /rèfjuʤí:/ の語末の第一アクセントのある強母音 /i:/ ほどではない: happ*y* /hǽpi/, colon*y* /kɑ́(:)ləni | kɔ́l-/. もう一つは語中の母音の前で，ここではかなり短い: cur*i*ous /kjʊ́^{ə}riəs | kjʊ́ər-/, per*i*od /pí^{ə}riəd | píər-/.

2　/ɪ/　強母音の /ɪ/ と同じ記号であるが，それよりもやや /ə/ に近く，弱く曖昧なことが多い: *e*xcept /ɪksépt/, *i*ncline /ɪnkláɪn/, van*i*sh /vǽnɪʃ/, noth*i*ng /nʌ́θɪŋ/.

3　/ə/　英音の長母音 /ə:/ が短く弱く曖昧になった母音を中心にして，現れる位置や綴り字によってかなりの変動がある．t*o*come /təkʌ́m/ や *a*go /əgóʊ | əgə́ʊ/ のように /k/ や /g/ の前では弱い「ウ」のように聞え，逆に Chin*a* /ʧáɪnə/, sof*a* /sóʊfə | sə́ʊ-/ のように語末では(特に英音で)低くなって弱い「ア」のように聞える．一般に *a*bout /əbáʊt/, chor*u*s /kɔ́:rəs/ のように綴り字が a や u のときは弱い「ア」に聞える．e のときには el*e*ment /éləmənt/ のように「エ」の響きが加わることもあり，また sev*e*n /sévən/ のように弱い「ウ」に近く聞えることもある．contain /kəntéɪn/ のように o のときには「オ」の響きが認められることもある．注意すべきは i のときで，この場合は「ア」ではなく「ウ」と「イ」の中間のような弱い音となり，英音では代りに /ɪ/ が現れることも多い: an*i*mal /ǽnəml̩/, poss*i*ble /pɑ́(:)səbl̩ | pɔ́s-/

★弱音節では /ə/ も /ɪ/ も現れることが多い．このようなとき本辞典では紙面の節約のため /$^{ɪ}_{ə}$/ の記号を用いる．/$^{ɪ}_{ə}$/ は二つの母音を同時に示す合成記号で，独立した別個の母音を表すものではない: d*e*cide /d$^{ɪ}_{ə}$sáɪd/＝/dɪsáɪd, də-/, happin*e*ss /hǽpin$^{ɪ}_{ə}$s/＝/hǽpinɪs, -nəs/.

4　/ɚ | ə/　米音では長母音の /ɚ:/ が弱く緩んで発音されたもの．英音では上の /ə/ と同じ母音である．ともに語中では短いが語末ではかなり長くなる．p*ar*ticul*ar* /pətíkjʊlɚ | pətíkjʊlə$^{(r)}$/ では語末の /ɚ | ə/ は始めの音節の /ɚ | ə/ よりもかなり長く，また teach*er* /tí:ʧɚ | -ʧə$^{(r)}$/ の語末の /ɚ | ə/ はその前の長母音の /i:/ の長さと同じくらいである．しかし occ*ur* /əkɚ́: | əkə́:$^{(r)}$/, ref*er* /r$^{ɪ}_{ə}$fɚ́: | -fə́:$^{(r)}$/ のように語末で第一アクセントを持つ強母音の /ɚ: | ə:/ ほど長くはない: pitch*er* /pítʃɚ | -tʃə$^{(r)}$/, Sat*ur*day /sǽtɚdèɪ | -tə-/.

5　/jʊ/, /ju/　二重母音の /ju:/ が弱く短くなったもので弱い「ユ」．母音の前では /ju/ となる: reg*u*lar /régjʊlɚ | -lə$^{(r)}$/, man*u*al /mǽnjuəl/.

2. 6　綴り字に R を持つ母音

上で扱った母音のうち，綴り字に r を持つ母音は米音では音声的には必ず /ɚ/ を含む．これを「R の音色の母音」という．このような母音の直後にさらに母音(特に弱母音)が続く場合，本辞典では次のように /ɚ/ を /^{ə}r/ に変えて表記している: h*ear* /híɚ/ → h*ear*ing /hí^{ə}rɪŋ/, end*ure* /$^{ɪ}_{ə}$ndúɚ/ → end*ur*ance /$^{ɪ}_{ə}$ndú^{ə}rəns/. ただし /ɑɚ/, /ɔɚ/ の場合は /ɚ/ がさほど目立たないので便宜的に英音と同じく st*ar* /stɑ́ɚ/ → st*ar*ry /stɑ́:ri/, st*ore* /stɔ́ɚ/ → st*or*age /stɔ́:rɪʤ/ とする．また /ɚ:/ の後に弱母音が続くときは /r/ を入れて示す: occ*ur* /əkɚ́:/ → occ*urr*ing /əkɚ́:rɪŋ/. 英音ではこれに対応する母音が語末にあり，その後にまた母音が続くときには母音間に /r/ が入ることが多い．この場合は /$^{(r)}$/ で示す: h*ear* /híə$^{(r)}$/ → h*ear*ing /híərɪŋ/, end*ure* /$^{ɪ}_{ə}$ndjʊ́ə$^{(r)}$/ → end*ur*ance /$^{ɪ}_{ə}$ndjʊ́ərəns/, occ*ur* /əkə́:$^{(r)}$/ → occ*urr*ing /əkə́:rɪŋ/.

3.　英語の子音

3. 1　閉鎖音

1　/p/ (無声), /b/ (有声)　「パ」行，「バ」行の子音と同じく上下の唇で閉鎖が行われる: *p*eace /pí:s/, cu*p* /kʌ́p/; *b*uy /báɪ/, jo*b* /ʤɑ́(:)b | ʤɔ́b/.

2 a　/t/ (無声), /d/ (有声)　「タ，テ，ト」，「ダ，デ，ド」の子音では舌先が普通上の歯の裏側に付くが，英語の /t, d/ では歯茎に付いて閉鎖を作る．その際舌先がやや上を向くことがある: *t*ime /táɪm/, roo*t* /rú:t/; *d*ay /déɪ/, be*d* /béd/.

2 b　/ţ/, /ḍ/　米音では次のような位置でしばしば /t/ の代りに，舌先が歯茎に密着せず，1 回だけ軽くたたく有声の「たたき音」が現れる．本書ではこの音を /ţ/ で示す(精密な記号は [ɾ])．

(1) 強いアクセントを受けた母音と弱母音の間: bu*tt*er /bʌ́ţɚ/.

(2) 強いアクセントを受けた母音と音節主音の /l̩/《⇨ 4》の間: se*tt*le /séţl̩/.

(3) 強いアクセントを受けた母音＋/n/ と弱母音の間: twen*t*y /twénţi/.

(4) /t/ で終わる後に母音で始まる語が続くとき: ge*t* out /gèţáʊt/.

たたき音の /ţ/ の音色は「ラ」行の子音に近いので，上の語は日本人には butter「バラー」，settle「セルー」，get out「ゲラウト」のように聞える．また (3) の場合は /ţ/ がさらに弱くなって脱落し /twéni/ となり，「トウェニー」のように聞えることが多い．米音では /d/ も上の (1)，(2) の条件のときにたたき音となることがあり，本辞典では /ḍ/ で示す．そのため bo*d*y /bɑ́(:)ḍi/, me*d*al /méḍl̩/ が「バディー」，「メルー」のように聞えることがある．

3　/k/ (無声), /g/ (有声)　「カ」行，「ガ」行の子音と同じく舌面の後部が口蓋の後部と接触して閉鎖を作る: *c*age /kéɪʤ/, ba*ck* /bǽk/; *g*ood /gúd/, ba*g* /bǽg/.

3. 2　摩擦音

1　/f/ (無声), /v/ (有声)　「フ」の子音 [ɸ] は上下の唇が接近するのに対して，/f, v/ は上の前歯が下唇の内側に軽く触れて作られる: *f*ine /fáɪn/, lea*f* /lí:f/; *v*oice /vɔ́ɪs/, sa*v*e /séɪv/.

2 /θ/ (無声), /ð/ (有声)　舌先を上の前歯の裏側に軽く当てて作られる．摩擦の音は次の /s, z/ よりかなり弱い: *th*ank /θǽŋk/, too*th* /tú:θ/; *th*ey /ðéɪ/, ba*th*e /béɪð/.

3 /s/ (無声), /z/ (有声)　/s/ は「サ，ス，セ，ソ」の子音とほぼ同じだが，それよりも摩擦の音が強い．有声音の /z/ は /s/ と同じ舌のかまえで舌先を歯茎につけないで発音されるので，後述する破擦音である「ザ，ズ，ゼ，ゾ」の子音 [dz] とは違う: *s*and /sǽnd/, pa*c*e /péɪs/; *z*oom /zú:m/, lo*s*e /lú:z/.

4 /ʃ/ (無声), /ʒ/ (有声)　/ʃ/ は「シ」の子音に近いが，唇が丸まり，摩擦の音も強く暗く重い感じがすることがある．有声音の /ʒ/ は /ʃ/ と同じく舌の全部が口蓋の中ごろに向かうが，舌先は歯茎につかないので，破擦音の「ジ」の子音 [ʤ] とは違う．/ʒ/ はフランス語などの外来語を除いては語中にだけ現れる: *sh*ine /ʃáɪn/, ca*sh* /kǽʃ/; plea*s*ure /pléʒə | -ʒə$^{(r)}$/, occa*s*ion /əkéɪʒən/.

5 /h/ (無声)　「ハ，ヘ，ホ」の子音で，母音の前にしか現れない．口のかまえは後続の母音とほぼ同じだが，声門が狭められるので，そこで摩擦の音が生ずる．/h/ は語末には来ない: *h*ead /héd/, be*h*ind /bɪháɪnd/.

3. 3　破擦音

破裂が緩慢で，後に摩擦音が続く特殊な閉鎖音を破擦音という．★ /ʧ/, /ʤ/ のときと同様，/ts/, /dz/, /tr/, /dr/ も二つの音を密着して発音する必要があるので，合字で示した．

1 /ʧ/ (無声), /ʤ/ (有声)　「チ，ジ」の子音とほぼ同じ．音声的には 2 音の連続だが，日本語同様 1 音素とみなされる: *ch*eese /ʧí:z/, bea*ch* /bí:ʧ/; *j*am /ʤǽm/, bri*dg*e /bríʤ/.

2 /ts/ (無声), /dz/ (有声)　「ツ，ズ」の子音とほぼ同じ．日本語では 1 音素とされるのに対して，英語では /-t, -d/ で終わる後に続く派生語尾のことが多いので，/t/＋/s/, /d/＋/z/ として 2 音素の連続とされ，語末に現れることが多い: ca*ts* /kǽts/; be*ds* /bédz/.

3 /tr/ (無声), /dr/ (有声)　/t/＋/r/, /d/＋/r/ の 2 音素の連続であるが，後半の /r/ は後で扱う半母音の /r/ と違って破擦音 (/tr/ の場合はまた無声音) であるため，/tr/ は「ツ」と「チ」，/dr/ は「ズ」と「ジ」の中間のような音に聞こえることが多い．/tr, dr/ は語末には現れない: *tr*ee /trí:/, ma*ttr*ess /mǽtrɨs/; *dr*ess /drés/, hun*dr*ed /hʌ́ndrɨd/.

3. 4　鼻音

口中の閉鎖は閉鎖音と同様だが空気が鼻に抜ける音で，普通は有声．

1 /m/　母音の前や語末の /m/ は「マ」行の子音: *m*ake /méɪk/, sa*m*e /séɪm/．ただし /p, b/ の前の /m/ は「ン」: ca*m*p /kǽmp/, nu*m*ber /nʌ́mbə | -bə$^{(r)}$/.

2 /n/　母音や /l/ の前では「ナ」行の子音: *n*ice /náɪs/, ma*n*y /méni/ (/nɫ̩/ については ⇨3. 5. 2)．語末や /s, z, ʃ/ の前の /n/ は軽い「ヌ」の響きの音で，「ン」ではない: su*n* /sʌ́n/; se*n*se /séns/, pa*n*sy /pǽnzi/, me*n*tion /ménʃən/．ただし /t, d, θ, ð, ʧ, ʤ, ts, dz, tr, dr/ の前では「ン」: co*n*tain /kəntéɪn/, u*n*der /ʌ́ndə | -də$^{(r)}$/, te*n*th /ténθ/, be*n*ch /bénʧ/, da*n*ger /déɪnʤə | -ʤə$^{(r)}$/, a*n*ts /ǽnts/, se*n*ds /séndz/, cou*n*try /kʌ́ntri/, hu*n*dred /hʌ́ndrɨd/.

3 /ŋ/　/ŋ/ は語頭には現れず，語中で母音か /k, g/ の前，および語末に出る．語中の母音の前では「ガ」行の子音ではなく，「ガ」行鼻濁音(しばしば「カ゚，キ゚，ク゚，ケ゚，コ゚」で表される)となる: si*ng*er /síŋə | -ŋə$^{(r)}$/「スィンガ゚ー」(fi*n*ger /fíŋgə | -gə$^{(r)}$/「フィンガー」と比較), ha*ng*er /hǽŋə | -ŋə$^{(r)}$/「ハンガ゚ー」(hu*n*ger /hʌ́ŋgə | -gə$^{(r)}$/「ハンガー」と比較)．/k, g/ の前の /ŋ/ は「ン」: ba*n*k /bǽŋk/．語末の /ŋ/ は軽い「ンク゚」の感じ: bri*ng* /bríŋ/.

3. 5　側面音

英語では /l/ だけであるが，/l/ には次のように /l/ (明るい l)と /ɫ/ (暗い l)の 2 種類があり，米音のほうが暗さの程度が大きい．両者とも普通は有声である．

1 /l/　「ラ」行の音に似ているが，舌先が上の歯茎の中央部にしっかり接触して閉鎖を作り，呼気が舌の両側または片側から流出するときに生ずる音で，母音の前に現れる: *l*ake /léɪk/, g*l*ide /gláɪd/.

2 /ɫ/　/l/ とは逆に fee*l* /fí:ɫ/ のように母音の後または語末に現れる．fee*l*s /fí:ɫz/ のように後が子音であれば暗い l のままだが，fee*l*ing /fí:lɪŋ/ のように母音が続けば明るい l になる．/ɫ/ は元来は /l/ と同じく舌先が歯茎の中央に接触すると同時に，舌の後部が上にもり上がるために暗い音色をもつものであったが，米音，英音ともに最近では舌先が歯茎につかず，「ウ」([ɯ])のように完全に母音として発音する人が多くなった．このため mi*l*k /míɫk/ → [míɯk] は「ミウク」，be*ll* /béɫ/ → [béɯ] は「ベウ」のように聞える．また /ɫ/ の前では母音の音色が多少変質し，特に米音では /ʌ/ は /ɔ/ のように聞えることが多く，bu*l*b /bʌ́ɫb/ → [bóɯb] は「ボウブ」，cu*l*ture /kʌ́ɫʧə/ → [kóɯʧə] は「コウチャー」のように聞えることがある．また音節主音的な /ɫ̩/ (⇨ 4) は完全に母音化して [ɯ] となり「ウ」のように聞える: peop*le* /pí:pɫ̩/ → [-pɯ]「ピープー」，tunne*l* /tʌ́nɫ̩/ → [-nɯ]「タヌー」．ただし音節主音の /ɫ̩/ の後にさらに母音が続くときには /l̩/ は前半は暗いが後半はいくぶん明るくなるので /l̩/ の記号を使用した: bubb*l*ing /bʌ́bl̩ɪŋ/, venti*l*ate /vénṭlèɪt | -tl̩-/.

このように明るい l と暗い l とは日本人の耳には別の音に聞えるので，本辞典では特に別個の記号の /l/ と /ɫ/ を使用して利用者の注意を喚起した．/l/ はラ行の子音に似た音，/ɫ/ は「ウ」のような音と割り切って理解していただいて結構である．

3. 6　半母音

音声的には母音であるが，母音の前にだけ現れて子音の働きをする音をいう．半母音は語頭，語中にのみ現われ，語末には現れない．

1 /j/　/i/ または /ɪ/ の位置から次の母音へ移行する「ヤ」行の子音: *y*es /jés/, opin*i*on /əpínjən/.

2 /w/　/u/ または /ʊ/ の位置から次の母音へ移行する．「ワ」の子音に近いがそれよりも唇の丸めが強い: *w*eek /wí:k/, *wh*ich /(h)wíʧ/, a*w*ay /əwéɪ/.

3 /r/　米音では音声的な性質は 2. 2. 5 で扱った /ə:/ と同じで，従って /r/ も (a), (b) の 2 種類がある．いずれにしても音色はほとんど同じである．英音の /r/ は舌先を上の歯茎の後部に近づける．米音，英音ともそれぞれの位置から次の母音へ移行する: *r*each /rí:ʧ/, *r*ice /ráɪs/, a*rr*ive /əráɪv/.

4.　音節

母音を中心にして前後に切れ目が感じられる音声上の単位を「音節」という．machine は /mə-ʃi:n/ のように 2 音節，introduction は /ɪn-trə-dʌk-ʃən/ のように 4 音節である．音節の中心を音節主音と呼び，普通は母音であるが，/m, n, l/ などの子音もときとして音節主音となることがあり，その場合は /m̩, n̩, ɫ̩, l̩/ のように記号の下に / ̩ / をつけて示す: pris*m* /prízm̩/, sudde*n* /sʌ́dn̩/, channe*l* /ʧǽnɫ̩/, puzz*l*ing /pʌ́zl̩ɪŋ/.

5.　アクセント

5. 1　語アクセント

語中のある音節が強く発音されたとき，その音節は**強アクセント**を受けるといい，常に強母音が現れる．逆に弱く発音されたときにはアクセントがない(正確には**弱アクセント**を受ける)という．強アクセントが複数あるときには最も強いものを**第一アクセント**，次に強いものを**第二アクセント**と呼ぶ．第一アクセントは / ´ /，第二アクセントは / ` / を母音の上につけて示し，弱アクセントには記号をつけない: machine /məʃí:n/, introduction /ìntrədʌ́kʃən/．1 音節語が単独で発音された場合は常に第一アクセントを受ける: deep /dí:p/.

5. 2　複合語アクセント

本辞典では頻度の高い語を除いて，複合語では構成要素のアクセントだけを示した．多くの場合は /⌐ ⌐/ か /⌐ ⌐/ の型である．/⌐ ⌐/: hóuse·kèeper, schóol·tèacher, téa pàrty, wáter lìly. /⌐ ⌐/: dóuble-cróss, óne-wáy, héavy wáter, pássive smóking. (厳密に言うとこの型では後の第一アクセントのほうが前の第一アクセントよりやや強い).

5. 3　アクセントの移動

第二アクセントの後に第一アクセントがくる語および上の /⌐ ⌐/ 型の語(形容詞のことが多い)の直後に語頭の音節が第一アクセントを受ける語が続くと，英語は強いアクセントの接近を嫌う特徴があるので，適当な強弱間隔のリズムを保とうとして，先行の語の第一アクセントと第二アクセントとが入れ替わる傾向がある．このような語には /⁻/ の記号をつけた: Japanese /ʤæ̀pəní:z⁻/ → Jápanèse flág (ただし Jàpanése cònstitútion), thirteen /θə̀:tí:n | θə̀:-⁻/ → thírtèen mémbers (ただし thìrtéen sùperstítion)．また /⌐ ⌐/ 型の複合語の直後に語頭の音節に第一アクセントを受けた語が続くと，本来は少し強い後のほうの第一アクセントが第二アクセントに落ちる傾向がある．この場合は本辞典ではアクセントだけをつけた語では /⁻/ の記号を省略してある: óne-wáy → óne-wày tráffic, Réd Cróss → Réd Cròss hóspital.

5. 4　文アクセント

語が文中で受ける強いアクセントを文アクセントという．文中の語は全て同じ強さのアクセントを受けるのではなく，We ásked whère they cáme fròm. のように一様ではない．文アクセントを受ける語は意味内容がはっきりした「内容語」で，これに対して日本語の「てにをは」のようにそれ自体の意味が曖昧で，内容語をつなぐ役目をする「機能語」のことが多い．

(a) 文アクセントを受ける語	(b) 文アクセントを受けない語
名詞	冠詞
形容詞	人称代名詞
数詞	再帰用法の再帰代名詞
指示代名詞	不定代名詞
疑問代名詞	関係代名詞
強調用法の再帰代名詞	関係副詞
疑問副詞	助動詞
動詞	前置詞
副詞	接続詞
感嘆詞	

5. 5　強形と弱形

上の表の (b) の語のなかには強いアクセントで発音されたときと文中で弱く発音されたときとでは違った形となる語がある．本辞典ではそのような語では for /(弱) fɚ | fə⁽ʳ; (強) fɔ́ɚ | fɔ́ː⁽ʳ/, will /(弱) wəɫ, ɫ, ɫ; (強) wíɫ/ のように表記し分けてある．

6　外国語発音および特殊音の記号

子音・母音

本辞典では英語圏以外の地名·人名などで英語化した発音よりむしろ有用と思われる現地語の発音や，間投詞などに使われる特殊な音などを併記している場合がある．その際には原則として国際音声学協会 (the International Phonetic Association; 略 IPA) の方針と記号に従った．英語音の表記には使用しない記号や，英語の場合とは違った音や約束を表わす記号は次の通りである．

/a/　「ア」より舌が低く前寄りの母音.
/ɑ/　「ア」より舌が低く後寄りの母音.
/ɐ/　弱い「ア」で，/ə/ よりも舌が低い中舌母音: Kaiser /G. káɪzɐ/.
/ɒ/　英音の hot の母音《⇨ 2. 1. 4》.
/β/　/ɸ/ に対応する有声音: Havana /*Am. Sp.* aβána/.
/c/　「キ」と「チ」の中間のような感じの無声閉鎖音: kutya /*Hung.* kúcɒ/.
/ç/　「ヒ」の子音: ich /G. íç/.
/ɕ/　「シ」の子音: Xia /*Chin.* ɕià/.
/ɖ/　そり舌 (retroflex) の /d/: ḍal /*Hindi* ɖɑl/.
/e/　言語によって多少変動があり，「エ」に近いかないしはそれよりも舌が高い母音.
/ɘ/　/e/ と /ɤ/ の中間の中舌母音: Aveiro /*Port.* ɘvéiɾu/.
/ɣ/　/x/ に対応する有声音: lago /*Sp.* láɣo/.
/ɤ/　/o/ の唇の丸めがとれた母音: Hebei /*Chin.* xɤ́pěɪ/.
/ɧ/　/ʃ/ と /x/ とを同時に発音したような子音: *sch*al /*Swed.* ɧɑ́ːl/.
/ɨ/　/ə/ よりも舌が高い中舌母音: syn /*Russ.* sɨ́n/.
/ɨ̢/　そり舌の /ɨ/: Zhifu /*Chin.* ʈʂɨ̢̄fú/.
/ɟ/　「ギ」と「ジ」の中間のような感じで，/c/　に対応する有声音: Nagy /*Hung.* nɒ́ɟ/.
/ʝ/　/ç/ に対応する有声摩擦音．yeast の最初の音の摩擦を強く発音すると /ʝíːst/ となる．
/ɬ/　/l/ のかまえで発音される無声の摩擦音．「シ」に近い音色を帯びる: *ll*on /*Welsh* ɬón/.
/ɭ/　そり舌の /l/: sor*l* /*Swed.* sóːɭ/.
/ɲ/　「ニュ」の子音に近いが舌先は歯につかない: Montaig*n*e /*F.* mɔ̃taɲ/.
/ɳ/　そり舌の /n/: va*rn*a /*Swed.* vǎːɳa/.
/o/　言語によって多少変動があり，「オ」に近いか，ないしはそれよりも舌が高く唇が丸まった母音.
/ø/　/e/ を発音しながら同時に唇を丸める母音: G*oe*the /G. gǿːtə/.
/œ/　/ɛ/　を発音しながら同時に唇を丸める母音: Köln　/G. kœ́ln̩/.
/ɵ/　/o/ と /ø/ の中間の中舌母音: f*u*ll /*Swed.* fɵ́lː/.
/ɸ/　「フ」の子音: *ph*ew [ɸː, pɸː].
/q/　/k/ よりもさらに奥の口蓋垂で発音される無声閉鎖音: *q*āf /*Arab.* qɑ́ːf/.
/r/　舌先が歯茎との間で数回震えて生ずる音: *r*osa /*Sp.* rósa/. なお /ɹ/ を参照.
/ɾ/　上の /r/ の舌先の震えが 1 回だけの音: ca*r*o /*Sp.* káɾo/.
/ɹ/　舌先と歯茎の間で生ずる半母音．本辞典で使用している英音の /r/ は厳密にはこの記号で表わす: *r*ed [ɹɛ́d].
/ʁ/　舌の後部と口蓋垂の間で作られる摩擦音: Pa*r*is /*F.* paʁi/.
/ʂ/　そり舌の /s/: *sh*amo /*Chin.* ʂāmò/.
/ʈ/　そり舌の /t/: *t*al /*Hindi* ʈɑl/.
/ʉ/　/ɨ/ を発音しながら同時に舌を丸める母音: h*u*s /*Norw.* hʉ́ːs/.
/ɯ/　唇を丸めない [u]．東日本の「ウ」は少し前寄りの [ɯ].
/ʋ/　/v/　よりも両唇を離して発音する半母音: *v*ala　/*Hindi* ʋɑlɑ/.
/x/　/k/　のかまえの舌を軟口蓋から離して発音する摩擦音: *J*apón /*Sp.* xapón/.
/y/　/i/ を発音しながら同時に唇を丸める母音: *ü*ber /G. ýːbɐ/.
/ɥ/　/y/ に対応する半母音: n*u*ance /*F.* nɥɑ̃ːs/.
/ʎ/　舌先でなく舌の前部を硬口蓋につけて生じる /l/ で，英語の Wil*l*iam /wíljəm/ の /lj/ に近い: fi*gl*io /*It.* fíʎʎo/.
/ʏ/　/y/ よりも舌が低く後寄りの母音: H*ü*tte /G. hʏ́tə/.
/ʑ/　/ɕ/　に対応する有声音で，「ジ」の子音: *z*iano　/*Pol.* ʑáno/.
/ʐ/　/ʂ/ に対応するそり舌の /z/: *R*enminbi /*Chin.* ʐə̂nmínpì/.
/ʔ/　「エッ」などに現れる閉鎖した声門を急に開くときの音: ドイツ語の語頭の母音を強く発音する時に現れる: *e*in /ʔáɪn/.

補助記号

/ʼ/　閉じた声門を急に開きその圧力で開放される閉鎖音(放出音): Paek*t*u /*Korean* pɛktʼu/. デンマーク語における急激な声門のせばめ音も便宜的に　/ʼ/　で表す: Hans /*Dan.* hánʼs/.
/ʰ/　開放の後に /h/ のような音を伴う閉鎖音(有気音): *K*ang /*Chin.* kʰɑ̀ŋ/.
/ʲ/　発音と同時に舌の前部が上がり「イ」の音色を帯びる(硬口蓋音化): *f*erma /*Russ.* fʲérmə/.
/ˤ/　舌のつけ根を咽頭壁に近づけること(咽頭音化): *t*arīq /*Arab.* tˤariːq/.
/˜/　呼気が口だけでなく鼻からも抜けること(鼻音化): *en*sem*b*le /*F.* ɑ̃sɑ̃bl/.
/˳/　無声化: hu*m*ph /m̥m/.
/˺/　ベトナム語などの発音表記で内破裂音を表す: Tete /*Viet.* téːt˺/.

声調記号

スウェーデン語: /ˇ/．音の高さが上昇したあと下降し，後続の音節で再び上昇·下降をする: Vasa /vǎːsa/.

セルビア語，クロアチア語，リトアニア語: /ˇ/ (上昇)，/ˆ/ (下降).

中国語: /ā/ (高)，/á/ (上昇)，/ǎ/ (下降上昇)，/à/ (下降).

タイ語: /a/ (中平)，/à/ (低平)，/â/ (高下降)，/á/ (高上昇)，/ǎ/ (低上昇).

ベトナム語: /ā/ (高平)，/á/ (高上昇)，/ǎ/ (高下降上昇)，/à/ (低平)，/ạ/ (低下降)，/ả/ (低下降上昇).

各母音の舌の位置の相互関係

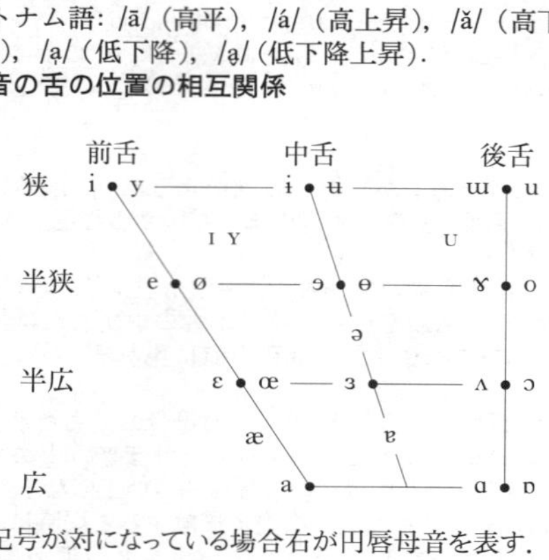

記号が対になっている場合右が円唇母音を表す.

（竹林　滋）

語 源 解 説

1. 英語辞典と語源

1. 1 英語辞典に多少の語源説明を加えることは，最近の一般的傾向のようである．英国の *Concise Oxford Dictionary* や米国に数多い college dictionary にはかなり詳しい語源記述があり，*Pocket Oxford Dictionary* や *Concise Heritage Dictionary* のような小型辞典にも簡単ながら語源欄がついている．英和辞典の場合でも，中型以上のもので何らかの形で語源に言及しないものは，むしろまれであろう．

語の慣用法は直接語源によって左右されるものではないが，一方新しい意味・用法でも遡っていくと原義ないし古義に関係づけられる場合が少なくない．ことに古くから用いられ続けてきた語の場合には，そのことばの年輪を明らかに知るためにも語史的・語源的知識が不可欠である．英語辞典の歴史をみると，語源が最初に取り上げられたのは，1656 年出版の Thomas Blount, *Glossographia* であり，以後 Edward Phillips, *The New World of English Words* (1658), Elisha Coles, *An English Dictionary* (1676), Stephen Skinner (1671), *Gazophyacium Anglicanum* (1689), 編者不詳の *Glossographia Anglica Nova* (1707) などいずれも語源解を標榜している．しかし一般英語辞典における語源欄の位置を確立したのは，語源記述を英語辞典に不可欠の要素と考えた Nathan Bailey の *A Universal Etymological English Dictionary* (1721) および *Dictionarium Britannicum* (1730) であった．後者の再版 (1736) こそ，かの Dr. Johnson の苦心になる，最初の本格的国語大辞典 *A Dictionary of the English Language* (1755) 2 巻の底本として用いられたものである．Bailey や Johnson の語源記述は William Somner (1659), Skinner (1671), Franciscus Junius (1677) によるところ大きく，独自の寄与は少ないといわれる．

Johnson の辞典でも語源記述は一般に甚だ簡略で，Dog [*dogghe*, Dutch.], Cat [*katz*, Teuton. *chat*, Fr.], Do [*don*, Sax. *doen*, Dut.] という程度であり，その限りでは大きな破綻を示していない．しかし，少し立ち入った記述になると，Have [*haban*, Gothick; *habban*, Saxon; *hebben*, Dutch; *avoir*, French; *avere*, Ital.] のように音韻論的には対応しないロマンス語形と結び付けたり (5. 3 参照)，GOD [*ȝod*, Saxon, which likewise signifies *good*. The same word passes in both senses with only accidental variations through all the Teutonick dialects.] のように，表面的な形態上の類似から god を good と関係づける安易な語源説に甘んじているような例が見られる．このような語源に対する後進性は，1828 年出版の Noah Webster 編 *An American Dictionary of the English Language* (現在の Webster 大辞典の元版) においても著しい．

1. 2 一般に，18 世紀以前の語源研究はなお恣意的な面が少なくなく，科学的厳密性を欠くものであったことは，18 世紀末の語源辞典，例えば G. W. Lemon, *English Etymology* (1783) にも歴然としている．Lemon は foot をギリシャ語の *φοιτάω* ‘歩く’ からの派生とし，garden をギリシャ語 *γῦρος*, ラテン語 gyrus ‘塀や垣根などで囲んだ土地’ に関係づけている．これらもまた古典語と英語との間に見られる，後述する音韻対応を無視したもので，「語源学においては母音は何ら関与せず，子音もごく僅かしか関与しない」という，フランスの文学者 Voltaire の有名な語源学批判を甘受すべきものである．

2. 印 欧 語 族

2. 1 しかし，科学的な語源研究は上記 Lemon の語源辞典出版から僅か 3 年後，英国の東洋学者 Sir William Jones が司法官としてインドに在任中発表した論文をもって緒につく．それは，インドの最古層の言語であるサンスクリットとヨーロッパの古典語であるギリシャ語・ラテン語との間の著しい言語特徴の類似性を指摘し，これらの言語が同一の母語(すなわち印欧基語)から派生したものと推定する画期的な研究であった．以後多くの比較言語学者の研究や古代語の発見によって，今日では印欧基語とこれから派生した諸言語を含む印欧語族 (Indo-European family) の系譜がかなり明らかになっている．

2. 2 ここにいう印欧基語 (Proto-Indo-European) とは，紀元前 4 千年頃まではほぼ単一の言語グループをなしていたと推定される言語である．印欧基語を用いていた原始印欧人の故郷 (homeland) がどこかについては，19 世紀以来ゲルマン(北ドイツ)説，メソポタミア周辺説，南東ヨーロッパ説などが次々に唱えられ甲論乙駁の状態だが，言語学や考古学・文化人類学の研究成果も含め，またクルガン文化 (Kurgan culture) との関係も考慮して，最後の南東ヨーロッパ説とくに黒海からカスピ海の北にひろがる草原地帯が，比較的有力視されている．この印欧基語から今日までに分化発達した諸言語は，西はアイスランド，アイルランド，東はトルケスタン，インドの地域に跨り，これに今日英語の用いられるオーストラリアや北米大陸などを加えれば，ほとんど地球を取り巻く広大な地域に及んでいる．こうして，世界最大の言語人口をもつ印欧語族は，数多い語族の中でも，文化史的に最も重要な語族の一つといってよいであろう．次に印欧語族の分類とこれに属する主要な言語名をあげておく．([ ] に包まれたものは古代語や消滅した言語を示す.)

インド語派 (Indic)
　[Sanskrit, Prakrit]——Hindi, Bengali, Urdu
イラン語派 (Iranian)
　[Old Persian]——Persian, Tajik
　　Kurdish, Pashto
トカラ語(派) [Tocharian]
アナトリア語派 (Anatolian)
　[Hittite]
　[Luwian]
　[Lycian]
アルメニア語(派) (Armenian)
ギリシャ語(派) (Greek)
アルバニア語(派) (Albanian)
イリュリア語(派) [Illyrian]
イタリック語派 (Italic)
　[Latin]——Italian, French, Spanish, Portuguese, Rumanian
　[Oscan, Umbrian]
ケルト語派 (Cetlic)
　[Goidelic]——Gaelic, Manx
　[Brythonic]——Welsh, Breton
ゲルマン語派 (Germanic) ⇨ 2. 3
バルト語派 (Baltic)
　[Old Prussian]
　　Lithuanian, Latvian
スラブ語派 (Slavic)
　Slovene, Serbo-Croatian, Bulgarian
　Czech, Slovak, Polish
　Russian, Ukranian

2. 3 英語の属するゲルマン語派の分類については諸説があるが，一つの分類法で示すと次のようになる．

東ゲルマン語群 (East Germanic)
　[Gothic]
北ゲルマン語群 (North Germanic)
　[Old Norse]——Icelandic, Norwegian, Swedish, Danish
北海ゲルマン語群 (North Sea Germanic)
　[Old Frisian]——Frisian
　[Old English] [Middle English]——English
　[Old Frankish]——Dutch, Flemish
　[Old Saxon]——Low German
内陸ゲルマン語群 (Inland Germanic)
　[Old High German]——German

3. 英語語源学

3. 1 英語を初めとするヨーロッパ諸語の語源研究が，19 世紀末から 20 世紀前半にかけてめざましい発達をとげた印欧比較言語学の成果に負うところ極めて大であることは，多言を要しないであろう．英語語源学は，第一に英語がゲルマン語派に属する北海ゲルマン語群の一言語であり，第二にゲルマン語派が上に述べた印欧語族の一語派であることを前提としている．そこで，印欧基語に遡る英語単語の語源記述では，印欧・ゲルマン比較言語学の成果が，また古期英語（Old English, 700–1100; 略 OE）以降の記述には英語史の研究成果が利用されることになる．つまり，英語の語源研究には，現代英語から中期英語（Middle English, 1100–1500; 略 ME），古期英語の段階にまで遡る英語の内史的部分と，さらに遡ってゲルマン基語（Proto-Germanic）・印欧基語（Proto-Indo-European）の段階を扱う英語の外史的部分とがあり，ある英単語の語源を特定するためには，内史・外史を通じて，形態の連続性と同時に意味の連続性が証明されなければならない．その際，内史的考察が外史的考察に先行すべきことはいうまでもない．

3.2　例えば，cow の語源は本辞典で次のように記述されている．

> **cow**[1] 〖OE *cū* < Gmc **k(w)ōuz* cow (Du. *koe* / G *Kuh*) ← IE **gʷōus* ox, bull, cow (L *bōs* ox / Gk *boûs* / Skt *gāus*): cf. beef〗

語源欄の読み方について注意すると，このように OE に遡る語はただちに OE の語形を記し，ME の語形をあげないのを原則としている．OE から ME, ME から ModE への発達は英語音韻史の知識で十分理解されるから，例外的な場合を除き省略したのである．しかし，cow の語源が古期英語 cū /ku:/ であるというためには，この /ku:/ という音が中期英語末から近代初期にかけて生じた大母音推移（the Great Vowel Shift）というほぼ組織的な音変化によって /kʊu/ /kəu/ をへて /kaʊ/ となったこと，また cū → cow という綴り字上の変化は /u:/ 音を表すのに ou, ow を用いたノルマン写字生の書記法によることを明らかにして形態上の連続性を確認すると共に，その意味「牝牛」が基本的には変ることなく連続している，という意味の連続性の確認が前提となっている．

3.3　英単語の中には dog のように OE docga より古く遡ることができない場合もあるが，cow の場合は上記語源欄の示すように OE cū が最終的語源ではない．英語と同語派に属する他のゲルマン諸語に OE cū に対応する語——OFris. kū, OS kō, OHG chuo, ON kȳr——が存在することから，古代ゲルマン人が用いた言語，いわゆるゲルマン基語の語彙に **k(w)ōuz* が推定できる．（*印は A. Schleicher 以来，その語が文証されないが理論上推定される語形であることを示す．）我々はさらに，このゲルマン語に対応する語形を欧亜大陸の諸言語に，OIr. bō, L bōs (cf. boss[5]), Toch. (A ko, ki; B keu), Gk boûs, Arm. kov, Latv. gùovs, OSlav. *govędo, Aves. gāush, Skt gāus のように見出し，これらの語形の遡源する印欧基語 *gʷōus ‘牛’ を帰納的に推定することができる．上記語源欄はこの過程を簡略に 〖OE *cū* < Gmc **k(w)ōuz* ... < IE **gʷōus* ...〗 としている．（A' < A は A' が A の音法則的発達であることを示す．）その際ゲルマン基語の次に，同じくこの基語から発達した同族語を例示するが，一般読者の便を考えて，通例オランダ語・ドイツ語の現代語形をあげてある．（なお Du. と G の間の斜線は異なる言語を併記するときの区切りとして用いている．）また，印欧基語の次にも同じように，ラテン語・ギリシャ語の同族語形をあげた．ギリシャ語の転写法は，サンスクリット・ヘブライ語・アラビア語・ロシア語と共に，本文中の alphabet の項の表に示してある．ギリシャ文字のローマ字転写は，慣用的なラテン語式によらなかったところがある．すなわち kappa は c でなく k, upsilon は y でなく u, chi は ch でなく kh, また軟口蓋音（k, g など）の前の gamma も n でなく g で表記した．しかし，英語におけるギリシャ借入語は通例ラテン語を経由しているので，*synch*ronize のように，いずれもラテン語式（y, n, ch）の形をとっていることはいうまでもない．

3.4　cow の語源はこのように IE *gʷōus に遡ることが分ったが，これからさらに遡源することは可能であろうか．大多数の語の場合，印欧語以前に遡ることは困難だが，一説によると，*gʷōus は言語の系統が不詳とされるシュメール語（Sumerian）gu（< **gud*）‘(種)牛’ の借入で本来擬音語であるという．また古代中国語の ‘牛’（上古漢音で /ŋɪog/）もシュメール語からの借入とする説があるが，これらの関係はなお不詳としなければならない．

3.5　現代英語の単語のうち印欧基語に遡るものには次のような語がある．予想されるように，日常生活に必要な基本語彙の多くを占めている．

1. 身体 arm, brow, ear, eye, foot, heart, knee, nail, navel, tooth
2. 家族 father, mother, brother, sister, son, daughter, widow
3. 動物 beaver, cow, goat, goose, hare, hart, hound, mouse, sow, wolf; louse, nit; bee, wasp; crane, raven, starling; fish
4. 植物 alder, ash, asp(en), beech, birch, fir, hazel, oak, withy
5. 飲食物 bean, mead, salt, wine
6. 天体・自然現象 moon, star, sun; snow, wind
7. 数詞 one—ten, hundred
8. 代名詞 I, thou, ye, it, that, who, what
9. 形容詞 cold, hard, hot, light, long, new, red, white, young
10. 動詞 be, come, do, eat, lie, murmur, ride, seek, sew, sing, stand, weave
11. その他(名詞) acre, ax(e), door, furrow, month, name, night, ore, summer, thatch, year, yoke

4. ゲルマン語派

英語の属するゲルマン基語が印欧語から分離し始めたのはおよそ紀元前 1500 年のころで，以後長い期間に亙って分化・発達を続け，紀元 5–6 世紀になって大体現在のゲルマン諸言語が確立する．2.3 で示したゲルマン語派の四分説に対し，伝統的な分類では北海ゲルマン語群と内陸ゲルマン語群を一つにした西ゲルマン語群（West Germanic）を認める三分説をとっている．確かに他のゲルマン語に対して，これら西ゲルマン語群の言語の間にはいくつかの共通の言語特徴が存在する．しかしまた一方，北欧語と西ゲルマン語，ゴート語と高地ドイツ語に特有の特徴も認められる．したがって，むしろ北欧語とゴート語を除いた残りが，ゆるやかな纏(まと)まりをなしていたものとみるのが一番穏当かもしれない．そこで本辞典で西ゲルマン語形を想定するときには，括弧付きの表記（WGmc）を採用することにした．ゲルマン基語の語彙をみると，印欧語時代に比べて社会生活の進歩，環境の変化が窺われる．とくに農耕・牧畜関係の語の充実と共に，航海・漁業関係の語が豊富であり，戦争関係，宗教関係の語が目立つ．

1. 身体 bone, hand, toe
2. 穀物・食物 berry, broth, knead, loaf, wheat
3. 動物 bear, lamb, sheep, 《古》hengest (cf. Hengist), roe, seal, weasel
4. 鳥類 dove, hawk, hen, raven, stork
5. 海洋 east, west, north, south; ebb, sea, sail, ship, keel, steer, net, tackle, stem, haven, sound, strand, cliff, swim
6. 戦争 bow, helm, shield, sword, weapon
7. 宗教 god, ghost, heaven, hell, holy, soul, weird, werewolf
8. 住居 bed, bench, hall
9. 社会 atheling, earl, king, knight, lord, lady, knave, wife, borough
10. 経済 buy, ware, worth
11. その他 winter, rain, ground, steel, tin

5. Grimm の法則

5.1　これはゲルマン語派の諸言語と印欧語族の他の語派の諸言語との間に存在する子音推移を公式化したもので，ドイツの比較言語学者 Jacob Grimm (1785–1863) に因んで Grimm's Law とよぶが，また第一子音推移と称することもある．分り易くするために，印欧基語（IE）の子音をほぼ保存するラテン語（L）と推移したゲルマン基語（Gmc）の音韻をもつ英語（E）の例で示すと次のようになる．

1）IE の無声閉鎖音 p, t, k は Gmc で摩擦音化して f, þ (/θ/), χ (h) となる．

IE	L	Gmc	E
p	*p*ater (F père)	f	*f*ather
t	*t*rēs (F trois)	þ	*th*ree
k	*c*entum (F cent)	χ	*h*undred

2）IE の有声閉鎖音 b, d, g は Gmc で無声化して p, t, k となる．

IE	L	Gmc	E
b	tur*b*a	p	thor*p*
d	*d*uo (F deux)	t	*t*wo
g	a*g*er (cf. *agri*culture)	k	a*c*re

3）IE の有声帯気音 bh, dh, gh は Gmc で帯気性を失い b, d,

gとなる．ただしラテン語(L)ではf, f, h(または消失)，またギリシャ語(Gk)ではph, th, khとなる．そこでギリシャ語の例も加えると，

IE	Gk	L	Gmc	E
bh	*ph*rátēr	*f*rāter	b	*b*rother
dh	*th*úra	*f*orēs (pl.)	d	*d*oor
gh	*kh*ḗn	anser (< *hanser)	g	*g*oose

この音韻法則に照らしてみれば，英語のfoot, gardenに対応するギリシャ語・ラテン語はそれぞれpoús, podós / pēs, pedisおよびkhórtos / hortusが正しく，1.2にあげたLemonの推定が科学性を欠いた恣意的な臆説に過ぎないことが明らかとなろう．

5.2　ところで，印欧基語とゲルマン語との音対応をさらに詳しくみていくと，そこに一つの問題が生じる．1)の規則に対して上例のL pater: E fatherの語頭のp:fは適合するが，語間のt: thの対応はどうであろうか．これは一見規則的のようだが，実は偶然の結果に過ぎない．というのは，fatherのOE形はfæderでGmc *fáðērに遡り，従ってIE t: Gmc ð (/ð/)の対立を示すことになるからである．同様にIE p, kもしばしばf, χ(h)とならずにその有声音ƀ(/β/), ǥ (/ɣ/)として現れることが分った．Grimmの法則に対してこれは重大な例外といわねばならない．しかし1875年，デンマークの言語学者Karl Verner (1846–96)はこれらの変化が印欧基語のアクセントの位置に帰因することを明らかにしたのである．すなわち，IE p, t, kは有声音の間にあるとき，直前の音節にアクセントがあれば規則どおり無声のf, þ, χだが，直前の音節にアクセントがなければそれぞれの有声音ƀ, ð, ǥとして現れる．そこでfatherのIEからOEに至る発達の過程は次のように推定できる: IE *pətér- > Gmc *faðḗr > *fáðēr > WGmc *fáder > OE fæder．この場合，ゲルマン語派ではまず子音推移が部分的に行われ，その後でアクセントの語幹主母音への固定化が生じたと考えられる．

5.3　ここでふれる余裕はないが，印欧語の母音についても，子音より複雑な形ではあるが，音韻対応が明らかにされている．これによって我々は，比較言語学の輝かしい成果である音韻対応によって，ある語の語源が正しいか否かをチェックし，また表面的には類似の認め難い語の間にも語源的関係を見出すことが可能となったのである．

例えば，意味・形態上一見類似性が明らかと思われる英語のdayとラテン語のdiēsが，実は語源上無関係であることは，英語(ゲルマン語)のdとラテン語(印欧語)のdが対応しないことから明らかであろう．正しくは，dayがGmc *dagaz (語頭のd-は不詳)さらにIE *agher-'一日'に由来するのに対して，diēsのほうはIE *dyē-, *dei-'輝く，照る'に遡ると推定されている．また前にDr. Johnsonの辞典から引用したhaveの語源記述が正しくないことも，本辞典の次の語源記述から窺えるはずである．

> **have**[1]　〘ME *have*(*n*), *habbe*(*n*) < OE *habban* < Gmc *χaƀēn (Du. *hebben* / G *haben*) ← IE *kap- to have in hand, take (L *capere* to hold / Gk *káptein* to swallow): cf. heave〙

また，英語のhaveに対して，フランス語avoirやイタリア語avereの語源であるラテン語habēreは'持つ，所有する'という基本義をもち，完了の助動詞としての用法でも一致しているのみならず，形態上も一見類似しているように見える．しかしこの場合も，本語源欄の示すとおり，haveがGmc *χaƀēn, IE *kap-に遡る(従ってラテン語のcapere'摑まえる'と同根)のに対して，habēreはIE *ghabh-, *ghebh-に由来する(従ってGmc *ʒeƀanをへてgiveと同根)ことは，IE k, p, gh, bhがラテン語ではc (=k), p, h, bに，ゲルマン語ではχ, ƀ, g, bに発達するというGrimmの法則に照らして確認できる．

5.4　さらにcowに対してbeefは，意味上は'牛——牛肉'という密接な関係をもつが，形態上は一見無関係のように見える．しかしこの2語が結局同語根に由来することは，beefに対する本辞典の語源記述を参照すれば明らかとなろう．

> **beef**　〘《*c*1300》 *bēf, boef* ◻ ONF *boef, buef* (F *bœuf*) < L *bovem, bōs* ox < IE *g^{w}ōus: ⇨ cow[1]〙

ここにはbeefがbēf, boefのような形で13世紀末の中期英語文献に初めて現れることがまず示されている．《 》内の数字は*O.E.D.*または*M.E.D.*などのあげる初出文献の執筆[成立]年代だが，これはおおよその目安を与えるに過ぎないことはいうまでもない．そして，このME boefは1066年のノルマン征服の結果，英国に定住するに至ったノルマン人が用いていたフランスの北部方言(ONF)のbuef, boef(現代フランス語ではbœufで'牛''牛肉'の両義をもつ)が英語に借入されたもの(◻は借入の関係を示す)である．ついで，このフランス語がラテン語bovem (bōsの対格形)から発達したもので，さらに(オスク方言をへて) IE *g^{w}ōu-に遡ることが示されている．

6. 英語とドイツ語

ゲルマン語派に属する諸言語はすべて，上に記したGrimmの法則とよばれる子音推移を受けたが，今日の標準ドイツ語を形成する高地ドイツ語においては，さらに第二の子音推移が生じ，その結果として，ドイツ語の子音組織は，他のゲルマン語に対して特異なものとなった．この子音推移は通例第二子音推移とよばれ，およそ紀元6–9世紀のころ起こったと推定されるが，第一子音推移に比べると例外が多く，また地理的にも限定されている．しかし，英語とドイツ語を比較する場合不可欠なので，簡単に付記しておく．

1)　Gmc p, t, kは(高地)ドイツ語で破擦音あるいは摩擦音/pf/, /f/; /ts/, /s/; /ç/, /x/となる．

	E	G
p	*p*ool; o*p*en	*Pf*uhl; o*ff*en
t	*t*wo; ea*t*	*z*wei; e*ss*en
k	I (< OE i*ċ*); ma*k*e	i*ch*; ma*ch*en

2)　Gmc d, þは(高地)ドイツ語でそれぞれ/t/, /d/となる．

E	G
*d*aughter; goo*d*	*T*ochter; gu*t*
*th*ree; bro*th*er	*d*rei; Bru*d*er

7. 外来語

7.1　cowやfatherが我々の推定しうる最古の印欧基語の段階から今日に至るまで連綿と続いている本来語(native word)の例であるのに対して，上にふれたbeefは，ある時期に他言語との接触によって生じた借入語(borrowed word, loan word)あるいは外来語(foreign word)の例をなしている．

英語は中世，とくに中期英語以後ラテン語・フランス語を初めとして，ほとんど世界中の諸言語から借入を行い，「言語的消化不良の慢性症」といわれる反面，世界で最も豊富な表現語彙をもつ言語の一つである．従って，英語の語源を考える場合，借入語の問題は極めて重要となる．そこで，本来語と外来語との関係を統計的に見ると，使用頻度に基いて選んだ語彙約2万語* と約14万語** の場合，その語源的分布，比率は次のようになる．

	(2万語)	(14万語)
本来語	19%	14%
ラテン語	15%	36%
フランス語	36%	21%
ギリシャ語	13%	4.5%
北欧語	7%	2%
イタリア語 スペイン語	1%	3%
その他	9%	19.5%

* R. G. Kent, *Language and Philology*; 北欧語の項にはオランダ語・ドイツ語を含む．

** Paul Roberts, *Understanding English*.

本来語の比率はそれぞれ19%, 14%で，語数を大きくとれば本来語の比率は低くなる傾向がある(1千語では83%; 1万語では25%)．これに対して，ラテン語・フランス語の占める比率は甚だ大きく，語彙数の大きさに比例して大きくなることが知られている．このように，英語はゲルマン語派に属する言語でありながら，語彙に関してはむしろラテン・フランス語系のロマンス語的色彩が極めて濃い．

7.2　**外来語の借入型**　一般的にいえば，外来語は借入の際に屈折語尾の部分を落とした語幹の形で取り入れられ，必要に応じてこれに本来語の語尾が加えられる．例えばL vīn-umはOE wīn 'wine', L offer-reはOE offr-ian 'to offer'として，またON ill-rはME ille 'ill', ON tak-aはOE tak-an 'take', It. firm-aはfirmとして借入されている．ただし，L hyacinth-usからのOE iacinctus 'hyacinth', ON ang-rからのME anger 'anger'のように語尾まで含めて借入されることもある．とくに近代期以後名詞を借入する場合には原語のままの形で借入されることが多く，原語の屈折語尾の有無が，その借入が中世か近代・現代かを知る手掛りとなる: alb-um, bon-us, cris-is, dram-a (以上ラテン語またはギリシャ語); concert-o, gondol-a (イタリア語); sag-a (北欧語); cherub-im (ヘブライ語)．

7.3　**ラテン借入語**　次に，英語における外来語の中で最も大きな比重を占めるロマンス系借入語，とくにラテン語とフラン

ス語について，その借入の型を述べよう．

a）ラテン語からの借入は，アングロ サクソン民族のブリテン島侵入以前，いわゆる大陸時代に始まるが，初期のラテン借入語には上掲の wine のほか，bishop，butter，cheap，cup，street, wall などがある．

ラテン語の名詞・形容詞は通例辞典の見出し語となる主格形ではなく，屈折形の語幹の形で借入される．これはラテン語の語幹は通例屈折形に完全な形で現れること，およびふつうの名詞・形容詞は主語の位置にくることが少なく，目的語などの位置に現れることが多い，という頻度の問題などによると思われる．本辞典でも一般に語幹を示す対格の形であげ，ときに主格形を併記してある．

tra·di·tion 〖《*c*1384》□(O)F ～ // L *trāditiō(n-)* delivery, handing down ← *trādere* to hand over ← *trāns* 'TRANS-'＋*dare* to give: ⇨ -ition: TREASON と二重語〗

ここで，L *trāditiō(n-)* は主格形 *trāditiō* と同時に，対格形 *trāditiōnem* に見られる語幹末子音 n を表す略記法である．(O)F と L との間の記号 // は 'or' の意で，借入が直接ラテン語からか，またはフランス語を経由したものか断定し難い場合に用いてある．ただし，語幹が主格からでも単に語尾を落とすことによって導き出せる場合には，便宜的に -us, -a などの主格形であげた．

con·duct /kándʌkt, -dəkt | kɔ́n-/ 〖n.: 《*c*1441》□LL *conductus* escort (p.p.) ← *condūcere* (⇨ conduce) ∽ 《*c*1300》 *conduit* □(O)F (p.p.) ＜ L *conductum*. — v.: 《*a*1422》 *conducte(n)* ← L *conductus* ∽ 《*c*1400》 *conduite(n)* ← (n.)〗

b）ラテン語の動詞については不定詞 (inf.) の語幹から借入する場合 (主に -āre に終る第一変化動詞) と完了分詞 (p.p.) の語幹から借入する場合とがある．一例をあげると，L condūcere (inf.), conductus (p.p.) は異なる時期に借入されてそれぞれ ME conduce(n) (1475)，conducte(n) (*c*1400) となっている (-en は ME の不定詞語尾)．完了分詞幹は本来過去分詞(形容詞)として借入されたが，ラテン語の -t- が英語の過去分詞語尾 -(e)d に対応することが一般には十分意識されなかったため，これにさらに -ed をつけた conducted のような形が過去分詞形として用いられるようになり，ついでこれから逆に -ed をとることによって coducten という新しい不定詞形が生じたと考えられる．このようにラテン語動詞は ME から近代初期にかけて，二つの型で借入される場合が少なくなかったが，通例どちらかがまもなく廃語 (†) となっている: affect (1413–)—†affectate (1560–95); examine (*c*1303–)—†examinate (1560–78); †corrobore (1485–1563)—corroborate (1530–)．ときに両方の語形が残っている場合があるが，その際完了分詞形のほうが特殊化された意味を表していることが多いようである: convince (1530–) '確信を抱かせる'—convict (1380–) '罪を悟らせる'; transfer (*c*1380–) '運び移す'—translate (*a*1325–) '(ある言語から別の言語へ)移す，翻訳する'．

7.4　フランス借入語　1066 年のノルマン征服後約 300 年間は，支配階級のノルマン人の言語であるノルマンフランス語 (Old Norman French; 略 ONF) を基にした Anglo-French (英国で用いられたフランス語; 略 AF) が公用語として，宮廷・議会・法廷・学校などで用いられた．14 世紀後半になると国民意識の高揚と共に英語が失地回復をして，Anglo-French は公用語としての地位を退くことになるが，その間支配階級，上流階級を通じ，おびただしいフランス語が英語の語彙に流入し，さらに ME 後期から近代にかけてパリを中心とする中央フランス語 (Central French; 本辞典では (O)F と略) からその高い文化を反映する多数の語が借入された．Anglo-French は本辞典では Old Norman French (略 ONF) として示したことが多い．

catch 〖《?*a*1200》□ONF *cachier*＝OF *chacier* (F *chasser*) ＜ VL **captiāre*＝L *captāre* to try to seize, hunt (freq.) ← *capere* to take: CHASE[1] と二重語: to take の意味は ME *lac(c)he(n)* 'to take, LATCH' の影響〗

ONF cachier＝OF chacier とあるのは，ME の語形は ONF からであるが，これに対する中央フランス語の形を参考に示したのである．そしてこの OF から直接借入されたのが ME chase(n) すなわち chase に外ならず，従って catch と chase は共通の語源をもつ二重語 (doublet) をなしている．このように，外来語と外来語との間，あるいは外来語と本来語との間で，二重語さらに三重語 (triplet) をなすことが少なくない: sure (OF)—secure (L); shirt (E)—skirt (ON); cattle (ONF)—chattel (OF)—capital (L).

a）フランス語の名詞・形容詞の借入についても，一般に英語の語形はフランス語の対格によっている．古期フランス語の名詞・形容詞の格変化は，ラテン語の 5 ないし 6 種の格のうち，主格と対格の 2 種を残すのみであった．それで serfs '奴隷' と bons 'よい' を例にとり，ラテン語との関係を ( ) 内に示すと

	単　数	複　数
主　格	serfs (＜ L servus)	serf (＜ L serfī)
対　格	serf (＜ L servum)	serfs (＜ L servōs)
主　格	bons (＜ L bonus)	bon (＜ L bonī)
対　格	bon (＜ L bonum)	bons (＜ L bonōs)

単数主格の -s はラテン語の -us に由来するが，結局中期英語の名詞組織 (単数—θ; 複数—s) に呼応するのは，主格の系列ではなくて，対格の系列であった．借入の場合にも対格の形がとられたのは，近代フランス語の名詞・形容詞形がラテン語の対格形であったことと共に，この間の事情が与っているかと思われる．これに対して，フランスの人名に由来する Charles, Lewis, James などの -s は本来フランス語の主格語尾であり，これはこれらの人名が主格(呼格を吸収)で用いられることの多かったことを反映するものであろう．人名以外でフランス語の主格形から借入された次のような場合は例外とみてよい．

ap·pren·tice 〖《1307》□OF *aprentis* (F *apprenti*) ← *aprendre* to learn ...〗

b）フランス語の動詞の借入に当たっては，不定詞の語幹がとられるのが一般的だが，-ir 型の動詞では現在分詞あるいは直説法現在複数などの語幹 -iss- から借入されることが多い．この -iss- はラテン語で起動相 (inchoative) を表す接辞 -isc- に由来する．

pol·ish 〖《*a*1325》← (O)F *poliss-* ← *polir* ...〗

ここで注意すべきは，OF /s/ が英語で口蓋音化して /ʃ/ となり sh の形をとっていることである．この口蓋化は次のような不定詞幹からの借入の場合にも見られる．

push 〖《?*c*1225》 *pusshe(n)*, *posshe(n)* □(O)F *pousser*, OF *po(u)lser* to push, beat ...〗

また現在分詞幹からの借入は，-aindre，-eindre，-oindre 型の動詞の場合についても起こる．

join 〖《?*a*1300》□(O)F *joign-* (pres.p. stem) ← *joindre* to join ...〗

上に述べたように，不定詞幹は動詞として借入されるが，語尾まで含めた不定詞形は通例名詞として借入される．しかし，ときに動詞として入ることもある．

din·ner 〖《*c*1300》 *diner* □(O)F *dîner*, OF *disner* 'to DINE': 不定詞の名詞用法 (⇨ -er[3])〗

c）ME 期に入ったフランス借入語は，ルネサンス期に，権威をもつと考えられたラテン語形に合わせて復元されることがあった．このような再構成形を示すために，本辞典では記号 ∽ を用いている．

debt 〖《15C》□F 《廃》 *debte* ∽ 《?*a*1200》 *det(t)e* □(O)F *dette* ...〗

これに類した例が，ME 期に古期ノルド語 (Old Norse; 略 ON) からの借入語が古い本来語の語形に取って代る場合に見られる．

sis·ter 〖ME ～ □ON *systir* ∽ ME *suster*, *soster* ＜ OE *sweostor* ...〗

egg[1] 〖n.: 《*c*1340》 *eg(ge)* □ON *egg* ∽ ME *ey* ＜ OE *ǣġ* ...〗

OE sweostor は ME suster, soster (w は u, o に吸収される) となり，方言には suster として残っているが，現代英語の sister は ON 形による再構成形である．

7.5　北欧借入語　8 世紀に始まる Vikings のブリテン島侵入，定住や 11 世紀前半のデーン人による英国支配によって，danelaw と呼ばれる地域を中心に古期英語と(同じゲルマン語派に属する)古期ノルド語の二言語使用 (bilingualism) が行われ，その結果，一般の外来語の例と異なり，ON 借入語は基本的な日常語彙や文法機能を表す語にまで及んでいる．上掲の sister, egg のほか主なものをあげておく: band[1], fellow, husband, law[1], leg, skin, skirt, sky, window; awkward, flat[1], ill, loose, low[1], meek, sly, ugly, weak, wrong; call, die[1], get, give, seem, take, want; they, them, their, though, till[1]. ON の語形には，慣用に従って古期アイスランド (Old Icelandic) の語形をあげてある．

8. 造 語 法

以上に取り上げた単語は，主に OE あるいはゲルマン語以前に遡る本来語か，英語の発達の過程で借入された外来語である．しかし現在の膨大な英語の語彙の中には，英語の内部で造語されたものが多数存在するので，最後に英語の造語法について説明を加えておく．

最も一般的な造語法は，既存の語に接辞 (affix) を付けて造る派生 (derivation) と既存の 2 語以上の結合，または連結形 (combining form) を用いた合成 (compounding) とである．

folk·sy 〘《1852》← *folks* ((pl.) ← FOLK)＋-Y[4]〙
life·style 〘1929〙
bio·sociology 〘《1901》← BIO-＋SOCIOLOGY〙

本辞典では，近代期以後の造語で構成要素の自明な合成語 (例 bookcase, world-famous) や多産的な接辞 (-al[1], -an[1], -ed, -er[1], -ful[1,2], -ic[1], -ical, -ing[1,2], -ish, -ism, -ist, -ive, -ize, -less, -like, -ly[1], -ness, -or[1], -ous, non-, post-, pre-, re-[1,2], semi-, super-, un-[1,2] など) や前後から自明な連結形による造語の場合，語源記述を省略したことが多い．しかし，これらの造語法によって，現在も毎日のように新語が造られているのである．また派生の特殊な例として，いわゆる品詞の転換 (functional shift) がある．たとえば Xerox (n.) → (v.) などは，接辞の加わらないゼロ派生 (zero derivation) と考えることができる．この品詞の転換は，古期英語やラテン語のような屈折言語には起こらないが，現代英語のような無屈折に近い分析言語にはひろく見られる現象である．すでに近代初期に，Shakespeare は大胆にこれを活用している: It beggar'd all description. 筆舌に尽くし難かった (*Ant* 2. 2. 198) / I'll devil-porter it no further. 地獄の門番はもうごめんだ (*Mac* 2. 3. 17): ⇨ spaniel, uncle. 今日においては，「英語では，動詞にそのままの形で転用できないような名詞はない」といわれるほど，高い生産性をもっている．

これらと並んで最近の新語形成に著しい造語法として省略 (abbreviation) がある．省略は，いわば合成とは逆の方法で，種々の型がある．

a) 短縮 (clipping): 語の一部を切り取った省略形で，どの部分を残すかにより，次の 3 種に分かれる．1) 語の頭部を残したもの: exam (← examination); fan (← fanatic). 2) 語の尾部を残したもの: bus (← omnibus); phone (← telephone). 3) 語の中間部を残したもの: flu(e) (← influenza); fridge, frig (← refrigerator), Liz (← Elizabeth).

b) 次に省略の一種で Lewis Carroll, *Through the Looking Glass* (1871) で有名となり，今日も盛んに用いられているのが混成 (blending) と呼ばれる造語法である．これは 2 語の一部を重ねて新しい 1 語を造るもので，brunch 〘《1896》《混成》← BR(EAKFAST)＋(L)UNCH〙 や smog 〘《1905》《混成》← SM(OKE)＋(F)OG〙 など周知の例であろう．これは短縮と共に，生活のテンポ・リズムが急速に早まりつつある現代社会の要請に応えるものだが，現代に限った造語法ではなく，数は少ないが，古典語にも存在する．Shakespeare にも rebuse '悪口雑言する' (← rebuke＋abuse) などの例があるが一般化しなかったらしい．

c) また，既存の語に接辞を付けて派生語を造るのと逆に，ある語の一見接尾辞と見える部分を切除して本来は存在しなかった語を造る造語法があり，これは逆成 (back-formation) と呼ばれる．baby-sit '(親の留守の間)子守りをする' 〘《1947》《逆成》← BABY-SITTER〙 も baby-sitter 《1937》 から sitter ← sit＋-er[1] の類推で造語されたものである．televise (← television), contracept (← contraception) など多数の新語を生み出している．古い例としては difficult (← difficulty) などがあり，一説では beg も beggar からの逆成としている．また，pea[1] は pease (< OE pise) の語末の /z/ を複数語尾と誤解して生じた，一種の逆成と見ることができる．これは通俗語源による変形の一例であるが，類似の通俗語源的現象として，語あるいは語群が非語源的に分析された結果生ずる異分析 (metanalysis) がある: ME (an) ekename → ModE (a) nickname: ⇨ newt, apron.

d) 省略のもう一つの型として，合成語または語群の各頭文字を並べて 1 語を造る方法がある．これを initialism といい，このようにして造られた語を頭字語 (acronym; initial word) と呼ぶ．この種の省略語は B.C., A.D. のように古くから行われ，現在も英米の放送局名 BBC, NBC や辞典の OED, あるいは NGO のように各種の名称の略語として広く用いられている．これらはふつう各頭文字をアルファベット読みにしているが，ときには emcee (M.C.), okay (O.K.) のように発音綴りにすることもある．最近の傾向としては，アルファベット読みでなく 1 語として棒読みできるようなものが多いこと (NATO, UNESCO, radar), P.E.N. 'ペンクラブ' のように既存の語と語形が一致するものが好まれること ('pelican' crossing, AIDS, WASP) などが指摘できよう．

(寺澤　芳雄)

A a

A^{1}, a^{1} /éɪ/ *n.* (*pl.* **A's, As, a's as, aes** /~z/) **1** 英語アルファベットの第1字. ★ 通信コードは Alfa. **2** (活字・スタンプなどの) A または a 字. **3** [A] A 字形(のもの). **4** 文字 a が表す音: a short *a* 短音の a《cat, back などの /æ/; ⇨ short *adj.* 10 a》/ a long *a* 長音の a《late, pale などの /eɪ/; ⇨ long^{1} *adj.* 12》. **5** (連続したものの)第1番目(のもの). **6** (中世ローマ数学の) 50; 500. **7** 〘音楽〙 **a** イ音, (ドレミ唱法の)ラ音; イ音の弦[鍵(けん)], (パイプオルガンの)パイプ]: A sharp 嬰(えい)イ音《記号は A$^{\sharp}$》/ A flat 変イ音《記号は A$^{\flat}$》. **b** イ調: A major [minor] イ長調[短調] (cf. key^{1} 3 a).

á and ízzard 始めと終わり. ***A No. 1*** /éɪnʌ́mbəwʌ́n | -bə-/ =A 1. ***from Á to B́*** ある場所から別の場所へ. ***from Á to Ź*** [***ízzard***] 初めから終わりまで, すっかり, 詳細に. 《1819》 ***nót knòw Á from B́*** [***from Á to B́***] 無学文盲だ.

〚OE A, *a* ◻ L (Etruscan を経由) ◻ Gk A, *α* (álpha) ◻ Phoenician 𐤀: cf. Heb. א (āleph) 《原義》 ox. ★ ギリシャ語・ラテン語の最古の段階では, セム語と同様にテキストは右から左に書かれていたが, その後今日のヨーロッパ諸語のように左から右に変わった; そのためギリシャ・ラテン文字は, 多くフェニキア文字を裏返したような形になっている〛

a^{2} /ə; èɪ, éɪ/ *indefinite article* (母音で始まる語の前では **an**: cf. an^{1} 語法) **1 a** [一般用法] 場面上不特定なものを指す単数形の countable noun の前に用い「一つの (one)」「ある(any, some)」の意を含む (cf. the A 1 a): I saw *a* dog running across the road. 犬が道路を横切って走って行くのを見た / Japan, *a* major world power 世界主要国の日本 / Do you have *a* computer yet? もうコンピューターをお持ちですか / She isn't *a* nurse. She's *a* doctor. 彼女は看護婦ではなく医師です / Mr. Smith is *an* excellent physicist. スミス氏はすぐれた物理学者です.

語法 (1) 制限関係詞節などによって修飾されている名詞にも, それだけではどれを指すか不明確なときは a(n) を用いる: He has *a* brother who is an artist. (2) 語順は通則として a＋名詞, a＋形容詞＋名詞, a＋副詞＋形容詞＋名詞: *a* day / *a* fine day / *a* very fine day; ただし such a ..., what a ..., so [as, too, how]＋形容詞＋a ... となる《quite, rather, half と共に用いられる場合については ⇨ quite 3 ★, rather 2 a ★, half *adj.* 1》: half *an* hour＝*a* half hour＝《俗》 *a* half *an* hour 30分 / I have never seen *such a* beautiful scene. / *What an* interesting story it was! / He did it in *so* short *a* time [such *a* short time]. / He is *as* bright *a* boy as I have ever seen. / It was *too* heavy *a* box for me to carry. / *How* good and brave *a* deed!＝What *a* good and brave deed!

---

b [通例 uncountable noun として用いる名詞に付いて] 一事例の (an instance of); 一種の (a kind of); 一定分量の, いくらかの (some): The doctor said that she would develop *a* tonsillitis. 医者は彼女が扁桃腺炎を起こすかもしれないと言った / Asparagus is *a* grass. アスパラガスは草(の一種)である / Bordeaux is *a* wine you can drink with many kinds of food. ボルドーは色々な種類の食べ物と合うワインだ / He has *a* fine intelligence. すぐれた知能をもっている / She has *a* knowledge of French. 彼女はフランス語が(いくらか)分かる / I'll have *a* sleep [swim]. ひと眠り[ひと泳ぎ]しよう.

2 a 一つの (one): *a* mile long 長さ1マイル / *a* dozen 1ダース / *a* day or two 一両日 / at *a* mouthful 一口に / in *a* word 一言で言えば, つまり / Not *a* soul was to be seen there. そこには人っ子ひとり見られなかった / Yes, I had *a* /éɪ/ reply. [強意的に] はい, 一応の返事はありました. **b** [dozen, score; hundred, thousand などの集合数詞の前に用いて]: *a* dozen pencils 鉛筆1ダース / *a* gross of matches マッチ1グロス / *a* hundred and twenty thousand yen 12万円 / *a* million dollars 百万ドル / *a* hundredfold 百倍に. **c** [few, great [good] many; little, great [good] deal などの前に付けて慣用的数量表現をなして]: *a* great many books 非常にたくさんの本 / *a* good deal (of money) 多額の金 / for *a* few days 数日間 / *a* little (water) 少し(の水). ★ many a＋単数名詞は《文語》で配分的意味を表して強意的: many *a* time 幾度ともなく. **d** [序数詞の前に用いて] もう一つの, いま1回の: He tried *a* third time. (2度やったあとで)もう1度やってみた (cf. He tried for the third time. ⇨ the A 1 b). **e** [通例 uncountable noun として用いる飲み物などを意味する名詞に付いて] 1杯の, 1人前の: Two teas and *a* coffee, please! 紅茶2杯とコーヒー1杯ちょうだい / I'd like *a* beer. ビール(1杯)ください. **f** [一対のものに付けて]: *a* cap and gown 式服式帽.

3 同一の (the same). ★ この用法は今は《まれ》: birds of *a* feather 同じ羽毛の鳥; 同類 / men all of *a* mind 皆一つ心の人々 / These hats are much of *a* size. これらの帽子は大体同じ大きさです / They are (much) of *an* age. 彼らは(ほぼ)同年齢だ.

4 [固有名詞に付いて] **a** …という人 (a certain): A Mr. Jones came to see you while you were out. ご不在中にジョーンズさんという方がお見えになりました. **b** …家の人: *a* Stuart スチュアート家の人 (cf. the Stuarts ⇨ the B 3 a). **c** …の作品《典型的には絵・彫刻》: I saw *a* Rodin there. そこでロダンの作品[彫刻]を見た. **d** [修飾語(句)を伴い, そのものの一様相を表して]: *a* corrupt West 堕落した西洋 / *a* sleepless George 眠れなかったジョージ.

5 a [主に固有名詞に付いて] …のような人[物] (one like): He is *a* (second) Newton in his scientific genius. 科学的天分の点では当代のニュートンともいうべき人だ / He thinks he's a bit of *a* Don Juan. ちょっぴりドン ファン的な面があると自分で思っている. **b** [... of a ... の形で] …のような… (cf. of^{1} 6 b): a saint *of a* man 聖人のような人. ★ この場合の of のあとには固有名詞も用いられることがある: that fool *of a* John あの愚かなジョン.

6 [代表単数表現をなして] いずれの…も, …は皆《any または every の弱い意; cf. the B 1 a ★》: A cat can see in the dark. 猫は暗がりでも目が見える.

7 各, 毎, …に付き (each, per) (cf. the B 5). ★ この a(n) は語源的には前置詞 (⇨ a^{3}) に由来するとされる: five miles *an* hour 1時間に5マイル, 時速5マイル / twice *a* week 毎週2回 / at one dollar *a* bottle 一びん1ドルで / We have three meals *a* day. 我々は日に3度食事をする.

〚ME *a* 《弱形》 ← OE *ān* 'ONE': cf. an^{1}〛

a^{3} /ə/ *prep.* **1** =a-^{1}. **2** 《方言》 =on, in, at.

a^{4} /ə/ *pron.* 《廃・方言》 **1** =he; she; it; they; I. **2** = him; her; them. 〚《?*a*1200》《弱形》 ← *ha* he, *heo* she, *hi* they〛

a^{5} /ə/ *auxil. v.* 《方言・口語》 =have^{2}: You must *a* ['*a*] done it. (=You must have done it.). 〚?*a*1200〛

a^{6} /ə/ *prep.* 《方言・口語》 =of: cloth *a* gold=CLOTH of gold. ★ しばしば先行する名詞に付けて用いる: kind*a*= kind of / sort*a*=sort of. 〚ME ← OE *of* 'OF^{1}'〛

a^{7} /ɑ́ː, ɔ́ː/ *adj.* (*also* **a'**) 《スコット》 =all: for *a'* that それにもかかわらず. 〚《1280》 ME 《北部方言》 ← *aw* 《変形》 ← ALL〛

a^{8} /eɪ, ɑː/ *L. prep.* from の意. 〚◻ L *ā* 《異形》 ← *ab* away from, from〛

a 《略》 *L.* ante (=before); atto-.

a 《記号》 **1** 〘数学〙 第1既知数[量] (cf. b, c; x, y, z). **2** 〘チェス〙 チェス盤の横列の名.

a, A 《略》 alcohol.

a, a. 《略》 anonymous; are 《面積の単位》.

ā, Ā 《略》 〘処方〙 ana.

A^{2} /éɪ/ *n., adj.* 《英》 〘映画〙 14歳未満には不適当な(映画) 《1982年以降は PG; cf. AA, U^{5}, X^{2}》. 〚《略》 ← ADULT〛

A 《略》 ammeter; 〘化学〙 atom; atomic; Australia; Australian.

A 《記号》 **1** (道路などの) 1級, A級; (富裕度が第1位の) A階層. **2** [時に a] 〘教育〙 **a** (学業成績の評語として) 優: straight A's 全優 / an A *in* English. **b** [時に a] 《米》 (学年が二期制の学校で) 1学期, 前期 (first semester). **3** 〘論理〙 全称肯定(命題) (universal affirmative); 全称量化詞《しばしば ∀ の形で使う》. **4** 《古》 〘化学〙 argon. **5** 〘物理〙 angstrom. **6** 〘化学〙 atomic weight. **7** (ABO 式血液型の) A型. **8 a** (靴幅を示す) Aサイズ《AA より幅広く B より狭い》. **b** (ブラジャーの) Aカップ《AA より大きく B より小さい》. **c** (男子用パジャマのサイズの) 小 (small). **9** 〘製紙〙 A判《紙の規格系列の一つ》: ⇨ A4, A5, A sizes. **10** 〘米空軍〙 水陸両用機 (amphibious plane); 〘米軍〙 攻撃機 (attack aircraft): A-10. **11** 《英》 主要幹線道路: the A 3 幹線道路3号線.

A, A., a, a. 《略》 〘音楽〙 alto; 〘電気〙 ampere(s); answer; area.

a. 《略》 ablative; about; acceleration; 〘商業〙 *F.* accepté (=accepted); 〘商業〙 accepted; accusative; acting 代理の《例: *a. Lt. Col.* =acting Lieutenant Colonel》; actual; address; adjective; after; age; aged; *L.* annus (=year); *L.* anno (=in the year); 〘商業〙 approved; aqua; are (100 m^{2}); 〘紋章〙 argent; 〘野球・バスケットボール・ホッケー〙 assist(s); at.

a., A. 《略》 absent; acid; acre(s); acreage; active; adult; advance; advanced; afternoon; air; amateur; anode; anterior; arrive; arriving; author.

A. 《略》 〘物理〙 absolute; academician; academy; ace; adjutant; admiral; airplane; America; American; Amos (旧約聖書の)アモス書; anna; annual; April; armored; Army; art; article; artillery; assistant; associate; athletic; attendance; August; 〘時計〙 *F.* avancer (=to advance) 《緩急針ダイヤル面の表示》.

à /ɑː; *F.* a/ *F. prep.* to, at, with, for などの意. 〚◻ F *à* < L *ad* to: cf. ad-〛

'a /ə/ *auxil. v.* =a^{5}.

a-^{1} /ə/ *pref.* **1** [名詞に付いて] on, to, toward(s), in, into などの意: *a*foot (=on foot) / *a*side (=to one side) / *a*back (=backward(s)) / *a*bed (=in bed) / *a*sleep (=in sleep) / *a*sunder (cf. *in* SUNDER). ★ [a-＋名詞] は副詞または形容詞を構成するが, *adj.* [限定的] として名詞の前には用いない. **2** [Gerund に付いて]「…して (in the act of), …中で (in the process of)」などの意 (cf. on *prep.* 8): go (*a*-)fish*ing* / He was (*a*-)hunt*ing*. 猟をしていた / The house is (*a*-)build*ing*. その家は建築中だ.

語法 ★ (1) 今では通例 a- が省かれるため, その ing 形は現在分詞ともみなされる: He went fish*ing*. 魚釣りに行った / They set the bell ring*ing*. 鐘を鳴らし始めた. (2) 最近では Gerund の代わりに原形動詞に付けて用いられることがある: *a*whir (=whirring) / *a*glaze (=glazed).

〚ME *a-*, *o-* < lateOE *a-* ← OE *an* (prep.) 'at, ON'〛

a-^{2} /ə/ *pref.* away, on, up, out などの意でしばしば強意のために用いる: *a*bide, *a*rise, *a*wake. 〚OE *ā-*, *ar-*: cog. G *er-*〛

a-^{3} /ə/ *pref.* of, from の意: *a*kin (=of kin) / *a*new (=of new). 〚ME < OE *of* (prep.) 'OFF, OF^{1}'〛

a-^{4} /ə/ *pref.* to, at の意 (⇨ ad-): *a*chieve, *a*mass, *a*scend. 〚ME ◻ (O)F *a-* < L *ad-* to, at〛

a-^{5} /ə/ *pref.* (m, p, v の前にくる時の) ab-^{1} の異形: *a*perient, *a*vert. 〚ME ◻ (O)F *a-* < L *ā-* ← *ā* ← *ab-* off, away〛

a-^{6} /ə/ *pref.* out, utterly の意: *a*mend. 〚ME ◻ AF *a-* =OF *a-*, *e-*, *es-* < L *ex-* 'EX-^{1}'〛

a-^{7} /eɪ, æ, ə/ *pref.* not, without の意: *a*chromatic, *a*historical, *a*moral. ★ (1) ギリシャ語・ラテン語起源の語と共に用いる. (2) 母音または h の前では an- になる. 〚◻ Gk *a-* (子音の前), *an-* (母音, h の前): cf. un-^{1} / L *in-* not / Skt *a-*〛

-a^{1} /ə/ *suf.* ギリシャ語・ラテン語・ロマンス諸語の女性名詞語尾: ide*a*, aren*a*, oper*a*, duenn*a*. ★ 特に, 動植物名・地名・女性名に多い: hyen*a*, fuchsi*a*, Lydi*a*. 〚◻ L & Gk *-a*: ⇨ -ia^{1}〛

-a^{2} /ə/ *suf.* ギリシャ語・ラテン語の中性名詞の複数形語尾: phenomen*a*, gener*a*. ★ 動物学上の類名にもしばしば用いる: Carnivol*a*. 〚◻ L & Gk *-a*: ⇨ -ia^{2}〛

-a^{3} /ə/ *suf.* 〘化学〙「酸化物」の意の名詞を造る: ceri*a*, thori*a*. 〚← NL *-a* ← ? ML (*magnesi*)*a*: 本来はギリシャ語単数女性形容詞語尾で特別の意味はない〛

-a- /ə/ **1** 一般的に合成語に用いられる音便的連結辞: chick*a*biddy. **2** 〘化学〙 原子環で炭素に代わる元素を表す第1要素の連結形を造る連結辞: az*a*-. 〚← NL *-a-*〛

Å 《記号》 〘物理〙 angstrom 《最近は単に A を用いる》.

@ /ət, æt/ 《記号》 **1** 〘商業〙 単価…で, …替(がえ) (at): @ $100 a doz. ダース100ドルで. **2** 〘電算〙 アットマーク (at sign) 《電子メールのアドレスでユーザー名とドメイン名の間に用いられる》. ★ @ は L *ad* (=at) のペン字体を符号化したもの.

A 1 /éɪwʌ́n←/ *adj.* (*also* **A-1, A-one**) **1** 《口語》 第一流の, 最上の, すばらしい, すてきな (first-rate, capital): A (No.) *1* tea 極上茶 / He is A (No.) *1* man. とてもすてきなんだ. **2** 《口語》 健康で; 〈物事が〉順調で: feel A *1*. **3** 〘英軍〙 体格最優秀の: an A *1* population 甲種一級国民《A 1 から C 3 まで分けた各段階中最優秀の体格の国民》. — *n.* 〘海事〙 A の第1級(船) 《英国ロイド船級協会の船舶登録簿 (Lloyd's Register) による船級; cf. E 3》: an A *1* vessel.

A3 /éɪθríː←/ *n., adj.* A3判(の) 《420×297 mm》.

A4 /éɪfɔ́ə | -fɔ́ː←/ *n., adj.* A4判(の) 《297×210 mm》.

A5 /éɪfáɪv←/ *n., adj.* A5判(の) 《210×148 mm》.

a·a /ɑ́ːɑː/ *n.* 〘地質〙 アア《表面が粗くぎざぎざしている溶岩流; aa-lava ともいう; cf. pahoehoe》. 〚《1859》 ◻ Hawaiian *'a'ā*〛

a̅a̅, A̅A̅ 《略》 〘処方〙 ana 各成分の等量.

AA /éɪéɪ/ *n., adj.* 《英》 〘映画〙 14歳未満お断りの(映画) 《1982年以降は '15'; cf. A^{2}, U^{5}, X^{2}》.

AA 《略》 〘心理〙 achievement age; Actors' Association 俳優協会; Advertising Agency; Advertising Association; Air Attaché; Alcoholics Anonymous; all along; American Airlines; Angling [Anglers'] Association 釣りの会, 釣(ちょう)友会; antiaircraft; antiaircraft artillery; Architectural Association; Army Act; Associate in Accounting 準会計学士; Associate in [of] Arts 准文学士; Augustinians of the Assumption; automatic approval; 《英》 Automobile Association.

AA 《記号》 **1** 靴幅を示すサイズ番号の一つ《A より狭い》. **2** ブラジャーのカップサイズの一つ《A より小さい》. **3** 〘電気〙 乾電池のサイズ《単3に相当》.

a.a. 《略》 〘海事〙 always afloat 常就航《用船契約条項で「常に安全に浮揚している」の意》.

A

a.a., AA 《略》〘印刷〙 author's alteration.
AAA 《略》 Agricultural Adjustment Act; 《英》 Amateur Athletic Association; American Accounting Association アメリカ会計学会; American Anthropological Association; American Arbitration Association; American Athletic Association; American Automobile Association 全米自動車協会 《1902 年創立; 旅行・道路情報・緊急処置・保険など広範なサービスを行う》; antiaircraft artillery; Association of Average Adjusters; Australian Automobile Association; 〘野球〙 トリプル A 《マイナーリーグ (minor league) の最下位》.
AAA 《記号》〘電気〙 乾電池のサイズ 《単 4 に相当》; 〘金融〙 トリプル A (triple A), 超優良 《最高の格付け》.
AAAA 《略》 American Association of Advertising Agencies; Associated Actors and Artists of America; Australian Association of Advertising Agencies.
AAAL 《略》 American Academy of Arts and Letters 全米芸術院 《NIAL 中の名誉会員 50 名で構成》.
AAAS 《略》 American Academy of Arts and Sciences 米国学士院; American Association for the Advancement of Science 米国科学振興協会.
AAC 《略》 Association of American Colleges 《1915 年創設; cf. ACE》.
Aa·chen /ɑ́ːkən; G. ɑ́ːxn/ *n.* アーヘン 《ドイツ North Rhine-Westphalia 州の都市; フランス語名 Aix-la-Chapelle》.
AAD 《略》 analog analog digital 《録音方式》.
AAE 《略》 American Association of Engineers; Association of American Educators.
AAF 《略》 Army Air Forces (米国の)陸軍航空隊 《この名称は 1947 年廃止; cf. USAF》.
AAGO 《略》 Associate of American Guild of Organists.
aah /ɑ́ː, ɑ́ːə/ *int., n., vi.* ＝ah. 〖1953〗
áa·làva *n.* 〘地質〙 ＝aa.
Aal·borg /ɔ́ːlbɔəg, ɑ́ːl- | ɑ́ːlbɔːg; Dan. ɔ́lbɔː'/ *n.* オルボリ 《デンマーク Jutland 半島北部の海港; 現用デンマーク語では Ålborg とつづる》.
Aa·le·sund /ɔ́ːləsùn, ɑ́ː- | ɔ́ː-/ *n.* ＝Ålesund.
aa·li·i /ɑːlíːiː; Hawaii. aːlíːiː/ *n.* 〘植物〙 ハウチワノキ (*Dodonaea viscosa*) 《熱帯地方産の小高木; その果実が羽団扇(うちわ)に似る》. 〖□ Hawaiian ～〗
Aalst /ɑ́ːlst; Flem. ɑ́ːlst/ *n.* アールスト 《ベルギー中部 Brussels の西北西の町; Alost のフラマン語名》.
Aal·to /ɑ́ːltou | -təu; Finn. ɑ́ːlto/, **Al·var** /ɑ́lvɑr/ *n.* アールト (1898–1976; フィンランドの建築家・家具設計家).
AAM 《略》 air-to-air missile. 〖1958〗
A & E 《略》 accident and emergency.
A & H 《略》〘保険〙 accident and health.
A & M 《略》 Agricultural and Mechanical; 〘教会暦〙 Apostle and Martyr; (Hymns) Ancient and Modern.
Á & Ṕ *n.* A アンド P 《米国のスーパーマーケットのチェーン店》.
A & P 《略》 (NZ) Agricultural and Pastoral (Association, Show, etc.)
a. & r. 《略》 air and rail 航空・鉄道両便(で).
A and R 《略》 Artists and Repertoire [Repertory, Recording]: an ～ man (レコード会社などの)制作部員. 〖1958〗
AAP 《略》 《米》 affirmative action program 差別撤廃計画 (cf. affirmative action); Association of American Publishers; Australian Associated Press.
aa·pa /ɑ́ːpə/ *n.* 《インド》 姉. 〖□ Urdu *āpa*〗
AAQMG 《略》 Assistant Adjutant and Quartermaster-General.
Aar /ɑ́ə | ɑ́ː(r/; F. aːʁ/ *n.* [the ～] ＝Aare.
AAR, a.a.r. 《略》〘海上保険〙 against all risks; average annual rainfall 年間平均降雨量.
AAR 《略》 American Association of Railroads 米国鉄道協会.
Aa·rau /ɑ́ːrau; G. ɑ́ːʁau/ *n.* アーラウ 《スイス北部の町; Aargau 州の州都》.
aard·vark /ɑ́ədvɑ̀ək | ɑ́ːdvɑ̀ːk/ *n.* **1** 〘動物〙 ツチブタ, アフリカアリクイ (*Orycteropus capensis*) 《アフリカ産の管歯目ツチブタ属のアリ・シロアリを食する動物; Cape anteater, ant bear ともいう》. **2** 《俗》 きつい仕事, 厄介なもの 《hard work にかけたもの》. 〖(1833) □ Afrik. ～ ← Du. *aarde* earth＋*vark* pig: ⇨ farrow[1]〗
aard·wolf /ɑ́ədwʊ̀lf | ɑ́ːd-/ *n.* (*pl.* **aard·wolves**) 〘動物〙 アードウルフ, ツチオオカミ, シマハイエナ (*Proteles cristatus*) 《ハイエナ (hyena) に近縁のアフリカ南部産の夜行性動物; シロアリや昆虫の幼虫を食べる》. 〖(1833) □ Afrik. ～ ← *aarde* (↑)＋ *wolf* 'WOLF'〗
Aa·re /ɑ́ːrə; G. ɑ́ːʁə/ *n.* [the ～] アーレ(川) 《スイス最大の川で Rhine 川に注ぐ (295 km)》.
Aa·res·trup /ɔ́ːrəstrùːp; Dan. ɔ́ːʌsdʁɔb/, **Carl Ludwig Emil** *n.* オーレストループ (1800–56; デンマークの叙情詩人).
Aar·gau /ɑ́əgau | ɑ́ː-; G. ɑ́ːɐgau/ *n.* アールガウ 《スイス北部の州; 州都 Aarau; フランス語名 Argovie》.
aargh /ɑ́ː/ *int.* (*also* **argh** /～/) ああー, うわー, ぎゃー, うぉー, ぐぁー 《驚愕・恐怖・苦痛・不快・怒りなどを表す》. 〖(*c*1775) 《拡張形》 ← AH〗
Aar·hus /ɔ́əhuːs, ɑ́ə-, -hus | ɔ́ː-, ɑ́ː-; Dan. ɔ́ːhuː's/ *n.* オーフース 《デンマークの Jutland 半島の東部にある海港》.
Aar·on /ɛ́ᵊrən | ɛ́ər-/ *n.* **1** アーロン 《男性名; 異形 Aron》. **2** 〘聖書〙 アロン 《Moses の兄でユダヤの最初の大祭司; レビ人; cf. *Exod.* 4: 14》. 〖□ LL ～ □ Gk *Aarṓn* □ Heb. *Ahărōn* 《原義》? enlightened ← ? Egypt.〗
Aar·on /ɛ́ᵊrən | ɛ́ər-/, **Hank** *n.* アーロン (1934–　; 米国の野球選手; 大リーグ記録 755 本塁打の強打者; 本名 Henry Louis Aaron).
Aa·ron·ic /ɛᵊrɑ́(ː)nɪk | ɛərɔ́n-⁻/ *adj.* **1** アロン (Aaron) の. **2** ユダヤ大祭司の. **3** レビ族の(儀式に関する) (Levitical). **4** 〘モルモン教〙 2 級祭司職の. 〖(*c*1828): ⇨ Aaron, -ic[1]〗
Aa·rón·i·cal /-nɪ̀kəl, -kl | -nɪ-/ *adj.* **1** ＝Aaronic. **2** 大祭司のような; 尊大な, 独断的な. 〖(1618): ⇨ ↑, -al[1]〗
Aaronic príesthood *n.* [the ～] 〘モルモン教〙 2 級祭司職 (bishop, priest, teacher, deacon の職がある). 〖1618〗
Aa·ron·ite /ɛ́ᵊrənàɪt | ɛ́ər-/ *n.* アロン (Aaron) の子孫である祭司[聖職者]. 〖← AARON＋-ITE[1]〗
Aaron's-béard *n.* 〘植物〙 多くの雄蕊(ゆうずい)または糸状の匍匐(ほふく)枝をもつ植物数種の総称 《ツタガラクサ (Kenilworth ivy), rose of Sharon など》. 〖(1878): cf. *Ps.* 133: 2〗
Aaron's ród *n.* **1** 〘植物〙 ビロウドモウズイカ (great mullein). **2** アロンの杖 《蛇のまとわりついた形の杖; 建築ではその形の装飾》. 〖(1834): cf. *Num.* 17: 8〗
AARP /èɪèɪɑ̀əpíː, ɑ́əp | èɪèɪɑ̀ːpíː, ɑ́ːp/ 《略》 American Association of Retired Persons 米国退職者協会.
AAS 《略》 *L.* Academiae Americanae Socius (＝Fellow of the American Academy); American Academy of Sciences; American Astronomical Society; Associate in Applied Science; Australian Academy of Science.
A'asia 《略》 Australasia.
aas·vo·gel /ɑ́ːsfòugəl, -gl | -fəu-/ *n.* 《アフリカ》〘鳥類〙 ＝vulture 1. 〖(1838) □ Afrik. ～ ← Du. *aas* carrion ＋*vogel* bird〗
AAU 《略》 《米》 Amateur Athletic Union; Association of American Universities 《1900 年創設; cf. ACE》.
AAUN 《略》 American Association for the United Nations.
AAUP 《略》 American Association of University Professors 米国大学教授連盟; American Association of University Presses 米国大学出版協会.
AAUW 《略》 American Association of University Women 米国大学婦人協会.
á-àxis *n.* 〘結晶〙 a 軸 《結晶軸の前後軸; cf. b-axis, c-axis》.
ab[1] /æb/ *L. prep.* (away) from の意. 〖□ L *ab*: ⇨ ab-[1]〗
ab[2] /æb/ *n.* [通例 *pl.*] 《口語》 腹筋 (abdominal muscles). 〖1983〗
Ab /ɑːb, æb/ *n.* (ユダヤ暦の) 5 月 《グレゴリオ暦の 7–8 月に当たる; cf. Jewish calendar》. 〖(*c*1771) □ Heb. *Ābh* □ Akkad. *Abu*〗
Ab 《略》〘生物〙 antibody.
Ab 《記号》〘化学〙 alabamine.
AB 《略》 Advisory Board; Air Board; airman basic; Alberta; 《米》 *L.* Artium Baccalaureus (＝Bachelor of Arts); 〘病理〙 asthmatic bronchitis.
AB 《記号》 (ABO 式血液型の) AB 型.
AB, a.b. 《略》〘海事〙 able-bodied seaman; able seaman.
Ab. 《略》 about; absent.
Ab. 《略》 abortion.
a.b. 《略》〘野球〙 (times) at bat.
a/b 《略》 airborne.
ab-[1] /æb, əb/ *pref.* away, from, away from, off, apart などの意; c, t の前では abs- となり, m, p, v の前では a- となる: *ab*duct, *ab*use, *abs*cond, *abs*tract, *a*mentia, *a*perient, *a*vert. 〖ME □ (O)F *ab-* // L *ab-* ← *ab* (prep.) (away) from, by: ⇨ of[1]〗
ab-[2] /æb, əb/ *pref.* (b の前にくる時の) ad- の異形: *ab*breviate.
ab-[3] /æb/ *pref.* 〘物理〙 アブ…, 絶対… 《cgs 電磁単位系の単位であることを示す》: *ab*coulomb. 〖← AB(SOLUTE)〗
a·ba /əbɑ́ː, æb-, ɑ́bə/ *n.* **1** (アラビア・シリアなどで)ラクダまたはヤギの毛で織った粗硬な織物. **2** アバ 《この織物または絹で作ったアラビア人の袖なし外衣; abaya ともいう》. 〖(1811) □ Arab. *'abā'(aʰ)*〗
ABA 《略》 abscisic acid; Amateur Boxing Association; American Bankers Association; American Bar Association; American Basketball Association; American Booksellers Association.
a·bac /éɪbæk/ *n.* 《英》 ＝nomogram. 〖□ F *abaque* □ L *abacus*: ⇨ abacus〗
ab·a·ca /æ̀bəkɑ́ː, ⁻⁻⁻/ *n.* **1** 〘植物〙 マニラアサ, マニライトバショウ (*Musa textilis*). **2** マニラアサの繊維, マニラ麻 (⇨ Manila hemp). 〖(*c*1818) □ Sp. *abacá* □ Tagalog *abaká*〗
abaci *n.* abacus の複数形.
ab·a·cis·cus /æ̀bəsískəs, -kís-/ *n.* (*pl.* **-cis·ci** /-sísaɪ, -kískiː, -kískaɪ/) ＝abaculus. 〖← NL ～ ← Gk *abakiskos* ← *ábax* 'ABACUS'＋*-iskos* (dim. suf.)〗
ab·a·cist /ǽbəsɪ̀st, ǽbəkɪ̀st | ǽbəkɪst, -sɪst/ *n.* そろばん[abacus]を用いる人. 〖1387〗
a·back /əbǽk/ *adv.* **1** 不意に: It took me ～ (to see her like that). (そんな彼女を見て)びっくりした. **2** 〘海事〙 裏帆に, 逆帆に 《風を前方から受けて帆がマストに吹きつけられて》: all ～ 〈帆がみな裏帆になって; 〈船が〉停止[逆行]して. **3** 《古・方言》 後方に (backward); 後ろへ 〔*of*〕.
be tàken abáck (1) 〈人が〉不意を討たれる, びっくりする: I *was taken* ～ by the sight of her. 彼女の姿を見てめんくらった. (2) 〘海事〙 (風位[船の向き]が急に変わって不意に)裏帆になる, 〈船が〉裏帆を打つ. 〖1754〗
— *adj.* 〘海事〙 **1** 〈帆が〉裏帆を打って, 逆帆の. **2** 〈帆桁が〉裏帆を打たせる状態の. 〖ME *abak* ← OE *on bæc* to the rear: ⇨ a[3], a-[1], back[1]〗
Ab·a·co /ǽbəkòu | -kəu/ *n.* アバコー 《米国 Florida 州の南方 Bahama 諸島北部にある二つの島; Great Abaco と Little Abaco》.
a·bac·te·ri·al /èɪbæktíᵊriəl | -tíər-⁻/ *adj.* 〘医学〙 非細菌性の; 無菌(性)の. 〖(*c*1935) ← A-[7]＋BACTERIAL〗
ab·ac·ti·nal /æbǽktɪnl/ *adj.* 〘動物〙 (放射相称動物で)反口側の. **～·ly** *adv.* 〖(1857) ← L *ab* away from ＋ACTINAL〗
a·bac·u·lus /əbǽkjʊləs/ *n.* (*pl.* **-u·li** /-lài, -lìː/) ＝tessera 1. 〖← L: ⇨ ↓, -ule〗
ab·a·cus /ǽbəkəs/ *n.* (*pl.* **～·es, ab·a·ci** /ǽbəsàɪ, -kàɪ, -kìː, əbǽkaɪ | ǽbəsàɪ, ǽbəkàɪ/) **1** (算数用の)計算器, (特に)そろばん. **2** 〘建築〙 アバクス, 冠板, 頂板 《円柱の柱頭上の平板》. 〖(*a*1387) □ L ～ □ Gk *ábax* slab, tablet □ Heb. *ābhāq* dust: 数字などを書くために砂をまいた板〗
A·ba·dan /ɑ̀ːbədɑ́ːn, -dǽn/ *n.* アバダン: **1** イラン南西部, Shatt-al-Arab 川にあるペルシャ湾の島. **2** 同島の港湾都市; 石油精製業の中心地.
A·bad·don /əbǽdn/ *n.* **1** 底知れぬ穴, 奈落(ならく) (bottomless pit), 底なし地獄 (abyss of hell); 破滅の場所. **2** 〘聖書〙 Apollyon のヘブライ語名. 〖(*c*1384) *Ab(b)adon* □ LL ～ □ Gk *Abaddṓn* □ Heb. *abhaddōn* destruction ← *ābhádh* to perish〗
ab ae·ter·no /æ̀biːtə́ːnou, ɑːbaɪtɛ́ə- | æ̀biːtə́ːnəu, ɑːbaɪtɛ́ə-/ *L. adv.* 太古から, 大昔から; 無始以来. 〖← NL ～ 《原義》 from forever〗
a·baft /əbǽft | əbɑ́ːft/ 〘海事〙 *adv.* 船尾に[へ] (aft).
— *prep.* …より船尾に, …の後ろに (aft of): ～ the mainmast 大檣(たいしょう)の後ろに. 〖(*a*1325) ～, *o(n) baft* ← OE *on* 'ON'＋*baft* (← *bæftan, be æftan* behind: ⇨ by[1], aft)〗
a·baht /əbɑ́ːt/ *adv., prep.* 《非標準》 ＝about 《cockney などイングランド南部の発音をなぞったもの》. 〖《変形》 ← ABOUT〗
a·bais·sé /əbéɪseɪ; F. abɛse/ *adj.* 〘紋章〙 ＝abased. 〖□ F ～ (p.p.) ← *abaisser* to lower: ⇨ abase〗
A·ba·kan /ɑ̀ːbəkɑ́ːn; Russ. abakán/ *n.* アバカン 《ロシア連邦中部, Yenisei 川と Abakan 川の合流地点にある, ハカシヤ (Khakassia) 共和国の首都》.
ab·a·lien·ate /æbéɪljənèɪt, -liə-/ *vt.* 〘法律〙 〈財産などを〉譲渡する. 〖(1554) ← L *abaliēnātus* (p.p.) ← *abaliēnāre* 'to ALIENATE': ⇨ ab-[1], alien〗
ab·a·lo·ne /æ̀bəlóuni | -ləu-/ *n.* **1** 〘貝類〙 アワビ 《ミミガイ科 *Haliotis* 属の貝類の総称; マタカアワビ (*H. gigantea*), クロアワビ (*H. discus*) など; 貝殻は装飾用およびボタン材料; ear shell, sea-ear ともいう; cf. ormer》. **2** アワビの身 《食用》. 〖(1850) □ Am.-Sp. *abulón* □ ? Monterey Ind. *aulun*〗
ab·amp /ǽbæmp/ *n.* 〘物理〙 ＝abampere. 〖略〗
ab·am·pere /æbǽmpɪə | -pɪə(r/ *n.* 〘物理〙 絶対アンペア, アブアンペア 《電流の cgs 電磁単位; ＝10 amperes; 縮約形 abamp》. 〖← AB-[3]＋AMPERE〗
a·ban·don[1] /əbǽndən/ *vt.* **1** 〈人・場所・地位・主義などを捨てる, 見捨てる: ～ one's child / ～ (a) ship (沈みかけた)船を捨てて退去する, 退船する / ～ a fortress 要塞から撤退する / ～ a person to his fate 人を見捨てて運任せにする / They had to ～ their car and walk the rest of the way. 車を捨てて残りの道のりを歩かねばならなかった. **2** 〈習慣・計画・活動などを〉断念する, 放棄する, 捨てる, やめる: ～ one's hope [work, attempt] / They ～*ed* the plan *for* another one. その計画を断念してほかのに代えた. **3** 〈所有物を〉引き渡す, 明け渡す 〔*to*〕: ～ a castle *to* the enemy 城を敵の手に渡す. **4** [～ one*self* で] 〔感情・衝動に〕身を委ねる, ふける 〔*to*〕: ～ *oneself to* despair 絶望に身を任せる / ～ *oneself to* pleasure(s) 歓楽にふける. **5** 〘法律〙 〈権利・財産を〉放棄する, 委付する, 〈妻子を〉遺棄する. **6** 〘海上保険〙 〈船・貨物などの被保険物を〉委付する. **7** 《廃》 追放する. 〖(1375) *abandone(n)* □ OF *abandoner* (F *abandonner*) ← (*mettre*) *a bandon* (to put) in one's power ← *a* at, to (← L *ad-*)＋*bandon* power, control (⇨ ban[2])〗

SYN **1** 見捨てる: **abandon** 二度と戻らないつもりで〈人・物・場所を〉捨てる, 特に非難を表す語ではない: He *abandoned* his wife and children. 妻子を捨てた / *abandon* a wrecked plane 大破した機体を捨てる. **desert** 「〈人・場所を〉見捨てる」という意味では, *abandon* とほぼ同義であるが, 不当な行為であるという非難を示す意味をもつ: *desert* one's wife and children 妻子を捨てる / The soldier *deserted* his post in time of war and was shot. その兵士は戦争の際に部署を離れたため射殺された. **leave** 同居などの状態をやめて, 他へ立ち去って行く: Don't *leave* us when we are in trouble. 私たちが困っているときに見捨てないでください. **forsake** 《文語》 以前親しんでいた〈人や場所を〉捨てる 《心の痛みを強調する》: He *forsook* home and his wife to enter a monastery. 彼は修道院に入るために家も妻も捨てた. **ANT** reclaim.
2 断念する: ⇨ relinquish.

a·ban·don[2] /əbǽndən; F. abɑ̃dɔ̃/ *n.* (*pl.* **～s** /～z; F. ～/) 奔放さ, 気まま.
with (gáy [wíld]) abándon 遠慮せずに, 思いきり: act *with* ～ 思うままに行動する, 羽目をはずす / She danced [sang] *with* ～. 思いきり[我を忘れて]踊った[歌った]. 〖(1822) □ F ～ ← *abandonner* (↑)〗
a·bán·doned *adj.* [通例限定的] **1** 捨てて顧みられない, 遺棄された: an ～ farm, house, etc. / an ～ child [wife] 捨て子[夫に捨てられた妻] / an ～ mine 廃鉱. **2**

捨てばちな, 自暴自棄の (self-abandoned); 放埒(ほうらつ)な, 破廉恥な (shameless): an ~ woman 尻軽女, すれっからしの女. 3 〈行動など〉抑制のきかない, 節度を欠いた, 奔放な (uninhibited): ~ laughter. 4 【地質】〈地質構造など〉形成後に地変を受けていない. **~·ly** *adv.* 〖(*a*1393)〗

a·ban·don·ee /əbæ̀ndəníː/ *n.* 1 【法律】被遺棄者. 2 【海上保険】被委付者. 〖(1848): ⇨ abandon[1], -ee[1]〗

a·bán·don·er *n.* 1 【法律】放棄[遺棄]者. 2 【海上保険】委付者. 〖1599〗

a·bán·don·ment *n.* 1 捨てること, 放棄, 遺棄; 捨てられて顧みられないこと: the ~ of a child [a project, an attempt] 子供の遺棄[プロジェクトの断念, 計画の断念]. 2 a (熱情などに)身を任せること; 自暴自棄. b =abandon[2]. 3 【法律】放棄, 遺棄, 委付: malicious ~ (妻[夫]の)悪意の遺棄. 4 【保険】委付. 〖(1611) □ F *abandonnement*: ⇨ abandon[1], -ment〗

ab·a·pi·cal /æbéɪpɪkəɫ, -kɫ | -pɪ-/ *adj.* 【生物】〈葉などが〉頂 (apex) から離れている, 離頂の, 反頂端の.

à bas /æbáː, ɑː-; *F.* abɑ/ *F. int.* (…を)倒せ, 打倒せよ (Down with …!): *À bas* the traitors! 裏切者を倒せ. 〖(*c*1897) □ F ~ 'to the bottom'〗

a·base /əbéɪs/ *vt.* 1 〈人〉の品格・地位などを落とす[下げる], 卑しめる (⇨ degrade SYN): ~ the proud 高慢な人の鼻っ柱をくじく / ~ oneself before God 神の前にへりくだる. 2 《まれ》…の価値を下げる (debase). 3 《古》〈頭・視線などを〉下げる, 伏せる. **a·bás·a·ble** /-səbɫ/ *adj.* 〖(*a*1393) □ OF *abaissier* (F *abaisser*) < VL *adbassiāre ← AD-+LL *bassus* 'BASE[2]'〗

a·básed *adj.* 1 卑しめられた, 屈辱を受けた. 2 【紋章】〈紋章図形が〉通常の位置より下に描かれた (↔ enhanced). **~·ly** *adv.* 〖1652〗

a·báse·ment *n.* (面目などの)失墜, 失意, 屈辱. 〖(1561) ← ABASE+-MENT: cf. F *abaissement*〗

a·bash /əbǽʃ/ *vt.* 赤面させる; きまり悪がらせる, どぎまぎさせる. 〖(*a*1338) *aba(i)she(n)* □ AF *abaiss-*=OF *e(s)baiss-* ← *e(s)bair* (F *ébahir*) to astonish ← *es* 'EX-[1]'+*bair* to yawn, gape, bark〗

a·báshed *adj.* きまりが悪い, 恥ずかしい, まごついて: be [feel] ~ (at …) (…に)きまり悪がる, まごつく / She didn't seem very ~ by the criticism. その批判されてもあまり恥ずかしがる様子はなかった. **a·básh·ed·ly** /-ʃɪ̀dli/ *adv.* 〖1340〗

a·básh·ment *n.* 恥じ入ること, 赤面; 当惑. 〖(*a*1410) □ OF *abaissement*: ⇨ abash, -ment〗

a·ba·si·a /əbéɪʒiə, -ʒə/ *n.* 【病理】失歩, 歩行不能(症) (cf. astasia). 〖(1891) ← NL ~: ⇨ a-[7], basis, -ia[1]〗

a·bask /əbǽsk | əbáːsk/ *adv., adj.* [叙述的] 暖まって: ~ in the sun 日なたぼっこをして. 〖(1866) ← A[3]+BASK〗

a·bat·a·ble /əbéɪtəbɫ | -tə-/ *adj.* 1 減じられる. 2 【法律】(自力で)排除できる; 中断できる; 無効にできる; 減額できる. 〖1821〗

abatagati *n.* tagati の複数形.

a·bate /əbéɪt/ *vi.* 1 (数量・勢いなどが)減少する, 衰える, 和らぐ (⇨ wane SYN); 〈洪水が〉ひく, 弱まる, 〈嵐が〉なぐ, 〈騒音が〉静まる (⇨ decrease SYN); 〈痛みが〉軽くなる, 収まる: Thank heavens the storm has ~*d*! ありがたいことに嵐が収まった / The government's enthusiasm for privatization has somewhat ~*d*. 政府の民営化の情熱もやや弱まった. 2 【法律】a 〈訴因・令状などが〉無効になる, 消滅する; 〈訴訟手続が〉中止になる, 却下される; 敗訴する (fail). b 不法に占有する《自由保有権者が死亡し, 法定相続人または受遺者が占有する以前に第三者がその土地を不法に占有する》. — *vt.* 1 減じる, 減らす (diminish); 〈価を〉下げる (lower), 〈税を〉軽減する (remit); 〔…から〕〈一部を〉差し引く (deduct) 〔*of*〕: ~ a tax / ~ part *of* a price. 2 …の勢い[力, 激しさ]を和らげる, そぐ, 弱める (weaken): ~ force, pain, etc. 3 省く, 除外する (omit). 4 【法律】排除する; 〈令状を〉無効にする (nullify); 〈訴訟手続を〉中止する (suspend); 〈債務・遺贈などを〉減額する: ~ a nuisance ⇨ nuisance 3. 5 《古》…から〔…を〕奪う (deprive) 〔*of*〕: ~ a person *of* something. 6 (金属や石細工で浮き彫りとなるように)〈材料を〉つちで打つ, 削る. **a·bát·er** /-tə | -tə(r/ *n.* 〖(?*a*1300) *abate(n)* □ OF *abatre* (F *abattre*) to beat down: ⇨ a-[4], batter[1]〗

a·báte·ment *n.* 1 減少, 減退, 終止: a noise ~ campaign 騒音抑止運動. 2 減価, 減額, (特に)減税額. 3 【法律】排除; (訴訟の)中止, 却下; (令状などの)失効; (遺贈・債務などの)減額; (保有者死後の土地の)不法占有; (不法妨害の)自力除去: a plea in ~ 却下抗弁《コモンローにおいては現在は廃止》. 〖(*a*1338) □ OF ~: ⇨ ↑, -ment〗

ab·a·tis /ǽbətɪ̀s, əbǽt- | ǽbətɪs, -tiː/ *n.* (*pl.* ~ /ǽbətiːz, əbǽtiːz | ǽbətiːz/, ~·es /-tɪ̀sɪ̀z | -tɪsɪ̀z, -tiːz/) 【築城】逆茂木(さかもぎ), 鹿砦(ろくさい)《時に, 鉄条網を施してある》. **~ed** /-tiːd, -tɪ̀st | -tɪst, -tiːd/ *adj.* 〖(1766) □ F *abat(t)is* things thrown down ← *abattre* to beat down: cf. abate〗

a·bat-jour /àːbɑːʒúə | -ʒúə(r; *F.* abaʒuːʁ/ *n.* (*pl.* ~s /~z; *F.* ~/) 【建築】1 (窓の)目隠し《板を斜めに並べたりして視線をさえぎるもの》. 2 =skylight 1. 〖(1853) □ F ~ ← *abat* it throws down+*jour* the daylight: ⇨ abate, journey〗

a·bá·tor /-tə | -tə(r/ *n.* 【法律】1 (不法妨害の自力)排除者. 2 (保有者が死んだ後の)土地不法占有者. 〖1531〗

Á bàttery *n.* 【電子工学】A 電池《真空管のフィラメント用電池; filament battery ともいう; cf. B battery, C battery》.

a·bat·tis /əbǽtɪ̀s, əbǽt- | ǽbətɪs, -tiː/ *n.* (*pl.* ~ /ǽbətiːz, əbǽtiːz | ǽbətiːz/, ~·es /-tɪ̀sɪ̀z | -tɪsɪ̀z, -tiːz/) 【築城】=abatis.

ab·at·toir /ǽbətwɑ̀ə, -twɑ̀ə | -twɑː(r; *F.* abatwaːʁ/ *n.* (*pl.* ~s /~z; *F.* ~/) 食肉処理場 (slaughterhouse). 〖(1820) □ F ~ ← *abattre* to strike down: cf. abate〗

ab·ax·i·al /æbǽksiəɫ, ə-/ *adj.* (↔ adaxial) 1 【植物】〈葉が〉軸と反対側の面にある, 背軸面の (dorsal). 2 【動物】体の中軸を遠ざかる. 〖(1857) ← NL ~: ⇨ ab-[1], axial〗

a·ba·ya /əbáːjə, ɑː-/ *n.* =aba. 〖(1836) □ Arab. *'abāya*[h]〗

abb /ǽb/ *n.* 【紡織】(織物の)横糸 (woof) (↔ warp). 〖OE *āb, āwebb*: ⇨ a-[2], web〗

abb. 《略》abbreviated; abbreviation(s).

Abb., abb. 《略》abbess; abbey; abbot.

ab·ba /əbáː, æb-, ǽbə/ *n.* =aba.

Ab·ba /ǽbə/ *n.* 1 アバ, 父なる神《新約聖書中で, 神を呼ぶ語; cf. *Mark* 14:36》. 2 [a-] 師父《東方正教会で主教などに対する敬称; シリア教会・コプト教会・エチオピア教会の司教の称号》. 〖(*c*1384) □ LL ~ □ Gk *abbâ* □ Aram. *abbā* father: ⇨ abbot〗

ABBA /ǽbə/ *n.* アバ《スウェーデン出身の男女二人ずつのポップスグループ (1973–83)》.

ab·ba·cy /ǽbəsi/ *n.* abbot [abbess] の職[職権, 任期, 管轄区]. 〖(*c*1425) □ LL *abbācia* 《変形》← L *abbātia* =*abbāt-* (⇨ abbot) -acy〗

Ab·ba·do /əbáːdou | -dəu; *It.* abbáːdo/, **Claudio** *n.* アッバード (1933– ; イタリアの指揮者).

Ab·bas /ǽbəs, əbǽs/ *n.* アッバース (566–653; Mecca の富裕な商人; 預言者 Muhammad のおじ; Abbasid 朝の創設者).

Ab·bas /əbáːs/, **Fer·hat** *n.* アッバス (1899–1985; アルジェリアの民族解放戦線のメンバー; 議会を通じて祖国の独立を探るべく努力した).

Ábbas Í *n.* アッバース一世 (1571–1629; ペルシャ王).

Ábbas Híl·mi /-hílmi/ *n.* アッバース ヒルミ (1874–1944; エジプトの副王 (khedive); 1914 年廃位と共にエジプトは英国保護領となった).

Ab·bas·id /əbǽsɪ̀d, ǽbə- | -sɪd/ *n.* 1 アッバース王朝のカリフ. 2 [the ~s] アッバース王朝[王家] (Baghdad で栄えたイスラム王朝 (750–1258)). — *adj.* アッバース王朝の. 〖1788〗

ab·ba·tial /əbéɪʃəɫ, æb-/ *adj.* abbot [abbess] の; abbey の. 〖(*a*1642) □ F ~ □ LL *abbātiālis* ← L *abbātia* 'ABBACY': ⇨ -al[1]〗

ab·bé /ǽbeɪ, ―́― | ―́―; *F.* abe/ *n.* (*pl.* ~s /~z; *F.* ~/) (フランスの)神父, 師 (priest) 《通例様々な分野に活動する在俗の聖職者に対する敬称として用いる》; (本来はフランスの)(男子)大修道院長 (abbot). 〖(1530) □ F ~ < OF *abe, abet* < L *abbātem*: ⇨ abbot〗

Ab·be /áːbə; *G.* ábə/, **Ernst** *n.* アッベ (1840–1905; ドイツの物理学者; カールツァイス (Carl Zeiss) 会社の社長となり, 同社財団を創立した).

Ábbe condènser *n.* 【光学】(顕微鏡用の)アッベ集光レンズ. 〖↑〗

Ábbe nùmber *n.* [the ~] 【光学】アッベ数《光学材料の屈折率が光の波長によって変化する分散の大きさを表す量; nu-value ともいう》. 〖← E. Abbe〗

Ábbe refractómeter *n.* 【光学】アッベ屈折計《臨界角 (critical angle) を測って液体または固体の屈折率を示す計器》. 〖← E. Abbe〗

ab·bess /ǽbɪ̀s | ǽbes, ǽbɪs/ *n.* 女子大修道院長. 〖(*c*1300) □ (O)F *abbesse* < LL *abbātissam* (fem.) ← *abbātem* 'ABBOT': ⇨ -ess[1]〗

Ab·be·ville /æbvíːl | ―́―; *F.* abvil/ *n.* アブビル《フランス北部, Somme 川に臨む町; 旧石器時代の握斧(あくふ)などの出土で知られる》.

Ab·be·vill·i·an /æbvíliən/ *adj.* (*also* **Ab·be·vill·e·an** /~/) 【考古】(ヨーロッパの旧石器時代前期に属する)アブビル期(文化)の (cf. Paleolithic). — *n.* [the ~] アブビル期文化. 〖(*c*1934): ⇨ ↑, -ian〗

ab·bey /ǽbi/ *n.* 1 (abbot [abbess] 管轄の) 僧院, 大修道院, アベー (⇨ cloister SYN). 2 《英》a (大修道院から起こった)大教会堂, 大聖堂; [the A-] 《英》=Westminster Abbey. b (もと大修道院であった)大邸宅: Newstead /n(j)úːstɪd, -sted | njúːstɪd, -sted/ *Abbey* バイロン (Byron) 家の邸宅の名. 3 [the ~; 集合的] (特定のアベーの)修道士[女]たち. **~ed** *adj.* 〖(?*a*1200) □ OF *ab(b)eie* (F *abbaye*) < L *abbātiam* 'ABBACY'〗

Ab·bey /ǽbi/ *n.* アビー (女性名). 〖(dim.) ← ABIGAIL〗

Ab·bey /ǽbi/, **Edwin Austin** *n.* アビー (1852–1911; 米国の画家・イラストレーター).

ábbey·stèad *n.* 《古》大修道院所在地. 〖1819〗

Áb·bey Théatre /ǽbi-/ *n.* [the ~] アベー座《Miss Horniman が 1904 年 Dublin に設立した劇場; 1903 年結成された Irish National Theatre Society と連絡し Synge, Yeats, Lady Gregory などの劇を上演》.

Ab·bie /ǽbi/ *n.* アビー (女性名). 〖(dim.) ← ABIGAIL〗

ab·bot /ǽbət/ *n.* 大修道院長, アボット《abbey の統轄者》.
Ábbot of Misrúle =LORD of Misrule. (16C)
Ábbot of Unréason (昔のスコットランドで)お祭り騒ぎの司会者.
~·shìp *n.*
〖(*a*1121) *abbot, abbat* □ L *abbātem, abbās* □ Gk *abbâs* □ Aram. *abbā* father ∽ OE *abbad, abbod* □ LL *abbādem* 《変形》← *abbātem*〗

Ab·bot /ǽbət/ *n.* アボット (男性名). 〖↑〗

Abbot, Sir John Joseph Caldwell *n.* アボット (1821–93; カナダの政治家; 首相 (1891–92)).

ab·bot·cy /ǽbətsi/ *n.* =abbacy. 〖(1844): ⇨ abbot, -cy〗

Ab·bots·ford /ǽbətsfəd | -fəd/ *n.* アボッツフォード《スコットランド南東部 Melrose 付近の Tweed 河畔の土地; Sir Walter Scott が住んだ (1812–32) 大邸宅の所在地》.

Ab·bott /ǽbət/, **Berenice** *n.* アボット (1898–1991; 米国の女性写真家).

Abbott, Edwin Abbott *n.* アボット (1838–1926; 英国の聖職者・文法学者; *A Shakespearian Grammar* (1869)).

Abbótt and Costéllo *n.* アボットとコステロ (1940–50 年代に活躍した米国のコメディアンのコンビ).

abbr. 《略》abbreviated; abbreviation(s).

abbrev. 《略》abbreviated; abbreviation(s).

ab·bre·vi·ate /əbríːvièɪt/ *vt.* 1 〈語などを〉短縮する, 〈語句を〉〔…と〕略書する 〔*to, as*〕 (⇨ shorten SYN): ~ Mister *to* Mr. Mister を Mr. と略して書く / In generative grammar 'noun phrase' is ~*d as* [*to*] NP. 生成文法では noun phrase (名詞句) は NP と略する. 2 〈訪問・話などを〉切り上げる. 3 《戯言》〈服などを〉縮める, 短くする. 4 【数学】約分する. — /əbríːviɪ̀t/ *adj.* 比較的短い. **ab·bré·vi·à·tor** /-tə | -tə(r/ *n.* 〖(?*a*1425) ← L *abbreviātus* (p.p.) ← *abbreviāre* to shorten ← *ab*-off+*breviāre* to shorten (← *brevis* short: ⇨ brevity): ABRIDGE と二重語〗

ab·bré·vi·àt·ed /-tɪ̀d | -tɪ̀d/ *adj.* 1 短縮した. 2 普通よりも切り詰めた: the ~ version of the book その本の抄訳版. ***abbréviated píece of nóthing*** 《米俗》つまらないやつ[もの], くだらないやつ[もの]. 〖(1552): ⇨ ↑, -ed〗

ab·bre·vi·a·tion /əbrìːviéɪʃən/ *n.* 1 省略, 短縮; 省略形, 略語, 略字; 略記法《New York に対する NY, United Nations に対する UN など》. 2 【数学】約分. 3 【音楽】略符. 4 【生物】短縮《個体発生の過程で系統発生の一部が省略される現象; cf. acceleration 4》. 〖(?*a*1425) □ (O)F *abréviation* // L *abbreviātiō(n-)*: ⇨ abbreviate, -ation〗

ab·bre·vi·a·to·ry /əbríːviətɔ̀ːri | -vièɪtəri, -viətri/ *adj.* 省略の. 〖1935〗

ABC /éɪbìːsíː/ *n.* (*pl.* ~'s, ~s) 1 [《米》では通例 *pl.*] アルファベット (the alphabet); 読み書きの知識[能力]: (as) easy [plain, simple] as ~ 非常にやさしい[明らかな, 簡単な] / repeat one's ~('s) アルファベットを繰り返して言う / He doesn't know his ~('s). エービーシーも知らない, 全く無学[無知]だ. 2 [the ~] 基礎(知識), 初歩, 入門: *the* ~ *of* medicine / *The* ~ *of* Science「科学入門」/ He doesn't know *the* ~ *of* fishing. 釣りのことは全く知らない, 釣りの「つ」も知らない. 3 (見出しがアルファベット順の)案内書; 《英》鉄道旅行案内書 (cf. Bradshaw). 〖(*c*1300) *abece*〗

ABC 《略》Air Bridge to Canada; alum, blood, clay and charcoal ABC 下水処理法《沈澱剤としてこれらを用いる》; America, Britain and Canada; American Book-prices Current; American Bowling Congress; American Broadcasting Companies Inc. (⇨ CBS); Argentina, Brazil and Chile; Associated British Cinemas; atomic, biological and chemical; Audit Bureau of Circulations (米国)新聞雑誌部数公査機構; Australian Bankruptcy Cases; Australian Broadcasting Corporation オーストラリア放送委員会; 【テレビ】automatic brightness control 自動輝度調節.

ÁBC árt *n.* 【美術】=minimal art.

ÁBC bóok *n.* (昔の子供用)初歩読本 (primer). 〖1594–96〗

ABCC 《略》Atomic Bomb Casualty Commission (広島・長崎に設立された日米合同の)原爆傷害調査委員会.

ABCD 《略》American, British, Chinese and Dutch powers [America, Britain, China and Dutch East Indies] 《第二次大戦直前の日本をめぐる外国勢力》; Atomic Biological and Chemical Protection and Damage Control.

ab·cou·lomb /æbkúːlɑ(ː)m, -lòum | -lɒm/ *n.* 【物理】絶対クーロン, アブクーロン《電荷の cgs 電磁単位; =10 coulombs》. 〖← AB-[3]+COULOMB〗

ÁBC Pówers *n. pl.* [the ~] Argentina, Brazil, Chile の三共和国《米国・メキシコ間の紛争 (1914) の調停国》.

ÁBC sóil *n.* 【土壌】ABC 土壌《土壌断面が完全に A-horizon, B-horizon, C-horizon の三層位をもつ土壌; cf. R-horizon》. 〖1938〗

ÁBC wárfare *n.* 【軍事】ABC 戦 (ABC weapons を使う戦争). 〖*ABC*: ← *a(tomic), b(iological, and) c(hemical)*〗

ÁBC wéapons *n. pl.* 【軍事】ABC 兵器《原子・生物・化学兵器》. 〖↑〗

ÁBD *n.* 《米》(大学院の博士課程で)論文未修(了)者《単位は習得しているが博士論文のみ未修の者》. 〖(1965) ← *a(ll) b(ut) d(issertation)*〗

abd. 《略》abdicate; abdicated; abdomen; abdominal; 【医学】average body dose《放射線の》.

ab·dabs /ǽbdæbz/ *n. pl.* =habdabs.

Abd-el-Ka·der /æbdɛlkáːdə | -də(r/ *n.* (*also* **Abd-al-Ka·dir** /~/) アブデルカーデル (1803–83; アルジェリアの反植民地運動の指導者; フランス占領軍と戦って投獄され, シリアに追放された).

Abd-el-Krim /æbdɛlkríːm, àːb-, -krím/ *n.* アブデルクリム (1883?–1963; 1921–26 年の Morocco におけるリフ (Riff) 族反乱の首領).

Abd-er-Rah·man I /æbdərəmáːn, àːb- | -dɛə-/

A

n. アブドゥルラフマーン一世 (731–88; スペイン Córdoba の後ウマイヤ朝 (Umayyad) 初代君主 (756–88); Charlemagne と戦った).

Abd-er-Rah·man Khan /ɑ́ːbdərəmɑ́ːnkɑ́ːn | -də-/ n. =Abdur Rahman Khan.

Ab·di·as /æbdáɪəs/ n. (Douay Bible での) Obadiah のラテン語式語形.

ab·di·ca·ble /ǽbdɪkəbl | -dɪ-/ adj. 退位できる; 放棄できる. 〖⇨ abdicate, -able〗

ab·di·cant /ǽbdɪkənt | -dɪ-/ adj. (王位・権力などを) 放棄する, 捨てる. — n. 退位者; 退官者; 放棄者. 〖(1654) □ L abdicantem (pres.p.) ← abdicāre (↓)〗

ab·di·cate /ǽbdəkèɪt | -dɪ-/ vt. 〈王位などを〉捨てる, …から退く (⇨ resign SYN); 〈権力・権利・責任などを〉放棄する, 捨てる: ～ the crown [throne] 王位を退く, 退位する. — vi. **1** 退位する; 棄権する: the ～d king (自発的に) 退位した王. **2** 〖トランプ〗 (ポーカーで賭金を捨てて) 勝負からおりる. 〖(1541) ← L abdicātus (p.p.) ← abdicāre to renounce ← AB-[1] + dicāre to declare (⇨ dictate)〗

ab·di·ca·tion /æ̀bdəkéɪʃən | -dɪ-/ n. **1** 退位. **2** (高官の)辞任, 挂冠(けいかん). **3** (権力の)放棄, 棄権. 〖(1552) □ L abdicātiō(n-): ⇨ ↑, -ation〗

áb·di·cà·tor /-tə | -tə(r)/ n. 退位者; 退官者; 放棄者. 〖(1864) □ L ～ ← abdicāre: ⇨ abdicate, -or[2]〗

Ab·di·el /ǽbdiəl/ n. アブディエル (Milton の Paradise Lost 第 5 巻に出る悪魔に抵抗して忠誠を守った天使). 〖□ Heb. ʿabhdīʾēl servant of God〗

abdom. (略) abdomen; abdominal.

ab·do·men /ǽbdəmən, æbdóʊ- | ǽbdəmɪn, -mèn, æbdə́ʊ-/ n. (pl. ～s, **ab·dom·i·na** /æbdɑ́(ː)mənə, əb- | -dɔ́mɪ-/) 〖解剖・動物〗 **1** 腹部 (belly) (⇨ stomach SYN). **2** 腹腔(ふくこう). **3** (昆虫・甲殻類の)腹部. 〖(1541) □ L abdōmen 《原義》 the hidden part of the body ← abdere to hide ← AB-[1] + -dere (← IE *dhē- to place)〗

ab·dom·in- /æbdɑ́(ː)mən, əb- | -dɔ́mɪn/ (母音の前にくるときの) abdomino- の異形: *abdominalgia* 腹痛.

ab·dom·i·nal /æbdɑ́(ː)mənl, əb- | -dɔ́mɪ-/ adj. **1** 腹(部)の, 腹腔(ふくこう)の, 腹壁の (ventral); 腹式の (手術の分類としてまず腹部を開けてとりかかる術式にいう): an ～ band 腹帯 / ～ breathing 腹式呼吸(法) / an ～ pore (動物の)腹孔 / ～ pregnancy 腹腔妊娠 / the ～ region 腹部 / ～ section 開腹(術) / ～ surgery 腹部外科 / the ～ walls [cavity] 腹壁[腹腔]. **2** 〖魚類〗〈魚が〉腹びれを腹の下側にもった. — n. [pl.] 腹筋; 開腹(術). **～·ly** adv. 〖(1746) ← NL abdōminālis: ⇨ abdomen, -al[1]〗

abdóminal fín n. 〖魚類〗 腹びれ.

abdóminal thrúst n. =Heimlich maneuver.

ab·dom·i·no- /æbdɑ́(ː)mənoʊ | -dɔ́mɪnə(ʊ)/ 「腹部, 腹腔(ふくこう)[壁], 腹部と…との」の意の連結形: *abdomino-perineal* 腹会陰の. ★ 母音の前では通例 abdomin- になる. 〖← L abdomin- 'ABDOMEN' + -o-〗

ab·dom·i·nous /æbdɑ́(ː)mənəs, əb- | -dɔ́mɪ-/ adj. 太鼓[ほてい]腹の (potbellied); でっぷり太った. 〖(1651) ← ABDOMINO- + -OUS〗

ab·duce /æbdúːs, əb-, -djúːs | -djúːs/ vt. 〖生理〗 = abduct 2. 〖(1537) □ L abdūcere to lead away ← AB-[1] + dūcere to lead: cf. abduct〗

ab·dú·cens nèrve /æbdúːsɛnz-, əb-, -djúː- | -djúː-/ n. 〖解剖〗 外転神経 (眼球運動に関与する眼筋のうち外直筋を支配する; abducent nerve, 単に abducens ともいう). 〖(1947) abducens: □ L ～ (pres.p.) ← abdūcere (↑)〗

ab·du·cent /æbdúːsənt, əb-, -djuː-, -snt | -djúː-/ adj. 〖解剖・生理〗 外転の (↔ adducent): ～ muscles [nerves] 外転筋[神経]. 〖(1713) □ L abdūcentem (pres.p.) ← abdūcere: ⇨ abduce, -ent〗

ab·duct /əbdʌ́kt, æb-/ vt. **1** (暴力で)誘拐する (kidnap), 拉致(らち)する. **2** 〖生理〗〈筋肉などが〉〈手足などを〉外転させる (↔ adduct). 〖(1834) ← L abductus (p.p.) ← abdūcere (⇨ abduce)〗

ab·duct·ee /æ̀bdʌktíː/ n. 誘拐された人. 〖(1975): ⇨ ↑, -ee[1]〗

ab·duc·tion /əbdʌ́kʃən, æb-/ n. **1** 〖法律〗 誘拐, 拉致(らち); かどわかし; (投票人などの)奪取. **2** 〖解剖〗 外転(作用) (↔ adduction). **3** 〖論理〗 **a** =apagoge. **b** 仮説設定[発想], アブダクション (Ch. S. Peirce が演繹(えんえき)・帰納とともに科学的探究の三つの発展段階の一つと考え, 命名したもの). 〖(1626) □ L abductiō(n-): ⇨ ↑, -ion〗

ab·duc·tor /əbdʌ́ktə, æb- | -tə(r)/ n. **1** 誘拐者. **2** (pl. **ab·duc·to·res** /æ̀bdʌktɔ́ːriːz/) 〖解剖〗 外転筋 (abductor muscle ともいう) (↔ adductor). 〖(1615) ← NL ～ ← L abdūcere: ⇨ abduct, -or[2]〗

Ab·duh /ǽbduː/, **Muhammad** n. アブドゥー (1849–1905; エジプトの宗教学者・法学者・自由主義的改革家; 19 世紀後期のエジプトほかイスラム諸国におけるイスラムの教義・制度の近代化運動を指導した).

Ab·dul-A·ziz /ɑ́ːbduːlɑːzíːz/ n. アブデュルアジズ (1830–76; オスマントルコ皇帝 (1861–76); Abdul-Mejid 一世の弟).

Ab·dul-Ha·mid II /ɑ́ːbduːlhɑːmíːd-/ n. アブデュルハミット二世 (1842–1918; オスマントルコ皇帝 (1876–1909); ロシアとの戦争 (1877–78) で国土を失い, 内政改革に反対しキリスト教徒を迫害して青年党のために退位させられた).

Ab·dul-Jab·bar /ɑːbdúːljəbɑ́ə, æb- | -bɑ́ː(r)/, **Kareem** /kəríːm/ n. アブドゥル ジャバー (1947– ; 米国のバスケットボール選手; 本名 Ferdinand Lewis Alcindor).

Ab·dul·lah bin Hu·sein /æbdúləbɪnhuséɪn/ n. アブドゥッラー ビン フセイン (1962– ; ヨルダン国王 (1999–); Hussein 一世の長男).

Ab·dul·lah ibn Hu·sein /æbdúləɪb(ə)nhuséɪn/ n. アブドゥッラー イブン フセイン (1882–1951; Transjordan の支配者・首長 (1921–46), ヨルダン国王 (1946–51)).

Ábdul-Me·jíd I /-mədʒíːd-, -mɛ- | -mɛ-, -mə-/ n. (also **Ab·dul-Me·djid I** /～/) アブデュルメジト一世 (1823–61; クリミア戦役当時のオスマントルコ皇帝 (1839–61); Abdul-Aziz の兄).

Ab·dul Rah·man /ɑ́ːbdulrɑ́ːmɑːn/, **Tun·ku** /túŋkuː/ n. アブドゥル ラーマン (1903–90; マレーシアの政治家; 独立運動の指導者; マラヤ (1957–63)・マレーシア連邦初代首相 (1963–70)).

Ab·dur Rah·man Khan /ɑ́ːbdərəmɑ́ːnkɑ́ːn | -də-/ n. アブダル ラーマン カーン (1830?–1901; アフガニスタン王 (1880–1901)).

Abe /éɪb/ n. エイブ (男性名): ⇨ Honest Abe. 〖(dim.) ← ABRAHAM〗

a·beam /əbíːm/ adv., adj. [叙述的] **1** 〖海事・航空〗 真横(まよこ)に, 正横(せいおう)に (竜骨の中央部と直角をなす線上に): The wind was [came] ～. **2** 〖海事〗 舷側の中央部と並行して 〔of〕. **3** 輝いて; 晴れやかで, にこやかで: His face was ～ *with* happiness. 彼の顔は幸福で輝いていた. 〖(c1836) ← A[3], A-[1] + BEAM (n.): cf. athwart〗

abecedaria n. abecedarium の複数形.

a·be·ce·dar·i·an /èɪbiːsiːdɛ́ᵊriən | -dɛ́ər-/ adj. **1** アルファベットの; エービーシー順 (alphabetical) の. **2** 初歩の (elementary). — n. 初歩の生徒 (beginner), 初学者, 初心者 (novice); 〖古〗 (初心者に)手ほどきをする教師. 〖(1603) □ ML abecedāriānus of the alphabet: ← A,B,C,D: ⇨ -ian〗

a·be·ce·dar·i·um /èɪbiːsiːdɛ́ᵊriəm | -dɛ́ər-/ n. (pl. -**i·a** /-riə/) アルファベット教本 (alphabet book); 入門書 (primer). 〖□ ML abecedārium: ⇨ ↑, -ium〗

a·be·ce·da·ry /èɪbiːsíːdəri/ adj. =abecedarian. — n. =abecedarium. 〖1580〗

a·bed /əbɛ́d/ adv., adj. [叙述的] 〖古〗 寝床に[で]; 病床で: ill [sick] ～ 病床について / lie ～ 臥床(がしょう)している, 寝ている. 〖OE on bedde: ⇨ a[3], bed〗

A·bed·ne·go /əbɛdníːgoʊ | -gəʊ/ n. 〖聖書〗 アベデネゴ (⇨ Shadrach). 〖□ Heb. ʿabhēdh nᵉghō 《原義》 servant of Nebo, a Babylonian god〗

a·bég·ging /ə-/ adj., adv. 〖古〗 =begging. ***gò abégging*** (1) 物ごいをして歩く. (2) 冷遇されている, なおざりにされている.

A·bel /éɪbəl, -bl; F. abɛl/ n. **1** エーベル (男性名). **2** 〖聖書〗 アベル (Adam と Eve の第二子で兄 Cain に殺された; cf. Gen. 4). 〖□ L ～ □ Gk Ábel □ Heb. Hébhel 《通俗語源》 breath, vanity〗

A·bel /ɑ́ːbəl, -bl/, **Niels Henrik** n. アーベル (1802–29; ノルウェーの数学者; 5 次方程式が代数的に解けないことの証明と楕円関数の研究で有名).

Abel, Sir **Frederic Augustus** n. エーベル (1827–1902; 英国の化学者で火薬の専門家; cordite 爆薬の発明者).

Ab·é·lard /ǽbəlɑ̀əd | ǽbɪlɑːd; F. abelaːʁ/, **Pierre** n. アベラール (1079–1142; フランスのスコラ哲学者・神学者・教育家; Héloïse との恋愛で知られる; 英語名 Peter Abelard).

a·bele /əbíːl/ n. 〖植物〗 =white poplar 1. 〖(1681) □ Du. abeel □ OF abel, albel < LL albellum (dim.) ← L albus white: cf. alb〗

a·be·li·a /əbíːliə/ n. 〖植物〗 ツクバネウツギ属 (*Abelia*) の各種の低木. 〖(c1899) ← NL ～ ← Clarke Abel (1780–1826: 英国の植物学者)〗

a·be·li·an /əbíːliən/ adj. [しばしば A-] 〖数学〗 アーベル (Abel) の(定理の), 交換可能な (commutative). 〖(c1850) ← Niels H. Abel (1802–29: ノルウェーの数学者)〗

Abélian gróup n. 〖数学〗 アーベル群 (任意の 2 元 a, b に対して常に可換法則 $ab = ba$ が成り立つ群; commutative group ともいう). 〖(1982) ← Niels H. Abel〗

Abélian ríng n. 〖数学〗 アーベル環. 〖← Niels H. Abel〗

a·bel·mosk /éɪbəlmɑ̀(ː)sk | -mɔsk/ n. 〖植物〗 トロロアオイモドキ (*Hibiscus abelmoschus*) (熱帯アジア原産アオイ科; その種子はコーヒーに風味をつける; musk mallow ともいう). 〖(c1771) ← NL abelmoschus □ Arab. ḥabb-al-misk grain of musk〗

Ab·e·na·ki /æbənɑ́ːki, -nǽki/ n. (pl. ～, ～s) = Abnaki.

ab·end /ǽbɛnd/ n. 〖電算〗 (タスクの)異常終了, アベンド (回復できないエラーのため完了前にタスクが終了すること). — vt., vi. 異常終了する, アベンドする. 〖ab(normal) end (of task)〗

A·be·o·ku·ta /ɑ̀ːbeɪóʊkʊtɑː, æ̀bioʊkúːtə | æ̀biəʊkúːtə/ n. アベオクータ (ナイジェリア南西部の都市; Ogun 州の州都).

Ab·er·bro·thock /æ̀bəbrəθɑ́(ː)k | æ̀bə(ː)brɔ́θək, (Southey の作品では) æ̀bə(ː)brəθɔ́k/ n. ⇨ Arbroath.

Ab·er·con·wy /æ̀bəkɔ́(ː)nwi, -kɑ́(ː)n- | -bəkɔ́n-/ n. アバーコンウィー (ウェールズ北部の臨海地域; Conwy, Llandudno などの都市を含む).

Ab·er·crom·bie /ǽbəkrɑ̀(ː)mbi, -krʌ̀m- | ǽbəkrɔ̀m-, -krʌ̀m-, ⌐ ⌐ ⌐ ⌐/, **Las·celles** /lǽsəlz, -sɛlz/ n. アバークロンビー (1881–1938; 英国の詩人・批評家・劇作家).

Ab·er·dare /æ̀bədɛ́ə | -bədɛ́ə(r)/ n. アバーデア (ウェールズ南部, Cardiff の北西にある鉱山町).

Ab·er·deen /æ̀bədíːn | æ̀bə⌐/ n. **1** アバディーン (スコットランド北東部の市・海港; Dee 川と Don 川の間にあり, ほとんど全市がみかげ石で建造されているので Granite [Silver] City と呼ばれる; 北海油田産業の中心地). **2** =Aberdeenshire. **3** (鉤(かぎ)の)部分が広がっている)釣針. **4** =Scottish terrier. **5** =Aberdeen Angus. 〖(12 C) Aberdon ← Gael. aber mouth, estuary + Don 'the DON[2]'〗

Ab·er·deen /æ̀bədíːn | æ̀bə-/, **George Hamilton-Gordon**, 4th Earl of n. アバディーン (1784–1860; 英国の政治家; 首相 (1852–55); 1855 年クリミア戦争の対応に失敗して辞任).

Áberdeen Ángus n. アバディーンアンガス種 (スコットランド原産無角黒色の牛の一品種; Polled Angus ともいう). 〖1862〗

Ab·er·deen·shire /æ̀bədíːnʃə, -ʃɪə | æ̀bədíːnʃə(r), -ʃɪə(r)/ n. アバディーンシャー (スコットランド北東部の自治体; 1975 年から 1996 年まで旧 Grampian 州の一部; 主要産業はみかげ石採掘・漁業・牧牛; 面積 6,319 km², 政庁は別の自治体である Aberdeen 市に置かれている).

Áberdeen térrier n. =Scottish terrier. 〖1880〗

ab·er·de·vine /æ̀bədəváɪn | -bə-/ n. 〖鳥類〗 マヒワ (siskin) (ヨーロッパの愛鳥家の間で用いる呼び名). 〖(1735) ← ?〗

Ab·er·do·ni·an /æ̀bədóʊniən | æ̀bədə́ʊ-/ adj. Aberdeen の(人の). — n. Aberdeen の住人. 〖(a1670) ← ML Aberdonia 'ABERDEEN' + -AN[1]〗

Ab·er·fan /æ̀bəvǽn | -bə-/ n. アババン (ウェールズ南部 Cardiff 北西の炭坑町).

A·ber·glau·be /ɑ́ːbəglàʊbə | -bə-; G. áːbɐglaʊbə/ G. n. 迷信 (superstition). 〖(1873) □ G ～ ← MHG abe- away from + geloube (G Glaube) belief〗

Áb·er·ne·thy bíscuit /ǽbənèθi- | æ̀bənéθi-, -níːθi-/ n. アバーネシービスケット (caraway seed 入りのかたいビスケット, 単に Abernethy ともいう). 〖(1837) ← John Abernethy (1764–1831: 英国の外科医, 食事療法家でその考案者)〗

ab·er·rance /æbɛ́rəns, əb-/ n. 正路離脱, 常軌逸脱 [逸出], 脱線: ～ of curvature 〖数学〗 曲率の逸(そ)れ. 〖(1665) □ OF ～ < L aberrantiam ← aberrāre: ⇨ aberrant〗

ab·ér·ran·cy /-rənsi/ n. =aberrance. 〖(1646): ⇨ ↑, -cy〗

ab·er·rant /æbɛ́rənt, əb-/ adj. **1** 踏み迷っている, 常軌を逸している, 常態でない. **2** 〖生物〗 (類型をはずれた)変状の, 変体の, 異常な: an ～ form 異常型. **3** 〖医学〗 迷入(性)の, 異所(性)の; 異常の. — n. **1** 〖生物〗 異常型(の個体). **2** 常軌を逸する人, 異常者. **～·ly** adv. 〖(1830) □ L aberrantem (pres.p.) ← aberrāre to go astary ← AB-[1] + errāre to stray (⇨ err)〗

ab·er·rat·ed /ǽbərèɪtɪd | -tɪd/ adj. 〖生物〗 =aberrant. 〖1893〗

ab·er·ra·tion /æ̀bəréɪʃən/ n. **1 a** 常軌を逸すること, 心得違い, 非行; 覚え違い, 度忘れ; (機械などの)異常. **b** 〖精神医学〗 精神異常 (mental aberration). **c** 〖医学〗 異常; 迷入(性), 異所性. **2** 〖生物〗 変体, 変状, 異常(染色体). **3** 〖光学〗 (レンズの)収差: ⇨ chromatic aberration, spherical aberration. **4** 〖天文〗 光行差: annual [diurnal] ～ 年周[日周]光行差. **～·al** /-ʃnəl, -ʃənl/ adj. 〖(1594) □ L aberrātiō(n-) a wandering ← aberrāre (↑)〗

A·ber·ta·we /Welsh abertáwe/ n. アベルターウェ (Swansea のウェールズ語名).

Ab·er·yst·wyth /æ̀bərístwɪθ | -wɪθ; Welsh aberə́stuiθ/ n. アベリストウィス (ウェールズ中西部 Cardigan Bay に臨む海港). 〖← Welsh aber mouth + Ystwyth the River Ystwyth, 《原義》 winding river〗

ab·es·sive /æbɛ́sɪv/ 〖文法〗 adj. 欠格の. — n. 欠格 (フィンランド語などにあり, 事物の欠如を表す). 〖(1890) ← L abesse to be absent + -IVE〗

a·bet /əbɛ́t/ vt. (**a·bet·ted; a·bet·ting**) **1** 〈人・罪を〉煽動する, 教唆する, けしかける, 幇助(ほうじょ)する: ～ (a person in) a crime (人を)そそのかして罪を犯させる / ⇨ AID *and abet*. **2** 〖古〗 支持する. 〖(c1380) abbette(n) □ OF abeter to cause to bite ← à- 'AD-' + beter 'to BAIT[1]'〗

a·bét·ment n. 煽動, 教唆, 幇助. 〖c1380〗

a·bet·tal /əbɛ́tl | -tl/ n. 〖まれ〗 =abetment. 〖(1861): ⇨ abet, -al[1]〗

a·bét·tor /-tə | -tə(r)/ n. (also **a·bet·ter** /～/) 〖法律〗 煽動者, 教唆者, 幇助者. 〖(1386) □ AF abettour ← OF abetere: ⇨ abet, -or[2]〗

ab ex·tra /æbɛ́kstrə/ L. adv. 外部から (↔ ab intra). 〖(1642) □ L ～ 'from outside'〗

a·bey·ance /əbéɪəns/ n. 中止(状態), 中絶, 休止, 停止; 〖法律〗 (財産などの)帰属者未確定状態, 特承所有権. ***in abéyance*** 中止になって, 停止中で. ***fáll [gó] into abéyance*** 〈世襲爵位などが〉停止になる; 〈法規などが〉用いられなくなる: The scheme *went into* ～ (for a time). 計画は(一時)中止になった. ***hóld [léave, kéep] … in abéyance*** …を一時未定にしておく. 〖(1528) □ AF abeiance suspension ← OF abeer to gape after ← à 'AD-' + beer to gape (< ML batāre ← ?): ⇨ -ance〗

a·bey·ant /əbéɪənt/ adj. 休止して, 停止中で (in abeyance). 〖(1866) 《逆成》 ↑〗

ab·far·ad /æbfǽræd, -rəd/ n. 〖物理〗 絶対ファラッド, アブファラッド (静電容量の cgs 電磁単位; $=10^9$ farads). 〖← AB-[3] + FARAD〗

ABH (略) actual bodily harm.

ab·hen·ry /æbhɛ́nri/ n. 〖物理〗 絶対ヘンリー, アブヘンリー (インダクタンスの cgs 電磁単位; $=10^{-9}$ henry). 〖← AB-[3] + HENRY〗

ab·hor /æbhɔ́ə, əb- | əbhɔ́ː(r)/ vt. (**ab·horred; ab-**

hor·ring) 1 (ぞっとするほど)ひどく嫌う[嫌がる], 憎悪(ぞう)する (⇨ hate SYN): I ~ snakes [eating such food]. 蛇は大嫌いだ[そんな物を食べるなんてまっぴらだ]. 2 〈ひどく嫌なものを〉避ける, 忌避する. 3 《廃》…に嫌悪感を起こさせる. 〖《?c1400》□ L *abhorrēre* ← AB-¹+*horrēre* to shudder (← IE **ghers-* to bristle: cf. horror)〗

ab·hor·rence /æbhɔ́(:)rəns, əb-, -hɑ́(:)r- | əbhɔ́r-/ *n.* 1 大嫌い, 憎悪(ぞう), 憎しみ(の情) (detestation) (⇨ aversion SYN): have an ~ *of* snakes 蛇が大嫌いである / Snakes fill me with ~. 蛇を見るとぞっとする / She holds flattery in ~. 彼女はお世辞が大嫌いだ. 2 大嫌いな事[物], 禁忌: Snakes are my ~. 蛇は大嫌いだ. 〖《1660》: ⇨ ↑, -ence〗

ab·hor·rent /æbhɔ́(:)rənt, əb-, -hɑ́(:)r- | əbhɔ́r-/ *adj.* 1 〈行為など〉〔…にとって〕忌まわしい, 嫌でたまらない 〔*to*〕 (⇨ hateful SYN): Hypocrisy is ~ *to* him. 偽善は彼の性に合わない, 彼は偽善が大嫌いだ. 2 《古》〈人が〉〔…を〕憎悪(ぞう)する, 忌み嫌う 〔*of*〕: He is ~ *of* hypocrisy. 彼は偽善が大嫌いだ. 3 〔…に〕相反する (contrary) 〔*to*〕; 《古》〔…と〕かけ離れた 〔*from*〕: a theory ~ *to* reason 理屈に合わない理論 / ~ *from* the principles of law 法律の原理とかけ離れた. **~·ly** *adv.* 〖《1619》□ L *abhorrentem* (pres.p.): ⇨ abhor, -ent〗

ab·hor·rer /æbhɔ́:rə, əb- | əbhɔ́:rə(r)/ *n.* 1 ひどく嫌う人. 2 [the Abhorrers] 〖英史〗議会召集反対派 《1680 年英王 Charles 二世の味方として, Petitioners の国会召集請願を嫌悪し, これに対する弾劾書に署名した王党員たち; 後の Tories》. 〖1611〗

A·bib /ɑːvíːv/ *n.* (ユダヤ暦の) Nisan (一年で最初の月)の古名 (cf. *Exod.* 13:4). 〖《1535》□ Heb. *ābhībh* 《原義》ear of grain〗

a·bid·ance /əbáɪdns/ *n.* 1 持続, 永続. 2 守ること, 遵守 〔*by*〕: ~ *by* rules [terms] 規則[条件]の遵守. 3 居住 (abiding) 〔*in, at*〕. 〖1647〗

a·bide /əbáɪd/ *v.* (**a·bode** /əbóud | əbə́ud/, **a·bid·ed; abode, abided,** 《まれ》 **a·bid·den** /əbídn/) — *vt.* 1 a [否定・疑問構文で] 辛抱する, 我慢する: I *can't* ~ him. あの男には我慢できない / He could *not* ~ to be thwarted. 邪魔だてされるのには耐えられなかった / Who can ~ that? そんなことをだれが我慢できるものか (cf. *Joel* 2: 11). b 《古》勇敢に耐える, 抵抗する: ~ a storm. 2 《古》覚悟して受ける, 甘受する: ~ the consequences of one's deed 自分のした事の結果に甘んじる[の罰を甘受する]. 3 《古》〈人が〉…を待つ; 〈運命などが〉〈人を〉待ちかまえる: ~ the day of His coming 神の降臨を待つ. 4 《古》償う (atone for), …の罰を受ける. (← ABY との混同)
— *vi.* 1 《文語》留まる, 持続する (remain); そのままであり続ける (last): Let every man ~ *in* the same calling wherein he was called. おのおのその召されしときのさまに留まるべし (*1 Cor.* 7:20). 2 《古》居住する, 住む (dwell), 滞留する 〔*in, at, with*〕.
abíde by (1) 〈規則・条件・約束などを〉固守する, …を忠実に守る: ~ *by* the law [one's promise] 法律[約束]を守る (cf. law-abiding). (2) 《古》〈決定などに〉従う, …に黙従する; 〈結果などを〉甘受する: In the end we ~*d by* the umpire's decision. 結局審判の決定に従った / Do your best and ~ *by* the event. 自己の最善を尽くして事の成り行きに従え. ★ この成句では abided; abided と活用する.
〖OE *ābīdan* to stay on: ⇨ a-², bide〗

a·bíd·ing /-dɪŋ | -dɪŋ/ *adj.* 永続的な, いつまでも続く, 年来の: one's ~ friendship 変わらぬ友情 / an ~ faith in progress 進歩への変わらぬ信頼. **~·ly** *adv.* **~·ness** *n.* 〖c1378〗

abíding plàce *n.* 住所, 居所; 住居(すまい). 〖1580〗

Ab·i·djan /æ̀biːdʒɑ́ːn; *F.* abidʒɑ̃/ *n.* アビジャン 《コートジボワール (Ivory Coast) のもと首都》.

A·bie /éɪbi/ *n.* エビー 《男性名》. 〖(dim.) ← ABRAHAM〗

à bien·tôt /ɑ̀ːbjæ̃(n)tóu, -bjæn- | -tə́u; *F.* abjɛ̃to/ *F. int.* さよなら, じゃまた (so long). 〖□ F ~ ← *à* till+*bientôt* soon (← *bien* < L *bene* well+*tôt* (< VL **tostum* promptly)〗

ab·i·e·tate /æbiətèɪt/ *n.* 〖化学〗アビエチン酸塩[エステル]. 〖← ABIET(IC ACID)+-ATE¹〗

áb·i·et·ic ácid /æ̀bièṭɪk- | -ɛ̀t-/ *n.* 〖化学〗アビエチン酸 ($C_{19}H_{29}COOH$) 《松やにの主成分で黄色結晶体; 乾燥剤・石鹸・ワニスなどの製造に用いる; sylvic acid ともいう》. 〖《1864》← L *abiet-, abiēs* fir+-IC¹〗

Ab·i·gail /ǽbəgèɪl | ǽbɪ-/ *n.* 1 アビゲイル 《女性名; 愛称形 Abbey, Gail》. 2 〖聖書〗アビガイル, アビガル 《Nabal の妻, 後に David の妻; cf. *1 Sam.* 25》. 3 a アビゲイル 《Beaumont と Fletcher 合作の喜劇 *The Scornful Lady* (1616) 中の侍女の名》. b [a-] 侍女, 腰元 (waiting woman, lady's maid). 〖《1666》□ Heb. *Abhigáil* 《原義》my father rejoiced ← *ābh* father+*gīl* to rejoice〗

A·bi·jah /əbáɪdʒə/ *n.* アバイジャ 《男性名》. ★ 17 世紀 New England に多かった. 〖□ Heb. *Abhiyāh* 《原義》Jah (=Yahweh) is father〗

Ab·i·lene /ǽbəlìːn/ *n.* アビリーン 《米国 Texas 州中部の都市》. 〖cf. *Luke* 3:1〗

a·bil·i·ty /əbíləṭi | -lɪti/ *n.* 1 〈…することが〉できること 〈*to do*〉: have the ~ *to* adapt to circumstances 環境に順応することができる. 2 能力 (competence), 手腕, 技量, 力量 (skill); [しばしば *pl.*] 才能 (talent): natural *abilities* 生まれながらの才能, 天資 / his ~ *in* English 彼の英語の能力 / a man [woman] of ~ 才能のある人, 利発家 / to the best of one's ~ [*abilities*] 最善を尽くして, できる限り. 3 〖法律〗有資格, (経済的)能力. 〖《a1398》 (*h*)*abilite* □ OF (*h*)*abilité* < L *habilitātem* aptitude, ability ← *habilis* suitable ∞ ME *ablete*=OF *ableté*: ⇨ able, -ity〗

SYN 能力: **ability** 人が何かをする精神的・肉体的な力《獲得されるもので, 向上させることができる; 最も一般的な語》: A scholar needs the *ability* to think clearly. 学者には明晰に考える能力が必要だ. **faculty** 身についている才能で, 特別な努力なしに発揮できる能力. 普通は知的能力を意味する: She has a *faculty* for mathematics. 彼女には数学の才能がある. **capacity** 受け入れたり吸収したりする潜在的な力: He has a *capacity* for learning languages. 外国語を覚える能力がある. **capability** ある仕事や目的の達成に必要な素質・資格があること: A good secretary must have the *capability* to do several jobs at once. よい秘書は同時にいくつかの仕事をする能力を持っていなければならない.
ANT inability, incapacity.

-a·bil·i·ty /ー̀ー əbíləṭi | -lɪti/ *suf.* -able で終わる形容詞から名詞を造る: change*ability*, not*ability*. 〖□ F *-abilité* // L *-ābilitātem*: ⇨ -able, -ity〗

ab in·con·ve·ni·en·ti /æbɪnkənvìːniénti, -taɪ | -ti, -taɪ/ *L. adv.* 〖法律〗それに伴う不便から: an argument ~ 不便の論法《A なる解釈を下せば不便や困難を伴う, したがって B なる解釈が正当とする論法》. 〖← NL ~ 'from inconvenience'〗

Ab·ing·don /ǽbɪŋdən/ *n.* アビンドン 《イングランド南部, Oxfordshire 州の市場町》.

ab init. 《略》ab initio.

ab in·i·ti·o /æbɪníʃiòu | -ʃiə̀u/ *L. adv.* 最初から, 冒頭から. — *adj.* [限定的] 最初の, 発端の. 〖《1600》□ L *ab initiō* from the beginning〗

ab·in·tes·tate /æbɪntéstèɪt, -tɪt | -ɪn-/ *adj.* 〖法律〗無遺言の; 無遺言死亡者からの. 〖← AB-¹+INTESTATE〗

ab in·tra /æbíntrə/ *L. adv.* 内部から (↔ ab extra). 〖《1672》□ L *ab intrā* from within〗

a·bi·o- /èɪbaɪou | -baɪəu/ lifeless の意の連結形. 〖□ L ← □ Gk *ábios* lifeless ← A-⁷+*bíos* life (cf. bio-)〗

àbio·génesis *n.* 〖生物〗自然発生 (spontaneous generation), 自生, 偶発; 自然発生説 (autogenesis) (cf. biogenesis 1). 〖《1870》← NL ~: ⇨ ↑, genesis〗

àbio·genétic *adj.* 〖生物〗自然発生(説)の.

àbio·ge·nét·i·cal·ly *adv.* 〖← NL *abiogeneticus*: ⇨ ↑, -ic¹〗

àbio·génic *adj.* 非生物起源の, 生物から生じたのでない. 〖《1891》← ABIO-+-GENIC¹〗

a·bi·og·e·nist /èɪbaɪɑ́(:)dʒənɪst | -ɔ́dʒɪnɪst/ *n.* 自然発生論者, 偶発論者. 〖《1870》← ABIOGEN(ESIS)+-IST〗

a·bi·og·e·ny /èɪbaɪɑ́(:)dʒəni | -ɔ́dʒɪni/ *n.* 〖生物〗= abiogenesis. 〖← ABIO-+-GENY〗

a·bi·o·log·i·cal /èɪbaɪəlɑ́(:)dʒɪkəl, -kl | -lɔ́dʒɪ-/ *adj.* 生物学的でない; (特に)有機体によらない. **~·ly** *adv.* 〖1868〗

a·bi·o·sis /èɪbaɪóusɪs | -ə́usɪs/ *n.* 〖病理〗生活[生命]力欠乏; 非生物性. 〖← ABIO-+-OSIS〗

a·bi·ot·ic /èɪbaɪɑ́(:)ṭɪk | -ɔ́t-/ *adj.* 1 a 生命[生活]力を欠いた; 非生物性の (inanimate). b 生命にとって危険な. 2 =abiological. 3 〖生化学〗=antibiotic.

à·bi·ót·i·cal·ly *adv.* 〖《1950》← A-⁷+BIOTIC〗

a·bi·ot·ro·phy /èɪbaɪɑ́(:)trəfi | -ɔ́trə-/ *n.* 〖病理〗無生活力, 活力萎縮(いしゅく). 〖《1902》← ABIO-+-TROPHY〗

ab·ir·ri·tant /æbírəṭnt | -rɪ-/ *adj.* 〖医学〗刺激緩和の. — *n.* 刺激緩和剤. 〖《1879》← AB-¹+IRRITANT¹〗

ab·ir·ri·tate /æbírətèɪt | -rɪ-/ *vt.* 〖医学〗…の異常興奮を緩和する.

Ab·i·tib·i /æ̀bəṭíbi | -bɪ-/ *n.* 1 [Lake ~] アビティビ湖 《カナダ Ontario 州と Quebec 州の境にある湖; 面積 956 km²》. 2 [the ~] アビティビ(川) 《カナダ Ontario 州東部を北流し, James 湾近くで Moose 川に合流 (547 km)》.

Ab·i·tur /ɑ̀ːbɪtúə | -túə(r); *G.* abitúːɐ/ *n. G.* アビトゥーア 《ドイツの高校卒業[大学入学資格]試験》. 〖《略》← *Abiturientenexamen* 'leavers' examination〗

a·bi·tu·ri·ent /ɑ̀ːbɪtuəriént | -tuər-; *G.* àbituʁiént/ *n.* Abitur の受験者[合格者] (cf. gymnasium¹). 〖《1863》□ G ~ ← NL *abiturient-* (pres.p.) ← *abiturīre* to be about to go away〗

ab·ject /ǽbdʒekt, ー́ー | ー̀ー/ *adj.* 1 〈状態など〉なさけない, 目も当てられない, ひどくみじめな (wretched): ~ poverty 極端な貧困, 赤貧. 2 〈人・行動など〉卑しむべき, 浅ましい (⇨ base² SYN): an ~ coward [liar]. 3 へり下った, 卑屈な (servile); 意気地のない (spiritless): make an ~ apology ひらあやまりに謝る. — *n.* 《古》卑賤(ひせん)の人 (cf. *Ps.* 35:15): the very ~s. **~·ly** *adv.* **~·ness** *n.* 〖《a1400》□ L *abjectus* (p.p.) ← *abjicere* to throw away ← AB-¹+*jacere* to throw: ⇨ jet²〗

ab·jec·tion /æbdʒékʃən/ *n.* 1 卑賤(の身). 2 下劣, 浅ましさ. 3 屈従, 卑下. 4 〖植物〗担胞子体からの胞子の放出. 〖《a1400》□ (O)F ~ // L *abjectiō(n-)*: ⇨ ↑, -ion〗

ab·jec·tive /æbdʒéktɪv/ *adj.* 卑劣にするような; みじめにするような. 〖1865〗

ab·ju·ra·tion /æbdʒuréɪʃən | -dʒu(ə)r-/ *n.* 1 宣誓して(故国などを)捨てること; 国籍放棄(の誓い). 2 〖キリスト教〗(教会に再び受け入れられるときの)異端[離教]放棄の誓い. 〖《?a1439》□ L *abjūrātiō(n-)* ← *abjūrāre*: ⇨ ↓, -ation〗

ab·jure /æbdʒúə, əb- | əbdʒúə(r), æb-/ *vt.* 1 〈忠順の誓いなどを〉捨てる, 〈故国などを〉永久に去ることを誓う: ~ allegiance / ~ the realm 〖英古法〗永久離国の宣誓をする. 2 〈持説・(異端)信仰などを〉公然と捨てる; 〈権利などを〉放棄する: ~ a doctrine, a claim, etc. 3 避ける, 回避する (avoid). **ab·júr·er** /-dʒúərə | -dʒúərə(r)/ *n.*
ab·jur·a·to·ry /æbdʒúərətɔ̀ːri | -dʒúərətəri/ *adj.* 〖《?a1425》□ (O)F *abjurer* // L *abjūrāre* ← AB-¹+*jūrāre* to swear: ⇨ jury¹〗

Ab·khaz /æbkɑ́ːz/ *n.* =Abkhazian. 〖1838〗

Ab·kha·zi·a /æbkéɪʒ(i)ə, -kɑ́ːziə | -kɑ́ːziə, -kéɪ-/ *n.* (*also* **Ab·kha·si·a** /~/) アブハジア 《グルジア共和国内, 黒海東南にある自治共和国; 首都 Sukhumi, 面積 8,600 km², 公式名 the Autonomous Republic of Abkhazia アブハジア自治共和国》.

Ab·kha·zi·an /æbkéɪʒ(i)ən, -kɑ́ːziən | -kɑ́ːziən, -kéɪ-/ (*also* **Ab·kha·si·an** /~/) *adj.* アブハジア(人, 語)の. — *n.* 1 アブハジア人. 2 アブハジア語 《北西カフカス語族に属し, Abkhazia で話され, 子音組織の豊かさで知られる》. 〖1845〗

abl. 《略》ablative.

ab·lac·tate /æbléktèɪt/ *vt.* 離乳させる (wean). 〖← L *ablactātus* (p.p.) ← *ablactāre* to wean ← AB-¹+*lactāre* to suckle (← *lac* milk: cf. lactate)〗

ab·lac·ta·tion /æ̀blæktéɪʃən/ *n.* 離乳. 〖《?a1425》□ ML *ablactātiō(n-)*: ⇨ ↑, -ation〗

ab·late /æbléɪt | əb-, æb-/ *vt.* 1 除去する, 切除する. 2 〖地質〗削摩する. 3 〖宇宙〗〈宇宙船・ミサイルなどの頭部円錐部を〉融除[溶発]する (⇨ ablation 3). — *vi.* 切除[削摩, 消摩]される. 〖《1542》《逆成》↓〗

ab·la·tion /æbléɪʃən | əb-, æb-/ *n.* 1 (一部の)除去; 〖外科〗切除. 2 〖地質〗(溶解または水力による氷河・岩石などの)削摩 (cf. alimentation 3). 3 〖宇宙〗アブレーション, 融除, 溶発 《宇宙船・ミサイルなどの頭部やノズルの表面物質の高速高温気流による融解・溶発; 宇宙船などの断熱保護に利用される》. 〖《?a1425》□ L *ablātiō(n-)* ← *ablātus* (p.p.) ← *auferre* to carry, take away ← AB-¹+*ferre* 'to BEAR¹'〗

ab·la·ti·val /æ̀bləṭáɪvəl, -vl⁻/ *adj.* 〖文法〗奪格(的)の. 〖《1854》: ⇨ ↓, -al¹〗

ab·la·tive¹ /ǽbləṭɪv | -tɪv/ 〖文法〗*adj.* 奪格の.
— *n.* 1 奪格 (ablative case) 《「…から」の意で動作の原因・手段・所・時などを表すラテン語名詞の格》. 2 奪格の語 《例えばラテン語で *Aenēas Troiā vēnit.* (=Aeneas came from Troy.) の *Troiā*》. 〖《c1397》□ (O)F *ablatif, -ive* // L *ablātīvus* ← *ablātus*: ⇨ ablation〗

ab·la·tive² /æbléɪṭɪv | ǽblətɪv, æb-/ *adj.* 〖宇宙〗アブレーション (ablation) の, 融除[溶発]しやすい. **~·ly** *adv.* 〖《1959》← ABLATE+-IVE〗

áblative ábsolute *n.* 〖文法〗(ラテン語の)絶対奪格, 独立奪格構文 《文中で他の要素と文法的に関係せず孤立的に用いられた奪格(句); 時・原因・付帯事情を表す副詞節に当たる; 例: *Deo volente* (=God willing); cf. accusative absolute, genitive absolute》. 〖c1395〗

ab·lá·tor /-ṭə | -tə(r)/ *n.* 〖宇宙〗融除材 《アブレーション断熱のための材料》. 〖《1963》□ LL ~ 'one that removes' ← *ablatus*: ⇨ ablation, -or²〗

ab·laut /ǽblaut; *G.* áplaut/ *n.* 〖言語〗母音交替, アプラウト 《*sing—sang—sung—song* のような母音の規則的変化; (vowel) gradation ともいう; cf. umlaut》. 〖《1849》□ G ~ (sound) deviation ← AB-¹+*Laut* sound〗

a·blaze /əbléɪz/ *adv., adj.* [叙述的] 1 燃え立って: set … ~ …を燃え立たせる, …に火をつける: The whole forest was ~ after one tree was struck by lightning. 一本の木に雷が落ちて森全体が燃え上がった. 2 〈物が〉輝いて: ~ *with* jewels 宝石が輝く / The house was ~ *with* lights. その家は電灯があかあかとともっていた / a moonless night ~ *with* stars 星がきらめく月のない夜空. 3 〈人が〉興奮して, 激して: ~ *with* anger, indignation, excitement, hate, love, etc. 〖《a1393》← A³+BLAZE¹〗

a·ble /éɪbl/ *adj.* (**a·bler, more ~; a·blest, most ~**) 1 [叙述的] 〈…が〉できる, しうる 〈*to do*〉 (↔ unable): be ~ *to* …=can … / I am [was] ~ *to* solve the problem. その問題を解くことができる[できた] / Is a cat ~ *to* see in the dark? 猫は暗闇でも目が見えるか / Do it as soon as you are ~ to. できるだけ早くそれをしなさい.

語法 (1) 特に, can にない未来形または完了形を shall [will, may] be *able to* … または have [has, had] been *able to* … の形で補う. (2) この用法での比較級は通例 better [more] *able* となる: He was *better* [*more*] ~ to do it than I was. (3) 一般に *able to be* done の形は好ましくないとされる. (4) be able to の主語は, 通例, 有生物であるが, 無生物もその機能に言及する場合は可: This car *is able to* generate over 200 hp.

2 〈人が〉有能な, 手腕のある; 腕ききの (talented); 〈物が〉才能を示す: an ~ writer 有能な作家 / That writer is very ~. あの作家は非常に有能だ / an ~ speech りっぱな演説. 日英比較 日本語の「有能な」が仕事の上での知識, 能力をいう場合には, able よりも competent または capable のほうが適当な場合が多い. 3 〖法律〗(…する)能力[法定資格]がある: ~ in body and mind 心身共に能力がある. 4 =able-bodied.
— *vt.* 《廃》誓う, 保証する.
〖《a1338》□ (O)F (*h*)*able* (F *habile*) < L *habilem* handy, suitable ← *habēre* to have, hold: ⇨ habit¹〗

SYN 有能な: **able** 将来性を含めて普通以上の能力を有するの意: He is an *able* writer. 彼は有能な作家だ. **capable** 〈人・物が〉ある仕事をするのに必要で実際的な能力を持っている: She is *capable* of teaching Japanese. 日

本語を教えることができる. **efficient** 特定の仕事などについて手際がよく能率がよい: an *efficient* secretary 有能な秘書. **competent** 〈人が〉必要なことを満足にこなす能力・技術がある, しかし積極的に評価する意味は少ない: She's a very *competent* housekeeper. 彼女はとても有能な家政婦だ.

-a·ble /əbl̩/ *suf.* 動詞・名詞などに付いて形容詞を造る: **1 a** (通例受動的意味で)「…できる, …されうる, …に適する, …されるべき」: obtain*able* (=able to be obtained) / eat*able* (=able to be eaten, fit for eating) / sal*able* (=fit for sale) / tax*able* (=subject to taxation) / lov*able* (=worthy to be loved). **b** (古い派生語ではしばしば能動的意味で)「…できる」: comfort*able*, suit*able*. **2**「…しやすい, …しがちな」: change*able* (=liable to change) / perish*able* (=liable to perish).

語法 (1) -able は本来 -āre に終わるラテン語第一変化動詞に対する形容詞語尾であるが, 英語では語源的に無関係の able と連想されたため -ible よりも自由に用いられ, 一般の動詞のほか名詞や動詞句にも付く: club(b)*able*, peace*able*, getat*able*. (2) ラテン語系の -ate に終わる 3 音節以上の動詞の場合は -ate を省いて -able を付ける: edu*cate*—educ*able*. (3) -able の形容詞に対応する副詞は -ably, 名詞は -ableness または -ability の形をとる: note—not*able*—not*ably*—not*ableness*, not*ability* / move—mov*able*—mov*ably*—mov*ableness*, mov*ability*.

〖ME □ (O)F ~ ∥ L *-ābilis*〗

áble-bódied *adj.* **1** 強壮な: ~ young men. **2** 〖海事〗〈水夫が〉AB 級の, 適任の, 経験豊かな. 〖*a*1622〗

áble-bòdied séaman *n.* 〖海事〗AB 級の水夫, 一人前の甲板員, 熟練船員 (略 AB; cf. ordinary seaman). 〖*c*1909〗

a·bled /éɪbl̩d/ *adj.* =able-bodied; [前に副詞を付けて] (婉曲) =disabled: differently [uniquely] ~ 健常者と違った (身体に障害がある (disabled, handicapped) の言いかえ). 〖(1981) (逆成) ← DISABLED〗

Áble dày *n.* エイブルデー (Bikini 環礁での最初の原子爆弾実験の日; 1946 年 7 月 1 日(米国では 6 月 30 日); A-day ともいう).

ab·le·gate /ǽblɪ̀gət, -gèɪt/ *n.* 〖カトリック〗教皇特使 (papal envoy). 〖(1651) □ F *ablégat* ∥ L *ablegātus*: ⇨ ab-¹, legate¹〗

a·ble·ism /éɪblɪzm, -bl-/ *n.* 健常者優位主義 (障害者への差別として). **a·ble·ist** /éɪblɪst/ *n.* 〖(1981): ⇨ ism〗

a·blep·si·a /eɪblépsiə/ *n.* 〖眼科〗失明, 視覚消失症. 〖□ LL ~ □ Gk *ablepsía* blindness ← A-⁷+*blep-* (← *blépein* to look)+-IA¹〗

áble ráting *n.* 〖英〗〖海事〗=able-bodied seaman.

áble séaman *n.* 〖海事〗=able-bodied seaman.

ab·lins /éɪblɪ̀nz/ *adv.* (*also* **ab·lings** /-blɪŋz/) (スコット・北英) =aiblins. 〖← ABLE+-LINGS〗

abl·ism /éɪblɪzm, -bl-/ *n.* =ableism.

a·bloom /əblúːm/ *adv.*, *adj.* [叙述的]〈花が〉咲いて, 開花して (in bloom); 〈場所が〉花が咲いて: a garden ~ *with* roses ばらの花の咲いている庭. 〖(1855) ← A³+BLOOM¹〗

a·blow /əblóʊ | əbláʊ/ *adv.*, *adj.* [叙述的]〈花が〉咲いて (blowing). 〖(1893) ← A³+BLOW³〗

ab·lu·ent /ǽbluːənt | -luənt/ *adj.* 洗浄の. — *n.* 洗浄剤. 〖(1751) □ L *abluentem* (pres.p.) ← *abluere*: ⇨ ablution〗

a·blush /əblʌ́ʃ/ *adv.*, *adj.* [叙述的] (古) 顔を赤らめて. 〖(1852) ← A³+BLUSH〗

a·blute /əblúːt | æb-/ (口語) *vt.* 〈体・顔・手を〉洗う (wash). — *vi.* 体[顔, 手]を洗う. **ab·lút·ed** /-tɪ̀d | -tɪ̀d/ *adj.* 洗い清められた. 〖(1892) (逆成) ↓〗

ab·lu·tion /əblúːʃən, æb-/ *n.* **1** [通例 *pl.*] (宗教上の儀式, 特に聖餐式 (Eucharist) の前後における手・聖器などの)洗浄式. **2** 洗浄に用いる水, 洗滴. **3** [通例 *pl.*] (斎戒)沐浴(もくよく); 体[顔, 手]を洗うこと: perform [make] one's ~s 沐浴する; 洗面する. **4** [*pl.*] (英口語) (兵舎・船舶などの)浴室 (浴場とトイレの両設備がついている). 〖(*c*1395) □ (O)F ~ ∥ L *ablūtiō(n-)* a washing, cleansing ← *abluere* to wash off ← AB-¹+*luere* to wash (cf. *lavāre*: ⇨ lave¹)〗

ab·lu·tion·ar·y /əblúːʃənèri, æb- | -lúːʃ(ə)nəri/ *adj.* 洗滌(せんでき)の, 洗浄の; 洗浄式の. 〖1864〗

á·bly /-bli/ *adv.* よく, うまく, 巧みに, 有能に: an ~ executed work 巧みに仕上げられた作品 / an ~ staffed Cabinet 有能な人材のそろった内閣. 〖*a*1398〗

-a·bly /əbli/ *suf.* -able で終わる形容詞に対応する副詞を造る: demonstr*ably*, prob*ably*. 〖⇨ -able, -ly¹〗

ABM (略) antiballistic missile; Atomic Bomb Mission 原子爆弾[原爆]調査委員会; Australian Board of Missions; automatic batch mix.

ab·mho /ǽbmoʊ | -məʊ/ *n.* (*pl.* ~**s**) 〖物理〗絶対モー, アブモー (コンダクタンスの cgs 電磁単位; =10⁹ mhos). 〖← AB-³+MHO〗

ab·mo·dal·i·ty /æ̀bmoʊdǽləti, -mə- | -mə(ʊ)dǽlɪ̀ti/ *n.* 〖統計〗(母集団の要素の平均からの)偏差. 〖← AB-¹+MODALITY〗

abn (略) airborne.

Ab·na·ki /æbnɑ́ːki | -nǽki/ *n.* (*pl.* ~, ~**s**) **1 a** [the ~(s)] アブナキ族 (米国 Maine 州およびカナダ New Brunswick 州, Quebec 州南部 に住むアメリカインディアンの一部族). **b** アブナキ族の人. **2** アブナキ語 (アルゴンキアン語族に属する一言語). 〖(1721) ← N-Am.-Ind. (Algonquian) (原義) those of the east〗

ab·ne·gate /ǽbnɪ̀gèɪt, -nɛ-/ *vt.* **1** 〈快楽・好物などを〉断つ. **2** 〈権利などを〉放棄する; 〈主義・神などを〉否認する. 〖(1623) ← L *abnegātus* (p.p.) ← *abnegāre* to refuse ← AB-¹+*negāre* to deny: ⇨ negate〗

ab·ne·ga·tion /æ̀bnɪ̀géɪʃən, -nɛ-/ *n.* **1** 拒絶, 拒否 (denial); 放棄, 棄権 (renunciation). **2** 自己を捨てること; 克己, 自制 (self-denial). 〖(*a*1398) □ L *abnegātiō(n-)* refusal: ⇨ ↑, -ation〗

áb·ne·gà·tor /-tə | -tə(r)/ *n.* 拒絶者; 放棄者. 〖(1637) □ L *abnegātor*: ⇨ abnegate, -or²〗

Ab·ner /ǽbnə | -nə(r)/ *n.* **1** アブナー (男性名). **2** 〖聖書〗アブネル (イスラエル軍の将で, Saul のいとこ; *1 Sam.* 14: 50; 26: 5). 〖□ Heb. *Abhnēr* (原義) father is light〗

Áb·ney lèvel /ǽbni-/ *n.* 〖測量〗アブニー水準儀 (測量用クリノメーターの一種; Abney clinometer ともいう). 〖(1889) ← W. de *Wiveleslie Abney* (1843–1920: 英国の化学者・物理学者)〗

ab·nor·mal /æbnɔ́əməl, əb-, -ml̩ | -nɔ́ː-/ *adj.* 異常な, 変則の (unusual and typically bad); 並はずれた, 異例の; 変態的な, (精神的に)病的な: an ~ condition 異常な状態 / an ~ amount of snow 並はずれた大雪 / ⇨ abnormal psychology. 〖(1835) (混成) ← (廃) *anormal* (□ F ~ □ L *anormalus*=L *anōmalus* □ Gk *anṓmalos*) +L *abnormis* (← AB-¹+*norma* 'NORM'): ⇨ anomalous〗

SYN 異常な: **abnormal** 標準・平均からはずれていて, 好ましくないという感じ: *abnormal* behavior 異常なふるまい. **unusual** めったにあることではないの意味で, よい意味に使われることが多い: a man of *unusual* ability 異常な才能の持ち主. **extraordinary** 好ましい意味で, 想像をこえ, 並はずれている: *extraordinary* goodness 並はずれた善良さ. / at *extraordinary* speed ものすごいスピードで
ANT normal.

ab·nor·mal·cy /æbnɔ́əməlsi, əb-, -ml̩- | -nɔ́ːməl-/ *n.* =abnormality. 〖↑ NORMAL-NORMALCY の類推から〗

ab·nór·mal·ìsm /-lìzm/ *n.* 異常性, 変態性; 異常なもの. 〖1894〗

ab·nor·mal·i·ty /æ̀bnɔəmǽləti | -nɔːmǽlɪ̀ti/ *n.* **1** 異常. **2** 普通と違った物[事], 異常な点. 〖1854〗

ab·nor·mal·ize /æbnɔ́əməlàɪz, əb- | -nɔ́ː-/ *vt.* 異常なものにする, 変態化する. 〖*a*1871〗

ab·nór·mal·ly *adv.* 異常に: develop ~ 異常に発達する / ~ large [small] 異常に大きい[小さい].

abnórmal psychólogy *n.* 異常心理学; 異常心理. 〖*c*1903〗

ab·nor·mi·ty /æbnɔ́əməti, əb- | -nɔ́ːmɪ̀ti/ *n.* (まれ) **1** 異常 (abnormality). **2** 形態の異常, 奇形; 異常なもの, 奇形物 (monstrosity). 〖(1731) ← ABNORM(AL)+-ITY: cf. L *abnormitās*〗

Ab·o, ab·o /ǽboʊ | ǽbəʊ/ (豪俗) [しばしば軽蔑的に] *n.* (*pl.* ~**s**) 先住民, アボ(リジニ). — *adj.* 先住民の, アボ(リジニ)の. 〖(1907) (略) ← ABORIGINE, ABORIGINAL〗

Å·bo /*Swed.* óːbuː/ *n.* オーブー (Turku のスウェーデン語名).

ABO /èɪbìːóʊ | -óʊ/ (記号) ⇨ ABO system.

a·board /əbɔ́əd | əbɔ́ːd/ *adv.* **1 a** 飛行機[列車, バスなど]に乗って: climb ~ 乗り込む / Welcome ~! ご搭乗[乗車, 乗船]ありがとうございます (乗務員が乗客に対して言う言葉). **b** 船内[上]に[で]; 船内[上]へ: go ~ 乗船する / have ~ 乗せて[積んで]いる / take ~ 乗せる, 積み込む. **2** 船[陸]に沿って (alongside): hard [close] ~ 舷側(げんそく)に接して / keep the land ~ 陸岸に沿って航行する. **3** (口語) 〖野球〗〈走者が〉塁に出て, 塁上で: a homer with one ~ ツーランホーマー / hit a double with three runners ~ 走者を 3 人置いて 2 塁打を打つ.
Áll abóard! 皆さんご乗船 [乗車] 下さい (出発の合図). (1838) ***fáll abóard of*** 〈他船〉の舷側に衝突する: *fall ~ of* a ship. (1630) ***láy abóard*** (昔の海戦で切込み戦闘の目的で)〈他船〉に横付けする: *lay* an enemy's ship ~ 敵船に横付けする.
— /–⌐, –⌐/ *prep.* **1** (口語)〈飛行機・列車・バスなど〉に乗って: ~ a plane 飛行機に乗って. **2** 〈船〉に乗って; 〈船〉の内[上]へ: come [get] ~ a ship=go ~ (a) ship 乗船する.
rún abóard =*fall* ABOARD *of* (⇨ *adv.* 成句).
〖(*a*1393) *abord*: ⇨ a³, board: cf. F *à bord*〗

a·board·age /əbɔ́ədɪdʒ | əbɔ́ːd-/ *n.* 〖海事〗(海難事故としての)接触.

ÁBÓ blóod gròup *n.* [the ~] 〖医学〗ABO 式血液型 (cf. ABO system). 〖1949〗

a·bode¹ /əbóʊd | əbə́ʊd/ *v.* abide の過去形・過去分詞.
— *n.* **1** 住所, 住居; 居住: an ~ of love 愛の家 (⇨ Agapemone 1) / an ~ of pleasure 歓楽郷 / of [with] no fixed ~ 〖法律〗住所不定(の) / take up one's ~ 住居を定める / make one's ~ 居住する, 寄寓(きぐう)[寓居]する (dwell). **2** (長期の)滞在, 逗留(とうりゅう). 〖(*a*1250) OE *ābād* (pret.) ← *ābīdan* 'to ABIDE'. — n.: (*a*1250) *abade*: cf. OE *bād* waiting〗

abode² /əbóʊd | əbə́ʊd/ (廃) *n.* 予感, 予兆. — *vt.* 予言する, 予感する. 〖OE *ābodian*: ⇨ a-², bode¹〗

ab·ohm /ǽboʊm | ǽbəʊm/ *n.* 〖物理〗絶対オーム, アブオーム (電気抵抗の cgs 電磁単位; =10⁻⁹ ohm). 〖← AB-³+OHM〗

a·boi·deau /ɑ̀ːbwɑːdóʊ | -dóʊ; *F.* abwado/ *n.* (*pl.* ~**x** / ~z; *F.* ~/) (カナダ) (Nova Scotia および New Brunswick 両州に見られる) 防潮ゲート (tide gate). 〖(1825) □ Canad.-F *aboiteaux* (pl.)〗

a·boil /əbɔ́ɪl/ *adv.*, *adj.* [叙述的] **1** 煮え立って, 沸騰して (boiling). **2** 興奮して, (議論などで)沸き立って 〔*with*〕. 〖(1858) ← A³+BOIL¹ (n.)〗

a·boi·teau /ɑ̀ːbwɑːtóʊ | -tə́ʊ; *F.* abwato/ *n.* (*pl.* ~**x** / ~z; *F.* ~/) =aboideau.

a·bol·ish /əbɑ́(ː)lɪʃ | əbɔ́l-/ *vt.* **1** 〈慣例・制度・法律・政府などを〉廃止する, 撤廃する: ~ a law, custom, tax, etc. / ~ slavery / ~ capital punishment [the death penalty] 極刑[死刑]を廃止する. **2** (古)〈人・物を〉壊滅させる. **~·a·ble** /-ʃəbl̩/ *adj.* **~·er** *n.* **~·ment** *n.* 〖(1459) □ (O)F *aboliss-*, *abolir* □ L *abolēre* to destroy ← AB-¹+**ol-* (← IE **al-* to grow): ⇨ -ish²〗

SYN 無くする: **abolish** 〈法律・制度・慣習・状態などを〉廃止するの意味で最も一般的な語: *abolish* poverty 貧困を無くする / *abolish* slavery 奴隷制度を廃止する. **erase** 記録されていたものを消し去って無くしてしまう (格式ばった語): *erase* the debt 負債を抹消して無くす. **extinguish** 火を消すように〈希望・愛・情熱などを〉失わせる (結果よりも過程を強調する; 格式ばった語): Their hope for her safety was slowly *extinguished*. 彼女の無事を祈る彼らの希望は徐々に消えていった.
ANT establish.

ab·o·li·tion /æ̀bəlíʃən/ *n.* **1** (制度・法律などの)廃止, 廃棄, 全廃 (abolishment): the ~ of price control(s) 物価統制の撤廃. **2** (米) [時に A-] 奴隷制度廃止; 死刑廃止. 〖(1529) □ F ~ ∥ L *abolitiō(n-)* ← *abolitus* (p.p.) ← *abolēre* (↑): ⇨ -tion〗

ab·o·li·tion·àr·y /-ʃənèri | -n(ə)ri/ *adj.* (奴隷制度・死刑などが)廃止の. 〖1868〗

ab·o·lí·tion·ism /-ʃənìzm/ *n.* 廃止論; (特に)奴隷制度廃止論; 死刑廃止論. 〖1808〗

àb·o·lí·tion·ist /-ʃ(ə)nɪ̀st | -nɪst/ *n.* 廃止論者; (特に)奴隷制度廃止論者; 死刑廃止論者; (豪) (オーストラリアへの)流刑廃止主義者. — *adj.* 奴隷制度廃止論(者)の; 死刑廃止論(者)の; 死刑廃止の: an ~ country 死刑廃止国. 〖1788〗

ab·o·ma·sum /æ̀boʊméɪsəm | æ̀bə(ʊ)-/ *n.* (*pl.* **-ma·sa** /-sə/) 〖動物〗皺胃(しゅうい) (牛・羊などの反芻(はんすう)動物の第四胃; cf. rumen 1). **àb·o·má·sal** /-səl, -sl̩/ *adj.* 〖(1706) ← NL ~ ← AB-¹+*omāsum* 'OMASUM'〗

ab·o·ma·sus /æ̀boʊméɪsəs | æ̀bə(ʊ)-/ *n.* (*pl.* **-ma·si** /-saɪ, -siː/) 〖動物〗=abomasum.

Á-bòmb *n.* 原子爆弾, 原爆 (atomic bomb). — *vt.*, *vi.* (目標を)原子爆弾で攻撃する, (…に)原爆を投下する (atom-bomb). 〖(1945) ← A(TOM)+BOMB〗

A·bo·mey /əbóʊmeɪ | əbə́ʊ-/ *n.* アボメー (ベナン (Benin) 南部の町; ダオメー王国時代の首都).

a·bom·i·na·ble /əbɑ́(ː)m(ə)nəbl̩ | əbɔ́mɪn-, -m(ə)n-/ *adj.* **1** 忌まわしい, いとわしい, 言語道断な (⇨ hateful SYN): ~ cruelty 残忍非道. **2** (口語) 非常に嫌な, 不快きわまる; とてもひどい (awful, execrable): an ~ road ひどい悪路 / ~ weather ものすごい悪天候 / Their taste in clothes is simply ~. 彼らの衣服の趣味は全くひどいものだ. **~·ness** *n.* 〖(*c*1303) *ab(h)ominable* □ (O)F *abominable* ∥ L *abōminābilis*: ⇨ abominate, -able〗

Abóminable Snówman, a- s- *n.* 雪男 (ヒマラヤ山中などにすむといわれる正体不明の動物; yeti, また単に Snowman ともいう). 〖(1921) (なぞり) ← Tibet. *metoh-kangmi* ← *metoh* foul+*kangmi* snowman〗

a·bóm·i·na·bly /-bli/ *adv.* 忌まわしく; ひどく: treat a person ~ 人をひどく扱う / cook ~ 料理がひどくへただ / ~ hot [cruel] ひどく暑い[残酷だ]. 〖*c*1447〗

a·bom·i·nate /əbɑ́(ː)mənèɪt | əbɔ́mɪ̀-/ *vt.* 忌み嫌う, 憎悪(ぞうお)する, …が大嫌いである (⇨ hate SYN): I ~ snakes. — *adj.* (詩) 忌み嫌われる, 忌まわしい (abominated). **a·bóm·i·nà·tor** /-tə | -tə(r)/ *n.* 〖(1644) ← L *abōminātus* (p.p.) ← *abōminārī* to deprecate as an ill omen, detest: ⇨ ab-¹, omen, -ate³〗

a·bom·i·na·tion /əbɑ̀(ː)mənéɪʃən | əbɔ̀mɪ̀-/ *n.* **1** 憎悪, 嫌忌(けんき): He holds it in ~. 忌み嫌っている. **2** 忌まわしい行為, 醜行; 醜悪 (shameful vice). **3** 〔…にとって〕ひどく嫌な物 〔*to*〕.
the abominátion of desolátion (1) 〖聖書〗聖地を荒らす憎むべきもの (*Dan.* 9: 27, *Matt.* 24: 15, *Mark* 13: 14). (2) 忌まわしいもの, 唾棄(だき)すべきもの.
〖(*c*1350) □ (O)F ~ ∥ L *abōminātiō(n-)*: ⇨ ↑, -ation〗

a·bon·dance /ɑ̀ːbɔ̃ː(n)dɑ̃ː(n)s, ɑ̀ːbɔːndɑ́ːns; *F.* abɔ̃dɑ̃ːs/ *n.* 〖トランプ〗=abundance 4.

à bon droit /ɑːbɔ̃ː(n)drwɑ́ː, -bɔ̃ːn-; *F.* abɔ̃dʁwa/ *F. adv.* 正当に, 当然. 〖□ F ~ 'with justice'〗

à bon mar·ché /ɑːbɔ̃ː(m)mɑəʃéɪ, -bɔːm- | -mɑː-; *F.* abɔ̃maʁʃe/ *F. adv.* 割安で, 安く (cheap). 〖□ F ~ 'at a good bargain'〗

a·boon /əbúːn/ *adv.*, *prep.*, *adj.* (スコット) =above. 〖(1875) ME *abone* (北部方言)〗

ab·o·rad /æbɔ́ːræd/ *adv.* 〖解剖・動物〗口(側)から離れて. 〖← AB-¹+L *or-* (← *ōs* mouth)+-AD³〗

ab·o·ral /æbɔ́ːrəl, æbɑ́(ː)r- | æbɔ́ːr-/ *adj.* 〖動物〗反口(側)の, 口と反対側の, 口から遠ざかる (↔ adoral): an ~ pore 反口孔 / the ~ pole 反口極. **~·ly** *adv.* 〖(1857) ← AB-¹+ORAL〗

ab·o·rig·i·nal /æ̀bərídʒ(ə)nl̩ | -dʒ(ə)nl̩, -dʒɪ-⌐/ *adj.* **1 a** 原始からの; 先住の (indigenous): an ~ race. **b** 原始的な (primitive). **2 a** [通例 A-] オーストラリアの先住民の, アボリジニの. **b** 先住民の (⇨ native SYN): an ~ custom, language, etc. **3** 〖生物〗土着の: ~ fauna and flora 土着の動植物. — *n.* **1** **a** [通例 A-] オーストラリアの先住民 (Aborigine), アボリジニ. **b** 先住民. **2** [通例 A-] オーストラリア先住民語. 〖(1667) ← ABORIGINE＋-AL[1]〗

ab·o·rig·i·nal·i·ty /æbərìdʒənǽləṭi | -dʒənǽlɪ̀ti/ *n.* **1** 原生状態, 土着. **2** 原始的であること, 原始性. 〖1851〗

àb·o·ríg·i·nal·ly *adv.* 原始的に; 太古から, 本来. 〖1821〗

ab·o·rig·i·ne /æbərídʒəni, -nì: | -dʒɪ̀ni/ *n.* **1** **a** [通例 A-] オーストラリアの先住民, アボリジニ. ★ オーストラリア政府は単数の場合, aborigine より aboriginal のほうが好ましいとしているが, 実際には aborigine も広く使われている. 特に複数形は aboriginals より aborigines のほうが好まれる. 《(1533)《逆成》← *aborigines* (pl.)》 **b** 先住民 (aboriginal) (↔ colonist). **2** [*pl.*] (ある地域の)土着の動植物. 〖(1547) □ L *aborīginēs* the name of primeval Romans, 《原義》 ancestors ← *ab origine* (↓)〗

ab o·rig·i·ne /æbərídʒənì: | -dʒɪ̀-/ *L. adv.* 最初から. 〖(1537) □ L *ab origine* from the beginning ← AB-[1]＋*orīgine* ((abl.) ← *origō* 'ORIGIN')〗

a·born·ing /əbɔ́ənɪŋ | əbɔ́:n-/ *adv., adj.* [叙述的] 《米》〈子供·企画·新しい時代など〉生まれかかって, 誕生しかけて: die ～ 〈計画などが〉流産に終わる, 挫折する / A new age was ～. 新時代が誕生しつつあった. 〖(1943) ← A-[1]＋BORN＋-ING[2]〗

a·bort /əbɔ́ət | əbɔ́:t/ *vt.* **1** **a** 〈胎児を〉流産[死産]する. **b** 〈女性を〉堕胎させる; 〈妊娠を〉中絶する: ～ an expectant mother 妊婦を堕胎させる. **2** 〈病気·反乱·計画などを〉早期[早め]に抑える, 未然に防ぐ. **3** 〘軍事〙〈天候不良·故障などが〉〈飛行機·ミサイルの〉任務達成を妨げる, 失敗させる; 〈飛行などを〉中断する. **4** 〘電算〙〈処理を〉打ち切る.
— *vi.* **1** 〈女性·雌の動物が〉流産する (miscarry). **2** **a** 〘生物〙〈動植物·器官が〉発育せずじまいになる, 退化してしまう. **b** 〈病気などが〉進行が止まる. **3** 〈計画などが〉挫折する, 失敗する. **4** (天候不良·故障などのため)〈航空機·ミサイルが〉(任務を)中断する, (任務の達成に)失敗する. **5** 〘電算〙〈処理が〉中断される, アボートする.
— *n.* **1** (天候不良·故障などによる飛行機の)飛行中止, 引き返し; 任務達成の失敗, 失敗に終わった飛行; (ミサイルなどの)作動失敗: a launch ～ 発射ミス. **2** 任務達成に失敗した飛行機[ミサイル]. **3** 〘電算〙 アボート《エラーなどでプログラムの実行を打ち切ること》.
〖(1580) □ L *abortāre* (freq.) ← *aborīrī* to miscarry ← AB-[1]＋*orīrī* to be born (← IE **er-* to set in motion)〗

a·bórt·ed /-ṭɪ̀d | -tɪ̀d/ *adj.* **1** 流産した; 月足らずの. **2** 発育不全の, できそこないの; 〘生物〙 ＝rudimentary 2. 〖1604〗

a·bor·ti·cide /əbɔ́əṭəsàɪd | əbɔ́:tɪ-/ *n.* **1** 堕胎 (feticide). **2** ＝abortifacient. 〖← ABORT＋-I-＋-CIDE〗

a·bor·ti·fa·cient /əbɔ̀əṭəféɪʃənt | əbɔ̀:tɪféɪʃənt, -ʃiənt/ *adj.* 流産を起こす. — *n.* 堕胎薬, (妊娠)中絶薬. 〖(1875) ← ABORT＋-I-＋-FACIENT〗

a·bor·tion /əbɔ́əʃən | əbɔ́:-/ *n.* **1** 流産 (miscarriage); 人工流産, 妊娠中絶, 堕胎《人間では特に妊娠 12 週以内のもの》; 〘法律〙 堕胎罪: have an ～ 流産[堕胎]する / induced ～ 誘発流産 / procure ～ 堕胎する / ⇨ contagious abortion. **2** 流産した胎児. **3** (動植物·器官の)発育中断[不全], できそこない. **4** (計画などの)失敗, しくじり; 頓挫(とんざ); 失敗に終わったもの[計画, 試みなど]. **5** 〘医学〙 (病気の早期)進行阻止[停止]. **～·al** /-ʃnəl, -ʃənl/ *adj.* 〖(1547) □ L *abortiō(n-)* ← *abortus* (p.p.): ⇨ abort, -tion〗

a·bór·tion·ist /-ʃ(ə)nɪ̀st | -nɪst/ *n.* 堕胎施術者, 堕胎医; 妊娠中絶権支持者. 〖1872〗

abórtion-on-demánd *n.* (妊婦の)要求による堕胎; (妊婦の)堕胎する権利.

abórtion pìll *n.* 堕胎薬, 妊娠中絶薬. 〖1985〗

a·bor·tive /əbɔ́əṭɪv | əbɔ́:t-/ *adj.* **1** 〈計画などが〉実を結ばない, 不成功の (⇨ futile SYN): an ～ scheme 失敗に終わった計画 / an ～ coup d'état 失敗に終わったクーデター / His efforts proved ～. 彼の努力もむなしかった. **2** 〘生物〙 発育不(完)全の (rudimentary). ★「まだ成熟しない」の意ではなく「永久に成熟しない」ものをいう. **3** 〘医学〙 **a** 流産の[を促進する], 堕胎促進の; 病勢を阻止する. **b** 進行の中断, 頓挫(とんざ)性の, 不全性の. **4** 《廃》〈子が〉早産の, 月足らずの.
— *n.* 〘医学〙 流産児.
～·ly *adv.* **～·ness** *n.* 〖(a1325) □ L *abortīvus* born prematurely: ⇨ abort, -ive〗

a·bor·tu·ar·y /əbɔ́əʧuèri | əbɔ́:ʧuəri/ *n.* 《米》 [軽蔑的に] 堕胎医院.

a·bor·tus /əbɔ́əṭəs | əbɔ́:t-/ *n.* 〘医学〙 **1** 流産. **2** 流産児《特に, 子宮から出たとき 500 グラム以下で死亡を免れないもの》. 〖(1957) ← NL ～: ⇨ abortion〗

abórtus fèver *n.* 〘病理〙 ブルセラ症 (brucellosis); 波状熱. 〖1927〗

ÁBÓ sỳstem *n.* [the ～] 〘医学〙 ABO 式血液型分類法. 〖1944〗

abought *v.* aby, abye の過去形·過去分詞.

Ab·ou·kir /æbu:kíə, à:b- | æbu:kíə(r)/ *n.* ＝Abukir.

a·bou·li·a /eɪbú:liə, ə-, -bjú:-/ *n.* 〘精神医学〙 ＝abulia. **a·bóu·lic** /-lɪk/ *adj., n.*

a·bound /əbáund/ *vi.* **1** 〈人·物などが〉〔場所に〕たくさんいる[ある] 〔*in*〕: Fish ～ *in* the ocean. 海には魚がたくさんいる. **2** 〈場所·人などが〉〔物資·特徴などに〕富む (be rich) 〔*in, with*〕: The ocean ～*s in* [*with*] fish. / The country ～*s in* minerals. その国は鉱物資源が多い / She ～*s with* good ideas. 彼女はいいアイディアをいっぱい持っている. **3** 〈場所などが〉〔…で〕充満している, 〔…が〕うようよしている (swarm) 〔*with*〕: The house ～*s with* rats. その家にはねずみがいっぱいいる. 〖(c1325) □ (O)F *abonder* □ L *abundāre* to overflow ← AB-[1]＋*undāre* to rise in waves, surge (← *unda* a wave: ⇨ undulate)〗

a·bóund·ing *adj.* 豊富な, あり余るほどの, たくさんの: grace ～ あふれるばかりの神の恵み. 〖(1684): ⇨ ↑, -ing[2]〗

a·bóund·ing·ly *adv.* 豊富に, おびただしく, たくさん. 〖(c1400): ⇨ ↑, -ly[1]〗

a·bout /əbáut/ *prep.* **1** …について(の), に関する: a book ～ gardening 園芸の本 / a movie ～ Lincoln リンカーンの映画 / talk ～ business 商売[仕事]の話をする / disagree ～ business 仕事のことで意見が合わない / Think ～ it. それについて考えてごらん / What is it all ～? 一体何事だ / I will see ～ it. そのことはよろしく取り計らいましょう / Trust her. She knows [understands] ～ such things. 彼女を信用しなさい. そういうことをよくわかっている. **2** …の身辺に; 持ち合わせて (by, on) (cf. with 15): There is something noble ～ him. 彼にはどことなく気品がある / There is something odd [funny] ～ it. それには何か変な[おかしい]ところがある / Have you got any money ～ you? お金の持ち合わせがありますか. **3** …の回りに, の周囲を; …のあたりに (around): people ～ us 我々の周囲の人々 / somewhere ～ here どこかこの辺(に) / The bees buzzed ～ my head. 蜜蜂が頭の回りをぶんぶん飛んだ / Look ～ you. あたりに気を配れ; 慎重にやれ / There are many trees (round) ～ the house. 家の周りには木がたくさんある / You will find him ～ the house. 彼はどこか家のあたりに(内か外に)いるでしょう. **4** …の所々[方々]に, のここかしこに: walk ～ the streets 街路を歩き回る / books lying ～ the room 部屋のあちこちに散らかっている本 / There are trees dotted ～ the field. 野原の所々に木が生えている. **5** …ごろに: We arrived there ～ five o'clock [midnight]. 5 時[真夜中]ごろそこへ着いた (cf. *adv.* 1). **6** …に従事して, に携わって: go [set] ～ 〈仕事などに〉取り掛かる / while I am [you are] ～ it それをしているついでに / What is he ～? 彼は何をしているのか / Don't be long [a long time] ～ it. ぐずぐずせずに早くやりなさい / I know what I am ～. 自分のしていることは心得ている; 抜かりはないよ.
be* (*gòing*) *ón* (*abòut*)** 〈理屈に合わぬことや不満などを〉くどくどと話す: I don't know what you're (*going*) *on* ～. 君が何をくどくど言っているのかわからない / He's always *going on* ～ how awful everything is. 何もかもひどいといつもこぼしている. ***Hów abòut thát? ⇨ how[1] 成句. 〖(1939)〗 ***Hów's abòut …?*** 《米口語》 ＝*How* ABOUT …? ***Whát* [*Hów*] *abòut …?*** (1) …(をして)はどうですか: *What* [*How*] ～ (having) a game of chess? チェスを一番どうですか. (2) …はどうする[した]のか: *What* ～ John? We can't leave him behind. ジョンはどうするのか, 置き去りにするわけにはいかないだろう. 《1884》 ***Whàt abóut it?*** だからどうした(という)のか, さあね.
— /─⌐/ *adv.* **1** **a** およそ, 約, …くらい (approximately): ～ 500 約 500 / ～ a mile およそ 1 マイル / ～ half 約半分 / in ～ an hour 1 時間ほどたつと[たって] / ～ an hour ago 約 1 時間前 / at ～ five (o'clock) 5 時ごろに / He is (of) ～ my size [height, age]. 彼は私くらいの大きさ[背丈, 年齢]だ / That's ～ (the size of) it. 《口語》 まあそんなところだ / It's ～ the time the swallows come back. もうそろそろつばめが戻ってくる季節だ / It's ～ the same as before. ほぼ前と同じだ. **b** 《口語》 ほとんど, 大体; 《皮肉》 いい加減に, ちょっと (more or less, very nearly): I am (just) ～ frozen. (寒さで)凍えそうだ / Is your work ～ finished? 仕事は大体すみましたか / This is ～ the nicest weather we've had. まず今までにない上天気だ / I could (just) ～ reach it. もう少しでそれに届きそうだった. **2** あたりに, そこいらに, 近くに (nearby); 方々に, あちこち(に); (…し)回る, 回す (around): There is no one ～. あたりにはだれもいない / There must be someone ～. だれかそこらにいるはずだ / There was a storm ～. 嵐が近づいていた / lie ～ 散らばる / carry a thing ～ 物を持って回る / follow a person ～ 人について回る, 人をつけ回す / hang ～ うろつく / walk ～ 歩き回る / wander ～ さまよい歩く / The news is going ～. そのうわさが世間に広まっている / Rumors are ～. うわさが立っている / He put the tale ～. 彼はそのうわさをして回った. **3** まわりに, 周囲を (around): compass it ～ ぐるりと取り巻く / look ～ 見回す; 警戒する. **4** **a** (外側を)ぐるりと(回って), 迂回(うかい)的に; 転向して, 転回した[反対の]位置に: face ～ 向き直る / go a long way [a mile] ～ たいそう[1 マイル]迂回する / round ～ ぐるりと回って, 遠回りに / turn ～ ぐるりと回る / the wrong [other] way ～ 反対で, あべこべに. **b** 〘海事〙 上手(うわて)回しに: make [put, bring] a ship ～ 船を上手回しにする / go ～ 上手回しで帆走する. **5** ぐるぐる, 順番に: turn (and turn) ～ 順繰りに, 交替で. **6** **a** 動いて, 行われて, 働いて: get ～ 〈人が〉動き回る, 出歩く; 〈うわさが〉伝わる / The patient will soon be ～ again. 病人はもうじき起きられるでしょう / It will soon be ～. じきに始まります. **b** 流行して: There's a lot of flu ～ these days. 近頃インフルエンザがはやっている. **7** 《古》 周囲が…: The lake is four miles ～ and a mile across. 湖は周囲 4 マイル, さしわたし 1 マイルだ.
Abòut fáce* [*túrn*]!** [号令] 回れ右 (cf. about-face). ***abòut tíme (1) そろそろ…する時間である: It's ～ *time* for us to leave [that we were leaving]. もう出発の時間だ. (2) …すべき時, …する潮時 (high time): It's ～ *time* you did something about it. それについて何かすべき時だ / I'm going to do something about it.—And ～ *time*, too! そのことで何か手を打つつもりだ—そうしてもいいころだね. ***be abóut to do*** (1) まさに(…しようとして): *I am* ～ *to* start. 今出かけようとしているところです / The roses *were* ～ *to* bloom. ばらがちょうど咲こうとしていた. (2) [否定構文で] 《口語》 …するつもりがない, …することはいやだ: I'm *not* ～ *to* take the job. そんな仕事を引き受けるのはご免だ. 〖(?a1200)〗 ***óut and abóut*** ⇨ out *adv.* 成句. ***úp and abóut*** ⇨ up 成句.
— /─⌐/ *vt.* 〘海事〙〈船を〉上手(うわて)回しにする. ★ 通例次の号令に用いる: *About* ship! 上手回し.
〖OE *abūtan, onbūtan* around ← *on* 'in, ON'＋*būtan* without, outside of (← *be* 'BY'[1], near'＋*ūtan* (loc.) ← *ūt* 'OUT': cf. but[1])〗

abóut-fáce 《米》 *n.* 回れ右; (主義·態度などの) 180 度転換: make [do] an ～. — *vi.* 回れ右する; 主義[意見, 態度]を一変する, 転向する. 〖1861〗

abòut-shíp *vi.* 〘海事〙〈帆船を〉上手(うわて)回しにする (tack).

abóut-slèdge *n.* (鍛冶(かじ)屋の使う)大ハンマー. 〖1703〗

abóut-túrn *n., vi.* 《英》 ＝about-face. 〖1893〗

a·bove /əbʌ́v/ *prep.* **1** …より上に[上へ], より高く, …の真上[頭上]に; …より上の階に (over): the shelf ～ your head 頭上の棚 / ～ the horizon 地平線上に / 500 feet ～ sea level 海抜 500 フィート / hover ～ the town 町の上空を舞う / He lives ～ the shop. 店の上に住んで[下宿して]いる. **2** …より上流に: a waterfall ～ the bridge 橋の上手(かみて)の滝 / The river is no longer navigable ～ this point. この川はここより上手は航行不能だ. **3** …の上に出て; (音が)…よりひときわ高く: The peak rises ～ the clouds. 峰は雲をしのぐ / His voice was heard clear ～ the noise. 彼の声は騒音の中でもはっきりと聞きとれた / I can't hear myself think ～ all that racket! あんなに騒がしくては考えがまとまらない. **4** …より北に: The city lies [is] six miles ～ London. その都市はロンドンの 6 マイル北にある. **5** …の先[向こう]に (past): Turn right ～ the bank. 銀行の先を右へ曲がりなさい. **6** …を上回る, 越える (over); …より上位に; …より勝って; …に優先して: a price (of) ～ 500 yen 500 円を上回る価格 / persons (of) ～ thirty 30 歳以上の人々 / There were ～ 30 people there. そこには 30 人以上の人がいた / well ～ average [normal] 普通以上 / She values money ～ love. 彼女は愛より金のほうを大事にする / A captain is ～ a lieutenant. 大尉は中尉よりも上官だ / He is ～ others in ability. 他の人々より力量がある / Health is ～ wealth. 《諺》 健康は富にまさる / marry ～ one(self) 自分より身分の上の人と結婚する / I chose this ～ the others. 他のものよりこれを選んだ. **7** …を超越して; …の及ばない; …するには善良すぎる, …よりえらすぎる: ～ suspicion [reproach, criticism] 疑念を差しはさむ[非難する, 批判する]余地のない / things ～ one's comprehension 理解力の及ばない物事 / He is ～ such conduct [telling a lie]. そのようなことをする[うそをつくような]男ではない / I am not ～ asking questions. 質問することを別に恥ずかしいとは思わない. **8** (衣類など)…の上に着て[付けて]: wear a sweater ～ a shirt シャツの上にセーターを着ている. **9** 〘劇場〙 (舞台上)…の奥で[へ], 後方で[へ]. **10** 《古》 (時間的に)…よりさかのぼって: ～ the fifth century 5 世紀より以前にさかのぼって.
abòve áll* (*élse*)** ⇨ all *pron.* 成句. ***abòve áll thíngs ＝above ALL. ***abóve and beyónd*** …に加えて. 《1593》 ***abóve onesélf*** (1) 思い上がって, うぬぼれて: be ～ *oneself* / get ～ *oneself* うぬぼれる. (2) 興奮して, ばかにはしゃいで. (3) 野心がありすぎて, 手に余って. 《1890》
— /─⌐/ *adv.* **1** 上に, 上へ, 上方に; (頭上)高く (overhead); 階上に (upstairs): a room ～ 階上の部屋 / the blue sky ～ 頭上の青空 / soar ～ 舞い上がる. **2** (山·川などの)上に, 上手(かみて)に, 上流に: The bridge is one mile ～. 橋は 1 マイル上流にある. **3** (本などの)前文に, (ページの)上の方に, 前ページに, 前段で[に] (cf. below 4): as we have said ～ 上に述べたように / as (is) stated [remarked] ～ 上記[上述]のように. ★ また *above*-mentioned, *above*-named のように複合語を造る. **4** 天に[へ]: There is a god ～. 天には神がまします / He is gone ～. 彼は天国へ行った. **5** 上位に: captains and ～ 大尉並びにそれ以上の士官 / That's what the people ～ have decided. 上の人が決めたことだ. **6** …を上回る (over): persons of fifty and [or] ～ 50 歳以上の人々. **7** 〘動物〙 背(中)が; 背びれ(側)が (cf. below 9): These birds are brown ～. これらの鳥は背(中)が褐色だ. **8** 〘劇場〙 (舞台の)奥で[へ], 後方で[へ] (upstage) (cf. below 8).
from abóve (1) 上(層)部から(の): instructions *from* ～ 上からの指令. (2) 天上から(の); 上から(の): a gift *from* ～ 天からの賜物. 《1611》 ***óver and abóve*** ⇨ over 成句.
— /─⌐/ *adj.* 上にあげた, 上記の, 前述の: the ～ address＝the address ～ 上記の宛名 / the ～ author 上記の著者 / the ～ facts＝the facts ～ 上述[前記]の事実.
— /─⌐/ *n.* [the ～] **1** 上記[以上]のこと[人]: *The* ～ justifies this. 以上はこれを立証する. **2** 天上 (heaven). **3** 上層部(の人).
〖(a1200) *above(n)* < lateOE *abufan* ← A-[1]＋*bufan* (← *be* 'BY'[1], near, about'＋*ufan*) ∞ OE *ufan* up, above < (WGmc) **ufana*, **ubana* ← **uf*, **ub* 'UP'＋*-*ana* away from: cf. over〗

above·board /─⌐─ | ─⌐─/ *adv., adj.* 公然と(した), 公明正大に[で]: open [fair] and ～ 公明正大で[な] / an open and ～ campaign 公明正大な選挙運動 / He did not act ～. 〖(1616): ⇨ ↑, board: 《原義》「盤 (board) の上で」: トランプをする時に手を盤の上におけば不正ができないことから〗

abóve-cíted *adj.* 上に引用した. 〖1653〗

abóve·déck *adv., adj.* [叙述的] **1** 甲板上に (on

A

deck). 2 ありのままに, あからさまに. 〖1597〗

abóve·gróund *adv., adj.* [叙述的] 1 地面に, 地上で. 2 埋葬されずに, 生存して, 生きて(いて). 3 〈映画・出版物など〉体制的な, アングラでない (cf. underground 3). 〖(1878): ⇨ ground[1]〗

abóve-méntioned *adj.* 1 上述の, 前述の. 2 [the ~; 名詞的に; 集合的に] 上述の人[物]. 〖1604〗

abóve·stáirs *adv.* 階上で[へ]. — *adj.* (特に, もと召使部屋に対して)家族の住む. 〖1758〗

ab o·vo /æbóʊvoʊ | -əʊvəʊ/ *L. adv.* 始めから (from the beginning). 〖(c1586) □ L *ab ōvō* from the egg: cf. Horace, *De Arte Poetica* 147: 昔ローマの宴席では卵を最初に出し, りんごを最後に出したのにちなむ〗

a·box /əbɑ́(ː)ks | əbɔ́ks/ *adv., adj.* [叙述的]〖海事〗〈前檣(ぜんしょう)の桁 (head yard) が〉転桁して裏帆にされて (横帆船の急停止転向のための操船法). 〖(1801) ← A-[1]+BOX[1] to boxhaul〗

Abp, abp (略) archbishop.

abr. (略) abridged; abridgment.

ab·ra·ca·dab·ra /æbrəkədǽbrə/ *n.* 1 アブラカダブラ (三角形に書いた呪文(じゅもん); 昔「おこり (ague)」などの護符として用いたもの). 2 呪文. 3 わけのわからない言葉, ちんぷんかんぷん: legal ~ わけのわからない法律の専門用語. 〖(1696) □ LL ~ □ Gk *ABPAKAΔABPA* (=*abrakádabra*) ← ? ABRAXAS〗

a·bra·chi·a /əbréɪkiə/ *n.* 〖医学〗先天性無腕(症). 〖← NL: ⇨ A-[7]+BRACHIUM〗

a·brad·ant /əbréɪdnt/ *adj., n.* =abrasive.

ab·rade /əbréɪd/ *vt.* 1 〈岩などを〉すり減らす, 侵食する; 〈機械などを〉摩損させる; 〈工作物を〉研磨[研削]する. 2 a 〈皮膚などを〉すりむく, すり減らす. b 〖紡織〗〈絹などの〉表面をすって粗くする. 3 〈人(の気力)を〉消耗させる; いら立たせる. — *vi.* すりむける; すり減る, 侵食される; 摩損する.

ab·rád·a·ble /-dəbl | -də-/ *adj.* 〖(1677) □ L *abrādere* to scrape off ← AB-[1]+*rādere* to scrape (⇨ raze)〗

ab·rád·er /-də | -də(r)/ *n.* 研削[研磨]器[機]. 〖1881〗

A·bra·ham /éɪbrəhæm, -həm; *F.* abʀaam, *G.* áːbʀaham/ *n.* 1 エイブラハム (男性名; 愛称形 Abe, Abie, Aby). 2 /(英) ではまた áːb-/ 〖聖書〗アブラハム (Isaac の父でユダヤ人の始祖; cf. *Gen.* 11:26–25: Abram 2): ⇨ Abraham's bosom. ***shám Ábraham*** 病気[狂気]を装う, 仮病を使う, ずるける (cf. Abraham-man). 〖□ Heb. *Abhrāhām* (通俗語源) father of the multitude (cf. *Gen.* 17:5): cf. *ābh* father, *rāham* to love〗

A·bra·ham /éɪbrəhæm, -həm/**, the Plains [Heights] of** *n. pl.* ⇨ Plains of Abraham.

Ábraham-màn /-mæn/ *n.* (*pl.* -men /-mèn/) (16–17 世紀, 特に英国の修道院の廃止後, 狂人を装って国中を徘徊(はいかい)したにせこじき. 〖(1561): 16 世紀のころ London の St. Mary of Bethlehem 病院にあった精神病棟 Abraham Ward 収容者のうち, 時々物請いに出かけることを許された狂人のこじき; cf. *Luke* 16:19–31〗

A·bra·hams /éɪbrəhæmz, -həmz/**, Harold M(aurice)** *n.* エーブラハムズ (1899–1978; 英国の陸上競技選手・ジャーナリスト; Paris オリンピックの 100 メートルで優勝 (1924))

Ábraham's bósom *n.* 天国, 極楽 (heaven).
in Ábraham's bósom 天国で[に]; 非常に幸福[平和]で[に]: sleep *in* ~ 天国に眠る (Shak. *Rich III* 4.3.38). (1866)
〖(1592–93) (なぞり) ← LL *sinus Abrahae* (なぞり) ← Gk *kólpos Abraám*: cf. *Luke* 16:22〗

A·bram /éɪbrəm | éɪbrəm, -bræm/ *n.* 1 エイブラム (男性名). 2 /(英) ではまた áːb-/ 〖聖書〗アブラム (Abraham のもとの名; cf. *Gen.* 17:5). ***shám Ábram*** =sham ABRAHAM. 〖□ Heb. *Abhrām* (原義) father is high ← *ābh* father+*rām* high, exalted〗

abram *adj.* (廃) =auburn.

a·bran·chi·al /eɪbrǽŋkiəl, əb-, æb-/ *adj.* 〖動物〗=abranchiate. 〖⇨ ↓, BRANCHIAL〗

a·bran·chi·ate /eɪbrǽŋkiɪt, əb-, -kiət/ *adj.* 〖動物〗鰓(えら)のない, 無鰓(むさい)類の. — *n.* 無鰓類の動物. 〖(1855) ← A-[7]+BRANCHI-+-ATE[2]〗

a·brase /əbréɪz/ *vt.* すり磨く; すりむく. 〖(1593) ← L *abrāsus* (p.p.) ← *abrādere* 'to ABRADE'〗

a·brá·ser *n.* =abrader.

a·bra·sion /əbréɪʒən/ *n.* 1 剝離(はくり), 剝脱; 擦過傷, (皮膚の)すりむけ; 掻爬(そうは)(術). 2 摩剝(まはく); (岩石の)削摩; (海水の)浸食作用, 海食作用; (鉱物の)摩砕; (機械などの)磨耗, 摩損, 磨滅; 摩損箇所. 3 〖歯科〗磨耗 (歯磨きなどによって起こる歯質のすり減り). 〖(1656) □ L *abrāsiō(n-)* ← *abrāsus* (⇨ abrase)〗

abrásion plátform *n.* 〖地理〗波[海, 湖]食台(地) (岩石質の海[湖]岸が波の浸食作用で削られて生じた平坦面). 〖1922〗

a·bra·sive /əbréɪsɪv, -zɪv/ *adj.* 1 気に障る, いら立たせる: an ~ voice. 2 研磨の, すり減らす; 皮をすりむく. — *n.* 研磨剤, とぎ粉 (金剛砂など). **~·ly** *adv.* **~·ness** *n.* 〖(1853) ← ABRASE+-IVE〗

Ab·rax·as /əbrǽksəs/ *n.* 1 〖グノーシス〗アブラクサス (365 の天界を支配する大神; 頭が鶏またはライオン, 体が人間, 脚が蛇で, むちと盾を持つ姿で表される, 古代のグノーシス派 (Gnostics) の一部の人々の信奉した神). 2 [a-] Abraxas の像 [abraxas の文字]を刻んだ宝石(の護符) (abraxas stone ともいう). 〖(1738) □ LL ~ □ Gk *Abráxas* (ギリシャ字母の α, β, ρ, α, ξ, α, ς の 7 字を含む神秘的な名; この 7 字を数字として読むと合計 365 となる)〗

a·bra·zo /əbrɑ́ːsoʊ, ɑː- | -səʊ; *Sp.* aβráθo, *Am.Sp.* aβráso/ *Sp. n.* (*pl.* ~s /~z; *Am.Sp.* ~s/) (スペイン・ラテンアメリカで見られる挨拶のときの)抱擁. 〖(1928) □ Sp. ~ ← *abrazar* to embrace[1]〗

ab·re·act /æbriǽkt/ *vt.* 〖精神分析〗〈無意識に抑圧された感情を〉解除する. 〖(1916) ← AB-[1]+REACT〗

ab·re·ac·tion /æbriǽkʃən/ *n.* 〖精神分析〗解除[解放]反応, 除反応 (過去の体験で無意識に抑圧された記憶を意識化することで, 心理的な緊張が解除されること). **ab·re·ac·tive** /æbriǽktɪv/ *adj.* 〖(1912) ← AB-[1]+REACTION: cf. G *Abreagierung*〗

a·breast /əbrést/ *adv.* 相並んで, 並行して, 横並びで; 〖海軍〗横陣をなして: ride ~ 馬首を並べて進む[並進する] / march three ~ 3 人並んで[3 列になって]行進する.
***abréast of* [*with*]** (1) …に並行して, に遅れないで; 〈情報などに〉通じて: keep ~ *of* one's fellow walker (遅れないように)連れと並んで歩く / keep ~ *of* [*with*] the times 時世に遅れないようにする, 時事に明るい / be ~ *with* public sentiment 世論を察知している. (2) 〖海事〗〈他船・陸地などに〉平行に, 並行して, 沿って. ★〖海事〗ではしばしば of, with を省いて abreast を *prep.* として用いる (cf. aboard *prep.* 1): be ~ (*of*) the shore. (1748)
〖(c1410) ← A-[3]+BREAST〗

a·bri /æbríː, ɑː-; *F.* abʀi/ *n.* (*pl.* ~s /~z; *F* ~/) 避難所 (shelter); (特に)待避壕, (山腹などの)横穴. 〖(1887) □ F ~ ← OF *abrier* to shelter (from cold, rain)〗

a·bridg·a·ble /əbrídʒəbl/ *adj.* (*also* **a·bridge·a·ble** /~/) 要約[短縮]できる. 〖1864〗

a·bridge /əbrídʒ/ *vt.* 1 〈本・話などを〉要約[短縮]する (condense) 〔*from*〕 (⇨ shorten SYN): ⇨ abridged. 2 a 〈活動範囲・権利などを〉短縮する, 縮小する, 減殺(げんさい)する: ~ a person's liberty [rights] 人の自由[権利]を削減する. b 〈時間・距離などを〉縮める: ~ one's stay 滞在を縮める. 3 (古) 〈人〉から〔権利などを〕奪う (deprive) 〔*of*〕: ~ a person of his liberty. **a·brídg·er** *n.* 〖(c1303) *abreg(g)e(n)* □ (O)F *abregier* (F *abréger*) to shorten < LL *abbreviāre* 'to ABBREVIATE'〗

a·brídged *adj.* 要約された; 短縮した: an ~ edition 短縮[要約]版 / ~ notation 〖数学〗略記(法). 〖a1382〗

a·brídg·ment /-mənt/ *n.* (*also* **a·bridge·ment** /~/) 1 短縮, 要約. 2 (快楽などの)減殺(げんさい), (権利の)縮小. 3 要約[省略]した物, 要約本, 抄本 (⇨ summary SYN). 〖(?a1425) □ (O)F *abrégement*: ⇨ abridge, -ment〗

a·brim /əbrím/ *adv., adj.* [叙述的] 縁(ふち)まで, なみなみと, 〔…で〕いっぱいで, 満ち満ちて 〔*with*〕: She was ~ *with* pride. 誇りに満ちていた. 〖(1896) ← A-[3]+BRIM[1]〗

a·bris·tle /əbrísl/ *adv., adj.* [叙述的] 〈毛などが〉逆立って; 〔…で〕充満する, 〔…の〕密生する 〔*with*〕. 〖(1916) ← A-[3]+BRISTLE〗

ABRO (略) Animal Breeding Research Organization 動物繁殖調査機関.

a·broach /əbróʊtʃ | əbrə́ʊtʃ/ *adv., adj.* [叙述的] 1 〈樽が〉飲み口をあけられて. 2 〈計画など〉始まって; 〈新説など〉広まって.
sèt abróach (1) 〈樽〉に飲み口をあける. (2) 〈計画などを〉始める, 起こす; 〈新説などを〉公けにする, 広める, 流布(るふ)する. (1697) 〖(a1393) ← A-[3]+BROACH[1]〗

a·broad /əbrɔ́ːd, əbrɑ́ːd | əbrɔ́ːd/ *adv.* 1 a 国外[海外]へ, 外国で[に]: at home and ~ 国内でも国外でも / go ~ 外国へ行く, 洋行する / travel ~ 外国[海外]旅行をする, 外遊する. b (米) ヨーロッパで[に]. 2 〈うわさなど〉広まって, 流布(るふ)して: get ~ 世間に知れる, 広まる / set [spread] a rumor ~ うわさを広める[流す] / There is a rumor ~ that the king is ill. 王が病気だというううわさが広まっている. 3 (古) 家の外に, 外[表]に(出て): be ~ 外に出ている / go ~ 外出する / walk ~ 出歩く. 4 広く; 方々に, あちこちに. 5 (古) 的はずれで, 見当違いで: all ~ ⇨ 成句.
áll abróad (古) 頭がすっかり混乱して. (1842) ***from abróad*** 外国[海外]から(の) (cf. *n.*): come back *from* ~ / Lots of people *from* ~ have settled here. 外国からの人がたくさんここに身を落ちつけた. (1849)
— *n.* 外地, 外国, 海外.
〖(c1280) ← A-[3]+BROAD〗

ab·ro·ga·ble /ǽbrəgəbl | -rə(ʊ)-/ *adj.* 〈法令・慣習などが〉廃止できる. 〖(1599) ← L *abrog(āre)* (↓)+-ABLE〗

ab·ro·gate /ǽbrəgèɪt | -rə(ʊ)-/ *vt.* 1 〈法令・慣習などを〉廃止する, 廃棄する, 撤廃する (⇨ nullify SYN). 2 なくする, 捨てる, 除く. 3 〖医学〗妨げる, 阻害する. **áb·ro·gà·tor** /-tə | -tə(r)/ *n.* 〖(1526) ← L *abrogātus* (p.p.) ← *abrogāre* to repeal, cancel ← AB-[1]+*rogāre* to propose (as a law) (⇨ rogation)〗

ab·ro·ga·tion /æbrəgéɪʃən | -rə(ʊ)-/ *n.* 廃止, 撤廃. 〖(1535) □ F ~ // L *abrogātiō(n-)* repeal ← *abrogāre* (↑): ⇨ -ation〗

ab·ro·ga·tive /ǽbrəgèɪtɪv | -rə(ʊ)gèɪt-/ *adj.* 〔…を〕廃止[撤廃]する 〔*of*〕.

a·brook /əbrʊ́k/ *vi.* (まれ) じっと耐える. 〖(1590–91): ⇨ a-[2], brook[2]〗

ab·rupt /əbrʌ́pt/ *adj.* 1 不意の, にわかの, 突然の, 唐突な (⇨ sudden SYN): an ~ death 急死, 頓死(とんし) / an ~ turn 急な曲がり, 急旋回 / an ~ question 不意の質問 / an ~ rise [fall] in prices 物価の急激な上昇[下落]. 2 〈態度・言葉など〉荒っぽい, 無愛想な, ぶっきらぼうな (peremptory, curt, brusque): in an ~ manner 唐突に, ぶっきらぼうに / Don't be so ~ with me. そんなに無愛想にしないでくれ. 3 〈文体など〉連絡[まとまり]のない, 飛躍の多い: an ~ style. 4 〈絶壁など〉切り立った, 急な, 険しい: an ~ ascent to the summit 山頂への急な上り. 5 〖地質〗〈地層が〉断裂の. 6 〖植物〗截形(せっけい)の, 急に断ち切った形の (truncated). — *vt.* (古) 急に中断する.
~·ness *n.*
〖(1583) □ L *abruptus* (p.p.) ← *abrumpere* to break off ← AB-[1]+*rumpere* to break (⇨ rupture)〗

ab·rup·tion /əbrʌ́pʃən/ *n.* 1 急激な分離, 分裂. 2 (古) 断絶, 停止, 中断. 〖(1601–02) □ L *abruptiō(n-)*: ⇨ ↑, -tion〗

ab·rúp·ti·o pla·cén·tae /əbrʌ́pʃiòʊpləsénti: | -ʃiəʊ-/ *n.* 〖病理〗早期剝離(はくり)胎盤. 〖(1913) ← NL ~ ← L *abruptiō(n-)* (↑)+*placentae* ((gen.) ← PLACENTA)〗

ab·rúpt·ly *adv.* 1 不意[突然]に, にわかに. 2 無愛想に, ぶっきらぼうに. 3 〈文体など〉まとまりがなく, 飛躍して, とぎれとぎれに. 4 〈絶壁など〉切り立って, 険しく, 急に. 〖1590〗

A·bruz·zi /əbrúːtsi; *It.* abrúttsi/ *n.* 1 アブルッツィ (1873–1933; イタリアの海軍軍人; 登山家・北極探検家として有名; Prince Luigi Amedeo of Savoy-Aosta; 称号 Duke of the Abruzzi). 2 アブルッツィ (アドリア海に面したイタリア中東部の州; 面積 10,794 km^2).

ABS (略) 〖化学〗acrylonitrile butadiene styrene アクリルニトリルブタジエンスチレン (自動車部品, スーツケースなどに使われる固くて丈夫な軽量プラスチック; ABS resin ともいう); American Bible Society 米国聖書協会; American Bureau of Shipping 米国船級協会; anti-lock braking system; Association of Broadcasting Staff 放送局員連合.

abs. (略) absence; absent; absolute (temperature); absolutely; absorbent; abstract.

abs- /æbs, əbs/ *pref.* (c, t の前にくるときの) ab-[1] の異形: *abscond*, *abstain*.

Ab·sa·lom /ǽbs(ə)ləm/ *n.* アブサロム: 1 男性名. 2 〖聖書〗David の第三子; 美貌で気位が高く, 父に背いて Joab に殺された; cf. 2 *Sam.* 13–19. 〖□ Heb. *Abhšālōm* ← *ābh* father+*šālōm* peace (⇨ shalom)〗

Ab·sá·ro·ka Ránge /æbsáːrəkə-/ *n.* [the ~] アブサロカ山脈 (米国 Montana 州南部と Wyoming 州北西部にまたがる山脈; 最高峰 Francs Peak (4,009 m)).

Ab·scam /ǽbskæm/ *n.* アブスキャム (1980 年, アラブの実業家などに扮した FBI 捜査官が連邦議会議員その他の公務者の収賄を摘発したおとり捜査の暗号名).

ab·scess /ǽbses, -sɪs | -ses, -sɪs/ 〖病理〗*n.* 膿瘍(のうよう). — *vi.* 膿瘍を生じる. 〖(1543) □ L *abscessus* going away, flowing of humors into one channel ← *abscēdere* to depart ← AB-[1]+*cēdere* to go (⇨ cede)〗

áb·scessed *adj.* 〖病理〗膿瘍(のうよう)の生じた[ある]. 〖1856〗

ab·scind /æbsínd/ *vt.* 切断する (cut off). 〖(1657) □ L *abscindere* ← AB-[1]+*scindere* to cut: ⇨ abscissa〗

ab·scise /æbsáɪz, əb-/ *vt.* 〖医学〗切除する. — *vi.* 〖植物〗離層の発生によって分離する. 〖(1612) ← L *abscīsus* (p.p.) ← *abscīdere* to cut off ← *abs-* 'AB-[1]'+*caedere* to cut (⇨ -cide: cf. excise[2])〗

ab·scís·ic ácid /æbsízɪk-, -sís-/ *n.* 〖植物生理〗離層酸 (落葉時に葉柄のつけ根に造られる離層を促進するホルモン; dormin ともいう). 〖(1968) *abscisic*: ← ABSCIS(SION)+-IC[1]〗

ab·scis·in /æbsísɪn, -sn | -sɪn/ *n.* (*also* **ab·scis·sin**) 〖植物生理〗アブシシン (離層酸と似た作用をもつホルモンの総称). 〖(1961) ← ABSCIS(SION)+-IN[1]〗

ab·sciss /æbsís/ *vt.* 切断する. 〖(1869) (逆成) ← ABSCISSION〗

ab·scis·sa /æbsísə, əb-/ *n.* (*pl.* ~s, **ab·scis·sae** /-siː/) 〖数学〗横座標 (cf. ordinate). 〖(1698) □ L *abscissa* (*līnea*) (line) cut off (fem.) ← *abscissus* (p.p.) ← *abscindere* to cut off ← AB-[1]+*scindere* to cut (cf. rescind)〗

ab·scis·sion /æbsíʒən, -ʃən | -ʃən, -ʒən/ *n.* 1 〖医学〗切除. 2 〖植物〗離脱, 離層発生による分離, 正常分離. 〖(1612) □ LL *abscissiō(n-)*: ⇨ ↑, -ion〗

abscíssion làyer *n.* 〖植物〗離層 (秋になって葉柄 (petiole) の基部に形成される細胞層で, 落葉を促す). 〖1916〗

abscíssion zòne *n.* 〖植物〗離層体 (葉柄・果柄の離層に生じる細胞層).

áb·sciss làyer /ǽbsɪs- | -sɪs-/ *n.* 〖植物〗=abscission layer. 〖1898〗

ab·scond /æbskɑ́(ː)nd, əb- | əbskɔ́nd, æb-/ *vi.* (ひそかに)逃げる, 姿をくらます, 失踪(しっそう)する 〔*from*〕: ~ *with* money 金を持ち逃げする. — *vt.* (古) (覆い)隠す. 〖(1565–78) □ L *abscondere* to conceal ← *abs-* 'AB-[1]'+*condere* to place (← CON-+-*dere* to put (← IE **dhē-* to place: ⇨ do[2]))〗

ab·scon·dence /æbskɑ́(ː)ndəns, əb- | əbskɔ́n-, æb-/ *n.* 逃亡, 出奔, 逐電, 失踪(しっそう). 〖1880〗

ab·scónd·er *n.* 逃亡者, 失踪(しっそう)者. 〖1751〗

ab·seil /ǽbseɪl, -saɪl; *G* áːpzaɪl/ 〖登山〗*n.* アプザイレン, 懸垂下降 (ザイルを用いて急斜面を下降すること; rappel ともいう). — *vi.* 懸垂下降する. 〖(1941) □ G *abseilen* ← AB-[1] down+*seilen* to rope〗

ab·sence /ǽbsəns, -sns/ *n.* 1 離れていること; 不在, 留守 (being away); 不参, 欠勤, 欠席; 不在期間 (↔ presence): ~ *from* school [a meeting] 学校を休む[集会に出ない]こと / You've had three ~s this term. 今学期は 3 回欠席したね / a long ~ 長期の不在[欠席, 欠勤] / in [during] a person's ~ 不在中に; 人のいない所で / *Absence* makes the heart grow fonder. (諺) 離れていることがかえってお互いの情愛をこまやかにする. 2 ないこと, 欠如 (lack) 〔*of*〕: the ~ *of* information / with total [complete] ~ *of* embarrassment 全く気おくれの様子もなく / Darkness is the ~ *of* light. **3** 《古》放心: He has fits of ~. 彼はぼんやりしていることがよくある. **4** 《英》(今は Eton 校での) 出欠調べ, 点呼 (roll call): make the ~ 出欠を取る.

ábsence of mínd ぼんやりしていること, うわの空, 放心 (cf. PRESENCE *of mind*). 〘1728〙 ***in the ábsence of*** …の(い)ない場合には(は); …の(い)ないために: *In the* ~ *of* the Minister, the Vice-Minister takes charge. 大臣が不在の時は次官が代行する / *In the* ~ *of* definite evidence, he was acquitted. 彼は確証がないため放免された.
〘(*c*1378) □ (O)F ~ < L *absentiam* ← *absentem*: ⇨ absent〙

ábsence flàg *n.* 〘海事〙(ヨットの)オーナー不在(指示)旗 《長方形の青旗で右舷の主横木または桁端に掲げる; absent flag ともいう》.

ab·sent /ǽbsənt, -sn̩t/ *adj.* **1** 不在の, 留守の, いない; 不参[欠席]の, 欠勤の (↔ present): an ~ friend, pupil, etc. / Where light is ~, there is darkness. 光がないと暗闇だ / ~ *from* home, school, etc. / Long ~ soon forgotten. 《諺》「去る者は日々にうとし」/ The ~ are always in the wrong. 《諺》不在者はいつも悪者にされる / ~ in body, but present in spirit 身は離れていても心は共にある (*1 Cor.* 5:3) / You've been ~ (from school) three times this term! 君は今学期 3 回欠席している / ⇨ *give the absent* TREATMENT. 日英比較 点呼などで日本語の「欠席」に当たるくだけた英語は "Not here." **2** 欠けて (lacking): Sympathy is ~ *from* his manner. 彼の態度には同情が見られない. **3** ぼんやりした, 茫然とした (absentminded): an ~ air ぼんやりした様子 / in an ~ sort of way 放心のていで, うっかりして.
ábsent over léave ⇨ AOL.
ábsent with léave ⇨ AWL.
ábsent withòut léave ⇨ AWOL.
— /ǽbsənt, -sn̩t/ *prep.* …の(い)ない場合[ため]に (without): *Absent* light [Light ~], there is darkness. 光がなければ暗闇だ.
— /æbsént, əb-/ *vt.* [~ one*self* で] 〔…を〕欠席[欠勤]する 〔*from*〕: ~ *oneself from* school, a meeting, etc. / *Absent* thee *from* felicity a while (Shak. *Hamlet*, V ii. 3. 44) しばらく幸せから遠ざかれ.
ab·sént·er /-tə | -tə^(r)/ *n.*
〘adj.: (*c*1385) □ (O)F ~ // L *absentem* (pres.p.) ← *abesse* to be absent ← AB-[1]+*esse* to be (⇨ esse). — v.: (*c*1370) *absente(n)* ← (O)F *absenter* □ L *absentāre* to keep away ← *absentem*: ⇨ -ent〙

ab·sen·tee /æ̀bsəntíː, -sn̩-, -sɛn-⁻/ *n.* **1** 不参者, 欠席者, 欠勤者: ~*s from* a meeting. **2** 〘法律〙不在者, 失踪(しっそう)者; 不在地主 (absentee landlord). **3** 不在投票者 (absentee voter). — *adj.* 不在の. 〘(1537) ← ABSENT (v.)+-EE[1]〙

ábsentee bállot *n.* 不在投票用紙. 〘1932〙

àb·sen·tée·ism /-tíːɪzm/ *n.* **1** 不在地主制度; (地主の)長期不在. **2** 常習欠勤[欠席]. 〘1829〙

ábsentee lándlord *n.* 不在地主.

ábsentee vóte *n.* 不在投票. **ábsentee vót·er** *n.* 〘1932〙

ab·sen·te re·o /æbsénti:ríːoʊ | -əʊ/ *L. adv.* 〘法律〙被告(人)欠席のため[場合] (略 abs. re.). 〘□ L *absente reō* the defendant being absent〙

ábsent flàg *n.* 〘海事〙=absence flag.

ab·sen·tia /æbsénʃiə, əb-, -ʃə/ *n.* ⇨ in absentia.

áb·sent·ly *adv.* ぼんやりして, うわの空で, うっかり. 〘1873〙

ábsent·mínded *adj.* **1** ぼんやりして(いる), うっかりした, うわの空の 〔*about*〕: make [give] an ~ answer うわの空で返事をする. **2** ぼんやりしがちで, 忘れやすい.
~·ly *adv.* **~·ness** *n.* 〘1854〙

SYN ぼんやりした: **absentminded** (しばしば習慣的に) ほかのことを考えていて自分のしていることに十分な注意を払わない: He's so *absentminded* he's lost three umbrellas. ひどいうっかり者で 3 本も傘をなくした. **inattentive** 不注意のためにぼんやりとしている: She was *inattentive* in class. 彼女は授業中ぼんやりとしていた. **vacant** 表情・視線などがうつろでぼんやりとした: a *vacant* look ぼんやりした顔つき. **abstracted** (考え事をして)ぼんやりとしていること, 通例深刻なもの思いに沈んでいる: He walked on in an *abstracted* way. ぼんやりと(うわの空で)歩き続けた. **preoccupied** 当面の事柄に熱中していて他の事柄に注意が向かない: He was so *preoccupied* with his career that he was neglectful of his family. 出世のことで頭がいっぱいだったので家族のことは顧みなかった.
ANT alert.

ábsent vóte [vóter] *n.* 《英》=absentee vote [voter].

ab·sid·i·ole /æbsídiòʊl | -diəʊl/ *n.* 〘建築〙=apsidiole.

ab·sinthe /ǽbsæ̃(ŋ)θ, -sænθ, -sɪnθ; *F.* apsɛ̃ːt/ *n.* (*also* **ab·sinth** /~/) **1** アブサン 《ニガヨモギ (wormwood)・アニス (aniseed) などで味をつけた芳香のある緑色の強いリキュール》. **2** 〘植物〙 **a** ニガヨモギ (*Artemisia absinthium*) (wormwood). **b** 《米》=sagebrush. **3** アブサン色 《薄緑色》. 〘(*a*1500) □ (O)F ~ □ L *absinthium* □ Gk *apsínthion* wormwood〙

ábsinthe gréen *n.* =absinthe 3.

ab·sin·thin /æbsínθɪn | -θɪn/ *n.* 〘化学〙アブシンチン 《光沢のある針晶; ニガヨモギの配糖体》. 〘(1853) ← L *absinthium* (⇨ absinthe)+-IN[1]: cf. G *Absinthin*〙

ab·sin·thine /æbsínθɪn | -θaɪn/ *adj.* アブサンのような. 〘(1865) ← ABSINTHE+-INE[1]〙

áb·sin·thism /-θìzm/ *n.* アブサン中毒. 〘(1879) □ F *absinthisme*: absinthe, -ism〙

ab·sit o·men /æbsɪtóʊmɛn | -óʊ-/ *int.* そんなことのないように, つるかめつるかめ! 〘(1594) □ L ~ 'may this omen be absent'〙

absol. 《略》absolute; absolutely.

ab·so·lute /ǽbsəlùːt, ⁻⁻⁻ | æbsəlùːt, -ljùːt, ⁻⁻⁻/ *adj.* **1** **a** [比較できない語を強調して] 純然たる, 全くの: ~ perfection 絶対的な完全 / an ~ outrage 全くひどいこと / He is an ~ fool [scoundrel]. 全くのばか[悪党]だ / Your story is an ~ fabrication [is ~ nonsense]. あなたの話は一から十まで作り事ばかりだ[全くばかげている]. **b** 純粋の: ⇨ absolute alcohol. **2** 無制約の, 無条件的な: ~ ownership 絶対[無条件的]所有権 / ~ power [authority] 絶対的な権力[権威] / give ~ freedom to … に無制限の自由を認める / ~ confidence [trust] 絶対的な信念[信頼] / an ~ denial [prohibition] 完全な否定[禁止]. **3** 完全無欠の: ~ purity. **4** 絶対の, 絶対的な (↔relative, comparative); 究極の: ~ being 絶対的実在, 神 / an ~ impossibility 絶対的不可能 / an ~ principle 絶対原理. **5** 断固とした; 確かな (definite): ~ proof. **6** 実際の, 事実上の (actual): an ~ fact. **7** 〘政治〙専制[独裁]の (cf. limited 5): an ~ ruler [monarch] 専制君主. **8** 〘文法〙 **a** (文中の他の要素から)遊離した (independent): an ~ construction 独立構文 (例: *I having* declined, he left us.; cf. nominative absolute) / an ~ infinitive 独立不定詞 (例: *To be* frank, I am afraid.) / an ~ participial construction 独立分詞構文 (例: The rocket will be launched tomorrow, *weather permitting*.). **b** (後続の名詞などを略した)独立用法の: an ~ genitive 独立属格 (例: at my aunt's (=aunt's house)/ an ~ verb 独立的に用いた動詞 (例: He *gives* generously to charity.) / an ~ adjective 独立形容詞 (例: We pity the *poor*.). **c** 〈比較級・最上級が絶対的な《相対的な程度を示すのではない》: an ~ comparative 絶対比較級 (例: *Older* persons should be respected; Our detergent washes *whiter*.) / an ~ superlative 絶対最上級 (例: My *dearest* mother has died; a *most* persuasive argument). **d** 連声(れんじょう)を起こさない (⇨ sandhi). **9** 〘物理〙(cgs 単位系のような) 基本[絶対]単位の; 絶対温度(目盛)での. **10** 〘航空〙絶対の: ⇨ absolute altitude, absolute ceiling. **11** 〘数学〙絶対の 《不等式が変数のすべての値について成り立つ時にいう; cf. conditional 5 a》. **12** 〘教育〙絶対評価の 《到達目標を基準とし, それとの関係で成績を決定する評価の方式にいう》. **13** 〘電算〙機械語で書かれた: ⇨ absolute address.
in ábsolute tèrms (他と比較しないで)それ自体としては.
ábsolute índex of refráction 〘光学〙絶対屈折率 《真空に対する(相対)屈折率; cf. refractive index》.
— *n.* [the ~] 絶対なもの; 〘哲学〙[しばしば the A-] 絶対; [the A-] 絶対的存在, 絶対者, (宇宙の)第一原因 (the First Cause), 神 (God).
〘(*c*1380) □ L *absolūtus* freed from (p.p.) ← *absolvere* 'to ABSOLVE'〙

ábsolute áddress *n.* 〘電算〙絶対アドレス 《コンピューター製作時に配線固定されたアドレス》. 〘1951〙

ábsolute advántage *n.* 〘経済〙絶対優位 《ある国・地域などが所与の資源から同一商品を他の国・地域より低い生産費で生産しうること》.

ábsolute álcohol *n.* 無水アルコール, 純アルコール. 〘1834〙

ábsolute áltitude *n.* 〘航空〙絶対高度 《航空機から真下の地面または水面までの距離; cf. corrected altitude》. 〘1934〙

ábsolute céiling *n.* 〘航空〙絶対上昇限度 《最大上昇率が 0 となる高度でそれ以上の高度では継続的な飛行はできない; 単に ceiling ともいう; cf. combat ceiling, service ceiling》. 〘*c*1920〙

ábsolute cómplement *n.* 〘数学〙=complement 3 c.

ábsolute convérgence *n.* 〘数学〙 **1** (級数の)絶対収束 《級数の各項の絶対値から成る級数が収束すること; unconditional convergence と同じこと》. **2** (広義積分の)絶対収束 《被積分関数の絶対値の積分が収束すること》. 〘*c*1909〙

ábsolute dischárge *n.* 〘英法〙無条件免責 《保証書を納付したうえでの保釈; cf. conditional discharge》.

ábsolute égo *n.* 〘哲学〙(Fichte の) 絶対我.

ábsolute humídity *n.* 〘気象〙絶対湿度 (cf. relative humidity). 〘1867〙

ábsolute idéa *n.* 〘哲学〙(Hegel の) 絶対理念.

ábsolute idéalism *n.* 〘哲学〙(Hegel の) 絶対的観念論. 〘1803〙

ábsolute impédiment *n.* 〘教会法・ローマ法〙婚姻障害 《無効や可罰の原因でないもの; cf. diriment impediment》.

ábsolute júdgment *n.* 〘心理〙絶対判断 《単一の刺激に対する直接的な感覚の大小の判断; cf. comparative judgment》.

ábsolute liabílity *n.* 〘法律〙絶対[無過失, 結果]責任.

ab·so·lute·ly /ǽbsəlúːtli, ⁻⁻⁻⁻ | æ̀bsəlúːt-, -ljúːt-, ⁻⁻⁻⁻/ *adv.* **1** 完全に, 全く: *Absolutely Fabulous* (BBC TV ドラマ) 全くすてき / It is ~ correct [impossible, true, forbidden, awful]. / Are you ~ sure [certain]? 絶対間違いないか. **2** 断然(として); 本当に (categorically): I refused the offer ~. 申し出をきっぱり断った / He denied the charges ~. 彼はその請求を断固拒んだ. **3** [否定を強調して] 全然[全く](…ない): I know ~ *nothing* about it. そのことは全然何も知りません. **4** 全く本当に, 全くその通り (quite so, yes, certainly): Did she really win first prize?—*Absolutely*. 本当に一等賞を取ったのか—そうだとも / Surely there must be some mistake?—*Absolùtely* nót! きっと何かの間違いだろう—絶対にそうではない. **5** 絶対に; 絶対的に, 無条件に; 無制限に. **6** 専制[独裁]的に. **7** 〘文法〙独立的に: an adjective [a verb] used ~ 独立的に用いた形容詞[動詞]. 〘*c*1380〙

ábsolute mágnitude *n.* 〘天文〙(天体の)絶対等級 (cf. apparent magnitude). 〘1902〙

ábsolute majórity *n.* 絶対多数 《投票総数または有権者総数の過半数に及ぶ得票; cf. simple majority, relative majority》. 〘1888〙

ábsolute máximum *n.* 〘数学〙絶対最大値 《通常の最大値; cf. relative maximum》.

ábsolute mínimum *n.* 〘数学〙絶対最小値 《通常の最小値; cf. relative minimum》.

ábsolute mónarchy *n.* 専制君主政体 (cf. limited monarchy, constitutional monarchy).

ábsolute mótion *n.* 〘物理〙絶対運動 《絶対静止空間 (absolute space) に対する運動; cf. relative motion》.

ábsolute músic *n.* 〘音楽〙絶対音楽 (abstract music) 《自然・人間界の事象または詩文・絵画など音楽外の観念と直接に結びつかない音楽; cf. program music》. 〘1890〙

áb·so·lùte·ness *n.* 絶対的であること, 絶対性; 純粋無雑; 完全; 専制. 〘1570〙

ábsolute permittívity *n.* 〘物理〙絶対誘電率 《真空の誘電率; 記号 ε_0》.

ábsolute pítch *n.* 〘音楽〙 **1** 絶対音高 (cf. relative pitch). **2** 絶対音感 (perfect pitch). 〘1864〙

ábsolute préssure *n.* 〘物理〙絶対圧 《ゲージ圧 (gauge pressure) と大気圧との和》.

ábsolute ríght *n.* 〘法律〙絶対権.

ábsolute scále *n.* 〘物理〙絶対温度目盛り 《絶対零度 −273.15°C を起点とする》.

ábsolute spáce *n.* 〘物理〙絶対空間. 〘*c*1889〙

ábsolute spírit *n.* 〘哲学〙(Hegel 哲学における) 絶対(的)精神 《主客, 有限・無限等のあらゆる対立を弁証法的に止揚・統一し, 芸術・宗教・哲学の形をとって現れるとみた精神に対する用語; cf. objective spirit》.

ábsolute státe *n.* 〘文法〙独立状態[語形] 《名詞屈折形の一つで, 他の名詞と共起せず, 単独で用いられる時の名詞の語形; セム語にみられる; cf. construct state》. 〘1752〙

ábsolute témperature *n.* 〘物理化学〙絶対温度 《−273.15°C を零度とする温度; thermodynamic temperature ともいう》. 〘1852〙

ábsolute térm *n.* 〘数学〙(整関数の)絶対項, 定数項. 〘1881〙

ábsolute thréshold *n.* 〘心理〙絶対弁別閾(いき) 《標準になる刺激を変えていき, 変化がようやく弁別できた場合の変化値; cf. difference threshold》.

ábsolute títle *n.* 〘法学〙絶対的権原.

ábsolute únit *n.* 〘物理〙絶対単位 《cgs 単位をもとにして理論的に定められた電気・熱などの単位; cf. practical unit, international unit》. 〘1857〙

ábsolute válue *n.* 〘数学〙(複素数の)絶対値 (modulus 2 b). 〘1907〙

ábsolute viscósity *n.* 〘物理〙絶対粘度. 〘1927〙

ábsolute zéro *n.* 〘物理〙絶対零度 《−273.15°C または −459.67°F》. 〘1848〙

ab·so·lu·tion /æ̀bsəlúːʃən | -lúː-, -ljúː-/ *n.* **1** 免除, 解除; 赦免, 罪のゆるし, 無罪の申し渡し. **2** **a** 〘カトリック〙(司祭がキリストから託された権威によって宣する)赦免, 赦罪, 免罪; 赦禱(とう)(式): ~ *from* [*of*] sin 罪の赦免 / give [grant] ~ (司祭が悔悛(かいしゅん)をいれて)赦免を与える. **b** 〘プロテスタント〙赦罪宣言 《罪を悔い改める信徒に聖職者が行う赦罪の宣言または保証》. **3** 赦罪文, 罪障消滅の宣言: pronounce the ~ 赦罪文を読み上げる. 〘(?*a*1200) *absolucioun* □ (O)F *absolution* // L *absolūtiō(n-)* an acquittal ← *absolvere* 'to ABSOLVE'〙

ab·so·lut·ism /ǽbsəlùːtɪzm | -lùː-, -ljùː-/ *n.* **1** 〘哲学〙絶対説; 絶対主義 (cf. relativism, monism): aesthetic ~ 美学上の絶対説. **2** 専制[独裁]主義; 専制政治. **3** 〘神学〙絶対主義 《救いに関する神の絶対性の, または予定の教理》. 〘1753〙

áb·so·lùt·ist /-tɪ̣st | -tɪst/ *n.* **1** 〘哲学〙絶対論者. **2** 専制[独裁]主義者. — *adj.* **1** 絶対論(者)の. **2** 専制主義(者)の; 専制[独裁]的な. 〘1830〙

ab·so·lu·tis·tic /æ̀bsəluːtístɪk | -luː-, -ljuː-⁻/ *adj.* =absolutist.

ab·so·lu·tize /ǽbsəluːtàɪz | -luː-, -ljuː-/ *vt.* 絶対化する; 絶対的なものとして扱う. **ab·so·lut·i·za·tion** /æ̀bsəluːtɪ̣zéɪʃən | -ljuːtaɪ-, -luː-, -tɪ-/ *n.* 〘1919〙

ab·sol·u·to·ry /æbsɑ́(ː)ljʊtɔ̀ːri | -sɔ́ljʊtəri, -tri/ *adj.* 赦免の(力をもつ). 〘(1640) □ L *absolūtōrius* serving for acquittal: ⇨ absolute, -ory[1]〙

ab·solve /əbzɑ́(ː)lv, -sɑ́(ː)lv, -zɔ́(ː)lv, -sɔ́(ː)lv | əbzɔ́lv, -sɔ́lv/ *vt.* **1** 〔義務・責任から〕解除[免除]する 〔*from*〕: ~ a person *from* an obligation [a vow] 人の責任[誓い]を解除する. **2** …に無罪を言い渡す, 〔罪などから〕赦免する 〔*from*〕. **3** 〘キリスト教〙(教会で)〈人の罪を許す; 〈人〉に罪のゆるし[赦罪]を言い渡す: ~ a person *of* sin.
ab·sól·va·ble /-vəbl/ *adj.* **ab·sól·ver** *n.*
〘(?*a*1425) □ L *absolvere* ← AB-[1]+*solvere* to loosen, free (⇨ solve)〙

A

ab·sol·vent /əbzɑ́(ː)lvənt, -sɑ́(ː)l-, -zɔ́(ː)l-, -sɔ́(ː)l- | əbzɔ́l-, -sɔ́l-/ *adj.* 放免する; 免除する. ― *n.* 免除する人; 赦罪する人. 〖(1651) □ L *absolventem* (pres.p.) ← *absolvere* (↑)〗

ab·sol·vi·tor /əbzɑ́(ː)lvətə, æb-, -sɑ́(ː)l-, -zɔ́(ː)l-, -sɔ́(ː)l- | əbzɔ́lvɪtə^(r)/ *n.* 〘スコット法〙被告に有利な判決; 無罪判決. 〖(1547) □ L ～ 'let him be absolved' (third person sing. imper. pass.) ← *absolvere* 'to ABSOLVE'〗

ab·so·nant /ǽbsənənt/ *adj.* 《古》不調な (discordant); 不合理な, 不自然な; 〔…と〕調和しない, (相)反する 〔*from, to*〕. 〖(1564) □ L *absonantem* ← AB-¹+*sonans* ((pres.p.) ← *sonāre* to sound: ⇨ sonant)〗

ab·sorb /əbsɔ́əb, -zɔ́əb | əbzɔ́ːb, -sɔ́ːb/ *vt.* **1** 〈水分などを〉吸収する, 吸い上げる, 〈熱・光などを〉吸収する, 〈食料を〉摂取する, とる: A sponge ～*s* water. / Black ～*s* light. / These pollutants are ～*ed into* the system. これらの汚染物質は体内の組織に吸収される. **2 a** 〈小さい国・会社・人のグループを〉大きい国・会社・人のグループの一部とする: How many immigrants can this country ～ and integrate? 我が国は何人の移民を受け入れて統合できるのか. **b** 〈都市が〉〈町村を〉合併する, 編入する: The suburbs were ～*ed into* the city. 近郊(の町村)は市に編入[合併]された. **c** 〈他会社などを〉吸収する, 合併する. **d** 〈市場が〉〈商品・債券などを〉消化する, 引き受ける. **3** 〈動揺・騒音などを〉吸収する, 緩和する, 和らげる: ～ shock and noise 衝撃と騒音を吸収する / A spring ～*s* a jar or jolt. ばねは動揺を和らげる / a shock-*absorbing* device 緩衝装置. **4** 〈知識・思想などを〉吸収する, 同化する: She ～*s* everything I teach her almost instantaneously. 彼女は私が教えることすべてをほとんど瞬時のうちに吸収する. **5 a** 〈注意力・精力・時間などを〉奪う, 取る; 〈収入を〉使い尽くす: The book ～*ed* my interest. その本に私は夢中になった / The task ～*s* all his time. 彼はその仕事のために時間を全部取られている. **b** [通例 p.p. 形で] 〈人を〉夢中にさせる, 没頭させる: be [get] ～*ed in* a book 書物を読みふけっている[ふける] / be [become] ～*ed in* one's thoughts 一心に考え込んでいる[込む] / He is ～*ed in* solving the mystery. 怪事件の解明に没頭している. **6** 〈費用などを〉負担する: ～ all charges 全料金を負担する. 〖(1490) □ (O)F *absorber* // L *absorbēre* to swallow up ← AB-¹+*sorbēre* to suck in (← IE *srebh- to suck (Gk *rhopheîn* to sup up))〗

ab·sórb·a·ble /-bəbl̩/ *adj.* 吸収される[されやすい], 吸収性の. **ab·sòrb·a·bíl·i·ty** /-bəbíləṭi | -l̩ti/ *n.* 〖1779〗

ab·sor·bance /əbsɔ́əbəns, -zɔ́ə- | -zɔ́ː-, -sɔ́ː-/ *n.* 〘光学〙(真)吸光度, 光学(的)濃度 (optical density). 〖(1947) ← ABSORB+-ANCE〗

ab·sór·ban·cy /-bənsi/ *n.* 〘光学〙＝absorbance.

ab·sor·bant /əbsɔ́əbənt, -zɔ́ə- | -zɔ́ː-, -sɔ́ː-/ *adj.*, *n.* ＝absorbent.

ab·sórbed *adj.* 没頭した, 夢中になった 〔*in*〕 (⇨ intent¹ SYN); 〈注意など〉引きつけられた: with an ～ air (何かに)夢中になっている様子で / read with ～ interest 夢中になって読む. **ab·sórb·ed·ly** /-bɨ̀dli/ *adv.* **ab·sórb·ed·ness** /-bɨ̀dnɨ̀s/ *n.* 〖1763〗

absórbed dóse *n.* 〘物理〙(被照射物体の)吸収線量. 〖1963〗

ab·sor·be·fa·cient /əbsɔ̀əbəféɪʃənt, -zɔ̀ə- | -zɔ̀ː-bɨ̀féɪ-, -sɔ̀ː-/ *adj.* 吸収作用を促進する. ― *n.* 吸収(促進)剤. 〖(1875): ⇨ absorb, -facient〗

ab·sor·ben·cy /əbsɔ́əbənsi, -zɔ́ə- | -zɔ́ːbənsi, -sɔ́ː-/ *n.* **1** 吸収性[力]. **2** 〘光学〙＝absorbance. 〖1859〗

ab·sor·bent /əbsɔ́əbənt, -zɔ́ə- | -zɔ́ː-, -sɔ́ː-/ *adj.* 吸収性の(ある), 吸収を促進する; 〔…を〕吸収する 〔*of*〕: ～ blotting paper. ― *n.* **1** 吸収性のある物; 吸収(促進)剤. **2** 〘解剖〙吸収血管, 吸収管, リンパ管. 〖(1718) □ L *absorbentem* (pres.p.) ← *absorbēre* 'to ABSORB'〗

absórbent cótton *n.* 《米》脱脂綿 (《英》cotton wool). 〖1947〗

ab·sórb·er *n.* **1 a** 吸収するもの; (知識などを)熱心に吸収する人. **b** 吸収物[体, 材]; 吸収器[装置]; (機械の)緩衝装置, 緩衝器[材], 揺れ止め (shock absorber). **2** 〘原子力〙(中性子などの放射線の)吸収材. 〖1792〗

ab·sórb·ing *adj.* 心を奪う, 夢中にするような, すてきにおもしろい: ～ books, games, interest, studies, etc. **～·ly** *adv.* 〖(1754): ⇨ -ing²〗

ab·sorp·tance /əbsɔ́əptəns, -zɔ́əp- | -zɔ́ːp-, -sɔ́ːp-/ *n.* 〘物理〙吸収率《放射線や光が物質に入射する時, 物質に吸収される量の入射量に対する比》. 〖(c1931) ← ABSORPT(ION)+-ANCE〗

ab·sorp·ti·om·e·ter /əbsɔ̀əpʃiɑ́(ː)məṭə, -zɔ̀əp-, -pti- | -zɔ̀ːpʃiɔ́mɨ̀tə^(r), -sɔ̀ːp-, -pti-/ *n.* 〘光学〙吸収計, 吸光光度計《物質による光の吸収率・吸収係数・光学濃度などを測定する装置》. 〖(1879): ⇨ ↓, -meter¹〗

ab·sorp·tion /əbsɔ́əpʃən, -zɔ́əp- | -zɔ́ːp-, -sɔ́ːp-/ *n.* **1** 吸収(作用): ～ of nourishment 〘生理〙栄養物の吸収. **2 a** 〘物理〙吸収《物体中での音波や光などの減衰現象》. **b** 〘物理化学〙吸収《気体の液体・固体中への溶解; cf. sorption》. **c** 〘電気〙(誘電)吸収《電界がなくなってもしばらく分極が残る, ある種の誘電体に見られる現象; dielectric absorption ともいう; cf. residual charge》. **d** 〘薬学〙冷浸《常温で物質を浸出させる操作》. **3** 編入, 併合: the ～ of smaller tribes 小部族の併合. **4** 専念, 没頭, 夢中: ～ *in* art, comics, golf, work, etc. **～·al** /-ʃnəl, -ʃənl̩/ *adj.* 〖(1597) □ F ～ // L *absorptiō(n-)* a swallowing ← *absorptus* (p.p.) ← *absorbēre* 'to ABSORB': ⇨ -tion〗

absórption bànd *n.* 〘物理〙(吸収スペクトルの)吸収帯. 〖1867〗

absórption coeffìcient *n.* 〘物理〙吸収係数《物質が光・放射・音波などを吸収する程度を表す量; cf. absorption factor》. 〖1899〗

absórption còsting *n.* ＝full costing.

absórption dynamòmeter *n.* 〘電気〙吸収動力計.

absórption èdge *n.* 〘物理〙吸収端《X 線または光の連続吸収スペクトルにおいて波長がそれ以上長くなると吸収率が急激に減少するようになる部分またはその端》. 〖c1925〗

absórption-emíssion pyròmeter *n.* 〘宇宙〙(分光分析を利用した)ガス温度計《ロケットの噴射ガスなど高温ガスの温度測定に用いる》.

absórption fàctor *n.* 〘物理〙吸収率《光・放射・音波などの物体によって吸収される強度と入射強度の比; cf. absorption coefficient》. 〖1932〗

absórption nèbula *n.* 〘天文〙暗黒星雲 (dark nebula).

absórption pipètte *n.* 〘化学〙吸収ピペット《ガス分析に用いられる気体吸収用のガラス装置》.

absórption spèctrum *n.* 〘物理〙吸収スペクトル (cf. emission spectrum). 〖1879〗

absórption sỳstem *n.* 冷却系《冷凍機で液体アンモニアなどの膨張により低温を作る部分》.

ab·sorp·tive /əbsɔ́əptɪv, -zɔ́əp- | -zɔ́ːp-, -sɔ́ːp-/ *adj.* 吸収する, 吸収力のある, 吸収性の. **～·ness** *n.* 〖(1664) ← L *absorptus* ((p.p.) ← *absorbēre* 'to ABSORB')+-IVE〗

ab·sorp·tiv·i·ty /əbsɔ̀əptívəṭi, -zɔ̀əp-, æ̀bsɔəp-, -zɔəp- | æ̀bzɔːptívɨ̀ti, -sɔːp-/ *n.* 〘物理〙**1** 吸収力. **2** ＝absorption factor. **3** ＝absorption coefficient. 〖c1859〗

ab·squat·u·late /æbskwɑ́(ː)tʃulèɪt | -skwɔ́tju-/ *vi.* 《米古俗・英戯言》出奔する, 逐電する, (急いで)立ち去る.

ab·squat·u·la·tion /æbskwɑ̀(ː)tʃuléɪʃən | -skwɔ̀tju-/ *n.* 〖(1837) ← AB-¹+SQUAT+-*ulate* (cf. speculate): ラテン語にまねた米語起源の造語〗

abs·que hoc /ǽbskwiháː(ː)k | -hɔ́k/ *L. adv.* 〘法律〙これなしに. 〖□ L～ 'without this'〗

ábsque im·pe·ti·ti·ó·ne vá·sti /-ìmpɨ̀tɪʃióu-nivǽstaɪ | -pɪtɪʃiə́u-/ *L. adv.* 〘法律〙不動産毀損免除で. 〖← NL ～ 'without impeachment of waste'〗

abs, re. 《略》absente reo.

ÁBS résin *n.* 〘化学〙⇨ ABS.

ab·stain /əbstéɪn, æb-/ *vi.* **1** 〔飲食物を〕控える, 断つ; 〔行為を〕自制する, 慎しむ 〔*from*〕 (⇨ refrain¹ SYN): ～ *from* fish and flesh 魚肉と獣肉を断つ, 精進(しょうじん)する / ～ *from* voting 棄権する. **2** 回避する, 棄権する. **3** 禁酒する. 〖(?c1350) *absteine(n)* □ (O)F *abstenir* ∽ OF *astenir* < L *abstinēre* ← *abs-* 'AB-¹'+*tenēre* to hold (⇨ tenable)〗

ab·stáin·er *n.* 節制家; 禁酒家: a total ～ 絶対禁酒家 (teetotaler). 〖1535〗

ab·ste·mi·ous /æbstíːmiəs, əb-/ *adj.* **1** 節制する, (特に)飲食に控えめな; 禁欲的な: an ～ person, habit, etc. / an ～ diet 節食. **2** 質素な: an ～ meal. **～·ly** *adv.* **～·ness** *n.* 〖(1611) ← L *abstēmius* sober, temperate (← *abs-* 'AB-¹'+*tēmētum* strong drink)+-OUS〗

ab·sten·tion /əbsténʃən, æb-/ *n.* **1** (権利行使の)回避; (特に)投票棄権: ～ *from* voting / seven votes for, one vote against, three ～*s* 賛成 7 反対 1 棄権 3. **2** 自制, 節制: ～ *from* pleasure, alcohol. 〖(1521) □ F ～: ⇨ abstain, -tion〗

ab·stén·tion·ìsm /-ʃənɪzm/ *n.* 自制[節制]主義. 〖1902〗

ab·stén·tion·ist /-ʃ(ə)nɨ̀st | -nɪst/ *n.* 自制[節制]主義者. ― *adj.* 節制主義(者)の. 〖1880〗

ab·sten·tious /əbsténʃəs/ *adj.* 自制[節制]する. 〖(1879): ⇨ abstention, -ous〗

ab·sterge /æbstə́ːdʒ, əb- | -stə́ːdʒ/ *vt.* **1** 〘医学〙…に通じをつける (purge). **2** 《古》ふき取る, 清掃する. 〖(1541) □ F *absterger* // L *abstergēre* to wipe away ← *abs-* 'AB-¹'+*tergēre* to wipe (⇨ terse)〗

ab·ster·gent /æbstə́ːdʒənt, əb- | -stə́ː-/ *adj.* 洗浄の, 洗浄性の; 瀉下(しゃか)(性)の. ― *n.* **1** 洗浄剤, 洗剤 (detergent). **2** 下剤. 〖(1612) □ F ～ // L *abstergentem* (pres.p.) ← *abstergēre* (↑)〗

ab·ster·sion /æbstə́ːʒən, əb-, -ʃən | əbstə́ːʃən/ *n.* 清浄化, 洗浄法; 瀉下. 〖(?a1425) □ (O)F ～ □ L *abstersiō(n-)* ← *abstersus* (p.p.) ← *abstergēre* (↑)〗

ab·ster·sive /æbstə́ːsɪv, əb- | əbstə́ː-/ *adj.* ＝abstergent. 〖(1533) □ (O)F *abstersif* ← L *abstersus* (↑): ⇨ -ive〗

ab·sti·nence /ǽbstənəns, -nənts | -stɨ̀-/ *n.* **1** 慎み, 断つこと, 禁欲, 節制: ～ *from* alcohol, food, meat, pleasure, etc. / practice ～ in eating and drinking. **2** 禁酒: total ～ 絶対禁酒. **3 a** 〘キリスト教〙断ち物をすること, 物忌み, 精進(しょうじん): days of ～ 精進日, 斎日. **b** 〘カトリック〙小斎(しょうさい)《金曜日などの定められた日に鳥・獣の肉を食べないこと》. **4** 〘経済〙(資本蓄積のため出費の)制欲, 節欲. 〖(1340) □ (O)F ～ ∽ OF *abstenance* < L *abstinentiam*: ⇨ abstinent, -ence〗

ábstinence thèory *n.* 〘経済〙(利子)制欲[節欲]説《利子は経済的節欲に対する報酬であるとする考え》.

áb·sti·nen·cy /-nənsi/ *n.* ＝abstinence.

ab·sti·nent /ǽbstənənt | -stɪ-/ *adj.* 節制する, 禁欲的な; 節度のある. **～·ly** *adv.* 〖(c1390) □ (O)F ～ ∽ OF *abstenant* < L *abstinentem* (pres.p.) ← *abstinēre* 'to ABSTAIN': ⇨ -ent〗

abstr. 《略》abstract; abstracted.

ab·stract /æbstrǽkt⁻ | ǽbstrækt/ *adj.* **1 a** 抽象的な (↔ concrete): an ～ concept [theory] 抽象(的)概念[理論]. **b** [the ～; 名詞的に] 抽象; 抽象[純理]的な考え方. **2** 理論的な (theoretical) (↔ applied); 観念上の (ideal); 空想的な (imaginary) (↔ practical): ～ mathematics 理論数学. **3** (抽象的で)深遠な, 難解な (abstruse): ～ speculations, reasoning, etc. **4** 〘美術〙抽象派の, アブストラクトの (↔ representational). **5** 《古》＝abstracted 2.

in the ábstract 抽象的な考え方で, 抽象的に, 理論的に(は) (↔ in the concrete): A good idea *in the* ～, but will it work in practice? 理論的にはいい考えだが, 実際にうまくいくかな.

― /ǽbstrækt/ *n.* **1 a** 摘要(書), (論文などの)概要, 抜書き, 抜粋, 抄録 (⇨ summary SYN): make [do, prepare, write] an ～ of …の要点を書き抜く, …を抜粋する. **b** 精髄 (essence). **2** 〘美術〙抽象芸術作品, アブストラクト (cf. abstraction 3). **3** 〘哲学・論理〙抽象観念, 抽象的名辞; 抽象(性). **4** 〘文法〙＝abstract noun. **5** 〘薬学〙アブストラクト《2 部量の生薬の成分エキスに砂糖またはミルクを加えて 1 部量に調整した薬剤》.

ábstract of títle 〘法律〙(不動産の所有経路および土地に対する負担(抵当権など)を証明する)権利(証明要約)書, 権原要約書.

― /æbstrǽkt, əb-/ *vt.* **1** 〈概念などを〉抽象する, 抽象的に扱う: ～ the notions of time, matter, etc. **2** /《米》ǽbstrækt/ 抜粋する, 要約する, 抄録する (summarize). **3** 〈注意などをそらす, 〈気を〉転じる: ～ a person's attention *from* something. **4 a** 分離する, 取り去る: ～ iron from ore 鉱石から鉄を取り出す. **b** 《婉曲》抜き取る, 盗む (steal): ～ something *from* a person. **5** 〘化学〙抽出する. ― *vi.* **1** /《米》ǽbstrækt/ 抜粋する. **2** 〘美術〙〈作家が〉アブストラクトを製作する.

ab·stract·a·ble /æbstrǽktəbl̩, əb-/ *adj.* **～·ness** *n.* **ab·strác·tor, ～·er** *n.* 〖adj.: (a1398) □ L *abstractus* (p.p.) ← *abstrahere* ← *abs-* 'AB-¹'+*trahere* to draw (⇨ tract¹). ― v.: (1542) ← (adj.)〗

ábstract álgebra *n.* 〘数学〙抽象代数学《代数系 (algebraic system) を対象とする数学の分野》.

ábstract árt *n.* 抽象美術.

ábstract behávior *n.* 〘心理〙抽象的行動.

ab·strác·ted *adj.* **1** 分離した, 取り除いた, 抽象した. **2** (心を奪われて)ぼんやりしている, 放心した(ような) (⇨ absentminded SYN): with an ～ air ぼんやりして, うわの空で. **3** 〘化学〙抽出した. **～·ness** *n.* 〖1606〗

ab·strác·ted·ly *adv.* 茫然と, ぼんやりと, うわの空で. 〖1637〗

ábstract expréssionism *n.* 〘美術〙抽象的表現主義《第二次大戦後米国に起こった絵画の一傾向; cf. action painting, tachisme》. **ábstract expréssionist** *n.* 〖1951〗

ábstract impréssionism *n.* 〘美術〙抽象的印象主義《抽象的な形態を主に用い, 印象主義的色調で描く絵画の一傾向》. 〖1957〗

ab·strac·tion /æbstrǽkʃən, əb-/ *n.* **1** 抽象(作用); 抽象性. **2** 抽象的概念: Whiteness and bravery are ～*s*. **3** 超脱, 脱俗; 茫然, うわの空. **4** 〘美術〙抽象, アブストラクト《自然の形体・経験界の事物を含まない線や形や色による構成, またはその作品; cf. abstract *n.* 2》: pure ～ / near ～. **5 a** 分離, 取除き. **b** 《婉曲》窃取, 抜取り. **6** 〘化学〙抽出. **～·al** /-ʃnəl, -ʃənl̩/ *adj.* 〖(a1400) □ (O)F ～ // L *abstractiō(n-)* ← *abstractus*: ⇨ abstract, -ion〗

ab·strác·tion·ìsm /-ʃənɪzm/ *n.* 〘美術〙抽象主義. 〖1926〗

ab·strác·tion·ist /-ʃ(ə)nɨ̀st | -nɪst/ 〘美術〙 *n.* 抽象主義者, 抽象美術家, 抽象作家. ― *adj.* 抽象派(的)の, 抽象主義の. 〖1841〗

ab·strac·tive /æbstrǽktɪv, əb-/ *adj.* 抽象力のある; 抽象(的)の. **～·ly** *adv.* 〖(a1398) □ ML *abstractivus*: ⇨ abstract, -ive〗

ab·stract·ly /―⁻⌐, ⌐――― | ⌐――/ *adv.* 抽象的に. 〖a1398〗

ábstract músic *n.* ＝absolute music. 〖c1875〗

ábstract nóun *n.* 〘文法〙**1** 抽象名詞 (cf. concrete noun). **2** 抽象名詞化の接尾辞をもつ名詞 (例: honesty, kindness).

ábstract númber *n.* 〘数学〙不名数, 無名数 (cf. concrete number). 〖c1550〗

ábstract spáce *n.* 〘数学〙抽象空間《集合についての議論を幾何学的に表現する時の, その集合のこと》.

ab·strict /æbstríkt, æb-/ 〘植物〙 *vi.* (担胞子体に)緊扼(きんやく)が起こる《隔膜を生じてそこで分離する》. ― *vt.* 緊扼によって〈芽胞を〉分裂形成する. 〖(1893) ← L *ab* off+*strict-* (ppl. stem) ← *stringere* to bind〗

ab·stric·tion /æbstríkʃən, æb-/ *n.* 〘植物〙(担胞子体の)緊扼(きんやく). 〖((1650)) (1893) ← L *ab* off+*strictiōnem* ← *stringere* to bind〗

ab·struse /æbstrúːs, əb-/ *adj.* **1** 難解な, 深奥な, 深遠な (profound): an ～ idea, subject, thinker, etc. **2** 《廃》秘密の, 隠れた. **～·ly** *adv.* **～·ness** *n.* 〖(1599) □ L *abstrūsus* (p.p.) ← *abstrūdere* to thrust away, conceal ← *abs-* 'AB-¹'+*trūdere* to thrust, push (⇨ intrude)〗

ab·stru·si·ty /əbstrúːsəṭi, æb- | -sɨ̀ti/ *n.* 難解さ, 深遠さ; 難解[深遠]な事柄. 〖1632〗

ab·surd /əbsə́ːd, -zə́ːd | -zə́ːd, -sə́ːd/ *adj.* **1** ばかばかしい, ばかげた (⇨ foolish SYN); おかしい, 笑うべき (silly):

Don't be ~. ばかなことはよせ[言うな] / He looked ~ trying to dance the twist. ツイストを踊ろうとしていたのは滑稽だった / It's ~ of you to think so. そんな考えはばかげているよ. **2 a** 不条理な, 不合理な. **b** 〈人生など〉不条理な, 無意味な; 無秩序な; 〈作品・作家など〉〈人生などの〉不条理を取り扱う (cf. absurdism): ~ drama 不条理劇. **3** [the ~; 名詞的に] ばかげたこと; 不条理[不合理]なこと: ⇨ THEATER of the absurd.
redúce to the absúrd ＝reduce to an ABSURDITY.
~·ly *adv.* **~·ness** *n.*
〖(1557) ◻ F *absurde* ◻ L *absurdus* out of tune, senseless ← AB-¹+*surdus* deaf, dull (⇨ surd)〗

ab·súrd·ism /-dɪzm̩/ *n.* 〖演劇・文学〗不条理主義《人間存在の根本的不条理性を表現しようとする態度》. 〖1946〗

ab·súrd·ist /-dɪ̣st | -dɪst/ *n.* 不条理主義者[作者]. — *adj.* 不条理主義(者)の: an ~ play 不条理劇. 〖1959〗

ab·surd·i·ty /əbsə́ːdəṭi, -zə́ː- | -sə́ːdɪ̣ti/ *n.* **1** 不条理, 不合理; ばからしさ: the height of ~ 愚の骨頂. **2** [*pl.*] ばかばかしいこと[ふるまい, 様子など].
redúce to an absúrdity (1) 〈議論・計画などの〉不合理なことを示す[立証する]. (2) 〈議論・計画などを〉極端なまでに推し進める (cf. reductio ad absurdum).
〖(?1472) ◻ (O)F *absurdité*: ⇨ absurd, -ity〗

absúrd théater *n.* [the ~] ＝THEATER of the absurd.

abt 《略》about.

ABTA /ǽbtə/ *n.* 英国旅行代理店協会. 〖(1950)《頭字語》← *A(ssociation of) B(ritish) T(ravel) A(gents)*〗

Ábt ràck /ɑ́ːpt-, ǽpt-; G. ápt/ *n.* 〖鉄道〗アプト式歯状軌道. 〖← *Roman Abt* (*d.* 1933: それを創案したスイスの鉄道技師)〗

Ábt sỳstem *n.* 〖鉄道〗アプト式鉄道《歯軌条鉄道の一種》. 〖↑〗

ABU 《略》Asia-Pacific Broadcasting Union アジア太平洋放送連合《1964 年設立; アジア地域の放送機関の国際組織》.

A·bu-Bakr /ɑ́ːbuːbǽkə | -kə^(r)/ *n.* (*also* **A·bu-Bekr** /ɑ́ːbuːbékə | -kə^(r)/) アブーバクル (573–634; Muhammad の妻 Aisha の父で彼の後継者; Medina での第一代 caliph (632–34)).

a·bub·ble /əbʌ́bl̩/ *adv., adj.* [叙述的] **1** 泡立って. **2** ざわめいて〔*with*〕. 〖(*c*1869) ← A-¹+BUBBLE〗

A·bu Dha·bi /ɑ̀ːbuːdɑ́ːbi | æ̀buːdɑ́ːbi, ɑ̀ːbuːdǽbi; *Arab.* abuðʷábi/ *n.* アブダビ: **1** ペルシャ湾 (Persian Gulf) 南岸の首長国; 豊富な油田をもち United Arab Emirates の一つ; 面積 67,350 km². **2** Abu Dhabi および United Arab Emirates の首都.

a·build·ing /əbɪ́ldɪŋ/ *adj.* [叙述的] 《米》建築[建設]されて, 建築中で. 〖(1535): ⇨ a-¹〗

A·bu·ja /əbúːdʒə, ɑː-/ *n.* アブージャ《ナイジェリアの首都; 1991 年 Lagos より移転》.

Ab·u·kir /æ̀buːkíə, ɑ̀ːb- | -kíə^(r)/ *n.* アブキール《エジプト北部 Alexandria と Nile 川河口の Rosetta の間の湾; 1798 年 Nelson の率いる英国艦隊がフランス軍を破った》.

a·bu·li·a /eɪbúːliə, ə-, -bjúː-/ *n.* 〖精神医学〗無意, 意志欠如. 〖(1848) ← NL ~ ← Gk *aboulía*: ⇨ a-⁷, -bulia〗

a·bú·lic /-lɪk/ *adj., n.* 無意志症の(人). 〖(1893): ⇨ aboulia〗

a·bu·na /əbúːnə/ *n.* アブーナ《エチオピア教会の首長》. 〖(1635) ◻ Eth. *abū-na* & Arab. *abū-nā* pater noster, our father〗

a·bun·dance /əbʌ́ndəns, -dənts/ *n.* **1** 多数, 多量〔*of*〕: an ~ of food [material goods] たくさんの食料[物資] / He has an ~ *of* friends. / An ~ *of* instances are cited. 多くの例が引用されている. **2** 豊富, 潤沢: a year of ~ 豊年 / We have bread in ~. パンはたくさんある / out of the ~ of the heart あふれるばかりの情けから (cf. *Matt.* 12:34). **3** 富裕 (wealth): live in ~ 裕福に暮らす. **4** 〖トランプ〗〈ソロホイスト (solo whist) で〉9 組取るというコール (abondance). **5** 〖生態〗数度《一定の調査面積内の種類別の個体数, あるいは個体数を出現わく数で割った値》. **6** 〖物理〗存在量《宇宙における各元素の存在比や同一元素中の同位体の存在比》. 〖(1340) ◻ OF ~ (F *abondance*) ∥ L *abundantia* an overflowing ← *abundantem* (↓)〗

a·bun·dant /əbʌ́ndənt/ *adj.* **1** たくさんの, どっさりある, たっぷりの, おびただしい, あり余るほどの, 豊富な (rich) (⇨ plentiful SYN): an ~ harvest 豊作 / ~ fair hair 豊かな金髪 / There is ~ proof [time]. 証拠[時間]はあり余るほどある. **2** 〈場所が〉〈資源などに〉富む, 豊富な〔*in, with*〕: a land ~ *in* minerals 鉱物に富む土地. 〖(*c*1380) ◻ OF ~ (F *abondant*) ◻ L *abundantem* (pres.p.) ← *abundāre* 'to ABOUND'〗

a·bún·dant·ly *adv.* **1** 豊富に, おびただしく, たくさん(に). **2** 十二分に, きわめて (very): It became ~ clear that the plan wouldn't work. 計画はうまくいかないだろうことが自明になった. 〖*a*1382〗

abúndant númber *n.* 〖数学〗豊数, 過剰数《その正の約数の和が自分自身より大であるような自然数; 例えば 12 など; cf. deficient number, perfect number》.

abúndant yéar *n.* [the ~] 〖ユダヤ暦〗＝perfect year.

a·bu·ra /əbʊ́ərə, əbjʊ́ərə | əbjúːrə/ *n.* 〖植物〗熱帯アフリカ産の緑色がかった花が咲くフジウツギ科の樹木 (*Mitragyne macrophylla*)《材は軽くカヌーや建築材とする》. 〖(1926) ◻ Yoruba ~〗

ab ur·be con·di·ta /æbə́ːbikɑ́(ː)ndɪ̣ṭə | -ə́ːbikɔ́ndɪtə/ *L.* 都の建設以来, ローマ建設紀元(…年)《元年は 753 B.C.; 略 AUC》.

Á búrsary *n.* 《NZ》A 奨学金《大学や工芸学校などに入学する学生のための 2 種類の奨学金のうち額の多いもの; cf. B bursary》.

a·bus·age /əbjúːsɪdʒ, -zɪdʒ/ *n.* (言語の)誤用, 濫用. 〖(1548): ⇨ ↓, -age〗

a·buse /əbjúːz/ *vt.* **1** 〈人・家畜などを〉虐待する, 酷使する: ~ one's eyes (読書などで)目を酷使する[使い過ぎる] / the treatment of physically [sexually] ~*d* children 身体的[性的]に虐げられた子供の治療. **2** 〈人などを〉ののしる, …に悪口を言う, 侮辱する: The referee was verbally ~*d* by the players. レフェリーは選手からののしられた. **3** 〈地位・特権・才能などを〉濫用する, 悪用する, 誤用する (misuse): ~ one's authority 職権を濫用する. **4** 〈人の信用などを〉悪用する, 裏切る, 〈人の親切・寛容などを〉逆用する, …につけこむ: ~ a person's trust [confidence] 人の信頼を裏切る. **5** [~ one*self* で] 自慰を行う (masturbate). **6** 《古》恥をかかせる; 〈女性を〉辱(はずか)める, 犯す. **7** 《廃》欺く (deceive).
— /əbjúːs/ *n.* **1** 虐待, 酷使: sexual ~ of children 子供の性的虐待 / suffer mental [physical] ~ 精神的[身体的]虐待を受ける / child ~ 児童虐待. **2** ののしり, 毒舌: a torrent of ~ 猛烈に浴びせかけたののしり / a word [term] of ~ ののしりの言葉, 悪態, 暴言 / verbal ~ 毒舌 / heap ~ on a person 人にののしりの言葉を浴びせる. **3** 濫用, 誤用, 悪用 (misuse): ~(*s*) of power, privileges, language, etc. / drug ~ 薬物濫用. **4** [しばしば *pl.*] 悪弊, 弊害, 悪習: the ~*s* of tyranny / ~ *s* of the times 時弊. **5** 《古》侮辱; 凌辱(りょうじょく), 暴行. **6** 《廃》欺き.
a·bús·er /-zə | -zə^(r)/ *n.* **a·bús·a·ble** /-zəbl̩/ *adj.* 〖v.: (?*a*1425) ◻ (O)F *abuser* ← L *abūsus* having used up (p.p.) ← *abūtī* to use up, misuse ← AB-¹ +*ūtī*, *ūsus* 'to USE'. — n.: (1439) ◻ (O)F *abus* ∥ L *abūsus* a wanting, misuse〗

A·bu Sim·bel /ɑ́ːbuːsímbəl, -bl̩, -bɛl | æ̀b-/ *n.* アブシンベル《エジプト南部の Nile 川に臨む村; 古代エジプト王 Ramses 二世の岩窟神殿で知られる; Aswan High Dam 建設による水没を免れるため UNESCO の援助で約 70 m 上へ移動された; Ipsambul, Impsambul ともいう》.

a·bu·sive /əbjúːsɪv, -zɪv/ *adj.* **1** 悪罵(あくば)の, 侮辱的な, 口ぎたない: an ~ word / use ~ language 悪態をつく, ののしる. **2** 濫用的な, 悪用的な; 虐待的な. **~·ly** *adv.* **~·ness** *n.* 〖(1583) ◻ F *abusif* < L *abūsīvum* ← *abūsus* (⇨ abuse): ⇨ -ive〗

a·bus·tle /əbʌ́sl̩/ *adv., adj.* [叙述的] ざわめいている (bustling)〔*with*〕. 〖← A³+BUSTLE¹〗

a·but /əbʌ́t/ *v.* (**a·but·ted; a·but·ting**) — *vi.* **1** 〈国・地所などが〉境を接する, 〔…に〕隣接する, 臨む (border)〔*on, upon*〕: a field ~*ting on* a road 道路に接する畑. **2** 〈建物が〉(一部が)〔…に〕接触する (touch)〔*on, upon, against*〕: The house ~*s* (*up*)*on* [*against*] the church. その家は教会に接触している. **3** 〔…に〕寄り掛かる (lean)〔*against*〕: a timber ~*ting against* a post 柱にもたせかけた材木. — *vt.* **1** …に隣接する, 接する, …の境を接する. **2** 〔…に〕もたせかける〔*against*〕. **3** 〖建築〗迫台(せりだい)で支える. 〖(*c*1450) *abutte(n)* 《混成》? ← (O)F *abouter* to join end to end (← *à* to+*bout* end: ⇨ butt⁴)+(O)F *abuter* to make contact with one end (← *à*+*but* end: ⇨ butt³)〗

a·bu·ti·lon /əbjúːṭəlɑ̀(ː)n | -tɪlən, -lɔ̀n/ *n.* 〖植物〗イチビ《アオイ科イチビ属 (*Abutilon*) の植物の総称; イチビ (*A. avicennae*) やショウジョウカ (*A. striatum*) など; 美しい鐘状花をつけるものは flowering maple と称して栽培される》. 〖(1731) ← NL ~ ← Arab. *aubūtīlūn*〗

a·but·ment /əbʌ́tmənt/ *n.* **1** 隣接. **2** 〖建築・土木〗**a** 迫台(せりだい), 迫持受(せりもちうけ), 橋台《アーチの両端を受ける台》. **b** 《突き出た部分の》接合点; 合口(あいくち)《石積みの石が互いに接する面》. **3** 〖歯科〗支台歯. 〖1644〗

a·but·tal /əbʌ́ṭl̩ | -tl̩/ *n.* **1** ＝abutment. **2** [*pl.*] 隣接地; (他の土地や道路との)境界. 〖(1630) ← ABUT+-AL²〗

a·bút·ter /-ṭə | -tə^(r)/ *n.* 隣接地の地主, 隣接財産所有者. 〖1874〗

a·bút·ting /-ṭɪŋ | -tɪŋ/ *adj.* **1** 隣接した. **2** 〖建築〗迫台(せりだい)[橋台]の用をする. 〖1599〗

a·buzz /əbʌ́z/ *adv., adj.* [叙述的] ぶんぶんいって; がやがやして, 〈話などで〉騒然として; 〈活気などがあふれて〔*with*〕: The square was ~ *with* cars. 広場は車でごった返していた. 〖(1859) ← A³+BUZZ¹〗

ABV 《略》alcohol by volume.

ab·volt /ǽbvòʊlt | -vəʊlt/ *n.* 〖物理〗絶対ボルト, アブボルト《電圧の cgs 電磁単位; ＝10^{-8} volt》. 〖← AB-³+VOLT¹〗

ab·watt /ǽbwɑ̀(ː)t, -wɔ̀(ː)t | -wɔ̀t/ *n.* 〖物理〗絶対ワット, アブワット《電力の cgs 電磁単位; ＝10^{-7} watt》. 〖← AB-³+WATT〗

a·by /əbáɪ/ *v.* (**a·bought** /əbɔ́ːt/) — *vt.* 《古》償う, あがなう (redeem) (cf. abide 4): You shall dearly ~ it. あとのたたりが恐ろしいぞ. — *vi.* 《廃》**1** 持続する, もつ. **2** (罰として)苦難を受ける. 〖lateOE *ābyġ-* ← *ābyċġan* ← A-²+*byċġan* 'to BUY'〗

A·by·dos /əbáɪdɑ(ː)s, æbɪ̣- | -dɒs, əbáɪdɒs, -dɒs/ *n.* アビュドス: **1** エジプト中部, Nile 河畔にあった古都; 今は付近に古代エジプト王の墳墓や寺院などの遺跡をとどめる. **2** 小アジア北西部, Hellespont 海峡の最狭部にあった古都; Leander が対岸 Sestos の Hero に会うため毎夜この海峡を泳いだという伝説の地; ⇨ Hero 2.

a·bye /əbáɪ/ *v.* (**a·bought** /əbɔ́ːt/) ＝aby.

Ab·y·la /ǽbɪ̣lə | -bɪ-/ *n.* アビラ (Jebel Musa の古名).

a·bysm /əbízm̩/ *n.* 《古・詩》＝abyss. 〖(*a*1325) *abi(s)me* ◻ OF *abisme* (F *abîme*) < VL **abyssimum* (superl.) ← L *abyssus* 'ABYSS'〗

a·bys·mal /əbízməl, æb-, -ml̩/ *adj.* **1** 奈落(ならく)の; 深海の; 底知れぬほど深い (unfathomable) (⇨ deep SYN). **2** 〈貧困など〉底知れぬほどの, 極端な; 《口語》ひどく悪い: ~ poverty, ignorance. **3** 〖生態〗＝abyssal 2. **~·ly** *adv.* 〖(1817): ⇨ ↑, -al¹〗

a·byss /əbís, æb-/ *n.* **1 a** 底知れぬ深い穴. **b** 底知れぬもの; 奥底, 深み (depth): the ~ of time 無限の時, 永遠 / the ~ of despair 絶望のどん底 / an ~ of disgrace [ignominy] 不面目の極み, 極端な醜態 / the ~*es* of human nature 人間性の奥底. **2** 深海, 深淵(しんえん). **3** [the ~] (古代の宇宙創造説において, かつては地球を覆っていた)地下の大海; 地獄, 奈落(ならく)の底 (hell); (天地創造以前の)混沌(こんとん). **4** 〖紋章〗盾 (escutcheon) の中央. 〖(*a*1398) *abissus* ◻ L *abyssus*《原義》the profoundest depth ◻ Gk *ábussos* bottomless ← A-⁷+*bussós* bottom (← IE **gʷādh-* to sink)〗

a·byss·al /əbísəl, æb-, -sl̩/ *adj.* **1** ＝abysmal 1. **2** 〖生態〗(2,000 m 以下の)深海(性)の, 深海にすむ: the ~ fauna 深海動物相. 〖(1691) ◻ LL *abyssālus*: ⇨ ↑, -al¹〗

abýssal róck *n.* 〖岩石〗深成岩 (⇨ plutonic rock).

abýssal zóne *n.* [the ~] 〖生態〗深海底帯《水深 3,000–7,000 m の部分》.

Ab·ys·sin·i·a /æ̀bəsíniə, -njə/ *n.* アビシニア《Ethiopia の旧名》. 〖1934〗

Ab·ys·sin·i·an /æ̀bəsíniən, -njən⁻/ *adj.* アビシニア(人, 語)の. — *n.* **1** アビシニア人; アビシニア語. **2** ＝Abyssinian cat. 〖(1781): ⇨ ↑, -an¹〗

Abyssínian banána *n.* 〖植物〗アビシニアバショウ (*Musa ensete*)《果実はバナナに似るが食用にならない》.

Ábyssinian cát *n.* アビシニアン《小形・短毛で毛色に特徴があるアフリカ産のネコ》. 〖1876〗

Ábyssinian Chúrch *n.* [the ~] 〖キリスト教〗アビシニア教会 (⇨ Ethiopian Church).

Ábyssinian góld *n.* ＝talmi gold.

ab·zyme /ǽbzaɪm/ *n.* 〖生化学〗アブザイム, 触媒抗体《人工酵素; 酵素用活性をもった抗体》. 〖(1986) ← A(NTI)B(ODY)+(EN)ZYME〗

ac 《記号》academic《URL ドメイン名》.

Ac 《略》〖聖書〗Acts; 〖気象〗altocumulus.

Ac 《記号》〖化学〗actinium.

AC 《略》air command; air commodore; air corps; aircraftman; Alpine Club; ambulance corps; analogue computer; *L.* annō Christī キリスト生誕…(年) (in the year of Christ); annual conference; appeal case; appeal court; *F.* appellation controlée; 《米》area code; army corps; artillery college; assistant commissioner; athletic club; Atlantic Charter.

AC, a.c., a-c /éɪsíː/ 《略》〖電気〗alternating current (cf. DC); appellation controlée; air conditioning.

A/C 《略》aircraft; aircraftman.

A/C, a/c /éɪsíː/ ★ account とも読む. 《略》〖会計〗account; air conditioning.

a.c. 《略》*L.* annō currente (＝in the current year); *F.* année courante (＝current year); 〖処方〗*L.* ante cibum 食前(服用) (before meals).

ac- /æk, ək, ɪk | æk, ək/ *pref.* **1** (c, q, k の前にくるときの) ad- の異形: *ac*cede, *ac*cuse, *ac*quiesce. **2** (種々の起源による) a- の異形: *ac*knowledge.

-ac /æk/ *suf.* **1** [形容詞語尾]「…性の, …的な, …に関する」の意: elegi*ac*, ili*ac*. **2** [名詞語尾]: aphrodisi*ac*, mani*ac*. ★ 名詞語尾 -ac に対応する形容詞形に -acal (aphrodisi*acal*, mani*acal*) があるが, 現在は -acal よりも名詞と同形の -ac の方を一般に用いる傾向がある. 〖◻ F *-aque* ∥ L *-acus* ◻ Gk *-akós*〗

ACA 《略》〖電気〗adjacent channel attenuation 隣接チャネル減衰; 《英》〖会計〗Associate of the Institute of Chartered Accountants (of England and Wales).

a·ca·cia /əkéɪʃə | -ʃə, -siə/ *n.* **1** 〖植物〗アカシア《マメ科アカシア属 (*Acacia*) の樹木の総称; ハリアカシア (*A. armata*), ソウシジュ (*A. confusa*) など》. **2** 〖植物〗ニセアカシア (locust, false acacia ともいう). **3** アラビアゴム (gum arabic). **4** ネムノキ (albizia). 〖(*a*1398) ◻ L ~ ◻ Gk *akakía* the Egyptian tamarisk ← ? Egypt.: cf. Gk *akḗ* point〗

Ácacia Ávenue *n.* 《英》アカシア街《新聞などで典型的中産階級の人々が住む郊外を表す名前》.

acad. 《略》academic; academy.

Acad. 《略》Academician; Academy.

ac·a·deme /ǽkədìːm, ⌣⌣⌣/ *n.* **1** [A-] (古代アテネの Plato の) アカデメイア学園 (cf. academy 3). **2** [時に A-] 《詩》**a** 学園, (特に)大学. **b** 学園[大学]の環境[雰囲気]; 大学[学究]生活; 学界. **3** 学究 (academic); (特に)衒学(げんがく)者 (pedant). ***the gróve(s) of Ácademe*** ＝*n.* 2 (cf. Milton, *Paradise Regained* 4. 244). (1849)〗 〖(1594–95) ◻ L *Acadēmia* 'ACADEMY'〗

a·cad·e·mese /æ̀kədəmíːz, -míːs | -dɪ̣míːz/ *n.* (堅苦しい)学者流の[独特の]文体. 〖(1959) ← ACADEM(IC) +-ESE〗

a·ca·dem·i·a /æ̀kədíːmiə/ *n.* 学園[大学]の環境[生活]. 〖(1956) ← NL ~ (↓)〗

ac·a·dem·ic /æ̀kədémɪk⁻/ *adj.* **1 a** 学問(的)の; 学究的な, 学者的な (scholarly): ~ life 学究生活 / an ~ turn of mind 学究的な性向, 学究肌. 日英比較 日本語の「アカデミック」の持つ「学業的」の意の他に英語の *academic* には「大学の」「学園の」の意がある. (例) *academic* year 学年. **b** 学者ぶった, 偏狭な. **c** 勉強好きな, 勉強に向いている. **2** 高等教育の; (特に)大学の; 学園の, 学院の: an ～ aptitude test 進学適性検査 / ～ circles 学界 / an ～ curriculum 大学課程 / an ～ degree 学位 / ～ ranks 大学教師の資格 (《米》普通 instructor, assistant professor, associate professor, (full) professor の四つ, 《英》lecturer, senior lecturer [reader], professor) / ～ robes 大学式服のガウン. **3** (純)理論的な, 空理空論(的)の, 非実際的な; 迂遠な: an ～ discussion, question, point, etc. **4** 〈芸術家や作品など〉伝統にとらわれた, 型にはまった, 保守的な, 形式偏重の: ～ art, verses, artists, poets, etc. **5** 〘教育〙人文科の, 一般教養の《人文科学・純粋数学などで応用科学や職業教育以外の学問についていう》: an ～ course. **6** 学校(特に, 大学)教育による[で得た]. **7** 〘哲学〙[A-] アカデメイア学派[プラトン学派]の; 懐疑的な. — *n.* **1** 大学人; 学者, 学究(肌の人). **2** [*pl.*] 空理空論, 形式にとらわれた議論. **3** [*pl.*] =academical. 〘(1586) □ (O)F *académique* ∥ ML *acadēmicus* ← *acadēmīa* 'ACADEMY'〙

àc·a·dém·i·cal /-mɪ̀kəl, -kḷ | -mɪ-⁻/ *adj.* =academic; (特に)学園の, 学院の, 大学の: an ～ clique 学閥. — *n.* [*pl.*] 大学の式服 (cap and gown): in full ～*s* 大学の正装で. 〘(1587): ⇨ ↑, -al¹〙

àc·a·dém·i·cal·ly *adv.* 学究的に; 学者ぶって; 空論的に, 非実際的に; 形式主義的に. 〘1591〙

ácademic cóstume [dréss] *n.* (大学などの)学校の礼服[式服].

ácademic fréedom *n.* (大学における)学問の自由. 〘(1901) (なぞり) ← G *akademische Freiheit*〙

ac·a·de·mi·cian /əkæ̀dəmíʃən, æ̀kədə- | əkæ̀dɪ-míʃən, æ̀kə-/ *n.* **1** 学士院会員; 芸術[美術]院会員; 学会員; (芸術)団体員. **2** [A-] Royal Academy または French Academy の会員; 旧ソ連の科学学院 (Academy of Sciences) の会員. **3** (学術・芸術の)伝統主義者. 〘(1748) □ F *académicien*: ⇨ academy, -ician〙

ac·a·dem·i·cism /æ̀kədémәsɪzm | -mɪ-/ *n.* **1** 学士院[翰林(かん)院]風; 伝統[保守]主義 (conventionalism); きわめて思弁的な思想[態度]. **2** 〘哲学〙アカデメイア派[プラトン派]哲学. 〘1610〙

ácademic yéar *n.* 学年 (欧米では9月に始まり翌年の6月に終わるのが普通; school year ともいう). 〘*c*1934〙

A·ca·dé·mie fran·çaise /à:kədeɪmí:frɑ̃:(n)séɪz, -frɑ:n-, -séz; *F.* akademifʀɑ̃sɛ:z/ *n.* [the ～] = French Academy.

a·cad·e·mism /əkǽdəmìzm/ *n.* =academicism.

a·cad·e·my /əkǽdəmi/ *n.* **1 a** 専門学校, 大学(校), 学校; 学園, 学院 (school) 《通例 university より下級で, 特殊の技術を授ける》: an ～ of music = a music ～ 音楽学校, 音楽院 / a naval ～ 海軍兵学校 / a riding ～ =riding school / ⇨ military academy 1. **b** (私立)中等学校 (secondary school); 《米》ハイスクール; 《スコット》=grammar school 1: ⇨ military academy 2. **c** 高等教育機関, 大学 (university, college). **2 a** 学士院, 芸術[美術]院, 翰林(かん)院, アカデミー; 学会; (芸術家の)協会, 団体. **b** [the A-] アカデミーフランセーズ (⇨ French Academy); (英国の)王立美術院 (⇨ Royal Academy); 王立美術院展覧会 (年1回). **c** 既成体制. **3** [the A-] 〘哲学〙 **a** アカデメイア学園 (Plato が門弟に哲学を説いた学園でギリシャ Athens の郊外にあった); アカデメイア学派 《プラトン学派の別名; cf. garden 6, Lyceum 2, porch 3》. **b** アカデメイア[プラトン]哲学. **c** 因習的な伝統主義者たち: art that shocked *the Academy* but is now acclaimed 因習的な伝統主義者たちにショックを与えたが今では歓迎されている芸術. 〘(1474) □ (O)F *académie* ∥ L *acadēmīa* □ Gk *akadēmeia* the Academy ← *Akádēmos* (古代ギリシャの神人の名: Plato 学園の名称はこれにちなむ)〙

Acádemy Awàrd *n.* アカデミー賞 《映画芸術科学アカデミー (AMPAS) が毎年最優秀映画および映画関係者に与える賞, 1927年に創立された; cf. Oscar² 1 a》.

acádemy bòard *n.* 〘絵画〙(カンバス地のような下塗りを施した油絵用)厚紙カンバス, カンバスボード. 〘1859〙

acádemy figure *n.* 〘美術〙(教授または練習用の)裸体画 《通例半等身大》. 〘1769〙

A·ca·di·a /əkéɪdiə | -diə/ *n.* アカディア 《カナダ南東部, Nova Scotia 州および New Brunswick 州の一部を含む地方で, 昔のフランスの植民地 (1604–1713); 1713年英国に割譲》. 〘□ F *Acadie* ← ? *acadie* fertile land〙

A·ca·di·an /əkéɪdiən | -diən/ *adj.* **1** アカディア (Acadia) の; アカディア(地方)人の. **2** ノバスコシア (Nova Scotia) 州の; ノバスコシア州人の. **3** 〘地質〙アカディア造山期の. — *n.* **1** アカディア人. **2 a** (旧フランス植民地 Acadia から移され今の米国 Louisiana 州に住んだ)アカディア人; Louisiana 州のアカディア人; Louisiana 地方に住むアカディア人の子孫. **b** アカディア語 《Louisiana 州のアカディア人のフランス語方言》. **3** ノバスコシア州人. 〘(1790): ⇨ ↑, -an¹: cf. Cajun〙

Acádia Nátional Párk *n.* アケーディア国立公園 《米国 Maine 州南部, Mount Desert 島を含み, みかげ石で有名, 1919年指定; 面積 169 km²》.

Acádian flýcatcher *n.* 〘鳥類〙ミドリメジロハエトリ (*Empidonax virescens*) 《タイランチョウ科の鳥; 北米東部産》.

Acádian ówl *n.* 〘鳥類〙=saw-whet owl.

ac·a·jou /ǽkəʒù:, -ʤù: | -ʒù:; *F.* akaʒu/ *n.* **1 a** = cashew 1. **b** =cashew nut. **2** =mahogany. 〘(*c*1720) □ F ～ □ Port. *acajú*: cf. cashew〙

-a·cal /əkəl, -kḷ/ *suf.* -ac で終わる名詞[形容詞]に対応する形容詞語尾 (⇨ -ac ★): demoni*acal*. 〘⇨ -ac, -al¹〙

a·cal·cu·li·a /èɪkælkjú:liə/ *n.* 〘精神医学〙失算(症), 計算不能(症), 計算障害. 〘(1926) ← NL ～: ⇨ a-⁷, calculate, -ia¹〙

ac·a·leph /ǽkəlèf/ *n.* (*also* **ac·a·lephe** /-lì:f/) 《廃》〘動物〙真正クラゲ. 〘(1706) ← NL *akalēpha* ← Gk *akalḗphē* nettle〙

ac·a·na·ceous /æ̀kənéɪʃəs/ *adj.* 〘生物〙刺(とげ)のある. 〘← L *acanos* a kind of thistle □ Gk *ákanos* ← *akḗ* sharp point (cf. acacia): ⇨ -aceous〙

a·can·th- /əkænθ/ (母音の前にくるときの) acantho- の異形.

a·can·tha /əkǽnθə/ *n.* 〘生物〙刺(とげ) (thorn). 〘← NL ～ ← Gk *ákantha* thorn ← *akḗ* sharp point: cf. acute〙

Ac·an·tha·ce·ae /æ̀kənθéɪsiː:, æ̀kən-/ *n. pl.* 〘植物〙(ヒルガオ目)キツネノマゴ科. **àc·an·thá·ceous** /-ʃəs/ *adj.* 〘← NL ～: ⇨ acanthus, -aceae〙

a·can·tha·moe·ba /əkæ̀nθəmí:bə/ *n.* 〘動物〙アカンスアメーバ (*Acanthamoeba* 属のアメーバ; 土壌や淡水中に普通にすみ, ヒトの角膜炎などの日和見病原体となるものを含む).

ac·an·thas·ter /æ̀kənθǽstə | -tə⁽ʳ⁾/ *n.* 〘動物〙オニヒトデ科 *Acanthaster* 属のヒトデの総称 (オニヒトデ (crown of thorns) など). 〘← NL *Acanthaster planci* (種名: ⇨ acantho-, -aster²)〙

acanthi *n.* acanthus の複数形.

a·can·thine /əkǽnθɪ̀n, -θaɪn | -θaɪn/ *adj.* **1** 〘植物〙ハアザミ[アカンサス] (acanthus) の[に似た]. **2** 〘建築〙アカンサス葉形に装飾した. 〘(1753) ← L *acanth(inus)* (⇨ acanthus) + -INE¹〙

a·can·thite /əkǽnθaɪt, ǽkənθàɪt/ *n.* 〘鉱物〙硫銀鉱 (Ag_2S) (低温で斜方晶系に結晶する銀と硫黄の化合物; cf. argentite). 〘⇨ ↓, -ite¹〙

a·can·tho- /əkǽnθoʊ | -θəʊ/ 〘生物〙「刺(とげ)」(thorn), 刺のある (thorny)」の意の連結形. ★ 母音の前では通例 acanth- になる. 〘□ Gk *ákantho-* ← *ákantha* thorn〙

acàntho·cárpous *adj.* 〘植物〙刺(とげ)のある実がなる. 〘⇨ ↑, -carpous〙

A·can·tho·ceph·a·la /əkæ̀nθəséfələ | -θə(ʊ)-/ *n. pl.* 〘動物〙鉤頭虫(こうとうちゅう)綱 (脊椎動物に寄生する). 〘← NL: ⇨ acantho-, cephalo-, -a²〙

a·càn·tho·céph·a·lan /-lən⁻/ *adj.*, *n.* 〘動物〙鉤頭(こう)虫綱の(動物). 〘1889〙

a·càn·tho·céph·a·lid /-lɪ̀d | -lɪd⁻/ *adj.*, *n.* 〘動物〙=acanthocephalan.

ac·an·thoc·la·dous /æ̀kənθɑ́(:)klədəs | -θɔ́klәd-⁻/ *adj.* 〘植物〙刺(とげ)のある茎[枝]がついた. 〘(1839–47) ← ACANTHO- + CLADO- + -OUS〙

ac·an·tho·di·an /æ̀kənθóʊdiən | -θə́ʊd-⁻/ (*also* **ac·an·tho·de·an** /～/) 〘魚類〙*adj.* アカンソージース綱の. — *n.* アカンソージース綱の魚(の化石). 〘(1852) ← ACANTHO- + -ODE¹ + -IAN〙

a·can·thoid /əkǽnθɔɪd/ *adj.* 刺状の; 刺のある (spiny). 〘← ACANTHO- + -OID〙

ac·an·thop·te·ran /æ̀kənθɑ́(:)ptərən | -θɔ́p-⁻/ *adj.*, *n.* =acanthopterygian. 〘⇨ acantho-, -ptera, -an¹〙

ac·an·thop·te·ryg·i·an /æ̀kənθɑ̀(:)ptərɪ́ʤiən | -θɔ̀p-⁻/ 〘魚類〙*adj.*, *n.* 棘鰭(きょくき)類の(魚). 〘(1835) ← ACANTHO- + PTERYGO- + -IAN¹〙

Ac·an·thop·te·ryg·i·i /æ̀kənθɑ̀(:)ptərɪ́ʤiàɪ | -θɔ̀p-/ *n. pl.* 〘魚類〙棘鰭類 (ひれに鋭い棘条のあるスズキなど). 〘(1833) ← NL ～ ← ACANTHO- + -*pterygii* (← Gk *ptérugion* fin)〙

ac·an·tho·sis /æ̀kænθóʊsɪ̀s | -θə́ʊsɪs/ *n.* 〘病理〙表皮肥厚(症), 有棘(きょく)層肥厚, アカントーシス. **ac·an·thot·ic** /æ̀kənθɑ́(:)tɪk | -θɔ́t-⁻/ *adj.* 〘(1889) ← ACANTHO- + -OSIS〙

a·can·thous /əkǽnθəs/ *adj.* 刺のある. 〘← ACANTHUS: ⇨ -ous〙

a·can·thus /əkǽnθəs/ *n.* (*pl.* ～·es, **a·can·thi** /-θaɪ/) **1** 〘植物〙ハアザミ, アカンサス (地中海地方に産するキツネノマゴ科ハアザミ属 (*Acanthus*) の草本の総称; ハアザミ (*A. mollis*) など; その葉は建築装飾に図案化される; cf. bearis-breech). **2** 〘建築〙アカンサス葉飾 (コリント式の柱頭などの装飾; acanthus leaf ともいう). 〘(1616) □ L ～ □ Gk *ákanthos* ← *akḗ* sharp point〙

a cap·pel·la /à:kəpélə; *It.* akkapélla/ *adj.*, *adv.* 〘音楽〙=a cappella.

a·cap·ni·a /əkǽpniə, eɪk-/ *n.* 〘病理〙炭酸ガス欠乏(症) (血液・組織中の炭酸ガスが減少した状態). **a·cáp·ni·al** /-niəl/ *adj.* 〘(1907) ← NL ～ ← Gk *ákapnos* smokeless (← A-⁷ + *kapnós* smoke) + -IA¹〙

a cap·pel·la /à:kəpélə | æ̀k-, à:k-; *It.* akkappélla/ 〘音楽〙*adj.*, *adv.* **1** 〈合唱が〉(楽器の)伴奏なしの[で], アカペラの[で]; 無伴奏の[で]. **2** 教会音楽の[風に]. 〘(1864) □ It ～ 'in chapel style'〙

a ca·pric·cio /à:kəprí:tʃoʊ, -prítʃ-, -tʃiòʊ | -prítʃəʊ; *It.* akkaprí ttʃo/ *adv.* 〘音楽〙(テンポなどの表現は)演奏家の随意に. 〘(1845) □ It. ～ 'capriciously'〙

A·ca·pul·co /æ̀kəpú:lkoʊ, à:k-, -púl- | -púlkəʊ; *Am.Sp.* akapúlko/ *n.* アカプルコ (メキシコ南西部の海港, 観光地; 正式名 Acapulco de Juaréz /xwáres/).

ac·ar- /ǽkər/ (母音の前にくるときの) acaro- の異形: *acaroid*.

a·ca·ra /əká:rə/ *n.* 〘魚類〙アカラ (中南米原産カワスズメ科ブルーアカラ属 (*Aequidens*), シクラソマ属 (*Cichlasoma*) の数種の小型淡水魚; 長い背びれ・しりびれをもち, 鑑賞魚とされる; ブルーアカラ [blue acara] (*A. latifrons*) など). 〘□ Port. *acaré* ← Tupi〙

a·car·di·a /eɪká:diə | -ká:diə/ *n.* 〘病理〙(一卵性双生児などの)無心症 (先天性心臓欠損). 〘← A-⁷ + -CARDIA〙

a·car·di·ac /eɪká:diæ̀k | -ká:di-/ *adj.* 〘生理〙心臓をもたない. 〘(1879) ← A-⁷ + CARDIAC〙

acari *n.* acarus の複数形.

ac·ar·i- /ǽkərɪ̀, -ri/ acaro- の異形 (⇨ -i-): *acari*cide.

a·car·i·an /əkέ(ə)riən | əkέər-/ *adj.* **1** 〘動物〙ダニ目の. **2** ダニの[によって起こる]. — *n.* 〘動物〙ダニ (ダニ目の動物の総称). 〘← NL *Acari* (← Gk *ákari* (↓)) + -AN¹〙

ac·a·ri·a·sis /æ̀kəráɪəsɪ̀s | -sɪs/ *n.* (*pl.* **-a·ses** /-sì:z/) 〘病理〙ダニ症. 〘(1828) ← Gk *ákari* 'mite, ACARUS' + -IASIS〙

a·car·i·cide /əkǽrəsàɪd, əkér- | ækǽrɪ-/ *n.* ダニ駆除剤. **a·car·i·cid·al** /əkæ̀rəsáɪdḷ, əkèr- | ækæ̀rɪsáɪdḷ⁻/ *adj.* 〘(1879) ← ACAR(US) + -I- + -CIDE〙

ac·a·rid /ǽkərɪ̀d | -rɪd/ *adj.*, *n.* 〘動物〙コナダニ科の(ダニ). 〘(1881) ← ACARO- + -ID²〙

A·car·i·dae /əkǽrədì:, əkér- | əkǽrɪ-/ *n. pl.* 〘動物〙コナダニ科. 〘(1847) ← NL ～ ← *Acarus* (属名: ⇨ acarus) + -IDAE〙

a·car·i·dan /əkǽrədṇ, əkér- | əkǽr-, -rɪ-/ *adj.*, *n.* 〘動物〙=acarian; (特に) =acarid. 〘1875〙

A·ca·ri·gua /à:kərí:gwə; *Am.Sp.* akaríɣwa/ *n.* アカリグア (ベネズエラ北西部の都市).

Ac·a·ri·na /æ̀kəráɪnə, -rí:-/ *n. pl.* 〘動物〙ダニ目. 〘(1884) ← NL ～: ⇨ acaro-, -ina¹〙

ac·a·rine /ǽkəràɪn, -rì:n/ *adj.*, *n.* 〘動物〙=acarian. 〘(1828): ⇨ acro-, -ine³〙

Ac·ar·na·ni·a /æ̀kənéɪniə | æ̀kə-/ *n.* アカルナニア (古代ギリシャの西海岸に面した地域; 現代ギリシャ語名は Akarnanía).

ac·ar·o- /ǽkəroʊ, -rə | -rəʊ/ 「ダニ (mite)」の意の連結形: *acaro*phobia. ★ 時に acari-, また母音の前では通例 acar- になる. 〘← NL ～: ⇨ acarus〙

ac·a·roid /ǽkərɔ̀ɪd/ *adj.* ダニに似た. 〘(1857): ⇨ ↑, -oid〙

ácaroid résin [gúm] *n.* 〘化学〙アカロイド樹脂 (天然樹脂の一種; 一種のイグサから得られ, オーストラリア産; accroides, accroides resin [gum], gum accroides ともいう; cf. grass tree 1). 〘1857〙

ac·a·rol·o·gy /æ̀kərɑ́(:)ləʤi | -rɔ́l-/ *n.* ダニ類学. **àc·a·ról·o·gist** /-ʤɪ̀st | -ʤɪst/ *n.* ダニ類学者. 〘(1952) ← ACARO- + -LOGY〙

ac·a·ro·pho·bi·a /æ̀kərəfóʊbiə | -rə(ʊ)fə́ʊ-/ *n.* 〘精神医学〙ダニ恐怖症. 〘← ACARO- + -PHOBIA〙

a·car·pel·ous /eɪká:pələs | -ká:-/ *adj.* (*also* **a·car·pel·lous** /～/) 〘植物〙心皮のない. 〘(1879) ← A-⁷ + CARPEL + -OUS〙

a·car·pous /eɪká:pəs | -ká:-/ *adj.* 〘植物〙実を生じない, 結実しない. 〘← Gk *ákarpos* unfruitful (← A-⁷ + *kárpos* fruit) + -OUS〙

ac·a·rus /ǽkərəs/ *n.* (*pl.* **ac·a·ri** /-ràɪ, -rì:/) 〘動物〙ダニ; (特に)コナダニ (コナダニ属 (*Acarus*) のダニの総称; *A. siro* など). 〘(1658) ← NL ～ ← Gk *ákari* mite ← *akarḗs* minute ← A-⁷ + *keirein* to cut〙

ACAS, Acas /éɪkæs/ *n.* 《英》助言和解調停局 (労資間の賃金・条件などの和解をはかる政府機関). 〘(頭字語) ← A(*dvisory*) C(*onciliation and*) A(*rbitration*) S(*ervice*)〙

a·cat·a·lec·tic /eɪkæ̀təléktɪk | -tə-⁻/ 〘詩学〙*adj.* 〈詩の行末が〉完全な (cf. catalectic). — *n.* 完全詩行, 行末完全詩脚. 〘(1589) □ LL *acatalēcticus* □ Gk *akatalēktós* incomplete: ⇨ a-⁷, catalectic〙

a·cat·a·lep·sy /eɪkǽtəlèpsi | -tə-/ *n.* 〘哲学〙(古代懐疑主義の)不可知論; 不可知性. 〘(1605) □ ML *acatalēpsia* □ Gk *akatalēpsía*: ⇨ a-⁷, catalepsy〙

a·cat·a·lep·tic /èɪkæ̀təléptɪk | -tə-⁻/ *adj.* 〘哲学〙不可知論の. 〘(1847) □ L *acatalēpticus* ← Gk *akatalēptós* incomprehensible: ⇨ -ic¹〙

a·cat·a·lex·is /èɪkæ̀təléksɪ̀s | -təléksɪs/ *n.* (*pl.* **-lex·es** /-si:z/) 〘詩学〙行末完全詩脚. 〘□ LL ～: ⇨ a-⁷, catalexis〙

a·cau·dal /eɪkɔ́:dḷ, -ká:- | -kɔ́:dḷ/ *adj.* 〘動物〙尾のない, 無尾の. 〘(1859) ← A-⁷ + CAUDAL〙

a·cau·date /eɪkɔ́:deɪt, -ká:- | -kɔ́:-/ *adj.* 〘動物〙= acaudal.

a·cau·les·cent /èɪkɔ:lésənt, -kɑ:-, -sṇt | -kɔ:-/ *adj.* 〘植物〙茎のない, 茎の見えない, 茎がごく短い (cf. caulescent). **a·cau·les·cence** /èɪkɔ:lésəns, -kɑ:-, -sṇs | -kɔ:-/ *n.* 〘(1854) ← A-⁷ + CAULESCENT〙

a·cau·line /eɪkɔ́:laɪn, -ká:- | -kɔ́:-/ *adj.* 〘植物〙= acaulescent. 〘1847〙

a·cau·lous /eɪkɔ́:ləs, -ká:- | -kɔ́:-/ *adj.* 〘植物〙= acaulescent. 〘1847〙

a·caus·al /eɪkɔ́:zəl, -ká:-, -zḷ | -kɔ́:-/ *adj.* 因果的でない, 非因果的な. 〘(1936) ← a-⁷ + CAUSAL〙

ACC (略) Air Coordinating Committee 航空政策委員会 (1962年までの米国政府内のもの); 《英》Army Catering Corps 軍配膳業団体; 《NZ》Accident Compensation Corporation 事故補償公社.

acc. (略) accelerate; acceleration; accent; accept; acceptance; accepted; accompanied; accompaniment; accordant; according (to); 〘簿記〙account; accountant; 〘文法〙accusative.

ac·ca /ǽkə/ *n.*, *adj.* (豪口語) =academic. 〘1977〙

ACCA (略) Association of Certified and Corporate Accountants; Associate of the Chartered Association of Certified Accountants.

Ac·cad *n.*, *adj.* =Akkad.

Ac·ca·de·mi·a /æ̀kədéɪmiə, à:k-; *It.* akkadé:mja/ *n.* アカデミア (13世紀から18世紀のベネチアの画家の作品を集めたベネチアの美術館; 正式には Gallerie dell'Accademia /gallerí:edellakkadé:mja/ という)).

Ac·ca·di·an /əkéɪdiən, æk- | -di-/ *adj., n.* ＝Akkadian.

ac·cede /æksí:d, ək- | æk-, ək-/ *vi.* **1** 〔申し出・要求・主張などに〕同意する, 応じる〔*to*〕(⇨ consent SYN): ～ *to* a proposal, demand, etc. **2 a** 〔王位・官職などに〕つく〔*to*〕: ～ *to* an office, estate, etc. / ～ *to* the throne 王位につく / ～ *to* power 権力[政権]を握る. **b** 即位する (↔ abdicate). **3** 〔党などに〕加入[加盟, 参加]する; 〔ある国に〕帰属する〔*to*〕: ～ *to* a party. **4** 〔国際条約・協定などを〕正式に承認する, (承認して)〔…に〕加盟する〔*to*〕. **5** 《古》接近する (approach)〔*to*〕. — *vt.* [p.p. 形で]〈官職などを〉〔人に〕授ける, 与える (award)〔*to*〕. **ac·céd·er** *n.* 〖(?*a*1425) □ L *accēdere* to come over (to) ← *ac-* 'AD-' + *cēdere* to go, yield (⇨ cede)〗

ac·ce·dence /æksí:dns, ək- | æk-, ək-/ *n.* **1** 同意, 応諾〔*to*〕. **2** 就任; 即位; 〔条約などへの〕加盟, 加入〔*to*〕. 〖(1597) □ F *accédence*: ⇨ ↑, -ence〗

accel. 《略》〖音楽〗accelerando.

ac·cel·er·a·ble /əksélərəbl, æk- | ək-, æk-/ *adj.* 加速[促進]できる. 〖← ACCELERATE + -ABLE〗

ac·ce·le·ran·do /əksèlərá:ndoʊ, ɑ:tʃèl- | æksèləræ̀ndəʊ, ətʃèl-; *It.* attʃelerándo/ 〖音楽〗*adj., adv.* 漸次急速の[に], アッチェレランドの[で] (gradually faster). — *n.* (*pl.* **～s, -di** /-di:; *It.* -di/) 漸次速奏音[楽節], アッチェレランド. 〖(1842) □ It. ～ (pres.p.) ← *accelōre* 'to ACCELERATE'〗

ac·cel·er·ant /əksélərənt, æk- | ək-, æk-/ *n.* **1** 加速[促進]するもの (特に燃焼促進物). **2** 〖化学〗反応促進剤 (accelerator), 触媒. **3** 《米》〖教育〗飛躍[特別]進級者. — *adj.* 速度を速める, 加速[促進]する. 〖(1916): ⇨ ↓, -ant〗

ac·cel·er·ate /əksélərèɪt, æk- | ək-, æk-/ *vt.* **1 a** (…の速力を)速める, 加速する (↔ decelerate): ～ a car, motor, etc. **b** 促進する (hasten) (↔ retard): ～ economic growth 経済成長を促進する / ～ (the pace of) economic recovery 経済回復(のテンポ)を促進する. **2** 〈事〉の時期を早める: ～ one's departure. **3** 〖物理〗加速する (運動速度を増加させる). **4** 《米》〖教育〗〈生徒を〉飛躍[特別]進級させる; (正規の時間を削減して)〈教科〉の進度を早める. — *vi.* **1** 加速する, 速力が加わる[増す], 速くなる: She ～*d* in the last lap. 最後の一周で速度を増した / The light changed and she [the car] ～*d* away. 信号が変わったので彼女[車]は加速して走り去った. **2** 促進する: Will economic growth ～ next year? 経済成長は来年促進するだろうか / *accelerating* growth [change] 促進する成長[変化]. **3** 《米》〖教育〗**a** 飛躍[特別]進級させる; 進度を早める. **b** 〈生徒が〉(卒業などに)必要な条件を早めに満たす. **ac·cél·er·àt·ing·ly** /-tɪŋ- | -tɪŋ-/ *adv.* **ac·cél·er·a·tò·ry** *adj.* 〖(1525–30) ← L *accelerātus* (p.p.) ← *accelerāre* to hasten ← *ac-* 'AD-' + *celerāre* to hasten (← *celer* swift: ⇨ celerity)〗

ac·cél·er·àt·ed /-tɪd | -tɪd/ *adj.* 速力の加わった, 加速された; 促進された. **～·ly** *adv.* 〖1803〗

accélerated depreciátion *n.* 〖会計〗加速償却 (固定資産の耐用期間の初期に, 通常の償却よりも多額の償却を行って, 物価水準の上昇に応じた取得原価の費用化を図る逓減的償却方法の一種). 〖1976〗

accélerated mótion *n.* 〖物理〗加速運動, 加速度運動: uniformly ～ 等加速運動. 〖1794〗

ac·cél·er·at·ing eléctrode /-tɪŋ- | -tɪŋ-/ *n.* 〖電気〗加速電極 (電子や荷電粒子を加速するための電界を加える電極). 〖1936〗

ac·cel·er·a·tion /əksèləréɪʃən, æk- | ək-, æk-/ *n.* **1 a** 加速 (↔ deceleration). **b** 促進: the ～ of social change 社会変化の促進. **2** 〖物理〗加速度; 加速: ⇨ negative acceleration, positive acceleration / uniform [variable] ～ 等[不等]加速度. **3** 〖天文〗加速. **4** 〖生物〗促進 (祖先の成体期の形質が子孫の幼生期に現れる現象; cf. abbreviation 4). **5** 〖経済〗加速度 (いったん需要の増加が起こると次々に新たな財への需要へと波及して景気が加速的に上昇すること). **6** 《米》〖教育〗飛躍進級, 特別進級; (時間削減による)進度促進.

acceleration of grávity 〖物理〗重力加速度, 重力加速 (約 980 cm 毎秒毎秒; acceleration due to gravity, acceleration of free fall ともいう). (*c*1889)

accelerátion of the (fixed) stárs 〖天文〗恒星加速 (太陽に対する恒星の一日の進み).

accelerátion of the móon 〖天文〗月の加速 (月の平均運動の速度の増加).

accelerátion of the plánets 〖天文〗惑星加速 (遠日点から近日点に向かう時の遊星の速度の増加).

accelerátion of the tídes 〖海洋〗潮汐(ちょうせき)加速 (潮汐による各地の改正時).

〖(1531) □ L *accelerātiō(n-)* ← *accelerāre* 'to ACCELERATE': ⇨ -ation〗

accelerátion clàuse *n.* 〖金融〗弁済期日繰上約款.

accelerátion coefficient *n.* 〖経済〗加速度係数 (実物資本と国民総生産との比率; coefficient of acceleration ともいう; cf. accelerator 8).

accelerátion eléctrode *n.* ＝accelerating electrode.

accelerátion làne *n.* (高速道路の)加速車線 (cf. deceleration lane).

accelerátion prìnciple *n.* 〖経済〗加速度原理. 〖*c*1941〗

accelerátion-stòp dìstance *n.* 〖航空〗加速停止距離 (離陸滑走中最も不利な位置で 1 基のエンジンが停止した時に離陸続行または停止に必要な滑走路の長さ).

accelerátion vòltage *n.* 〖電気〗加速電圧 (電子や荷電粒子を加速するためにかける電圧).

ac·cel·er·a·tive /əksélərèɪtɪv, æk-, -rət- | əksélərət-, æk-, -rèɪt-/ *adj.* 加速的な, 加速性の; 促進的な. 〖1751〗

ac·cel·er·a·tor /əksélərèɪtə, æk- | əksélərèɪtə(r), æk-/ *n.* **1** 加速する人[物]. **2** (自動車などの)加速装置, アクセル: an ～ pedal アクセル(ペダル) / step on [release] the ～ アクセルを踏む[放す]. 日英比較 日本語の「アクセル」はこの語の後半を省略した和製英語. **3** 《英》小型郵便車. **4** (写真の)現像促進剤. **5** 〖化学〗**a** (化学変化・ゴム硫化などの)促進剤. **b** (プラスチック製造過程における樹脂硬化の)促進剤[装置]. **c** (セメントなどの)急結剤. **6** 〖医学〗促進因子[物質]; 促進神経; 運動を促進する筋肉; 加速装置. **7** 〖物理〗(電子・陽子などの荷電粒子に大きい運動エネルギーを与える)加速装置, 加速器 (atom smasher, particle accelerator ともいう; cf. cyclotron, synchrotron): ⇨ linear accelerator. **8** 〖経済〗加速度因子 (cf. acceleration coefficient). **9** 〖建築〗(温水暖房の温水循環ポンプ. 〖1611〗

accélerator bòard [càrd] *n.* 〖電算〗増速ボード, アクセラレーターボード (マザーボード上の CPU や FPU に代わって動作する高速の CPU や FPU を搭載した拡張ボード).

accélerator glòbulin *n.* 〖生化学〗促進グロブリン (プロトロンビンからトロンビン形成個体を促進する血液凝固因子の一つ; proaccelerin, ac-globulin ともいう).

ac·cel·er·o·graph /əksélərəgræ̀f, æk- | əksélərəgrà:f, æk-, -græ̀f/ *n.* 加速度計 (地震運動などの加速度を記録する計器). 〖(1909) ← ACCELER(ATION) + -O- + -GRAPH: cf. F *accélérographe*〗

ac·cel·er·om·e·ter /əksèlərá(:)mətə, æk- | əksèlərɔ́mɪtə(r), æk-/ *n.* 加速度計, 振動加速度計. 〖(*c*1890) ← ACCELER(ATION) + -O- + -METER[1]: cf. F *accéléromètre*〗

ac·cent /ǽksent | -sənt, -snt/ *n.* **1 a** (言葉の)調子, 口調: a refined ～ 上品な口調. **b** (地方)なまり: a broad Scots ～ スコットランド(低地方)丸出しのなまり / without (an) ～ なまりなしで, なまりのない / speak English with a (strong [slight]) foreign ～. (ひどい[わずかな])外国なまりの英語を話す. **c** [通例 *pl.*] (職業的・階級的な)特徴のある言葉つき, 語調, 口調. **2** 〖音声・文法〗アクセント (語中のある音節または文中のある語を強勢 (stress), 音調 (pitch), 音の長さなどによって目立たせること; cf. word stress, sentence stress): ⇨ primary accent, secondary accent, stress accent, pitch accent / Where is the ～ [Where does the ～ fall] *in* "Canadian"?—It is [falls] *on* the second syllable. Canadian という語のアクセントはどこにあるか—第 2 音節にある. **3** 〖音声〗アクセント記号, アクセント符 (accent mark): ⇨ acute accent, grave accent, circumflex accent. **4** 強調, 重点 (emphasis)〔*on*〕: a foreign policy with an [a strong] ～ *on* cooperation 協調に重きを置く外交政策 / put the ～ *on* education 教育に重点を置く. **5** (絵画・デザインなどで色彩などによる)強調, アクセント; 目立たせるもの, 目立つ部分: give ～ to …を引き立たせる, …にアクセントを付ける. **6** 特色, 特徴. **7 a** 〖詩学〗(詩行中に規則的に起こる)強勢, 強音 (ictus); 強音符号, 揚音符号 (通例 ´ または ⏊). **b** 〖音楽〗強勢, リズムの規則的な強勢; 強勢符号. **8** [*pl.*] **a** 《古》言葉, 語気: in ～*s* of grief 悲しみの言葉で. **b** 詩, 詩句. **9** (詩・散文の)リズム. **10** (数学などの)アクセント符号. ★ 次の二通りの用法がある: (1) b' ＝*b* prime / b'' ＝*b* second [double prime] / b''' ＝*b* third [triple prime]. (2) $3'5''$ ＝3 feet 5 inches / $15'23''$ ＝15 minutes 23 seconds.

— /ǽksent, ək-, æksént | æksént, ək-, ǽksent/ *vt.* **1** ＝accentuate 1. **2** 〖音声〗〈音節・語〉にアクセントを置く: ～ a word *on* the first syllable 語の第一音節にアクセントを置く[第一音節を強める]. **3** 〈音節・語〉にアクセント記号[符]を付ける. **4** 《古》〈言葉・声などを〉発する, 言う.

〖n.: (*a*1393) □ (O)F ～ // L *accentum* accentuation, tone ← (*ac-* 'AD-' + *cantus* tone, melody) (なぞり) ← Gk *prosōidía* (原義) song added to (speech) (⇨ prosody). — v.: (1530) □ F *accenter*〗

ac·cent·ed /ǽksentɪd, ək-, æksént- | æksénṭɪd, ək-, ǽksent-/ *adj.* 〖音声〗アクセントを受けた, アクセントのある. 〖1837〗

áccent·less *adj.* アクセント[強調]のない. 〖1879〗

áccent màrk *n.* **1** アクセント記号, アクセント符 (accent). **2** 〖音楽〗強勢符号 (cf. accent 7 b). 〖*c*1889〗

ac·cen·tor /ǽksentə, ək-, æksentə | ækséntə(r), ək-, ǽksent-/ *n.* 〖鳥類〗イワヒバリ属 (*Prunella*) の鳥類の総称; (特に)ヨーロッパカヤクグリ (hedge sparrow). 〖(1825) ← NL ～ ← ML: ⇨ accent, -or[2]〗

áccent plànt *n.* アクセント植物 (形や色合いが周囲の植物とは対照的な植物, あるいは庭園様式の特徴を目立たせる役割を果たす植物).

ac·cen·tu·al /ækséntʃuəl, ək-, -tʃʊl | əkséntʃuəl, æk-, -tju-/ *adj.* **1** アクセントの, リズムの. **2** 〖詩学〗(英詩などのように)〈詩脚が〉音節のアクセントによる (cf. quantitative 2). **～·ly** *adv.* 〖(1610) ← L *accentus* accent + -AL[1]〗

accéntual vérse *n.* 〖詩学〗強勢[アクセント]詩 (母音の長短によらず音の強弱をリズムの基礎とする詩; cf. quantitative verse). 〖1970〗

ac·cen·tu·ate /əkséntʃuèɪt, æk- | əkséntʃu-, æk-, -tju-/ *vt.* **1 a** 目立たせる, 引き立てる, …の効果を強める, …にアクセントを付ける: The pearls ～*ed* her beauty. 真珠のネックレスは彼女の美しさを引き立たせた. **b** いっそう悪く[激しく]する: ～ antagonism [a gap] 反目[溝]を強める[深める]. **c** 強調する, 力説する (emphasize). **2** ＝accent 2, 3. 〖(1731) ← ML *accentuātus* (p.p.) ← *accentuāre*: ⇨ accent, -ate[3]〗

A

ac·cen·tu·a·tion /əksèntʃuéɪʃən, æk- | əksèntʃu-, æk-, -tju-/ *n.* **1** 目立たせること, 引き立てること; 強調, 力説. **2** 〖音声〗**a** アクセントの置き方. **b** アクセント記号[符]. 〖(1818) □ ML *accentuātiō(n-)* chanting: ⇨ ↑, -ation〗

ac·cén·tu·à·tor /-tə | -tə(r)/ *n.* **1** 強調者, 力説者; (特徴を)引き立たせるもの, 強調するもの. **2** 〖電子工学〗エンファシス回路. 〖1876〗

ac·cept /əksépt, æk-/ *vt.* (↔ reject) **1** 〈贈り物などを〉(承知して)受ける, 受け取る, 受け入れる (⇨ receive SYN); 〈謝辞・祝辞などを〉納める, 〈弁解を〉いれる: Please ～ our thanks for your remittance. ご送金下さりありがたくお礼申し上げます. **2** 〈招待・申し込み・任命・職などを〉引き受ける, 承諾[受諾]する, …に応じる (↔ decline, refuse): ～ an invitation [offer] 招待[申し出]に応じる / ～ a suitor 求婚者に承諾を与える / ～ battle 応戦する / ～ orders for new products 新製品の注文に応じる. **3** 〈事態などを〉我慢する, 甘受する (tolerate): ～ the situation 状況に順応する / ～ things as they are 現状に甘んじる / ～ the inevitable やむを得ない事とあきらめる. **4 a** 〈陳述・答弁・訂正などを〉認める: ～ an apology / ～ correction (相手の)指摘を認める / I will ～ it *as* true. それを本当としよう / I readily [fully] ～ the possibility that I may lose. ＝《英》I readily [fully] ～ that I may lose. ご指摘の通り私は負けるかもしれない / It's generally ～*ed* that they will lose. 彼らは負けるだろうと一般に思われている. **b** 〈宗教・主義などを〉信じる, 容認する: ～ Christianity / the moral code ～*ed* by each generation 各世代に容認される道徳律. **c** 〈委員会の答申などを〉受理[採択]する. **d** 〈人の入会(など)を正式に認める〈*into*〉; 〈人を〉受け入れる / She was ～*ed into* the club. 彼女はクラブへの入会を認められた. **e** 〖法律〗〈令状などを〉受理する; 〈契約の申し込みを〉承諾する: ～ service (of a writ) 令状の送達を受理する. **5** 《古》〈語句〉の意味を取る, 解する: How are these words to be ～*ed*? この言葉はどう解釈したらよいか. **6** 〖商業〗〈為替手形などを〉引き受ける, 満期時の支払いを約束する (↔ dishonor): ～ a bill of exchange. **7** 〈物が〉〈塗布物・挿入物などを〉うまい具合に(受け)入れる. **8** 〈雌の動物が〉〈雄〉に承諾のそぶりをする, 応じる. — *vi.* (招待・申し出などを)受け入れる. ***accépt of*** 《古》＝*vt.* 1–5. 〖(*c*1380) □ (O)F *accepter* // L *acceptāre* (freq.) ← *accipere* to take ← *ac-* 'AD-' + *capere* to take (⇨ captive)〗

ac·cept·a·bil·i·ty /əksèptəbíləṭi, æk- | -lɪti/ *n.* **1** 受容性; (快く)受け入れられること, 受諾できること, 応諾; 満足. **2** 〖言語〗容認可能性. 〖(1660) ← LL *acceptābilitātem* (↓): ⇨ -ibility〗

ac·cept·a·ble /əkséptəbl, æk-/ *adj.* **1** 受け(入れ)られる, 受諾[承諾]できる: perfectly [completely] ～, but not really outstanding 文句なく受け入れられるものだが, だからといってそれほどすばらしいというわけではない. **2 a** 許容[容認]できる: socially ～ acts 社会的に容認される行為 / behavior ～ to us 受け入れることのできる態度. **b** 耐えられる, 我慢できる. **3** 〈人・事物が〉意にかなう, 満足な, 結構な, 感じのよい: an ～ present / She is ～ (as a candidate) *for* the job. その仕事に(候補者として)ふさわしい. **4** どうにか合格の; なんとか見られる[聞かれる], まずまずの. **ac·cépt·a·bly** *adv.* **～·ness** *n.* 〖(?*c*1378) □ (O)F ～ // L *acceptābilis* ← *acceptāre* 'to ACCEPT': ⇨ -able〗

ac·cep·tance /əkséptəns, æk-, -tṇs/ *n.* **1** 受取り, 受納, 受容. **2** 受諾, 承諾: the ～ *of* an invitation. **3** 容認, 受理, 採択, 採用; (クラブなどへの)入会許可, 仲間入りを認められること; 黙許: the ～ *of* a statement [theory] 陳述[理論]の容認[採用] / find ～ 〈話が〉信じられる, 受け入れられる / find [gain, win, meet with] general ～ 一般に容認[賛成]される / seek ～ *into* a club クラブへの入会許可を求める. **4** 〖商業〗(為替手形の)引受; 引受け済み手形: absolute [clean] ～ 単純引受け / ～ for honor 参加引受け / qualified ～ 条件付き引受け / ⇨ bank acceptance, trade acceptance. **5** 《古》えこひいき: without ～ of persons えこひいきしないで, 公平に. **6** 《古》＝acceptation 1. **7** [*pl.*] 《豪》(競馬での)出走馬のリスト. 〖(1574) □ OF ～ ← *accepter* 'to ACCEPT': ⇨ -ance〗

accéptance bànk *n.* 〖経済〗手形引受け銀行. 〖1923〗

accéptance hòuse *n.* ＝accepting house. 〖1927〗

accéptance sàmpling *n.* 〖商業〗サンプリング検収 (商品の一部を見本的に検査して全部を受理するかしないかを決める手続き; cf. sampling inspection).

ac·cép·tan·cy /-tənsi, -tṇ-/ *n.* ＝acceptance. 〖1856〗

ac·cep·tant /əkséptənt, æk-, -tṇt | ək-, æk-/ *adj.* **1** 〔…を〕快く[進んで]受け入れる, 快諾する〔*of*〕. **2** ＝acceptive 1. 〖(1596) 1851〗□ F ～ (pres.p.) ← *accepter* 'to ACCEPT'〗

ac·cep·ta·tion /æ̀kseptéɪʃən/ *n.* **1** (語句の一般に理解されている)普通の意味, 語義: formal ～ 第一義, 意義 / material ～ 字義 / in the common ～ of a word ある語の普通の意味において. **2** 《古》＝acceptance 1, 2. 〖(*c*1395) □ (O)F ～ // LL *acceptātiō(n-)*: ⇨ accept, -ation〗

ac·cépt·ed *adj.* **1** 容認された, 一般に認められている, 異論のない: an ～ opinion / the ～ meaning of a word 語の一般に認められた意味. **2** 〖商業〗引受け済みの. ★ 手形引受け人が証書の表面に署名と共に通例 Accepted

A

と書く. **～·ly** *adv.* 〖1493〗

ac·cépt·er *n.* **1** 受諾者. **2** 〖商業〗=acceptor 1 b. 〖1585〗

accépting hòuse *n.* 《英》手形引受業者《貿易業務に伴う手形の引受けを中心的に行う金融機関; cf. merchant bank》. 〖1919〗

ac·cept·ive /əkséptɪv, æk-| ək-, æk-/ *adj.* **1** 受容的な; 〔…を〕受け入れる[入れやすい] (receptive) 〔*of*〕. **2** もっともと思われる, 適切な. 〖1596〗

ac·cép·tor *n.* **1 a** 受諾者. **b** 〖商業〗(為替・手形の)引受け人 (cf. drawer[1] 3). **2** 〖通信〗通波器《直列共振を行って電波を受け入れる回路; acceptor circuit ともいう; cf. rejector 2, wave trap》. **3** 〖化学〗受体, 受容体《分子中に給体 (donor) からの電子対を受け入れ得る電子構造をもつ分子 cf. donor 3》. **4** 〖電子工学〗アクセプター《p 型半導体で正孔を作るのに寄与する不純物; acceptor impurity ともいう》. **5** 出走馬. **refér to accéptor** 〖銀行〗引受け人に回付されたし《銀行で不渡り手形に R/A または RA と略記する》. 〖(*c*1384) □ L ～ ← *acceptus* (p.p.) ← *accipere* (⇨ accept) + -OR[2]〗

ac·cess /ǽkses, ˌksés | ǽkses/ *n.* **1 a** 近づくこと, 接近, 立入り, 出入り; 面接, 接触, 連絡; (資料などの)入手, 利用〔*to*〕: ～ *to* a place, person, inside information, etc. / easy [difficult] of ～ 近づきやすい[にくい]; 手に入れやすい[にくい] / within easy ～ of …から楽に行ける[交通の便のいい]ところに. **b** 接近[出入り, 面接, 入手]の機会[権利, 自由]〔*to*〕: have (unrestricted) ～ *to* a person 人に自由に会える / have ～ *to* a library 図書館に出入りができる / How can I gain [get] ～ *to* this library? この図書館を利用するにはどうすればよいですか / A pathway gave ～ *to* the cottage. 細道を通るとその田舎家へ行けた. **2 a** 近づく道, 通路, 入口〔*to*〕: There is ～ *to* the school *from* the highway. 公道から学校への通路がある. **b** 交通手段, アクセス〔*to*〕. **c** 接近[入手など]の方法〔*to*〕: the only ～ *to* marine resources 海洋資源獲得の唯一の手段. **d** 〖電算〗アクセス, 呼出し《記憶装置内の特定のアドレスを見つけて情報の読み書きを行うこと; 遠方のコンピューターやその上の情報を利用すること》: ～ to a system システムへのアクセス. **3** (病気の突然の)始まり, 発病; (病気・激情の)発作 (fit): an ～ *of* fever, passion, etc. / *in* an ～ *of* fury 発作的に怒り狂って / ～ and recess (病勢などの)進退 / a sudden unexpected ～ of compassion 突然で予期せぬ同情心の高まり. **4** [an ～] =accession 3 a: an ～ of wealth 富の増大. **5** 〖神学〗(キリストを通して)神に近づくこと. ★ 主に祈禱(きとう)文の表題に用いられる語: ～ by faith. **6** [A-] 〖商標〗アクセス《英国の Access 社発行のクレジットカード, 今は MasterCard》. — *vt.* **1** 入手[利用]する. **2** 〖電算〗〈記憶装置内の特定の場所・遠方のコンピューター・情報〉にアクセスする: ～ data on the host computer ホストコンピューターのデータにアクセスする. — *adj.* [限定的] 《テレビ》(放送の専門家ではなく)一般視聴者が制作する: ～ television / ⇨ public access. 〖(*c*1300) □ OF *aces* (F *accès*) < L *accessum* approach ← *accēdere* 'to ACCEDE'〗

ac·ces·sa·ry /æksés(ə)ri, ˌk- | əksés(ə)ri, æk-, ɪk-/ *n., adj.* =accessory. 〖(1414) □ ML *accessārius*: ⇨ ↑, -ary〗

áccess chàrge [fèe] *n.* 〖電話〗長距離接続料(金), アクセスチャージ《長距離通話料のほかに, 市内回線使用料として地方電話会社に支払う料金》; (コンピューターネットワークに入る)アクセス料金; (広く)ある権益を享受するために課される料金. 〖1976〗

áccess còurse *n.* 〖教育〗アクセスコース《高等教育を受けるのに通常必要とされる資格をもっていない人に高等教育の受講資格を与えるための教育課程》.

ac·ces·si·bil·i·ty /æksèsəbíləṭi, ˌk- | əksèsˌbílˌti, æk-, ɪk-/ *n.* **1** 近づきやすさ, 接近[出入り]できること; 入手可能なこと. **2** (文芸・芸術作品などの)理解のしやすさ. **3** 影響を受けやすいこと〔*to*〕. 〖1810〗

ac·ces·si·ble /æksésəbl, ˌk- | əksésˌ-, æk-, ɪk-/ *adj.* **1** 〈場所など〉〔…にとって〕近づきうる, 入りやすい; 〈人が〉近づきやすい; 〈物が〉〔…にとって〕手に入りやすい, 入手しやすい; 〔…に〕理解できる〔*to*〕: ～ information 得やすい情報 / mountains ～ *to* all だれでも容易に行ける山 / all the data ～ 手に入る限りの資料 / He is ～ *to* all visitors. 来訪者はだれでも彼に面接できる / Despite her eminence, she's very ～. 彼女は高貴な身分だが気さくな人柄だ. **2** 容易に受け入れる, 〔…に〕動かされうる (open)〔*to*〕: a mind ～ *to* reason 道理に動かされる人. **～·ness** *n.* **ac·cés·si·bly** *adv.* 〖(*a*1400) □ (O)F ～ // L *accessibilis* ← *accēdere* 'to ACCEDE': ⇨ -ible〗

ac·ces·sion /ækséʃən, æk- | ək-, æk-/ *n.* **1** 〔ある状態への〕接近, 到達 (coming)〔*to*〕: ～ *to* manhood 成年に達する[した]こと. **2** 〔権利・官位・財産などの〕取得, 相続, 継承〔*to*〕; 即位: ～ *to* membership, power, the throne, an estate, etc. **3 a** (添加による)増加, 増大; 取得物: the ～ *of* new pupils 新しい生徒の増加. **b** (図書館の)受入れ図書[資料]〔*to*〕: a list of (recent) ～*s to* a library 図書館の新着図書目録. **4** 〔党派・団体などへの〕加入, 加盟〔*to*〕: ～ *to* a party. **5** 〖法律〗財産価値の増加, 付合; 財産の増加価値に対する元所有者の権利. **6** 〔意見・要求などに対する〕同意 (assent)〔*to*〕. **7** 〖国際法〗(国家間の条約・協約などの)公式承認, (承認による)加盟: ～ to a treaty 条約の承認. **8** 〖労働〗新規従業員の雇い入れ; 旧従業員の再雇用. **9** =access 1 a. **10** 《古》(病気・感情の)発作, 激発〔*of*〕. — *vt.* 〖図書館〗〈図書資料を〉受け入れる. **～·al** /-ʃnəl, -ʃənl/ *adj.* 〖(1588) □ (O)F ～ // L *accessiō(n-)* a coming to, addition: ⇨ access, -ion〗

accéssion bòok *n.* 〖図書館〗図書原簿, 受入れ台帳. 〖1877〗

accéssion nùmber *n.* 〖図書館〗(図書資料の)受入れ番号. 〖1961〗

accéssions règister *n.* 《英》〖図書館〗=accession book.

ac·ces·so·ri·al /æ̀ksəsɔ́ːriəl⁻/ *adj.* =accessory 1, 2.

ac·ces·so·ri·us /æ̀ksəsɔ́ːriəs/ *n.* (*pl.* **-ri·i** /-riàɪ, -riìː/) 〖解剖〗**1** 副筋. **2** =accessory nerve. 〖← NL *accessōrius*: ⇨ accessory〗

ac·ces·so·rize /æksésəràɪz, ˌk- | ək-, æk-, ɪk-/ *vt.* 〈婦人服・自動車など〉にアクセサリーをつける. — *vi.* アクセサリーを(身に)つける. 〖1939〗

ac·ces·so·ry /æksés(ə)ri, ˌk- | ək-, æk-, ɪk-/ *n.* **1** 付属物, 付帯物. **2** [通例 *pl.*] **a** (自動車の)アクセサリー, 付属品《ラジオ・ヒーター・スポットライトなど》; (家具などの)小物, アクセサリー. **b** アクセサリー, 装身具《靴・手袋・ベルト・宝石など衣服とともに身に着けるもの》〔*to*〕. 日英比較 英語の *accessory* はハンドバッグ, ベルト, 帽子, 靴, 手袋をも含み, 日本語の「アクセサリー」より意味範囲が広い. **3** 〖法律〗共犯, 従犯 (cf. principal 5 b, accomplice 1): an ～ *to* a crime / an ～ before [after] the fact 事前[事後]共犯[従犯]. **4** 〖機械〗補機, 付属機器. **5** 〖解剖〗=accessory nerve. **6** 〖測量〗境界標の一部またはそれを定めるのに参照点となる地物《corner accessory ともいう》. **7** 〖地質〗従属[副成分]鉱物.
— *adj.* **1** 補助的な, 付属の, 副の, 付帯的な: an ～ claim 〖法律〗付帯要求 / an ～ contract 付帯契約. **2** 〖法律〗共犯[従犯]の〔*to*〕: be ～ *to* a crime 犯罪の共犯[従犯]である / be made ～ *to* murder 殺人の共犯[従犯]者とされる. **3** 〖地質〗〈鉱物が〉従属的な, 副成分的な: an ～ mineral 従属[副成分]鉱物.
ac·ces·so·ri·ly /ˌksés(ə)rəli, æk- | ək-, æk-, ɪk-/ *adv.* **ac·cés·so·ri·ness** *n.*
〖(1414) □ ML *accessōrius* ← L *accessus* (p.p.) ← *accēdere* 'to ACCEDE': ⇨ -ory[1, 2]: 語源的には ACCESSORY は adj., ACCESSARY は n.〗

accéssory búd *n.* 〖植物〗副芽. 〖1842〗

accéssory céll *n.* 〖植物〗(気孔の)副細胞; 〖動物〗補助細胞, 副室.

accéssory chròmosome *n.* 〖生物〗副染色体《性染色体—特に昆虫類の X 染色体をいう; cf. sex chromosome》. 〖1902〗

accéssory frùit *n.* 〖植物〗偽果, 仮果, 擬果《リンゴ・イチゴなどのように子房以外の部分が子房とともに肥大してできた果実; pseudocarp ともいう》. 〖1900〗

accéssory glànd *n.* 〖動物〗付属腺.

accéssory nèrve *n.* 〖解剖〗副神経《単に accessory ともいう》. 〖1842〗

accéssory shòe *n.* 〖写真〗アクセサリーシュー《カメラのフラッシュなど付属品を取り付けるための溝付台座; 単に shoe ともいう》. 〖1967〗

áccess ròad *n.* **1** (特定区域への)連絡道路. **2** (幹線道路などへの)進入路. 〖1943〗

áccess tìme *n.* **1** 〖電算〗アクセスタイム, 呼出し時間. **2** 《米》〖テレビ〗(ローカル局の)自主番組放送時間(帯). 〖1950〗

ac·cha /ətʃáː/ *adj.* =achcha.

ac·ciac·ca·tu·ra /ɑːtʃàːkətúᵊrə | ətʃækətúərə; *It.* attʃakkatúːra/ *n.* (*pl.* **～s, -tu·re** /-reɪ, -riː; *It.* -re/) 〖音楽〗短前打音《旧称「砕音」; 装飾音の一種; appoggiatura より短くアクセントがない》. 〖(*c*1819) □ It. ～ ← *acciaccare* to crush〗

ac·ci·dence /ǽksəḍəns, -dns, -dèns | -sˌdəns, -dns/ *n.* **1** 〖言語〗**a** 語形論 (cf. syntax)《伝統文法での語形変化・活用を論じた部門; 現在では morphology が普通》. **b** 語形変化, 形態. **2** 初歩, 入門, 手ほどき: an ～ of science 科学入門. 〖(*a*1393) □ OF *accidens* // L *accidentia* things that befall (a word) (neut. pl.) ← *accidēns* (↓)〗

ac·ci·dent /ǽksəḍənt, -dnt, -dènt | -sˌdənt, -dnt/ *n.* **1** 不幸な出来事, 事故, 珍事, 故障, 奇禍, 災難; (不注意などによる)事故: an ～ *to* a person [thing] / a serious ～ 大きな[重大]事故 / a fatal ～ 致命的な災難 / a railroad [traffic] ～ 列車[交通]事故 / a cerebral ～ 脳障害 / ⇨ inevitable accident / without ～ 無事に, つつがなく / be killed *in* an ～ 事故で死ぬ, 事故死する / have [encounter, meet with] an ～ 事故[奇禍]に遭う / *Accidents* will happen. 《諺》事故は起こるもの[免れがたい] / I didn't mean it. It was an ～. わざとしたのではない. 事故だ. **2 a** 偶然[不慮]の出来事, 偶発事件: a mere [pure] ～ 単なる偶然の出来事 / a happy [nasty] ～ 愉快[不快]な出来事 / an ～ of birth 生の偶然, たまたまある境遇に生まれついたこと / By some (strange) ～ (of fate), they met again after 20 years. 運命の(不思議な)めぐり合わせで彼らは 20 年後に再会した. 日英比較 英語の *accident* には日本語の「アクシデント」にはない「偶然のできごと」の意がある. **b** 偶然 (chance): *by* ～ 偶然(に), たまたま, ふと (↔ on purpose) / *by* ～ *of* birth 生まれ合わせで / Leave nothing to ～. 何事も偶然に任せるな / It happened more *by* ～ than by design. 作意というより偶然によって起きた. **c** 〖法律〗(作意・過失によらない)偶発事故. **3** 付帯的な事情[事実], 付随的な性質. **4** 《口語》(特に子供の大小便の)おもらし, そそう: have an ～ おもらしをする. **5** 〖哲学・論理〗偶有性 (adjunct ともいう). **6** 〖文法〗語の偶有性, (数・性などの)変化. **7** 〖地理〗(地表の)起伏, 高低 (cf. accidented).
áccident and emérgency 《英》救急医療科 (略 A & E).
— *adj.* [限定的] 事故の: a rise [fall] in ～ figures 事故数の増加[減少] / ～ prevention 事故防止 / an ～ investigation 事故調査.
〖(*c*1380) □ (O)F ～ // L *accidentem, accidēns* (pers.p.) ← *accidere* to fall, happen ← *ac-* 'AD-' + *cadere* to fall (⇨ cadence)〗

SYN 事故: **accident** 思いがけない事故で, 負傷や死を伴う不幸な出来事: He was killed in a car *accident*. 自動車事故で死んだ. **mishap** ちょっとした事故で特に失望や落胆を伴うもの: All the skaters finished the exhibition without *mishap*. スケーターは全員無難にエキシビションを終えた. **casualty** 事故による死傷者・犠牲者を意味する: *casualties* on our coast わが国の海岸での事故(犠牲者).

ac·ci·den·tal /æ̀ksədénṭl | -sˌdéntl⁻/ *adj.* **1 a** 偶然の; 偶発(的)の, 不慮の, 思いがけない (↔ intentional): an ～ meeting ばったり出会うこと, 偶然の出会い / an ～ death 不慮の死, 事故死. **b** 過失による, 故意でない: an ～ fire 失火 / an ～ war 偶発戦争. **2** 非本質的な (↔ essential); 属性の, 付属的な〔*to*〕: songs ～ *to* a play. **3** 〖音楽〗(調号の)臨時変化の: an ～ sharp [flat, natural] 臨時嬰[変, 本位]記号 / ～ notation [notes] (調号の)臨時変化法[臨時(被変化)音符]. **4** 〖哲学〗偶有的な (cf. substantial 8). **5** 〖絵画〗自然光以外の: ⇨ accidental lights. **6** 〖動物〗〈鳥が〉偶来性の《本来の生育地から偶然にかなり離れた地域に生育している》. — *n.* **1** 偶有的な事物[事態], 付随的部分. 〖哲学・論理〗偶有[非本質]的な性質. **2** 〖音楽〗臨時記号《楽曲の途中で, 一つの音の高さを一時的に変える記号; 嬰・変・本位記号など》. **3** [*pl.*] 〖絵画〗=accidental lights. **～·ness** *n.*
〖(1386) □ OF ～ (F *accidentel*) // LL *accidentālis*: ⇨ ↑, -al[1]〗

SYN 偶然の: **accidental** 格別の意図なく偶然に起こる《しばしば不幸な結果を暗示する》: an *accidental* death 不慮の死. **fortuitous** 格式ばった語, ほとんど原因がないと思われるほど偶然性が強い《しばしば幸運な結果を暗示する》: a *fortuitous* meeting 偶然の出会い. **casual** 計画なしに偶然に起こる[なされる]《無関心・不注意の含みがある》: a *casual* visitor 不意の訪問客 / a *casual* discovery ふとした発見. **ANT** planned, essential.

áccidental cólors *n. pl.* 〖物理〗偶生色, 補色残像《ある色を見つめてから急に他所を見るとき生じる幻影的余色》.

áccidental érror *n.* 〖統計〗偶然[偶発]誤差 (random error). 〖1925〗

àc·ci·dén·tal·ism /-ṭəlɪzm | -təl-/ *n.* **1** 偶然の結果. **2** 〖哲学〗偶然論, 偶発説. **3** 〖医学〗偶発説《病因・病理を無視して病状を偶発的な変調と考える説》. 〖1851〗

àc·ci·dén·tal·ist /-ṭəlˌst | -təlɪst/ *n.* 偶然論者; 偶発論者. 〖1879〗

áccidental lights *n. pl.* 〖絵画〗限定光線《昼光以外の光》. 〖1834〗

ac·ci·den·tal·ly /æ̀ksədénṭəli, -tli | -sˌdént-/ *adv.* **1 a** 偶然に(も), 偶発的に, たまたま, ふと (↔ designedly, intentionally, purposely, on purpose): Columbus discovered America ～. コロンブスは偶然にアメリカを発見した / ～ on purpose わざと偶然を装って, 偶然に見せかけて. **b** (不注意などにより)誤って, 過失によって: shoot a person ～ 人を誤って撃つ / The gun went off ～. 銃は暴発した / The cards got ～ mixed up [got mixed up ～]. カードは誤ってゴチャゴチャになった. **2** 《古》付帯的に. 〖*a*1398〗

áccident bòat *n.* 〖海事〗(必要の際すぐ使用できるように舷側につり下げた)緊急用艇, 非常用ボート. 〖1899〗

ác·ci·dènt·ed /-tˌd | -tˌd/ *adj.* 〖地理〗〈土地など〉起伏[高低]のある (uneven) (cf. accident 7). 〖1878〗

áccident insùrance *n.* 傷害[災害]保健 (casualty insurance). 〖1866〗

ac·ci·dent·ly /æksədéntli, ← ─ ─ | -sˌ-/ *adv.* = accidentally. 〖1533〗

áccident neuròsis *n.* 〖精神医学〗災害神経症. 〖1901〗

áccident-pròne *adj.* 〈人・車など〉(普通より)多くの事故に遭いがち[を起こしそうな]. **～·ness** *n.* 〖1926〗

ac·cid·i·a /æksídiə | -diə/ *n.* =acedia[1]. 〖1930〗

ac·ci·die /ǽksədi | -sˌdi/ *n.* =acedia[1]. 〖(?*a*1200) □ OF *accide* □ ML *accīdia* (変形) ← LL *acēdia*〗

ac·cip·i·ter /æksípəṭə, ˌk- | -pˌtə(r)/ *n.* **1** 〖鳥類〗ワシタカ科ハイタカ属 (*Accipiter*) の鳥類の総称《オオハイタカ (Cooper's hawk), アシボソハイタカ (sharp-shinned hawk), オオタカ (goshawk) などの猛禽(もうきん)類》. **2** 〖外科〗(鼻への)包帯. 《タカの爪に似た尾のあることから》. 〖(1879–99)〗
〖(*c*1828) ← NL ～ ← L 'seizer, hawk or bird of prey' ← *accipere* to take to oneself: ⇨ accept〗

ac·cip·i·tral /æksípətrəl | -pˌ-/ *adj.* =accipitrine. 〖(1841): ⇨ ↑, -al[1]〗

ac·cip·i·trine /æksípətràɪn, -trˌn | -tràɪn/ *adj.* **1** 〖鳥類〗ハイタカ属 (*Accipiter*) の. **2** タカのような; 貪欲な; 眼力の鋭い. — *n.* 〖鳥類〗=accipiter 1. 〖(1838) □ F ～: ⇨ accipiter, -ine[1]〗

ac·cite /əsáɪt/ *vt.* 《廃》**1** 呼ぶ, 召集する (summon). **2** 興奮させる (excite). 〖(1506) □ LL *accitāre*: ⇨ ac-, cite〗

ac·claim /əkléɪm/ *vt.* **1** 歓呼[喝采(かっさい)]して迎える, …に喝采する (applaud) (⇨ praise **SYN**); 〈大勢の人が〉激賞する: ～ the victor 勝利者を歓呼して迎える / a highly [widely, universally] ~*ed* novel 大いに[広く, 至るところで]激賞されている小説. **2** [目的語+(*as*) 補語を伴って] 喝采して…と認める (hail): The people ~*ed* him (*as*) king. 人民は歓呼して彼を王に迎えた. **3** 《カナダ》異議なく選出する. **4** 《古》大声で言う. — *vi.* 歓呼[喝采]する. — *n.* 喝采, 歓呼の声; 激賞: with ~. **~·er** *n.* 〖(1633) ← L *acclāmāre* ← *ac-* 'AD-' + *clāmāre* to cry out: cf. claim, clamor[1]〗

ac·cláimed *adj.* 称賛されている: a critically ~ novel 批評家が称賛している小説. 〖⇨ ↑, -ed〗

ac·cla·ma·tion /æ̀kləméɪʃən/ *n.* **1** 大喝采(かっさい); [通例 *pl.*] 歓呼の叫び: an ~ of the multitude / hail *with* ~(*s*) 歓呼して迎える. **2** (喝采や拍手で賛意を示す)発声投票, 発声投票による採決[満場一致]: carry a motion *by* ~ 発声投票で動議を通過させる. 〖(1541) □ *acclāmātiō(n-)*: ⇨ ↑, -ation〗

ac·clam·a·to·ry /əklǽmətɔ̀ːri, ɪk- | əklǽmətəri, -tri/ *adj.* 喝采の, 歓呼の; 激賞の. 〖1675〗

ac·cli·ma·ta·tion /əklàɪmətéɪʃən/ *n.* 《米》 =acclimatization. 〖(1859) □ F ~ ← *acclimater* (↓): ⇨ -ation〗

ac·cli·mate /ǽkləmèɪt, əkláɪmɪ̀t | ǽklɪ̀mèɪt, əkláɪmɪ̀t/ *v.* 《米》 =acclimatize. **ác·cli·màt·a·ble** /-ṭəbl | -tə-/ *adj.* 〖(1792) □ F *acclimater* ← *à* to + *climate* 'CLIMATE'〗

ac·cli·ma·tion /æ̀kləméɪʃən/ *n.* 《米》 =acclimatization 《特に, 実験室などの制御された条件下での》. 〖1826〗

acclimátion fèver *n.* 〖病理〗《主に熱帯地方で新移住者や家畜のかかる》順化[馴化(じゅんか)]熱.

ac·cli·ma·ti·za·tion /əklàɪmətɪ̀zéɪʃən | əklàɪmətaɪ-, -tɪ-/ *n.* **1** (新しい環境への)順応. **2** 〖生態〗風土順化, 気候順応, 気候順化 《新しい気候風土に次第に慣れること》. 〖(1830): ⇨ ↑, -ation〗

ac·cli·ma·tize /əkláɪmətàɪz/ *vt.* 〈人・動植物を〉〈新しい風土・環境に〉順応[順化]させる, 慣らす 〔*to*〕: ~ one-self *to* city life 都会生活に順応する[慣れる] / get ~*d to* the tropical climate 熱帯の気候に慣れる. — *vi.* 順応する 〔*to*〕. **ac·clí·ma·tìz·a·ble** /-zəbl/ *adj.* **ac·clí·ma·tìz·er** *n.* 〖(1836) ← F *acclimater* 'to ACCLIMATE' + -IZE〗

ac·cliv·i·tous /əklívəṭəs, æk- | -vɪ̀t-/ *adj.* 上り坂の. 〖1815〗

ac·cliv·i·ty /əklívəṭi, æk- | -vɪ̀ti/ *n.* 上り坂, 上り傾斜 (↔ declivity). 〖(1614) □ L *acclīvitātem* a rise, ascent ← *acclīvus* steep ← *ac-* 'AD-' + *clīvus* slope〗

ac·cli·vous /əkláɪvəs, æk-/ *adj.* =acclivitous. 〖(1731) ← L *acclīvus* (↑) + -OUS〗

ac·co·lade /ǽkəlèɪd, -lɑ̀ːd, ⌐—⌐/ *n.* **1 a** 褒賞, 称賛. **b** 栄誉(の印); 賞. **c** 授賞式, 表彰式. **2 a** ナイト爵位[勲爵位]の授与 (cf. knighthood 2); ナイト爵位授与式 《国王またはその代理者が受爵者にもとけ抱擁・接吻を与えたが今ではその肩を剣の背で軽く打つ; cf. dub[2] 1》. **b** (授与式の)剣での軽打: receive the ~ ナイト爵に叙せられる. **c** (儀礼的な)抱擁. **3** 〖音楽〗 **a** =brace 10. **b** (各音部または声部の)連結かっこ. **4** 〖建築〗アコレード 《オジーアーチ (ogee arch) を用いた扉や窓の開口部上の飾り》. 〖(1623) □ F ~ □ It. *accollata* (fem. p.p.) ← L *accollare* to embrace round the neck ← *ac-* 'AD-' + *collum* neck ∽ (15C) *acole* □ OF *acolee* ← A-[4] + *col* neck: ⇨ collar〗

ac·com·mo·date /əkɑ́(ː)mədèɪt | əkɔ́m-/ *vt.* **1 a** 〈施設・乗物・容器などが〉〈人・物を〉収容する, 入れる, 乗せる, 泊める, …の収容力がある (hold): These buses can ~ forty passengers.=We can ~ forty passengers in our buses. これらのバスは 40 名の乗客を収容できる. **b** 〈人が〉〈客などに〉宿を貸す, 泊める: We were ~*d in* [*at*] the Grand Hotel. 私たちはグランドホテルに宿泊した. **2 a** [しばしば ~ one*self* で] 適応[順応]させる, 調節する, 調和させる 〔*to*〕: ~ a theory *to* new facts 理論を新しい事実に合わせ(て修正す)る / He managed to ~ *himself* well *to* the new surroundings. 新しい環境にうまく順応してゆけた. **b** 〖言語〗〈借入語などを〉〈本来語などに〉(形態上で)順応させる 〔*to*〕. **3** 〈紛争などを〉和解させる, 調停する (reconcile): ~ differences of opinion. **4 a** 〈人〉に〈必要な物を〉供給する, あてがう (supply) 〔*with*〕; …に(特に, 無担保で)金を貸す[用立てる] / I can ~ you *with* a small loan until payday. 少しの金なら給料日まで用立ててあげられる. **b** …に便宜を図る, サービスをよくする, …の願いを入れる (oblige); …に配慮する: ~ a person's wishes 人の希望を考慮する.
— *vi.* **1 a** 順応する (adapt oneself) 〔*to*〕. **b** 〖生理〗〈視力が〉(遠近に)順応する; 調節する. **2** (人の)願いを入れる, 意にそう; 和解する. **3** (金を)融通する, 用立てる.
〖(1531) ← L *accommodātus* (p.p.) ← *accommodāre* to adapt ← *ac-* 'AD-' + *commodāre* to fit, adapt (← *commodus* filling: cf. commode)〗

ac·cóm·mo·dàt·ing /-ṭɪŋ | -tɪŋ/ *adj.* **1** 親切な, 気のよい (obliging). **2** (悪い意味で)融通のきく, 言いなりになる, 与(くみ)しやすい. **~·ly** *adv.* 〖1775〗

ac·com·mo·da·tion /əkɑ̀(ː)mədéɪʃən | əkɔ̀m-/ *n.* **1 a** [《英》では単数, 《米》では通例 *pl.*] (旅館・客船などの)宿泊(施設); (客)室; (列車・旅客機などの)(座)席: sleeping [seating, standing] ~(*s*) 宿泊[座席の, 備えつけの]施設 / telephone a hotel for ~(*s*) ホテルに電話で宿泊を申し込む / *Accommodation* is [*Accommodations* are] limited. 施設に限りがあります / The hospital has ~*s for* a hundred patients. その病院は 100 人の患者を収容する能力がある. **b** (公衆のための)便宜 《交通機関など》; (公共)施設, 設備. **2** 適応, 順応, 調節, 調和 〔*to*〕. **3** 〔紛争などの〕調停, 調節, 和解 (reconcilement) 〔*of*〕: the ~ *of* differences, opinions, etc. / reach [come to] an ~ 折合いがつく, 和解する. **4** (人に)好都合な事, 便宜(を図ること), 親切, 好意; もてなし: for your ~ ご便宜のために / through the friendly ~ of …の(ご)好意により / It will be an ~ *to* me if you will meet me tomorrow. 明日会っていただければ好都合ですが. **5** 用立て, 融通, 融資, 貸金 (loan). **6** 〖生理〗順応; (目の水晶体の遠近)調節. **7** 〖社会学〗応化 《妥協や調停などによって個人や集団間の緊張関係を除去して適切で友好的な関係を作り出してゆく過程; cf. assimilation》. **8** 〖商業〗 **a** 融通手形 (accommodation bill) の振出し[裏書き]. **b** =accommodation bill. **9** =accommodation train.

~·al /-ʃnəl, -ʃənl⌐/ *adj.* 〖(1604) □ F ~ ∥ L *accommodātiō(n-)* ← *accommodāre* 'to ACCOMMODATE': ⇨ -ation〗

accommodátion addrèss *n.* 臨時宛先(あてさき) 《住所を知られたくない人や住所不定の人が郵便物を受け取るために使う》. 〖1894〗

accommodátion àgency *n.* 貸施設幹旋代理店; 不動産業者.

accommodátion bìll *n.* 〖商業〗融通手形, なれあい手形. 〖1824〗

accommodátion brìdge *n.* 〖土木〗特設道路 (accommodation road) にかかる橋. 〖1954〗

accommodátion coefficient *n.* 〖物理〗適応係数.

accommodátion hòuse *n.* [しばしば軽蔑的に] 旅人用宿, ビジネスホテル. 〖1857〗

ac·com·mo·da·tion·ist /əkɑ̀(ː)mədéɪʃ(ə)nɪ̀st | əkɔ̀mədéɪʃ(ə)nɪst⌐/ *n.* 多数派に妥協する人; 白人社会に妥協的な黒人. — *adj.* 多数派に妥協的な; 〈黒人が〉白人社会に妥協的な. 〖(1970): ⇨ -ist〗

accommodátion làdder *n.* 〖海事〗舷梯(げんてい), タラップ. 〖1769〗

accommodátion lìne *n.* 〖保険〗営業政策上あえて引き受ける契約.

accommodátion pàper [**nòte**] *n.* 〖商業〗 = accommodation bill. 〖1829〗

accommodátion plàtform [**rìg**] *n.* 宿泊プラットホーム 《特に石油産業で, 宿泊設備のある海洋掘削用プラットホーム》.

accommodátion ròad *n.* 〖土木〗特設道路 《公道につながらず私有物あるいは私有地に通じる道路》. 〖1881〗

accommodátion tràin *n.* 《米》(各駅停車の)普通列車, 鈍行列車 (local train). 〖1838〗

accommodátion ùnit *n.* 《英》〖官庁用語〗住宅, 住居. 〖1951〗

ac·com·mo·da·tive /əkɑ́(ː)mədèɪṭɪv | əkɔ́mədèɪt-/ *adj.* 適応する, 調節的な, 調和的な. **~·ness** *n.* 〖1841〗

ac·cóm·mo·dà·tor /-ṭə | -tə[r]/ *n.* **1 a** 適応者, 順応者; 調節者; 融通者; 提供者; 調停者. **b** 〖機械〗調節器. **2** 《米》臨時雇い[パートタイム]の手伝い. 〖(1630) □ L *accommodātor*: ⇨ accommodate, -or[2]〗

ac·com·pa·ni·ment /əkʌ́mp(ə)nimənt, -kɑ́(ː)m-, -nɪ- | əkʌ́m-/ *n.* **1** 自然に相伴う物, 付随物, 付きもの: Disease is a frequent ~ of famine. 病気はしばしば飢饉(ききん)に伴って発生する. **2** 〖音楽〗伴奏; 伴奏部: a piano ~ *to* a solo 独唱に対するピアノの伴奏 / sing *to* the ~ of an orchestra オーケストラの伴奏に合わせて歌う / quarrel *to* the ~ of rain 雨音の聞こえる中で言い争う. 〖(1744) □ F *accompagnement*: ⇨ accompany, -ment〗

ac·cóm·pa·nist /-nɪ̀st | -nɪst/ *n.* 伴奏者; 同伴者[物]. 〖*c*1828〗

ac·com·pa·ny /əkʌ́mp(ə)ni, -kɑ́(ː)m- | əkʌ́m-/ *vt.* **1** 〈人〉に同伴する, 随行する; 送って行く: ~ a person abroad 人と海外に同行する / ~ one's sisters *on* a trip 姉妹と旅行に行く / ~ a person *to* the door 戸口まで人を送り出す / We were *accompanied* by a few friends. 少数の友人がついてきてくれた. **2 a** …に〈…を〉伴わせる, 添える 〔*with, by*〕: Thank you for your letter and the prospectus ~*ing* it. お手紙と添付の趣意書, ありがとうございました / ~ one's speech *with* gestures ジェスチャーをまじえながらスピーチをする / He *accompanied* his angry words *with* a blow.=His angry words were *accompanied by* a blow. 怒りの言葉と同時に一撃を加えた. **b** 〈事物が〉…に(同時に)伴う, 随伴する, …と同時に起こる: Thunder *accompanies* lightning. / Rising prices may be *accompanied* by high unemployment. 物価の上昇は高い失業率を伴うかもしれない. ★ 受身では前置詞としては by が普通で with はまれ: an operation *accompanied by* some pain [discomfort] 多少痛み[不快感]の伴う手術 / Poverty *is* usually *accompanied by* illness. 貧困には普通病気が付きもの. **3** …の伴奏をする: ~ a singer / ~ the violin *on* the piano ピアノでバイオリンの伴奏をする / She sang, ~*ing* herself *on* the guitar. ギターを弾きながら歌った / *Accompanied* by Miss X. 伴奏は X 嬢. — *vi.* 伴奏する. **ac·cóm·pa·ni·er** *n.* 〖(?*a*1425) □ (O)F *accompagner* ← *à* 'A-[4]' + *compagne* 'COMPANION' (cf. company)〗

SYN 同伴する: **accompany** 同伴者または援助者として一緒に歩いたり旅行をしたりする; 口語的には **go with**: He *accompanied* me to the police station. 警察署まで同伴してくれた. **attend** 通例目上の者に奉仕するために随行する《格式ばった語》: The princess was *attended* by her lady-in-waiting. 王女は侍女に付き添われていた. **escort** 特に男性が女性に付き添って目的地まで送り届ける: He *escorted* the girl to her house after the party. パーティーのあとその娘を家まで送り届けた.
ANT forsake, desert.

ac·cóm·pa·ny·ing *adj.* 伴う, いっしょの, 同封の, 添付の: the ~ prospectus 同封[添付]の趣意書. 〖1850〗

ac·cóm·pa·ny·ist /-nɪ̀ɪst | -ɪst/ *n.* =accompanist. 〖1833〗

ac·com·plice /əkɑ́(ː)mplɪ̀s, -kʌ́m- | əkʌ́mplɪs, əkɔ́m-/ *n.* **1** 〖法律〗共犯者 (cf. principal 5 b, accessory 3): an ~ of a criminal / an ~ *in* a crime. **2** 同類, 仲間, 提携者. 〖(1485) 《変形》← *a complice* (⇨ complice) ∥ 《↓との類推による変形》← COMPLICE〗

ac·com·plish /əkɑ́(ː)mplɪʃ, əkʌ́m- | əkʌ́m-, əkɔ́m-/ *vt.* **1** 〈仕事・計画などを〉成し遂げる, 完成[成就]する (⇨ reach **SYN**): ~ one's object [mission] 目的[使命]を果たす. **2** 〈旅程などを〉完了する, 終える; 〈距離を〉走りきる; 〈高い年齢などに〉達する (attain): ~ only half the distance. **3** [今は通例 p.p. 形で] 〈人〉に学芸・技芸などを仕込む (cf. accomplished 2). **4** 〈人に武具一式などを〉与える, 装備する. **~·a·ble** *adj.* **~·er** *n.* 〖(*c*1380) *accomplisshe(n)* ← OF *accompliss*ant (pres.p.) ← *acomplir* (F *accomplir*) < LL *accomplēre* ← *ac-* 'AD-' + *complēre* 'to COMPLETE': ⇨ -ish[2]〗

ac·com·plished /əkɑ́(ː)mplɪʃt, əkʌ́m- | əkʌ́m-, əkɔ́m-/ *adj.* **1** 成就した, 完成した: an ~ task / an ~ fact 既成事実 (fait accompli). **2 a** (特に, 女性の素人について)〔…に〕熟達した, 堪能な 〔*in*〕: an ~ painter [pianist] 絵の大家[ピアノの名手] / be ~ *in* music 音楽に堪能である. **b** 才芸豊かな, (社交上の)たしなみのある, 教養のある: an ~ young lady 教養[たしなみ]のある若い女性. 〖1475〗

ac·com·plish·ment /əkɑ́(ː)mplɪʃmənt, əkʌ́m- | əkʌ́m-, əkɔ́m-/ *n.* **1** 業績; (りっぱな)成果, 腕前 (⇨ exploit **SYN**): It is quite an ~ to produce a dictionary. 一冊の辞書を作りあげることは大した仕事だ / Their ~ *in* doing it was considerable. それをしてのけた彼らの腕前は相当のものだった. **2 a** 技芸. **b** [しばしば *pl.*] (身に付けた, 特に社交上の)教養, 身だしなみ, 素養, 才芸: mental and personal ~*s* / a girl of many ~*s*. **3** 成就, 達成, 実践, 遂行: the ~ of one's purpose 目的の貫徹 / a sense of ~ 成就感 / difficult [easy] of ~ 実行困難な[容易な]. **4** [軽蔑的に] なまかじりの芸, 素人[殿様]芸. 〖(1425) □ F *accomplissement*: ⇨ accomplish, -ment〗

accómplishment quòtient *n.* 〖心理・教育〗成就指数 《教育年齢 (achievement age) を精神年齢 (mental age) で割った数を 100 倍したもの; 略 AQ》. 〖1924〗

ac·compt /əkáʊnt/ *n., v.* 《古》 =account. **~·ing** /-ṭɪŋ | -tɪŋ/ *n.* 〖(*a*1393): ⇨ account〗

ac·compt·ant /əkáʊnṭənt, -tnt | əkáʊntənt/ *n.* 《古》 =accountant. 〖1453〗

ac·cord /əkɔ́əd, æk- | əkɔ́ːd/ *vi.* **1** [通例否定・疑問構文で] 〈意見・行動・事実などが〉〔…と〕一致する, 調和する 〔*with*〕 (⇨ agree **SYN**): The theory and the practice do not ~ (well). 理論と実際が(十分に)合わない / It does not ~ *with* reason. 理屈に合わない. **2** 《古》合意する, 折り合う 〔*with*〕. — *vt.* **1** 〈人〉に〈栄誉などを〉与える, 授ける, 〈要求などを〉許す (⇨ grant **SYN**): ~ him praise = ~ praise *to* him 彼に賛辞を呈する / ~ a most hearty welcome *to* …を心から歓迎する / She ~*ed* me the honor of accompanying me to the ball. 光栄にも彼女は私を舞踏会に連れていってくれた. **2** 一致[適合]させる **3** 《古》〈争い・相違点などを〉調和させる, 調停する.
— *n.* **1** (国際)協定 (agreement), 条約 (treaty); 講和 (peace treaty) 〔*with, between*〕: an ~ with Italy イタリアとの協定 / sign the Geneva *Accord* ジュネーブ協定に調印する. **2 a** (意見などの)一致: in ~ *with* one's principles 自分の主義に合って / be of one ~ (皆が)一致している / come to [reach] an ~ (意見などが)一致する. **b** (色・音などの)一致, 調和 (harmony) 〔*with*〕: be in [out of] ~ *with* …と一致する[しない], と調和している[いない]. **3** 意志; 同意, 承諾. ★ 今は次の句にだけ用いる: ⇨ *of its own* ACCORD, *of one's own* ACCORD. **4** 〖音楽〗和音, 協和音 (consonance, concord) (↔ discord).
of its ówn accórd 自然に, ひとりでに. ***of one's ówn accórd*** 自分から進んで, 自発的に. 《1555》 ***with óne accórd*** 一致して, こぞって, 一斉に.
~·a·ble *adj.* **~·er** *n.*
〖[v.: (*a*1121) □ OF *acorder* (F *accorder*) < LL *accordāre* ← *ac-* 'AD-' + L *cor* heart. — n.: (*c*1300) □ OF *acord* agreement (F *accord*) ← *acorder*: 現在の -cc- はラテン語の影響〗

ac·cor·dance /əkɔ́ədəns, -dns, -dənts, -dnts | əkɔ́ːdəns, -dns, -dənts, -dnts/ *n.* **1** 一致, 合致; 調和; 協調. **2** (権利などの)授与.
in accórdance with …と合致して, …に従って, …の通りに (↔ in opposition to): in ~ *with* your instructions ご指示に従い[より] / act *in* ~ *with* the dictates of one's conscience 良心の命に従って行動する. 《1806–31》
〖(*c*1303) □ OF *acordance* ← *acorder* (↑): ⇨ -ance〗

ac·cor·dant /əkɔ́ədənt, -dnt | əkɔ́ː-/ *adj.* 〔…と〕一致[調和]している, 合っている 〔*with, to*〕: be ~ *to* [*with*] reason 道理にかなっている / be ~ *with* one's principles 自分の主義に合っている. **~·ly** *adv.* 〖(*c*1280) □ (O)F *acordant* (pres.p.) ← *acorder*: ⇨ accord〗

ac·cor·da·tu·ra /əkɔ̀ədəṭʊ́ᵊrə | əkɔ̀ːdətʊ́ərə; *It.* akkordatúːra/ *n.* 〖音楽〗アッコルダトゥーラ 《弦楽器の一般

A

的な調弦法). 〖(1876) ◻ It. ～《原義》a tuning ← *accordato* (p.p.): ⇨ accord, -ure〗
ac·cord·ing /əkɔ́ədɪŋ | əkɔ́:d-/ *adv.* ★ 今は次の成句にのみ用いる.
according as (1) …かどうか[どう…するか]に応じて; …に準じて, …次第で: You are rewarded ～ *as* you have merits or demerits. 功罪に応じて報いがくる / We see things differently ～ *as* we are rich or poor. 金持ちか貧乏かでものの見方が違う. (2) 《古》…という条件で, もし…ならば (if): *According as* he is free, he will help you. 彼に暇があれば君に力を貸してくれるだろう. 〖(1509)〗
according to (1) …に従って, …に応じて: ～ *to* the provisions of the law 法律の規定に従って, 法文に照らして / live ～ *to* one's income 収入に応じて生活をする / ⇨ *according to* Cocker, *according to* Hoyle, *according to* plan. (2) …の見解によれば: ～ *to* the historian [The Times] その歴史家[タイムズ紙]によれば / ～ *to* his account 彼の話によれば. ★ to の後ろには情報源となる人物やデータがくる. opinion や view などは不可. (3) …次第で, …を条件として. 〖(*a*1450)〗
— *adj.* **1** 《口語》事と次第による: It's all ～. それは全く事と次第によりけりだ. **2** 《古》〈音など〉一致[調和]する. 〖(*c*1300): ⇨ accord, -ing²〗
ac·cord·ing·ly /əkɔ́ədɪŋli | əkɔ́:d-/ *adv.* **1** よって, それゆえに, それで (therefore, so): (And) I ～ [*Accordingly*, I] sent for the manager. それだから私は支配人を呼びにやった. **2** それに応じて, (事情によって)適宜に: He began to understand and his face changed ～. 事情がわかってくるにつれて顔の色が変わった.
accordingly as ＝according *as*.
〖(*a*1349) (1598–99): ⇨ -ly¹〗
ac·cor·di·on /əkɔ́ədiən | əkɔ́:d-/ *n.* アコーディオン (cf. piano accordion). — *adj.* [限定的] アコーディオンのようにひだのある[開閉自在]の: an ～ skirt アコーディオンスカート. **ac·cór·di·on·ist** /-nɪst | -nɪst/ *n.* 〖(1831) ← accord (n.)＋-ion: clarion をまねた造語〗
accórdion dòor [wàll] *n.* 《建築》折りたたみ戸, アコーディオンドア[カーテン]《伸縮自在の間仕切り》. 〖1959〗
accórdion plèat *n.* [通例 *pl.*] 《服飾》アコーディオンプリーツ《幅が 5–15 mm ぐらいの細くてまっすぐなひだ》.
accórdion-plèated /-plíːtɪd | -plíːtɪd/ *adj.* 〖1888〗
ac·cost /əkɔ́(ː)st, æk-, -kɑ́(ː)st | əkɔ́st/ *vt.* **1** 〈人〉に(大胆に)近づいて言葉を掛ける; 〈人〉に(こちらから)挨拶する. **2** 〈知らない人〉に呼び掛ける; 〈売春婦が〉〈客を〉呼ぶ, 引く (solicit). — *n.* 《古》呼び掛け, 挨拶 (greeting).
～·a·ble /-təbl/ *adj.* 〖(1578) ◻ F *accoster* < LL *accostāre* to come up to a person's side ← *ac-* 'ad-'＋*costāre* (← *costa* rib: ⇨ costa)〗
ac·cóst·ed *adj.* 《紋章》**1** 〈動物が〉並んだ, 並んで描かれた. **2** 〈動物が〉反対向きに歩いた. **3** 〈動物が〉並んだ間に. 〖(1610) ← accost 《廃》to lie side by side＋-ed〗
ac·couche·ment /əkúːʃmɑːnt, ækuːʃmɑ́ː(ŋ), -mɑ́ːŋ | əkúːʃmɑ̃ː(ŋ), -mɑːŋ; *F.* akuʃmɑ̃/ *F.* *n.* (*pl.* ～**s** /-mɑːnts, -mɑ́ː(ŋ)z, -mɑ́ːŋz | ～z; *F.* ～/) 出産 (childbirth), 分娩(ぶんべん), 産褥(さんじょく). 〖(1803) ◻ F ～ ← *accoucher* to deliver a child ← *à* 'a-²'＋*coucher* 'to couch¹'〗
ac·cou·cheur /ækuːʃɜ́ː | ækuːʃɜ́ː(r), əkúːʃɜː(r); *F.* akuʃœːʁ/ *F.* *n.* (*pl.* ～**s** /～z; *F.* ～/) 産科医. 〖(1759) ◻ F ～ ← *accoucher* (↑)〗
ac·cou·cheuse /ækuːʃɜ́ːz | ækuːʃɜ́ːz, əkúːʃɜːz; *F.* akuʃøːz/ *F.* *n.* (*pl.* ～**s** /～ɪz; *F.* ～/) 助産婦, 産婆 (midwife). 〖(1867) ◻ F ～ (fem.) ← *accoucheur* (↑)〗
ac·count /əkáunt/ *n.* **1** (金銭取引上の)計算, 勘定, 会計 (reckoning); (銀行)勘定, 口座, 預金(高) (bank account), (複式簿記上の)勘定 (略 A/C, a/c): be quick at ～*s* 計算が早い / cast ～*s* 計算をする / open [close (out)] an ～ 取引を始める[やめる], 口座を設ける[閉じる] / keep [have] an ～ *with* …と取引を続ける / keep [do] (the) ～*s* 簿記をつける, 記帳する / keep household [family] ～*s* 家計簿をつける. **2** 《会計》**a** 勘定; 勘定口座; (一定期間の)会計計算, 決算; 決算報告(書); 勘定書 (bill): pay [settle] an ～ 勘定を払う (cf. *settle* [*square*] accounts *with* a person) / send (in) an ～ (未払金の)清算書を送る, 請求書を送る / ⇨ money of account, *render an* account. **b** 掛け売り勘定, 掛け, クレジット (cf. charge account 1): charge a sum [a purchase] to a person's ～ ある金額[買い物]を人の勘定につける / Put it (down) on my ～. それは私の(勘定)につけておいてください. **c** [*pl.*] (会社の)経理部門. **d** 《電算》アカウント《システムの利用資格; 課金対象となることから》: a user ～ on the server そのサーバーのユーザーアカウント. **3** 《商業》**a** 愛顧 (custom): secure a customer's ～ お得意をとる. **b** 顧客, 得意先 (customer). **c** (広告代理業にとっての)広告主. **4** (出来事などの詳しい)記述, 説明, 報告, 記事; 物語, 話; [通例 *pl.*] (人の)話, うわさ: an ～ of everything as it happened すべて事の起こったままの記事, 一部始終 / by his own ～ 彼の話だと / ⇨ on one's own account / give an ～ of …を説明する, …の話をする, …を明らかにする / *Accounts* differ. 人により話が違う / That's quite a different ～. それだと話はまるで違う / give a good [bad] ～ of …をほめる[けなす] (cf. *give a good* account *of*). **5** **a** (責任などの処置に関する)報告書 (report), 始末書; 申し開き, 答弁, 弁明. **b** 《古》(死後における神の)審判; 最後の審判 (last account): ⇨ *go to one's (long)* account. **6** 評価; 考慮; 価値, 重要さ: a person [thing] *of no* ～ 取るに足らない人[もの] / ⇨ no-account / be *of* some [little, small] ～ 少し重要である[あまり重要でない]. **7** 理由, 根拠, 原因, 動機 (score): *on* this [that] ～ この[その]ゆえに, この[その]ために / You need have no worries *on* that ～. そのために悩むことはない. **8** 利益, ため (advantage). **9** (音楽作品などの)上演, 演奏 (performance). **10** [通例 the ～] (London 証券取引所で) 2 週間決済取引の受渡し[決済] 《1996 年廃止》.
account of ＝on account (4). ***ásk an accóunt*** (1) 決算(書)[勘定]を請求する. (2) 説明[答弁]を求める. ***bring a person to accóunt*** ＝*call a person to* account. ***by áll accóunts*** だれに[どこで]聞いても; 皆の話[意見]から(推して). ***cáll a person to accóunt*** 〈人〉に説明[釈明]を求める, 〈人〉の責任を問う, 〈人〉を責める: He was *called to* ～ *over* [*for*] the error. その過失に対して彼は弁明を求められた. ***cást úp one's accóunts*** 勘定を締める. ***demánd an accóunt*** ＝*ask an* account. ***from áll accóunts*** ＝*by all* accounts. ***give a góod accóunt of*** (1) …をりっぱにやってのける (cf. 4). (2) 〈相手・敵〉を負かす[殺す]. (3) 〈獲物〉を仕留める. 〖(1617)〗 ***give a góod [póor] accóunt of onesélf*** りっぱ[みっともない]ところを見せる, りっぱ[ぶざま]なふるまい[働き]をする. ***gó to one's (lóng) accóunt*** 《古》あの世へ行く, 死ぬ. ***hánd in one's accóunt(s)*** 《米口語》死ぬ. ***hóld to accóunt*** 〔…について〕…に責任があるとする 〔*for*〕: He *held* society *to* ～ *for* moral corruption. 道義の退廃は社会が悪いからだとした / You will be *held to* ～ *for* your actions. 君は自分の行為に対して責任を問われるだろう. ***in accóunt with*** 《商業》…と取引勘定がある. ***láy one's accóunt with [for, on]*** 《古》…を期待する, 待ち設ける. ***léave óut of accóunt*** ＝*take no* account *of*. ***on accóunt*** (1) 《商業》内金として: pay 10 dollars *on* ～. (2) 《商業》掛けで (on credit); 分割払いで: buy [sell] a thing *on* ～. (3) (一続きのもの)《最初の》一回分として. (4) 《俗》…であるために (because). 〖(1936) 《略》← *on account of the fact that*〗 ***on a person's accóunt*** 人のためを思って, 人のために. 〖(1611)〗 ***on accóunt of*** (1) …の理由で, …のために, …によって (because of): I couldn't come *on* ～ *of* my cold. 風邪で来られなかった. (2) …のために (for the sake of). (3) ＝*on* account (4). 〖(1647)〗 ***on áll accóunts*** どうみても, どうあっても, ぜひとも. ***on nó [nót on ány] accóunt*** どんな事情があっても…ない, 決して…ない: *On no* ～ must you go there again. 二度とあそこに行ってはいけない. 〖(1855)〗 ***on one's ówn accóunt*** (1) 自分の(利益の)ために. (2) 自分の計算[責任]において; 独立して, 独力[自力]で. 〖(1801)〗 ***pút to (góod) accóunt*** ＝*turn to (good)* account. ***rénder an accóunt*** (1) 決算報告をする. (2) 〔…の〕説明[話]をする, 申し開きをする, 釈明する, 答弁する 〔*of*〕: *render an* ～ *of* one's conduct [one's behavior, oneself]. ***séttle [squáre] (one's) accóunts [an accóunt] with*** a person (1) 〈人〉との勘定を清算する, 貸し借りをなくする. (2) 〈人〉に対して恨みを晴らす. ***táke into accóunt*** ＝***táke accóunt of*** 〈事情など〉を勘定に入れる, 考慮する, 斟酌(しんしゃく)する: *take* all possibilities *into* ～. 〖(1681)〗 ***táke nó accóunt of*** …を勘定に入れない, 考慮しない, 無視する. ***thrów úp one's accóunts*** ＝*cast up one's* accounts. ***túrn to (góod) accóunt*** …を利用[活用]する.
— *vt.* **1** [通例目的補語を伴って] 〈人・物事を〉…であると〉考える[思う] (consider): We ～ him (to be) wise [a fool]. / He is ～*ed* wise [a fool]. / She ～*ed* herself clever. 自分で(は)頭がいいと思っていた / I'd ～ it a privilege if you'd allow me to accompany you. 一緒に連れて行って頂ければ光栄です. **2** 〈会計報告などを〉厳密に調べる. **3** 《古》〈功罪などを〉〔…に〕帰する (attribute) 〔*to*〕.
— *vi.* **1** 説明する; 責任を持つ[取る]. **2** 《古》(収支)決算をする.
accóunt for (1) 〈物事が〉(ある数量の中で)…の割合を占める, 〈地域などが〉…を(一手に)供給する: Coeds ～ *for* a large proportion of our college population. わが校の大学生の中で女子学生の占める率は高い. (2) 〈物事が〉…の説明[原因]となる, を引き起こす: His carelessness ～*s for* the failure. 彼の不注意が失敗のもとだ. (3) 説明する; …の理由を説明する, の申し開きをする; …のことで責任を負う; 〈罪など〉の償いをする: How do you ～ *for* the phenomenon? その現象をどう説明するか / I simply can't ～ *for* it. 全くその申し開きができません / I had to ～ *to* my teacher *for* my lateness. 先生に遅刻の理由を説明しなければならなかった / He was asked to ～ *for* his folly. 愚行に対して責任を取ることを要求された / There is no ～*ing for* tastes. ⇨ taste *n.* 4 a. (4) 〔人に〕〔支出金・委託金[物件]など〕の使途[処分]を説明する, …の会計報告をする 〔*to*〕: ～ *to* a treasurer *for* the money received 出納係に対して預かり金の収支決算をする / Not all the money has been ～*ed for*. 全金額の決算は終わっていない. (5) 〈敵兵・敵の兵器など〉を殺す, やっつける, 破壊する; 〈犯人など〉を捕える; (競技などで)負かす; 《狩猟》〈獲物〉を仕留める: The Red Baron ～*ed for* many enemy aircraft. レッドバロンは多くの敵機を仕留めた. (6) 《スポーツ》(試合で)得点する (score).
〖n.: (*c*1280) *acount(e)* ◻ OF *acont, acunt* 《逆成》← *aconter*. — v.: (*c*1300) *acunte(n)* ◻ OF *acunter* ← LL *accomptāre*＝VL **accomputāre* ← *ac-* 'ad-'＋L *computāre* 'to compute' (cf. count¹)〗
ac·count·a·bil·i·ty /əkàuntəbíləti | -təbílɪti/ *n.* **1** 説明義務; 責任, 責務(せきむ). **2** 《会計》会計責任《資金の受託者がその管理責任の履行を客観的手段で説明する責任》. 〖1794〗
ac·count·a·ble /əkáuntəbl | əkáunt-/ *adj.* **1** 説明[弁明]する義務がある; 責任のある (⇨ responsible syn): He is ～ *to* me *for* what he does. 彼はその行動について私に対して責任がある / I hold him ～ *for* it. 私はその責任は彼にあると思う / The government is ～ *to* the electorate. 政府は選挙人に対して責任がある. **2** 説明できる, もっともな. **～·ness** *n.* 〖(?*a*1387)〗
ac·cóunt·a·bly /-bli/ *adv.* **1** 責任を負う[問われる]ように. **2** 説明できるように. 〖1646〗
ac·coun·tan·cy /əkáuntnsi, -tən-, -təntsi, -tntsi | əkáuntənsi, -təntsi/ *n.* **1** 会計[経理]事務; 会計職, 主計官の職. **2** 会計学. 〖(1854): ⇨ ↓, -cy〗
ac·coun·tant /əkáuntənt, -tnt | -tənt/ *n.* 会計係, 勘定方, 会計担当者; 会計官, 主計; 会計士, 計理士: ⇨ certified public accountant, chartered accountant. **～·shìp** *n.* 〖(1429) ◻ OF *acontant* (F *accomptant*) (pres.p.) ← *aconter* 'to account': ⇨ -ant〗
ac·cóuntant-géneral *n.* (*pl.* **accountants-g-**) 会計課長; 経理局長. 〖1679–88〗
accóunt bòok *n.* 会計簿《特に, 勘定口座をもつ帳簿・元帳》. 〖1699〗
accóunt càrd *n.* ＝charge card.
accóunt cúrrent *n.* (*pl.* **accounts c-**) 《古》《銀行》＝current account 1. 〖1745〗
accóunt dày *n.* [通例 the ～] (London 証券取引所で)決済日, (株式の)受渡し日 (settling day, payday). 〖1837〗
accóunt exècutive *n.* 顧客担当責任者《特に広告関係で顧客担当の幹部職員; 略 AE》.
ac·cóunt·ing /-tɪŋ | -tɪŋ/ *n.* **1** 会計学; 会計; 会計報告; 計算: cost ～ コスト[原価]計算. **2** (理由・原因の)説明 〔*for*〕. 〖1387〗
accóunting èntity *n.* 《会計》会計実体 (⇨ business entity).
accóunting machìne *n.* 会計機; 記帳式会計機《計算・作表などの機能を備えた事務用機械》. 〖1916〗
accóunting pèriod *n.* 《会計》会計期間《企業の損益計算期間のこと; fiscal period ともいう》. 〖1915〗
accóunting prìnciple *n.* 《会計》会計原則.
accóunt páyable *n.* (*pl.* **accounts p-**) 《米》《会計》支払勘定, 債務勘定. 〖*c*1936〗
accóunt recéivable *n.* (*pl.* **accounts r-**) 《米》《会計》受取り勘定, 売掛金勘定. 〖1936〗
accóunt réndered *n.* (*pl.* **accounts r-**) 《商業》提出勘定書. 〖1910〗
accóunt sàle *n.* 《会計》**1** (積送品の)売上計算書, 仕切書. **2** 掛け売り.
ac·cou·ple·ment /əkʌ́plmənt/ *n.* **1** **a** 連結, 結合. **b** (ネクタイ・留め金のような)結び合うもの, かみ合うもの. **2** 《建築》**a** (柱の)連接《柱を 2 本 1 組に並べる配置》. **b** 連結剤, つなぎ材. 〖(1483) ◻ F ～ ← *accoupler* to couple up < OF *acoupler* ← *à* 'a-²'＋*coupler* 'to couple': ⇨ -ment〗
ac·cou·ter, 《英》 **ac·cou·tre** /əkúːtə | əkúːtə(r)/ *vt.* [通例 p.p. 形で] …に(ある特殊の)服装をさせる; 《軍事》…に装具を着けさせる: be ～*ed in* [*with*] …を着けている / be ～*ed for* battle 戦闘用装具を着けている. 〖(1606) ◻ (O)F *accoutrer, acoustrer* to equip ← *a-* to ＋*cousture* (F *couture*) sewing (< VL **consūtūra* ← L *consūtus* (p.p.) ← *consuere* to sew together)〗
ac·cóu·ter·ment *n.* **1** 着用, 装備. **2** [通例 *pl.*] **a** 服装; 外装, 飾り (trappings). **b** 《軍事》(武器と軍服以外の)装具 《belt, strap など》. **c** 室内装備品《ソファー・本棚・照明器具など》. **d** 旅行用装具《かばん・カメラなど》; 仕事用具. **3** 装身具, アクセサリー. **4** 属性, 付き物. 〖(1549) ← F *accoutrement*: ⇨ ↑, -ment〗
ac·cou·tre /əkúːtə | -tə(r)/ *vt.* 《英》＝accouter. 〖*c*1596〗
ac·cra /ǽkrə, əkrɑ́ː/ *n.* 《料理》アクラ《西アフリカ・カリブ海でささげを材料にして作ったフリッター (fritter)》. 〖◻ Yoruba *àkàrà* 'bean cake'〗
Ac·cra /əkrɑ́ː, æk-; *Akan* akɾa/ *n.* アクラ《アフリカ西部, ガーナ南部にある同国の首都》.
ac·cred·it /əkrédɪt | -dɪt/ *vt.* **1** 〈大学などを〉有資格校[基準合格]と認定する. **2** 〈人〉に信任状を与える; 〈大使など〉に信任状を交付して〔…に〕派遣する 〔*to, at*〕: He was ～*ed to* [*at*] Washington. (駐米大使として)ワシントンに派遣された. **3** …に権限を与える (authorize); 是認する (approve). **4** **a** 〈事・行為などが〉〈人・言葉などを〉信用させる, 信じさせる. **b** 〈言葉などを〉信用する, 信じる. **5** 〈人〉に〈事物を〉帰する (credit) 〔*with*〕; 〈事物を〉〈人〉に帰する, 〔…のものと〕信じる[見なす] (attribute) 〔*to*〕: ～ a person *with* a quality [an action]＝ ～ a quality [an action] *to* a person 人がある性質を持っている[ある行為をした]と見なす / He is ～*ed with* (mak*ing*) the discovery. 彼がその発見をしたと信じられている / The saying is ～*ed to* Franklin. その文句はフランクリンの言ったものとされている. **6** 〈牛乳・牛など〉の品質を認定する. **7** 《NZ》〈志願者を〉推薦入学させる. **～·a·ble** *adj.* 〖(1620) ◻ F *accréditer*: ⇨ ad-, credit〗
ac·cred·i·ta·tion /əkrèdətéɪʃən | -dɪ-/ *n.* 認可, 認定, 信任状.
ac·créd·it·ed /-tɪd | -tɪd/ *adj.* **1** 〈大学・病院など〉基準合格の, 認定された. **2** 〈大使など〉(信用状を持って)派遣された; 公認の. **3** 〈学説など〉一般に認められた. **4** 〈牛乳・牛など〉品質認定された. 〖1634〗
ac·cres·cent /əkrésənt, æk-, -snt/ *adj.* **1** 生長[増大]し続ける. **2** 《植物》〈萼(がく)が〉(開花後)大きくなる. 〖(1753) ◻ L *accrēscentem* (pres.p.) ← *accrēscere*: ⇨ accretion〗
ac·crete /əkríːt, æk-/ *vi.* **1** (他の物の付着によって)増大する, 結合する. **2** 〔…に〕付着する (adhere) 〔*to*〕.
— *vt.* **1** 〈他の物を〉付着させる 〔*to*〕. **2** 引き付ける, 吸

A

収する,(一手に)集める. — adj. 〘植物〙付着して大きくなった. **ac·cré·tive** /-tɪv | -tɪv/ adj. 〘(1784)《逆成》↓〙

ac·cre·tion /əkríːʃən, æk-/ n. 1 (鉱物などの, 外物の付着による)増大; (外物の)付着, 添加: A mineral augments by ~. 鉱物は外物の付着によって増大する. 2 添加[増加]物. 3 〘法律〙 a (取得者の行為によらない財産の)自然増加, 添加《河岸の土地の漸加など; cf. alluvion 2》. b 相続[受贈]分の増加《共同相続人[受贈者]の放棄による》. 4 〘医学〙癒着, 付着物; 増大. 5 固結, 凝結 (concretion). 6 〘地質〙陸地への水中堆積物の付着成長; 宇宙塵の付着成長《惑星成長の機構》. **ac·cré·tion·à·ry** /-ʃənèri | -ʃ(ə)nəri/ adj. 〘(1615) □ L *accrētiō(n-)* ← *accrētus* (p.p.) ← *accrēscere* to increase ← *ac-* 'AD-'＋*crēscere* to grow (⇨ crescent)〙

accrétionary wédge [prísm] n. 〘地質〙付加プリズム《海溝に沿う細長い, 断面が三角形の付加体》.

accrétion dìsk n. 〘天文〙降着円盤《連星系の天体で, 普通の星の大気から物質が流出し高密度星に降り積もる際にできる円盤状物質》.

Ac·cring·ton /ǽkrɪŋtən/ n. アクリントン《イングランドの北西部, Lancashire 州にある都市》.

ac·croi·des /əkrɔ́ɪdiːz, æk-/ n. 〘化学〙＝acaroid resin. 〘(1937)《変形》← NL *acaroides*〙

ac·cru·al /əkrúːəl, æk- | əkrúːəl, -rúəl/ n. 1 〘会計〙(利子・投資・収益などの)増加, 増殖; 増加物; 増加額. 2 〘法律〙＝accretion 3. 〘(1880) ← ACCRUE＋-AL[1]〙

accrúal bàsis n. 〘会計〙発生主義《損益を現金収支額によらないで発生額で計算する方法; 例えば未経過保険料の取扱いなど; cf. cash basis》. 〘1934〙

ac·crue /əkrúː, æk- | ək-/ vi. 1 〈利益・利子などが〉生じる, 結果として生じる (result): ~ *to* a person *from* a thing / If we put money in the bank, interest ~*s*. 銀行に預金をすれば利子がつく. 2 〘法律〙権利として生じる, 〈特権などが〉発生する. — vt. 1 集める, 蓄積する (accumulate). 2 (増加物として)〈利子などを〉記入する. **ac·crú·a·ble** /-rúːəbl/ adj. **~·ment** n. 〘(1440) □ (O)F *accrue* (n.) increase ← *accrû* (p.p.) ← *accroître* to increase < L *accrēscere*: ⇨ accrete, crew[1], recruit〙

accrúed dívidend n. 〘会計〙未払配当(金). 〘1937〙

accrúed íncome n. 〘簿記〙＝accrued revenue.

accrúed ínterest n. 〘会計〙経過利子《未収利息または未払利息》. 〘1963〙

accrúed liabílity n. 〘簿記〙見越負債.

accrúed révenue n. 〘簿記〙未収収益《未収利息・未収手数料など; accrued income ともいう》.

ACCT 《略》Association of Cinematograph, Television, and Allied Technicians 映画・テレビ技術者協会.

acct. 《略》account; accountant.

ac·cul·tur·ate /əkʌ́ltʃərèɪt, æk-/ vt. 1 〈民族・集団などを〉文化変容(によって変化)させる 〔to〕. 2 〈子供などを〉(社会的に)適応させる 〔to〕. — vi. 文化変容する; 適応する. **ac·cul·tur·a·tive** /əkʌ́ltʃərèɪtɪv, æk- | -tɪv/ adj. 〘(1880)《逆成》↓〙

ac·cul·tur·a·tion /əkʌ̀ltʃəréɪʃən, æk-/ n. 1 〘社会学〙文化変容《相異なる文化が直接に接触することによって, 一方あるいは双方の文化が変化すること; cf. nativism 2》. 2 〘心理〙文化的適応《成長期における個人の社会への適応》. **~·al** /-ʃnəl, -ʃənl/ adj. 〘(1880) ← *ac-* 'AD-'＋CULTURE＋-ATION〙

ac·cùl·tur·á·tion·ist /-ʃ(ə)nɪst | -nɪst/ n. 文化変容研究者.

ac·cul·tur·ize /əkʌ́ltʃəràɪz, æk-/ v. ＝acculturate. 〘(1895) ← ACCULTUR(ATION)＋-IZE〙

ac·cum·bent /əkʌ́mbənt, æk-/ adj. 1 寄りかかった (recumbent). 2 〘植物〙対位の, 側倚(そくい)の: an ~ cotyledon 側倚子葉. 3 〘動物〙〈鱗(うろこ)など〉表面にぎっしりついた. **ac·cúm·ben·cy** /-bənsi/ n. 〘(1656) □ L *accumbentem* (pres.p.) ← *accumbere* to lean ← *ac-* 'AD-'＋*cumbere* to lie down〙

ac·cu·mu·la·ble /əkjúːmjuləbl, æk-/ adj. 累積できる, 蓄積できる; 集積できる. 〘⇨ ↓, -able〙

ac·cu·mu·late /əkjúːmjulèɪt/ vt. 1 a (次第にまた努力して)集める, 集積する: ~ books, data, knowledge, etc. / the ~*d* wisdom of centuries 何世紀にもわたって蓄積された知恵. b 《まれ》積み上げる. 2 〈富・財産などを〉ためる, 蓄積する: ~ money, debts, etc. / an ~*d* fund 積立金 / rapidly *accumulating* problems 急速に増加する問題. 3 〘英大学〙〈高い学位と低い学位を〉一挙に取得する: He ~*d* the degrees at Oxford. — vi. 1 積もる, 累積する, 山積する: Dust ~*d* on the floor. 床にほこりがたまった / Traffic ~*d* at the crossroads. 十字路で交通が渋滞した. 2 〈不幸などが〉重なる. 3 〈金が〉たまる, 増える: Interest ~*s*. 4 蓄財する. 5 〘英大学〙高い学位と低い学位を一挙に取得する《修士と学士, 博士と修士など》. 〘(1529) ← L *accumulātus* (p.p.) ← *accumulāre* to heap up ← *ac-* 'AD-'＋*cumulus* 'heap, CUMULUS'〙

ac·cú·mu·làt·ed súrplus /-tɪd- | -tɪd-/ n. 〘会計〙(法人の)留保利益, 利益剰余金 (earned surplus).

accúmulated témperature n. 〘気象〙＝cumulative temperature. 〘1884〙

ac·cu·mu·la·tion /əkjùːmjuléɪʃən/ n. 1 a 積む[積もる]こと, 累積, 蓄積, 集積: the ~ of snow, experience, wealth, etc. b 蓄財; 利殖. 2 堆積物, 蓄積物; (好ましくないものの)積み重ね[重なり], 山 (heap): an ~ of papers [trash] 書類[がらくた]の山 / an ~ of lies うその積み重ね. 3 〘経済〙利子の累積; (複利による)元金増加; 積立. 4 〘英大学〙高い学位と低い学位とを一挙に取得すること. 5 〘保険〙 a (生命保険の)配当準備金の積立; (傷害保険契約更改時の)保険金額の増額. b 危険の集積. 〘(1490) □ F ~ // L *accumulātiō(n-)* ← *accumulāre* 'ACCUMULATE': ⇨ -ation〙

accumulátion mòuntain n. 〘地理〙(火山などのように)物質の堆積によって形成された山[丘]. 〘1898〙

accumulátion pòint n. 〘数学〙集積点《そのどの近傍も自分自身以外に与えられた点集合の点を少なくとも一つ含むような点; cluster point, limit point, point of accumulation, weak accumulation point ともいう; cf. derived set, strong accumulation point》.

ac·cu·mu·la·tive /əkjúːmjulèɪtɪv, -lət- | -lət-, -lèɪt-/ adj. 1 a 累積的傾向の. b 〘法律〙〈証拠・量刑など〉追加的な, 累積的な (cumulative): ~ evidence / an ~ judgment, sentence, etc. 2 〈減債基金など〉積立て式の. 3 蓄積を好む, 蓄財的な, ため込み主義の (acquisitive). **~·ly** adv. **~·ness** n. 〘(1651) ← L *accumulātus* ((p.p.) ← *accumulāre* (⇨ accumulate))＋-IVE〙

ac·cú·mu·là·tor /-tə | -tə(r)/ n. 1 蓄積者; 蓄財者. 2 緩衝器[装置] (shock absorber). 3 〘機械〙アキュムレーター, ため: a hydraulic [steam] ~ 水力[蒸気]だめ. 4 《英》蓄電池 (storage battery). 5 (電算機・キャッシュレジスターなどの)累算器, アキュミュレーター. 6 〘英大学〙高い学位と低い学位を一挙に取得する人. 7 《英》〘競馬〙 a ころがし方式で賭ける人. b ころがし方式の勝馬投票, 繰越勝馬投票《単勝式と複勝式がある》. 〘(1691) □ L *accumulātor*: ⇨ accumulate, -or[2]〙

ac·cu·ra·cy /ǽkjurəsi/ n. 1 正確, 的確; 綿密; 精密; 精(確)度: with ~ 正確に (accurately). 2 〘数学〙確度《統計学では真値からのずれが小さいことをいい, precision と区別する》. 〘(1662) ← ACCURATE＋-ACY〙

ac·cu·rate /ǽkjurɪt/ adj. 1 〈人が〉綿密な, 正確な, 緻密(ちみつ)な; 〈言説・知識など〉精確な, 的確な (correct): ~ information / an ~ report / to be ~ 正確に言えば / ~ *in* particulars 細目にわたって(も)正確な / He is ~ *in* what he says and does. 言動が緻密である. 2 〈機器など〉精密な, 正確な, 狂いのない (exact): an ~ watch / ~ measurement 正確な測定. **~·ly** adv. **~·ness** n. 〘(1612) □ L *accūrātus* prepared with care (p.p.) ← *accūrāre* to take care of ← *ac-* 'AD-'＋*cūrāre* to take care of (← *cūra* care)〙

ac·cursed /əkə́ːst, əkə́ːsɪd | əkə́ːsɪd, əkə́ːst/ adj. 1 のろわれた, たたりを受けた; 浮かぶ瀬のない; 不運な: the ~ thing のろわれたもの; 忌まわしいもの (*Josh.* 7:11). 2 のろうべき, 忌わしい, 憎むべき; 《口語》いまいましい, 嫌でたまらない. **ac·cúrs·ed·ly** /-sɪd-/ adv. **ac·cúrs·ed·ness** /-sɪd-/ n. 〘(?a1200) (p.p.) ← 《廃》*accurse* ← A-[2] (強意)＋CURSE〙

ac·curst /əkə́ːst | əkə́ːst/ adj. 《古》＝accursed.

accus. 《略》accusative.

ac·cus·a·ble /əkjúːzəbl/ adj. 1 告訴[告発]すべき. 2 罪を帰すべき, 非難すべき. 〘(1646) □ F ~ □ L *accūsābilis* ← *accūsāre* 'to ACCUSE'〙

ac·cus·al /əkjúːzəl, -zl/ n. ＝accusation. 〘(1594) ⇨ accuse, -al[1]〙

ac·cu·sa·tion /ækjuzéɪʃən, ækju-/ n. 1 非難, 言いがかり (blame). 2 〘法律〙告発, 告訴, 起訴 (indictment): a false ~ 誣告(ぶこく) / be under [face] an ~ 告訴されている / bring [*make, lay*] an ~ (of theft) *against* ... を(窃盗(せっとう)罪で)告発[起訴]する, ...に対して(窃盗罪で)公訴を提起する. 3 罪状, 罪名, とが (charge). 〘(c1380) □ (O)F ~ // L *accūsātiō(n-)* ← *accūsāre* 'to ACCUSE': ⇨ -ation〙

ac·cu·sa·ti·val /əkjùːzətáɪvəl, -vl/ adj. 〘文法〙対格の. 〘(1874): ⇨ ↓, -al[1]〙

ac·cu·sa·tive /əkjúːzətɪv | -tɪv/ adj. 1 〘文法〙(ギリシャ語・ラテン語・ドイツ語などの)対格の: the ~ case 対格. 2 ＝accusatory 1. — n. 〘文法〙対格《英語では他動詞の直接目的語がこれに相当する》; 対格の語, 対格形: ⇨ ADVERBIAL accusative. **~·ly** adv. 〘(1434) □ L *accūsātīvus* ← *accūsāre* 'to ACCUSE': Gk (*ptôsis*) *aitiātikḗ* (the case) of that which is caused (lit. of accusing) を Priscian あるいは Varro が誤訳したもの, 正しくは *causātīvus* (＝causative) とすべきところ〙

accúsative ábsolute n. 〘文法〙(ドイツ語などの)絶対対格, 独立対格構文《文中で他の要素と文法的に関係せず, 孤立的に用いられた対格(句); 例: G *Den Kopf* gesenkt, kam er daher.「彼はうなだれて来た」; cf. ablative absolute, nominative absolute》. 〘1860〙

ac·cu·sa·to·ri·al /əkjùːzətɔ́ːriəl/ adj. 〘法律〙1 (訴訟手続きで)弾劾[告発]主義的な (cf. inquisitorial 3): the ~ procedure 弾劾手続き. 2 告発人の. **~·ly** adv. 〘(1823): ⇨ ↓, -al[1]〙

ac·cu·sa·to·ry /əkjúːzətɔ̀ːri | -təri, -tri/ adj. 1 〈言葉・態度など〉非難の, 詰問的な. 2 〘法律〙＝accusatorial. 〘(1601) □ L *accūsātōrius* of an accuser ← *accūsāre*: ⇨ accuse, -ory[1]〙

ac·cu·sa·trix /ækjuzéɪtrɪks, ækju-/ n. 女性告発人. 〘(1655) □ L ~ (fem.) ← *accūsātor*〙

ac·cuse /əkjúːz/ vt. 1 a 〈人〉に〔...の〕罪を帰する, 〈人を〉〈過失などで〉責める 〔*of*〕: They ~*d* him *of* dishonesty. 彼を不正直だと言って責めた / He was ~*d of* playing truant. ずる休みをしただろうと言って責められた. b 〈人を〉〔...のかどで〕告発[告訴]する, (正式に)起訴する 〔*of*〕: ~ a person of theft 人を窃盗(せっとう)(罪)で訴える / ~ a person *as* accessory to a crime 人を共犯として告訴する. 2 〈人・事〉に罪[過失]を帰する, 非難する: ~ the times 時世が悪いのだと言う / Finding the cake gone, she ~*d* me. ケーキがなくなっているのを見て私が食べた[取った]のだろうと責めた. 3 《古》〈事を〉示す, 表す. — vi. 告発する. — n. 《廃》告発. 〘(1297) *accuse(n)* □ L *accūsāre* to accuse, call to account ← *ac-* 'AD-'＋*causāre* (← *causa* 'CAUSE', reason') ∞ ME *acuse(n)* □ OF *acuser* < L *accūsāre*: cf. excuse, recusant〙

SYN 非難する, 告訴する: **accuse** 罪科のゆえで〈人を〉個人的にまたは法廷で非難する: He was *accused* of cowardice. 彼は臆病だと非難された. / He was *accused* of murder. 彼は殺人罪で告訴された. **charge** 広い意味で, ある基準に反する場合などをとがめる意味. 格式ばった語では特に法廷で罪科のかどで正式に〈人を〉告訴するの意: He *charged* the man with theft. その男を窃盗罪で訴えた. **indict** 〘特に米法〙〈陪審団などが公判に付するために〈人を〉起訴する: The man was *indicted* for arson. 男は放火罪で起訴された. **impeach** 特に国家に対する犯罪のかどで〈公職者を〉告発する: The judge was *impeached* for taking a bribe. 判事は収賄のかどで告発された.
ANT exculpate, vindicate.

ac·cúsed adj. 1 〈人が〉罪に問われた, 告訴された: stand ~ 非難されている; 告訴[起訴]されている 〔*of*〕. 2 [the ~; 名詞的に; 単数または複数扱い] (刑事)被告人, 被疑者 (cf. defendant). 〘1593〙

ac·cús·er n. 告発者, 告訴人; 非難者. 〘1340〙

ac·cús·ing adj. 非難の[する]; 責める[とがめる]ような: an ~ eye とがめるような目つき / point an ~ finger at a person 人を指差して非難する. **~·ly** adv. 〘1580〙

ac·cus·tom /əkʌ́stəm/ vt. [しばしば ~ *oneself* で] 〈人・動物を〉〈新しい事物に〉慣らす, なじませる 〔*to*〕: ~ one's eyes *to* the dark 目を暗闇に慣らす / ~ *oneself to* (*doing*) one's new work 新しい仕事に慣れる. 〘(1422) □ OF *acostumer* (F *accoutumer*) ← *à* 'A-[4]'＋*co(u)stume* 'CUSTOM'〙

ac·cús·tomed adj. 1 〔...に〕慣れた 〔*to*〕: I *am* ~ *to* living [《まれ》*to* live] alone. ひとり住まいに慣れている / I got [became, grew] quite ~ *to* the new surroundings. 新しい環境にすっかり慣れた. 2 例の, いつもの (⇨ usual SYN); 慣例の: in one's ~ seat いつもの席 / Put the thing in its ~ place. 物をいつもの場所に置け. **~·ness** n. 〘1483〙

Ac·cu·tron /ǽkjuːtrɑ̀(ː)n | -trɔ̀n/ n. 〘商標〙アキュトロン《米国 Bulova 社製の, 小型電池で動く音叉(おんさ)式腕時計》.

AC/DC 《略》〘電気〙alternating current or direct current 交直両用の.

AC/DC, ac/dc /éɪsìːdíːsìː/ adj. 《俗》〈人が〉両性に対して性欲をもつ, 両性愛の (bisexual). 〘(1960) ↑: 直流・交流両用の電気器具にたとえたもの〙

ace /éɪs/ n. 1 a (トランプの)エース, 1 の札《A の記号で表す》: the ~ of hearts ハートのエース. b (さいの)1 の目, 1 の面; (ドミノなどの) 1, 1 の駒, 牌(はい). 2 a 《口語》名手, 名人, 一流の人, ぴか一; 優秀[重要]なもの, 呼び物 (cf. 5): a pitching ~＝an ~ pitcher 主戦投手 / a golf ~ ゴルフの名人 / an ~ *at* fishing 釣りの名人. b [*pl.*; 補語として]《米俗》一流[最高]のもの; すてきなもの; とてもいい[親切な]人. 3 a (テニス・バドミントン・バレーボールなどで)エース《相手がリターンできない打球》, (特に)サービスエース (service ace). b (サービス)エースによる得点[ポイント]. 日英比較 テニスのサーブの「ノータッチ エース」は英語では単に *ace*. 4 〘ゴルフ〙ホールインワン (hole in one) (によるスコア), エース; ホールインワンを行ったホール. 5 〘□ F *as*〙(もとフランスで第一次大戦中, 5 機以上の敵機を撃墜した)殊勲飛行士, 空の勇士, 撃墜王; 敵機撃墜の名手, 優秀な戦闘機パイロット. 6 ごくわずかの量[程度] (bit). 7 《米俗》 a 1 ドル札. b 1 年の刑期. 8 《米俗》(飲食店で)ひとり客(用のテーブル). 9 〘物理〙エース (⇨ quark).
an áce in the hóle (1) 《口語》最後の決め手[切り札], 奥の手. (2) 〘トランプ〙(stud poker で) 手札を配り終わるまで伏せてあるエースの札 (cf. hole card). (3) 〘ゴルフ〙ホールインワン. 〘1915〙 ***an áce up one's sléeve*** ＝an ACE in the hole (1). ***hóld [hàve] áll the áces*** 《口語》優位に立つ. ***on one's áce*** 《豪口語》＝*on one's* OWN 1, 2. ***pláy one's áce*** とっておきの手[奥の手]を使う. ***withìn an áce of*** もう少しのところで...しようとして (cf. 6): He came *within an* ~ *of* death [being killed]. もう少しで死ぬ[殺される]ところだった.
— adj. [限定的]《口語》一流の, 優秀な, すばらしい, ぴか一の (first-rate): an ~ pilot, writer, etc.
— vt. 1 (テニス・バドミントンなどで)〈相手〉に対し(サービス)エースで得点する; 〈サーブなどの球〉でエースを取る. 2 〘ゴルフ〙〈ホール〉に一打で球を入れる. 3 《米口語》〈試験〉で A [優]を取る; ...をうまくやる. 4 《米俗》〈人〉に勝つ, 負かす, 出し抜く 〈*out*〉.
ace it úp 《豪口語》やめる (stop it).
〘(a1250) *as* □ (O)F *as* ace at dice or cards < L *as* unity: cf. deuce[1]〙

ACE 《略》〘医学〙alcohol-chloroform-ether mixture アルコール 1, クロロフォルム 2, エーテル 3 の割合の調合麻酔剤; American Council on Education アメリカ教育協議会 (AAC, AAU など 14 の教育関係団体で構成, 主として高等教育の発展に努めている); 《英》Advisory Centre for Education 教育指導センター《保護者に学校についてのアドバイスをする私的機関》; Allied Command Europe (NATO の) 欧州連合軍.

ac·e- /æsɪ, ǽsi/ 〘化学〙次の意の連結形: 1 酢酸から誘導された: *ace*naphthene. 2 アセナフテン (acenaphthene) の[に関係する]: *ace*anthrene. 〘← ACETIC〙

-a·ce /← əsiː/「...面をもつ頂点」の意の名詞連結形: hept*ace*. 〘← LGk *akḗ* point: ⇨ acrid〙

A

-a·ce·a /éɪʃiə/ suf. 〘動物〙 属 (genus) より上位の類(特に, 綱・目など)の名を表す複数名詞を造る: Crustacea. 〚← NL ～ ← L -ācea (neut. pl.) ← -āceus '-ACEOUS': 複数形になるのは本来 animālia (=animals) を限定する形容詞であるため〛

-a·ce·ae /éɪsiì:/ suf. 〘植物〙 科 (family) 名を表す複数名詞を造る: Rosaceae. 〚← NL ～ ← L -āceae (fem. pl.) ← -āceus '-ACEOUS': 複数形になるのは本来 plantae (=plants) を限定する形容詞であるため〛

-a·ce·an /éɪʃiən, -ʃən/ suf. 1 [形容詞語尾] =-aceous. 2 [名詞語尾] -acea, -aceae に対する単数形: a crustacean / a rosacean. 〚□ L -āceānus: ⇨ -acea, -aceae, -an¹〛

Áce bándage n. 〘商標〙 エース印包帯 《伸縮性のある布製のばんそうこう; かかとやひざなどの捻挫(ねんざ)などに貼る》.

a·ce·di·a¹ /əsí:diə | -diə/ n. 1 無気力, 無関心 (apathy). 2 (主に七つの大罪 (seven deadly sins) の一つとしての)怠惰 (sloth). 〚(?a1200) □ LL ～ □ Gk akēdía torpor ← A-⁷+kĩdos care〛

ac·e·di·a² /æsədí:ə | æsɪ-/ n. 〘魚類〙 西インド諸島・南米の大西洋岸に産するウシノシタ科の魚 (Symphurus plagusia). 〚□ Sp. acedía〛

áce-hígh adj. 《米口語》 1 〔…に〕大いに人気がある, 受けがよい〔with〕. 2 《口語》 評価の高い, すばらしい, 優れた. 3 とても健康で, (体の)調子が上々の. 〚(1878): ポーカーで「ストレートをなす ace のある手」の意から〛

A·cel·da·ma /əséldəmə | əkél-, əsél-/ n. 1 〘聖書〙 アケルダマ, 「血の土地」(Jerusalem 付近の地名; Judas がキリストを裏切った時に得た金で求めた土地; 彼がここで無残な死を遂げたのでこう呼んだという; cf. Acts 1: 19; Matt. 27: 8). 2 流血の地, 修羅(しゅら)の巷(ちまた); いやな所. 〚(1382) □ ML ～ □ Gk Akeldamá □ Aram. ḥaqēl dᵉmā the field of blood〛

a·cel·lu·lar /eɪséljulə | -lə(r)/ adj. 細胞を含まない; 細胞に分かれていない. 〚(1940) ← A-⁷+CELLULAR〛

a·ce·naph·thene /æsənǽfθi:n, -nǽp- | æsɪ-/ n. 〘化学〙 アセナフテン ($C_{10}H_6(CH_2)_2$) 《無色針状晶; コールタール中に含まれる; 染料合成原料》. 〚(1877) ← ACE-+NAPHTHENE〛

a·ce·naph·thy·lene /æsənǽfθəli:n, -nǽp- | æsɪnǽfθɪ-, -nǽp-/ n. 〘化学〙 アセナフチレン ($C_{10}H_6(CH)_2$) 《黄色板状晶; アセナフテンを脱水素して得られる》. 〚(1877): ⇨ ↑, -ylene〛

-a·cene /←əsì:n/ suf. 〘化学〙 「3 個またはそれ以上の縮合ベンゼン環を含んだ芳香族多環式炭化水素」の意の名詞を造る: pentacene. 〚← ANTHRACENE〛

a·ce·nes·the·sia /eɪsì:nɪsθí:ʒə, -ʒiə | -θí:ziə, -siə, -ʒə/ n. 〘精神医学〙 =acoenesthesia. 〚← A-⁷+CENESTHESIA〛

a·cen·tric /eɪséntrɪk/ adj. 1 中心のない; 中心をはずれた. 2 〘生物〙 《染色体が》動原体 (centromere) を欠いた. 〚(1852) ← A-⁷+-CENTRIC〛

-a·ceous /éɪʃəs/ suf. 1 [形容詞語尾] 「…の性質をもった, …に似た」の意: arenaceous, saponaceous. 2 〘生物〙 -acea および -aceae に終わる名詞に対応する形容詞を造る: crustaceous, rosaceous. 〚□ L -āceus of the nature of: ⇨ -acea, -ous〛

a·ce·phal·ic /èɪsɪfǽlɪk, -sɛ- | -sɪ-, -kɛ-, -kɪ-←/ adj. =acephalous. 〚1656〛

a·ceph·a·lous /eɪséfələs | -séf-, -kéf-/ adj. 1 〘動物〙 無頭の; 〘植物〙 無(柱)頭の. 2 〘詩学〙 行首欠節の. 3 指導[支配]者のいない. 〚(1731) ← LL acephalus (□ Gk aképhalos headless ← A-⁷+kephalḗ head)+-OUS: ⇨ -cephalous〛

áce pòint n. (backgammon で) 最初のポイント. 〚1680〛

a·ce·quia /əséɪkiə:, əsí:-; Am.Sp. asékja/ n. (pl. ～s /～z; Sp. ～s/) 《米南西部》 灌漑(かんがい)用溝 (irrigation ditch). 〚(1844) □ Sp. ～ □ Arab. assāqiyaʰ irrigation stream ← sáqā to irrigate〛

a·cer /éɪsə | -sə(r)/ n. 〘植物〙 カエデ (カエデ属 (Acer) の木の総称). 〚(1878) □ L ～ 'maple'〛

ACER 《略》 Australian Council for Educational Research.

Ac·er·a·ce·ae /æsəréɪsiì:/ n. pl. 〘植物〙 (ムクロジ目) カエデ科. **àc·er·á·ceous** /-ʃəs←/ adj. 〚← NL ～ ← Acer (属名: □ L ～ 'maple tree')+-ACEAE〛

ac·er·ate /ǽsərèɪt, -rɪt/ adj. 〘植物〙 1 《植物が》針葉をもつ. 2 =acerose¹ 1. 〚(1847) ← L ācer (↓)+-ATE²〛

a·cerb /əsə́:b, æs- | -sɜ́:b/ adj. =acerbic. 〚(1604) □ L acerbus ← ācer sharp: ⇨ acrid〛

ac·er·bate /ǽsəbèɪt | ǽsə-/ vt. 1 苛立たす, 怒らす. 2 酸っぱくする. — /əsə́:bɪt, æs- | -sɜ́:-/ adj. 苛立った, 怒った. 〚(c1731) ← L acerbātus (p.p.) ← acerbāre ← acerbus sour (↑)〛

a·cer·bic /əsə́:bɪk, æs- | əsɜ́:-/ adj. 1 《熟していない果物など》酸っぱい (sour), 苦い (bitter), 渋い (astringent). 2 《ことば・態度・気質など》厳しい, 鋭い, 辛辣(しんらつ)な (sharp): an ～ wit 辛辣なウィット. **a·cér·bi·cal·ly** adv. 〚1865〛

a·cer·bi·ty /əsə́:bəti, æs- | -sɜ́:bɪti/ n. 1 渋さ, 苦さ. 2 (気持ち・態度・言葉などの)鋭さ, 苦々しさ, 辛辣さ (bitterness): with ～ 鋭く, 辛辣に. 〚(1572) □ F acerbité // L acerbitātem sourness, harshness ← acerbus sour, harsh: ⇨ acerb, -ity〛

ac·er·o·la /æsəróulə | -rəu-/ n. 〘植物〙 アセロラ (西インド諸島産キントラノオ科 Malpighia 属の酸味のある実をつけるオウトウの類の低木の総称). 〚(1945) □ Am.-Sp. ～ ← Sp. acerola 'AZAROLE'〛

ac·er·ose¹ /ǽsəròus | -rəus/ adj. 〘植物〙 1 《葉が》針状の. 2 =acerate 1. 〚(1785) □ L acerōsus ← acus needle〛

ac·er·ose² /ǽsəròus | -rəus/ adj. 1 もみがら状の. 2 もみがらの混ざった. 〚(1721) □ L acerōsus ← acus chaff: ⇨ -ose¹〛

ac·er·ous¹ /ǽsərəs/ adj. 〘植物〙 =acerate 1.

a·ce·rous² /eɪsíᵊrəs | -síər-/ adj. 〘動物〙 触角のない; 角のない. 〚(1847) □ Gk akérōs ← A-⁷+kéras horn〛

a·cer·vate /əsə́:vɪt, ǽsəvèɪt | əsə́:vɪt, ǽsəvèɪt/ adj. 〘植物〙 集積する, 群生する. **～·ly** adv. **ac·er·va·tion** /æ̀səvéɪʃən, | æ̀sə-/ n. 〚(1612) (1848) □ L acervātus (p.p.) ← acervāre to heap up ← acervus heap〛

a·cer·vu·lus /əsə́:vjuləs | əsɜ́:-/ n. (pl. -vu·li /-lài, -lì:/) 〘植物〙 分生子堆. 〚(1806) ← NL ～ (dim.) ← L acervus (↑)〛

a·ces·cent /əsésənt, æs-, -sn̩t/ adj. 酸っぱくなりかかった; やや酸っぱい. **a·cés·cence** n. **a·cés·cen·cy** /-sn̩si/ n. 〚(1731) □ F ～ // L acēscentem (pers.p.) ← acēscere to grow sour (inceptive) ← acēre to be sour〛

ac·e·sul·fame /æsɪsʌ́lfeɪm/ n. 〘化学〙 アセスルファーム ($C_4H_5NO_4S$) 《白色の結晶状化合物; 普通はカリウム塩 acesulfame-K の形でカロリーの低い人工甘味料として使われる》. 〚(c1985) ← ?〛

ac·et- /ǽsət, əsí:t | ǽsɪt, əsí:t/ (母音の前にくるときの) aceto- の異形.

aceta n. acetum の複数形.

acetabula n. acetabulum の複数形.

ac·e·tab·u·lar·i·a /æ̀sətæ̀bjuléᵊriə | æ̀sɪtæ̀bjuléər-/ n. 〘植物〙 カサノリ 《小さな傘を開いたような形のカサノリ属 (Acetabularia) の暖海産の緑藻の総称》. 〚(1857) ← NL ～: ⇨ acetabulum, -aria〛

ac·e·tab·u·li·form /æ̀sətǽbjuləfɔ̀əm | æ̀sɪtǽbjulɪfɔ̀:m/ adj. 〘植物〙 円盤状の. 〚(1835) ← NL ～: ⇨ ↑, -i-, -form〛

ac·e·tab·u·lum /æ̀sətǽbjuləm | æ̀sɪ-/ n. (pl. -u·la /-lə/, ～s) 1 (古代ローマの)酢入れ 《小杯の形をしている》. 2 〘動物〙 (ヒルなど無脊椎動物の)吸盤 (sucker); 脚窩(きゃっか) (ものの関節下のくぼみ). 3 〘解剖〙 寛骨臼(かんこつきゅう). **ac·e·táb·u·lar** /-lə | -lə(r)←/ adj. 〚(1398) □ L acētābulum (vinegar) cup ← ACETO-+-ābulum ((dim.) ← -abrum receptacle)〛

ac·e·tal /ǽsətæ̀l | ǽsɪ-/ n. 〘化学〙 1 アセタール ($CH_3CH(OC_2H_5)_2$). 2 [pl.] アルデヒド (aldehydes) またはケトン (ketones) がアルコールとアセタール構造で化合しているもの. 〚(1853) ← ACETO-+-AL²: cf. G Azetal〛

ac·et·al·de·hyde /æ̀sətǽldəhàɪd | æ̀sɪtǽldɪ-/ n. 〘化学〙 アセトアルデヒド (CH_3CHO) 《無色, 揮発性, 可燃性, 水溶性の液体; 酢酸など多くの工業薬品の原料; 有機合成・溶剤用; ethanal ともいう》. 〚(1877) ← ACETO-+ALDEHYDE〛

ac·et·al·dol /æ̀sətǽldɔ(:)l, -doul | æ̀sɪtǽldɔl/ n. 〘化学〙 アセトアルドール (⇨ aldol 1). 〚⇨ ↑, -ol¹〛

ac·et·am·ide /æ̀sətǽmaɪd | -tə-/ n. (also **ac·et·am·id** /-mɪd | -mɪd/) 〘化学〙 アセトアミド (CH_3CONH_2) 《白色結晶; ethanamide ともいう》. 〚(1873) ← ACETO-+AMIDE: cf. G Azetamid〛

ac·et·a·min·o·phen /əsì:təmínəfɪn | -tə-/ n. 〘化学〙 アセトアミノフェン ($C_8H_9O_2N$) 《染料合成用, あるいは鎮痛・解熱剤; paracetamol ともいう》. 〚1958〛

ac·et·an·i·lide /æ̀sətǽnəlàɪd | æ̀sɪtǽnɪ-/ n. (also **acet·an·i·lid** /-lɪd | -lɪd/) 〘薬学〙 アセトアニリド (C_8H_9ON) 《白色, 結晶状の粉末; もと解熱・鎮痛剤に使われた; acetylaminobenzene ともいう》. 〚(1864) ← ACETO-+ANILIDE〛

ac·e·tar·i·ous /æ̀sətéᵊriəs | æ̀sɪtéər-←/ adj. サラダ用の: ～ plants. 〚(1822) ← L acētāria vegetables prepared with vinegar (=acētum)+-OUS〛

ac·e·tate /ǽsətèɪt | ǽsɪtèɪt/ n. 1 〘化学〙 酢酸塩, 酢酸エステル: ⇨ copper acetate. 2 〘化学〙 アセテート (⇨ acetate rayon, cellulose acetate). 3 a 〘化学〙 アセテート製品 《酢酸塩または酢酸セルロースで造る》. b (レコードの)アセテート盤 (acetate disk ともいう). 4 〘印刷〙 (図版などの上にかぶせる)アセテート(フィルム). 〚(1827) ← ACETO-+-ATE¹: cf. F acétate〛

ác·e·tàt·ed /-tɪd | -tɪd/ adj. 酢酸で処理する; 酢酸を混ぜた. 〚1791〛

ácetate dísk n. =acetate 3 b.

acetate fíber [ráyon, sílk] n. 酢酸人造絹糸, アセテート (acetate ともいう). 〚1920〛

ac·et·a·zol·a·mide /æ̀sətəzóuləmàɪd | æ̀sɪtəzə́u-/ n. 〘薬学〙 アセタゾールアミド ($C_4H_6N_4O_3S_2$) 《動物用強心利尿剤》. 〚(c1929) ← ACETO-+AZOLE+AMIDE〛

a·ce·tic /əsí:tɪk, æs-, -sét- | -sét-, -sí:t-/ adj. 酢酸の(ような), 酢酸を含む[生じる]; 酢の(ような), 酢を含む[生じる]. 〚(1808) ← ACETO-+-IC¹〛

acétic ácid n. 〘化学〙 酢酸 (CH_3COOH) 《ethanoic acid ともいう; cf. glacial acetic acid, vinegar》. 〚1808〛

acétic anhýdride n. 〘化学〙 無水酢酸 ($(CH_3CO)_2O$). 〚1866〛

acétic fermentátion n. 〘化学〙 酢酸発酵 《アルコールが酢酸菌の酸化作用により酢酸を生成する現象》.

a·ce·ti·fi·ca·tion /əsètəfɪkéɪʃən, æs-, -sì:t- | -sì:t-, -sèt-/ n. 〘化学〙 酢化. 〚(1753) ← ACETO-+-FICATION〛

a·cé·ti·fi·er n. 酢化器; 酢酸製造器. 〚1863〛

a·ce·ti·fy /əsétəfàɪ, æs-, -sí:t- | əsí:t-, æs-, -sét-/ vt., vi. 酢化する; 酢酸にする[なる]. 〚(c1828) ← ACETO-+-IFY〛

ac·e·tim·e·ter /æ̀sətímətə | æ̀sɪtímɪtə(r)/ n. 〘化学〙 =acetometer. 〚(1875) ← ACETO-+-I-+-METER¹: cf. F acétimètre〛

ac·e·tin /ǽsətɪn, -tn̩ | ǽsɪtɪn/ n. 〘化学〙 アセチン: a モノアセチン (monoacetin) ($C_3H_5(OH)_2OCOCH_3$) 《爆薬の材料; glyceryl monoacetate ともいう》. b ジアセチン (diacetin) ($C_3H_5(OH)(OCOCH_3)_2$) 《可塑材・溶剤》. c トリアセチン (triacetin) ($C_3H_5(OCOCH_3)_3$) 《可塑材・溶材, (香水の)保香材》. 〚(1874) ← ACETO-+-IN¹〛

ac·e·to- /ǽsətou, əsí:t- | ǽsɪtəu, əsí:t-/ 〘化学〙「アセチル (CH_3CO) を含んだ」の意の連結形. ★ 母音の前では通例 acet- になる. 〚← L acētum (⇨ acetum)+-o-〛

àceto·ácetate n. 〘化学〙 アセト酢酸塩[エステル]. 〚1881〛

ácèto·acètic ácid n. 〘化学〙 アセト酢酸 (CH_3COCH_2COOH). 〚(c1900) 《部分訳》← G Azetessigsäure ← azet- (⇨ aceto-)+Essigsäure acetic acid〛

acetoacetic éster n. 〘化学〙 アセト酢酸エステル (⇨ ethyl acetoacetate). 〚1903〛

a·ce·to·bac·ter /əsí:toubæ̀ktə, -tə- | -tə(u)bæ̀ktə(r)/ n. 〘細菌〙 酢酸菌, アセトバクター 《Acetobacter 属の酢酸を造る好気性杆菌類》. 〚(1959) ← NL ～ ← ACETO-+-bacter (⇨ bacterium)〛

a·cè·to·gén·ic /əsì:tədʒénɪk, æ̀sətou- | əsì:tə(u)-, æ̀sətəu-←/ adj. 〘生物〙 《細菌が》アセテート[酢酸]生成性の. 〚(1981) ← ACETO-+GENIC〛

a·cet·o·in /əsétouɪn | -təuɪn/ n. 〘化学〙 アセトイン ($CH_3COCHOHCH_3$) 《無色芳香性の液体; 香料・エッセンスの原料; dimethylketol ともいう》. 〚(c1919) ← ACETO-+-IN¹〛

ac·e·tom·e·ter /æ̀sətá(:)mətə | æ̀sɪtɔ́mɪtə(r)/ n. 〘化学〙 酢酸比重計. 〚(1855) ← ACETO-+-METER¹〛

ac·e·tone /ǽsətòun | ǽsɪtəun/ n. 〘化学〙 アセトン (CH_3COCH_3) 《無色揮発性の液体で, ニスなどの溶剤用; dimethylketone, propanone ともいう》. **ac·e·ton·ic** /æ̀sətá(:)nɪk, -tóun- | æ̀sɪtɔ́n-←/ adj. 〚(1839) □ G Azeton: ⇨ aceto-, -one〛

ácetone bòdy n. 〘化学〙 アセトン体 (⇨ ketone body). 〚1928〛

ácetone cyanohýdrin n. 〘化学〙 アセトンシアノヒドリン ($(CH_3)_2C(OH)CN$) 《無色の液体; メタクリル酸メチルの合成原料》. 〚1964〛

ácetone fermentátion n. 〘化学〙 アセトン発酵.

ac·e·to·ne·mi·a, -nae·mi·a /æ̀sətouní:miə, əsì:- | æ̀sɪtəu-, əsì:-/ n. 〘病理〙 ケトン症 (ketosis); アセトン血(症) (ketonemia).

àceto·nítrile n. 〘化学〙 アセトニトリル (CH_3CN) 《エーテルのような香気のある無色の液体; 合成物質原料・溶剤; methyl cyanide ともいう》. 〚(1869) ← ACETO-+NITRILE〛

ac·e·to·nur·i·a /æ̀sətounúᵊriə, -tə-, -njúᵊr- | æ̀sɪtə(u)njúər-/ n. 〘病理〙 =ketonuria. 〚(1894) ← NL ～: ⇨ acetone, -uria〛

àceto·phenétidin n. 〘薬学〙 アセトフェネチジン ($C_{10}H_{13}O_2N$) 《解熱・鎮痛剤; phenacetin ともいう》. 〚(1910) ← ACETO-+PHENETIDIN(E)〛

àceto·phe·nóne /-fənóun | -fɪnə́un/ n. 〘化学〙 アセトフェノン ($CH_3COC_6H_5$) 《無色の板状晶で芳香をもつ; acetylbenzene, hypnone, phenyl methyl ketone ともいう》. 〚(1871) ← ACETO-+PHENO-+-ONE: cf. F acétophénone〛

ac·e·tose /ǽsətòus | ǽsɪtəus, təuz/ adj. =acetous 1. 〚(1533) □ LL acētōsus: ⇨ acetous〛

àceto·stéarin n. 〘化学〙 アセトステアリン ($CH_3(CH_2)_{16}COOCH_2CHOHCH_2OOCCH_3$) 《非油脂性ろう状の固体; 食品防腐剤・可塑材》. 〚← ACETO-+STEARIN〛

a·ce·tous /ǽsətəs, əsí:t- | ǽsɪt-/ adj. 1 酢の(ような), 酢を含む[生じる]. 2 《批判など》辛辣(しんらつ)な. 〚(1714) □ F acéteux vinegary // LL acētōsus sour: ⇨ ↓, -ous〛

a·ce·tum /əsí:təm | -təm/ n. (pl. **a·ce·ta** /-tə | -tə/) 〘薬学〙 酢剤, 酢酸溶液; 酢. 〚□ L acētum vinegar=(vinum) acētum vine turned sour (neut. p.p.) ← acēscere to turn sour (inceptive) ← acēre to be sour〛

a·ce·tyl /ǽsətl̩, -tì:l | ǽsɪtàɪl, -tɪl, əsí:tɪl, əsí:taɪl/ n. 〘化学〙 アセチル基 (CH_3CO-). 〚(1864) ← ACETO-+-YL〛

acètyl·ácetone n. 〘化学〙 アセチルアセトン ($C_5H_8O_2$) 《無色芳香性液体; 互変異性体のケト形 ($CH_3COCH_2COCH_3$) とエノール形 ($CH_3COCHC(OH)CH_3$) の混合物として存在する》. 〚(1927) ⇨ ↑, acetone〛

acétyl·amìno·bénzene n. 〘薬学〙 アセチルアミノベンゼン (⇨ acetanilide). 〚← ACETYL+AMINO-+BENZENE〛

a·cet·y·late /əsétəlèɪt, -tl̩- | -tɪl-, -tl̩-/ vt., vi. 〘化学〙 アセチル化する (acetylize). **a·cet·y·la·tive** /əsétəlèɪtɪv, -tl̩- | -tɪlèɪt-, -tl̩-/ adj. 〚(1909) ← ACETYL+-ATE³ // 《逆成》 ↓〛

a·cet·y·la·tion /əsètəléɪʃən | -tɪl-, -tl̩-/ n. 〘化学〙 アセチル化[置換]. 〚(1895) ← ACETYL+-ATION〛

a·cét·y·là·tor /-tə | -tə(r)/ n. 〘化学〙 酢化機 《アセチル基置換反応を行わせる反応装置》.

acètyl·bénzene n. 〘化学〙 アセチルベンゼン (⇨ acetophenone).

acétyl céllulose n. 〘化学〙 アセチルセルロース (cellulose acetate). 〚1915〛

acétyl chlóride n. 〘化学〙 塩化アセチル (CH_3COCl) 《無色刺激臭の有毒液体; アセチル化試薬, 染料・医薬品原料》. 〚1873〛

acètyl·chóline n. 〘薬学・生化学〙 アセチルコリン

($C_7H_{17}O_3N$)《血管拡張剤, 副交感神経の刺激伝達物質》.
acètyl·cholínic *adj.* 〘(1906) ← ACETYL＋CHOLINE〙

àcetyl·cho·lin·és·ter·ase /-kòulɪ̀néstərèɪs, -kɑ̀(ː)l-, -rèɪz | -kəulɪnéstərèɪs, -kɔ̀l-/ *n.*〘生化学〙アセチルコリンエステラーゼ《アセチルコリンを加水分解して不活性化する酵素; ⇨ cholinesterase》. 〘(1938): ⇨ ↑, esterase〙

acétyl-Cò·Á /-kòuéɪ | -kəu-/ *n.*〘生化学〙＝acetyl coenzyme A. 〘*c*1959〙

acétyl coénzyme Á *n.*〘生化学〙アセチル補酵素 A ($C_{25}H_{38}N_7O_{17}P_3S$)《補酵素 A の SH 基にアセチル基が結合したもの》. 〘*c*1952〙

a·cet·y·lene /əsétəliːn, -lɪ̀n, -tl̩- | əsétɪ̀liːn, -lɪn, -tl̩-/ *n.*〘化学〙**1** アセチレン(ガス) (HC≡CH)《三重結合をもつ最も簡単な炭化水素; 反応性に富み化学工業原料として重要; ethyne ともいう》: ～ gas / an ～ lamp. **2** ＝alkyne. **a·cet·y·le·nic** /əsètəlíːnɪk, -tl̩- | -təl-, -tl̩-⁻/ *adj.* 〘(1864) ← ACETYL＋-ENE〙

acétylene bláck *n.*〘化学〙アセチレンブラック《アセチレンの熱分解・爆発分解などによって得られるカーボンブラックの一種; 乾電池の充填剤・プラスチックの配合剤などに用いる; cf. thermal black》.

acétylene sèries *n.* [the ～]〘化学〙アセチレン系列《アセチレンの同族体で, その一般式は C_nH_{2n-2}; alkyne series ともいう》. 〘1877〙

acétylene tetrachlóride *n.*〘化学〙四塩化アセチレン (⇨ tetrachloroethane).

acétyl gròup *n.* [the ～]〘化学〙アセチル基. 〘1904〙

ac·e·tyl·ic /æ̀sətílɪk | æ̀sɪ̀-/ *adj.*〘化学〙アセチル基の. 〘(1881) ← ACETYL＋-IC[1]〙

a·cet·y·lide /əsétəlàɪd, -tl̩- | -tɪ̀l-, -tl̩-/ *n.*〘化学〙アセチリド《アセチレンの水素を金属で置換したものの総称》. 〘(1863) ← ACETYL＋-IDE[2]〙

a·cet·y·lize /əsétəlàɪz, -tl̩- | -tɪ̀l-, -tl̩-/ *vt., vi.*〘化学〙＝acetylate. 〘← ACETYL＋-IZE〙

acétyl nùmber *n.*〘化学〙アセチル数 (⇨ acetyl value).

acétyl peróxide *n.*〘化学〙過酸化アセチル (($CH_3COO)_2$)《分解してアセトキシル基, メチル基を生じる; ラジカル重合開始剤に用いられ, 爆発性がある》. 〘1877〙

acétyl prómazine *n.*〘薬学〙アセチルプロマジン ($C_{19}H_{22}N_2OS$)《鎮静剤》.

acètyl·salícylate *n.*〘薬学〙アセチルサリチル酸塩[エステル], アセチルサリチラート. 〘*c*1960〙

acètyl·salicýlic ácid *n.*〘薬学〙アセチルサリチル酸 (⇨ aspirin 1). 〘(1897) ← ACETYL＋SALICYLIC〙

acétyl vàlue *n.*〘化学〙アセチル価《アセチル化した油脂の結合酢酸量を示す数値; acetyl number ともいう》.

ac·ey-deuc·ey /èɪsidúːsi, -djúː- | -djúː-/ *n.* (*also* **ac·ey-deuc·y** /～/) エイシードゥーシー《バックギャモン (backgammon) の一種で, 2 と 1 の組合わせの目が出ると, どの doublet でも自由に選べ, さらにもう一度振る権利が与えられるもの》. 〘(1925) ← ACE[1]＋-Y[2]＋DEUCE[1]＋-Y[2]〙

ACGB《略》Arts Council of Great Britain 英国芸術評議会 (cf. CEMA).

ACGI《略》Associate of the City and Guilds Institute.

ac-glóbulin /èɪsíː-, æ̀k-/ *n.*〘生化学〙＝accelerator globulin. 〘略〙

ach /ɑ́ːx, ɑ́ːk; G. áx/《スコット》*int.* ＝ah. 〘(1865) □ G & Celt ～〙

a·chaar /ətʃɑ́ə | ətʃɑ́ː(r/ *n.* ＝achar.

A·chae·a /əkíːə/ *n.* アカイア《ギリシャ南部, Peloponnesus 半島北岸の Corinth 湾に臨む地域; 古代アカイア同盟の故地》.

A·chae·an /əkíːən/ *adj.* **1** アカイア (Achaea) (人)の. **2** (古代)ギリシャ(人)の (Greek). **—** *n.* **1** アカイア人; (有史以前の)アカイア人 (cf. Aeolian 1, Dorian[1], Ionian 1). **2** (古代)ギリシャ人 (Greek). 〘(1567) ← L *Achaeus* (□ Gk *Akhaiós*)＋-AN[1]〙

Achǽan Léague *n.* [the ～] アカイア同盟 (280–146 B.C. に Achaea 地方を中心としたギリシャ諸都市の間に結ばれた政治上の同盟). 〘1734〙

Ach·ae·me·ni·an /æ̀kɪ̀míːniən | æ̀kɪ-⁻/ *adj.* **1** アケメネス(王)朝の. **2** (碑文に用いられた)アケメネス朝ペルシャ語の. **—** *n.* アケメネス朝の人. 〘(1717) ← L *Achaemenius* ← Gk *Akhaiménēs* Achaemenes (紀元前 7 世紀のペルシャ王): ⇨ -an[1]〙

A·chae·me·nid /əkíːmənɪ̀d, æk-, -kém- | -mɪ̀nɪd/ *n.* (*pl.* **～s, Ach·ae·men·i·dae** /æ̀kɪ̀ménədiː | æ̀kɪménɪ̀-/, **Ach·ae·men·i·des** /-dìːz/) **1** [the ～s] アケメネス王朝[王家]《550–331 B.C.; 古代オリエントのほとんど全域を支配したイラン人の王朝》. **2** アケメネス王朝[王家]の人. **—** *adj.* アケメネス(王)朝の. 〘(1900) ← *Achaemenes* (↑)＋-ID[2]〙

a·chae·tous /eɪkíːtəs, ək- | -təs/ *adj.*〘動物〙棘(きょく)[剛毛] (setae) のない. 〘(1896) ← A-[7]＋Gk *khaítē* hair＋-OUS〙

A·chai·a /əkáɪə, əkéɪə | əkáɪə/ *n.* ＝Achaea. **A·chái·an** /-ən/ *adj., n.*

ach·a·la·si·a /æ̀kəléɪʒiə, -ʒə | -ziə, -ʒə/ *n.*〘病理〙弛緩(しかん)不能性, 無弛緩症; 噴門痙攣(けいれん). 〘(1914) ← NL ～ ← A-[7]＋Gk *khálasis* loosening (← *khalân* to loosen＋-SIS)＋-IA[1]〙

a·char /ətʃɑ́ə | -tʃɑ́ː(r; *Pers.* ɑːtʃɑ́ːr/ *n.* アチャール《インドの漬物[ピクルス]》. 〘(1697) □ Pers. *āchār*〙

a·char·ne·ment /æʃɑ̀ənəmɑ́ː(ŋ), -mɑ́ːŋ | æʃɑ̀ːn-; *F.* aʃaʁnəmɑ̃/ *F. n.* **1** (攻撃・憎悪などの)猛烈さ, 獰猛(どうもう)さ (ferocity). **2** 熱意 (gusto). 〘(1816) □ F ～ ← *acharner* to give a taste of flesh (to dogs, etc.): ⇨ -ment〙

A·cha·tes /əkéɪtiːz, ɑːkɑ́ː-/ *n.* **1**〘ギリシャ・ローマ神話〙アカーテース《Aeneas の親友》. **2** 信義に厚い友 (cf. fidus Achates). 〘□ L *Achātēs* □ Gk *akhā́tēs* 'AGATE'〙

ach·a·ti·na /æ̀kətáɪnə, -tíː-/ *n.*〘動物〙アフリカマイマイ科アフリカマイマイ属 (*Achatina*) のカタツムリの総称《殻高 19 cm のメノウアフリカマイマイ (*A. achatina*) や作物の害虫のアフリカマイマイ (*A. fulica*) など》. 〘(1884) ← NL ～ ← L *achātēs* 'AGATE'〙

ach·cha /ətʃɑ́ː/《インド》*adj.* 良い, 良好な. **—** *int.* なるほど, わかった, いいよ; まあ, おや, えっ! 〘□ Hindi *acchā*〙

ache /éɪk/ *vi.* **1**〈身体の一部が〉痛む, うずく: My head [ear] ～s. 頭[耳]が痛い / The noise made my head ～. あの騒音で頭が痛くなった / ～ all over からだ中が痛む / His limbs were *aching from* [*with*] fatigue. 疲労のため手足が痛んでいた / Oh, my *aching* back! ああ, 背中が痛い. **2 a**〈心が〉痛む, 悲しむ, 悩む: ～ *with* regret 痛惜に堪えない / I [My heart] ～*d at* the sad news. 悲報を聞いて心が痛んだ. **b** (…を)哀れに思う, (…に)同情する (*for*): My heart ～*d for* the poor orphan. かわいそうな孤児に心が痛んだ. **3**《口語》(…を)切望する, (…に)あこがれる (long) (*for*); (…したくて)たまらない (*to do*): ～ *for* home 強い郷愁を感じる / ～ *for* the sight of a person 人を一目(でも)見たいと思う / She was *aching to* go to the concert. その演奏会に行きたくてたまらなかった. **—** *n.* **1 a** (長く続く)痛み, うずき, 疼痛(とうつう) (⇨ pain SYN): have [get] an ～ *in* one's knee ひざが痛む / have ～s and pains (身体が)ほうぼう痛い. 日英比較 日本語の「痛み」より意味が狭く主に腰痛・頭痛・歯痛・胃痛など継続するものをいう. ⇨ pain. **b** [複合語の第 2 構成素として] …痛: ⇨ headache, stomachache, toothache, etc. **2** 心痛, 悲しみ, 悩み: ⇨ heartache. **3** 切望, 渇望: feel an ～ for … が欲しくてたまらない. 〘v.: ME *ake(n)* < OE *acan* ← ?. — n.: ME *ache* < OE *ǣce* ← (v.): n. の発音は /éɪtʃ/ であったのが 1700 年ごろ v. と混同され, n. のつづり字 *ache* を v. の発音 /éɪk/ で読むようになった〙

A·che·be /ətʃéɪbi, -beɪ/, **Chi·nua** /tʃínwɑː/ *n.* アチェベ (1930–2013; ナイジェリアの教師で小説家; *Things Fall Apart* (1958), *A Man of the People* (1966)).

a·chech /ætʃék/ *n.*〘エジプト神話〙アチェック《ライオンの体と鳥の翼をもつ生物》. 〘← Egypt.〙

Ach·e·lo·us /æ̀kəlóuəs | -ləu-/ *n.*〘ギリシャ神話〙アケロオス《ギリシャ西北部の川の神; Deianira の愛を得ようとして Hercules と争って負けた; Sirens の父》. 〘□ L *Achelōus* □ Gk *Akhelôïos*〙

a·chene /əkíːn, eɪ-/ *n.*〘植物〙痩果(そうか)《キク科植物の果実など; cf. fruit 1 b》. **a·ché·ni·al** /-niəl/ *adj.* 〘(*c*1855) ← NL *achaenium* ← A-[7]＋Gk *khaínein* to yawn＋-IUM〙

a·che·ni·um /əkíːniəm, eɪ-/ *n.* (*pl.* **-ni·a** /-niə/)〘植物〙＝achene. 〘↑〙

A·cher·nar /éɪkənɑ̀ə, ǽk- | éɪkənɑ̀ː(r/ *n.*〘天文〙アケルナル《エリダヌス座 (Eridanus) の α 星で 0.5 等星》. 〘□ Arab. *ākhir-an-nahr* end of the river〙

Ach·er·on /ǽkərɑ̀(ː)n | ǽkərɔ̀n, -rən/ *n.* **1**〘ギリシャ・ローマ神話〙アケロン, 「三途(さんず)の川」《黄泉(よみ)の国 Hades にある川; 死者の霊が渡し守 Charon の舟で渡る; cf. Styx》. **2** 冥土(めいど), あの世; 地獄. 〘(1590) □ L ～ □ Gk *Akhérōn*《原義》marshlike water ← ? *ákhos* grief, woe〙

Ach·e·son /ǽtʃɪ̀sən, -sn̩/, **Dean** (**Good·er·ham** /gúdəhæ̀m, -dərəm | -dəhæm, -dərəm/) *n.* アチスン (1893–1971; 米国の法律家・政治家; 国務長官 (1949–53)).

A·cheu·le·an /əʃúːliən, ətʃúː-/ *adj.* (*also* **A·cheu·li·an** /～/)〘考古〙(ヨーロッパの旧石器時代前期の一時期)アシュール期(文化)の (cf. Palaeolithic). 〘(*c*1894) □ F *acheuléen* ← *St. Acheul* (フランスの地名; ここで初めて当時の遺物が発見された)〙

à che·val /ɑ̀ːʃəvɑ́ːl | æ̀ʃ-; *F.* aʃəval/ *F. adv.* **1** 馬に乗って (on horseback); またがって (astride). **2** (賭け事などで)二股かけて; (特に, ルーレットで)区画[数字]にまたがって. 〘(1832) □ F ～〙

a·chiev·a·ble /ətʃíːvəbl̩/ *adj.* 成し遂げられる, 成就できる. 〘*c*1630〙

a·chieve /ətʃíːv/ *vt.* **1**〈仕事などを〉成し遂げる, 達成する (⇨ reach SYN): ～ a task / ～ one's purpose 目的を達する / He never ～*d* anything in life. 生涯, 何も成し遂げなかった / He never fails to ～ what he undertakes. 始めたことは必ずやり遂げる / Just what are you hoping to ～ *by* (doing) that [*with* that sort of behavior, *by* that sort of behavior]? それ[そんな態度]で何かやり遂げるつもりかね. **2**〈功績を〉立てる, 〈名誉などを〉かち取る (gain, attain): ～ success 成功を遂げる / ～ fame 名声を得る, 名をあげる / ～ independence 独立を成し遂げる. **—** *vi.* **1** 目的を達する. **2** (学業などで)一定の標準に達する.

a·chiev·er *n.* 〘(*c*1380) *acheve(n)* □ (O)F *achever* to accomplish, complete ← OF (*venir*) *à chief*《原義》(to come) to a head: cf. L *ad caput venire*〙

a·chieve·ment /ətʃíːvmənt/ *n.* **1** 業績, 功業, 功績, 偉業 (⇨ exploit[2] SYN): a scientific ～. **2**〘教育〙学力, 成績. **3** 達成, 成就, 成功: the ～ of one's object / a sense of ～ 達成感. **4**〘紋章〙**a** 大紋章《盾に各種のアクセサリーを付けたもの》. **b** 大紋章のほか肩章, 旗印までを含めた総称. **c** ＝hatchment. 〘(1475) □ (O)F *achèvement*: ⇨ ↑, -ment〙

achíevement àge *n.*〘心理・教育〙成就[教育]年齢《標準学力テストの結果を各教科ごとに年齢尺度に換算したもの; 略 AA; educational age ともいう》. 〘1921〙

achíevement quòtient *n.*〘心理・教育〙**1** ＝accomplishment quotient. **2** 教育指数《成就年齢 (achievement age) を暦年齢 (chronological age) で割った数を 100 倍したもの; 略 AQ; educational quotient ともいう》. 〘1924〙

achíevement tèst *n.*〘教育〙学力テスト[検査]. 〘1921〙

a·chi·la·ry /eɪkáɪləri, ək-/ *adj.*〘植物〙唇弁のない, 唇弁の未発達な. 〘(1868) ← A-[7]＋CHILO-＋-ARY〙

A·chille /ɑːʃíːl, æ-; *F.* aʃil/ *n.* アシール《男性名》. 〘□ F ～ (↓)〙

ach·il·le·a /æ̀kəlíːə, əkíliə | æ̀kɪ̀líːə/ *n.*〘植物〙アキレア《キク科ノコギリソウ属 (*Achillea*) の植物の総称; cf. sneezewort, yarrow》. 〘(1597) □ L *achillēa* □ Gk *Akhílleios* ← *Akhilleús* Achilles〙

Ach·il·le·an /æ̀kəlíːən | æ̀kɪ̀-/ *adj.* アキレス (Achilles) のような; 不死身の; 大力無双の. 〘(1637): ⇨ ↓, -an[1]〙

A·chil·les /əkíliːz/ *n.*〘ギリシャ神話〙アキレス, アキレウス (Peleus と海の女神 Thetis の子; Homer 作の *Iliad* に出てくるトロイ戦争でのギリシャ軍の英雄; 唯一の弱点であったかかと (heel) を敵将 Paris に射られて死んだという).
Achílles and the tórtoise アキレスと亀《亀より 10 倍早く走れる Achilles が 100 ヤードのハンディキャップを付けて亀と競走するとしたら, 彼が最初の 100 ヤードを走る間に亀は 10 ヤード進み, 彼がその 10 ヤードを走る間に相手はさらに 1 ヤード進むことになり, Achilles は永遠に追い付くことができない, としたギリシャの哲学者 Zeno of Elea の逆説の一つ》. 〘□ L *Achillēs* □ Gk *Akhilleús* ← ?〙

Achílles' [Achílles] héel /əkíliːz-/ *n.* (Achilles のかかとのような) 弱点, 「(弁慶の)泣き所」(vulnerable point); アキレス腱(けん) (heel of Achilles ともいう). 〘(1810) 母 Thetis が幼い Achilles を不死身にするため Styx 川に浸したとき唯一川水にぬれなかった箇所という〙

Achílles' [Achílles] téndon *n.*〘解剖〙アキレス腱(けん), 踵骨(しょうこつ)腱. (tendon of Achilles ともいう) 〘(1890)《なぞり》← L *tendō Achillis*〙

a·chim·e·nes /əkímәniːz | -mɪ̀-/ *n.* (*pl.* ～)〘植物〙アキメネス, ハナギリソウ《熱帯アメリカ産イワタバコ科ハナギリソウ属 (*Achimenes*) の草の総称; サビハナギリソウ (*A. grandiflora*) など; ラッパ状の美花をつけ, 観賞用》. 〘(1756) ← NL ～《変形》← L *achaemenis* □ Gk *akhaimenís*〙

Ach·i·nese /æ̀tʃəníːz | æ̀tʃɪ-/ *n.* (*pl.* ～) アチェ族, アチン族《Sumatra 北部のイスラム教徒》; アチェ語, アチン語《アウストロネシア語族に属する》. **—** *adj.* アチェ族[語]の.

ách·ing *adj.* ずきずき痛む, うずく: an ～ tooth / an ～ void やるせない空虚な気持ち;《戯言》空腹 (cf. W. Cowper, *Olney Hymns*). **～·ly** *adv.* 〘?*a*1200〙

a·chi·o·te /ɑ̀ːtʃióuti, -teɪ | æ̀tʃiɔ́ti/ *n.*〘植物〙＝annatto. 〘(*c*1650) □ Sp. □ Nahuatl *achiotl*〙

a·chi·ral /eɪkáɪrəl, æk- | -káɪər-/ *adj.*〘化学〙アキラルの, 非掌性の《鏡像体をもたない; ↔ chiral》. 〘(1966) ← A-[7]＋CHIRAL〙

A·chit·o·phel /əkítəfèl | -tə(u)-/ *n.*〘聖書〙＝Ahithophel.

ach·kan /ɑ́ːtʃkən/ *n.* (インド人男子の着る)七分丈の長い上着. 〘(1911) □ Hindi *ackan*〙

a·chlam·y·date /eɪklǽmədèɪt, -dɪ̀t | -mɪdèɪt, -dɪ̀t/ *adj.*〘動物〙〈腹足類の動物が〉外套膜 (mantle) のない. 〘(1877) ← A-[7]＋CHLAMYDATE〙

ach·la·myd·e·ous /æ̀kləmídiəs, èɪk- | -di-⁻/ *adj.*〘植物〙花被のない, 無被の: an ～ flower 無花被花. 〘(1830) ← A-[7]＋CHLAMYDEOUS〙

ach·laut /ǽxlàut, ǽk-; G. áxlaut/ *n.* [時に A-]〘音声〙アッハラウト《スコットランド英語の *loch* やドイツ語の *ach* の *ch* の音で, 無声軟口蓋摩擦音; 音声記号 [x]; cf. ichlaut》.

a·chlor·hy·dri·a /èɪklɔəhάɪdriə, -hάɪdriə | -klɔː-hάɪdriə/ *n.*〘病理〙塩酸欠乏(症), 無[遊離]塩酸症《胃液中の塩酸欠如》. **a·chlor·hyd·ric** /èɪklɔəhídrɪk, -hάɪdrɪk | -hάɪdrɪk⁻/ *adj.* 〘(*c*1898) ← NL ～: ⇨ A-[7], chloro-, hydro-, -ia[1]〙

a·chlo·ro·phyl·lous /eɪklɔ̀ːrəfíləs/ *adj.*〘植物〙葉緑素のない. 〘← A-[7]＋CHLOROPHYLLOUS〙

A·cho·li /ətʃóuli | ətʃəu-; *Ugandan* atʃóli/ *n.* (*pl.* ～, ～s) アチョリ族《ウガンダ北部の遊牧牧畜の民族》; アチョリ語《ナイル語群 (Nilotic) の一つ》. 〘(1874)《現地語》〙

a·cho·li·a /əkóuliə, eɪ- | -kəu-/ *n.*〘病理〙胆汁欠乏(症). **a·chol·ic** /eɪkɑ́(ː)lɪk | -kɔ́l-/ *adj.* **a·cho·lous** /eɪkóuləs, -kɑ́(ː)l- | -kəul-, -kɔ́l-/ *adj.* 〘(1848) ← NL ～ ← Gk *akholía* ← A-[7]＋*kholḗ* bile〙

a·chon·drite /eɪkɑ́(ː)ndraɪt | -kɔ́n-/ *n.*〘岩石〙エコンドライト, 無球粒隕石 (cf. chondrite). **a·chon·drit·ic** /èɪkɑ(ː)ndrítɪk | -kɔndrít-⁻/ *adj.* 〘(1904) ← A-[7]＋CHONDRITE〙

a·chon·dro·pla·si·a /əkɑ̀(ː)ndrəpléɪʒiə, eɪ- | əkɔ̀ndrə(u)pléɪziə, -ʒə/ *n.*〘獣医・病理〙軟骨発育不全(症), 軟骨無形成症《牛などが胎生時から発病し, 手足などが短くなる疾患; 家禽(かきん)では creeper, 人間の場合は fetal rickets ともいう》. **a·chon·dro·plas·tic** /əkɑ̀(ː)ndrəplǽstɪk, eɪ- | əkɔ̀n-⁻/ *adj.* 〘(1893) ← A-[7]＋CHONDRO-＋-PLASIA〙

a·choo /ətʃúː/ *int., n.* (*pl.* **～s**)《米》＝ahchoo.

a·chro·a·cyte /eɪkróuəsàɪt | -krəu-/ *n.*〘解剖〙無色細胞. 〘← A-[7]＋Gk *khróa* color＋-CYTE〙

ach·ro·ite /ǽkrouàɪt | ǽkrəu-/ *n.*〘鉱物〙アクロアイト《電気石の無色または白色の変種; 宝石に用いる》. 〘□ G *Achroit* ← A-[7]＋-*chroos* (⇨ -chroous): ⇨ -ite[1]〙

A

a·chro·mat /ǽkrəmæ̀t | -rə(ʊ)-/ *n.* **1**〘光学〙アクロマート (⇨ achromatic lens; cf. apochromat). **2**〘眼科〙全色盲者. 〖1: ((1900)) ((略)) ← ACHROMAT(IC LENS). 2: ((異形)) ← ACHROMATE〗

a·chro·mat- /èɪkroʊmǽt, æ̀k- | -rə(ʊ)mǽt/ (母音の前にくるときの) achromato- の異形.

ach·ro·mate /ǽkrəmèɪt, -roʊ- | -rə(ʊ)-/ *n.*〘眼科〙= achromat 2. 〖((逆成)) ↓〗

ach·ro·mat·ic /æ̀krəmǽtɪk, èɪk- | -rə(ʊ)mǽt-ˊ/ *adj.* **1 a** 無色の (colorless). **b**〘光学〙収色性な, 色消し性の. **2**〘生物〙非染色性の;〈細胞が〉色素に染まりにくい. **3**〘音楽〙全音階の (diatonic). **àch·ro·mát·i·cal·ly** *adv.* 〖((1766)) ← ACHROMATO-＋-IC¹〗

áchromatic cólor *n.*〘心理〙無彩色 ((白・黒など彩度 0 の色)).

áchromatic fígure *n.*〘生物〙非染色像, 不染色像 ((有糸分裂における核分裂像のうち塩基性色素に染まらない部分; cf. chromatic figure)).

ach·ro·ma·tic·i·ty /æ̀krəmətísəṭi, -roʊ- | æ̀krə(ʊ)-mətísɨ̀ti/ *n.*〘光学〙=achromatism. 〖1845〗

áchromatic léns *n.*〘光学〙色消し[アクロマチック]レンズ ((色(ᵢ)収差の補正されたレンズ; achromat ともいう; ⇨ lens 挿絵)). 〖c1864〗

áchromatic prísm *n.*〘光学〙色消しプリズム ((光を分散させず, 光線の方向を変化させるプリズム)).

áchromatic vísion *n.*〘病理〙明暗視, 全色盲.

a·chro·ma·tin /eɪkróʊmətɪ̀n | -kráʊmətɪn/ *n.*〘生物〙(細胞核内の)非染色質, 不染色質, アクロマチン (cf. chromatin). 〖((1882)) ← A-⁷＋CHROMATIN〗

a·chro·ma·tise /eɪkróʊmətàɪz, æk- | əkráʊ-, æk-, eɪk-/ *vt.* ((英)) =achromatize.

a·chro·ma·tism /eɪkróʊmətɪ̀zm, æk- | əkráʊ-, æk-, eɪk-/ *n.*〘光学〙色消し性, 色(ᵢ)収差のないこと. 〖((1797)) ← Gk *akhrṓmatos* (⇨ achromato-)＋-ISM〗

a·chro·ma·ti·za·tion /eɪkròʊmətɨ̀zéɪʃən, æk- | əkràʊmətaɪ-, æk-, eɪk-, -tɪ-/ *n.* 色消し法 ((色(ᵢ)収差を消去すること)). 〖⇨ ↓, -ation〗

a·chro·ma·tize /eɪkróʊmətàɪz, æk- | əkráʊ-, æk-, eɪk-/ *vt.* 無色にする, 収色する, …の色を消す. 〖((1845)): ⇨ ↓, -ize〗

a·chro·mat·o- /èɪkroʊmǽṭoʊ, æ̀k-, -krəmǽṭə | -rə(ʊ)mǽtəʊ/「無色の(もの)」の意の連結形. 〖← Gk *akhrṓmato-* ← A-⁷＋*khrṓma* color〗

a·chro·mat·o·phil /èɪkroʊmǽṭəfɪ̀l, æ̀k- | -krə(ʊ)-mǽt-ˊ/〘生物〙*adj.*〈細胞・組織が〉非染色性の. — *n.* 非染色性細胞[組織]. 〖⇨ ↑, -phil〗

a·chro·mat·o·phil·i·a /eɪkròʊmæ̀ṭəfíliə, æ̀k-, -krə- | -krə(ʊ)mæ̀tə-/ *n.*〘生物〙非染色性. 〖← NL ~: ⇨ achromato-, -philia〗

a·chro·ma·top·si·a /eɪkròʊmətá(ː)psiə | -krəʊ-mətɔ́p-/ *n.*〘病理〙色覚異常, 色盲. 〖((1849–52)) ← ACHROMATO-＋-OPSIA〗

a·chro·ma·tous /eɪkróʊmətəs, æk- | -kráʊmət-/ *adj.* 無色の (colorless); 正常より色の薄い: ~ blood. 〖((1882)) □ Gk *akhrṓmatos*: ⇨ achromato-, -ous〗

a·chro·mic /eɪkróʊmɪk, æk- | -kráʊ-/ *adj.* **1** 無色の. **2**〘生物〙染色物質を欠く. 〖((1761)) ← A-⁷＋CHROM-＋-IC¹〗

a·chro·mo·bac·ter /eɪkróʊməbæ̀ktə, æk- | -kráʊməbæ̀ktə^(r)/ *n.*〘細菌〙アクロモバクター ((真正細菌目 *Achromobacter* 属の微生物)). 〖← NL ~ ← Gk *ákhrōmos* colorless＋NL *-bacter* (⇨ bacteri-)〗

a·chro·mous /eɪkróʊməs, æk- | -kráʊ-/ *adj.* = achromic. 〖((1879)): ⇨ achromic, -ous〗

a·chro·no·log·i·cal /eɪkrà(ː)nəlá(ː)ʤɨ̀kəl, æk-, -kròʊ-, -kḷ | -krɔ̀nəlɔ́ʤɪ-, -kràʊ-ˊ/ *adj.* 年代順になっていない. 〖((1973)): cf. F *a-chronologique*: ⇨ a-⁷〗

ach·y /éɪki/ *adj.* (**ach·i·er**; **-i·est**) 痛む, 疼痛(ᵢ)のある. **ách·i·ness** *n.* 〖((1875)) ← ACHE＋-Y⁴〗

ach-y-fi /ǽkəví:, æ̀xə-/ *int.* ((ウェールズ)) うんざりだ, いまいましい ((嫌悪の表現)).

a·chy·li·a /eɪkáɪliə/ *n.*〘病理〙乳糜(ᵢ)欠乏症: gastric ~ 胃液分泌欠乏(症). 〖((1894)) ← NL ~: ⇨ a-⁷, chyli-, -ia¹〗

ac·i- /ǽsɨ̀, æsi/〘化学〙「酸 (acid)」の意の連結形. ★ 互変異性を示す化合物で酸形を示す; *aci*-nitromethane アシニトロメタン. 〖□ G *azi-* ← NL *acidum* 'ACID'〗

a·cic·u·la¹ /əsíkjʊlə/ *n.* (*pl.* **-u·lae** /-lìː/, **~s**) **1**〘生物〙針状のもの; とげ, 剛毛. **2**〘鉱物〙針状結晶体. 〖((1875)) □ L ~ (dim.) ← *acus* needle〗

acicula² *n.* aciculum の複数形.

a·cic·u·lar /əsíkjʊlə | -lə^(r)/ *adj.* **1** 針状に細くとがっている; 針状物のある, 針状の. **2**〘生物・鉱物〙=aciculate 1. 〖((1794)) □ L *aciculāris*: ⇨ acicula¹〗

a·cic·u·late /əsíkjʊlɨ̀t, -lèɪt | -lèɪt/ *adj.* **1 a**〘生物〙とげ[剛毛]をもった. **b**〘鉱物〙針状鉱物からなる. **2** = acicular 1. 〖((1836)) ← ACICUL(A)¹＋-ATE³〗

a·cic·u·lum /əsíkjʊləm/ *n.* (*pl.* **~s**, **-u·la** /-lə/) 針毛, 針状体, 針状骨片. 〖((1877)) ← NL ~ ((変形)) ← ACICULA¹〗

ac·id /ǽsɨ̀d | ǽsɪd/ *adj.* **1** 酸っぱい, 酸味の (⇨ sour SYN): ~ fruits / It has an ~ taste. =It tastes ~. 酸味がある, 酸っぱい. **2 a**〘化学〙酸の, 酸性の (↔ alkaline) (cf. neutral 5). **b**〈胃が〉酸性の, 胃酸過多の (hyperacid). **3**〈気質・顔付き・言葉などが〉とげとげしい, 辛辣(ᵢ)な, ぷりぷりした: an ~ remark [comment] / an ~ joke 辛辣な冗談. **4**〈色彩・光線が〉強烈な (intense). **5**〘地質〙シリカ (silica) を多く含んだ, 酸性の (acidic): ~ rock 酸性岩 / ⇨ acid rain, acid soil. **6**〘冶金〙酸性(製鋼)法の[による] (cf. basic 3): ⇨ acid process.

— *n.* **1**〘化学〙酸 (cf. Lewis acid). **2** 酸味のある物, 酸性の物. **3** 辛辣さ, (厳しい)皮肉. **4** ((俗)) =LSD. ***cóme the ácid*** ((俗)) 横柄[不愉快]な態度をとる; とげとげしい口をきく, 皮肉[嫌み]を言う. ***pút the ácid on*** ((豪口語)) (借金・好意などを得ようと)〈人〉に強引に迫る[働きかける], 圧力をかける. ***táke the ácid off*** ((豪口語))〈人〉に圧力をかけるのをやめる.

~·ly *adv.* **~·ness** *n.*

〖((1626)) □ F *acide* // L *acidus* sour ← *acēre* to be sour ← IE **ak-* to be pointed or sharp (L *ācer*): cf. acrid〗

ac·i·dae·mi·a /æ̀sədíːmiə | æ̀sɨ̀-/ *n.*〘病理〙= acidemia.

ácid anhýdride *n.*〘化学〙酸無水物 (⇨ anhydride). 〖1968〗

ac·i·dan·the·ra /æ̀sədǽnθərə | æ̀sɪ-/ *n.*〘植物〙アシダンテラ ((アフリカ産アヤメ科アシダンテラ属 (*Acidanthera*) の草本の総称; 観賞用)). 〖((1959)) ← NL ~ ← Gk *akid-*, *akís* needle＋-ANTHERA〗

ácid·bàse *adj.*〘生化学〙酸・塩基の: ~ equilibrium 酸塩基平衡. 〖1917〗

ácid-base titrátion *n.*〘化学〙酸塩基滴定 (⇨ acidimetry).

ácid bàth *n.* **1**〘医学〙鉱酸浴, 酸性鉱泉浴. **2**〘染色〙酸(性)浴 ((硫酸・酢酸を主成分とするレーヨンなどの紡糸用凝固浴)). 〖1902〗

ácid caséin *n.*〘生化学〙アシッドカゼイン (⇨ casein 1 b). 〖1950〗

ácid cèll *n.*〘電気〙酸電池 ((電解液として硫酸などの酸を用いる電池)). 〖1926〗

ácid·chlóride *n.*〘化学〙酸塩化物, 塩化アシル, 酸クロリド ((–COCl 基を有する有機物; cf. oxychloride)).

ácid dròp *n.* ((英)) (酒石酸などで酸味を添えた)酸っぱいキャンディー[ドロップ]. 〖1836〗

ácid dýe [cólor] *n.*〘染色〙酸性染料. 〖1888〗

ácid égg *n.*〘化学〙アシッドエッグ ((硫酸・硝酸などの製造に際して圧搾空気を利用して酸を輸送する装置; 今は使用されない; blowcase ともいう)).

ac·i·de·mi·a /æ̀sədíːmiə | æ̀sɨ̀-/ *n.*〘病理〙=acidosis. 〖((1906)) ← NL ~: ⇨ acid, -emia〗

ácid-fàst *adj.*〈細菌・組織 (tissue)・染料が〉抗酸性の. **~·ness** *n.* 〖1904〗

ácid-fòrming *adj.* **1**〘化学〙酸を出す[作る]. **2**〘生化学〙〈食物が〉(体内燃焼後に)多量の酸性残留物を出す. 〖1869〗

ácid·hèad *n.* ((俗)) LSD 常用者. 〖1966〗

ácid hòuse *n.* **1**〘音楽〙アシッドハウス ((シンセサイザーによる幻惑的なサウンド効果と速いビートを特徴とするロック音楽; 1980 年代末に英国の若者の間で流行)). **2** アシッドハウス調 ((幻覚剤を使用して陶酔する, アシッドハウス音楽に関連した服飾や行動)). 〖1988〗

ácid-hòuse párty *n.* アシッドハウスパーティー ((若者が使われていない建物などに集まり, acid house 音楽で夜通し開くパーティー)). 〖1988〗

a·cid·ic /əsídɪk, æs- | -dɪk/ *adj.* **1**〘地質〙=acid 5. **2**〘化学〙酸を形成する (acid-forming). **3** 酸の, 酸性の (acid). **4** 辛辣(ᵢ)な, 厳しい, 皮肉な. 〖((1880)) ← ACID＋-IC¹〗

a·cid·i·fi·a·ble /əsídəfàɪəbḷ, æs- | -dɨ̀-/ *adj.* 酸性にすることのできる, 酸性化できる. 〖((1794)) ← ACIDIFY＋-ABLE〗

a·cid·i·fi·ca·tion /əsìdəfɨ̀kéɪʃən, æs- | -dɨ̀fɪ-/ *n.* 酸性化; 酸敗. 〖((1794)) □ F ~: ⇨ acidify, -ation〗

a·cíd·i·fì·er *n.* 酸性にするもの; 土壌酸性化剤 ((硫酸アルミニウム)). 〖1847〗

a·cid·i·fy /əsídəfàɪ, æs- | -dɨ̀-/ *vt.* **1** 酸っぱくする; 酸性にする. **2** 酸漬けする ((羊毛中の植物性夾雑物を除くために硫酸に漬ける)). — *vi.* 酸っぱくなる; 酸性になる. 〖((1797)) ? □ F *acidifier*: ⇨ acid, -ify〗

ac·i·dim·e·ter /æ̀sədímətə | æ̀sɨ̀dímɨ̀tə^(r)/ *n.*〘化学〙酸滴定装置, 酸定量器 ((acidometer ともいう)). 〖((1839)) ← ACID＋-I-＋-METER¹〗

ac·i·dim·e·try /æ̀sədímətri | æ̀sɨ̀dímɨ̀-/ *n.*〘化学〙酸滴定, 酸定量法 ((acid-base titration ともいう)).

a·cid·i·met·ric /əsìdəmétrɪk | -dɪ-ˊ/ *adj.* **a·c·i·d·i·mét·ri·cal** *adj.* **a·cìd·i·mét·ri·cal·ly** *adv.* 〖((1839)) ← ACID＋-I-＋-METRY〗

a·cid·i·ty /əsídəṭi, æs- | -dɨ̀ti/ *n.* **1** 酸味, 酸性; 酸性度, 酸度. **2** 辛辣(ᵢ)さ, 厳しさ. **3** (胃液の)酸度. 〖((1620)) □ F *acidité* // LL *aciditātem* ← L *acidus* 'ACID': ⇨ -ity〗

ac·id·ize /ǽsədàɪz | ǽsɨ̀-/ *vi.* 酸で処理する. — *vt.* (石灰分を中和させるため)〈油井などに〉酸を加える. 〖((1909)) ← ACID＋-IZE〗

ácid jázz *n.* アシッドジャズ ((ジャズ・ファンク・ソウル・ヒップホップなどの要素を取り込んだダンス音楽)). 〖1988〗

ácid metaprótein *n.*〘生化学〙酸メタプロテン.

ácid míst *n.* (大気汚染による)酸性霧[ミスト].

ácid mórdant dýe *n.*〘染色〙酸性媒性染料.

ácid nùmber *n.*〘化学〙酸価 ((油脂および蠟(ᵢ)の 1 g 中に含まれる遊離脂肪酸を中和するのに要する水酸化カリウムのミリグラム数; acid value ともいう)). 〖1918〗

ac·i·do- /ǽsədòʊ | æ̀sɨ̀dəʊ/「酸, 酸性」の意を表す連結形. 〖← NL ~: ⇨ acid-, -o-〗

àcido·génic *adj.*〘生化学〙酸を作る[出す], 酸性にする (acid-forming). 〖← ACIDO-＋-GENIC¹〗

ac·id·oid /ǽsədɔ̀ɪd | æ̀sɨ̀-/〘農業〙*adj.*〈土壌が〉アシドイドの, 酸性の (cf. basoid). — *n.* アシドイド ((コロイド粒子が酸性基をもつものをいう)). 〖((1931)) ← ACID＋-OID〗

ac·i·dol·y·sis /æ̀sədá(ː)ləsɨ̀s | æ̀sɨ̀dɔ́lɨ̀sɪs/ *n.* (*pl.* **-y·ses** /-sìːz/)〘化学〙加酸分解 ((酸による加水分解)). 〖← ACIDO-＋-LYSIS〗

ac·i·dom·e·ter /æ̀sədá(ː)məṭə | æ̀sɨ̀dɔ́mɨ̀tə^(r)/ *n.* = acidimeter.

a·cid·o·phile /əsídəfàɪl, æs- | -də-/〘生物〙*n.* (*also* **a·cid·o·phil** /-fɪl/) 好酸性物質 ((酸性色素で染まる細胞・組織・有機体)). — *adj.* =acidophilic. 〖((c1900)) ← ACIDO-＋-PHILE〗

ac·i·do·phil·ic /æ̀sədoʊfílɪk, -də- | æ̀sɨ̀də(ʊ)-ˊ/ *adj.* **1**〘生物〙〈有機体・バクテリアなど〉好酸性の (aciduric). **2**〘解剖〙好酸性の, 酸性色素によく染まる (cf. basophilic). **àc·i·do·phíl·ia** *n.* 〖((1900)) ← ACIDO-＋-PHILIC〗

a·ci·doph·i·lous /æ̀sədá(ː)f(ə)ləs | æ̀sɨ̀dɔ́fɪ-ˊ/ *adj.*〘生物〙=acidophilic. 〖1900〗

ac·i·doph·i·lus /æ̀sədá(ː)f(ə)ləs- | æ̀sɨ̀dɔ́fɪ-/ *n.* アシドフィルス ((ヨーグルト製造, 腸内細菌叢の正常化に使われるグラム陽性桿菌 (*Lactobacillus acidophilus*))). 〖((c1925)) ← NL 'acid-loving'〗

acidóphilus mílk *n.* 乳酸菌ミルク. 〖((1921)) *acidophilus*: ← NL ~ ← L *acidus* 'ACID'＋-o-＋*-philus* loving (⇨ -philous)〗

ac·i·do·sis /æ̀sədóʊsɨ̀s | æ̀sɨ̀dáʊsɪs/ *n.* (*pl.* **-do·ses** /-siːz/)〘病理〙アシドーシス, 酸血症 ((血液が酸性化した状態; cf. alkalosis)). 〖((1900)) ← ACID＋-OSIS〗

ac·i·dot·ic /æ̀sədá(ː)ṭɪk | æ̀sɨ̀dɔ́t-ˊ/ *adj.*〘病理〙酸液過多症の; 酸中毒の. 〖← ACID＋-OTIC¹〗

ácid phósphatase *n.*〘生化学〙酸ホスファターゼ ((酸性の条件で活性が最大となるホスファターゼ; cf. alkaline phosphatase)). 〖1949〗

ácid phósphate *n.*〘化学〙酸性リン酸塩 (⇨ superphosphate 1).

ácid pròcess *n.*〘冶金〙酸性(製鋼)法 ((炉の内張りに酸性耐火材を用いた製鋼法; cf. basic process)). 〖1902〗

ácid·pròof *adj.* **1** 酸に耐える, 耐酸性の. **2** =acid-fast. 〖1868〗

ácid ràdical *n.*〘化学〙酸基, 酸根 ((酸の分子から金属と置換し得る水素原子を 1 個以上除いた残りの部分)). 〖1869〗

ácid ráin *n.* (大気汚染による)酸性雨. 〖1859〗

ácid reáction *n.*〘化学〙酸性反応. 〖1854〗

ácid róck *n.*〘音楽〙アシッドロック ((サイケデリックな効果を狙ったロック音楽)). 〖((1966)) ← ACID (n. 4)＋ROCK²〗

ácid sált *n.*〘化学〙酸性塩. 〖1675〗

ácid slúdge *n.*〘化学〙硫酸スラッジ ((石油精製の際, 硫酸処理によって生じる粘着性物質)). 〖1885〗

ácid sóil *n.* 酸性土壌 (pH 7.2 未満).

ácid tést *n.* **1** (もと試金のための)硝酸テスト. **2** (品行・真実性・価値・会計などの)厳密な吟味[検査], 厳しい[決定的な]試錬. 〖1892〗

ácid tést rátio *n.*〘経営〙酸性試験比率, 当座比率 ((当座資産と流動負債との比率; 1 対 1 が標準で, 前者が後者より大きいほど企業の資金の流動性は高い)).

ácid tríp *n.* ((俗)) (LSD による) 幻覚の体験. 〖1967〗

a·cid·u·lant /əsíʤʊlənt | -djʊ-, -ʤʊ-/ *n.*〘化学〙酸味剤 ((食品加工に使われるクエン酸, 酢酸など)).

a·cid·u·late /əsíʤʊlèɪt | -djʊ-, -ʤʊ-/ *vt.* **1** …に酸味を帯びさせる. **2**〈人を〉気むずかしくする (embitter). **a·cid·u·la·tion** /əsìʤʊléɪʃən | -djʊ-, -ʤʊ-/ *n.* 〖((1732)) ← L *acidulus* slightly sour ((dim.) ← *acidus* 'ACID')＋-ATE³〗

a·cid·u·làt·ed /-tɨ̀d | -tɪd/ *adj.* **1** 酸味を帯びさせた: an ~ drop ((英)) ⇨ acid *adj.* 1. **2** 苦々しい気持ちの, 気むずかしい: an ~ old maid. 〖1732〗

a·cid·u·lent /əsíʤʊlənt | -djʊ-, -ʤʊ-/ *adj.* =acidulous. 〖1834〗

a·cid·u·lous /əsíʤʊləs | -djʊ-, -ʤʊ-/ *adj.* **1** 酸味のある, 少し酸っぱい (⇨ sour SYN). **2** とげとげしい, 辛辣(ᵢ)な, 皮肉な. 〖((1769)) ← L *acidulus*＋-OUS: ⇨ acid, -ulous〗

ac·i·du·ric /æ̀sədʊ́ᵊrɪk, -djʊ́ᵊr- | æ̀sɨ̀djʊ́ər-ˊ/ *adj.*〘生物〙=acidophilic. 〖1910〗

ácid vàlue *n.*〘化学〙酸価 (⇨ acid number). 〖1911〗

ac·id·y /ǽsɨ̀di | ǽsɪdi/ *adj.* 酸性の, 酸っぱい, 舌を刺す. 〖((1961)) ← ACID＋-Y⁴〗

ac·i·er·age /ǽsiərɪʤ/ *n.*〘金属加工〙鋼化, 鉄めっき ((印刷用ステロ版を作るときなどに金属板表面に電解法で鉄皮膜をかぶせる作業)). 〖□ F *aciérage* ← *acier* (↓): ⇨ -age〗

ac·i·er·ate /ǽsiərèɪt/ *vt.*〘金属加工〙〈金属表面〉に鉄めっきする, 鋼化する. **ac·i·er·a·tion** /æ̀siəréɪʃən/ *n.* 〖((1887)) ← F *acier* steel (< VL **aciārium*=L *aciēs* sharpness)＋-ATE³〗

ac·i·form /ǽsəfɔ̀əm | æ̀sɨ̀fɔ̀ːm/ *adj.* 針状の (needle-shaped). 〖((1847)) ← L *acus* needle＋-I-＋-FORM〗

ACII ((略)) ((英)) Associate of the Chartered Insurance Institute.

a·cil·i·ate /eɪsílɨ̀ɪt, -lièɪt/ *adj.*〘生物〙繊毛 (cilia) のない. 〖← A-⁷＋CILIATE〗

ac·i·na·ceous /æ̀sənéɪʃəs | æ̀sɨ̀-ˊ/ *adj.*〘植物〙種[核]を含む[もつ]. 〖((1775)) ← ACINUS＋-ACEOUS〗

a·cin·a·ci·fo·li·ate /əsɪ̀nəsəfóʊliɨ̀t, -lièɪt | -sɨ̀-fəʊ-ˊ/ *adj.*〘植物〙=acinacifolious. 〖⇨ acinaciform, foliate〗

a·cin·a·ci·fo·li·ous /əsɪ̀nəsəfóʊliəs | -sɨ̀fəʊ-ˊ/ *adj.*〘植物〙偃月(ᵢ)刀状の葉をつけた. 〖((1879)): ⇨ ↓, -folious〗

ac·i·nac·i·form /æ̀sənǽsəfɔ̀əm | æ̀sɪnǽsɪfɔ̀ːm/ *adj.*〘植物〙偃月(ᵢ)刀 (scimitar) 状の. 〖((1774)) ← L *acinacēs* short sword (□ Gk *akinákēs*)＋-I-＋-FORM〗

ac·i·nar /ǽsənə, -nὰə | ǽsɪ̀nə(r, -nὰ:(r/ *adj.* 粒状果の, 粒状果からできている. 〖(1936) ← ACIN(US)＋-AR¹〗

ac·i·nar·i·ous /æsənέ(ə)riəs | æsɪ̀nέər-⁻/ *adj.* 〘植物〙〈ある種の藻など〉粒状の小気胞で覆われた. 〖← ACIN(US)＋-ARIOUS: cf. F *acinaire*〗

acini *n.* acinus の複数形.

a·cin·i·form /əsínəfɔ̀əm | -nɪ̀fɔ̀:m/ *adj.* **1** 〘植物〙粒状果の, ブドウの房[果実]に似た. **2** ブドウ状の, ふさ状の. 〖(1847) ← ACIN(US)＋-I-＋-FORM〗

ac·i·nose /ǽsənòus, -nòuz | ǽsɪ̀nəus, -nəuz/ *adj.* ＝acinous.

ac·i·nous /ǽsənəs | ǽsɪ̀-/ *adj.* 粒状果からなる; ブドウ状の, 小胞状の, ふさ状の. 〖(1872) □ F *acineux* // L *acinōsus* like grapes: ⇨ ↓, -ous〗

ac·i·nus /ǽsənəs | ǽsɪ̀-/ *n.* (*pl.* **ac·i·ni** /ǽsənàɪ | ǽsɪ̀-/) **1** 〘植物〙粒状果, 小核果《クロイチゴ (blackberry), キイチゴ (raspberry) など集合果の一粒の実, またはブドウの一粒の実》; 小核《ブドウなどの核》. **2** 〘解剖〙腺房, (肺の)細葉. 〖(1731) □ L ～ 'cluster of grapes, berry'〗

-a·cious /éɪʃəs/ *suf.* [名詞に付けて]「…の傾向のある, …好きな, …の多い」などの意の形容詞を造る: pugn*acious*, loqu*acious*. 〖← L *-āci-*, *-āx* (adj. suf.)＋-OUS〗

A·cis /éɪsɪ̀s | -sɪs/ *n.* 〘ギリシャ神話〙アーキス《Sicily 島の羊飼いの美少年で Galatea の恋人; 二人の仲をねたんだ Polyphemus が大岩を投げて殺すと, Galatea がその血を清らかな川 (the Acis) に変えた》.

ACIS 《略》Associate of the Institute of Chartered Secretaries and Administrators《以前は Associate of the Chartered Institute of Secretaries》.

-ac·i·ty /ǽsəṭi | ǽsɪ̀ti/ *suf.* -acious に終わる形容詞に対応する名詞を造る: pugn*acity*, loqu*acity*. 〖□ F *-acité* // L *-ācitātem*: ⇨ -ity〗

ack. 《略》acknowledge; acknowledgment.

ack-ack /ǽkǽk⁻/ 《口語》*n.* **1** 対空砲火 (antiaircraft fire). **2** 高射砲 (antiaircraft gun) (cf. pom-pom¹). — *adj.* 防空[対空]の. 〖(1939)《転訛》← AA (＝antiaircraft の意の通信用の呼び名)〗

a·ckee /ǽki:, ―⁻/ *n.* 〘植物〙＝akee.

ack em·ma /ǽkémə/ 《英口語》*adv.* 午前 (a.m.)《電話などで用いる; ↔ pip emma》: at 10 ～. — *n.* (航空隊で)飛行機修理工 (air mechanic). 〖(1927): A.M. の通信用の呼び名から〗

ack·ey /ǽki/ *n.* (*pl.* ～**s**) **1** アキー《アフリカ西部の黄金海岸で使用するため 1796 年と 1818 年に英国のアフリカ会社が発行した植民地用の銀貨; 1 アキーは砂金 20 グレーンに当たる》. **2** 1 アキー銀貨. **3** 〘冶金〙(酸洗いに使用される)硝酸と硫酸の混酸. 〖□ Liberian *akee*〗

ackgt 《略》acknowledgment.

ac·know /æknóu/ *vt.* 《廃》認める. 〖OE *oncnāwan* to confess: ⇨ on, know〗

ac·knowl·edge /ɪ̀knά(:)lɪdʒ, æk- | əknɔ́l-, æk-/ *vt.* **1 a** 〈事実・義務などを〉認める, 承認する (admit); 〈事・人を〉(…であると)認める〔*as*〕〈*to* be, *that*〉: ～ a fault 誤りを認める / ～ a person's rights 人の権利を認める / ～ the truth of an argument 議論の真実性を認める / He ～*d* *having been* on the spot. 現場にいたことを認めた / I ～ it *as* true [it *to be* true, *that* it is true]. それが真実であることを認める / He is ～*d as* an authority on the subject. その問題の権威者として定評がある. **b** [～ *oneself* で] 自認する (confess): ～ *oneself* (to be) defeated [(*as* [to be]) the loser] 敗北を認める. **2** 〘法律〙 **a** 〈証書などを〉(正式に)承認する: ～ a deed / ～ a signature 署名を承認する《自分のものだと言う》. **b** 〈非嫡出子を〉認知する. **3** 〈手紙・贈り物などの〉受領を認める[報じる], …の礼状を出す: ～ (receipt of) a letter 手紙を受け取ったことを知らせる[通知する]. **4** 〔表情・身振りなどで〕…に気づいたことを示す, 〈人〉に〔挨拶などで〕答える, 〈挨拶〉に答える〔*by*, *with*〕: He ～*d* my presence *with* a nod [*by* nodding]. 私のいるのに気づいてうなずいた / He went away without *acknowledging* me. 私に知らん顔をして行ってしまった. **5** 〈親切・功績など〉に感謝する, 礼を言う[する]: ～ a person's help and advice 人の援助と助言に対して感謝する / ～ one's sources in an article 論文の中で出典を記して謝意を表す / He ～*d* his debt to his teacher. 彼は先生にお世話になったことを感謝した. **～·a·ble** /-dʒəbḷ/ *adj.*

ac·knówl·edg·er *n.* 〖(1481)《混成》← ACKNOW＋KNOWLEDGE《廃》to admit)〗

SYN 認める: **acknowledge** 〈隠しておきたかったことを〉事実であると打ち明ける: He *acknowledged* defeat. 敗北を認めた. **admit** 説得によって〈事や行動を〉事実であると(しぶしぶ)認める: I *admit* that I was mistaken. 私が間違っていたことを認める. **own** 《古風》〈自分に不利益な事実を〉事実であると告白する: The man *owned* having told a lie. 男はうそをついたことを認めた. **recognize** 不本意ながらある事柄を事実として認識する: He refused to *recognize* his mistake. 彼は自分の過失を認めようとはしなかった. **confess** 〈罪・犯罪などを〉正式に認める: He *confessed* his crime. 犯罪を告白した. 弱い意味では ＝ *admit*: I *confess* I am a coward. 実を言うと, 私は臆病なんです. **concede** 通例しぶしぶ議論・要求などを事実[妥当]だと認める: He *conceded* that he had been guilty of bad judgment. 判断がまずかったことを認めた.

ANT deny.

---

ac·knówl·edged *adj.* 承認された; 定評のある: an ～ ruler, authority, etc. **ac·knówl·edg·ed·ly** /-dʒɪ̀dli, -dʒd-/ *adv.* 〖1598〗

ac·knowl·edg·ment /ɪ̀knά(:)lɪdʒmənt, æk- | əknɔ́l-, æk-/ *n.* (*also* **ac·knówl·edge·ment**) **1 a** 承認, 認容; 自認, 白状. **b** 〘法律〙承認(書); (非嫡出子の)認知. **2 a** 感謝, 謝礼: as a small ～ of kindness received ささやかながらお礼のしるしに / in ～ of …の返礼[返事]に. **b** [通例 *pl.*]《協力者などに対する著者の》謝辞: *Acknowledgments* are due to many friends and colleagues for their assistance. 多くの友人と同僚のかたがたの御援助に対して感謝しなければならない / She was quoted without ～. 謝辞もなしで引用された / make (a) public ～ of a person's assistance 人の援助に対して公に謝意を表明する. **3** 〘商業〙受取の通知[証明], 受領書; 礼状. **4** (相手の挨拶などに対する)会釈, 答え. 〖(1594) ← ACKNOWLEDGE＋-MENT〗

ACL 《略》〘解剖〙anterior cruciate ligament 前十字靱帯(じんたい); 〘航空〙anti-collision light 衝突防止灯.

ac·le /ǽkli, əkléɪ/ *n.* 〘植物〙フィリピン産マメ科ネムノキ属の高木 (*Albizzia acle*)《材は家具・工芸用》. 〖□ Tagalog *aklé*〗

a·cleis·to·car·di·a /əklàɪstəkάəḍiə, eɪk- | -kά:diə/ *n.* 〘病理〙(心臓の)卵円孔開存. 〖← Gk *ákleistos* (← A-⁷＋*kléiein* to close)＋*kardía* heart〗

a·clin·ic /eɪklínɪk/ *adj.* (磁針に)傾角 (inclination) も伏角 (dip) も現れない, 無傾[無伏]角の. 〖(1850) ← A-⁷＋CLINIC〗

aclínic líne *n.* 〘地質〙(地磁気の)無傾[無伏]角線 (magnetic equator ともいう; cf. agonic line, isoclinic line, isogonic line). 〖1850〗

ACLS 《略》American Council of Learned Societies; automatic carrier landing system. 〖1966〗

ACLU 《略》American Civil Liberties Union. 〖1936〗

ACM 《略》air chief marshal; Association for Computing Machinery. 〖1963〗

ACMA 《略》《英》Associate of the Institute of Cost and Management Accountants.

ac·me /ǽkmi/ *n.* **1** [the ～] 絶頂, 頂点; 極度, 極致: *the* ～ of perfection 完璧 / *the* ～ of historical novels 歴史小説の最高傑作 / reach *the* ～ of art 芸術の極致に達する. **2** 《古》(病気の)危機 (crisis). **3** 《古》(人生の)頂点, 盛時. 〖(1570) ← Gk *akmḗ* point ← IE **ak-* sharp, pointed: ⇨ acid〗

ácme hàrrow *n.* アクメハロー, 刃状ハロー《土壌かきならし用の曲がった刃のついたハローの一種; blade harrow ともいう》.

Ac·me·ism /ǽkmiìzm/ *n.* 〘文学〙アクメイズム《20 世紀初めのロシア詩における運動; 象徴主義に対抗して言葉における明晰さ・具象性を志向した; 主な詩人はアフマートヴァ (Anna Akhmatova), マンデリシタム (Osip Mandelstam) など》. 〖(1926) □ Russ. *akmeizm*: ⇨ -ism〗

Ac·me·ist /ǽkmiɪ̀st | -miɪst/ *n.* アクメイスト; アクメイズム (Acmeism) の詩人. — *adj.* 〘文学〙アクメイズムの. 〖(1922): ⇨ ↑, -ist〗

ácme scréw thrèad *n.* 〘機械〙アクメねじ《米国で用いられる台形ねじ》. 〖1908〗

ac·mite /ǽkmaɪt/ *n.* 〘鉱物〙錐輝石(すいきせき) ($NaFe^{III}Si_2O_6$). 〖(1837–80) □ G *Achmit*: ⇨ acme, -ite¹〗

ac·ne /ǽkni/ *n.* 〘病理〙痤瘡(ざそう), アクネ, にきび. **～d** *adj.* 〖(1835) □ Gk *aknḗ* (誤記による変形) ← *akmḗ* 'ACME': cf. Gk *ákhnē* small particle〗

ac·ne·mi·a /æknímiə/ *n.* **1** 〘病理〙腓腹(ひふく)筋萎縮(症). **2** 無下腿. 〖← A-⁷＋Gk *knḗmē* shin＋-IA¹〗

ácne ro·sá·ce·a /-rouzéɪʃiə | -rəuzéɪsiə, -ʃiə/ *n.* 〘病理〙酒皶(しゅさ)性痤瘡(ざそう), 紅斑性痤瘡, 赤鼻. 〖(1882) ← NL ～ 'rose-colored acne'〗

ac·node /ǽknoud | -nəud/ *n.* 〘数学〙(曲線の)孤立点 (isolated point). 〖(1873) ← L *acus* needle＋NODE〗

ac·o·asm /ǽkouæ̀zm | ǽkəu-/ *n.* 〘精神医学〙＝acousma.

a·cock /əkά(:)k | əkɔ́k/ *adv.*, *adj.* [叙述的] **1** 〈帽子の縁(へり)が〉立った状態で; 〈耳がぴんと立った状態で (cocked): with a hat ～ 帽子の縁を立てて, 帽子をあみだにかぶって / with ears ～ 耳をぴんと立てて. **2** 反抗的に[で]; 油断なく. 〖(1846) ← A-³＋COCK¹ *n.* B 4〗

acóck·bìll *adv.*, *adj.* [叙述的] 〘海事〙 **1** 吊錨(ちょうびょう)で《いつでも落とせるよう錨を船首の外につり下げ, 錨の爪を上向きにして》. **2** 〈帆桁(ほげた)が〉一端をつり上げた状態で《弔意のしるし》. 〖(1708): ⇨ ↑, bill〗

a·coe·lom·ate /eɪsí:ləmèɪt/ 〘動物〙*adj.* 体腔(たいこう) (coelom) のない, 無体腔の. — *n.* 無体腔動物, 扁形動物. 〖(1879) ← A-⁷＋COELOM＋-ATE²〗

a·coe·lom·a·tous /èɪsi:lά(:)məṭəs | -lɔ́mət-⁻/ *adj.* 〘動物〙＝acoelomate. 〖1879〗

a·coe·lom·ous /eɪsí:ləməs/ *adj.* 〘動物〙＝acoelomate.

a·coe·lous /eɪsí:ləs/ *adj.* 〘動物〙 **1** 消化管のない; 胃のない. **2** ＝acoelomate. 〖← A-⁷＋COELOM＋-OUS〗

a·coe·nes·the·sia /eɪsi:nɪ̀sθí:ʒə, -ʒiə | -ziə, -siə, -ʒə/ *n.* 〘精神医学〙(憂鬱症・ヒポコンデリーなどに見られる)健在感消失[欠如]. 〖← A-⁷＋COENESTHESIA〗

Ac·ol /ǽkα(:)l | ǽkɔl/ *n.* 〘トランプ〙アエコル《ブリッジの標準的なビッド方式の一つ: cf. bid¹ *n.* 4》. 〖(1938): *Acol* Road この方式が考案された家のあるロンドンの通りの名〗

a·cold /əkóuld | əkə́uld/ *adj.* [叙述的] 《古》冷たい, 寒い. 〖(*c*1314) *aco(i)lde* < OE *ācōlod* (p.p.) ← *ācōlian* to grow cold〗

ac·o·lyte /ǽkəlàɪt | ǽkə(ʊ)-/ *n.* **1** 〘キリスト教〙侍者, アコライト. **2** 〘カトリック〙侍祭, アコライト《下級聖職階 (minor orders) の一つ; 叙階式を受けた教会奉仕者で altar のろうそくの点火, 行列におけるろうそくの保持, ミサの準備などをする役》. **3** 助手, 随従者; 新参者. 〖(*c*1300) □ ML *acolythus*, *acolitus* □ Gk *akólouthos* follower, 《原義》having one way ← *a-* together with＋*kéleuthos* way, road〗

Ac·o·ma /ǽkəmə, ά:k-, -mɔ:, -mὰ: | -mə, -mɔ:/ *n.* (*pl.* ～, ～**s**) **1** [the ～(s)] アコマ族《米国 New Mexico 州に住む Keres 族の一部族》. **2** アコマ族の人. **3** アコマ《米国 New Mexico 州の Albuquerque の西方約 90 km にあるインディアン集落 (pueblo); 700 年の文化をもつ米国最古のインディアン社会》. 〖(1893) □ Sp. ～ □ Acoma *Akóme*《原義》people of the white rock〗

à compte /ɑ:kɔ̃́:(n)t, -kɔ́:nt; *F.* akɔ̃:t/ *F.* *adv.* 内金として (on account). 〖□ F ～〗

A·con·ca·gua /æ̀kəŋkά:gwə, ὰ:k- | æ̀kəŋkǽgwə; *Am.Sp.* akoŋkáɣwa/ *n.* アコンカグア(山)《南米 Andes 山脈中の高山で西半球の最高峰 (6,960 m)》.

ac·o·nite /ǽkənàɪt/ *n.* **1** 〘植物〙トリカブト《キンポウゲ科トリカブト属 (*Aconitum*) の植物の総称; 毒草; トリカブト (*A. fauriei*), ハナカズラ (*A. ciliare*), ヨウシュトリカブト (*A. napellus*) など; cf. monkshood, wolfsbane, winter aconite》. **2** 1 から採った毒. **3** 〘薬学〙アコニット《トリカブトの根や葉から抽出した薬品で, もとは鎮痛剤などに用いられた》. **ac·o·nit·ic** /æ̀kənítɪk | -tɪk⁻/ *adj.* 〖(1551) □ F *aconit* // L *aconītum* □ Gk *akóniton* monkshood ← ? *akonití* without dust, without struggle ← A-⁷＋*konīein* to cover with dust〗

a·con·i·tine /əkά(:)nəti:n | əkɔ́nɪ-/ *n.* 〘化学〙アコニチン ($C_{34}H_{47}NO_{11}$)《トリカブトに含まれるアコニットアルカロイドの代表的化合物; 猛毒》. 〖(1847) ← ACONITE＋-INE³〗

ac·o·ni·tum /æ̀kənάɪṭəm | -təm/ *n.* ＝aconite.

à con·tre coeur /ɑ:kɔ̃́:(n)tr(ə)kə́:, -kɔ̃:n- | -kɔ́:(r; *F.* akɔ̃trəkœ:ʀ/ *F.* *adv.* 意志に反して, いやいやながら (reluctantly). 〖(1803) □ F ～〗

A·ço·res /*Port.* əsórɐʃ/ *n.* アソレス(諸島)《Azores のポルトガル語名》.

a·corn /éɪkɔən, -kən | -kɔ:n/ *n.* **1** 殻斗(かくと)果, どんぐり《オーク (oak) のうち殻斗 (cupule) のある植物の果実》: a sweet ～ シイの実. **2** 〘動物〙＝acorn barnacle. **3 a** どんぐり形の物. **b** 〘家具〙どんぐり形の頂華[化粧がしら, ペンダント]《木または金属で作られ 17 世紀前半の英国の家具装飾によく用いられた》. **～ed** *adj.* 〖(*c*1380) *akkorne*《変形》← *akern* < lateOE *æcern*《原義》fruit (of the field): cf. ON *akarn* / acre: 現在の形は CORN¹ の影響〗

ácorn bàrnacle *n.* 〘動物〙フジツボ(類)《フジツボ科・イワフジツボ科の甲殻類の総称; 岩に付着する; acorn shell, sea acorn ともいう》. 〖1969〗

ácorn chàir *n.* (背の横木にどんぐり形の頂華[ペンダント]をつけた)英国 17 世紀前期 James 一世時代の椅子.

ácorn clòck *n.* どんぐり時計《上部がどんぐり形の置時計; 19 世紀前半に米国 New England で作られた》. 〖1960〗

ácorn cùp *n.* 殻斗(かくと), (俗に)ちょく, しゃくし《どんぐりの皿; cupule ともいう》. 〖1590〗

ácorn dùck *n.* 〘鳥類〙＝wood duck.

ácorn shèll *n.* 〘動物〙＝acorn barnacle. 〖1815〗

ácorn squàsh *n.* 〘植物〙カボチャの一種 (*Cucurbita pepo*)《ハート形で貯蔵がきく》. 〖1937〗

ácorn sùgar *n.* 〘化学〙どんぐり糖 (⇨ quercitol). 〖1899〗

ácorn túbe [《英》**vàlve**] *n.* 〘電子工学〙エーコン管《どんぐり形の真空管; cf. apple tube》. 〖1934〗

ácorn wòrm *n.* 〘動物〙ギボシムシ《腸鰓(ちょうさい)綱 (Enteropneusta) に属する半索動物の総称》. 〖1889〗

à corps per·du /ɑ:kɔ́əpə:dú:, -djú: | -kɔ́:pə:djú:; *F.* akɔ:ʀpɛʀdy/ *F.* *adv.* がむしゃらに, しゃにむに. 〖□ F ～ 'with lost body'〗

a·cos·mic /eɪkά(:)zmɪk | -kɔ́z-/ *adj.* 〘哲学〙宇宙否定論の, 宇宙否定的な. 〖(1843) ← A-⁷＋COSMIC〗

a·cos·mism /eɪkά(:)zmɪzm | -kɔ́z-/ *n.* 〘哲学〙無宇宙論, 無世界論. **a·cós·mist** /-mɪ̀st | -mɪst/ *n.*

a·cos·mis·tic /èɪkα(:)zmístɪk | -kɔz-⁻/ *adj.* 〖(1847) ← A-⁷＋COSMISM〗

a·cot·y·le·don /eɪkὰ(:)ṭəlí:dṇ, -ṭḷ- | æ̀kɔ̀tɪ̀lí:dən, ək-, èɪkt-/ *n.* 〘植物〙無子葉植物《コケ類・シダ類など》. 〖(1819) ← A-⁷＋COTYLEDON〗

a·cot·y·le·don·ous /eɪkὰ(:)ṭəlí:ḍənəs, -léḍ-, -ṭḷ-, -dṇ- | æ̀kɔ̀tɪ̀lí:dənəs, ək-, eɪk-, -dṇ-⁻/ *adj.* 〘植物〙無子葉の. 〖(1819): ⇨ ↑, -ous〗

a·cou- /əkú:/ acouo- の異形: *acou*meter.

a·cou·chy /əkú:ʃi/ *n.* (*also* **a·cou·chi** /～/) 〘動物〙アクーシ (*Myoprocta acouchy*)《南米に生息するアグーティ (agouti) の小形の一種》. 〖(1831) □ F *acouchi* □ S-Am.-Ind. (Tupi) *acuchy*〗

a·cou·me·ter /əkú:məṭə, ǽku:mì:ṭə | əkú:mɪ̀tə(r, æk-, ǽku:mì:tə(r/ *n.* 〘医学〙＝audiometer. 〖(1839): ⇨ ↓, -meter¹〗

a·cou·o- /əkú:ou | -əu/「聴覚, 聴力」の意の連結形: *acouo*phonia 聴打診. 〖← F *acou-* (← Gk *akoúein* to hear: ⇨ acoustic)＋-o-〗

-a·cou·si·a /əkú:ʒiə, -ʒə | -ziə, -ʒiə/ (*pl.* **-si·ae** /-ziː/)「聴覚, 聴力」の意の名詞連結形: hyper*acousia*. 〖← NL ～ ← Gk *ákousis* (← *akoúein*: ↑)＋-IA¹〗

a·cous·ma /əkú:zmə, æk-/ *n.* (*pl.* ～**s**, ～·**ta** /～ṭə | ～tə/) 〘精神医学〙要素幻聴《非言語性の単純音の幻聴》. 〖← NL ～ ← Gk *ákousma* something heard ← *akoas-* (← *akouázesthai* to listen)＋*-ma* (n. suf.)〗

a·cous·tic /əkú:stɪk/ *adj.* **1 a** 聴覚[聴感]の, 聴官の (auditory): ～ education 音感教育. **b** 音響(上)の, 音の, 音波の; 音響[音波]による: ～ distortion 音のゆがみ / ～ insulation 防音(材) / ～ sounding 音響測深 / the ～ properties of an auditorium 講堂の音響効果. **c** 音響

A

学(的)の. **2 a** 〈建材など〉防音[吸音]用の (sound-absorbing). **b** 〈設備など〉音響効果をよくする; 補聴用の. **3** 〈楽器が〉電子装置をもたない, 電気的に増幅してない (cf. electric 4 a): ⇨ acoustic guitar. **— *n.* 1** = acoustics 2. **2** 聴力を矯正するもの《薬剤や補聴器》. 〖《1605》□ F *acoustique* □ Gk *akoustikós* ← *akoúein* to hear ← IE **keu-* to pay attention: ⇨ hear〗

a·cóus·ti·cal *adj.* =acoustic.
Acóustical Socíety of América [the —] 米国音響音声学会 (略 ASA).
〖1831〗

acóustical hólogram *n.* 〘光学〙音波ホログラム《光の代わりに(超)音波を用いたホログラフィーによって記録した干渉図形》.

acóustical hológraphy *n.* 〘光学〙音波ホログラフィー《光の代わりに(超)音波を用いたホログラムを作るホログラフィー》.

acóustical lábyrinth *n.* 〘音響〙音響迷路 (⇨ labyrinth 7).

a·cóus·ti·cal·ly *adv.* 聴覚的に; 音響的に; 音響学的に. 〖1874〗

acóustic cénter *n.* 〘解剖〙聴覚中枢.

acóustic cóupler *n.* 〘電算〙音響カプラー《コンピューターのデジタル信号を音に変えて送受話器を介して電話回線につなぐ装置; cf. modem》. 〖1968〗

acóustic dúct *n.* 〘解剖〙外耳道.

acóustic féature *n.* 〘音声〙音響特徴《言語音の高低・振幅および弁別的素性など》.

acóustic filter *n.* 〘音響〙音響フィルター《ある振動数範囲の音を通過または減衰させる装置》. 〖1931〗

acóustic guitár *n.* アコースティックギター, 生(なま)ギター《エレキギター (electric guitar) に対し電気的に増幅していない元来のもの》. 〖1972〗

ac·ous·ti·cian /æ̀kuːstíʃən/ *n.* 音響学者. 〖《1859》← ACOUSTIC+-IAN〗

acóustic ímage *n.* 〘心理〙聴覚(心)像. 〖1947〗

acóustic impédance *n.* 〘物理〙音響インピーダンス《音場中のある有限な面における音圧振幅と体積速度との比, または音圧振幅と粒子速度との比; cf. impedance 3》. 〖1927〗

acóustic inértance *n.* 〘音響〙=inertance.

acóustic meátus *n.* 〘解剖〙=auditory meatus.

acóustic míne *n.* 〘軍事〙音響機雷《船のエンジンまたはプロペラの振動音で爆発する》. 〖1941〗

acóustic nérve *n.* 〘解剖〙=auditory nerve.

a·cous·ti·co- /əkúːstɪkou | əkúːstɪkəu/「聴覚の, 音響の; 聴覚[音響]と…との」の意の連結形: *acoustico*-cineradiographic. 〖← ACOUSTIC+-O-〗

acóustic óhm *n.* 〘音響〙音響オーム《音響インピーダンス・音響抵抗・音響リアクタンスの単位》.

a·cous·ti·con /əkúːstɪkɑ̀(ː)n | -tɪkɔ̀n/ *n.* 補聴器. 〖《1900》← *Acousticon* (商標名) □ Gk *akoustikón* (neut.) ← *akoustikós* 'ACOUSTIC'〗

acóustic órgan *n.* 〘解剖・動物〙聴覚器. 〖1846〗

acóustic perfúme *n.* =white noise 2.

acóustic phonétics *n.* 音響音声学《音声を音響学 (acoustics) の面から研究する音声学の一部門; cf. auditory phonetics, articulatory phonetics》. 〖1948〗

acóustic reáctance *n.* 〘音響〙音響リアクタンス《音響インピーダンスの虚数部をいう》. 〖1950〗

acóustic resístance *n.* 〘音響〙音響抵抗《音響インピーダンスの実数部をいう》.

a·cous·tics /əkúːstɪks/ *n.* **1** [単数扱い] 音響学. **2** [複数扱い] 《劇場・講堂などの》音の響き具合, 音響効果 (acoustic properties): The ~ of this theater are good. 〖《1692》← ACOUSTIC+-ICS〗

a·cous·to- /əkúːstou | -təu/「音響, 音波」の意の連結形: *acousto*electronics. 〖← Gk *akoustós* audible: ⇨ acoustic〗

acòusto·electrónics *n.* 〘電子工学〙音響電子工学《表面波の伝搬を信号の処理などに用いる素子を中心とする電子工学の一分野》. 〖1968〗

à cou·vert /ɑ̀ːkuːvéə | -véə(r); *F.* akuvɛːʁ/ *F. adv., adj.* [叙述的] 覆われて, 安全に. 〖□ F ~ 'under cover'〗

ACP 《略》African, Caribbean, and Pacific 《1975》; American College of Pathologists [Physicians] 米国病理[内科]学会.

acpt. 《略》〘金融〙acceptance 引受け; 引受け済手形.

ac·quaint /əkwéɪnt/ *vt.* **1 a** 〈人〉に〔…を〕知らせる, 告げる 〔*with*〕; 〈人〉に〈…であると〉知らせる (inform) 〈*that*〉: He ~*ed* me *with* the fact immediately. その事を早速私に知らせてきた. **b** [しばしば ~ *oneself* または受身で] 〈人〉に〈状況などを〉実地に分からせる, 経験[習熟]させる 〔*with*〕: ~ a person *with* a new method 人に新しい方法を実地に理解させる / I ~*ed myself with* the complexity of the problem. 問題の複雑さを実感した / He is (well) ~*ed* with French. フランス語を(十分に)心得ている. **2** [通例受身で] 〔人に〕紹介する, 〔…と〕知り合いにする 〔*with*〕: Let *me* ~ (the two of) you. お二人を紹介しましょう / I *am* (*well*) ~*ed with* them. 彼らとは知り合いだ / They got [became] ~*ed* at the party. パーティーで知り合った.

màke a person acquáinted with (1) 〈人〉に〈事〉を知らせる. (2) 〈人を〉…に紹介する.

〖《?a1200》*acqueynte*(*n*), *acoynte*(*n*) □ OF *acointer* < ML *accognitāre* to make know ← *ac-* 'AD-'+*cognitus* (p.p.) ← *cognōscere* to get to know): ⇨ cognition〗

ac·quain·tance /əkwéɪntəns, -tn̩s, -tənts, -tn̩ts | -təns, -tn̩s, -tənts, -tn̩ts/ *n.* **1** 知人, 知り合い; 知己; [集合的] 知人たち: a slight ~ ちょっとした知人 / a mere ~, not a friend 友人でなくただの知り合い / have a wide circle of ~*s*=have a wide ~ 交際が広い, 顔が広い / of a person's ~ 人の知人(である). **2** 〔人と〕〈交際や文通で〉知っていること, 面識(のあること) 〔*with*〕: have personal ~ *with* a person 人を直接[個人的に]知っている / I have some [no] ~ *with* him. 彼とは少し面識がある[全く面識がない] / make a person's ~=make the ~ *of* a person 人と知り合いになる / I was happy [glad] to make your ~. あなたと近づきになれてうれしかった / ⇨ nodding acquaintance. **3** 〈物事などを〉知っていること, 知識, 経験, 心得 〔*with*〕: have an intimate [a slight] ~ *with* music 音楽を深く[少し]知っている. **4** 〘哲学〙=KNOWLEDGE of [by] acquaintance.

scrápe (an) acquáintance=scrápe úp an acquáintance やっとのことで[無理に]〔人と〕近づきになる 〔*with*〕: I tried to *scrape* ~ *with* him. 何とかして彼と近づきになろうとした. ***stríke úp an acquáintance*** 友達をつくる. ***upòn*** [***on***] (***clóser*** [***fúrther***]) ***acquáintance*** (よく)知って[付き合って]みると: This wine improves *on* ~. このワインは飲みなれるとおいしくなる.

〖《?a1200》*aquaintaunce*, *acoyntaunce* □ OF *acointance*: ⇨ ↑, -ance〗

acquáintance ràpe *n.* 知人によるレイプ《知り合いの男による性的暴行, 特に デートの相手による date rape をいう》. 〖1980〗

acquáintance·shìp /-n(s)ʃɪ̀p/ *n.* **1** =acquaintance 2. **2** [集合的] 知人たち, 交際範囲: have a wide ~ *among* …の間に知人が多い. 〖1803〗

ac·quest /əkwést/ *n.* **1** 〘法律〙(相続でなく得た)取得財産. **2** 〘古〙獲得[取得](物) (acquisition). 〖《1613》□ OF ~ (F *acquêt*) < LL *acquistum* thing acquired (p.p.) ← *acquīrere* 'to ACQUIRE'〗

ac·qui·esce /æ̀kwiés/ *vi.* (不本意ながら)〔…に〕同意する, 従う, 〔…を〕黙認[黙諾]する 〔*in*, *to*〕 (⇨ consent SYN): ~ *in* a suggestion, proposal, decision, etc. / ~ *to* a demand. 〖《1620》□ F *acquiescer* □ L *acquiēscere* to rest, (fig.) be satisfied ← *ac-* 'AD-'+*quiēscere* to keep quiet (⇨ quiesce)〗

ac·qui·es·cence /æ̀kwiésəns, -sn̩s/ *n.* **1** (受動的な)承諾, 黙諾, 黙認 〔*in*, *to*〕: He smiled ~. にっこり笑って黙認を示した. **2** 〘法律〙黙認. 〖《1631》□ F ~: ⇨ ↓, -ce〗

ac·qui·es·cent /æ̀kwiésənt, -sn̩t/ *adj.* 黙認の, 黙諾の, おとなしく従う. **~·ly** *adv.* 〖(1697)《1753》□ L *acquiēscentem* (pres.p.) ← *acquiēscere*: ⇨ acquiesce〗

ac·quire /əkwáɪə | əkwáɪə(r)/ *vt.* **1** 〈財産・権利・称号などを〉取得する, 獲得する, 得る: ~ wealth, fame, an empire, etc. **2** (努力によって)得る, 手に入れる (⇨ get[1] SYN); (後天的に)習得する, 学ぶ (cf. inherit); 〈習慣などを〉身につける: ~ a foreign language 外国語を習得する / ~ a taste [liking] for sushi 鮨の味がわかるように[好きに]なる. **3** [しばしば間接目的語を伴って] 〈物事が〉(…に)〈批判などを〉受けさせる, もたらす: His manner ~*d* him universal odium. 彼の態度は一般の憎悪を招いた / She has ~*d* a name for impeccable scholarship. 非の打ちどころのない学識で名声を馳せた. **4** 〈目標を〉(レーダーなどで)捕える, 捕捉する (detect). **5** 《戯言》(何げなく・不法に)入手する: She seems to have ~*d* a new boyfriend. 新しいボーイフレンドができたようだ / I ~*d* a bit of diarrhea on my vacation. 休暇中, 下痢ぎみだった / Somebody ~*d* my camera at the party last night. 昨夜のパーティーでだれかが私のカメラを盗んだ. **ac·quír·a·ble** /-wáɪ(ə)rəbl | -wáɪər-/ *adj.* **ac·quír·er** *n.* 〖《c1435》□ L *acquīrere* to seek in addition, acquire ← *ac-* 'AD-'+*quaerere* to seek ∽ 《c1450》*acquere*(*n*) □ OF *acquerre*: ⇨ quaere〗

ac·quíred *adj.* **1** 〈富・権利など〉(努力によって)取得した, 獲得した. **2** 〈習慣など〉(練習・経験などによって)習得した, 習性となった (↔ innate, inherent). **3** 〈病気・形質など〉獲得による, 後天性の (↔ hereditary, congenital). 〖1606〗

acquíred cháracter [**characterístic**] *n.* 〘生物〙獲得形質. 〖1876〗

acquíred immúnity *n.* 〘生物〙獲得免疫, 後天免疫《ある病気にかかった後, あるいは抗原・抗体などの注射によって獲得した免疫; cf. natural immunity》. 〖1892〗

acquíred immunodeficiency [**immúne defíciency**] **sỳndrome** *n.* =AIDS. 〖1982〗

acquíred táste *n.* [通例 an ~] 経験して(次第に)覚える好み[趣味]; 次第に好きになった物[人]: Tobacco [Beer] is *an* ~. たばこ[ビール]の味は次第に覚えるものだ. 〖1858〗

ac·quíre·ment *n.* **1** (努力による)取得, 獲得; 修得, 習得. **2** [しばしば *pl.*] (努力によって)身につけたもの; (特に)学識, 技能, 技芸 (attainment). 〖1630〗

ac·qui·si·tion /æ̀kwəzíʃən | -kwɪ̀-/ *n.* **1 a** 獲得, 取得; 買収: the ~ of land, money, etc. **b** 修得, 習得: language ~ 言語習得. **2** 獲得物, 〔…に〕加わった物[人] 〔*to*〕; (特に)有益な取得物, もうけ物: a valued ~. **3** (図書館・美術館などでの)本などの入手; 入手図書, 入手美術品. **4** 〘宇宙〙レーダーによる人工衛星や宇宙探測機の捕捉. **~·al** /-ʃnəl, -ʃənl/ *adj.* **ac·quí·si·tor** /-tə | -tə(r)/ *n.* 〖《a1400》□ L *acquīsītiō*(*n*-) ← *acquīsītus* (p.p.) ← *acquīrere* 'to ACQUIRE': ⇨ -ition〗

acquisítion accòunting *n.* 《英》〘会計〙取得[買収]会計.

ac·quis·i·tive /əkwízətɪv | -zɪ̀t-/ *adj.* **1** 取得しようとする; 利欲的な, 欲の深い (⇨ greedy SYN): an ~ banker / an ~ mind 向学心, 利欲心(など) / the ~ instinct 取得本能. **2** 〔…を〕得ようとする[努める] 〔*of*〕: be ~ *of* wealth [knowledge]. **~·ly** *adv.* 〖《1637》← L *acquīsītus* (↑)+-IVE〗

ac·quís·i·tive·ness *n.* 取得心; 欲心; 〘骨相〙欲相. 〖1826〗

ac·quit /əkwít/ *vt.* (**ac·quit·ted**; **ac·quit·ting**) **1 a** 〈人〉に〔容疑・罪について〕無罪を言い渡す, 無罪とする 〔*of*, *on*〕: The judge ~*ted* him *of* (the charge of) murder. 裁判官は彼に殺人(の容疑)について無罪の判決を言い渡した / He was tried and ~*ted*. 裁判の結果無罪[免訴]となった. **b** 〈人〉に〔責任などを〕免除する, 免じる (set free) 〔*of*〕: ~ a person *of* a duty. **2** [~ *oneself* で] **a** ふるまう (⇨ behave SYN); 演じる, やってのける: ~ *oneself* well [badly, poorly] 立派に[へたに, まずく]ふるまう / He ~*ted himself* well in the game. 試合で立派な働きを見せた. **b** 〔責任・債務などを〕果たす 〔*of*〕: ~ *oneself of* a duty [debt]. **3** 《古》**a** 〈負債などを〉返済する, 支払う (pay): ~ a debt. **b** 償う. **ac·quít·ter** /-tə | -tə(r)/ *n.* 〖《?a1200》*aquite*(*n*) □ OF *acquiter* (F *acquitter*) < VL **acquitāre* ← **ac-* 'AD-'+**quitāre*=L *quiētāre* to settle (← *quiēs* rest): ⇨ quit: cf. quiet〗

ac·quit·tal /əkwítl | -tl/ *n.* **1** 〘法律〙無罪, 免訴, 放免. **2** (義務などの)解除; (負債の)免除. 〖《1430》: ⇨ ↑, -al[2]〗

ac·quit·tance /əkwítəns, -tn̩s | -təns, -tn̩s/ *n.* 〘法律〙**1** (債務の)消滅; 責任解除. **2** 債務消滅認証書; 領収証. 〖《a1338》□ OF *acquitance*: ⇨ acquit, -ance〗

acr- /ækr/ (母音の前にくるときの) acro- の異形.

a·cra·si·a /əkréɪziə, əkræ̀siə/ *n.* 自制欠如, 不節制.

ac·ra·sin /ǽkrəsɪn | -sɪn/ *n.* 〘生化学〙アクラシン《細胞粘菌が単細胞期から多細胞体になるとき細胞から分泌される物質; 細胞粘菌はこの物質に対し走化性をもつ》. 〖《1947》← NL *Acrasia* (属名) +-IN[1]〗

a·crawl /əkrɔ́ːl, -rɑ́ːl | -rɔ́ːl/ *adv., adj.* [叙述的] 〈虫などがはい回っている; 〈場所など〉(…で)うようよしている (crawling) 〔*with*〕. 〖《1830》← A-[1]+CRAWL[1]〗

a·cre /éɪkə | -kə(r)/ *n.* **1** エーカー《面積の単位; 4,840 平方ヤード; 43,560 平方フィート, 0.405 ヘクタール, 4,047 m^2; 略 A》. **2** [通例 *pl.*] 畑地, 田野 (fields), 地所 (lands); 土地 (land): broad ~*s* 広い土地. **3** 《古》畑, 耕地 (field) ★ 今は次の句で用いる: ⇨ God's acre. **4** [*pl.*] **a** 広がり (broad expanse): ~*s of* water [space] 広い水面[空間]. **b** 《口語》莫大な量[数] (lots): ~*s of* goods [printed matter] 非常にたくさんの商品[印刷物]. **5** [しばしば *pl.*] 《豪俗》尻 (backside), 肛門 (anus).

fárm the lóng ácre 《NZ》道端で牛に草を食べさせる.

〖OE *æcer* field, a definite measure of land < Gmc **akraz* (G *Acker*) < IE **agros* pasture land ← **ag-* to drive (Gk *agrós* filed, land / L *ager*): 現在の形は ML *acra* / (O)F *acre* の影響〗

A·cre[1] /ɑ́ːkrə, -kreɪ | éɪkə, ɑ́ː-/ *n.* アッカ《イスラエル北部の海港; 1191 年第 3 回十字軍の時 Richard I, Philip II らに占領された; 十字軍時代の城砦(じょうさい)が残っている》.

A·cre[2] /ɑ́ːkrə; *Braz.* ákɾi/ *n.* アクレ《ブラジル北西部, ペルーとボリビアに接する州; 州都 Rio Branco》.

a·cre·age /éɪk(ə)rɪdʒ/ *n.* **1** エーカー数; 地積, 面積: the ~ under cultivation 耕作面積. **2** 地所, 土地. 〖《1859》: ⇨ acre, -age〗

A·cré·a mòth /əkríːə-/ *n.* 〘昆虫〙北米産鱗翅(りんし)目ヒトリガ科のゴマダラヒトリの一種 (*Estigmene acrea*). 〖*Acrea*: □ L *acraea* (fem.) ← *acraeus* living high up □ Gk *akraîos*〗

á·cred *adj.* [通例複合語の第 2 構成素として] (何)エーカーもの(土地を所有する). 〖《1844》← ACRE+-ED 2〗

ácre-fóot *n.* エーカーフット《灌漑(かんがい)で 1 エーカーを 1 フィートの深さに満たすに等しい水量; =43,560 cubic ft., 1233.5 m^3》. 〖1900〗

ácre-ínch *n.* エーカーインチ《1 エーカーを 1 インチの深さ[高さ]に満たすに等しい水[土]の量; =$^1/_{12}$ acre-foot, 102.8 m^3》. 〖*c*1909〗

ac·rid /ǽkrɪd | -rɪd/ *adj.* (**~·er**, **~·est**; **more ~**, **most ~**) **1** (におい・味が)強く鼻[舌]を刺す, ぴりぴりする, つんとする, ひどく辛い[苦い]. **2** 〈気質・言葉・人など〉厳しい, 辛辣(しんらつ)な. **~·ly** *adv.* **~·ness** *n.* 〖《1712》← L *ācris* ((fem.) ← *ācer* sharp, bitter)+-ID[4]: ACID (L *acidus*) の類推によるもの〗

ac·rid·i·an /əkrídiən | -di-/ 〘昆虫〙*adj.* バッタ科の. 〖《1878》← Gk *akríd-* (↓)+-IAN〗

ac·ri·did /ǽkrədɪd | -rɪ-/ *n.* 〘昆虫〙=locustid. 〖《1923》↓〗

ac·ri·dine /ǽkrədiːn | -rɪ-/ *n.* 〘化学〙アクリジン ($C_{13}H_9N$)《コールタールに含まれる; 染料・殺菌剤などの原料》. 〖《1877》← ACRID+-INE[3]〗

ácridine dýe *n.* 〘染色〙アクリジン染料《化学構造によって分類した染料群の名称》. 〖1951〗

ac·rid·i·ty /əkrídəti, æk- | -dɪti/ *n.* **1** (におい・味などの)刺激性, 苦さ. **2** 激しさ, 厳しさ, 辛辣(しんらつ)さ. 〖《1547》← ACRID+-ITY〗

ac·ri·fla·vine /æ̀krəfléɪviːn | -rɪfléɪ-/ *n.* 〘薬学〙アクリフラビン ($C_{14}H_{14}N_3Cl$)《防腐・消毒剤; euflavine ともいう》. 〖《1917》← ACRI(DINE)+FLAVINE〗

acriflávine hydrochlóride *n.* 〘化学〙塩酸アクリフラビン《赤褐色透明の水溶性の結晶; 防腐剤用; flavine ともいう》.

Ac·ri·lan /ǽkrəlæn, -lən | -rɪ-/ *n.* 〘商標〙アクリラン《ポリアクリロニトリル (polyacrylonitrile) 系の合成繊維の商品名》. 〖《1951》← *Acril-* (《変形》← ACRYL)+-AN[2]〗

A

ac·ri·mo·ni·ous /ækrəmóuniəs, -njəs | -rɪ̀máu-ˊ/ *adj.* **1** 〈気質・態度・言葉など〉激しい, 辛辣(しんらつ)な, 毒々しい (harsh); 〈議論など〉苛烈な, 激した (bitter): an ~ dispute. **2** 《古》 =acrid 1. **~·ly** *adv.* **~·ness** *n.* 〖《1612》□ F *acrimonieux* ∥ ML *ācrimōniōsus* ← *ācrimōnia* (↓): ⇨ -ous〗

ac·ri·mo·ny /ækrəmòuni, -məni | -rɪ̀məni/ *n.* 辛辣, 激烈, 痛烈 (harshness). 〖《1542》□ L *ācrimōnia* sharpness, pungency: ⇨ acrid, -mony〗

A·cris·i·us /əkrísiəs/ *n.* 《ギリシャ神話》アクリシオス《Danaë の父; Perseus をみごもった Danaë を迫害したがのちに Perseus に殺された》. 〖□ L ~ □ Gk *Akrísios*〗

Ac·ri·ta /ækrɪ̀tə | -rɪtə/ *n. pl.* 《動物》神経系統不明の動物群《動物と植物の中間に位置する生物群として古く仮定されたもの》. 〖《1835》← NL ~ ← Gk *ákritos* undistinguishable ← A-[7]+*krínein* to distinguish〗

a·crit·i·cal /eɪkrítɪ̀kəl, -kl̩ | -tɪ-/ *adj.* **1** 無批判的な. **2** 《医学》〈熱病など〉分利欠如の (cf. crisis 4 a). 〖《1864》← A-[7]+CRITICAL〗

ac·ro- /ækrou | -rəu/ 次の意味を表す連結形: **1**「先端, 始め」: *acro*nym. **2**「頂点, 高さ」: *acro*petal, *acro*phobia. **3**「(身体の)末端」: *acro*megaly. ★ 母音の前では通例 acr- になる. 〖← Gk *ákros* at the end, topmost (cf. *akḗ* edge)〗

ac·rob·a·cy /əkrɑ́bəsi/ *n.* =acrobatics. 〖《1918》← ACROBAT+-CY〗

ac·ro·bat /ækrəbæ̀t/ *n.* **1** (サーカスの)曲芸師, 軽業師. 日英比較 英語の *acrobat* は「曲芸師」の意で, 日本語の「アクロバット」のような「軽業・曲芸」の意味はない. 曲芸は *acrobatics*. **2** 豹変者, 変節者. 〖《1825》□ F *acrobate* □ Gk *akróbatos* one who walks on tiptoe ← *ákros* tip (⇨ acro-) +-*batos* going (← *baínein* to go)〗

ac·ro·bat·ic /ækrəbǽtɪk | -bæt-ˊ/ *adj.* 曲芸の, 軽業の; 軽業的な, 離れ業の: an ~ feat 軽業, 曲芸 / an ~ dance アクロバット[曲芸的]ダンス. **àc·ro·bát·i·cal·ly** *adv.* 〖《1861》□ F *acrobatique* □ Gk *akrobatikós*: ⇨ ↑, -ic[1]〗

ac·ro·bat·ics /ækrəbǽtɪks | -bæt-/ *n.* **1 a** [複数扱い] 軽業, 曲芸, アクロバット; [単数扱い] 軽業, 曲芸 (技術・職業): perform ~ 曲芸をやる / aerial ~ 曲技飛行 (aerobatics). **b** =aerobatics. **2** [複数扱い] 離れ業 (feat); [単数扱い] 腕のさえ, 俊敏さ: musical ~ 曲弾(ひ)き. 〖《1882》: ⇨ ↑, -ics〗

ác·ro·bàt·ism /-tɪzm/ *n.* =acrobatics 1 a, 2. 〖1864〗

ac·ro·blast /ækrəblæ̀st/ *n.* 《生物》アクロブラスト《動物の精子の細胞の細胞質内にある中心粒に由来する小体》. 〖《1907》← ACRO-+-BLAST〗

àcro·cárpous *adj.* 《植物》〈蘚(せん)類が〉頂果の《雌雄の生殖器官が茎の頂に生じる; cf. pleurocarpous》. 〖《1863》← ACRO-+-CARPOUS〗

àcro·céntric *n., adj.* 《生物》末端動原体(の) (cf. centromere). 〖《1945》← ACRO-+-CENTRIC〗

ac·ro·ceph·a·ly /ækrouséfəli | -rəuséf-, -kéf-/ *n.* 《病理》 =oxycephaly. **àc·ro·ce·phál·ic** /-sɪ̀fǽlɪk | -sɪ̀-, -ke-, -kɪ-ˊ/ *adj.* **àc·ro·céph·a·lous** /-séfələs | -séf-, -kéf-ˊ/ *adj.* 〖1878〗

àcro·cyanósis *n.* 《病理》(手足の指の)先端[肢端]チアノーゼ. 〖← NL ~: ⇨ acro-, cyanosis〗

ac·ro·dont /ækrədɑ̀(ː)nt | -dɒnt/ 《動物》 *adj.* 端生歯の; 端生歯を有する (cf. pleurodont). **—** *n.* 端生歯動物《歯が顎骨(がっこつ)の頂端に生じる動物》. 〖《1849–52》← ACRO-+-ODONT〗

ac·ro·drome /ækrədròum | -drəum/ *adj.* 《植物》(ナツメの葉のように)〈葉脈が〉頂端に集まる. 〖← ACRO-+-DROME〗

a·crod·ro·mous /əkrɑ́(ː)drəməs, æk- | -rɒ́drə-/ *adj.* 《植物》 =acrodrome.

ac·ro·dyn·i·a /ækroudíniə | -rə(u)-/ *n.* 《病理》先端[肢端]疼痛(症). 〖《1959》← ACRO-+-ODYNIA〗

ac·ro·gen /ækroudʒən, -rə- | -rə(u)-, -dʒèn/ *n.* 《植物》(シダ類のような)頂端で生長する植物. **ac·ro·gen·ic** /ækroudʒénɪk, -rə- | -rə(u)-ˊ/ *adj.* 〖《1845》← ACRO-+-GEN〗

ac·rog·e·nous /əkrɑ́(ː)dʒənəs, æk- | -rɒ́dʒɪ̀-/ *adj.* 《植物》頂生の. **~·ly** *adv.* 〖《1848》: ⇨ ↑, -genous〗

a·crog·ra·phy /əkrɑ́(ː)grəfi | -rɒ́g-/ *n.* 《金属加工》アクログラフィー《印刷用のステロ版や電気版を作るための凸版 (relief) のデザイン方法》. 〖← ACRO-+-GRAPHY〗

a·crog·y·nous /əkrɑ́(ː)dʒənəs, æk- | -rɒ́dʒɪ̀-/ *adj.* 《植物》(ゼニゴケのように)茎の頂に造卵器をもつ. 〖← ACRO-+-GYNOUS〗

ac·ro·lect /ækroulèkt, -rə- | -rə(u)-/ *n.* 《言語》上層方言《ある集団の用いる最も有力な方言》. **ac·ro·lec·tal** /ækrouléktl̩, -rə- | -rə(u)-ˊ/ *adj.* 〖《1965》← ACRO-+(DIA)LECT〗

a·cro·le·in /əkróuliɪ̀n | -rəuliɪn/ *n.* 《化学》アクロレイン (CH_2=CHCHO)《刺激臭のある無色の液体; 有機合成に用いる; acrylaldehyde ともいう》. 〖《1857》← ACR(ID)+L *olēre* smell+-IN[2]〗

ac·ro·lith /ækrəlɪ̀θ/ *n.* (古代ギリシャの)頭と手足は石で胴は木の像. **ac·ro·lith·ic** /ækrəlíθɪkˊ/ *adj.* 〖《1850》← L *acrolithus* □ Gk *akrólithos* stone-tipped: ⇨ acro-, -lith〗

a·crol·o·gy /əkrɑ́(ː)lədʒi | -rɒ́l-/ *n.* 《言語》 =acrophony. **ac·ro·log·ic** /ækrəlɑ́(ː)dʒɪk | -lɒ́dʒ-ˊ/ *adj.* 〖□ F *acrologie*: ⇨ acro-, -logy〗

ac·ro·me·gal·ic /ækroumɪ̀gǽlɪk | -rə(u)mɪ̀-ˊ/ 《病理》 *adj.* 先端巨大(症)の. **—** *n.* 先端巨大性巨人. 〖《1902》← ACRO-+MEGALO-+-IC[1]〗

ac·ro·meg·a·ly /ækroumégəli | -rə(u)-/ *n.* 《病理》先端巨大(症) (cf. acromicria, gigantism). 〖《1889》□ F *acromégalie*: ⇨ acro-, megalo-, -y[1]〗

acromia *n.* acromion の複数形.

ac·ro·mic·ri·a /ækroumíkriə, -máɪk- | -rə(u)-/ *n.* 《病理》小(先)端症, 先端[肢端]矮小(症) (cf. acromegaly). 〖《1961》← NL ~: ⇨ acro-, micro, -ia[1]〗

a·cro·mi·on /əkróumiən | -rəu-/ *n.* (*pl.* **-mi·a** /-miə/) 《解剖》肩(突起), かたさき《肩甲骨の外側から突起する肩の尖端; acromion process ともいう》. 〖《1615》← NL ~ ← Gk *akrṓmion* ← *akro-* 'ACRO-'+*ō̃mos* shoulder+-*ion* (dim. suf.)〗

a·cron·i·cal /əkrɑ́(ː)nɪ̀kəl, -kl̩ | -rɒ́nɪ-/ *adj.* (*also* **a·cron·y·c(h)al, a·cron·i·chal** /~/) 《天文》〈星の出没など〉日没時に起こる. **~·ly** *adv.* 〖《1594》← Gk *akrónukhos* at nightfall (← ACRO-+*núkhos, núx* night)+-AL[1]〗

ac·ro·nym /ækrənɪ̀m | -rə(u)-/ *n.* **1** 《言語》頭文字語, 頭字語《語群の各語の頭字(または頭音節)を組み合わせて造った語; 例: UNESCO < United Nations Educational, Scientific, and Cultural Organization / radar < *ra*dio *d*etecting *a*nd *r*anging; cf. initialism》. **2** =acrostic 1. **ac·ro·nym·ic** /ækrənímɪk | -rə(u)-ˊ/ *adj.* **àc·ro·ným·i·cal·ly** *adv.* **a·cron·y·mous** /əkrɑ́(ː)nəməs | -rɒ́nɪ-/ *adj.* 〖《1943》← ACRO-+Gk (Doric) *ónuma* name: HOMONYM をまねた造語〗

àcro·paresthésia *n.* 《病理》先端[肢端]異常感覚, 先端[肢端]触覚異常. 〖《1894》← NL ~: ⇨ acro-, paresthesia〗

a·crop·a·thy /əkrɑ́(ː)pəθi | -rɒ́p-/ *n.* 《病理》先端[肢端]部疾患. 〖← ACRO-+-PATHY〗

a·crop·e·tal /əkrɑ́(ː)pətl̩ | əkrɒ́pɪtl̩/ *adj.* 《植物》〈花序など〉求頂的な (cf. basipetal). **~·ly** *adv.* 〖《1875》← ACRO-+-PETAL〗

ac·ro·phobe /ækrəfòub | -fəub/ *n.* 高所恐怖症者. 〖《1955》: ⇨ ↓, -phobe〗

ac·ro·pho·bi·a /ækrəfóubiə | -rə(u)fəu-/ *n.* 《精神医学》高所恐怖(症). **àc·ro·phó·bic** /-bɪkˊ/ *adj.* 〖《1892》← NL ~: ⇨ acro-, -phobia〗

àcro·phonétic *adj.* 《言語》 =acrophonic. 〖1866〗

ac·ro·phon·ic /ækrəfɑ́(ː)nɪk | -rə(u)fɒ́n-ˊ/ *adj.* 《言語》頭音書法の. 〖1909〗

a·croph·o·ny /əkrɑ́(ː)fəni, æk- | -rɒ́f-/ *n.* 《言語》頭音書法《表意文字の語頭音を, その音を表すアルファベットに転用すること; 例えばセム系文字 Beta (家) の b はアルファベット b に用いられた》. 〖《1880》← ACRO-+-PHONY〗

a·crop·o·lis /əkrɑ́(ː)pəlɪ̀s | əkrɒ́pəlɪs/ *n.* **1** (古代ギリシャ都市の)城砦(じょうさい) (citadel). **2** [the A-] アクロポリス《ギリシャの首都 Athens の(昔の)高丘城砦; Parthenon 神殿その他の遺跡がある》. 〖《1662》□ Gk *akrópolis* higher city: ⇨ acro-, -polis〗

acropolis 2 

ac·ro·sin /ækrəsɪ̀n, -sn̩ | -sɪn/ *n.* 《生化学》アクロシン《哺乳類の精子の先体に含まれていて, 卵の表面の透明質を溶かすのに働く酵素》. 〖《1970》: ⇨ ↓, -in[1]〗

ac·ro·some /ækrəsòum | -rə(u)səum/ *n.* 《生物》先体, 尖体《精子の頭部先端の突起伏の構造》. 〖《1899》← ACRO-+-SOME[3]: cf. G *Akrosom*〗

ac·ro·spire /ækrəspàɪə | -rə(u)spàɪə[r]/ *n.* 《植物》幼根《種子が発芽するとき最初に出るもの》. 〖《1674》← ACRO-+SPIRE[1]: 英国の植物学者 Nehemiah Grew (1641–1712) の造語〗

ac·ro·spore /ækrəspɔ̀ə | -rə(u)spɔ̀ː[r]/ *n.* 《植物》(担子菌のように)担子柄の頂につく胞子. 〖《1870》□ F ~: ⇨ acro-, -spore〗

a·cross /əkrɔ́(ː)s, əkrɑ́(ː)s | əkrɒ́s/ *prep.* **1** …を横切って, を横断して; …の向こう側へ: a bridge ~ a river 川に渡した橋 / go [get] ~ a river 川向こうへ行く / run ~ a road 道路を走って横切る / He took a shortcut ~ the park. 公園を抜けて近道をした / It's 5 miles ~ the river. 川幅は 5 マイルだ. ★「横切る」対象が手段となる場合は across, 障害物となる場合は over: We walked *across* [*over*] the bridge. では前者が単に「橋を歩いて渡った」を意味するのに対し, 後者は「川という障害を克服するためにそうした」という含意がある. **2** …の向こう側に[で]: He lives just ~ the street (*from* us [here]). 彼は通りを隔てて(私たちの[ここから])真向かいに住んでいる / The college is all the way ~ town. 大学は町のずっと端にある (cf. across from ⇨ *adv.* 成句). **3** …に横に, に斜めに; …と(十字に)交わるように; …と交差して: lay two sticks ~ each other 2 本の棒切れを十字に置く / with a rifle ~ one's shoulder 銃を肩にかついで. **4** 端から端まで; 全域にわたって: major cities (all) ~ the United States 合衆国中の大都市 / achieve national unity ~ class and ethnic divisions 階級や民族の対立を越えて国家の統一を達成する.

— /ˊ—ˊ/ *adv.* **1** (こちらから向こうへ)横切って, 渡って; 向こう側に[へ]: ⇨ GET[1] *across*, GO[1] *across* / hurry ~ to a store 向かいの店へ急いで行く / I was [had gotten] ~ at last. やっと向こうに着いた / How far is it ~ from here? ここから向こうまでどれくらいの距離がありますか. 日英比較 英語の *across* は長軸と交差する方向を表し, 必ずしも日本語の「横切って」のように「横の方向に通り過ぎる」ことを意味しない. **2** 横に, 斜めに (crosswise): The mirror was cracked ~. 鏡は横にひび割れていた / Don't cut it lengthwise: cut it ~. 縦に切ってはいけない. 横に切りなさい. **3** さしわたしで (in diameter): The lake is 5 miles ~. 湖水は直径 5 マイルだ / How big is it ~? その直径はどれくらいか. **4** (十字に)交わって, 交差して (crossed): with one's arms (folded) ~ 腕をこまぬいて, 腕組みをして. **5** 《廃・方言》曲がって, (的を)外して.

acróss from 《米》…の向かいに, …の向こう側に (opposite): The store is just ~ *from* the post office. 店は郵便局の真向かいです / He lives just ~ *from* us [here]. 私たち[ここ]の真向かいに住んでいる.

〖《*a*1200》: ⇨ a-[3], cross[1]: cf. F *en croix*〗

acróss-the-bóard *adj.* [限定的] **1** 全面的な, 総花的な, 一律の (general): an ~ raise in the wage scale 賃金スケールの一律切上げ, ベースアップ. **2** 《米》《競馬》〈賭が複合勝馬投票の〉(1 着・2 着・3 着の全部にわたる): an ~ bet. **3** 《米》《ラジオ・テレビ》〈番組が〉週 5 日組まれている《通例月曜から金曜まで連続のものにいう》: an ~ program 帯番組. 〖1945〗

a·crost /əkrɔ́(ː)st, əkrɑ́(ː)st | əkrɒ́st/ *prep., adv.* 《米方言》 =across. 〖《1759》《米方言》← ACROS(s)+-*t* (添え字: cf. against)〗

a·cros·tic /əkrɔ́(ː)stɪk, -rɑ́(ː)s- | -rɒ́s-/ *n.* **1** アクロスティック: **a** 各行の初めの文字 (single acrostic), 初めと終わりの文字 (double acrostic), または初めと中間と終わりの文字 (triple acrostic) を取ってその順に綴り合わせると有意味の語句になる一種の遊戯詩, 沓冠(くつかむり)体の一種. **b** 並べた数語の初め[中, 終わり]の文字を上から下に読んでいって別な語を作る文字遊戯の一種. **2** 《言語》 =acronym 1. **—** *adj.* アクロスティックの. **a·crós·ti·cal·ly** *adv.* 〖《1530》□ F *acrostiche* ∥ ML *acrostichis* □ Gk *akrostikhís* ← ACRO-+*stíkhos* row, line (of verse) (← *steíkhein* to go in order, march): cf. distich〗

a·cro·ter /əkróuṭə, ækrəṭə | əkróutə[r], ækrətə[r]/ *n.* 《建築》 =acroterion. 〖1706〗

acroteria *n.* acroterion, acroterium の複数形.

ac·ro·te·ri·on /ækrətíᵊriɑ̀(ː)n | -rəutíəriɒn/ *n.* (*pl.* **-ri·a** /-riə/) 《建築》アクロテリオン《古代ギリシャ建築で切妻屋根の両端や頂上にある台座; 人物彫刻などを支える》. 〖□ Gk *akrōtḗrion* topmost part, extremity ← *ákros* (⇨ acro-)〗

ac·ro·te·ri·um /ækrətíᵊriəm | -rə(u)tíəri-/ *n.* (*pl.* **-ri·a** /-riə/) 《建築》 =acroterion. 〖《1675》□ L *acrōtērium* □ Gk *akrōtḗrion* (↑)〗

ac·ro·tism /ækrətɪzm/ *n.* 《病理》無脈症, 脈拍微弱. 〖《1853》← A-[7]+Gk *krótos* a beat+-ISM〗

ACRR 《略》American Council on Race Relations 米国人種問題協議会.

Ac·rux /éɪkrʌks/ *n.* 《天文》アクルックス《南十字座の α 星で白色の二星から成る, 0.9 等星; cf. Beta Crucis》. 〖? ← *a* (alpha)+CRUX〗

ac·ryl /ækrəl | -rɪ̀l/ *n.* 《化学》アクリル (CH_2=CHCO)《アクリル酸 (acrylic acid) から誘導される一価の基》. 〖← ACR(OLEIN)+-YL〗

àcryl·áldehyde *n.* 《化学》アクリルアルデヒド (⇨ acrolein). 〖⇨ ↑, aldehyde〗

àcryl·ámide *n.* アクリルアミド (CH_2=CHCONH$_2$)《接着剤・塗料; アクリロニトリルとの共重合体は重要な合成繊維》. 〖《1893》□ F ~: ⇨ acrylo-, amide〗

ac·ry·late /ækrəlèɪt | -rɪ̀-/ *n.* 《化学》 **1** アクリレイト, アクリル酸塩[エステル]《例: アクリル酸メチル (CH_2=CHCOOCH$_3$)》. **2** =acrylic resin. 〖《1873》← ACRYLO-+-ATE[1]〗

ácrylate résin [plástic] *n.* 《化学》 =acrylic resin [plastic]. 〖1936〗

a·cryl·ic /əkrílɪk, æk-/ *adj.* 《化学》アクリルの. **—** *n.* **1 a** =acrylic resin. **b** =acrylic fiber. **2 a** [通例 *pl.*] アクリル製品. **b** アクリル塗料[絵の具]. **c** アクリル画. 〖《1855》← ACRYLO-+-IC[1]〗

acrýlic ácid *n.* 《化学》アクリル酸 (CH_2=CHCOOH)《重合しやすく, 接着剤などの原料》. 〖*c*1855〗

acrýlic cólor *n.* =acrylic 2 b.

acrýlic éster *n.* 《化学》アクリル酸エステル. 〖1951〗

acrýlic fíber *n.* 《化学》アクリル繊維. 〖1951〗

acrýlic nítrile *n.* 《化学》 =acrylonitrile.

acrýlic páint *n.* =acrylic 2 b.

acrýlic páinting *n.* アクリル画.

acrýlic résin [plástic] *n.* 《化学》アクリル樹脂[プラスチック]. 〖1936〗

ac·ry·lo- /ækrəlou | -rɪ̀ləu/ 《化学》「アクリル (acryl)」の意の連結形. 〖← ACRYL+-O-〗

àcrylo·nítrile *n.* 《化学》アクリロニトリル (CH_2=CHCN)《アクリル樹脂の原料》. 〖《1893》: ⇨ ↑, nitrile〗

a·cryl·o·yl /əkríloʊɪl, -ɪːl | -ləu-/ *n.* 《化学》アクリロイル (CH_2=CHCO). 〖← ACRYLO-+-YL〗

ac·ryl·yl /ækrəlɪ̀l | -rɪ̀-/ *n.* 《化学》 =acryloyl. 〖↑〗

ácrylyl gròup *n.* 《化学》アクリリル基 (CH_2=CHCO–).

ACS 《略》American Chemical Society 米国化学会; American College of Surgeons 米国外科医師会; 《生化学》antireticular cytotoxic serum 抗網様細胞毒血清.

A/cs [a/cs] pay. 《略》《会計》accounts payable.

ACSR 《略》《電気》aluminum cable steel reinforced 鋼心アルミ撚(よ)り線.

A/cs [a/cs] rec. 《略》《会計》accounts receivable.

act /ækt/ *vi.* **1** 行う, 行動する; 処置をとる, 手を打つ (take action) 〔*to do*〕: The time has come to ~, not to talk. 今や話し合うのでなく行動すべき時がきた / ~ *to* stop pollution 汚染を防止する処置をとる / ~ *against* one's own best interests 自分に不利なことをする. **2 a** [様態の副詞語句を伴って] ふるまう (behave): ~ foolishly, wisely, well, badly, strangely, suspiciously, childishly, etc. / ~ like a man [a lady] 男らしく[淑女のように]ふるまう / ~ with discretion [in a discreet way] 慎重にふるまう / He ~*ed* as if he were a child. 子供みたいなふるまいをした. **b** [補語として形容詞を伴って]《口語》…であるようにふるまう (behave as if), …のように見える, …らしい (appear to be): ~ foolish, childish, ladylike, strange, suspicious, unwell, etc. / He ~*s* severe, although kind at heart. 根は親切だが厳しそうにふるまう / The dog ~*ed* friendly. その犬はいかにも人なつっこかった / Don't ~ so surprised: you must have known. 驚いたふりをしてもだめだ. 君は知っていたはずだ. **3 a** 〔…の〕役をする, 〔…として〕務める (serve, function) 〔*as*〕: ~ (in one's capacity) *as* (the) Chairman 議長を務める / ~ *as* (a) guide ガイド役を務める / ~ *as* a role model for young people 若者の模範となる / My daughter ~*ed as* hostess in my wife's absence. 妻の不在中, 娘が客をもてなす役を務めた. **b** 〈人の〉代理をする, 代行する, 〈団体などを〉代表する 〔*for*〕: The senior teacher ~*ed for* [on behalf of] the principal. 古参の先生が校長の代理をした / Mr. Jones is ~*ing for* the committee. ジョーンズ氏が委員長役を務めている. **c** 〈物が〉〔…の〕役目[働き]をする (serve), 〔…の〕代わりになる (do duty, serve, function) 〔*as*〕: The heart ~*s as* a pump. 心臓はポンプの働きをする / The plate ~*ed as* an ashtray. その皿は灰皿代わりに使われた. **4 a** 〈機械・頭脳などが〉作動する, 働く, 動く: The brake refused to ~. ブレーキがどうしても利かなかった / Your mind ~*s* quickly. 君は頭の回転が速い. **b** 〈薬が〉効果を表す, 〔…に〕効く (take effect) 〔*on, upon*〕: These pills ~*on* the liver. この丸薬は肝臓に効く / I waited for the medicine to ~ (*on* the pain). 薬が(痛みに)効くのを待った. **5 a** (俳優として)舞台に立つ, 出演する: He ~*ed in* his own play [film]. 自作の劇[映画]に出演した / They are ~*ing* in "Macbeth."「マクベス」に出演している / She's never ~*ed* before. 彼女は舞台に立ったことがない. **b** 見せかけ[芝居]をする, ふり[まね]をする (pretend): She is only ~*ing*. (本気ではなく)見せかけだけだ. **c** [通例副詞を伴って]〈劇・場面・役が〉上演に適する, 舞台にのる: This play will [does] not ~ *well*. この劇はうまく舞台にのりそうもない[のらない]. **6**《米》〈決議事項などに〉決定[裁定, 判決]を下す 〔*on*〕.

— *vt.* **1** 〈俳優が〉〈役を〉務める, 演じる, 〈人物に〉扮(ふん)する; 〈劇を〉上演する (perform); 〈事件・感情などを〉演出する, (演技で)表現する: She ~*ed* (the part of) Juliet. 彼女はジュリエットに扮した / They are ~*ing* "Macbeth."「マクベス」を上演中である. **2 a** …のようにふるまう (behave like, play): ~ *the* man of the world 世間通気取りでいる / Stop ~*ing the* child. 子供みたいなまねをするのはよしなさい / ⇨ *act the* FOOL[1]. **b** 〈感情・態度などを〉装う, まねる (feign): He was just ~*ing* a part. ただ猫をかぶっていたにすぎない. **3**《廃》活動させる, 活発にする (actuate).

áct on [**upòn**] (1) …に基づいて行動する, 〈助言などに〉従う, …を実行する: ~ *on* a person's advice [a tip] 人の助言[情報]に従って行動する / They have no principle to ~ *upon*. 行動のよりどころとなる方針を全然もっていない. (2) …に影響[作用]する (affect); ⇨ *vi.* 4 b: Acid ~*s on* metals. 酸は金属に作用する. (3) ⇨ *vi.* 6. **áct óut** (1) 〈物語・経験などを〉身振りでやってみる[見せる], 実演する. (2) 〈考えなどを〉行動に移す, 実行する. (3)《精神分析》〈抑圧された感情などを〉行動化する《治療の場面で患者が言語以外の行動に表現する》. (4) 感情をむき出しにする: Stop ~*ing out* and use a little self-control! 感情をストレートに出すのはやめて少しは自制することをわきまえろ. 《1611》 **áct úp**《口語》(1) 〈機械などが〉狂う, 調子が悪くなる; 〈患部・病気などが〉(また)痛み出す, 悪くなる: The typewriter is beginning to ~ *up*. タイプの具合が悪くなってきた. (2) 〈子供などが〉(わざと)ふざけ回る, 騒ぐ, 悪さをする; (人前でわざと)人目を引くようなことをする; 〈馬などが〉暴れ出す. (3) (事態に適当に)反応する; しかるべき態度に出る. 《1903》 **áct úp to** 〈主義などを〉実践[実行]する; …にふさわしいふるまいをする, …を辱めない.

— *n.* **1** 行為, 行い, 所業 (deed) (⇨ action SYN): a heroic [wise, desperate] ~ / an ~ of kindness [sheer stupidity, desperation] 親切な[全くばかげた, 自暴自棄の]行為 / *Acts* of insubordination [treason] will be punished. 不従順[反逆]の行為は罰せられよう / It's a time for ~*s*, not mere talk. 単に話し合う時ではなく行動を起こす時だ. ★ 通例 act は短期間の一回の行為を指し, action はある期間にわたる段階的な行動を指す. **2** [the ~] 行動中, 現行. ★ 今は通例次の成句で用いる: ⇨ *in the* ACT (*of* …). **3 a**《法律》法令, 制定法 (law, statute); 決議, 決議書 (resolve); 裁定 (award): an *Act* [~] of Congress [Parliament] 国会制定法 / the Resale Price Maintenance *Act* 再販売価格維持法. **b** [しばしば A-] (会議の)記録, 議事録; [*pl.*] 会報. **c**《法律》捺印証書 (deed). **4 a**《演劇》幕, 段: *Act* I, Scene ii 第1幕第2場 / *in* the first ~ 第一幕で[に] / between (the) ~*s* 幕間(まくあい)に / a play in one ~ =a one-*act* play 一幕劇[物]. **b** (演芸などの)番組の一つ, 一番, 出し物 (number); 芸人(の一座). **c**《口語》見せかけ, ふり, 芝居: ⇨ *put on an* ACT. **5**《英大学》(もと)学位請求論文の発表《審査員の試問に応じて出願者の弁護が行われた》. **6**《カトリック》短い祈り; [A-] その唱《典文》: the *Act* of Faith [Hope, Charity] 信[望, 愛]徳唱. **7** [Acts; 単数扱い]《聖書》(新約聖書の)使徒行伝, 使徒言行録 (The Acts of the Apostles). **8 a**《哲学》人間の行為, 行動, 人為 (cf. event 4 a). **b**《心理》精神作用. ***a hárd* [*tóugh*] *áct to fóllow***《口語》だれもかなわないほどすぐれた人[もの]. ***an áct of fáith*** (1) 信念[信仰]上の行為; 自己犠牲的な行為, 非常な忍耐[努力]を要する事柄. (2)《口語》(勘による)賭け, 冒険. (3)《神学》その人の宗教的信念を立証する[試す]行為; 《キリスト教史》 = auto-da-fé. 《1656》 ***cléan úp one's áct***《口語》行いを正す. ***gèt ìnto* [*in on*] *the áct***《口語》(何か得になりそうな事に)加わる (join). ***gét one's áct togèther***《口語》行動に一貫性をもたせる; 効率よく行う: The government has finally *gotten its* ~ *together* and produced a package of tax reforms. 政府はようやくその方針を固め税制改革法案を提出した. ***in áct to dó***《古》まさに…しようとして. ***in the* (*véry*) *áct* (*of* …)** (…の)最中で, 現行中に: I was *in the* ~ *of* photographing the bird. ちょうどその鳥を写そうとしていた / He was caught *in the* (*very*) ~ (*of* stealing it). (盗もうとする)現場を見つかった[捕らえられた]. ***pùt on an áct*** (1) ショーを見せる. (2) ふりをする, 芝居をする; 人目を引くようにふるまう[話す], ふざける. (3) 気取る, えらぶる. 《1934》

áct and déed《法律》(後日の)証拠(物): I deliver this as my ~ *and deed*. 私の証拠物としてこれを交付するものである《捺印証書 (deed) の交付の際の用語》. 《1756》

áct of contrítion《キリスト教》痛悔の祈り (cf. *n.* 6).

áct of Gód《法律》天災, 不可抗力 (cf. inevitable accident, vis major, force majeure 1). 《*c*1859》

áct of gráce (1)《法律》恩赦法. (2) 恩典. 《1648》

áct of indémnity《法律》免責法《公務執行中の違法行為に対する責任の免除》.

Áct of Séttlement [**Succéssion**] [the —]《英史》王位継承法《Anne の死後はプロテスタントである Hanover 家の者が王位を継ぐことなどを定めた法律 (1701)》.

Áct of Suprémacy [the —] 国王至上法, 首長法《国王を国教会首長と宣言し, ローマ教皇の宗教主権を排除した英国の法律で, 1534 年 Henry 八世はこれを発して Reformation を断行し, 1559 年 Elizabeth 一世が改めて制定した; Supremacy Act ともいう》.

Áct of Unifórmity [the —]《英史》(礼拝)統一法, 統一令《国教会の礼拝・祈禱(きとう)の方式を統一した法; 1549 年 (Edward 六世), 1552 年 (Edward 六世), 1559 年 (Elizabeth 一世), 1662 年 (Charles 二世) に制定された; (特に) 1559 年のものが有名》.

Áct of Únion [the —]《英》連合法《イングランドとウェールズとの合併の法律 (1536), イングランドとスコットランドとの合併の法律 (1707), 大ブリテンとアイルランドとの合併の法律 (1800), 南アフリカ植民地連合の法律 (1909) などをいう》.

áct of wár 戦争行為《名目上和平関係にある国に対する不法侵略行為》.

Ácts of the Apóstles [the —]《聖書》使徒行伝《新約聖書の第 5 書; 略して Acts ともいう》.

〘n.: (*c*1380) □ F *acte* action // L *actus* a doing ((p.p.) ← *agere* to drive, do (⇨ agent)) & *āctum* something done ((neut.) ← *actus*). — v.: 《1460》 ← (n.)〙

ACT《略》Action for children's Television《児童向けテレビ番組の向上を推進する米国の市民団体》;《英》advance corporation tax 前払い法人税; American College Test 米大学入学学力テスト; Australian Capital Territory.

act.《略》acting; active; activities; actor; actual.

-act /ǽkt/《動物》(海綿動物などの骨片 (spicule) について)「輻 (ray)が…個ある(もの)」の意の形容詞および名詞連結形. 〘← Gk *aktís* ray〙

act·a·ble /ǽktəbl/ *adj.* **1** 〈劇が〉上演できる[しやすい]. **2** 実行できる. **àct·a·bíl·i·ty** /-təbíləṭi | -lɪ̀ti/ *n.* 《1849》

Ac·tae·on /æktí:ən | ǽktiən, æktí:ən/ *n.*《ギリシャ・ローマ神話》アクタイオン《Diana が水を浴びている姿を見ため彼女にのろわれて鹿に変身させられ, 自分の猟犬に噛み殺された猟師》. 〘□ L *Actaeōn* □ Gk *Aktaíōn* ← ?〙

act·ant /ǽktənt, -tnt/ *n.* **1**《言語》行為者《述語動詞の動作主となる名詞句》. **2**《文学》行為項《「主体」「目的」「反対者」「補助者」など, 物語における特定の機能・役割を担う人物・事物》. 〘← ACT *v.* + -ANT〙

Ac·ta Sanc·to·rum /á:ktəsɑ:ŋktɔ́:rəm/ *L. n.* [the ~]《カトリック》(教会暦日表順の)聖人伝《聖人・殉教者の伝記集》. 〘□ L *ācta sanctōrum* deeds of the saints〙

áct dròp *n.*《劇場》アクトドロップ, 道具幕《もと各幕間(まくあい)に下ろした垂れ幕》. 《1890》

acte gra·tuit /ǽktgrætwí:, á:ktgrɑ:-; *F.* aktgʀatɥi/ *F. n.* いわれのない行為, 衝動的な行動. 《1933》□ F ~ 'gratuitous act'〙

-act·er /ǽktə | -tə^(r)/《演劇》「…幕物」の意の名詞連結形: a one-*acter* 一幕物.

actg《略》acting 代理の, …心得.

ACTH /èɪsì:tì:éɪtʃ, ǽkθ/《略》《生化学》adrenocorticotrophic hormone.

ac·tin /ǽktɪn | -tɪn/ *n.*《生化学》アクチン《蛋白質の一種; 筋肉蛋白質に含まれる》. 《1942》□ G *Aktin* ← L *āctus* motion: ⇨ -in[1]〙

ac·tin- /ǽktn̩ | -tɪn/ (母音の前にくるときの) actino- の異形: *actin*autography.

ac·ti·nal /ǽktən̩l | -tɪ-/ *adj.*《動物》(放射形動物の)口部の: the ~ side 口のある側. **~·ly** *adv.* 《1857》 ← Gk *aktînos* ray + -AL[1]〙

-ac·tine /ǽktaɪn, -tn̩, -taɪn, -tɪn/《動物》(海綿動物などの骨片 (spicule) について)「…な[…個の]輻 (ray)がある」の意の形容詞連結形. 〘← Gk *aktín-*, *aktís* ray〙

act·ing /ǽktɪŋ/ *n.* **1** 芝居をやること; 俳優業; 演技, 所作(しょさ): ~ experience 俳優としての(舞台の)経験. **2** 上演; 演出(法). **3** 見せかけ, 芝居 (pretense). **4** [形容詞的に]《演劇》**a** 〈劇が〉上演に適する. **b** 演出用の: an ~ copy [script] 演出用台本. — *adj.* [限定的] **1** 代理の, 事務取扱いの, 臨時の (略 a., actg) (⇨ temporary SYN): an ~ principal 校長代理[事務取扱い] / an ~ secretary 臨時の秘書. **2** 見せかけの (sham). 《1594》 ← ACT + -ING[1,2]〙

ácting àrea *n.*《劇場》演技空間《舞台の観客に見える部分》.

ácting pílot òfficer *n.*《英空軍》少尉補.

ac·ti·ni- /æktíni, -ni/ actino- の異形 (⇨ -i-).

ac·tin·i·a /æktíniə/ *n.* (*pl.* **-i·ae** /-niì:/, ~**s**)《動物》イソギンチャク; (特に)ウメボシイソギンチャク (*Actinia equina*). 《1748》 ← NL ~ ← Gk *aktís* ray〙

ac·tin·i·an /æktíniən/ *adj.*, *n.*《動物》イソギンチャク目の(動物). 《1888》: ⇨ ↑, -an[1]〙

ac·tin·ic /æktínɪk/ *adj.*《化学》(太陽)化学線の, 〈放射線が〉化学作用のある. **ac·tín·i·cal·ly** *adv.* 《1844》 ← Gk *aktín-*, *aktís* ray + -IC[1]〙

actínic fócus *n.*《写真》(視覚焦点に対して)化学焦点 (chemical focus ともいう).

actínic ráy *n.*《物理》活性線《化学作用の強い放射線》. 《1845》

ac·ti·nide /ǽktənàɪd | -tɪ-/ *n.*《化学》アクチニド《アクチニド系列 (actinide series) の元素の一つ; actinon ともいう》. 《1945》 ← ACTINO- + -IDE〙

áctinide sèries *n.* [the ~]《化学》アクチニド系列《原子番号 89 番のアクチニウムから 103 番のローレンシウムまでの元素の総称; 最近は actinoids と呼ぶ; cf. lanthanide series》. 《1945》

ac·tin·i·form /æktínəfɔ̀:m | -nɪ̀fɔ:m/ *adj.*《動物》放射形の (radiate). 《1843》 ← ACTINO- + -FORM〙

ac·tin·i·o- /æktíniou | -niə(u)/「イソギンチャクの」の意の連結形. 〘⇨ ACTINIA〙

ac·ti·nism /ǽktənìzm | -tɪ-/ *n.*《物理》光線の化学作用. 《1844》: ⇨ actinic, -ism〙

ac·tin·i·um /æktíniəm/ *n.*《化学》アクチニウム《放射性元素; 記号 Ac, 原子番号 89, 原子量 227.0278》. 《1881》 ← NL ~: ⇨ actino-, -ium: フランスの化学者 André Louis Debierne (1874–1949) の造語〙

actínium emanàtion *n.*《化学》=actinon.

actínium sèries *n.* [the ~]《化学》アクチニウム系列 (^{235}U (古典名アクチノウラン (actinouranium)) から出発する天然に存在する放射性元素の系列). 《1958》

ac·ti·no- /ǽktənou | -tɪnə(u)/ **1**《物理》「放射線の」の意の連結形: *actino*meter. **2**《動物》「放射状の, イソギンチャク類の」の意の連結形: *actino*id. ★ 時に actini-, また母音の前では通例 actin- になる. 〘← NL ~ ← Gk *aktīn-*, *aktís* ray〙

àctino·bac·il·ló·sis /-bæsəlóusɪ̀s | -sɪlə́usɪs/ *n.*《獣医・病理》アクチノバチルス症《放線菌症に似た家畜および人の病気》. 《1903》 ← NL ~: ⇨ ↓, -osis〙

àctino·bacíllus *n.* (*pl.* **-cilli**)《細菌》アクチノバチルス (*Actinobacillus* 属の微生物). 〘← NL ~: ⇨ actino-, bacillus〙

àctino·chémistry *n.* =photochemistry. 《1844》

àctino·dermatítis *n.*《病理》放射線皮膚炎. 《1906》 ← ACTINO- + DERMATITIS〙

ac·tin·o·drome /æktínədròum | -drəum/ *adj.*《植物》〈葉が〉掌状の葉脈のある. 〘← ACTINO- + -DROME〙

ac·tin·o·graph /æktínəgræ̀f | -grà:f, -græ̀f/ *n.* 光量[光力]記録機《太陽光の化学効果の変化を記録する装置》. 《1840》 ← ACTINO- + -GRAPH〙

ac·ti·nog·ra·phy /æ̀ktənɑ́(:)grəfi | -nɔ́g-/ *n.* 光量測定(法)《写真の露出を決定するために, 太陽光による照明の光量を測定すること》. 〘← ACTINO- + -GRAPHY〙

ac·ti·noid[1] /ǽktənɔ̀ɪd | -tɪ-/ *adj.* =actiniform. 《1848》 ← ACTINO- + -OID〙

ac·ti·noid[2] /ǽktənɔ̀ɪd | -tɪ-/ *n.*《化学》アクチノイド《原子番号 89–103 の 15 の元素の総称; ⇨ actinide series》. 〘← ACTINIDE + -OID〙

ac·tin·o·lite /æktínəlàɪt/ *n.*《鉱物》緑閃(りょくせん)石, 陽起石《角閃石 (amphibole) の一種》. 《*c*1828》 ← ACTINO- + -LITE〙

ac·ti·nol·o·gy /æ̀ktənɑ́(:)lədʒi | -tɪnɔ́l-/ *n.* 化学線学《光の化学効果を研究する科学》. 《1860》 ← ACTINO- + -LOGY〙

ac·ti·no·mere /ǽktínəmɪ̀ə | ǽktɪnəumɪ̀ə^(r)/ *n.* = antimere. 《1869》

ac·ti·nom·e·ter /æ̀ktənɑ́(:)məṭə | -tɪnɔ́mɪ̀tə^(r)/ *n.* **1** 日射計《太陽全放射エネルギーの強さを測定する器械》. **2 a**《化学》化学光量計, アクチノメーター《光化学反応を利用して, 特に紫外線の強さを測定する装置》. **b**《写真》光量計《写真焼付けの際に用いる感光紙の変色による露出計》. 《1833》 ← ACTINO- + -METER[1]〙

ac·ti·nom·e·try /æ̀ktənɑ́(:)mətri | -tɪnɔ́mɪ̀-/ *n.*《物理》化学光量測定; 日射量測定. **ac·ti·no·met·ric** /æ̀ktənouméṭrɪk | -tɪnə(u)-/ *adj.* 《1860》: ⇨ ↑, -ry〙

àctino·mórphic *adj.*《生物》放射相称の, 輻状相称をなす, 輻射状の (cf. zygomorphic). 《1900》 ← ACTINO- + -MORPHIC〙

àctino·mórphous *adj.*《生物》=actinomorphic. 《1858》 ← ACTINO- + -MORPHOUS〙

áctino·mòrphy *n.*《生物》放射相称. 〘← ACTINO- + -MORPHY〙

ac·ti·no·my·ces /æ̀ktənoumáɪsi:z | -tɪnə(u)-/ *n.* (*pl.* ~)《細菌》アクチノミセス (*Actinomyces* 属の微生物).

ac·ti·no·my·ce·tal /æ̀ktənoumaɪsí:ṭl | -tɪnə(u)maɪsí:tl/ *adj.* 《1882》 ← ACTINO- + Gk *múkēs* fungus〙

ac·ti·no·my·cete /æ̀ktənoumáɪsi:t | -tɪnə(u)-/ *n.*

［通例 *pl.*］【細菌】放線菌(類). **àc·ti·no·my·cé·tous** /-maɪsíːtəs | -síːt-⁻/ *adj.* 〖(1911) ← NL *actinomycētēs* (pl.): ⇨ ↑, -mycete〗

ac·ti·no·my·cin /æ̀ktənoumáɪsn̩, -sn | -tɪnə(ʊ)-máɪsɪn/ *n.* 【生化学】アクチノマイシン《地中にすむ放線菌から分離される抗生物質の一つ; A と B の両種がある》. 〖(1940) ← ACTINOMYC(ES)＋-IN²〗

ac·ti·no·my·co·sis /æ̀ktənoumaɪkóusɪs | -tɪ-nə(ʊ)maɪkə́usɪs/ *n.* (*pl.* **-co·ses** /-siːz/) **1** 【病理】放線菌症 (cf. lumpy jaw). **2** 【植物病理】ジャガイモ斑点病 (potato scab). **àc·ti·no·my·cót·ic** /-maɪkɑ́(ː)-tɪk | -kɔ́t-⁻/ *adj.* 〖(1882) ← ACTINOMYC(ES)＋-OSIS: ドイツの病理学者 Otto Bolinger (1843–1909) の造語〗

ac·ti·non /ǽktənɑ̀(ː)n | -tɪnɔ̀n/ *n.* 【化学】アクチノン《アクチニウムの壊変によって生じるラドン (radon) の同位体の旧名, ^{219}Rn のこと; 記号 An》. 〖(1920) ← NL ～: ⇨ actinium, -on³〗

ac·tin·o·pod /æktínəpɑ̀(ː)d | -pɔ̀d/ *n.* 【動物】(肉質綱)軸足虫[放射偽足]亜綱に属する原生動物. 〖← ACTINO-＋-POD〗

ac·ti·nop·te·ryg·i·an /æ̀ktənɑ̀(ː)ptərídʒiən | -tɪnɔ̀p-⁻/ *adj., n.* 【魚類】条鰭(じょうき)亜綱の(魚). 〖(1891): ⇨ ↓, -an¹〗

Ac·ti·nop·te·ryg·i·i /æ̀ktənɑ̀(ː)ptərídʒiàɪ | -tɪnɔ̀p-/ *n. pl.* 【魚類】条鰭(じょうき)亜綱. 〖← NL ～ ← ACTINO-＋-*pterygii* (← Gk *ptérux* wing)〗

ac·tin·o·stele /æktínəstiːl/ *n.* 【植物】放射中心柱. 〖← ACTINO-＋STELE¹〗

àctino·thérapy *n.* 【医学】光線療法 (radiotherapy)《放射線・紫外線を含む》. **àctino·therapéutic** *adj.* 〖(1903) ← ACTINO-＋-THERAPY〗

ac·ti·not·ro·cha /æ̀ktənɑ́(ː)trəkə | -tɪnɔ́trə-/ *n.* (*pl.* **-ro·chae** /-kìː/) 【動物】アクチノトロカ《触手動物のホウキムシ (*Phoronis australis*), ヒメホウキムシ (*P. hippocrepia*) などの浮遊性の幼生》. 〖← NL ～: ⇨ actino-, trocho-〗

àctino·uránium *n.* 【化学】アクチノウラン (⇨ uranium 235). 〖(1929) ← ACTINO-＋URANIUM〗

Ac·ti·no·zo·a /æ̀ktənouzóuə | -tɪnə(ʊ)záuə/ *n. pl.* 【動物】＝Anthozoa. 〖(1872) ← NL ～: ⇨ actino-, -zoa〗

ac·ti·no·zo·an /æ̀ktənouzóuən | -tɪnə(ʊ)záu-⁻/ *adj., n.* 【動物】＝anthozoan.

ac·tin·u·la /æktínjulə/ *n.* (*pl.* **～s, -u·lae** /-lìː/) 【動物】アクチヌラ《腔腸動物硬水母類の一幼生》. 〖← NL ～: ⇨ actino-, -ula〗

ac·ti·o ad di·stans /ǽkʃiòuæddístænz, -ɑːd-dístɑːns | -ʃiàu-/ *L. n.* ＝actio in distans. 〖(1901) ← NL ～〗

áctio in dístans /-ɪn-/ *L. n.* 遠隔作用. 〖(1846) ← NL ～〗

ac·tion /ǽkʃən/ *n.* **1 a** 活動, 実行: It is time for ～. 実行に移す時だ / mental [physical] ～ 精神的[肉体的]活動 / bring [put, call] into ～ 活動させる; 実行する (cf. 12) / go into ～ 活動を開始する (cf. 12) / spring into ～ 素早く行動を起こす / swing into ～ 素早く行動する, さっと対処する / ⇨ *in* ACTION, *take* ACTION. **b** 行動力, 実行力 (initiative): a man of ～ 活動家《学究的・座業的職業の人に対して政治家・軍人・探検家など》. **2** 行い, 行為 (⇨ act *n.* 1 ★); [*pl.*] (平素の)行動, 行状, ふるまい: a generous ～ / *Actions* speak louder than words. (諺) 行いは言葉よりも雄弁である / They want to be judged on [by] their ～s. 彼らは自らの行動で判断してほしいと思っている. **3 a** 方策, 手段, 処置, 措置 (measures): Prompt ～ is needed. 早急な処置が必要だ / ⇨ *take* ACTION (1). **b** (米) 決定, 判決, 裁定, 決議. **4** 【物理・化学】作用: ～ and reaction 作用と反作用 / chemical ～ 化学作用 / the ～ of acid *on* metals 酸の金属に及ぼす作用. **5 a** (機械などの)作動, 働き, 動き: a motor [horse] with easy ～ 軽く動くモーター[動きの軽快な馬] / ⇨ *in* ACTION, *out of* ACTION. **b** 【生理】作用; (身体・器官の)機能, 働き; (特に)便通: the ～ of the heart / the ～ of the bowels 便通, 通じ. **6 a** (俳優の)所作, 演技, アクション: *Action!* 【映画】演技始め (cf. cue 1 a). **b** (演説などで)身のこなし, ジェスチャー. **7 a** (劇・小説などの本筋を成す一連の)出来事, 事件; 筋 (plot); 筋の運び(方): ⇨ the UNITY of action. **b** 動き. **8** 【美術】(絵画・彫刻の中の人物の)動き, しぐさ. **9** (運動選手・馬などの)(訓練された)身のこなし, 動作: a fine [graceful, clumsy] ～. **10 a** (ピアノ・タイプライターなどの)機械装置, アクション; (キーを押すときの)手ごたえ, タッチ: a light ～. **b** (元込め銃の)発射装置. **11** 【法律】(主として民事の)訴訟 (legal suit), 訴え; 提訴権: bring an ～ (*against* a person) (人を相手取って)訴えを提起する / a civil [criminal] ～ 民事[刑事]訴訟. **12** 【軍事】(軍事)行動; 交戦, 戦闘 (⇨ battle¹ SYN): break off an ～ 交戦をやめる / bring [come] into ～ 戦闘に参加させる[する] (cf. 1 a) / clear for ～ (軍艦で)戦闘準備をする / go into ～ 戦闘を開始する (cf. 1 a) / see ～ 戦闘に参加する, 実戦を経験する / *Action* front [rear]! [号令] 前面[背面]撃ちかた放列. **13** (英) ＝industrial action. **14** 【経済】(商品・証券などの)価格変動および取引量: a lot of ～ on the foreign exchange markets 外為市場での多額の取引. **15** (口語) **a** 活気, 刺激; (景気のいい)賭け, ばくち. **b** [the ～] (ぼろい)儲け(口): ⇨ *a* PIECE *of the action*. **c** [the ～] 一番活気のある[重要な]部分: go [be] where (all) *the* ～ is 最も活気[刺激]のある所へ行く[にいる]. **16** 【キリスト教】儀式; 聖餐式; (ミサの)典文 (canon).
in* [*ìnto*] *áction (1) 活動して[中で]; 実行して[中で]: put a plan *into* ～ 計画を実行する. (2) 〈機械など〉作動して[中で], 動いて(いて). (3) 交戦中で[に], 戦闘中で[に]: be killed *in* ～ 戦死する. (1652) ***òut of áction*** (1) 〈機械など〉作動しなくなって, 動かなくなって. (2) 〈軍艦・戦闘機など〉戦闘力を失って: The enemy plane was put *out of* ～. 敵機は戦闘力を失った / A broken leg meant that he was *out of* ～ for the rest of the season. 足を骨折し, シーズンの残りの期間, 出場できなくなった. (1919) ***súit the áction to the wórd(s)*** すぐ言った通りにする, 言ったことを早速実行する (cf. Shak., *Hamlet* 3. 2. 19). (1600–01) ***tàke áction*** (1) 行動を開始する, やり始める; (適切な)処置をとる, 手を打つ 〔*in, on*〕. (2) 訴えを提起する 〔*against*〕. (3) 作用する, 〈薬などが〉効く. ***whère (áll) the áction is*** ⇨ action 15C.

áction at a dístance 【物理】遠隔作用《空間を隔てた 2 体間で直接力が働くこと》.

— *vt.* 〈計画・決定などを〉実施[実行]する.
〖(*a*1338) ▭ (O)F ～ ▭ L *āctiō(n-)* ← *āctus* (p.p.) ← *agere* to do: ⇨ act, -ion〗

SYN 行為: **action** 単数可算名詞として用いられたときは *act* とほぼ同義: a kind *action* [*act*] 親切な行為. 一般的な「ふるまい」は *actions* で表す: You can judge a person by his *actions*. ふるまいで人を判断できる. **act** しばしば特定の行為に用いられる: an *act* of folly [cruelty, madness] 愚かな[残酷な, 狂気の沙汰の]行い. 次の成句でも *act* のみが用いられる: The man was caught in the *act* of stealing. 男は盗みの現行犯でつかまった.

ACTION /ǽkʃən/ *n.* (米) アクション《米国政府主催のボランティア活動 Peace Corps, VISTA などを統轄する目的で 1971 年に創設された政府機関》.

ac·tion·a·ble /ǽkʃ(ə)nəbl/ *adj.* 【法律】〈中傷など〉訴訟の対象となる, 訴えうる. **ác·tion·a·bly** *adv.* 〖(1591): ⇨ ↑, -able〗

ac·tion·al /ǽkʃnəl, -ʃənl/ *adj.* **1** 行動の[に関する]. **2** 【文法】動作を表す, 動作の (cf. statal 3): an ～ passive 動作受動態《例えば The gate *was closed* at six o'clock. における was closed》/ an ～ verb 動作動詞. 〖(1731) ← ACTION＋-AL¹〗

áction céntral *n.* (米) (活動の)中心地.

áction commìttee *n.* (政治などの)行動委員会. 〖1949〗

áction cùrrent *n.* 【生理】活動電流, 動作電流《筋の収縮・腺の分泌など一般に動植物の細胞組織の活動の際に生じる電流》. 〖1883〗

Ac·tion Di·recte /æksjɔ̃ː(ŋ)dɪ̀rékt, -sjɔ̃ːŋdɪ-; *F.* aksjɔ̃diʀɛkt/ *n.* アクションディレクト《フランスの左翼過激派組織; 1985 年西ドイツの赤軍 (Red Army Faction) と西ヨーロッパ政治軍事戦線を組織; 略 AD》. 〖(1980) ▭ F ～ direct action〗

ac·tion·er /-ʃ(ə)nə | -nə(r)/ *n.* (口語) アクションもの[映画], アクショナー. 〖(1881): ⇨ -er¹〗

áction fìgure *n.* 戦闘[ヒーロー]人形, アクションフィギュア《手足が動くようになっている; 男の子の玩具》.

áction fìlm *n.* アクション映画.

áction gròup *n.* (政治団体などの)行動隊. 〖1955〗

áction·ist *n.* 行動派の人[政治家].

áction·less *adj.* 動きのない, 不動の (immobile).

áction lèvel *n.* (米) 限界水準《食品中の有害物質含有量につき国が販売禁止を決定できる水準》.

Áction Màn *n.* **1** 【商標】アクションマン《軍服を着た人形; 男の子の玩具》. **2** (英) [しばしば a- m-] 刺激的・冒険的な生き方をする男性. 〖1966〗

áction mòvie *n.* ＝action film.

áction nòun *n.* 【文法】動作名詞《動作を表す名詞; 例えば the doctor's *arrival*, John's *discovery*; 広義には不定詞・動名詞を含むこともある》. 〖1879〗

áction-pàcked *adj.* アクションシーンの多い, 交戦[戦闘]ずくめの, 〈映画など〉はらはらする場面の多い. 〖1953〗

áction pàinter *n.* 行動美術家. 〖1952〗

áction pàinting, A- P- *n.* 【美術】アクションペインティング, 行動美術《1940 年代末に米国で誕生した, カンバスに絵の具をたらしたり, はねかけたりする動的で太いタッチの抽象画の一様式; tachism(e) ともいう; cf. abstract expressionism》. 〖1952〗

áction phòtograph [pìcture] *n.* 【写真】被写体の人物の動作を写した写真. 〖1904〗

áction pòint *n.* (会議・討論の結果生じた)行動提案事項, 行動を要する事項, アクションポイント. 〖1982〗

áction potèntial *n.* 【生物】活動電位《神経や筋肉などが興奮した際, 興奮している部位と静止している部位との間で見られる電位差》. 〖1926〗

áction ràdius *n.* (航空機・船舶の)行動半径.

áction rèplay *n.* (英) ＝instant replay. 〖1973〗

áction resèarch *n.* (机上研究に対して) 実地研究 (fieldwork も含む). 〖1961〗

áction stàtions *n. pl.* 【軍事】戦闘配置, 対空配置: *Action Stations!* 戦闘位置につけ. 〖1914〗

áction-tàking *adj.* (古) 訴訟好きな (litigious).

áction tìme *n.* 【心理】反応時間《ある刺激が与えられてから, その反応が起きるまでの時間》. 〖1906〗

áction tràck *n.* 【テレビ】アクショントラック《野球・ゴルフなどのスポーツ中継放送で移動体(投・打球のボールなど)の軌跡を画面に点々と再生する手法》.

Ac·ti·um /ǽkʃiəm, -tiəm | -tiəm/ *n.* アクチウム《古代ギリシャ北西部の半島; 紀元前 31 年, 付近の戦いで Antony と Cleopatra が Agrippa に敗れた》.

ac·ti·vate /ǽktəvèɪt | -tɪ̀-/ *vt.* **1** 作動させる, 〈人・事物を〉活動的にする, 活発化する. **2** 【物理】**a** …に放射能を与える, 放射化する. **b** 〈分子などを〉励起する (excite). **3** 【化学】**a** 活性化する: ～ carbon 炭素を活性化する. **b** …の反応を促進する. **4 a** 【米軍】(規定通りの人員・装備を配置して)〈部隊を〉編成する, 〈部隊〉の編成を発令する; 〈部隊・艦艇などを〉現役に編入する. **b** 【スポーツ】〈選手を〉戦列に復帰させる. **5** 〈下水を〉曝気(ばっき)処理[浄化]する. **6** 【電算】〈ウィンドーなどを〉アクティブにする (cf. active). **ac·ti·va·ble** /ǽktɪ̀vəbl | -tɪ-/ *adj.* **ac·ti·va·tion** /æ̀ktəvéɪʃən | -tɪ̀-/ *n.* 〖(1626) ← ACTIVE＋-ATE³〗

ác·ti·vàt·ed /-tɪ̀d | -tɪ̀d/ *adj.* **1** 【物理・化学】活性化された, 活性の, 放射能をもたせた: ～ atoms [molecules] ＝EXCITED atoms [molecules]. **2** (米俗) 酔った, ほろ酔いの. 〖1626〗

áctivated alúmina *n.* 【化学】活性アルミナ.

áctivated cárbon [chárcoal] *n.* 【化学】活性炭《脱色・脱臭や砂糖の精製などに用いられる》. 〖1921〗

áctivated míne *n.* 【軍事】活性化地雷《触発性の信管を併有し, 動かしただけでも爆発する》.

áctivated slúdge *n.* 【化学】活性スラッジ[汚泥]《曝気(ばっき)処理法によって浄化された有機性汚泥; 単に sludge ともいう》: the ～ process 活性スラッジ法, 活性汚泥法. 〖1921〗

activátion anàlysis *n.* 【物理】放射化分析《原子炉中などで照射して生じる放射能による非破壊分析法》. 〖1949〗

activátion ènergy *n.* 【化学】活性化エネルギー. 〖1940〗

ác·ti·và·tor /-tə | -tə(r)/ *n.* **1** 活動的にさせる人[もの]. **2** 【化学・生化学】活性体, 活性剤, 賦活物質: **a** 固体触媒に少量加えて, 反応促進作用を増大させる物質. **b** 蛍燐光体に発光性をもたせるために加えられる物質. 〖(1911) ← ACTIVATE＋-OR²〗

ac·tive /ǽktɪv/ *adj.* **1** 活動的な, 活発な, 敏活な (⇨ lively SYN): an ～ mind, brain, etc. / an ～ child 活発な[じっとしていない]子供 / ～ *in* one's movements 動作が敏活な. **2 a** 〈生活など〉活動的な, 多忙な: an ～ life. **b** 〈競技など〉体力を要する, 激しい. **3** (米) 積極的な, 意欲的な (energetic); 実際に活動する: an ～ reformer, resistance, etc. / ～ defense 攻勢防御 / an ～ leftist 左翼活動家 / an ～ member (団体の)活動[意欲]的な会員, 活動家 / take an ～ interest (in …) (…に)積極的な関心を持つ, 身を入れる / take [play] an ～ part [role] in … に意欲的に参加する, 活躍する. **4 a** 活動[作用]している; 活動[作用]しうる: That company is no longer ～. あの会社はもう営業していない. **b** 〈火山が〉活動中[性]の (cf. dormant 3, extinct 3): an ～ volcano 活火山. **c** 〈鉱山などが〉操業している; 〈機械など〉作動している; 〈器官が〉健全な, 〈老人など〉元気な: He is still ～. **d** 【トランプ】(ゲームに)参加している; (ポーカーで)おりていない, 賭金を持つ: an ～ player. **e** 【電算】アクティブな《複数のウィンドーやプログラムのうち, その時点で動作中のものをいう》. **5 a** 【物理】放射性の (radioactive). **b** 【化学】活性の (activated). **c** 【光学】(光学)活性の (optically active), (光学的に)旋光性のある. **d** 【物理】能動的な《外部からの刺激に対して内部エネルギーを変化させて逆に仕事をしうる可能性をもつ; ↔ passive》. **6** 【文法】**a** 〈態・動詞が〉能動の, 能動形の; 能動構文の (↔ passive): an ～ participle 能動分詞 (present participle のこと) / the ～ voice 能動態, 能動形. **b** 動作[非状態性]を表す (nonstative) (cf. stative). **7** 〈法律など〉有効な (effective). **8** 〈商況など〉活発な, 盛んな, 値動きの激しい (lively) (↔ flat, inactive): an ～ market. **9** 【軍事】現役の (↔ retired): an ～ army 現役(陸)軍 / ⇨ active duty, active service. **10** 能動的な (↔ passive); 自発的な, 自主的な. **11** 【電子工学】能動の《エネルギー源をもっている》; ↔ passive》. **12** 〈投資・資金など〉利潤を生じる, 有利な; 〈証券など〉売買の活発な. **13** 【医学】**a** 〈病気が〉活動性の, 進行[退行]中の (↔ passive). **b** 速効のある: an ～ remedy. **14** 【会計】〈口座など〉使用されている; 出入りの頻繁な (busy): an ～ account 活動口座. **15** 【宇宙】送信性能のある.
— *n.* [the ～] 【文法】能動態[形] (active voice); 能動構文 (略 act.; ↔ passive): in *the* ～ 能動態で.
～·ness *n.*
〖(1340) ▭ (O)F *actif*, ～ ▭ L *activus* ← *actus* (p.p.) ← *agere* to do: ⇨ act, -ive〗

SYN 活動的な: **active** 〈人や物が〉(休んでいるのではなく)活動している, (特に)活発に活動している: an *active* volcano 活火山 / an *active* market 活気のある市場 / He is an *active* writer. 精力的な作家だ. **energetic** 〈人や活動が〉精力・努力を集中する《必ずしも成功を意味しない》: They are conducting an *energetic* campaign. 精力的な選挙運動を行っている. **vigorous** 〈人が〉強健でたくましく精力的な; 〈活動・運動が〉精力的で熱心な: The old man is still *vigorous* and lively. 老人はいまも達者で元気だ / a *vigorous* argument 活発な議論. **strenuous** 〈事柄が〉多くの努力や精力を必要とする: He made *strenuous* efforts to improve his English. 英語に上達するために懸命に努力した. **lively** 〈人や事柄が〉生き生きとして威勢がよい: Bill is the *liveliest* boy in his class. ビルはクラスで一番元気がいい / We had a *lively* discussion. 活発な議論をした.
ANT inactive, idle.

áctive bírth *n.* 能動[積極]出産, アクティブバース《医療による管理に従うのでなく, 母親ができるだけ自由に動き好きな姿勢をとって楽にするようにする》.

áctive cápital *n.* 【経済】活動資本.

A

áctive cárbon *n.* 〘化学〙 =activated carbon. 〖1918〗
áctive cénter *n.* 〘生化学〙 (触媒の)活性中心.
áctive chárcoal *n.* 〘化学〙 =activated charcoal. 〖1938〗
áctive cítizen *n.* 《英》 活動的市民, 積極市民, アクティブシチズン 《犯罪防止や善隣活動に積極的に参加する市民》; [通例 *pl.*] 《俗・戯言》 シラミ (louse).
áctive cúrrent *n.* 〘電気〙 有効電流 (watt current). 〖1924〗
áctive dúty *n.* 〘軍事〙 現役(勤務); 戦地勤務 (略 AD): on ～ 現役の; 従軍中の.
áctive euthanásia *n.* 積極的安楽死 《死を早める処置を施して臨死患者を死に導くこと》. 〖1975〗
áctive hóming *n.* 〘航空〙 能動型ホーミング 《自ら電波などを発射し, その反射を利用する; cf. passive homing》.
áctive hýdrogen *n.* 〘化学〙 活性水素.
áctive immúnity *n.* 〘医学〙 能動免疫 《生体内で抗原抗体反応を起こさせて免疫を高めること; cf. passive immunity》. 〖*c*1903〗
áctive íntellect *n.* 〘哲学〙 能動的知性 (⇨ active reason).
áctive làyer *n.* 〘地学〙 活動層 《永久凍土層の上部の夏期に解氷する部分》. 〖1943〗
áctive líst *n.* [通例 the ～] 〘軍事〙 現役名簿: be on *the* ～ 現役である / officers on *the* ～ 現役将校. 〖1852〗
ác·tive·ly *adv.* 活動的に; 積極的に; 活発に, 敏活に; 盛んに; 〘文法〙 能動的に. 〖*c*1400〗
áctive máss *n.* 〘化学〙 活動量 《化学反応に関与する物質の濃度をいい, 通例 1 リットル中のグラム分子量で表す》. 〖1909〗
áctive matérial *n.* 〘化学〙 活物質, 作用物質 《電池の電極反応に直接関与する物質》.
áctive mátrix *n.* 〘電子工学〙 アクティブマトリックス 《液晶表示装置で, すべてのピクセルに制御用のトランジスター (TFT) をもつ方式》. 〖1980〗
áctive nétwork *n.* 〘電気〙 能動回路網 《電源を含む回路網; cf. passive network》.
áctive nítrogen *n.* 〘化学〙 活性窒素.
áctive pówer *n.* 〘電気〙 有効電力 (effective power ともいう; cf. reactive power).
áctive prínciple *n.* 〘医学〙 (薬剤の)有効成分.
áctive réason *n.* 〘哲学〙 (アリストテレス哲学の)能動的理性 《受動的理性を現実化する形相因としての理性; active intellect ともいう; cf. passive reason》.
áctive sérvice *n.* 〘軍事〙 **1** =active duty. **2** 《英》 戦地勤務, 従軍: on ～ 従軍中の. 〖1938〗
áctive síte *n.* 〘生化学〙 活性部位 《酵素分子中の触媒作用が行われる特定部分》. 〖1957〗
áctive suspénsion *n.* アクティブサスペンション 《F1 レーシングカーに取り入れられたコンピューター制御による車体懸架装置》.
áctive tránsport *n.* 〘生化学〙 能動輸送 《生体膜でエネルギーを使って特定物質を透過させること》. 〖1937〗
áctive vocábulary *n.* 〘教育〙 発表語彙, 能動的語彙 《話したり書いたりするのに必要な語彙; productive vocabulary ともいう; ↔ receptive vocabulary》.
ac·tiv·ism /ǽktɪ̀vɪzm | -tɪ-/ *n.* **1** (政治的目的などのための)実力(行使)主義, (積極的な)行動主義; 実力行使, 活動: student ～ 学生活動. **2** 〘哲学〙 **a** 能動主義 《知覚などにおいて精神は受動的でなく, 能動的であることを強調する》. **b** 活動主義 《能動的活動こそが創造的かつ基本的であり, 真理もその過程で獲得・検証されるとする哲学説; 特に, 以上に立脚した教育観; cf. actualism, pragmatism》. 〖1915〗
ac·tiv·ist /ǽktɪ̀vɪ̀st | -tɪvɪst/ *n.* **1** (政治的な)実力(行使)主義者, 活動家: a student ～ 学生活動家. **2** 〘哲学〙 (activism を奉じる)能動[活動]主義者. — *adj.* 実力行使主義(者)の, 活動家の; 実力行使の. **ac·tiv·is·tic** /ǽktɪ̀vístɪk | -tɪv-ˊ/ *adj.* 〖1909〗
ac·tiv·i·ty /æktívəṭi | -vɪ̀ti/ *n.* **1** 活動 (action); 活動力 (energy): a man of great ～ よく活動する人, 活動家 / a volcano in ～ 活動中の火山 / one's time of ～ 働き盛り / physical [mental] ～ 肉体的[精神的]活動 / Signs of neuromuscular ～ were still present. 神経筋活動の兆候がまだ見られた. **2** 敏活, 活発. **3** [通例 *pl.*] (種々の)活動, 活躍: academic *activities* 研究活動 / social *activities* 社会事業 / business [commercial] *activities* 企業[商業]活動. **4** 〘教育〙 課外活動. **5** (商況などの)活発, 活気, 好景気: the ～ of trade, the market, etc. / a lot of ～ on [in] the foreign exchange markets 外為市場での活況. **6** 作用, 機能, 働き; 作用力. **7** 〘物理〙 **a** 活動度, 活量 (一種の熱力学的濃度). **b** 放射能; (放射性物質の)壊変[崩壊]率. **8** 《米》 (団体・組織の)構成単位 (unit); その機能[任務]. **9** 〘化学〙 活性.
— *adj.* [限定的] 活動的な: He prefers ～ holidays to just sitting around. ごろごろしているよりも活動的な休暇を好む. 〖(?*a*1400) □ F *activité* □ ML *āctīvitātem* ← *actīvus* 'ACTIVE': ⇨ -ity〗
actívity anàlysis *n.* 〘経済〙 活動分析 《経済活動・軍事計画などにおいて, 利益・輸送量・生産費などを最大または最小にするための計算法とその理論》.
actívity coefficient *n.* 〘化学〙 活量係数. 〖1911〗
ac·ti·vize /ǽktɪ̀vàɪz | -tɪ-/ *vt.* =activate 1.
ac·tiv·o-pássive /ǽktɪ̀vou- | -tɪvə(ʊ)-/ *n.* 〘文法〙 能動受動態 (⇨ pseudo-passive). 〖*activo-*: ← ACTIVE ＋-o-〗

ac·to·my·o·sin /æ̀ktəmáɪəsɪ̀n, -sn̩ | -sɪn/ *n.* 〘生化学〙 アクトミオシン 《筋原繊維の 20% を占める蛋白質で, アクチン (actin) とミオシン (myosin) との複合体; 筋収縮の要素》. 〖(1942) □ G *Aktomyosin* ← *akto-* (← *aktin* 'ACTIN') ＋MYOSIN〗
ac·ton /ǽktən/ *n.* 〘甲冑〙 鎧下(よろいした) 《13–14 世紀に鎖帷子(かたびら)の下に着た》. 〖(?*a*1300) □ OF *auqueton* (F *hoqueton*) quilted jacket □ Sp. *alcoton* cotton □ Arab. *al-qúṭun* the cotton〗
Ac·ton /ǽktən/ *n.* アクトン 《London の自治市 Ealing の一地区; 共和制 (Commonwealth) 時代のピューリタニズムの中心地》.
Ac·ton /ǽktən/, Lord **John Emerich** /émərɪk/ **Edward Dalberg** /dɔ́ːlbəːg | -bɜːg/ *n.* アクトン (1834–1902; 英国の歴史家; 正式な称号 1st Baron Acton of Aldenham).
Acton, Sir **John Francis Edward** *n.* アクトン (1736–1811; ヨーロッパの海軍司令官・政治家; Lord Acton の祖父).
ac·tor /ǽktə | -tə(r)/ *n.* **1 a** 俳優, 男優, 役者: a film [movie] ～ 映画俳優 / a character ～ 性格俳優 / a good ～ 上手な俳優, 名優. ★ 現在は女優も含めて actor と言うことが多い. **b** [通例形容詞を伴って] (本心を見せずに)演技して見せる人, 役者: a good ～ 本心を隠すのがうまい人. **2** (事件の)人物, 関係者. **3** 行為者 (doer): ⇨ bad actor. **4** 〘法律〙 (実行)行為者; 原告. 〖(*c*1390) *actour* doer steward □ L *actor* ← *actus* (p.p.) ← *agere* 'to do, ACT': ⇨ -or²〗
actor-áction construction *n.* 〘文法〙 「行為者・行為」構文 《主語と述語の両方を有する構文》.
ác·tor·ish /-tərɪʃ/ *adj.* 俳優のような; 芝居がかった, 気取った. 〖1961〗
áctor-mánager *n.* 俳優兼監督, 座元兼俳優. 〖1826〗
áctor-prodúcer *n.* 演出家兼俳優. 〖1927〗
áctor-pròof *adj.* 〘演劇〙 〈演劇が〉演技のよしあしに関係なく受ける, 役者を選ばない. 〖1895〗
Áctors' Équity Associàtion *n.* 《英・米》 俳優労働組合 (米国のものは 1912 年創立).
Áctors Stùdio *n.* [the ～] アクターズスタジオ 《米国 New York 市にある演劇人養成機関; Elia Kazan, Robert Lewis, Cheryl Crawford らが創設 (1947); 多くの俳優・演出家・劇作家を輩出させた》.
áct psychòlogy *n.* 作用心理学 (cf. act *n.* 8 b).
ac·tress /ǽktrɪ̀s | -trɪ̀s, -trɛs/ *n.* 女優, 女役者 (cf. actor). 〖(1589) ← ACTOR＋-ESS¹〗
ac·tress·y /ǽktrɪ̀si | -trɪ̀si, -trɛsi/ *adj.* 女優のような; 〈女性が〉芝居がかった, 気取った. 〖(1896): ⇨ ↑, -y¹〗
ACTT 《略》 Association of Cinematograph and Television Technicians. 〖1957〗
ACTU 《略》 Australian Council of Trade Unions.
ac·tu·al /ǽktʃuəl, -tʃʊl, -ʃuəl, -ʃʊl | -tʃuəl, -tʃʊl, -tjuəl, -tjʊl, -ʃuəl, -ʃʊl/ *adj.* **1** 実際の, 本当の, 現実上の (↔ apparent, imaginary, ostensible, nominal, hypothetical) (⇨ true SYN): an ～ example [case] 実例 / in ～ fact 実際に, 事実上 / the ～ originator of a plan 計画の実際の発案者 / I don't want just a summary: tell me her ～ words. 単なる要約が欲しいのではない. 彼女が実際に言った言葉を教えてくれ / There's no ～ law against it, but people just don't do it. それを禁じる実際の法律はないが, だれもそうはしないよ / The king is only a figurehead: the queen is the ～ ruler. 国王はお飾りにすぎない. 事実上の支配者は女王だ. **2** 現在の, 現下の, 現行の (current, present): the ～ condition [state] 現状, 実状.
yòur áctual 《英口語》 正真正銘の, 本物の: *your* ～ Millet 本物のミレー.
— *n.* [*pl.*] 現実(的なもの), 実際, 現物.
〖(*a*1333) *actuel* □ (O)F ∥ LL *actuālis* active, practical ← *actus* (p.p.) ← *agere* 'to do, ACT': 現在の形はラテン語の影響〗
áctual bódily hárm *n.* 〘英法〙 身体傷害 《故意による, あらゆる身体的加害; grievous bodily harm よりは軽微なもの; 略 ABH》. 〖1851〗
áctual cásh vàlue *n.* 〘経済〙 現金換算価値, 現金正価, 時価 (略 ACV). 〖*c*1946〗
áctual cóst *n.* 〘経済〙 実際原価 (cf. standard cost): The ～ is less than you might expect. 実際の原価は君の予想よりも少ない.
áctual gráce *n.* 〘カトリック〙 助力の恩恵 《善を強めようとする個人の意思に対する神の助け》. 〖1890〗
ac·tu·al·ism /ǽktʃuəlɪzm | -tʃuə-, -tjuə-/ *n.* 〘哲学〙 現実(活動)説 《世界存在を静的でなく能動的・精神的な発展的過程とみる説; 精神を実体でなく知覚などの過程的集合とみる立場》. **ác·tu·al·ist** /-lɪ̀st | -lɪst/ *n.* 〖*c*1860〗
ac·tua·li·té /æktjuæ̀litéɪ, àːktjuàː-; *F.* aktɥalite/ *F. n.* (*pl.* ～**s** /～z; *F.* ～/) **1** 時局[ニュース]的興味 (topical interest). **2** [*pl.*] 時事, ニュース. 〖(1839) □ F ～: ⇨ ↓〗
ac·tu·al·i·ty /æ̀ktʃuǽləṭi | -tʃuǽlɪ̀ti, -tju-/ *n.* **1** 現実(性), 現存; (現象的)実在 (reality): in ～ 現(実)に / The play was brought to life with stunning ～. その芝居は驚くほど現実味を帯びて生き生きと上演された. **2** 実際, (現存する)事実 (fact): He made the dream of years an ～. 多年の夢を実現させた. **3** [*pl.*] 現状, 実状: the *actualities* of politics 政治の現実[実態]. **4** (描写の)写実性 (realism). **5** 〘映画・テレビ・ラジオ〙 事件のありのままの放送, 記録もの, ドキュメンタリー. 〖(*c*1398) □ (O)F *actualité* ∥ ML *āctuālitās* ← *āctuālis* 'ACTUAL': ⇨ -ity〗

ac·tu·al·ize /ǽktʃuəlàɪz, -tʃʊl- | ǽktʃuəl-, -tjuəl-/ *vt.* **1** 〈計画・思想などを〉具体化する, 実現する. **2** 現実[写実]的に描く. — *vi.* 具体化する, 現実となる. **ac·tu·al·i·za·tion** /æ̀ktʃuəlɪ̀zéɪʃən, -tʃʊl- | -tʃuəlaɪ-, -tjuəl-, -lɪ-/ *n.* 〖1701〗
ac·tu·al·ly /ǽktʃuəli, -tʃə-, -ʃuə-, -ʃə- | -tʃuə-, -tʃə-, -tjuə-, -tjʊ-, -ʃuə-, -ʃə-/ *adv.* **1** 実際に, 本当に (really); 実のところ (as a matter of fact): Are you ～ going to get married? 本当に結婚するつもりですか / *Actually,* the letter was wrongly addressed. 実はその手紙は宛名が違っていたのだ / What she ～ said was "No!" 彼女が実際に言ったのは「ノー」だった / The people who ～ know about it disagree with you. それを実際に知っている人は君とは意見が食い違う / Did you ～ get to the top?—Well, not quite, ～. 本当に頂上まで行ったのかね—実際はもうちょっとだったんだけどね. **2** (まさかと思うだろうが)本当に, 事実 (even): The car ～ went into the crowd. なんと車は(本当に)人込みに突っ込んでしまった. 〖?*a*1425〗
áctual sín *n.* 〘カトリック〙 現実に犯した罪, 自罪, 現行罪 (cf. original sin). 〖1859〗
ac·tu·ar·i·al /æ̀ktʃuέ(ə)riəl | -tʃuéər-, -tju-ˊ/ *adj.* 保険計理人の; 保険計理人によって決定[計算]された; 保険統計の. **～·ly** *adv.* 〖(1869): ⇨ ↓, -al¹〗
ac·tu·ar·y /ǽktʃuèri | -tʃuəri, -tjuə-/ *n.* **1** 〘保険〙 保険計理人, アクチュアリー. **2** 《廃》 書記 (clerk); 記録係 (registrar). 〖(1553) □ L *actuārius* registrar ← *āctus* 'ACT': ⇨ -ary〗
ac·tu·ate /ǽktʃuèɪt | -tʃu-, -tju-/ *vt.* **1** 〈機械などを〉作動[始動]させる: The force of the wind ～*s* the windmill. 風力が水車を動かす. **2** 〈動機などが〉〈人を〉(駆り立てて)行動させる, 〔…に〕駆り立てる 〔*to*〕; 〈人を〉駆って…させる (impel) 〈*to do*〉: He was ～*d* by greed. 彼は貪欲に駆り立てられて(それを)行った / He was ～*d to* the crime by revenge. 復讐心に駆られてその罪を犯した / What ～*d* him *to* kill his master? どうして主人を殺すに至ったのか. 〖(1596) ← ML *actuātus* (p.p.) ← *actuāre*: ⇨ act〗
ac·tu·a·tion /æ̀ktʃuéɪʃən | -tʃu-, -tju-/ *n.* 駆動, 作動; 衝動(を与えること). 〖(*c*1630): ⇨ ↑, -ation〗
ác·tu·à·tor /-tə | -tə(r)/ *n.* **1** 作動させるもの; 駆り立てるもの, 動因. **2** 〘機械〙 アクチュエーター, 作動器, 作動装置. 〖(*c*1864) ← ACTUATE＋-OR²〗
ac·ture /ǽktʃuə, -tʃə | -tʃuə(r), -tʃə(r)/ *n.* 《廃》 行動, 行為 (action). 〖(1609): ⇨ act, -ure〗
ac·tus re·us /ǽktəsréɪəs/ *n.* 〘法律〙 犯罪行為, 悪しき行為 《犯罪を成立させる要件として, 故意過失 (mens rea) に対する》. 〖(1902) □ L ～ 'guilty act'〗
ac·u- /ǽkju:/ 「針[とげ]のある」の意の連結形. 〖□ ML ～ ← L *acus* needle〗
ac·u·ate /ǽkjuèɪt/ *adj.* とがった. 〖(1542) □ ML *acuātus* (p.p.) ← *acuāre* to sharpen ← *acus* needle〗
a·cu·i·ty /əkjúːəṭi, æk- | -ɪ̀ti/ *n.* **1** (先端の)鋭さ, 尖鋭(せんえい) (sharpness): the ～ of a needlepoint. **2** (病気の)激烈 (intensity). **3** (才知などの)鋭敏 (keenness): the ～ of wit. **4** 〘生理〙 明瞭度: ～ of hearing 聴覚 / ⇨ visual acuity. 〖(?*a*1425) □ F *acuité* ∥ ML *acuitātem*: ⇨ acute, -ity〗
a·cu·le·ate /əkjúːliɪ̀t/ *adj.* **1** 先のとがった, 鋭利な. **2** 鋭い, 辛辣(しんらつ)な. **3 a** 〘動物〙 とげのある (prickly). **b** 〘動物〙 針[刺針, 毒針]のある. **c** 〘昆虫〙 有剣類の. 〖(1605) □ L *acūleātus* prickly ← *acūleus* 'ACULEUS'〗
a·cu·le·at·ed /əkjúːlièɪṭɪ̀d | -tɪ̀d/ *adj.* =aculeate. 〖1681〗
a·cu·le·us /əkjúːliəs/ *n.* (*pl.* **-le·i** /-liàɪ/) 〘植物〙 とげ (prickle); 〘動物〙 毒針 (poisonous spine). 〖(1828) □ L *acūleus* (dim.) ← *acus* needle〗
a·cu·men /əkjúːmən, ǽkjʊ- | ǽkjʊmən, -mèn/ *n.* 鋭敏, 尖鋭(せんえい); 明敏, 炯眼(けいがん), 鋭才 (⇨ insight SYN): business ～ 商才. 〖(1531) □ L *acūmen* sharpened point, mental sharpness ← *acuere* to sharpen: ⇨ acute〗
a·cu·mi·nate /əkjúːmənɪ̀t | -mɪ̀-/ *adj.* 〘植物〙 鋭先形の, 頭のとがった (pointed): an ～ leaf. — /əkjúːmənèɪt | -mɪ̀-/ *vt.* とがらす; 鋭敏にする. — *vi.* とがる. 〖(1605) □ L *acūminātus* (p.p.) ← *acūmināre* to sharpen ← *acūmen* (↑)〗
a·cu·mi·na·tion /əkjùːmənéɪʃən | -mɪ̀-/ *n.* **1** 尖鋭(せんえい)化. **2** とがり, 尖頭. 〖(1659): ⇨ ↑, -ation〗
a·cu·mi·nous /əkjúːmənəs | -mɪ̀-/ *adj.* 鋭敏な, 明敏な. 〖(1618) ← L *acumin-* (⇨ acumen)＋-OUS〗
ac·u·pres·sure /ǽkjʊprèʃə | -ʃə(r)/ *n.* **1** 〘医学〙 挿針(そうしん)止血法. **2** 指圧療法 (cf. chiropractic). 〖(1958) ← L *acus* needle＋PRESSURE〗
ac·u·punc·tur·a·tor /ǽkjʊpʌ́ŋ(k)tʃərèɪṭə | -tə(r)/ *n.* 刺鍼(しん)術師, 鍼(はり)医者. 〖⇨ ↓, -ator〗
ac·u·punc·ture /ǽkjʊpʌ̀ŋ(k)tʃə | -tʃə(r)/ *n.* (東洋医学の)刺鍼(しん)術[法], 鍼(はり) (stylostixis ともいう). — *vt.* 〈人に〉鍼療法を施す. **àc·u·púnc·tur·al** *adj.*
ác·u·pùnc·tur·ist *n.* 〖(1684) ← L *acus* needle ＋PUNCTURE〗
a·cus /éɪkəs/ *n.* (*pl.* ～) **1** 〘外科〙 (手術用の)針. **2** 〘動物〙 毒針 (aculeus). 〖□ L ～ ← IE **ak-* sharp〗
ac·u·sec·tor /ǽkjʊsèktə | -tə(r)/ *n.* 〘外科〙 電気針(メス). 〖← NL ～: ⇨ ↑, sector〗
a·cush·la /əkúʃlə/ *n.* 《アイル》 かわいい人, 最愛の者 (darling). 〖(1842) □ Ir.-Gael. *a cuisle* oh darling ← *a* oh＋*cuisle* darling, 《原義》 pulse, vein〗
-ac·u·si·a /əkjúːʒiə, -ʒə | -ziə, -ʒiə/ =-acousia.
a·cu·tance /əkjúːtəns, -tns | -təns, -tns/ *n.* アキュータンス, (フィルムの画像の)物理的鮮鋭度 《画像の境界部の濃度勾配と濃度差から計算される》. 〖(1957): ⇨ ↓,

-ance〗

a·cute /əkjúːt/ *adj.* (**more ～, most ～; a·cut·er, -est**) **1** 〈論争・事態など〉重大な, 深刻な (severe): an ～ fuel shortage 深刻な燃料不足 / ～ anxiety about fuel supplies 燃料供給に関する深刻な不安. **2** 〈感情・苦痛など〉激しい, 激烈な: an ～ attack of illness 病気の激しい発作 / ～ pain, pleasure, etc. **3** 〈病気が〉急性の (cf. chronic 2): ～ appendicitis 急性虫垂[盲腸]炎 / ～ alcoholism 急性アルコール中毒 / The ～ phase is short-lived. 急性の時期は短い. **4** 〈感覚・才知など〉鋭敏な, 鋭い (perceptive): ～ eyesight / an ～ observer, critic, intellect, etc. / an ～ sense of beauty 鋭い審美感 / an ～ sense of the incongruous 不調和なものに対する鋭い感覚 / How ～ of you to have noticed that tiny detail! あんな細かいところに気づいたとは君は何て鋭いんだ. **5** とがった (pointed), 鋭い, 鋭利な (sharp) (↔ blunt, obtuse): an ～ leaf 先のとがった葉. **6** 〖数学〗鋭角の (↔ obtuse); 〈三角形が〉鋭角だけでできた: ⇨ acute angle. **7 a** 〖音声〗(文字に)鋭アクセント (´) (acute accent) のついた, 鋭音の (cf. grave[4] 3), 高音調の (cf. acuteness). **b** 〈音が〉鋭い; 〖音声〗高音調性の《母音などのスペクトルのエネルギーが高い方へ集中するもの; 前舌母音の特性; cf. grave[4]》. **8** 短時間の: ～ experiments. **9** 〖植物〗〈葉先が〉鋭形の. — *n.* 〖音声〗＝acute accent. 〘(1570) ◻ L *acūtus* sharp-pointed (p.p.) ← *acuere* to sharpen ← IE **ak-* sharp (Gk *akḗ* point, edge): cf. acrid〙

SYN **1** 鋭い ⇨ sharp. **2** 深刻な: **acute** 〈事態が〉緊急の注意を必要とする: The shortage of water became *acute.* 水不足が深刻になった. **critical** 〈事態や時期が〉岐路に立って重大なまたは深刻な: The patient has passed the *critical* stage. その患者は深刻な事態を脱した. **serious** 〈事態が〉重大な, 〈様子が〉真剣な, など一般的な意味で用いられる: She had a *serious* expression on her face. 彼女は深刻な顔をしていた.

acúte ábdomen *n.* 〖医学〗急性腹症《迅速な処理を必要とする腹部内臓の疾患; 急性虫垂炎・腸閉塞・胆石症・子宮外妊娠など多数ある》.

acúte áccent *n.* 〖音声〗鋭アクセント (´)《古代ギリシャ語では高い上昇調を表したといわれる; 現在では英語のように第一強勢を示したり, フランス語のように母音の質を示したりする (é＝[e]); 単に acute ともいう; cf. accent 2》. 〘1609〙

acúte ángle *n.* 〖数学〗鋭角 (↔ obtuse angle). 〘1570〙

acúte antérior poliomyelítis *n.* 〖病理〗＝poliomyelitis.

acúte árch *n.* 〖建築〗尖頭(せんとう)アーチ (⇨ lancet arch).

acúte biséctrix *n.* 〖結晶〗鋭等分線《光軸角の鋭角を二等分する直線》.

acúte dóse *n.* 短期間に浴びた多量の放射線量.

a·cute·ly /əkjúːtli/ *adv.* 鋭く; 鋭敏に; 激烈に. 〘1602–3〙

a·cúte·ness *n.* 鋭さ; 鋭敏; (病気の)急性, 激烈; 〖音声〗高音調性. 〘1646〙

a·cu·ti- /əkjúːtɪ̬, -tɪ | -tɪ, -tɪ/「とがった (acute)」の意の連結形: *acuti*foliate 鋭先形葉の. 〘← L *acūtus*: ⇨ acute〙

ACV, acv 《略》actual cash value; air-cushion vehicle.

ACW 《略》〖英空軍〗aircraftwoman; 〖通信〗alternating continuous waves 交番連続波.

-a·cy /əsi/ *suf.* **1** 語根 -aci- を含む形容詞または -ate で終わる形容詞から抽象名詞を造る: fall*acy* ← fall*acious* / accur*acy* ← accur*ate* / obstin*acy* ← obstin*ate*. **2** -ate で終わる名詞から状態・職などを示す抽象名詞を造る: celib*acy* ← celib*ate* / episcop*acy* ← episcop*ate* / magistr*acy* ← magistr*ate*. 〘◻ F *-atie* // L *-ācia, -ātia* ◻ Gk *-ateia*〙

a·cy·clic /eɪsáɪklɪk, -sík-/ *adj.* **1** 周期的でない. **2** 〖生態〗非周期的な. **3** 〖化学〗非環式の. **4** 〖植物〗(花の部分が)集輪生の, らせん状の. **5** 〖病理〗無周期の. **6** 〖数学〗非循環の. 〘(1878) ← A-[7]＋CYCLIC〙

acýclic térpene *n.* 〖化学〗非環式テルペン.

acy·clo·vir /eɪsáɪklouvìə, -klə- | -klə(ʊ)vàɪə^(r)/ *n.* 〖薬学〗アシクロビル ($C_8H_{11}N_5O_3$)《単純ヘルペスウイルスに対して抗ウイルス活性を有する非環式ヌクレオシド; 陰部ヘルペス治療用に米国の食品医薬品局 (FDA) が認可した経口薬》. 〘(*c*1975) ← ACYCL(IC)＋-o＋*vir*(*al DNA*)〙

ac·y·e·sis /æ̀siːsɪs | -sɪs/ *n.* 〖病理〗不妊(症) (sterility). 〘← NL ～ ← A-[7]＋Gk *kúēsis* pregnancy〙

ac·yl /ǽsɪl | ǽsɪl/ *n.* 〖化学〗アシル《カルボン酸 (RCO-OH) の OH を除いた基の総称; 例えば酢酸 (CH_3CO-OH) から OH を除いたアセチル基 (acetyl) (CH_3CO) など》. 〘(1899) ← AC(ID)＋-YL〙

ac·yl·ate /ǽsəlèɪt | ǽsɪ-/ *vt.* 〖化学〗アシル化する, アシル置換する《アシル基 (RCO) で置換する》. 〘(1907): ⇨ ↑, -ate[3]〙

ac·yl·a·tion /æ̀səléɪʃən | æ̀sɪ-/ *n.* 〖化学〗アシル化. 〘(1899): ⇨ ↑, -ation〙

ácyl gròup *n.* 〖化学〗アシル基 (RCO). 〘1901〙

a·cyl·o·in /əsíloʊɪn | əsíləʊɪn/ *n.* 〖化学〗アシロイン《一般に RCOCH(OHR) の構造をもつアルファケトアルコール》. 〘← ACYL＋(BENZ)OIN〙

ad[1] /ǽd/ *n.* 《口語》広告; [形容詞的に] 広告の: an *ad* agency [agent] 広告代理店[業者] / an *ad* column 広告欄 / an *ad* rate 広告料 / an *ad* writer 広告文案家 / ⇨ want ad. 日英比較 英米では気球による宣伝広告をしないので「アドバルーン」は和製英語とされているが, 意味は通じる. より明確には advertising balloon. ⇨ PR 日英比較. 〘(1841)《略》← ADVERTISEMENT〙

ad[2] /ǽd/ *n.* 〖テニス〗＝advantage 3 (《英》van). 〘略〙

ad[3] /ǽd/ *L. prep.* to, toward(s), up to, as to, according to などの意. 〘◻ L ～ ← IE **ad-* to, near, at: cf. at〙

AD 《略》〖保険〗accidental damage; Action Directe; 〖軍事〗active duty; administrative department; 〖軍事〗air defense; air-dried; armament depot; autograph document; average deviation.

a/d, a.d. 《略》〖証券〗after date 日付後.

A/D /èɪdíː/ 〖電算〗analog-to-digital, analog/digital. 〘1972〙

ad. 《略》adapt; adaptation; adapted; adapter; add; administration; adult; adverb; advertisement.

a.d. 《略》*L.* ante diem (＝before the day).

A.D., AD /èɪdíː/ 《略》anno Domini 西暦(紀元), キリスト紀元 (cf. B.C.).

語法 (1) A.D. と B.C. は対照的に用いられるが, どちらも主に若い年号の場合に多く, A.D. は数字の前に, B.C. は数字の後に置く: born (in) A.D. 50 / died (in) 44 B.C. / A.D. 23–79 / 384–322 B.C. / 13 B.C.–A.D. 25. (2) 主に《米》では A.D. を数字の後に置くこともある: 50 A.D. / 23–79 A.D. (3) century, era など期間を表す語に伴う場合には, B.C. は in the fifth [5th] century B.C. のように, また A.D. も in the twelfth [12th] century A.D. のように用いる. (4) anno Domini とも読む.

ad- /əd, æd/ *pref.* 移動・方向・変化・完成・近似・固着・付加・増加・開始などを示し, あるいは単に強意を表す: *ad*vert, *ad*vent. ★ ad- は母音の前または d, h, j, m, v の前ではそのままの形 ad-; b, c, f, g, k, l, n, p, q, r, s, t の前では一般に ad- の d が同化してそれぞれ ab-, ac-, af-, ag-, ac- (k の前), al-, an-, ap-, ac- (q の前), ar-, as-, at- となる. ただし「近似・付加」などの意味のときは常に ad-: *ad*rectal, *ad*scription. 〘ME ◻ (O)F *ad-* // L *ad-* ← *ad* (prep.): ⇨ ad[3], at〙

-ad[1] /æd, əd/ *suf.* **1** 集合数詞の語尾: mon*ad*, tri*ad*, myri*ad*. **2** 女性の妖精の名: Dry*ad*. **3** 叙事詩の題名に用いる (cf. -id[1] 3): Illi*ad*, Dunci*ad*. **4** 同類植物・動物の単数形: lili*ad*. 〘◻ L *-ad-, -as* // Gk *-ad-, -as* (fem. n. suf.)〙

-ad[2] /əd/ *suf.* -ade 3 の e が脱落した形: ball*ad*, sal*ad*. 〘◻ F *-ade*: ⇨ -ade〙

-ad[3] /æd, əd/ *suf.* 〖生物〗「…の方へ」の意の副詞を造る: caud*ad*. 〘← L *ad* toward〙

A·da /éɪdə | -də/ *n.* エイダ《女性名》. 〘◻ G ～ (原義) ? noble // (変形) ← ADAH // (dim.) ← ADELAIDE[2]〙

ADA, A·da /éɪdə | -də/ *n.* 〖電算〗エイダ《米国国防総省が中心となり Pascal を範として開発された高水準プログラム言語》. 〘1979〙

ADA 《略》action data automation; American Dental Association 米国歯科医師会; Americans for Democratic Action; average daily attendance.

ad ab·sur·dum /æ̀dəbsə́ːdəm | æ̀dəbsə́ːd-/ *L. adv.* (議論・行為などが)不合理(なほど)に, 極端に(走って): an argumentum ～ (ある事の)不合理な点に訴える論証 / ⇨ REDUCTIO *ad absurdum*. 〘◻ L ～〙

a·dac·ty·lous /eɪdǽktələs | -tɪ-/ *adj.* 〖動物〗**1** 無指の, 無趾(し)の. **2** 〈甲殻類が〉(足に)爪のない, 無爪(そう)の. 〘(1858) ← A-[7]＋DACTYL＋-OUS〙

ad·age /ǽdɪdʒ | ǽd-/ *n.* 格言; ことわざ (⇨ saying SYN). 〘(1548) ◻ F ～ ← L *adagium* proverb ← AD-＋*agium* (← OL *agiere*＝L *aiere* to say)〙

a·da·gi·et·to /ɑːdɑ̀ːdʒiétou, ɑː- | ədɑ̀ːdʒiétəʊ; *It.* adadʒétto/ 〖音楽〗*adv.* アダージョよりもやや速く. — *n.* (*pl.* ～s) 短いアダージョ. 〘(1876) ◻ It. ～ ← ADAGI(O) (↓)＋-*etto* (dim. suf.) (⇨ -et)〙

a·da·gio /ədɑ́ːdʒou, ɑː-, -dʒiòu, -ʒou, -ʒiòu | ədɑ́ːdʒiəʊ, -ʒiəʊ, -ʒəʊ; *It.* adáːdʒo/ *adv.* 〖音楽〗アダージョ, 遅く. — *adj.* 〖音楽〗遅い. — *n.* (*pl.* ～s) **1** 〖音楽〗アダージョの曲[楽章, 楽節]. **2** アダージョ《見事なバランスと優雅な流れをもつ男女二人の踊り》. 〘(1746) ◻ It. *ad agio* at ease〙

a·da·gis·si·mo /ɑ̀ːdɑːdʒísəmòu | -sɪməʊ; *It.* adadʒíssimo/ *adv., adj.* 〖音楽〗大変遅く[遅い]. 〘◻ It. ～ ← ADAGI(O)＋-*issimo* (◻ L *-issimus* (superl. suf.))〙

A·dah /éɪdə | -də/ *n.* **1** エイダ《女性名》. **2** 〖聖書〗アダ《Lamech の妻, Jubal の母; cf. *Gen.* 4:19–21》. 〘◻ Heb. *ʿĀdhāh* (原義) ornament〙

A·dair /ədéə | ədéə^(r)/, **Red** *n.* アデア《1915–2004; 米国の油田火災消火の専門家; 1959 年以降会社を組織して活動; 本名 Paul Neal Adair》.

Ad·al·bert /ǽdɪbə̀ːt | ǽdɪbə̀ːt; *G.* áːdalbɛʁt/ *n.* アダルバート《男性名》. 〘◻ G ～〙

Ad·a·line /ǽdəlɪn, -lìːn | ǽdəlɪn, -lìːn/ *n.* (*also* **Ad·a·lin** /-lɪn | -lɪn/) 〖商標〗アダリン《催眠剤の商品名》. 〘(1911) ◻ G *Adalin* (商標名)〙

Ad·am[1] /ǽdəm | ǽd-; *G.* áːdam, *Dan.* áːdam, *Pol.* ádam/ *n.* **1** アダム《男性名》. **2** 〖聖書〗アダム《旧約聖書で天地創造に際して神が最初に造った男で, 人類の始祖; cf. *Gen.* 1–5; cf. Eve》: ⇨ second Adam. **3** [通例 the old [Old] ～] 古きアダム《人間の悔い改めない状態》; 人間の罪深い本性, 原罪.
(as) óld as Ádam (大)昔からの; 〈情報など〉ひどく古くさい. (1867) ***nót knów a person from Ádam*** 〈ある人を〉全然知らない, 全く会ったことがない. (1784) ***since Ádam was a bóy*** (大)昔から, もとから. (1918) ***the sécond [néw] Ádam*** 第二の[新しき]アダム《キリスト》. 〘OE ◻ Heb. *Ādhām* man ← *ādhōm* red: (通俗語源) the one formed from *adhāmā^h* (＝the ground: cf. *Gen.* 2:7)〙

Ad·am[2] /ǽdəm | ǽd-/ *adj.* [限定的] (18 世紀に J. & R. Adam の始めた)アダム(式装飾)様式の: in the ～ style アダム様式に[で]. 〘(1872) ↓〙

A·dam /ɑːdɑ́ː(ŋ), -ɑ́ːŋ | æ-; *F.* adɑ̃/, **Adolphe Charles** *n.* アダン《1803–56; フランスの作曲家; バレエ音楽 *Giselle* (1841)》.

Ad·am /ǽdəm | ǽd-/, **James** *n.* アダム《1730–94; 英国の建築家・家具設計家; R. Adam の弟》.

Adam, Robert *n.* アダム《1728–92; 英国の建築家・家具設計家; 英国における古典様式復興の第一人者》.

ad·a·mance /ǽdəməns | ǽd-/ *n.* ＝adamancy. 〘1954〙

ad·a·man·cy /-mənsi/ *n.* 強固さ; 頑固さ, 頑迷さ (stubbornness). 〘(1937) ← ADAMANT＋-CY〙

Ádam-and-Éve *n.* 《米》〖植物〗＝puttyroot. 〘(1807): ⇨ Adam[1], Eve: その球根の形から〙

ad·a·mant /ǽdəmənt, -mæ̀nt | ǽdəmənt/ *adj.* **1** 〈人・意志など〉極めて強固な, (他のものに)絶対に動かされない (⇨ inflexible SYN); 頑固な (stubborn), 固執する (insistent): ～ *to* temptations 決して誘惑に負けない / ～ *about* [*on*] …について強硬な(態度をとって) / be ～ *in* one's claim 絶対に要求を引っ込めない / He is ～ *that* they should do it. 彼らがそれをすべきだとあくまで言い張る. **2** 〈物が〉堅固[堅牢(けんろう)]無比の. — *n.* **1** 堅硬石《伝説的な鉱物で後世これを金剛石とも磁石とも解した》. **2** 堅固[堅牢]無比の物: (as) hard as ～ この上なく堅固[堅牢]で; 〈意志など〉極めて強固な. **～·ly** *adv.* 〘(*c*1380) ◻ OF *adamaunt* ◻ L *adamant-, adamās* ◻ Gk *adámas* hardest metal, (原義) unconquerable ← A-[7]＋*damân* to tame ∞ OE *aðamans* ◻ ML〙

ad·a·man·tine /æ̀dəmǽntiːn, -taɪn, -tɪn | æ̀dəmǽntaɪn^(←)/ *adj.* **1** 堅固[堅牢(けんろう)]無比の; 〈意志など〉極めて強固な: ～ courage 剛勇. **2** 〈鉱物が〉金剛石のような光沢[硬度]をもった. 〘(?*c*1200) ◻ L *adamantinus* ◻ Gk *adamántinos* ← *adámas* (↑)〙

ad·a·man·ti·no·ma /æ̀dəmæ̀ntənóumə | æ̀dəmæ̀ntɪnə́ʊ-/ *n.* (*pl.* **～s, ～·ta** /～tə | ～tə/) 〖歯科〗アダマンチノーム, エナメル上皮腫《下顎骨の中にできる腫瘍の一種》. 〘(1922) ← NL ～: ⇨ ↑, -oma〙

A·da·ma·wa /ædəmɑ́ːwə | æd-/ *n.* アダマワ諸語《Niger-Congo 語族の一つ; 主にナイジェリア東部, カメルーン北部, 中央アフリカ共和国, コンゴ民主共和国北部で話される》.

A·dam·ic /ədǽmɪk/ *adj.* (人間の始祖)アダムの(ような).

A·dám·i·cal·ly *adv.* 〘(1657) ← ADAM[1]＋-IC[1]〙

Ad·a·mic /ǽdəmɪk | ǽdə-/, **Louis** *n.* アダミック《1899–1951; ユーゴスラビア生まれの米国の作家; *The Native's Return* (1934)》.

Ad·am·ite /ǽdəmàɪt | ǽd-/ *n.* **1** アダムの子孫; 人間. **2** 裸の人; 裸体主義者 (nudist). **3** アダム派の人《古代キリスト教の一小派で, アダムとエバにならって裸の生活を実践し, 楽園における最初の無垢なる人間に帰ることを目指した》. 〘(1628) ← ADAM[1]＋-ITE[1]〙

Ad·a·mit·ic /æ̀dəmítɪk | æ̀dəmítɪk^(←)/ *adj.* (人間の始祖)アダムのような; アダム派の. 〘(1662): ⇨ ↑, -ic[1]〙

Ád·am·it·ism /-màɪtɪzm | -tɪzm/ *n.* 裸体主義.

A·da·mov /ǽdəmɔ̀(ː)v, -mɑ̀(ː)v | -mɒf; *F.* adamɔf/, **Arthur** *n.* アダモフ《1908–70; ロシア生まれのフランスの劇作家; *Ping-Pong* (1955)》.

Ad·ams /ǽdəmz | ǽd-/ *n.* 〖商標〗アダムズ: **1** 米国 American Chicle 社製のチューインガム. **2** 米国 Nalley's Fine Foods 社製のピーナッツバター.

Ad·ams /ǽdəmz | ǽd-/, **Mount** *n.* アダムズ山《米国 Washington 州南西部 Cascade 山脈の山 (3,751 m)》.

Ad·ams /ǽdəmz | ǽd-/, **Ansel** (**Easton**) *n.* アダムズ《1902–84; 米国の写真家; 米国南西部の風景写真で有名》.

Adams, Franklin Pierce *n.* アダムズ《1881–1960; F. P. A. として知られる米国のジャーナリスト・コラムニスト》.

Adams, Henry (**Brooks**) *n.* アダムズ《1838–1918; 米国の歴史家; John Quincy Adams の孫; *The Education of Henry Adams* (1907)》.

Adams, James Trus·low /trʌ́slou | -ləʊ/ *n.* アダムズ《1878–1949; 米国の歴史家》.

Adams, John *n.* アダムズ《1735–1826; 米国の独立戦争の指導者で第 2 代大統領 (1797–1801)》.

Adams, John Couch /kúːtʃ/ *n.* アダムズ《1819–92; 英国の天文学者》.

Adams, John Quin·cy /kwínsi/ *n.* アダムズ《1767–1848; 米国第 6 代大統領 (1825–29); John Adams の子》.

Adams, Richard *n.* アダムズ《1920– ; 英国の小説家; *Watership Down* (1972)》.

Adams, Samuel *n.* アダムズ《1722–1803; 米国の独立戦争の指導者》.

Adams, William *n.* アダムズ《1564–1620; 英国生まれの航海家; 日本に帰化し「三浦按針」と称した》.

Ádam's ále *n.* 《戯言》水 (water). 〘1643〙

Ádam's àpple *n.* **1** のどぼとけ (⇨ throat 挿絵): a prominent ～. **2** 〖植物〗サンユウカ (⇨ crape jasmine). 〘(1599)《なぞり》← Heb. *tappūah hā'ādhām* (原義) apple of Adam; 禁断の実(りんご)がアダムののどにつかえたとの言い伝えから〙

Ádam's Brídge *n.* アダムズブリッジ《インド南部と Ceylon 島北西部に連なるさんご礁列島》.

ad·ams·ite /ǽdəmzàɪt | ǽd-/ *n.* 〖化学〗アダムサイト ($C_{12}H_9AsClN$)《くしゃみ性毒ガス; diphenylaminechlorarsine, DM, phenarsazine chloride ともいう》. 〘(1923) ← *Major Roger Adams* (1889–1971: これを発明した米

国の化学者)＋-ITE¹〗

Ádam's néedle n. 〔植物〕イトラン (⇨ yucca; cf. Spanish bayonet). 〖(c1760): cf. Gen. 3:7〗

Ádam's Péak n. アダムズピーク《スリランカ南西部の山 (2,243 m)》.

Ádams-Stókes sỳndrome /ǽdəmzstóuks- | ǽdəmzstə́uks-/ n. [the ～]〔病理〕アダムズストークス症候群《heart block》《脈拍停止・意識障害などを呈する; Adams-Stokes disease ともいう》. 〖(1906) ← Robert Adams (1791?–1875) & William Stokes (1804–78): ともにアイルランドの内科医〗

Ádam's wíne n. =Adam's ale.

A·da·na /ɑ́:dənə, ədɑ́:- | ɑ́:də-, ədɑ́:-; Turk. ɑdɑ́nɑ/ n. アダナ《トルコ南部の都市; Seyhan ともいう》.

A·da·pa·za·ri /ɑ̀:dəpɑ̀:zərí: | ɑ̀:dəpɑ́:zəri/ n. アダパザリ《トルコ北西部, Istanbul の南東にある都市; 旧名 Adabazar》.

a·dapt /ədǽpt, æd- | əd-/ vt. **1 a** 〈言行・計画などを〉(修正して)〈…に〉適応[適合]させる〔to〕: ～ (the tone of) one's speech to the audience 演説(の調子)を聴衆に合わせる / The plan of the house was ～ed to (meet) the needs of a large family. 家の設計は大家族の生活に適するようにされた. **b** [～ oneself で]〔新しい環境などに〕順応する, 慣れる〔to〕: ～ oneself to a new life [environment]. **2 a** 〈建物・機械などを〉(用途に合わせて)改造する, 模様替えする (modify)〔for〕: ～ a motorboat for (use in) fishing モーターボートを釣船に改造する. **b** 〈小説・劇などを〉(子供・舞台用などに)改作する, 脚色する, 翻案する (alter)〔for〕: a book ～ed for children 子供向きに書きかえた本 / ～ a story for the screen [as a film] 物語を映画用に[映画として]脚色する / He ～ed "Martin Chuzzlewit" for television. 彼は「マーティンチャズルウィット」をテレビ用に脚色した / The play is ～ed from a French original. その劇はフランスの原作を翻案したものである. — vi. 〈人・動物が〉〈…に〉順応する〔to〕(cf. vt. 1 b). 〖(1611) □ F adapter □ L adaptāre to fit to ← AD-＋aptāre to fit (← aptus 'APT')〗

SYN 適応させる: **adapt** 〈人や物を〉新しい状況に適応するように変化させる《柔軟性を暗示する》: He cannot adapt himself to the new climate. 新しい気候に適応することができない. **adjust** 〈物を〉微調整してもっと効果的または適切なものにする: Can cats adjust (themselves) to their environment? 猫は環境に順応できるのか. **conform** 法律・基準などに合わせる[順応させる]: conform one's conduct to a rule 規則に従って行動する.

ANT unfit.

---

a·dapt·a·bil·i·ty /ədæ̀ptəbíləṭi, æd- | ədæ̀ptəbílɪ̀ti/ n. 適応[適合]性; 順応[融通]性. 〖(1661): ⇨ ↓, -bility〗

a·dapt·a·ble /ədǽptəbl̩, æd- | əd-/ adj. **1** 〈物が〉適応[適合]できる〔to〕. **2** 〈人が〉順応性のある, 融通のきく. **3** 改造できる; 改作[脚色]できる〔for〕. **a·dápt·a·bly** adv. **～·ness** n. 〖1800〗

ad·ap·ta·tion /æ̀dæptéɪʃən, æ̀dəp- | æ̀d-/ n. **1** 改作(物), 翻案(物), 脚色〔for〕: a musical ～ of a play 劇を書き直したミュージカル / an ～ from a French novel / the ～ of armaments factories to [for] peacetime production 軍事工場の平和時生産への転用. **2** 適応, 適合, 順応〔to〕. **3**〔生物〕適応; 適応形[構造]: ～ characteristics 適応形質. **4**〔生理〕調節, 順応: ⇨ dark adaptation, light adaptation. **5**〔心理〕順応. **6**〔社会学〕順応. **～·al** /-ʃnəl, -ʃənl/ adj. **～·al·ly** adv. 〖(1610) □ F ～ ∥ L adaptātiō(n-) ← adaptāre 'to ADAPT': ⇨ -ation〗

àd·ap·tá·tion·ism /-ʃənɪzm/ n.〔生物〕適応主義《生物の各特徴は特定の機能に対する適応の結果であるとする考え方》. **àd·ap·tá·tion·ist** /-ʃ(ə)nɪst/ n., adj. 〖(1983): ⇨ ↑, -ism〗

adaptátion sỳndrome n.〔医学〕(環境)適応症候群《環境からの刺激に対する生体反応の機能高進[低下]によって起こる症候群; cf. alarm reaction》.

a·dápt·ed adj. **1** 改造した; 改作[脚色]した, 翻案の (cf. adapt vt. 2). **2**〔…に〕適当な, ふさわしい〔for, to〕: well ～ for summer wear 夏着として適切な. 〖1610〗

a·dápt·er n. **1** 改作者, 翻案者. **2**〔機械・電気〕アダプター, 適用器, 加減装置; 誘導管, 受接管. 〖1801〗

a·dap·tion /ədǽpʃən, æd-/ n. =adaptation. 〖(1704)〔短縮〕← ADAPTATION: ADOPTION との類推による〗

a·dap·tive /ədǽptɪv, æd-/ adj. 適応性の, 適応性を示す: be ～ to …に順応性を示す. **～·ly** adv. **～·ness** n. **a·dap·tiv·i·ty** /ædæptívəṭi | -vɪ̀ti/ n. 〖(1824) ← ADAPT＋-IVE〗

adáptive expectátions n. pl.〔経済〕適応的期待, 適応型予想《前の予想値の実現値との違いを考慮して新たな予想を立てるという予想形成方式》.

adáptive radiátion n.〔生物〕適応放散. 〖1902〗

a·dap·to·gen /ədǽptədʒən, æd-/ n. 適応助成物質《身体のストレスへの適応を助けると考えられている天然の物質》. 〖(c1965) □ Russ. ～: ⇨ adapt, -gen〗

ad·ap·tom·e·ter /æ̀dæptɑ́(:)məṭə | -tɔ́mɪ̀tə(r)/ n.〔眼科〕明暗順応計. 〖(1917) ← ADAPT(ATION)＋-O-＋-METER¹〗

a·dap·to·met·ry /æ̀dæptɑ́(:)mətri | -tɔ́mɪ̀tri/ n.〔眼科〕明暗順応検査法.

a·dáp·tor n. =adapter.

ADAPTS /ədǽpts/ n. アダプツ《洋上の石油流出事故の際に用いる空中投下式の石油拡散防止・回収設備》. 〖(頭字語) ← A(ir) D(eliverable) A(nti)-P(ollution) T(ransfer) S(ystem)〗

A·dar /ɑ:dɑ́ə, ɑ́:dɑə | ɑ:dɑ́:(r)/ n. (ユダヤ暦の) 12 月《グレゴリオ暦の 2–3 月に当たる; cf. Jewish calendar》. 〖(c1384) □ Heb. Adhār □ Akkad. Addaru〗

Adár Shé·ni /-ʃéni/ n. =Veadar. 〖(c1901) □ Heb. Adhār šēnī second Adar〗

ADAS /éɪdæs/ (略) Agricultural Development and Advisory Service. 〖1971〗

ad as·tra per as·pe·ra /ædǽstrəpə(:)ǽspərə | -pə(:)(r)ǽs-/ L. 困難を経て星へ, 苦難を経て栄光へ (through hardships to the stars)《米国 Kansas 州のモットー》.

a·dat /ɑ́:dɑ:t/ n. (イスラム教の)慣習法. 〖(1784) ← Malay ～ □ Arab. 'adālah justice, equity〗

ad·ax·i·al /ædǽksiəl/ adj. (↔ abaxial) **1**〔植物〕〈葉が〉軸の側にある, 向軸面の. **2**〔動物〕体の中軸に近い[に近づく]. 〖(c1900) ← AD-＋L axis axle＋-AL¹〗

a·day /ədéɪ/ adv. (廃) 昼間に, 日中 (by day). 〖(a1250) ← A-¹＋DAY: cf. OE on dæġe〗

Á-dày n. =Able Day; 開始[完了]予定日.

a·days /ədéɪz/ adv. (廃) **1** 毎日 (daily). **2** =aday. 〖(1377) a dayes ← A-¹ (=on)＋dayes ((gen.) ← day)〗

a·daz·zle /ədǽzl/ adv., adj. [叙述的]〔…で〕目もくらむばかりで, きらめいて〔with〕. 〖(1832) ← A-¹＋DAZZLE (n.)〗

ADB (略) accidental death benefit; African Development Bank アフリカ開発銀行; Asian Development Bank アジア開発銀行.

ADC (略) advanced developing country [countries]; (豪) Aboriginal Development Commission; Aid to Dependent Children; Aerospace Defense Command (米国)航空宇宙軍《旧名称は Air Defense Command 防空空軍; cf. ADCOM》; Amateur Dramatic Club (Cambridge 大学の)素人演劇部[団]《1855 年創立》; automatic digital calculator; assistant division commander.

ADC, a.d.c. (略) aide-de-camp; analogue-to-digital converter.

ad cap·tan·dum /ædkæptǽndəm/ L. adj., adv. 人気取りのための[に]: an ～ argument 人気取りのための議論 (cf. captation). 〖(1837) □ L ～ 'for pleasing'〗

ad captándum vúl·gus /-vʌ́lgəs/ L. adj., adv. =ad captandum. 〖(1762) □ L ～ 'for pleasing the crowd'〗

Ád·cock antènna /ǽdkɑ(:)k- | -kɔk-/ n.〔電子工学〕アドコックアンテナ《方向測定用二極アンテナ》. 〖発明者の名にちなむ〗

ADCOM /ǽdkɑ(:)m | -kɔm/ (略) Aerospace Defense Command〔米空軍〕航空宇宙軍 (cf. ADC).

add /ǽd/ vt. **1 a** 〈他のものに〉加える, 追加する (join)〔to〕; 〈人を〉一員として加える, 含める: Add a little water. 水を少し加えなさい / ～ spice to a dish 料理にスパイスを加える / ～ spices to taste 好みに応じてスパイスを加える / Now with ～ed Vitamin C! ついに登場, ビタミン C 入り / with no artificial flavoring or coloring ～ed 人工香味料着色料無添加で / ～ a name to a list 名簿に名前を追加する / This will ～ much to her fame [weight to her authority]. これは彼女の名声[権威]を大いに高めることになろう / And, ～ed to that [this], there is the problem of worsening inflation. そしてそれ[これ]に加えて, インフレ悪化という問題がある. **b** 〈部屋などを〉建て増す〔to〕: ～ a nursery to a house 家に子供部屋を建て増す. **2 a** (足し算で)〈数を〉加える, 足す〔to〕; 合計する (cf. ADD up): ～ two to [and] five 5 に 2 を加える [2 と 5 を足す] / Three ～ed to four makes seven. 4 足す 3 は 7 / Add them together. 合計しなさい. **b** 〈物事を〉(一つに)まとめる, 総合する (combine)〈together〉. **3** 〈言葉を〉付け加える; 〈…と〉付け加えて言う[書く]〈that〉: She ～ed a few words. / "But be careful," he ～ed. 「でも気をつけた方がいい」と彼は言い添えた / I ought to ～ that …ということを付け加えておきたい / Is there anything else you'd like to ～? 他に付け加えたいことはありますか / I might ～ [挿入語句として] 付言すれば / May I ～ …? …と付け加えさせていただけますか?
— vi. **1 a** 足し[加え]算をする: The child can't ～ (up) yet. あの子はまだ足し算ができない / The child isn't much good at ～ing (up) yet. あの子はまだ足し算があまり上手ではない. **b** 合計する; 合算[累積]される, 合わさる〈together〉(cf. ADD up). **2 a** 〔…を〕増す, 増加させる〔to〕: Such a policy would only ～ to inflation. そのような政策はただインフレをあおることになるだけだ. **b** 〔家などに〕建て増しをする〔to〕(cf. ADD to).
ádd in (1) 含める, 入れる (include). (2) (料理などで)〈材料を〉添加する, 加える. **ádd ón** 〈項目などを〉(あとから)付け加える, 含める, 〔…に〕付け足す〔to〕: If you ～ on (the) sales tax, it gets pretty expensive. 売上げ税を含めると, かなり高いものになる. **ádd to …** [受身可能] …を増す, 大きくする (⇨ vi. 2); …に建て増しをする: To ～ to her troubles, the rent went up sharply. 彼女の悩みが増したことに家賃が急激に上がった / The school has been ～ed to recently. 学校は最近増築された. **ádd úp** (vt.) (1) 合計する (sum up) (cf. vt. 2). (2)《口語》〈利害などを〉計算する, 〈人物などを〉評価[判断]する. (vi.) (1) 合計する (cf. vi. 1); (英) 足し算をする. (2) [通例否定文で]《口語》〈物事が〉筋道が立つ, つじつまが合う (make sense): His story doesn't ～ up. 彼の話はわけがわからない. (3) 帳尻が合う, 計算が合う: These figures don't ～ up. (1754) **ádd úp to** (1) 合計[積もって]…となる (amount to). (2)《口語》〈事が〉(結局)…ということになる, …を意味する: Their claims ～ up to ignorance and greed. 彼らの要求は無知と強欲ということに尽きる / Our efforts didn't ～ up to much. せっかくの努力も大して物にならなかった. (1933) **to ádd to** …に(かてて)加えて: To ～ to the enemy's confusion, they were now attacked in the rear as well. 敵軍は混乱に加えて今度は背面からも攻撃を受けた.
— n. **1**〔新聞〕補足[追加]原稿[記事]. **2** (計算機などの)加算 (addition).
〖(c1380) adde(n) □ L addere to put to ← AD-＋dare to put (⇨ date¹)〗

ADD /éɪdì:dí:/ (略) American Dialect Dictionary; analog digital digital《録音方式》; attention deficit disorder.

add. (略)〔処方〕L. addenda (=to be added); addendum; addition; additional; address.

ad·da /ʌ́də/ n. (インド) もぐり酒場; (集団での) 談笑, おしゃべり.

add·a·ble /ǽdəbl̩ | ǽd-/ adj. 増加しうる, 加えうる.

Ad·dams /ǽdəmz | ǽd-/, **Jane** n. アダムズ《1860–1935; 米国の社会事業家・作家; 女権拡張と世界平和のために尽力 (cf. Hull House); Nobel 平和賞 (1931); Twenty Years at Hull-House (1910)》.

Áddams Fàmily n. アダムスファミリー《米国のテレビなどに登場する妖怪一家》.

ad·dax /ǽdæks/ n. (pl. ～·es, ～)〔動物〕アダックス (Addax nasomaculata)《北アフリカの砂漠地帯にすむアダックス属の角のねじれたレイヨウ》. 〖(1693) □ L ～ ← Afr.《現地語》〗

add·ed /ǽdɪ̀d | ǽd-/ adj. (それに)追加される, 添加された; 余分な; なおそれ以上の, さらなる (cf. add vt.). 〖(1601–02): ⇨ -ed〗

ádded líne n.〔音楽〕=ledger line 2.

ádded síxth n.〔音楽〕付加 6 の和音《added sixth chord ともいう; cf. sixth chord》. 〖1876〗

ádded válue n.〔会計〕付加価値《個別企業が, 他企業から購入した財貨および用役に対し, 生産販売活動を通じて新たに付加した価値》. 〖1955〗

ádded-válue tàx n. =value-added tax. 〖1963〗

ad·dend /ǽdend, ədénd | ǽdend, æd-/ n.〔数学〕加数(量) (↔ summand; cf. augend). 〖(1674)〔短縮〕↓〗

ad·den·dum /ədéndəm, æd-/ n. (pl. 1, 2 は **ad·den·da** /-də/, 3 は **～s**) **1** 付加物, 追加物; 付属品. **2** [しばしば pl.; 単数扱い] (書物などの)補遺 (supplement), 付録 (appendix). **3**〔機械〕**a** アデンダム, 歯先《歯車の歯末の面または丈(たけ); cf. dedendum》. **b** =addendum circle. 〖(1794) □ L ～ 'something to be added' (gerundive) ← addere 'to ADD'〗

addéndum círcle n.〔機械〕(歯車の)歯先円 (cf. dedendum circle).

add·er¹ /ǽdə | ǽdə(r)/ n. **1** 加える人[物]. **2 a** = adding machine. **b**〔電算〕加算機《コンピューターの内部で加算操作を行う装置》. 〖(1580) ← ADD＋-ER¹〗

ad·der² /ǽdə | ǽdə(r)/ n.〔動物〕**1** ヨーロッパクサリヘビ (Vipera berus)《クサリヘビ科の毒ヘビ; viper ともいう》. **2** クサリヘビ科のヘビの総称《パフアダー (puff adder) など》. **3** ハナダカヘビ (hognose snake)《milk adder など北米に生息する無毒のヘビ》. 〖ME naddere ＜ OE nǣd(d)re ← Gmc *nēðrō- (ON naðra / Goth. nadrs) ← IE *nētr- snake (L natrix water snake): 現在の語形は a nadder が異分析によって an adder に転訛したもの〗

ádder's-mèat n. =stitchwort. 〖1861〗

ádder's-mòuth n.〔植物〕**1** 北米産の小さい白または淡緑の花の咲くヒメラン属 (Malaxis) の植物《ホザキイチヨウラン (M. monophyllos) など; cf. bog orchid》. **2** = snakemouth. 〖葉の形が adder の口と似ているから〗

ádder's-tòngue n.〔植物〕**1** ハナヤスリ属 (Ophioglossum) のシダの総称. **2** 米国産ノコギリソウ属 (Achillea), アラム属 (Arum), カタクリ属 (Erythronium) の植物の総称; (特に)アメリカカタクリ (E. americana)《dogtooth violet ともいう》. 〖(1578): 実のなる穂から〗

ádder tòngue n.〔植物〕=adder's-tongue. 〖1817〗

add·i·ble /ǽdəbl̩ | ǽdɪ̀-/ adj. =addable.

ad·dict /ǽdɪkt, ədíkt, æd- | ǽdɪkt/ n. **1** (麻薬などの) 常用者, 中毒者: a morphine [drug] ～=an ～ of morphine [drugs] モルヒネ[麻薬]常用者. **2** (スポーツなどの) 愛好家, 熱中者, 凝り屋, 大のファン: a golf [TV] ～.
— /ədíkt/ vt. **1** [通例受身または ～ oneself で] 〔…に〕〈麻薬などを〉常用させる, 〔…に〕中毒させる, 〔酒色などに〕溺(おぼ)れさせる, 耽溺(たんでき)させる (habituate); 〔スポーツ・趣味などに〕ふけらせる, 熱中させる〔to〕: be [become, get] ～ed to drugs, horse racing, smoking, etc. / She is ～ed to making artificial flowers. 造花に凝っている. **2** 〈人を〉麻薬中毒[常用者]にする. 〖v.: (1560) ← L addictus (p.p.) ← addicere to award, devote to ← AD-＋dīcere to say (⇨ diction). — n.: (1909) ← (v.)〗

ad·dict·ed /ədíktɪ̀d/ adj. 〔麻薬などを〕常用している, 〔…に〕中毒している, 溺(おぼ)れている; 〔…に〕ふけっている, 凝って[熱中して]いる〔to〕(cf. addict vt.). **～·ly** adv. **～·ness** n. 〖1534〗

ad·dic·tion /ədíkʃən/ n. (麻薬などの)常習, 中毒, 〔酒色などへの〕耽溺(たんでき); 熱中, 没頭〔to〕: drug ～ 麻薬常用 / one's ～ to music 音楽への熱中. 〖(1604) ← ADDICT＋-ION〗

ad·dic·tive /ədíktɪv/ adj. 〈薬剤など〉常用癖がつきやすい, 習慣性の: an ～ drug 習慣性薬物. 〖(1939) ← ADDICT＋-IVE〗

Ad·die /ǽdi | ǽdi/ n. アディー《女性名》. 〖(dim.) ← ADA, ADELINE, etc.〗

ádd-in n.〔電算〕アドイン: **1** コンピューターなどに付加的

に組み込んでその機能を強化するもの; 拡張ボードや増設用メモリー IC など. **2** 大きなプログラムと組み合わせて使用して, その機能を補完・強化するプログラム. — *adj.* アドインの, 付加組込み用の, 増設用の. 〖1984〗

add·ing /ǽdɪŋ | -dɪŋ/ *n.* 加えること, 追加. — *adj.* 追加の. 〖(*a*1400): ⇨ -ing[1]〗

ádding machìne *n.* 加算器; (金銭用の)計算器. 〖1874〗

Ad·ding·ton /ǽdɪŋtn̩ | ǽd-/, **Henry** *n.* アディントン《1757–1844; 英国の政治家; 首相 (1801–04); 称号 1st Viscount Sidmouth》.

Ad·dis /ǽdɪ̣s | ǽdɪs/ *n.* 〘商標〙アディス《英国 Addis 社製のプラスチック製家庭用雑貨; 歯ブラシ・台所用品・バス用品など》.

Ad·dis A·ba·ba /ǽdɪ̣sǽbəbə | ǽdɪsǽbəbə, -ɑ́:b-/ *n.* アディスアベバ《エチオピアの首都》.

Ad·di·son /ǽdəsən, -sn̩ | ǽdɪ-/, **Joseph** *n.* アディソン《1672–1719; 英国の評論家・詩人; Sir Richard Steele とともに *The Spectator* 誌を創刊 (1711)》.

Ad·di·so·ni·an /æ̀dəsóuniən | æ̀dɪsóunjən⁻/ *adj.* アディソンの; アディソン流の《洗練された明晰な文体について いう》. 〖(1910): ⇨ ↑, -ian〗

Addisónian anémia *n.* 〘病理〙悪性貧血, アジソン貧血 (Addison's anemia, pernicious anemia ともいう). 〖(1910) ← *Dr. T. Addison* (↓)〗

Áddison's disèase *n.* 〘病理〙アジソン病《副腎(ふくじん)機能不全; adrenal insufficiency ともいう》. 〖(1876) ← *Dr. Thomas Addison* (1793–1860: 1855 年この病気を発見した英国の医師)〗

ad·dit·a·ment /ədɪ́təmənt, æd- | -tə-/ *n.* 付加物, 追加物. 〖(*a*1400) □ L *additāmentum* ← *additus* (p.p.) ← *addere* 'to ADD'〗

ad·di·tion /ədɪ́ʃən, æd- | əd-/ *n.* **1** 加わった物[人], 付加物 〔*to*〕; 増加物: recent ~*s to* a library 図書館の新着[新刊]図書 / have an ~ *to* one's family 家族が増える《子供が生まれる》 / I'd like to make several ~*s to* my report. 報告書に付け加えたいことがいくつかある. **2** 付加, 添加, 増加 〔*to*〕: by [with] the ~ of …を加えれば. **3** 〘数学〙加法, 足し算, 寄せ算, 加え算《記号 +; ↔ subtraction》: the ~ [plus] sign 足し算[プラス]記号 / do [perform] ~ 足し算する. **4** 《米》建て増し, 増築; 建て増しした部分 〔*to*〕; 増した土地. **5** 〘化学〙付加. **6** 《古》〘法律〙(法律文書で人名への)付加事項《その人の居住地・職業・身分などを示す: 例えば John Doe, Esq., Richard Roe, Gent. の Esq., Gent. など》.
in addítion 加うるに, さらに, その上 (besides): We have this to say *in* ~. さらに次のことを言わなければならない. 《1936》 ***in addítion to*** …に加えて, …のほかに (besides): *In* ~ *to* the rough seas, they had a thick fog. 荒波に加えて霧が深かった. 《1902》
〖(*a*1388) *addicioun* □ (O)F *addition* □ L *additiō(n-)* ← *addere* 'to ADD'〗

addítion àgent *n.* 〘化学〙=additive 2. 〖1927〗

ad·di·tion·al /ədɪ́ʃnəl, -ʃənl̩, æd- | əd-/ *adj.* 追加的な, 付加の, 補助的な (added): ~ work / an ~ charge 追加料金 / It took an ~ ten minutes. さらに 10 分を要した / We need ~ support [supporters]. さらなる支持[支持者]が必要だ / We need at least 200 ~ members [an ~ 200 members]. 少なくともさらに 200 人の会員が必要だ. 〖(1639) ← ADDITION + -AL[1]〗

ad·di·tion·al·ly /ədɪ́ʃ(ə)nəli, æd- | əd-/ *adv.* **1** その上に, さらに. **2** 追加的に, 補助的に. 〖1665〗

additional mémber sỳstem *n.* 〘政治〙追加的構成員システム《比例代表制の一方式で, 選挙人が政党と個別の候補者の両方に投票する》.

additional táx *n.* 付加税. 〖1870〗

addítion còmpound *n.* 〘化学〙付加化合物《付加反応によって生成する化合物; cf. addition product》. 〖1922〗

addítion pòlymer *n.* 〘化学〙付加重合体.

addítion polymerizàtion *n.* 〘化学〙付加重合《単量体がそのまま付加的に連合すること; cf. condensation polymerization》.

addítion pròduct *n.* 〘化学〙付加生成物, 付加物《付加反応によって生じた物質; 特に, 不飽和結合に対する付加反応によって生成する化合物をいう》. 〖1879〗

addítion reàction *n.* 〘化学〙付加反応《水素・ハロゲン・ハロゲン化水素などが不飽和炭化水素に付加する反応》.

addítion thèorem *n.* 〘数学〙加法定理.

ad·di·tive /ǽdətɪv | ǽdɪ̣t-/ *n.* **1** (食品などの)添加物: a food ~ 食品添加物. **2** 〘化学〙(ガソリン・潤滑油などの)添加剤. — *adj.* **1** 追加の, 付加的な. **2** 〘数学〙 **a** 加法の: an ~ group 加法群, 加群 / the ~ inverse 加法に関する逆元 / the ~ identity 加法に関する単位元. **b** 〈関数が〉加法的な《関数が $f(x+y)=f(x)+f(y)$ という性質をもっていることについていう》: an ~ set function 加法的集合関数. **3** 〘化学〙付加的な, 付加の. **~·ly** *adv.* **ad·di·tiv·i·ty** /æ̀dətívəti | æ̀dɪ̣tívɪ̣ti/ *n.* 〖(1699) □ L *additīvus* ← *additus* (p.p.) ← *addere* 'to ADD'〗

ádditive cólor *n.* =additive primary.

ádditive-frée *adj.* 添加物の入っていない: ~ foods 無添加物食品. 〖1975〗

ádditive prímary *n.* 〘写真〙加色法の原色《青色(光)・緑色(光)・赤色(光)の一つ; cf. subtractive primary》.

ádditive pròcess *n.* 〘写真〙加色法《青色光・緑色光・赤色光を種々の割合に混合して, ほとんど全部の色を出す方法; cf. subtractive process》.

ad·di·to·ry /ǽdətɔ̀:ri | ǽdɪ̣təri/ *adj.* 付加的な, 追加の (additional). 〖(1659) ← ADDITION + -ORY[1]〗

ad·dle[1] /ǽdl̩ | ǽdl̩/ *adj.* **1** [通例複合語をなして]〈頭が〉空虚な, 空っぽの; 混乱した: ⇨ addlebrained, addlepated. **2** 〈卵が〉腐った (rotten): an ~ egg. — *vt.* **1** 〈人・頭を〉混乱させる (confuse): ~ one's head [wits] *over* figures 数字で頭が混乱してしまう. **2** 〈卵を〉腐らせる. — *vi.* **1** 〈頭が〉混乱する. **2** 〈卵が〉腐る. **~-ment** *n.* 〖(*c*1250) *adel(e)* ← OE *adela* liquid filth: cf. MLG *adele* (G *Adel* mire)〗

ad·dle[2] /ǽdl̩ | ǽdl̩/ *vt.* 《北英方言》〈金・生計費などを〉稼ぐ. 〖(?*c*1200) □ ON *ǫ̈ðla* ← *óðal* property〗

áddle·bràined *adj.* =addlepated[1]. 〖1866〗

ád·dled *adj.* =addle[1]. 〖1646〗

áddle·hèad *n.* =addlepate. 〖1641〗

áddle·hèaded *adj.* =addlepated. 〖*a*1670〗

áddle·pàte *n.* ばか, 低能. 〖1601〗

áddle·pàted *adj.* 頭の混乱した, 低能な; 風変わりな. 〖1630〗

ádd-òn *n.* **1** (コンピューター・ステレオなどの)追加装置, 付属物. **2** 付け加えたもの; 追加額[量, 項目]. — *adj.* 付属[追加]の: special ~ devices to increase the power of the equipment 器具の性能を高める特殊付属装置. 〖1941〗

ad·dorsed /ədɔ́əst, æd- | -dɔ́:st/ *adj.* 〘紋章〙〈動物などが〉背中合わせになった (back to back) (cf. combatant 3, aspectant). 〖(1572) ← AD- + L *dorsum* back + -ED〗

ad·dra /ǽdrə/ *n.* 〘動物〙ダマシカ, ダマガゼル (dama)《アフリカ産》. 〖《現地語》〗

ad·dress /ədrés, æd-, ǽdres | ədrés/ *n.* **1** /《米》ǽdres, ədrés, æ-/ **a** (手紙・小包などの)宛名, 宛先, アドレス; 上書き: the ~ *on* an envelope 封筒の宛名 / Please write to the above [my home, my work] ~. 連絡は上のアドレス[自宅, 職場]宛てに願います / a forwarding ~ 転送先住所 / a return ~ 返信用[返送先]住所 / ~ unknown 住所不明. **b** 所番地, アドレス, 連絡先; 住所, 営業所(など): a person's name and ~ 住所氏名 / change of ~ 住所[アドレス]変更 / change one's ~ 転居する, 連絡先を変更する / of [with] no fixed ~ 住所不定の / I'm going to this ~. この番地[アドレス]へ行くんですが. 日英比較 住所は日本語とは逆に小さな番地から始めて大きい地名へと書く. また,「住所氏名」は英語では one's name and *address* といい, 日本語と語順が逆である. **2 a** 挨拶の言葉《答辞・謝辞など》; 演説, 講演 (⇨ speech **SYN**): a funeral ~ 弔辞, 追悼演説 / Lincoln's Gettysburg *Address* / an opening [a closing] ~ 開会[閉会]の辞 / an ~ of welcome 歓迎の辞 / a TV ~ *to* the nation (元首・首相などの)テレビによる国民への演説 / give [deliver] an ~ *to* [*at*] a gathering 聴衆に[集会で]挨拶[演説]をする, 式辞を述べる. **b** =*a form of* ADDRESS. **3** /《米》ǽdres, ədrés, æ-/ 〘電算〙アドレス, 番地《記憶装置内の情報の記憶場所; 通例十六進数字などで示す; cf. *vt.* 6》. **4** (事を処理する)巧妙な手際(てぎわ), 熟練 (⇨ tact **SYN**): *with* ~ 手際よく, 巧みに. **5** 請願(書), 建白書 (appeal, petition): an ~ *to* Parliament 議会への請願 / an ~ *to* the throne 上奏文. **6 a** 《米》(大統領の)教書 〔*to*〕. **b** [the A-] 〘英議会〙勅語奉答文 (the reply to the King's Speech). **7** 〘ゴルフ〙アドレス《球を打つ身構え》: at ~. **8** 《米》〘法律〙(裁判官を不適任として立法部から行政部へ出す)解任請求 (cf. *vt.* 10). **9** 《古》 **a** (人と話すときの)態度, 物腰, 応対ぶり: a man of affable ~ 人当たりのよい人. **b** (演説などの)話しぶり, 歌いぶり (delivery). **10** [通例 *pl.*] 《古》言い寄り, 口説(くぜつ), 求婚, 求愛 (courtship): pay one's ~*es to* a lady 女性に言い寄る. **11** 《まれ》船舶への指示.
a fórm* [*móde*] *of addréss (口頭または書面での)呼び掛け方, 敬称 (style of addressing). 《1927》
— /ədrés, æ-/ *vt.* **1** /《米》ǽdres, ədrés, æ-/ 〈手紙などに〉宛名を書く, …に上書きを書く; 〈手紙などを〉〈人に〉宛てる (direct) 〔*to*〕: ~ a letter [parcel, envelope] *to* a person / a letter ~*ed to* me 私宛ての手紙 / a wrongly [correctly] ~*ed* letter 宛名の間違った[正しい]手紙. **2** 〈会衆に〉演説[講演, 説教]をする: ~ a meeting (*on* [*about*] a subject). **3** 〈言葉などを〉〈…に〉向けて言う; 〈抗議などを〉〈…に〉申し入れる, 提出する 〔*to*〕: ~ a remark *to* a person / ~ a prayer *to* God 神に祈る / ~ a protest [petition] *to* Parliament [a person] 議会[人]に抗議[請願]する. **4 a** 〈人に〉話しかける: I was ~*ed* by a total stranger. 全く知らない人に話しかけられた. **b** (口頭・書面で)〈人を〉(正しい)敬称[呼び名]で呼ぶ: How does one ~ a king? 王には何と呼びかけるのか《王の敬称は何か》 / I ~ him *as* Tom [*by* his surname]. 彼に話しかけるときはトムと[姓で]呼ぶ. **5 a** 〈問題などを〉正す; 検討する: ~ a wrong [grievance] 不正を正す[苦情を検討する]. **b** 〈問題などに〉取り組む: She ~*ed* the problem. 問題に取り組んだ / not even attempt to ~ (the difficulty of) tax reform 税制改革(の困難)に取り組もうともしない / The book ~*es* mankind's spiritual crisis. その本は人類の精神的危機に取り組んだものだ / an important problem that needs to be ~*ed* 取り組む必要のある重要課題. **6** /《米》ǽdres, ədrés, æ-/ 〘電算〙〈記憶装置内の位置を〉アドレス指定する《データを読み書きするために特定する; cf. *n.* 3》; 〈ある容量の記憶装置を〉アドレス指定する《アドレスを割り振って利用する》. **7** 〘商業〙〈船などを〉〈代理人・委託・販売人に〉回す, 託送する 〔*to*〕. **8 a** 〘ゴルフ〙(スタンスを決めて)〈ボールを〉打つためクラブの位置などを調整する. **b** 〘アーチェリー〙的に(正しい角度で)正体して〈矢を〉構える. **9** 《米》〘法律〙(立法部からの請求により)〈行政部が〉〈不適任な裁判官を〉解任する 〈*out*〉 (cf. *n.* 10). **10** 《古》〈女性を〉くどく, …に言い寄る, に求婚する (woo). **11** 《廃》 **a** 〈進路などを〉定める, 向ける (direct). **b** 〈人を〉派遣する (dispatch) 〔*to*〕. **12** 《廃》 **a** …に(身)支度をさせる (make ready). **b** …に服を着せる (dress); 〈服を〉着る (put on). — *vi.* 《廃》 **1** 準備する (prepare). **2** 演説する.
addréss onesélf to (1) 〈仕事などに〉本気で取りかかる, 精を出す (apply oneself): I ~*ed myself to* my studies. 勉強に本腰を入れた / She ~*ed herself to* the problem. その問題に取り組んだ. (2) (口頭または書中で)〈人に〉話し[呼び]かける: He ~*ed himself to* the audience. 聴衆に呼びかけた. 《1678》
〖v.: (*a*1325) *adresse(n)* □ (O)F *adresser* < VL **addrictiāre* ← AD- + L *dīrēctus* 'straight, DIRECT'. — n.: (1539) ← (v.): cf. (O)F *adresse*: cf. dress〗

ad·dress·a·ble /ədrésəbl̩, æ-/ *adj.* 〘電算〙アドレスを用いて読み書きできる. **ad·drèss·a·bíl·i·ty** /-ləṭi | -lɪ̣ti/ *n.* 〖1953〗

addréss bòok *n.* 住所録. 〖1877〗

ad·dress·ee /æ̀dresí:, ədrèsí:/ *n.* 名宛て人, 受信人[者]. 〖(1810) ← ADDRESS + -EE[1]〗

ad·dréss·er *n.* **1** 発信人[者] (↔ addressee). **2** 話し[呼び]掛ける人; 請願者. **3** =addressing machine. **4** [the Addressers] 〘英史〙議会召集請願派 (⇨ petitioner 2). 〖1681〗

ad·dréss·ing machìne *n.* 宛名印刷機. 〖1865〗

Ad·dres·so·graph /ədrésəgræ̀f | ədrésə(u)grɑ̀:f, -græ̀f/ *n.* 〘商標〙アドレサグラフ《宛名印刷機》. 〖(1924): ⇨ address, -graph〗

ad·drés·sor *n.* **1** =addresser. **2** 〘法律〙(信用状などの)発行者. 〖(1691) ← ADDRESS + -OR[2]〗

addsd 《略》addressed.

ad·duce /ədú:s, ədjú:s, æd- | -djú:s/ *vt.* (証拠・例証として)提示[引証, 引用]する: ~ evidence, a reason, etc. / ~ a fact in support of an argument 議論立証のために事実を挙げる. **ad·dúc·er** *n.* 〖(1616) □ L *addūcere* ← AD- + *dūcere* to lead (⇨ duke)〗

ad·duce·a·ble /ədú:səbl̩, ədjú:-, æd- | -djú:-/ *adj.* =adducible. 〖1869〗

ad·du·cent /ədú:sənt, ədjú:-, æd-, -sn̩t | -djú:-/ *adj.* 〘解剖・生理〙内転の (adducting) (↔ abducent): an ~ muscle 内転筋. 〖(1694) □ L *addūcentem* (pres.p.) ← *addūcere* (⇨ adduce) ⇨ -ent〗

ad·duc·i·ble /ədú:səbl̩, ədjú:-, æd- | -djú:sɪ̣bl̩/ *adj.* (例証として)提示[引用]できる. 〖(1799) ← ADDUC(E) + -IBLE〗

ad·duct[1] /ədʌ́kt, æd-/ *vt.* 〘生理〙〈筋肉などが〉〈手足などを〉内転させる (↔ abduct). 〖(1836–39) ← L *adductus* (p.p.) ← *addūcere* 'to ADDUCE'〗

ad·duct[2] /ǽdʌkt/ *n.* 〘化学〙アダクト, 付加物, 付加生成物 (addition product)《特に, 尿素などが結晶空隙中に炭化水素などを取り込んで作る化合物を指すことが多い》. 〖(1941) □ G *Addukt* ← 《短縮》*Addition* + *Produkt*〗

ad·duc·tion /ədʌ́kʃən, æd-/ *n.* **1** 〘生理〙内転(作用) (↔ abduction). **2** 提示, 引用. 〖(1638) □ F ~ // ML *addūctiō(n-)* ← L *addūcere* 'to ADDUCE': ⇨ -ion〗

ad·duc·tor /ədʌ́ktə, æd- | -tə(r)/ *adj.* 〘解剖〙=adducent. — *n.* **1** 〘解剖〙内転筋 (adducent muscle) (↔ abductor). **2** 〘動物〙収筋, 閉筋, (二枚貝などの)閉殻筋, 閉介筋, (俗に)貝柱. 〖(1746) □ L *addūctor* 《原義》a drawer-to ← *addūcere* 'to ADDUCE'〗

Ad·dy /ǽdi | ǽdi/ *n.* アディー《女性名》. 〖《異形》← ADDIE〗

ade /éɪd/ *n.* (レモネードなどの)甘味飲料. 〖← -ADE 4〗

Ade /éɪd/, **George** *n.* エード《1866–1944; 米国の諷刺作家; *Fables in Slang* (1900)》.

-ade /éɪd, ɑ́:d, ǽd/ *suf.* 次の意味を表す名詞を造る: **1** 動作, 行動: tira*de* / gascona*de*. **2** 行動中の集団: ambusc*ade* / cavalc*ade*. **3** 動作の結果または材料から作られた製品: marmal*ade*. ★ ball*ad*, sal*ad* などはこの語尾の e が脱落したもの (cf. -ad[2]). **4** 甘味飲料: lemon*ade*, lime*ade*. 〖ME □ (O)F ~ □ Sp. & Port. *-ada* < L *-ātam* (fem.) ← *-ātus* (p.p. 語尾): cf. -ate[1, 2, 3]〗

a·del- /ədí:l/ (母音の前にくるときの) adelo- の異形.

A·de·la /ǽdələ, ǽdl̩ə, ədéɪlə | ǽdɪ̣lə, ədéɪlə/ *n.* アデラ《女性名》. 〖□ ONF ~ // OHG *Adila* 《原義》girl of the noble family: cf. Adelaide[2]〗

Ad·e·laide[1] /ǽdəlèɪd, -dl̩- | ǽdɪ̣lèɪd, -dl̩-/ *n.* アデレード《オーストラリア南部, South Australia 州の州都; 11 km 離れた外港 Port Adelaide は小麦・羊毛の輸出積出し港》.

Ad·e·laide[2] /ǽdəlèɪd, -dl̩- | ǽdɪ̣lèɪd, -dl̩-/ *n.* アデレード《女性名; 愛称形 Ada, Addie, Addy, Della》. 〖□ F ~ □ G *Adelheid* < OHG *Adalhaid* (← *athal* noble (⇨ atheling) + *haidu* 'sort, -HOOD')〗

Ad·e·laide /ǽdəlèɪd, -dl̩- | ǽdɪ̣lèɪd, -dl̩-/, **Queen** *n.* アデレード《1792–1849; 英国王 William 四世の王妃 (1818–37); 政治干渉のために不評であった》.

a·de·lan·ta·do /ədæ̀ləntɑ́:dou, ædl̩- | æ̀dəlæntɑ́:dəu; *Sp.* aðelantáðo/ *n.* (*pl.* **~s** /~z; *Sp.* ~s/) **1** (スペイン本国または植民地で民政・軍事兼任の)総督; 長官; 知事. **2** (もと Spanish America 初期の)探検家; 征服者; 植民(地建設)者. 〖(1599) □ Sp. ~ (p.p.) ← *adelantar* to go forward ← *adelante* ahead ← A-[4] + *delante* before〗

Ad·el·bert /ǽdəlbət, ǽdl̩- | ǽdəl-, ǽdl̩-; *G.* á:dl̩bɛʁt/ *n.* アデルバート《男性名》. 〖□ G ~: ⇨ Albert〗

A·dele /ədél/ *n.* アデル《女性名》. 〖□ F *Adèle*: ⇨ Adela〗

A·dé·lie Cóast [Lánd] /ədéɪli-; *F.* adeli-/ *n.* アデリー海岸《オーストラリア南方, 南極大陸の海岸地方; フランスが領有を主張》. 〖《なぞり》← F *Terre Adélie*: 1840 年これを発見したフランスの提督 Jules Dumont

A

d'Urville (1790–1842) が妻の名にちなんで命名〗

Adélie pénguin /ədéɪli-, ədí:li-/ *n.* 〘鳥類〙アデリーペンギン (*Pygoscelis adeliae*) 《南極の小ペンギン; 単に Adélie ともいう》. 〖《1907》↑〗

Ad·e·line /ǽdəlàɪn, -lì:n, ǽdl̩- | ǽdɪ̀lì:n, -làɪn, ǽdl̩-/ *n.* アデライン, アデリーン《女性名; 愛称形 Addie》. 〖□ ONF ～: ⇨ Adela, -ine⁴〗

a·de·lo- /ədí:lou | -ləu/「隠れた」の意の連結形. ★ 母音の前では通例 adel- になる. 〖← NL ～ ← Gk *ádēlos* unseen ← A-⁷＋*dêlos* visible〗

ad·el·pho- /ədéɫfou | -fəu/「兄[弟] (brother)」の意の連結形. 〖← Gk ～ ← *adelphós* brother, 《原義》from the same womb ← *a-* together with＋*delphús* womb〗

ad·el·phog·a·my /ǽdəɫfɑ́(ː)gəmi, ǽdɪ̀ɫ- | ǽdəɫfɔ́g-, ǽdɪ̀ɫ-/ *n.* 〘昆虫〙(アリなどの)同胞生殖《同一巣内の雌雄による生殖》. 〖《1926》: ⇨ ↑, -gamy〗

-a·del·phous /ədéɫfəs/ 〘植物〙「…のような雄しべの束をもつ」の意の形容詞連結形. 〖← NL ～ *-adelphus* ← Gk *adelphós* (⇨ adelpho-)〗

a·demp·tion /ədém(p)ʃən/ *n.* 〘法律〙(遺贈の)取消し, 撤回. 〖《1590》□ L *ademptiō(n-)* ← *ademptus* (p.p.) ← *adimere* to take away ← AD-＋*emere* to take, buy (cf. redeem)〗

A·den /ɑ́:dn, éɪdn; *Arabic* ʔádan/ *n.* アデン《イエメン南西部, Aden 湾に臨む都市; 紅海入口の海港で, 同国の経済の中心地》.

Aden, the Gulf of *n.* アデン湾《アフリカの東端とアラビア半島の間の Arabia 海の湾》.

a·den- /ǽdən, ǽdn | ǽdɪ̀n, ǽdn/ (母音の前にくるときの) adeno- の異形.

A·de·nau·er /ǽdənàuə, ɑ́:d-, -dn- | -dənàuə^(r); G. á:dənauɐ/, **Konrad** *n.* アデナウアー《1876–1967; ドイツの政治家; 西ドイツの首相 (1949–63)》.

ad·e·nec·to·my /ǽdənéktəmi | ǽdɪ̀-/ *n.* (*pl.* **-mies**) **1** 〘医学〙腺切除(術), 腺摘. **2** ＝adenoidectomy.

ad·e·nine /ǽdənì:n, -dn- | ǽdənì:n/ *n.* 〘生化学〙アデニン ($C_5H_3NH_2$)《6-アミノプリン; 膵(ｽｲ)臓その他動物組織および茶の葉に含まれる, また核酸の一部を形成する》. 〖《1885》← ADENO-＋-INE³〗

ad·e·ni·tis /ǽdənáɪtɪ̀s, ǽdn- | ǽdɪ̀náɪtɪs, ǽdn-/ *n.* 〘病理〙腺炎. 〖《c1848》: ⇨ ↓, -itis〗

ad·e·no- /ǽdənou, ǽdn- | ǽdɪ̀nəu, ǽdn-/「腺 (gland), 腺の, 腺と…との」の意の連結形. ★ 母音の前では通例 aden- になる. 〖← Gk *adḗn* gland〗

àdeno·carcinóma *n.* 〘病理〙腺癌(ｶﾞﾝ). **àdeno·carcinómatous** *adj.* 〖《c1889》← NL ～: ⇨ ↑, carcinoma〗

àdeno·hypóphysis *n.* (*pl.* **-ses**) 〘解剖〙腺下垂体 (cf. neurohypophysis). **àdeno·hypophyséal** *adj.* **àdeno·hypophýsial** *adj.* 〖《1935》〗

ad·e·noid /ǽdənɔ̀ɪd, ǽdn- | ǽdɪ̀nɔ̀ɪd, ǽdn-/ *adj.* **1** 〘解剖〙腺様の. **2** 〘病理〙アデノイドの. ― *n.* [通例 *pl.*] 〘病理〙アデノイド, 腺様増殖(症) (adenoid growth) (cf. pharyngeal tonsil). 〖《1839》← ADENO-＋-OID〗

ad·e·noi·dal /ǽdənɔ́ɪdl̩, ǽdn- | ǽdɪ̀-, ǽdn-ˊ/ *adj.* **1** 〘病理〙アデノイドの. **2** 〈声・様子など〉アデノイドにかかっているような. **3** ＝adenoid. **～·ly** *adv.* 〖《1919》: ⇨ ↑, -al¹〗

ad·e·noi·dec·to·my /ǽdənɔɪdéktəmi, ǽdn- | ǽdɪ̀-, ǽdn-/ *n.* 〘外科〙アデノイド切除(術). 〖《1906》← ADENOID＋-ECTOMY〗

ad·e·noi·di·tis /ǽdənɔɪdáɪtɪ̀s, ǽdn- | ǽdɪ̀nɔɪdáɪtɪs, ǽdn-/ *n.* 〘病理〙咽頭扁桃炎, アデノイド咽頭炎. 〖← NL ～: ⇨ adenoid, -itis〗

ad·e·noi·dy /ǽdənɔ́ɪdi, ǽdn- | ǽdɪ̀nɔ́ɪdi, ǽdn-ˊ/ *adj.* ＝adenoidal 2. 〖《1926》← ADENOID＋-Y⁴〗

ad·e·no·ma /ǽdənóumə, ǽdn- | ǽdɪ̀nə́u-, ǽdn-/ *n.* (*pl.* **～s**, **～·ta** /～tə | ～tə/) 〘病理〙腺腫(ｾﾝｼｭ), アデノーマ. **àd·e·nó·ma·tous** /-təs | -təsˊ/ *adj.* 〖《1870》← NL ～: ⇨ adeno-, -oma〗

a·den·o·phore /ədénəfɔ̀ə | -fɔ̀:^(r)/ *n.* 〘植物〙蜜腺の柄. 〖← ADENO-＋-PHORE〗

àdeno·phýllous *adj.* 〘植物〙腺毛のある葉をつけた. 〖《1865》← ADENO-＋PHYLLOUS〗

àdeno·sarcóma *n.* 〘病理〙腺肉腫(ｾﾝﾆｸｼｭ) (sarcoadenoma ともいう). 〖《1881》← ADENO-＋-SARCOMA〗

ad·e·nose /ǽdənòus, ǽdn- | ǽdɪ̀nə̀us, ǽdn-/ *adj.* 〘生物〙腺をもつ[のような]. 〖《1853》← ADENO-＋-OSE¹〗

a·den·o·sine /ədénəsì:n, -sɪ̀n | -sì:n, -sɪn/ *n.* 〘化学〙アデノシン ($C_{10}H_{13}N_5O_4$)《ヌクレオシド (nucleoside) の一種, アデニン十五炭糖 (リボースまたはデオキシリボース); 酵母核酸を酵素または加圧加水分解により分解して得られ, また合成もされる》. 〖《c1909》□ G *Adenosin* ← *Adenin* adenine: これに *-os-* (← *ribose*) が挿入されたもの〗

adénosine deáminase *n.* 〘生化学〙アデノシン脱アミノ酵素, アデノシンデアミナーゼ《アデノシンを脱アミノしてイノシンの生成を触媒する酵素; 略 ADA》. 〖《1937》〗

adénosine diphósphate *n.* 〘生化学〙アデノシン二リン酸 ($C_{10}H_{15}N_5O_{10}P_2$)《アデニル酸にリン酸がついたもの; アデニル酸キナーゼ (adenylate kinase) により ATP に可逆的に変化することによって生体にエネルギーを与える; 略 ADP》. 〖《1938》〗

adénosine diphosphóric ácid *n.* 〘生化学〙＝adenosine diphosphate.

adénosine monophósphate *n.* **1** 〘生化学〙アデノシン一リン酸, アデニル酸《略 AMP; adenylic acid ともいう》. **2** ＝cyclic AMP. 〖《1950》〗

adénosine phósphate *n.* 〘生化学〙＝adenylic acid.

adénosine triphósphatase *n.* 〘生化学〙アデノシン三リン酸分解酵素《ATP ⇄ ADP の変化を触媒する酵素; 略 ATPase》. 〖《1943》〗

adénosine triphósphate *n.* 〘生化学〙アデノシン三リン酸 ($C_{10}H_{16}N_5O_{12}P_3$)《横紋筋組織中にあるヌクレオチド (nucleotide) 化合物; 略 ATP》. 〖《1938》〗

àdeno·vírus *n.* 〘医学〙アデノウイルス《上部気道や結膜などを冒すウイルス; cf. enterovirus, myxovirus》. 〖《1956》← ADENO-＋VIRUS〗

ad·e·nyl /ǽdənɪɫ, ǽdn- | ǽdɪ̀-, ǽdn-/ *n.* 〘化学〙アデニル ($C_5H_4N_5$)《アデニン (adenine) から誘導される基名》. 〖《1894》← ADEN(INE)＋-YL〗

ad·é·nyl·ate cýclase /ədénəlɪ̀t-, -nl̩-, -lèɪt-/ *n.* 〘生化学〙アデニル(酸)シクラーゼ《ATP から cyclic AMP を生成する反応を触媒する酵素》. 〖《1969》〗

adénylate kínase *n.* 〘生化学〙アデニル酸キナーゼ《アデノシン三リン酸によりアデニル酸をリン酸化してアデノシン二リン酸にする反応に関与する酵素》. 〖*adenylate* 《1937》: ⇨ ↑, -ate¹〗

ádenyl cýclase *n.* 〘生化学〙＝adenylate cyclase. 〖《1968》〗

ád·e·nyl·ic ácid /ǽdənílɪk-, ǽdn- | ǽdɪ̀-, ǽdn-ˊ/ *n.* 〘生化学〙アデニル酸 ($C_{10}H_{12}N_5O_4H_2PO_3$)《アデノシンのリン酸エステル; リボ核酸を構成するプリンヌクレオチド; adenosine monophosphate ともいう》. 〖《1894》: ⇨ adenyl, -ic¹〗

àdenyl·pyrophósphate *n.* 〘生化学〙アデニルピロリン酸 ($C_{10}H_{12}N_5O_3H_4P_3O_9$)《アデニル酸 (adenylic acid) ＋ピロリン酸, つまり ATP》. 〖← ADENYL＋PYROPHOSPH(ORIC ACID)＋-ATE¹〗

a·dept /ədépt, æ-, ǽdept/ *adj.* 〔…に〕熟達[精通]した, 巧みな 〔*at, in*〕: an ～ writer / ～ *at* (playing) chess / be ～ *in* (the art of) persuad*ing* people 人を説得するのに妙を得ている. ― /ǽdept, ədépt, æ-/ *n.* 達人, 大家, 名人 (expert) 〔*at, in*〕: an ～ *in* music 音楽の大家 / an ～ *at* evasion 言い逃れの名人. **～·ly** *adv.* **～·ness** *n.* 〖《1663》□ L *adeptus* reached, attained (p.p.) ← *adipisci* to reach, attain to ← AD-＋*apisci* to reach (⇨ apt): もとは one who has attained the great secret の意で, いわゆる philosophers' stone (賢者の石)の発見者であると想像された錬金術師の称号〗

ad·e·qua·cy /ǽdɪ̀kwəsi | ǽd-/ *n.* 適当さ, 妥当性; 十分. 〖《1808》: ⇨ ↓, -cy〗

ad·e·quate /ǽdɪ̀kwɪ̀t | ǽd-/ *adj.* **1 a** (ある目的に)適切な, 妥当な, 十分な 〔*to*〕/ 〈*to* do〉 (⇨ enough **SYN**): an ～ amount, reason, etc. / ～ intelligence / a salary ～ *to* one's needs 所要を満たすに足る給料 / data ～ *to* prove an argument 議論を立証するに適切な資料. **b** 〈人が〉(任務などに)十分な能力のある, 適任の (competent) 〔*to, for*〕/ 〈*to* do〉: an ～ secretary, teacher, etc. / an ～ person *for* a task / ～ *to* teach children 子供を教える十分な能力がある / He is quite ～ *to* his post. 十分その職に耐える. **2** まずまずの, どうやら間に合う, やっと合格の: merely ～ / an ～ performance 合格ぎりぎりの演技[演奏]. **3** 〘法律〙訴訟提起に十分[相当]な: ～ grounds. **～·ness** *n.* 〖《1617》□ L *adaequātus* (p.p.) ← *adaequāre* to make equal to ← AD-＋*aequāre* to make equal (← *aequus* 'EQUAL')〗

ád·e·quate·ly *adv.* 適切に, 十分に; まずまず平凡に. 〖《1628》〗

ádequate stímulus *n.* 〘心理〙適当刺激, 適刺激.

a·der·min /eɪdə́:mɪ̀n | -də́:mɪn/ *n.* (*also* **ad·er·mine** /-mɪ̀n, -mi:n | -mɪn, -mi:n/) 〘生化学〙アデルミン (⇨ pyridoxine). 〖《1938》← A-⁷＋DERMO-＋-IN²〗

á·der wàx /ɑ́:də- | -də-/ *n.* 〘鉱物〙アデール蠟 (⇨ ozokerite). 〖《部分訳》? ← G *Aderwachs* ← *Ader* vein＋*Wachs* wax〗

a·des·po·ta /ədéspəṭə | -tə/ *n. pl.* 〘書誌〙作者不明の作品[詩]. 〖《1897》□ Gk *adéspota* (pl.) ← *adéspoton* ← A-⁷＋*despótēs* master〗

a·des·sive /ədésɪv, æd-/ 〘文法〙 *adj.* 存在格の《フィンランド語などにあり, 任意の場所における存在を表す》: the ～ case 存在格. ― *n.* 存在格. 〖《1860》← L *adesse* to be present (← AD-＋*esse* to be)＋-IVE〗

ad eund. 《略》ad eundem.

ad e·un·dem /ǽdi:ʌ́ndəm, -dem/ *L. adv.* 同程度に: be admitted ～ (他大学で)同程度の学位[資格]を許される. 〖《1711》□ L ～ 'to the same'〗

ad eúndem grá·dum /-gréɪdəm | -dəm/ *L. adv.* ＝ad eundem. 〖□ L ～ 'to the same degree'〗

à deux /ɑ:dɜ́:, æ- | ædɜ́:, ɑ:-; *F.* adø/ *F. adv., adj.* 二人用に[の] (for two); 二人(きり)で[の] (between two): sit ～ / *A deux with* a girl he was bashful. 女の子と二人きりだと彼ははにかんだ. 〖《1886》□ F ～: ⇨ à: cf. deuxième〗

ad ex·tre·mum /ǽdɛkstrí:məm/ *L. adv.* 極端に; 結局. 〖□ L *ad extrēmum* to the extreme〗

ADF 《略》Asian Development Fund; 〘航空〙automatic direction finder.

ad fin. 《略》ad finem.

ad fi·nem /ædfáɪnɛm/ *L. adv.* 終わりに. 〖□ L ～ 'toward the end'〗

ad glo·ri·am /ædglɔ́:riæm/ *L. adv.* 名誉のために. 〖□ L ～ 'for glory'〗

adgo 《略》〘音楽〙adagio.

ADH 《略》〘生化学〙antidiuretic hormone.

adh. 《略》〘処方〙*L.* adhibendus 服用すること, 用いること (to be used).

ADHD 《略》〘医学〙attention deficit hyperactivity disorder 注意欠陥多動障害.

ad·here /ædhíə, əd- | ədhíə^(r), æd-/ *vi.* **1 a** 〈人が〉〈自説・計画・約束などを〉堅持[固守]する, 固執する (cling) 〔*to*〕: ～ *to* a view, plan, promise, etc. **b** 〈人・党などを〉(忠実に)支持する, 〔…に〕従う, 〈宗教などを〉信奉する (be devoted) 〔*to*〕: ～ *to* a leader, party, religion, etc. **2** 〔…に〕付着する, 粘着する, 密着する 〔*to*〕 (⇨ stick² **SYN**): Mud ～*d to* the car. / The stamp won't ～ *to* the envelope. 切手が封筒にどうしても貼(ﾊ)り付かない. **3** 〘物理〙付着する. **4** 〘植物〙接着する, 癒着(ﾕﾁｬｸ)する. **5** 《廃》終始一貫する; 合致する. ― *vt.* 〈物を〉〔…に〕付着[接着]させる (stick) 〔*to*〕: ～ a stamp *to* an envelope 封筒に切手を貼る. **ad·hér·er** /-híərə | -híərə^(r)/ *n.* 〖《1597》□ (O)F *adhérer* ∥ L *adhaerēre* to stick to ← AD-＋*haerēre* to stick (⇨ hesitate)〗

ad·her·ence /ædhí^ərəns, əd-, -rənts | ədhíər-, æd-, -rənts/ *n.* **1** 堅持, 固守, 執着, 遵守; 支持, 忠実; 信奉 〔*to*〕: confirm one's ～ *to* a treaty [promise, agreement, policy]. **2** ＝adhesion 1 a. 〖《1531》□ (O)F *adhérence* □ L *adhaerentia* ← *adhaerentem* (pres.p.) ← *adhaerēre* (↑)〗

ad·her·end /ædhí^ərɛnd, əd- | ədhíərənd, æd-/ *n.* 〘化学〙接着面; 接着物. 〖《1955》← ADHERE＋-*end* (← L *-endum* (ger. suf.))〗

ad·her·ent /ædhí^ərənt, əd- | ədhíər-, æd-/ *adj.* **1** 付着性の, 粘着性の; 〔…に〕付着している 〔*to*〕. **2** 〔…に〕付属する, 関連のある 〔*to*〕. **3** 〈規則などに〉従う, 忠実な 〔*to*〕. **4** ＝adnate 1. **5** 〘文法〙〈形容詞が〉接着的な《名詞の前に立つ; cf. attributive》. ― *n.* **1** 支持者, 味方, 信者, 門人, 党員 〔*of*〕 (⇨ follower **SYN**). **2** [*pl.*] 与党. **3** 被着剤. **～·ly** *adv.* 〖(adj.: c1385; n.: 1425) □ (O)F *adhérent* □ L *adhaerentem*: ⇨ adherence〗

ad·he·sion /ædhí:ʒən, əd- | əd-, æd-/ *n.* **1 a** 付着, 粘着, 固着, 接着. **b** 付着力, 粘着力; 粘着性. **c** 粘着性のもの; 付着物. **2 a** ＝adherence 1. **b** 〔条約などへの〕同意, 加盟 〔*to*〕: give (in) one's ～ *to* a treaty 条約に加入[同意]を通告する. **3** 〘病理〙**a** 癒着(ﾕﾁｬｸ); 癒合. **b** 索状帯. **4** 〘生物〙接着, 癒着《植物の二つの切断面が細胞の分裂・増殖により相互に密着すること; cf. adnation》. **5 a** 〘化学〙付着, 粘着《異種の物質間の接着》. **b** 〘物理〙付着《異なる種類の物質間に働く》付着力 (cf. cohesion 3). **6** 〘鉄道〙**a** (車輪とレール間の)摩擦(抵抗). **b** ＝FACTOR of adhesion. **～·al** /-ʒnəɫ, -ʒənl̩/ *adj.* 〖《1624》□ F *adhésion* □ L *adhaesiō(n-)* ← *adhaerēre* 'to ADHERE'〗

ad·he·sive /ædhí:sɪv, əd-, -zɪv | əd-, æd-/ *n.* **1** 粘着性物質; 接着剤: Glue or gum is an ～. **2** ＝adhesive tape. **3** 〘郵趣〙(封筒やはがきに印刷した切手に対し)のり付き切手; のり付きシール. ― *adj.* **1** 付着力のある, 粘着性の (sticky): an ～ envelope [stamp] のり付き封筒[切手]. **2** 〘物理〙付着力の. **3** 〈人など〉くっついて離れない; 〈言葉など〉いつまでも頭に残る, こびりついて離れない. **～·ness** *n.* 〖《1670》□ F *adhésif*: ⇨ ↑, -ive〗

adhésive céll *n.* 〘動物〙粘着細胞, 膠胞, 膠着胞《クシクラゲ類に特有の腺状の細胞; これから糸を出して餌を捕らえる; colloblast, glue cell, lasso cell ともいう》.

adhésive fàctor *n.* 〘鉄道〙＝FACTOR of adhesion.

ad·hé·sive·ly *adv.* 粘着的に, ねばねばして(くっつきやすく). 〖《1818》〗

adhésive plàster *n.* ばんそうこう《特に, 大型のもの》.

adhésive tàpe *n.* 粘着テープ; ばんそうこう. 〖《1928》〗

ad·hib·it /ædhíbɪ̀t | -bɪt/ *n.* **1** 〈人・物を〉入れる (take in). **2** 〈札などを〉貼(ﾊ)る, 付ける (affix). **3** 〈薬を〉投与する, 〈治療を〉施す (administer). **ad·hi·bi·tion** /ǽdəbíʃən, ǽdhɪ̀b- | ǽdhɪb-, ǽdəb-/ *n.* 〖《1528》□ L *adhibitus* (p.p.) ← *adhibēre* ← AD-＋*habēre* to hold (⇨ habit¹)〗

ad hoc /ædhɑ́(ː)k, ɑ̀:d-, -hóuk | ǽdhɔ́k, -hə́ukˊ/ *adv., adj.* (特に)このために[の], 特別に[の], この場限りで[の], その場限りの[の]: a committee held ～＝an ～ committee 特別委員会 / an ～ election 特別選挙 / an ～ rule (一般性のない)その場限りの規則. **～·ness** *n.* 〖《1659》□ L ～ 'to this'〗

ad hoc·er·y /ædhɑ́(ː)k(ə)ri, ɑ̀:d-, -hóuk- | ǽdhɔ́k-, -hə́uk-/ *n.* (*also* **ad hock·er·y** /～/) 《俗》その場限りの方策[規則](など). 〖《1961》: ⇨ ↑, -ery〗

ad·hoc·ra·cy /ædhɑ́(ː)krəsi, ɑ̀:d-, -hóuk- | ǽdhɔ́k-, -hə́uk-/ *n.* (硬直した官僚主義にとって代わる) 臨機応変の組織[運営法]. 〖《1970》← AD HOC＋-CRACY〗

ad ho·mi·nem /ædhɑ́(ː)mənɛ̀m | -hɔ́mɪ̀nəm, -nɛ̀m/ *L. adj., adv.* **1** 〈議論が〉(理性よりは)相手の感情や偏見に訴える(ように), 対人的な[に]: an ～ argument / argue ～ / an argumentum ～ (相手の特殊な性格・地位・境遇などに訴える)対人立証. **2** 〈寄弁など〉人身攻撃的な[に], 対人的な[に]: an ～ remark 人身攻撃的な評言. 〖《1598》□ L ～ ← AD³＋*hominem* ((acc.) ← *homō* man)〗

ADI 《略》〘医学〙acceptable daily intake (有害物質の)一日当たりの許容摂取量.

ad·i·a·bat /ǽdiəbæ̀t | ǽdi-/ *n.* 〘物理〙断熱(曲)線 (adiabatic curve). 〖《1945》《逆成》↓〗

ad·i·a·bat·ic /ǽdiəbǽṭɪk, eɪdàɪə- | eɪdàɪəbǽt-, æd-ˊ/ *adj.* 〘物理・化学〙断熱的な, 断熱の (cf. isothermal): a ～ chart [diagram] 断熱図《気圧・気温などを座標軸とする気塊の熱力学的状態を表す図》. **àd·i·a·bát·i·cal·ly** *adv.* 〖《1870》□ Gk *adiábatos* impassable (← A-⁷＋*diá* through＋*batós* passable (← *baínein* to pass))＋-IC¹〗

ádiabatic cúrve *n.* 〘物理〙断熱曲線. 〖《1859》〗

ádiabatic lápse *n.* 〘物理〙断熱減.

ádiabatic lápse ràte *n.* 〘物理〙断熱減率.

ádiabatic líne *n.* 〔物理〕断熱線. 〚1877〛
ádiabatic prócess *n.* 〔物理〕断熱過程.
ad·i·ad·o·cho·ki·ne·si·a /ædiædəkoukɪ̀ní:ʒiə, -kaɪn-, -ʒə | ædiædəkə(ʊ)kaɪní:ziə, -kɪn-, -ʒiə/ *n.* 〔病理〕変換運動障害, 拮抗運動反復不能症《内転外転を連続的に交互に行うことができない状態; cf. diadochokinesia》. 〚← NL ～ ← A-[7]+Gk *diádokos* successor+*kínēsis* motion (⇨ kinetic)+-IA[1]〛
ad·i·àd·o·cho·ki·né·sis /-kɪ̀ní:sɪ̀s, -kaɪn- | -kaɪní:sɪs, -kɪn-/ *n.* 〔病理〕=adiadochokinesia.
ad·i·an·tum /ædiǽntəm | ædiǽnt-/ *n.* 〔植物〕クジャクシダ, アジアンタム《ウラボシ科クジャクシダ属 (*Adiantum*) の主に観葉植物の総称; クジャクシダ (*A. pedatum*), オカメホウライシダ (*A. tenerum*) など》. 〚(1706) □ L ～ □ Gk *adíanton* maidenhair ← A-[7]+*diaínein* to wet〛
adiaphora *n.* adiaphoron の複数形.
ad·i·aph·o·re·sis /ædiæfərí:sɪ̀s | ædiæfərí:sɪs/ *n.* 〔医学〕無汗(症); 制汗. 〚← A-[7]+DIAPHORESIS〛
ad·i·aph·o·ret·ic /ædiæfərétɪk | ædiæfərét-/ 〔医学〕*adj.* 制汗の. — *n.* 制汗剤. 〚← A-[7]+DIAPHORETIC〛
ad·i·aph·or·ism /ædiǽfərɪzm | æd-/ *n.* 〔哲学〕無関心主義 (indifferentism), 寛容的態度《無関心事 (adiaphoron) に関してそのすべてを自由に容認する立場》.
àd·i·áph·o·rist *n.* **àd·i·àph·o·rís·tic** *adj.* 〚(1866) ← ADIAPHOROUS+-ISM〛
ad·i·aph·o·ron /ædiǽfərɑ̀(ː)n | ædiǽfərɒn/ *n.* (*pl.* **-o·ra** /-rə/) 〔哲学〕**1** 善悪無記, アディアポラ《ストア哲学で, 善でも悪でもないもの》. **2** 無関心事, アディアポラ《キリスト教の儀式・信条等の中で聖書が命じも禁じもしていないためその遵守が個人の自由裁量に任されているもの》. 〚(1553) □ Gk *adiáphoron* (neut.) ← *adiáphoros* (↓)〛
ad·i·aph·o·rous /ædiǽfərəs | æd-/ *adj.* **1** 重要でない, 善くも悪くもない. **2** 〈薬剤など〉毒にも薬にもならない. 〚(1635) □ Gk *adiáphoros* ← A-[7]+*diáphoros* different〛
a·di·a·ther·man·cy /èdaɪəθə́:mənsi | -θɜ́:-/ *n.* 〔物理〕不透熱性. **à·di·a·thér·man·ous** *adj.* 〚← A-[7]+DIATHERMANCY〛
A·di·das /ɑ́:dədəs, ədí:dəs | ǽdɪdæs, ədí:dæs/ *n.* 〔商標〕アディダス《ドイツのスポーツ用品製造会社; その製品》. 〚(1975) ← *Adi* (< Adolf) *Dassler* (*d.* 1978) ドイツ人創業者〛
-a·di·ene /ədáɪi:n, ー ー ∸/ 〔化学〕「二重結合を二個もつ直鎖炭化水素」を表す名詞語尾. 〚⇨ -ene〛
a·dieu /ədú:, ədjú: | ədjú:; *F.* adjø/ *int.* さようなら, ごきげんよう (goodbye!, farewell!). — *n.* (*pl.* **～s, a·dieux** /～z; *F.* ～/) いとまごい, 告別 (farewell): make [take] one's ～ 別れを告げる, さようならを言う / bid ～ to …に別れを告げる. 〚(*c*1385) *adew*(*e*) □ ONF *adeu*=(O)F *adieu* ← *à* to (< L *ad*)+*dieu* god (< L *deum*): 《原義》(I recommend you) to God〛
A·di·ge /ɑ́:dɪdʒèɪ | ǽdɪ-; *It.* à:didʒe/ *n.* [the ～] アーディジェ(川)《イタリア北部の川; アドリア海に注ぐ (410 km)》.
A·di Granth /ɑ́:dɪgrʌ́nt | -dɪ-/ *n.* 〔シーク教〕「アーディグラント」《シーク教教典; 開祖グル ナーナク (Guru Nanak) をはじめとする中世インドの宗教者のことばが編まれている; グル グラント (Guru Granth), グラント サーヒブ (Granth Sahib) ともいう》. 〚□ Skt. *ādigrantha* 'first book'〛
ad inf. 《略》ad infinitum.
ad in·fi·ni·tum /ædɪ̀nfənáɪtəm | -fɪ̀náɪt-/ *L. adv.* 無限に, 永遠に (forever); 際限なく (endlessly). 〚(1678) □ L *ad infinitum* to infinity〛
ad i·ni·ti·um /ædɪníʃiəm/ *L. adv.* 初めに, 当初. 〚□ L ～ 'at the beginning'〛
ad int. 《略》ad interim.
ad in·te·rim /ædɪ́ntərɪ̀m, -trɪ̀m | -tərɪm, -trɪm/ *L. adv., adj.* 中間に[の], 臨時に[の], 仮に[の] (for the meantime): a chargé d'affaires ～ 臨時代理大使[公使]. 〚(1787) □ L ～ 'for the time between'〛
a·di·os /ɑ̀:dióus, æ̀di- | ædiɒ́s, ー ー ∸; *Sp.* aðjós/ *int.* さようなら (goodbye!). 〚(1837) □ Sp. *adiós* ← *a* to + *Dios* God: cf. adieu〛
ad·ip- /ǽdəp | ǽdɪ̀p/ (母音の前にくるときの) adipo- の異形.
ad·i·pate /ǽdəpèɪt | ǽdɪ̀-/ *n.* 〔化学〕**1** アジピン酸塩[エステル]. **2** (アジピン酸から得た)アルキド樹脂の一つ. 〚(1626) ← ADIPO-+-ATE[1]〛
a·diph·e·nine /ədífənì:n, -nàɪn | -fɪ̀-/ *n.* 〔薬学〕アジフェニン ($C_{20}H_{25}NO_2$)《塩酸塩として鎮痙剤に用いる》. 〚← ADIPO-+PHENO-+-INE[3]〛
a·díp·ic ácid /ədípɪk-/ *n.* 〔化学〕アジピン酸 (HOOC-$(CH_2)_4$·COOH)《ナイロンなどの合成原料》. 〚(1877) *adipic*: ← ADIPO-+-IC[1]〛
ad·i·po- /ǽdəpou | ǽdɪ̀pəʊ/ **1** 「脂肪, 脂肪質」の意の連結形. **2** 〔化学〕「アジピン酸 (adipic acid)」の意の連結形. ★ 母音の前では通例 adip- になる. 〚← L *adeps* fat〛
àdipo·céllulose *n.* 〔化学〕アジポセルロース《コルク質などに含まれるセルロースで, スベリン, クチンなどを伴っている》. 〚(1888): ⇨ ↑, cellulose〛
ad·i·po·cere /ǽdəpəsɪə, -pou- | ǽdɪ̀pə(ʊ)sɪə[r], ー ー ー ∸/ *n.* 〔生理〕屍蠟(しろう) (grave wax, corpse fat). 〚(1803) 《変形》← F *adipocire* ← ADIPO-+*cire* wax (⇨ cere)〛
ad·i·po·cyte /ǽdəpousàɪt | ǽdɪ̀pə(ʊ)-/ *n.* =fat cell. 〚1934〛
àdipo·nítrile *n.* 〔化学〕アジポニトリル ($NC(CH_2)_4CN$)《無色透明の液体; ナイロン 66 の製造中間体; tetramethylene cyanide ともいう》. 〚(1950) ← ADIPO-+NITRILE〛
ad·i·pose /ǽdəpòus | ǽdɪ̀pəus, -pəuz/ *adj.* 脂肪の(多い), 脂肪質の (fat, fatty). — *n.* (動物体内組織中に含まれている)脂肪. 〚(1743) ← NL *adipōsus* ← L *adip-*, *adeps* fat of animals: ⇨ -ose[1]〛
ádipose bòdy *n.* 〔動物〕=fat body.
ádipose fín *n.* 〔魚類〕脂(あぶら)びれ《サケ・マス・アユなどの背びれと尾びれの間にある小形のひれ》. 〚1804〛
ádipose tíssue *n.* 〔動物〕脂肪組織《中性脂肪を貯蔵する組織; cf. fat body》. 〚1854〛
ad·i·po·sis /ædəpóusɪ̀s | ædɪ̀páusɪs/ *n.* 〔病理〕**1** =adiposity. **2** 脂肪変性. 〚(1842) ← NL ～: ⇨ adipo-, -osis〛
ad·i·pos·i·ty /ædəpɑ́(ː)səti | ædɪ̀pɒ́sɪ̀ti/ *n.* 〔病理〕(過)脂肪症, 脂肪過多(症); 肥満(症) (obesity). 〚(1859): ⇨ adipose, -ity〛
Ad·i·prene /ǽdəprì:n | ǽdɪ̀-/ *n.* 〔商標〕アジプリーン《ポリウレタンゴムの商品名》.
ad·ip·sin /ədípsɪ̀n | ǽdɪ̀psɪn/ *n.* 〔生化学〕アディプシン《脂肪組織内にある肥満を抑える酵素》.
Ad·i·ron·dack /ædərɑ́(ː)ndæk | ædɪ̀rɒ́n-/ *n.* (*pl.* ～, ～s) **1** [the ～(s)] アディロンダック族《Algonquian 語族の一族でもと主に St. Lawrence 川北部のカナダに住んだ》. **2** アディロンダック族の人. **3** [the ～s] =Adirondack Mountains. 〚□ N-Am.-Ind. (Mohawk) *Hatiróntaks* 《原義》they eat trees〛
Adiróndack chàir, a- c- *n.* アディロンダック椅子[チェア]《戸外用の木製椅子で背中が傾斜し, 座席は前部が後部より高くなっている》. 〚↑〛
Ádirondack Móuntains *n. pl.* [the ～] アディロンダック山脈《米国 New York 州北東部の山脈; Appalachian 山系の一部; 最高峰は Mt. Marcy (1,629 m); the Adirondacks ともいう》.
ad·it /ǽdɪ̀t | ǽdɪt/ *n.* **1** 入口, 入路 (entrance). **2** 〔鉱山〕通洞, (主要坑口をもつ)横坑 (cf. level 6). **3** 接近(の手段) (access) 〔*to*〕. 〚(1602) □ L *aditus* an approach (p.p.) ← *adīre* to approach ← AD-+*īre* to go (⇨ itinerate)〛
A·di·ti /ɑ́:dɪ́ti | -ti/ *n.* 〔インド神話〕アディティ《無垢の女神; アーディティヤ神群の母神》.
A·dit·yas /ɑ:dítjəs/ *n. pl.* 〔インド神話〕アーディティヤ《Aditi の息子の神群; 7 神, 8 神また 12 神とされる》.
A·di·va·si /ɑ:dɪvɑ̀:si | -dɪ-/ *n.* (*pl.* ～, ～s) インドの先住民(の子孫). 〚(1941) □ Hindi *ādivāsī* 'original inhabitant'〛
ADIZ /éɪdɪ̀z | -dɪz/ 《略》《米》Air Defense Identification Zone 防空識別圏《防空上の必要から定められた空域; 圏内では航空機の敏速な彼我識別・位置標定・管制が実施され, 敵機の場合は scramble (緊急発進)が行われる》.
adj. 《略》adjacent; adjective; adjoining; 〔数学〕adjoint; adjourned; adjunct; adjutant; 〔保険〕adjustment.
ad·ja·cen·cy /ədʒéɪsənsi, -sn-/ *n.* **1 a** 隣接, 近隣. **b** [通例 *pl.*] 隣接[近接]地. **2** 〔放送〕隣接番組《特定の番組の直前・直後の番組》. 〚(1646) □ LL *adjacentia* ← *adjacentem* (↓): ⇨ -cy〛
ad·ja·cent /ədʒéɪsənt, -snt/ *adj.* **1** 〔…の〕近隣の, 付近の (neighboring); 〔…に〕隣接の, 隣の 〔*to*〕: ～ lands 隣接の地所 / ～ farms 近隣[隣接]の農場 / the Matterhorn and (the) ～ mountains マッターホルンとその近隣の山々 / linguistics and the ～ disciplines 言語学とそれに隣接した諸学(科) / The pool was ～ *to* the gym. プールは体育館の隣にあった. **2** 〔数学〕〈2 つの角が〉隣接する: ⇨ adjacent angles. **3** 〈ページなどが〉直前[直後]の. **～·ly** *adv.* 〚(*a*1420) ← L *adjacentem* (pres.p.) ← *adjacēre* to lie at or near ← AD-+*jacēre* to lie (⇨ jet[2])〛

SYN 隣接した: **adjacent** 互いに接近している《この意味では next (to) が一般的な言い方; 格式ばった語》: the house *adjacent* to ours 隣の家. **adjoining** 〈部屋・場所・物が〉隣り合わせで接している: *adjoining* desks 隣り合わせの机. **contiguous** 境界または一点で接触している《格式ばった語》: England is *contiguous* to Wales. イングランドはウェールズに接している. **neighboring** ある場所から見て近くに位置する《限定用法のみ》: a bus service between the town and *neighboring* villages 町と隣村とを結ぶバスの便.
ANT nonadjacent.

adjácent ángles *n. pl.* 〔数学〕隣接角.
ad·jec·ti·val /ædʒɪ̀ktáɪvəl, -vl | ædʒɪ̀k-, ædʒɛk-/ *adj.* **1** 〔文法〕形容詞の[に関する]; 形容詞的な. **2** 〈文体など〉形容詞の多い[をよく使う]. **3** 《戯言》いまいましい, くだらない, けちくさい (damned, 《英》bloody その他の卑俗な形容詞の代わりに用いられる): this ～ weather. — *n.* 〔文法〕形容詞類《形容詞および形容詞相当語句》. 〚(1797) ← ADJECTIVE+-AL[1]〛
àd·jec·tí·val·ly /-vəli/ *adv.* 形容詞として, 形容詞的に. 〚(1867): ⇨ ↑, -ly[1]〛
ad·jec·tive /ǽdʒɪ̀ktɪv | ǽdʒɪ̀k-, ǽdʒɛk-/ *n.* 〔文法〕形容詞 (cf. substantive): a participial [relative] ～ 分詞[関係]形容詞. — *adj.* **1** 〔文法〕形容詞の; 形容詞性の, 形容詞的な (adjectival): an ～ equivalent 形容詞相当語句 / an ～ phrase [clause] 形容詞句[節] / an ～ infinitive 形容詞的不定詞《形容詞の働きをする to 不定詞》. **2** 〔法律〕付随[手続]に関する (cf. substantive 5): ⇨ adjective law. **3** 〔染色〕色止めを要する (cf. substantive 6): ～ colors [dyes] 間接[媒染]染料. **4** 従属的な, 付随的な (dependent). **～·ly** *adv.* 〚(?*a*1387) □ (O)F *adjectif, -ive* □ L *adjectīvum* (*nōmen*) that is added (to the noun) ← *adjectus* (p.p.) ← *adjicere* to throw to, add ← AD-+*jacere* to throw (⇨ jet[2])〛
ádjective láw *n.* 〔法律〕手続法, 形式法 (cf. substantive law). 〚1870〛
ad·jec·tiv·ize /ǽdʒɪ̀ktəvàɪz | ǽdʒɪ̀ktɪ-, ǽdʒɛk-/ *vt.* 〔文法〕〈名詞などを〉形容詞化する. 〚(1949) ← ADJECTIVE+-IZE〛
Adj Gen 《略》Adjutant General.
ad·ji·go /ǽdʒɪgòu | -gəu/ *n.* (*also* **ad·ji·ko** /ǽdʒɪkòu | -kəu/) (*pl.* ～s) 〔植物〕オーストラリア南西部の海岸地方を原産地とするヤマノイモの一種 (*Dioscorea hastifolia*). 〚(*c*1850) □ Nhanta *ajuga* 'vegetable food'〛
ad·join /ədʒɔ́ɪn, ædʒ-/ *vt.* **1** 〈家・土地などが〉…に隣接する: The two countries ～ each other. その 2 国は隣接している / A small kitchen ～*ed* the living room. 居間の隣に小さな台所が付いていた. **2** 〔数学〕添加する《体 (field) や環 (ring) に新しい対象を付け加えてより広い体や環を作る》. **3** 《古》〔…に〕付加する, 付ける, 添える (add, affix) 〔*to*〕. — *vi.* 隣接する, 隣り合っている: The two houses ～. その 2 軒の家は隣接している. 〚(*c*1303) *ajoine*(*n*) □ OF *ajoindre* (F *adjoindre*) < L *adjungere* to join to ← AD-+*jungere* 'to JOIN'〛
ad·jóin·ing *adj.* 隣接する (⇨ adjacent **SYN**): ～ houses, rooms, etc. / a park and the ～ area 公園とそれに隣接する地域. 〚1494〛
ad·joint /ǽdʒɔɪnt/ *n.* 〔数学〕**1** 随伴行列《与えられた正方行列を掛けると, もとの行列の行列式と単位行列との積になるような正方行列》. **2** =Hermitian conjugate. 〚(1907) ← AD-+JOINT〛
ad·journ /ədʒə́:n | ədʒɜ́:n/ *vt.* **1** 〈会議・法廷などを〉(次回・次期まで)休会する, 停会する, 休廷する (suspend); 〈議事などを〉延期する, 繰り延べる (postpone) (cf. prorogue 1, dissolve 2): The chairman declared the meeting ～*ed* (for a week). 議長は(1 週間の)休会を宣言した / The court stood ～*ed to* [*until*] the following Monday. 法廷は翌週の月曜日まで休廷だった. 日英比較 英語の *adjourn* の本質的な意味は会議などを特定の日まで休会する意である (⇨ 語源). したがって, 日本語の「延期する」には英語では普通く逆たる語では *put off*, 少し格式ばった語では *postpone* が対応する. **2** 延期する, 停止する. **3** 〔チェス〕指しかけにする. — *vi.* **1** 休会する, 停会する, 休廷する: The court ～*ed to* [*until*] the following Monday. 次の月曜日まで休廷となった. **2 a** 〈会議が終わって〉散会する. **b** 《口語》〔…へ〕〈会議・会合の〉席を移す 〔*to*〕: ～ *to* the coffee shop. 〚(*a*1338) *ajourne*(*n*) □ OF *ajorner* (F *ajourner*) ← *à jorn* (*nomé*) to an (appointed) day ← *à* 'AD-'+*jorn* (< LL *diurnum* day: ⇨ diurnal, journal)〛
ad·jóurn·ment *n.* **1** 休会, 停会; 休廷; 延期, 日延べ; 休会[停会]期間. **2** 〔チェス〕ゲームを一時中断すること, 指しかけ. 〚(1641) □ MF *adjournement*: ⇨ ↑, -ment〛
adjóurnment debàte *n.* 〔政治〕(英国の下院で)休会動議をめぐる討議《しばしばこれを機に雑多な議事が持ち出される》. 〚1944〛
Adjt 《略》Adjutant.
ad·judge /ədʒʌ́dʒ | ədʒ-, ædʒ-/ *vt.* **1** 〈訴訟〉に判決を下す (decide); 〈紛争などを〉裁定する (settle). **2** [目的補語または *that*-clause を伴って] 〈人などを×…(である)と〉宣告する (pronounce): ～ a will void 遺言書を無効と宣告する / ～ a person (to be) insane=～ *that* a person is insane 人が精神異常であると宣告する. **3** (裁判・審査により)〈人に〉〈賞などを〉与える, 授与する (award) 〔*to*〕: ～ a prize *to* a person / The legacy was ～*d to* her. (裁判の結果)その遺贈は彼女に与えられた. **4** 《古》〈人〉に(…の)判決を下す (sentence) 〔*to*〕/〈*to* do〉: ～ a person *to* death [*to* die]. **5** [目的補語を伴って] 《古》〈…と〉判断する, 考える (consider): ～ a matter irrelevant / He ～*d* her *to* be in her mid-forties. 彼女を 40 代半ばと見当をつけた. 〚(*c*1380) *ajuge*(*n*) □ OF *ajugier* < L *adjūdicāre* ← AD-+*jūdicāre* 'to JUDGE'〛
ad·júdg·ment *n.* (*also* **ad·júdge·ment**) 判決; 《古》宣告; 裁定, 判定; 授与. 〚(1699): ⇨ ↑, -ment〛
ad·ju·di·cate /ədʒú:dɪ̀kèɪt | -dʒ̀ɪ-/ *vt.* **1** 〈裁判官・裁判所が〉〈訴訟〉に判決を下す; (準司法手続で)裁決する, (終局判決前に)〈中間的事項を〉決定する: ～ a lawsuit, claim, etc. **2** =adjudge 2. — *vi.* **1** 〔…を〕裁判する 〔*on, upon, in*〕: ～ *on* a matter [*in* a case]. **2** 〔…を〕裁定[判定]する, 決める 〔*on, upon*〕. 〚(1700) ← L *adjūdicātus* (p.p.) ← *adjūdicāre* 'to ADJUDGE'〛
ad·ju·di·ca·tion /ədʒù:dɪ̀kéɪʃən | -dʒ̀ɪ-/ *n.* **1** 判決, 裁判; 宣告; 裁定, 判定. **2** 〔法律〕破産宣告. 〚(1691) □ L *adjūdicātiō*(*n-*) ← *adjūdicāre* 'to ADJUDGE': ⇨ -ation〛
ad·ju·di·ca·tive /ədʒú:dɪ̀kèɪtɪv, -kət- | -dɪ̀kət-, -kèɪt-/ *adj.* 判決[裁定]の. 〚(1848) ← ADJUDICATE+-IVE〛
ad·jú·di·cà·tor /-tə | -tə[r]/ *n.* 裁判[裁決]者; 裁定[判定]者, 審判者. 〚(1835) ← ADJUDICATE+-OR[2]〛
ad·ju·di·ca·to·ry /ədʒú:dɪ̀kətɔ̀:ri | -dɪ̀kèɪtəri, -kə-, -tri/ *adj.*=adjudicative.
ad·ju·di·ca·ture /ədʒú:dɪ̀kətʃʊ̀ə, -kətʃə, -kèɪtʃə | -dɪkətʃʊə[r]/ *n.* =adjudication. 〚(1859) 《ラテン語式造語》← ADJUDICATE+-URE〛
ad·junct /ǽdʒʌŋ(k)t/ *n.* **1** 付加物, 付属物, 添え物 〔*to, of*〕: a mere ～. **2** (臨時の)補佐, 助手; 〔米大学〕=adjunct professor. **3** 〔文法〕**a** 付加詞, 副詞的修飾語 (cf. modifier). **b** (連体)付加語, 形容詞的修飾語. **4** 〔哲学・論理〕属象, 属性, 添性. — *adj.* **1**

A

〔…に〕付属する, 補助の (auxiliary) 〔*to*〕. **2** 〈職員など〉補佐の, 臨時(雇い)の: ⇨ adjunct professor. **～·ly** *adv.* 〘((1588)) ← L *adjunctus* (p.p.) ← *adjungere* to join: cf. adjoin〙

ad·junc·tion /ædʒʌ́ŋ(k)ʃən, ədʒ- | ədʒ-, ædʒ-/ *n.* **1** 付属, 付加, 添加〔*to*〕. **2** 〘数学〙 添加 (⇨ adjoin 2). 〘((1618)) □ L *adjunctiō(n-)*: ⇨ ↑, -ion〙

ad·junc·tive /ædʒʌ́ŋ(k)tɪv, ədʒ- | ədʒ-, ædʒ-/ *adj.* 添付の, 付属的な; 〘文法〙 付加語的な. **～·ly** *adv.* 〘((*a*1820)) □ L *adjunctīvus*: ⇨ adjunct, -ive〙

ádjunct proféssor *n.* 〘米大学〙 (学外の他機関に本務をもつ)非常勤教授; 特任教授 (⇨ professor 1). 〘1840〙

ad·ju·ra·tion /ædʒuréɪʃən | ædʒʊ(ə)r-/ *n.* **1** 厳命. **2** 懇願, 嘆願, 懇請. **～·al** /-ʃnəl, -ʃənl/ *adj.* 〘((1611)) ME *adjuracioun* □ F ～ ∥ L *adjūrātiō(n-)*: ⇨ adjure, -ation〙

ad·jur·a·to·ry /ədʒʊ́ᵊrətɔ:ri | ədʒʊ́ərətəri, -tri/ *adj.* 厳命の; 懇願[懇請]の. 〘((1815)): ⇨ ↓, -atory〙

ad·jure /ədʒʊ́ə | ədʒʊ́ə⁽ʳ⁾/ *vt.* **1** 〈人〉に〈…するように〉厳しく命じる, 厳命する 〈*to do, that*〉: I ～ you *to* speak the truth.＝I ～ you *that* you speak the truth. 絶対に真実を話しなさい. **2** 〈人〉に〈…するように〉懇願する, 嘆願する, 懇請する 〈*to do*〉: I ～ you in Heaven's name *to* spare him. 彼をお助け下さるよう神の御名によってお願い申し上げます. **3** 《廃》〈人〉に誓わせる. **ad·jur·er, ad·ju·ror** /ədʒʊ́ᵊrə | ədʒʊ́ərə⁽ʳ⁾/ *n.* 〘((*c*1384)) *adjure(n)* □ L *adjūrāre* to swear ← AD-＋*jūrāre* to swear (← *jūs* oath: cf. jury¹)〙

ad·just /ədʒʌ́st/ *vt.* **1** 調節する, 加減する, 〔…に〕(正しく)合わせる〔*to*〕: ～ a radio (dial) ラジオ(のダイヤル)を合わせる / ～ the speed of a train / ～ field glasses *to* [*for*] one's eyes 双眼鏡を目に合うように調節する / ～ one's tie in a mirror 鏡でネクタイを直す. **2** 〈機械などを〉調整する, 整える (regulate); 〈雑音などを〉正す (correct): ～ a clock. **3** 〈意見などを〉調整する, 調和させる, 〈争いを〉調停する (settle, reconcile): ～ differences of opinion 意見の相違を調整する. **4** 〈金額などを〉調整[補正]する; 〈差額を〉精算する. **5** [～ *oneself* で] 〔新しい環境・社会などに〕順応する, 適応する, 慣れる〔*to*〕(⇨ adapt SYN): ～ *oneself* [*itself*] *to* a cold climate / He soon ～*ed himself to* village life [the village people]. じきに村の生活[村人たち]に順応することができた. **6** 〘保険〙 〈保険金請求の支払額を決定する (settle): ～ a claim (on a policy) (保険証書の)支払額を決定する. **7** 〘軍事〙 〈大砲の仰角と偏流を調整する. — *vi.* **1** 〔…に〕順応[適応]する〔*to*〕; (他人との関係で)バランスをとる (adapt): ～ *to* village life / In a new environment, people can have problems (in) ～*ing*. 新しい環境では順応するのに色々な困難がある. **2** 〈機械などが〉調整できる. 〘((*c*1380)) □ (O)F *ajuster*, 《廃》*adjuster* < VL **adjuxtāre* to bring together ← AD-＋L *juxtā*: near (cf. joust)〙

ad·just·a·ble /ədʒʌ́stəbl/ *adj.* 調節[調整]できる; 調停できる; 補正[精算]できる; 順応[適応]できる: an ～ belt フリーサイズのベルト. 日英比較 「フリーサイズ」は和製英語. ⇨ free 日英比較. **ad·jùst·a·bíl·i·ty** /-təbíləti | -lɪ̀ti/ *n.* **ad·júst·a·bly** *adv.* 〘((1775)): ⇨ ↑, -able〙

adjústable pég *n.* 〘経済〙 (平価の)半固定相場制, 調整可能な釘付相場制度.

adjústable-pítch *adj.* 〘海事・航空〙 〈プロペラが〉可変ピッチの (静止時にのみピッチを変えられる; cf. controllable-pitch). 〘1909〙

adjústable spánner *n.* 《英》＝monkey wrench 1.

adjústable squáre *n.* 〘製図・木工〙 (可変腕木つきの)曲尺(かね).

ad·júst·ed *adj.* **1** 調節[調整]された. **2** 順応[適応]した. 〘*c*1674〙

ad·júst·er *n.* (*also* **ad·jús·tor**) **1** 調整者; 調節者; 調停者. **2 a** 〘保険〙 損害査定人. **b** 〘海上保険〙 (海損の)精算人. **3** 〘機械〙 調整機, 調節装置 (自在つりなど). **4** [通例 adjustor] 〘生理〙 調整体 (受容器 (receptor) で生じた興奮を効果器 (effector) に伝える器官). 〘1673〙

ad·just·ive /ədʒʌ́stɪv/ *adj.* 調節(用)の. 〘1883〙

ad·just·ment /ədʒʌ́s(t)mənt/ *n.* **1** 調節; 調整; 補正; 精算. **2** 調節手段[装置]. **3** (争議の)調停. **4** 〘保険〙 損害の査定; 〘海上保険〙 (海損の)精算, 精算書. **5** 〘心理・社会学〙 適応. **6** (傷物・汚れ物などによる)値引き, 値下げ. **ad·just·men·tal** /ədʒʌ̀s(t)méntl, ædʒʌs(t)- | -tl/ *adj.* 〘((1644)) □ OF *adjustement* (F *ajustement*) ← *adjuster* 'to ADJUST': ⇨ -ment〙

adjústment cénter *n.* 《米》 独房監禁室 (刑務所内で手のつけられない者や精神異常者を収容).

ad·jús·tor *n.* ＝adjuster. 〘1895〙

ad·ju·tage /ǽdʒʊtɪdʒ, ədʒú:t- | -tɪdʒ/ *n.* 〘機械〙 (噴水の)放水管, 噴射管. 〘((1707)) □ F *ajutage* (異形) ← *ajoustage* ← *ajouter, ajuster* (↑): 現在の形は AD- の影響〙

ad·ju·tan·cy /ǽdʒʊtənsi, -tn- | -tən-, -tn-/ *n.* adjutant の職[地位]. 〘((1775)): ⇨ ↓, -cy〙

ad·ju·tant /ǽdʒʊtənt, -tnt | -tən-, -tn-/ *n.* **1** 〘軍事〙 **a** 副官 (部隊長を補佐する幕僚); 総務幕僚 (戦闘命令を除く公報・公用通信・人事記録・命令の配布その他の業務を担当する). **b** 《英》 先任幕僚[将校] (executive officer). **2** 助手, 補佐 (assistant). **3** 〘鳥類〙 ＝adjutant bird. — *adj.* 補助の (auxiliary). 〘((1600)) ← L *adjūtantem* (pres.p.) ← *adjūtāre* to help (freq.) ← *adjuvāre* to help ← AD-＋*juvāre* to help: ⇨ adjuvant〙

ádjutant bìrd [cràne] *n.* 〘鳥類〙 オオハゲコウ (*Leptoptilus dubius*) (南アジア産のコウノトリ科の鳥; 頭・首・喉嚢(こう)は裸出し, 羽毛がない; marabou ともいう). 〘((1831)): 首を縮めた直立不動の姿勢が副官 (adjutant) に似ていることから〙

ádjutant géneral *n.* (*pl.* **adjutants g-**) 〘軍事〙 **1** (師団以上の部隊の)高級副官 (大佐・中佐). **2** [the A-G-] (米国の)軍務局長 (少将) (略 Adj Gen). **3** 《米》 (州または准州の)州兵部隊の(最)高級将校 (cf. National Guard). 〘1645〙

Ádjutant Géneral's Depàrtment *n.* [the ～] 〘米陸軍〙 軍務局.

ádjutant stòrk *n.* 〘鳥類〙 ＝adjutant bird.

ad·ju·vant /ǽdʒʊvənt/ *adj.* 助けとなる, 補助の (assisting). — *n.* **1** 助けとなるもの[人]. **2** 〘薬学〙 アジュバント, (補)佐剤. 〘((1609)) □ F ～ ∥ L *adjūvantem* (pres.p.) ← *adjūvāre* to aid: ⇨ adjutant〙

ADL 〘医学〙 activity [activities] of daily living; Anti-Defamation League (of B'nai B'rith) (ユダヤ文化教育促進協会の)名誉毀損(きそん)防止連合.

ad·lai /ǽdlaɪ/ *n.* 〘植物〙 ＝adlay.

Ad·lai /ǽdleɪ, -laɪ/ *n.* アドレー (男性名). 〘□ Heb. *'ádhlai* (原義) ? just〙

ád·lànd *n.* 広告業界. 〘← AD(VERTISEMENT)＋LAND〙

ad·lay /ǽdlaɪ/ *n.* 〘植物〙 ハトムギ (*Coix lachryma-jobi*) (アジア産イネ科ジュズダマ属の一年草; 薬用などに栽培されることもある). 〘← Visayan (現地語)〙

Ad·ler /ɑ́:dlə, ǽd- | -lə⁽ʳ⁾; G. á:dlɐ/, **Alfred** *n.* アドラー (1870–1937; オーストリアの心理学者・精神科医).

Ad·ler /ǽdlə | -lə⁽ʳ⁾/, **Felix** *n.* アドラー (1851–1933; ドイツ生まれの米国の倫理学者・教育家; 倫理運動 (Ethical Culture) の主唱者).

Ad·ler /ǽ:dlə, ǽd- | ǽdlə⁽ʳ⁾, ɑ́:d-; G. á:dlɐ/, **Kurt** *n.* アドラー (1902–58; ドイツの化学者; Nobel 化学賞 (1950)).

Ad·ler /ǽdlə | -lə⁽ʳ⁾/, **Larry** *n.* アドラー (1914–2001; 米国のハーモニカ奏者; 本名 Lawrence Cecil Adler).

Adler, Mortimer (Jerome) *n.* アドラー (1902–2001; 米国の哲学者・教育者・編集者).

Ad·ler /ǽ:dlə, ǽd- | ǽdlə⁽ʳ⁾, ɑ́:d-; G. á:dlɐ/, **Vik·tor** /víktɔr/ *n.* アドラー (1852–1918; オーストリアの社会主義者).

Ad·le·ri·an /ɑ:dlíᵊriən, æd- | -líər-/ *adj.* 〘精神医学〙 アドラーの; アドラー学説[学派]の. — *n.* アドラー学説の支持者. 〘((1924)) ← *A. Adler*: ⇨ -ian〙

ad·less /ǽdləs/ *adj.* 《口語》 〈新聞など〉広告のない. 〘((1929)) ← AD¹＋-LESS〙

ad-lib /ǽdlíb/ 《口語》 *v.* (**ad-libbed; -lib·bing**) — *vt.* **1** 〈せりふ・所作などを〉アドリブでやる, 〈楽譜にない曲譜を〉即興的に歌う[演奏する] (improvise): ～ a gag アドリブでギャグを入れる. **2** 〈演説・放送などを〉即席[原稿なし]でやる, ぶっつけ本番でやる. **3** 間に合わせに作る[使う]. — *vi.* アドリブ[ぶっつけ本番]でやる, 即席演説をする. — *adj.* **1** アドリブの, 即席の, 即興的な; 間に合わせの: an ～ speech / an ～ accompaniment. **2** 好きなだけの, あり余る. **àd-líb·ber** *n.* **àd-líb·bing** *n., adj.* 〘((1919)) ↓〙

ad lib /ǽdlíb/ *adv.* **1** アドリブで, ぶっつけ本番で, 即興的に: dance [play, sing, speak] ～. **2 a** 随意に, いつでも (at pleasure). **b** 好きなだけ, いくらでも. — *adj.* ＝ad-lib. — *n.* **1** 即興的なもの, アドリブ, ぶっつけ本番. **2** アドリブ (即興的な演奏, (ジャズ音楽で小節数と和音だけが決まっていて)即興的に演奏する部分). 〘((1894)): ⇨ ad libitum〙

ad lib. (略) ad libitum.

ad lib·i·tum /ædlíbətəm | -bɪt-/ *L. adv., adj.* **1** 随意に[の], 任意に[の] (at pleasure); いくらでもある. **2** 〘音楽〙 任意に[の] (cf. ad lib; ↔ obbligato). 〘((1610)) □ L ～ ← *ad* (according) to＋*libitum* pleasure ((p.p.) ← *libet* it pleases)〙

ad li·tem /ædláɪtem/ *L. adv., adj.* 訴訟のために[の]: ⇨ guardian ad litem. 〘((1768)) □ L ～ 'for the suit'〙

ad lit·ter·am /ædlítərəm | -lɪt-/ *L. adv.* 文字通り (exactly). 〘□ L ～ 'to the letter'〙

ad loc. (略) ad locum.

ad lo·cum /ædlóukəm | -láʊ-/ *L. adv.* ここへ[に]. 〘□ L ～ 'to [at] this place'〙

adm. (略) administration; administrative; administrator; administratrix; admission; admitted.

Adm. (略) Admiral; Admiralty.

ád·màn /-mæn, -mən/ *n.* (*pl.* **-men** /-mèn, -mən/) 《口語》 広告屋[業者] (ad man ともつづる). 〘((1909)) ← AD¹＋-MAN〙

ad ma·num /ɑ:dmɑ́:nəm, ædméɪ-/ *L. adv.* 手近に (用意して). 〘□ L ～ 'at hand'〙

ad·mass /ǽdmæs/ 《英》 *n.* **1** (広告などに左右されやすい)マスコミ大衆. **2** (大衆を広告などによって左右しようとする)マスコミ販売(組織). — *adj.* マスコミ宣伝[大衆]の: the ～ society, culture, etc. 〘((1955)) ← AD¹＋MASS〙

ad·mea·sure /ædméʒə, -méɪʒə | ædméʒə⁽ʳ⁾, əd-/ *vt.* **1** 〈土地などを〉〔…に〕割り当てる, 配分する (measure out) 〔*among, to*〕. **2** 測る; 測定する (measure). **3** 〘海事〙 (登簿用に)〈船舶〉のトン数測定を行う. 〘((1641)) □ OF *amesurer* < LL *admensūrāre* ← AD-＋L *mensūrāre* to measure (← *mensūra* 'MEASURE'): *-d-* は L *ad-mensūrāre* の影響〙

ad·méa·sure·ment *n.* **1** 割当て, 配分, 分賦. **2** 計量, 測定. **3** 大きさ, 広さ, かさ, 寸法. **4** 〘海事〙 トン数測定. 〘((1523)) □ F *amesurement*: ⇨ ↑, -ment〙

Ad·me·tus /ædmí:təs | -təs/ *n.* 〘ギリシャ伝説〙 アドメートス (Thessaly の王; アルゴー船一行 (Argonauts) の中の一人; Alestis の夫). 〘□ L *Admētus* □ Gk *Ádmētos* (原義) wild〙

ad·mi /ɑ́:dmi/ *n.* 《インド》 人, 男. 〘□ Hindi & Urdu *ādmī*〙

ad·min /ǽdmɪ̀n | -mɪn/ *n.* 《英口語》 ＝administration. 〘((1942)) (略)〙

ad·min·i·cle /ædmínɪ̀kl, əd- | -nɪ-/ *n.* **1** 補助 (aid). **2** 〘スコット法〙 補強証拠, 副証. 〘((1556)) □ L *adminiculum* a prop, aid ← ? **adminēre* to stand out toward something ← AD-＋*-minere* to stand out: ⇨ -cle〙

ad·mi·nic·u·lar /ædmənɪ́kjulə | -mɪníkjulə⁽ʳ⁾/ *adj.* 補助の; 〘法律〙 補充の, 補強の: ～ evidence. 〘((1676)) ← L *adminiculum* (↑)＋-AR¹〙

ad·min·is·ter /ədmínɪ̀stə, æd- | -stə⁽ʳ⁾/ *vt.* **1** 〈政務・公務などを〉管理する, 処理する, 〈都市・会社・家庭などを〉運営する, 統治する (direct) (⇨ govern SYN): ～ a country 国を統治する / ～ financial affairs 財務を管理[担当]する / ～ a government 政府を運営する. **2 a** 〈法律・規則などを〉管理する, 施行する, 執行する. **b** 〈儀式・試験などを〉執行する, 行う: ～ a test. **3** 〔…に〕〈処置を〉施す, 与える〔*to*〕: ～ justice 裁判する / ～ punishment *to* a person 人を罰する. **4 a** 〔…に〕〈薬を〉与える, 投与する (dispense); 〈治療を〉施す (apply) 〔*to*〕: ～ medicine [a dose] *to* a person. **b** 《戯言》 〈小言を〉浴びせる, 〈げんこつを〉くらわす: ～ a rebuke *to* a person / ～ a person a box on the ear 人の横っつらをぶんなぐる. **c** 〔…に〕〈必要なものを〉与える, 施す (supply) 〔*to*〕: ～ aid / ～ oil *to* the brakes ブレーキに注油する. **5** 〘キリスト教〙 〔…に〕〈秘跡を〉施す, 授ける, 執行する〔*to*〕: ～ extreme unction *to* a person 人に終油(の秘跡)を授ける. **6** 〔…に〕〈宣誓を〉行わせる: ～ an oath *to* a person 人に宣誓させる. **7** 〘法律〙 〈遺産などを〉管理する (manage). — *vi.* **1** 統治する; 管理する. **2** 〘法律〙 遺産を管理する, 管財する. **3** 《古》 〈人が〉〔事・人の〕助けになる, 役に立つ, 〔…を〕援助する (minister) 〔*to*〕: ～ *to* the welfare of old people 老人福祉を援助する / ～ *to* a friend (困っている)友人の力になる. 〘((*c*1380)) *amynistre* □ OF *aministrer* (F *administrer*) ∥ L *administrāre* to manage, serve ← AD-＋*ministrāre* 'to serve, MINISTER': 現在の形は L の影響〙

ad·mín·is·tered príce *n.* 〘経済〙 管理価格 (企業が独占力によって決めた製品価格). 〘1935〙

ad·min·is·te·ri·al /ədmìnɪ̀stíᵊriəl, æd- | -stíər-/ *adj.* ＝administrative. 〘1847〙

ad·min·is·tra·ble /ədmínɪ̀strəbl, æd-/ *adj.* **1** 管理できる, 処理できる. **2** 施行[執行]できる. 〘((1832)) ← ADMINISTRATE＋-ABLE〙

ad·min·is·trant /ədmínɪ̀strənt, æd-/ *adj.* (事務)管理の, 事務執行の. — *n.* 管理者 (administrator); 代行者. 〘((1602)) □ F ～ (pres.p.) ← *administrer* 'to ADMINISTER'〙

ad·min·is·trate /ədmínəstrèɪt, æd- | -nɪ̀s-/ *vt., vi.* ＝administer. 〘((*c*1617)) ← L *administrātus* (p.p.) ← *administrāre* 'to ADMINISTER'〙

ad·min·is·tra·tion /ədmìnəstréɪʃən, æd- | -nɪ̀s-/ *n.* **1** 管理, 運営, 経営, 処理 (management). **2** 統治, 行政, 施政: civil [military] ～ 民[軍]政 / mandatory ～ 委任統治 / give good ～ 善政を施す. **3** [集合的; 単数または複数扱い] **a** 管理者側, 経営者側 (management). **b** 《米》 (大学などの)本部, 当局: the school ～. **4 a** [通例 the A-] (大統領制の)行政部, 政府, 政権 (the government): the new [present] *Administration* 新[現]政府 / the Bush *Administration* ブッシュ政権. **b** 《米》 (行政)官庁: the Food and Drug *Administration* 食品医薬品局 (略 FDA)/ the Veterans *Administration* 退役軍人管理局. **5** 行政官[管理者]の任期, 行政[管理]期間; 《米》 大統領政権担当期間: during the Kennedy ～ ケネディー大統領在任中に. **6** 〘法律〙 遺産管理, (破産者などの)財産管理, 管財: letters of ～ 遺産管理状. **7** (法律などの)施行, 執行 (execution): the ～ *of* justice 裁判, 司法, 処刑. **8 a** (薬剤の)投与, 投薬: oral ～ 経口投与. **b** (治療を)施すこと, 加療; (療法などの)適用. **9** (宣誓を)行わせること: the ～ *of* an oath. **10** 〘キリスト教〙 (秘跡の)授与, (聖餐の)執行: the ～ *of* the sacraments. **～·al** /-ʃnəl, -ʃənl/ *adj.* **～·ist** *n.* 〘((*c*1380)) □ (O)F ～ ∥ L *administrātiō(n-)* ← *administrātus* (p.p.) ← *administrāre*: ⇨ ↑, -ation〙

ad·min·is·tra·tive /ədmínəstrèɪtɪv, æd-, -strət- | -nɪ̀strət-, -strèɪt-/ *adj.* 管理的な, 管理[経営]上の; 行政的, 行政(上)の (executive) (cf. legislative 1): ～ ability 行政手腕, 管理[経営]の才能 / an ～ court 行政裁判所 / an ～ district 行政区画. **～·ly** *adv.* 〘((1731)) □ L *administrātīvus*: ⇨ administrate, -ative〙

admínistrative assístant *n.* 管理補佐 (役員を補佐する管理・運営担当者).

admínistrative cóunty *n.* (英国の)行政州 (地方制度の改革による行政上の区域で, 旧州と一致しないこともある; 旧州の行政機能は司法上, 政治上のものを除き移管された). 〘1949〙

admínistrative láw *n.* 〘法律〙 行政法. 〘1896〙

ad·min·is·tra·tor /ədmínəstrèɪtə, -tɔə | -nɪ̀strèɪtə⁽ʳ⁾/ *n.* **1** 統治者; 行政官. **2** 管理者. **3** 《米》 (主に Administration という名のつく行政官庁の)長官, 局長 (cf. administration 4 b). **4** 行政[管理]能力のある人: He is a fine ～. 非常に行政的手腕がある. **5** 〘法律〙 遺産管理人, 管財人 (cf. administration 6, executor 2).

〜·shìp *n.* 〘(1434) □ L *administrātor*: ⇨ administrate, -or²〙

ad·min·is·tra·trix /ədmɪ̀nəstréɪtrɪks, æd-, ―ˊ―ˊ―ˋ― | -nɪ̀strèɪtrɪks/ *n.* (*pl.* 〜**·es**, **-tra·tri·ces** /ədmɪ̀nəstréɪtrəsìːz, æd- | ədmɪ̀nɪ̀strèɪtrɪsìːz/) 女性管理者; 〘法律〙 女性遺産管理人. 〘(1626) ← NL 〜 (fem.) ← L *administrātor*〙

ad·mi·ra·ble /ǽdm(ə)rəbl/ *adj.* **1** 賞賛に値する, 感心な, あっぱれな. **2** (実に)見事な, りっぱな, けっこうな (excellent). **3** 《廃》 驚くべき, 不思議な. **ad·mi·ra·bil·i·ty** /æ̀dm(ə)rəbɪ́ləti | -lɪ̀ti/ *n.* **〜·ness** *n.* 〘(*c*1450) □ F 〜 (⇨ ad-) ∽ OF *amirable* < L *admīrābilem* ← *admīrārī* to wonder at: ⇨ admire, -able〙

Ádmirable Críchton *n.* **1** [the 〜] 俊才クライトン (James Crichton の通称). **2** 若くて多芸多才の人.

Ádmirable Dóctor *n.* [the 〜] Roger Bacon の通称. 〘(なぞり) ← L *Doctor Mirabilis*〙

ád·mi·ra·bly /-rəbli/ *adv.* (実に)りっぱに, 見事に; 感心に, あっぱれに, 殊勝にも. 〘1593〙

ad·mi·ral /ǽdm(ə)rəl/ *n.* **1** 〘軍事〙 **a** 海軍大将: ⇨ Fleet Admiral, vice admiral, rear admiral. **b** 海軍将官, 提督 (flag officer). **c** 艦隊司令官, 提督. **2 a** 《古》 (一国の)海軍総帥[総司令官]. **b** =Lord High Admiral. **3** 《英》 漁船隊長, 商船隊長. **4** 《古》 (将官座乗の)旗艦 (flagship). **5** 《(1720) ← ADMIRABLE》 〘昆虫〙 タテハチョウ《タテハチョウ科のうちタテハチョウ亜科, イチモンジチョウ亜科などの種類の総称; ヨーロッパアカタテハ (red admiral), イチモンジチョウ (white admiral) など》.

táp the ádmiral 《海事俗》 樽の酒を盗む. 《提督 (? Nelson) の遺体を浸したラム酒を水夫がそれと知らずに盗み飲もうとしたという言い伝えから》

Ádmiral of the Fléet (英国の)海軍元帥 《陸軍の field marshal に当たる; 米国では Fleet Admiral という; 略 A of F, AF; cf. GENERAL of the Army》. 《1660》

〘(*a*1200) □ OF *admira(i)l* emir □ ML *admirālis* (L *admīrābilis* との類推) □ Arab. *amír-al(-baḥr)* commander of the (sea) ∽ (1297) *am(y)rayl* □ (O)F *amiral* □ Arab.: cf. amir, emir〙

Ádmiral's Cúp *n.* [the 〜] アドミラルズカップ 《Royal Ocean Racing Club が英仏海峡で 2 年ごとに催すヨットレース; 1957 年創設》.

ádmiral·shìp *n.* 海軍大将[将官]の職[地位]; 提督の器量[手腕]. 〘(1617): ⇨ admiral, -ship〙

ad·mi·ral·ty /ǽdm(ə)rəlti/ *n.* **1 a** [(the) A-] 《英》 (もと)海軍本部, 海軍省 《委員制で運営した; 1964 年に国防省 (Ministry of Defence) の一部門となった; cf. LORD Commissioner of the Admiralty》. **b** [the A-] (もと)海軍省庁舎. **c** [the A-] =Admiralty Board. **2** 〘法律〙 **a** 《米》 海事裁判所 《連邦地方裁判所 (federal district court) の管轄下にある; court of admiralty ともいう》. **b** [the A-] 《英》 海事法廷 《高等法院 (High Court of Justice) の王座部 (King's [Queen's] Bench) の管轄下にある; 通例 Court of Admiralty という》. **c** 海事法[裁判]. **3** =admiralship. **4** 制海権: the price of 〜 制海権の代償. 〘(1419) □ OF *admiralté* (F *amirauté*): ⇨ admiral, -ty〙

Ádmiralty Árch *n.* [the 〜] アドミラルティーアーチ (Victoria 女王記念のため 1910 年 London の旧海軍省庁舎近く the Mall の東端に建てられたアーチ).

Ádmiralty Bòard *n.* [the 〜] [単数または複数扱い] 《英》 海軍局 《国防省に属し海軍行政を運営; cf. admiralty 1, Sea Lord》.

ádmiralty bràss [brònze] *n.* アドミラルティー黄銅[青銅] 《造船用耐食性真鍮(ちゅう); 銅 70%, 亜鉛 29%, スズ 1%》.

ádmiralty còurt *n.* 《米》 〘法律〙 =admiralty 2 a.

Ádmiralty Hòuse *n.* (Sydney にある) オーストラリア総督官邸.

Ádmiralty Íslands *n. pl.* [the 〜] アドミラルティー諸島 《南太平洋 Bismarck 諸島北部の Papua New Guinea 領の諸島; 面積 2,072 km²; Admiralties ともいう》.

Ádmiralty Mètal *n.* 〘商標〙 アドミラルティーメタル 《admiralty brass, admiralty bronze の商品名》.

Ádmiralty mìle, a- m- *n.* 〘海事〙 =nautical mile a.

Ádmiralty Ránge *n.* [the 〜] アドミラルティー山脈 《南極の山脈; Ross 海の北西方にある》.

ad·mi·ra·tion /æ̀dməréɪʃən | -mɪ̀-/ *n.* **1 a** 感嘆, 賞賛, 嘆賞, 賛美; 敬慕, 敬愛, あこがれ 〔*for*〕: a note of 〜 =exclamation mark / be struck with 〜 感に打たれる, 感心する / gaze at a picture *with* 〜 絵を感心して眺める / I stopped *in* 〜. 感嘆のあまり立ち止まった / the 〜 of a son *for* his father 息子の父親に対する敬慕. **b** 〔景色などを〕めでること, 鑑賞 〔*of*〕. **2** [the 〜] 賞賛[あこがれ]の的(まと) 〔*of*〕: She is the 〜 *of* her pupils. **3** 《古》 驚異(の念), 驚き (wonder).

to admirátion (ものの)見事に (admirably): He executed it *to* 〜. 見事にやってのけた. 《1633》

〘(?*a*1425) □ F 〜 // L *admīrātiō(n-)*: ⇨ admire, -ation〙

ad·mi·ra·tive /ǽdmərèɪtɪv, ədmáɪrə-, æd- | ǽdmɪ̀rèɪt-, ədmáɪərət-/ *adj.* 《古》 賞賛の[を表す]. **〜·ly** *adv.* 〘(1611) □ F *admiratif*: ⇨ ↓, -ative〙

ad·mire /ədmáɪə, æd- | ədmáɪə(r)/ *vt.* **1 a** 賞賛する, 嘆賞する, 賛美する (⇨ regard SYN); …に感心する, 敬服する; 〈女性などを〉崇拝する, …にあこがれる: 〜 (a person *for*) his courage 人の勇気を賞賛する. **b** 感心して眺める: They were *admiring* the roses in the garden. 彼らは庭のバラを観賞していた / They 〜*d* themselves [their reflection] in the mirror. 鏡に映った自分自身[自分の姿]をほれぼれと眺めた. **2** 《英口語》 (お世辞に)ほめる (praise): He forgot to 〜 her cat. うっかりして彼女の猫をほめなかった(ので機嫌を損じた). **3** 《古》 不思議がる, …に驚く. ★ 今は通例《反語》に用いる: I 〜 his impudence. あの男の厚かましさは感心する[あきれる]よ. **4** 《米方言》 …したく思う, したい (like) 〈*to do*〉: I'd 〜 *to* see it. ぜひ見たいものだ / I'd 〜 *to* know why. 理由をお聞かせ願いたいものです. ― *vi.* 《古》 〔…に〕感心[敬服]する; 不思議に思う 〔*at*〕. 〘(1590) □ (O)F *admirer* (⇨ ad-) ∽ (*a*1500) *amire(n)* □ OF *amirer* < L *admīrārī* ← AD-+*mīrārī* to wonder (← *mirus* marvellous: ⇨ miracle)〙

ad·mir·er /ədmáɪ(ə)rə, æd- | ədmáɪərə(r)/ *n.* **1** 感心する人, 敬服者, 賛美者: an 〜 *of* Keats. 〖日英比較〗 日本語の「愛好者・ファン」に相当することがある. 英語では文学・美術などのファンに対してこの語を用いることが多い. ⇨ lover, fan. **2** (女性の)歓心を買う男, 「崇拝者」; 求婚者 (suitor); 《古》 恋人 (lover). 〘1605〙

ad·mír·ing /-máɪ(ə)rɪŋ | -máɪər-/ *adj.* 感心した, ほれぼれしたような: with 〜 eyes. **〜·ly** *adv.* 〘1603〙

ad mi·se·ri·cor·di·am /æ̀dmɪ̀zèrəkɔ́ədiæ̀m, -əm | -mɪzèrɪkɔ́ːdi-/ *L. adv., adj.* (議論など)(相手の)哀れみ[慈悲]に訴えるように[な]: an argumentum 〜 (相手の)哀れみ[慈悲]に訴える論証. 〘(1824) □ L 〜 'to compassion or pity'〙

ad·mis·si·bil·i·ty /ədmɪ̀səbɪ́ləti, æd- | -sɪ̀bɪ́lɪ̀ti/ *n.* 認容するに足ること, 許容可能性. 〘(1778): ⇨ ↓, -ility〙

ad·mis·si·ble /ədmɪ́səbl, æd- | -sɪ̀-/ *adj.* **1 a** 〈考え・企てなど〉許される, 容認される, 受け入れられる (allowable): the maximum 〜 dose (放射能などの)最大許容量. **b** 〘法律〙 〈証拠が〉容認[許容]され得る. **2** 〔地位などに〕つく資格がある, 〔場所などに〕入ることができる 〔*to*〕: 〜 *to* an office 公職につく資格がある. **〜·ness** *n.* **ad·mís·si·bly** *adv.* 〘(1611) □ F 〜 □ L *admissibilis* ← *admissus* (p.p.) ← *admittere* to let in: ⇨ admit, -ible〙

ad·mis·sion /ədmɪ́ʃən, æd-/ *n.* **1** 入るのを許す[許される]こと, 入場, 入会, 入学, 入国, 入院(などの資格, 許可) (⇨ admittance SYN): *Admission* free. 入場無料 / No 〜. 入場お断り / *Admission* by ticket. 入場は入場券持参者に限る / 〜 *to* college / 〜 *to* [*into*] a club クラブへの入会(許可) / gain [obtain] 〜 入場を許される / give [grant] a person free 〜 *to* …へ人を自由に入れる / 〜 requirements 入学[入会]資格 / 〜 exams 入試. **2** 〔地位・職などへの〕採用, 任用, 任命 〔*to*〕: 〜 *to* the practice of medicine 医師開業許可 / 〜 *to* the bar 弁護士業務認可. **3** [通例 *pl.*] **a** 入学[入会, 入場, 入館]者(数), 入院患者(数) 〔*to*〕: *Admissions to* our university [museum] have been rising. 当大学への入学者[当館への入館者]数は増加しつつある. **b** [しばしば形容詞的に] 入学[入院, 入会]者選抜(局): an 〜*s* officer (大学の)入学担当係《事務官》/ the (college) 〜*s* office (大学)入学者選抜事務局 / the (college) 〜*s* form (大学)入学願書. **4** 入場料, 入会[入学]金(など) (admission fee): charge 〜 入場料を課する[取る] / *Admission to* the art gallery is [costs] two dollars. その美術館の入場料は 2 ドルだ. **5 a** 〔過失などの〕自認, 告白, 自白, 相手方の主張事実の承認 〔*of*〕 (cf. confession 5); 譲歩 (concession): by [*on*] a person's own 〜 本人が認めたので, 自白により / make an 〜 *of* a fact *to* a person ある事実を人に告白する / That is a serious 〜. それは重大な告白だ. **b** 《事実であるとの》承認, 容認, 許容: 〜 *of* a fact [defeat] / 〜 *that* it is true. **6** 〘機械〙 (蒸気などの)進入, 吸気: an 〜 port [valve] 進入口[弁].

〘(?1430) □ L *admissiō(n-)* a letting in to an interview ← *admissus* (p.p.) ← *admittere* 'to ADMIT': ⇨ -ion〙

Admíssion Dày *n.* 《米》 (各州の)州制施行記念日 《例えば Arizona 州では 2 月 14 日, California 州では 9 月 9 日など》.

admíssion fèe [chàrge] *n.* 入場料, 入会[入学]金(など). 〘1842〙

admíssion òfficer *n.* 《米》.

admíssion ticket *n.* 入場券. 〘1779〙

ad·mis·sive /ədmɪ́sɪv, æd-/ *adj.* **1** 入場許可の. **2** 〔…を〕許容する, 容認的な 〔*of*〕. 〘(1778) □ L *admissīvus* ← *admissus* (p.p.) ← *admittere* (↓)〙

ad·mit /ədmɪ́t, æd-/ *v.* (**ad·mit·ted; ad·mit·ting**) ― *vt.* **1 a** 〈人が〉〈主張・証拠・罪など(の真実)を〉認める, 是認する, 白状する (⇨ acknowledge SYN): 〜 a claim / 〜 the truth of an argument 論拠が正しいことを認める / 〜 defeat 敗北を認める / 〜 oneself (to have been) defeated 敗北したことを認める / 〜 one's guilt [error] 自分の罪[誤り]を認める / The group 〜*ted* responsibility for the terrorist attack. その集団はテロ攻撃の責任を認めた / I will 〜 no objection. 異議は認めない[許さない] / This much, however, may be 〜*ted*. だがここまでは許容できる. **b** …(の真実)であることを認める (acknowledge, confess) (↔ deny): 〜 *it to* be wrong / He 〜*ted that* he was wrong. 彼は自分が間違っていることを認めた / He 〜*ted being* [*having* been] a spy. スパイである[だった]ことを白状した / (although) 〜*ting that* …とはいうものの. **2** (議論で)(…であることを)一応認める, 譲る (concede): This, I 〜, is true, but …. なるほどこれは真実だが, しかし …. **3 a** 〈人・物を〉入れる, 通す (let in); 〈人〉に〔場所などに〕入ること[入場, 入学, 入会, 入院など]を許す 〔*to, into*〕: 〜 a person *to* [*into*] a place, room, society, hospital, etc. / 〜 a person *into* a school 人を校内に入れる / 〜 a student *to* college [a seminar] / be 〜*ted* as a member 入会を許される / The attic 〜*ted* little sunlight. その屋根裏にはろくに日光もささなかった / The door 〜*ted* us *into* [*to*] the kitchen. そのドアから入ると台所だった / She 〜*ted* me *into* her confidence [secret]. 私に秘密を打ち明けた. **b** …に〔身分・特権などを〕(得ることを)許す 〔*to*〕: be 〜*ted to* citizenship 市民権を得る / be 〜*ted to* the bar ⇨ bar¹ 6. **c** 〈切符などが〉…に〔…への〕入場を可能にする 〔*to*〕: *Admit* one. (入場切符) 1 枚 1 人限り / This pass will 〜 you *to* the show. このパスでそのショーに入れる. **4** 〈建物などが〉〈人などを〉収容できる: The theater 〜*s* 1,000 people. **5** 〈事実などが〉…の余地を与える[残す], 許す (allow, admit of): It 〜*s* no other interpretations. それには他の解釈の余地はない.

― *vi.* **1** 〔…を〕認める, 自認する (acknowledge) 〔*to*〕: He 〜*ted to* having stolen the car. 車を盗んだことを自供した. **2** 〈戸口などが〉〔…に〕通じる 〔*to*〕: The door 〜*ted to* the kitchen. **3** 〈事・言葉などが〉〔…の〕余地を与える[残す], 〔…を〕許す 〔*of*〕: The plan 〜*s of* improvement. その計画には改良の余地がある / It 〜*s of* no other interpretation. 他に解釈の余地はない / The matter 〜*s of* no delay [exception]. その事柄は猶予[例外]を許さない.

〘(*a*1400) □ F *admettre* □ L *admittere* to let in ← AD-+*mittere* to send ∽ (*a*1420) *amitte(n)* □ OF *amettre* < L *admittere*: cf. mission〙

ad·mit·ta·ble /-təbl | -tə-/ *adj.* 容認できる, 許容できる. 〘(*a*1420): ⇨ ↑, -able〙

ad·mit·tance /ədmɪ́təns, æd-, -tns | -təns, -tns/ *n.* **1** 入れること, 入ること, 入場 (entrance), 入場許可 (admitting), 入場権: gain [get] 〜 *to* …に入場を許される[入場する] / grant [refuse] a person 〜 *to* …人に…への入場を許す[拒む] / No 〜. 〔掲示〕 入場お断り / No 〜 except on business. 無用の者立入禁止. **2** 〘電気〙 アドミタンス 《電流の流れやすさを表す量で(電流)/(電圧)》. **3** 《廃》 受け入れること, 認めること. 〘(1589) ← ADMIT+-ANCE〙

SYN 入場: **admittance** 構内・建物へ入ることを許すこと 《次の掲示以外にはあまり用いられない》: No *admittance*. 立入禁止 / He was refused *admittance* to the house. 彼はその家へ入ることを拒絶された. **admission** 会場などへ見物・観客として入場すること, また団体・組織などへ入る権利を持つことを意味する: *Admission* to ticket holders only. チケットのない方は入場できません / He was refused *admission* to the club. 彼はそのクラブへの入会を拒否された. **entrance** 特定の場所へ入ることで普通は単数形で用いられる: The prizewinner's *entrance* was greeted with applause. 受賞者の入場は拍手をもって迎えられた.

admíttance mátrix *n.* 〘電気〙 アドミタンス行列 《四端子網の入出力関係を示す行列で, 各要素がアドミタンスの次元をもつもの; Y-matrix ともいう》.

admíttance parámeter *n.* 〘電気〙 アドミタンスパラメター 《トランジスターの入出力特性を示すパラメターでアドミタンスの次元で表したもの; Y-parameter ともいう》.

ad·mít·ted /-tɪ̀d | -tɪ̀d/ *adj.* (真実と)認められた, 容認された, 公認の, 明白な; 自ら認めた: an 〜 fact / an 〜 thief 自ら盗人と認めている者. 〘*a*1555〙

ad·mit·ted·ly /ədmɪ́tɪ̀dli, æd- | -tɪ̀d-/ *adv.* **1** 一般に認められているように, 疑う余地もなく, 明らかに: This is 〜 true. **2** 自ら認めているように, 自認によれば. 〘1804〙

ad·mix /ædmɪ́ks, əd- | əd-, æd-/ *vt., vi.* 〔他物と〕混ぜ合わせる[る], 混ぜる[混ざる] (mix) 〔*with*〕. 〘(1533) 《逆成》 ← lateME *admixt* □ L *admixtus* (p.p.) ← *admiscēre* to mingle with ← AD-+*miscēre* 'to MIX'〙

ad·mix·ture /ædmɪ́kstʃə, əd- | ədmɪ́kstʃə(r), æd-/ *n.* **1** 混和. **2** 混和物, 混ぜ物. **3** 〘土木〙 混合材, 混和材 《コンクリートを練り混ぜる際に加える材料で, セメント・水・骨材以外》. 〘(1605) □ L *admixtus* ((p.p.) ← *admiscēre* (↑))+-URE〙

Adml 《略》 Admiral.

ad·mon·ish /ədmɑ́(ː)nɪʃ, æd- | -mɔ́nɪʃ/ *vt.* **1** 〈人〉に〈…するように〉諭す, 忠告する, 勧告する (advise strongly, urge) 〈*to do, that*〉; 戒める, 説諭する 〔*for, about, against*〕: 〜 a person *to* rise early 人に早起きするように諭す[忠告する] / The boy was 〜*ed* not to smoke. 少年はたばこを吸わないように戒められた / He 〜*ed* me *that* I (should) be punctual. 私に時間をよく守るように注意した / He 〜*ed* the student *for* carelessness [being careless]. 学生に不注意を諭した / 〜 a person *against* drinking too much 人に酒を飲みすぎないよう注意する. **2** 〈人〉に〔ある事を〕警告する (warn), 〔…に〕気付かせる (remind) 〔*of, about*〕: 〜 a person of danger, obligations, etc. **〜·er** *n.* **〜·ment** *n.* 〘(1340) *amoneste(n)* □ OF *amonester* (F *admonester*) < VL **admonestāre* ← L *admonēre* ← AD-+*monēre* to warn: 語尾の -t- は屈折語尾と誤解されて消失し, さらに -ISH² の影響を受けた; 語頭の AD- は L *admonēre* の影響〙

ad·món·ish·ing·ly *adv.* 諭すように; 忠告[警告]するように. 〘1850〙

ad·mo·ni·tion /æ̀dmənɪ́ʃən/ *n.* 諭すこと, 戒め, 説諭, 訓戒; 忠告, 勧告; 警告. 〘(*c*1380) □ OF *a(d)monition* // L *admonitiō(n-)* warning ← *admonēre*: ⇨ admonish〙

ad·mon·i·tor /ədmɑ́(ː)nətə, æd- | -mɔ́nɪ̀tə(r)/ *n.* 訓戒[忠告, 警告]者. 〘(1547) □ L 〜 ← *admonitus* (p.p.) ← *admonēre*: ⇨ admonish〙

ad·mon·i·to·ry /ədmɑ́(ː)nətɔ̀ːri, æd- | -mɔ́nɪ̀təri, -tri/ *adj.* 戒めの, 説諭[訓戒]の; 忠告の, 勧告的な; 警告的な. **ad·mon·i·to·ri·ly** /ədmɑ̀(ː)nətɔ́ːrəli, æd-, ―ˊ―ˋ―― | ədmɔ́nɪ̀tərɪ̀li, -trɪ̀-/ *adv.* 〘(1594): ⇨

A

admonition, -ory〗
admrx. 《略》administratrix.
ADN 〘自動車国籍表示〙Yemen.
ad·nate /ǽdneɪt/ *adj.* 〘生物〙 **1** 合生の《似ていない部分が一緒に成長した; cf. connate 4》. **2** 側生の: an ~ anther 側着葯(やく). 〖《1661》□ L *adnātus* grown to (p.p.) ← *adnāscī* to be born ← AD-+*nāscī* to be born (⇨ natal¹)〗
ad·na·tion /ædnéɪʃən/ *n.* 〘生物〙 **1** 合生 (cf. adhesion 4). **2** 側生. 〖《1842》: ⇨ ↑, -ion〗
ad nau·se·am /ædnɔ́:ziəm, -nɑ́:-, -si-, -æm | -nɔ́:ziæ̀m, -si-, -əm/ *L. adv.* 吐き気を催すほど, 嫌になるほど. 〖《1647》□ L ~ 'to nausea'〗
ad·nex /ǽdnɛks/ *n.* 〘文法〙 対結付加語, ネクサス付加詞《Jespersen の用語; ネクサス関係で 2 番目に重要な語(通常, 動詞)または語群; 例えば The dog *barks* very furiously》. 〖《1924》← AD-+NEX(US)〗
ad·nex·a /ædnɛ́ksə/ *n. pl.* 〘解剖〙 付属器 (appendages). **ad·néx·al** /-səl, -sl/ *adj.* 〖《1899》← NL ~ ← L ~, *annexa* (neut. pl.) ← *adnexus* appended: cf. annex〗
ad·nom·i·nal /ædnɑ́(:)mənl | -nɔ́mɪ-/ *adj.* 〘文法〙 形容言の, 連体的な. **~·ly** *adv.* 〖《1845》← AD-+NOMINAL〗
ad·noun /ǽdnàun/ 〘文法〙 *n.* 形容言《名詞用法の形容詞; 例: The new supersedes the old. における new と old》. — *adj.* 《まれ》=adjective 1. 〖《1753》← AD-+NOUN: cf. adverb〗
Ad·nya·ma·tha·nha /ǽdnjəmɑ̀dənə | -də-/ *n.* アドニャマタナ語《南オーストラリアの先住民の言語》.
a·do /ədú:/ *n.* (*pl.* ~s) 騒ぎ(立てること); 骨折り, めんどう (cf. to-do); 徒労: with much ~ 大いに骨折って[苦心して] / without much ~ 大して苦労しないで, 割合簡単に / make too much ~ (*about* ...) (...に)ひどく騒ぎ立てる / They had much ~ *to* persuade her. 彼女を説得するのに大変苦労した.
mùch adó about nóthing から騒ぎ《Shakespeare 作の喜劇の題名より》. ***withòut móre [fúrther] adó*** 後は事[苦]もなく; すぐに: He finished it *without more* ~. 《*c*1380》
〖《1375》← *at do* to do (*at* は ON): cf. *much ado*= much to do〗
ado. 《略》〘音楽〙 adagio.
-a·do /ɑ́:doʊ, éɪdoʊ | -dəʊ/ *suf.* -ade に終わるフランス語, -ada に終わるスペイン語を借入するときの異形: brava*do*, despera*do*, torna*do*. 〖□ Sp. & Port. ~ < L *-ātum*: cf. -ade〗
a·do·be /ədóʊbi | ədəʊ-/ *n.* **1** (天日で乾かして造る)アドービれんが, 日干しれんが. **2** (米国南西部などの)アドービれんがが家屋[塀(へい)など]. **3** 〘土壌〙 重粘な土性をもつ土壌《アドービれんがの材料》. — *adj.* 〘限定的〙 アドービれんがが造りの: an ~ church, house, wall, etc. 〖《1739》□ Sp. *adobar* to plaster □ Arab. *aṭ-ṭūb*=*al-ṭūb* the brick (← Egypt.)〗
adóbe bùg *n.* 〘昆虫〙 ニワトリトコジラミ (*Haematosiphon indora*)《乾燥した米国南西部とこれに隣接するメキシコに生息する半翅目トコジラミ科の家禽(かきん)の害虫; Mexican chicken bug ともいう》.
adóbe flát *n.* 〘地質〙 アドービ粘土平原《雨の少ない地方に多い》.
A·dó·be Sỳstems /ədóʊbi- | ədəʊ-/ *n.* アドビシステムズ(社) (~, Inc.)《米国のソフトウェア会社; PostScript を開発》.
a·do·bo /ədóʊboʊ | ədəʊbəʊ/ *n.* 〘料理〙 アドーボー《フィリピンの焼き肉料理; 香辛料に漬けた肉を焼き再びソースに漬けたもの》. 〖《*c*1951》□ Sp. ~〗
ad·o·lesce /æ̀dəlɛ́s, æ̀dl-| æ̀dəl-, æ̀dl-/ *vi.* 青年[青春]期に達する; 青年期を過ごす. 〖《1909》《逆成》↓〗
ad·o·les·cence /æ̀dəlɛ́səns, æ̀dl-, -sns, -sənts, -snts | æ̀də(ʊ)l-, æ̀dl-/ *n.* 青年期《男子は 14–25 歳, 女子は 12–21 歳までの成長期; 法律的には成年 (majority) に達するまで; cf. puberty 1, adult 1》; 青春期, 思春期, 年ごろ; 青春 (youth). 〖《?*a*1425》□ (O)F ~ □ L *adolēscentia* ← *adolēscere* to grow up: ⇨ adult〗
ad·o·lés·cen·cy /-sənsi, -snsi/ *n.* 《古》=adolescence. 〖《1603》: ⇨ ↑, -cy〗
ad·o·les·cent /æ̀dəlɛ́sənt, æ̀dl-, -snt | æ̀də(ʊ)l-, æ̀dl-⁻/ *adj.* **1** 青年[青春]期の (⇨ young SYN); 青年の, 若者の: an ~ boy, girl, custom, etc. **2** 青年のような; 未熟な, たわいない. — *n.* 青年, 若者. **~·ly** *adv.* 〖《?1440》□ L *adolēscentem* (pres.p.) ← *adolēscere* ← AD-+*alescere* to grow up ← *alere* to nourish (⇨ aliment)〗
A·dolf /éɪdɑ(:)lf, ǽd- | ǽdɔlf; *G.* á:dɔlf, *Swed.* ɑ́:dɔlf/ *n.* アドルフ《男性名》. 〖⇨ Adolph〗
A·dol·fo /ədɑ́(:)lfoʊ, -dɔ́(:)l- | ədɔ́lfəʊ; *Sp., Am.Sp.* aðólfo/ *n.* アドルフォ《男性名》. 〖□ Sp. ~: ↓〗
Ad·olph /ǽdɑ(:)lf, éɪd-, -dɔ(:)lf | ǽdɔlf; *G.* á:dɔlf, *Swed.* ɑ́:dɔlf/ *n.* アドルフ《男性名》. 〖□ L *Adolphus* ← Gmc: cf. OHG *Athalwolf* (← *athal* noble+*wolfa* 'WOLF'): cf. OE *Æthelwulf*〗
A·dolphe /ǽdɑ(:)lf, éɪd-, -dɔ(:)lf | ǽdɔlf, —⁻; *F.* adɔlf/ *n.* アドルフ《男性名》. 〖□ F ~: ↑〗
A·do·nai /ɑ̀:dənáɪ, -nɑ́ɪ | æ̀dɒ(ʊ)nɑ́ɪ, ⁻⁻⁻/ *n.* 上帝, 主《元来神名の代用語として用い, 旧約聖書では通例 the Lord と英訳されている; cf. Tetragrammaton》. 〖《1483》□ Heb. *Adhōnāy* 《原義》my Lord ← *Adhōn* Lord〗
A·don·ic /ədɑ́(:)nɪk | ədɔ́n-/ *adj.* **1** アドーニス (Adonis) の, (アドーニスのように)美貌の, 秀麗な. **2** 〘古典詩学〙 アドーニス(詩格)の. — *n.* 〘古典詩学〙 アドーニス詩格《dactyl (—⏑⏑) に spondee (——) または trochee (—⏑)の続いたもの》. 〖《1678》□ ML *adōnicus* ← L *Adōnis* (↓)〗
A·don·is /ədɑ́(:)nɪs, ədóʊ- | ədəʊnɪs/ *n.* **1** アドニス《男性名》. **2** 〘ギリシャ神話〙 アドーニス《女神 Aphrodite に愛され, 死後アネモネに変容した美貌の青年》. **3** [時に a-] 美青年, 美少年. **4** [a-] 〘植物〙 フクジュソウ《キンポウゲ科フクジュソウ属 (*Adonis*) の植物の総称; フクジュソウ (*A. amurensis*), ナツザキフクジュソウ (*A. aestivalis*) など》. 〖《1597》□ L *Adōnis* □ Gk *Ádōnis* □ Phoenician *'dn* (Heb. *adhōn* lord): cf. Adonai〗
Adónis blúe *n.* 〘昆虫〙 ヨーロッパから近東にかけて分布する小さなシジミチョウの一種 (*Lysandra bellargus*).
a·don·i·tol /ədɑ́(:)nətɔ̀(:)l, -tɑ̀(:)l | ədɔ́nɪtɔ̀l/ *n.* 〘化学〙 アドニトール, アドニット ($HOCH_2(CHOH)_3CH_2OH$)《ヨウフクジュソウ (*Adonis vernalis*) の根に含まれる無色針状晶; 甘味あり; ribitol ともいう》. 〖《1893》← *adon-* (⇨ Adonis 4)+-ITOL〗
ad·o·nize /ǽdənàɪz, ǽdn- | ǽd-, ǽdn-/ *vt.* 〈男子〉をおしゃれをさせる: ~ oneself 〈男が〉おしゃれをする, めかし込む. — *vi.* 〈男子が〉めかす. 〖《1611》□ F *adoneser* ← L *Adōnis* (⇨ Adonis): ⇨ -ize〗
a·dopt /ədɑ́(:)pt | ədɔ́pt/ *vt.* **1** (会議で)〈動議・報告などを〉採択する, 承認する: The committee ~*ed* the report [plan, idea]. 委員会はその報告[計画, 案]を採択した. **2** 〈意見・風習・宗教などを〉(他から)採用する, 取り入れる; 〈名前・態度・方針などを〉選ぶ, 取る: ~ a confident air 自信ありげな様子をする / ~ a crouching position うずくまった姿勢をとる. **3 a** 養子[養女]にする (cf. foster): ~ an orphan [a child] / ~ a child *as* one's heir [*into* one's family]. **b** 〈ある国・都市を〉(永住地として)選ぶ, ...に帰化する (cf. adopted 2). **c** 〈人を〉〈友人などとして〉選ぶ 〔*as*〕; 〈外国人を〉帰化させる: ~ a person *as* a friend. **4** 〈外国語を〉借用する (cf. adopted 2). **5** 〈教科書などを〉(指定書として)採用する. **6** 《英》〈政党などが〉〈候補者を〉指名する, 公認する (nominate): Mary Smith was ~*ed as* our candidate. メアリースミスは候補者として公認された / The candidate was ~*ed* by her constituency party. その候補者は選挙母体の指名を得た. **7** 《英》〈自治体が〉〈私道を〉公道として管理する. 〖《*a*1500》□ (O)F *adopter* □ L *adoptāre* to choose for oneself ← AD-+*optāre* to choose (⇨ option)〗
a·dopt·a·ble /ədɑ́(:)ptəbl | ədɔ́pt-/ *adj.* **1** 養子にできる. **2** 採用[採択]できる. **a·dòpt·a·bíl·i·ty** /-təbíləṭi | -lɪ̀ti/ *n.* 〖《1843》: ⇨ ↑, -able〗
a·dópt·ed *adj.* **1** 養子にされた[なった]: an ~ son [daughter] 養子[女]. **2** 採用された; (自分のものとして)選んだ: an ~ word 外来語, 借用語 / one's ~ country 自分の帰化した国. 〖*c*1590〗
a·dopt·ee /ədɑ̀(:)ptí: | ədɔ̀p-/ *n.* 養子. 〖《1892》← ADOPT+-EE¹〗
a·dópt·er *n.* **1** 養い親, 里親. **2** 採用[採択]者. 〖1572〗
a·dop·tian·ism /ədɑ́(:)pʃənɪzm | ədɔ́p-/ *n.* =adoptionism.
a·dop·tion /ədɑ́(:)pʃən | ədɔ́p-/ *n.* **1** 養子縁組. **2** 採用, 採択; (自分のものとして)選ぶこと: the country of one's own ~ 自分の帰化した国 / the ~ *of* a resolution 決議の採択. **3** (外国語の)借用 (loan, borrowing). **4** 《英》〔候補者としての〕指名, 公認 〔*as*〕. 〖《1340》□ (O)F ~ ∥ L *adoptiō(n-)* ← *adoptāre* 'to ADOPT': ⇨ -ion〗
a·dop·tion·ism, A- /ədɑ́(:)pʃənɪzm | ədɔ́p-/ *n.* 〘神学〙 養子論《ナザレ (Nazareth) のイエスは初め単なる人間であったが, 聖霊[ロゴス]によって神の子, すなわち神の養子とされたとする説; 初代教会 (2–3 世紀)や 8 世紀スペインの養子論が有名; cf. Dynamic Monarchianism》. **a·dóp·tion·ist** *n.* 〖1874〗
a·dop·tious /ədɑ́(:)pʃəs | ədɔ́p-/ *adj.* 《廃》養子の. 〖《1602–03》← ADOPTION+-OUS: cf. ambitious〗
a·dop·tive /ədɑ́(:)ptɪv | ədɔ́p-/ *adj.* **1** 養子関係の: an ~ son [daughter] 養子[女] / an ~ father [mother] 養父[母] / one's ~ family 養家. **2** 採用[借用]的な: an ~ language 外来語をよく借入する言語. **~·ly** *adv.* 〖《?*a*1439》□ MF *adoptif* □ L *adoptīvus*: ⇨ adopt, -ive〗
adóptive immunothérapy *n.* 〘医学〙 養子免疫療法《感作リンパ球を移入することで得られた免疫療法》.
a·dor·a·ble /ədɔ́:rəbl/ *adj.* **1** 《口語》愛らしい, ほれぼれするような, すてきな (charming, delightful): an ~ child [hat]. **2** 《まれ》崇敬[崇拝]するに足る; 敬慕[熱愛]するにふさわしい. **a·dòr·a·bíl·i·ty** /-rəbíləṭi | -lɪ̀ti/ *n.* **~·ness** *n.* **a·dór·a·bly** *adv.* 〖《1611》□ F ∥ L *adōrābilis* worthy of worship ← *adōrāre* 'to ADORE': ⇨ -able〗
ad·o·ral /ædɔ́:rəl/ *adj.* 口の周囲の, 口の近くにある, 口辺の (↔ aboral): ~ tentacles 周口触手. — *n.* 口辺, 口帯. **~·ly** *adv.* 〖《1882》← AD-+ORAL〗
ad·o·ra·tion /æ̀dəréɪʃən | æ̀dər-, æ̀dɔ:r-/ *n.* **1** 崇敬 (veneration); (神の)崇拝 (worship); 〘カトリック〙 (聖体・十字架などの)礼拝. **2** 敬慕, 熱愛 (⇨ love SYN); 礼賛; 熱愛[敬慕]の対象: in ~ 熱愛[礼賛]して.
Adorátion of the Mági [the —] (幼児キリストに対する)三博士礼拝の図《特に Rubens 作が有名》.
〖《1543》□ (O)F ~ □ L *adōrātiō(n-)*: ⇨ ↓, -ation〗
a·dore /ədɔ́ə | ədɔ́:ʳ/ *vt.* **1** (崇拝に近いくらいに)敬慕する (idolize), 熱愛する, 礼賛する (⇨ revere SYN): I ~ my mother. **2** 《口語》...が大好きである: She ~*s* cats. / He ~*s* listening to music. 音楽を聴くのが大好きだ. **3 a** 〈神を〉崇拝する; 〈人を〉(神として)あがめる, 崇敬する (worship): ~ a hero *as* a god. **b** 〘カトリック〙 〈聖体・十字架などを〉礼拝する. — *vi.* 礼拝する. 〖《*c*1375》□ L *adōrāre* to speak to in prayer, worship ← AD-+*ōrāre* to speak ∽ 《*c*1300》 *aoure(n)* □ OF *aourer* < L: ⇨ oration〗
a·dor·er /ədɔ́:rə | ədɔ́:rəʳ/ *n.* **1** 崇拝者 (worshiper). **2** 熱愛者, 賛美者, 礼賛者: an ~ of Keats. 〖1602〗
a·dor·ing /ədɔ́:rɪŋ/ *adj.* 崇拝する; 熱愛する; ほれぼれとした: an ~ glance. **~·ly** *adv.* 〖1652〗
a·dorn /ədɔ́ən | ədɔ́:n/ *vt.* **1** 飾る, 装飾する (decorate): ~ a bride 花嫁を盛装させる / ~ oneself *with* jewels 宝石で身を飾る / A map of the world ~*ed* the wall. 世界地図が壁を飾っていた. **2** ...に美観を添える, ...の美を引き立てる, 飾りとなる: Noble women ~ their land. りっぱな女性は国の華(はな). **~ed** *adj.* **~·er** *n.* 〖《*c*1385》□ (O)F *adorner* □ L *adōrnāre* to fit out ← AD-+*ōrnāre* to furnish ∽ 《*a*1325》 *aourne(n)* □ OF *ao(u)rner* < L: cf. ornament〗

SYN 飾る: **adorn** 《文語》〈本来美しい人や場所を〉飾りで一層美しくする: She *adorned* her hair with flowers. 髪を花で飾った. **decorate** 行事・催物のために装飾品を付け加えて飾りたてる: The walls were *decorated* with pictures. 壁には絵が飾られていた. **display** 物品などを展示して飾ること: Various styles of dresses are being *displayed* in the shopwindows. さまざまなタイプのドレスがショーウインドーに飾られています. **ornament** 付属品を付けて魅力的にする: Her dress was *ornamented* with lace. ドレスはレースの飾りが付いていた. **beautify** 〈美しくないものに美を添える, 〈美しいものの美を高める: Flowers *beautify* the rooms. 花は部屋を美しくする. **deck (out)** [しばしば受身で] 〈人や物を〉美しいものや珍しいもので飾る: The hall was *decked* with flowers. 広間は花で飾り立てられていた. **garnish** 〈調理品〉に別の食品をあしらって魅力的にする: *garnish* a dish with parsley 料理にパセリをあしらう.
ANT disfigure.

---

a·dórn·ing·ly *adv.* 飾りとして, 装飾的に. 〖1824〗
a·dórn·ment *n.* **1** 飾ること, 飾り, 装飾. **2** 装飾品: personal ~*s* 装身具. 〖《*c*1385》□ OF *ado(u)rnement*: ⇨ adorn, -ment〗
A·dor·no /ədɔ́ənoʊ | ədɔ́:nəʊ; *G.* adɔ́ʁno/, **Theodore Wie·sen·grund** /ví:zŋgrunt/ *n.* アドルノ《1903–69; ドイツの哲学者・音楽評論家》.
A·do·wa /ɑ́:dʊwɑ̀: | -dʊ-/ *n.* =Aduwa.
a·down /ədáʊn/ *adv., prep.* 《古・詩》=down¹. 〖OE *of dūne* off the down: ⇨ of, down〗
ADP 《略》〘生化学〙 adenosine diphosphate; 〘電算〙 automatic data processing.
ad pa·tres /ɑ:dpɑ́:treɪs, ædpéɪtrɪ:z/ *L. adv., adj.* [叙述的] 先祖のいる所へ, 死んで. 〖□ L ~ 'to fathers'〗
ad per·so·nam /ɑ:dpɛəsóʊnɑ:m | -pəsóʊ-/ *L. adv., adj.* 人に向けて[た]; 個人的に[な]. 〖《1964》□ L *ad persōnam* to (the) person〗
ad·pressed /ædprɛ́st, əd-/ *adj.* =appressed. 〖1828〗
ad quem /ædkwɛ́m, ɑ:d-/ *L. adv.* それに向かって: ⇨ terminus ad quem. — *n.* 目標 (the goal). (cf. a quo) 〖□ L ~ 'to which'〗
ADR 《略》〘法学〙 alternative dispute resolution (訴訟外での) 代替的紛争解決策; 〘証券〙 American Depositary Receipt 米国預託証券 (cf. EDR).
ad·ra·di·us /ædréɪdiəs | -diəs/ *n.* (*pl.* **-di·i** /-diàɪ | -di-/, ~·**es**) 〘動物〙 副軸, 従対称面《直角を 4 等分した対称面》. **ad·rá·di·al** /-diəl | -diəl/ *adj.* **ad·rá·di·al·ly** *adv.* 〖← AD-+RADIUS〗
A·dras·tus /ədrǽstəs/ *n.* 〘ギリシャ神話〙 アドラストス《ギリシャの都市 Argos の王; Thebes 征伐七勇士の一人; ⇨ SEVEN against Thebes》.
a·dream /ədrí:m/ *adv., adj.* [叙述的] 夢を見て[見ながら] (dreaming). 〖《1830》← A-¹+DREAM〗
ad ref·er·en·dum /ædrɛ̀fərɛ́ndəm/ *L. adv., adj.* なお考慮の上で[を要する] (for further consideration); 暫定的に[な]. 〖《1781》□ L ~ 'for reference'〗
ad rem /ædrɛ́m/ *L. adv., adj.* 適切に[な], 的をついて[た], 要領を得て[た]: an argumentum ~ 論点相当の論証, 的を射た論証. 〖《1599》□ L ~ 'to the matter, to the point'〗
ad·ren- /ədrí:n, ədrɛ́n | ədrí:n/ (母音の前にくるときの) adreno- の異形.
ad·re·nal /ədrí:nl/ 〘解剖〙 *adj.* **1** 腎臓付近の. **2** 副腎(から)の, 腎上体の. — *n.* =adrenal gland. **~·ly** *adv.* 〖《1875》← AD-+RENAL〗
adrénal córtex *n.* 〘解剖〙 副腎皮質. 〖1921〗
adrènal·córtical *adj.* 〘生理〙 =adrenocortical. 〖1927〗
adrénal córtical hórmone *n.* 〘生化学〙 = adrenocorticotrophic hormone. 〖1946〗
adrénal corticostéroid *n.* 〘生化学〙 =adrenocorticosteroid.
ad·re·nal·ec·to·mize /ədrì:nəlɛ́ktəmàɪz, -nl- | -nəl-/ *vt.* 〘外科〙 ...に副腎摘出の手術をする. 〖《1918》: ⇨ ↓, -ize〗
ad·re·nal·ec·to·my /ədrì:nəlɛ́ktəmi, -nl- | -nəl-/ *n.* 〘外科〙 副腎摘出(術), 副摘. 〖《*c*1910》← ADRENAL+-ECTOMY〗
adrénal glánd *n.* 〘解剖〙 副腎, 腎上体《suprarenal gland ともいう》. 〖1875〗
A·dren·al·in /ədrɛ́nəlɪn, -nl- | -lɪn/ *n.* 〘商標〙 アドレナリン《左旋性エピネフリン》. 〖《1901》← ADRENAL+-INE²〗
a·dren·a·line /ədrɛ́nəlɪn, -nl- | -lɪn/ *n.* 〘生化学〙 ア

ドレナリン ($(OH)_2C_6H_3CH(OH)CH_2NHCH_3$) (1901 年高峰讓吉によって発見・命名された副腎髄質ホルモンの一つ; また交感神経末端からも分泌される神経ホルモン; adrenin, また《米》では epinephrine ともいう). 〖(1901) ↑〗

adrénal insuffíciency *n.* ＝Addison's disease.

ad·ren·al·i·tis /ədrènəláitɪ̀s | -tɪs/ *n.* 〖病理〗副腎炎. 〖← ADRENAL＋-ITIS〗

ad·ren·er·gic /æ̀drənə́ːdʒɪk | æ̀drɪnə́ː-ˈ/ *adj.* 〖生理〗アドレナリン作用[作動](性)の. 〖(1934) ← ADRENO-＋Gk *érgon* work＋-IC[1]〗

a·dre·nin /ədríːnɪ̀n, ədrén- | -nɪn/ *n.* (*also* **a·dre·nine** /-nɪ̀n, -niːn | -nɪn, -niːn/) 〖生化学〗＝adrenaline. 〖(1908) ← ADRENO-＋-IN[1]〗

ad·ren·i·tis /æ̀drənáitɪ̀s | -tɪs/ *n.* 〖病理〗＝adrenalitis. 〖⇨ ↓, -itis〗

ad·re·no- /ədríːnou, ədrén- | ədríːnəu/「副腎; 副腎ホルモン」の意の連結形. ★ 母音の前では通例 adren- になる. 〖← ADREN(AL)＋-O-〗

adréno·chròme *n.* 〖生化学〗アドレノクロム ($C_9H_9NO_3$) (エピネフリンの赤色酸化生成物; 止血効果がある). 〖(1913) ← ADRENO-＋CHROME〗

adrèno·córtical *adj.* 〖生理〗副腎皮質の[で産生する]. 〖(1936) ← ADRENO-＋CORTICAL〗

adrèno·corticostéroid *n.* 〖生化学〗副腎皮質ステロイド (副腎皮質から分泌されるステロイド系ホルモン; 生殖腺を刺激するものと糖や塩分代謝に関係する 3 種が認められている; adrenal corticosteroid ともいう; cf. cortisone 1, aldosterone). 〖(1960) ← ADRENO-＋CORTICOSTEROID〗

adrèno·corticotróphic *adj.* 〖生化学〗副腎皮質向性の, 副腎皮質を刺激する. 〖(1936) ← ADRENO-＋CORTICOTROPHIC〗

adrenocórticotrophic hórmone *n.* **1** 〖生化学〗副腎皮質刺激ホルモン (脳下垂体から出るホルモン; 略 ACTH; adrenal cortical hormone, corticotrophin ともいう). **2** 〖薬学〗副腎皮質刺激ホルモン剤 (関節炎・リウマチ熱治療用). 〖1937〗

adrèno·corticotróphin *n.* 〖生化学〗＝adrenocorticotrophic hormone. 〖1952〗

adrèno·corticotrópic *adj.* 〖生化学〗＝adrenocorticotrophic. 〖(1936) ← ADRENO-＋CORTICOTROPIC〗

adrèno·corticotrópin *n.* 〖生化学〗＝adrenocorticotrophic hormone.

a·dret /ædréɪ; *F.* adʀɛ/ *n.* 〖地理〗日向(ひなた)斜面, 日当たりのよい山腹(斜面) (主としてアルプス山地についていう). 〖(1931) □ F ～ 《方言》《原義》good side: cf. adroit〗

A·dri·a·my·cin /èɪdriəmáɪsɪ̀n, æ̀dri-, -sṇ | -sɪn/ *n.* 〖商標・薬学〗アドリアマイシン (癌に適用する抗生物質). 〖(1973) □ It. *adriamicina* ← *Adriatico* Adriatic＋-MICIN '-mycin'〗

A·dri·an /éɪdriən/ *n.* エードリアン (男性名). 〖□ L *Adriānus, Hadriānus* 《原義》'of the ADRIATIC'〗

A·dri·an /éɪdriən/, **Edgar Douglas** *n.* エードリアン (1889–1977; 英国の生理学者; Nobel 生理学医学賞 (1932); 称号 1st Baron of Cambridge).

Adrian IV *n.* ハドリアヌス[アドリアノ]四世 (1100?–59; 教皇 (1154–59) になった唯一の英国人; 本名 Nicholas Breakspear).

A·dri·a·na /èɪdriǽnə, æ̀dri-/ *n.* エイドリアーナ (女性名). 〖□ F *Adrianne* (fem.) ← ADRIAN〗

A·dri·an·o·ple /èɪdriənóupḷ, æ̀dri- | -náu-ˈ/ *n.* アドリアノープル (Edirne の旧名).

Ádrianople réd *n.* ＝Turkey red 3.

A·dri·a·nop·ol·is /èɪdriənɑ́(ː)pəlɪ̀s, æ̀dri- | -nɔ́pəlɪs/ *n.* ＝Adrianople.

A·dri·at·ic /èɪdriǽtɪk, æ̀dri- | -tɪkˈ/ *adj.* アドリア海(沿岸)の. ── *n.* [the A-] ＝Adriatic Sea: the Mistress of *the* ～ アドリア海の女王 (昔の Venice の異名). 〖(1550) □ L *Adriāticus, Hadriāticus* ← *Adria, Hadria* name of a town, 《原義》the black city ← *āter* black〗

Ádriatic óak *n.* 〖植物〗＝turkey oak 1.

Ádriatic Séa *n.* [the ～] アドリア海 (イタリアと Balkan 半島間の地中海の一部).

A·dri·en /ɑ̀ːdriɑ́ː(ŋ), -ɑ́ːŋ, éɪdriən | ǽdri-, eɪdri-; *F.* adʀiɛ̃/ *n.* アドリエン (男性名). 〖□ F ～: ⇨ Adrian〗

A·dri·enne /ɑ̀ːdrién | æ̀dri-; *F.* adʀiɛn/ *n.* アドリエンヌ (女性名).

a·drift /ədrɪ́ft/ *adv., adj.* [叙述的] **1** 〈船など〉(風波に)漂って, 漂流して (drifting); 〖海事〗錨鎖(びょうさ)・係留索などが切れて[ほどけて]: set [cast] a boat ～ 舟を流す (cf. *cut* ADRIFT) / The ship was ～. **2** (あてどなく)さまよって, 漂泊して, 流浪(るろう)の身となって: be ～ upon the world 流浪の身である. **3** 定見なく, ふらついて. **4** 《口語》〈物が〉はずれて, ほどけて; (調子が)狂って; 戸惑って: I'm (all) ～. (すっかり)戸惑っている, 途方に暮れている / come ～ はずれる, 取れる.
cùt adríft (1) 〈船などを〉漂わせる, 流す. (2) 〔…との〕関係を絶つ[絶たせる], 〔…と〕別れ(させ)る, 独立する[させる], 捨て(られ)る 〔*from*〕: He *cut* (himself) ～ *from* home. 家と縁を切った. ***gò adríft*** (1) 《口語》〈主題から〉脱線する〔*from*〕; 〈物事が〉手違いになる: go ～ *from* the subject. (2) 漂流する. (3) 《口語》なくなる, 盗まれる. ***túrn a person adríft*** 〈人を〉追い出す, 路頭に迷わせる. 〖(1624) ← A-[3]＋DRIFT〗

a·drip /ədrɪ́p/ *adv., adj.* [叙述的] 〔しずくが〕したたって (dripping) 〔*with*〕. 〖(1830) ← A-[3]＋DRIP〗

a·droit /ədrɔ́ɪt/ *adj.* **1** 〔…に〕器用な, 巧みな 〔*at, in, with*〕 (⇨ dexterous SYN): be ～ *in* using tools 道具を使うのがじょうずだ / He is ～ *with* figures of speech. 比喩を自在に操る. **2** (事の処理が)巧妙な, 機敏な, 如才ない (clever) (⇨ intelligent SYN). **～·ly** *adv.* **～·ness** *n.* 〖(1652) □ F ～ 'rightly' ← *à* to＋*droit* right (＜ L *dīrēctum* straight: ⇨ direct, dress)〗

à droite /ɑːdrwɑ́ːt; *F.* adʀwat/ *F. adv.* 右へ[に] (↔ à gauche). 〖□ F ～ 'to the right'〗

a·dry /ədráɪ/ *adv., adj.* [叙述的] 《古》乾いて[た] (dry); のどが渇いて[た] (thirsty). 〖(1599) ← A-[2]＋DRY〗

ads. 《略》advertisements.

ADS 《略》American Dialect Society 米国方言学会.

ad·sci·ti·tious /æ̀dsətɪ́ʃəs | -sɪ-ˈ/ *adj.* **1** 外部から得た, 外来の. **2** 補足的な (supplementary); 重要でない. **～·ly** *adv.* 〖(1620) ← L *adscītus* (p.p.) ← *adsciscere* ← AD-＋L *sciscere* to acknowledge (← *scīre* to know: ⇨ science))＋-ITIOUS〗

ad·script /ǽdskrɪpt/ *adj.* **1** 〖印刷〗後[右]に書いた, 並記の (cf. subscript, superscript): an iota ～ 並記のイオータ (cf. an iota SUBSCRIPT) (例: Αιδης). **2** 〈農奴が〉〔土地に〕縛られた 〔*to*〕. ── *n.* **1** 後で書き入れた文字. **2** (土地に縛られた)農奴. 〖(1722) □ L *adscrīptus* (p.p.) ← *adscribere* to enrol ← AD-＋*scribere* to write: cf. ascribe〗

ad·scrip·tion /ædskrɪ́pʃən/ *n.* ＝ascription. 〖(1660) □ L *adscrīptiō(n-)*: ⇨ ↑, -ion〗

ADSL 《略》〖通信〗asymmetric digital subscriber line 非対称[非同期]デジタル加入者回線.

ad·sorb /ædsɔ́əb, -zɔ́əb | ædzɔ́ːb, əd-, -sɔ́ːb/ *vt.* 〈木炭などが〉〈ガス・色素・液体・溶解物質などを〉吸着する (cf. absorb 1). **～·a·ble** /-bəbḷ/ *adj.* **ad·sòrb·a·bíl·i·ty** /-bəbɪ́ləṭi | -lɪ̀ti/ *n.* 〖(1882) ← AD- toward＋(AB)SORB〗

ad·sor·bate /ædsɔ́əbɪ̀t, -zɔ́ə-, -beɪt | ædzɔ́ː-, əd-, -sɔ́ː-/ *n.* 〖物理化学〗吸着されるもの, 吸着物質; 吸着質. 〖(1928): ⇨ ↑, -ate[1]〗

ad·sor·bent /ædsɔ́əbənt, -zɔ́ə- | ædzɔ́ː-, əd-, -sɔ́ː-/ 〖物理化学〗*adj.* 吸着性の. ── *n.* 吸着剤, 吸着体 (adsorbing agent). 〖(1917) ← ADSORB＋-ENT〗

ad·sorp·tion /ædsɔ́əpʃən, -zɔ́əp- | ædzɔ́ːp-, əd-, -sɔ́ː-/ *n.* 〖物理化学〗吸着(作用) (cf. sorption). 〖(1882) ← AD-＋(AB)SORPTION〗

adsórption còmpound *n.* 〖物理化学〗吸着化合物, 吸着結合物. 〖1908〗

adsórption expònent *n.* 〖化学〗吸着指数 (吸着量の濃度または圧力依存性を表す指数).

adsórption ísotherm *n.* 〖物理化学〗吸着等温線. 〖1913〗

ad·sorp·tive /ædsɔ́əptɪv, -zɔ́əp- | ædzɔ́ːp-, əd-, -sɔ́ːp-/ 〖物理化学〗*adj.* **1** 吸着できる. **2** 吸着性(作用)の. ── *n.* 吸着質[体]. **～·ly** *adv.* 〖(1913) ← ADSORPT(ION)＋-IVE〗

ad·stra·tum /ǽdstreɪṭəm, -strɑːṭəm |-təm/ *n.* (*pl.* **-stra·ta** /-ṭə | -tə/) 〖言語〗隣接層(言語), 傍層(言語) (隣接する言語に影響を及ぼす言語). **ad·strate** /ǽdstreɪt/ *adj.* 〖(c1935) ← NL ← L *ad* to＋*stratum* something laid down〗

ad·sú·ki bèan /ædzúːki-/ *n.* ＝adzuki bean.

ad·sum /ǽdsʌm, -sum, -səm/ *L. int.* (点呼などの返事で)はい, 出席です. 〖(1590–91) □ L ～ 'I am present'〗

ADT 《略》Atlantic Daylight Time (大西洋標準時帯の夏時間).

a due /ɑːdúːeɪ; *It.* addúːe/ *adv.* 〖音楽〗**1** (二人で, 二声部が)一緒に, ユニゾンで (together, in unison). **2** (もともと一声部であったものが)分かれて (separately). 〖□ It ～ 《原義》by two〗

ad·u·lar·i·a /æ̀dʒulέəriə | æ̀djulέər-, æ̀dʒu-/ *n.* 〖鉱物〗氷長石 (長石の一種; 美しい青色閃光を発するものを moonstone (月長石)という). 〖(1798) □ It ～ □ F *adulaire* ← *Adula* (スイスの山): ⇨ -aria〗

ad·u·late /ǽdʒulèɪt, ǽdjul-, ǽdl- | ǽdjul-, ǽdʒul-/ *vt.* …にお世辞を言う, こびへつらう. 〖(1777) 《逆成》↓〗

ad·u·la·tion /æ̀dʒuléɪʃən, æ̀djul-, æ̀dl- | æ̀djul-/ *n.* 追従(ついしょう), お世辞, こび. 〖(c1380) □ (O)F ～ □ L *adūlātiō(n-)* ← *adūlārī* to fawn like a dog〗

ád·u·là·tor /-ṭə | -tə(r)/ *n.* こびへつらう人, 追従者. 〖(1696) □ L *adūlātor*: ⇨ adulate, -or[2]〗

ad·u·la·to·ry /ǽdʒulətɔ̀ːri, ǽdjul-, ǽdl- | æ̀djuléɪtəri, æ̀dʒu-, -triˈ/ *adj.* お世辞の, へつらいの. 〖(1611) □ L *adūlātōrius*: ⇨ adulate, -ory〗

A·dul·lam /ədʌ́ləm/ *n.* アドラム (イスラエルの古い都の一つ; cf. *1 Sam.* 22: 1). 〖□ Heb. *'Adullām* ← ?〗

A·dul·lam·ite /ədʌ́ləmàɪt/ *n.* **1** アドラムの住民 (cf. *Gen.* 38: 1). **2** アドラム党員 (英国で 1866 年選挙権拡張に反対して自由党を脱党した約 40 人の議員の俗称; cf. CAVE[1] of Adullam; *1 Sam.* 22: 1). **3** 脱党員派の議員. 〖(c1384): ⇨ ↑, -ite[1]〗

a·dult /ədʌ́lt, ǽdʌlt | ǽdʌlt, ədʌ́lt/ *n.* **1** 大人, 成年者, 成人 (法律で定められた年齢は国によって異なるが, 通例 21 歳以上; ローマ法では男子は 14 歳, 女子は 12 歳以上; cf. age 6 a): an ～'s disease 成人病. **2** 成熟した動物[植物]; 成体, 成虫 (cf. larva 1). ── *adj.* **1** 成人した, 大人の; 成熟した: an ～ person, animal, plant, etc. **2** 〈態度など〉成人らしい, 成人にふさわしい: an ～ attitude. **3** 〈読物・映画など〉成人向きの: an ～ movie. **～·lìke** *adj.* **～·ly** *adv.* **～·ness** *n.* 〖(1531) □ L *adultus* grown up (p.p.) ← *adolēscere*: ⇨ adolescence〗

adúlt educátion *n.* 成人教育. 〖1851〗

a·dul·ter·ant /ədʌ́ltərənt, -trənt/ *adj.* 混ぜ物用の. ── *n.* 混和物 (牛乳に混ぜた水など). 〖(c1755) ← L *adulterantem* (pres.p.) ← *adulterāre* (↓)〗

a·dul·ter·ate /ədʌ́ltərèɪt/ *vt.* **1** 〈食品・薬剤などに〉混ぜ物をする, (粗悪品を混ぜて)…の品質を落とす: ～ coffee / ～ milk *with* water 牛乳を水で割る. **2** (手を加えたりして)〈原文・言説などを不純にする, 汚す. **3** 《廃》不義を犯す.
── /-t(ə)rɪ̀t, -tərèɪt/ *adj.* **1** ＝adulterated. **2** 姦通の, 不義の; 不義で生まれた: ～ offspring 不義の子. **3** 《古》堕落[退廃]した.
〖(1531) ← L *adulterātus* (p.p.) ← *adulterāre* to defile, corrupt ← AD-＋*alterāre* 'to change, ALTER'〗

a·dúl·ter·àt·ed /-ṭɪ̀d | -tɪ̀d/ *adj.* 混ぜ物をした, (混ぜ物をして)粗悪な; 不純な. 〖1607〗

a·dul·ter·a·tion /ədʌ̀ltəréɪʃən/ *n.* **1** 混ぜ物をすること, (品質の)粗悪化; 不純化. **2** 混ぜ物をした品, 不純物, 粗悪品. 〖(1506) □ L *adulterātiō(n-)* ← *adulterāre* 'to ADULTERATE': ⇨ -ation〗

a·dúl·ter·à·tor /-ṭə | -tə(r)/ *n.* 不純物[粗悪品]製造者. 〖(1632) □ L *adulterātor* a corrupter: ⇨ adulterate, -or[2]〗

a·dul·ter·er /ədʌ́ltərə | -rə(r)/ *n.* 姦通者; (特に)姦夫. 〖← 《廃》*adulter* to commit adultery (□ L *adulterāre* 'to ADULTERATE')＋-ER[1] ∽ (c1370) *avouter* □ OF *avout(e)rer*〗

a·dul·ter·ess /ədʌ́ltərɪ̀s, -trɪ̀s | -tərès, -rɪ̀s, -trɛs, -trɪ̀s/ *n.* 姦婦. 〖(1611) ← 《廃》*adulter* (↑)＋-ESS[1]〗

a·dul·ter·ine /ədʌ́ltəràɪn, -rìːn/ *adj.* **1** 粗悪[不純]な, にせの. **2** 姦通の; 不義で生まれた: an ～ child 不義の子 / ～ bastardy 姦通者間の庶出. **3** 不法な, 不正な. 〖(1542) □ L *adulterīnus*: ⇨ adultery, -ine[1]〗

a·dul·ter·ous /ədʌ́ltərəs, -trəs/ *adj.* **1** 姦通の, 不義の; よく不義をする: an ～ affair. **2** 《古》＝adulterated. **～·ly** *adv.* 〖(1567) 《廃》*adulter* adulterer＋-OUS〗

Adúlterous Bíble *n.* [the ～] ＝Wicked Bible.

a·dul·ter·y /ədʌ́ltəri, -tri/ *n.* **1** 姦通, 不義: **a** 既婚者が配偶者以外と通じること. **b** 夫をもつ女性が夫以外の男性と通じること (cf. fornication 1): commit ～ 不倫をする. **2** 〖聖書〗**a** 姦淫 (*Exod.* 20: 14). **b** (精神的な)姦淫 (特に, 偶像崇拝; cf. *Jer.* 3: 9). 〖(c1415) □ L *adulterium* ← *adulter* adulterer 《逆成》← *adulterāre* 'to ADULTERATE' ∽ (c1303) *avoutrie* □ OF ＜ L *adulterium*〗

adúlt fòrm *n.* 〖生物〗成形.

adult·hood /ədʌ́lthùd, ǽdʌlt- | ǽdʌlt-, ədʌ́lt-/ *n.* 成人であること; 成人期; 成熟. 〖c1870〗

a·dult·i·cide /ədʌ́ltəsàɪd | -tɪ̀-/ *n.* 成虫殺虫剤 (cf. larvicide). 〖← ADULT＋-I-＋-CIDE〗

a·dult·oid /ədʌ́ltɔɪd/ *n.* 〖生物〗未熟成虫, 未熟成体. 〖← ADULT＋-OID〗

Ádult Tràining Cènter *n.* 〖社会福祉〗成人訓練所 (精神障害者たちが職業訓練をする施設; 地方自治体によって運営される).

ad·um·bral /ædʌ́mbrəl/ *adj.* 影を投げる; 陰になった, (薄)暗い. 〖(1845) ← AD-＋L *umbra* (↓)＋-AL[1]〗

ad·um·brate /ǽdəmbrèɪt, ædʌ́mbreɪt | ǽdʌmbreɪt, ǽdʌmbrèɪt, ǽdəm-/ *vt.* **1** …の輪郭を写す, かすかに写す, ほのかに示す, ほのめかす. **2** 予示する. **3** …に影をさす, 陰にする, (薄)暗くする. 〖(1581) ← L *adumbrātus* (p.p.) ← *adumbrāre* ← AD-＋*umbra* shade (cf. umbrella)〗

ad·um·bra·tion /æ̀dʌmbréɪʃən, æ̀dəm- | æ̀dʌm-, æ̀dəm-/ *n.* **1** 陰影を付けること; 輪郭描写. **2** 略画; ほのかな輪郭, かすかなおもかげ, 陰影. **3** おもかげ[片影]を示すこと, 表象; 予示, 前兆. **4** 影を投げること, 投影. 〖(1531) □ L *adumbrātiō(n-)* ← *adumbrāre* (↑): ⇨ -ation〗

ad·um·bra·tive /ædʌ́mbrəṭɪv | -tɪv/ *adj.* 輪郭的な; 〔…を〕ほのかに示す 〔*of*〕. **～·ly** *adv.* 〖1837〗

a·dunc /ədʌ́ŋk/ *adj.* 〈鳥のくちばしなど〉内側へ曲がった; 鉤(かぎ)のように曲がった. 〖(1626) □ L *aduncus* hooked ← AD-＋*uncus* hooked; a hook〗

a·dun·cous /ədʌ́ŋkəs/ *adj.* ＝adunc. 〖(1656) ← L *aduncus* (↑)＋-OUS〗

Ad·u·rol /ǽdərɔ̀(ː)l, -rɑ̀(ː)l | ǽdjurɔ̀l/ *n.* 〖商標〗アジュロール ($C_6H_3Cl(OH)_2$, $C_6H_3Br(OH)_2$) (写真の現像主薬の一種). 〖(1899) □ G ～ (商標名)〗

a·dust /ədʌ́st/ *adj.* 《古》**1** 焦げて, 乾いて. **2** 日焼けした. **3** 〈人・様子など〉憂鬱(ゆううつ)な, 陰気な. 〖(a1400) □ L *adūstus* (p.p.) ← *adūrere* to burn up ← AD-＋*ūrere* to burn (⇨ combust)〗

A·du·wa /ɑ́ːduwɑː | -du-/ *n.* ＝Adwa.

adv. 《略》ad valorem; advance; adverb; adverbial; adverbially; adversus; advertisement; advertising; advice; advisory; advocate.

Adv. 《略》Advent; Advocate.

Ad·vai·ta /ʌdváɪṭə | -tə/ *n.* 〖インド哲学〗不二, 一元, アドバイタ (ベーダーンタ哲学およびその基になったウパニシャッドにおいて, 宇宙の本質ブラフマン(梵)と個人の主体的本質アートマン(我)が同一のもの (梵我一如) と説く一元論).

ad val. 《略》ad valorem.

ad va·lo·rem /æ̀dvəlɔ́ːrəm, -rɛm | -vəlɔ́ːrɛm, -væl-, -rəm/ *adv., adj.* 〖商業〗〈課税など〉価格に従って[た] (cf. specific *adj.* 6): an ～ tax 従価税. 〖(1698) □ L *ad valōrem* 'according to the value'〗

ad·vance /ədvǽns, æd-, -nts | ədvɑ́ːns, -nts/ *vt.* **1** 〈物を前に出す, 進める: ～ a piece one square こまをひとます進める. **2** 〈金銭などを〉前渡しする, 前払いする; 〈金を〉前貸しする, 融通する, 立て替える, 貸し付ける (lend); 〈手付金を〉打つ: ～ money *to* a person *on* …を抵当に人に前貸しする / ～ money *on* a contract 契約のしるしに手金を

A

打つ / They ~*d* me part of my salary. 給料の一部を前貸ししてくれた / He was ~*d* 300 dollars of his salary. 給料から 300 ドル前借りした / She was ~*d* a huge amount for her next book. 次の本の出版のため多額の前払いを受けた. **3 a** 〈予定の事柄・日時を〉早める, 繰り上げる (↔ postpone): They ~*d* (the date of) the wedding *from* April 10 *to* April 3. 結婚式(の日取り)を 4 月 10 日から 3 日に繰り上げた. **b** 〈歴史上の出来事・年代などを〉後世にずらす. **4** 〈事を〉推進する, 助長[促進]する, 進歩させる: ~ science [education] 科学[教育]を促進する / ~ growth 成長を促す / ~ one's own interests 私利を図る / ~ a scheme 計画を進める. **5** 〈意見・要求などを〉提出する, 出す, 唱道する: ~ a claim for damages 損害賠償の請求を提出する. **6** 〈価格などを〉上げる, 騰貴させる (raise). **7** 〈人を〉昇進[昇級]させる (promote): be ~*d to* the rank of general 将官に進級する. **8** 〖音声〗〈舌を〉前に出す (↔ retract). **9** 〖古〗〈目・眉・旗などを〉上げる (raise).

― *vi.* **1** 進む, 前進する; 進軍する: We ~*d* through the woods. 森を通って進んだ / ~ *against* [*on, upon, toward*] the enemy 敵に向かって進撃する[押し寄せる], 敵を攻撃する. **2** 進歩[上達, 向上]する (progress) (cf. advanced 1 a): an *advancing* country 発展[開発]途上国 (developing country) / The work has been *advancing* (quickly) toward completion. 仕事は(すみやかに)完成へと向かっている. **3** 立身する, 昇進する, 地位が上がる: ~ *in* status / ~ in the world [in life] 出世する. **4** 〈値が〉上がる, 騰貴する (rise): Prices have ~*d*. **5** 年をとる; 〈夜が〉ふける (cf. advanced 3): *advancing* age [years] 寄る年波 / ~ *in* years [age] 年をとる. **6** 〈色彩が〉浮き上がって見える, 目立つ (cf. recede[1] 5). **7** 《米》(選挙運動で)遊説の先発員[下交渉人]を務める (cf. *n.* 8 b, advance man 1).

― *n.* **1** 前渡し, 前払い; 貸出し, 融通; 前借り; 前渡金[品], 立替金, 貸出金, 前借り金; 前金: an ~ of ten dollars / make [give] an ~ *on* wages 賃金の前渡しをする / an ~ *against* royalties 印税の前払い金 / a publisher's ~ 出版社の前払い. 日英比較 日本語の「アドバンス」は普通「前金」「前払い」の意のみ. **2** 前進; 進軍: an ~ *on* the enemy 敵への進撃. **3** (時の)進行: the ~ of evening, old age, etc. **4** [通例 *pl.*] (人に)取り入ること, 接近; (女性に)言い寄ること, 求愛 (approaches); (和解などのための)申し出, 接近 (offer): make ~*s to* a person / She rejected his ~*s*. 彼女は彼の求愛を断った. **5 a** 進歩, 発達, 進捗(しんちょく), 上達 (progress), 増進 (increase): a rapid ~ 躍進 / an economic ~ / the ~ of learning, science, etc. / an ~ *in* science＝a scientific ~ / an ~ *in* health 健康の増進 / an ~ *in* knowledge 知識の向上 / make a great ~ *in* one's studies 勉強が大いに進む. **b** 改善, 改良 (improvement); 〔…より〕(一歩)前進[改善]したもの 〔*over, on*〕. **6** 昇級, 昇進, 出世 (promotion): an ~ *in* rank. **7** (価格・給料などの)上昇, 値上げ, 値上がり, 騰貴: an ~ *in* share prices 株価の上昇 / an ~ *in* foodstuffs 食料品の騰貴 / an ~ *in* the cost of living 生活費の騰貴 / Do I hear any ~ *on* $10? (競売で) 10 ドルに上積みはありませんか / be *on* the ~ 値上がりの傾向である. **8** 《米》 **a** 〖軍事〗 先遣隊, 先行部隊. **b** (選挙運動で)遊説の下準備, 下交渉 (cf. advance man 1). **9** 〖古〗〖軍事〗 前進命令; 発進合図. **10** 〖ジャーナリズム〗 **a** 前ぶれ記事, 予想記事. **b** 公表日時を指定した記事[予定稿, 発表文]. **11** 〖機械〗 **a** 進み《ねじの回転による直線的移動》. **b** 進み《またはひとつの現象が他の現象より先に発生するときその時間間隔》. **12** 〖海事〗 (船の)旋回縦距《航走中の船がある角度の操舵をしたとき, 針路が直角だけ曲がるまでに原針路方向へ進出する距離》.

in advánce (1) 前もって, あらかじめ (beforehand): book a room [seat] *in* ~ 部屋[席]を予約する / Let me know at least a week *in* ~. 少なくとも 1 週間前までにお知らせ下さい / Thanking you *in* ~ for your cooperation. Sincerely yours. ご協力に感謝しつつ, 敬具. (2) 前金で; 立て替えて: pay (half [the whole amount]) *in* ~ (半額[全額]を)前金で払う. (3) 先頭に(立って) (ahead, in front). 《1668》 ***in advánce of*** (1) …に先だって, …以前に: try to sort out an agreement *in* ~ *of* next month's summit 来月の首脳会談以前に合意に達するよう努める / I got a copy *in* ~ *of* publication. 出版前に一冊入手した. (2) 〈人・考えなど〉…より進んで, …に先んじて, …よりすぐれて: He was far [well] *in* ~ *of* his times. 時代よりはるかに[大いに]進んでいた. (3) …の先頭に (↔ in arrear(s) of): *In* ~ *of* the army went the drummers. 軍の先頭に立って鼓手隊が進んだ. 《1860》

― *adj.* [限定的] **1** 前もっての; 前渡しの, 前金の: ~ money / an ~ notice 予告, 事前通告 / an ~ payment 前払い, 前金 / without any ~ warning 予告なしに. **2** 前進の, 先発の (advanced): an ~ base 前進基地 / an ~ party 先遣隊.

ad·vánc·er *n.* **ad·vánc·ing·ly** *adv.* 〖v.: 《?a1200》 *avaunce(n)* ◻ OF *avancier* < LL *abanteāre* ← *abante* ← *ab* through＋*ante* before. ― n.: 《c1303》 ← (v.): *a-* を L *ad-* からと誤解し 16 世紀に *d* を挿入〗

SYN 促進する: **advance** 〈大義・利益を〉支持して成功するように援助する《格式ばった語》: *advance* the cause of peace 平和運動を推進する. **further** 〈事が〉前進[成功, 成就]するように手助けする《積極的な援助を暗示する》: His assistance will greatly *further* my plans. 彼の援助があれば私の計画も大いに促進されよう. **promote** 〈物事〉の前進を助ける: *promote* good will between two countries 両国間の親善を増進する. **ANT** retard, check.

---

advánce àgent *n.* (興行団などの)先発員, 下準備員 (《米》 advance man). 〖1882〗

Advánce Austrália Fáir *n.* 「進め美しいオーストラリア」(1984年に 'God Save the Queen' に代わって採用されたオーストラリアの国歌; 1878 年にスコットランド人 P. D. McCormick が 'Amicus' のペンネームで作曲).

advánce bóoking *n.* 《英》 (ホテル・劇場などの)予約.

advánce cópy *n.* 前出し《発売前に批評家などに送る新刊本; 未製本のものは advance sheets という》. 〖1899〗

advánce corporátion tàx *n.* 《英》 前払い法人税《株式会社が配当金支払いにあたりその一定割合 (現在は $^1/_3$) を法人税として国庫に納付するもの; 納付額は法人税の納期に税額から控除される; 略 ACT》.

ad·vanced /ədvǽnst, æd-, -ntst | ədvɑ́:nst, -ntst/ *adj.* **1 a** 進歩した, 高等の: an ~ country 先進国 / an ~ course in German ドイツ語上級コース / ~ studies 高等学術研究. **b** 〈人・考えなど〉進歩[急進]的な (⇨ progressive **SYN**): an ~ idea, woman, etc. **2** 〈病気など〉進んだ, 進行した: ~ cancer 進行癌. **3** 〈年齢・時など〉進んだ: at an ~ age 高齢で / be ~ *in* years 高齢である / The night was far ~. 夜が大層ふけていた. **4** 前進した: an ~ guard＝advance guard. **5** 〈値段が〉通常より高い: ~ prices 高値. **6** 〖音声〗 (調音点が)前寄りの (↔ retracted). 〖1534〗

advánced crédit *n.* (他大学で取得した)編入時に必要な修了認定科目として認められた単位. 〖1892〗

advánced degrée *n.* 高級学位《修士号・博士号》. 〖1928〗

advánced gás-còoled reáctor *n.* 〖原子力〗 改良型ガス冷却炉 (略 AGR).

advánced guárd *n.* ＝advance guard. 〖1855〗

advánce diréctive *n.* 〖法律〗 アドバンスディレクティブ《表明した本人が無能力になった場合にも継続的効力をもつ委任状を意思決定を行う代理人に与える living will》. 〖*c*1990〗

advánced lèvel, A- l- *n.* 《英》〖教育〗 上級課程 (A level) (⇨ GENERAL Certificate of Education (1)). 〖1947〗

advánced pássenger tràin *n.* 《英》 超高速旅客列車 (London と Glasgow 間を走る; 最高時速 250 km; 略 APT). 〖1969〗

advánced stánding [státus] *n.* **1** (他大学での科目修了を認められた)(認定)編入学生の身分. **2** ＝advanced credit. 〖(1790) 1963〗

advánced stúdent *n.* (大学で)(認定)編入学生 (cf. advanced standing 1). 〖1871〗

advánced supplementáry lèvel *n.* 《英》〖教育〗 ＝A/S level.

advánce guárd *n.* **1** 〖軍事〗 前衛《行軍中に主力の前方に出す警戒部隊で, 前から point (路上斥候), advance party (前衛尖兵), support proper (尖兵中隊本隊), advance guard reserve (前衛本隊) に分かれる》. **2** ＝avant-garde. 〖1758〗

advánce màn *n.* 《米》 **1** (選挙運動の遊説地へ先行して必要な準備をする)下準備員, 下交渉人. **2** ＝advance agent. 〖1906〗

ad·vance·ment /ədvǽnsmənt, æd-, -nts- | ədvɑ́:ns-, -nts-/ *n.* **1** 昇進, 栄達, 向上: ~ *in* life [one's career] 立身出世, 栄達 / seek (personal) ~ (身の)栄達を図る: Sir, I lack ~. 実は, 立身出世にありつけないのだ (Shak., *Hamlet*, 3. 2. 354). **2** 促進, 助長, 振興: the ~ of a project 計画の促進 / the ~ of learning [science] 学問[科学]の振興. **3** 前進, 進行; 進歩, 進捗(しんちょく). **4** (価格・給料などの)上昇, 値上がり (advance *n.* 7). **5** 〖法律〗 (遺産の)前払い《親が子に生前に贈与すること》. 〖《?a1300》 ◻ (O)F *avancement* ← *avancer* 'to ADVANCE' (⇨ -ment) -*d* の挿入は 16C から〗

advánce póll *n.* 《カナダ》(投票日前に行われる)不在者投票.

Advánce Púrchase Excúrsion *n.* 航空運賃の事前購入割引制度 (略 Apex, APEX).

advánce rátio *n.* 〖航空〗 進行率《プロペラの直径を *D*, 回転速度を *n*, 飛行速度を V とするとき V/*nD*》.

advánce shèets *n. pl.* 見本刷り, 内容見本 (cf. advance copy). 〖1870〗

ad·van·tage /ədvǽntɪdʒ, æd- | ədvɑ́:nt-/ *n.* **1 a** 有利な立場, 優位, 優勢 (superiority) 〔*over*〕: a military ~ 軍事的優位 / seek [gain, win] an ~ *over* a person 人に対し有利な立場を得ようとする[得る], 人をしのごうとする[しのぐ] / be at an ~ 有利である / give a person an ~ *over* …に対して有利な立場に立たせる / Knowing foreign languages gives you a great ~ (in life). 外国語を知れば(人生において)大いに有利になる. **b** 有利な点, 利点, 長所, 強み (strong [good] point): the ~(*s*) of education 教育の利点 / ~*s* and disadvantages 長所と短所 / The great ~ of a person is that … 人の最大の利点[長所]は…である. **2** 利益, 有利, 好都合 (benefit): be *of* great [(*of*) no] ~ (to …) (…にとって)大いに利益がある[少しも利益がない] / prove [turn out] *to* a person's ~ 〈事が〉人に有利となる / It's *to* your ~ *to* do it. そうすれば君のためになる. 日英比較 日本語の「メリット」はこの語に当たることが多い. **3** (テニスなどで)アドバンテージ《ジュース (deuce) 後の最初の得点; vantage, 《米》 ad, 《英》 van ともいう》: ~ in [(*to*) server] アドバンテージイン[サーバー]《サーブ側の得点》 / ~ out [(*to*) receiver] アドバンテージアウト[レシーバー]《レシーバー側の得点》 / *Advantage* Sampras. アドバンテージ, サンプラス. ★ disadvantage と対比したときにはしばしば /ǽdvæntɪdʒ | -vɑ:n-/ と発音される. **4** 《廃》 (金銭の)利子, 収益.

hàve an advántage òver …に対して有利な立場にある. ***hàve the advántage of*** (1) …という利点をもつ: He *has the* ~ *of* being young. 彼には若さという強みがある. (2) 〈人〉にまさる; 《英》〈人〉の知らないものを知っている: You *have the* ~ *of* me. 《皮肉》(私を知っておられるようですが)私はあなたを存じません. 《1775》 ***tàke advántage of*** (1) 〈好機など〉を利用する (make use of); 悪用する (abuse): *Take* ~ *of* this special offer! この特別価格をお見逃しなく / He *took* ~ *of* his master's absence *to* be idle. 主人の留守をいいことにして仕事を怠けた. (2) 〈…の好意・弱点など〉につけ込む, 〈人〉をだます; 《婉曲》〈女性〉を誘惑する (seduce). 《1876》 ***táke a person at advántage*** 《古》〈人〉の虚を突く[に乗じる], 〈人〉の不意を打つ (take by surprise). 《1656》 ***to advántage*** 引き立って, 引き立つように, (より)効果的に (to good effect) (cf. 2): be seen *to* ~ 引き立って見える / rearrange flowers *to* better ~ 生け花をより効果的になるように生け直す / The flowers show *to* ~ from here. 花はここから見るのが一番だ. 《1709》 ***to a person's advántage＝to the advántage of a person*** 人に有利な[に], 人に都合よい[よく]. ***túrn to*** (*one's*) ***advántage*** 〈悪条件などを〉(逆に)利用する (exploit, make good use of): He *turned* defeat *to* his *advantage*. ***with advántage*** 有利に, 有益に: A different policy may be adopted *with* ~. 別の方針を採る方が有効[よい]かもしれない.

― *vt.* **1** …を利する, 益する, …に資する (benefit). **2** 促進する, 助長する (promote).

〖n.: 《?a1300》 *avantage* ◻ (O)F *avantage* ← *avant* before＋-AGE: -*d*- の挿入は 16C から〗

ad·ván·taged *adj.* (経済的[社会的]に)恵まれている. 〖《1604》: ⇨ ↑, -ed〗

ad·van·ta·geous /æ̀dvæntéɪdʒəs, -vən- | -vən-, -vɑ:n-, -væn-⌐/ *adj.* 有利な (profitable), 有益な (useful); 便利な, 都合のいい (favorable) 〔*to*〕. **~·ly** *adv.* **~·ness** *n.* 〖《1598》: ⇨ advantage, -ous〗

ad·vect /ædvékt/ *vt.* **1** 〖物理〗 移流させる. **2** 〖気象〗〈水蒸気を〉移流によって輸送する. 〖《1957》(逆成) ↓〗

ad·vec·tion /ædvékʃən/ *n.* 〖物理・気象〗 移流《空気または海水の運動によって圧力・温度・密度・運動量などが輸送される過程; 普通は水平方向の輸送だけをいう; cf. convection 2》. **~·al** /-ʃnəl, -ʃənl/ *adj.* 〖《1910》 ◻ L *advectiō(n-)* (p.p.) *advehere* to convey ← AD-＋*vehere* to carry〗

advéction fòg *n.* 〖気象〗 移流霧. 〖1941〗

ad·vec·tive /ædvéktɪv/ *adj.* 〖物理〗 移流の[による, を生じる]. 〖《1910》 ← ADVECT(ION)＋-IVE〗

ad·vent /ǽdvent | ǽdvənt, -vɒnt/ *n.* **1** [通例 the ~] (重要な人物・事件などの)出現, 到来 (coming, arrival): *the* ~ *of* a new age 新時代の到来 / *the* ~ *of* television テレビの出現. **2** [A-] **a** キリストの降臨, 降誕 (cf. incarnation 2). **b** キリストの再臨 (Second Advent, Second Coming ともいう). **c** 降臨節《クリスマス前の約 4 週間, カトリックでは「待降節」という》. 〖《a1121》 ◻ OF ～ (F *avent*) ∥ L *adventus* arrival (p.p.) ← *advenīre* to come to ← AD-＋*venīre* 'to COME'〗

Ádvent càlendar *n.* 降臨節カレンダー《クリスマスイブまで毎日番号のついた小窓をあけていくと中から絵が現れる子供向けのカレンダー》. 〖1952〗

Ad·vent·ism /ǽdventɪzm, -vən-, ədvéntɪzm, æd- | ǽdvəntɪzm, -vən-, -vɒn-/ *n.* キリスト再臨説《キリスト再臨の待望は古代からあったが, 特に米国人 W. Miller が 1831 年にキリストの再臨が切迫していると語ったその説に由来する》. 〖《1874》: ⇨ advent, -ism〗

Ád·vent·ist /-tɪst | -tɪst/ *n.* (キリスト)再臨派 (Adventists) の信徒, キリスト再臨論者, アドベンティスト (Second Adventist ともいう; cf. Millerite). ― *adj.* (キリスト)再臨派の, キリスト再臨論(者)の. 〖1843〗

ad·ven·ti·ti·a /æ̀dvəntíʃiə, -ven- | -ven-, -vən-/ *n.* 〖解剖〗 (血管)外膜. **àd·ven·tí·tial** /-ʃəl⌐/ *adj.* 〖《1876》 ← NL ～ ← L *adventicia* (neut.pl.) ← *adventīcius* (↓)〗

ad·ven·ti·tious /æ̀dvəntíʃəs, -ven-⌐/ *adj.* **1** 偶然の, 偶発的な (accidental); 付随の, 外来の (extraneous). **2** 〖英法〗〈財産が〉他人[傍系の人]から伝わる. **3** 〖生物〗 偶生的な, 不定の: an ~ bud [root] 不定芽[根]. **4** 〖病理〗 獲得した, 後天的な (acquired) (cf. hereditary 1). **~·ly** *adv.* **~·ness** *n.* 〖《1603》 ← ML *adventitius* (＝L *adventīcius* coming from abroad, extraneous ← *adventum* (p.p.) ← *advenīre* to come to)＋-OUS: ⇨ advent, -itious〗

ad·ven·tive /ædvéntɪv, əd- | -tɪv/ 〖生物〗 *adj.* **1** (自生するが)土着でない. **2** ＝adventitious 3. ― *n.* 外来植物 (casual ともいう). **~·ly** *adv.* 〖《c1859》 ← ADVENT＋-IVE〗

Ádvent Súnday *n.* 降臨節中の各日曜日; (特に)降臨節中の第一日曜日 (St. Andrew's Day (11 月 30 日) に最も近い日曜日).

ad·ven·ture /ədvéntʃə, æd- | ədvéntʃə[r]/ *n.* **1** 冒険的な経験[出来事], 珍しい[楽しい]経験[出来事]: seek ~*s* / have an ~ / the *Adventures* of Robinson Crusoe ロビンソン クルーソー漂流記 / Going to the circus with my father was a real ~ *for* me. 父とのサーカス見物はほんとに(冒険のように)私の胸をおどらせた. **2 a** 冒険: the spirit of ~ 冒険心 / a story of ~＝an ~ story 冒険物語 / seek ~ 冒険を求める / Children are fond of ~. 子供は冒険[あぶない事をするの]が好きだ. **b** 冒険心. **3** 投機, 思惑, やま (speculation). **4** 〖海上保険〗 冒険, 危険. **5** 《廃》 危険; 運, 偶然(の事件) (chance) (cf. peradventure). ― *vi.* **1** 〔場所へ〕危険を冒して行く[進む] 〔*into, in, upon*〕; 〔仕事などに〕危険を冒して乗り出す 〔*on, upon*〕. **2** 危険を冒す (take the risk). ★ 動詞は今は

venture の方が普通. **—** *vt.* **1 a** 〈生命などを〉賭(と)する, 危険にさらす (risk). **b** [～ one*self* で] 《古》 危険に身をさらす; 思い切ってやってみる, 敢行する. **2** 〈事を〉冒険的にやってみる, 敢行する. **3** 思い切って言ってみる (venture): ～ an opinion. 〖n.: (?*a*1200) *aventure* □ (O)F *aventure* < VL **adventūra* things about to happen ← L *adventūrus* (fut. part.) ← *advenīre* to arrive. — v.: (?*a*1300) □ OF *aventurer* ← *aventure*: *ad*- は 15–16C に L にならった F *adventure* の影響: cf. advent〗

advénture gàme *n.* アドベンチャーゲーム《プレーヤーが役割を設定しさまざまな選択をしながら冒険をする(コンピューター)ゲーム》.

advénture pláyground *n.* 《英》 子供の創意を生かすためにがらくたなどを置いてある遊戯場. 〖1953〗

ad·ven·tur·er /ədvéntʃ(ə)rə, æd- | ədvéntʃ(ə)rə(r)/ *n.* **1** 冒険家. **2** (手段を選ばず富や地位をあさる)策士. **3** 傭兵 (mercenary) (cf. SOLDIER *of fortune*). **4** 投機師, 相場師, 山師《特に, 1641 年国王の債券を買ってアイルランドに土地を手に入れた人》. **5** (特に 16–17 世紀英国の)冒険的貿易業者, 冒険商人 (cf. merchant adventurer). 〖(1474) □ F *aventurier* ← *aventure*: ⇨ adventure, -er¹〗

ad·ven·ture·some /ədvéntʃəsəm, æd- | ədvéntʃə-/ *adj.* =venturesome. **～·ness** *n.* 〖*c*1731〗

ad·ven·tur·ess /ədvéntʃ(ə)rɪ̀s, æd- | ədvéntʃ(ə)rɪ̀s, -tʃərès/ *n.* **1** 女性冒険家. **2** (手段を選ばずまたは色仕掛けで)地位をあさる女性. 〖(1754) (fem.) ← ADVENTURER: ⇨ -ess¹〗

ad·vén·tur·ìsm /-tʃərɪzm/ *n.* (政治・外交などで無策・無定見による)冒険主義. 〖1932〗

ad·vén·tur·ist /-tʃ(ə)rɪ̀st | -rɪst/ *n., adj.* 冒険主義者(の). **ad·ven·tu·rís·tic** /ədvèntʃərístɪk, æd- | əd-⁻/ *adj.* 〖1920〗

ad·ven·tur·ous /ədvéntʃ(ə)rəs, æd- | əd-/ *adj.* **1** 〈行為・企てなど〉冒険的な, 危険な, 大胆な: an ～ expedition. **2** 冒険(心)に富む, 冒険的な, 大胆な: an ～ life 冒険的な生活 / an ～ spirit 冒険心. **～·ly** *adv.* **～·ness** *n.* 〖(*c*1330) □ OF *aventureus* (F *aventureux*) ← *aventure* 'ADVENTURE': ⇨ -ous〗

ad·verb /ǽdvəːb | -vəːb/ 〖文法〗 *n.* 副詞. **—** *adj.* [限定的] 副詞の: an ～ phrase [clause] 副詞句[節] / an ～ infinitive 副詞的不定詞. 〖(1530) □ F *adverbe* ∥ L *adverbium* addition to a predication ← AD-+*verbum* 'word, VERB': cf. Gk *epírrhēma*〗

ad·ver·bi·al /ədvə́ːbiəl, æd- | -vɜ́ː-/ 〖文法〗 *adj.* 副詞の, 副詞的な, 副詞状の: an ～ phrase [clause] 副詞句[節] / the ～ accusative 副詞的対格《副詞的用法の対格; 例: He walked three miles. What time do you go? における three miles, What time》/ the ～ genitive 副詞的属格《副詞的用法の属格: 今は always, backwards, nowadays, else, once, thence, against などにその痕跡が残っている》/ the ～ object 副詞的目的語. **—** *n.* 副詞的語句《副詞および副詞相当語句》. 〖(1591) □ L *adverbiālis* ← *adverbium* (↑): ⇨ -ial〗

ad·vér·bi·al·ly /-əli/ *adv.* 副詞として, 副詞的に. 〖1548〗

ad ver·bum /ædvə́ːbəm | -vɜ́ː-/ *L. adv., adj.* 逐語的に[の] (word for word). 〖(*c*1580) □ L ～ 'to a word'〗

ad·ver·sar·i·a /ædvəséəriə, -və- | -vəsέər-/ *n. pl.* [単数または複数扱い] **1** 注釈. **2** 備忘録; 雑録. 〖(1610) □ L *adversāria* things turned toward one: ⇨ adversary〗

ad·ver·sar·i·al /ædvəséəriəl, -və- | -vəsέər-⁻/ *adj.* **1** 敵対関係にある. **2** =adversary 2. 〖(1926): ⇨ ↓, -ial〗

ad·ver·sar·y /ǽdvəsèri, -və- | -vəs(ə)ri/ *n.* **1** 競争相手, 敵手; 敵 (⇨ rival SYN). **2** [the A-] 悪魔 (Satan). **—** *adj.* **1** 敵手の; 敵の. **2** 〖法律〗 (相手方)当事者の: the ～ system 当事者(対抗)主義, 対審主義. **ád·ver·sàr·i·ness** *n.* 〖(1340) *adversarie* □ L *adversārius* one turned toward: ⇨ adverse, -ary〗

ad·ver·sa·tive /ədvə́ːsətɪv, æd- | -vɜ́ːsət-/ *adj.* 反意の: an ～ conjunction 反意接続詞 / an ～ clause 反意接続節 / an ～ proposition 反意命題. **—** *n.* 反意語《but, although, nevertheless, on the contrary など》. **～·ly** *adv.* 〖(1533) □ L *adversātīvus*: ⇨ ↓, -ative〗

ad·verse /ædvə́ːs, ⁻⁻ | ǽdvəːs, ədvɜ́ːs, æd-/ *adj.* **1** 〔…に〕不利な; 〔利益などを〕害する (harmful) 〔*to*〕; 不運な: ～ circumstances 逆境 / an ～ effect 悪影響 / an ～ fate [fortune] 不運, 不幸 / an ～ balance of trade 輸入超過 / a decision ～ *to* a person's interests 人に不利な決定[判決]. **2 a** (進行が)逆の, 反対の (contrary) 〔*to*〕: an ～ current 逆流 / an ～ wind 逆風. **b** 〔…に〕反する, 〔…と〕反対の (opposed) 〔*to*〕; 敵意のある, 批判的な (antagonistic, critical): ～ criticism / an ～ comment, opinion, etc. / a theory ～ *to* this one これと反対の理論 / He is ～ *to* capital punishment. 死刑制度に反対である. **3** 《古》 対応する (confronting); (見開きの)反対側の: the ～ page 対ページ. **4** 〖植物〗 〈葉が基茎に向いた; 対生の (opposite) (cf. averse 2). **5** 〖法律〗 利害相反する. **～·ness** *n.* 〖(*c*1385) □ L *adversus* turned toward (p.p.) ← *advertere* ← AD-+*vertere* to turn: ⇨ advert〗

ad·vérse·ly *adv.* **1** 逆に, 反対に, 敵対的に. **2** 不利(益)に. 〖1607–8〗

advérse posséssion *n.* 〖法律〗 不法占有《所有者の同意を得ることなく, 不動産の現実の占有をすること; 占有が一定期間継続すると, 占有者は所有者の回復請求権から免れ, その不動産上の権原 (title) を取得するに至る》.

advérse préssure gràdient *n.* 〖流体力学〗 流れの方向に対する圧力の増加.

advérse reáction *n.* 〖医学〗 有害[薬害]反応, (有害な)副作用 (cf. side effect).

advérse seléction *n.* 〖保険〗 逆選択《事故発生の確率の大きい者が好んで保険加入をする傾向》.

ad·ver·si·ty /ædvə́ːsəṭi, əd- | ədvɜ́ːsɪ̀ti/ *n.* **1** 逆境, 苦難, 不運 (hardship) (⇨ misfortune SYN): in times of ～ 逆境のときに / suffer [meet with, know] ～ 悲運を経験する[に見舞われる] / struggle with ～ 逆境と戦う. **2** [しばしば *pl.*] 災難, 苦難の経験 (trial): the successes and *adversities* of this life 人生の浮き沈み / Sweet are the uses of ～. 艱難(かん)の功徳(く)大なるかな (Shak., *As Y L* 2. 1. 12). 〖(?*a*1200) □ (O)F *adversité* □ L *adversitātem* opposition: ⇨ adverse, -ity〗

ad·vert¹ /ǽdvəːt | -vɜːt/ *n.* 《英口語》 =advertisement (cf. ad¹). 〖(1860) 《短縮》〗

ad·vert² /ædvə́ːt, əd- | ədvɜ́ːt, æd-/ *vi.* **1** 〔…に〕言及[論及]する (refer) 〔*to*〕. **2** 〔…に〕注意を向ける 〔*to*〕. 〖(?*c*1408) □ L *advertere* ← AD-+*vertere* to turn〗

ad·ver·tence /ædvə́ːtəns, əd-, -tns | ədvɜ́ːtəns, -tns/ *n.* **1** 注意, 言及 〔*to*〕. **2** =advertency 1. 〖(*c*1380) □ (M)F ～ □ LL *advertentia* attention, notice ← L *advertere* 'to ADVERT²': ⇨ -ence〗

ad·ver·ten·cy /ædvə́ːtənsi, əd-, -tn- | ədvɜ́ːtənsi, -tn-/ *n.* **1** 注意深さ. **2** =advertence 1. 〖(1646) □ LL *advertentia* (↑): ⇨ -ency〗

ad·ver·tent /ædvə́ːtənt, əd-, -tnt | ədvɜ́ːtənt, -tnt/ *adj.* 注意[用心]深い (attentive). **～·ly** *adv.* 〖(1671) □ L *advertentem* (pres.p.) ← *advertere* 'to ADVERT²': ⇨ -ent〗

ad·ver·tise /ǽdvətàɪz, ⁻⁻⁻ | ǽdvətàɪz/ (*also* **ad·ver·tize**) *vt.* **1 a** 〈商品などを〉広告する, 宣伝する; 〈…という〉広告を出す 〈*that*〉: ～ (the merits of) a book, car, etc. / ～ a vacancy 求人広告をする / ～ a house for sale 売家広告を出す / ～ electric appliances *in* newspapers [*on* television] 電気製品を新聞[テレビ]で宣伝する / as ～*d on* television テレビの広告のように / The movie is ～*d as* the best of its kind. その映画は同種のもので最優秀作品だと宣伝されている / Don't ～ your weaknesses. 自分の弱点を言い触らすのではない. **b** [～ one*self* で] 〔…と〕自己宣伝をする 〔*as*〕. **2** 〈事を〉周知させる, 宣伝する; (故意に)目立たせる. **3** 公示する, 公告する: ～ the date of tender 入札日を公示する. **4** 《古》 〈人に〉〔事を〕通知する 〔*of*〕, 〈人に〉〈…であることを〉知らせる (inform, notify) 〈*that*〉: He ～*d* them *of* the result. 彼らに結果を通知した. **5** 《廃》 〈人〉に〈…するように〉勧告する, 注意する 〈*to* do〉. **—** *vi.* **1** 広告する, 広告を出す: ～ in *The Times* タイムズに広告を出す / ～ on television テレビに広告を出す / It pays to ～. 広告を出すのは割に合う. **2** 広告を出して〔…を〕探す 〔*for*〕: ～ *for* a job [a house for rent] 求職[貸家探し]の広告をする / ～ *for* mechanics 機械工募集の広告を出す. **3** 自己宣伝をする: He ～*s* so much. 彼は自己宣伝屋だ. **ád·ver·tìs·a·ble** /-zəbl/ *adj.* 〖(?*a*1425) *a(d)vertise(n)* □ MF *a(d)vertiss-*, *a(d)vertir* to warn, give notice to 《L の影響による *ad*- の付加》 ← (O)F *avertir* < VL **advertīre*=L *advertere* 'to ADVERT²': ⇨ -ise¹〗

ad·ver·tise·ment /ædvətáɪzmənt, ⁻⁻⁻⁻, ædvə́ːtɪ̀smənt, -təz- | ədvɜ́ːtɪ̀smənt, -tɪ̀z-/ *n.* (*also* **ad·ver·tize·ment** /～/) **1** 広告, 宣伝: an ～ column 広告欄 / put [insert] an ～ in ... (新聞など)に広告を出す / I saw it *in* an ～. それを広告で見た / solicit ～*s* 広告取りをする. 日英比較 日本語では「ピーアール」を「商業宣伝」の意味にも用いるが, それに当たるのがこの語で, 口語では ad という. ⇨ PR 日英比較. **2** 公示, 公告; 通知, 通告. **3** 《廃》 注意, 忠告. 〖(1426) □ MF *a(d)vertissement* ((O)F *avertissement*) ← *advertir* (↑): ⇨ -ment〗

ad·ver·tis·er /ǽdvətàɪzə, ⁻⁻⁻⁻ | ǽdvətàɪzə(r)/ *n.* (*also* **ad·ver·tiz·er** /～/) **1** 広告主[者]. 日英比較 日本語の個人の名声・知名度などの「宣伝係」は英語では publicity manager を用いる. **2** 広告を主とする新聞; [A-] (新聞の名称として)アドバタイザー: the Sun *Advertiser*. 〖*c*1565〗

ad·ver·tis·ing /ǽdvətàɪzɪŋ, ⁻⁻⁻⁻ | ǽdvətàɪz-/ (*also* **ad·ver·tiz·ing** /～/) *n.* **1** 広告(すること); [集合的に] 広告. **2** 広告術. **3** 広告業務. **—** *adj.* **1** [限定的] 広告(用)の, 広告に関する: an ～ agent 広告代理店[業者] / ～ matter 広告郵便物 / an ～ pamphlet 広告用パンフレット / an ～ pillar 広告柱[塔]. **2** 《廃》 注意深い. 〖1762〗

ádvertising àgency *n.* 広告代理店. 〖1850〗

ádvertising appropriàtion *n.* 広告予算.

ádvertising màn *n.* 広告業者.

Ádvertising Stàndards Authòrity *n.* [the ～] 《英》 広告規準公団《広告の規制を行う独立団体; 広告に対する苦情を受け付け不良広告の禁止を決めたりする; 略 ASA》.

ad·ver·tize /ǽdvətàɪz, ⁻⁻⁻ | ǽdvətàɪz/ *v.* =advertise.

ad·ver·to·ri·al /ædvətɔ́ːriəl | -və-⁻/ *n.* (新聞・雑誌などの)記事形式の広告, PR 記事. 〖(1961) ← ADVERT(ISEMENT)+(EDIT)ORIAL〗

ad·vice /ədváɪs, æd- | əd-/ *n.* **1 a** 忠告, 助言, 心添え, 勧告, アドバイス (counsel) 〔*on, about*〕: Let me give you a piece [bit] of ～. ひとこと忠告[助言]させていただきたい / a lot of ～ / one's ～ *to* a person is *that* ... [is *to* do ...] 人に対する助言は…ということだ / on (a person's) ～ (人の)助言に従って / against a person's ～ 人の忠告に逆らって / give [offer] ～ 助言[勧告]する / follow [take, heed] a person's ～ 人の忠告[勧め]に従う (cf. b) / Take my ～: don't go back. 私の言うことを聞きなさい. 戻るな / seek professional ～ 専門家の意見を求める (cf. b) / *Advice* is not always sure of a hearing. 忠告は必ず聞き入れられるとは限らない / I asked his ～ *on* the subject [*on how* to deal with it]. その問題[それをどう処理すべきか]について彼の助言を求めた. **b** (専門家の)助言, 意見, (医師の)診察, 診断, (弁護士の)鑑定: take medical ～ 医師の診察を受ける / seek a lawyer's [legal] ～ 弁護士の意見[鑑定]を求める. **2 a** 〖商業〗 (取引上の)通知, 案内; 通知[報告]書, 案内状 (advice note ともいう); =LETTER of advice: a remittance ～ 送金通知(書). **b** [通例 *pl.*] (遠隔地からの)(外交・政治・商業上などの)情報, 報告 (information) 〔*from*〕 (⇨ news SYN): ～*s from* Washington [our Paris agent] ワシントンよりの情報[パリ代理店よりの報告] / We received ～*s that* ...という情報に接した. 〖(*c*1300) *advyse* □ MF 《廃》 *advis* opinion □ L ∞ (*c*1300) *avis* □ (O)F < VL **advisum* opinion ← L *ad* to (⇨ ad-)+*vīsum* ((p.p.) ← *vidēre* to see)〗

advíce bòat *n.* 《古》 =dispatch boat. 〖1668〗

advíce còlumn *n.* 《米》 身の上相談欄 (《英》 agony column).

advíce nòte *n.* (商品発送の)通知状《数量・発送方法などが記載されている; cf. advice 2 b》. 〖1885〗

Ad·vil /ǽdvɪl/ *n.* 〖商標〗 アドビル《鎮痛剤》.

ad·vis·a·bil·i·ty /ədvàɪzəbíləṭi, æd- | ədvàɪzəbílɪ̀ti/ *n.* 勧めてよいこと, 得策; (策の)当否. 〖(1839): ⇨ ↓, -ility〗

ad·vis·a·ble /ədváɪzəbl, æd- | əd-/ *adj.* **1** 勧めてよい; 当を得た, 適切な; 得策の, 賢明な: It is ～ to go. 行くのが得策だ. **2** 〈人・気質が〉助言を受け入れる[望んでいる]. **～·ness** *n.* 〖(1647) ← ADVISE+-ABLE〗

ad·vís·a·bly /-bli/ *adv.* 当を得て, 適切に; 賢明に: We may ～ look for a better site. もっとよい敷地を探すのが得策だろう. 〖1865〗

ad·vise /ədváɪz, æd- | əd-/ *vt.* **1 a** 〈人〉に忠告する, 助言する, 勧告する 〔*on, about*〕: There's no one to ～ her. / I want someone to ～ me *on* [*about*] it. そのことでだれかに助言を受けたい / He ～*d* me *of* the danger [*against* touching it]. 私にその危険を[それに触れないように]警告してくれた. **b** 〈事を〉勧める (recommend): ～ caution, a change of air, etc. / He ～*ed* (my) giving up the plan. 彼は(私が)計画を思いとどまるように勧めた. **c** [*to* do または *that*-clause を伴って] 〈人〉に〈…するように〉勧める (recommend); [*wh*-word を伴って] 〈…について〉忠告[助言]する: I'd ～ you *to* see less of her. 彼女にはあまり会わない方がよくないか / The student was ～*d to* work harder [*that* he should work harder]. その学生はもっと勉強するように忠告された / The doctor will ～ you *what* to do. 医者はどうしたらよいか君に助言してくれるだろう / Will you ～ me *whether* I should take the job? その仕事を引き受けるべきかどうか意見を聞かせて下さい. **2** 〈人〉に(ある事を)通知[連絡]する, 知らせる (inform) 〔*of*〕/〈*that*〉 (⇨ notify SYN): He ～*d* me (*that*) he had been mistaken. 彼は自分が間違っていたことを伝えてきた. ★ 今は主に商業・法律関係などに用いる: We were ～*d of* the expiry of the contract. 契約満了の通知を受けた. **3** [通例 ～ oneself で] 《古》 考慮して決める (cf. *1 Chron.* 21: 12). **—** *vi.* **1** 〔…について〕忠告する, 勧告する (give advice) 〔*on*〕: Do as I ～. 私の忠告通りにしなさい / I ～ *against* (accepting) their offer. 彼らの申し出(を受け入れること)には反対だ / He was asked to ～ *on* the teaching of English in Japan. 日本の英語教育について意見を述べるように依頼された. **2 a** 《古》 〈人と〉相談する, 協議する (consult) 〔*with*〕: ～ *with* one's colleagues [lawyer] *on* [*about*] ...について同僚[弁護士]と相談する. **b** 考慮する (2 *Sam.* 24: 13). 〖(*c*1300) ME *avise(n)* □ (O)F *aviser* to perceive < VL **advisāre* ← **advisum*: -*d*- は L の影響で 15–16C から □ MF 《廃》 *adviser* to perceive □ VL **advisāre* ← AD-+*vīsāre* to see〗

SYN 助言する: **advise** 特定の状況において, あることをすべきであると〈人に〉勧める: The doctor *advised* him to stop smoking. 医者は彼に禁煙を勧めた. **recommend** 専門的な知識をもとにして特定の行動・事物を助言, 勧告する. 前者とほぼ同じ意味: The doctor *recommended* a few days' rest. 医者は 2, 3 日休養するようにと勧めた. **counsel** 特に重要な問題点につき専門的な助言を与える: He *counseled* girls to cultivate good nature. 娘たちに気立てのよさを身につけるように勧めた. ⇨ warn.

---

ad·vísed *adj.* **1** [通例複合語の第 2 構成素として] 熟慮の上での (deliberate); 賢明な: ⇨ well-advised, ill-advised. **2** 情報に通じている, 知らされて: Keep me ～. 連絡を絶やさないように / be kept ～ *of* ...の情報を得ている. **ad·vís·ed·ness** /-zɪ̀dnɪ̀s/ *n.* 〖*a*1375〗

ad·vís·ed·ly /-zɪ̀dli/ *adv.* 熟考した上で; ことさらに, 故意に. 〖1375〗

ad·vis·ee /ədvàɪzíː, ædvaɪ- | ədvàɪzíː/ *n.* **1** 助言を受ける人. **2** 《米》 (大学などで指導教員の担当する)指導学生. 〖(1824) ← ADVISE+-EE¹〗

ad·vise·ment *n.* 《英古・米》 **1** 熟慮; 審議, 協議: take under ～ 〈事を〉熟慮[熟考]する. **2** 助言 (advice). 〖(*a*1338) □ MF *a(d)visement*: ⇨ advise, -ment〗

ad·vis·er /ədváɪzə, æd- | ədváɪzə(r)/ *n.* (*also* **ad·vi·sor** /～/) **1** 助言者, 忠告者, 勧告者; 顧問 〔*to*〕: a legal ～ 法律顧問 / a presidential ～ 大統領顧問官. **2** 《米》 **a** (大学などの)指導教員, アドバイザー. **b** (課外活動など

A

の)顧問〔*to*〕. **3** 《英》(地方の)視学官 (cf. school inspector). 〖(1611): 米語で一般的な -*or* は *advisory* からの逆成, または L *advīsor* の借入〗

ad·vi·so·ry /ədváɪz(ə)ri, æd- | əd-/ *adj.* **1** 顧問の, 諮問の: an ～ body [council] 諮問機関; 顧問会議 / an ～ committee 諮問委員会 / in an ～ capacity 顧問の資格で. **2** 助言の, 忠告の: an ～ letter. — *n.* 《米》(気象などの)通報, 注意報. 〖(1778) ← ADVISE＋-ORY[1]〗

advísory opínion *n.* 〘法律〙助言的意見, 勧告的意見 《立法部・行政部から提出された法律問題について司法部が述べる拘束力のない意見》.

ad·vo·caat /ǽdvoʊkὰː(t) | -və(ʊ)-; *Du.* ɑdvokáːt/ *n.* アドボカート 《ブランデーなどに砂糖・卵黄・香料を入れて溶かしたオランダのリキュール》. 〖(1938) □ Du. ～ 《短縮》← *advocatenborrel* drink for lawyers ← *advocaten* (⇨ advocate)＋*borrel* drink, bubble〗

ad·vo·ca·cy /ǽdvəkəsi/ *n.* 唱道, 擁護, 支持 (support): the ～ *of* peace, civil rights, etc. / *in* ～ *of* ... を唱道[支持]して. 〖(*c*1385) □ OF *advocacie* □ ML *advocātia* ← L *advocātus* (↓)〗

ad·vo·cate /ǽdvəkèɪt/ *vt.* 〈改革・政策などを〉支持する, 唱道する (urge) 〈*that*〉: ～ social equality / ～ preserving historic sites 史跡保存を唱道する.
— /ǽdvəkɪ̀t, -kèɪt/ *n.* **1** 唱道者, 支持者 (upholder), 擁護者 (defender): an ～ *of* peace, free trade, etc. / ⇨ devil's advocate. **2** 《スコット》(法廷)弁護士 (barrister, counselor): ⇨ judge advocate, Lord Advocate. **3 a** 代弁者 (pleader). **b** [しばしば A-] 助け主 (intercessor) 《キリストのこと; cf. *1 John* 2: 1》.
～·ship *n.* **ád·vo·cà·tive** *adj.*
〖(*c*1370) □ L *advocātus* advocate ← *advocāre* to call to one's aid ← AD-＋*vocāre* to call (← *vōx* 'VOICE') ∞ (*a*1325) *avocat* □ (O)F < L〗

Ádvocate Depúte *n.* 《スコット》検察官.

ádvocate-géneral *n.* (*pl.* **advocates-general**) 〘法律〙法務官 《欧州(司法)裁判所 (European Court of Justice) において裁判官を補助する職員》.

ad·vo·ca·tion /ǽdvəkéɪʃən/ *n.* **1** 《スコット法》(訴訟を終局判決前に上位裁判所へ移す)移送手続き 《まれに刑事事件にみられる》. **2** 《廃》=advocacy. **3** 《廃》召喚, 出頭命令 (summoning). 〖(?*a*1400) □ F *advocacion* ∥ L *advocātiō(n-)* ← *advocāre* (⇨ advocate): ADVOWSON と二重語〗

ád·vo·cà·tor /-tə | -tə(r)/ *n.* =advocate 1. 〖(1482) □ LL *advocātōr*: ⇨ advocate, -or[2]〗

ad·voc·a·to·ry /ədvά(ː)kətɔ̀ːri | ǽdvəkèɪtəri, -tri/ *adj.* **1** 唱道者の, 支持者の; 弁護者の. **2** 唱道の, 支持の; 弁護する. 〖(1864) ← L *advocātus* ((p.p.) ← *advocāre* (⇨ advocate))＋-ORY[1]〗

ad·vo·ca·tus di·a·bo·li /ǽdvəkáːtəsdaɪǽbəlàɪ | -təs-/ *L.* =devil's advocate. 〖1842〗

ad·vow·son /ədváuzən, -zn, æd-/ *n.* 〘英法〙牧師推薦権, 聖職推挙権, 聖職禄 (benefice) 授与権.
〖(*c*1300) □ AF *advoeson* < L *advocātiō(n-)* 'ADVOCATION' ∞ (*c*1300) *avoweson* □ OF *avoeson* right of a patron < L: ADVOCATION と二重語〗

advt 《略》advertisement. 〖1835〗

Ad·wa /ά:dwɑː/ *n.* アドワ 《エチオピア北部 Asmara の南にある町; 1896 年 Menelik 二世がイタリア軍を破りエチオピアの独立を保持した戦いの地; Aduwa ともいう》.

A·dy /ά(ː)di | ɔ́di; *Hung.* ɔ́di/, **En·dre** /ɛ́ndrɛ, -eɪ/ *n.* アディ (1877–1919; ハンガリーの叙情詩人).

A·dy·gei /ὰːdɪ̀géɪ | ɑ́ːdɪgèɪ, ⸗⸗⸗; *Russ.* ədɨgʲéjə/ *n.* (*also* **A·dy·ghe** /～/, **A·dy·ge·a** /ὰːdəgéɪə | ǽdɪgéɪə; *Russ.* ədɨgʲéjə/) **1** アディゲ 《ロシア連邦西部, Caucasus 山脈北西部にある自治共和国; 首都 Maikop》. **2** アディゲ族; アディゲ語.

ad·y·na·mi·a /èɪdaɪnémiə, æ̀də- | èɪdaɪ-, æ̀dɪ-/ *n.* 〘病理〙(病気のための)無力, 脱力; (特に)筋無力症; 衰弱. 〖(1830) ← NL ～ ← Gk *adunamía* want of strength ← A-[7]＋*dúnamis* power〗

ad·y·nam·ic /èɪdaɪnǽmɪk, æ̀də- | èɪdaɪ-, æ̀dɪ-⁻/ *adj.* 〘病理〙脱力[衰弱]の (asthenic). 〖(1829): ⇨ ↑, -ic[1]〗

ad·y·tum /ǽdətəm | ǽdɪt-/ *n.* (*pl.* **ad·y·ta** /-tə | -tə/) **1 a** (古代寺院の)内陣, 奥の院 (inner shrine) 《祭司だけが入ることを許され, またそこから神託が授けられた》. **b** 聖所 (sanctum). **2** 奥の間, 私室. 〖(1673) □ L ～ □ Gk *áduton* place not to be entered ← A-[7]＋*dúein* to enter〗

adz /ǽdz/ *n.* 《米》=adze.

adze /ǽdz/ *n.* 手おの, ちょうな. — *vt.* 手おので削る. 〖OE *adesa* □ ?: cf. OF *aze* 《異形》← *aisse* ← L *ascia* 《音位転換》← **acsia* 'AX'〗

A·dzhár Repúblic /ədʒάə- | ædʒά:-; *Russ.* adʒárʲijə/ *n.* [the ～] アジャール共和国 《グルジア南西部の黒海に接する自治共和国; 首都 Batumi》. **A·dzhar·i·an** /ədʒά:riən/ *adj.*, *n.*

ad·zú·ki bèan /ædzú:ki-/ *n.* **1** 〘植物〙アズキ (*Phaseolus angularis*) 《日本・中国産のマメ科の一年草; 単に adzuki ともいう》. **2** アズキの豆, 小豆. 〖(1795) □ Jpn.〗

ae[1], **æ 1** /iː, aɪ/ ラテン語およびラテン語化したギリシャ語に用いられる合字 (digraph); 英語では固有名詞 (例: Caesar, Aesop) 以外では米英共に最近 e と略すことが多い (例: medieval, primeval). ★ ae- で始まる語については e- をも参照. **2** OE で [æ] [æː] の音を表した文字; ME では長音 [æː] の場合は e, 短音 [æ] の場合は通例 a (まれに e) で表された. **3** [æ] の音を表す記号 《国際音声字母などの発音記号表記で用いられる》.

ae[2] /éɪ/ *adj.* 《スコット》=one. 〖《変形》← ME *ā* < OE *ān* one〗

AE 《略》account executive; aeronautical engineer(ing); agricultural engineer(ing); All England; atomic energy; 〘写真〙auto-exposure 自動露出; United Arab Emirates.

Æ[1] /íː/ *n.* 〘海事〙(英国ロイズ協会登録の)第三級船 (cf. Æ 1, Lloyd's Register).

Æ[2] /íː/ *n.* (*also* **A.E., AE** /～/) アイルランドの詩人 George William Russell の筆名.

ae. 《略》*L.* aetatis …歳 (at the age of, aged).

-ae /iː, aɪ/ -a で終わるラテン語およびラテン語化したギリシャ語の名詞の複数形語尾 (例: L larvae (⇨ larva)).
★ (1) この形は英語においても formulae, nebulae, vertebrae などのように, 英語化複数形 formulas, nebulas, vertebras と共に保存されている. (2) また動植物分類での「族」「科」「亜科」などの語尾ともなる. 〖□ L ～〗

Æ 1 /ìːwʌ́n/ *n.* 〘海事〙第二級船 (cf. Æ[1]).

AEA 《略》Atomic Energy Authority; Actors' Equity Association 《米》俳優組合 (1912 年結成).

Ae·a·cus /íːəkəs/ *n.* 〘ギリシャ神話〙アイアコス 《Zeus の子, Achilles や Ajax の祖父; Aegina の王として善政をしき, 死後黄泉(よみ)の国の裁判官となった》. 〖□ L ～ □ Gk *Aiakós* ← ?: cf. Gk *aiázein* to wail ← *ai* ah〗

AE and P 《略》Ambassador Extraordinary and Plenipotentiary 特命全権大使.

AEB 《略》Associated Examining Board.

AEC /èɪìːsíː/ 《略》《米》Atomic Energy Commission.

aecia *n.* aecium の複数形.

ae·ci·al /íːʃiəl, -siəl | -siəl/ *adj.* 〘植物〙サビ胞子堆 (aecium) の. 〖(1905) ← AECIUM＋-AL[1]〗

aecidia *n.* aecidium の複数形.

ae·cid·i·o·spore /iːsɪ́diəspɔ̀ə | -diəspɔ̀ː(r)/ *n.* 〘植物〙=aeciospore. 〖(1880) ← *aecidio-* (↓)＋SPORE〗

ae·cid·i·um /iːsɪ́diəm | -diəm/ *n.* (*pl.* **-i·a** /-diə | -diə/) 〘植物〙サビ胞子堆, 銹子(しゅうし)器, 銹胞子器, 銹胞子堆 《サビ菌類のサビ胞子を生じる生殖器官》. 〖(1867) ← NL ～ ← Gk *aikía* (⇨ aecium)＋-IDIUM〗

ae·ci·o·spore /iːsiəspɔ̀ə, iːʃiə- | iːsiə(ʊ)spɔ̀ː(r)/ *n.* 〘植物〙(サビ菌類の)サビ胞子, 銹胞子(しゅうほうし). 〖(1905) ← NL *aecium*＋-o-＋SPORE〗

ae·ci·o·stage /iːsioʊstèɪdʒ | -ə(ʊ)-/ *n.* 〘植物〙(サビ菌類の)サビ胞子期.

ae·ci·um /íːʃiəm, -siəm | -siəm, -ʃiəm/ *n.* (*pl.* **ae·ci·a** /-ʃiə, -siə | -siə, -ʃiə/) 〘植物〙=aecidium. 〖(1905) ← NL ～ ← Gk *aikía* injury: ⇨ -ium〗

ae·de·a·gus /iːdíːəgəs/ *n.* (*pl.* **-a·gi** /-gàɪ, -dʒàɪ/) 〘昆虫〙挿入器 《雄の生殖器の挿入部》. 〖← NL ～ ← Gk *aidoîa* genitals＋*agós* leader ← *ágein* to lead〗

a·e·des /eɪíːdiːz/ *n.* (*pl.* ～) 〘昆虫〙ヤブカ 《ヤブカ属 (*Aedes*) のカの総称; デング熱 (dengue) や黄熱を媒介する yellow-fever mosquito など》. **a·é·dine** /-daɪn/ *adj.* 〖(*c*1909) ← NL ～ ← Gk *aēdḗs* odious ← A-[7]＋*hēdús* 'SWEET'〗

ae·dic·u·la /iːdɪ́kjʊlə/ *n.* (*pl.* **-u·lae** /-lìː/) (*also* **ae·di·cule** /ɛ́dəkjùːl, íːd- | íːdɪ-/) [通例 *pl.*] 〘建築〙(古代ローマの)小神殿; 小祠, イディキュラ 《両脇に柱を, 上に三角形の切妻をもった扉や窓まわりの造型》. 〖(1819) ← L ～ ← *aedi-* (← *aedēs* (↓))＋*-cula* (⇨ -cule)〗

ae·dile /íːdaɪl/ *n.* (古代ローマの)造営官 《公共施設の管理, 厚生, 治安などをつかさどった官吏》. **～·ship** *n.* 〖(1580) ← L *aedīlis* having to do with buildings ← *aedēs* building, temple, 《原義》place with a hearth ← IE **aidh-* to burn (Gk *aíthein*)〗

ae·doe·a·gus /iːdíːəgəs/ *n.* (*pl.* **-a·gi** /-gàɪ, -dʒàɪ/) 〘昆虫〙=aedeagus.

Ae·ë·tes /iːíːtiːz/ *n.* 〘ギリシャ伝説〙アイエーテース 《Colchis の王; Medea の父で金の羊毛の保管者; cf. Jason[2], Phrixus》. 〖□ L ～ □ Gk *Aiḗtēs*〗

AEEU 《略》《英》Amalgamated Engineering and Electrical Union.

AEF 《略》Allied Expeditionary Force(s) 連合国遠征[海外派遣]軍; American Expeditionary Forces.

Ae·gae·on /iːdʒíːɑ(ː)n | -ən/ *n.* 〘ギリシャ神話〙アイガイオーン 《怪神 Briareus に対して人間が与えた呼称》. 〖□ L ～ □ Gk *Aigaíōn*〗

Ae·ge·an /ɪdʒíːən, iːdʒ-/ *adj.* エーゲ海の; エーゲ文明の. — *n.* [the ～] =Aegean Sea. 〖(1550) □ L *Aegeus* □ Gk *Aigeus* ← ? *aiges* waves＋-AN[1]: 息子 Theseus が死んだと思い込み, 悲しみのあまりこの海に身を投げた *Aegeus* にちなむ〗

Aegéan civilizátion [cúlture] *n.* エーゲ文明[文化] 《青銅器時代 (3500–1200 B.C.) に Crete を初めエーゲ海の島々を中心に小アジアやギリシャ本土にも展開された》.

Aegéan Íslands *n. pl.* [the ～] エーゲ海諸島 《Dodecanese, Cyclades, Sporades などの群島を含む》. 〖1886〗

Aegéan Séa *n.* [the ～] エーゲ海 《ギリシャとトルコとの間の海で地中海の一部; the Aegean ともいう; 旧名 the Archipelago》. 〖1614〗

ae·ger /íːdʒə | -dʒə(r)/ *n.* 〘英大学〙病気証明書, 診断書 (aegrotat). 〖□ L ～ sick〗

Ae·geus /íːdʒiəs, -dʒuːs | íːdʒiəs/ *n.* 〘ギリシャ神話〙アイゲウス 《アテネ王で Theseus の父》. 〖□ L ～ □ Gk *Aigeús* ← ? *aiges* waves ← ?〗

Ae·gi·na[1] /ɪdʒáɪnə, iːdʒ-; *Mod.Gk* éjina/ *n.* エイナ(島) 《ギリシャ南東部の Aegina 湾内の島; 面積 83 km²》.

Ae·gi·na[2] /ɪdʒáɪnə, iːdʒ-/ *n.* 〘ギリシャ神話〙アイギーナ 《Asopus と Metope の娘; Zeus にかどわかされ, Aeacus を産んだ》. 〖□ L *Aegina* □ Gk *Aígina*〗

Aegina, the Gulf of *n.* エイナ湾 《ギリシャ南東部の湾; the Saronic Gulf ともいう》.

Ae·gir /íːdʒɪə, éɪgɪə | íːdʒɪə(r), éɪgɪə(r)/ *n.* 〘北欧神話〙エーギル 《海の巨人; Ran の夫で九つの大波を娘にもつ》. 〖□ ON ～〗

ae·gir·ite /éɪgəràɪt, íːdʒər- | -gɪ̀-, -dʒɪ̀-/ *n.* 〘鉱物〙=acmite. 〖(1837): ⇨ ↑, -ite[1]〗

ae·gis /íːdʒɪ̀s | -dʒɪs/ *n.* **1** 〘ギリシャ神話〙(Zeus 神が Athene 神に授けたという)神盾(しんじゅん). **2** 庇護(ひご), 保護 (protection); 後援 (auspices); 指揮, 統率 (control): under the ～ of …の保護を受けて; …の後援で; …の指揮下[傘下]に. 〖(1611) □ L ～ □ Gk *aigís* goatskin ← *aig-*, *aix* goat ← IE **aig-* goat〗

Áegis shìp *n.* 〘米海軍〙イージス艦 《対空ミサイルを装備した艦隊護衛艦》. 〖↑〗

Ae·gis·thus /ɪdʒɪ́sθəs, iːdʒ-/ *n.* 〘ギリシャ伝説〙アイギストス 《Agamemnon のいとこ; Agamemnon の妻 Clytemnestra を誘惑し Troy から帰還した Agamemnon を殺害したが, 後に Agamemnon の息子 Orestes に殺された》. 〖□ L ～ □ Gk *Aígisthos* ← ?〗

Ae·gle /íːgli/ *n.* 〘ギリシャ神話〙アイグレー: **1** ヘスペリデス (Hesperides) の一人. **2** 美の三女神 (the Graces) の母とされる水の精. 〖□ L ～ □ Gk *Aíglē* 《原義》radiance〗

Ae·gos·pot·a·mi /ìːgɑspά(ː)təmàɪ | -pɔ́t-/ *n.* アイゴスポタモイ 《Hellespont 海峡に注いだ古代 Thrace の小河とその河口の町; ここでアテネ海軍がスパルタの Lysander に敗れて (405 B.C.), 翌年 Peloponnesian War が終わった》.

ae·gro·tat /áɪgroʊtæ̀t, ìːg- | -rə(ʊ)-/ *n.* 〘英大学〙**1** (受験または講義出席不能を証明する)病気診断書. **2** (病気のため最終試験不受験の卒業予定者に与えられる)普通及第学位. 〖(1864) □ L *aegrōtat* (3rd pres. sing.) ← *aegrōtāre* to be sick ← *aeger* sick〗

Ae·gyp·tus /ɪdʒɪ́ptəs, iːdʒ-/ *n.* 〘ギリシャ伝説〙アイギュプトス 《エジプト王で Danaus の兄弟》. 〖□ L ～ □ Gk *Aíguptos*〗

AEI 《略》Associated Electrical Industries.

Æl·fric /ǽlfrɪ̀k | -frɪk/ *n.* エルフリック (955?–?1020; 英国の abbot で著作家・翻訳家; Grammaticus /grəmǽtɪ̀kəs | -tɪ-/ と呼ばれる).

-ae·mi·a /íːmiə/ =-emia.

Aen. 《略》Aeneid.

Ae·ne·as /ɪníːəs, iːn- | iːníːəs, ɪn-, -æs/ *n.* 〘ギリシャ・ローマ神話〙アイネアース 《Anchises と Venus の間の子; トロイ戦争における Troy 側の勇士でローマの建設者》. 〖□ L *Aenēās* □ Gk *Aineíās* ← ?: cf. Gk *ainós* horrible〗

Aenéas Sìl·vi·us /-sɪ́lviəs/ *n.* (*also* **A- Syl·vi·us** /～/) アエネアス シルビウス 《ピウス二世 (Pius II) (1405–1464) の文学上の名》.

Ae·ne·id /ɪníːɪd, iːn- | íːniɪd, iːníːɪd, ɪn-/ *n.* [the ～] 「アエネーイス」《ローマの詩人 Virgil 作の 12 巻の叙事詩; 主人公 Aeneas が Troy 落城後諸国を漂泊したのちローマを建国する物語》. 〖(1490) □ L *Aenēida* of Aeneas: ⇨ -id[1]〗

A·e·ne·o·lith·ic /eɪìːnioulɪ́θɪk | -niə(ʊ)-⁻/ *adj.* 〘考古〙=Chalcolithic. 〖(1901) ← L *aēneus* of copper or bronze＋-o-＋-LITHIC〗

a·ë·ne·ous /eɪíːniəs/ *adj.* 青銅色の (bronze-colored). 〖(1847) ← L *aēneus* (↑)＋-OUS〗

Aen·gus /éɪŋgəs, éɪnəs/ *n.* 〘ケルト神話〙アンガス 《アイルランドの愛と若さと美の神》. 〖□ Ir. *Aonghus* 《原義》one choice〗

Ae·o·li·a /iːóʊliə, eɪ- | -ə́ʊ-/ *n.* =Aeolis.

ae·o·li·an /iːóʊliən, eɪ- | -ə́ʊ-/ *adj.* **1** [A-] (ギリシャの風の神)アイオロス (Aeolus) の; 風の. **2** 〈音が〉風によって生じた, 風のような. **3** 〘地質〙=eolian. 〖(1605) ← L *Aeolius* 'of AEOLUS'＋-AN[1]〗

Ae·o·li·an /iːóʊliən, eɪ- | -ə́ʊ-/ *adj.* **1** アイオリス (Aeolis) 地方(の方言)の. **2** アイオロス (Aeolus) の.
— *n.* **1** アイオリス人 《ギリシャ三大種族の一つ; cf. Dorian[1], Ionian 1》. **2** =Aeolic. 〖(1589) ↑〗

aeólian depósits *n. pl.* 〘地質〙風成層 《おもに風の力で運搬・堆積されてできた堆積物(地層)》.

aeólian hárp [lýre] *n.* エオリアンハープ 《羊の腸線を反響箱に張った楽器; 風が吹くにつれてその圧力で鳴り出す; wind harp ともいう》. 〖1791〗

Aeólian Íslands *n. pl.* =Lipari Islands.

Aeólian móde *n.* 〘音楽〙エオリア旋法 《第 9 旋法; ⇨ mode[1] 4 a》.

Ae·ol·ic /iːά(ː)lɪk | iːɔ́l-, iːóʊ-/ *adj.* **1** アイオリス (Aeolis) 地方(の方言)の. **2** 〘建築〙アイオリス様式の 《柱頭には下から昇ってきた渦巻が 2 本反対方向に巻き, その下に水蓮のつぼみ状の装飾が凸形リングになって 2 個ついている》. — *n.* アイオリス方言. 〖(1674) □ L *Aeolicus* □ Gk *Aiolikós* ← *Aiolís* 'AEOLIS': ⇨ -ic[1]〗

ae·ol·i·pile /iːά(ː)ləpàɪl | iːɔ́lɪ-/ *n.* (*also* **ae·ol·i·pyle** /～/) 汽力計, 汽力釜 《球または円筒から細く曲がった管が 1 本以上出ていて, 釜から導かれた蒸気がそこから噴出し, その力で球[円筒]が回転して蒸気の力を示す仕掛け; 紀元前 2 世紀に考案され, 最初の蒸気機関とされる》. 〖(1656) □ L *aeolipila* ← *Aeolus* god of the winds＋*pila* ball ∥ Gk *púlē* gate〗

Ae·o·lis /íːəlɪ̀s | í(ː)ə(ʊ)lɪs/ *n.* アイオリス 《小アジアの北西部にあったギリシャの植民地; Aeolia ともいう》. 〖□ L ～ □ Gk *Aiolís* ← *aiólos* quick-moving: 《原義》daughter of Aeolus〗

Ae·o·lus /íːələs | íː(ə)(ʊ)-/ *n.* アイオロス: **1** 〘ギリシャ神話〙風の神; Deïon の父. **2** テッサリア (Thessaly) の王; アイオリス族 (Aeolians) の伝説的始祖. 〖□ L ～ Gk *Aíolos* 《原義》the rapid or changeable ← *aiólos* quick ← ?: cf. Gk *aiṓn* (↓)〗

ae·on /íːən, -ɑ(ː)n | -ən, -ɔn/ *n.* **1 a** 〘哲学〙アイオン《一生, 一世代, 一時代, 宇宙の一時代等の擬人化された時間》. **b** 無限の年月, 永劫(えいごう); 永遠, 無窮 (eternity): ～*s* ago 大昔に, ずっと前に. **2** (グノーシス派の教義で)アイオン, 霊体《神および神から流出した神的で永遠的な実体》. **3** 〘地質〙 ＝eon 2. 〚《1647》□ L *aeōn* □ Gk *aiṓn* age, eternity ← IE **aiw-* life: cf. Gk *aieí* always, ever〛

ae·o·ni·an /iːóuniən | iːə́u-/ *adj.* 長い年月にわたる; 永劫(えいごう)の, 永遠の (eternal). 〚《1765》: ⇨ ↑, -ian〛

ae·on·ic /iːɑ́(ː)nɪk | -ɔ́n-/ *adj.* ＝aeonian. 〚1883〛

ae·py·or·nis /iːpiɔ́ənɪ̀s | -ɔ́ːnɪs/ *n.* 〘鳥類〙エペオルニス《Madagascar に生息していたダチョウより大形の鳥で, ロック (roc) の伝説を生じた》. 〚《1851》← NL ～ ← Gk *aipús* tall, steep＋*órnīs* bird〛

aeq. 《略》 *L.* aequales (＝equal).

ae·quo·rin /iːkwɔ́ːrɪn | -rɪn/ *n.* 〘生化学〙エクオリン《クラゲの発光蛋白質; 発光には Ca^{II}, Sr^{II} が必要》. 〚《1962》← NL *Aequorea* jellyfish (属名: ← L *aequoreus* of the sea)＋-IN[1]〛

aer- /ɛ̀ər | ɛər/ (母音の前にくるときの) aero- の異形.

aer·ate /ɛ́əreɪt | ɛ́ər-/ *vt.* **1 a** 空気にさらす; 〈水槽・部屋などに〉空気を通す, 通気[通風]する (ventilate), 曝気(ばっき)する. **b** 〈牛乳を〉空気にさらして悪臭を除く. **c** 〈文体などに〉生気を与える. **2 a** 〈液体に(炭酸)ガスを満たす[飽和させる]. **b** 泡起(ほうき)させる, 泡立たせる. **3** 酸素と化合させる (oxygenate). **4** 〘医学〙〈血液成分を〉動脈血化する (arterialize). 〚《1794》← AERO-＋-ATE[3]〛

áer·at·ed /-tɪ̀d | -tɪ̀d/ *adj.* 《英俗》(ひどく)興奮した; 気が動転した. 〚《1794》: ⇨ ↑, -ed〛

áerated bréad *n.* (酵母の代わりに)炭酸ガスを加えて焼いたパン. 〚1861〛

áerated wáter *n.* 《英》炭酸水. 〚1880〛

aer·a·tion /ɛ̀əréɪʃən | ɛər-/ *n.* **1** 空気にさらすこと, 通気, 通風. **2** 〘化学〙通気, エアレーション, 曝気(ばっき)《水質処理法の一つ》. **3** 〘生理〙(肺による)動脈血化 (arterialization). 〚《1578》← AERA(TE)＋-TION: cf. F *aération*〛

áer·a·tor /-tə | -tə(r)/ *n.* **1** 通風器[装置] (ventilator). **2** 炭酸水製造器; 炭酸ガス飽和器. **3** (小麦などの)燻煙(くんえん)殺虫装置. **4** 土とりローラー《芝生から土粒をとる, 中空の歯のついたローラー》. 〚《1861》← AERATE＋-OR[2]〛

AERE 《略》 Atomic Energy Research Establishment.

aer·en·chy·ma /ɛ̀əréŋkɪ̀mə | ɛəréŋkɪ-/ *n.* 〘植物〙通気組織. 〚(*c*1893) ← NL ～: ⇨ aero-, -enchyma〛

aer·i- /ɛ̀ərɪ̀, -ri | ɛər-/ aero- の異形 (⇨ -i-): *aeri*fy.

aer·i·al /ɛ́əriəl | ɛ́ər-/ *adj.* **1** 航空(機)の[に関する, による]: an ～ attack 空襲 / an ～ beacon 航空標識 / an ～ fleet＝air fleet / ～ inspection 空中査察 / ～ navigation 航空航法 / ～ transport(ation) 空輸. **2 a** 空中の; 空中にすむ: ～ spirits 空気[風]の精 (cf. Ariel[1] 3). **b** 〘生態〙空気中で生存[成長, 形成]する, 気中性の (cf. epigeal 1, aquatic): an ～ animal 気中動物 / an ～ plant 気生[着生]植物. **3 a** 空中にそびえる (lofty): an ～ spire. **b** 空中にかかる, 架空の: an ～ cableway 架空索道 / an ～ ropeway 空中ケーブル / an ～ (ski) lift (スキー)リフト / an ～ wire 〘通信〙＝n. 1. **4** 空気の, 大気の; 気体の (gaseous): an ～ current 気流. **5** 空気のような, 希薄な, 軽い, 淡い (airy). **6** 空虚な, 空想的な (imaginary): ～ dreams. **7** 《詩》淡く美しい, 霊妙な (ethereal): ～ music. **8** (アメリカンフットボール・ラグビーなどで)フォワードパス (forward pass) を用いた[による]. ― *n.* **1** 〘通信〙空中線, アンテナ (aerial wire, antenna). **2** ＝forward pass. **3** [*pl.*] 〘スキー〙エアリアル《フリースタイルスキーの一種目; 特設ジャンプ台から飛び出して 3 回宙返りをする空中演技》. **4** 〘体操〙前方宙返り. **～·ly** *adv.* 〚《1604》← L *āerius* (□ Gk *āérios* ← *āḗr* 'AIR[1]')＋-AL[1]〛

áerial blúe *n.* 〘窯業〙灰色がかった地に青色の模様をつけた繊細な単色の陶器.

áerial bòmb *n.* 〘軍事〙(航空機から投下する)空中爆撃弾, 空対地爆弾, 投下爆弾. 〚1919〛

áerial bòmbing *n.* 〘軍事〙空中爆撃, 空爆. 〚1919〛

áerial cámera *n.* ＝aerocamera. 〚1919〛

áerial condúctor *n.* 〘電気〙架空導体.

áerial díscharge *n.* 〘電気〙気中放電.

áerial dráinage *n.* 〘気象〙夜間山の斜面に沿って起こる冷気の下降流.

áerial fárming *n.* 〘農業〙空中農業《航空機を用いて種まきや肥料・農薬の散布を行う農業》.

áerial gúnner *n.* 〘空軍〙機上射手[射撃手, 射撃員]. 〚1919〛

áer·i·al·ist /-lɪ̀st | -lɪst/ *n.* (綱渡りなどの)空中曲芸師, (特に)空中ぶらんこ乗り (trapeze artist). 〚1905〛

aer·i·al·i·ty /ɛ̀əriǽləti | ɛ̀əriǽlɪ̀ti/ *n.* 空想的なこと, 空虚さ. 〚1854〛

áerial làdder *n.* 《米・カナダ》(消防用の)空中はしご, つなぎばしご (《英》turntable ladder). 〚1904〛

áerial mìne *n.* 〘軍事〙 **1** (空中から水上目標に投下する)空中投下機雷. **2** 空中投下地雷, パラシュート付き大型爆弾 (land mine ともいう). 〚1908〛

áerial observátion *n.* 〘軍事〙＝air observation. 〚1914〛

áerial perspéctive *n.* 〘絵画〙濃淡遠近法, 空気遠近法. 〚1720〛

áerial phótograph *n.* 航空写真, 空中写真. 〚1897〛

áerial photógraphy *n.* 航空写真術, 空中写真術. 〚1897〛

áerial píngpong *n.* 《豪戯言》オーストラリア式フットボール《ラグビーの変種》.

áerial ráilway *n.* ロープウェー. 〚1874〛

áerial róot *n.* 〘植物〙気根.

áerial survéillance *n.* 〘軍事〙航空機による監視.

áerial súrvey *n.* (航空写真による)航空測量. 〚1919〛

áerial tóp drèssing *n.* (肥料などの)空中散布. 〚1946〛

áerial torpédo *n.* 〘軍事〙 **1** 空中[航空]魚雷, 空雷. **2** 大型空中爆弾. **3** 推進装置付き誘導弾. 〚1896〛

áerial trámway *n.* ロープウェー, 空中ケーブル, 架空索道. 〚1904〛

ae·rie /ɛ́əri, íəri, éɪəri | íəri, ɛ́əri/ *n.* **1** (ワシなど猛鳥の)高巣. **2** (山頂など)高所の人家[城, 砦]. **3** 《廃》 **a** (高巣の)一かえりの巣びな. **b** (一家の)子供[子弟]たち. 〚《1581》□ ML *aeria* □ (O)F *aire* lair of wild animals ＜ L *ārea* level ground, bird's nest (L *ager* native place と連想): ⇨ area〛

aer·if·er·ous /ɛ̀ərɪ́f(ə)rəs | ɛər-/ *adj.* 空気を運ぶ[含む]. 〚《1687》← AERO-＋-FEROUS〛

aer·i·fi·ca·tion /ɛ̀ərəfɪ̀kéɪʃən | ɛ̀ərɪfɪ-/ *n.* **1** 空気を満たすこと. **2** 気体化, 気化. 〚《1847》← AERO-＋-FICATION〛

aer·i·form /ɛ́ərəfɔ̀əm | ɛ́ərɪ̀fɔːm/ *adj.* **1** 空気性の, 気状の (gaseous): an ～ fluid. **2** 空(くう)の, 無形の, 実体のない. 〚《1782》← AERO-＋-FORM〛

aer·i·fy /ɛ́ərəfàɪ | ɛ́ərɪ̀-/ *vt.* **1** …に空気[気体]を満たす (aerate). **2** 〈液体を〉気体化する, 気化する. 〚《1821》← AERO-＋-FY〛

aer·o /ɛ́ərou | ɛ́ərəu/ *adj.* [限定的] 航空機[飛行機](用)の; 航空(術)の; 航空(写真)用の: an ～ club 飛行クラブ / ⇨ aero metal. 〚《1874》: ⇨ aero-〛

Aer·o /ɛ́ərou | ɛ́ərəu/ *n.* 〘商標〙アエロ《英国 Rowntree Mackintosh 社製の小気泡のはいった板チョコ》.

aero. 《略》 aeronautical; aeronautics.

aer·o- /ɛ́ərou | ɛ́ərəu/「空気 (air); ガス (gas); 飛行機 (airplane), 飛行船 (airship) などの」の意の連結形: *aero*mania 飛行機狂. ★ 時に aeri-, また母音の前では通例 aer- になる. 〚□ F *aéro-* // Gk *āéros* ← *āḗr* 'AIR[1]'〛

àero·állergen *n.* 〘生化学〙空中アレルゲン《空中にあるアレルギー誘発物質》. 〚← AERO-＋ALLERGEN〛

aer·o·bac·ter /ɛ́ərəbæ̀ktə | ɛ́ərə(ʊ)bæ̀ktə(r)/ *n.* 〘細菌〙エロバクター《エロバクター属 (*Aerobacter*) の微生物で腸内にも常在する》. 〚《1900》← NL ～: ⇨ aero-, bacteria〛

àero·ballístics *n.* 〘軍事〙空気力学的[空力]弾道学《空気力学上の諸力がロケット・ミサイルなどの飛行に及ぼす影響を研究する学問》. 〚*c*1945〛

áero bàrs *n. pl.* エアロバー《空気抵抗を減らすための三角形の自転車用ハンドル》.

aer·o·bat·ic /ɛ̀ərəbǽtɪk | ɛ̀ərə(ʊ)bǽt-ˊ/ *adj.* 空中曲芸の[をする], 空中曲技的な; 高等飛行(術)の[をする]: an ～ flight 曲技[高等]飛行. 〚《1917》《逆成》↓〛

aer·o·bat·ics /ɛ̀ərəbǽtɪks | ɛ̀ərə(ʊ)bǽt-/ *n.* (飛行機などの)アクロバット[曲技]飛行; 高等飛行(術) (stunt flying). 〚(*c*1911) ← AERO-＋(ACRO)BATICS〛

aer·obe /ɛ́əroub | ɛ́ərəub/ *n.* 〘生物〙好気性生物《特に, 菌類や細菌類; cf. anaerobe》. **aer·ob·i·an** /ɛ̀əróubiən | ɛəráub-/ *adj.* **aer·ób·i·ous** /-biəs/ *adj.* 〚《1886》□ F *aérobie* ← AERO-＋Gk *bíos* life: cf. microbe〛

aerobia *n.* aerobium の複数形.

aer·o·bic /ɛ̀əróubɪk | ɛəráub-/ *adj.* **1** エアロビクス (aerobics) の. **2** 〘生物〙好気性の (↔ anaerobic): ～ bacteria 好気性細菌 / ～ respiration 好気の[酸素]呼吸. **3** 〘生物〙酸化(力)の(ある) (oxidative). **4** 〘生物〙好気性生物の[によって引き起こされる]. **aer·ó·bi·cal·ly** *adv.* 〚《1884》← AEROB(E)＋-IC[1]: フランスの化学者 Louis Pasteur の造語〛

aer·o·bics /ɛ̀əróubɪks | ɛəráu-/ *n.* 〘スポーツ〙エアロビクス, 有酸素運動《酸素の消費量を増やして, 心臓や肺などの循環機能を活発にするための運動(ランニング, 水泳など)を通して体を鍛える方法》. 〚《1968》: ⇨ ↑, -ics〛

àero·biólogist *n.* 空中生物学者. 〚1942〛

àero·biólogy *n.* 空中生物学. **àero·biológic** *adj.* **àero·biológical** *adj.* **àero·biológically** *adv.* 〚(*c*1937) ← AERO-＋BIOLOGY〛

àero·biósis *n.* (*pl.* **-oses**) 〘生物〙好気的生活. **àero·biótic** *adj.* **àero·biótically** *adv.* 〚(*c*1900) ← NL ～: ⇨ aero-, -biosis〛

aer·o·bi·um /ɛ̀əróubiəm | ɛəráu-/ *n.* (*pl.* **-bi·a** /-biə/) 〘生物〙＝aerobe. 〚← NL ～ ← F *aérobie* 'AEROBE'＋-IUM〛

áero·bràke 〘宇宙〙 *vi.* 空力的制動をする《宇宙船を惑星のまわりの希薄な大気の中を飛行させ, 空力的抵抗によって減速させる》. ― *n.* 空力的制動手段. 〚← AERO-＋BRAKE〛

áero·bùs *n.* 〘航空〙＝airbus. 〚1906〛

áero·càmera *n.* (航空写真用の)航空カメラ.

àero·chémical *adj.* 〘軍事〙(飛行機から化学剤を投射する)航空化学戦の: an ～ attack 航空化学攻撃. 〚1937〛

aer·o·do·net·ics /ɛ̀ərədənétɪks | ɛ̀ərə(ʊ)dənét-/ *n.* 〘航空〙滑空術; グライダー操縦術. 〚《1907》← Gk *āerodónētos* air-tossed (← AERO-＋*doneîn* to shake)＋-ICS〛

aer·o·don·tal·gi·a /ɛ̀əroudɑ(ː)ntǽldʒiə, -dʒə | ɛ̀ərə(ʊ)dɔn-/ *n.* 〘歯科〙航空性歯痛. 〚← AERO-＋ODONTALGIA〛

aer·o·don·ti·a /ɛ̀əroudɑ́(ː)nʃiə, -ʃə | ɛ̀ərə(ʊ)dɔ́nʃiə/ *n.* 〘歯科〙航空歯科. 〚← AERO-＋ODONT-＋-IA[1]〛

aer·o·drome /ɛ́ərədròum | ɛ́ərədrəum/ *n.* 《英》＝airdrome. 〚《1891》← AERO-＋-DROME: HIPPODROME との類推〛

aer·o·dy·nam·ic /ɛ̀əroudaɪnǽmɪk | ɛ̀ərə(ʊ)daɪ-, -dɪ-ˊ/ *adj.* 空気力学(的)の. **àero·dynámic·al** *adj.* **àero·dynámically** *adv.* 〚1837〛

aerodynámic cénter *n.* 〘航空〙空力中心《翼の断面形に固有の点で, 亜音速流におけるその点回りのモーメントが迎角にかかわらず不変》.

aerodynámic héating *n.* 〘航空〙空力加熱《超音速で飛ぶ航空機の翼前後などで, 空気が圧縮や表面摩擦によって高温となり機体が加熱されること》.

aer·o·dy·nam·i·cist /ɛ̀əroudaɪnǽməsɪ̀st | ɛ̀ərə(ʊ)daɪnǽmɪ̀sɪst, -dɪ-/ *n.* 空気力学者, 航空力学者. 〚1926〛

àero·dynámics *n.* 空気力学《空気または他の気体の運動およびその中に置かれた物体に働く力などを取り扱う航空工学の主な柱の一つ; gasdynamics ともいう; cf. aerostatics》. 〚1837〛

aer·o·dyne /ɛ́ərədàɪn | ɛ́ərə(ʊ)-/ *n.* 〘航空〙(空気より重い)重航空機 (heavier-than-air craft) (cf. aerostat). 〚(*c*1906) ← AERO-＋DYNE〛

àero·elástic *adj.* 〘航空〙空力弾性(的)の: ～ divergence 空力弾性的な発散《気流の速度がある限界を超したとき弾性的な変形が著しく大きくなって破壊するに至る現象》. 〚1936〛

àero·elastícity *n.* 空力弾性学. 〚1935〛

àero·embolism *n.* 〘病理〙空気塞栓(そくせん) (air embolism) 《手術・妊娠中絶などの際, 血管に気泡が入って血流を止める状態; cf. decompression sickness》. 〚*c*1939〛

áero·ègine *n.* 〘航空〙航空機用エンジン, 航空エンジン (aircraft engine). 〚1913〛

A·e·ro·flot /ɛ́rouflòut, -flɑ̀(ː)t | ɛ́ərə(ʊ)flɔ̀t; *Russ.* aeraflót/ *n.* アエロフロート《ロシアの航空会社; 略 AFL, 記号 SU》. 〚□ Russ. ～ ← *aero-* 'AERO-'＋*flot* fleet〛

aer·o·foil /ɛ́ərəfɔ̀ɪl | ɛ́ərə(ʊ)-/ *n.* 《英》〘航空〙＝airfoil 1. 〚《1907》: ⇨ foil[1]〛

áerofoil sèction *n.* 《英》〘航空〙＝wing section. 〚1950〛

aer·o·gel /ɛ́ərədʒèl | ɛ́ərə(ʊ)-/ *n.* 〘化学〙エーロゲル《エーロゾル粒子が凝結し, その間隙(かんげき)に気体を含んだ構造のもの; 吸着剤・触媒に用いられる; cf. xerogel》. 〚《1923》← AERO-＋GEL〛

aer·o·gen·ic /ɛ̀ərouʤénɪk | ɛ̀ərə(ʊ)-ˊ/ *adj.* 〈細菌など〉ガスを発生する. 〚← AERO-＋-GENIC[1]〛

aer·o·gram /ɛ́ərəgræ̀m | ɛ́ər-/ *n.* **1** 航空書簡, エアログラム (air letter). **2** 無線電報 (radiotelegram). **3** 〘気象〙エーログラム《断熱図 (adiabatic chart) の一種》. **4** 〘医学〙＝pneumogram. 〚《1899》← AERO-＋-GRAM〛

aer·o·gramme /ɛ́ərəgræ̀m | ɛ́ər-/ *n.* ＝aerogram 1. 〚1954〛

aer·o·graph /ɛ́ərəgræ̀f | ɛ́ərəgrɑ̀ːf, -græ̀f/ *n.* 自記気象計 (meteorograph). 〚1898〛

aer·og·raph·er /ɛ̀ərɑ́(ː)grəfə | ɛərɔ́grəfə(r)/ *n.* 《米海軍》(海軍飛行隊で気象観測と予報に任じる)航空気象観測准士官. 〚《1945》: ⇨ ↑, -er[1]〛

aer·og·ra·phy /ɛ̀ərɑ́(ː)grəfi | ɛərɔ́g-/ *n.* ＝meteorology. 〚1753〛

àero·hýdroplane *n.* 〘航空〙水上(飛行)機 (hydroplane). 〚← AERO-＋HYDRO-＋PLANE[1]〛

àero·hýdrous *adj.* 〘鉱物〙〈鉱物が〉(小孔に)空気と水を含む. 〚《1847》← AERO-＋HYDROUS〛

aer·o·lite /ɛ́ərəlàɪt | ɛ́ərə(ʊ)-/ *n.* 〘岩石〙石質隕石(いんせき) (stone) (cf. pallasite). **aer·o·lit·ic** /ɛ̀ərəlɪ́tɪk | ɛ̀ərə(ʊ)lɪ́t-ˊ/ *adj.* 〚(*c*1815) ← AERO-＋-LITE〛

aer·o·lith /ɛ́ərəlɪ̀θ | ɛ́ərə(ʊ)-/ *n.* 〘岩石〙＝aerolite. 〚1819〛

aer·o·lit·ics /ɛ̀ərouĺɪtɪks | ɛ̀ərə(ʊ)lɪ́t-/ *n.* 石質隕石(いんせき)学. 〚← AEROLITE＋-ICS〛

aer·ol·o·gy /ɛ̀ərɑ́(ː)lədʒi | ɛərɔ́l-/ *n.* 高層[航空]気象学. **aer·o·log·i·cal** /ɛ̀ərəlɑ́(ː)dʒɪ̀kəl, -kl | ɛ̀ərəlɔ́dʒɪ-ˊ/ *adj.* **aer·ól·o·gist** /-dʒɪ̀st | -dʒɪst/ *n.* 〚《1736》← AERO-＋-LOGY〛

àero·magnétic *adj.* 〘地球物理〙空中磁気の. 〚1948〛

aer·o·man·cy /ɛ́əroumæ̀nsi | ɛ́ərə(ʊ)-/ *n.* **1** (天気の模様によって行う)天気占い; (大気の様子によって行う)大気占い. **2** 天気予報. 〚(*a*1393) *aeromanc(i)e* □ MF *aéromancye* // ML *āeromantia*: ⇨ aero-, -mancy〛

àero·maríne *adj.* 〘航空〙洋上飛行の. 〚1917〛

àero·mechánic *n.* 飛行機技術者, 飛行機修理工 (aircraft mechanic). ― *adj.* 空気力学の. 〚1909〛

àero·mechánics *n.* 空気力学 (aerodynamics) (cf. aerostatics 1). 〚(*c*1909) ← AERO-＋MECHANICS〛

àero·médical *adj.* 航空医学の. 〚1937〛

àero·médicine *n.* ＝aviation medicine. 〚1942〛

àero métal *n.* 〘冶金〙高力アルミニウム合金, 航空機用軽合金《亜鉛・銅を含んだアルミニウム合金》.

àero·meteórograph *n.* 《米》航空気象記録器. 〚1945〛

aer·om·e·ter /ɛ̀ərɑ́(ː)mətə | ɛərɔ́mɪ̀tə(r)/ *n.* 〘物理〙(気体の流量を測る)量気計. 〚《1794》← AERO-＋-METER[1]〛

aer·om·e·try /ɛ̀ərɑ́(ː)mətri | ɛərɔ́mɪ̀tri/ *n.* **1** 〘物理〙気体測定; 量気学. **2** 《古》＝pneumatics. **aer·o·met·ric** /ɛ̀əroumétrɪk | ɛ̀ərə(ʊ)-ˊ/ *adj.* 〚《1751》← AERO-＋-METRY〛

àero·mòdelling *n.* 模型飛行機を作る趣味.

áero·mòtor *n.* 航空機用発動機 (aircraft motor,

aeroengine). 〘1902〙
aeron. 《略》aeronautics; aeronautical.
aer·o·naut /ɛ́ərənɔ̀ːt, -nɑ̀ːt | ɛ́ərənɔ̀ːt/ *n.* **1** 飛行船[軽気球]に乗る人. **2** 飛行士 (air pilot) (cf. astronaut). 〘(1784) □ F *aéronaute* ← AERO-+Gk *naútēs* sailor (cf. nautical)〙
aer·o·nau·tic /ɛ̀ərənɔ́ːtɪk, -nɑ́ːt- | ɛ̀ərənɔ́ːt-ˊ/ *adj.* =aeronautical. 〘1784〙
aer·o·nau·ti·cal /ɛ̀ərənɔ́ːtɪkəl, -nɑ́ːt-, -kl | ɛ̀ərənɔ́ːtɪ-ˊ/ *adj.* 航空(術)の, 航空学の: an ~ chart 航空地図. **~·ly** *adv.* 〘1784〙
aeronáutical engineering *n.* 航空工学.
aeronáutical engineér *n.* 〘1959〙
áeronautical rádio *n.* 〖通信〗航空無線.
áeronautical státion *n.* 〖通信〗地上通信局, 航空(無線)局 (cf. aircraft station, land station).
aer·o·nau·tics /ɛ̀ərənɔ́ːtɪks, -nɑ́ːt- | ɛ̀ərənɔ́ːt-/ *n.* 航空学; 航空術, 飛行術. 〘(1753) ← NL *āeronautica* ← AERO-+L *nautica* ((pl. neut.) ← *nauticus* 'NAUTICAL')〙
àero·neurósis *n.* 〖病理〗航空神経症. 〘← NL ~〙
aer·o·nom·ics /ɛ̀ərənɑ́(ː)mɪks | ɛ̀ərənɔ́m-/ *n.* =aeronomy.
ae·ron·o·my /ɛərɑ́(ː)nəmi | ɛərɔ́n-/ *n.* 超高層大気物理学. **ae·ron·o·mer** /ɛərɑ́(ː)nəmə | ɛərɔ́nəmə(r)/ *n.* **aer·o·nom·ic** /ɛ̀ərənɑ́(ː)mɪk | ɛ̀ərənɔ́m-ˊ/ *adj.* **àer·o·nóm·i·cal** /-mɪkəl, -kl | -mɪ-ˊ/ *adj.* **ae·rón·o·mist** /-mɪst | -mɪst/ *n.* 〘(1957) ← AERO-+-NOMY〙
áero-otìtis média *n.* 〖病理〗航空中耳炎 (aviator's ear). 〘(1937) ← NL ~: ⇨ aero-, otitis media〙
aer·o·pause /ɛ́ərəpɔ̀ːz, -pɑ̀ːz | ɛ́ərə(ʊ)pɔ̀ːz/ *n.* [the ~]〖宇宙〗大気界面《地上約 20-23 km の空気層; 一般の航空機は飛行できない》. 〘(c1950) ← AERO-+PAUSE〙
aer·o·pha·gia /ɛ̀ərəféɪdʒə, -dʒiə | ɛ̀ərə(ʊ)féɪdʒiə, -dʒə/ *n.* 〖精神医学〗呑気(どんき)(症), 空気嚥下(えんげ)(症).
aer·oph·a·gist /ɛərɑ́(ː)fədʒɪst | ɛərɔ́fədʒɪst/ *n.* 〘(1901) ← NL ~ ← AERO-+-*phagia* '-PHAGY'〙
ae·roph·a·gy /ɛərɑ́(ː)fədʒi | ɛərɔ́f-/ *n.* 〖精神医学〗=aerophagia. 〘1901〙
àero·philátelist *n.* 航空(郵便)切手収集家.
àero·philátely *n.* 航空(郵便)切手収集.
àero·phóbia *n.* 〖精神医学〗嫌気(けんき)(症); 高所恐怖(症) (acrophobia). **àero·phóbic** *adj.* 〘1785〙
áero·phòne *n.* 気鳴楽器《楽器分類上の用語で, トランペットやフルートなど空気が発音体となる楽器の総称》. 〘(1878) ← AERO-+-PHONE〙
aer·o·phore /ɛ́ərəfɔ̀ə | ɛ́ərə(ʊ)fɔ̀ː(r)/ *n.* (*also* **aer·o·phor** /-fɔ̀ə | -fɔ̀ː(r)/)〖医学〗圧搾空気携帯装置《窒息治療用》. 〘(1877) ← AERO-+-PHORE〙
àero·photógraphy *n.* 航空写真術. 〘1918〙
àero·phýsics *n.* 航空物理学. 〘(1897) ← AERO-+PHYSICS〙
aer·o·phyte /ɛ́ərəfàɪt | ɛ́ərə(ʊ)-/ *n.* 〖植物〗=epiphyte. 〘(1840) ← AERO-+-PHYTE〙
aer·o·plane /ɛ́ərəplèɪn | ɛ́ərə-/ *n.*, *vi.* 《英》=airplane. 〘(1866) ← AERO-+PLANE[1]〙
áeroplane clòth [fàbric] *n.* =airplane cloth.
áero·plànkton *n.* [集合的]〖生物〗空中プランクトン, 空中浮遊生物《大気中に浮遊している小形の生物》. 〘1932〙
áero·pùlse *n.* 〖航空〗=pulse-jet engine. 〘← AERO-+PULSE[1]〙
aer·o·sat /ɛ́ərəsæ̀t | ɛ́ər-/ *n.* 航空衛星《航空・航海の管制用の衛星》. 〘← AERO-+SAT(ELLITE)〙
aer·o·scep·sis /ɛ̀ərouskέpsɪs | ɛ̀ərə(ʊ)skέpsɪs/ *n.* (*pl.* **-scep·ses** /-siːz/)〖動物〗(ある種の動物がもつ)気象状況を感知する能力. 〘← NL ~ ← AERO-+Gk *sképsis* perception〙
aer·o·scep·sy /ɛ́ərouskèpsi | ɛ́ərə(ʊ)-/ *n.* =aeroscepsis. 〘(1835) ← AERO-+-*scepsy* (← Gk *sképsis* (↑))〙
aer·o·scope /ɛ́ərəskòup | ɛ́ərəskòup/ *n.* エアロスコープ《空中から顕微鏡的物体を集める装置》. **aer·o·scop·ic** /ɛ̀ərəskɑ́(ː)pɪk | ɛ̀ərəskɔ́p-ˊ/ *adj.* 〘← AERO-+-SCOPE〙
áero·shèll *n.* 〖宇宙〗(軟着陸用の)小型制御ロケット付きの防護殻. 〘(1966) ← AERO-+SHELL〙
àero·sinusítis *n.* 〖病理〗航空[気圧]性副鼻腔(くう)炎. 〘← AERO-+SINUSITIS〙
aer·o·sol /ɛ́ərəsɑ̀(ː)l, -sɔ̀(ː)l | ɛ́ərə(ʊ)sɔ̀l/ *n.* **1 a** エアゾル剤, 噴霧式薬剤《殺虫剤・塗料など》. **b** エアゾル容器 (aerosol container)《aerosol bomb など》. **2** 〖物理化学〗エーロゾル, 気膠(きこう)質, 煙霧質《固体または液体の微粒子を気体中に霧状に分散させた系》. **— *vt.*** エアゾル噴霧器で《絵などを》描く. 〘(1923) ← AERO-+SOL[4]〙
áerosol bòmb *n.* エアゾル噴霧器, スプレー《殺虫剤・消毒剤などを霧状に噴出させる金属容器; air spray ともいう》. 〘1944〙
aer·o·sol·ize /ɛ́ərəsɑ̀(ː)laɪz, -sɔ̀(ː)l- | ɛ́ərə(ʊ)sɔ̀l-/ *vt.* 〖物理化学〗エーロゾル[気膠(きこう)質]化する, 霧状に分散させる. **aer·o·sol·i·za·tion** /ɛ̀ərəsɑ̀(ː)lɪzéɪʃən, -sɔ̀(ː)l- | ɛ̀ərəsɔ̀laɪ-, -lɪ-/ *n.* 〘1944〙
aer·o·space /ɛ́ərouspèɪs | ɛ́ərəʊ-/ *n.* **1** 航空宇宙産業. **2** 航空宇宙学. **3** 〖宇宙〗大気および宇宙空間. **—** *adj.* [限定的] **1** 宇宙航空機生産[製作]の. **2** 〈航空機が〉aerospace 用の; aerospace 飛行の. **3** 大気および宇宙空間の. 〘*c*1958〙
áerospace mèdicine *n.* =aviation medicine.
áero·sphère *n.* [the ~]〖航空〗大気圏. 〘(1912) □ F *aérosphère*: ⇨ aero-, -sphere〙
aer·o·stat /ɛ́ərəstæ̀t | ɛ́ərə(ʊ)-/ *n.* 〖航空〗軽航空機 (lighter-than-air craft) (cf. aerodyne). 〘(1784) □ F *aérostat*: ⇨ aero-, -stat〙
aer·o·stat·ic /ɛ̀ərəstǽtɪk | ɛ̀ərə(ʊ)stǽt-ˊ/ *adj.* **1** 気体静力学の. **2** 軽航空機操縦(術)の. **3** 《古》航空(術)の (aeronautical). 〘(1783) ← AERO-+STATIC〙
àer·o·stát·i·cal /-tɪkəl, -kl | -tɪ-ˊ/ *adj.* =aerostatic. 〘1685〙
aer·o·stat·ics /ɛ̀ərəstǽtɪks | ɛ̀ərə(ʊ)stǽt-/ *n.* **1** 気体静力学, 空気静力学 (cf. aerodynamics). **2** 軽航空機操縦術. 〘(1784) ← AERO-+STATICS〙
aer·o·sta·tion /ɛ̀ərəstéɪʃən | ɛ̀ər-/ *n.* 軽航空機操縦(法) (cf. aviation). 〘(1784) □ F *aérostation* ← *aérostat* 'AEROSTAT'〙
àero·táxis *n.* 〖植物〗趨気(すうき)性, 走気性. **àero·táctic** *adj.* 〘(1909) ← NL ~: ⇨ aero-, -taxis〙
àero·therapéutics *n.* 〖医学〗大気療法学. 〘(1894) ← AERO-+THERAPEUTICS〙
àero·thérapy *n.* 〖医学〗=aerotherapeutics. 〘1874〙
àero·thermodynámic *adj.* 気体[空気]熱力学の. 〘1945〙
àero·thermodynámics *n.* 気体熱力学, (特に)空気熱力学. 〘1949〙
áero·tòwing *n.* 〖航空〗飛行機曳航(えいこう)《グライダーを飛行機で曳航して離陸させること; 一定高度に達したら曳航索を切り離して単独で飛行させる》. 〘1938〙
áero·tràin *n.* 〖鉄道〗プロペラ推進式モノレール. 〘1965〙
aer·o·trop·ic /ɛ̀ərətrɑ́(ː)pɪk | ɛ̀ərə(ʊ)trɔ́p-, èɪər-ˊ/ *n.* 〖生物〗屈気[酸素屈]性の. 〘(1898) ← AERO-+-TROPIC〙
ae·rot·ro·pism /ɛərɑ́(ː)trəpɪzm | ɛərɔ́tr-/ *n.* 〖生物〗屈気性, 酸素屈性. 〘1889〙
Aer·tex /ɛ́ətɛks | ɛ́ə-/ *n.* 〖英商標〗エアテックス《シャツ・下着用の目の粗い綿織物生地》. 〘1896〙
Aert·sen /ɑ́ːtsən | ɑ́ːt-; *Du.* áːrtsə(n)/ (*also* **Aertszen** /~/), **Pieter** *n.* アールツェン (1508?-?75; オランダの静物・風俗画家).
aer·u·gi·nous /iːrúːdʒənəs, ɪr-, aɪr- | ɪərúːdʒɪ-/ *adj.* 緑青(ろくしょう)の(ような); 緑青色の (bluish-green). 〘(1605) □ L *aerūginōsus* verdigris ← *aerūgin-, aerūgō* copper rust ← *aer-, aes* copper: ⇨ -ous〙
ae·ru·go /iːrúːgou, ɪr-, aɪr- | ɪərúːgəu/ *n.* (*pl.* **~s**) 緑青(ろくしょう) (verdigris). 〘(1753): cf. aeruginous〙
aer·y[1] /ɛ́əri, éɪəri | ɛ́əri/ *adj.* (**aer·i·er**; **-i·est**)《詩》軽やかな; 淡い; 夢のような; 霊的な; 空虚な. **áer·i·ly** *adv.* 〘(1586) □ L *āerius* ← *āer* 'AIR[1]'〙
aer·y[2] /ɛ́əri, íəri, éɪəri | ɛ́əri, íəri/ *n.* (*pl.* **aer·ies**) = aerie.
Aes·chi·nes /ɛ́skəniːz, íːs- | íːskɪ-/ *n.* アイスキネス (389-314 B.C.; Athens の雄弁家で Demosthenes の敵).
Aes·chy·lus /ɛ́skələs, íːs- | íːskɪ-/ *n.* アイスキュロス (525-456 B.C.; ギリシャの悲劇詩人; 鷲(わし)が彼のはげ頭に向かって亀を落としたため死んだという伝説は有名; *Agamemnon*「アガメムノン」). **Aes·chy·le·an** /ɛ̀skəlíːən, ìːs- | ìːskɪlíːən-ˊ/ *adj.*
Aes·cu·la·pi·an /ɛ̀skjʊléɪpiən | ìːs-ˊ/ *adj.* 医神アイスクラピオス (Aesculapius) の; 医術の, 医療の (medical); 医師の. **— *n.*** 医者, 医師 (physician). 〘(1622): ⇨ Aesculapius, -an[1]〙
Áesculapian snáke *n.* 〖動物〗クスシヘビ (*Elaphe longissima*)《ヨーロッパ・西南アジアに分布する体長の長いヘビ; 体色は黄褐色から灰色にいたるさまざまなものがある; 古代には医術の神 Aesculapius の化身とみなされて保護をうけた》.
Aes·cu·la·pi·us /ɛ̀skjʊléɪpiəs | ìːs-/ *n.* **1** 〖ローマ神話〗アイスクラーピウス《ギリシャ神話の医神 Asclepius に当たる》. **2** 医師. 〘□ L *Aesculāpius* □ Gk *Asklēpiós* 'ASCLEPIUS'〙
aes·cu·lin /ɛ́skjʊlɪn | íːs-/ *n.* 〖化学〗=esculin. 〘1877〙
Ae·sir, a- /éɪzɪə, -sɪə | -sɪə(r)/ *n. pl.* [the ~]〖北欧神話〗エイシア, アサ神族《北欧古代の神々で Asgard に住む》. 〘□ ON ~ (pl.) ← *āss* god: cf. OE *ōs* / Goth. *ans* god〙
Ae·son /íːsən, -sn/ *n.* 〖ギリシャ伝説〗アイソン (Jason の父). 〘□ L ~ □ Gk *Aísōn*〙
Ae·sop /íːsɑ(ː)p, -səp | -sɔp/ *n.* イソップ, アイソーポス (620?-?564 B.C.; ギリシャの寓話作家; その作と伝えられるのが *Aesop's Fables*). 〘□ L *Aesōpus* □ Gk *Aísōpos*〙
Ae·so·pi·an /iːsóupiən, -sɑ́(ː)p- | -sóupiən, -sɔ́p-, -pjən/ *adj.* **1** イソップ (Aesop) の, イソップ風の. **2** 〈語句など〉寓意的な. 〘(1728) ← L *Aesōpius* (← *Aesōpus* (↑))+-IAN〙
Ae·sop·ic /iːsɑ́(ː)pɪk | -sɔ́p-/ *adj.* =Aesopian. 〘1728〙
aesth. 《略》aesthetic; aesthetically; aesthetics.
aes·the·sia /ɛsθíːʒə, -ʒiə | iːsθíːziə, ɛs-, -ʒiə/ *n.* = esthesia. 〘1879〙
aes·the·si·o- /ɛsθìːziou | iːsθìːziəu, ɛs-/ =esthesio-.
aes·the·si·om·e·ter /ɛsθìːziɑ́(ː)mətə | iːsθìːziɔ́mɪtə(r), ɛs-/ *n.* 〖医学〗=esthesiometer. 〘1871〙
aes·the·sis /ɛsθíːsɪs | iːsθíːsɪs, ɛs-/ *n.* =esthesis. 〘1851〙
aes·thete /ɛ́sθiːt | íːs-, ɛ́s-/ *n.* **1** 唯美主義者, 耽美(たんび)主義者. **2** 審美眼のある人. **3** 《英》(大学で, 運動ぎらいの)勉強家 (cf. hearty 3). 〘(1881) □ Gk *aisthētḗs* one who perceives ← IE **au-* to perceive (⇨ audible)〙
aes·thet·ic /ɛsθέtɪk, ɪs- | iːsθέt-, ɛs-/ *adj.* **1 a** 審美的な; 美的な: ~ criticism 審美的批評 / an ~ experience [feeling] 美的体験[感情] / an ~ sense 美感, 美意識. **b** 美学の[に関する]. 日英比較「エステティック サロン」は和製英語. 英語では beauty care salon という. **2** 〈人など〉審美眼のある, 審美的な; 美を好する. **3** 〈物が〉芸術的な; 趣味のよい. **4** 感性[感覚]的な, 感性[感覚]の[に関する]. **— *n.*** **1** 〖哲学〗=aesthetics. **2** =aesthete. 〘(1798) □ Gk *aisthētikós* capable of perception: ⇨ ↑, -ic[1]〙
aes·thét·i·cal /-tɪkəl, -kl | -tɪ-/ *adj.* =aesthetic. 〘1798〙
aes·thét·i·cal·ly *adv.* **1** 審美的に; 美学的に. **2** 芸術的に. 〘1827〙
aesthétic dístance *n.* 〖芸術〗審美的距離《芸術家が作品にみせる現実との心理的距離》. 〘1938〙
aesthétic educátion *n.* 〖教育〗審美教育《美の本質・理論に関する教育》.
aes·the·ti·cian /ɛ̀sθətíʃən | ìːsθɪ-, ɛ̀s-/ *n.* **1** 美学者. **2** 《米》美容師, エステティシャン (《英》beautician). 〘(1829) ← AESTHETIC(S)+-IAN〙
aes·thet·i·cism /-təsɪzm | -tɪ-/ *n.* **1** 唯美[耽美(たんび)]主義. **2** 美的趣味, 審美眼. 〘(1855) ← AESTHETIC+-ISM〙
aes·thet·i·cize /ɛsθέtəsàɪz, ɪs- | iːsθέtɪ-, ɛs-/ *vt.* 〈物を〉美しくする, 美化する. 〘(1864) ← AESTHET(IC)+-IZE〙
aesthétic mòvement *n.* [the ~]〖芸術〗耽美(たんび)主義運動《1880 年代の英国で芸術至上主義 (art for art's sake) を唱えた芸術上の運動》.
aes·thet·ics /ɛsθέtɪks, ɪs- | iːsθέt-, ɛs-/ *n.* 〖哲学〗**1** 美学. **2** (カント哲学の)感性論. **3** (特定の)美学理論, 芸術論. 〘(1803) ← AESTHETIC+-ICS〙
àes·tho·physiólogy /ɛ̀sθou- | ìːsθə(ʊ)-, ɛ̀s-/ *n.* = esthesiophysiology. 〘1855〙
aes·ti·val /ɛ́stəvəl, ɛstáɪ-, -vl | iːstáɪ-/ *adj.* 夏季(特有)の: an ~ disease. 〘(*c*1386) □ (O)F *estival* // L *aestīvālis* ← *aestivus* ← *aestus* heat ← IE **aidh-* to burn〙
aes·ti·vate /ɛ́stəvèɪt | íːstɪ-/ *vi.* **1** 夏を過ごす. **2** 〖動物〗夏眠する (cf. hibernate 1). **áes·ti·và·tor** /-tə | -tə(r)/ *n.* 〘(1626) ← L *aestīvātus* (p.p.) ← *aestīvāre* to spend the summer ← *aestīvus* (↑)〙
aes·ti·va·tion /ɛ̀stəvéɪʃən | ìːstɪ-/ *n.* **1** 〖動物〗夏眠 (cf. hibernation). **2** 〖植物〗花芽層, 芽層《つぼみの中で花弁が折りたたまれている状態; cf. vernation》. 〘(1625) ← L *aestīvātus* (↑)+-ION〙
aet. 《略》aetatis.
a.e.t. 《略》〖サッカー〗after extra time.
aetat. 《略》aetatis.
ae·ta·tis /iːtéɪtɪs, aɪtáː- | -tɪs/ *L. adj.* 年齢…歳の (略 aet., aetat.): *aet.* 60 年齢 60 歳. 〘□ L *aetātis* at the age of, aged〙
Æth·el·bert /ǽθəlbə̀ːt, éθl-, -bət | -bə̀ːt, -bət/ *n.* = Ethelbert[2].
Æth·el·red /ǽθəlrèd, éθl-/ *n.* =Ethelred.
Æth·el·stan /ǽθəlstæ̀n | -stən, -stæ̀n/ *n.* =Athelstan 2.
ae·ther /íːθə | -θə(r)/ *n.* **1** =ether. **2** [A-]〖ギリシャ神話〗アイテール《晴れた空の大気の擬人化; Erebus と Nyx の子》.
ae·the·re·al /ɪθíəriəl, ɛθ- | iːθíər-, ɪθ-/ *adj.* (*also* **ae·the·ri·al** /~/) =ethereal. **ae·thè·re·ál·i·ty** *n.* **ae·thé·re·al·ly** *adv.*
Ae·thi·o·pi·a /ìːθióupiə | -ə́u-/ *n.* エチオピア《アフリカ北東部一帯に対する古名; 今日のエジプト・スーダン・エチオピアおよび以南の当時知られていた地を含んだ; cf. Ethiopia》.
ae·ti·o·lo·gic /ìːtiəlɑ́(ː)dʒɪk | -tiəlɔ́dʒ-ˊ/ *adj.* =etiologic. **ae·ti·o·lóg·i·cal** *adj.* **àe·ti·o·lóg·i·cal·ly** *adv.*
ae·ti·ol·o·gy /ìːtiɑ́(ː)lədʒi | -tiɔ́l-/ *n.* =etiology.
ae·ti·ól·o·gist *n.* 〘*a*1555〙
Aet·na /έtnə/ *n.* エトナ(山) (⇨ Etna).
a·e·to- /eɪíːtou | -təu/〖生物〗「ワシ (eagle)」の意を表す連結形で, 分類学上の名に用いる. 〘← NL ~ ← Gk *aetós* eagle ← IE **awi-* bird: cf. L *avis* bird〙
Ae·to·li·a /iːtóuliə, -ljə | -tə́u-/ *n.* アイトリア《古代ギリシャ北西部の一地方》.
Ae·to·li·an /iːtóuliən, -ljən | -tə́u-/ *adj.* アイトリア (Aetolia) の; アイトリア人の. **— *n.*** アイトリア人. 〘⇨ ↑, -an[1]〙
-a·e·tus /éɪətəs | eɪt-/〖生物〗「ワシ (eagle)」の意を表す名詞連結形. 〘← NL ~ ← Grk *aetós*: ⇨ aeto-〙
AEU 《略》《英》Amalgamated Engineering Union《現在は AUEW》. 〘1921〙
AEW 《略》〖軍事〗airborne early warning 空中早期警戒(機)《地上の警戒レーダーの死角を利用し低空で進入して来る敵機に対する)空中早期警戒(機)》.
Af 《記号》〖貨幣〗afghani(s).
AF 《略》Admiral of the Fleet; advanced freight(s); air force; Air France; Allied Forces; Anglo-French; Armed Forces; Army Form 陸軍用紙, 陸軍書式.
AF, a.f., a-f 《略》〖通信〗audio frequency (cf. RF).
A/F 《略》as found《競売用のカタログなどに用いられる》. ★ as found と読む.
af. 《略》〖文法〗affix.
Af. 《略》Africa; African.
af- /əf, æf/ *pref.* (f の前にくるときの) ad- の異形: *af*firm, *af*flict.

AFA《略》Amateur Football Association.

AFAM, AF & AM《略》Ancient Free and Accepted Masons.

a·fanc /ævǽŋk/ *n.*〖ケルト伝説〗アバン《ウェールズ北部の川や湖にすみ, かっぱのように人や動物を水に引きずり込む小さな怪物》.〖《1781》□ Welsh ～ 'beaver' < Celt. *abankos ← *ab- water: cf. Welsh *afon* river〗

a·far /əfɑ́ə | əfɑ́ː/ *adv.* [通例 off を伴って] 遠く, はるかに, 遠くで[へ]: stand ～ *off* / see something ～ *off*. ***from afár*** 遠方[遠くから]: come *from* ～.〖《?a1200》 *afer* ← lateOE *of feor* (⇨ a³, far) (← *feorran* far off, from far): cf. LL *dē longē, ā longē* (O)F *de loin, an loin*〗

A·far /ɑ́ːfɑə | -fɑː/ *n.* (*pl.* ～, **A·fa·ra** /əfɑ́ːrə/) アファル族 (Danakil)《エチオピア北東部からジブチにかけて住むハム系遊牧民族》; アファル族の人; アファル語《クシ語群に属する》. ── *adj.* アファル族[語]の.〖《1856》《現地語》〗

a·fa·ra /əfɑ́ːrə/ *n.*〖植物〗=limba.〖1920〗

A·fars and the Is·sas /ɑ́ːfɑəz(ə)ndiiːsɑ́ːz | ǽfɑː(z)-, æfɑ́ː(z)-/, **French Territory of the** *n.* [the ～] アファルイッサ (⇨ Djibouti).

AFB《略》《米》Air Force Base 空軍基地.

AFC《略》Air Force Cross; Amateur Football Club; 《米》American Football Conference; 《英》Association Football Club;〖航空〗automatic flight control 自動飛行制御;〖通信〗automatic frequency control.

AFDC《略》Aid to Families with Dependent Children (米国の)扶養児童世帯補助.

a·feard /əfíəd | əfíəd/ *adj.* [叙述的] (*also* **a·feared** /～/)《古·方言》=afraid.〖ME *afered* < OE *āfǣred* (p.p.) ← *āfǣran* to frighten: ⇨ a-², fear〗

a·feb·rile /eɪfébrɪl, -fíːb-, -raɪl | -fíːbraɪl/ *adj.*〖病理〗熱のない, 無熱の.〖《1875》← A-⁷＋FEBRILE〗

aff /ǽf/ *prep., adv.*《スコット》=off.〖《1733》《スコット》← OFF〗

aff.《略》affiliate; affirmative; affirming.

af·fa·bil·i·ty /æ̀fəbíləti | -lɪ̀ti/ *n.* 愛想のよさ, 人好きのすること, 優しさ, 温和〔*to, toward*〕: with ～ 愛想よく (affably).〖《1483》□ (O)F *affabilité* ← *affable* (↓): ⇨ -ity〗

af·fa·ble /ǽfəbl/ *adj.* **1**〈人が〉(特に, 目下の人にも)愛想のいい, 気のおけない, 人好きのする (sociable)〔*to*〕(⇨ amiable SYN): an ～, quiet man. **2**〈言葉·物腰など〉丁寧な, 物柔らかな, 優しい (courteous): an ～ smile. **～·ness** *n.*〖《?c1475》□ (O)F ～ □ L *affābilis* able to be spoken to ← *affārī* to speak to ← *ad-* to＋*fārī* to speak: cf. fable〗

áf·fa·bly /-bli/ *adv.* 愛想よく, 物柔らかに.〖1608〗

af·fair /əféə | əféə/ *n.* **1 a** (漠然と)事, 事柄, 出来事, 事件 (matter): an ～ of honor 決闘《男子の面目に関する事の意; cf. affaire d'honneur》/ an ～ of the heart (不純な)恋愛, 情事 (cf. 5; affaire de coeur) / His death was a tragic ～. 彼の死は悲劇的な出来事だった / All in all, it was a pretty odd ～. 大体においてかなりおかしな事件だった. **b** [*pl.*] 状況 (things): current ～*s* 時事, 時局 / the present state of ～*s* 現状, 現況 / in a pretty state of ～*s* はなはだ困った状態で. **c** 戦闘; 事変 (incident). **2** [しばしば固有名詞と共に用いて] …事件, 醜聞 (case): the Watergate ～ ウォーターゲート事件 / ⇨ Dreyfus affair. **3** 用事, 任務, 仕事 (business); 関心事 (concern): I have many ～*s* to look after. 処理しなければならない仕事がたくさんある / That's my (own) ～. それは君が口を出すことではない / Mind your own ～ 人のことに口出しするな. **4** [*pl.*] (公私の)諸事, 事務, 業務: family ～*s* 家事 / financial ～*s* 財務, 財政 / human ～*s* 人間社会の営み, 人事 / private ～*s* 私事 / public ～*s* 公事, 公務 / ⇨ foreign affairs / a talent for ～*s* 事務(処理)の才能 / a man of ～*s* 事務家, 実務家 / the ～*s* of state 国事, 国務, 政務. **5** (通例一時的で不倫の)恋愛, 情事 (love affair) (cf. 1 a): have an ～ *with* …と恋愛[関係]する. **6** [通例形容詞を伴って]《口語》(漠然と)物, 品, しろもの (thing): Our refrigerator is an old rickety ～. うちの冷蔵庫は古ぼけたしろものだ / The house was a low, one-story ～. その家は低い平家建てだった / I bound them all together and loaded the whole ～ onto the roof-rack. 全部をひとつにまとめて一切合切車の屋根に積んだ. **7** (社交的な)会合, パーティー: The party was a stand-up ～. 会は立食式だった / My son's bar mitzvah was a big catered ～. 息子のバルミツバーの儀式は豪華な仕出し料理付きだった.
an affáir of =a matter of ⇨ matter 8. ***pút* [*sét, léave*] *one's affáirs in órder*** (経済的な)身辺の事柄を整理する[しておく]. ***wind úp one's affáirs*** (事業などをやめる前に)事務の整理をつける.
〖《?a1300》□ OF *afaire* (F *affaire*) ← *à* (< L *ad*)＋*faire* to do (< L *facere* to do, make): cf. ado〗

af·faire /əféə | əféə; *F.* afɛːʁ/ *F. n.* (*pl.* ～**s** /～z; *F.* ～/) =affair 2, 5.〖《1809》□ F ～ (↑)〗

affaire d'a·mour /əféədəmúə | əféədəmúə; *F.* afɛʁdamuːʁ/ *F. n.* (*pl.* **af·faires d'a·mour** /əféə(z)də- | əféə(z)də-; *F.* ～/) =affaire de coeur.〖□ F ～ 'affair of love'〗

affaire de coeur /əféədəkə́ː | əféədəkə́ː; *F.* afɛʁdəkœːʁ/ *F. n.* (*pl.* **af·faires de coeur** /əféə(z)də- | əféə(z)də-; *F.* ～/) =affair 5.〖《1809》□ F ～ 'affair of heart'〗

affaire d'hon·neur /əféədɑnə́ː, -dɔ(ː)- | əféədɔnə́ː; *F.* afɛʁdɔnœːʁ/ *F. n.* (*pl.* **af·faires d'hon·neur** /əféə(z)dɑnə́ː, -dɔ(ː)- | əféə(z)də-; *F.* ～/) 決闘 (duel) (cf. affair 1 a).〖□ F ～ 'affair of honor'〗

af·fect¹ /əfékt, æf- | əf-/ *vt.* **1 a** …に影響を及ぼす, 作用する (influence): be ～*ed* by heat and cold 寒暑に影響される / The means ～*s* the end. 手段は目的に影響を与える / Acids do not ～ gold. 酸類は金に作用しない / How will it ～ public opinion? 世論にどう響くだろうか / Don't let your decision be ～*ed* by sentiment. 判定が感情に左右されるようなことがあってはならない / Japan was seriously ～*ed* by the energy crisis. 日本はエネルギー危機によって非常な打撃をこうむった. **b** …に悪い影響を及ぼす, さわる: Overwork ～*ed* his health. 過労で健康を害した / The shock ～*ed* his mind. そのショックで頭がおかしくなった. **2** [通例受身で]〈人·感情を〉動かす, 感動させる (move): be ～*ed with* [by] pity 哀れみの情を催す / She was much [deeply] ～*ed by* what she heard. その話を聞いてひどく[深く]心を打たれた / He is easily ～*ed*. 彼は感動しやすい. **3**〈病気·苦痛などが〉〈局所·人を〉冒す, 襲う (attack): A cataract ～*ed* his left eye. 左の目が白内障になった / She is ～*ed by* [*with*] rheumatism. リウマチにかかっている / His lungs were ～*ed*.=He was ～*ed in* the lungs. 肺が冒されていた. **4** [受身で]《古》〈物·人を〉〈用途·任務に〉割り当てる, 指定する (assign)〔*to*〕.〖《1410》← L *affectus* (p.p.) ← *afficere* to do something to, work upon ← *ad-* to＋*facere* to do, make (← IE *dhē- to set, put: ⇨ do²)〗

SYN 影響する: **affect** 反応を誘発するほど強い刺激を与える: Smoking *affects* health. 喫煙は直接に健康に影響する. **influence**〈動作主が〉特定の方向へ向かうように間接的に働きかける: I was *influenced* more by my father than my mother. 私は母よりも父の影響を多く受けた. **touch**〈人〉に情緒的な反応を起こさせる: The sad story *touched* us deeply. その悲しい話に深く心を動かされた. **move**〈人〉に極めて強い感情(特に悲しみ)を起こさせる (*touch* よりも強意的): Her sad story *moved* me to tears. 彼女の悲しい身の上話に感動して私は涙を流した. **sway**〈人〉の意見や行動を変えさせるほど強い影響を与える: His opinion may *sway* the whole committee. 彼の意見は委員全員の意見を左右するかもしれない.

af·fect² /əfékt, æf- | əf-/ *vt.* **1 a** …のふりをする, 気取る, 装う (⇨ assume SYN): ～ ignorance [indifference] そ知らぬ顔をする[無関心を装う] / ～ the atheist 無神論者を気取る / ～ an air of despair 絶望の風をしてみせる. **b** 〈…する[…である]ように〉見せかける (pretend)〈*to* do〉: He ～*ed to* believe it [*to* be tired]. 信じる[疲れた]ようなふりをした / I ～*ed* not to know. 知らないふりをした. **2 a** 好んで用いる: ～ loud ties, old furniture, etc. / Jeans are much ～*ed* by young people. ジーンズは若い人たちが盛んに愛用する. **b** (気取って)真似る: He ～*s* a British accent. (いつも)イギリス英語の口調を真似て話す. **c**〈ある場所〉へ好んで行く, 通う. **d**〈動植物が〉〈ある場所など〉に好んですむ[出入りする, 生える]. **3**〈物が〉〈ある形に〉なりやすい: Drops of a liquid ～ a round figure. 液体のしずくは円形になりやすい. **4**《古》たしなむ, 好む, 愛する. **5**《廃》目指す (aim at). ── *vi.*《廃》〔…に〕気が向く (incline)〔*to*〕. **～·er** *n.*〖《?a1425》□ F *affecter* // L *affectāre* to strive after, aim at (freq.) ← *afficere* (⇨ affect¹)〗

af·fect³ /ǽfekt, əfékt/ *n.* **1**〖心理〗情態, 情緒, 感動, 感情《快·不快などの感情と喜び·怒り·恐れ·悲しみなどの情動をまとめていう; cf. affection 2 b》.《□ G *Affekt*》 **2**《廃》愛情; 性向.〖《c1340》□ L *affectus* affection, disposition ← *affectus* (↑)〗

af·fect·a·ble /əféktəbl, æf- | əf-/ *adj.*〔…の〕影響を受けうる[やすい]; 〔病気などに〕冒されやすい; 感動しやすい〔*by*〕.

af·fèct·a·bíl·i·ty /-təbíləti | -lɪ̀ti/ *n.*〖《1764》← AFFECT¹＋-ABLE〗

af·fec·ta·tion /æ̀fektéɪʃən, æ̀fɪk-/ *n.* **1** 見せかけること, 装うこと, 誇示, 虚飾 (⇨ pose SYN): an ～ *of* indifference, sincerity, wealth, etc. / an ～ *of* kindness わざとらしい[うわべの]親切 / without ～ 気取らないで. **2** 気取った態度, きざ: His ～*s* are insufferable. 彼のきざっぽさは鼻持ちならない. **3**《廃》愛情; 愛好 (fondness)〔*of*〕. **4**《廃》熱望, 追求〔*of*〕.〖《1548》□ F ～ // L *affectātiō(n-)*: ⇨ affect², -ation〗

af·féct·ed¹ *adj.* **1 a** 気取った, きざな, 見えを張った (↔ natural): an ～ accent, lady, manner, etc. **b** わざと装った, 偽りの, 不自然な (pretended, unnatural): an ～ smile わざとらしい微笑, 作り笑い / with ～ indifference 無関心を装って. **2** [副詞を伴って] (好·悪などの)感情を抱いて (disposed): How is he ～ *toward* us? あの人は私たちに対してどんな気持ちでいるのか / ⇨ ill-affected, well-affected. **～·ness** *n.*〖《1535》(p.p.) ← AFFECT²〗

af·féct·ed² *adj.* **1** (悪)影響を受けた; (病気に)冒された, 害された: the ～ area 被害地(域) / the ～ part 患部. **2** 感動した.〖《1579》(p.p.) ← AFFECT¹〗

af·féct·ed·ly *adv.* 気取って, きざに.〖1597〗

af·fect·i·ble /əféktəbl, æf- | əféktɪ̀-/ *adj.* =affectable. **af·fèct·i·bíl·i·ty** /-təbíləti | -tɪ̀bílɪ̀ti/ *n.*〖*a*1834〗

af·féct·ing *adj.* 人を感動させる, 感動的な (⇨ moving SYN); 哀れな, 痛ましい: an ～ scene. **～·ly** *adv.*〖1720〗

af·fec·tion /əfékʃən/ *n.* **1** [しばしば *pl.*] 愛情, 情愛, 愛 (⇨ love SYN); 好意 (goodwill)〔*for, toward*〕: the object of one's ～(*s*) 愛情の対象; 意中の人 / have great [a deep] ～ *for* a person / win [gain] a person's ～*s* 人の愛をかち得る / play [trifle] with a person's ～*s* 人の愛情をもてあそぶ / transfer one's ～*s* to someone else 愛情の対象を別人に移す / alienation of *affection*(*s*) ⇨ alienation / line of *Affection* ⇨ line. **2 a** [しばしば *pl.*]《古》感情 (emotion, feeling): stir a person's ～*s* 人を感動させる. **b**〖心理〗感情《快·不快などの気持ちまたは怒り·恐れ·喜びなど激しい感情としての情動などを包括する; cf. affect³ 1, conation, cognition》. **3**《古》性向, 性情 (disposition)〔*toward*〕/〈*to* do〉. **4**《廃》=affectation 1, 2. **5**《廃》偏見 (prejudice). **6**《古》**a**〖病理〗疾患, 罹患(ﾘｶﾝ), 病気 (⇨ disease SYN); 傷害: an ～ of the lungs 肺の疾患 / a nervous ～ 神経性の病気. **b** (何らかの影響による)身体の状態, 体調.《1541》 **7** 影響(する[される]こと). **8** 特性, 属性 (attribute). **9**〖言語〗後続する音の影響による母音の変化, ウムラウト (umlaut)《特に, ケルト語の文法で用いられる; 例えば Ir. e>i, Welsh e>y, ei など》. ── *vt.*《古》〈人などを〉愛する, 好む. **～·less** *adj.*〖《?a1200》□ (O)F ～ □ L *affectiō(n-)* (favorable) disposition ← *affectus* ← *afficere* 'to AFFECT¹'〗

af·féc·tion·al /-ʃnəl, -ʃənl/ *adj.* 愛情の[に関する]. **～·ly** *adv.*〖《1859》: ⇨ ↑, -al¹〗

af·fec·tion·ate /əfékʃ(ə)nɪ̀t/ *adj.* **1** 愛情の深い[こまやかな], 優しい: an ～ husband / be ～ *to* [*toward*] …を愛している. **2**〈言葉など〉愛情のこもった: an ～ greeting, letter, embrace, etc. **3**《廃》偏見にとらわれた. **4**《廃》〔事·物に〕好意をもった〔*to*〕. **～·ness** *n.*〖《1494》← AFFECTION＋-ATE¹〗

af·féc·tion·ate·ly *adv.* 愛情深く[こまやかに], 愛情をこめて (lovingly): Yours ～《親類または恋人同士で用いる手紙の結辞; cf. yours 3》.〖1588〗

af·féc·tioned *adj.* **1**《古》=affected¹. **2**《廃》**a** 愛情のある. **b** 頑固な.〖1555〗

af·fec·tive /æféktɪv, əf- | əf-, æf-/ *adj.* **1** 感情の[による]; 感情的な; 感情表出の. **2**〖心理〗感情の, 情動の. **～·ly** *adv.*〖《c1400》□ F *affectif, -ive* // LL *affectivus* ← L *affectus* ← *afficere* 'to AFFECT¹'〗

af·fec·tiv·i·ty /æ̀fektívəti, əfèk-, əfek- | əfektívɪ̀ti, æfèk-/ *n.*〖心理〗感情状態, 情動状態《感情や情動の状態》.〖《1907》: ⇨ ↑, -ity〗

afféct·less *adj.* 無情な (unfeeling). **～·ness** *n.*〖1967〗

af·feer /əfíə | əfíə/ *vt.*《古》**1**〖罰金〗の額を定める, 減額する. **2** 決定する, 確定する.〖《1467》□ OF *afeurer* □ LL *afforāre* to fix the price〗

af·fen·pin·scher /ǽfənpɪnʃə | -ʃə; *G.* áfnpɪnʃɐ/ *n.* アーフェンピンシャー《ドイツ原産の小形の愛玩犬》.〖《1903》□ G ～ ← *Affe* monkey＋*Pinscher* fox terrier: 顔が猿に似ているところから〗

af·fer·ent /ǽf(ə)rənt, ǽfer- | ǽf(ə)r-/ *adj.*〖生理〗〈血管など〉輸入性の, 導入の; 〈神経が〉求心(性)の (centripetal) (↔ efferent): ～ nerves 求心性神経《末梢に起こった興奮を中枢に伝える》/ the ～ blood vessel 輸入血管《えらなどに血液を送り込む血管》. ── *n.* (血管などの)輸入管; (神経の)求心性線維. **～·ly** *adv.*〖《c1847》□ L *afferentem* (pres.p.) ← *afferre* to bring or carry to ← *af-* 'AD-'＋*ferre* 'to BEAR¹, carry'〗

af·fet·tu·o·so /əfètjuóusou, æf- | -óusəu; *It.* affettuóːzo/〖音楽〗*adv., adj.* 感情をこめて[た], 情趣豊かに[な]. ── *n.* (*pl.* ～**s**) 情趣豊かな曲[律動].〖《1724》□ It. ～ 'feelingly'〗

af·fi·ance /əfáɪəns, æf-/ *vt.* [通例受身で]〈人を〉〔…と〕婚約させる (betroth)〔*to*〕: *be* ～*d to* …と婚約している, …のいいなずけである / ～ one's daughter *to* … 娘を…と婚約させる / ～ oneself *to* …と婚約する. ── *n.*《古》**1** 誓約; (特に)婚約. **2** 信頼, 信用〔*in*〕.〖《1303》□ OF *afiance* trust, confidence ← *afier* to trust □ ML *affīdāre* to pledge ← L *af-* 'AD-'＋*fīdāre* to trust (← *fīdus* trusty ← *fidēs* faith)〗

af·fi·anced *adj.* 婚約した, いいなずけの (betrothed): the ～ couple 婚約した男女 / one's ～ husband [wife] 婚約者, 許婚者 / the ～ bride of …の花嫁となるべき婚約者.〖1580〗

af·fi·ant /əfáɪənt, æf-/ *n.*〖米法〗**1** 宣誓供述人 (cf. affidavit). **2** =deponent 1.〖《1807》□ MF ～, *afiant* (pres.p.) ← OF *afier* to trust: cf. affiance〗

af·fiche /æfíːʃ, əf-; *F.* afiʃ/ *F. n.* (*pl.* ～**s** /～, ～ɪz, ～əz; *F.* ～/) 張り紙, ビラ, ポスター (poster).〖《1757》□ F ～ ← *afficher* to affix < OF *afichier* < VL *affigicāre* ← AD-＋L *figere* to fix〗

af·fi·cio·na·do /əfìʃiənɑ́ːdou, -siə- | -dəu; *Sp.* afiθjonáðo/ *n.* (*pl.* ～**s** /～z; *Sp.* ～s/) =aficionado.

af·fi·da·vit /æ̀fədéɪvɪ̀t | æ̀fɪ̀déɪvɪt/ *n.*〖法律〗宣誓供述書 (cf. deposition 2): The judge takes an ～. 判事は供述書を取る / The deponent swears an ～. 供述人は供述書に偽りのないことを宣誓する (★ 通俗的には swear の代わりに make, take を用いることが多い).〖《1593》□ LL *affidāvit* he has stated on faith (3rd sing. perfect) ← *affīdāre*: ⇨ affiance)〗

af·fil·i·ate /əfílɪ̀ɪt/ *n.* **1** 支部, 分会; 系列会社, 支社, 支店 (branch); 関係[協力]団体: a New York ～ of a Japanese firm 日本の会社のニューヨーク支店. **2** 会員, 会友 (member); 協力者.
── /əfílièɪt/ *vt.* **1** [通例受身で] **a**〈団体が〉〈他の(小)団体〉と提携する, 合併する, 傘下[系列下]に置く; 〔…と〕提携させる〔*with, to*〕: ～ smaller companies *with* [*to*] the NAM 小会社を全米製造業者協会の傘下に入れる / Our college *is* ～*d with* an American college. 本学はあるアメリカの大学と提携している / The hospital *is* ～*d to* our college. この病院は本大学の関連病院である (cf. affiliated hospital). **b** …を〔…と〕密接な関係に置く〔*with*〕: be ～*d with* …と密接な関係にある. **2 a**〈団体などが〉〈人を〉会員に加える, 加入させる: be ～*d with* [*to*] a society [church] ある会[教会]に所属する. **b** [～ *oneself* で]〔団

A

体に)加入する〔with, to〕: He ~d himself with [to] the club. そのクラブに入会した. 3 〘法律〙〈非嫡出子〉の父子関係を決定する, の父を〔…と〕認定する〔on, upon, to〕: ~ a child to a parent / The mother ~d her child upon J. Smith. 母親はその子は J. スミスの子だと言った. 4 …の根源[由来]を求める, 〔…に〕帰する (attribute)〔to, upon〕: ~ Greek art to Egypt ギリシャ芸術の源をエジプトに求める. 5 《まれ》〈人を〉養子にする (adopt).
— vi. [しばしば ~ with として] 1 (しばしば依存的・従属的な立場で)〔…と〕密接な関係をもつ. 2 〔…と〕提携[協力]する; 〔…に〕加入[加盟]する. 3 《米》〔…と〕交際する, 親しくする.
〘(1761) ← L affiliātus (p.p.) ← affiliāre to adopt as a son ← AD-+filius son (cf. filial)〙

af·fil·i·at·ed /əfílièɪtɪ̀d | -tɪ̀d/ adj. 密接な関係のある; 提携した, 合併した, 系列下の, 傘下の (⇨ related SYN): an ~ company [concern] 系列会社, 子会社 / an ~ school 提携[付属]校, 分校 / an ~ society (中核団体に対する)支部, 分会 / an ~ union 加盟(労働)組合. 〘1795〙

affiliated hóspital n. (大学医学部などの)関連病院《人事面などで系列関係の深い病院》.

af·fil·i·a·tion /əfìliéɪʃən/ n. 1 a (会社などの)提携, 合併, 系列化. b =affiliate 1. 2 入会, 加入; 加盟; 所属. 3 《米》(政治上の)関係, 支持: party ~s 党派関係. 4 〘法律〙(非嫡出子の)父子関係決定[認知]. 5 (事物の)根源の決定[認定]. 〘(1623) ▭ F ~ ▭ ML affiliātiō(n-): ⇨ affiliate, -ation〙

affiliátion lètter n. 《米》(大学などの)受入れ承認の書面.

affiliátion òrder n. 〘英法〙(非嫡出子の父に対する)扶養命令. 〘1880〙

affiliátion procèedings n. pl. 〘法律〙非嫡出子の父の決定訴訟 (cf. paternity suit).

af·fi·nal /æfáɪnl̩, əf- | əf-/ adj. 婚姻の[による], 姻戚の (cf. consanguineous). **~·ly** adv. 〘(1846) ← L affinis a relative (⇨ affinity)+-AL¹〙

af·fine /æfáɪn, əf- | əf-/ adj. 1 密接な関係のある〔to〕. 2 〘数学〙擬似(変換)の, アフィン(変換)の《直線を直線に移し, 平行な直線を平行な直線に移す変換, またはそのような変換に関して不変な性質についていう》. — n. 〘人類学〙姻戚者. **~·ly** adv. 〘(a1509) ▭ F affin related ▭ L affinis: ⇨ affinity〙

affíne coórdinates n. pl. 〘数学〙アフィン座標 (⇨ Cartesian coordinates).

af·fined /æfáɪnd, əf- | əf-/ adj. 1 密接な関係のある; 姻戚の〔to〕. 2 〘生物〙類縁の. 3 《廃》〈…する〉義務がある〈to do〉. 〘(1597) ← F affin related+-ED〙

áffine geómetry n. 〘数学〙アフィン幾何学《図形の, アフィン変換で不変な性質を調べる幾何学》. 〘1918〙

áffine gròup n. 〘数学〙アフィン(変換)群《アフィン変換全体の作る群》. 〘1918〙

af·fin·i·tive /əfínətɪv, æf- | əfínɪ̀t-/ adj. 密接な関係のある (closely related)〔to〕. 〘(1651): ⇨ ↓, -ive〙

af·fin·i·ty /əfínəṭi | -nɪ̀ti/ n. 1 a (特に, 異性間の)相性, 親近性〔with, between〕; 〈相手を〉引きつける力 (attraction)〔for〕: have an ~ for …を引きつける / He and I feel no [a natural] ~ for [with, to] each other. 彼とは互いに感じ合うところがない[生まれつきフィーリングが合う]. b 相性のよい人, 心のひかれる人《特に, 異性》. 2 類似(性, 点), 似寄り (close resemblance)〔with, to, between, of〕: the ~ of one thing with [and] another / There are affinities between language and culture. 言語と文化には類似性がある. 3 〔…に対する〕親近感, 好み〔for, to〕: have an ~ for jazz ジャズが好きである. 4 姻戚[親族]関係, 姻戚 (cf. consanguinity); [集合的] 姻戚者, 親類, 同族. 5 〘言語〙類縁(性), 同類: the ~ between English and Dutch. 6 〘生物〙類縁(性)《生物相互の関係》; 親和性. 7 〘化学〙親和力〔for〕: Salt has an ~ for water. 塩は水に対して親和力がある. 〘(c1303) ▭ OF afinité (F affinité) ▭ L affinitās neighborhood ← affinis adjacent, related, 《原義》bordering on ← AD-+finis border (⇨ final)〙

affinity càrd n. アフィニティーカード《affinity group の会員に発行されるクレジットカード》: 1 《米》商品代金が割り引かれる. 2 《英》カード利用額の一定割合がカード発行会社から特定の慈善事業や自然保護活動などに寄付される; charity card ともいう. 〘1986〙

affinity gròup n. 1 アフィニティーグループ, 共通関心団体《関心・目標・出身などを共にする人々の集団》. 2 〘航空〙アフィニティーグループ, 類縁団体《旅行以外の目的をもつ団体; 運賃の特別割引の対象となる》. 〘1970〙

af·firm /əfə́ːm | əfə́ːm/ vt. 1 a 〈事を〉断言する, 確言する; 〈…であると〉断言する〈that〉(⇨ assert SYN): I ~ed his innocence (to her).=I ~ed (to her) that he was innocent. 彼の潔白[彼が潔白だということ]を(彼女に)断言した. b (正当と)認める, 是認する (confirm). 2 肯定する, 重視する (↔ deny): ~ life, peace, etc. / Whitman's life-affirming poetry ホイットマンの人生肯定の詩 / ~ the dignity of labor 労働の尊厳を肯定する. 3 〘論理〙〈事を〉肯定する. 4 〘法律〙 a 〈上位裁判所が〉〈下位裁判所の判決などを〉確認する, 支持する (confirm): ~ a judgment of the lower court. b 〈証人などが〉(宣誓の代わりに)〈供述〉の真実性を確約する (confirm) (cf. affirmation 4 a). — vi. 1 a 断言する. b 〘論理〙肯定する. 2 〘法律〙 a 〈証人などが〉確約する (cf. vt. 4 b). b 〈上位裁判所が〉下位裁判所の判決[命令]を確認する, 支持する. **~·er** n. 〘(?a1300) ▭ L affirmāre ← AD-+firmāre to make firm (← firmus FIRM²) ∽ ME af(f)erme(n) ▭ OF afermer (F affirmer) ▭ L〙

af·firm·a·ble /əfə́ːməbl̩ | əfə́ːm-/ adj. 断言[確言]できる; 肯定できる; 確認できる〔of〕. 〘1611〙

af·fir·mance /əfə́ːməns | əfə́ːm-/ n. =affirmation. 〘(1399) ▭ OF aferma(u)nce ← afermer 'to AFFIRM': ⇨ -ance〙

af·fir·mant /əfə́ːmənt | əfə́ːm-/ n. 断言者; 〘法律〙確約証言者 (cf. affirm vt. 4 b). 〘(1747) ▭ ? AF afermant ▭ L affirmantem (pres.p.) ← affirmāre (↓)〙

af·fir·ma·tion /æ̀fəméɪʃən | æ̀fə-/ n. 1 断言, 確言. 2 確認, 是認; 肯定. 3 〘論理・文法〙肯定 (↔ negation). 4 〘法律〙 a 確約(証言)《宗教的理由から宣誓 (oath) を拒む者が行う》: testify by ~ 確約証言をする. b 確認, 支持 (cf. affirm vt. 4 a). 〘(c1410) ▭ F ~ ∥ L affirmātiō(n-) ← affirmāre 'to AFFIRM'〙

af·fir·ma·tive /əfə́ːməṭɪv | əfə́ːmət-/ (↔ negative) adj. 1 肯定の, 肯定的な: an ~ answer. 2 〈投票など〉賛成の, (討論などで)賛成側の: an ~ vote. 3 〘論理・文法〙肯定的な: the ~ mode 肯定様式 / an ~ proposition 肯定命題 / an ~ sentence 肯定文. 4 断言(的)な, 断定的な; 〈態度など〉積極的な (positive).
— n. 1 肯定的な[承諾の]答え: give [receive, get] an ~ 肯定的な返答を与える[受け取る]. 2 (採決・討論などで)賛成側(の人): There were ten votes for the ~. 賛成投票は 10 票だった. 3 a 〘文法〙肯定語(句), 肯定的な表現 (yes, He will come. など): Two negatives are said to make an ~. ⇨ negative n. 1 a. b 〘論理〙肯定, 肯定様式; 肯定命題; 肯定文. c [副詞的に] はい, その通り《無線通信での応答語》.
in the affirmative 肯定的に[な], 賛成で[の] (↔ in the negative): They all answered in the ~. 一同はそうだと答えた, みな賛成した / an answer in the ~ 肯定的な答え, 賛成. 〘(c1400) 〘(c1385) ▭ (O)F affirmatif, -ive ∥ LL affirmātīvus ← L affirmātus ← affirmāre (↑): ⇨ affirm, -ative〙

affírmative áction n. 《米》差別撤廃措置《雇用や教育などにおいて少数民族や女性などに対する差別をなくそうとする措置; 《英》positive discrimination》. 〘1935〙

af·fir·ma·tive·ly adv. 1 肯定的に: answer ~ 肯定的に[そうだと]答える / nod ~ そうだとうなずく. 2 断言的に, 断定的に. 〘c1454〙

af·fir·ma·to·ry /əfə́ːmətɔ̀ːri, æf- | əfə́ːmətəri, -tri/ adj. 肯定的な; 断定的な. 〘(1651) ← AFFIRM+-ATORY〙

af·fix /əfíks, æf-/ vt. 1 〈切手などを〉〔…に〕添付する, 張る〔to, on〕: ~ a stamp to an envelope [a letter] 封筒[手紙]に切手を張る / a nameplate ~ed to a door 扉に付けた表札. 2 〈署名などを〉〔…に〕付す, 添える (attach, add); 〈印章などを〉〔…に〕押す (impress)〔to〕: ~ one's name to a document 文書に署名する. 3 〈責め・汚名などを〉〔…に〕負わせる (attach)〔to〕: ~ blame to a person.
— /ǽfɪks/ n. 1 〘言語〙接辞《接頭辞 (prefix)・挿入辞 (infix)・接尾辞 (suffix) の総称; cf. bound form》. 2 添付物, 付加物; 添え物.

af·fix·a·ble /əfíksəbl̩, æf-/ adj. **~·er** n. **af·fix·ment** n. 〘v.: (1533) ▭ MF affixer ∥ ML affixāre (freq.) ← affigere to fasten to ← AD-+L figere to fasten. — n.: (1609) ▭ F affixe ∥ L affixus (p.p.) ← affigere: ⇨ fix〙

af·fix·al /ǽfɪksəl, -sl̩/ adj. 〘言語〙接辞の. 〘(1953): ⇨ ↑, -al¹〙

af·fix·a·tion /æ̀fɪkséɪʃən/ n. 1 =affixture 1. 2 〘言語〙接辞添加《接頭辞・挿入辞・接尾辞などをつけること》. **~·al** /-ʃnəl, -ʃənl̩⁻/ adj. 〘(1851) ← AFFIX+-ATION〙

af·fix·i·al /æfíksiəl/ adj. 〘言語〙=affixal.

af·fix·ture /əfíkstʃə, æf- | -tʃə(r)/ n. 1 添加, 付加, 張付. 2 添付物, 付加物 (attachment). 〘(1793) ← AFFIX+(FIX)TURE〙

af·flat·ed /əfléɪtɪ̀d, æf- | -tɪ̀d/ adj. 霊感を受けた (inspired). 〘(1850) ← 《廃》afflate (▭ L afflātus 'AFFLATUS')+-ED〙

af·fla·tion /əfléɪʃən, æf-/ n. =afflatus. 〘1662〙

af·fla·tus /əfléɪṭəs, æf- | -təs/ n. (詩人・予言者などの)天来の感興, 霊感 (inspiration). 〘(1665) ▭ L afflātus a breathing on (p.p.) ← afflāre to blow, breathe ← AD-+flāre 'to BLOW'〙

af·flict /əflíkt/ vt. 1 [しばしば受身で] (肉体的・精神的に)苦しめる, 悩ます, 悲しませる〔with〕: ~ a person with complaints [cigarette smoke] 不平を言って[たばこの煙で]人を悩ます / be ~ed with gout [flies, debts] 痛風[はえ, 負債]に悩む / be ~ed with a conscience 良心の呵責(かしゃく)に苦しむ / ~ oneself 心を痛める / He was much ~ed at [by] his business failure. 事業の失敗をひどく苦にした. 2 《廃》卑しめる, 卑下させる. 3 《廃》打ち倒す, 打ち負かす. 〘(a1393) ▭ L afflictāre (freq.) ∥ ← L afflictus (p.p.) ← affligere to dash down ← AD-+fligere to dash (← IE *bhlīg- to strike)〙

af·flíct·ed adj. 苦しめられた, 悩まされた. **~·ness** n. 〘1534〙

af·flíct·ing adj. 苦しい, つらい, 悲しい (distressing). 〘1605〙

af·flic·tion /əflíkʃən/ n. 1 (心身の)苦痛, 苦悩, 悲しみ, 不幸, 難儀 (distress). 2 苦痛[苦悩, 嘆き]の種, 悩み, 災い. 〘(c1303) ▭ (O)F ~ ∥ L afflictiō(n-): ⇨ afflict, -ion〙

SYN 苦悩: **affliction** 病気・損失などによる精神的または肉体的な苦痛《忍耐心を試すという含みがある》: Blindness is a great affliction. 目が見えないのは大変な苦悩だ. **anguish** 精神的に耐えがたいほどの苦しみ: There was a look of anguish on her face. 彼女の顔には苦悩の色が見えた. **trial** 我慢しなければならない災難: He is a sore trial to his parents. 彼は両親の悩みの種だ. **tribulation** 大きな悩みや苦しみを引き起こす悲しい事件や病気《格式ばった語》: Life is full of tribulation. 人生は苦難に満ちている.

af·flic·tive /əflíktɪv/ adj. 苦しめる, つらい, 痛ましい, 悲痛な. **~·ly** adv. 〘(c1611) ← F afflictif: ⇨ afflict, -ive〙

af·flu·ence /ǽfluːəns, æflúː-, əf- | ǽfluəns/ n. 1 富: live in ~ 裕福に暮らす. 2 豊富, 豊かなこと (abundance): ~ of feelings, words, etc. 3 〈群衆などの〉殺到, 押しかけること, 押し寄せ〔of〕: an ~ of foreigners, tourists, etc. 4 流れ込み, 流入 (influx, afflux). 〘(?1350) ▭ F ~ ∥ L affluentia ← L affluentem (pres.p.) ← affluere to flow to ← AD-+fluere to flow (同義の FLOW とは語源上無関係): ⇨ fluent〙

áf·flu·en·cy /-ənsi/ n. =affluence 1, 2. 〘1664〙

af·flu·ent /ǽfluːənt, æflúː-, əf- | ǽfluənt/ adj. 1 a 富裕な, 裕福な, 富める (wealthy) (⇨ rich SYN): an ~ country, family, etc. / in ~ circumstances 裕福で / ⇨ affluent society. b [the ~; 名詞的に] 裕福な人たち: the ~ and the needy 富者と貧者. 2 〔…が〕豊富な, 豊かな (abundant)〔in〕: an orchard ~ in apples りんごがたくさんなっている果樹園. 3 勢いよく流れる, 滔々(とうとう)たる, おびただしい (copious): an ~ fountain こんこんと水の湧き出る泉. — n. 1 支流 (tributary). 2 (下水処理場にはいる)未処理の下水[汚水]. 3 裕福な人, 金持ち. **~·ly** adv. 〘(1413) ▭ (O)F ~ ∥ L affluentem (⇨ affluence)〙

áffluent socíety n. [the ~] 豊かな[富める]社会. 〘(1958) J. K. Galbraith の著書 (1958) の題名から〙

af·flux /ǽflʌks/ n. 1 =affluence 3, 4. 2 〘病理〙充血: an ~ of blood to the head のぼせ, 脳充血. 〘(1611) ← L affluxus (p.p.) ← affluere to flow to: ⇨ affluence〙

af·flux·ion /æflʌ́kʃən, əf-/ n. =afflux. 〘1646〙

af·force /əfɔ́əs, əf- | -fɔ́ːs/ vt. 〘英法〙〈陪審などを〉補強する. **~·ment** n. 〘(1297) ▭ OF aforcer to strengthen ← A-⁴+forcer 'to FORCE'〙

af·ford /əfɔ́əd | əfɔ́ːd/ vt. 1 [can, be able to, または may を伴い, しばしば否定・疑問・条件構文で] a 〈人が〉…(するだけの)余裕[資力, 時間など]をもつ, 何とか都合できる, …(すること)ができる: He can ~ the money [expense, time]. それだけの金[出費, 時間]の余裕がある / We cannot ~ (to buy) the house. あの家を買うだけの余裕はない / They cannot ~ for their son to go to college. 息子を大学へやる余裕がない / He'll be able to ~ it next year. 来年は何とか都合がつくだろう / How can she ~ such a luxury? どうしてそんなぜいたく(品を買うこと)ができるのだろう / Don't spend more than you can ~ (to). やりくりできる以上に使ってはいけません. b (気兼ねなしに)〈…することが〉できる, 〈…しても〉平気である〈to do〉: Now I can ~ to die. もう私は死んでも構わない / I cannot ~ to be seen in places like that. そんな場所に行って人に見られてはまずい / an offer you can't ~ to turn down 断ると不都合な申し出 / Nobody can ~ not to admit it. だれもそれを認めないわけにはいかない / I can ill ~ (to tolerate) such mistakes. そんな間違いは許せない. 2 〈物が〉〈利益などを〉与える, もたらす (give, provide)〔to〕: ~ examples, pleasure, etc. / Walking ~s (me) moderate exercise. 歩くことは(私には)適度な運動となる / The debate ~ed (her) an opportunity to speak. 討論会で(彼女は)話す機会を得た. 3 〈自然物などが〉供給する, 産する (yield): The sun ~s light and heat. 太陽は光と熱を供給する / Gum [Rubber] trees ~ rubber. ゴムの木からゴムが採れる / The trees ~ed (us) shelter in the storm. 木々のおかげで(我々は)嵐を避けることができた.
can afford not to do …しなくても大丈夫だ: We can ~ not to call on her. 彼女を訪ねなくても大丈夫だ.
~·er n. **af·ford·a·ble** /əfɔ́ədəbl̩ | əfɔ́ːd-/ adj. 〘lateOE (ġe)forþian to advance, perform ← ġe- 'Y-'+forþian 'to FURTHER': OE ġe- (強意)は ME a- に弱まり, これが 16 世紀に L af- の影響を受けた〙

af·for·est /æfɔ́(ː)rɪ̀st, əf-, -fɑ́(ː)r- | -fɔ́r-/ vt. 1 〈土地〉に植林する, 造林する (cf. deforest). 2 《英》(王室用の猟場にするため)〈土地を〉林野化する, 猟場にする (cf. forest n. 4). **~·a·ble** /-təbl̩/ adj. 〘(1502) ▭ ML afforestāre ← af- 'AD-'+forestis 'FOREST'〙

af·for·es·ta·tion /æfɔ̀(ː)rɪ̀stéɪʃən, əf-, -fɑ̀(ː)r- | -fɔ̀r-/ n. 造林, 植林; 〘英法〙林野化. 〘(1615) ▭ ML afforestātiō(n-) ← afforestāre (↑)〙

af·fran·chise /əfrǽntʃaɪz, æf-/ vt. 解放する, 釈放する, 自由にする (set free). **~·ment** n. 〘(1475) ▭ MF affranchiss- (pres.p. stem) ← affranchir (F affranchir) ← à to+franchir to free (← franc 'free, FRANK')〙

af·fray /əfréɪ/ n. 1 けんか, 乱闘, 騒ぎ (brawl). 2 〘法律〙 a (公の場所での)乱闘, 闘争. b 闘争罪. 3 (戦争中の)小競り合い, 衝突 (skirmish). — vt. 《古》1 おびえさせる, 驚かせる (frighten). 2 (驚かして)追い払う (frighten away). 〘(?c1300) ▭ OF effrei (F effroi) ← effreer to disturb < VL *exfridāre ← L EX-¹+Frank. *fridu peace (=Gmc *friþiz peace ← fri- ← IE *prī- to be friendly)〙

af·freight·ment /əfréɪtmənt/ n. 〘海事〙(船荷積送のための)用船: a contract of ~ 用船契約. 〘(1755) ▭ F affrètement ← affréter to freight: つづり字は英語化〙

af·fri·cate /ǽfrɪ̀kɪ̀t, -kèɪt/ 〘音声〙 n. 破擦音《破裂音で始まり同器官的 (homorganic) な摩擦音に終わる音;

/tʃ/, /ʤ/ など).
— /ǽfrɪ̀kèɪt/ *vt.* 破擦音に発音する.
〖《1880》← L *affricātus* (p.p.) ← *affricāre* to rub against ← AD-+*fricāre* to rub (cf. friction)〗

áf·fri·càt·ed /-kèɪtɪ̀d | -tɪ̀d/ *adj.* 〖音声〗破擦(音)化した. 〖1891〗

af·fri·ca·tion /æ̀frɪ̀kéɪʃən/ *n.* 〖音声〗破擦(音)化. 〖1934〗

af·fric·a·tive /æfríkətɪv, əf- | -tɪv/ 〖音声〗 *n.* = affricate. — *adj.* 破擦音の. 〖← AFFRICATE+-IVE〗

af·fright /əfráɪt/ 《古》 *vt.* 恐れさす, 驚かす (frighten). — *n.* **1** 恐怖 (terror), 驚き (fright): in ~ 驚いて, 恐れて. **2** 恐怖のもと. 〖《1589》← 《廃》*af(f)rigt* frightened < OE *āfyrhted* (p.p.) ← *āfyrhtan* ← A-²+*fyrhtan* to frighten〗

af·front /əfrʌ́nt/ *vt.* **1 a** (面と向かって)侮辱する, …に恥辱を与える: be ~*ed* by a person. **b** (侮辱によって)…の感情を害する, 怒らせる (⇨ anger SYN): be ~*ed* by a person's impudent manner 人の生意気な態度に感情を害する. **2** 〈死・危険などに平然[敢然]と立ち向かう, 物ともしない (confront): ~ death 死を物ともしない. **3** 《古》〈物が〉…に面する, 接する (border); 〈目〉の前に見える (front). **4** 《廃》〈敵を〉攻める, …と対戦する (encounter). **5** 《廃》…と会う. — *n.* **1** (公然の)侮辱, 恥辱, 無礼な言動 (⇨ insult SYN): an ~ *to* a person's honor 人の名誉[体面]を傷つけること[もの] / put an ~ *on* [*upon*] a person=offer an ~ *to* [*upon*] a person 人に侮辱[無礼]を加える, 人を侮辱する. **2** 《廃》攻撃; 対戦.

~·er /-tə | -tə(r)/ *n.*
〖v.: 《*c*1330》*afronte(n)* □ OF *afronter* (F *affronter*) < LL *affrontāre* to strike against ← *ad frontem* to the face. — n.: 《1598》← (v.): ⇨ ad-, front〗

af·fron·té /æ̀frʌntéɪ, əfrʌ́nti, æf- | æ̀frʌntéɪ, əfrʌ́nti, æf-; *F.* afʁɔ̃te/ *adj.* (*also* **af·fron·tee** /~/) 〖紋章〗真正面向きの, 顔の全面を見せた (full-faced). 〖□ F ~ (p.p.) ← *affronter* (↑)〗

af·frónt·ed /-tɪ̀d | -tɪ̀d/ *adj.* 侮辱された; (侮辱されて)感情を害した. 〖1706〗

af·fron·tive /əfrʌ́ntɪv | -tɪv/ *adj.* 《古》侮辱的な, 無礼な (insulting). 〖1659〗

afft 《略》〖法律〗affidavit.

af·fu·sion /æfjúːʒən, əf-/ *n.* **1** 〖キリスト教〗灌水(かんすい)(式), 注水, 滴水 《頭部に水を注いで行う洗礼の一形式; infusion ともいう; cf. immersion 3》. **2** 〖医学〗灌水(療)法 《現在ではまれ》. 〖《1615》□ L *affūsiō(n-) affūsus* (p.p.) ← *affundere* to pour upon ← *af-* 'AD-'+*fundere* to pour (cf. found³)〗

Afg., Afgh. 《略》Afghanistan.

AFG 〔自動車国籍表示〕Afghanistan.

af·fy /əfáɪ/ *v.* 《廃》**1** 信頼する (trust). **2** 婚約する (betroth).

Af·ghan /ǽfgæn, -gən/ *adj.* アフガニスタン(人, 語)の. — *n.* **1** アフガニスタン人. **2** アフガン語 (⇨ Pashto). **3** [a-] **a** アフガン 《毛糸を幾何学模様などに編んで作った毛布[ショール]》. **b** アフガンコート. **c** アフガンカーペット. **4** =Afghan hound. **5** =Afghanistan. 〖《1767》□ Pashto *afghānī*〗

Áfghan cóat *n.* 《英》アフガンコート 《袖ぐりや裾に毛皮のトリミングが施されている羊の毛皮のコート》. 〖1973〗

Áfghan hóund *n.* アフガンハウンド 《エジプト起源, アフガニスタンで開発されたイヌ; 尾を高く保持する; ヒョウ, カモシカ, 野ウサギなどの猟犬》. 〖1925〗

af·ghan·i /æfgǽni, -gáːni | -gáːni, -gǽni/ *n.* **1 a** アフガニ 《アフガニスタンの通貨単位; =100 puls; 記号 Af》. **b** 1 アフガニ硬貨. **2** [A-] アフガニスタン人, アフガン語 (Afghan). 〖《1927》□ Pashto *afghānī* 《原義》Afghan〗

Af·ghan·i·stan /æfgǽnəstæ̀n | æfgǽnɪ̀stæ̀n, -stàːn, —⌣—⌣/ *n.* アフガニスタン 《パキスタンの北西, イランの東に接する, アジア中部の共和国; 面積 657,500 km², 首都 Kabul; 公式名 the Islamic State of Afghanistan アフガニスタンイスラム国》.

Af·ghán·is·tàn·ism /-nɪzm/ *n.* 《米》(ジャーナリストなどが)地元の問題を無視して遠隔地の問題に力を入れること. 〖《1961》アフガニスタンが米国から遠く離れた地にあるところから〗

a·fi·brin·o·gen·e·mi·a /èɪfaɪbrɪ̀nəʤəníːmiə | -ʤɪ̀n-/ *n.* 〖病理〗無線維素原血(症), 無フィブリノーゲン血(症). 〖《1943》← NL ~: ⇨ a-⁷, fibrinogen, -emia〗

a·fi·ci·o·na·da /əfɪ̀ʃiənáːdə, -siə- | -də; *Sp.* afiθjonáða/ *n.* 女性の aficionado. 〖《1952》□ Sp. ~ (fem.): ↓〗

a·fi·ci·o·na·do /əfɪ̀ʃiənáːdou, -siə- | -dəu; *Sp.* afiθjonáðo/ *n.* (*pl.* **~s** /~z; *Sp.* ~s/) **1** 闘牛の熱愛者. **2** (娯楽などの)熱心家, 凝り屋, ファン (devotee): a jazz [Sherlock Holmes] ~ / an ~ of bullfighting, chess, comics, etc. 〖《1845》□ Sp. ~ (p.p.) ← *aficionar* to inspire devotion or affection ← *afición* 'AFFECTION'〗

a·field /əfíːld/ *adv., adj.* [しばしば far を伴って] **1** 家[国]から遠くに[離れて]: from as far ~ as Glasgow はるばるグラスゴーから. **2** 遠く離れて, 遠くに: search *far* ~ ずっと遠くを[まで]探す. **3** 〈農夫が〉野に(出て), 畑へ[で]; 〈軍隊が〉戦場に. **4** 本題を離れて[はずれて], (常道を)逸脱して, 踏み迷って (astray); (特定の)分野を離れて[はずれて]: The discussion went *farther* [*further*] ~. 議論はさらにわき道にそれた. 〖《?*c*1225》← OE *on felda* in the field: ⇨ a-¹, field〗

a·fi·ko·man /àːfɪkóumən | -kóu-/ *Heb. n.* (*also* **a·fi·ko·men** /~/) 過ぎ越しの祝いの種なしパンの一片 《ユダヤ教の過ぎ越しの祝い (Passover) の時, 3 個の種なしパン (matzo) の中央のものから取ったパンの一片; 食事の終わりに食べるよう取って置かれる》. 〖《1891》□ MHeb. *aphiqōmān* □ Gk *epikōmion* festal procession after the meal〗

AFIPS /éɪfɪps/ 《略》〖電算〗American Federation of Information Processing Societies アメリカ情報処理協会.

a·fire /əfáɪə | əfáɪə(r)/ *adv., adj.* [叙述的] 燃えて (on fire); (激情などで)熱して, 激して (*with*): with heart ~ 心が燃えて.
sèt afíre 〈物〉に火を放つ[付ける, 燃やす]; 〈人〉の激情をかき立てる (*with*): *set* a house ~. 《1480》 〖《?*a*1200》 ~, *afure*: ⇨ a-¹, fire〗

AFL 《略》Aeroflot; American Federation of Labor 米国労働総同盟 《創立 1886 年; 1955 年 2 月 CIO と合併, AFL-CIO となる》; American Football League; Australian Football League.

a·flame /əfléɪm/ *adv., adj.* [叙述的] **1** 燃え立って, 炎々として (in flames): The house was ~. 家は炎に包まれた. **2** (真っ赤に)輝いて (*with*): The flower beds were ~ *with* color. 花壇は色とりどりの花が咲き誇っていた. **3** (熱意などに)燃えて, 熱して (*with*): be ~ *with* enthusiasm / His face was ~ *with* blushes. 恥ずかしさで顔を真っ赤にしていた. 〖《1555》← A-¹+FLAME (n.)〗

a·flare /əfléə | əfléə(r)/ *adv., adj.* [叙述的] ぱっと燃え立って; (熱意などで)急に燃えて[熱して] (*with*). 〖《1908》← A-¹+FLARE (v.)〗

af·la·tox·in /æ̀flətáː(ː)ksɪ̀n | -tɔ́ksɪn/ *n.* 〖薬学〗アフラトキシン 《穀物に付着したカビ (*Aspergillus flavus*) により生ずる毒性物質; 強力な発癌物質といわれている; cf. mycotoxin》. 〖《1962》← NL *A(spergillus) flā(vus)*+TOXIN〗

AFL-CIO /éɪèfélsíːàɪóu | -àɪə́u/ 《略》American Federation of Labor and Congress of Industrial Organizations 米国労働総同盟産別会議 (cf. AFL).

a·flick·er /əflíkə | -kə(r)/ *adv., adj.* [叙述的] ちらちらして, きらめいて; ひらひらして, ゆらめいて (in a flicker). 〖《1875》← A-¹+FLICKER¹ (v.)〗

a·float /əflóut | əfláut/ *adv., adj.* [叙述的] **1 a** (水上・空中に)浮かんで, 漂って; (風に)なびいて: Ships are ~. 船が浮かんでいる / get a ship ~ 座礁した船を引き離す. **b** 〈艦船が〉就役中の (floating about): the largest warship ~ 世界最大の(就役)軍艦. **2** 〖海事〗**a** (ashore に対して)海上に (at sea); 船[艦]上に, 船に乗って (on board ship): life [service] ~ 海上生活[勤務]. **b** 〈船荷が〉沖掛かりで, 陸揚げ未済の: cargo ~ and ashore 沖荷と陸荷. **3** 〈甲板・田畑など〉浸水して, 水をかぶって: The decks are ~. **4** 借金をしないで, 破産しないで (out of debt). **5** 〈事業など〉発足して; 盛んに活動して. **6** 〈風説など〉流布(るふ)して, 広まって (current): There is rumor ~ (that ...). (…という)噂が広まっている. **7** 〈事が〉決まらないで, ぐらついて (adrift). **8** 〈手形など〉流通して; 〈証券が〉浮動して.
kèep aflóat (1) 水に浮かんでいる, 沈まないようにしている[おく]. (2) 借金しないでいる[しないようにしておく]: *keep* a firm ~ 会社を赤字にならないようにしておく. **sèt aflóat** (1) 浮かばせる: set a boat ~. (2) 流布させる; 流通させる. (3) 〈事業などを〉発足させる.
〖《1350》*aflot(e)* < OE *on flote* on the sea: ⇨ a-¹, float〗

a·flut·ter /əflʌ́tə | -tə(r)/ *adv., adj.* [叙述的] **1** そわそわ[はらはら]して, (胸が)どきどきして (in a flutter). **2** 〈旗などを〉ひらひらして, ばたばたして; (旗などを)ひらめかせて (*with*). 〖《1830》← A-¹+FLUTTER (v.)〗

AFM 《略》《英》Air Force Medal (下士官兵に授与される) 空軍勲功章; American Federation of Musicians 米国音楽家同盟.

AFNOR 《略》Association Française de Normalisation フランス工業標準化協会.

a·fo·cal /eɪfóukəl | -fə́u-/ *adj.* 〖光学〗(光学系の)物点および像点が無限遠にある. 〖《1932》← A-⁷+FOCAL〗

à fond /aːfɔ́ː(ŋ), -fɔ́ːŋ; *F.* afɔ̃/ *F. adv.* 十分に, 徹底的に (thoroughly). 〖《1813》□ F ~ 'to the bottom'〗

a·foot /əfút/ *adv., adj.* [叙述的] **1** 〈事が〉起こって, 〈陰謀・計画など〉進行中で (in progress); 準備中で: set ~ 〈事を〉起こす, 〈計画を〉立てる / A plot [Mischief] is ~. 陰謀[悪事]がたくらまれている. **2** 起きて, 動き回って, 活動して (astir). **3** 《古》徒歩で, 歩いて (on foot): go ~ 歩いて行く. 〖《?*a*1200》*afote* ← OE *on fōtum* (dat. pl): ⇨ a-¹, foot〗

a·fore /əfɔ́ə | əfɔ́ː(r)/ *adv., prep.* **1** 《古・方言》[時間] = before: ~ now 今までに(も). **2** 《方言》〖海事〗[場所] = before: ⇨ *afore the* MAST¹. — *conj.* 《古・方言》= before. 〖《1340》OE *on foran* before: ⇨ a-¹, before〗

afóre·hànd *adv., adj.* 《古・方言》=beforehand. 〖1375〗

afóre·mèntioned *adj.* [限定的] 前記[上記]の, 前述の, 前条の (abovementioned): the ~ 前期の事柄[人]. ★ 単数または複数扱い. 〖1587〗

afóre·sàid *adj.* =aforementioned. 〖*c*1390〗

afóre·thòught *adj.* [通例名詞の後に置いて]あらかじめ[事前に]考えた上での, 計画的な, 故意の (designed): ⇨ malice aforethought. — *n.* 事前[かねて]の考慮. 〖1581〗

afóre·tìme 《古》*adv.* さきに, 以前に (previously). — *adj.* [限定的] 以前の (previous). 〖1422〗

a for·ti·o·ri /èɪfɔ̀ətiɔ́ːriː, àː-, -fɔ̀əʃi-, -raɪ | èɪfɔ̀ːtiɔ́ː-raɪ, àː-, -ri/ 〖論理〗*L. adv.* 一層有力な理由をもって, なおさら一層 (all the more). — *adj.* [限定的] さらに有力な理由[論拠]となる: an ~ fact. 〖《1588》□ L *ā fortiōri* with the stronger reason〗

a·foul /əfáut/ *adv., adj.* [叙述的] 《米》(…に)からまって (entangled), (…と)衝突して (in collision); (法律に)違反して (*of*): a vessel with its shrouds ~ 横静索のからまった船 / fall [go, run] ~ *of*=*fall* [*go, run*] FOUL *of*. 〖《1809》← A-¹+FOUL (adj.) 10〗

AFP 《略》Agence France Presse /*F.* aʒɑ̃ːs frɑ̃ːs prɛs/ フランス通信社 《創立 1944 年; AP, UPI, Reuters と共に西側の四大国際通信社の一つ》.

Afr. 《略》Africa; African.

Afr- /æfr/ (母音の前にくるときの) Afro- の異形.

A-Fr. 《略》Anglo-French.

AFRAeS 《略》《英》Associate Fellow of the Royal Aeronautical Society 王立航空学協会準会員.

a·fraid /əfréɪd/ *adj.* [叙述的] **1 a** (…を)恐れて, こわがって (in fear) (*of*): Don't be ~. こわがることはない / The child is very (much) ~ *of* dogs. その子はひどく犬をこわがる / He was ~ *of* death. 死を恐れた (cf. 2, 3) / I am ~ *of what* will [might] happen. 何が起こるかと不安だ. **b** (…を)嫌って, おっくうがって (*of*): be ~ *of* study [work] 勉強[仕事]が嫌いだ / I've never been ~ *of* a little hard work! 少しばかり仕事がきついからといって嫌がったことは一度もない. **c** (…について)心配して, (…が)不安で (anxious) (*for*): I am ~ *for* her [her health, her safety]. 彼女のこと[彼女の健康, 彼女の安否]を気づかっている / She was ~ *for* the weather *to* change. 天気が変わりはしないかと心配だった.
2 〈…することを〉心配して, 〈…しはしないかと〉不安で (apprehensive) 〈*of* do*ing*, *that*, *lest*〉: He was ~ *of* dying [*saying* the wrong thing]. 死ぬのではないか[間違ったことを言いはしないか]と心配した, 死ぬ[間違ったことを言う]のを恐れた (cf. 3) / She is ~ (*that*) she will [may, might] fail again.=She is ~ *lest* she (should) fail again. (ひょっとしたら)また失敗するのではなかろうかと心配している 《今は lest …よりは (that) の方が普通》/ She was ~ (*that*) the weather might [would] change. 彼女は天気が変わりはしないかと心配していた / Don't be ~ *of* mak*ing* mistakes. 間違いをするのではないかなどと気にするな 《間違ったって構わない》.
3 (あとのことが)こわくて[心配で]〈…する〉気になれない, 〈…する〉勇気がない (unwilling) 〈*to* do, *of* do*ing*〉: Don't be ~ *to* tell the truth. 思い切って本当のことを言いなさい / He was ~ *to* die [*of* dy*ing*]. 死ぬ勇気がなかった, 死ぬのを恐れた (cf. 2).
4 [I'm ~, I am ~ として] 残念ながら…だ[と思う] (I am sorry to say). ★ 不快な事柄についての語気を和らげるために用いる (cf. fear *vt.* 1 b, hope *vt.* 1 c): *I'm* ~ (to say) (*that*) it may not be [isn't] true.=It may not be [isn't] true, *I'm* ~. どうも本当ではないかもしれませんよ 《that を省く方が普通》/ Is he coming, too?—*I'm* ~ so [*I'm* ~ not]. 彼も来ますか—どうもそうらしいです[そうではないようです].
〖《?*c*1300》*af(f)raied* (p.p.) ← AFFRAY ∽ AFEAR(E)D: *-raid* のつづりは 16C から〗

SYN 怖がっている: **afraid** (習慣的に)人や物に対して恐怖や不安を感じている 《最も一般的な語》: She is *afraid* of snakes. へびを怖がっている. **frightened** 突然の一時的な恐怖に襲われている: The boy was *frightened* by a sudden noise. その少年は突然の物音に(びっくりして)怖がった. **scared** ひどくおびえていて冷静にふるまえない: He was too *scared* to speak. ひどくおびえて口がきけなかった. **fearful** 事の成行きなどにびくびくしている 《小心・臆病を暗示する》: He was *fearful* of the consequences. 結果を心配していた. **apprehensive** (不愉快なまたは恐ろしいことが起こりはしないかと)心配[恐怖]を感じている: They were *apprehensive* of another war. また戦争が起こりはしないかと心配していた. **terrified** 激しい恐怖を感じている: She stood still, too *terrified* to cry. あまりの恐ろしさに叫び声も出ず立ちすくんでいた.
ANT brave, bold, intrepid.

Á-fràme *n.* 〖建築〗A フレーム, A 形枠, 合掌(造り) 《A または逆 V の形をした剛構造の枠組; またそれによって構成された建物》. 〖*c*1909〗

A-frame

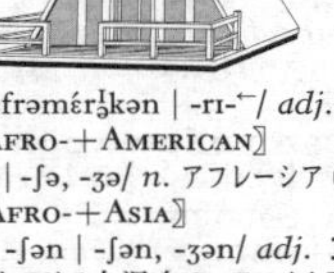

Af·ra·mer·i·can /æ̀frəmɛ́rɪ̀kən | -rɪ-⁻/ *adj., n.* = Afro-American. 〖← AFRO-+AMERICAN〗

Af·ra·sia /æfréɪʒə, -ʃə | -ʃə, -ʒə/ *n.* アフレーシア 《北アフリカと西南アジア》. 〖← AFRO-+ASIA〗

Af·ra·sian /æfréɪʒən, -ʃən | -ʃən, -ʒən/ *adj.* **1** アフレーシアの. **2** アフリカ人とアジア人混血の; アフリカ系アジア人の. — *n.* アフリカ人とアジア人混血の人; アフリカ系アジア人. 〖⇨ ↑, -an¹〗

AFRC 《略》Agriculture and Food Research Council 農業食糧調査協議会.

af·reet /ǽfriːt, əfríːt/ *n.* 〖アラビア神話〗悪魔, 悪鬼 (demon). 〖《1802》□ Arab. *ʿifrīt* □ Pers. *āfarīd* creature ← *āfrīdan* to create〗

a·fresh /əfréʃ/ *adv.* 新たに, さらに (anew): start one's life ~ 人生をやり直す. 〖《*a*1500》← A-¹+FRESH〗

Af·ric /ǽfrɪk/ 《古・詩》*adj.* =African 1. — *n.* = Africa; African 1. 〖《1590》□ L *Āfricus*: ⇨ African〗

Af·ri·ca /ǽfrɪ̀kə/ *n.* アフリカ(大陸) 《面積 30,300,000 km²》. 〖□ L *Āfrica* (↓)〗

A

Af·ri·can /ǽfrɪkən/ *adj.* **1** アフリカ(人)の; アフリカからの; アフリカ黒人の (Negro). **2** 〖生物地理〗アフリカ亜区の. — *n.* **1** アフリカ人; (特に)アフリカ黒人 (Negro). **2** アフリカ在住の白人. 〖(?a1200) ◻ L *Āfricānus* ← *Āfrica* 'land of *Āfrī* (=ancient people of Northern Africa)': cf. Gk *Aphrikḗ* land of Carthage〗

A·fri·ca·na /æ̀frɪkǽnə, -kɑ́ːnə | -kɑ́ːnə/ *n. pl.* **1** 〖集合的〗アフリカ(南部)に関する文献, アフリカ風物[事情] (cf. Americana). **2** 〖単数扱い〗アフリカ誌. 〖(1908) ← AFRICA+-ANA〗

Áfrican-Américan *n., adj.* アフリカ系アメリカ人(の), アメリカ黒人(の). 〖1969〗

Áfrican búffalo *n.* 〖動物〗アフリカスイギュウ (⇨ Cape buffalo). 〖1902〗

Áfrican búsh pìg *n.* 〖動物〗=bushpig.

Áfrican chaméleon *n.* 〖動物〗カメレオン (*Chamaeleo chamaeleon*) (⇨ chameleon 1 a).

Áfrican dáisy *n.* 〖植物〗 **1** アフリカヒナギク (*Lonas inodora*). **2** ハゴロモギク (*Arctotis stoechadifolia*) 《アフリカ南部原産の白またはすみれ色の花が咲くキク科の多年草》. **3** =dimorphotheca. 〖*c*1889〗

Af·ri·can·der /æ̀frɪkǽndə | -də^(r)/ *n.* **1** [しばしば a-] 〖畜産〗アフリカンダー: **a** アフリカ南部産の大きい角を持つ赤色の牛. **b** アフリカ南部産の臀(でん)に脂肪の蓄積する肉用の羊の一品種. **2** [時に a-] 〖植物〗=Afrikaner 3. **3** 《古》=Afrikaner 1. 〖(1822) ◻ Du. *Afrikaan(d)er*: ⇨ Afrikaner〗

Áfrican dóminoes *n. pl.* 《米俗》 **1** さいころ (dice). **2** 〖単数扱い〗=craps. 〖*c*1920〗

Áfrican élephant *n.* 〖動物〗アフリカゾウ (*Loxodonta africana*). 〖1607〗

Áfrican gráy *n.* 〖鳥類〗ヨウム (⇨ gray parrot).

Áfrican hórse sìckness *n.* 〖獣医〗アフリカウマ病 (horsesickness) 《中部および南部アフリカに多い馬の病気; ブヨが媒介するオルビウイルスが原因で, 高熱・浮腫・内出血を伴い重症の場合は致命的》. 〖1899〗

Áfrican húnting dòg *n.* 〖動物〗リカオン (*Lycaon pictus*) 《アフリカに生息するイヌ科リカオン属の肉食獣; 白・黒・黄土色の斑紋がある; hyena dog ともいう》.

Áf·ri·can·ism /-nìzṃ/ *n.* **1** アフリカなまり. **2** アフリカ文化の特質[特徴]. **3** アフリカ民族(独立)主義. 〖1641〗

Áf·ri·can·ist /-nɪst | -nɪst/ *n.* **1** アフリカ研究家; アフリカ語学者, アフリカ言語研究家. **2** アフリカ民族(独立)主義者. 〖1895〗

Af·ri·can·ize /ǽfrɪkənàɪz/ *vt.* **1** アフリカ化する. **2** アフリカ黒人の支配下に置く. **3** 〈従業員などを〉アフリカ(黒)人に置き換える. **Af·ri·ca·ni·za·tion** /æ̀frɪkənɪzéɪʃən | -naɪ-, -nɪ-/ *n.* 〖1853〗

Africanized bée [hóneybee] *n.* 〖昆虫〗アフリカナイズドビー 《攻撃性の強いアフリカ産ヨーロッパミツバチの一品種; killer bee ともいう》. 〖1974〗

Áfrican lánguages *n. pl.* [the ~] 〖言語〗アフリカ諸語 《アフリカ土着の諸言語の総称; コイサン語・スーダン語・バントゥー語などを含む》.

Áfrican líly *n.* 〖植物〗=agapanthus.

Áfrican lýnx *n.* 〖動物〗=caracal.

Áfrican mahógany *n.* =mahogany 2. 〖1842〗

Áfrican márigold *n.* 〖植物〗センジュギク (*Tagetes erecta*) 《キク科センジュギク属の観賞用の一年草》.

Áfrican míllet *n.* 〖植物〗 **1** シコクビエ (raggee). **2** トウジンビエ(唐人稗) (⇨ pearl millet). 〖*c*1840〗

Áfrican Nátional Cóngress *n.* アフリカ民族会議 《南アフリカ共和国の黒人解放運動組織; 略 ANC》.

Áfrican ríce *n.* 〖植物〗アフリカイネ (*Oryza glaberrima*) 《西アフリカの Niger 川中流域に見られるイネの栽培種》.

Áfrican sándalwood *n.* 〖植物〗アフリカビャクダン (⇨ camwood).

Áfrican sléeping sìckness *n.* 〖病理〗=sleeping sickness 1 a.

Af·ri·can·thro·pus /æ̀frɪkǽnθrəpəs, -kænθróupəs | -kǽnθrə-, -kænθráu-/ *n.* 〖人類学〗アフリカントロプス属 《アフリカ Tanganyika Njarasa 湖付近で発見された旧石器時代の化石人類を含む(旧)属名: ⇨ Homo 1》. 〖(1939) ← NL ~: ⇨ Africa, -anthropus〗

Áfrican trypanosomíasis *n.* 〖病理〗=sleeping sickness 1 a.

Áfrican víolet *n.* 〖植物〗アフリカスミレ, セントポーリア (*Saintpaulia ionantha*) 《熱帯アフリカ原産の紫色の花をつけるイワタバコ科の多年草; 観賞用に温室で栽培される》. 〖1902〗

Áfrican yéllowwood *n.* 〖植物〗熱帯アフリカ産マキ科マキ属の常緑針葉樹 (*Podocarpus elongatus*).

Afrik. 《略》Afrikaans.

Af·ri·kaans /æ̀frɪkɑ́ːns, -kɑ́ːnz^(r)/ *n.* 〖言語〗アフリカーンス語 《南アフリカ共和国で用いられるオランダ語を根幹とした混合語; 略 Afrik.; South African Dutch, Cape Dutch ともいう; 以前は the Taal ともいった》. — *adj.* アフリカーンス語の; アフリカーナ人 (Afrikaner) の. 〖(1900) ◻ Afrik. ~ 《変形》← Du. *Afrikaansch* African〗

Af·ri·kan·der /æ̀frɪkǽndə, -kɑ́ːn- | -kǽndə^(r)/ *n.* **1** =Afrikaner 1. **2** [しばしば a-] 〖畜産〗=Africander 1. **3** [しばしば a-] 〖植物〗=Afrikaner 3. 〖1822〗

Àf·ri·kán·der·ism /-dərìzṃ/ *n.* =Afrikanerism. 〖1884〗

Af·ri·ka·ner /æ̀frɪkɑ́ːnə | -nə^(r)/ *n.* **1** アフリカーナ人 《(主にオランダ系の)南アフリカ共和国生まれの白人; Afrikaans を話す; cf. Boer》. **2** [しばしば a-] 〖畜産〗=Africander 1. **3** [しばしば a-] 〖植物〗アフリカ南部産アヤメ科グラジオラス属 (*Gladiolus*) またはホモグロッサム属 (*Homoglossum*) の植物の総称. 〖(1801) ◻ Afrik. *Afrikaan(d)er* ← *Afrikaan* 'AFRICAN'+-ER¹: *-der* の語形は HOLLANDER との連想から〗

Afri·ka·ner·dom /æ̀frɪkɑ́ːnədəm | -nəd-/ *n.* アフリカーナ民族主義. 〖(1926): ⇨ ↑, -dom〗

Àf·ri·kán·er·ìsm /-nərìzṃ/ *n.* **1** Afrikaner 特有の風習(など). **2** アフリカーンス語法 《Afrikaans 特有の語・表現など》. 〖1934〗

Af·ri·kan·er·ize /æ̀frɪkɑ́ːnəràɪz/ *vt.* 《主にアフリカ南部》〈人を〉(言語・文化の面で)アフリカーナ化する. **Àf·ri·kà·ner·i·zá·tion** *n.* 〖(1955): ⇨ -ize〗

af·rit /ǽfriːt, əfríːt/ *n.* (*also* **af·rite** /~/) 〖アラビア神話〗=afreet. 〖1813〗

Af·ro /ǽfrou | -rəu/ *adj.* **1** 〈髪(型)が〉アフロの: an ~ hairstyle. **2** 《口語》アフリカ系アメリカ人の (Afro-American). — *n.* (*pl.* ~**s**) アフロ 《縮れた髪をふくらませて丸形にした髪型》. **~ed** *adj.* 〖(1968) ↓〗

Af·ro- /ǽfrou | -rəu/ 「アフリカ(人)の; アフリカ(人, 語)と…との (African and …)」の意の連結形. ★ 母音の前では通例 Afr- になる. 〖← L *Afr-*, *Āfer* African+-o-〗

Àfro-Américan *adj.* (アフリカ系)アメリカ黒人の: ~ studies =black studies. — *n.* アメリカ黒人 (American Negro). 〖1853〗

Àfro-Americanése *n.* =Black English. 〖1971〗

Àfro-Américanism *n.* アメリカ黒人文化. 〖1969〗

Àfro-Ásian *adj.* **1** アフリカとアジアの (Asian-African). **2** アフリカ系アジア人の; アジア人とアフリカ人の混血の. **3** =Afro-Asiatic. 〖1955〗

Àfro-Asiátic, -asiátic *adj.* アフリカアジア語の. — *n.* =Afro-Asiatic languages. 〖1953〗

Áfro-Asiàtic lánguages *n. pl.* [the ~] アフリカアジア語族 《セム語・エジプト語・バーバリ語・クシト語・チャド語を含む; Hamito-Semitic languages ともいう》.

Àfro-Caribbéan *adj.* アフリカ系カリブ人の. 〖1958〗

Af·ro·cen·tric /æ̀frouséntrɪk | -rəu-^(r)/ *adj.* アフリカ中心主義の 《アフリカ[黒人]文化を至上とみなす》. **Àfro·cén·trism** /-séntrɪzṃ/ *n.* **Àfro·cén·trist** /-séntrɪst | -trɪst/ *n.*

Áfro-chàin *n.* アフロチェーン 《カリブ人男性が身につけるペンダント付きネックレス》.

Áfro-còmb *n.* (縮れ毛用の)柄付き長くし.

Àfro-Cúban *adj.* アフロキューバン音楽の (cf. Cu-bop). 〖1949〗

a·front /əfrʌ́nt/ *adv.* **1** 前に. **2** 並んで (abreast). 〖(*c*1380): ⇨ a¹-, front〗

af·ror·mo·si·a /æ̀frɔəmóuziə, -ʒə | -rɔːmə́uziə/ *n.* 〖植物〗アフリカ北西部産マメ科 *Afrormosia* 属の高木の総称 《特に *A. laxiflora* と *A. elata*》; その材 《家具用》. 〖(1920) ← NL ~ ← AFRO-+*Ormosia* (属名)〗

AFS /èɪèfés/ *n.* エイエフエス 《米国に本部を持つ国際文化交流財団による中等教育段階での交換留学制度; 1947 年発足; 正式名 AFS International [Intercultural] Programs》. 〖《頭字語》← *A*(*merican*) *F*(*ield*) *S*(*ervice*)〗

AFS 《略》Army Fire Service; Atlantic Ferry Service.

AFSCME 《略》American Federation of State, County and Municipal Employees 米国州郡市職員連盟.

AFSLAET 《略》Associate Fellow of the Society of Licensed Aircraft Engineers and Technologist 航空免許エンジニア・技術協会準会員.

aft /ǽft | ɑ́ːft/ *adv.* **1** 〖海事〗船尾に[の方へ], 後方に (abaft) 〔*of*〕 (↔ forward, fore); (船尾にある)船長や職員の居室に; 〈風が〉船の真後ろから(吹く): fore and ~ ⇨ fore¹ *adv.* 3. **2** 〖航空〗(航空機の)尾部に[の方へ], 機尾に[の方へ].

right áft (船の)真後ろに[から], 正尾に, 正後に; 船尾に近く, ずっと後ろに.

— *adj.* [限定的] 〖海事・航空〗=after 2.

〖(*a*1618) ← A-¹+(ABA)FT: cf. OE *aftan*, *æftan* from behind < Gmc **aftana* ← IE **apo-* off, away〗

aft. 《略》after; afternoon.

AFT /èɪèftíː/ 《略》American Federation of Teachers アメリカ教員連盟.

af·ter /ǽftə | ɑ́ːftə^(r)/ *prep.* **1 a** [時] …の後[あと]に (↔ before); 《米・英方言》〈何時〉(…分)過ぎ (past) (↔ of, to): (soon [shortly, long]) ~ dark 日没後(間もなく[少しして, しばらくして]) / ~ school 放課後に, 卒業後に / ~ supper 夕食後 / half ~ two 2 時半 / at ten (minutes) ~ five 5 時 10 分に / the day [year] ~ その翌日[翌年] / at five minutes ~ midnight 午前 0 時 5 分に / the day ~ tomorrow あさって, 明後日 / the year ~ next 再来年 / ⇨ *after* HOURS / He came back ~ three days. 3 日後に帰って来た (cf. *adv.*) / I went home ~ finishing [having finished]. 仕事を終えたあとで帰宅した. **b** [順序] …の次[あと]に (next to): I'll come [go, do it] ~ you. あとから行き[やり]ます / *After* you, please! どうぞお先へ / *After* you *with* the paper, please. 済んだら新聞を見せて下さい. ★ 前後に同じ名詞を用いて「繰返し」「継続」を表す: wave ~ wave 波また波 / day ~ day 日々 / hour ~ hour 幾時間も / Car ~ car was passing. 車が次々に通っていた / They came back one ~ the other. 彼らは次々に帰って来た.

2 [場所] …のあとに (following); …のあとから: Come ~ me. 私について来なさい / The people thronged ~ him with shouts. 人々は大声をあげてどやどやと彼のあとについて行った / She closed [shut] the door ~ her. 部屋を出て[に入って]から戸を閉めた.

3 [目的] …の後を追って; …を追求して, を尋ねて, を求めて (in quest of) (cf. for¹ 6): go [hunt] ~ fame 名声を求める / seek ~ wealth 富を求める / thirst ~ knowledge 知識に飢える / Run ~ him! 彼を追っかけろ / The police are ~ the murderer. 警察は殺人犯を追っている / He's ~ her. 彼女をものにしようとしている / What is he ~, I wonder? 何を求めて[狙って]いるのかしら / He is ~ no good. ろくな事はもくろんでいない 《いたずらなどを考えている》 / I'm ~ something special for her birthday. 彼女の誕生日に何か特別なものを考えている.

4 …のことを, …に関して (about): inquire [ask] ~ a friend 友人のこと[安否, 容体]を尋ねる / look ~ children 子供たちの世話をする.

5 [因果関係] (…した)のだから (as a result of), …にかんがみて (in view of): *After* what you have said, I shall be careful. お言葉ですから気をつけましょう / *After* this I wash my hands of you. こうなったからにはお前と手を切る.

6 [順位・重要性] …に次いで (next to): the (next) largest city ~ London ロンドンに次ぐ大都会 / I'd rank [put, place] Tchaikovsky ~ Brahms. 私のランクづけではチャイコフスキーはブラームスの次だ.

7 a …にならって, にちなんで, …の流儀で: ~ the same pattern 同じ型によって / a picture ~ Picasso ピカソ流の絵 / He was called [named] James ~ his uncle. おじの名を取ってジェームズと名づけられた (cf. for¹ 3). **b** …に従って, に応じて (according to): He acted ~ his kind [nature]. 彼らしいやり方をした. **c** 〈好みなど〉にかなって[た]: ⇨ *after one's* (*own*) HEART.

8 …を差し引いて (excluding) (cf. aftertax) (↔ before): ⇨ *after* TAX.

9 [~ all の形で] (…した)にもかかわらず (in spite of): *After all* our advice, he went and made a mess of it. あんなに忠告したのに, 彼は(聞き入れないで)とうとうへまをやってしまった / *After all* my care, it got broken. 随分注意したのだがこわれた / *After all* I've done for you! いろいろしてやったのに(何てことだ).

àfter áll ⇨ 9, all 成句. 〖(1712)〗 ***be áfter dóing*** 《アイル》…したばかり (have just done): I *am* [*was*] ~ *having* my supper. ちょうど夕食を終えたところ[だった].

— /ˊ–/ *adv.* **1** [時] 後[あと]に (later, afterwards): soon [shortly, long] ~ 間もなく[少しして, しばらくして] / the day [week] ~ 翌日[週] / three days ~ 三日後に (★ after three days と同義であるが, これは時の経過を強調する; cf. *prep.* 1 a) / I got there ten minutes ~. 10 分後に着いた / You can read the books ~. 本はあとで読める / They lived happily *ever* ~. 彼らはその後ずっと幸せに暮らしました 《童話などによく使われる結びのことば》. **2** [順序] あとに (behind): follow ~ あとに続く, あとから来る.

— /ˊ–/ *conj.* (…した)あとに: He arrived (soon [shortly, long]) ~ I did. 彼は私が着いてから(間もなく[少しして, しばらくして])着いた / *After* I (had) finished, I went home.

— /ˊ–/ *adj.* [限定的] **1** 後の (later): ~ ages 後世(の人々) / in ~ days 後日 / in ~ years 後年, 晩年に. **2 a** 〖海事〗船尾寄りの, 船尾に近い, 船尾に属する (more aft): an ~ cabin 後部船室 / an ~ hatch 後部倉口 (船尾の方にある倉口) / ⇨ aftermast. **b** 〖航空〗機尾の方の: the ~ half of a cabin.

〖OE *æfter* (adv., prep.) < Gmc **aftar-* behind (OHG *aftar* / ON *aptr* / Goth. *aftra*) ← ? **af-* (← IE **apotero-* (compar.) ← **apo-* off, away (Gk *apó* away from): cf. of¹): 本来は副詞, 前置詞はその転用〗

áfter·bày *n.* =tailrace 1.

áfter·bìrth *n.* 〖医学〗後産(あとざん), 胞衣(えな) 《胎児の出産に続いて排出される胎盤と胚膜》. 〖1587〗

áfter·blòw *n.* 〖金属加工〗 **1** 後(あと)吹き 《初めに Si, C, Mn などを酸化除去した後に石灰を投入して再度送風溶解する作業》. **2** 追(おい)吹き 《初めの溶解鋳造後, 再び地金を追加して溶解鋳造を続けること》. 〖1663〗

áfter·bòdy *n.* **1** 〖海事〗後部船体 (cf. forebody, middle body). **2** 〖航空〗後部胴体.

áfter·bràin *n.* =myelencephalon. 〖1615〗

áfter·bùrner *n.* **1** 〖航空〗(ジェットエンジンの)再燃焼装置, アフターバーナー (reheater, tail-pipe burner ともいう). **2** アフターバーナー 《自動車などの排気ガス中の未燃成分を点火・燃焼させる装置》. 〖1947〗

áfter·bùrning *n.* **1** 〖航空〗(ジェットエンジンの)再燃焼; 再燃焼法 《タービン式噴射推進機関の燃料吹き込みと燃焼法; reheat ともいう》. **2** 〖宇宙〗アフターバーニング 《ロケット推薬の燃焼がほぼ完了し推力も出なくなったあとでしばらくの間不規則に燃焼が継続されること》. 〖*c*1885〗

áfter·càre *n.* **1** 〖医学〗アフターケア; 退院後の手当て, 病後[産後]の手当て[世話]. 日英比較 日本語では (1) 患者の後保護. (2) (商品の)アフターサービスを表すが, 英語には商品などの販売後のサービスの意味はなく, after-sale(s) service という. **2** (非行少年・犯罪者などの仮釈放中または刑期満了後の)補導, 更生指導. 〖1762〗

áfter·càst *n.* 〖金属加工〗=afterblow.

áfter·clàp *n.* (事件の)意外な余波; (一度終結した事件の)ぶり返し. 〖(*a*1420): ⇨ clap¹〗

áfter·còoler *n.* **1** (圧縮空気の)アフタクーラー, 冷却機. **2** (混合燃料の)冷却装置. 〖1903〗

áfter còst *n.* 〖会計〗事後費用 《代金回収費, 製品保証費, 売上債権の貸倒損失など製品や商品の販売以後に発生する費用》.

áfter·cròp *n.* 〖農業〗(作物の)後作(あとさく), 裏作. 〖1562〗

áfter cùre *n.* 〖化学〗後加硫 《ゴムの加硫が操作後引き続いて起こる現象; after vulcanization ともいう》. 〖1901〗

A

áfter·dàmp *n.* 〖鉱山〗後(あと)ガス《火薬類・ガスなどが爆発したあとに生成するガス; cf. firedamp, white damp》. 〖1860〗

áfter·dèck *n.* 〖海事〗後部甲板(かんぱん). 〖1897〗

áfter-dínner *adj.* 正餐(せいさん)[晩餐]後の: an ~ speech (食事後の)テーブルスピーチ. 日英比較 「テーブルスピーチ」は和製英語. 英語では *after-dinner* speech または speech at a dinner という. 〖1576〗

áfter·effèct *n.* **1** (悪い)余波, 影響, 「後遺症」: the ~s of deforestation 森林伐採の影響. **2** 〖医学〗(薬などの)後続作用[効果], 残効. **3** 〖心理〗残効. 〖1817〗

áfter·glòw *n.* **1** 夕焼け, 夕映え, 残照. **2** 楽しい思い出; (過去の成功などの)余光, 名残り. **3** 〖物理〗残光《気体放電が消滅したあとに残る発光》. **4** 〖物理〗燐光 (phosphorescence). **5** 〖気象〗(日没後の西空の)残光. 〖1873〗

áfter·gràss *n.* (牧草の)二番生え. 〖1681〗

áfter·gròwth *n.* 〖農業〗二番作, 二番生え[なり]. 〖1766〗

áfter·guàrd *n.* [集合的]〖海事〗**1** 後部部署について下級船員《二等水夫 (ordinary seamen) や見習水夫 (apprentices) から成る》. **2** ヨットの所有主と乗客たち. 〖1801〗

áfter·hèat *n.* 〖原子力〗(原子炉の)余熱《原子炉を止めても放射性物質の崩壊で生じる放射線により発熱が続くこと》. 〖1957〗

áfter-hóur *adj.* [限定的]《英》**1** =after-hours 1. **2** (酒場などで)閉店後の.

áfter-hóurs *adj.* [限定的]《米》**1** 勤務[営業]時間後の: ~ work. **2** 〈ナイトクラブなど〉(法定の)閉店時間後まで営業する. 〖1929〗

áfter·ìmage *n.* 〖心理〗残像 (cf. aftersensation, photogene). 〖1874〗

áfter·lìfe *n.* **1** 来世. **2** 晩年, 人生の後半: in ~. 〖*c*1593〗

áfter·lìght *n.* **1** =afterglow 1. **2** 後知恵. 〖1894〗

áfter·màrket *n.* **1** アフターマーケット《自動車などの修理部品・付属品などの市場》. **2** 新たな市場. **3** 〖証券〗=secondary market. 〖1940〗

áfter·màst *n.* 〖海事〗後檣(こうしょう)《船尾に一番近いマスト》.

áfter·math /ǽftəmæ̀θ | ɑ́:ftəmæ̀θ, -mɑ̀:θ/ *n.* (*pl.* ~s /~s, -mæ̀θz | ~s/) **1** (戦争・災害などの)余波, 影響 (consequence): the ~ of a catastrophe / as an ~ of war 戦争の余波として. **2** (牧草の)二番刈り (rowen). ***in the áftermath of*** 〈戦争など〉の後に, …に続いて: *In the ~ of* the recession, unemployment increased. 景気後退に続いて[の影響で]失業が増加した. 〖(1523) ← AFTER+(廃) *math* mowing (< OE *mǣþ* ← Gmc **mēan* to mow)〗

áfter·mòst *adj.* 〖海事〗(船の)最後部の. 〖(1773) ← AFTER+-MOST (cf. foremost): cf. OE *æftemest* last (superl.) ← *af, æf* off〗

af·ter·noon /ǽftənú:n | ɑ̀:ftə-⁻/ *n.* **1** 午後《正午から日没までの間; cf. morning, evening, night》: this [yesterday, tomorrow] ~ きょう[きのう, あす]の午後(に) / the other ~ 先日[この間]の午後 / in [during] the ~ 午後に, 午後のうちに / at four (o'clock) in the ~ 午後 4 時に《日没後は通例 afternoon の代わりに evening を用いる》/ on Tuesday ~ 火曜日の午後に / on a summer ~ 夏の午後に / on the ~ of the 7th 7 日の午後に / late in the ~ (of …) =in the late ~ (of …) (…の)午後遅く. **2** 《口語》=good afternoon. **3** 《文語》(人生などの)後期: the ~ of life 人生の下り坂, 晩年. — *adj.* [限定的] 午後の; 午後用の: an ~ paper 夕刊紙 / an ~ dress アフタヌーン(ドレス) / the ~ performance [showing] 午後の公演[上演, 上映]. 〖(?*c*1225) *afternone*: cf. L *post merīdiem*: cf. L *post meridiem* after midday / F *après- midi*〗

afternoon lády *n.* 〖植物〗=four-o'clock.

af·ter·noons /ǽftənú:nz | ɑ̀:ftə-/ *adv.* 《米口語》午後に; 午後にはよく[いつも]. 〖(1896): ⇨ -s² 1〗

afternoon téa *n.* **1** 午後のお茶 (cf. tea 5). **2** 午後の懇親会. 〖1748〗

afternóon wàtch *n.* 〖海事〗午後直《正午から午後 4 時までの当直; ⇨ watch *n.* 6》.

áfter·pàin *n.* 〖医学〗**1** [*pl.*] 後(あと)陣痛, 産後陣痛《分娩後に起こる子宮の疼痛性収縮》. **2** (手術後などの)あとになって起こる痛み. 〖*a*1556〗

áfter·pèak *n.* 〖海事〗最後部防水区画; 船尾艙.

áfter·pìece *n.* 〖演劇〗(主となる出し物の後に演じられる)軽い喜劇. 〖1779〗

áfter·plày *n.* (性交の)後戯 (cf. foreplay).

áfter·rìpening *n.* 〖植物〗後熟《収穫後の種子・宿根・果実などに起こる内部的変化; それによって発芽が可能になり, 味もよくなる》. 〖1867〗

af·ters /ǽftəz | ɑ́:ftəz/ *n. pl.* 《英口語》食後のデザート (dessert). 〖(*c*1909) ← AFTER (adj., adv.)+-s¹〗

áfter-sàles *adj.* [限定的]〖商業〗販売後の: ~ service アフターサービス. 日英比較 商品の販売後の品質保証, 点検・修理などを日本語で「アフターサービス」というがこれは英語の一部省略による和製英語. 英語では after-sale(s) service という. ⇨ aftercare. 〖1955〗

áfter-schòol *adj.* 放課後の.

áfter·sensàtion *n.* 〖心理〗残感覚《刺激が去ってもなお残っている感覚; cf. afterimage》. 〖1867〗

áfter·shàft *n.* 〖鳥類〗**1** 後羽《一枚の羽の軸の基部の裏面から出ている小羽》. **2** 後羽の軸. 〖1867〗

áfter·shàve *adj.* [限定的] ひげ剃り後(用)の: an ~ lotion. — *n.* アフターシェーブ[ひげ剃り後用の]ローション. 〖1946〗

áfter·shòck *n.* **1** 余震 (cf. foreshock). **2** (事件の)余波. 〖1894〗

Áfter Síx *n.* 〖商標〗アフターシックス《米国 After Six 社製の男性用フォーマルウェア》.

áfter-skì *adj.* [限定的] スキーをしたあとの[に使う] (cf. après-ski): ~ boots.

áfter·sùn *adj.* アフターサンの《日焼けしたあとの肌の手入れに使う製品についていう》. — *n.* アフターサン製品.

áfter·sùpper *n.* 《古・廃》**1** 夕食後の時間. **2** 夕食後, 夜遅くに出される(豪華な)食事. **3** 夕食後のデザート. 〖1595–96〗

áfter·tàste *n.* **1** (口中に残る不快な)後味(あとあじ), 後口(あとくち). **2** (不快な経験などのあとの)嫌な気持ち, 後味, 名残り: the ~ of anger. 〖1830〗

áfter·tàx *adj.* 税引き後の; 手取りの: an ~ income. 〖1954〗

áfter·thòught *n.* **1 a** 考え直し, 焼き直し. **b** あとからの思いつき, 後知恵. **2 a** 補足, 追加(事項, 部分). **b** 〖文法〗(いったん完結したあとの)追加表現. **3** 追想. 〖*a*1661〗

áfter·tìme *n.* 今後, 将来 (future time). 〖1597〗

áfter·tòuch *n.* 〖音楽〗アフタータッチ《シンセサイザーや電子ピアノで, 鍵盤を押したあとにその押し加減でさらに音量や音色を変えられる機能》.

áfter·trèatment *n.* **1** 〖医学〗後(あと)療法, 後処置. **2** 〖染色〗(染色物の色落ちを防ぐために行う)後処理. 〖1831〗

áfter·wár *adj.* 戦後の (postwar). 〖1919〗

after·ward /ǽftəwəd | ɑ́:ftəwəd/ *adv.* あとに[で], 後ほど, 追って (later); その後, 以後: three days ~ 3 日後に / I went for a walk, and ~ I ate lunch. 散歩に行ってその後昼食を食べた. 〖lateOE *æfterweard* (⇨ after, -weard) ∞ OE *æftanweard* (⇨ aft, -ward)〗

after·wards /-wədz | -wədz/ *adv.* =afterward. 〖(*c*1300): ⇨ ↑, -s²〗

áfter·wòrd *n.* (書物などの)あとがき, 後記, 跋(ばつ) (cf. foreword). 〖(1890) (なぞり) ? ← G *Nachwort*〗

áfter·wòrld *n.* [the ~] **1** 後の世, 後世 (future world). **2** あの世. 〖1596〗

áfter·yèars *n. pl.* 晩年; その後の年月, 後年 (cf. after *adj.* 1): in his ~. 〖1814〗

áft·mòst *adj.* 〖海事〗最後部の (aftermost).

AFTN 《略》Aeronautical Fixed Telecommunications Network 航空固定遠距離通信ネットワーク.

af·to /ǽftou | ɑ́:ftəu/ *n.* (*pl.* ~s) 《豪俗》午後 (cf. arvo). 〖← AFT(ERNOON)+-O〗

af·to·sa /æftóusə, -zə | -táu-; *Am.Sp.* aftósa/ *n.* 〖獣医〗=foot-and-mouth disease. 〖▭ Am.-Sp. ~ (略) ← Sp. *fiebre aftosa* aphthous fever〗

AFTRA /ǽftrə/ *n.* 米国テレビ・ラジオアーチスト同盟. 〖(頭字語) ← *A(merican) F(ederation) of T(elevision) and R(adio) A(rtists)*〗

AFV 《略》armored fighting vehicle 装甲戦闘車両.

ag¹ /ǽg/ 《口語》*adj.* =agricultural. — *n.* =agriculture. 〖1918〗

ag² /ɑ́:x; *Afrik.* ɑ́x/ *int.* 《南ア》ああ, うーん《我慢・いらだち・悲しみ・喜びを表す》. 〖(1936) ▭ Afrik. ▭ Du. *ach* 'ACH'〗

Ag 《記号》〖化学〗silver (← L. argentum); August; 〖免疫〗antigen.

AG 《略》Adjutant General; air gunner; G. Aktiengesellschaft (=joint-stock company); Attorney General.

ag. 《略》agriculture.

Ag., Ag 《略》agent; agreement.

ag- /əg, æg/ *pref.* (g の前にくるときの) ad- の異形: *aggradation.*

a·ga /ɑ́:gə/ *n.* **1** (トルコ人支配領域での)将軍, 大官; トルコ人支配者. **2** 宗教の指導者. 〖(1600) ▭ Turk. *aghā* master〗

A·ga /ɑ́:gə/ *n.* 《英》〖商標〗アーガ《台所用大型コンロ[レンジ]》. 〖(1931) (頭字語) ← *(Svenska) A(ktiebolaget) Ga(saccumulator)* Swedish Gas Accumulator Company〗

A·ga·dir /ɑ̀:gədíə, æ̀g- | æ̀gədíə^(r)/ *n.* アガディール《モロッコ南西部の海港》.

a·gain /əgén, əgéɪn/ ★《米》では /əgéɪn/ は主に大西洋沿岸地帯で聞かれるだけ. *adv.* **1** 再び, また, 再度, 今一度 (once more); [否定] またと…(しない) (any more): do something ~ / We'll meet ~. / try ~ / I'm sorry: what was that ~? すみませんが何(とおっしゃったの)ですか / What was that ~? (脅迫的に)もう一度言ってみろ / ~ and ~ =time and (time) ~ 幾度も(繰り返して), 再三 / ever and ~ 《古》=now and ~ 折々, 時たま (sometimes) / once ~ もう一度 / once and ~ 一度ならず, 再三 / over and (over) ~ 何度も(繰り返して) / (all) over ~ もう一度 / Never ~! もう 2 度としない / Don't do that ever ~! 2 度とそんなことするな / I'll have the same ~, please. 同じのをもう一杯(飲み屋などでの注文). **2** もとの所[状態]へ: Not him [that] ~! あいつ[それ]はもうお断りだ / She took it out and put it away ~. 彼女はそれを取り出してまたしまった / open something and close it ~ 何かを開けてまた閉じる / back ~ もとへ; もと通りに立ち返って / come home ~ / be [get] well ~ (病気から)回復する / be oneself ~ もとの自分に返る; 回復する. **3** さらに進んで (further), またその上に (besides); また一方 (on the other hand): We can't afford a vacation—and ~, would it be right to leave the children? 休暇を取る余裕はないし, それにまた, 子供を置いていってもいいだろうか / Then ~, why did he go? それにまた, なぜ行ったのだろう / This is better, but then ~ it costs more. この方がよいが一面高価でもある / It might happen and ~ it might not. 起こるかも知れないしまた起こらないかも知れない. **4** さらにそれだけ, さらに…だけ (more): (as) large ~ as …の 2 倍の大きさの / He is as old ~ as she is. 年は彼女の 2 倍だ / half as many [much] ~ (as) (数・量が)…の一倍半で[の] / ⇨ *as* MANY *again, as* MUCH *again.* **5** 《まれ》応じて, 答えて; (音が)反響して (in return, in response): echo ~ / I answered him ~. 彼に言い返してやった / The blow made his ears ring ~. なぐられて耳ががんがん鳴った.
— *prep.* 《廃・方言》=against.
〖ME *ayen* < OE *ongēan, ongēn* (原義) in a direct line (with) ← ON+*-ġeġn* against (< Gmc **ʒaʒina-, *ʒaʒama-* ← ?)〗

a·gainst /əgènst, əgèɪnst, -ntst/ *prep.* **1 a** …対して, …に逆らって; …に反抗[反対]して: an argument ~ the use of nuclear weapons 核兵器使用反対の議論 / row ~ the current 流れに逆らってこぐ / ⇨ *sail against the* WIND¹ / a law ~ spitting in the streets 往来でたんつばを吐くことを禁止する法律 / Spitting is ~ the law [rules]. つばを吐くのは法律[規則]違反だ / protest ~ oppression 圧制に対して抗議する / fight ~ longer odds 優勢の敵に立ち向かう / rise ~ the oppressor 圧制者に反抗して立つ[背く] / Are you for or ~ the plan? その計画には賛成か反対か / When is their next game ~ the Yankees? ヤンキースとの次の対戦はいつか. **b** …に反して: ~ expectation(s) 予期に反して / ⇨ *against all* CHANCES.
日英比較 ゴルフなどのスポーツで「逆風」を「アゲンスト」という場合があるが against は前置詞であり英語ではこのような名詞用法はない. 「逆風」は headwind, 「風に逆らって進む」は go *against* the wind.
2 …に逆で, に不利で (↔ for): His manner is ~ him. 態度がいけない / Her age is ~ her. あの年ではだめだ / It is ~ all the odds. それは全くありそうもない[見込みがない] / The odds are ~ him. 形勢は彼に不利だ / I won't hear one word ~ her. 彼女の悪口なんか一言でも聞きたくない / All the evidence [Everything] was ~ him. 証拠はすべて彼に不利だった / What information have you got ~ him? 彼に不利なものとしてはどういう情報がありますか / I've got nothing ~ him [eating there]. 彼[そこで食べること]に反対すべき点は一つもない.
3 …と衝突するように, …とぶつかって: hailstones beating ~ the window 窓を打つあられ / dash [clash] ~ …と衝突する / run ~ a rock 岩にぶつかる / run [come] (up) ~ … に出くわす.
4 …を押して, …に寄りかかって, にもたれて, に接触して: lean [lie] ~ …に寄りかかる, もたれる / push [press] ~ …をぐっと押す, 押しつける / stand an umbrella ~ the door かさを戸口に立て掛ける / with one's back (right [up, right up]) ~ the wall (じかに)壁にもたれて.
5 a 〈傾向・性格・意志・規則などに反して, …に背いて (contrary to): ~ one's will [reason, principles] 自己の意志[理性, 主義]に反して / act ~ one's father's wishes 父の意に逆らう / It goes ~ my instincts to hit a woman. 女性をなぐるのは私の本性に合わない. **b** …と競って: He was running ~ his own record time. 彼は自分の記録を破ろうとして走っていた.
6 …を背景として; …と対照して (in contrast to): stand out ~ a dark background 暗い背景に対して際立つ / ~ the evening sky 夕空を背景として / a huge tree boldly silhouetted ~ the blue sky 青空にくっきりと見える一本の大樹 / by a majority of 50 ~ 30 30 票対 50 票の多数で. ★ 対照の意を強調するために against の前に as を添えて用いることがある (cf. as¹ *conj.* 6 a): a matter of reason *as* ~ emotion 感情と対立した理性の問題 / 50 for Jones *(as)* ~ 30 for Smith スミスに 30 点[票]に対してジョーンズに 50 点[票].
7 …に先んじて, …を考慮して, …に備えて; …を防ぐように: ~ his coming 彼の来着に備えて / wear a hat ~ the cold 防寒用に帽子をかぶる / provide ~ a rainy day ⇨ rainy day / Our toothpaste gives you protection ~ tooth decay. 当社の練り歯磨きは虫歯予防になります / Passengers are warned ~ pickpockets. [掲示](乗客各位)すりに注意. **8 a** 〖商業〗…と引換えに (in exchange for), …の代わりに (in return for): Deliver this package ~ payment of cost. 代金引換えにこの荷物を渡しなさい / draw ~ merchandise shipped 送付の商品の決済として(手形を)振り出す. **b** 〖簿記〗…の借方に: debit £100 ~ him 100 ポンドを彼の借方に記入する.
— /–⌣–/ *conj.* 《古・方言》…までに(は) (by the time that): It will be ready ~ he comes. 彼が来る時までには間に合うだろう.
— /–⌣–/ *adv.* 反して, 不利に, 負けるほうに: There were 50 for [in favor] and 30 ~. 賛成 50 票, 反対 30 票 / Are you for [in favor] or ~? 賛成ですか反対ですか.
〖ME *ayeinst* ← ayen(e)s ← *ayen* (< OE *ongēanes* (⇨ ↑, -s²)) +-t (おそらく最上級の -st と混同されたための添え字): cf. amidst, amongst, whilst〗

Aga Khan /ɑ̀:gəkɑ́:n, æ̀gə- | ɑ́:gə-; *Urdu* ɑ́:gəkʰɑ́:n/ *n.* アガハーン《インドのイスラム教 Ismailian 派首領の称号》.

Aga Khan III *n.* アガハーン三世 (1877–1957; インドのイスラム教 Ismailian 派首領 (1885–1957); 本名 Sultan Sir Mohammed Shah).

Aga Khan IV *n.* アガハーン四世《1936–　; Aga Khan III の孫, インドのイスラム教 Ismailian 派首領 (1957–　); 本名 Karim al-Husain /kærí:m æθhuséɪn/ Shah》.

a·gal /əgɑ́:l/ *n.* アーガル《金銀糸を撚(よ)りあわせた 2 本の

A

太いひもでアラビア人が頭巾 (kaffiyeh) を固定させるのに用いる). 〖(1855) ◻ Arab. ʻiqāl cord〗

ag·a·lite /ǽɡəlàɪt/ *n.* 〘鉱物〙 アガライト《細繊維状の滑石》. 〖? ← Gk *aga-* (← ?)+-LITE〗

a·gal·loch /əɡǽlək, əɡǽlɑ̀(ː)k | əɡǽlək, ǽɡəlɔ̀k/ *n.* 沈香(じんこう), 伽羅(きゃら)《インド産ジンチョウゲ科ジンコウ属の植物ジンコウ (*Aquilaria agallocha*) から得られる香材; aloeswood, eaglewood ともいう》. 〖(1543) ◻ L *agallochum* ◻ Gk *agállokhon* ← ? (cf. Skt *aguru* aloeswood)〗

ag·al·mat·o·lite /æ̀ɡəlmǽtəlàɪt, -tl̩- | -təl-, -tl̩-/ *n.* 〘鉱物〙 蠟石(ろうせき)《塊状葉蠟石; pagodite ともいう》. 〖(1832) ← NL *agalmatolithus* ← Gk *ágalma* image, statue+NL *-lithus* '-LITE'〗

a·gam- /eɪɡǽm, ǽɡəm/ (母音の前にくるときの) agamo- の異形.

a·ga·ma /ǽɡəmə/ *n.* 〘動物〙 アガマトカゲ《アフリカ・インドに生息するキノボリトカゲ科アガマトカゲ属 (*Agama*) のトカゲの総称; レインボーアガマ (*A. agama*) など》. 〖(1817) ← NL ～ ← Sp. ～ ◻ Carib. 《現地語》 'lizard'〗

Ag·a·mem·non /æ̀ɡəmémnɑ(ː)n, -nən | -nɒn, -nən/ *n.* **1** 〘ギリシャ伝説〙 アガメムノン《Mycenae の王; Trojan War でギリシャ軍の総大将; 戦後不貞の妻 Clytemnestra とその情夫とに殺された; cf. Menelaus》. **2** [the ～]「アガメムノン」《Aeschylus 作の *Oresteia* の第一部》. 〖◻ L ～ ◻ Gk *Agamémnōn*=**Agamédmōn* 《原義》 ruling mightily ← *ágan* very much+*médon* ruler (← IE **med-* to measure)〗

ag·a·mete /eɪɡǽmiːt, æ̀ɡəmíːt | eɪɡǽmiːt, æɡ-/ *n.* 〘生物〙 無性生殖細胞, 非配偶子. 〖(*c*1920) ◻ Gk *agámetos* unmarried: ⇨ a-⁷, gamete〗

ag·a·mi /ǽɡəmi/ *n.* 〘鳥類〙 **1** =trumpeter 3 a. **2** アオサギ《アオサギ科アオサギ属 (*Ardea*) の鳥類の総称; agami heron ともいう》. 〖(*a*1833) ◻ F ～ ◻ Carib. 《現地語》 agamy〗

a·gam·ic /eɪɡǽmɪk/ *adj.* **1** 〘生物〙 無性の (asexual); 無性生殖によってできた (↔ gamic). **2** 〘植物〙 隠花の (cryptogamic). **a·gám·i·cal·ly** *adv.* 〖(1850) ← NL *agamus* unwed (← Gk *ágamos* ← *a-* without+*gámos* marriage)+-IC¹: cf. gamo-〗

ag·a·mid /ǽɡəmɪ̀d | -mɪd/ *adj.*, *n.* 〘植物〙 キノボリトカゲ科の(トカゲ). 〖(1889) ← NL *Agamidae* (↓)〗

A·gam·i·dae /əɡǽmədìː | -mɪ-/ *n. pl.* 〘動物〙 キノボリトカゲ科. 〖← NL ～ ← *Agama* (属名: ⇨ agama)+-IDAE〗

a·gam·ma·glob·u·li·ne·mi·a /eɪɡæ̀məɡlɑ̀(ː)bjʊlɪ̀níːmiə | -ɡlɔ̀bjʊlɪ-/ *n.* 〘病理〙 無ガンマグロブリン血(症). 〖(*c*1952) ← NL ～: ⇨ a-⁷, gamma globulin, -emia〗

ag·a·mo- /ǽɡəmoʊ | -məʊ/「無性の (asexual)」の意の連結形. ★ 母音の前では通例 agam- になる. 〖← NL ～ ← LL *agamus* ◻ Gk *ágamos* unmarried〗

àgamo·génesis *n.* **1** 〘動物〙 無性生殖 (asexual reproduction). **2** 〘植物〙 (無性芽などによる)無性繁殖. **àgamo·genétic** *adj.* **àgamo·genétically** *adv.* 〖(1864)〗

àgamo·spécies *n.* 〘生物〙 無配種.

ág·a·mo·spèr·my /-spə̀ːmi | -spə̀ː-/ *n.* 〘植物〙 無配生殖 (apogamy); 無融合種子形成.

ag·a·mous /ǽɡəməs/ *adj.* =agamic. 〖(1847) ← AGAM(IC)+-OUS〗

ag·a·my /ǽɡəmi/ *n.* =agamogenesis. 〖(1796) ◻ Gk *agamía* celibacy ← *ágamos* (⇨ agamo-)〗

A·ga·na /əɡɑ́ːnjə/ (*also* **A·ga·ña** /～/) *n.* アガナ《Guam 島の中心都市》.

Ag·a·nip·pe /æ̀ɡənípi/ *n.* 〘ギリシャ神話〙 アガニッペー《Helicon 山にある霊泉の一つ》.

agapae *n.* agape² の複数形.

agapai *n.* agape² の複数形.

ag·a·pan·thus /æ̀ɡəpǽnθəs/ *n.* 〘植物〙 アガパンサス, ムラサキクンシラン (*Agapanthus africanus*)《アフリカ産ユリ科ムラサキクンシラン属の植物; African lily ともいう》. 《*c*1789》← NL ～ 《原義》 flower of love: ⇨ Gk *agápē* 'agape²': ⇨ -anthus〗

a·gape¹ /əɡéɪp, əɡǽp | əɡéɪp/ *adv.*, *adj.* [叙述的] 《驚いたり, びっくりして》あんぐり口をあけて, あっけに取られて, 唖然(あぜん)として (open-mouthed): be ～ *with* surprise, curiosity, etc. / stand ～ / be ～ *at* a sight / A blast of wind set the window ～. 突風が吹いてきて窓ががたりと開いた. 〖(1667) ← A-¹+GAPE〗

a·ga·pe² /ɑːɡɑ́ːpeɪ, ɑ́ːɡəpèɪ | ǽɡəpi, -pèɪ/ *n.* (*pl.* **a·ga·pae** /ɑːɡɑ́ːpaɪ, ɑ́ːɡəpàɪ, -piː | ǽɡəpìː, -pàɪ/, **a·ga·pai** /ɑːɡɑ́ːpaɪ, ɑ́ːɡəpàɪ | ǽɡəpìː/, **～s**) 〘キリスト教〙 **1** 愛餐(あいさん) (love feast)《初期キリスト教徒の会食で, 祈り・歌・聖書朗読で過ごした》. **2** アガペー, 愛, (人間に対する)神の愛; (人間の没我的な)隣人愛, 兄弟愛《同じくギリシャ語に由来するエロス (Eros) と区別して, キリスト教的愛を意味する》. **a·ga·pe·ic** /ɑ̀ːɡəpéɪɪk, æ̀ɡ- | æ̀ɡəpíːɪk, -péɪɪk⁻/ *adj.* **à·ga·pé·i·cal·ly** *adv.* 〖(1607) ◻ Gk *agápē* brotherly love, (pl.) *agápai* love feast ← *agapân* to love ← ?〗

A·ga·pem·o·ne /ɑ̀ːɡəpéməni | æ̀ɡə-/ *n.* **1** [the ～] 愛の家 (abode of love)《19 世紀中ごろイングランド Somerset 州の Spaxton /spǽkstən, -tn/ にあった自由恋愛者たちの集団》. **2** [時に a-] 自由恋愛者の集団. 〖(1854) ← AGAPE²+Gk *monḗ* dwelling, abode (← *ménein* to stay)〗

A·ga·pem·o·nite /ɑ̀ːɡəpémənàɪt/ *n.* 自由恋愛主義者. 〖(1850): ⇨ ↑, -ite¹〗

a·gar /ɑ́ːɡɑə, éɪɡə, -ɡɑə | éɪɡɑː^r, -ɡə^r/ *n.* **1** 寒天. **2** 〘生物〙 寒天培養基[培地] (agar culture medium): a blood ～ 血液寒天培地. 〖(1889) 《短縮》 ↓〗

ágar-ágar *n.* =agar. 〖(1813) ◻ Malay ～〗

ar·gar·bat·ti /ʌ̀ɡəbʌ́ʈi | ʌ̀ɡəbʌ́ʈi/ *n.* 《インド》 線香, アガルバッティー.

ag·a·ric /ǽɡərɪk, əɡǽr-/ *n.* 〘植物〙 **1** ハラタケ《ハラタケ科ハラタケ属 (*Agaricus*) のキノコの総称》. **2** ツリガネタケ類の一種 (*Fomes officinalis*) やエブリコ類の一種 (*Polyporus officinalis*) など以前結核などの薬に用いられたキノコの乾燥した肉. **— *adj.*** ハラタケの. 〖(*a*1400) ◻ L *agaricum* ◻ Gk *agarikón* a kind of tree fungus: Sarmatia の一地方名 Agaria にちなむ〗

A·gar·i·ca·ce·ae /əɡæ̀rəkéɪsiiː | -rɪ-/ *n. pl.* 〘植物〙 ハラタケ科. **à·gar·i·cá·ceous** /-ʃəs⁻/ *adj.* 〖← NL ～ ← *Agaricus* (属名: ↑)+-ACEAE〗

ágaric ácid *n.* 〘化学〙 アガリシン酸 ($C_{16}H_{33}CH$-$(COOH)C(OH)COOHCH_2COOH$)《菌類成分の一種》. 〖1879〗

ág·a·ric·ic ácid /æ̀ɡərísɪk-⁻/ *n.* 〘化学〙 =agaric acid.

a·gar·i·cin /əɡǽrəsɪ̀n | -rɪsɪn/ *n.* 〘化学〙 アガリシン (アガリシン酸 (agaric acid) の不純なもの). 〖← AGARIC+-IN¹〗

a·gár·i·cin·ic ácid /əɡæ̀rəsínɪk- | -rɪ-⁻/ *n.* 〘化学〙 =agaric acid.

ágaric míneral *n.* 〘地質〙 蕈(きのこ)状石《炭酸石灰の沈澱物からなる白色の柔らかい蕈(きのこ)状の物質; rock milk ともいう》. 〖1837〗

A·gar·i·cus /əɡǽrɪkəs, əɡér- | əɡǽrɪ-/ *n.* アガリクス《ハラタケ属 (*Agaricus*) のキノコの総称; 煎じて健康食品として飲まれる》.

ag·a·ri·ta /æ̀ɡəríːʈə, ɑ̀ːɡ- | -tə/ *n.* 〘植物〙 米国 Texas, New Mexico 両州およびメキシコ産ナンテン科ヒイラギナンテン属の低木 (*Mahonia trifoliata*)《ゼリーになる明るい赤色の実をつける》. 〖◻ Mex.-Sp. *agrito* ← ? Sp. *agrio* sour ← L *acr-*, *acer* sharp〗

a·gar·o·phyte /əɡǽrəfàɪt/ *n.* 〘植物〙 テングサ《テングサ目テングサ科の紅藻の総称; 寒天 (agar) の原料となる》. 〖← AGAR+-O-+-PHYTE〗

a·gar·ose /ǽɡəròʊs, -ròʊz | -rəʊs, -rəʊz/ *n.* 〘化学〙 アガロース《寒天の主要な多糖成分; クロマトグラフィーの支持体などに用いる》. 〖(1953) ← AGAR+-OSE²〗

A·gar·ta·la /ʌ́ɡəʈəlɑː | ʌ́ɡə-/ *n.* アガルタラ《インド Tripura 州の州都》.

Ag·as·si /ǽɡəsi/, **André** (**Kirk** /kə́ːk | kə́ːk/) *n.* アガシ (1970– ; 米国のテニスプレーヤー; Wimbledon で優勝 (1992)).

Ag·as·siz /ǽɡəsi | ǽɡəsi, æɡəsíː; *F.* aɡasi/, **Alexander** *n.* アガシ (1835–1910; 米国の動物学者; J. L. R. Agassiz の息子).

Agassiz, (Jean) Louis (Ro·dolphe) /rədɔ̀lf/ *n.* アガシ (1807–73; スイス生まれの米国の博物学者).

a·gas·tric /eɪɡǽstrɪk/ *adj.* 〘動物〙 消化管の(認められ)ない. 〖(1836) ← A-⁷+GASTRIC〗

ag·a·ta /ǽɡəʈə | -tə/ *n.* アガタ, 瑪瑙(めのう)ガラス《19 世紀後期の米国の白とばら色の斑紋仕上げをしたガラス器具》. 〖◻ It. ～ (↓)〗

ag·ate /ǽɡɪ̀t/ *n.* **1 a** 〘鉱物〙 瑪瑙(めのう). **b** 瑪瑙色. **2** 瑪瑙付き研磨具 (agate burnisher). **3** 瑪瑙(まがいのガラス)のビー玉. **4** 《米》〘活字〙 アゲート (5½ アメリカンポイント相当; 英国の ruby に当たる; cf. type 3 ★). **5** 《廃》 小男, ちび. 〖(1570) ◻ (O)F ～, F 《廃》 *agathe* ◻ L *achātēs* ◻ Gk *akhā́tēs* ∽ 《?*a*1200》 *achate* ◻ L〗

Ágate Fóssil Bèds Nátional Mónument *n.* アゲット化石層国定記念物《米国 Nebraska 州西部にある; 中新世の哺乳動物の化石で知られる》.

ágate lìne *n.* 《米》〘広告〙 新聞広告面の寸法《1/14 インチ高で一欄の幅; 広告料金算出の基準; cf. milline 1》. 〖*c*1935〗

ágate snàil [shèll] *n.* 〘動物〙 アフリカマイマイ《アフリカマイマイ属 (*Achatina*) の大形のカタツムリの総称; cf. achatina》. 〖1884〗

ágate·wàre *n.* **1** 瑪瑙(めのう)まがいのエナメル塗り鉄器. **2** 瑪瑙まがいの陶器. 〖1857〗

ag·ath- /ǽɡəθ/ (母音の前にくるときの) agatho- の異形.

Ag·a·tha /ǽɡəθə/ *n.* アガサ《女性名》. 〖◻ L ～ ◻ Gk *Agathḗ* (fem.) ← *agathós* good ← ?: cf. OE *gōd* good〗

Ag·a·tha /ǽɡəθə/, Saint *n.* (聖)アガタ (3–4 世紀ごろ Sicily の名家に生まれた聖女, 殉教者; 祝日 2 月 5 日).

ag·a·tho- /ǽɡəθoʊ | -θəʊ/「良い (good)」の意の連結形. 〖← Gk *agathós*: ⇨ Agatha〗

A·gath·o·cles /əɡǽθəklìːz | -θə(ʊ)-/ *n.* アガトクレス (361–289 B.C.; Sicily 島 Syracuse の僭王(せんおう) (tyrant)).

ag·at·ize /ǽɡəʈàɪz/ *vt.* 瑪瑙(めのう)に変える; 瑪瑙まがいにする. 〖(1638) ← AGAT(E)+-IZE〗

à gauche /ɑːɡóʊʃ | -ɡə́ʊʃ; *F.* aɡoːʃ/ *F. adv.* 左へ[に] (↔ à droite). 〖◻ F ～ 'on or to the left'〗

a·ga·ve /əɡɑ́ːvi | əɡéɪvi/ *n.* 〘植物〙 リュウゼツラン《リュウゼツラン属 (*Agave*) の植物の総称; 繊維を採ったり, テキーラ (tequila) を造るのに用いる; アオノリュウゼツラン (century plant) は観賞用に栽培される; cf. aloe 3》. 〖(1830) ← NL *Agāve* ◻ Gk *Agauḗ* (fem.) ← *agauós* noble〗

A·ga·ve /əɡɑ́ːvi | əɡéɪvi/ *n.* 〘ギリシャ神話〙 アガウェー (Cadmus と Harmonia の娘; Echion に嫁して Pentheus の母になったが, Dionysos のために気が狂って Pentheus を殺害する). 〖L *Agāvē* ◻ Gk *Agauḗ* (↑)〗

a·gaze /əɡéɪz/ *adv.*, *adj.* [叙述的] 凝視して, 見つめて, 見とれて (gazing): ～ *with* surprise. 〖(*c*1350) ← A-¹+GAZE〗

a·gazed /əɡéɪzd/ *adj.* [叙述的] 《廃》 驚いて, ぼうぜんとして. 〖(*c*1400) *agased*, *agast* (p.p.) ← ? *agaste(n)* to frighten: aghast と連想?〗

ag·ba /ǽɡbə/ *n.* 〘植物〙 アグバ《アフリカ産マメ科の大樹 (*Gossweilerodendron balsamiferum*); 材は家具・室内装飾用, 樹脂も有用》. 〖(1920) ← Afr. 《現地語》〗

AGC 《略》 advanced graduate certificate; 〘電気〙 automatic gain control.

agcy 《略》 agency.

age /eɪdʒ/ *n.* **1** 年齢, 年配: be ten years of ～ 10 歳である / What is his ～? 彼は何歳か (How old is he?) / at the ～ of six=(米) at ～six 6 歳の時 / when I was your ～ 君くらいの年のころに / when I was a boy (of) your ～ 君くらいの年の少年のころ / be of an ～ *with* … と同じ年齢である / of all ～s ⇨ 成句 / be of an ～ to know better [when one should know better] もっと分別があってもいい年齢である / He is just my ～. ちょうど私と同じ年だ / He does not look [feel] his ～. 年ほどに見えない[気が若い, 体力がある] / So? Why, that's no ～ at all these days! それで? 今どきそんなの年のうちに入らないよ / She looks young for her ～. 年齢の割には若く見える / reach an advanced [old] ～ 高齢に達する / live to [die at] a great [ripe, old] ～ 高齢まで生きる[で死ぬ] / the ～ of a tree 樹齢 / the ～ of a building 建物の年数.

2 老年, 年齢, 長寿 (old age) (↔ youth): from [with] ～ 老齢のため / the infirmities of ～ 老年(期)の疾患[病弱] / the wisdom of ～ 年の功 / *Age* is starting to take its toll. 年がこたえ始めている, (容色, 体力などが)衰えてきている.

3 a 寿命, 一生 (lifetime): the ～ of humans 人間の寿命 / the ～s of the lower animals 下等動物の寿命. **b** (一生の)一時期 (stage of life): ⇨ middle age, old age 1 / the ～ of adolescence 青春期[時代] / the seven ～s (of man) (赤ん坊より老人にいたる)人生の七期 (cf. Shak., *As Y L* 2. 7. 143). **c** 一代, 世代 (generation); 世, 時代: Shakespeare and his ～ シェークスピアとその時代 / an ～ ago 一代前 / in all ～s いつの世でも; 昔も今も / from ～ to ～ 世々, 代々 / to all ～s いつの世までも / throughout [(down) through] the ～s 大昔から, 世々代々. **d** …時代 (period, era): the ～ of space travel 宇宙旅行の時代 / in the atomic [nuclear] ～ 原子力[核]時代に / the Elizabethan *Age*=the ～ of (Queen) Elizabeth エリザベス朝時代.

4 [しばしば *pl.*] 《口語》 長い年月, 長い間: for an ～ / for ～s (and ～s) / ～s ago 大昔; とっくの昔に / I haven't seen her *for* [*in*] ages. 彼女には長く会っていない.

5 時期, 年代 (⇨ period SYN); (地質時代区分の)期 (cf. stage 8): the *Age* of Mammals [Reptiles] 哺乳類[爬虫類]時代 / ⇨ Middle Ages, golden age, Ice Age, Stone Age.

6 a 成年, 丁年 (full age, legal age)《通例 21 歳; cf. adult 1》: be [come] of (full) ～ 成年である[に達する] / over [under] ～ 成年を過ぎた[に達しない]. **b** (規定の)年齢: over [under] ～ 年齢超過[不足]で 〔*for*〕.

7 〘心理・教育〙 (精神)発達年齢. **8** 〘トランプ〙 =edge 11. **9** [the A-]『エイジ』(1854 年以来 Melbourne で発行されるオーストラリアの高級日刊紙).

áct [be] one's áge 年相応にふるまう (be sensible): *Act your* ～. 《1925》 ***Áge befòre béauty.*** 〘戯言〙 容色よりも年齢が先《年少者が年長者に道を譲るときなどに用いる: cf. After you. ⇨ after *prep.* 1 b》. ***féel [lóok, shów] one's áge*** 年(相応)に感じる[に見える, であると感じさせる]. ***of a cértain áge*** 〈女性が〉そこその年齢の, 熟年の《middle-aged の婉曲語》. ***of áll áges*** (1) すべての時代の(うち). (2) あらゆる年齢の: people *of all* ～*s* 老いも若きも. ***scóre*** [《口語》 ***shóot***] ***one's áge*** 〘ゴルフ〙 自分の年齢に等しいスコアを出す.

áge of anxíety [the —] 〘文学〙 不安の時代《不安・危機感にいろどられた時代; W. H. Auden 作の同名の長詩 (1947) による》.

áge of consént [the —] 〘法律〙 承諾[合意]年齢《婚姻・性交などに対する承諾[合意]が有効と認められる法定年齢; 英国では男女共に 16 歳, 米国では州によって異なるが 13 歳から 18 歳までの間で, 男女の年齢に 2 歳程度の開きがある》. 《1809》

áge of discrétion [the —] 〘法律〙 分別年齢《正邪を識別し得る年齢で, 刑法上の責任をもつ年齢; 英米法では 14 歳》. 《1832》

Áge of Réason [the —] (1) 理性の時代《18 世紀のヨーロッパ(特に, イギリス・フランス)に代表されるいわゆる啓蒙主義の時代; 理性主義の立場から前時代の伝統を迷妄として排した; cf. enlightenment 3》. (2) [a- of r-] 思慮年齢《善悪の区別がつけられるようになる時期》. 《1794》

Áge of (the) Enlíghtenment [the —] 啓蒙主義の時代 (⇨ enlightenment 3).

— *v.* (**～d**; **ag·ing**, **～·ing**) **— *vi.*** **1** 年をとる[経る], 老ける: ～ fast [rapidly] 早く[急(速)に]老ける / an *aging* film star [population] 老けてきている映画スター[高齢化しつつある人々]. **2** 〈物が〉古くなる, 時代がつく. **3** 〈酒・チーズなどが〉熟成する: The wine is *aging*. ワインは熟成中だ. **4** 〘化学・冶金〙 熟成する, 老化する. **— *vt.*** **1** …に年をとらせる, 老けさせる. **2** 〈物を〉古くする, 古びさせる, 古色を帯びさせる: Worry and illness ～ a person. 苦労や病気のため人は老けるもの. **3** 〈酒を〉熟成させる, ねかす. **4** 〘染色〙 〈染物を〉(暖気または蒸気にさらして)発色[固着]させる. **5** 〘電気〙 充電する《特に, 初充電に用いる》. **— *adj.*** [限定的] 年齢上の: Which ～ bracket is he in? 彼はどういう年齢層に属するのか / age group / an ～ range 年齢幅 / There's a huge ～ gap between them. 彼らの間には大きな年齢の断絶がある.

〖(?c1225)□ OF *aäge, eäge* (F *âge*) < VL **aetāticum* ← L *aetātem* age (acc.) ← *aetās, aevitās* ← IE **aiw-* vital force, life: cf. ↓〗

-age /ɪʤ/ *suf.* 次の意味を表す名詞を造る: **1** 集合: cellar*age*, bagg*age*. **2** 地位, 身分, 状態: baron*age*, bond*age*. **3** 動作の過程・結果: stopp*age*, break*age*, leak*age*. **4** 割合: dos*age*. **5** 料金: cart*age*, post*age*. **6** 場所, 家: orphan*age*, parson*age*. 〖ME □ (O)F ～ < LL *-āticum* ← L *-āticus* '-ATIC'〗

áge clàss *n.* =age group. 〖1905〗

aged[1] /éɪʤd/ *adj.* **1** 年齢…歳の, …歳で: He was ～ ten. / a boy ～ 10 10 歳の少年 / Died ～ 30. 享年 30 歳. **2** 年数を経た, 熟成した; 古くなった: ～ wine / an ～ car. **3** 〈馬など〉成長しきった《馬は通例 6 歳以上》.

a·ged[2] /éɪʤɪ̈d/ *adj.* [限定的] **1 a** 老齢の, 年とった, 老いた: an ～ parent, woman, couple, etc. **b** [the ～; 名詞的に; 集合的] 老人たち. **2** 老いの: ～ wrinkles. **3** 〘地質〙侵食基準面に達した. **á·ged·ly** /-ʤɪ̈dli/ *adv.* **á·ged·ness** /-ʤɪ̈dnɪ̈s/ *n.* 〖(c1410) ← AGE +-ED 2〗

SYN 年とった: **aged** 非常に年をとった《衰弱・老衰を暗示する》: an *aged* couple 老夫婦. **old** 長年生きてきても はや若くない《老衰を暗示しない》: my *old* mother 私の年老いた母. **elderly** 《しばしば婉曲》中年期を過ぎた: an *elderly* lady 年配の女性. **ancient** 《ややこっけいに》よほよぼに年をとった.
ANT youthful.

áge discriminàtion *n.* 《米》年齢差別, 高齢者差別 (《英》ag(e)ism).

a·gee /əʤíː/ *adv.* 《スコット・英方言》ゆがんで, 斜めに, 傾いて (obliquely, askew). 〖(?1800) ← A-[1]+GEE[2]〗

A·gee /éɪʤiː, -ʤi/, **James** *n.* エイジー (1909–55; 米国の小説家・映画評論家; *A Death in the Family* (1955)).

áge-gràde *n.* 〘社会学〙年齢階級《年齢を一定の幅で区分した統計集団》. 〖1906〗

áge gròup *n.* (特定の)年齢層《年齢や世代を基準にして形成される集団》. 〖1904〗

áge-hàrdening *n.* 〘冶金・化学〙時効硬化, 時硬 (aging)《銅合金・鋼・アルミニウム合金, 特にジュラルミンなどの合金が時間がたつにつれて硬くなること; cf. precipitation hardening》. 〖1921〗

áge·ing /-ʤɪŋ/ *n.* **1** 〘生理〙加齢, 老齢化, 老化. **2** =aging 2, 3, 4. 〖1849〗

age·ism /éɪʤɪzm/ *n.* 年齢層差別; (特に)老齢者層差別. **áge·ist, ág·ist** /-ʤɪ̈st | -ʤɪst/ *adj., n.* 〖1969〗

áge·less *adj.* 老いることのない(ように見える), 不老の; すたれることのない; 永遠の: a fountain of ～ youth 不老の泉 / He looks ～. 老いを知らぬように見える / ～ truth 永遠の真理. **～·ly** *adv.* **～·ness** *n.* 〖1651〗

áge lìmit *n.* 年齢制限: retire under the ～ 定年で退職する. 〖1898〗

áge·lòng *adj.* 長年の, 長年にわたる, 永続する (everlasting); =age-old: an ～ culture. 〖1810〗

áge-màte *n.* 同一年齢集団の人. 〖1583〗

A·ge·na /əʤíːnə/ *n.* 〘天文〙ケンタウルス座 β 星 (β Centauri).

agen·bite of in·wit /əgénbaɪtəvínwɪt | -təv-/ *n.* 良心の呵責(かしゃく), 自責の念《14 世紀の英国の修道僧 Dan Michel のフランス語から翻訳した *Agenbite of Inwit* (1340) という題名を James Joyce が *Ulysses* で用いて一般化した》. 〖1967〗

a·gen·cy /éɪʤənsi, -ʤntsi/ *n.* **1** 代理会社; 代理店, 取扱店, 特約店, 取次店 (cf. agent 1): a general ～ 総代理店 / an employment ～ 職業紹介所 / ⇨ commercial agency, news agency, travel agency. **2** (政府など官公の)機関, 官庁; 《米》…庁, 局: a government ～ 政府機関, 官庁 / the *Agency* for International Development ⇨ AID / the *Agency*=the Central Intelligence Agency ⇨ CIA / the International Atomic Energy *Agency* ⇨ IAEA. **3 a** (活動・行動などの)発動力, 作因, (能動的な)作用, 力 (motive power); 行動, 活動 (action): human ～ 人間の力 / an invisible ～ 目に見えない力 / natural [supernatural] ～ 自然[超自然]の力[作用] / the ～ of Providence=divine ～ 神の力, 摂理 / ⇨ free agency. **b** 斡旋(あっせん), 仲介, 媒介: ⇨ *through* [*by*] *the* AGENCY *of*.
thròugh* [*by*] *the ágency of 〈人〉の斡旋[仲介]で; 〈自然力など〉の作用[力]で: *by the* ～ *of* the wind 風の力で / *through the* ～ *of* a friend 友人の尽力[世話]で.
〖(1658)□ ML *agentia* ← L *agēns*: ⇨ agent, -cy〗

ágency shòp *n.* 《米》〘労働〙エージェンシーショップ《非組合員に組合費相当額を組合または慈善団体に納入することを義務づけている事業所; cf. shop 3 a》. 〖*c*1946〗

a·gen·da /əʤéndə/ *n.* (*pl.* ～**s**) **1 a** [集合的; 通例単数扱い] (会議の)協議事項, 議事日程(表): the ～ *of* [*for*] a meeting / an item *on* [*of*] the ～ 議事日程の1項目 / the ～ *for* today=today's ～ / put an issue high *on* the ～ ある問題を最優先課題とする / We had a short ～. 議題は少なかった. **b** 予定(表) (program): *on* the ～ 予定(表)にもとづいて. **2** 備忘録, 手帳 (memorandum book). **3** 〘電算〙アジェンダ《問題を解く手順を形成する操作の集まり》. **4** [集合的; 複数扱い]〘神学〙礼拝儀式, 礼拝規定《現在でもドイツのプロテスタント教会では礼拝規定(書)を指す公用語》; (↔ credenda). **～·less** *adj.* 〖(1657)□ L ～ (pl.) ← *agendum* a thing to be done (gerundive) ← *agere* to do: ⇨ agent〗

a·gen·dum /əʤéndəm/ *n.* (*pl.* **a·gen·da** /-də/, ～**s**) **1** =agenda 1. **2** [*pl.*]〘神学〙=agenda 4. 〖(*c*1847) ↑〗

a·gene /éɪʤiːn/ *n.* 〘化学〙エイジーン《パン用小麦粉を漂白・熟成するために使用する三塩化窒素 (nitrogen trichloride)》. 〖(1932) ← *Agene* 《商標名》← ? AGE (v.) +-ENE〗

a·gen·e·sis /eɪʤénəsɪ̈s | -nɪ̈sɪs/ *n.* **1** 〘生物〙発育不全, 形成不全. **2** 〘医学〙陰萎(いんい), インポテンツ (impotence); 不妊; 無発生, 無発育. 〖(1879) ← NL ～: ⇨ a-[7], genesis〗

a·gen·ize /éɪʤənàɪz | -ʤɪ̈-/ *vt.* 〘化学〙〈小麦粉を〉エイジーン (agene) で漂白する. 〖(1947) ← AGEN(E)+-IZE〗

áge nòrm *n.* 〘心理〙年齢基準《一定の年齢段階で基準とされる身心の発達レベル》. 〖1921〗

a·gent /éɪʤənt/ *n.* **1** 代理人, 代行者, 代理商; 代理店; エージェント 〔*for*〕; 差配人, 周旋人, 仲介者, 取扱人: act as (an) ～ *for* ... / He is the sole ～ in Japan *for* an American firm. アメリカのある会社の日本における一手代理人だ / She's the ～ *for* some of America's best-known writers. 彼女はアメリカの有名な作家何人かの代理人だ / ⇨ general agent, house agent, press agent, ticket agent. **2 a** 手先, 回し者, スパイ: a secret ～ 密偵, 間諜(かんちょう), スパイ / an ～ of a foreign power 外国の大国のスパイ. **b** (官庁の)代表者, (出先)公吏, 係官, 事務官 (official): a diplomatic ～ (外国駐在の)外交官. **3** (主体的な)行為者 (doer, actor) (↔ patient): I am a mere instrument, not an ～. 私はほんの道具に使われているまでで張本人ではない / ⇨ free agent. **4 a** 作因, 動因, 能因; (ある変化を起こさせる)力 (force): Rain and frost are natural ～*s* that wear away rocks. 雨や霜は岩を磨滅させる自然力である. **b** 因子; 作用物(質); 薬剤: a chemical ～ 化学薬品 / a cooling ～ 冷却剤. **c** 媒介[仲介]物. **5 a** 《米》=Indian agent. **b** 《英》選挙事務長. **c** 《米》=road [station] agent. **d** 《米》= traveling salesman. **6** 〘文法〙動作の主体, 動作主 (cf. agent noun): the ～ of the passive 受動態の動作主《動詞により表される行為を引き起こす者; 例えば *John* opened the door. / The door was opened by *John*. における John》. **7** 〘心霊〙(精神感応術で)テレパシーを送る人, 実験者 (cf. percipient 2). **8** 〘電算〙エージェント (bot)《ユーザーの指示によらず, インターネットのデータ取得, 更新情報通知, その他の定形処理を行うプログラム》.
ágent of prodúction 生産要素 (factor of production).
— *vt.* 〔…の〕代行者[エージェント]を務める, エージェントをする 〔*for*〕. **—** *adj.* 《古》作用する, 影響力のある (acting).
〖(1471) ← L *agentem* (pres.p.) ← *agere* to do, act ← IE **ag-* to drive, do (Gk *ágein* to lead)〗

SYN 代理人: **agent** ビジネスなどで個人・会社の代理をする権限を与えられた人: a travel *agent* 旅行代理業者 / an insurance *agent* 保険代理店. **deputy** ある機関の長に次ぐ地位の人物で前者が不在のときその代理をすることを委任されている人: Mr. Mills attended the meeting as *deputy* president. ミルズ氏はその会に社長代理で出席した. **proxy** 特定の機会に他人の代理をする権限を委任された人: He voted by *proxy*. 代理人に投票してもらった.

ágent-géneral *n.* (*pl.* **agents-**) 自治領代表《カナダ・オーストラリアなど旧自治領の政治・経済の利益を守るため英国に常駐する代表; 略 AG》. 〖1833〗

a·gen·tial /eɪʤénʃəl, -ʃl/ *adj.* **1** agent の; agency の. **2** 〘文法〙=agentive. 〖1872〗

a·gen·ti·val /èɪʤəntáɪvəl, -vl⁻/ *adj.* =agentive. 〖⇨ ↓, -al[1]〗

a·gen·tive /éɪʤənṭɪv | -tɪv/ 〘文法〙 *adj.* 動作主 (agent) を示す: an ～ noun, suffix, etc. **—** *n.* 動作主を示す要素《例: teacher の -er》. 〖(1903) ← AGENT +-IVE〗

ágent nòun *n.* 〘文法〙動作主名詞《動作の主体を表す名詞; 例: maker, actor, student》.

Ágent Órange *n.* オレンジ剤《ベトナム戦争で使用された強力枯れ葉剤; ダイオキシン (dioxin) を含む; 容器のドラム缶の識別用の縞の色から》.

a·gent pro·vo·ca·teur /áːʒɑ̃ː(ŋ)prouvɑ̀(ː)kətə́ː, áːʒɑːŋ-, -túə | æ̀ʒɑ̃ː(ŋ)prəvɔ̀kətə́ː[r], æ̀ʒɑːŋ-; *F.* aʒɑ̃pʀɔvɔkatœːʀ/ *F. n.* (*pl.* **a·gents pro·vo·ca·teurs** /～, ～z; *F.* ～/) (警察側の)挑発[煽動]目的のスパイ, 警察の手先, 回し者, 密偵, 秘密工作員. 〖(1877)□ F ～ 'provoking agent'〗

a·gent·ry /éɪʤəntri/ *n.* 代理人の職[任務]. 〖(1913) ← AGENT+-RY〗

age-old /éɪʤóuld | -əuld⁻/ *adj.* (大)昔から伝わる, 長い歳月を経た, 古来の (ancient): an ～ custom. 〖1904〗

age quod agis /áːgɛ kwɔ̀ːd áːgìs/ *L.* 自分のしていることをせよ, 自分の仕事に全力を集中せよ.

ag·er /éɪʤə | -ʤə[r]/ *n.* 〘染色〙エージャー《染物を暖気または蒸気にさらして発色[固着]させる機械または設備》. 〖(1907): ⇨ age, -er[1]〗

ag·er·a·tum /æ̀ʤəréɪṭəm | -təm/ *n.* 〘植物〙**1** カッコウアザミ《キク科カッコウアザミ属 (*Ageratum*) の植物の総称》; (特に)オオカッコウアザミ (*A. houstonianum*). **2** ヒヨドリバナ《青い花をつけるキク科ヒヨドリバナ属 (*Eupatorium*) の草本の総称》. 〖(1753) ← NL *agērātum* □ Gk *agḗraton* ← A-[7]+*gḗraton* old age〗

áge-sèt *n.* 〘文化人類学〙年齢組《少年組・若者組などの年齢集団; cf. age-group》. 〖1929〗

áge-specífic *adj.* 特定年齢層に特異的な.

a·geu·si·a /əgjúːziə, eɪ-/ *n.* (*also* **a·geu·sti·a** /əgjúːstiə, eɪ-/) 〘病理〙無味覚(症), 味覚消失(症), 失味(症). **a·géu·sic** /-zɪk, eɪ-/ *adj.* 〖(1848) ← NL ～ ← A-[7]+Gk *geûsis* taste (← *geuésthai* to taste)+-IA[1]〗

Ag·fa /ǽgfə; *G.* ákfa/ *n.* 〘商標〙アグファ《ドイツ Agfa-Gevaert 社製のフィルム・写真用品》.

Ag·ga·dah /àːgɑːdáː/ *n.* (*pl.* **Ag·ga·doth** /àːgɑːdɔ́ːt/) アガーダ《タルムード (Talmud) の説教[法話]の一節》; [集合的] ユダヤ文学の中で説教を扱った部分《Aggada, Aggadatah, Haggadah ともいう》.

ag·ger /ǽʤə | ǽʤə[r]/ *n.* **1** 〘海洋〙双潮 (double tide): **a** 高潮時にさらにほぼ同高の高潮が 1 回あるもの. **b** 低潮時にさらにほぼ同高の低潮が 1 回あるもの. **2** 〘考古〙(古代ローマ建築の)堡塁(ほうるい), 砦. **3** 〘解剖〙隆起 (prominence). 〖(1398)□ L ～ 'heap, pile' ← AG-+ *ger-* (← *gerere* to carry)〗

Ag·ge·us /ægíːəs/ *n.* (Douay Bible での) Haggai のラテン語式語形. 〖□ LL *Aggaeus*〗

ag·gie[1] /ǽgi/ *n.* ビー玉; (特に) =agate 3. 〖(1915) ← AG(ATE)+-IE〗

ag·gie[2], **A-** /ǽgi/ 《米》 *n., adj.* **1** 農学生(の), 農科生(の); 農学校(の), 農業大学(の). **2** 《俗》[通例 *pl.*] 農産物先物契約. 〖(1902) ← AG(RICULTURAL)+-IE〗

Ag·gie /ǽgi/ *n.* アギー《女性名》. 〖(dim.) ← AGATHA or AGNES〗

ag·gior·na·men·to /əʤɔ̀ənəméntou | -ʤɔ̀ːnəméntəu; *It.* addʒornaménto/ *It. n.* (*pl.* **-men·ti** /-tiː; *It.* -ti/) **1** 現代化 (modernization). **2** 〘カトリック〙現代化 (政策). 〖(1963)□ It. ～ ← *aggiornare* to adjourn: ⇨ -ment〗

ag·glom·er·ate /əglɑ́(ː)mərèɪt | əglɔ́m-/ *vt., vi.* **1** 塊にする[なる]. **2** まるく固める[固まる]. **—** /əglɑ́(ː)mərɪ̈t, -rèɪt | əglɔ́m-/ *adj.* **1** 塊になった, 集塊の. **2** 〘植物〙(花が)頭状に集合した. **—** /-rɪ̈t, -rèɪt/ *n.* **1** 集塊, 団塊. **2** 〘岩石〙集塊岩 (cf. conglomerate 3). 〖(1684) ← L *agglomerātus* (p.p.) ← *agglomerāre* ← *ag-* 'AD-' +*glomerāre* to gather into a ball or heap, gather together (← *glomus* ball of yarn): ⇨ glomerate〗

ag·glom·er·a·tion /əglɑ̀(ː)məréɪʃən | əglɔ̀m-/ *n.* **1** 塊状集積, アグロメレーション; 塊状集積作用. **2** 集積したもの, 集塊, 集団. 〖(1774)□ L *agglomerātiō(n-)* ← *agglomerāre* (↑)〗

ag·glom·er·a·tive /əglɑ́(ː)mərèɪṭɪv -rəṭ- | əglɔ́mərət-, -rèɪt-/ *adj.* **1** 集塊性の, 集積的な. **2** =agglutinative 2. 〖1817〗

ag·glu·ti·na·bil·i·ty /əglùːṭənəbíləṭi, -tn- | -tɪ̈nəbílɪ̈ti/ *n.* 〘医学〙凝集性, 凝集力. 〖(1901): ⇨ agglutinate, -ability〗

ag·glu·ti·nant /əglúːṭənənt, -tn- | -tɪ̈n-, -tn-/ *adj.* 接合[膠着(こうちゃく)]性の. **—** *n.* 接着剤, 膠着剤. 〖(1684)□ L *agglūtinantem* (pres.p.) ← *agglūtināre* (↓)〗

ag·glu·ti·nate /əglúːṭənɪ̈t, -tn-, -nèɪt | -tɪ̈n-, -tn-/ *adj.* 接合[膠着(こうちゃく)]した; 膠着性の. **—** *n.* 〘岩石〙アグルチネート, 岩滓集塊岩. **—** /əglúːṭənèɪt, -tn- | -tɪ̈n, -tn-/ *v.* **—** *vt.* **1** (にかわ・セメントなどで)接合する, 膠着させる. **2** 膠質[膠状]化する. **3** 〘言語〙〈語を〉接合して複合語を造る (cf. agglutination 3). **4** 〘医学〙〘細菌〙〈赤血球・細菌などを〉凝集させる. **—** *vi.* **1** 接合する, 膠着する. **2** 〘言語〙(膠着によって)複合語を造る. **ag·glú·ti·nàt·ed** /-ṭɪ̈d | -tɪ̈d/ *adj.* **ag·glú·tin·a·ble** /-ṭənəbl, -tn- | -tən-, -tn-/ *adj.* 〖(1541) ← L *agglūtinātus* (p.p.) ← *agglūtināre* ← *ag-* 'AD-'+*glūtināre* to glue (← *glūten* 'GLUE')〗

ag·glú·ti·nàt·ing /-ṭɪŋ | -tɪŋ/ *adj.* =agglutinative. 〖1634〗

ag·glu·ti·na·tion /əglùːṭənéɪʃən, -tn- | -tɪ̈n-, -tn-/ *n.* **1** 膠着(こうちゃく), 粘着, 接合. **2** 膠着[接合]物. **3** 〘言語〙膠着《日本語・朝鮮語・トルコ語のように単語の根幹は無変化でこれに変化する部分を添えて文法関係を示す語形成法》; 膠着語形 (pigsty, steamboat のような複合語にもいう; cf. polysynthesism 2). **4** 〘医学〙 **a** (傷口の)癒着(ゆちゃく). **b** 凝集, 凝集作用[反応], 膠着. 〖(1541)□ L *agglūtinātiō(n-)* ← *agglūtināre*: ⇨ agglutinate〗

ag·glu·ti·na·tive /əglúːṭənèɪṭɪv, -nəṭ-, -tn- | -tɪ̈-nət-, -nèɪt-/ *adj.* **1** 膠着性の, 接合的な; 凝集性の: an ～ substance. **2** 〘言語〙膠着的な, 膠着語形[語法]の (agglomerative): an ～ form [compound] 膠着形[複合語] (cf. analytic, synthetic, polysynthetic). 〖(1634) ← AGGLUTINAT(E)+-IVE〗

agglútinative lánguage *n.* 〘言語〙膠着言語, 膠着語《膠着 (agglutination) によって語が文法的関係を表す言語; cf. inflectional language, isolating language》.

ag·glu·ti·nin /əglúːṭənɪ̈n, -tn- | -tɪ̈nɪn/ *n.* 〘医学〙凝集素. 〖(1902) ← AGGLUTIN(ATION)+-IN[2]〗

ag·glu·ti·no·gen /əglutínəʤɪ̈n | æglu-/ *n.* 〘医学〙凝集原. **àg·glu·ti·no·gén·ic** /-tɪnəʤénɪk⁻/ *adj.* **ag·glu·ti·nog·en·ous** /əglùːṭənɑ́(ː)ʤənəs, -tn- | -tɪ̈nɔ́ʤɪ̈-⁻/ *adj.* 〖(1904) ← AGGLUTIN(IN) +-O-+-GEN〗

ag·gra·da·tion /æ̀grədéɪʃən/ *n.* 〘地質〙(河床の)増勾(ぞうこう)作用 (cf. degradation 6). 〖(1898): ⇨ ↓, -ation〗

ag·grade /əgréɪd, æg-/ *vt.* 〘地質〙〈河床を〉増勾(ぞうこう)する《河流による岩くずの堆積で河床の勾配を上げる; cf. degrade》. 〖(1902) ← *ag-* 'AD-'+GRADE (v.)〗

ag·gran·dize /əgrǽndaɪz, ǽgrəndàɪz/ *vt.* **1** 拡大する, 増大させる (enlarge, increase). **2** [しばしば ～ oneself] 〈個人・国家など〉の富[地位, 重要さ]を増大する, 強化する: England ～*d* herself by establishing colonies overseas. 英国は海外に植民地を設立して勢力を増大した. **3** 〈人などを〉実際より偉く見せる, (誇張して)称賛

A

する (exalt). **ag·grán·diz·er** *n.* 〖(1634) ← F *agrandiss-* (pres.p. stem) ← *agrandir* to enlarge □ It. *aggriandire* ← *a-* 'AD-'＋*grandire* (＜ L *grandīre* to make great ← *grandis* 'GRAND')〗

ag·gran·dize·ment /əgrǽndɨzmənt, -daɪz- | -dɪz-/ *n.* (富・勢力・重要さなどの)増大, 強大化, (拡大)強化: ⇨ self-aggrandizement. 〖(1656) □ F *agrandissement*: ⇨ ↑, -ment〗

ag·gra·vate /ǽgrəvèɪt/ *vt.* **1** 〈悩み・病気などを〉悪化させる (⇨ intensify SYN); 〈事態などを〉深刻にする; 〈負担・罪などを〉一層重くする, 加重する: ~ a person's illness, an offense, guilt, etc. / larceny ~*d* by murder 殺人により罪の加重された窃盗罪. **2** 《口語》怒らす, いら立たせる (annoy) (⇨ irritate¹ SYN): Don't ~ me! / He was ~*d* by the noise. 騒音でいらいらした. **3** 〖医学〗〈局部〉に炎症を起こさせる (inflame). 〖(1530) ← L *aggravātus* (p.p.) ← *aggravāre* to make heavy ← *ag-* 'AD-'＋*gravis* heavy (cf. grave²)〗

ág·gra·vàt·ed /-tɨd- | -tɨd/ *adj.* **1** 怒った, 悩んだ. **2** 〖法律〗加重の.

aggravàted assáult *n.* 〖法律〗加重暴行《女性や子供に対する暴行など通常の暴行よりも刑を加重される性質の暴行》. 〖1925〗

ág·gra·vàt·ing /-tɪŋ | -tɪŋ/ *adj.* **1** 悪化[重大化]する: ~ circumstances 次第に悪化する状況. **2** 《口語》腹立たしい, じれったい, しゃくにさわる: How ~ to be interrupted! 邪魔されるなんてしゃくだ. **~·ly** *adv.* 〖1640〗

ag·gra·va·tion /æ̀grəvéɪʃən/ *n.* **1** 悪化, 重大化, 加重; 悪化させるもの: an ~ of sorrow, guilt, etc. **2** 《口語》腹立たせること; 腹立ち, いら立ち; 腹立たせるもの 〔*to*〕. **3** (怒り・いらだち・不快感・反感を誘う)挑発(行為). 〖(1481) □ F ~ ∥ LL *aggravātiō(n-)*: ⇨ aggravate, -ation〗

ág·gra·và·tor /-tə | -tə^(r)/ *n.* **1** (さらに)悪化させるもの, 悪化させる人. **2** 《口語》しゃくにさわるもの[人]. 〖(1598) ← AGGRAVAT(E)＋-OR²〗

ag·gre·gate /ǽgrɨgət, -gèɪt/ *adj.* **1** 集合した, 集成的な (collected, collective). **2** 総計の (total); 総合の: ~ power 総力 / ~ tonnage (船腹の)総トン数. **3** 〖法律〗集団の, 集合の: ⇨ corporation aggregate. **4** 〖植物〗**a** 〈花が〉密集[集合](性)の: an ~ flower 集合花. **b** 〈果実が〉集合の: ⇨ aggregate fruit. **5** 〖地質〗鉱物や岩石細片の集合した. **—** *n.* **1** 集合; 集合体. **2** 総計, 総数, 総額 (sum total) (⇨ sum SYN). **3** 〖土木〗(コンクリートの)骨材《砂・砂利など》. **4** 〖地質〗異質鉱物集合体《花崗岩中の石英・長石・雲母など》. **5** 〖土壌〗粒団, 団粒《土壌粒子の集合体》. **6** 〖数学〗=set A 4. ***in* (*the*) *ággregate*** 全体として (as a whole); 総計で. ***on ággregate*** 《英》全体としては.
— /ǽgrɨgèɪt/ *v.* **—** *vt.* **1** 総計…となる (amount to): raw silk for export, *aggregating* 8,500 bales 8,500 梱(こり)に達する輸出向け生糸. **2** (一団に)集合させる. **—** *vi.* **1** (一団に)集合する. **2** 《まれ》総計(…と)なる〔*to*〕.
~·ness *n.*
〖(?c1400) □ L *aggregātus* (p.p.) ← *aggregāre* to bring to the flock ← *ag-* 'AD-'＋*greg-*, *grex* flock (⇨ gregarious)〗

ággregate demánd *n.* 〖経済〗(一国の一定期間の財およびサービスに対する)総需要.

ággregate frúit *n.* 〖植物〗集合果, 分離複果《一花に多数の離生心皮があり, そこに生じた核果の集合体; キイチゴ・オランダイチゴなど; cf. multiple fruit》. 〖1866〗

ággregate fúnction *n.* 〖電算〗集計関数《スプレッドシートで, ある列などのすべてのデータについて作用する関数, 平均, 合計, 最大値など》.

ag·gre·gate·ly *adv.* 全体として; 総計で. 〖1750〗

ag·gre·ga·tion /æ̀grɨgéɪʃən/ *n.* **1** 集合, 総合, 集成. **2** 集合体, 集成体, 集団. **3** 〖生態〗(生物の)集合生活《各個体の関係が society ほど密接でない》. **4** 〖医学〗(赤血球などの)凝集(物), 集合(体). **~·al** /-ʃnəl, -ʃənl/ *adj.* 〖(?a1425) □ MF ~ ∥ ML *aggregātiō(n-)*: ⇨ aggregate (v.), -ation〗

ag·gre·ga·tive /ǽgrɨgèɪtɪv | -tɪv/ *adj.* 集合の, 集成の; 集合[集成]体の; 社会性の強い, 群居性の, 社交的な. **~·ly** *adv.* 〖1644〗

ag·gress /əgrés, æg-/ *vi.* (相手国より先に)攻撃する, 侵略する〔*upon, against*〕; (けんかで)先に手出しする, けんかを仕掛ける. 〖(?1575) □ F *aggresser* ＜ LL *aggressāre* (freq.) ← *aggredī* to approach, attack ← *ag-* 'AD-'＋*gradī* to step, go (← *gradus* step: cf. grade)〗

ag·gres·sion /əgréʃən, æg-/ *n.* **1** (正当な理由のない)攻撃, 侵略, 侵犯〔*against*〕(cf. invasion 1): a war of ~ 侵略戦争 / an act of ~ 侵略行為 / commit ~ *against* a country 他国に対して攻撃を仕掛ける / naked ~ 公然たる侵略 / unprovoked ~ 挑発もしないのにしかけてきた攻撃. **2** 攻勢; けんか腰. **3** 〖心理〗攻撃《欲求不満の結果から起きる場合が多い》: Frustration can lead to ~. 欲求不満は攻撃につながることがある. 〖(1611) □ F *agression* ∥ L *aggressiō(n-)* ← *aggredī* (↑)〗

ag·gres·sive /əgrésɪv, æg-/ *adj.* **1** 攻撃的な, 侵略的な, 攻勢の (offensive); 〈兵器が〉攻撃用の; けんか好きな[腰の] (quarrelsome): an ~ war 侵略戦争 / an ~ chin 負けん気の強さを示すあご. **2** 積極的な, 活動的な (enterprising); 押しの強い (pushy): an ~ salesperson (販売などに)積極的な販売員 / ~ salesmanship 積極的販売法, 強引商法. **3** 〈色・香りなど〉強烈な, 刺激的な; 〈治療法・投薬など〉集中的な, 強度の. **4** 〖植物〗旺盛な. **5** 〖心理〗攻撃的な.
assúme* [*táke*] *the aggréssive 攻勢をとる, 攻撃に出る, けんかをふっかける.
~·ness *n.* **ag·gres·siv·i·ty** /æ̀grɛsívəti | -ɨti/ *n.* 〖(1824) ← AGGRESS＋-IVE〗

SYN **1** 攻撃的な: **aggressive** 《悪い意味で》〈人や動物が〉すぐ攻撃する傾向がある; 《よい意味で》積極的な: an *aggressive* country 侵略的な国 / an *aggressive* businessperson 積極的なビジネスマン. **militant** 《しばしば悪い意味で》〈人や政治的集団が〉暴力に訴えてでも社会的・政治的変革をもたらそうとする: a *militant* reformer 闘争的な改革者. **pugnacious** 〈人や行動が〉けんかや争いを好む《格式ばった語》: a *pugnacious* disposition けんか好きな性格. **combative** 《時に悪い意味で》すぐけんかや論争をしたがる: a *combative* youth 争い好きな若者.
ANT friendly, amicable.
2 積極的な ⇨ assertive.

ag·grés·sive·ly *adv.* **1** 攻撃的に, 侵略的に; けんか腰に. **2** 積極的に, 精力的に; 強引に. 〖1849〗

ag·gres·sor /əgrésə, æg- | -sə^(r)/ *n.* (正当の理由のない)攻撃者, 侵略者[国]: the ~ and the victim 侵略者と被侵略者. 〖(1646) □ L ~: ⇨ aggress, -or²〗

aggréssor nàtion [stàte] *n.* 侵略国. 〖1768〗

ag·grieve /əgríːv/ *vt.* [通例受身で] **1** (ひどく)悲しませる, 苦しめる, 悩ます (distress): They were ~*d* by their son's conduct. 息子の行動にひどく心を痛めた. **2** しいたげる (oppress); 〈人〉に不当な扱いをする, 〈人の〉権利を侵害する; (不当な扱いで)…に不満をいだかせる 〈*that*〉: I felt (myself) [was] ~*d at* [by] the unjust treatment. その不当な扱いを不満に思った[不服とした]. **~·ment** *n.* 〖(?a1300) *agreve(n)* □ OF *agrever* (F *aggraver*) to weigh down ＜ L *aggravāre* to exasperate: cf. aggravate〗

ag·gríeved *adj.* **1** 悲しんでいる, 苦しんでいる; (不当な扱いで)不満をいだいた; 〈態度など〉不満そうな[を表す]: in an ~ voice 不満げな声で. **2** 〖法律〗権利を犯された: the ~ party 不服当事者. **ag·gríev·ed·ly** /-vɨdli/ *adv.* 〖c1350〗

ag·gro /ǽgroʊ | -rəʊ/ *n.* 《英》 **1** 面倒, やっかいな事: He had so much ~ with his claim for damages. 彼は損害賠償請求でとても面倒なことになった. **2** 《口語》(時に暴力を伴う)抗争, 紛争, けんか; いやがらせ, 挑発《特に不良グループ間の》. 〖(1969) 《短縮》← AGGR(AVATION) or AGGR(ESSION)＋-O〗

a·gha /ɑ́ːgə/ *n.* =aga.

A·ghan /əgɑ́ːn/ *n.* アガン(の月)《ヒンズー暦の月名の一つで, 太陽暦の11–12月に当たる; cf. Hindu calendar》. 〖□ Hindi ~ ← Skt *Agrahāyaṇa*〗

a·ghast /əgǽst | əgɑ́ːst/ *adj.* [通例叙述的に用いて] 度を失って, 肝をつぶして, 仰天して (shocked): ~ *with* terror / listen to a person ~ 仰天して人の話を聞く / He was ~ *at* the demand. その(途方もない)要求に肝をつぶした. 〖(a1250) *agast* (p.p.) ← 《廃》*agaste(n)* to terrify ← A-²＋OE *gǣstan* to terrify: *-h-* は GHASTLY, GHOST の影響で 15 世紀から〗

AGI 《略》《米》adjusted gross income; American Geographical Institute.

ag·ile /ǽdʒəl, ǽdʒɪl | ǽdʒaɪl/ *adj.* 敏捷(びんしょう)な, 敏活な, 軽快な (nimble, active); 〈頭が〉機敏な, 鋭敏な: be ~ *in* one's movements / have an ~ mind. 頭の回転が速い. **~·ly** /ǽdʒəlli, -dʒɨli, -dʒli | ǽdʒaɪlli/ *adv.* 〖(c1577) □ (O)F ~ □ L *agilem* nimble ← *agere* to move: cf. agent〗

SYN 機敏な: **agile** 〈人や動物が〉すばやく楽々と動くことができる《手足の器用さを強調する》: An acrobat has to be *agile*. 軽業師は敏捷でなければならない. **nimble** 指・手・足を敏捷に動かすことができる《あちこち動き回ることを暗示する》: Goats are *nimble* in climbing among the rocks. ヤギは身軽に岩の間を駆け登れる. **brisk** 〈行動が〉すばやく精力的になされる: a *brisk* walker きびきびと歩く人. **spry** 〈通例高齢者が〉元気で活動的な: My father is *spry* at eighty. 父は 80 歳でかくしゃくとしている. **sprightly** 〈特に老人が〉元気がよく活発な《陽気さを暗示する》: a *sprightly* old man 元気な老人.
ANT torpid, sluggish, languid.

ágile gíbbon *n.* 〖動物〗アジルテナガザル (*Hylobates agilis*) 《東南アジア産》.

a·gil·i·ty /ədʒíləti | -lɨti/ *n.* 敏捷(びんしょう), 敏活, 軽快, すばやさ; (頭の)機敏さ, 鋭敏さ: *with* ~. 〖(1413) □ (O)F *agilité* ＜ L *agilitātem*: ⇨ ↑, -ity〗

a·gin /əgín/ 《方言》*prep.* 《戯言》=against: ⇨ *agin the* GOVERNMENT. **—** *adv.* =again.

A·gin·court /ǽdʒənkɔ̀ət, ǽʒənkùə | ǽʒɪnkɔ̀ː^(r), ǽdʒɪnkɔ̀ːt; F. aʒɛ̃kuːʁ/ *n.* アジャンクール《フランス北部, Calais 近くの村; 百年戦争中の 1415 年 Henry 五世の率いる英軍がフランス軍を破った地; 現在のフランス語名 Azincourt /azɛ̃kuːr/》.

ág·ing *n.* **1** 〖生理〗=ageing 1. **2** (酒の)熟成. **3** 〖冶金・化学〗=age-hardening. **4** 〖会計〗年齢調べ《売掛金の債権としての良否を検討するために売掛金の経過期間を調査すること》. **—** *adj.* 年をとってきた, 古くなってきた, 年寄りくさい. 〖1849〗

a·gin·ner /əgínə | -nə^(r)/ *n.* 《口語》何でも変化に反対する人, 改革反対者. 〖← AGIN＋-ER¹〗

ag·i·o /ǽdʒiòʊ, ǽdʒoʊ | ǽdʒiəʊ, ǽdʒəʊ/ *n.* (*pl.* **~s**) **1** 〖経済〗**a** 打歩(うちぶ) (⇨ premium 4). **b** (通貨の)両替差額[手数料]. **c** 外国為替手数料. **2** 両替業 (agiotage). 〖(1682) □ It. *ag(g)io* premium ← ? (O)F *aise* ease, comfort ← L *adjacentem* (pres.p.): ⇨ ADJACENT〗

ag·i·o·tage /ǽdʒiətɪdʒ, æ̀ʒətɑ́ːʒ | ǽdʒətɪdʒ, ǽdʒiə(ʊ)-; F. aʒjɔtaːʒ/ *n.* **1** 為替[両替]業; 証券売買業. **2** 《まれ》(証券の)投機売買[取引]. 〖(1829) □ F ~ ← *agioter* to practice stockjobbing: ⇨ ↑, -age〗

ág·ism /-dʒɪzm/ *n.* =ageism.

a·gist¹ /ədʒíst/ 〖法律〗*vt.* **1** 〈家畜を〉有償で(一定期間)預かる, 〈他人の家畜を〉飼育する. **2** 〈土地またはその所有主〉に課税する. **—** *vi.* 他人の家畜を有償で預かる[飼育する]. 〖(1224) 1304 □ OF *agister* (F *agîter*) ← A-⁴＋*gister* to lodge (＜ VL **jacitāre* (freq.) ← L *jacēre* to lie): cf. adjacent〗

ag·ist² /éɪdʒɪst/ *n.* =ageist.

a·gíst·er *n.* 〖法律〗(家畜の)有償飼育人. 〖1483〗

a·gist·ment 〖法律〗*n.* **1** 家畜の有償飼育; その料金[収益]. **2** (土地の)課税金. 〖1611〗

a·gis·tor *n.* 〖法律〗=agister.

agit. 《略》《処方》*L.* agita (=shake, stir).

ag·i·ta /ədʒíːtə, ædʒí:-/ *n.* 胸やけ, 消化不良; 動揺, 不安.

ag·i·tate /ǽdʒətèɪt | ǽdʒɨ-/ *vi.* (政治的目的などのために)世間を騒がす, 煽動する, アジる, (煽動によって)運動する: ~ *for* higher wages 賃上げの運動をする / ~ *against* a reform 改革反対の運動をする. **—** *vt.* **1** 〈物を〉揺り動かす; 〈水面を〉波立たせる; 〈扇などを〉振り動かす; かきまぜる[回す], 攪拌(かくはん)する (shake, stir): The wind ~*s* the sea [the trees]. **2** 〈感情などを〉かき乱す (stir up); …の心を乱す, 興奮させる, 狼狽(ろうばい)させる (upset) (⇨ disturb SYN): ~ oneself=get ~*d* (独りで)いらいらする / questions now *agitating* the public 今世間を騒がせている諸問題 / He was very ~*d* by [*at*] the news. その知らせにひどく興奮した / They are ~*d about* [*over*] the matter. その事で気をもんでいる / She was [got, became] ~*d at* the mere mention of the name. その名を聞いただけで動揺を示した. **3** 〈計画などを〉熱心[活発]に討議する; 〈問題を〉世論に訴える. **4** 《古》思いめぐらす.
〖(1586) ← L *agitātus* (p.p.) ← *agitāre* to put in constant motion (freq.) ← *agere* to drive, move: ⇨ agent〗

ág·i·tàt·ed /-tɨd | -tɨd/ *adj.* 動揺した, 興奮した: in an ~ voice. **~·ly** *adv.* 〖1640–44〗

ágitated depréssion *n.* 〖精神医学〗激越性鬱(うつ)病《絶え間のない運動・不安焦燥が目立つ退行期にみられる鬱病の一つ; agitated melancholia ともいう》.

ag·i·ta·tion /æ̀dʒətéɪʃən | æ̀dʒɨ-/ *n.* **1** 揺り動かすこと, 揺れ動き; 攪拌(かくはん). **2** **a** (心の)動揺, 不安, 興奮, 狼狽(ろうばい): *with* ~ / cry out *in* great [nervous] ~ 大いに[神経質に]興奮して叫ぶ. **b** (社会の)動揺, 騒ぎ, (物情)騒然 (commotion). **3** 煽動, アジ(テーション); (煽動的な)運動: antislavery ~ 奴隷廃止運動 / an ~ *against* high prices [*for* wage increase] 高物価反対[賃上げ]運動. **4** (計画などの)熱心[活発]な討議. **5** 〖医学〗(精神)興奮, 激越. **~·al** /-ʃnəl, -ʃənl/ *adj.* 〖(1573) □ F ~ ∥ L *agitātiō(n-)*: ⇨ agitate, -ation〗

ag·i·ta·tive /ǽdʒətèɪtɪv | ǽdʒɨtət-, -tèɪt-/ *adj.* 煽動的な. 〖1687〗

a·gi·ta·to /æ̀dʒətɑ́ːtoʊ | æ̀dʒɨtɑ́ːtəʊ; *It.* adʒitáːto/ *It. adj., adv.* 〖音楽〗アジタート, 激した[て], 興奮した[て] (agitated(ly)). 〖(1801) □ It. ~ ＜ L *agitātus*: ⇨ agitate〗

ág·i·tà·tor /-tə | -tə^(r)/ *n.* **1** 煽動者, (政治上の)運動家, 宣伝員, 活動家: a labor ~ 労働運動家. **2** 攪拌(かくはん)器. 〖(1647) □ L *agitātor*: ⇨ agitate, -or²〗

ag·it·prop /ǽdʒɨtprɑ̀(ː)p | ǽdʒɪtprɒ̀p; *Russ.* agʲitprόp/ *n.* **1** (特に共産主義の)宣伝と煽動, アジプロ. **2** [しばしば A-] アジプロ機関. **3** アジプロ活動家[運動員]. **—** *adj.* (共産主義の)宣伝と煽動に役立つ, アジプロ的な: an ~ pamphlet, play, theater, etc. 〖(1934) □ Russ. ~ ← *agit(atsiya)* 'AGITATION'＋*prop-(aganda)* 'PROPAGANDA'〗

ág·it·pròp·ist /-pɨst | -pɪst/ *n.* =agitprop 3.

AGL 《略》above ground level 対地高度.

A·glai·a /əgláɪə, əgléɪə/ *n.* 〖ギリシャ神話〗アグライア: **1** 輝きの女神 (cf. grace 10). **2** Acrisius と Proteus の母. 〖□ L ~ □ Gk *Aglaïa* 《原義》brightness ← *aglaós* splendid, bright ← ?〗

a·glare /əglέə | əgléə^(r)/ *adv., adj.* [叙述的] ぎらぎら光って〔*with*〕. 〖(1872) ← A-¹＋GLARE¹〗

a·gleam /əglíːm/ *adv., adj.* [叙述的]〔光・喜びなどで〕(かすかに)輝いて, きらめいて〔*with*〕. 〖(1870) ← A-¹＋GLEAM〗

ag·let /ǽglɨt/ *n.* **1** (リボン・締めひも・靴ひもなどの先端につける)金具, 飾り金具《16–17 世紀に多く使われたが後に種々の装飾に用いられる》. **2** =aiguillette 1. **3** (ひも・ピン・鋲など)衣服につける様々な装飾品. 〖(1365) □ (O)F *aiguillette* point (dim.) ← *Lacus* pin ← IE **ak-* sharp: ⇨ acid, aiguille〗

a·gley /əgléɪ, -láɪ/ *adv.* 《スコット》斜めに, 曲がって, それて (awry, askew); (食い)違って (wrong). 〖(1785) ← A-³＋《スコット》*gley* to squint (＜ ME *gle(y)e(n)* ← ? ON)〗

a·glim·mer /əglímə | -mə^(r)/ *adv., adj.* [叙述的] ちら ちら[かすかに]光って〔*with*〕. 〖(1860) ← A-¹＋GLIMMER〗

a·glit·ter /əglítə | -tə^(r)/ *adv., adj.* [叙述的] きらきら輝いて, きらめく〔*with*〕. 〖(1865) ← A-¹＋GLITTER〗

ag·loo /ǽgluː/ *n.* =aglu.

a·glos·si·a /əglɔ́(ː)siə, eɪglɑ́(ː)s- | -glɒ́s-/ *n.* 〖病理〗無舌(症). 〖□ Gk *aglōssía* dumbness: ⇨ A-⁷, -glossa, -ia¹〗

a·glow /əglóʊ | əgləʊ́/ *adv., adj.* [叙述的] (真っ赤に)

輝いて; 熱して, 興奮して (excited)〔*with*〕: the horizon all ～ 真っ赤に染まった地平線 / a face ～ *with* pride 誇りに輝く顔. 〘(1817) ← A-¹＋GLOW〙

a·glu /ǽglu:/ *n.* 《カナダ》アザラシが氷にあけた空気穴 (agloo ともつづる). 〘(1835) ⊏ Inuit〙

a·glu·con /əglú:kɑ(:)n, ɑ:g-, æg- | -kɔn/ *n.* (*also* **a·glu·cone** /-koʊn | -kəʊn/) 〚生化学〛アグリコン (aglycon); (特に)アグルコン《配糖体中でぶどう糖と結合している糖以外の部分アグリコン》. 〘(1925) ← Gk *a* together＋GLUCO-＋-ON¹〙

a·gly /əglí:, əglái/ *adv.* ＝agley.

a·gly·con /əgláikɑ(:)n | -kɔn/ *n.* (*also* **a·gly·cone** /-koʊn | -kəʊn/) 〚生化学〛アグリコン《配糖体の糖以外の成分をいい, きわめて多種多様である》. 〘(1925) ← Gk *a* together＋-ON¹〙

AGM 《略》advisory group meeting; air-to-ground missile; 《英》annual general meeting.

AGMA 《略》American Guild of Musical Artists.

ag·ma /ǽgmə/ *n.* 〚音声〛 **1** (ラテン・ギリシャ語で) g や gamma (γ) によって表される軟口蓋鼻子音 ([ŋ]) **2** ＝eng. 〘(1890) ⊏ LGk *ágma* < Gk ～ 'fracture'〙

ag·mi·nate /ǽgmənɪ̀t, -nèɪt | -mɪ-/ *adj.* 〚医学〛集まった, 一団になった, 群がった (clustered). 〘(1859) ← L *agmin-*, *agmen* crowd＋-ATE²〙

ag·mi·nat·ed /ǽgmənèɪtɪ̀d | -mɪnèɪtɪ̀d/ *adj.* 〚医学〛＝agminate. 〘1847–49〙

ag·nail /ǽgneɪl/ *n.* **1** (指の)さかむけ, ささくれ (hangnail). **2** 《廃》(足の)魚の目 (corn). 〘OE *angnægl* corn on the foot ← *ang-* compressed, painful (< Gmc*aŋguz ← IE*angh- painful)＋*nægl, nægel* 'NAIL': cf. anger〙

ag·nate /ǽgneɪt/ *n.* **1** 男系親族, 父方の親族, 内戚(ないせき) (cf. enate). **2** 同族者. ― *adj.* **1** **a** 男系の; 父方の (cf. cognate 2 b). **b** 同系の (akin). **2** 同種の. 〘(1534) ⊏ L *agnātus* a relation (on the father's side) (p.p.) ← *agnāscī* to be born in addition to ← *ag-* 'AD-'＋*nāscī* to be born: cf. adnate, cognate〙

Ag·na·tha /ǽgnəθə/ *n. pl.* 〚魚類〛無顎(むがく)綱《しばしば脊椎動物の第 1 綱とされ, 真正の上下両顎をもたないヤツメウナギ, メクラウナギなどの総称》. 〘← NL ～: ⇨ a-⁷, -gnatha〙

ag·na·thous /ǽgnəθəs/ *adj.* 〚動物〛 **1** 無顎(むがく)の. **2** 無顎綱の. 〘(1879): ⇨ ↑, -ous〙

ag·nat·ic /ægnǽtɪk | -tɪk/ *adj.* 男系親の; 同族者の. 〘(1747) ← AGNATE＋-IC¹〙

ag·na·tion /ægnéɪʃən/ *n.* 男系の親族関係; 同族関係 (cf. cognation 1). 〘(1611) ⊏ F ～ ∥ L *agnātiō(n-)*: ⇨ agnate, -ation〙

Ag·ne·an /ɑ́:gniən/ *n.* 〚言語〛＝Tocharian A. 〘← *Agni* (トルキスタン地方の古代王国名)＋-AN¹〙

a·gnel /ænjɛ́l; *F.* aɲɛl/ *n.* (*pl.* **a·gneaux** /ænjóʊ | -jə́ʊ; *F.* aɲo/) アニェル《1310 年 1 月 Philip 四世のとき初めて発行されたフランスの金貨; 表に過ぎ越しの祝いの子羊を刻む; Charles 六世 (1380–1422) のときまで造られた》. 〘⊏ F 《原義》lamb ⊏ L *agnellus* (dim.) ← *agnus* lamb〙

Ag·nes /ǽgnɪ̀s/ *n.* アグネス《女性名; 愛称形 Aggie》. 〘⊏ L *Agnēs* ⊏ Gk *Hagnḗ* (fem.) ← *Agnós* 《原義》pure, sacred, chaste〙

Agnes, Saint *n.* (聖)アグネス《伝承では 304 年頃 13 歳で殉教したといわれるローマの少女; 貞潔と少女の守護聖人; 祝日 1 月 21 日; cf. St. Agnes's Eve》.

A·gne·si /ænjéɪzi; *It.* aɲɲé:zi/, **Maria Gaetana** /gaetá:na/ *n.* アニェージ《1718–99; イタリアの言語学者・哲学者・数学者・神学者》.

Ag·new /ǽgnu:, -nju: | -nju:/, **Spiro Theodore** *n.* アグニュー《1918–96; 米国の政治家; 副大統領 (1969–73)》.

Ag·ni /ǽgni; *Hindi* əgni/ *n.* 〚インド神話〛アグニ《火の神で Veda 神話中の主要な神》. 〘⊏ Skt *agni* fire: cf. L *ignis* fire〙

ag·nize /ǽgnaɪz, ―⊥/ *vt.* 《古》認める (recognize). 〘(1535) ← L *agnōscere* to recognize: RECOGNIZE にならった類推変形〙

ag·no·lot·ti /ænjəlɑ́(:)ti | -lɔ́ti; *It.* aɲɲolɔ́tti/ *n.* (*pl.* ～) 〚料理〛アニョロッティ《イタリア料理で, 通例 挽肉などの詰め物をした三日月形のパスタ》. 〘(1953) ⊏ It. ～ (pl.) ← *agnolotto*: cf. *agnelloto* stuffed meat dumpling〙

ag·no·men /ægnóʊmən | -nə́ʊmen, -mən/ *n.* (*pl.* **ag·nom·i·na** /-nɑ́(:)mɪ̀nə | -nɔ́mɪ̀-/, ～**s**) **1** (古代ローマ人の)第四名, (功績を示すなどのために第三名 (cognomen) につけた)添え名 (surname) 《例: Publius Cornelius Scipio Africanus の Africanus; cf. nomen 1》. **2** あだ名 (nickname). **ag·nom·i·nal** /ægnɑ́(:)mənl | -nɔ́mɪ̀-/ *adj.* 〘(1665) ⊏ L *agnōmen* ← *ag-* 'AD-'＋(*g*)*nōmen* 'NAME'〙

ag·nom·i·na·tion /ægnɑ̀(:)mənéɪʃən | -nɔ̀mɪ̀-/ *n.* 〚修辞〛＝paronomasia. 〘(1588) ⊏ L *agnōminātiō(n-)*: ⇨ ad-, nomination〙

Ag·non /ɑ́:gnɑ(:)n | -nɔn/, **Shmu·el Yo·sef** /ʃmú:ɛl-jóʊsɛf | -jə́ʊ-/ *n.* アグノン《1888–1970; イスラエルの小説家; 古典ヘブライ語 (Classical Hebrew) を用いた; Nobel 文学賞 (1966)》.

agnoses *n.* agnosis の複数形.

ag·no·sia /ægnóʊʒə, -ʒiə | -nə́uziə/ *n.* 〚精神医学〛失認, 認知不能(症). 〘(1900) ← NL ～ ← Gk *agnōsía* ← A-⁷＋*gnō-* (⇨ -gnosis)＋-IA¹〙

ag·no·sis /ægnóʊsɪ̀s | -nə́ʊsɪs/ *n.* (*pl.* **-no·ses** /-si:z/) 〚精神医学〛＝agnosia. 〘← A-⁷＋-GNOSIS〙

ag·nos·tic /ægnɑ́(:)stɪk, əg-, ɪg- | -nɔ́s-/ *n.* 不可知論者. ― *adj.* **1** 不可知論(者)の, 不可知論的な. **2** 断定[独断]的でない. **ag·nós·ti·cal** *adj.* ～**·ly** *adv.* 〘(1869) ← A-⁷＋GNOSTIC〙

ag·nós·ti·cìsm /-təsìzm | -tɪ̀-/ *n.* **1** 〚哲学〛不可知論《究極的実在, 特に神の存在や本性は不可知であるとする教説; cf. atheism 1, scepticism》. **2** 〚神学〛不可知論《神の存在は必ずしも否定しないが, その存在を知ることができるということには否定的な見解》. 〘1870〙

ag·nus cas·tus /ægnəskǽstəs/ *n.* 〚植物〛イタリアニンジンボク, セイヨウニンジンボク (*Vitex agnus-castus*) (chaste tree ともいう). 〘(1398) ⊏ L ～ ← *agnus* (⊏ Gk *ágnos* willowlike tree ← ? Sem.)＋*castus* 'CHASTE': 通俗語源で Gk *ágnos* を *hagnós* chaste と混同し, さらに L *agnus* lamb, *castus* chaste との連想でできた造語: 語源の俗解から貞操を守る木と信じられた〙

Ag·nus De·i /ɑ́:gnusdéɪi:, -nəs-, ægnəsdí:aɪ, ɑ:-nju:s-, -njus-, -déɪ | ægnəsdéɪi, ɑ́:g-, -nʊs-, ægnəs-dí:aɪ, ɑ́:njəs-/ *n.* **1** 神の小羊《キリストの名称の一つ; cf. *John* 1:29, 36》; 神羊の像《キリストの象徴; 通例, 輪光を頂にいただき十字架の旗を持った姿で描かれる》. **2** 〚カトリック〛アニュスディ, 神羔誦(しんこうしょう)《ミサ聖祭中の, '*Agnus Dei*' という言葉で始まる祈り; その音楽》; 神の小羊の像を記し教皇の祝福を受けた蠟(ろう)製の小円盤. **3** 〚英国国教会〛アグヌスデイ《聖餐式中の 'O Lamb of God' で始まる聖歌; その音楽》. 〘(*a*1400) ⊏ L ～ 'lamb of God' (なぞり) ← Gk *amnòs toû theoû*〙

Agnus Dei 1

a·go /əgóʊ | əgə́ʊ/ *adj.* [名詞に伴い副詞句をなして] (今から)…前に (★ この用法も *adv.* とみなすこともできる; cf. before *adv.* 1): five minutes ～ 5 分前に / I met her a few days ～. 数日前に彼女に会った / That was [happened] a long time [while] ～. それはずっと前の[に起こった]ことだ / It was [is] two years ～ that he came to live here.＝It was two years ～ when he came to live here. ここに移って来たのは 2 年前だ / a week ～ yesterday 先週のきのう (8 日前) ⇨ week 4. ― *adv.* [long ～ で] ずっと前[以前]に (long since) (cf. long¹ *adv.* 1 b): He died *long* ～. ずっと前[昔]に死んだ / How *long* ～ was [is] it? どれくらい前のことですか / It happened not *long* ～. つい先ごろ起こった / It was founded as *long* ～ as the 18th century. 18 世紀の昔に創立された / They were married no *longer* ～ than last month. つい先月結婚したばかりだ / *long, long* ～ 昔々 (once upon a time). 〘(*c*1314) *ago(n)* (p.p.) ← *agon* < OE *āgān* to pass away: ⇨ a-², go¹: 今の用法はもと独立分詞構文から〙

〘語法〙 ago は現在を基準として以前のことを示し, 常に期間を表す名詞または long などの副詞を直前に伴い, 過去時制 (小説ではときに過去完了形)とともに用いられ, 現在完了形とは用いられない.

a·gog /əgɑ́(:)g, əgɔ́(:)g | əgɔ́g/ *adv., adj.* [叙述的] [しばしば all ～ で] (期待などで)ひどく興奮して, 熱望して: *all ～ for* …を熱望して / ～ *with* curiosity 好奇心でうずうずして / set an audience ～ 聴衆を沸き立たせる / He is *all ～ to* know what happened. 何事が起こったか知りたくて躍起になっている. 〘(*c*1405) *agogge* ⊏ OF *en gogues* in a merry mood (← *gogue* fun ← ?): cf. F *en goguette* in a merry mood〙

-a·gog /‐⁻əgɑ̀(:)g, ‐⁻əgɔ̀(:)g | ‐⁻əgɔ̀g/ ＝-agogue.

a·gog·ic /əgɑ́(:)ʤɪk, əgóʊ-, -gɪk | əgɔ́ʤ-, əgə́ʊ-, -gɪk/ *adj.* 〚音楽〛緩急法 (agogics) の. 〘(1662) 1893 ⊏ G *agogisch*: ⇨ agogics, -ic¹〙

agógic áccent *n.* 〚音楽〛アゴージックアクセント《音の強さによらず, 音符を長めに演奏することによる強調》. 〘1893〙

a·gog·ics /əgɑ́(:)ʤɪks, əgóʊgɪks | əgɔ́ʤ-, əgə́ʊg-/ *n.* 〚音楽〛(演奏上の)緩急法《厳格なテンポによらず, これを変化させて表現を豊かにすること》. 〘(1893) ⊏ G *Agogik* ← Gk *agōgḗ* (← *ágein* to lead)＋-ICS〙

a·go·go /əgóʊgoʊ | əgə́ʊgəʊ/ *n.* 〚音楽〛アゴゴ《アフリカ・ラテン音楽で使われる, 2 つの小さな金属のコーン (cones) をつなげた打楽器》.

a-go-go /ɑ:góʊgoʊ, ə- | -gə́ʊgəʊ/ *n.* (*pl.* ～**s**) **1** ディスコ (discotheque). **2** ロックなどの生演奏に合わせて踊ることのできる小さなナイトクラブ. ― *adj.* ＝go-go. 〘(1965) ← *Whisky à Gogo* (パリにあるカフェ兼ディスコの名) ← *à gogo* (↓)〙

à go·go /ɑ:góʊgoʊ | əgə́ʊgəʊ/ *adj.* [後置されて] 《口語》たくさんの, いっぱいの: caviar ～ たっぷりあるキャビア. ― *adv.* 《口語》好きなだけ, 心ゆくまで. 〘(1965) ⊏ F ～ in plenty, ad lib: cf. agog〙

-a·gogue /‐⁻əgɑ̀(:)g, ‐⁻əgɔ̀(:)g | ‐⁻əgɔ̀g/ 「分泌[排出]を促すもの」の意の名詞連結形: lymph*agogue*. 〘⊏ F ～ ← Gk *-agōgós* leading ← *ágein* to lead〙

a·go·ing /əgóʊɪŋ | əgə́ʊ-/ *adj.* [叙述的], *adv.* 動いて, 進行して: set ～ 〈事業などを〉起こす, 始める; 〈機械などを〉動かす, 稼動させる. 〘(1612–13) ← A-¹＋GOING〙

a·gom·e·ter /əgɑ́(:)mətə | əgɔ́mɪ̀tə(r/ *n.* 〚電気〛加減抵抗器 (rheostat). 〘(1878) ← ?〙

a·gon /ǽgɑ(:)n, ɑ:góʊn | ɑ́:gɔn, ɑ:gə́ʊn/ *n.* (*pl.* ～**s**, **a·go·nes** /ɑ:góʊnɛs, əgóʊni:z | ɑ:gə́ʊnɛs, əgə́ʊni:z/) **1** (古代ギリシャで運動・音楽・詩歌などの)懸賞競技. **2** アゴーン《ギリシャ喜劇中の主要人物が互いに異なる主張をもって言い争う部分で, 劇の本筋》. **3** 〚文学〛(劇・小説などの)主人公と敵対者との闘争. 〘(1600) ⊏ Gk *agṓn* 《原義》gathering: cf. agent〙

ag·o·nal /ǽgənl/ *adj.* 苦悶の, 苦悶に関する; (特に)死の苦しみの. 〘(1770) ← AGONY＋-AL¹〙

a·gone /əgɔ́(:)n, əgɑ́(:)n | əgɔ́n/ *adj., adv.* 《古・詩》＝ago. 〘(*a*1333) (p.p.) ← OE *āgān* to go by〙

agones *n.* agon の複数形.

a·gon·ic /eɪgɑ́(:)nɪk, əg- | -gɔ́n-/ *adj.* 角(かど)をなさない. 〘(1863) ← Gk *ágōnos* without angles (← A-⁷＋*gōnía* angle)＋-IC¹〙

agónic líne *n.* (地磁気の)無方位角線 (cf. aclinic line, isoclinic line, isogonic line). 〘1863〙

ag·o·nise /ǽgənàɪz/ *vi., vt.* 《英》＝agonize.

ag·o·nist /ǽgənɪ̀st | -nɪst/ *n.* **1** **a** 闘士; 競争者. **b** (劇・小説などの)主役, 主人公. **c** 精神的な苦悩をもつ人. **2** 〚医学〛 **a** 作動筋, 主動筋 (cf. antagonist 2). **b** 作動薬, 主動薬; 作用物質. 〘(*c*1623) ⊏ LL *agōnista* ⊏ Gk *agōnistḗs* contestant: ⇨ agonize, -ist〙

ag·o·nis·tes /æ̀gənísti:z/ *adj.* [名詞の後に置いて] 闘う, 奮闘する. 〘(1932) ⊏ Gk *agōnistḗs*〙

ag·o·nis·tic /ægənístɪk | æ̀gə(ʊ)-⁻/ *adj.* **1** 論争(的)の (polemic), 争い好きな (combative). **2** (無理に)効果を狙った, 無理のある (strained): an ～ pose. **3** 〚生態〛拮抗(きっこう)関係にある《敵対する同種または異種の動物に対してある行動を示す》. **4** (古代ギリシャの)懸賞競技の (cf. agon 1). **àg·o·nís·ti·cal** *adj.* **àg·o·nís·ti·cal·ly** *adv.* 〘(1648) ← Gk *agōnistikós* pertaining to a combatant ← *agōnistḗs* contestant ← *agōnízesthai* (↓)〙

ag·o·nize /ǽgənàɪz/ *vi.* **1** 苦悶する, 煩悶する〔*over*〕: *agonizing* intellectuals 苦悩するインテリたち. **2** 必死に努力[奮闘]する 〈*to do*〉. ― *vt.* 激しく苦しませる, 苦悶させる (torture); 煩悶させる. 〘(1583) ⊏ (M)F *agoniser* to be in death agony < LL *agonizāre* ⊏ Gk *agōnízesthai* to conted for a prize ← *agṓn* 'AGON'〙

ág·o·nìzed *adj.* 苦悶の: an ～ look [shriek] 苦悶の表情[叫び]. 〘1583〙

ag·o·niz·ing /ǽgənàɪzɪŋ/ *adj.* 苦悶を与える; ひどく苦痛な: an ～ decision [choice] 苦しい決定[選択]. ～**·ly** *adv.* (もだえ)苦しんで, 悶々として. 〘1593〙

ag·o·ny /ǽgəni/ *n.* **1** 激しい苦痛[もだえ, 悩み], 苦悶 (⇨ distress, pain SYN): be in ～ 苦しみもだえる / ～ of mind 心の悩み, 苦悶 / the ～ *of going* through examinations 受験の苦しみ[辛さ] / in *agonies* of pain 痛さに苦しみもだえて / in *agonies* of suspense どっちつかずの状態に苦悩して / prolong the ～ (必要以上に)苦しみ[緊張状態, いやなこと]を長引かせる. **2** 激情, (悲喜の)極み: in an ～ of joy 歓喜の極みに. **3** 死[断末魔]の苦しみ (death agony). **4** 苦闘. **5** 〚キリスト教〛[the A-] (受難前の Gethsemane における)キリストの苦しみ[苦闘] (cf. *Luke* 22:44): *the Agony* in the garden (of Gethsemane). ***píle ón [úp] the ágony＝pùt [túrn] ón the ágony*** 《口語》(経験したことの)苦しさ[辛さ, 不快など]を大げさに話す. 〘(*c*1384) *agonie* ⊏ (O)F *agonie* ∥ LL *agōnia* ⊏ GK *agōníā* struggle for victory, anguish ← *agṓn* contest ← GK *ágein* to lead ← IE*ag- to drive (⇨ ACT: cf. -AGOGUE): ⇨ -y¹.〙

ágony àunt *n.* 《英口語》人生[身の上]相談 (agony column) の女性回答者, 身の上相談のおばさん.

ágony còlumn *n.* **1** (新聞・雑誌の)人生[身の上]相談欄. **2** (新聞の)私事[個人]広告欄 (personal column) 《特に, 尋ね人や所在不明の人にあてた通信などを載せる欄》. 〘1863〙

ágony ùncle *n.* 《英口語》人生[身の上]相談 (agony column) の男性回答者, 身の上相談のおじさん.

a·good /əgʊ́d/ *adv.* 《廃》本気で (in good earnest). 〘(1581): ⇨ a-¹, good〙

a·go·ra¹ /ɑ:gərɑ́:/ *n.* (*pl.* **a·go·rot** /-róʊt | -rə́ʊt/) **1** アゴラ《イスラエルの通貨単位; ＝¹/₁₀₀ shekel》. **2** 1 アゴラ硬貨. 〘(1963) ⊏ ModHeb. *agoráʰ* < Heb. *aghōrāʰ* a small coin〙

ag·o·ra² /ǽgərə, ǽgɔ:rə | ǽgə-, ǽgɔ-/ *n.* (*pl.* ～**s**, **ag·o·rae** /-rì:, -ràɪ | -rì:/) **1** **a** (古代ギリシャの)集会所, 広場, 市場. **b** 集会所. **2** **a** (古代ギリシャの)市民集会. **b** 集会. 〘(1589) ⊏ Gk *agorá* market place, place of assembly ← *ageirein* to gather together ← *a-* (語頭添加母音)＋IE *ger- to gather〙

ag·o·ra·pho·bi·a /ægərəfóʊbiə, əgɔ̀:rə- | ægɔ̀:rəfə́ʊ-/ *n.* 〚精神医学〛広場恐怖(症) (cf. claustrophobia). 〘(1873): ⇨ ↑, -phobia〙

ag·o·ra·pho·bi·ac /ægərəfóʊbiæk, əgɔ̀:rə- | ægərəfə́ʊ-/ *n.* 広場恐怖症の人.

ag·o·ra·pho·bic /ægərəfóʊbɪk, əgɔ̀:rə- | ægərəfə́ʊ-⁻/ *adj., n.* 〚精神医学〛広場恐怖症の(人). 〘1884〙

agorot *n.* agora¹ の複数形.

A·go·sti·ni /ɑ:gɑ(:)stí:ni | -gɔs-; *It.* agostí:ni/, **Giacomo** *n.* アゴスティーニ《1944–　; イタリアのオートレーサー》.

a·gou·ta /əgú:tə | -tə/ *n.* 〚動物〛ハイチソレノドン (*Solenodon paradoxus*) 《ハイチに生息するソレノドン科のジネズミに似た昆虫捕食性の動物; 下顎に毒腺がある; cf. alamiqui》. 〘⊏ F ～ ⊏ Sp. *aquta* ← Taino〙

a·gou·ti /əgú:ti | -ti/ *n.* (*also* **a·gou·ty** /～/) (*pl.* ～**s**, ～**es**) 〚動物〛 **1** アグーチ, オオテンジクネズミ《南米・中米・西インド諸島産のパカ科 *Dasyprocta* 属の, 厚くすべすべした粘着性の毛をもつ齧歯(げっし)類の総称; サトウキビ畑に大害を

A

与える; cf. acouchy). **2** (多くの齧歯類の毛(並み)に見られる)灰色に横線の模様; その動物. 〖《(1625)》□ F ～ □ Am.-Sp. *agutí* □ S-Am.-Ind. (Tupi) *aquti, acuti*〗

agouti 1
(*D. agouti*)

AGP 《略》〖電算〗accelerated graphics port《グラフィックボードを高速動作させるために設けられた専用スロット》.

agr. 《略》agreement; agricultural; agriculture.

AGR 《略》《英》advanced gas-cooled (nuclear) reactor 改良型ガス冷却炉. 〖1960〗

A·gra /ɑ́ːgrə/ *n.* アグラ《インド Uttar Pradesh 州の Jumna 川に臨む都市; Taj Mahal 廟(ᵇʸᵃ)の所在地》.

-ag·ra /ǽgrə/ (*pl.* **-ag·rae** /-riː/, **~s**)「…の発作的激痛」の意の名詞連結形: pod*agra*. 〖□ L ～ □ Gk ～ ← *ágra* catching ← ? IE **ag-* to drive: ⇨ ACT〗

a·grafe /əgrǽf/ *n.* (*also* **a·graffe** /～/) **1 a** 小かすがい (small cramp). **b** (積み石固定用の)かすがい. **2** (衣服の)留め金具 (clasp); (特に)中世のよろいや衣装の留め金具. **3** (ピアノ線の)振動止め. **4** 〖古代建築〗要石 (keystone) 表面の浮彫. 〖《(1643)》□ F *agrafe* hook 《逆成》← *agrafer* to hook ← *à* 'AD-'+OF *grafer* to fasten with a hook (← *grafe* sharp-pointed tool < L *graphium* □ Gk *graphíon*)〗

A·gram /G. ɑ́ːgʀam/ *n.* アグラム《Zagreb のドイツ語名》.

a·gram·ma·pha·si·a /eɪgræ̀məféɪʒiə, -ʒə | -ziə, -ʒiə/ *n.* 〖精神医学〗=agrammatism.

a·gram·ma·tism /eɪgrǽmətɪzm/ *n.* 〖精神医学〗失文法(症)《脳の疾患・外傷などで文法的に文章を構成して話すことのできない状態》. 〖《(1888)》← Gk *agrámmatos* (⇨ a-⁷, grammar)+-ISM〗

a·gran·u·lo·cyte /eɪgrǽnjʊloʊsàɪt | -lə(ʊ)-/ *n.* 〖解剖〗無顆(ᵏᵃ)粒白血球 (cf. granulocyte, lymphocyte, monocyte).

a·gran·u·lo·cy·to·sis /eɪgræ̀njʊloʊsaɪtóʊsɪ̀s, -lə- | -lə(ʊ)saɪtə́ʊsɪs/ *n.* **1** 〖病理〗顆(ᵏᵃ)粒球減少(症). **2** 《英》〖獣医〗無顆粒白血球症, 顆粒球減少症 (panleucopenia の旧称). 〖《(1927)》: ⇨ a-⁷, granule, -cyte, -osis〗

ag·ra·pha /ǽgrəfə/ *n. pl.* アグラファ, 聖書外キリスト語録[聖言資料]《新約外典や初代教父たちが書いたものに見出される》. 〖《(1890)》□ Gk *ágrapha* unwritten sayings: ⇨ a-⁷, grapho-〗

a·graph·i·a /eɪgrǽfiə/ *n.* 〖精神医学〗失書(症), 書字不能(症)《失語症 (aphasia) の一種》. **a·graph·ic** /eɪgrǽfɪk/ *adj.* 〖《(1871)》← NL ～ ← A-⁷+Gk *graphía* a writing〗

a·grar·i·an /əgré(ə)riən | əgréər-, æg-/ *adj.* **1 a** 地所の; 耕地の, 農地の[に関する]; 農業の (agricultural): an ～ problem [reform] 農業問題[改革] / an ～ dispute 小作争議 / ～ outrages 小作争議から起こる暴動, 百姓一揆(ⁱᵏᵏⁱ). **b** 農民(のための): an ～ party 農民党. **2** 〖ローマ法〗土地の: ～ laws (古代ローマの)土地分配法. **3** 〖植物〗野生の (wild). ― *n.* 土地均分[再分]論者; 農地改革論者; 農民党員. 〖《(1533)》← L *agrārius* pertaining to land (⇨ acre)+-AN¹〗

a·grár·i·an·ìsm /-nìzm/ *n.* 土地均分[再分]論; 農地改革論[運動]. 〖1808〗

Agrárian Revolútion *n.* [the ～] 農業革命《18 世紀に起こった英国農業の大変革; 共同の土地の囲い込み, 輪作・条播機 (seed drill) などにみられる技術革新などを特色とする》.

a·grav·ic /eɪgrǽvɪk/ *adj.* 〖宇宙〗無重力状態の. 〖← A-⁷+GRAVITY+-IC¹〗

a·gré·a·tion /ɑːgrèɪɑːsjɔ́ː(ŋ), -sjɔ́ːŋ; F. agʀeasjɔ̃/ *n.* 〖外交〗承諾手続き《外交使節について接受国に承諾されるか否かをあらかじめ決定するための外交上の手続き; cf. agrément 1》. 〖《(1643)》□ F ～ ← *agréer* to agree: ⇨ ↓, -ation〗

a·gree /əgríː/ *vi.* (↔ disagree) **1 a** 〈人と〉意見が合う, 同じ考えである〔*with*〕; (人と)〔…について〕意見がまとまる, 折り合う〔*on, upon, about, as to*〕(cf. agreed 2): I ～ (completely). (全く)同感です, そうです (cf. 2 a) / I quite ～. 《英》まったくだね / I ～ *with* him. / He and I ～ (*with* each other). (互いに)意見が合う / They ～*d among* themselves. 彼らの間で意見が一致した / We ～ *on* that point [*about* that matter]. その点[事]では意見が同じだ / They ～*d in* supporting the plan. その計画を支持することで同意し(てい)た / They could not ～ *about* [*on, as to*] what to do [should be done]. どうすべきかで合意できなかった / I couldn't ～ (*with* you) more. 《口語》(君と)全く同感だ, 大賛成. **b** 〔条件・価格など〕(合議の上で)取り決める, 協定する (decide)〔*on, upon*〕(cf. *vt.* 3): ～ *on* a date, plan, etc. / the price ～*d* (*up*)*on*=the *agreed-on* price 協定価格 (cf. agreed).
2 a 〈提案・条件などに〉同意する, 承諾する, 応じる (consent)〔*to*〕; 〈…すると〉同意する, 承知する〈*to do*〉(cf. agreed 2); 〈…することに〉同意する, 賛成する〈*to doing, with doing*〉: ～ *to* a plan / I didn't want to do it, but eventually I ～ *to*. したくなかったが結局は同意した / He will ～ *to* come. / He ～*d not to* meet her again. 二度と彼女には会わないと約束した / My father ～*d to* my *going* to college. 父は私が大学に行くことに賛成した / I don't ～ *with* (their) *wasting* things. 物をむだにするのはよろしくない / I don't ～ *with* capital punishment. 《俗》死刑には賛成しかたい / The terms were ～*d to*. 条件は承諾された / It was ～*d* to accept the term. 条件を受け入れることが同意された. **b** 〔意見などに〕同意する〔*to, in, with*〕.
3 〈人が〉和合する, 折り合う (get on well)〔*with*〕: They don't ～ (*together*). / He and she can't ～ (*with* each other). 二人は仲よくやっていけない.
4 〈事実・帳じりなどが〉〔…と〕一致[符号]する, 合う〔*with*〕: The evidence ～*s with* the facts. その証拠は事実と一致する / The witnesses [depositions] don't ～ (*with* each other). 証人の言うこと[供述調書]は(互いに)食い違っている. **5** [通例否定・疑問構文で]〈食物・気候などが〉〈人の〉体[性]に合う〔*with*〕(cf. disagree 3): Crab [City life] does not ～ *with* me. カニ[都会生活]は私に合わない / I like shellfish, but they don't ～ with me. 貝類は好きなんですが, 体が受けつけません.
6 〖文法〗〈語形が〉(人称・性・数・格の点で)一致[呼応]する〔*with*〕: A verb ～*s with* its subject *in* number and person. 動詞は数と人称において主語と一致する.
― *vt.* **1** [通例 *that*-clause を伴って] …に同意する; 認める, 承認する (admit, acknowledge): He ～*d* (*that*) he had been wrong. 彼は自分が間違っていたと認めた / It was ～*d* between us *that* it would be advisable. それが望ましいということで我々の間で意見が一致した / They all ～ *that* business is improving. 景気が上向いているということで全員の意見が一致している / "It does seem a bit odd," she ～*d*. 「確かに少しおかしいみたいね」と彼女は同意した. **2** 《英》〈不和などを〉収める, 解決する (settle). **3** 《英》〈条件・価格などを〉取り決める, 協定する (arrange) (cf. *vi.* 1 b, agreed 1): We ～*d* a price. 値段がまとまった / The unions ～*d* the management proposal. 組合は経営側の提案をのんだ / Let's all proceed as (previously) ～*d*. (以前に)合意した通り進めよう. **4** 《英》**a** 〖会計〗〈帳じりなどを〉合わせる: ～ the balance. **b** 〈計算などを〉調べる, チェックする.
agrée to differ [***disagrée***] 互いに意見の相違を認めて争わないことに決める: Let's ～ *to differ*, and part friends. 見解の違いはそれはそれとして仲よく別れよう.
〖《(c1380)》*agree(n)* □ (O)F *agréer* to accept or receive with favor < VL **aggrātāre* ← L *ag-* 'AD-'+*grātus* acceptable (cf. grateful)〗

SYN **1** 同意する: ⇨ consent. **2** 一致する: **agree** 〈二つの話・計算・合計などが〉お互いに同一である: Your explanation does not *agree* with the facts. 君の説明は事実と一致していない. **coincide** すべての点で完全に一致する: My taste in clothes *coincides* with that of my wife. 私の衣服の趣味は妻のとぴったり合う. **conform** 法律・基準に従う[合致する]: This does not *conform* with our arrangements. これは私たちの取り決めに合致しない. **accord** 〈二者が〉ぴったり適合する《格式ばった語》: His account of the accident *accords* with yours. その事故に関する彼の話は君のとぴったり一致する. **harmonize** 〈互いに異なる物が〉うまく調和する: Red *harmonizes* with black. 赤は黒と調和する. **tally** 〈二つの数または陳述が〉符合する: His theory does not *tally* with the facts. 彼の説は事実と合わない.
ANT differ.

---

a·gree·a·ble /əgríːəbl/ *adj.* **1** 快い, 気持ちのよい, 愛想のよい (⇨ pleasant SYN): an ～ companion, face, etc. / an ～ manner 感じのよい態度 / ～ weather / be ～ *to* the ear 耳に(聞いて)快い / make oneself ～ (*to* a person) (人に)愛想よくする. **2** [叙述的] 《口語》〈人が〉〈提案などに〉快く応じて, 乗り気になって〔*to*〕; 喜んで〈…しようと〉して〈*to do, to doing*〉: be ～ *to* a plan, suggestion, etc. / It will work if she's ～. 彼女が乗り気ならうまくいくだろう / I'm quite ～. 至極けっこうです / Is there anyone ～ *to* help(*ing*) with the work? だれか仕事を手伝ってくれようという者はないか. **3 a** [叙述的] 適当な, かなう (suitable)〔*to, with*〕: a rite ～ *to* old custom 古い慣習にかなった儀式. **b** 望ましい, 好ましい〔*to*〕: mutually ～ conditions 相互に好都合な条件 / The conditions are ～ *to* him. その条件は彼にとって好都合だ. **c** [副詞的に] 《古》=agreeably 2. ***dó the agréeable to*** 《口語》〈人〉に愛想よくする (cf. do² *vt.* 11).
― *n.* [通例 *pl.*] 《古》愉快な物[人, 経験].

a·gree·a·bil·i·ty /əgrìːəbíləṭi | -lɪ̀ti/ *n.*

～·ness *n.* 〖《(c1380)》□ (O)F *agréable*: ⇨ ↑, -able〗

a·grée·a·bly /-bli/ *adv.* **1** 心地よく, 気持ちよく, 愉快に (pleasingly, pleasantly): sing ～ / be ～ surprised びっくりすると同時に喜ぶ, うれしい驚きを味わう. **2** 《古》〔指図などに〕従って, 一致して (in accordance)〔*to*〕: act ～ *to* a person's instructions 人の指図によって行動する. 〖c1374〗

a·gréed *adj.* **1** 合意された, 定められた, 協定による: the ～ price [rate]=the price [rate] ～ 協定価格[率] / at the ～ place [time]=at the place [time]～ 所定の場所で[時刻に]. **2** [叙述的に用いて] 同意して: be ～ *on* [*about, as to*] a solution / They are all ～ *that* business is improving. 景気が好転していることは皆の一致した意見だ. **3** [A-; 間投詞的に]《口語》承知した, 賛成, よろしい (Done!) (That's agreed (to). の意). 〖c1400〗

a·gree·ment /əgríːmənt/ *n.* **1 a** 同意, 承諾, 合意: by mutual ～ 双方合意の上で / in ～ (with a person) *on* …に関して(人に)同意して / Are you all in ～ *to* build a dam [*that* a dam should be built]? 君たちはダム建設に全員賛成なのか / nod in ～ 同意してうなずく. **b** 和合, 折合い. **2 a** 〖法律〗合意, 協定, 協約; 契約, 規約; 合意[協定]書[文], 契約書[文]: a labor ～ 労働協約 / an international ～ *on* drug control 麻薬取締まりの国際協定 / arrive at [come to, reach] an ～ 合意に達する, 協定に至る / bring about an～ 話をまとめる / conclude [make, enter into] an ～ (with) (…と)協定[契約]を結ぶ. **b** 〖労働〗=collective agreement. **3** (意見・陳述などの)一致, 調和: the ～ of theory and practice 理論と実践の一致 / in ～ (with) (…と)一致して. **4** 〖文法〗(性・数・格・人称の)一致, 呼応 (concord): the ～ of a verb *with* its subject *in* number and person 数と人称における主語と動詞の一致[呼応]. 〖《(?a1400)》□ (O)F *agrément*: ⇨ agree, -ment〗

a·gré·gé /ɑ̀ːgreɪʒéɪ; F. agʀeʒe/ *n.* (*pl.* **～s** /～z; F. ～/) アグレジェ《フランスで, 国立中等学校 (lycée) 上級教員また大学教授に必要な資格試験に合格した教授資格者》. 〖□ F ～ 《原義》aggregated〗

a·gré·mens /ɑ̀ːgreɪmɑ́ː(ŋ), -mɑ́ːŋ; F. agʀemɑ̃/ *n. pl.* **1** =amenities (⇨ amenity 4). **2** 〖音楽〗= agrément 3. 〖(pl.) ← F *agrément* pleasure〗

a·gré·ment /ɑ̀ːgreɪmɑ́ː(ŋ), -mɑ́ːŋ; F. agʀemɑ̃/ *n.* (*pl.* **～s** /～(z); F. ～/) **1** 〖外交〗アグレマン《大使・公使派遣について接受国があらかじめ与える承認; cf. agréation》: give [ask for] an ～ アグレマンを与える[求める]. **2** [*pl.*] =agrémens 1. **3** [*pl.*] (*also* **agrémens**) 〖音楽〗装飾音 (grace notes, ornaments); (特に, 17 世紀フランスの)鍵盤音楽の装飾音. 〖《(1711)》□ F ～ 'agreement'〗

a·gres·tal /əgréstl/ *adj.* 〈雑草などが〉未開墾地などではびこった. 〖《(1858)》← L *agrest(is)*+-AL¹〗

a·gres·tic /əgréstɪk/ *adj.* 田舎風の, ひなびた; 粗野な. 〖《(1620)》← L *agrestis* rural (⇨ acre)+-IC¹〗

ag·ri- /ǽgrɪ̀, -ri/「農業(用)の」の意の連結形. 〖《(1912)》《省略》← AGRICULTURE〗

ág·ri·bùsiness /ǽgrɪ̀- | -rɪ-/ *n.* 農事産業, アグリビジネス《作物生産と農産加工, 農器具・肥料の製造・販売などを一緒に行うもの》. 〖《(1955)》← AGRI(CULTURE)+BUSINESS〗

agric. 《略》agricultural; agriculture; agriculturist.

àgri·chémical *n.* =agrochemical.

A·gric·o·la /əgríkələ | -kə(ʊ)-/, **Geor·gi·us** /dʒɔ́ədʒiəs | dʒɔ́ː-/ *n.* アグリコラ《1494–1555; ドイツの鉱山学者, 冶金学者; 本名 Georg Bauer》.

Agricola, Gnae·us /níːəs/ **Julius** *n.* アグリコラ《37–93; ローマの将軍で Britain の総督》.

ag·ri·cul·tur·al /æ̀grɪkʌ́ltʃ(ə)rəl | æ̀grɪ̀-ˈ-/ *adj.* 農業の, 農耕の, 農芸の; 農事の; 農学(上)の: the *Agricultural* Age 農耕時代 / ～ chemicals 農薬 / ～ chemistry 農芸化学 / ～ economics 農業経済学 / ～ engineering 農業工学 / ～ extension (work) 《米》農業知識[教育]普及(事業) / ～ products 農産物 / an ～ school [college] 農業学校[大学] / an ～ show 農業展覧会 / an ～ station 農事[農業]試験場. **～·ly** *adv.* 〖《(1776)》← AGRICULTURE+-AL¹〗

agricúltural àgent *n.* =county agent.

agricúltural ànt *n.* 〖昆虫〗収穫アリ (⇨ harvester ant). 〖1868〗

ag·ri·cul·tur·al·ist /æ̀grəkʌ́ltʃ(ə)rəlɪ̀st | æ̀grɪ̀kʌ́ltʃ(ə)rəlɪst/ *n.* =agriculturist. 〖1802〗

ag·ri·cul·ture /ǽgrɪ̀kʌ̀ltʃə | -tʃə(ʳ)/ *n.* **1** 農業 (farming)《広義には牧畜・林業も含む》; 農耕, 農芸; 農事. **2** 農学《作物および家畜の生産・加工・利用に関する学問》. 〖《(?1440)》□ F ～ □ L *agricultūra* ← *agri* ((gen.) ← *ager* field) ← *cultūra* cultivation: ⇨ acre, culture〗

ag·ri·cul·tur·ist /æ̀grəkʌ́ltʃ(ə)rɪ̀st | æ̀grɪ̀kʌ́ltʃ(ə)rɪst/ *n.* **1** 農学者. **2** 農業家, 農場経営者 (farmer). 〖1760〗

A·ğri Da·ği /ɑ́ːgriːdɑːgíː; *Turk.* aɯrɯ́ daɯ́/ *n.* = Ararat.

A·gri·gen·to /æ̀grɪ̀dʒéntoʊ, ɑ̀ːg- | -təʊ; *It.* agridʒɛ́nto/ *n.* アグリジェント《Sicily 島南部の都市; 旧名 Girgenti》.

ag·ri·mo·ny /ǽgrəmòʊni | ǽgrɪ̀mə-/ *n.* 〖植物〗キンミズヒキ《バラ科キンミズヒキ属 (*Agrimonia*) の植物の総称; キンミズヒキ (*A. pilosa*) など; 種子が衣服について運ばれる》. 〖《(c1395)》*egremoigne* □ (O)F *aigremoine* ‖ L *agrimōnia* □ Gk *argemṓnē* □ ? ∽ lateOE *agrimonia* □ L〗

ag·ri·mo·tor /ǽgrəmòʊṭə | ǽgrɪ̀məʊtə(ʳ)/ *n.* 農耕用トラクター. 〖《(1917)》← AGRI(CULTURE)+MOTOR〗

ag·ri·o- /ǽgrioʊ, -iə | -rɪəʊ/「野生の (wild)」の意の連結形. 〖← NL ～ ← Gk ～ ← *ágrios* ← *agrós* field: ⇨ acre〗

ag·ri·ol·o·gy /æ̀griɑ́(ː)lədʒi | -ɔ́l-/ *n.* 未開民族学, 未開社会学. 〖《(1878)》← Gk *agrios* wild+-O-+-LOGY〗

ag·ri·on /ǽgriɑ̀(ː)n | -ɔ̀n/ *n.* 〖昆虫〗Agrion 属の大形のイトトンボ《総称としても用いる》.

A·grip·pa /əgrípə; G. agʀípa/, **Cornelius Heinrich** *n.* アグリッパ《1486?–1535; ドイツの医師・神学者; Agrippa von Nettesheim /nétəshàɪm/》.

A·grip·pa /əgrípə/, **Marcus Vip·sa·ni·us** /vɪpséɪniəs/ *n.* アグリッパ《63–12 B.C.; ローマの政治家・将軍・技術家; Actium の戦いで Octavian の部将として Antony と Cleopatra との軍を破った (31 B.C.)》.

Ag·rip·pi·na /æ̀grɪpíːnə/ *n.* アグリッピナ《14 B.C.?–A.D. 33; Augustus の孫, Germanicus の妻; the Elder と呼ばれる》.

Agrippina II *n.* 小アグリッピナ《15–59; ローマ皇帝 Nero の母; the Younger と呼ばれる》.

ag·ri·prod·uct /ǽgrɪ̀prɑ̀(ː)dʌkt, -dəkt | -prɔ̀d-/ *n.* 農業生産物, 農業関連産業製品. 〖1977〗

ag·ri·sci·ence /ǽgrɪ̀sàɪəns/ *n.* 農業科学《科学の農業への応用》. **ág·ri·scì·en·tist** /-sàɪəntɪ̀st | -tɪst/ *n.*

a·gri·to /əgríːṭoʊ | -təʊ/ *n.* (*pl.* **～s**) 〖植物〗=agarita.

ag·ro- /ǽgrou | -rəu/ 次の意味を表す連結形: **1**「土壌 (soil), 畑 (field)」: *agro*type. **2**「農業 (agriculture); 農業と…との (agriculture and …): *agro*biology. 〖◻ Gk ← *agrós*: ⇨ acre〗

àgro·biólogist *n.* 農業生物学者. 〖1934〗

àgro·biólogy *n.* 農業生物学. **àgro·biológic** *adj.* **àgro·biológical** *adj.* **àgro·bio·lógically** *adv.* 〖《1934》← AGRO-+BIOLOGY〗

àgro·chémical *n.* **1** 農薬 (agricultural chemical). **2** 農産物から造られた化学薬品. 〖《1956》← AGRO-+CHEMICAL〗

ágro·city *n.* =agrogorod. 〖《1951》《部分訳》↓〗

ágro·éco·sỳstem *n.* 農業生態系. 〖1968〗

ag·ro·for·est·ry /æ̀groufɔ́:rəstri, -fá:r- | -rəufɔ́r-/ *n.* 農業林業両用の土地利用, 併農林業. **àg·ro·fór·est·er** /-stə | -stə(r)/ *n.* 〖1977〗

a·gro·go·rod /æ̀grougɔ́:rɑ(:)d | -rə(u)gɔ́:rɔd; *Russ.* agragórət/ *n.* (*pl.* **-go·ro·da** /-də | -də; *Russ.* agrəgəradá/) (旧ソ連の)農業都市 (1950 年代初頭 Khrushchev が提唱した農業政策の一つで, kolkhoz を集約化し農村の都市化を図った). 〖《1952》◻ Russ. ~ ← AGRO-+*gorod* town〗

àgro-indústrial *adj.* 農工業用(生産)の. 〖1940〗

ágro-ìndustry *n.* 農業関連産業; 大規模農産業. 〖1969〗

a·grol·o·gy /əgrá(:)ləʤi, æg- | -rɔ́l-/ *n.* 農業科学, 応用土壌学. **a·gról·o·gist** /-ʤɪst | -ʤɪst/ *n.* **àg·ro·lóg·i·cal** *adj.* 〖《1916》← AGRO-+-LOGY〗

ag·ro·ma·ni·a /æ̀grəméɪniə, -njə | -rə(u)-, -niə/ *n.* 〘精神医学〙田園狂, 隠遁狂. 〖← AGRO-+-MANIA〗

agron. 《略》agronomy.

ag·ro·nom·ics /æ̀grəná(:)mɪks | -rə(u)nɔ́m-/ *n.* 〘単数扱い〙耕種学 (agronomy); 農業経営学. 〖《1863》⇨ agronomy, -ics〗

a·gron·o·mist /əgrá(:)nəmɪst, æg- | -rɔ́nəmɪst/ *n.* 耕種学者, 農学者. 〖1818〗

a·gron·o·my /əgrá(:)nəmi | -rɔ́n-/ *n.* 耕種学 (狭義の農学; 土の管理や肥料の取扱いまでも含めた作物の栽培技術に関する学問). **ag·ro·nom·ic** /æ̀grəná(:)mɪk | -rə(u)nɔ́m-⁻/ *adj.* **àg·ro·nóm·i·cal** *adj.* **àg·ro·nóm·i·cal·ly** *adv.* 〖《1814》◻ F *agronomie*: ⇨ agro-, -nomy〗

agro·politícian *n.* 《豪》農林族の議員.

agro·pólitics *n.* 《豪》農林業の振興をねらった議会工作.

A·gro Pon·ti·no /*It.* á:gropontí:no/ *n.* [the ~] ポンティノ平原 (Pontine Marshes のイタリア語名).

ag·ro·stem·ma /æ̀groustémə | -rə(u)-/ *n.* 〘植物〙 **1** =corncockle. **2** =silene.

ag·ros·tog·ra·phy /æ̀grəstá(:)grəfi, -rɑ(:)s- | -rəstɔ́g-, -rɔs-/ *n.* イネ科植物誌. 〖《1753》← Gk *ágrōstis* (↓)+-o-+-GRAPHY〗

ag·ros·tol·o·gy /æ̀grəstá(:)ləʤi | -stɔ́l-/ *n.* 〘植物〙禾本(かほん)学, 草本学. 〖《1847》← Gk *ágrōstis* a kind of grass (cf. agro-)+-LOGY〗

ágro-tòwn *n.* =agrogorod. 〖《1969》《部分訳》← AGROGOROD〗

ágro·tỳpe *n.* 〘農業〙 **1** 土壌型. **2** (農作物の)栽培品種. 〖⇨ agro-〗

a·ground /əgráund/ *adv.*, *adj.* [叙述的] **1 a** 〘海事〙〈船が〉(浅瀬・暗礁などに)乗り上げて, 座礁して: get [go, strike] ~ 浅瀬[暗礁など]に乗り上げる, 座礁する / run ~ 座礁する[させる] / run ~ *on* submerged rocks 暗礁に乗り上げる. **b** 〈人・議論など〉動きがとれなくなって, 頓挫(とんざ)して; 〈計画など〉挫折して. **2** 地上に[で]. 〖《c1300》← A-¹+GROUND¹〗

ag·ryp·not·ic /æ̀grɪpná(:)tɪk | -nɔ́t-⁻/ 〘薬学〙*adj.* 睡眠覚醒(性)の. — *n.* 覚醒薬. 〖《1879》◻ F *agrypnotique* ← Gk *ágrupnos* wakeful〗

AGS 〘宇宙〙abort guidance system (宇宙船の)副誘導装置.

AGSM 《略》《英》Associate of the Guildhall School of Music.

agst 《略》against.

agt 《略》agent; agreement.

a·guar·di·en·te /à:gwaəḍiénti, -djénteɪ | æ̀gwa:-diénti, -teɪ; *Sp.* aγwarðjénte/ *n.* アグワルディエンテ (スペイン・ポルトガル産の粗悪なブランデー); (砂糖きびなどで造る南米・中米産の)蒸留酒. 〖《1899》◻ Sp. ~ ← *agua* water (< L *aquam*)+*ardiente* burning (< L *ardentem*)〗

A·guas·ca·lien·tes /à:gwa:skæljénteɪs, -gwə-, -lien-, -teɪs | æ̀gwa:skæliénteɪs; *Am.Sp.* aγwaskaljéntes/ *n.* **1** アグアスカリエンテス(州) (メキシコ中部の州; 面積 6,500 km²). **2** アグアスカリエンテス (同州の州都).

a·gue /éɪgju:/ *n.* **1** 〘病理〙おこり, 瘧(ぎゃく), マラリア(熱). **2** 寒け, 悪寒(おかん). 〖《c1300》◻ OF ~ ◻ ML (*febris*) *acūta* 'ACUTE (fever)'〗

águe càke *n.* 〘病理〙(ague による)(肝)脾腫. 〖1641〗

á·gued *adj.* おこりにかかった; ぶるぶる震えている. 〖1607〗

águe·wèed *n.* 〘植物〙 **1** =boneset. **2** リンドウ (gentian).

A·gui·nal·do /à:giná:ldou | -dəu; *Sp.* aγináldo/, **E·mi·lio** /emíljo/ *n.* アギナルド (1869–1964; 米西戦争中スペインに, また戦後は米国に反抗したフィリピンの独立運動の指導者).

a·gu·ish /éɪgjuɪʃ, -gju:-/ *adj.* **1** おこりのような; おこりを起こさせる. **2** おこりにかかった, おこりにかかりやすい. **3** 少し寒けがする; 震える. **~·ly** *adv.* 〖《1665–69》← AGUE+-ISH¹〗

A·gu·lhas /əgáləs; *Port.* əγúʎəʃ/, **Cape** *n.* アガラス岬 (南アフリカ共和国にあるアフリカ南端の岬で大西洋とインド洋の境目).

Agúlhas Cúrrent *n.* アガラス海流 (アフリカ南東海岸に沿って南流する暖流). 〖《a1830》1881〗

Agung /á:guŋ/, **Mount** アグン山 (インドネシア Bali 島の火山 (3,142 m), 1963 年大噴火).

ah /á:/ *int.* ああ, おお (喜び・悲しみ・苦痛・驚き・遺憾・嘆息・侮蔑・嘆願などを表す): *Ah*, but … だがね(など) / *Ah* me! ああ(悲しい) / *Ah*, well, …まあ仕方がない(など). — *n.*「ああ」という叫び声. — *vi.* **1**「ああ」と言う. **2** =er. 〖《?a1200》*a*, *ah*〗

AH 《略》arts and humanities.

Ah., a.h. 《略》〘電気〙ampere-hour.

a.h. 《略》〘海事〙after hatch.

A.H., AH 《略》*L.* anno Hegirae (=in the year of the Hegira) イスラム[回教]紀元 (cf. Hegira): A.H. 375. 〖1788〗

a·ha /a:há:, əh-/ *int.* あはあ, はは一, へへー (驚き・勝利・皮肉などを表す). 〖《a1325》← AH+HA〗

AHA 《略》〘生化学〙alpha-hydroxy acid アルファヒドロキシ酸 (皮膚の古い角質を落とす作用がある有機酸); American Heart Association; American Historical Association; American Hospital Association; American Hotel Association; Area Health Authority.

A·hab /éɪhæb/ *n.* **1** 〘聖書〙アハブ (紀元前 9 世紀の北王国イスラエルの王; Jezebel の夫で彼女のために偶像崇拝者になった; cf. *1 Kings* 16–22). **2** エイハブ (H. Melville 作の小説 *Moby Dick* (1851) の主人公で捕鯨船 Pequod /pí:kwɑ(:)d | -kwɔd/ の船長). 〖◻ Heb. *aḥ'ābh* 《原義》father's brother: cf. Abba〗

A·ḥad Ha'am /ɑ:xá:dhɑ:á:m/ *n.* アハドハアム (1856–1927; ロシア生まれのシオニズム思想家; 本名 Asher Ginzberg).

Ahág·gar Móuntains /əhá:gə-, à:həgáə-/ *n. pl.* [the ~] アハガル山地 (アルジェリア南部 Sahara 砂漠中西部の火山性の山地; 最高峰 Tahat 山 (2,918 m); Hoggar Mountains ともいう).

a·han·ka·ra /əhʌŋká:rə/ *n.* アハンカーラ (ヒンズー教・ジャイナ教などで自我意識をいう; 漢訳は「我慢」). 〖◻ Skt *ahaṁkāra* ← *aham* I+*kāra* making〗

A·has·u·e·rus /eɪhæzjuíᵊrəs, əhæz- | eɪhæzjuíərəs, əhæz-/ *n.* 〘聖書〙アハシュエロス (紀元前 5 世紀のペルシャ王で Esther の夫; cf. *Esth.* 1–10; *Ezra* 4: 6).

ah·choo /ɑ:ʧú:/ *int.* =atchoo.

a·head /əhéd/ *adv.* **1 a** 〘位置・方向〙前方に, 前へ (in [to] the front) (⇨ forward SYN); (部隊などの)先頭に; 行く手に当たって〔*of*〕: Who's [What's] ~? 先頭はだれか[前方に何があるのか] / right [straight] ~ まん前に, ちょうど行く手に / a wind ~ 向かい風 (head wind) / sit two rows ~ *of* …より 2 列前に座る / There was a truck ~ *of* us. 私たちの前方にトラックが(走って)いた / The truck moved [drew, got, pulled] ~ *of* us. そのトラックは我々の前に割り込んだ / We sent them ~ to reconnoiter. 偵察に送り出した / Breakers ~! ⇨ breaker¹ 成句 / ⇨ line ahead. **b** 〘運動〙前方へ(進んで) (forward); まっしぐらに: move ~ 前進する / Full speed ~! 全速前進! **2** 〘時間〙 **a** 〔…より〕先に〔*of*〕; 先へ(早めて): an hour ~ 1 時間先(に) / arrive ten minutes ~ *of* schedule [time] 予定[定刻]より 10 分早く着く / arrive ~ *of* us. **b** これから, 将来に(向けて); あらかじめ (in advance, later in time): plan [look, think] ~ 早めに[先の]計画を立てる[考える] / Christmas was only five days ~. クリスマスまであとわずか 5 日だった / There is a bright future ~ *of* her. 彼女の前途には輝かしい将来がある / There may be troubles [problems] ~. 将来面倒なこと[問題]が生じるかもしれない / What's ~ (*of* us)? (我々は)この先どうなるだろうか. **3** もうけて; 勝ち越して (winning): I was ~ (*by*) $10. 10 ドル勝っていた / The team is two goals ~ [~ five to three]. チームは 2 ゴール[5 対 3 と]リードしている / go ~ *on* points ポイントでリードする. 日英比較 日本語ではスポーツなどで「相手にアヘッドを許す」のように先取点, 勝ち越し点の意味で名詞として用いるが, 英語の ahead には名詞用法はない.

ahéad of (1) 〘進歩・優位〙〔…より〕進んで, 〔…に〕まさって: He was two years ~ *of* her at school. 学校では彼女より 2 年上だった / I'd rank [put, place] Wagner ~ *of* Brahms. ブラームスよりもワーグナーを高く評価したい / He is ~ *of* me *in* English. 英語は私よりできる / ⇨ *ahead of* TIME, *ahead of one's* TIME / try to sort out an agreement ~ *of* next month's summit 来月の首脳会議前に同意を取り付けるよう試みる / send out copies ~ *of* publication 出版前に本を送る. (2) …より多く, …を超過して (above): The exports were ~ *of* the imports. 輸出額は輸入額を上回った. ***gèt ahéad*** ⇨ get¹ 成句. ***gèt ahéad of*** (1) 〈人・物の〉先に出る: He ran as fast that he soon *got* ~ *of* the others. 彼は速く走ったのですぐに先頭に立った. (2) 〈競争相手などを〉しのぐ. ***gò ahéad*** ⇨ go¹ 成句.
〖《1596》← A-¹+HEAD〗

a·heap /əhí:p/ *adv.* (山のように)積み重なって (in a heap); どさりと (all of a heap). — *adj.* [叙述的]〔…が〕(山と)積まれて〔*with*〕: a study ~ *with* books. 〖《1827》← A-¹+HEAP〗

a·hem /əhém/ ★ 実際の発音は強く咳払いをするような音で, [?m ?m:] などで表す. *int.* えへん, ふうん (注意をひいたり, 不満や躊躇(ちゅうちょ)を表す). 〖《1763》《変形》← HEM²〗

a·hem·e·ral /eɪhémərəl, æ-/ *adj.* 1 日 24 時間未満の.

A·hern /éɪhə:n, əhé:n | éɪhə:n, əhá:n/, **Bertie** *n.* アハーン (1951– ; アイルランドの政治家; 首相 (1997–); 共和党).

a·him·sa /əhímsɑ:/ *n.* (ヒンズー教・仏教などの)非暴力, 無殺生, アヒンサー. 〖《1875》◻ Skt *ahiṁsā* non-injury ← A-⁷+*hiṁsā* injury〗

a·hind /əhín(d), əháɪn(d)/ *adv.*, *prep.* (*also* **a·hint** /əhínt/) 《方言》=behind. 〖《1768》← A-¹+HIND³〗

a·his·tor·ic /eɪhɪstɔ́(:)rɪk, -tá(:)r- | -tɔ́r-⁻/ *adj.* = ahistorical. 〖1937〗

a·his·tor·i·cal /eɪhɪstɔ́(:)rɪkəl, -tá(:)r-, -kl̩ | -tɔ́rɪkəl, -kl̩/ *adj.* **1** 歴史に無関心な, 現在のみに関心のある. **2** 歴史的でない, 歴史に無関係の. 〖《1945》: ⇨ a-⁷, historical〗

A·hith·o·phel /əhíθəfèl | -θə(u)-/ *n.* 〘聖書〙アヒトペル (Absalom と組んで David に謀反(むほん)した David の助言者; cf. *2 Sam.* 15–17). 〖◻ Heb. *Aḥīthōphel* 《原義》? brother in the desert〗

a.h.l. 《略》*L.* ad hunc locum (=at this place).

AHL /éɪèɪʧél/ 《略》American Hockey League.

Ah·mad·a·bad /á:mədəbà:d, -bæ̀d | -mɪdəbæ̀d, -bà:d/ *n.* アーマダバード (インド西部, Gujarat 州の都市).

Ah·mad·nag·ar /à:mədnʌ́gə | -gə(r)/ *n.* (*also* **Ah·med·nag·ar** /~/) アマードナガル (インド西部, Maharashtra 州の都市).

Ah·med·a·bad /á:mədəbà:d, -bæ̀d | -mɪdəbæ̀d, -bà:d/ *n.* =Ahmadabad.

Åhnfelt's séaweed /á:nfelts-/ *n.* 〘植物〙イタニグサ (*Ahnfeltia plicata*) (北米・ヨーロッパ・日本産の紅藻; 寒天原藻の一種; 茶色, 低木状で団集して発生する). 〖← *N. Ahnfelt* (1801–37: スウェーデンの植物学者)〗

a·hold /əhóuld | əhə́uld/ *n.* 《口語・方言》つかむこと〔*of*〕: catch [get, lay, take] ~ *of* …をつかむ. ***gèt ahóld of*** (1) つかむ. (2) (ある期間の後)連絡がとれる. (3) 入手する. ***gèt ahóld of onesèlf*** 《米》冷静になる, 落ち着く. — *adv.* 〘海事〙《古》風の方に, 風に近く: keep a vessel ~ 船首を風の方に向けて航行する. **2** 詰め開きで (風をとらえる状態). 〖《1610》《1872》← A-¹+HOLD¹ (n.)〗

a·hol·e·hol·e /əhòulihóuli | əhàulihə́u-/ *n.* 〘魚類〙ハワイ諸島周辺の浅海に分布するユゴイ科ユゴイ属の銀色の小形の魚 (*Kuhlia sandvicensis*).

-a·hol·ic /əhɔ́(:)lɪk, -hɑ́(:)l- | əhɔ́l-⁻/ *suf.* 名詞について「…中毒(の人)」を表す (-oholic とも書く): work*aholic*. 〖《1965》《省略》← WORKAHOLIC〗

A·hom /á:houm | -həum/ *n.* (*pl.* ~, ~s) **1 a** [the ~(s)] アーホム族 (Assam 地方に住んでいたタイ (Tai) 族の一部族). **b** アーホム族の人. **2** アーホム語 (アーホム族の言語であったが, 現在は死滅した). 〖1837〗

Á-horízon *n.* 〘土壌〙A 層位 (最上部の土壌層位で, 腐植を含み, 生物活性が高く物質の下層への溶脱が起こる場合が多い; 暗色; cf. ABC soil, B- [C-]horizon). 〖1936〗

a·horse /əhɔ́əs | əhɔ́:s/ *adv.* =ahorseback. 〖《1808》← A-¹+HORSE〗

a·horse·back /əhɔ́əsbæ̀k | əhɔ́:s-/ *adv.* 《古》馬に乗って, 馬で (on horseback). 〖《1490》← A-¹+HORSEBACK〗

a·hoy /əhɔ́ɪ/ *int.* 〘海事〙おーい (遠くの他船に呼び掛けるときの発声; cf. hoy²): Ship ~! おーい, その船よーい / *Ahoy* the deck! おーい, そのデッキの者. 〖《1751》← A-⁶+HOY²〗

AHQ 《略》Air Headquarters 空軍司令部, 航空隊本部; Army Headquarters 軍司令部.

Ah·ri·man /á:rɪmən/ *n.* 〘ゾロアスター教〙アーリマン (悪の権化(ごんげ), 悪の神; cf. Ahura Mazda). 〖《1818》◻ Gk *Areimánios, Areimánes* ◻ Avest. *aṅra mainyu* the evil or hostile spirit〗

a·hue·hue·te /à:wi:wéɪti | -ti; *Am.Sp.* awewéte/ *n.* 〘植物〙=swamp cypress 2. 〖◻ Sp. ~ ◻ Nahuatl *ahuehueton* 《原義》(the) old one of the water〗

à huis clos /ɑ:wí:klóu | -klə́u; *F.* aɥiklo/ *F. adv.* 内密に (secretly), 傍聴を禁止して (in camera). 〖◻ F ~ 'with closed doors'〗

a·hull /əhʌ́l/ *adv.* 〘海事〙 **1** 総帆をたたみ舵柄(だへい)を風下に固定して (航海中の帆船があらしに対処する一方法): lie ~ 〈船が〉ahull の状態で漂流する. **2** 甲板が波に洗われて. 〖《1582》← A-¹+HULL²〗

a·hun·gered /əhʌ́ŋgəd | -gəd/ *adj.* 《古》(ひどく)飢えた〔*for*〕. 〖《1378》← A-²+HUNGERED〗

a·hun·gry /əhʌ́ŋgri/ *adj.* 《廃》=ahungered. 〖《a1460》: ⇨ ↑, hungry〗

A·hu·ra /əhúᵊrə | əhúərə/ *n.* 〘ゾロアスター教〙アフラ (最高神; ヒンズー教では asura と呼ばれ, 神々の敵・魔族になっている).

Ahúra Mázda *n.* 〘ゾロアスター教〙アフラマズダ (善の神, 光の神; Ormazd, Mazda ともいう; cf. Ahriman). 〖⇨ Ormazd〗

Ah·vāz /ɑ:vá:z/ *n.* (*also* **Ah·waz** /ɑ:wá:z/) アフワーズ (イラン南西部 Khuzistan 州の州都).

Áh·ve·nan·maa Íslands /á:vənɑ:mà:-, á:fə-; *Finn.* áhvenamma:/ *n. pl.* [the ~] アハヴェナンマー諸島 (フィンランドとスウェーデンの間の諸島でフィンランドの一州; スウェーデン語名 Åland).

ai¹ /áɪ/ *int.* ああ (痛み・悲しみ・哀れみなどを表す): *Ai! ai!* 〖《a1450》擬音語〗

ai² /áɪ, á:i, ɑ:í:/ *n.* 〘動物〙ミツユビナマケモノ (⇨ three-toed sloth). 〖《1693》◻ Tupi ~ 《擬音語》〗

AI 《略》Admiralty Instruction; airborne intercept (radar) 機上要撃(用レーダー); Air India インド航空; air interception 空中要撃; Amnesty International; artificial insemination; artificial intelligence.

a.i. 《略》ad interim.

A

AIA 《略》 American Institute of Architects アメリカ建築家協会; Associate of the Institute of Actuaries.
Ai·as /áɪəs, éɪæs/ *n.* =Ajax.
AIB 《略》《英》 Associate of the Institute of Banking.
aib·lins /éɪbl̩nz | -blɪnz/ *adv.* 《スコット》 多分, おそらく (possibly, perhaps). 〘(1597–1605) 《古》 *ablins* ← ABLE＋-*lins* (《変形》 ← -LINGS)〙
AIC 《略》 Agricul Institute of Canada; American Institute of Chemists アメリカ化学者協会.
AICC 《略》 All India Congress Committee 全インド国民議会.
AIChE 《略》 American Institute of Chemical Engineers アメリカ化学技術者協会.
AICPA 《略》 American Institute of Certified Public Accountants アメリカ公認会計士協会.
aid /éɪd/ *vt.* **1** 〈人などを〉援助する, 助力する, 手伝う (⇨ help SYN) 〔*in*〕; 〈…するのに〉…を助ける 〈*to do*〉: ～ displaced persons 難民を救援する / ～ a person *in* his researches 人の研究を援助する[手伝う] / ～ a company *with* funds 会社に資金の援助をする / These CDs ～ students *to* study [*in* study*ing*] English. これらの CD は学生の英語学習の助けとなる / *Aided* by years of experience, she soon finished the work. 何年もの経験があったおかげで彼女はその仕事をすぐ終えた. **2** 〈事を〉助成する, 促進する (promote): This medicine will ～ her recovery. この薬で回復が早まろう. **—** *vi.* 援助をする, 助力する.
áid and abét 〘法律〙 犯行を現場で幇助(ほうじょ)する.
áiding and abétting 〘法律〙 現場幇助, 補助的正犯 (行為) 《犯行現場にいて犯行を幇助すること; 第二級正犯 (principal in the second degree) とされる》.
— *n.* **1 a** 援助, 助力, 助け; 救援; 扶助: medical ～ 医療 / ⇨ first aid / *with* the ～ of a person 人の助けによって / read *with* the ～ of a dictionary 辞書を使って読む / without ～ 助力[助け]なしに / call in a person's ～ 人の助けを求める / come [go] to a person's ～ 人を助けに来る[行く]. **b** (海外)援助 (foreign aid): give [provide] economic [military] ～ 経済[軍事]援助をする. **2 a** 助力者, 補助者, 助手 (assistant). **b** 《米》〘軍事〙 =aide(-de-camp). **3 a** 助け(となる)物; 補助金 (cf. grant-in-aid): Domestic appliances are a great ～ *for* housewives [*in* housework]. 家庭電気製品は主婦にとって[家事をやるのに]大いに助けとなる / ～*s* for the handicapped and housebound 障害者や外出できない人のための補助用品. **b** 補助器具; 補聴器 (hearing aid). **c** 〘教育〙 教具 (teaching aid): ⇨ audiovisual aid, visual aid. **d** 〘海事〙 航路標識. **4** [通例 *pl.*] 〘馬術〙 扶助 《人体による馬への合図で, 手・脚・騎座体重の転位など; natural aids ともいう》; 副扶助 《馬の制御用器具で, 拍車・鞭・むながいなど; artificial aids ともいう》. **5** 〘英史〙 (封建時代の臣下から君主への)臨時献金 《君主が捕虜になった場合の身代金, 君主の長男のナイト叙任祝い, 君主の長女の結婚祝いの 3 つ; 英国では 1066 年以後 14 世紀ごろまで行われた》.
in áid of 〈目的・人〉を助けるために, 〈慈善など〉のために: The show was *in* ～ *of* charity. あのショーは慈善のためだった / What's (all) this *in* ～ *of*? 《英口語》 一体これは何のため[つもり]だ.
～·er *n.* **～·less** *adj.*
〘v.: (?a1400) *aide(n)* □ OF *aid(i)er* (F *aider*) < LL *adjūtāre* to help (freq.) ← *adjuvāre* ← AD-＋*juvāre* to help (← ? IE **an-* to help). — n.: (c1412) □ (O)F *aide* ← L *adjuvāre*〙
AID /èɪàɪdíː/ *n.* (米国の)国際開発局 《国務省の一局, 1961 年設立》. 〘(頭字語) ← *A*(*gency for*) *I*(*nternational*) *D*(*evelopment*)〙
AID /èɪàɪdíː/ 《略》 acute infectious disease 急性伝染病; American Institute of Decorators 米国装飾家協会; American Institute of Interior Designers 米国室内装飾家協会; artificial insemination by donor 非配偶者間人工受精 (cf. AIH).
ai·da /éɪdə | -də/ *n.* アイダ 《粗く織った亜麻布[綿布・毛織物]; 刺繍用布》.
A·i·da /ɑːíːdə | aɪíːdə; *F.* aida/ *n.* アイーダ 《女性名》. 〘↓〙
A·i·da /ɑːíːdə | aɪíːdə; *It.* aíːda/ *n.* **1** 「アイーダ」 《Verdi 作のオペラ (1871)》. **2** アイーダ 《*Aida* の女主人公 (エチオピアの王女)の名》. 〘□ It. ～〙
Ai·dan /éɪdn/, Saint *n.* (聖)エイダン (?–651; Northumbria で伝導に従事したアイルランドの司教).
áid clìmbing *n.* 人工登山[登攀] 《peg climbing, pegging, artificial climbing ともいう》.
aid-de-camp /èɪddəkǽmp | -kɑ́ːmp, -kɑ̃́ː(ŋ), -kɑ́ːŋ/ *n.* (*pl.* **aids-**) 《米》〘軍事〙 =aide-de-camp. 〘1670〙
aide /éɪd/ *n.* **1** 〘軍事〙 =aide-de-camp. **2** 助力者, 顧問; 補佐官, 側近者: an ～ *to* the President=a Presidential ～ 大統領補佐官. **3** 《米》 助手 (assistant); =nurse's aide. 〘(1777) 《短縮》 ↓〙
aide-de-camp /èɪddəkǽmp | -kɑ́ːmp, -kɑ̃́ː(ŋ), -kɑ́ːŋ; *F.* ɛddəkɑ̃/ *n.* (*pl.* **aides-** /èɪdzdə-; *F.* ɛddə-/) 〘軍事〙 (専属)副官, 将官[王族]付武官: the ～ to a prince 王子付武官. 〘(1670) □ F ～ 'assistant in the field'〙
áid·ed schóol /-dɪ̣d- | -dɪ̣d-/ *n.* (英国の)公費助成学校 《voluntary school の一種で, 教員給与, 校舎の改築・拡張などは公費による補助を受ける; 宗教団体の運営する学校では, その宗派の宗教教育を行うことができる; grant-aided school ともいう; cf. controlled school》. 〘1944〙
aide-mé·moire /éɪdmɛmwɑ́ə | -wɑ́ːʳ, ←—←; *F.* ɛdmemwaːʁ/ *F. n.* (*pl.* **aides-** /éɪdz-; *F.* ɛdd-/) **1** 記憶の助けになるもの[本, 文書]. **2** (外交交渉・協定などの)覚書 (memorandum). 〘(1846) □ F ～ 《原義》 something to help memory〙
Ai·din /aɪdíːn/ *n.* =Aydin.
áid·màn /-mæ̀n/ *n.* (*pl.* **-men** /-mɛ̀n/) 《米》〘軍事〙 救護員, 看護兵, 衛生兵 《応急手当をする衛生隊員》. 〘1944〙
áid pòst *n.* 《英》 =aid station.
AIDS, Aids /éɪdz/ *n.* 〘病理〙 後天性免疫不全症候群, エイズ (cf. HIV). 〘(1982) 《略》 ← *a*(*cquired*) *i*(*mmuno*) *d*(*eficiency*) *s*(*yndrome*)〙
áid socìety *n.* 《米》 (教会の)婦人慈善協会. 〘1866〙
ÁIDS-relàted còmplex *n.* 〘病理〙 エイズ関連症候群 (略 ARC). 〘1984〙
áid stàtion *n.* 〘米陸軍〙 (前線の)救護所, 応急手当所 《dressing station ともいう》.
ÁIDS vìrus *n.* エイズウイルス 《レトロウイルスの一種; 血液の中に入るとヘルパー T 細胞を破壊しエイズやエイズ関連疾患の原因となる; LAV, HTLV-III などと命名されたが, 現在は HIV の名称に統一されるようになった》. 〘1985〙
áid wòrker *n.* (国連などの)援助隊.
ai·e /áɪi/ *int.* =ai[1].
AIF 《略》〘歴史〙 Australian Imperial Force オーストラリア帝国軍. 〘1918〙
ai·glet /éɪglɪ̣t/ *n.* =aglet.
ai·grette /éɪgrɛt, ←—, ←— | ←—, ←—/ *n.* (*also* **ai·gret** /～/) **1** 〘鳥類〙 シラサギ (egret). **2** シラサギの飾り羽 《特に, 背の飾り羽》; (帽子などの)飾り毛. **3** (宝石などの)羽形飾り. 〘(1630) □ F ～: cf. egret〙
ai·guière /eɪgjɛ́ə | -gjɛ́əʳ; *F.* ɛgjɛːr, e-/ *n.* (*pl.* **～s** /～z; *F.* ～/) (装飾用の細長い)水差し. 〘(1530) □ F ～ 'ewer'〙
ai·guille /eɪgwíːl | ɛ́ɪgwiːl, -gwɪl; *F.* ɛgɥiːj, eg-/ *n.* **1** 〘登山〙 (Alps などの)針状の峰, エギーユ, 針峰, 「針」. **2** 〘石工〙 穿孔錐 《岩石やれんがに爆破用の穴をうがつ細長いドリル》. 〘(1816) □ F ～ < OF *aguille* needle < VL **acūculam*=*acicula* (dim.) ← *acus* needle ← IE **ak-* sharp: cf. acute, aglet〙
ai·guil·lette /èɪgwɪ̣lɛ́t; *F.* ɛgɥijɛt, e-/ *n.* **1** 飾緒(しょく) 《武官が正装のときに右肩から胸に飾るひも・モール》. **2** =aglet 1, 3. **3** (鶏や七面鳥の胸からとった)細長く切った調理ずみの肉片. 〘(1816) □ F ～ (dim.) ↑: ⇨ -ette〙
AIH 《略》 artificial insemination (by) husband.
AIIE 《略》 American Institute of Industrial Engineers.
Ai·ken /éɪkən | -kɪ̣n/, **Conrad** (**Potter**) *n.* エイケン (1889–1973; 米国の詩人・小説家; *Earth Triumphant* (詩集, 1914), *Blue Voyage* (小説, 1927)).
ai·ki·do /aɪkíːdoʊ | -dəʊ/ *n.* 合気道. 〘(1956) □ Jpn.〙
ai·ko·na /áɪkoːnə, -kɑː- | -kɔː-/ *int.* 《南ア》《口語》 とんでもない, めっそうもない. 〘(1901) □ Fanakalo ← Xhosa *hayi*, Zulu *hhayi* no, not＋Xhosa *kona*, Zulu *khona* here, there〙
ail /éɪl/ *vt.* 〈事態が〉苦しめる, 悩ます (trouble, afflict): What ～*s* you? 《英》 どうかしたのか; どこか悪いのか / It ～*s* me that …ということで私は悩んでいる. **—** *vi.* [しばしば be ～ing として] 加減が悪い, 病む, 患う; 〈商売などが〉調子が悪い: The child is ～*ing*. 子供は加減を悪くしている. 〘OE *eglan* to molest, trouble ← *egle* troublesome ← IE **agh-* to be afraid: 《原義》 ? fearing〙
ai·lan·thus /eɪlǽnθəs/ *n.* (*pl.* **～es**) 〘植物〙 ニワウルシ 《ニガキ科ニワウルシ属 (*Ailanthus*) の植物の総称; tree of heaven ともいう; ニワウルシ (*A. dltissima*) など》. 〘(1807) ← NL ～ ← Amboina (現地語) *ailanto* 《原義》 tree of heaven: 今の形は Gk *ánthos* flower との類推〙
Ai·leen /aɪlíːn, eɪ- | éɪliːn, áɪ-/ *n.* アイリーン 《女性名》. 〘□ Ir. ～: ⇨ HELEN〙
ai·le·ron /éɪlərɑ̀(ː)n | -rɔ̀n/ *n.* **1** 〘航空〙 補助翼, エルロン 《左右の翼後縁に一対あり, 機体を横に傾ける働きをする; ⇨ airplane 挿絵》. **2** 〘建築〙 (教会の側廊の端にあるような)半切妻 《上下を逆にした渦形持送りが用いられる》. **～ed** *adj.* 〘(1909) □ F ～ (dim.) ← *aile* wing < L *ālam* wing, 《原義》 shoulder: ⇨ aisle, alate〙
áileron búzz *n.* 〘航空〙 補助翼バズ 《飛行機の速度が音速に近づき, 補助翼の前方に衝撃波ができて, 気流が剝離することによって起こる補助翼の振動》.
áileron revérsal *n.* 〘航空〙 補助翼逆効き 《飛行速度が大きくなって, 補助翼操舵による横揺れモーメントの向きが, 正常と反対になること》.
áileron ròll *n.* 〘航空〙 緩横転 《slow roll ともいう》.
ai·lette /eɪlɛ́t/ *n.* 〘甲冑〙 (13–14 世紀に鎖帷子(かたびら)の肩につけた紋章入りの)肩当て. 〘((?a1400)) (1834) □ (O)F ～ (dim.) ← *aile* (⇨ aileron): ⇨ -ette〙
Ai·ley /éɪli/, **Alvin** *n.* エイリー (1931–89; 米国の舞踏家・振付師).
ail·ing /éɪlɪŋ/ *adj.* 病んでいる, 悩んでいる (cf. ail *vi.*) (⇨ sick[1] SYN): an ～ society 病める社会. 〘(1598) ← AIL＋-ING[2]〙
ail·ment /éɪlmənt/ *n.* **1** (軽微なまたは慢性の)病気, 不快, 疾患 (⇨ disease SYN): minor ～*s* 小疾患, 軽症 / a kidney ～ 腎臓病. **2** (社会的な)不安, 悩み. 〘(1706) ← AIL＋-MENT〙
Ail·sa Craig /èɪlzəkrèɪg | -sə-/ *n.* エールサクレーグ 《スコットランド Firth of Clyde の入口にそびえる玄武岩の小島; 高さ 340 m》.
ai·lu·ro- /aɪlʊ́ᵊroʊ, -rə, eɪ- | -lʊ́ərəʊ/ 「猫」の意の連結形. 〘← NL ～ ← Gk *aílouros* cat〙
ai·lu·ro·phile /aɪlʊ́ᵊrəfàɪl, eɪ- | -lʊ́ərə(ʊ)-/ (*also* **ai·lu·ro·phil** /-fɪ̀l/) *n.* 猫好きの人, 愛猫家. 〘(1927): ⇨ ↑, -phile〙
ai·lu·ro·phil·i·a /aɪlʊ̀ᵊrəfíliə, eɪ- | -lʊ̀ərə(ʊ)-/ *n.* 〘精神医学〙 愛猫(症). 〘← NL ～: ⇨ ↑, -philia〙
ai·lu·ro·phobe /aɪlʊ́ᵊrəfòʊb, eɪ- | -lʊ́ərə(ʊ)fəʊb/ *n.* 〘精神医学〙 猫ぎらいの人, 恐猫家. 〘(1905) ← NL ～: ⇨ ↑, -phobia〙
ai·lu·ro·pho·bi·a /aɪlʊ̀ᵊrəfóʊbiə, eɪ- | -lʊ̀ərə(ʊ) fə́ʊ-/ *n.* 〘精神医学〙 恐猫(症). 〘(1905) ← NL ～: ⇨ ↑, -phobia〙
aim /éɪm/ *vt.* **1** 〈言葉・努力などを〉向ける, 当てつける (direct) 〔*at*〕: ～ a remark *at* a person 人に当てこすりを言う / The policy is ～*ed at* reducing prices. その政策は物価引き上げを狙いとしている / This book is ～*ed at* beginners in [at] golf. この書はゴルフの初心者を対象としている. **2** 〔…に〕〈銃などを〉向ける, …の狙いをつける (point) 〔*at*〕: ～ a gun / ～ a revolver *at* a person 人に向けてピストルを構える. **3** 〈石などを〉〔…に向かって〕投げる (direct) 〔*at*〕: ～ a stone [blow] *at* a person 人に向かって石をぶつける[一発くらわそうとする] / ～ a missile *at* a target ミサイルを攻撃目標に向ける / a well-*aimed* shot [blow] 狙いすました一発[一撃].
— *vi.* **1 a** 〔…を(得ようと)〕志す, 目指す, 狙う 〔*at, for*〕: ～ *at* promotion 昇進を目指す / ～ *for* perfection 完璧を志す / I ～ high. 私の志は高い / What is he ～*ing at*? 何をもくろんでいるのか, 何が目的なのか. **b** 〔人を〕目指して言う, 〔…に〕当てつける 〔*at*〕: She was ～*ing at* me. 私に当てつけていた. **2** 〈…しようと〉志す, 目指す, 努める (try); 〈…する〉つもりである (intend) 〈*at doing, to do*〉: ～ *at pleasing* [*to please*] a person 人の気に入ろうと努める / We *Aim* To Please! お客さまの喜ぶ顔がわが社の願い / I ～ *at* being [*to* be] there by seven. 向こうに 7 時までに行っているつもりだ. **3** 狙いを定める[つける], 狙う, 照準する 〔*at*〕: ～ *at* a target (*with* a gun) (銃で)的を狙う / fire without ～*ing* 狙いをつけずに発射する / Ready, ～, fire! [号令] 用意, 狙え, 発射. **4** 《廃》 推測[憶測]する.
áim hígh [***lów***] (1) 高く[低く]狙う. (2) 希望が高い[低い].
— *n.* **1** 目的 (purpose), 志, 意図 (⇨ intention SYN): the ～(*s*) of language learning 言語学習の目的 / one's (main [only, one, sole]) ～ *in* life 人生の(主な[唯一の])目的 / have no ～ *in* life 人生に目的を持たない / the ～ and end [purpose] of … の究極の目的 / without ～ 目的なく, 漫然と / with the ～ of do*ing* …する目的で, するために / achieve [attain] one's ～ 目的を達する / My ～ *in going* there was to see a friend. そこへ行ったのは友人に会うためだった. **2 a** 狙い, 照準, 見当 (aiming): take ～ at …を狙う / miss one's ～ 狙い[見当]がはずれる. **b** 的に当てる腕前: His ～ is deadly. 彼は百発必中の腕前である. **c** (兵器の)有効性[精度]. **3** 目標, 目的物 (object). **4** 《廃》 推測, 憶測.
〘v.: (c1303) *a*(*i*)*me*(*n*) □ OF *amer, esmer* < L *aestimāre* 'to ESTIMATE' & OF *aesmer* < L **adaestimāre* ← AD-＋*aestimāre*. — n.: (c1325) ← (v.)〙
AIM /éɪm/ 《略》〘英証券〙 Alternative Investment Market 代替投資市場; American Indian Movement アメリカインディアン運動 (1968 年組織).
áim·ing *n., adj.* 狙い(の), 照準(の): ～ drill 照準演習. 〘(1587) ← AIM＋-ING[1]〙
áiming pòint *n.* 〘射撃〙 照準点. 〘1587〙
áiming stàke [**pòst**] *n.* 〘射撃〙 標桿 《射撃角度と方向を修正するための補助照準点に用いる小さな棒》.
áim·less /éɪmlɪ̣s/ *adj.* (これという)目的のない, 目当てのない, 漫然とした; 定見のない. **～·ly** *adv.* **～·ness** *n.* 〘(1627) ← AIM＋-LESS〙
ain[1] /éɪn/ *adj.* **1** 《英方言》 =one. **2** 《スコット》 =own. 〘□ ? ON *eiginn* 'OWN'〙
a·in[2] /áɪɪ̣n | áɪɪn/ *n.* =ayin.
Ain /ǽ(ŋ), æŋ; *F.* ɛ̃/ *n.* アン(県) 《フランス東部の県; 面積 5,826 km², 県都 Bourg /buʁk/》.
aince /éɪns/ *adv.* 《スコット》 =once. 〘《北部方言》 *anes*〙
aî·né /eɪnéɪ; *F.* ɛne/ *F. adj.* 〈男子が〉(兄弟中で)年上の, 年長の (elder); 最年長の (eldest) (cf. cadet[2]): Coquelin ～ 兄のコクラン. 〘(1792) □ F ～ 'elder' ← OF *ains* before＋*né* born〙
aî·née /eɪnéɪ; *F.* ɛne/ *F. adj.* 〈女子が〉(姉妹中で)年上の, 年長の (elder); 最年長の (eldest). 〘□ F ～ (fem.) ← (↑)〙
ai·nhum /áɪnjuːm, éɪnhʌm; *Port.* aiɲú/ *n.* 〘病理〙 特発性指趾離断症 《熱帯地方の黒人に多い原因不明の疾患》. 〘□ Port. ～ □ Yoruba *eyun*〙
Ai·no /áɪnoʊ | -nəʊ/ *n.* (*pl.* **～s**), *adj.* =Ainu.
Ains·worth /éɪnzwə(ː)θ | -wə(ː)θ/, **Wil·liam Harrison** *n.* エインズワス (1805–82; 英国の歴史小説家; *The Tower of London* (1840)).
ain't /éɪnt/ **1** are not, am not, is not の縮約形. ★ 今は無学の人または《方言》の用法; ただし《米口語》では特に ain't I の形は教養ある人も用いる (cf. an't 4, amn't, not 1 a): You ～ going. / I'm going too, ～ I? **2** have not, has not の縮約形 《非標準的な語》: I ～ seen him. / He ～ got it. 〘(1778) 《短縮》 ← *are not*, etc.〙
Ain·tab /aɪntǽb/ *n.* アインタブ 《Gaziantep の旧名》.
Ain·tree /éɪntri/ *n.* エイントリー 《イングランド Liverpool 市北方の村; Grand National の催される競馬場がある》. 〘ME *Ayntre* ← ON *eintré* lonely tree〙
Ai·nu /áɪnuː/ *n.* (*pl.* ～, **～s**) **1 a** [the ～(s)] アイヌ族. **b** アイヌ人; アイヌ系日本人. **2** アイヌ語. **—** *adj.* アイヌ(族)の; アイヌ系日本人の; アイヌ語の. 〘(1819) □ Ainu ～ 《原義》 man〙
ai·o·li /aɪóʊli, eɪ- | -ə́ʊ-/ *n.* (*also* **aï·o·li**) アイオリ 《すりつ

ふしたニンニクに, 卵黄・オリーブ油を加えたマヨネーズ状のソース; ゆで煮の魚・野菜, 冷製の肉などに用いる). 〖(c1900) □ Prov. ～ ← ai garlic (< L allium)+oli 'OIL'〗

air[1] /ɛ́ə | ɛ́ə(r/ *n.* **1 a** 空気 (atmosphere); 気: fresh [foul, bad] ～ 新鮮な[汚れた]空気 / go out for [get] a breath of fresh ～ 新鮮な空気を吸いに外に出る[吸う] / You're (like) a breath of fresh ～. 君は涼気のごとく爽やかだ / upper [lower] ～ 上層[下層]の空気 / ⇨ hot air / a change of ～ ⇨ change *n.* 3 b / live on ～ 何も食べずにいる, 霞(かすみ)を食べて生きている / (as) light as ～ (空気のように)非常に軽い. **b** 圧縮空気 (compressed air). **c** =air conditioning. **2** そよ風, 微風 (breeze): a slight ～そよ風. **3** [the ～] **a** 大気; 外気; 空(そら), 空中, 宙: the birds of *the* ～ 空飛ぶ鳥 / in *the* open ～ 戸外[野外]で (⇨ open air) / fly high up into *the* ～ 空高く[はるか上空に]飛んで行く / Birds fly through *the* ～. 鳥は空を飛ぶ / ⇨ BEAT[1] *the air*. **b** (航空の場としての)空, 空中; 空軍(力): command [mastery] of *the* ～ 制空権 / by ～ ⇨ 成句. **c** (電波の媒体としての)大気; ラジオ[テレビ](による放送): ⇨ *off the* AIR, *on the* AIR. **4** (人の)様子, 風(ふう), 態度; (事物の)様子, 雰囲気, 感じ: with a proud ～ 得意然として / have an ～ of impudence [an impudent ～] 厚かましい態度だ / There was an ～ of gloom about the place. その場所は陰気くさい感じがした. 〖(1597): cf. OF *aire* place, disposition〗 **5 a** 自信のありそうな態度: with an ～ 自信ありそうに, もったいぶって. **b** [*pl.*] とりすました様子, 気取り (⇨ pose SYN): ～*s* and graces おつにすました態度, 上品振り / assume [put on] ～*s* 気取る / give oneself ～*s* 気取る, 威張る. **6** 流布, 公表: give ～ to one's view 見解を公にする. **7** 〖音楽〗 **a** (高音域の流麗な)旋律 (⇨ melody SYN); 多声曲の主要部 (通例合唱曲のソプラノ声部); アリア (aria); ふし, 曲 (tune): ⇨ national air / sing an ～ 一曲歌う. **b** エア (16 世紀末の英国の歌曲の一形式). **8** エア: **a** 〖アメフト〗フォワードパスを主体とした攻撃. **b** スノーボードによる空中ジャンプ. **9** (古代哲学で, 四大 (four elements) の一つとしての)空気 (cf. earth 12). **10** 〈古〉息, 呼吸 (breath).

by áir (1) 飛行機で, 空路 (by airplane) (cf. *by* STEAM, *by* WATER); 航空便で (by airmail). (2) 無線で. ***cléar the áir*** ⇨ clear 成句. ***fán the áir*** (1) 空を切る. (2) 〖野球〗三振する. ***gèt áir*** 〈事が〉知れ渡る, 流布する. ***gét the áir*** 《米俗》 (1) (…から)首にされる (be dismissed). (2) (恋人などに)捨てられる (be rejected). ***give the áir*** 《米俗》 (1) 首にする (dismiss). (2) 〈恋人などを〉捨てる (reject). ***in the áir*** (1) 空中に[で]: Birds fly *in the* ～. 鳥は空を飛ぶ. (2) 〈雰囲気など〉漂って, 気配がして: Gaiety was *in the* ～. 陽気な気分が漂っていた / War was *in the* ～ again. またもや戦争の気配がした. (3) 〈うわさなど〉広まって: There are rumors *in the* ～ that …というううわさが立っている / It is *in the* ～ that he is going to resign. 辞職するというううわさがある. (4) 〈計画・考えなど〉漠然として, 未(決)定で; 〈人が〉宙に迷って, 戸惑って: The plan is still (*up*) *in the* ～. 計画はまだ海のものとも山のものともつかない / The whole thing has just been left (hanging) *in the* ～. 何もかも未決のままだ. (5) 〖軍事〗〈部隊など〉敵にさらされて, 無防備で (敵の側面攻撃・迂回作戦などを防ぐ川・山・築城などの防護物がない状態にいう). ***òff (the) áir*** (1) 放送されて[して]いない, 放送をやめて: go *off (the)* ～ 放送をやめる. (2) 〖電算〗作動していない. ***òn (the) áir*** (1) 放送して[されて], 放送中で: go *on (the)* ～ 放送する[される] / send [put] (out) *on (the)* ～ 〈番組などを〉放送する / *On (the)* ～. 〖掲示〗放送中 / The show, will be *on (the)* ～ at 7 p.m. その番組は 7 時から放送される. (2) 〖電算〗作動中で. ***òut of thin áir*** (1) 無から, 何の根拠[先例]もなしに. (2) どこからともなく, 不意に: appear *out of thin* ～. ***òver the áir*** 放送で[によって]. ***sáw the áir*** (1) 手を上下[前後]に動かす[振る] (cf. Shak., *Hamlet* 3. 2. 5). (2) 《俗》〖野球〗空振りする. ***tàke the áir*** (1) 外気に当たる, 外に出る, 散歩する, ドライブに出かける. (2) 〖航空〗離陸する (take off); 飛行する. (3) 《米》放送を始める. (4) 《米俗》逃げ出す. ***táke to the áir*** 飛行家になる. ***ùp in the áir*** (1) 上空に: high *up in the* ～. (2) ⇨ *in the* AIR (4). (3) 《俗》興奮して, 怒って 〔*about*〕: go *up in the* ～ 興奮する, 怒る. (4) 《米俗》〈俳優が〉せりふを忘れて: go *up in the* ～ せりふを忘れる. ***vánish [disappéar, mélt] into thín áir*** 完全に姿をくらます[消え失せる] (cf. Shak., *Tempest* 4. 1. 148–50). ***wálk [tréad, flóat] on áir*** うきうきしている, 有頂天になっている.

— *adj.* [限定的] **1** 空気の[を用いる]: an ～ bubble 気泡 / an ～ drill エア[空気]ドリル / an ～ pipe 空気[通気]管 / an ～ pillow 空気まくら. **2** 空の, 空中の; 飛行機の[による]; 航空の: an ～ accident 飛行機[航空]事故 / an ～ attack [strike] 空襲 / an ～ map 航空地図 / an ～ mine=aerial mine / ～ photography 航空写真術 / an ～ pilot 飛行士 / an ～ ticket 航空券 / ～ travel 空[航空機]の旅行 / an ～ trip 空の旅.

— *vt.* **1** 《米》〈番組を〉放送する (broadcast): ～ a commercial. **2 a** 〈意見・不平などを〉吹聴する, ぶちまける (cf. vent): ～ grievances [differences, opinions] 不平[意見の食い違い, 見解]を吐露する. **b** 〈問題などを〉公開[暴露]する, 周知させる. **c** 〈服などを〉(着て)見せびらかす (show off). **3 a** 空気にさらす, 風に当てる, 干す 〈*out*〉; (熱に当てて)乾かす, …の湿りを取る: ～ clothes, linen, sheets, washing, etc. **b** [～ *oneself* で] 外気に当たる, 散歩する (go out). **c** 〈動物を〉(運動のために)戸外に連れ出す: ～ a dog. **4** …に風を入れる[通す] (ventilate) 〈*out*〉: ～ a room. — *vi.* **1** 《米》放送[放映]される (get broadcast): The commercial will ～ next week. そのコマーシャルは来週放送[放映]される. **2** 〈衣服などが〉(干されて)乾く: hang out clothes to ～ 着物をつるして乾かす. **3** 〈古〉外気に当たる, 散歩する.

〖n.: (?a1200) *aire, eir* □ (O)F *air* < L *āerem* air □ Gk *āḗr* lower air (surrounding the earth) ← ? IE *(*a*)*wer-* to raise. — v.: (1530) ← (n.)〗

air[2] /ɛ́ə | ɛ́ə(r/ *adv., adj.* 《スコット》 **1** =before. **2** =early. 〖(c1200) *air(e), ar(e)* < OE *ǣr*: cf. ere〗

AIR 《略》All India Radio; American Institute of Refrigeration.

A·ïr /ɑ́ːɪə | -ɪə(r; *F.* aiʁ/ *n.* アイア (ニジェール中北部 Sahara 砂漠の山地; かつて王国が栄えた; Asben, Azbine ともいう).

áir alèrt *n.* **1** 対空警戒(警報[期間, 態勢]). **2** (戦闘機が滞空して敵の空襲に備える)空中待機. 〖1941〗

áir àmbulance *n.* 傷病者輸送機. 〖1921〗

áir àrm *n.* 航空隊, 航空兵科; (一国の)空軍. 〖1917〗

áir attaché *n.* 大[公]使館付き空軍武官.

áir bàg *n.* **1** 〖自動車〗エアバッグ. **2** (空気でふくらました)空気袋. 〖c1884〗

áir ballòon *n.* =balloon 1, 2. 〖1784〗

áir·bànd *n.* エアバンド (航空機による無線通信に割り当てられた周波数帯).

áir bàse *n.* 航空基地, 空軍基地 (air station). 〖1915〗

áir bàth *n.* **1** (健康のための)空気浴, 外気浴. **2** 通風乾燥器. 〖1791〗

áir bàttery *n.* 〖電気〗空気電池.

áir bèaring *n.* 〖機械〗空気軸受け (軸と軸受けとの間隙(かんげき)に圧縮空気を圧入し, 空気の圧力で軸を支える軸受け).

áir bèd *n.* 空気ベッド (⇨ air mattress). 〖1859〗

áir bèll *n.* **1** 小気泡. **2** 〖写真〗気泡むら (ネガやプリントの現像処理中に付いた気泡のため生ずるむら). **3** 〖ガラス製造〗折込み泡 (ガラスを吹いて成形しているときにできる気泡で, 時に装飾の要素として残すことがある). 〖(1815): ⇨ bell[1] (n. 3)〗

áir bènds *n. pl.* [単数または複数扱い] 〖病理〗航空塞栓(そくせん)症 (the bends ともいう).

áir·bìll *n.* 〖商業〗=air waybill.

áir blàdder *n.* **1** 気胞. **2** 〖魚類〗(魚の)浮袋 (swim bladder). **3** 〖植物〗(ある種の海藻の)気胞, 浮袋. 〖1731〗

áir blàst *n.* 空気ブラスト, 衝風(装置). 〖1889〗

áir-blàst círcuit brèaker *n.* 〖電気〗空気遮断器 (空気を吹きつけてアークを消す遮断器).

áir blúe *n.* 青緑色 (azurite blue). 〖1890〗

áir·bòat *n.* **1** =seaplane. **2** エアボート, プロペラ船 (《米》swamp boat) (川などを遡航するための, 飛行機のプロペラを装備した喫水の浅いボート). 〖1870〗

áir·borne /ɛ́əbɔ̀ən | ɛ́əbɔ̀ːn/ *adj.* **1 a** 空輸の, 空挺の; 機上搭載の: ～ troops 空輸[空挺]部隊 / an ～ computer 機上計算機. **b** 〈飛行機が〉離陸した, 空中に浮かんだ. **2** 〈花粉など〉風[空気]で運ばれる: ～ dust, seeds, etc. 〖1641〗

áir-bòund *adj.* 〈水管など〉空気で詰まった.

áir bràke *n.* **1** 空気ブレーキ, 空気制動機, エアブレーキ. **2** 〖航空〗エアブレーキ (dive brake) (飛行機の翼や胴体に立てる抵抗板). **3** エアブレーキ (オルゴールなどに使われる回転速度の最も簡単な制御装置). 〖1871〗

áir·bra·sive /ɛ́əbrèɪsɪv, -zɪv | ɛ́ə-/ 〖歯科〗 *n.* エアブレーシブ (砂やアルミナなどの微粉を高速気流で吹き付け歯の切削を行う装置). — *adj.* エアブレーシブを用いる. 〖(1945) ← AIR[1]+(A)BRASIVE〗

áir·brèathe *vi.* 〈レシプロ・ジェットエンジンなどが〉(燃料燃焼のため)吸気する. 〖cf. *air-breathing* (1964)〗

áir-brèather *n.* (航空機・潜水艦などの)吸気式エンジン.

áir·brìck *n.* 〖建築〗《英》通風[有孔]れんが. 〖1884〗

áir brìdge *n.* **1** 《英》(空港の)搭乗橋 (《米》Jetway). **2** 〖航空〗空のかけはし (航空機を利用して二つ以上の地点を結ぶ輸送路). 〖1939〗

áir·brùsh *n.* エアブラシ (圧縮空気で塗料・インクを吹き付け絵を描いたり写真を修整する器具). — *vt.* **1** …にエアブラシをかける; 〈模様などを〉エアブラシで入れる[描く]. **2** 〖写真〗〈画面を〉エアブラシで修整する; エアブラシで消す 〈*out*〉. 〖1889〗

áir bùmp *n.* (エアポケットの)上昇気流.

áir·bùrst *n.* (爆弾・砲弾の)空中破裂[爆発]. — *vt., vi.* (…に)空中破裂[爆発]を起こさせる[起こす]. 〖1917〗

áir·bùs *n.* エアバス (近・中距離用の広胴型ジェット旅客機). 〖1945〗

áir càrgo *n.* 〖航空〗航空貨物; 空輸便: by ～. 〖1972〗

áir càrrier *n.* **1** 航空会社 (airline). **2** (航空会社の用いる)航空機. **3** =aircraft carrier. 〖1920〗

áir càsing *n.* 〖機械〗空気ケーシング, 空気壁, 防熱被覆.

áir càstle *n.* 空中楼閣 (castle in the air). 〖1795〗

áir càv /-kæ̀v/ *n.* 〖軍事〗=air cavalry.

áir càvalry *n.* 〖軍事〗 **1** (偵察・警戒などに任じる)ヘリコプター武装偵察隊. **2** (戦闘地域に空輸される)空挺機動部隊. 〖1917〗

áir cèll *n.* **1** 〖解剖〗=alveolus 3 b. **2** 〖植物〗気腔(きこう). **3** 〖電気〗空気電池 (減極剤として空気中の酸素を用いた一次電池). 〖1843〗

áir chàmber *n.* **1** 〖機械〗(水圧装置の)空気室. **2** 〖植物〗(細胞内の)気腔(きこう); (水草の)細胞間隙(かんげき). **3** 〖動物〗(鳥類の卵の)気室. 〖1884〗

áir chàrt *n.* 〖航空〗航空図. 〖1951〗

áir·chèck *n.* (ラジオ放送音楽などの)録音, エアチェック.

áir chìef márshal *n.* 《英》空軍大将 (cf. air marshal, air vice-marshal). 〖1919〗

áir círcuit brèaker *n.* 〖電気〗気中遮断器. 〖1958〗

áir clèaner *n.* 空気浄化[清浄]器, エアクリーナー (air filter ともいう). 〖1962〗

áir còach *n.* (列車の普通客車に相当する)低料金旅客機. 〖1949〗

áir còck *n.* 〖機械〗空気コック, 空気弁. 〖1800〗

áir commànd *n.* 〖米空軍〗航空軍集団, 航空総軍 (米空軍の最高編成区分で 2 個以上の air force (航空軍) から成る; air force は 2 個以上の air division (航空師団), air division は 2 個以上の wing (航空団)から成る). 〖1821〗

áir cómmodore *n.* 《英》空軍准将. 〖1919〗

áir comprèssor *n.* 〖機械〗空気圧縮機, エアコンプレッサー. 〖1874〗

áir còn *n.* =air conditioning.

áir condènser *n.* 空冷コンデンサー (熱せられた蒸気やガスを空気によって冷却し液化する装置). 〖1878〗

áir-condìtion *vt.* **1** 〈部屋・建物などに〉空気調節装置を施す, 冷暖房装置を取り付ける. **2** 〈部屋・建物など(の空気)を〉エアコンで調節する. 〖(1933) (逆成) ← AIR CONDITIONING〗

áir-condìtioned *adj.* 〈部屋・建物など〉空気調節を施した, 冷暖房のある: an ～ bus. 〖1933〗

áir condìtioner *n.* 空気調節装置[器], エアコンディショナー, エアコン. 〖1935〗

áir condìtioning *n.* **1** 空気調和[調節], エアコンディショニング, 冷(暖)房. **2** 空気調和[調節]装置. 〖1909〗

áir condùction *n.* 〖生理〗気導, 空気伝導 (音波の外聴道経由による内耳への伝導作用; cf. bone conduction). 〖1974〗

áir consìgnment nòte *n.* 《英》〖商業〗=air waybill.

áir contròl *n.* **1** 航空優勢. **2** 航空管制. 〖1915〗

áir contròller *n.* 航空管制官.

áir-còol *vt.* **1** 〈エンジンなどを〉空冷する, 空冷式にする (cf. water-cool). **2 a** …に冷房装置を施す (air-condition). **b** 〈部屋などを〉空気を入れて涼しくする. 〖(1977) (逆成) ← AIR-COOLED // AIR COOLING〗

áir-còoled *adj.* 空冷式の; 冷房装置をした. 〖1899〗

áir-còoler *n.* 空気冷却器, 空冷装置. 〖a1875〗

áir còoling *n.* 空気冷却, 空冷. 〖1865〗

áir-còre *adj.* 〖電気〗〈コイル・トランスなど〉空心の, 空心コイル付きの: an ～ coil 空心コイル. 〖1894〗

Áir Còrps *n.* 《米》(第二次大戦前の)陸軍航空隊.

áir còrridor *n.* 〖航空〗国際空中回廊 (国際協定によって設立された航空路).

áir còurse *n.* **1** 〖海事〗(木造船の肋骨の間の)空気路, 通風路. **2** 〖鉱山〗=airway 4. 〖1882〗

áir còver *n.* 〖空軍〗 **1** 上空[空中]援護. **2** 上空援護飛行隊 (air umbrella [support] ともいう; cf. umbrella 5 a). 〖1942〗

áir·craft /ɛ́əkræ̀ft | ɛ́əkrɑ̀ːft/ *n.* (*pl.* ～) 航空機 (飛行機・グライダー・ヘリコプターなど重航空機と, また時に飛行船・気球など軽航空機の総称): by ～. 〖1850〗

áircraft càrrier *n.* 航空母艦, 空母 (airplane carrier). 〖1919〗

áircraft clòth *n.* =airplane cloth.

áircraft ègine *n.* =aeroengine. 〖1928〗

áircraft fàbric *n.* =airplane cloth.

áircraft·man /-mən/ *n.* (*pl.* **-men** /-mən/) 〖英空軍〗空軍二等兵 (英空軍最下位の階級; 略 AC, A/C). 〖1921〗

áircraft mechànic *n.* 飛行機技術者[整備士].

áircraft obsèrver *n.* 〖米空軍〗航空特技搭乗員 (⇨ observer 7).

áircrafts·man /-mən/ *n.* (*pl.* **-men** /-mən/) 《英》aircraftman の非公式名. 〖1920〗

áircraft stàtion *n.* 〖通信〗航空機局, 機上(無線)局 (cf. aeronautical station, land station).

áircrafts·wòman *n.* 《英》aircraftwoman の非公式名.

áircraft tènder *n.* 〖海軍〗航空機支援船, 飛行機運搬船 (飛行機を運搬する武装していない軍用船).

áircraft·wòman *n.* (*pl.* **-women** /-wìmən/) 〖英空軍〗空軍二等兵 (英空軍最下位の婦人隊員の階級; 略 ACW). 〖1942〗

áir·crèw *n.* [集合的] 航空機乗務員. 〖1921〗

áircrew·man /-mən/ *n.* (*pl.* **-men** /-mən/) (通例操縦士など以外の)航空機乗務員.

áir-cùre *vt.* 〈たばこの葉などを〉空気にさらす. 〖(1876) (なぞり) ← G *Luftkur*: ⇨ air[1], cure〗

áir cùrrent *n.* 気流 (current of air). 〖1880〗

áir cùrtain *n.* 〖建築〗エアカーテン (気流を吹いて室内の調節した空気を外気から遮断する装置).

áir cùshion *n.* **1** 空気クッション (空気まくらなど). **2** 〖機械〗空気クッション[緩衝装置] (air spring). 〖1923〗

áir-cùshion vèhicle *n.* 〖航空〗エアクッションビークル, ホバークラフト (略 ACV; ⇨ ground-effect machine). 〖1962〗

áir cỳlinder *n.* **1** 〖機械〗空気シリンダー (内壁に沿って滑り動くピストンをもち, 内部に空気を封入した円筒; 空気の圧力を制御してピストンを動かす). **2** 〖砲術〗(砲の後座を防ぐ)空気筒, 空気シリンダー. 〖1835〗

áir dàm *n.* エアダム (自動車・飛行機の空気抵抗を減じ, 車体[機体]を安定させるための装置). 〖1965〗

áir-dànce 《英俗》空中踊り, つるし首.

A

áir·dàsh *vi.* 飛行機で駆けつける.〘1973〙
áir·dàte *n.* 放送(予定)日.〘1971〙
áir defènse *n.* 防空.〘1944〙
Áir Dèrby *n.* 飛行大会 (cf. Derby² 3).〘1914〙
áir dìscharge *n.*〘気象〙空中放電.
áir divìsion *n.*〘米空軍〙航空師団 (cf. air command).
áir dòor *n.*〘建築〙=air curtain.
áir dràin *n.*〘建築〙通気渠(きょ), 空堀(からぼり)《地下室の外壁に沿って掘った採光・通風・防湿のための空間》.〘1843〙
áir dràinage *n.*〘気象〙=aerial drainage.〘1944〙
Air·drie /ɛ́ədri | ɛ́ə-/ *n.* エアドリー《スコットランド Glasgow 東方の都市》.〘□? Gael. *Ardruigh* high reach [slope]〙
air·drome /ɛ́ədròum | ɛ́ədrəum/ *n.*《米》(十分な設備のある)飛行場, 空港《今は airport が普通》.〘(1917): ⇨ -drome〙
áir·dròp *n.* (落下傘による人員の)空中降下; (落下傘による補給品・宣伝用パンフレットなどの)空中投下. — *vt.* 〈補給品などを〉(飛行機から)落下傘で落とす, 空中投下する; 〈人員を〉空中降下させる. — *vi.* 〈部隊などが〉空中降下する. **~·pa·ble** *adj.*〘1951〙
áir-drỳ *vt.* 空気乾燥する. — *adj.* 空気乾燥した, 完全に乾いた. **áir-dríed** *adj.*〘1856〙
áir dùct *n.*〘建築〙エアダクト, 風道, 風路, 空気路, 給気管.〘1870〙
Aire /ɛ́ə | ɛ́ə(r)/ *n.* [the ~] エア(川)《Pennines 山脈に発し, Ouse 川に合流するイングランド北部の川 (113 km)》.
Áire·dale térrier /ɛ́ədeɪl- | ɛ́ə-/ *n.* エアデールテリア《Aire 川の流域の小さな獲物をとるために育てられたイヌ; 単に Airedale ともいう》.〘(1880) *Airedale* はイングランド北東部, North Yorkshire 州の地名〙
áir èddy *n.* 気流の渦.〘1851〙
áir edition *n.* =airmail edition.〘1944〙
áir ejèctor *n.*〘機械〙空気エゼクター《蒸気コンデンサー内の空気その他のガスを排除する装置》.
áir èmbolism *n.*〘病理〙=aeroembolism.〘1890〙
áir èngine *n.*〘機械〙空気機関.〘1873〙
áir-entràined cóncrete *n.* 気泡混入コンクリート, AE コンクリート《道路建設などに用いる》.
áir equìvalent *n.*〘物理〙空気等価《ある物質の放射線に対する吸収効率を, 同等の放射線を吸収する常温 1 気圧の空気の層の厚さで表したもの》.
air·er /ɛ́(ə)rə | ɛ́ərə(r)/ *n.* **1 a** 乾燥装置. **b**《英》物干し器. **2** (自分の意見などを)吹聴する人.〘1775〙
áir exprèss *n.*《米》(小荷物の)空輸(業); [集合的] 航空特急便; (小荷物)空輸料金.〘□F ~〙
áir·fàre *n.* 航空料金[運賃].
áir fèrry *n.* =air transport 1.〘1916〙
áir·fìeld *n.* 飛行場; (空港の)離着陸場.〘1927〙
áir·fìght *n.* 空中戦.〘1784〙
áir fìlter *n.* =air cleaner.〘1861〙
áir flèet *n.*〘空軍〙航空機隊, 航空艦隊; [集合的] (一国の)空軍機.〘1946〙
áir·flòw *n.* (航空機や自動車の引き起こす)気流. — *adj.* **1** 空気が自由に流通できる. **2** 流線型の.〘1911〙
áir flùe *n.*〘機械〙煙道(高温の空気を通す管または通路).〘1813〙
áir·fòil *n.*《米》**1**〘航空〙翼, 翼型 (aerofoil). **2** 車体[船体]を安定させるための翼, 翼型 (spoiler)《翼の断面形》.〘(1922): ⇨ foil²〙
áir fòrce *n.* **1** 空軍: the Royal *Air Force* 英国空軍 / the United States *Air Force* 米国空軍. **2 a**〘米空軍〙航空軍(cf. air command). **b**《米》航空軍《かつての Army Air Forces を編成した最大の単位》. **áir-force** *adj.*〘1917〙
Áir Fòrce Acàdemy *n.* (米国の)空軍士官学校《Colorado 州 Colorado Springs に 1954 年設立》.〘1969〙
Áir Fòrce Cróss *n.* (英国の)空軍十字章《略 AFC; cf. Distinguished Flying Cross》.〘1918〙
Áir Fòrce Dày *n.* (米国の)空軍記念日《9 月 18 日》.
Áir Fòrce Óne *n.* (米国の)大統領専用機, エアフォースワン《空軍に所属》.〘1967〙
áir·fràme *n.* (飛行機・ロケットなどのエンジン・制御装置・電子装置などを除いた)機体.〘1931〙
áir·fràmer *n.*《口語》航空機設計士[製作者].
Áir Fránce /ɛ̀əfrǽns, -frɑ́:ns | -frɑ́:ns; *F.* ɛʀfʀɑ̃:s/ *n.* エールフランス, フランス航空.〘(1963) =F ~〙
áir·frèight *n.* 貨物空輸(業); [集合的] 航空貨物; 貨物空輸料金: by ~. — *vt.* 航空貨物で送る.〘1929〙
áir·frèighter *n.* 貨物輸送機[業者].
áir frèshener *n.* (部屋の)芳香剤, 消臭スプレー.〘1949〙
áir-fùeling *n.*〘航空〙空中給油.
áir gàp *n.* **1**〘電気〙エアギャップ, 空隙(くうげき)《放電のときの間隙(かんげき), 磁極間の間隙など》. **2**〘地理〙風隙(ふうげき) (wind gap).〘1848〙
áir gàs *n.*〘化学〙**1** 空気ガス《空気に可燃性蒸気を混合した気体》. **2** 発生炉ガス (producer gas).〘1873〙
áir gàuge *n.* 気圧計.〘1841〙
áir·glòw *n.*〘気象〙大気光《中・低緯度地方の上空に見られる発光現象; cf. nightglow》.〘*c*1950〙
áir·gràph, A- /-grǽf | -grɑ̀:f, -grǽf/《英》*n.* 航空縮写郵便《書面類を縮写して空輸する; cf. V-mail》. — *vt.* 航空縮写便で送る.〘(1941) ← AIR¹+(TELE)GRAPH〙
áir guitàr *n.*《米俗》(実際の音楽に合わせて演奏のまねをして弾く)空弾きギター.
áir gùn *n.* **1** 空気銃. **2**〘機械〙=air hammer. **3** =airbrush. **4** (殺虫剤をまく)エアスプレー. **5** (ホット)エアガン (hot-air gun)《ノズルから熱風を噴出させることで金属面に塗られた塗料をはがす器具》.〘1953〙
áir gùnner *n.*〘空軍〙=aerial gunner.〘1941〙
áir hàll エアホール《屋外プール・テニスコートなどに設置するプラスチック製のドーム》.
áir hàmmer *n.*〘機械〙空気ハンマー, エアハンマー《圧縮空気の圧力でピストンとハンマーを連動させる機械; pneumatic hammer ともいう》.〘1908〙
áir hàrbor *n.*〘航空〙水上機発着場.
áir-hàrdening *adj.*〘冶金〙気硬性の, 自硬性の (self-hardening): ~ cement 気硬セメント (cf. oil hardening).〘1906〙
áir-hardening stéel *n.*〘冶金〙自硬鋼, 空気焼入鋼《self-hardening steel ともいう》.
áir·hèad *n.*〘空軍〙**1** 空挺堡(くうていほ)《落下傘部隊の獲得した敵地; cf. beachhead 1, bridgehead 1, railhead》. **2** 空輸末地, 航空軍需補給基地. **3**《俗》ばか, まぬけ, あほう.〘1839〙
áir hòist *n.*〘機械〙空気ホイスト《圧縮空気を用いた巻揚げ装置》.
áir hòle *n.* **1** 通風坑, 空気孔, 風孔(かざあな), 風窓. **2** (川・湖などの結氷面の)空気穴. **3**〘航空〙=air pocket. **4** (鋳物の)気泡, 巣 (blowhole).〘1766〙
áir·hòp《米俗》*vi.* 飛行機で小旅行する. — *n.* (飛行機での)小旅行.
áir hòrn *n.* 気笛, エアホーン.〘1971〙
áir hòstess *n.*《英》(旅客機の)スチュワーデス, エアホステス (cf. flight attendant).〘1934〙
áir·hòuse *n.* エアハウス《塩化ポリビニルでコーティングした, 空気圧で立つ一時的な工事用ビニールハウス; cf. pneumatic architecture》.
air·i·ly /ɛ́(ə)rəli | ɛ́ərɪ̀li/ *adv.* **1** 軽快に, 軽やかに; 微妙に. **2** 陽気に, うわついて, うきうきして, 上っ調子に. **3**《古》空高く.〘(1797) ← AIRY+-LY¹〙
air·i·ness /ɛ́(ə)rinɪ̀s | ɛ́ər-/ *n.* **1** 風通しのよさ, 空気の流通のよさ. **2** 軽快さ; 陽気, 快活; 上っ調子. **3** むなしさ, 空虚.〘1674〙
air·ing /ɛ́(ə)rɪŋ | ɛ́ər-/ *n.* **1** 空気[熱気]にさらすこと, 風に当てて干すこと: give clothes an ~ 衣服を虫干しする / give rooms an ~ 部屋に風を通す. **2** 外気に当たること; 散歩, ドライブ, 戸外運動: take an ~. **3 a** (意見などの)吹聴: give one's ideas a good ~ 考えを存分にぶちまける. **b** (問題などの)公開, 暴露: get an ~ 〈意見・恨み・相違などが〉公表される, 公に討論される. **4**《米》ラジオ[テレビ]放送.〘*c*1606〙
áiring cùpboard *n.*《英》(衣類などを熱で乾かすための)乾燥用戸棚.〘1917〙
áir injèction *n.*〘機械〙空気噴射《圧縮空気によりディーゼル機関燃焼室へ燃料を噴霧する方式; cf. solid injection》.〘1961〙
áir insulàtion *n.*〘電気〙空気絶縁《空気を絶縁物とする方法》.
áir intake *n.*〘航空〙空気取入れ口 (intake); 空気取入れ量, 吸気量.〘1918〙
áir jàcket *n.* **1**《英》=life jacket. **2**〘機械〙空気ジャケット《熱の伝導を防ぐ; cf. water jacket》.〘1909〙
áir kìss *n.* (口をすぼめた) キスのまね《電話口などでする》.
áir-kìss *vt., vi.*〘1985〙
áir-lànce *vt.*〘機械〙空気噴射で除去する.
áir lànce *n.*〘機械〙空気噴射用ノズル.
áir làne *n.*〘航空〙航空路 (airway).〘*c*1910〙
áir-làunch *vt.* (飛行機などから)空中発射をする.
áir làyering *n.*〘園芸〙高(揚)取り法《取り木法の一つ; 枝を地表まで下ろさずに粘土や水ごけなどで包み発根させ, 苗木とする》.〘1900〙
áir·less *adj.* **1** 空気のない. **2** 風のない; 静かな (still). **3** 風通しの悪い, むんむんする (stuffy): an ~ room. **~·ness** *n.*〘1601〙
áir lètter *n.* **1** 航空郵便《手紙》; 航空郵便用の軽い書簡紙. **2** 航空書簡 (aerogram).〘1920〙
áir·lìft *n.* **1** (緊急時などの)空輸, 空中補給: an ~ of troops [relief goods] 軍隊[救援物資]の空輸. **2** 空輸貨物; 空輸人員; 空輸搭載量《人員・貨物の総重量》. **3** 空中補給路. — *vt.* 〈貨物・人員を〉空輸する〔*to*〕.〘1945〙
áir-lift pùmp *n.* (液体の)空気揚水[気泡]ポンプ, エアリフトポンプ.
áir·line /ɛ́əlàɪn | ɛ́ə-/ *n.* **1 a** 定期航空; 定期航空路, 航空路. **b** [しばしば *pl.*; 単数扱い] 航空会社. **2**〘機械〙空気補給管, 空気パイプ. **3**《米》一直線, 直線距離 (beeline). — *adj.* airline の.〘1813〙
áir lìne *n.* =airline 3.
áir·lìner *n.* (大型の)定期航空機, 定期旅客機: a London-to-Paris ~.
áir·lòad *n.* (航空機の)総積載重量《乗員・燃料を含む》.
áir·lòck *n.* **1**〘土木〙エアロック, 気閘(きこう)《圧縮空気の中で工事をするとき, 高圧部と外部との境界に設ける出入口》. **2**〘機械〙エアロック, 空気止め通路《流管系に空気を入れて流れを止める》. **3**〘宇宙〙(宇宙船に設けた宇宙への)気密式出入口; 減圧室.〘1857〙
áir lòg *n.* **1**〘航空〙(航空機の)飛行距離記録装置. **2**〘宇宙〙(誘導ミサイルの)射程調節装置.〘1928〙
áir-lògged *adj.* =air-bound.
áir machìne *n.*〘鉱山〙送風機.〘1783〙
air·mail /ɛ́əmèɪl | ɛ́ə-/ *n.* **1** 航空郵便(制度) (cf. surface mail): by ~. **2** 航空郵便物. **3** 航空郵便切手. — *adj.* 航空郵便の: an ~ letter / an ~ line [route] 航空郵便航路 / an ~ stamp 航空郵便切手. — *adv.* 航空便で. — *vt.* 航空郵便で送る.〘1913〙
áirmail edìtion *n.* (新聞・雑誌の)空輸版, エアメール版.〘1948〙
air·man /ɛ́əmən, -mæ̀n | ɛ́ə-/ *n.* (*pl.* **-men** /-mən, -mèn/) **1 a** 飛行家; 飛行士, パイロット; 飛行機乗務員: a civil [civilian] ~ 民間飛行家. **b** 航空技術者. **2**〘軍事〙飛行[航空]兵. **3**〘米空軍〙航空兵《最下位 3 階級 (airman first class, airman, airman basic) に属する》. **4**〘米海軍〙航空機運用関係の下士官兵.〘1873〙
áirman básic *n.*〘米空軍〙三等兵《最下位の航空兵; cf. airman 3》.〘*c*1961〙
áirman first cláss *n.*〘米空軍〙上等兵《一等兵 (airman) より上で四等軍曹 (sergeant) の下》.〘1952〙
áirman·shìp *n.* 飛行家であること; 飛行術.〘1864〙
áir·màrk *vt.*〘航空〙〈都市などに〉(地名・緯度・経度・最寄りの飛行場への方位など航法の手引きとなる)対空標識を付ける.〘1929〙
áir màrshal *n.*《英》空軍中将 (cf. air chief marshal);《豪》空軍大将.〘1919〙
áir màss *n.* **1**〘気象〙気塊, 気団《水平方向に気温・湿度が一様な大気の巨大な団塊》. **2**〘天文〙(光学的)空気量《天体の光線が大気を通り地表に達する距離または空気量; optical air mass ともいう》.〘1893〙
áir màttress *n.* (キャンプなどに使う)エアマットレス (air bed)《軽いゴムまたはプラスチック製の袋状マットレスで, ベッド・救命イカダなどとして用いる》. 日英比較「エアマット」は和製英語.〘1926〙
áir mechànic *n.* 航空機械工[整備工];〘英空軍〙機上整備員.〘1917〙
Áir Mèdal *n.*〘米軍〙航空勲章《陸・海・空軍共通に飛行中の顕著な功績に与えられる; 1942 年制定》.
áir mìle *n.*〘航空〙=international air [nautical] mile.〘1919〙
Áir Mìles *n.*〘商標〙エアマイルズ《ある種の商品を買うともらえる英国の航空クーポン券; そのクーポン券の発行・交換業務を行うところ》.
áir-mìnded *adj.* **1** 航空方面に興味のある. **2** 飛行機の旅の好きな. **~·ness** *n.*〘1924〙
áir·mìss *n.*《英》〘航空〙エアミス《航空機のニアミス (near miss) に対する公式用語》.〘1960〙
air·mo·bile /ɛ́əmòubḷ, -moubì:l | ɛ́əməubaɪl, ⌐⌐—/ *adj.*〘軍事〙(通例ヘリコプターによる)空輸移動部隊の[から成る], 空中機動の: ~ operations 空中機動作戦《戦闘部隊と装備を航空機で移動しながら行う地上戦闘》.〘1965〙
áir mosàic *n.* (航空写真をつないだ)航空地図.
áir mòtor *n.*〘機械〙=air engine.
áir observàtion *n.*〘軍事〙空中観測《航空機に乗って行う砲兵射撃の射弾観測》; 空中[航空]偵察.〘1923〙
áir obsèrver *n.*〘米空軍〙空中[機上]偵察員 (⇨ observer 7).
áir òfficer *n.* **1**〘英空軍〙空軍将官《准将 (air commodore) を含む》. **2**〘米海軍〙(航空母艦の)航空司令;〘米陸軍〙陸軍飛行将校;〘米空軍〙航空将校.〘1920〙
áir·pàck *n.* エアパック《マスクと携帯用ボンベからなる酸素供給装置; 防火・防煙・防毒用》.
áir·pàrk *n.*《米》(特に工業地帯の近くの)小空港.〘1908〙
áir pàssage *n.* **1 a**〘解剖〙気道. **b**〘植物〙細胞間空洞. **2** 空の旅; 旅客機の座席権.〘1836〙
áir patròl *n.* 空中哨戒; 飛行偵察隊.
áir phòtograph *n.* =aerial photograph.〘1919〙
áir·pìpe *n.* 通気管, 空気管, エアパイプ.〘1665〙
áir pìracy *n.* =skyjacking.〘1948〙
áir pìrate *n.* =skyjacker
áir pìstol *n.* 空気銃, エアピストル.〘1779〙
áir pìt *n.*〘鉱山〙通気坑.〘1709〙
air·plane /ɛ́əplèɪn | ɛ́ə-/ *n.* 飛行機 (《英》aeroplane): by ~ / get on [into] an ~ 飛行機に乗る / get off [out of] an ~ 飛行機から降りる / *Airplanes* land [take off] every two minutes. 飛行機は 2 分おきに着陸[離陸]する. —*vi.* 飛行機で行く, 空の旅をする.〘(1874) ← AIR+(AERO)PLANE〙

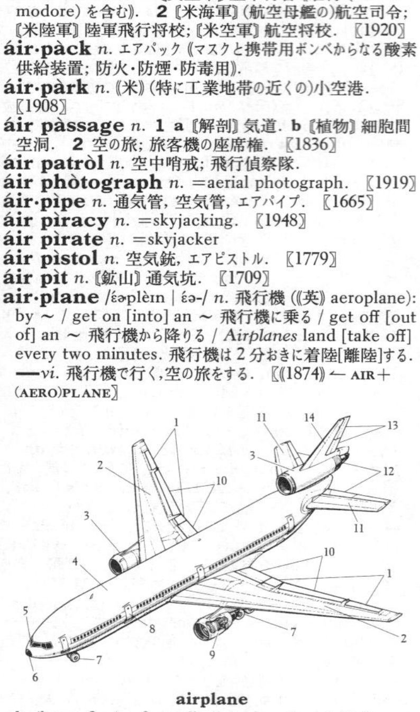

airplane

1 ailerons 2 wing 3 nacelle 4 fuselage 5 cockpit 6 nose 7 landing gear 8 hatch 9 jet engine 10 flaps 11 stabilizer 12 elevators 13 rudders 14 fin

áirplane carrier *n.* =aircraft carrier.〘1930〙
áirplane clòth *n.* **1** エアプレーンクロス, 羽布(はふ)《気球やグライダーに使用される丈夫な綿布; airplane fabric ともいう》. **2** エアプレーンクロス《同上種の綿布で, ワイシャツ・少年服用生地として用いる》.
áirplane spìn *n.* (プロレスリングで)飛行機投げ《相手を肩に持ち上げて振り回して投げ飛ばす》.
áir plànt *n.*〘植物〙**1** =epiphyte. **2** ベンケイソウ科

カランコエ属 (*Kalanchoe*) の各種の植物の総称;(特に)セイロンベンケイ, トウロウソウ (*K. pinnata*) (life plant ともいう). 〖1841〗

áir·plày *n.* (ラジオ・テレビによる)録音[画]済み素材の放送; (特に)レコード音楽のラジオ放送. 〖1965〗

áir plòt *n.* **1** 〚航空〛対気経路図示. **2** 〚軍事〛(航空母艦の)航空作戦司令[指揮]室. 〖1942〗

áir plùg *n.* 〚海事〛(マンホールカバーなどの)空気栓.

áir pòcket *n.* **1** 〚航空〛エアポケット《飛行機を急に落下させるような下降気流を生じている箇所; air hole ともいう》. **2** 〚物理〛空気[エア]ポケット (air trap)《本来液体で満たされるはずのところに空気が入り込んでできる空洞部》. 〖1912〗

Áir Políce *n.* 〚米軍〛空軍憲兵隊 (略 AP). 〖1944〗

áir pollùtion *n.* 大気汚染 (cf. noise pollution). 〖1953〗

áir·pòrt *n.* 空港: an ～ hotel 空港ホテル / an international ～ 国際空港 / *at* Narita *Airport*. 〖1919〗

áir pòrt *n.* 〚海事〛(通気用)舷窓, 空気口. 〖1788〗

áir·pòrtable *adj.* 航空輸送に適した. 〖1959〗

áir·pòst *n.* =airmail. 〖1911〗

áir potàto *n.* 〚植物〛カシュウイモ, ケイモ (*Dioscorea bulbifera*)《アジア原産のヤマイモの一種; 有毒》.

áir pòwer *n.* (一国の)空軍(力), 航空勢力. 〖1908〗

áir prèssure *n.* **1** 気圧. **2** 〚物理〛圧縮空気の圧力, 気圧; (空中の運動体にかかる)空気圧(力), 空気抵抗. 〖*c*1875〗

áir·pròof *adj.* 空気を通さない, 気密の (airtight). ― *vt.* 気密にする. **～ed** *adj.* 〖(1879): ⇨ -proof〗

áir propèller *n.* 航空機用プロペラ. 〖1910〗

áir pùmp *n.* **1** 空気ポンプ, 排気ポンプ. **2** [the A- P-] 〚天文〛ポンプ座 (⇨ Antlia 1). 〖1760〗

áir quàlity *n.* (汚染度を示すいくつかの指標によって評価される) 大気質: an ～ index 大気質指標.

áir quòtes *n. pl.* 空中の[しぐさの]引用符《話し手が, 発言中の額面通りに受け取ってもらいたくない言葉などを示すために空中の指の動きで表す引用符》.

áir-ràid *adj.* [限定的] 空襲の: an ～ alarm [warning] 空襲警報 / ～ precautions 防空対策. 〖1917〗

áir ràid *n.* 空襲《空襲を受けた側の用語; cf. air strike》. 〖1914〗

áir ràider *n.* 空襲(参加)機; 空襲部隊員. 〖1942〗

áir-raid shèlter *n.* 防空壕.

áir-raid wàrden *n.* 空襲[防空]監視員 (air warden). 〖1936〗

áir rànk *n.* 〚英空軍〛空軍将官階級, 空軍階級.

áir resìstance *n.* 〚物理〛空気抵抗. 〖1901〗

áir rìfle *n.* 旋条空気銃, エアライフル. 〖1886〗

áir rìght *n.* 〚法律〛(賃貸の対象としての) 空中(使用)権《不動産の真上の空間についていう》. 〖1922〗

áir ròot *n.* 〚植物〛=aerial root. 〖1965〗

áir ròute *n.* 〚航空〛航空路, 航空路線. 〖1921〗

air sàc *n.* **1** 〚動物〛(鳥の)気嚢(きのう); (昆虫の)呼吸管の膨張部. **2** 〚植物〛(マツ・モミ属の植物の花粉粒にある)気嚢. **3** 〚解剖〛=alveolus 3 b. 〖*c*1828〗

áir·scape /ɛ́əskèɪp | ɛ́ə-/ *n.* **1** (飛行機などから地上を見る)空景. **2** 空瞰(かん)図, 航空写真. 〖(1921): ⇨ -scape〗

áir scòop *n.* 〚航空〛空気取入れ口[吸入口]《機体に前方向きに取り付けた開孔で, 飛行中に空気が流入する》. 〖1919〗

áir scòut *n.* **1** 機上偵察兵[員]; 偵察機; 対空監視哨. **2** 航空少年団員. 〖1913〗

áir·scrèw *n.* 《英》(飛行機の)プロペラ. 〖1894〗

áir-sèa réscue *n.* 〚軍事〛航空海上救難作業(隊)《航空機と艦艇の協同海難救助》. 〖1942〗

áir sèction *n.* 〚電気〛エアセクション《空気絶縁を用いた電車線の区分法》.

áir sèrvice *n.* **1** (一国の)空軍 (air force); 航空兵科; [the A- S-] (もと)米軍航空隊 (1907–26, US Air Force の前身). **2** 〚航空〛(旅客・郵便・貨物輸送などの)航空業務; 航空運送(事業). 〖1914〗

áir shàft *n.* **1** (ビルなどの)通気空間 (air well). **2** (鉱山・トンネルなどの)通気立坑. 〖1692〗

áir·ship /ɛ́əʃɪp | ɛ́ə-/ *n.* 飛行船 (dirigible): a rigid [semi-rigid] ～ 硬式[半硬式]飛行船 / a nonrigid [flexible] ～ 軟式飛行船. ― *vt.* 《米》空輸する. 〖(1819) (なぞり) ← G *Luftschiff*〗

áir shòt *n.* (ゴルフなどにおける)空振り. 〖1956〗

áir shòw *n.* **1** 航空ショー, エアショー. **2** 〚テレビ〛実際に放送された番組, (放送用の)最終編集版のテープ. 〖1950〗

áir shòwer *n.* 〚物理〛空気シャワー《宇宙線粒子が地球大気圏に入射してシャワー状態になったもの》.

áir shùttle *n.* 《米口語》(通勤用)近距離定期航空便. 〖1961〗

áir-shùttle *vi., vt.* エアシャトルで旅行する.

áir·sìck *adj.* 飛行機に酔った. **～·ness** *n.* 〖1785〗

áir·sìde *n.* (空港の) 出国ゲートの向こう側, エアーサイド《パスポート審査部門を境界として, 乗客と空港・航空会社の職員だけが入れる側; cf. landside》. 〖1955〗

áir-slàke *vt.* 〚化学〛〈生石灰などを〉空気中で消化[風化]させる: ～d lime 消石灰. 〖1895〗

áir slèeve [sòck] *n.* 〚気象・航空〛吹流し (windsock).

áir spàce *n.* **1** (室内の)空積, 気積. **2** 〚生物〛=air chamber 2, 3. **3** [通例 airspace] 空域; 領空: controlled ～ 管制空域 / violate the ～ of …の領空を侵犯する. **4** 〚建築〛空気層《防湿のための壁や天井の空隙(くうげき)》. **5** 〚電気〛無線周波数チャンネル. 〖1893〗

áir·spèed *n.* (航空機などの)対気速度 (cf. ground speed). 〖*c*1909〗

áir·spèed·ed *adj.* 航空便による.

áirspeed índicator [mèter] *n.* (航空機の)対気速度計. 〖1912〗

áir-sprày *adj.* 〈液・器具など〉噴霧式の; 吹き付け(用)の.

áir sprày *n.* **1** (圧縮空気を用いる)噴霧器. **2** 噴霧用液.

áir sprìng *n.* 空気(緩衝)ばね. 〖1973〗

áir squàdron *n.* 〚軍事〛航空大[中]隊 (cf. squadron 1 c). 〖1955〗

áir stàck *n.* [集合的] 〚航空〛(空港上空で)着陸の順番待ちのため旋回する飛行機《単に stack ともいう》.

áir stàff *n.* 航空幕僚. 〖1922〗

áir stàtion *n.* **1** (格納庫・整備施設などのある)飛行場. **2** 《英・カナダ》=air base. 〖1914〗

áir·strèam *n.* **1 a** 気流. **b** 〚気象〛高層気流. **2** =airflow. 〖1869〗

áir strìke *n.* 航空機からの攻撃, 空爆, 空襲《空襲をしかけた側の用語; cf. air raid》. 〖1945〗

áir·strip /ɛ́əstrɪp | ɛ́ə-/ *n.* 〚航空〛**1** (仮設の)滑走路 (runway). **2** 小空港. 〖1919〗

áir superiòrity *n.* 〚軍事〛航空優勢; 空軍力の優劣. 〖1935〗

áir suppòrt *n.* =air cover. 〖1941〗

áir survèillance *n.* 〚軍事〛(航空機・ミサイルに対する肉眼またはレーダーによる)対空監視.

áir sùrvey *n.* =aerial survey. 〖1918〗

áir suspènsion *n.* 空気ばねを使った懸架装置, エアサスペンション. 〖1960〗

áir swìtch *n.* 〚電気〛気中開閉器, エアスイッチ《回路の開閉を空気中で行う方式のスイッチ; cf. oil switch, vacuum switch》.

áir sỳstem *n.* **1** 空気冷凍システム, 空冷方式《空気を冷媒として使う冷凍システム》. **2** 圧縮空気[真空]利用システム.

airt /ɛ́ət | ɛ́ət/ 《スコット》*n.* 方位; 方角. ― *vt.* 〈人〉に道[方向]を示す; 導く. ― *vi.* 進む. 〖(1470) ▭ Gael. *aird* height: cf. Gk *árdis* point〗

áir-tàxi *vi.* エアタクシーで旅行する.

áir tàxi *n.* エアタクシー《不定期の近距離営業の小型機》. 〖1920〗

áir tèrminal *n.* 空港[エア]ターミナル《空港の旅客の出入口となる建物・オフィスなど; 空港から離れた市内の空港連絡バス[鉄道]発着所》. 〖1921〗

áir thrèad *n.* [通例 *pl.*] 〚動物〛流れ糸, 遊糸《空中に浮遊する小グモの糸; gossamer ともいう》. 〖1753〗

áir·tìght *adj.* **1** (空気の通らないように)密閉した, 気密の (airproof): an ～ test 気密試験. **2** 相手に乗じるすきを与えない, 完璧な (watertight): an ～ alibi / an ～ defense [argument] 完璧な防備[議論]. **～·ly** *adv.* **～·ness** *n.* 〖(1760): ⇨ -tight〗

áir·tìme *n.* **1** 〚ラジオ・テレビ〛放送時間; 放送時刻. **2** (2 地点間の)(所要)飛行時間. 〖1942〗

áir-to-áir *adj.* [限定的], *adv.* **1** 〚軍事〛空対空の[で]: an ～ rocket 空対空ロケット / an ～ missile 空対空ミサイル (略 AAM). **2** 〚航空〛飛行中の航空機間の[で]: ～ refueling 空中給油. 〖1941〗

áir-to-fúel ràtio *n.* 〚機械〛空燃比 (⇨ mixture ratio).

áir-to-gróund *adj.* [限定的], *adv.* 〚軍事〛空対地の[で] (cf. air-to-surface): an ～ missile 空対地ミサイル (略 AGM). 〖1942〗

áir-to-súrface *adj.* [限定的], *adv.* 〚軍事〛飛行機から発射されて地上[水上艦艇]を攻撃する[して], 空対地[艦]の[で] (cf. air-to-ground): an ～ missile 空対地[艦]ミサイル (略 ASM). 〖1958〗

áir-to-underwáter *adj.* [限定的], *adv.* 〚軍事〛飛行機から水中の潜水艦を攻撃する[して], 空対水中の[で]: an ～ missile 空対水中ミサイル (略 AUM).

áir tràctor *n.* 農用[農薬散布用]航空機.

áir tràffic *n.* 〚航空〛航空交通; 航空交通量; 航空輸送量. 〖1912〗

áir-tràffic contròl *n.* 〚航空〛航空交通管制[機関]; [集合的]航空交通管制官 (略 ATC). 〖1933〗

áir-tràffic contròller *n.* 航空交通管制官. 〖1956〗

áir tràin *n.* =sky train.

Áir Tràining Commánd *n.* [the ～] 〚米空軍〛訓練空軍 (略 ATRC).

Áir Tràining Córps *n.* [the ～] 〚英軍〛空軍将校養成部 (略 ATC). 〖1941〗

áir trànsport *n.* **1** 空中輸送, 空輸 (略 AT). **2** 輸送機, (特に)軍用輸送機. **3** 航空輸送隊. 〖1929〗

áir tràp *n.* 〚機械〛空気トラップ[弁], 防臭弁.

áir tràvel *n.* **1** 飛行機旅行. **2** 飛行機利用者数.

áir trùnk *n.* 〚建築〛風道, 風路, 空気路 (air duct).

áir tùnnel *n.* 〚航空〛=wind tunnel. 〖1933〗

áir tùrbine *n.* 〚機関〛(圧縮空気で作動する)空気タービン. 〖1945〗

áir twìst *n.* 〚ガラス製造〛空気螺旋模様《ガラス酒杯の脚を作る時に空気を入れて螺旋状にねじって作った模様》. **áir-twìsted** *adj.* 〖1916〗

áir umbrèlla *n.* 〚空軍〛=air cover 2. 〖1941〗

áir vàlve *n.* 〚機械〛空気弁. 〖1904〗

áir vèsicle *n.* 〚植物〛気胞. 〖1936〗

áir vìce-márshal *n.* 《英》空軍少将 (cf. air chief marshal). 〖1919〗

áir·vìew *n.* =aerial photograph.

Áir Wàc *n.* 《米口語》空軍婦人部隊員《正式には Waf という; cf. WAC》.

áir wàr *n.* 航空戦; 航空作戦. 〖1915〗

áir wàrden *n.* =air-raid warden. 〖1938〗

áir wàsher *n.* 〚機械〛(空気調和器などの)エアワッシャ, 空気洗浄器, 空気洗浄装置. 〖1949〗

áir·waves /ɛ́əwèɪvz | ɛ́ə-/ *n. pl.* (テレビ・ラジオの)放送電波, エアウェーブ; テレビ[ラジオ]放送: on the ～ 放送されて. 〖1879〗

áir·way /ɛ́əwèɪ | ɛ́ə-/ *n.* **1** 〚航空〛(諸設備を整えた)航空路: an ～ beacon 航空路ビーコン[灯台]. **2** [*pl.*] 航空会社: British *Airways* 英国航空 (略 BA). **3** 《米》〚通信〛(放送・無線通信用の所定周波数の)チャンネル (channel). **4** 〚鉱山〛風道. **5** 〚解剖〛気道. **6** 〚医学〛エアウェイ, 気管内チューブ《全身麻酔時に気管の閉塞を防ぐために用いる通気筒》. 〖1849〗

áir wàybill *n.* 〚商業〛航空貨物運送状《airbill ともいう; 略 AWB》.

áir wèll *n.* (鉱山・トンネルなどの)通気縦坑; (建物の)通気孔, ダクト (air shaft).

áir wìng *n.* 〚空軍〛航空団.

áir-wìse *adj.* 航空知識[経験]のある. 〖⇨ -wise〗

áir·wòman *n.* (*pl.* **-wòmen**) **1** 女流飛行家; 女性飛行士[パイロット]《現在は非公用語》. **2** 空軍婦人部隊. 〖(1911) (fem.) ← AIRMAN〗

áir wòod *n.* 自然乾燥木材[材木]. 〖1676〗

áir·wòrthy *adj.* 〈航空機が〉飛行に適する, 航空に耐える, 耐空性のある (cf. seaworthy). **áir·wòrthi·ness** *n.* 〖(1829) ← AIR[1]+WORTHY〗

air·y /ɛ́ᵊri | ɛ́əri/ *adj.* (**air·i·er**; **-i·est**) **1** 風のよく当たる; 風通しのよい (breezy): an ～ room. **2** 〈動作・態度など〉軽やかな, うきうきした; 活発な, 陽気な: an ～ manner / ～ laughter 陽気な笑い / an ～ tread 軽快な足取り. **3** うわついた, 軽薄な (flippant): ～ criticism. **4 a** 空気のような; 実体のない (immaterial): an ～ phantom. **b** 空虚な, はかない, 淡い: an ～ dream. **c** 夢のような, 架空の, 想像上の: an ～ notion / ～ nothing 想像上の事柄 (cf. Shak., *Mids N D* 5. 1. 16). **d** 〈言葉など〉うわべだけの, 誠意のない: an ～ promise. **5** (外観など)繊細な, 優美な (graceful); 〈布・服など〉ごく薄い: an ～ evening dress. **6** お高くとまった, もったいぶった (affected). **7** 高みにある; 空高くそびえる (lofty). **8** 空中の[で行われる]: an ～ flight 飛行, 飛翔(ひしょう). **9** 空気の; 空気から成る. 〖(1375): ⇨ air[1], -y[4]〗

Air·y /ɛ́ᵊri | ɛ́əri/, Sir **George Biddell** *n.* エアリー (1801–92; 英国の天文学者; 英国王立天文台長 (1835–81)).

Áir·y dìsc /ɛ́ᵊri- | ɛ́əri-/ *n.* 〚光学〛エアリーの円盤《円形単開孔により回折された点光源が結像するときにできる明るい中央部》. 〖↑〗

áiry-fáiry *adj.* 《英口語》**1** 〈女性など〉(妖精のように)軽やかな, 優美な; のんきな. **2** (文体などが)気取った, いやみな (affected). **3** [軽蔑的に] 〈考えなど〉空想的な, 非現実的な. 〖1869〗

AIS /éɪàɪés/ 《略》〚会計〛accounting information system 会計情報システム.

AISA 《英》Associate of the Incorporated Secretaries Association.

A·i·sha /aɪíːʃə/ *n.* アイシャ (613?–678; Muhammad の愛妻で, Abu-Bakr の娘).

AISI American Iron and Steel Institute アメリカ鉄鋼協会.

aisle /áɪl/ *n.* **1 a** (劇場・列車・旅客機などの座席列間の)通路: a seat *on* the ～=aisle seat / two *on* the ～ (劇場の)正面通路側の二人連れの席. **b** 《米》(百貨店・スーパー内などの)通路. **2 a** 〚建築〛(教会堂で身廊 (nave) と平行し, 列柱などで区切られた)側廊, アイル: the north [south] ～. **b** (教会堂の座席列間の)通路. **3** 《米》(林間などの)通路.

in the áisles 《口語》〈観客など〉(おかしさを押えきれずに)笑いこけて: roll [rock, laugh] *in the* ～*s* 《口語》(劇場などで)笑いこける / have [knock, lay, send (rolling)] *in the* ～*s* 〈観客を〉笑いころげさせる. ***wálk* [*gó*] *dòwn the áisle*** (1) (教会で挙式後に) 〈新郎・新婦が〉正面通路を出口へ進む. (2) 《口語》結婚する. ***twó on the áisle*** (劇場の)正面通路側の二つの席《二人連れ用の最もよい席》.

～d *adj.* **～·less** *adj.*

〖(*c*1370) *ele* ▭ OF (F *aile*) < L *ālam* wing < IE **akslā* ← **aks-* AXIS[1]: *ai-* (18C) は F *aile* により, また *-s-* は ISLE との連想から: cf. axilla〗

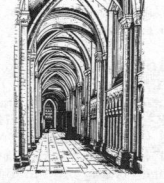

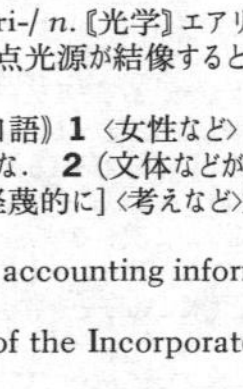

aisle 2 a

áisle sèat *n.* (劇場・列車・旅客機などの)通路側の[に接した]席《出入りが楽で便利》(↔ window seat): a man in the ～. 〖1955〗

áisle-sìtter *n.* 《米口語》演劇評論家.

áisle·wày *n.* =aisle 2 b. 〖1926〗

Aisne /éɪn; *F.* ɛn/ *n.* **1** エーヌ(県)《フランス北東部の県; 面積 7,428 km², 県都 Laon /lɑ̃/》. **2** [the ～] エーヌ(川)《フランス北部の川; Oise 川に注ぐ (282 km)》.

ait[1] /éɪt/ *n.* 《英方言》(川・湖中の)小島, 川中島. 〖OE *īg(e)oþ* ← *īġ* 'ISLAND' + *-aþ* (dim. suf.)〗

ait[2] /éɪt/ *n.* 《スコット》オート麦 (oat). 〖1513–75〗

A

aitch /éɪtʃ/ *n.* H [h] の字[音]: ⇨ DROP *one's aitches.* 〘(c1580) *ache* ◻ F *hache* < VL **haca*: cf. ache〙

aitch·bone /éɪtʃbòun | -bəun/ *n.* エチボ(ーン): **a** (牛の)臀(でん)骨 (rump bone). **b** (牛の)臀骨部の肉 (⇨ beef 挿絵). 〘(変形) ← (1486) *hach-boon* (*an ache bone* (異分析) ← *a nache bone*) ← (c1300) *nage, noche* ◻ OF *nache* buttocks, rump < VL **naticam* (adj.) ← L *natis* buttocks ← IE **not-* buttock〙

Ait·ken /éɪ(t)kən | -kɪ̀n/, **Robert Grant** *n.* エイトケン (1864–1951; 米国の天文学者; 3000 対以上の二重星を発見).

Aitken, William Maxwell *n.* ⇨ 1st Baron BEAVERBROOK.

AIU 《略》 American International Underwriters.

Aix-en-Pro·vence /éɪksɑ̃:(m)prəvɑ́:(n)s, -prɑ(:)-, -prou-, èks- | -prɔ-, -prə(u)-; *F.* ɛksɑ̃pʀɔvɑ̃:s/ *n.* (*also* **Aix**) エクサンプロバンス 《フランス南東部, Marseilles の北方にある都市》.

Aix-la-Cha·pelle /èɪkslɑ:ʃɑpél, èks-, -lə- | -ʃæpél; *F.* ɛkslaʃapɛl/ *n.* エクスラシャペル 《Aachen のフランス語名》. 〘1764〙

Aí·yi·na /éji:nɑ:/ *n.* アイーナ 《Aegina[1] の現代ギリシャ語名》.

Ai·zawl /áɪdʒəl/ *n.* アイザウル 《インド北東部 Mizoram 州の州都; Aijal は旧つづり字》.

A·i·zo·a·ce·ae /eɪàɪzouéɪsiì: | -zəu-/ *n. pl.* 〖植物〗(アカザ目)ザクロソウ科, ツルナ科. **a·i·zo·á·ceous** /-ʃəs⁻/ *adj.* 〘← NL ~ ← *Aizoon* (属名: ← Gk *aeí* always＋-ZOON)＋-ACEAE〙

AJA /éɪdʒèɪéɪ/ 《略》 Australian Journalists' Association.

A·jac·cio /ɑ:já:tʃou, -tʃiòu | ajǽtʃiəu, ədʒǽsiəu; *F.* aʒaksjo/ *n.* アヤッチオ, アジャクシオ 《フランス南部 Corsica の海港; Napoleon 一世の出生地》.

A·jan·ta /ədʒʌ́ntə | -tə/ *n.* アジャンタ 《インド南中部, 丘陵地帯の村; 付近に石窟の古い寺院が多数ある》.

Ajánta Cáves *n. pl.* [the ~] アジャンター石窟 《インド西部 Maharashtra 州中北部の Ajanta 村の近くにある石窟群; 紀元前 1 世紀から後 7 世紀にかけて造営された祠堂および僧院で, 壁画が有名》.

a·jar[1] /ədʒáə | ədʒá:ʳ/ *adv., adj.* [叙述的] 〈ドア・カーテンなど〉少し開いて: leave a door ~ / The door was [stood] ~. ドアは少しあいていた. 〘(?c1450) *on char* on the turn < OE *on*＋*ċ(i)erre* turn: ⇨ a-[1], char[1], jar[3]〙

a·jar[2] /ədʒáə | ədʒá:ʳ/ *adv., adj.* [叙述的] 不和の状態で, 調和しないで (out of harmony): be ~ *with* the world 世間と合わない / set a person's nerves ~ 人の神経をいら立たせる. 〘(1553) ← A-[1]＋JAR[2]〙

A·jax /éɪdʒæks/ *n.* **1** 〖ギリシャ伝説〗アイアス: **a** Trojan War のギリシャ方の英雄で Telamon の息子; Achilles の甲冑が Odysseus に与えられるとそれに憤慨して自殺した; Ajax the Great, Ajax Telamon ともいう. **b** ギリシャ方の英雄で Achilles に次いで早足; 特に Ajax the Less ともいう. **2** 「アイアス」《Sophocles 作の悲劇 (440 B.C. ごろ)》. ★ 1, 2 ともに Aias ともいう. **3** 〖商標〗エイジャックス 《米国の(床用)クレンザー》. **4** エイジャックス 《カナダ Ontario 州南部の町》. 〘◻ L *Ājāx* ◻ Gk *Aíās* ← *aía* earth〙

Ájax-Rént-A-Càr *n.* エージャックスレンタカー 《米国のレンタカー会社》. 〘↑〙

AJC 《略》 Australian Jockey Club.

a·jee /ədʒí:/ *adv.* ＝agee. 〘1733〙

a·ji·va /ədʒí:və/ *n.* 〖ジャイナ教〗アジーバ 《宇宙構成の要素を霊魂 (jiva) と非霊魂に分けた場合の非霊魂》. 〘◻ Skt *ajīva* without life ← *a-* 'A-[7]'＋*jīva* living〙

Aj·man /ɑ:dʒmǽn/ *n.* アジュマーン, アジマン 《ペルシャ湾 (Persian Gulf) 南岸の首長国, United Arab Emirates の一つ; 面積 250 km²》.

Aj·mer /ədʒmíə, -méə | -míəʳ/ *n.* アジメール 《インド西北部 Rajasthan 州中部の商工業都市》.

a jour /ɑ:ʒúə | -ʒúəʳ; *F.* aʒu:ʀ/ *adj.* (*also* **a·jou·ré** /à:ʒuréɪ; *F.* aʒuʀe/) 明かり穴をつけた, 透かし細工した 《彫刻・金属細工・七宝・カットワーク (cutwork) などにいう》. 〘(1878) ← F *à jour* (原義) toward day〙

a·ju·ga /ǽdʒəgə/ *n.* (*pl.* ~, ~**s**) 〖植物〗キランソウ属 (*Ajuga*) の各種の草本 (bugle). 〘(1597) (1793) ← NL ◻ ML〙

aj·u·tage /ǽdʒʊtɪdʒ, ədʒú:t- | ǽdʒutɪdʒ, ədʒú:-/ *n.* 〖機械〗＝adjutage. 〘1707〙

AK 《略》〖米郵便〗Alaska.

aka, AKA /éɪkèɪéɪ, ǽkə/ 《略》 also known as 《米》別名 … 《警察関係の記録などに用いる》.

A·ka·ba /á:kəbə, ǽk- | ǽk-; *Arab.* ʕáqaba/ *n.* ＝'Aqaba. 〘1917〙

A·ka·de·mi /əká:dəmi | -də-/ *n.* (インドの)学究社会.

a·ka·la /əká:lə/ *n.* 〖植物〗ハワイ産バラ科キイチゴ属の低木またはつる状の植物 (*Rubusmacraei*) 《赤紫色のキイチゴに似た実をつける; 食用》. 〘← Hawaiian〙

A·ka·li /əká:li/ *n.* 〖シク教〗アカーリー派(のシク教徒) 《1690 年 Man Singh により創始された軍事色をもつ宗派》. 〘◻ Punjabi *akālī* (原義) follower of Immortal One〙

a·ka·mai /ɑ:kɑ:mái; *Hawaii.* akamái/ *adj.* 《ハワイ》利口な, 有能な.

A·kan /əkǽn, á:kɑ:n; *Akan* akã/ *n.* (*pl.* ~, ~**s**) **1** アカン語 《アフリカのガーナから象牙海岸にわたる広い地域に話されるクワー (Kwa) 語》. **2 a** [the ~(s)] アカン族 《アカン語の話される地域に住み, Akim, Akwapim, Ashanti, Fanti の諸族を含む》. **b** アカン族の人. 〘1694〙

a·kar·a /əkéərə/ *n.* ＝accra.

a·ka·sa /ɑ:ká:ʃə/ *n.* (*also* **a·ka·sha** /~/) 〖インド哲学〗アーカーシャ, 虚空, 空. 〘(1858) ◻ Skt *ākāśa* space〙

Ak·bar /ǽkbɑə | ǽkbɑ:ʳ; *Hindi* əkbər/ *n.* アクバル (1542–1605; ムガール (Mogul) 王朝第三代の皇帝 (1556–1605); Akbar the Great と呼ばれる).

AKC 《略》 American Kennel Club; Associate of King's College, London.

a·ke·a·ke /à:kiá:ki/ *n.* 〖植物〗**1** ハウチワノキ (*Dodonaea viscosa*) 《熱帯産ムクロジ科の低木; 若枝や葉が粘る》. **2** ニュージーランド産キク科 *Olearia* 属の低木 (*O. avicenniaefolia* と *O. traversii*). 〘(1847) ← Maori〙

a·ke·bi /á:kəbi | -kɪ̀-/ *n.* 〖植物〗アケビ (*Akebia quinata*). 〘◻ Jpn.〙

a·ke·bi·a /əkí:biə/ *n.* 〖植物〗アケビ属 (A-) のつる植物 《総称; 東アジア産; アケビ科》. 〘(1855) ← NL ◻ Jpn. *akebi*〙

a·kee /ǽki:, –⁻/ *n.* 〖植物〗アキー (*Blighia sapida*) 《熱帯アフリカ産ムクロジ科の高木; 仮種皮は食用》. 〘(1794) ◻ Kru *ākee*〙

a·ke·la /ɑ:kéɪlə/ *n.* アケーラ 《英国ボーイスカウト運動の cub scout の指導者》. 〘(1924) ← *Akela* (Kipling 作 *Jungle Book* のオオカミ群の指導者)〙

A·kel·da·ma /əkéldəmə/ *n.* 〖聖書〗＝Aceldama.

à Kempis, Thomas *n.* ⇨ Thomas à Kempis.

a·kene /əkí:n, eɪ-/ *n.* 〖植物〗＝achene.

AK-47 *n.* (旧ソ連製の)突撃銃, カラシニコフ銃 《V. T. Kalashnikov が設計》.

A·kha·ï·a /əkáɪə, əkéɪə/ *n.* アカイア 《Achaea の現代ギリシャ語名》.

a·kha·ra /əká:rɑ:/ *n.* (インドで)体育館, ジム.

A·khe·na·ton /ɑ:kəná:tən, -tn̩ | -tən, -tn̩/ (*also* **A·khe·na·ten** /~/, **Akh·na·ton** /ɑ:kná:-/) *n.* アクナトン 《エジプト第 18 王朝の王 Amenhotep 4 世 (在位 1379–1362 B.C.) の異名》.

Ak·hi·sar /ɑ̀khɪsáə | ɑ́:khɪsɑ:ʳ; *Turk.* ákhisar/ *n.* アクヒサル 《トルコ西部 Izmir の北東の町; 古代名 Thyatira》.

Akh·ma·to·va /ɑ:kmá:təvə, ɑ:x- | -tə-; *Russ.* axmátəvə/, **Anna** *n.* アフマートヴァ (1889–1966; ロシアの詩人; 簡潔な叙情詩を残した; 本名 Anna Gorenko).

A·kim /á:kɪm, á:tʃɪm/ *n.* (*pl.* ~, ~**s**) **1** [the ~(s)] アキム族 《Twi 語を話すガーナの原住人》. **2** アキム族の人.

a·kim·bo /əkímbou | -bəu/ *adv., adj.* [叙述的] **1** [通例 arms ~ として] (両)手を腰に当てひじを張って[た]: The woman stood with (her) *arms* ~. 女は(挑戦するように)両手を腰に当てひじを張って立っていた. **2** 〈脚など〉曲げた状態で. 〘(?c1400) *in kene bowe* in a sharp curve ◻ ON **i keng boginn* bent in a curve (cf. Icel. *kengboginn* bent double, crooked)〙

akimbo 1

a·kin /əkín/ *adj.* [叙述的] **1** 同種の, 同類の, 類似の 〔*to*〕 (⇨ like[1] SYN): These questions are closely ~. これらの問題は非常に似かよっている / Jealousy is a feeling ~ *to* envy. 嫉妬(しっと)は羨望(せんぼう)に近い感情である / Pity is ~ *to* love. ⇨ pity 1. **2** 血族の, 同族の (of kin, related) 〔*to*〕: They are near ~ *to* him. あの人たちは彼の近親だ. **3** 〖言語〗同族の (cognate). 〘(1558) ← A-[1]＋KIN〙

akineses *n.* akinesis の複数形.

a·ki·ne·sia /èɪkaɪní:ʒə, -kɪ̀-, -ʒiə | -kaɪní:ziə, -ʒiə/ *n.* 〖病理〗無動(症), 失動(症), 運動不能(症). 〘(1878) ← NL ~ ← Gk *akínēsia*: ⇨ a-[7], -kinesis, -ia[1]〙

a·ki·ne·sis /èɪkɪ̀ní:sɪ̀s, -kaɪ- | -kɪní:sɪs, -kaɪ-/ *n.* (*pl.* **-ne·ses** /-si:z/) **1** 〖病理〗＝akinesia. **2** 〖生物〗＝amitosis. 〘↑〙〘1878〙

a·ki·nete /eɪkáɪni:t/ *n.* 〖植物〗アキネート 《ある種の藻類に見られる特殊な生殖細胞で, 栄養細胞の膜が肥厚し貯蔵物質を豊富に蓄えたもの; 菌類の厚膜胞子 (chlamydospore) に相当する; cf. resting spore》. 〘◻ Gk *akínetos* without movement: ⇨ a-[7], kineto-〙

A·ki·ta /əkí:tə | -tə/ *n.* [時に a-] 〖犬〗秋田犬. 〘(1928) ◻ Jpn. (地名)〙

Ak·kad /ǽkæd, ɑ́:kɑ:d | ǽkæd/ *n.* アッカド 《Babylonia 地方の古代都市; cf. *Gen.* 10: 10》. — /ǽkæd/ *adj.* ＝Akkadian. 〘◻ Heb. *'Akkád* ← ?〙

Akkad. 《略》 Akkadian.

Ak·ka·di·an /əkéɪdiən, -ká:d- | əkéɪdi-/ *adj.* アッカド (Akkad) の, アッカド人[語]の. — *n.* **1** アッカド人 《紀元前 2000 年以前のメソポタミアに住んだセム系民族》. **2** 〖言語〗アッカド語 《古代セム語の一つ; Babylonian, Assyrian を含む》. 〘(c1855) ← AKKAD〙

Ak·ker·man /ɑ:kəmá:n | -kə-/ *n.* アケルマン 《Belgorod-Dnestrovski の旧名》.

Ak·ko /ǽkou | ǽkəu/ *n.* ＝Acre[1].

Ak·kra /ǽkrɑ:, ək-/ *n.* ＝Accra.

Ak·mo·la /ækmóulə | -məulə/ *n.* アクモラ 《Astana の旧名》.

Ak·mo·linsk /ɑ:kmɔ́(:)lɪnsk, -mɑ́(:)l- | -mɔ́l-; *Russ.* akmól^j^insk/ *n.* アクモリンスク 《Astana の旧名》.

A·ko·sóm·bo Dám /ɑ̀:kousɔ́(:)mbou- | ækə(u)sɔ́mbəu-/ *n.* アコソンボダム 《ガーナ南東部, Volta 湖に 1964 年に完成したダム; 発電や Accra 平野の灌漑に利用》.

akr- /ækr/ (母音の前にくるときの) akro- の異形.

ak·ra·si·a /əkréɪʒə, -ʒiə | -ziə, -ʒiə/ *n.* 〖哲学〗意志薄弱 《acrasia ともつづる》. **ak·rá·tic** *adj.* 〘(1853) ◻ Gk *akrāsía* ← A-[7] *prefix*＋*krátos* power〙

ak·ro- /ǽkrou | -rəu/ ＝acro-.

Ak·ron /ǽkrən | -rɔn, -rən/ *n.* アクロン 《米国 Ohio 州北東部の工業都市; ゴム産業の中心地》. 〘← Gk *akron* (原義) highest point〙

Ak·sai Chin /ǽksaɪ tʃín/ *n.* (*also* **Ak·sai·chin** /~/) 阿克賽欽(アクサイチン) 《中国新疆(しんきょう)ウイグル自治区西南部, カラコルム山脈と崑崙(コンロン)山脈の間の地区》.

Ak·sum /ɑ́:ksu:m/ *n.* アクサム 《Aksumite /ɑ́:ksu:màɪt/ Empire として知られる古代エチオピア王国の首都》.

Ak·tyu·binsk /*Russ.* akt^j^úb^j^insk/ *n.* アクチュビンスク 《カザフスタン共和国北西部の工業都市》.

Aku·bra /əkú:brə/ *n.* 〖商標〗アクーブラ 《オーストラリア製のつばの広いウサギ革の帽子》.

A·ku·re /əku^ə^rə | əkúərə/ *n.* アクレ 《ナイジェリア西南部の都市; Ondo 州の州都》.

ak·va·vit /ɑ́:kwəvì:t, ǽk-/ *n.* ＝aquavit.

Ak·wa·pim /ɑ́:kwəpɪm/ *n.* (*pl.* ~, ~**s**) **1** [the ~(s)] アクウァピム族 《Twi 語を話すガーナの原住民》. **2** アクウァピム族の人.

Al /ǽl/ *n.* アル (男性名). 〘(dim.) ← ALBERT〙

Al 《記号》〖化学〗aluminium.

AL 《略》〖米郵便〗Alabama; American League (cf. NL); American Legion; Anglo-Latin; Arab League; 《英》 Army List.

al. 《略》 alcohol; alcoholic.

a.l. 《略》〖証券〗allotment letter (応募者に対する)割当て通知書; autograph letter.

al-[1] /əl, æl/ *pref.* (l の前にくるときの) ad- の異形: *al*leviate, *al*lude.

al-[2] /æl/ *pref.* 本来アラビア語の定冠詞で, スペイン語・ポルトガル語から借入された名詞の一部となっている: *al*chemy, *Al*coran, *al*gebra. ★ (1) 歯(茎)音の前ではそれと完全同化する (cf. acequia, adobe). (2) *el-* と転写されることもある (cf. elixir, abelmosk). 〘◻ Sp. & Port. *al-* ◻ Arab. *al-* the〙

-al[1] /əl, ɫ/ *suf.* 「…に関する, …の性質の, …に特有の」などの意の形容詞を造る: post*al*, sensation*al*, tropic*al*. ★ (1) -ic で終わる形容詞にさらに -al が付くと意味がやや一般的・比喩的になることがある: com*ic*—com*ical* / econom*ic*—econom*ical*. (2) -tal, -dal, -nal に -ly が付く場合の発音については ⇨ -ly[1] ★ (2). 〘ME *-al, -el* ◻ OF // L *-ālis* pertaining to〙

-al[2] /əl, ɫ/ *suf.* 動詞からその動詞の示す動作の名詞を造る: bestow → bestow*al* / remove → remov*al* / acquit → acquitt*al* / try → tri*al*. 〘◻ L *-āle* (pl. *-ālia*) (neut.) ← *-ālis* (↑) ∽ ME *-aille* ◻ OF〙

-al[3] /æ̀l, ɔ̀(:)l, əl, ɫ | æl, ɔl, əl, ɫ/ *suf.* 次の意味を表す名詞を造る: **1** 〖化学〗アルデヒド基をもつ化合物: chlor*al*, ethan*al*. **2** 〖薬学〗薬剤: barbit*al*. 〘(略) ← AL(DEHYDE)〙

a·la /éɪlə/ *n.* (*pl.* **a·lae** /éɪli:/) **1** 翼 (wing). **2** 〖解剖・動物〗翼(状)部. **3** 〖植物〗(ちょう形花冠の)翼弁. **4** (古代ローマで家屋の)小部屋 《ここからさらに大きな部屋・中庭へ通じるようになっている》. 〘(1738) ◻ L *āla* wing: cf. aisle〙

Ala 《略》 Alabama.

ALA /èɪèléɪ/ 《略》 American Library Association アメリカ図書館協会; Associate in Liberal Arts; Authors League of America.

à la /à:lɑ:, à:lə, ǽlə | ǽlɑ:, à:lɑ:, ǽlə; *F.* ala/ *F. prep.* **1 a** …風(ふう)にした, …流に[の], …式に[の]: ~ Russe ロシア風に[の] / ⇨ à la mode. **b** …のまねをして, …式に: a novel written ~ Dickens ディケンズ風に書かれた小説. **2** 〖料理〗**a** …風に[…を用いて]料理した: ⇨ à la broche, à la king, à la lyonnaise. **b** …付きの, …添えの: ~ jardinière さいの目切りの各種野菜を付け合わせた / chou ~ crème シュークリーム. 〘(1589) ◻ F ~ 'after the manner of' ← *à* according to＋*la* the〙

Ala 《略》 Alabama.

Al·a·bam·a /æ̀ləbǽmə | -bǽmə, -bá:mə⁻/ *n.* **1** アラバマ 《米国南東部の州で綿の大生産地 (⇨ United States of America 表)》. **2** [the ~] アラバマ(川) 《Alabama 州中部から南西に流れ Mobile 川に注ぐ川 (512 km)》. 〘◻ F *Alibamon* ◻ ? N-Am.-Ind. (Muskogean)〙

Alabáma cláims *n. pl.* [the ~] アラバマ号賠償請求事件 《米国南北戦争中に英国建造の Alabama 号その他の南軍の船舶が北軍の船舶に与えた多大の損害に対して, 米国が英国に賠償を請求し英国は 1872 年の国際裁定により賠償金を支払った》.

Al·a·bam·an /æ̀ləbǽmən | -bǽm-, -bá:m-⁻/ *adj.* (米国) Alabama 州(人)の. — *n.* Alabama 州人. ★ 同州生まれの人は Alabamian の方を好んで用いる. 〘← ALABAMA＋-AN[1]〙

Al·a·bam·i·an /æ̀ləbǽmiən/ *adj., n.* ＝Alabaman.

al·a·bam·ine /æ̀ləbǽmi:n, -mɪ̀n | -bǽmɪn, -bá:m-/ *n.* 〖化学〗アラバミン (記号 Ab). ★ 85 番元素に最初に与えられた名称で現在は astatine という. 〘(1932) ← ALABAMA＋-INE[3]〙

al·a·ban·dite /æ̀ləbǽndaɪt/ *n.* 〖鉱物〗硫マンガン鉱 (MnS). 〘← *Alabanda* (トルコの町名)＋-ITE[1]〙

al·a·bas·ter /ǽləbæ̀stə | æləbǽstəʳ, -bá:s-, ⁻⁻⁻/ *n.* 〖鉱物〗**1** 雪花石膏(せっこう), アラバスター (cf. gypsum 1). **2** 縞大理石 《同心円状の縞目をもった鍾乳石; Mexican onyx, onyx marble, oriental alabaster ともいう》. — *adj.* **1** 雪花石膏製の: an ~ vase. **2** 雪花石膏のような; 純白でなめらかな: her ~ arms / (as) white as ~ 雪白で[の]. 〘(1375) ◻ OF *alabastre* (F *albâtre*) // L ~ ◻ Gk *alábastros*: ◻ ? Egypt. **a-la-baste* vessel of the goddess Bast〕

alabastra *n.* alabastrum, alabastron の複数形.

al·a·bas·trine /æ̀ləbǽstr(ə)n | -trɪn/ *adj.* =alabaster. 〖(1598): ⇨ ↑, -ine³〗

al·a·bas·tron /æ̀ləbǽstrɑ(ː)n, -trən | -trɔn, -trən/ *n.* (*pl.* **-bas·tra** /-trə/, **~s**) =alabastrum.

al·a·bas·trum /æ̀ləbǽstrəm/ *n.* (*pl.* **-bas·tra** /-trə/, **~s**) (古代ギリシャ・ローマの)アラバストロン《油・軟膏(ᵏᵒᵘ)・香水用の小瓶; cf. aryballos, askos, lecythus》. 〖(1398) ◻L ~ ← Gk *alabastron* (⇨ alabaster)〗

à la bonne heure /ˌ‥—bɔ(ː)nə́ː | -bɔnə́ː(r; *F.* alabɔnœːʁ/ *F. adv.* 折よく. — *adj.* [叙述的] けっこうで, その通り. 〖(1699) ◻F ~ 'at the good hour'〗

à la broche /ˌ‥—bróuʃ | -brɔ́ʃ, -bráuʃ; *F.* alabʁɔʃ/ *adj., adv.* 串(ᵏᵘˢʰⁱ)に刺して(焼いた)), アラブロッシュ: eels ~. 〖(1906) ◻F ~ 'on the skewer': ⇨ broche〗

à la bro·chette /ˌ‥—brouʃét, -brə- | -brə(ʊ)-; *F.* alabʁɔʃɛt/ *adj., adv.* アラブロシェット (à la broche). 〖(1853) ◻F ~: ⇨ brochette〗

A·la·ca·luf /ælәkәlúːf, ɑ̀ːl-; *Am.Sp.* alakalúf/ *n.* (*pl.* ~, **~s**) **1 a** [the ~(s)] アラカルフ族《南米南端部の Tierra del Fuego の住民》. **b** アラカルフ族の人. **2** アラカルフ語.

à la carte /ɑ̀ːləkɑ́ːət, æ̀lə- | æ̀ləkɑ́ːt, ɑ̀ːlɑː-; *F.* alakaʁt/ *adj., adv.* (メニューの中から一品ずつ)好みの注文の[で], アラカルトの[で] (cf. table d'hôte, prix fixe): an ~ meal 好みの料理を注文する食事 / dine [eat] ~.
日英比較 英語では副詞または形容詞で, 日本語の「アラカルト(客の好みに応じて供する料理・一品料理)」のような名詞の意味はない. 〖(1812) ◻F ~ 'by the bill of fare': ⇨ carte¹〗

a·lack /əlǽk/ *int.* 《古》ああ, 悲しいかな《悲嘆・遺憾・驚きを表す》. 〖(1447) ← *a*- 'AH' + LACK misfortune: cf. alas〗

a·lack·a·day /əlǽkədèɪ | ⌐–⌐–, –⌐–⌐/ *int.* 《古》=alack. 〖(1703) ↑〗

a·lac·ri·tous /əlǽkrətəs | -rɪt-, -rət-/ *adj.* 敏活な. 〖(1870): ⇨ ↓, -ous〗

a·lac·ri·ty /əlǽkrəṭi | -r$_{ɪ}^{ə}$ti/ *n.* 敏活, 敏速: with ~ 敏活に, てきぱきと / show ~ てきぱきする. 〖(a1460) ◻L *alacritātem* ← *alacer* brisk ← ? IE **al-* to burn: cf. allegro〗

Ala Dağ [Dagh] /*Turk.* aládɑː/ *n.* アラ山: **1** トルコ南西部の山; 標高約 3,600 m. **2** トルコ北東部の山; 標高 3,134 m.

A·lad·din /əlǽdṇ | -dɪn/ *n.* **1** アラジン《「アラビアンナイト」中の 'Aladdin and the Wonderful Lamp' の主人公で中国の貧しい少年; 魔法のランプと魔法の指輪を手に入れて, 二人の精霊 (jinn) に命じてあらゆる望みをかなえさせる》. **2** 〖商標〗アラディン《米国 Aladdin Industries 社製のランチボックス・魔法びん・石油ストーブなど》.

Aláddin's cáve *n.* アラジンのほら穴《財宝のありかのことで, 素敵な物の一杯入った部屋・箱など》. 〖1884〗

Aláddin's lámp *n.* アラジンのランプ(のように人の望みをかなえさせる物). 〖1804〗

alae *n.* ala の複数形.

à la fran·çaise /ˌ‥—frɑ̃ː(n)séɪz, -frɑːn-; *F.* alafʁɑ̃sɛːz/ *F. adv., adj.* フランス流に[の]. 〖(1797) ◻F ~ 'after the French style'〗

A·la·gez /*Turk.* ɑlɑgéz/ *n.* =Aragats.

A·la·go·as /ɑ̀ːləgóuəs | -gə́ʊ-; *Braz.* alagóas/ *n.* アラゴアス《ブラジル北東部の州; 州都 Maceió》.

Á·lai Móuntains /ɑ́ːlaɪ-; *Russ.* alájˌ-/ *n. pl.* [the ~] アライ山脈《キルギス共和国の山脈; 天山 (Tien Shan) 山系の支脈; 最高峰 5,790 m》.

A·lain /əlǽ(ŋ), -lǽŋ; *F.* alɛ̃/ *n.* アラン: **1** 男性名. **2** 女性名. 〖1: ◻F ~: ⇨ Alan, 2: 《異形》← HELEN〗

Alain *n.* アラン《1868–1951; フランスの哲学者・随筆家; 本名 Émile Auguste Chartier》.

A·lain-Four·nier /ælǽ(n)fɔənjéɪ, ælæ̀n-, -fúə- | -fɔ́ːnjèɪ, -fúə-; *F.* alɛ̃fuʁnje/ *n.* アランフルニエ《1886–1914; フランスの小説家; *Le Grand Meaulnes*「モーヌの大将」(1913) 本名 Henri-Alban Fournier》.

à la ju·lienne /ˌ‥—ʒùːlién, -dʒuː-; *F.* alaʒyljɛn/ *F. adj., adv.* 千切りにした野菜・肉などを(入れて)料理した: potage [consommé] ~. 〖◻F ~: ⇨ julienne〗

à la king /ˌ‥—kíŋ/ *adj., adv.* 《米》アラキング《鶏肉や魚肉のさいの目切りを, 青とうがらしとマッシュルーム入りのクリームソースで煮込んだ料理についていう》: chicken ~ チキンアラキング《パイケースやトーストに盛る》. 〖(1912) フランス語にまねて *à la* に英語の king を添えた句〗

a·la·li·a /eɪléɪliə, əl-, -lǽl-/ *n.* 〖病理〗構語障害 (cf. aphasia). 〖(1878) ← NL ~ ← A-⁷ + Gk *lalía* talking〗

à la ly·on·naise /ˌ‥—ljɔ(ː)néɪz | -ljɔ-; *F.* alaljɔnɛːz/ *adj., adv.* アラリヨネーズ《切った玉ねぎと一緒に料理された》: potatoes ~. 〖(1866) ◻F ~ 'after the manner of Lyons': ⇨ lyonnaise〗

Al·a·man·ni /æ̀ləmǽnaɪ, -ni | æ̀l$_{ə}^{ɪ}$mɑ́ːni/ *n. pl.* [the ~] =Alemanni.

Al·a·man·nic /æ̀l$_{ə}^{ɪ}$mǽnɪk | æ̀l$_{ə}^{ɪ}$-⌐/ *n., adj.* =Alemannic.

al·a·me·da /æ̀ləmíːdə, -méɪ-/ *n.* 《米南西部・英古》(ポプラなどの)並木のある遊歩道. 〖(1797) ◻Sp. ~ ← *álamo* poplar〗

Al·a·me·da /æ̀ləmíːdə, -méɪ-/ *n.* アラメダ《米国 California 州 San Francisco 湾に臨む都市; 海軍の航空基地がある》. 〖◻Sp. ~ (↑)〗

Alamein *n.* ⇨ El Alamein.

à la meu·nière /ˌ‥—mənjéə | -məːniéə(r; *F.* alamønjɛːʁ/ *adj., adv.* =meunière. 〖◻F ~〗

Al·a·mine /ǽləmìːn, -m$_{ɪ}^{ə}$n | -mìːn, -mɪn/ *n.* 〖商標〗アラミン《C_{12}–C_{18} の直鎖; 分岐脂肪族アミンの商品名; 防食・浮選用》. 〖← AL(UMINUM) + AMINE〗

al·a·mi·qui /æ̀ləm$_{ɪ}^{ə}$kíː | -mɪ-/ *n.* 〖動物〗キューバソレノドン, アルミキ (*Atopogale cubana*)《キューバに生息するソレノドン科の食虫類の動物; 鼻づらが鋭く長く, 腋下などの皮膚から悪臭ある液体を分泌する; cf. agouta》. 〖◻Am.-Sp. *almiquí*〗

al·a·mo /ǽləmòu | -məʊ/ *n.* 《米南西部》〖植物〗=aspen. 〖◻Sp. *álamo* ← *alno* black poplar < ? L *alnum* alder〗

Al·a·mo /ǽləmòu | -məʊ/ *n.* [the ~] アラモ《米国 Texas 州 San Antonio にあるもとフランシスコ修道会の伝道所で後に要塞化された; 1836 年メキシコからの独立を目指す 187 名の Texas 人などがメキシコ軍に包囲され全滅した》.

a·la·mode /ɑ̀ːləmóud, æ̀lə- | æ̀ːləmə́ud, ɑ̀ːlɑː-, -mɔ́d/ *n.* アラモード絹《光沢のある薄絹の一種で, 頭巾・スカーフなどに用いる》. 〖(1676): ↓〗

à la mode /ɑ̀ːləmóud, æ̀lə- | æ̀ləmə́ud, ɑ̀ːlɑː-, -mɔ́d; *F.* alamɔd/ (*also* **a·la·mode** /~/) *adv.* 流行に従って, 当世風に, 今ふうに: be dressed very much ~. — *adj.* **1** 流行の, 今ふうな, シックな (fashionable). **2 a** 〈牛肉が〉アラモードの《小タマネギやニンジンなどの野菜と一緒に赤ワインなどで蒸し煮にした》: beef ~ = ~ beef. **b** 《米》〈パイなど〉アイスクリームを添えた[載せた]: pie ~. 〖(1649) ◻F ~ 'in the fashion': ⇨ mode²〗

Al·a·mo·gor·do /æ̀ləməgɔ́ədou | -gɔ́ːdəu/ *n.* アラモゴード《米国 New Mexico 州南部の都市; 1945 年世界初の原爆実験が付近の砂漠で行われた》.

à la mort /ˌ‥—mɔ́ə | -mɔ́ː(r; *F.* alamɔːʁ/ *F. adj.* [叙述的] **1** 半死半生で[の] (half dead). **2** 意気消沈して[た] (dejected); ふさぎこんだ, 生気のない. — *adv.* 《古》(戦いなどで)死ぬまで; 死ぬほどに, 致命的に. 〖(1592) ◻F ~ 'to the death'〗

Al·an /ǽlən/ *n.* アラン《男性名; 異形 Allen, Alain》. 〖◻ML *Alanus* ◻Celt. 《原義》? harmony〗

Al·an-a-dale /ǽlənədèɪl/ *n.* =Allan-a-Dale.

a·lan·ah /əlǽnə/ *int.* =alanna.

Al·an·brooke /ǽlənbrʊ̀k/, **Sir Alan Francis Brooke, 1st Viscount** *n.* アランブルック《1883–1963; 英国の陸軍元帥; Churchill の軍事顧問》.

Å·land Íslands /ɑ́ːlənd-, ɔ́ː- | ɔ́ː-, ɑ́ː-; *Swed.* óːland-/ *n. pl.* [the ~] オーランド諸島《Ahvenanmaa のスウェーデン語名》.

a·lang-a·lang /ɑ́ːlɑːŋɑ́ːlɑːŋ/ *n.* 〖植物〗=cogon. 〖◻Java & Malay ~〗

á·lang gràss /ɑ́ːlɑːŋ-/ *n.* 〖植物〗=cogon. 〖《短縮》↑〗

à l'an·glaise /æ̀lɑ̃ː(ŋ)gléɪz, ɑ̀ːl-, -lɑːŋ-, -gléz; *F.* alɑ̃glɛːz/ *F. adv., adj.* 英国風に[の]. 〖(1826) ◻F ~ 'after the English style': ⇨ anglaise¹〗

A·la·nia /ɑːlɑːnjə/ *n.* =North Ossetia.

al·a·nine /ǽlənàɪn, -nìːn/ *n.* 〖化学〗アラニン ($CH_3CH(NH_2)COOH$)《蛋白質中にあるアミノ酸の一種》. 〖(1863–79) ← AL-(DEHYDE) + *-an-* (添え字) + -INE³〗

a·lan·na /əlǽnə/ *int.* (*also* **a·lan·nah** /~/) 《アイル》[呼び掛け] (ねえ)お前, 君. 〖(1839) ◻Ir. *a leanbh* my child!〗

Al-A·non /ǽlənɑ̀(ː)n | -nɔ̀n/ *n.* アルアノン《アルコール中毒患者の家族縁者の会》.

ál·ant stárch /ǽlənt-, əlǽnt-/ *n.* 〖化学〗=inulin. 〖◻G ~ < OHG ◻VL **iluna* (変形) ← L *inula*: ⇨ inulin〗

al·a·nyl /ǽlənɪl/ *n.* 〖化学〗アラニル ($CH_3CH(NH_2)$-CO)《アラニンから誘導される基》. 〖(c1928) ← ALAN(INE) + -YL〗

a·lap /ɑːlɑ́ːp/ *n.* 〖インド音楽〗アーラープ《ラーガ (raga) における導入部》. 〖(1891) ◻Hindi *ālāp* // late Skt. *ālāpa*〗

a·lap·a /əlǽpə/ *n.* 〖キリスト教〗アラパ《ローマカトリックの堅振礼および英国国教会の堅信礼の際に, 司教[主教]が信者の頬に与える軽打; cf. confirmation 3》. 〖◻L ~ 'a slap'〗

à la page /ˌ‥—pɑ́ːʒ; *F.* alapaːʒ/ *F. adj.* [叙述的] 〈人・事が〉現代[先端]的で (up to date). 〖(1936) ◻F ~ 《原義》at the page: ⇨ page¹〗

a·lar /éɪlə | -lə(r/ *adj.* **1** 翼の, 羽の; 翼[羽]状の. **2** 〖植物〗腋(ᵉᵏⁱ)下の, 腋(ᵉᵏⁱ)生の (axillary). **3** 〖解剖〗翼状の; 腋下の. 〖(1839) ◻L *ālāris* ← *āla* wing: cf. aisle〗

A·lar /éɪlɑə | -lɑː(r/ *n.* 〖商標〗アラール《ダミノジド (daminozide) の商品名》.

A·lar·cón /ɑ̀ːlɑəkóun, -kɔ́(ː)n | -lɑːkɔ́n; *Sp.* alaɾkón/, **Pedro Antonio de** *n.* アラルコン《1833–91; スペインの小説家; *El Sombrero de tres picos*「三角帽子」(1874)》.

Al·a·ric¹ /ǽlərɪk/ *n.* アラリック《男性名》. 〖◻OHG *Alaricus* ← *ala* 'ALL' + *ric* 'ruler'〗

Al·a·ric² /ǽlərɪk/ *n.* アラリック《370?–410; 西ゴート族 (Visigoths) の王; ローマを占領した (410)》.

Alaric II *n.* アラリック二世《484?–507; 西ゴート族の王; 西ゴート人のローマ法を発布》.

a·larm /əlɑ́əm | əlɑ́ːm/ *n.* **1** 驚き, 驚愕(ᵍᵃᵏᵘ); 不安, 恐れ, 恐慌 (⇨ fear SYN): a look of ~ 驚きの色, 不安そうな顔つき / in ~ 驚きあわてて / The news caused great ~. その知らせを聞いてみな驚き心配した. **2 a** 警報, 警急: ⇨ false alarm / beat the ~ 警報のドラを鳴らす / sound [ring] an ~ 非常ベルを鳴らす / give [raise] the ~ 警報する, 非常を知らせる / take the ~ 急[危険]を知る, 警戒する. **b** (パソコンなどの)警告音. **3** 警報器, 警報装置; 警鐘: ⇨ burglar alarm, fire alarm. **4 a** (目覚まし時計などで)予定時刻を音で知らせる装置, アラーム; その音. **b** =alarm clock. **5** 〖フェンシング〗一歩踏み出しての挑戦. **6** 《古》非常召集 (call to arms).
tàke alárm (1) 〔知らせなどを聞いて〕驚く, 心配する〔*at*〕. (2) (警報を受けて)警戒する (cf. *n.* 2).
alárms and excúrsions ⇨ ALARUMS and excursions.
— *vt.* **1** 驚かす, びっくりさせる; 心配させる, あわてさせる (⇨ frighten SYN): be ~*ed at* the news 知らせに驚く / be ~*ed for* a person's safety 人の安否を気づかう / Don't ~ yourself. そうあわてるな[心配するな]. **2** …に警報する, 危急を知らせる; 警戒させる.
〖*n.*: (c1325) *alarme* ◻(O)F ◻It. *allarme*=*all'arme!* to arms! — v.: (c1590) ← (n.): cf. arm²〗

alárm bèll *n.* 警鐘, 半鐘, 早鐘. 〖1598〗

alárm càll *n.* **1** 〖動物〗警戒音《鳥類その他の動物の驚いたときの発声》. **2** アラームコール, 目覚ましコール《指定された時刻に人を起こすための電話》. 〖1938〗

alárm clòck *n.* 目覚まし時計: set the ~ for five o'clock 目覚ましを 5 時に掛ける. 〖1697〗

a·larmed /əlɑ́əmd | əlɑ́ːmd/ *adj.* **1** …を恐れて, …に不安を感じて; 不安そうな, おびえた〔*at, by, over*〕: an ~ look 驚愕の表情, 不安そうな様子 / They were ~ *by* noises in the night. 彼らは夜の物音におびえた (cf. alarm *vt.*). **2** 警報装置が付いていて. 〖(1605): ⇨ -ed〗

a·lárm·ed·ly /-m$_{ɪ}^{ə}$dli/ *adj.* びっくりしたように, 気づかわしそうに. 〖1880〗

alárm gàuge *n.* 〖機械〗警報ゲージ《ボイラーに取り付けた警報器; 水が減ったり蒸気の圧力が強すぎれば鳴り出す》.

a·larm·ing /əlɑ́əmɪŋ | əlɑ́ːm-/ *adj.* 人を驚かせる, 驚くほどの; 不安にさせる, あわてさせる: at an ~ rate / an ~ fact. 〖1680〗

a·lárm·ing·ly *adv.* 驚くほどに; 不安になるほどに; あわただしく. 〖1787〗

a·lárm·ism /-mɪzm/ *n.* **1** やたらに人騒がせをすること. **2** やたらに心配すること, 心配性. 〖1867〗

a·lárm·ist /-m$_{ɪ}^{ə}$st | -mɪst/ *adj* 人騒がせな(人の).
— *n.* **1** 人騒がせをする人 (scaremonger). **2** やたらに心配する人, 心配性の人. 〖1793〗

alárm reàction *n.* 〖生理〗警告反応《生体が適応できないような突然の刺激に対して起こる非特異的反応; cf. adaptation syndrome》. 〖1936〗

al·ar·um /əlǽrəm, əlɛ́r-, əlɑ́ːr- | əlǽr-, əlɑ́ːr-, əlɛ́ər-/ *n.* **1** 《英》目覚まし時計の音; 目覚まし装置. **2** 《古》警報 (alarm). **3** 《廃》出撃の合図; 戦闘.
alárums and excúrsions (1) 非常警報と出撃, 混戦乱闘《Shakespeare 劇などのト書きによく見られる》. (2) 《戯言》混乱, てんやわんや.
〖(1584) 《変形》← ALARM〗

alárum clòck *n.* 《英》=alarm clock.

a·la·ry /éɪləri, ǽl-/ *adj.* **1** 翼の. **2** 〖生物〗翼の, 翼状の. 〖(1658) ← L *ālārius* ← *āla* wing: ⇨ alar, -ary〗

a·las /əlǽs | əlǽs, əlɑ́ːs/ *int.* ああ, 悲しいかな, あわれ《悲しみ・哀れみ・痛惜などを表す; 今では日常語としては主に芝居がかった語》: *Alas* the day! 《古》ああ, さてもさても《the day は元来与格》/ *Alas for* poor John! ああ, かわいそうなジョン. 〖(?a1200) *allas* ◻(O)F (*h*)*alas* (F *hélas*) ← *ha* 'AH' + *las* wretched (< L *lassum* weary: cf. lassitude)〗

Alas. 《略》Alaska.

A·las·ka /əlǽskə/ *n.* アラスカ《北米大陸北西端の米国最大の州 (⇨ United States of America 表)》. 〖(1884) ◻Russ. *Alyaska* ◻Aleut *alakshak* mainland〗

Aláska, the Gúlf of *n.* アラスカ湾 (Alaska 南岸太平洋に面する).

Aláska bláckfish *n.* 〖魚類〗=blackfish 1 d.

Aláska cédar *n.* 〖植物〗アラスカヒノキ (⇨ yellow cedar 1). 〖1884〗

Aláska cód *n.* 〖魚類〗マダラ (*Gadus macrocephalus*).

Aláska cótton *n.* 〖植物〗ワタスゲ (cotton grass); (特に)アラスカワタスゲ (*Eriophorum angustifolium*).

Aláska Híghway *n.* [the ~] アラスカハイウェー《カナダの British Columbia 州北東部の Dawson Creek から Alaska の Fairbanks に至るハイウェー; 米国軍用補給路として 1942 年に建設; 長さ 2,451 km; 旧名 Alcan Highway》.

A·las·kan /əlǽskən/ *adj.* (米国) Alaska 州(人)の.
— *n.* Alaska 州人. 〖(1868) ← ALASKA + -AN¹〗

Aláskan kíng cráb *n.* 〖動物〗タラバガニ.

Aláskan málamute, A- M- *n.* アラスカンマラミュート《Alaska の北極地方原産のイヌ; 重量貨物輸送作業用のそりイヌとして用いる》. 〖1938〗

Aláskan órchis *n.* 〖植物〗北米産ラン科サギソウ属の紫色の花をつける多年草 (*Habenaria unalascensis*).

Aláska Península *n.* [the ~] アラスカ半島《Alaska 本土の南西部を成す半島》.

Aláska póllack *n.* 〖魚類〗スケトウダラ (⇨ walleyed pollack).

Aláska Ránge *n.* [the ~] アラスカ山脈《Alaska 南部の山脈; 最高峰 Mt. McKinley (6,194 m)》.

Aláska stándard tìme *n.* =Alaska time.

Aláska tìme *n.* アラスカ(標準)時《米国の標準時の一つ; 西経 135° にあり GMT より 9 時間遅い; 以前 Hawaii time ともいった; ⇨ standard time 1 ★》. 〖1945〗

A·las·tair /ǽləstə | -tə(r, -tèə(r/ *n.* アラステア《男性名; スコットランドに多い》. 〖◻Sc.-Gael. ~〗

A·las·tor¹ /əlǽstɔə, -tə, æl- | -tɔː(r/ *n.* 〖ギリシャ神話〗アラストール《復讐(ᶠᵘᵏᵘˢʰᵘ)の神》.
〖◻L *Alastōr* ◻Gk *Alástōr* 《原義》the unforgetting ← A-⁷ + *lathein* to forget〗

A

A·las·tor² /əlǽstɔə, -tə, æl- | -tɔː(r/ n. アラストール《男性名》. 〘↑〙

a·las·trim /ǽləstrɪ́m, ←→/ n. 〘病理〙アラストリム, 小痘瘡(しょうとうそう)《天然痘の軽症型》. 〘(1913) □ Port. ～ ← alastrar to spread, cover ← lastro covering □ F laste: cf. last¹〙

a·late /éɪleɪt/ adj. **1** 翼のある, 有翅(ゆうし)の. **2** 〘植物〙翼状にふくれた(部分のある). —— n. 〘昆虫〙有翅虫《アリ・アリマキなど》. 〘(1668) □ L ālātus winged ← āla wing: cf. aisle〙

á·lat·ed /-tɪ̀d | -tɪ̀d/ adj. =alate. 〘1653〙

A·la·va /ɑ́ːləvə/; Sp. álaβa/ n. アラバ《スペイン北部 Basque 地方の県》.

Al·a·va, Cape /ǽləvə/ n. アラバ岬《米国 Washington 州北西の岬》.

alb /ǽlb/ n. 〘教会〙白衣, アルバ, アルブ《ミサなどの際聖職者などが着用する白麻の長い祭服》. 〘OE albe □ ML alba (vestis) white (garment) (fem.) ← albus white ← IE *albho- white〙

alb. 《略》〘処方〙L. albus (=white).

Alb. 《略》Albania; Albanian; Albany; Alberta.

alb- /ǽlb/ (母音の前にくるときの) albo- の異形.

al·ba¹ /ǽlbə/ n. 〘解剖〙(脳・脊髄の)白質. 〘← NL ～ ← L (fem.) ← albus: ⇨ alb〙

al·ba² /ǽlbə/ n. (フランス Provence の叙情詩人 (troubadour) が作った)暁の歌 (cf. aubade 2). 〘(1821) □ OProv. ～《原義》dawn < VL *albam: ⇨ alb〙

Al·ba /ǽlbə; Sp. álβa/, **Fernando Ál·va·rez de To·le·do** /álβareθ de toléðo/ n. アルバ公 (1508–82; スペインの将軍; オランダの新教徒反乱を鎮圧した (1567–73); Alva ともいう; 称号 Duke of Alba).

Alba. 《略》Alberta (Canada).

Al·ba·ce·te /àːlbəséɪteɪ, -θéɪ-; Sp. alβaθéte/ n. アルバセテ《スペイン南東部の都市; 刀剣・刃物・サフランの名産地》.

al·ba·core /ǽlbəkɔ̀ə | -kɔ̀ː(r/ n. (pl. ～, ～s) 〘魚類〙**1** ビンナガ(マグロ) (Thunnus alalunga). **2** クロマグロ (bluefin tuna). **3** マグロに類する魚類の総称. 〘(1579) □ Sp. albacora & Port. albacor □ Arab. al-bákrah the young camel, heifer, pig〙

Al·ba Iu·lia /ǽlbəjúːliə, -ljə; Rom. álbajúlia/ n. アルバユリア《ルーマニア中西部の都市; トランシルバニアアルプス (Transylvanian Alps) の北に位置し, 16–17 世紀には Transylvania 公国の首都であった》.

Al·ba Lon·ga /ǽlbəlɔ́(ː)ŋgə, -lɑ́(ː)ŋ- | -lɔ́ŋ-/ n. アルバロンガ《イタリア中部にあった古代都市; 伝説では Aeneas の子 Ascanius が開いたとされる》. 〘← L albus white & longus long〙

Al·ban /ɔ́ːlbən, ɑ́ːl- | ɔ́ːl-, ɔ́l-; G. álbaːn, ──/ n. オールバン (男性名). 〘□ L Albānus《原義》of Alba ← Alba Longa (↑)〙

Al·ban /ɔ́ːlbən, ɑ́ːl- | ɔ́ːl-, ɔ́l-/, Saint n. 聖アルバヌス[オールバン]《ローマ皇帝 Severus (193–211) の治下に没したといわれる英国最初の殉教者; 祝日 6 月 22 日または 17 日》.

Alban. 《略》ML. Albanēnsis (=of St. Albans) (Bishop of St. Albans が署名に用いる; cf. Cantuar. 2).

Al·ba·ni·a /ælbéɪniə, ɔːl-, ɑːl- | æl-, ɔːl-/ n. **1** アルバニア《バルカン半島の共和国; 面積 28,748 km², 首都 Tirana; 公式名 Republic of Albania アルバニア共和国》. **2** 〘□ ML ～ 'Scotland'〙《廃》=Scotland 1.

Al·ba·ni·an /ælbéɪniən, ɔːl-, ɑːl- | æl-, ɔːl-/ adj. **1** アルバニアの; アルバニア人[語]の. **2** 《廃》スコットランド(人)の. —— n. **1** a アルバニア人. b アルバニア語(派)《インドヨーロッパ語族に属する》. **2** 《廃》スコットランド人. 〘1: (1596): ⇨ ↑, -an¹. 2: (1561)〙

Al·ba·ny /ɔ́ːlbəni, ɑ́ːl- | ɔ́ːl-, ɔ́l-/ n. オールバニー: **1** 米国 New York 州の州都; 同州の東部, Hudson 川に沿っている. **2** 米国 Georgia 州南西部の都市. **3** オーストラリア南西部, West Australia 州南西部の港湾都市; King George 湾に臨む; リゾート地. 〘1: the Duke of York and Albany を記念して 1664 年に命名〙

Álbany dóctor n. 《豪》(西オーストラリア南西部に吹く)涼しい南風.

al·ba·rel·lo /æ̀lbərélou | -ləu/ n. (pl. -rel·li /-liː/, ～s) 〘窯業〙アルバレロ《15–16 世紀のマジョリカ焼き (majolica) で, 広口の円筒形の保存用つぼ[かめ]》. 〘(1873) □ It. alberello? (dim.) ← albero poplar □ L albus white〙

al·bar·i·um /ælbέəriəm | -béər-/ n. 〘石工〙(古代建築の薄い白色の化粧漆喰(しっくい)). 〘(1552) □ L albārium (neut. sing.) ← albārius the whitening of walls ← albus white＋-ārius '-ARY'〙

al·ba·ta /ælbéɪtə | -tə/ n. 〘冶金〙洋銀 (⇨ nickel silver). 〘(1848) ← NL ～ ← L albāta (fem.) ← albātus whitened (p.p.) ← albus white〙

al·ba·tross /ǽlbətrɔ̀(ː)s, -trɑ̀(ː)s | -trɔ̀s/ n. (pl. ～·es, ～) **1** 〘鳥類〙アホウドリ《アホウドリ科の海鳥の総称; アホウドリ (Diomedea albatrus), ワタリアホウドリ (wandering albatross), クロアシアホウドリ (black-footed albatross) など》. **2** 〘S. T. Coleridge 作の The Rime of the Ancient Mariner に出てくるアホウドリから〙執拗な不安の種; 障害(物), 難関: an [the] ～ around [about] one's neck 常に付きまとう悩みの種, 重荷. **3** アルバトロス: **a** クレープ[石目]仕上げの毛織物. **b** けばのある柔らかい綿織物. **c** 梳毛織物の外観をもった防水レーヨンギャバ. **4** 《英》〘ゴルフ〙アルバトロス (⇨ double eagle 3). 〘(1672)《変形》← talcatras □ Sp. & Port. alcatraz pelican (異形) ← Port. alcatruz □ Arab. al-qādūs pitcher □ Gk kádos pail ← Sem. // □ Arab. al-ghaṭṭās sea eagle ← ghaṭṭas diver: ⇨ AL-².〙

al·be·do /ælbíːdou | -dəu/ n. (pl. ～s) **1** 〘天文・物理〙アルベド, 反射係数《惑星表面などが太陽などの光線を反射する程度を表す量; cf. reflectance》. **2** アルベド《柑橘類の果皮の内側の白い部分, ペクチンを含む》. 〘(1859) □ LL albēdo whiteness ← albus white〙

al·be·dom·e·ter /æ̀lbədɑ́(ː)mətə | -dɔ́mɪ̀tə(r/ n. 〘天文〙アルベド計測器《アルベド (albedo) を計測する器具》. 〘⇨ ↑, -meter¹〙

Al·bee /ɔ́ːlbi, ɑ́ːl-, ǽl- | ɔ́ːl-, ǽl-/, **Edward (Franklin)** n. オールビー (1928–　; 米国の劇作家; Who's Afraid of Virginia Woolf? (1962)).

al·be·it /ɔːlbíːɪ̀t, ɑːl- | ɔːlbíːɪt, æl-/ conj. 《文語》…とはいえ, …にもかかわらず (although): an enjoyable, ～ somewhat tiring, day 少々疲れるが, 楽しい一日 / He is an unlearned man, ～ no fool. ばかではないが無学な人である. 〘(a1325) al be it al(though) it be〙

Al·be·marle /ǽlbəmɑ̀əl | -bɪ̀mɑ̀ːl/, 1st Duke of n. ⇨ Monk.

Ál·be·marle Sóund /ǽlbəmɑ̀əl- | -bɪ̀mɑ̀ːl-/ n. アルバマール湾《米国 North Carolina 州の入江; 長さ 80 km》. 〘← George Monk, Duke of Albemarle〙

Al·bé·niz /ɑːlbéɪniːs, -niθ; Sp. alβéniθ/, **I·sa·ac** /isaák/ n. アルベニス (1860–1909; スペインの作曲家・ピアニスト).

Al·ber·ich /ǽlbərɪk, -rɪx; G. álbəʁɪç/ n. 〘ゲルマン伝説〙アルベリヒ《小人国王でニーベルング族 (Nibelungs) の長》. 〘□ G ～ < OHG Albirich ← alfi elf＋ric ruler: cf. Aubrey〙

Al·bers /ǽlbəz, ɑ́ːl- | -bəz; G. álbɐs/, **Josef** n. アルバース (1888–1976; ドイツ生まれの米国の幾何学的抽象画家; Bauhaus の考え方を紹介した).

al·bert /ǽlbət | -bət/ n. **1** アルバート型の懐中時計用鎖《チョッキの胸につける》. **2** [A-] =Albert Medal. 〘(1859): Queen Victoria の夫 Prince Albert の愛用した型にちなむ〙

Al·bert /ǽlbət | -bət; F. albɛːʁ, Dan. álbʌd, G. álbɛʁt, Flem. álbərt/ n. アルバート (男性名; 愛称形 Al, Bert). 〘□ F ～ □ OHG Adalbert《原義》bright through nobility ← adal, aðal noble＋beraht 'BRIGHT': cf. Ethelbert〙

Al·bert /ǽlbət | -bət/, **Lake** n. アルバート湖《アフリカ東部ウガンダとコンゴ民主共和国間の湖; Victoria Nile が流入; 別名 Mobutu 湖》.

Albert, Prince n. アルバート殿下 (1819–61; 英国の Victoria 女王の夫君; ドイツのザクスコーブルグゴータ公家の出で, 1840 年結婚し英国に帰化; その教養と人格によって女王に大きな感化を及ぼした; Prince Consort として知られた; 別称 Albert [Prince] of Saxe-Coburg-Gotha).

Albert I n. アルベール[アルベルト]一世 (1875–1934; ベルギー国王 (1909–1934); 本名 Albert Leopold Clément Marie Meinrad /máɪnrɑːt/).

Al·ber·ta¹ /ælbə́ːtə | -bɜ́ːtə/ n. アルバータ (女性名). 〘(fem.) ← ALBERT〙

Al·ber·ta² /ælbə́ːtə | -bɜ́ːtə/ n. アルバータ《カナダ西部の州; 面積 661,188 km², 州都 Edmonton; 略 Alta》.

Álbert Canál n. アルベール運河《ベルギー北東部を通り, Liège 重工業地帯と Antwerp とを結ぶ運河; 全長 130 km》

Álbert Édward n. アルバート エドワード山《New Guinea 南東部の山; 標高 3,993 m》.

Álbert Háll n. [the ～] アルバートホール[記念会館]《London の Kensington にあり, 音楽会・舞踏会・集会などに使用される長円形の大公会堂; 正式名 Royal Albert Hall》. 〘⇨ Prince ALBERT〙

Al·ber·ti /ælbéəti, ɑːl- | -béəti; It. albérti/, **Le·on** /leó:n/ **Battista** n. アルベルティ (1404–72; イタリアルネサンスの建築家・理論家).

Al·ber·ti bass /ælbə́ːtibèɪs, ɑːlbéə- | -bɜ́ːt-, -béə-; It. albérti-/ n. 〘音楽〙アルベルティバス《18 世紀前半に Alberti が初めて用いたといわれる分散和音の音型; ピアノ曲の左手によく現れる》. 〘(1876) ← Domenico Alberti (1710?–40: イタリアの音楽家)〙

Al·ber·ti·na /æ̀lbətíːnə | -bə-; G. albɛʁtíːna/ n. アルバーティーナ (女性名). 〘↓〙

Al·ber·tine /ǽlbətìːn | -bə-; F. albɛʁtin, G. albɛʁtíːnə/ n. アルバーティーン (女性名). 〘(fem.) ← ALBERT〙

al·bert·ite /ǽlbətàɪt | -bə-/ n. 〘地質〙アルバート鉱《アスファルト系瀝青の一種》. 〘(1875) ← Albert (カナダ New Brunswick 州の産地名)＋-ITE¹〙

Álbert Médal n. (英国の)アルバート勲功章《人命救助に殊勲のあった者に授けられる, Victoria 女王が制定した; 略 AM》. 〘(1866): ⇨ Prince ALBERT〙

Álbert Memórial n. [the ～] アルバート記念碑《London の Kensington Gardens にある Prince Albert の記念碑》. 〘(1887) ↑〙

Álbert Níle n. [the ～] アルバートナイル《Nile 川上流の Albert 湖からウガンダ・スーダン国境の間の部分》.

Álbert Ny·án·za /-naɪǽnzə, -niː-/ n. =Lake ALBERT.

Al·ber·to /ɑːlbə́ːtou, -béə- | -bɜ́ːtəu, -béə-; It. albérto, Sp. alβérto, Am.Sp. alβérto, Port. aɫbέrtu, Braz. awbέrtu/ n. アルベルト (男性名). 〘□ It. ～ 'ALBERT'〙

Al·ber·tus Mag·nus /ælbə́ːtəsmǽgnəs | -bɜ́ːt-/, Saint n. 聖アルベルトゥス マグヌス (1193?–1280; ドイツのスコラ学者; Thomas Aquinas の師, 1932 年聖列に加えられた; 通称 Albert the Great).

al·ber·type, A- /ǽlbə(t)tàɪp | -bə(t)-/ n. 〘印刷〙= collotype. 〘□ G Albert(t)ypie ← Joseph Albert (1825–86: オーストリアの写真家)〙

al·bes·cent /ælbésənt, -sn̩t/ adj. 白くなりかかっている; 帯白色の (whitish). **al·bés·cence** /-səns, -sn̩s/ n. 〘(1831) □ L albēscentem (pres.p.) ← ablēscere to become white ← albus white: ⇨ alb〙

Al·bi /ǽlbi; F. albi/ n. アルビ《フランス南部都市, Tarn 県の県都; Albigenses の中心地》.

Al·bi·gen·ses /æ̀lbədʒénsiːz | -bɪ̀dʒén-, -gén-/ n. pl. [the ～] アルビ派《12–13 世紀に南フランスの Albi 地方に起こった反ローマ教会の団体》. **Al·bi·gen·sian** /æ̀lbədʒénʃən, -siən | -bɪ̀dʒénsiən, -gén-⁻/ adj. 〘(1625) □ ML ～ (pl.) ← albigensis《原義》inhabitant of Albi ← Albīga Albi (↑)〙

Al·bin /ǽlbɪ̀n | -bɪn/ n. アルビン (男性名). 〘□ L Albīnus (もとローマの家族名) ← albus white〙

Al·bi·na /ælbáɪnə, -bíː-/ n. アルバイナ, アルビーナ (女性名). 〘(fem.) ↑〙

al·bin·ic /ælbínɪk/ adj. 白子(しらこ) (albino) の, 白変種の. 〘← ALBINO＋-IC¹〙

al·bi·nism /ǽlbənɪzm | -bɪ̀-/ n. **1** 〘生物〙白化《色素の生産能力を完全に欠如する症状で, 劣性に遺伝する; 哺乳類に広く出現し, 毛皮・皮膚・虹彩などの色素を欠く》. **2** 〘病理〙白皮症, 白子(しらこ) (↔ melanism). 〘(1836) □ F albinisme □ G Albinismus ← albino (⇨ albino)＋-ismus '-ISM'〙

al·bi·nis·tic /æ̀lbənístɪk | -bɪ̀-⁻/ adj. 〘生物・病理〙**1** 白化の; 白皮症にかかった. **2** 白化傾向の. 〘1880: ⇨ -ISTIC〙

al·bi·no /ælbáɪnou | -bíːnəu/ n. (pl. ～s) **1** 白子(しらこ), しろこ. **2** 〘生物〙白変種《色素の著しく欠けた動植物》: an ～ rat シロネズミ. **3** **a** 浮出し白マーク(スタンプ). **b** 〘郵趣〙手違いによる印刷もれ《特にエンボス印刷や加刷に生じやすい》. **al·bi·not·ic** /æ̀lbənɑ́(ː)tɪk | -bɪ̀nɔ́t-⁻/ adj. 〘(1777) □ Sp. & Port. ～ 'whitish' ← L albus white〙

Al·bi·no·ni /æ̀lbɪ̀nóuni, ɑ̀ːl- | -bjnə́u-; It. albinóːni/, **To·ma·so** /tomáːzo/ (**Giovanni**) n. アルビノーニ (1671–1751; イタリアの作曲家).

Al·bi·nus /ælbíːnəs/ n. =Alcuin.

Al·bi·on /ǽlbiən/ n. 《詩・文語》アルビオン《Great Britain の古[雅]名, 後には England の意に用いられた; cf. Caledonia, Cambria, Hibernia, Columbia 3》: perfidious ～ 不実な英国《もとフランス人が英国を非難して用いた la perfide Albion /pɛrfid albjɔ̃/ の英訳》. 〘(?a1200) □ F ～ // OE ～ □ L Albiō(n-) □ Gk Alouíōn □ Celt. *Albio ← IE *albho- white (cf. L albus white): white land が原義; ブリテン島南部海岸の白亜質の絶壁からこの名が生じたという: cf. alb〙

Al·bi·re·o /ælbíriòu | -əu/ n. 〘天文〙アルビレオ《白鳥座 (Cygnus) の 3.2 等と 5.3 等の 2 個の星から成る重星; 合成光度 3.1 等》. 〘《誤読》← ab ireo: Ptolemy の天文学書の白鳥座の記述に出てくる語〙

al·bite /ǽlbaɪt/ n. 〘鉱物〙曹(そう)長石, ソーダ長石 ($NaAlSi_3O_8$). 〘(1843) ← L albus white＋-ITE¹〙

al·biz·zi·a /ælbíziə/ n. (also **al·biz·i·a** /～/) 〘植物〙マメ科ネムノキ属 (Albizzia) の樹木. 〘(1844) ← NL Albizia, Albizzia (この木をイタリアに持ち込んだ家族の名)〙

ALBM 《略》〘軍事〙air-launched ballistic missile 空中発射弾道ミサイル.

al·bo- /ǽlbou | -bəu/「白い (white)」の意の連結形. ★ 母音の前では通例 alb- になる. 〘← L ～ ← albus: ⇨ alb〙

Al·boin /ǽlbɔɪn, -bouɪ̀n | -bɔɪn, -bəuɪn; G. álboːɪn/ n. アルボイン (?–?573; 古代ゲルマン人の部族 Langobard 族の王 (561?–?573)).

al·bo·my·cin /æ̀lbəmáɪsɪ̀n, -sn̩ | -sɪn/ n. 〘生化学〙アルボマイシン《ペニシリンに耐性のある細菌に用いる抗生物質》.

Ål·borg /ɔ́ːlbɔəg, ɑ́ːl- | -bɔːg; Dan. ʌ́lbɒː/ n. = Aalborg.

Al·brecht /ɑ́ːlbrɛkt, -brɛxt | ǽl-; G. álbʁɛçt/ n. アルブレヒト (男性名). 〘□ G ～ 'ALBERT'〙

Al·bright /ɔ́ːlbraɪt, ɑ́ːl- | ɔ́ːl-, ɔ́l/, **Madeleine (Korbel)** n. オルブライト (1937–　; チェコ生まれの米国の政治家; 国連大使 (1993–96); 国務長官 (1997–2001)).

al·bu·gin·e·a /æ̀lbjuːdʒíniə, -bju- | -bju-/ n. 〘解剖〙(眼球などの)白膜. 〘(1698) ← NL ～ ← L albūgo (↑)〙

al·bu·gin·e·ous /æ̀lbjuːdʒíniəs⁻/ adj. 〘解剖〙白膜の, 白膜に似た. 〘(1543) ← NL albūgine(us)＋-ous〙

al·bum /ǽlbəm/ n. **1** アルバム《写真[切手, 絵葉書, サイン, 書画]帳など》: a photograph ～ / a family (photograph) ～ 家族のアルバム / a stamp ～ (収集家の)切手帳 / an autograph ～ サイン帳. **2** (書)画集, 文集, 詩[歌]集 (anthology). **3** (アルバム型の)レコード入れ[ホルダー]. **4** (名曲などの LP の)組レコード[テープ, CD], 名曲アルバム; (まとめていくつかの名曲などが入った) LP のレコード[テープ, CD]: a hit ～ / their latest ～ 最新のアルバム / a two-record ～. **5** 《米》訪客名簿 (visitors' book): ～ verses アルバムなどに書きつける(ような下手な)短詩, 即興詩. 〘(1612) □ G ～ □ L ～ 'white tablet (for entries)' ← albus white: ⇨ alb〙

al·bum·blatt /ǽlbəmblæ̀t; G. álbʊmblàt/ n. 〘音楽〙アルバム ブラット《通例ピアノのための器楽小品の一種》.

al·bu·men /ælbjúːmən | ǽlbjumɪ̀n, -mèn/ n. **1** 卵白. **2** 〘生化学〙=albumin 2. **3** 〘植物〙胚乳(はいにゅう). 〘(1599) □ L albūmen white of an egg ← albus white: ⇨ alb〙

al·bu·men·ize /ælbjúːmənàɪz | -mɪ̀-/ vt. =albuminize.

albúmen pàper n. 〘写真〙鶏卵紙《初期の写真印画紙; 塩化物を含む卵白を紙に塗布し硝酸銀液に浮かせて感

光性をもたせたもの). 〘1936〙
albúmen plàte *n.* 〘印刷〙 卵白平版 《卵白の水溶液を感光液とした写真平版; cf. deep-etch plate》.
al·bu·min /ælbjúːmɪn/ *n.* **1** 蛋白質. **2** 〘生化学〙 アルブミン 《単蛋白質の一種》. 〘《1869》← ALBUMEN＋-IN²: cf. F *albumine*〙
al·bu·min- /ælbjúːmən | -mɪn/ (母音の前にくるときの) albumino- の異形.
al·bu·mi·nate /ælbjúːmənèɪt, -nɪt | -mɪ-/ *n.* 〘生化学〙 アルブミネート, アルブミン塩 《アルブミンにアルカリまたは酸が作用してできる変性蛋白質》. 〘《1859》: ⇨ ↑, -ate¹〙
albúmin còlor *n.* (織物プリント加工の)アルブミンカラー.
al·bu·min·i- /ælbjúːmənɪ, -ni | -mɪn-/ albumino- の異形 (⇨ -i-).
al·bu·min·ize /ælbjúːmənàɪz | -mɪ-/ *vt.* 〈写真印画紙など〉に蛋白を塗る, 蛋白液で処理して光沢を出す: ～*d* paper 鶏卵紙. **al·bu·min·i·za·tion** /ælbjùːmənɪzéɪʃən | -mɪnaɪ-, -nɪ-/ *n.*
al·bu·min·o- /ælbjúːmənoʊ | -mɪnəʊ/ 「蛋白 (albumen), 蛋白質 (albumin); 胚乳(はいにゅう)」の意の連結形. ★ 時に albumini-, また母音の前では通例 albumin- になる. 〘← F ～ ← L *albumen* (⇨ albumen)〙
al·bu·min·oid /ælbjúːmənɔ̀ɪd | -mɪ-/ 〘生化学〙 *adj.* 蛋白のような, 蛋白性の. — *n.* **1** 蛋白質. **2** 硬蛋白質, 骨格性蛋白質, アルブミノイド. **al·bu·mi·noi·dal** /ælbjùːmənɔ́ɪdl | -mɪnɔ́ɪdl←/ *adj.* 〘《1859》: ⇨ ↑, -oid〙
al·bu·min·ose /ælbjúːmənòʊs | -mɪnəʊs/ *adj.* ＝albuminous. 〘《1847-49》← NL *albūminōsus*: ⇨ albumino-, -ose¹〙
al·bu·min·ous /ælbjúːmənəs | -mɪ-/ *adj.* **1** 蛋白性の, 蛋白質を含む. **2** 〘植物〙 胚乳(はいにゅう)のある, 有胚乳の: ～ seeds 有胚乳種子. 〘《1791》← ALBUMINO-＋-OUS: cf. F *albumineux*〙
al·bu·min·u·ri·a /ælbjùːmənʊ́ᵊriə, -njʊ́ᵊr- | æl-bjuːmɪnjʊ́əriə/ *n.* 〘病理〙 蛋白尿(症); アルブミン尿(症). **al·bù·min·ú·ric** /-rɪk←/ *adj.* 〘《1842》← ALBUMINO-＋-URIA〙
álbum-òriented *adj.* (ロックなどの)レコードアルバム放送中心の.
al·bu·mose /ǽlbjumòʊs | -məʊs/ *n.* 〘生化学〙 アルブモース 《消化酵素などの作用により蛋白質が分解してできる 1 次的なもの; cf. proteose》. 〘《1884》← ALBUM(IN)＋-OSE²〙
álbum slèeve *n.* ＝sleeve 2.
Al·bu·quer·que /ǽlbəkə̀ːki | ǽlbəkɜ̀ːki, ⸗⸗⸗⸗; *Port.* ałbukérkɯ/ *n.* アルバカーキ 《米国 New Mexico 州中部の都市》. 〘← *the Duke of Albuquerque* (メキシコの総督)〙
Albuquerque, A·fon·so de /əfɔ́su ðɯ/ *n.* アルブケルケ 《1453-1515; 東洋に植民地を開拓したポルトガルの提督》.
al·bur·nous /ælbə́ːnəs | -bɜ́ː-/ *adj.* 辺材の. 〘《1803》: ⇨ ↓, -ous〙
al·bur·num /ælbə́ːnəm | -bɜ́ː-/ *n.* 〘林業〙 辺材 (⇨ sapwood). 〘《1664》□ L ～ ← *albus* white〙
Al·bu·ry /ɔ́ːlb(ə)ri, ɑ́ː- | ɔ́ː-, ɔ́l-/ *n.* オールバリー, アルベリー 《オーストラリア南東, New South Wales 州南部の商業都市》.
alc. 《略》 alcohol; alcoholic.
al·ca·de /ɑːlkɑ́ːdi | -di/ *n.* 〘米南西部〙 ＝alcalde.
Al·cae·us /ælsíːəs/ *n.* アルカイオス 《古代ギリシャ Lesbos 島 Mytilene の叙情詩人で, 紀元前 6 世紀初頭の人》. 〘□ L ～ □ Gk *Alkaîos*〙
al·ca·hest /ǽlkəhèst/ *n.* 〘錬金術〙 ＝alkahest.
Al·ca·ic, a- /ælkéɪɪk/ *adj.* **1** アルカイオス (Alcaeus) の. **2** 〘詩学〙 アルシーアス格の: an ～ verse. — *n.* [*pl.*] 〘詩学〙 アルシーアス格の詩行. 〘《1630》□ L *Alcaicus* □ Gk *Alkaïkós* pertaining to or used by Alcaeus ← *Alkaîos* Alcaeus: ⇨ Alcaeus〙
al·cai·de /ælkáɪdi, ɑː- | -di; *Sp.* alkáiðe/ *n.* (*pl.* ～s /～z; *Sp.* ～s/) **1** (スペイン・ポルトガルなどの)要塞(ようさい)司令官. **2** (スペイン・ポルトガルなどの)看守 (jailer); 刑務所長 (warden). 〘《1502》□ Sp. ～ □ Arab. *al-qā'id* the commander ← *qāda* to lead (the army)〙
Al·ca·lá de He·na·res /ælkəlɑ́ːdeɪenɑ́ːrɛs; *Sp.* alkaláð(e)enáres/ *n.* アルカラ デ エナーレス 《スペイン中央部, Madrid 州東部の歴史的都市》.
al·cal·de /ælkɑ́ːldi, -deɪ | -kǽldeɪ, -di; *Sp.* alkálde/ *n.* (スペインおよびもとスペインの支配下にあった地域で)裁判官を兼ねる市長. 〘《1565》□ Sp. ～ □ Arab. *al-qāḍī* the judge: ⇨ cadi〙
al·ca·lig·e·nes /ælkəlɪ́dʒəniːz | -dʒɪ-/ *n.* (*pl.* ～) 〘細菌〙 アルカリゲネス 《人を含む動物の腸管内に発見される *Alcaligenes* 属の微生物》. 〘← NL ～ ← F *alcali* 'ALKALI'＋Gk *-genēs* '-GEN'〙
Al·can /ǽlkæn/ *n.* 〘商標〙 アルキャン 《カナダ Alcan Aluminum 社製のアルミニウム製品》.
Ál·can Híghway /ǽlkæn-/ *n.* [the ～] Alaska Highway の旧名. 〘← AL(ASKA)＋CAN(ADA)〙
al·cap·ton /ælkǽptɑ(ː)n, -tən | -tɒn, -tən/ *n.* 〘生化学〙 ＝alkapton.
al·cap·ton·u·ri·a /ælkæ̀ptənʊ́ᵊriə, -njʊ́ᵊr- | -njʊ́əriə/ *n.* 〘病理〙 ＝alkaptonuria.
Al·ca·traz /ǽlkətræ̀z, ⸗⸗⸗/ *n.* アルカトラズ(島) 《米国 California 州 San Francisco 湾内の島; 1934-63 年に連邦刑務所があった》. 〘← Sp. *Isla de Alcatraces* Island of Pelicans〙
al·cay·de /ælkáɪdi, ɑː- | -di; *Sp.* alkáiðe/ *n.* ＝alcaide.
Al·ca·zar /ǽlkəzɑ̀ː, ælkǽzə | ælkəzɑ́ː(r), ælkǽzə; *Sp.* alkáθar/ *n.* **1** [the ～] アルカサール 《スペインの特に Seville にあるムーア人の(後には王族の)宮殿》. **2** [a-] (スペインの)ムーア人の城[要塞(ようさい)]. 〘《1615》□ Sp. ～ □ Arab. *al-qáṣr* the castle ← *qaṣr* □ L *castrum* fortress: cf. castle〙
Al·ces·tis /ælséstɪs | -tɪs/ *n.* 〘ギリシャ伝説〙 アルケスティス 《Thessaly 王 Admetus の妻; 夫が運命の三女神から死を宣せられたときその身代わりとなったが, Hercules は黄泉の国から彼女を連れ帰った》. 〘□ L *Alcēstis* □ Gk *Alkēstis* 《原義》 valiant ← ? *alkḗ* protection: cf. Alexander〙
al·chem·ic /ælkémɪk/ *adj.* 錬金術上の, 錬丹術の. 〘《1815》← ALCHEMY＋-IC¹〙
al·chém·i·cal /-mɪkəl, -kl | -mɪ-/ *adj.* ＝alchemic. **～·ly** *adv.* 〘1585〙
al·che·mil·la /ælkəmílə/ *n.* 〘植物〙 ハゴロモグサ属 (A-) の植物 《総称; バラ科; ハゴロモグサ (lady's mantle) など》. 〘《1548》□ ML *alchimilla* lady's mantle〙
al·che·mist /ǽlkəmɪst | -kɪmɪst/ *n.* 錬金術学者, 錬金[錬丹]術師. 〘《?1425》□ OF *alqemiste* ∞ (*c*1395) *alchemister* ← OF *alquemiste*＋-ER¹: ⇨ alchemy, -ist〙
al·che·mis·tic /ælkəmístɪk | -kɪ-←/ *adj.* 錬金術[錬丹術]的な; 錬金術師的な. 〘1689〙
àl·che·mís·ti·cal /-tɪkəl, -kl | -tɪ-←/ *adj.* ＝alchemistic. **～·ly** *adv.* 〘1560〙
al·che·mize /ǽlkəmàɪz | -kɪ-/ *vt.* (錬金術で)〈金属を〉変質させる. 〘《1603》: ⇨ ↓, -ize〙
al·che·my /ǽlkəmi | -kɪ-/ *n.* **1** 錬金術 《中古の化学, 特に普通の金属を金または銀に変え, また人を不老長寿にする秘術》 (⇨ magic SYN); (中国の)錬丹術. **2** 物を変える秘法. 〘《*a*1376》 *alkenamye, alconomye* (*astronomye* astronomy との類推による) ← OF *alchemie* // ML *alchymia, alchimia* □ Arab. *al-kīmiyā* ← *al* the ＋Gk *khem(e)ía* the art of transmuting metals, 《原義》 the art of the black〙
al·che·rin·ga /æltʃərɪ́ŋgə/ *n.* (*also* **al·che·ra** /ǽltʃərə/) (豪先住民神話の) 夢の時代, アルチェリンガ 《人類の祖先が創造された至福の時代; dreamtime ともいう》. 〘《1899》□ Austral. Aboriginal 'dreamer time'〙
Al·ci·bi·a·des /ælsəbáɪədìːz | -sɪ-/ *n.* アルキビアデス 《450?-404 B.C.; アテネの政治家・軍人; ソクラテスの弟子》.
al·cid /ǽlsɪd/ *adj., n.* 〘鳥類〙 ウミスズメ科 Alcidae の(鳥). 〘《1893》← NL *Alcidae*〙
Al·ci·des /ælsáɪdiːz/ *n.* ＝Hercules. 〘□ L ～ □ Gk *Alkeídēs* 《原義》 'male descendant of *Alceus* (Hercules の別名)'〙
al·ci·dine /ǽlsədàɪn, -dɪn | -sɪdàɪn/ *adj.* 〘鳥類〙 ウミスズメ科 (Alcidae) の. — *n.* ウミスズメ科の鳥 《ツノメドリ (puffin), ウミガラスなど》.
Al·cin·o·üs /ælsínoʊəs | -nəʊ-/ *n.* 〘ギリシャ伝説〙 アルキノオス 《Odyssey に出てくる Nausicaä の父で Phaeacia の王; その宮廷で Odysseus (＝Ulysses) が流浪物語をした》. 〘□ L ～ □ Gk *Alkínoos*〙
al·clad /ǽlklæd/ *n.* 〘冶金〙 アルミニウム合わせ板, アルクラッド. 〘← *Alclad* (商標名) ← AL(UMINIUM)＋CLAD〙
ALCM 《略》 air-launched cruise missile 空中発射巡航ミサイル 〘1975〙; Associate of the London College of Music.
Alc·man /ǽlkmən/ *n.* アルクマーン 《紀元前 7 世紀のギリシャの叙情詩人》.
Alc·me·ne /ælkmíːni/ *n.* 〘ギリシャ伝説〙 アルクメネー 《Amphitryon の妻; Zeus が彼女の夫の服装をして訪れ二人の間に Hercules が生まれた》. 〘□ L ～ □ Gk *Alkmḗnē* 《原義》 the strong one ← ? *alkḗ* strength: cf. Alexander〙
al·co- /ǽlkoʊ | -kəʊ/ alcoo- の異形.
Al·cock /ǽlkɑ(ː)k, ɔ́ː-, ɑ́ː- | ǽl-, ɔ́ː-, ɔ́l-/, Sir **John William** *n.* オールコック 《1892-1919; 英国の飛行家; 大西洋初横断飛行に成功した (1919)》.
al·co·hol /ǽlkəhɔ̀(ː)l, -hɑ̀(ː)l | -hɒl/ *n.* **1** アルコール飲料: He does not touch ～. 酒類を口にしない. **2** 〘化学〙 アルコール, 酒精 (C_2H_5OH) (ethyl alcohol ともいう). **3** 〘化学〙 アルコール 《炭化水素 (RH) の水素原子を水酸基 (-OH) で置換したもの》: ⇨ methyl alcohol, amyl alcohol. 〘《?*a*1425》□ ML ～ □ Arab. *al-kuḥl* the powder for staining eyelids: ⇨ al-², kohl〙
al·co·hol·ate /ǽlkəhɔ̀(ː)leɪt, -hɑ(ː)l-, -lɪt | -hɒl-/ *n.* **1** 〘化学〙 アルコラート 《結晶水の代わりにアルコール分が含まれる化合物》. **2** 〘化学〙 ＝alkoxide. **3** 〘薬学〙 酒精剤 《精油または揮発性薬物のアルコール(水)溶液; spirit ともいう》. 〘《1863》: ⇨ ↑, -ate¹〙
álcohol-frée *adj.* アルコール(分)を含まない, 無アルコールの. 〘1913〙
al·co·hol·ic /ælkəhɔ́(ː)lɪk, -hɑ́(ː)l- | -hɔ́l-←/ *n.* **1** アルコール依存症患者, アルコール中毒(患)者 (⇨ drunkard SYN); 大酒飲み. **2** 〘生物〙 アルコール漬けの標本. — *adj.* **1** アルコール(性)の; アルコール入りの: ～ liquors [drinks] (諸種の)酒精飲料. **2** アルコールによる; 大酒を飲む; アルコール依存症[中毒]の: an ～ breath 酒くさい息 / ～ poisoning アルコール中毒 (alcoholism). **3** アルコール漬けの[処理の]. 〘《1790》← ALCOHOL＋-IC¹〙
alcohólic fermentátion *n.* 〘生化学〙 アルコール発酵 《アルコールを生産する発酵》. 〘1871〙
al·co·hol·ic·i·ty /ælkəhɔ(ː)lísəṭi, -hɑ(ː)l- | -hɒlísɪti/ *n.* アルコール性[強度]. 〘《1874》← ALCOHOLIC＋-ITY〙
Alcohólics Anónymous *n.* アルコホーリクス・アノニマス 《アルコール依存症 (alcoholiom) からの回復を手助けする共同体; 1935 年に米国で設立された; 略 AA》.
al·co·hol·ism /ǽlkəhɔ(ː)lɪzm, -hɑ(ː)l-, -həl- | -hɒl-/ *n.* アルコール依存(症), アルコール中毒(症); アルコール嗜癖 (dipsomania). 〘《1852》← NL *alcoholismus*: ⇨ alcohol, -ism〙
al·co·hol·i·za·tion /ælkəhɔ̀(ː)ləzéɪʃən, -hɑ̀(ː)l- | -hɒlaɪ-, -lɪ-/ *n.* 〘化学〙 アルコール飽和, 精留. 〘《1678》← NL *alcoholizātiō(n-)*: ⇨ ↓, -ation〙
al·co·hol·ize /ǽlkəhɔ(ː)làɪz, -hɑ(ː)l- | -hɒl-/ *vt.* **1** アルコールで処理する[飽和させる], 精留する. **2** アルコールにする. **3** アルコールで酔わせる. 〘《1686》← NL *alcoholizare*: ⇨ alcohol, -ize〙
al·co·hol·om·e·ter /ælkəhɔ(ː)lɑ́(ː)məṭə, -hɑ(ː)l- | -hɒlɒ́mɪtə(r)/ *n.* アルコール(比重)計 《アルコール含量を測定する計器》. 〘《1859》← ALCOHOL＋-O-＋-METER¹〙
al·co·hol·om·e·try /ælkəhɔ(ː)lɑ́(ː)mətri, -hɑ(ː)l- | -hɒlɒ́mɪtri/ *n.* アルコール定量. 〘《1863》: ⇨ ↑, -metry〙
al·co·hol·y·sis /ælkəhɑ́(ː)ləsɪs, -hɔ́(ː)l- | -hɒ́lɪsɪs/ *n.* (*pl.* **-y·ses** /-siːz/) 〘化学〙 アルコーリシス, アルコール分解 《エステル・酸塩化物などにアルコールが作用してアルコキシル基が置換する反応》. 〘《1954》← ALCOHOL＋-LYSIS〙
al·com·e·ter /ælkɑ́(ː)məṭə | -kɒ́mɪtə(r)/ *n.* 〘医学〙 酔度計 《呼気に含まれているアルコールの量を測定して酔度を測る計器》. 〘← ALCO-＋-METER¹〙
al·co·o- /ǽlkoʊə | -kəʊə/ 「アルコール」の意の連結形. 〘《短縮》← ALCOHOL〙
al·co·pop /ǽlkoʊpɑ̀(ː)p | -kəʊpɒ̀p/ *n.* 《英》 アルコポップ 《アルコール含有の(フルーツ風味の)発泡性飲料》. 〘《1995》← *alco-* (in ALCOHOLIC)＋pop¹ *n.*〙
Al·cor /ǽlkɔə | ælkɔ́ː(r)/ *n.* 〘天文〙 アルコル 《おおぐま座 (Ursa Major) の 4.6 等星で Mizar と重星をなす》. 〘《1978》□ Arab. *al-khawwār* the weak one〙
Al·co·ran /ælkɔːrɑ́ːn, -kər-, -rǽn | -kɒrɑ́ːn, -kɒ-, -kə-/ *n.* [the ～] 《古》 ＝Koran. 〘《*c*1390》 *Alkaron* □ ML *alcorānum* □ Arab. *al-qur'ān* the reciting: ⇨ Koran〙
Al·cott /ɔ́ːlkɑ(ː)t, ɑ́ːl-, ǽl-, -kɑ(ː)t | ɔ́ːlkət, ɔ́l-, -kɒt/ *n.* オールコット (男性名). 〘OF *eald cot(e)* (dweller at the) old cottage〙
Alcott, (Amos) Bron·son /brɑ́(ː)nsən, -sn | brɒ́n-/ *n.* オールコット 《1799-1888; 米国の哲学者・著述家・社会改良家》.
Alcott, Louisa May *n.* オールコット 《1832-88; 米国の小説家; A. B. Alcott の娘; *Little Women* 「若草物語」 (1868-69)》.
al·cove /ǽlkoʊv | ǽlkəʊv, ɔ́l-/ *n.* **1 a** (室内の)入込み, アルコーブ (nook) 《寝室・食堂などに使う小部屋》. **b** (主室に通じる)小室; 次の間. **2** 壁龕(へきがん), 凹所, 床の間 (niche). **3** (庭園などの)奥まった所 (retreat). **4** 《古》 ＝summerhouse 1. **～d** *adj.* 〘《1676》□ F *alcôve* □ Sp. *alcoba* □ Arab. *al-qúbbaʰ* the vault〙

alcove 1 a

Al·cuin /ǽlkwɪn | -kwɪn/ *n.* アルクィン 《735?-804; 英国の神学者・教育者; Charlemagne に招かれて (781), 多くの学校を開設し各種の学問を講じて, いわゆるカロリング朝ルネサンスを主導した; Albinus ともいう》.
Al·cy·o·nar·i·a /ælsiənɛ́ᵊriə | -nέər-/ *n. pl.* 〘動物〙 (腔腸動物門)八方サンゴ亜綱, ウミトサカ亜綱. 〘《1868》← NL ～ ← *Alcyonium* (属名: ← Gk *alkúonion* zoophyte)＋-ARIA〙
al·cy·o·nar·i·an /ælsiənɛ́ᵊriən | -nέər-←/ *adj., n.* 〘動物〙 八方サンゴ亜綱の(動物). 〘《1877》: ⇨ ↑, -an¹〙
Al·cy·o·ne /ælsáɪəniː, -ni | -ni/ *n.* **1** 〘天文〙 アルシオネ 《おうし座 (Taurus) の η 星で 3 等星; プレアデス (Pleiades) の中で一番明るい星》. **2** 〘ギリシャ神話〙 **a** ＝Halcyone 2. **b** アルシオネ (⇨ Pleiades 1). 〘《1621》□ L *Alcyonē* □ Gk *Alkuónē*〙
ald /ɔːld, ɑ́ːld | ɔ́ːld/ *adj.* 《廃・英方言》 ＝old. 〘OE ～〙
Ald. 《略》 Alderman.
ald- /æld/ (母音の前にくるときの) aldo- の異形.
Al·da /ǽldə/ *n.* アルダ (女性名). 〘□ OHG ～ (fem.): ⇨ Aldo〙
Al·dá·bra Íslands /ældǽbrə-/ *n. pl.* [the ～] アルダブラ諸島 《もと英領インド洋植民地の一部; 現在セイシェル (Seychelles) に属する》.
Al·dan /ɑːldɑ́ːn; *Russ.* aldán/ *n.* [the ～] アルダン(川) 《ロシア連邦東部, Sakha 共和国の Stanovoi 山脈に源を発し, 東北に流れ Lena 川に注ぐ川 (2,273 km)》.
Al·deb·a·ran /ældébərən | -rən, -ræ̀n/ *n.* 〘天文〙 アルデバラン 《おうし座 (Taurus) の α 星で 0.9 等星; 全天中で最も光の強い星の一つ》. 〘《1391》 *Aldeboran* □ ML *Aldebaran* □ Arab. *al-dabarān* the follower (i.e. of the Pleiades) ← *dábar* to follow〙
Alde·burgh /ɔ́ːldbə·roʊ, ɑ́ːld- | ɔ́ːldb(ə)rə, ɔ́ld-/ *n.* オールドバラ 《英国 Suffolk 州の町; Benjamin Britten が 1948 年に音楽祭を始めた》.
al·de·hyde /ǽldəhàɪd | -dɪ-/ *n.* 〘化学〙 **1** ＝acetaldehyde. **2** アルデヒド (R-CHO) 《アルデヒド基 -CHO をもつ化合物の一般名》. **al·de·hy·dic** /ældəhɑ́ɪdɪk | -dɪk←/ *adj.* 〘《*c*1846》□ G *Aldehyd* 《略》 ← NL *al(cohol) dehyd(rogenātum) dehydrogenated* al-

A

cohol〗

áldehyde résin *n.* 〘化学〙アルデヒド樹脂《アルデヒドを原料[成分]とする樹脂の一般名; フェノール樹脂・尿素樹脂などがこれに属する》.

Al·den /ɔ́ːldn̩, ɑ́ːl-, -dən | ɔ́ːl-, ɔ́l-/ *n.* オールデン《男性名・女性名》. 〖《変形》← ALDWIN〗

Alden, John *n.* オールデン《1599?–1687; 米国 Massachusetts 州 Plymouth の植民者で, Pilgrim Fathers の一人》.

al den·te /ɑːldénteɪ, æl- | æl-, ɑː-; *It.* aldénte/ *It.* *adj.* [叙述的]〘料理〙〈パスタ類が〉歯ごたえのある(ように調理されて), アルデンテの. 〖《1935》□ It. ～《原義》to the tooth〗

al·der /ɔ́ːldə, ɑ́ːl- | ɔ́ːldə(r, ɔ́l-/ *n.* **1**〘植物〙ハンノキ《カバノキ科ハンノキ属 (*Alnus*) の樹木の総称; セイヨウヤマハンノキ (*A. glutinosa*) など》. **2** ハンノキに似た高木や低木. 〖《*a*1200》*alder, aller* ← OE *alor* ← Gmc **aluz-* (cf. G *Erle*) ← IE **el-* brown, yellow: *-d-* は音便上の挿入〗

Al·der /ɑ́ːldə | -də(r/; *G.* áldɐ/, **Kurt** *n.* アルダー《1902–58; ドイツの化学者; Otto Diels と共に Nobel 化学賞 (1950)》.

álder bùckthorn [dògwood] *n.* 〘植物〙セイヨウイソノキ (*Rhamnus frangula*)《ヨーロッパ・中央アジア・アフリカ北部原産クロウメモドキ科の落葉低木; フラングラ皮と称する樹皮は薬用》. 〖1861〗

álder·flỳ *n.* 〘昆虫〙センブリ《広翅目センブリ科の昆虫の総称; ヨーロッパセンブリ (*Sialis lutaria*) など》. 〖1799〗

álder flýcatcher *n.* 〘鳥類〙キタメジロハエトリ (*Empidonax alnorum*)《北米東部産タイランチョウ科のハンノキ (alder) の生える沼地などに生息する小形の鳥; 以前メジロハエトリ (willow flycatcher) と同種とされて Traill's flycatcher とよばれた》.

Ál·der·grove Áirport /ɔ́ːldəɡròuv-, ɑ́ːl- | ɔ́ːldəɡròuv-, ɔ́l-/ *n.* オールダーグローブ空港《北アイルランドの Belfast にある国際空港》.

alder-liefest /ɔ̀ːldəlíːfɪ̣st | -də-/ *adj.* 《廃》最愛の. 〖《*c*1385》← *aller, alder* of all (< OE *alra*)+liefest (superl.) ← LIEF〗

al·der·man /ɔ́ːldəmən, ɑ́ːl- | ɔ́ːldə-, ɔ́l-/ *n.* (*pl.* **-men** /-mən/) **1** (米国・オーストラリアのある市の)市会議員《通例, 区 (ward) などの代表》. **2** (イングランド・ウェールズの州[市, 町]議会の議員により選出される)上級議員《1972 年の地方自治法で廃止》. **3** (アングロサクソン時代の)州長, 地方長官《後に数州を管理し, earl に推移した》. **4** 《廃》(guild の)組合長. 〖OE *(e)aldormann* prince, chief, governor ← *eald̶or* a chief, elder (← *eald* 'OLD')+*mann* 'MAN'〗

al·der·man·ic /ɔ̀ːldəmǽnɪk, ɑ̀ːl- | ɔ̀ːldə-, ɔ̀l-⁻/ *adj.* alderman の[らしい]; 豪奢な. 〖《1770》: ⇨ ↑, -ic[1]〗

al·der·man·ry /ɔ́ːldəmənri, ɑ́ːl- | ɔ́ːldə-, ɔ́l-/ *n.* **1** alderman 選挙区. **2** alderman の職[地位]. 〖《1502》← ALDERMAN+-RY〗

álderman·shìp *n.* alderman の身分[職]. 〖《1494》: ⇨ alderman, -ship〗

Al·der·mas·ton /ɔ́ːldəmæ̀stən, ɑ́ːl-, -mɑ̀ːs- | ɔ́ːldəmɑ̀ːs-, ɔ́l-/ *n.* オールダマストン《イングランド南部 Reading 南西の村; 原子力兵器研究所があり, もとしばしば核兵器廃絶運動行進の出発点・終点となった》. 〖OE *Ǣldremanestone*《原義》alderman's town〗

Al·der·ney /ɔ́ːldəni, ɑ́ːl- | ɔ́ːldə-, ɔ́l-/ *n.* オールダニー: **1** 英国海峡にある Channel Islands 中の一島; 面積 8 km². **2** Channel Islands 原産の乳牛の品種の古い呼称; ジャージー種・ガーンジー種など. — *adj.* 〈乳牛〉オールダニー種の.

Al·der·shot /ɔ́ːldəʃɑ̀(ː)t, ɑ́ːl- | ɔ́ːldəʃɒt, ɔ́l-/ *n.* **1** オールダショット《イングランド南部 Hampshire 州北東部の都市; London の南西方にある》. **2** (同上にある)オールダショット兵営《陸軍訓練基地》. 〖ME *Alreshete*《原義》alder coppice ← ALDER+OE *scēat* piece of cloth〗

al·der·wom·an /ɔ́ːldəwʊ̀mən, ɑ́ːl- | ɔ́ːldə-, ɔ́l-/ *n.* 女性市会議員, 女性市参事会員. 〖1768〗

al·di·carb /ǽldɪkɑ̀əb | -kɑ̀ːb/ *n.* 〘農薬〙アルジカルブ, アルディカーブ《ジャガイモ栽培用農薬; ジャガイモハムシ (potato beetle) やシストセンチュウ (golden nematode) 駆除用》. 〖《1970》← ALDE(HYDE)+CARB(AMIDE)〗

Al·dine /ɔ́ːldaɪn, ɑ́ːl-, -diːn | ɔ́ːl-, ɔ́l-/〘書誌〙*adj.* アルドゥスの, アルドゥス版の: an ～ edition. — *n.* **1** アルドゥス版[本]《1494–1597 年間に Aldus Manutius 一家が Venice で印刷した美しい古典版》. **2** アルダイン, アルドゥス活字《Aldus Manutius の活字, 特にイタリック体》. 〖《1802》← *Aldus Manutius*〗

Al·ding·ton /ɔ́ːldɪŋtən, ɑ́ːl- | ɔ́ːl-, ɔ́l-/, **Richard** *n.* オールディントン《1892–1962; 英国の Imagism 派の詩人・小説家; *Death of a Hero* (小説, 1929), *All Men Are Enemies* (小説, 1933)》.

Ál·dis làmp /ɔ́ːldɪ̣s-, ɑ́ːl- | ɔ́ːldɪs-, ɔ́l-/ *n.* 〘軍事〙オールディス(ランプ)《Morse 送信用の携帯ランプ; 単に Aldis ともいう》. 〖《1917》← *A. C. W. Aldis*: その発明者〗

Al·diss /ɔ́ːldɪ̣s, ɑ́ːl- | ɔ́ːldɪs, ɔ́l-/, **Brian W.** *n.* オールディス《1925–　; 英国の SF 作家》.

Aldm. 《略》Alderman.

Al·do /ǽldou | -dəu/ *n.* アルド《男性名》. 〖□ OHG ～ 'old, wise, rich'; cf. Aldous〗

al·do- /ǽldou | -dəu/「アルデヒド基をもつ; アルデヒドに関する」の意の連結形. ★ 母音の前では通例 ald- になる. 〖□? F *aldo-* ← *aldéhyde*: ⇨ aldehyde〗

àldo·héxose *n.* 〘化学〙アルドヘキソース《ヘキソースのうちアルデヒド基をもつものの一般名; グルコースなど》. 〖《1907》: ⇨ hexose〗

al·dol /ǽldɔ(ː)l | -dɒl/ *n.* 〘化学〙 **1** アルドール ($CH_3CH(OH)CH_2CHO$)《無色の液体; 溶媒として使われる; acetaldol ともいう》. **2** アルドール (–CHOH(–C–)CHO をもつ化合物). 〖《1874》← ALDO-+-OL[1]〗

al·dol·ase /ǽldəlèɪs/ *n.* 〘生化学〙アルドラーゼ《デスモラーゼ (desmolase) の一種; フルクトース-1,6-二リン酸を 2 成分に開裂する酵素》. 〖《1940》← ALDOL+-ASE〗

al·dose /ǽldous | -dəus/ *n.* 〘化学〙アルドース《アルデヒド基を有する糖類》. 〖《1894》← ALDO-+-OSE[2]〗

al·do·ste·rone /ældɑ́(ː)stəròun | -dɒ́stərəun/ *n.* 〘生化学〙アルドステロン ($C_{21}H_{28}O_5$)《副腎皮質ホルモンの一つ; Na イオンを蓄え K イオンの排出を促す》. 〖《1954》← ALDO-+STER(OL)+-ONE〗

al·dó·ste·ron·ìsm /-nìzm/ *n.* 〘病理〙=hyperaldosteronism. 〖1955〗

Al·dous /ɔ́ːldəs, ɑ́ːl-, ǽl- | ɔ́ːl-, ɔ́l-/ *n.* オールダス《男性名》. 〖ME *Aldus, Aldis*: cf. Aldo〗

ald·ox·ime /ældɑ́(ː)ksiːm | -dɒ́k-/ *n.* 〘化学〙アルド(オ)キシム《アルデヒドがヒドロキシルアミンと結合して生成する有機化合物》. 〖《1883》← ALD(O)-+OXIME〗

Al·drich /ɔ́ːldrɪtʃ, ɑ́ːl- | ɔ́ːl-, ɔ́l-/, **Thomas Bailey** *n.* オールドリッチ《1836–1907; 米国の小説家・詩人; *The Story of a Bad Boy* (1870)》.

Al·dridge /ɔ́ːldrɪdʒ, ɑ́ːl- | ɔ́ːl-, ɔ́l-/ *n.* オールドリッジ《イングランド中西部 Birmingham 北方の町》. 〖ME *Alrewic*《原義》dwelling-place among alders: cf. wick[3]〗

Al·dridge /ɔ́ːldrɪdʒ, ɑ́ːl- | ɔ́ːl-, ɔ́l-/, **Ira Frederick** *n.* オールドリッジ《1804–67; 米国の黒人(悲劇)俳優; London で Othello 役でデビュー; 英国に帰化; African Roscius と呼ばれた》.

al·drin /ɔ́ːldrɪ̣n, ɑ́ːl- | ɔ́ːldrɪn, ɔ́l-/ *n.* アルドリン ($C_{12}H_8Cl_6$)《強力殺虫剤; バッタなどに有効; 人体に猛毒》. 〖《1949》← *Kurt Alder* (1902–58: ドイツの化学者)+-IN[2]〗

Al·drin /ɔ́ːldrɪ̣n, ɑ́ːl- | ɔ́ːldrɪn, ɔ́l-/, **Edwin Eugene, Jr.** *n.* オールドリン《1930–　; 米国の宇宙飛行士; N. A. Armstrong に続き 2 番目に月面に立った (1969 年 7 月 20 日)》.

Áldus Manútius *n.* ⇨ Manutius.

Ald·win /ɔ́ːldwɪ̣n, ɑ́ːl- | ɔ́ːldwɪn, ɔ́l-/ *n.* オールドウィン《男性名》. 〖OE *Ealdwine* ← *eald* 'OLD'+*wine* friend〗

ale /éɪl/ *n.* **1 a** エール《beer より苦く色も濃くアルコール分も強い上面発酵のビールの一種; 特に, 色の淡いホップの強いものを pale ale といい, 色の濃い口当たりの柔らかいものを mild ale という》. **b** 《英》=beer. ★ 商用語以外は《古》. **2** 《英》(昔, 英国で田舎の)エール祭《ビールを飲んだ祭[祝宴]》. 〖OE *ealu, alu* ale, beer ← Gmc **alup-* ← IE **alu* bitter〗

a·le·a·tor·ic /æ̀liətɔ́(ː)rɪk, èɪli-, -tɑ́(ː)r- | -tɒ́r-⁻/ *adj.* 〘音楽〙即興(曲)的な; 偶然性の. 〖《1961》: ⇨ aleatory, -ic[1]〗

a·le·a·tor·ism /ǽliətɔ̀ːrɪzm/ *n.* 〘音楽〙エイリアトリズム《演奏時の偶然性に多くを委ねること》.

a·le·a·to·ry /éɪliətɔ̀ːri | -təri, -tri/ *adj.* **1** さいころの振り[偶然]による. **2** 〘法律〙射倖(しゃこう)的な: an ～ contract 射倖契約. **3** 〘音楽〙=aleatoric. 〖《1693》□ L *āleātōrius* ← *āleātor* dicer ← *ālea* a die, 《原義》mere chance □? Gk *aleós* ← *ēleós* wandering in mind〗

ále·bènch *n.* 居酒屋 (alehouse) の中や前に置いてあるベンチ. 〖OE *ealu-benc*〗

al·ec /ǽlɪk, ǽlɛk/ *n.* (*also* **al·eck** /～/)《豪口語》ばか者, まぬけ (cf. smart aleck). 〖《1919》《短縮》U.S. *smart alec* a conceited person〗

Al·ec /ǽlɪk, ǽlɛk/ *n.* アレック《男性名》. 〖⇨ Aleck〗

a·lec·i·thal /eɪlésəθəl, -θl | -sɪ̣-/ *adj.* 〘生物〙無黄性の《卵黄が卵内にきわめて少ないか皆無であること》; cf. heterolecithal, homolecithal》. 〖《1880》← A-[7]+Gk *lékithos* yolk+-AL[1]〗

Al·eck /ǽlɪk, ǽlɛk/ *n.* アレック《男性名》. 〖《dim.》← ALEXANDER〗

ale·con·ner /éɪlkɑ̀(ː)nə | -kɒ̀nə(r/ *n.* (もと英国で)ビール[酒類]検査官《実際に味ききをした》. 〖《1288》← ALE+*con* to test+-ER[1]: ⇨ con[4]〗

ale·cost /éɪlkɔ(ː)st, -kɑ(ː)st | -kɒst/ *n.* 〘植物〙=costmary. 〖《1589》← ALE+《廃》*cost* costmary〗

A·lec·to /əléktou | -təu/ *n.* 〘ギリシャ・ローマ神話〙アレクト《復讐(ふくしゅう)の女神 Furies の一人》. 〖□ L ～ □ Gk *Alēktṓ*〗

a·lec·try·o·man·cy /əléktriouмæ̀nsi | -triə(ʊ)-/ *n.* (*also* **a·lec·to·ro·man·cy** /əléktərəmæ̀nsi/) 雄鶏(おんどり)占い《昔, 雄鶏の周囲を穀粒をのせたアルファベットで囲み, 雄鶏がついばんだ順にその文字を合わせて占った》. 〖《1684》← Gk *alektruṓn* cock+-MANCY〗

a·lee /əlíː/ *adv., pred. adj.* 〘海事〙風下(かざしも)舷(げん)側に[へ], 風下に[へ] (on the lee side, to leeward) (↔ aweather): ⇨ HELM[1] *alee!*, LUFF *alee!* 〖《*c*1399》← A-[3]+LEE[1]〗

a·le·gar /ǽlɪ̣ɡə, éɪl- | ǽlɪɡə(r/ *n.* 麦芽酢, ビール酢; 酸敗したエール. 〖《*a*1399》← ALE+(VINE)GAR〗

ále·hòuse *n.* 《英古・方言》=public house 1. 〖OE *ealahūs*〗

A·lei·chem /əléɪkəm, -xəm/, **Sha·lom** /ʃɑ́ːləm, ʃɑ́ː-/ *or* **Sho·lem** /-ləm, -ləm/ *n.* アレイヘム《1859–1916; ロシア生まれで米国に移住したユーモア物語作家・劇作家; 作品はすべてイディッシュ語 (Yiddish) で発表; 本名 Solomon Rabinowitz》.

a·lei·chem sha·lom /əléɪxəmʃəlóum, -ʃɑː- | -ʃæləm, -ʃə-, -ləum/ *Heb. n.*「あなた方に平和を」《ユダヤ人の挨拶言葉; shalom aleichem と挨拶されたときに答えるもの》. 〖□ Heb. '*alēkhem šālōm* peace to you (pl.)〗

A·leix·an·dre /ɑ̀ːleɪksɑ́ːndreɪ, -lɛk-; *Sp.* alei(k)sándre/, **Vicente** *n.* アレイクサンドレ《1898–1984; スペインの詩人; Nobel 文学賞 (1977)》.

Al·e·khine /ǽləkìːn/, **Alexander** *n.* アリョーヒン《1892–1946; ロシア生まれのフランスのチェスプレーヤー》.

A·le·ksandr /æ̀ləksɑ́ːndr(ə), -də | -dr(ə); *Russ.* alʲɪksándr/ *n.* アレクサンドル《男性名》. 〖□ Russ. ～ 'ALEXANDER'〗

A·le·ksan·dro·pol /*Russ.* alʲɪksandrópəlʲ/ *n.* アレクサンドロポル《Kumayri の旧名》.

A·le·ksan·dro·vich /æ̀ləksɑ́ːndrəvɪtʃ; *Russ.* alʲɪksándrəvʲɪtʃʲ/ *n.* アレクサンドロヴィッチ《男性名》. 〖□ Russ. ～《原義》'son of ALEKSANDR'〗

A·le·ksan·drovsk /æ̀ləɡsɑ́(ː)ndrəfsk | -sɑ́ːn-; *Russ.* alʲɪksándrəfsk/ *n.* アレクサンドロフスク《Zaporozhye の旧名》.

A·lek·se·e·vich /æ̀ləkséɪ̣əvɪtʃ | -séɪi-; *Russ.* alʲɪksʲéjɪvʲɪtʃʲ/ *n.* アレクセイェヴィッチ《男性名》. 〖□ Russ. ～《原義》'son of ALEKSEI'〗

A·lek·sei /ǽləkseɪ; *Russ.* alʲɪksʲéj/ *n.* アレクセイ《男性名》. 〖□ Russ. ～: cf. Alex〗

A·le·mán /ɑ̀ːleɪmɑ́ːn; *Sp.* alemán/, **Ma·te·o** /matéo/ *n.* アレマン《1547?–1610; スペインの小説家; *Guzmán de Alfarache*「グスマン デ アルファラーチェ」(1599, 1604; ピカレスク小説の初め)》.

Al·e·man·ni /æ̀ləmǽnaɪ, -ni | æ̀lɪ̣mɑ́ːni/ *n. pl.* [the ～] (古代ドイツの)アレマン人《3–5 世紀にかけて現在の Schwaben 地方に移住し, 定着したゲルマン諸部族》. 〖□ ML ～ (pl.) < *Alemannces* □ OHG *aleman* a German〗

Al·e·man·nic /æ̀ləmǽnɪk | æ̀lɪ̣-⁻/ *n.* アレマン語《ドイツ南西部・アルザス・スイスで話されるドイツ語》. — *adj.* アレマン語[人]の. 〖《1776》: ⇨ ↑, -ic[1]〗

A·le·mán Val·dés /ɑ̀ːleɪmɑ́ːnvɑːldés; *Am. Sp.* alemámbaldés/, **Miguel** *n.* アレマン バルデス《1902–83; メキシコの法律家・政治家; 大統領 (1946–52)》.

Alembert, Jean le Rond d' *n.* ⇨ d'Alembert.

a·lem·bic /əlémbɪk/ *n.* **1** (昔の)蒸留器, ランビキ. **2** 浄化[純化, 変形]するもの: the ～ of the mind 精神の蒸留器《想像力のこと》. 〖《*c*1385》*alambik* □ OF *alembic* (F *alambic*) // ML *alembicus* □ Arab. *al-anbíq* the still ← *al* the+Gk *ámbik-, ámbix* cup〗

a·lem·bi·cat·ed /əlémbɪ̣kèɪtɪ̣d | -bɪkeɪt-/ *adj.* 〈文体など〉(ランビキにかけたように)過度に洗練された, 推敲されすぎた. 〖《1786》: ⇨ ↑, -ate[3], -ed〗

a·lem·bi·ca·tion /əlèmbɪ̣kéɪʃən | -bɪ-/ *n.* **1** (文体などの)過度な洗練, 凝りすぎ. **2** 推敲(すいこう)[苦心]の結果, 粋. 〖《1893》← ALEMBIC+-ATION〗

a·lem·broth /əlémbrɔ(ː)θ, -brɑ(ː)θ | -brɒθ/ *n.* 〘化学〙アレンブロス《塩化アンモニウムと塩化水銀 (II) の複塩; 錬金術師が万能の溶剤と考えた; salt of wisdom ともいう》. 〖《1471》*alembroke, albrot* ← ?〗

ále·mònger *n.* ビール小売商人.

A·len·car /ɑ̀ːleŋkɑə | -kɑː(r; *Braz.* alẽkáɾ/, **José Mar·ti·nia·no de** /ʒozémaʁtʃiniɐ̃nudʒi/ *n.* アレンカル《1829–77; ブラジルの小説家》.

A·len·çon /əlénsən, -sn̩, æ̀lɑːnsóun | ǽlənsɔ̃ː(ŋ), -sɔ̀ːŋ, ǽlæ̃(ŋ)-, ǽlæŋ-; *F.* alɑ̃sɔ̃/ *n.* アランソン《フランス北西部の Orne 県の県都; レースの製造地》.

Alençon láce *n.* アランソンレース《フランス産の繊細なレース》; それに類似の機械製レース. 〖《1853》↑〗

A·lep /əlép/ *n.* アレプ《Aleppo のフランス語名》.

a·leph /ɑ́ːlɛf, -lɪ̣f | ǽlɛf, ɑ́ː-, -lɪf; *Heb.* ʔáːlef/ *n.* **1** アーレフ《ヘブライ語アルファベット 22 字中の第 1 字; א (ローマ字の A に当たる); ⇨ alphabet 表》. **2** 〘数学〙アレフ(数)《有限でない基数 (cardinal number) の こと》. 〖*c*1300 □ Heb. *āleph*《文末形》← *éleph* ox: 牛の頭の形を模したのにちなむ: cf. alpha〗

áleph-bét[-béis] /-bét[-béɪs]/ *n.* ヘブライ語のアルファベット.

áleph-núll[-zéro] *n.* 〘数学〙アレフゼロ《最小の有限でない基数; 自然数全体の集合の基数》. 〖*c*1909〗

A·lep·po /əlépou | -pəu/ *n.* アレッポ《シリア北西部の都市; フランス語名 Alep; アラビア語名 Halab》.

Aléppo gáll *n.* アレッポ没食子(もっしょくし)《Aleppo 地方でカシの木の一種のアレッポガシ (dyer's oak) から採る没食子; タンニンに富む》. 〖1861〗

Aléppo gràss *n.* 〘植物〙=Johnson grass.

a·ler·ce /əlɛ́əsə | əlɛ́ə-; *Sp.* alérθe/ *n.* **1** モロッコ産マオウヒバ[カクミヒバ] (sandarac tree) の木材. **2** 〘植物〙南米チリ産ヒノキ科の常緑針葉樹 (*Fitzroya patagonica*). 〖《1845》□ Sp. ～ ← Arab. *al* the+L *larix* 'LARCH'〗

a·le·ri·on /əlíəriən, -ɑ̀(ː)n | əlíər-, -ɒn/ *n.* 〘紋章〙アレリオン《足, まれにはくちばしもない, 両翼を広げた鷲》. 〖《1605》□ F *alérion* □? OHG *adelare* (G *Adler*) ← *adel* woble far eagle〗

a·ler·se /əlɛ́əsə | əlɛ́ə-; *Sp.* alérθe/ *n.* =alerce.

a·lert /əlɔ́ːt | əlɔ́ːt/ *adj.* **1 a** 油断のない, 用心深い (⇨ watchful SYN): an ～ guard よく見張っている番人 / small but ～ eyes 小さいが鋭い目 / an ～ expression 油断のない顔つき. **b** 〔…に〕よく注意して, 用心して〔*to*〕; 〔…を〕見張って, 狙って〔*for*〕: ～ *to* danger 危険を警戒して / be ～ *to* all possibilities あらゆる可能性に気を配っている / They are ～ *for* an improvement in business. 絶えず景気の好転を狙っている. **2** 機敏な, 抜け目のない (⇨ intelligent SYN): an ～ intelligence, mind, etc. / He is ～ *to* seize any opportunity. 機を見るに敏である. **3** 敏捷(びんしょう)な, 敏活な (brisk); 利発な: an ～ girl / be ～ *in* one's manner 態度がきびきびしている.

— *n.* **1** 警報, (特に)空襲[警戒]警報 (blue alert, yel-

low alert, red alert の順に警戒度が増す; cf. white alert): an air-raid ～ 空襲警報 / (be) on full ～ 全面警戒体制をとって(いる) / put out an ～ 警報を出す. **2** (空襲・警戒)警報発令期間; 警報発令態勢; 警戒待機(態勢), 待機期間. **3** 戦闘[防御, 防護]の準備完了.
on the alért (油断なく)見張って, 警戒して; 待機して〔*for, against*〕/ 〈*to* do〉: be *on the* ～ *for* pickpockets すりを警戒する. 《1796》 ***pút* [*pláce*] *on* (*the*) *alért*** 〈軍隊など〉に警戒態勢をとらせる, 待機させる. — *vt.* **1** 〈住民・地域など〉に警報を出す. **2** 〈軍隊などに〉待機命令を発する, 警戒態勢をとらせる. **3** 〈世人〉に警告する, 注意する (inform): ～ young people *to* the dangers of drug-taking 若い人たちに薬物使用の危険を警告する / He ～*s* me *that* the new system may break down sooner or later. 新しい制度はいずれ崩れるかもしれないと私に警告している. **～·ly** *adv.* **～·ness** *n.*
〘《1598》□ F *alerte* ← *à l'erte* □ It. *all'erta* on the lookout ← *alla* to the＋*erta* watchtower ((fem. p.p.) ← *ergere* < L *ērigere* 'to ERECT')〙

-a·les /éɪliːz/ *suf.* 〖植物〗「…に属する[…に関連のある]植物」の意の目 (order) または群団 (alliance) 名を表す複数名詞を造る: Rosales. 〘← NL ～ ← L *-āles* (pl.) ← *-ālis* '-AL¹'〙

Al·es·san·dra /àːləsáːndrə, æ̀l-, -sǽn- | æ̀lɪsǽn-, æ̀lɛ-/ *n.* アレッサンドラ《女性名; 愛称形 Sandra》. 〘《異形》← ALEXANDRA〙

A·les·san·dria /àːləsáːndriə, æ̀lə-, -sǽn- | æ̀lɪ-sǽn-, æ̀lɛ-; *It.* alessándrja/ *n.* アレッサンドリア《イタリア北西部, Piedmont 県の都市》.

A·les·san·dro /àːləsáːndroʊ, æ̀lə-, -sǽn- | æ̀lɪ-sǽndrəʊ, æ̀lɛ-; *It.* alessándro/ *n.* アレッサンドロ《男性名; 愛称形 Sandro》. 〘□ It. ～ 'ALEXANDER'〙

Å·le·sund /ɔ́ːləsʊn, óː- | ɔ́ː-; *Norw.* ɔ́ːləsʉ̀n/ *n.* オーレスン《ノルウェー中西部の港湾都市; 同国第一の漁港》.

Al·e·the·a /æ̀ləθíːə, əlíːθiə/ *n.* アレシーア《女性名》. 〘□ Gk *alḗtheia* truth ← *alēthḗs* true, 《原義》not concealing〙

a·le·thic /əlíːθɪk/ *adj.* 〖論理〗真理の《真理・必然性, 可能性・偶然性などの概念の定式化を扱う》. 〘《1951》← Gk *alḗtheia* truth＋-IC¹〙

A·letsch /áːlɛtʃ; *G.* alétʃ, áːlɛtʃ/ *n.* アレッチュ氷河《スイス南部, Bernese Alps 山脈にある Alps 山脈最大の氷河》.

A·letsch·horn /áːlɛtʃhɔ̀ən | -hɔ̀ːn; *G.* áːlɛtʃhɔʁn/ *n.* アレッチュホルン《スイス南部の Bernese Alps にある山 (4195 m); Jungfrau の南南東に位置する; ヨーロッパ有数の氷河がこの山から流れ出ている》.

a·lette /əlɛ́t, æl-/ *n.* **1** 〖建築〗添え柱《ローマおよび新古典建築で, 大きな柱の両側に設けられてアーチなどを支える柱》. **2** (建物の)翼部 (wing). 〘《1816》□ (O)F ～ (dim.) ← OF *ele* wing: cf. aisle〙

a·leu·ke·mi·a /èɪluːkíːmiə | -luː-, -ljuː-, -lə-, -mjə/ *n.* (*also* **a·leu·kae·mi·a** /～/) 〖病理〗非白(血)病, 無白血病《血液中の白血球増加を伴わない白血病》. **a·leu·ke·mic** /èɪluːkíːmɪk | -luː-, -ljuː-, -lə-⁻/ *adj.* 〘← NL: ⇨ a-⁷, leukemia〙

a·leu·ro·nat /əlʊ́ᵊrənæ̀t | əlúər-, əljúər-/ *n.* アリューロナート《アリューロン (aleurone) から得られた粉で糖尿病患者用のパンの原料》.

al·eu·rone /ǽljʊròʊn | -rəʊn/ *n.* (*also* **a·leu·ron** /-rɑ̀(ː)n | -rɒ̀n/) 〖植物〗アリューロン, 糊粉(こ). **al·eu·ron·ic** /æ̀ljʊrɑ́(ː)nɪk | æ̀lju(ə)rɒ́n-⁻/ *adj.* 〘《1869》□ Gk *áleuron* wheat flour or meal ← *aleîn* to grind〙

áleurone gráins *n. pl.* 〖植物〗アリューロン[糊粉(こ)]粒. 〘1875〙

Al·eut /əlúːt, ǽljuːt, ǽlìuːt | əlúːt, -ljúːt, ǽljùːt, ǽlìuːt; *Russ.* alʲiút/ *n.* (*pl.* ～, ～s) **1 a** [the ～(s)] アレウト族《Aleutian 列島から Alaska 半島西部地方にかけて居住する種族》. **b** アレウト族の人. **2** アレウト語. — *adj.* アレウト族[語]の. 〘《1780》□ Russ. ～ ← ?〙

A·leu·tian /əlúːʃən | əlúː-, əljúː-/ *adj.* **1** アリューシャン列島の. **2** アレウト (Aleut) 族[語, 文化]の. — *n.* **1** ＝Aleut 1. **2** [the ～s] ＝Aleutian Islands. 〘《1780》: ⇨ ↑, -ian〙

Aléutian Cúrrent *n.* [the ～] アリューシャン海流.

Aléutian Íslands *n. pl.* [the ～] アリューシャン[アレウト]列島《Alaska 半島の西に連なる火山列島で, 米国 Alaska 州の一部; 延長約 1,800 km》. 〘1780〙

Aléutian Ránge *n.* [the ～] アリューシャン山脈《Alaska 半島の東海岸沿いに走る山脈》.

Á lèvel *n.* 《英》〖教育〗＝advanced level. 〘1951〙

al·e·vin /ǽləvɪn | ǽlɪvɪn/ *n.* 稚魚; (特に, 卵からかえってまだ卵黄嚢(のう)をもっている)サケの稚魚. 〘《1868》□ F ～ < OF *alevains* ← *alever* to rear ← L *allevāre*: ⇨ elevate〙

ale·wife¹ /éɪlwàɪf/ *n.* (*pl.* **ale·wives** /-wàɪvz/) 〖魚類〗エールワイフ (*Alosa pseudoharengus*)《米国大西洋岸に多いニシン科の shad に似た食用魚》. 〘《1633》《変形》? ← 《廃》*aloofes* (pl.) □ F *alose* shad: 現在の形はこの魚の腹が大きいことと飲み屋の女将のビール腹との連想からか〙

ale·wife² /éɪlwàɪf/ *n.* 《古》ビヤホール[居酒屋]の女主人. 〘《*a*1500》*alewif*: ⇨ ale, wife〙

Al·ex /ǽlɪks, ǽlɪks/ *n.* アレックス《男性名》. 〘《dim.》← ALEXANDER〙

Alex. 《略》Alexander.

A·lex·a /əlɛ́ksə/ *n.* アレックサ《女性名》. 〘《dim.》← ALEXANDRA〙

al·ex·an·der, A- /æ̀lɪgzǽndə, æ̀lɛg-, -ks- | æ̀lɪgzáːndə⁽ʳ, æ̀lɛg-, -zǽn-, -ks-/ *n.* アレキサンダー《ドライジン[ブランデー]とクレームドカカオ (crème de cacao) とクリームとで作るカクテル》. 〘1928〙

Al·ex·an·der /æ̀lɪgzǽndə, æ̀lɛg-, -ks- | -záːndə⁽ʳ, æ̀lɛg-, -zǽn-, -ksáːn-; *G.* àlɛksándɐ; *Russ.* alʲɪksándr/ *n.* アレクサンダー《男性名; 愛称形 Aleck, Ellick, Sandy》. 〘□ L ～ □ Gk *Aléxandros*《原義》defender of men ← *aléxein* to protect (← IE **alek-* to ward off)＋*andrós, anḗr* man (← IE **ner-(t)-*) ∞ ME *Alysaundre* □ OF〙

Alexánder, Harold (**Rupert Le·of·ric** /liáː(ː)frɪk, leɪ- | léf-, léɪə(ʊ)-/ **George**) *n.* アレクサンダー《(1891–1969; 英国の陸軍元帥; ドイツの Rommel 軍を撃破 (1943); カナダ総督 (1946–52); 国防相 (1952–54); 称号 1st Earl Alexander of Tunis》.

Alexander I *n.* **1** アレクサンドル一世《(1777–1825; ロシア皇帝 (1801–25); ロシア語名 Aleksandr Pavlovich》. **2** アレクサンダル一世《(1876–1903; セルビア王 (1889–1903); セルビア語名 Aleksandar Obrenović /aléksaːndar obréːnovitɕ/》.

Alexander II *n.* アレクサンドル二世《(1818–81; ロシア皇帝 (1855–81); 農奴解放を行った; ロシア語名 Aleksandr Nikolaevich》.

Alexander III *n.* アレクサンドル三世《(1845–94; Alexander II の子; ロシア皇帝 (1881–94); ロシア語名 Aleksandr Aleksandrovich》.

Alexánder III of Macedónia ⇨ Alexander the Great.

Alexánder VI *n.* アレクサンデル[アレキサンドロ]六世《(1431–1503; スペイン系の教皇 (1492–1503); ボルジア家 (Borgias) の人, 謀略と悪徳を重ねた; Cesare Borgia と Lucrezia Borgia の父; 本名 Rodrigo Borgia》.

Alexánder Archipélago *n.* [the ～] アレクサンダー群島《米国 Alaska 州南東沿岸の群島》.

Alexánder Ísland *n.* アレキサンダー島《南極地域の Bellingshausen 海にある島; 長さ 378 km》.

Alexánder Név·ski /-névski, -néf-; *Russ.* -nʲéfskʲij/ *n.* アレクサンドル ネフスキー《(1220?–63; ロシアの国民的英雄, 大公; St. Petersburg の守護聖者》.

Alexánder of Túnis ⇨ Alexander, Harold (Rupert Leofric George).

al·ex·an·ders /æ̀lɪgzǽndəz, æ̀lɛg-, -ks- | -záːndəz, -zǽn-/ *n.* (*pl.* ～) 〖植物〗 **1** アレクサンダース (*Smyrnium olusatrum*)《南欧原産のセリ科の二年草; 黄緑色の小花を密に散形花序につける; 古くはサラダにして食用》. **2** ＝golden alexanders. 〘OE *alexandre* □ ML *alexandrum*《通俗語源》? ← L *holus atrum* ← *holus* vegetable＋*atrum* ((neut.) ← *ater* black): ML 形はその花の華麗さのために Alexander the Great と連想されたことによる〙

Alexánder Se·vé·rus /-sɪ̀víᵊrəs | -víər-/ *n.* アレクサンデル セウェルス《(208–235; ローマ帝国の皇帝 (222–235)》.

Al·ex·an·der·son /æ̀lɪgzǽndəsən, æ̀lɛg-, -ks-, -sn | -záːndə-, -zǽn-/, **Ernst Fred·er·ik** /frédərɪk, -drɪk | -dərɪk, -drɪk/ *n.* アレグザンダーソン《(1878–1975; スウェーデン生まれの米国の電気技師・発明家》.

Alexánder technìque *n.* アレクサンダー式療法《姿勢を正し身体の緊張をほぐす自然療法; オーストラリアの俳優 F. Mathias Alexander (1869–1955) にちなむ》.

Alexander the Gréat *n.* アレクサンドロス[アレクサンダー]大王《(356–323 B.C.; Macedonia の王 (336–323 B.C.); ギリシャおよび小アジア・エジプトからインドに至るペルシャ帝国の征服者; 正式名 Alexander III of Macedon [Macedonia]》.

A·lex·andr /àːlɪksáːndr(ə), æ̀l-, -sáːn-; *Russ.* alʲɪksándr/ *n.* アレクサンドル《男性名》. 〘□ Russ. ～ 'ALEXANDER'〙

Al·ex·an·dra /æ̀lɪgzǽndrə, æ̀lɛg-, -ks- | -záːn-, -zǽn-, -ks-/ *n.* **1** アレクサンドラ《女性名》. **2** 〖ギリシャ伝説〗＝Cassandra². 〘《fem.》← ALEXANDER〙

Alexándra Pálace *n.* アレクサンドラパレス《London 北部にある公園 Alexandra Park の丘の上にある建物; 展覧会・コンサートなどに利用される; もと BBC のスタジオがあった; 通称 Ally Pally》.

A·lex·andre /àːlɪksáː(n)dr(ə), æ̀l-, -sáːn-; *F.* alɛksɑ̃ːdʁ/ *n.* アレクサンダー, アレクサンドル《男性名》. 〘□ F ～ 'ALEXANDER'〙

Al·ex·an·dret·ta /æ̀lɪgzændrétə, æ̀lɛg- | -zaːn-drétə, -zæn-, -ks-/ *n.* アレクサンドレッタ《Iskenderun の旧名》.

Alexandretta, the Gulf of *n.* アレクサンドレッタ湾《Gulf of ISKENDERUN の旧名》.

Al·ex·an·dri·a /æ̀lɪgzǽndriə, æ̀lɛg-, -ks- | -záːn-, -zǽn-, -ks-/ *n.* アレクサンドリア《エジプト北部, Nile 川デルタ上の港湾都市; アレクサンドロス大王 (Alexander the Great) が建設させた (332 B.C.); 古代世界の学問の中心地で, 現在もエジプト第一の商港》. 〘⇨ -ia¹〙

Al·ex·an·dri·an /æ̀lɪgzǽndriən, æ̀lɛg-, -ks- | -záːn-, -zǽn-, -ks-⁻/ *adj.* **1** (エジプトの)アレクサンドリア (Alexandria) の. **2** 古代 Alexandria 文化の, ヘレニズム文化の. **3** アレクサンドロス大王 (Alexander the Great) の. **4 a** アレクサンドリア学派の. **b** 〈著述家・作品が〉模倣的な; 学問に凝りすぎる. — *n.* **1** (エジプトの)アレクサンドリアの人[住民]. **2** アレクサンドリア学派の人. **3** 〖詩学〗＝Alexandrine. 〘《1584》: ⇨ ↑, -an¹〙

Alexándrian schòol *n.* [the ～] アレクサンドリア学派《紀元前 3 世紀ごろから Alexandria に栄えた学芸の流派》. 〘1809〙

Alexándrian sénna *n.* 〖植物〗センナ (*Cassia acutifolia*) (cf. senna 2). 〘1861〙

Al·ex·an·dri·na /æ̀lɪgzændríːnə, æ̀lɛg-, -ks- | -zaːn-, -zæn-, -ks-/ *n.* アレクサンドリーナ《女性名》. 〘《fem.》← Alexander: cf. Alexandra〙

Al·ex·an·drine, a- /æ̀lɪgzǽndrɪ̀n, -draɪn, -ks-, -drìːn | -zǽndraɪn, -záːn-, -ks-⁻/ *adj.* **1** 〖詩学〗アレクサンドル格の: an ～ verse. **2** ＝Alexandrian. — *n.* 〖詩学〗アレクサンドル格の詩行《短長[弱強]調 (◡－[×⁄]) 六歩格の詩行; 例: That, like a wounded snake, drags its slow length along.—Pope》. 〘《1589》□ F *alexandrin* ← ALEXANDER: この韻律で Alexander 大王をたたえた *Alexandre Paris* という OF 詩にちなむ〙

al·ex·an·drite /æ̀lɪgzǽndraɪt, æ̀lɛg- | -záːn-, -zǽn-/ *n.* 〖鉱物〗アレキサンドライト《昼光では緑色, 人工光では赤紫色; ⇨ birthstone》. 〘《1837–80》← ALEXANDER＋-ITE¹: ロシア皇帝 Alexander 一世にちなむ〙

a·lex·i·a /əléksiə eɪl-/ *n.* 〖精神医学〗失読(症), 読書不能症. 〘《1878》← A-⁷＋Gk *léxis* speech ← *legein* to speak (L *legere* to read との混同)＋-IA¹〙

a·lex·in /əléksɪn | -sɪn/ *n.* (*also* **a·lex·ine** /-sɪn, -siːn | -sɪn, -siːn/) 〖医学〗 **1** アレキシン, (体液内の)殺菌素. **2** ＝complement 7. 〘《1892》□ G ～ ← Gk *aléxein* to ward off (cf. Alexander)＋-IN²〙

al·ex·i·phar·mic /əlèksəfáəmɪk | -sɪfáː-⁻/ 〖医学〗 *adj.* 解毒性の (antidotal). — *n.* 解毒剤. 〘《1671》《変形》←《廃》*alexipharmac* □ Gk *alexiphármakos* warding off poison ← *aléxein* (↑)＋*phármakon* poison〙

A·lex·is /əléksɪs | -sɪs; *F.* alɛksi, *G.* aléksɪs/ *n.* アレクシス《男性名》. 〘□ Gk *Alexis* ← *aléxein* (⇨ alexin)〙

Aléxis Mikháilovich *n.* アレクセイ ミハイロビッチ《(1629–76; ロシア皇帝 (1645–76); Peter the Great の父》.

A·lex·i·us I Comnenus /əléksiəs-/ *n.* アレクシウス一世コムネヌス《(1048–1118; ビザンチン帝国皇帝 (1081–1118)》.

alf /ǽlf/ *n.* 《豪俗》無教養なオーストラリア人; オーストラリアの武骨な男. 〘《1960》《略》← *Alfred*〙

Alf /ǽlf/ *n.* アルフ《男性名》. 〘《dim.》← ALFRED〙

ALF 《略》《英》Animal Liberation Front.

Alf. 《略》Alfonso; Alfred.

al·fa /ǽlfə/ *n.* 《アフリカ》〖植物〗アフリカハネガヤ (esparto). 〘《1857》□ Arab. *ḥalfā'*〙

Al·fa /ǽlfə/ *n.* **1** ＝Alpha. **2** 〖通信〗アルファ《文字 a を表す通信コード》.

Al-Fai·yum /ǽlfeɪjúːm, -faɪ-/ *n.* ⇨ Faiyūm.

al·fal·fa /ælfǽlfə/ *n.* 〖植物〗アルファルファ, ムラサキウマゴヤシ (*Medicago sativa*)《クローバーに似たマメ科の牧草》. 〘《1845》□ Sp. ～ □ Arab. *al-fáṣṣa*ʰ the best fodder〙

alfálfa bùtterfly *n.* 〖昆虫〗オオアメリカモンキチョウ (*Colias eurytheme*)《シロチョウ科のチョウ; その幼虫 alfalfa caterpillar は alfalfa などマメ科の牧草を食害する》.

alfálfa plànt bùg *n.* 〖昆虫〗北米産半翅類メクラカメムシ科の一種 (*Adelphocoris lineolatus*)《クローバーや alfalfa などを食害する》.

alfálfa spròut *n.* アルファルファもやし《主にサラダ用》.

alfálfa vàlve *n.* 〖機械〗アルファルファ弁《垂直管端を閉じるための松ぼっくり状弁》.

al-Fa·ra·bi /ǽlfəráːbi/, **Mohammed ibn Tarkhan** *n.* アル ファーラービー《(?–950; イスラムの哲学者・医者・数学者》.

Al·fa Ro·me·o /ǽlfəroʊméɪoʊ | -rə(ʊ)méɪəʊ; *It.* álfaroméːo/ *n.* 〖商標〗アルファロメオ《イタリアの自動車メーカー; 同社製の乗用車; Alfa Romeo 社は 1986 年に Fiat に買収された》.

Al Fat·ah /ælfǽtə | -tə/ *n.* アルファタ《パレスチナ解放機構 (PLO); Yasir Arafat らによって 1958 年に結成》.

Al·fie·ri /ælfiéᵊri | -fiéəri; *It.* alfjéːri/, **Count Vittorio** *n.* アルフィエーリ《(1749–1803; イタリアの劇作家・詩人》.

al·fil·a·ri·a /ælfìləríːə/ *n.* (*also* **al·fil·e·ri·a** /～/) 〖植物〗オランダフウロ (*Erodium cicutarium*)《フウロソウ科の植物》. 〘《1868》□ Am.-Sp. *alfilerillo* (dim.) ← Sp. *alfiler* pin □ Arab. *al-khilāl* the wooden pin: 雌蕊の果葉の形から〙

al fi·ne /ɑːlfíːneɪ; *It.* alfíːne/ *adv.* 〖音楽〗アルフィーネ; 終わりまで (to the end). 〘□ It. ～〙

al·fi·sol /ǽlfəsɔ̀(ː)l | -fɪsɔ̀l/ *n.* 〖土壌〗アルフィソル《鉄含量の大きい表土をもつ湿った土壌》. 〘《1960》← *alfi-* arbitrary prefix＋-SOL〙

Al·fon·so XII /ælfɑ́(ː)nsoʊ, -zoʊ | -fɒ́nzəʊ, -səʊ; *Sp.* alfónso/ *n.* アルフォンソ十二世《(1857–85; スペイン国王 (1874–85)》.

Alfonso XIII *n.* アルフォンソ十三世《(1886–1941; スペイン国王 (1886–1931); 共和政府により廃位 (1931)》.

al·for·ja /ælfɔ́əhɑː | -fɔ́ː-; *Am. Sp.* alfórha/ *n.* 《米西部》 **1** 鞍(くら)袋 (saddlebag). **2** (リスなどの)ほお袋 (cheek pouch). 〘《1611》□ Sp. ～ □ Arab. *al-khúrj* the saddlebag〙

Al·fred /ǽlfrɪd, -fəd | -frɪd; *F.* alfʁɛd, *G.* álfʁeːt, *Swed.* álfred, *Dan.* álfʁɛð/ *n.* アルフレッド《男性名; 愛称形 Alf, Fred》. 〘OE *Ælfrǣd*《原義》elf in counsel, i. e. good counselor: ⇨ elf, rede〙

Al·fre·da /ælfríːdə | -də/ *n.* アルフリーダ《女性名》. 〘《fem.》↑〙

Al·fre·di·an /ælfríːdiən | -diən/ *adj.* アルフレッド大王の[による]. 〘《1826》← *Alfred* (*the Great*)＋-IAN〙

Al·fre·do /ælfréɪdoʊ | -dəʊ/ *n.* アルフレード《バター・クリーム・ニンニク・パルメザンチーズを合わせたパスタ用ソース》. 〘*Alfredo* di Lelio 考案者のイタリアのシェフ・料理店主〙

Al·fre·do /ælfréɪdoʊ, ɑːl- | -dəʊ; *It.* alfréːdo; *Sp., Am.Sp.* alfréðo/ *n.* アルフレード《男性名》. 〘□ It. ～ □ L *Alvredus* 'ALFRED'〙

Álfred the Gréat *n.* アルフレッド大王《(849–899; 英国アングロサクソン時代の Wessex 王 (871–899); デーン人 (Danes) の侵入を防ぎ, 法や諸制度を整備し, 学芸興隆を図ってラテン書を英訳させ, 自らも一部を訳した》.

al·fres·co /ælfréskoʊ | -kəʊ/ *adv.* **1** 戸外で, 野外で:

A

lunch ~. **2** 〖美術〗フレスコ画法で. **— *adj.*** **1** 戸外での, 野外の: an ~ luncheon. **2** 〖美術〗フレスコ画法で描かれた. ★ *adv.* の意味の時は al fresco と 2 語に書くこともある. 〖(1753) ◻ It. *al fresco* in the fresh (air): cf. fresco〗

Alf·vén /ǽlf(f)vein, -vén; *Swed.* alvé:n/, **Han·nes O·lof Gös·ta** /hǎn:es ǔ:lɔf jø̌sta/ *n.* アルヴェーン《1908–95; スウェーデンの物理学者; 電磁流体力学の基礎的研究により Nobel 物理学賞 (1970)》.

Alfvén wàve /ǽlfvein-, -vén-/ *n.* 〖物理〗アルヴェーン波, 磁気流体波, 流体磁気波. 〖(1956) ↑〗

alg. 《略》algebra.

Alg. 《略》Algeria; Algerian; Algernon; Algiers.

alg- /ælg, æld͡ʒ/ (母音の前にくるときの) algo- の異形.

al·ga /ǽlgə/ *n.* (*pl.* **al·gae** /-dʒi: | -dʒi:, -gi:, -dʒaɪ, -gaɪ/, ~**s**) 〖植物〗藻(ᵔ); 藻(ᵔ)《淡水生・海水生または汽水生の藻で, 緑藻・褐藻・紅藻その他の下等藻を含む》. **al·gal** /ǽlgəl, -gl/ *adj.* 〖(1551) ◻ L ~ 'seaweed'〗

al·gae /ǽldʒi: | -dʒi:, -gi:, -dʒaɪ, -gaɪ/ *n. pl.* 〖植物〗藻(ᵔ)類《下等隠花植物中で菌類に対し光合成能力のある類の総称》. 〖(1794) ← NL ~ (pl.) ← L *alga* (↑)〗

al·gae·cide /ǽldʒəsàɪd, -dʒi:- | -dʒɪ-, -dʒi:-/ *n.* 〖薬学〗=algicide. 〖⇨ ↑, -cide〗

Al·gar /ǽlgə | -gə(r)/ *n.* アルガー《男性名》. 〖OE *Ælfgār* ← *ælf* 'ELF'+*gār* spear〗

Al·gar·di /ælgάədi | -gά:di; *It.* algárdi/, **Ales·san·dro** /alessándro/ *n.* アルガルディ《1595–1654; イタリアの彫刻家》.

al·ga·ro·ba /æ̀lgəróubə | -rəu-/ *n.* 〖植物〗=algarroba. 〖1577〗

Al·ga·roth /ǽlgərɔ̀(:)θ, -rὰ(:)θ | -rɔθ/ *n.* 〖化学〗= POWDER[1] of Algaroth.

al·gar·ro·ba /æ̀lgəróubə | -rəu-/ *n.* 〖植物〗 **1** = mesquite 1. **2** 熱帯アメリカ産マメ科の低木の一種 (*Prosopis glandulosa*)《種子で飲料を作る》. 〖(1845) ◻ Sp. ← Arab. *al-kharrūba*[h] 'the CAROB'〗

Al·gar·ve /ɑ:lgάrvə | ælgά:v, ←-; *Port.* aɫgaɾvɨ/ *n.* [the ~] アルガルベ《ポルトガル南端の地方; 観光地》.

al·ge·bra /ǽldʒəbrə | -dʒ[ɪ]-/ *n.* **1** 代数学. **2** 代数学書[論文]. **3** 〖数学〗多元環, アルジェブラ, 代数《環をなす線形空間で, かつ任意のスカラー *α*, *β*, および任意のベクトル *a*, *b* に対し, (*αa*) (*βb*)=(*αβ*) (*ab*) の成り立つようなもの》. **4** 〖論理〗代数的論理, 論理代数《特に, ブール代数などを典型例とする記号論理学の操作・方法・体系; algebraic logic, Boolean algebra ともいう》. 〖(*a*1400) ◻ ML ~ ◻ Arab. *al-jabr* the reunion of broken parts ← AL-[2]+*jábara* to reunite)〗

al·ge·bra·ic /æ̀ldʒəbréɪɪk | -dʒ[ɪ]-←/ *adj.* 代数の, 代数的な, 代数学的な, 代数学上の: an ~ equation 代数方程式 / an ~ expression 代数式. **àl·ge·brá·i·cal** /-ɪ̀kəl, -kl̩ | -ɪk-/ *adj.* **àl·ge·brá·i·cal·ly** *adv.* 〖(1662): ⇨ ↑, -ic[1]〗

algebráically clósed fíeld *n.* 〖数学〗代数的閉体《その元を係数とする代数方程式の根がすべてまたその元である体 (field)》.

álgebraic cúrve *n.* 〖数学〗代数曲線《代数方程式のグラフである曲線》. 〖1798〗

algebráic exténsion *n.* 〖数学〗代数(的)拡大(体)《その元がすべてもとの体 (field) の元を係数とする代数方程式の根となるような拡大体 (extension field)》. 〖1965〗

álgebraic fúnction *n.* 〖数学〗代数関数.

álgebraic lógic *n.* 〖論理〗=algebra 4. 〖1973〗

algebráic notátion *n.* 〖チェス〗代数式記法《横列を a, b, c…h, 縦列を 1, 2, 3, …8 の組み合わせで盤上の駒の位置を示す》.

álgebraic númber *n.* 〖数学〗代数的数《有理数係数の代数方程式の根となるような数》. 〖1904〗

álgebraic sýstem *n.* 〖数学〗代数系《いくつかの演算の定義された集合; 群 (group)・環 (ring)・体 (field)・束 (lattice) など》.

algebráic topólogy *n.* 〖数学〗代数的位相幾何学《代数的方法で位相空間の性質を研究する分野》. 〖1942〗

al·ge·bra·ist /ǽldʒəbrèɪ[ɪ]st, ←-←- | æ̀ldʒ[ɪ]bréɪɪst, ←-←-/ (*also* **al·ge·brist** /ǽldʒəbr[ɪ]st | -dʒ[ɪ]brɪst/) *n.* 代数学者. 〖(1673): ⇨ -ist〗

Al·ge·ci·ras /æ̀ldʒ[ɪ]síərəs | -dʒ[ɪ]sírəs, -dʒɛ-, -sáɪər-; *Sp.* alxeθíras/ *n.* アルヘシラス《スペイン南部の海港; Gibraltar 海峡に臨む》.

Al·gen·ib /ældʒén[ɪ]b, -dʒí:n- | -nɪb/ *n.* 〖天文〗アルゲニブ《ペガスス座 (Pegasus) の *γ* 星で 2.8 等星; ペルセウス座 *α* 星 (Mirfak) の名に用いられたこともある》. 〖◻ Arab. *al-janb* the star〗

al·ge·ny /ǽldʒəni | -dʒ[ɪ]-/ *n.* 〖生物〗遺伝手術《生物の遺伝的性質を人為的に変えたり, 他の生物の遺伝子を移植したりすること》. 〖← *al-* (← ? ALLO-)+-GENY〗

Al·ger /ǽldʒə | -dʒə(r)/ *n.* アルジャー《男性名》. 〖cf. OE *ælfgār* elf-spear〗

Alger, Horatio, Jr. *n.* アルジャー《1832–99; 米国の小説家; *Ragged Dick* (1867) をはじめ 100 を超える少年向きの苦学力行物語を書いた; cf. Horatio Alger》.

Al·ge·ri·a /ældʒí(ə)riə | -dʒíər-/ *n.* アルジェリア《地中海の西端に近いアフリカ北部の共和国; もとフランス共同体に属していたが 1962 年独立; 面積 2,322,144 km², 首都 Algiers; 公式名 the Democratic and People's Republic of Algeria アルジェリア民主人民共和国》. 〖◻ F *Algérie* ← Arab. *al-jazā'ir* the island: ⇨ -ia[1]〗

Al·ge·ri·an /ældʒí(ə)riən | -dʒíər-/ *adj.* **1** アルジェリア (Algeria) の; アルジェリア人の. **2** アルジェ (Algiers) の; アルジェ人の. **— *n.*** アルジェリア人. 〖(1625): ⇨ ↑, -an[1]〗

Algérian strípe *n.* アルジェリアストライプ《粗木綿の部分と上質絹の部分を交互のしまに織ったクリーム色の上着生地》.

al·ge·ri·enne /æ̀ldʒì(ə)rién | -dʒɪər-; *F.* alʒeʁjɛn/ *n.* =Algerine 3. 〖◻ F *algérienne* (fem.) ← *algérien* 'ALGERIAN'〗

Al·ge·rine /æ̀ldʒərí:n/ *adj.* =Algerian. **— *n.*** **1 a** アルジェ人; アルジェリア人. **b** [時に a-] (アルジェの)海賊 (pirate); [a-] 《米》無法な人, 強引な人. **2** 〖最初に建造された艇の名が Algerine であったことから〗[a-] 〖英海軍・カナダ海軍〗掃海艇の一種《排水量約 1,000 トン》. **3** [a-] 〖⇨ algerienne〗アルジェリン織り《柔らかい横縞の毛織物でショール用; 厚毛のものは北アフリカでテントや日よけに用いる; algerienne ともいう》. 〖(1657) ← ALGERIA+-INE[3]〗

Al·ger·ish /ǽldʒərɪʃ/ *adj.* 《米》アルジャー(の作品)の, アルジャー式の. 〖← *Horatio Alger*+-ISH[1]〗

Al·ger·non /ǽldʒənὰ(:)n, -nən | -dʒənən, -nɔn/ *n.* アルジャノン《男性名》. 〖◻ ONF ~ 《原義》whiskered〗

al·ge·sia /ældʒí:ʒə, -ʒiə | -ziə, -ʒiə/ *n.* 〖医学〗痛覚過敏. **al·ge·sic** /ældʒí:zɪk, -sɪk/ *adj.* 〖← NL ~ ← Gk *álgēsis* feeling of pain+-IA[1]〗

al·ge·sim·e·ter /æ̀ldʒəsímətə | -dʒ[ɪ]sím[ɪ]tə(r)/ *n.* 〖医学〗痛覚計. 〖(1896): ⇨ ↑, -meter[1]〗

al·ge·si·re·cep·tor /ældʒì:zər[ɪ]sèptə, -dʒì:sə- | -z[ɪ]r[ɪ]sèptə(r)/ *n.* 〖生理〗痛覚受容器. 〖⇨ algesia, receptor〗

al·get·ic /ældʒétɪk | -tɪk/ *adj.* 〖医学〗痛覚の; 痛い. 〖(1879) ← ALGO-+-ETIC〗

-al·gia /ǽldʒə, -dʒiə | -dʒiə, -dʒə/ 「…痛 (pain)」の意の名詞連結形: neur*algia*. 〖◻ Gk *-algiā* ← *álgos* pain〗

-al·gic /ǽldʒɪk/ 「…痛の」の意の形容詞連結形. 〖⇨ ↑, -ic[1]〗

álgic ácid /ǽldʒɪk-/ *n.* 〖化学〗=alginic acid. 〖*algic*: ← ALGA+-IC[1]〗

al·gi·cide /ǽldʒəsàɪd | -dʒ[ɪ]-/ *n.* 〖薬学〗アルジサイド《水中の藻(ᵔ)類の撲滅に用いる化学薬品の総称》. **al·gi·cid·al** /æ̀ldʒəsáɪdl̩ | -dʒ[ɪ]-←/ *adj.* 〖(1904) ← ALGA+-CIDE〗

al·gid /ǽldʒ[ɪ]d | -dʒɪd/ *adj.* **1** 寒い (cold), 寒けがする (chilly). **2** 〖病理〗(マラリア・コレラについて)重症の; アジアコレラの: ~ cholera アジアコレラ (Asiatic cholera). 〖(1623) ◻ L *algidus* cold ← *algēre* to be cold〗

al·gid·i·ty /ældʒídəti | -d[ɪ]ti/ *n.* 寒気 (coldness), 寒け (chill). 〖(1656): ⇨ ↑, -ity〗

Al·giers /ældʒíəz | -dʒíəz/ *n.* アルジェ: **1** アルジェリア北部の海港で, 同国の首都. **2** アフリカ北部の旧 Barbary States の一つで, 今のアルジェリア; もと海賊の基地.

al·gin /ǽldʒɪn, -dʒən | -dʒɪn/ *n.* 〖化学〗アルギン《褐藻類からアルカリ抽出で得られる水溶液化合物; アルギン酸 (alginic acid) の塩》. 〖(1883) ← ALGA+-IN[1]〗

al·gi·nate /ǽldʒənèɪt | -dʒ[ɪ]-/ *n.* 〖化学〗アルジネート《各種の海藻, 特にオオウキモ (*Macrocystis pyrifera*) から採ったアルギン酸の塩[エステル]の一般名; ゼラチン状物質でアイスクリームの製造・織物の糊(ᵔ)付けなどに使う》. 〖(*c*1909): ⇨ ↑, -ate[1]〗

álginate fìber *n.* 〖化学〗アルギン酸繊維《アルギン酸から作る繊維; 手術糸などに用いる》.

al·gín·ic ácid /ældʒínɪk-/ *n.* 〖化学〗アルギン酸 ($C_5H_7O_4 \cdot COOH$)$_n$《褐藻類から得られる多糖類の一つ; アイスクリーム・化粧品の乳化剤》. 〖(1885) *alginic*: ← ALGIN+-IC[1]〗

al·go- /ǽlgou | -gəu/ 「苦痛 (pain)」の意の連結形: *al*gometer. ★ 母音の前では通例 alg- になる. 〖◻ Gk ~ ← *álgos* pain〗

al·goid /ǽlgɔɪd/ *adj.* 藻類の, 藻(ᵔ)に似た. 〖(1874) ← ALGA+-OID〗

Al·gol /ǽlgɑ(:)l, -gɔ(:)l | -gɔl/ *n.* 〖天文〗アルゴル《ペルセウス座 (Perseus) の *β* 星で 2.2–3.5 等星; 有名な食変光星》. 〖(*a*1393) ◻ ML ~ ◻ Arab. *al-ghūl* the demon: cf. ghoul〗

AL·GOL, Al·gol /ǽlgɑ(:)l, -gɔ(:)l | -gɔl/ *n.* 〖電算〗アルゴル《科学計算用のプログラム言語の一種; cf. compiler language, computer language》. 〖(1959) ← *algo(rithmic)* *l(anguage)*〗

al·go·lag·ni·a /æ̀lgoulǽgniə, -gə- | -gə(u)lǽg-/ *n.* 〖精神医学〗アルゴラグニー, 苦痛嗜愛, 苦痛淫楽(ᵔᵔ)症, 疼痛(ᵔᵔ)性愛《sadism と masochism を含む》. **al·go·lag·nic** /æ̀lgoulǽgnɪk, -gə- | -gə(u)-←/ *adj.*, *n.* 〖(1900) ← ALGO-+Gk *lagneía* lust〗

al·go·lag·nist /æ̀lgoulǽgn[ɪ]st | -gə(u)lǽgnɪst/ *n.* 苦痛淫楽(ᵔᵔ)者《sadist または masochist》.

al·go·log·i·cal /æ̀lgəlά(:)dʒ[ɪ]kəl, -kl̩ | -lɔ́dʒɪ-/ *adj.* 藻類学的な, 藻類学上の. **~·ly** *adv.* 〖(1830): ⇨ algology, -ical〗

al·gól·o·gist /-dʒ[ɪ]st | -dʒɪst/ *n.* 藻類学者.

al·gol·o·gy /ælgά(:)lədʒi | -gɔ́l-/ *n.* 藻類学, 藻類研究. 〖(1849) ← ALGA+-O-+-LOGY〗

al·gom·e·ter /ælgά(:)mətə | -gɔ́m[ɪ]tə(r)/ *n.* 〖医学〗痛覚計. **al·gom·e·try** /ælgά(:)mətri | -gɔ́m-/ *n.*

al·go·met·ric /æ̀lgoumétrɪk | -gəu-←/ *adj.* **àl·go·mét·ri·cal** /-r[ɪ]kəl, -kl̩ | -rɪ-←/ *adj.* 〖(1880) ← ALGO-+-METER[1]〗

Al·gon·ki·an /ælgά(:)ŋkiən | -gɔ́ŋ-/ *n.* **1** (*pl.* ~, ~**s**) **a** =Algonquian 1, 2. **b** =Algonquin. **2** [the ~] 〖地質〗アルゴンキアン(原生)代《始生代と古生代の間の地質系統; 専門語としては Proterozoic が使われる》. **— *adj.*** **1** 〖地質〗アルゴンキアン(原生)代の. **2 a** =Algonquian 1. **b** =Algonquin. 〖(1890): ⇨ ↓, -an[1]〗

Al·gon·kin /ælgά(:)ŋk[ɪ]n | -gɔ́ŋkɪn/ *n.*, *adj.* =Algonquin. 〖(1625): ⇨ Algonquin〗

Al·gon·qui·an /ælgά(:)ŋkwiən, -gɔ́(:)ŋ-, -kiən | -gɔ́ŋ-/ *n.* (*pl.* ~, ~**s**) **1** アルゴンキアン語族《Mississippi 川以東の, 北は Hudson 湾から南は Tennessee 州, Virginia 州に至る広大な地域に居住していたインディアンの話す諸言語からなる北米の主要語族; Arapaho, Cheyenne, Cree, Blackfoot その他約 50 の言語を含む》. **2 a** [the ~(s)] (アルゴンキアン語族の言語を話す)アルゴンキアン族. **b** アルゴンキアン族の人. **3** =Algonquin 1, 2. **— *adj.*** **1** アルゴンキアン(語)族の. **2** =Algonquin 1. 〖(1885): ⇨ Algonquin, -an[1]〗

Algónquian-Mó·san /-móusən, -sn̩ | -məu-/ *n.* アルゴンキアン モーサン語族《Algonquian, Salishan, Wakashan を含む北米の大語族》.

Al·gon·quin /ælgά(:)ŋkw[ɪ]n, -k[ɪ]n | -gɔ́ŋkwɪn, -kɪn/ *n.* (*pl.* ~, ~**s**) **1 a** [the ~(s)] アルゴンキン族《アルゴンキアン族に属する一種族でカナダ Ottawa 河口近くに住んでいたインディアン》. **b** アルゴンキン族の人. **2** アルゴンキン語《Ojibwa の一方言》. **3** 《古》=Algonquian 1, 2. **— *adj.*** **1** アルゴンキン語の. **2** =Algonquian 1. 〖(1667) ◻ Canad-F ~ 《変形》← 《廃》*Algoumequin* ◻ ? Micmac *algoomeaking* at the place of spearing fish and eels〗

Algónquin Párk *n.* アルゴンキン公園《カナダ Ontario 州南東にある州立公園》.

al·go·pho·bi·a /æ̀lgəfóubiə | -fəu-/ *n.* 〖精神医学〗痛覚恐怖(症). 〖(1897) ← ALGO-+-PHOBIA〗

al·gor /ǽlgɔə | -gɔ:(r)/ *n.* 《廃》〖病理〗(発熱前の)悪寒(ᵔᵔ), 寒け, 寒さ, 冷たさ: ~ mortis /-mɔ́ətɪs, -təs | -mɔ́:tɪs/ 〖法医学〗死冷《死体のもつ冷たさ》. 〖(?1440) ◻ L ~ ← *algēre* to be cold〗

al·go·rism /ǽlgərɪzm̩/ *n.* **1** 〖数学〗(1, 2, 3…9, 0 を用いる)アラビア記数法; アラビア数字算法; 算術. **2** アラビア数字: a cipher in ~ 零(ᵔ); 有名無実な人 (mere dummy). **3** =algorithm 1, 2. **al·go·ris·mic** /æ̀lgərízmɪk←/ *adj.* 〖(?*a*1200) *augrim, algorisme* ◻ OF *augori(s)me, algorisme* ◻ ML *algorismus* ◻ Arab. *al-Khwārizmī* the man of Khiva (9 世紀のアラビアの数学者 Abū Jafar Mohammed ibn Mūsā の異名)〗

al·go·rithm /ǽlgərɪðm̩/ *n.* **1** 〖数学〗互除法. **2** 〖電算〗アルゴリズム, 算法. **3** =algorism 1, 2. **al·go·rith·mic** /æ̀lgəríðmɪk←/ *adj.* 〖(1699) 《転訛》↑: cf. Gk *arithmós* number〗

álgorithmic lánguage *n.* 〖電算〗=ALGOL.

al·gous /ǽlgəs/ *adj.* 藻類 (algae) の(ような)[に関する]; 藻類に満ちた. 〖(1742) ◻ L *algōsus*: ⇨ alga, -ous〗

al·gra·phy /ǽlgrəfi/ *n.* 〖印刷〗アルミ平版. 〖(1897) ← AL(UMINUM)+-GRAPHY〗

Al·gren /ɔ́:lgr[ɪ]n, ά:l-, | ɔ́:l-, ɔ́l-/, **Nelson** *n.* オールグレン《1909–81; 米国の小説家; *The Man with the Golden Arm* (1949)》.

al·gua·cil /æ̀lgwəsí:l, -síl; *Sp.* alɣwaθíl, *Am. Sp.* -síl/ *n.* (*pl.* ~**s**, **al·gua·ci·les** /æ̀lgwəsí:leɪs; *Sp.* alɣwaθíles, *Am. Sp.* -síles/) (*also* **al·gua·zil** /æ̀lgwəzí:l, -zíl; *Sp.* alɣwaθíl, *Am. Sp.* -síl/) **1 a** (スペインの)准尉; 軍曹. **b** (スペインの)警察官, 巡査. **2** (中南米などの)保安官 (sheriff). 〖(1510) ◻ Sp. ~ ← Arab. *al* the+*wazīr* 'VIZIER'〗

al·gum /ǽlgəm/ *n.* 〖聖書〗(レバノンから到来した)貴重な木《白檀(ᵔᵔᵔ) (sandalwood) と考えられている; almug ともいう; cf. 2 *Chron.* 2:8》. 〖(1578) ◻ Heb. **algōm*, **almōg* (sing.) ← *algummīm, almuggīm* (pl.)〗

Al·gy /ǽldʒi/ *n.* アルジー《男性名》. 〖(dim.) ← Algernon〗

-al·gy /ǽldʒi/ =-algia. 〖◻ Gk *-algia*〗

al·haj·i /ælhǽdʒi/ *n.* 《西アフリカ》アルハッジ《Mecca 巡礼を済ませたムスリム(の称号)》. **al·haj·a** /ælhǽdʒə/ *n.* 女性の alhaji. 〖(1945) ◻ Hausa *àl-haaji* (masc.), *àl-haajìya* (fem.) ◻ Arab. *al-ḥājju* (masc.), *al-ḥājja*[h] (fem.); cf. hajj〗

Al·ham·bra /ælhǽmbrə, əl-, ələ́m-; *Sp.* alámbɾa/ *n.* [the ~] アランブラ, アルハンブラ《スペインの Granada 市の丘上にあるムーア王 (Moorish kings) の王宮・古城; 主として 1248–1354 年間に建てられたもの; 華麗な中庭をもつイスラム様式建築として知られる》. 〖(1612) ◻ Sp. ~ ◻ Arab. *al-ḥamrā'* the red (castle)〗

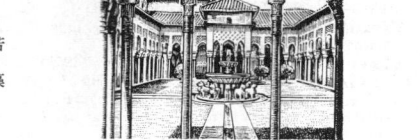

Alhambra

Al·ham·bra·ic /æ̀lhæmbréɪɪk←/ *adj.* =Alhambresque.

Al·ham·bresque /æ̀lhæmbrésk←/ *adj.* 〈建築・装飾など〉アランブラ宮殿風の, 奇想を凝らした. 〖(1862): ⇨ Alhambra, -esque〗

Al Hi·jaz /æ̀lhi:dʒǽz/ *n.* ⇨ Hejaz.

Al Hofuf *n.* ⇨ Hofuf.

A·li[1] /ά:li, ɑ:lí:; *Arab.* ʕáli/ *n.* アリ《男性名》. 〖◻ Arab. *'alīy* high, sublime〗

Ali[2] *n.* アリー《600?–661; アラビアの第 4 代カリフ (caliph), Shi'a 派では初代イマーム (imam); Muhammad の教友で娘むこ; 暗殺された; アラビア語名 Ali ibn-Abi-Talib》.

Ali, Mohammed *n.* **1** =Mehemet Ali. **2** Maulana MOHAMMED ALI. **3** アリ《1909–63; パキスタンの政

治家・外交官).
A·li /ɑːlíː/, **Muhammad** *n.* アリ《1942– ; 米国のヘビー級ボクサー; 3 度世界チャンピオンになる; 旧名 Cassius (Marcellus) Clay》.
a·li- /éɪlɪ, æl-, -li/ 次の意味を表す連結形: **1**「翼, 羽 (wing)」. **2** 〖解剖〗「側部 (side part)」. 〚□ L *āli-* ← *āla* wing〛
-a·li·a /éɪliə/「(動物地理学上の)界」の意の名詞連結形. 〚← NL ～ ← Gk *haliā* assembly & Gk *háls* sea〛
a·li·as /éɪliəs, -æs/ *adv.* 一名…, 別称は, 別名は: Jones, ～ Smith ジョーンズ通称スミス, スミスこと本名ジョーンズ. — *n.* **1** 別称, 別名; 偽名 (⇨ pseudonym SYN): He sometimes went by the ～ of Johnson. 時にジョンソンという別名を使った. **2** 〖電算〗(ファイル名などの)別名, エイリアス. **3** エイリアス: **a** 〖数学〗動きをこま撮りしたときに見られる, 実際にはない動き. **b** 〖電算〗画像を離散的なピクセルで表したときに輪郭線がぎざぎざになること. — *vt.* 〖電算〗 **1** 別名をつける. **2** エイリアスを生じる. 〚(*c*1432) □ L *aliās* at another place or time ← *alius* other ← IE **al-* beyond (Gk *állos* other)〛
a·li·as·ing /éɪliəsɪŋ/ *n.* 〖電算〗エイリアシング《画像処理において, 解像度の制約のため, 輪郭のぎざぎざなど好ましくない視覚的効果を生じること》.
A·li Ba·ba /ǽlibɑ́ːbə, ɑ́ːli-, -bɑː/ *n.* アリババ《「アラビア夜話」中の一話「アリババと四十人の盗賊」(Ali Baba and the Forty Thieves) 中の主人公 (原典にはこの話はない); 貧しい木こりだったが, 'Open sesame!' という呪文により宝の岩穴に入り大金持となった》. 〚1968〛
al·i·bi /ǽləbàɪ | ǽlɪ̀-/ *n.* **1** 〖法律〗現場不在(証明), アリバイ; アリバイのあること: a false [perfect] ～ / have an ～ / establish [prove, set up] an ～ アリバイを立てる[立証する] / break an ～ アリバイを崩す. **2** 《口語》言いわけ, 口実 (excuse). — 《口語》 *vi.* 言いわけをする 〔*for*〕: ～ *for* leav*ing* school early 早引けの言いわけをする / ～ *for* a person 人のために言いわけをする. — *vt.* 〈人〉のアリバイを証言する; …のために言いわけをする: ～ oneself *out of* a tight corner アリバイによって窮地を切り抜ける. 〚(1727) □ L *alibī* elsewhere ← *aliubi* ← *alius* other (⇨ alias) + *ibi* there〛
al·i·ble /ǽləbl̩ | ǽlɪ̀-/ *adj.* 《古》栄養分のある (nutritive). **al·i·bil·i·ty** /æ̀ləbíləti | æ̀lɪ̀bílɪ̀ti/ *n.* 〚(1656) □ L *alibilis* alible ← *alere* to nourish〛
Al·i·can·te /æ̀ləkǽnti, ɑ̀ːləkɑ́ːn-, -teɪ | æ̀lɪkǽnteɪ, -ti; *Sp.* alikánte/ *n.* アリカンテ《スペイン南東部の地中海に臨む港湾都市》.
Al·ice /ǽlɪ̀s | ǽlɪs/ *n.* **1** アリス《Lewis Caroll の *Alice's Adventures in Wonderland* (1865), *Through the Looking-Glass* (1872) の主人公の少女》. **2** アリス《女性名; 愛称形 Allie, Ally》. **3** [the ～] 《豪口》= Alice Springs. 〚《転訛》← ADELAIDE[2]: cf. Alison〛

Alice in Wonderland
(J. Tenniel による挿絵)

Álice bànd *n.* アリスバンド《幅の広いカラーヘアバンド》. 〚1955〛
Álice blúe *n.* 淡青色. 〚(1921) T. Roosevelt の娘 Alice Roosevelt (Longworth) の名にちなむ〛
Álice-in-Wónderland *adj.* [限定的] 奇怪な, 途方もない, ばかげた. 〚(1925) L. Carroll 作の童話にちなむ〛
Álice Spríngs *n.* アリススプリングス《オーストラリア中部, Northern Territory 中南部にある町; 旧名 Stuart (1933 年まで)》.
A·li·cia /əlíʃiə, əlíʃə | əlísiə, -ʃə/ *n.* アリシア《女性名》. 〚《ラテン語化》← ALICE〛
al·i·cy·clic /æ̀ləsáɪklɪk, -sík- | æ̀lɪ̀-/ *adj.* 〖化学〗脂環式の: an ～ compound 脂環式化合物. 〚(1891) ← ALI(PHATIC) + CYCLIC〛
al·i·dade /ǽlədèɪd | ǽlɪ̀-/ *n.* (*also* **al·i·dad** /-dæ̀d/) 〖測量〗アリダード, 指方規《平板上に取り付け, 方向を指示する器具で, 平板測量に用いる》. 〚(1891) □ ML *al(h)idada* □ Arab. *al-ʿiḍāda*[h] the revolving radius of a circle ← *ʿáḍud* humerus〛
a·li·en[1] /éɪliən, -ljən/ *adj.* [限定的] [しばしば軽蔑的] **1** 外国の, 異邦の (foreign): ～ nationals [residents] 外国の居住[居留]者. **2 a** [限定的] [しばしば軽蔑的] 外国人の: ～ property 外国人の財産. **b** (SF で) 地球外の, 異星からの: an ～ spaceship 地球外宇宙船. **3 a** [限定的] [しばしば軽蔑的] 異質な, 不調和な: ～ customs [cultures] 異質な文化[文明]. **b** 〔…と〕性質を異にする 〔*to*〕: a style ～ *to* authentic English 真正の英語とは異なる文体. **c** 〔…に〕反する, 〔…と〕相入れない (opposed) 〔*to*〕: reasoning ～ *to* logic 論理と矛盾する推理. — *n.* **1 a** 外国人, 異邦人 (foreigner, 《米》noncitizen); 居留外国人, 帰化していない外国人; 《俗用》帰化人: a resident ～ 在留外国人 / an illegal ～ 不法在留[滞在]外国人 / All ～*s* must report. 居留外国人は全員届け出なければならない / an enemy ～ 敵性外国人. **b** (SF で) 異星人, 宇宙人 (extraterrestrial). **2** 〖言語〗(借用されながらいつまでも同化されずに)外来語の様相を失わない語. **3** 〖生態〗帰化植物. **4** 《古》のけ者 〔*from*〕.
～·ly *adv.* **～·ness** *n.* 〚(?*a*1300) □ OF ～ // L *aliēnus* belonging to another ← *alius* another: ⇨ alias〛

SYN 外国人: **alien** 居住している国に帰化していない外国人, 外国籍住民を示す公式の用語: the *aliens* in this country わが国の外国人. **foreigner** 言語・文化を異にする他国からの来訪者または居住者;「よそ者」という意味あいがあり, 不快な感じを与えることがある: an observant *foreigner* 観察の鋭い外国人. **immigrant** *foreigner* に比べると無難な語. 定住するために他国から来た人《受け入れ国から見た語》: Asian *immigrants* in America アメリカのアジア系移民. **outlander** 《文語》= *foreigner* 《異様さを暗示する》: His bride was an *outlander*. 花嫁は異国人だった. **stranger** 他の国や地方から来てまだ土地の言語・習慣になじんでいない人: a *stranger* in a strange country 異国にいる外国人 / I am a *stranger* here. ここは不案内だ.

a·li·en[2] /éɪliən, -ljən/ *vt.* **1** 〖法律〗〈財産・不動産権を〉譲渡する (alienate). **2** 疎んじる, 疎外する (alienate). 〚(*c*1350) *aliene(n)* □ (O)F *aliéner* // L *aliēnāre* 'to ALIENATE'〛
a·li·en·a·bil·i·ty /èɪliənəbíləti, -ljə- | -lɪ̀ti/ *n.* 〖法律〗譲渡できること, 譲渡可能性. 〚(1780): ⇨ ↓, -ity〛
a·li·en·a·ble /éɪliənəbl̩, -ljən-/ *adj.* 〖法律〗〈土地など〉譲渡できる, 譲渡可能な. 〚(1611) ← ALIEN[2] + -ABLE〛
a·li·en·age /éɪliənɪdʒ, -ljə-/ *n.* 〖法律〗外国人であること〖法的身分〗. 〚(1809) ← ALIEN[1] + -AGE〛
a·li·en·ate /éɪliənèɪt, -ljə-/ *vt.* **1 a** 〈人を〉疎んじる, 疎外する, 遠ざける 〔*from*〕: be ～*d from* a friend 友人と仲違(なか)いしている. **b** 〈感情・愛情などを〉他に向けさせる (turn away) 〔*from*〕: ～ a man's affection(s) *from* his wife. **2** 〖法律〗〈財産・不動産権を〉譲渡する (transfer): ～ lands *to* another. 〚(*c*1509) ← L *aliēnātus* (p.p.) ← *aliēnāre* to make something another's ← *aliēnus* 'ALIEN[1]': ⇨ -ate[3]〛
á·li·e·nàt·ed /-tɪ̀d | -tɪ̀d/ *adj.* 疎外された, 疎んじられた. 〚(1561): ⇨ ↑, -ed〛
a·li·en·a·tion /èɪliənéɪʃən, -ljə-/ *n.* **1** 疎外, 疎遠, 離間 (estrangement); (自己)疎外, 疎外感: a sense of ～ 疎外感 / the ～ of man *from* nature 自然からの人間の疎隔. **2** 〖法律〗(主に不動産権の)譲渡, 割譲 (transference). **3** 〖病理〗障害; (特に)精神異常 (insanity). **4** 〚《なぞり》← G *Verfremdung*〛〖演劇〗異化(効果)《ドイツの劇作家 Brecht の劇作法で, 登場人物への観客の感情移入を故意に拒むことによって効果を上げようとするもの》. **5** 〖統計〗 **a** 無相関. **b** 無相関係数《相関 (correlation) の低さの程度を表す数》.
alienátion of afféctions 〖米法〗愛情移転《夫婦関係に水をさす不法行為の一類型》. (1867)
〚(*c*1395) □ (O)F *aliénation* // L *aliēnātiō(n-)* ← *aliēnāre*: ⇨ alienate, -ation〛
á·li·en·à·tor /-tə | -tə(r)/ *n.* 〖法律〗譲渡人. 〚(1552) □ L *aliēnātor*: ⇨ alienate, -or[2]〛
a·li·en·ee /èɪliəníː, -ljə-/ *n.* 〖法律〗譲受人. 〚(1531) ← ALIEN[2] + -EE[1]〛
álien énemy *n.* 〖法律〗(国内に居留する)敵国人. 〚1625〛
álien fríend *n.* 〖法律〗(国内に居留する)友邦国人. 〚1641〛
al·i·e·ni ju·ris /èɪliíːnaɪdʒʊ́ərɪ̀s, ɑ̀ːliéniːjʊ́ər- | -dʒʊ́ərɪs, -jʊ́ər-/ *L. adj.* 〖法律〗〈未成年者などの無能力者が〉人の監督下にある (↔ sui juris). 〚□ L *aliēnī jūris* of another's law〛
a·li·en·ism /éɪliənɪzm, -ljə-/ *n.* **1** 〖法律〗= alienage. **2** 《古》精神病学, 精神病治療. 〚(1808) ← ALIEN[1] + -ISM〛
á·li·en·ist /-nɪ̀st | -nɪst/ *n.* **1** 《米》〖法医学〗精神鑑定医. **2** 《廃》精神科医. 〚(1864) □ F *aliéniste* ← *aliéné* insane ← L *aliēnātus*: ⇨ alienate〛
a·li·en·or /èɪliənɔ́ə, éɪljənə, -liə- | èɪliənɔ́ː(r), éɪliənə(r), -ljə-/ *n.* 〖法律〗譲渡人. 〚(1552) □ AF **alienour* = F *aliéneur* ← *aliéner* 'to ALIEN[2]'〛
álien príory *n.* = priory alien. 〚1753〛
al·i·es·ter·ase /æ̀liéstərèɪs, -rèɪz/ *n.* 〖生化学〗アリエステラーゼ《分子量の少ない芳香族エステルを加水分解するエステラーゼ》. 〚← ALI(PHATIC) + ESTERASE〛
a·lif /ɑ́ːlɪf/ *n.* アリフ《アラビア語アルファベットの第 1 字》.
a·li·form /éɪləfɔ̀əm, ǽl- | -lɪ̀fɔːm/ *adj.* 翼[羽]状の (winglike). 〚← L *āla* wing + -I- + -FORM〛
Al·i·garh /æ̀ləgɑ́ə | ɑ̀ːlɪgɑ́ː(r)/ *n.* アリーガル《インド中北部, Uttar Pradesh 州の都市》.
Al·i·ghie·ri /æ̀ləgjéəri | æ̀lɪgjéəri; *It.* aligjéːri/ *n.* アリギエーリ《Dante が属する Florence の家系》.
a·light[1] /əláɪt/ *adj.* [叙述的] **1** 点火して, 燃えて: get firewood ～ まきに火をつける / set ～ 燃え上がらせる / catch ～ 火がつく, 燃える / The lamps are ～. **2** 〔…の〕火[明かり]がともって; 〔喜びなどで〕輝いて 〔*with*〕: The room was ～ *with* lamps. / Her face was ～ *with* enthusiasm. 顔は熱意に輝いていた. ***sét the wórld alight*** 《英口語》= set the world on FIRE. 〚(?*c*1280) (同化) ← *alighted* (p.p.) ← *alight* to light up: ⇨ a-[1], light[1]〛
a·light[2] /əláɪt/ *vi.* (～·**ed**, (時に) **a·lit** /əlít/) **1** 降りる; (目的地で)下車する (get down): ～ *from* a horse, vehicle, etc. / ～ *at* a place. **2** 〈鳥が〉(空から降りて)〈木などに〉留まる (settle) 〔*on, upon*〕: ～ *on* [*upon*] a tree. **3** 〈飛行機などが〉着陸[着水, 着艦]する: an ～*ing* deck (航空母艦の)帰着甲板.
alight on [***upon***] (1) …の上に降りる (⇨ 2): ～ *on* one's feet ⇨ foot 成句. (2) …に偶然出会う, を偶然見出す (come upon). (3) 《古》〈物が〉落ちて…にぶつかる.
〚lateOE *ālīhtan* ← A-[2] + *līhtan* 'to LIGHT[3]'〛
a·líght·ing gèar /-tɪŋ- | -tɪŋ-/ *n.* 〖航空〗= undercarriage 2. 〚1909〛
a·lign /əláɪn/ *vt.* **1** (政治目的などのために)提携させる 〔*with*〕: ～ oneself *with* a new party = be ～*ed* with a new party 新党と提携する / They were ～*ed against* the budget. 予算案に団結して反対した. **2 a** 一直線に並べる; 一列にそろえる, 整列させる; 〖印刷〗〈行末などを〉そろえる.: He ～*ed* the chairs along the wall. 壁に沿って椅子を一列に並べた. **b** 〈照準などを〉〈標的と〉一直線に合わせる 〔*with*〕: ～ one's club *with* the ball (ゴルフの)クラブをボールと一直線にする. **3** 〖電子工学〗調整する《受信器などを最適状態に合わせて固定する》. — *vi.* **1** 提携する, 団結する (line up) 〔*with*〕. **2** 〈隊が〉整列する, 一列をなす 〔*with*〕. **～·er** *n.* 〚(1693) □ OF *alignier* (F *aligner* ← *à* to + *ligne* (← L *lineāre* to line ← *linea* 'LINE[2]')〛
a·lígn·ment *n.* **1** 提携, 団結 (lineup) 〔*with*〕; 提携したグループ. **2 a** 一列[一直線]にする[になる, である]こと; 一列整列[整頓]; 照準を定めること: in ～ (*with*) (…と)一直線になって, 一直線上に / out of ～ (*with*) (…との)一直線上になく. **b** 一列にそろえた線, 整頓線; 線形; 直線: the north-south ～ of the Rocky Mountains ロッキー山脈の南北線形. **c** 〖印刷〗(行末などの)そろえ: right [left] ～ (段落の)右[左]そろえ. **3** 〖土木〗路線設定; (路線の)線形; 心合わせ. **4** 〖電子工学〗調整《受信器などを最適状態に合わせ固定すること》. **5** 〖考古〗列石《立石 (menhirs) の並列したもの》. **6** 〖ダンス〗アラインメント《ダンスにおける縦軸あるいは水平方向の動き》. 〚(1790) □ F *alignement*: ⇨ ↑, -ment〛
alígnment chàrt *n.* 〖数学〗共線図表 (⇨ nomogram). 〚1910〛
A·li·go·té /æ̀lɪgoʊtéɪ | -lɪgəʊ-; *F.* aligɔte/ *n.* アリゴテ《フランス Burgundy 地方産の辛口の白ワイン》. 〚(1912) □ F〛
a·li·i /ɑːlíːiː/ *n.* (*pl.* ～) (ポリネシアの)首長; 王. 〚□ Hawaiian *ali'i*〛
a·like /əláɪk/ *adj.* [叙述的] 一様で, 等しい, 同様で; よく似ていて (⇨ like[1] SYN): They are exactly ～ in that respect. その点では全く同じだ. — *adv.* 一様に, 等しく, 同様に (equally): ⇨ SHARE[1] *and share alike* / treat all men ～ 万人を同様に遇する / young and old ～ 老いも若きも. 〚(*c*1250) *alich(e)* 《混成》← OE *ġelīc* 'LIKE' + ON *ālīkr* similar〛
a·líke·ness *n.* 同様であること, よく似ていること. 〚*c*1400〛
al·i·ma /ǽləmə | ǽlɪ-/ *n.* 〖動物〗アリマ《口脚目シャコ類の幼生》. 〚(1828) ← NL ～ ← *Alima* ← Gk *hálimos* of the sea ← *háls* sea〛
al·i·ment /ǽləmənt | ǽlɪ̀-/ *n.* **1** 栄養物, 滋養物, 食物. **2** 扶養, 扶助. **3** 《スコット》= alimony 1. — /ǽləmènt | ǽlɪ̀-/ *vt.* …に栄養を与える; 扶養する. 〚(*c*1477) □ (O)F ～ // L *alimentum* nourishment ← *alere* to rear, nourish ← IE **al-* to grow: cf. old〛
al·i·men·tal /æ̀ləméntl̩ | æ̀lɪ̀méntl̩/ *adj.* 滋養の, 栄養的な. **～·ly** *adv.* 〚(1586): ⇨ -al[1]〛
al·i·men·ta·ry /æ̀ləméntəri, -tri | æ̀lɪméntəri, -tri/ *adj.* **1** 栄養作用の; 栄養の; 栄養になる. **2** 扶養を与える. 〚(1615) □ L *alimentārius* pertaining to nourishment: ⇨ aliment, -ary〛
aliméntary canál [**tráct**] *n.* 〖解剖・動物〗(口から肛門までの)消化管. 〚1764〛
aliméntary páste *n.* = pasta 1.
aliméntary sýstem *n.* 〖解剖・動物〗消化器系. 〚1980〛
al·i·men·ta·tion /æ̀ləmentéɪʃən, -mən- | æ̀lɪ̀-/ *n.* **1** 栄養(作用), 滋養. **2** 扶養 (maintenance). **3** 〖地質〗(氷河を成長させる)雪の堆積 (cf. ablation 2). 〚(1590) □ ML *alimentātiō(n-)*: ⇨ aliment, -ation〛
al·i·men·ta·tive /æ̀ləméntətɪv | æ̀lɪ̀méntət-/ *adj.* 栄養的な, 滋養の (nutritive). **～·ly** *adv.* 〚(1881): ⇨ aliment, -ative〛
al·i·men·to·ther·a·py /æ̀ləméntoʊθèrəpi | æ̀lɪ-mèntə(ʊ)-/ *n.* 〖医学〗食事療法. 〚← ALIMENT + -O- + THERAPY〛
al·i·mo·ny /ǽləmòʊni | ǽlɪ̀mə-/ *n.* **1** 〖法律〗(別居中や離婚後夫から妻[妻から夫]に与える)扶助料《現在では support, maintenance が普通; cf. separate maintenance》. **2** 扶養料 (maintenance). 〚(1655) □ L *alimōnia* nourishment ← *alere* to nourish: ⇨ aliment〛
à l'im·pro·viste /ɑːlæ̃(m)proʊvíːst, -læm- | -prə(ʊ)-; *F.* alɛ̃pʀɔvist/ *F. adv.* 突然 (suddenly). 〚□ F ～ 《原義》at the unprovided for〛
Alí Muhámmad of Shiráz *n.* Bab ed-Din の通称.
a·line /əláɪn/ *v.* = align.
A·line /əlíːn, əl-, æ̀líːn/ *n.* アリーン《女性名》. 〚《転訛》← ADELINE〛
Á-lìne 〖服飾〗 *n.* A ライン《1960 年代に流行した A の字を形づくるシルエット》. — *adj.* [限定的] A ラインの: an ～ dress, skirt, etc. 〚1955〛
a·líne·ment *n.* = alignment.
a·li·no·tum /èɪlənóʊtəm, æ̀l- | èɪlɪ̀nə́ʊt-, æ̀l-/ *n.* (*pl.* **-no·ta** /-tə | -tə/) 〖昆虫〗翅背板. 〚← NL ～ ← ALI- + *nōtum* (□ Gk *nôton* back)〛
Al·i·oth /ǽliɑ̀(ː)θ, -ə(ː)θ | -ɪɔθ/ *n.* 〖天文〗アリオト《おおぐま座 (Ursa Major) の ε 星で 1.8 等星》. 〚(1704) □ Arab. *ályah*[h] fat tail of a sheep〛
A·li Pa·sha /ɑ́ːlipɑ́ːʃə, -pǽʃə, -pəʃɑ́ː/ *n.* アリパシャ

A

(1741–1822; トルコの太守, アルバニアの指導者).

a·li·ped /ǽləpèd, ǽl- | -lɪ̀-/ 〖動物〗 *adj.* (コウモリのように)腕・脚が翼となっている, 翼肢(ʸᵏ)のある, 翼膜のある. — *n.* 翼肢動物. 〖《1731》□ L *ālipedem* having winged feet: ⇨ ali-, -ped〗

al·i·phat·ic /æ̀ləfǽtɪk | æ̀lɪ̀fǽt-ˈ/ *adj.* 〖化学〗 脂肪性の, 脂肪族の (fatty): an ～ compound 脂肪族化合物. — *n.* 脂肪族化合物. 〖《1889》← Gk *aleíphatos* (← *áleiphar* oil, fat)+-ic[1]〗

al·i·quant /ǽləkwənt | ǽlɪ-/ 〖数学〗 *adj.* 割り切れない, 整除できない (↔ aliquot): 3 is an ～ part of 10. 3 では 10 は割り切れない. — *n.* 因数でない数, 非約数 (aliquant part). 〖□ F *aliquante* // L *aliquantum* somewhat ← *another* other+*quantus* how great〗

al·i·quot /ǽləkwɑ̀(ː)t | ǽlɪkwɔ̀t/ *adj.* **1** 〖数学〗 割り切れる, 整除できる (↔ aliquant): 3 is an ～ part of 12. 3 で 12 は割り切れる. **2** 〖化学〗 =fractional 5. — *n.* **1** 〖数学〗 因数, 約数 (aliquot part). **2** 〖化学〗 アリコート (試料の一部). 〖《1570》□ F *aliquote* □ L *aliquot* some, several ← *alius* another+*qout* how many〗

áliquot scáling *n.* 〖音楽〗 アリクウォート スケーリング (ピアノの最高音域の音量を強めるために共鳴弦を付け加えて張ること).

Al Is·kan·da·ri·yah /ɑːlɪskɑːndríːjɑː/ *n.* アルイスカンダリア (Alexandria のアラビア語名).

al·i·son /ǽləsən, -sn̩ | ǽlɪ̀-/ *n.* =sweet alyssum.

Al·i·son /ǽləsən, -sn̩ | ǽlɪ̀-/ *n.* アリソン (女性名). 〖(dim.) ← ALICE〗

al·i·sphe·noid /æ̀ləsfíːnɔɪd | æ̀lɪ-/ *n.* 〖解剖〗 蝶形骨状軟骨. 〖《1849–52》← L *āla* wing+SPHENOID〗

a·list /əlíst/ *adv., adj.* [叙述的] 〖海事〗〈船が〉傾いて[た] (listing). 〖← A-[1]+LIST[2]〗

Á lìst /éɪ-/ *n.* 《口語》 (特別のパーティーなどで)最も好ましい客; 最高クラスの人. 〖《1980》〗

Al·is·ter /ǽləstə | ǽlɪ̀stə(r)/ *n.* アリスター (男性名). 〖(スコット) ← ALEXANDER〗

alit *v.* alight[2] の過去形・過去分詞.

A·li·ta·lia /ɑ̀ːlɪtɑ́ːljə, -liə | æ̀lɪtǽliə, ɑ̀ːlɪtɑ́ː-, -ljə; *It.* alitá:lja/ *n.* アリタリア航空 (イタリアの航空会社 (Alitalia, Linee Aeree Italiane); 国際略称 AZ).

a·lite /éɪlaɪt/ *n.* 〖化学〗 アリット (ポートランドセメントを構成する 3CaO·SiO₂ を主成分とする第一の水硬性成分; cf. belite, celite). 〖← A[1]+-LITE〗

a·lit·er·a·cy /eɪlɪ́tərəsi, əl- | -tə-/ *n.* 文字[本]を読もうとしないこと, 不読. 〖《1981》← A-[7]+LITERACY〗

a·lit·er·ate /eɪlɪ́tərɪ̀t, əl- | -tə-/ *n.* (文字が読めるのに)活字[本]を読まない人, 活字嫌い. — *adj.* ものを読まない, 活字離れの[嫌いの]. 〖《1966》← A-[7]+LITERATE〗

a·li·tur·gic /èɪlɪ̀tə́ːdʒɪk, æl- | -lɪtə́ː-ˈ/ *adj.* 〖キリスト教〗〈ある日が〉礼拝式[聖餐式]の行われない. **à·li·túr·gi·cal** *adj.* 〖《1898》← A-[7]+LITURGIC〗

-al·i·ty /ˈ-ǽləṭi | -lɪ̀ti/ *suf.* 性質を表す名詞を造る: gener*ality*, speci*ality*. 〖⇨ -al[1], -ity〗

a·li·un·de /èɪliʌ́ndiː/ *adv., adj.* 他所(ˢᵒ)から(の): evidence ～ 書証外の証拠 (書証を証人の供述など, それ以外のもので説明する場合の供述などを指す). 〖《1659》□ L ～ 'from elsewhere' ← *alius* (⇨ alias)+*unde* whence〗

a·live /əláɪv/ *adj.* [叙述的] **1 a** 生きている (↔ dead) (⇨ living SYN): be (still) ～ (まだ)生きている / Just being ～ is wonderful! 生きているだけでもすばらしい / She became a legend while (she was) still ～. 彼女はまだ生きているうちから伝説になった / be buried ～ 生き埋めになる / They were burned ～. 生きているまま焼かれた / (as) sure as I am ～ 極めて確かに / catch ～ 生け捕りにする / come [bring] back ～ 生還する[させる] / Wanted dead or ～. 生死にかかわらず手配中 / stay ～ on [by eating] whatever one can find 見つけたものを何でも食べて生きのびる / I found her (still) very much ～! 彼女は(まだ)ぴんぴんしていた / ⇨ SKIN *alive*. **b** 〈火など〉消えないで, 燃えて; 〈熱意など〉衰えないで, 盛んで; 〈物事が〉存続して; 〈権利など〉有効で. **2** 活動して, 生き生きして, 活発で (active, lively); 生気にあふれて. ★ 通例修飾語を伴い, 限定的に用いることもある: be ～ *with* excitement 生き生きと興奮している / What I love about you, darling, is that you make me feel (so) ～! あなたのどこが好きかっていうと, 一緒にいると生きてるって感じることなの / She is a vibrantly ～ person. 彼女は活発で元気な人だ. **3** 〈場所など〉(…で)満ちて (swarming), にぎやかで 〔*with*〕: a tree ～ *with* birds 小鳥の群がっている木 / The beach comes ～ *with* bathers in summer. その浜は夏は海水浴客でにぎわう. **4** 〔…に〕気づいて, 敏感で (aware, alert) 〔*to*〕: ～ *to* dangers, a fact, etc. / be (fully) ～ *to* one's interests とても利にさとい. **5** [名詞の後に置いて強調的に] 在世の, 現存者の(中で): any man [anyone] ～ 人はすべて, だれでも / the greatest writer (now) ～ 当代随一の作家. **6 a** 〈電線など〉電流が通じて, 帯電して, 生きて (cf. live[2] 12). **b** 〈電気器具など〉作動中で (live) (↔ dead): The microphone is ～. マイクは入っている.

alive and kicking 《口語》〈老人など〉達者で, ぴんぴんして; 〈組織などが〉(いまだに)活動を続けて: My grandfather is still very much ～ *and kicking*. 祖父はまだ至極元気だ. 《1840》 ***alive and wéll*** 《口語》 (1) =ALIVE *and kicking*; 〈遭難者などが〉元気で生き続けて. (2) 〈物が〉(いまだに)人気がある: This book is still ～ *and well* and making money for me. この本はいまだに人気があって, かせいでくれている. (3) 現存して. ***bring alive*** (1) 生き生きとさせる; 〈話などを〉面白くする; (本物のように)生き生きとさせる. (2) 〈場所を〉活気づけ, にぎやかにする. ***còme alive*** (1) 生き生きとする; 〈話などが〉面白くなる; (本物のように)生き生きとしてくる. (2) 〈機械・計画などが〉始動する. (3) 〈場所が〉活気づく, にぎやかになる (cf. 3). ***éat a person alíve*** 《口語》 (議論・競争で) 〈人を〉さんざんにやっつける; 〈へまをした相手を〉ひどくどやしつける; 〈人を〉あざ笑う ***kèep alíve*** (1) 生きている; 生き続ける; 生かしておく. (2) 〈火を〉消さないでおく; 〈熱意などを〉衰えさせない; 〈権利などを〉存続させる; 〈問題などを〉論議し続ける. ***lóok alive*** ⇨ look 成句. ***Mán* [*Héart*] *alíve!*** 《口語》 いやはや, これは驚いた. ***mòre déad than alíve*** 《口語》 (1) 疲れ果てて, ぐったりして. (2) (病気などで)弱り果てて, 死んだようになって; がっくりして.

～·ness *n.* 〖《?c1175》 *alive* ← *on live* < OE *on life* in life, living: ⇨ a[3], life〗

a·li·yah /ɑːlíːjɑː, ɑ̀ːlijɑ́ː/ *Heb. n.* (*pl.* **～s, a·li·yoth** /ɑ̀ːlijóʊθ | -jóʊθ/, **a·li·yot** /-jóʊt | -jə́ʊt/) アリヤー: **1** 〖ユダヤ教〗 聖典の抜き読みのため(会堂の)聖典台へ進む[呼ばれる]こと. **2** ユダヤ人のイスラエルへの移住 (cf. olim). 〖□ (*c*1934) Heb. *ʽaliyyāh* a going up〗

a·liz·a·rin /əlɪ́zərɪ̀n | -rɪn/ *n.* 〖化学〗 アリザリン ($C_{14}H_8O_4$) (天然染料; あかね (madder) の主成分; 現在は工業的に合成される): ～ colors [dyes] アリザリン染料 (酸性染料および媒染染料). 〖《1835》□ F *alizarine* ← *alizari* madder (□ Sp. □ Arab. *al-ʽuṣārah* the juice)+-IN[1]〗

alízarin blúe, A- B- *n.* 〖化学〗 アリザリンブルー (アントラキノン系媒染染料). 〖《1954》〗

a·liz·a·rine /əlɪ́zərɪ̀n, -rìːn | -rìːn, -rɪn/ *n.* 〖化学〗 =alizarin.

alízarine brówn, A- B- *n.* 〖化学〗 アリザリンブラウン (⇨ anthragallol).

alk. 《略》 alkali.

alk- /ælk/ (母音の前にくるときの) alka- の異形.

al·ka- /ǽlkə/ 「アルカン (alkane)」の意の連結形. ★ 母音の前では通例 alk- になる. 〖← ALKANE〗

al·ka·di·ene /æ̀lkədáɪiːn/ *n.* 〖化学〗 アルカジエン (⇨ diolefin). 〖⇨ ↑, -diene〗

al·ka·hest /ǽlkəhèst/ *n.* 〖錬金術〗 万物融化液 (universal solvent) (錬金術師が想像していた液で, その発見を彼らの研究目的の一つとしていた). **al·ka·hes·tic** /æ̀lkəhéstɪk/ *adj.* 〖《1641》□ ML *alchahest*; cf. *Falcahest*: アラビア語にまねた造語〗

Al·kaid /ælkáɪd, -kéɪd/ *n.* 〖天文〗 アルカイド (おおぐま座 (Ursa Major) の η 星で 1.9 等星). 〖□ Arab. *al-qā'id* (原義) the leader: ⇨ alcaide〗

al·ka·le·mi·a /æ̀lkəlíːmiə/ *n.* (*also* **al·ka·lae·mi·a** /～/) 〖病理〗 アルカリ血(症) (血液中の水素イオン濃度が上昇しアルカリ性になった状態). 〖《1922》← NL ～: ⇨ alkali, -emia〗

al·ka·les·cent /æ̀lkəlésənt, -sn̩tˈ/ *adj.* 〖化学〗 ややアルカリ性をもった, アルカリ質の (slightly alkaline). **àl·ka·lés·cence** /-səns, -sn̩s/ *n.* **àl·ka·lés·cen·cy** /-sənsi, -sn̩-/ *n.* 〖《1732》: ⇨ ↓, -escent〗

al·ka·li /ǽlkəlàɪ/ *n.* (*pl.* **～s, ～es**) **1** 〖化学〗 アルカリ. **2** 〖商業〗 苛性カリ, 苛性ソーダ (caustic potash *or* soda). **3 a** 〖農業〗 (米国西部など乾燥地帯の土壌中に存在する)可溶性塩類 (植物生育に有害). **b** アルカリ土壌地帯 (cf. alkali flat). **4** 〖化学〗 =alkali metal. 〖《*c*1395》□ ML ～ □ Arab. *al-qalī*=*al-qilī* the ashes (of saltwort)〗

álkali blúe *n.* 〖化学〗 アルカリブルー (トリフェニルメタン (triphenylmethane) 系の青色酸性染料).

al·kal·ic /ælkǽlɪk/ *adj.* 〖地質〗〈火成岩が〉アルカリ金属成分を多く含んでいる, アルカリ質の. 〖《1733》: ⇨ -ic〗

álkali céllulose *n.* 〖化学〗 アルカリセルロース (セルロースを苛性アルカリ溶液に浸して得られる化合物で, ビスコース製造の中間体). 〖《1901》〗

álkali disèase *n.* 〖獣医〗 アルカリ病 (家畜のセレニウム中毒 (selenium poisoning)).

álkali féldspar *n.* 〖鉱物〗 アルカリ長石 (カルシウムをほとんど含まずナトリウムとカリウムを含有する長石).

álkali flát *n.* 《米》 アルカリ平地[盆地] (乾燥地帯の湖水や池が干上がってアルカリ性の塩分と沈澱物に覆われたもの; cf. alkali 3). 〖《1871》〗

álkali fúsion *n.* 〖化学〗 アルカリ融触. 〖《1973》〗

al·kal·i·fy /ǽlkələfàɪ, ælkǽl- | ǽlkǽlɪ̀-, ǽlkəl-/ *vt., vi.* 〖化学〗 アルカリ化する. **ál·ka·li·fì·a·ble** /-fàɪəbl̩/ *adj.* 〖《1831》: ⇨ -fy〗

álkali gràss *n.* 〖植物〗 **1** 北米原産の緑色がかった花が咲くユリ科リシリソウ属の多年生草本 (*Zygadenus elegans*). **2** アルカリ性土壌に生えるオーストラリア原産のイネ科の草本 (*Distichlis spicata*) (salt grass ともいう).

álkali-lòving *adj.* 〈植物が〉好アルカリ性の (最適生育条件として pH 7.1–9).

álkali mètal *n.* 〖化学〗 アルカリ金属 (lithium, sodium, potassium, rubidium, cesium, francium の総称). 〖《*c*1885》〗

álkali metaprótein *n.* 〖化学〗 アルカリメタプロテイン (グロブリン, アルブミンに希アルカリを作用させて変性させたもの).

al·ka·lim·e·ter /æ̀lkəlɪ́məṭə | -mɪ̀tə(r)/ *n.* 〖物理化学〗 アルカリメーター, 炭酸定量器. 〖《1828》← ALKALI+-METER[1]〗

al·ka·lim·e·try /æ̀lkəlɪ́mətri | -mɪ̀tri/ *n.* アルカリ定量(法), アルカリ滴定. 〖《1821》: ⇨ -metry〗

al·ka·line /ǽlkəlàɪn, -lɪ̀n | -làɪn/ *adj.* **1** 〖化学〗 アルカリ(属)の; アルカリ性の (↔ acid; cf. neutral 5). **2** 《米》〈土壌・地帯が〉可溶性塩類を多分に含む (cf. alkali 3). **3** 〖地質〗 =alkalic. 〖《*c*1330》← ALKALI+-INE[1]〗

álkaline báth *n.* 〖医学〗 アルカリ浴. 〖《1912》〗

álkaline báttery [céll] *n.* 〖電気〗 アルカリ電池.

álkaline éarth *n.* 〖化学〗 **1** アルカリ土, アルカリ土類 (アルカリ土類金属の酸化物). **2** =alkaline-earth metal. 〖《1816》〗

álkaline-éarth mètal *n.* 〖化学〗 アルカリ土類金属 (beryllium, magnesium, calcium, strontium, barium, radium の総称). 〖《*c*1903》〗

álkaline phósphatase *n.* 〖生化学〗 アルカリフォスファターゼ (アルカリ性の条件下で活性が最大となるフォスファターゼ; cf. acid phosphatase). 〖《1948》〗

álkaline reáction *n.* 〖化学〗 アルカリ性反応. 〖《1846》〗

álkaline stórage bàttery *n.* 〖電気〗 アルカリ蓄電池.

al·ka·lin·i·ty /æ̀lkəlínəṭi | -nɪ̀ti/ *n.* アルカリ性, アルカリ度. 〖《1788》← ALKALINE+-ITY〗

al·ka·lin·ize /ǽlkələnàɪz | -lɪ-/ *vt.* アルカリ性にする, アルカリ化する. 〖《1800》: ⇨ alkaline, -ize〗

álkali ròck *n.* 〖岩石〗 アルカリ岩 (Na_2O または K_2O が比較的多く, CaO が比較的少ない火成岩).

álkali sòil *n.* 〖化学〗 アルカリ性土壌 (乾燥地帯に多い). 〖《1925》〗

al·ka·li·za·tion /æ̀lkəlɪ̀zéɪʃən | -laɪ-, -lɪ-/ *n.* アルカリ化. 〖《1719》: ⇨ alkalize, -ation〗

al·ka·lize /ǽlkəlàɪz/ *vt.* アルカリ化する (alkalify). **ál·ka·lìz·a·ble** /-əbl̩/ *adj.* 〖《1749》: ⇨ -ize〗

al·ka·loid /ǽlkəlɔ̀ɪd/ 〖化学〗 *n.* アルカロイド, 植物塩基 (植物に含有される, 窒素を含む塩基性物質 (nicotine, atropine, morphine, quinine など)の総称; 多くは生理作用が著しい). — *adj.* [限定的] アルカリ類似の, アルカロイドの. 〖《1831》□ G ～: ⇨ alkali, -oid〗

al·ka·loi·dal /æ̀lkəlɔ́ɪdl̩ | -dl̩ˈ/ *adj.* アルカロイドの. 〖《1879》: ⇨ -al[1]〗

al·ka·lo·sis /æ̀lkəlóʊsɪ̀s | -ləʊsɪs/ *n.* (*pl.* **-lo·ses** /-siːz/) 〖病理〗 アルカローシス (cf. acidosis). 〖《1911》← NL ～: ⇨ alkali, -osis〗

al·kane /ǽlkeɪn/ *n.* 〖化学〗 アルカン (⇨ paraffin 2 a). 〖《1899》← ALK(YL)+-ANE[2]〗

álkane sèries *n.* 〖化学〗 アルカン系列 (⇨ paraffin series).

al·ka·net /ǽlkənèt/ *n.* **1** 〖植物〗 アルカンナ (*Alkanna tinctoria*) (ヨーロッパ産ムラサキ科の植物で, その根から紅色染料を採る; dyer's alkanet, dyer's bugloss ともいう). **2** アルカンナ染料 (赤ぶどう酒・菓子類の着色に使われる). **3** 〖植物〗 =bugloss 1. 〖《1343》□ (O)Sp. *alcaneta* (dim.) ← *alcana* ML *alchanna* □□ Arab. *al-ḥinnā'* 'the HENNA': ⇨ -et〗

àlkane·thíol *n.* 〖化学〗 アルカンチオール (RSH 形の化合物の一般名; R はアルキル基). 〖← ALKANE+THIOL〗

al·kan·na /ælkǽnə/ *n.* 〖植物〗 **1** =alkanet. **2** =henna 1. 〖《1748》← NL ～ ← Sp. *alcana* (⇨ alkanet)〗

al·kan·nin /ælkǽnɪ̀n | -nɪn/ *n.* 〖化学〗 アルカンニン ($C_{16}H_{16}O_5$) (アルカンナ (alkanet) の根に含まれる赤褐色の色素; 顕微鏡検査用色素). 〖《1896》← NL *alkanna* (↑)+-IN[1]〗

al·kap·ton /ælkǽptɑ(ː)n | -tɒn/ *n.* 〖生化学〗 アルカプトン (黒尿病 (alkaptonuria) の尿中に存在する物質; 酸化すると黒色となる; 化学名は homogentisic acid). 〖《1888》← AL(KALI)+Gk *káptein* to gulp+-ON[1]〗

al·kap·to·nu·ri·a /ælkæ̀ptənʊ́ᵊriə, -njʊ́ᵊr- | -tə(ʊ)njʊ́ər-/ *n.* 〖病理〗 アルカプトン尿(症), 黒尿症. **al·kap·to·nu·ric** /ælkæ̀ptənʊ́ᵊrɪk, -njʊ́ᵊr- | -tə(ʊ)njʊ́ər-ˈ/ *adj.* 〖《1888》: ⇨ ↑, -uria〗

al·kar·gen /ælkɑ́ədʒɪ̀n, -dʒen | -kɑ́ː-/ *n.* 〖化学〗 アルカーゲン (⇨ cacodylic acid). 〖《1843》← ALK(ALI)+AR(SENIC)+-GEN〗

Al·ka-Selt·zer /ǽlkəsèltsə | æ̀lkəséltsə(r), ˈ-ˈ-ˈ-/ *n.* 〖商標〗 アルカセルツァー (鎮痛・制酸発泡薬).

al·ke·ken·gi /æ̀lkəkéndʒi/ *n.* 〖植物〗 =Chinese lantern plant. 〖《1440》 *alkenkengi* □ ML *alkekengi* □ Arab. *al-kākánj* the ground-cherry ← AL-[2]+Pers. *kākunaj*〗

al·kene /ǽlkiːn/ *n.* 〖化学〗 アルケン (一般式 C_nH_{2n} の鎖式炭化水素の一般名で, エチレン系炭化水素をいう; olefin ともいう). 〖《1899》← ALK(YL)+-ENE〗

álkene sèries *n.* 〖化学〗 アルケン系列.

al·ker·mes /ælkə́ːmiːz | -kɜ́ː-/ *n.* アルケルメス (ブランデーから造るイタリア原産の芳香のあるリキュール; コチニール染料でえんじ色にされている). 〖《1605》□ Sp. ～ □ Arab. *al-qirmiz* the alkermes〗

al-Khwarizmi *n.* ⇨ Khwarizmi.

al·kie /ǽlki/ *n.* =alky.

al·kine /ǽlkaɪn/ *n.* 〖化学〗 =alkyne.

Alk·maar /ǽlkmɑə | -mɑː(r); *Du.* álkma:r/ *n.* アルクマール (オランダ西部の都市).

Al·ko·ran /æ̀lkərɑ́ːn, -kər-, -rǽn | -kɒrɑ́ːn, -kɔː-, -kə-/ *n.* [the ～] 《古》 =Alcoran.

alk·ox·ide /ælkɑ́(ː)ksaɪd, -sɪ̀d | -kɒ́ksaɪd, -sɪd/ *n.* 〖化学〗 アルコキシド (アルコールの水酸基の水素を金属 M で置換した化合物の総称). 〖《*c*1889》← ALK(YL)+OXY-[1]+-IDE〗

al·kox·y /ælkɑ́(ː)ksi | -kɒk-/ *adj.* 〖化学〗 アルコキシの (アルコキシル基 (alkoxyl) をもつ). 〖《*c*1925》《混成》← ALK(YL)+OXY(GEN)〗

alk·ox·yl /ælkɑ́(ː)ksɪ̀l | -kɒ́ksɪl/ *n.* 〖化学〗 アルコキシル基 ($C_nH_{2n+1}O$). 〖← ALKYL+OXY-[1]〗

Al-Ku·fa /ælkúːfə/ *n.* アルクーファ (⇨ Kufa).

Al Ku·wáit /æl-; *Arab.* aḷ-/ *n.* =Kuwait 2.

al·ky /ǽlki/ *n.* 《米俗》 **1** アルコール, 酒 (alcohol). **2** =alcoholic 1. 〖《1844》← ALC(OHOL)+-Y[3]〗

alky. 《略》 alkalinity.

al·kyd /ǽlkɪ̀d | -kɪd/ *n.* 〖化学〗 アルキド(樹脂) (多価アルコールと多塩基酸の縮重合によって得られる合成樹脂; 塗

料・接着剤に用いられる; alkyd resin ともいう). 〖(1929) ← ALKY(L)+(ACI)D〗

al·kyl /ǽlkəl, -kɪ̀l | -kɪl, -kaɪl/ 〘化学〙 n. アルキル (C_nH_{2n+1}) 《メタン系炭化水素から水素1原子を除いた原子団》. — adj. アルキル基を含む, アルキルの. 〖(1882) ▭ G ～ ← alkohol 'ALCOHOL'+-YL〗

al·kyl·ate 〘化学〙 /ǽlkəlèɪt, -lə̀t | -kɪ-/ n. アルキラート 《アルキル化した生成物; 特に, 石油化学工業でオレフィンで処理したイソパラフィン類をいう; オクタン価が高い》.
— /ǽlkəlèɪt | -kɪ-/ vt. 〈化合物〉にアルキル基を導入する. 〖(1889): ⇨ ↑, -ate[2,3]〗

al·kyl·a·tion /æ̀lkəléɪʃən | -kɪ-/ n. 〘化学〙 アルキル化[置換] 《アルキル基を導入すること》. 〖(1900): ⇨ alkylate, -ion〗

al·kyl·ene /ǽlkəlìːn | -kɪ-/ n. 〘化学〙 アルキレン: a $-(CH_2)_n-$形の2価の基の一般名. b =alkene. 〖(1927) ← ALKYL+-ENE〗

álkyl gròup n. 〘化学〙 アルキル団[基] ($C_nH_{2n+1}-$という一般式を有する1価の基; methyl, ethyl, propyl など; しばしば R の符号で表される). 〖1902〗

álkyl hálide n. 〘化学〙 ハロゲン化アルキル 《アルキル基とハロゲンとの化合物で一般式は $C_nH_{2n+1}X$》. 〖1923〗

al·kyl·ic /ælkílɪk/ adj. 〘化学〙 アルキルの[に関する].

álkyl ràdical n. 〘化学〙 =alkyl group.

al·kyne /ǽlkaɪn/ n. 〘化学〙 アルキン 《アセチレン系列 (acetylene series) 炭化水素; 三重結合一個をもつ鎖式炭化水素》. 〖(c1909) ← ALKY(L)+-(I)NE[1]〗

álkyne sèries n. 〘化学〙 アルキン系列 (acetylene series). 〖1944〗

all /ɔ́ːl, ɑ́ːl | ɔ́ːl/ adj. 1 a [限定詞+複数名詞に前置して] すべての, 全部の, …は皆: *All the* angles of a triangle are equal to two right angles. 三角形の角の総和は2直角に等しい / These are ～ *the* books (that) I have. これが私の持っている本のすべてです / We must answer ～ *these* questions. これらの質問に全部答えなければならない / *All my* friends know it. 友人は皆知っている / Not ～ *the* dogs here are friendly. ここの犬すべてが人なつっこいわけではない / *All the* men here have children. ここにいる男性には全員子供がいる. b [(限定詞+)単数名詞に前置して] 全体の, …中 (the whole of): ～ Japan 全日本(の人) / in ～ (human) history 歴史全体の中で, 全(人類)史上 / ～ *the* world 世界中(の人[物]) / *All my* money is spent. 所持金を全部使い果たした / ～ day (long) 一日中, 全日 (cf. all-day) / ～ night 終夜, 一晩中 / ～ yesterday 昨日中 / ～ *the* morning = ～ morning 午前中 / ～ afternoon [evening, year] / ～ *the* year (round [long]) = ～ year (round [long]) 一年中 / ～ *the* way 途中ずっと, はるばる.

語法 (1) 次のような構文では '～ the+単数名詞' は 'the only+単数名詞' の意味となる: That humble little house was ～ *the* home (that) I ever had. あの小さなあばら屋が後にも先にも自分のものとなった唯一の住みかだった. (2) 特に《米》では ～ *the* [*these, my*] books, ～ *the* [*this, my*] money よりも ～ *of the* [*these, my*] books, ～ *of the* [*this, my*] money のほうが好んで用いられる (cf. *pron.* 1).

2 [総括的に] あらゆる, 一切の, …は皆: a [無冠詞の複数名詞と共に]: Not ～ dogs are friendly. すべての犬が人なつっこいわけではない / *All* men are mortal. 人はすべて死ぬ / in ～ directions あらゆる方角に, 四方八方に / in ～ respects あらゆる点で / I am (made) ～ things to ～ men. 我すべての人にはすべての人のさまに従えり (*1 Cor.* 9:22) / *All* (the) six men [*All* six of the men] arrived late. 男たち6人が皆遅れて来た. ★ 次の表現法では all は 'every' の意と解される: ～ *kind* [*manner*] *of* people あらゆる種類の人 (all kinds of people, people of all kinds). b [無冠詞の不可算名詞に前置して]: Not ～ water is good to drink. どの水でも飲めるとは限らない / Life is not ～ happiness. 人生は楽しいことばかりではない. 3 [性質・程度を表す抽象名詞に前置して] あらん限りの, 最大の (the greatest possible): with ～ (possible) speed 全速力で / in ～ truth 紛れもなく, 正真正銘 / in ～ honesty [sincerity] 誠心誠意. 4 [否定的意味の動詞や前置詞のあとに用いて] 一切の, 何らの: He disclaimed ～ knowledge of it. 一切無関係だと言った / beyond ～ doubt [question, dispute] 何らの疑い[問題, 議論]もなく. 5 [修辞的強意法] a [補語としての抽象名詞に前置して] 全く…そのものといった状態で: He suddenly became ～ attention. 急に全身を耳にして謹聴した / I found her ～ gratitude. 彼女は心から感謝している様子だった / She's ～ heart, she is! 彼女はとても優しい, ほんとに. b [補語または同格語としての身体の一部などを表す複数名詞(句)に前置して] 全身…ばかり[だらけ]で; 全身を…にして: The boy is ～ thumbs. あの子は全くぶきっちょだ / He was ～ skin and bones. 全く骨と皮ばかりになっていた / She was ～ ears [eyes]. じっと聞き入って[見つめて]いた / with a face ～ pimples にきびだらけの顔をして / He's ～ muscles— ～ six feet of him. 筋肉の塊りだ, 6フィートの全身が. 6 [叙述的に用いて] 《方言》〈食物・飲料など〉食べ[飲み]尽くした: The bread [beer] was ～. パン[ビール]は食べ[飲み]尽くされていた / It's ～ anymore. それはもう何もなくなってしまった. 7 [疑問代名詞や人称代名詞の複数の意を示すためそのあとに置く (cf. you-all)] 《米口語》: Who ～ went there? だれとだれがそこへ行ったのか / You *all* had better wait. 君たちは待った方がいい.

above all things =*above* ALL (⇨ *pron.* 成句). ***all that*** 《口語》 それ[あれ]ほどのこと, それ[あれ]くらいのこと(はすべて); (特に) [否定構文に従う比較節内で] そんな[あんな](には…ない), それ[あれ]ほど(までに…ない) (cf. ALL *that* ⇨ *adv.*): It isn't *as* [*so*] good [hard] *as* ～ *that*. それほどにはよく[ひどく]はない / I knew ～ *that* before. それくらいのことは(言われるまでもなく)とっくにわかっていた / ⇨ AND *all that*, FOR *all that*. ***áll twó*** 《米方言》 二つ[二人]とも (both): The lovers were walking hand in hand, ～ *two* of them. 恋人たちはおそろいで手に手を取って歩いていた. ***of áll*** ∴ 《口語》 《驚き・憤慨などを示して》数ある…の中で, こともあろうに…, よりによって…: To me, *of* ～ people! 人もあろうに(よりによって)私にとは! / Why do you go to Iceland, *of* ～ countries? よりによってなぜアイスランドなどへ行くのか

— *pron.* 1 全部, 総体, 皆: a [複数構文 (cf. *adj.* 1 a)]: We ～ [*All of* us, We ～ *of* us] have to go. 皆行かなければならない / Are you ～ ready? 皆さん用意はよいですか / They ～ came together. 皆いっしょに来た / I like them ～. 彼ら[それら]は皆好きです / *All of the* people were happy. 人々は皆喜んでいた (cf. *adj.* 1 語法 (2)) / Not ～ were satisfied. 全員が満足したわけではなかった. b [単数構文 (cf. *adj.* 1 b)]: *All* (*of*) *the* milk was spilled. =The milk was ～ spilled. 牛乳は全部こぼれた (cf. *adj.* 1 語法 (2)) / He ate ～ *of* it. =He ate it ～. 全部食べた / We sometimes want to get away from it ～. だれでも時々何もかも(日常の煩わしい)一切のことから逃げ出したくなる / Is that ～? それだけか / Is that ～ there is? あるのはそれだけか / *All* I want is to sleep. 眠りたいだけだ / It was ～ I could do to stand. 《口語》 立っているのが精一杯だった. 2 a [複数構文] すべて(の人), 皆の者 (everyone): *All* were agreed. 皆賛成だった / *All* are welcome. (皆さんの)ご来聴歓迎 / *All* rise [stand], please. ご起立をお願いします. b [単数構文] すべて(の物), 万事 (everything): *All* is still. 万物が静まっている; 世間は静まり返った / *All* is lost [ruined]! すべてだめになった / *All* is over between us. 我々のことはもうこれまでだ / *All's* well! 万事よし / *All's* well that ends well. 《諺》 終わりよければすべてよし. 3 [ののしりの言葉に付けて nothing の意を強調する] 《英》: ⇨ bugger-all, damn-all, sod-all.

abòve áll 何よりも, なかんずく, 何ものにもまして (before everything else). 《a1376》 ***àfter áll*** 結局: *After* ～, he was right. 結局彼の言ったことは正しかった / So you've come *after* ～. (何だかんだ言っていたけれど)結局やって来たわけだね / It wasn't so bad *after* ～! 結局そう悪くはなかった. ***àfter áll is sáid (and dóne)*** =*when* ALL *is said* (*and done*). ***áll but*** (1) …以外はすべて (all except) (cf. but *prep.*); …は別として: *All but* three students passed. 3人の学生以外は全員合格した / I know the poem by heart, ～ *but* the last verse. 最終節は別としてその詩は暗記している. (2) [副詞的に] ほとんど (almost, nearly): He was ～ *but* dead with fatigue. 疲労のため半死と言ってよい状態だった / I ～ *but* choked. 全く息も止まってしまいそうだった. ★ 形容詞的にも用いる: a state of ～ *but* nudity ほとんど全裸の状態. 《1593》 ***áll cléar*** ⇨ all-clear. ***áll in áll*** (1) 全体として見て, 大体において, 概して (on the whole, in all): *All in* ～, it was a good game. 全体としていい試合だった. (2) =in ALL (1). (3) かけがえのないもの, 最愛の人 (cf. *1 Cor.* 15:28): She was ～ *in* ～ *to* him [was his ～ *in* ～]. 彼女は彼にとってかけがえのないといい人だった. 《1539》 ***áll of*** (1) ⇨ 1 a, b. (2) 《口語》 (数量が)たっぷり, 優に (fully, as much as): He's ～ *of* six feet tall. 背が6フィートもある / It'll cost ～ *of* £10,000. 少なくとも1万ポンドはするだろう. (3) 《口語》 完全に…の状態で: He was ～ *of a* muddle [a tremble, a dither]. すっかりこんがらがって[震え上がって, ぶるぶる身震いをして]いた. 《1829》 ***áll óne*** ⇨ one *adj.* 3 b. ***áll or nóthing*** (1) 〈条件など〉妥協を許さない, イエスかノーかで. (2) 一か八か. ***and áll*** ⇨ and *conj.* 成句. ***at áll*** (1) [否定] 少しも, 全然 (in the least): I don't know him *at* ～. 彼を全然知りません / Thank you so much. —*Not at* ～. どうもありがとう—どういたしまして (You're welcome.) / It's *not at* ～ bad [like that]. =It's *not* bad [like that] *at* ～. 《婉曲》 決して悪くない (まあいいほうだ) / It's *no* good *at* ～. 全然だめだ / He hasn't done anything *at* ～! 全く何もしていない. (2) [疑問] 少しでも, 一体 (in any way): Do you know her *at* ～? 一体彼女を知っているのですか / Have you a religion *at* ～? —Oh, just put me down as C of E. 何らかでも宗教はおありですか—ああ, 英国国教会とでもしておいてください / The wonder is that I am here *at* ～. 私がともかく今ここにいるのが不思議だ / Do it if (it's) *at* ～ possible. かりそめにも可能であるのならやりなさい. (3) [条件] 少しでも, いやしくも: Do it well if you do it *at* ～. どうせやるなら立派にやりなさい / The word is now little used, if *at* ～. その語は今は使われるとしてもまれだ. (4) 《古, 現在はアイル方言》 [肯定] ともかく: We were lucky to win *at* ～. ともかく勝てて幸いだった. 《1535》 ***for áll*** ⇨ for[1] 成句. ***in áll*** (1) 全部で, 合計で (altogether): There were thirty students *in* ～. 全部で学生が30人いた / He read the proofs five times *in* ～. 全部で5回校正をした. (2) =ALL *in all* (1): *In* ～, the talks were cordial. 全体的に見て会談は友好的だった / *In* ～, it was a good game. 全体としてはいい試合だった. 《c1380》 ***of áll*** [強意的に] ありとあらゆる中で, 全体中: most [best, worst, least] *of* ～ 最大[最良, 最悪, 最小]なものとして[ことには] / And, most important *of* ～, I've got the money! 加えて, 何より大事なことに, お金が入ったのだ. 《1848》 ***Thát's áll.*** それがすべてです, それで終わりです: *That's* ～ there is to it. ただそれだけのことだ. ***Thát's (just) about áll.*** 《口語》 まあそういったところです. ***when áll is sáid (and dóne)*** 結局 (after all). ***with áll*** ⇨ with 13 b.

— *n.* 1 [one's ～] 一切の所有物[貴重な物], 全財産; 関心事のすべて, 全精力: He lost *his* ～. 何もかも(一切)失った / She gave *her* ～ for the movement! その運動のために何もかも投げ出した. 2 [しばしば A-] 全体, 総体 (the whole totality); 宇宙 (the universe): union with the *All* 宇宙との合一.

— *adv.* 1 a 全く, 全然, すっかり (wholly, entirely): It's [They're] ～ done [finished, ready]. すっかり終わった[済んだ, 用意ができている] / It's [They're] ～ gone. すっかりなくなった / It's not ～ bad [like that]. 全く悪い[そんな風な]わけじゃない / ～ alone 一人ぼっちで; 独力で / ～ at once 突然, にわかに (suddenly) / ～ of a sudden 突然, 突如として / ⇨ *all* TOO / It was ～ covered with [in] mud. すっかり泥まみれだった / It [He] was ～ dirty [filthy]. 一面[全身]汚れきっていた / She was dressed ～ in white. 白ずくめの服装だった / I'm ～ for that. =I'm ～ in favor of that. 《口語》 それには大賛成だ (cf. for *prep.* 20). ★ (1) しばしば, 続く語句に対する強意語として用いられる: It's ～ out of proportion. 全く不釣り合いだ / That's ～ very fine [well], but … 《口語》 大変けっこうだ[ありがたい]が… 《不満などの口調》. (2) 被修飾語の形容詞と複合語をなすこともある: ⇨ all-powerful, all-important. b ただ単に, もっぱら…だけ (exclusively): He spends his money ～ on books. もっぱら本を買うためだけに金を使う / Let me tell you ～ about her. 彼女のことを洗いざらい話してやろう / Socialism is ～ about priorities [justice, fairness], they claimed. 社会主義はもっぱら優先権[正義, 公正さ]にかかわっていると彼らは主張した. c [go ～ …として] 《口語》 非常に[恐ろしく]…となる: He often *goes* ～ moody (on us). 彼は(我々に対して)よくものすごく不機嫌になる / It suddenly went ～ quiet. 突然水を打ったように静かになった. d [疑問詞のあとに用いて] 《口語》 一体, 全体: *Where* ～ have you been? 一体どこへ行っていたのか / *What's* ～ this (about)? 一体これ[この騒ぎかた]はどうしたことか / Tell me *what* the matter is ～ about. 一体どういうことなのか(事の真相を)教えて下さい. e 《古》 ちょうど, 正に (just). 2 [the +比較級の前に用いて] a それだけ(ますます), その分だけ(いっそう) (so much): You'll be ～ *the better* for a rest. ひと休みすればそれだけ気分もよくなりますよ / She spoke ～ *the more* urgently because time was short. 時間が短かったためいっそう切迫した口調で話した. b 《方言》 (…できる)だけ…, …限り: That was ～ *the farther* (=as far as) he could go. 彼の行けるところはせいぜいそこまでだった. 3 《スポーツ》 双方とも (each): The score was [stood at] one ～. 得点は1対1だった / The teams drew three ～. 両チームは3対3で引き分けた.

àll alóng ⇨ along 成句. ***áll aróund*** ⇨ around 成句. ***áll ín*** (1) 《口語》 疲れ切って (tired out): I was ～ *in* at the end of the day. その日の終わりにはへとへとに疲れてしまった. (2) 《英》 (経費など)すべてを含めて, 全部で (cf. all-in): It cost £10, ～ *in*. 《1903》 ***áll óut*** ⇨ out *adv.* 成句. ***áll óver*** ⇨ over *adv.* 成句. ***àll ríght*** ⇨ all right. ***áll róund*** ⇨ round *adv.* 成句. ***àll thát*** 《口語》 [形容詞などの前に置き, 否定・疑問構文で (cf. ALL *that* (*adj.*))] それほどまでに, それほど, そんなに (so very): The car isn't ～ *that* expensive. その車はそんなに高いものではない / Is the problem ～ *that* difficult? 問題はそれほど難しいのか. ***Áll the bést!*** ⇨ best *n.* 成句. ***áll the bétter for*** ⇨ better[1] *adv.* 成句. ***àll thére*** 《口語》 [しばしば否定・疑問構文で] 正気で (sane); 抜け目がない (quick-witted), 万事心得て (well-informed): He is *not* ～ *there*. 正気でない, 頭がおかしい; どこか抜けている. 《1883》 ***áll the sáme*** ⇨ same *pron.* 成句. ***áll to*** 《廃》 粉みじんに (all to pieces); 完全に, 徹底的に (thoroughly) (cf. *Judges* 9:53). 〖ME *al to* utterly ← *al* 'ALL' (adv.)+*to-* to pieces (< OE *te-, to-* 'DIS-[1]')〗 ***áll úp*** (1) 《口語》 万事終わって, 全く窮して, 絶体絶命で (all over): It's ～ *up with* him. 彼はもうだめだ. 《1829》 (2) 〘印刷〙 〈原稿が〉すっかり組み上がって. 〖OE (*e*)*al*, (*e*)*alle* < Gmc **allaz, *alnaz* (Du. *al* / G *all*) ← ?〗

all-[1] /ɔ̀ːl, ɑ̀ːl | ɔ̀ːl/ 次の意味を表す複合語の第1構成素: 1 「全…」: the *all*-Japan team. 2 「…だけから成る」: an *all*-wool suit / an *all*-woman jazz band. 3 「非常に」: an *all*-consuming task.

all-[2] /æl/ (母音の前にくるときの) allo- の異形: *all*onym.

al·la bre·ve /ɑ̀ːləbréɪvi, æ̀lə-, -bréveɪ, -brév | æ̀ləbréveɪ, -vi; *It.* allabréːve/ 〘音楽〙 *n.* アラブレーヴェ ($^2/_2$ (まれに $^4/_2$) 拍子; cut time ともいう; 記号 ₵, C); (₵ の記号のついた) $^2/_2$ 拍子の楽節. — *adv., adj.* $^2/_2$ 拍子で[の]. 〖(c1740) ▭ It. ～ 'according to the breve'〗

al·la cap·pel·la /ɑ́ːləkɑːpɛ́lə, ǽlə-; *It.* allakapɛ́lla/ *adj., adv.* 〘音楽〙 =a cappella. 〖(1847) ▭ It. ～ 'according to (the manner of) the chapel'〗

al·lac·tite /əlǽktaɪt/ *n.* 〘鉱物〙 アラクタイト ($Mn_7(AsO_4)_2(OH)_8$). 〖(1892) ← NL *allact-* (← Gk *allag-* (stem) ← *allássein* to change ← *állos* other)+-ITE[1]〗

Al·lah /ɑ́ːlə, ǽlə, ɑ́ːlɑː | ǽlə, ǽlɑː, ɑ́ːlɑː; *Arab.* ʔɑɫɫáh/ *n.* アラー 《イスラム教の唯一神》: ～ illa /ílə/ ～. = ～ il /íɫ/ ～. アラーの他に神はなし. 〖(1584) ▭ Arab. *Allāhu* 《短縮》 ← *al-Ilāhu* ← AL-[2]+*ilāh* God: cf. Elohim〗

Al·lah·a·bad /ǽləhəbæ̀d, -bɑ̀ːd, ⸗⸗⸗⸗ | æ̀ləhəbɑ́ːd, -bǽd; *Hindi* ɪllahabad/ *n.* アラハバード 《インド中北部, Uttar Pradesh 州の都市》.

al·la·man·da /æ̀ləmǽndə/ *n.* 〘植物〙 アリアケカズラ 《熱帯南米産キョウチクトウ科アリアケカズラ属 (*Allamanda*) の栽培用の植物の総称; アリアケカズラ (*A. cathartica*) など》. 〖(1796) ← NL ～ ← *Jean N. S. Allamand* (1713–87: スイスの博物学者)〗

al·la mar·cia /ɑ̀ːləmɑ́ːətʃə, æ̀ləmɑ́ːətʃə | -mɑ́ː-; *It.*

A

allamártʃa/ *adv.*〘音楽〙アラマルチャ, 行進曲風に.〘(1876) □ It ～ 'according to the march'〙

all-American /ɔ̀ːləmérɪkən, ɑ̀ːl- | ɔ̀ːl-ˈ-/ *adj.* **1**〈人など〉(よい意味で)真にアメリカ的な. **2** 全部米国人から成る; 全部アメリカ的要素から成る;〈製品が〉純米国製の. **3** 全米国の, 全米の;〈選手・チームが〉全米代表[選抜]の: an ～ championship 全米選手権. **4** 完全に米国(領域)内の; 全米州 (Americas) の. — *n.* 全米代表[選抜]選手[チーム].〘1888〙

Al·lan /ǽlən/ *n.* アラン《男性名》.〘⇨ Alan〙

Al·lan-a-Dale /ǽlənədéɪl/ *n.* アラナデール《英国の伝説的義賊 Robin Hood の手下で Robin Hood の助力により金持ちの老騎士から恋人を奪い返してもらったという陽気で歌好きな青年; *Ivanhoe* にも登場する》.

al·lan·ite /ǽlənàɪt/ *n.*〘鉱物〙褐簾(かつれん)石《緑簾石の一種; 少量のランタン・セリウム・イットリウム・トリウムなどを含む》.〘(1843) ← *Thomas Allan* (1777–1833: 英国の鉱物学者): ⇨ -ite[1]〙

al·lant- /əlǽnt/ (母音の前にくるときの) allanto- の異形.

al·lan·to- /əlǽntoʊ | -təʊ/ 次の意味を表す連結形: **1**「尿膜の (allantoic)」. **2**「ソーセージ (sausage)」. ★ 母音の前では通例 allant- になる.〘← NL ～ ← Gk *allân-tos, allâs*: ⇨ allantoid〙

al·lan·to·ic /æ̀ləntóʊɪk | -tə́ʊ-ˈ-/ *adj.* 尿膜の: the ～ sac [membrane] 尿膜.〘(1836): ⇨ ↑, -ic[1]〙

al·lan·toid /əlǽntɔɪd/ *adj.* **1** 尿膜[尿嚢(のう)]に関する[の]. **2** ソーセージ形の (sausage-shaped). — *n.*〘解剖〙=allantois. **al·lan·toi·dal** /əlæ̀ntɔ́ɪdl | -dl/ *adj.*〘(1633) □ F *allantoïde* □ Gk *allantoeidḗs* sausage-shaped ← *allântos, allâs* sausage: ⇨ -oid〙

al·lan·to·in /əlǽntoʊɪn | -təʊɪn/ *n.*〘化学〙アラントイン ($C_4H_6N_4O_3$)《哺乳動物の尿および植物中に多く見出される針状晶の物質; 外傷薬に用いる》.〘(1845) □ ? G ～ ← NL *allantois* (↓): ⇨ -in[1]〙

al·lan·to·is /əlǽntoʊɪs, -tɔɪs | -təʊɪs, -tɔɪs/ *n.* (*pl.* **-to·i·des** /æ̀ləntóʊədiːz | -təʊídiːz/)〘解剖〙尿膜, 尿嚢(のう).〘(1646) ← NL ～ ← Gk *allantoeidḗs*: ⇨ allantoid〙

al·la pri·ma /ɑ̀ːləpríːmə, æ̀lə-; *It.* allapríːma/ *n.*〘美術〙アッラプリマ《下描きも下塗りもしないで一気に仕上げてしまう手法》.〘(1849) □ It. ～ (原義) at the first〙

al·lar·gan·do /ɑ̀ːlɑːgɑ́ːndoʊ | -lɑːgǽndəʊ; *It.* allargándo/ *adv.*〘音楽〙=largando.〘(1893) □ It. ～ 'making slow'〙

áll-aróund *adj.* [限定的]《米》=all-round.〘1867〙

áll-a·róund·er *n.*《米》=all-rounder.

al·la·tive /ǽlətɪv | -tɪv/〘文法〙*adj.* 向格の: the ～ case 向格《フィンランド語にみられ場所・目標に向かう運動を表す》. — *n.* 向格(の形態).〘(1860) ← L *allātus* (← *al-* 'AD-'+*lātus* ((p.p.) ← *ferre* to bring))+-IVE〙

al·la tur·ca /ɑ̀ːlətʊ́əkə, æ̀lətə́ː- | -tʊ́ə-, -tə́ː-; *It.* allatúrka/ *adv., adj.*〘音楽〙トルコ風に[の].〘□ It. ～ 'in the Turkish manner'〙

al·la vos·tra sa·lu·te /ɑ̀ːləvɔ́(ː)strəsəlúːteɪ, æ̀lə-, -vɑ́(ː)s- | -vɔ́s-; *It.* allavɔstrasalúːte/ *It. int.* 諸君の健康のために《乾杯の言葉》.〘□ It. ～ 'to your health'〙

al·lay /əléɪ/ *vt.* **1**〈苦痛・心配などを〉和らげる, 軽減する. **2**〈騒動・興奮・怒りなどを〉静める (calm). — *vi.*《廃》〈苦痛・心配などが〉鎮まる, 弱まる.

～·ment *n.*〘OE *ālecgan* to put down ← A-[2]+*lecgan* 'to LAY[2]'〙

áll-bláck *adj.* 黒人だけの, 黒人専用の (cf. all-white): an ～ church, school, etc.〘1961〙

Áll Bláck *n.*《口語》**1** [the ～s] オールブラックス《国際試合出場のニュージーランドラグビーチーム; ユニフォームが黒色》. **2** オールブラックスの選手.〘1905〙

All-Bran /ɔ́ːlbræn, ɑ́ːl- | ɔ́ːl-/ *n.*〘商標〙オールブラン《米国 Kellogg 社製のシリアル食品》.

áll-Brítish *adj.* 全英国を代表する, 全英の: an ～ soccer team 全英サッカーチーム.〘1897〙

áll-cléar *n.* [通例 the ～] **1** 空襲警報解除のサイレン[合図]: *The* ～ was sounded. **2** 危険は去った[着手してもよい]という合図[言葉]: He gave me *the* ～.〘(1902): cf. clear (adj.) 8 b〙

áll-cómers *n. pl.* やってくる人全員; (競技への)飛び入り参加者.〘1614〙

áll-cóurt *adj.*〘テニス〙〈試合など〉オールコートの《ベースラインでのプレーとネットでのプレー双方を含む》: an ～ game.〘1927〙

áll-dáy *adj.* [限定的] **1** 一日中の, 終日の, 丸一日(がかり)の: an ～ excursion 一日がかりの遠出 / an ～ café 終日営業のカフェ. **2**〘新聞〙終日刊の《朝刊とか夕刊だけでなく一日に何回も版を改める》.〘*c*1870〙

áll-dày súcker *n.*《米》細い棒の先につけた堅い大型のキャンディー《なかなか減らない; cf. lollipop》.〘1901〙

al·lée /æléɪ | ˈ-ˊ-; *F.* ale/ *n.* 散歩道, 並木道.

al·le·ga·tion /æ̀lɪgéɪʃən/ *n.* **1** (十分な証拠のない)主張, 断言; 言い立て, 弁明: make an ～. **2**〘法律〙(立証しようとする事実についての)申し立て, 主張, 陳述.〘(?*a*1425) □ (O)F *allégation* // L *allēgātiō(n-)* dispatching a mission ← *allēgāre* to delegate ← *al-* 'AD-'+*lēgāre* to commission (⇨ legate[1])〙

al·lege /əléʤ/ *vt.* **1** (はっきりした証拠なしに)〈事を〉(事実だと)主張する, 断言する: ～ a fact / He ～*d* it *as* true. =He ～*d that* it was true. それは本当だと主張した / It is ～*d that* he stole the wallet. 彼がその札入れを盗んだと言われている / He was ～*d to* be a spy. スパイだと言われていた. **2** (理由などとして)言い立てる, 言い訳として述べる (plead): He ～*d* illness *as* a reason for his absence. =He ～*d that* he had been absent because he was ill. 欠席したのは病気のためだと言い訳をした. **3**《古》(法廷で宣誓して)〈事実を〉陳述する, 申し立てる. **4**《古》〈権威づけ・確証などのために〉引き合いに出す, 引用する (cite)〔*for, against*〕. **al·lég·er** *n.*〘(*c*1300) *allegge(n)* to bring forward as evidence (混成) ← AF *allegier* (= OF *esligier* to disengage < VL **exlītigāre* to free from a lawsuit ← EX-[1]+*lītigāre* 'to LITIGATE' +OF *aleguer* (F *alléguer*) to quote (< L *allēgāre* (↑))〙

al·leged /əléʤd/ *adj.* **1** (勝手に…と)言い立てられた: an ～ criminal 犯罪者といわれる人. **2** いわゆる; 疑わしい (questionable): his ～ friends 彼の言うところの友達 / an ～ cure for cancer 癌(がん)の怪しげな治療薬.〘?*a*1425〙

al·leg·ed·ly /əléʤɪdli/ *adv.* 申し立てによると, 伝えられるところによれば: ～ clean politics いわゆるきれいな政治 / The money was ～ stolen in transit. その金は輸送中に盗まれたことになっている.〘(1874): ⇨ ↑, -ly[1]〙

Al·le·ghe·ny /æ̀ləgéɪni, -géni | æ̀lɪ̀-ˈ-/ *n.* **1** [the ～] アレゲーニー(川)《米国 New York 州南西部から Pennsylvania 州西部を通り Pittsburgh で Ohio 川に合流する川 (523 km)》. **2** [the Alleghenies] =Allegheny Mountains.〘← N-Am.-Ind. (Delaware) ? *welhik-[oolik-]hanna* beautiful river〙

Állegheny bárberry *n.*〘植物〙=American barberry.

Állegheny Móuntains *n. pl.* [the ～] アレゲーニー山脈《米国 Pennsylvania, Maryland, West Virginia, Virginia 各州にまたがる山脈で, Appalachian 山系の一部; the Alleghenies ともいう》.

Állegheny spúrge *n.*〘植物〙アレゲーニーフッキソウ (*Pachysandra procumbens*)《米国 Allegheny 山脈地方原産のツゲ科フッキソウ属の低木状多年草》.〘*c*1936〙

al·le·giance /əlíːʤəns, -ʤənts/ *n.* **1**〔人・主義などに対する〕忠実, 献身 (devotion)〔*to*〕: The critic owes no ～ *to* anything but *to* truth. 批評家は真理にしか忠誠を誓う必要はない. **2**〔君主・国家に対する〕忠誠 (loyalty)〔*to*〕; (封建時代の)臣従の義務, 忠義, 忠節 (cf. fealty, homage): an oath of ～ 忠誠[臣従, 帰順]の誓い / pledge [swear] ～ *to* …に忠誠を誓う.〘(*c*1399) *al(l)igeaunce* □ AF **alligiance* ← AL-[1]+OF *ligeaunce* (← *lige* 'LIEGE')〙

SYN 忠誠: **allegiance** 君主・国家・主義などを支持し忠誠を尽くすこと: I pledge *allegiance* to my country. 私は自分の国に忠誠を誓います. **fidelity** 主義・宗教・指導者に対して極めて忠実なこと: *fidelity* to a leader 指導者に対する忠誠. **loyalty** 前の二つより一般的な語で, 自分の家族・友人・国家に対して誠実であること: their *loyalty* to the company 会社に対しての彼らの忠誠心. **devotion** 人や主義などに身を捧げること《対象への愛着を暗示する》: an inflexible *devotion* to the cause その主義に対する不屈の献身.
ANT faithlessness, perfidy.

---

al·le·giant /əlíːʤənt/ *adj.* 忠誠を尽くす, 忠実な; 忠義な (loyal)〔*to*〕. — *n.* 忠誠[忠義]を尽くす人.〘(1612–13) ← ALLEGI(ANCE)+-ANT〙

al·le·gor·ic /æ̀lɪ̀gɔ́(ː)rɪk, -gɑ́(ː)r- | -gɔ́r-ˈ-/ *adj.* =allegorical.〘(*c*1395) □ (O)F *allégorique* // L *allēgoricus* □ Gk *allēgorikós*: ⇨ allegory, -ic[1]〙

al·le·gor·i·cal /æ̀lɪ̀gɔ́(ː)rɪ̀kəl, -gɑ́(ː)r-, -kl | -gɔ́rɪ-, æ̀lə-ˈ-/ *adj.* **1** 寓話(ぐうわ)(的)の; 風喩(ふうゆ)の, 寓意的な, 比喩的な. **2**〈聖典のテキストが〉寓意を含む. **～·ly** *adv.*〘(1528): ⇨ ↑, -al[1]〙

al·le·go·rism /ǽlɪ̀gɔːrɪzm, -gərɪzm | -gərɪzm/ *n.* 寓意(ぐうい)の使用; 寓意的な解釈.〘(1889): ⇨ allegorize, -ism〙

ál·le·go·rist /-rɪ̀st | -rɪst/ *n.* 寓話作者; 寓意を用いる人; 寓意的解釈者.〘(1684): ⇨ allegorize, -ist〙

al·le·go·ris·tic /æ̀lɪ̀gɔːrístɪk, -gər- | -gər-ˈ-/ *adj.* 寓意的な, 寓意を用いる; 寓意的に解釈する.

al·le·go·rize /ǽlɪ̀gɔːràɪz, -gər- | -gər-/ *vt.* **1** 寓話化する. **2** 寓意的に解する. — *vi.* 風喩(ふうゆ)を用いる. **al·le·go·ri·za·tion** /æ̀lɪ̀gɔːrɪ̀zéɪʃən, -gər- | -gəraɪ-, -rɪ-/ *n.* **ál·le·go·riz·er** *n.*〘(*c*1456) □ (O)F *allégoriser* // ML *allēgorizāre* ← *allēgoria* (↓): ⇨ -ize〙

al·le·go·ry /ǽlɪ̀gɔːri | -gəri/ *n.* **1** 寓意(ぐうい)物語, 寓話, たとえ話 (cf. fable 1 a): Bunyan's "Pilgrim's Progress" is a well-known ～. バニアンの「天路歴程」はよく知られた寓意物語だ. **2** 寓意的な表現, 象徴 (emblem). **3**〘修辞〙アレゴリー, 寓喩(ぐうゆ), 風喩(法).〘(*c*1384) □ (O)F *allégorie* // L *allēgoria* □ Gk *allēgoría* speech made otherwise than one seems to speak ← *allēgoreîn* to speak otherwise ← *állos* other+*agoreúein* to speak in the assembly (← *agorá* assembly ← IE **ger-* to gather)〙

al·le·gret·to /æ̀ləgrétoʊ | æ̀lɪ̀grétəʊ; *It.* allegrétto/〘音楽〙*adj., adv.* アレグレット, やや快速な[に]《allegro と andante の中間》. — *n.* (*pl.* **～s**) アレグレットの(曲[楽章, 楽節]); アレグロの小品.〘(1740) □ It. ～ (dim.): ↓〙

Al·le·gri /əlégri, æl-, -léɪ-; *It.* alléːgri/, **Gre·go·rio** /gregɔ́ːrjo/ *n.* アッレグリ (1582–1652; イタリアの司祭・作曲家).

al·le·gro /əlégroʊ, əléɪg- | əlégrəʊ, æl-, -léɪg-; *It.* alléːgro/ *adv.*〘音楽〙アレグロ, 快速に《presto と allegretto との中間》. — *adj.* **1**〘音楽〙アレグロ, 快速な. **2**〘言語〙(日常多用されるために語または句が短縮された(例: yes madame ← yes'm). **3**〘音声〙急速調の.

— *n.* (*pl.* **～s**) **1**〘音楽〙アレグロ(の曲[楽章, 楽節]. **2**〘音声〙急速調《発話の速度の速いこと; cf. lento》.〘((1632)) (1683) □ It. ～ 'cheerful, gay' < VL **alicru(m)* ← L *alacer* brisk ← IE **al-* to wander〙

al·lele /əlíːl/ *n.* (*also* **al·lel** /əlél/)〘生物〙対立遺伝子, 対立因子, 対立形質. **al·le·lic** /əlíːlɪk, əlél-/ *adj.*〘(1928) □ G *Allel* (短縮) ← ALLELOMORPH〙

áll-eléctric *adj.*〈住宅など〉(光熱用に)電気だけを使用する, 全電力の.〘1920〙

al·le·lism /əlíːlɪzm, əlél-/ *n.*〘生物〙対立, 対立性.〘1935〙

al·le·lo- /əlíːloʊ, əlél- | -ləʊ/「代わりの, 対立する; 相互の, 相反の」の意の連結形.〘← Gk *allḗlōn* of one another ← *állos* other〙

allèlo·chémical *n.*〘生態〙他感作用物質, アレロケミカル《他感作用 (allelopathy) の原因物質; 特に植物により産生され, 他種植物に阻害的な影響を与える化学物質》.

al·le·lo·morph /əlíːləmɔ̀əf, əlél- | -mɔ̀ːf/ *n.*〘生物〙=allele. **al·le·lo·mor·phic** /əlìːləmɔ́əfɪk, əlèl- | -mɔ́ː-ˈ-/ *adj.*〘(1902): ⇨ ↑, -morph〙

allélomorphic géne *n.*〘生物〙対立遺伝子, 対立因子.

allélo·mòrphism *n.*〘生物〙=allelism.〘1902〙

al·le·lop·a·thy /əlìːlɑ́pəθi, əlèlə-, æ̀ləlɑ́(ː)pə- | æ̀liːlɔ́pə-/ *n.*〘生態〙他感作用, アレロパシー《他種の植物体から出る化学物質により植物がうける影響; 特に発育阻害》. **al·le·lo·path·ic** /əlìːləpǽθɪk, əlèlə- | əlìː-lə(ʊ)-ˈ-/ *adj.*〘(1948) □ G *Allelopathie* ← Gk *allḗl-* one another〙

al·le·lu·ia /æ̀ləlúːjə | æ̀lɪ̀-/ (*also* **al·le·lu·iah** /～/) — *int., n.* =hallelujah.〘(?*a*1200) □ LL *allēlūja* □ Gk *allēloúia* □ Heb. *halᵉlūyāh* praise ye Yahweh: ⇨ hallelujah〙

Al·le·lu·iat·ic Séquence /æ̀ləluːjǽtɪk- | æ̀lɪluː-jǽt-/ *n.* [the ～]〘カトリック〙アレルヤ続誦《ミサ典礼でトラクトス(詠誦)に続いて唱えられるものに対して, アレルヤ誦に続いて唱えられる歓喜の賛美歌をいう》.〘(*c*1850) □ L *allēluiaticus* ← *allēlūia* (↑)〙

al·le·mande, A- /ǽləmæ̀n(d), -mɑ̀ːnd | æ̀lɪ̀mɑ̀ːnd, -mæ̀nd; *F.* almɑ̃ːd/ *n.* **1**〘ダンス〙アルマンド: **a** 17–18 世紀にフランス宮廷で行われたドイツ舞踏に由来するダンス. **b** カドリール (quadrille) 中の型の一つ. **c** ドイツ[スイス]のフォークダンス. **2**〘音楽〙アルマンド舞曲《舞踏音楽から様式化されて古典組曲 (suite) の重要な構成要素となった》. **3** =allemande sauce.〘(1685) □ F ～ (fem.) ← *allemand* German〙

állemande sàuce, A- s- *n.* アルマンドソース《ホワイトソース (white sauce) に卵黄と生クリームを加えた濃厚なソース》.〘1863〙

áll-embrácing *adj.* すべてを包含する, 総括[包括]的な, 完全な: an ～ love, responsibility, etc.〘*c*1649〙

al·le·mont·ite /æ̀ləmɑ́(ː)ntaɪt | æ̀lɪmɔ́n-/ *n.*〘鉱物〙アレモンタイト, アレモン石 (SbAs).〘(1837–80) □ F ～ ← *Allemont* (発見地であるフランスの地名)+-ITE[1]〙

Al·len /ǽlən | ǽlɪ̀n/ *n.* アレン《男性名》.〘(異形) ← ALLAN〙

Al·len /ǽlən | ǽlɪ̀n/, **Bog of** *n.* アレン《アイルランドの Dublin 西部にある泥炭地》.

Al·len, Ethan *n.* アレン (1738–89; 米国独立戦争に活躍した米国軍人; Vermont の不正規義勇軍 Green Mountain Boys の首領; cf. Ticonderoga).

Allen, Frederick Lewis *n.* アレン (1890–1954; 米国のジャーナリスト; *Only Yesterday* (1931), *Since Yesterday* (1940), *The Big Change* (1952)).

Allen, James Lane *n.* アレン (1849–1925; 米国の小説家; *A Kentucky Cardinal* (1894)).

Allen, Lough *n.* アレン湖《アイルランドの Leitrim 県にある湖》.

Allen, (William) Her·vey /hə́ːvi | hə́ː-/, **Jr** *n.* アレン (1889–1949; 米国の作家; *Anthony Adverse* (1933)).

Allen, Woody *n.* アレン (1935– ; 米国の喜劇俳優・映画監督・シナリオライター; 本名 Allen Stewart Konigsberg).

A·llen·de Gos·sens /ɑːjéndigɔ́(ː)səns, ɑːlén-, -deɪ-, -gɑ́(ː)s-, -sṇs | aɪéndigɔ́s-, -jén-, -deɪ-; *Am. Sp.* ajéndeɣósens/, **Salvador** *n.* アジェンデ (1908–73; チリの政治家; 大統領 (1970–73); 世界初のマルクス主義大統領だったが軍部のクーデターで倒れた).

al·lene /ǽliːn/ *n.*〘化学〙アレン ($CH_2{=}C{=}CH_2$)《ジオレフィンの一種; propadiene, sym-allylene ともいう》.〘(1951) (短縮) ← ALLYLENE〙

Állen kèy *n.* =Allen wrench.〘1961〙

Állen scréw *n.* アレンボルト《頭に六角形の溝のついたボルト》.〘1967〙

Al·len·stein /ǽlənʃtàɪn, ɑ́ːl-, -stàɪn; *G.* ɑ́lənʃtaɪn/ *n.* アレンシュタイン《Olsztyn のドイツ語名》.

Al·len·town /ǽləntàʊn | ǽlɪ̀n-/ *n.* アレン タウン《米国 Pennsylvania 州の都市》.〘← *William Allen* (1704–80: アメリカの弁護士・商人)+TOWN〙

Állen wrènch, a- w- *n.* アレンレンチ《Allen screw 用の L 字型鋼鉄製六角棒; Allen key ともいう》.〘1943〙

Al·lep·pey /əlépi | ɑ́lɪpi/ *n.* アレピー《インド南部, Kerala 州南西部の港町》.

al·ler·gen /ǽləʤèn, -ʤən | ǽlə-/ *n.*〘医学〙アレルゲン《アレルギーを起こす物質》.〘(1910) □ G ～ ← *Allergie* 'ALLERGY'+-GEN〙

al·ler·gen·ic /æ̀ləʤénɪk | æ̀lə-ˈ-/ *adj.* アレルギー誘発(性)の, アレルギーを起こす.〘(1913) ← ALLER(GY)+-GENIC[1]〙

al·ler·gic /əlɚ́ːdʒɪk | əlɜ́ː-/ *adj.* **1** アレルギー(性)の; アレルギーにかかった, アレルギー体質の: an ～ disease アレルギー(性)疾患 / develop an ～ reaction (to …) (…に対し)アレルギー反応を起こす / be ～ *to* pollen 花粉アレルギーである. **2** 《口語》〔…に〕神経過敏な; 〔…が〕大嫌いで〔*to*〕: be ～ *to* airplanes [smoking, work] 飛行機[たばこ, 仕事]が大嫌いである.
allérgic to blóndes 《米俗・戯言》ブロンド娘好きで.
〖《1911》← ALLERGY+-IC¹〗

al·ler·gin /ǽlədʒɪ̀n | ǽlədʒɪn/ *n.* 〘医学〙=allergen. 〖《変形》← ALLERGEN〗

ál·ler·gist /-dʒɪ̀st | -dʒɪst/ *n.* アレルギー専門医. 〖《1928》: ⇨ allergy, -ist〗

al·ler·gol·o·gy /æ̀lədʒɑ́(ː)lədʒi, -gɑ́(ː)l- | -dʒɔ́l-, -gɔ́l-/ *n.* アレルギー学.

al·ler·gy /ǽlədʒi | ǽlə-/ *n.* **1** 〘病理〙 **a** アレルギー〔*to*〕: an ～ *to* pollen 花粉に対するアレルギー. **b** 〔2回目以後の注射・服薬などに対する〕アレルギー[異常]反応〔*to*〕(cf. anaphylaxis, idiosyncrasy). **2** 《口語》大嫌いなこと, 毛嫌い (antipathy)〔*to*〕: have an ～ *to* study 勉強が大嫌いである. 〖《1910》□ G *Allergie* ← ALLO-+-*ergie* '-ERGY': オーストリアの小児科医 Clemens von Pirquet (1874–1910) の造語〗

al·le·ri·on /əlíᵊriən, -ɑ̀(ː)n | əlíəriən, -ɔ̀n/ *n.* 〘紋章〙=alerion.

al·le·thrin /ǽləθrɪ̀n | ǽlɪ̀θrɪn/ *n.* 〘化学〙アレスリン ($C_{19}H_{26}O_3$)《イエバエなどに速効性のある合成殺虫剤》. 〖《1950》← ALL(YL)+(PYR)ETHRIN〗

al·lette /əlét, æl-; *F.* alɛt/ *n.* =alette.

al·le·vi·ate /əlíːvièɪt/ *vt.* **1** 〈苦痛・苦悩を〉軽減する, 軽くする, 楽にする (⇨ relieve SYN); 〈厄介な状態などを〉緩和する: ～ poverty 貧困を減らす. **2** 《古》〈罪などを〉軽減[酌量]する (extenuate). 〖《?a1425》← LL *alleviātus* (p.p.) ← *alleviāre* ← AL-¹+L *levāre* to lighten: ⇨ levity〗

al·le·vi·a·tion /əlìːviéɪʃən/ *n.* 軽減, 緩和; 軽減するもの. 〖《?a1425》: ⇨ ↑, -ation〗

al·le·vi·a·tive /əlíːvièɪtɪv, -viət- | -viət-, -vièɪt-/ *adj.* 軽減的な, 緩和的な, 慰藉(いしゃ)の. — *n.* 軽減[緩和]するもの. 〖《1672》: ⇨ -ive〗

al·lé·vi·à·tor /-tə | -tə(r)/ *n.* **1** 軽減者; 慰めとなる[緩和する]もの. **2** (水力装置の)緩衝器. 〖《1811》: ⇨ -or²〗

al·le·vi·a·to·ry /əlíːviətɔ̀ːri | -vièɪtəri/ *adj.* =alleviative. 〖1865〗

áll-expénse *adj.* 全費用スポンサー負担の; 全費用払込み済みの, 全費用込みの: an ～ tour パック旅行 (all-expenses-paid ともいう). 〖1952〗

al·ley¹ /ǽli/ *n.* **1** (庭園・公園などの)細道, 小道. **2** 横町, 路地, 小路(こうじ); 裏通り: ⇨ blind alley. **3** (skittles などの)球戯場. **4** 〘ボウリング〙 **a** レーン (lane); [時に *pl.*] ボウリング場 (bowling alley). **b** =bowling green. **5** 《米》〘テニス〙アレー《ダブルスコートのサイドラインとサービスサイドラインの延長線の間の区画; 内側の線はシングルスコートのサイドラインをなす; ⇨ lawn tennis 挿絵; cf. tramline 3》. **6** 《方言》=aisle 1 b.
(ríght [júst]) úp [dówn] one's álley 《米口語》〈物事が〉好み[性, 能力]に合って, 得意とするところで, うってつけで: This work is *right up* [*down*] my ～. この仕事は私の性分にぴったり合っている.
〖《1360–61》*alei(e)* □ OF *alee* (F *allée*) passage (fem. p.p.) ← *aler* to go (F *aller*) < ? VL *am(b)lāre* = *ambulāre* to walk: cf. amble〗

al·ley² /ǽli/ *n.* (大理石などの)上等のビー玉 (cf. blood alley): play ～s. 〖《1720》《短縮》← ALABASTER〗

álley càt *n.* 《米》 **1** (裏通りをうろつく)野良猫. **2** 《俗》あばずれ女, 売春婦, 「路地の女」. 〖1904〗

Al·leyn /ǽlən | ǽlɪ̀n/, **Edward** *n.* アレン (1566–1626; 英国の俳優; Dulwich College を創立).

Al·leyn·i·an /əléɪniən, æl-/ *adj., n.* 《英》Dulwich College の(生徒[卒業生]). 〖← *Edward Alleyn* (↑)+-IAN〗

al·ley-oop /ǽliúːp/ *int.* よいしょ, どっこいしょ《重い物を持ち上げたり立ち上がったりする時の発声》. — *n.* 〘バスケット〙アリーウープ: **a** バスケット近くへの高いパス; 受けた選手はそのままシュートする. **b** そのゴール. 〖《1967》← F *allez* ((imper.) ← *aller* to go)+*oop* (← ?)〗

álley·wày *n.* =alley¹ 2. 〖1788〗

Al·lez vous en! /ǽleɪvuːzɑ̃ː(ŋ), -zɑ́ːŋ; *F.* alevuzɑ̃/ *F.* 行ってしまえ (Go away!). 〖□ F ～ 'Away with you!'〗

Áll-fàther *n.* [the ～] 最高神, 主神, 神. 〖1810〗

áll-fìred 《米俗》*adj.* ひどい, 非常な, べらぼうな (excessive): What an ～ fool! — *adv.* ひどく, べらぼうに: ～ important. 〖《1837》《変形》← HELL-FIRED〗

áll fìves *n. pl.* [単数扱い] 〘トランプ〙オールファイブ《all fours の一種で, 切札の 5 が 5 点; cf. pedro》. 〖1868〗

Áll Fóols' Dày *n.* =April Fools' Day. 〖1712〗

áll fóurs *n. pl.* **1** 四肢, (獣の)四足, (人の)両手両足. **2** 〖《変形》← *all four cards*〗 [単数扱い] 〘トランプ〙オールフォア《2–4 人で遊ぶ古い英国のゲームで seven-up, cinch, auction pitch などの前身; high (最高の切札), low (最低の切札), jack (切札のジャック), game (獲得した絵札)の 4 役に対して得点が与えられる; high-low-jack ともいう》.
on áll fóurs (1) (人や獣など)四つんばいで: go [run] *on* ～ 四つんばいで行く[走る]; 調子よく運ぶ. (2) 《英》〔…と〕ぴったり合って, 完全に一致して〔*with*〕: The quotation is not *on* ～ *with* the original. 引用は原文とぴったりとは一致していない. 《1710》
〖《1563》《略》← *all four cards*〗

áll-gírl *adj.* 〈チームなど〉女子選抜の: an ～ team.

áll háil *int.* 《古》(挨拶・喝采などで)やあ, ようこそ; 万歳. 〖1360〗

Àll·hállowmas *n.* =Hallowmas. 〖《a1121》*Alhalwemesse* < OE *ealra hālgena mæsse* 《原義》all saints' mass〗

áll-hàllown súmmer /-hǽloun- | -lɔun-/ *n.* 《廃》晩秋の好天気. 〖《1596–97》: *hallown* < OE *hālgena* (gen. pl.) saints'〗

All·hal·lows /ɔ̀ːlhǽlouz, ɑ̀ːl- | -lɔuz/ *n.* (*pl* ～) **1** 〘キリスト教〙=All Saints' Day. **2** =Halloween. 〖《a1121》*alhalwes* < OE *ealle halgan*: ⇨ all, hallow¹〗

Áll Hállows' Dày *n.* 〘キリスト教〙=All Saints' Day.

Allhállows éve [Éve] *n.* =Halloween.

Àll·hállow·tìde *n.* 《古》諸聖人の祝日 (Allhallows) の季節. 〖《c1300》: ⇨ tide¹〗

áll·hèal *n.* 〘植物〙 **1** カノコソウ (valerian). **2** =self-heal. 〖《1630》← ALL+HEAL: この種の植物はすべての病に効能があるとされたことから; cf. panacea〗

áll-híd *n.* 《古》かくれんぼ (hide-and-seek). 〖《c1595》: 鬼になった者の呼び声から〗

al·li·a·ceous /æ̀liéɪʃəs⁻/ *adj.* **1** 〘植物〙ネギ属 (*Allium*) の. **2** ネギ[ニンニク, ニラ]くさい. 〖《1792》← NL *alliāceus* ← L *allium* garlic (⇨ allium)+-ACEOUS〗

al·li·ance /əláɪəns, -ənts/ *n.* **1** 同盟 (union); 同盟条約: an offensive and defensive ～ 攻守同盟 / a dual [triple, quadruple] ～ 二[三, 四]国同盟 / form [make, enter into] an ～ *with* …と同盟[提携]する / in ～ *with* …と連合[結託]して. **2** 協力, 協調: an ～ *between* church and state. **3** 縁組み: arrange an ～ 縁組みを世話する. **4** 同盟国; 縁組みした人たち. **5** 類似, 共通点 (affinity): an ～ *between* logic and metaphysics. **6** 〘植物〙群団《種類・組成のよく似た群集を統合したもの》.
Alliance for Prógress [the ―] 「進歩のための同盟」《米国海外援助の一環として 1961 年に発足したラテンアメリカ開発援助協定》.
〖《c1300》*alia(u)nce* □ OF *aliance* (F *alliance*) ← *alier* 'to ALLY¹': ⇨ -ance〗

SYN 同盟: **alliance** 《通例よい意味で》家族・組織・国などが相互の利益のために結んだ提携: an *alliance* between France and England フランスとイングランドの同盟. **league** 特定の目的のために連合した人や国のグループ: enter into a *league* 同盟を結ぶ. **coalition** 利害の相反する組織が特定の目的のために一時的に協力すること: a *coalition* government 連立内閣. **confederation** 防衛・関税などの行政機能を共同行使するために結ぶ独立国同士の結合: the *Confederation* of the Rhine (1806–13 の)ライン同盟. **union** 政治的な理由で二つ以上の国が連合して一つの国を形成していること: the *Union* of England and Scotland (1707 年の)イングランドとスコットランドの連合. **federation** 自らも自治機関を持ちながら外交・防衛などの面では他の自治機関などと連合すること: A *federation* was formed between the two cities. その両市は同盟を結んだ.

allíance rìng *n.* (新郎新婦のイニシャルと結婚の日付を刻み込んだ)二つの環を組み合わせた結婚指輪.

ál·lice shàd /ǽlɪ̀s-/ *n.* 〘魚類〙アリスシャッド, アローサ (*Alosa alosa*) 《ニシン科ニシンダマシ属の一種で, 大西洋全域・地中海のヨーロッパ沿岸に分布; 産卵期に河川をのぼる》. 〖1882〗

al·li·cin /ǽləsɪ̀n | ǽlɪ̀sɪn/ *n.* 〘生化学〙アリシン ($C_6H_{10}OS_2$) 《タマネギ・ニンニクから抽出される抗菌性物質》. 〖《1944》← L *allium* garlic+-*c*-+-IN¹〗

al·lied /ǽlaɪd, əláɪd, æl-/ *adj.* **1** 同盟している. **2** [A-] 連合国の: the *Allied* Forces 連合軍. **3** 縁組みして: The two families are ～. **4** 同類の, 類似の (⇨ related SYN): history and ～ subjects 歴史および同系の学科 / ～ animals 同類の動物.
Állied and Assóciated Pówers [the ―] (第一次大戦に米国が参加した後の)協商および連合国 (⇨ allies 2). 〖《c1300》: (p.p.) ← ALLY¹〗

Al·lier /æljéɪ; *F.* alje/ *n.* **1** アリエ(県)《フランス中部の県; 面積 7,381 km²; 県都 Moulins /mulɛ̃/》. **2** [the ～] アリエ(川)《フランス南部から北流して Loire 川に注ぐ (410 km)》.

al·lies /ǽlaɪz, əláɪz/ *n. pl.* **1** 同盟国; 同盟者. **2** [the A-] **a** 連合国《第一次大戦でドイツなど同盟国 (Central Powers) に対抗した英国・フランス・ロシアその他の協商および連合国 (⇨ ALLIED and Associated Powers); 第二次大戦では日独伊枢軸国 (the Axis) と対抗した中国・フランス・英国・米国・旧ソ連などの諸国 (United Nations)》. **b** NATO 加盟諸国. 〖《1914》(pl.) ← ALLY¹〗

al·li·ga·tion /æ̀lɪ̀géɪʃən/ *n.* 〘数学〙混合法《品質の違うものを混合して, 目指す品質のものを作り出すための算法》. 〖《1542》□ L *alligātiō(n-)* ← *alligāre* to bind to ← AL-¹+*ligāre* to bind (cf. ligament)〗

al·li·ga·tor /ǽlɪ̀gèɪtə | -tə(r)/ *n.* **1** 〘動物〙 **a** アリゲーター《ワニ科アリゲーター属 (*Alligator*) のワニの総称; 米国南東部産のミシシッピーワニ (American alligator) および中国産の北緯 30 度より高緯度にすむヨウスコウワニ (*A. sinensis*); ⇨ crocodile 挿絵》. **b** =caiman. **c** =loricate. **2** わに革: a handbag of ～. **3** 〘機械〙アリゲーター, わにばさ《わにの口のようにかみ合うベルトの綴じ合わせに用いる金具》. **4** 《米軍俗》水陸両用装軌車. **5** 《米俗》スイング音楽狂.
Sée you láter, álligator. さいなら, わに君《子供同士でまたは子供に向かって言うおどけたあいさつ; これには In [After] a while, crocodile. (またね, わに君)と答える》.
— *adj.* [限定的] アリゲーターの(ような); 〈布など〉わに皮模様の; 〈工具など〉わに口の. — *vi.* **1** 〈ペンキ・ニスなどが〉わに皮のようにひび割れする. **2** 〘冶金〙〈圧延金属板が〉端が裂けて口をあける.
〖《1568》《廃》(*a*)*lagarto* □ Sp. *el lagarto* ← *el* the (< L *ille* that)+*lagarto* lizard (< L *lacertum* 'LIZARD'): 英語の形は L *alligāre* (↑) の影響〗

álligator àpple *n.* 〘植物〙=pond apple. 〖《1756》この果実の皮がワニのそれに類似しているところから〗

álligator clìp *n.* 〘電気〙わに口クリップ《ワニのあご状の端子》. 〖*c*1941〗

álligator fìsh *n.* 〘魚類〙大西洋産トクビレ科タテトクビレ属の細長い小さな海産魚 (*Aspidophoroides monopterygius*) 《体表が骨板におおわれている》.

álligator gàr *n.* 〘魚類〙アリゲーターガー (*Lepisosteus spatula*) 《米国中部の河川に産するレピソステウス科のガー (gar) の一種; 体長 3 m に達する》. 〖1821〗

álligator lìzard *n.* 〘動物〙北米・中米産のアリゲーターに似た小形のトカゲの総称《カキネハリトカゲ (*Sceloporus undulatus*) やアリゲータートカゲ属 (*Gerrhonotus*) のトカゲなど》.

álligator pèar *n.* 〘植物〙=avocado 1. 〖《1763》ワニの生息地に生えているところから〗

álligator pèpper *n.* 《主にアフリカ西部》 **1** ショウガ科のアモムム属の多年草 (*Amomum melegueta*). **2** ショウガ科多年草の果実《香辛料の一種》.

álligator shèars *n. pl.* 〘機械〙わに口シヤー (lever shears). 〖1884〗

álligator snápper [túrtle, térrapin] *n.* 〘動物〙 **1** ワニガメ (*Macrochelys temminckii*) 《北米 Mexico 湾に注ぐ河川に産する巨大なカメ; 尾がワニに似て体長 1 m, 重さ 100 kg にも達する; loggerhead ともいう》. **2** =snapping turtle 1. 〖1884〗

álligator snápping túrtle *n.* 〘動物〙=alligator snapper.

álligator tórtoise *n.* 〘動物〙=snapping turtle 1.

álligator wampée *n.* 〘植物〙=pickerelweed.

álligator wrènch *n.* 〘機械〙わに口スパナ. 〖1940〗

áll-impórtant *adj.* 大いに重要な, 肝要な: the ～ thing 最重要事項. 〖1839〗

áll-ín *adj.* [限定的] **1** 《英》全部を含んだ (all-inclusive): an ～ price 込み値段 / ～ insurance 〘保険〙全危険担保保険. **2** 〈努力など〉惜しみない, 決然たる. **3** 〘レスリング〙制限なしの, フリースタイルの: ⇨ all-in wrestling. **4** 〘ジャズ〙総出演の, 総奏の; アンサンブル演奏の. 〖1890〗

áll ín *adj.* [叙述的] 《口語》疲れ果てた, へとへとになった (exhausted). — *adv.* 全部込みで: sell it for $200 ～ in 全部込みで 200 ドルで売る. 〖1890〗

áll-inclúsive *adj.* 全部を含んだ, 包括的な: an ～ price. **～·ness** *n.* 〖*c*1855〗

áll-inclúsive cóncept *n.* 〘会計〙包括主義《期間利益の計算に前期損益修正や臨時損益項目をも含めるとする考え方; cf. current operating performance concept》.

Al·ling·ham /ǽlɪŋəm/, **Margery** *n.* アリンガム (1904–66; 英国の女性推理作家).

áll-in-óne *adj.* [限定的] 多機能一体型の, ワンセットになった. — *n.* =corselet¹. 〖1908〗

áll-ìn wréstling *n.* =freestyle 2 b.

al·li·sion /əlíʒən, æl-/ *n.* 〘法律〙(停泊中の船への)船の衝突《相手が航行中の場合の衝突 (collision) に対する語》. 〖《a1631》□ LL *allisiō(n-)* ← L *allisus* (p.p.) ← *allidere* to strike against ← AL-¹+-*lidere* (← *laedere* to hurt): ⇨ lesion〗

ál·lis (shàd) /ǽlɪ̀s(-)/ *n.* 〘魚類〙=allice shad. 〖1620〗

al·lit·er·ate /əlítərèɪt, æl- | -lít-/ 〘修辞〙 *vi.* **1** 頭韻法を用いる. **2** 〈語が〉頭韻を踏む, 頭韻体をなす: 'High' ～*s with* 'harp'. — *vt.* 〈ある音を〉頭韻に用いる: Coleridge ～*s* the 'f's' and 'b's' in the lines 'The *f*air *b*reeze *b*lew, the white *f*oam *f*lew, The *f*urrow *f*ollow'd *f*ree.' **al·lít·er·à·tor** /-tə | -tə(r)/ *n.* 〖《1816》《逆成》↓〗

al·lit·er·a·tion /əlɪ̀təréɪʃən, æl- | -tə-/ *n.* 〘詩学・修辞〙頭韻(法), アリタレーション《一連の数語が同音もしくは同字で始まることにより一種の文体的効果を上げる技巧; ゲルマン語の本来の詩的技巧の一つで, 古期英語や中期英語で盛んに用いられた; 例: Care *k*illed the cat. / *a*pt *a*lliteration's *a*rtful *a*id》. 〖《1656》□ ML *alliterātiō(n-)* ← AL-¹+*littera* 'LETTER'〗

al·lit·er·a·tive /əlítərətɪv, æl-, -rèɪt- | -rət-, -rèɪt-/ *adj.* 〘詩学・修辞〙頭韻を踏んだ, 頭韻体の, 頭韻的な: ～ verse 頭韻詩. **～·ly** *adv.* 〖《1764》: ⇨ ↑, -ative〗

al·li·um /ǽliəm/ *n.* 〘植物〙ネギ属 (*Allium*) の植物の総称《ネギ (*A. fistulosum*), タマネギ (*A. cepa*), ニンニク (*A. sativum*) など, においの強い球根植物; cf. alliaceous》. 〖《1807》□ L *allium*, *ālium* garlic, 《原義》the bulbous plant ← ?〗

áll-knówing *adj.* 全知の. 〖1612〗

áll·ness *n.* 普遍性, 一般性 (universality); 全体性, 十全 (totality). 〖《a1652》: ⇨ -ness〗

áll-néw *adj.* まったく新しい.

áll-níght *adj.* [限定的] **1** 終夜の, 徹夜の: ～ negotiations 夜を徹しての交渉 / an ～ train service 列車の終夜運転. **2** 終夜営業の: an ～ snack bar. 〖1888〗

áll-níght·er /-tə | -tə(r)/ *n.* 徹夜する人; 徹夜の会議[勝負, ゲームなど]; 終夜営業店. 〖1895〗

al·lo- /ǽlou | ǽləu/ **1** 「異なる, 他の; 異質の, 異形の…;

A

…の変種」の意の連結形: *allo*merism, *allo*phone. **2** 「立体異性体を示す」の意の連結形《より安定な異性体を指すこともある》. ★ 母音の前では通例 all- になる. 〖□ Gk ～ ← *állos* other: ⇨ alias〗

Al·lo·a /ǽloʊə | ǽləʊə/ *n.* アローア《スコットランド中部, Forth 川河口の町; Clackmannanshire (q. v.) の政庁所在地》. 〖(15C) *Alway* ← ? Gael. *allbheach* rocky ← *ailbhe* rock〗

àllo·ántigen *n.* 〘免疫〙同種(異系)抗原 (isoantigen). 〖(1964) ← ALLO-＋ANTIGEN〗

al·lo·bar /ǽloʊbɑ̀ə, ǽlə- | ǽlə(ʊ)bɑ̀ː(r)/ *n.* 〘気象〙気圧変化域; 気圧等変化線. 〖← ALLO-＋-*bar* (cf. isobar)〗

àllo·bárbital *n.* 〘薬学〙アロバルビタール (⇨ diallylbarbituric acid). 〖← ALLO-＋BARBITAL〗

àllo·bárbitone *n.* 〘薬学〙＝allobarbital. 〖(1934) ← ALLO-＋BARBITONE〗

al·lo·bar·ic /æ̀loʊbǽrɪk, æ̀lə-, -bέr- | æ̀lə(ʊ)bǽr-/ 〘気象〙気圧変化の[に関する]. 〖← ALLO-＋BARIC²〗

al·lo·ca·ble /ǽləkəbl | ǽlə(ʊ)-/ *adj.* 割当て[配分]することのできる. 〖(1916) ← ALLOC(ATE)＋-ABLE〗

al·lo·cate /ǽləkèɪt/ *vt.* **1** 〈資金などを〉(用途に)振り当てる, 取っておく (set aside) 〔*to, for*〕: Congress ～*d* funds *for* pollution control. 議会は汚染防止に資金を充当した. **2** 配分する, 割り当てる (⇨ allot SYN); 〔人に〕〈任務などを〉あてがう (assign) 〔*to*〕: ～ one's time *among* several jobs [*between* work and play] 幾つかの仕事[仕事と遊び]に時間を配分する / ～ duties *to* persons. **3** 〈人を〉〔任務などに〕配置する 〔*to*〕: ～ a person *to* a task. **4** …の位置を定める (locate). **ál·lo·càt·a·ble** /-təbl | -tə-/ *adj.* **ál·lo·cà·tive** /-tɪv | -tɪv/ *adj.* **ál·lo·cà·tor** /-tə | -tə(r)/ *n.* 〖(1640–41) ← ML *allocātus* (p.p.) ← *allocāre* to place to ← AL-¹＋*locāre* to place: ⇨ locate〗

al·lo·ca·tee /æ̀ləkətíː | æ̀lə(ʊ)-/ *n.* (資材配給の)受配者. 〖⇨ ↑, -ee¹〗

al·lo·ca·tion /æ̀ləkéɪʃən/ *n.* **1** **a** 割当て, 配分 (apportionment). **b** 配分額. **2** (統制品などの)配給; 配給量: Sugar was under ～. / Textile materials were put on [taken off] ～. 織物原料は統制になった[をはずされた]. **3** 配置, 定置. **4** 〘会計〙(経費・収入)配賦, 配分. 〖(1447–48) □ (O)F ～ // ML *allocātiō(n-)* ← *allocāre*: ⇨ allocate, -ation〗

al·lo·chi·ri·a /æ̀ləkáɪriə | -káɪ(ə)r-/ *n.* 〘病理〙感覚体側逆転, アロヒリー現象. 〖(1881) ← NL ～ ← ALLO-＋Gk *kheír* hand＋-IA¹〗

àllo·chromátic *adj.* 〘鉱物〙二次的に着色した. 〖(1879) ← ALLO-＋CHROMATIC〗

al·loch·thon /əlɑ́(ː)kθən, æl-, -θɑ(ː)n | -lɔ́kθən, -θɔn/ *n.* (*also* **al·loch·thone** /-θoʊn | -θəʊn/) 〘地質〙異地性, 外来《岩石が生成地域とは別の地域に移動していること; cf. autochthon 3》. 〖(1942) (逆成) ↓〗

al·loch·tho·nous /əlɑ́(ː)kθənəs, æl- | -lɔ́k-/ *adj.* **1** 〘地質〙流積性の, 異地性の; 〈岩石が〉外来の (cf. autochthonous 2). **2** 〘生物〙他生性の《違う祖先から生じた》. 〖(1911) ← ALLO-＋(AUTO)CHTHONOUS〗

al·lo·cu·tion /æ̀ləkjúːʃən/ *n.* **1** 訓諭演説, 訓示, 告諭. **2** 〘カトリック〙**a** (19 世紀の秘密枢機卿会議における)教皇説話. **b** 教皇訓示. 〖(1615) □ L *allocūtiō(n-)* ← *allocūtus* (p.p.) ← *alloquī* to speak to ← AL-¹＋*loquī* to speak (⇨ locution)〗

al·lod /ǽlɑ(ː)d, ǽləd | ǽlɔd, ǽləd/ *n.* 〘法律〙＝alod. 〖(1689) (短縮) ← ALODIUM〗

al·lo·di·al /əlóʊdiəl, æl- | ələ́ʊ-/ *adj.* 〘法律〙＝alodial. 〖1656〗

al·lo·di·um /əlóʊdiəm, æl- | ələ́ʊ-/ *n.* 〘法律〙＝alodium. 〖1628〗

al·log·a·my /əlɑ́(ː)gəmi, æl- | -lɔ́g-/ *n.* 〘植物〙異花[他花]受精 (cross-fertilization) (cf. autogamy 1). **al·lóg·a·mous** /-məs/ *adj.* 〖(1879) ← ALLO-＋-GAMY〗

al·lo·ge·ne·ic /æ̀loʊdʒəníːɪk, æ̀lə- | æ̀lə(ʊ)dʒɪ̀-/ *adj.* 〘生物〙異質遺伝子的な《同種内で遺伝子組成が異なるものにいう; cf. syngeneic》. 〖(1961) ← ALLO-＋(SYN)GENEIC〗

al·lo·gen·ic /æ̀loʊdʒénɪk, æ̀lə- | -lə(ʊ)-/ *adj.* **1** 〘地質〙＝allothogenic. **2** 〘生物〙〈生態的遷移が〉他発的な, 他動的な《野火・伐採・洪水・火山活動・植林など群落外の作用によって起こることにいう; cf. autogenic》: an ～ succession 他発[他動]的遷移. 〖(1888) ← ALLO-＋-GENIC¹〗

al·lo·graft /ǽləgræ̀ft | ǽlə(ʊ)grɑ̀ːft/ *n.* 〘外科〙同種[異系]移植片. — *vt.* 同種移植する (cf. homograft). 〖1961〗

al·lo·graph /ǽləgræ̀f | ǽlə(ʊ)grɑ̀ːf, -græ̀f/ *n.* **1** 〘法律〙非自筆, 非自署, 代筆(による署名), 代署 (cf. autograph). **2** 〘言語〙異綴り体: **a** ある書記記号または書記素 (grapheme) に属する一群の異形文字(の一つ); 例えば書記素 <m> には *M, m, m* などの異綴り体がある. **b** 同一の音素 (phoneme) を表す一群の文字(の一つ); 例えば fun の *f* と cough の *gh* は音素 [f] を表す異綴り体の 2 例である. **al·lo·graph·ic** /æ̀ləgrǽfɪk | æ̀lə(ʊ)-/ *adj.* 〖(1951) ← ALLO-＋GRAPH(EME)〗

al·loi·o·gen·e·sis /əlɔ̀ɪoʊdʒénəsɪs | -ə(ʊ)dʒénɪsɪs/ *n.* 〘生物〙アロイオゲネシス, 混合生殖, 両性処女生殖交代. 〖← NL ～ ← Gk *alloîos* of another sort＋-GENESIS〗

àllo·isómerism *n.* 〘化学〙アロ異性.

al·lom·er·ism /əlɑ́(ː)mərɪzm | -lɔ́m-/ *n.* 〘化学〙アロ異性. **al·lom·er·ic** /æ̀ləmérɪk/ *adj.* 〖(1962) ← ALLO-＋-MERISM〗

al·lom·er·ize /əlɑ́(ː)məràɪz | -lɔ́m-/ *vi.* 〘化学〙アロ異性化する.

al·lom·er·ous /əlɑ́(ː)mərəs | -lɔ́m-/ *adj.* 〘化学〙アロ異性の《分子が立体的にのみ異なる》. 〖← ALLOMER(ISM)＋-OUS〗

al·lom·e·try /əlɑ́(ː)mətri | -lɔ́mɪtri/ *n.* 〘生物〙アロメトリー, 相対[対比]成長; 対比成長測定(学). **al·lo·met·ric** /æ̀ləmétrɪk/ *adj.* 〖(1936) ← ALLO-＋-METRY〗

al·lo·morph /ǽləmɔ̀əf | ǽlə(ʊ)mɔ̀ːf/ *n.* **1** 〘言語〙異形態《例えば, 複数を示す形態素 (morpheme) は dishes の *-es* /ɪz, əz/, dreams の *-s* /z/, traps の *-s* /s/ などの異形態からなる; cf morph¹》. 〖(1945) ← ALLO-＋MORPH(EME)〗 **2** 〘鉱物〙＝paramorph. **al·lo·mor·phic** /æ̀ləmɔ́əfɪk | æ̀lə(ʊ)mɔ́ː-/ *adj.* 〖(1866) ← ALLO-＋-MORPH〗

ál·lo·mòr·phism /-fɪzm/ *n.* 〘化学〙＝allotropy. 〖1866〗

al·lo·mor·pho·sis /æ̀ləmɔ́əfəsɪs | æ̀lə(ʊ)mɔ́ːfəsɪs/ *n.* 〘生物〙アロモルフォシス, 相対変異《同時期における異種類の生物の相対成長; cf. aromorphosis》. 〖(1941) ← NL ～: ⇨ allo-, morphosis〗

al·longe /əlɔ̃́ː(n)ʒ, əlɔ́ːnʒ; *F.* alɔ̃ːʒ/ *n.* (手形・証書の)付箋 (rider). 〖(*c*1859) □ F ～ (原義) lengthening (↓)〗

al·lon·gé /æ̀lɔ̃(n)ʒéɪ, æ̀lɔːn-; *F.* alɔ̃ʒe/ *adj.* 〘バレエ〙アロンジェ《片足で立ち両腕を伸ばした姿勢にいう》. 〖□ F ～ ← *allonger* to lengthen, stretch out ← L *longus* long: ⇨ lunge¹〗

al·lo·nym /ǽlənɪ̀m | ǽlə(ʊ)-/ *n.* **1** 偽名《著作者が利用した別人[有名人]の名; cf. pseudonym》. **2** 偽名で出した作品. 〖(1867) ← ALLO-＋-ONYM〗

al·lo·path /ǽləpæ̀θ | ǽlə(ʊ)-/ *n.* アロパシー医, 逆症療法医. 〖(1830) □ G ～: ⇨ allo-, -path〗

al·lo·path·ic /æ̀ləpǽθɪk | æ̀lə(ʊ)-/ *adj.* 〘医学〙アロパシーの, 逆症療法の. **àl·lo·páth·i·cal·ly** *adv.* 〖(1830) □ F *allopathique* // G *allopathisch*: ⇨ allo-, -pathic〗

al·lóp·a·thist /-θɪst | -θɪst/ *n.* ＝allopath. 〖1844〗

al·lop·a·thy /əlɑ́(ː)pəθi, æl- | -lɔ́p-/ *n.* 〘医学〙アロパシー, 逆症療法《病気による原状とは逆の状態を作り出すことによる治療体系; cf. homeopathy》. 〖(1842) □ G *Allopathie*: ⇨ allo-, -pathy〗

al·lo·pat·ric /æ̀ləpǽtrɪk | æ̀lə(ʊ)-/ *adj.* 〘生物〙異所性の, 地域ごとに異なった (cf. sympatric). **àl·lo·pát·ri·cal·ly** *adv.* 〖(1942) ← ALLO-＋Gk *pátrā* fatherland＋-IC¹〗

al·lop·a·try /əlɑ́(ː)pətri, æl- | -lɔ́p-/ *n.* 〘生物〙異所性 (cf. sympatry). 〖(1953) ← ALLO-＋-*patry* (⇨ patri-)〗

al·lo·phan·a·mide /æ̀ləfǽnəmàɪd | æ̀lə(ʊ)fǽnəmàɪd/ *n.* 〘化学〙アロファン酸アミド (⇨ biuret). 〖⇨ ↓, amide〗

al·lo·phane /ǽləfèɪn/ *n.* 〘鉱物〙アロフェン《一種の粘土鉱物; 無定形の含水アルミニウムケイ酸塩》. 〖(*c*1821) ← Gk *allophanḗs* appearing otherwise: ⇨ allo-, -phane〗

al·lo·phone /ǽləfòʊn | ǽlə(ʊ)fəʊn/ *n.* 〘音声〙異音《同じ音素 (phoneme) に属する音; 音素 [l] に属する暗い [ɫ] と明るい [l] や日本語のハ行の子音音素 [h] に属する [h], [ç], [ɸ] など; cf. allophonic transcription》. 〖(1938) ← ALLO-＋PHONE(ME): B. L. Whorf の造語〗

al·lo·phon·ic /æ̀ləfɑ́(ː)nɪk | æ̀lə(ʊ)fɔ́n-/ *adj.* 〘音声〙異音の, 異音的な: ～ differences. **àl·lo·phón·i·cal·ly** *adv.* 〖(1938): ⇨ ↑, -ic¹〗

allophónic transcríption *n.* 〘音声〙異音表記《音素の異音 (allophone) に対して別個の音声記号を用いる精密表記方式; [ ] で囲んで示す; 例: city [tˢi], 日本語のハ [ha], ヒ [çi], フ [ɸɯ], ヘ [he], ホ [ho]; cf. phonemic transcription》.

al·loph·o·ny /əlɑ́(ː)fəni, æləfóʊni | ælɔ́f-, əl-/ *n.* 〘音声〙異音性, 異音的性質.

al·lo·phyl·i·an /æ̀ləfɪ́liən/ (古) *adj.* 〈言語が〉異族の《Indo-European および Semitic 両語族以外の言語にいう》. — *n.* 異族の人. 〖(1844) ← Gk *allóphūlos* foreign (← ALLO-＋*phūlḗ* tribe)＋-IAN〗

al·lo·plasm /ǽləplæ̀zm | ǽlə(ʊ)-/ *n.* 〘生物〙異形質 (cf. metaplasm). **àl·lo·plas·mát·ic** *adj.* **àl·lo·plás·mic** *adj.* 〖← ALLO-＋-PLASM〗

àllo·pólyploid 〘生物〙*n.* 異質倍数性の個体. — *adj.* 異質倍数性の (cf. autopolyploid). 〖(1928) ← ALLO-＋POLYPLOID〗

àllo·pólyploidy *n.* 〘生物〙異質倍数性 (cf. autopolyploidy). 〖(1928) ← ALLO-＋POLYPLOIDY〗

al·lo·pu·ri·nol /æ̀loʊpjʊ́ᵊrənɔ̀(ː)l | æ̀lə(ʊ)pjʊərɪnɔ̀l/ *n.* 〘薬学〙アロプリノール ($C_5H_4N_4O$)《尿酸排泄促進薬, 痛風治療薬》. 〖(1964) ← ALLO-＋PURINE＋-OL¹〗

áll-or-nóne *adj.* **1** 〈反応など〉全面的かそれとも皆無かどちらかの. **2** ＝all-or-nothing 1, 2. 〖1900〗

áll-or-nóne làw *n.* [the ～] 〘生理〙悉無律, 全か無かの法則. 〖1928〗

áll-or-nóthing *adj.* **1** 〈主義・条件など〉妥協を許さない, イエスかノーかの, 絶対的な. **2** 〈勝負など〉一か八かの. **3** ＝all-or-none 1. 〖1765〗

al·lo·sau·rus /æ̀ləsɔ́ːrəs | æ̀lə(ʊ)-/ *n.* 〘古生物〙アロサウルス《ジュラ紀の恐竜アロサウルス属 (*Allosaurus*) の一種で, 体長 10 m》. 〖(1899) ← NL ～: ⇨ allo-, -saurus〗

al·lo·seme /ǽləsìːm | ǽlə(ʊ)-/ *n.* 〘言語〙異意味《同一の意味素 (sememe) に属するとみなされる意味》. 〖(1951) ← ALLO-＋SEME(ME)〗

al·lo·some /ǽləsòʊm | ǽlə(ʊ)səʊm/ *n.* 〘生物〙異質染色体, 異形染色体《核分裂の時, 他の染色体と違った行動をとり, 異常凝縮をする染色体で性染色体そのものとみなされる; cf. autosome》. 〖← ALLO-＋-SOME³〗

àllo·stéric *adj.* 〘生化学〙アロステリーの. **àllo·stérically** *adv.* 〖(1962) ← ALLO-＋STERIC〗

al·los·ter·y /əlóʊstèri | əlɔ́stəri/ *n.* 〘生化学〙アロステリー《基質と立体構造を異にする物体によって酵素活性を変化させること》. 〖(1966) ← ALLO-＋Gk *stereós* solid＋-Y¹〗

àllo·synápsis *n.* 〘生物〙＝allosyndesis. 〖← NL ～: ⇨ allo-, synapsis〗

àllo·sýndesis *n.* 〘生物〙異親対合, 異質接合 (cf. autosyndesis). 〖← NL ～: ⇨ allo-, syndesis〗

al·lot /əlɑ́(ː)t | əlɔ́t/ *vt.* **1** (くじ (lot) や権限によって)配分する, 割り当てる (assign) 〔*to*〕: ～ a task *to* each person ＝～ each person a task 各人に任務をあてがう / The funds have been ～*ted to* the school. 資金は学校に割り当てられた / Each of us was ～*ted* part of the work. 各自はその仕事を分担させられた. **2** 〈資金・時間などを〉(用途に)充てる, 充当する (appropriate) 〔*to, for*〕: ～ time *to* recreation 娯楽に時間を振り向ける / a budget ～*ted to* scientific research [*for* a new hospital] 科学研究[病院新設]のための予算. **3** 〈運命などを〉定める: our ～*ted* portion in life 人間がこの世で定められた寿命. — *vi.* (米北部) 〔…を〕見込む (rely); 〔…する〕つもりである (intend) 〔*on, upon*〕: I ～ *upon* going. **al·lót·ta·ble** /-təbl | -tə-/ *adj.* 〖(1474) □ OF *aloter* (F *allotir*) ← *a-* 'AD-'＋*loter* to divide by lot (⇨ lot)〗

SYN 割り当てる: **allot** 任意の分け方によって〈時間・金・仕事などを〉振り分ける《平等・公平を含意しない》: I was *allotted* two tickets. 切符を 2 枚割り当てられた. **assign** 権威をもって〈仕事・部屋などを〉割り当てる《平等の含意はない》: The teacher *assigns* each student of the class ten pages to read. 先生はクラス全員に各 10 ページ勉強するように割り当てた. **allocate** 特殊な目的に〈定額を〉割り当てる: *allocate* $10,000,000 for the construction of a bridge 橋の架設に 1 千万ドル振り当てる.

al·lot·ee /əlɑ̀(ː)tíː, əlɑ(ː)tíː | ælɔtíː/ *n.* ＝allottee.

àllo·tellúric ácid *n.* 〘化学〙アロテルル酸 (⇨ telluric acid 2).

àllo·tétraploid *adj., n.* 〘生物〙＝amphidiploid. 〖(1930) ← ALLO-＋TETRAPLOID〗

al·lo·the·ism /ǽloʊθiːɪzm | ǽlə(ʊ)-/ *n.* 異神崇拝, 異神教. 〖(1660) ← ALLO-＋-THEISM〗

al·loth·o·gen·ic /əlɑ̀(ː)θədʒénɪk | əlɔ̀θ-/ *adj.* 〘地質〙〈鉱物が〉他生の《allogenic ともいう; ↔ authigenic》. 〖← G *allothigen* (⇨ allo-, -gene)＋-IC¹: cf. -o-〗

al·lo·thog·e·nous /æ̀ləθɑ́(ː)dʒənəs | -θɔ́dʒɪ-/ *adj.* 〘地質〙＝allothogenic. 〖⇨ ↑, -ous〗

al·lot·ment /əlɑ́(ː)tmənt | əlɔ́t-/ *n.* **1** **a** 割当て, 配付, 分配 (distribution); 指定; 配置. **b** 〘証券〙(応募者に対する)証券の割当て. **2** **a** 割り当てられた[分配された]もの; 分前, 分担額. **b** 運命, 天命. **3** **a** 〘海事〙(船員給料の)家族渡し分. **b** 〘米軍〙(給与の)配分額《軍人の俸給中の一定額で, 本人の希望によって家族とか保険会社などに直接支払われる分》; 〈ある部隊・機関の〉人員定数, 定員. **4** (英) **a** (貧農などのための小区分の)耕作用貸付け地. **b** (通例公有地を借りる)市民農園. 〖(1574) □ F *allotement*: ⇨ allot, -ment〗

àllo·transplánt 〘生物・外科〙*vt.* 同種間に移植する. — /ˌ—ˌ—ˊ—/ *n.* 同種間移植. **àllo·transplantátion** *n.* 〖← ALLO-＋TRANSPLANT〗

al·lot·ri·o·mor·phic /əlɑ̀(ː)triəmɔ́əfɪk | əlɔ̀triəmɔ́ː-/ *adj.* 〘鉱物〙他形的な《周囲の情況によってその鉱物固有の結晶面を示さないもの; cf. idiomorphic 2, hypidiomorphic》. 〖(1887) ← Gk *allótrios* (↓)＋-MORPHIC〗

al·lot·ri·oph·a·gy /əlɑ̀(ː)triɑ́(ː)fədʒi | əlɔ̀triɔ́f-/ *n.* 〘病理〙＝pica². 〖← Gk *allótrios* strange＋-PHAGY〗

al·lo·trope /ǽlətròʊp | -trəʊp/ *n.* 〘化学〙同素体. **al·lo·trop·ic** /æ̀lətrɑ́(ː)pɪk | -trɔ́p-/ *adj.* **àl·lo·tróp·i·cal** *adj.* **àl·lo·tróp·i·cal·ly** *adv.* 〖(1889) (逆成) ← ALLOTROPY〗

al·lot·ro·pism /əlɑ́(ː)trəpɪzm | əlɔ́t-/ *n.* 〘化学〙＝allotropy. 〖1851〗

al·lot·ro·py /əlɑ́(ː)trəpi | əlɔ́trə-/ *n.* 〘化学〙同素《同じ元素が異なった配列の結晶あるいは異なった分子式の分子を作る性質》. 〖(1850) ← NL *allotropia* ← MGK *allotropía* variation ← GK *allotrópos* strange: ⇨ ALLO-, -TROPY〗

all'ot·ta·va /ɑ̀ːloʊtɑ́ːvə, æ̀l- | -lə(ʊ)t-; *It.* allottáːva/ *adv.* 〘音楽〙1 オクターブ高く[低く] (記号 8va). 〖(*c*1823) □ It. ～ ← *alla* to the (← *a* to＋*la* the)＋*ottava* octave〗

al·lot·tee /əlɑ̀(ː)tíː, əlɑ(ː)tíː | ælɔtíː/ *n.* 割当てを受ける人. 〖(1846) ← ALLOT＋-EE¹〗

al·lót·ter /-tə | -tə(r)/ *n.* **1** 割り当てる人, 配分する人. **2** 〘電気〙分配器. 〖(1862): ⇨ -er¹〗

al·lo·type /ǽlətàɪp | ǽlə(ʊ)-/ *n.* 〘生物〙**1** 異性基準標本《正基準標本 (holotype) と性を異にする標本》. **2** 副模式標本 (paratype). **3** 〘生化学〙アロタイプ《免疫グロブリンの遺伝的変異; In V 因子や Gm 因子など》. **al·lo·typ·ic** /æ̀lətɪ́pɪk | æ̀lə(ʊ)-/ *adj.* **àl·lo·týp·i·cal·ly** *adv.* 〖(1910) ← ALLO-＋TYPE〗

all-out /ɔ́ːláʊt, ɑ́ːl- | ɔ́ːl-/ *adj.* [限定的] (口語) 総力を挙げての, 全面的な; 徹底的な (thoroughgoing): make an ～ effort to do 全力を尽くして…する / an ～ war 全面戦争, 総力戦. 〖1908〗

all out *adv.* ⇨ out *adv.* 成句.
áll·òver *adj.* 〈模様など〉全面にわたる. **—** *n.* 総模様の布地[レース]; 同じ模様を繰り返して全面に配したデザイン. 〘1859〙
áll-ò·ver·ish /-òʊv(ə)rɪʃ | -əʊ-/ *adj.* 《口語》何となく気分がすぐれない: be [feel] ~. **~·ness** *n.* 〘1832〙
áll-óvers /-z/ *n. pl.* [the ~]《米南部・中部》落ち着かない[ぞっとする]感じ (fidgets). 〘1870〙
al·low /əláʊ/ *vt.* **1 a** 〈行為・出来事を〉許す (permit); …に〈…するのを〉許す 〈*to* do〉; 〈物事が許す, 可能にする: ~ (a person) (a) free passage (人を)自由に通行させる / No smoking ~*ed*. 禁煙 / I can't ~ him *to* go out. 彼を外出させるわけにはいかない / I can't ~ myself *to* get emotionally involved with a client. 依頼人と感情的にかかわるわけにはいかない / This hole ~*s* you to peep into the next room. この穴で隣の部屋がのぞけます / *Allow* me to introduce (you to) Mr. Jones. ジョーンズ氏にご紹介いたします / *Allow* me (to do it)! 私にさせてください. **b** …の存在を許す, 入れる (let in): Dogs are not ~*ed* in(*to*) the cars. 列車の中に犬を連れ込むことはできない. **c** [目的語＋方向の副詞語句を伴って]〈人〉に入る[出る]こと(など)を許す. ★ この用法は目的語のあとの *to* go, *to* come, *to* get などの to 不定詞の省略による: ~ a person *in* [*out*, *through*, *past*] / No one was ~*ed home* [*through* the gate]. だれも家に帰るのを[門を通ることを]許されなかった. **d** [~ one*self* で] …にふける (indulge in): He ~*ed himself* many luxuries. ぜいたく三昧にふけった. **2** [目的語＋*to* do を伴って]〈人・物など〉に〈…するのを〉許しておく, (構わず)…させておく (⇨ let SYN): ~ a child *to* run wild (しつけをしないで)子供を野放しにしておく / I ~*ed* the door *to* stand open. うっかり戸を開け放しにしておいた. **3** 〈人〉に〈給与・食料などを〉(定期的に)割り当てる (allot), 与える, 支給する (grant): ~ a person 5,000 yen a month ＝ ~ 5,000 yen a month *to* a person / ~ a servant one day *for* rest 召使に1日休みを取らせる / ~ 6% interest *on* deposits 預金に6%の利息をつける / He doesn't ~ himself rich food. こってりした食べ物は控えることにしている. **4 a** 〔…に〕〈費用・時間など〉の余裕をみておく, 見込む 〔*for*〕; 〈必要量を〉用意する: ~ 10 pounds *for* expenses 費用を10ポンドとみておく / My work ~*s* very little time *for* leisure. 仕事が忙しくてレジャーの時間がほとんどない / *Allow* yourself an hour to get to the airport. 空港へ行くのに1時間みておきなさい. **b** 〔…を見越して〕〈金額などを〉割引き[割増し]する〔*for*〕; 〈割引きを〉考慮する: ~ 5 cents in the dollar 1ドルにつき5セント割り引く / ~ an inch *for* shrinkage 縮むものとみて1インチ加えておく / ~ something *for* breakage 破損に対していくらか値引きをする / Don't you ~ a discount *for* cash? 現金なら幾らか引けませんか. **5** 〈要求・議論などを〉認める (admit); 〈事・人などを〉〈…であると〉認める 〈*to be*〉/〈*that*〉: ~ a claim 要求を認める / I'll ~ your argument. あなたの主張を認めます / I ~ *that* it may be wrong. それが間違っているかもしれないと認める / Even ~*ing* your claim [*that* your claim is justified], I don't know what to do about it. 君の要求を[君の要求が正当であると]認めるにしても, それに関してはどうしていいかわからない. **6** 《米方言》〈…と〉言う (say), 思う (think) 〈*that*〉: I ~ *that* he's probably right. 彼の言うことはおそらく正しいのだと思う. **7** 《古》 **a** 〈事〉に同意[賛同]する (approve). **b** 賞賛する (praise).
— *vi.* ★ 次の成句で: ***allów for*** (1) 〈事情〉を斟酌(しんしゃく)する, 考慮に入れる (make allowance for): The plan failed, but we must ~ *for* their shortage of money. 計画は失敗したが, 彼らの資金不足を斟酌しなければならない. (2) …を見越しておく, …に備える (provide for): In climbing mountains, ~ *for* changes in weather. 山登りをする時は, 天候の変化を考慮して[に備えて]行くことだ. ***allów of*** (通例)〈事〉が…を許す, …の余地がある (admit): ~ *of* no delay 遅れ[遅滞]を許さない, 猶予ができない / His plan ~*s of* some alteration. 彼の計画には多少変更の余地がある.
〘(*a*1325) *alloue(n)* ◻ AF *al(l)ouer*＝OF *alouer* (F *allouer*) to prasie, approve, assign 《混成》← ML *allocāre* 'to assign, ALLOCATE'＋L *allaudāre* to praise ← AL-[1]＋*laudāre* 'to praise, LAUD'〙
al·low·a·ble /əláʊəbl/ *adj.* **1** 許される, 許容[容認]される, 差しつかえない, 正当な: ~ behavior 容認できる行動 / ~ expenses 正当な経費. **2** 《米》〈石油(産出)が〉(割当制の限度内で)許容されている. **~·ness** *n.* 〘(?*a*1387) ◻ OF *al(l)o(u)able*: ⇨ ↑, -able〙
al·lów·a·bly /-bli/ *adv.* 許容できるように, 容認されるように, 正当に. 〘(*c*1443): ⇨ -ly[1]〙
al·low·ance /əláʊəns, -ənts/ *n.* **1 a** (手当・飲食物の, 定期的な)一定の割当[支給]量: put a person on [give a person] a fixed ~ 人に一定量の支給をする. **b** 手当(金), 給与額[金]; 《米》(主に子供の)小遣い (《英》pocket money); …料, …費: an entertainment ~ (会社などの)交際費 / a family [traveling, subsistence] ~ 家族[旅行, 特別]手当 / an ~ *for* housekeeping＝a housekeeping ~ 家事費 / a cost-of-living ~ 生活費 / an ~ *for* long service 年功加俸 / My daughter gets an ~ of $2 a week. 娘は週に2ドルの小遣いをもらう. **c** 〘簿記〙引当金: an ~ *for* depreciation 減価償却引当金 / an ~ *for* bad debts 貸倒引当金 / an ~ *for* repairs 修繕引当金. **d** (定期的な)一定量の食物[飲物], 一定期間(など): an ~ of time *for* rest 規定の休憩時間. **e** 《英》(税金の)控除額: an income tax ~ 所得税控除額. **2** 余裕; 斟酌(しんしゃく), 酌量, 手加減. **3** (大量購入・下取りなどでの)値引き, 割引き (discount): make an ~ of 10 % *for* cash (payment) 現金払いなら一割引きにする. **4** 承認, 許容 (acceptance); 許可 (permission, allowing): the ~ *of* a claim. **5** 容認 (tolerance) 〔*of*〕: the ~ *of* slavery. **6 a** 〘造幣〙＝tolerance 4 b. **b** 〘機械〙(穴と軸とのはめあい, 工作寸法などに与える)許容量, ゆとり, 寸法差, 公差. **7 a** 〘競馬〙(負担重量の)減量. **b** 〘ヨット〙(レースで状況条件により控除される)実際経過時間に対する修正量.
màke allówance(s) (for) (1) …に手心を加える, …を酌量する. (2) …を許す, 大目にみてやる (excuse). 〘1711〙
— *vt.* 《古》〈人〉に一定の手当[飲食物]を支給する; [通例 p.p. 形で]〈手当・飲食物を〉一定額[定量]に制限する.
〘(*c*1378) ◻ OF *alo(u)ence*: ⇨ allow, -ance〙
Al·lo·way /ǽləwèɪ/ *n.* アロウェイ《スコットランド南西部 Ayr に近い村; Robert Burns の出生地》. 〘《原義》rock-plain: cf. OGael. *allmhagh*〙
al·lówed *adj.* **1** 許された; 認められた. **2** 〘物理〙許容された: ~ transition 許容遷移. 〘((1382)) ((1589))〙
al·low·ed·ly /əláʊɪdli/ *adv.* 許容されて, 明白に, 当然 (admittedly). 〘(1602): ⇨ ↑, -ly[1]〙
allówed tíme *n.* **1** 〘経営〙＝standard time 2. **2** 〘労働〙余裕時間《疲労回復その他個人の生理的欲求のために必要な時間を考慮に入れた上で, 標準的な能率で一定の作業を完了するのに許容される時間》.
al·lox·an /əlɑ́(ː)ksən, -sn | əlɔ́k-/ *n.* 〘化学〙アロキサン ($C_4H_2N_2O_4$)《尿酸を酸化させて得られる無色柱状晶の化合物》. 〘(1853) ◻ G ~ ← *All(antoin)* (牝牛の尿膜中の成分: cf. allantoid)＋*Ox(alsäure)* oxalic acid: ⇨ -an[2]〙
al·loy /ǽlɔɪ, əlɔ́ɪ/ *n.* **1** 〘化学〙合金: an ~ of gold and copper 金と銅の合金. **2** (金銀の)品位 (standard). **3** 《古》合金に用いる卑金属. **4** 混じりもの: pleasure without ~ 純粋な快楽. **5** 混合(物), 混交 (mixture). **—** /əlɔ́ɪ, ǽlɔɪ/ *v.* **—** *vt.* **1** 〈金銀など〉に非金属を混ぜる; 合金にする (mix)〔*with*〕: ~ silver *with* copper 銀に銅を混ぜて合金にする / ~ copper and tin *into* bronze 銅と錫(すず)を混ぜて青銅を作る. **2** (合金にして)…の品位[品質]を落とす (debase). **3 a** 〈楽しみなどを〉減じる, 殺(そ)ぐ, 損なう (impair)〔*with*〕: happiness ~*ed with* worries. **b** 〈厳しさなどを〉減じる, 和らげる (allay)〔*with*〕.
— *vi.* [通例副詞を伴って]〈金属が〉合金になる: Copper ~*s well* [*easily*]. 銅は合金にしやすい. 〘n.: (*a*1325) ◻ (O)F *aloi* ← *aleier* to combine ◻ L *alligāre* 'to ALLY[1]'. — v.: (*c*1378) ◻ OF *aloiier* (F (廃) *aloyer*) ← aloi〙
allóyed júnction *n.* (半導体接合の)合金接合 (cf. diffused junction).
álloy stèel *n.* 〘冶金〙合金鋼, 特殊鋼《炭素鋼 (carbon steel) にニッケル・クロム・マンガンなどの元素を加えて特殊な性質を与えた鋼》. 〘1925〙
áll-párty *adj.* 全政党(参加)の, 超党派の: an ~ committee.
áll-pàss *adj.* 〘通信〙全通過の《フィルターなどの特性で, 移相器に見られるような, 特に顕著な減衰を示す周波数をもたないものについていう》. 〘1943〙
áll-pervàding *adj.* 十二分に普及した, 完全に浸透した.
áll-pervásive *adj.* ＝all-pervading.
áll-pòints búlletin *n.* 《米》(地域の全警察署に送られる)全部署緊急連絡, 全域指名手配《略 APB》. 〘1960〙
áll-pówerful *adj.* 全能の (omnipotent); 全権を握った: an ~ dictator 絶大な力のある独裁者. 〘1667〙
áll-púrpose *adj.* あらゆる目的にかなう; 用途の広い: an ~ tool. 〘1928〙
áll-rèd *adj.* 《古》英国領土だけを通る: an ~ line (世界各地の)全英領経由線 / an ~ route 全英領連絡航路. 〘(1895) 英国の地図では英領は赤色にされていたことから〙
àll ríght *adv.* **1** 満足に, 申し分なく, 立派に (satisfactorily): They are getting along ~. 結構うまくやっている / We've done ~ —we came second. うまくいったよ—2等だったもの. **2** 《口語》間違いなく, ちゃんと, 確かに (without fail): We got there ~. 向こうにちゃんと着いた / We've made it ~ —won the first prize. やったぞ, やったとも—1等だ. **3 a** [強調して] 本当に: It was cold, ~: we nearly froze to death! 本当に寒かった. もう少しで凍え死ぬところだった. **b** [譲歩を表して] (確かに)…だが: It was hot ~, but not hot enough to go swimming. 暑かったが, 泳ぎに行くほど暑くはなかった. **4 a** [承諾を求めて] よろしいですか: *All right*, everybody, let's take it again from the top. いいかね, みんな, 上からもう一度やってみましょう. **b** [同意・理解を確認して] いいね, わかったね: Let's have the meeting next Wednesday, ~? 今度の水曜日に会議を開こう, いいね. **5** [同意・容認を示して] いいよ, わかったよ: Can I stay the night? —*All right*, but just this once. 泊まってもいい—いいよ, だけど今回限りだよ. **6** 《英俗》[挨拶として] どうだい: There's Mark now.—*All right*, Mark? マークに来てもらっています—調子はどうだい, マーク.
— *adj.* **1 a** [叙述的]〈物事が〉満足な, 申し分のない (satisfactory); 差しつかえない: Things are a bit chaotic now, but it will be ~ on the night (of the performance). 状況は少し混沌としているが(公演の)本番にはうまくいくだろう (⇨ night 成句) / Am I ~ *for* the station if I go this way? 駅はこちらへ行けばいいですか / That's ~ *with* me. 私はそれで結構です / Are you ~ *for* money till payday? 給料日までお金は大丈夫かね / I'm ~, Jack. 《英口語》自分は大丈夫だ《利己主義》/ Is it ~ (*for* me) *to* stay the night? 泊まってもいいですか / Are you [Is the meeting] ~ *for* Wednesday?＝Is Wednesday ~ *for* you [the meeting]? あなたは[会議は]水曜日でいいですか / Her work is ~, but not outstanding. 彼女の仕事はまあまあだが, 抜群というわけではない / You can rely on her: she's ~. 彼女はあてにできる, 申し分ない / It's ~. (怖がらなくて・心配しないで)大丈夫だよ[ですよ] / That's [It's] ~. いいんですよ, どういたしまして《相手の感謝・わびなどに対して》/ Would it be [Is it] ~ if I borrowed [borrow] your dictionary? 辞書をお借りしてよいでしょうか. 〘1953〙 **b** [間投詞的に]《口語》: *All right!* よろしい, オーケー / *All right* already! 《米俗》もういい, いい加減にしなさい, 黙りなさい / He's scored the winning run!—*All right!* 彼が決勝点をあげた—いいぞ. 〘1707〙 **2** (all-right) [限定的] 《米口語》〈人・物事が〉ちゃんとした, 立派な, 頼りとなる: an ~ guy.
a bit of àll ríght ⇨ bit[2] 成句.
〘(?lateOE) *alrihtes*〙
áll rísk [rísks] *adj.* 〘保険〙全危険担保の. 〘1833〙
áll rísk insùrance *n.* 〘保険〙全危険担保保険《各種の危険を包括的に担保保険する保険》. 〘1911〙
áll-róader *n.* 〘自動車〙＝all-terrain vehicle.
all-round /ɔ́ːlráʊnd, ɑ́ːl- | ɔ̀ːl-ˊ/ *adj.* [限定的] **1** 万能な, 多芸の; 用途の広い: an ~ athlete [player] 万能選手 / an ~ tool. **2** 多方面にわたる (many-sided), 円満な: an ~ education 多方面にわたる教育. **3** 一切を込めた, 全般にわたる (inclusive); 完全な: an ~ price 諸掛かり込み値段 / ~ championships 総合選手権 / an ~ failure 完全な失敗. **~·ness** *n.* 〘1728〙
all-round·er /ɔ́ːlráʊndə, ɑ́ːl- | ɔ̀ːlráʊndə(r)/ *n.* 万能[多芸]な人; 《英》(特にクリケットの)万能選手. 〘(1857): ⇨ ↑, -er[1]〙
Áll Sáints' Dày *n.* 〘キリスト教〙諸聖人の祝日, 諸聖徒日, (俗に)万聖節《11月1日; 特に, カトリックや英国国教会で諸聖人の霊を祭る記念日》. 〘((1580)) (*c*1798)〙
áll-séat·er *adj., n.* 《英》全席着席方式の(競技施設), オールシーター(の).
áll-sèater stádium *n.* 《英》全席着席方式の競技場《暴動などの混乱を防ぐため》.
áll-sèed *n.* 〘植物〙種子(たね)草《ミチヤナギ (knotgrass), アカザ (goosefoot) などのような種子の多い草》. 〘1776〙
áll-séeing *adj.* すべて[万物]を見通す. 〘1605〙
áll-sínging, àll-dáncing *adj.* 《英戯言》〈機械など〉多目的の, 万能の, 何でもできる.
áll-sórts *n. pl.* 多種多様な物, 寄せ集め; (特に, カンゾウ (licorice) のエキスで風味をつけた各種)カンゾウあめの取り合わせ (licorice all-sorts の略称). 〘1823〙
Áll Sóuls' Dày *n.* 〘キリスト教〙諸死者の記念日, 諸魂日, (俗に)万霊節《11月2日; All Saints' Day の翌日で, すべての逝去信徒を記念する日》. 〘(14C) OE *ealra sāwlena dæg* day of all souls〙
áll·spìce *n.* **1** 〘植物〙オールスパイス (*Pimenta officinalis*)《西インド諸島産のフトモモ科の常緑高木; pimento, allspice tree ともいう》. **2 a** オールスパイスの実. **b** オールスパイス《オールスパイスの実を乾燥して作る香辛料》. **3** 〘植物〙芳香性の低木数種の総称《クロバナロウバイ (Carolina allspice), ロウバイ (Japan allspice) など》. 〘(1621) ← ALL＋SPICE: cinnamon, nutmeg, clove[1] など種々の薬味の香りを併有するとの考えから〙
állspice óil *n.* ＝pimento oil.
áll squáre *adj.* ⇨ square *adj.* 成句.
all-star /ɔ́ːlstàə, ɑ́ːl- | ɔ̀ːlstɑ̀ː(r)/ *adj.* スターぞろい[総出演]の; 花形[一流]選手(出場)の: an ~ cast 名優総出演, オールスターキャスト. **—** *n.* [通例 *pl.*] オールスターチームの選手. 〘1889〙
All·ston /ɔ́ːlstən, ɑ́ːl- | ɔ̀ːl-/, **Washington** *n.* オールストン (1779–1843; 米国のロマン主義画家).
Áll's Wèll That Ènds Wèll *n.* 「終わりよければすべてよし」(Shakespeare 作の喜劇 (1602–03)).
áll-terráin bìcycle *n.* ＝mountain bicycle.
áll-terráin vèhicle *n.* 〘自動車〙全地勢走行車《荒れ地の走行に適した軽量で頑丈な自動車; 略 ATV》. 〘1970〙
áll-tícket *adj.* 〈スポーツイベントなど〉チケットを事前に購入した人だけが入場できる, オールチケット制の.
all-time /ɔ́ːltàɪm, ɑ́ːl- | ɔ̀ːl-ˊ/ *adj.* **1** 前代未聞の, 空前の, 記録的な: an ~ record / an ~ high [low] 最高[最低]記録. **2** 専任の, 本職の (full-time). 〘1914〙
al·lude /əlúːd | əlúːd, əljúːd/ *vi.* **1** (文章や話の中で)〔事に〕言及する; 〔故事を〕引く (refer)〔*to*〕: the story ~*d* *to* 言及された物語. **2** 〔…のことを〕言う, 指す〔*to*〕: By saying that he ~*s to* you. ああ言うのは君のことです. **3** 〔事を〕暗に指して言う, ほのめかす, 当てつけて言う (hint)〔*to*〕(⇨ refer SYN): She ~*d to* his stinginess. 彼のけちなことをほのめかした. 〘(1533) ◻ OF *alluder* ∥ L *allūdere* to joke, to refer to ← AL-[1]＋*lūdere* to play at a game (← *lūdus* game: ⇨ ludicrous)〙
áll-úp *n.* 〘航空〙＝gross weight 2. 〘1933〙
áll-úp wèight *n.* 〘航空〙＝gross weight 2. 〘1933〙
al·lure /əlúə, æl- | əlúə(r), əljúə(r)/ *vt.* **1 a** 〈人を〉(うまいえさで)誘う, おびき寄せる (⇨ attract SYN). **b** 〈人を〉〔場所などへ〕誘い入れる[込む]〔*to*, *into*〕; 〔場所などから[へ]〕おびき出す, 誘い出す〔*from*, *into*〕. **c** 〈人を〉そそのかして…させる 〈*to* do, *into doing*〉: She was ~*d by* the advertisement *to* buy [*into buying*] the article. 広告に釣られてその品を買った. **2** 魅惑する (charm). **—** *n.* 魅力, 魅惑 (charm). **al·lur·er** /əlúərə, æl-, -ljúərə | əljúərə(r), əlúərə(r)/ *n.* 〘(1402) *alure(n)* ◻ OF *al(e)urer* to attract ← A-[4]＋*lurer* 'to LURE'〙
al·lúre·ment *n.* 誘惑, 魅力 (charm); 誘惑[魅惑]物, 好餌(こうじ): the ~*s* of a big city. 〘(1548): ⇨ -ment〙
al·lur·ing /əlúərɪŋ | əlúərɪŋ, əljúər-/ *adj.* 人の心をひく, 誘い込むような; 心を奪う, 魅惑的な (fascinating): ~ beauty, music, etc. **~·ly** *adv.* 〘1577〙
allúring glánd *n.* 〘動物〙誘惑腺《昆虫の雄が雌をひ

A

きつける，香りのある物質を分泌する腺).
al·lus /ǽləs, ɔ́:l-, ɑ́:l- | ǽl-, ɔ́:l-/ *adv.* 《方言》=always. 〖1852〗
al·lu·sion /əlú:ʒən | əlú:ʒən, əljú:-/ *n.* **1** ほのめかし，当てつけ，諷刺; (間接の)言及 〔*to*〕: in ~ *to* 暗にそれとなく…を指して[…に言及して] / make no further ~ *to* …にはそれ以上触れない. **2** 〖修辞〗引喩(いんゆ) 《有名な詩歌・語句・故事などを引用して表現すること; 例えば Languages, like cultures, are rarely *sufficient unto themselves*. (Sapir, *Language*) は, *Matt.* 6:34 の *Sufficient unto* the day is the evil thereof. の引喩》. 〖(1548) □ LL = *allūsiō(n-)* ← *allūsus* (p.p.) ← *allūdere* 'to ALLUDE'〗
al·lu·sive /əlú:sɪv, -zɪv | əlú:sɪv, əljú:-/ *adj.* **1 a** ほのめかしの，当てこすりの; 言及の(多い). **b** 〔…に〕言及して，〔…を〕ほのめかして 〔*to*〕. **2** 〖修辞〗引喩(いんゆ)を用いた[に富んだ]. **~·ness** *n.* 〖(1593) ← L *allūsus* (↑) + -IVE〗
allúsive árms *n. pl.* 〖紋章〗紋章図形によって紋章使用者の姓などを連想させる紋章 (cf. canting arms).
al·lú·sive·ly *adv.* ほのめかして，それとなく(言及して). 〖(1656): ⇨ allusive, -ly[1]〗
alluvia *n.* alluvium の複数形.
al·lu·vi·al /əlú:viəl | əlú:-, əljú:-/ 〖地質〗 *adj.* [限定的] 沖積物[層]の, 堆(たい)積土砂の (cf. diluvial 3); 沖積土中に見出される: the ~ epoch 沖積世 / ~ gold 砂金 / ~ soil 沖積土. — *n.* **1 a** 沖積土. **b** 《豪》黄金含有の沖積土. **2** 沖積層鉱床に生じる鉱石. 〖(1802): ⇨ alluvium, -al[1]〗
allúvial cóne *n.* 〖地質〗沖積錐 《急傾斜の沖積扇状地; cf. alluvial fan》. 〖1890〗
allúvial depósit *n.* 〖地質〗=alluvium. 〖1850〗
allúvial fán *n.* 〖地質〗扇状地, 沖積扇状地 (cf. alluvial cone). 〖1890〗
allúvial míning *n.* 〖鉱山〗砂鉱床採鉱法, 沖積物採鉱法 《砂など沖積物をさらって採鉱する方法》.
al·lu·vi·on /əlú:viən | əlú:-, əljú:-/ *n.* **1** 〖法律〗増地, (水辺の)新生地, 寄り地 《波浪・水流などの作用によって泥(でい)土が盛り上がって岸に生じるもの; cf. accretion 3 a》. **2** 〖地質〗漂砂鉱床, 沖積物[層] (alluvium). **3** 洪水 (flood), 氾濫(はんらん) (overflow). **4** 《波の》打寄せ. 〖(1536) □ (O)F ~ □ L *alluviō(n-)* an overflow, alluvial land ← *alluere* to wash against ← AL-[1] + -*luere* to wash: ⇨ lave[1]〗
al·lu·vi·um /əlú:viəm/ *n.* (*pl.* **~s, -vi·a** /-viə/) 〖地質〗沖積物[層] 《現在の河川や海によって堆(たい)積したもの; cf. eluvium》; 沖積土. 〖(1655–56) □ ML ~ (neut.) ← *alluvius* alluvial ← *alluere* (↑): ⇨ -ium〗
áll wàve recèiver *n.* 〖通信〗全波受信機, オールウェーブ.
áll-wéather *adj.* 全天候(用)の, どんな天候にも使える[耐えうる]: an ~ highway [fighter-bomber]. 〖1903〗
áll-whèel dríve *n.* 《米》全輪駆動(車) (four-wheel drive).
áll-whíte *adj.* (黒人のいない)白人だけの, 白人専用の (cf. all-black): an ~ school. 〖1940〗
al·ly[1] /ǽlaɪ, əláɪ/ *n.* **1 a** 同盟国, 連合国 〔*of*〕. **b** [the Allies] =allies 2. **2** 助力者, 支持者, 味方; 補助物 〔*of*〕. **3** (植物・動物など)同類, 同種のもの. **4** 《廃》親戚.
— /əláɪ, æl-, ǽlaɪ/ *v.* — *vt.* **1** 〈国家を〉同盟させる; 〈個人・家族を〉結びつける, 縁続きにする (combine, join); 〈政党などを〉提携させる 〔*with, to*〕: ~ oneself *with* [*to*] …と同盟[提携, 縁組み]する / be *allied* (*with*…) (…と)同盟[提携, 縁組み]している. **2** [通例受身で] 〔…に〕類属させる, (類縁関係に)結びつける (connect) 〔*to*〕: English *is* nearly *allied to* Dutch. 英語はオランダ語と近い類縁である / Coal *is* chemically *allied to* the diamond. 石炭は化学的にはダイヤモンドと同類である. — *vi.* 同盟[提携, 縁組み]する 〔*with*〕.
〖(c1300) *allie(n)* □ OF *alier* (F *allier*) to join, unite □ L *alligāre* ← AL-[1] + *ligāre* to bind: ⇨ ligament: ALLOY と姉妹語〗
al·ly[2] /ǽli/ *n.* =alley[2].
Al·ly /ǽli/ *n.* アリー 《女性名》. 〖(dim.) ← ALICE, AILEEN〗
-al·ly /əli, -li/ *suf.* -ical の形をもたない, -ic 形容詞に付いて副詞を造る: frantic*ally*, narcotic*ally*. 〖← -AL[1] + -LY[1]〗
áll-yèar *adj.* [限定的] 一年中続く, 年中無休の, 年間通して(有効)の: an ~ resort. 〖1968〗
al·lyl /ǽləl | ǽlaɪl, ǽlɪl/ *n.* 〖化学〗アリル (⇨ allyl group). **al·lyl·ic** /əlílɪk, æl-/ *adj.* 〖(1854) ← L *allium* 'ALLIUM' + -YL〗
állyl álcohol *n.* 〖化学〗アリルアルコール (CH_2=$CHCH_2OH$) 《合成樹脂などの原料; propenol, propenyl alcohol ともいう》. 〖1869〗
állyl cáproate *n.* 〖化学〗カプロン酸アリル ($CH_3(CH_2)_4COOCH_2CH$=CH_2) 《パイナップル様の香りがする; 香料》.
állyl chlóride *n.* 〖化学〗塩化アリル (CH_2=$CHCH_2Cl$) 《不快な刺激臭のある無色の液体》.
állyl gròup *n.* 〖化学〗アリル基 (CH_2=$CHCH_2$–基). 〖1953〗
állyl mercáptan *n.* 〖化学〗アリルメルカプタン, アリルチオアルコール (CH_2=$CHCH_2SH$) 《無色の液体; 医薬・加硫剤原料》.
állyl plástic *n.* 〖化学〗=allyl resin. 〖1943〗
állyl rádical *n.* 〖化学〗=allyl group.
állyl résin *n.* 〖化学〗アリル樹脂 《アリルアルコールの誘導体から得られる樹脂》. 〖1943〗
állyl súlfide *n.* 〖化学〗硫化アリル ($(C_3H_5)_2S$) 《ニンニクに含まれる無色の液体》.
àllyl·thiouréa *n.* 〖化学〗アリルチオ尿素 (⇨ thiosinamine). 〖(1884) ← NL ~: ⇨ allyl, thiourea〗
all·you /ɔ́:lju:, ɑ́:l- | ɔ́:l-/ *pron.* 《カリブ口語》[主に呼び掛けに用いて] あんたがた (all of you).
Al·ly Pal·ly /ǽlipǽli/ *n.* 《英口語》アリーパリー 《Alexandra Palace の通称》. 〖1949〗
alm /ɑ́:m, ɑ́:lm | ɑ́:m/ *n.* 施し物. 〖《逆成》← ALMS〗
al·ma /ǽlmə/ *n.* =almah. 〖1814〗
Al·ma /ǽlmə/ *n.* アルマ 《女性名》. 〖□ L ~ (fem.) ← *almus* nourishing〗
Al·ma-A·ta /ælmɑ:ɑ́tá: | ælmɑ̀:-/ *n.* =Almaty.
al·ma·can·tar /ælməkǽntə, ⸗–⸗– | -tə(r)/ *n.* 〖天文〗=almucantar. 〖1876〗
Al·mach /ǽlmæk/ *n.* 〖天文〗アルマク 《アンドロメダ座 (Andromeda) の γ 星で 2.1 等星》. 〖□ Arab. *al-'anāq* 《原義》 the badger〗
Al·ma·da /ɑ:lmɑ́:ḍə | -də; *Port.* ałmáðɐ/ *n.* アルマーダ 《ポルトガル中南部の都市; Tagus 川入江をはさんで Lisbon に対する》.
Al·ma·dén /ælmədéɪn, ɑ̀:l-; *Sp.* almaðén/ *n.* アルマデン 《スペイン南部の都市; 水銀鉱山がある》.
Al Ma·di·nah /ælmædí:nə/ *n.* アルマディナ 《Medina のアラビア語名》.
Al·ma·gest /ǽlmədʒèst/ *n.* **1** [the ~] 「アルマゲスト」《古代 Alexandria の天文学者 Ptolemy の天文学書》. **2** [a-] 同書に似た中世の占星学または錬金術の書物. 〖(c1386) □ OF *almageste* □ Arab. *al-majisṭī* the greatest work ← AL-[2] + Gk *megístē* (*súntaxis*) greatest (composition) ← *mégas* great〗
al·mah /ǽlmə/ *n.* (エジプトの)ダンサー. 〖(1814) □ Arab. *'ālimah* (fem.) learned woman ← *'álima* to know〗
al·ma ma·ter /ælməmɑ́:ṭə, ɑ̀:l-, -méɪ- | ælməmɑ́:tə(r), -méɪ-/ *n.* **1** 母校, 出身校. **2** 《米》(母校の)校歌. 〖(1710) □ L *alma māter* fostering mother: 元来ローマ人が Ceres と Cybele に与えた異称〗
Al·man /ǽlmən/ 《廃》 *n., adj.* ドイツ(の). 〖(1549) OF *aleman* (F *allemand*) □ L *Alamannia*〗
al·ma·nac /ɔ́:lmənæ̀k, ɑ́:l-, ǽl- | ɔ́:l-, ɔ́l-, ǽl-/ *n.* (*also* **al·ma·nack** /~/) **1** 暦書, 暦(こよみ) (cf. calendar): a nautical ~ 航海暦. **2** (世界各国の国勢・スポーツ・娯楽などの記録・情報を集めた)年鑑, ガイドブック (cf. yearbook): ⇨ Whitaker's Almanack. 〖(a1388) *almenak* □ ML *almanac(h)* □ Sp.-Arab. *al-manākh* □ ? LGk *almenikhiaká* (pl.) calendars〗
Al·ma·nach de Go·tha /ɔ́:lmənæ̀kdəgóuṭə, ɑ́:l-, ǽl- | ɔ́:lmənæ̀kdəgə́utə, ɔ́l-, ǽl-; *G.* álmanaxdəgó:ta/ *n.* ゴータ年鑑 《ドイツの Gotha で刊行された年鑑 (1763–1943); ヨーロッパの王侯・貴族の詳しい系譜を記載して有名だった》; [集合的] ヨーロッパの王侯・貴族. 〖1963〗
al·man·dine /ǽlməndì:n, -dàɪn | -di:n, -dɪn/ *n.* 〖鉱物〗鉄礬(てつばん)ざくろ石 ($Fe_3Al_2Si_3O_{12}$); 貴ざくろ石 《その宝石》. 〖(1658) 《転訛》← 《廃》*alabandine* < ME *alaba(u)rdine* □ LL (*gemma*) *alabandīna* (gem) of Alabanda (宝石の産出地として知られた小アジアの古代都市)〗
al·man·dite /ǽlməndàɪt/ *n.* 〖鉱物〗=almandine. 〖(1837–68): ⇨ -ite[2]〗
al-Man·sur /ælmænsúə | -súə(r)/ *n.* アルマンスール (712?–75; アッバース (Abbasid) 朝第 2 代カリフ (calif); Baghdad の建設者; アラビア語名 Abū Ja'far 'Abd Allāh).
Al Man·sû·rah /ælmænsúərə | -súərə/ *n.* =El Mansûra.
Al Marj /ælmɑ́ədʒ | -mɑ́:dʒ/ *n.* アルマルジュ 《リビア北部の町; イタリア語名 Barce》.
Al·ma-Tad·e·ma /ælmətǽdəmə | -dɪ-/, Sir **Lawrence** *n.* アルマタデマ (1836–1912; オランダ系の英国の画家; Victoria 時代の英国風俗と古代風絵画を描いた).
Al·ma·ty /ælmɑ́:ṭi | -ti/ *n.* アルマトゥイ 《カザフスタン共和国南東部の都市; 旧首都; cf. Astana》.
al·me /ǽlmeɪ/ *n.* (*also* **al·meh** /~/) =almah. 〖1526〗
Al·me·lo /ɑ́:lməlòu | -ləu; *Du.* ɑ́lməlo/ *n.* アルメロ 《オランダ東部の都市》.
al·me·mar /ælmí:mɑə | -mɑ:(r)/ *n.* (*also* **al·me·mor** /-mɔə | -mɔ:(r)/) (ユダヤ教会堂の)講壇 (bema, bimah, bima ともいう). 〖□ MHeb. *almēmār* □ Arab. *al-minbar* the platform〗
Al·me·rí·a /ælmərí:ə; *Sp.* almería/ *n.* アルメリア 《スペイン南部, 地中海沿岸の港湾都市》.
Al·mer·ic /ǽlmərɪk, ælmér-/ *n.* アルメリック 《男性名》. 〖lateOE □ OHG *Amalricus* ← *amal* work + *ric* ruler〗
al·might·y /ɔ:lmáɪṭi, ɑ:l- | ɔ:lmáɪti/ *adj.* **1 a** 全能の, 大自在力を有する (all-powerful) (⇨ mighty SYN); 圧倒的な勢力をもつ: *Almighty* God=God *Almighty* 全能の神. **b** [the A-; 名詞的に] 全能の神, 全能者 (God). **2** [限定的] 《口語》大変な, 途方もない: an ~ noise. — *adv.* 《口語》ひどく, すごく (exceedingly): I'm ~ glad. とてもうれしい.
Gód* [*Chríst*] *Almíghty! [間投詞的に用いて] 大変だ; 助けて; こんちくしょう 《怒り・驚きを表す》.
al·míght·i·ly /-ṭəli, -ṭli | -təli, -tli/ *adv.* **al·míght·i·ness** *n.* 〖OE *ealmihtiġ*, *ælmihtiġ* 《なぞり》← L *omnipotentem* 'OMNIPOTENT': ⇨ all, mighty〗
almíghty dóllar *n.* [the ~] 《口語》万能の金力, 金銭の威力. 〖1836〗
al·mi·que /ælmɪkí: | -mɪ-/ *n.* **1** 〖植物〗アルミキー (*Manilkara albescens*) 《西アフリカのアカテツ科の高木》. **2** アルミキー材 《赤褐色の堅材で, 家具製造用》. 〖□ Am.-Sp. *al-miquí*〗
Al·mi·ra /ælmáɪrə | -máɪərə/ *n.* アルマイラ 《女性名》. 〖□ Arab. *alamīrah* the princess〗
al·mi·rah /ælmáɪrə | -máɪərə/ *n.* 《インド》衣装だんす (wardrobe), 戸棚 (cupboard). 〖(1878) □ Hindi *almārī* □ Port. *almario* < L *armārium* 'AMBRY'〗
Al·mi·ran·te Brown /ælmɪrǽnṭəbráun | -mɪ̀-; *Am.Sp.* almiránteβráun/ *n.* アルミランテブラウン 《アルゼンチン東部 Buenos Aires 郊外の都市》.
Al·mo·hade /ǽlməhèɪd, -hèɪdi | -hèɪd, -hèɪdi/ *n.* (*also* **Al·mo·had** /-hæd/) ムワッヒド朝 《ムラービド (Almoravid) 朝を倒して 12–13 世紀に北アフリカおよびスペインを統治したイスラム王朝》.
al·mon /ǽlmoun | -mən/ *n.* **1** 〖植物〗アルモン (*Shorea eximia*) 《フィリピン産フタバガキ科サラノキ属の高木; Philippine mahogany ともいう》. **2** アルモン材. 〖(c1525) □ Bisayan ~〗
al·mond /ɑ́:mənd, ɑ́:lm-, ǽ(l)m- | ɑ́:m-/ *n.* **1** 〖植物〗アーモンド, ヘントウ(扁桃), ハタンキョウ(巴旦杏), (旧称)アメンドウ (*Prunus amygdalus*) 《西アジア原産の落葉高木; sweet almond ともいう; cf. bitter almond》. **2** アーモンド, 扁桃 《同上の果実の核の中の仁(じん); 先のとがった長楕円形で, 食用にする》. **3** アーモンド形の物 《装飾品など》. **4** 薄い黄褐色 (delicate tan). **5** 《古》〖解剖〗扁桃(腺) (tonsil). — *adj.* [限定的] アーモンド製[風味]の; アーモンド形[色]の: ⇨ almond eye. 〖(?c1300) *alma(u)nde* □ OF *al(e)man(d)de* (F *amande*) □ ML *amandula* 《転訛》← L *amygdala* □ Gk *amugdálē* almond ← ?〗
álmond càke *n.* 〖化学〗アーモンドの残滓(ざんし) 《アーモンドから油を搾った残りかす》. 〖1751〗
álmond èye *n.* アーモンド形の目 (⇨ almond-eyed).
álmond-èyed *adj.* 扁桃状の目をした (slant-eyed) 《両端のとがった長楕円形の目をした人; 特に, 日本人・中国人などについていう》. 〖1870〗
álmond mèal *n.* 〖化学〗**1** 漂白したアーモンド粉末 《化粧品・香水用》. **2** 粉末状アーモンド滓(かす).
álmond mìlk *n.* 〖薬学〗アーモンド乳剤 《漂白アーモンド・アラビアゴム・砂糖と水で作った乳状混濁液で, 鎮痛剤になる; milk of almonds ともいう》. 〖c1475〗
álmond òil *n.* 〖化学〗**1** 扁桃油, 甘扁桃油 《扁桃の種子から得られる脂肪油; expressed almond oil, sweet almond oil ともいう》. **2** 苦扁桃油 《苦扁桃の種子から得られる芳香油; bitter almond oil ともいう》. **3** =benzaldehyde. 〖a1845〗
álmond pàste *n.* アーモンドペースト 《アーモンド・鶏卵・砂糖で作るペースト》. 〖1751〗
al·mo·ner /ǽlmənə, ɑ́:(l)m- | ɑ́:mənə(r), ǽlm-/ *n.* **1** (昔の修道院・貴族・王家などの)施物(せもつ)分配係[吏]: ⇨ LORD High Almoner of England. **2** 《英廃》(病院の)医療社会福祉係 《通例女性; 現在の正式名は medical social worker という》. 〖(c1303) *aumener* □ OF *almo(s)nier* < VL **almosinārium* = LL *eleēmosynārius* 'ELEEMOSYNARY'〗
al·mon·ry /ǽlmənri, ɑ́:(l)m- | ɑ́:mən-, ǽlm-/ *n.* (もと修道院などの)施物(せもつ)所, 施物分配所; 施物係の住居. 〖(a1480) □ OF *almosnerie* ← *almosnier* (↑)〗
Al·mo·ra·vide /ælmɔ́:rəvàɪd/ *n.* (*also* **Al·mo·ra·vid** /-vɪ̀d | -vɪd/) ムラービド人 《11 世紀に北アフリカおよびスペインを統治していたイスラム王朝の人》.
al·most /ɔ́:lmoust, ⸗–⸗ | ɔ́:lməust, ɔ́l-, ⸗–⸗/ *adv.* **1** [副詞・形容詞・前置詞・限定詞・動詞・代名詞に前置して] ほとんど, 大方 (very nearly): ~ always ほとんどいつも / ~ the longest piece ほぼ最長のもの / It is ~ midnight. そろそろ真夜中だ / He was ~ drowned. すんでのことで溺死(できし)するところだった / He ate ~ nothing. ほとんど何も食べなかった / Their house is ~ opposite ours. 彼らの家は私たちの家のほとんど真向かいです. **2** [名詞を修飾して] 《文語》ほとんど…と言ってよい: his ~ impudence 厚かましいとさえ言える彼の態度.
***àlmost néver* [*nó, nóthing*]** ほとんど(…)ない: *Almost no* one came. ほとんどだれも来なかった / There was ~ *nothing* left. ほとんど何も残っていなかった. (1523)
〖OE *(e)allmǣst, ælmǣst* nearly: ⇨ all, most〗

SYN ほとんど: **almost** ある基準に接近しているが, 完全にではない. **nearly** *almost* よりも接近度が低い. **practically** 「実質的には同じ」という意味が強く, *almost* と同義に用いられるが, 頻度は低い. **just about** 同じ意味で口語の場合よく用いられる: My job is *almost* [*nearly, practically, just about*] finished. 私の仕事はほとんどすんだ.

álmost periódic fúnction *n.* 〖数学〗概周期関数 《周期関数 (periodic function) のある種の拡張》.
al·mous /ɑ́:məs, ɔ́:-/ *n.* (*pl.* ~) 《英方言》=alms. 〖a1325〗
alms /ɑ́:mz, ɑ́:lmz | ɑ́:mz/ *n.* (*pl.* ~) **1** [通例複数扱い] 施し物, 義援金 (donation) (cf. alm): ask for (an) ~ 施しを請う / ask [beg] (an) ~ of a person 人に施しを求める / give ~ to a beggar こじきに施しをする. **2** 《廃》施し, 喜捨, 慈善(行為). ★ ラテン語系形容詞: eleemosynary. 〖OE *ælmysse* < Gmc **alemos(i)na* □ VL **alimosina* 《変形》← LL *eleēmosyna* □ Gk *eleēmosúnē* compassion ← *eleḗmōn* compassionate ← *éleos* mercy, pity ← ?〗
álms bòx [chèst] *n.* 《英》(教会の)慈善箱. 〖1670〗
álms·dèed *n.* **1** 《古》慈善行為, 施し. **2** 《廃》慈善. 〖?lateOE *ælmesdǣd*〗

álms-drìnk *n.* 《廃》施しに与える酒の飲み残し. 〖1606–07〗

álms·fòlk *n. pl.* 施しを受ける貧民たち (almsmen). 〖1587〗

álms·gìver *n.* 施しをする人, 慈善家. 〖*a*1631〗

álms·giving *n.* 施しをすること, 喜捨(行為). 〖1652〗

álms·hòuse *n.* **1** 《英》(私設の)救貧院, (特に)養老院. **2** =poorhouse. 〖1389〗

álms·man /-mən/ *n.* (*pl.* **-men** /-mən/) **1** 施しを受ける貧民. **2** 《古》施しをする人. 〖OE *ælmesmann*〗

álms·wòman *n.* **1** 施しを受ける貧しい女性. **2** 《古》施しをする女性. 〖*a*1625〗

al·mu·can·tar /æ̀lmjukǽntə, ←–⌐–|-tə(r)/ *n.* 〖天文〗等高度線. 〖《*a*1625》□ ML *almucantarath* □ Arab. *al-muqanṭarāt* vaulted things ← *qánṭara* to vault ∽ 《1391》*almicanteras* □ ML *almicantarath* 《異形》〗

al·muce /ǽlmju:s/ *n.* 毛皮で裏打ちした(頭巾つきの)肩ぎぬ《昔聖職者が用いた》. 〖《1530》《転訛》← AMICE[2]〗

al·mug /ǽlmʌg/ *n.* 〖聖書〗=algum (cf. *1 Kings* 10:11). 〖《1611》《変形》← ALGUM〗

al·ni·co /ǽlnɪ̀kòu | -nɪkəu/ *n.* (*pl.* ~**es**) 〖冶金〗アルニコ《鉄・ニッケル・アルミニウム・コバルトを含む磁石鋼の一種; 三島徳七博士 (1893–1975) の発明した磁石鋼の米国での商品名》. 〖《1935》← AL(UMINIUM)+NI(CKEL)+CO(BALT)〗

Al-O·beid, a- /æ̀loubéɪd | æ̀ləu-/ *n.* =El Obeid.

al·o·ca·si·a /æ̀ləkéɪʒiə, -ʒə | -ziə, -ʒiə/ *n.* 〖植物〗クワズイモ《熱帯アジア原産サトイモ科クワズイモ属 (*Alocasia*) の観葉植物の総称; クワズイモ (*A. macrorhiza*) など》. 〖《1860》← NL ~《変形》← *colocasia*〗

al·od /ǽlɑ(:)d, ǽləd | ǽlɒd, ǽləd/ *n.* 〖法律〗=alodium. 〖1848〗

alodia *n.* alodium の複数形.

a·lo·di·al /əlóudiəl, æl- | əláudiəl/ *adj.* 〖法律〗自由保有土地の, 自主地の (cf. feudal 1): ~ tenure 自由土地保有(権). **~·ism** /-lìzm/ *n.* 〖《1656》□ ML *allōdiālis*: ⇨ ↓, -al[1]〗

a·lo·di·um /əlóudiəm, æl- | əláudi-/ *n.* (*pl.* **-di·a** /-diə | -diə/, ~**s**) 〖法律〗完全私有地《ノルマン征服以前にあった勅許保有地 (bookland)で, 封建的負担を完全に免れたもの》. 〖《1628》□ ML *al(l)ōdium* □ Frank. **alod*- complete property ← Gmc **al*- all+**-ōd* property (< **audaz* (cf. OE *ēad* property)): ⇨ -ium〗

al·oe /ǽlou | ǽləu/ *n.* **1 a** 〖植物〗アロエ, ロカイ(蘆薈)《ユリ科アロエ属 (*Aloe*) の多肉植物の総称; 薬用・観賞用; キダチロカイ (*A. arborescens*) など》. **b** [しばしば *pl.* 単数扱い] 〖薬剤〗アロエ, 蘆薈汁《ある種のアロエの葉の液汁を煮つめたもので下剤用》. **2** [*pl.*] 〖聖書〗⇨ aloes. **3** 〖植物〗リュウゼツラン属 (*Agave*) の総称《アオノリュウゼツラン (American aloe), リュウゼツラン (great aloe) など; cf. agave》. 〖《(OE)》《*a*1398》*aluwan* (pl.) ← *alu(w)e* □ L *aloē* □ Gk *alóē*〗

al·oes /ǽlouz | ǽləuz/ *n. pl.* 〖聖書〗 **1** 沈香(じんこう)《インド産の樹木ジンコウ(沈香) (*Aquilaria agallocha*) から得られた薫香料; cf. *John* 19:39; *Song of Sol.* 4:14》. **2** 沈香 (agalloch).

áloes·wòod *n.* =agalloch. 〖1718〗

al·o·et·ic /æ̀louétɪk | æ̀ləuét-⌐/ *adj.* 蘆薈(ろかい)汁入りの, 蘆薈質の. — *n.* 蘆薈剤. 〖《1706》← ALOE+-ETIC: cf. F *aloétique*〗

áloe vé·ra /-ví(ə)rə, -vérə | -víərə/ *n.* **1** 〖植物〗アロエベラ, シンロカイ (*A. vera*)《西インド諸島や米国南部で栽培されるユリ科アロエ属の植物; Barbados aloe ともいう》. **2** アロエエキス, アロエ汁液《切り傷・やけどに効くとされ, 化粧品やフルーツジュースなどにも加えられる》. 〖*c*1936〗

a·loft /əlɔ́(:)ft, əlɑ́(:)ft | əlɔ́ft/ *adv., adj.* [叙述的] **1 a** 上に, 高く (high up, on high); 空中に: The flag was fluttering ~. **b** 飛行中に. **2** 〖海事〗檣(しょう)上に; 帆桁(ほげた)の上に, 帆柱や索具に登って: gear ~ 檣上の索具 / go ~ 檣上に登る. **3** 《古》天国で[へ]: go ~ 天国に行く, 死ぬ (die). — *prep.* 《古》…の頂上に; …の上に (above). 〖《?*c*1200》*o loft(e)* □ ON *á lopt* into the air & *á lopti* in the air: ⇨ a[3], loft〗

a·lo·gi·a /eɪlóudʒiə, -dʒə | -láu-/ *n.* 〖病理〗アロギー (aphasia). 〖← NL ~ ← Gk *álogos* (⇨ a-[7], logos)+-IA[1]〗

a·log·i·cal /eɪlɑ́(:)dʒɪ̀kəl, -kl | -lɔ́dʒɪ-/ *adj.* 論理とは無関係の, 論理に基づかない, 論理を超越した (nonlogical). **~·ly** *adv.* 〖《1694》← A-[7]+LOGICAL〗

al·o·gism /ǽlədʒɪ̀zm/ *n.* **1** 論理に無関係なこと, 論理を超越していること. **2** 非論理的な言説[思考]. 〖《1679》← LL *alogia* (⇨ alogia)+-ISM〗

a·lo·ha /əlóuhɑ:, ɑ:-, -hə | əláuhə, æ-, -hɑ:; *Hawaii.* alóha/ *n.* 《ハワイ》 **1** 愛 (love); 親切 (kindness). **2** (送迎の)挨拶 (greetings). — *int.* アロハ, ようこそ; さようなら. 〖《1820》□ Hawaiian ~《原義》love〗

alóha·òe /-ɔɪ; *Hawaii.* -ˀóe/ *int.* ようこそ; さようなら. 〖《1914》□ Hawaiian〗

Alóha Óe /-ɔ́ɪ, -óuì | -ɔ́ɪ, -áuì; *Hawaii.* -ˀóe/ *n.* アロハ オエ《ハワイの民謡; Liliuokalani の作といわれる》.

alóha pàrty *n.* (ハワイなどの)送別会, 歓送会; (時に)歓迎会. 〖1951〗

alóha shìrt *n.* アロハシャツ《Hawaii の人たちが着用する明るいプリントのシャツ》. 〖1940〗

Alóha Stàte *n.* [the ~] 米国 Hawaii 州の俗称. 〖1972〗

al·o·in /ǽlouɪ̀n | ǽləuɪn/ *n.* 〖化学〗アロイン《アロエから得られる苦みのある結晶質の物質; 下剤に用いる》. 〖《1841》← ALOE+-IN[2]〗

a·lone /əlóun | əlśun/ *adj.* [叙述的] **1** (他から離れて)ひとりで, 孤独で (solitary, by oneself): be [live, stay] ~ / They were left ~ there. 彼らだけそこに残された / We found him all ~. (見ると)彼はひとりぼっちだった. **2** [名詞・代名詞の後に置いてこれを限定して] ただ…だけ(では) (not others, only); (他は別にして)…だけでも. ★ この alone は副詞とみなすこともできる: She ~ knows it. / He (and he) ~ can do it. 彼だけがそれをできる / The credit is hers (and hers) ~. その功績はひとえに彼女のものだ / I want to speak to you ~. 君と二人だけ[きり]で話がしたい / Man shall not live by bread ~. 人はパンのみにて生くるものにあらず (*Matt.* 4:4; *Luke* 4:4) / This city ~ has ten million people. この都市だけが[だけでも]1 千万の人口を有する. **3** ひとりで, 孤立して (sole, one and only): go it ~ 独力でやっていく / stand ~ 孤立する[している] / He was not ~ *in* his sufferings. 彼と同じ苦しみを味わっている人はほかにもあった / I am not ~ *in* (hold*ing*) this opinion. この意見をもっているのは私だけではない. **4** 比類がなく, 無比で (unequaled): She was ~ *as* an opera singer. オペラ歌手として第一人者だった / He stands ~ *in* his surgical skill. 外科の技術では当代随一だ.

léave alóne ⇨ leave[1] 成句. ***léave*** [***lèt***] ***sevérely alóne*** ⇨ severely 成句. ***lèt alóne*** ⇨ let[1] 成句. ***lèt wéll*** (***enóugh***) ***alóne*** ⇨ let[1] 成句.

— *adv.* **1** ひとりで, 単独に, 独力で (by oneself): Don't go ~. / He did it ~. **2** (ただ)単に (only): not ~ … but …=*not* ONLY … *but* (also)….

~·ness *n.* 〖《?*a*1200》*al on(e)* wholly one: ⇨ all, one〗

SYN 孤独な: **alone** 〈人が〉他の人と一緒にいないことで必ずしも孤独感を含意しない: He lives all *alone*. 独りで暮らしている. **solitary** 単独で仲間がいない: I felt *solitary* in the crowd. 群衆の中で孤独を感じた. **isolated** 他から隔離されて孤独な: live an *isolated* life 孤独な人生を送る. **lonely**, 《特に米》**lonesome** 友達も話し相手もなく不幸な: a *lonely* wife 寂しい妻 / He began to feel weary and *lonesome*. 疲れて寂しくなってきた.

ANT accompanied.

---

a·long /əlɔ́(:)ŋ, əlɑ́(:)ŋ | əlɔ́ŋ/ *prep.* **1 a** 〈道路など〉の全長[一部]を通して, …を通って; …に沿って, …伝いに; …の先のところに: We were driving ~ the road [the river]. その道を[川沿いに]ドライブしていた / Write your answer ~ [on] this line. この線に沿って[の上に]答えを書きなさい / The dog was stretched ~ the hearthrug. 犬は暖炉の前の敷物の上に長々と伸びていた / There is a drugstore ~ this street. この通りに[を行くと]ドラッグストアがある / Her office is ~ the corridor. 彼女のオフィスはこの廊下沿いにある / ~ here [there] こちら[そちら, あちら](の方向)に (cf. *prep.* 1 b; *adv.* 1). **b** …の辺[あたり]に (about): Her office is ~ here. 彼女のオフィスはこのあたりにある.

2 …のうちに (in the course of): Somewhere ~ the way he lost his wallet. 途中どこかで札入れをなくした.

3 〈方針など〉に従って: ~ approved scientific lines 認められた科学的方法に従って / I'd like that one or something ~ the same lines. それか, あるいはそれに似たものがほしい.

— *adv.* /–⌐/ **1** 前方へ, ぐんぐん, ずっと(前へ) (onward, forward): go [walk] ~ / Move ~ (there), please! (そこの人)立ちどまらないで(前へ進んで)ください!《バスの運転手・警官のことば》/ ⇨ RUN[1] *along*, SEND[1] *along*. **2** 人から人へ, 場所から場所へ, 次々に[と]: pass news ~. **3** [通例 ~ by として] 〈場所〉に沿って: cars parked ~ *by the* sidewalk 歩道に沿って駐車している車の列. **4** 《米口語》(時・仕事・会など)だいぶ進んで: ~ toward morning かなり朝方に / The afternoon was well ~. 午後もだいぶ回っていた / He was well ~ *in* years. だいぶ年をとっていた. **5** 〔…と〕一緒に (together)〔*with*〕; 連れて, 持って: He went ~ *with* her. 彼女と一緒に行った / ⇨ GO[1] *along* / I sent a photo ~ *with* the letter. 手紙と一緒に写真を送った / They brought their children ~. 子供たちを連れて来た / He had his gun ~ (*with* him). 銃を携えていた / *Along with* all their other problems, they had money troubles. 他のいろいろな問題のほかに, 彼らにはお金の心配事もあった. **6** ここ[そこ]へ, やって来て[行って] (over): I'll went ~ to see him. 彼のところに会いに行った.

áll alóng (1) (…の)端から端まで: crowds *all* ~ the route 沿道の群衆 / ⇨ *all along the* LINE[2]. (2) ずっと, 初めから (all the time): I knew it *all* ~. 初めから知っていた. 《1670》 (3) 絶え間なく (continuously). ***alòng abòut*** 《米口語》(時間などが)大体…ごろ(で): ~ *about* noon [seven o'clock, here, now]. ***alòng báck*** 《米》少し前に, 最近. 《1851》 ***alóng of*** 《方言》 (1) …のために (owing to): The accident was all ~ *of* his carelessness. その事故は全く彼の不注意によるものだった. (2) …と一緒に: Come ~ *of* me to the station. 駅まで一緒に来なさい. ***be alóng*** 《口語》やって来る (come): I'll *be* ~ in a minute. すぐ行きます / The book will *be* ~ in September. その本は 9 月に到着するでしょう. 《1831》 ***còme alóng*** ⇨ come 成句. ***gèt alóng*** ⇨ get 成句. ***right alóng*** ⇨ right *adv.* 成句.

〖OE *andlang* continuous ← *and-* 'against, ANTI-'+*-lang* 'LONG[1]'〗

alóng·shìps *adj., adv.* 〖海事〗船の中心線に(沿って) (fore-and-aft). 〖《(1628)》《1687》〗

alóng·shóre *adv., adj.* 岸に沿って[た], 海岸伝いに[の]. 〖1779〗

a·long·side /əlɔ́(:)ŋsáɪd, əlɑ́(:)ŋ- | əlɔ́ŋ-⌐/ *adv.* **1** 横側に (beside); 並んで, 一緒に (side by side). **2** 〖海事〗(本船・桟橋などに)横付けに(なって): bring a boat ~ ボートを横付けにする.

alongside of 《米》 (1) =alongside *prep.* 1, 2. (2) …と並んで[一緒に]. (3) …と比較して; …に劣らず. 《1781》

— *prep.* **1 a** …の横に, …に沿って: ~ a park, river, etc. **b** 〖海事〗…に横付けに. **2** …と並んで, …と共[一緒]に. **3** …に劣らず, …と肩を並べて. 〖1707〗

A·lon·so /əlɑ́(:)nsou, -zou | əlɔ́nsəu, -zəu; *Sp.* alónso/ *n.* アロンソ《男性名》. 〖□ Sp. ~《転訛》← Alfonso 'ALPHONSO'〗

A·lon·zo /əlɑ́(:)nzou | əlɔ́nzəu/ *n.* アロンゾ《男性名》. 〖↑〗

a·loof /əlú:f/ *adv.* **1** 離れて〔*from*〕, 避けて, 遠ざかって (apart, away): stand [keep (oneself), hold (oneself)] ~ *from* …から離れて[遠ざかって, 超然として]いる. **2** 《古》〖海事〗風上の方へ (windward): spring ~ 風上に間切(まぎ)る[出る] (luff). — *adj.* **1** [叙述的] 打ち解けないで, 冷淡で, 超然として (reserved) (⇨ indifferent **SYN**): be ~. **2** [限定的]よそよそしい, お高くとまった: an ~ bow, woman, etc. **~·ly** *adv.* **~·ness** *n.* 〖《1532》← A-[3]+*loof* (⇨ luff) (cf. Du. *te loef* to windward): AFOOT, AGROUND, etc. との類推〗

al·o·pe·ci·a /æ̀ləpí:ʃiə, -ʃə | æ̀lə(u)pí:ʃə, -ʃiə/ *n.* 〖病理〗脱毛(症), 禿頭(とくとう), はげ. **al·o·pe·cic** /æ̀ləpí:sɪk⌐/ *adj.* 〖《*a*1398》□ L *alōpecia* mange of fox, baldness □ Gk *alōpekíā* ← *alṓpēx* fox〗

alopécia ar·e·á·ta /-æ̀riéɪṭə | -tə/ *n.* 〖病理〗円形脱毛症. 〖← NL ~ 'circumscribed baldness'〗

a·lors /ɑ:lɔ́ə | -lɔ́:(r); *F.* alɔ:ʁ/ *F. int.* (それ)では, それなら, じゃ. 〖《1932》□ F ~ ← *à* to+*lors* then (← L *illā hōrā* from that hour)〗

A·lor Se·tar /ɑ̀ləəsətɑ́ə, ɑ́:l- | -lɔ:sətɑ́:(r)/ *n.* アロールスター《マレーシア北西部 Kedah 州の州都》.

A·lost /ɑ:lɔ́(:)st, -lɑ́(:)st | -lɔ́st; *F.* alɔst/ *n.* アロスト (⇨ Aalst).

a·loud /əláud/ *adv.* **1** (人に聞こえる程度に)声を出して (out loud): speak ~ / read ~ 音読する / think ~ ⇨ think *vi.* 1. **2** 《古》大声で, 声高らかに: laugh ~ / cry [shout] ~. 〖《*c*1280》← A-[3]+LOUD〗

a lou·trance /ɑ̀:lu:trɑ́:(n)s, -trɑ́:ns/ *adv.* =à outrance. 〖1837〗

a·low /əlóu | əláu/ *adv.* **1** 〖海事〗低い部分に, 下方に (below); 船内に: ~ and aloft 甲板下も甲板上も; 上を下へ, くまなく. **2** 低く; 下に. 〖《*c*1260》: ⇨ a[3]-, low[1]〗

Al·oy·sius /æ̀louíʃəs, -ʃiəs | æ̀ləuíʃəs, -ísiəs/ *n.* アロイシアス《男性名》. 〖□ ML *Aloisius*: ⇨ Louis[1]〗

Aloýsius Gon·zá·ga /-gɑnzɑ́:gə, -gɑ(:)n-, -zǽgə | -gən-, -gɔn-; *It.* -gondzá:ga/**,** Saint *n.* アロイシウス ゴンザガ (1568–1591; イタリアのイエズス会修士; 青少年・学生の保護聖人; 祝日 6 月 21 日).

alp /ǽlp/ *n.* **1** (雪をいただいた)高山, 高峰; (スイスの)アルプス山腹の牧草地[牧場], アルプ: ~*s* on ~*s* 重畳(ちょうじょう)たる峻峰(しゅんぽう); 重なる難関 (cf. Pope, *An Essay on Criticism* 232). **2** 卓越したもの[人]: intellectual ~*s* 一流知識人. 〖《1598》《逆成》← ALPS〗

ALP 《略》American Labor Party; Australian Labor Party. 〖1922〗

ALPA 《略》Air Line Pilots Association 定期航空会社操縦士組合.

al·pac·a[1] /ælpǽkə/ *n.* **1** 〖動物〗アルパカ (*Lama pacos*)《南米産のラクダ科の家畜》. **2** アルパカの毛. **3** アルパカ毛織; アルパカと木綿[絹]の交ぜ織り. **4** アルパカ毛織で作った衣服: an ~ coat. **5** アルパカまがいのレーヨン[木綿]; その衣服: an ~ coat. 〖《1792》□ Sp. ~ □ Aymara *allpaca*〗

alpaca[1] 1

al·pac·a[2] /ælpǽkə/ *n.* (*also* **al·pac·ca** /~/) アルパカ《装身具に使う洋銀の一種》.

al·par·ga·ta /æ̀lpəgɑ́:ṭə | -pɑgɑ́:tə/ *n.* =espadrille. 〖《1827》□ Sp. ~《変形》← *alpargate* □ Arab. 《方言》*al-parghāt* (pl.) ← *al-parghah* the sandal〗

al·pen·glow /ǽlpənglòu | -gləu/ *n.* アルペングロー, 山頂光《日の出の直前, 日没の直後に高山の山頂がばら色に映える現象》. 〖《1871》《部分訳》← G *Alpenglühen* ← *Alpen* Alpine+*glühen* 'to GLOW'〗

al·pen·horn /ǽlpənhɔ̀ən | -pənhɔ̀:n/ *n.* アルペンホルン, アルプホルン《スイスで牛飼いの用いる長さ 2–3 m の木管楽器; alphorn ともいう》. 〖《1864》□ G *Alpenhorn* ← *Alpen* (↑)+*Horn* 'HORN'〗

al·pen·stock /ǽlpənstɑ̀(:)k | -pənstɔ̀k/ *n.* 〖登山〗アルペンシュトック[ストック]《鳶口(とびぐち)のような形の金具のついた登山用の杖》. 〖《1829》□ G ~ ← *Alpen* (↑)+*Stock* stick (cf. stock[2])〗

Alpes-de-Haute Pro·vence /ǽlpdəóutprouvɑ̃́:(n)s, -vɑ́:ns | -óutprə(u)-; *F.* alpdəo:t-/ *n.* アルプドオートプロバンス(県)《フランス南東部のイタリアに接する県; 面積 6,988 km², 県都 Digne /diɲ/; 旧名 Basses-Alpes》.

Alpes-Ma·ri·times /æ̀lpmæ̀rɪ̀tí:m | -ri-; *F.* alpmaʁitim/ *n.* アルプマリティム(県)《フランス南東部のイタリアに接する県; 面積 4,294 km², 県都 Nice》.

al·pes·trine /ælpéstrɪ̀n | -trɪn/ *adj.* **1** アルプス山脈

A

の; 山岳地帯の. **2** 〘生物〙 亜高山帯の (subalpine). 〖《1880》← ML *alpestris* (← L *Alpēs* 'ALPS' + -INE[3])〗

ál·peth càble /ǽɫpɛθ-/ *n.* 〘電気〙 アルペス ケーブル《鉛被の代わりにアルミテープを用いたケーブル》. 〖*alpeth*: ← AL(UMINIUM)+P(OLY)ETH(YLENE)〗

al·pha[1] /ǽɫfə/ *n.* **1** アルファ《ギリシャ語アルファベット 24 字中の第 1 字: A, *α* (ローマ字の A, a に当たる); ⇨ alphabet 表》. **2** A [*α*] の表す音. **3 a** 第一, 初め (beginning) (cf. omega 2). **b** 第一位のもの, 第一級; 《英》(学業成績の) A, 優 (cf. beta, gamma): ~ plus (学業成績の) A⁺, 秀. [日英比較] 英語の *alpha* には日本語の「アルファ(ある未知の値)」の意味はない.「プラスアルファ」は英語では plus something. 未知の値の意味は X を *α* と見誤った結果といわれる. **4** [通例 A-; 星座名の属格を伴って]〘天文〙 アルファ (*α*) 星, 主星《一つの星座中で最も明るい星》. **5** [形容詞的に]〘化学〙 アルファの, *α*-, 第 1 の. ★ 有機化合物の置換基の位置, 異性体・(糖類の)立体異性; 種々の変態を示す物質の相などに関して順位を示す: ⇨ alpha-eucaine, alpha-naphthol.

from álpha to oméga 初めから終わりまで; 終始.

the álpha and oméga 初めと終わり (cf. *Rev.* 1:8); 最も重要な要素[部分] 〔*of*〕. 《1526》

〖《?c1200》⊏ L ~ ⊏ Gk *álpha* ← Phoenician (cf. Heb. *āleph*《原義》ox: 牛の頭の形から): ⇨ aleph〗

al·pha[2] /ǽɫfə/ *adj.* [限定的] =alphabetic. 〖略〗

Al·pha /ǽlfə/ *n.* アルファ《女性名》. ★ 長女につける. 〖cf. alpha[1]〗

álpha-adrenérgic *adj.* 〘生理〙 アルファ受容体 (alpha-receptor) の[に関する]. 〖1966〗

Alpha Áq·ui·lae /-ǽkwəlìː | -ǽkwɨ̞-/ *n.* 〘天文〙 = Altair.

Álpha Au·rí·gae /-ɔːráɪdʒiː/ *n.* 〘天文〙 =Capella.

al·pha·bet /ǽɫfəbɛ̀t, -bɨ̞t | -bɛ̀t, -bɪt/ *n.* **1** アルファベット, 字母表《一言語の全文字; 例えば英字 26 文字のすべて》; 通常の文字に代わる記号[信号]体系: ⇨ phonetic alphabet, Latin alphabet, manual alphabet, Morse alphabet. **2** [the ~] 〔…の〕初歩, 入門, いろは 〔*of*〕: the ~ *of* law. 〖《?a1425》⊏ LL *alphabētum* ← Gk *alphábētos* ← *álpha* 'ALPHA[1]' + *bêta* 'BETA'〗

álpha-béta bràss *n.* 〘冶金〙 アルファベータ黄銅《銅合金の一つで亜鉛の含有量 35–45% のもの; 熱間加工や押し出し成形品を作るのに用いる》. 〖1919〗

al·pha·bet·ic /æ̀ɫfəbɛ́ṭɪk | -tɪk⁻/ *adj.* アルファベットの, 英字の, 字母の; アルファベット[エービーシー]順の; アルファベットで表記される: an ~ language. 〖《1642》: ⇨ -ic[1]〗

àl·pha·bét·i·cal /-ṭɨ̞kəɫ, -kɫ̩- | -tɪ-⁻/ *adj.* =alphabetic: (in) ~ order アルファベット[エービーシー]順(に). 〖《1567》: ⇨ -ical〗

àl·pha·bét·i·cal·ly *adv.* アルファベット[エービーシー]順に. 〖《1567》: ⇨ -ly[1]〗

al·pha·bet·ics /æ̀ɫfəbɛ́ṭɪks | -tɪks/ *n.* (話音の)アルファベット[文字]表記法研究. 〖《1865》: ⇨ alphabet, -ics〗

al·pha·bet·ism /ǽɫfəbətìzm̩, -bɛ- | -bɛ-, -bɨ̞-/ *n.* **1** (話音の)アルファベット[文字]表記. **2** (署名などにおける)アルファベット使用《ABC などと書く》. 〖《1867》: ⇨ -ism〗

al·pha·bet·i·za·tion /æ̀ɫfəbɛ̀ṭɪzéɪʃən, -bə-, -ṭə- | -bɪtaɪ-, -be-, -tɪ-/ *n.* **1** アルファベット[エービーシー]順配列, アルファベット順化; アルファベット順のリスト. **2** アルファベット化. 〖《1889》: ⇨ ↓, -ation〗

al·pha·bet·ize /ǽɫfəbətàɪz | -bɛ-, -bɨ̞-/ *vt.* **1** アルファベット[エービーシー]順にする: ~ a list of names. **2** アルファベットで表す. **ál·pha·bet·ìz·er** *n.* 〖《1796》← ALPHABET + -IZE〗

álphabet sóup *n.* **1** アルファベットスープ《アルファベット文字形のマカロニ入りスープ》. **2** 《米俗》(官庁の紛らわしい)略語, 頭字語《WPA, PWA, NRA など》. 〖1907〗

álpha-blòcker *n.* 〘薬学〙 アルファ遮断薬《アルファ受容体の作用を阻止する物質》. **álpha-blòcking** *adj.*

álpha bràss *n.* 〘冶金〙 アルファ黄銅《銅合金の一つで, 亜鉛 35% までのものをいう》. 〖1919〗

álpha cèll *n.* 〘解剖〙 アルファ細胞《好酸性顆粒を有する細胞; 脳下垂体前葉, 膵臓ランゲルハンス島辺縁部にみられる》.

álpha céllulose *n.* 〘化学〙 アルファセルロース《セルロース試料中で, 17.5% 水酸化ナトリウム液に溶けない部分で分子量の大きいもの; cf. beta cellulose, gamma cellulose》.

Álpha Cen·táu·ri /-sɛntɔ́ːraɪ | -ri/ *n.* 〘天文〙 アルファケンタウリ《ケンタウルス座の *α* 星で 0.1 等星; Sirius, Canopus に次ぐ全天第三の輝星; Rigil Kentaurus ともいう; cf. alpha[1] 4》. 〖*Centauri*: ⊏ L *Centaurī* (gen.) ← *Centaurus*: ⇨ centaur〗

Álpha Crúcis *n.* 〘天文〙 =Acrux.

álpha decày [disintegràtion] *n.* 〘物理〙 アルファ崩壊《*α* 線(ヘリウムの原子核 $^4_2$He) を出す原子核の崩壊; 通例 *α*-decay と書く》. 〖1936〗

álpha-eucáine *n.* 〘化学〙 アルファオイカイン ($C_{19}H_{27}NO_4$)《局部麻酔薬でオイカインの一種》.

álpha-fèto·prótein *n.* 〘生化学〙 アルファフェトプロテイン《胎児の肝臓や卵黄嚢で生成される血清蛋白質; 肝臓などの腫瘍マーカー》. 〖1973〗

álpha glóbulin *n.* 〘生化学〙 アルファグロブリン《血漿中のグロブリンで電気泳動したとき最も早く移動するもの; cf. beta globulin, gamma globulin》. 〖1923〗

álpha-hélical *adj.* 〘生化学〙 アルファヘリックス[螺旋]の. 〖1963〗

álpha-hélix *n.* 〘生化学〙 アルファヘリックス[螺旋]《蛋白質やポリペプチドの二次構造の一つで, アミノ酸残基 3.6 個で時計回りに 1 回転する構造》. 〖1955〗

álpha-hypóphamine *n.* 〘薬学〙 アルファハイポファミン (⇨ oxytocin 2).

álpha ìron *n.* 〘化学〙 アルファ鉄《純鉄の同素体の一種で 909°C 以下で安定, 体心立方晶系で強磁性; cf. beta iron, gamma iron, delta iron》. 〖1902〗

al·pha·mer·ic /æ̀lfəmɛ́rɪk⁻/ *adj.* 〘電算〙 =alphanumeric. **àl·pha·mér·i·cal** *adj.* **àl·pha·mér·i·cal·ly** *adv.* 〖《c1952》← ALPHA(BET + NU)MERIC〗

al·pha·met·ic /æ̀ɫfəmɛ́ṭɪk | -tɪk/ *n.* 〘数学〙 覆面算《筆算の結果の数字を文字で置き換えたものを与え, もとの筆算を復元させる数学パズル; 例: SEND+MORE=MONEY》. 〖《1955》← ALPHA(BET + ARITH)METIC〗

álpha mòvement *n.* 〘心理〙 アルファ運動現象《仮現運動の一種で, 運動視の錯覚により, 現実には存在しない運動があるように見える現象; cf. beta movement》.

álpha-náphthol *n.* 〘化学〙 アルファナフトール《アルカリ水溶液に易溶, 昇華性があり水蒸気蒸留可能な無色柱状晶; cf. naphthol 1》.

álpha-naphthyl·thi·o·uré·a /-θàɪoʊ- | -əʊ-/ *n.* 〘化学〙 =ANTU.

àlpha·nu·mér·ic /æ̀ɫfənuːmɛ́rɪk, -njuː- | -njuː-⁻/ *adj.* 〘電算〙 英数字の, 文字数字式の《アルファベットと数字の両方を用いる》. **àl·pha·nu·mér·i·cal** *adj.* **al·pha·nu·mer·i·cal·ly** *adv.* 〖《1950》← ALPHA(BET) + NUMERIC(AL)〗

álpha pàrticle *n.* 〘物理〙 アルファ粒子《ヘリウムの原子核 $^4_2$He のこと; 記号 *α*; 通例 *α*-particle と書く; cf. beta particle》. 〖1903〗

álpha prívative *n.* 〘言語〙 (ギリシャ語・英語で)否定を表す接頭辞 a- または an- (⇨ a-[7]). 〖《1590》《なぞり》← MGk *álpha sterētikón*〗

álpha radiàtion *n.* 〘物理〙 =alpha ray.

álpha rày *n.* 〘物理〙 アルファ線, *α* 線《アルファ粒子から成る; 通例 *α*-ray と書く》. 〖1902〗

Al·phard /ǽɫfaəd | -fɑːd/ *n.* 〘天文〙 アルファルド《うみへび座 (Hydra) の *α* 星で 2.0 等星》. 〖⊏ Arab. *al-fard* the solitary one〗

álpha-recèptor *n.* 〘生理〙 アルファ受容体, *α* 受容体. 〖1961〗

álpha rhỳthm *n.* 〘生理〙 (脳波の)アルファ リズム

HEBREW

א[1]	áleph	(')
ב[2]	bēth	b, bh
ג[2]	gímel	g, gh
ד[2]	dáleth	d, dh
ה	hē	h
ו	wāw	w
ז	záyin	z
ח[3]	ḥēth	ḥ
ט[4]	ṭēth	ṭ
י	yōdh	y
כ[2] ך[5]	kaph	k, kh
ל	lámedh	l
מ ם[5]	mēm	m
נ ן[5]	nūn	n
ס	sámekh	s
ע[6]	'áyin	'
פ[2] ף[5]	pē	p, ph
צ[4] ץ[5]	ṣādhé	ṣ
ק[4]	qōph	q
ר	rēsh	r
שׁ	shīn	š
שׂ	śīn	ś
ת[2]	tāw	t, th

ARABIC

آ	álif	(')
ب	bā'	b
ت	tā'	t
ث	thā'	th
ج	jīm	j
ح[3]	ḥā'	ḥ
خ[8]	khā'	kh
د	dāl	d
ذ	dhāl	dh
ر	rā'	r
ز	zāy	z
س	sīn	s
ش	shīn	š
ص[4]	ṣād	ṣ
ض[4]	ḍād	ḍ
ط[4]	ṭā'	ṭ
ظ[4]	ẓā'	ẓ
ع[6]	'ayn	'
غ[9]	ghayn	gh
ف	fā'	f
ق[4]	qāf	q
ك	kāf	k
ل	lām	l
م	mīm	m
ن	nūn	n
ة[10]	hā'	h
و	wāw	w
ى	yā'	y

GREEK

Α	α	álpha	a
Β	β	bêta	b
Γ	γ	gámma	g
Δ	δ	délta	d
Ε	ε	épsīlon	e
Ζ	ζ	zêta	z
Η	η	êta	ē
Θ[11]	θ	thêta	th
Ι	ι	iôta	i
Κ	κ	káppa	k
Λ	λ	lámbda	l
Μ	μ	mû	m
Ν	ν	nû	n
Ξ	ξ	xî	x
Ο	ο	ómīcron	o
Π	π	pî	p
Ρ	ρ	rhô	r, rh[12]
Σ	σ ς[5]	sígma	s
Τ	τ	taû	t
Υ	υ	úpsīlon	u
Φ[11]	φ	phî	ph
Χ[11]	χ	chî	kh
Ψ	ψ	psî	ps
Ω	ω	ōméga	ō

RUSSIAN

А	а	a
Б	б	b
В	в	v
Г	г	g
Д	д	d
Е	е	e, ye
Ё	ё	e, yo
Ж	ж	zh
З	з	z
И	и	i
Й	й	ĭ
К	к	k
Л	л	l
М	м	m
Н	н	n
О	о	o
П	п	p
Р	р	r
С	с	s
Т	т	t
У	у	u
Ф	ф	f
Х	х	kh
Ц	ц	ts
Ч	ч	ch
Ш	ш	sh
Щ	щ	shch
Ъ[13]	ъ	
Ы	ы	y
Ь[14]	ь	'
Э	э	e
Ю	ю	yu
Я	я	ya

SANSKRIT[15]

अ	a	ञ	ñ
आ	ā	ट	ṭ
इ	i	ठ	ṭh
ई	ī	ड	ḍ
उ	u	ढ	ḍh
ऊ	ū	ण	ṇ
ऋ	ṛ	त	t
ॠ	ṝ	थ	th
ऌ	ḷ	द	d
ॡ	ḹ	ध	dh
ए	e	न	n
ऐ	ai	प	p
ओ	o	फ	ph
औ	au	ब	b
ं	ṁ	भ	bh
ः	ḥ	म	m
क	k	य	y
ख	kh	र	r
ग	g	ल	l
घ	gh	व	v
ङ	ṅ	श	ś
च	c	ष	ṣ
छ	ch	स	s
ज	j	ह	h
झ	jh		

ALPHABET TABLE

各欄の最初にアルファベット[字母]をあげた.(ギリシャ語・ロシヤ語では大文字と小文字を併記した.) アラビア語では, 続け書きの場合に, たとえば ب (bā') に対して بـ (語頭), ـبـ (語中), ـب (語末) のように多少異なる別形が用いられるが, ここには単独で書く場合の独立形のみをあげてある. ヘブライ語・アラビア語・ギリシャ語については, 各字母の次にその名称をあげたが, このうち, ヘブライ文字とギリシャ文字の名称はいずれも本辞典の見出し語となっている.(ただし, 分音符号などは見出し語にはつけない.) 各欄の最後に本辞典語源欄で主として用いたローマ字転写をあげた.

1. 弱い声門閉鎖音を表すが, 語頭のものは転写しない.
2. ב, ג, ד, כ, פ, ת は摩擦音を, 中に・を付した בּ, גּ, דּ, כּ, פּ, תּ は閉鎖音を表し, 前者は h を添えて bh, gh…, 後者は b, g… のように転写する.
3. 無声咽頭摩擦音.
4. ふつう emphatic とよばれる咽頭化音.
5. 語末でのみ用いられる別形.
6. 3 に対する有声咽頭摩擦音.
7. 本来音価をもたず, ء (hamza) と共に, または ā を表すのに用いる. 語頭の hamza は転写しない.
8, 9. それぞれ無声と有声の軟口蓋摩擦音.
10. 語末の ة は母音で始まる語が続くときは t, それ以外では h で転写する.
11. 帯気閉鎖音(ローマ字転写の h は帯気音を表す).
12. rh は r に対して語順で無声 [r̥] を示す.
13. 合成語の要素を区分し, また直前の子音が(前舌母音を伴う場合でも)口蓋化しないことを示す分離符号; 本辞典では表記しない.
14. 直前の子音が(前舌母音を伴わない場合でも)口蓋化することを示す.
15. サンスクリットの書写・印刷に用いられる Devanagari 文字.

《alpha wave ともいう》. 〖1936〗

al·pha·scope /ǽlfəskòup | -skə̀up/ *n.* 〖電算〗アルファスコープ《アルファベットや数字などをブラウン管上に映し出すコンピューターの表示装置》. 〖《1969》← ALPHA(NUMERIC)＋-SCOPE〗

álpha-stánnic ácid *n.* 〖化学〗α-スズ酸 (⇨ stannic acid).

álpha tèst *n.* **1** 〖心理〗アルファ(式)検査, A 式知能検査, 言語式知能検査《第一次大戦中米国で将校・兵士に施した知能検査; cf. beta test》. **2** 〖電算〗アルファテスト《ソフトウェアなどの開発元内部での動作試験; cf. beta test》. **álpha-tèst** *vt.*

álpha wàve *n.* 〖生理〗アルファ波 (⇨ alpha rhythm). 〖1936〗

Al·phec·ca /ælfékə/ *n.* 〖天文〗アルフェッカ《かんむり座 (Corona Borealis) の α 星で 2.2 等星》. 〖□ Arab. *al-fakkah* ← *fakka* to dislocate〗

al·phen·ic /ælfénɪk/ *n.* 〖薬学〗アルフェニック《大麦糖または砂糖菓子》. 〖《1775》□ F ～〗

Al·pher·atz /ælfírəts/ *n.* 〖天文〗アルフェラツ《アンドロメダ座 (Andromeda) の α 星でペガスス座 (Pegasus) の δ 星ともなっている 2.0 等星》. 〖□ Arab. *al-faras*《原義》the mare〗

Al·phe·us /ælfíːəs/ *n.* 〖ギリシャ神話〗アルフェイオス《Peloponnesus 半島の川の神; Oceanus と Tethys の子; 森の精 Arethusa に恋し, 彼女が Ortygia 島に逃れて泉になると, 川に変じて合体した; cf. Arethusa》. 〖□ L ～ □ Gk *Alpheiós*〗

Al·phonse /ǽlfɑ(ː)ns, -fɔ(ː)ns | -fɔns; *F.* alfɔ̃ːs/ *n.* アルフォンス《男性名》. 〖□ F ～: ⇨ Alphonso〗

al·phon·so /ælfɑ́(ː)nsou, -zou | -fɔ́nsəu/ *n.* (*pl.* ～s) 〖植物〗アルフォンソ《インド西部産のマンゴー》.

Al·phon·so /ælfɑ́(ː)nsou, -zou | -fɔ́nsəu; *Sp.* alfónso/ *n.* アルフォンソ《男性名》. 〖□ Sp. *Alfonso* □ OHG *Adulfuns* ← *adal* noble＋*funs* ready〗

Al·phon·sus /ælfɑ́(ː)nsəs | -fɔ́n-/ *n.* アルフォンサス《火山活動が認められるという月面南東部のクレーター; 直径 112 km》.

alp·horn /ǽlphɔ̀ən | -hɔ̀ːn/ *n.* ＝alpenhorn.

al·phos /ǽlfɑ(ː)s | -fɔs/ *n.* 〖病理〗乾癬(かんせん); 白斑《ハンセン病類似の皮膚疾患を指す》. 〖《1706》□ Gk *alphós* a kind of leprosy: ⇨ alb〗

al·pho·sis /ælfóusɪs | -fəusɪs/ *n.* 〖病理〗皮膚色素欠乏症 (leukoderma).

al·pine /ǽlpaɪn/ *adj.* **1** [A-] アルプス山脈 (Alps) の. **2** [しばしば A-] 高山の; 高山性の (cf. montane): an ～ belt 高山帯 / an ～ club 山岳会 / ～ fauna [flora] 高山動物[植物](相) / an ～ plant 高山植物. **3** 大変高い(ところにある). **4** [A-] 〖人類学〗アルプス人種の(特徴のある): the *Alpine* type. **5** [A-] 〖スキー〗アルペン競技の, (回転) 滑降(競技)に関する (cf. Nordic 3). ― *n.* **1** 高山植物. **2** (アルプスなどで用いる)登山用ソフト帽. **3** [A-] 〖人類学〗アルプス人種《中部・東部ヨーロッパに分布し, 北欧人種に比して身長がやや低く体毛が多く短頭》. 〖《?a1425》□ (O)F *alpin* // L *Alpīnus* 'of the ALPS': ⇨ -ine[3]〗

álpine bístort *n.* 〖植物〗＝serpent grass.

Álpine cátchfly *n.* 〖植物〗ユキマンテマ (*Silene alpestris*)《ヨーロッパ山地産ナデシコ科マンテマ属の白い花をつける多年草》.

Álpine combíned *n.* [the ～] 〖スキー〗アルペン複合競技《滑降・回転・大回転の複合競技; cf. Nordic combined》.

álpine cúrrant *n.* 〖植物〗ヨーロッパ産の高山性のスグリ (*Ribes alpinum*)《ユキノシタ科の低木; 花は黄緑色; 実は食べられる; mountain currant ともいう》.

álpine fír *n.* 〖植物〗Rocky 山脈にみられるモミ属の常緑高木 (*Abies lasiocarpa*). 〖1900〗

álpine gárden *n.* 高山植物園《高山植物を栽培する rock garden》. 〖*c*1940〗

álpine hóuse *n.* 高山植物育成用温室, アルパインハウス《暖房はしない》. 〖1933〗

Álpine íbex *n.* 〖動物〗アルプスアイベックス (*Capra ibex*)《Alps および Apennines 山脈の野生ヤギ; 後ろ向きに曲がった大角をもつ; ⇨ ibex 挿絵》.

Álpine póppy *n.* 〖植物〗 **1** ＝Iceland poppy. **2** 小さい黄花をつける Rocky 山脈産の高山性のヒナゲシの一種 (*Papaver pygmaeum*).

Álpine róse *n.* 〖植物〗 **1** ヨーロッパやアジアの山地に生えるツツジ科ツツジ属 (*Rhododendron*) のシャクナゲ類の総称. **2** ＝edelweiss.

álpine sálamander *n.* 〖動物〗アルプスサンショウウオ (*Salamandra atra*)《Alps 地方に生息するイモリ科のサンショウウオ; 卵胎生で, 母親の生殖器の中で 2 個の卵だけが成長し, 完全な幼生となってから生まれてくる》.

álpine-stỳle *adj., adv.* 〖登山〗アルプス方式の[で]《登頂に必要な用具を自ら運んでのベースキャンプからの直登攀(ちょくとうはん)》.

al·pin·ism, A- /ǽlpənɪzm | -pɪ̀-/ *n.* アルプス登山; 登山, アルピニズム. 〖《1884》□ F *alpinisme*〗

ál·pin·ist, Á- /-nɪ̀st | -nɪst/ *n.* アルプス登山家; 登山家, アルピニスト. 〖《1881》□ F *alpiniste*〗

al·pra·zo·lam /ælpréɪzəræ̀m | -zə(ʊ)-/ *n.* 〖薬学〗アルプラゾラム《精神安定剤として用いられる強力な benzodiazepine》. 〖《1973》← *al-*[2]＋P(HENYL＋T)R(I)AZOL(E＋*-azep*)AM〗

Alps /ǽlps/ *n. pl.* [the ～] **1** アルプス(山脈)《フランス・イタリアを通り南欧に連なる; 最高峰 Mont Blanc (4,807 m)》: in *the* Swiss ～. **2** アルプス(山脈)《月面北西部の山脈; the Alpine Valley によって二分される》. **3** ＝Southern Alps. 〖《*a*1387》□ (O)F *Alpes* < L *Alpēs* (pl.)《原義》the High Mountains ← ? Celt. **alb-* high mountain: L *albus* white と結びつけるのは通俗語源〗

al-Qae·da /ælkáɪdə, -kéɪ- | -də; *Arab.* alqáʕida/ *n.* (*also* **al-Qai·da** /～/) アルカイダ《Osama bin Laden が 1990 年頃に組織したイスラム原理主義テロリストグループ》. 〖□ Arab. *al-qā'idah* the base to sit down〗

Al Qa·hi·ra /ælkáːhiːràː/ *n.* アルカーヒラ《Cairo のアラビア語名; El Qahira ともいう》.

al·read·y /ɔːlrédi, ɑ̀ːl- | ɔːlrédi, ɔl-⁻/ *adv.* **1** もはや, もう, すでに: He is ～ asleep [sleeping]. / We're ～ making money. もうもうかっている / I have ～ written it. / It's ～ done [done ～]. もう済んでいる / He had ～ started when I telephoned. 私が電話した時には彼はもう出掛けていた / Let's hurry; it's ～ late. 急ごう, もう遅いのだ / *Already* there was snow on the ground. すでに地面には雪が積もっていた / *Already* in the nineteenth century, there were warnings about pollution. 19 世紀の段階ですでに, 汚染についての警告が発せられていた. **2** すでに, かねて: He ～ knows [knew] it. / She has ～ been in Europe. ヨーロッパには前に行ったことがある. **3** [疑問文・否定文の通例文尾に置いて] おやもう, まさかまだ (so early). ★ 驚きなどを表す (cf. yet 1, 2): Has the bus left ～? おや, バスはもう出てしまったのか / He isn't up ～, is he? (こんなに早いのに)彼はまさか起きているのではないだろうね. **4** 《米口語》[語句の後に用いて] もう, さあ, 早く《いらだち・せきたてる気持ちなどを表す》: Do it ～! さあやって. 〖《*c*1300》*al redy* fully prepared: ⇨ all, ready〗

al·right /ɔːlráɪt, ɑ̀ːl-, ⁻⁻ | ɔːlràɪt, ⁻⁻/ *adv., adj.* ＝all right. ★ 広告・漫画などでかなり一般化しているが, 非標準的とする人が多い. 〖1887〗

ALS 《略》amyotrophic lateral sclerosis.

ALS, a.l.s. 《略》autograph letter signed 自筆自署の手紙. 〖1851〗

Al·sace /ælsǽs, -séɪs, ⁻⁻ | ǽlsæs, -zæs; *F.* alzas/ *n.* **1** アルザス《フランス北東部, Vosges 山脈と Rhine 川の間の地方; ドイツ語名 Elsass》. **2** アルザス(ワイン)《アルザス産の辛口白ワイン》. 〖□ ML *Al(i)sātia*: ⇨ Alsatia〗

Alsáce-Lorráine *n.* アルザスロレーヌ《フランス北東部の地方; もとの Alsace と Lorraine の東部を含む; 1871–1919 および 1940–44 年間はドイツ領, 現在はフランスの Bas-Rhin, Haut-Rhin および Moselle の 3 県に分かれる; 面積 14,524 km², ドイツ語名 Elsass-Lothringen》.

Al·sa·tia /ælséɪʃə, -ʃiə/ *n.* **1** アルセーシア《もと London 中央の Whitefriars 地区の俗称; 16 世紀から 1697 年まで犯罪者・負債者の逃げ場所となった修道院があった》. **2** (犯罪者などの)潜伏地. **3** アルサティア《Alsace の古代名》. 〖《1688》□ ML *Al(i)sātia*《ラテン語名》← OHG *elisāzzo* (G *Elsass*) inhabitant of the other (bank of the Rhine) ← *elles* 'ELSE'＋*siggan* 'to SIT': フランスとドイツとの間の Rhine 川西方, スイスとの国境の一地方で久しく所属不明の地であった〗

Al·sa·tian /ælséɪʃən | -ʃən, -ʃiən/ *adj.* **1** アルザス (Alsace) の. **2** アルセーシア (Alsatia) の. ― *n.* **1 a** アルザス人. **b** 〖言語〗アルザス語《アルザス人の話すドイツ語方言》. **2** アルセーシア居住者. **3** 《英》＝Alsatian dog. 〖《1691》: ⇨ ↑, -an[1]〗

Alsátian dóg *n.* 《英》＝German shepherd dog. 〖cf. Alsatian sheep dog《1917》〗

ál·sike /ǽlsaɪk, -sɪk/ *n.* 〖植物〗タチオランダゲンゲ (*Trifolium hybridum*)《マメ科のクローバーの一種で, ヨーロッパ産の有用な牧草; alsike clover ともいう》. 〖《1852》← *Alsike*《初めてこの牧草が栽培されたスウェーデンの地名》〗

Al Si·rat /æ̀lsɪ̀ráːt/ *n.* [the ～] 〖イスラム教〗 **1** (宗教の)正道. **2** (天国に行く者が通らなければならない)細い道. 〖□ Arab. *al-ṣirāṭ* the road: cf. street〗

al·so /ɔ́ːlsou, ɑ́ːl-, -tsou | ɔ́ːlsəu, ɔ́l-, -tsəu/ *adv.* もまた (besides, as well); やはり, 同様に (in like manner). ★ 位置は通例, 文中または文尾: I ～ went. / He came ～. / his daughter, ～ a famous scientist 彼の娘, 彼女も著名な科学者なのだが / built by Christopher Wren, who ～ designed St. Paul's 建築はクリストファー レンの手になるが, 彼はまたセントポール大寺院をも設計した / Peace be with you.—And ～ with you. 君の無事を祈る—君のもね / not only ... but ～ ...のみならず...もまた (⇨ only 成句).

> 語法 (1) too と同義だがやや格式ばった語. (2) 否定文には either などを用いる: If you don't go, I won't, *either*. 君が行かないなら私も行くまい / I don't like it. — *Neither* [*Nor*] do I. 私は嫌いだ—私もだ.

― *conj.* 《口語》そしてまた[その上] (and also): He gave me this book, ～ some candy to eat on the way home. この本とそして家に帰る途中で食べるキャンディーとをくれた / *Also*, there are several other factors to consider. さらに考慮すべきいくつかの他の要素がある. ★ *conj.* の用法は非標準的とする人が多い. 〖?lateOE (*e*)*alswā* wholly so: ⇨ all, so[1]〗

álso-ràn *n.* **1 a** 〖競馬〗着外に落ちた馬《四着以下》. **b** (レースで)入賞できなかった選手. **2** 《口語》落選者; 失敗者; 落伍者; 凡人, 凡才. 〖1896〗

al·stroe·me·ri·a /æ̀lstrəmíˀriə | -strə(ʊ)míər-/ *n.* 〖植物〗ユリズイセン, アルストロメリア《南米産ヒガンバナ科ユリズイセン属 (*Alstroemeria*) の植物の総称; 観賞用に栽培; キバナユリズイセン (*A. aurantiaca*) など; Peruvian lily ともいう》. 〖《1791》← NL ～ ← *Claude Alstroemer* (1736–96: スウェーデンの植物学者)＋-IA[1]〗

alt[1] /ǽlt/ *n., adj.* 〖音楽〗アルト(の) (alto), 中高音(の). ***in ált*** (1) 〖音楽〗インアルト《2 点ト音に始まるオクターブの諸音で》: C *in* ～ 3 点ハ. (2) 《英》有頂天になって, 興奮して (exalted, excited). 〖*a*1794〗 〖《1535》□ It. *alto* □ L *altus* high, shrill (of voice)《原義》nourished (p.p.) ← *alere* to nourish ← IE **al-* to grow, nourish: cf. old〗

alt[2] /ɔ́ːlt, ɑ́ːlt | ɔ́ːlt/ *n.* 《豪俗》(既存の価値観とは異なる)新しい生き方をする人《自然生活主義者など》.

Alt /ɔ́ːlt | ɔ́ːlt/ *n.* 〖電算〗＝Alt key.

alt. 《略》alteration; alternate; alternating; alternation; alternative; alternator; altitude; 〖音楽〗alto.

alt- /ælt/ (母音の前にくるときの) alto- の異形: *altazimuth*.

Al·ta /ǽltə | -tə/ *n.* アルタ《女性名》. 〖□ L ～ (fem.) ← *altus* high, tall: ⇨ alt〗

Alta 《略》Alberta.

Al·ta Ca·li·for·nia /*Sp.* áltakalifórnja/ *n.* アルタカリフォルニア《現在の California 地域を指すスペイン語名; 英語名 Upper California; cf. Baja California》. 〖⇨ Alta〗

Al·ta·de·na /æ̀ltədíːnə/ *n.* アルタデナ《米国 Los Angeles 近郊の町》.

Al·tai /æltáɪ | ɑ̀ːl-⁻; *Russ.* altáj/ *n.* **1** [the ～] ＝Altai Mountains. **2** ＝Altay 2. 〖□ Mongolian ～ ← *al* gold＋*tai* mountain〗

Al·tai·an /æltéɪən, -táɪən | ɑ̀ːl-⁻/ *adj., n.* ＝Altaic. 〖《1874》□ F *altaïen* ← *Altai* Altai Mountains: ⇨ ↑, -an[1]〗

Al·ta·ic /æltéɪɪk/ *adj.* **1** アルタイ (Altai) 山脈の; アルタイ山脈に住む人の. **2** 〖言語〗アルタイ語族の. ― *n.* **1** 〖言語〗アルタイ語族《トルコ・ツングース・モンゴル語などを含む》. **2** アルタイ語族の言語を話す人. 〖《*c*1828》□ F *altaïque* ← *Altai* (↑): ⇨ -ic[1]〗

Áltai Móuntains *n. pl.* [the ～] アルタイ山脈《モンゴル共和国からシベリア南西部にまたがる大山系; 最高峰 Belukha /bjilúxə/ (4,506 m)》.

Al·tair /æltéə, -táɪə, ⁻⁻ | ǽltɛə[r], ⁻⁻/ *n.* 〖天文〗アルタイル, 牽牛(けんぎゅう)星, 彦星《わし座 (Aquila) の α 星で 0.0 等星》. 〖□ Arab. *al-ṭā'ir* the bird〗

Al·ta·mi·ra /æ̀ltəmíˀrə | -təmíərə; *Sp.* altamíra/ *n.* アルタミラ《スペイン北部, Santander 付近にある洞窟(どうくつ); その壁面に後期旧石器時代の彩色した動物の絵があるので有名》.

al·tar /ɔ́ːltə, ɑ́ːl- | ɔ́ːltə[r], ɔ́l-/ *n.* **1** 〖キリスト教〗祭壇, 聖餐台, 聖体拝領台, 宝座, 聖卓 (communion table) (⇨ church 挿絵): ⇨ high altar. **2** 祭壇. **3** 〖造船〗乾燥ドックの階段. **4** [the A-] 〖天文〗さいだん(祭壇)座 (⇨ Ara).

be sácrificed on [at] the áltar of... で苦しむ. ***léad to the áltar*** 《口語》〈女性〉と結婚する. 〖*a*1842〗 ***ráise to the áltars of the Chúrch*** (列福式・列聖式などにより)叙階する.

Áltar of Repóse [the ―] 〖カトリック〗聖体遷置所《キリストの死をしのぶために聖週間に聖堂外に設けられる》. 〖*c*1872〗

〖lateOE *altar*(*e*) □ LL *altāre* ＝L *altāria* (pl.) high altar,《原義》burnt offerings ← ? *adolēre* to burn〗

al·tar·age /ɔ́ːltərɪdʒ | ɔ́ːl-, ɔ́l-/ *n.* **1** [集合的] (祭壇への)供物; (教会への)寄進. **2** (教会儀式に対する司祭への)謝礼金, お布施. **3** [集合的] 逝去者記念式(法要)の寄付. 〖《1478》□ OF *auterage*: ⇨ ↑, -age〗

áltar bòard *n.* 〖キリスト教〗(コプト教会でミサの際に聖杯と聖体皿を置くための)祭壇盤.

áltar bòy *n.* (教会の)侍者, アコライト (acolyte)《教会の諸儀式, 特にミサ聖祭に侍して司祭を助ける》. 〖1772〗

áltar brèad *n.* ミサ聖祭[聖餐式]用パン. 〖1849〗

áltar clòth *n.* 祭壇布, 聖壇布; (俗に)祭壇前面垂帳. 〖?*a*1200〗

áltar·pìece *n.* (教会堂の)祭壇の背後・上部の飾り《絵画・彫刻またはついたて; cf. reredos》. 〖1644〗

áltar ràil *n.* 〖キリスト教〗＝communion rail. 〖1860〗

áltar stòne *n.* 〖カトリック〗 **1** (祭壇の)祭台 (⇨ mensa 1). **2** 携帯用祭壇 (⇨ superaltar). 〖*c*1325〗

áltar·wìse *adv.* 聖壇の向きに. 〖《1562》: ⇨ -wise〗

Al·tay /æltáɪ⁻; *Russ.* altáj/ *n.* **1** ＝Altai Mountains. **2** アルタイ: **a** ロシア連邦シベリア南西部 Ob 川上流; 面積 261,700 km², 主都 Barnaul. **b** ロシア連邦シベリア南西部 Altai 山脈中にある共和国; 首都 Gorno-Altaysk; 旧称 Oyrot, Gorno-Altay.

alt·az·i·muth /æltǽz(ə)məθ | -zɪ-/ *n.* 〖天文〗経緯儀. 〖《1860》← ALT(ITUDE)＋AZIMUTH〗

altázimuth mòunting *n.* 〖機械〗経緯儀取付け《望遠鏡・アンテナ・測量機器などを水平・垂直両方向に動かせるように取り付けること》; 経緯儀取付け台.

Alt·dorf /ǽltdɔəf, ɑ́ːlt- | -dɔːf; *G.* áltdɔʁf/ *n.* アルトドルフ《スイス中部の小都市; William Tell の伝説上の故郷》.

Alt·dor·fer /ǽltdɔəfə, ɑ́ːlt- | ǽltdɔːfə[r]; *G.* áltdɔʁfɐ/, **Alb·recht** *n.* アルトドルファー《1480?–1538?; ドイツの画家・版画家》.

Al·te Pi·na·ko·thek /ɑ́ːltəpɪ̀nɪnə̀kòutéɪk | -kəu-; *G.* áltəpinakotéːk/ *n.* アルテ ピナコテーク《ドイツ Munich にある美術館; 中世から 18 世紀にかけての絵画を収蔵》.

al·ter /ɔ́ːltə, ɑ́ːl- | ɔ́ːltə[r], ɔ́l-/ *vt.* **1** (形・性質・位置などについて部分的に)変える, 変更する, 改める (⇨ change SYN): ～ an opinion 意見[説]を改める / ～ a house 家を改造する / ～ a suit 服を作り変える / ～ course 〖海事〗針路を変える / ～ the course of history 歴史の流れを変える / ～ the clock (夏時間などで)時計の針をずらす / That ～s the case. それでは話が変わってくる. **2** 《米・豪》〈家畜など

A

を)去勢する (geld); …から卵巣を取り去る (spay). ― *vi.* 変わる, 改まる; 〈人が〉衰える, 老ける: He has ~*ed* since his illness. **~·er** /-tərə | -tərə^(r)/ *n.* 〘(*c*1385) ◻ (O)F *altérer* // LL *alterāre* to change ← L *alter* the other (of two) ← **al-* (⇨ alias)+**-tero-* '-THER'〙

al·ter·a·ble /ɔ́ːltərəbl, ɑ́ːl-, -trə- | ɔ́ːl-, ɔ́l-/ *adj.* 変えられる, 変更[改造]可能な. **al·ter·a·bil·i·ty** /ɔ̀ːltərəbíləti, -trə-, ɑ̀ːl- | ɔ̀ːltərəbíləti, ɔ̀l-/ *n.* **ál·ter·a·bly** *adv.* 〘(?*a*1425) ◻ (O)F *altérable*: ⇨ -ABLE〙

al·ter·ant /ɔ́ːltərənt, ɑ́ːl- | ɔ́ːl-, ɔ́l-/ *adj.* 変質させる. ― *n.* 変質させるもの; 変色剤. 〘(1626) ◻ F *altérant* (pres.p.) ← *altérer* 'to ALTER'〙

al·ter·a·tion /ɔ̀ːltəréɪʃən, ɑ̀ːl- | ɔ̀ːltə-, ɔ̀l-/ *n.* **1** 変更, 改変, 改造. **2** 変化, 変質. **3** 改変[変更, 改造]箇所: ~*s in* a house, dress, etc. 〘(*a*1398) ◻ (O)F *altération* // LL *alterātiō(n-)*: ⇨ alter, -ation〙

al·ter·a·tive /ɔ́ːltərèɪtɪv, ɑ́ːl-, -rət- | ɔ́ːltərət-, ɔ́l-, -rèɪt-/ *adj.* **1** 改変的な, 変質的な. **2** 《俗用》〖医学〗体質を改善する. ― *n.* 《俗用》(徐々に健康にすると称する)変質剤, 体質変換薬; 変質療法. 〘(*a*1398) ◻ (O)F *altératif* // ML *alterātīvus* (p.p.) ← *alterāre* 'to ALTER'〙

al·ter·cate /ɔ́ːltəkèɪt, ǽl- | ɔ́ːltə-, ɔ́l-/ *vi.* 口論する, 争論する, 言い争う (dispute angrily) 〔*with*〕. 〘(1530) ← L *altercātus* (p.p.) ← *altercārī* to dispute with another ← *alter* another: ⇨ alter, -ate³〙

al·ter·ca·tion /ɔ̀ːltəkéɪʃən, æ̀l- | ɔ̀ːltə-, ɔ̀l-/ *n.* 口論, 激論, 論争 (hot dispute) (⇨ quarrel SYN): have an ~ *with* a person 人と激論する〔*on*〕. 〘(*c*1390) ◻ (O)F ~ // L *altercātiō(n-)*: ⇨ ↑, -ation〙

áltered chórd *n.* 〖音楽〗変化和音 (臨時に変化した音を含む和音).

al·ter e·go /ɔ́ːltəríːgoʊ, ɑ́ːl-, ǽl-, -égoʊ | ǽltə(r)íːgəʊ, ɔ́ːl-, ɔ́l-, -égəʊ/ *n.* (*pl.* ~**s**) **1** 他我, 分身 (other self). **2** (同じ趣味・思想の)親友 (bosom friend). 〘(1537) ◻ L ~ 《原義》 the other I: Cicero の用法〙

al·ter i·dem /ɔ́ːltəráɪdɛm, ɑ́ːl-, ǽl-, -íːdɛm | ǽltə(r)-, ɔ́ːl-, ɔ́l-/ *L. n.* 酷似したもの. 〘◻ L ~ 'another the same'〙

al·ter·i·ty /ɔːltérəti, ɑːl-, æl- | ǽltérəti, ɔl-/ *n.* 他のものであること, 異なること, 他性 (otherness). 〘(1642) ◻ F *altérité* ◻ ML *alteritatem* a being otherwise ← *alter* other: ⇨ -ity〙

al·tern /ɔ́ːltəːn, ɑːl-, æl-, ←— | ɔ́ːltəːn, ɔl-, ←—/ *adj.* =alternate 1. 〘(1644) ◻ L *alternus* alternating: ⇨ alter〙

al·ter·nance /ɔ́ːltənəns, ɑ́ːl-, ǽl- | ɔːltə́ːn-, ɔl-/ *n.* 交替, 交互 (alternation). 〘(1921): ⇨ ↓, -ance〙

al·ter·nant /ɔ́ːltənənt, ɑ́ːl-, ǽl- | ɔːltə́ːn-, ɔl-/ *adj.* **1** 交互の, 交代の. **2** 〖地質〗異種の地層が交互に重なった, 互層の. ― *n.* **1** 〖数学〗交代関数 (alternating function). **2** 〖論理〗=disjunct. **3** 〖言語〗交替形 (異音 (allophone) や異形態 (allomorph)). 〘(*a*1640) ◻ L *alternantem* (pres.p.) ← *alternāre* (↓)〙

al·ter·nate /ɔ́ːltənèɪt, ɑ́ːl-, ǽl- | ɔ́ːltə-, ɔ́l-/ *vt.* 互い違いにする; 交替にする, 交互に行う〔*with*, *by*〕: ~ red and blue lines / ~ red lines *with* blue / ~ writing *with* [and] reading 執筆と読書を交互に行う. ― *vi.* **1** 交互に行う, 互い違いになる: Red lines ~ *with* blue. **2** 交替する〔*with*〕; 〔二者の間で〕交替する, 〔二つの状態などを〕交互に繰り返す〔*between*〕: They ~*d* [She ~*d with* him] *in* setting the table. 二人は交替で食卓の用意をした / Joy and grief ~ in my breast. = I ~ *between* joy and grief. 私の胸中は悲喜こもごもである / The flood and ebb tides ~ *with* each other. **3** 〖電気〗〈電流が〉交番する.

― /ɔ́ːltənət, ɑ́ːl-, ǽl- | ɔːltə́ː-, ɔl-/ *adj.* [限定的] **1** 〈二種のものが〉交互の[に現れる], 交替の, かわるがわるの (⇨ intermittent SYN): ~ lines of red and blue / a week of ~ snow and rain 雪と雨が交互に降る[降った]一週間 / ~ hope and fear 一喜一憂. **2** 一つ置きの, 互い違いの (every other): read the ~ lines / each ~ day 隔日 / on ~ days 一日置きに. **3** 〖植物〗〈葉が〉(軸に対して)互生の, 花の部分(例えば萼(がく)と花弁)が交互にある (cf. opposite 3, verticillate 1): ~ leaves 互生葉. **4** =alternative 2: an ~ plan 代案 / an ~ date for a picnic ピクニックのための代わりの日取り. **5** 〖電気〗=alternating 3: an ~ current.

― /ɔ́ːltənət, ǽl- | ɔːltə́ː-, ɔl-/ *n.* **1** 《米》=alternative 1. **2** 《米》代理人[役], 代わり; 補欠 (substitute) 〔*to*, *for*〕: delegates and ~*s* 代表者と代理人. **3 a** (二人交替制の)交替者〔*to*〕. **b** 〖演劇〗ダブルキャストの(俳優の)一方; 代役.

〘(1513) ◻ L *alternātus* (p.p.) ← *alternāre* to do one thing after the other ← *alternus* (⇨ altern)〙

álternate ángles *n. pl.* 〖数学〗錯角 (1 直線 *XY* が 2 直線 *AB*, *CD* とそれぞれ点 *P*, *Q* で交わってできる角 *APY* と *DQX*, および *BPY* と *CQX*). 〘1660〙

álternate generátion *n.* 〖生物〗=ALTERNATION of generations. 〘1858〙

álternate kéy *n.* 〖電算〗オールタネートキー (IBM PC やその互換機などのキーボード上のキーの一つ; 他のキーと同時に押すことにより, 当該のキーの本来のコードとは別のコードを発生させる).

ál·ter·nate·ly *adv.* かわるがわる, 交替に, 交互に, こもごも〔*with*〕; 互い違いに, 一つ置きに: ~ push and pull 押したり引いたりを交互に繰り返す. 〘(1432): ⇨ -ly¹〙

álternate plúmage *n.* 〖鳥類〗代羽 (年一回の完全な換羽以外の換羽によって得られた羽装; cf. basic plumage).

álternate stráight *n.* 〖トランプ〗=skip straight.

ál·ter·nàt·ing /-tɪŋ | -tɪŋ/ *adj.* **1** 交互する, 交替の, 交番の. **2** 〖数学〗交代の. **3** 〖電気〗交流の, 交番の (cf. direct 11). 〘(1837): ⇨ alternate (*v.*), -ing²〙

álternating cúrrent *n.* 〖電気〗交流, 交流電流 (略 AC, a.c.; cf. direct current): an ~ generator = alternator. 〘1839〙

álternating fúnction *n.* 〖数学〗交代式 (二つの変数を入れ換えると符号が変わる多項式; cf. symmetric function).

álternating-grádient fócusing *n.* 〖物理〗交番勾配集束, AG 集束.

álternating gróup *n.* 〖数学〗交代群 (有限個のものの偶置換全体の作る群; cf. symmetric group). 〘1904〙

álternating láyers *n. pl.* 〖地質〗互層.

álternating líght *n.* 〖海事〗互光灯 (光色が交互に替わる灯台光).

álternating mátrix *n.* 〖数学〗交代行列 (転置すると符号が変わる行列; cf. symmetric matrix).

álternating personálity *n.* 〖心理〗 **1** =multiple personality. **2** 多重人格.

álternating psychósis *n.* 〖精神医学〗躁鬱(そううつ)病 (manic-depressive psychosis).

álternating séries *n.* 〖数学〗交代級数 (正の項と負の項とが交互に表れる級数; $1-1/3+1/3^2-1/3^3+\ldots$ のようなもの). 〘*c*1909〙

álternating vóltage *n.* 〖電気〗交番[交流]電圧.

al·ter·na·tion /ɔ̀ːltənéɪʃən, ɑ̀ːl-, æ̀l- | ɔ̀ːltə-, ɔ̀l-/ *n.* **1** 交互, 交代, 交替, 交番: There is an ~ of red and white stripes in the Stars and Stripes. 星条旗には赤と白の線が交互している. **2** 一つ置き. **3** 〖論理〗=disjunction 2. **4** 〖数学〗交代数列 (正の項と負の項とが交互に表れる数列; 1, −2, 3, −4, …のようなもの). **5** 〖電気〗交番, 交番数. **6** 〖言語〗(異音や異形態の)交替.

alternátion of generátions 〖生物〗世代交代[交番] (metagenesis, heterogenesis, digenesis, xenogenesis ともいう). (1858)

alternátion of núclear pháses 〖生物〗核相交代[交番].

alternátion of stráta 〖地質〗互層.

〘(*c*1443) ◻ OF ~ // L *alternātiō(n-)*: ⇨ alternate, -ation〙

al·ter·na·tive /ɔːltə́ːnətɪv, ɑːl-, æl- | ɔːltə́ːnət-, ɔl-/ *adj.* [限定的] **1 a** (二者について)どちらか一方を選ぶべき, 二者択一(的)の: the ~ options of life *or* [*and*] death 生か死かの二筋道 / These two plans are not necessarily ~. この二つの計画は必ずしも二者択一的ではない (両立も可能だ). **b** (三者以上について)どれか一つを選ぶべき, (三者・数者)択一(的)の: construct three or more ~ hypotheses 三つあるいはそれ以上の択一的な仮説を立てる. ★ もとは a, b のうち通例 a の意味に用いた; n. 1, 2 についても同じ. **2** 代わりとなる, 代わりの; 既存のものに代わるべき, 代替…: an ~ plan [route] 代案[代わりのルート] / ~ technology 代替テクノロジー / There is no (other) ~ course. ほかに手段がない / I shall have to seek ~ employment. 別の職を探さなければならなくなるだろう. **3** 伝統[慣習]にとらわれない, 代替の: ~ comedy 従来の型・素材にとらわれないコメディー / ~ theater 非伝統的演劇 (前衛的・実験的・マイナーなもの) / an ~ lifestyle もう一つの生き方 / ⇨ alternative medicine, alternative society. **4 a** 〖論理〗選言的な, 二者択一的な. **b** 〖文法〗選択的な: an ~ conjunction 選択接続詞 (or, either … or など) / an ~ question 選択疑問(文) (例: Is this a pen or a pencil?). **5** 《口語》=alternate 1, 2.

― *n.* **1 a** 二者の間の選択(の機会), 二者択一 (⇨ choice SYN): the ~ *of* liberty *or* death 自由か死かの二者択一 / We have the ~ *of going* by train *or* by bus. 列車で行くかバスで行くかどちらかを選べる / There is no ~. 選択の余地[自由]がない, そうするより仕方がない (There is no choice.) (cf. 2 a). **b** 三者以上の間の選択, (三者・数者)択一. ★ ⇨ *adj.* 1 ★. **2 a** どちらか選択すべき二つのもの(のうちの一つ); 〔…の代わりに〕他に取りうる[残った]方法, 〔…の代わり〕〔*to*〕: The ~*s* were death *and* [*or*] surrender. 死と[か]降伏のどちらかを選ばなければならなかった / The ~ *to* death was surrender. 死を選ばないとするなら降伏するよりなかった / He was given the ~*s of going and* [*or*] *remaining*. 行くか残るかのどちらかにせよと言われた / The ~ is (*to*) compromise. もう一つの手段は妥協(すること)だ / The only ~ *to* refusal is consent. 拒絶以外の方法には承諾しかない / There is no (other) ~. ほかに方法がない, そうするより仕方がない (cf. 1 a) / I have no ~ but to agree. 同意するより仕方がない / as the ~ *to* …の代わりとして / choose the other ~ もう一つの方法を選ぶ / choose between ~*s* 2 つの可能性の中で選ぶ. **b** (三つ以上のものについて)どれか一つ; (何か)ほかの方法, 代わり: choose a [the] third ~ / choose among several ~*s* いくつかの可能性の中で選ぶ / choose another ~ 別の方法を選ぶ / as an ~ *to* …の代わりに[として]. ★ ⇨ *adj.* 1 ★. **3** 〖医学〗変質剤.

~·ness *n.* 〘(1590) ◻ ML *alternātīvus* ← *alternātus* (p.p.) ← *alternāre*: ⇨ alternate, -ative〙

altérnative deníal *n.* 〖論理〗否定選言(詞) (構成要素となる二命題が共に真のときにのみ全体が偽となるような複合命題およびこのような複合命題を構成する命題結合詞; Sheffer's stroke の一つで, 連言の否定と等価; cf. joint denial).

altérnative énergy *n.* 代替エネルギー (石炭・石油の化石燃料に代わる, 太陽・風力・潮力などの環境に影響の少ないエネルギー; renewable energy ともいう). 〘(1963) 1975〙

altérnative fúel *n.* 代替燃料 (自動車の動力源としてのガソリンやディーゼル油に代わる天然ガス・メタノール・電気など). 〘1924〙

altérnative hypóthesis *n.* 〖統計〗対立仮説 (null hypothesis が否定された場合に容認される仮説; cf. hypothesis testing, null hypothesis).

al·ter·na·tive·ly /ɔːltə́ːnətɪvli, ɑːl-, æl- | ɔːltə́ːnət-, ɔl-/ *adv.* **1 a** (その)代わりに; あるいは(また). **b** (二者)択一的に, 選択的に. **2** 《廃・俗用》交互に, 交替で (alternately). 〘1581〙

altérnative mandámus *n.* 〖法律〗選択的職務執行令状 (cf. peremptory mandamus).

altérnative médicine *n.* 代替医療 (鍼(はり)・灸・漢方などの非西洋的な医療の総称; complementary medicine ともいう). 〘1983〙

Altérnative Sérvice Bòok *n.* 〖キリスト教〗代替祈禱(きとう)書 (the Book of Common Prayer に代えて使用できるよう 1980 年に刊行された英国教会の祈禱書; 略 ASB). 〘(1979) 1980〙

altérnative socíety *n.* [the ~] 〖社会学〗代替社会, 別社会 (現在の社会とは異なる価値体系に基づく社会; 財産の共有・自給自足などが特徴; cf. counterculture). 〘*c*1970〙

altérnative stándard *n.* 〖経済〗交代本位制 (金と銀の法定比価を固定した金銀複本位制度; グレシャムの法則 (Gresham's law) により事実上は金または銀の一方だけが本位貨として流通する).

altérnative títle *n.* =subtitle 1 a.

altérnative vóte *n.* 〖政治〗=preferential voting. 〘1910〙

ál·ter·nà·tor /-tə | -tə^(r)/ *n.* 〖電気〗交流発電機. 〘(1892): ⇨ alternate (*v.*), -or〙

al·terne /ɔ́ːltəːn, ɑ́ːl- | ɔ́ːltəːn, ɔ́l-/ *n.* 〖生態〗交替群集 (ある異なった地域を占めている二つ以上の群集が互いに入れ替わる関係にあるときの群集の一つをいう). 〘(1916) ◻ F ~ 'alternate' ◻ L *alternus*: ⇨ alternate〙

al·ter·ni- /ɔːltə́ːnɪ, ɑːl-, æl- | ɔːltə́ː-, ɔl-/ 「交互の, 互生の; 交互に」の意の連結形: *alterni*foliate 互生葉序の. 〘← NL ~ ← L *alternus* (↑)〙

al·thae·a /ælθíːə/ *n.* (*also* 《米》 **al·the·a** /~/) 〖植物〗 **1** タチアオイ (アオイ科タチアオイ属 (*Althaea*) の植物の総称; タチアオイ (*A. rosea*) など). **2** ムクゲ (rose of Sharon). 〘(1543) ◻ L ~ ◻ Gk *althaía* wild mallow ← *althaínein* to heal〙

Al·thae·a /ælθíːə | ǽlθiə/ *n.* 〖ギリシャ伝説〗アルタイア (Meleager の母; 自分の兄弟たちの死を悼みその原因となったわが子 Meleager を呪い殺す). 〘◻ L ~ ◻ Gk *Althaía*: ↓〙

Al·the·a /ælθíːə | ǽlθiə/ *n.* アルシーア (女性名). 〘◻ Gk *Althaía* 《原義》 healer: cf. althaea〙

Al·thing /ǽlθɪŋ/ *n.* アイスランド国会 (二院制). 〘(1875) ◻ ON *al-þing* whole *assembly*〙

al·tho /ɔːlðóʊ | ɔːlðə́ʊ, ɔl-/ *conj.* 《米》=although.

alt·horn /ǽlthɔən | -hɔːn/ *n.* アルトホルン (サクソルンの類の吹奏楽用金管楽器; alto (horn), alto saxhorn ともいう). 〘(1859) ← ALT+HORN〙

al·though /ɔːlðóʊ, ɑːl- | ɔːlðə́ʊ, ɔl-/ *conj.* たとえ…でも, …とはいいながら, …だが (⇨ though SYN): *Although* (he is) very old, (yet) he is quite strong. =He is quite strong ~ (he is) very old. 随分年をとっているがなかなか達者だ / He's quite strong, ~ you might not think so. 君はそう思わないかもしれないが, 彼はなかなか元気だ.

語法 (1) though よりは格式ばった語で, 仮定よりは事実を述べるときに多く用いられる. (2) 主節に先立つときは although の方が多く用いられる. (3) as though, even though, what though …? では though の代わりに although を用いることはなく, また early though it was などの構文についても同様である. (4) その他, 口調や韻律の関係で選ぶこともある.

〘(*c*1325) *alþa(u)h*: ⇨ all (adv.), though〙

Al·thus·ser, Louis /ǽltuːséə | ǽltusèə^(r); *F.* altysɛːʁ/ *n.* アルチュセール (1918–90; フランスのマルクス主義的構造主義派の中心人物; 晩年は精神に異常をきたして妻を殺し, 精神病院に収容される (1980) など不遇だった; *Pour Marx* (1965), *Lire 'le capital'* (1965)).

Al·ti- /ǽltɪ/ alto- の異形 (⇨ -i-): *alti*meter. 〘◻ L ~ ← *altus*: ⇨ alt, old〙

al·ti·graph /ǽltəgræ̀f | -tɪgrɑ̀ːf, -græ̀f/ *n.* 記録器付き高度計. 〘⇨ ↑, -graph〙

al·tim·e·ter /æltímətə, ǽltəmìːtə | ǽltɪmìːtə^(r), ɔ́ːl-, ɔ́l-, æltímɪ-/ *n.* 高度測量器; 〖航空〗高度計: ⇨ radio altimeter. 〘(*c*1828) ← ALTI-+-METER¹〙

al·tim·e·try /æltímətri | -mɪ-/ *n.* 〖天文〗高度[仰角]測量. **al·ti·met·ric** /æ̀ltəmétrɪk | -tɪ-/ *adj.* **àl·ti·mét·ri·cal** *adj.* 〘(1696) ← ALTI-+-METRY〙

al·ti·pla·no /æ̀ltɪplɑ́ːnoʊ | -tɪplɑ́ːnəʊ; *Sp.* altiplá-no/ *Sp. n.* (*pl.* ~**s**) **1** (ボリビアなどの)高原. **2** [the A-] アルティプラノ (ペルー南部からボリビア北部にまたがる Andes 山脈頂部の高原状の盆地). 〘(1919) ◻ Am.-Sp. ~ ← Sp. *alti-* (⇨ alti-)+*plano* 'PLAIN¹'〙

alti-rilievi *n.* alto-rilievo の複数形.

al·tis·si·mo /æltísəmòʊ | -sɪməʊ; *It.* altíssimo/ 〖音楽〗 *adj.* 最も高い. ― *n.* ★ 次の成句で: ***in altissimo*** アルティッシモで (in alt よりさらに高いオクターブ; 3 点ト音より始まる). (1838) 〘(1819) ◻ It. ~ 'very high' (superl.) ← ALTO〙

al·ti·tude /ǽltətùːd, -tjùːd | -tɪtjùːd/ *n.* **1 a** (航空

機などの)高度, 高さ (⇨ height SYN): an ~ flight 高度飛行 / an ~ record 高度記録 / *at* high ~(*s*) 高高度において / *at* an ~ of ...の高度で / lose ~ 《飛行機などが》高度が下がる / the ~ of a tower 塔の高さ. **b** 深さ (depth). **2** 〘天文〙高度: take the sun's ~ 太陽の高度を測る. **3 a** 〘地理〙海抜高度, 標高: The mountain has an ~ of 3,000 meters. **b** [通例 *pl.*] 高所, 高地: In those ~*s* the air is extremely thin. この辺の高地は空気がとても希薄だ. **4** 〘数学〙**a** (頂点から底辺へおろした)垂線. **b** 高さ. **5 a** 高位 (high position). **b** (性質・程度などの)卓越, 極致. 〚(*c*1386) □ L *altitūdō* ← *altus* high: ⇨ alt, -tude〛

áltitude sìckness *n.* 〘病理〙(酸素不足による)高所病 (mountain sickness ともいう). 〚1920〛

al·ti·tu·di·nal /æ̀ltətúːdənl, -tjúː-, -dnl | -tɪ̀tjúː-dɪn-/ *adj.* 高度の; 標高の. 〚(1778) ← L *altitūdinem* high (⇨ alt)＋-AL[1]〛

al·ti·tu·di·nous /æ̀ltətúːdənəs, -tjúː-, -dn- | -tɪ̀tjúːdɪ̀n-, -dn-/ *adj.* 高度のある, 高い (lofty). 〚(1868) ← L *altitūdin-*, *altitūdō* 'ALTITUDE': ⇨ -ous〛

Ált [ÀLT] kéy *n.* 〘電算〙＝alternate key.

Alt·man /ɔ́ːltmən, ɑ́ːlt- | ɔ́ːlt-/, **Robert** *n.* アルトマン, オールトマン (1925– ; 米国の映画監督・制作者; *M*A*S*H*「マッシュ」1970, カンヌ映画祭グランプリ), *Nashville*「ナッシュビル」(1975)).

al·to /ǽltoʊ | ǽltəʊ, ɑ́ːl-/ 〘音楽〙 *n.* (*pl.* ~**s**) **1** アルト: **a** 女声最低音(域) (contralto). **b** 男声最高音(域) (countertenor). ★ 通常, 男性は bass, baritone, tenor, alto, 女性は alto, mezzo-soprano, soprano の順で高くなる. **2** アルト歌手. **3** アルト声部. **4** アルト楽器 (viola, English horn, althorn など; 普通のものより四度または五度低い); ＝althorn. — *adj.* [限定的] アルトの; アルト歌手の: an ~ solo アルト独唱. 〚(*c*1724) □ It. ~ (*canto*) high (chant) < L *altum* high: ⇨ alt〛

al·to- /ǽltoʊ | -təʊ/「高」の意の連結形: *alto*cumulus. ★ 時に alti-, また母音の前では通例 alt- になる. 〚← NL ~ ← L *altus* (↑)〛

Al·to A·di·ge /ɑ́ːltoʊɑ́ːdɪdʒèɪ | -təʊɑ́ːdɪ-; *It.* àlto-áːdidʒe/ *n.* アルトアディジェ (イタリア北部の地域で, Tirol の南に位置する; Upper Adige, South Tirol ともいう).

álto clèf *n.* 〘音楽〙アルト記号 (⇨ clef 挿絵) (viola clef ともいう). 〚*c*1875〛

àlto·cúmulus *n.* (*pl.* **-muli**) 〘気象〙高積雲 (略 Ac; ⇨ cloud 挿絵). 〚(1894) ← NL ~ ← ALTO-＋*cumulus* heaplike〛

altocúmulus cas·tel·lá·tus /-kæ̀stəléɪtəs, -lɑ́ː- | -təs/ *n.* (*pl.* **altocumuli cas·tel·la·ti** /-léɪtaɪ, -lɑ́ːtiː/) 〘気象〙塔状高積雲. 〚← NL ~〛

altocúmulus flóccus *n.* (*pl.* **altocumuli flocci**) 〘気象〙房状高積雲. 〚← NL ~〛

altocúmulus lenticuláris *n.* (*pl.* **altocumuli lenticularis**) 〘気象〙レンズ状高積雲.

altocúmulus stratifórmis *n.* (*pl.* **altocumuli stratiformis**) 〘気象〙層状高積雲.

al·to·geth·er /ɔ̀ːltəgéðə, ɔ̀ːl-, -tʊ- | ɔ̀ːltəgéðə(r), ɔ̀l-, -tʊ-/ *adv.* **1 a** 全く, 全然, まるで (entirely): He is ~ foolish. / This is ~ too much. これはあまりにもひどすぎる / This is ~ better than before. これは前のよりはるかに良い. **b** [否定語に伴って] 全く(...というわけではない), まんざら(...ではない) (部分否定): That is *not* ~ false. それはまんざらうそでもない / You haven't ~ convinced me. 君の言うことですっかり納得できたわけではない. **2** 全体的に見て, 総じて (on the whole, all in all): *Altogether* [Taken ~], the party was a success. パーティーは全体としてうまくいった. **3** 全体で (in all): There were six people ~. ＝*Altogether* there were six people. 全部で 6 人いた. — *n.* [the ~] 〘口語〙真っ裸 (naked): *in the* ~ 真っ裸で. 〚lateOE *eal tōgædere*: ⇨ all (adv.), together〛

álto hórn *n.* ＝althorn. 〚1934〛

al·tom·e·ter /æltɑ́(ː)mətə | -tɔ́mɪ̀tə(r)/ *n.* 高度儀[計]. 〚← ALTO-＋-METER[1]〛

Al·ton /ɔ́ːltn̩, ɑ́ːl- | ɔ́ːl-, ɔ́l-/ *n.* アルトン (男性名). 〚← OE *Eltone* (原義) 'the village of Ælle': ⇨ -ton: もと地名〛

Al·too·na /æltúːnə/ *n.* アルトゥーナ (米国 Pennsylvania 州中部の都市).

álto-relíevo *n.* (*pl.* ~**s**) 〘美術〙高浮彫り, 高肉彫り (high relief). 〚(1664) (変形) ↓〛

álto-rilíevo *n.* (*pl.* **al·ti-rilievi** /ɑ́ːltiː-; *It.* àlti-/) 〘美術〙＝alto-relievo. 〚(1717) □ It. *alto rilievo* high relief: ⇨ alt, relief[2]〛

àlto·strátus *n.* (*pl.* **-strati**) 〘気象〙高層雲 (略 As; ⇨ cloud 挿絵). 〚(1894) ← NL ~: ⇨ alto-, stratus〛

al·tri·cial /æltrɪ́ʃəl/ *adj.* 〘動物〙〈鳥など〉晩成性の, 晩熟性の (孵化(ふか)した時未成熟で親の世話を必要とする; cf. nidicolous; ↔ precocial). — *n.* 晩成性[晩熟性]の鳥 (ハトなど). 〚(1872) ← NL *altriciālis* ← L *altric-*, *altrix* female nourisher＋-IAL〛

Al·trin·cham /ɔ́ːltrɪŋəm, ɑ́ːl- | ɔ́ːl-, ɔ́l-/ *n.* オールトリンガム (イングランド北西部 Manchester 南西郊外の都市). 〚ME *Aldringeham* ← OE *Aldhere* (人名)＋-*inghām* homestead of the people (⇨ -ing[3], home)〛

al·tru·ism /ǽltruɪ̀zm/ *n.* 愛他[利他](主義) (↔ egoism); 利他的な行為. 〚(1853) □ F *altruisme* ← It. *altrui* of or to others < VL **alterui* to this other ← *alter* the other: A. Comte の造語〛

ál·tru·ist /-ɪ̀st | -ɪst/ *n.* 愛他[利他]主義者 (↔ egoist). 〚(1868): ⇨ ↑, -ist〛

al·tru·is·tic /æ̀ltruɪ́stɪk/ *adj.* 利他(主義)的な, 愛他的な, 利他主義者(流)の (↔ egoistic). **àl·tru·ís·ti·cal·ly** *adv.* 〚(1853) ← ALTRU(ISM)＋-ISTIC〛

Al·tyn Tagh /æ̀ltɪntɑ́ː(g)/ *n.* アルトゥン山, 阿爾金山 (中国新疆(しんきょう)ウイグル自治区南東部を東西に走る山脈; 最高峰は 6,161 m; Altun Shan /æ̀ltənʃɑ́ːn/ ともいう).

a·lu /ɑ́ːluː/ *n.* 〘インド〙ジャガイモ, アールー (potato).

ALU /éɪèlјúː/ 〘略〙〘電算〙arithmetic (and) logic unit 演算論理装置[回路]. 〚1962〛

Al-U·bay·yid /æ̀lʊbéɪɪd/ *n.* El Obeid のアラビア語名.

al·u·del /ǽljʊdèl/ *n.* 〘化学〙昇華用凝縮器[冷却器] (以前用いられていた昇華してくる蒸気を捕えるための管). 〚(1559) □ F ~ □ Sp. □ Arab. *al-uthāl* the piece of apparatus〛

al·u·la /ǽljʊlə/ *n.* (*pl.* **al·u·lae** /-liː, -làɪ/) **1** 〘鳥類〙小翼 (bastard wing). **2** 〘昆虫〙翼膜. **al·u·lar** /ǽljʊlə | -lə(r)/ *adj.* 〚(1772) ← NL ~ (dim.) ← L *āla* wing: ⇨ aisle〛

al·um /ǽləm/ *n.* 〘化学〙**1** 明礬(みょうばん) ($M^IM^{III}(SO_4)_2 \cdot 12H_2O$) なる一般式をもつ複塩の総称): basic [cubic] ~ 明礬石 / ⇨ burnt alum. **2 a** カリ明礬 ($KAl(SO_4)_2 \cdot 12H_2O$) (potash alum, potassium alum, aluminum potassium sulfate, common alum ともいう). **b** アンモニア明礬 ($NH_4Al(SO_4)_2 \cdot 12H_2O$) (ammonia alum, ammonium alum ともいう). **3** 〘商用語〙＝aluminum sulfate. 〚(1373) □ OF ~ (F *alun*) □ L *alūmen* (原義) bitter salt ← ? IE **alu-* bitter (OE *ealu* 'ALE')〛

alum. 〘略〙aluminium; aluminum; alumnus.

al·u·mel /ǽljumèl/ *n.* 〘冶金〙アルメル (ニッケル(主成分)とアルミニウムの合金). 〚(逆成) ← ALUM(INIUM)＋(NICK)EL〛

a·lu·min- /əlúːmən | əlúːmɪn, əljúː-/ (母音の前にくるときの) alumino- の異形: *alumin*osis.

a·lu·mi·na /əlúːmənə | əlúːmɪ-, əljúː-/ *n.* 〘化学〙酸化アルミニウム, アルミナ, 礬土(ばんど) (Al_2O_3) (普通は白色の粉末でボーキサイト (bauxite) から造られる; 天然にはコランダム・サファイア・ルビー・金剛砂として産し, 人造宝石・研磨剤・吸着剤などに利用される; aluminum oxide ともいう). 〚(1801) ← NL ~ ← L *alūmen* 'ALUM'〛

alúmina cemènt *n.* アルミナセメント, 礬土セメント.

a·lu·mi·nate /əlúːmənɪ̀t | əlúːmɪ-, əljúː-/ *n.* 〘化学〙アルミン酸塩: ~ of soda アルミン酸ソーダ. 〚(1841) ← ALUMINA＋-ATE[1]〛

alúmina trihýdrate *n.* 〘化学〙アルミナ三水化物 ($Al_2O_3 \cdot 3H_2O$) (水酸化アルミニウム ($Al(OH)_3$) と同じ白色結晶; ガラス・陶器・アルミニウム製造原料; hydrated alumina ともいう).

a·lu·mi·nif·er·ous /əlùːmənɪ́f(ə)rəs | əlùːmɪ-, əljùː-/ *adj.* アルミニウムを含む. 〚(1849) ← ALUMINO-＋-FEROUS〛

a·lu·mi·nite /əlúːmənàɪt | əlúːmɪ-, əljúː-/ *n.* 〘化学〙アルミナイト ($Al_2SO_4(OH)_4 \cdot 7H_2O$) (アルミニウムの硫酸塩; 白色の結晶; ドイツ・フランス・ロシアの凝灰岩中から産出). 〚(1868) □ G *Aluminit*: ⇨ alumino-, -ite[1]〛

al·u·min·i·um /æ̀ljumɪ́niəm/ *n.*, *adj.* [限定的] 〘英〙〘化学〙＝aluminum. 〚(1812) (変形) ← ALUMINUM〛

a·lu·mi·nize /əlúːmənàɪz | əlúːmɪ-, əljúː-/ *vt.* アルミニウムで処理する, ...にアルミニウムを被(き)せる. 〚(1934): ⇨ ↓, -ize〛

a·lu·mi·no- /əlúːmənoʊ | əlúːmɪnəʊ, əljúː-/ 〘化学〙次の意味を表す連結形: **1**「明礬(みょうばん) (alum)」: *alumino*graphy. **2**「アルミニウム」: *alumino*silicate. 〚← L *alūmin-*, *alūmen* 'ALUM'〛

a·lu·mi·nog·ra·phy /əlùːmənɑ́(ː)grəfi | əlùːmɪnɔ́g-, əljùː-/ *n.* 〘印刷〙＝algraphy. 〚1909〛

a·lu·mi·non /əlúːmənɑ̀(ː)n | əlúːmɪnɔ̀n, -ljúː-/ *n.* 〘化学〙アルミノン ($C_{22}H_{23}N_3O_9$) (赤褐色の粉末; 分析用試薬). 〚← ALUMINO-＋(I)ON〛

alùmino·sílicate *n.* 〘化学〙アルミノケイ酸塩 (Al_2O_3 と SiO_2 からなる塩の総称; 粘土の主成分). 〚(1907) ← ALUMINO-＋SILICATE〛

a·lu·mi·no·ther·my /əlúːmənoʊθə̀ːmi | əlúːmɪnə(ʊ)θə̀ː-, əljúː-/ *n.* 〘冶金〙アルミノテルミー[テルミット法] (アルミニウムが酸化する際に発生する多量の熱を利用した金属酸化物の還元冶金法; thermite [Thermit] process ともいう). 〚(1909) □ G *Aluminothermie*: ⇨ alumino-, -thermy〛

a·lu·mi·nous /əlúːmənəs | əlúːmɪ̀-, əljúː-/ *adj.* **1** 明礬(みょうばん)の, 明礬性の. **2** 礬土(ばんど)の, 礬土質の. **3** ＝aluminiferous. **a·lu·mi·nos·i·ty** /əlùːmənɑ́(ː)səti | əlùːmɪ̀nɔ́sɪ̀ti, əljùː-/ *n.* 〚(?*a*1425) □ F *alumineux* □ L *alūminōsus*: ⇨ -ous〛

alúminous cemént *n.* ＝Ciment Fondu.

a·lu·mi·num, 〘英〙 **a·lu·min·i·um** /əlúːmənəm | əlúːmɪ-, əljúː-/ *n.* 〘化学〙アルミニウム (軽金属元素の一つ; 記号 Al, 原子番号 13, 原子量 26.98154). — *adj.* [限定的] アルミニウム(含有, 製)の. 〚(1812) ← NL ~: ⇨ alumina, -ium: 英国の化学者 H. Davy (1778–1829) の造語〛

alúminum ácetate *n.* 〘化学〙酢酸アルミニウム ($Al(CH_3COO)_3$) (水溶性の白色粉末; 媒染剤・収斂(しゅうれん)剤として用いられる).

alúminum bórate *n.* 〘化学〙ホウ酸アルミニウム ($2Al_2O_3 \cdot B_2O_3 \cdot 3H_2O$) (主に crown glass 製造用).

alúminum borohýdride *n.* 〘化学〙水素化ホウ素アルミニウム ($Al(BH_4)_3$) (易燃性で揮発性の液体; 有機合成・ジェット燃料添加剤に用いられる; aluminum tetrahydroborate ともいう).

alúminum bràss *n.* 〘冶金〙アルミ真鍮 (銅 59–70%, 亜鉛 29–40%, アルミニウム 0.3–5.2% を含む). 〚*c*1905〛

alúminum brònze *n.* 〘冶金〙アルミニウム青銅 (銅を中心にアルミニウム 5–10%, 鉄, ニッケル, スズそれぞれ 1% 以下を含む). 〚*c*1875〛

alúminum cárbide *n.* 〘化学〙炭化アルミニウム (Al_4C_3) (純粋なものは白色の結晶; 水と反応してメタンを発生する). 〚*c*1865〛

alúminum chlóride *n.* 〘化学〙塩化アルミニウム ($AlCl_3$ または Al_2Cl_6) (潮解性の強い白色結晶; フリーデルクラフツ反応 (Friedel-Crafts reaction) の触媒). 〚*c*1865〛

alúminum fluosílicate *n.* 〘化学〙フルオロケイ酸アルミニウム ($Al_2(SiF_6)_3$) (白色粉末; 合成宝石製造に用いられる).

alúminum hydróxide *n.* 〘化学〙水酸化アルミニウム ($Al(OH)_3$) (アルミニウムイオンを含む水溶液にアンモニア水を加えてゲル状沈澱として得られる, 酸にもアルカリにも溶ける両性水酸化物). 〚*c*1870〛

alúminum monostéarate *n.* 〘化学〙アルミニウムモノステアレート ($Al(OH)_2[O_2C(CH_2)_{16}CH_3]$) (塗料の乾燥剤・つや出し剤).

alúminum nítrate *n.* 〘化学〙硝酸アルミニウム ($Al(NO_3)_3 \cdot 9H_2O$) (白色水溶性の結晶; 媒染剤).

alúminum óxide *n.* 〘化学〙酸化アルミニウム (⇨ alumina).

alúminum pàint *n.* アルミニウムペイント, アルミニウム塗料 (アルミニウム粉末を用いた塗料).

alúminum potássium súlfate *n.* 〘化学〙硫酸アルミニウムカリウム, カリ明礬(みょうばん) (⇨ alum 2 a).

alúminum sílicate *n.* 〘化学〙ケイ酸アルミニウム (Al_2O_3 と SiO_2 からなる種々の組成のもの; 地殻の重要部分を占め, 陶器・セメントの原料; cf. mullite).

alúminum súlfate *n.* 〘化学〙硫酸アルミニウム ($Al_2(SO_4)_3$) (製紙工業・染色に用いられる無色の結晶). 〚1873〛

alúminum tetrahydrobórate *n.* 〘化学〙テトラヒドロホウ酸アルミニウム (⇨ aluminum borohydride).

a·lum·na /əlʌ́mnə/ *n.* (*pl.* **a·lum·nae** /-niː, -naɪ | -niː/) 〘米〙女性の alumnus. 〚(1879) □ L ~ (fem.): ↓〛

a·lum·nus /əlʌ́mnəs/ *n.* (*pl.* **a·lum·ni** /-naɪ/) 〘米〙 **a** 卒業生, 校友: an *alumni* association 校友会, 学友会, 同窓会 / an ~ magazine 校友[同窓]会誌 / the *alumni* of Harvard University ハーバード大学卒業生. **b** 旧会員, 旧社員, 旧寄稿者(など). ★ alumnus は通例男子に用いられるが, 複数形 (alumni) は男女を合わせた場合にも用いられる. 〚(1645) □ L ~ 'foster child' ← *alere* to nourish〛

álum·ròot *n.* 〘植物〙**1 a** ユキノシタ科ツボサンゴ属 (*Heuchera*) の多年草の総称; (特に)アメリカツボサンゴ (*H. americana*). **b** アメリカツボサンゴの渋い根 (収斂(しゅうれん)剤用). **2** ＝wild cranesbill. 〚(1813) ← ALUM＋ROOT[1]〛

á·lum·stòne *n.* 〘鉱物〙＝alunite. 〚1833〛

A·lun·dum /əlʌ́ndəm/ *n.* 〘商標〙アランダム (研磨・耐火器具材). 〚(1904) (混成) ← AL(UMINA)＋(CARBOR)UNDUM〛

al·u·nite /ǽljunàɪt, ǽlə-/ *n.* 〘鉱物〙明礬(みょうばん)石 ($KAl_3(SO_4)_2(OH)_6$) (アルミニウム・カリウムの原料鉱物; alumstone ともいう). 〚(1868) □ F ~ ← *alun* 'ALUM': ⇨ -ite[1]〛

a·lu·no·gen /əlúːnədʒən | əlúː-, əljúː-/ *n.* 〘鉱物〙アルノーゲン ($Al_2(SO_4)_3 \cdot 18H_2O$) (硫化鉱物を含む炭層中などに産出; feather alum, hair salt ともいう). 〚(1868) □ F *alunogène*: ⇨ alum, -gen〛

al·u·ta·ceous /æ̀ljutéɪʃəs/ *adj.* なめし革色[質]の. 〚(1873) ← LL *alūtācius* ← L *alūta* soft leather ← *alūmen* 'ALUM': 皮をなめすのに alum を用いたことから: ⇨ -aceous〛

Al·va[1] /ǽlvə/ *n.* アルバ (男性名; 異形 Alvan).

Al·va[2] /ǽlvə; *Sp.* álβa/ *n.* ⇨ Alba.

Al·vah /ǽlvə/ *n.* アルバ (男性名; 異形 Alvan). 〚□ Heb. *'Alwāh* (原義) disobedience〛

Al·var /ǽlvɑə | -vɑː(r); *Sp.* alβár; *Finn.* ɑ́lvɑr/ *n.* アルバー (男性名).

Al·va·ra·do /ɑ̀ːlvɑrɑ́ːdoʊ | -dəʊ; *Sp.* alβaráðo/, **Alonso de** *n.* アルバラード (?–?1553; メキシコおよびペルー征服に参加したスペインの軍人; Cortés の部下の 1 人で残酷さで有名).

Alvarado, Pedro de *n.* アルバラード (1485?–1541; スペインの軍人; Cortés の腹心でメキシコ征服に参加; Ecuador を探検, Guatemala 市を建設; 残虐行為で有名).

Al·va·rez /ǽlvərèz/, **Luis Walter** *n.* アルバレス (1911–88; 米国の物理学者; Nobel 物理学賞 (1968)).

Al·va·rez Quin·te·ro /ɑ́ːlvɑrèɪθkɪntéroʊ | -rəʊ; *Sp.* álβareθkintéro/, **Joa·quín** /xwakín/ *n.* アルバレス キンテロ (1873–1944; スペインの劇作家; 兄の Serafín と合作で 200 篇ほどの感傷的軽喜劇を作った).

Alvarez Quintero, Se·ra·fín /seɾafín/ *n.* アルバレス キンテロ (1871–1938; Joaquín の兄で劇作家).

al·ve·ol- /ælvíːəl | æ̀lviə́ʊl, ælvíːəl/ (母音の前にくるときの) alveolo- の異形.

al·ve·o·lar /ælvíːələ | æ̀lviə́ʊlə(r), ælvíːə-/ *adj.* **1** 〘解剖〙肺胞の, 胞状の; 歯槽(しそう)の. **2** 〘音声〙歯茎音の: an ~ consonant 歯茎音. — *n.* **1** [*pl.*] 〘解剖〙歯槽; ＝alveolar arch. **2** 〘音声〙歯茎音 (上の歯茎と舌先または舌端とで調音される音; [t], [d], [s], [n], [l] など). **~·ly** *adv.* 〚(1799): ⇨ alveolus, -ar[1]〛

alvéolar árch *n.* 〘歯科〙歯槽(しそう)弓. 〚*c*1895〛

alvéolar prócess *n.* 〘歯科〙歯槽突起. 〚1799〛

alvéolar pyorrhéa *n.* 〘歯科〙＝pyorrhea alveolaris.

A

alvéolar rídge *n.* 〖歯科〗歯槽堤, 顎堤 (⇨ throat 挿絵).

al·ve·o·late /ælvíːələ̀t, -lèɪt/ *adj.* 〖解剖〗ハチの巣状の, 小孔[気胞]のある. **al·ve·o·la·tion** /ælvìːəléɪʃən | -vìə-/ *n.* 〖(*c*1823) □ L *alveolātus*: ⇨ alveolus, -ate²〗

al·ve·o·lat·ed /ælvíːəlèɪtɪ̀d | -tɪ̀d/ *adj.* =alveolate.

al·ve·ole /ǽlviòul | -əʊl/ *n.* =alveolus. 〖(1845) □ F *alvéole* 'ALVEOLUS'〗

alveoli *n.* alveolus の複数形.

al·ve·o·li·tis /ælvìːəláɪtɪ̀s | -tɪs/ *n.* 〖病理〗歯槽(しそう)炎. 〖⇨ ↓, -itis〗

al·ve·o·lo- /ælvíːəlou | ǽlviəʊləʊ, ælvíːəl-/「歯槽; 歯槽と…との (alveolar and …)」の意の連結形. ★ 母音の前では通例 alveol- になる. 〖← L *alveolus*: ⇨ alveolus〗

alvèolo·násal 〖音声〗*adj.* 歯茎鼻音の. — *n.* 歯茎鼻音 ([n]). 〖⇨ ↑, nasal〗

alvèolo·pálatal *adj.*, *n.* 〖音声〗歯茎口蓋音(の). 〖(1942): ⇨ alveolo-, palatal〗

al·ve·o·lus /ælvíːələs | æ̀lviə́ul-, ælvíːəl-/ *n.* (*pl.* **-o·li** /ælvíːəlàɪ, -lìː | -viə́ulaɪ, -liː, -víːəlàɪ, -lìː/) **1** 蜂の巣の小孔 (cell). **2** 蜂の巣状の小窩(か)[小孔]. **3** 〖解剖〗**a** 歯槽(しそう). **b** 肺胞. **c** (複合腺の)小胞. **4** 〖古生物〗矢石 (belemnite) の円錐形の小室. 〖(1706) □ L ～ (dim.) ← *alveus* hollow, cavity〗

Al·ve·ra /ælvíᵊrə | -víər-/ *n.* アルベラ《女性名》. 〖⇨ Elvira〗

Al·vin /ǽlvɪ̀n | -vɪn/ *n.* アルビン《男性名; 異形 Ailwin, Ailuin, Alewyn, Aylwin》. 〖OE *Æthelwine* ← *æthel* noble+*wine* friend: cf. G *Alwin*〗

Al·vi·na /ælváɪnə/ *n.* アルバイナ《女性名》. 〖(fem.) ↑〗

al·vine /ǽlvɪ̀n, -vaɪn | -vaɪn, -vɪn/ *adj.* 《廃》〖医学〗腹の; 腸の. 〖(1754) ← NL *alvīnus* ← L *alvus* belly: ⇨ -ine¹: cf. alveolus〗

Al·vi·ra /ælváɪrə, -víᵊrə | -váɪərə, -víərə/ *n.* アルバイラ《女性名》. 〖⇨ Elvira〗

alw. 《略》allowance.

al·way /ɔ́ːlweɪ, áːl- | ɔ́ːl-/ *adv.* 《古・詩》=always. 〖OE *ealne weġ* (acc.) 'the whole way, ALL (the) WAY¹'〗

al·ways /ɔ́ːlweɪz, áːl-, -wɪ̀z, -wɪz | ɔ́ːlweɪz, -wɪ̀z/ ★ 《米》《英》とも /l/ を発音しないことがある. *adv.* **1 a** 常に, いつも, 始終, 必ず: as ～ いつものように / He ～ comes late. / He is ～ late. / You can ～ come. いつでもいらっしゃい / He *does* /dʌ́z/ ～ come late. ほんとに彼はいつも遅く来る / He ～ *is* /ɪ́z/ late. ほんとに彼はいつも遅い[遅れる] / Mother is ～ working. / She nearly [almost] ～ gets up at six. 大抵(いつも) 6 時には起きる / It's ～ fine on my birthday. 私の誕生日は必ず天気がよい / I ～ said (= have said) that you would catch cold. 今に君はかぜを引くぞと私がいつも言っていただろう / I ～ used to get up early when I was young. 若いころはいつも早起きしていたものだ / *Always* check your work. 常に自分の仕事を点検せよ. **b** [否定語に伴って] いつも[必ずしも](…ではない)《部分否定》: He was *not* ～ idle. いつも怠けているわけではなかった / The rich are *not* ～ happy. 金持ちは必ずしも幸福ではない. **2** [通例動詞の進行形に伴って] 絶えず, いつも, しょっちゅう (continually). ★ 腹立たしさなどを表す: You *are* ～ leav*ing* the door open. 君はいつもドアを開けっ放しにしておくじゃないか. **3** いつまでも, 永久に (for ever): I will remember this day ～. きょうの日をいつまでも忘れないだろう. **4** [特に can, could に伴って, または存在構文で] (まさかのときには)いつでも, とにかく, 少なくとも (in any event): We ～ have the alarm clock. とにかく目覚し時計があるから / We *can* ～ ask for a wake-up call. とにかくモーニングコールを頼める / You *can* ～ come back with me. (いざとなれば)いつでも私と一緒に戻れます.

álways excépting [***excépted***] ただし次の場合を除き, ただし…はこの限りにあらず. ***álways gránting*** [***gránted***] ただし…. ***álways províded*** [***províding***] ただし…はこの限りにあらず. ***for álways*** 《口語》いつまでも, 永久に: Our marriage is *for* ～.

〖(?*a*1200) *alles weis, alleweyes*: ⇨ -s² 1〗

Al·win /ǽlwɪ̀n | -wɪn/ *n.* アルウィン《男性名》. 〖⇨ Alvin〗

Ál·yce cló·ver /ǽlɪ̀s- | ǽlɪs-/ *n.* 〖植物〗ササハギ, マルバタケハギ (*Alysicarpus vaginalis*)《マメ科ササハギ属の草本; 熱帯産の良質の牧草》. 〖(1941)〗

a·lys·sum /əlɪ́səm | ǽlɪ̀s-/ *n.* 〖植物〗**1** イワナズナ《アブラナ科イワナズナ属 (*Alyssum*) の黄色または白色の花をつける一年草・多年草の総称》. **2** イワナズナ, スイートアリッサム (⇨ sweet alyssum). 〖(1548) ← NL ～ ← L *alysson* □ Gk *álusson* madwort (neut.) ← *álussos* curing canine madness: 狂犬病に効くと信じられたことから: ⇨ a-⁷, lyssa〗

Álz·hei·mer's disèase /áːltshaɪməz-, ǽlts- | ǽltshaɪməz-, ǽlz-; *G.* áltshaɪmɐ-/ *n.* 〖病理〗アルツハイマー病《老年性痴呆の一つの型で, 脳の萎縮をきたす; Alzheimer's ともいう》. 〖(1912)《なぞり》← G *Alzheimersche Krankheit* ← *Alois Alzheimer* (1864–1915: ドイツの神経科医)〗

am /əm, m, æm, ǽm/ *vi.* be の第一人称単数直説法現在形. 〖OE (*e*)*am, eom* < Gmc **izm(i)* (ON *em* / Goth. *im*) < IE **ésmi* (Gk *eimí*) ← **es-* 'to BE'〗

am 《記号》Armenia《URL ドメイン名》.

Am 《記号》〖化学〗americium.

AM 《略》airmail; 〖米軍〗Air Medal; 《英》Albert Medal; anno mundi (★ しばしばスモールキャピタルで印刷される); 《米》*L.* Artium Magister (=Master of Arts) (cf. MA); *L.* Ave Maria (=Hail, Mary).

AM, a.m., a-m 《略》〖電子工学〗amplitude modulation (cf. FM): an *AM* radio [station].

A/m 《略》〖電気〗ampere per meter アンペア毎メートル《起磁力の単位》.

am. 《略》〖電気〗ammeter.

Am. 《略》America; American; 〖聖書〗Amos.

a.m. /éɪém/ *adj.* 午前… (before noon).

語法 (1) a.m. と p.m. は am, A.M., A.M., AM, pm, P.M., P.M., PM とも書き, どちらも時刻を表す数字または数詞の後に置く: at 6 [six] *a.m.* / from 9 *a.m.* to 5 *p.m.* 午前 9 時から午後 5 時まで / from 5 to 9 *p.m.* 午後 5 時から 9 時まで. (2) 時間と分の間に《米》ではコロン, 《英》ではピリオドを用いる: 8:30 *p.m.* 《米》=《英》8.30 *p.m.* 午後 8 時 30 分 / take the 10:30 *a.m.* train 午前 10 時 30 分の列車に乗る.

〖(1762)《略》← L *ante meridiem*〗

-am /æm/ 〖化学〗「アンモニアと関連する化合物」の意の名詞連結形. 〖□ ? G ～ ← ? NL *ammonia*〗

AMA 《略》American Management Association アメリカ経営者協会; American Marketing Association アメリカマーケティング協会; American Medical Association; American Missionary Association; Australian Medical Association.

Am·a·bel /ǽməbɛ̀l/ *n.* アマベル《女性名; 異形 Amabelle, Amabilia, Amabil, Amable》. 〖□ L *Amābilis* 《原義》lovable ← *amāre* to love〗

ám·a·crine céll /ǽməkràɪn-/ *n.* 〖解剖〗無軸索(神経)細胞, アマクリン(神経)細胞《網膜や嗅神経球に見いだされる単極の神経細胞》.

am·a·da·vat /ǽmədəvæ̀t, ⏑-⏑-/ | -də-/ *n.* 〖鳥類〗ベニスズメ (*Estrilda amandava*)《南アジア原産のカエデチョウ科の鳥; avadavat ともいう》. 〖(1777) ← *Ahmadabad* (この鳥をヨーロッパに輸出したインドの都市)〗

A·ma·de·us /àːmədéɪəs, -əs | æ̀mədéɪəs; *G.* amadéːʊs/ *n.* アマデウス《男性名》. 〖□ G ～ □ L *Amadeus* 《原義》love of God〗

Am·a·dis /ǽmədɪ̀s | -dɪs/ *n.* **1** アマディス《男性名》. **2** アマディス《16 世紀初めの中世スペイン騎士物語 *Amadís of Gaul* [(Port.) *de Gaula*] の主人公で文武両道に秀でた騎士道の華(はな)》. 〖□ Sp. ～ (↑)〗

A·ma·do /əmáːduː, -dou | -duː, -dəʊ; *Braz.* ɐ̃máːdu/, **Jor·ge** /ʒɔ́rʒi; *Braz.* ʒɔ́ʁʒi/ *n.* アマド (1912– ; ブラジルの小説家).

am·a·dou /ǽmədùː/ *n.* =punk² 2. 〖(1815) □ F ～ □ Prov. ～ 《原義》lover < L *amātōrem*: 燃えやすいことから〗

a·mah /áːmaː | áːmə, ǽmə; áːmaː/ *n.* アマ《東洋で欧米人の家庭に雇われる現地人の乳母 (wet nurse)・お手伝い・子守》. 〖(1839) □ Anglo-Ind. ～ □ Port. *ama* < ML *amma*, (L) mother 《擬音語》?〗

a·main /əméɪn/ *adv.* 《古》**1** 力いっぱいに, 激烈に (violently). **2** まっしぐらに, 全速力で; 大急ぎで. **3** 大いに, 非常に (greatly). 〖(1540) ← A-¹+MAIN¹ (n.)〗

amal. 《略》amalgamate; amalgamated.

A·mal /əmáːl/ *n.* アマール《レバノンのイスラム教シーア派ゲリラ組織; 兵力は 5000 人といわれる》. 〖(1979) □ Arab. *'amal* hope ← *'ámala* to hope〗

a·ma·la·ka /ɑːmáləkə/ *n.* 〖建築〗アマラカ《中世のインド寺院の高塔 (sikhara) の頂部の饅頭(まんじゅう)型の装飾》. 〖← Skt *āmalaka* myrobalan tree〗

Am·a·lek /ǽməlɛ̀k/ *n.* 〖聖書〗**1** アマレク (Esau の孫の一人; cf. *Gen.* 36:12). **2** =Amalekite. 〖□ Heb. *'Ămālēq*〗

A·ma·le·kite /ǽməlɛ̀kaɪt, əmǽləkàɪt | əmǽləkàɪt/ *n.* 〖聖書〗アマレク人(じん)《Amalek の子孫と伝えられる, シリアの好戦的な半遊牧民族; cf. *Exod.* 17:8–16》. — *adj.* アマレク人の. 〖(1560): ⇨ ↑, -ite¹〗

A·mal·fi /əmáːlfi, -mǽl- | əmǽl-, æ-; *It.* amálfi/ *n.* アマルフィ《イタリア南部 Campania 州の Salerno 湾に臨む町; 9 世紀には Venice, Genoa と肩を並べる貿易港》.

Amál·fi·an /-fiən/ *adj.*, *n.*

a·mal·gam /əmǽlgəm/ *n.* **1** 合成物. **2 a** 〖冶金〗アマルガム《水銀と他の金属との合金》. **b** 〖鉱物〗天然アマルガム. **c** 〖歯科〗アマルガム《銀・スズを主成分とする虫歯の詰め物》. **3** 混合(物) (mixture): an ～ of emotions 感情の交錯 / an ～ of imagination and truth 想像と真実との混交. — *vt.* =amalgamate. **～·a·ble** /-məbl̩/ *adj.* 〖n.: (1471) □ (O)F *amalgame* ‖ ML *amalgama* (変形) ← ? L *malagma* □ Gk *málagma* poultice, soft material ← *malakós* soft ← IE **mel-* soft. — v.: (*c*1395) □ (O)F *amalgamer* ← *amalgame*〗

a·mal·ga·mate /əmǽlgəmèɪt/ *vt.* **1** 〈会社などを〉合同する, 合併する: ～ two companies *into* one / ～ one company *with* another. **2** 〖冶金〗〈金属を〉〈水銀と合わせて〉アマルガムにする: ～ silver *with* mercury. **3** 〈種族・思想などを〉混合[融合]させる. — *vi.* **1** 〖冶金〗アマルガムになる. **2** 〈階級・思想などが〉融合する, 混じり合う. — /əmǽlgəmɪ̀t, -mèɪt/ *adj.* =amalgamated. 〖(1617) ← ML *amalgamātus* (p.p.) ← *amalgamāre* ← *amalgama*: ⇨ -ate³〗

a·mál·ga·màt·ed /-mèɪtɪ̀d | -tɪ̀d/ *adj.* **1** 〖冶金〗アマルガムとなった, 汞(こう)化した. **2** 合同した, 合併した; 混交した, 融合した. 〖*a*1797〗

a·mal·ga·ma·tion /əmæ̀lgəméɪʃən/ *n.* **1** 〖冶金〗**a** アマルガムにすること. **b** =amalgamation process. **2** (会社の)合同, 合併 (merger). **3** (民族・文化の)混交, 融合; 《米》黒人と白人との混血. 〖(1612): ⇨ -ation〗

amalgamátion pròcess *n.* 〖冶金〗アマルガム法, 混汞(こう)法《アマルガムにすることによって金・銀などを抽出する精錬法》. 〖1875〗

a·mal·ga·ma·tive /əmǽlgəmèɪtɪv | -mət-/ *adj.* **1** 〖冶金〗アマルガムになりやすい. **2** 混交しやすい, 融合的な; 合同的な. 〖(1841): ⇨ amalgamate -ive〗

a·mál·ga·mà·tor /-tə | -tə(r)/ *n.* **1** 混汞(こう)器[機], アマルガム機. **2** 合併者. 〖(1838): ⇨ amalgamate (v.), -or〗

Am·al·the·a /æ̀məlθíːə, æ̀ml̩-/ *n.* (*also* **Am·al·thae·a** /～/, **Am·al·thei·a** /～/) 〖ギリシャ神話〗**1** アマルテイア (Zeus をやぎの乳で育てた nymph). **2** アマルテイアのやぎ《その角が cornucopia になった》. **3** 〖天文〗アマルテア《木星 (Jupiter) の第 5 衛星》. 〖□ L ～ □ Gk *Amáltheia* ← ? *malakós* soft: cf. amalgam〗

A·mán·a Chúrch Socíety /əmǽnə-/ *n.* アマナ会《米国 Iowa 州を中心に活動するキリスト教団; 1714 年ドイツで創立; 1843 年アメリカに移る》.

A·man·da /əmǽndə/ *n.* アマンダ《女性名; 愛称形 Manda, Mandy》. 〖□ L ～ 《原義》worthy to be loved (fem.) ← *amandus* (gerundive) ← *amāre* to love: cf. Amabel〗

a·man·dine /àːmændíːn, æm- | əmǽndaɪn, àː-mændíːn; *F.* amɑ̃din/ *adj.* 〈料理が〉アーモンドを使った, アーモンドを付け合わせにして供される: swordfish [trout] ～. 〖(1945) □ F ～ ← *amande* 'ALMOND': ⇨ -ine¹〗

am·a·ni·ta /æ̀mənáɪtə, -níː- | -tə/ *n.* 〖植物〗テングタケ《テングタケ科テングタケ属 (*Amanita*) の多くの毒キノコの総称; テングタケ (*A. pantherina*), タマゴテングタケ (*A. phalloides*) など》. 〖(1899) ← NL ～ ← Gk *amanîtai* (pl.) a kind of fungus〗

a·man·ta·dine /əmǽntədìːn | -tə-/ *n.* 〖薬剤〗アマンタジン ($C_{10}H_{17}N$)《合成抗ウイルス薬・インフルエンザ治療薬》. 〖(1964) ← *a*(*d*)*amanta*(*ne*) (一種の有機化合物: ⇨ adamant, -ane²)+(AM)INE: *-d-* は *adamantane* の *-d-* を後置したもの〗

a·man·u·en·sis /əmæ̀njuénsɪ̀s | -sɪs/ *n.* (*pl.* **-en·ses** /-siːz/) 《戯言》筆記者, 筆耕, 写字生, 書記; 文筆助手. 〖(1619) □ L *āmanuensis* clerk, secretary ← (*servus*) *ā manū* (slave) at hand+*-ensis* belonging to: ⇨ a-⁴, manual: cf. -ese〗

A·ma·pá /àːməpáː, æ̀m-; *Braz.* ɐ̃mapá/ *n.* アマパ《ブラジル北部の州; 州都 Macapá》.

am·a·ranth /ǽmərænθ/ *n.* **1** (伝説の)常世(とこよ)の花, 不凋(ふちょう)花. **2** 〖植物〗アマランサス, ハゲイトウ《ヒユ科ヒユ属 (*Amaranthus*) の観賞植物の総称; ハゲイトウ (*A. tricolor*), ヒモゲイトウ (love-lies-bleeding) など》. **3** 〖化学〗アマランス, アマラント赤《赤色の酸性アゾ染料 (azo dye)》. **4** =purpleheart 1. — *adj.* ヒユ科の. 〖(1548) ← NL *Amaranthus* ← L *amarantus* □ Gk *amárantos* unfading ← A-⁷+*maraínesthai* to fade, wither〗

Am·a·ran·tha·ce·ae /æ̀mərænθéɪsiìː/ *n. pl.* 〖植物〗(双子葉植物アカザ目)ヒユ科. **àm·a·ran·thá·ceous** /-ʃəs/ *adj.* 〖← NL ～ ← *Amaranthus* (属名: ↑)+-ACEAE〗

am·a·ran·thine /æ̀mərǽnθɪ̀n, -θaɪn | -θaɪn/ *adj.* **1** 不凋(ふちょう)花の, しぼまない (unfading). **2** アマランサスの(ような). **3** 紫の, 紫色をした (purplish). 〖(1667): ⇨ amaranth, -ine¹〗

am·a·ran·tite /æ̀mərǽntaɪt/ *n.* 〖鉱物〗アマランタイト ($Fe(SO_4)(OH)\cdot 3H_2O$). 〖(1890): ⇨ amaranth, -ite¹〗

am·a·relle /æ̀mərɛ́l/ *n.* 〖園芸〗アマレル群のオウトウ《酸果オウトウ (sour cherry) の品種群; 果汁は無色で酸味が強い》. 〖□ G ～ □ ML *amarellum* ← L *amārus* bitter〗

am·a·ret·ti /æ̀mərétiː/ *n. pl.* アマレット《アーモンド入りのマカロン (macaroon)》.

am·a·ret·to /æ̀mərétou | -təu; *It.* amarétto/ *n.* アマレット《アーモンドの風味のあるイタリア産リキュール》. 〖(1945) □ It. ← *amaro* bitter〗

Am·a·ril·lo /æ̀mərɪ́lou, -lə | -ləu/ *n.* アマリロ《米国 Texas 州北西部の都市》. 〖← Sp. *amarillo* yellow〗

A·mar·na /əmáːnə | əmáː-/ *adj.* [時に a-]〖古代エジプト〗アマルナ時代の (1375–1360 B.C.). 〖(1888)〗

Am·a·ryl·li·da·ce·ae /æ̀mərɪ̀lədéɪsiː | -lɪ-/ *n. pl.* 〖植物〗(単子葉植物ユリ目)ヒガンバナ科. **àm·a·rỳl·li·dá·ceous** /-ʃəs⁻/ *adj.* 〖← NL ～ ← *Amaryllid-*, *Amaryllis* (属名: ↓)+-ACEAE〗

am·a·ryl·lis /æ̀mərɪ́lɪ̀s | -lɪs/ *n.* **1** 〖植物〗**a** ホンアマリリス (*Amaryllis belladonna*)《アフリカ南部原産ヒガンバナ科アマリリス属の球根植物; belladonna (lily) ともいう》. **b** (一般に)アマリリス (⇨ hippeastrum 1). **2** [A-]《詩》アマリリス《田園詩に現れる羊飼いの少女や田舎娘の名》. 〖(1794) ← NL ～ ← L *Amaryllis* □ Gk *Amarullís*: Virgil などの詩に出る羊飼いの少女の名〗

Am·a·sa /əméɪsə, ǽməsə/ *n.* アメイサ《男性名》. 〖□ Heb. *'ămāśā* 《原義》? burden, burden bearer〗

a·mass /əmǽs/ *vt.* **1** 〈富などを〉蓄積する: ～ a fortune. **2** 集める, 収集する: ～ data. — *vi.* 集まる, 群がる. **～·er** *n.* **～·ment** *n.* 〖(1481) □ (O)F *amasser* < VL **admassāre* ← AD-+L *massāre* to accumulate ← L *massa* 'MASS¹'〗

a·mate /əméɪt/ *vt.* 《古》落胆させる, 愕然とさせる, ひるませる. 〖(*c*1320) □ OF *amater*〗

am·a·teur /ǽmətʃə, -tʃùə, -tə, -tə̀ː | ǽmətə(r), -tɜ̀ː(r), -tjùə(r), -tʃə(r), æ̀mətɜ́ː(r)/ *n.* **1** アマチュア, 素人(しろうと) (↔ professional): an ～ in art. **2** (金銭的報酬を受けない)アマチュア選手. **3** なまかじり屋〔of〕. **4** 愛好家: an ～ of wine. — *adj.* アマチュアの[による], 素人の, 専門家でない, 本職でない: an ～ detective, golfer, painter, etc.

/ ～ radio アマチュア無線 / ～ theatricals アマチュア演劇. 〖(1784) □ F ～ □ L *amātor* lover ← *amātus* (p.p.) ← *amāre* to love: cf. -or²〗

SYN アマチュア: **amateur** スポーツや芸術的な技術を職業としてではなく趣味としてする人《しばしば未熟を暗示する》: an *amateur* golfer アマ・ゴルファー. **nonprofessional** 職業集団のメンバーに対し, 職業としてではなく競技をする者《特に未熟を暗示することはない》: a *nonprofessional* player アマチュア[ノンプロ]の選手. **dilettante** 《軽蔑》道楽半分に芸術を愛好する人: a musical *dilettante* 音楽のディレッタント. **dabbler** 《しばしば軽蔑》真剣な意図なしに片手間に物事をする人: a *dabbler* in astronomy 道楽半分に天文学をやる人. **ANT** professional, expert.

am·a·teur·ish /æ̀mətə́ːrɪʃ, -tʃʊ́ᵊr-, -tʊ́ᵊr-, -tjʊ́ᵊr-⁻ | ǽmətərɪʃ, -tə̀ːr-, -tjʊ̀ər-/ *adj.* 素人(しろうと)らしい, 素人臭い, 未熟な: an ～ attempt. **～·ly** *adv.* **～·ness** *n.* 〖(1864): ⇨ ↑, -ish¹〗

am·a·teur·ism /ǽmətʃərɪzm, -tʃʊ̀ərɪzm, -tərɪzm, -tə̀ːrɪzm | ǽmətərɪzm, -tə̀ːrɪzm, -tjʊ̀ər-, -tʃərɪzm/ *n.* **1** 好事(こうず), 素人風(の道楽); 素人芸. **2** (スポーツの)アマチュアリズム, アマチュア規定[資格]. 〖(1868): ⇨ -ism〗

ámateur·ship *n.* 素人[愛好家]であること; アマチュア資格. 〖(1827): ⇨ -ship〗

A·ma·ti /ɑːmɑ́ːti, əm- | əmɑ́ːti, æm-; *It.* amáːti/ *n.* **1** アマティ《16–17 世紀にイタリアの Cremona でバイオリンの製作に従事した有名な一家の姓》. **2** アマティ家製作のバイオリン. 〖1833〗

Amati, Nicolò *n.* アマティ《1596–1684; イタリアのバイオリン製作者で Antonio Stradivari の師匠》.

am·a·tive /ǽmətɪv | -tɪv/ *adj.* 恋の, 恋愛の; 恋をしがちな; 好色な (amorous). **～·ly** *adv.* **～·ness** *n.* 〖(1636) □ ML *amātīvus* ← L *amātus* (p.p.) ← *amāre* to love: ⇨ -ive〗

am·a·tol /ǽmətɔ̀(ː)l, -tɑ̀(ː)l | -tɒ̀l/ *n.* アマトール爆薬《硝酸アンモニウム (ammonium nitrate) と TNT との混合物で強力な爆薬》. 〖(1918) ← AM(MONIUM)＋-A-＋(TRI-NITRO)TOL(UENE)〗

am·a·to·ri·al /æ̀mətɔ́ːriəl | -tɔ́ːr-⁻/ *adj.* ＝amatory. 〖1603〗

am·a·to·ry /ǽmətɔ̀ːri | -təri, -tri/ *adj.* 恋愛の; 恋情的な, 色欲の, 好色的な: an ～ poem 恋歌 / an ～ look 色目 / an ～ potion ほれ薬. 〖(1599) □ L *amātōrius* of a lover ← *amātor* lover ← *amāre* to love〗

am·au·ro·sis /æ̀mɔːróusɪ̀s, æ̀mɑː- | -róusɪs/ *n.* (*pl.* **-ro·ses** /-siːz/) 〘病理〙黒内障, 黒そこひ (cf. cataract 1 a, glaucoma). **am·au·rot·ic** /æ̀mɔːrɑ́(ː)tɪk, æ̀mɑː- | -rɒ́t-⁻/ *adj.* 〖(1657) ← NL ～ ← Gk *amaúrōsis* ← *amaurós* dark, dim＋-OSIS〗

ámaurotic ídiocy *n.* 〘病理〙黒内障(性)白痴. 〖1896〗

a·maut /əmáut/ *n.* 《カナダ》アマウト《イヌイットの女性用毛皮製ジャケットについている, 子供を背負うためのフード; amowt ともいう》.

a·mau·tik /əmáutik/ *n.* (*also* **a·mau·ti** /əmáuti/) 《カナダ》 **1** アマウティック《イヌイット女性用毛皮製ジャケット》. **2** ＝amaut.

a·maze /əméɪz/ *vt.* **1** [しばしば p.p. 形で] あきれさせる, びっくりさせる, 仰天させる (⇨ surprise **SYN**): You ～ me! 君にはほんとに驚くよ[あきれるよ] / I am ～*d at* you. 君には恐れ入ったよ / I was ～*d to* find the patient recovered so soon. 患者がそんなに早く治っているのを見てびっくりした. **2** 《廃》途方に暮れさせる, 当惑させる (perplex). **—** *vi.* ひどく驚く; びっくりする. **—** *n.* 《古・詩》＝amazement. 〖OE *āmasian*: ⇨ a-², maze〗

a·mázed *adj.* びっくりした: an ～ look びっくりした顔つき. **a·máz·ed·ly** /-zɪ̀dli/ *adv.* **a·máz·ed·ness** /-zɪ̀dnɪ̀s/ *n.* 〖((?a1200)) (1583) *amased* < OE *āmasod*〗

a·maze·ment /əméɪzmənt/ *n.* **1** 驚愕(きょうがく), 仰天: *to* a person's ～＝to the ～ of a person 人が驚いたことには / in ～ びっくりして. **2** 《廃》当惑, 混乱. 〖(1594–96): ⇨ -ment〗

a·maz·ing /əméɪzɪŋ/ *adj.* 驚くべき, あきれるばかりの, びっくりするような, すばらしい: an ～ appetite / ～ beauty. 〖(1595): ⇨ -ing²〗

a·máz·ing·ly *adv.* 驚くばかりに, すばらしく, すごく: ～ clever すごく利口な. 〖(1673): ⇨ ↑, -ly¹〗

Am·a·zon¹ /ǽməzɑ̀(ː)n, -zən, -zn | -zən, -zn/ *n.* [the ～] アマゾン(川)《南米北部の川; ペルー領 Andes 山脈に源を発し東に向かい, ブラジルの北部を流れて大西洋に注ぐ; 流域が世界第一の大河 (6,300 km)》. 〖□ Sp. & Port. *Amazonas* (↓): この川の流域に住む Tapuya 族との戦闘 (1541) でその部族の女たちが勇猛果敢に戦ったことにちなんで, スペイン人 Francisco de Orellana が命名〗

Am·a·zon² /ǽməzɑ̀(ː)n, -zən, -zn | -zən, -zn/ *n.* **1** 〘ギリシャ伝説〙 **a** [the ～s] アマゾン族《古代, コーカサス山や黒海の沿岸に住み, 戦争・狩猟を事としていたと伝えられる, 勇猛な女武者からなる民族; Scythia や Africa にもいたという》. **b** アマゾン族の女; 女武者, 女戦士. **2** [しばしば a-] (背が高く心身ともに)男性的な女性, 女丈夫, 男まさり; (背の高い)スポーツウーマン. **3** 〘鳥類〙南米に生息するボウシインコ属 (*Amazona*) のインコの総称. **4** 〘昆虫〙＝Amazon ant. 〖(c1385) □ L *Amazōn* □ Gk *Amazṓn* □ ? OIran. **hamazan-* warrior ← IE **magh-* to fight: アマゾン族が弓を引く便利のために右の乳房を切っていたという伝説から, 通俗語源では A-⁷＋Gk *mazós* breast〗

Ámazon ánt *n.* 〘昆虫〙サムライアリ, 奴隷狩りアリ《サムライアリ属 (*Polyergus*) のアリの総称; ヨーロッパより北アメリカにかけて数種, 日本にはサムライアリ (*P. samurai*) 1 種がいる; クロヤマアリ類の巣を襲い幼虫や蛹(さなぎ)を奪って自分の巣に運び, それから羽化した成虫を奴隷として使う》. 〖1824〗

Am·a·zo·nas /æ̀məzóunəs, ɑ̀ːm- | æ̀məzə́u-; *Braz.* ɐ̃mazónɐs/ *n.* アマゾナス《ブラジル北西部の州; 州都 Manaus》.

Ámazon dólphin *n.* 〘動物〙アマゾン(カワ)イルカ (⇨ boutu).

Am·a·zon·i·a /æ̀məzóuniə | -zə́u-/ *n.* アマゾニア《南米北部の, Amazon 川流域の総称》.

Am·a·zo·ni·an /æ̀məzóuniən, -njən | -zə́u-⁻/ *adj.* **1 a** アマゾン(族)のような. **b** [しばしば a-] 〈女性が〉(心身ともに)男性的な, 男まさりの. **2** アマゾン川(流域)の. 〖(1594) □ L *Amāzonius*: ⇨ -an¹〗

am·a·zon·ite /ǽməzənàɪt/ *n.* 〘鉱物〙アマゾン石, 天河石《淡緑色の長石の一種で装飾用》. 〖(c1879) ← AMAZON¹＋-ITE¹〗

Ámazon líly *n.* 〘植物〙アマゾンユリ (⇨ eucharis).

Ámazon stóne *n.* 〘鉱物〙＝amazonite. 〖1836〗

Ámazon wáter lìly *n.* 〘植物〙＝royal water lily.

amb. 《略》ambassador; ambulance.

am·bage /ǽmbɪdʒ/ *n.* (*pl.* **am·ba·ges** /æmbéɪdʒiːz, ～ɪ̀z/) 《古》 **1** [通例 *pl.*] 回りくどい[迂遠(うえん)な]言い回し. **2** [*pl.*] **a** 回り道. **b** 迂遠な方法[手段], 迂曲. 〖(16C) 《逆成》← (c1385) *ambages* □ (O)F // L *ambāgēs* circuit ← *ambi-* both ways＋*agere* to go〗

am·ba·gious /æmbéɪdʒəs/ *adj.* 《古》曲がりくねった, 回りくどい, 遠回しの, 迂遠(うえん)な (roundabout). **～·ly** *adv.* 〖(1656) □ L *ambāgiōsus*: ⇨ ↑, -ous〗

Am·ba·la /əmbɑ́ːlə/ *n.* アムバーラ《インド北部, Haryana 州の都市; 考古学上の遺跡がある》.

am·ba·rel·la /æ̀mbərélə/ *n.* 〘植物〙＝Otaheite apple 1. 〖□ Sinhalese *æmbaræ̃lla* ← Skt *āmravātaka* ← *āmra* mango＋*vāṭaka* enclosure〗

am·ba·ri /æmbɑ́ːri, ʌm-/ *n.* (*also* **am·ba·ry** /～/) 〘植物〙アンバリヘンプ (⇨ kenaf 1). 〖(1855) □ Hindi *ambārī* □ Pers. *amārī*〗

am·bas·sa·dor /æmbǽsədə, ɪ̀m- | æmbǽsədə(r)/ *n.* **1** 大使 (cf. envoy¹ 1), 特命全権大使: be appointed ～ *to* the United States 駐米大使に任じられる / the ～ *to* the court of St. James's 駐英大使 / an ordinary [a resident] ～ 弁理大使, 駐箚(ちゅうさつ)大使 / an ～ extraordinary 特命大使 / an ～ plenipotentiary 全権大使 / the American *Ambassador to* Japan 駐日アメリカ大使 / His uncle is ～ *to* France. 彼のおじは駐仏大使だ. **2** 使節; 代理人 (agent): an ～ of peace 平和使節 / act as another's ～ in negotiations 交渉の代理をする. 〖(c1385) □ (O)F *ambassadeur* □ It. *ambasciatore* < ? VL **ambactiātorem* ← ML *ambactia*, *ambascia* mission □ ? Gmc **ambaχtaz* (OE *ambeht* servant) □ L *ambactus* servant ← ? Celt.: cf. embassy〗

ambássador-at-lárge *n.* (*pl.* **ambassadors-**) 《米》無任所大使. 〖1908〗

am·bas·sa·do·ri·al /æmbæ̀sədɔ́ːriəl, ɪ̀m- | æmbæ̀sədɔ́ːrɪ-, æ̀mbæsɪ̀-⁻/ *adj.* 大使の; 使節の: at the ～ level 大使級のレベルで. 〖(1759): ⇨ -ial〗

ambássador·shìp *n.* 大使[特使]の職[身分, 資格]. 〖(1837): ⇨ -ship〗

am·bás·sa·dress /-drɪ̀s | -drɪ̀s, -drès/ *n.* **1** 女性大使; 女性使節. **2** 大使夫人. 〖(1594): ⇨ -ess¹〗

am·bassy /ǽmbəsi/ *n.* ＝embassy.

am·batch /ǽmbætʃ/ *n.* 〘植物〙アンバッチ (*Aeschynomene elaphroxylon*) 《熱帯アフリカ産のマメ科クサネム属の低木; 材は軽く, 舟や漁網の浮きに使う; ambach ともいう》. 〖(1864) ← ? Ethiopic〗

Am·ba·to /ɑːmbɑ́ːtou, æm- | -təu; *Am.Sp.* ambáto/ *n.* アンバト《エクアドル中部の都市》.

am·ber /ǽmbə | -bə(r)/ *n.* **1** 琥珀(こはく)《地中に埋没して化石化した樹脂》: ⇨ *a* FLY² *in amber*. **2** 琥珀色, 薄黄色, 黄褐(こうかつ)色. **3 a** 〘劇場〙琥珀色の(スポット)ライト. **b** 琥珀色の交通信号《日本などの黄色に当たる》. **—** *adj.* 琥珀(製)の; 琥珀色の (cf. succinic). 〖(1365) *aumbre* □ (O)F *ambre* □ ML *ambar* □ Arab. *ʿánbar* ambergris〗

ámber·fìsh *n.* 〘魚類〙熱帯・亜熱帯産アジ科ブリ属 (*Seriola*) およびその近縁の魚類の総称 (amberjack, yellowtail など). 〖(c1670) その体色から〗

ámber flúid *n.* 《豪口語》ビール. 〖1906〗

am·ber·gris /ǽmbəgrɪs, -griːs | -bəgrìːs, -grɪs/ *n.* 〘化学〙アンバーグリス, 龍涎香(りゅうぜんこう)《マッコウクジラ (sperm whale) から採れる香料》. 〖(?a1425) □ (O)F *ambre gris* 'gray AMBER'〗

am·ber·i·na /æ̀mbəríːnə/ *n.* アンバリーナ, 琥珀(こはく)ガラス《19 世紀後期の米国で作られた工芸ガラス; ルビー色から琥珀色に徐々に移る着色がしてある》. 〖(1885) ← *Amberina* (商標名) ← AMBER〗

am·ber·jack /ǽmbədʒæ̀k | -bə-/ *n.* (*pl.* ～, ～**s**) 〘魚類〙大西洋産のブリ属の魚 (*Seriola lalandi* (or *dumerili*)). 〖(c1893) ← AMBER＋JACK¹ 8: その体色から〗

ámber líquid *n.* 《豪口語》ビール.

Am·ber·lite /ǽmbəlàɪt | -bə-/ *n.* 〘商標〙アンバーライト《イオン交換樹脂》.

am·ber·oid /ǽmbərɔ̀ɪd/ *n.* 合成琥珀(こはく). 〖(c1895): ⇨ -oid〗

am·bi- /ǽmbɪ̀, -bi/「about, (a)round, on both sides など」の意の連結形: *ambi*dextrous. ★ 時に ambo- となる. 〖□ L ～ ← IE **ambhi* around (Gk *amphí* / L *ambō* both): cf. amphi-, both〗

am·bi·ance /ǽmbiəns, ɑ̃ː(m)biɑ́ː(n)s, ɑ̀ːmbiɑ́ːns; *F.* ɑ̃bjɑ̃ːs/ *n.* (*pl.* ～**s** /～ɪz, ～əz; *F.* ～/) ＝ambience. 〖(1923) □ F ～〗

am·bi·dex·ter /æ̀mbɪ̀dékstə | -bɪdékstə(r)/ *n.* **1** 二心の人. **2** 《古》両手きき人. 〖(1395) □ ML ～: ⇨ ambi-, dexter〗

am·bi·dex·ter·i·ty /æ̀mbɪ̀dɪkstérəti | æ̀mbɪdekstérɪ̀ti/ *n.* **1** 両手きき. **2** 非常な器用さ; 多芸多能. **3** 二心 (duplicity). 〖(1593): ⇨ -ity〗

am·bi·dex·trous /æ̀mbɪ̀dékstrəs | -bɪ-⁻/ *adj.* **1** 両手のきく: an ～ tennis player. **2** 非常に器用な; 多芸多能な. **3** 二心のある, ずるい. **～·ly** *adv.* **～·ness** *n.* 〖(1646): ⇨ ambidexter, -ous〗

am·bi·ence /ǽmbiəns, ɑ̃ː(m)biɑ́ː(n)s, ɑ̀ːmbiɑ́ːns; *F.* ɑ̃bjɑ̃ːs/ *n.* (*pl.* ～**s** /～ɪz, ～əz; *F.* ～/) (*also* **ambiance**) **1** 環境 (environment); 雰囲気 (atmosphere). **2** [通例 ambiance] 〘美術〙アンビアンス《主題の表現効果を引き立てるために様々なものを付け加えること》. 〖(1889) □ F *ambiance*: ⇨ ↓, -ence〗

am·bi·ent /ǽmbiənt/ *adj.* 包囲した, 周囲の, 取り巻く (surrounding): ～ air [noise] 周辺の空気[騒音]. **—** *n.* ＝ambience 1. 〖(1596) □ F *ambiant* // L *ambientem* going round (pres.p.) ← *ambīre* to surround ← AMBI-＋*īre* to go〗

ámbient músic *n.* 環境音楽《英国のミュージシャン Brian Eno が提唱した人間の生活環境の一部としての音楽; 雰囲気づくりのための background music とは異なり, 人びとに刺激を与えるために流す音楽》. 〖1978〗

am·bi·gu·i·ty /æ̀mbɪ̀gjúːəti | -ɪ̀ti/ *n.* **1 a** あいまい, 不明確. **b** 両意; 多義性. **2** [*pl.*] あいまいな語句[言い回し]: The law is full of *ambiguities*. その法律にはあいまいな点が多い. **3** 〘文学〙(一つの表現に含まれる)多義性, 重層的な意味《これらのからみ合いや緊張関係を評価したのは W. Empson の創見》. **4** 〘言語〙(文法構造上の)あいまい性《同一の語結合が同時に異なる意味をもつ場合に生じるあいまいさ; 例えば old men and women (old men and old women / women and old men); cf. amphibology》. 〖(?c1400) □ (O)F *ambiguité* □ ML *ambiguitātem* double meaning: ⇨ ↓, -ity〗

am·big·u·ous /æmbígjuəs/ *adj.* **1** 両意の[に取れる]; 多義の: an ～ reply / The phrase is two-ways [three-ways, multiply] ～. その語句は二通りに[三通りに, 幾通りにも]あいまいである. **2** あいまいな, まぎらわしい (equivocal), 不明確な, 不明瞭な (⇨ obscure **SYN**): an ～ victory. **3** 〈種類など〉(分類上)中間的な. **～·ness** *n.* 〖(c1485) □ L *ambiguus* shifting, doubtful ← *ambigere* to wander about ← AMBI-＋*agere* to drive (⇨ agent): ⇨ -ous〗

am·bíg·u·ous·ly *adv.* 両意[多義]的に; あいまいに, 不明確に: an ～ worded phrase. 〖(1579): ⇨ ↑, -ly¹〗

am·bil·a·nak /æ̀mbɪlɑ́ːnɑ(k) | -bɪ-/ *adj.* 〘文化人類学〙マラヤ人式結婚の《特に, Sumatra で見られ, 夫は結納金を出す代わりに妻の家に入り, 子供または妻に対する財産権を持たず, また妻の父に追い出されることもある》. 〖□ Malay *ambilanak* ← *ambil* taking over＋*anak* child〗

am·bi·sex·trous /æ̀mbɪ̀sékstrəs | -bɪ-⁻/ *adj.* **1** ＝unisex. **2** 両性愛の (bisexual). 〖(1929) ← AMBI-＋-*sextrous*: AMBIDEXTROUS からの類推〗

àmbi·séxual *adj.* 両性の; 両性愛の (bisexual). **—** *n.* 両性愛者. **àmbi·sexuálity** *n.*

am·bi·son·ics /æ̀mbɪ̀sɑ́(ː)nɪks | -sɒ́n-/ *n.* アンビソニックス《音の方向感も再現する高忠実度再生》. **àm·bi·són·ic** *adj.* 〖1939〗

àmbi·syllábic *adj.* 〘音声〙〈子音が〉両側音節に属する, 両音節的な《panic の n など》.

am·bit /ǽmbɪ̀t/ *n.* **1** 周囲 (circumference); 域内, 構内 (precincts), 区域 (bounds) 〔*of*〕. **2** 〔権限などの〕範囲 (sphere) 〔*of*〕. 〖(a1398) □ L *ambitus* a going about (p.p.) ← *ambīre*: ⇨ ambient〗

àmbi·téndency *n.* 〘心理〙両価傾向《同じ対象に対して相反する傾向; 例えば愛と憎しみをもつこと》.

am·bi·tion /æmbíʃən/ *n.* **1** 大望, 念願, 熱望, 抱負 〔*for*〕 / 〈*to* do [be]〉: high ～s 大志, 大望 / an ～ *for* political power 政権への野心 / She had an ～ *to* be [become] a musician. 音楽家になろうと熱望していた. **2** (名声・権力・富などに対する)野心, 野望, 功名心: full of ～. **3** 念願[熱望]の的; 野心の的: His ～ is (to win) the world championship.＝It is his ～ to win the world championship. 彼の念願は世界選手権を獲得することだ. **4** 覇気(はき), 精力. **5** 《米中部》悪意, 恨み. **—** *vt.* 《古》熱望する, 野望を抱く. **～·less** *adj.* 〖(1340) □ (O)F ～ // L *ambitiō(n-)* a canvassing for office, seeking after fame ← *ambīre* to go round: ⇨ ambient〗

am·bi·tious /æmbíʃəs/ *adj.* **1 a** 野心のある[を抱いた]; 大望を抱いた; 覇気(はき)のある, 意欲的な: an ～ politician, youth, etc. / Boys, be ～! 少年よ, 大志を抱け《米人教育者 W. S. Clark の言葉》. **b** 〈人に〉大きな期待を寄せる, 大きな望みを持つ; 〔…の〕出世を切望する 〔*for*〕: Be ～ *for* your children. 子供に大いに期待しなさい. **2** 〈計画・作品など〉野心的な, 意欲的な, 大がかりな; 力に余る, 欲張った: an ～ project, work, etc. **3** 〔…を〕熱望して (strongly desirous) 〔*of*, *for*〕; 〈…しようと〉切望して 〈*to* do [be]〉: be ～ *for* power, fame, etc. / He is ～ to win a prize [*to* be a musician]. 入賞しようと[音楽家になろうと]意欲を燃やしている. **～·ness** *n.* 〖(c1384) □ (O)F *ambitieux* // L *ambitiōsus*: ⇨ ↑, -ous〗

SYN 野心的な: **ambitious** 《時に悪い意味で》出世・富・権力・名誉などを熱望している: He is *ambitious* for wealth. 富貴を望んでいる. **aspiring** ある重要な目的のた

A

めに努力を集中する: an *aspiring* musician 音楽家をめざしている人. **enterprising** 《主によい意味で》進取の気性に富んだ: an *enterprising* businessman 進取的なビジネスマン.

---

am·bí·tious·ly *adv.* 野心的に; 意欲的に; 大がかりに; 欲張って. 〘(1413): ⇨ ↑, -ly¹〙

am·bi·tus /ǽmbətəs | -bɪt-/ *n.* (*pl.* ～) **1** (葉・二枚貝などの)外縁, 周囲. **2** 〘音楽〙(教会旋法の)音域. 〘◻L ～: ⇨ ambit〙

am·biv·a·lence /æmbívələns | æmbívəl-, æ̀mbɪvéɪl-/ *n.* **1** 〘心理〙両価感情, アンビバレンス《同じ対象に対する相反する感情の共存》. **2** **a** 両面価値; (相反する)感情の交錯; 賛否両論. **b** 不決断, 躊躇(ちゅうちょ); 浮動(性), 流動(性) 〔*between*〕; (表現などの)あいまいさ (ambiguity). 〘(1912) ← AMBI-+VALENCE¹: cf. G *Ambivalenz* (スイスの心理学者 P. E. Bleuler の造語)〙

am·bív·a·len·cy /-lənsi/ *n.* =ambivalence. 〘1912〙

am·biv·a·lent /æmbívələnt | æmbívəl-, æ̀mbɪvéɪl-⁻/ *adj.* **1** **a** 〈態度・人など〉相反する感情の[を抱く]; 賛否相半ばする; 〈事が〉両面価値(的)の, 相反する二つの性質を持つ: Her feelings toward him were ～. 彼に対する感情は複雑だった《愛すると同時に憎んでもいた》. **b** 不決断な, 気迷った: He was ～ *about* his decision to buy the house. その家を買うかどうかについて決心がつきかねていた. **c** 浮動的な, 流動的な. **d** 〈意味など〉あいまいな. **2** 〘心理〙両価的な[に関する]. **～·ly** *adv.* 〘(1916): ⇨ ambivalence, -ent〙

am·bi·ver·sion /æ̀mbɪvə́ːʒən, -ʃən | -bɪvə́ːʃən/ *n.* 〘心理〙両向性格《内向性 (introversion) と外向性 (extroversion) の両方をもっている性質》. 〘(1927) ← AMBI-+*-version* (cf. introversion, extroversion)〙

am·bi·ver·sive /æ̀mbɪvə́ːsɪv, -zɪv | -bɪvə́ːs-/ *adj.* 〘心理〙両向性格の.

am·bi·vert /ǽmbɪvə̀ːt | -bɪvəːt/ *n.* 〘心理〙両向性格者《内向性と外向性の両方をもっている人; cf. introvert, extrovert》. 〘(1927): ⇨ ambi-, introvert〙

am·ble /ǽmbl/ *vi.* **1** **a** 〘馬術〙〈馬が〉アンブルで歩く; 〈騎手が〉アンブルで馬を進ませる. **b** 〈馬が〉ゆっくりした歩調で歩く. **2** 〈人が〉ゆるゆる[ぶらぶら]歩く 〈*along, about*〉. — *n.* **1** **a** 〘馬術〙アンブル《馬が同側の両脚を片側ずつほぼ同時に上げて進む 4 拍子のゆっくりした側対的歩法; pace よりのろく, 歩調もややくずれている; cf. gait¹ 3》. **b** (馬の)ゆっくりした歩調, 軽歩 (easy pace). **2** (人の)ゆっくりした歩調; ぶらぶら歩き, 散歩 (stroll). 〘(?c1300) ◻(O)F *ambler* < L *ambulāre* to walk ← AMBI-+*el- to go (cf. L *exul* 'EXILE'): cf. ambulate〙

ám·bler /-blə, -blə | -blə^(r), -blə^(r)/ *n.* アンブルで歩く馬; ゆっくり歩く人. 〘(c1386): ⇨ ↑, -er¹〙

ám·bling /-blɪŋ, -bl-/ *adj.* **1** 〈馬が〉アンブルで歩く, 側対歩の: an ～ trot. **2** 〈人が〉ぶらぶら歩く; 〈馬車が〉ゆっくり進む. **3** 〈読物など〉テンポののろい, のんびりした. **～·ly** *adv.* 〘(c1430): ⇨ -ing²〙

am·bly- /ǽmbli/ (母音の前にくるときの) amblyo- の異形.

am·blyg·o·nite /æmblígənàɪt/ *n.* 〘鉱物〙アンブリゴナイト, 燐礬(りんばん)石 (Li(AlF)PO₄). 〘(c1828) ◻G *Amblygonit* ← Gk *amblugṓnios* obtuse-angled ← AMBLYO-+*gōnía* angle: ⇨ -ite¹: 劈開(へきかい)が鈍角であることから〙

am·bly·o- /ǽmbliou | -bliəu/ 次の意味を表す連結形: **1**「鈍い, かすんだ」: *amblyopia.* **2**「弱視に関する」: *amblyoscope.* ★ 母音の前では通例 ambly- になる. 〘← NL ～ ← Gk *amblús* blunt〙

am·bly·o·pi·a /æ̀mblióupiə | -ə́up-/ *n.* 〘病理〙弱視.

am·bly·op·ic /æ̀mbliá(ː)pɪk | -ɔ́p-⁻/ *adj.* 〘(1706) ← NL ～ ← Gk *ambluōpía*: ⇨ ↑, -opia〙

am·bly·o·scope /ǽmbliəskòup | -bliəskəup/ *n.* 〘眼科〙弱視矯正器.

am·bo /ǽmbou | -bəu/ *n.* (*pl.* **～s, am·bo·nes** /æmbóuniːz | -bə́u-/) 〘キリスト教〙 **1** (初期教会堂などの)(聖書)朗読台, 読経台. **2** 説教壇 (pulpit). 〘(1641) ◻ML ～ ◻Gk *ámbōn* raised place, pulpit〙

am·bo- /ǽmbou | -bəu/ ambi- の異形: *amboceptor.*

am·bo·cep·tor /ǽmbousèptə | -bəusèptə^(r)/ *n.* 〘医学〙アンボセプター, 両受体《免疫血清中にある一種の抗体; 補体と免疫元との結合を媒介する》. 〘(1902) ← AMBI-+(RE)CEPTOR〙

Am·boi·na /æmbɔ́ɪnə/ *n.* **1** アンボイナ (⇨ Ambon). **2** =Amboina wood.

Ambóina wòod *n.* アンボイナ材《シタンの類のマメ科の植物 (*Pterocarpus indicus*) の木材; 色と木目が美しく高級家具の製材に使用; padouk wood ともいう》. 〘c1860–65〙

Am·boi·nese /æ̀mbɔɪníːz, -níːs | -níːz⁻/ *adj.* アンボン(人, 語)の. — *n.* (*pl.* ～) **1** アンボン人. **2** アンボン語. 〘(c1864) ← *Amboina*+-ESE〙

Am·boise¹ /ɑ̃ː(m)bwɑ́ːz, ɑːm-; *F.* ɑ̃bwaːz/ *n.* アンブワーズ《フランス中部, Tours 市の東方にある史跡; 有名な城がある》.

Am·boise² /ɑ̃ː(m)bwɑ́ːz, ɑːm-; *F.* ɑ̃bwaːz/ *n.* アンブワーズ《男性名》. 〘◻F ～〙

Am·bon /ǽmbɑ(ː)n | -bən; *Indonesian* ámbon/ *n.* アンボン《インドネシア Molucca 諸島中の島; 面積 800 km², Amboina, Amboyna ともいう》.

ambones *n.* ambo の複数形.

Am·bo·nese /æ̀mbəníːz, -níːs | -níːz⁻/ *adj., n.* (*pl.* ～) =Amboinese.

àmbo·séxual *adj.* 〘生物〙雌雄両性的な. 〘(1788)) (1935) ← L *ambō* both (⇨ ambi-)+SEXUAL〙

Am·boy·na /æmbɔ́ɪnə/ *n.* =Amboina. 〘1879〙

Ambóyna wòod *n.* =Amboina wood.

am·boy·nese /æ̀mbɔɪníːz, -níːs | -níːz⁻/ *adj., n.* (*pl.* ～) =Amboinese.

am·brétte-sèed òil /æmbrét-/ *n.* アムブレットシードオイル《トロロアオイモドキ (abelmosk) の種子から抽出した油で, 麝香(じゃこう)の香りがあり香水製造用》. 〘*ambrette*: ◻(O)F ～: ⇨ amber, -ette〙

am·bret·to·lide /æmbrétəlàɪd, -tl- | -təl-, -tl-/ *n.* 〘化学〙アンブレットリド ($C_{16}H_{28}O_2$)《強い麝香(じゃこう)のような香りのする無色の液体; トロロアオイモドキ (abelmosk) の種子から採れる; 香料用》. 〘⇨ ↑, -ole¹, -ide²〙

am·broid /ǽmbrɔɪd/ *n.* =amberoid.

Am·broise /ɑ̃ː(m)brwɑ́ːz, ɑːm-; *F.* ɑ̃bʀwaːz, -bʀwaːz/ *n.* アンブロアーズ《男性名》. 〘◻F ～: ↓〙

Am·brose /ǽmbrouz | -brəuz, -brəus/ *n.* アンブローズ《男性名》. 〘◻L *Ambrosius* ← Gk *ambrósios* immortal: ⇨ ambrosia〙

Ambrose, Saint *n.* アンブロシウス (339?–397; Milan の司教; St. Augustine の回心に大きな影響を与えた, Doctors of the Church の一人; 祝日 12 月 7 日).

am·bro·si·a /æmbróuʒiə, -ʒə | -bróuziə, -ʒə/ *n.* **1** 〘ギリシャ・ローマ神話〙神の食物, 神饌(しんせん)《不老不死の性質を与えるという神の食物; cf. amrit 1, nectar 1》. **2** 極めて美味な[香りのよい]物 (cf. honeydew 3). **3** 詩的霊感; 甘美な音楽. **4** 〘植物〙ブタクサ《北米原産キク科ブタクサ属 (*Ambrosia*) の植物の総称; ブタクサ (*A. artemisiaefolia*) など; その花粉は風に運ばれ秋季の花粉症 (hay fever) の原因となる; blackweed, ragweed ともいう》. **5** =beebread. **6** 《米》種々の果物に刻んだココナッツとシェリー酒などを振りかけたデザート. 〘(1555) ◻L ～ ◻Gk *ambrosíā* (fem.) ← *ambrósios* divine ← *ámbrotos* immortal ← A-⁷+*brotós* mortal (← IE *mer- to rub away (L *mors* death))〙

ambrósia bèetle *n.* 〘昆虫〙=bark beetle. 〘c1900〙

am·bro·si·al /æmbróuʒiəl, -ʒəl | -bróuziəl, -ʒəl/ *adj.* **1** (ambrosia のように) 極めて美味な (delicious), 芳しい (fragrant); 甘美な, 妙(たえ)なる. **2** 神々にふさわしい, 神々しい (divine). **～·ly** *adv.* 〘(1591): ⇨ -ial〙

am·bro·si·an /æmbróuʒiən, -ʒən | -bróuziən, -ʒən/ *adj.* =ambrosial. 〘1632〙

Am·bro·si·an /æmbróuʒiən, -ʒən | -bróuziən, -ʒən/ *adj.* アンブロシウス (St. Ambrose) の[に関する]. 〘(a1225) ◻L *Ambrosiānus*〙

Ambrósian chánt *n.* [the ～] 〘音楽〙アンブロジオ聖歌《St. Ambrose に由来するといわれるイタリア Milan 地方の典礼用聖歌; cf. Gregorian chant》. 〘1880〙

am·bro·type /ǽmbrətàɪp/ *n.* 〘写真〙(昔の)アンブロタイプ写真《露光不足ぎみの湿板陰画の膜面を黒色物上に押し当て, これをガラス面上から見る写真; 陽画に見える》. 〘(1858) ← Gk *ámbrotos* immortal (⇨ ambrosia)+-TYPE〙

am·bry /ǽmbri, ɑ́ːmri | ǽmbri/ *n.* **1** 〘キリスト教〙(教会堂の聖餐式用具などを入れる)押入れ, 戸棚. **2** 《古》(戸と棚のついた)押入れ, 戸棚 (closet, cupboard); 食器戸棚, 食器室 (cupboard, pantry). 〘(a1225) *almerie* ◻OF *almarie, ar-* (F *armoire*) ◻L *armārium* cupboard, 《原義》repository for arms ← *arma* 'ARMS'〙

ambs·ace /éɪmzeɪs, ǽmz-/ *n.* 《古》 **1** ぴんぞろ《2 個のさいの目にどちらも 1 (ace) が出ること; 最も悪い目》. **2** 悪運, 貧乏くじ (bad luck). **3** くだらないこと (worthlessness). **4** 最少.
within ámbsace of 《古》=*within an* ACE *of.*
〘(a1250) *ambes as* ◻OF ◻L *ambās ās* both aces ← *ambās* ((fem.) ← *ambō* both (⇨ ambi-))+*ās* unit (⇨ ace)〙

ambulacra *n.* ambulacrum の複数形.

am·bu·lac·ral /æ̀mbjulǽkrəl, -léɪk-⁻/ *adj.* 〘動物〙歩帯の. 〘(1836): ⇨ ambulacrum, -al¹〙

ambulácral fóot *n.* 〘動物〙管足《棘皮(きょくひ)動物の足》.

ambulácral sỳstem *n.* 〘動物〙管足系, 歩管系, 水管系《棘皮動物の内部にある特有の細管系統》.

am·bu·lac·rum /æ̀mbjulǽkrəm, -léɪk-/ *n.* (*pl.* **-lac·ra** /-rə/) 〘動物〙(棘皮動物の)歩帯. 〘(1837) ← NL *ambulācrum* ← L 'a walk, avenue' ← *ambulāre* 'to AMBULATE'〙

am·bu·lance /ǽmbjuləns, -lənts/ *n.* **1** **a** 救急車 (ambulance car): by ～=in an ～ / call (for) an ～ 救急車を呼ぶ. **b** 傷病者輸送機. **2** 〘軍事〙傷病兵[患者]輸送車[機]; 移動野戦病院. **3** (昔, 米国西部で用いられた)旅行用幌馬車(など). 〘(1809) ◻F～ ← (*hôpital*) *ambulant* walking (hospital) ◻L *ambulantem* (pres.p.) ← *ambulāre* 'to AMBULATE': ⇨ -ance〙

ámbulance càr *n.* 救急自動車, 救急車.

ámbulance chàser *n.* 《米俗》 **1** 交通事故を種に稼ぐ弁護士. **2** あくどく稼ぐ弁護士. **ámbulance chàsing** *n.* 〘1897〙

ámbulance·màn /-mæ̀n, -mən/ *n.* (*pl.* **-men** /-mèn, -mən/) 《英》救急隊員. ★ 女性形は ambulancewoman.

am·bu·lant /ǽmbjulənt/ *adj.* **1** 歩き回る; 移動する. **2** 〘医学〙=ambulatory 3 (⇨ itinerant SYN). 〘(1619) ◻L *ambulantem*: ⇨ ambulance, -ant〙

am·bu·late /ǽmbjulèɪt/ *vi.* 歩き回る; 歩行する; 移動する. **am·bu·la·tion** /æ̀mbjuléɪʃən/ *n.* **ám·bu·là·tor** /-tə | -tə^(r)/ *n.* 〘(c1623) ← L *ambulātus* (p.p.) ← *ambulāre* to walk: cf. amble〙

am·bu·la·to·ri·um /æ̀mbjulətɔ́ːriəm/ *n.* 外来診療所 (outpatient clinic). 〘◻ML *ambulatōrium* (neut.): ↓〙

am·bu·la·to·ry /ǽmbjulətɔ̀ːri | æ̀mbjuléɪtəri, -tri, ǽmbjulə-⁻/ *adj.* **1** 歩行(用)の, 歩行できる (⇨ itinerant SYN); 歩行に適する: an ～ animal 歩行動物 / an ～ appendage=*n.* 2. **2** 移動性の, 移動的な (movable); 巡回の. **3** 〘医学〙 **a** 〈患者が〉歩行できる, 寝たきりでない; 外来の: an ～ patient. **b** 〈治療(法)が〉(患者に)歩行を許す, 歩行[通院]患者を対象にする. **4** 〘法律〙〈遺言など〉(本人の生存中は)変更[取消し]可能な: an ～ will. — *n.* **1** (修道院・教会堂などの)屋内遊歩場, 周歩廊, 回廊 (deambulatory). **2** 〘動物〙(甲殻類などの)歩脚 (ambulatory appendage).

am·bu·la·to·ri·ly /æ̀mbjulətɔ́ːrəli, ⸗⸗⸗⸗⸗ | æ̀mbjuléɪtərəli, ǽmbjulə-, -trə-/ *adv.* 〘(1622) ◻L *ambulātōrius* movable ← *ambulātus* (p.p.) ← *ambulāre* (⇨ ambulate): ⇨ -ory¹〙

am·bus·cade /æ̀mbəskéɪd, ⸗⸗⸗ | ⸗⸗⸗/ *n., v.* =ambush. ★ 今では主に軍事用語. **ám·bus·càd·er** *n.* 〘(1582–88) ◻(O)F *embuscade* ◻It. *imboscata* (fem.p.p.) ← *imboscare* to place in ambush < VL *imboscāre (↓)〙

am·bush /ǽmbuʃ/ *n.* **1** 待伏せ; 待伏せ攻撃: a blow from (an) ～ やみ討ち / fall into an ～ 待伏せに遭う / be killed *in* an ～ 待伏せに遭って殺される / lie [hide, wait] *in* ～ *for* …を待伏せする. **2** 待伏せ場所[地点]. **3** 伏兵, 伏勢(ふくぜい): lay [make] an ～ (for …) (敵に対して)伏兵を置く. **4** (思わぬ)落とし穴, わな, 危険 (trap, snare). — *vt.* **1** 待伏せして襲う, …に伏兵攻撃をする. **2** **a** [～ *oneself* として] 待伏せする: ～ *oneself* behind trees 木陰に(身を忍ばせて)待伏せする. **b** 〈兵を〉伏せておく: ～*ed* troops 伏兵, 伏勢. — *vi.* 待伏せする (lie in wait) 〔*for*〕. **～·er** *n.* **～·ment** *n.* 〘(c1300) *embussche(n), abushe(n)* ◻OF *embuschier* (F *embûcher*) < VL *imboscāre to set in a bush ← L *im-* 'IN-²'+*boscus* 'BUSH¹'〙

ámbush bùg *n.* 〘昆虫〙花に隠れて他の昆虫を捕食するヒゲブトカメムシ科の昆虫の総称.

am·bys·to·ma /æmbístəmə/ *n.* 〘動物〙トラフサンショウウオ《トラフサンショウウオ属 (*Ambystoma*) の動物の総称; 北米からメキシコにかけて分布; 幼形生殖をするものが axolotl と呼ばれることがある》. 〘← NL ～: ⇨ amblyo-, -stoma¹〙

AMDEA 《略》Association of Manufacturers of Domestic Electrical Appliances.

AMDG 《略》ad majorem Dei gloriam より大いなる神の栄光のために《イエズス会のモットー》. 〘1877〙

amdt. 《略》amendment.

AME 《略》African Methodist Episcopal.

a·me·ba /əmíːbə/ *n.* (*pl.* **a·me·bae** /-biː/, **～s**) 《米》〘動物〙=amoeba. **a·me·bic** /əmíːbɪk/ *adj.*

a·me·boid /əmíːbɔɪd/ *adj.*

am·e·bi·a·sis /æ̀miːbáɪəsɪs | -sɪs/ *n.* 〘病理〙=amoebiasis. 〘1905〙

amébic dýsentery *n.* 〘病理〙=amoebic dysentery. 〘1891〙

a·me·bi·cide /əmíːbəsàɪd | -bɪ-/ *n.* =amoebicide.

a·me·bi·form /əmíːbəfɔ̀əm | -bɪfɔ̀ːm/ *adj.* =amoebiform.

a·me·bo·cyte /əmíːbəsàɪt/ *n.* 〘生物〙=amoebocyte.

a·meb·oid /əmíːbɔɪd/ *n.* 〘生物〙=amoeboid.

âme dam·née /ɑ́ːmdɑːnéɪ; *F.* ɑːmdane/ *F. n.* (*pl.* **âmes dam·nées** /～(z); *F.* ～/) 盲従者, 手足のように使われる人, 手下. 〘(1823) ◻F ～ 'damned soul'〙

a·meer /əmíə, eɪm- | əmíə^(r), æm-, ǽmɪə^(r)/ *n.* =emir. 〘1870〙

a·mei·o·sis /èɪmaɪóusɪs | -əusɪs/ *n.* (*pl.* **-ses** /-siːz/) 〘生物〙(細胞核の)不減数[還元]分裂. 〘← NL ～: ⇨ a-⁷, meiosis〙

a·me·lan·chi·er /æ̀məlǽŋkiə, -lǽntʃiə | -kiə^(r), -tʃiə^(r)/ *n.* 〘植物〙=Juneberry. 〘1741〙

A·me·lia /əmíːljə | -liə, -ljə/ *n.* アミーリア《女性名; 異形 Amalia; 愛称形 Amy》. 〘← Gmc《原義》? laborious (cf. ON *ama* to trouble): 後に L *Aemilia* (ローマの氏族名)と混同〙

a·me·lio·ra·ble /əmíːljərəbl, -liə- | -liə-, -ljə-/ *adj.* 改良[改善]できる. 〘(1807) ← F *améliorer* (⇨ ameliorate)+-ABLE〙

a·me·lio·rant /əmíːljərənt, -liə- | -liə-, -ljə-/ *n.* **1** 改良[改善]する物. **2** 〘農業〙土壌改良剤. 〘⇨ ↑, -ant〙

a·me·lio·rate /əmíːljərèɪt, -liər- | -liə-, -ljə-/ (↔ deteriorate) *vt.* 〈状態などを〉良くする, 改善する, 改良する (⇨ improve SYN): ～ living conditions / ～ international tension 国際緊張を緩和する. — *vi.* 良くなる, 改善される. 〘(1767) (変形) ← MELIORATE: cf. F *améliorer*: ⇨ -ate³〙

a·me·lio·ra·tion /əmìːljəréɪʃən, -liə- | -liə-, -ljər-/ *n.* **1** 改善, 改良. **2** 改善箇所, 改善した物. **3** 〘言語〙(語義の)向上 (elevation). 〘(1659) ◻F *amélioration*: ⇨ ↑, -ation〙

a·me·lio·ra·tive /əmíːljərèɪtɪv, -liə-, -rət- | -liərət-, -ljə-, -rèɪt-/ *adj.* 改善の, 改良的な. 〘(1809): ⇨ -ive〙

a·mé·lio·rà·tor /-tə | -tə^(r)/ *n.* 改善[改良]者, 改善[改良]する物. 〘(1865): ⇨ -or²〙

a·me·lio·ra·to·ry /əmíːljərətɔ̀ːri, -liə- | -ljərèɪt(ə)ri, -liə-, -rət-/ *adj.* =ameliorative.

A·me·li·ta /æməlíːtə | -tə/ *n.* アメリータ《女性名》. 〚(dim.) ← AMELIA〛

am·e·lo·blast /æməloublæst | æmɪlə(ʊ)-/ *n.* 〖歯科〗エナメル芽細胞. 〚(1882) ← 《廃》 amel (□ AF *amail*= OF *esmail* 'ENAMEL')+-o-+-BLAST〛

am·e·lo·blas·to·ma /æməloublæstóumə | -lə(ʊ)-blæstə́ʊ-/ *n.* 〖歯科〗=adamantinoma.

a·men /ɑ́ːmén, éɪ-ˊ/ *int.* **1** アーメン《キリスト教徒が祈りなどの終わりに唱える; So be it!「かくあれかし」の意》. **2** まことに, そうだ, よろしい《同意・賛成を表す》. ★《米》では歌では /ɑ́ːmén/ が普通だが, 非日常的な会話では /éɪ-/ が多い. 《英》ではプロテスタント教会では /ɑ́ː-/, ローマカトリック教会では /éɪ-/ が多い: *Amen* to that! その通りだ《同意を表す》.
— *n.* **1** アーメンの言葉[応答, 唱和]: sing the ~ アーメンを唱える. **2** /eɪmén/ 同意, 賛成.
sáy amén to …に同意[賛成]する (assent to).
— *adv.* 《古》 まことに (truly).
〚OE □ LL *āmēn* □ Gk *amḗn* □ Heb. *āmēn* certainty, truth〛

A·men /ɑ́ːmən/ *n.* 〖エジプト宗教〗アメン《Thebes の羊頭の主神で多産と生命をつかさどる; 後には太陽神 Ra と同一視され Amen-Ra として崇拝された; Karnak の Amen 神殿は有名; ギリシャ語名 Ammon, Amon, Amun》. 〚← Egypt. *Àmen* 《原義》? the one who hides his name〛

A·men /ɑ́ːmən; G. ɑ́ːmən/, **Jacob** *n.* =Jacob AMMAN.

a·me·na·bil·i·ty /əmìːnəbíləṭi, əmèn- | -lɨti/ *n.* (服従の)責任; 快く従うこと, 従順(性) 〔*to*〕. 〚(1789): ⇨ ↓, -ability〛

a·me·na·ble /əmíːnəbḷ, əmén-/ *adj.* **1 a** 〔助言などに〕快く従う, 〔道理を〕容(い)れる (responsive) 〔*to*〕: ~ *to* argument, advice, persuasion, etc. / a person ~ *to* reason 道理に服する人, 話せば物のわかる人. **b** 御しやすい, 従順な; 容易に動かされる〔*to*〕: a person easily ~ *to* flattery すぐおだてに乗る人. **2** 《古》〔法律などに〕従う義務のある, 服すべき, 責を負うべき〔*to*〕; 法的に責任のある (legally responsible): be ~ *to* the law, authority, etc. **3 a** 《古》〔非難などの〕余地のある, 受けやすい (liable) 〔*to*〕: actions ~ *to* criticism 非難の余地のある行動. **b** 〔テスト・分析などを〕受けることが可能な, 〔…で〕調べることができる〔*to*〕: data ~ *to* mathematical analysis 数学的分析を施せるデータ / illness ~ *to* treatment 治療可能な病気.
~·ness *n.* 〚(1596) □ AF *amenable* ← (O)F *amener* to bring up to ← A-[4]+*mener* to bring (< L *mināre* to drive=*minārī* to threaten ← *minae* threats): ⇨ -able: cf. menace〛

a·mé·na·bly /-bli/ *adv.* 服従して; 従順に; 〔…に〕従って〔*to*〕: ~ *to* the rules 法則に従って / be ~ disposed 素直である. 〚(1864): ⇨ ↑, -ly[1]〛

á·men còrner /éɪmen-/ *n.* 《米》 **1** (一部のプロテスタント教会で)説教壇の横の席, アーメンコーナー《もと礼拝式中 'Amen!' と応答する音頭を取った信者たちの占めた席》. **2** (教会で)熱心な信者たちの占める一画. 〚(1860)〛

a·mend /əménd/ *vt.* **1** 〈議案・文書などを〉修正する, 改正する, 改訂する, 訂正する: ~ a bill, measure, constitution, etc. / an ~*ed* bill 修正法案 / The bill was passed as ~*ed*. 法案は修正された通りに通過した. **2** 〈行状などを〉改める: ~ one's behavior, life, views, etc. **3** 〈局面を〉改善する. — *vi.* **1** 良くなる, 改まる. **2** 行いを改める, 改心する. **3** 《廃》〈病人・病気が〉回復する. **~·er** *n.* 〚(?a1200) □ (O)F *amender* < VL **admendāre*=L *ēmendāre* to free from faults ← *ē-* 'EX-[1]'+*mendum* fault: cf. emend〛

a·mend·a·ble /əméndəbḷ/ *adj.* 改められる, 修正できる. 〚(1589): ⇨ ↑, -able〛

a·men·da·to·ry /əméndətɔ̀ːri | -təri, -tri/ *adj.* 《米》修正的な, 矯正する (corrective). 〚(c1828): ⇨ -atory〛

a·mende ho·no·ra·ble /əmɑ́ː(n)dɑ̀(ː)nərɑ́ːbḷ, æmɑ́ːnd- | -dɔ̀n-; *F.* amɑ̃dɔnɔʀabl/ *n.* (*pl.* **a·mendes ho·no·ra·bles** /~; *F.* amɑ̃dzɔnɔʀabl/) **1** 〖古英法〗公式の謝罪《非行者に恥辱を与えて, 神, 国王または被害者に対して謝罪させること; 例えば, 白衣を着け, 首の回りに縄を巻き, たいまつを持って教会に行き懺悔させるなどの方法が用いられた》. **2** 陳謝. 〚(1670) □ F ~ 'honorable amends'〛

a·mend·ment /əmén(d)mənt/ *n.* **1** 修正案[動議]: propose [move] an ~ to a bill [law, constitution] 法案[法律, 憲法]の修正を提案する, 修正の動議を出す / a constitutional ~ 憲法改正 / the *Amendments* (米国)憲法修正箇条 / ⇨ Fifth Amendment, Eighteenth Amendment. **2** 修正, 改正, 訂正: make an ~ / the ~ of one's life 生活改善. **3** 改心, 矯正. **4** (局面の)改善, 好転. **5** 《古》(健康の)回復. **6** 〖土壌〗土壌改良; (石灰・石膏など)地質改良物《窒素・リン・カリウムなどの担体を除く》. 〚(?a1200) □ (O)F *amendement*: ⇨ amend, -ment〛

a·mends /əméndz/ *n.* (*pl.* ~) **1** 償い, 埋合わせ, 補償: make ~ (*to* a person) *for* … (人に対して)〈損失・損傷などを〉償う, …の埋合わせをする. **2** 《廃》改良, 改正; (健康などの)回復. 〚(?a1300) □ OF *amendes* (pl.) ← *amende* fine[2] ← *amender* 'to AMEND'〛

A·men·ho·tep III /ɑ̀ːmənhóutep, æm- | -hə́ʊ-/ *n.* アメンホテップ三世 (1411-1375 B.C.; 古代エジプト新王国時代第 18 王朝の王; Amenhotep 四世 Ikhnaton 王の父; Amenophis III ともいう).

Amenhotep IV *n.* アメンホテップ四世 (?-1357 B.C.; Amenhotep 三世の息子で古代エジプト新王国時代第 18 王朝第 10 代の王 (1379-62 B.C.); 太陽神 Aten 崇拝による唯一神信仰を宣言した最初の王; Ikhnaton, Amenophis IV ともいう).

a·me·ni·ty /əménəṭi, əmíːn- | əmíːnɨti, -mén-/ *n.* **1** [しばしば *pl.*] **a** (住宅・職場・都市などの)快適な設備[環境], 文化的な施設: Central air-conditioning and a swimming pool are among the *amenities* of his home. 彼の家の設備には集中冷暖房とプールが含まれている. **b** (公共機関などの提供する)便宜, サービス. **2 a** (場所・環境・気候などの)好ましさ, 快適さ, 心地よさ. **b** (人・態度・気質などの)感じのよさ, 温和 (mildness). **c** なごやかさ, 和気あいあい. **3** (地所・住宅などの)見栄え, 価値, 魅力. **4** [しばしば *pl.*] 楽しみ, 愉楽: the *amenities* of literature [home life] 文学[家庭生活]の楽しみ. **5** [*pl.*] 礼儀, 儀礼, 挨拶; 交誼, よしみ, 友好(関係): exchange *amenities* 交歓する. — *adj.* 快適な, 心地よい. 〚(a1398) □ (O)F *aménité* // L *amoenitātem* delightfulness ← *amoenus* pleasant □ ? Gk *ameínōn* better: ⇨ -ity: cf. L *amāre* to love〛

amènity bèd *n.* 《英》(健康保険による病院の)差額ベッド《《口語》では pay bed ともいう》. 〚(1951)〛

Am·e·no·phis III /æmənóufɪs | -nə́ʊfɪs/ *n.* = Amenhotep III.

Amenophis IV *n.* =Amenhotep IV.

a·men·or·rhe·a /eɪmènəríːə, ɑː- | èɪm-, æm-/ *n.* (*also* **a·men·or·rhoe·a** /~/) 〖病理〗無月経. **a·mèn·or·rhé·ic** /-ríːɪkˊ/ *adj.* 〚(1804) ← NL ~: ⇨ a-[7], meno-[1], -rrhea〛

A·men-Ra /ɑ̀ːmənrɑ́ː/ *n.* 〖エジプト宗教〗アメンラー《古代エジプトの太陽神; 多産・生命の神 Amen と太陽神 Ra とが融合してできた》.

a men·sa et tho·ro /eɪménsəetθóːrou | -rəu/ *adj.* 〖法律〗食卓と寝床からの, 夫婦別居の: a divorce ~ 卓床離婚《夫婦たる身分は存続させたまま別居する離婚の一形式; 夫婦間の同居の権利義務を解消させるもの; 英国では 1857 年に廃止》. 〚(1600) □ L ~ 'from table and bed'〛

am·ent[1] /æmənt, éɪm-/ *n.* 〖植物〗尾状花序, 荑(じょう)花序《ヤナギ科植物のような花序; amentum ともいう; cf. catkin》. 〚(1791) ← NL *āmentum* ← L 'thong, spike'〛

a·ment[2] /éɪment, -mənt | æmént/ *n.* 〖精神医学〗精神薄弱者 (cf. amentia). **a·men·tal** /eɪménṭḷ | -tḷ/ *adj.* 〚(1894) □ L *āment-*, *āmēns* mad ← A-[5]+*mēns* mind〛

amenta *n.* amentum の複数形.

am·en·ta·ceous /æməntéɪʃəs, èɪm-, -mɛn-ˊ/ *adj.* 〖植物〗尾状花の(ような); 〈木が〉尾状花をつける. 〚(c1737) ← AMENT[1]+-ACEOUS〛

a·men·ti·a /eɪménʃiə, æm-, -ʃə/ *n.* 〖精神医学〗アメンチア, 精神薄弱 (feeble-mindedness)《先天性の白痴; cf. dementia》. 〚(a1398) ← NL ~: ⇨ ament[2], -ia[1]〛

am·en·tif·er·ous /æməntíf(ə)rəs, èɪm-ˊ/ *adj.* 〖植物〗尾状花をつける. 〚(1854) ← AMENT[1]+-FEROUS〛

a·men·ti·form /əméntəfɔ̀ːm, eɪm- | -tɨfɔ̀ːm/ *adj.* 〖植物〗尾状花状の. 〚(1869): ⇨ ament[1], -(i)form〛

a·men·tum /əméntəm | -təm/ *n.* (*pl.* **a·men·ta** /-tə | -tə/) **1** 〖植物〗尾状花序 (ament). **2** (古代ローマの)投槍の柄につけた革ひも《槍を遠くへ飛ばすため》. 〚(1770) □ L *āmentum*: ⇨ ament[1]〛

Amer. 《略》 America; American.

A·mer- /əmér/ (母音の前にくるときの) Amero- の異形.

Am·er·a·sian /æməréɪʒən, -ʃən | -ʃən, -ʒən/ *adj.* アメリカ人とアジア人の混血の, アメラジアンの. — *n.* アメリカ人とアジア人の混血児, アメラジアン《特に, 父がアメリカ軍人で母がアジア人; cf. Eurasian》. 〚(1953) ← AMERO-+ASIAN〛

a·merce /əmə́ːs | əmə́ːs/ *vt.* **1** 〖法律〗(裁判所の自由裁量で)…を罰金刑に処する, …に(ある額の)罰金を科する (fine): ~ a person *of* a month's salary 人に 1 か月の罰俸(ばっ)を科する / ~ a person (*in*) the sum of … 人に…の(金額の)罰金を科する. **2** 罰する (punish): ~ a person *with* the loss of … 人から罰として…を奪う.
a·mérc·er *n.* 〚(c1378) □ AF *amercier* to fine ← *à merci* ← (O)F *à* at+*merci* 'MERCY'〛

a·mer·ce·a·ble /əmə́ːsiəbḷ, -ʃə- | əmə́ː-/ *adj.* 罰金を科しうる. 〚(1611) □ AF ← *amercier* to fine: ⇨ amerce〛

a·mérce·ment *n.* 〖法律〗罰金刑; 罰金, 罰俸(ばっ). 〚(a1325) □ AF *amerciment*: ⇨ ↑, -ment〛

A·mer·i- /əmérɨ, -ri/「アメリカの; アメリカと…との (American and …)」の意の連結形.

A·mer·i·ca /əmérɨkə/ *n.* **1 a** 米州, アメリカ大陸《北米・中米・南米を含む》. **b** 南北アメリカ. ★ a, b では the Americas ともいう. **2** アメリカ合衆国, アメリカ, 米国 (the United States of America). 日英比較 日本語では米国, アメリカというのが普通だが, 米国人は the United States, または the States というのが普通である. 日本語でも正式名は「アメリカ合衆国」であるが, the (United) States はそれよりももっと一般的である. もちろん *America* も使われるが, 一般的でないのは *America* というと北米, 中米, 南米の他の地域も含まれるという意識が働くからであろう. ただし, 国籍をいう場合は普通 American が使われる. **3** 北米 (North America). **4** 南米 (South America). 〚(1781) ← NL ~ ← *Americus Vespucius* 《ラテン語化》 ← *Amerigo Vespucci* (⇨ Vespucci): ドイツの地図製作者 Martin Waldseemüller (1470?-?1522) が 1507 年に初めて用いた名称〛

A·mer·i·can /əmérɨkən/ *adj.* **1 a** アメリカ(合衆国)の, 米国の; アメリカ的[式]の; アメリカ人の: ⇨ American language. **b** アメリカ製の: an ~ car, toy, etc. 日英比較 「アメリカン コーヒー」は和製英語. 薄い[薄めの]コーヒーは英語では weak [mild] coffee. **2 a** アメリカ大陸の. **b** 〈動植物が〉(北[南])アメリカ原産の. **3** 《廃》アメリカインディアンの. — *n.* **1** アメリカ合衆国人, アメリカ人, 米国人: a French [Japanese] ~ フランス系[日系]米人. **2** 米大陸住民: a Latin ~ ラテンアメリカ人 / a North [South] ~ 北[南]米人. **3** =American Indian. **4** =American English. **~·ness** *n.* 〚(1578) ← NL *Americānus*: ⇨ ↑, -an[1]〛

A·mer·i·can·a /əmèrɨkǽnə, -kɑ́ːnə | -kɑ́ːnə/ *n. pl.* **1** アメリカーナ《アメリカに関する文献で, アメリカの歴史・地理・文学などに関する記事・書籍の類》; アメリカの風物; アメリカ誌. **2** [単数扱い] アメリカーナ《アメリカ関係文献集》. 〚(1841): ⇨ -ana〛

Américan Acádemy of Dramátic Árts *n.* [the ~] アメリカ演劇[舞台]アカデミー《米国現存の最古の演劇学校》.

Américan Áirlines *n.* アメリカン航空《米国の大手航空会社; 国際略称 AA》.

Américan álligator *n.* 〖動物〗ミシシッピーワニ (*Alligator mississippiensis*)《米国南東部に生息するワニ; 体長 4.5 m に達する》.

Américan állspice *n.* 〖植物〗クロバナロウバイ (⇨ strawberry shrub).

Américan áloe *n.* 〖植物〗アオノリュウゼツラン (century plant). 〚(1730)〛

Américan arborvítae *n.* 〖植物〗ニオイヒバ (*Thuja occidentalis*)《北米東部のヒノキ科の常緑針葉樹; 枝は短く水平に出て, 樹冠はピラミッド状になる》.

Américan ásh *n.* 〖植物〗アメリカトネリコ (⇨ white ash). 〚(1744)〛

Américan Association of Retíred Pèrsons *n.* [the ~] アメリカ退職者協会《退職者の権利と恩典に関する情報を提供し, 老齢者の福祉・教養・保護・自立のために活動する民間組織; 略 AARP》.

Américan bádger *n.* 〖動物〗アメリカアナグマ (*Taxidea taxus*)《北米西部産》.

Américan Bár Association *n.* アメリカ法律家[法曹]協会 (略 ABA).

Américan bárberry *n.* 〖植物〗アメリカメギ (*Berberis canadensis*)《北米産メギ属の植物で薬用; Canada barberry, Allegheny barberry ともいう》.

Américan Béauty *n.* 〖園芸〗アメリカンビューティー《米国の hybrid perpetual rose; 大輪で赤い》. ★ 米国 District of Columbia の花. 〚(1887)〛

Américan bíson *n.* 〖動物〗アメリカバイソン (*Bison bison*)《北米産のヤギュウ; 野生種はほぼ絶滅し今日では主に公園や保護区域にすむ; American buffalo ともいう》. 〚(1877)〛

Américan blíght *n.* 〖昆虫〗=apple blight.

Américan bónd *n.* 〖石工〗アメリカ積み《れんがや石を長手積みの 4 または 5 層おきに小口積みを 1 層はさむ壁体の積み方; common bond ともいう》.

Américan búffalo *n.* 〖動物〗=American bison.

Américan Cáncer Society *n.* 米国癌協会 (略 ACS).

Américan chaméleon *n.* 〖動物〗ミドリアノール (*Anolis carolinensis*)《米国南東部産のタテガミトカゲ科アノールトカゲ属のトカゲ; 体色が瞬時に変化するのでカメレオンと混同される》. 〚(1881)〛

Américan chèese [Chèddar] *n.* ⇨ Cheddar. 〚(1804)〛

Américan Cívil Líberties Ùnion *n.* [the ~] アメリカ市民的自由連合《合衆国憲法で保障された権利の擁護を目的として New York 市に 1920 年に設立された; 裁判闘争を主な活動とし, 公立学校での進化論教育の擁護やベトナム反戦者の救援などを行っている; 略 ACLU》.

Américan Cívil Wár *n.* [the ~] (米国の)南北戦争 (1861-65) (⇨ Civil War 2 a).

Américan clòth *n.* 《英》 **1** 模造エナメル革《柔軟な油布 (oil cloth) で, 主に椅子カバーやテーブルかけに用いる》. **2** =americani. 〚(1860)〛

Américan cóckroach *n.* 〖昆虫〗ワモンゴキブリ (*Periplaneta americana*)《北米原産; 現在は全世界の熱帯・亜熱帯に広く分布する》. 〚(1813)〛

Américan Consérvatory Thèater *n.* アメリカンコンサーバトリー劇場《San Francisco に本拠を置く, 俳優養成学校を兼ねたレパートリー劇団 (repertory theater); 1964 年 Pittsburg で創立; 略 ACT》.

Américan cóot *n.* 〖鳥類〗アメリカオオバン (*Fulica americana*)《北米産の沼地などに生息するクイナ科オオバン属の水鳥》.

Américan cópper *n.* 〖昆虫〗ベニシジミ (*Lycaena phlaeas*)《北米東部および北部に広く分布するシジミチョウ科のチョウ; 米国で copper といえばこの種を指すことが多い》.

Américan cótton *n.* 〖植物〗=upland cotton.

Américan cówslip *n.* 〖植物〗=shooting star 2. 〚(1866)〛

Américan cráb àpple *n.* 〖植物〗米国東部産バラ科の高木で黄色い小さな実のなる野生リンゴの一種 (*Malus coronaria*)《garland crab ともいう》.

Américan cránberry *n.* 〖植物〗オオミノツルコケモモ (*Vaccinium macrocarpon*)《米国産ツツジ科コケモモ属の常緑低木; large cranberry ともいう》.

Américan cránberry bùsh *n.* 〖植物〗=cranberry bush.

Américan cráwl *n.* [the ~] 〖水泳〗アメリカ式クロール《左右の腕を水から抜く間に両足で 6 回水をキックするクロール泳法 (6-beat crawl); cf. Australian crawl》.

Américan crócodile *n.* 〖動物〗アメリカワニ (*Crocodylus acutus*)《熱帯アメリカに生息するワニ》.

A

Américan depósitary recèipt *n.* 《米》【証券】米国預託証書《外国企業の株式の所有権を証明する証書; 株券と同様に取引される》.

Américan dréam, A- D- *n.* [the ～] アメリカ(人)の夢, アメリカンドリーム《米国ではだれもが平等に富と成功の機会が与えられるという考え》. 〖1917〗

Américan éagle *n.* **1** 【鳥類】=bald eagle. **2** (1782 年以来の米国紋章の)白頭わし.

Américan élder *n.* 【植物】アメリカニワトコ (*Sambucus canadensis*)《北米東部産スイカズラ科ニワトコ属の低木》.

Américan élm *n.* 【植物】アメリカニレ (*Ulmus americana*). 〖1813〗

Américan Énglish *n.* アメリカ英語, 米語《合衆国で使用される英語; cf. American language, British English》. 〖1806〗

Américan Expedítionary Fórces *n. pl.* [the ～] (第一次大戦の米国海外[欧州]派遣[遠征]軍 (略 AEF).

Américan Exprèss *n.* 【商標】アメリカンエキスプレス(社)《米国の大手クレジットカード会社; 旅行関連サービス・保険・国際金融・投資サービスを兼営; 1850 年設立; 略 Amex》.

Américan Fálls *n. pl.* [the ～; しばしば単数扱い] アメリカ滝 (⇨ Niagara Falls).

Américan Federátion of Lábor *n.* [the ～] 米国労働総同盟 (略 AFL, AF of L) (⇨ AFL-CIO). 〖1886〗

Américan Fíeld Sèrvice *n.* アメリカンフィールドサービス《1978 年改称した AFS の旧名》.

Américan flamíngo *n.* 【鳥類】ベニフラミンゴ (*Phoenicopterus ruber*).

Américan fóotball *n.* **1** アメリカンフットボール《109.7 m×48.5 m のフィールドの中で 11 人のチームで防具・ヘルメット・ショルダーパットなどをつけ, ボールを相手ゴールへ持ち込み得点する競技; 《米》では単に football という》. **2** 《英》アメリカンフットボールの競技用のボール. 〖1891〗

Américan fóxhound *n.* アメリカンフォックスハウンド (English foxhound よりやや小形で耳が長いイヌ). 〖*c*1891〗

Américan fróg's-bit *n.* 【植物】=frogbit 2.

Américan germánder *n.* 【植物】北米原産シソ科ニガクサ属の低地または多湿地の花壇用多年草 (*Teucrium canadense*).

Américan glóbeflower *n.* 【植物】アメリカキンバイソウ (*Trollius laxus*)《米国北東部産キンポウゲ科キンバイソウ属の黄緑色の花をつける多年草》.

Américan Góthic *n.* 【美術】「アメリカンゴシック」《Grant Wood の絵画 (1930); Iowa 州の質朴な農民父娘の肖像で, 父親が黒い上着を着てフォーク状のまたぐわを手にしている》.

Américan hólly *n.* 【植物】アメリカヒイラギ (*Ilex opaca*) (⇨ holly). 〖*c*1780〗

Américan hórnbeam *n.* 【植物】アメリカシデ (*Carpinus caroliniana*)《北米産カバノキ科の翼果をつける材質の堅い高木》. 〖*c*1780〗

a·mer·i·ca·ni, A- /əmɛ̀rɪkáːni/ *n.* アメリカニ, アメリカノ (一種の綿布). 〖(1863) ◻ Swahili ～: もと米国から輸入されたことから〗

Américan Índian *n.* アメリカインディアン, アメリカ先住民《南北アメリカ大陸の(通例イヌイットを除く)先住民; Amerind, Amerindian, Indian, Native American, Red Indian ともいう; cf. Amerind》. 日英比較 日本語ではアメリカのインディアンという呼称はかなり無意識に使われるが, 米国では現在では差別語とされていて, Native American と呼ぶのが一般的になっている. 〖1732〗

Américan Índian Dày *n.* 《米》アメリカインディアンの日《インディアンに敬意を表する祝日; 9 月の第 4 金曜日》.

Américan Índian lánguages *n. pl.* [the ～] 【言語】アメリカインディアン語《南北アメリカ大陸と西インド諸島で用いられる多数の現地語の総称; それらの言語構造や語彙は互いに異なり, 親族関係を確認できない; その多くは形態上, 抱合語 (incorporating language) に属する; Indian languages ともいう》.

Américan Índian Mòvement *n.* アメリカインディアン運動《差別撤廃などのために 1968 年に組織された, アメリカ先住民の戦闘的運動; 略 AIM》.

Américan ípecac *n.* 【植物】=Indian physic 1.

A·mér·i·can·ìsm /-nɪ̀zm/ *n.* **1** 米国特有の語[語句, 表現, 発音], 米国語法 (cf. Briticism, Englishism). **2** 米国風; 米国人気質, 米国魂. **3** 米国びいき, 親米主義. **4** アメリカ政策の唱導. 〖(1781): ⇨ -ism〗

A·mér·i·can·ist /-nɪst | -nɪst/ *n.* **1** アメリカ研究家. **2** 親米家. **3** アメリカインディアン(文化・言語)の研究家. 〖(1881): ⇨ -ist〗

Américan ívy *n.* 【植物】アメリカヅタ (⇨ Virginia creeper). 〖*c*1780〗

A·mer·i·can·i·za·tion /əmɛ̀rɪkənɪzéɪʃən | -naɪ-, -nɪ-/ *n.* **1** 米国化. **2** 米国帰化. 〖(1858): ⇨ ↓, -ation〗

A·mer·i·can·ize /əmɛ́rɪkənàɪz/ *vt., vi.* **1** 米国風に変える[変わる], 米国化する. **2** 米国に帰化させる[する]. **A·mér·i·can·ìz·er** *n.* 〖(1797): ⇨ -ize〗

Américan jóy *n.* 【植物】=Virginia creeper.

Américan Júdas trèe *n.* 【植物】=redbud.

Américan késtrel *n.* 【鳥類】アメリカチョウゲンボウ (*Falco sparverius*)《南北アメリカ産の小形のハヤブサ属の一種; sparrow hawk ともいう》.

Américan Lábor Pàrty *n.* [the ～] 米国労働党《1936 年 7 月 New York 市で創立; 1956 年消滅; 略 ALP》.

Américan lánguage *n.* [通例 the ～] アメリカ英語, 米語 (American English).

Américan lárch *n.* 【植物】=tamarack 1 a.

Américan láurel *n.* 【植物】=mountain laurel 1.

Américan Léague *n.* [the ～] アメリカンリーグ《National League と共に米国の二大プロ野球連盟の一つで 1900 年創立, 次の 14 チームからなる: 東地区 Baltimore Orioles, Boston Red Sox, New York Yankees, Tampa Bay Devil Rays, Toronto Blue Jays; 中地区 Chicago White Sox, Cleveland Indians, Detroit Tigers, Kansas City Royals, Minnesota Twins; 西地区 Anaheim Angels, Oakland Athletics, Seattle Mariners, Texas Rangers; 各地区の 1 位チームに, 2 位チーム中最高勝率を上げた 1 チームを加えた計 4 チームで, 5 回戦のプレーオフを行い, 更に勝ち残った 2 チームが 7 回戦のプレーオフを行って, リーグ優勝を決める; cf. National League, major league 1》.

Américan léather *n.* 模造エナメル革 (American cloth) の一種. 〖1893〗

Américan Légion *n.* [the ～] 米国在郷軍人会《1919 年結成, 第一次・第二次大戦およびその後の戦争の出征軍人の愛国的団体; cf. British Legion》.

Américan léopard *n.* 【動物】アメリカヒョウ (jaguar の俗称).

Américan líon *n.* 【動物】アメリカライオン (cougar の俗称).

Américan lótus *n.* 【植物】キバナハス (*Nelumbo lutea*)《米国東部産スイレン科ハス属の水生植物; 花は黄色で大きく, 種子は食用になる》.

Américan mándrake *n.* 【植物】アメリカミヤオソウ (⇨ mayapple 1).

Américan móss *n.* 【植物】サルオガセモドキ (⇨ Spanish moss). 〖1882〗

Américan móuntain àsh *n.* 【植物】アメリカナナカマド (*Sorbus americana*)《北米産バラ科ナナカマド属の高木; 葉は長さ 30 cm 位になる》.

Américan órgan *n.* アメリカオルガン《リードオルガンの一種で, 吸気によってリードが音を出す; melodeon ともいう》. 〖1876〗

Américan pàrty *n.* [the ～] アメリカ党《1853–56 年のころ政治の実権をアメリカ生まれの人の手で占めようと努めた; cf. know-nothing 3》.

Américan pérch *n.* 【魚類】=yellow perch.

Américan pít bùll térrier *n.* =pit bull terrier.

Américan plàn *n.* [the ～] 《米》アメリカ方式《部屋代・食費合算のホテル制度; cf. European plan》: *on the* ～. 〖1856〗

Américan pláne *n.* 【植物】アメリカスズカケノキ (⇨ buttonwood). 〖1848〗

Américan póplar *n.* 【植物】アメリカヤマナラシ (*Populus tremuloides*)《米国産ポプラの一種》.

Américan Revísed Vérsion *n.* [the ～] = American Standard Version.

Américan Revolútion *n.* [the ～] アメリカ独立戦争《英本国とそのアメリカ植民地との間の戦争 (1775–83); これによって植民地は本国から独立してアメリカ合衆国を建設した; 米国では Revolutionary War ともいい, 英国では War of American Independence ともいう》.

Américan róbin *n.* 【鳥類】=robin[1] 2.

Américan sáble *n.* **1** 【動物】アメリカテン (*Martes americana*). **2** アメリカテンの毛皮.

Américan sáddle hòrse *n.* アメリカンサドルホース《普通 3 ないし 5 種の歩様 (gaits) ができる軽快な乗用馬で, ホースショー (horse show) や馬術大会用に育成される; 産地は主として Kentucky で, サラブレッド種からの改良種; Kentucky saddle horse とも呼ばれる》. 〖*c*1920〗

Américan sáffron *n.* 【植物】=safflower 1.

Américan Samóa *n.* 米領サモア《Tutuila 島, Manua 諸島など Samoa 諸島の東半分の島群から成る南太平洋の米国海外領; 面積 198 km², 主都 Pago Pago》.

Américan's Créed *n.* [the ～] 米国人民宣誓《下院書記官 William Tyler Page 起草; 1918 年 4 月 3 日下院によって採択された》.

Américan sénna *n.* 【植物】ツリハブソウ (*Cassia marilandica*)《北米産マメ科カワラケツメイ属の植物》. 〖1847〗

Américan Sígn Lànguage *n.* 米式手話言語《Ameslan ともいう; 略 ASL》. 〖1960〗

Américan Stándard Vérsion *n.* [the ～] 米国改訂訳聖書《1901 年出版; the Revised Version の米国版; American Revised Version ともいう; 略 ASV》. 〖1901〗

Américan Stóck Exchànge *n.* [the ～] アメリカ証券取引所《New York 市にある全米第 2 の取引所; 俗称 the Curb; 略 Amex, ASE; cf. New York Stock Exchange》.

Américan Stúdies *n.* (学科としての)アメリカ研究[事情].

Américan tíger *n.* 【動物】アメリカトラ (jaguar の俗称). 〖1774〗

Américan trypanosomíasis *n.* 【病理】アメリカトリパノソーマ症 (⇨ Chagas' disease).

Américan twíst *n.* 【テニス】アメリカンツイスト(サーブ)《ボールがレシーバーの左へ高くはずむようにスピンをかけたサーブ》.

Américan végetable-tállow trèe *n.* 【植物】シロヤマモモ (⇨ wax myrtle).

Américan Wáke *n.* 《アイル》米国へ移住する人のための徹夜の送別会.

Américan wáter spàniel *n.* アメリカンウォータースパニエル《巻き毛で耳が長く垂れ, すぐれた嗅覚をもつ中形の銃猟作業のイヌ》. 〖1947〗

Américan Wáy *n.* [the ～] アメリカ式のやり方, アメリカ流儀《多くのアメリカ人が持っているとされる信念や価値観; 向上心・勤勉・自侍・公平・物質欲など》.

Américan whíte ípecac *n.* 【植物】=ipecac spurge.

Américan wídgeon *n.* 【鳥類】=baldpate 2. 〖1788〗

Américan wírehair *n.* アメリカンワイヤーヘアー《shorthair 種に似た家ネコで, 濃い針金状の被毛が特徴》.

Américan wistéria *n.* 【植物】アメリカフジ (*Wisteria frutescens*)《北米産マメ科のフジの一種》.

Américan wórmseed *n.* 【植物】=Mexican tea.

A·mer·i·cas /əmɛ́rɪkəz/ *n. pl.* [the ～] =America 1 a, b.

América's Cùp *n.* [the ～] アメリカズカップ《世界最大の国際ヨットレース(の優勝杯); 1851 年に New York Yacht Club のスクーナー America 号が英国で獲得した優勝杯を記念して 1870 年より開催》.

América the Béautiful *n.*「美しきアメリカ」《米国の愛国歌; 1893 年に詞が作られ, 曲は約 60 種類あるとされている; 'O beautiful for spacious skies' で始まる》.

am·er·i·ci·um /æ̀mərɪ́ʃiəm, -siəm | -siəm, -ʃiəm/ *n.* 【化学】アメリシウム《放射性元素; サイクロトロンの中でウラニウムを高速でアルファ粒子と衝突させて得た超ウラン元素の一つ; 記号 Am, 原子番号 95》. 〖(1946) ← NL ～: ⇨ Americ(a), -ium〗

A·mer·i·co- /əmɛ́rɪkoʊ | -kəʊ/「アメリカ(人)の; アメリカ(人)と…との (American and …)」の意の連結形: *Americo*-Liberian 米国系リベリア人. 〖← AMERIC(A)+-o-〗

Amerigo Vespucci *n.* ⇨ Vespucci.

a·mer·i·ka·ni, A- /əmɛ̀rɪkáːni/ *n.* =americani. 〖1863〗

Am·er·ind /æ̀mərɪnd/ *n.* アメリカ先住民《アメリカインディアンまたは時にイヌイットを指す》. **Am·er·in·dic** /æ̀mərɪ́ndɪk←/ *adj.* 〖(1900) ← AMER(ICAN)+IND(IAN)〗

AmerInd (略) American Indian.

Am·er·in·di·an /æ̀mərɪ́ndiən | -diən, -djən←/ *adj.* アメリカ先住民 (Amerind) の; アメリカ先住民の言語の. — *n.* **1** =Amerind. **2** アメリカ先住民の言語. 〖(*c*1898) ← AMER(ICAN)+INDIAN〗

am·er·is·tic /æ̀mərɪ́stɪk←/ *adj.* 【植物】〈ある種のシダ類が〉分化していない (undifferentiated); 分裂組織のない. 〖← Gk *ameristós* undivided ← A-[7]+*meristós* divided: ⇨ -ic[1]〗

A·mer·o- /əmɛ́roʊ | -rəʊ/「アメリカの; アメリカと…との (American and …)」の意の連結形. ★ 母音の前では通例 Amer- になる. 〖← AMER(ICAN)+-o-〗

A·mers·foort /áːməsfɔət | -məsfɔːt; *Du.* áːmərsfoːrt/ *n.* アマスフォールト《オランダ中部, Utrecht 州北東部の都市》.

A·me·ry /éɪməri/ *n.* エーメリー《男性名》. 〖⇨ Almeric〗

Ames /eɪmz/ *n.* エームズ《米国 Iowa 州中部の都市》.

ames·ace /éɪmzèɪs, ǽmz-/ *n.* =ambsace.

âmes damnées *n.* âme damnée の複数形.

Am·e·slan /ǽmɪslæ̀n, ǽmslæn/ *n.* =American Sign Language. 〖1972〗

Ámes tèst *n.* エームズ試験《突然変異誘発性の測定による発癌性物質検出試験》. 〖(1976) ← *Bruce Ames* (1928– : 米国の生化学者)〗

a·met·a·bol·ic /èɪmɛ̀təbɑ́(ː)lɪk | -təbɔ́l-←/ *adj.* 【動物】変態 (metamorphosis) のない. 〖(1870) ← A-[7]+METABOLIC〗

a·me·tab·o·lous /èɪmɪtǽbələs | -mɛ-, -mɪ-←/ *adj.* 【動物】=ametabolic. 〖1870〗

a·me·thop·ter·in /æ̀məθɑ́(ː)pt(ə)rɪn | -θɔ́pt(ə)rɪn/ *n.* 【薬学】=methotrexate. 〖← A(MINO-+METH(YL)+PTER(O-)+-IN[2]〗

am·e·thyst /ǽməθɪst, -θist | ǽmɪθɪst/ *n.* **1** 【鉱物】 **a** アメシスト, 紫水晶, 紫石英 (⇨ birthstone). **b** 東洋アメシスト, スミレサファイア (Oriental amethyst)《紫色の鋼玉》. **c** すみれ色, 紫色. **2** 紫色 (purplish tint). — *adj.* **1** アメシスト色の. **2** アメシストの入った. 〖(1596) ◻ L *amethystus* ◻ Gk *améthustos* remedy against drunkenness ← A-[7]+*méthus* drunken (← *méthu* wine) ∞ (*a*1300) *ametiste* ◻ OF (F *améthyste*): 紫水晶には酔いを防ぐ力があると想像されていた〗

ámethyst decéiver *n.* 【植物】ウラムラサキ (*Laccaria amethystea*)《北半球の林地に産するキシメジ科のきのこ; 傘も柄も全体が赤紫色で, 食用》.

am·e·thys·tine /æ̀məθɪ́stɪn, -tn, -taɪn | æ̀mɪθístaɪn/ *adj.* アメシスト[紫水晶]質の; アメシスト色の. 〖(1670) ◻ L *amethystinus*: ⇨ amethyst, -ine[1]〗

am·e·tro·pi·a /æ̀mətróʊpiə | æ̀mɪtrə́ʊ-/ *n.* 【病理】非正視(症), 屈折異常(症)《近視・遠視・乱視など》. 〖(1875) ← NL ～ ← Gk *ámetros* irregular (← A-[7]+*métron* 'METER[3]')+-OPIA〗

am·e·tro·pic /æ̀mətróʊpɪk, -trɑ́(ː)p- | æ̀mɪtrɔ́p-←/ *adj.* 【病理】非正視(症)の. 〖(1878): ⇨ ↑, -IC[1]〗

A·mex /éɪmɛks, ǽm-/ (略) American Express; American (Stock) Exchange; American Expeditionary Forces.

Am·for·tas /æmfɔ́ɚtəs | -fɔ́:təs/ *n.* 〘中世伝説〙アムフォルタス《Wagner の *Parsifal* に登場する, 聖杯 (the Holy Grail) の騎士の頭領》.
amg 《略》among.
AMG 《略》Allied Military Government (of Occupied Territory).
Am·har·a /æmhǽrə, -há:rə | -hǽrə/ *n.* **1** アムハラ《エチオピア北西部の州; 旧王国; 州都 Gondar》. **2** アムハラ族《エチオピアの主要民族》.
Am·har·ic /æmhǽrɪk, -há:r- | -hǽr-/ *n.* アムハラ語《エチオピアの公用語》. **—** *adj.* アムハラ (Amhara) の; アムハラ語の. 〘(1813): ⇨ -IC¹〙
Am·herst /ǽməst, ǽmhə:st | ǽməst, ǽmhə:st/, **Jeffrey** *n.* アマースト《1717–97; 英国の陸軍元帥; 七年戦争で北米派遣軍司令官としてカナダのフランス軍を制圧した; 称号 Baron Amherst》.
a·mi /æmí:, ɑ:mí:, *F.* ami/ *F. n.* (*pl.* **~s** /~z; *F.* ~/) (男の)友だち (friend); 恋人, 愛人 (lover) (cf. amie). 〘(*a*1325) □ F ~ < L *amīcum* friend〙
a·mi·a·bil·i·ty /èɪmiəbíləti | -lɪ̀ti/ *n.* **1** 人好きのすること, 優しさ, 温和. **2** なごやかさ. **3** 礼儀にかなった仕草. 〘(1807): ⇨ ↓, -ability〙
a·mi·a·ble /éɪmiəbl/ *adj.* **1** 人好きのする, 気立てのよい, 優しい (genial); 愛想のよい (affable): an ~ disposition, manner, teacher, etc. **2** 〈会合・雰囲気など〉なごやかな, 気楽な (pleasant). **3** 《古》〈人の性質など〉愛すべき (lovable): an ~ weakness of human nature 人の性(さが)として無理からぬ欠点. **4** 《廃》立派な; 愛らしい.
~·ness *n.* 〘(*a*1375) □ (O)F ~ < LL *amīcābilem* amicable ← L *amīcus* friend ← ?: 意味上 OF *amable* ((F *aimable*) lovely < L *amābilem* ← *amāre* to love) の影響を受けた: AMICABLE と二重語〙

SYN 人好きのする: **amiable** 親しみ・親切など人に好かれる性質を有する《時にお人好しを含意する》: an *amiable* young man 人好きのする若者. **affable** 愛想がよく近づきやすい《*amiable* のようなお人好しの含意はないが表面的な性質を示す》: Mr. Smith is an extremely *affable* man. スミスさんはとても人あたりがいい. **good-natured** 親切で人なつっこい性格をした: A *good-natured* man seldom gets angry. 気立てのよい人はめったに怒らない. **obliging** 《よい意味で》いつでも人の役に立とうとする: a most *obliging* shop assistant とても親切な店員.

á·mi·a·bly /-bli/ *adv.* 優しく, 愛想よく; なごやかに. 〘(*c*1400): ⇨ ↑, -ly¹〙
am·i·an·thus /æ̀miǽnθəs/ *n.* (*also* **am·i·an·tus** /æ̀miǽntəs | æ̀mɪǽnt-/) 〘鉱物〙 **1** アミアンタス《上質の石綿 (asbestos)》. **2** 繊維状蛇紋石. **am·i·an·thine** /æ̀miǽnθɪ̀n, -θaɪn⁻/ *adj.* **am·i·an·thoid** /æ̀miǽnθɔɪd⁻/ *adj.* **am·i·an·thoid·al** /æ̀miæ̀nθɔ́ɪdl | -dl⁻/ *adj.* 〘(1635) □ L *amiantus* □ Gk *amíantos* undefiled ← A-⁷ + *miainein* to stain〙
am·ic /ǽmɪk/ *adj.* 〘化学〙アミド (amide) の; アミン (amine) の. 〘(1863) ← AM(IDO-) + -IC¹〙
am·i·ca·bil·i·ty /æ̀mɪ̀kəbíləti | -lɪ̀ti/ *n.* 友好, 友誼(ゆうぎ), 親睦(しんぼく), 親善. 〘(1660): ⇨ ↓, -ability〙
am·i·ca·ble /ǽmɪ̀kəbl | ǽmɪ̀k-, əmík-/ *adj.* 友好的な, 好意的な, 親睦的な (friendly); 平和的な, 穏やかな (peaceable): an ~ disposition 穏やかな性質 / ~ relations 友好[親睦]関係 / an ~ settlement 円満な解決, 和解 / in an ~ way 友好的に. **~·ness** *n.* 〘(?*a*1425) □ LL *amīcābilis* friendly ← *amīcus* friend ← *amāre* to love: AMIABLE と二重語〙
ámicable áction *n.* 〘法律〙友誼(ゆうぎ)的訴訟《当事者間の友好的合意によって提起される訴訟で, 事実問題については争いがなく, 権利についての現実の紛争に関して裁判所の判断を求めるもの》.
ámicable númber *n.* 〘数学〙友数, 親和数《二つの整数で, 一方の約数の和が他方に等しく逆もいえるもの; 例えば 220 と 284, 18416 と 17296》. 〘1816〙
ám·i·ca·bly /-bli/ *adv.* 友好的に, 平和的に, 仲よく. 〘(1699): ⇨ -ly¹〙
am·ice¹ /ǽmɪ̀s | ǽmɪs/ *n.* 〘キリスト教〙肩衣(かたぎぬ), アミース《聖職者がミサの際に alb の下に着る長方形の白麻布; もとは頭にのせた》. 〘(*c*1384) *amyse* □ ? OF *amis* (pl.) ← *amit* ∞ (?*a*1200) *amyse, amit* □ OF (F *amict*) < L *amictum* mantle (p.p.) ← *amicīre* to wrap ← AMBI- + *jacere* to throw (cf. jactation): ME で AMICE² と混同〙
am·ice² /ǽmɪ̀s | ǽmɪs/ *n.* =almuce. 〘(*c*1430) *amisse* □ OF *aumusse* (F *aumusse*) □ ML *almūcia* ← ? Arab. *al* the + *mústaqah* fur cloak (cf. G *Mütze* cap)〙
AMICE /éɪmɪ̀s | -mɪs/ 《略》Associate Member of the Institution of Civil Engineers.
AMIChemE 《略》Associate Member of the Institution of Chemical Engineers.
amici curiae *n.* amicus curiae の複数形.
A·mí·ci prìsm /əmí:tʃi-/; *It.* amí:tʃi-/ *n.* 〘光学〙アミーチプリズム《屋根型プリズムの一種; 像を正立させる正立プリズム, 3 枚のプリズムを張り合わせた直視プリズム (Amici direct-vision prism) など》. 〘← G. B. *Amici* (1786–1863: イタリアの天文学者)〙
a·mi·cron /eɪmáɪkrɑ(:)n | -krɒn/ *n.* 〘化学〙アミクロン, 超微子《限外顕微鏡 (ultramicroscope) でも認められない程度の微粒子》. 〘← A-⁷ + MICRON〙
a·mi·cus /əmí:kəs, əmáɪ-/ *n.* (*pl.* **a·mi·ci** /əmí:ki:, əmáɪkaɪ/) 〘法律〙=amicus curiae. 〘1951〙
amicus cu·ri·ae /-kjʊ́(ə)riàɪ, -kjʊ́ərìi: | -kjʊ́əri:, -kjʊ́əriàɪ/ *n.* (*pl.* **amici c-**) **1** 〘法律〙法廷助言者《通常は弁護士》. **2** 当てにならない友. 〘(1612) □ L *amīcus cūriae* a friend at the court〙
a·mid¹ /əmíd/ *prep.* **1** 〈ある状況〉の中で; 〈行為・事件〉の最中に: ~ loud protests 激しい抗議の中で / ~ tears 涙ながらに / ~ all life's hardships 諸々の生活苦の中で. **2** …の真ん中に (in [into] the middle of); …に囲まれて (among): stand ~ the crowd / stand ~ the flowers of May 5 月の花に囲まれている. 〘(?*a*1200) *amid(de)* ← OE *on middan* in the middle (《なぞり》) ? ← L *in mediō*: ⇨ a-¹, mid¹〙
am·id² /ǽmɪ̀d | ǽmɪd/ *n.* 〘化学〙=amide.
a·mid- /əmí:d, ǽməd | əmí:d, ǽmɪd/ (母音の前にくるときの) amido- の異形.
Am·i·da /ɑ́:midɑ̀:/ *n.* 〘仏教〙=Amitabha.
Ámida Búddha *n.* 〘仏教〙=Amitabha.
A·mi·dah /ɑ:mí:dɑ:/ *n.* 〘ユダヤ教〙アミダー《1 日 3 回の礼拝ごとに立って唱える祈禱(きとう); Shemona Esrei ともいう》.
am·i·dase /ǽmədèɪs, -dèɪz | ǽmɪdèɪs/ *n.* 〘生化学〙アミダーゼ《アミド類を加水分解する酵素の総称》. 〘(1921) ← AMIDO- + -ASE〙
am·ide /ǽmaɪd, ǽmɪ̀d | ǽmaɪd/ *n.* 〘化学〙アミド: **a** アンモニアの水素を酸基で置換したもの, 酸アミド. **b** アンモニアの水素を金属で置換したもの《例: ナトリウムアミド ($NaNH_2$)》. 〘(*c*1847) ← AM(MONIA) + -IDE²: フランスの化学者 C. A. Wurtz (1817–84) の造語〙
a·mid·ic /əmídɪk, æm- | -dɪk/ *adj.* 〘化学〙アミド化物の. 〘(1877): ⇨ ↑, -ic¹〙
am·i·din /ǽmədn̩ | ǽmɪdɪn/ *n.* 〘化学〙アミジン《澱粉を水中で加熱して得られる水溶性の物質》. 〘(1833) ← ML *amidum* (=L *amylum* starch) + -IN²: cf. amyl〙
am·i·dine /ǽmədì:n, -dɪ̀n | ǽmɪdì:n, -dɪn/ *n.* 〘化学〙アミジン《$RC(=NH)NH_2$ のような一般式をもつ化合物 (R は炭化水素基)》. 〘(1883) ← AMIDO- + -INE³〙
a·mi·do /əmí:doʊ, ǽmədòʊ | əmí:dəʊ, ǽmɪdəʊ/ *adj.* [限定的] 〘化学〙アミド化合物の. 〘1877〙
a·mi·do- /əmí:doʊ, ǽmə- | əmí:dəʊ, ǽmɪ-/ 〘化学〙 **1** 「アミド (amide) の」の意の連結形: *amido*-compound アミド化合物. **2** =amino-. ★ 母音の前では通例 amid- になる. 〘← AMIDE + -O-〙
a·mi·do·gen /əmí:dədʒɪ̀n, -mídə-, -dʒèn | -də-/ *n.* 〘化学〙離アミド基《アミド化合物の中の遊離基 NH_2》. 〘(1850): ⇨ ↑, -gen〙
am·i·dol /ǽmədɔ̀(:)l, -dɑ̀(:)l | ǽmɪdɒl/ *n.* 〘化学〙アミドール ($C_6H_3(NH_2)_2OH·2HCl$)《現像主薬の一種》. 〘(1892) □ G ~ (商標名)〙
am·i·done /ǽmədòʊn | ǽmɪdəʊn/ *n.* 〘薬学〙アミドン (⇨ methadone). 〘(1946) ← (*dimethyl*)*ami*(*no*-) (⇨ dimethyl, amino-) + D(IPHENYL-) + (HEPTAN)ONE〙
a·mi·do·py·rine /əmì:doʊpáɪri:n, æ̀mə-, -rɪ̀n | əmì:də(ʊ)páɪ(ə)ri:n, æ̀mɪ-, -rɪn/ *n.* 〘薬学〙アミドピリン (⇨ aminopyrine).
amíd·ship *adv., adj.* 《米》〘海事〙=amidships.
amíd·ships *adv.* **1** 〘海事〙 **a** (船の)中央部に[で, へ] 《船首と船尾との, または両舷の中央部》. **b** 縦に (lengthwise). **2** 《英口語》 **a** 中央に, 真ん中に (in the middle). **b** 〈打撃など〉腹[みぞおち]に[当たって]. **—** *adj.* 〘海事〙(船の)中央部の. 〘(1692) 《変形》← MIDSHIPS: 語頭の *a*- は AMID¹ の影響か〙
a·midst /əmídst, əmítst/ *prep.* =amid¹. 〘(1565) ← ME *amiddes* (⇨ amid¹, -s² 1) + -*t* (添え字: cf. against)〙
a·mie /æmí:, ɑ:mí:, *F.* ami/ *F. n.* (*pl.* **~s** /~z; *F.* ~/) (女の)友だち; 恋人, 愛人 (sweetheart) (cf. ami). 〘□ F ~ (fem.): ⇨ ami〙
AMIEE 《略》《英》Associate Member of the Institution of Electrical Engineers.
A·miel /ǽmiəl, éɪm-; *F.* amjɛl/, **Henri Frédéric** *n.* アミエル《1821–81; スイスの哲学者; *Fragments d'un journal intime*「アミエルの日記」(1883)》.
A·miens /ǽmjæ̃(ŋ), -mjǽŋ, ǽmjənz; *F.* amjɛ̃/ *n.* アミアン《フランス北部, Somme 川に臨む都市, Somme 県の県都; 繊維の中心地; 大聖堂があり, 第一・第二次大戦の戦跡 (1914, 1918, 1944 年)》.
A·mies /éɪmiz/, Sir **(Edwin) Hardy** *n.* エイミズ《(1909– ; 英国王室付きのファッションデザイナー》.
a·mi·go /əmí:goʊ, ɑ:m- | -gəʊ; *Sp.* amíɣo/ *n.* (*pl.* **~s** /~z; *Sp.* ~s/) 友だち. 〘(1837) □ Sp. ~ < L *amīcum* friend〙
am·il·dar /ɑ́:mɪ̀ldɑ̀ə, ⁻⁻⁻ | -mɪldɑ́:(r, ⁻⁻⁻/ *n.* =aumildar. 〘1799〙
AMIMechE 《略》《英》Associate Member of the Institution of Mechanical Engineers.
a·mim·i·a /eɪmímiə/ *n.* 〘病理〙無表情. 〘← NL ~: ⇨ a-⁷, mime, -ia¹〙
a·min- /əmí:n, æm-, ǽmən | əmí:n, æm-, ǽmɪ̀n/ (母音の前にくるときの) amino- の異形.
A·min /ɑ:mí:n, æ-/, **Lake** *n.* アミン湖 (Lake EDWARD の旧正式名).
A·min /ɑ:mín, æ-/, **Idi** *n.* アミン《1925–2003; ウガンダの軍人・政治家; 独裁的大統領 (1971–79); サウジアラビアに亡命 (1979); 正式には Idi Amin Dada Oumee》.
am·i·nase /ǽmənèɪs | ǽmɪ̀-/ *n.* 〘生化学〙アミナーゼ《核酸およびその誘導体を加水分解して脱アミノする反応にあずかる酵素群アミダーゼ (amidase) の一種》. 〘← AMINO- + -ASE〙
am·i·nate /ǽmənèɪt | ǽmɪ̀-/ *vt.* 〘化学〙アミノ化する《有機分子中にアミノ基 $-NH_2$ を導入して, アミン, アミノ化合物を作る反応》. 〘← AMINO- + -ATE³〙
Á·min·di·vi Íslands /ɑ́:mɪ̀ndì:vi-/ *n. pl.* アミーンディーヴィー諸島《インドの Kerala 州西海岸沖の群島》.
a·mine /əmí:n, ǽmi:n | ǽmi:n, -mɪn, əmí:n/ *n.* 〘化学〙アミン: **a** アンモニア (NH_3) の H を炭化水素の基で置換した構造のものの総称. **b** アンモニア (NH_3) の H をハロゲン (halogen) で置換したもの《例: クロラミン (chloramine)》. 〘(1863) ← AM(MONIA) + -INE³〙
-a·mine /-əmì:n, ⁻⁻mì:n | -mì:n, ⁻⁻mì:n/ amino- の異形: hist*amine*, methyl*amine*.
a·mi·no /əmí:noʊ, æm-, ǽmənòʊ | əmí:nəʊ, æm-, ǽmɪ̀-/ *adj.* [限定的] 〘化学〙アミンの, アミノ ($-NH_2$ の原子団の). 〘(1904): ⇨ amine〙
am·i·no- /əmí:noʊ, æm-, ǽmə- | əmí:nəʊ, æm-, ǽmɪ̀-/「amine の」の意の連結形: *amino*-compound アミノ基を含む化合物. ★ 母音の前では通例 amin- になる. 〘↑〙
amíno·acètic ácid *n.* 〘化学〙アミノ酢酸 (⇨ glycine 1). 〘1898〙
amíno ácid *n.* 〘化学〙アミノ酸《分子内にアミノ基とカルボキシル基をもつ化合物の総称; 両性で水に可溶》. 〘1898〙
amíno ácid séquence *n.* 〘化学〙アミノ酸連鎖《ある特定の蛋白質を特徴づけるアミノ酸の連鎖》.
àmino·ac·id·ú·ri·a /-æ̀sɪ̀djʊ́(ə)riə, -djʊ́ər- | -æsɪ-djʊ́ər-/ *n.* 〘医学〙アミノ酸尿(症). 〘(*c*1923): ⇨ amino acid, -uria〙
amìno álcohol *n.* 〘化学〙アミノアルコール《同一分子内にアミノ基とアルコール性の水酸基をもつ化合物の総称》.
amìno·àzo·bénzene *n.* 〘化学〙アミノアゾベンゼン ($C_6H_5N{=}NC_6H_4NH_2$)《o-, m-, p- の 3 種の異性体があり, 染料中間体》. 〘← AMINO- + AZO- + BENZENE〙
amìno·bénzene *n.* 〘化学〙アミノベンゼン (⇨ aniline). 〘1904〙
amìno·benzóic ácid *n.* 〘生化学〙アミノ安息香酸 ($H_2NC_6H_4COOH$)《構造上 o-, m-, p- の 3 種がある》. 〘1904〙
amíno gròup *n.* 〘化学〙アミノ基 (NH_2)《amino radical ともいう》.
amìno·phénol *n.* 〘化学〙アミノフェノール ($NH_2C_6H_4OH$)《o-, m-, p- の 3 種の異性体があり, 染料中間体》. 〘1904〙
am·i·noph·er·ase /æ̀mənɑ́(:)fərèɪs, -rèɪz | æ̀mɪ̀-nɒ́fərèɪs/ *n.* 〘生化学〙アミノフェラーゼ (⇨ transaminase). 〘← AMINO- + -PHER + -ASE〙
am·i·no·phyl·line /æ̀mɪ̀noʊfíli:n, əmənɑ́(:)fəlì:n | əmì:nəʊfíli:n, əmɪ̀nɒ́fɪ̀lì:n/ *n.* 〘薬学〙アミノフィリン ($(C_7H_8N_4O_2)_2·C_2N_4(NH_2)_2·2H_2O$)《テオフィリン (theophylline) とエチレンジアミン (ethylenediamine) との混合物で, 利尿剤用》. 〘(1934) ← AMINO- + (THEO)PHYLLINE〙
amíno·plast /-plæ̀st/ *n.* 〘化学〙=amino plastic. 〘1936〙
amíno plástic *n.* 〘化学〙アミノプラスチック, アミノ樹脂《アミノ化合物とアルデヒド (aldehyde) の縮合反応で得られる樹脂の総称; amino resin, aminoplast ともいう》. 〘1938〙
a·mi·no·py·rine /əmì:noʊpáɪri:n, æm-, -rɪ̀n | əmì:nə(ʊ)páɪ(ə)ri:n, æm-, -rɪn/ *n.* 〘薬学〙アミノピリン ($C_{13}H_{17}N_3O$)《鎮痛解熱剤; 血液に危険な障害を引き起こすことがありうる; amidopyrine ともいう》. 〘(*c*1936) ← (*dimethyl*)*amino*- (⇨ amidone) + (ANTI)PYRINE〙
a·mi·no·quin naph·tho·ate /əmì:noʊkwɪ̀n-nǽfθoʊèɪt, ǽmə- | əmì:nə(ʊ)kwɪnnǽfθəʊ-, ǽmɪ̀-/ *n.* 〘薬学〙アミノキンナフトエート ($C_{19}H_{29}N_{30}$)《抗マラリア剤; pamaquine ともいう》. 〘← AMINO- + (PAMA)QUIN(E) + NAPHTHO- + -OATE〙
amíno ràdical *n.* 〘化学〙=amino group.
amíno résin *n.* 〘化学〙=amino plastic (cf. urea-formaldehyde resin, melamine resin).
amìno·salicylic ácid *n.* 〘薬学〙アミノサリチル酸 ($C_7H_7NO_3$); (特に) =para-aminosalicylic acid. 〘1925〙
amìno·succínic ácid *n.* 〘生化学〙アミノこはく酸 (aspartic acid ともいう).
amìno·tránsferase *n.* 〘生化学〙アミノ基移転酵素 (⇨ transaminase). 〘*c*1965〙
amìno·tríazole *n.* 〘化学〙アミノトリアゾール (⇨ amitrole).
a·mir /əmíə, eɪm- | əmíə(r, æm-, ǽmɪə(r/ *n.* =emir. 〘(1614) □ Arab. *amīr* commander: cf. emir〙
Ám·i·rante Íslands /ǽmɪ̀rænt- | ǽmɪ-; *F.* amirɑ̃:t-/ *n. pl.* [the ~] アミラント諸島《インド洋西部 Seychelles 諸島の南西にある島群; セーシェルの保護領》.
A·mis /éɪmɪ̀s | -mɪs/, Sir **Kingsley** *n.* エイミス《1922–95; 英国の小説家; *Lucky Jim* (1954)》.
Amis, Martin (Louis) *n.* エイミス《1949– ; 英国の作家; Kingsley の息子; *The Rachel Papers* (1974)》.
A·mish /ɑ́:mɪʃ, ǽm-/ 〘キリスト教〙 *adj.* アマン (J. Amman) の; アーミッシュ[アマン派]の. **—** *n.* [the ~; 集合的] アーミッシュ, アマン派《17 世紀末にメノー派 (Mennonites) の Amman が創始した保守的な宗派で, 主に米国 Pennsylvania 州に移住し Pennsylvania Dutch を使用する; 極めて質素な服装, 電気・ガス・自動車を使用しないことなどで知られる; Amish Mennonites ともいう; cf. hooker¹ 5》. 〘(1844) ← *Jacob Amman(n)* or *Amen*: ⇨ -ish¹〙
a·miss /əmís/ *adj.* [叙述的] [通例 be の補語として] **a** 具合が悪く, 不都合な[で]; 間違っていて (wrong); 故障して: There's something ~ *with* him. 彼はどうかしている《病気かなにかだ》/ Something is ~ *with* [*in*] the engine. エンジンがどこか故障している / You must have said [done]

A

something ～. 君は何かまずいことを言った[した]に違いない. **b** [否定構文で] (まんざら)悪くない, 結構で: It *won't* be ～ to accept the offer. 申し出を受け入れるのも悪くはあるまい / It would *not* be ～ (for you) to be on time. (君が)時間を守るのも悪くはあるまい. ― *adv.* 悪く (ill), まずく (badly), 誤って, 不都合に (wrongly); 場違いに, まずい時に: judge ～ 判断を誤る / speak ～ 間違ったことを言う. ***còme amíss*** [通例否定構文で]《英》〈事が〉〈人に〉不都合なことになる, ありがたくない (be unwelcome): *Nothing comes* ～ to him. 彼は何でもござれだ / Another helping would *not come* ～. もう一杯いただけるとありがたい / *Nothing comes* ～ to a hungry man.《諺》ひもじいときにまずいものなし (cf. HUNGER is the best sauce.) / A glass of water wouldn't *come amiss*, if you don't mind. 差しつかえなければ一杯の水をいただけるとありがたいのだが.《1646》 ***gò amíss*** (1) ＝come AMISS. (2) 〈事が〉手違いになる, 失敗する;〈人が〉間違ったことをする: All *went* ～. 万事不首尾だった. (3) 故障する. ***táke ... amíss*** 〈ある事の〉真意を誤解する, …を悪くとる, …に腹を立てる: Don't *take* it ～ if he doesn't come. もし彼が来なくても気を悪くしないで下さい / He *took* it (very) ～ that you didn't come. 君が来なかったので彼は(大変)気を悪くした.《*c*1380》 ― *n.*《廃》誤ち; 悪行.〖《*c*1250》 *amis* (なぞり) ← ON *á mis* not to meet ← *á* 'A-[1]'＋*mis* 'MIS-[1]'〗

Am·i·ta·bha /ʌ̀mɪ̀tɑ́ːbə | ʌ̀mɪ-/ *n.*〖仏教〗阿弥陀(あみだ)仏, 無量光仏《西方にある極楽世界を主宰する仏陀の名》.〖□ Skt *Amitābha* ← *amita* infinite＋*ābhā* light〗

am·i·tate /ǽmətèɪt, -tɪ̀t | ǽmɪ̀tèɪt, -tɪ̀t/ *n.*〖文化人類学〗**1** 姪(めい)と父方のおばとの間の特別の関係《種族によっては非常に重視される》. **2** 自分の兄弟の子供に対して持つ女性の権威とそれに伴う権利義務関係.〖← L *amita* paternal aunt＋-ATE[1]〗

am·i·to·sis /èɪmaɪtóusɪ̀s, æ̀mə- | èɪmaɪtə́usɪs, æ̀mɪ-/ *n.*〖生物〗(核の)無糸分裂 (cf. mitosis). **am·i·tot·ic** /èɪmaɪtɑ́(ː)tɪk, æ̀mə- | èɪmaɪtɔ́t-, æ̀mɪ-ˊ/ *adj.* **àm·i·tót·i·cal·ly** *adv.*〖《1894》← NL ～: ⇨ a-[7], mitosis〗

am·i·trip·ty·line /æ̀mətríptəlìːn, -lɪ̀n | æ̀mɪ̀tríptɪ̀lìːn, -lɪn/ *n.*〖薬学〗アミトリプチリン ($C_{20}H_{23}N$)《抗鬱病薬》.〖《1961》← AMI(NO)-＋*tripto-* (《変形》← *trypto-* ← Gk *triptós* rubbed)＋-YL＋-INE[3]〗

am·i·trole /ǽmətròul | ǽmɪ̀trə̀ul/ *n.*〖化学〗アミトロール ($C_2H_4N_4$)《除草剤; aminotriazole ともいう》.〖《*c*1960》← AMI(NO)-＋TR(IAZ)OLE〗

am·i·ty /ǽməṭi | ǽmɪ̀ti/ *n.* 和親, 親睦(しんぼく), 親善(関係), 親交 (friendly relations)〔*with*〕: a treaty of peace and ～ 和親条約, 修好条約 / in ～ *with* …と仲よく.〖《1437》□(O)F *amitié* < VL **amīcitātem* friendship ← L *amīcitia* ← *amīcus* friend: ⇨ -ity〗

AMM《略》〖軍事〗antimissile missile.

amm- /æm/ (母音の前にくるときの) ammo- の異形.

am·ma /ʌ́mɑː/ *n.*〖インド口語〗(自分の)母親, 母さん, おふくろ.

AMMA《略》《英》Assistant Masters' and Mistresses' Association.

Am·man /ɑːmɑ́ːn, ˊ-ˊ | əmɑ́ːn; *Arab.* ʕammáːn/ *n.* アンマン《ヨルダン北部にある同国の首都; 古代名 Philadelphia, 旧約聖書名 Rabbah, Rabbath; 旧約聖書ではアンモンの人々 (Ammonites) の中心地》.

Am·man /ɑ́ːmɑːn; G. áman/ (*also* **Am·mann** /～/), **Jacob** *n.* アマン《17 世紀末のスイスの聖職者; Amish (Mennonites) の始祖》.

am·me·ter /ǽmìːṭə | ǽmìːtə(r, ǽmɪ-/ *n.*〖電気〗電流計, アンメーター.〖《1882》← AM(PERE)＋-METER[1]〗

am·mi·a·ceous /æ̀miéɪʃəs/ *adj.*〖植物〗セリ科の (apiaceous).〖← NL *Ammi* (属名: ← L *am(m)i* (植物名))＋-ACEOUS〗

am·mine /ǽmiːn, ˊ-ˊ/ *n.*〖化学〗**1** アンミン《配位化合物中の中性配位子としてのアンモニア (NH_3) の名称; 例えばヘキサアンミンコバルト (III) 塩化物 ($[Co(NH_3)_6]Cl_3$) の 6 個の NH_3; ammoniate, ammonate ともいう》. **2** アンモニア分子 (NH_3) を含む化合物.〖《1897》← AMM(ONIA)＋-INE[3]〗

am·mi·no /ǽmíːnou, ǽmɪ̀nòu | -nəu, -məu/ *adj.*〖化学〗アンミン (ammine) の.

am·mo /ǽmou | ǽməu/ *n.*〖口語〗弾薬.〖《1911》《短縮》← AMMUNITION〗

am·mo- /ǽmou | ǽməu/「砂」の意の連結形. ★ 母音の前では通例 amm- になる.〖← Gk *ámmos* sand《混成》← *ámathos* sand＋*psámmos* sand〗

am·mo·cete /ǽməsìːt/ *n.*〖魚類〗＝ammocoetes.

am·mo·coe·tes /æ̀məsíːtiːz/ *n.* (*pl.* ～)〖魚類〗アンモコエテス《ヤツメウナギ科の魚類の口の吸盤も眼も未発達の時期の幼生 (larva)》.〖《1859》← NL ～ ← AMMO-＋*-coetes* (← Gk *koítē* bed)〗

Am·mon[1] /ǽmən | ǽmɒn, -mɒn/ *n.* アモン, アムモーン《古代エジプト人の Amen 神のギリシャ語名; ギリシャ人は Zeus, ローマ人は Jupiter についていった》.〖□ L *Ammōn* □ Gk *Ámmōn* □ Egypt. *Āmen*: ⇨ Amen〗

Am·mon[2] /ǽmən | ǽmən, -mɒn/ *n.* (*pl.* ～) **1** アンモン《Dead Sea の北東部, Jordan 川の東方にあった半遊牧のセム族の古代国家; 首都 Rabbah》. **2**〖聖書〗アンモン人(じん)《Lot が自分の娘によって産んだ子 Benammi; アンモン人の先祖; cf. *Gen* 19:38》: the children of ～ アンモン人.〖□ Heb. *'Ammōn*《原義》? the people〗

am·mo·nal /ǽmənæ̀l/ *n.*〖化学〗アンモナル《アルミニウム粉末・硝酸アンモニア・TNT・木炭から成る強力爆薬》.〖《1903》← AMMON(IUM)＋AL(UMINUM)〗

am·mo·nate /ǽmənèɪt/ *n.*〖化学〗＝ammoniate, ammine 1.

ámmon explósive *n.* アンモン爆薬《硝安ベースの岩石爆破用爆薬》.

am·mo·ni- /əmóuni | əmə́u-/ (母音の前にくるときの) ammonio- の異形.

am·mo·nia /əmóunjə, -niə | əmə́unjə, -niə/ *n.*〖化学〗**1** アンモニア: ⇨ liquid ammonia. **2** ＝ammonia water.〖《1799》← NL ～ ← L *(sāl) ammōniacus* '(salt) of AMMON[1]': ⇨ ammoniac〗

ammónia álum *n.*〖化学〗アンモニア明礬(みょうばん) (⇨ alum 2 b).〖1875〗

am·mo·ni·ac /əmóuniæ̀k | əmə́u-/〖化学〗*adj.* ＝ammoniacal: ⇨ sal ammoniac. ― *n.* アンモニアクム, アンモニアゴム《ammoniac plant から分泌する精油・ゴム・樹脂から成る粘稠(ちゅう)性物質; gum ammoniac ともいう》.〖《?1440》□ L *ammōniacum* □ Gk *ammōniakón* 'pertaining to AMMON[1]' (リビアの Ammon[1] を祭った神殿の付近に ammoniac plant があったことから) ∽《*c*1330》 *armoniak* □ ML *armoniacum*〗

am·mo·ni·a·cal /æ̀mənáɪəkəl, -kl̩ | æ̀mə(ʊ)-ˊ/ *adj.* アンモニア(性)の[を含む]: ～ liquor＝ammonia liquor.〖1732〗

ámmoniacal bríne *n.*〖化学〗アンモニア鹹水(かんすい)《アンモニアソーダ法の工程中で, 鹹水にアンモニアを吸収させたもの》.

ammóniac plànt *n.*〖植物〗西アジア原産のセリ科の多年草 (*Dorema ammoniacum*)《茎や葉柄の瘻(こぶ) (gall) からゴム樹脂のアンモニアクム (ammoniac) が採れる》.

ammónia lìquor *n.*〖化学〗**1** アンモニアガス液, ガス液《石炭・タールなどを乾留する時に得られるアンモニア・アンモニウム化合物などを含む液体; ammoniacal liquor, gas liquor ともいう》. **2** 安水《アンモニア水の工業名; アンモニア合成塔からの発生気体を水に吸収させたもの》.

ammónia nítrogen *n.*〖化学〗アンモニア性窒素.

ammónia sóda pròcess *n.*〖化学〗アンモニアソーダ法 (⇨ Solvay process).

ammónia solùtion *n.*〖化学〗＝ammonia water.

am·mo·ni·ate /əmóunièɪt | əmə́u-/〖化学〗*vt.* **1** アンモニアで処理する; アンモニアと化合させる; アンモニアで飽和させる. **2** ＝ammonify. ― *n.* アンモニア化物 (ammine ともいう). **am·mo·ni·a·tion** /əmòuniéɪʃən | əmə̀u-/ *n.*〖《*c*1928》: ⇨ ammoni-, -ate[3]〗

am·mó·ni·àt·ed /-ṭɪ̀d | -tɪ̀d/ *adj.* アンモニアで処理した[と化合した].〖《1822》: ⇨ ↑, -ed〗

ammóniated mércury *n.*〖化学〗不溶融性白降汞(こう), (化学名)塩化水銀 (II) アミド (NH_2HgCl)《塩化第二水銀に過剰のアンモニア水を加えて作る白色の粉末; 皮膚病の外用薬, しらみの駆除に用いる; white precipitate ともいう》.

ammóniated superphósphate *n.*〖化学〗アンモニア化過リン酸石灰.

ammónia wàter *n.*〖化学〗アンモニア水《ammonia solution, aqua ammonia, aqueous ammonia, spirit of hartshorn ともいう》.〖*c*1928〗

am·mon·ic /əmɑ́(ː)nɪk, əmóun- | əmɔ́n-, əmə́un-/ *adj.*〖化学〗アンモニアの; アンモニアから誘導した. **am·món·i·cal** /-nɪ̀kəl, -kl̩ | -nɪ-/ *adj.*〖《1869》: ⇨ ammonium, -ic[1]〗

am·mo·ni·fi·ca·tion /əmòunəfɪ̀kéɪʃən, əmɑ̀(ː)n- | əmə̀unɪ̀fɪ-, əmɔ̀n-/ *n.*〖化学〗アンモニア化成作用.〖《1886》: ⇨ ↓, -ication〗

am·mo·ni·fy /əmóunəfàɪ, əmɑ́(ː)n- | əmə́unɪ̀-, əmɔ́n-/〖化学〗*vt.* アンモニア化成する,〈窒素化合物を〉(微生物によって)アンモニアまで分解する. ― *vi.* アンモニアになる. **am·mó·ni·fi·er** *n.*〖《1910》: ⇨ ammonia, -fy〗

am·mo·ni·o- /əmóuniou | əmə́uniəu/「アンモニア, アンモニウム」の意の連結形. ★ 母音の前では通例 ammoni- になる.〖← AMMONIUM＋-O-〗

am·mo·nite[1] /ǽmənàɪt/ *n.*〖古生物〗アンモナイト, アンモン貝, 菊石《デボン紀から白亜紀に栄えた頭足類の化石動物の総称; cf. Hamites》. **am·mo·nit·ic** /æ̀mənítɪk | -tɪkˊ/ *adj.*〖《1758》← NL *ammōnites* ← L (*cornū*) *Ammōnis* (horn) of Ammon[1]: ⇨ -ite[1]: Ammon 神は羊の角をはやしている〗

am·mo·nite[2] /ǽmənàɪt/ *n.* アンモニア肥料《動物の老廃物から造る》.〖《*c*1600》← AMMON(IA)＋-ITE[1]〗

Am·mon·ite /ǽmənàɪt/ *n.*, *adj.*〖聖書〗アンモン人(じん)(の)《ヨルダンの東に住み, イスラエル人と敵対した》.〖《1537》□ LL *Ammonītēs*: ⇨ Ammon[2], -ite[1]〗

am·mo·ni·um /əmóuniəm, -njəm | əmə́u-/ *n.*〖化学〗アンモニウム, アンモニウム基 (NH_4).〖《1808》← NL ～: ⇨ ammonia, -ium〗

ammónium ácetate *n.*〖化学〗酢酸アンモニウム (CH_3COONH_4)《白色潮解性結晶; 染色・医薬・肉用防腐剤》.

ammónium álum *n.*〖化学〗アンモニア明礬(みょうばん) (⇨ alum 2 b).

ammónium bicárbonate *n.*〖化学〗重炭酸アンモニウム, 重炭安 (NH_4HCO_3).

ammónium biflúoride *n.*〖化学〗重フッ化アンモニウム (NH_4HF_2).

ammónium binóxalate *n.*〖化学〗重修酸(しゅうさん)アンモニウム ($(NH_4)_2C_2O_4$).

ammónium brómide *n.*〖化学〗臭化アンモニウム (NH_4Br)《無色結晶; 写真用臭化銀原料・鎮静剤用》.

ammónium cárbamate *n.*〖化学〗カルバミン酸アンモニウム (NH_2COONH_4)《白色の粉末; 尿素製造の原料》.

ammónium cárbonate *n.*〖化学〗**1** 炭酸アンモニウム ($(NH_4)_2CO_3$). **2** ＝ammonium bicarbonate. **3** 炭酸アンモン《炭酸水素アンモニウムとカルバミン酸アンモニウム (ammonium carbamate) の混合物; 気付け薬 (smelling salt) として用いる》.〖*c*1881〗

ammónium chlóride *n.*〖化学〗塩化アンモニウム (sal ammoniac) (NH_4Cl)《乾電池に用いられる; また肺から痰(たん)を切るための薬としても用いられる》.〖1869〗

ammónium cýanate *n.*〖化学〗シアン酸アンモニウム (NH_4OCN)《無色針状晶; 水溶液を加熱すると尿素となる》.〖*c*1881〗

ammónium hýdrogen cárbonate *n.*〖化学〗炭酸水素アンモニウム (NH_4HCO_3)《無色結晶; ベーキングパウダー・消火剤・医薬品原料》.

ammónium hýdrogen flúoride *n.*〖化学〗フッ化水素アンモニウム ($NH_4F \cdot HF$)《無色結晶, 有毒; ガラスのつや消し, 発酵工業で消毒剤として使用される》.

ammónium hýdrogen óxalate *n.*〖化学〗蓚(しゅう)酸水素アンモニウム ($(NH_4)_2C_2O_4$)《無色結晶; インク消しの成分》.

ammónium hydróxide *n.*〖化学〗水酸化アンモニウム (NH_4OH).〖1904〗

ammónium láctate *n.*〖化学〗乳酸アンモニウム ($CH_3CHOHCOONH_4$)《無色結晶; 市販品は水溶液》.

ammónium molýbdate *n.*〖化学〗モリブデン酸アンモニウム ($(NH_4)_2MoO_4$)《白色結晶; リン酸イオンの沈澱剤》.

ammónium nítrate *n.*〖化学〗硝酸アンモニウム, 硝安 (NH_4NO_3)《白色結晶; 爆薬・肥料用》.〖*c*1881〗

ammónium perchlórate *n.*〖化学〗過塩素酸アンモニウム (NH_4ClO_4)《無色結晶; カーリット(爆薬) の原料》.

ammónium phósphate *n.*〖化学〗リン酸アンモニウム; (特に)リン酸二水素アンモニウム ($(NH_4)H_2PO_4$)《肥料・難燃材》.〖*c*1881〗

ammónium sàlt *n.*〖化学〗アンモニウム塩.〖1863〗

ammónium sélenate *n.*〖化学〗セレン酸アンモニウム ($(NH_4)_2SeO_4$)《無色結晶; 防虫剤用》.

ammónium súlfate *n.*〖化学〗硫酸アンモニウム, 硫安 ($(NH_4)_2SO_4$)《肥料として大量に用いられる》.〖*c*1881〗

ammónium súlfide *n.*〖化学〗硫化アンモニウム ($(NH_4)_2S$)《無色または黄白色針状晶; 織物工業・写真に用いられる》.

ammónium súlphamate *n.*〖化学〗スルファミン酸アンモニウム ($NH_4SO_3NH_2$)《除草剤として用いる》.

ammónium súlphate *n.*〖化学〗＝ammonium sulfate.

ammónium thiocýanate *n.*〖化学〗チオシアン酸アンモニウム (NH_4SCN)《無色結晶; 染色・除草剤用》.

ammónium thiosúlfate *n.*〖化学〗チオ硫酸アンモニウム ($(NH_4)_2S_2O_3$)《無色潮解性固体; 写真の定着液・金属の清浄剤用》.

am·mo·no /əmóunou | əmə́unəu/ *adj.* [限定的]〖化学〗アンモニアの, アンモニアを含む[から誘導された].〖↓〗

am·mo·no- /əmóunou | əmə́unəu/〖化学〗「アンモニア, アンモニアを含む[から誘導された]」の意の連結形.〖← AMMONIA＋-O-〗

am·mo·noid /ǽmənɔ̀ɪd/ *n.*〖古生物〗＝ammonite[1].〖《1884》↓〗

Am·mo·noi·de·a /æ̀mənɔ́ɪdiə/ *n. pl.*〖古生物〗(軟体動物門)菊石目.〖← NL ～ ← *Ammōnītēs* 'AMMONITE[1]'＋-OIDEA〗

am·mo·noi·de·an /æ̀mənɔɪdíːənˊ/ *adj.*, *n.*〖古生物〗菊石目の(軟体動物).

am·mo·nol·y·sis /æ̀mənɑ́(ː)ləsɪ̀s | -nɔ́lɪ̀sɪs/ *n.* (*pl.* **-y·ses** /-sìːz/)〖化学〗アンモノリシス, 加安分解《化合物が液体アンモニア中でアンモニアと反応して分解する反応》.〖《*c*1910》← NL ～: ⇨ ammono-, -lysis〗

am·mo·no·lyze /əmóunəlàɪz, æm-, -nl̩- | -mə́u-/ *vt.*〖化学〗…にアンモノリシスを起こさせる. ― *vi.* アンモノリシスを起こす.〖*c*1930〗

am·mo·no·tel·ic /əmòunəṭélɪk | əmə̀unə(ʊ)-ˊ/ *adj.*〖生物〗〈水生無脊椎動物が〉アンモニアを排出する.〖⇨ ↑, telic〗

ám·mon pòwder /ǽmən-/ *n.* アンモン火薬《硝安と木炭から成る火薬, ロケット用推薬》.

am·mu·ni·tion /æ̀mjuníʃən/ *n.* **1**〖軍事〗弾薬. **2** (主張などを納得させるのに役立つ)資料, 攻撃[防御]手段: ～ *for* one's argument. **3** (けんかなどの)飛び道具, 武器. **4**《廃》軍需品 (munitions). ― *vt.* …に弾薬を支給する.〖《*a*1626》□ F《廃》*am(m)unition* ← *l'amunition*《異分析》← *la munition* the supplies: ⇨ munition〗

ammunítion bòx [chèst] *n.* 弾薬箱.

amn《略》ammunition.

Amn《略》〖米空軍〗airman.

am·ne·sia /æmníːʒə | -ziə, -zjə, -ʒə/ *n.*〖病理〗健忘(症), 記憶喪失[消失]症 (cf. hypermnesia).〖《1786》← NL ～ ← Gk *amnēsíā* forgetfulness ← A-[7]＋*mnēsios* of memory: ⇨ amnesty, -ia[1]〗

am·ne·si·ac /æmníːʒiæ̀k, -zi- | -zi-/ *n.* 健忘[記憶喪失](症)の人.〖《1913》: ⇨ ↑, -ac〗

am·ne·sic /æmníːzɪk, -sɪk/ *adj.* 健忘[記憶喪失]の. ― *n.* ＝amnesiac.〖1868〗

am·nes·tic /æmnéstɪk, -níːs-/ *adj.* ＝amnesic.〖1879〗

am·nes·ty /ǽmnɪ̀sti/ *n.* **1**〖法律〗大赦 (general pardon)《統治大権によって, 過去の犯罪(主として政治犯罪)を不問に付する行為》: an ～ *for* political prisoners / grant an ～ to criminals 罪人に大赦を行う / under an ～ 恩赦を受けて. **2**〖国際法〗戦争犯罪の赦免. **3**《古》見逃し

(overlooking). — *vt.* …に大赦を与える. 〖(1580) □ F *amnestie* ∥ L *amnēstia* □ Gk *amnēstíā* forgetfulness ← *ámnēstos* forgotten ← A-[7]+*mnâsthai* to remember〗

Ámnesty Internátional *n.* アムネスティー インターナショナル《1961 年に結成された, 良心の囚人 (prisoners of conscience) の人権擁護を目的とする国際民間団体; 本部 London; Nobel 平和賞 (1977); 略 AI》.

amnia *n.* amnion の複数形.

am·ni·o /ǽmniòʊ | -əʊ/ *n.* 〖医学〗=amniocentesis. 〖1984〗

am·ni·o·cen·te·sis /æ̀mniousentíːsɪ̀s | -əʊsɛntíː-sɪs/ *n.* (*pl.* **-te·ses** /-siːz/) 〖医学〗羊水穿刺. 〖(1957) ← AMNIO(N)+CENTESIS〗

am·ni·og·ra·phy /æ̀mniɑ́(ː)grəfi | -ɔ́g-/ *n.* 〖医学〗羊水造影(法). 〖(1967) ← AMNIO(N)+(RADIO)-GRAPHY〗

am·ni·on /ǽmniɑ̀(ː)n, -niən | -niən, -niɔ̀n/ *n.* (*pl.* **~s, am·ni·a** /-niə/) 〖解剖〗羊膜《羊水を隔てて胎児を包む膜》. 〖(1667) ← NL ~ ← GK *amníon* 'CAUL' (dim.) ? ← *amnós* lamb ← ?〗

am·ni·on·ic /æ̀mniɑ́(ː)nɪk | -nɪ́ɔn-ˈ/ *adj.* 〖解剖〗= amniotic.

am·ni·os·co·py /æ̀mniɑ́skəpi | -ɔ́s-/ *n.* 〖医学〗羊膜腔内視鏡検査(法). 〖(1967) ← AMNION+-SCOPY〗

am·ni·ote /ǽmniòʊt | -iəʊt/ *adj., n.* 〖動物〗有羊膜類の(脊椎動物) (cf. anamniote). 〖(*c*1909) ← NL *Amniota*: ⇨ amnion〗

am·ni·ot·ic /æ̀mniɑ́(ː)tɪk | -ɔ́t-ˈ/ *adj.* 〖解剖〗羊膜の. 〖(1822): ⇨ -otic〗

ámniotic flúid *n.* 〖生理〗羊水. 〖1855〗

am·n't /ǽnt, ǽmənt/ 《スコット・アイル・米方言》am not の縮約形 (cf. ain't, an't).

àm·o·bárbital /æ̀moʊ- | æ̀məʊ-/ *n.* 〖薬学〗アモバルビタール ($C_{11}H_{18}N_2O_3$)《神経精神疾患の治療に応用される催眠薬》. 〖(1949) ← AM(YL)+-O-+BARBITAL〗

am·o·di·a·quin /æ̀moʊdáɪəkwɪn | æ̀məʊ-/ *n.* (*also* **am·o·di·a·quine** /~/) 〖化学〗アモジアキン ($C_{20}H_{22}N_3OCl$)《マラリアの治療に用いる》. 〖← AM(IN)O-+DI(HYDROCHLORIDE)+-A-+QUIN(OLINE)〗

a·moe·ba /əmíːbə/ *n.* (*pl.* **a·moe·bae** /-biː/, **~s**) 〖動物〗アメーバ《原生動物根足虫亜綱アメーバ目アメーバ属 (*Amoeba*) の単細胞動物の総称; 沼や池にすむオオアメーバ (*A. proteus*) など; 《米》ameba ともつづる》. **a·móe·ban** /-bən, -bn̩/ *adj.* 〖(1855) ← NL ~ □ Gk *amoibḗ* change ← *ameíbein* to change〗

a·moe·ba·cide /əmíːbəsàɪd/ *n.* 〖医学〗=amoebicide.

amoebae *n.* amoeba の複数形.

am·oe·bae·an /æ̀mɪbíːən-ˈ/ *adj.* (*also* **am·oe·be·an** /~/) **1** 〖詩学〗交互応答的な, 対話体の. **2** = amoebic. 〖(1658) ← LL *amoebaeus* (□ Gk *amoibaîos* interchanging ← *amoibḗ*: ⇨ amoeba)+-AN[1]〗

am·oe·bi·a·sis /æ̀mɪbáɪəsɪ̀s | -sɪs/ *n.* 〖病理〗アメーバ症. 〖(1905) ← NL ~: ⇨ amoeba, -asis〗

a·moe·bic /əmíːbɪk/ *adj.* **1** アメーバの(ような). **2** アメーバによる. 〖(1891): ⇨ -ic[1]〗

amóebic dýsentery *n.* 〖病理〗アメーバ赤痢. 〖1891〗

a·moe·bi·cide /əmíːbəsàɪd | -bɪ̀-/ *n.* 〖医学〗殺アメーバ薬. **a·moe·bi·ci·dal** /əmìːbəsáɪdl̩ | -bɪ̀-ˈ/ *adj.* 〖← NL ~: ⇨ amoeba, -cide〗

a·moe·bi·form /əmíːbəfɔ̀ːm | -bɪ̀fɔ̀ːm/ *adj.* アメーバ状の. 〖1859〗

a·moe·bo·cyte /əmíːbəsàɪt/ *n.* 〖生物〗変形細胞, 遊走細胞《組織内を自由に移動する細胞; 脊椎動物のリンパ球や白血球など》. 〖(1892) ← AMOEBA+-O-+-CYTE〗

a·moe·boid /əmíːbɔɪd/ *adj.* 〖生物〗アメーバ類似の; (原形質の流動によって形を変えて移動する)アメーバのような: ~ movements アメーバ運動. 〖(1856) ← AMOEB(A)+-OID〗

a·mok /əmʌ́k, əmɑ́(ː)k | əmɔ́k, əmʌ́k; (Malaya では) ɑ́ːməʊ/ *adv.* 狂乱して, 暴れ狂って.

gò amók (1) =run AMOK. (2) 〈計画などが〉狂う, 手違いになる. ***rùn amók*** (1) 血に飢えて荒れ狂う, 狂乱する. (2) 度を失う, 見境をなくす; 暴れ回る; 狂ったように走り回る. 《1672》

— *adj.* 狂乱した, 狂った.

— *n.* 〖精神医学〗アモク《興奮状態で殺人をする精神錯乱で, 元来マレー人特有のものと誤解された》.

〖(1663) □ Malay *amoq*〗

a·mo·le /əmóʊli, -leɪ; *Sp.* amóle/ *n.* (*pl.* **~s** /~z; *Sp.* ~s/) **1** シャボンノキの類の植物の根(など)《石鹸代用品》. **2** 〖植物〗石鹸の原料として利用された植物の総称《シャボンノキ (soap plant) など》. 〖(1831) □ Mex.-Sp. ~ □ Nahuatl *amol(li)*〗

A·mon /ɑ́ːmən/ *n.* =Amen, Amun.

a·mong /əmʌ́ŋ/ *prep.* ★ 通例三者以上の場合に用いる (cf. between 語法). **1** 〈多数〉の中で[へ, に], …の間に(囲まれて) (surrounded by): live ~ (the) mountains 山中で暮らす / a house ~ the trees 木に囲まれた家 / live ~ the poor 貧しい人々と一緒に暮らす / walk ~ the crowds 群衆の中を歩く / sit ~ the audience 聴衆の中にいる / Relax: you're ~ friends! リラックスしなさい. 周りにいるのは友だちなのだから / You can get away with that only ~ friends. それで済ませてもらえるのは友だちの間だけだよ. **2 a** 〈ある数・仲間〉の中に, …の一つ (one or more of): She was ~ the prize winners. 受賞者の一人だった / They were ~ the prize winners. 彼らは受賞者になった / He is ~ the best skiers. 最も優れたスキーヤーの一人だ / That was ~ the things they said to me. それは彼らが私に向かって言ったことの一つだ. **b** 〈同じ種類〉の中で抜きん出て: He is just [only] one ~ (=out of) many [a thousand]. 彼は多数[千人]に一人の(傑出した)人間だ; 多数の中の一人でしかない / He is a writer [man] ~ writers [men]. 作家[男]の中の作家[男]だ. **c** 〈数〉の中から: Choose ~ us. **d** 〈ある範囲〉の中で: *Among* all my memories, there is one [are several] of special interest. 数多くある思い出の中で, 特に興味深いものが一つ[いくつか]ある. **3** …の間で(一般に) (with, within): dissatisfaction ~ the intellectuals 識者の間に広がっている不満 / He is popular ~ the students. 学生の間で人気がある / *Among* us, that is not considered polite. 我々の間では, それは礼儀にかなっているとはみなされない. **4 a** …の間で(各々に) (to each of): Divide these ~ you three. これを君たち 3 人の間で分配したまえ. **b** …の間で(合わせて): We didn't have five dollars ~ (=between) us. 皆の金を合わせても 5 ドルなかった. **c** …の協力で: You have ~ (=between) you spoiled the child. 君たち皆で子供を甘やかしたのだ / We finished the work ~ ourselves. その仕事はわれわれ皆でやりとげた. **5** …(の間)で互いに (each with the others): They quarreled ~ themselves. 内輪同士でけんかをした.

amòng óthers [***óther thìngs, óther pèople***] 数ある中で, ほかにもあるが, その中でも, とりわけ (inter alia, inter alios). ***amòng oursélves*** 内緒で, ここだけの話だが. ***from amòng*** …の中から: The chairman is chosen *from* ~ the members. 議長は会員の互選による / I picked it out *from* ~ the souvenirs on the table. テーブルの上にあったおみやげの中からそれを選んだ.

〖? lateOE *amang, on gemang* in the crowd, in the midst of ← ON+*gemang* crowd (← *gemengan* 'to MINGLE'): 現在の発音が /əmɔ́ŋ/ でなくて /əmʌ́ŋ/ であるのは West Midland 方言の影響〗

a·mongst /əmʌ́ŋ(k)st/ *prep.* =among. 〖(*a*1250) ← ME *amonges* (⇨ among, -s[2] 1)+-*t* (添え字: cf. against, amidst)〗

A·mon-Ra /ɑ́ːmənrɑ́ː/ *n.* 〖エジプト宗教〗=Amen-Ra. 〖□ Egypt. *Ámen-Rē'* ← *Ámen* 'AMEN'+*Rē'* sun〗

a·mon·til·la·do /əmɑ̀(ː)ntəlɑ́ːdoʊ, -tɪ(l)jɑ́ː- | əmɔ̀ntɪjɑ́ːdəʊ, -tɪlɑ́ː-; *Sp.* amontiʎáðo/ *n.* (*pl.* **~s** /~z; *Sp.* ~s/) アモンティラード, アモンティ(リ)ヤード《スペイン Montilla 原産の薄色で中辛口のシェリー》. 〖(1825) □ Sp. (*vino*) *amontillado* (wine) made in Montilla〗

a·mo·ra /əmɔ́ːrə | əmɔ́ːrə/ *n.* (*pl.* **a·mo·ra·im** /ɑ̀ːmɔːrɑ́ːɪm | -mɔːr-/) [しばしば A-] 〖ユダヤ教〗アモラ《3-5 世紀のころ Palestine と Mesopotamia の律法学校でミシュナ (Mishnah) を講じたユダヤ人の律法学者; その教説は Babylonian Talmud と Palestine Talmud に記録されている; cf. sabora, tanna, Mishnah, rabbi[1], Talmud》. 〖□ MHeb. *āmōrā* speaker〗

a·mor·al /eɪmɔ́(ː)rəl, æm-, -mɑ́(ː)r- | -mɔ́r-/ *adj.* **1** 道徳とは無関係な; 道徳の範囲外の, 超道徳的な (nonmoral). **2** 〈幼児など〉道徳観念をもたない; 道徳に無関心な. **a·mor·al·i·ty** /èɪməræ̀ləti, æ̀m- | -ti/ *n.* **~·ly** *adv.* 〖(1882) ← A-[7]+MORAL〗

a·mór·al·ìsm /-lìzm/ *n.* 〖哲学〗無道徳主義《あらゆる道徳的価値や当為を否定する立場; 既成の道徳体系を否定する立場》; 無道徳状態[態度]. **a·mór·al·ist** /-lɪ̀st | -lɪst/ *n.* 〖(1920): ⇨ ↑, -ism〗

a·morce /əmɔ́əs | əmɔ́ːs/ *n.* 点火薬, 起爆剤; おもちゃのピストルの雷管. 〖(1802) □ F ~ 'bait, lure' ← OF *amordre* to bait: cf. morsel〗

am·o·ret·to /æ̀mərétoʊ, ɑ̀ːm- | æ̀mərétəʊ; *It.* amorétto/ *n.* (*pl.* **-ret·ti** /-tiː; *It.* -ti/, **~s, ~es**) 〖美術〗アモレット《16 世紀イタリア美術にあるような小キューピッド; cf. putto》. 〖(1596) □ It. ~ (dim.) ← *amore* < L *amōrem* love〗

a·mo·ri·no /æ̀məríːnoʊ, ɑ̀ːm- | æ̀məríːnəʊ; *It.* amoríːno/ *n.* (*pl.* **-ri·ni** /-niː; *It.* -ni/, **~s**) 〖美術〗=amoretto. 〖(1859) □ It. ~ (dim.) ← *amore* (↑)〗

am·o·rist /ǽmərɪ̀st | -rɪst/ *n.* **1** 猟色家. **2** 恋愛文学作者. **am·o·ris·tic** /æ̀mərístɪk-ˈ/ *adj.* 〖(1581) ← L *amor* love+-IST〗

Am·o·rite /ǽməràɪt/ *n.* 〖聖書〗アモリ人(びと)《紀元前 3000 年期以後 Palestine から Mesopotamia に至る地域を征服していた民族; cf. *Gen.* 10:16》. 〖(1535) ← Heb. *Amōrî* (原義) ? mountain dwellers+-ITE[1]〗

a·mo·ro·so[1] /ɑ̀ːməróʊsoʊ, æ̀m- | æ̀mərə́ʊsəʊ; *It.* amoróːzo/ *adv.* 〖音楽〗アモローソ, 愛情豊かに, 愛らしく, 優しく (tender(ly)). 〖(1616) □ It. ~ 'amorous' (↓)〗

a·mo·ro·so[2] /ɑ̀ːməróʊsoʊ, æ̀m- | æ̀mərə́ʊsəʊ; *Sp.* amoróso/ *n.* (*pl.* **~s** /~z; *Sp.* ~s/) アモローソ《スペイン産の中甘口のシェリー》. 〖(*c*1870) □ Sp. ~ < L *amōrōsum* (↓)〗

am·o·rous /ǽm(ə)rəs/ *adj.* **1 a** 好色な, 多情な: an ~ disposition, nature, etc. **b** 性愛の, 性的に興奮した. **2** 〔人を〕恋している, ほれ込んで[恋慕して]いる (enamored) 〔*of*〕: He was ~ *of* her. **3** なまめかしい, あだっぽい, 色っぽい (showing love): an ~ glance, sigh, etc. **4** 恋の, 恋愛の[に関する] (amatory): an ~ song. **5** 愛情を込めた; 情熱的な. **~·ly** *adv.* **~·ness** *n.* 〖(?*c*1300) □ OF *amoureus* (F *amoureux*) □ ML *amōrōsus* ← L *amor* love ← ?: ⇨ -ous〗

a·mor pa·tri·ae /èɪmɔəpéɪtriìː, ɑ́ːmɔəpɑ́ːtriàɪ | éɪmɔːpéɪtriìː, ɑ́ːmɔːpɑ́ːtriàɪ/ *L. n.* 愛国心 (patriotism). 〖□ L *amōr patriae* love of the father land〗

a·mor·phism /əmɔ́əfɪzm | əmɔ́ː-/ *n.* **1** 無定形. **2** 〖化学・鉱物〗無定形(質), 非晶(質); 〖生物〗無定形; 〖地質〗等質. 〖(1852) □ G *Amorphismus*: ⇨ ↓, -ism〗

a·mor·phous /əmɔ́əfəs | əmɔ́ː-/ *adj.* **1** 無定形の, 不規則な形の. **2** 組織[統一]のない; 不規則な; 特色のない, 漠然とした. **3** 〖化学・鉱物〗無定形の, 非結晶の, 非結晶質の (noncrystalline): an ~ body 非結晶体 / Glass is ~, while sugar is crystalline. **4** 〖生物〗発達した組織のない; 無定形の. **5** 〖地質〗(成層・理層・劈開(へきかい)がなく)等質の. **~·ly** *adv.* **~·ness** *n.* 〖(1731) ← NL *amorphus* ← Gk *ámorphos*: ⇨ a-[7], -morphous〗

amórphous semicondúctor *n.* 〖電子工学〗非晶質半導体.

a·mort /əmɔ́ət | əmɔ́ːt/ *adj.* 《古》(死んだように)生気がない, 活気[元気]がない (lifeless, dejected). 〖(*c*1590) 《短縮》← 《古形》*all amort* 《異分析》← F *à la mort* to the death〗

a·mor·tis·seur /əmɔ̀ətɪsə́ː | əmɔ̀ːtɪsə́ː(r; *F.* amɔʀtisœːʀ/ *n.* 〖電気〗制動巻線 (amortisseur winding ともいう; ⇨ damper winding). 〖□ F ~ ← *amortir* to deaden: ⇨ amortize〗

am·or·ti·za·tion /æ̀mətɪ̀zéɪʃən, əmɔ̀ə-, æm- | əmɔ̀ːtɪ̀-, æ̀mɔːt-, -taɪ-/ *n.* **1** 〖会計〗**a** (無形固定資産または繰延べ資産の)償却 (cf. depreciation 2, depletion 3). **b** (減債基金による)年賦償還, 割賦償却; その額: an ~ rent 年賦金 / an ~ schedule 年賦償還表. **2** 〖法律〗(教会・法人への)不動産譲渡, 死手譲渡, 永代寄付 (cf. mortmain 1). 〖(1672): ⇨ ↓, -ation〗

am·or·tize /ǽmətàɪz, əmɔ́ətaɪz | əmɔ́ːtaɪz/ *vt.* **1** 〖会計〗**a** 〈無形固定資産または繰延べ資産を〉償却する. **b** (減債基金 (sinking fund) によって)〈負債を〉償却する, なしくずしにする (pay off, liquidate). **2** 〖英古法〗〈不動産を〉譲渡する; 死手譲渡する (alienate in mortmain).

ám·or·tìz·a·ble /-zəbl̩/ *adj.* 〖(*c*1378) □ (O)F *amortiss-* (stem) ← *amortir* to deaden < VL **admortīre* ← AD-+**mortus* (=L *mortuus* death ← L *mors*): 語尾の -ize は ML *admortizāre* (← OF *amortir* +L *-izāre* '-IZE')の影響: cf. mortal〗

a·mor·tize·ment /æ̀mətáɪzmənt, əmɔ́ətɪ̀z- | əmɔ́ːtɪz-/ *n.* **1** 〖建築〗**a** (支柱や控壁の)頂部の斜面. **b** 頂部の正面《破風(はふ)など》. **2** 〖法律・会計〗=amortization. 〖(1439) 《変形》← (O)F *amortissement*: ⇨ ↑, -ment〗

a·mor vin·cit om·ni·a /ɑːmɔ́əwíŋkɪtɑ́(ː)mniə, -ɔ́(ː)m- | -mɔ́ːwíŋkɪtɔ́m-/ *L.* 愛はすべてに打ち勝つ (⇨ omnia vincit amor, nos et cedamus amori (巻末)). 〖□ L *amōr vincit omnia* love conquers all〗

A·mo·ry /éɪm(ə)ri/ *n.* エーモリー《男性名》. 〖← ALMERIC〗

A·mos /éɪməs | -mɒs/ *n.* 〖聖書〗**1** アモス《紀元前 8 世紀のヘブライの預言者》. **2** (旧約聖書の)アモス書. 〖□ LL □ Gk *Amṓs* □ Heb. *'Āmōs* (原義) carried〗

Ámos and ['n'] Ándy *n.* 「エーモスとアンディー」《1930 年代米国のラジオで人気を博した連続コメディー; 白人のコメディアンが 2 人の黒人 Amos と Andy (後者が怠け者のぼけ役)を演じた; 後にテレビでも放送 (1951–53) されたが, 人種差別的であるとの抗議を受けた》.

am·o·site /ǽməsàɪt, -zàɪt/ *n.* 〖鉱物〗アモサ石綿《鉄分に富む角閃石石綿》. 〖(*c*1918) ← *A(sbestos) M(ine) o(f) S(outh Africa)*+-ITE[1]〗

a·mo·tion /æmóʊʃən, əm- | -məʊ-/ *n.* 〖病理〗剝離, 分離. 〖(1641) □ L *amotiō(n-)* ← *amotus* (p.p.) ← *amovēre* to remove: ⇨ a-[5], motion〗

a·mount /əmáʊnt/ *n.* **1 a** 量, 額 (quantity): a large ~ of money 巨額の金, 大金 / a small ~ of food 少量の食物 / a considerable ~ of rain かなりの雨量 / Is that ~ of money all you have left? 君が残した金はそれで全部か / in small ~s (一度に)少しずつ / make deposits in ~s of $5 or $10 a time 一度に 5 ドルないし 10 ドルの金額を貯金する / a deposit in the ~ of $100 《米》100 ドルの手付金 / Any ~ of money will do. いかほどの金額でも結構です / He has a certain ~ of work left to do. 残した仕事はある程度の量がある / He has any ~ of work left to do. 残した仕事は山ほどある / There are [is] any ~ of things left to do. 《口語》し残した事は山とある / No ~ of persuasion will convince them. どんなに説得しても彼らは納得しないだろう. **b** [the ~] 総額, 総計: He paid *the* whole ~ at a time. 彼は一度に全額を支払った / I paid *the* full ~ of the expenses. 経費の全額を支払った. **2** 〖会計〗金額: the ~ of an annuity 年金の元利合計. **3** 《アフリカ西部》現金 (cash), 金 (money).

in amóunt (1) 総計[総額]で. (2) 要するに, 結局. ***to the amóunt of*** …総計…に達する, …だけの: He has debts *to the* ~ *of* a million yen. 彼は 100 万円の借金がある.

amóunt at rísk 〖保険〗(1) 危険保険金額《生命保険で保険金額からその契約のために積み立てられた準備金を差引いた金額; cf. NET amount at risk》. (2) 財産保険で引受保険金額の総額.

— *vi.* **1** 総計〔いくらに〕なる, 〔…の〕額に上る (come up) 〔*to*〕: The bill ~*s to* 100 dollars. 勘定は総計 100 ドルになる. **2** 要するに〔…に〕なる (come), 〔…というに〕等しい (be equivalent, be tantamount) 〔*to*〕: It doesn't ~ *to* much. 大したものではない / It ~*s to* (much) the same thing in the end. 結局(ほとんど)同じことになる / It ~*s to* very little. ほとんど無価値である / I want my daughter to ~ *to* something (in life). 娘にひとかどの人物になってもらいたい / She'll never ~ *to* (very) much. 大した人物には決してなるまい / an originality ~*ing* almost *to* genius 天才といってもよいような独創性 / This answer ~*s to* a refusal. この返事は拒絶も同然だ / She replied with what

A

～*ed to* a refusal. 彼女の返事は拒絶も同然だった / What, after all, does it ～ *to*? 結局どういうことになるのか.
〘(*c*1275) ▭ OF *amonter* to amount to ← *amont* upward ← A-[4]+*mont* mountain〙

amóunt lìmit *n.* 〘心理〙作業制限 (一定量の作業に要する時間を計るときの作業量; cf. time limit 2).

a·mour /əmúə, ɑːm-, æm- | əmúə(r, æm-; *F.* amuːʁ/ *n.* (*pl.* ～ /～z; *F.* ～/) **1** 恋愛, ロマンス; (特に)情事, 浮気 (love affair): have an ～ *with* a person 人と不倫の関係をもつ. **2** 情事の相手, 愛人 (特に, 女性).
〘((?*a*1300)) (1567) ▭ (O)F ～ < L *amōrem*〙

amóur cour·tóis /-kuətwáː | -kuə-; *F.* -kuʁtwa/ *F. n.* =courtly love. 〘(1907) ▭ F ～〙

am·ou·rette /æ̀mərét, ɑ̀ːmə-; *F.* amuʁɛt/ *n.* **1** ちょっとした情事, 浮気 (petty amour). **2** 〘美術〙 = amoretto. 〘(1825) ▭ F ～ (dim.): ⇨ amour〙

a·mour fou /áːmuəfúː, ǽm- | ǽmuə-; *F.* amuʁfu/ *F. n.* 狂気の愛.

a·mour pro·pre /áːmuəpróupr(ə), ǽm-, -prá(ː)p- | ǽmuəprɔ́pr(ə); *F.* amuʁpʁɔpʁ/ *F. n.* 自尊心, 自負心; うぬぼれ: wound a person's ～ 人の自尊心を傷つける.
〘(1775) ▭ F *amour-propre* (原義) love of oneself〙

a·mowt /əmáut/ *n.* =amaut.

A·moy /əmɔ́ɪ, æm-, ɑː-, əm-/ *n.* **1** 厦門(ｱﾓｲ)島 (中国南東部, 福建省 (Fukjian) の島; 中国語名 Xiamen). **2** 厦門 (厦門島にある海港). **3** 厦門語[方言]. 〘1904〙

amp[1] /ǽmp/ *n.* (口語)〘電気〙=ampere. 〘(1886) 略〙

amp[2] /ǽmp/ *n.* **1** (口語) アンプ (amplifier). **2** (米俗) エレキギター. 〘(1967) (略) ← AMPLIFIER // amplified guitar〙

AMP (略)〘生化学〙 adenosine monophosphate. 〘1951〙

amp. (略) amperage; ampere(s); amplifier.

AMPAS /ǽmpæs/ (略) Academy of Motion Picture Arts and Sciences (米国の)映画芸術科学アカデミー (創立 1927 年; Hollywood にある; cf. Academy Award, Oscar[2] 1 a).

am·pel- /ǽmpəl | -pɪ̈l/ (母音の前にくるときの) ampelo- の異形.

am·pe·lite /ǽmpəlàɪt | -pɪ̈-/ *n.* 〘地質〙 アンペライト (⇨ cannel coal). 〘(1751) ▭ L *ampelitis* ▭ Gk *ampelîtis* of the vine ← *ámpelos* vine: ⇨ -ite[1]〙

am·pe·lo- /ǽmpəlou | -pɪləu/ 「ぶどう(の木) (grapevine)」の意の連結形. ★ 母音の前では通例 ampel- になる. 〘← NL ～ ← Gk *ámpelos* (↑)〙

am·pe·lop·sis /æ̀mpəlɑ́psɪ̈s | æ̀mpɪ̈lɔ́psɪs/ *n.* (*pl.* ～) 〘植物〙 **1** ノブドウ (ブドウ科ノブドウ属 (*Ampelopsis*) の植物の総称). **2 a** ツタ (Boston ivy). **b** アメリカヅタ (Virginia creeper). 〘(1807) ← NL ～: ⇨ ↑, -opsis〙

am·per·age /ǽmp(ə)rɪdʒ, -pɪᵊr-| -p(ə)r-, -pɪər-/ *n.* 〘電気〙 アンペア数. 〘(1893): ⇨ ↓, -age〙

am·pere /ǽmpɪə, -peə | ǽmpeə(r/ *n.* 〘電気〙 アンペア (電流の単位; 1 秒間に 1 クーロンの電気量を送る電流の強さ; 略 amp.; 記号 A). 〘(1881) ▭ F *ampère*: ⇨ ↓〙

Am·père /ɑ̃ː(m)péə, ɑːm- | ǽmpeə(r; *F.* ɑ̃pɛːʁ/, **André Marie** *n.* アンペール (1775–1836; フランスの物理学者・数学者).

ámpere bàlance *n.* 〘電気〙 電流天秤 (分銅の代わりにコイルを置き, これに流す電流による力を利用して力を測る天秤).

ámpere-condúctors *n. pl.* 〘電気〙 アンペア導体数 (電機子巻線の導体数と電流値との積).

ámpere-hóur *n.* 〘電気〙 アンペア時 (ある時間通った電流の積算量, すなわち電荷の単位, 1 アンペア 1 時間の量; 略 Ah.). 〘1885〙

ámpere·mèter *n.* 電流計 (ammeter).

Ámpere's láw *n.* 〘物理〙 アンペールの法則 (定常電流の閉回路が作る磁場を決める法則).

ámpere-tùrn *n.* 〘電気〙 アンペア回数 (起磁力および磁位の MKSA 単位; 略 At). 〘1884〙

am·per·o·met·ric /æ̀mpɪᵊrəmétrɪk, -pɛᵊr- | -pɛərə-ˈ/ *adj.* 〘電気〙 電流測定の[を伴った]. 〘1940〙

amperométric titrátion *n.* 〘化学〙 電流滴定 (電気滴定の一種; 滴定の終点を電流値の変化によって知る滴定法). 〘1941〙

am·per·om·e·try /æ̀mpərɑ́(ː)mətri, -pɪᵊr- | -pɛərɔ́mɪ̈tri/ *n.* 〘化学〙 電流滴定.

am·per·sand /ǽmpəsæ̀nd | -pə-/ *n.* アンパサンド (‘&’ (=and) の字の呼び名; 記号はラテン語の *et* (=and) の *e* と *t* の合成). 〘(1835) (変形) ← *and per se and* ‘and’ by itself (makes) ‘and’〙

am·phe·rot·o·ky /æ̀mfərɑ́(ː)təki | -rɔ́t-/ *n.* 〘生物〙 雌雄両者を産む単為生殖. 〘← Gk *amphóteros* both + *tókos* offspring + -Y[1]〙

am·phet·a·mine /æmfétəmiːn, -mɪ̈n | -təmiːn, -mɪn/ *n.* 〘薬学〙 アンフェタミン ($C_{18}H_{26}N_2O_4S$) (覚醒剤, 中枢神経興奮薬, 交感神経興奮薬, 食欲減退剤).
〘(1938) ← A(LPHA) + M(ETHYL) + PH(ENYL) + ET(HYL) + AMINE〙

am·phi- /ǽmfi, -fɪ̈ | -fi, -fɪ/「両側に (on both sides), 周囲に, 両方(の)」などの意の連結形: *amphiaster, amphibian*. 〘▭ Gk *amphí* on both sides: ⇨ ambi-〙

Am·phi·a·ra·us /æ̀mfiəréɪəs/ *n.* 〘ギリシャ神話〙 アンフィアラオス (ギリシャの Argos の勇士・予言者; テーベ征伐七勇士の一人; ⇨ SEVEN against Thebes). 〘▭ L *Amphiarāus* ▭ Gk *Amphiáraos*〙

àmphi·arthrósis *n.* 〘解剖〙 半関節. 〘(1836) ← NL ～: ⇨ amphi-, arthrosis〙

am·phi·as·ter /ǽmfiæ̀stə | -tə(r/ *n.* 〘生物〙 (細胞核分裂における)両星, 双星状体. 〘(1885) ← NL ～〙

Am·phib·i·a /æmfíbiə/ *n. pl.* 〘動物〙 両生綱 (cf. amphibian 1). 〘(1607) ← NL ～ ← Gk *amphíbia* (neut. pl.) ← *amphíbios* ‘AMPHIBIOUS’〙

am·phib·i·an /æmfíbiən/ *adj.* **1** 水陸両生の (amphibious); 〘動物〙 両生綱の. **2** =amphibious 2.
— *n.* **1 a** 〘動物〙 両生綱の動物. **b** 水陸両生の動物[植物]. **2 a** 水陸両用飛行機[戦車, トラック(など)]. **b** 〘軍事〙 (敵前上陸作戦用の)水陸両用車[装軌車] (cf. amtrac). **3 a** 両様の性質をもつもの. **b** 二重人格者.
〘(1637): ⇨ ↑, -an[1]〙

àmphi·biólogy *n.* 〘動物〙 両生類学, 両生動物論 (cf. herpetology). 〘(1840) ← AMPHIBIA + -o- + -LOGY〙

àmphi·biótic *adj.* 〘動物〙 **1** 幼虫時代は水中にすみ成長して陸上にすむ. **2** 水陸両生の.

am·phib·i·ous /æmfíbiəs/ *adj.* **1** 〘軍事〙 〈攻撃など〉 水陸(空)共同の; 〈部隊など〉陸海(空)共同作戦のための: ～ operations 水陸両用作戦, 上陸作戦, 陸海空共同作戦 / an ～ corps 水陸両用[上陸作戦(用)]部隊. **2** 水陸両用の (amphibian): an ～ plane, tank, tractor, etc. **3** 水陸両生の: an ～ animal, plant, etc. **4 a** 両様の性質をもつ. **b** 二重人格の. **～·ly** *adv.* **～·ness** *n.*
〘(1643) ▭ Gk *amphíbios* living a double life (← AMPHI- + *bíos* life) + -OUS〙

àmphi·blástula *n.* 〘動物〙 アンフィブラストゥラ (石灰海綿類中のケツボカイメンなどに見られる幼生形; cf. olynthus). 〘← NL ～: ⇨ amphi-, blastula〙

am·phi·bole /ǽmfɪ̈bòul | -fɪbə̀ul/ *n.* 〘鉱物〙 各種の角閃(ｶｸｾﾝ)石の総称. 〘(1606) ▭ F ～ ▭ LL *amphibolus* ← Gk *amphíbolos* ‘AMPHIBOLOUS’: フランスの鉱物学者 Haüy (1743–1822) の命名, その構造の多様性から〙

am·phi·bol·ic /æ̀mfɪ̈bɑ́(ː)lɪk | -fɪbɔ́l-ˈ/ *adj.* **1** 角閃(ｶｸｾﾝ)石の. **2** 曖昧な, 不明確な (ambiguous, uncertain). **3** 〘医学〙 予後の見通しの不確かな. 〘(1852): ⇨ ↑, -ic[1]〙

am·phib·o·lite /æmfíbəlàɪt/ *n.* 〘鉱物〙 角閃(ｶｸｾﾝ)岩.

am·phib·o·lit·ic /æmfìbəlítɪk | -tɪk-ˈ/ *adj.*
〘(1833) ▭ F ～: ⇨ amphibole, -ite[1]〙

am·phib·o·log·i·cal /æmfìbəlɑ́(ː)dʒɪ̈kəl, -kl | -lɔ́dʒɪ-ˈ/ *adj.* 曖昧な言い方の, 文意多義[不明]の.

am·phib·o·lóg·i·cal·ly *adv.* 〘1577〙

am·phi·bol·o·gy /æ̀mfɪ̈bɑ́(ː)lədʒi | -fɪbɔ́l-/ *n.* 〘言語・論理〙 (文法構造の曖昧さによる)文意多義, 多義構文 (例えば He gave her dog biscuits. では「彼女の犬にビスケットを与えた」とも「彼女に犬用のビスケットを与えた」とも解釈できる; cf. ambiguity 4, equivocation 3).
〘(*c*1385) ▭ ML *amphibologia* =L *amphibolia* ‘AMPHIBOLY’: ML *-logia* は *tautologia* (⇨ tautology) などの類推: ⇨ ↓, -logy〙

am·phib·o·lous /æmfíbələs/ *adj.* 両義的な, 意義曖昧な. 〘(1641) ▭ LL *amphibolus* ▭ Gk *amphíbolos* ambiguous, doubtful ← AMPHI- + *bólos* throw (← *bállein* to throw)〙

am·phib·o·ly /æmfíbəli/ *n.* 〘言語・論理〙 =amphibology. 〘(1588) ▭ L *amphibolia* ambiguity ▭ Gk *amphibolía*: ⇨ ↑, -ia[1]〙

am·phi·brach /ǽmfɪ̈bræ̀k | -fɪ-/ *n.* 〘詩学〙 (古典詩の)短長短格 (◡—◡), (英詩の)弱強弱[抑揚抑]格 (×—×) (例: The bláck bands / came óver. —Byron; cf. foot 6). **am·phi·brach·ic** /æ̀mfɪ̈brǽkɪk | -fɪ-ˈ/ *adj.* 〘(1589) ▭ L *amphibrachus* ▭ Gk *amphíbrakhus* short at both ends ← AMPHI- + *brakhús* short〙

am·phi·car·pic /æ̀mfɪ̈káəpɪk | -fɪkáː-ˈ/ *adj.* 〘植物〙 二通りの果実を造る. 〘(1866): ⇨ amphi-, -carpic〙

am·phi·car·pous /æ̀mfɪ̈káəpəs | -fɪkáː-ˈ/ *adj.* 〘植物〙 =amphicarpic. 〘1866〙

am·phi·chro·ic /æ̀mfɪ̈króuɪk | -fɪkrə́u-ˈ/ *adj.* 〘化学〙 (酸アルカリ)両色反応の (混合指示薬で変色が打ち消されるものにいう; リトマスとコンゴレッド (Congo red)).
〘(1876): ⇨ amphi-, -chroic〙

àm·phi·chro·má·tic *adj.* 〘化学〙 =amphichroic.

am·phi·coe·lous /æ̀mfɪ̈síːləs | -fɪ-ˈ/ *adj.* 〘解剖・動物〙 両凹(ﾘｮｳｵｳ)形の. 〘(1869) ← LGk *amphíkoilos* hollowed all round (← AMPHI- + Gk *koîlos* hollow) + -OUS〙

am·phi·cra·ni·a /æ̀mfɪ̈kréɪniə | -fɪ-/ *n.* 〘病理〙 両側頭痛 (cf. hemicrania). 〘← NL ～: ⇨ amphi-, cranio-, -ia[1]〙

am·phic·ty·on /æmfíktiən/ *n.* 〘ギリシャ史〙 **1** アンフィクチオン会議の代議員. **2** [the Amphictyons] アンフィクチオン会議 (cf. amphictyony 1). 〘(1586) (逆成) ← *Amphictyons* (pl.) ▭ Gk *Amphiktúones* dwellers around ← AMPHI- + *ktízein* to found〙

am·phic·ty·on·ic /æmfìktiɑ́(ː)nɪk | -ɔ́n-ˈ/ *adj.* 〘ギリシャ史〙 アンフィクチオン同盟[会議]の: an ～ council アンフィクチオン会議. 〘1753〙

amphíctyonic léague *n.* 〘ギリシャ史〙 =amphictyony 1.

am·phic·ty·o·ny /æmfíktiəni/ *n.* **1** 〘ギリシャ史〙 アンフィクチオン同盟, アンフィクチオニア, 隣保同盟 (古代ギリシャで神域と祭祀擁護のために結んだ諸部族[国家]の同盟; 最も有名なのは Delphi の Apollo 神殿を中心としたアンフィクチオン同盟 (Delphic Amphictyony)). **2** (共同利益のための)近隣諸国同盟. 〘(1835) ▭ Gk *amphiktuonía*: ⇨ amphictyon, -y[1]〙

am·phi·dip·loid /æ̀mfɪ̈díplɔɪd | -fɪ-ˈ/ *adj., n.* 〘生物〙 複二倍体(の), 両性全数(の). **àm·phi·díp·loid·y** /-di | -di/ *n.* 〘(1930): ⇨ amphi-, diploid〙

am·phig·a·mous /æmfígəməs/ *adj.* 〘植物〙 **1** 雌雄の別の明らかな生殖器官を欠いた. **2** 通気組織[気孔]を欠く植物の. 〘1841〙

am·phig·e·nous /æmfídʒənəs | -dʒɪ̈-/ *adj.* 〘植物〙 〈ある種の真菌類が〉葉の両側に生える. 〘1835〙

am·phi·go·ry /ǽmfɪ̈gɔ̀ːri | -gəri/ *n.* (*also* **am·phi·gou·ri** /æ̀mfɪ̈gúᵊri | -fɪgúəri/) (一見して有意味のようで)無意味な詩文. **am·phi·gor·ic** /æ̀mfɪ̈gɔ́ːrɪk-ˈ/ *adj.* 〘(1869) ▭ F *amphigouri* ← AMPHI- + ? (ALLE)-GORY〙

àmphi·káryon *n.* 〘生物〙 複相核, 倍数核 (2 組の半数染色体をもつ細胞核; cf. hemikaryon).

am·phim·a·cer /æmfíməsə | -sə(r/ *n.* 〘詩学〙 (古典詩の)長短長格 (—◡—), (英詩の)強弱強[揚抑揚]格 (´×´) (例: Líve thy Lífe, / Yóung and óld.—Tennyson; cf. foot 6). 〘(1589) ▭ L *amphimacrus* ▭ Gk *amphímakros* long on both sides: ⇨ amphi-, macro-〙

am·phi·mic·tic /æ̀mfɪ̈míktɪk | -fɪ-ˈ/ *adj.* 〘生物〙 **1** 自由に交雑し生殖力のある子孫を作る. **2** アンフィミクシスの. **àm·phi·míc·ti·cal·ly** *adv.* 〘← AMPHI- + Gk *miktós* ‘MIXED’〙

am·phi·mix·is /æ̀mfɪ̈míksɪ̈s | -fɪmíksɪs/ *n.* (*pl.* **-mix·es** /-siːz/) **1** 〘生物〙 両性生殖, 有性生殖 (cf. apomixis). **2** 〘生物〙 両性混合, アンフィミクシス (受精による雌雄両者の遺伝質の混和). **3** 〘精神医学〙 性的成熟過程で肛門エロチシズムと性器エロチシズムが併存すること.
〘(1893) ← NL ～ ← AMPHI- + Gk *míxis* mingling (cf. mix)〙

Am·phi·on /æmfáɪən/ *n.* 〘ギリシャ神話〙 アムピーオーン (Zeus と Antiope の息子; Zethus と双生児で Niobe の夫; Zethus とともに Thebes の城壁を築くとき竪琴を弾くと, 石は自然に動いて城壁はおのずからできた). 〘▭ L *Amphīōn* ▭ Gk *Amphíōn* ← ? AMPHI-〙

am·phi·ox·us /æ̀mfiɑ́(ː)ksəs | -ɔ́k-/ *n.* (*pl.* **-ox·i** /-saɪ/, ～**·es**) 〘動物〙 ナメクジウオ (⇨ lancelet). 〘(1836) ← NL ～ ← AMPHI- + Gk *oxús* sharp〙

am·phi·path·ic /æ̀mfɪ̈pǽθɪk | -fɪ-ˈ/ *adj.* (*also* **am·phi·path**) 〘化学〙 両親媒性の (極性脂質のように親水基と親油基をもつことにいう). 〘(1945) ← AMPHI- + -PATHIC〙

am·phi·phi·lic /æ̀mfɪ̈fílɪk | æ̀mfɪ-ˈ/ *adj.* 〘化学〙 = amphipathic. 〘1950〙

am·phi·ploid /ǽmfɪ̈plɔ̀ɪd | -fɪ-/ *adj., n.* 〘生物〙 複二倍体(の). **ám·phi·plòi·dy** /-di | -di/ *n.* 〘(1945) ← AMPHI- + -PLOID〙

am·phi·pneus·tic /æ̀mfɪ̈núːstɪk, -njúː- | -fɪnjúːs-ˈ/ *adj.* 〘動物〙 **1** (ある種の両生類に一生)鰓(ｴﾗ)と肺のある. **2** 双気門式の, 双気門型の (第 1 気門と後端の 1–3 体節だけに気門のある; 双翅類昆虫の幼虫などに見られる). 〘(1891) ← AMPHI- + Gk *pneustikós* of breathing (← *pnéin* to breathe): ⇨ -ic[1]〙

am·phi·pod /ǽmfɪ̈pɑ̀(ː)d | -fɪpɔ̀d/ 〘動物〙 *adj.* 端脚目の. — *n.* 端脚目の動物 (ハマトビムシなど). 〘(1835) ↓〙

Am·phip·o·da /æmfípədə | -də/ *n. pl.* 〘動物〙 (節足動物門)端脚目. **am·phíp·o·dan** /-dən | -dn/ *adj., n.* **am·phíp·o·dous** /-dəs | -dəs/ *adj.*
〘(1837) ← NL ～: ⇨ amphi-, -poda〙

am·phip·ro·sty·lar /æmfìprəstáɪlə | -prə(ʊ)stáɪlə(r-ˈ/ *adj.* 〘建築〙 =amphiprostyle. 〘1875〙

am·phi·pro·style /æmfɪ̈próustaɪl-ˈ | æmfíprə(ʊ)stàɪl/ 〘建築〙 *adj.* 〈ギリシャ神殿など〉両前柱式の, 両向拝式の. — *n.* 両前柱式[両向拝式]の建物. 〘(1850) ▭ L *amphiprostȳlus* ▭ Gk *amphipróstūlos*: ⇨ amphi-, prostyle〙

am·phi·pro·tic /æ̀mfɪ̈próutɪk | -fɪprə́ut-ˈ/ *adj.* 〘化学〙 =amphoteric 2.

am·phi·sar·ca /æ̀mfɪ̈sáəkə | -fɪsáː-/ *n.* 〘植物〙 内部が果肉質で種子の多い閉果 (メロン・ヒョウタンなど).
〘(1854) ← NL ～: ⇨ amphi-, sarco-, -a[2]〙

am·phis·bae·na /æ̀mfɪ̈sbíːnə | -fɪs-/ *n.* (*pl.* **-bae·nae** /-niː/, ～**s**) **1** (伝説の)両頭の蛇 (前にも後ろにも自由に動ける). **2** 〘動物〙 ミミズトカゲ (熱帯地方の土中にすむミミズトカゲ属 (*Amphisbaena*) のトカゲの総称; 足がなく前後に自由に動く; ダンダラミミズトカゲ (*A. fuliginosa*) など). **àm·phis·báe·ni·an** *n.* **am·phis·bae·nic** /æ̀mfɪ̈sbíːnɪk | -fɪs-ˈ/ *adj.* 〘(*a*1398) ▭ L ～ ▭ Gk *amphísbaina* ← AMPHI- + *baínein* to go〙

am·phis·ci·ans /æmfíʃiənz/ *n. pl.* (古) 熱帯の住民. 〘(1652) ← ML *amphiscius* (▭ Gk *amphískios* throwing a shadow both ways ← AMPHI- + *skiá* shadow) + -AN[1] + -S[1]〙

am·phis·ci·i /æmfíʃiàɪ/ *n. pl.* =amphiscians. 〘1622〙

àmphi·stýlar *adj.* 〘建築〙 〈ギリシャ神殿など〉両端[両側]に柱のある. 〘(*c*1900) ← AMPHI- + -STYLAR〙

am·phi·tene /ǽmfɪ̈tiːn | -fɪ-/ *n.* 〘生物〙 =zygotene.

am·phi·the·a·ter /ǽmfɪ̈θiːətə, -θiə- | -fɪθɪətə(r, -θiét-/ *n.* **1** 円形競技場, 円形劇場 (古代ローマの円形または長円形大演技場; 中央に設けた闘技場 (arena) の周囲にひな壇式観覧席をめぐらしたもの; cf. Colosseum 1). **2** (近代劇場の)半円形の階段式桟敷[観客席]. **3** (ひな壇式)大講堂; 階段(式手術)教室. **4** すりばち形の地形; 円形の盆地. **5** 闘技場, 競技場 (arena). 〘(1546) ▭ L *amphitheātrum* ▭ Gk *amphithéātron*: ⇨ amphi-, theater〙

am·phi·the·a·tral /æ̀mfɪ̈θíːətrəl, -θíə- | æmfɪθíə-, -θiétˈ/ *adj.* =amphitheatric. 〘1615〙

am·phi·the·at·ric /æ̀mfɪ̈θiǽtrɪk | -fɪ-ˈ/ *adj.* 円形

A

劇場(式)の. **àm·phi·the·át·ri·cal** /-trɪ̀kəl, -kl̩ | -trɪ-/ *adj.* **àm·phi·the·át·ri·cal·ly** *adv.* 〘c1811〙

am·phi·the·ci·um /æ̀mfɪ̀θíːʃiəm | -fɪθíːsi-/ *n.* (*pl.* **-ci·a** /-ʃiə | -siə/) 〘植物〙アンフィテシウム《コケ類の蒴(さく) (capsule) の外層》. 〘← NL ～: ⇨ amphi-, -thecium〙

am·phith·y·ron /æmfíθərὰ(ː)n | -θɪrɔn/ *n.* (*pl.* **-y·ra** /-rə/) 〘東方正教会〙聖(像)障 (iconostasis) の扉の前にさがるベール[カーテン]. 〘□ LGk *amphithúron* (Gk) hall ← AMPHI-＋*thúra* 'DOOR'〙

am·phit·ri·chate /æmfítrəkɪ̀t, -kèɪt | -trɪ-/ *adj.* 〘細菌〙＝amphitrichous.

am·phit·ri·chous /æmfítrəkəs | -trɪ-/ *adj.* 〘細菌〙両(双)毛(性)の. 〘⇨ amphi-, -trichous〙

Am·phi·tri·te /æ̀mfɪtràɪti | -fɪtràɪti/ *n.* 〘ギリシャ神話〙アンフィトリテ《海の女神; Nereus の娘で Poseidon の妻》. 〘□ L ～ □ Gk *Amphitrī́tē*《原義》roaring round (the earth) ← AMPHI-＋? *trízein* to creak〙

am·phit·ro·pous /æmfítrəpəs/ *adj.* 〘植物〙曲生の, 半倒生の《胚珠が胎座に着生している場合にいう; cf. anatropous》: an ～ ovule 曲生胚珠. 〘(1841): ⇨ amphi-, -tropous〙

Am·phit·ry·on /æmfítriən/ *n.* **1** 〘ギリシャ伝説〙アンフィトリオン《Alcmene の夫》. **2** 主人役, (もてなしのよい)接待者. 〘(1862) □ Gk *Amphitrúōn*《原義》one who reigns far and wide ← AMPHI-＋*túrannos* 'lord, TYRANT': 2 は Amphitryon の留守中に妻の Alcmene が彼女の夫の姿に身を変えた Zeus に招かれもてなされたことから〙

am·phi·u·ma /æ̀mfijúːmə/ *n.* 〘動物〙アンヒューマ (*Amphiuma means*)《米国南東部産アンヒューマ科アンヒューマ属のサンショウウオに似た両生類; blind eel, congo eel, congo snake ともいう》. 〘← NL ～ ← AMPHI-＋? Gk *pneûma* breath〙

am·pho·gen·ic /æ̀mfədʒénɪk⁺/ *adj.* 〘生物〙ほぼ同数の雌雄の子を産む. 〘← NL *ampho-* (⇨ amphi-)＋-GENIC[1]〙

am·phog·e·nous /æmfá(ː)dʒənəs | -fɔ́dʒɪ̀-/ *adj.* 〘生物〙＝amphogenic.

ámpho·ìon *n.* 〘化学〙両性イオン.

am·pho·lyte /ǽmfəlàɪt/ *n.* (*also* **am·pho·lite** /～/) 〘化学〙両性電解質《一つの酸化物で塩基に対しては酸性, 酸に対しては塩基性を示すものをいう》. 〘← AMPHO(TERIC)＋(ELECTRO)LYTE〙

am·pho·lyt·ic /æ̀mfəlítɪk | -tɪk⁺/ *adj.* 〘化学〙＝amphoteric 2.

am·pho·ra /ǽmfərə/ *n.* (*pl.* **am·pho·rae** /-rìː, -ràɪ/, ～s) **1** (古代ギリシャ・ローマの)アンフォーラ《両取っ手付きのつぼ[かめ]; 油やぶどう酒容器として用いられた; cf. pelike, stamnos》. **2** (同上に似た)両取っ手付き容器. **ám·pho·ral** /-rəl/ *adj.* 〘(1322) □ L ～ □ Gk *amphoreús* ← AMPHI-＋*phoreús* bearer (← *proreîn* to carry)〙

am·phor·ic /æmfɔ́ːrɪk, -fá(ː)r- | -fɔ́r-/ *adj.* 〘病理〙〈呼吸(音)が〉空壺(くうこ)音性の. 〘(1839) ← NL *amphoricus*: AMPHORA の口を吹いた時の息の音に似ていることから: ⇨ amphora, -ic[1]〙

am·pho·ris·kos /æ̀mfərískəs/ *n.* (*pl.* **-ris·koi** /-kɔɪ/) 〘考古〙(高さ 12 cm 位の)小型アンフォーラ (cf. amphora 1). 〘□ Gk *amphorískos* (dim.) ← *amphoreús* 'AMPHORA'〙

am·pho·ter·ic /æ̀mfətérɪk⁺/ *adj.* **1** 両様に作用する. **2** 〘化学〙両性の, 両性的な《酸または塩基として作用する》. 〘(1849) ← Gk *amphóteros* ((compar.) ← *amphṓ* both): ⇨ -ic[1]〙

ámphoteric cómpound *n.* 〘化学〙両性化合物.

am·pho·ter·i·cin /æ̀mfətérəsɪ̀n | -rɪsɪn/ *n.* 〘薬学〙アンホテリシン《土中にすむ放線菌 (*Streptomyces nodosus*) から得られる抗生物質; 抗真菌薬; A と B の 2 種がある》; (特に) ＝amphotericin B. 〘(c1950): ⇨ amphoteric, -in[2]〙

amphotéricin B́ *n.* 〘薬学〙アンホテリシン B ($C_{46}H_{73}NO_{20}$)《真菌症の治療に用いる抗生物質の一つ》. 〘1955〙

ámphoteric óxide *n.* 〘化学〙両性酸化物.

amp.-hr. 《略》〘電気〙ampere-hour.

am·pi·cil·lin /æ̀mpəsílɪn | -pɪsílɪn/ *n.* 〘薬学〙アンピシリン《合成ペニシリン抗生物質; 呼吸による伝染病に用いられる》. 〘(1961)《短縮》← *am*(*ino benzil*) *p*(*en*)*icillin*〙

am·ple /ǽmpl̩/ *adj.* (**am·pler, am·plest; more ～, most ～**) **1** (余るほど)十分な (quite enough), 豊富な, たっぷりの (⇨ plentiful **SYN**): ～ space ゆったりした空間 / ～ evidence / ～ media coverage 十分な報道の規模 / an ～ supply 十分[豊富]な供給 / ～ means 十分な資産[資力] / do ～ justice to a meal (食べ残しなどせず)ごちそうをすっかり平らげる / in ～ time ゆっくりと / Three yards will be ～ *for* it. それには 3 ヤールもあれば結構(余るくらい)だ / There is ～ room for suspicion [reason to suspect him]. 疑いをさしはさむ余地[彼を疑う根拠]が十分ある. **2** **a** でっぷりした; 《婉曲》ふくよかな (stout): an ～ bosom ふくよかな胸 / He is of ～ proportions. (肥満して)かっぷくのよい人だ. **b** 広い, 広大な, 十分ゆとりのある: an ～ library 広々とした図書館. **～·ness** *n.* 〘(1437) □ (O)F ～ □ L *amplus* large, spacious < ? **amlos* comprehensive ← ? IE **am-* to hold (L *ampla* handle)〙

am·plec·tant /æmplέktənt/ *adj.* 〘植物〙(巻きひげのように)巻きつく, からみつく. 〘← L *amplectī* to surround ＋-ANT〙

am·plex·i·caul /æmplέksəkɔ̀ːl, -kὰːl | -sɪkɔ̀ːl/ *adj.* 〘植物〙〈葉・托葉が〉抱茎形の. 〘(1760) ← NL *amplexicaulis* ← L *amplexus* ((p.p.) ← *amplectī* (↑))＋*caulis* stem〙

am·plex·i·fo·li·ate /æmplὲksəfóuliɪ̀t, -lièɪt | -plὲksɪfə́u-⁺/ *adj.* 〘植物〙抱茎形の葉をもつ. 〘(1879): ⇨ ↑, foliate〙

am·plex·us /æmplέksəs/ *n.* (*pl.* ～) 〘動物〙抱接《カエルなどのように, 体外受精でも雌雄両個体が体を密着させ, 産んだ卵に直ちに精子をかける行為》. 〘(c1927) □ L ～ (p.p.) ← *amplectī* to surround〙

am·pli·ate /ǽmpliɪ̀t, -lièɪt/ *adj.* **1** 広げられた (widened); 大きくなった (enlarged). **2** 〘昆虫〙〈翅が〉外側の端が突出した. 〘(1880) □ L *ampliātus* (p.p.) ← *ampliāre* to make wider ← *amplior* (compar.) ← *amplus* 'AMPLE'〙

am·pli·a·tion /æ̀mpliéɪʃən/ *n.* **1** 〘法律〙(調査が不十分な場合に, 裁判官の行う)判決言渡しの延期. **2** 《古》＝amplification 1. 〘(1509) □ (O)F ～ □ L *ampliātiō(n-)* ← *ampliāre* (↑): ⇨ -ation〙

am·pli·a·tive /ǽmplièɪtɪv | -tɪv/ *adj.* 〘論理・哲学〙拡張(的)の: an ～ proposition [judgment] 拡張命題[判断]. 〘(1842) □ ML *ampliātivus* ← L *ampliātus* (p.p.) ← *ampliāre* (↑)〙

am·pli·dyne /ǽmplədàɪn | -plɪ̀-/ *n.* 〘電気〙アンプリダイン《直流発電機の原理を用いた回転型電力増幅機》. 〘(1940) ← AMPLI(FIER)＋DYNE〙

am·pli·fi·ca·tion /æ̀mpləfɪ̀kéɪʃən | -plɪ̀fɪ-/ *n.* **1** 拡大[拡張](部分) (enlargement, extension). **2** 拡大(率), 倍率. **3** 〘電気〙増幅. **4** **a** 〘修辞〙拡充(法), 敷衍(ふえん); 拡充[敷衍]するための素材. **b** 〘文法〙拡充[敷衍](体). 《なぞり》← Gk *aúxēsis*〙 〘(1546) □ L *amplificātiō(n-)*: ⇨ amplify, -fication〙

amplificátion cònstant *n.* 〘電気〙増幅定数. 〘1920〙

amplificátion fàctor *n.* 〘電気〙増幅率. 〘1919〙

am·pli·fi·ca·tive /æmplífɪ̀kèɪtɪv | -plɪ̀fɪkèɪt-/ *adj.* 拡大[拡張]的な; 敷衍(ふえん)的な. 〘⇨ -ative〙

am·plif·i·ca·to·ry /æmplífɪ̀kətɔ̀ːri | æmplɪ̀fɪkèɪtəri, ⁻⁻⁻⁻⁻⁻/ *adj.* ＝amplificative. 〘1849〙

ám·pli·fì·er *n.* **1** 〘電気〙増幅器, アンプ《電圧や電力の振幅増幅装置》. 日英比較 英語でも日本語のアンプと同様 amp《口語》と省略できるが《米》ではエレキギター (amplified guitar) の意味もある. **2** 拡大レンズ《拡大像を作るため(写真)レンズ系に付加する凸(アタッチメント)レンズ》. **3** 拡大する人[物]. 〘1542〙

am·pli·fy /ǽmpləfàɪ | -plɪ̀-/ *vt.* **1** 〘電気〙増幅する. **2** 拡大[拡張, 増大, 増強]する (expand). **3** 〈話などを〉敷衍(ふえん)する, 拡充する, 詳説する. **4** 《古》誇張する (exaggerate). **5** 〘生物〙〈遺伝子を〉増幅する. ― *vi.* 敷衍する, 詳説する 〔*on, upon*〕: There is no need to ～. この上くどくどと言う必要はない. **ám·pli·fi·a·ble** *adj.* 〘(?a1425) □ (O)F *amplifier* □ L *amplificāre* to broaden ← *amplus* 'AMPLE': ⇨ -fy〙

am·pli·tude /ǽmplətùːd, -tjùːd | -plɪ̀tjùːd/ *n.* **1** **a** 〘物理・電気〙振幅. **b** 〘数学〙偏角《与えられた複素数に対応する平面上の点を P としたとき, 原点 O と P とを結ぶ半直線 OP が *x* 軸の正の方向となす角; argument ともいう; cf. modulus 2 b; Argand diagram》. **c** 〘天文・海事〙振幅; 出没方位角《水平線上の東西点から南北へ測った天体方位を表す角度; 南北点を基点とする azimuth とは区別》. **d** 〘砲術〙射程, 弾着距離. **2** 広さ, 幅, 大きさ. **3** 十分, たっぷり: an ～ *of* money. **4** (知性などの)幅の広さ, ゆとり (breadth). **5** 品格, 威厳 (dignity). 〘(1549) □ F ～ ∥ L *amplitūdō*: ⇨ ample, -tude〙

ámplitude distórtion *n.* 〘電子工学〙振幅歪(ひずみ)《トランジスター等の非線形性により振幅が大きくなると顕著になる出力波形の歪》. 〘1931〙

ámplitude modulátion *n.* 〘電子工学〙**1** 振幅変調《搬送波の振幅を信号に応じて変えること; 略 AM, am; cf. frequency modulation》. **2** 振幅変調放送. 〘1921〙

ám·ply /-pli/ *adv.* **1** 十分に, たっぷり. **2** 広々と, 広く. **3** 詳細に. 〘1557〙

amp·ster /ǽmpstə | -stə^(r)/ *n.* 《豪俗》(見世物・ストリップショーなどの)呼び込み, 客引き《人》. 〘(1941)《略》← *Amsterdam* rhyming slang for 'ram'〙

am·pule /ǽmpjuːl, -puːl | -puːl/ *n.* (*also* **am·pul** /～/, **am·poule** /-puːl/) **1** 〘医学〙(注射液の)アンプル (cf. vial). **2** ＝ampulla. 〘(1205) *ampulle* □ (O)F *ampo(u)le* < L *ampulla* (↓)〙

am·pul·la /æmpúlə/ *n.* (*pl.* **am·pul·lae** /-liː/) **1** (古代ローマの)アンプラ《両取っ手付き細首球形のつぼ; 軟膏・香料・ぶどう酒の容器として用いた》. **2** 〘キリスト教〙祭瓶(さいびん) (cruet); 聖油[聖水]入れ. **3** 〘解剖〙膨大(部)《管状構造が部分的にふくれ上がった部分》; 精管膨大部. **4** 〘生物〙アンプル, 瓶状体. **am·pul·la·ceal** /æ̀mpəléɪʃəl, -ʃl̩⁺/ *adj.* **am·pul·la·ry** /æmpúləri/ *adj.* 〘(a1398) □ L ～ (dim.) ← Gk *amphoreús* 'AMPHORA'〙

am·pul·la·ceous /æ̀mpəléɪʃəs⁺/ *adj.* 瓶 (ampulla) 状の, つぼ状にふくれた (bottleshaped). 〘(1776): ⇨ ↑, -aceous〙

am·pul·lar /æmpúlə | -lə^(r)/ *adj.* ＝ampullaceous. 〘1856〙

am·pu·tate /ǽmpjutèɪt/ *vt.* **1** 〈手足・乳房などを〉(外科手術で)切断する: He had his left arm ～*d*. 左腕の切断手術を受けた. **2** 取り除く, 削除する. **3** 《廃》〈木の枝などを〉切り取る. 〘(1638) ← L *amputātus* (p.p.) ← *amputāre* to cut off ← AMBI-＋*putāre* to cut〙

am·pu·ta·tion /æ̀mpjutéɪʃən/ *n.* 〘外科〙切断(術). 〘(1611) □ L *amputātiō(n-)*: ⇨ ↑, -ation〙

ám·pu·tà·tor /-tə | -tə^(r)/ *n.* 切断者, 切断手術者. 〘1810〙

am·pu·tee /æ̀mpjutíː/ *n.* (手術で)手[足]などを失った人. 〘1910〙

AMR 《略》automatic message routing.

AMRAAM 《略》advanced medium range air-to-air missile.

Am·ra·va·ti /ɑːmrάːvəṭi | ɑːmrάːvəti, ʌm-/ *n.* アムラバティ《インド中部 Maharashtra 州北東部の都市; 綿業の中心地; 旧名 Amraoti》.

am·rit /ǽmrɪ̀t | -rɪt/ *n.* (*also* **am·ri·ta, am·ree·ta** /æmríːṭə, ʌm- | -tə/) 〘インド神話〙**1** 不老不死の飲料, 甘露, アムリタ《Sikh 教徒が洗礼などに用いる甘い飲料; cf. ambrosia 1》. **2** (この飲料によって与えられる)不老不死. **3** 涅槃(ねはん). 〘← Skt *amṛta* immortal(ity) ← A-[7]＋*mṛta* death: cf. Gk *ám(b)rotos* immortal〙

Am·rit·sar /ʌmrítsə | æmrítsə^(r), -tsɑː^(r); *Hindi* əmrɪtsər/ *n.* アムリッツァル《インド北西部, Punjab 州の都市; Sikh 教の総本山 Golden Temple がある; 1919 年英国軍のインド人虐殺が行われた》.

AMS 《略》Agricultural Marketing Service; 〘軍事〙Army Map Service 陸軍地図部; Army Medical Service (英国の)陸軍軍医部; Army Medical Staff 軍司令部幕僚軍医.

AMSA 《略》advanced manned strategic aircraft 高等有人戦略航空機.

AMSE 《略》Associate Member of the Society of Engineers.

Am·stel·veen /ɑ́ːmstəlvèɪn; *Du.* amstəlvéːn/ *n.* アムステルベーン《オランダ西部, Amsterdam の郊外にある都市》.

am·ster /ǽmstə | -stə^(r)/ *n.* 《豪俗》客引き (ampster).

Am·ster·dam /ǽmstədæ̀m | ǽmstədæ̀m, ⁻⁻⁻/ *n.* アムステルダム《オランダ中西部の港湾都市で, 同国の首都; cf. Hague》.

Am·strad /ǽmstræd/ *n.* 〘商標〙アムストラッド《英国 Amstrad 社製の廉価なパソコン; 主にワープロとして使用される》.

amt /ǽmt, ɑ́ːmt/ *n.* (デンマークの)行政区画, 州 (county). 〘□ Dan. ～ □ G ～ 'office' < OHG *ambaht*: cf. embassy〙

amt 《略》amount.

AMT 《略》airmail transfer; 《米》alternative minimum tax 選択的最低限税.

am·trac /ǽmtræk/ *n.* (*also* **am·track** /～/) 《米軍》(第二次大戦で初めて使用された)水陸両用車[トラクター] (amphibian) 《amtrak ともいう》. 〘(1944)《略》← *am*(*phibious*) *trac*(*tor*)〙

Am·trak /ǽmtræk/ *n.* 〘鉄道〙アムトラック《米国政府により 1970 年に設立された全米鉄道旅客輸送公社 (National Railroad Passenger Corporation) の経営する主要都市間の鉄道の愛称》. 〘(1971)《短縮》← *American* (*Travel and*) *Track*〙

AMU, amu /éɪèmjúː/ 《略》atomic mass unit.

a·muck /əmʌ́k/ *adv., adj., n.* ＝amok. 〘1672〙

A·mu Dar·ya /ɑ̀ːmuːdɑ́ːrjə; *Russ.* amudarjá/ *n.* [the ～] アムダリア(川)《アフガニスタンの Hindu Kush 山脈に源を発し, 北西方 Aral 海に注ぐ川 (2,540 km); 古名 Oxus》.

a·mu·guis /ɑːmúːgiːs; *Sp.* amúɣis/ *n.* (*also* **a·mugis** /～/) 〘植物〙ボルネオ・ニューギニアなどに産するウルシ科の高木 (*Koordersiodendron pinnatum*); その材《赤褐色で美しい》. 〘□ Tag *amugis*〙

am·u·let /ǽmjulɪ̀t, -lèt/ *n.* お守り, 魔よけ. 日英比較 *amulet* は通例宝石類で, 布袋に入った日本のお守りとはイメージが違う. 〘(1601) □ L *amulētum* ← ?〙

A·mūn /ɑ́ːmən/ *n.* 〘エジプト宗教〙＝Amen.

A·mund·sen /ɑ́ːmənsən, ǽm-, -sn̩ | ɑ́ːmun(d)sən, -mən-, -sn̩; *Norw.* ɑ́ːmunsən/, **Ro·ald** /róːɑl/ *n.* アムンゼン (1872–1928; ノルウェーの探検家; 北西航路 (Northwest Passage) を発見 (1903–06), 1911 年初めて南極点に到着した).

Ámundsen Séa *n.* [the ～] アムンゼン海《南アメリカ大陸の南西, Ross 海の東方, 南極大陸に接する太平洋の一部》.

A·mur /ɑːmúə | æmúə^(r), æm-, ǽmuə^(r); *Russ.* amúr/ *n.* [the ～] アムール(川), 黒竜江 (Heilong Jiang)《アジア東部の川; 中国東北部とロシアとの国境を流れ, Okhotsk 海に注ぐ (4,440 km)》.

Amúr córk *n.* 〘植物〙キハダ (*Phellodendron amurense*)《アジア東部, Amur 地方原産ミカン科の落葉高木》.

Amúr lílac *n.* 〘植物〙マンシュウハシドイ (*Syringa amurensis*)《アジア東部産モクセイ科ハシドイ属の落葉小高木》.

Amúr prívet *n.* 〘植物〙アムールイボタ (*Ligustrum amurense*)《アジア東部産モクセイ科イボタノキ属の常緑低木》.

a·muse /əmjúːz/ *vt.* **1** **a** 〈人を〉おかしがらせる, 笑わせる 〔*by, at*〕/ 〈*that*〉: That kind of joke does not ～ me. そんな冗談はおかしくない / He was very [highly] ～*d at* [*by*] the story. その話を聞いてひどく面白がった / I was ～*d at* his ignorance [(*to see*) *that* he was so ignorant]. ＝It ～*d* me (*to see*) *that* he was so ignorant. 彼が何も知らないでいることを滑稽に思った / You ～ me. ばからしい, 笑わせるね / I am not ～*d*. (そんなこと)おかしくも何ともない《Victoria 女王が下品な冗談を聞いて 'We are not ～*d*.' と言ったことから》. **b** (退屈しないように)楽しませる, 面白がらせる, 慰める (entertain); [～ *oneself* で] 楽しく過ごす, 遊ぶ〔*with, by*〕: ～ one's guests *with* songs, *by* singing, etc. / The girl was amusing

A

herself with a doll. その子は人形で遊んでいた. **2** 《古》〈時・暇を〉紛らす (beguile). **3** 《古》だます, 惑わす (delude). **4** 《廃》 **a** 〈注意・力などを〉奪う, 〈人を〉夢中にさせる (absorb). **b** 〈人・心を〉紛らませる, 混乱させる (bewilder). **a·mús·a·ble** /-zəbl/ *adj.* **a·mús·er** *n.* 〚(1480) □ (O)F *amuser* to divert ← A-[4] + *muser* 'to MUSE'〛

SYN 楽しく時を過ごさせる: **amuse** 面白い事柄で〈人に〉時のたつのを忘れさせる: The circus *ammused* us very much. そのサーカスは私たちをとても楽しませてくれました. **entertain** 〈人〉に楽しいものをあてがう: Many people are *entertained* by the radio or television. ラジオやテレビで楽しむ人は多い. **divert** 〈人の注意を〉日常的な仕事・悩みなどから陽気で軽い事柄に移す《格式ばった語》: Music *diverts* me after a hard day's work. 一日懸命に働いたあと音楽を聴くと気が晴れる. **beguile** 退屈しのぎに愉快なことをして時を過ごす《格式ばった語》: He *beguiled* his days with reading. 毎日読書をして時をまぎらした.
ANT bore.

a·mused /əmjúːzd/ *adj.* **1** 面白がって (cf. amuse 1 a). **2** 〈表情など〉おかしそうな, 面白そうな: an ~ look, smile, etc. **a·mús·ed·ly** /-zədli/ *adv.* 〚1600〛

amuse-gueule /əmjùːzgɜ́ːl; *F.* amyzgœl/ *n.* (*pl.* ~, ~s) (食前酒と共に出されるおつまみ. 〚□ F ~ amuse mouth〛

a·muse·ment /əmjúːzmənt/ *n.* **1** おかしさ, 面白さ; 笑い(を誘うこと); 楽しみ, 慰み, 遊び (enjoyment): in ~ 面白がって, おかしがって / for ~ 面白半分に, 慰みに / show ~ *at* [*over*] a comic strip 漫画を見て面白そうにする / The child mimicked his father smoking, much *to* our ~. その子は父親のたばこを吸う真似をして我々をひどく笑わせた. **2** 楽しみ事, 娯楽 (entertainment, recreation): indoor [outdoor] ~*s* 屋内[屋外]娯楽 / a place of ~ 娯楽場《劇場・映画館など》/ for (one's own) ~ 娯楽として, 楽しみ[慰み]に / His chief [main] ~ is golf. 彼の主な楽しみはゴルフだ. **3 a** (遊園地などの)娯楽設備. **b** [*pl.*] (社交的な)催し. 〚(1611) □ F ~: ⇨ amuse, -ment〛

amúsement arcàde *n.* 《英》ゲームセンター. 〚1906〛

amúsement cènter *n.* 歓楽地[街]. 〚1936〛

amúsement gròunds *n. pl.* = amusement park.

amúsement pàrk *n.* 遊園地 (《英》funfair). 〚1909〛

amúsement tàx *n.* 娯楽税.

a·mu·si·a /eɪmjúːziə/ *n.* 《精神医学》失音楽, 音痴《大脳損傷による音楽的能力の障害》. 〚← NL ~ ← Gk *amousía* lack of harmony ← A-[7] + *moûsa* 'MUSE, music': ⇨ -ia[1]〛

a·mus·ing /əmjúːzɪŋ/ *adj.* 面白おかしい, 面白い, 滑稽な (⇨ funny[1] **SYN**): an ~ story, talker, etc. / It is highly [very] ~ (to listen to them). (彼らの話を聞くのは)なかなか面白い. / I found the movie very ~. その映画はとても面白かった. **~·ly** *adv.* **~·ness** *n.* 〚1712〛

a·mu·sive /əmjúːzɪv, -sɪv/ *adj.* = amusing. 〚(1728): ⇨ amuse, -ive〛

AMVETS /ǽmvɛts/ 《略》American Veterans (of World War II) (第二次大戦)米国出征兵士会《創立 1945 年, 本部 Washington, D.C.; cf. AVC》.

Am·way /ǽmweɪ/ *n.* 《商標》アムウェイ《米国の日用家庭雑貨の製造・販売会社 Amway Corp. のブランド; 同社は店頭販売を行わず, 主婦などの訪問販売による》.

A·my /éɪmi/ *n.* エイミー《女性名》. 〚□ F *Aimée* (fem. p.p.) ← *aimer* to love〛

Am·y·cus /ǽməkəs | ǽmɪ-/ *n.* 《ギリシャ神話》アミュコス《海神 Poseidon の息子, 巨人で冷酷さと拳闘の強さで有名》. 〚□ L ~ □ Gk *Ámukos*〛

a·my·e·li·a /eɪmaɪíːliə/ *n.* 《病理》無脊髄症. 〚← NL ~ ← Gk *amúelos* marrowless: ⇨ a-[7], myelo-, -ia[1]〛

a·myg·da·la /əmígdələ/ *n.* (*pl.* **-da·lae** /-lìː, -làɪ/) **1** 《植物》アーモンド, ヘントウ(扁桃) (almond). **2** 《解剖》 **a** 扁桃(腺) (tonsil). **b** (大脳の)扁桃核. **c** 小脳扁桃. 〚□ L ~ □ Gk *amugdálē* 'ALMOND': cf. OE *amygdal* almond〛

A·myg·da·la·ce·ae /əmìgdəléɪsiìː/ *n. pl.* 《植物》サクラ科. **a·mỳg·da·lá·ceous** /-ʃəs˝/ *adj.* 〚← NL ~: ⇨ ↑, -aceae〛

a·myg·da·late /əmígdələ̀t, -lèɪt/ *adj.* 扁桃(へんとう)(状)の; 扁桃で作った. 〚1657〛

a·myg·dale /əmígdeɪl/ *n.* 《地質》(火山岩中の小孔を満たす)杏仁(きょうにん)状鉱物塊. 〚← AMYGDALA: その形から〛

am·yg·dal·ic /æ̀mɪgdǽlɪk˝/ *adj.* **1** アーモンドの, 扁桃(へんとう)の. **2** 《化学》アミグダリン(酸)の[から得た]. 〚1857〛

ámygdalic ácid *n.* 《化学》アミグダリン酸 (⇨ mandelic acid). 〚1857〛

a·myg·da·lin /əmígdəlɪ̀n | -lɪn/ *n.* 《化学》アミグダリン ($C_6H_5CH(CN)OC_{12}H_{21}O_{10}$)《アンズなどの種子に含まれる配糖体; 去痰(きょたん)剤として用いる》. 〚(1651): ⇨ amygdala, -in[1]〛

a·myg·da·line /əmígdəlɪ̀n, -làɪn | -lɪn, -làɪn/ *adj.* **1** 扁桃(へんとう)(状)の. **2** 扁桃(腺) (tonsil) の. 〚(1731) □ L *amygdalinus*: ⇨ amygdala, -ine[1]〛

a·myg·da·loid /əmígdəlɔ̀ɪd/ 《地質》 *n.* 杏仁(きょうにん)岩《杏仁状鉱物塊 (amygdale) を含む火山岩》. **—** *adj.* = amygdaloidal 2. 〚(1791): ⇨ amygdala, -oid〛

a·myg·da·loi·dal /əmìgdəlɔ́ɪdl | -dl˝/ *adj.* **1** 扁桃(へんとう)状の (almond-shaped). **2** 《地質》杏仁岩状の. 〚1813〛

amygdalóidal núcleus *n.* 《解剖》(大脳側頭葉の)扁桃核.

amýgdaloid bòdy *n.* 《解剖》扁桃(へんとう)体《側頭葉に含まれる灰白質の小塊で, 脳幹神経節 (basal ganglia) の一部を形成する》.

a·myg·dule /əmígduːl, -djuːl | -djuːl/ *n.* 《地質》(溶岩中の)杏仁(きょうにん)孔. 〚(1877) ← AMYGDALA + -ULE〛

am·yl /ǽmɪl, ǽməl/ *n.* 《化学》アミル (C_5H_{11})《数種の異性構造がある; pentyl ともいう》. 〚(1850) ← AM(YLUM) + -YL〛

am·yl- /ǽməl | ǽmɪl/ (母音の前にくるときの) amylo- の異形.

am·y·la·ceous /æ̀məléɪʃəs | -mɪ-˝/ *adj.* 澱粉性[状]の (starchy). 〚(1830): ⇨ amylo-, -aceous〛

ámyl ácetate *n.* 《化学》 **1** 酢酸アミル ($CH_3COOC_5H_{11}$)《芳香のある無色の液体; フルーツエッセンスなどに用いられる; pentyl acetate ともいう》. **2** = isoamyl acetate. 〚*c*1881〛

ámyl álcohol *n.* 《化学》アミルアルコール ($C_5H_{11}OH$)《8 種の異性体がある; 溶剤およびエステルの生成に用いられる; pentanol ともいう》. 〚1863〛

am·y·lase /ǽməlèɪs, -lèɪz | ǽmɪlèɪz, -lèɪs/ *n.* 《生化学》アミラーゼ: **a** 消化酵素の総称, α-1, 4-グリコシド結合を加水分解する酵素で, 作用様式での α-アミラーゼと β-アミラーゼとがある; diastase ともいう. **b** 澱粉糖化酵素. 〚(1893) ← AMYLO- + -ASE〛

am·y·lene /ǽməlìːn | ǽmɪ-/ *n.* 《化学》アミレン (C_5H_{10}): **a** ペンタンから誘導される 2 価の基名. **b** 二重結合 1 個の鎖式炭化水素, 5 種の異性体がある《pentene ともいう》. 〚(1858) ← AMYLO- + -ENE〛

ámyl gròup *n.* 《化学》アミル基, ペンチル基 (C_5H_{11}).

a·myl·ic /əmílɪk/ *adj.* 《化学》アミルの. 〚1858〛

ámyl nítrate *n.* 《化学》硝酸アミル ($C_5H_{11}ONO_2$)《爆発性があり, ニトロ化剤・ディーゼル燃料添加剤》.

ámyl nítrite *n.* 《化学》亜硝酸アミル ($C_5H_{11}ONO$)《血管拡張剤, 狭心症・高血圧緩和剤として用いられる; isoamyl nitrite ともいう》. 〚*c*1881〛

am·y·lo- /ǽməloʊ | ǽmɪləʊ/「アミル (amyl); 澱粉 (amylum)」の意の連結形. ★ 母音の前では通例 amyl- になる. 〚□ LL ~: ⇨ amylum〛

a·myl·o·gen /əmíləʤən/ *n.* 《化学》アミロゲン《可溶性澱粉》. 〚(1879): ⇨ -gen〛

am·y·loid /ǽməlɔ̀ɪd | ǽmɪ-/ 《化学》 *n.* アミロイド, 類澱粉体. **—** *adj.* アミロイドの, 類澱粉体の. 〚(1857) ← AMYLO- + -OID〛

am·y·loi·dal /æ̀məlɔ́ɪdl | -mɪlɔ́ɪdl˝/ *adj.* 《化学》= amyloid. 〚(1872): ⇨ -al[1]〛

am·y·loi·do·sis /æ̀məlɔɪdóʊsɪ̀s | æ̀mɪlɔɪdə́ʊsɪs/ *n.* (*pl.* **-do·ses** /-siːz/) 《病理》 **1** アミロイド変性《臓器・組織にアミロイドが沈着する状態》. **2** アミロイド症, アミロイドーシス, 澱粉粉症. 〚(*c*1900) ← NL ~: ⇨ amylo-, -oid, -osis〛

am·y·lol·y·sis /æ̀məlɑ́(ː)ləsɪs | æ̀mɪlɔ́lɪsɪs/ *n.* (*pl.* **-y·ses** /-sìːz/) 《生化学》(特に酵素による)澱粉分解. **am·y·lo·lyt·ic** /æ̀məloʊlítɪk | æ̀mɪlə(ʊ)lít-˝/ *adj.* 〚(1890) ← NL ~: ⇨ amylo-, -lysis〛

àmylo·péctin *n.* 《化学》アミロペクチン《澱粉中にアミロースと共に存在する多糖類; 熱水液体は糊状》. 〚1905〛

am·y·lo·plast /ǽməloʊplæ̀st | ǽmɪlə(ʊ)-/ *n.* 《植物》アミロプラスト《貯蔵澱粉の形成に関係する白色体》. 〚(1886) ← AMYLO- + -PLAST〛

am·y·lop·sin /æ̀məlɑ́(ː)psɪn | æ̀mɪlɔ́psɪn/ *n.* 《生化学》アミロプシン《膵(すい)液中にある澱粉糖化酵素》. 〚(*c*1881) ← AMYLO- + (PE)PSIN〛

am·y·lose /ǽməlòʊs, -lòʊz | ǽmɪlə̀ʊs/ *n.* 《化学》アミロース《澱粉の成分の多糖類の一種; cf. amylopectin》. 〚1877〛

ámyl própionate *n.* 《化学》プロピオン酸アミル ($CH_3CH_2COOC_5H_{11}$)《エステルの一種; 香料》.

ámyl rádical *n.* 《化学》= amyl group.

ámyl salícylate *n.* 《化学》サリチル酸アミル ($C_6H_4(OH)COOC_5H_{11}$)《芳香性の液体, 香料・石鹸の原料; isoamyl salicylate ともいう》.

ámyl súlfide *n.* 《化学》硫化アミル (⇨ diamyl sulfide).

am·y·lum /ǽmələm | ǽmɪ-/ *n.* 《化学》澱粉 (starch). 〚(*c*1555–60) □ L ~ □ Gk *ámulon* starch (neut.) ← *ámulos* not ground at the mill ← A-[7] + *múlē* 'MILL'〛

A·myot /ǽmioʊ | -əʊ; *F.* amjo/, **Jacques** *n.* アミヨ (1513–93; フランスの古典学者; Plutarch の「対比列伝」(*Parallel Lives*) の翻訳 *Les Vies des hommes illustres* (1559) などギリシャ古典の仏訳者として有名; cf. Sir Thomas NORTH).

a·my·o·to·ni·a /eɪmaɪətóʊniə | -tə́ʊ-/ *n.* 《病理》筋無緊張(症), 筋アトニー (myotonia). 〚(*c*1919) ← NL ~: ⇨ a-[7], myo-, -tonia〛

a·my·o·troph·ic láteral sclerósis /eɪmaɪətrὰ(ː)fɪk-, -maɪoʊ-, -tròʊf- | -trɔ̀f-/ *n.* 《病理》筋萎縮性側索硬化(症) (略 ALS). 〚1886〛

amy·ot·ro·phy /æ̀miɑ́(ː)trəfi | -ɔ́trə-/ *n.* 《医学》筋萎縮(症). 〚(1879) ← Gk *apriv.* + *myós* muscle + *trophía* nourishment〛

Am·y·tal /ǽmətɔ̀ːl, -tɑ̀ːl | ǽmɪtæ̀l/ *n.* 《商標》アミトール (amobarbital の商品名). 〚1926〛

ámytal sódium *n.* 《薬学》アミタルナトリウム, アモバルビタールナトリウム ($C_{11}H_{17}N_2O_3Na$)《鎮痛剤・睡眠剤》.

an[1] /(弱)ən, n; (強)æn, ǽn/ *indefinite article* = a (cf. a[2]).

語法 (1) 母音で始まる語の前に用いられる: *an* apple / *an* egg / *an* island / *an* old man / *an* unpleasant story. (2) 語頭の子音字 h が発音されない場合にも用いる: *an* hour / *an* honest man. (3) 語頭の h が発音される場合, その音節にアクセントがないときには, 一般に a が多く用いられるが, 特に《英》では an も用いられる: *a* [*an*] hotel / *a* [*an*] historical novel. (4) /juː, ju/ と発音する u-, eu-, ew- で始まる語の前では a を用いる: *a* unit / *a* European / *a* ewe. (5) one /wʌ́n/ の前では a を用いる: such *a* one. (6) 文字・数字および略字の前の a と an の用法は各字の名称の始まる音による: *an* a /éɪ/ (cf. *a* t /tíː/) / *an* 8 /éɪt/ (cf. *a* 6 /síks/) / *an* MP /ɛ̀mpíː/ / *an* SOS /ɛ̀sòʊɛ́s | -əʊ-/ (cf. *a* DD /dìːdíː/).

〚OE *ān* 'an, ONE'〛

an[2] /ən; ǽn/ *conj.* (*also* **an'** /~/) **1** 《古・方言・口語》= and. **2** 《古・方言》= (and) if. 〚2: cf. and 9〛

An /ɑːn/ *n.* 《シュメール神話》アン《空の神; バビロニアの Anu に相当》.

An 《記号》actinon.

AN 《略》《化学》acid number; Anglo-Norman; antenatal; Associate in Nursing 準看護学士.

an. 《略》*L.* anno; annum; anonymous; *L.* ante (= before).

a.n. 《略》above-named.

an-[1] /æn, ən/ *pref.* (n の前にくるときの) ad- の異形: *an*nex.

an-[2] /æn, ən/ *pref.* (母音および h の前にくるときの) a-[7] の異形: *an*archy, *an*harmonic.

an-[3] /æn/ *pref.* (母音の前にくるときの) ana- の異形: *an*ode.

-an[1] /ən, n̩/ *suf.*「…の, …の性質の, …に属する, …生まれの; …を信奉する; 《動物》…綱・目・類に属する; 《地質》…紀に属する」などの意を表す形容詞を造る (cf. -ian, -ean, -eian): Anglic*an*, Luther*an*, Republic*an*, Mammal*ian*, Cambri*an*, etc. ★ -an に終わる形容詞は異形 -ian, -ean と同様に, しばしば名詞として用いられる: histor*ian*, theolog*ian*, Americ*an*, Christi*an*, Europe*an*. 〚□ L *-ānus* (adj. suf.) ∽ ME *-ain(e)*, *-en* □ OF〛

-an[2] /æn, ən/ *suf.* 《化学》次の意味を表す名詞を造る: **1** (複素環式)不飽和炭素化合物: fur*an*. **2** (-ose などに終わる)炭水化物の重合体を表す無水化合物: dextr*an*. **3** -e に終わる炭水化物の分子内無水物: β-glucos*an*. 〚(変形) ← -ENE, -INE[2], -ONE〛

a·na[1] /ǽnə, ɑ́ːnə, éɪnə | ɑ́ːnə/ *n.* (*pl.* ~, ~**s**) (ある人・事についての)語録, 雑話集, 逸話集; 逸話集の中の一編; [*pl.*] 小話, 雑話, 逸話 (anecdotes). 〚(1727–51) 《転用》← -ANA〛

an·a[2] /ǽnə/ *adv.* 《薬学》等量に (in equal quantities)《処方に ā̄ā, A̅A̅ などと略記する》. 〚(*a*1500) □ ML ~ □ Gk *aná* (⇨ ana-)〛

ANA 《略》American Newspaper Association; American Nurses Association 米国看護協会; Association of National Advertisers 全米広告主協会; Article Number Association 《英》商品番号協会《生産者・卸売業者・小売業者の組織; 商品をバーコードで見分ける方式を用いる》.

an·a- /ǽnə/ *pref.* 本来ギリシャ語系の語に付き, 次の意味を表す (cf. an-[3]): **1**「上方に, さかのぼって」: *ana*dromous. **2**「逆に」: *ana*gram. **3**「再び, 新たに」: *Ana*baptist. **4**「全体に」: *ana*lysis. **5**「…に従って」: *ana*logy. 〚□ L ~ // Gk ~ ← *aná* (prep.)〛

-an·a /ǽnə, ɑ́ːnə | ɑ́ːnə/ *suf.* 人名・地名や普通名詞のあとに付いて「…に関する雑多の知識, …語録, …逸話集, …風物誌, …文献」などの意を表す複数名詞を造る (cf. -iana): Americ*ana*, Shakespeare*ana*, cricket*ana*. 〚← NL ~ ← L *-āna* (pl.) ← *-ānus* belonging to: cf. -an[1]〛

an·a·bae·na /æ̀nəbíːnə/ *n.* 《植物》アナベナ《*Anabaena* 属の藍藻(らんそう)の総称; *A. cycadeae* など》. 〚← NL ~ ← Gk *anabaínein* to go up ← ANA- + *baínein* to go〛

an·a·ban·tid /æ̀nəbǽntɪ̀d | -tɪd˝/ *n.* キノボリウオ科の各種の魚《闘魚を含む; cf. labyrinth fish》. **—** *adj.* キノボリウオ科の.

An·a·bap·tism /æ̀nəbǽptɪzm/ *n.* 《キリスト教》 **1** アナバプティズム, 再洗礼主義《1523 年 Zurich で Zwingli 派から起こった新教の一派の教義; 成年後の再洗礼の必要と全身浸礼・政教分離などを主張する》. **2** 再洗礼, 再浸礼. 〚(1577) ← NL *anabaptismus* ← LGk *anabaptismós* ← ANA- + *baptismós* 'BAPTISM'〛

Àn·a·báp·tist /-tɪ̀st | -tɪst˝/ *n.* **1** 《キリスト教》アナバプティスト, 再洗礼主義者. **2** 《軽蔑》= Baptist 3. **—** *adj.* 再洗礼主義の; 再洗礼論の[に関する]. 〚(1532) ← NL *anabaptista*: ⇨ ↑, -ist〛

An·a·bap·tis·tic /æ̀nəbæptístɪk˝/ *adj.* 《キリスト教》再洗礼主義的な. 〚1651〛

an·a·bas /ǽnəbəs, -bæ̀s/ *n.* 《魚類》キノボリウオ《インド・南洋産キノボリウオ科キノボリウオ属 (*Anabas*) の淡水魚の総称; キノボリウオ (climbing perch) など》. 〚(1845) ← NL ~ ← Gk *anabás* (aorist p.) ← *anabaínein* to go up: ⇨ anabaena〛

a·nab·a·sine /ənǽbəsìːn, -sɪ̀n | -sìːn, -sɪn/ *n.* 《化学》アナバシン, 2-(3-ピリジル)-ピペリジン ($(C_5H_4N)C_5H_{10}N$)《たばこアルカロイドの一種; 殺虫液に用いる》. 〚← NL *Anabasis*: ⇨ ↓, -ine[3]〛

a·nab·a·sis /ənǽbəsɪ̀s | -sɪs/ *n.* (*pl.* **-a·ses** /-sìːz/) **1** 進軍, 遠征. **2** [the A-] (古代ギリシャ軍の)小サイラス王 (Cyrus the Younger) がペルシャ王である兄 Artaxerxes 二世に対して行ったペルシャ遠征. **3 a** [the A-]「アナバシ

ス」《クセノホン (Xenophon) 遠征記の名著, 通常「一万人の退却」といわれる》. **b** 散々な退却, 敗退. 〖《1706》□ Gk *anábasis* ← *anabaínein* (cf. anabaena): cf. katabasis〗

an·a·bat·ic /ænəbǽṭɪk | -tɪk←/ *adj.* 〘気象〙〈風・気流が〉上昇する; 上昇気流によって生じる (↔ katabatic). 〖《1853》□ LGk *anabatikós* ← Gk 'skilled in mounting' ← *anabaínein* (↑)〗

an·a·bi·o·sis /ænəbaɪóʊsɪ̈s | -ə́ʊsɪs/ *n.* (*pl.* **-o·ses** /-siːz/) 〘生物〙蘇生(そせい) 《生物が外見上生活活動を停止した状態から再び活動を始めること》. **an·a·bi·ot·ic** /ænəbaɪɑ́(ː)ṭɪk | -ɔ́t-←/ *adj.* 〖← NL ~ ← Gk *anabíōsis* ← *anabióein* to revive ← ANA- + *bióein* to live〗

an·a·bleps /ǽnəblɛ̀ps/ *n.* (*pl.* ~) 〘魚類〙ヨツメウオ《中南米産ヨツメウオ科ヨツメウオ属 (*Anableps*) の魚類の総称; ヨツメウオ (four-eyed fish) など》.

an·a·bol·ic /ænəbɑ́(ː)lɪk | -bɔ́l-←/ 〘生化学〙 *adj.* 同化作用の. — *n.* = anabolic steroid. 〖《1876》← Gk *anabolḗ* ('a throwing up') ascent + -IC[1]〗

ánabolic stéroid *n.* 〘生化学〙蛋白同化[アナボリック]ステロイド《筋肉増強剤》. 〖1961〗

a·nab·o·lism /ənǽbəlɪ̀zm̩/ *n.* 〘生物・生理〙同化(作用), 物質合成代謝 (cf. catabolism). 〖《1886》← Gk *anabolḗ* that which is thrown up (← ANA- + *bállein* to throw) + -ISM〗

a·nab·o·lite /ənǽbəlaɪt/ *n.* 〘生物・生理〙同化産物, アナボライト. **a·nab·o·lit·ic** /ænəbəlíṭɪk | -tɪk←/ *adj.*

a·nab·o·ly /ənǽbəli/ *n.* 〘生物〙後期新生《個体発生の最終段階に新形質が加わること》. 〖← Gk *anabolḗ* (↑) + -Y[1]〗

an·a·branch /ǽnəbræ̀ntʃ | -brɑ̀ːntʃ/ *n.* 〘地理〙一度本流を離れてまた合流する支流; 本流から離れたのち砂質土壌に吸い込まれてしまう分流. 〖《1834》《略》← *ana*(*stomosing*) *branch*〗

an·a·can·thous /ænəkǽnθəs←/ *adj.* 〘植物〙とげ(状突起)のない. 〖← Gk *anákanthos* (← *an-* 'A-[7]' + *ákantha* thorn) + -OUS〗

An·a·car·di·a·ce·ae /ænəkɑ̀əḍiéɪsiìː | -kɑ̀ːd-/ *n. pl.* 〘植物〙(双子葉植物ムクロジ目)ウルシ科. **àn·a·càr·di·á·ceous** /-ʃəs←/ *adj.* 〖← NL ~ ← *Anacardium* (属名: ← ANA- + Gk *kardía* heart + -IUM) + -ACEAE〗

a·nach·o·rism /ənǽkərɪ̀zm̩/ *n.* (場所的に)異質なもの, 場違いなもの. 〖《1862》← ANA- + Gk *khōríon* country, place + -ISM: ANACHRONISM との連想〗

an·a·chron·ic /ænəkrɑ́(ː)nɪk | -krɔ́n-←/ *adj.* = anachronistic. **àn·a·chrón·i·cal** /-nɪ̈kəɫ, -kɫ | -nɪk-←/ *adj.* **àn·a·chrón·i·cal·ly** *adv.* 〖1807〗

a·nach·ro·nism /ənǽkrənɪ̀zm̩/ *n.* **1** 時代錯誤, アナクロニズム. **2 a** 時代錯誤的な物, 時代遅れの人[物]. **b** 古くて場違いな物, 前世紀の遺物. **3** (歴史上の年代などについての)記時錯誤, 年代の誤り (cf. parachronism, prochronism). [日英比較] 英語では日本語の「アナクロ」に当たる省略はしない. また *anachronism* には日本語の「時代錯誤」のように, 考え方が「時代遅れである」という意味はなく, 人・物が互いに時代が食い違っていて同時には現れ得ないものが現れること, とくに映画・演劇などにおける時代考証的な誤り, また現代における過去の遺物についていう. 〖《*a*1646》□ F *anachronisme* □ ML *anachronismus* □ Gk *anakhronismós* ← *anakhronízesthai* to refer to a wrong time ← ANA- + *khrónos* time: ⇨ -ism〗

a·nach·ro·nis·tic /ənæ̀krənístɪk←/ *adj.* 時代錯誤的な; 時代遅れの. **a·nàch·ro·nís·ti·cal** /-tɪ̈kəɫ, -kɫ | -tɪk-←/ *adj.* **a·nàch·ro·nís·ti·cal·ly** *adv.* 〖1775〗

a·nach·ro·nous /ənǽkrənəs/ *adj.* = anachronistic. **~·ly** *adv.* 〖1854〗

an·a·cid·i·ty /ænəsíḍəṭi | -dɪ̈ti/ *n.* 〘病理〙無酸(症), 胃酸欠乏(症). 〖← A-[7] + ACIDITY〗

a·nac·la·sis /ənǽkləsɪ̈s | -sɪs/ *n.* (*pl.* **-la·ses** /-sìːz/) **1** 〘詩学〙換格《長々短々格を長短長短格に変換すること》. **2** 《まれ》〘光学〙屈折. **3** 《古》〘外科〙(強直関節の)強制的屈曲. **an·a·clas·tic** /ænəklǽstɪk←/ *adj.* 〖《1938》← NL ~ ← Gk *anáklasis* ← *anakláein* to refract ← ANA- + *kláein* to break〗

an·a·clas·tics /ænəklǽstɪks/ *n.* = dioptrics. 〖1696〗

an·a·cli·nal /ænəkláɪnɫ←/ *adj.* 〘地質〙地層傾斜と反対方向に向かう (cf. cataclinal). 〖1875〗

an·a·cli·sis /ænəkláɪsɪ̈s | -sɪs/ *n.* 〘精神分析〙依存的自己愛 (anaclitic love) 《一次的な幼児の自己愛 (narcissism) と成人の対象愛との中間にある二次的自己愛で, 他人を自分の一部あるいは必要なものと認める愛》. 〖□ Gk *anáklisis* leaning back ← *anaklínein* to lean upon ← ANA- + *klínein* to lean〗

an·a·clit·ic /ænəklíṭɪk | -tɪk←/ *adj., n.* 〘精神分析〙依存的自己愛の(人). 〖1922〗

an·a·coe·no·sis /ænəsɪnóʊsɪ̈s | -nə́ʊsɪs/ *n.* (*pl.* **-no·ses** /-siːz/) 〘修辞〙哀訴法, 質問法《論議中の問題について話者が相手に訴え, 意見や判断を求める技法》. 〖《1589》□ ML ~ □ Gk *anakoínōsis* ← *anakoinóein to* communicate ← ANA- + *koinós* common〗

anacolutha *n.* anacoluthon の複数形.

an·a·co·lu·thi·a /ænəkəlúːθiə | ænəkə(ʊ)lúːθiə, ænæk-, -ljúː-, -θjə/ *n.* 〘文法〙破格構文《例: Who hath ears to hear, let him hear. —*Matt.* 13:9 (let 以下が前の部分の構造に続かず, 違った構造を成している)》. 〖《1856》← NL ~ ← Gk *anakolouthía* anacoluthon (↓)〗

an·a·co·lu·thon /ænəkəlúːθɑ(ː)n | -ə(ʊ)lúːθɔn, -ljúː-, -θən/ *n.* (*pl.* **-lu·tha** /-θə/, **~s**) 〘文法〙破格構文 (anacoluthia) (の文). **an·a·co·lu·thic** /ænəkəlúːθɪk | ænəkə(ʊ)lúː-, -ljúː-←/ *adj.* **àn·a·co·lú·thi·cal·ly** *adv.* 〖《1706》← NL ~ ← Gk *anakólouthon* (neut.) ← *anakólouthos* ← *an-* 'A-[7]' + *akólouthos* following (cf. acolyte)〗

an·a·con·da /ænəkɑ́(ː)ndə | -kɔ́n-/ *n.* **1** 〘動物〙アナコンダ (*Eunectes murinus*) 《南米産大ヘビ; 半水生で, 獲物に胴体を巻きつけて絞め殺す》. **2** 巨大なヘビ《ボア (boa constrictor) など》. **3** 〘トランプ〙スタッドポーカー (stud poker) の一種《7 枚配られた手札のうち 2 枚を捨て, 残り 5 枚を 1 枚ずつ開きながら賭けていく方式》. 〖《1768》□ ? Singhalese *henakandayā* green whip snake〗

An·a·con·da /ænəkɑ́(ː)ndə | -kɔ́n-/ *n.* アナコンダ《米国 Montana 州南西部の都市; 世界最大の銅精錬所がある》. 〖南北戦争で Grant 将軍が Lee の率いる南軍を包囲したことにちなむ: ↑〗

an·a·cous·tic /ænəkúːstɪk←/ *adj.* 音の通らない, 音のない: ~ zone 無音響帯《高度約 160 km 以上の音波の伝播しない領域》.

A·nac·re·on /ənǽkriən, -ɑ̀(ː)n | -ən, -ɔ̀n/ *n.* アナクレオン《570?–?485 B.C.; 恋と酒を歌ったギリシャの叙情詩人》.

A·nac·re·on·tic /ənæ̀kriɑ́(ː)nṭɪk | -ɔ́nt-←/ *adj.* **1** アナクレオン (Anacreon) の; アナクレオン詩風の. **2** 酒と恋の; 陽気な, 恋愛的な. — *n.* [しばしば a-] 〘古典詩学〙アナクレオン風の詩. **A·nàc·re·ón·ti·cal·ly** *adv.* 〖《*a*1656》□ L *Anacreonticus* ← Gk *Anacréōn* (↑)〗

an·a·crog·y·nous /ænəkrɑ́(ː)dʒənəs | -krɔ́dʒɪ̈-/ *adj.* 〘植物〙 **1** 枝の中途に蔵卵器をもった. **2** 配偶体が不定生長をする. 〖← *an-* 'A-[7]' + ACROGYNOUS〗

an·a·cru·sis /ænəkrúːsɪ̈s | -sɪs/ *n.* (*pl.* **-cru·ses** /-siːz/) **1** 〘詩学〙行首余剰音《行頭において所定の韻律の始まる前におかれた規定外の音節(通例弱音節); 例: Whén the | stárs threw | dówn their | spéars ‖ *And* wátered | héaven | wíth their | téars—Blake》. **2** 〘音楽〙上拍 (upbeat) 《特に, 小節中の最強勢部を導入する 1 個または 2 個以上の音》. **an·a·crus·tic** /ænəkrúːstɪk←/ *adj.* 〖《1833》← NL ~ ← Gk *anákrousis* a pushing back ← *anakroúein* ← ANA- + *kroúein* to push: ⇨ -sis〗

an·a·cul·ture /ǽnəkʌ̀ltʃɚ | -tʃə(r)/ *n.* 〘細菌〙弱毒[変性]細菌培養, アナカルチュア《細菌の発育できる培地全部をホルマリンで処置したもの; 予防接種用ワクチンに使用する》. 〖← ANA- + CULTURE〗

an·a·dem /ǽnədɛ̀m/ *n.* 《古・詩》(女性の頭飾りの)花かずら, 花輪 (garland). 〖《1604》□ L *anadēma* □ Gk *anádēma* headband ← ANA- + *deîn* to bind: cf. diadem〗

an·a·de·ni·a /ænədíːniə/ *n.* 〘病理〙無腺(症), 腺欠損(症). 〖← NL ~: ⇨ a-[7], adeno-, -ia[1]〗

an·a·di·plo·sis /ænəḍɪ̈plóʊsɪ̈s | -dɪplə́ʊsɪs/ *n.* (*pl.* **-plo·ses** /-siːz/) 〘修辞〙前辞反復《前文の最後の語または最も重要な語を繰り返すこと; 例: We are the children of God: And if children, then heirs. (cf. *Rom.* 8:16–17)》. 〖《1589》□ LL *anadiplōsis* □ Gk *anadíplōsis* repetition ← *anadiploûn* (← ANA- + *diploûn* to double) + -SIS: ⇨ diplo-〗

a·nad·ro·mous /ənǽdrəməs/ *adj.* 〘魚類〙〈魚が〉(産卵のため)川をさかのぼる, 遡河(そか)性の, 昇流性の (cf. catadromous, diadromous): an ~ fish 遡河魚《サケ・ニシン (shad) など》. 〖《1753》□ Gk *anádromos* running upward ← ANA- + *drómos* a running: cf. catadromous〗

A·na·dyr /ɑ̀ːnɑːdíɚ, æn- | -díə(r); *Russ.* anádirʲ/ *n.* **1** アナディル《ロシア連邦北東部の都市》. **2** [the ~] アナディル(川)《ロシア連邦最北東部を流れて Anadyr 湾に注ぐ (1,117 km)》.

Ana·dyr, the Gulf of *n.* アナディル湾《ロシア連邦最北東部, Bering 海北西部にある入江》.

a·nae·mi·a /əníːmiə | -miə, -mjə/ *n.* 《英》= anemia.

a·nae·mic /əníːmɪk/ *adj.* 《英》= anemic. **a·náe·mi·cal·ly** *adv.*

an·aer·obe /ǽnəròʊb, ænɛ́ᵊroʊb | ǽnərə̀ʊb, ænɛ́ərəʊb/ *n.* 〘生物〙嫌気[無気]性生物《主に菌類や細菌類; cf. aerobe》. 〖《1884》□ F *anaérobe*: ⇨ a-[7], aerobe〗

anaerobia *n.* anaerobium の複数形.

an·aer·o·bic /ænəróʊbɪk, ænɛᵊr- | ænər-, ænɛə-rə́ʊ-←/ *adj.* 〘生物〙 **1 a** 空気なしで生活できる, 嫌気性の, 無気の (↔ aerobic): ~ bacteria 嫌気細菌. **b** 嫌気性生物の[による]. **2** 嫌気的生存の[による] (cf. anaerobiosis). **àn·aer·ó·bi·cal·ly** *adv.* 〖《*c*1881》: ⇨ -ic[1]〗

anaeróbic adhésive *n.* 嫌気性接着剤《空気に触れないようにすると硬化する接着剤》.

an·aer·o·bi·o·sis /ænəroʊbaɪóʊsɪ̈s, ænɛᵊr- | ænərə(ʊ)baɪə́ʊsɪs, ænɛər-/ *n.* (*pl.* **-o·ses** /-siːz/) 〘生物〙嫌気生活. **an·aer·o·bi·ot·ic** /ænəroʊbaɪɑ́(ː)ṭɪk, ænɛᵊr- | ænərə(ʊ)baɪɔ́t-, ænɛər-←/ *adj.* 〖《*c*1889》← NL ~: ⇨ a-[7], anaerobe, -sis〗

an·aer·o·bi·um /ænəróʊbiəm, ænɛᵊr- | ænərə́ʊ-, ænɛər-/ *n.* (*pl.* **-bi·a** /-biə | -bjə, -biə/) 〘生物〙= anaerobe. 〖← NL ~: ⇨ anaerobe, -ium〗

anaes. 《略》anaesthesia; anaesthetic.

an·aes·the·sia /ænɪ̈sθíːʒə | ænɪ̈sθíːziə, -ʒiə/ *n.* 《英》= anesthesia.

àn·aes·thè·si·ól·o·gist /-dʒɪ̈st | -dʒɪst/ *n.* 《英》= anesthesiologist.

an·aes·the·si·ol·o·gy /ænɪ̈sθìːziɑ́(ː)lədʒi | -ɔ́l-/ *n.* 《英》= anesthesiology.

an·aes·thet·ic /ænɪ̈sθɛ́ṭɪk | -tɪk←/ *n., adj.* 《英》= anesthetic.

an·aes·thet·ics /ænɛsθɛ́ṭɪks | æniːsθɛ́t-, ænɛs-/ *n.* 《英》= anesthesiology.

an·aes·the·tist /ənɛ́sθəṭɪ̈st, æn- | -níːsθɪ̈tɪst/ *n.* 《英》= anesthetist.

an·aes·the·tize /ənɛ́sθətàɪz, æn- | -níːsθɪ̈-/ *vt.* 《英》〘医学〙= anesthetize. **an·àes·the·ti·zá·tion** *n.*

anag. 《略》anagram.

an·a·gen·e·sis /ænədʒɛ́nəsɪ̈s | -nɪ̈sɪs/ *n.* **1** 〘生物〙アナゲネシス, 改善《生物の一系統がその系統として進化を続けること; cf. catagenesis》. **2** 《廃》〘生理〙(組織)再生 (cf. neogenesis). 〖← NL ~: ⇨ ana-, genesis〗

án·a·gen phá·se /ǽnədʒən-/ *n.* 〘生理〙(毛包内での毛髪の)成長期《単に anagen ともいう; cf. telogen phase》.

an·a·glyph /ǽnəglɪ̀f/ *n.* **1** 薄肉彫り, 凸彫(とつぼり)(の彫刻, 装飾). **2** 〘写真〙アナグリフ《左眼の像と右眼の像を橙色と青緑色に印刷し像の余色のフィルター(左眼青緑, 右眼橙色)をかけて見る立体写真[映画]》. **a·nág·ly·phy** *n.* 〖《1651》□ Gk *anagluphḗ* work in low relief ← ANA- + *glúphein* to carve〗

an·a·glyph·ic /ænəglífɪk←/ *adj.* 薄肉彫りを施した. **an·a·glyph·i·cal** /ænəglífɪ̈kəɫ, -kɫ | -fɪk-←/ *adj.* 〖《1836》: ↓〗

An·a·gly·pta /ænəglíptə/ *n.* 〘商標〙アナグリプタ《浮出し模様のある壁紙》. 〖《1887》□ L ~ 'work in bas-relief'〗

an·a·glyp·tic /ænəglíptɪk←/ *adj.* = anaglyphic. 〖《1662》□ LL *anaglypticus* □ Gk *anagluptikós* ← *anágluptos* anaglyphic: ⇨ anaglyph, -ic[1]〗

an·a·glyp·tics /ænəglíptɪks/ *n.* 薄肉彫り術, 浮彫り装飾術. **àn·a·glýp·ti·cal** /-tɪ̈kəɫ, -kɫ←/ *adj.* 〖1662〗

an·ag·no·ri·sis /ænægnɔ́ːrəsɪ̈s | -rɪsɪs/ *n.* (*pl.* **-ri·ses** /-sìːz/) 〘ギリシャ劇〙認知, 発見《主人公が自己や他人の正体・状況の真相などに気付くこと》. 〖《*a*1800》□ Gk *anagnṓrisis* ← *anagnōrízein* to recognize ← ANA- + *gnōrízein* to make known〗

an·a·go·ge /ǽnəgòʊdʒi | -gə̀ʊ-/ *n.* **1** (聖書などの)精神的[寓意(ぐうい)的]解釈; 神秘的意味. **2** 〘神学〙アナゴーゲー《特に, 聖書の中から来世に関する隠された意味を引き出そうとする解釈(方法)》. 〖《*a*1415》□ LL *anagōgē* □ Gk *anagōgḗ* leading up ← ANA- + *agōgḗ* (← *ágein* to draw, lead)〗

an·a·gog·ic /ænəgɑ́(ː)dʒɪk | -gɔ́dʒ-←/ *adj.* 神秘[精神]的な: ~ interpretations. **an·a·gog·i·cal** /ænəgɑ́(ː)dʒɪ̈kəɫ, -kɫ | -gɔ́dʒɪ-←/ *adj.* **àn·a·góg·i·cal·ly** *adv.* 〖《*c*1395》□ ML *anagōgicus*: ⇨ ↑, -ic[1]〗

an·a·go·gy /ǽnəgòʊdʒi | -gə̀ʊ-/ *n.* = anagoge.

an·a·gram /ǽnəgræ̀m/ *n.* **1** (語句の)つづり換え, 逆つづり, アナグラム《例: Time の anagram として emit ができる》. **2** [*pl.*; 単数扱い] つづり換え遊戯《一語または語句の文字を種々に置き換えて新語句を作る; 例えば live から evil を作る類, また Florence Nightingale をつづり換えて Flit on, cheering, angel! とするような複雑なものもある; cf. ananym》. **3** つづり換えの語[文].

an·a·gram·mat·ic /ænəgrəmǽṭɪk | -tɪk←/ *adj.* **àn·a·gram·mát·i·cal** /-ɪ̈kəɫ, -kɫ←/ *adj.* **àn·a·gram·mát·i·cal·ly** *adv.* 〖《1589》□ F *anagramme* ‖ NL *anagramma* ← Gk *anagrammatismós* ← ANA- + *grámma* letter〗

an·a·gram·ma·tism /ænəgrǽmətɪ̀zm̩/ *n.* 語句のつづり換え (⇨ anagram). 〖1605〗

àn·a·grám·ma·tist /-ṭɪ̈st | -tɪst/ *n.* つづり換え考案者. 〖1613〗

an·a·gram·ma·tize /ænəgrǽmətàɪz/ *vt.* 〈語句を〉つづり換える, アナグラムにする: 'Dame Eleanor Davis' may be ~*d* to 'Never so mad a ladie.' **an·a·gram·ma·ti·za·tion** /ænəgræ̀məṭɪ̈zéɪʃən | -taɪ-, -tɪ-/ *n.* 〖1588〗

An·a·heim /ǽnəhàɪm/ *n.* アナハイム《米国 California 州南西部の都市; Disneyland の所在地》. 〖← (*Santa*) *Ana* (川の名) + G *Heim* (⇨ home)〗

A·ná·huac /ənɑ́ːwɑːk; *Am.Sp.* anáwak/ *n.* アナワク《メキシコ中部の高原; 古代 Aztec 文明の中心地》.

A·nak /éɪnæk/ *n.* 〘聖書〙アナク《巨人族アナク人(びと)の先祖; cf. *Num.* 13:28, 33》. 〖□ Heb. *'Anāq* 《原義》long-necked man〗

An·a·kim /ǽnəkɪ̀m/ *n. pl.* [the ~] 〘聖書〙アナク[アナキ]人(びと)《Anak の子孫で Palestine の巨人族; cf. Anakims》. 〖□ Heb. *'Anāqīm* (pl.) ← *'Anāq* (↑): cf. seraphim, cherubim〗

An·a·kims /ǽnəkɪ̀mz/ *n. pl.* [the ~] 〘聖書〙= Anakim (cf. *Deut.* 2:21, *Josh.* 11:21, *Josh.* 11:21, *Num.* 13:22).

a·nal /éɪnɫ/ *adj.* **1 a** 〘解剖〙肛門(部)の (cf. anus): ~ fistula 痔瘻(じろう). **b** 肛門側の. **2** 〘精神分析〙 **a** (Freud のリビドー (libido) 発達論による第二期の)肛門(愛)期の (cf. oral 4, genital 2): the ~ phase 肛門期 / ⇨ anal erotism. **b** 肛門愛性格の (cf. anal character). **3** 《口語》細かいことにうるさい, 神経質な, きちょうめんな (anal-retentive) 〔*about*〕. **~·ly** *adv.* 〖《1769》← NL *ānālis*: ⇨ anus, -al[1]〗

anal. 《略》analogous; analogy; analysis; analytic; analyze; analyzed.

ánal canál *n.* 〘解剖〙肛門管《直腸の末端部》.

ánal cháracter *n.* 〘精神分析〙肛門愛性格《肛門愛に関係する性格で, 几帳面・けち・頑固などを特徴とする》.

a·nal·cime /ənǽɫsiːm, -sɪm, -saɪm/ *n.* 〘鉱物〙方沸(ほうふつ)石 ($NaAlSi_2O_6 \cdot H_2O$) 《各種の火成岩に生じる白色または淡色の沸石》. **a·nal·cim·ic** /ænəɫsíːmɪk, -sím-, -sáɪm-←/ *adj.* 〖《1803》□ F ~ □ Gk *análkimos* weak ← *an-* 'A-[7]' + *álkimos* strong〗

A **a·nal·cite** /ənǽlsaɪt/ *n.* 〘鉱物〙 =analcime. 〖((1868)) ⇨ ↑, -ite¹: 摩擦すると弱電気が起こることから〗

an·a·lec·ta /æ̀nəlέktə, æ̀nḷ-/ *n. pl.* =analects. 〖□ L ～ □ Gk *análekta* things gathered up (neut. pl.) ← *análectos* select ← *analégein* ← ANA-＋*légein* to gather, speak〗

an·a·lects /ǽnəlèkts, ǽnḷ-/ *n. pl.* **1** 選集, 語録《通例表題名として用いる》: the *Analects* of Confucius 論語. **2** 《廃》(宴会などの食べ物の)残り物. **an·a·lec·tic** /æ̀nəlέktɪk⁻/ *adj.* 〖((1623)): ↑〗

an·a·lem·ma /æ̀nəlέmə/ *n.* (*pl.* **～s, ～·ta** /～ṭə | ～tə/) 〘天文〙(通例, 日時計の一部を成す)赤緯と毎日の時差を示す 8 字型比例尺. **an·a·lem·mat·ic** /æ̀nələmǽtɪk, -lə-, æ̀nḷ- | -tɪk⁻/ *adj.* 〖((1832)) □ L ～ 'sundial showing the meridian and latitude of a place' □ Gk *análemma* ← *analambánein* to take up, restore ← ANA-＋*lambánein* to receive〗

an·a·lep·tic /æ̀nəlέptɪk, æ̀nḷ-⁻/ 〘医学〙 *adj.* **1** 体力[気力]回復の (restorative), 強壮作用のある (tonic). **2** 興奮性の, 気付けの. — *n.* 強壮剤 (tonic), 興奮薬[剤], 蘇生薬[剤]. 〖((1671)) □ Gk *analēptikós* restorative ← *analambánein* (↑)〗

ánal éroticism [eróticism] *n.* 〘精神分析〙 肛門性愛《Freud のリビドー (libido) 発達論で 2 歳ぐらいの幼児が排泄に快感をもつこと》. **ánal erótic** *adj.* 〖1913〗

ánal fin *n.* 〘魚類〙 しりびれ (cf. abdominal fin; ⇨ fish¹ 挿絵). 〖1769〗

an·al·ge·sia /æ̀nəlʤíːʒə, æ̀næl-, æ̀nḷ-, -ʒiə | æ̀nælʤíːziə, -siə/ *n.* 〘病理〙 痛覚脱失[消失](症), 無痛覚(症); 無痛法. 〖((c1706)) ← NL ～ ← Gk *analgēsía* ← *an-* 'A-⁷'＋*algeîn* to feel pain: ⇨ -algia〗

an·al·ge·sic /æ̀nəlʤíːzɪk, æ̀næl-, æ̀nḷ-, -sɪk⁻/ 〘医学〙 *adj.* 無痛覚の; 鎮痛性の. — *n.* 鎮痛薬[剤]: a local ～ 局所麻酔薬. 〖1875〗

An·al·ges·i·dae /æ̀nəlʤέsədiː, æ̀nḷ- | -sɪ-/ *n. pl.* 〘動物〙 ウモウダニ科. **an·al·ge·sid** /ənǽlʤəsḷd | -sɪd/ *adj., n.* 〖← NL ～ ← *Analges* (属名: ← Gk *analgés* painless ← *an-* 'A-⁷'＋*álgos* pain)＋-IDAE〗

an·al·get·ic /æ̀nəlʤέṭɪk | æ̀nælʤέt-, æ̀nḷ-⁻/ *adj., n.* 〘医学〙 =analgesic. 〖← Gk *análgētos* painless＋-IC¹: ⇨ analgesia〗

an·al·gi·a /æ̀nǽlʤiə/ *n.* 〘病理〙 =analgesia.

ánal glánd *n.* 〘解剖〙 肛門腺.

ánal íntercourse *n.* 肛門性交 (anal sex).

a·nal·i·ty /eɪnǽləṭi | -lḷti/ *n.* 〘精神分析〙 肛門性《肛門期の特性》. 〖1939〗

an·a·log /ǽnəlɔ̀(ː)g, -lɑ̀(ː)g, ǽnḷ- | ǽnəlɔ̀g, ǽnḷ-/ *n.* **1 a** 相似物, 類似物. **b** 対等者, 対応者 (opposite number). **2** 〘言語〙 類比《統語・意味など異なる部門の規則などに機能・形式上の類似が認められること; Chomsky の用語》; 類同語. **3** 〘生物〙 相似器官 (analogous organ) (cf. homologue 2). **4** 〘化学〙 類似体, 類似化合物《化合物の構造が似ていて, その中の一原子ないし基だけが異なるもの》. **5** 〘電気〙 相似型, 計量型, アナログ. — *adj.* アナログ方式の (↔ digital)《連続量を連続的に変化する物理量によって表す》. 〖((1948)) ((1826)) □ F ～ □ Gk *análogon* (neut.) ← *análogos* 'ANALOGOUS'〗

ánalog clóck *n.* アナログ時計 (cf. digital clock).

ánalog compùter *n.* 〘電算〙 アナログコンピューター, (俗に)アナコン《数値を電圧などの連続的に変化する量に対応させて計算を行う装置; cf. digital computer》. 〖1948〗

ánalog-dígital convérter *n.* 〘電算〙 =analog-to-digital converter.

an·a·log·ic /æ̀nəlɑ́(ː)ʤɪk, æ̀nḷ- | æ̀nəlɔ́ʤ-, æ̀nḷ-⁻/ *adj.* =analogical. 〖1677〗

an·a·log·i·cal /æ̀nəlɑ́(ː)ʤɪ̀kəl, æ̀nḷ-, -kḷ | æ̀nəlɔ́ʤɪ-/ *adj.* **1** 類推(的)の, 類推による. **2** 《古》 =analogous 1. **～·ly** *adv.* 〖1570〗

a·nal·o·gism /ənǽləʤɪ̀zm/ *n.* **1** 類推推理. **2** 〘医学〙 類推診断. 〖1656〗

a·nál·o·gist /-ʤḷst | -ʤɪst/ *n.* 類推推理者, 類推論者. 〖c1828〗

a·nal·o·gize /ənǽləʤàɪz/ *vt.* **1** 類比で説明する. **2** …が(…に)類似することを示す 〔*to, with*〕. — *vi.* **1** 類推する, 類推的に論じる. **2** 〔…に〕類似している 〔*with*〕. 〖1655〗

a·nal·o·gous /ənǽləgəs/ *adj.* **1** 類似の, 似ている 〔*to, with*〕 (↔ antilogous) (⇨ like¹ SYN): an ～ term 類同語 / be ～ *to* …に類似している. **2** 〘生物〙 相似の (corresponding) 〔*to*〕: The gills of fishes are said to be ～ *to* the lungs in terrestrial animals. 魚類のえらは地上動物の肺と相似器官であるといわれる (cf. homologous 4). **～·ly** *adv.* **～·ness** *n.* 〖((1646)) □ L *analogus* □ Gk *análogos* proportionate ← ANA-＋*lógos* ratio, proportion: ⇨ logos, -ous〗

análogous órgan *n.* 〘生物〙 相似器官 (cf. homologous organ).

análog-to-dígital convérsion *n.* 〘電子工学〙 AD 変換《アナログ信号をそれに対応するデジタル信号に変換すること; cf. digital-to-analog conversion》.

ánalog-to-dígital convérter *n.* 〘電算〙 AD 変換器 (analog-digital converter ともいう; 略 ADC).

an·a·logue /ǽnəlɔ̀(ː)g, -lɑ̀(ː)g, ǽnḷ- | ǽnəlɔ̀g, ǽnḷ-/ *n.* =analog.

ánalogue compùter *n.* 《英》〘電算〙 =analog computer. 〖1948〗

ánalog wátch *n.* アナログ腕時計 (cf. digital watch).

a·nal·o·gy /ənǽləʤi/ *n.* **1** 類似, 似寄り (similarity): an ～ *between* two things / have [bear] some [no] ～ *with* [*to*] …にいくらか似ている[全然似ていない] / trace [find] an ～ *between* …の相似点を求める[見つける] / use the ～ of … (説明のために)…を引き合いに出す. **2** 〘哲学・論理〙 類推, 類比, アナロジー, 比論; 〘数学〙 類比; 〘言語〙 類推: draw [make] an ～ 類推する / a false ～ 誤った類推 / a forced ～ 無理な類推, こじつけ / reasoning *by* ～ 類推推理 / on the ～ *of* =by ～ *with* …から類推して. **3** 〘生物〙 相似 (cf. homology 3). 〖((?a1425)) □ (O)F *analogie* // L *analogia* □ Gk *analogía* proportion: ⇨ analogous, -y¹〗

análogy tèst *n.* 〘心理〙 類比テスト《例えば,「昼・光; 夜・__」の__の部分に闇という言葉を当てはめるような類比能力のテスト》.

an·al·pha·bet /ænǽlfəbèt, -bḷt | -bèt, -bɪt/ *n.* 文字の読めない人, 文盲 (analphabetic). **～·ism** /-bèt-ɪzm, -bḷtɪ̀zm | -bɪtɪ̀zm, -bètɪzm/ *n.* 〖((1670)) □ Gk *analphábētos* ← *an-* 'A-⁷'＋*alphábētos* 'ALPHABET'〗

an·al·pha·bet·ic /æ̀nælfəbέṭɪk | -tɪk⁻/ *adj.* **1** 文字[アルファベット]によらない《表音法など》. **2** (無学で)文字の読めない, 無学な, 無筆の (illiterate). — *n.* =analphabet. **àn·al·pha·bét·i·cal·ly** *adv.* 〖1876〗

ánal-reténtive *adj.* **1** 〘精神分析〙 肛門愛性格の, 肛門保持的な (cf. anal character). **2** =anal 3. — *n.* 〘精神分析〙 肛門愛性格者, 肛門保持的な人. **ánal reténtion** *n.* **ánal reténtiveness** *n.* 〖1958〗

ánal-sadístic *adj.* 〘精神分析〙 肛門サディズムの《肛門愛期の固着に由来すると考えられる, 異常に攻撃的・破壊的な性格傾向についていう》. 〖1920〗

ánal séx *n.* 肛門性交, アナルセックス.

ánal véin *n.* 〘昆虫〙 肛脈(こうみゃく)《翅脈の一つ》.

a·nal·y·sand /ənǽləsæ̀nd | -lḷ-/ *n.* 精神分析を受けている人. 〖((1933)) ← ANALYS(IS)＋-*and* (← L -*andus* (gerundive suf.))〗

an·a·lyse /ǽnəlàɪz, ǽnḷ-/ *vt.* 《英》 =analyze.

a·nal·y·sis /ənǽləsḷs | -lḷsɪs/ *n.* (*pl.* **-y·ses** /-sìːz/) **1 a** 分析, 分解 (↔ synthesis). **b** 分析結果. **2** (問題などの)分析的な検討, 綿密な研究. **3** 〘化学〙 **a** 分析: an ultimate ～ 元素分析 / ⇨ qualitative analysis, quantitative analysis, spectrum analysis. **b** 分析表. **4** 〘心理〙 **a** 分析. **b** 精神分析(療法) (psychoanalysis): be under ～ 精神分析(によって治療)を受けている / go into ～ with … 〈精神分析医〉に分析を受け始める. **5** 〘数学〙 **a** 解析, 解析学. **b** 解析《結論が得られたものとして逆に推論を進め, 仮定と結論との関係を分析する操作》. **6** 〘文法〙 分析《文をその構成要素に分析し, 要素相互の関係を明らかにすること》. **7** 〘言語〙 (言語が)分析的なこと, 分析性 (cf. synthesis 4 a; analytic language). **8** 〘哲学・論理〙 分析《複雑な概念・命題等をその構成要素である基礎的でより単純な概念・命題等に解体・還元する哲学的方法; 言い換え等によって表現の意味を明晰化する活動および成果》.

in the lást* [*fínal, últimate*] *análysis 帰するところ, 要するに, 結局 ((1791)): cf. F. *en dernière analyse*).

màke an análysis of …を分析する; 〈文〉を解剖する.

on* [*upon*] *análysis 分析の上で, 分析の結果.

análysis of váriance 〘統計〙 =variance analysis. ((c1939))

〖((1581)) □ ML ～ □ Gk *análusis* a loosing ← *analúein* to release ← ANA-＋*lúein* to loose, resolve〗

análysis sítus *n.* 〘数学〙 =topology 2. 〖((c1909)) □ L *analysis sitūs* analysis of situation〗

an·a·lyst /ǽnəlḷst, ǽnḷ- | ǽnəlɪst, ǽnḷ-/ *n.* **1 a** 分析者, 分析家[学者]. **b** 情勢分析[解説]家: a political ～ 政治評論家 / ⇨ security analyst. **2** 精神分析医 (psychoanalyst). **3** 〘電算〙 システム分析者 (systems analyst). 〖((1656)) □ F *analyste*〗

an·a·lyt·ic /æ̀nəlɪ́ṭɪk, æ̀nḷ- | -tɪk⁻/ *adj.* **1** 分析的な, 分解的な (↔ synthetic). **2** 分析[分解]に長じた; 分析的傾向の: an ～ mind. **3** 〘心理〙 精神分析の (psychoanalytic). **4** 〘数学〙 **a** 解析の. **b** 〈複素変数が〉定義領域内の各点で一階微分可能な; 正則の. **c** 〈曲線が〉解析関数で表したパラメーター表示の式を有する. **d** (証明について)解析的手法を用いた. **5** 〘言語〙 〈言語が〉分析的な (↔ synthetic): ⇨ analytic language. **6** 〘哲学〙 〈判断・陳述・命題など〉分析的な《経験的に確かめるまでもなく言葉の意味だけから必然的に真である; cf. synthetic 4》: ⇨ analytic judgment, analytic proposition. 〖((c1590)) □ ML *analyticus* □ Gk *analutikós*: ⇨ -ic¹〗

àn·a·lýt·i·cal /-ṭɪ̀kəl, -kḷ | -tɪ-⁻/ *adj.* **1** =analytic. **2** 〘美術〙 分析的: ⇨ Analytical Cubism. 〖c1525〗

análytical bálance *n.* 分析用天秤.

análytical chémistry *n.* 分析化学. 〖1879〗

Análytical Cúbism, a- c- *n.* 〘美術〙 分析的キュービズム《形態の組合わせに重点をおいたキュービズム初期の一傾向; cf. Synthetic Cubism》.

análytical éntry *n.* 〘図書館〙 分出記入《全集などで, その中の個々の著作に対して作られる記入》. 〖c1955〗

análytical geómetry *n.* 〘数学〙 =analytic geometry.

àn·a·lýt·i·cal·ly *adv.* 分析[分解]的に; 解析的に. 〖((1656)): ⇨ -ly¹〗

análytical méthod *n.* 〘哲学・論理〙 分析的(方)法.

análytical nóte *n.* 〘図書館〙 分出注記.

analýtic continuátion *n.* 〘数学〙 解析接続《解析関数を, 解析性を保ったまま拡大すること; またそうして得られた関数》.

analýtic geómetry *n.* 〘数学〙 解析幾何学《座標を用いて推論する幾何学; Cartesian geometry, coordinate geometry ともいう; cf. synthetic geometry》. 〖c1886〗

an·a·ly·tic·i·ty /æ̀nələtɪ́sḷṭi, æ̀nḷ- | -ḷti/ *n.* 〘哲学・論理〙 (命題などの)分析性. 〖1939〗

analýtic júdgment *n.* 〘哲学・論理〙 分析的判断《主語に潜在する述語を顕在化しただけの自明な判断; 経験的に確かめるまでもなく意味だけによって必然的に真である判断; cf. synthetic judgment》. 〖1865〗

analýtic lánguage *n.* 〘言語〙 分析的言語《語形変化の複雑なラテン語などに対し, 語形変化が単純で, 文法的関係を主として機能語 (function word) や語順で表す言語; 例えば近代英語など; cf. synthetic language》. 〖1818〗

analýtic philósophy *n.* 〘哲学〙 分析哲学《総合的な哲学体系の樹立を目指すよりは分析的活動, 特に日常的・科学的・哲学的な言語表現の丹念な分析によって哲学的問題の解決を企図する活動であり, とりわけ第二次大戦後の英語圏の哲学に顕著な動向; analytical philosophy ともいう; cf. philosophical analysis》. 〖1936〗

analýtic proposítion *n.* 〘論理〙 分析的命題 (cf. analytic 6). 〖1870〗

analýtic psychólogy *n.* 〘心理〙 **1** 分析心理学. **2** (スイスの C. G. Jung の) 心理分析法. 〖a1854〗

an·a·lyt·ics /æ̀nəlɪ́tɪks, æ̀nḷ- | -tɪks/ *n.* 〘数学〙 分析論. 〖c1590〗

an·a·lyz·a·ble /ǽnəlàɪzəbḷ, ǽnḷ-, ⏑–⏑––/ *adj.* 分析[分解, 解析]できる. **àn·a·lỳz·a·bíl·i·ty** /-zəbɪ́ləṭi | -ḷti/ *n.* 〖((1851)): ⇨ -able〗

an·a·ly·za·tion /æ̀nəlḷzéɪʃən, æ̀nḷ- | æ̀nəlaɪ-, -lɪ-, æ̀nḷ-/ *n.* 分析, 分解, 解析; 〘文法〙 解剖. 〖((1742)): ⇨ -ation〗

an·a·lyze /ǽnəlàɪz, ǽnḷ-/ *vt.* **1** 分析[分解]する; 分析的に調べる, (批判的に)検討する: ～ a person's statement, the causes of business depression, etc. **2** 〘化学〙 〔元素などに〕分析する 〔*into*〕; 〘数学〙 解析する, 分析する; 〘文法〙 〔文の構成要素に〕分析する 〔*into*〕: ～ sentences *into* subjects and predicates 文を主部と述部に分析する. **3** =psychoanalyze. 〖((1601)) □ F *analyser*: ⇨ analysis, -ize〗

ánalyzed rhýme *n.* 〘詩学〙 分析韻《精巧入念に韻が踏んであるため, 詳しく分析しなければ理解できないような脚韻》.

án·a·lỳz·er *n.* **1** 分析者, 分解者. **2** 分析的に調べる人. **3** 〘光学〙 検光子《光の偏光状態を調べるために用いる偏光プリズム》. 〖((1759)): ⇨ -er¹〗

A·nam /ənǽm, ⏑⏑/ *n.* =An Nam.

A·nam·bra /ənǽmbrə/ *n.* アナンブラ《ナイジェリアの南部の州; 州都 Awka》.

an·am·ne·sis /æ̀næmníːsḷs | -sɪs/ *n.* (*pl.* **-ne·ses** /-siːz/) **1** 追憶, 想起, 回想 (recollection). **2** 〘医学〙 病歴, 既往歴 (cf. case history). **3** 〘プラトン哲学〙 アナムネシス《真の知識の獲得は忘却されたイデア界の想起にほかならないとする説》. **4** [しばしば A-] 〘キリスト教〙 アナムネシス, 記念(唱)《キリストの贖罪の出来事の想起; 特に礼拝式用語としてはキリストの命令「わが記念としてこれを行え」に従ってパンとぶどう酒をささげる, 聖餐祈禱の一部に対する名称》. 〖((1593)) □ Gk *anámnēsis* ← *anamimnḗskein* to remind ← ANA-＋*mimnḗskein* to remind: cf. amnesia〗

an·am·nes·tic /æ̀næmnέstɪk⁻/ *adj.* **1** 追憶の; 思い出す. **2** 〘医学〙 既往(歴)の; (免疫学的機構による記憶に対して起こる)既往反応の[に関する]. **àn·am·nés·ti·cal·ly** *adv.* 〖((1753)) □ Gk *anamnēstikós* (↑)〗

an·am·ni·ote /æ̀nǽmniòʊt | -əʊt/ *adj., n.* 〘動物〙 無羊膜類の(脊椎動物) (cf. amniote). 〖← NL *Anamniota*: ⇨ a-⁷, amniote〗

an·a·mor·phic /æ̀nəmɔ́əfɪk | -mɔ́ː-⁻/ *adj.* 〘光学〙 アナモルフィックな《一つの子午面における屈折力 (power)・倍率が他の子午面のものと異なる》: ⇨ anamorphic lens. 〖((c1925)): ⇨ anamorphism, -ic¹〗

ánamorphic léns *n.* 〘光学〙 円柱レンズ, アナモルフィックレンズ. 〖1954〗

an·a·mor·phism /æ̀nəmɔ́əfɪzm | -mɔ́ː-/ *n.* **1** 〘地質〙 アナモフィズム, 変成作用《地殻内で熱と圧力によって岩石が変化し, より複雑な鉱物を生成する》. **2** 〘生物〙 =anamorphosis 3. 〖1836〗

an·a·mor·pho·scope /æ̀nəmɔ́əfəskòʊp | -mɔ́ː-fəskəʊp/ *n.* 〘光学〙 歪像(わいぞう)鏡 (cf. anamorphic). 〖a1884〗

an·a·mor·pho·sis /æ̀nəmɔ́əfəsḷs | -mɔ́ːfəsɪs/ *n.* (*pl.* **-pho·ses** /-siːz/) **1** 〘光学〙 歪形(ゆがみがた), 歪像(わいぞう); 歪像描法 (cf. anamorphic). **2** 〘植物〙 奇形変態. **3** 〘生物〙 漸(ぜん)変進化, 漸進変化. **4** 〘動物〙 (ある種の節足動物に見られる)増節現象[変態]. 〖((1727)) □ Gk *anamórphōsis* transformation ← *anamorphoûn* to transform ← ANA-＋*morphḗ* form〗

an·a·nas /ǽnənæ̀s, ənǽnəs | ənáːnəs/ *n.* (*pl.* ～) 〘植物〙 **1** アナナス《パイナップル科アナナス属 (*Ananas*) の植物の総称; pineapple など》. **2** /《米》ænənáːs, ɑːn-/ パイナップル科の植物の総称 (pinguin など). 〖((1613)) □ Sp. *ananás* ← Guarani *naná*〗

an·an·cas·tic /æ̀nənkǽstɪk, æ̀næŋ-⁻/ *adj.* 〘精神医学〙 =anankastic.

a·nan·da /áːnəndə | ənǽndə, ənʌ́n-/ *n.* 〘ヒンズー教〙 歓喜 (cf. Sat-cit-ananda). 〖← Skt *ānanda* joy ← *a-* (強詞)＋*nandati* he rejoices〗

A·nan·da /áːnəndə | ənǽndə, ənʌ́n-/ *n.* 阿難陀, 阿難《釈迦十大弟子の一人》.

an·an·drous /ænǽndrəs, ən-/ *adj.* 〘植物〙 雄蕊(ずい)のない. 〖((1847)) ← Gk *ánandros* husbandless (← *an-*

'A-[7]'+*andrós* (gen.) *anḗr* man, male)+-OUS〕
A·nan·gu /ɑ́:nɑ:ŋgu/ *n.* (*pl.* ~) 《豪》アナング, オーストラリア先住民 (Aboriginal) 《特にオーストラリア中央部出身の先住民をいう》.
An·a·ni·as /æ̀nənáɪəs/ *n.* **1** 〖聖書〗アナニヤ: **a** Sapphira の夫; 献金の一部を隠匿し神を偽った罰を受けて死んだ (cf. *Acts* 5:1–6). **b** Paul に洗礼を行った Damascus のキリスト教徒 (*Acts* 9:1–19). **2** うそつき (liar). 〘2: 1876〙
an·an·kas·tic /æ̀nənkǽstɪk, æ̀næŋ-ˈ/ *adj.* 〖精神医学〗(強迫観念による)強迫行為的な. 〘← Gk *anagkastós* forced (← *anágkē* necessity)+-IC[1]〙
an·an·thous /ænǽnθəs, ən-/ *adj.* 〖植物〗花のない, 無花の. 〘(1866): ⇨ a-[7], -anthous〙
an·a·nym /ǽnənɪ̀m/ *n.* 本名を逆に綴った筆名[偽名] (cf. anagram, back slang, palindrome). 〘(1867) ← ANA-+-*nym* (← Gk *ónuma, ónoma* 'NAME': cf. anonym)〙
an·a·paest /ǽnəpèst | -pì:st, -pèst/ *n.* 〖詩学〗(古典詩の)短短長格 (⏑⏑–), (英詩の)弱弱強[抑抑揚]格 (××⏊) 《例: And the shéen of their spéars was like stárs on the séa. —Byron; cf. foot 6》. 〘(1678) ◻ L *anapaestus* ◻ Gk *anápaistos* struck back ← *anapaíein* ← ANA-+*paíein* to strike〙
an·a·paes·tic /æ̀nəpéstɪk | -pí:s-, -pés-ˈ/ *adj.* 〖詩学〗(古典詩の)短短長格の; (英詩の)弱弱強[抑抑揚]格の. 〘1699〙
an·a·pest /ǽnəpèst | -pì:st, -pèst/ *n.* 《米》〖詩学〗= anapaest.
an·a·pes·tic /æ̀nəpéstɪk | -pí:s-, -pés-ˈ/ *adj.* 《米》〖詩学〗= anapaestic.
an·a·phase /ǽnəfèɪz/ *n.* 〖生物〗(細胞の核分裂の)後期[第3期] (cf. prophase, metaphase, telophase).
an·a·phas·ic /æ̀nəféɪzɪkˈ/ *adj.* 〘(1887) ← ANA-+PHASE[1]〙
a·naph·or /ǽnəfɔə | -fɔ:(r, -fə(r/ *n.* 〖文法〗(前方)照応形 《固有の指示を欠き, 義務的に先行詞を必要とする再帰代名詞や相互代名詞など; 例: John killed *himself*.; They love *each other*.》. 〘(1975) 《逆成》 ↓〙
a·naph·o·ra /ənǽfərə/ *n.* **1** 〖文法〗前方照応; 照応 《逆行照応と順行照応の両方を含む; cf. cataphora, exophora》. **2** 〖修辞〗首句反復(法) 《同じ語句を相次いで文首に反復すること; ↔ epiphora》. **3** 〖音楽〗(楽節・楽句・音型の)反復. **4** /《米》ではまた à:nəfərá:/ 〖キリスト教〗アナフォラ 《奉献の意で聖別 (consecration) や陪餐 (communion) を含む聖餐式の中心的な祈禱をいう》. 〘(1589) ◻ L ~ ◻ Gk *anaphorá* ← *anaphérein* ← ANA-+*phérein* 'to BEAR[1], carry'〙
an·a·phor·ic /æ̀nəfɔ́(:)rɪk, -fɑ́(:)r- | -fɔ́r-ˈ/ *adj.* 〖文法〗前方照応的な, 逆行照応的な (↔ cataphoric); 照応的な 《逆行照応, 順行照応の両方を含む; 例: *Tom* says that *he* killed Mary in the room》. **àn·a·phór·i·cal** *adj.* **àn·a·phór·i·cal·ly** *adv.* 〘(1914): ⇨ -ic[1]〙
an·aph·ro·di·sia /æ̀næfrədí:ʒə, -díʒə, -díziə/ *n.* 〖精神医学〗性感欠如, 冷感症.
an·aph·ro·dis·i·ac /æ̀næfrədíziæ̀k, æ̀næf-, -roʊ- | -frə(ʊ)-/ 〖医学〗 *adj.* 性欲抑止的な. — *n.* 制淫(ｲﾝ)薬[剤], 性欲抑制薬. 〘(1823) ← Gk *an-* 'A-[7]'+APHRODISIAC〙
an·a·phy·lac·tic /æ̀nəf$_{ɪ}^{ə}$lǽktɪkˈ/ *adj.* 〖病理〗過敏症の, アナフィラキシーの: an ~ shock アナフィラキシーショック. **àn·a·phy·lác·ti·cal·ly** *adv.* 〘(1907): ⇨ anaphylaxis, -ic[1]〙
an·a·phy·lac·toid /æ̀nəf$_{ɪ}^{ə}$lǽktɔɪdˈ/ *adj.* 〖病理〗アナフィラキシー様の, 過敏症類似の. 〘⇨ ↑, -oid〙
an·a·phy·lax·is /æ̀nəfɪlǽks$_{ɪ}^{ə}$s | -f$_{ɪ}^{ə}$lǽksɪs/ *n.* (*pl.* **-lax·es** /-si:z/) 〖病理〗アナフィラキシー, 過敏症 《血清または蛋白質 (protein) の注射後などに起こる現象; cf. allergy 1 b》. 〘(1907) ← NL ~ ← ANA-+Gk *phúlaxis* a guarding: cf. prophylaxis〙
an·a·pla·si·a /æ̀nəpléɪʒiə, -ʒə | -ziə, -ʒiə/ *n.* 〖病理〗逆生, 退生, 退形成 《細胞がより原始的で未分化の状態に戻ること》. 〘(*c*1909) ← NL ~: ⇨ ana-, -plasia〙
an·a·plas·ma /æ̀nəplǽzmə/ *n.* (*pl.* ~**·ta** /~tə | ~tə/, ~**s**) 〖細胞〗アナプラズマ 《リケッチア目アナプラズマ科アナプラズマ属 (*Anaplasma*) の微生物; 脊椎動物の赤血球内に寄生し, 球形または卵円形で直径は約 0.5 μ》. 〘← NL ~: ⇨ ana-, -plasma〙
an·a·plas·mo·sis /æ̀nəplæzmóʊs$_{ɪ}^{ə}$s | -mə́ʊsɪs/ *n.* (*pl.* **-mo·ses** /-si:z/) 〖獣医〗(家畜の)アナプラズマ病. 〘(1920) ← NL ~: ⇨ ↑, -osis〙
an·a·plas·tic /æ̀nəplǽstɪkˈ/ *adj.* **1** 〖外科〗形成手術の. **2** 〖病理〗〈細胞が〉逆生性の, 退生的な, 未分化の. 〘(1879) ← Gk *anáplastos* remolded: ⇨ ana-, -plastic〙
an·a·plas·ty /ǽnəplæ̀sti/ *n.* = plastic surgery. 〘(1879): ⇨ ↑, -y[1]〙
an·a·poph·y·sis /æ̀nəpɑ́(:)f$_{ɪ}^{ə}$s$_{ɪ}^{ə}$s | -pɔ́f$_{ɪ}^{ə}$sɪs/ *n.* (*pl.* **-y·ses** /-si:z/) 〖解剖〗脊椎副突起. **an·ap·o·phys·i·al** /æ̀næpəfíziəlˈ/ *adj.* 〘(1854) ← NL ~: ⇨ ana-, apophysis〙
An·ap·si·da /ænǽps$_{ɪ}^{ə}$də | -sɪdə/ *n. pl.* 〖古生物〗(爬虫綱)無弓亜綱 《最も原始的な爬虫類を含む》. **an·ap·sid** /ənǽps$_{ɪ}^{ə}$d | -sɪd/ *adj.* 〘← NL ~ ← ANA-+Gk *apsid-, apsís* loop, mesh+-IDA〙
an·ap·tot·ic /æ̀nəptɑ́(:)tɪk | -tɔ́t-ˈ/ *adj.* 《まれ》〖言語〗〈言語が〉語尾変化を失った: English is an ~ language. 〘(1850) ← ? ANA-+Gk *áptōtos* indeclinable (← A-[7]+*ptōsis* case)+-IC[1]: cf. Gk *anáptōtos* flat (of style)〙
an·ap·tyx·is /æ̀nəptíks$_{ɪ}^{ə}$s | -sɪs/ *n.* (*pl.* **-tyx·es** /-si:z/) 〖音声〗母音挿入 《2個の子音間に弱い母音が発達すること; 例えば film /fíləm/ の [ə], ME talk /tálk/ > /táʊlk/ など》. **an·ap·tyc·tic** /æ̀nəptíktɪkˈ/ *adj.*
àn·ap·týc·ti·cal *adj.* 〘(1895) ← NL ~ ← Gk *anaptúxis* ← *anaptússein* to unfold ← ANA-+*ptússein* to fold〙
An·a·pur·na /æ̀nəpúənə, -pɔ́:- | -pɔ́:-, -púə-/ *n.* = Annapurna.
an·arch /ǽnɑək | ǽnɑ:k/ *n.* **1** 《詩》 **a** 国を無秩序に陥れる人; 暴君. **b** 反乱の指導者[煽動者]. **2** 《古》= anarchist. 〘(1667) 《逆成》 ← ANARCHY〙
an·ar·chic /ænɑ́əkɪk, ən- | -nɑ́:-/ *adj.* 無政府(状態)の; 無秩序の; 無政府主義的な. **an·ár·chi·cal** *adj.* **an·ár·chi·cal·ly** *adv.* 〘(1790): ⇨ anarchy, -ic[1]〙
an·ar·chism /ǽnəkɪ̀zm, ǽnɑə- | ǽnə-, ǽnɑ:-/ *n.* アナキズム, 無政府主義(運動), 無政府論. 〘1642〙
án·ar·chist /-k$_{ɪ}^{ə}$st | -kɪst/ *n.* アナキスト, 無政府主義の主張者[支持者]. — *adj.* = anarchistic: an ~ communist アナキスト系共産党員. 〘1678〙
an·ar·chis·tic /æ̀nəkístɪk, æ̀nɑə- | æ̀nə-, æ̀nɑ:-ˈ/ *adj.* 無政府主義(者)的な. 〘(1884): ⇨ -ic[1]〙
à·nar·cho-sýndicalism /æ̀nəkoʊ-, æ̀nɑə- | æ̀nəkəʊ-, æ̀nɑ:-/ *n.* = syndicalism. 〘*c*1928〙
an·ar·chy /ǽnəki, ǽnɑə- | ǽnə-, ǽnɑ:-/ *n.* **1** **a** アナキー, 無政府(状態). **b** (ユートピア的な)無政府社会. **2** 無秩序, 乱脈, 混乱 (lawlessness, chaos). **3** = anarchism. 〘(1539) ◻ (O)F *anarchie* ◻ ML *anarchia* ◻ Gk *anarkhía* lack of a ruler ← *ánarkhos* without a chief ← *an-* 'A-[7]'+*arkhós* leader, chief (cf. arch-[1])〙
an·ar·thri·a /ænɑ́əθriə | ənɑ́:-/ *n.* 〖病理〗構語障害, 失構語症 《脳障害による発語不能》. **an·ár·thric** /-θrɪk/ *adj.* 〘(1881) ← NL ~: ⇨ ↓, -ia[1]〙
an·ar·throus /ænɑ́əθrəs | ənɑ́:-/ *adj.* **1** 〖ギリシャ文法〗無冠詞の. **2** 〖動物〗関節のない; 無節足の (unarticulated). **~·ly** *adv.* **~·ness** *n.* 〘(1808) ◻ Gk *ánarthros* without joints, not articulated ← *an-* 'A-[7]'+*árthon* joint: ⇨ -ous〙
an·a·sar·ca /æ̀nəsɑ́əkə | -sɑ́:-/ *n.* 〖病理〗全身水腫(ｽｲｼｭ)[浮腫]. **àn·a·sár·cous** /-kəsˈ/ *adj.* 〘(*a*1398) ◻ ML ~ ← ANA-+Gk *sárx* flesh+-A[1]〙
An·a·sa·zi /æ̀nəsɑ́:ziˈ/ *n.* (*pl.* ~, ~**s**) **1** **a** [the ~(s)] アナサジ族 《米国 Arizona 州北部および New Mexico 州の高原地帯に住みアナサジ文化を創造した先住民で, Basket Maker 族と Pueblo 族に属した》. **b** アナサジ族の人. **2** 〖考古〗アナサジ文化 《100 B.C.–A.D. 1700 に栄えたといわれる》. — *adj.* アナサジ族[文化]の: the ~ culture. 〘(1938) ◻ Navaho *'a-naa-sází* alien ancient one〙
an·as·pid /ənǽsp$_{ɪ}^{ə}$d | -pɪd/ *n.* 〖古生物〗(シルリア紀 (Silurian) からデボン紀 (Devonian) にかけての無顎綱)欠甲目の動物. 〘↓〙
An·as·pi·da /ənǽsp$_{ɪ}^{ə}$də | -pɪd-/ *n. pl.* 〖古生物〗(無顎綱)欠甲目. 〘← NL ~ ← *an-* 'A-[7]'+Gk *aspid-, aspís* round shield+-A[2]〙
anastases *n.* anastasis の複数形.
An·as·ta·sia /æ̀nəstéɪʒə, -ʒiə, ɑ̀:nəstɑ́:ʃə | æ̀nəstéɪziə, -stɑ́:z-/ *n.* アナスタシア 《女性名; 愛称形 Stacey》. 〘◻ LL ~ (fem.) ← *Anastasius* ← Gk *Anastásios* ← *anástasis* resurrection: ⇨ anastasis〙
Anastasia, Grand Duchess *n.* アナスタシア 《1901–18; ロシア皇帝 Nicholas 二世の末の皇女; 10月革命で処刑されたといわれたが, その後数人の女性が自分であると名乗りをあげた》.
Anastasia, Saint *n.* アナスタシア 《304年ごろローマ皇帝 Diocletian の迫害により殉教した女子聖人; 祝日 12月 25日》.
a·nas·ta·sis /ənǽstəs$_{ɪ}^{ə}$s | -sɪs/ *n.* (*pl.* **-ta·ses** /-sì:z/) 〖美術〗(ビザンチン美術の)キリストの冥府降下の図. 〘◻ Gk *anástasis* standing up ← *anistánai* to make to stand up ← ANA-+*istánai* to cause to stand〙
an·a·stat·ic /æ̀nəstǽtɪk | -tɪkˈ/ *adj.* 〖印刷〗アナスタチックの 《石版や亜鉛板を転写版とした》: ~ printing アナスタチック印刷. 〘(1849) ← Gk *anástatos* ((p.p.) ← *anistánai* (↑))+-IC[1]〙
an·as·tig·mat /ənǽstɪgmæ̀t, æ̀nəstígmæt/ *n.* 〖光学〗アナスチグマート 《非点収差(と像面湾曲)が補正されたレンズ》. 〘(1890) ◻ G ~ 《逆成》 ← *anastigmatisch* 'ANASTIGMATIC'〙
an·as·tig·mat·ic /æ̀nəstɪgmǽtɪk, ænæ̀s- | -tɪkˈ/ *adj.* 〖光学〗〈光学系が〉非点収差(と像面湾曲)が補正された (stigmatic): an ~ lens = anastigmat. 〘(1890) ← *an-* 'A-[7]'+ASTIGMATIC: cf. G *anastigmatisch*〙
a·nas·to·mose /ənǽstəmòʊz, -mòʊs | -mə̀ʊz/ *vt.* 〖解剖・生物〗〈脈管などを〉吻合(ﾌﾝｺﾞｳ)させる 〔*with*〕. — *vi.* **1** 〈二つの川が〉(網状に)合流する. **2** 〖解剖・生物〗〈脈管などが〉吻合する. 〘(1697) 《逆成》 ↓〙
a·nas·to·mo·sis /ənæ̀stəmóʊs$_{ɪ}^{ə}$s | -mə́ʊsɪs, æ̀næs-/ *n.* (*pl.* **-mo·ses** /-si:z/) **1** 〖解剖・病理・外科〗吻合(ﾌﾝｺﾞｳ) 《管状器官の接合》; 吻合術. **2** 〖生物〗吻合, 交差連絡 《神経などの分枝が先端で接着癒合(ﾕｺﾞｳ)して網状となること》. **3** (川・運河などの)網状形成, 合流 (cf. anabranch). 〘(1615) ← NL ~ ◻ Gk *anastómōsis* outlet ← *anastomóein* to furnish with a mouth ← ANA-+*stóma* mouth (cf. stomach): ⇨ -osis〙
a·nas·to·mot·ic /ənæ̀stəmɑ́(:)tɪk, ænæs- | -mɔ́t-ˈ/ *adj.* 吻合(ﾌﾝｺﾞｳ)的な, 交差連絡の; 合流する, 網状をなす. 〘(1836): ⇨ ↑, -otic[1]〙
a·nas·tro·phe /ənǽstrəfi/ *n.* 〖修辞〗倒置(法) 《語の普通の順序を逆にすること; 例: In them lives melancholy. —Galsworthy; inversion ともいう》. 〘(1577) ◻ ML ~ ◻ Gk *anastrophḗ* inversion ← *anastréphein* ← ANA-+*stréphein* to turn: cf. catastrophe〙
an·a·sty·lo·sis /æ̀nəstaɪlóʊs$_{ɪ}^{ə}$s | -lə́ʊsɪs/ *n.* (*pl.* **-lo·ses** /-si:z/) 〖考古〗剝落した部分を用いてする記念物の復元. 〘← NL ~ ← ANA-+Gk *stulōsis* colonnade (← *stûlos* pillar): ⇨ -osis〙
anat. 《略》anatomical; anatomy.
a·nat·a·bine /ənǽtəbì:n, -b$_{ɪ}^{ə}$n | -təbì:n, -bɪn/ *n.* 〖化学〗アナタビン ($C_{10}H_{12}N_2$) 《たばこアルカロイドの一つ》. 〘← ANA-+Sp. *tab(aco)* 'TOBACCO'+-INE[3]〙
an·a·tase /ǽnətèɪs/ *n.* 〖鉱物〗鋭錐石(ｴｲｽｲｾｷ) (TiO_2) 《二酸化チタニウムの結晶; 白色顔料として用いる; octahedrite ともいう》. 〘(*c*1828) ◻ F ~ ◻ Gk *anátasis* extension ← ANA-+*teínein* to stretch: ⇨ -ase〙
an·a·tex·is /æ̀nətéks$_{ɪ}^{ə}$s | -sɪs/ *n.* (*pl.* **-tex·es** /-si:z/) 〖地質〗再溶融(作用), アナテクシス 《岩石の超変成作用の過程の一つ; 既存岩石が再溶融してマグマを生じる現象; palingenesis ともいう》. 〘← NL ~ ← Gk *anátēxis* act of melting ← ANA-+*tēkein* to melt: ⇨ -sis〙
a·nath·e·ma /ənǽθəmə | -θə-, -θɪ-/ *n.* **1** [しばしば無冠詞で補語として] ひどく嫌われている者[物], 大嫌いなもの, 禁物 (abomination): Alcohol is [Hypocrites are] ~ *to* him. 彼はアルコール[偽善者]が大嫌いだ. **2** **a** 〖カトリック〗(教会の)のろい, 破門, アナテマ 《キリストとの交わりから除外され異端とされること》; (教義などの)弾劾. **b** (教会によって)のろわれた者[物]. **3** 神ののろい; のろい (curse, imprecation). 〘(1526) ◻ LL ~ ◻ Gk *anáthema* thing accursed, 《原義》 anything devoted ← ANA-+*tithénai* to put (cf. thesis)〙
a·nath·e·mat·ic /ənæ̀θəmǽtɪk | -θəmǽt-, -θɪ-ˈ/ *adj.* 憎むべき, 嫌でたまらない (loathsome). 〘(1850): ⇨ ↑, -atic〙
a·nath·e·ma·ti·za·tion /ənæ̀θəmət$_{ɪ}^{ə}$zéɪʃən | -θəmətaɪ-, -θɪ-, -tɪ-/ *n.* のろい; 破門宣告. 〘(1593) ◻ ML *anathēmatizātiō(n-)*〙
a·nath·e·ma·tize /ənǽθəmətàɪz | -θə-, -θɪ-/ *vt., vi.* **1** (教会で)のろう, アナテマを宣告する, 破門する (excommunicate) (⇨ curse SYN). **2** のろう (curse); (公然と)非難する (denounce). 〘(1566) ◻ LL *anathēmatizāre* ◻ Gk *anathematízein*: ⇨ -ize〙
an·a·tine /ǽnətàɪn, -tɪ̀n/ *adj.* 〖鳥類〗カモの(ような). — *n.* ガンカモ科の鳥. 〘(1862) ◻ L *anatinus* ← *anas* duck〙
A·na·tole /ǽnətòʊl | -tə̀ʊl; F. anatɔl/ *n.* アナトール 《男性名》. 〘◻ F ~: 3世紀末ごろの Laodecia の司教 St. Anatole にちなむ〙
An·a·to·li·a /æ̀nətóʊliə, -ljə | -tə́ʊ-/ *n.* アナトリア 《黒海と地中海との間の広大な高原; 昔は小アジア (Asia Minor) と同義, 近代ではアジアトルコ (Turkey in Asia) の別名》. 〘◻ ML ~ ◻ Gk *anatolḗ* sunrise, east ← *anatéllein* to rise ← ANA-+*téllein* to accomplish, rise: ⇨ -ia[1]〙
An·a·to·li·an /æ̀nətóʊliən, -ljən | -tə́ʊ-ˈ/ *adj.* アナトリア(人, 語)の. — *n.* **1** アナトリア人. **2** アナトリア語(派) 《ヒッタイト語 (Hittite) などを含む印欧語族の言語群; 現在は死滅している》. **3** アナトリア製トルコ敷物. 〘1590〙
An·a·tol·ic /æ̀nətɑ́(:)lɪk | -tɔ́l-ˈ/ *adj.* = Anatolian. 〘1853〙
an·a·tom·i·cal /æ̀nətɑ́(:)m$_{ɪ}^{ə}$kəl, -kl̩ | -tɔ́mɪ-ˈ/ *adj.* **1** 解剖学(的)の, 解剖学上の; 解剖(的)の: an ~ term 解剖学用語 / an ~ specimen 解剖模型. **2** 構造的な, 構造に根ざした. **an·a·tom·ic** /æ̀nətɑ́(:)mɪk | -tɔ́m-ˈ/ *adj.* **àn·a·tóm·i·cal·ly** *adv.* 〘(1586) ◻ F *anatomique* // LL *anatomicus*: ⇨ anatomy, -ical〙
ànatomical snúffbox *n.* 〖解剖〗解剖的嗅ぎたばこ入れ 《手の甲の親指と人差し指との間のくぼみ》.
an·a·tom·i·co- /æ̀nətɑ́(:)m$_{ɪ}^{ə}$koʊ | -tɔ́mɪkəʊ/ 「解剖学の; 解剖学と…との」の意の連結形: *anatomico*pathologic(al) 解剖病理学の. 〘◻ L *anatomicus* ← *anatomia* 'ANATOMY': ⇨ -o-〙
a·nat·o·mist /ənǽtəm$_{ɪ}^{ə}$st | -təmɪst/ *n.* **1** 解剖(学)者. **2** (細密な)分析者. 〘(1569) ◻ F *anatomiste*〙
a·nat·o·mi·za·tion /ənæ̀təm$_{ɪ}^{ə}$zéɪʃən | -təmaɪ-, -mɪ-/ *n.* **1** 解剖. **2** 分析的な吟味. 〘1675〙
a·nat·o·mize /ənǽtəmàɪz | -tə-/ *vt.* **1** 〈動植物体を〉解剖する. **2** (主に批判的に)細密に分析[分解]する.
a·nát·o·miz·er *n.* 〘(?*a*1425) ◻ ML *anatomizāre*: ⇨ anatomy, -ize〙
a·nat·o·mo- /ənǽtəmoʊ | -təməʊ/ = anatomico-. 〘《変形》 ← ANATOMICO-〙
a·nat·o·my /ənǽtəmi | -tə-/ *n.* **1** **a** 解剖学, 解剖論: general ~ 解剖学総論 / human ~ 人体解剖学 (cf. 3 a) / ⇨ pathological anatomy. **b** 解剖学書. **2** 解剖(術) (dissection). **3** **a** 解剖学的構造; 解剖模型: human ~ 人体組織 (cf. 1 a) / the ~ of a frog. **b** (物事の)骨組み, 構造 (structure). **4** 《戯言》(人間の)からだ (body). **5** 精密な検査, 分析: the ~ of a crime. **6** 《古》骨格, 骸骨(ｶﾞｲｺﾂ) (skeleton); ミイラ (mummy). **7** (骨と皮ばかりに)やせこけた人: a mere ~. **8** 《廃》解剖体 (anatomical subject). 〘(*a*1398) ◻ (O)F *anatomie* // LL *anatomia* ◻ Gk *anatomía* ← *anatomḗ* dissection ← *anatémnein* to cut up ← ANA-+*témnein* to cut (cf. tome)〙
an·a·to·no·sis /æ̀nət$_{ə}$nóʊs$_{ɪ}^{ə}$s | -tənə́ʊsɪs/ *n.* (*pl.* **-no·ses** /-si:z/) 〖植物〗増張現象 《細胞内液の浸透圧が外部のそれに応じて変化する現象》. 〘← NL ~ ← ANA-+Gk *tónōsis* strengthening〙
an·a·tox·in /æ̀nətɑ́(:)ks$_{ɪ}^{ə}$n | -tɔ́ksɪn/ *n.* 〖免疫〗= toxoid. 〘← ANA-+TOXIN〙

A

a·nat·ro·pous /ənǽtrəpəs/ *adj.* 〘植物〙倒生の, 倒立の《珠孔と珠柄とが逆さになっている胚珠についていう; cf. amphitropous, campylotropous, orthotropous》: an ～ ovule 倒生胚珠. 〖(1847) ← NL *anatropus*: ⇨ ana-, -tropous〗

a·nat·ta[1] /ʌnɑ̀tɑː/ *n.* 〘仏教〙無我《絶対なる唯一の原理, 中心主体の存在を否定すること; われという観念, わがものという観念を排除すること; cf. Three Signs of Being》. 〖(1697) □ Pali *anatta* ← Skt *anātman*《原義》having no soul〗

a·nat·ta[2] /ənɑ́ːtə, ənǽtə | ənǽtə, æn-/ *n.* ＝annatto.

a·nat·to /ənɑ́ːtou, ənǽt- | ənǽtəu, æn-/ *n.* ＝annatto.

an·au·tog·e·nous /æ̀nɔːtɑ́(ː)dʒənəs, -nɑː- | æ̀nɔː-tɔ́dʒ-/ *adj.* 〘昆虫〙〈かなど〉卵を産むのに血を吸う必要がある (cf. autogenous 3). 〖← *an-* 'A-[7]'＋AUTOGENOUS〗

An·ax·ag·o·ras /æ̀næksǽgərəs, -ræs/ *n.* アナクサゴラス《500?–428 B.C.; ギリシャの哲学者; 宇宙は微細な種子 (スペルマタ)から成っていると説いた》. **An·ax·ag·o·re·an** /æ̀næksæ̀gəríːən/ *adj.*

A·nax·i·man·der /ənǽksəmæ̀ndə | -sɪmæ̀ndə(r)/ *n.* アナクシマンドロス《610?–?546 B.C.; ギリシャの Miletus の哲学者・天文学者; 宇宙は唯一の根源アペイロン (apeiron) から発生したと考えた》.

An·ax·im·e·nes of Lamp·sa·cus /æ̀næksímənìːz əv lǽmpsəkəs | -mɪ-/ *n.* (ランプサコスの)アナクシメネス《380?–320 B.C.; 古代ギリシャの修辞家・歴史家》.

Anaximenes of Milétus *n.* (ミレトスの)アナクシメネス《?–525 B.C.; ギリシャの Miletus の哲学者; 空気を万物の根源とした》.

an·bur·y /ǽnbəri, -beri | -bəri/ *n.* **1** 〘獣医〙牛・馬の脚に生じる顆粒状の軟腫(ᵗ). **2** 〘植物病理〙(カブラ・キャベツなどの)根茎肥大症. 〖(1598)《混成》? ← OE *angnæǧl* 'AGNAIL'＋BERRY《原義》? painful berrylike tumor〗

ANC 《略》African National Congress.

anc. 《略》ancient; anciently.

-ance /əns, ns, -ənts, -nts/ *suf.* 行動・状態・性質などの意を表す名詞語尾 (cf. -ence, -ancy): **1** -ant を語尾とする形容詞に対応する名詞を造る: brilli*ance*, dist*ance*. **2** 直接に動詞に付けて名詞を造る: assist*ance* (← assist ＋-*ance*) / persever*ance* (← persevere＋-*ance*). 〖ME -*aunce* □ (O)F -*ance* < L -*antiam*: ⇨ -ant〗

an·ces·tor /ǽnsɛstə, ǽnts-, -sɪs- | -tə(r)/ *n.* **1 a** 先祖, 祖先 (forefather)《通例曽父母以前の代の者をいう; ↔ descendant》. **b** 〘法律〙直系尊属; 被相続人 (cf. heir 3). **2** 先駆(者), 前身; 原型 (prototype). **3** 〘生物〙先祖《それから発達した, または発達したと推定される原種》. **— *vt.*** …の先祖である. 〖(*c*1300) *auncestre* □ OF *ancestre* (F *ancêtre*) □ L *antecēssor* predecessor ← *antecessus* (p.p.) ← *antecēdere* ← ANTE-＋*cēdere* to go: ⇨ -tor〗

áncestor wòrship *n.* 祖先崇拝. 〖1854〗

an·ces·tral /ænséstrəl/ *adj.* **1** 先祖の, 祖先の; 累代の, 先祖伝来の: ～ acres [estates] 父祖伝来の土地. **2** 先駆(者)に当たる; 原型をなす. **3** 〘生物〙先祖の: ～ forms of life 生物の原始形態. **～·ly** *adv.* 〖(1464)《古形》*auncestrell* □ OF *ancestrel* (F *ancestral*): ⇨ ancestor, -al[1]〗

an·ces·tress /ǽnsɛstrɪs, -sɪs-/ *n.* (女性の)先祖. 〖1580〗

an·ces·try /ǽnsɛstri, ǽnts-, -sɪs-/ *n.* **1** 祖先の系統, 家系: an American of Japanese ～ 日系米国人 / trace one's ～ back to …まで家系をたどる / He is of good ～. 家柄がよい. **2** (立派な)家柄, 名門, 門閥. **3** 〘集合的〙先祖, 祖先 (ancestors) (↔ posterity). **4** (物体・現象などの)始まり, 発端, 起源. **5** 発達過程, 歴史. **6** 〘生物〙系統. 〖(*a*1338)《変形》← OF *ancesserie*: ME *ancestre* の影響による: ⇨ ancestor, -y[1]〗

An·chi·ses /ænkáɪsiːz, æŋ-/ *n.* 〘ギリシャ・ローマ神話〙アンキーセース《Aeneas の父; 息子の手によって火災の Troy から救い出された》. 〖□ L *Anchīsēs* □ Gk *Agkhísēs*〗

an·chi·there /ǽŋkəθɪə | -kɪθɪə(r)/ *n.* 〘古生物〙アンキテリウム《中新世および鮮新世のアンキテリウム属 (*Anchitherium*) の馬の化石種》. 〖(1879) ← NL *Anchithērium* ← Gk *ágkhi* near: ⇨ -THERIUM〗

an·cho /ǽntʃou | -tʃəu/ *n.* アンチョ《メキシコ料理に使われる, 香りのよい大形のトウガラシ; 通例乾燥させたものを使う; ancho chilli ともいう》.

an·choï·ade /ɑ̃ː(n)ʃwɑːjɑ́ːd, ɑːn-; *F.* ɑ̃ʃwajad/ *n.* 〘料理〙アンシュワヤード《南仏のアンチョビー・オリーブ油・ガーリック・ハーブで作るペースト》.

an·chor[1] /ǽŋkə | -kə(r)/ *n.* **1** 〘海事〙錨(ｲｶﾘ), アンカー: ⇨ bower anchor, kedge anchor, sheet anchor, stream anchor. **2** 頼みの綱, 力となるもの, (心の)よりどころ (cf. *Heb.* 6:19): be an ～ *to* …にとって頼みの綱である. **3 a** 固定[定着]装置, 安定[固定]器具. **b** (気球を係留して固定させるための)重り. **c** 〘医学〙固定装置, 維持装置. **4** ＝anchorman. **5** 〘建築〙錨飾り, つなぎ金物, (壁などを締め付ける)引金物(ﾋｷｶﾞﾈﾓﾉ). **6** 〘土木〙(吊り橋などのケーブルを両端で固定する)アンカー, 固定装置. **7** 〘軍事〙防衛線上の要点, 防御線の主要拠点. **8 a** 錨形の物. **b** 〘動物〙錨状針骨《海綿などの体中にある》. **9** 〘紋章〙錨《希望 (hope) の象徴とされる》. **10** [*pl.*]《英口語》(自動車の)ブレーキ (brakes). **11** 〘時計〙アンクル《がんぎ車を係合するつめのある部品》. **12** (ショッピングセンターの)中核店舗《デパートなど》. **13** [A-]〘商標〙アンカー: **a** 英国 Anchor Foods 社製のバター. **b** シンガポール Malayan Breweries 社製のビール. **14** アンカー: **a** 〘印刷〙図版などをテキストのある部分に固定するとき, その位置を示すコード (cf. *vi.*). **b** 新聞の社説や広告など毎号同一形式のもの. **c** 〘電算〙ハイパーテキストから図版などへの参照を記述するタグ.

Ánchor awásh. 〘海事〙錨水面《錨を揚げる際に, 水面すれすれまで来た状態; 正錨(ﾏｻｲｶﾘ) (up anchor) の直前》. ***at ánchor*** 錨(ｲｶﾘ)泊中で[の]: be [lie, ride] *at* ～ 投錨(ﾄｳﾋﾞｮｳ)[停泊]している. 《1666》 ***báck an ánchor*** 〘海事〙副錨(ｲｶﾘ)を付ける《大錨の把駐力を増すためにその錨索(ｲｶﾘﾂﾅ)の途中に副錨を付け大錨が地面に対して引っかく形を保たせる》. ***cást an ánchor to windward*** (1) 〘海事〙風上に投錨する. (2) 安全策を講じる. ***cást (the) ánchor*** (1) 投錨する. (2) 〔ある場所に〕落ち着く, とどまる 〔*in*〕. ***cát the ánchor*** 錨を錨架につり上げる. ***côme to (an) ánchor*** (1) 錨を下ろす, 停泊する. (2) 落ち着く (settle down); 定住する (come to rest): He *came to* ～ in a chair. 椅子に腰を下ろした. 《1590》 ***drág (the) ánchor*** (1) 〘海事〙〈船が〉(嵐などで)きかなくなった錨を引きずる, 走錨する. (2) 敗北する, 失敗する. ***dróp (the) ánchor*** ＝*cast (the)* ANCHOR. ***láy an ánchor to windward*** ＝*cast an* ANCHOR *to windward*. ***lèt gó (the) ánchor*** 錨を入れる; [号令] 錨入れ, 投錨. ***slip the ánchor*** 〘海事〙錨鎖をスリップ (slip) で留めておいたのを開いて投錨する. ***swállow the ánchor*** 《俗》船乗りをやめる, 陸(ｵｶ)に揚がる. ***The ánchor cómes hóme.*** 〘海事〙走錨する《海底に爪を引っかけていた錨が風の力などに耐えられず滑り出す》. ***wéigh ánchor*** (1) (出帆のために)錨を揚げる, 抜錨(ﾊﾞﾂﾋﾞｮｳ)する; 出帆する. (2) 立ち去る, 出掛ける; (当面の)仕事に取り掛かる.

— *adj.* 〘スポーツ〙アンカーの, 最終走者[泳者]の.

— *vt.* **1** 〈船を〉錨でつなぐ, 錨泊させる: ～ a ship in the bay. **2** 固定する, 〈気球などを〉係留する, 〈テントを〉留める 〔*to*〕: ～ a tent *to* the ground. **3 a** 〈希望などを〉かける, つなぐ (fix): ～ one's hope *in* [*on*] …に望みの綱を掛ける. **b** 〈注意力などを〉しっかり捕える, つなぎ留める. **4 a** 〘スポーツ〙〈チーム〉のアンカーを務める; 綱引き (tug-of-war) の最後尾を務める. **b** 〘ラジオ・テレビ〙〈番組〉の総合司会を務める, 解説をする. **5 a** 〘印刷〙(テキストのある部分に)〈図版などを〉固定する. **b** 〘電算〙(ハイパーテキストのある部分に)〈図版などを〉リンクによって固定する. **— *vi.*** **1** 投錨する; (錨を下ろして)停泊する: ～ off a harbor 港外(沖)に停泊する. **2** 固定する. **3** 〈人が〉住まいを定める, 落ち着く. ***be ánchored in*** [*to*] …に深い関係がある.

〖OE *ancor* □ L *ancora* □ Gk *ágkūra* anchor ← IE **ank-*, **ang-* to bend: cf. angle[1,2]〗

anchor[2] *n.* 《廃》隠者 (anchorite). 〖OE *ancor*, *ancra*〗

an·chor·age[1] /ǽŋk(ə)rɪdʒ/ *n.* **1 a** 錨地, 泊地, 船がかり, かかり場. **b** 投錨(ﾄｳﾋﾞｮｳ), 停泊. **c** 停泊料[税]. **2** (気球などの)係留: an ～ post 係留柱. **3** (心の)よりどころ, 頼みの綱. **4** 〘土木〙アンカレッジ, 定着(基礎)《吊り橋などのケーブルを陸地の部分で引き留めるため, 鋼材をコンクリートに埋め込んで引き抜けないように固めたブロック》. **5** 〘歯科〙固定源《矯正力を歯に働かせる場合の抵抗源となるもの, あるいは金冠・義歯等を口の中に固定するための歯》. **6** 〘医学〙固定(法). **7** 〘心理〙碇泊(ﾃｲﾊｸ)点《認知や判断の対象の位置づけにあたって基準とするもの》. **8** 錨(ｲｶﾘ)の束. 〖(1348): ⇨ ↑, -age〗

an·chor·age[2] /ǽŋk(ə)rɪdʒ/ *n.* 隠者の住まい, 庵(ｲｵﾘ) (hermitage). 〖(1593) ←《廃》*anchor* anchorite (< OE *ancra* □ OIr. *anchara* ← LL *anachōrēta* 'ANCHORITE'): ⇨ -AGE〗

An·chor·age /ǽŋk(ə)rɪdʒ/ *n.* アンカレジ《米国 Alaska 州南部, Cook Inlet に臨む港市; 国際空港がある》. 〖← ANCHORAGE[1]: 昔補給船がここに停泊したことから〗

ánchor àrm *n.* 錨(ｲｶﾘ)の腕.

ánchor bàll *n.* 〘海事〙停泊球《昼間船舶が停泊していることを示すため船首付近に掲げる黒球》. 〖1867〗

ánchor bèd *n.* 〘海事〙錨床(ﾋﾞｮｳｼｮｳ), 錨座 (billboard)《船首楼甲板上に錨を引き上げて置く座》. ★ 現今の新しい船にはない.

ánchor bèll *n.* 〘海事〙アンカーベル, 停泊船霧中号鐘《停泊中の船舶が霧の濃い時に鳴らすベル》.

ánchor bènd *n.* 〘海事〙錨結び (fisherman's bend).

ánchor bìll *n.* 〘海事〙錨の爪の先端.

ánchor bòlt *n.* 〘建築〙(土台などを基礎に取り付ける)基礎ボルト, アンカーボルト《anchor rod ともいう》. 〖*a*1875〗

ánchor bùoy *n.* 〘海事〙錨浮標[ブイ]《投入してある錨の位置を示す小さい浮き》.

ánchor chòck *n.* 〘海事〙**1** アンカー台《昔, 錨を甲板上に収納しておくときに動かないように嚙ませた楔状の木の台》. **2** 錨銲(ﾋﾞｮｳｶﾝ)補強材《昔, 木製のストックが損傷した時, これに当てた補強材》. 〖1867〗

ánchor cròwn *n.* 〘海事〙錨の最低部.

ánchor dàvit *n.* 〘海事〙錨つりの柱. ★ 現今の新しい船には用いない.

ánchor dèck *n.* 〘海事〙錨作業用甲板.

án·chored *adj.* **1** 錨を下ろした; (錨で)固定された. **2** 〘紋章〙＝ancrée. 〖1611〗

ánchor escàpement *n.* 〘時計〙アンクル脱進機《多くの振り子時計に用いられている脱進機; がんぎ車と係合するアンクルのつめの部分が錨形をしているのでこの名がある; 脱進動作中がんぎ車にわずかにあと戻りを強いるので退却脱進機 (recoil escapement) ともいう》. 〖1854〗

an·cho·ress /ǽŋk(ə)rɪs | ǽŋk(ə)rɪs, -res/ *n.* 女性の隠者. 〖(1393) ← ME *ancre* (< OE *ancra*: ⇨ anchorage[2])＋-ESS[1]〗

an·cho·ret /ǽŋkərɛ̀t, -rɪt/ *n.* ＝anchorite.

an·cho·ret·ic /æ̀ŋkərétɪk | -tɪk←/ *adj.* ＝anchoritic.

ánchor flùke *n.* 〘海事〙錨のつめ, 錨鉤(ﾋﾞｮｳｺｳ).

ánchor gèar *n.* 錨具(ﾋﾞｮｳｸﾞ)《錨関係の用具》.

ánchor gròund *n.* 錨地(ﾋﾞｮｳﾁ), 錨泊地《投錨に適する海底》. 〖1824〗

ánchor·hòld *n.* **1** 錨の把駐力, 錨きき. **2** 安固, 安全 (firm hold, security). 〖1527〗

ánchor ìce *n.* 〘地質〙底氷《水底にできる海綿状の結氷; ground ice ともいう》. 〖1815〗

ánchor ìnsulator *n.* 〘電気〙引留め碍子(ｶﾞｲｼ).

an·cho·rite /ǽŋkəràɪt/ *n.* **1** (宗教的理由による)隠者, 隠士, 世捨て人, 道士 (recluse); 隠遁(ｲﾝﾄﾝ)的な人. **2** 〘カトリック〙独住修士, 隠修士 (hermit). 〖(*a*1464) *ancorite* □ ML *anchōrīta* □ Gk *anakhōrētḗs* ← *anakhōreîn* to withdraw ← ANA-＋*khōreîn* to give place, retire ∞ (*c*1433) *anachorite* □ LL *anachōrēta*〗

an·cho·rit·ic /æ̀ŋkərítɪk | -tɪk←/ *adj.* 隠者の(ような), 隠遁(ｲﾝﾄﾝ)的な. **àn·cho·rít·i·cal·ly** *adv.*

ánchor knòt *n.* 〘海事〙錨(ｲｶﾘ)結び (fisherman's bend).

ánchor·less *adj.* **1** 錨のない, 錨を失った. **2** 安定を失った. 〖1832〗

ánchor light *n.* 〘海事〙投錨(ﾄｳﾋﾞｮｳ)灯, 停泊灯《停泊中の船が日没から日の出まで掲げる白色灯; riding light ともいう》.

ánchor lìning *n.* 〘海事〙アンカーすれ止め板《錨を引き上げるとき船体外板が損傷するのを防ぐ添え板》.

ánchor·màn /-mæ̀n/ *n.* (*pl.* **-men** /-mèn/) **1** 〘スポーツ〙**a** (綱引きで)チーム最後尾の人. **b** (リレーなどで)最後の走者[選手], アンカー: the ～ *on* a relay team. **c** (野球チームで)最強打者. **2 a** (事業などの)責任者, 調整者 (coordinator). **b** 〘テレビ・ラジオ〙ニュース番組の(総合司会を務める)キャスター (cf. linkman[2] 1). **c** (討論会の)司会者 (moderator). **3** 《米俗》(卒業する同期生中で)成績が最下位の者. 〖1911〗

ánchor pàlm *n.* 〘海事〙＝anchor fluke.

ánchor·pèrson *n.* ＝anchorman; anchorwoman《性差別を避けた語》. 〖1973〗

ánchor plàte *n.* 〘土木〙定着板, 控え板《矢板式岸壁のタイロッドを固定するための土中の板》. 〖1883〗

ánchor pòcket *n.* 〘海事〙アンカーポケット《横木 (stock) のない錨(ｲｶﾘ)を収納するための船首のくぼみ》.

ánchor pòint *n.* 〘アーチェリー〙アンカーポイント《矢を放つ前の構えを安定させるために自分の腕や手をあげてくる顔の一点; 例えばあご》.

ánchor rìng *n.* **1** 錨環(ﾋﾞｮｳｶﾝ). **2** 〘数学〙トーラス, 円環面[体] (torus). 〖1863〗

ánchor ròd *n.* 〘建築〙アンカーロッド (⇨ anchor bolt).

ánchor ròpe *n.* 〘海事〙アンカーロープ, 錨索(ｲｶﾘﾂﾅ)《錨に付いた長い索; 大きい船では索の代わりに鎖を使う》.

ánchor shàckle *n.* 〘海事〙アンカーシャックル《錨鎖(ﾋﾞｮｳｻ)と錨環を連結するシャックル》.

ánchor shànk *n.* 〘海事〙錨幹(ﾋﾞｮｳｶﾝ).

ánchor shòt *n.* **1** 〘海事〙＝grapple shot 1. **2** 〘玉突〙アンクル突き《引き続き cannon を取る突き》.

ánchor stòck *n.* 〘海事〙錨の横木, 錨の笄(ｺｳｶﾞｲ).

ánchor stròke *n.* 〘玉突〙＝anchor shot 2. 〖1904〗

ánchor thròat *n.* 〘海事〙錨喉(ﾋﾞｮｳｺｳ).

ánchor wàtch *n.* 〘海事〙守錨(ｼｭﾋﾞｮｳ)(当)直《停泊中に強風・強潮などで錨がひけ[走錨し]ないかを見守る》. 〖1876〗

ánchor·wòman *n.* anchorman の女性形. 〖1973〗

an·chor·y /ǽŋk(ə)ri/ *adj.* 〘紋章〙＝ancrée. 〖《変形》? ← ANCRÉE: ANCHOR の影響?〗

an·cho·vet·a /æ̀ntʃouvéṭə | -tʃə(u)vétə/ *n.* 〘魚類〙**a** アンチョベータ (*Cetengraulis mysticetus*)《北米太平洋沿岸に生息するカタクチイワシ科の小魚の一種; 釣餌用》. **b** アンチョベータ (*Engraulis ringens*)《南米太平洋岸, 特にペルーとチリ海岸沖合に多いカタクチイワシ科の小魚》. 〖(1940) □ Sp. ～ (dim.) ← *anchova* (↓)〗

an·cho·vy /ǽntʃouvi, ─ ─́ ─ | ǽntʃə-, æntʃə́u-/ *n.* (*pl.* **-cho·vies**, ～) 〘魚類〙カタクチイワシ科の小魚の総称; (特に)アンチョビー (*Engraulis encrasicholus*)《産卵期には表層にのぼってくる; 地中海に多産する; pickles, anchovy sauce などに用いる》. 〖(1596–97) □ Sp. & Port. *anchova* (i) □ ? It. (Genoese) *ancioa* < VL **apjuam* □ Gk *aphúē* small fry // (ii) □ ? Basque *anchu* dried fish ← *anchua* dry〗

ánchovy páste *n.* アンチョビーペースト《アンチョビーをすりつぶし, 酢・香辛料を加えて練ったもの》. 〖1856〗

ánchovy pèar *n.* 〘植物〙アンチョビーナシ《西インド諸島産サガリバナ科のマンゴーに似た果物》; その木 (*Grias cauliflora*).

ánchovy sáuce *n.* アンチョビーソース. 〖1674〗

ánchovy tóast *n.* アンチョビーペースト付きのトースト. 〖*c*1771〗

an·chu·sa /æŋkjúːsə, -zə/ *n.* 〘植物〙ウシノシタグサ《ムラサキ科ウシノシタグサ属 (*Anchusa*) の植物の総称; ウシノシタグサ (*A. azurea*) など; cf. alkanet 3, bugloss》. 〖← NL *Anchūsa* ← L 'alkanet' □ Gk *ágkhousa*〗

an·chu·sin /æŋkjúːsɪn | -sɪn/ *n.* 〘化学〙赤い着色材料《植物の一種アルカンナ (alkanet) の根から採る; alkannin が主成物》. 〖(1863): ⇨ ↑, -in[2]〗

an·chy·lose /ǽŋkɪlòus, -lòuz | -ləuz/ *vt., vi.* 〘医学〙＝ankylose. 〖1787〗

an·chy·lo·sis /æ̀ŋkɪlóusɪs | -ləusɪs/ *n.* (*pl.* **-lo·ses** /-siːz/) 〘解剖・病理〙＝ankylosis. **àn·chy·lót·ic** *adj.* 〖1765〗

an·chy·los·to·mi·a·sis /æ̀ŋkɪlɒ̀stoumáɪəsɪs | -lɒ̀stə(u)máɪəsɪs/ *n.* (*pl.* **-a·ses** /-siːz/) 〘病理〙＝ancylostomiasis.

an·cienne no·blesse /ɑ̃ː(n)sjénnoubles, ɑːn- | -nə(u)-; *F.* ɑ̃sjɛnnɔblɛs/ *F.* *n.* [the ～; 集合的] (1789 年のフランス革命以前の)旧制度 (ancien régime) の貴族.

〖□F ～ 'ancient nobility'〗

an·cien ré·gime /ɑ́ː(n)siæ̃(ŋ)reɪʒíːm, ɑ́ːnsiæ̃ŋ-; *F.* ɑ̃sjɛ̃ʁeʒim/ *F. n.* (*pl.* **an·ciens ré·gimes** /～(z); *F.* ～/) **1** [the ～] 旧制度, アンシャンレジーム (ancient regime)《特にフランス革命以前のフランス絶対王政期の政治・社会制度》. **2** 旧制度, 旧体制. 〖《1794》□F ～ 'ancient system of government': ⇨ ↓, regime〗

an·cient[1] /éɪnʃənt/ *adj.* (**more ～, most ～**; 《古》 **～·er, ～·est**) **1** 昔の, 往古の; 古代の (⇨ ancient history 1) (⇨ old SYN): ～ civilization 古代文明 / an ～ city 古代都市, 古都 / ～ relics 古代の遺物 / ～ times 古代 / in ～ days 大昔に. **2** 古来の, 非常に古い: an ～ custom [building, superstition, etc]. **3** 古くさい, 旧式な (old-fashioned); 《戯言》古ぼけた: an ～ box camera [jalopy, straw hat, etc]. **4** 《古》 **a** 老齢の, 年老いた (very old): ⇨ Ancient Mariner. **b** (高齢で)徳の備わった, 賢明な (venerable, wise). **c** よぼよぼの (⇨ aged SYN). **5** 《法律》30 年(時には 20 年)を経た: an ～ boundary / ⇨ ancient lights.

áncient and hónorable 〈伝統など〉古来の, 昔ながらの, 由緒ある (time-honored) (cf. *Isa.* 9: 15).

— *n.* **1** 古代人. **2 a** [通例 the ～s] 古代文明国人《特に, 古代ギリシャ・ローマ・エジプト・ヘブライ人》. **b** [しばしば *pl.*] 古代作家, 古典作家. **3** 《古》老人, 故老; 先祖 (ancestor) (cf. *Isa.* 3: 5, 14). **4** 古代の貨幣.

Áncient of Dáys (1) [the ―] 《聖書》「日の老いたる者」, 神 (God) (*Dan.* 7: 9). (2) [a- of d-] 《戯言》非常な老人, 非常に古い物. 《1560》

～·ness *n.* 〖《?c1390》 *auncien* □ AF=(O)F *ancien* < VL **antiānum* old, former ← ANTE-+L *-ānus* '-AN[1]': *-t* は -ANT, -ENT との類推で 15 C から〗

an·cient[2] /éɪnʃənt/ *n.* **1** 《古》旗 (flag, standard). **2** 《廃》旗手 (standard-bearer). 〖《1554》《変形》← EN-SIGN: ↑ の影響〗

áncient demésne *n.* 《英》固有御料地 (Domesday Book において王領地と記載された土地). 〖1522〗

Áncient Gréek *n.* 古代ギリシャ語 (⇨ Greek 3; cf. Koine, Late Greek, Medieval Greek).

áncient hístory *n.* **1** 古代史《ヨーロッパ史ではほぼ西ローマ帝国滅亡 (476) まで; cf. history 1 a》. **2** 《口語》 **a** 時代遅れの事柄. **b** 古くさい話, 周知の事柄 (common knowledge): It's ～ now. 〖1595〗

áncient líghts *n. pl.* 《法律》 **1** 採光[日照]権を取得した窓(など)《20 年以上採光を妨げられなかった窓; 主に英国ではそれ以後も採光を続ける権利がある; cf. ancient[1] *adj.* 5》. **2** 採光[日照]権. 〖1768〗

án·cient·ly *adv.* **1** 大昔に (in ancient times). **2** 《廃》以前に (formerly). 〖1502〗

Áncient Máriner *n.* 老水夫《Coleridge の詩 *The Rime of the Ancient Mariner*「老水夫行」の主人公; アホウドリを殺してしまい不幸を招いた; cf. albatross》.

áncient mónument *n.* 古跡[遺跡]記念物《英国では環境省所管》. 〖1593〗

áncient regíme *n.* =ancien régime.

an·cient·ry /éɪnʃəntri/ *n.* **1** 《古》古代, 大昔 (ancient times). **2** 《古》古さ (ancientness); 古風 (ancient style), 旧式. **3** 《廃》古い家系, 旧家 (ancient lineage); 家系 (ancestry). **4** [集合的]《廃》老人たち. 〖《1580》: ⇨ -ery〗

an·ci·le /ɑːŋkíːleɪ, ænsáɪli/ *n.* (*pl.* **an·cil·i·a** /ɑːŋkíliə, ænsíl-/) 聖なる楯《古代ローマ人が Rome の守りを保証すると考えた 12 本の聖なる楯の各々》. 〖《1674》□L *ancīle* ← ? *ancīdere* ← *an-* 'AMBI-'+*caedere* to cut〗

an·cil·la /ænsílə/ *n.* (*pl.* **an·cil·lae** /-liː/) **1 a** 添え物, 付属物〔*to*〕. **b** 役立つもの, 手引き〔*to*〕. **2** 《古》侍女, 女中. 〖《1902》□L ～ 'female servant' (dim.) ← *ancula* (fem.) ← *anculus* servant〗

an·cil·lar·y /ǽnsəlèri | ænsíləri/ *adj.* **1** 補助的な, 付随の, 付属的な (auxiliary, subordinate)〔*to*〕: an ～ science 補助科学. **2** 《法律》付属の, 付加的な.
— *n.* 補助物, 付随物. 〖《1667》□L *ancillāris* of a female servant: ⇨ ↑, -ary〗

an·cip·i·tal /ænsípəṭḷ | -pɪtḷ/ *adj.* 《動物》二面のある; 《植物》二稜形の, 二稜のある (cf. ancipitous). 〖《1794》← L *ancipit-, anceps* two headed (← AMBI-+*caput* head)+-AL[1]〗

an·cip·i·tous /ænsípəṭəs | -pɪt-/ *adj.* 《動物・植物》= ancipital. 〖《*a*1859》: ⇨ ↑, -ous〗

an·cle /ǽŋkḷ/ *n.* 《廃》=ankle.

An·co·hu·ma /æ̀ŋkəh(j)úːmə; *Am.Sp.* aŋkoúma/ *n.* アンコーウーマ《南米ボリビアの Sorata 山の高峰の一つ (6,287 m)》.

an·con /ǽŋkɑ(ː)n | -kɒn/ *n.* (*pl.* **an·co·nes** /æŋkóuniːz | -kə́u-/) **1** 《解剖》ひじ (elbow). **2** 《建築》(渦形などの)持送り (console, bracket); つなぎ金物. 〖《1706》□L *ancōn* □Gk *agkṓn* elbow: cf. ankle〗

an·co·na /æŋkóunə | -kə́u-/ *n.* (*pl.* **an·co·ne** /-ni/, **～s**) 《教会》祭壇の背後の飾り (altarpiece)《特に, 入念に作られた枠組のある色彩画などから成る》. 〖《1874》□It. ～ ← ? Gk *eikóna* (acc.), *eikṓn* image: ↓ との連想による変形か: cf. icon〗

An·co·na /æŋkóunə | -kə́u-; *It.* ankóːna/ *n.* **1** アンコーナ《イタリア東部, アドリア海に臨む都市》. **2** アンコーナ (Ancona の原産でレグホンに似ている卵用の鶏の一品種).

an·co·nal /æŋkóunḷ | -kə́u-/ *adj.* 《解剖》ひじ (elbow) の (cf. ancon 1). 〖《1803》: ⇨ -al[1]〗

ancone *n.* ancona の複数形.

an·co·ne·al /æŋkóuniəl | -kə́u-/ *adj.* 《解剖》=anconal. 〖1870〗

ancones *n.* ancon の複数形.

Áncon shèep *n.* 《畜産》アンコンシープ《今は絶滅した長胴・短脚で前足の曲がった羊の一品種》. 〖《1852》 *Ancon*: ← NL ～: その脚の形から: ⇨ ancon〗

An·cre /ɑ́ː(ŋ)kr(ə), ɑ́ːŋ-; *F.* ɑ̃ːkʁ/ *n.* [the ～] アンクル(川)《フランス北東部, Picardy 地方を流れ Somme 川に注ぐ川 (35 km); 第一次大戦の戦跡; 1916 年 11 月連合軍が初めて戦車を使用した》.

an·crée /ǽŋkreɪ; *F.* ɑ̃kʁe/ *adj.* 《紋章》先端が二叉に分かれ錨(いかり)形に曲がった《anchory ともいう; cf. moline》. 〖□F *ancré* ← *ancre* 'ANCHOR'〗

an·cress /ǽŋkrɪs | -krɪs, -krɛs/ *n.* =anchoress.

anct. 《略》ancient.

-an·cy /ənsi, ṇsi, əntsi, ṇtsi/ *suf.* -ance の変形で性質・状態を表す名詞語尾: ascend*ancy*, redund*ancy*. 〖⇨ -ance, -cy〗

an·cy·l- /ǽŋkɪl, -kəl, ænsəl | ǽŋkɪl, ǽnsɪl/ (母音の前にくるときの) ancylo- の異形.

an·cy·lo- /ǽŋkɪlou | -ləu/ =ankylo-.

an·cy·lo·stó·mi·a·sis /æ̀ŋkɪlòustə(u)máɪəsɪs | -lə̀ustə(u)máɪəsɪs/ *n.* (*pl.* **-a·ses** /-siːz/) 《病理》鉤虫(こうちゅう)症, 十二指腸虫症 (hookworm disease). 〖← NL ～ ← *Ancylostoma* (属名: ⇨ ankylo-, -stoma[1])+-IASIS〗

and[1] /(弱) ən(d); (強) ǽnd/ *conj.* ★ /t, d, s, z/ のあとではまた /ṇ/, /p, b/ のあとではまた /ṃ/, /k, g/ のあとではまた /ŋ̍/. **1 a** [語・句・節などを対等に連結して; 記号 & (cf. ampersand)] そして, および, …と…, …や…: a statesman ～ a poet 政治家と詩人 (cf. 1 b) / black ～ white bread =black bread ～ white bread 黒パンと白パン / He can speak *both* English ～ French. 英語もフランス語も話せる / The boy sat *between* her ～ me. 少年は彼女と私との間に座った / I answered the question carefully ～ without error. その質問に慎重に間違いなく答えた / They walked over the river ～ through the woods. 彼らは川を渡り森を通って歩いて行った / She said that she would agree ～ that she would go with me any day. 彼女は承知していつでもお供をすると言った / a knife ～ fork ナイフとフォーク (cf. a knife ～ a spoon) / man ～ wife 夫妻 / young ～ old alike 老いも若きも同様に / rich ～ poor alike 富者も貧者も同様に / I want money ～ /ǽnd/ happiness, not money or /ɔ́ə | ɔ́ː/ happiness. 金も幸福も欲しいのであって金か幸福が欲しいのではない.

語法 (1) 三つ以上の語句を対等に連結する場合には次の 3 通りの表し方がある: (a) A, B(,) ～ C / (b) A ～ B ～ C / (c) A, B, C. このうち (a) が注意深く最も穏当な表現法であり, (b) は口語調の文体に見られ, (c) は次々と思いつくままに書き連ねるときの様式である. (2) and を文の冒頭に用いるのは特に古い文体に多い: … *And* the Spirit of God moved upon the face of the waters. …神の霊水の面(おもて)を覆いたりき (*Gen.* 1: 2). (3) 《口語》では強勢を置いた and /ǽ(ː)nd, æ̀nd/ を間投詞的に文頭に用いることがある: *And* are they really going to get married? まあ, 二人は本当に結婚するのでしょうか / Finally ― ～ this is the most important point of all. 最後に―そしてこれが一番大切な点なのだが / *And* that reminds me. ああ, それで思い出した / So he walked up to me.―*And* (then what)? 彼は私の方へ歩いてきました―そして(それからどうなった) / *And* now to the next item on the agenda. それじゃ次の議題に移りましょう.

---

b かつ, (…と同時に)また: buy ～ sell 売買する / eat ～ drink 飲み食いする / We walked ～ talked. 歩きながら話をした / Don't drink ～ drive! 飲んだら乗るな / He is a statesman ～ poet. 彼は政治家で詩人です (cf. 1 a) / It was a black-*and*-white film. 白黒映画だった. ★ 最後の 2 例で不定冠詞が繰り返されないことに注意; ただし同一人[物]を指す名詞が and で結ばれた二つの形容詞に修飾され, その一つ一つが強調される場合には, それぞれの前に不定冠詞が繰り返される: He was evidently *an* active ～ *an* energetic sightseer. 彼は確かに活発で精力的な旅行者だった. **c** [足し算で] …足す… (plus): Four ～ two make(s) [equal(s), is, are] six. 4 足す 2 は 6. **d** [数詞を接続して]: two hundred ～ twenty-three 223《★ 百の位の次に and /ənd, ən/ を入れるが《米》では略すこともある》/ one thousand ～ one 1,001 / one million ～ fifty 1,000,050 / two dollars ～ five cents 2 ドル 5 セント / seven ～ six (もと英貨) 7 シリング 6 ペンス (7/6 と略記する). ★ one ～ twenty (=twenty-one) の語法は古風で, 主に年齢などをいう場合に 2 桁(けた)の数のうちでも比較的低い数を表すのに用いられる: She is getting on for five ～ forty. もうかれこれ 45 歳だ. **e** それから, …して (and then): She nodded ～ walked on. うなずいてからまた歩き続けた / He finished his speech, ～ they applauded. 演説を終えると拍手が起こった.

2 a [同一の語を結び反復・継続を表して] …も…も, …に…し(続ける): hundreds ～ hundreds 何百も何百も, 幾百となく / again ～ again 何度も何度も, 再三再四 / I waited for hours ～ hours. 何時間も何時間も待った / He got wet through ～ through. ずぶぬれになった / They talked ～ talked. 彼らはしゃべりにしゃべった[(長時間)しゃべりまくった] / cf. TWO *and two*. **b** [比較級と共に用いて] ますます…: The airplane flew up higher ～ higher. 飛行機は高く高く飛んで行った / Things are getting more ～ more difficult. 事態は段々困難になっていく. **c** [同一の名詞を結び種々様々の意を強調して]: There are hotels ～ hotels, some good, some bad. ホテルにもぴんからきりまである, 良いのもあれば悪いのもある. **d** [類似の意味をもつ語, 類義語を結びつけて]: The one ～ only Michael Jackson! 並ぶ者なきマイケル・ジャクソンです[を紹介します] / I'm sick ～ tired of it! それにはほとほとうんざりだ / aid ～ abet ⇨ aid 成句.

3 a [結果の意を含んで] それで, だから (and so): He is a fool ～ knows nothing. 彼はばかで[だから]何も知らない / Fans kept arriving ～ eventually there was no more room. ファンが続々とつめかけ, それで結局場所がなくなった / It's a good job, ～ I'm going to apply for it. そいつはいい仕事だ. だから応募してみよう. **b** /ǽnd/ [命令文またはそれに相当する語句のあとに用いて] そうすれば, それなら (cf. or[1] *conj.* 3): Go on this way, ～ you will soon get there. この道を行けばじきにそこへ着きます / Move [Another step], ～ I will shoot. 動くと[もう一歩でも動いたら]撃つぞ. **c** さらに, しかも: There are problems to be solved, ～ that takes time [～ mere good intentions aren't enough]. 解決すべき問題がある. しかもそれには時間がかかる[単なる善意だけでは不十分だ] / He came?―*And* /ǽ(ː)nd/ stayed the night! 彼が来たんだって―しかも, 一晩泊まっていったんだ **d** [報道で] Bosnia ― ～ fresh talks have been undertaken. ボスニア―そして新たな会議が始められました.

4 /ǽnd/ **a** [対立の意を含んで] …でしかも ((and) yet); …しながら(それでいて) (but); それどころか(さらに): He is rich, ～ he lives like a beggar. 金持なのに乞食のような暮らしをしている / She promised to tell me, ～ didn't. 私に知らせてくれると約束しておきながら知らせてくれなかった / A sailor, ～ afraid of the weather! 船乗りのくせに荒天を恐れるとは. **b** [補足的または制限的陳述を追加して] しかも: She, ～ she alone, was chosen. 実に彼女だけが選ばれた / He did it, ～ did it well.=He did it. *And* (he) did it well. それをやってのけた, しかも立派に / ⇨ *and* HOW[1], *and no* MISTAKE, *and no* WONDER, *and* THAT[1] (1).

5 /ən, ṇ, ṃ, ŋ̍/ **a** [意味上あとの語が前の語に従属する二つの名詞を連結して]: a cup ～ saucer 受け皿付きのカップ / (a) whiskey ～ water 水割りウイスキー(一杯) / a carriage ～ pair 二頭立ての馬車 / write with [in] pen ～ ink ペンで書く, ペン書きにする. ★ 特にパン・料理の名称に用いる: bread ～ butter バター付きパン《バターを塗った[添えた]パン》/ a roll ～ cheese チーズ入りロールパン / fruit ～ cream クリーム入りフルーツ / ham [bacon] ～ eggs ハム[ベーコン]エッグ / meat ～ potatoes ポテト付きの肉. **b** [二つの形容詞を連結して, 前の語があとの語に副詞的にかかることを示す] 《口語》: It was nice ～ warm (=pleasantly warm). ぽかぽかと暖かかった / I'm good ～ hungry. とても腹ぺこだ / I'll do it when I'm good ～ ready (to)! 十分に準備ができたらやるよ. **c** [come, go, run, try, write などの命令形または不定詞形のあとに置いて; 次の動詞と共に目的を示す to 不定詞の意味を表す]《口語》: Go ～ see who it is. だれなのか見て来なさい / I will try ～ do it better next time. この次はもっとよくやるようにしましょう / Let's run ～ catch him. 追っかけて行ってつかまえてやろう / Please write ～ tell me. 一筆お知らせ下さい / wait ～ see 待って成り行きをみる. ★ come, go と用いる場合《米口語》では and を欠くことがある: Can you *come see* me tonight? 今晩お出でになれませんか. **d** [二つの動詞を連結して, あとの動詞に付帯情況を示す現在分詞の意味を添える]: Please stand ～ wait here. ここでこのまま待っていて下さい / He still sat ～ looked at the picture. まだ座ってその絵を見ていた.

6 [2 語を連結し, あとの語に前の語に対する修飾語的機能を添える]: his fair ～ outward character うわべだけ公正な彼の性格.

7 [二つの街路名を連結して, 交差点を示す]: 12th Street ～ Independence Avenue=《米》12th ～ Independence 12 番街とインディペンデンス通りの交差点.

8 《論理》かつ, そして, および《命題結合詞の連言[両立]詞として用いられる; cf. conjunction 5》.

9 《廃》…ならば (if); …としても (even if) (cf. an[2] 2): ～ it please you=if you please. cf. *Errors* 1. 2. 94

and àll 《口語》 (1) その他みんな[何もかも], …ごと: He ate the fish, bones ～ *all*. 魚を骨ごと食べた / The money had been stolen, box ～ *all*. お金は箱ごと盗まれていた. (2) …や何か: I have no time to rest, (what) with meetings ～ *all*. 会議や何かで休む暇もない. (3) [単に先行の陳述を強調して]《英俗》全く, 実際 (indeed): They were a queer lot, ～ *all*. 彼らは全くもっておかしな連中だった / He loves you ～ *all*. 君に心底惚れている. 《*c*1535》 ***and áll thát*** 《口語》 (1) …やら何やら, …など (and so forth): He used to take drugs ～ *all that*. 麻薬やら何やらよく飲んでいた. (2) (挨拶などに添えて)いやどうも(冗句): Many happy returns, ～ *all that*. いやどうもおめでとうございます《誕生日などで》. (3) …とかなんとか, なんて《話のあとに添える冗句》. ***and hów*** ⇨ how 成句. ***and if*** 《古》…ならば (if). cf. *Matt* 24. 48 ***ánd/ór*** ⇨ and/or. ***and só òn [fòrth]*** …など, …等(等), …その他(同じように); またそういったこと: You must get ready milk, eggs, flour, ～ *so on* [*forth*]. 牛乳, 卵, 小麦粉などを用意してください / She cried and screamed ～ *so on*. 泣いたりわめいたりいろいろと大変だった. ***and só òn and só fòrth*** (★ AND so on の強調): He went on about the difficulty, the expense, ～ *so on* ～ *so forth*. 彼は困難なこと, 経費のことなど, いろいろなことについて話を続けた. ***and thát*** ⇨ that 成句.

— /ǽnd/ *n.* 付け加え, 付け足し; (付け加えの)条件 (cf. if *n.*): I don't want to hear any ～*s* about it. それには「ただし」などということは聞きたくない.

〖OE ～, *ond* < Gmc **anda*, **unda* (Du. *en* / G *und*) ← IE **ṇdhá-* ← **en* in〗

and[2] *conj.* 《古・方言》=than. 〖《1463》□ ? ON *an, en(n)* than: THAN の頭音消失形 '*an* と *an*', AN[2] との混同か〗

A

AND /ǽnd/ *n.* 〖電算〗 アンド《論理積をつくる論理演算子; すべての入力が "1" であるとき出力に "1" を生ずる論理; cf. OR》. 〖(1949) ↑〗

and. 《略》〖音楽〗 andante.

-and /ǽnd/ *suf.* ＝-nd¹.

An·da·lu·sia /ændəlú:ʒə, -ʒiə | -lú:siə, -ljú:-, -ziə, -lusí:ə; *Sp.* andaluθía/ *n.* アンダルシア《スペイン南部, 大西洋と地中海に面する地方; 面積 87,921 km²》. 〖◻ Sp. *Andalucía* ◻ Arab. *'Andalus* ◻ L *Vandalusia* country of the Vandals: ⇨ -ia¹〗

An·da·lu·sian /ændəlú:ʒən, -ʒiən | -lú:siən, -ljú:-, -ziən, -lusí:ən⁻/ *adj.* **1** アンダルシア(人, 方言)の. **2** アンダルシア種の. ― *n.* **1** アンダルシア人. **2** (スペイン語の)アンダルシア方言. **3** アンダルシア種の馬《東洋原産で, スペインで改良された乗用馬》. **4** ＝Andalusian fowl. 〖1966〗

Andalusian fówl *n.* アンダルシャン《Andalusia 地方原産の卵用の鶏の一品種》. 〖1854〗

Andalusian schòol *n.* [the ～] アンダルシア派《Seville を中心とする 17 世紀のスペイン画家の一派》.

an·da·lu·site /ændəlú:saɪt | -lú:-, -ljú:-/ *n.* 〖鉱物〗 アンダルサイト, 紅柱石 (Al_2SiO_5). 〖(*c*1828) ◻ F *andalousite* ← *Andalousie* Andalusia (原産地名): ⇨ -ite¹〗

An·da·man /ǽndəmən, -mæn/ *adj.* アンダマン諸島(人)の; アンダマン語の: an ～ islander [Islander]. ― *n.* **1** ＝Andamanese 1. **2** [the ～] ＝Andaman Sea. 〖1848〗

Ándaman and Nícobar Íslands *n. pl.* [the ～] アンダマンニコバル諸島《Bengal 湾中, ミャンマーの南西部にある二つの群島で, インド政府の直轄領; 面積 8,327 km², 主都 Port Blair》.

An·da·man·ese /ændəməní:z, -ní:s | -ní:z⁻/ *adj.* ＝Andaman. ― *n.* (*pl.* ～) **1** アンダマン諸島人. **2** アンダマン語. 〖1862〗

Ándaman Íslands *n. pl.* [the ～] アンダマン諸島《Bengal 湾東部の諸島; Nicobar 諸島とともにインドの連邦政府直轄領をなす; 面積 6,422 km²》. 〖1932〗

Ándaman Séa *n.* [the ～] アンダマン海《Bengal 湾の一部で, Andaman and Nicobar 諸島の東方海域》.

an·da·men·to /ændəméntoʊ | -təʊ; *It.* andaménto/ *n.* (*pl.* ～**s** /～z/) 〖音楽〗 アンダメント: **a** フーガ (fugue) のエピソード. **b** 通例判然と対比した 2 部分より成るフーガの長い主題. 〖◻ It. ～ ← *andare* to walk＋*-mento* '-MENT'〗

an·dan·te /ɑ:ndá:nteɪ, -ti, ændǽnti | ændǽnti, -teɪ; *It.* andánte/ 〖音楽〗 *adj., adv.* アンダンテ, ゆったりした調子の[で], 歩く速さの[で]. ― *n.* 緩徐楽章, アンダンテ(の曲[楽章, 楽節]). 〖(1742) ◻ It. ～ 'moving slowly' (pres. p.) ← *andare* to go: cf. ambulate〗

andánte cantábile *adv.* 〖音楽〗 アンダンテカンタービレ, ゆっくりと歌うように.

an·dan·ti·no /ɑ:ndɑ:ntí:noʊ, ændæn- | ændæntí:nəʊ; *It.* andantí:no/ 〖音楽〗 *adv.* アンダンティーノ, アンダンテ (andante) よりやや速い速度で. ― *n.* (*pl.* ～**s**) アンダンティーノ(の曲[楽章, 楽節]). 〖(1819) ◻ It. ～ (dim.) ↑〗

ÁND cìrcuit /ǽnd-/ *n.* 〖電算〗 アンド回路, 論理積回路《すべての入力端子に 1 を表す入力が加えられたときにのみ, 出力端子に 1 を示す出力が現れる回路; cf. NAND circuit, NOR circuit, OR circuit》.

An·de·an /ǽndiən, ændí:ən | ændí:ən, ǽndiən/ *adj.* (南米)アンデス (Andes) 山脈の. ― *n.* アンデス山地人. 〖1839〗

Ándean cóndor *n.* 〖鳥類〗 ＝condor¹ 1 a.

An·de·ker /ǽndɪkə | -kə⁽ʳ⁾/ *n.* 〖商標〗 アンデカー《米国 Pabst Brewing 社製のビール》.

-an·der /ǽndə | -də⁽ʳ⁾/ 〖植物〗「…個の[…の形の]雄蕊(ずい)のあるもの」の意の名詞連結形. 〖← NL *-andrus* ← Gk *-andros* '-ANDROUS'〗

An·der·lecht /ǽndəlèkt | -də-; *Du.* ándərlɛxt/ *n.* アンデルレヒト《ベルギー中部, Brussels 郊外の都市》.

An·ders /ǽndəz | -dəz; *Dan.* ánʌs, *Swed.* ǎndeʂ/ *n.* アンダーズ(男性名). 〖(異形) ← ANDREW〗

An·der·sen /ǽndəsən | -də-; *Dan.* ánʌsən/, **Hans Christian** *n.* アンデルセン, アナセン《1805–75; デンマークの詩人・童話作家; *Improvisatoren*「即興詩人」(1835), *Eventyr*「童話」(1835)》.

Andersen Nexø *n.* ⇨ Nexø.

An·der·son /ǽndəsən, -sn̩ | -də-/ *n.* **1** ＝Anderson shelter. **2** アンダーソン《米国 Indiana 州中東部の都市》.

An·der·son /ǽndəsən, -sn̩ | -də-/, **Carl David** *n.* アンダーソン《1905–91; 米国の物理学者, positron の発見者; Nobel 物理学賞 (1936)》.

Anderson, Dame Judith *n.* アンダーソン《1898–92; 米国在住のオーストラリアの女優; 本名 Frances Margaret Anderson》.

Anderson, Elizabeth Garrett *n.* アンダーソン《1836–1917; 英国の医者で, 男女同権論者; 英国で最初に医師の認定を受けた女性》.

Anderson, Lindsay *n.* アンダーソン《1923–94; 英国の映画監督; 映画評論家・ドキュメンタリー作家として Free Cinema 運動を推進してイギリス映画の new wave の旗手となる; *If* ... (1968)》.

Anderson, Marian *n.* アンダーソン《1902–93; 米国の黒人女性歌手》.

Anderson, Maxwell *n.* アンダーソン《1888–1959; 米国の劇作家; *Both Your Houses* (1933), *Winterset* (1935)》.

Anderson, Philip W(arren) *n.* アンダーソン《1923– 96; 米国の物理学者; Nobel 物理学賞 (1977)》.

Anderson, Sherwood *n.* アンダーソン《1876–1941; 米国の小説家; *Winesburg, Ohio* (1919), *Poor White* (1920)》.

Ánderson shèlter *n.* 《英》 軽便防空シェルター《なまこ鋼鉄板を張ったアーチ形の簡易移動式小型防空小屋》. 〖(1939) ← *Sir John Anderson* (これが採用された時の英国の内相 (1939–40))〗

An·der·son·ville /ǽndəsənvɪl, -sn̩- | -də-/ *n.* アンダーソンビル《米国 Georgia 州南西部の村; 南北戦争当時南軍の捕虜となった数万の北軍兵士はここの監獄に入れられその多数は獄死した》.

An·des /ǽndi:z; *Sp.* ándes/ *n. pl.* [the ～] アンデス山脈《コロンビアおよびベネズエラから Cape Horn まで南米西部を縦走する大山脈; 金・銀・銅・鉄鉱石・硝酸塩の埋蔵量が豊富; 延長 8,900 km; 最高峰は Aconcagua (6,960 m) で西半球の最高峰》. **An·dine** /ǽndi:n, -daɪn/ *adj.*

Ándes glów *n.* 〖気象〗 ＝Andes lightning.

an·de·sine /ǽndəzi:n | -dɪ̣-/ *n.* 〖鉱物〗 中性長石《斜長石の一種》. **an·de·sin·ic** /ændəzínɪk | -dɪ̣-⁻/ *adj.* 〖(1862) ◻ G *Andesin*: ⇨ Andes, -ine¹〗

an·de·site /ǽndəzàɪt | -dɪ̣-/ *n.* 〖岩石〗 安山岩《きめの細かい濃灰色の火山岩の一種》. **an·de·sit·ic** /ændəzítɪk | -dɪ̣zít-⁻/ *adj.* 〖(1850) ◻ G *Andesit*: Andes, -ite¹〗

Ándes líghtning *n.* 〖気象〗 アンデス放電《電場が乱されたとき山岳地帯の上で起こるコロナ型の電気放電》.

Ándes líghts *n. pl.* 〖気象〗 ＝Andes lightning.

ÁND gàte /ǽnd-/ *n.* 〖電算〗 ＝AND circuit.

An·dhra Pra·desh /á:ndrəprədéɪʃ, -déʃ | æn-drəprɑ:déʃ, -prə-, -déɪʃ/ *n.* アーンドラ プラデシュ(州)《インド中南部の州; 面積 275,244 km², 州都 Hyderabad》.

and·i·ron /ǽndaɪən | -ən/ *n.* [通例 *pl.*] 炉の薪(まき)のせ(台), 薪架(まき) (firedog) 《2 脚で 1 対》. 〖(1309) *aundiren* ◻ OF *a(u)ndier* (F *landier*) ◻ ? Gaulish **andero-* young bull (薪架に牛の首を装飾として用いたことから): *-iron* は IRON との連想から: cf. gridiron〗

andirons

An·di·zhan /á:ndɪʒà:n, ændɪʒǽn | ændɪʒǽn; *Russ.* andjiʒán/ *n.* アンディジャン《ウズベキスタン共和国の都市》.

An·dong /ændúŋ; *Chin.* āntūŋ/ *n.* 安東(アントン)《丹東 (Dandong) の旧名》.

and/or /ǽndɔ́ə | -ɔ́:⁽ʳ⁾/ *conj.* 'および' あるいは 'または' (and or or), 両方ともまたはいずれか一方 (both or either) (cf. either-or): theory ～ practice 理論と実際あるいはそのいずれか《theory and practice と theory or practice の二形の略記で三者択一を示す》/ Contributions of money ～ clothes are welcome. 金銭および衣服の寄付を歓迎します. 〖1853〗

An·dor·ra /ændɔ́(:)rə, -dá(:)rə | -dɔ́:rə, -dɔ́rə; *Sp.* andórra/ *n.* アンドラ《フランスとスペインとの間, Pyrenees 山脈中にある公国; 面積 466 km², 首都 Andorra la Vella /*Sp.* -la-béja/; フランス語名 Andorre /ɑ̃dɔ:ʁ/; 公式名 Principality of Andorra アンドラ公国》. **An·dór·ran** *adj., n.*

an·dou·ille /ɑ̃:(n)dú:(j)i, ɑ:n-; *F.* ɑ̃duj/ *n.* 〖料理〗 アンドゥイユ: **1** 豚の胃や腸で作ったフランスの大型ソーセージ. **2** にんにくとスパイスのきいた燻製豚のソーセージ; 米国 Louisiana 州に住む Acadian の料理. 〖(1605) ◻ F〗

andr- /ændr/ (母音の前にくるときの) andro- の異形.

-an·dra /ǽndrə/ 〖植物〗「…の形の雄蕊(ずい)のある植物」の意の名詞連結形. ★ 分類学上の名に用いる. 〖← NL ～ (fem.) ← *-andrus* '-ANDROUS'〗

an·dra·dite /ǽndrədàɪt, ændrá:dàɪt/ *n.* 〖鉱物〗 灰鉄ざくろ石 ($Ca_3Fe_2(SiO_4)_3$). 〖(1868) ← *J. B. de Andrada e Silva* (1763?–1838: ブラジルの地質学者): ⇨ -ite¹〗

An·drás·sy /á:ndrɑ:ʃi; *Hung.* ɔ́ndrɑ:ʃi/, Count **Gyula** /djú:lə/ *n.* アンドラーシ: **1** (1823–90) ハンガリーの政治家; オーストリア・ハンガリー二重帝国治下のハンガリー初代首相 (1867–71); 同二重帝国の外相 (1871–79). **2** (1860–1929) 同上の息子, 政治家; 第一次世界大戦時にオーストリア・ハンガリー二重帝国外相として単独講和を試みた.

An·dre /á:ndreɪ, æn-/, **Carl** *n.* アンドレ《1935– ; 米国の primary structure の彫刻家; 四角い鉄板を床に並べるのが特徴》.

An·dré /ɑ́:(n)dreɪ, á:n-, æn-; *F.* ɑ̃dʁe/ *n.* アンドレ(男性名). 〖◻ F ～ 'ANDREW'〗

An·dré /ǽndri, á:ndreɪ | ɑ́:(n)dreɪ, á:n-, æn-; *F.* ɑ̃dʁe/, **John** *n.* アンドレ《1751–80; スイス系の英国陸軍軍人, 米国独立戦争で Benedict Arnold と共謀したスパイとして米国で処刑された》.

An·dre·a /ǽndriə, á:n-, ændréɪə, a:n- | ǽndriə, ændréɪə; *It.* andré:a/ *n.* アンドレア: **1** 女性名. **2** 男性名. 〖◻ ML ～: ⇨ Andrew〗

Ándrea del Sárto *n.* ⇨ Sarto.

An·dre·á·nof Íslands /ændriǽnɔf-, -nɔ(:)f- | -nɔf-; *Russ.* andrʲijánəf-/ *n. pl.* [the ～] アンドレアノフ諸島《米国 Alaska 州南西部 Aleutian 列島の西部を成す諸島; 面積 3,710 km²》. 〖← *Andreyan Tolstykh* (1761 年にこれを発見したロシアの商人)〗

An·dre·as /ɑ:ndréɪəs, æn- | ǽndriəs, -æs; *G.* andʁé:as/ *n.* アンドレアス(男性名). 〖◻ L ～ 'ANDREW'〗

An·dre·ev /ɑ:ndréɪ(j)ef; *Russ.* andrʲéjɪf/ (*also* **Andre·yev**), **Leonid Nikolaevich** *n.* アンドレーエフ《1871–1919; ロシアの劇作家・小説家: *The Red Laugh* (1904), *King Hunger* (1907), *He Who Gets Slapped* (戯曲, 1916)》.

An·dre·e·vich /ɑ:ndréɪəvɪtʃ | æ-; *Russ.* andrʲéjivʲitʃ/ *n.* アンドレイヴィッチ(男性名). 〖◻ Russ. ～ (原義) 'son of ANDREW'〗

An·drei /á:ndreɪ | ɔ́n-, æn-; *Russ.* andrʲéj/ *n.* アンドレイ(男性名). 〖◻ Russ. ～ 'ANDREW'〗

An·dre·ot·ti /à:ndriá(:)ti | ændriɔ́ti; *It.* andreɔ́tti/, **Giu·lio** /dʒú:ljo/ *n.* アンドレオッティ《1919–2013; イタリアの政治家; 首相 (1972–73, 1976–79, 1989–92)》.

An·dret·ti /ændréṭi | -ti; *It.* andrétti/, **Mario** (**Gabriel**) *n.* アンドレッティ《1940– ; イタリア生まれの米国のレースドライバー; 1978 年 Lotus に乗り F1 世界選手権を獲得》.

An·drew /ǽndru:/ *n.* **1** アンドルー(男性名; 愛称形 Andy, Dandi, Dandy; 異形 Anders, Andrea, Andrey, Andros). **2** [(Saint) ～] アンデレ《十二使徒の一人; Peter の弟; ギリシャで殉教したといわれる; スコットランドの守護聖人, 七守護聖人 (Seven Champions of Christendom) の一人; 祝日 11 月 30 日; cf. *Mark* 3: 18; *John* 1: 40》. **3** 〖(1867) ← *Andrew Millar* [*Miller*] (押韻俗語) ship of war〗 [the ～] 《英海軍俗》 英国海軍 (Royal Navy). 〖◻ OF *Andreu* (F *André*) ◻ L *Andreas* ◻ Gk *Andréās* ← ? *andreîos* manly ← *anḗr* man: ⇨ andro-〗

And·rewes /ǽndru:z/, **Lancelot** *n.* アンドルーズ《1555–1626; 英国国教会の神学者; Winchester の主教, 欽定訳聖書翻訳者の一人》.

Ándrew Gri·ma /-gráɪmə/ *n.* 〖商標〗 アンドルーグライマ《英国の宝飾デザイナー Andrew Grima (1921–) の London にある店; その作品》.

An·drews /ǽndru:z/, Dame **Julie** *n.* アンドルーズ《1935– ; 英国の女優; *Mary Poppins* (1964) でアカデミー主演女優賞; 本名 Julia Elizabeth Wells》.

Andrews, Roy Chapman *n.* アンドルーズ《1884–1960; 米国の博物学者・探検家・作家》.

Andrews, Thomas *n.* アンドルーズ《1813–85; アイルランドの物理化学者; ガス液化の研究で有名》.

And·rex /ǽndrɛks/ *n.* 〖商標〗 アンドレックス《英国 Scott 社製のトイレットペーパー》.

-an·dri·a /ǽndriə/ 〖植物〗「…個の[…の形の]雄蕊(ずい)のある植物」の意の複数名詞連結形. 〖← NL ～ ← Gk: ⇨ -androus, -ia¹〗

an·dric /ǽndrɪk/ *adj.* 男子の, 男性に関する (↔ gynic). 〖◻ Gk *andrikós*: ⇨ andro-, -ic¹〗

An·drić /á:ndrɪtʃ | æn-; *Serb.* ǎndritɕ/, **I·vo** /í:vɔ/ *n.* アンドリッチ《1892–1975; ユーゴスラビアの詩人・小説家・短編作家; Nobel 文学賞 (1961); *The Bridge on the Drina* (1945)》.

An·dri·ette /ændriét; *F.* ɑ̃dʁiɛt/ *n.* アンドリエット(女性名). 〖◻ F ～ (fem. dim.) ← ANDRÉ〗

an·dro- /ǽndroʊ | -drəʊ/「人(の), 人間(の); 男性(の), 雄器, 雄蕊(ずい)」などの意の連結形 (↔ gyno-): *andro*clinium, *andro*phobia, *andro*sphinx. ★ 母音の前では通例 andr- になる. 〖◻ Gk ～ ← *andrós* (gen.) ← *anḗr* man ← IE **ner-* man〗

àndro·céntric *adj.* 男性中心の, 男性支配の, 男性優勢の (↔ gynecocentric): an ～ society. **àn·dro·cén·trism** *n.* 〖1903〗

an·dro·ceph·a·lous /ændrəséfələs | -drə(ʊ)séf-, -kéf-⁻/ *adj.* (スフィンクスのように)人頭獣身の. 〖⇨ andro-, -cephalous〗

An·dro·cles /ǽndrəklì:z | -drə(ʊ)-/ *n.* 〖ローマ伝説〗 アンドロクレス《ローマの奴隷; 逃げ出して捕えられライオンに食わせるため闘技場に引き出されたが, そのライオンは以前彼に足のとげを抜いてもらったことがあるので彼に食いつかなかった》. 〖◻ L ～ ◻ Gk *Androklês*〗

an·dro·clin·i·um /ændrəklíniəm | -drə(ʊ)-/ *n.* (*pl.* **-i·a** /-niə/) 〖植物〗 (ラン科植物の)葯床(やくしょう) (clinandrium ともいう). 〖← NL ～: ⇨ andro-, clino-, -ium〗

An·dro·clus /ǽndrá(:)kləs | -drɔ́k-/ *n.* 〖ローマ伝説〗 ＝Androcles.

an·dro·co·ni·um /ændrəkóʊniəm | -drə(ʊ)-/ *n.* (*pl.* **-ni·a** /-niə/) 〖昆虫〗 発香鱗《鱗翅類の雄の翅に見られる発香性の鱗粉》. 〖(*c*1875) ← NL ～ ← ANDRO-＋Gk *kónis* dust＋-IUM〗

an·droc·ra·cy /ændrá(:)krəsi | -drɔ́k-/ *n.* 男性による支配, 男性優位. **andro·cratic** /ændrəkrǽṭɪk | -tɪk⁻/ *adj.* 〖(1903) ← ANDRO-＋-CRACY〗

an·dro·di·oe·cious /ændrədaɪí:ʃəs | -drə(ʊ)-⁻/ *adj.* (*also* **an·dro·di·e·cious** /～/) 〖植物〗 雄花異株の. 〖(1877) ← ANDRO-＋DIOECIOUS〗

an·droe·ci·um /ændrí:ʃiəm, -siəm | -siəm/ *n.* (*pl.* **-ci·a** /-ʃiə, -siə | -siə, -sjə/) [集合的] 〖植物〗 雄蕊(ずい)群 (stamens) (↔ gynoecium). **an·dróe·cial** /-ʃiəl, -ʃəl | -siəl/ *adj.* 〖(*c*1839) ← NL ～ ← ANDRO-＋Gk *oikíon* ((dim.) ← *oîkos* house)＋-IUM〗

an·dro·gam·one /ændrəgǽmoʊn | -drə(ʊ)gǽm-əʊn/ *n.* 〖生化学〗 アンドロガモン《ウニ精子のメタノール (methanol) 抽出液にある受精物質の一つで, 精子の運動を制御する》. 〖← ANDRO-＋GAMONE〗

an·dro·gen /ǽndrədʒən, -dʒèn/ *n.* 〖生化学〗 アンドロゲン, 男性ホルモン《精巣から分泌される雄性物質の総称; 炭素 19 個からなるアンドロスタン骨格をもつステロイド; cf. estrogen》. 〖(1936) ← ANDRO-＋-GEN〗

àndro·génesis *n.* 〖生物〗 雄核[雄性]発生, 雄性前核生殖, 雄性単為生殖 (↔ gynogenesis). **àndro·ge·nétic** *adj.* 〖(*c*1900) ← NL ～: ⇨ andro-, genesis〗

àndro·génic *adj.* 〘植物〙雄を生じる (↔ gynogenic). 〘1939〙

an·drog·en·ize /ændrɑ́dʒənàɪz | -dʒɪ̀-/ *vt.* (男性ホルモンの注射で)男性化する. **an·drog·en·iza·tion** /ændrɑ̀dʒənaɪzéɪʃən/ *n.* 〘(1970): ⇨ -ize〙

an·drog·e·nous /ændrɑ́(ː)dʒənəs | -drɔ́dʒɪ̀-/ *adj.* 〘生物〙単為[男系]生殖の, 雄のみを生じる.

An·drog·e·us /ændrɑ́(ː)dʒiəs | -drɔ́dʒ-/ *n.* 〘ギリシャ神話〙アンドロゲオース《クレタ王 Minos の子; Minos はその死の代償としてアテナイ人から 9 年ごとに 7 人の娘と 7 人の若者を取り立てた; cf. Minotaur》. 〘□ L ～ □ Gk *Andrógeōs*〙

an·dro·gyne /ǽndrədʒàɪn/ *n.* **1** 男女両性具有者, ふたなり (hermaphrodite); (特に)女性偽半陰陽者 (female pseudohermaphrodite). **2** 女性的な男. **3** 〘植物〙雌雄同花序の植物 (androgynous plant). — *adj.* ＝androgynous. 〘(1552) □ (O)F ～ // L *androgynus* □ Gk *andrógunos*: ⇨ andro-, -gyne〙

an·drog·y·nous /ændrɑ́(ː)dʒənəs | -drɔ́dʒɪ̀-/ *adj.* **1** 男女両性具有の, 半男半女の (hermaphroditic); (特に)女性偽半陰陽者の. **2** 〘植物〙(同一の花序に)雌雄両花のある, 雌花雄花同座の. **3** (服装や行動の点で)男女の区別がつかない. 〘(1628): ⇨ ↑, -ous〙

an·drog·y·ny /ændrɑ́(ː)dʒəni | -drɔ́dʒɪ̀-/ *n.* **1** 男女両性具有, 両性奇形; (特に)女性偽半陰陽. **2** 〘植物〙雌雄両花具有《雌花・雄花の同座》. 〘(1849) ← ANDRO-＋-GYNY〙

an·droid /ǽndrɔɪd/ *n.* アンドロイド《人間の形をしたロボット》. — *adj.* 人間の特徴をもつ; 男性の特徴をもつ. 〘(*c*1751) ← NL *androides*: ⇨ andro-, -oid〙

an·drol·o·gy /ændrɑ́(ː)lədʒi | -drɔ́l-/ *n.* 男性病学《特に男性の生殖器の病気の研究》. **an·dról·o·gist** *n.* 〘(1975) ← ANDRO-＋-LOGY〙

An·drom·a·che /ændrɑ́(ː)məki, -kìː | -drɔ́məki/ *n.* 〘ギリシャ神話〙アンドロマケ《Hector の忠実な妻で Astyanax の母》. 〘□ L ～ □ Gk *Andromákhē*《原義》having a husband who excells in fight ← ANDRO-＋*mákhē* fight〙

An·drom·e·da /ændrɑ́(ː)mədə | -drɔ́mɪ̀də/ *n.* **1** 〘ギリシャ神話〙アンドロメダ《エチオピアの王女で国を救うため海の怪獣の人身御供(ごくう)となったが Perseus に救われてその妻となった》. **2** 〘天文〙アンドロメダ座 (Pegasus と Perseus の間に位置する北天の星座; the Chained Lady ともいう). **3** [a-] 〘植物〙アセビ (Japanese andromeda). 〘(1706) □ L ～ □ Gk *Andromédā*《原義》mindful of her husband ← ANDRO-＋*médesthai* to think on〙

Andromeda 1
1 Andromeda
2 Perseus
3 sea monster

Andrómeda stràin *n.* アンドロメダ病原体《外宇宙から来て地球の生物を襲うとされる仮想の微生物; Michael Crichton の SF 小説に由来する》. 〘1971〙

àndro·monóecious *adj.* (*also* **àndro·monécious**) 〘植物〙雄花同株の《一つの株に雄花と両性花とを付けるものをいう》. 〘(1877) ← ANDRO-＋MONOECIOUS〙

àndro·pétalous *adj.* 〘植物〙一部雄蕊(ずい)の残留する花弁の; 小形の葯が花弁頂端についている. 〘1847〙

an·dro·pho·bi·a /ændrəfóubiə | -drə(ʊ)fə́ʊ-/ *n.* 男性恐怖症, 男ぎらい.

an·dro·phore /ǽndrəfɔ̀ə | -drə(ʊ)fɔ̀ː(r)/ *n.* 〘植物〙 **1** 花の中にあって雄蕊(ずい)をつける柱状物. **2** 雄器をつけるカビ菌糸の枝. 〘(1821) □ F ～: ⇨ andro-, -phore〙

An·dro·pov /ɑːndróupɔ(ː)f, -drɑ́(ː)p-, -pɑ(ː)f | ændrɔ́pɔf, ǽndrəpɔ̀f; *Russ.* andrópəf/ *n.* アンドロポフ《Rybinsk の旧名》.

Án·dro·pov /ɑːndróupɔ(ː)f, -drɑ́(ː)p-, -pɑ(ː)f | ændrɔ́pɔf, ǽndrəpɔ̀f; *Russ.* andrópəf/, **Yuri Vladimirovich** *n.* アンドロポフ《1914–84; ソ連の政治家, 共産党書記長 (1982–84); 最高会議幹部会議長 (1983–84)》.

An·dros /ǽndrɑ(ː)s, -drəs | -drɔs, -drəs/ *n.* アンドロス(島): **1** エーゲ海にある Cyclades 諸島最北の島; ぶどう酒で有名. **2** 西インド諸島北部にある Bahama 諸島最大の島; 面積 4,160 km².

An·dros /ǽndrɑ(ː)s, -drəs | -drɔs, -drəs/, Sir **Edmund** *n.* アンドロス《1637–1714; 北米植民地の英国人総督》.

ándro·sphinx *n.* (*pl.* ～·es, -sphinges) 男の顔のスフィンクス (⇨ sphinx 1 a). 〘1607〙

an·dro·spore /ǽndrəspɔ̀ə | -drə(ʊ)spɔ̀ː(r)/ *n.* 〘植物〙アンドロ胞子《サヤミドロの胞子嚢内の 1 個あるいは数個の雄性植物体に発達する雄性胞子; cf. microspore》. 〘(1864) ← NL *androsporus*: ⇨ andro-, -spore〙

an·dros·ter·one /ændrɑ́(ː)stəròun | -drɔ́stərəʊn/ *n.* 〘生化学〙アンドロステロン ($C_{19}H_{30}O_2$)《男性の尿中にある男性ホルモン》. 〘(1934) ← ANDRO-＋STER(OL)＋-ONE〙

-an·drous /ǽndrəs/ 〘植物〙「…個の[…の形の]雄蕊(ずい)[雄器]のある」の意の形容詞連結形 (↔ -gynous): poly*androus*. 〘← NL *-andrus* ← Gk *-andros* of a man: ⇨ andro-, -ous〙

-an·dry /ˌ⌣ ændri/ 〘生物〙-androus に対する名詞連結形. 〘← NL *-andria* ← Gk *-andria* ← *-andros* (↑): ⇨ -y¹〙

An·dva·ri /ɑ́ːndwɑːri/ *n.* 〘北欧神話〙アンドバリ《Loki にニーベルング族 (Nibelungs) の宝と指輪を奪われ, その指輪にのろいをかけた小人》.

An·dy /ǽndi/ *n.* アンディー《男性名》. 〘(dim.) ← ANDREW〙

Ándy Cápp /-kǽp/ *n.* アンディーキャップ《英国の Reginald Smythe (1917–) 作 *Daily Mirror* 紙の連載漫画の主人公; フラットキャップをかぶったステレオタイプの英国の労働者; 酒飲みで妻をないがしろにする》.

ane /éɪn/ *adj., n., pron.* 《スコット・北英》＝one. 〘OE *ān*: ONE の方言形〙

-ane¹ /éɪn/ *suf.* -an¹ の変形であるが, しばしば異なった意味を表す: hum*ane* (cf. human) / urb*ane* (cf. urban). 〘⇨ -an¹〙

-ane² /eɪn/ *suf.* **1** 〘化学〙アルカン (alkane) 類を示す名詞を造る: meth*ane*, pent*ane*, prop*ane*. **2** 環式化合物名を造る: cyclohex*ane*. 〘ドイツの化学者 A. W. von Hofmann (1818–92) の造語 (1866)〙

a·near /əníə | əníə(r)/ *adv., prep., vt.* 《古》＝near. 〘(1534) ← A-¹＋NEAR: cf. anew, afar〙

an·ec·do·ta /ænɪkdóutə | ænɪ̀kdə́ʊtə, -nɛk-/ *n. pl.* ＝anecdote 2.

an·ec·dot·age /ǽnɪkdòutɪdʒ | ǽnɪ̀kdəʊt-, ǽnɛk-/ *n.* **1** [集合的] 逸話; 逸話集. **2** 《戯言》(昔話をしたがる)老年期 (cf. dotage 1). 〘(1823) ← ANECDOTE＋-AGE: cf. dotage〙

an·ec·dot·al /ænɪkdóutl̩ | ænɪ̀kdə́ʊtl̩, ænɛk-⁻/ *adj.* **1 a** 逸話(的)の, (必ずしも事実とはいえない)逸話に基づいた. **b** 逸話に富んだ. **2** 〘美術〙挿話風の《逸話の場面を伝えるように構成された》. **～·ly** /-təli, -tl̩i | -təli, -tl̩i/ *adv.* 〘1836〙

àn·ec·dót·al·ist /-təlɪ̀st, -tl̩- | -təlɪst, -tl̩-/ *n.* ＝anecdotist. 〘1837〙

an·ec·dote /ǽnɪkdòut | ǽnɪ̀kdəʊt, ǽnɛk-/ *n.* **1** 逸話, 小話 (⇨ story¹ SYN). **2** [*pl.*] (必ずしも事実に基づかない)秘話, 秘史. **3** 〘美術〙逸話の場面を描いた作品. 〘(1676) □ ML *anecdota* □ Gk *anékdota* things unpublished ← *an-* 'A-⁷'＋*ékdota* (← *ekdidónai* to give out ← *ek-* out＋*didónai* to give: cf. ex-¹, date¹)〙

an·ec·dot·ic /ænɪkdɑ́(ː)tɪk | ænɪ̀kdɔ́t-, ænɛk-⁻/ *adj.* **1** ＝anecdotal. **2** 逸話を話したがる[の好きな]. **àn·ec·dót·i·cal** *adj.* **àn·ec·dót·i·cal·ly** *adv.* 〘1786〙

án·ec·dòt·ist /-tɪ̀st | tɪst/ *n.* 逸話を話す人; 逸話収集家. 〘1837〙

an·ech·o·ic /ænɪkóuɪk, ænək-, ænɛk- | ænɛkə́ʊ-, ænɪk-⁻/ *adj.* 〈録音室など〉無反響の (echoless): an ～ chamber [room] 無響室. 〘(1946) ← *an-* 'A-⁷'＋ECHOIC〙

an·e·lace /ǽnəlèɪs, ǽnl̩-/ *n.* ＝anlace.

an·e·las·tic·i·ty /ænɪlæstísəti, ænəl-, ænìːlæs-, -sti | ænɪ̀læstísɪ̀ti, ænìl-, ænəl-, ænìːl-, -ləs-, -lɑːs-/ *n.* 〘物理〙非弾性. 〘← *an-* 'A-⁷'＋ELASTICITY〙

a·nele /əníːl/ *vt.* 《古》〘キリスト教〙＝anoint 2. 〘(*c*1303) *anelie(n)* to anoint with oil ← OE *an* on＋*ele* oil (□ L *oleum*)〙

an·e·lec·tric /ænɪ̀léktrɪk⁻/ *adj.* 〘電気〙無電気性の, 摩擦によって帯電しない. — *n.* 無電気性物質, 摩擦しても静電気を帯びない物質. 〘(1830) ← AN-² prefix＋ELECTRIC〙

an·em- /ǽnəm | ǽnɪ̀m/ (母音の前にくるときの) anemo- の異形.

a·ne·mi·a /əníːmiə | -miə, -mjə/ *n.* **1** 〘病理〙 **a** 貧血. **b** ＝ischemia. **2** 無気力. 〘(1836) ← NL ～ ← Gk *anaimía* ← *an-* 'A-⁷'＋*haîma* blood〙

a·ne·mic /əníːmɪk/ *adj.* **1** 〘病理〙貧血(性)の. **2** 青白い; 元気[気力]のない; 生気[面白味]のない: an ～ book, economy, etc. **a·né·mi·cal·ly** *adv.* 〘1858〙

an·e·mo- /ǽnəmou | ǽnɪ̀məʊ/「風」の意の連結形: *anemo*meter. ★ 母音の前では通例 anem- になる. 〘← Gk ～ ← *ánemos* wind ← IE **an(ə)-* to breathe: cf. animus〙

an·em·o·chore /ǽnəməkɔ̀ə | ǽnɪ̀mə(ʊ)kɔ̀ː(r)/ *n.* 〘植物〙風散植物; その種子[胞子]. 〘⇨ ↑, -chore〙

an·e·moch·o·rous /ænəmɑ́(ː)kərəs | ænɪ̀mɔ́k-⁻/ *adj.* 〘植物〙風媒の; 風媒植物の.

a·nem·o·gram /ənéməgræ̀m/ *n.* 〘気象〙風力気象紙 (anemograph で記録した風速自記紙). 〘1875〙

a·nem·o·graph /ənéməgræ̀f | -grɑ̀ːf, -græ̀f/ *n.* 〘気象〙自記風速[風力]計, 記録風速計. **a·nem·o·graph·ic** /ənèməgrǽfɪk⁻/ *adj.* **a·nèm·o·gráph·i·cal·ly** *adv.* 〘1865〙

an·e·mog·ra·phy /ænəmɑ́(ː)grəfi | -mɔ́g-/ *n.* 〘気象〙風力測定 (anemometry). 〘(1755) ← ANEMO-＋-GRAPHY〙

an·e·mol·o·gy /ænəmɑ́(ː)lədʒi | ænɪ̀mɔ́l-/ *n.* 風学 (science of the wind). 〘(1791): ⇨ ↑, -logy〙

an·e·mom·e·ter /ænəmɑ́(ː)mətə | ænɪ̀mɔ́mɪ̀tə(r)/ *n.* 〘気象〙風速計, 風力計. 〘1727〙

an·e·mo·met·ric /ænəmoumétrɪk | ænɪ̀mə(ʊ)-⁻/ *adj.* 風力測定の, 風速計(上)の. **àn·e·mo·mét·ri·cal** *adj.* **àn·e·mo·mét·ri·cal·ly** *adv.* 〘1881〙

an·e·mom·e·try /ænəmɑ́(ː)mətri | ænɪ̀mɔ́mɪ̀-/ *n.* 〘気象〙風力測定, 測風法. 〘(1847) ← ANEMO-＋-METRY〙

a·nem·o·ne /ənéməni/ *n.* **1** 〘植物〙アネモネ《キンポウゲ科イチリンソウ属 (*Anemone*) の観賞植物の総称; windflower, wood anemone ともいう》; (特に)アネモネ (*A. coronaria*) (cf. pasqueflower). **2** 〘動物〙イソギンチャク (sea anemone). 〘(1548) □ OF *anemoine* (F anémone) // L *anemōnē* □ Gk *anemṓnē* ← ? Sem.: 通俗語源によって *ánemos* (⇨ anemo-) と連想, 《原義》daughter of the wind〙

anemone 1
(*A. coronaria*)

anémone físh *n.* 〘魚類〙カクレクマノミ (*Amphiprion*)《スズメダイ科のクマノミ属の魚; イソギンチャク (anemone) と共生する》. 〘1936〙

an·e·moph·i·lous /ænəmɑ́(ː)fələs | ænɪ̀mɔ́fɪ̀-⁻/ *adj.* 〘植物〙(授粉が)風媒の (wind-pollinated) (cf. entomophilous, hydrophilous 1, ornithophilous 2): an ～ flower 風媒花. 〘(1874): ⇨ anemo-, -philous〙

an·e·moph·i·ly /ænəmɑ́(ː)fəli | ænɪ̀mɔ́fɪ̀-/ *n.* 〘植物〙風媒性. 〘(1883): ⇨ -y¹〙

a·nem·o·scope /ənéməskòup | -skə̀ʊp/ *n.* 〘気象〙風向計, 風信器, 風向器, 風位計. 〘(1706): ⇨ anemo-, -scope〙

an·e·mo·sis /ænəmóusɪ̀s | ænɪ̀mə́ʊsɪs/ *n.* ＝wind shake.

ànemo·táxis *n.* (*pl.* -tax·es /-siːz/) 〘生物〙＝anemotropism. 〘← NL ～: ⇨ anemo-, -taxis〙

an·e·mot·ro·pism /ænəmɑ́(ː)trəpɪzm | ænɪ̀mɔ́trə-/ *n.* 〘生物〙走風性《気流に対しての生物体の定位をいい, 頭を風上に向けて飛ぶアブ・ハチ・チョウなどの昆虫にみられる》. 〘(1899): ⇨ -tropism〙

an·en·ce·pha·lia /ænensɪféɪljə, -sə- | -kəf-, -kɪf-, -sɛf-, -sɪf-/ *n.* 〘病理〙＝anencephaly. 〘(1832) ← NL ～: ⇨ a-⁷, encephalo-, -ia¹〙

an·en·ceph·a·ly /ænɪnséfəli, ænən-, ænɛn- | ænensέfəli, ænɪn-, -kέf-/ *n.* 〘病理〙無脳症. **an·en·ce·phal·ic** /ænensɪfǽlɪk, -sə- | -kəf-, -kɪf-, -sɛf-, -sɪf-⁻/ *adj.* **àn·en·céph·a·lous** /-ləs⁻/ *adj.* 〘(1954): ⇨ -y¹, ↑〙

an·end /ənénd/ *adv.* **1** 〘海事〙 **a** 〈マストなど〉正常の姿勢に立って. **b** 〈2 船が〉まっすぐに向かい合って. **c** 〈風が〉真向かいで. **2** 《古》終わりまで, 絶えず. **3** 《古》直立して, まっすぐに (on end). 〘(*c*1420): ⇨ a-², end〙

a·nenst /ənénst/ *prep.* 《英方言》＝anent.

a·nent /ənént/ *prep.* **1** 《古・戯言・スコット》…について (concerning). **2** 《古・方言》…の真向かいに (over against); …の間近に (close to); …と並んで. 〘(?*a*1200) *anent(es)*, *onont* ← OE *on emn*, *on efen* 'on EVEN² (ground) with, beside': *-t* は添え字: ⇨ a-²〙

-a·ne·ous /éɪniəs, -njəs/ *suf.* ラテン語系の形容詞語尾: subterr*aneous*. 〘□ L *-āneus*: ⇨ -an¹, -ous〙

an·er·gi·a /ænə́ːdʒiə | -əː-/ *n.* 〘医学〙活力欠如, アネルギー《エネルギーの異常な欠如》. 〘(1881) □ Gk *anergía* idleness〙

an·er·gy /ǽnəːdʒi, ǽnə- | ǽnəː-, ǽnə-/ *n.* **1** 〘病理〙アネルギー, 無作動, 精力欠乏. **2** 〘医学〙アネルギー《抗原に対する反応性の低下状態》. **an·er·gic** /ænə́ːdʒɪk | ænə́ː-/ *adj.* 〘← NL *anergia* ← *an-* 'A-⁷'＋Gk *érgon* work＋-IA¹〙

an·er·o·bic /ænəróubɪk, ænεᵊr- | ænəәrə́ʊ-, ænər-⁻/ *adj.* ＝anaerobic.

an·er·oid /ǽnərɔ̀ɪd | ǽnɪ̀-/ *adj.* 液体を用いない. — *n.* ＝aneroid barometer. 〘(1848) □ F *anéroïde* ← A-⁷＋LGk *nērón* liquid (← Gk *nērós* wet)＋-OID〙

áneroid barómeter [bárograph] *n.* 〘気象〙(自動記録装置つき)アネロイド気圧計 (aneroidograph). 〘1849〙

an·er·oid·o·graph /ænərɔ́ɪdəgræ̀f | ænɪ̀rɔ́ɪdəgrɑ̀ːf, -græ̀f/ *n.* 〘気象〙＝aneroid barograph. 〘1918〙

anes /éɪns/ *adv.* 《スコット・北英》＝once. 〘《古形》← ONCE〙

an·es·the·sia /ænɪ̀sθíːʒə | ænɪ̀sθíːziə, æniːs-, -ʒiə/ *n.* **1** 〘医学〙麻酔(術) (narcosis): under ～ 麻酔をかけられて / ⇨ BASAL anesthesia, general anesthesia, local anesthesia. **2** 〘病理〙感覚脱失, 知覚消失[麻痺], 無感覚(症). 〘(*c*1721) ← NL ～ ← Gk *anaisthēsía* ← *anaisthētein* ← *an-* 'A-⁷'＋*aisthētós* sensible (← *aisthánesthai* to perceive)〙

an·es·the·sim·e·ter /ænɛsθəsímətə | æniːsθɪ̀símɪ̀tə(r)/ *n.* 〘医学〙 **1** 麻酔計. **2** ＝esthesiometer. 〘(*c*1855): ⇨ ↑, -meter¹〙

an·es·the·si·ol·o·gist /ænɪ̀sθiːziɑ́(ː)lədʒɪ̀st | -ɔ́lədʒɪst/ *n.* 麻酔学者; 麻酔(専門)医 (anesthetist). 〘*c*1940〙

an·es·the·si·ol·o·gy /ænɪ̀sθiːziɑ́(ː)lədʒi | -ɔ́l-/ *n.* 麻酔学. 〘(*c*1914): ⇨ anesthesia, -logy〙

an·es·thet·ic /ænɪ̀sθέtɪk | -tɪk⁻/ *n.* 麻酔薬: a general [local] ～ 全身[局部]麻酔薬 / under (an) ～ 麻酔をかけられて. — *adj.* **1** 麻酔(術)の; 麻痺させる. **2** 無感覚な; 鈍感な, 無関心な (insensible) 〈*to*〉. **àn·es·thét·i·cal·ly** *adv.* 〘(1846) ← Gk *anaisthētos* senseless (← *an-* 'A-⁷'＋*aisthētós*)＋-IC¹: ⇨ anesthesia〙

an·es·thet·ics /ænɛsθέtɪks, ænɪ̀s- | æniːsθέt-/ *n.* ＝anesthesiology.

an·es·thet·ist /ənésθətɪ̀st, æn- | -níːsθɪ̀tɪst/ *n.* 麻酔士; 麻酔医. 〘1882〙

A

an·es·the·tize /ənésθətàɪz, æn- | -ní:sθɪ̀-/ *vt.* 〘医学〙…に麻酔をかける. **an·es·the·ti·za·tion** /ənèsθəṭɪ̀zéɪʃən, æn- | -nì:sθɪ̀taɪ-, -tɪ-/ *n.* 〖(1848): ⇨ -ize〗

anestri *n.* anestrus の複数形.

an·es·trous /ænéstrəs | ænì:s-, ænés-/ *adj.* 〘動物〙無発情期間の. 〖(*c*1909): ⇨ anestrus, -ous〗

an·es·trum /ænéstrəm | æní:s-, ænés-/ *n.* 〘動物〙 = anestrus. 〖← NL ~ (↓)〗

an·es·trus /ænéstrəs | æní:s-, ænés-/ *n.* (*pl.* **-es·tri** /-traɪ/) 〘動物〙発情休止[静止]期, 無発情期《発情期と発情期との間の無発情の期間; cf. estrus》. 〖(1927) ← NL ~: ⇨ a-⁷, estrus〗

an·e·thole /ǽnəθòʊl | ǽnɪ̀θəʊl/ *n.* 〘化学〙アネトール ($CH_3OC_6H_4CH{=}CHCH_3$)《アニス油 (anise oil) の主成分》. 〖(*c*1860–65) ← L *anēthum* anise (← Gk *ánēthon*)+-OLE¹〗

A·ne·to /ənéɪṭoʊ | -təʊ; *Sp.* anéto/, **the Pi·co de** /pí:koʊdeɪ | -kəʊ-; *Sp.* píkoðe/ *n.* アネト山《スペイン北東部の山; Pyrenees 山脈中の最高峰 (3,404 m); フランス語名 Pic de Néthou》.

a·neuch /ənú:k, ənú:x/ *n., adj., adv.* 《スコット》= enough.

an·eu·ploid /ǽnjuplɔ̀ɪd/ 〘生物〙 *adj., n.* =heteroploid (cf. euploid). 〖(1926) ← A-⁷+EUPLOID〗

an·eu·ploi·dy /ǽnjuplɔ̀ɪḍi | -di/ *n.* 〘生物〙=heteroploidy. 〖(1934) ▭ G *Aneuploidie*: ⇨ ↑, -y¹〗

an·eu·rin /ǽnjurɪ̀n | ǽnju(ə)rɪn/ *n.* (*also* **an·eu·rine** /-rì:n/) 〘生化学〙アノイリン (⇨ thiamine). 〖(1935) ← A-⁷+NEURO-+-IN²〗

an·eu·rysm /ǽnjurɪ̀zm | ǽnju(ə)r-/ *n.* (*also* **an·eu·rism** /~/) **1** 〘病理〙動脈瘤(ᵃᵞ)《動脈壁の袋状拡張》; (特に)心臓壁[静脈壁]の袋状拡張: a cardiac [venous] ~ 心臓[静脈]瘤. **2** 異常増大. **àn·eu·rýs·mal** /-məl⁻/ *adj.* **àn·eu·rys·má·tic** /-mǽṭɪk | -tɪk/ *adj.* **àn·eu·rýs·mal·ly** *adv.* **àn·eu·rys·má·ti·cal·ly** *adv.* 〖(1656) ▭ Gk *aneúrusma* dilatation ← *aneurúnein* to dilate ← ANA-+*eurús* wide〗

a·new /ənú:, ənjú: | ənjú:/ *adv.* **1** もう一度 (once more): start life ~ 人生をやり直す. **2** 新規に, 改めて, 新方針で (afresh): edit ~ 改訂する. 〖(*c*1305) *aneue* < OE (Angl.) *of-niowe*: ⇨ a-³, new: cf. OE (WS) *edniwe*〗

ANF 《略》〘生化学〙atrial natriuretic factor 心房性ナトリウム利尿因子.

An·fin·sen /ǽnfɪ̀nsən, -sn/, **Christian Boehmer** *n.* アンフィンセン《1916–95; 米国の生化学者; Nobel 化学賞 (1972)》.

an·frac·tu·ose /ænfrǽktʃuòʊs | -tjuəʊs/ *adj.* = anfractuous. 〖1691〗

an·frac·tu·os·i·ty /ænfrӕktʃuɑ́(:)səṭi | ӕnfrӕktjuɔ́sɪ̀ti/ *n.* **1** [しばしば *pl.*] 屈曲した溝[穴, 通路など]. 〖(1596) ▭ F *anfractuosité* ← LL *anfractuōsus* (↓): ⇨ -ity〗

an·frac·tu·ous /ænfrǽktʃuəs | -tju-/ *adj.* 屈曲の多い, 曲がりくねっている (circuitous): an ~ cliff. 〖(1621) ▭ F *anfractueux* // LL *anfractuōsus* ← *anfractus* a winding ← *an-* 'AMBI-'+*fractus* (p.p.) ← *frangere* to break): ⇨ -ous〗

ang. 《略》angle; angular.

an·ga /ʌ́ŋgə/ *n.* (身体の)諸部分, 肢分. 〖▭ Skt ~ 'discipline'〗

an·ga·kok /ǽŋgəkɑ̀(:)k | -kɔ̀k/ *n.* (イヌイットの)まじない師. 〖(1767) ← Inuit〗

An·ga·ra /ɑ̀:ŋgərɑ́:, *Russ.* angará/ *n.* [the ~] アンガラ(川)《ロシア連邦南部, Baikal 湖に源を発し Yenisei 川に注ぐ川 (1,779 km)》.

An·garsk /ɑ:ŋgɑ́əsk | -gɑ́:sk; *Russ.* angársk/ *n.* アンガルスク《ロシア連邦南部, Irkutsk の北西にある工業都市》.

an·ga·ry /ǽŋgəri/ *n.* 〘国際法〙非常徴用(権)《交戦国が軍事上の必要から自国・占領地または公海上にある中立財産を収用または破壊する権利; ただし後に賠償の義務がある; 正式名 right of angary》. 〖(1880) ▭ F *angarie* ▭ ML *angaria* compulsory service ▭ Gk *aggareía* office of a courier ← *ággaros* courier〗

-an·ge /ændʒ/「脈管 (vessel), 果被 (capsule)」の意の名詞連結形. 〖← NL *-angium*: ⇨ angio-〗

an·ge·kok /ǽŋgɪ̀kɑ̀(:)k | -kɔ̀k/ *n.* =angakok.

an·gel /éɪndʒəl/ *n.* **1** 〘神学〙 **a** 天使, 神の御使《天使の九階級中, 第九階級の天使》. ★ 中世では上から下へ次の九階級に分けられていた: 上級三隊—seraphim (熾(ˢ)天使), cherubim (智天使), thrones (座天使); 中級三隊—dominions [dominations] (主天使), virtues (力天使), powers (能天使); 下級三隊—principalities [princedoms] (権天使), archangels (大天使), angels (天使); なおこのほかに virtues と principalities [princedoms] とを入れ替えた序列も行われた: a fallen ~ 堕(落)天使 / an ~ of a child 天使のようなかわいらしい子供 / a little lower than the ~*s* 神[天使(たち)]よりもわずかに劣って[た] (cf. *Ps.* 8:5) / like *angel*-visits [~'s visits], few and far between 天使の訪れのようにごくまれで (cf. T. Campbell, *Pleasures of Hope*) / enough to make (the) ~*s* weep (天使たちを泣かせるほど)ひどく悲しい[悪い, ばかげた] (cf. Shak., *Measure* 2. 2. 122) / entertain ~*s* [an ~] unawares 高貴な[偉い]人とは気づかないでもてなしをする (cf. *Heb.* 13:2) / Fools rush in where ~*s* fear to tread. 《諺》天使も踏むを恐れるところ愚か者は勇んで踏み込む, 盲蛇に怖(ᵒ)じず (Pope, *Essay on Criticism*). **b** 超自然的な能力をもった人. **c** 《廃》堕落天使: the devil and his ~*s* 悪魔とその使いたち (*Matt.* 25:41). **2** 〘美術〙天使の像《通例翼をつけ白衣をまとっている》. **3** 天使のような人《心も姿も美しい女性・可憐(ᵃ)な子供など》; 親切な人: Be an ~ and sharpen my pencil. お願いだから鉛筆を削って下さい / Are nurses still ~*s* of mercy? 看護婦は今でも情け深い天使だろうか / Graham Greene creates powerful characters — and he writes like an ~. グレアム グリーンは力強い登場人物を生み出す—しかも天使のような筆致で書く. **4** 《口語》(演劇・催しなどの)財政上の後援者, パトロン. **5** 《詩》使者, 先触れ (messenger): the ~ of death. **6** 守護神 (attendant spirit): one's good ~ 守り神 / ⇨ guardian angel. **7** 昇天した[天に召された]故人. **8** エンジェル金貨《1470 年 Edward 四世が初めて鋳造し, 1634 年まで鋳造が続いた英国の金貨; 大天使 Michael が竜を退治している姿がついていて当時 6s. 8d. から 10s. ほどの価値があった; angel-noble ともいう》. **9** 〘通信〙(レーダーに映る)異物像. **10** 《俗》〘海事〙=jolly jumper.

an ángel of light (1) 光の天使 (2 *Cor.* 11:14). (2) いとしい人; 皆に愛されている人. ***on the side of the ángels*** ⇨ side 成句.

ángels on hórseback =angels-on-horseback.

〖(13C) *aungel* ▭ OF *angele* (F *ange*) ▭ LL *angelus* ▭ Gk *ággelos* messenger 《なぞり》← Heb. *mal'ākh* ∽ ME & OE *engel* ← Gmc (Du. *engel* / G *Engel*) ▭ LL *angelus*: cf. angary〗

An·ge·la /ǽndʒələ | -dʒɪ̀-; *It.* ándʒela/ *n.* アンジェラ《女性名》. 〖(fem.) ↑〗

Ángela Me·rí·ci /-mərí:tʃi, mɛ-; *It.* -merí:tʃi/, **Saint** *n.* 聖アンジェラ メリチ《1474?–1540; イタリアの修道女; ウルスラ会 (Ursuline) を創設 (1535)》.

ángel bèd *n.* エンジェルベッド《四柱がなく天蓋[キャノピー]のついたベッド》. 〖(1706)《なぞり》← F *lit d'ange*〗

ángel càke *n.* エンゼルケーキ《小麦粉に泡立てた卵白を加えて作った白いスポンジケーキ》. 〖(1886)《なぞり》? ← L *panus angelicus*: その白い色から〗

ángel dùst *n.* 《俗》粉末 PCP, 合成ヘロイン (phencyclidine). 〖1969〗

An·ge·le·no /æ̀ndʒəlí:noʊ | -dʒɪ̀lí:nəʊ/ *n.* (*also* **An·ge·le·ño** /-léɪnjoʊ | -njəʊ/) (*pl.* **~s**) 《米口語》米国 Los Angeles の住人[出身者], ロス人, ロスっ子. 〖▭ Am.-Sp. *angeleño* ← (*Los*) *Angeles*+-*eño* '-AN¹'〗

An·ge·les /ǽndʒələs | -dʒɪ̀-; *Sp.* áŋxeles/ *n.* アンヘレス《フィリピン北部 Luzon 島中西部の都市》.

ángel-fàce *n.* 《口語》無邪気でかわいらしい顔(の若者). 〖1833〗

Ángel Fálls *n. pl.* [the ~; しばしば単数扱い] エンゼル滝《ベネズエラ南東部にある世界最高の滝 (979 m)》.

ángel·fìsh *n.* 〘魚類〙 **1** エンゼルフィッシュ (⇨ scalare; cf. butterfly fish). **2** カスザメ (⇨ angel shark). 〖1668〗

ángel fòod *n.* **1** =angel cake. **2** 《米俗》(教会・伝道会などの)説教, 教理; 宗教. 〖1577〗

ángel fòod càke *n.* 《米》=angel cake. 〖1920〗

ángel hàir *n.* **1** =angel-hair pasta. **2** 《俗》= angel dust.

ángel-hàir pásta *n.* 〘料理〙極細のパスタ (angel hair, angel's hair ともいう). 〖1981〗

ángel·hòod *n.* **1** 天使であること; 天使的性格. **2 a** 天使のような人. **b** [集合的] 天使たち[の一団]. 〖(*c*1830): ⇨ -hood〗

an·gel·ic /ændʒélɪk/ *adj.* **1** 天使の. **2** (容姿・性格など)天使のような, 天使にふさわしい, 霊妙な: ~ innocence, loveliness, purity / an ~ face [smile] あどけなくかわいい顔[微笑]. **an·gél·i·cal** *adj.* **an·gél·i·cal·ly** *adv.* 〖(1485) ▭ (O)F *angélique*: ⇨ -ic¹〗

an·gel·i·ca /ændʒélɪ̀kə | -lɪ-/ *n.* **1** 〘植物〙シシウド《セリ科シシウド属 (*Angelica*) の草本の総称; (特に)アンゼリカ (*A. archangelica*); archangel ともいう》. **2** シシウドの茎の砂糖漬け. **3** アンゼリカ: **a** シシウドで味をつけた一種のリキュール. **b** [A-] 米国 California 州産の白ぶどう酒《デザートワイン》. 〖(1578) ▭ ML (*herba*) *angelica* angelic (herb) (fem.) ← L *angelicus*: 薬効があったことから〗

An·gel·i·ca /ændʒélɪ̀kə | -lɪ-/ *n.* アンジェリカ《女性名》. 〖▭ L ~ 'angelic' (↑)〗

An·gel·i·can /ændʒélɪ̀kən | -lɪ-/ *adj.* フラアンジェリコ (Fra Angelico) の(描いた).

angélica óil *n.* 〘化学〙アンゼリカ油《アンゼリカの根・種子などを蒸留して採れる芳香のある精油》.

angélica trèe *n.* 〘植物〙 **1** =Hercules'-club 1. **2** アメリカザンショウ (prickly ash). 〖1785〗

Angélic Dóctor *n.* [the ~] 天使的博士 (Thomas Aquinas の異名). 〖1657〗

An·ge·li·co /ændʒélɪ̀kòʊ, ɑ:n- | ændʒélɪkəʊ; *It.* andʒɛ́:liko/, **Fra** *n.* アンジェリコ《1400?–55; イタリアの明快な宗教画で知られる画家・ドミニコ会士; フィレンツェのサンマルコ修道院の回廊・僧房の壁画装飾が代表作; 本名 Guido di Pietro, 修道士名 Fra Giovanni da Fiesole /fjɛ́zole/》.

Angélic Salutátion *n.* [the ~] 〘カトリック〙天使祝詞 (Ave Maria)《聖母 Mary に受胎を告げた時の大天使 Gabriel の祝詞で始まる祈り; cf. *Luke* 1:28》.

An·ge·li·na /æ̀ndʒəlí:nə, -dʒɛ- | -dʒɪ̀-/ *n.* アンジェリーナ《女性名》. 〖(dim.) ← ANGELA〗

An·ge·line /ǽndʒəlì:n | -dʒɪ̀-/ *n.* アンジェリーナ《女性名》. 〖↑〗

An·ge·li·no /æ̀ndʒəlí:noʊ, -dʒɛ- | -dʒɪ̀lí:nəʊ, -dʒɛ-/ *n.* (*pl.* **~s**) =Angeleno.

an·ge·lique /æ̀ndʒəlí:k | -dʒɪ̀-, -dʒɛ-/ *n.* **1** 〘植物〙アンゼリーク (*Dicorynia paraensis*)《南米熱帯地方産マメ科の高木》. **2** アンゼリーク材. 〖▭ F ~ 'ANGELIC'〗

An·gell /éɪndʒəl/, **Sir Norman** *n.* エーンジェル《1874–1967; 英国の経済学者・評論家・平和論者; 著書 *The Great Illusion* (1910) において戦争は勝者にも無益であると説いた; ナイト爵授受 (1931); Nobel 平和賞 (1933); 本名 Sir Ralph Norman Angell Lane》.

ángel lìght *n.* 〘建築〙(垂直様式のゴシック建築の)窓の三角形の小間(ᵃ).

ángel-nóble *n.* =angel 8. 〖1474〗

an·ge·lo- /ǽndʒəloʊ | -dʒɪ̀ləʊ/「angel」の意の連結形. 〖← Gk *ággelos* 'ANGEL'〗

an·gel·ol·o·gy /èɪndʒəlɑ́(:)lədʒi | -dʒɪ̀lɔ́l-/ *n.* 〘キリスト教〙天使論《それぞれの天使の本質・位階に関する学問》. 〖(*c*1828) ← NL *angelologia*: ⇨ -ology〗

An·ge·lou /ǽndʒəlòʊ, -lù: | -dʒɪ̀ləʊ, -lù:/, **Maya** *n.* アンジェロー《1928– ; 米国の黒人小説家・詩人・劇作家; 女優・歌手として舞台に立つ; *I know Why the Caged Bird Sings* (1970)》.

ángel's fóotstool *n.* 《俗》〘海事〙=jolly jumper.

ángel's hàir *n.* 〘料理〙=angel-hair pasta.

ángel shàrk *n.* 〘魚類〙カスザメ《カスザメ属 (*Squatina*) のサメの総称; angelfish, monkfish ともいう》. 〖1776〗

ángel shòt *n.* 〘海軍〙結合半球弾《昔の大砲の砲弾; 敵船の索具などを切断するのに使われた》. 〖1731〗

ángel slèeve *n.* エンゼルスリーブ《ガウンなどにつけられる肩から長く垂れ下がる幅広の袖》. 〖1862〗

ángels-on-hórseback *n.* エンゼルオンホースバック《カキをベーコンで巻いて焼き, トーストの上にのせて出す英国の料理; devils-on-horseback, pigs in blankets ともいう》.

ángel's tèars *n. pl.* [単数扱い] 〘植物〙キダチチョウセンアサガオ (*Datura suaveolens*)《ナス科チョウセンアサガオ属の植物; angel's-trumpet ともいう》.

ángel's-trùmpet *n.* 〘植物〙南米原産ナス科の長いラッパ形の花を垂下し, 観賞用に植える低木: **a** =angel's tears. **b** ゴタチチョウセンアサガオ (*D. arborea*).

ángel tòp *n.* エンジェルトップ《乳児・幼児用ツーピースの上部; 通例羊毛製》.

An·ge·lus, a- /ǽndʒələs | -dʒɪ̀-/ *n.* **1** 〘カトリック〙 **a** お告げの祈り, アンジェルス《大天使 Gabriel が聖母 Mary にもたらしたキリストの受胎告知 (Annunciation) を記念して鳴らす Angelus bell を合図として行う》. **b** =Angelus bell. **2** [The ~]「晩鐘」《Louvre 博物館にある J. F. Millet 作の絵の題名》. 〖(1727) ▭ ML ~ 'ANGEL': この祈りの最初の言葉 *Angelus Domini* から〗

Ángelus bèll *n.* 〘カトリック〙お告げの鐘, アンジェルスの鐘《一日 3 回, 朝と正午と日没に鳴らしてお告げの祈りの時刻を知らせる鐘》. 〖↑〗

ángel wìngs *n. pl.* [単数扱い] 〘貝類〙テンシノツバサ(ガイ) (*Barnea costata*)《ニオガイ科の二枚貝; 北米東岸からカリブ海域の泥中に生息; 両殻を広げて置いた形が天使の翼にたとえられる; 食用》.

an·ger /ǽŋgə | -gə^(r)/ *n.* **1 a** 怒り, 立腹, 怒気 (rage, wrath) 〔*at, with, toward, over*〕: in ~ 怒って / shake [quiver] with ~ 怒りにうち震える / in a fit of (great) ~ かっと怒って, 腹立ちまぎれに / ~ *with* [*toward,* 《米》*at*] a person 人に対する怒り / ~ *over* a person's remark 人の言葉に対する憤り / feel ~ *at* [*over*] …に怒りを覚える / moved [roused] to ~ 怒りをかきたてられて / ⇨ *put one's anger in one's* POCKET. **b** (自然力などの)荒れ狂い, 怒号: the ~ of the sea. **2** 《廃・方言》(傷などの)痛み, 炎症. **— *vt.*** **1** 怒らせる, 立腹させる: an ~*d* look 怒った顔付き / He was greatly ~*ed by* his friend's ingratitude [*at* [*by*] the measures]. 友人の恩知らずぶり[その処置]にひどく腹を立てた / It ~*ed* him *that* they wouldn't do it. 彼らがそれをしてくれないので彼は腹を立てた. **2** 《廃・方言》〈傷などを〉うずかせる, …に炎症を起こさせる. **— *vi.*** 怒る, 腹を立てる (get angry): He ~*s* easily. すぐ腹を立てる. **~·less** *adj.* **~·less·ly** *adv.* **~·less·ness** *n.* 〖(*c*1250) ▭ ON *angra* to grieve, vex & *angr* grief ← Gmc **aŋg-* tight, narrow (Du. & G *eng* / OE *enge* narrow) ← IE **angh-* tight, painful (L *angere* to throttle, torment / Gk *ágkhein* to choke)〗

SYN **1** 怒り: **anger** 不快と敵意のこもった強い感情《最も一般的な語》: He was quivering with *anger*. 怒りでぶるぶる震えていた. **indignation** 不正・不合理などに対して抱く義憤: Cruelty to animals arouses *indignation*. 動物虐待は人に憤りを感じさせる. **rage** 自制力を失うほどの激しい怒り: In his *rage*, he broke the vase. かっとして花瓶を割った. **fury** 狂気に近いほどの狂暴な怒り《前者とほぼ同じだが, *fury* の方が意味が強い》: He was speechless with *fury*. 激怒して口もきけなかった. **wrath** 《文語》相手を罰したいという気持ちにかられた激しい怒り《格式ばった語》: the *wrath* of God 神の怒り.

ANT pleasure, forbearance.

2 怒らせる: **anger** 強い不快と敵意を起こさせる《最も一般的な語》: He was *angered* at the proposal. その提案に怒った. **enrage** 〈事が〉激しく立腹させる: His arrogance *enraged* me. 彼の傲慢な態度が頭にきた. **offend** 他人の感情を害する, 不快感を与える: His careless remark *offended* her. 彼の不用意な発言は彼女を怒らせた. **affront** 相手を怒らせるつもりで, またはわざと無礼にして深い憤りを覚えさせる: I was greatly *affronted* by his impudent manner. 無礼な態度にひどく腹が立った. **outrage** 正義感・誇りなどをひどく傷つける: I was *outraged* at his shameless accusation. 彼の恥知らずな言いがかりに憤慨した. **infuriate, madden** 〈事が〉極度に立腹させる《最も意味の強い語だが会話で軽い意味で使うこともある; *infuriate* は格式ばった語》: I was *infuriated* by his answer. 彼の返事に激昂した / a *maddened* dog 狂暴になった犬.

ANT please, gratify, pacify.

An·ger·bo·da /ɑ́ːŋgəbɔ̀ːdə | -gəbɔ̀ːdə/ *n.* 〖北欧神話〗アングルボダ《女の巨人; Loki との間に Fenrir, Midgard serpent, Hel を生む》.

án·ger·ly *adv.* 《古》怒って (angrily). 〖1327〗

An·gers /ɑ̃ː(n)ʒéɪ, ɑːn-; *F.* ɑ̃ʒe/ *n.* アンジェー《フランス西部の都市; Maine-et-Loire 県の県都, 古くは Anjou の首都; 市場・観光の中心地; 電子産業がある》.

An·ge·vin /ǽndʒəvɪ̀n | -dʒɪ̀vɪn/ (*also* **An·ge·vine** /-vɪ̀n, -vàɪn | -vàɪn, -vɪn/) *adj.* **1** (フランスの一地方)アンジュー (Anjou) の. **2** (英国王家)アンジュー家の, プランタジネット家 (Plantagenets) の; アンジュー王家時代の, プランタジネット朝時代の. — *n.* **1** アンジュー地方人. **2** アンジュー[プランタジネット]家の人 (⇨ Plantagenet). 〖(1653) □ F ~ □ ML *Andegavinus* Anjou〗

an·gi- /ǽndʒi/ (母音の前にくるときの) angio- の異形.

an·gi·na /ændʒáɪnə/ *n.* 〖病理〗 **1** 狭心症 (angina pectoris). **2** アンギーナ, 口峡炎, 扁桃炎《咽頭・扁桃の炎症》. **an·gi·nal** /-nl/ *adj.* **an·gi·nose** /ǽndʒənòus | ǽndʒɪ̀nəus/ *adj.* **an·gi·nous** /-nəs/ *adj.* 〖(1590) □ L ~ 'quinsy' □ Gk *agkhónē* a throttling: cf. anger〗

angína péc·to·ris /-péktərɪ̀s, -trɪ̀s | -tərɪs, -trɪs/ *n.* 〖病理〗狭心症. 〖(1768) ← NL ~《原義》quinsy of the chest〗

an·gi·o- /ǽndʒiou | -dʒiə(u)/「脈管 (vessel), 果被 (case, capsule)」の意の連結形: *angiology*. ★ 母音の前では通例 angi- になる. 〖← NL ~ ← Gk *aggeîon* vessel (dim.) ← *ággos* vessel〗

an·gi·o·blast /ǽndʒiouблæ̀st | -dʒiə(u)-/ *n.* 〖生物〗血管原始細胞, 血管[脈管]芽細胞, 血管[脈管]形成細胞.

àngio·cardiógraphy *n.* 〖医学〗心臓撮影(法)《造影剤を静注し, 胸部血管および心臓内腔を X 線[造影]により撮影すること》. **àngio·cardiográphic** *adj.* 〖1938〗

àngio·cardiólogy *n.* 循環器学.

ángio·càrp *n.* 〖植物〗被果性植物.

àngio·cárpic *adj.* 〖植物〗=angiocarpous.

àngio·cárpous *adj.* 〖植物〗 **1** 外被に覆われた果実の. **2** 子実層が菜状体内に包まれている. **àngio·cárpy** *n.* 〖(1836): ⇨ angio-, -carpous〗

àngio·génesis *n.* 〖生物・医学〗 **1** 脈管形成; 血管形成. **2** 血管新生. 〖(1899) ← ANGIO-+-GENESIS〗

an·gi·o·gram /ǽndʒiəgræ̀m | -ə(u)-/ *n.* 〖医学〗血管造影[撮影]図, 血管写(像). 〖(1933) ← ANGIO-+-GRAM〗

an·gi·og·ra·phy /æ̀ndʒiɑ́(ː)grəfi | -dʒiɔ́g-/ *n.* 〖医学〗血管造影[撮影](法), 血管写. **an·gi·o·graph·ic** /æ̀ndʒiəgrǽfɪk | -ə(u)-⁻/ *adj.* 〖1933〗

an·gi·ol·o·gy /æ̀ndʒiɑ́(ː)lədʒi | -ɔ́l-/ *n.* 〖医学〗脈管学. 〖(1706): ⇨ -ology〗

an·gi·o·ma /æ̀ndʒióumə | -ɔ́u-/ *n.* (*pl.* **~s**, **~·ta** /~tə | ~tə/) 〖病理〗血管腫(ʃ) (cf. hemangioma). **an·gi·om·a·tous** /æ̀ndʒiɑ́(ː)mətəs | -ɔ́mət-/ *adj.* 〖(1962) ← NL ~: ⇨ angio-, -oma〗

àngio·neurótic edéma *n.* 〖医学〗神経症性水腫[浮腫], 血管(運動)神経性水腫[浮腫].

an·gio·plas·ty /ǽndʒiəplæ̀sti, -dʒiou- | -dʒiə(u)-/ *n.* 〖外科〗血管形成(術). **àngi·o·plás·tic** /æ̀ndʒiəplǽstɪk, -dʒiou- | -dʒiə(u)-⁻/ *adj.* 〖(c1919) ← ANGIO-+-PLASTY〗

àngio·sarcóma *n.* (*pl.* **~s**, **-ta**) 〖病理〗血管肉腫(ʃ).

an·gi·o·sperm /ǽndʒiouspə̀ːm | -ə(u)spə̀ːm/ *n.* 〖植物〗被子植物 (cf. gymnosperm). 〖*c*1828〗

An·gi·o·sper·mae /æ̀ndʒiouspə́ːmiː | -dʒiə(u)-spə̀ː-/ *n. pl.* 〖植物〗被子植物門. **àn·gi·o·spér·mous** /-məs⁻/ *adj.* 〖← NL ~: ⇨ angio-, -spermae〗

angio·tén·sin /-ténsɪ̀n, -sn̩ | -sɪn/ *n.* 〖生化学〗アンギオテンシン《血圧上昇作用と副腎皮質ホルモン分泌促進作用をもつホルモン; プロアンギオテンシンで存在し, 腎臓のレニン (renin) の作用でアンギオテンシン I となりそれがさらに血中の転換酵素でアンギオテンシン II となる》. 〖(*c*1961) ← ANGIO-+TENS(ION)+-IN²〗

àngio·tén·sin·ase /-ténsənèɪs, -nèɪz | -nèɪs/ *n.* 〖生化学〗アンギオテンシナーゼ《アンギオテンシンを活性化する転換酵素》. 〖(*c*1961): ⇨ ↑, -ase〗

an·gi·ot·o·my /æ̀ndʒiɑ́(ː)təmi | -ɔ́t-/ *n.* 〖外科〗脈管切開(術). 〖(1706) ← ANGIO-+-TOMY〗

an·gi·ot·o·nase /æ̀ndʒiɑ́(ː)tənèɪs, -tn̩- | -ɔ́t-/ *n.* 〖生化学〗アンギオトナーゼ (⇨ hypertensinase). 〖⇨ ↓, -ase〗

an·gi·o·to·nin /æ̀ndʒioutóunɪ̀n | -ə(u)táunɪn/ *n.* 〖生化学〗アンギオトニン (⇨ hypertensin). 〖← ANGIO-+TON(IC)+-IN²〗

an·gi·o·tribe /ǽndʒiətràɪb/ *n.* 〖外科〗圧砕止血器. 〖← ANGIO-+-TRIBE〗

ang·klung /ǽŋklʌŋ/ *n.* =anklong.

Ang·kor /ǽŋkɔə | -kɔː(r)/ *n.* アンコール《カンボジア北西部にある Khmer 王国の遺跡; cf. Angkor Thom, Angkor Wat》.

Ángkor Thòm /-tɔ̀ːm/ *n.* アンコールトム《Angkor Wat の北約 1.5 km にある Khmer 王国の都城趾》.

Ángkor Wàt [Vàt] /-wɑ̀(ː)t | -wɔ̀t/ *n.* アンコールワット《Angkor にある Khmer 族の残した 3 層の石造寺院で, 世界的に著名な遺跡; 1860 年に発見》.

Angl. 《略》*F.* Angleterre (=England); Anglian; Anglican; Anglicized.

an·glaise¹ /ɑ̃ː(ŋ)gléɪz, ɑːŋ-, æŋ-; *F.* ɑ̃glɛːz/ *adj.* 〖料理〗 **1** ゆでただけでソースなしの: potatoes ~. **2** 溶き卵とパン粉の衣をつけた: cutlets ~. 〖□ F ~ 《略》*à la anglaise* in the English manner: ↓〗

an·glaise² /ɑ̃ː(ŋ)gléɪz, ɑːŋ-, æŋ-; *F.* ɑ̃glɛːz/ *n.* 〖ダンス〗アングレーズ: **a** 英国の古い郷土舞踊. **b** (古典組曲にみられるような) 2 拍子の快活な踊りの一形式. 〖□ F ~ (fem.) ← *anglais* 'ENGLISH'〗

an·gle¹ /ǽŋgl/ *n.* **1** 〖数学〗角(ʃ), 角度: an acute ~ 鋭角 / an oblique ~ 斜角 / an obtuse ~ 鈍角 / an ~ of 45° 45 度の角(度) / form [make] an ~ of 90° (*with* ...) (...と) 90 度の角をなす / ⇨ exterior angle, interior angle, right angle, round angle, straight angle. **2** (建物などの)かど, 突出部 (projection): stroke the ~ of one's jaw あごの先をなでる. **3 a** すみ (corner): in an ~ of the room. **b** 《古》奥まった所 (nook); 片田舎. **4 a** (物事を見る)角度, 観点, 立場 (standpoint) (⇨ phase SYN): view a problem *from* different [all] ~*s* 問題を種々の[あらゆる]角度から観察する / a new ~ *on* the problem 問題を見る新観点. **b** (物事の)面, 相 (aspect): consider all ~*s* of a matter. **5 a** (ある目的のための)方法, 手段 (approach): I don't know what her ~ is, but it seems to work. 彼女の方法が何かは知らないが, それでうまくいきそうだ. **b** (報道などを扱う)特定の視点; 特定の立場に合う扱い方, 偏向 (slant). **c** 《口語》不正な手段; 〈...する〉魂胆, 企み (scheme) 〈*to* do〉; (企んでいる)利益: He's been too friendly lately—what's his ~? 彼は最近いやになれなれしいが, ねらいは何だろう. **6** 〖写真〗(カメラの)アングル《撮影する時のカメラの位置と向き》. **7** 〖スポーツ〗 **a** (テニス・アメリカンフットボールなどで)球を角度をつけて打つ[蹴る]こと. **b** 〖アメフト〗アングル《相手側に対してより防御を効果的, かつ反則をしないよう角度をつけて守備をすること》: get [have] an ~. **8** 〖機械〗=angle steel.

at an ángle (1) ある角度で[をなして]〔*to, with*〕: lean *at an* ~ of 30° 30 度の角度に傾ける. (2) 〈道など〉(斜めに)曲がって: The road turned *at an* ~. 道は(斜めに)曲がった / cut something *at an* ~ 何かを斜めに切る / *at a* 30° ~ *to* [*with*] the ground 地面と 30 度の角度で / wear one's hat *at a* rakish ~ 帽子を粋に傾けてかぶる. ***on the ángle*** 《古》斜めに (obliquely). ***táke the ángle*** 角度を測る〔*of*〕.

ángle of advánce 〖機械〗前進角.

ángle of appróach 〖機械〗近寄り角. (1932)

ángle of attáck 〖航空〗迎え角《気流[翼の進行方向]と翼弦線とのなす角; angle of incidence ともいう》. (1908)

ángle of bánk 〖航空〗横揺れ角《機体の対称面と鉛直線とのなす角; angle of roll ともいう》.

ángle of clímb 〖航空〗上昇角.

ángle of cóntact 〖光学〗接触角.

ángle of depréssion 〖測量〗俯角.

ángle of deviátion 〖光学〗偏角. (1831)

ángle of díp 〖磁気・測量〗(磁針の)伏角 (dip).

ángle of elevátion 〖航空・測量〗仰角, 高角. (1790)

ángle of íncidence (1) 〖物理〗投射[入射]角. (2) 《英》〖航空〗=ANGLE of attack. (3) 〖航空〗(翼の)取付角《機体の基準線と翼弦線とのなす角; angle of wing setting, rigging angle of incidence ともいう》. (1638)

ángle of lág 〖物理・電気〗遅れ角.

ángle of léad /-líːd/ 〖物理・電気〗進み角.

ángle of oblíquity [préssure] 〖機械〗圧力角.

ángle of pítch 〖航空〗縦揺れ角, ピッチ角《機体の前後軸と水平面との間の角》.

ángle of récess 〖機械〗遠のき角.

ángle of refléction 〖物理〗反射角.

ángle of refráction 〖光学〗屈折角《二つの媒質の境界面で屈折された光線が屈折された点における境界面の法線となす角; refraction angle ともいう》.

ángle of repóse [rést] 〖物理〗息角, 休止角, 落着き角.

ángle of róll 〖航空〗=ANGLE of bank.

ángle of slíde 〖地質〗滑り角.

ángle of stáll 〖航空〗臨界角 (critical angle).

ángle of swéepback 〖航空〗後退角《平面図で見て, 翼幅方向の基準線が機体の左右軸に対して後方に傾いている角度; cf. ANGLE of sweepforward》.

ángle of sweepfórward 〖航空〗前進角《平面図で見て, 翼幅方向の基準線が機体の左右軸に対して前方に傾いている角度; cf. ANGLE of sweepback》.

ángle of thréad 〖機械〗ねじ山角.

ángle of tórsion [twíst] 〖機械〗ねじれ角.

ángle of víew 〖光学〗視角, 写角, 画角.

ángle of wíng sétting 〖航空〗=ANGLE of incidence (3).

ángle of yáw 〖航空〗偏揺れ角, 偏揺角.

— *vt.* **1** (ある角度に)曲げる: ~ one's head toward the top of a mountain. **2 a** 〈物を〉ある角度に置く. **b** (テニス・アメリカンフットボールなどで)〈ボールを〉サイドライン寄りに角度をつけて打つ[蹴る]. **3** 〖写真〗〈カメラの〉角度[アングル]を定める. **4** 〈報道などを〉特定の視点から扱う, (特定の立場に合うように)ゆがめる, 偏向させる (slant) (cf. *n.* 5 b): ~ the news, a story, etc. / ~ the report to [toward] the readership of our magazine 本誌の読者層向けの報道を行う. — *vi.* **1** (斜めに)曲がる: The path ~*d* to the left. **2** 曲がり(くねり)ながら進む; 斜めに進む: ~ *up* a hill / ~ *across* a snowy field 雪原を斜めに横切る.

〖(*c*1380) □ (O)F ~ □ L *angulum* corner, angle ← IE **ank-*, **ang-* to bend (Gk *agkúlos* crooked)〗

an·gle² /ǽŋgl/ *n.* 《古》釣針 (fishhook); 釣道具 (fishing tackle): a brother of the ~ 《文語》釣師, 太公望 (angler). — *vi.* **1** 魚釣りをする〔*for*〕: ~ *for* trout / go *angling* 魚釣りに行く. ★ 普通は *fish* を用いる. **2** 〔...を〕手に入れようと狙う[たくらむ, 小細工をする], ほのめかして〔...を〕得ようとする (scheme, fish)〔*for*〕: ~ *for* compliments お世辞の一つでも言ってもらう / ~ information [an invitation] 小細工を弄(ʃ)して情報[招待状]を得る. 〖OE *angul* fishhook ← IE **ank-* (↑)〗

An·gle /ǽŋgl/ *n.* **1** [the ~s] アングル族《もとユトランド (Jutland) 半島南部の北ドイツの Schleswig-Holstein に住み, 5 世紀以後英国に渡って East Anglia, Mercia および Northumbria 諸国を創建したゲルマン族; 6 世紀ごろにはすでにこの名は英国の全ゲルマン族について用いられていた; Saxons, Jutes と合わせて Anglo-Saxons と総称される》. **2** アングル族の人, アングル人. 〖OE *Angel*, *Engle* □ L *Anglus* ((pl.) *Anglī*) 《原義》'people of *Angul* (釣針 (angle) の形をした Schleswig の一地方名)' ← Gmc **aŋgli-*: cf. English〗

ángle bàr *n.* **1** 〖機械〗=angle steel. **2** 〖鉄道〗(レールの)山形継目板.

ángle bèad *n.* 〖建築〗隅玉縁(ʃ)《直角に出っ張った角の部分に施された玉縁飾り》. 〖1842〗

ángle·bèrry *n.* 〖獣医〗=anbury 1. 〖*a*1600〗

ángle bràce *n.* 〖建築〗(垂直材と水平材とが交わる所に斜めに取り付ける)方杖(ʃ); (水平材同士が交わる所に斜めに取り付ける)火打(ʃ).

ángle bràcket *n.* **1** 〖建築〗隅(ʃ)持送り, 角腕金, 角ブラケット. **2** 山パーレン (⇨ bracket 2 b). 〖*c*1956〗

án·gled *adj.* **1** かどのある; 角(ʃ)をなした; 斜めの: right-*angled* 直角の. **2** 〈報道など〉ゆがめられた, 偏向した. **3** 〖紋章〗〈線など〉段違いになった. 〖1575〗

ángled déck *n.* 〖海軍〗(航空母艦の)斜走甲板, アングルデッキ《船体の縦軸に対し斜め側方に張り出して設けた着艦用甲板》. 〖1952〗

An·gle·doz·er /ǽŋgldòuzə | -dàuzə(r)/ *n.* 〖商標〗アングルドーザー《排土板を左右に約 25° 傾けて取り付けたブルドーザー》. 〖(1940) ← ANGLE¹+(BULL)DOZER〗

ángle gèar *n.* 〖機械〗アングル歯車《両軸の交わる角が 90° 以外の傘歯車》.

ángle grìnder *n.* アングルグラインダー《研磨ディスクを回転させて研磨・切削を行う電動グラインダー》.

ángle ìron *n.* 〖機械〗アングル鉄, 山形鉄 (L 字形の断面をもつ鉄棒材). 〖*c*1853〗

ángle jòint *n.* 〖建築〗隅接(ʃ); ひじ継手.

ángle mèter *n.* 〖測量〗角度計, 測角計 (goniometer); 傾斜計 (clinometer).

ángle-pàrking *n.* (道路際での)斜め駐車.

ángle plàte *n.* 〖機械〗横定盤, アングルプレート《工作物を締めつけたり支えたりする L 字形[直角]部のある工具》.

ángle·pòd *n.* 〖植物〗北米中南部産ガガイモ科 *Gonolobus* 属の数種の植物の総称. 〖← ANGLE¹+POD¹〗

An·gle·poise /ǽŋglpɔɪz/ *n.* 〖商標〗アングルポイズ《英国製の自在灯; 二組の 2 本の軸に 2 本のばねがついており, 電球を自由な位置に固定することができる; Anglepoise lamp ともいう》. 〖1940〗

an·gler /ǽŋglə | -glə(r)/ *n.* **1** 魚を釣る人, 釣り師, 釣り人 (cf. fisherman 1). **2** 策略家, 策士. **3** 〖魚類〗チョウチンアンコウ亜目の魚類の総称《チョウチンアンコウ (*Himantolophus groenlandicus*) など》. 〖(*c*1450): ⇨ angle², -er¹〗

ángle ràfter *n.* 〖建築〗隅木(ʃ).

ángler·fìsh *n.* 〖魚類〗=angler 3. 〖*c*1889〗

An·gle·sey /ǽŋglsi, -siː/ *n.* (*also* **An·gle·sea** /~/) アングルシー《ウェールズ北西部の島; 面積 715 km²》. 〖ME *Angleseia* 《原義》'the ISLAND of the ANGLES'〗

ángle shádes *n. pl.* [単数扱い] 〖昆虫〗ヤガ科のガ (*Phlogophora meticulosa*) 《幼虫は植物に害を与える》. 〖1843〗

ángle shèar *n.* 〖機械〗山形材シャー《山形鉄 (angle iron) を剪断(ʃ)する機械》.

ángle shòt *n.* **1** アングルショット: **a** 〖写真〗通常の眼の位置と異なる点から撮影した写真. **b** 〖映画〗先行する画面と異なる角度から対象に向けて撮影した画面. **2** 〖競技〗ボール[パックなど]の斜め方向のショット. 〖*c*1922〗

an·gle·site /ǽŋglsàɪt, -glesàɪt/ *n.* 〖鉱物〗硫酸鉛鉱 ($PbSO_4$). 〖(1837) □ F ~ ← *Anglesey* (その発見地): ⇨ -ite¹〗

ángle·smìth *n.* 〖機械・造船〗山形火造り(工)《山形鉄 (angle iron) や造船用の形鋼ビーム (beam) などを作るかじ屋》. 〖← ANGLE (IRON)+SMITH〗

ángle stèel *n.* 〖機械〗山形鋼《断面が L 形の棒鋼材》.

ángle stòne *n.* 〖建築〗隅(ʃ)石, かど石 (quoin).

ángle tìe *n.* 〖建築〗火打《水平材同士が交わるところに斜めに架け渡す補強材》. 〖1782〗

ángle vàlve *n.* 〖機械〗アングル弁.

ángle wìng *n.* 〖昆虫〗翅(ʃ)の縁が鋸歯状になっているキタテハ属 (*Polygonia*)・ヒオドシチョウ属 (*Nymphalis*)・コノハタテハ属 (*Anaea*) のチョウの総称. 〖*c*1900〗

ángle·wìse *adv.* 角になって; 角状に. 〖1604〗

ángle·wòrm *n.* (魚釣りの餌にする)ミミズ (earthworm). 〖(1832) ← ANGLE²+WORM〗

An·gli·a /ǽŋgliə/ *n.* アングリア《England のラテン語名》. 〖⇨ Angle, -ia¹〗

An·gli·an /ǽŋgliən/ *adj.* **1** アングル族[語]の. **2** =East Anglian. — *n.* **1 a** =Angle. **b** =East Anglian 1. **2 a** アングル語《古期英語の北部および東部の方言》. **b** =East Anglian 2. 〖(1726): ⇨ -an¹〗

An·glic /ǽŋglɪk/ *n.* アングリック《スウェーデンの英語学者 R. E. Zachrisson (1880–1937) が提唱した英語のつづり字を改良した国際補助語》. — *adj.* =Anglian. 〖(1930) □ ML *Anglicus* 'ENGLISH'〗

A

An·gli·can /ǽŋglɪkən | -glɪ-/ *adj.* **1** 英国国教会 (Church of England) の. **2** 英国国教会派の, 聖公会の. **3** 英国(民)の (English). — *n.* **1** 英国国教徒; (英国国教会)高教会派の人 (High Churchman). **2** 英国国教会派の人, 聖公会員. 〘(1635) □ ML *Anglicānus*: ⇨ ↑, -an¹〙

Ánglican chánt *n.* [the ~]〘音楽〙英国国教会聖歌.

Ánglican Chúrch *n.* [the ~] **1** 英国国教会 (⇨ Church of England). **2** =Anglican Communion. 〘1660〙

Ánglican Commúnion *n.* [the ~] 英国国教会[聖公会]派, アングリカン コミュニオン, 聖公会連合《英国国教会と教義を同じくする教会の世界的連合で, 英国国教会のほかに Church of Ireland, Episcopal Church of Scotland, Church in Wales, Episcopal Church, Episcopal Church of Japan (日本聖公会)などを含む》.

Án·gli·can·ism /-nɪzm/ *n.* 英国国教会(派)主義[教義], 聖公会神学 (Anglican theology); (英国国教会)高教会派の教義《一般に Anglican Communion に属する教会の教理ならびに慣行を意味する; その教理は, キリスト教をカトリックとプロテスタントに大別した時, その両要素を備えながらそのいずれとも異なった特色を有する》. 〘1838〙

An·gli·ce /ǽŋgləsi, -si: | -glɪsi/ *adv.* **1** 英語で, 英語風に (cf. Latine, Gallice): Marie, ~ Mary マリー, すなわち英語風に言うとメアリー. **2** 平たく言えば (in plain English). 〘(1602) □ ML ~ 'in English' ← *Anglicus* 'ENGLISH'〙

An·gli·cism /ǽŋgləsɪzm | -glɪ-/ *n.* **1** **a** (英国)英語の慣用語句; 英語語法. **b** (外来語としての)英語(の語句); その特徴. **2** 英国人気質(かたぎ); 英国人的な慣習[考え, 流儀など]. **3** 英国びいき. 〘(1642): ⇨ ↑, -ism〙

Án·gli·cist /-sɪst | -sɪst/ *n.* 英語[英文]学・英国文化の研究者《通例英語を母語とする研究者には用いない》. 〘1867〙

An·gli·cize, a- /ǽŋgləsàɪz | -glɪ-/ *vt.* **1** 英国風[イギリス式]にする, 英国化する. **2** **a** 〈外国語を〉英語化する: ~ a Latin word. **b** 〈外国語を〉(形を変えないで)英語に採り入れる. — *vi.* 英語化する; 英国化する. **An·gli·ci·za·tion** /ǽŋgləsɪzéɪʃən | -glɪsaɪ-, -sɪ-/ *n.* 〘(1710): ⇨ -ize〙

An·gli·fy, a- /ǽŋgləfàɪ | -glɪ-/ *vt.* =Anglicize. **An·gli·fi·ca·tion** /ǽŋgləfɪkéɪʃən | -glɪfɪ-/ *n.* 〘(1751): ⇨ -fy〙

án·gling /-glɪŋ/ *n.* 釣り, 魚釣り(術). 〘1496〙

An·glist /ǽŋglɪst | -lɪst/ *n.* =Anglicist. 〘(1888) □ G ~ ← L *Anglī*: ⇨ Angle, -ist〙

An·glis·tics /æŋglístɪks/ *n.* 英語[英文]学. 〘(1936) □ G *Anglistik*: ⇨ ↑, -ics〙

An·glo /ǽŋglou | -gləu/ *n.* (*pl.* ~s) **1** (主にカナダ) 英語を第一言語とするカナダ人. **2** (米) ヨーロッパ人を祖先にもつアメリカ合衆国市民. **3** (英) (ウェールズ・スコットランド・北アイルランド人に対して)イングランド人. **4** (米南西部俗) スペイン・メキシコ人の子孫以外の白人. 〘(1800) (略) ← ANGLO-AMERICAN〙

An·glo- /ǽŋglou | -gləu/ **1**「英国の, 英語の; 英国[英語]と…との (English and …)」の意の連結形: *Anglo-American*. **2**「英国国教会の」の意の連結形. 〘□ L ~ ← *Anglus* 'ANGLE, Englishman'〙

Ánglo-Áfrican *adj., n.* 英国系アフリカ人(の).

Ánglo-Américan *adj.* **1** 英米の: ~ commerce 英米通商 / ~ literature 英米文学. **2** 英国系アメリカ人の; 英語を母国語とする北アメリカ人の. — *n.* 英国系アメリカ人; 英語を母国語とする北アメリカ人. 〘*c*1782〙

Ánglo-Canádian *adj.* **1** 英国とカナダの. **2** 英国系カナダ人の. — *n.* 英国系カナダ人.

Ánglo-Cátholic *adj., n.* 〘キリスト教〙アングロカトリック派の(教徒). 〘1838〙

Ánglo-Cathólicism *n.* 〘キリスト教〙アングロカトリック主義《英国国教会でカトリック信仰の歴史的伝承を強調する傾向; cf. High Church》. 〘1838〙

Ánglo-Célt *n.* アングロケルト, イギリスまたはアイルランド系の人《英国・アイルランド以外で使われることば》.

Ánglo-Céltic *adj.*

Ànglo·céntric *adj.* 英国中心の. 〘1886〙

Ánglo-Chinése *adj.* 英国と中国との.

Ánglo-Egýptian Sudán *n.* ⇨ Sudan 2.

Ánglo-Frénch *adj.* 英仏の; アングロノルマン語の. — *n.* =Anglo-Norman. 〘*c*1884〙

Ánglo-Frísian *adj.* アングロフリジア語の. — *n.* アングロフリジア語《古期英語と古期フリースランド語に共通の祖語》. 〘1877〙

Ánglo-Índian *adj.* 英国とインドの, 英印の (cf. Indo-British); インド英語の; 英印[欧亜]混血(児)の. — *n.* **1** インド居住の英国人; インド生まれの英国人. **2** 英印混血児; (インド) 欧亜混血児 (Eurasian). **3** **a** インド(で使用される)英語, 英印語. **b** インド諸語からの英語への借入語. 〘1858〙

Ánglo-Írish *adj.* **1** イングランドとアイルランドの. **2** アイルランド英語の. — *n.* **1** [the ~; 集合的] アイルランド在住のプロテスタントのイングランド人; イングランド人とアイルランド人を祖先にもつ人. **2** アイルランド英語[語法, なまり] (Irish English). 〘1792〙

Ánglo-Irish Agréement *n.* [the ~] 英国アイルランド協定《特に北アイルランドの主権と安全に関し, 二国政府間の協議と協力拡大を確立する協定; 1985 年 11 月 15 日調印》.

Ánglo-Ísraelite *n., adj.* Anglo-Saxon 人はイスラエルの失われた十支族 (lost tribes) の子孫であるとの説を信じる人(の): the ~ theory. 〘1875〙

Ánglo-Itálian *adj.* 英国とイタリアの, 英伊の.

Ánglo-Japanése *adj.* 英国と日本の, 日英の.

Ánglo-Látin *n., adj.* 英国中世ラテン語(の) (略 AL). 〘1791〙

An·glo·ma·ni·a /æ̀ŋgloumémiə, -glə-, -njə | -gləu-/ *n.* 英国心酔, 英国狂, 親英熱. 〘(1787) ← NL ~: ⇨ Anglo-, -mania〙

An·glo·ma·ni·ac /æ̀ŋgloumémiæ̀k, -glə- | -gləu-/ *n.* 英国心酔者. 〘(1837): ⇨ ↑, -ac〙

Ánglo-Nórman *adj.* **1** ノルマン人の英国支配時代 (1066–1154) の, イングランドとノルマンディーの. **2** アングロノルマン人[語]の. — *n.* **1** ノルマン人の征服後英国に移住したノルマン人. **2** アングロノルマン語《ノルマン征服後の英国で約 3 世紀にわたり公用語として用いられたフランス語方言; 特に法律関係に根強く残った; Anglo-French, Norman-French ともいう》. 〘1735〙

Ánglo-Númbian *n.* 〘畜産〙アングロヌビアン種(のヤギ)《英国産のヤギとアフリカ北部原産のヌビアン種のヤギの交配により英国で作り出された乳用種》.

An·glo·phile, a- /ǽŋgloufàɪl, -glə- | -glə(ʊ)-/ (*also* **An·glo·phil** /-fɪl/) *n., adj.* 親英家(の), 英国(人)びいきの(人), 英国文化崇拝者(の). **An·glo·phil·ic, a-** /æ̀ŋgloufílɪk, -glə- | -glə(ʊ)-⁻/ *adj.* 〘(1867) □ F *anglophilie*: ↓〙

An·glo·phil·i·a, a- /æ̀ŋgloufíliə, -glə- | -glə(ʊ)-/ *n.* 親英的なこと, 英国びいき, 英国文化崇拝. **An·glo·phil·i·ac, a-** /æ̀ŋgloufíliæ̀k, -glə- | -glə(ʊ)-/ *adj.* 〘(1896) ← NL ~: ⇨ Anglo-, -philia〙

Angloph·i·lism, a- /æŋglɑ́(:)fəlɪzm | -glɔ́fɪ-/ *n.* =Anglophilia. 〘1896〙

An·glo·phobe, a- /ǽŋgloufòub, -glə- | -glə(ʊ)fəub/ *n.* 英国恐怖症の人, (極端な)英国(人)ぎらいの人. **An·glo·pho·bic, a-** /æ̀ŋglo(ʊ)fóubɪk, -glə- | -glə(ʊ)fəu-⁻/ *adj.* 〘(1866): ⇨ ↓, -phobe〙

An·glo·pho·bi·a, a- /æ̀ŋgloufóubiə, -glə- | -glə(ʊ)fəu-/ *n.* 英国恐怖症, 英国(人)ぎらい. **An·glo·pho·bi·ac** /æ̀ŋgloufóubiæ̀k, -glə- | -glə(ʊ)fəubiæ̀k, -bjæk/ *adj.* 〘(1793) ← NL ~: ⇨ Anglo-, -phobia〙

An·glo·phone, a- /ǽŋgloufòun, -glə- | -glə(ʊ)-fəun/ *n., adj.* (二言語以上が使用されている国などで)英語を話す[使用する](人). **An·glo·phon·ic** /æ̀ŋglou-fɑ́(:)nɪk, -glə- | -glə(ʊ)fɔ́n-⁻/ *adj.* 〘(1965) □ F ~: ⇨ Anglo-, -phone〙

An·glo-Sax·on /æ̀ŋglousǽksən, -sn | -glə(ʊ)-⁻/ *n.* **1** **a** (ノルマン人の征服以前に Britain 島に住んでいた)アングロサクソン人 (English Saxon). **b** [the ~s] アングロサクソン民族 (the Anglo-Saxon race). **2** **a** (英語を国語とする)英国系の人, アングロサクソン; 英国人. **b** (米) 植民地時代からの英国系の人. **3** アングロサクソン語, 古(期)英語《最近は通例 Old English という》. **4** (英語にみられる) ゲルマン語の要素. **5** (英語の前身である)大陸時代の英語 (pre-English). **6** (米) **a** (現代)英語 (English). **b** (口語) 平明[率直]な英語; 露骨[卑俗]な英語. — *adj.* **1** アングロサクソン民族の; アングロサクソン的な. **2** アングロサクソン語[古(期)英語]の. **3** (米口語) **a** 〈英語の表現が〉平明[率直]な. **b** 〈英語の単語が〉(単音節で)露骨な, 卑俗な. 〘OE *Angulseaxan* 'English' Saxons ← NL *Anglo-Saxonēs* the English people ← ML *Angli Saxonēs* the English ← L *Angli* 'the ANGLES' + *Saxonēs* 'the SAXONS'〙

Ánglo-Sàxon Chrónicle *n.* [the ~]「アングロサクソン年代記」《Alfred 大王時代(9 世紀末)に編纂された英国古代史; Old English で書かれているが筆者は不明》.

Ànglo-Sáxon·dom *n.* **1** アングロサクソン族(英国系人種)の領土. **2** アングロサクソン圏《世界の政治舞台に活躍する英米人》. 〘(1850): ⇨ -dom〙

Ánglo-Sáx·on·ìsm /-sənìzm, -sn-/ *n.* **1** アングロサクソン語的な語句[語法]. **2** アングロサクソン気風[精神], 英国人気質(かたぎ), 英国魂. **3** アングロサクソン特有の傾向[特色]. **4** アングロサクソンの優越感. 〘1860〙

Àn·glo-Sáx·on·ize /æ̀ŋglousǽksənàɪz, -sn- | -glə(ʊ)-/ *vt.* 〈民族・文化等を〉アングロサクソン化する. 〘(1883): ⇨ -ize〙

An·go·la¹ /æŋgóulə | -gə́u-/ *n.* アンゴラ《アフリカ南西部の共和国; もとポルトガル領西アフリカ (Portuguese West Africa) といったが, 1975 年独立; 面積 1,246,700 km², 首都 Luanda; 公式名 the Republic of Angola アンゴラ共和国》.

An·go·la², a- /æŋgóulə | -gə́u-/ *n.* (古) =Angora².

An·go·lan /æŋgóulən | -gə́u-/ *n., adj.* アンゴラ人(の). 〘1600〙

An·go·lese /æ̀ŋgoulí:z, -lí:s | æ̀ŋgə(ʊ)lí:z⁻/ *n.* (*pl.* ~) **1** アンゴラに住む Bantu 族の人. **2** アンゴラ語. 〘← ANGOLA¹ + -ESE〙

An·go·ra¹ /æŋgɔ́:rə | æŋgərə, æŋgɔ́:rə/ *n.* アンゴラ (Ankara の旧名). 〘□ L *Ancȳra* □ Gk *Ágkūra* (原義) anchor〙

An·go·ra², a- /æŋgɔ́:rə/ *n.* **1** **a** =Angora wool. **b** (アンゴラウサギ[ヤギ]の毛で作る)アンゴラ毛糸, アンゴラ織. **c** =mohair 1. **2** (動物) **a** =Angora cat. **b** =Angora goat. **c** =Angora rabbit. **3** [a-] (豪俗) 愚か者. 〘(1819) ← ANGORA¹〙

Angóra cát *n.* 〘動物〙アンゴラネコ《絹のような長い毛をもつイエネコ》. 〘1819〙

Angóra góat *n.* 〘動物〙アンゴラヤギ《毛から mohair を取る》. 〘1833〙

Angóra rábbit *n.* 〘動物〙アンゴラウサギ《Ankara 地方原産の白い長い毛をもった目の赤いウサギ; その毛は織物の原料》. 〘1849〙

Angóra wóol *n.* アンゴラ毛(け)《アンゴラウサギ[ヤギ]の毛》; =mohair 1. 〘1875〙

án·gos·tu·ra bárk /æ̀ŋgəstúᵊrə-, -tjúᵊr- | -stjúər-/ *n.* アンゴスツラ皮《南米産ミカン科の *Cusparia trifoliata* および *Galipea officinalis* の樹皮; 解熱強壮剤や angostura bitters を作る; 単に angostura ともいう》. 〘(1791) (なぞり)? ← Am.-Sp. *corteza de Angostura* ← *Angostura* (南米ベネズエラの Ciudad Bolívar の旧名)〙

angostura bítters *n. pl.* [通例単数扱い] アンゴスツラビターズ《アルコールをベースにアンゴスツラ皮から採った油を加えた芳香のある苦味強壮剤; カクテルの香味付け用; 商品名 Angustura》. 〘1879〙

An·gou·léme /ɑ̀:(ŋ)gu:lém, ɑ:ŋ-; *F.* ɑ̃gulɛm/ *n.* アングレーム《フランス西部 Charente 県の県都》.

Àn·gou·mois gráin mòth, a- g- m- /ɑ́:(ŋ)-gu:mwɑ̀:-, ɑ:ŋ-; *F.* ɑ̃gumwa-/ *n.* 〘昆虫〙バクガ (*Sitotroga cerealella*)《キバガ科の小ガ; 幼虫は畑の穀物や貯蔵穀物を食べる》. 〘← *Angoumois* (フランスの地名)〙

An·gra do He·ro·ís·mo /ɑ́:ŋgrədu:ərouízmou | -ərəuízməu; *Port.* ɐ̃ŋgrɐðuirʊíʒmu/ *n.* アングラ ド エロイズモ《ポルトガル領 Azores 諸島中の Terceira 島南岸の港湾都市》.

An·gra Main·yu /æ̀ŋgrəmáɪnju:/ *n.* 〘ゾロアスター教〙=Ahriman.

ang·rez /ʌŋréɪz/ (インド口語) *n.* (*pl.* **ang·re·zi** /-zi/, **ang·rez·log** /-loug | -ləug/) イギリス人. — *adj.* イギリス(人)の.

angrezi *n.* angrez の複数形. — *adj.* =angrez.

an·gri·ly /ǽŋgrəli | -grɪ-/ *adv.* 怒って, 立腹して, 腹立たしそうに. 〘(?*a*1387): ⇨ ↓, -ly¹〙

an·gry /ǽŋgri/ *adj.* (**more** ~, **most** ~; **an·gri·er, an·gri·est**) **1** **a** 怒った, 怒っている, 立腹した 〈*to* do, *that*〉: look ~ 怒った顔をしている / be ~ *with* [*at*] a person 人を怒る / He was ~ *with* me *for* keeping him waiting. 待たせたことで彼は私のことを怒っていた / be ~ *against* injustice 不正[不法]を憤る / I felt ~ *about* his carelessness. 彼の不注意のことで腹立たしく思った / He is ~ *about* being left behind. 取り残されたことで怒っている / She got ~ *at* his remark [*with* him *for* [*over*] his remark]. 彼の言葉に怒った / They will be ~ *to* hear it. それを聞いたら怒るだろう / He was ~ *that* he had been deceived. だまされたので怒っていた. **b** 〈言葉など〉怒りの[に満ちた]: an ~ look 怒った顔付き / come to ~ words (*with* …) (…と)激論[口論]になる. **2** 〈空・海など〉険悪な, 荒れている, 激しい: an ~ sky, sea, etc. / ~ waves 怒濤(どとう). **3** 〈傷など〉炎症を起こしている (inflamed), (ずきずき)痛む (painful): an ~ sore. **4** (古) 怒りやすい, 短気な (hot-tempered). — *n.* =angry young man.

án·gri·ness *n.* 〘(?*c*1380): ⇨ anger, -y⁴〙

ángry white mále *n.* (米) 怒れる白人男《右寄りで反リベラルの, 特に労働者階級の白人男性》.

ángry yòung mán *n.* **1** [しばしば A- Y- M-]〘文学〙「怒れる若者」《既存の社会および中・上流階級の凡庸・偽善に対して反抗と批判を示した John Osborne その他 50 年代の英国の作家たちを指す; 女性の作家に用いる場合は angry young woman; 略 AYM》. **2** (「怒れる若者」のように)反抗的な人《特に, 作家》. 〘(1941) John Osborne 作の戯曲 *Look Back in Anger* (1956) によって世に広まる〙

Ang.-Sax. (略) Anglo-Saxon.

angst /ɑ́:ŋst | ǽŋst; *Dan.* áŋ'sd, *G.* áŋst/ *Dan., G. n.* (*pl.* **angs·te** /ǽŋstə; *Dan.* áŋsdə/, **ängs·te** /éŋstə; *G.* éŋstə/)〘哲学〙(特に世情・人的条件から生じる)不安, 苦悩 (cf. anxiety 3): have ~ 不安感をいだく. 〘(1849) □ Dan. ~ // G *Angst*: cf. anger〙

ang·strom /ǽŋstrəm, ɔ́(:)ŋ- | ǽŋ-/ *n.* 〘物理〙オングストローム《電磁波の測定単位; 1 億分の 1 cm (すなわち 10^{-8} cm); 記号 A, Å; angstrom unit ともいう》. 〘(1887) ← *A. J. Ångström* (↓)〙

Ång·ström /ǽŋstrəm, ɔ́(:)ŋ- | ǽŋ-; *Swed.* ɔ̂ŋ:-strœm:/, **Anders Jonas** /ándeʂjù:nas/ *n.* オングストローム (1814–74; スウェーデンの物理学者; 太陽物理学および分光学で知られる).

an·gui·form /ǽŋgwəfɔ̀əm | -gwɪfɔ̀:m/ *adj.* (古) ヘビ状の (snake-shaped). 〘(1800) ← L *anguis* (snake) + -FORM〙

An·guil·la /æŋgwílə | æŋ-/ *n.* アンギィラ(島)《西インド諸島中の島; St. Kitts-Nevis-Auguilla 同盟を結成していたが, 1980 年以降英国の属領となった; 面積 91 km²》.

Anguíl·lan *adj., n.*

an·guil·li·form /æŋgwíləfɔ̀əm | -lɪfɔ̀:m/ *adj.* (古) うなぎ状の. 〘(1693) ← L *anguilla* eel (← *anguis* snake) + -I- + -FORM〙

an·guine /ǽŋgwaɪn | -gwɪn/ *adj.* へびの(ような). 〘(1657) □ L *anguinus* ← *anguis* snake: ⇨ -ine¹〙

an·guish /ǽŋgwɪʃ/ *n.* (心身の)激しい苦痛, 苦悶(くもん), 苦悩, 悲痛, 激痛 (⇨ distress SYN): in ~ 苦しんで. — *vt., vi.* 苦悩させる[する]. 〘n.: (?*a*1200) *angwisshe* □ OF *anguisse* (F *angoisse*) < L *angustiam* narrowness, distress ← *angustus* narrow: ⇨ anger. — v.: (*a* 1338) □ OF *anguissier* (F *angoisser*) < L *angustiāre*: ⇨ -ish²〙

án·guished *adj.* 苦悩する; 苦悩に満ちた: an ~ conscience, look, shriek, etc. 〘1382〙

an·gu·lar /ǽŋgjʊlə | -lə(r)/ *adj.* **1** (鋭い)かどのある; 角張った: an ~ face 角張った顔. **2** 骨張った (bony), やせこけた: a tall and ~ woman. **3** ぎこちない (awkward), 堅苦しい (stiff); 片意地な, かどのある: an ~ voice とげとげしい声 / in an ~ manner 堅苦しく, ぎこちないしぐさで. **4** 角(度)の; 〘物理〙角度で測った. **5** 〘解剖〙かどの, 隅角の; 眼角の. **~·ly** *adv.* **~·ness** *n.* 〘(1597) □ L

angulāris: ⇨ angle[1], -ar[1]〗
ángular accelerátion *n.* 〖物理〗角加速度. 〖1883〗
ángular advánce *n.* 〖蒸気機関〗前進角《蒸気機関の主クランクと偏心輪の偏心角との間の角のうち 90 度を超える量》.
ángular áperture *n.* 〖光学〗開口角《光学系の光軸上の物点に対して入射瞳の直径が張る角》. 〖1858〗
ángular cútter *n.* 〖機械〗山形フライス, 角フライス《直角でない溝や面などを削るのに用いるフライス》.
ángular diámeter *n.* 〖天文〗角直径.
ángular dispérsion *n.* 〖光学〗角分散度.
ángular displácement *n.* 〖物理〗角変位《座標系や物体が一定軸のまわりに一定角だけ回転すること; またはその回転角》.
ángular dístance *n.* 〖数学〗角距離.
ángular fréquency *n.* 〖電気〗角周波数, 角振動数. 〖1929〗
an·gu·lar·i·ty /æ̀ŋgjʊlǽrəṭi, -lɛ́r- | -lǽrɪ̀ti/ *n.* **1** かどのあること; 角張っていること. **2** 角をなすこと, 成角, 角状. **3** [*pl.*] 角張った形, 鋭いかど (sharp corners). **4** 骨ばっていること, やせぎす. **5** ぎこちなさ, 堅苦しさ; かど張っていること, 片意地. 〖1642〗
ángular léaf spòt *n.* 〖植物病理〗角形斑葉病《細菌の寄生によりワタ・ウリなどの葉面に黒い角形の斑点を生じるもの; angular spot ともいう》.
ángular magnificátion *n.* 〖光学〗角倍率.
ángular méasure *n.* 角度.
ángular moméntum *n.* 〖物理〗角運動量《運動する物体があるとき, 指定された点に関するその物体の運動量のモーメント; moment of momentum ともいう》: orbital ～ 軌道角運動量. 〖1870〗
ángular moméntum quántum nùmber *n.* 〖物理〗角運動量量子数.
ángular perspéctive *n.* 〖製図〗傾斜[直角]透視(図)《two-point perspective ともいう》.
ángular spót *n.* 〖植物病理〗＝angular leaf spot.
ángular velócity *n.* 〖物理〗角速度. 〖1819〗
an·gu·late /ǽŋgjʊlɪ̀t, -lèɪt/ *adj.* 角をなした, 角のある, 角状の: ～ leaves, stems, etc. — *vt.* …に角をつける; 角張らせる. — *vi.* 角張る. **án·gu·làt·ed** /-tɪ̀d | -tɪ̀d/ *adj.* 〖(1794) ← L *angulātus* (p.p.) ← *angulāre* to make angular: ⇨ angle[1], -ate[2,3]〗
angulated sáil *n.* 〖海事〗額縁縫いの帆《船首三角帆などの帆布の縫い方を額縁のすみと同じようにしたもの; mitered sail ともいう》.
an·gu·la·tion /æ̀ŋgjʊléɪʃən/ *n.* **1** 角をつける[なす]こと, 角状. **2** 角度測定. **3** 〖医学〗(病的な)屈曲, 角形成. 〖1869〗
an·gu·li- /ǽŋgjʊlɪ̀, -li | -lɪ, -li/「角 (angle); かどの (angular); かどと…との」の意の連結形. 〖← NL ～ ← L *angulus* 'ANGLE[1]'〗
an·gu·lo- /ǽŋgjʊloʊ | -ləʊ/ anguli- の異形.
An·gus[1] /ǽŋgəs/ *n.* **1** アンガス《男性名; スコットランドに多い》. **2** 〖ケルト神話〗＝Aengus. 〖⇨ Aengus〗
An·gus[2] /ǽŋgəs/ *n.* アンガス《スコットランド東部の旧州; 現在は Tayside 州の一部; 中心都市は Forfar; Forfarshire と呼ばれていたこともある》.
An·gus[3] /ǽŋgəs/ *n.* ＝Aberdeen Angus.
Án·gus Óg /-óʊg | -ə́ʊg/ *n.* 〖アイル神話〗アンガスオーグ《愛と美の神》.
an·gus·ti- /æŋgʌ́stɪ̀ | -tɪ/「狭い (narrow)」の意の連結形. 〖□ ? L ～ ← *angustus* narrow: cf. anguish〗
An·gus·tu·ra /æ̀ŋgəstʊ́ərə, -tjʊ́ər- | -tjʊ́ər-, -tʊ́ər-/ *n.* 〖商標〗アングスツラ《angostura bitters の商品名》. 〖1791〗
ang·wan·ti·bo /æŋ(g)wɑ́ːnṭəbòʊ | -tɪbəʊ/ *n.* (*pl.* ～**s**) 〖動物〗アンワンチボ (*Arctocebus calabarensis*)《アフリカ西部に生息するロリス科アンワンチボ属の長い鼻と未発達の尾をもつ夜行性の小さなキツネザルの一種; golden potto ともいう》. 〖□ Afr. (Efik)〗
An·halt /ɑ́ːnhɑːlt; *G.* ánhalt/ *n.* アンハルト《ドイツ中央部にあった州; 現在は Saxony-Anhalt 州の一部》.
an·har·mon·ic /æ̀nhɑəmɑ́(ː)nɪk | -hɑːmɔ́n-˝/ *adj.* 〖物理〗非調和(振動)の. 〖(1863) □ F *anharmonique*: ⇨ a-[7], harmonic〗
an·har·mo·nic·i·ty /æ̀nhɑəmənísəṭi | -hɑːmənísɪ̀ti/ *n.* 〖物理〗非調和性, 不調和性.
ánharmonic rátio *n.* 〖数学〗非調和比 (⇨ cross ratio). 〖1863〗
an·he·do·ni·a /æ̀nhiːdóʊniə, -njə | -dəʊ-/ *n.* 〖精神医学〗性快感消失(症), 性的冷感症. 〖(1897) ← NL ～ ← *an-* 'A-[7]' ＋Gk *hēdonḗ* pleasure＋-IA[1]〗
an·hed·ral /ænhíːdrəl | -hédr-, -híːdr-/ *adj.* **1** 〖鉱物〗＝allotriomorphic. **2** 〖航空〗〈翼など〉下反角を有する. — *n.* 〖航空〗下反角《左右の翼が水平面に対して下がっているもの; 負の上反角; cathedral angle ともいう; cf. dihedral》. 〖(1896): ⇨ a-[7], -hedral〗
anhédral ángle *n.* 〖航空〗＝anhedral.
an·hem·i·ton·ic /æ̀nhèmɪ̀tɑ́(ː)nɪk | -mɪtɔ́n-˝/ *adj.* 〖音楽〗〈音階が〉半音のない. 〖← *an-* 'A-[7]' ＋HEMI-＋TONIC〗
an·hi·dro·sis /æ̀nhɪ̀dróʊsɪ̀s | -haɪdrəʊsɪs/ *n.* 〖病理〗無汗(症), 発汗減少. 〖← NL ～: ⇨ a-[7], hidrosis〗
an·hin·ga /ænhíŋgə/ *n.* 〖鳥類〗ヘビウ (snakebird)《darter ともいう》. 〖(1769) □ Port. ～ □ Tupi〗
An·hui /*Chin.* ānxuī/ *n.* 安徽(ｱﾝﾎｲ)省《中国東部の省; 面積 130,000 km², 省都合肥 (Hefei)》.
An·hwei /ɑ̀ːn(h)wéɪ/ *n.* ⇨ Anhui.
anhyd. 《略》〖化学・鉱物〗anhydrous.
an·hy·dr- /ænhaɪdr/ (母音の前にくるときの) anhydro- の異形.
an·hy·dra·tion /æ̀nhaɪdréɪʃən/ *n.* 水分除去, 脱水.
an·hy·dre·mi·a /æ̀nhaɪdríːmiə/ *n.* 〖病理〗乏水血症《血液中の水分が減少した状態》. **àn·hy·dré·mic** /-mɪk˝/ *adj.* 〖← NL ～: ⇨ anhydro-, -emia〗
an·hy·dride /ænháɪdraɪd/ *n.* 〖化学〗無水物. 〖(1863): ⇨ anhydro-, -ide[2]〗
an·hy·drite /ænháɪdraɪt/ *n.* 〖鉱物〗無水石膏(ｾｯｺｳ), 硬石膏 ($CaSO_4$). 〖(*c*1823) □ G *Anhydrit*: ⇨ ↓, -ite[1]〗
an·hy·dro- /ænháɪdroʊ | -drəʊ/「無水(物)の」の意の連結形. ★ 母音の前では通例 anhydr- になる. 〖(変形) ← Gk *anudro-* ← *ánudros* waterless ← A-[7]＋*húdōr* water: *-h-* は HYDRO- との類推で挿入〗
an·hy·dro·sis /æ̀nhɪ̀dróʊsɪ̀s | -hɪdrəʊsɪs/ *n.* 〖病理〗＝anhidrosis.
an·hy·drous /ænháɪdrəs/ *adj.* 〖化学・鉱物〗無水の. 〖(1819) □ Gk *ánudros*: ⇨ anhydro-, -ous〗
a·ni[1] /ɑːníː, ən-/ *n.* 〖鳥類〗オオハシカッコウ《熱帯アメリカ産ホトトギス科オオハシカッコウ属 (*Crotophaga*) のカッコウの総称; オオハシカッコウ (*C. ani*) など》. 〖(*c*1823) □ Sp. *aní* □ Tupi *ani, anú*〗
ani[2] *n.* anus の複数形.
An·i·ak·chak /æ̀niǽktʃæk/ *n.* アニアクチャク(火山)《Alaska 半島にある世界最大の噴火口(直径 10 km)をもつ活火山 (1,347 m); 噴火口を Aniakchak Crater という》.
a·nic·ca /əníkə/ *n.* 〖仏教〗(命の)はかなさ, (人生の)無常 (cf. THREE Signs of Being). 〖□ Pali ～ ← Skt *anitya* not eternal ← *a-* 'A-[7]'＋*nitya* eternal〗
an·i·con·ic /æ̀naɪkɑ́(ː)nɪk | -kɔ́n-˝/ *adj.* **1** 〖キリスト教〗〈偶像が〉神的対象[人像]によらない, 単なる物的象徴によって表された, 象徴的な. **2** 〈宗教など〉偶像[聖像]のない[を用いない], 象徴的物体崇拝の. **3** 偶像反対の. 〖(1892) ← *an-* 'A-[7]'＋ICONIC〗
an·i·con·ism /ænáɪkənɪzm/ *n.* **1** 象徴的物体崇拝. **2** 偶像反対. 〖1907〗
an·i·cut /ǽnɪ̀kʌt | ǽnɪ-/ *n.* 〖インド〗(インド南部の)灌水(ｶﾝｽｲ)用の堰(ｾｷ). 〖(1784) □ Tamil *aṇai kaṭṭu* dam building〗
a·nigh /ənáɪ/ 《古》 *adv.* (～·**er**; ～·**est**) ＝near. — *prep.* ＝near. 〖(1773) ← A-[1]＋NIGH: ANEAR からの類推〗
a·night /ənáɪt/ *adv.* 《古》夜に, 夜間に (at night). 〖(?*a*1200) *anight* ← OE *on niht*: ⇨ a-[1], night〗
a·nights /ənáɪts/ *adv.* ＝anight. 〖(*a*1375) 《混成》 ← OE *on niht* (↑)＋*nihtes* ((adv.) ← *niht* 'NIGHT'＋*-es* '-s[2] 1')〗
an·il /ǽnɪ̀l, -nɪl/ *n.* **1** 〖植物〗ナンバンコマツナギ (*Indigofera anil*)《西インド諸島産マメ科コマツナギの類の植物; かつてはこれから藍(ｱｲ) (indigo) を採った》. **2** 藍, 藍色 (indigo). **3** 〖化学〗アニル《アニリンとアルデヒドからできるシッフ塩基 (Schiff base)》. 〖(1581) □ F ～ □ Port. ～ □ Arab. *annīl* the indigo (← Skt *nīlī* dark blue)〗
a·nile /ǽnaɪl, éɪn-, ǽn-/ *adj.* 老婆の(ような); もうろくした, 焼きが回った; 〈考えなど〉たわいない, うわついた. 〖(1652) □ L *anīlis* ← *anus* old woman ← IE **an-* old woman, ancester〗
an·i·lide /ǽnəlɪ̀d, ǽnl-, -làɪd | ǽnɪ̀làɪd, ǽnl-, -lɪd/ *n.* 〖化学〗アニリド《アニリンのアミノ基の水素 1 原子または 2 原子をアシル基 (acyl group) で置換した化合物 C_6H_5NH-COR または $C_6H_5N(COR)_2$ の総称》. 〖(1863) □ G *Anilid*: ⇨ anil, -ide[2]〗
a·ni·linc·tion /èɪnɪ̀líŋ(k)ʃən | -nɪ-/ *n.* ＝anilingus. 〖⇨ ↓, -ion〗
a·ni·linc·tus /èɪnɪ̀líŋ(k)təs | -nɪ-/ *n.* ＝anilingus. 〖← AN(US)＋(CUNN)ILINCTUS〗
an·i·line /ǽnəlɪ̀n, -làɪn, ǽnl- | ǽnɪ̀liːn, -lɪn, ǽnl-/ 〖化学〗 *n.* (*also* **an·i·lin** /ǽnəlɪ̀n, -nl- | ǽnɪ̀lɪn/) **1** アニリン ($C_6H_5NH_2$)《ニトロベンゼンから抽出される油性有毒の液体; 染料・合成樹脂原料; aminobenzene, phenylamine ともいう》. **2** ＝aniline dye. — *adj.* アニリンの: ～ colors アニリン色素. 〖(1850) ← ANIL＋-INE[3]〗
áníline bláck *n.* 〖染色〗アニリンブラック《代表的な酸化染料; アニリンの酸化で得られる安価で実用的な黒色染め》.
áníline blúe *n.* 〖染色〗アニリンブルー《生体染色に使われる青色酸性染料》.
áníline dýe *n.* アニリン染料《合成染料と同義; 天然染料に対していう》. 〖1864〗
áníline-formáldehyde résin *n.* 〖化学〗アニリンホルムアルデヒド樹脂《アニリンとホルムアルデヒドの縮合で得られる樹脂; 硬質で電気の絶縁性に富む》.
áníline hydrochlóride *n.* 〖化学〗塩酸アニリン ($C_6H_5NH_2 \cdot HCl$)《アニリンの塩酸塩; アニリンブラック染料の原料》.
áníline pòint *n.* 〖化学〗アニリン点《等容積のアニリンと炭化水素(混合物)が均一溶液として存在しうる最低温度; 炭化水素の分析に用いられる》.
áníline prìnting [pròcess] *n.* 〖印刷〗アニリン印刷 (⇨ flexography). 〖1875〗
a·ni·lin·gus /èɪnɪ̀líŋgəs | -nɪ-/ *n.* 肛門接吻, アニリンガス (cf. cunnilingus). 〖(1949) ← NL ～ ← AN(US)＋(CUNN)ILINGUS〗
a·nil·i·ty /əníləṭi, æn- | ænílɪ̀ti, ən-/ *n.* **1** (老婆のような)老いぼれ, もうろく. **2** 老婆のよまいごと. 〖(1623) □ L *anīlitātem*: ⇨ anile, -ity〗
anim. 《略》〖音楽〗animato.
an·i·ma /ǽnəmə | ǽnɪ-/ *n.* **1** 魂 (soul), 精神 (spirit). **2** 生命 (life). **3** 〖心理〗(C. G. Jung の学説で)アニマ: **a** 内的人格 (cf. persona 2). **b** 男性のもつ抑圧された女性的特性 (cf. animus 5). 〖(1923) □ L ～: ⇨ animus〗
an·i·mad·ver·sion /æ̀nəmædvə́ːʒən, -məd-, -ʃən | æ̀nɪmædvə́ːʃən, -məd-, -ʒən/ *n.* 批判, 批評; 非難, 難詰, 譴責(ｹﾝｾｷ) 〔*on, upon, about*〕: make ～*s on* a person's conduct. 〖(1599) □ (O)F ～ □ L *animadversiō(n-)* attention, inquiry ← *animadversus* (p.p.) ← *animadvertere* (↓): ⇨ -sion〗
an·i·mad·vert /æ̀nəmædvə́ːt, -məd- | æ̀nɪmædvə́ːt, -məd-/ *vi.* 批判する, 批評する; 酷評する, 非難する, 責める (censure) 〔*on, upon, about*〕: ～ *on* a person's conduct, faults, etc. 〖(?*a*1425) □ L *animadvertere* to notice, punish ← *animus* mind＋*advertere* to turn to: ⇨ advert〗
an·i·mal /ǽnəməl, -ml | ǽnɪ-/ *n.* **1** (植物に対して)動物. **2 a** (人間以外の)動物. **b** (鳥・魚・虫などと区別して)けだもの, 四足獣 (quadruped); 哺乳動物 (mammal): a wild ～ 野獣 / a domestic ～ 家畜. **3** 下等な人間, 人でなし, 人非人 (brutish person): You disgusting ～! **4** [通例 the ～] 獣性 (animal nature): *the* ～ in man 人間の獣性 / There is very little of *the* ～ in him. 彼には動物的なところがほとんどない《高級な人間だ》. **5** 《口語》人, 物, 代物 (person, thing): There is no such ～. そんなものは(い)ない. — *adj.* [限定的] **1** 動物の[に関する]: ～ worship 動物崇拝 / an ～ painter 動物画家 / ～ life 動物の生態; [集合的] 動物. **b** 動物性[質]の: ～ fats 動物性脂肪 / ～ food 動物性食物《魚鳥獣肉》/ ～ matter 動物質. 日英比較 「アニマルプリント」は和製英語. 英語では, たとえば「豹柄(ﾋｮｳｶﾞﾗ)」なら leopard-skin dress のようにいう. **2** 動物的な, 獣的な, 肉欲(的)の (⇨ carnal SYN): ～ appetite [desires] 獣欲 / ～ courage 蛮勇 (cf. MORAL courage) / ～ needs 動物的欲求 / ～ instincts 動物的本能 / ～ passion(s) 獣欲, 肉欲 / ⇨ animal spirits. **3** 〖生物〗動物極の. **～·ness** *n.* 〖(*c*1330) □ (O)F ～ // L *animāle* 'living being' (neut.) ← *animālis* living ← *anima* breath, life: ⇨ animus: cf.「いき」「いきもの」〗
an·i·mal bi·pes im·plu·me /ǽnəməlbáɪpiːz-ɪmplúːmiː, -mɪ-, ɑ́ːnɪmɑ̀ːlbíːpeɪsɪmplúːmeɪ | ǽnɪ̀məl-, -mɪ-, ɑ́ːnɪmɑ̀ːl-/ *L. n.* 羽根のない二本足の動物; 人間.
ánimal bìscuit *n.* 《英》＝animal cracker.
ánimal bláck *n.* 動物性黒色顔料《リン酸カルシウムを主成分とする; bone black, ivory black など》. 〖*a*1875〗
ánimal chárcoal *n.* 〖化学〗獣炭《動物の骨や血を乾留して得られる炭物質》. 〖1873〗
ánimal cràcker *n.* 《米》動物ビスケット《動物の形をした小型のビスケット》. 〖1898〗
animalcula *n.* animalcule, animalculum の複数形. 〖← NL ～〗
animalculae *n.* animalculum の複数形. 〖ANIMALCULA を単数と誤解した複数形〗
an·i·mal·cu·lar /æ̀nəmǽlkjʊlə | æ̀nɪ̀mǽlkjʊlə[r]˝/ *adj.* 極微[微小]動物の. 〖(1765): ⇨ -ar[1]〗
an·i·mal·cule /æ̀nəmǽlkjuːl | æ̀nɪ̀-/ *n.* (*pl.* ～**s**, **-mal·cu·la** /-kjʊlə/) **1** 極微動物, 微小動物 (microscopic animal). **2** 《古》小動物《ネズミ・ハエなど》. 〖(1599) ← NL *animalculum* (dim.) ← L *animal*: ⇨ animal, -cule〗
àn·i·mál·cu·lìsm /-kjʊlɪzm/ *n.* **1** (病原などの)極微動物説. **2** 〖生物〗(主)精子論 (⇨ spermism). 〖1874〗
àn·i·mál·cul·ist /-lɪ̀st | -lɪst/ *n.* **1** 極微動物学者; (生活現象をすべて極微動物の働きとする)極微動物説論者. **2** (主)精子論者. 〖1816〗
an·i·mal·cu·lum /æ̀nəmǽlkjʊləm | æ̀nɪ̀-/ *n.* (*pl.* **-cu·la** /-lə/, **-cu·lae** /-liː, -làɪ/) ＝animalcule.
ánimal electrícity *n.* 〖生物〗(動物の組織から発生する)動物電気. 〖1793〗
ánimal fáith *n.* 動物的信仰《外界の実在や事物の本質に対する非理性的で本能的な信仰; George Santayana の用語》. 〖*c*1920–25〗
Ánimal Fàrm *n.*「動物農場」《George Orwell の小説 (1945); 農場の動物たちが反乱を起こして自治を始めるという設定で, ロシア革命と Stalin 体制を諷刺した》.
ánimal fúnctions *n. pl.* 〖生物〗動物性機能《運動・感覚・発音・発光・発電・内分泌など, 特に動物に顕著に認められる生理作用; cf. vegetative functions》.
ánimal hèat *n.* 〖生理〗(生きた動物の)体温. 〖1779〗
ánimal húsbandman *n.* 畜産業者; 畜産学者.
ánimal húsbandry *n.* 畜産(業); 畜産学. 〖1919〗
An·i·ma·lia /æ̀nəméɪljə, -liə | æ̀nɪ̀méɪ-, ænə-/ *n. pl.* 動物界 (animal kingdom). 〖← NL ～ ← L ～ (pl.) ← ANIMAL〗
an·i·mal·ier /æ̀nəməlíə | æ̀nɪ̀məlíə[r]; *F.* animalje/ *n.* 〖美術〗動物画家[彫刻家]. 〖(1912) □ F ～〗
án·i·mal·ìsm /-lɪzm/ *n.* **1** 動物的な性状; 元気はつらつ. **2** 獣欲主義 (sensualism). **3** (人間には霊性がないとする)人間動物説. 〖1831〗
an·i·mal·ist /ǽnəməlɪ̀st | ǽnɪ̀məlɪst/ *n.* **1** 人間動物説主張者. **2** 獣欲主義者. **3** 動物画家[彫刻家]; 動物物語作家. **4** ＝animalculist. **an·i·mal·is·tic** /æ̀nəməlístɪk | æ̀nɪ-˝/ *adj.* 〖1837〗
an·i·mal·i·ty /æ̀nəmǽləṭi | æ̀nɪ̀mǽlɪ̀ti/ *n.* **1** 動物であること. **2** (人間の)動物性, 獣性 (animal nature); 活力, 元気はつらつ (vitality). **3** 動物界 (animal world). 〖(1615) □ F *animalité*: ⇨ animal, -ity〗
an·i·mal·ize /ǽnəməlàɪz | ǽnɪ̀-/ *vt.* **1** 〈人を〉動物的[獣的]にする (brutalize, sensualize). **2** 〈古代人などが〉〈神を〉動物の形で表す. **3** 〖美術〗〈人間や神の姿を〉動

A

物の形で描く; 〈人間〉の動物的側面を強調して描く. **4** 〈食物などを〉動物質に変える. **5** 〖化学〗〈植物性繊維・合成繊維を〉アニマライズする《動物性繊維に類似した性質を与える》. **an·i·mal·i·za·tion** /ænəməlɪzéɪʃən | ænɪ̈məlaɪ-, -lɪ-/ *n.* 〖1741〗

ánimal kìngdom *n.* [the ～] 《博物学上の》動物界 (cf. mineral kingdom, plant kingdom). 〖1847〗

ánimal liberátion [líb] *n.* 動物解放《動物を虐待から保護しようとする運動》. 〖1973〗

Ánimal Liberátion Frònt *n.* [the ～] 《英》動物解放戦線《動物虐待阻止を訴え, 薬品・化粧品などの実験に動物を使用することに反対する過激派の組織; 略 ALF》. 〖1978〗

ánimal liberátionist *n.* 動物解放運動家.

ánimal·like *adj.* 動物的な.

án·i·mal·ly /-məli/ *adv.* 肉体的に (physically). 〖(c1600): ⇨ -ly[1]〗

ánimal mágnetism *n.* **1** 異性を引きつける力; 性的魅力. **2 a** 〖医学〗動物磁気. **b** 催眠術 (hypnotism). 〖1784〗

ánimal óat *n.* 〖植物〗カラスムギの一種 (*Avena sterilis*) 《animated oat と同様に穂が動く》.

ánimal óil *n.* 〖化学〗動物油; 獣油; 《特に》骨油 (bone oil). 〖1823〗

ánimal pàrk *n.* 動物公園, 自然動物園《野生動物を自然環境に放し飼いにして見せるもの》. 〖1972〗

ánimal pòle *n.* 〖生物〗動物極, 動極 (cf. vegetal pole). 〖1887〗

ánimal psychólogy *n.* 動物心理学. 〖1881〗

ánimal ríghts *n. pl.* 動物の保護される権利, 動物保護: the ～ lobby 動物保護団体. 〖1879〗

ánimal spírits *n. pl.* **1** 血気, 元気 (liveliness). **2** 〖哲学〗動物精気《脳髄・神経などに作用して情念や身体の運動を引き起こす可動的で微細な精気で, 17–18 世紀の哲学, 特にデカルト哲学における仮説》. 〖1543〗

ánimal stárch *n.* 〖生化学〗動物澱粉 (glycogen). 〖c1860〗

an·i·ma mun·di /ǽnəməmʌ́ndaɪ, -mʊ́ndi: | ǽnɪ̈-/ *L. n.* (*pl.* **an·i·mae m-** /-mìːmaɪ-, -maɪmʊ́ndiː/) 〖哲学〗世界霊魂《人間の霊魂との類比で全世界を有機的に統合する生命原理として想定した霊魂》. 〖□ L ～ 'soul of the world'〗

an·i·mate /ǽnəmèɪt | ǽnɪ̈-/ *vt.* **1** …に生命を吹き込む, 生かす: The soul ～*s* the body. 霊魂は身体に生命を吹き込む. **2 a** 活気づける, 活発にする (enliven); 勇気づける, 励ます (encourage): be ～*d* by [*with*] hope / ～ a person *with* hope / Her presence ～*d* the party. 彼女がいたのでパーティーが盛り上がった / A smile ～*d* his features. 笑顔で彼の顔立ちが生き生きとした. **b** 行動に駆り立てる, 鼓舞する (inspire): the motives which ～*d* that woman その女性を行動に駆り立てた動機. **c** 動かす: The breeze ～*ed* the leaves. 風で木の葉が揺れた. **3** 《(あやつり)人形などを》動かす, 動くように作る. **4** 〖映画〗アニメーション化する.
— /ǽnəmɪ̈t | ǽnɪ̈mɪ̈t, -mèɪt/ *adj.* **1** 命のある, 生きた (⇨ living SYN); 生物たる (↔ inanimate); 《植物に対して》動物の: ～ nature 生物界, 《特に》動物界. **2** 活気[元気]のある (lively). **3** 〈人形など〉動くことができる. **4** 〖言語・文法〗**a** 有生(物)の《生命を有するもの, または生命を有すると考えられるものについていう; ↔ inanimate》: an ～ noun 有生名詞 / an ～ subject 有生主語. **b** 《ロシア語などで》〈名詞が〉活動体の《この場合男性名詞の対格は生格と同形になる》.
～·ly *adv.* **～·ness** *n.* 〖(adj.: *a*1398; v.: 1538) □ L *animātus* (p.p.) ← *animāre* to fill with breath ← *anima* breath, life: ⇨ animus, -ate[2,3]〗

SYN 活気づける: **animate** 生き生きと陽気にさせる: The soldiers were *animated* by their captain's brave speech. 兵士たちは隊長の勇ましい言葉を聞いて勇気を奮い起こした. **enliven** 刺激して活気・元気・陽気を与える: The conversation was *enlivened* with jokes. 会話は冗談で活気づいた. **stimulate** 沈滞している潜在的な力に刺激を与えて活気づける: This loan will *stimulate* the Australian economy. この貸付金でオーストラリア経済は活気づくだろう. **ANT** deaden.

án·i·màt·ed /ǽnəmèɪtɪ̈d | ǽnɪ̈mèɪtɪ̈d/ *adj.* **1** 生気に満ちた, 活発な, 勢いのよい, 躍動する, 生きているような (⇨ lively SYN): an ～ bust 生きているような胸像 / an ～ description 生き生きした描写 / an ～ discussion 活気のある討論. **2** 動画(式)の. **～·ly** *adv.* 〖1534〗

ánimated cartóon [dráwing] *n.* 動画, アニメーション. 〖1915〗

ánimated óat *n.* 〖植物〗カラスムギの一種 (*Avena strigosa*) 《もみの先端から長く伸びる芒(のぎ)が湿度の変化に応じて伸縮し, 穂全体が動く》.

ánimated pícture *n.* 活動写真《映画 (motion picture) の古い言い方》. 〖1903〗

ánimated stíck *n.* 〖昆虫〗オーストラリア東部沿岸産のナナフシ (*Acrophylla titan*) 《体長 25 cm に達する》.

án·i·mà·ter /-mèɪtə | -tə(r)/ *n.* =animator. 〖1831〗

an·i·ma·teur /ænəmətə́ː | ænɪ̈mətə́ː(r); *F.* animatœːʁ/ *n.* 推進者, 音頭取り.

an·i·mat·ic /ænɪmǽtɪk | -mǽt-/ *n., adj.* 〖広告〗アニマティック(の)《テレビコマーシャルの内容の流れを示すため, こま撮りしたラフスケッチをアニメ化したもの; 広告代理店が広告主に CM 製作意図を説明するためのもの》. 〖(1977) ← ANIMAT(ED)+-IC[1]〗

án·i·màt·ing /-tɪŋ | -tɪŋ/ *adj.* **1** 生気を与える (life-giving). **2** 気を引き立てる(ような), 活気づける(ような), 鼓舞する. **án·i·màt·ing·ly** *adv.* 〖1680〗

an·i·ma·tion /ænəméɪʃən | ænɪ̈-/ *n.* **1** 〖映画〗**a** 動画[アニメーション]製作. **b** 動画, アニメーション.
[日英比較] 英語では日本語の「アニメ」に当たる省略形はない. また日本語のアニメ(ーション)はもっぱら「動画」を意味するが英語の *animation* には他の意味もある. **2 a** 生気, 活気 (life, spirit); 元気はつらつ, 活発 (liveliness): a face devoid of ～ 生気のない顔 / ⇨ suspended animation / with ～ 活気を帯びて, 活発に. **b** 生気[活気]を与えること. 〖(1597) □ L *animātiō(n-)*: ⇨ animate, -ation〗

an·i·ma·tism /ǽnəmətìzm | ǽnɪ̈-/ *n.* 〖哲学〗アニマティズム《霊魂は認めないが無生物さえも生き物とみなす考え方》. 〖(1900): ⇨ animate, -ism〗

a·ni·ma·to /ænəmáːtoʊ, àːn- | -nɪ̈máːtəʊ; *It.* animáːto/ *adj.* 〖音楽〗アニマート, 元気に, 生き生きとして (with animation). 〖(c1724) □ It. ～ □ L *animātus*: ⇨ animate〗

án·i·mà·tor /-tə | -tə(r)/ *n.* **1** 生気[活気]を与えるもの; 鼓舞者, 活気づけるもの. **2** 〖映画〗動画[アニメーション](製)作者, アニメーター. 〖(1611): ⇨ -or[2]〗

an·im·a·tron·ics /ænəmətrá(ː)nɪks | ænɪ̈mətrɔ́n-/ *n.* アニマトロニクス《映画制作などで動物や人間の動きをするロボットを電子工学で制御する技術》. 〖(1971) 《短縮》← *Audio-Animatronics*〗

a·nime /ǽniːm/ *n.* 〖甲冑〗(16 世紀の)横はぎ式の胴鎧(よろい) (cf. cuirass 1). 〖□ F ～ ← (p.p.) ← *animer* 'to ANIMATE'〗

an·i·mé /ǽnəmèɪ | -nɪ̈-/ *n.* アニメ《熱帯アメリカ産のワニスを作るのに用いる芳香性樹脂》: **a** =copal. **b** =elemi. 〖□ F ～ □ Sp. ～ □ Tupi *anamim* resin〗

an·i·mism /ǽnəmìzm | ǽnɪ̈-/ *n.* **1** 物活説, アニミズム, 有霊観《あらゆる対象に生命を認める考え方》. **2** 精霊崇拝, 精霊説, 有霊観《人または物に憑(つ)く霊や魔物 (demon) の存在を信じる説》. **3** 活力説 (vitalism). **4** 霊魂が生命と健康の源泉であるという教義. 〖(1832) □ G *Animismus* ← ANIMA: ドイツの物理・化学者 G. E. Stahl (1660–1734) の造語: ⇨ -ism〗

a·ni·mis o·pi·bus·que pa·ra·ti /ǽnəmɪsoʊpəbʌ́skwiːpəréɪtiː, áːnɪmiːsòʊpɪbʊ́skweɪpɑːráːtiː | ǽnɪ̈mɪsəʊ-/ *L.* 心と物の用意ができた; 生命財産を投げ出す覚悟で《米国 South Carolina 州の二つの標語の一つ; cf. dum spiro, spero》.

án·i·mist /-mɪ̈st | -mɪst/ *n.* **1** 物活説信奉者. **2** 精霊崇拝者, 精霊説信奉者. **3** 活力説唱道者. **an·i·mis·tic** /ænəmístɪk | ænɪ̈-/ *adj.* 〖1819〗

an·i·mos·i·ty /ænəmɑ́(ː)səṭi | ænɪ̈mɔ́sɪ̈ti/ *n.* 憎悪心, うらみ, 敵意 (⇨ hate SYN): have ～ *against* [*toward*] …に敵意をいだく / ～ *between* the two. 〖(?*a*1425) □ (O)F *animosité* // LL *animōsitātem* boldness ← *animōsus* bold, spirited ← *animus* (↓): ⇨ -ity〗

an·i·mus /ǽnəməs | ǽnɪ̈-/ *n.* **1** 悪意, うらみ, 敵意 (grudge, animosity): have an ～ *against* a person 人にうらみをもっている. **2** 意志, 意向, 目的. **3** 生気を与える[活動的な]魂. **4** 〖法律〗心素, 意思 (intention): ～ furandi /fjʊrǽndaɪ | fjʊ(ə)r-/ 窃盗(せっとう)の意思 / ～ testandi /testǽndaɪ/ 遺言の意思. **5** 〖心理〗(C. G. Jung の学説で)アニムス《女性のもつ抑圧された男性的特性; cf. anima 3 b》. 〖(1816) □ L ～ 'rational soul, mind' ← IE **an(ə)-* to blow, breathe〗

an·i·on /ǽnaɪən/ *n.* 〖物理化学〗陰[負]イオン, アニオン (negative ion) (cf. ion, cation). 〖(1834) □ Gk *anión* a going up (neut. pres.p.) ← *aniénai* to go up ← ANA-+*iénai* to go: M. Faraday の命名〗

ánion exchànge *n.* 〖化学〗陰イオン交換. 〖1931〗

ánion exchànger *n.* 〖化学〗陰イオン交換体. 〖1941〗

an·i·on·ic /ænaɪɑ́(ː)nɪk | -ɔ́n-/ *adj.* 〖化学〗アニオンの, 陰イオンの. **àn·i·ón·i·cal·ly** *adv.* 〖c1920〗

aniónic detérgent *n.* 〖化学〗陰イオン洗浄剤. 〖1946〗

an·i·on·ot·ro·py /ænaɪənɑ́(ː)trəpi | -nɔ́tr-/ *n.* 〖物理化学〗アニオノトロピー, アニオノイド転位《有機化合物の転位反応のうち, 転位が陰イオンの移動によって起こるもの; cf. cationotropy》. 〖(1928): ⇨ anion, -tropy〗

a·nis /ɑːníːs, -níː | ǽniː, -niːs; *Sp.* anís, *F.* ani, anis/ *n.* アニス(酒)《アニスの実で味をつけたスペイン産のリキュール; cf. anisette》. 〖(1841) □ Sp. ～: ⇨ anise〗

an·is-[1] /ǽnaɪs, ænáɪs/ 《母音の前にくるときの》aniso-[1] の異形: *anis*eikonia.

an·is-[2] /ǽnəs | ǽnɪs/ 《母音の前にくるときの》aniso-[2] の異形: *anis*ole.

an·i·sa·ki·a·sis /ænəsəkáɪəsɪ̈s | ænɪsəkáɪəsɪs/ *n.* 〖病理〗アニサキス症《アジ・サバ・ニシン・イワシなどに寄生するアニサキス幼虫 (*Anisakis marina*) による感染症; 胃痛, 嘔吐を伴う》. 〖(1962) ← NL *Anisakis*〗

an·is·al·de·hyde /ænəsǽldəhàɪd | ænɪsǽldɪ-/ *n.* 〖化学〗アニスアルデヒド $(CH_3OC_6H_4CHO)$ 《無色または淡黄色の液体で特有の芳香を有する; anisic aldehyde, aubepine ともいう》. 〖← ANISO-[2]+ALDEHYDE〗

an·ise /ǽnɪ̈s | ǽnɪs/ *n.* **1** 〖植物〗アニス (*Pimpinella anisum*) 《地中海地方産セリ科の植物; 種子に精油を含み, 薬用・香料とする》. **2** =aniseed. 〖(?c1300) □ (O)F *anis* □ L *anīsum* □ Gk *ánison*〗

ánise álcohol *n.* 〖化学〗=anisyl alcohol.

ánise cáp *n.* 〖植物〗アオイヌシメジ (*Clitocybe odora*) 《キシメジ科のきのこ; 北半球温帯以北産; 傘は淡灰緑色から淡青緑色で, アニスまたは桜餅に似た香りがある; 食用》.

an·i·seed /ǽnɪ̈sìːd/ *n.* アニスの実《薬用・香味料用》. 〖(*a*1398): ⇨ anise, seed〗

ániseed òil *n.* =anise oil.

an·is·ei·ko·ni·a /ænaɪsaɪkóʊniə | -kə́ʊ-/ *n.* 〖眼科〗不等像視症《網膜像の大きさ・形態が両眼で異なるために眼精疲労の原因となる》. **an·is·ei·kon·ic** /ænaɪsaɪkɑ́(ː)nɪk | -kɔ́n-/ *adj.* 〖(1934) ← NL ～ ← ANISO-[1]+Gk *eikṓn* image+-IA[1]〗

ánise òil *n.* アニス油《アニスの実から採る薬用・香料用》.

an·i·sette /ænəsét, -zét | ænɪ̈-; *F.* anizɛt/ *n.* アニゼット《アニスの実で味をつけたリキュール》. 〖(1837) □ F *anisette* (*de Bordeaux*) (dim.) ← *anis* 'ANISE'〗

a·nís·ic ácid /ənísɪk-, æn-/ *n.* 〖化学〗アニス酸 $(CH_3OC_6H_4COOH)$ 《ウイキョウ油などに存在; 合成もされ, 香料の調合用》. 〖*anisic*: ← ANIS(E)+-IC[1]〗

anísic álcohol *n.* 〖化学〗=anisyl alcohol. 〖1863〗

anísic áldehyde *n.* 〖化学〗=anisaldehyde.

an·i·so-[1] /ænáɪsoʊ, ænáɪ- | -səʊ/「不同, 不等 (unlike)」の意の連結形 (↔ iso-): *aniso*petalous 大きさの違う花弁のある / *aniso*thenic 不等力の. ★ 母音の前では通例 anis- になる. 〖← NL ～ ← Gk ～ ← *ánisos* unequal ← *an-* 'A-[7]'+*ísos* equal〗

an·i·so-[2] /ǽnəsoʊ | ǽnɪsəʊ/「アニス (anise); アニス酸 (anisic acid)」の意の連結形: *aniso*yl. ★ 母音の前では通例 anis- になる. 〖← L *anisum* 'ANISE'〗

an·i·so·car·pic /ænaɪsoʊkɑ́ːpɪk, ænàɪ- | -sə(ʊ)kɑ́ː-/ *adj.* 〖植物〗〈花が〉不同数心皮(しんぴ)の (cf. isocarpic). 〖← ANISO-[1]+-CARPIC〗

an·i·so·car·pous /ænaɪsoʊkɑ́ːpəs, ænàɪ- | -sə(ʊ)kɑ́ː-/ *adj.* 〖植物〗=anisocarpic.

an·i·so·co·ri·a /ænaɪsoʊkɔ́ːriə, ænàɪ- | -sə(ʊ)-/ *n.* 〖眼科〗瞳孔(左右)不同(症). 〖(1902) ← NL ～ ← ANISO-[1]+Gk *kórē* pupil of the eye+-IA[1]〗

an·i·so·dac·tyl /ænàɪsədǽktɪ̈l | -tɪl/ 〖鳥類〗*adj.* 三前指型の. — *n.* 三前指型の鳥.

an·i·so·dac·ty·lous /ænaɪsoʊdǽktələs, ænàɪ- | -sə(ʊ)dǽktɪ̈-/ *adj.* **1** 〖動物〗足指の数の不同な. **2** 〖鳥類〗三前指型の《足指 3 本が前方に 1 本が後方に向いた; 燕雀類の特徴の一つ》. 〖← ANISO-[1]+-DACTYLOUS〗

an·i·so·gam·ete /ænaɪsoʊgǽmiːt, -gəmíːt, ænàɪ- | -sə(ʊ)-/ *n.* 〖生物〗異形配偶子 (heterogamete).

an·i·sog·a·mous /ænaɪsɑ́(ː)gəməs | -sɔ́g-/ *adj.* 〖生物〗異形接合の, 異形配偶の. 〖1891〗

an·i·sog·a·my /ænaɪsɑ́(ː)gəmi | -sɔ́g-/ *n.* 〖生物〗異形接合, 異形配偶《互いに形の異なる配偶子の接合; ↔ isogamy》. **an·i·so·gam·ic** /ænaɪsəgǽmɪk/ *adj.* 〖(1891) ← ANISO-[1]+-GAMY〗

an·i·so·i·co·ni·a /ænaɪsoʊaɪkóʊniə, ænàɪs- | -sə(ʊ)aɪkə́ʊ-/ *n.* 〖眼科〗=aniseikonia.

an·i·sole /ǽnəsòʊl | ǽnɪ̈səʊl/ *n.* 〖化学〗アニソール $(C_6H_5OCH_3)$ 《無色の芳香のある液体で, 香水の製造とシラミの駆除用; methyl phenyl ether ともいう》. 〖(c1860) □ F *anisol*: ⇨ aniso-[2], -ole[1]〗

an·i·som·er·ism /ænaɪsɑ́(ː)mərìzm | -sɔ́m-/ *n.* 〖生物〗不等節化《生物体の同様な部分の数が減少し部分間の差が増大する系統的変化; cf. polyisomerism》. 〖← ANISO-[1]+-MERISM〗

an·i·som·er·ous /ænaɪsɑ́(ː)mərəs | -sɔ́m-/ *adj.* 〖植物〗〈花が〉不同数の器官[部分]をもつ. 〖1866〗

an·i·so·met·ric /ænaɪsəmétrɪk, ænàɪ-/ *adj.* **1** 〖結晶〗立方[等軸]晶系でない (cf. isometric 5). **2** 不等の (↔ isometric). 〖(1868) □ F *anisométrique*: ⇨ a-[7], isometric〗

an·i·so·met·ro·pi·a /ænaɪsoʊmətróʊpiə | -sə(ʊ)mɪ̈tróʊ-/ *n.* 〖眼科〗屈折(左右)不同(症), 不同視, 不同像症. **an·i·so·me·tro·pic** /ænaɪsoʊmətrɑ́(ː)pɪk | -sə(ʊ)mɪ̈trɔ́p-/ *adj.* 〖(c1880) ← NL ～: ⇨ a-[7], isometropia〗

an·i·so·morph·ic /ænàɪsəmɔ́ːfɪk, -soʊ- | -sə(ʊ)mɔ́ːf-/ *adj.* 〖言語〗非同型的な《二つの構造体において構造的平行性が見られないこと》.

an·i·so·phyl·lous /ænaɪsoʊfíləs, ænàɪ- | -sə(ʊ)-/ *adj.* 〖植物〗葉の形や大きさが不ぞろいの《heterophyllous ともいう》. **an·i·so·phil·ly** /ænáɪsoʊfɪli, -sə- | -səʊ-/ *n.* 〖(1880) □ F *anisophylle*: ⇨ aniso-[1], -phyllous〗

An·i·sop·ter·a /ænaɪsɑ́(ː)ptərə | -sɔ́p-/ *n. pl.* 〖昆虫〗不均翅亜目《ヤンマ・アカトンボ・シオカラトンボなど前翅と後翅の形が同一でなく, 翅(はね)を開いて静止する高等なトンボ類を含む》. **àn·i·sóp·ter·an** /-rən/ 〖← NL ～: ⇨ aniso-[1], -ptera〗

an·i·so·trop·ic /ænaɪsətrɑ́(ː)pɪk, ænàɪ- | -trɔ́p-/ *adj.* **1** 〖物理〗異方性の (aeolotropic) 《方向によって性質の異なる》. **2** 〖植物〗異方性の《異なる外的刺激に反応して方向を変える》. **àn·i·so·tróp·i·cal·ly** *adv.*
an·i·so·tropism /ænaɪsɑ́(ː)trəpìzm | -sɔ́trə-/ *n.* 〖(1879) ← *an-* 'A-[7]'+ISOTROPIC〗

ánisotropic líquid *n.* 〖物理・結晶〗=liquid crystal.

an·i·sot·ro·py /ænaɪsɑ́(ː)trəpi | -sɔ́tr-/ *n.* **1** 〖物理〗異方性《物理的性質が方向によって異なること》. **2** 〖植物〗異方性《外界に対してそれぞれ異なった反応を示す植物の性質》. 〖(1880): ⇨ aniso-[1], -tropy〗

an·is·seed /ǽnɪ̈ssìːd/ *n.* =aniseed.

án·i·syl ácetate /ǽnəsɪ̈l- | ǽnɪ̈-/ *n.* 〖化学〗酢酸アニシル $(CH_3OC_6H_4CH_2OCOCH_3)$ 《アニスアルコールの酢酸エステル; 香料の原料》. 〖*anisyl*: ← ANISO-[1]+-YL〗

ánisyl álcohol *n.* 〖化学〗アニスアルコール $(CH_3OC_6H_4CH_2OH)$ 《無色の芳香性液体; 香料の原料; 融点 45°C, 沸点 259°C; anisic alcohol ともいう》. 〖c1860〗

A·ni·ta /əníːtə | -tə/ *n.* アニタ《女性名》. 〖□ Sp. ～

(dim.) ← ANNA〕

An·i·us /ǽniəs/ *n.* 〘ギリシャ神話〙アニオス《Delos 島の Apollo の神官; 放浪途次の Aeneas らを歓待する》. 〔□ Gk *Ánios*〕

An·jou /ǽndʒuː, ɑ̃ːŋʒúː, ɑːn- | ―⌐/; *F.* ɑ̃ʒu/ *n.* アンジュー《フランス西部, Loire 川流域の旧公国; 1154 年から 1204 年まで英国が所有》. ★ ラテン語系形容詞: Angevin.

Ánjou péar *n.* アンジューナシ《Anjou 地方産の冬季に熟す梨; 果肉が厚く, 果皮は緑色》.

An·ka·ra /ǽŋkərə, ɑ́ːŋ- | ǽŋ-/ *n.* アンカラ《小アジア中部の都市; 1923 年以来トルコ共和国の首都; 政治・商業・文化の中心; 古代名 Ancyra, 旧名 Angora (1930 年まで)》.

an·ker /ǽŋkə, ɑ́ːŋ- | ǽŋkə$^{(r)}$; *Du.* ɑ́ŋkər, *G.* áŋkɐʁ/ *n.* アンカー《オランダ・デンマーク・スウェーデン・ロシアなどで用いられた, 酒の液量単位; もとは英国でも用いられた; 米国では 10 ガロンに計算される》; 1 アンカー入りの樽. 〔(1673) □ Du. ～ □ ? ML *anceria* keg〕

an·ker·ite /ǽŋkəràɪt/ *n.* 〘鉱物〙鉄白雲石 ($Ca(Fe, Mg, Mn)(CO_3)_2$). 〔□ G *Ankerit* ← *M. J. Anker* (*d.* 1843: オーストリアの鉱物学者): ⇨ -ite[1]〕

ankh /ǽŋk, ɑ́ːŋk | ǽŋk/ *n.* 〘考古・美術〙＝crux ansata. 〔(1888) □ Egypt. *ʿnḫ* life〕

An·king /ɑ̀ːnkíŋ/ *n.* ＝Anqing.

an·kle /ǽŋkl̩/ *n.* **1** 足首 (⇨ leg 挿絵; cf. malleolus): cross one's ～s 軽く足を組む《女性の行儀のよい座り方》. **2** 足関節《脚部と足部をつなぐ関節; cf. talus[1]》. ― *vi.* 《俗》(特にそっくり返って)歩く. 〔(*a*1325) □ ON *ǫkkla*＝*ankula* ← Gmc *aŋk-* (Dan. & Swed. *ankel* / Du. *enkel* / G *Enkel*) ← IE *ank-* to bend ∽ OE *anclēo* (*w*): cf. angle[1, 2]〕

ánkle bìter *n.* 《豪俗》幼児. 〔1981〕

ánkle·bòne *n.* 〘解剖〙距骨(きょこつ) (talus, astragalus). 〔*a*1398〕

ánkle-déep *adj.* **1** 〈泥などが〉足首までの深さの[で]: ～ mud, snow, water, etc. **2** [叙述的] **a** 〈地面などが〉〔泥などに〕足首までの深さに覆われて〔*in*〕: The path is ～ *in* mud. 小道は足首までぬかるむほど泥で覆われている. **b** 〈人などが〉〔水などに〕足首まで入って〔*in*〕: He was ～ *in* the water. 彼は足首まで水につかっていた. 〔1764〕

ánkle·jàck *n.* 足首の上までの深靴. 〔1848〕

ánkle jèrk *n.* 〘医学〙くるぶし反射, アキレス腱(けん)反射 (Achilles tendon reflex) (cf. knee jerk). 〔1888〕

ánkle jòint *n.* 〘解剖〙距(きょ)関節. 〔1836〕

ánkle-léngth *adj.* 〈服が〉足首までの長さの. 〔1903〕

ánkle sòck *n.* 《英》足首までのソックス (《米》anklet) 《特に婦人・女児用》. 〔1936〕

ánkle stràp *n.* (婦人靴などで)足首に回す留めひも.

an·klet /ǽŋklɪt/ *n.* **1** 足首飾り (cf. bracelet 1). **2** 足首に掛ける足枷(あしかせ). **3 a** 《米》＝ankle sock. **b** 防寒用に足首につけるバンド. **4** (靴の)足首に回す留め革 (ankle strap); 留め革が付いているローシューズ《婦人・子供用》. 〔(1819) ← ANK(LE)＋-LET〕

an·klong /ǽŋklɔ(ː)ŋ, -klɑ(ː)ŋ | -klɒŋ/ *n.* (*also* **an·klung** /-klʌŋ/) アンクロン《インドネシア諸島で用いられる竹筒の楽器》. 〔□ Malay *aṅkluṅ*〕

an·kus /ǽŋkəs, ʌ́ŋkəʃ/ (*also* **an·kush** /-kəʃ/) *n.* (*pl.* ～, ～·**es**) 《インド》象使いの突き棒. 〔(1886) □ Hindi *aṅkuš* ← Skt *aṅkuśa* ← IE *ank-* to bend: cf. angle[1]〕

an·kyl- /ǽŋkɪl/ (母音の前にくるときの) ankylo- の異形.

an·ky·lo- /ǽŋkɪloʊ | -ləʊ/ 次の意味を表す連結形: **1** 屈曲した, 鉤(かぎ)になった (crooked, curved). **2** 癒着[膠着(こうちゃく)](した): *ankylo*glossia. ★ 母音の前にくるときは通例 ankyl- になる. 〔← NL ～ ← Gk *ankulo-* ← *ankúlos* curved ← IE *ank-* to bend (Gk *ágkos* bend, hollow)〕

an·ky·lo·glos·si·a /æ̀ŋkɪlouglɔ́(ː)siə, -glɑ́(ː)s- | -lə(ʊ)glɔ́s-/ *n.* 〘病理〙舌小帯短縮(症). 〔← NL ～: ⇨ ↑, -glossia〕

an·ky·lo·saur /ǽŋkɪlousɔ̀ə | -lə(ʊ)sɔ̀ː$^{(r)}$/ *n.* 〘古生物〙よろい竜, アンキロサウルス《白亜紀の恐竜》. 〔(1949) ← NL *Ankylosauria*: ⇨ ankylo-, -saur〕

an·ky·lose /ǽŋkɪlòus, -lòuz | -ləʊz/ 〘医学〙 *vt.* **1** 〈骨と骨などを〉膠着(こうちゃく)させる: ～*d* bones. **2** 〈関節を〉強直させる. ― *vi.* **1** 〈骨と骨が〉膠着する, 固着する. **2** 〈関節が〉強直する. 〔(1787) ↓〕

án·ky·los·ing spondylítis *n.* 〘医学〙強直性脊椎炎 (rheumatoid spondylitis). 〔1935〕

an·ky·lo·sis /æ̀ŋkɪlóusɪs | -ləʊsɪs/ *n.* (*pl.* **-lo·ses** /-siːz/) 〘病理・動物〙(関節の)強直《anchylosis ともいう》. **an·ky·lot·ic** /æ̀ŋkɪlɑ́(ː)tɪk | -lɔ́t-ˈ/ *adj.* 〔(1713) ← NL ～ ← Gk *agkúlōsis*: ankylo-, -osis〕

an·ky·los·to·mi·a·sis /æ̀ŋkɪlɑ̀stoumáɪəsɪs | -lɒstə(ʊ)máɪəsɪs/ *n.* (*pl.* **-a·ses** /-siːz/) 〘病理〙＝ancylostomiasis.

ANL 《略》Argonne National Laboratory アルゴンヌ国立研究所《米国 Illinois 州にある原子力研究所》.

an·lace /ǽnlɪs, -leɪs/ *n.* (中世の)先細の短剣《anelace ともいう》. 〔(*c*1300) *anelas* (音位転換) ← OF *ale(s)naz* (aug.) ← *alesne* (F *alêne*) awl □ Gmc (OHG *alansa* dagger)〕

an·la·ge /ɑ́ːnlɑːgə; *G.* ánlaːgə/ *n.* (*pl.* **an·la·gen** /-gən; *G.* -gən/, ～**s**) **1** 〘生物〙原基, 原始細胞 (primordium), 胚胞(はいほう) (blastema). **2** 基本, 根本 (basis). **3** 傾向 (inclination). 〔(1892) □ G ～ 'setup, layout' ← *an-* on＋*Lage* a laying〕

an·laut /ɑ́ːnlaʊt; *G.* ánlaʊt/ *n.* (*pl.* **an·lau·te** /-laʊtə | -tə; *G.* -laʊtə/, ～**s**) 〘音声〙初頭音《語または音節の初めの音; cf. auslaut, inlaut》. 〔(1884) □ G ～ ← *an-* on＋*Laut* sound (cf. loud)〕

Ann /ǽn/ *n.* アン《女性名; 愛称形 Annie, Nan, Nancy》. 〔□ L *Anna* □ Gk *Ánna* □ Heb. *Ḥannāh* 《原義》grace〕

ann. 《略》annals; *L.* anni (＝years); annual; annuities; annuity.

Ann. 《略》Anne.

an·na /ɑ́ːnə, ǽnə | ǽnə; *Hindi* áːnaː/ *n.* **1 a** アンナ《ミャンマー・インド・パキスタンの旧通貨単位; ＝$^1/_{16}$ rupee, 4 pice, 12 pies》. **b** 1 アンナ貨. **2** 《インド》16 分の 1: have eight ～*s* of dark blood 先住民の血が半分混じっている. 〔(1727) □ Hindi *ānā*〕

An·na /ǽnə; *G.* ána, *Russ.* ánnə/ *n.* アンナ《女性名; 愛称形 Anita, Annie, Nan, Nancy Nannie, Nanny, Nina, Nita》. 〔⇨ Ann〕

An·na·ba /ənɑ́ːbə/ *n.* アンナバ《アルジェリア北東部, 地中海に臨む海港; 産業開発の中心; 旧名 Bône》.

An·na·bel /ǽnəbèl/ *n.* アナベル《女性名; 異形 Anabel, Anabill, Anabul, Annabella, Annable, Annaple》. 〔(変形)? ← AMABEL〕

an·na·berg·ite /ǽnəbəːgàɪt | -bɜː-/ *n.* 〘鉱物〙ニッケル華 ($Ni_3As_2O_8 \cdot 8H_2O$) 《nickel bloom ともいう》. 〔(1837) ← *Annaberg* (Saxony の町の名): ⇨ -ite[1]〕

Ánna I·vá·nov·na /-iːvɑ́ːnəvnə; *Russ.* -ivánəvnə/ *n.* アンナ イヴァノヴナ (1693–1740; ロシアの女帝 (1730–40); Ivan 五世の娘, Peter 大帝の姪(めい); オーストリアと同盟を結んでトルコと戦う (1736–39)).

An Na·jaf /ɑːnnɑ́ːdʒɑːf | ænnǽdʒæf/ *n.* アンナジャフ《イラク中南部 Euphrates 川の西岸にある都市; シーア派初代イマーム Ali の墓があって聖地になっている》.

Ánna Ka·rén·i·na /-kəréni̥nə | -nɪ-; *Russ.* -karʲénʲɪnə/ *n.* 「アンナ カレーニナ」(L. Tolstoy の長編小説 (1875–77); 若い将校と不倫の恋に落ちて夫と子を捨てるが, 最後に鉄道自殺をするに至る貴族の妻を描く).

an·nal /ǽnl̩/ *n.* (一年間・一事項などの)記録, (学会などの)年報, 紀要; 年鑑. 〔(1699): (逆成) ← ANNALS〕

an·nal·ist /ǽnəlɪst, ǽnl̩- | ǽnəlɪst, ǽnl̩-/ *n.* 年代記編者, 年譜作者. 〔1611〕

an·nal·ist·ic /æ̀nəlístɪk, -nl̩-ˈ/ *adj.* 年代記の, 年史の, 年譜的な. 〔1850〕

an·nals /ǽnl̩z/ *n. pl.* **1** 年代記, 年史, 年譜. **2** 史料, 記録 (historical records): in the ～ of science 科学史上. 〔(1536) □ F *annales* // L *annālēs* (*librī*) yearly (book) ← *annālis* yearly ← *annus* year: ⇨ -al[1]〕

An Nam /ænǽm, ―⌐; *Viet.* ɑ̄ːnnɑ̄ːm/ *n.* 安南(アンナン)《ベトナムの旧称, 10 世紀独立以前の中国人による呼称; 19 世紀初めまで中国歴代王朝はこの称号を用い, その後フランスは中部をアンナン保護王国と称して管理した》.

An·na·mese /æ̀nəmíːz, -míːs | æ̀nəmíːzˈ/ *adj.* 《古》アンナン(安南)の; 安南人の; 安南語の. ― *n.* (*pl.* ～) **1 a** ベトナム人. **b** 安南人. **2 a** ベトナム語. **b** 安南語 (Vietnamese). 〔1826〕

An·na·mite /ǽnəmàɪt/ *adj., n.* ＝Annamese.

An·nan /ǽnæn/, **Ko·fi** /kóufi | -fəʊ-/ *n.* アナン (1938– ; ガーナの外交官; 国連事務総長 (1997–); ノーベル平和賞 (2001)).

An·nan·dale /ǽnəndèɪl/ *n.* アナンデール《米国 Virginia 州北東部 Washington, D.C. の郊外の都市》.

An·nap·o·lis /ənǽp(ə)lɪs | -lɪs/ *n.* アナポリス: **1** 米国 Maryland 州の州都; Chesapeake 湾岸の港市で米国海軍兵学校 (Naval Academy) がある (cf. West Point). **2** (同地の)海軍兵学校. 〔(1695) ← *Anna* (⇨ Anne[2])＋-POLIS: 1695 年に命名〕

Annápolis Róyal *n.* アナポリスローヤル《カナダ Nova Scotia 州西部, Fundy 湾に臨む町; カナダ最初の植民地 (1605); 旧名 Port Royal》.

An·na·pur·na /æ̀nəpúənə, -pɜ́ː- | -pɜ́ː-, -púə-/ *n.* **1** 〘ヒンズー教〙＝Devi 2. **2** アンナプルナ《ネパール北部, Himalaya 山脈にある高峰群; 最高峰 8,091 m》. 〔□ Skt *Annapūrṇa* giver or possessor of food〕

Ann Ar·bor /ǽnɑ́əbə | -ɑ́ːbə$^{(r)}$/ *n.* アナーバー《米国 Michigan 州南東部の都市; University of Michigan の所在地》. 〔← ? *Ann* (*Allen*) (初期の植民者)＋ARBOR (森林地帯であったことにちなむ?)〕

Ánna('s) húmmingbird *n.* 〘鳥類〙アンナハチドリ (*Calypte anna*) 《メキシコ西部および California 州東部産》. 〔1839〕

an·nates /ǽneɪts, -nɪts/ *n. pl.* (*also* **an·nats** /ǽnæts, -nɪts/) 〘カトリック〙年納, 聖職禄(ろく)取得納金《司教などの聖職就任後初年度の収入; もとローマ教皇に上納されたが, 英国では 1534 年以来国王に納められ国教のために使用され, のちに Queen Anne's Bounty に納められた》. 〔(1534) ← F *annate* □ ML *annāta* year's proceeds ← L *annus* year〕

an·nat·to /ənɑ́ːtou, ənǽt- | ənǽtəʊ, æn-; *Am.Sp.* anáto/ *n.* (*pl.* ～**s**) **1** 〘植物〙ベニノキ, アケノキ (*Bixa orellana*) 《熱帯アメリカ産の小樹》. **2** アナットー《ベニノキの種子の肉質の外被から採る帯黄赤色染料; バター・チーズなどの色付け用》. 〔(1629) ← Carib.〕

Anne[1] /ǽn; *F.* aːn; *G.* ánə/ *n.* アン《女性名》. 〔□ F ～ 'ANN'〕

Anne[2] /ǽn/ *n.* アン (1665–1714; 英国女王 (1702–14); James 二世の娘, Stuart 朝最後の君主; 治世中にスコットランドとの合体により Great Britain 王国が成立 (1707)).

Anne, Princess *n.* アン王女 (1950– ; Elizabeth 二世の長女; 女性騎手として知られオリンピック代表にもなった; Save the Children Fund 総裁).

Anne /ǽn/, **Saint** *n.* 聖アンナ《St. Joachim の妻で, 聖母マリアの母; 祝日 7 月 26 [25] 日》.

an·neal /əníːl/ *vt.* **1** 〘冶金〙〈鋼鉄・ガラスなどを〉焼きなます (cf. annealing1). **2** 〘生物〙〈核酸を〉アニールする (cf. annealing 2). **3** 〈精神を〉鍛える (temper): ～ the mind. **4** 《古》〈着色のため鋼鉄・ガラスなどを〉焼く. ― *vi.* 〘生物〙〈核酸が〉アニールする. ― *n.* 〘冶金〙焼きなまし(したもの). ～·**er** /-lə | -lə$^{(r)}$/ *n.* 〔OE *anǣlan* to burn, kindle ← A-[1]＋*ǣlan* to burn (← *āl* fire ← IE **aldh-* to burn)〕

an·néal·ing /-lɪŋ/ *n.* **1** 〘冶金〙焼きなまし《加熱後徐冷する操作; cf. hardening 1 a, tempering》. **2** 〘生物〙アニーリング《DNA を熱して 2 本鎖を 1 本鎖にした後冷却し再び 2 本鎖にすること; 2 種の DNA を混ぜて相互間の 2 本鎖のできる割合から, DNA 構造の類似性を調べる》. 〔(1477): ⇨ ↑, -ing[1]〕

Ánne Boléyn *n.* ⇨ Boleyn.

an·nec·tent /ənéktənt, æn-/ *adj.* (*also* **an·nec·tant** /～/) 〘動物〙連結する (connecting). 〔(1826) □ L *annectentem* (pres.p.) ← *annectere*: ⇨ annex, -ant〕

An·ne·cy /ænəsíː; *F.* ansi/ *n.* **1** アヌシー《フランス東部 Annecy 湖に臨む保養地》. **2** [Lake ～] アヌシー湖.

an·ne·lid /ǽnəlɪd | -lɪd/ 〘動物〙 *adj.* 環形動物門の. ― *n.* 環形動物《ミミズ・ヒル・ゴカイなど》. 〔(1834) □ F *annélide*: ⇨ ↓, -id[2]〕

An·nel·i·da /ənéləda, æn- | -lɪdə/ *n. pl.* 〘動物〙環形動物門. **an·nél·i·dan** /-dn̩/ *adj., n.* 〔(1834) ← NL ～ ← F *annéles* 《原義》ringed ones ((pl.) ← *annelé* (p.p.) ← *anneler* to encircle ← OF *a(n)nel* (F *anneau*) ring < L *anellum* (dim.) ← ANUS)＋-IDA〕

Ánne of Áustria *n.* アンヌ ドートリッシュ (1601–66; スペインの Philip 三世の娘; フランス王 Louis 十三世の后; 王子 Louis 十四世が幼年時代の摂政 (1643–51)).

Ánne of Bohémia *n.* ボヘミアのアン (1366–94; イングランド王 Richard 二世の后; ボヘミア出身で, 1382 年王妃となったが浪費癖のため王と議会の争いの種となった).

Ánne of Cléves /-klíːvz/ *n.* クリーブスのアン (1515–57; イングランド王 Henry 八世の第 4 番目の王妃; 国王との結婚生活は短く 6 か月後に離婚).

An·net·ta /ənétə, æn- | -tə/ *n.* アネッタ《女性名》. 〔(dim.) ← ANN〕

An·nette /ənét, æn-/ *n.* アネット《女性名》. 〔□ F ～ (dim.) ← ANN〕

an·nex[1] /ənéks, æn-, ǽnɛks | ənéks, æn-/ *vt.* **1** 〈領土・小国などを〉併合する〔*to*〕: ～ a smaller state *to* a larger one. **2 a** 付け加える, 添付する (add)〔*to*〕: ～ a glossary *to* a book 書物に用語解を付ける / as per ～*ed* paper 別紙の通り. **b** 〈条件などを〉付ける, 付帯させる (attach)〔*to*〕. **c** 〈署名などを〉書き添える (affix)〔*to*〕. **3** 《口語》手に入れる (obtain); 着服する; 盗む (steal). **4** 〈属性・特権などを〉帰する, 付属させる〔*to*〕. **5** 《古》〈物を〉付け(加え)る (add); 取り付ける (fix)〔*to*〕. **an·nex·a·ble** /ənéksəbl̩, æn-, ǽnɛks- | ənéks-, æn-/ *adj.* 〔(*c*1370) □ (O)F *annexer* (← *annexe* joined) □ ML *annexāre* (freq.) ← L *annectere* to bind to ← *an-* 'AD-'＋*nectere* to bind〕

an·nex[2], 《英》**an·nexe** /ǽnɛks, ǽnɪks | ǽnɛks/ *n.* **1 a** (建物の建増しされた)そで, 翼. **b** 別館, 新館, 離れ: an ～ *to* a hotel [the main building]. **2** 付加物; 添付書類. 〔(1541) □ F *ann exe* that which is joined〕

an·nex·a·tion /æ̀nɛkséɪʃən, æ̀nɪk-/ *n.* **1** 併合; 併合物, 併合地. **2** 付加; 付加物; 添付物. **～·al** /-ʃənəl, -ʃənl̩ˈ/ *adj.* **～·ism** *n.* 〔(1611): ⇨ ↑, -ation〕

àn·nex·á·tion·ist /-ʃ(ə)nɪst | -nɪst/ *n.* 併合論者. 〔1860〕

an·nex·ion /ənékʃən/ *n.* 《古》付加物 (annexation). 〔(1609) □ L *annexiōn(n-)*〕

an·nex·ure /ənékʃùə, ənékʃə | ənékʃʊə$^{(r)}$, ənékʃə$^{(r)}$/ *n.* 《英》**1** 付加. **2** 付加物. 〔(1878) ← L *annex-*＋-URE〕

An Nhon /ɑ̀ːnnjóun | -njɔ́n; *Viet.* ɑ̄ːnɲɔ̄ːn/ *n.* アンニョン《ベトナム南東部, 南シナ海の岸近くにある町; 旧名 Binh Dinh》.

an·ni·cut /ǽnɪkʌ̀t | ǽnɪ-/ *n.* 《インド》＝anicut.

An·nie /ǽni/ *n.* アニー《女性名》. 〔(dim.) ← ANN〕

Ánnie Óak·ley /-óukli | -əʊk-/ *n.* 《米俗》**1** 無料入場券, 招待券, フリーパス《単に Oakley ともいう》. 《はさみを入れたあとが米国の射撃の名手 *Annie Oakley* の射抜いた穴だらけのトランプ札に似ているところから》(*c*1910) **2** 〘野球〙四球.

An·ni·go·ni /æ̀nɪgóuni | -gəʊn-; *It.* annigóːni/, **Pietro** /pjɛ́ːtro/ *n.* アニゴーニ (1910–88; イタリアの画家; Kennedy 大統領 (1961), Elizabeth 二世 (1955, 1970) の肖像画で知られる).

an·ni·hi·la·ble /ənáɪələbl̩ | ənáɪɪ-/ *adj.* 全滅[絶滅]できる. 〔(1677) ← (廃) *annihil* to annihilate: ⇨ ↓, -able〕

an·ni·hi·late /ənáɪəlèɪt | ənáɪɪ-/ *vt.* **1 a** 滅ぼす, 絶滅[全滅]させる (⇨ destroy SYN). **b** …に多大の損害[損傷]を与える. **c** 〘物理〙(対)消滅させる. **2** 無力にする: ～ a person's ambition. **3** 〈チームなどを〉圧倒する, 完敗させる. **4** 無視する, 軽視する. **5** 《古》〈法律などを〉無効にする, 廃する (annul). ― *vi.* 〘物理〙(対)消滅する.

an·ni·hi·la·to·ry /ənáɪələtɔ̀ːri | ənáɪɪlèɪtəri, -lət-, -tri/ *adj.* 〔(1525) □ LL *annihilātus* (p.p.) ← *annihilāre* to reduce to nothing ← *an-* 'AD-'＋L *nihil* nothing ∽ (廃) *annihil* □ (O)F *annihiler*: ⇨ nihil, -ate[3]〕

an·ni·hi·la·tion /ənàɪəléɪʃən | ənàɪɪ-/ *n.* **1** 全滅, 絶滅, 壊滅: the ～ of man. **2** 〘キリスト教〙空[無]に帰すること, 霊魂絶滅[消滅], (死における霊魂の)寂滅(じゃくめつ), (悪人の死後の)必滅. **3** 〘物理〙(対)消滅《粒子と反粒子

A

とが消滅して他の粒子(光子を含む)に変換すること; pair annihilation ともいう; cf. positronium). 〖(1638) □ F ～ // LL *annihilātiō(n-)*: ⇨ ↑, -ation〗

an·nì·hi·lá·tion·ism /-ʃənìzm/ *n.* 〖キリスト教〗霊魂絶滅[消滅]説, 霊魂寂滅(じゃく)論; (悔い改めない人の)死後の霊魂必滅説. **an·nì·hi·lá·tion·ist** /-ʃ(ə)n̩ɪst | -nɪst/ *n.* 〖1881〗

annihilátion òperator *n.* 〖物理〗消滅演算子.

annihilátion radiàtion *n.* 〖物理〗消滅放射 《通常は電子と陽電子の対消滅に伴う 2 個のガンマ線放出過程を指す》. 〖1962〗

an·ni·hi·la·tive /ənáɪəlèɪtɪv, -lət- | ənáɪl̩ət-, -lèɪt-/ *adj.* 全滅させる, 破壊的な: be ～ *of* life 生命を消滅させる. 〖(1836): ⇨ annihilate, -ative〗

an·ní·hi·là·tor /-tə | -tə^(r)/ *n.* **1** 絶滅者. **2** 〖数学〗零化群 《加群の与えられた部分群を 0 に移す指標全体の作る群》. 〖1698〗

anni mirabiles *n.* annus mirabilis の複数形. 〖□ L *annī mīrābilēs*〗

anniv. 《略》anniversary.

an·ni·ver·sa·ry /ænəvə́ːs(ə)ri | ænɪvə́ː-/ *n.* **1** (例年の)記念日; 年忌; …周年[回忌]; 記念祭: a wedding ～ 結婚記念日 / on the 50 th ～ of George Orwell's death ジョージ オーウェルの 50 回忌に / a tenth-*anniversary* number (雑誌の)発刊 10 周年記念号. **2** 〖カトリック〗=year's mind. **— *adj.*** **1** 例年の. **2** 記念日の, 年祭の: an ～ day. 〖(?a1200) □ ML *(diēs) anniversāria* anniversary (day) ← L *anniversārius* returning yearly ← *annus* year+*versus* ((p.p.) ← *vertere* to turn)+*-arius* '-ARY'〗

Anniversáry Dày *n.* 《豪》Australia Day の旧名.

an·no ae·ta·tis su·ae /ænouiːtéɪtɪssúːiː, ɑ́ːnouaɪtɑ́ːtɪ̀ssúːaɪ | ænouiːtéɪtɪs-, ɑ́ːnəuaɪtɑ́ːtɪs-/ *L. adv.* (年齢)…歳の時に. 〖□ L *annō aetātis suae* in one's year of age〗

an·no Dom·i·ni /ænoudɑ́(ː)məniː, -dóum-, -nàɪ | ænəudɔ́mɪ̀nàɪ, -niː/ *L. adv.* [しばしば A- D-] キリスト紀元で, 西暦… (略 A.D., A.D.) (⇨ A.D.): in ～ 2003 西暦 2003 年に. **— *n.*** [A- D-] 《口語》寄る年波, 老齢: *Anno Domini* softens a man. 人は年をとると角(かど)がとれる / the *Anno Domini* clause 定年規定. 〖(1530) □ L *annō Dominī* in the year of (our) Lord〗

an·no He·gi·rae /ænouhɪdʒáɪriː, ɑ́ːnou-, -hédʒəriː/ *L. adv.* [しばしば A- H-] ヒジュラ紀元(後). 〖(c1889) ← NL〗

an·no mun·di /ænoumʌ́ndaɪ, ɑ́ːnoumúndiː | ænəumʌ́ndaɪ/ *L. adv.* 世界紀元で 《天地創造の年から起算して; 略 A.M., A.M.》. 〖□ L *annō mundī* in the year of the world〗

an·no·na /ənóunə | ənə́u-/ *n.* 〖植物〗バンレイシ 《熱帯アメリカ産バンレイシ科バンレイシ属 (*Annona*) の植物の総称; cherimoya, custard apple など果実は食用となるものが多い》. 〖↓〗

An·no·na·ce·ae /ænənéɪsiː/ *n. pl.* 〖植物〗(双子葉植物ニクズク目)バンレイシ科. **àn·no·ná·ceous** /-ʃəs⁻/ *adj.* 〖← NL ～ ← *Annona* (属名: ← Sp. *anona* □ Taino *anon*)+-ACEAE〗

an·no reg·ni /ænourégnaɪ, -niː | *L. adv.* 君主の治世になってから. 〖L in the year of the reign〗

annot. 《略》annotate; annotation; annotator.

an·no·tate /ænətèɪt, ænou- | ænə(ʊ)-/ *vt.* 〈書物〉に注釈する, 注解する: ～ a text / an ～*d* edition 注釈(付き)の版. **— *vi.*** 注釈を書く[付ける]. **án·no·tàt·a·ble** /-təbl̩ | -tə-/ *adj.* **án·no·tàt·er** /-tə | -tə^(r)/ *n.* 〖(1733) □ L *annotātus* (p.p.) ← *annotāre* to note down ← *an-* 'AD-'+*notāre* to mark: ⇨ note〗

an·no·ta·tion /ænətéɪʃən, ænou- | ænə(ʊ)-/ *n.* 注釈をすること; 注釈, 注解. 〖(a1464) □ (O)F ～ // L *annotātiō(n-)*: ⇨ annotate, -ation〗

an·no·ta·tive /ænətèɪtɪv, ænou- | ænə(ʊ)tèɪt-/ *adj.* 注釈的な. 〖⇨ annotate, -ative〗

án·no·tà·tor /-tə | -tə^(r)/ *n.* 注釈者. 〖1663〗

an·not·i·nous /ənɑ́(ː)tənəs, æn-, -tn- | -nɔ́tɪ̀n-/ *adj.* 〖植物〗1 年目の, 1 年経った (one year old). 〖(1836) ← L *annōtinus* (← *annus* year)+-OUS〗

an·nounce /ənáuns, ənáunts/ *vt.* **1** **a** 告知する (⇨ notify SYN); 発表する (publish); 表明する, (もったいぶって)告げる: ～ a birth, death, marriage, promotion, merger, decision, etc. / ～ one's candidacy *to* one's constituency 立候補を選挙民に表明する / A forthcoming book was ～*d*. 新刊書の予告が出た / It has been ～*d* that … / "I have something important to say," she ～*d* (to us). 「大事なお話があります」と彼女は(私たちに)告げた. **b** 〈…だ[である]と〉発表[声明]する 〈*that*〉: The spokesman ～*d that* …. **c** 〈人・事などを〉(…であると[として])発表する 〈*to be*〉 / 〈*as*〉. **2** 〈客〉の来着を大声で告げる[取り次ぐ]; 〈召使が〉〈食事〉の用意のできたことを告げる: The maid ～*d* a visitor. / Dinner was ～*d*. **3** (駅・空港などで)…について放送する. **4** (ラジオ・テレビで)〈アナウンサーが〉〈番組などを〉放送する, アナウンスする. 日英比較 日本語の「アナウンス」は名詞として用いるが, 英語の *announce* は動詞. また日本語で「アナウンスする」といえばラウドスピーカーで放送することをいうが, 英語の *announce* は「知らせる, 公表する」の意が普通で, 「ラウドスピーカーを通して」の意は含まない. (ただし, TV, ラジオなどでプロのアナウンサーが番組などを放送する意はある.) 場内放送などでアナウンスすることをいうには英語では *announce* … over the PA (PA=public address system) という. **5** 〈行事などを〉(正式に)通知する. **6** 〈事が〉予示する; 〈人が〉予告する (foretell); 〈物事が〉…を示す (indicate): The crowing of roosters ～*s* the coming of day. 鶏鳴は夜明けの知らせだ. **— *vi.*** **1** 〔…の〕アナウンサーを務める 〔*for*〕: ～ *for* the BBC. **2** 《米》**a** 〔役職への〕立候補を表明する 〔*for*〕: ～ *for* mayor 市長への立候補を発表する. **b** 〔候補者などへの〕支持を声明する 〔*for*〕. 〖(1483) □ OF *anoncier* (F *annoncer*) □ L *annuntiāre* ← *an-* 'AD-'+*nuntiāre* to bring news, report (← *nuntius* messenger)〗

an·nounce·ment /ənáunsmənt, -nts-/ *n.* **1** 告知, 公告, 告示 〔*of*〕. **2** 発表, 声明, 披露(ひろう); 通知; 予告: make an ～ of …を発表[通知]する / I have an important ～ to make. 重大発表がある / the ～ that the war was over 終戦の発表. **3** (印刷された)通知状. **4** **a** (新聞などに載せる)短い通知[広告]: a birth [death, marriage] ～. **b** (ラジオ・テレビで流される)広告 《通常, 番組と番組の間の秒数の短いもの》. **5** 〖トランプ〗=declaration 4; (特に, skat で)シュナイダー (schneider) やシュヴァルツ (schwarz) の予告. 〖(1798): ⇨ ↑, -ment〗

an·nounc·er /ənáunsə, -ntsə | -sə^(r), -ntsə^(r)/ *n.* **1** (ラジオ・テレビの)アナウンサー; (駅・空港などの)放送係員. **2** 告知者; 発表[通知]者. 日英比較 テレビやラジオでニュースを読む人の意では英語では《米》newscaster [《英》newsreader] が一般的. 〖(1611): ⇨ -er¹〗

an·no ur·bis con·di·tae /ænouə́ːbɪskɑ́(ː)ndɪtiː, -tàɪ | ænəuə́ːbɪskɔ́n-/ *L. adv.* (ローマ)市の建設から数えて 《紀元前 753 年から数える; 略 AUC》.

an·noy /ənɔ́ɪ/ *vt.* **1** [しばしば受身で] (特に常習的行為・攻撃で)うるさがらせる, いら立たせる (irritate), 悩ます, 困らせる (trouble): That fellow [noise] ～*s* me. あいつ[あの音]はうるさい / He ～*s* his mother *by* [*with* his] asking difficult questions. 難しい質問をして母親を悩ます / He was ～*ed with* [《米》*at*] me *for* my lateness [*being* late]. 私が遅いのでいらいらしていた / I am ～*ed with* myself *for* being careless. 自分の不注意に我ながらいやになる / She was very ～*ed at* his impudence. 彼の厚かましさをひどく不愉快に思った / I am ～*ed about* him. 彼の(したり言ったりした)ことで腹を立てている / He will be ～*ed to* hear it [when he hears it]. それを聞いたら気を悪くするだろう / He was ～*ed that* someone had mixed up his papers. だれかが書類をごちゃごちゃにしたので腹を立てていた. **2** 《古》〈敵軍などを〉(たびたび襲撃などして)苦しめる, 悩ます, 痛めつける (harass): ～ the enemy. **— *vi.*** 悩みの種である, うるさい. **— *n.*** 《古・詩》=annoyance 1. **～·er** *n.* 〖(c1275) *anoie(n)* □ OF *anoier* (F *ennuyer*) □ LL *inodiāre* ← L *in odiō* in hatred: cf. ennui, odium〗

SYN じゃまをして心をかき乱す: **annoy** 特にうるさい行為を繰り返して少し怒らせる[いらいらさせる]: We are *annoyed* by the noise in this neighborhood. この近所の騒音で悩まされている. **bother** ささいなことでじゃまをしたり, 迷惑を感じさせる: Don't *bother* me; I want to be left alone. じゃましないでくれ. 独りにしてほしいんだ. **worry** 不安・心配・気苦労などで心をかき乱す: He was *worried* by her absence. 彼は彼女がいなかったので気をもんでいた. **irk** しつこく悩ませていらだたせる 《格式ばった語》: It *irks* us to wait for people who are late. 遅刻する連中を待っているといらつく.

---

an·noy·ance /ənɔ́ɪəns/ *n.* **1** **a** うるさがらせる[いら立たせる, 悩ます]こと. **b** いら立ち, 腹立ち; 迷惑: to a person's ～ 困ったことには / with ～ 腹を立てて. **2** うるさい[厄介な, 迷惑な]もの: That noise is [Those noises are] a great ～ *to* me. 〖(c1390) □ OF *anoiance*: ⇨ ↑, -ance〗

an·nóyed *adj.* いらいらした, むっとした (cf. annoy). 〖(?a1300): ⇨ -ed〗

an·nóy·ing *adj.* うるさい, じれったい, 迷惑な: How ～ (of you)! ああうるさい / It's very ～ to fill out all these forms. この書類に記入するのはとても厄介だ. **～·ly** *adv.* **～·ness** *n.* 〖(a1300): ⇨ -ing²〗

an·nu·al /ænjuəl, ænjʊl/ *adj.* **1** 一年の, 一年間の: an ～ income [output] 年収[年産] / ～ expenditure [revenue] 歳出[歳入] / an ～ rate of interest 年利率. **2** 年々の, 例年の, 年に一度の: an ～ event 例年の行事, 年中行事 / an ～ pension 年金 / a person's ～ visit 年に一度の訪問. **3** 〈出版物など〉年一回の, 年刊の: an ～ report 年次報告; 年報 / an ～ publication 年刊出版物. **4** 〖生物〗一年生の, 一季生の (cf. biennial 2 b, perennial 3): an ～ plant. **— *n.*** **1** 〖生物〗一年生[一季生]植物[動物]: ⇨ hardy annual 1. **2** **a** 年報, 年鑑, 年刊誌: Their quarterly has become an ～. 季刊誌が年刊誌になった. **b** =yearbook 2. **c** =giftbook 2. **3** 〖宗教〗年忌. **4** 年賦金. 〖(1460) □ LL *annuālis* ← L *annus* year ← IE **atno-* ← **at-* to go ∽ (c1382) *annuel* □ (O)F〗

ánnual géneral méeting *n.* 《英》(法令で定められた)年次総会. 〖1879〗

an·nu·al·ize /ænjuəlàɪz, ænjʊl-/ *vt.* 年率[年額]に換算する. 〖(1805): ⇨ -ize〗

án·nu·al·ìzed *adj.* 年率[年額]に換算した. 〖(1969): ⇨ ↑, -ed〗

an·nu·al·ly /ænjuəli, ænjʊli/ *adv.* 年々, 毎年, 年ごとに; 一年一回ずつ: spend about $5,000 ～ 毎年約 5,000 ドル使う. 〖1598〗

ánnual méeting *n.* 《米》=annual general meeting.

ánnual párallax *n.* 〖天文〗年周視差.

ánnual percéntage ràte *n.* 〖金融〗(実質)年率 《法律により義務づけられている年間実効金利》.

ánnual ràte *n.* 〖時計〗年差 《1 年間における時計の進み遅れ; 秒/年の単位で表す》.

ánnual ríng *n.* **1** (樹木の)年輪 《growth ring, tree ring ともいう; cf. false ring》. **2** 〖動物〗(魚のうろこ・貝殻などの表面の)年輪. 〖1879〗

an·nu·i·tant /ənúːətənt, ənjúː-, -tnt | ənjúːɪ̀t-/ *n.* 年金受取人. 〖(1720): ⇨ ↓, -ant〗

an·nu·it coep·tis /ænjuɪtséptɪs/ *L.* 神われらの企てを嘉(よ)したまえり 《米国の国璽(じ)の裏面に刻まれている標語; ローマの詩人 Vergil の *Aeneid* から採ったことば》.

an·nu·i·ty /ənúːəti, ənjúː- | ənjúːɪ̀ti/ *n.* **1** 年金; 年賦金: an ～ bond 年金証書 / a life [terminable, perpetual] ～ 終身[有期, 永続]年金 / ⇨ deferred annuity. **2** 年金収受権; 年金支払義務. **3** 年金支払契約. 〖(c1412) □ (O)F *annuité* // ML *annuitātem* ← L *annuus* yearly: ⇨ annual, -ity〗

annúity cértain *n.* (*pl.* **annuities c-**) 〖保険〗確定年金.

an·nul /ənʌ́l/ *vt.* (**an·nulled; an·nul·ling**) **1** 〈命令・決議などを〉無効にする, 取り消す (⇨ nullify SYN); 〈法令・判決などを〉廃棄する (abolish); 〈婚姻〉の無効を宣する. **2** 消滅させる. **～·la·ble** /-ləbl̩/ *adj.* 〖(c1385) □ OF *a(d)nuller* (F *annuler*) // LL *annullāre* ← *an-* 'AD-'+L *nullum* nothing: ⇨ null〗

annul. 《略》annulment.

an·nu·lar /ænjulə | -lə^(r)/ *adj.* 環の; 環状の, 輪状の (⇨ round¹ SYN). **an·nu·lar·i·ty** /ænjulǽrəti | -rɪ̀ti/ *n.* **～·ly** *adv.* 〖(1571) □ L *ān(n)ulāris* ← *ān(n)ulus*: ⇨ annulus, -ar¹〗

ánnular eclípse *n.* 〖天文〗金環食 (cf. partial eclipse, total eclipse). 〖1771〗

ánnular lígament *n.* 〖解剖〗環状靭帯(じんたい). 〖1845〗

ánnular spáce *n.* 〖機械〗輪形すきま 《大小二重に重なった環[円筒]と環[円筒]との間の空間》. 〖1831〗

an·nu·late /ænjulɪ̀t, -lèɪt/ *adj.* **1** 環の(ある); 環紋のある; 環をつけた. **2** 輪で構成された. **～·ly** *adv.* 〖(c1823) ← L *a(n)nulātus* ← *an(n)ulus* ring: ⇨ annulus, -ate²〗

an·nu·lat·ed /ænjulèɪtɪ̀d | -tɪ̀d/ *adj.* =annulate. 〖1668〗

an·nu·la·tion /ænjuléɪʃən/ *n.* 環状; 環状構造, 環状部. 〖1829〗

an·nu·let /ænjulɪ̀t/ *n.* **1** 小環 (ringlet). **2** 〖建築〗(円柱周囲の)環状, 輪状平縁, 環縁(かん). **3** 〖紋章〗輪, 環 《力の象徴とされる; 五男を示す血統マーク (cadency mark)》. 〖(1598) ← L *ān(n)ulus* a ring+-ET ∽ ? 《廃》*anlet* □ OF *an(n)elet*〗

annuli *n.* annulus の複数形.

an·núl·ment *n.* **1** 取消し, 失効, 廃棄. **2** 〖法律〗(婚姻の)無効宣告. 〖1491〗

an·nu·loid /ænjulɔ̀ɪd/ *adj.* 環状の; 〖動物〗環形体節に分かれた体をもつ. 〖(1855): ⇨ annulus, -oid〗

an·nu·lose /ænjulòus | -lə̀us/ *adj.* 環状の (ring-shaped). 〖(1826) ← NL *annulōsus*: ⇨ ↓, -ose¹〗

an·nu·lus /ænjuləs/ *n.* (*pl.* **an·nu·li** /-làɪ/, **～·es**) **1** 環, 輪 (ring). **2** **a** 〖数学〗環形 《2 つの同心円で囲まれた図形》. **b** 〖天文〗金環. **c** 〖植物〗(シダ類の胞子嚢(のう)の)環帯, (キノコ類の)つば (cf. volva). **d** 〖動物〗(環形動物の)体環. 〖(1563) □ L ～, *ānulus* ring (dim.) ← *ānus* ring: ⇨ anus〗

an·num /ænəm/ *n.* 年 (year): per ～ 一年につき. 〖(1601) □ L ～ (acc.) ← *annus* year: ⇨ annual〗

Annunc. 《略》Annunciation.

an·nun·ci·ate /ənʌ́nsièɪt, -ʃi-/ *vt.* 告知する, 布告する. **an·nún·ci·à·tive** *adj.* 〖(c1375) □ ML *annunciātus* (p.p.) ← L *annuntiāre* 'to ANNOUNCE'〗

an·nun·ci·a·tion /ənʌ̀nsiéɪʃən, -ʃi-/ *n.* **1** 告知, 告示 〔*of*〕. **2** [the A-] 〖キリスト教〗**a** 受胎告知, お告げ 《大天使 Gabriel が聖母マリアにキリストの受胎を告げたこと; cf. *Luke* 1:26–38》. **b** (聖母マリアへの)お告げの祝日 《キリスト受胎告知の記念祭日; 3 月 25 日; Annunciation Day, Lady Day ともいう》. **3** [A-] 受胎告知の絵[像]. 〖(a1325) □ (O)F *annonciation* □ LL *annunciātiō(n-)*: ⇨ ↑, -ation〗

Annunciátion Dày *n.* 〖キリスト教〗=annunciation 2 b. 〖1537〗

Annunciátion lìly *n.* 〖植物〗**1** ニワシロユリ (⇨ Madonna lily). **2** =Bermuda lily. 〖(1877): 受胎告知の絵に描かれることから〗

an·nún·ci·à·tor /-tə | -tə^(r)/ *n.* **1** 告知者. **2** 表示器, 警報器, アナンシエーター 《電光やブザーにより信号の発信元(の番号)・計器の故障などを知らせる装置; ホテルのフロント・エレベーター・船舶などで用いる》. **3** 《まれ》=announcer. 〖(c1753) □ LL *annunciātor*〗

an·nun·ci·a·to·ry /ənʌ́nsiətɔ̀ːri | -təri, -tri/ *adj.* 告知者の; 告知する 〔*of*〕. 〖1834〗

Annunzio, Gabriele D' *n.* ⇨ D'Annunzio.

an·nus hor·ri·bi·lis /ænəshɔ(ː)ríːbəlɪ̀s, ɑ́ːnəs-, -hɑ(ː)-, -hə- | -hɔríːbəlɪs, -hə-/ *n.* (*pl.* **an·ni hor·ri·bi·les** /ænaɪhɔ(ː)ríːbəlìːz, -hɑ(ː)-, -hə- | -hɔríːbəlìːz, -hə-/) ひどい年 《1992 年に Elizabeth 女王が王室のスキャンダルに関して用いた》. 〖(1985) ← NL 'dreadful year'〗

an·nus mi·ra·bi·lis /ænəsmərɑ́ːbəlɪ̀s, -rǽb-, ɑ́ːnəsmərɑ́ː- | ænəsmɪ̀rɑ́ːbəlɪs, -rǽb-/ *L. n.* (*pl.* **an·ni mi·ra·bi·les** /ænaɪmərɑ́ːbəlìːz, -rǽb-, ɑ́ːniːmərɑ́ːbəlèɪs | ænaɪmɪ̀rɑ́ːbəlìːz, ɑ́ːniːmɪ̀rɑ́ːbəlèɪs/) **1** 不思議な(事件の多かった)年, 驚くべき[吉兆の]年. **2** [the A- M-] 驚異の年 《London の大火やペストの大流行のあった 1666 年; 同年の事件を歌った Dryden 作の詩の題名から》. 〖(1660) □ L *annus mīrābilis* wonderful year〗

an·o-¹ /ænou | ænəu/ *pref.* ギリシャ語系の学術用語で,

「上に, 上の」の意: *ano*opsia, *ano*carpous. 〘← NL ～ ← Gk *ánō* above, upward: cf. ana-〙

an·o-² /ǽnoʊ, éɪn- | -nəʊ/「肛門 (anus); 肛門と…との (anal and …) の意の連結形. 〘← NL ～: ⇨ anus〙

a·no·a /ənóʊə | ənə́ʊə/ *n.* 〖動物〗アノア (*Anoa depressicornis*)《Celebes 島産の矮(わい)小水牛; 角(つの)はほぼまっすぐ後方に伸びる; cf. tamarau》. 〘《1845》: 現地語〙

a·no·bi·id /ənóʊbiɪd | ənə́ʊbiɪd/ *adj.* 〖昆虫〗シバンムシ(科)の. ── *n.* シバンムシ科の甲虫. 〘↓〙

An·o·bi·i·dae /ænəbáɪədiː | -báɪɪ-/ *n. pl.* 〖昆虫〗(鞘翅目)シバンムシ科. 〘← NL ～ ← *Anobium* (属名: ⇨ ano-¹, -bium)+-IDAE〙

a·no·ci·as·so·ci·a·tion /ənòʊsiəsòʊsiéɪʃən, -ʃi- | ənə̀ʊsiəsə̀ʊ-/ *n.* 〖外科〗(全身・局所麻酔などによる)外科的ショック防止麻酔法. 〘《1911》← A-⁷+*noci-* (← L *nocēre* to harm)+ASSOCIATION〙

a·no·ci·a·tion /ənòʊsiéɪʃən, -ʃi- | ənə̀ʊ-/ *n.* 〖外科〗= anociassociation. 〘略〙

an·ode /ǽnoʊd | ǽnəʊd/ *n.* 〖電気〗 **1** (電子管・電解槽の)陽極, アノード《(米) では plate ともいう》. **2** (乾電池の)負極. (↔ cathode). **an·od·al** /ǽnoʊdl, æn- | -nə́ʊd-/ *adj.* **an·ód·al·ly** *adv.* 〘《1834》□ Gk *ánodos* a going up ← *an-* 'ANA'+*hodós* way〙

ánode dárk spàce *n.* 〖物理〗陽極暗部《低圧気中放電の陽極と陽光柱間に生じる暗い部分》.

ánode fàll *n.* 〖電気〗陽極降下《陽極における電圧降下》.

ánode glòw *n.* 〖物理〗陽極グロー.

ánode lòss *n.* 〖電気〗陽極損《陽極における電力損失》.

ánode ràу *n.* 〖物理化学〗= positive ray.

ánode resìstance *n.* 〖電子工学〗(陽極)内部抵抗《2 端子装置の端子から装置側をみた抵抗; plate resistance ともいう》.

a·nod·ic /ænɑ́(ː)dɪk, ən- | -nɔ́d-/ *adj.* (cf. cathodic). **1 a** 〖電気〗陽極の[に関する]. **b** 〖化学〗〈元素が〉電池を作ったとき陽極になりやすい. **2** 〖植物〗本来の遺伝的螺旋(らせん)排列軸の方に葉の半分が向いた. **an·ód·i·cal·ly** *adv.* 〘1837〙

an·od·ize /ǽnoʊdàɪz, ǽnə- | ǽnə(ʊ)-/ *vt.* 〖冶金〗〈金属を〉陽極酸化する《電解により薄膜で保護する》.

an·od·i·za·tion /ænoʊdɪzéɪʃən, ænə- | ænə(ʊ)daɪ-, -dɪ-/ *n.* 〘1931〙

an·o·don·ti·a /ænədɑ́(ː)nʃiə, ænoʊ- | ænə(ʊ)dɔ́n-/ *n.* 〖病理〗無歯(症), (先天的)歯牙欠如. 〘← NL ～: ⇨ a-⁷, -odont, -ia¹〙

an·o·dyne /ǽnoʊdàɪn, ǽnə- | ǽnə(ʊ)-/ *adj.* **1** 鎮痛の. **2 a** 心を和らげる, 気を静める (soothing). **b** 〈作品など〉生ぬるい, 気の抜けたような. ── *n.* **1** 鎮痛剤. **2** (感情などを)和らげるもの, 鈍らせるもの: Time is an ～ of grief. **an·o·dyn·ic** /ænoʊdínɪk, ænə- | ænə(ʊ)-/ *adj.* 〘《1543》□ L *anōdynus* □ Gk *anṓdunos* ← *an-* 'A-⁷'+*odúnē* a pain〙

an·o·dyn·in /ǽnədàɪnɪn | -nɪn/ *n.* 〖生化学・薬学〗アノジニン《血流中の鎮痛性物質の一つ》. 〘《1976》: ⇨ ↑, -in²〙

an·o·e·sis /ænoʊíːsɪs | -əʊíːsɪs/ *n.* (*pl.* **-ses**) 《心理》非知的認識《何かを認識すること, ある対象に対する非知的な意識作用; cf. noesis》. **an·o·e·tic** /ænoʊétɪk | ænəʊétɪk/ *adj.* 〘1902〙

an·oes·trous /ænéstrəs | æníːs-, ænés-/ *adj.* 〖動物〗= (米) anestrous.

an·oes·trum /ænéstrəm | æníːs-, ænés-/ *n.* 〖動物〗= (米) anestrus.

an·oes·trus /ænéstrəs | æníːs-, ænés-/ *n.* (*pl.* **-oes·tri** /-traɪ/) 〖動物〗= anestrus.

àno·génital *adj.* 肛門と性器(部)の. 〘1909〙

áno·gènital dístance *n.* 〖解剖〗肛門性器間距離.

a·noint /ənɔ́ɪnt/ *vt.* **1 a** …に〔油・膏薬などを塗る[すり込む] (smear, rub)〔*with*〕: ～ one's hand *with* cold cream. **b** 〔水などで〕ぬらす (moisten)〔*with*〕. **2 a** 〖キリスト教〗(聖別のしるしとして)…に聖油を塗る[注ぐ], (油を塗りまたは注いで)聖別する[清める] (consecrate); [補語を伴って] (塗油によって)〈国王などに〉選ぶ: ～ a priest [king] (塗油によって)司祭[国王]を聖別する / ～ a person king. **b** 〖カトリック〗…に終油の秘跡 (extreme unction) を施す. **3** 〈人を〉〔…として〕選定する, 指名[任命]する〔*as*〕: be ～*ed as* a Nobel laureate ノーベル賞受賞者に選ばれる. **4** 《古・方言》殴りつける. **～·er** /-tə | -tə(r)/ *n.* **～·ment** *n.* 〘《*c*1303》 *enointe(n)* ← AF *anoint*=OF *enoint* (p.p.) ← *enoindre* □ L *inungere* ← IN-²+*ungere* to smear〙

a·nóint·ed /-tɪ̀d | -tɪd/ *adj.* **1** 油を塗った[注いだ]. **2 a** 聖別された. **b** [the A-; 名詞的に] = Lord's Anointed. 〘1380〙

a·nóint·ing /-tɪŋ | -tɪŋ/ *n.* **1** 油を塗ること. **2 a** 〖キリスト教〗油注ぎ, 塗油《人や物に油を注いで清めること; 旧約聖書の時代から行われた》. **b** 〖カトリック〗塗油式《洗礼・堅振の時, また献堂式・祭壇の聖別・司祭叙品式などの場合に行われる》; 終油の秘跡 (extreme unction).

Anóinting of the Síck 〖カトリック〗病人の塗油 (⇨ extreme unction). 〘1963〙 〘《*c*1303》: ⇨ -ing¹〙

a·no·le /ənóʊli | ənə́ʊ-/ *n.* 〖動物〗アノールトカゲ《北・中・南米産の食虫性のタテガミトカゲ科アノールトカゲ属 (*Anolis*) の動物の総称; 自由に皮膚の色を変える; cf. American chameleon》. 〘《*c*1753》□ F *anolis* □ Carib. 《現地語》*anoli*〙

an·o·lyte /ǽnəlàɪt/ *n.* 〖電気・化学〗陽極液, 陽極電解液, アノード液 (cf. catholyte). 〘《1890》← AN(ODE)+(ELECTR)OLYTE〙

a·nom·al- /ənɑ́(ː)məl | ənɔ́m-/ (母音の前にくるときの) anomalo- の異形.

a·nom·al·i- /ənɑ́(ː)məlɪ | ənɔ́məlɪ/ anomalo- の異形 (⇨ -i-).

a·nom·a·lism /ənɑ́(ː)məlɪzm | ənɔ́m-/ *n.* 変則的なこと; 変則, 異例, 例外 (anomaly). 〘1668〙

a·nom·a·lis·tic /ənɑ̀(ː)məlístɪk | ənɔ̀m-/ *adj.* **1** 変則[例外](的)の, 異常な. **2** 〖天文〗近点の. **a·nòm·a·lís·ti·cal** *adj.* **a·nòm·a·lís·ti·cal·ly** *adv.* 〘1767〙

anómalistic mónth *n.* 〖天文〗近点月《月が近地点から再び近地点に帰るまでの約 27.6 日》. 〘1767〙

anómalistic yéar *n.* 〖天文〗近点年《地球が近日点から再び近日点に帰るまでの 365 日 6 時間 13 分 53 秒》. 〘1874〙

a·nom·a·lo- /ənɑ́(ː)məloʊ | ənɔ́mələʊ/「変則の (anomalous), 不規則な (irregular)」の意の連結形. ★ 時に anomali-, また母音の前では通例 anomal- になる. 〘□ L *anōmalo-* (↓)〙

a·nom·a·lous /ənɑ́(ː)mələs | ənɔ́m-/ *adj.* **1 a** 変則(的)の, 例外的な, 異例の, 異常な, 変態的な (abnormal) (⇨ irregular SYN); 特異な, 奇異な, 奇妙な: an ～ instance 異常な例, 異例. **b** 〖文法〗変則(的)の: an ～ verb 変則動詞《助動詞など, 形態上動詞としての正規の活用を欠くもの》: ⇨ anomalous finite. **2** (常道と)矛盾した, 相反する (contradictory), 逸脱した (deviant). **～·ness** *n.* 〘《1646》← L *anōmalus* (□ Gk *anṓmalos* irregular ← *an-* 'A-⁷'+*homalós* even (← *homós* the same (⇨ homo-)))+-OUS〙

anómalous dispérsion *n.* 〖物理〗(光の)異常分散. 〘1883〙

anómalous fínite *n.* 〖文法〗変則定(形)動詞《変則動詞の定形 (finite form); am, is, are, was, were; have, has, had; do, does, did; shall, should, will, would; can, could, may, might; must, ought; need; dare; used の 12 個の動詞で 24 の語形がある》.

a·nóm·a·lous·ly *adv.* 変則(的)に, 例外的に. 〘1646〙

anómalous mónism *n.* 〖哲学〗非法則論的一元論《心身問題で心的状態は脳状態にあるとしながらも, 心的・物的状態間に規則的対応や法則性を認めない立場; cf. identity theory》.

anómalous wáter *n.* 〖物理・化学〗異常水 (⇨ polywater).

anómalous Zéeman effèct *n.* 〖光学〗異常ゼーマン効果《原子の全スピン角運動量が零でない準位間のスペクトル線のゼーマン効果で, 正常ゼーマン効果では 3 本に分裂するのに対して, 多くの線に分裂する》.

a·nom·a·lure /ənɑ́(ː)məlʊə | ənɔ́məlʊə(r), -ljʊə(r)/ *n.* 〖動物〗= scaletail. 〘1876〙

a·nom·a·ly /ənɑ́(ː)məli | ənɔ́m-/ *n.* **1 a** 変則, 例外, 異例, 変態; 特異な点[もの]; 矛盾, 逸脱: A man without reason is an ～. 理性をもたない人間は異常な人間だ. **b** 〖医学〗異常. ★ 先天異常を指すことが多い. **c** 変則[例外, 変態]的なこと, 異常なこと; 特異性; 矛盾[逸脱]性. **2** 〖文法〗変則: 'Oxen', the plural of 'ox', is an ～. 'ox' の複数形 'oxen' は変則的だ. **3** 〖天文〗近点角《近日点または近地点からの角距離》: the true ～ 真近点角 / ⇨ mean anomaly. **4** 〖気象〗偏差《平均値からのずれ》. 〘《1571》□ L *anōmalia* □ Gk *anōmalía* irregularity: ⇨ anomalous, -y¹〙

anom. fin. 《略》〖文法〗anomalous finite.

a·no·mi·a /ənóʊmiə | ənə́ʊ-/ *n.* 〖精神医学〗名称失語(症), 失名詞(症). 〘← NL ～: ⇨ anomo-, -ia¹〙

a·nom·ic /ənɑ́(ː)mɪk, æ-, -nóʊm- | -nɔ́m-, -nə́ʊm-/ *adj.* 〖社会学・心理〗アノミー的な, 無規制の.

an·o·mie /ǽnəmiː/ *n.* **1** 〖社会学〗アノミー, 無規制状態《規範の解体によって, 個人や社会が無規制状態に陥ること》. **2** 〖心理〗アノミー《社会成員の行動を統制する社会規範がその統制力を失った状態; 成員個人の心理的不安定と社会不安を引き起こす》. 〘《1933》□ F ～ □ Gk *anomía* lawlessness: ⇨ anomo-, -y¹〙

an·o·mite /ǽnəmàɪt/ *n.* 〖鉱物〗アノマイト, 異常黒雲母. 〘《*c*1930》: ⇨ ↓, -ite¹〙

an·o·mo- /ǽnəmoʊ | -məʊ/「変則の, 不規則の (irregular)」の意の連結形: *anomo*carpous 変則的果実を有する / *anomo*phyllous 変則葉の. 〘← NL ～ ← Gk *ánomos* lawless ← *an-* 'A-⁷'+*nómos* law (⇨ -nomy)〙

an·o·my /ǽnəmi/ *n.* = anomie. 〘1591〙

a·non /ənɑ́(ː)n | ənɔ́n/ *adv.* **1** 《古・文語》じきに (soon), やがて, ほどなく (presently). **2** 《古》いつか, そのうち (at another time); また (again): ⇨ EVER *and anon*. **3** 《廃》すぐ, 直ちに (at once). 〘OE *on ān* (acc.) into one & *on āne* (dat.) in one (minute): ⇨ on, one〙

Anon, anon 《略》anonymous; anonymously.

an·o·nych·i·a /ænəníkiə/ *n.* 〖医学〗無爪(症), 先天性爪欠如, 爪甲欠如奇形. 〘← NL ～: ⇨ a-⁷, onycho-, -ia¹〙

an·o·nym /ǽnənɪm | ǽnə-, ǽnən-/ *n.* **1** 無名氏, 匿名者; 作者不明の(著作). **2** 変名, 仮名 (pseudonym). 〘《1812》□ F *anonyme* (adj.) ← LL *anōnymus* □ Gk *anṓnumos* ← *an-* 'A-⁷'+*ónuma, ónoma* 'NAME'〙

an·o·nym·i·ty /ænənímәti | ænənímɪti, ænɒn-/ *n.* **1** 無名[匿名]であること, 作者不明. **2** 個性のないこと. **3** 無名[匿名]のもの. 〘1820〙

a·non·y·mize /ənɑ́(ː)nəmàɪz | -nɔ́nɪ-/ *vt.* 匿名[無名]扱いにする. 〘《1975》《逆成》← *anonymized*〙

a·non·y·mous /ənɑ́(ː)nəməs | ənɔ́nɪməs/ *adj.* **1** 〈人が〉無名の, 匿名の; 〈著作など〉作者[著者, 製作者など]が不明の, 〈寄付・電話など〉名前を明かさない (略 anon.) (↔ onymous): an ～ author, book, donor, gift, letter, telephone call, etc. / an ～ song 読み人知らずの歌 / remain ～ 匿名[無名]のままでいる, 名を出さぬ. **2** 個性のない, 特徴のない. **～·ness** *n.* 〘《1601》← LL *anōnymus* (⇨ anonym)+-OUS〙

anónymous FTP /-èftiːpíː/ *n.* 〖電算〗アノニマス FTP《登録ユーザーでなくても利用できる FTP》.

a·nón·y·mous·ly *adv.* 無名で, 匿名で. 〘*a*1745〙

an·o·op·si·a /ænoʊɑ́(ː)psiə | ænəʊɔ́p-/ *n.* 〖眼科〗上(向性)斜視. 〘← NL ～: ⇨ ano-¹, -opsia〙

a·noph·e·les /ənɑ́(ː)fəliːz | ənɔ́fɪ-/ *n.* (*pl.* ～) 〖昆虫〗アノフェレスカ, ハマダラカ属 (*Anopheles*) のカの総称; マラリアを媒介する *A. maculipennis* など. 〘《1899》← NL ～ ← Gk *anōphelḗs* useless, hurtful ← *an-* 'A-⁷'+*óphelos* use, help〙

a·noph·e·line /ənɑ́(ː)fəlàɪn, -lɪn | ənɔ́fəlàɪn, -lɪn/ 〖昆虫〗*adj.* ハマダラカ属 (*Anopheles*) またはその近縁の属のカの. ── *n.* ハマダラカ属のカ. 〘《1915》: ⇨ ↑, -ine¹〙

an·oph·thal·mi·a /ænɑfθǽlmiə/ *n.* 〖動物〗無眼, 盲目性《先天的に眼が欠如していること》. 〘← NL ～: ⇨ a-⁷, ophthalm-, -ia¹〙

an·o·pi·a /ænóʊpiə | ænə́ʊ-/ *n.* 〖眼科〗 **1** 失明, 盲目; 無眼球(症). **2** = anoopsia. 〘← NL ～: ⇨ a-⁷, -opia〙

an·o·pis·tho·graph·ic /ænəpìsθəgrǽfɪk | -θə(ʊ)-/ *adj.* 〖印刷〗〈原稿・図書など〉片面書き[刷り]の. 〘《1871》: ⇨ a-⁷, opistho-, -graphic〙

an·opl- /ǽnəpl/ (母音の前にくるときの) anoplo- の異形.

an·o·plo- /ǽnəploʊ | -pləʊ/ 〖動物〗「防護器官のない (unarmed)」の意の連結形. ★ 母音の前では通例 anopl- になる. 〘← NL ～ (↑)〙

a·nop·si·a /ənɑ́(ː)psiə | ənɔ́p-/ *n.* 〖眼科〗= anoopsia. 〘1842〙

a·no·rak /ǽnəræk/ *n.* アノラック (⇨ parka 2). 〘《1924》□ Greenland Eskimo *ánoráq*〙

an·o·rec·tal /ænərέktl/ *adj.* 〖医学〗肛門と直腸の[に関する]. 〘⇨ ano-², rectal〙

an·o·rec·tic /ænəréktɪk/ *adj.* = anoretic. 〘《*c*1894》← Gk *anórektos* (⇨ a-⁷, orectic)+-IC¹〙

an·o·ret·ic /ænərέtɪk | -rét-/ *adj.* 〈人が〉食欲のない; 〈薬など〉食欲を減退させる. ── *n.* 〖薬学〗食欲減退剤[薬]. 〘《1927》《変形》↑〙

an·o·rex·i·a /ænəréksiə/ *n.* 〖精神医学〗 **1** (特に長期に及ぶ)無食欲(症), 食欲不振. **2** = anorexia nervosa. 〘《1598》← NL ～ ← Gk *anóreksia*: ⇨ ↑, -ia¹〙

anoréxia ner·vó·sa /-nəːvóʊsə, -zə | -nəːvə́ʊ-/ *n.* 〖精神医学〗神経性無食欲(症), 神経性食欲不振. 〘《1873》← NL ～ 'nervous anorexia'〙

an·o·rex·i·ant /ænəréksiənt/ *n.* 〖薬学〗= anoretic. 〘1957〙

an·o·rex·ic /ænəréksɪk/ *adj.* = anoretic. ── *n.* **1** 神経性無食欲症患者. **2** 食欲抑制薬. 〘《1907》□ F *anoréxique*〙

an·or·gas·mi·a /ænɔəgǽzmiə | -ɔː-/ *n.* 〖医学〗無オルガスムス(症), 不感(症). 〘《1975》← AN-⁷ prefix+ORGASM+-IA¹〙

a·nor·mal /eɪnɔ́əməl, -ml | -nɔ́ː-/ *adj.* 普通でない[と違う] (not normal)《abnormal ほど異常性を強調しない》. 〘《1835》□ F ～: ⇨ a-⁷, normal〙

an·or·thic /ænɔ́əθɪk | ænɔ́ːθ-/ *adj.* 〖結晶〗三斜晶系の (triclinic). 〘⇨ a-⁷, ortho-, -ic¹〙

an·or·thite /ænɔ́əθaɪt | ænɔ́ː-/ *n.* 〖鉱物〗灰長石 ($CaAl_2Si_2O_8$)《斜長石の一種》. **an·or·thit·ic** /ænɔəθítɪk | ænɔːθít-/ *adj.* 〘《1833》□ F ～: ⇨ ↑, -ite¹〙

an·or·tho·clase /ænɔ́əθəklèɪs, -klèɪz | ænɔ́ːθəklèɪs/ *n.* 〖鉱物〗アノーソクレース, 曹微斜長石《アルカリ長石の一種》. 〘⇨ a-⁷, orthoclase〙

an·or·tho·pi·a /ænɔəθóʊpiə | ænɔːθə́ʊpiə/ *n.* 〖眼科〗歪視(わいし). 〘《1849》← NL ～: ⇨ a-¹, ortho-, -opia〙

an·or·tho·site /ænɔ́əθəsàɪt | ænɔ́ː-/ *n.* 〖岩石〗斜長岩. 〘《1863》: ⇨ a-⁷, ortho-, -ite¹〙

a·no·scope /éɪnəskòʊp | -skə̀ʊp/ *n.* 〖医学〗肛門鏡. 〘← ANO-²+-SCOPE〙

an·os·mi·a /ænɑ́(ː)zmiə, -nɑ́(ː)s- | -nɔ́z-/ *n.* 〖病理〗無嗅覚(きゅうかく)(症), 嗅覚脱失[消失]. **an·os·mat·ic** /ænɑzmǽtɪk | -tɪk/ *adj.* **an·os·mic** /ænɑ́(ː)zmɪk, -nɑ́(ː)s- | -nɔ́z-/ *adj.* 〘《*c*1811》← NL ～ ← *an-* 'A-⁷'+Gk *osmḗ* scent (⇨ odor)+-IA¹〙

an·o·sog·no·sia /ænəsɑ(ː)gnóʊʒə | -sɒgnə́ʊziə, -ʒə/ *n.* 〖精神医学〗病態失認, アノソグノジー. 〘← NL ～: ⇨ a-⁷, noso-, -gnosis, -ia¹〙

an·oth·er /ənʌ́ðə | -ðə(r)/ *adj.* **1** もう一つの (one more); 第二の (a second): in ～ moment たちまち / in ～ six months もう 6 か月たてば / yet ～ (そのうえ)さらにもう一つ[一人]の / Have [Try] ～ cup. もう一杯召し上がれ / He has ～ daughter. もう一人娘がいる / I wouldn't stay here for ～ day. ここにはもう 1 日もいたくない / You'll never have ～ chance like it [～ such chance]. 二度とこんな機会は来ないぞ (cf. such *adj.* ★) / There's not ～ one like it anywhere! こんなのはどこにもないぞ / Don't say ～ word! もう一言も言うな / He may turn out to be ～ Shakespeare. 第二のシェークスピア[大文豪]になるかもしれない / Life is ～ name for struggle. 人生とは苦闘というのに等しい. **2** 別の, ほかの (different): ～ thing [question] 別問題 / ～ day 他日, 後日に (cf. 1) / Tomorrow is ～ day. 明日という日もある / ～ time また今度, いつか, 別の時に / of ～ age 別の時代の, 昔の / I felt like quite ～ man. われながら全く別人の思いがした / That is ～ matter. それは別のことだ《わけが違う》/ But that is ～ story. し

A

かしそれは別の話(だから今はお預け) / I want ～ book *than* this. これとは別の本がほしい. **3** 〈人・物事が〉ありきたりの, 平凡な: He is not just ～ politician. ただの政治家とは違う.

another plàce ⇨ place[1] 成句.

— *pron.* **1** もう一つの物, もうひとりの人: He finished the beer and ordered ～. そのビールを飲んでしまうともう一杯注文した. **2** 別の物[人] (a different one); (自分とは)別の人, 他人: I don't like this one; show me ～. これは気に入らないから別のを見せて下さい / It is one thing to know, and ～ to teach. 知っているのと教えるのとは違う, 知っていても教えられるとは限らない. **3** そういうもの, 同じもの (one just like): Many ～ would have refused. 他の多くの人なら断っただろう / Liar!—You're ～!《口語》うそつき—(なんだと)君だってうそつきじゃないか. **4**《英》もう一名: **a** 訴訟事件で実名を出さないときに用いる: X versus Y and ～ X 対 Y ほか一名. **b** ⇨ A. N. Other.

like another 〖cf. F *comme un autre*〗ありふれた, 平凡な, 普通の (any other) (cf. *adj.* 3): That's an argument *like* ～. それはありきたりの議論だ / It's a skill *like* ～. それはありふれた技術だ. ***óne àfter anóther*** [***the óther***] ⇨ one *pron.* 成句. ***óne or anóther*** どちらか: *One or* ～ [《英》One or other] of them must know the way. どちらかが道を知っているに違いない / Everyone has been embarrassed at *one* time *or* ～. 一度や二度はだれもがばつの悪い思いをしたことがある. ***óne wày and anóther*** ⇨ way[1] 成句. ***óne with anóther*** ⇨ one *pron.* 成句. ***Téll me anóther!***《口語》そんなことは信じられない, 冗談だろう.

〖(?c1200): ⇨ an[1], other〗

A. N. Óth·er /èɪen-/ *n.*《英》もう一名未定《選手やスタッフの一覧で未決定または匿名の人物に用いる; A. N. は anonymous の略字と見せて A. N. Other＝another とかけたもの》.

anóther-guèss *adj.*《古》種類の違った (of another kind) (cf. otherguess). 〖(1644)《転訛》← *anothergets*《転訛》←《廃》*anothergates* ← ANOTHER＋*gates* (⇨ gate[2], -s[2])〗

a·not·ta /ənɑ́(ː)ṭə | ənɔ́tə/ *n.* ＝annatto.

a·not·to /ənɑ́(ː)toʊ, ənǽṭ- | ənǽtəʊ, æn-/ *n.* ＝annatto.

A·nouilh /ɑːnúːjə, æ-, -núːi, ænúːjə | ǽnuiː, ─ ─ ́; *F.* anuːj/, **Jean** *n.* アヌイ《1910–87; フランスの劇作家; *Antigone*「アンチゴーヌ」(1944)》.

an·our·ous /ənʊ́ᵊrəs, æn- | -njʊ́ər-/ *adj.*《動物》＝anurous. 〖1838〗

ANOVA /ǽnoʊvɑː, ─ ─ ́ ─ | -nəʊ-/《略》analysis of variance《統計》分散[変量]分析.

an·ov·u·lant /ænɑ́(ː)vjʊlənt, ænóʊv- | ænɔ́v-, ænəʊv-/ *n.* 排卵抑止剤. **—** *adj.* 排卵抑止の. 〖1960〗

an·ov·u·lar /ænɑ́(ː)vjʊlə, ænóʊv- | ænɔ́vjʊlə^(r), ænəʊv-/ *adj.*《医学》＝anovulatory. 〖1938〗

an·ov·u·la·tion /ænɑ̀(ː)vjʊléɪʃən, ænòʊv- | ænɔ̀v-, ænəʊv-/ *n.*《生理》無排卵, 排卵停止. 〖(1963): ⇨ a-[7], ovulate, -ation〗

an·ov·u·la·to·ry /ænɑ́(ː)vjʊlətɔ̀ːri, ænóʊv- | ænɔ́vjʊlèɪtəri, ænəʊv-, -lət-/ *adj.*《医学》**1** 排卵を伴わない. **2** 排卵を抑止する: an ～ drug. 〖(1934): ⇨ ↑, -ory[1]〗

an·ox·e·mi·a /ænɑ(ː)ksíːmiə | ænɔksíː-/ *n.* (*also* **an·ox·ae·mi·a** /～/)《病理》無酸素血(症). **àn·ox·áe·mic,**《米》**àn·ox·é·mic** *adj.* 〖(c1881) ← NL ～: ⇨ a-[7], oxo-, -emia〗

an·ox·i·a /ænɑ́(ː)ksiə, ən- | -nɔ́k-/ *n.*《病理》無酸素(症), 低酸素(症) (cf. hypoxia). 酸素欠乏症. **an·ox·ic** /ænɑ́(ː)ksɪk, ən- | -nɔ́k-/ *adj.* 〖(1931) ← NL ～: ⇨ a-[7], oxo-, -ia[1]〗

ANP《略》Aircraft Nuclear-Powered Program《米空軍》航空機原子力推進計画.

ANPA《略》American Newspaper Publishers Association 米国新聞発行者協会《1887 年創立》.

An·qing /ɑ̀ːntʃíŋ; *Chin.* ántɕʰìŋ/ *n.* 安慶《揚子江に臨む安徽(ｱﾝｷ)省 (Anhui) の都市》.

Anque·til /ɑ́ː(ŋ)kwətìːl, ɑːŋ-; *F.* ɑ̃ktil/, **Jacques** *n.* アンクティル《1934–87; フランスの自転車競技選手; 10 年以上にわたって王者として君臨し, Tour de France で 5 回の優勝を飾る》.

ANS《略》American Nuclear Society 米国原子力学会; Army News Service (米国の)陸軍報道部; Army Nursing Service (英国の)陸軍看護部隊; autonomic nervous system.

ans.《略》answer; answered.

an·sa /ǽnsə/ *n.* (*pl.* **-sae** /-siː/) **1**《考古》(花瓶などの)輪形の取っ手. **2**《天文》アンサ《取っ手のように突き出して見える土星の環の一部》. 〖(1665–66) □ L 'handle' (of a tool)〗

Ans·a·phone /ǽnsəfòʊn | ɑ́ːnsəfəʊn/ *n.*《商標》アンサフォン《留守番電話》.

an·sate /ǽnseɪt, -sɪ̀t/ *adj.* 柄 (handle) のついた. 〖(1891) □ L *ānsātus* ← *ānsa* handle〗

ánsate cròss *n.*《考古・美術》＝crux ansata. 〖1891〗

An·schau·ung /ɑ́ːnʃaʊʊŋ; *G.* ánʃaʊʊŋ/ *n.* (*pl.* ～**·en** /～ən; *G.* ～ən/) **1**《哲学》直観《思惟や推理によらず端的に物事の総体や本質を把握する認識能力》. **2** 見解, 立場 (outlook). 〖(a1856) □ G ～: *an* on, show〗

An·schluss /ɑ́ːnʃlʊs, ǽn- | ǽn-; *G.* ánʃlʊs/ *n.* **1** 合併, 併合. **2** [the ～] (ナチスドイツによる)オーストリア併合, アンシュルス《1938 年》. 〖(1924) □ G ～ ← *anschliessen* to join〗

An·selm /ǽnsɛlm/ *n.* アンセルム《男性名》. 〖□ L *Anselmus* ← OHG *Ansehelm* ← *Ansi* god＋*helm* 'HELM[2]'〗

Anselm, Saint *n.* アンセルムス《1033–1109; イタリア Aosta に生まれた神学者・スコラ学者; Canterbury 大司教 (1093–1109); 祝日 4 月 21 日》.

an·ser·ine /ǽnsəràɪn, -rɪ̀n | -ràɪn, -riːn/ *adj.* **1**《鳥類》ガンカモ科ガン亜科の, ガチョウの. **2 a** ガチョウのような (gooselike). **b** ばかな, 間の抜けた. **—** *n.*《化学》アンセリン ($C_{10}H_{16}N_4O_3$)《ガチョウの筋肉中にある物質》. 〖(1839) ← L *ānserīnus* (← *ānser* goose)＋-INE[1]〗

An·ser·met /ɑ́ː(n)səmeɪ, ɑːn- | ɑ́ː(n)səmèɪ, ɑ́ːn-; *F.* ɑ̃sɛʀmɛ/, **Ernest** *n.* アンセルメ《1883–1969; スイスの指揮者》.

an·ser·ous /ǽnsərəs/ *adj.* ＝anserine 2. 〖1826〗

An·shan[1] /ɑ̀ːnʃɑ́ːn; *Chin.* ānʂān/ *n.* 鞍山(ｱﾝｼｬﾝ)《中国北東部遼寧省 (Liaoning) の都市》.

An·shan[2] /ɑ̀ːnʃɑ́ːn | ænʃǽn/ *n.* アンシャン《古代ペルシャにあった Elam 王国の都市および一地方》.

ANSI《略》American National Standards Institute 米国規格協会.

An·son /ǽnsən, -sn̩/, **George** *n.* アンソン《1697–1762; 英国の航海家・海将; オーストリア継承戦争中にスペインとフランスの通商破壊と太平洋探検を兼ねて世界周航を行った (1740–44); 称号 1st Baron Anson》.

an·swer /ǽnsə, ǽnts- | ɑ́ːnsə^(r), ɑ́ːnts-/ *vt.* **1 a** 〈人・質問などに〉答える, 返事する: ～ a person, question, charge, etc. / ～ a letter 手紙に返事を書く[出す] / ～ a speech 答辞を述べる / There are lots of questions, both ～*ed* and unanswered. 答えられたのと答えられていないのと多くの質問がある. **b** 〈人に〈質問〉について答える: *Answer* me this. これに答えなさい. **c** (人に)…と答えて言う; (人に)〈…であると〉答える 〈*that*〉: He didn't ～ a word (*to* me). (私に)一言も答えなかった / "Yes," she ～*ed*.「はい」と彼女は答えた / I ～*ed* (him) *that* I would be happy to accompany him. 喜んでお供をしようと(彼に)答えた. **2** 〈呼出しなど〉に応じる, 〈電話など〉に答える, 出る (respond to): ～ a call / ～ the telephone / ～ the bell [a knock, the door] 取り次ぎに出る. **3** 〈問題など〉に答える, 解く (solve): ～ examination questions / ～ a riddle なぞを解く. **4 a** 〈議論・批判など〉に反論する; 論破する. **b**《法律》〈質問書〉に対して答弁する. **5** …に〔…で〕報いる, 応酬する (respond to) 〔*with*〕: ～ blow(s) *with* blow(s) 殴られて殴り返す. **6** 〈願い・要求などを〉聞き入れる, …に応じる (grant): My prayer was ～*ed*. 祈りがかなった. **7** 〈目的など〉にかなう, 役立つ (suit, serve): ～ the purpose 目的にかなう, 間に合う (cf. *vi.* 4). **8** 〈人相書など〉に一致する (cf. *vi.* 5): Only one candidate ～*s* our description. 我々の人相書に一致するのは一人だけだ. **9** 〈負債などを〉支払う. **10**《廃》償う (atone for).

— *vi.* **1 a** (口頭・書面などで)答える, 返事をする (reply); 応答する (respond) 〔*to*〕: I knocked, but no one ～*ed*. ノックしたがだれも答えなかった[出てこなかった] / *Answer* to your name clearly. 名前を呼ばれたらはっきり返事をしなさい / He ～*ed for* [*on behalf of*] his son. 息子に代わって答えた / The ship didn't ～. 船は応答しなかった / An echo ～*ed*. こだまが返ってきた[聞こえた] / wait for the ～*ing* echo こだまが返ってくるのを待つ. **b** (行為で)答える, 応じる (respond): ～ *with* a blow [smile] (口で)答える代わりに殴る[ほほえみかえす] / He ～*ed by glaring* at me. 答えないで私をにらみつけた. **2** (試験などで)答える, 解答する. **3 a** 〈過失などの〉申し開きをする; 〔…の〕責任を問われる, 責めを負う 〔*for*〕: You must ～ (*to* them) *for* your negligence. 君は怠慢のことで(彼らに)責任を負わなければならない / You've got a lot to ～ *for*! 君は責任を問われることがたくさんあるぞ. **b** 〔人物・品質などに〕責任をもつ, 〔…を〕保証する (take responsibility) 〔*for*〕: I can ～ *for* his competence. 彼の能力は保証します / If things go on like this, I can't ～ *for* the consequences. こんな状況が続くのなら, 結果については責任はもてない. **4** 役に立つ, 間に合う (serve) (cf. *vt.* 7); 〈物が〉〔…の〕代用になる 〔*for*〕. **5** 〔人相書・要件に〕当てはまる, 符合する (correspond) 〔*to*〕 (cf. *vt.* 8): He [His face] ～*ed to* the description. 彼[彼の顔]は人相書に一致した. **6** 〈船・車などが〉〔舵輪などの操作に〕反応を示す, 応(こた)える, 手応えがある (respond) 〔*to*〕: The car doesn't ～ *to* the wheel. この車はハンドルがきかない. **7**《法律》答弁書を提出する.

ánswer báck《口語》〈特に子供が〉(人に)口答えする; (人に対して)自己弁護をする: Don't ～ (me [your mother]) *back*. (私に[お母さんに])口答えするのはよしなさい. 〖(a1884)〗 ***ánswer to the náme of ...***《戯言》(飼い犬[猫]などが)…という名である.

— *n.* **1 a** (口頭・書面などによる)答え, 返事, 回答 (reply); 応答 (response) 〔*to, from*〕: an ～ *to* a letter, person, question, charge, prayer, etc. / an ～ *to* an address [a speech] 答辞 / the ～ of an echo こだまの響き / give an ～ (to a person)＝make (an) ～ (to a person) (人に)答える, 返事をする / send an ～ (手紙の)返事を出す[よこす] / get [have] an ～ *from* a person *about* [*on*] a matter ある事について人から返事を受ける / We received the ～ *that* they had sent the article. その品は送ったという返事を受けた / Is there an [any] ～?—No, there's no ～. (電報などに対して)返事が必要でしょうか—いや, 返事はいらない / The ship made no ～. 船は応答しなかった. **b** (行為による)答え, 反応 〔*to*〕: Her ～ (*to* me) was a smile [to smile]. (私への)彼女の答えはほほえみであった. **2 a** 〔問題などの〕答え, 解答, 正解 (solution) 〔*to*〕: an ～ column [sheet] 解答欄[用紙] / find an ～ *to* a question 問題の答えを出す / have an ～ *for* everything 何でもすぐ答えられる / What's the ～? 正解は何か; どうすればよいのか. **b** 〔事態の〕解決(案) (solution) 〔*to*〕: seek an ～ *to* high prices 物価高の打開策を求める / There are no easy ～*s*. 簡単な解決策はない. **3 a** 〔非難・攻撃などへの〕反論, 応酬 〔*to*〕. **b**《法律》答弁(書). **4** 返報, 仕返し 〔*to*〕. **5** 〔…に〕対応[匹敵]する人[もの] (counterpart) 〔*to*〕: Chikamatsu, Japan's ～ *to* William Shakespeare 日本のウィリアム シェークスピア, 近松. **6**《音楽》(fugue や canon の)応答; 答主題, 追行句 (cf. subject 5 a).

in ánswer (***to*** ...) (1) (…の)返事として, (…に)答えて: *in* ～ *to* your letter of May 6 5 月 6 日付けの貴信にお答えして. (2) (要求などに)応じて, 対して; (非難・攻撃などに)対して, 反論して; (…の)仕返しに. ***knów*** [***have***] ***àll the ánswers***《口語》何でも知っている(つもりでいる), 何でも知ったかぶりをする; 如才がない, 世慣れている. 〖(1935)〗 ***the ánswer to a máiden's práyer***《口語》(1) (若い女性の)夢にぴったりの)理想的な青年. (2) 理想的な[うってつけの]もの.

〖n.: OE *andswaru* reply < Gmc **andswarō* (Dan. & Swed. *ansvar*) ← **and-* against (cf. anti-)＋**swar-* (⇨ swear). —v.: OE *andswerian, andswarian* to swear back, answer ← *andswaru*〗

SYN 返答する: **answer** 言葉・文書・動作で返答する《一般的な語で以下の各語の代りにも用いられる》: *answer* a letter 手紙に返事を出す / She *answered* the doorbell. 取り次ぎに出た. **reply** 特定の問いに言葉・文書で回答する《質問にいちいち答えるという含意がある》: I will *reply* by letter. 書面で御返事いたします. **retort** 批判などに即座に鋭く口答えする: "Mind your business," he *retorted*.「よけいなお世話だ」と彼はやり返した. **respond** 人が言ったりしたりしたことに言葉・動作で反応する《格式ばった語》: She eagerly *responded* to his invitation. 彼の招待にぜひ参りますと返答した. **ANT** question, ask, inquire.

---

an·swer·a·ble /ǽns(ə)rəbl̩ | ɑ́ːn-/ *adj.* **1** 〔叙述的〕責任のある; 責めを負わなければならない 〔*to, for*〕 (⇨ responsible **SYN**): He is ～ (*to* us) *for* his conduct. (我々に対して)彼は自分の行為の責任をとるべきだ. **2** 〈問題など〉答えられる; 〈議論など〉反論[論破]できる: Some questions are not easily ～; others may be unanswerable. そう簡単に答えが出ない問題もあるし, また答えが全く出ない問題もある. **3**《古》役立つ, 適当な 〔*to*〕. **4**《古》等しい (equal); 一致する (corresponding) 〔*to*〕. **～·ness** *n.* **àn·swer·a·bíl·i·ty** /-rəbíləṭi | -l̩ti/ *n.* **án·swer·a·bly** *adv.* 〖(1548): ⇨ ↑, -able〗

án·swer·er /-s(ə)rə | -rə^(r)/ *n.* **1** 答える人, 回答者; 解答者. **2**《法律》答弁者. 〖1511〗

án·swer·ing machìne /ǽns(ə)rɪŋ-, ǽnts- | ɑ́ːn-/ *n.* 留守番電話《telephone answering machine の簡略形》. 〖1961〗

ánswering pénnant *n.*《海事》応答旗, 回答旗《国際信号法によって定められた信号の応答を示す赤白縦縞のペナント》.

ánswering sèrvice *n.*《米》留守番電話(業務). 〖1941〗

ánswer·less *adj.* **1** 答え[返事]をしない. **2** 答え[応答]のない. **3** (問いなど)答えられない. 〖(1533): ⇨ -less〗

an·swer·phone /ǽnsəfòʊn | ɑ́ːnsəfəʊn/ *n.*《英》＝answering machine. 〖1963〗

ant /ǽnt/ *n.*《昆虫》アリ《膜翅目アリ科の昆虫の総称》. ***háve ánts in one's pánts***《俗》(何かしたくて・心配などで)うずうず[むずむず, いらいら]している. 〖(1940)〗

〖OE *æmete* < (WGmc) **amaitjōn, *aimaitjōn* ← **a-* off＋**mait-* to cut (G *Ameise*): cf. emmet〗

ant.《略》antenna; antiquarian; antiquary; antique; antiquities; antonym.

Ant.《略》Antarctica; Anthony; Antigua; Antrim.

an't /ǽnt, ɑ́ːnt, éɪnt | ɑ́ːnt/ **1**《英口語》are not の縮約形. ★ 今は通例 aren't を用いる. **2** [疑問文で]《英口語》am not の縮約形. ★ 今は通例 aren't と書く (cf. amn't, not 1 a): I'm still young, ～ I? **3**《方言・卑》is not, has not, have not の縮約形. **4**《方言》＝ain't 1. 〖1706〗

ant- /ænt/ *pref.* (母音および h の前にくるときの) anti- の異形: *ant*acid, *ant*helion.

-ant /ənt, n̩t/ *suf.* **1**「…性の, …をする」などの意の形容詞語尾 (本来語の -ing[2] に相当する): ascend*ant*, malign*ant*, stimul*ant*. **2**「…する人[もの], …作用者[物]」の意の名詞を造る: serv*ant*, depend*ant*, stimul*ant*. **3**「…に用いる物」の意の名詞を造る: inhal*ant* 吸入器.

〖ME *-aunt* □ (O)F *-ant* // L *-ant-, -āns* (pres.p. suf.): ラテン語第一変化動詞から: cf. -ent〗

an·ta /ǽnṭə | -tə/ *n.* (*pl.* **an·tae** /-tiː, -taɪ/, **～s**)《建築》壁端柱, アンタ. 〖(1751) □ L *antae* (pl.) ← IE **anəta* doorjamb (Skt *ātā* doorframe)〗

ANTA /ǽnṭə | -tə/ *n.* 米国演劇振興協会. 〖(1935)《頭字語》← *A*(*merican*) *N*(*ational*) *T*(*heatre and*) *A*(*cademy*)〗

An·ta·buse /ǽnṭəbjùːs | -tə-/ *n.*《商標》アンタビュース《アルコールにいや気を催させる薬, 酒止め薬》. 〖(1948) ← ANTI-＋ABUSE〗

ant·ac·id /æntǽsɪ̀d | -sɪd/ *adj.* (特に胃の)酸を中和する, 制酸(性)の. **—** *n.* 酸中和物 (alkali など); 制酸剤[薬]. 〖(1732) ← ANTI-＋ACID〗

antae *n.* anta の複数形.

An·tae·an /æntíːən/ *adj.* アンタイオス(のような); 巨大な; 大力の. 〖(1921): ⇨ ↓, -an[1]〗

An·tae·us /æntíːəs/ *n.*《ギリシャ神話》アンタイオス《海神 Poseidon と大地の神 Gaea の間に生まれた巨人; 体が大

地に触れている間は無敵であったが, Hercules に抱え上げられて絞め殺された). 〖□ L ～ □ Gk *Antaîos* (原義) opposite, hostile ← *ánta* face to face: cf. anti-〗

an·tag·o·nism /æntǽgənìzm/ *n.* **1** (人・物事に対する)敵対, 対立, (積極的な)反抗, 反対; 反対性, 敵愾(がい)心, 反抗心, 敵意 (⇨ hate SYN); 敵対行動 〔*to, toward, against, between*〕: ～ *between* Capital and Labor 労使の反目 / Her great ～ *toward* one's rival ライバルに対して大いに敵愾心を燃やす / be in ～ *to* …に敵対[対立]している / come [be brought] into ～ *with* …と反目するに至る. **2** 〘生理・薬学〙(二つ(以上)の器官・薬剤などの)拮抗(きっ)(作用), 対抗作用 (cf. synergism 2). **3** 〘生態〙拮抗作用 (異種の生物が同じ生活場所を占めようとすることなどで互いに干渉し合うこと). 〖(1838) □ F *antagonisme* // Gk *antagṓnisma*: ⇨ ↓, -ism〗

an·tág·o·nist /-nɪst | -nɪst/ *n.* **1** 反対者, 反抗者, 敵対者, 競争者 (enemy) (⇨ rival SYN). **2** 〘解剖〙拮抗(きっ)筋 (cf. agonist 2). **3** 〘薬学〙(相互の薬効を相殺し合う)拮抗剤[物質] (cf. synergist 3). **4** 〘歯科〙対咬(こう)歯. 〖(1599) □ F *antagoniste* // LL *antagōnista* □ Gk *antagōnistḗs* rival ← *antagōnízesthai*: ⇨ antagonize, -ist〗

an·tag·o·nis·tic /æntæ̀gənístɪk, ―――――/ *adj.* 反対の, 敵対する, 敵愾(がい)心のある, 反目している; 拮抗する, 相反する, 相入れない 〔*to*〕: ～ forces / be ～ *to* truth / ～ muscle 〘解剖〙拮抗筋 (antagonist). **an·tàg·o·nís·ti·cal** /-tɪkəl, -kl/ *adj.* **an·tàg·o·nís·ti·cal·ly** *adv.* 〖1632〗

an·tag·o·nize /æntǽgənàɪz/ *vt.* **1** 〈人を〉敵に回す, …の反感を買う: He ～*d* the villagers by his haughty manner. **2** 〈力・薬剤などを〉(反作用で)相殺(さい)する, 中和する (counteract, neutralize). **3** 《古》〈敵などに〉対抗する, 反対する (oppose). ― *vi.* (人の)反感を買う.
an·tag·o·niz·a·ble /æntæ̀gənáɪzəbl/ *adj.*
an·tag·o·ni·za·tion /æntæ̀gənɪzéɪʃən | -naɪ-, -nɪ-/ *n.* **an·tág·o·nìz·er** *n.* 〖(1634) □ Gk *antagōnízesthai* ← ANTI-＋*agōnízesthai* to struggle (← *agṓn* contest: ⇨ agony)〗

An·ta·ki·ya /æ̀ntəkíːjə | æ̀ntə-/ *n.* Antioch のアラビア語名.

An·ta·kya /æ̀ntəkjáː | ɑntákjə; *Turk.* antákja/ *n.* Antioch のトルコ語名.

ant·al·ka·li /æntǽlkəlàɪ/ *n.* 〘化学〙制アルカリ剤 (通例 acid). 〖1834〗

ant·al·ka·line /æntǽlkəlàɪn, -lɪn | -làɪn/ 〘化学〙 *adj.* アルカリ性中和の, 制アルカリ性の. ― *n.* ＝antalkali. 〖1811〗

An·ta·lya /ɑːntáːljə, àːntəljáː | æntǽljə; *Turk.* ɑntálja/ *n.* アンタルヤ (トルコ南西部の Antalya 州の州都で地中海に臨む港湾都市).

An·ta·na·na·ri·vo /æ̀ntənænəríːvoʊ | -tənænəríːvəʊ/ *n.* アンタナナリボ (マダガスカルの中央部に位置する同国の首都; 商業・情報産業の中心地; 旧王族の居住地; 旧名 Tananarive).

ant·a·pex /æntéɪpeks/ *n.* (*pl.* ～·**es**, **ant·ap·i·ces** /-épəsìːz, -ǽp- | -pɪ-/) 〘天文〙反向点, 太陽背点 (太陽が空間を運動している方向(太陽向点)と反対の方向に当たる天球上の点; cf. solar apex). 〖(1890) ← ANTI-＋APEX〗

an·tar·an·ga /ʌntəráŋgə | -tə-/ *n.* [複数扱い] 〘ヨーガ〙(精神に関する)ヨーガ三法 (総持 (dharana)・禅定 (dhyana)・三昧 (samadhi) をいう). 〖□ Skt *antaraṅga* inner discipline〗

Antarc. 《略》 Antarctica.

ant·arc·tic /æntáəktɪk, -áətɪk | æntáːktɪk/ *adj.* [時に A-] 南極の; 南極地方の (↔ arctic): an ～ expedition 南極探検. ― *n.* [the A-] **1** 南極地方 (antarctic regions). **2** 南氷洋 (Antarctic Ocean). 〖(1601) □ L *antarcticus* □ Gk *antarktikós* opposite the north ← ANTI-＋*arktikós* 'ARCTIC' ∞ (?*a*1398) *antartik* □ OF *antartique* (F *antarctique*) // L〗

Ant·arc·ti·ca /æntáəktɪkə, -tə-, -táətɪkə, -tə- | -táːktɪkə/ *n.* 南極大陸 (面積 14,200,000 km²; Antarctic Continent ともいう). 〖□ L ～ (fem.) (↑)〗

Antárctic Archipélago *n.* Palmer Archipelago の旧名.

Antárctic Círcle, a- c- *n.* [the ～] 南極圏 (南極帯の北の限界線で南極から 23°27′, または南緯 66°33′ の緯線). 〖1556〗

Antárctic Cóntinent *n.* [the ～] ＝Antarctica.

Antárctic Convérgence *n.* 〘海洋〙南極収束線[帯] (南極海域北部の低温・低塩分の表層水と亜南極海域南部の高温・高塩分の上層水が収束する線; この線を境に水温が 2–3° C 急変し, 気象・海洋生物の変動が激しい). 〖1933〗

Antárctic Divérgence *n.* 〘海洋〙南極発散線 (Antarctic Convergence の約 1,100 km 南に位置し, 東から北へ向かう表層流と西から南へ向かう表層流が分かれるところ).

Antárctic Ócean *n.* [the ～] 南極海, 南氷洋 (太平洋・大西洋・インド洋の南部で, 南極大陸を取り巻いている部分).

Antárctic Península *n.* [the ～] 南極半島 (南極大陸にある大半島; 南半は Palmer Land, 北半は Graham Land; 旧名 Palmer Peninsula).

Antárctic Póle *n.* [the ～] 南極(点) (South Pole). 〖1777〗

Antárctic príon *n.* ＝dove prion.

Antárctic région *n.* [the ～] 〘生物〙(動物地理上の)南極区.

Antárctic Tréaty *n.* [the ～] 南極条約 (南極地域における科学的調査研究の自由と協力・軍事利用の禁止・各国の領有権の主張の凍結などを取り決めた国際条約; 1959 年調印).

Antárctic Zòne *n.* [the ～] 南極帯, 南寒帯 (South Frigid Zone) (南緯 66°33′ 以南の地域).

An·tar·es /æntέ(ə)riːz | -tέər-/ *n.* 〘天文〙アンタレス (さそり座 (Scorpius) の α 星で赤色の 1.0 等星). 〖□ Gk *Antárēs* ← ANTI-＋*Arēs* 'Mars, ARES':「赤くて火星に対抗する星」の意から〗

ant·ar·thrit·ic /æ̀ntɑəθrítɪk | -tɑːθrít-/ 〘薬学〙 *adj.* 痛風[関節炎]に効く. ― *n.* 痛風[関節炎]薬[剤]. 〖(1706) ← ANTI-＋ARTHRITIC〗

ant·asth·mat·ic /æ̀ntæzmǽtɪk | -æsm-/ 〘薬学〙 *adj.* 喘息(ぜん)に効く. ― *n.* 喘息(鎮静)薬[剤]. 〖(1681) ← ANTI-＋ASTHMATIC〗

ant·a·troph·ic /æ̀ntətrɑ́(ː)fɪk | -tətrɔ́f-/ 〘薬学〙 *adj.* 萎縮予防の. ― *n.* 萎縮予防薬[剤]. 〖(1811) ← ANTI-＋ATROPHIC〗

ánt·bèar *n.* 〘動物〙 **1** オオアリクイ (*Myrmecophaga tridactyla* [*jubata*]) (熱帯アメリカ産の貧歯類の動物; great [giant] anteater, tamanoir ともいう). **2** ツチブタ, アフリカアリクイ (⇨ aardvark). 〖1555〗

ánt·bìrd *n.* 〘鳥類〙アリドリ (南米産のアリドリ科の鳥の総称; ant thrush, bush shrike ともいう). 〖1858〗

ánt càtcher *n.* 〘鳥類〙アリドリ (antbird). 〖1868〗

ánt còw *n.* 〘昆虫〙アブラムシ, アリマキ (aphid の俗称). 〖1875〗

an·te /ǽnti | -ti/ *n.* **1** 〘トランプ〙アンティー, 参加料 (ポーカーで札が配られる前に出すチップや賭(か)金; cf. blind *n.* 7 a). **2** 《口語》(事業などへの)分担金 (share). **3** 《米口語》支払い金, 値段 (price).
ráise* [*úp*] *the ánte (1) 〘トランプ〙アンティー[賭け金]を引き上げる. (2) 《口語》分担金を引き上げる. (3) 《俗》(値段を)上げる, 値上げする. 〖1890〗
― *vi., vt.* (**an·ted, an·teed**; ～**·ing**) **1** 〘トランプ〙(賭(か)金を)出す, 払う 〈*up*〉. **2** (分担金などを)出す, 払う (pay) 〈*up, off*〉. ★ *up* を伴う用法は主として米語法. 〖(1838) □ L ～ (↓)〗

an·te- /ǽntɪ | -tɪ, -ti/ *pref.* **1**「(時間的に)前の, …に先立つ」の意 (↔ post-): antebellum, *ante*-Victorian. **2**「(空間的に)…の前にある」の意: *ante*room. 〖ME □ L *ante* (adv., prep.) before: cf. anti-〗

ánt·èater *n.* **1** 〘動物〙 **a** アリクイ (熱帯アメリカ産の(シロ)アリを捕食する動物の総称; オオアリクイ (great anteater), コアリクイ (tamandua), センザンコウ (pangolin) など). **b** ハリモグラ (echidna). **c** ツチブタ (aardvark). **2** 〘鳥類〙アリドリ (antbird). 〖1764〗

an·te·bel·lum /æ̀ntɪbéləm | -tɪ-/ *adj.* (↔ postbellum) **1** 戦前の: in ～ days 戦前時代に. **2** 《米》南北戦争前の. **3** 第一次[第二次]大戦前の. 〖(*c*1862) □ L *ante bellum* before the war〗

ànte·bráchial *adj.* 〘解剖〙前腕の. 〖(1880): ⇨ ↓, -al¹〗

ànte·bráchium *n.* 〘解剖〙前腕, まえうで (forearm). 〖(1877) ← NL ～: ⇨ ante-, brachium〗

an·te·cede /æ̀ntəsíːd | -tɪ-/ *vt.* (時間・順序などで)…に先行する (precede). ― *vi.* 先立つ, 先行する. 〖(1624) □ L *antecēdere* ← ANTE-＋*cēdere* to go〗

an·te·ced·ence /æ̀ntəsíːdəns, -dns | -tɪsíːdns, -dəns/ *n.* **1** (時・関係が)先立つこと, 先行, 先任 (precedence). **2** 上位, 優先 (priority). **3** 《まれ》〘天文〙逆行 (retrograde motion) (惑星が天球上を東から西へ動くこと). 〖(1535) □ L *antecēdentia*: ⇨ ↑, -ence〗

àn·te·céd·en·cy /-dənsi, -dn- | -dənsi, -dn-/ *n.* 先行, 先任. 〖(1598): ⇨ ↑, -ency〗

an·te·ced·ent /æ̀ntəsíːdənt, -dnt | -tɪsíːdnt, -dənt/ *adj.* **1** 先立つ, 先行の (preceding); 〔…に〕先立つ, 先行する, 〔…より〕前の 〔*to*〕: an event ～ *to* the war. **2** 〘論理〙前件の, 前提の; 推定的な (presumptive): an ～ probability. ***antecédent to*** …に先立って[先行して] (antecedently to).
― *n.* **1** 先行する人[もの, 出来事], 前[先]例. **2** [*pl.*] (個人の)経歴, 素性; 来歴, 沿革 (past history): a man of shady ～*s* 素性のいかがわしい人. **3** [*pl.*] 祖先 (ancestors). **4** [通例 *pl.*] 先行の事情 (⇨ cause SYN). **5** 〘文法〙先行詞. **6** 〘論理〙前件, 先件, 前提 (↔ consequent). **7** 〘数学〙(↔ consequent) **a** (比の)前項, 前率. **b** (dyad の)前の因子. **c** 《廃》(分数の)分子. **8** 〘音楽〙(fugue の)主唱, (canon の)先行句.
antecédent and cónsequent 〘音楽〙(二つの旋律動機からなる)対句. 〖1869〗
〖(*c*1385) □ (O)F *antécédent* // L *antecēdentem* (pres. p.) ← *antecēdere* 'to ANTECEDE': ⇨ -ent〗

àn·te·céd·ent·ly *adv.* **1** 〔…より〕先に, 前に, 先立って 〔*to*〕. **2** 〘論理〙前件[先件]として; 推定的に(言えば): It may be ～ probable. 〖(1651): ⇨ ↑, -ly¹〗

an·te·ces·sor /æ̀ntəsésə | -tɪsésə(r)/ *n.* 《まれ》前任者 (predecessor). 〖(?*a*1300) □ L *antecessor* ← ANTE-＋*cess-* ((p.p. stem) ← *cedere* to go): cf. ancestor〗

an·te·cham·ber /ǽntɪtʃèɪmbə | -tɪtʃèɪmbə(r)/ *n.* **1** (主室に通じる)入口の間, 控えの間, 次の間. **2** 〘海事〙予燃室 (高速ディーゼルエンジンにおいて, 主燃焼室に燃料が送られる直前に, 前もって不完全燃焼を開始させておく室). 〖(1656) □ F *antichambre*: ⇨ ante-, chamber〗

ánte·chàpel *n.* 〘教会〙礼拝堂西端の前室[入口の間, 玄関]. 〖1703〗

ánte·chòir *n.* 〘教会〙(教会堂の)聖歌隊席の前の空間. 〖*c*1889〗

ànte·commúnion *n.* 〘英国国教会〙聖餐式前禱 (パンとぶどう酒を聖別する前に行う祈り). 〖1827〗

ánte·còurt *n.* 《まれ》前庭. 〖1691〗

an·te·date /ǽntɪdèɪt | æntɪdéɪt, ―――/ *vt.* **1** 〈小切手などを〉(実際よりも)前日付にする (cf. backdate): ～ a letter. **2** 〈歴史的事件などを〉…よりも以前のことだとする. **3** 〈出来事などが〉…よりも以前のことである, …に先んじる. **4** 〈記憶などを〉昔にさかのぼらせる. **5** 〈出来事を〉早める (accelerate). **6** 《古》〈行事などを〉見越す (anticipate). ― *n.* 前日付 (↔ postdate). 〖1587〗

án·te·dàt·ed /-tɪd | -tɪd/ *adj.* 〘図書館〙事前年紀の. 〖1611〗

an·te·di·lu·vi·an /æ̀ntɪdɪlúːviən, -daɪ- | -tɪdaɪlúː-, -dɪ-, -ljúː-/ *adj.* **1** ノア (Noah) の大洪水以前の (cf. *Gen.* 7–8; ↔ postdiluvian): the ～ patriarchs ノアの大洪水以前の族長 (Adam から Noah に至るまで). **2** 古めかしい, 古風な, 時代遅れの: ～ ideas. ― *n.* **1** ノアの大洪水以前の人. **2** 非常な年寄; ひどく時代遅れの[旧弊な]人 (old fogy). 〖(1646) ← ANTE-＋L *diluvium* deluge (← *dīluere* to wash away)＋-AN¹〗

an·te·fix /ǽntɪfɪks | -tɪ-/ *n.* (*pl.* ～**·es**, **an·te·fix·a** /-fɪksə/) 〘建築〙瓦の端(はし)飾り; 軒鼻(のきばな)飾り, (軒の)水吐き. **an·te·fix·al** /æ̀ntɪfíksəl, -sl | -tɪ-/ *adj.* 〖(1832) □ L *antefixum* (neut.) ← *antefixus* fixed in front (p.p.) ← *antefigere* ← ANTE-＋*figere* 'to FIX'〗

an·te·flex·ion /æ̀ntɪflékʃən | -tɪ-/ *n.* 〘病理〙子宮前屈 (cf. retroflexion 2). 〖1859〗

ánt ègg *n.* アリの卵 (実際は蛹(さなぎ)の入った繭(まゆ); 乾燥して養魚・小鳥などの飼料にする). 〖1666〗

ánte·hàll *n.* 大広間へと続く控えの間.

an·te·lap·sar·i·an·ism /æ̀ntɪlæpsέ(ə)riənɪzm | -tɪlæpsέər-/ *n.* 〘神学〙＝supralapsarianism. 〖⇨ ante-〗

an·te·lope /ǽntəlòʊp, -tl- | -tɪləʊp/ *n.* (*pl.* ～, ～**s**) **1** 〘動物〙レイヨウ(羚羊), アンテロープ (アフリカ・アジアの平原に生息するシカに似たウシ科の動物の総称; gazelle, impala, springbok, gerenuk など). **2** レイヨウの革 (肉面側をビロード状に仕上げた柔らかい革; 手袋用など). **3** 《米》〘動物〙プロングホーン, エダツノレイヨウ (pronghorn) (American antelope ともいう). 〖(1417) □ OF *antelop* (F *antilope*) // ML *ant(h)alopus* □ LGk *anthólops* ← ? Gk *ánthos* flower＋*ṓps* eye〗

antelope

Ántelope Stàte *n.* [the ～] 米国 Nebraska 州の俗称.

an·te·me·rid·i·an /æ̀ntɪmərídiən | æ̀ntɪmərídiən/ *adj.* 午前の: an ～ meal. 〖(1656) □ L *antemeridiānus* (↓)〗

an·te me·rid·i·em /æ̀ntɪmərídiəm, -dièm | -tɪmərídièm/ *adj.* 午前(の) (略 A.M., a.m., AM, am; cf. post meridiem; ⇨ a.m.). 〖(1563) □ L *ante merīdiem* before noon〗

an·te·mor·tem /æ̀ntɪmɔ́ətəm | -tɪmɔ́ːtəm, -tem/ *adj.* 死亡(直)前の (before death) (↔ postmortem): an ～ confession. 〖(1883) □ L *ante mortem*〗

an·te·mun·dane /æ̀ntɪmʌndéɪn, ―――― | -tɪ-/ *adj.* 天地創造以前の. 〖(1731) ← ANTE-＋L *mundus* world＋-ANE¹: ⇨ mundane〗

ànte·nátal 〘医学〙 *adj.* **1** 出生前の, 誕生前の (prenatal): an ～ life 母胎内での生活. **2** 〈疾患など〉出産前の, 妊娠期間中の: an ～ clinic. ― *n.* 《口語》出産前の健康診断 (prenatal ともいう). **～·ly** *adv.* 〖1817〗

ánte·nàve *n.* 〘教会〙玄関廊, 拝廊 (narthex). 〖1829〗

ànte-Nicáean *adj.* ＝ante-Nicene.

ànte-Nícene *adj.* 〘キリスト教〙ニカイア会議 (325) 以前の (ante-Nicaean ともいう).

an·ten·na /ænténə/ *n.* **1** (*pl.* ～**s**) 〘通信〙アンテナ, 空中線 (aerial): a frame ～ 枠(わく)形アンテナ / a sending [receiving] ～ 送信[受信]線, 送信[受信]アンテナ.
日英比較 日本語では「アンテナを張りめぐらす」のように,「情報を集める手段となるもの」という比喩的な意味が生じているが, 英語の *antenna* にはこのような意味はない. **2** (*pl.* **an·ten·nae** /-niː/, ～**s**) **a** 〘動物〙触角, (カタツムリなどの)角(つの) (feeler) (cf. antennule). **b** 〘植物〙ランの花の蕊(ずい)柱に生ずる興奮性の突起. **3** 知覚(力). 〖(*a*1478) □ ML ～＝L ～, *antemna* sail yard (短縮) ? ← **an(a) tempnā* ← ANA-¹＋IE **temp-* to stretch〗

anténna arrày *n.* 〘通信〙空中線列, アンテナアレイ (特定の方向に指向性をもつ; beam antenna ともいう). 〖*c*1935〗

anténna cìrcuit *n.* 〘通信〙アンテナ回路. 〖1906〗

antennae *n.* antenna 2 の複数形.

anténna effìciency *n.* 〘通信〙空中線効率.

anténna gàin *n.* 〘通信〙空中線利得.

an·ten·nal /ænténl/ *adj.* 〘動物〙触角の. 〖1834〗

anténnal glànd *n.* 〘動物〙触角腺.

anténna mìne *n.* 〘海軍〙水中線[アンテナ]機雷, 触角機雷 (その長い触角に触れると発火する機雷). 〖1947〗

anténna reflèctor *n.* 〘通信〙アンテナ反射器.

an·ten·na·ry /ænténəri/ *adj.* 〘動物〙触角(状)の. 〖1836〗

an·ten·nate /ænténət, -neɪt/ *adj.* 〘動物〙触角のある. 〖⇨ antenna, -ate²〗

an·ten·ni·fer /ænténəfə | -nɪfə(r)/ *n.* 〘動物〙触角担

節. 〖← NL ～: ⇨ antenna, -fer〗

an·ten·nule /æntέnjuːl/ *n.* 〚動物〛(カタツムリ・エビ・カニなどの)小触角. ★ 触角が 2 対ある場合で, 小の 1 対を antennules, 大を antennae という. 〖(1845) □ F ～ (dim.) ← *antenne* 'ANTENNA'〗

An·te·nor /æntíːnɔə | -nɔː$^{(r)}$/ *n.* 〚ギリシャ神話〛アンテノル (Troy の老将で Helen をその夫 Menelaus のもとに送り帰すようにと Priam 王に忠告した). 〖□ Gk *Antḗnōr*〗

ánte·nùmber *n.* (ある数の)すぐ前の数, 先行数. 〖1626〗

ànte·núptial *adj.* 結婚前の: an ～ contract 婚前契約. 〖1818〗

ànte·órbital *adj.* 〚解剖〛眼(窩)の前にある, 眼窩前の. 〖1839〗

an·te·par·tum /æ̀ntɪpáːtəm | -tɪpáːt-/ *adj.* 〚医学〛分娩前の. 〖(1908) □ L *ante partum* ← ANTE-+*partum*, *partus* ((p.p.) ← *parere* to bear offspring)〗

an·te·pas·chal /æ̀ntɪpǽskəl, -kl | -tɪpáːs-, -pǽs-/ *adj.* **1** 復活祭 (Easter) 前の. **2** 〚ユダヤ教〛過ぎ越しの祝い (Passover) 前の. 〖1660〗

an·te·past /ǽntɪpæ̀st | -tɪ-/ *n.* 〚古〛**1** =foretaste. **2** アンティパスト (最初に出る料理; 前菜など). 〖(1590) ← ANTE-+(RE)PAST〗

an·te·pen·di·um /æ̀ntɪpéndiəm | -tɪ-/ *n.* (*pl.* **-di·a** /-diə/, ～**s**) 〚教会〛=frontal 2. 〖(1696) □ ML ～ ← ANTE-+L *pendēre* 'to PEND'+-IUM〗

an·te·pe·nult /æ̀ntɪpíːnʌlt, -pɪnʌ́lt | -tɪpɪnʌ́lt, -pɛ-/ 〚音声・詩学〛語末から 3 番目の音節 (例: substan-ti-ate の -stan-; cf. ultima). ── *adj.* =antepenultimate. 〖(1585) □ LL *antepaenultima* (fem.) ← *antepaenultimus*: ⇨ ante-, penult〗

an·te·pe·nul·ti·mate /æ̀ntɪpɪnʌ́ltəmɪt | -tɪpɪnʌ́ltɪ-, -pɛ-/ 〚音声・詩学〛*adj.* 末尾第三音節の (語末から第 3 番目の音節の). ── *n.* =antepenult. 〖(1727): ⇨ ↑, -ate^{2}〗

ánte·pòrch *n.* 外側ベランダ.

ánte·pòrt *n.* 〚廃〛外扉, 外門. 〖(1644) □ It. *antiporta*〗

ànte·póst *adj.* 〚英〛〚競馬〛〈賭けが〉出走馬掲示前の, 出馬確定前の (私設馬券屋の賭けで, 出走馬が確定する前の賭け率についていう). 〖1902〗

ànte·prándial *adj.* =preprandial. 〖1847〗

an·te·ri·or /æntí^{ə}riə | -tíəriə$^{(r)}$/ *adj.* **1** 前面の, 前部の (fore); 前方の 〔*to*〕 (↔ posterior). **2 a** (時間的に)前の, 先の, 先立って(いる) 〔*to*〕: an ～ age / ages ～ *to* the Flood ノアの大洪水以前の時代. **b** (論理的に)先行する 〔*to*〕. **3 a** 〚解剖〛前の, 前方の, 腹側の (ventral). **b** 〚動物〛前の, 前方の, 頭部に近い. **4** 〚植物〛=abaxial 1. **～·ly** *adv.* 〖(1611) □ F *antérieur* // L *anterior* (compar.) ← *ante*: ⇨ ante-, -ior〗

an·te·ri·or·i·ty /æntì^{ə}rióːrəti, -áː(ː)r- | -tìəriɔ́rɪti/ *n.* (位置的・時間的に)前[先]であること 〔*to*〕. 〖(1720): ⇨ -ity〗

antérior tóoth *n.* 〚歯科〛前歯 (門歯・犬歯など).

An·ter·o /æntέ^{ə}rou | -téərəu/, **Mount** *n.* アンテロ山 (米国 Colorado 州 Sawatch Range 中の山 (4,352 m)).

an·te·ro- /ǽntərou | -tərəu/「前部の; 前部と…との (anterior and …)」の意の連結形: *antero*parietal 〚解剖〛前頭頂(部)の; 前体壁の / *antero*posterior 前後の / *antero*lateral 前横の / *antero*inferior 前低の. 〖← NL ～: ⇨ anterior〗

ántero·gràde *adj.* 〚医学〛〈健忘症などが〉前向性の.

án·te·ro·gràde amnésia /ǽntərougrèɪd- | -tərəu-/ *n.* 〚医学〛前向(性)健忘 (健忘のうち, 意識障害から回復してからの時期について起こるもの). 〖(1838) ← ANTERO-+LATERAL〗

ántero·láteral *adj.* 前外側の.

ánte·ròom *n.* **1** (主室に通じる)次の間, 控えの間, 控え室; 待合室 (waiting room). **2** 〚英軍〛(士官食堂の)控え室, 談話室. 〖1762〗

ántero·paríetal *adj.* 〚解剖〛前頭頂の器官[腔(こう)]の前部の壁にある. 〖(1864) ← ANTERO-+PARIETAL〗

ántero·postérior *adj.* 〚解剖〛前後方向の, 腹背の. 〖(1870) ← ANTERO-+POSTERIOR〗

ánte·tỳpe *n.* =prototype. 〖1612〗

an·te·ver·sion /æ̀ntɪvə́ːʒən, -ʃən | -tɪvə́ːʃən/ *n.* 〚病理〛(子宮などの)前傾 (cf. version 4 a). 〖1853〗

an·te·vert /æ̀ntɪvə́ːt | -tɪvə́ːt/ *vt.* 〚病理〛〈子宮などの器官を〉前傾させる. 〖(1649) □ L *antevertĕre* to prevent〗

ánt flỳ *n.* 羽(はね)アリ (よく釣りの餌にする). 〖1653〗

anth-^{1} /ænθ/ (母音の前にくるときの) antho- の異形.

anth-^{2} /ænθ/ *pref.* (h の前にくるときの) anti- の異形.

An·the·a /ǽnθiːə | ænθíə/ *n.* アンシア (女性名). 〖← Gk *ánthea* (fem.) ← *ántheios* flowery ← *ánthos* flower〗

ánt hèap *n.* =anthill. 〖1591〗

An·theil /ǽntaɪl/, **George** *n.* アンタイル (1900–59; 米国の作曲家; *Le Ballet Mécanique* (1926)).

ant·he·lion /ænthíːljən, ænθíː-, -liən/ *n.* (*pl.* **ant·he·li·a** /-ljə, -liə/, ～**s**) 〚気象〛反対幻日(げんじつ) (幻日 (parhelion) の一種; 太陽と正反対の位置の雲・霧などに現れる光点で, まれに見られる). 〖(1670) □ Gk *anthḗlion* (neut.) ← *anthḗlios* opposite to the sun ← ANTI-+*hḗlios* sun〗

ant·he·lix /ænthíːlɪks, ænθíː-/ *n.* (*pl.* **-he·lic·es** /-híːləsìːz, -hél- | -lɪ̀-/, ～**es**) =antihelix. 〖1721〗

ant·hel·min·tic /æ̀nthɛlmíntɪk, æ̀nθɛl- | -tɪk/ (*also* **ant·hel·min·thic** /-θɪk/) 〚医学〛*adj.* 駆虫の. ── *n.* 駆虫剤, 虫下し (vermifuge). 〖(1684) ← ANTI-+Gk *hélminthos* ((gen.) ← *hélmins* worm)+-IC^{1}〗

an·them /ǽnθəm/ *n.* **1** 聖歌, 賛美歌 (hymn). **2** 祝歌, 頌歌(しょうか): ⇨ national anthem. **3** 〚音楽〛アンセム (英国国教会の合唱曲; 聖書・祈禱(きとう)書などを歌詞とする). ── *vt.* 聖歌を歌って祝う. 〖(?a1200) *anteme*, *antefne* < OE *antefn* □ LL *antifona* ← *antiphōna* 'ANTIPHON': *-th-* については cf. author〗

-an·the·ma /ænθíːmə/ (*pl.* ～**·ta** /～tə | ～tə/, ～**s**) 〚病理〛「発疹 (eruption)」の意の名詞連結形. 〖□ LL ～ ← Gk *ánthēma* efflorescence ← *ánthos* flower+-*ēma* '-EME'〗

an·the·mic /ænθíːmɪk/ *adj.* anthem のような[にふさわしい], 心を奮い立たせる, 気持ちを高揚させる, 荘重な. 〖← ANTHEM+-IC^{1}〗

an·the·mi·on /ænθíːmiən/ *n.* (*pl.* **-mi·a** /-miə/) (建築や陶器などの装飾に用いる)忍冬(にんどう)模様, すいかずら模様, 尾つなぎ模様 (honeysuckle ornament ともいう). 〖(1865) □ Gk *anthémion* (dim.) ← *ánthos* flower〗

An·the·mi·us /ænθíːmiəs/ *n.* アンテミウス (6 世紀のギリシアの数学者・建築家; ビザンティン皇帝 Justinian のために Constantinople に聖ソフィア寺院を再建した (532–537); =～ of Tralles /trǽliːz/ と呼ばれる).

-an·the·mum /ǽnθəməm | -θɪ̀-/ 〚植物〛「…の(ような)花をもつ植物」の意の名詞連結形. ★分類学上の名に用いる. 〖□ L ～ ← Gk *ánthemon* flower: ⇨ anthemion〗

an·ther /ǽnθə | -θə$^{(r)}$/ *n.* 〚植物〛葯(やく) (雄蕊(ずい)の先端部を占める嚢状物). **～·al** /-θərəl/ *adj.* 〖(1551) ← NL *anthēra* ← L 'medicine extracted from flowers' □ Gk *antherā́* (fem.) ← *antherós* flowery ← *ánthos* flower: ⇨ antho-〗

-an·the·ra /ǽnθərə/ 〚植物〛「…の(ような)葯(やく)をもった植物」の意の名詞連結形. 〖← NL ～ (↑)〗

ánther cèll *n.* 〚植物〛葯(室) (theca). 〖1870〗

ánther dùst *n.* 〚植物〛花粉 (pollen).

an·ther·id·i·um /æ̀nθərídiəm | -diəm/ *n.* (*pl.* **-i·a** /-diə | -diə/) 〚植物〛(隠花植物の)雄器, 蔵精器, 造精器. **àn·ther·íd·i·al** /-diəl | -di-/ *adj.* 〖(1854) ← NL ～: ⇨ anther, -idum〗

an·ther·o·zo·id /æ̀nθərəzóuɪd | -zəuɪd/ *n.* 〚植物〛(隠花植物の)精子. 〖(1854) ← ANTHER+-O-+ZOOID〗

-an·thes /ǽnθiːz/ 〚植物〛「…の(ような)花をもつ植物」の意の名詞連結形. 〖← NL ～ ← Gk *-anthēs* blooming ← *ánthos* flower〗

an·the·sis /ænθíːsɪs | -sɪs/ *n.* (*pl.* **-the·ses** /-siːz/) 〚植物〛開花期; 開花. 〖(*c*1823) ← NL ～ ← Gk *ánthēsis* full bloom: ⇨ anther〗

ánt·hìll *n.* **1** アリ塚, アリの塔, 蟻丘(ぎきゅう). **2** (アリ塚の塔のように)人の往来の激しい場所. 〖1297〗

an·tho- /ǽnθou | -θəu/「花」の意の連結形: *antho*cyanin, *antho*logy. ★ 母音の前では通例 anth- になる. 〖□ L ～ ← Gk *ánthos* flower〗

àntho·cárpous *adj.* 〚植物〛〈果実など〉果皮が花被からできた. 〖1835〗

an·tho·cy·an /æ̀nθəsáɪən | -θə(ʊ)-/ *n.* 〚生化学〛アントシアン, 花青素 (アントシアニン (anthocyanin) とアントシアニジン (anthocyanidin) とを合わせたもの). 〖(*c*1835) ← ANTHO-+Gk *cúanos* dark blue〗

an·tho·cy·an·i·din /æ̀nθəsaɪǽnədn̩ | -θə(ʊ)saɪǽnɪdɪn/ *n.* 〚生化学〛アントシアニジン (アントシアニン (anthocyanin) のアグリコン (aglycon); 2-フェニルベンゾピリリウム (2-phenylbenzopyrylium) 構造に 4–6 の水酸基がついている化合物; 花色素の一つ). 〖← ANTHO-+CYANID(E)+-IN^{2}〗

an·tho·cy·a·nin /æ̀nθəsáɪənn̩ | -θə(ʊ)sáɪənɪn/ *n.* 〚生化学〛アントシアニン (アントシアニジン (anthocyanidin) に糖が結合したもの; 結合する糖の種類と数と位置で様々な色を示す). 〖(1839) ← ANTHO-+CYANO-+-IN^{2}〗

an·tho·di·um /ænθóudiəm | -θə́ud-/ *n.* (*pl.* **-id·a** /-diə | -diə/) 〚植物〛(キク科植物などの)頭状花 (capitulum). 〖(1858) ← NL ～ ← Gk *anthṓdēs* flowerlike (⇨ antho-, -oid)+-IUM〗

an·thog·ra·phy /ænθɑ́(ː)grəfi | -θɔ́g-/ *n.* 〚植物〛花の描写, 花誌.

anthol. (略) anthology.

an·tho·log·i·cal /æ̀nθəlɑ́(ː)dʒɪkəl, -kl | -θə(ʊ)lɔ́dʒɪ-/ *adj.* アンソロジー[選集]の. 〖1691〗

an·thol·o·gist /ænθɑ́(ː)lədʒɪst | -θɔ́lədʒɪst/ *n.* アンソロジー[選集]編者. 〖1805〗

an·thól·o·gìze /-dʒàɪz/ *vi.* アンソロジー[選集]を作る. ── *vt.* アンソロジー[選集]に入れる. **an·thól·o·gìz·er** *n.* 〖1892〗

an·thol·o·gy /ænθɑ́(ː)lədʒi | -θɔ́l-/ *n.* **1** (文学・音楽・美術などの)選集, アンソロジー; (特に)詞華集. **2** [the A-] 〚東方正教会〛(典礼の)聖務日課書, アンソロギオン. 〖(1640) □ F *anthologie* // ML *authologia* □ Gk *anthología* flower-gathering: ⇨ antho-, -logy〗

An·tho·ny /ǽnθəni, -tə- | -tə-, -θə-/ *n.* アンソニー, アントニー (男性名). 〖(⇨ Antony)〗

An·tho·ny /ǽntəni, -θə- | -tə-/, **Saint** *n.* アントニウス (251?–?356; エジプトの隠修士で, 修道院の創始者といわれる; 豚飼いの守護聖人で, 子豚が生まれたとき最小のものを彼にささげるのが中世の風習であった; イタリアの守護聖人, 七守護聖人 (Seven Champions of Christendom) の一人; 祝日 1 月 17 日).

An·tho·ny /ǽntəni, -θə- | -tə-/, **Mark** *n.* =Mark ANTONY.

An·tho·ny /ǽnθəni/, **Susan Brow·nell** /bráunɛl/ *n.* アンソニー (1820–1906; 米国の社会運動家・婦人参政権運動の指導者).

An·tho·ny of Pádua /ǽntəni- | -tə-/, **Saint** *n.* パドバのアントニウス (1195–1231; フランシスコ会の修道士でイタリアとフランスで伝道した; 祝日 6 月 13 日).

an·thoph·a·gous /ænθɑ́(ː)fəgəs | -θɔ́f-/ *adj.* 花を常食とする, 花食性の. **an·thóph·a·gy** /-fədʒi/ *n.*

an·thoph·i·lous /ænθɑ́(ː)fələs | -θɔ́f-/ *adj.* 〚動物〛〈昆虫が〉花を好む, 好んで花に集まる. 〖(1883): ⇨ -philous〗

an·tho·phore /ǽnθəfɔə | -fɔː$^{(r)}$/ *n.* 〚植物〛花被間柱 (萼(がく)と花弁の間にある柄). 〖(1839) ← Gk *anthophóros* flower-bearing: ⇨ antho-, -phore〗

an·tho·phyl·lite /æ̀nθoufílaɪt | -θə(ʊ)-/ *n.* 〚鉱物〛直閃石 ($(Mg, Fe)_7Si_8O_{22}(OH)_2$) (角閃石の一種). 〖(1843) □ G *Anthophyllit* ← NL *anthophyllum*: ⇨ antho-, -phyll, -ite^{1}〗

an·tho·tax·y /ǽnθətæ̀ksi/ *n.* 〚植物〛花序 (inflorescence). 〖(1880) ← ANTHO-+-TAXY〗

-an·thous /ǽnθəs/「…の花のある」の意の形容詞連結形: mon*anthous*. 〖← ? NL *-anthus*: ⇨ antho-, -ous〗

An·tho·zo·a /æ̀nθouzóuə | -θə(ʊ)zə́uə/ *n. pl.* 〚動物〛(腔腸(こうちょう)動物門)花虫綱 (サンゴ・イソギンチャクなどを含む). 〖(1851) ← NL ～: ⇨ antho-, -zoa〗

an·tho·zo·an /æ̀nθouzóuən | -θə(ʊ)zə́uən/ *n.* 〚動物〛花虫綱動物. ── *adj.* 花虫綱の. 〖*c*1889〗

an·thr- /ǽnθr/ (母音の前にくるときの) anthra- の異形.

an·thra- /ǽnθrə/「アントラセン核 (anthracene nucleus)」の意の連結形: *anthra*quinone. ★ 母音の前では通例 anthr- になる. 〖(⇨ anthracene〗

an·thrac- /ǽnθræk/ (母音の前にくるときの) anthraco- の異形.

an·thra·cene /ǽnθrəsìːn/ *n.* 〚化学〛アントラセン ($C_6H_4(CH)_2C_6H_4$) (アントラセン油から得られる結晶物; アリザリン (alizarin) などの原料). 〖(1863) ← ANTHRACO-+-ENE〗

ánthracene brówn *n.* 〚化学〛アントラセンブラウン (⇨ anthragallol).

ánthracene òil *n.* 〚化学〛アントラセン油, 緑油 (コールタールを 270° C 以上で蒸留するとき得られる; 防腐剤などに用いられる; green oil ともいう). 〖1874〗

anthraces *n.* anthrax の複数形.

an·thrac·ic /ænθrǽsɪk/ *adj.* 〚病理〛炭疽(たんそ)[癰(よう)]の[に似た]. 〖(1881): ⇨ anthrax, -ic^{1}〗

an·thra·cite /ǽnθrəsàɪt/ *n.* 〚地質〛無煙炭 (blind [hard] coal ともいう). 〖(1601) □ L *anthracītes* □ Gk *anthrakítēs* a kind of coal: ⇨ anthrax, -ite^{1}〗

an·thra·cit·ic /æ̀nθrəsítɪk | -tɪk/ *adj.* 無煙炭の(ような), 無煙炭質の. 〖(1845): ⇨ ↑, -itic〗

an·thra·cit·ous /ǽnθrəsàɪtəs | -təs/ *adj.* 無煙炭を含む. 〖1860〗

an·thrac·nose /ænθrǽknous | -nəus/ *n.* 〚植物病理〛炭疽(たんそ)病 (豆類や果実などの病害; cf. bitter rot). 〖(1886) □ F ～ □ Gk *ánthrax* carbuncle+*nósos* disease〗

an·thra·co- /ǽnθrəkou | -kəu/ 次の意味を表す連結形: **1**「石炭, 炭素」. **2**「炭疽(たんそ)」(anthrax), 癰(よう) (carbuncle)」. ★ 母音の前では通例 anthrac- になる. 〖□ L ～ ← Gk *ánthrax* carbuncle〗

an·thra·coid /ǽnθrəkɔ̀ɪd/ *adj.* **1** 〚病理〛炭疽(たんそ)[癰(よう)]のような. **2 a** 紅玉[ざくろ石]のような (cf. carbuncle 1). **b** 炭[石炭, 炭素]のような. 〖(1881): ⇨ ↑, -oid〗

ànthraco·silicósis *n.* 〚病理〛炭(粉)珪肺(けいはい)(症) (anthrasilicosis). 〖← NL ～: ⇨ anthraco-, silicosis〗

an·thra·co·sis /æ̀nθrəkóusɪs | -kə́usɪs/ *n.* (*pl.* **-coses** /-siːz/) 〚病理〛炭粉症 (炭粉が内臓などに沈着して起こる). **àn·thra·cót·ic** /-kɑ́tɪk | -tɪk/ *adj.* 〖(1838) ← NL ～: ⇨ anthraco-, -osis〗

an·thra·gal·lol /æ̀nθrəgǽloul | -ləul/ *n.* 〚化学〛アントラガロール ($C_{14}H_5O_2(OH)_3$) (オレンジ色の結晶, 茶色の媒染剤; alizarine brown, anthracene brown ともいう). 〖← ANTHRA-+GALLIC+-OL^{1}〗

an·thran·i·late /ænθrǽnəlèɪt, -nl- | -nɪl-/ *n.* 〚化学〛アントラニル酸塩[エステル]. 〖(1921): ⇨ anthranilic (↓), -ate^{1}〗

án·thra·nil·ic ácid /ǽnθrənɪ̀lɪk-/ *n.* 〚化学〛アントラニル酸 ($NH_2C_6H_4COOH$) (無色の結晶物; アゾ染料の合成原料; aminobenzoic acid の一つ; ortho-aminobenzoic acid ともいう). 〖(1881) *anthranilic*: ← ANTHRA-+ANIL(INE)+-IC^{1}〗

ànthra·quinóne *n.* 〚化学〛アントラキノン ($C_6H_4(CO)_2C_6H_4$) (アントラセン (anthracene) の酸化によって生じる黄色結晶物; アリザリン (alizarin) の原料). 〖(1869) ← ANTHRA-+QUINONE〗

ánthraquinone dýe *n.* 〚染色〛アントラキノン染料 (化学構造によって分類した染料群). 〖1875〗

ànthra·silicósis *n.* 〚病理〛=anthracosilicosis.

an·thrax /ǽnθræks/ *n.* (*pl.* **an·thra·ces** /-θrəsìːz/) 〚病理〛**1** 炭疽(たんそ)(病), 脾脱疽(ひだっそ) (炭疽菌による牛・羊などの草食動物の感染症; 人間にも感染する). **2** 炭疽菌 (*Bacillus anthracis*). **3** 〚古〛癰(よう). 〖(1373) □ L ～ □ Gk *ánthrax* coal, carbuncle〗

-an·threne /ænθriːn/「アントレン(アントラセン (anthracene) に関係した化合物)」の意の名詞連結形: phen*anthrene*. 〖(⇨ anthracene〗

an·throne /ǽnθroun | -θrəun/ *n.* 〚化学〛アントロン ($C_{14}H_{10}O$) (アントラキノンの還元で得られる無色か淡黄色の結晶; 染料原料, 糖の定量検出に用いられる). 〖(1913) ← ANTHRA-+-ONE〗

anthrop. (略) anthropological; anthropology.

an·throp·ic /ænθrɑ́(ː)pɪk | -θrɔ́p-/ *adj.* **1** 人間の; 人

間[人類]に関係のある. **2** 〘地質〙人類遺跡を含んだ.

an·thróp·i·cal *adj.* 〖(c1806) ◻ Gk *anthropikós*: ⇨ anthropo-, -ic¹〗

anthrópic príncìple *n.* [the ~] 〘天文〙人間原理《宇宙の状態がなぜそのようになっているのかという問いに対し, そうした問いを発する知的生命の存在がそのような宇宙の状態と関係があることを示して答えとする立場》. 〖1974〗

an·thro·po- /ǽnθrəpoʊ | -θrə(ʊ)pəʊ/「人, 人類; 人類学」の意の連結形: *anthropo*centric, *anthropo*logy. 〖◻ L *anthrōpo-* ← Gk *ánthrōpos* man〗

ànthropo·céntric *adj.* **1** 人間中心的な, 人類を中心[究極目的]とする. **2** (自然現象などを)人間を中心にして解釈する. **ànthropo·céntrically** *adv.* **ànthropo·centrícity** *n.* 〖1863〗

ànthropo·céntricism *n.* (*also* **ànthropo·céntrism**) 人間中心主義(説), 人間中心観. 〖1909〗

ànthropo·génesis *n.* 人類発生[発達]論. **ànthropo·genétic** *adj.* 〖← NL ~: ⇨ anthropo-, -genesis¹〗

an·thro·po·gen·ic /æ̀nθrəpədʒénɪk | -θrə(ʊ)pə(ʊ)-˝/ *adj.* **1** 人類発生[発達]論の. **2** 人類(活動)の影響による[を受ける]. 〖(1923): ⇨ ↑, -genic¹〗

an·thro·pog·eny /æ̀nθrəpɑ́(ː)dʒəni, -θroʊ- | -θrə(ʊ)pɔ́dʒɪ-/ *n.* =anthropogenesis. 〖1839〗

ànthropo·geógraphy *n.* 人文地理学 (human geography). **ànthropo·geográphic** *adj.* **ànthropo·geográphical** *adj.* 〖(1895) ◻ G *Anthropogeographie*: ドイツの地理学者 F. Ratzel (1844–1904) の造語〗

an·thro·pog·ra·phy /æ̀nθrəpɑ́(ː)grəfi | -pɔ́g-/ *n.* 〘人類学〙記述的人類学《地理的分布・人種的特性などを論じる》; 人類誌. **an·thro·po·graph·ic** /æ̀nθrəpəgrǽfɪk | -θrə(ʊ)pə(ʊ)-˝/ *adj.* 〖1570〗

an·thro·poid /ǽnθrəpɔ̀ɪd | -θrə(ʊ)pɔ̀ɪd/ *adj.* **1** 〈動物が〉人間に似た; 類人猿類の; 人間の形をした. **2** 《口語》〈人間が〉猿のような, 類人猿に似た. ― *n.* **1** 類人猿. **2** 猿のような人 (cf. prosimian). **an·thro·poi·dal** /æ̀nθrəpɔ́ɪdḷ | -θrə(ʊ)pɔ́ɪdḷ˝/ *adj.* 〖(1832) ◻ Gk *anthrōpoeidḗs* of human form: ⇨ anthropo-, -oid〗

ánthropoid ápe *n.* 類人猿《霊長目のゴリラ・チンパンジー・オランウータン・テナガザルなど》. 〖*c*1839〗

anthropol. 《略》anthropology.

an·thro·pol·a·try /æ̀nθrəpɑ́(ː)lətri | -θrə(ʊ)pɔ́l-/ *n.* 〘哲学〙人間崇拝《特定の人間を神聖視してあがめること》. 〖(1658) ← ANTHROPO-+-LATRY〗

an·thro·po·lite /ænθróʊpəlàɪt | -θrɔ́ʊ-/ *n.* 〘古生物〙=anthropolith. 〖1863〗

an·thro·po·lith /ænθróʊpəlɪθ | -θrɔ́ʊ-/ *n.* 〘古生物〙人体化石 (fossil man). 〖(1848) ← ANTHROPO-+-LITH〗

an·thro·po·log·ic /æ̀nθrəpəlɑ́(ː)dʒɪk | -θrə(ʊ)pəlɔ́dʒ-˝/ *adj.* =anthropological. 〖1850〗

an·thro·po·log·i·cal /æ̀nθrəpəlɑ́(ː)dʒɪkəl, -kḷ | -θrə(ʊ)pəlɔ́dʒɪ-˝/ *adj.* 人類学(的)の, 人類学上の. **~·ly** *adv.* 〖1825〗

anthropológical linguístics *n.* 〘言語〙人類言語学 (⇨ ethnolinguistics).

àn·thro·pól·o·gist /-dʒɪst | -dʒɪst/ *n.* 人類学者. 〖1798〗

an·thro·pol·o·gy /æ̀nθrəpɑ́(ː)lədʒi | -θrə(ʊ)pɔ́l-/ *n.* **1** 人類学: ⇨ physical anthropology, social anthropology. **2** 文化人類学 (cultural anthropology). **3** (哲学的)人間学 (philosophical anthropology). 〖(1593) ← NL *anthrōpologia*: ⇨ anthropo-, -logy〗

an·thro·pom·e·ter /æ̀nθrəpɑ́(ː)mətə | -θrə(ʊ)pɔ́mɪtə(r)/ *n.* 〘人類学〙人体測定器《身長計》. 〖(1898): ⇨ -meter〗

an·thro·po·met·ric /æ̀nθrəpəmétrɪk | -θrə(ʊ)pə(ʊ)-˝/ *adj.* 人体測定の. **àn·thro·po·mét·ri·cal** /-kəl, -kḷ˝/ *adj.* **àn·thro·po·mét·ri·cal·ly** *adv.* 〖(1871): ⇨ -metric〗

an·thro·po·met·rics /æ̀nθrəpəmétrɪks/ *n.* 人体測定学 (anthropometry)《特に家具や機械のデザインと関連するもの》. 〖(c1839) ← ANTHROPO-+-METRY〗

an·thro·pom·e·try /æ̀nθrəpɑ́(ː)mətri | æ̀nθrə(ʊ)pɔ́mɪtri/ *n.* 人体測定(法) (cf. anthroposcopy). **àn·thro·póm·e·trist** /-trɪst | -trɪst/ *n.* 〖*c*1839〗

anthropo·morphic /æ̀nθrəpəmɔ́ːfɪk | -θrə(ʊ)pə(ʊ)mɔ́ː-˝/ *adj.* **1** 神人同形(同性)説の, 擬人観 (anthropomorphism) の. **2** 人間の形をした; 人間に似ている: an ~ deity. **àn·thro·po·mór·phi·cal·ly** *adv.* 〖(1827): ⇨ anthropomorphous, -ic¹〗

an·thro·po·mor·phism /æ̀nθrəpəmɔ́ːfɪzm | -θrə(ʊ)pə(ʊ)mɔ́ː-/ *n.* **1** 神人同形(同性)説, (神・自然の)擬人観, 擬人論 (cf. zoomorphism 2). **2** 擬人化. 〖(1753): ⇨ ↑, -ism〗

àn·thro·po·mór·phist /-fɪst | -fɪst/ *n.* 神人同形(同性)論者, 擬人論者. 〖*a*1617〗

an·thro·po·mor·phize /æ̀nθrəpəmɔ́ːfaɪz | æ̀nθrə(ʊ)pə(ʊ)mɔ́ː-/ *vt.* **1** 〈神を〉人格化する, 〈神などに〉人間の形[属性]を与える, 人間性を帰する. **2** 擬人化する. **an·thro·po·mor·phi·za·tion** /æ̀nθrəpəmɔ̀ːfɪzéɪʃən | -θrə(ʊ)pə(ʊ)mɔ̀ːfɪ-/ *n.* 〖(1845): ⇨ anthropomorphous, -ize〗

an·thro·po·mor·pho·sis /æ̀nθrəpəmɔ́ːfəsɪs | -θrə(ʊ)pə(ʊ)mɔ́ːfəsɪs/ *n.* 人間に変形すること, 人間化. 〖(1863): ⇨ ↓, -osis〗

ànthropo·mórphous *adj.* =anthropomorphic. **~·ly** *adv.* 〖(1753) ◻ LL *anthrōpomorphus* ◻ Gk *anthrōpómorphos* of human form: ⇨ anthropo-, -morphous〗

an·thro·pon·y·my /æ̀nθrəpɑ́(ː)nəmi | -θrə(ʊ)pɔ́nɪ-/ *n.* 人名研究《onomastics の一分野; cf. toponymy 1》. 〖(1937) ← ANTHROPO-+-ONYM+-Y¹〗

an·thro·pop·a·thism /æ̀nθrəpɑ́(ː)pəθɪzm | -θrə(ʊ)pɔ́p-/ *n.* 〘哲学〙=anthropopathy. 〖1847〗

an·thro·pop·a·thy /æ̀nθrəpɑ́(ː)pəθi | -θrə(ʊ)pɔ́p-/ *n.* 〘哲学〙神人同感同情説《人間の感情を人間以外のもの特に神に帰する説》. **an·thro·po·path·ic** /æ̀nθrəpəpǽθɪk | -θrə(ʊ)pə(ʊ)-˝/ *adj.* 〖(1578) ◻ LGk *anthrōpopátheia* humanity: ⇨ anthropo-, -pathy〗

an·thro·poph·a·gi /æ̀nθrəpɑ́(ː)fəgàɪ, -dʒàɪ | -θrə(ʊ)pɔ́fədʒàɪ, -gàɪ/ *n. pl.* (*sing.* **-a·gus** /-gəs/) 食人種. 〖1552〗

an·thro·poph·a·gite /æ̀nθrəpɑ́(ː)fədʒàɪt | -θrə(ʊ)pɔ́f-/ *n.* 食人種の人 (cannibal). 〖(1602): ⇨ -ite¹〗

an·thro·poph·a·gous /æ̀nθrəpɑ́(ː)fəgəs | -θrə(ʊ)pɔ́f-˝/ *adj.* 人肉を食う, 食人種の (man-eating). 〖(1831): ⇨ ↓, -ous〗

an·thro·poph·a·gus /æ̀nθrəpɑ́(ː)fəgəs | -θrə(ʊ)pɔ́f-/ *n.* anthropophagi の単数形. 〖(1552) ◻ L *anthrōpophagus* ◻ Gk *anthrōpophagós*: ⇨ anthropo-, -phagous〗

an·thro·poph·a·gy /æ̀nθrəpɑ́(ː)fədʒi | -θrə(ʊ)pɔ́f-/ *n.* 人肉を食うこと, 人食いの風習 (cannibalism). **àn·thro·po·phág·ic** /-pəfǽdʒɪk˝/ *adj.* **àn·thro·po·phág·i·cal** /-dʒɪkəl, -kḷ˝/ *adj.* 〖(1638) ◻ LL *anthrōpophagia* ◻ Gk *anthrōpophagía*: ⇨ anthropo-, -phagy〗

an·thro·po·pho·bi·a /æ̀nθrəpəfóʊbiə | -pə(ʊ)fə́ʊ-/ *n.* 対人恐怖(症). 〖(1880) ← ANTHROPO-+-PHOBIA〗

an·thro·pos·co·py /æ̀nθrəpɑ́(ː)skəpi | -θrə(ʊ)pɔ́s-/ *n.* 人体視察(法)《人体を実測せず観察によって調査する; cf. anthropometry》. 〖(1847): ⇨ -scopy〗

an·throp·o·sere /ænθrɑ́(ː)pəsɪə | ænθrɔ́pəsɪə(r)/ *n.* 〘生態〙=noosphere 1. 〖⇨ anthropo-, series〗

an·thro·pos·o·phy /æ̀nθrəpɑ́(ː)səfi | -θrə(ʊ)pɔ́s-/ *n.* 〘哲学〙人智学《オーストリアの社会哲学者 Rudolf Steiner (1861–1925) の提唱した精神運動で, 神智学 (theosophy) と反対に人間を認識の中心に置く》. **àn·thro·pós·o·phist** /-fɪst | -fɪst/ *n.* 〖1916〗

an·thro·pot·o·my /æ̀nθrəpɑ́(ː)təmi | -θrə(ʊ)pɔ́t-/ *n.* 人体解剖学, 解剖学的人体構造. **an·thro·po·tom·i·cal** /æ̀nθrəpətɑ́(ː)mɪkəl, -kḷ | -θrə(ʊ)pətɔ́mɪ-˝/ *adj.* **àn·thro·pót·o·mist** /-pɑ́(ː)təmɪst | -pɔ́təmɪst/ *n.* 〖(1855) ← ANTHROPO-+-TOMIA 'cutting'〗

an·thro·po·zoic /æ̀nθrəpo(ʊ)zóʊɪk | -θrə(ʊ)pə(ʊ)zə́ʊ-˝/ *adj.* 〘地質〙人類出現期以後の, 地質時代の第四紀の. 〖← ANTHROPO-+-ZOIC¹〗

-an·thro·pus /ǽnθrəpəs | -θrə(ʊ)-/ 〘人類学〙「ヒト (man)」の意の名詞連結形. ★ 分類学上の名称に用いる: Pithec*anthropus*. 〖← NL ~: ⇨ anthropo-〗

an·thu·ri·um /ænθ(j)ʊ́əriəm, -θjʊ́ər- | -θjʊ́ər-/ *n.* 〘植物〙ベニウチワ, アンスリウム《熱帯アメリカ産のサトイモ科ベニウチワ属 (*Anthurium*) の観賞・観葉植物の総称; ベニウチワ (flamingo flower) など》. 〖(1839) ← NL ~ ← ANTHO-+Gk *ourá* tail+-IUM〗

-an·thus /ǽnθəs/ 〘生物〙「…の(ような)花をもつ[に似た]生物」の意の名詞連結形: Schiz*anthus* ムレゴチョウ属. 〖← NL ~ ← Gk *ánthos* flower〗

an·ti /ǽnti, -taɪ | -ti/ 《口語》*n.* 反対者, 反対論者 (opponent). ― *adj.* 反対を唱える, 反対で: He is terribly ~. ― *prep.* …に反対で (against): He was ~ all that. そういうことにはすべて反対だった. 〖(1788) ↓〗

an·ti- /ǽnti, -tḷ, -taɪ | -ti, -tɪ/ *pref.*「反・非・排・逆・抗・対」などの意 (↔ pro-): **1**「反…, 排…」: *anti*-Japanese, *anti*-Communist, *anti*militarism. **2**「…の競争者, 敵」: *anti*pope, *Anti*christ. **3**「…の反対の」: *anti*type, *anti*thesis. **4**「…でない, 非…(un-)」: *anti*grammatical. **5**「…に対立の」: *anti*pole. **6**「…に逆に作用する, …を防ぐ; (病毒を)中和する」: *anti*body, *anti*septic, *anti*biotic, *anti*aircraft. **7** 〘物理〙「…の反粒子」: *anti*particle, *anti*neutron. ★ (1) 母音および h の前では ant- となることがある: *ant*alkali, *ant*helmintic. (2) 時に i または大文字で始まる名詞および形容詞の前ではハイフンを伴う: *anti*-imperialistic, *anti*-British. 〖ME ◻ (O)F *anti-* ∥ L *anti-* ← Gk *antí-* opposite to, against ← IE **ants* against: cf. ante〗

An·ti·a /ǽntáɪə/ *n.* 〘ギリシャ神話〙アンティア (Proetus 王の妻で, Bellerophon に恋していれられず, 怒って彼を王に讒訴(ざんそ)して殺させようと謀った; Stheneboea ともいう).

ànti·abórtion *adj.* 妊娠中絶反対の. **~·ism** *n.* **~·ist** *n.* 〖1936〗

ànti·achíever *n.* 勉強ぎらいな学生[生徒].

ànti·áir *adj.* 《口語》=antiaircraft. 〖1925〗

ànti·áircraft *adj.* 対空の, 防空の: ~ devices 防空装置[施設] / ~ artillery 高射砲部隊 / an ~ gun 高射砲 (cf. ack-ack) / an ~ missile 対空ミサイル. ― *n.* **1** 対空兵器, 高射砲. **2** 高射砲部隊. **3** 対空砲火. 〖1914〗

ànti·álcoholism *n.* 飲酒反対, 節酒; 禁酒. **ànti·alcohólic** *adj.* **ànti·álcoholist** *n.*

ànti·álien *adj.* 外人排斥の, 排外的な.

ànti·allérgic 〘医学〙*adj.* 抗アレルギーの. ― *n.* 抗アレルギー薬[物質].

ànti-Américan *adj.* 反米[排米]の. ― *n.* 反米主義者. **~·ism** *n.* 〖1773〗

ànti·ándrogen *n.* 〘生化学〙抗アンドロゲン, 抗男性ホルモン物質. 〖1972〗

ànti·ántibody *n.* 〘医学〙抗抗体《生体に抗体 (antibody) を与えることで作られる免疫グロブリンで, 抗体の働きを妨げる作用をする》. 〖1972〗

ànti·ántidote *n.* 〘医学〙抗解毒剤 (cf. antidote).

ànti·anxíety *adj.* 〘医学〙抗不安の: an ~ agent [drug] 抗不安薬. 〖1962〗

an·ti·ar /ǽntiàə | -tiàː(r)/ *n.* **1** 〘植物〙ウパスノキ (upas). **2** アンチアリン《ウパスノキの樹液から採る猛毒; 毒矢に用いる》. 〖◻ Jav. *antjar*〗

an·ti·a·rin /ǽntiərɪn | -tiərɪn/ *n.* =antiar 2. 〖1863〗

ànti·arrhýthmic *adj.* 〘医学〙抗不整脈の: an ~ agent [drug] 抗不整脈薬. 〖1954〗

ànti·árt *n.* 反対芸術, 反芸術《既成の美や秩序を否定する立場をとる; 特にダダ (Dada)》. ― *adj.* 反芸術の.

ànti·artístic *adj.* 〖1932〗

ànti·àtom *n.* 〘物理〙反原子, 反物質の原子. 〖1967〗

ànti·authoritárian *adj.* 権威主義反対の, 反権威主義の. **~·ism** *n.* 〖1910〗

ànti·áuxin *n.* 〘生化学〙抗オーキシン(剤)《オーキシン (auxin) の生理作用を拮抗的に阻害する物質》. 〖1949〗

ànti·bacchíus *n.* 〘詩学〙強強弱[長長短]格. 〖(1589) ◻ LL ~ ◻ LGk *antibákkheios*: ⇨ anti-, bacchius〗

ànti·bactérial *adj.* 抗菌(性)の. ― *n.* 抗菌性物質. 〖1897〗

ànti·ballístic míssile *n.* 〘軍事〙対弾道弾ミサイル, 弾道ミサイル迎撃用ミサイル (略 ABM). 〖*c*1959〗

ànti·báryon *n.* 〘物理〙反バリオン《バリオン (baryon) の反粒子; cf. hadron》.

An·tibes /ɑ̃ː(n)tíːb, ɑːn-; *F.* ɑ̃tib/ *n.* アンティーブ《フランス南東部の地中海に臨む保養地; ローマ時代の重要な都市》.

ànti·bílious *adj.* 胆汁症予防[治療]の. 〖1817〗

ànti·biósis *n.* (*pl.* **-ses**) 〘生化学〙抗生, 抗生作用《相互に有害な作用を及ぼす生物(細菌)の拮抗関係》. 〖(1899) ← NL ~: ⇨ anti-, -biosis〗

an·ti·bi·ot·ic /æ̀ntɪbaɪɑ́(ː)tɪk, -taɪ- | -tɪbaɪɔ́t-˝/ 〘生化学〙*n.* **1** 抗生物質《ある微生物によって作られる物質で他の微生物の生育を阻害する作用をもつもの; penicillin, streptomycin など》. **2** [~s] ⇨ antibiotics. ― *adj.* 抗生の. **an·ti·bi·óti·cal·ly** *adv.* 〖1860〗

ànti·biótics *n.* 〘生化学〙抗生物質学. 〖1944〗

ànti·bláck *adj.* 黒人に反対する, 反黒人主義の. **ànti·bláck·ism** /-kɪzm/ *n.* 〖1952〗

an·ti·blas·tic /æ̀ntɪblǽstɪk, -taɪ- | -tɪ-/ *adj.* 〘生物〙細菌発育阻止の《特に, 体内の物質が寄生動物の成長を抑える場合にいう》.

an·ti·bod·y /ǽntɪbɑ̀(ː)di | -tɪbɔ̀di/ *n.* 〘生理〙抗体. 〖(1901) (なぞり) ← G *Antikörper*〗

antibody-médiated *adj.* 〘免疫・生理〙抗体媒介の: ~ immunity 抗体媒介(性)免疫《血中の抗体による免疫》.

ànti-Brítish *adj.* 反英[排英]の. 〖1845〗

ànti·búsing *adj.* 強制バス通学反対の (cf. busing). 〖1969〗

an·tic /ǽntɪk | -tɪk/ *n.* **1** [通例 *pl.*] はね回り, ふざけ (prank, caper); 滑稽な[おどけた]身振り; ばかげた行動, 狂態. **2 a** 《古》道化師 (clown); おどけ者. **b** 《廃》道化芝居. **3** 《古》(建築などの)グロテスクな装飾[模様] (cf. gargoyle 1). ― *adj.* **1 a** おどけた, 滑稽な. **b** 〈物語など〉奇妙な. **2** 《古》風変わりな, 異様な, 怪奇な (antick ともいう). ― *vi.* (**an·ticked; -tick·ing**) ふざけ(回)る, おどける. **~·ly** *adv.* **án·ti·cal·ly** *adv.* 〖(1529) ◻ It. *antico* 'ancient, ANTIQUE': 古代ローマの遺跡に見られるような異様なものの意から (cf. grotesque)〗

ànti·cáncer *adj.* 〘医学〙制癌効力のある, 抗癌性の: an ~ drug 抗癌[制癌]薬. 〖1926〗

ànti·cáncerous *adj.* 〘医学〙=anticancer.

ànti·cárious *adj.* 〘歯科〙抗カリエス性の, カリエスに効く.

ànti·cátalase *n.* 〘生化学〙抗カタラーゼ《カタラーゼの作用を抑制する物質》.

ànti·cátalyst *n.* 〘化学〙負触媒, 抗触媒 (negative catalyst ともいう; cf. catalyst 3). 〖*c*1920〗

ànti·catárrhal 〘薬学〙*adj.* カタルに効く, 抗カタル性の. ― *n.* 抗カタル薬[剤]. 〖1753〗

ànti·cathéxis *n.* 〘精神分析〙反対充当《ある衝動に含まれるリビドー (libido) がその衝動と反対の衝動に移動する心理状態》.

ànti·cáthode *n.* **1** 〘電気〙(真空放電管の)陽極 (anode). **2** 〘物理〙(X線管の)対陰極, ターゲット (target). 〖1907〗

ànti-Cátholic *adj., n.* 反カトリック主義の(人). 〖1665〗

an·ti·chlor /ǽntɪklɔə, -taɪ- | -tɪklɔ̀ː(r)/ *n.* 〘化学〙除塩素剤《塩素ないし次亜塩素酸イオンを中和除去する薬品の総称; 染色・木材パルプ・漂白用; チオ硫酸ナトリウム (sodium thiosulfate) など》. **an·ti·chlo·ris·tic** /æ̀ntɪklɔːrístɪk, -tə-, -taɪ- | -tɪ-˝/ *adj.* 〖(1869) ← ANTI-+CHLOR(INE)〗

ànti·chóice *adj.* 妊娠中絶の自由[合法化]に反対の. 〖1978〗

ànti·cholinérgic 〘医学〙*adj.* 抗コリン作用性の. ― *n.* 抗コリン作用薬. 〖1942〗

ànti·cholinésterase *n.* 〘生化学〙抗コリンエステラーゼ物質 (cf. cholinesterase). 〖1942〗

An·ti·christ, a- /ǽntɪkràɪst, -taɪ- | -tɪ-/ *n.* **1** キリスト(教)の敵, キリスト(教)反対者. **2** [(the) ~] 反キリスト

A

《キリスト再臨以前に出現してこの世に悪を満たすであろうと初期キリスト教徒が予測したキリストの敵; 1 *John* 2:18, 22》. **3** にせキリスト (false Christ). 〖? lateOE *antecrist* ◻ OF *antecrist* (F *antéchrist*) ∥ LL *antichristus* ◻ Gk *antikhristos*〗

ànti-Chríst *adj.* キリストに反対する, 反キリストの. 〖1791〗

ànti-chrístian *adj.* キリスト(教)反対の, 非キリスト教徒的な. — *n.* キリスト教反対者. 〖1531〗

an·tic·i·pant /æntísəpənt | -sɪ̀-/ *adj.* 〔…に〕先んじる; 〔…を〕予想[期待]して〔*of*〕. — *n.* =anticipator. 〖(1626) ◻ L *anticipāntem* (pres.p.) ← *anticipāre*: ⇨ ↓, -ant〗

an·tic·i·pate /æntísəpèɪt | -sɪ̀-/ *vt.* **1 a** 予想する, 予期する (⇨ expect SYN): ~ a change in the weather 天気の変わるのを予想する / We did not ~ *that* such a thing would happen. そんな事が起ころうとは思わなかった / The meeting went off as ~*d*. 会合は予想どおり行われた / The ~*d* meeting had to be canceled. 予期されていた会合はキャンセルされねばならなかった. **b** 予想して手配する, 事前に手を打つ; 前もって[先走って]話す[書く]: She always ~*s* my wishes. 私が言わないうちにいつも私の心をくんでくれる / Your argument ~*s* the conclusion. 君の議論は結論を見越して[先取りして]いる. **2 a** 〈よい事(が起こるの)を〉楽しみにして待つ, 期待する (look forward to): ~ a friend's visit 友人の訪問を楽しみに待つ / I ~*d meeting* him again. 彼との再会を楽しみにしていた. **b** 〈悪い事(が起こるの)を〉取越し苦労する (cf. 1 a) 《★ この意味には expect を用いるべきだとする人が多い》: ~ trouble もめ事を予測する. **3** …の機先を制する, 出し抜く (forestall): ~ the enemy's move 敵の動きに対して先手を打つ. **4** …に先立つ, 先行する (precede); …の先駆をなす: Leonardo da Vinci ~*d* many later discoveries and inventions. レオナルド ダ ビンチは後世の多くの発見や発明に先鞭をつけた. **5** 〈事(の時期)を〉早める (hasten): ~ a person's arrival, ruin, etc. **6** 〈入る金を〉見越して使う: You shouldn't ~ your salary. **7** 〖商業〗 **a** 〈債務などを〉期限前に支払う. **b** 前払いする. — *vi.* **1** 見越す; 先取りする. **2** 〖医学〗〈病気・症状が〉期前発する. **an·tíc·i·pàt·a·ble** /-təbl̩ | -təbl̩/ *adj.* 〖(1532) ← L *anticipātus* (p.p.) ← *anticipāre* ← ANTE-+*capere* to take: ⇨ -ate³〗

an·tic·i·pàt·ed /-tɪ̀d | -tɪ̀d/ *adj.* 待望の, 期待の(大きい) (cf. anticipate). 〖(1611): ⇨ ↑, -ed〗

an·tic·i·pa·tion /æntìsəpéɪʃən | æntìsɪ̀-, æntɪ-/ *n.* **1** 予想, 予期, 予測; 期待; 見越し; 予感: in [by] ~ 前もって, あらかじめ; 期待して / in ~ of …を見越して, 予想して, 当てにして / Thanking you in ~. 前もってお礼を申し上げます《依頼状・照会状などの結びの文句》/ The crowd waited with mounting ~. 群衆は期待をふくらませて待った. **2** 事前処理, 先取り. **3** 機先を制すること. **4 a** 先行すること; 先鞭をつけること. **b** 先行するもの, 先駆をなすもの〔*of*〕. **5 a** 〖商業〗期限前支払い, 前払い. **b** 〖法律〗期限前処分《信託財産から生じる収益を期限到来前に処分すること》. **6** 〖音楽〗先行音《次の和音に属する音が前の和音に先行的に現れることにいう; cf. suspension 10》. **7** 〖医学〗前駆現象《もと, 遺伝病が代が替わるたびに早い年齢で出現するといわれた現象》. 〖(*a*1397) ◻ (O)F ~ ∥ L *anticipātiō(n-)*: ⇨ ↑, -ation〗

an·tic·i·pa·tive /æntísəpèɪtɪv, -pət- | -sɪ̀pèɪt-, -pət-/ *adj.* 予期しての, 見越しての; 期待しがちな, 期待するような. **~·ly** *adv.* 〖1664〗

an·tíc·i·pà·tor /-tə | -tə(r)/ *n.* 予想者; 見越す人; 出し抜く人. 〖(1598) ◻ L *anticipātor*〗

an·tic·i·pa·to·ry /æntísəpətɔ̀:ri | -sɪ̀pèɪtəri, -pət-, -tri/ *adj.* **1** 予想の, 予期しての, 見越しての; 期待するような. **2** 〖文法〗先行の[する] (cf. preparatory 4): an ~ subject 先行主語《例えば It is wrong to tell lies. の it など》. **an·tic·i·pa·to·ri·ly** /æntìsəpətɔ́:rəli, —⌒—— | æntìsɪ̀pèɪtərɪ̀li, -pət-, -trɪ̀-/ *adv.* 〖1669〗

anticked *v.* antic の過去形・過去分詞. 〖1612〗

anticking *v.* antic の現在分詞.

an·ti·clas·tic /æ̀ntɪ̀klǽstɪk, -taɪ- | -tɪ-⌒/ *adj.* 〖数学〗(曲面上の点で)主曲率が異符号の (↔ synclastic). 〖1867〗

ánticlastic póint *n.* 〖数学〗鞍点(あんてん) (saddle point).

ànti-clérical *adj.* (政治上などでの)聖職者の権力に反対する, 教権反対の. — *n.* 教権反対者. **~·ist** *n.* 〖1845〗

ànti-clérical-ism *n.* 反聖職(者)主義; 教権反対. 〖1886〗

ànti-climáctic *adj.* 竜頭蛇尾の, 線香花火的な, あっけない. **ànti-climáctical** *adj.* **ànti-climáctically** *adv.* 〖(1898): ⇨ anticlimax, climactic〗

ànti-clímax *n.* **1** 〖修辞〗語勢[文勢]漸落, 漸降法 (bathos) (↔ climax). **2** 竜頭蛇尾, 線香花火的な結末; 期待の裏切り, あっけなさ〔*of*〕. 〖1727〗

an·ti·cli·nal /æ̀ntɪ̀kláɪnl̩ | -tɪ-⌒/ *adj.* **1** 〖地質〗背斜状の (cf. synclinal 2): the ~ axis [line, fold, strata, valley] 背斜軸[線, 褶曲(しゅうきょく), 層, 谷]. **2** 〖解剖〗背斜脊柱の. **3** 〖植物〗垂層の《面が生長面に対し垂直なものにいう; cf. periclinal 1》. 〖1882〗

anticlinal axis
1 anticlinal axis
2 synclinal axis

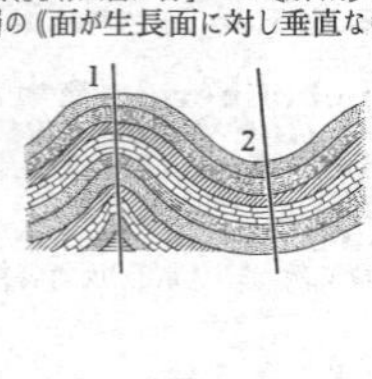

an·ti·cline /æ̀ntɪ̀klàɪn | -tɪ-/ *n.* **1** 〖地質〗背斜褶曲(しゅうきょく), 背斜 (cf. syncline). **2** 〖植物〗垂層面. 〖(*c*1861) ← ANTI-+Gk *klínein* to bend, incline〗

an·ti·cli·no·ri·um /æ̀ntɪ̀klaɪnɔ́:riəm | -tɪklaɪnɔ́:r-/ *n.* (*pl.* **-ri·a** /-riə/) 〖地質〗複背斜 (cf. synclinorium). 〖(1874) ← NL ~: ⇨ ↑, -orium〗

ànti-clóckwise *adj., adv.* 《英》=counterclockwise. 〖1898〗

ànti-coágulant 〖医学〗*adj.* 凝血抑止の, 抗凝固性の. — *n.* 抗凝固剤《血液凝固を妨げる物質; 検査や治療のために使う》. 〖*c*1905〗

ànti-coágulàte /-lèɪt/ *vt.* 〖医学〗…の血液凝固を抑止する. **ànti-coàgulátion** *n.*

ànti-códon *n.* 〖生化学〗アンチコドン, 対応コドン《転移 RNA (tRNA) 上にあって, 伝令 RNA の暗号 codon と相補的である 3 個の連続した塩基配列》. 〖1965〗

ànti-cohérer *n.* 〖通信〗アンティコヒーラー《電波の作用によってコヒーラーとは逆に抵抗を増す検波器》.

ànti-coíncidence *n.* 〖物理〗逆の合致. 〖1939〗

ànti-collísion *adj.* 〈装置などが〉衝突防止[回避]用の.

ànti-colónial *adj.* 植民地主義反対の, 反植民地主義の. **~·ism** *n.* **~·ist** *n.* 〖1952〗

ànti-cómmunist *adj.* 共産主義反対の, 反共の: an ~ policy 反共政策. **ànti-cómmunism** *n.* 〖1934〗

ànti-cómmutative *adj.* 〖数学〗非可換の.

ànti-constitútional *adj.* 憲法に違反する, 違憲の.

ànti-consúmerism *n.* 反(大量)消費主義《汚染防止や資源保護のため物的消費の制限を主張する考え方》. **ànti-consúmerist** *n., adj.*

ànti-convúlsant 〖医学〗*adj.* 痙攣(けいれん)抑止の. — *n.* 抗痙攣薬. 〖1734〗

ànti-convúlsive *adj.* 〖医学〗=anticonvulsant. 〖*a*1734〗

Ánti-Córn Làw Léague *n.* [the ~] (英国の)穀物法廃止連盟, 反穀物法連盟《1839 年 Richard Cobden と John Bright が主唱して Manchester で結成した連盟; cf. Corn Laws》. 〖1843〗

ànti-corrósive *adj.* さび止めの, 腐食防止(性)の: ~ paint. — *n.* 腐食止め, 防食剤, 防錆(ぼうせい)剤. 〖1824〗

An·ti·cos·ti /æ̀ntəkɔ́(:)sti, -kɑ́(:)s- | -tɪkɔ́s-/ *n.* アンティコスティ島《カナダ Quebec 州の St. Lawrence 河口にある島; 面積 7,881 km²》.

ànti-crèeper *n.* 〖鉄道〗アンチクリーパー《レールと枕木の間の移動を防ぐために用いる金具》.

ànti-cróp *adj.* 〖軍事〗〈化学兵器など〉作物破壊(用)の, 対作物の.

ànti-crýptic *adj.* 〖動物〗〈体色など〉周囲から目立たない (cf. procryptic): ~ color 抗隠匿色. 〖1890〗

àn·ti·cy·clo·génesis /æ̀ntɪ̀saɪklə-, -taɪ- | -tɪsaɪklə(ʊ)-/ *n.* 〖気象〗高気圧の発生[発達]. 〖← NL ~: ⇨ anticyclone, -genesis〗

an·ti·cy·clol·y·sis /æ̀ntɪ̀saɪklɑ́(:)ləsɪ̀s, -taɪ- | -tɪsaɪklɔ́lɪ̀sɪs/ *n.* (*pl.* **-y·ses** /-sì:z/) 〖気象〗高気圧の消滅[衰弱]. 〖← NL ~: ⇨ ↓, -lysis〗

ànti-cỳclone *n.* 〖気象〗**1** 逆旋風. **2** 高気圧 (⇨ high-pressure area). 〖1877〗

ànti-cyclónic *adj.* 〖気象〗**1** 反対旋風の(吹く). **2** 高気圧性の. 〖1860〗

ànti-dázzle *adj.* 〖自動車〗〈ルームミラーなど〉眩惑防止の, 防眩の. 〖1920〗

ànti-democrátic *adj.* 民主主義反対の, 反民主主義の. 〖1837〗

ànti-depréssant *adj., n.* 〖薬学〗抗鬱(うつ)病剤(の), 抗鬱薬(の), 興奮剤(の). 〖1962〗

ànti-depréssive *adj.* 〖薬学〗=antidepressant.

ànti-derívative *n.* 〖数学〗=indefinite integral. 〖*c*1942〗

ànti-deutérium *n.* 〖物理〗反重水素《重水素の反粒子; 反重陽子を核としこれと陽電子で構成》. 〖1970〗

ànti-déuteron *n.* 〖物理〗反重陽子《重陽子の反粒子; 反陽子と反中性子で構成》. 〖1964〗

ànti-diabétic 〖薬学〗*adj.* 抗糖尿病性の. — *n.* 抗糖尿病薬, 糖尿病治療薬.

ànti-diarrhéal *adj.* 〖薬学〗下痢止めの. — *n.* 下痢止め(薬), 止痢薬.

ànti-diphtherític 〖薬学〗*adj.* 抗ジフテリアの, ジフテリア予防[治療]の. — *n.* 抗ジフテリア(注射)剤.

ànti-disestablishmentárianism *n.* 〖キリスト教〗(19 世紀の英国国教会に対する)非国教化反対, 国教制度廃止反対. **ànti-disestablishmentárian** *n.* 〖1900〗

ànti-diurétic 〖薬学〗*adj.* 抗利尿性の, 利尿阻止性の. — *n.* 利尿抑止薬. 〖1941〗

ántidiurétic hórmone *n.* 〖生化学〗抗利尿ホルモン《腎小管で水の再吸収を増加させ, それによって尿が少量になるホルモン; 略 ADH》. 〖1942〗

an·ti·do·ron /æ̀ntɪ̀dɔ́:rɑ(:)n, -taɪ- | -tɪdɔ́:rɔn/ *n.* (*pl.* **-do·ra** /-rə/) 〖東方正教会〗祝別パン片《聖餐式 (Eucharist) 後, 聖餐に与(あずか)れなかった求道者などに配られる聖なるパン; eulogia ともいう》. 〖(1850) ◻ LGk *antídōron* return gift ← ANTI-+Gk *dōron* gift (← *didónai* to give)〗

an·ti·dot·al /æ̀ntɪ̀dóʊtl̩ | æ̀ntɪdə́ʊtl̩⌒/ *adj.* 解毒(性)の. **~·ly** *adv.* 〖1646〗

an·ti·dote /æ̀ntɪ̀dòʊt | æ̀ntɪdəʊt/ *n.* **1** 解毒剤〔*to, for, against*〕: an ~ *for* [*to*] a poison. **2** 〔害悪などの〕矯正手段, 対策〔*to, for, against*〕: an ~ *for* poverty / Work is the best ~ *to* sorrow. 仕事が悲しみをいやす最良の手段である. 〖(?*a*1425) ◻ (O)F *antidote* ∥ L *antidotum* ◻ Gk *antídoton* ← *antídotos* given against ← ANTI-+*dotós* (← *didónai* to give)〗

an·ti·drom·ic /æ̀ntɪ̀drɑ́(:)mɪk | -tɪdrɔ́m-⌒/ *adj.* 〖生理〗逆方向性の《神経刺激を普通と逆の方向に導く》. **~·ally** *adv.* 〖(*c*1927) ← ANTI-+DROMO-+-IC¹〗

ànti-dúmping *adj.* ダンピング[海外投売り]防止の: ~ duties ダンピング防止税. 〖1915〗

an·ti·dune /æ̀ntɪ̀dù:n, -djù:n | -tɪdjù:n/ *n.* 〖地学〗後退砂波《流れの上流側に向かって移動する砂波》.

ànti-eléctron *n.* =positron. 〖1931〗

ànti-emétic 〖薬学〗*adj.* 鎮吐[制吐]作用の(ある), 抗嘔吐作用の(ある). — *n.* 鎮吐[制吐]薬, 抗嘔吐薬. 〖1830〗

ànti-energístic *adj.* 〖物理〗加えられたエネルギーに抗する, 反[抗]エネルギーの.

ànti-énzyme *n.* 〖生化学〗抗酵素物質《酵素または酵素原を抗原として作った抗体で, その抗原とした酵素の活性を抑制する物質》. 〖1903〗

ànti-estáblishment *adj.* 既成体制反対の, 反体制の. 〖1958〗

ànti-establishmentárian *n.* 反体制主義者.

An·ti·e·tam /æntí:təm | -təm/ *n.* アンティータム(運河)《米国 Pennsylvania 州南部から Maryland 州北西部を流れて Potomac 川に注ぐ運河; Potomac 川との合流地は南北戦争時 Lee 将軍が敗退した激戦地 (1862)》.

ànti-fáding antènna *n.* 〖電気〗フェーディング防止アンテナ.

ànti-fébrile 〖薬学〗*adj.* 解熱の(効果のある). — *n.* 解熱剤. 〖1661〗

An·ti·feb·rin /æ̀ntɪ̀fí:brɪ̀n, -taɪ-, -féb- | -tɪfí:brɪn, -féb-/ *n.* 〖商標〗アンチフェブリン《acetanilide の商品名》. 〖← ANTI-+FEBRI-+-IN²〗

ànti-féderal *adj.* 連邦(主義)反対の, 反連邦主義の. 〖1789〗

ànti-féderalism *n.* 反連邦主義. 〖1788〗

Ánti-féderalist *n.* **1** (米国の)反連邦党員. **2** [a-] 反連邦主義者. — *adj.* 反連邦党の. 〖1787〗

Ánti-féderal párty *n.* [the ~] (米国の)反連邦党《1790 年以前には憲法採択に反対し, 以後はその厳格な解釈を主張した》.

ànti-féed·ant /-fí:dənt, -dn̩t | -dənt, -dn̩t/ *n.* 〖農業〗摂食阻害剤《茎や葉を食害する虫の予防薬》. 〖1972〗

ànti-féminist *n.* 反女権拡張主義者. — *adj.* 反女権拡張主義の. **ànti-féminism** *n.* 〖1924〗

ànti-férment *n.* 抗酵素, 発酵防止剤. 〖1876〗

ànti-ferromágnet *n.* 〖磁気〗反強磁性物質.

ànti-ferromagnétic *adj.* 〖磁気〗反強磁性の. 〖1936〗

ànti-ferromágnetism *n.* 〖磁気〗反強磁性. 〖1938〗

ànti-fertílity *adj.* 〖医学〗避妊(用)の. 〖1953〗

ànti-flásh *adj.* 熱放射を防ぐ. 〖1922〗

ánti-fòam *n.* 〖化学〗泡止め剤; 泡消し剤, 消泡剤. 〖1934〗

an·ti·fog·gant /æ̀ntɪ̀fɑ́(:)gənt, -taɪ-, -fɔ́(:)g- | -tɪfɔ́g-/ *n.* 〖写真〗(写真の)かぶり防止剤. 〖← ANTI-+FOG¹+-ANT〗

an·ti·fog·mat·ic /æ̀ntɪ̀fɑ(:)gmǽtɪk, -taɪ-, -fɔ(:)g- | -tɪfɔgmǽt-/ *n.* 《米》頭をすっきりさせるために飲む(朝)酒, 迎え酒. 〖(1789): ⇨ anti-, fog¹; 戯言的造語〗

ànti-fóreign *adj.* 排外的な. **~·ìsm** *n.*

ànti-fórm *adj.* 〖美術〗反定型の《在来の伝統的な表現形式[手段]に反対する現代芸術の一傾向にいう》. 〖1968〗

ànti-fóuling *adj.* 汚れ止めの, 防汚の. — *n.* =antifouling paint. 〖1869〗

antifóuling pàint *n.* (船底)防汚塗料, 汚れ止めペイント《船底への動植物の付着を防ぐ有毒塗料》. 〖*c*1865–70〗

ánti-frèeze 〖化学〗*adj.* 〈液剤が〉氷点下降用の. — *n.* 氷点下降剤, 不凍剤. 〖1913〗

ánti-frèezing *adj.* 抗凍結の.

ànti-fríction *n.* 減摩材, 潤滑材 (lubricant). — *adj.* 減摩性の; (特に)〈ベアリングなど〉回転[ころがり]接触の. 〖1837〗

antifríction álloy *n.* 〖金属〗減摩合金《特に, ベアリングに用いられる銅・スズ・鉛・アンチモン・亜鉛などの合金》.

antifríction mètal *n.* 〖機械〗減摩メタル (white metal)《軸受け面などに用いる》.

ànti-fúngal *adj.* 〖農業〗殺菌(剤)の (fungicidal). 〖1945〗

an·ti-g, anti-G /æ̀ntɪ̀dʒí:, -taɪ- | -tɪ-⌒/ *adj.* 抗重力の: ⇨ anti-G suit. 〖(1945) ← ANTI-+G(RAVITY)〗

ànti-gás *adj.* 防毒ガス用の. 〖1915〗

an·ti·gen /ǽntɪ̀dʒən, -dʒèn | -tɪ-/ *n.* **1** 〖生化学〗抗原《生体内に入って抗体 (antibody) を生成する作用のある物質》. **2** 〖薬学〗抗原薬. 〖(1908) ← ANTI-+-GEN〗

an·ti·gen·ic /æ̀ntɪ̀dʒénɪk, -taɪ- | -tɪ-⌒/ *adj.* 抗原の. **an·ti·gén·i·cal·ly** *adv.* **an·ti·ge·nic·i·ty** /æ̀ntɪ̀dʒənísəṭi, -taɪ- | -tɪdʒənísɪ̀ti/ *n.* 〖1913〗

antigénic detérminant *n.* 〖免疫〗抗原決定基《抗原抗体反応の特異性を決定する抗原分子の特定部分》. 〖1985〗

ànti-globalizátion *n.* (経済などの)反グローバル化: an ~ group.

ànti-glóbulin *n.* 〖生化学〗抗グロブリン《グロブリン (globulin) と結合して沈澱させる抗体》. 〖1909〗

An·tig·o·ne /æntígəni, -nì: | -ni/ *n.* 〖ギリシャ神話〗アンティゴネー《Oedipus とその母 Jocasta との間の娘; 殺され

た兄 Polynices を葬ろうとして禁を犯し，生埋めを宣告されたのち自殺した）．〘□ L ～ □ Gk *Antigónē*《原義》in place of mother ← ANTI-＋*gonē* womb〙

An·tig·o·nus I /æntígənəs/ *n.* アンティゴノス一世 (382?–301 B.C.; Alexander 大王配下の将軍でその後継者の一人; マケドニア王 (306–301 B.C.); あだ名 Antigonus Cyclops [Monophthalmos /mɑ̀(ː)nɑ(ː)fθǽlməs | mɔ̀nɔf-/]（一つ目のアンティゴノス））．

an·tig·o·rite /æntígəràɪt/ *n.* 〖鉱物〗アンチゴライト ($Mg_3Si_2O_5(OH)_4$)（蛇紋石）．〘(1862) □ G *Antigorit* ← *Antigorio*（イタリアの地名でその生産地）: ⇨ -ite[1]〙

ànti·góvernment *adj.* 反政府の．

ànti·grávity *n.*, *adj.* 反重力[反引力](の)．〘1944〙

ànti-G sùit *n.* 〖航空〗耐 G 服，耐 G スーツ．〘1945〙

An·ti·gua /æntíːg(w)ə, -tíg- | -tíːgə/ *n.* **1** アンティグア（島）（西インド諸島の Leeward 諸島の一島; 面積 442 km²）．**2** アンティグア（グアテマラ中南部の都市; 旧首都; Antigua Guatemala ともいう）．**An·ti·guan** /æntíːg(w)ən, -tíg- | -tíːgən/ *adj.*, *n.*

Antígua and Barbúda *n.* アンティグアバーブーダ（Antigua 島, Barbuda 島および周辺の小島群から成るカリブ海東部の国; 1981 年に独立, 英連邦に属する; 首都 (Antigua 島の) St. John's）．

ànti·haemophílic *adj.* ＝antihemophilic.

ànti·halátion 〖写真〗*n.* ハレーション防止(法)．— *adj.* 〈フィルムなど〉ハレーションを防止する．〘1959〙

ànti·hélium *n.* 〖物理〗反ヘリウム．〘1970〙

ànti·hélix *n.* (*pl.* **-helices**, **～·es**) 〖解剖〗対耳輪．〘1721〙

ànti·hemophílic *adj.* 〖生化学〗抗血友病性の．

ántihemophilic fáctor *n.* 〖生化学〗抗血友病因子（略 AHF）．〘1947〙

ánti·hèro *n.* 〖文学〗反英雄，アンチヒーロー（平凡で英雄的資質を欠いた主人公）．〘1714〙

ànti·heróic *adj.* 〖文学〗**1** 〈主要人物が〉反英雄的な．**2** 〈作品など〉(主要人物に)反英雄的な人物が登場する．〘1907〙

ánti·hèroine *n.* 〖文学〗アンチヒロイン（小説・劇などのヒロインらしさに欠ける女性主人公）．〘1907〙

ànti·hístamine *n.* 〖薬学〗＝antihistaminic.〘1933〙

ànti·histamínic 〖薬学〗*adj.* 抗ヒスタミン性の．— *n.* 抗ヒスタミン薬．〘1950〙

ànti·húman *adj.* **1** 人間に反対する，反人間の．**2** 〖生化学〗抗人の（人血に対する抗体をもっている）．**～·ism** *n.* 〘1854〙

ànti·hýdrogen *n.* 〖物理〗反水素．

ànti·hýperon *n.* 〖物理〗反重核子（重核子の反粒子）．

ànti·hypertensive 〖医学〗*adj.* 抗高血圧性の，高血圧を抑制する．— *n.* 抗高血圧(症)薬，降圧剤．〘*c*1957〙

ànti-ícer *n.* 〖航空〗氷結防止装置，防氷装置 (cf. deicer); 氷結防止液．〘1935〙

ànti-impérialism *n.* 反帝国主義．**ànti-impérialist** *n.*, *adj.* 〘1899〙

ànti-inféctive *adj.* 〖薬学〗抗感染性の，感染予防の．— *n.* 抗感染薬．〘1899〙

ànti-inflámmatory 〖薬学〗*adj.* 炎症抑制の．— *n.* 炎症抑制剤．〘*c*1957〙

ànti-intelléctual *n.* **1** 知識人[知的な事柄]に反感をもつ人．**2** 反主知主義者．— *adj.* 知識人[知的な事柄]に反感をもつ; 反主知主義の．**～·ly** *adv.* 〘1936〙

ànti-intelléctualism *n.* **1** 〖哲学〗反主知主義．**2** 知識人[知的な事柄]への反対[反感]．〘1909〙

ànti-intelléctualist *n.* **1** 〖哲学〗反主知主義者．**2** 知識人[知的な事柄]に反感をもつ人．〘1907〙

ànti-Jácobin *adj.* ジャコバン党[主義]反対の; 急進思想反対の．— *n.* ジャコバン党[主義]反対者．〘1809〙

ànti-Japanése *adj.* 排日[抗日]の．

ànti-Jéwish *adj.* ＝anti-Semitic.〘1817〙

ànti·knóck 〖機械〗*n.* アンチノック剤，制爆剤（内燃機関の燃焼室内に発生するノッキングを抑えるため燃料に加える物質; cf. knocking 2）．— *adj.* 制爆性の，アンチノック性の．〘1921〙

ànti·lábor *adj.* 反労働組合の，労働者の利益に反する．

An·ti-Leb·a·non /æ̀ntɪlébənən, -nɑn | -tɪlébənən, -nɔn/ *n.* [the ～] アンティレバノン(山脈)（シリアの南西, Lebanon 山脈の東に連なる山脈; 最高峰 Mt. Hermon (2,814 m)）．

an·ti·le·gom·e·na /æ̀ntɪlɪgɑ́(ː)mənə | -tɪ̀ləgɔ́mɪ̀-/ *n. pl.* [the ～] 〖聖書〗アンチレゴメナ，被疑書（初期教会で正典性が疑わしいとされていた新訳聖書の中の諸書: *Hebrews, James, Jude, II Peter, II John, III John* および *Revelations*）．〘(1875) □ Gk *antilegómena*〙

ànti·lépton *n.* 〖物理〗反軽粒子（軽粒子の反粒子）．

ànti·leukémic *adj.* 〖薬学〗白血病抑制の，抗白血病の．〘1951〙

ànti·lífe *adj.* 反健常生活の; 反生命の，産児制限賛成の．〘1926〙

ànti·líthic 〖薬学〗*adj.* 結石防止の．— *n.* 結石防止剤．〘1853〙

ànti·lítter *adj.* 公共の場所の廃棄物汚染防止[規制]のための．〘1917〙

An·til·le·an /æntílian, æ̀ntəlíːən, -tl̩- | æntílian, æ̀ntɪlíːən, -tl̩-/ *adj.* アンチル諸島 (Antilles) の．〘(1876): ⇨ ↓, -an[1]〙

An·til·les /æntíliːz/ *n. pl.* [the ～] ⇨ Greater Antilles, Lesser Antilles.

An·til·o·chus /æntíləkəs/ *n.* 〖ギリシャ伝説〗アンティロコス（Nestor の息子で Achilles の腹心の友）．〘□ L ～ □ Gk *Antílokhos*〙

ànti·lóck *adj.* 〈ブレーキが〉アンチロック(式)の（急に強くかけても車輪の回転が止まらない）．〘1974〙

ánti-lock bràke [bráking] sỳstem *n.* アンチロック式ブレーキ装置（略 ABS）．

an·ti·log /ǽntɪlɔ̀(ː)g, -taɪ-, -lɑ̀(ː)g | -tɪlɔ̀g/ *n.* 〖数学〗＝antilogarithm.〘1910〙

ànti·lógarithm *n.* 〖数学〗真数（ある数の対数に対してもとの数をいう; しばしば antilog と略す）．**ànti·logaríthmic** *adj.* 〘1675〙

an·til·o·gous /æntíləgəs/ *adj.* 自己[前後]矛盾の (↔ analogous).〘← Gk *antílogos*＋-OUS〙

an·til·o·gy /æntílədʒi/ *n.* 自己矛盾，前後[自説]矛盾．〘(1614) □ Gk *antilogía*: ⇨ anti-, -logy〙

an·ti·ló·pine wallaróo /æ̀ntɪlóupaɪn- | -tɪlóupaɪn-/ *n.* 〖動物〗アカワラルー (⇨ euro).

ànti·lýmphocyte [ànti·lymphocýtic] sé·rum *n.* 〖生理〗（移植時の拒否反応を抑えるための）抗リンパ球血清．〘1965〙

an·ti·ma·cas·sar /æ̀ntɪməkǽsə | -tɪməkǽsə[r]/ *n.* 椅子の背覆い（19 世紀の英国でマカッサル油を使った整髪による椅子の背の汚れ防止用の布; 中流家庭によく見受けられたので，その時代の象徴とされる）．〘(1852) ← ANTI-＋MACASSAR (OIL)〙

ànti·magnétic *adj.* 〈時計など〉強い磁場においても故障の起こらない，耐磁性の．〘1946〙

ànti·malárial 〖薬学〗*adj.* 抗マラリア性の．— *n.* 抗マラリア薬．〘1893〙

ánti·màsque *n.* (*also* **ánti·màsk**) 〖演劇〗（仮面劇 (masque) の）幕間(まくあい)の道化(どうけ)狂言．〘1613〙

ánti·màtter *n.* 〖物理〗反物質（通常の物質を構成している粒子(陽子・中性子・電子)の反粒子(反陽子・反中性子・陽電子)から構成される物質）．〘1950〙

antimensia *n.* antimension, antimensium の複数形．

an·ti·men·si·on /æ̀ntɪménsiɑ̀(ː)n | -tɪménsiɔ̀n/ *n.* (*pl.* **-si·a** /-siə/) **1** 〖東方正教会〗アンティミンス，代案（聖別された絹または麻の布; 祭壇上に敷かれ，主教によって聖別された聖遺物の小片が縫い込まれている）．**2** 〖カトリック〗聖体布 (corporal).〘← ML *antimensium* □ MGk *antimínsion*, -*mēsion* ← ANTI-＋L *mensa* table＋Gk -*ion* '-IUM'〙

an·ti·men·si·um /æ̀ntɪménsiəm | -tɪmén-/ *n.* (*pl.* **-si·a** /-siə | -sɪə/) ＝antimension.

an·ti·mere /ǽntɪmɪə | -tɪmɪə[r]/ *n.* 〖動物〗相称部分，対部（例えば左右相称のものの左右の各半部など）．**an·ti·mer·ic** /æ̀ntɪmérɪk | -tɪ-ˈ-/ *adj.* **an·tím·er·ìsm** /æntímərìzm/ *n.* 〘(1877) ← ANTI-＋-MERE〙

ànti·metábolite *n.* 〖生物・医学〗代謝拮抗物質（代謝物質と構造的・機能的に似ていて，その代謝物質が関与する作用を阻害する物質）．〘1945〙

ànti·micróbial 〖生化学〗*adj.* 抗菌の，抗生の．— *n.* 抗菌物質，抗生物質．〘1910〙

ànti·mílitarism *n.* 反軍国主義．〘1906〙

ànti·mílitarist *n.* 反軍国主義者．— *adj.* 反軍国主義(者)の．**ànti·militarístic** *adj.* 〘1905〙

ànti·mílitary *adj.* 反軍国主義の．〘1850〙

ànti·míssile 〖軍事〗*adj.* ミサイル防御用の，対ミサイルの，ミサイル迎撃の．— *n.* ＝antimissile missile.〘1962〙

antimíssile míssile *n.* 〖軍事〗対ミサイル用ミサイル，ミサイル迎撃用ミサイル（略 AMM）．〘*c*1956〙

ànti·mitótic 〖生物・生化学〗*adj.* 抗有糸分裂の（細胞の有糸分裂を阻害する）．— *n.* 抗有糸分裂物質．〘1970〙

ànti·monárchical *adj.* 君主政治に反対する．**ànti·monárchic** *adj.* 〘1625〙

ànti·mónarchist *n.* 君主政治反対者．〘*a*1672〙

an·ti·mo·nate /ǽntɪmənèɪt, -nɪt | -tɪ-/ *n.* 〖化学〗アンチモン酸塩[エステル]（一般式 $xM_2O \cdot ySb_2O_5 \cdot zH_2O$ で示される化合物）．〘(1854) ← ANTIMONY＋-ATE[1]〙

an·ti·mo·ni·al /æ̀ntɪmóuniəl | -tɪmə́u-/ *adj.* 〖化学〗アンチモンの，アンチモニー質の．— *n.* アンチモン化合物（合金，薬剤など）．〘(1605): ⇨ antimony, -al[1]〙

ántimonial léad /-léd/ *n.* 〖化学〗アンチモン鉛，硬鉛（アンチモンを 4–10% 含む鉛合金で蓄電池極板に用いる; grid metal, hard lead ともいう）．

an·ti·mon·ic /æ̀ntɪmɑ́(ː)nɪk | -tɪmɔ́n-/ 〖化学〗*adj.* 5 価のアンチモン (Sb^{V}) の，第二アンチモンの．— *n.* アンチモン化合物．〘1834〙

ántimonic ácid *n.* 〖化学〗アンチモン酸 (⇨ antimony pentoxide).〘1834〙

an·ti·mo·nide /ǽntɪmənàɪd | -tɪ-/ *n.* 〖化学〗アンチモン化合物．〘(1863) ← ANTIMONY＋-IDE[2]〙

an·ti·mo·ni·ous /æ̀ntɪmóuniəs | -tɪmə́u-ˈ-/ *adj.* 〖化学〗＝antimonous.〘1833〙

antimónious ácid *n.* 〖化学〗亜アンチモン酸（三酸化アンチモンの水和物）．〘1833〙

antimónious óxide *n.* 〖化学〗酸化第一アンチモン (⇨ antimony trioxide).〘1876〙

an·ti·mo·nite /ǽntɪmənàɪt | -tɪ-/ *n.* 〖鉱物〗輝安鉱 (stibnite).〘1834〙

ànti·monópoly *adj.* 独占反対の: the ～ law 独占禁止法．

an·ti·mo·nous /ǽntɪmənəs, -mòun- | -tɪmən-/ *adj.* 〖化学〗3 価のアンチモン (Sb^{III}) の，第一アンチモンの．〘1868〙

ántimonous hýdride *n.* 〖化学〗水素化第一アンチモン，水素化アンチモン (III) (⇨ stibine).

ànti·monsóon *n.* 〖気象〗反対季節風 (↔ monsoon).

an·ti·mo·ny /ǽntɪmòuni, -mə- | -tɪmə-/ *n.* 〖化学〗アンチモン，アンチモニー（金属元素の一つ; 記号 Sb，原子番号 51，原子量 121.75）．★ ラテン語系形容詞: stibial.〘(?*c*1425) □ ML *antimōnium* ← ? Arab. *al-úthmud, al-íthmid* ← Gk *stímmi* 'STIBIUM': ⇨ -y[1]〙

antimony 124 *n.* 〖化学〗アンチモン 124（アンチモンの放射性同位元素; 質量数 124; 半減期 60 日; トレーサーに用いる）．

ántimony cínnabar *n.* 〖化学〗＝antimony vermilion.

ántimony glánce *n.* 〖鉱物〗＝stibnite.〘1875〙

ántimony hýdride *n.* 〖化学〗水素化アンチモン (⇨ stibine).

an·ti·mo·nyl /ǽntɪmənɪl | -tə-/ *n.* 〖化学〗アンチモニル基 (SbO).〘← ANTIMON(Y)＋-YL〙

ántimonyl potássium tártrate *n.* 〖化学〗酒石酸アンチモニルカリウム，吐酒石 (tartar emetic).

ántimony oxychlóride *n.* 〖化学〗塩化酸化アンチモン (SbClO)（アンチモン化合物の原料; 難燃性布地製造に用いる）．

ántimony pentaflúoride *n.* 〖化学〗五フッ化アンチモン，フッ化アンチモン (V)（無色油状液体; フッ素化剤）．

ántimony pentasúlfide *n.* 〖化学〗＝antimony sulfide a.

ántimony pentóxide *n.* 〖化学〗五酸化アンチモン (Sb_2O_5)（アンチモン酸塩; アンチモン化合物原料; antimonic acid ともいう）．

ántimony súlfate *n.* 〖化学〗硫酸アンチモン ($Sb_2(SO_4)_3$)（無色粉末; 爆薬製造に用いる）．

ántimony súlfide *n.* 〖化学〗硫化アンチモン: **a** 五硫化アンチモン (Sb_2S_5)（ゴムの加硫剤，油絵の具・水彩絵の具の顔料に用いる）．**b** 三硫化アンチモン (Sb_2S_3)（絵の具の顔料，花火やマッチの製造に用いる）．

ántimony triflúoride *n.* 〖化学〗三フッ化アンチモン，フッ化アンチモン (III) (SbF_3)（陶磁器・織物染色に用いる; 有毒）．

ántimony trióxide *n.* 〖化学〗三酸化アンチモン (Sb_2O_3)（白色結晶; 防火塗料の原料; antimonious oxide ともいう）．〘1863〙

ántimony trisúlfide *n.* 〖化学〗＝antimony sulfide b.

ántimony vermílion *n.* 〖化学〗アンチモン朱（赤褐色の粉末; 顔料）．

ànti·mútagen *n.* 〖生物〗抗突然変異性物質．

ànti·mutagénic *adj.* 〖生物〗抗突然変異性の（自然突然変異や人為的突然変異の比率を減少させる）．

án·ti·my·cin A /æ̀ntɪmáɪsən-, -sn̩- | -tɪmáɪsɪn-/ *n.* 〖生化学〗アンチマイシン A（抗生物質の一つ; ミトコンドリアの電子伝達系の働きを阻害する）．〘1949〙

ànti·nátional *adj.* 反国家的な，反国家主義の．〘1807〙

ànti·neoplástic 〖薬学〗*adj.* 抗新生物[腫瘍]性の．— *n.* 抗新生物[腫瘍]薬．〘1954〙

ànti·neurálgic 〖薬学〗*adj.* 抗神経痛性の．— *n.* 抗神経痛薬[剤]．

ànti·neurític 〖薬学〗*adj.* 抗神経炎性の．— *n.* 抗神経炎剤．〘1881〙

ànti·neutríno *n.* 〖物理〗反ニュートリノ．〘1934〙

ànti·néutron *n.* 〖物理〗反中性子（中性子の反粒子）．〘1942〙

ant·ing /ǽntɪŋ | -tɪŋ/ *n.* 〖鳥類〗蟻浴(ぎよく)，アンチング（鳥が寄生虫をとるためアリを自己の羽毛にこすりつけること）．〘(1936) ← ANT＋-ING[1]〙

an·ti·node /ǽntɪnòud, -taɪ- | -tɪnəud/ *n.* 〖物理〗波腹（二つの波節 (node) の中間部）．**àn·ti·nód·al** /-dl̩/ *adj.* 〘1882〙

ànti·nóise *adj.* 騒音防止の: an ～ law 騒音防止令．〘1908〙

an·ti·no·mi·an, A- /æ̀ntɪnóumiən, -taɪ- | -tɪnə́u-ˈ-/ 〖神学〗*adj.* 反律法主義の，道徳律廃棄論の．— *n.* 反律法主義者，道徳律廃棄[不要]論者，信仰至上主義者．〘(1645) ← ML *antinomi* antinomians (← ANTI-＋Gk *nómos* law)＋-IAN〙

àn·ti·nó·mi·an·ism /-nìzm/ *n.* 〖神学〗反律法主義，道徳律廃棄[不要]論，反戒律説（キリスト教を信じる者は福音に示されている神の恵みの救済を受けるから道徳律から解放されると主張する信仰至上論）．〘1643〙

an·ti·nom·ic /æ̀ntɪnɑ́(ː)mɪk, -taɪ- | æ̀ntɪnɔ́m-ˈ-/ *adj.* 矛盾する; 〖哲学〗二律背反の．**àn·ti·nóm·i·cal·ly** *adv.* 〘1849〙

an·tin·o·my /æntínəmi/ *n.* **1** 二法[原理，規則]間の矛盾; 権威の衝突．**2** 〖哲学〗二律背反，アンチノミー，自己矛盾; 逆説 (paradox).〘(1592) □ L *antinomia* □ Gk *antinomía* ambiguity in the law: ⇨ anti-, -nomy〙

An·tin·o·us /æntínouəs | -nəu-/ *n.* **1** 〖ギリシャ伝説〗アンティノオス，アンティヌース（Penelope の求婚者の中で最も傲慢な男; Odysseus に殺された）．**2** アンティノウス（ローマ皇帝 Hadrian に寵愛された美青年; しばしば男性美の典型とされた）．〘□ L ～ □ Gk *Antínoos*〙

án·ti·nous reléase /ǽntɪnəs- | -tɪ-/ *n.* 〖写真〗＝cable release.〘← ? ANTINOUS〙

ánti·nòvel *n.* 〖文学〗反小説，アンチロマン（伝統的手法を退けた小説; anti-roman, nouveau roman ともいう）．**～·ist** *n.* 〘1958〙

ànti·núclear *adj.* **1** 核兵器反対の; 原子力発電反対派の．**2** 〖生物・生化学〗抗核の（細胞の核やその成分の

A

DNA と反応する傾向のある). **~·ist** *n.* 〖1958〗

ànti·núcleon *n.* 〖物理〗 反核子 《核子の反粒子のことで普通 N̄ で表す; 反陽子と反中性子とがある》. 〖1946〗

ànti·núke *adj.* 《口語》 =antinuclear 1.

An·ti·och /ǽntiɑ̀(ː)k | -tiɔ̀k/ *n.* アンティオキア: **1** トルコ南部の都市; 古代シリア王国の首都 (300–64 B.C.); アラビア語名 Antakia, トルコ語名 Antakya. **2** 米国 California 州西部, San Joaquin 川沿いの都市.

An·ti·och·i·an /æ̀ntióukiən, -ɑ́(ː)k- | -tiɔ́uk-⁻/ *adj.* アンティオキア (Antioch) の. 〖1840〗

An·ti·o·chus III /æntáɪəkəs/ *n.* アンチオコス三世 《241–187 B.C.; 古代シリアの王 (223–187 B.C.); エジプトと近東の大部分を征服したが, ローマ軍に敗れた (190 B.C.); 通称 Antiochus the Great》.

Antiochus IV *n.* アンチオコス四世 《215?–163 B.C.; 古代シリアの王 (175–163 B.C.), Antiochus 三世の子; エルサレムの神殿に Zeus としての自分の像を据えマカベア戦争の原因を作った; 通称 Antiochus Epiphanes /epífənìːz, ɪp-/》.

an·ti·o·don·tal·gic /æ̀ntioudɑ(ː)ntǽldʒɪk, -taɪou- | -tiə(ʊ)dɔn-/ 〖歯科〗 *adj.* 歯痛に効く, 抗歯痛性の. — *n.* 歯痛(鎮静)剤, 抗歯痛薬 《antodontalgic ともいう》. 〖1817〗

An·ti·o·pe /æntáɪəpi/ *n.* 〖ギリシャ神話〗 アンティオペー 《Thebe 王の娘, Zeus との間に Amphion と Zethus とを生み, 後 Lycus の妻となったが捨てられ, 彼の後妻 Dirce の迫害を受け, 結局息子たちに救われた》. 〖□ Gk *Antiópē* 《原義》 opposite ← ANTI-+*óps* eye〗

ànti·óxidant *n.* 〖化学〗 酸化防止剤, 老化防止剤 《酸化作用を防止・抑制する薬品の総称》. — *adj.* 酸化を抑制する. 〖1934〗

an·ti·o·zon·ant /æ̀ntióuzounənt | -tiə́uzəun-/ *n.* 〖化学〗 オゾン割れ防止剤 《オゾンの酸化作用を防ぐ化学薬品の総称》. 〖1954〗

ànti·párallel *adj.* **1** 〖物理〗 〈二つのベクトルが〉平行でしかも方向が正反対の. **2** 〖数学〗 逆平行の. 〖*c*1660〗

ànti·parasític *adj.* 〖薬学〗 抗寄生虫性の, 駆虫性の 《寄生虫に対して作用する》. 〖*c*1860〗

ánti·pàrticle *n.* 〖物理〗 反粒子 《粒子(素粒子または原子核など)に対して, 質量・寿命は等しく, 電磁的性質や他の量子数(重粒子数・軽粒子数・ストレンジネスなど)が正反対の粒子》. 〖1934〗

an·ti·pas·to /æ̀ntɪpáːstou, àːn-, -pǽs- | æ̀ntɪpǽstəu, -pɑ́ːs-, ⁻⁻⁻⁻; *It.* antipásto/ *n.* (*pl.* **~s**, **-pas·ti** /-tiː; *It.* -ti/) 《イタリア料理の》前菜 (hors d'oeuvre). 〖(1590) □ It. ~ ← *anti-* 'ANTE-'+*pasto* (< L *pastum* food)〗

An·tip·a·ter /æntípətə | -tə$^{(r)}$/ *n.* アンチパテル 《398?–319 B.C.; Alexander 大王麾下(きか)の将軍; マケドニアの摂政 (334–323 B.C.)》.

an·ti·pa·thet·ic /æ̀ntɪpəθétɪk, æntìpə- | æ̀ntɪpə-θét-, æntìpə-⁻/ *adj.* **1 a** 〔物・人に〕(生来の)反感を抱いている, 〔…を〕毛嫌いする, 〔…が〕大嫌いな (averse) 〔*to*〕: He was ~ *to* deception. 欺瞞(ぎまん)が大嫌いだった. **b** 〔…と〕相入れない, 性が合わない (incompatible) (cf. antipathy 3) 〔*to*〕: a policy ~ *to* compromise 妥協を許さぬ政策. **2** 〔…に〕反感を起こさせる, 虫の好かない (repugnant) 〔*to*〕: His attitude was profoundly ~ *to* me. 私には彼の態度が嫌でたまらなかった. **àn·ti·pa·thét·i·cal** *adj.* 〖(1640) ← L *antipathia* 'ANTIPATHY'+(PATH)ETIC〗

àn·ti·pa·thét·i·cal·ly *adv.* 反感をもって, 先天的〔病的〕に嫌って. 〖1818〗

an·ti·path·ic /æ̀ntɪpǽθɪk | -tɪ-⁻/ *adj.* **1** 〔…と〕相入れない, 反対の 〔*to*〕. **2** 〖医学〗 **a** 逆の性状を備えた, 拮抗的な. **b** アロパシー療法の (allopathic). 〖(1830) □ F *antipathique*: ⇨ ↓, -ic¹〗

an·tip·a·thy /æntípəθi/ *n.* **1** (生まれつきの)反感, 毛嫌い, 虫の好かないこと, (根深い)悪感情 (⇨ aversion SYN) 〔*to, for, between*〕: Some people have [feel] an ~ *to* cats. 生まれつき猫が嫌いな人がいる / Their mutual ~ [The ~ *between* them] must be obvious. 彼らが互いに反感をもっているのは明らかなはずだ. **2** 虫の好かない物, 本能的に嫌な物: Spiders are my ~. クモが大嫌いだ. **3** 《廃》 (感情・性格などの)不一致, 対立 (incompatibility). 〖(1601) □ L *antipathia* □ Gk *antipátheia*: ⇨ anti-, -pathy〗

ànti·patriótic *adj.* 反愛国主義(的)な.

ànti·pédal *adj.* 〖動物〗 〈軟体動物の体の部分が〉足と反対方向にある.

ànti·periódic 〖薬学〗 *adj.* 抗周期性の 《マラリアの特効薬キニーネなどのように周期的発作予防の》. — *n.* 周期病薬. 〖1861〗

ànti·peristálsis *n.* 〖生理〗 逆蠕動(ぜんどう) 《腸の内容物が逆に押し上げられる運動》. **ànti·peristáltic** *adj.* 〖(1859) ← NL ~: ⇨ anti-, peristalsis〗

ànti·pernícious anémia fàctor *n.* 〖生化学〗 抗悪性貧血因子 《vitamin B_{12} のこと》.

ànti·personnél *adj.* 〖軍事〗 〈装備などに対するより人員殺傷を目的とする〉対人の, 地上兵員目当ての: an ~ bomb, shell, etc. / an ~ mine 対人地雷. 〖1939〗

an·ti·per·spi·rant /æ̀ntɪpə́ːspərənt, -taɪ- | -tɪpə́ː-/ *n.* 〖薬学〗 発汗抑制薬, 制汗剤. 〖1943〗

ànti·pétalous *adj.* 〖植物〗 《萼(がく)が》花弁と交互の位置にくる. 〖1880〗

ànti·phlogístic *adj.* **1** 〖薬学〗 消炎性の. **2** 燃素 (phlogiston) 説に反対の. — *n.* 消炎薬. 〖1769〗

Anti·phlo·gis·tine /æ̀ntɪflouʤístiːn, -taɪ-, -tɪ̀n | -tɪflɔʤístiːn, -tɪn/ *n.* 〖商標〗 アンチフロジスチン 《消炎膏(こう)》. 〖(1910): ⇨ ↑, -ine³〗

an·ti·phon /ǽntəfən, -fɑ̀(ː)n | -tɪfən, -tɪ̀fɔn/ *n.* **1** 〖音楽〗 応答頌歌(しょうか). **2** 〖カトリック〗 交唱(聖歌) 《礼拝式の際に詩編の(前)後に左右の聖歌隊が交互に歌う聖務日課》. **3 a** 入祭唱, 奉納唱, 聖体拝領唱 《ミサ固有式文の三つの行列の歌》. **b** 礼拝の始まる部分の前奏[結び]として歌われる聖書の一節[数節]. **4** 反応, 応答 (response).

an·ti·phon·ic /æ̀ntəfɑ́nɪk | -tɪfɔ́n-/ *adj.* 〖(*c*1500) □ (O)F *antiphone* ∥ LL *antiphōna* □ Gk *antíphōna* (neut. pl.) ← *antíphōnos* sounding in answer to ← ANTI-+*phōnḗ* voice (⇨ phone²): cf. anthem〗

an·tiph·o·nal /æntífənl⁻/ *adj.* **1** 応答頌歌(しょうか)の; 交唱(聖歌)の(ような). **2** 〔…に〕反応する 〔*to*〕. — *n.* = antiphonary. **~·ly** *adv.* 〖1537〗

an·tiph·o·nar·y /æntífənèri | -nəri/ *n.* 交唱聖歌集, アンティフォナーレ 《聖務日課の聖歌集》. — *adj.* =antiphonal. 〖(*c*1390) □ ML *antiphōnārium*: ⇨ antiphon, -ary〗

an·tiph·o·ny /æntífəni/ *n.* **1** 対応的楽音[和声音]. **2** 応答頌歌(しょうか), 交唱 (cf. homophony 2). **3** 〖カトリック〗 =antiphon 2. **4** 反応, 反響 (response). 〖1592〗

an·tiph·ra·sis /æntífrəsɪs | -sɪs/ *n.* (*pl.* **-ra·ses** /-sìːz/) 〖修辞〗 語意反用 《極北の氷に閉ざされた島を Greenland というように, 語句をその真意の反対に用いること; cf. irony¹ 3 a》. **an·ti·phras·tic** /æ̀ntəfrǽstɪk | -tɪ-/ *adj.* 〖(1533) □ LL ~ □ Gk *antíphrasis* ← ANTI-+*phrázein* to tell (cf. phrase)〗

ànti·plástic *adj.* 〖医学〗 組織形成抑制性の. — *n.* 組織形成抑制物質.

an·tip·o·dal /æntípədl | -dl⁻/ *adj.* **1** 対蹠(たいせき)地の, 〔…の〕対蹠地にある 〔*to*〕. **2** 対蹠的な, 正反対の (directly opposite) 〔*to*〕: ~ points (球面上の)対蹠点. **3** 対立する, 大きく異なる 〔*to*〕 (⇨ opposite SYN). — *n.* 〖植物〗 反足細胞 《被子植物の子嚢内の底部に位する 3 個の細胞; antipodal cell ともいう》. **~·ly** *adv.* 〖(1646): ⇨ ↓, -al¹〗

an·ti·pode /ǽntəpòud | -tɪpəud/ *n.* **1 a** 正反対のもの 〔*of, to*〕 (cf. antipodes 3). **b** [時に A-] =antipodes 1 b. **2** 〖光学〗 (光学異性の)対掌体. **3** 〖通信〗 対蹠(たいせき)点 《地球上の対蹠的な地点》. 〖(1549) 《逆成》 ← ANTIPODES〗

an·tip·o·de·an /æntɪ̀pədíːən, æntɪp- | æntìpə(ʊ)-, æntɪp-⁻/ *adj.* **1** =antipodal. **2** [時に A-] 《英》 オーストラリア[ニュージーランド](人)の. — *n.* **1** 対蹠(たいせき)地の人. **2** [時に A-] 《英》 オーストラリア[ニュージーランド]人. 〖1651〗

an·tip·o·des /æntípədiːz/ *n. pl.* **1 a** 〖地理〗 対蹠(たいせき)地 《地球上で互いに正反対の側にある二つの地域; 厳密にはその対蹠点 (antipodal points) をいう》: Japan and Argentina are ~. **b** [時に A-; 複数または単数扱い] (ある地域の)対蹠地: at [in] the ~ 対蹠地で[に] / Argentina is the ~ of Japan. アルゼンチンは日本の対蹠地である. **c** [the ~, the A-] オーストラリアとニュージーランド 《英国の antipodes であることから; cf. down under》. **2** 《古》 対蹠地の住民たち. **3** [複数または単数扱い] 対蹠的なもの, 正反対: Good and evil are ~. / The ~ of love is hate. 愛の反対は憎しみである / at the ~ of opinion (with) (…と)互いに意見が対立して[食い違って]. 〖(*a*1398) □ L ~ □ Gk *antípodes* (pl.) ← *antípous* having the feet opposite ← ANTI-+*poús* foot (cf. -pod¹)〗

An·tip·o·des /æntípədiːz/ *n. pl.* [the ~] アンティポデス諸島 《ニュージーランド南東の諸島; London の対蹠(たいせき)地; Antipodes Islands ともいう》. 〖↑〗

ànti·poétic *adj.* 〖文学〗 反詩の, 反伝統詩の 《伝統的な詩の手法・スタイルに反対する》. 〖1847〗

ánti·pòle *n.* **1** 反対の極. **2** 正反対 〔*of*〕. 〖1822〗

ànti·polítical *adj.* 政治に反対の, 反政治的な. **ànti·polítically** *adv.* 〖1791〗

ànti·pollútant *adj.* =antipollution.

ànti·pollútion *adj.*, *n.* 汚染[公害]防止(の): ~ laws, devices, etc. **~·ist** /-ʃ(ə)nɪst | -nɪst/ *n.* 〖1924〗

ánti·pòpe *n.* 〖カトリック〗 (正統のローマ教皇に対立する)対立教皇, 僭称的教皇, 偽教皇. 〖1670〗

ànti·póverty *adj.* 貧困撲滅の, 貧困阻止の: an ~ program. — *n.* 貧困撲滅計画[運動]. 〖1887〗

ànti·próton *n.* 〖物理〗 反陽子 (negative proton) 《陽子の反粒子》. 〖1940〗

ànti·prurític 〖薬学〗 *adj.* 鎮痒の, 止痒性の. — *n.* 止痒剤. 〖1876〗

ànti·psychíatry *n.* 反精神医学. **ànti·psy·chíatrist** *n.* 〖1967〗

ànti·psychótic 〖薬学〗 *adj.* 精神病治療用の. — *n.* 精神病治療薬. 〖1966〗

an·ti·py·re·sis /æ̀ntɪpaɪríːsɪs | -tipaɪríːsɪs/ *n.* 解熱処理.

ànti·pyrétic 〖薬学〗 *adj.* 解熱性の. — *n.* 解熱剤, 熱さまし. 〖(*c*1681) ← ANTI-+PYRETIC〗

an·ti·py·rine /æ̀ntɪpáɪriːn, -taɪ-, -rɪn | -tɪpáɪəriːn/ *n.* (*also* **an·ti·py·rin** /-rɪn | -rɪn/) 〖薬学〗 アンチピリン ($C_{11}H_{12}N_2O$) 《解熱・鎮痛・抗リウマチ薬》. 〖(1884) 《商標》: ⇨ ↑, -ine³〗

an·ti·py·rot·ic /æ̀ntɪpaɪrɑ́(ː)tɪk, -taɪ- | -tɪpaɪ(ə)rɔ́t-/ 〖薬学〗 *adj.* **1** =antiphlogistic. **2** 火傷(やけど)に効く. — *n.* **1** 火傷(治療)剤. **2** =antiphlogistic. 〖1839〗

antiq. 《略》 antiquarian; antiquity, antiquities.

an·ti·quar·i·an /æ̀ntɪkwéᵊriən | æ̀ntɪkwéər-/ *adj.* 好古家的な, 古物研究[収集]の; 〈古書・印刷物が〉稀覯(きこう)の; 古書売買の: an ~ bookseller. — *n.* **1** = antiquary. **2** 〖製紙〗 大版画用紙 《31×53 インチ》. 〖(1610): ⇨ antiquary, -an¹〗

àn·ti·quár·i·an·ism /-nɪzm/ *n.* 骨董癖[趣味], 古物収集[愛好]癖. 〖*a*1779〗

ánti·quàrk *n.* 〖物理〗 反クォーク. 〖1964〗

an·ti·quar·y /ǽntɪkwèri | -tɪkwəri/ *n.* **1** 古物研究[収集, 愛好]家. **2** 骨董商, 古物商人. — *adj.* 《まれ》 =ancient. 〖(1563) □ L *antiquārius* ← *antīquus* 'ANTIQUE': ⇨ -ary〗

an·ti·quate /ǽntɪkwèɪt | -tɪ-/ *vt.* **1** 〈新しい物が〉〈旧来の物を〉時代遅れにする, 廃れさせる. **2** 古風にする.

an·ti·qua·tion /æ̀ntɪkwéɪʃən | -tɪ-/ *n.* 〖(1596) ← L *antīquātus* (p.p.) ← *antīquāre* to make obsolete ← *antīquus* (↑): ⇨ -ate³〗

án·ti·quàt·ed /-tɪd | -tɪd/ *adj.* **1** 古風な, 古臭い, 廃れた (old-fashioned); 旧弊な: an ~ custom, idea, etc. **2** 老齢の (aged). **~·ness** *n.* 〖1623〗

an·tique /æntíːk/ *n.* **1** 骨董品, 古器, 古物 《米国では厳密には 100 年以上を経たものにいう》. **2** [the ~] 古代様式 (ancient style) 《特に, 古代ギリシャ・ローマの彫刻・建築についていう》. **3** 〖活字〗 アンチック 《筆線にコントラストの少ないやや肉太の見出し用活字書体; cf. Egyptian 6》. **4** 〖製紙〗 荒仕上げ紙. — *adj.* **1** 大昔の, 古代の; 古来の (ancient) (↔ modern). **2 a** 〈家具など〉時代を経た, 骨董の (⇨ old SYN); [the ~; 名詞的に; 集合的] 骨董類: ~ jewelry. **b** 古代風の; 古代模様の. **c** 古代ギリシャ・ローマの (classic). **3** 古風な, 古臭い, 旧式な (old-fashioned): an ~ car 時代物の車. **4** 骨董品を扱う[売る, 展示する]: an ~ dealer [shop] 骨董商[店]. **5** 〖製紙〗 (紙の表面が)荒仕上げの. — *vt.* **1** 〈家具などを〉古風に見せる[作る, 仕上げる] (cf. distress *vt.* 3). **2** 〖紡織〗 〈紙・織物を〉(文字・模様などで)打出しにする. **3** 〖製本〗 〈本の表紙などに〉空押しする. — *vi.* 骨董品を求めるために店を見て回る. **~·ly** *adv.* **~·ness** *n.* 〖(1530) □ F ~ ∥ L *antīquus* ancient ← *ante* before ← IE **anti-ək^{w}o* appearing before ← **anti-* against+**ok^w-* to see (⇨ eye): cf. ante-, antic〗

antíque brónze *n.* アンチークブロンズ 《青銅色よりやや赤みが強く明るい黄褐色》.

antíque crówn *n.* 〖紋章〗 アンチーククラウン 《紋章図形によく使用される冠の一種; eastern crown ともいう》.

antíque góld *n.* アンチークゴールド 《暗黄色, からし色よりやや緑がかった濃い色》.

an·tí·quer /-kə | -kə$^{(r)}$/ *n.* **1** 好古家, 古物収集家. **2** 新しい家具を古風に見せる[仕上げる]人.

an·tiq·ui·ty /æntíkwəṭi | -kwɪti, -kwɪ-/ *n.* **1** 太古 (old times); 《特に, ヨーロッパ史で, 中世以前の》上古, 古代 《西ローマ帝国滅亡 (476) まで; cf. ancient history》: in ~ 太古[古代]に(は). **2** [*pl.*] 古代の風習, 古事; [通例 *pl.*] 古器物, (古代の)遺物 (ancient relics): Greek and Roman *antiquities* 古代ギリシャ・ローマの文物 《遺跡・遺物・古文書など》. **3** 年経ていること, 古さ, 古色: a custom of great [remote] ~ 大昔からの風習. **4** [集合的] 古代人 (the ancients). **5** 《廃》 老齢. 〖(?*c*1280) □ (O)F *antiquité* □ L *antīquitātem*: ⇨ antique, -ity〗

ànti·rachític 〖薬学〗 *adj.* 抗佝僂(くる)病 (rachitis) 性の. — *n.* 佝僂病治療[予防]薬. 〖*c*1860〗

ànti·rácism *n.* 人種差別反対主義. **ànti·rác·ist** *n.*, *adj.*

ànti·refléction fìlm [cóating] *n.* 〖光学〗 反射防止膜[コーティング].

ànti·refléxive *adj.* 〖数学〗 非反射的な 《ある要素が自分自身とその関係にないような, そういう関数についていう; 垂直, 大小など》.

ànti·rejéction *adj.* 〖医学〗 〈薬品・処置など〉拒絶反応抑制(性)の, 抗拒絶(性)の (cf. cyclosporine). 〖1984〗

ànti·remónstrant *n.* **1** 抗議反対者. **2** [A-] 〖キリスト教〗 反抗議派の人, 反諫争(かんそう)派の人 《1610 年抗議派 (Remonstrants) の抗議に反対したオランダの Calvin 派の人》.

ánti·rènt *adj.* **1** 地代(支払い)反対の. **2** [A-] 《米国の》地代反対党の 《New York 州に 1839 年から 47 年まで存続し, 地主 (patroon) への地代反対を支持した》. **~·er** *n.* **~·ism** *n.* 〖1879〗

ànti·résonance *n.* 〖電気〗 反共振 《共振時にインピーダンスが最大となる並列共振 (parallel resonance); インピーダンスが最小となる直列共振に対していう》. 〖1923〗

ànti·rheumátic 〖薬学〗 *adj.* リウマチ予防[治療]の. — *n.* リウマチ治療薬. 〖1817〗

ànti·róll bàr *n.* 〖自動車〗 アンチロールバー 《車体の横揺れ防止用棒ばね; cf. stabilizer》. 〖1951〗

an·ti·ro·man /ɑ̃ntiroumɑ́ː(ŋ) | -rə-/ *n.* 〖文学〗 アンチロマン (⇨ antinovel). 〖1965〗

ànti·romànce *n.*, *adj.* 〖文学〗 アンチロマン(の) (⇨ antinovel). 〖*a*1842〗

an·tir·rhi·num /æ̀ntɪráɪnəm | -tɪ-/ *n.* 〖植物〗 キンギョソウ 《ゴマノハグサ科キンギョソウ属 (*Antirrhinum*) の植物の総称; キンギョソウ (snapdragon) など》. 〖(1551) ← NL ~ ← L ~ □ Gk *antírrhinon* ← ANTI- equal to, like+*rhís* nose (⇨ rhino-)〗

ànti·rúst *adj.* **1** 防錆(ぼうせい)の. **2** さびない. — *n.* 防錆剤, さび止め.

ànti·sabbatárian *adj.* 安息日 (Sabbath) 厳守反対の. — *n.* 安息日拒否者. 〖1645〗

Ànti-Salóon Lèague of América *n.* [the ~] 米国酒類販売反対同盟 《1893 年 Ohio 州で結成》.

An·ti·sa·na /æ̀ntɪsáːnə | -tɪ-; *Sp.* antisána/ *n.* アンティサナ(山) 《南米エクアドル, Andes 山脈中にある火山 (5,756 m)》.

ànti·sátellite *adj.* 〖軍事〗 (人工)衛星攻撃用の, 対衛

星の (略 ASAT). 〘1961〙
ànti·scíence *n.* **1** 反科学主義. **2** 反科学主義者. **ànti·scientífic** *adj.* 〘1911〙
ànti·scíentism *n.* =antiscience 1.
ànti·scorbútic 〚薬学〛 *adj.* 抗壊血病の. — *n.* 抗壊血病薬 (vitamin C). 〘1725〙
ánti·scorbùtic ácid *n.* 抗壊血病酸.
ànti·scríptural *adj.* 聖書に反対の, 聖書[経典]主義反対の. 〘1677〙
ànti·sélf *n.* (自分の意識する通常の自己とは反対の) 反自己. 〘1917〙
ànti·Sémite *n.* セム族[ユダヤ人]排斥者, ユダヤ人嫌いの人. 〘1881〙
ànti·Semític *adj.* 反セム族[ユダヤ]主義の. **ànti-Se·mí·ti·cal·ly** *adv.* 〘1935〙
ànti·Sémitism *n.* 反セム族主義, ユダヤ人排斥主義[思想, 運動]. 〘1882〙
ànti·sénse *adj.* 〚遺伝〛 アンチセンスの《mRNA などの遺伝物質の一部に対し相補的な配列をもち, 遺伝子の働きを阻害する; cf. missense, nonsense》. 〘1977〙
ántisense RNA *n.* 〚遺伝〛 アンチセンス RNA《特定の mRNA に対する相補的 RNA 鎖で, 結合してその翻訳を阻害し蛋白質発現を抑制する》.
ànti·sensitizátion *n.* 〚写真〛 反増感《分光増感剤の増感作用を損なう現象》.
ànti·sépalous *adj.* 〚植物〛 〈葯(ﾔｸ)か〉萼(ｶﾞｸ)と交互の位置につく. 〘1878〙
an·ti·sep·sis /æ̀ntəsépsɪs | -tɪsépsɪs/ *n.* (*pl.* **-sep·ses** /-siːz/) 〚医学〛 防腐(法), 制腐(法), 消毒(法) (cf. asepsis). 〘(1875) ← NL ～: ⇨ anti-, sepsis〙
an·ti·sep·tic /æ̀ntəséptɪk | -tɪ-⌐/ *n.* 〚医学〛 防腐剤, 消毒薬. — *adj.* **1** 〚医学〛 防腐(性)の, 制腐の, 消毒の, 防腐[消毒]を施した. **2 a** 無菌(状態)の (aseptic). **b** 非常に清潔な[きれいな]. **c** (道徳的に)汚(ｹｶﾞ)れのない. **3** 簡素すぎる, 妙味のない (austere). **4** 〈言葉など〉人間味のない, 冷淡な (detached). **àn·ti·sép·ti·cal·ly** *adv.* 〘1751〙
an·ti·sep·ti·cize /æ̀ntəséptəsàɪz | -tɪséptɪ-/ *vt.* 防腐剤で処理する, 防腐[消毒]する. 〘*c*1905〙
ànti·sèrum *n.* 〚医学〛 抗血清, 免疫血清. 〘1901〙
ànti·séx *adj.* 性に反対する, 性的衝動[表現]を抑えようとする. 〘1936〙
ànti·séxual *adj.* =antisex. 〘1890〙
ànti·síde tòne *n.* 〚通信〛 防側音《電話の送話音を送話者の受話器に聞こえないようにする; cf. sidetone》.
ànti·skíd *adj.* すべり止めの. 〘1904〙
ànti·slávery *n., adj.* 奴隷制度反対(の), 奴隷廃止(の). 〘1820〙
ánti·smóg *adj.* スモッグ防止の: ～ devices. 〘1957〙
ànti·sócial *adj.* **1** 非社交的な (unsociable); 利己的な (selfish). **2** 反社会的な, 社会秩序を乱す (⇨ unsociable SYN): ～ activities. **～·ly** *adv.* 〘1797〙
antisócial gróup *n.* 〚社会学〛 反社会的集団《ギャング・やくざ・非行少年グループのように, その集団目標が社会の公共的秩序や安寧に反するような集団》.
ànti·sócialist *n.* 反社会主義者. **ànti·social·ístic** *adj.* **ànti·sócialism** *n.* 〘1775〙
ànti·sólar *adj.* 〚天文〛 (天球上で)太陽と正反対の. 〘*c*1890〙
ànti·spasmódic 〚薬学〛 *adj.* 痙攣(ｹｲﾚﾝ)止めの. — *n.* 鎮痙剤. 〘1763〙
ànti·státic *adj.* **1** 帯電防止の《織物・ワックスなどに静電気が起こるのを防止する》. **2** 〚ラジオ・テレビ〛 雑音防止の. 〘1952〙
An·tis·the·nes /æntísθəniːz | -θɪ-/ *n.* アンティステネス《445?–?365 B.C.; ギリシャの哲学者でキニク学派 (Cynic school) の創始者》.
ànti-Stókes líne /-stóuks- | -stə́uks-/ *n.* 〚物理〛 反ストークス線《物質が光を吸収して再放射する蛍光, あるいは入射光を散乱するラマン効果で放射される入射光よりも波長の短い放射光; cf. Stokes line》. 〘← ANTI-+*Stokes' (law)*〙
ànti·streptolýsin *n.* 〚生化学〛 抗ストレプトリジン: *antistreptolysin*-O 抗ストレプトリジン-O《抗連鎖球菌溶血素; 略 ASLO, ASO》. 〘1936〙
an·tis·tro·phe /æntístrəfi, -fiː | -fi/ *n.* **1** 〚ギリシャ劇〛 アンチストロペ (cf. strophe 1): **a** 合唱歌舞団 (chorus) の左手より右方への転回. **b** 右方転回のとき歌う歌章. **2** 〚詩学〛 **a** 合唱歌・ピンダロス風オード (Pindaric ode) の第 2 連[節] (cf. strophe 2 a). **b** (韻律上)対応する連[節]. **3** 〚修辞〛 **a** 逆反復《同じ文句の語順を逆にして繰り返した部分; 例: the master of the servant, and the servant of the master》. **b** (相手の語句の)逆用, 逆手論法. **an·ti·stroph·ic** /æ̀ntɪstrɑ́(ː)fɪk, -stróuf- | -tɪstrɔ́f-⌐/ *adj.* **àn·ti·stróph·i·cal·ly** *adv.* 〘(1550) ◻ LL ～ ◻ Gk *antistrophḗ* a turning back: ⇨ anti-, strophe〙
ànti·súbmarine *adj.* 〚軍事〛 対潜水艦の, 対潜の: ～ aircraft / ～ warfare 対潜作戦, 対潜水艦戦. 〘1914〙
ànti·sudorífic 〚薬学〛 *adj.* 止汗性の, 制汗性の. — *n.* =antiperspirant.
ànti·symmétric *adj.* **1** 〚数学〛 交代の, 歪(ﾜｲ)対称 (skew-symmetric) の《転置すると符号が変わる行列についていう》. **2** 〚物理〛 反対称の. **ànti·sýmmetry** *n.* **ànti·symmétrical** *adj.* 〘1923〙
ànti·syphilític 〚薬学〛 *adj.* 抗梅毒性の, 駆梅性の. — *n.* 駆梅薬. 〘1830〙
ànti·tánk *adj.* 〚軍事〛 対戦車用の: an ～ gun 対戦車砲 / an ～ mine [missile] 対戦車(用)地雷[ミサイル]. 〘1916〙
ànti·térror *adj.* テロ防止[阻止]の, 対テロの. **～·ism** *n.* **～·ist** *n., adj.*
ànti·thèater *n.* 〚演劇〛 反演劇, アンチテアトル《伝統的な自然主義演劇を否定する前衛的な演劇の総称》.
ànti·théft *adj.* 盗難防止の: an ～ lock 盗難防止錠. 〘1959〙
ànti·théism *n.* 〚哲学〛 反有神論《有神論 (theism) が神の存在を認める立場を意味するときは無神論を指す; 有神論が一なる創造神を強調する立場のときは, 汎神論 (pantheism), 多神教 (polytheism) などをいう; ↔ theism》. 〘1833〙
ànti·théist *n.* 反有神論者. 〘*a*1847〙
an·tith·e·sis /æntíθəsɪs | -θɪsɪs/ *n.* (*pl.* **-e·ses** /-sìːz/) **1 a** 〔二者の〕(著しい)対照, 正反対 (opposition, contrast) 〔*of, between*〕: the ～ *of* joy and sorrow / in sharp ～ *to* …と著しい対照をなして. **b** 反対[対照]をなすもの (direct opposite) 〔*of, to*〕: Confusion is the ～ *of* order. / She is amiable, the ～ *of* her husband. 彼女は愛想がよくて夫とはひどく対照的だ. **2** 〚修辞〛 **a** 対照法《一つの文の中で, 意味が反対の章句を対照的に置くこと; 例: Man proposes, God disposes.》. **b** 対照章句, 対句. **3** 〚哲学・論理〛 反対命題, 反定立, 反立, アンチテーゼ (cf. thesis 3 c, synthesis 3 a). **4** 〚音楽〛 答主題 (answer). 〘(1529) ◻ LL ～ ◻ Gk *antíthesis* ← *antitithénai* to oppose ← ANTI-+*tithénai* to place (cf. thesis): ⇨ -sis〙
an·ti·thet·ic /æ̀ntəθétɪk | -tɪθét-⌐/ *adj.* =antithetical. 〘1610〙
an·ti·thet·i·cal /æ̀ntəθétɪkəl, -kl | -tɪθétɪ-⌐/ *adj.* **1** (著しい)対照をなす; (対照的に)相反する (directly opposed) 〔*to*〕. **2** 対照法(的)の[を含む]; 反定立(的)の[を含む]. **3** 〚音楽〛 答主題(的)の[を含む]. **～·ly** *adv.* 〘(1583) ← LL *antitheticus* (◻ Gk *antithetikós*: ⇨ antithesis, -ic[1])+-AL[1]〙
ànti·thýroid 〚薬学〛 *adj.* 抗甲状腺(性)の. — *n.* 抗甲状腺薬. 〘1908〙
ànti·tórque ròtor *n.* 〚航空〛 (ヘリコプターの)尾部ローター (tail rotor).
ànti·tóxic *adj.* **1** 抗毒性の, 防毒処理の. **2** 抗毒素の. 〘*c*1890〙
ànti·tóxin *n.* 〚医学〛 **1** 抗毒素; 抗毒性. **2** 抗毒素血清. 〘1892〙
ánti·tràde 〚気象〛 *n.* [通例 *pl.*] 反対貿易風, 逆恒風 (cf. trade wind). — *adj.* 恒風と反対の. 〘1875〙
an·ti·tra·gus /æ̀ntɪtréɪgəs, -taɪ- | -tɪ-/ *n.* (*pl.* **-tra·gi** /-dʒaɪ, -gaɪ/) 〚解剖〛 (耳殻の)対珠. 〘(1842) ← NL ～: ⇨ anti-, tragus〙
ànti-Trinitárian *adj., n.* 〚神学〛 三位一体説反対の(論者), 反三一神論の(論者). 〘1641〙
ànti-Trinitárianism *n.* 〚神学〛 三位一体反対論, 反三一神論. 〘1860〙
ànti·trúst *adj.* 《米》 独占禁止の: ～ laws. 〘1890〙
ànti·trúst·er *n.* 《米》 独占禁止法賛成論者. 〘1947〙
ànti·tubércular *adj.* 〚医学〛 =antituberculous. 〘1946〙
ànti·tubérculous *adj.* 〚医学〛 結核治療用の, 抗結核性の. 〘1904〙
ànti·túmor *adj.* 〚薬学〛 抗腫瘍性の, 抗癌(性)の, 制癌(性)の (cf. anticancer).
ànti·túmoral *adj.* 〚薬学〛 =antitumor.
ànti·tússive 〚薬学〛 *adj.* 鎮咳(性)の. — *n.* 鎮咳薬, せき止め. 〘*c*1909〙
ànti·twílight *n.* 〚気象〛 (日没後の東の空の)薄明 (antitwilight arch ともいう).
an·ti·type /æ̀ntɪtàɪp, -taɪ- | -tɪ-/ *n.* **1 a** (予示されたまたはそれを具現する原型・象徴に対する)対型. **b** 〚神学・聖書〛 (原型に対する)対型, (予型に対する)本型《type や symbol によって予示[予表]されるもの; すなわち旧約聖書の人物・出来事の中に新約聖書, 特にキリストや教会などに対する約束・預言を見るとき, 前者は type あるいは symbol で, 後者がその antitype》. **2** 反対の型, 対照的な型 (opposite type). **an·ti·typ·ic** /æ̀ntɪtípɪk, -taɪ- | -tɪ-⌐/ *adj.* **àn·ti·týp·i·cal** *adj.* **àn·ti·týp·i·cal·ly** *adv.* 〘(1613) ◻ LL *antitypus* ◻ Gk *antítupos* struck back, correspondent ← ANTI-+*túpos* blow, stamp, die (cf. type[1])〙
An·ti·um /ǽnʃiəm/ *n.* アンティウム《Anzio の古名; Nero 帝の生誕地》.
ànti·únion *adj.* 労働組合反対の. **～·ist** *n.* **～·ism** *n.* 〘1813〙
ànti·ùniverse *n.* 〚物理〛 反宇宙《反物質 (antimatter) から成るとされる仮想の宇宙》.
ànti·utópia *n.* 反ユートピア(的な作品). 〘1966〙
ànti·utópian *adj.* 反ユートピアの. — *n.* 反ユートピアの存在を信じる[予言する]人.
ànti·vaccinátion *n., adj.* 種痘反対(の). **～·ist** /-ʃ(ə)nɪst | -nɪst/ *n.*
ànti·vác·cin·ist /-vǽksənɪst | -sɪnɪst/ *n., adj.* 種痘反対者(の). 〘1822〙
an·ti·ven·in /æ̀ntɪvénɪn, -taɪ- | -tɪvénɪn/ *n.* (*also* **an·ti·ve·nene** /-vəníːn | -vɪ-/) 〚医学〛 抗蛇毒(ﾀﾞﾄﾞｸ)素, 蛇毒血清. 〘(1895) ← ANTI-+F *venin* (＜ L *venēnum* +-IN[2]: ⇨ venom)〙
ànti·více *adj.* 売春反対の.
ànti·víral *adj.* 〚生化学〛 抗ウイルス(性)の. — *n.* 抗ウイルス物質[薬]. 〘1934〙
ànti·vírus *n.* **1** 〚生化学〛 抗ウイルス. **2** 〚電算〛 (コンピューターウイルスに対する)防御プログラム.
ànti·vítamin *n.* 〚生化学〛 抗ビタミン, アンチバイタミン《ビタミンの生成や作用に拮抗する物質》. 〘1942〙
ànti·viviséction *n.* (動物の)生体解剖[実験]反対(論). 〘1881〙
ànti·viv·i·séc·tion·ìsm /-ʃənɪzm/ *n.* (動物の)生体解剖[実験]反対論.
ànti·viv·i·séc·tion·ist /-ʃ(ə)nɪst/ *n.* (動物の)生体解剖[実験]反対論者. — *adj.* 生体解剖[実験]反対論(者)の. 〘1882〙
ànti·wár *adj.* 戦争反対の, 反戦の: ～ activities. 〘1856〙
ànti·whíte *adj.* 白人に反対する, 反白人主義の. 〘1906〙
ánti·wòrld *n.* 〚物理〛 反世界《反物質 (antimatter) から成るとされる仮想の世界》.
ànti·xerophthálmic vítamin *n.* 〚生化学〛 抗眼球乾燥性ビタミン《vitamin A のこと》.
ant·ler /ǽntlə | -lə(r)/ *n.* 〚動物〛 (雄ジカの)枝角; その分かれた枝. 〘(*a*1398) *auntelere* ◻ AF=OF *antoillier* (F *andouiller* (＜? VL **anteoculārem* ← *anteoculāris* (the horn) located before the eye: ⇨ ante-, ocular)〙
ánt·lered *adj.* 枝角のある; 枝角状の. 〘*a*1818〙
ántler mòth *n.* 〚昆虫〛 マキバヤガ(牧場夜蛾) (*Cerapteryx* [*Charaeas*] *graminis*)《ヨーロッパ産の白斑のある褐色のガ; 幼虫は牧草の大害虫》. 〘1832〙
Ant·li·a /ǽntliə/ *n.* **1** 〚天文〛 ポンプ座《南天の星座; the Air Pump, the Pump ともいう》. **2** [a-] (*pl.* **-li·ae** /-lìː/) 〚昆虫〛 螺旋吻(ﾗｾﾝﾌﾝ)《チョウやガの螺旋状の口吻》.
ánt·li·àte /-èɪt/ *adj.* 〘(1828) ← NL *Antlia* (*Pneumatica*) (原義) (air) pump ← L *antlia* pump ◻ Gk *antlía* bilge water ← *ántlos* hold of a ship: フランスの天文学者 N. L. de Lacaille (1712–62) の命名〙
ánt·like *adj.* **1** アリの(ような). **2** せかせかした, せわしない. 〘1879〙
ánt lìon *n.* 〚昆虫〛 ウスバカゲロウ《ウスバカゲロウ科の昆虫の総称; antlion fly ともいう》; (特に)アリジゴク(蟻地獄)《地表にすり鉢状の巣を作るウスバカゲロウ (*Hagenomyia micans*)・コウスバカゲロウ (*Myrmeleon formicarius*) などの幼虫の総称; 《米》 doodlebug ともいう》. 〘1815〙
an·to·don·tal·gic /æ̀ntoudɑ(ː)ntǽldʒɪk | -tə(ʊ)dɔn-⌐/ *adj., n.* 〚歯科〛 =antiodontalgic.
An·to·fa·gas·ta /æ̀ntəfəgǽstə | -tə-; *Am.Sp.* antofaɣásta/ *n.* アントファガスタ《チリ北部の海港》.
An·toine /ǽntwɑːn, ɑ́ːn- | ɑ́ːntwɑːn; æntwɑ́ːn, ɔn-, -twɑ́ːn; *F.* ɑ̃twan/ *n.* アントワーヌ (男性名). 〘◻ F ～ 'Antony'〙
An·toi·nette /æ̀ntwənét, ɑ̀ːn- | æ̀ntwɑː-, ɑ̀ːn-, -twə-; *F.* ɑ̃twanɛt/ *n.* アントワネット《女性名; 愛称 Nettie, Netty, Toni, Tony》. 〘◻ F ～ (fem. dim.): ⇨ Antony〙
Antoinette, Marie *n.* ⇨ Marie Antoinette.
An·ton /ǽntɑ(ː)n | -tɔn; *Czech* ántɔn, *Du.* ɑ́ntɔn, G. ántoːn, *Russ.* antón/ *n.* アントン (男性名). 〘⇨ Antony〙
An·to·nes·cu /æ̀ntənéskuː | -tə-; *Rom.* antonésku/, **Ion** /jón/ *n.* アントネスク (1882–1946; ルーマニアの軍人; Hitler の傀儡(ｶｲﾗｲ); 戦争犯罪により処刑).
An·to·ni·a /æntóuniə, -njə | -tə́unjə, -niə/ *n.* アントニア (女性名; 別称 Antoinette, Tonya). 〘◻ It. ～ (fem.) ← ANTONIO〙
An·to·ni·an /æntóuniən, -njən | -tə́u-/ *n.* アントニウス(修道)会士 (cf. Saint ANTHONY). 〘*c*1907〙
An·to·nine /ǽntənàɪn | -tə-/ *n.* [the ～s] 両アントニヌス《ローマ皇帝 Antoninus Pius と Marcus Aurelius (Antoninus) の 2 皇帝》. — *adj.* **1** アントニヌスの《両 Antoninus の治世 (A.D. 138–180) についていう》. **2** 平穏な (tranquil).
Ántonine Wáll *n.* [the ～] アントニヌスの防壁《スコットランド南部の Forth 川から Clyde 川に至るローマ時代の防壁; Antoninus Pius によって 142 年に建設された》.
An·to·ni·nus /æ̀ntənáɪnəs | -tə(ʊ)-/, **Marcus Au·re·lius** *n.* アントニヌス (⇨ Marcus Aurelius).
Antonínus Píus *n.* アントニヌス ピウス (86–161; ローマ皇帝 (138–161); 五賢帝の第四代目).
An·to·nio /æntóuniòu | -tə́uniəu; *It.* antóːnjo, *Sp.* antónjo/ *n.* アントニオ (男性名). 〘◻ It. ～ 'ANTONY'〙
An·to·nio·ni /æntouniόuni | -təuniə́u-; *It.* antonjóːni/, **Mi·che·lan·ge·lo** /mikelándʒelo/ *n.* アントニオーニ (1912– ; イタリアの映画監督).
An·to·ni·us /æntóuniəs | -tə́u-/, **Marcus** *n.* ⇨ Mark ANTONY.
an·ton·o·ma·si·a /æ̀ntɑ̀(ː)nəméɪʒiə, -ʒə | æ̀ntənə(ʊ)méɪziə, -ʒiə/ *n.* 〚修辞〛 換称《例えば a wise man の代わりに a Solomon, Napoleon の代わりに the little Corporal, また人名の代わりに his lordship ということ》.
àn·to·no·más·tic /-mǽstɪk⌐/ *adj.* 〘(1550) ◻ L ～ ◻ Gk *antonomasía* ← *antonomázein* to name instead ← ANTI-+*onomázein* to name (← *ónoma* 'NAME')〙
Ánton Píller òrder *n.* 〚英法〛 アントンピラー命令《原告またはその法律上の代表者に対し, 被告側の敷地建物に立ち入って証拠物を入手することを許可する裁判所命令》. 〘(1976) ← *Anton Piller* 社: そのような命令が認められたドイツの電動機会社〙
An·to·ny /ǽntəni, -tṇi | -təni/ *n.* アントニー (男性名; 愛称形 Tony; 異形 Anthony). 〘◻ L *Antōnius* (ローマの氏族名)〙
Antony, Mark *n.* アントニウス (83?–30 B.C.; ローマの将軍; Caesar の友で第 2 回三頭政治の一人; Octavian と政権を争い, Actium の戦いで敗れ, 翌年自殺した; ラテン語名 Marcus Antonius).
Ántony and Cleopátra *n.* 「アントニーとクレオパト

ラ」《Shakespeare 作の悲劇 (1606–07)》.

an·to·nym /ǽntənìm, -tṇ- | -tən-/ *n.* 反意語, 反義語, アントニム (cf. synonym 1): 'False' is the ~ of 'true'. **an·to·nym·ic** /æ̀ntənímɪk, -tṇ- | -tən-ˊ/ *adj.* 〖《1870》□ F *antonyme* ← ANTI-＋*ónuma, ónoma* 'NAME': cf. Gk *antōnumía* pronoun〗

an·ton·y·mous /æntɑ́(ː)nəməs | -nɪ̀-/ *adj.* 反意語(的)な.

an·ton·y·my /æntɑ́(ː)nəmi | -tɔ́nɪ̀-/ *n.* **1** 反意語(的)であること, 反意性. **2** 反意語研究. **3** (強調などのための)反意語の使用[結合]. **4** 反意語表[体系].

ánt-pipit *n.* 〚鳥類〛アリサザイ (gnateater).

ánt plànt *n.* 〚植物〛蟻植物 (myrmecophyte).

an·tr- /æntr/ (母音の前にくるときの) antro- の異形.

antra *n.* antrum の複数形.

an·tre /ǽntə | -tə^(r)/ *n.* 《まれ》洞穴(どうけつ) (cavern). 〖《1604》□ F ～ □ L *antrum* cave □ Grk *ántron*: cf. antrum〗

an·trec·to·my /æntréktəmi/ *n.* 〚医学〛(胃の) 幽門洞切除. 〖《1900》← ANTR(UM)＋-ECTOMY〗

An·trim /ǽntrɪ̀m/ *n.* アントリム《北アイルランド北東部の旧州; 面積 3,100 km², 州都 Belfast》.

an·trin /ɑ́ːntrɪ̀n, ɔ́ːn- | -trɪn/ *adj.* 《スコット》 **1** めったにない, まれな; 時折の. **2** 珍しい, 奇妙な.

an·tro- /ǽntrou | -trəu/「(骨の)洞(どう) (antrum); 洞と…との (antral and …)」の意の連結形. ★ 母音の前では通例 antr- になる. 〖← NL ～ ← LL *antrum* cavity in the body: ⇨ antrum〗

An·tron /ǽntrɑ(ː)n | -trɔn/ *n.* 〚商標〛アントロン《丈夫で光沢のあるナイロン繊維; 衣料品・カーペット・カーテン用などとされる》. 〖《1960》《造語》〗

an·trorse /ǽntrɔəs, ─ˊ | ǽntrɔːs, ─ˊ/ *adj.* 〚生物〛上方または前方に向いた (↔ postrorse). **～·ly** *adv.* 〖《1858》← NL *antrorsus*: ⇨ antero-, versus〗

an·trum /ǽntrəm/ *n.* (*pl.* **an·tra** /-trə/) 〚解剖〛(骨の)洞(どう). **án·tral** /-trəl/ *adj.* 〖《*c*1751》□ L ～ □ Gk *ántron* cave〗

An·try·cide /ǽntrəsàɪd | -trɪ̀-/ *n.* 〚商標〛アントリサイド《キニーネと同種で, トリパノソーマ症 (trypanosomiasis) などの治療薬》. 〖⇨ -cide〗

ánts' ègg *n.* ＝ant egg.

ant·shrike /ǽntʃràɪk/ *n.* 〚鳥類〛アリモズ《熱帯アメリカ産のモズに似たアリドリ科アリモズ属 (*Thamnophilus*) の各種の鳥類の総称》.

An·tsi·ra·na·na /æ̀ntsɪrǽnənə/ *n.* (*also* **An·tsi·ra·ne** /ɑ̀ːntsərɑ́ːneɪ/) アンツィラナナ《マダガスカル北部の港町, もとフランスの海軍基地; 旧名 Diégo-Suarez》.

ant·sy /ǽntsi/ *adj.* 《俗》〈人が〉そわそわ[いらいら, せかせか]した (fidgety).

ánt thrùsh *n.* 〚鳥類〛アリドリ (antbird). 〖1863〗

ANTU /ǽntuː/ *n.* 〚商標〛アンツー ($C_{10}H_7NHCSNH_2$) 《殺鼠(さっそ)剤の一種》. 〖《頭字語》← *a(lpha)-n(aphthyl)-t(hio)u(rea)*〗

An·tung /ɑ̀ːndúŋ/ *n.* ＝Andong.

An·tu·rane /ǽntərèɪn | -tə-/ *n.* 〚商標〛アンツラン ($C_{23}H_{20}N_2O_3S$) 《尿酸排泄促進剤; 痛風治療用》. 〖《1968》← ANTI-＋URIC 'acid'＋-ANE (chemical suffix)〗

Ant·werp[1] /ǽntwəːp, -wəp | -wəːp/ *n.* アントワープ《ベルギー北部, Scheldt 川に臨む港市; フラマン語名 Antwerpen, フランス語名 Anvers》.

Ant·werp[2] /ǽntwəːp, -wəp | -wəːp/ *n.* 〚鳥類〛アントワープバト《ベルギー産伝書鳩の一種》. 〖↑〗

Ántwerp blúe *n.* 〚化学〛アントワープ青《紺青の顔料》. 〖1835〗

Ant·wer·pen /*Du.* ɑ́ntʋɛrpə(n), *Flem.* ɑ́ntʋɛrpə(n)/ *n.* アントヴェルペン《Antwerp[1] のフラマン語名》.

Ántwerp hóllyhock *n.* 〚植物〛ヨーロッパ産アオイ科タチアオイ属の淡黄色の花が咲く草本 (*Althaea ficifolia*).

Ántwerp pígeon *n.* 〚鳥類〛＝Antwerp[2]. 〖1839〗

A·nu /ɑ́ːnuː/ *n.* 〚バビロニア神話〛アーヌー《空の神, 運命の支配者》.

ANU 《略》Australian National University.

A·nu·bis /ənúːbɪ̀s, ənjúː- | ənjúːbɪs/ *n.* 〚エジプト神話〛アヌビス《Osiris と Nephthys の子で頭がジャッカル; 死者の案内人, ミイラ作りの神; ギリシャ神話の Hermes に当たる》. 〖□ L *Anūbis* □ Gk *Ánoubis* □ Egypt. *An(e)pu* jackal〗

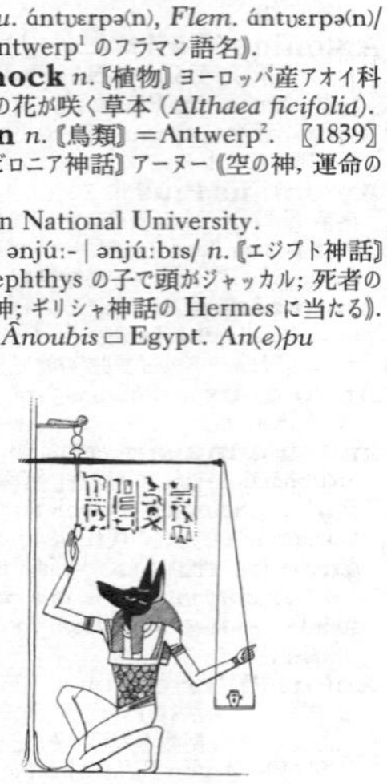

Anubis

a·nu·cle·ar /eɪnúːkliə, -njúː- | -njúːkliə^(r)/ *adj.* ＝anucleate.

a·nu·cle·ate /eɪnúːkliɪ̀t, -njúː- | -njúː-/ *adj.* 〚生物〛核のない, 核を取り除いた. 〖← A-[7]＋NUCLEATE〗

a·nú·cle·àt·ed /-klièɪtɪ̀d | -tɪ̀d/ *adj.* 〚生物〛＝anucleate.

Á nùmber 1 /-wʌ́n/ *adj.* 《口語》一流の, 最上の (A 1).

A·nu·ra /ənúᵊrə, ənjúᵊrə | ənjúərə/ *n. pl.* 〚動物〛カエル目 (Salientia). 〖← NL ～: ⇨ a-[7], -ura〗

A·nu·ra·dha·pu·ra /ənúᵊrədəpùᵊrə | ənúərədəpùərə/ *n.* アヌラダプラ《スリランカ北中西部の町; 古代セイロンの首都; 仏教徒の巡礼地》.

a·nu·ran /ənúᵊrən, ənjúᵊr- | ənjúər-/ *adj., n.* 〚動物〛カエル目の(動物) (salientian). 〖1900〗

an·u·re·sis /æ̀njʊríːsɪ̀s | æ̀nju(ə)ríːsɪs/ *n.* 〚病理〛 **1** 尿閉. **2** ＝anuria. **an·u·ret·ic** /æ̀njʊrétɪk, æ̀nə- | æ̀njurét-/ *adj.* 〖《*c*1895》← NL ～ ← *an-* 'A-[7]'＋Gk *oúrēsis* urination〗

an·u·ri·a /ənúᵊriə, ænjúᵊr- | ænjúər-/ *n.* 〚病理〛無尿(症). **an·ú·ric** /-rɪk/ *adj.* 〖《1838》← NL ～: ⇨ a-[7], -uria〗

an·u·rous /ǽnjʊrəs/ *adj.* 〚動物〛〈カエルなど〉無尾の (acaudate, tailless). 〖《*c*1835》: ⇨ a-[7], -urous〗

a·nus /éɪnəs/ *n.* (*pl.* **～·es, a·ni** /-naɪ/) 〚解剖〛肛門(こうもん) (⇨ digestive 挿絵; cf. anal). 〖《?*a*1425》□ OF □ L *ānus* fundament, ring ← IE **āno-* ring〗

An·vers /*F.* ɑ̃vɛːʀ, (現地では) ɑ̃vɛʀs/ *n.* アンヴェール《Antwerp[1] のフランス語名》.

an·vil /ǽnvəl, -vɪ̀l | -vɪ̀l, -vl/ *n.* **1** 鉄敷(かなしき), 鉄床(かなとこ). **2** 《文語》試練の場. **3** 〚解剖〛きぬた骨, 砧骨(ちんこつ) (⇨ incus 1). **4** (測量器の)取付けあご, アンビル. **5** アンビル《打楽器として, オペラの小道具などに使われる鉄床; ハンマーでたたく》. **6** 〚気象〛かなとこ雲 (anvil cloud, anvil top ともいう; ⇨ incus 2).

on the ánvil 〈事が〉準備中で, 取りかかって (in preparation); 詮議(せんぎ)中で (under discussion). 《1755》

〖ME *anvelt, anvelde* < OE *anfilte* (MDu. *anvilt* / OHG *anafalz*) ← Gmc **ana* 'ON'＋**falt-* to beat: ⇨ felt[2]〗

ánvil blòck *n.* 〚機械〛アンビルブロック, 鉄敷(かなしき)《動力ハンマー用の鉄敷》. 〖1870〗

ánvil clòud [tòp] *n.* 〚気象〛かなとこ雲 (⇨ incus 2). 〖1894〗

anx·i·e·ty /æŋ(g)záɪəṭi | -záɪɪ̀ti/ *n.* **1 a** 心配, 懸念, 気づかい, 不安 (uneasiness) 〔*about, for*〕 (⇨ care SYN): with ～ 心配して, 憂慮して / be in great ～ 非常に心配している / cause [give] (great, much) ～ to a person 人に(大変)心配をかける / feel [have] ～ *about* [*for*] a person's safety 人の安否を気づかう / She was all ～. ひどく心配している. **b** 心配事, 心配の種: fears and *anxieties* / Her son is a constant ～ *to* her. 息子は絶えず彼女に心配をかけている. **2** 切望, 熱望 (eagerness) 〔*for*〕 / 〈*to* do, *that*〉: ～ *for* fame / have an ～ *to* succeed / He showed his ～ *that* the party should return safe. 彼は一行の無事帰着を念願している様子を見せた / In my ～ to succeed I neglected my family. 成功を切望するあまり家族を顧みなかった. **3 a** 〚精神医学〛不安, 苦悶. **b** 〚哲学〛不安《特定の対象でなく無または可能性へのかかわりとして実存哲学が人間の根本的な気分と考えるもの; cf. angst》: the philosophy of ～ 不安の哲学. 〖《*c*1525》□ F *anxiété* // L *anxietātem* ← *anxius* 'ANXIOUS' ← *angere* to draw tight ← IE **angh-* tight: ⇨ -ty〗

anxíety neurósis *n.* 〚精神医学〛不安神経症. 〖1913〗

anx·i·o·lyt·ic /æ̀ŋziəlítɪk, æ̀ŋks- | æ̀ŋksiə(ʊ)lít-ˊ/ *adj.* 〚薬学〛不安[緊張]を緩解する. ── *n.* 不安緩解剤, 精神安定剤. 〖《1976》← ANXIETY＋-O-＋-LYTIC 'dissolving'〗

anx·ious /ǽŋ(k)ʃəs/ *adj.* **1** 〈事を〉切望して 〔*for*〕; しきりに〈…した〉がって 〈*to do, that*〉 (⇨ eager[1] SYN): be ～ *for* success, a person's return, etc. / They are ～ *to* know the result. しきりに結果を知りたがっている / I am ～ *for* him *to* come. 彼の来るのを切に望んでいる / He was ～ *that* all (should) go well. 万事うまくいくことを念願していた. **2 a** 〈人・心が〉心配な, 不安な, 気づかって (worried, uneasy) 〔*about, at, for*〕 / 〈*lest*〉: an ～ feeling, mind, etc. / look ～ / be [feel] ～ *about* one's health 健康を気にする / be ～ *at* a person's delay 人が遅いので気をもむ / be ～ *about* [*for*] a person 人のことを気づかう / I was ～ *that* he might [*lest* he (should)] lose the money. 彼がその金をなくしはしないかと心配だった. **b** 〈顔など〉心配[不安]そうな: an ～ look, manner, etc. **c** 不安なための, 気づかっての: make ～ inquiries 心配して問い合わせる. **3** 〈事が〉不安な, 心配な: an ～ day, matter, etc. / It was an ～ time *for* us. **～·ness** *n.* 〖《1616》□ L *anxius* solicitous, uneasy ← *angere* to press tight, throttle: ⇨ anger, -ous〗

ánxious bènch *n.* [the ～] 《米》 **1** 求道者席《伝道集会で霊の救いを願う人たちのために説教壇近くに設けられた席; mourners' bench ともいう》. **2** 不安な状態[気持ち]: on the ～ 心配して, 気にかけて. 〖1906〗

ánx·ious·ly *adv.* **1** 心配して, 案じて, 気づかわしそうに: wait ～ for the news. **2** 切望して, 切に. 〖1673〗

ánxious mèeting *n.* 《米古》(伝道集会後の)求道者会 (cf. revival 2).

ánxious sèat *n.* [the ～] ＝anxious bench. 〖1839〗

an·y /éni/ *adj.* **1** 《強》éni; 《弱》əni, (/t, d/ の後では) ṇi/ [否定・疑問・条件] **a** [数量を示し, 複数形の Countable noun か Uncountable noun を伴って] いくらか[も]…, 少しの…(でも) (cf. some *adj.* 1): I did*n't* find ～ apples there. そこにはリンゴが 1 個もなかった / I do*n't* have ～ others. ほかのはもっていない / He doesn't read ～ books (at all). 本は(全く)何も読まない《★ 時に 3 にあげた He doesn't read *just* ～ books. と同意を表すこともある; ただしその場合には文を下降上昇調で発音する》/ I did*n't* have ～ money with me. お金は少しも持ち合わせていなかった《★ I had *no* money with me. よりも口語的》/ There is*n't* ～ hope of finding it. それが見つかる望みなど全然ない《★ There is *no* hope of finding it. よりも否定の意味が強い》/ You can solve the problem without ～ difficulty. その問題は何のぞうさもなく解ける / I can't do ～ more. これ以上できない / Are there ～ letters for me? 私に何か手紙が来ていませんか / Will you come with me if you have ～ time? お暇だったらごいっしょ願えませんか. **b** [通例単数名詞を伴って] どんな…も, 何か[も]…, だれか[も]… (cf. some *adj.* 3 b): Is there ～ (good) reason for it? それに何か訳がありますか / If you can find ～ excuse, tell me. 何か言い訳でもあるなら聞こう / *Any* question(s)? 何かご質問はありませんか. **c** [距離・時間などを意味する単数名詞を伴って] どれほどの…も: You *won't* be able to travel ～ distance before nightfall. 日暮れ前にはいくらも行けはしないでしょう.

語法 (1) 《口語》では否定語のあとの any がしばしば意味を弱めてほとんど不定冠詞と同意となる: There is*n't* ～ postmark on this letter. この手紙には消印がない. (2) any … not という語順の否定文は普通使われない. 従って, 例えば Anybody cannot do it. とは言わず, Nobody can do it. とする.

---

2 [肯定] **a** [通例単数名詞を伴って] どんな…でも, どれでも…, だれでも…: *Any* schoolboy can do that. どんな生徒でもそれくらいのことはできる / *Any* people who can do it should try. それができる人はだれでもやってみるべきだ / She can do it if ～ person can. だれかそれができるとすれば, それは彼女だ / He used ～ and every excuse he could. 彼はあらゆる言い訳を述べた / exempt from ～ and all charges あらゆる罪状を免除する / *Any* room is better than none (at all). どんな部屋でもないよりはよい / *Any* paper will do. どんな紙でもよい / I'll go to ～ place you order me to. あなたの行けと言う所へはどこへでも行きます (cf. anyplace) / Phone me ～ time you like. いつでもご都合のよい時にお電話ください (cf. anytime) / They'll be arriving ～ minute [moment, second, time] now. いつ何どきやって来るかもしれない / Do it ～ way you like [please]. どんな仕方でも好きなようにしてください / Pick ～ two cards. どのカードでも 2 枚選びなさい / The night seemed to be longer than ～ other I had ever spent. その夜はそれまでになかったほどに長い夜に思われた / She was forbidden to enter ～ coffee shop. 彼女はどんな喫茶店にも入ってはいけないと言われた / ⇨ *in any* CASE[1]. **b** [数量を示し, 複数形の Countable noun か Uncountable noun を伴って] どれほどの…でも, いくらでも…: Choose ～ flowers you like. 好きな花をいくらでも選びなさい / You must try to avoid ～ more delay. これ以上長引かないようにしなければならない / ⇨ *at any* COST[1], *at any* RATE[1]. **c** [数量などを意味する単数名詞を伴って] どれほどの…でも, 無際限の (unlimited): He has ～ *amount of* money. お金はいくらでも持っている / *Any* number (of people) can play. 何人でもプレーできる.

3 [部分否定で; 特に just ～ として] どんな…でも(…というわけではない), ただ[並]の…(とはいかない). ★ 普通は話し言葉で使われ, 文を下降上昇調で発音する. 下降調で発音すると 1 a の意味となる: He does*n't* read *just* ～ books. 本なら何でも読むというわけではない / We ca*n't* go to *just* [ca*n't just* go to] ～ restaurant. そこいらのレストランに入るというわけにはいかない.

ány óld ⇨ old 成句. ***ány óne*** (1) /éni wʌ́n/ どれでも一つ(の), だれでも一人(の): Take ～ *one* book. / You may take ～ (single) *one* of these. どれでも一つお取りなさい. (2) /éni wʌ̀n | éni-/ ＝anyone. (*c*1449) ***ány ròad*** ＝anyroad. ***ány wày*** ＝anyway 2, 3. ***ány which wày*** ⇨ way 成句.

── /éni/ *pron.* [単複両用] [文脈上特定の範囲内の人・物を指し, または単独に用いて] **1** [否定・疑問・条件] どれか[も], だれか[も] (cf. some *pron.* 1); いくらか[も], 少しでも: I can*not* find ～ *of* them. 彼らのうちだれも[それらのうちどれも]見当たらない / I do*n't* have ～ except [but] this. これしか持っていない / I have hardly ～ left. ほとんど何も残っていない / I asked them if there were ～ present who knew about it. だれかそのことを知る者がいるかと尋ねた / I want some apples [milk]; have you got ～? リンゴ[ミルク]がほしいのですが, ありますか / If ～ of your friends is [are] interested, let me know. もしも君の友人のだれかが興味を持ったら知らせてほしい / Is there ～ more *of* this stuff? この品はまだありますか. **2** [肯定] どれでも, だれでも: *Any* of these titles sound [sounds] better than that one. こちらの表題のほうがいずれもそちらよりもよいようだ / Take ～ you please [like]. どれでも好きなのをお取り下さい / She can do the work better than ～ before her. 彼女は前任者のだれよりもよく仕事ができる / He has the best manners of ～ man I ever knew. 私の知る限り彼はだれよりもマナーがよい.

if ány もしあれば; たとえあるにしても: Correct the errors, *if* ～. / There is little hope, *if* ～. 望みはまずない / There are few problems *if* ～. 問題はまずない. ***nòt hàving [tàking] àny (of thát [it])*** 《口語》(ある事に関係すること・人にかかわり合うことなどは)ごめんで, まっぴらで, 嫌で: I'm *not having* ～ (*of that*). 私には関係のないことだ, それはごめんこうむる. 《1902》

── /《強》éni; 《弱》əni, (/t, d/ の後では) ṇi/ *adv.* [否定・疑問・条件] **1** [形容詞・副詞の比較級を伴って] 少し(でも), いくらか, 少しは (in any degree): He is*n't* ～ *better* this morning. 今朝も少しもよい方ではない / I do*n't* smoke ～ *longer*. もうたばこはやめた / I can't walk ～ *more*. もうこれ以上歩けない (cf. anymore) / Please don't ask ～ more questions. これ以上質問はしないでください / You've gotten to be twenty without being ～ *the* *wiser*. お前も 20 にもなりながらちっとも賢くなっていないね / I can't sing ～ *more* than I can fly. 私は飛べないと同様に歌えない / Can you run ～ *farther*? これ以上走れますか / If the weather gets ～ *better*, I'll call on him. 天気がいくらかよくなったら彼を訪ねよう. **2** [動詞を修飾して]《米口語》少しも(…ない), 少しは (at all): The medicine did*n't* help ～. 薬は全然効かなかった / Did you sleep ～ last night? ゆうべ少しは眠りましたか.

ány òld hòw《俗》(1) ＝anyhow 1, 3. (2) とにかく (in any case). (3) どんなにでも. (4) 不注意に, 無造作に.《1924》

〖OE *ǣniġ* < Gmc **ainaʒaz* (Du. *enig* / G *einig*) ← **ain-* 'ONE'＋**-iʒaz* '-Y[1]' ← IE **oinikos* ← **oino-* one〗

An·yang /àːnjáːŋ; *Chin.* ānián/ *n.* 安陽(ｱﾝﾔﾝ)《中国河南省 (Henan) 北部の商業都市; 市の北部に殷墟がある》.

an·y·bod·y /énibàdi, énɪ̯-, -bədi | -bɔ̀di, -bədi/ *pron.* **1** [否定·疑問·条件] だれも, だれか (cf. any *adj.* 1 b, somebody *pron.*): There wasn't ～ [was hardly ～] in the park. 公園にはだれも[ほとんどだれも]いなかった / Did you ask ～ to come? だれかに来てくれと言いましたか / If ～ comes, tell him [them] to wait. だれかが来たら待つように言いなさい / John can do it if ～ can. (ほかの人はともかく)ジョンはできる《うってつけだ》/ John hasn't got ～ to turn to. 彼は頼れる人がだれもいない / I can't imagine ～ less appealing. あれほど魅力のない人は想像できない. ★ not … anybody は nobody の意味となるのが普通であるが, 次の例では, (a) の意味のほかに, (b) のように, anybody が everybody と同意となり, not ～ anybody で部分否定を表すこともある; (b) の場合には文を下降上昇調で発音する (cf. any *adj.* 3): He does*n't* lend his books to ～. (a) だれにも本を貸さない; (b) だれにでも本を貸すとは限らない. **2** [肯定] だれでも (cf. any *adj.* 2 a): *Anybody* can do that. だれにだってそれはできる / He is taller than ～ else. ほかのだれよりも背が高い / *Anybody* else would have done the same. ほかのだれだって同じことをしただろう.

ánybody's gáme [***màtch, ràce***]《口語》勝敗の予想のつかない競技[試合, 競走], 全く互角の競技[試合, 競走].《1840》 ***ánybody's guèss*** ⇨ guess *n.* 成句.

— *n.* **1** [主に疑問·否定·条件] (何かの点で)重きをなす人, ひとかどの人間 (cf. somebody *n.*): I *never* wanted to be ～. ひとかどの人物になりたいなどと思ったことは全くない / everybody who is ～ いやしくもひとかどの人間はだれでも. **2** [通例否定·条件構文で] 並の人: He's *not* just ～, he's the boss. ただの人じゃない, 社長だ.

〖*c*1300〗

an·y·how /énihàu | énɪ̯-/ *adv.* **1 a** どのようにしてでも, 何としてでも (in any way): The work may be done almost ～. その仕事はどんなやり方でもやってよい. **b** どのようにでも…する仕方で; どんな風に…しても (in whatever way): The answer is wrong ～ you look at it. 答えはどう見ても間違っている / *Anyhow* I do it, it always fails. どんな風にやってもいつもうまくいかない. **2** いずれにしても, とにかく (in any case, anyway); 少なくとも (at least); (話題を変えて)それはともかくとして: It must be done ～. ともかくもしなければならない / She is sincere ～, even if she is rather slow. ちょっと仕事が遅いということがあっても少なくともまじめだ / Just who do you think you are ～? ともかく自分は何様だと思っているのかね / I can't do it, not yet ～. 私にはできない, 少なくともまだ / The interview didn't go well, but I got the job ～. 面接はうまくいかなかったが, ともかくその仕事に就けた / *Anyhow*, let us begin. とにかく取りかかろう. **3** どうにかこうにか, いい加減に, おざなりに, ぞんざいに: Things are all ～. 何もかもいい加減になっている.

féel ányhow《口語》何だか体の具合が悪い.

〖1740〗

an·y·more /ènimɔ́ə | -mɔ́ː(r)/ *adv.* (*also* **àny móre**) **1** [否定構文で] もはや, 今(で)は (now, any longer) (cf. any *adv.* 1): He does*n't* work ～. 彼はもう働かない / I'm not hungry ～. もうおなかは減っていません / I *seldom* go there ～. そこへはもう滅多に行かない. ★《英》では any more と 2 語に書く. **2** [肯定構文で]《米》もう, 今(では): She's a grown-up woman ～. 彼女ももう一人前の女になった / We use a gas stove ～. 近ごろではガスストーブを使う.〖*c*1400〗

an·y·one /éniwʌ̀n, énɪ̯-, -wən | -wʌn/ *pron.* ＝anybody《★ 幾分形式ばった語 anyone は書き言葉, 話し言葉で用いられるが, anybody は主に話し言葉で用いられる》: *Anyone* (at all) could have told you that. それくらいだれに聞いてもわかっただろうに. ★ ANY *one* (1) と区別する.〖?*c*1380〗

an·y·place /éniplèis, énɪ̯-/ *adv.*《米口語》＝anywhere.〖《1916》← *any place* (⇨ any (adj.) 2 a)〗

ány·ròad *adv.*《英》どの道, いずれにしても, とにかく (anyway)《非標準的な語》.〖1896〗

an·y·thing /éniθìŋ, énɪ̯-, -θɪŋ/ *pron.* **1** [否定·疑問·条件] **a** 何も, 何か(あるもの[こと]) (cf. any *adj.* 1 b, something *pron.* 1): I can't believe ～ you say. 君の言うことは何一つ信用できない (cf. 3) / He didn't do ～ else. 全くその通りのことをした / Did you see ～ there? そこで何か見ましたか / She wondered whether it had ～ to do with the event. 何かその事件と関係があるのではないかと考えた / if ～ wrong happens [should happen] 何か異常な事でも起こったら / I won't accept ～. 何も受け取らない / He hasn't got ～ to do. 何もすることがない / Is there ～ in that theory? その理論には何かあるのか / Can ～ be done about it? それについて何か手が打てるか / *Anything* else [less] would be inadequate. ほかのものでは不十分だろう / It was too hot for [to do] ～. 暑くて何もできなかった / Hardly ～ seems to matter any more. もはやほとんど何も問題にならないように思える. **b** [～ of として] (…は)少し(で)も, いくら(で)も (cf. something *pron.* 4): I haven't seen ～ of Mr. A lately. 近ごろ A さんに少しも会っていない / Is he ～ of a musician? 彼は少しは音楽がやれますか. **2** [肯定] 何でも (cf. any *adj.* 2): He can do absolutely ～ at all. 全く何でもできる / I'd give ～ (for a chance) to see her again. 彼女に会えるんなら(チャンスがあれば)何だってくれてやる / almost ～ ほとんど何でも / ～ you like《英》好きなものは何でも. **3** [部分否定で] 何でも(…というわけではない). ★ 文を下降上昇調で発音する (cf. any *adj.* 3): The patient can*not* eat *just* ～. 患者は何でも食べられるというわけではない.

ánything but ∴ …のほかは何でも; 少しも…でない (not … at all), …とだけは決して言えない (far from): I will do ～ *but* that. そのほかのことなら何でもする《それはっかりはごめんだ》/ He never does ～ *but* complain. 不平ばかり言っている / He is ～ *but* a scholar. 彼が学者だなんてとんでもない / It is ～ *but* pleasant. 楽しいどころか《不愉快だ》/ [独立的に] You look like a gentleman. —(I'm) ～ *but*. ご立派な紳士とお見受けしますが―とんでもありません.《1805》 ***ánything lìke*** [主に否定構文で] …に似た[類する]ものは何も (cf. ANYTHING *like* ⇨ *adv.*): I *never* saw ～ *like* it. そのようなものは見たことがない / He does *not* like ～ *like* hard work. 精出して働くなどは全く好まない / Was it ～ *like* Miami? そこはマイアミみたいでしたか.《1885》 ***ánything néar*** ＝anywhere *adv.* 1 b. ***Ánything you sáy.*** 何でもあなたの言うとおりにするよ. ***(as)*** ∴ ***as ánything***《口語》何にも劣らないほど, 非常に: He is *as* proud *as* ～. とても高慢だ. ***for ánything*** (1) [否定語の後で] いくら得をしても(…しない), 決して(…しない): I would *not* do it *for* ～ (in the world). どんなことがあってもそれはしない. (2) [too … for ～ として]《口語》極端に, 非常に (excessively): It was *too* hot *for* ～. ものすごく暑かった. ***if ánything*** 少しでも差違があるとすれば, いずれかと言えば (rather): He is, *if* ～, a little better today. 大して変わりはないが, 今日は少しはよいほうです.《1836》 ***lìke ánything***《口語》激しく, ものすごく, 非常に (exceedingly): She wants it *like* ～. それをものすごく欲しがっている / He was proud *like* ～. 非常に得意だった / She ran *like* ～. 彼女は死にもの狂いに走った.《1695》 ***nót còme to ánything*** ＝come to nothing (⇨ nothing 成句). ***or ànything*** [否定·疑問·条件] …とか何とか(そういったこと) (cf. *or* SOMETHING): If he wants to visit me *or* ～, I'll be at home all day. もし彼が私を訪ねたいとか何とかいうのだったら, ずっと家にいる.

— *adv.* 少しは, いくらか; 少しも (at all): Is she ～ like her mother? 彼女は少しは母親に似ていますか.

ànything like [否定·疑問構文で] 全然, 少しも (cf. ANYTHING *like* ⇨ *pron.*): I have *not* ～ *like* finished yet! まだ少しも終わっていません.

— *n.* [主に否定語の後で] 大した事, 重要な事 (a serious thing) (cf. something): Don't worry. It is*n't* ～. 心配しないで, 何でもないのだから.

〖OE *ǣniġ þing*〗

an·y·thing·ar·i·an /èniθɪŋé(ə)riən, ènɪ̯- | -ŋéər-/ *n.* [軽蔑的に] 一定の信仰[信条]を持たない人, (宗教的に)無関心な人.〖《*a*1704》: ⇨ ↑, -arian〗

an·y·time /énitàɪm, énɪ̯-/ *adv.* (《米》*also* **ány tìme**) **1** いつでも, どんな時にも (at any time): You can come ～. いつでも来てよい. ★ しばしば関係詞なしに従節を導いて用いられる: *Anytime* you find such leaves you should cut them off. そんな葉を見つけたら切ったほうがよい / *Anytime* you want to come, just let me know. 来たいときはいつでも, ちょっと知らせてほしい. **2** どんな場合でも, 必ず (invariably): I'll do it better ～. いつだってもっとうまくやってみせる.〖1926〗

an·y·way /éniwèɪ, énɪ̯-/ *adv.* **1 a** いずれにしても, やっぱり, とにかく (in any case): I'll go ～. 私はとにかく行く. **b** それはそうと (anyhow). **2**《俗》何としてでも, どうにでも (in any way). ★ any way と 2 語でも書き, しばしば関係詞なしに従節を導いて用いられる (cf. anyhow 1 b): You can do it ～ [any way] you like. どうにでもしたいようにやってよい. **3** ぞんざいに, いい加減に.〖*a*1325〗

an·y·ways /éniwèɪz, énɪ̯-/ *adv.* **1**《口語》＝anyway 2. **2**《方言》＝anyway 1.〖《?*c*1200》*ani weis*: ⇨ -s[2]〗

an·y·where /éni(h)wèə, énɪ̯- | -(h)wèə(r)/ *adv.* **1** [否定·疑問·条件] **a** どこへ[に]も, どこかへ[に] (cf. somewhere 1 a): I won't go ～ (at all). どこへも行きはしない (cf. 3) / I wouldn't go ～ else. どこもよそへは行かない / Can I get it ～ in this town? この町のどこかで手に入りますか / Tell him so if you meet him ～. 彼にどこかで会ったらそう言って下さい / You will find it in New York if ～. いずれにしてもニューヨークでは見つかるだろう. **b** [～ near [close to] として] 幾分でも, 少し(で)も (at all); いくらかでも…に近い: The answer didn't come ～ *close to* the correct one. その答えは正解とはひどく違っていた / He isn't ～ *near* as kind as his sister is. 彼は妹さんとは大違いで不親切な人だ. **2** [肯定] **a** どこへでも, どこ[どの辺]でも: You may go ～. どこへ行ってもよろしい. **b** どこ(へ)でも…する所に; どこに…しても (wherever): Go ～ you like [please]. どこでも行きたい所へ行きなさい / *Anywhere* you go it's the same. どこへ行っても同じだ. **3** [部分否定で] どこ(へ)でも(…というわけではない). ★ 文を下降上昇調で発音する (cf. any *adj.* 3): I'm *not* going to perform ～. どこででも演奏するというわけではない.

ánywhere from ∴ ***to*** ∴ ＝***ánywhere betwèen*** ∴ ***and*** ∴ (数·時間などを述べて)…から…のあたり, …ないし…: There were ～ *from* [*between*] fifty *to* [*and*] seventy students. 50 人から 70 人あたりの学生がいた / *Anywhere from* three to six months might have passed. 3 か月ないし 6 か月後のことだったろう. ***ánywhere from*** ∴ ***úp*** ざっと…以上: There were ～ *from* fifty students *up*. ざっと 50 人以上の学生がいた. ***ánywhere ùp to*** ∴ ざっと…ほどの: It can cost ～ *up to* $1,000. ざっと 1000 ドルくらいかかる / There were ～ *up to* seventy students. ざっと 70 人くらい学生がいた. ***gét ànywhere*** ⇨ get[1] 成句. ***or ànywhere*** [否定·疑問·条件] あるいはどこかそんなところに: if you want to go to Africa *or* ～ アフリカへでもどこへでも行きたいなら.

— *n.* [時に節を伴って] どこでも (any place): You may call from ～ (you like). どこからでも(好きな所から)電話したらいいでしょう / I don't have ～ to go. どこにも行くところがない / Have you been to ～ interesting [special]? どこかおもしろい[特別な]ところへ行きましたか.

〖*c*1380〗

ány·whères *adv.*《米非標準》＝anywhere.〖1775〗

an·y·wise /éniwàɪz/ *adv.*《米》どのようにでも (in any manner), どの点からも, いかほどにも (at all).〖《?*c*1175》: ⇨ any, wise[2]〗

ANZAAS /ǽnzəs, -zæs/ *n.* オーストラリア·ニュージーランド科学振興協会.〖《頭字語》← *A*(*ustralian and*) *N*(*ew*) *Z*(*ealand*) *A*(*ssociation for the*) *A*(*dvancement of*) *S*(*cience*)〗

An·zac /ǽnzæk/ *n.* **1**〖軍事〗アンザック軍団員; [the ～s] アンザック軍団《オーストラリア·ニュージーランド連合軍団; 第一次大戦中の Gallipoli 戦役から始まる》. **2 a** オーストラリア兵, ニュージーランド兵. **b** オーストラリア人, ニュージーランド人. **3** アンザック軍団の Gallipoli 半島上陸 (1915 年).〖《1915》《頭字語》← *A*(*ustralian and*) *N*(*ew*) *Z*(*ealand*) *A*(*rmy*) *C*(*orps*)〗

Ánzac Dày *n.* アンザックデー《4 月 25 日; アンザック軍団の Gallipoli 半島上陸 (1915 年) 記念日で, オーストラリア·ニュージーランドの休日》.

ANZAM /ǽnzæm/ *n.* (*also* **An·zam** /～/) アンザム《オーストラリア·ニュージーランド·マレーシアの防衛同盟; 1960 年代に結ばれた》.〖《1965》《頭字語》← *A*(*ustralia*), *N*(*ew*) *Z*(*ealand*), *a*(*nd*) *M*(*alaysia*)〗

An·zio /ǽnziòu, áːn- | ǽnziəu; *It.* ántsjo/ *n.* アンツィオ《イタリアの Rome 南方にある海港; 1944 年 1 月連合軍のイタリア侵攻の時の上陸地; 観光地; 古名 Antium》.

An·zus /ǽnzəs/ *n.* (*also* **ANZUS** /～/) アンザス《オーストラリア·ニュージーランド·米国によって 1951 年に結成された太平洋共同防衛体制》.〖《1952》《頭字語》← *A*(*ustralia*), *N*(*ew*) *Z*(*ealand and the*) *U.S.*〗

ao《略》and others; among others.

ao《記号》Angola (URL ドメイン名).

AO《略》〖軍事〗accountant officer 経理部将校; Army Order 軍命令, 軍令; Officer of the Order of Australia; Australian Opera.

AOA《略》《米》Administration on Aging 米国高齢者(政府)対策部.

AOB, a.o.b. /éɪòubíː | -əu-/《略》any other business その他の議題.〖1974〗

AOC《略》〖軍事〗Air Officer Commanding 飛行[航空]隊長, 空軍指揮官;〖軍事〗Army Ordnance Corps 陸軍兵器部隊; appellation d'origine contrôlée.

AOCB《略》any other competent business.

AOD《略》〖軍事〗Army Ordnance Department 陸軍兵器部.

ao dai /áudáɪ; *Viet.* áːwzaːj/ *n.* アオザイ《ベトナムの民族服; 長衫(ﾁｮﾝｻﾝ)(丈長の中国服)と褲子(ｸｰｽﾞ)(ゆったりしたズボン)から成る》.〖《1961》◻ Vietnamese 'long tunic'〗

A of F《略》《英》〖海軍〗Admiral of the Fleet.

AOH《略》Ancient Order of Hibernians.

A-OK /éɪòukéɪ | -əu-/ *adj.*, *adv.* (*also* **A-O-kay** /～/)《米口語》すべてオーケーの, 完全な[に], 申し分ない[く].〖《1959》← A (*one*)＋OK〗

AOL /éɪòuél | -əu-/ *n.* アメリカオンライン《米国のパソコン通信·インターネット接続業者 America Online 社の略称》.

AOL /éɪɔ(ː)ɫ, éɪòuél | éɪɔl, éɪəuél/《略》《米》〖軍事〗absent over leave 休暇[賜暇]期間超過欠勤, 許可期間超過外出 (cf. overleave, AWL, AWOL).

AONB《略》《英》Area of Outstanding Natural Beauty.〖1957〗

A one /éɪwʌ́n/ *n.*, *adj.* ＝A 1 *n.*, *adj.*

A1C /éɪwʌnsíː/《略》animal first class.

A·o·ni·a /eɪóuniə | -əu-/ *n.* アオニア《ギリシャ Boeotia の一地方; Muses の住んだと伝えられる Helicon 山がある》.

A·o·ni·an /eɪóuniən | -əu-/ *adj.* **1** アオニア (Aonia) 地方の. **2** 女神ミューズ (Muses) の.〖1607〗

AOQ《略》average outgoing quality 平均出検品質.

AOR《略》adult-oriented rock;《米》album-oriented radio; album-oriented rock; at own risk《病院用語》.

aor.《略》〖ギリシャ文法〗aorist.

Ao·ran·gi /aurǽŋi/ *n.* ＝COOK, Mount.

a·o·rist /éɪərɪst, é(ə)r- | éərɪst, éɪər-/〖ギリシャ文法〗*n.* アオリスト, 不定過去《継続·完了を意味せず単に起こった事実を一回的に表現する時制》. — *adj.* 不定の (indefinite): the ～ tense アオリスト.〖《1581》◻ Gk *aóristos* indefinite ← A-[7]＋*horistós* definable (← *horízein* to define (cf. horizon))〗

a·o·ris·tic /èɪərístɪk, è(ə)r- | èər-, èɪər-/ *adj.* **1**〖ギリシャ文法〗アオリストの, 不定過去の. **2** ＝aorist. **à·o·rís·ti·cal·ly** *adv.*〖1846〗

a·ort- /eɪɔ́ət | -ɔ́ːt/ (母音の前にくるときの) aorto- の異形.

a·or·ta /eɪɔ́ətə | -ɔ́ːtə/ *n.* (*pl.* **～s, a·or·tae** /-tiː/)〖解剖〗大動脈 (⇨ heart 挿絵): the ascending [descending] ～ 上行[下行]大動脈. **a·ór·tal** /-tl | -tl/ *adj.* **a·or·tic** /eɪɔ́ətɪk | -ɔ́ːt-/ *adj.*〖《1543》◻ OF *aorte* // ← NL ～ ← Gk *aortḗ* great artery of the heart ←

A

A

aeírein to lift: cf. artery〛

aórtic árch *n.* 〔解剖〕大動脈弓 (⇨ heart 挿絵). 〘1903〙

aórtic incómpetence [insufficiency] *n.* 〔病理〕大動脈弁閉鎖不全.

aórtic stenósis *n.* 〔病理〕大動脈口狭窄症.

aórtic válve *n.* 〔解剖〕大動脈弁.

a·or·ti·tis /èɪɔətáɪtɪ̣s | -ɔ:táɪtɪs/ *n.* 〔病理〕大動脈炎. 〘(1842) ← NL ~: ⇨ ↓, -itis〙

a·or·to- /eɪɔ́ətoʊ | -ɔ́:təʊ/「大動脈 (aorta)」の意の連結形. ★ 母音の前では通例 aort- になる. 〘← NL ~: ⇨ aorta〙

a·or·tog·ra·phy /èɪɔətá(:)grəfi | -ɔ:tɔ́g-/ *n.* 〔医学〕大動脈造影[撮影](法), アオルトグラフィー. **a·or·to·graph·ic** /eɪɔətəgrǽfɪk | -ɔ:tə-⁻/ *adj.* 〘*c*1935〙

AOS 《略》〔宇宙〕accept of signal 信号の入感.

A·os·ta /ɑ:ɔ́(:)stə, -óʊs- | -ɔ́s-; *It.* aɔ́sta/ *n.* アオスタ《イタリア北西部の都市; Valle d'Aosta 州の州都; ローマ時代の遺跡で知られる》.

A·o·te·a·ro·a /ɑ̀:oʊti:əróʊə | -əʊti:əráʊə/ *n.* アオテアロア《New Zealand のマオリ語名》.

aou·dad /áʊdæd, ɑ́:ʊdæd/ *n.* 〔動物〕バーバリシープ, タテガミヒツジ (*Ammotragus lervia*)《北アフリカ産の野生羊; Barbary sheep ともいう》. 〘(1861) ◻ F ~ ◻ Berber *audad*〙

à ou·trance /ɑ:u:trɑ̃́:(n)s, -trɑ́:ns; *F.* autʀɑ̃:s/ *F.* 極度に; 最後[死ぬ]まで, あくまで. 〘(1883) ◻ F ~ 'to the limit'〙

Aou·zou /aʊzú:; *F.* auzu/ *n.* アオズ《チャド最北端のリビア国境沿いの帯状地域; 両国間の係争地域》.

ap, Ap. 《略》apostle.

AP 《略》airplane; 〔米軍〕Air Police; air pollution; American plan; antipersonnel; Associated Press エーピー《米国の二大通信社の一つ; cf. UPI》; atomic power. 〘1879〙

AP, A/P, a.p. 《略》〔保険〕additional premium 追加保険料.

ap. 《略》*L.* apud (=in the works of, according to).

Ap. 《略》April.

A/P 《略》〔商業〕advise and pay 通知して支払わせる; authority to pay 支払い権限; authority to purchase 購買権限.

a.p. 《略》〔醸造〕above proof; 《米》apothecaries'; 〔印刷〕author's proof 著者送り校正刷[ゲラ]; apparent.

ap-[1] /æp, əp/ *pref.* (p の前にくるときの) ad- の異形: *ap*pear.

ap-[2] /æp/ *pref.* (母音の前にくるときの) apo- の異形: *ap*agoge.

Ap- /æp/ *pref.* ウェールズ系の人名(姓)の前に付いて son of の意を表す (cf. patronymic *n.* 1): *Ap*john, *Ap*reys. 〘◻ Welsh *ap* (頭音消失) ← *map* son〙

a·pa /əpɑ́:/ *n.* 〔植物〕=wallaba. 〘◻ Port. ◻ Tupi ~ ← Galibi〙

APA 《略》American Pharmaceutical Association; American Philological Association; American Philosophical Association 米国哲学協会; American Protestant Association 米国プロテスタント連合[協会]; American Psychiatric Association 米国精神医学会; American Psychological Association 米国心理学会; Association for the Prevention of Addiction; Association of Public Analysts.

a·pace /əpéɪs/ *adv.* **1** 速やかに, 急速に (swiftly): Ill news comes ~. ⇨ news 1 b. **2** 〔…と〕歩調を合わせて, 肩を並べて (abreast)〔*with, of*〕. 〘(*c*1350) ← OF *à pas*: ⇨ a-[1], pace[1]〙

a·pache /əpǽʃ; *F.* apaʃ/ *n.* (*pl.* **a·pach·es** /~ɪ̣z; *F.* ~/) **1** (Paris の)無頼漢, ならずもの, アパッシュ. **2** 無頼漢, ごろつき, やくざ (ruffian). — *adj.* アパッシュダンス (apache dance) の. 〘(1902) ◻ F ~ ← (↓)〙

A·pach·e /əpǽtʃi/ *n.* (*pl.* ~, ~s) **1 a** [the ~(s)] アパッチ族《米国 New Mexico, Arizona, Texas, Colorado の諸州およびメキシコに居住した北米インディアン》. **b** アパッチ族の人. **2** アパッチ族の言語. 〘(1745) ◻ Sp. ~ ◻ ? N-Am.-Ind. (Yuman)? *ápáče* 〔原義〕people〙

apáche dànce *n.* アパッシュダンス《Paris の酒場などで始められた(男女)ペアの激しい踊り》. 〘1918〙

ap·a·go·ge /ǽpəgòʊdʒi | -gəʊ-/ *n.* 〔論理〕アパゴーゲー《大前提が真で小前提が蓋然的に真である三段論法に対する Aristotle の命名》. **ap·a·gog·ic** /æ̀pəgá(:)dʒɪk | -gɔ́dʒ-⁻/ *adj.* **àp·a·góg·i·cal** /-dʒɪkəl, -kl/ *adj.* **àp·a·góg·i·cal·ly** *adv.* 〘(1727) ◻ Gk *apagōgḗ* ← *apágein* to lead off ← APO-+*ágein* to lead (cf. -agogue)〙

a·paid /əpéɪd/ *adj.* [叙述的] 《詩》満足して (satisfied). 〘(*c*1300) (p.p.) ← APAY〙

Áp·a·lach·ee Báy /ǽpəlætʃi-/ *n.* アパラチー湾《米国 Florida 州北西部, Mexico 湾内の入り江》.

Ap·a·lach·i·co·la /æ̀pəlætʃɪ̣kóʊlə | -tʃɪkə́ʊ-/ *n.* [the ~] アパラチコーラ(川)《米国 Florida 州北西部の川; Florida 州と Georgia 州との境付近から発し南流して Mexico 湾に注ぐ (145 km)》.

a·pa·min /éɪpəmɪ̣n | -mɪn/ *n.* 〔生化学〕アパミン《ハチ毒から抽出されるポリペプチド; 神経組織破壊作用を有する》. 〘(1972) ← L *ap* is 'bee'+E. *amino* 'acid'〙

ap·a·nage /ǽpənɪdʒ/ *n.* =appanage. 〘1602〙

a·pa·re·jo /æ̀pəréɪ(h)oʊ | -réɪ(h)əʊ; *Am.Sp.* aparého/ *n.* (*pl.* ~s /~z; *Am. Sp.* ~s/)《米南西部》(革またはキャンバスのクッションでできた)荷ぐら. 〘(1844) ◻ Am.-Sp. ~ ◻ Sp. ~ 'equipment, preparation' ← *aparejar* to prepare: cf. apparel〙

a·part /əpɑ́ət | əpɑ́:t/ *adv.* **1 a** (場所的・時間的に)離れて, 別れて (separately): The village and the school are three miles ~. 村と学校は三マイル離れている / The holidays are two days ~. 休日は二日の間隔がある / ⇨ LIVE[1] *apart*. **b** 〔…から〕離れて, 離して (at a distance); 〔…を〕避けて〔*from*〕: cut ~ 切り離す / He stood ~ *from* them. 彼らから離れていた / hold [keep] (oneself) somewhat ~ *from* the common herd 一般大衆からやや離れている / keep two enemies ~ 二人の敵同士を離しておく / stand with (one's) legs ~ 股を開いて立つ / They moved ~ (from each other). 二人は離れ離れになった / ⇨ FALL *apart*, TAKE *apart*, TEAR[1] *apart*. **2** 離れ離れに, ばらばらに (to pieces): break a toy ~ おもちゃをばらばらにこわす / ⇨ COME *apart*. **3 a** 個別的に[それだけで](考えると) (separately): Viewed ~, the question is simple. 個別的に見ると問題は簡単だ. **b** [名詞・動名詞の後に置いて] (…を)別にして, 除いて (aside): A few things ~, … いくつかの点は別として… / Joking [Jesting] ~, what will they really do? 冗談はさておいて彼らは本当にどうするだろう. **4** 一方へ, わきへ; (ある目的・用途のために)別にして, 取り除いて: ⇨ SET *apart* (1).

(quite) apárt from (1) …を除いては, …のほかに (except for): *Apart from* a few fragments, nothing remains of his work. 2, 3 の断片を除いては彼の作品は何も残っていない. (2) …のほかに, …に加えて (besides): *Apart from* (raising) the funds, there is the matter of personnel. 資金(調達)のほかに人員の問題がある. 《1833》 ***téll [knów] apárt*** 〈似た人・物を〉区別する, 見分ける (distinguish)〔*from*〕: The twins are difficult to *tell* ~ (from each other). あの双子は区別がつきにくい.

— *adj.* [叙述的] **1 a** 離れて, 別で (separate); 独立した (independent)〔*from*〕: The storehouse is ~ *from* the building. 倉庫は建物から離れている. **b** 〈人・物が〉意見[性質]が違って, 疎遠で (distant)〔*from*〕: They grew ~. **2** [名詞の後に置いて]〈人・物が〉(他とは)別で, 例外的で (out of the common): a class ~ 別個の階級; 独自な部類.

~·ness *n.* 〘(*a*1325) ◻ OF ~ (F *à part*) < L *ad partem* to the one side or part: ⇨ ad-, part〙

a·part·heid /əpɑ́ətert, -aɪt | əpɑ́:t(h)eɪt, -(h)eɪd, -(h)aɪt; *Afrik.* apártheɪt/ *n.* **1** 民族隔離計画; (特に, 南アフリカ共和国の黒人に対する)人種差別待遇[隔離政策], アパルトヘイト (1994 年までに廃止). **2** (一般に)隔離, 差別. 〘(1929) ◻ Afrik. ~ 〔原義〕separateness ← Du. *apart* (◻ F *à part* (↑))+*-heid* '-HOOD'〙

a·part·ho·tel /əpɑ̀əthoʊtél | əpɑ̀:təʊ-/ *n.* =apartotel. 〘1972〙

a·part·ment /əpɑ́ətmənt | əpɑ́:t-/ *n.* **1** 《米・カナダ》**a** アパート (《英》flat)《建物全体ではなく共同住宅 (apartment house) 内の一組の部屋から成る住居; cf. duplex apartment, studio (apartment)》: a three-room ~ / *Apartments* for Rent (アパート)空室[貸室]あり《広告文》. 日英比較 日本語の「アパート」は建物を指すが, 英語ではこれは普通《米》*apartment* house [building], 《英》block of flats という. アパートの一家族分の部屋が《米》*apartment*, 《英》flat である. また「アパート」と省略するのは和製英語. **b** =apartment house. **2** [*pl.*] 《英》**a** (多く短期滞在のための)貸室, 貸間. **b** 高級アパート, マンション (cf. mansion 2). **3 a** [しばしば *pl.*] (大きくて立派な)部屋, 室《しばしば組み部屋 (suite) を成す》. **b** 部屋, 室 (room). **a·part·men·tal** /əpɑ̀ətméntḷ, æ̀pɑət- | æ̀pɑ:tméntḷ, əpɑ̀:t-⁻/ *adj.* 〘(1641) ◻ F *appartement* ◻ It. *appartamento* ← *appartare* to separate ← *a parte* 'APART': ⇨ -ment〙

apártment blòck *n.* 集合住宅棟, アパート (apartment building). 〘1955〙

apártment building *n.* 《米・カナダ》=apartment house. 〘1883〙

apártment hotél *n.* 《米》アパートメントホテル《長期および短期滞在客用のキッチン付きの部屋があるホテル; cf. service flat》. 〘1909〙

apártment hòuse *n.* 《米・カナダ》(主に賃貸の)共同住宅, アパート (apartment building) (《英》block [building] of flats) (cf. condominium 1). 〘1874〙

a·part·o·tel /əpɑ̀ətoʊtél | əpɑ̀:təʊ-/ *n.* アパートホテル《個人所有の短期滞在客用スイート (suites) のあるアパート》.

ap·as·tron /æpǽstrən/ *n.* (*pl.* **-as·tra** /-trə/) 〔天文〕遠星点《連星系で伴星が主星から最も遠ざかった点; cf. periastron》. 〘← NL ~ ← APO-+Gk *ástron* 'STAR'〙

ap·a·tet·ic /æ̀pətétɪk | -tét-⁻/ *adj.* 〔動物〕保護色[形態]をもった: ~ coloration 保護色. 〘(1890) ◻ Gk *apatētikós* fallacious ← *apatân* to cheat: ⇨ -ic[1]〙

ap·a·thei·a /æ̀pəθáɪə/ *n.* (*also* **a·path·i·a** /əpǽθiə/) 〔ストア哲学〕アパテイア (⇨ apathy 3). 〘(1893) ◻ Gk *apátheia* 'APATHY'〙

ap·a·thet·ic /æ̀pəθétɪk | -tɪk⁻/ *adj.* **1** 無感情の, 無感動の (unemotional) (⇨ impassive SYN). **2** 無神経な, 冷淡な (indifferent)〔*to, toward*〕. **àp·a·thét·i·cal** *adj.* **àp·a·thét·i·cal·ly** *adv.* 〘(1744) ← APATHY+(PATH)ETIC〙

ap·a·thy /ǽpəθi/ *n.* **1** 無感動. **2** (他人が興味を覚えるものに対する)無関心, 無神経, 冷淡, しらけ (indifference)〔*to, toward*〕: with ~ / have an ~ *to* …に冷淡である. **3** 〔ストア哲学〕アパテイア, 不受態《喜怒哀楽の多様な情念に動かされない心の状態; apatheia ともいう》. **4** 〔精神病理〕無感情, 感情鈍麻. 〘(1603) ◻ F *apathie* ◻ L *apathīa* freedom from emotion ◻ Gk *apátheia* ← *apathḗs* without feeling ← A-[7]+*páthos* 'feeling, PATHOS'〙

ap·a·tite /ǽpətàɪt/ *n.* 〔鉱物〕燐灰(りんかい)石 ($Ca_5(PO_4)_3$-(OH, F, Cl)). 〘(1803) ◻ G *Apatit* ◻ Gk *apátē* deceit: 他の鉱石と見間違えることから: ⇨ -ite[1]〙

ap·a·to·sau·rus /æpəṭousɔ́:rəs | -tə(ʊ)-/ *n.* 〔古生物〕アパトサウルス《ジュラ紀後期北米にいた竜脚亜目 *Apatosaurus* 属の草食の恐竜; 爬虫類中最大; 体長 26 m, 体重 30 トン》. 〘(*c*1899) ← NL ~ ← *apato-* ◻ Gk *apátē* (↑)+-SAURUS〙

a·pay /əpéɪ/ *vt.* 《古》満足させる; 返済する (repay). 〘(*c*1250) ◻ OF *apaiier*: ⇨ a-[4], pay〙

APB 《略》《米》all-points bulletin.

APB Opínion 《略》〔会計〕Accounting Principles Board Opinion 会計原則審議会意見書.

APC /éɪpì:sí:/ *n.* **1** 〔薬学〕複方 APC 散《解熱・鎮痛剤; アスピリン・フェナセチン・カフェインの配合薬》. **2** 《戯言》万能薬. 〘(1943) 1: 《略》← *a*(*spirin*), *p*(*henacetin*), *c*(*affeine*). 2: 《略》← *a*(*ll*)-*p*(*urpose*) *c*(*ure*)〙

APC 《略》armored personnel carrier.

ape /éɪp/ *n.* **1** 〔動物〕**a** エイプ《主にアジア・アフリカ産の尾なしザル》. **b** 類人猿(えん) (anthropoid ape, pongid). **2** 短尾のサル. **3** 人[猿]まねをする人, 模倣者. **4** (類人猿のように)無骨で下等な人間. **5** 《廃》ばか.

Gód's ápe 生まれながらのばか. 《1513》 ***léad ápes in héll*** 〈女性が〉一生独身で暮らす《猿の手を引いてやるのが独身女性の来世での仕事との言い伝えから》. 《1579》 ***pláy the ápe*** (1) 人まねをする. (2) ふざけ回る; 悪ふざけをする. 《1579》 ***pláy the sédulous ápe*** (修練のために)〔大家の〕文体(など)をまねる (imitate closely)〔*to*〕(R. L. Stevenson, *Memories and Portraits*). ***sáy an ápe's paternóster*** 寒くて[こわくて]歯の根が合わない. 《1611》

— *vt.* **1** まねる, 模倣する (⇨ imitate SYN). **2** 装う (feign): ~ modesty. **3** [~ it として]《古》人[猿, 物]まねをする.

— *adj.* 《俗》狂気の; 興奮した; 夢中になった. ★ 主に次の成句に用いる: ***gò ápe [ápeshit]*** 《俗》(1) 熱狂する, ひどく怒る[興奮する]. (2) 〔…に〕夢中になる, 熱中する〔*over, for*〕: *go* ~ *over* a girl. 《1955》

áp·er *n.* **~·lìke** *adj.* 〘OE *apa* ← Gmc **apōn-* (Du. *aap* / G *Affe*) ← ?〙

a·peak /əpí:k/ *adv.* 〔海事〕**1** 〈錨が〉立ち錨に(なって). **2** 〈帆桁などが〉一端をいっぱいに吊り上げられ斜めに起こされて. **3** (こぐ手を休める場合などに)〈オールが〉斜めに立て交差させられて. — *adj.* [叙述的]〈オールなどが〉(ほぼ)垂直の, 縦にした. 〘(1596) *a pike* ◻ F *à pic* perpendicularly ← *à* A-[4]+*pic* PEAK[1]: 現在の形は PEAK[1] の影響〙

APEC /éɪpek/ *n.* アジア太平洋経済協力閣僚会議《アジア太平洋地域内の経済協力のための政府間公式協議体; 2001 年現在 21 の国・地域が参加; 1989 年に第 1 回会議が開かれた》. 〘(頭字語) ← *A*(*sia-*)*P*(*acific*) *E*(*conomic*) *C*(*ooperation*) *Conference*〙

a·pei·ron /əpáɪrɑ(:)n, əpéɪ- | -rɔn/ *n.* (*pl.* **a·pei·ra** /-rə, -rɑ:/)〔哲学〕アペイロン《無限を意味し, ギリシャの哲学者 Anaximander が世界の根源にある実在を名づけたもの》. 〘◻ Gk *ápeiron* (neut.) ← *ápeiros* infinite ← A-[7]+ *peîrar* completion〙

A·pel·doorn /ɑ́:pəldɔən, ɑ́:pl̩- | -dɔ:n; *Du.* á:pəldo:rn/ *n.* アペルドールン《オランダの都市》.

A·pel·les /əpéli:z/ *n.* アペレス (360?–?315 B.C.; ギリシャの画家).

ape·man /éɪpmæ̀n/ *n.* (*pl.* **-men** /-mèn/) 〔人類学〕**1** 猿人 (*Homo erectus*)《ホモサピエンス (*Homo sapiens*) とアウストラロピテクス (*Australopithecus*) などの中間に位する者; cf. Swartkrans apeman》. **2** 類人猿に育てられたと思われる人間. 〘1879〙

Ap·en·nine /ǽpənàɪn | ǽpɪ̣-, ǽpe-/ *adj.* アペニン[アペニノ]山脈の.

Ap·en·nines /ǽpənàɪnz | ǽpɪ̣-, ǽpe-/ *n. pl.* [the ~] アペニン[アペニノ]山脈《イタリア半島の背骨をなす山脈; 最高峰 Monte Corno (2,912 m)》.

ap·er·çu /æ̀pəsú:, ɑ̀:p- | æ̀pə(:)sjú:, -sú:; *F.* apɛʀsy/ *F. n.* (*pl.* ~**s** /~z; *F.* ~/) **1** (書物・論文などの)梗概(こうがい), 概要, 一覧 (outline). **2** 一瞥; 洞察. 〘(1828) ◻ F ~ 'rapid survey' (p.p.) ← *apercevoir* to perceive〙

a·pe·ri·ent /əpí(ə)riənt | əpíər-/ 〔薬学〕*adj.* 通じの効果のある. — *n.* 軟下薬, 緩下(かんげ)剤 (⇨ physic SYN). 〘(1626) ◻ L *aperientem* (pres.p.) ← *aperīre* to open ← APO-+IE **wer-* to cover: ⇨ -ent〙

a·pe·ri·od·ic /èɪpɪ(ə)riá(:)dɪk | èɪpɪəriɔ́d-⁻/ *adj.* **1** 非周期的な, 不規則な (irregular). **2** 〔物理〕非周期的な. **3** 〔暗号〕(ほとんど)反復しない, 容易に反復が見出しえない. **à·pe·ri·ód·i·cal·ly** *adv.* **a·pe·ri·o·dic·i·ty** /èɪpɪ(ə)riədísəṭi | èɪpɪəriədísɪ̣ti, -riə-/ *n.* 〘(1879) ← A-[7]+PERIODIC[1]〙

áperiodic círcuit *n.* 〔電気〕非周期性回路, 非同調回路.

a·per·i·tif /ɑ:pèrɪ̣tí:f, əp- | əp-, æp-; *F.* apeʀitif/ *n.* (*pl.* ~**s** /~s; *F.* ~/) **1** アペリチフ, 食前酒《食欲促進のため食前にとるアルコール飲料》. **2** =aperitif wine. 〘(1894) ◻ F *apéritif* (adj.) < L *aperitīvum* ← L *aperīre* to open: ⇨ aperient〙

aperitif wine *n.* アペリチフワイン《食前酒またはカクテルに用いる辛口のまたはあまり甘くない sherry, vermouth など; cf. table wine, dessert wine》.

a·per·i·tive /əpérəṭɪv | -rɪ̣t-/ *adj.* **1** 〔薬学〕=aperient. **2** 食欲を刺激する. — *n.* **1** 〔薬学〕**a** =aperient. **b** 食欲促進薬. **2** =aperitif. 〘((*a*1037)) (?*a*1425) ◻ F *apéritif*, *-ive* (fem.) opening: ⇨ aperitif, -ive〙

ap·er·tom·e·ter /æ̀pəṭá(:)məṭə | æ̀pətɔ́mɪ̣tə(r)/ *n.* 〔光学〕(レンズ, 特に顕微鏡対物レンズの)開口数測定器, 開(放)角測定器, 開口計. 〘(1880) ← APERT(URE)+-o-+

-METER[1]〗

ap·er·ture /ǽpətʃʊ̀ə, -tʃə | ǽpətʃə(r, -tjʊ̀ə(r/ *n.* **1** 開き口, 孔 (opening), すきま (gap). **2**〘光学〙開き, (レンズの)口径; (反射鏡の)鏡径; (撮影機・映写機などの)視野絞り: an ～ stop (カメラレンズなどの)絞り. **3**〘解剖〙口, 開口 (cf. relative aperture).
〖《?a1425》□ (O)F *aperture* ∥ L *apertūra* an opening ← *aperīre* to open: OVERTURE と二重語〗

áperture càrd *n.*〘電算〙アパチャーカード《穿孔(せんこう)カードの一部分を切り抜いて窓にし, そこにマイクロフィルムを張り付けられるもの》.〖1966〗

áperture plàte *n.*〘光学〙(光学機械で視野絞りとなる)窓板.

áperture priòrity *n.*〘写真〙絞り優先《絞りを設定するとシャッタースピードが自動的に決まる露出システム; cf. shutter priority》.

áperture ràtio *n.*〘光学〙口径比 (⇨ relative aperture).〖1889〗

áperture sỳnthesis *n.*〘天文〙(電波望遠鏡の)開口[口径]合成《複数の小アンテナの受信信号を合成して大口径アンテナと同じ分解能を得る技術》.〖1965〗

ap·er·y /éɪpəri/ *n.* **1** (猿のような)人まね, 猿まね (mimicry); くだらないいたずら[ふるまい]. **2** 猿の集団; 猿の小屋.〖《1616》← APE (n.)+-ERY〗

ápe·shìt *adj.*《卑》狂って, 夢中になって, 取りつかれて. ★ 次の成句で: ***gò ápeshit*** ＝go APE.

a·pet·al·ous /eɪpétələs, -tl- | -təl-, -tl-/ *adj.*〘植物〙花弁 (petal) のない, 無弁の. **a·pét·a·ly** *n.*
〖《c1706》← NL *apetalus* (← Gk *apétalos*: ⇨ a-[7], petalous)+-OUS〗

a·pex /éɪpeks/ *n.* (*pl.* ～**·es, a·pi·ces** /éɪpəsìːz, ǽp- | -pɪ̀-/) **1** 頂上, 頂点, 頂 (summit); 頂端, 先端: the ～ of a cone, triangle, etc. **2**〘天文〙向点: ⇨ solar apex. **3** 絶頂, 極致 (⇨ top SYN): He was at the ～ of his power. 権勢の絶頂にあった. **4**〘鉱業〙(鉱脈の)露出部. **5**〘音声〙舌先 (tip) (cf. point 22 b, blade 7). **6**〘解剖〙頂, 尖: the ～ of a lung 肺尖.〖《1603》□ L ～ 'point, summit' ← ? *apere* to fasten ← IE **ap-* to take: cf. apt〗

APEX /éɪpeks/ アペックス: **1** 事前購入の場合の航空運賃割引制度.〖《1971》《頭字語》← *A(dvanced) P(urchase) Ex(cursion)*〗 **2**《英》専門・行政・事務・コンピューター労働組合.〖《1972》《頭字語》← *A(ssociation of) P(rofessional), Ex(ecutive, Clerical, and Computer Staff)*〗

ap·fel·stru·del /ǽpfəlstrùːdl, -ʃtrùː-, -fl- | -dl; G. ápflʃtʁuːdl/ *n.* アプフェルシュトルーデル《紙のように薄い生地に, りんごの薄切り・干しぶどう・砂糖などを巻き込んで焼いたデザート用菓子》.〖《1936》□ G ～ ← *Apfel* 'APPLE'+STRUDEL〗

Áp·gar scòre /ǽpgɑə- | -gɑː-/ *n.* アプガール採点法[スコア]《新生児の色・心拍数・反射感応性・筋緊張度・呼吸努力の各項目に対する評価を 0, 1, 2 の指数で示したもの》.〖1964〗

aph.《略》aphorism.

aph- /æf/ *pref.* (h の前にくるときの) apo- の異形; ただし h は繰り返さない: *aph*elion.

a·pha·ci·a /əféɪʃiə, æf-, -ʃə/ *n.*〘眼科〙＝aphakia.

a·phaer·e·sis /əférəsɪ̀s | əfíərɪ̀sɪs/ *n.* (*pl.* **-e·ses** /-sìːz/)〘言語〙語頭音(節)消失《advantage が vantage に, It is ...が 'Tis ...になるなど; cf. syncope 1, apocope, aphesis》. **aph·ae·ret·ic** /æ̀fərétɪk | -tɪk⁻/ *adj.*
〖《1550》□ LL ～ □ Gk *aphaíresis* ← *aphaireîn* to take away ← APO-+*haireîn* to snatch〗

a·pha·gi·a /əféɪdʒiə/ *n.*〘病理〙嚥下(えんげ)不能(症).

a·pha·ki·a /əféɪkiə, æf-/ *n.*〘眼科〙無水晶体(症)《aphacia ともいう》.〖《1864》← NL ～ ← A-[7]+Gk *phakós* lentil+-IA[1]〗

aph·an- /ǽfən/ (母音の前にくるときの) aphano- の異形: *aphan*ite.

aph·a·nite /ǽfənàɪt/ *n.*〘岩石〙非顕晶質火山岩. **aph·a·nit·ic** /æ̀fənítɪk | -tɪk⁻/ *adj.*〖《c1828》□ F ～: ⇨ ↓, -ite[1]〗

aph·a·no- /ǽfənoʊ | -nəʊ/ 次の意味を表す連結形: **1**「目に見えない, 不鮮明な」: *Aphano*myces. **2**〘岩石・植物〙「結晶粒が非常に微細な, 非顕晶質の」. ★ 母音の前では通例 aphan- になる.〖□ F ～ ← Gk *aphanḗs* invisible: ⇨ a-[7], phenomenon〗

a·pha·sia /əféɪʒə, -ʒiə | əféɪziə, æf-, eɪf-, -ʒiə, -ʒə/ *n.*〘病理〙失語(症) (cf. dysphasia): Broca's ～ ブロカ失語症 / ⇨ motor aphasia / sensory [Wernicke's] ～ 知覚性[ヴェルニッケ]失語症 (cf. alexia).〖《1867》← NL ～ ← Gk *aphasía* speechlessness: ⇨ a-[7], -phasia〗

a·pha·si·ac /əféɪziæ̀k | əf-, æf-, eɪf-/ *n.* 失語症患者.〖1868〗

a·pha·sic /əféɪzɪk | əf-, æf-, eɪf-/〘病理〙*adj.* 失語症の. — *n.* ＝aphasiac.〖1867〗

a·phe·lan·dra /æ̀fəlǽndrə/ *n.* アフェランドラ《キツネノマゴ科 (Acanthaceae) の室内植物; 葉に光沢があり, 鮮やかな花が咲く》.

aphelia *n.* aphelion の複数形.

a·phe·lion /əfíːljən, -liən, æphíː- | æfíːliən, -ljən/ *n.* (*pl.* ～**s, -lia** /-ljə, -liə | -liə, -ljə/)〘天文〙遠日点《惑星や彗星(すいせい)が太陽から隔たる最も遠い点; ↔ perihelion》.〖《1656》《ギリシャ語化》← NL *aphēlium* (J. Kepler の造語で L *apogaeum* 'APOGEE' からの類推) ← APH-+*hḗlios* sun (⇨ helio-)〗

a·phe·li·o·trop·ic /æfìːliətrɑ́(ː)pɪk | -trɔ́p-⁻/ *adj.*〘植物〙背光性の (cf. heliotropic). **a·phè·li·o·tróp·i·cal·ly** *adv.*〖《1880》: ⇨ ↑, -tropic〗

a·phe·li·ot·ro·pism /æfìːliɑ́(ː)trəpɪ̀zm | -ɔ́trə-/ *n.*〘植物〙背光性 (cf. heliotropism).〖1880〗

a·phe·mi·a /əfíːmiə/ *n.*〘医学〙アフェミア, 運動性失語症 (motor aphasia). **a·phé·mic** *adj.*〖《1864》← NL ← Gk *a* priv.+*phḗme* voice〗

a·pher·e·sis /əférəsɪ̀s | æfíərɪ̀sɪs/ *n.* (*pl.* **-e·ses** /-sìːz/)〘言語〙＝aphaeresis.〖1605–15〗

aph·e·sis /ǽfəsɪ̀s | ǽfɪ̀sɪs/ *n.* (*pl.* **-e·ses** /-sìːz/)〘言語〙語頭母音消失《語頭の強勢のない短母音が消失すること; 例えば esquire が squire, alone が lone となるなど; cf. aphaeresis》.〖《1880》← NL ～ ← Gk *áphesis* a letting go ← *aphiénai* to let go ← APH-+*hiénai* to send〗

a·phet·ic /əfétɪk, æf- | -tɪk/ *adj.*〘言語〙語頭母音消失の; 語頭母音消失[語頭音消失]によって生じた: 'Squire' is the ～ form of 'esquire'. **a·phét·i·cal·ly** *adv.*〖《1880》← Gk *áphetos* (← *aphiénai* (↑))+-IC[1]〗

aph·i·cide /ǽfəsàɪd, ǽf- | -fɪ̀-/ *n.* (アブラムシの)殺虫剤.〖⇨ ↓, -cide〗

a·phid /éɪfɪ̀d, ǽf- | -fɪd/ *n.*〘昆虫〙アリマキ, アブラムシ《半翅目アブラムシ科 (Aphididae) の昆虫の総称; 植物の液汁を吸う; plant louse ともいう》. **a·phid·i·ous** /əfídiəs | -di-/ *adj.*〖《1884》← NL *aphid-*, *aphis* ← Gk *apheidḗs* unsparing, lavish: その盛んな繁殖力から か〗

aphides *n.* aphis の複数形.

áphid lìon *n.*〘昆虫〙＝aphis lion.〖1949〗

a·phis /éɪfɪ̀s, ǽf- | -fɪs/ *n.* (*pl.* **aph·i·des** /éɪfədìːz, ǽf- | -fɪ̀-/)〘昆虫〙＝aphid.〖1771〗

áphis lìon *n.*〘昆虫〙クサカゲロウ (lacewing) の幼虫《アリマキ (aphis) を食べる》.〖1870〗

a·phlas·ton /əflǽstən | -tɒn/ *n.*〘海事〙＝aplustre.

aph·o·late /ǽfəlèɪt/ *n.*〘薬学〙アホレット ($C_{12}H_{24}N_9P_3$)《特にイエバエを抑制するのに有効な化学不妊剤》.〖← ? A(Z-)+PHO(SPHINE)+-*late* (← ?)〗

a·pho·ni·a /eɪfóʊniə | -fəʊ-/ *n.*〘病理〙失声症, 発声不能(症).〖《1778》← NL ～ ← Gk *aphōnía* ← *áphōnos* voiceless ← A-[7]+*phōnḗ* sound (⇨ phone[2]): ⇨ -ia[1]〗

a·phon·ic /eɪfɑ́(ː)nɪk | -fɔ́-/ *adj.* **1** 口だけ動いて声の出ない. **2**〘病理〙失声(症)の. **3**〘音声〙無声の (voiceless). — *n.*〘病理〙失語症患者.〖1827〗

aph·o·ny /ǽfəni/ *n.*〘病理〙＝aphonia.〖1684〗

aph·o·rism /ǽfərɪ̀zm | ǽfər-, ǽfɔr-/ *n.* アフォリズム, 金言, 格言, 警句 (pithy saying) (⇨ saying SYN). **aph·o·ris·mat·ic** /æ̀fərɪzmǽtɪk | æ̀fərɪzmǽt-, æ̀fɔr-⁻/ *adj.* **aph·o·ris·mic** /æ̀fərízmɪk | æ̀fər-, æ̀fɔr-⁻/ *adj.*〖《1528》□ F *aphorisme* ∥ LL *aphorismus* □ Gk *aphorismós* definition ← *aphorízein* to define ← APH-+*horízein* to set bounds (cf. horizon)〗

áph·o·rist /-rɪ̀st | -rɪst/ *n.* 警句家, 金言[格言]作者.〖1713〗

aph·o·ris·tic /æ̀fərístɪk | æ̀fər-, -fɔr-⁻/ *adj.* **1** 警句[金言]の; 格言体の; 警句[金言]の引用の多い. **2** 警句を吐く[引用する]癖のある. **àph·o·rís·ti·cal·ly** *adv.*〖《1753》□ Gk *aphoristikós*: ⇨ aphorism, -ic[1]〗

aph·o·rize /ǽfəràɪz | ǽfər-, ǽfɔr-/ *vi.* 警句を吐く; 格言体を用いる.〖1669〗

a·pho·tic /eɪfóʊtɪk | -fəʊt-/ *adj.* 光の(届か)ない, 真っ暗な (lightless).〖《c1900》← A-[7]+PHOTIC〗

aphr- /æfr/ (母音の前にくるときの) aphro- の異形.

a·phra·si·a /əfréɪʒiə, -ʒə | -ziə, -ʒiə/ *n.*〘病理〙失連句(症).〖← NL ～ ← A-[7]+Gk *phrásis* speech: ⇨ -ia[1]〗

aph·ro- /ǽfroʊ | -rəʊ/「泡 (foam)」の意の連結形. ★ 母音の前では通例 aphr- になる.〖□ G ～ □ Gk ← *aphrós* foam〗

aph·ro·dis·i·a /æ̀frədíʒiə, -ʒə | -ziə, -ʒiə/ *n.* **1** 性欲高進; 性的興奮; 性交; 性行為. **2** [A-]〘商標〙アフロディジア《米国 Faberge 社製の男性および女性用化粧品; 香水・コロン・石鹸など》.〖1: 《c1825》← NL ～ ← Gk *Aphrodísios* (↓)〗

aph·ro·dis·i·ac /æ̀frədíziæ̀k, -roʊ- | æ̀frə(ʊ)-⁻/ *adj.* 性欲を促す, 催淫(さいいん)的な. — *n.* 催淫薬, 媚薬(びやく).〖《1719》□ Gk *aphrodisiakós* venereal ← *Aphrodísios* 'of APHRODITE'〗

aph·ro·di·si·a·cal /æ̀frədɪzáɪəkəl, -kl/ *adj.* ＝aphrodisiac.〖1721〗

Aph·ro·di·te /æ̀frədáɪti | æ̀frə(ʊ)dáɪti/ *n.* **1**〘ギリシャ神話〙アフロディーテー《恋愛と美の女神; ローマ神話の Venus に当たる; cf. Morpho》. ★ ラテン語系形容詞: Cyprian. **2** [a-]〘昆虫〙ツマアカギンボシヒョウモン (*Speyeria aphrodite*)《米国産のヒョウモンチョウの一種》.

Àphrodite of Mélos [the ～] ＝VENUS of Melos.
〖《c1658》□ L ～ □ Gk *Aphroditē*＝*Aphthorethē*, *Attorethē □ Heb. *'Aštōreth* goddess of fertility: ギリシャ語の形は Gk *aphrós* foam との連想〗

aph·tha /ǽfθə/ *n.* (*pl.* **aph·thae** /-θiː/)〘医学〙**1** 鵞口瘡(がこうそう); アフタ性口内炎 (thrush). **2** [*pl.*] アフタ《口の中や舌にできる痛い小潰瘍》.〖《1657》← NL ～ ← Gk *áphtha* an eruption ← *háptein* to set on fire〗

aph·thous /ǽfθəs/ *adj.* アフタ性の.〖1757〗

áphthous féver *n.*〘獣医〙アフタ熱 (⇨ foot-and-mouth disease).

a·phyl·lous /eɪfíləs/ *adj.*〘植物〙無葉性の, 葉のない.〖《1830》□ Gk *áphullos* leafless: ⇨ a-[7], -phyllous〗

a·phyl·ly /éɪfɪli/ *n.*〘植物〙無葉性[状態].

API《略》〘航空〙air-position indicator 空中位置指示器; American Petroleum Institute;〘電算〙application program interface アプリケーションプログラムインターフェース《特定の OS 環境, 特に Microsoft Windows などのウインドー環境で走るアプリケーションプログラムを統一的ユーザーインターフェースを備えたものとして構築することを可能にする一連のツール・ルーチン・プロトコル類》; *F.* Association Phonétique Internationale 国際音声学協会 (cf. IPA).

A·pi·a /ɑːpíːə, ɑː-/ *n.* アピア《サモア国 Upolu 島の港湾都市で同国の首都; R. L. Stevenson の墓がある》.

a·pi·a·ceous /èɪpiéɪʃəs/ *adj.*〘植物〙＝ammiaceous.〖《1839》← NL *Apiaceae* ← *Apium* (属名: ← L *apium* parsley)+-ACEAE: ⇨ -ous〗

a·pi·an /éɪpiən/ *adj.* ミツバチ (bee) の.〖《1862》□ L *apiānus* ← *apis* bee〗

a·pi·ar·i·an /èɪpiɛ́ᵊriən | -ɛ́ər-/ *adj.* ミツバチの; ミツバチ飼養 (beekeeping) の.〖《1801》□ L *apiārius* belonging to bees (← *apiārium* beehouse ← *apis* (↑))+-ARIAN[1]〗

a·pi·a·rist /éɪpiərɪ̀st, -piɛ̀r- | -piərɪst/ *n.* 養蜂(ようほう)家 (beekeeper).〖1816〗

a·pi·ar·y /éɪpiɛ̀ri | -piəri/ *n.* ミツバチ飼養所, 養蜂場, 養蜂園.〖《1654》□ L *apiārium* beehouse ← *apis* bee: ⇨ -ary〗

a·pic- /éɪpɪk, ǽp-, -pək | ǽpɪk, éɪp-/ (母音の前にくるときの) apico- の異形.

a·pi·cal /éɪpɪ̀kəl, ǽp-, -kl | ǽpɪ-, éɪp-/ *adj.* **1** 頂点 (apex) の; 絶頂の, 頂上の. **2**〘音声〙舌先音の: an ～ sound 舌先音. **3**〘解剖〙尖[先]端の; 肺尖の. **4**〘歯科〙(歯)根尖の. — *n.*〘音声〙舌先音《舌先と歯ないし歯茎で調音される音; /t/, /d/, /θ/, /ð/, /s/, /z/, /n/, /l/ など》. **～·ly** *adv.*〖《1828》← NL *apicalis*: ⇨ apico-, -al[1]〗

ápical céll *n.*〘植物〙頂細胞, 頂端細胞.

ápical dóminance *n.*〘植物〙頂芽優勢《頂芽が腋芽の生長を抑える現象; 生長素が頂芽で造られるためという》.〖1947〗

ápical forámen *n.*〘歯科〙(歯)根尖孔.

ápical granulóma *n.*〘歯科〙歯根肉芽腫.

ápical grówth *n.*〘植物〙頂端生長.

a·pi·cal·ize /éɪpɪ̀kəlàɪz, ǽp- | ǽpɪ-, éɪp-/ *vt.*〘音声〙舌先音化する.

ápical méristem *n.*〘植物〙頂端分裂組織 (cf. lateral meristem).〖c1934〗

apices *n.* apex の複数形.

a·pi·co- /éɪpɪkoʊ, ǽp-, -pə- | ǽpɪkə(ʊ), éɪp-/ 次の意味を表す連結形: **1**「頂点, 頂端, 先端 (apex)」. **2**「(舌)端と...」(= (apical and ...)」: *apico*dental. ★ 母音の前では通例 apic- になる.〖← NL ～ ← L *apic-*, *apex*: ⇨ apex〗

àpico·alvéolar *adj.*〘音声〙舌先歯茎音の. — *n.* 舌先歯茎音《舌先を歯茎に触れるかあるいは近づけて調音される子音; /t/, /d/, /n/, /s/, /z/ など》.〖《1962》: ⇨ ↑, alveolar〗

àpico·déntal *adj.*〘音声〙舌先歯音の. — *n.* 舌先歯音《舌先を上の前歯に近づけて調音される子音; [θ] [ð]》.〖《1958》← APICO-+DENTAL〗

a·pic·u·late /əpíkjʊlɪ̀t, eɪp-, -lèɪt/ *adj.*〘植物〙〈葉など〉頂端が急に短くとがった.〖《1830》← NL *apiculum* ((dim.) ← L *apex* (↑))+-ATE[2]〗

apiculi *n.* apiculus の複数形.

a·pi·cul·ture /éɪpɪkʌ̀ltʃə | -pɪkʌ̀ltʃə(r/ *n.* (大規模な)ミツバチ飼養, 養蜂(ようほう). **à·pi·cúl·tur·al** /-tʃ(ə)rəl⁻/ *adj.*〖《1864》← L *apis* bee+CULTURE〗

a·pi·cul·tur·ist /èɪpəkʌ́ltʃ(ə)rɪ̀st | -pɪkʌ́ltʃ(ə)rɪst/ *n.* ミツバチ飼養者, 養蜂家 (beekeeper).〖1883〗

a·pic·u·lus /əpíkjʊləs, eɪ-/ *n.* (*pl.* **-u·li** /-làɪ/)〘植物〙鋭くとがった頂端.〖《1863》← NL ～: ⇨ apiculate〗

a·piece /əpíːs/ *adv.* 各個に, 個々に, めいめいに (each): The bulbs are a hundred watts ～. 電球はどれも 100 ワットだ / He gave us 5 dollars ～. 1 人に 5 ドルずつくれた.〖《c1430》*a pece*: ⇨ a[2], piece〗

à pied /ɑːpjéɪ; *F.* apje/ *F. adv.* 歩いて (afoot).〖□ F ～ 'on foot'〗

Ap·i·e·zon /æ̀piéɪzɑ(ː)n | -zɒn/ *n.*〘商標〙アピエゾン《真空工業で用いるきわめて蒸気圧の低い油製品》.

ÁPI grávity scàle /éɪpìːáɪ-/ *n.* 米国石油協会濃度計数《世界的に公認されている相対的流体濃度の計測度数》.

a·pi·ol·o·gy /èɪpiɑ́(ː)lədʒi | -ɔ́l-/ *n.* ミツバチ研究.
à·pi·ól·o·gist *n.*〖← L *apis* bee+-LOGY〗

A·pis /éɪpɪ̀s | ɑ́ːpɪs, éɪp-/ *n.* アピス: **1**〘エジプト神話〙古代エジプトの Memphis で崇拝された聖牛 (sacred bull). **2**〘ギリシャ・ローマ神話〙Peloponnesus 半島全土を支配したが, 暴君だったので殺害された; 後に Serapis と同一視され崇拝された.〖□ L ～ □ Gk *Ãpis* □ Egypt. *Hep, Hāpi*《原義》hidden〗

ap·ish /éɪpɪʃ/ *adj.* **1** 猿 (ape) のような. **2** 人まねをしたがる. **3** こざかしい, 愚かな; いやに気取った. **～·ly** *adv.* **～·ness** *n.*〖c1450〗

a·piv·o·rous /eɪpívərəs/ *adj.*〘動物〙〈鳥など〉ミツバチを食べる (bee-eating).〖← ? F *apivore* (← L *apis* bee+*-vore* '-VOROUS')+-OUS〗

Apl《略》April.

APL /éɪpìːél/ *n.*〘電算〙APL《算術・論理演算の簡潔な記述を目的に考案されたプログラミング言語; 配列を対象とする演算に特に適する》.〖1966〗

a·pla·cen·tal /èɪpləséntl | -tl/ *adj.*〘動物〙無胎盤の.〖《1857》← A-[7]+PLACENTAL〗

A·pla·coph·o·ra /èɪpləkɑ́(ː)fərə | -kɔ́f-/ *n. pl.*〘動物〙(軟体動物門)無板綱《カセミミズ (*Epimenia verrucosa*) などを含む》. **a·pla·cóph·o·ran** /-rən⁻/ *adj., n.*〖← NL ～: ⇨ a-[7], placo-, -phora〗

ap·la·nat /ǽplənæ̀t/ *n.*〘光学〙無収差レンズ, アプラナー

A

ト《光軸上のある点に対し，球面収差が補正され，かつ正弦条件を満たすように設計された光学系; 通常さらに，色収差など他の収差も補正されている》. 〖(1890) ◻ G ～ 《逆成》← *aplanatisch* ◻ APLANATIC〗

ap·la·nat·ic /æ̀plənǽtɪk | -tɪk⁻/ *adj.* 〘光学〙(収差を補正した)不遊の; 無収差の: an ～ lens =aplanat. **àp·la·nát·i·cal·ly** *adv.* 〖(1794) ← Gk *aplánētos* free from error (← A-⁷+*planâsthai* to wander (cf. planet¹))+-IC¹〗

a·pla·net·ic /èɪplənétɪk | -nét-⁻/ *adj.* 〘生物〙不動性の，非遊泳性の《胞子が遊泳性を有しない》.

a·plan·o- /eɪplǽnoʊ | -nəʊ/ 〘植物〙「不動の」の意の連結形. ★ 藻類・菌類の胞子に用いられる: *aplano*spore. 〖← ? NL ～ ← Gk *aplanḗs* not wandering ← A-⁷+ *planâsthai* (↑)〗

a·plan·o·ga·mete /eɪplǽnəgəmìːt/ *n.* 〘生物〙不動配偶子《卵や不動精子のように鞭毛(べんもう)をもたず運動性のない配偶子; cf. planogamete》. 〖(1886): ⇨ ↑, gamete〗

a·plan·o·spore /eɪplǽnəspɔ̀ə | -spɔ̀ː⁽ʳ⁾/ *n.* 〘植物〙不動胞子. 〖⇨ aplano-, spore〗

a·pla·si·a /əpléɪʒiə/ *n.* 〘病理〙(臓器・組織の)形成不全(症), 無形成(症). 〖(1908) ← NL ～: ⇨ a-⁷, -plasia〗

a·plas·tic /eɪplǽstɪk/ *adj.* **1** 非可塑(かそ)性の; 非形成的な. **2** 〘病理〙形成不全の, 無形成(性)の. 〖(1839) ← A-⁷+PLASTIC〗

aplástic anémia *n.* 〘病理〙再生不良[不能]性貧血. 〖1928〗

a·plen·ty /əplénṭi | -ti/ *adj.* [名詞の後に置いて] たくさんの, 豊富な (in plenty): There were anglers ～ on the beach. 浜にはたくさんの釣り師がいた. ★ There is fine cloth a plenty. などにおける同格的名詞用法から転じたもの. — *adv.* **1** 豊富に (plentifully). **2** 《米口語》非常に, とても (very much): He was scared ～. ひどく驚いた. — *n.* たくさん, 豊富 (plenty, abundance). 〖(1830) ← A-¹+PLENTY〗

ap·lite /ǽplaɪt/ *n.* 〘岩石〙半花崗(こう)岩, アプライト (haplite ともいう). **ap·lit·ic** /æplíṭɪk | -tɪk/ *adj.* 〖(1879) ◻ G *Aplit*: ⇨ haplo-, -ite¹〗

a·plomb /əplɑ́(ː)m, əplʌ́m | əplɒ́m, æp-; F. aplɔ̃/ *n.* **1** 自信, 沈着 (self-possession): with ～ 沈着に, 落ち着いて. **2** 鉛直 (perpendicularity). **3** 〘バレエ〙(バレリーナがポーズや動きに安定感を持続するために要求される)安定なる平衡. 〖(1828) ◻ F ～ ← *à plomb* according to the plummet〗

a·plus·tre /əplʌ́striː/ *n.* (*pl.* **a·plus·tri·a** /-triə/, **a·plus·tra** /-trə/) 〘海事〙(古代ギリシャ・ローマ船の)カーブした装飾船尾 (aphlaston ともいう). 〖(1705) ◻ L ～ ◻ Gk *áphlaston*〗

apmt 《略》appointment.

ap·ne·a /ǽpniə, æpníːə | æpníːə, ǽpniə/ *n.* 《米》〘病理〙=apnoea. 〖1719〗

ap·neu·sis /æpnúːsɪ̀s, -njúː- | -njúːsɪs/ *n.* (*pl.* **-neu·ses** /-siːz/) 〘獣医〙呼息性無呼吸, 持続性吸息《呼吸筋の持続性の強直性収縮による》. 〖← NL ～ ← Gk *apneústos* breathless ← A-⁷+*pleîn* to breathe: ⇨ -sis〗

ap·neus·tic /æpnúːstɪk, -njúːs- | -njúːs-/ *adj.* **1** 〘獣医〙呼息性無呼吸の, 持続性吸息の. **2** 〘昆虫〙《幼虫が》気門のない, 無気門式[形]の (cf. holopneustic).

ap·noe·a /ǽpniə, æpníːə | æpníːə, ǽpniə/ *n.* 〘病理〙**1** 無呼吸, 呼吸停止. **2** =asphyxia. **ap·nóe·ic** *adj.* 〖← NL ～ ← Gk *ápnoia* ← *ápnous* ← A-⁷+ *pnoḗ, pnoiḗ* breath〗

APO /èɪpìːóʊ | -óʊ/ 《略》Army and Air Force Post Office (overseas) (米国の)陸軍郵便局; Asian Productivity Organization アジア生産性機構.

A·po, Mount /ɑ́ːpoʊ | -pəʊ/ *n.* アポ山《フィリピンの Mindanao 島南東部にある活火山; フィリピンの最高峰 (2,954 m); Mt. Davao ともいう》.

apo. 《略》〘天文〙apogee.

ap·o- /ǽpoʊ | ǽpəʊ/ *pref.* **1** 「(…から)離れて (off, away)」などの意: *apo*chromatic, *apo*stasy. **2** 〘化学〙「…から誘導された(化合物) (derived from)」の意: *apo*morphine, *apo*phyllite. ★ 母音の前ではしばしば ap-, h の前では aph- となる; ただし h は繰り返さない: *ap*agoge, *ap*heresis. 〖ME ◻ (O)F ～ // L & Gk ～ ← Gk *apó* from, away: cf. ab-¹〗

ap·o·ap·sis /æ̀poʊǽpsɪ̀s | æ̀pəʊǽpsɪs/ *n.* (*pl.* **-ap·si·des** /-sədìːz | -sɪ-/) 〘天文〙=apocenter. 〖(1971) ← NL ～: ⇨ apo-, apsis〗

ap·o·as·tron /æ̀poʊǽstrən | æ̀pəʊ-/ *n.* (*pl.* **-as·tra** /-trə/) 〘天文〙=apastron.

Apoc. 《略》Apocalypse; Apocrypha; apocryphal.

a·poc·a·lypse /əpɑ́(ː)kəlɪ̀ps | əpɒ́k-/ *n.* **1** 世の終わり, 世界の終末 (doomsday). **2** 天啓, 啓示, 黙示 (revelation). **3** 天啓文学, 啓示文学. **4** [the A-] (新約聖書の)ヨハネの黙示録 (The Revelation of St. John). 〖(*c*1175)? lateOE ◻ (O)F ～ // eccl.L *apocalypsis* ◻ Gk *apokálupsis* revelation ← APO-+*kalúptein* to cover (← IE **kel-* to cover)〗

a·poc·a·lyp·tic /əpɑ̀(ː)kəlíptɪk | əpɒ̀kə-⁻/ *adj.* **1 a** 世界の終末を予言する, 終末観的な: Spengler was an ～ writer. **b** 《事が》(世界の)終末を予示する, 不吉な; 破滅的な. **2** 天啓(的)の, 黙示の (revelatory). **3** (ヨハネ)黙示録の; 黙示録的な. **4** やたらと予言する; 大げさな. **5** 終局的な (climatic). **a·pòc·a·lýp·ti·cal** *adj.* **a·pòc·a·lýp·ti·cal·ly** *adv.* 〖(1629) ◻ LGk *apokaluptikós*: ⇨ ↑, -ic¹〗

a·pòc·a·lýp·ti·cìsm /-təsìzm | -tɪ-/ *n.* 〘神学〙黙示信仰《黙示(文学)的期待, 特に切迫した現世の終末の期待や終末時における罪人の決定的な滅亡や, 義人の天国への復活などによって特色づけられた信仰あるいは教理をいう》. 〖1884〗

apocalýptic númber *n.* 〘聖書〙=NUMBER of the Beast.

a·poc·a·lyp·tism /əpɑ́(ː)kəlɪ̀ptɪzm | əpɒ́k-/ *n.* 〘神学〙=apocalypticism. 〖1884〗

a·pòc·a·lýp·tist /-tɪ̀st | -tɪst/ *n.* 黙示録作者. 〖1835〗

ap·o·carp /ǽpəkɑ̀ːp | ǽpə(ʊ)kɑ̀ːp/ *n.* 〘植物〙(心皮の分離した)離生子房[果実] (cf. syncarp).

ap·o·car·pous /æ̀pəkɑ́ːpəs | æ̀pə(ʊ)kɑ́ː-⁻/ *adj.* 〘植物〙心皮の離れている, 離生心皮の (↔ syncarpous): an ～ ovary 離生子房. 〖1830〗

ap·o·car·py /ǽpəkɑ̀ːpi | ǽpə(ʊ)kɑ̀ː-/ *n.* 〘植物〙離生心皮《一つの子房[果実]の中で心皮がそれぞれ分離している状態》.

ap·o·ca·tas·ta·sis /æ̀pəkətǽstəsɪ̀s | æ̀pə(ʊ)kətǽstəsɪs/ *n.* (*pl.* **-ta·ses** /-sìːz/) **1** 復旧, 回復 (restitution). **2** 〘神学〙万物の復興, 万物更新《すべての被造物は究極的には救いの恩恵にあずかり, 万物は本来の姿に復興されるという教義; cf. universalism 3》. 〖(1678) ← NL ～: ⇨ apo-, catastasis〗

ap·o·cen·ter /ǽpəsèntə | ǽpə(ʊ)sèntə⁽ʳ⁾/ *n.* 〘天文〙遠点《天体が第二の天体の周りを公転するとき, その軌道上で第二天体からの距離が極大となる点; cf. pericenter》.

ap·o·cen·tric /æ̀pəséntrɪk | æ̀pə(ʊ)-⁻/ *adj.* 〖1902〗

ap·o·chro·mat /ǽpəkroʊmæ̀t | -krə(ʊ)-/ *n.* 〘光学〙アポクロマート《赤・黄・青の三つの波長の光に対し, 色収差が補正された(色消しされた)対物レンズ; apochromatic lens ともいう; cf. achromat 1》. 〖(1901) ◻ G ～ 《逆成》← *apochromatisch* apochromatic〗

ap·o·chro·mat·ic /æ̀pəkroʊmǽṭɪk | -krə(ʊ)mǽt-⁻/ *adj.* 〘光学〙アポクロマートの. **à·po·chró·ma·tìsm** *n.* 〖1887〗

a·poc·o·pate /əpɑ́(ː)kəpèɪt | əpɒ́kə(ʊ)-/ *vt.* 〘言語〙…の語尾の文字[音節]を削る. **a·poc·o·pa·tion** /əpɑ̀(ː)kəpéɪʃən | əpɒ̀kə(ʊ)-/ *n.* 〖(*c*1850) ← NL *apocopātus* (p.p.) ← *apocopāre*: ⇨ ↓, -ate³〗

a·poc·o·pe /əpɑ́(ː)kəpi, -piː | əpɒ́kə(ʊ)pi/ *n.* 〘言語〙語尾(音)消失 (cf. aphaeresis, aphesis, syncope 1): **a** 歴史的過程における語末音の消失; 例: nama>name /néɪm/. **b** 詩においてある語の語尾の 1 音または 1 音節を省くこと; 例: often>oft. 〖(1550) ◻ (O)F ～ // LL ～ ◻ Gk *apokopḗ* a cutting off ← *apokóptein* to cut off ← APO-+*kóptein* to cut〗

Apocr. 《略》Apocrypha.

ap·o·crine /ǽpəkrɪ̀n, -kràɪn, -krìːn | -krɪn, -krìːn/ *adj.* 〘生理〙アポクリンの, 離出分泌をする (cf. eccrine, merocrine, holocrine): an ～ gland アポクリン腺, 離出分泌腺. 〖(1926) ← APO-+Gk *krínein* to separate〗

A·poc·ri·ta /əpɑ́(ː)krəṭə | əpɒ́krɪtə/ *n. pl.* 〘昆虫〙(膜翅目)細腰亜目《ハチ類のうち腹部第 2 節が細くくびれているかまたは柄状となっている一群のハチを含む; Clistogastra ともいう》. 〖← NL ～ ← Gk *apokrita* (neut. pl.) ← *apokritos* separated ← *apokrínein* to separate (↑)〗

A·poc·ry·pha /əpɑ́(ː)krəfə | əpɒ́krɪ̀-/ *n. pl.* [しばしば単数扱い] **1** [the ～] 〘聖書〙聖書外典, 外典, アポクリファ《聖書正典結集の時その選にもれた諸文書で, 旧約外典・新約外典がある (cf. canon¹ 3); ただし旧約外典の中にはカトリックの旧約聖書に正典として入っているものもある》. **2** 〘カトリック〙偽典 (pseudepigrapha). **3** [a-] 典拠の疑わしい文書[言説], 偽作. 〖(*a*1387) ◻ eccl. L ～ (neut. pl.) ← *apocryphus* ◻ Gk *apókruphos* hidden ← APO-+*krúptein* to hide (cf. crypt)〗

a·poc·ry·phal /əpɑ́(ː)krəfəl, -fl̩ | əpɒ́krɪ̀-/ *adj.* **1** [A-] (聖書)外典の, アポクリファ (Apocrypha) の: the *Apocryphal* Gospels. **2** 典拠の疑わしい (uncanonical); 偽作の, 偽書の; 《風聞など》(真偽の)疑わしい (dubious). **3** 《古》にせの, まがいの (false, sham). **～·ly** *adv.* **～·ness** *n.* 〖1590〗

A·poc·y·na·ce·ae /əpɑ̀(ː)sənéɪsiìː | əpɒ̀sɪ-/ *n. pl.* 〘植物〙(双子葉植物リンドウ目)キョウチクトウ科.

a·pòc·y·ná·ceous /-ʃəs⁻/ *adj.* 〖← NL ～ ← *Apocynum* (属名: ← L *apocynum* dogbane ◻ Gk *apókunon* ← APO-+*kúōn* 'dog, HOUND¹')+-ACEAE〗

ap·o·cyn·thi·on /æ̀pəsínθiən | æ̀pə(ʊ)-/ *n.* 〘天文〙=apolune. 〖(1960) ← NL ～ ← APO-+CYNTHIA²+(APHELI)ON〗

ap·od /ǽpɑd/ 〘動物〙*adj.* =apodal. — *n.* 無足動物《ナマコ類またはウナギ類》, 無脚動物《甲殻類》, 蛇形動物《両生類》; 腹びれのない魚.

Ap·o·da /ǽpəḍə | ǽpə(ʊ)də/ *n. pl.* 〘動物〙**1** 無脚目《甲殻類の寄生動物》. **2** ウナギ目の魚類の総称. **3** 無足目《棘皮(きょくひ)動物の管足 (tube feet) のないナマコなど》. **4** 蛇形目《両生類のアシナシイモリの類》. 〖(1601) ← NL ～ ← Gk *ápod-, ápous* footless: ⇨ a-⁷, -poda〗

ap·o·dal /ǽpəḍl̩ | ǽpə(ʊ)dl̩/ *adj.* 〘動物〙**1** 無足(目)の, 無脚(目)の, 蛇形(目)の. **2** ウナギ目の. — *n.* **1** 無脚目[無足目, 蛇形目]の動物. **2** ウナギ目の魚類. 〖1769〗

ap·o·deic·tic /æ̀pədáɪktɪk | æ̀pə(ʊ)-⁻/ *adj.* =apodictic. 〖1652〗

a·pod·e·ma /əpɑ́(ː)ḍəmə | əpɒ́dɪ̀-/ *n.* =apodeme.

ap·o·deme /ǽpədìːm/ *n.* 〘動物〙アポディーム, 内突起《節足動物の外骨格のクチクラ (cuticle) の内突起》. 〖(1852) ← NL *apodēma*: ⇨ apo-, -dema〗

ap·o·dic·tic /æ̀pədíktɪk/ *adj.* **1** 〘論理〙《命題など》必然[必証]的な. **2** 明白で疑いのない (cf. problematic, assertoric). **àp·o·díc·ti·cal·ly** *adv.* 〖(1652) ◻ L *apodicticus* ◻ Gk *apodeiktikós* ← *apodeiknúnai* to point out: ⇨ apo-, deictic〗

a·pod·o·sis /əpɑ́(ː)dəsɪ̀s | əpɒ́dəsɪs/ *n.* (*pl.* **-o·ses** /-sìːz/) 〘文法〙(条件文の)帰結(節), 結句《例: If I could go, *I would go*. または *I would go*, if I could. の *I would go*; cf. protasis》. 〖(*a*1638) ← NL ～ ← Gk *apódosis* return, answering clause ← *apodidónai* to give back ← APO-+*didónai* to give〗

ap·o·dous /ǽpədəs | ǽpə(ʊ)-/ *adj.* 〘動物〙=apodal. 〖1816〗

àpo·énzyme *n.* 〘生化学〙アポ酵素《活性団をもつ補酵素 (coenzyme) と結合している酵素の蛋白質部分》. 〖1936〗

àpo·férritin *n.* 〘生化学〙アポフェリチン《無色の金属蛋白質; フェリチンの鉄のとれたもの》.

apog. 《略》apogee.

a·pog·a·my /əpɑ́(ː)gəmi | əpɒ́-/ *n.* 〘植物〙単為生殖, 無配生殖, アポガミー. **ap·o·gam·ic** /æ̀pəgǽmɪk⁻/ *adj.* **a·pog·a·mous** /əpɑ́(ː)gəməs | əpɒ́g-/ *adj.* 〖1878〗

ap·o·ge·an /æ̀pəʤíːən | æ̀pə(ʊ)-⁻/ *adj.* 〘天文〙遠地点の. 〖*a*1644〗

ap·o·gee /ǽpəʤìː, -ʤi | ǽpə(ʊ)ʤìː/ *n.* **1** 〘天文〙遠地点《月や人工衛星などの軌道で地球から最も遠く隔たった点; cf. apolune; ↔ perigee》. **2** 最遠[最高]点; 頂点, 絶頂: at the ～ of one's career. **àp·o·gé·al** *adj.* 〖(1594) ◻ F *apogée* // NL *apogaeum* ← Gk *apógaion* from the earth ← APO- far away from+*gê* earth〗

àpo·geótropism *n.* 〘植物〙背地性 (cf. geotropism). **àpo·geotrópic** *adj.* 〖1880〗

ap·o·graph /ǽpəgræ̀f | -grɑ̀ːf, -græ̀f/ *n.* (*pl.* **a·pog·ra·pha** /əpɑ́grəfə, æp- | -pɒ́g-/) 〘図書館〙転写本. 〖(1656) 《古形》*apographon* ◻ Gk *apógraphon* ← *apográphein* to copy: ⇨ apo-, -graph〗

à point /ɑːpwǽ(ŋ), -pwæ̃ŋ; F. apwɛ̃/ *adv.* **1** 〈料理が〉ちょうどよい状態で[に], 程よく, 適度に. **2** ちょうどよい時に.

ap·o·ka·tas·ta·sis /æ̀pəkətǽstəsɪ̀s | -sɪs/ *n.* (*pl.* **-ta·ses** /-sìːz/) =apocatastasis.

a·po koi·nou /ɑ́ːpoʊkɔɪnúː | -pəʊ-/ *n.* 〘文法〙共有構文《同一の語(群)を繰り返して二つの構文で表現すべきところを繰り返さないで済ませた構文; 例えば There were *three men* sat on a bench.》: an ～ construction. 〖(1927) ◻ Gk *apó koinoû* 《原義》in common〗

a·po·lar /eɪpóʊlə | -pə́ʊlə⁽ʳ⁾/ *adj.* 無極の. 〖(1859) ← A-⁷+POLAR〗

ap·o·laus·tic /æ̀pəlɔ́ːstɪk⁻/ *adj.* 快楽にふける, 放縦な (self-indulgent). 〖(1836–37) ◻ Gk *apolaustikós* ← *apolaúein* to enjoy ← APO-+**law-* (← IE **lāu-* gain, profit (L *lucrum* 'LUCRE'))〗

a·po·lit·i·cal /èɪpəlíṭɪkəl, -kl̩ | -tɪ-⁻/ *adj.* **1** 政治嫌いの, 政治に無関心な, ノンポリの. **2** 政治的意義のない. **～·ly** *adv.* 〖(1952): ⇨ a-⁷〗

A·pol·li·naire /əpɑ̀(ː)lənéə | əpɒ̀lɪnéə⁽ʳ⁾; F. apɔlinɛːʁ/, **Guillaume** *n.* アポリネール《1880–1918; ポーランド系のフランスの詩人・小説家; 本名 Wilhelm Apollinaris de Kostrowitzki /kɔʃtrɔvíʦki/》.

A·pol·li·nar·i·an /əpɑ̀(ː)lənéᵊriən | əpɒ̀lɪnɑ́ːr-, -néər-⁻/ *adj.* アポリナリ(オ)ス (Apollinaris) (説)の. — *n.* アポリナリ(オ)ス説信奉者. 〖1586〗

A·pol·li·nar·is[1] /əpɑ̀(ː)lənéᵊrɪ̀s | əpɒ̀lɪnɑ́ːrɪs, -néər-/ *n.* アポリナリ(オ)ス《310?–?90; Laodicea の神学者・主教; Arianism に反対しキリストの神性を強調するあまり, その人性を否定する結果となり異端とされる》.

A·pol·li·nar·is[2] /əpɑ̀(ː)lənéᵊrɪ̀s | əpɒ̀lənɑ́ːrɪs, -néər-/ *n.* アポリナリス《ドイツで採れる沸騰性の鉱泉飲料; Apollinaris water ともいう》. 〖(1875) ← *Apollinarisburg* (ドイツの原産地)〗

A·pol·lo /əpɑ́(ː)loʊ | əpɒ́ləʊ/ *n.* (*pl.* **～s**) **1** 〘ギリシャ・ローマ神話〙アポロン, アポロ《古代ギリシャ・ローマの凛々(りり)しく美しい青年の神で詩歌・音楽・予言・医術などをつかさどる; 後に太陽神 Helios と同一視された》. **2** 《詩》太陽. **3** 非常な美男子. **4** アポロ《米国の月探査用有人宇宙船; 1969 年 Apollo 11 号が初の月面着陸》. **5** [a-] 〘昆虫〙アポロウスバシロチョウ (*Parnassius apollo*)《大形で白色, 翅に目のような黒い紋様がある; Alps 周辺産》. 〖(?*a*1300) *Ap(p)ollin, Apollo* ◻ L *Apollō* ◻ Gk *Apóllōn*〗

Apóllo Belvedére *n.* [the ～] 〘美術〙ベルベデーレのアポロン像 (Rome の Vatican 宮殿にある男性美を示す石像; 19 世紀には古典美の典型と考えられた; cf. belvedere 2).

Ap·ol·lo·ni·an /æ̀pəlóʊniən | -lə́ʊ-⁻/ *adj.* **1** アポロン[アポロ]神の(ような). **2** [a-] 調和した, 均衡のとれた; 理性的な, 冷静な (↔ Dionysian). 〖1663〗

Ap·ol·lo·ni·us Dys·co·lus /æ̀pəlóʊniəsdískələs | -lə́ʊ-/ *n.* アポロニオスデュスコロス《2 世紀ごろ Alexandria に住んだギリシャ語文法家》. 〖◻ Gk *Apollṓnios Dúskolos* Apollonius the Crabbed〗

Apollónius of Rhódes *n.* (ロードスの)アポロニオス《前 2–3 世紀のギリシャの叙事詩人; *Argonautica*「アルゴナウティカ」の作者》.

Apóllo prògram *n.* [the ～] アポロ計画《米国の月着陸有人飛行計画; 1969 年から月着陸に 6 回成功し, 1974 年に終了》.

A·pol·lyon /əpɑ́(ː)ljən, -liən | əpɒ́liən, -ljən/ *n.* **1** 〘聖書〙アポルオン《底知れぬ深い穴の(地獄の)使いの名; ヘブライ語名 Abaddon; cf. *Rev.* 9:11》. **2** 魔王 (the Devil). 〖(*c*1384) ◻ ML *Apollyōn* ◻ Gk *Apollúōn* (pres.p.) ← *apollúein* to destroy utterly ← APO-+

ollúnai to destroy〗
a·pol·o·get·ic /əpɑ̀(ː)ləʤétɪk | əpɔ̀ləʤét-ˊ/ *adj.* **1 a** 謝罪(的)の, わびの; 〈人が〉謝罪する, わびる (regretful) 〔*for, about*〕: an ～ speech 陳謝の辞 / He was very ～ *for* not coming [*about* his mistake]. 来なかったことを[間違ったことで]しきりに謝った. **b** 〈態度など〉すまなさそうな, 遠慮がちな (diffident): an ～ smile. **2** 弁解の, 弁明的な, 言い訳の. — *n.* **1** (正式の)弁明, 弁護 〔*for*〕. **2** [*pl.*] ⇨ apologetics. **a·pòl·o·gét·i·cal** *adj.* **a·pòl·o·gét·i·cal·ly** *adv.* 〚(?*c*1425) □ LL *apologēticus* □ Gk *apologētikós* fit for defense ← *apologeîsthai* to speak in defense: ⇨ apology, -ic[1]〛
a·pol·o·get·ics /əpɑ̀(ː)ləʤétɪks | əpɔ̀ləʤét-/ *n.* [単数扱い] **1** 〘神学〙(キリスト教の)弁証学, 護教学[論]. **2** 弁証法. 〚*a*1733〛
ap·o·lo·gi·a /æ̀pəlóuʤiə, -ʤə | -láuʤə, -ʤiə/ *n.* (*pl.* ～**s**, **-gi·ae** /-lóuʤiː | -láu-/) **1** (正式の)弁明, 弁護 (defense). **2** 〔自己・他人の行動・信念などについての〕弁明書〔*for*〕. 〚(1784) □ LL ～: ⇨ apology〛
Apología pro Ví·ta Sú·a /-prouvάɪtəsúːə | -prə(ʊ)vάɪtəsúːə, -sjúːə/ *n.* 「わが生涯の弁」,「アポロギア」《Cardinal Newman の信仰体験の発展を述べた自叙伝 (1864)》. 〚□ LL *apologia prō vitā suā* apology for his life〛
a·pol·o·gist /əpɑ́(ː)ləʤɪst | əpɔ́ləʤɪst/ *n.* **1** 弁明者, 弁護者. **2** [A-] 弁証家[学者], 護教家[学者]《特に, キリスト教攻撃に対して弁証の書を著した, 初代教会の教父》. 〚(1640) □ F *apologiste*: ⇨ apology, -ist〛
a·pol·o·gize /əpɑ́(ː)ləʤàɪz | əpɔ́l-/ *vi.* **1** わびを言う, わびる, 謝罪[陳謝]する: *Apologize to* the gentleman *for* your rudeness [*for being* rude]. あの方に無礼のおわびを言いなさい / I was ～*d to*. 謝罪を受けた. **2** 弁明する; 弁護する. 〚1597〛
a·pól·o·gìz·er *n.* 謝罪者, わびる人. 〚1660〛
ap·o·logue /ǽpəlɔ̀(ː)g, -lɑ̀(ː)g | ǽpə(ʊ)lɔ̀g/ *n.* (まれ) 教訓, 寓話(ぐうわ) (moral fable). 〚(1552) □ F ～ □ L *apologus* ← Gk *apólogos* tale: ⇨ apo-, logos〛
a·pol·o·gy /əpɑ́(ː)ləʤi | əpɔ́l-/ *n.* **1** 謝罪, 陳謝, わび〔*for*〕: a letter of ～ / a written ～ わび状 / in ～ *for* … をわびて, …のおわびに / make an ～ *to* a person *for* (one's) bad behavior [*being* late] / offer [send] a person an ～ [one's ～, (one's) *apologies*] *for* …のことで人に謝る / owe a person an ～ 人に謝らなければならぬことがある / Please accept my (most sincere) *apologies*. どうぞお許し下さい / I demand ～! わびを言ってもらいたい / get an ～ 謝罪を受ける / My *apologies*. どうも申し訳ありません(でした) / There is no need for *apologies*. 何も謝ること[必要]はない. **2 a** (正式の)弁明, 弁護; 弁明書 (apologia) 〔*for*〕. ★ 元来, 他人には間違っているように見える信念・立場などの弁明の意味にまで用いられる: an *apology for* one's faith 自分の信仰に対する弁明. **b** 弁解, 言い訳 (excuse) 〔*for*〕: I make no *apologies for* what happened. 起こったことに対して言い訳はしない. **3** 〔ある物の〕お粗末な代用品, 間に合わせ的なもの〔*for*〕: a mere ～ *for* a dinner ごちそうとはほんの名ばかりのもの / She gave me an ～ *for* a smile. 私に申し訳程度の微笑を見せた. **4** [the A-]「ソクラテスの弁明」《Plato の青年時代初期の対話編》. 〚(?*c*1425) □ (O)F *apologie* ∥ LL *apologia* □ Gk *apología* defense ← *apologeîsthai* to speak in one's defense: ⇨ apo-, -logy〛

SYN 言い訳: **apology** 誤りを認めてわびまたは言い訳をすること: He offered his *apology* for damaging my car. 私の車を傷つけたことをわびた. **excuse** 過失の言い訳をして, 罰や叱責を免れようとすること: A bad *excuse* is worse than no *excuse*. まずい言い訳をするよりは言い訳をしない方がましだ. **plea** 何かをする[しない]言い訳《格式ばった語》: He did no attend the meeting on the *plea* of ill health. 体の具合がよくないという口実で会に出席しなかった. **pretext** 真の理由の代わりに挙げる偽りの理由: We must find a *pretext* for refusing. 断る口実を見つけなければならない.

ap·o·lune /ǽpəlùːn | -lùːn, -ljùːn/ *n.* 〘天文〙遠月点《月の周りを軌道運動する人工衛星などの物体が月から最も離れる点; cf. apogee, apocynthion; ↔ perilune》. 〚(*c*1968) ← APO-+LUNE[1]〛
ap·o·mict /ǽpəmìkt | ǽpə(ʊ)-/ *n.* 〘生物〙アポミクト《アポミクシス (apomixis) によって成立した個体およびそれの自殖で増えた群》. 〚(1938) (逆成) ↓〛
ap·o·mic·tic /æ̀pəmíktɪk | æ̀pə(ʊ)-ˊ/ *adj.* 〘生物〙アポミクトの; 単性生殖の. **àp·o·míc·ti·cal** *adj.* **àp·o·míc·ti·cal·ly** *adv.* 〚(1913) ← APO-+Gk *miktós* mixed+-IC[1]〛
ap·o·mix·is /æ̀pəmíksɪs | -sɪs/ *n.* (*pl.* **-mix·es** /-siːz/) 〘生物〙アポミクシス, 単性生殖《卵が受精なしに発生する単為生殖, 特にミツバチ・シロアリなどの卵が受精せずに発生する無精生殖など; cf. amphimixis》. 〚(1913) ← NL ～: ⇨ apo-, mixo-, -sis〛
àpo·mórphine *n.* 〘薬学〙アポモルヒネ ($C_{17}H_{17}NO_2$)《吐剤・去痰薬》. 〚1888〛
àpo·neurósis *n.* 〘解剖〙腱(けん)膜. **àpo·neu·rótic** *adj.* 〚(1676) ← NL ～: ⇨ apo-, neuro-, -sis〛
a·poop /əpúːp/ *adv.* =astern. 〚(1809) ← A-[1]+POOP〛
ap·o·pemp·tic /æ̀pəpém(p)tɪk ˊ/ (古) *adj.* 〈歌など〉送別の. — *n.* 送別の辞[歌]. 〚(1753) □ LGk *apopemptikós* ← Gk *apopémpein* to send away ← APO-+*pémpein* to send: ⇨ -ic[1]〛
àpo·pétalous *adj.* 〘植物〙離弁花の. 〚1875〛
a·poph·a·sis /əpɑ́(ː)fəsɪs | əpɔ́fəsɪs/ *n.* (*pl.* **-a·ses** /-siːz/) 〘修辞〙陽否陰述(法)《反語の一種で, 表面はある事を否定しながら実はそれを暗示し肯定すること; 例: I speak not to disprove what Brutus spoke. (Shak., *Caesar* 3. 2. 105); cf. paraleipsis》. 〚(1657) □ LL ～ □ Gk *apóphasis* denial ← *apophánai* to speak out, deny ← APO-+*phánai* to speak: ⇨ -sis〛
ap·o·phat·ic /æ̀pəfǽtɪk | -tɪk ˊ/ *adj.* 〘神学〙否定的な《否定の方法によって獲得された神の知識に適用される; ↔ cataphatic》: ～ theology 否定神学. 〚(1869) □ Gk *apophatikós*: ⇨ ↑, -ic[1]〛
a·poph·o·ny /əpɑ́(ː)fəni | əpɔ́f-/ *n.* =ablaut. 〚1883〛
ap·o·phthegm /ǽpəθèm/ *n.* =apothegm. **ap·o·phtheg·mat·ic** /æ̀pəθɛgmǽtɪk | -tɪk ˊ/ *adj.* **àp·o·phtheg·mát·i·cal** *adj.* 〚(1553–87) □ F *apophthegme* ∥ ← NL ～ ← Gk *apóphthegma* thing uttered, terse saying ← *apophthéggesthai* to speak one's opinion plainly ← APO-+*phthéggesthai* to utter〛
a·poph·y·ge /əpɑ́(ː)fəʤiː, -ʤi | əpɔ́fɪʤi/ *n.* 〘建築〙**1** (柱身から柱礎に接続する部分の)下広がりの湾曲部. **2** (柱身から柱頭に接続する部分の)上広がりの湾曲部 (hypophyge ともいう). 〚(1563) □ Gk *apophugḗ* an escape ← APO-+*phugḗ* flight (← IE **bheug-* to flee (L *fugere* to flee))〛
ap·o·phyl·lite /əpɑ́fɪlàɪt/ *n.* 〘鉱物〙魚眼石 ($KFCa_4(Si_8O_{20})8H_2O$) (fisheye stone ともいう). 〚(1810) □ F ～: ⇨ apo-, phyllite: 剝落しやすいことから〛
a·poph·y·sis /əpɑ́(ː)fəsɪs | əpɔ́fɪsɪs/ *n.* (*pl.* **-y·ses** /-siːz/) 〘解剖〙骨起, 骨端, アポフィーゼ. **2** 〘植物〙隆起《蘚(せん)類の胞子柄や毬果(きゅうか)の鱗片にある》. **3** 〘建築〙=apophyge. **a·poph·y·sate** /əpɑ́(ː)fəsɪt | əpɔ́fɪ-/ *adj.* **a·poph·y·se·al** /əpɑ̀(ː)fəsíːəl | əpɔ̀fɪ- ˊ/ *adj.* **a·poph·y·si·al** /æ̀pəfíziəl ˊ/ *adj.* 〚(1611) ← NL ～ ← Gk *apóphusis* offshoot ← APO-+*phúsis* natural growth (cf. physic): ⇨ -sis〛
ap·o·plec·tic /æ̀pəpléktɪk ˊ/ *adj.* **1** 〘病理〙**a** 卒中(性)の: an ～ fit 卒中発作. **b** 〈人が〉卒中の; 卒中にかかりやすい. **2** (激怒したりして)卒中を起こしそうな, ひどく興奮した: ～ with rage かんかんに怒って. — *n.* 卒中患者. **àp·o·pléc·ti·cal** *adj.* **àp·o·pléc·ti·cal·ly** *adv.* 〚(1611) □ F *apoplectique* ∥ LL *apoplēcticus* □ Gk *apoplēktikós*: ⇨ ↓, -ic[1]〛
ap·o·plex /ǽpəplèks/ *n.* (古) =apoplexy. — *vt.* 卒中を起こさせる. 〚(1533) □ L *apoplēxis* □ Gk *apóplēxis* (↓)〛
ap·o·plex·y /ǽpəplèksi/ *n.* 〘病理〙**1** 脳出血, 脳溢血(のういっけつ), (脳)卒中 (cerebral apoplexy) (cf. cerebral accident): be seized with ～ 卒中にかかる / have a fit [stroke] of ～ 卒中を起こす. **2** (器官内部の)出血, 溢血: abdominal ～ 腹腔内出血. 〚(*a*1387) □ (O)F *apoplexie* ∥ LL *apoplēxia* □ Gk *apoplēxía* ← *apoplḗssein* to strike down ← APO-+*plḗssein* to strike (← IE **plāk-* to strike (cf. plague))〛
àp·o·prótein /æ̀pə-/ *n.* 〘生化学〙アポ蛋白質《複合蛋白質の蛋白質部分》.
ap·o·pto·sis /æ̀pə(p)tóusɪs | -táusɪs/ *n.* 〘生理〙(細胞の) 枯死, 細胞消滅, アポ(プ)トーシス《プログラムされた細胞死》.
ap·o·pyle /ǽpəpàɪl | ǽpə(ʊ)-/ *n.* 〘動物〙後門《海綿の鞭毛(べんもう)室が胃腔に開く部分; cf. prosopyle》. 〚(1887) ← APO-+Gk *púlē* gate〛
ap·o·ret·ic /æ̀pərétɪk | -tɪk ˊ/ *adj.* 懐疑的な (sceptic). 〚(1935) □ Gk *aporē(ma)tikós* ← *aporeîn* to doubt ← *áporos* impassable ← A-[7]+*póros* passage: ⇨ -ic[1]〛
a·po·ri·a /əpɔ́ːriə/ *n.* (*pl.* ～**s**, **-ri·ae** /-riìː/) **1** 〘哲学〙アポリア《論理的難点》. **2** 難問, 難点. 〚(1589) ← NL ← LL ～ 'doubt, perplexity' □ Gk *aporía* ← *áporos*: ⇨ ↑, -ia[1]〛
a·port /əpɔ́ət | əpɔ́ːt/ *adv.* 〘海事〙左舷(さげん)に (↔ astarboard): put the helm ～ 舵柄(だへい)を左舷に取る《昔の方式で, 船首は右舷に向く; 今の put the wheel astarboard と同意》/ Hard ～! 取舵(とりかじ)いっぱい. 〚(1627) ← A-[1]+PORT[2]〛
ap·o·se·le·ne /æ̀po(ʊ)sɪ̀líːni | æ̀pə(ʊ)-/ *n.* 〘天文〙= apolune. 〚↓〛
ap·o·se·le·ni·um /æ̀po(ʊ)sɪ̀líːniəm | æ̀pə(ʊ)-/ *n.* 〘天文〙=apolune. 〚← NL ～ ← APO-+Gk *selḗnē* moon+-IUM 3〛
àpo·semátic *adj.* 〘動物〙〈動物の色・におい・構造などが〉(護身のために)警告的な, 警戒させるような: ～ coloration 警戒色. **àpo·semátically** *adv.* 〚1890〛
ap·o·si·o·pe·sis /æ̀pəsaɪəpíːsɪs | æ̀pə(ʊ)saɪəpíːsɪs/ *n.* (*pl.* **-pe·ses** /-siːz/) 〘修辞〙話中頓絶(とんぜつ)(法)《中途で急に文を切ること; 例: If we should fail—. (cf. Shak. *Macbeth* 1. 7. 59) / Well, I never! まあ驚いた》. **ap·o·si·o·pet·ic** /æ̀pəsaɪəpétɪk | æ̀pə(ʊ)saɪəpét- ˊ/ *adj.* 〚(1555) □ LL ～ □ Gk *aposiṓpēsis* ← *aposiōpân* to be quite silent ← APO-+*siōpḗ* silence ← IE **swī-* to be silent: ⇨ -sis〛
a·pos·po·ry /ǽpəspɔ̀ːri | ǽpə(ʊ)s-/ *n.* 〘植物〙無胞子生殖, アポスポリー. 〚1884〛
a·pos·ta·sy /əpɑ́(ː)stəsi | əpɔ́s-/ *n.* **1** 背教, 棄教《告白した信仰を捨てて宗門に背くこと》. **2** 背信, 変節, 変説, 脱党. 〚(?1348) □ (O)F *apostasie* ∥ eccl.L *apostasia* □ LGk *apostasía*=Gk *apóstasis* a standing off, revolt ← APO-+*stánai* 'to STAND': ⇨ -y[1]〛
a·pos·tate /əpɑ́(ː)steɪt, -tɪ̀t | əpɔ́s-/ *n.* **1** 背教者. **2** 背信者, 変節者, 変説者, 脱党者. — *adj.* 背教した, 背教者的な; 背信の, 変節の, 脱党の. **ap·o·stat·ic** /æ̀pəstǽtɪk | æ̀pə(ʊ)stǽt- ˊ/ *adj.* **àp·o·stát·i·cal** *adj.* 〚(1340) □ (O)F ～ ∥ eccl.L *apostata* □ Gk *apostátēs* ← *apostánai* (↑)〛
a·pos·ta·tize /əpɑ́(ː)stətàɪz | əpɔ́s-/ *vi.* **1** (告白した)信仰を捨てる, 背教者となる. **2** 変節して(他党に)移る〔*from, to*〕: ～ *from* monarchism *to* socialism / ～ *from* one party *to* another. 〚1552〛
a pos·te·ri·o·ri /ɑ́ːpoustɪ̀ᵊrióːriː, -tèr- | éɪpɒstɛ̀rɪɔ́ːràɪ, ɑ́ː-, -tɪər-/ *adj.* **1** 〘論理〙帰納的な (inductive) (↔ a priori): ～ reasoning 帰納的推理[推論]. **2** 〘哲学〙後天的な, 経験的な. — *adv.* **1** 帰納的に: reason ～. **2** 後天的に. 〚(1836) □ L *ā posteriōri* from what comes after ← *ā* from+*posterior* latter ((compar.) ← *posterus*)〛
a·pos·te·ri·o·rism /ɑ́ːpoustɪ̀ᵊrióːrɪzm, -tèr- | éɪpɒstɛ̀rɪɔ́ːr-, ɑ́ː-, -tɪər-/ *n.* 〘哲学〙後天説, 後天主義《先天説[主義]と反対に事象の説明に身近で経験的, 後天的に知られるものを根拠とする立場》.
a·pos·til /əpɑ́(ː)stɪ̀l | əpɔ́stɪl/ *n.* 《古》傍注; 注釈. 〚(1527) □ F *apostille* ← *apostiller* to annotate ← A-[4]+*postiller* to annotate: ⇨ postil〛
a·pos·tle /əpɑ́(ː)sl̩ | əpɔ́sl̩/ *n.* **1** 〘キリスト教〙**a** [A-] 使徒《キリストの十二使徒の一人》. **b** [the Apostles] (キリストの)十二使徒 (the Twelve Apostles). **2** 使徒: **a** (東方正教会で)キリストの七十人の弟子の一人. **b** ある種のプロテスタント派聖職者の最高位の職名. **c** 初期キリスト教時代の宣教者・伝道者の名称. **3** (一国・一地方における)キリスト教の最初の伝道者: the *Apostle* of the English ⇨ Saint AUGUSTINE (of Canterbury) / the *Apostle* of Ireland ⇨ Saint PATRICK / the *Apostle* of the Slavs ⇨ Saint CYRIL. **4** (主義・政策などの)使徒, 主務者, 唱導者; 支持者, 信者: the ～ of Free Trade 自由貿易の使徒 (Richard Cobden のこと). **5** 〘モルモン教〙使徒 (12 名から成る評議員会の一員). **6** [*pl.*] 〘海事〙(係柱にもなる)船首副肋材. 〚(13C) □ OF ～ (F *apôtre*) □ eccl.L *apostolus* □ Gk *apóstolos* one sent forth, messenger ← APO-+*stéllein* to send ∽ OE *apostol* □ eccl.L〛
apóstle·bird *n.* 〘鳥類〙**1** チメドリ (babbler); (特に) オーストラリアマルハシ (*Pomatostomus temporalis*)《オーストラリア産ヒタキ科の鳥》. **2** ハイイロツチスドリ (*Struthidea cinerea*)《オーストラリア産ツチスドリ科の大きな声で鳴く鳥》. 〚1934〛
Apóstles' Créed *n.* [the ～] 使徒信条[信経]《キリスト教の最も基本的な信仰箇条で, I believe in God the Father Almighty, Maker of heaven and earth … (われは天地の造り主, 全能の父なる神を信ず)で始まる; 祈禱書 (Common Prayer) 中の早禱 (Morning Prayer), 晩禱 (Evening Prayer) の一部をなす; 単に the Creed ともいう》. 〚*c*1658〛
apóstle·shìp *n.* 使徒の身分[職分]. 〚1526〛
apóstle spòon, A- s- *n.* (昔, 小児洗礼で名親 (godparent) が記念に贈った)柄の先が使徒の像になっている銀のスプーン. 〚1614〛
a·pos·to·late /əpɑ́(ː)stəlèɪt, -lɪ̀t, -tl̩- | əpɔ́st-/ *n.* **1** 使徒の職[任務] (apostleship). **2** 〘カトリック〙教皇職[位], 使徒職; 司教の任務, 宣教活動. **3** (主義・宣伝・運動などの指導的立場; (主義・宣伝・運動などの唱導を目的とする)指導団体[協会]. 〚(*a*1400) □ LL *apostolātus*: ⇨ apostle, -ate[1]〛
ap·os·tol·ic /æ̀pəstɑ́(ː)lɪk | -stɔ́l- ˊ/ *adj.* **1** 十二使徒の, 使徒的な. **2** 使徒教義(的)の; 福音伝道の. **3** 使徒伝承の. **4** [時に A-] (使徒 St. Peter の後継者としての) ローマ教皇の (papal): an ～ letter 教皇書簡. **àp·os·tól·i·cal** *adj.* **àp·os·tól·i·cal·ly** *adv.* 〚(?*c*1200) □ (O)F *apostolique* ∥ eccl.L *apostolicus* □ Gk *apostolikós* ← *apóstolos* 'APOSTLE': ⇨ -ic[1]〛
Apostólic Chúrch *n.* **1** [the ～] 使徒教会, (十二使徒の創設したものとしての)キリスト教会 (Christian church)《使徒の伝承・教えを継ぐ教会》. **2** 〘カトリック〙=Apostolic See 2. 〚1549〛
apostólic délegate *n.* 教皇代理使節 (Vatican と正規の外交関係のない国に教皇の代理として派遣される; cf. nuncio 1). 〚*c*1907〛
Apostólic Fáthers *n. pl.* [the ～] 〘キリスト教〙**1** 使徒教父《十二使徒 (Apostles) に続く, 1 世紀末から 2 世紀前半における正統的なキリスト教著作家たち》. **2** (その著作とされる)使徒教父集. 〚1828〛
a·pos·to·lic·i·ty /əpɑ̀(ː)stəlísəti | əpɒ̀stəlísɪ̀ti/ *n.* **1** 使徒的性格. **2** 使徒伝承(性)《unity, catholicity, holiness と共に教会の本質的特質》. 〚1832〛
Apostólic Sée *n.* 〘カトリック〙**1** [the ～] (使徒 St. Peter の創設した)聖座, 教皇座. **2** [a- s-] (使徒の代表者 St. Peter によって始められた)使徒管区 (Apostolic Church). 〚1591〛
apostólic succéssion *n.* 使徒伝承[継承]《カトリック教会や英国国教会が使徒たち (Apostles) から継承されているという主張》. 〚*c*1835〛
apostólic vícar *n.* 〘カトリック〙=vicar apostolic.
a·pos·tro·phe /əpɑ́(ː)strəfi, -fiː | əpɔ́strəfi/ *n.* **1** アポストロフィ ('): **a** 省略符号 (例: can't, ne'er, '80). **b** 所有格の符号 (例: boy's, boys'). **c** 複数符号 (例: many MP's). **2** 〘修辞〙頓呼(とんこ)(法)《演説や詩文の中途で感慨のあまり急転して特殊の人や事物に呼びかけること; cf. apostrophize; obsecration 3》. 〚2: (1530) □ F ～ ∥ LL *apostrophus* □ LGk *apostrophos* (原義) turned away ← *apostréphein* to turn away ← APO-+*stréphein* to turn (cf. strophe). 1: (1533) □ L *apostrophe*

A

□ Gk *apostrophḗ* turning away ← *apostróphein*〗
ap·os·troph·ic /æ̀pəstrɑ́(ː)fɪk | -strɔ́f-/ *adj.* **1** アポストロフィの, 省略符号の. **2 a**〘修辞〙頓呼(とんこ)法的な. **b**〈作家など〉よく頓呼法を用いる. 〖1795〗
a·pos·tro·phize /əpɑ́(ː)strəfàɪz | əpɔ́s-/ *vt., vi.* **1**〘文法〙省略符号 (') を付けて省略する, (…に)省略符を付ける. **2**〘修辞〙(中途で)急転して(…に)呼びかける, 頓呼(とんこ)法を用いる (cf. apostrophe 2). 〖1611〗
apóthecaries' mèasure *n.* 薬剤用液量法《薬品に用いる液量; 8 drams=480 minims をもって 1 液量オンス (fluidounce) とする》. 〖*c*1900〗
apóthecaries' wèight *n.* 薬衡, 薬剤用衡量法《薬品に用いる衡量; 8 drams=24 scruples=480 grains をもって 1 重量オンス (ounce) とする》. 〖1765〗
a·poth·e·car·y /əpɑ́(ː)θəkèri | əpɔ́θɪ̀k(ə)ri/ *n.* **1**《英古・米》薬剤師 (pharmacist), 薬種商, 薬屋 (druggist)《英国ではもと処方も医療も行った》. **2**《米》薬店, 薬局 (pharmacy). **3**《英・アイル》〘医学〙《薬剤師協会の検定による処方資格をもつ》薬剤師《法律用語》. 〖《*c*1366》□ OF *apotecaire* (F *apothicaire*) ∥ LL *apothēcārius* warehouseman ← L *apothēca* storehouse □ Gk *apothḗkē* ← *apotithénai* to put away ← APO-+*tithénai* to put: ⇨ -ary〗
ap·o·the·ci·um /æ̀pəθíːʃiəm, -siəm | -siəm/ *n.* (*pl.* **-ci·a** /-ʃiə, -siə | -siə/)〘植物〙(菌類や地衣 (lichen) 類の) 裸子器《中に子嚢(しのう)と側糸がある》. **àp·o·thé·ci·al** /-ʃiəl, -siəl | -siəl⁻/ *adj.* 〖《1830》← NL ~ ← L *apothēca* (↑)+-IUM 3〗
ap·o·thegm /æ̀pəθèm/ *n.* 警句, 格言 (maxim). ★《英》では apophthegm を用いることが多い. **ap·o·theg·mat·ic** /æ̀pəθegmǽtɪk | -tɪk⁻/ *adj.* **ap·o·theg·mát·i·cal** *adj.* **àp·o·theg·mát·i·cal·ly** *adv.* 〖《1553》《変形》← APOPHTHEGM〗
ap·o·them /æ̀pəθèm/ *n.*〘数学〙辺心距離《正多角形の中心から辺までの距離》. 〖《*c*1856》← APO-+Gk *théma* that which is placed: ⇨ theme〗
a·poth·e·o·sis /əpɑ̀(ː)θióʊsɪ̀s | əpɔ̀θiə́ʊsɪs/ *n.* (*pl.* **-o·ses** /-siːz/) **1** 神に祭る[神としてあがめる]こと, 神格化, 神聖視. **2** 賛美, 崇拝 (glorification). **3** 極致, 理想: an ~ *of* chivalry 騎士道の理想的人物; 理想的な騎士. **4** (人・物の)昇天. 〖《1553》□ eccl.L *apotheōsis* □ Gk *apothéōsis* deification ← *apotheoun* to deify: ⇨ apo-, theo-, -sis〗
a·poth·e·o·size /əpɑ́(ː)θiəsàɪz, æ̀pəθíːə- | əpɔ́θiə(ʊ)sàɪz, æ̀pə(ʊ)θíːə(ʊ)-/ *vt.* **1** 神としてあがめる, 神格化[神聖視]する (deify). **2** 賛美する (glorify). 〖1760〗
ap·o·tro·pa·ic /æ̀pətroʊpéɪɪk | -trə(ʊ)-⁻/ *adj.* 厄除けの, 厄払いになる: ~ magic. **àp·o·tro·pá·i·cal·ly** *adv.* 〖《1883》← Gk *apotrópaion* ← *apotrépein* to turn away ← APO-+*trépein* to turn+-IC¹〗
ap·o·tro·pa·ism /æ̀pətroʊpéɪɪzm | -trə(ʊ)-/ *n.* 厄払い, 厄除け.
Á pówer supplỳ *n.*〘電子工学〙A 電源《真空管のヒーター用電源; A supply ともいう》.
app /ǽp/ *n.*〘電算〙=application program.
app. 《略》apparatus; apparent; apparently; appeal; appended; appendix; applied; appointed; apprentice; approval; approved; approximate.
App. 《略》Apostles.
appal *vt.*《英》=appall.
Ap·pa·la·chia /æ̀pəlǽtʃə, -léɪtʃə, -tʃiə | -léɪtʃiə, -tʃə, -ʃ(i)ə/ *n.* **1** アパラチア地方《米国東部の山間地方, Appalachian 山脈の中部・南部および Piedmont 台地を含む》. **2**〘地質〙アパラチア《Appalachian 山脈東方の大西洋中に存在したと考えられる陸地》. 〖← ? *Apalachee* (フロリダ北部のインディアンの部族名) ← ? N-Am.-Ind. (Choctaw) *apelachi* people on the other side〗
Ap·pa·la·chian /æ̀pəléɪtʃən, -lǽtʃ-, -tʃiən | -léɪtʃiən, -tʃən, -ʃ(i)ən⁻/ *adj.* **1** アパラチア山脈の. **2**〘地質〙古生代後期(ペンシルバニア紀)造山運動の. — *n.* **1** [the ~s] =Appalachian Mountains. **2** アパラチア山脈地帯の白人. 〖1820〗
Appaláchian dúlcimer *n.*〘楽器〙アパラチアン ダルシマー《米国南部の古風な民族楽器; 3 弦または 4 弦のついた弦楽器で, 膝(ひざ)の上に載せて弾く》. 〖1962〗
Appalachian Móuntains *n. pl.* [the ~] アパラチア山脈《北米東部海岸に沿ってカナダ Quebec 州から米国 Alabama 州北部まで続く山脈; 延長 2,570 km; 最高峰 Mt. Mitchell (2,037 m); Appalachians ともいう》. 〖1672〗
Appalachian téa *n.* **1**〘植物〙アパラチアチャノキ (*Ilex vomitoria*)《北米東部に産するモチノキ科の低木》. **2** アパラチア茶《同上の葉で作ったまがい茶》. 〖*c*1905〗
Appalachian Tráil *n.* [the ~] アパラチア山道《米国 Maine 州中部から Georgia 州北部に通じる, 長さ約 3,000 km の山道》.
ap·pall, 《英》**ap·pal** /əpɔ́ːl, əpɑ́ːl | əpɔ́ːl/ *vt.* (**ap·palled; ap·pall·ing**) …の肝をつぶさせる, 度を失わせる, ぞっとさせる (⇨ dismay SYN): His impudence ~*ed* me. / He was ~*ed* by the violence of the earthquake. 地震の激しさに肝をつぶした / I was ~*ed at* his ignorance. 彼の無知にはあきれて物が言えなかった. 〖《*c*1315》*apalle(n)* to grow or make faint □ OF *apal(l)ir* to make or become pale ← A-⁴+*pâlir* 'to grow PALE¹'〗
ap·pálled *adj.* ぞっとして, ショックを受けて, 愕然(がくぜん)として, 驚きあきれて. 〖《1577》← APPAL+-ED〗
ap·pal·ling /əpɔ́ːlɪŋ/ *adj.* **1** ぞっとするような, 恐ろしい, すさまじい (dreadful): an ~ sight [tragedy] ぞっとするような光景[悲劇]. **2**《口語》ひどい, あきれるほどの (shocking): ~ ignorance, taste / His English is ~. **~·ly** *adv.* ぞっとするほど, ひどく. 〖1817〗
Ap·pa·loo·sa /æ̀pəlúːsə/ *n.* アパルーサ《北米西部に産するスペイン系の頑丈な乗馬用の馬の一品種; 臀部(でんぶ)と腰部に白黒の斑点とひづめに縦縞がある》. 〖《1947》《変形》← ? *a Palouse*: Palouse Indians, または Palouse River にちなむか〗
ap·pa·nage /ǽpənɪdʒ/ *n.* **1** (国王が世継ぎ以外の王子たちに与える)扶持(ふち), 采地(さいち). **2** 属領, 属地 (dependency). **3** (地位・身分などに付随する)役得 (perquisite). **4** 従属物 (adjunct), 属性 (attribute). 〖《1602》□ (O)F *apanage* ← OF *apaner* to provide with bread=OProv. *apanar* to feed, support < ML *appānāre* ← *ap-* 'AD-'+L *pānis* bread: ⇨ -age: cf.「パン」〗
appar. 《略》apparatus; apparent; apparently.
ap·pa·rat /æ̀pərǽt, àːpəráːt | æ̀pəráːt; *Russ.* aparát/ *n.*〘政治〙(旧ソ連などの)共産党首脳部[機関]. 〖《1950》□ Russ. ~《原義》'APPARATUS'〗
ap·pa·ra·tchik /àːpərɑ́(ː)tʃɪk | æ̀pərǽ(t)tʃ-; *Russ.* aparátʲʃʲik/ *n.* (*pl.* **~s, -ra·tchi·ki** /-tʃɪ̀kiː; *Russ.* aparátʲʃʲikʲi/) **1**〘政治〙(旧ソ連などの)共産党首脳部員. **2** (政府組織などの)機関員; (特に)官僚. 〖《1941》□ Russ. ~ ← APPARAT+-*chik* '-ER¹'〗
ap·pa·ra·tus /æ̀pərǽtəs, -réɪt- | -réɪt-, -rǽt-, -ráːt-/ *n.* (*pl.* **~, ~·es**) **1 a** (政治活動などの)機構 (machinery). **b** (政党の)機関. **c**〘政治〙=apparat. **2 a** (理化学用などの)一式の器具[器械], 装置, (機械)設備 (equipment): a piece of ~ 装置の一部 / a chemical ~ 化学器具 / an experimental ~ 実験装置 / various ~ / an ~ *for* washing cars 洗車設備. **b** (部分品からなる)機器 (instrument, machine): an X-ray ~. **3** 用具一式: a gymnastic ~ (器械)体操用具. **4**〘生理〙(一連の)器官, 装置: the digestive [respiratory] ~ 消化[呼吸]器官 / the ~ *for* phonation (喉頭(こうとう)にある)発声器官. **5** =apparatus criticus. 〖《*a*1628》□ L *apparātus* preparation ← *apparāre* to prepare, make ready ← *ap-* 'AD-'+*parāre* to make ready: cf. prepare〗
apparátus crít·i·cus /-krɪ́tɪkəs | -tɪ-/ *n.* **1** (文学研究などの)参考資料. **2** (原典批評の)比較資料《通例本文に対して脚注の形で示す異文など; 略 app. crit.》. 〖《1865》□ L *apparātus criticus* critical apparatus〗
ap·par·el /əpǽrəl, əpér- | əpǽr-/ *n.* **1 a**《米》衣服, 服, 衣類《特に商店・業界用語》. **b**《英・文語》(特に特別な機会に着る)衣服, 服装, 装い (⇨ dress SYN): an article of ~. **2**《主に詩》覆い, 飾り. **3**《古》外観, 様子. **4**《古》〘海事〙(マスト・帆・錨・砲などの)装備. **5**〘キリスト教〙祭服の刺繍. — *vt.* (**-eled,**《英》**ap·par·elled; -el·ing,**《英》**-el·ling**) **1**〈人〉に〈服を〉着せる[まとわせる]〔*in*〕: a person gorgeously ~*ed* きらびやかに着飾った人. **2**《主に詩》飾り立てる, 装飾する (adorn)〔*with, in*〕. **3**〘海事〙〈船を〉装備する (equip)〔*with*〕. 〖《*c*1250》□ OF *apareiller* (F *appareiller*) to clothe < VL **adpariculāre* to make equal ← L *ap-* 'AD-'+*pariculum* ← *par* equal〗 to make ready: ⇨ apparatus〗
ap·par·ent /əpǽrənt, əpéᵊr- | əpǽr-, əpéər-/ *adj.* **1** 見掛けの, 表面上の, うわべの (seeming) (↔ actual, real): an ~ advantage 一見利点と思えること / an advantage more ~ than real 実際よりも見掛けの利点 / His reluctance was only ~. 彼の嫌がるのはうわべだけだった. **2** 明白な〔*to*〕(⇨ evident SYN): The fact is [became] ~ *to* everyone. この事実はだれにでも明白だ[明白になった] / It was ~ that someone had opened the letter. だれかが手紙を開封したのは明らかだった / The crime was committed for no ~ reason. その犯罪ははっきりした理由もなく犯された. ★ 1, 2 は特に限定的に用いられた場合, 文脈がなければ意味が曖昧なことがある: the ~ truth of an argument. **3** (ありありと)目に見える, はっきりした (visible)〔*to*〕: be ~ *to* the naked eye 肉眼でも見える / A look of joy was ~ on her face. 顔には喜びの色がはっきり表れていた. **4**〘物理〙見掛けの. **b**〘天文〙視…: ⇨ apparent horizon, apparent motion. **5**〘法律〙明らかな, 外見上わかる (cf. presumptive 1): ⇨ heir apparent 2. **6**《廃》=heir apparent 1. **~·ness** *n.* 〖《?*c*1380》□ OF *aparant* (F *apparent*) □ L *appārentem* (pres.p.) ← *appārēre* 'to APPEAR': ⇨ -ent〗
appárent cándle pòwer *n.*〘光学〙見掛けの燭光.
appárent déath *n.*〘医学〙仮死.
appárent diámeter *n.*〘天文〙視直径《天体の形を円とみなして見掛けの大きさを直径で表したもの》.
appárent expánsion *n.*〘物理〙見掛けの膨張《容器中の液体が見掛けの上で示す熱膨張》.
appárent héir *n.*〘法律〙=heir apparent 2. 〖1375〗
appárent horízon *n.*〘天文〙視水[地]平線《見掛けの水[地]平線》.
ap·par·ent·ly /əpǽrəntli, əpéᵊr- | əpǽr-, əpéər-/ *adv.* **1** 見たところでは, 見掛けは, 外見上, どうも…らしい (seemingly): History advances through an ~ contradictory process. 歴史は一見矛盾した過程をたどって進む / Space is ~ empty. 空間は表面的には空虚なものに見える / You are ~ right.=*Apparently* you are right. どうやら君の言うとおりらしい. **2**《まれ》明白に (evidently): This is ~ the best solution. これが明らかに最良の解決策だ. **3**《廃》公然と (openly), はっきりと. 〖*c*1380〗
appárent mágnitude *n.*〘天文〙視等級《天体の見掛けの等級; cf. absolute magnitude》. 〖1875〗
appárent mótion *n.*〘天文〙視運動《天体の見掛けの運動》.
appárent pówer *n.*〘電気〙皮相電力《見掛けの電力; 電圧×電流》.
appárent sólar tíme *n.*〘天文〙=apparent time. 〖1922〗
appárent tíme *n.*〘天文〙視(太陽)時《日時計によって示される太陽時; 略 AT》. 〖1694〗
appárent wéight *n.*〘造船〙見掛け重量.
appárent wínd *n.* **1**〘海事〙視風《船などのように移動しつつある物体上で感じるままの風》. **2**〘航空〙相対風《移動する物体上における見かけの風速と風向; 静止物体に対する真風 (true wind) と区別する》.
ap·pa·ri·tion /æ̀pərɪ́ʃən/ *n.* **1** 幽霊, 亡霊, 妖怪(ようかい) (⇨ ghost SYN, ghost 日英比較). **2 a** (突然の)出現 (appearance): the ~ *of* a ghost, comet, etc. **b** (突然に)現れた[現れる]人[物]; (特に)驚異的[不思議]なもの (phenomenon). **3**〘天文〙(掩蔽(えんぺい)後の星・惑星などの)最初の出現. **-tion·al** /-ʃnəl, -ʃənl/ *adj.* 〖《?*a*1425》□ (O)F ~ □ LL *appāritiō(n-)* ← L *appārēre* to appear (↓): ⇨ -tion〗
ap·par·i·tor /əpǽrətə, əpér- | əpǽrɪtə^(r)/ *n.* **1** (古代ローマの)民事[教会]裁判所の)下役人. **2** (英大学の)総長の権標捧持者 (beadle). **3**《廃》先触れ, 案内者 (herald, usher). 〖《1528》□ L *appāritor* (public) servant ← *appārēre* 'to APPEAR': ⇨ -or²〗
ap·pas·sio·na·ta /əpɑ̀ːsiənɑ́ːtə | əpæ̀siənɑ́ːtə; *It.* appassjoná:ta/ *adj.*〘音楽〙=appassionato.
ap·pas·sio·na·to /əpɑ̀ːsiənɑ́ːtoʊ | əpæ̀siənɑ́ːtəʊ; *It.* appassjoná:to/〘音楽〙*adj.* アパッショナート[タ], 情熱的な (impassioned). — *n.* (*pl.* **~s**) アパッショナート(の楽章[曲]). 〖□ It. ~ (masc.) & *appassionata* (fem.) (p.p.) ← *appassionare* to impassion: ⇨ ad-, passion, -ate²〗
ap·pau·mée /əpoʊméɪ | æ̀pə(ʊ)-/ *adj.* (*also* **ap·pau·mé** /~/)〘紋章〙〈右手が〉開いて内側を見せた《一般紋章図形としてのほか, 盾に赤の左手を小さく配して baronet の階級を示すマークとして使用される; cf. ARMS² of Ulster》. 〖□ F ~ ← *ap-* 'AD-'+*paume* 'PALM²'〗
ap·pay /əpéɪ/ *vt.*《古》=apay.
app. crit. 《略》apparatus criticus.
ap·peach /əpíːtʃ/ *vt.*《廃》告発[弾劾]する; 非難する (impeach). **~·ment** *n.* 〖《*c*1315》*apeche(n)* □ AF *enpecher*=OF *empechier* 'to IMPEACH'〗
ap·peal /əpíːl/ *vi.* **1** 哀願する, 懇願する, 要請する (implore): ~ *to* a person *for* support [mercy] / She ~*ed to* him to come at once. 彼にどうかすぐ来てくれるようにと頼んだ / ~ *to* his better nature [finer feelings] 彼のやさしさに訴える / She ~*ed for* the government *to* act. 政府に行動するように訴えた. **2 a**〈法律・世論・武力などに〉訴える, アピールする (resort)〔*to*〕; 確証[立証・決定]を求めて訴える: ~ *to* the law [public] 法律[世間]に訴える / ~ *to* arms [force] 武力[暴力]に訴える / ⇨ *appeal to the* COUNTRY. **b**〘スポーツ〙〔審判員に〕アピール[抗議]する〔*to*〕;〔判定を求めて・不服として〕アピールする〔*for, against*〕. **3**〘法律〙**a** 上訴[控訴, 上告]する〔*to*〕: ~ (from a lower) *to* a higher court. **b**〔判決を不服として〕上訴する〔*against*〕: ~ *against* a decision [verdict, judgment] 判決を不服として上訴する. **4**〈物事・人が〉〈人・心などに〉訴える, 〔…の〕気に入る, 興味を引く (be interesting, be attractive)〔*to*〕: ~ *to* the eye 目に訴える, 目を楽しませる / Picasso's paintings ~ *to* me. ピカソの絵は私には面白い / The idea ~*ed*. その考えは人気を得た.
— *vt.* **1**《米》**a**〈事件を〉上訴[控訴, 上告]する: ~ a verdict [decision]. **b**《古》〈人を〉〔…の罪で〕訴える (accuse)〔*of, for*〕. **2**《古》〈人〉に挑戦する (challenge).
— *n.* **1** 哀願, 懇願, 要請 (earnest entreaty)〔*for*〕: respond to an ~ 要請に応じる / make an ~ *for* help 援助を懇願する / make an ~ *to* a person *for* a contribution [funds] 人に寄付[基金]を募る / The government issued an ~ *for* calm [*to* remain calm]. 政府は平静を[平静を保つように]要請した. **2**〔世論などに〕問うこと,〔武力などに〕訴えること, アピール: make an ~ *to* reason 理性に訴える. **3**〘法律〙**a** 上訴, 控訴, 上告, 訴願: on ~ 上訴の結果[上で] / make an ~ *against* a verdict [decision] 評決[決定]を不服として上訴する / an ~ *from* a lower *to* a higher court 下級裁判所から上級裁判所への上訴 / ⇨ COURT of appeal. **b** 上訴権; 上訴を受けた事件. **c**《廃》告発. **4** 興味を起こさせる力, 魅力 (attraction): ⇨ sex appeal / the ~ of traveling / Hunting has [holds] little ~ *for* me. 狩猟は私にはあまり興味がない / This book enjoys [has] (a) great ~ *for* youth. この本は青年に広く愛読される / youth [snob, general, public] ~ 若者[俗物, 一般大衆]への魅力. **5**〘スポーツ〙〔審判員への〕アピール, 抗議〔*to*〕. **6** [形容詞的に] 上訴の: an ~(*s*) court 上訴裁判所 / an ~*s* procedure 上訴手続き. **7**《廃》弾劾, 挑戦.
ap·péal·a·ble /-ləbl/ *adj.* **ap·pèal·a·bíl·i·ty** /-ləbɪ́ləti | -lɪ̀ti/ *n.* **~·er** /-lə | -lə^(r)/ *n.* 〖v.: 《*a*1338》□ OF *apeler* (F *appeler*) < L *appellāre* to approach, address (freq.) ← *appellere* to drive to ← *ap-* 'AD-'+*pellere* to drive. — n.: 《*c*1300》□ OF *apel* (F *appel*) ← (v.)〗

SYN 請願する: **appeal** ある事柄を熱心に請願する: He *appealed* to his family for help. 家族の者に援助を懇願した. **plead** しつこく懸命に嘆願する: *plead* for mercy 慈悲を請う. **sue** 正式に懇願する《格式ばった語》: *sue* for peace 和睦(わぼく)を求める. **petition** 通例文書で, 正式に請願する: She *petitioned* the family court for divorce. 家庭裁判所に離婚の請願をした. **supplicate**〈神または権力者〉にうやうやしくまたは懇願するように特に援助を求める《格式ばった語》: He fell on his knees and *supplicated* the King for pardon. ひざまずいて王の許しを請うた.

Appéal Còurt *n.* [the ~] (英国の)控訴院 (⇨ COURT of appeals).

ap·peal·ing /əpíːlɪŋ/ *adj.* **1** 魅力的な, 感じのよい (attractive). **2** (人に)訴えるような, 懇願するような; 感動的な: ~ eyes. **~·ly** *adv.* 魅力的に; 訴えるように. 〘1598〙

ap·pear /əpíə | əpíə(r)/ *vi.* **1 a** [通例補語または to be [do] を伴って] ⟨…(である)と⟩見える[思われる], ⟨…である[…する]⟩らしい (⇨ seem SYN): He ~s *to* be asleep [*to* be sleeping]. / (*To* me) he ~s still young. (私には)彼はまだ若いように見える / The news ~s (*to* be) false. その知らせはうそらしい / He ~s (*to* be) a coward. 臆病者らしい / She ~*ed to* like music. 音楽が好きらしかった / He ~*ed to* have been ill. 病気をしていたらしかった. **b** [非人称の it を主語として] ⟨…である⟩らしい (seem) ⟨*that*⟩: *It* ~*ed* (*to* me) (*that*) he was worried about something. 彼は何か心配事があるように(私には)思えた / *It* ~*ed* as if the night would never end. 夜が終わらないように思われた / He was, *it* ~*s*, on a trip. 彼は何でも旅行をしていたらしい / He is her uncle.—So *it* ~*s* [*It* ~*s* so, So *it* would ~]. 彼は彼女のおじだ—そうらしいね / Has he come back?—No, *it* ~*s* [would ~] not. 彼は帰ってきましたか—いや, 帰って来ていないようだ / as *it* ~*s* 見たところ(では). **c** [There ~(s) to be として] …がある[いる]らしい (seem): *There* ~*s to be* no difference. 見たところ違いはないらしい / *There* ~ *to be* some defects in the car. 車に少し欠陥があるようだ. **2 a** 現れる, 出現する (come into sight); 見える: The ghost ~*ed* (*to* him) again. / The moon ~*ed* from behind the clouds. 月が雲間から現れた / Graffiti have [has] begun to ~ on the subway. 落書きが地下鉄に現れ始めた. **b** ⟨人が⟩(会などに)姿を見せる, 出席する (turn up): birds that ~ every spring 春ごとに現れる小鳥 / He seldom ~*s* at parties. **3** ⟨物事が⟩(初めて)見られる, 現れる: The word first ~*s* in Milton. / The steam engine ~*ed* in the 18th century. **4 a** ⟨書物・記事などが⟩公にされる, 出る: ~ in the papers / A new edition will ~ soon. 新版が間もなく出る. **b** ⟨俳優などが⟩出演する, 出場する: ~ on the stage 舞台に立つ / ~ on television / ~ *as* Macbeth / ~ in *Hamlet*. **c** ⟨作家などが⟩世に出る, 現れる: He first ~*ed as* a novelist. 初め小説家として世に出た. **5** [法律] (法廷などに)出頭する, 出廷する: ~ in court on a charge of murder 殺人罪で出廷する / ~ *as* a witness 証人として出廷する / ~ before a judge 判事の取調べを受ける / ~ *for* [*on behalf of*] …の弁護人[代理人]として出廷する; …の弁護人を務める. **6 a** ⟨事が⟩明らか[確か]である, 現れる: His skill ~*s* in his work. 彼のうまさが作品に表れている. **b** [非人称の it を主語として] ⟨…であることが⟩明らかである, 確かになる ⟨*that*⟩: *It* ~*ed* later (*that*) she had known it all along. 彼女がずっとそれを知っていたことがあとではっきりした.
★ 1 b と 6 b の構文は文脈によっては意味が曖昧なことがある. 〘(*c*1250) ▭ OF *aper-* (stem) ← *aparoir* (F *apparoir*) < L *appārēre* ← *ap-* 'AD-'+*pārēre* to come in sight〙

ap·pear·ance /əpí(ə)rəns | əpíər-/ *n.* **1 a** 出演, 出場: an ~ in a film [on television] / her ~ *as* Ophelia [in *Hamlet*] / make one's first [last] ~ on the stage 初舞台[名残りの舞台]を踏む / Here are the players in order of ~: これが出演順の俳優です. **b** (会などに)姿を見せること, 出席: make an [one's] ~ at a party / make a personal ~ 自ら姿を見せる / The Queen made three ~*s* on the balcony. 女王はバルコニーに 3 度お出ましになった. **c** (人・物が)現れること, 見え(てく)ること, 出現: the sudden ~ of an airplane / the ~ of a man in the dark / the ~ of graffiti, symptoms, spring flowers. **d** [法律] 出頭, 出廷, 応訴: enter an ~ 応訴する / make an ~ in court 出廷する. **2 a** (人・物の)外観, 外見, 見掛け, 様子 (outward aspect) (↔ substance); (人の)様子, 風采(ふうさい), 容姿 (look): the ~ of a building, street, etc. / a man of wealthy ~ 金持ちらしい風采の人 / have a gloomy [neat, dignified, disheveled] ~ 陰気くさく[こざっぱりして, 堂々として, だらしなく]見える / in ~ 見たところ, 外見は / neat in ~ こざっぱりした身なりで[の] / meet a person with every ~ of pleasure 喜びの様子をいっぱいに見せて人を迎える / make a good [fine] ~ 体裁[押し出し]が立派である / contrary to [against] (all) ~*s* 見掛けとは逆に / The story has the ~ of truth [being true]. その話は真実らしく見える / *Appearances* are deceptive [(米) deceiving]. (諺) 見掛けは当てにならない / Never judge by ~*s*. 見掛けで判断は禁物 (cf. *John* 7: 24). **b** [*pl.*] 形勢, 状況, 情勢 (circumstances): *Appearances* are against you [in your favor]. 形勢は君に不利[有利]だ / *Appearances* are *that* …. 情勢は…だ. **3 a** 見せ掛け, ふり (semblance): assume [give, put on] an ~ of loyalty [being loyal] 忠実なふりをする[を装う] / give murder the ~ of suicide 殺人を自殺と見せ掛ける. **b** [*pl.*] 体面, 体裁, 見栄: for the sake of ~*s*=for ~*s*' sake 体面上, 体裁のために / keep up [save] ~*s* 体面を保つ[繕う], 見栄を張る. **4 a** (作家などが)世に出ること, 現れること: He made an [his] ~ *as* a writer with a best seller. ベストセラーを書いて文壇に乗り出した. **b** (書物などの)出版, 発刊; (記事などが)出ること, 掲載: the ~ of a revised edition / The magazine made its (first) ~ five years ago. その雑誌は 5 年前に発刊された. **5** (物事が)(初めて)現れること, (最初の)出現, 初出: the ~ of printing, television, etc. / the ~ of man on earth 地球上における人間の出現. **6 a** (人の目に)見える物[物体]; (自然界の)(不可思議な)現象: a strange ~ in the sky. **b** 幽霊, 亡霊 (apparition); まぼろし (illusion). **7** [哲学] **a** (実在性をもたない主観的な)仮象 (semblance). **b** (感覚的な)現象. **c** (物自体などに対する)現象界.
màke an appéarance (1) 現れる, (公の場に)出席する; 顔を出す (cf. 1 d). (2) =*put in an* APPEARANCE. (3) ⇨ 2 a. ***pùt in an appéarance*** (特に, 儀礼的に短時間)出席する, 参列する, 姿を見せる, 顔を出す. ***to* [*by, from*] *áll appéarances*** どう見ても[考えても], 見掛けは: *To all* ~*s*, the whole thing is a deception. どう見ても全体がごまかしだ. (1793)
〘(*c*1380) *ap(p)araunce* ▭ OF *aparance, -ence* (F *apparence*) < LL *appārentiam* ← L *appārēre* (↑) ← APPEAR+-ANCE〙

SYN 外見: **appearance** 人や物の外面の様子 (しばしば見せ掛けを含意する): He gave the *appearance* of honesty. 正直らしく見せ掛けた / The *appearance* of the city is pleasing. その都会の外観は感じがよい. **look** 人や物の特定の表情・様子: a *look* of pleasure 喜びの表情 / The house had a sad *look*. 家はわびしげに見えた. **aspect** (文語) 人の表情: a man of handsome *aspect* ハンサムな顔つきの人. **guise** 特に真実を隠すために装った外貌: He was a thief in the *guise* of a salesman. セールスマンを装った泥棒だった.

appéarance mòney *n.* **1** (スター選手を出場させるためにプロモーターが支払う)出場報酬. **2** (豪) (日雇い労働者に払われる)出頭賃金 (仕事がない場合でも支払われる; attendance money ともいう). 〘1: 1977〙

ap·pear·ing /əpí(ə)rɪŋ | əpíər-/ *adj.* [しばしば複合語の第 2 構成素として] (米) (…に)見える, (…と)思われる (looking): a youthful-*appearing* man 若々しく見える人 / a fine-*appearing* lady 立派な様子をした女性. 〘1549〙

ap·pease /əpíːz/ *vt.* **1 a** ⟨人を⟩なだめる, 慰撫(いぶ)する (soothe) (⇨ pacify SYN). **b** ⟨争いなどを⟩静める; ⟨怒り・悲しみなどを⟩和らげる (calm): ~ a person's anger. **2** ⟨渇きなどを⟩いやす, ⟨食欲などを⟩満たす: ~ a person's thirst, hunger, appetite, curiosity, etc. **3** ⟨強圧的な外国などに対して⟩宥和(ゆうわ)政策をとる, 宥和する (conciliate); (譲歩して)⟨要求に⟩応ずる: Neville Chamberlain tried to ~ Hitler. **ap·péas·a·ble** /-zəbl/ *adj.* **ap·péas·er** *n.* **ap·péas·ing·ly** *adv.* 〘(*c*1300) ▭ AF *apeser*=OF *apaisier* (F *apaiser*) ← A-[4]+*pais* 'PEACE'〙

ap·pease·ment /əpíːzmənt/ *n.* **1** なだめること, 慰撫(いぶ); 静めること, 緩和; (渇きを)いやすこと, (食欲などを)満たすこと, 満足: the ~ of hunger. **2** (強圧的な外国などに対する)宥和(ゆうわ)(政策): an ~ policy / *Appeasement* of fascism proved futile. ファシズムの宥和は結局むだだった. 〘(1430) ▭ OF *apaisement*: ⇨ ↑, -ment〙

ap·pel /əpél, æ-; F. apɛl/ *n.* (*pl.* ~**s** /~z; F. ~/) [フェンシング] **1** (しばしばフェイントをかけるために)床を踏み鳴らすこと (元来は攻撃意図の警告のために行った). **2** (攻撃のチャンスを狙うために)相手の剣を鋭く打つこと. 〘▭ F ~: ⇨ appeal〙

Ap·pel /ɑ́ːpəl, -pl; *Du.* ɑ́pəl/, **Karel** *n.* アペル (1921– ; オランダの抽象表現主義の画家).

ap·pel·lant /əpélənt/ [法律] *n.* **1** 上訴[控訴, 上告]人 (cf. appellee). **2** 訴える人, 哀願する人, 要請者. — *adj.* 上訴の[に関する]. 〘(1399) ▭ (O)F ~ (pres.p.) ← *appeler* 'to APPEAL'〙

ap·pel·late /əpélɪt/ *adj.* [法律] 上訴[控訴, 上告]の; 上訴[控訴, 上告]を処理する: an ~ court 上訴[控訴, 上告]裁判所 / an ~ division (of the Supreme Court) (米国 New York 州・New Jersey 州の)控訴裁判所, 中間上訴裁判所. 〘(1726) ▭ L *appellātus* (p.p.) ← *appellāre* 'to APPEAL'〙

appéllate jurisdíction *n.* [法律] 上訴管轄権 (cf. original jurisdiction). 〘1768〙

ap·pel·la·tion /æ̀pəléɪʃən | æ̀pɪ-, æpɛ-/ *n.* **1 a** 名称, 呼称, 名前, 称号 (name, title); 通称, 別称: give a man his proper ~ 人を(通称などでなく)正式の名[本名]で呼ぶ. **b** (ワインの) 原産地呼称 (appellation d'origine contrôlée). **2** 命名 (naming). 〘(?*a*1425) ▭ L *appellātiō(n-)* ← *appellāre* (↑): ⇨ -ation〙

ap·pel·la·tion con·trô·lée /æpəlɑ̀ːsiounkɑ̀(ː)ntroʊléɪ | -læsiɔ̃:(ŋ)kɔntróʊleɪ, -siɔːŋ-; F. apelasjɔ̃kɔ̃tʀole/ *n.* 原産地統制呼称 (フランスのワイン法によって一定の条件を備えた国産の最上級ワインについて使用が許可される原産地呼称; 略 AC; 正式には appellation d'origine controlée; 略 AOC) 〘(1950) ▭ F ~ 'controlled name'〙

ap·pel·la·tive /əpélətɪv | əpélət-, æp-/ *adj.* **1** 命名の (naming). **2** ⟨名称が⟩説明的な, 通称の (descriptive). **3** [文法] ⟨名詞が⟩類を示す, 総称的な (common), 普通名詞の (cf. proper 7). — *n.* **1** =appellation 1 a. **2** (まれ) [文法] (固有名詞に対して)普通名詞 (common noun). **~·ly** *adv.* 〘(?1425) ▭ L *appellātīvus*: ⇨ appellate, -ative〙

ap·pel·lee /æ̀pəlíː, æpɛ-/ *n.* [米法] 被上訴[控訴, 上告]人 (respondent) (cf. appellant 1). 〘(1531) ▭ F *appelé* (p.p.) ← *appeler* 'to APPEAL': ⇨ -ee[1]〙

ap·pel·lor /əpélə, æ̀pəlɔ́ə | əpélɔː(r), æ̀pəlɔ́ː(r)/ *n.* [英法] 告訴人, 告発人 (cf. appellee, appellant 1). 〘(1660) ▭ AF *apelour*=OF *apeleor* < L *appellātōrem* ← *appellāre* 'to APPEAL': ⇨ -or[2]〙

ap·pend /əpénd/ *vt.* **1** ⟨札などを⟩付ける (attach) ⟨*to*⟩: ~ a label *to* a trunk トランクに荷札を付ける. **2 a** ⟨付録などを⟩添える, 加える, 追加する (add) ⟨*to*⟩: ~ notes [an appendix] *to* a book / ~ one's signature *to* a contract 契約書に署名する. **b** ⟨書類などを⟩(書面に)添付する, 同封する. **3** (ひもなどで)つるす, 下げる (hang). 〘(*c*1325) ▭ OF *apendre* to depend on < L *appendere* to hang (something) on ← *ap-* 'AD-'+*pendere* 'to PEND'〙

ap·pend- /əpénd/ (母音の前にくるときの) appendo- の異形.

ap·pend·age /əpéndɪdʒ/ *n.* **1** 付加物, 添付物, 付属物 ⟨*to*⟩. **2** [生物] 副器, 付属器官, 付属肢(し). **3** [解剖] 付属器. **4** 取巻き, 子分; 従者, 付人. 〘1649〙

ap·pen·dance /əpéndəns/ *n.* 付随[付帯, 付属]的なこと. 〘(1523) ▭ OF *apendance*: ⇨ append, -ance〙

ap·pen·dant /əpéndənt/ *adj.* **1** 付随[付属]する, 付帯的な (attendant) ⟨*to, on*⟩: the duties ~ *to* kingship 王位に付随する義務 / kingship and its ~ duties. **2** [法律] (相続不動産に)付帯する. **3** 付加された, 付け[添え]られた (attached) ⟨*to*⟩. **4** つるされた (hanging) ⟨*to*⟩; (まれ) 垂れ下がる, 垂下の (pendent). — *n.* **1** 付随物, 付帯的な物[人]. **2** [法律] (相続不動産に付随する)付帯権利 (cf. appurtenance 3). 〘(*c*1380) ▭ OF *apendant* (F *appendant*) (pres.p.) ← *appendre* 'to APPEND': ⇨ -ant〙

ap·pen·dec·to·my /æ̀pəndéktəmi, æ̀pɛn-/ *n.* (米) [外科] 虫垂切除(術): perform an ~. 〘1894〙

ap·pen·dent /əpéndənt/ *adj., n.* =appendant.

ap·pen·dic- /əpéndɨk, -dɨs/ (母音の前にくるときの) appendico- の異形.

ap·pen·di·cal /əpéndɨkəl, -kl | -dɪ-/ *adj.* [解剖] = appendiceal. 〘1850〙

ap·pen·di·ceal /æ̀pəndíʃəl, əpèndəsíːəl, æp-/ *adj.* [解剖] 虫垂の.

ap·pen·di·cec·to·my /əpèndɨséktəmi/ *n.* (英) [外科] =appendectomy. 〘1894〙

appendices *n.* appendix の複数形.

ap·pen·di·ci·tis /əpèndəsáɪtɨs | -dɨsáɪtɪs/ *n.* [病理] 虫垂炎, (俗に) 盲腸炎. 〘(1886) ← NL ~: ⇨ appendico-, -itis〙

ap·pen·di·cle /əpéndɨkl | -dɪ-/ *n.* 小付属物 (small appendage). 〘(1611) ▭ F *appendicule* // L *appendicula*: ⇨ appendix, -cle〙

ap·pen·di·co- /əpéndɪkoʊ, æp-, -də- | -dɪkəʊ/ = appendo-. 〘← NL ~: ⇨ appendix〙

ap·pen·dic·u·lar /æ̀pəndíkjʊlə, æ̀pɛn- | -lə(r)/ *adj.* **1** 付属物の. **2 a** [生物] 付属肢(し)の. **b** [解剖] =appendiceal. 〘(1651): ⇨ ↑, -ar[1]〙

ap·pen·dic·u·late /æ̀pəndíkjʊlɪt, -lèɪt/ *adj.* [生物] 付属器官[付属肢]のある[を形成する]. 〘1835〙

ap·pen·dic·u·lat·ed /æ̀pəndíkjʊlèɪtɨd, æ̀pɛn- | -tɪd/ *adj.* [生物] =appendiculate. 〘1752〙

ap·pen·dix /əpéndɪks/ *n.* (*pl.* **~·es, -pen·di·ces** /-dəsìːz | -dɨ-/) **1** [解剖] 虫垂 (vermiform appendix); 付属物[体]; 垂. **2** 付加物, 付属物, (特に伝記・統計・解説などの)付録 (supplement), 追加 (addition): an ~ *to* a book. **3** [航空] 補給筒 (自由気球にガス充填する目的で球形ガス袋の下端に取り付けられた球皮製の円筒). 〘(1542) ▭ L ~ ← *appendere* 'to APPEND': ⇨ -ix〙

ap·pen·do- /əpéndoʊ | -dəʊ/「虫垂 (vermiform appendix)」の意の連結形. ★ 母音の前では通例 append- になる. 〘← NL ~ ← *appendic-, appendix* (↑)〙

ap·pen·zell, A- /æ̀pənzèl, ɑ́ːpəntsèl; G. àpntsél, ←⁻⁻/ *n.* アッペンツェル刺繍 (スイス起源のもので一般に薄青糸で白地に施す細かい drawnwork). 〘↓〙

Ap·pen·zell /ǽpənzèl, æ̀pn-; G. apntsél, ←⁻⁻/ *n.* アッペンツェル (スイス北東部の旧州; 現在は Appenzell Inner Rhodes (州都 Appenzell) と Appenzell Outer Rhodes (州都 Herisau) の二つの準州に分かれる).

ap·per·ceive /æ̀pəsíːv | æ̀pə-/ *vt.* **1** [心理] ⟨新しい概念, 印象などを過去の経験によって⟩知覚する, 統覚する. **2** [教育] ⟨新しい観念を⟩既得の概念で理解同化する, 類化する. 〘(?*a*1300) ME *ap(p)erceive(n)* to perceive ▭ OF *aperceveir* < VL **appercipēre*: ⇨ ad-, perceive〙

ap·per·cep·tion /æ̀pəsépʃən | æ̀pə-/ *n.* [哲学・心理] 統覚 (意識を明瞭にし統一する心理過程). 〘(1753) ← NL *apperceptiō(n-)* (Leibnitz の造語): ⇨ ↑, -tion〙

ap·per·cep·tive /æ̀pəséptɪv | æ̀pə-/ *adj.* [心理] 統覚(的)の. **~·ly** *adv.* 〘1884〙

appercéptive máss *n.* [心理] 統覚群 (多くの心理的な要素が統覚によって統一されている状態). 〘1892〙

ap·per·cip·i·ent /æ̀pəsípiənt | æ̀pə-/ *adj.* [心理] 統覚機能をもつ; 統覚の. 〘1906〙

ap·per·il /əpérəl | -rɪl/ *n.* (廃) =peril. 〘(1607–08) ← A-[1]+PERIL〙

ap·per·son·a·tion /æpə̀ːsənéɪʃən, əp-, -sn- | æpə̀ː-, əp-/ *n.* [精神医学] 自他混同. 〘(*c*1930) ← *ap-* 'AD-'+PERSONATION: cf. G *Appersonierung*〙

ap·per·tain /æ̀pətéɪn | æ̀pə-/ *vi.* **1 a** ⟨…に⟩属する (belong) ⟨*to*⟩: a house and everything ~*ing to* it 家屋とそれに所属する一切の物. **b** ⟨属性などが⟩⟨地位・人などに⟩伴う, 付随する ⟨*to*⟩: the rights ~*ing to* the (post of) President 大統領(の職)に帰属する権限. **2** ⟨…に⟩関係[関連]する (pertain) ⟨*to*⟩. **3** ⟨…に⟩適する, 適切である ⟨*to*⟩: Decision ~*s to* emergencies. 決断は緊急時に必要である. 〘(*c*1380) ▭ OF *apertenir* (F *appartenir*) < VL **appartenēre*=LL *appertinēre* ← *ap-* 'AD-'+*pertinēre* 'to PERTAIN'〙

ap·per·ti·nent /əpə́ːtənənt | əpə́ːtɪ-/ *adj.* 適当な (appropriate). — *n.* (廃) 付属物, 付属品. 〘(*c*1395) ▭ L *appertinentem* (pres.p.) ← appertain〙

ap·pe·stat /ǽpəstæ̀t | ǽpɨ-/ *n.* [解剖] 食欲調節中枢.

A

áp·pe·tence /-ṭəns, -tṇs/ *n.* =appetency. 〘1610〙

ap·pe·ten·cy /ǽpəṭənsi, -tṇ- | ǽpɪ̀tən-, -tṇ-/ *n.* **1** (強い)欲望, 欲求 〔*for, after*〕. **2** (動物の)本能的な欲求, 性癖 〔*for*〕. **3** 〖化学〗親和力 (affinity) 〔*for*〕. 〘(1627) □ L *appetentia* longing after ← *appetere* to seek after ← *ap-* 'AD-'+*petere* to seek: ⇨ -ency〙

áp·pe·tent /-ṭənt, -tṇt | -tənt, -tṇt/ *adj.* 熱望する, あこがれる (eager, longing). 〘(c1420) □ L *appetentem* (pres.p.) ← *appetere* (↑): ⇨ -ent〙

ap·pet·i·ble /æpéṭəbl̩, əp- | -tɪ̀-/ *adj.* 望ましい, 好ましい (desirable). **ap·pèt·i·bíl·i·ty** /-ṭəbíləṭi | -tɪ̀bílɪ̀ti/ *n.* 〘(1471) □ L *appetibilis*: ⇨ appetency, -ible〙

ap·pe·tite /ǽpətàɪt | ǽpɪ̀-/ *n.* **1** 食欲, 食い気 〔*for*〕: a huge [keen] ~ 旺盛(おうせい)[盛ん]な食欲 / lack [loss] of ~ 食欲不振 / lose one's ~ 食欲がなくなる / sharpen [whet] a person's ~ 人の食欲をそそる[促す] / spoil a person's ~ 人の食欲をなくさせる / I have little ~ *for* breakfast. あまり朝食を食べる気がしない / have a good [poor] ~ 食欲がある[乏しい], 食が進む[進まない] / eat with a hearty ~ うまそうに[盛んに]食べる / A good ~ is a good sauce. 《諺》空腹にまずいものなし (cf. HUNGER is the best sauce). **2 a** (強い)欲望, 欲求, 渇望 (desire) 〔*for*〕: an intellectual ~ 知的欲求 / an ~ *for* fame [reading] 名誉[読書]欲. **b** 趣味, 愛好, 好み (taste, liking) 〔*for*〕: an ~ *for* music, detective stories, etc. / have no ~ *for* scandal スキャンダルには興味がない. **3** 肉体的な欲望 (physical desire): animal ~*s* 動物的欲求 / carnal [sexual] ~ 肉[性]欲. **4** 《古》渇望の的.
to [*áfter*] *one's áppetite* 《古》自分の好き勝手に, 好みのままに. 《1490》
〘(c1303) □ OF *apetit* (F *appétit*) □ L *appetitus* ← (p.p.) ← *appetere* to long for: ⇨ appetency〙

ap·pet·i·tive /æpéṭəṭɪv, əp- | -tɪ̀t-/ *adj.* **1** 食欲の. **2** 〖生物〗欲求の: ~ behavior. 〘1577〙

ap·pe·tiz·er /ǽpətàɪzə | ǽpɪ̀tàɪzə(r)/ *n.* **1** 食欲を促進する[食欲をつける]物; 前菜 (hors d'oeuvre): Exercise is a good ~. 運動は食欲を増進する. **2** 〔…の〕景気[元気]づけとなるもの, 前景気 〔*to, for*〕. 〘1862〙

ap·pe·tiz·ing /ǽpətàɪzɪŋ | ǽpɪ̀-/ *adj.* **1** (特に見た目, 香りで)食欲をそそる, うまそうな (savory): ~ food / an ~ smell. **2** 食指の動くような, 魅力的な (attractive). **~·ly** *adv.* 〘1653〙

Ap·pia /ɑ́ːpjɑː | ǽpiə; *F.* appja/, **Adolphe** *n.* アピア (1862–1928; スイスの近代的舞台装置家・演出家).

Áp·pi·an Wáy /ǽpiən-/ *n.* [the ~] アッピア街道 《古代ローマの有名な道路; Rome から Capua を通って Brundisium (今の Brindisi) に至る; 長さ約 563 km; 312 B.C. に Appius Claudius Caecus により建設された; ラテン語名 Via Appia》.

Áp·pi·us Cláudius /ǽpiəs-/ *n.* =Claudius Caecus.

appl. 《略》appeal; appellant; applicable; applied.

ap·pla·na·tion /æ̀plənéɪʃən, æ̀pleɪ-/ *n.* 〖医学〗圧平, 扁平化. 〘← ML *applānātus* flattened (p.p.) ← *applānāre* to flatten ← AD-+L *plānāre* to make even〙

ap·plaud /əplɔ́ːd, əplɑ́ːd | əplɔ́ːd/ *vi.* **1** 拍手する, 拍手喝采(かっさい)する, 声援を送る (clap hands, cheer) (⇨ praise SYN): The audience ~*ed* loudly. 聴衆[観客]は盛んに拍手(喝采)した. **2** 称賛する, ほめそやす. — *vt.* **1** 〈弁士・公演などに拍手(喝采)する, 声援を送る: The singer [concert] was ~*ed* again and again. **2** 〈人・事を〉称賛する, ほめそやす (praise): The mayor's policy was ~*ed* by the citizens. 市長の政策は市民に好評だった / I ~ (*you for*) your decision. 私は君の決心に拍手を送る《よくぞ決心した》. **~·a·ble** /-ḍəbl̩ | -də-/ *adj.* **~·a·bly** *adv.* **~·er** *n.* **~·ing·ly** *adv.* 〘(c1475) □ L *applaudere* to clap the hands in approbation ← AD-+*plaudere* to clap, beat〙

ap·plause /əplɔ́ːz, əplɑ́ːz | əplɔ́ːz/ *n.* **1** 拍手, 拍手喝采, 声援: deafening [loud and long] ~ / shouts of ~ 声援 / give [receive] ~ / greet a person with wild ~ 人を熱狂的な拍手喝采で迎える. **2** 称賛, 称揚 (praise, approval): win general ~ 一般の称賛を博する. 〘(c1425) □ L *applausus* (p.p.) ← *applaudere* (↑)〙

appláuse lìne *n.* 《米》(政治演説などで)聴衆の受けをねらった発言, 拍手を得るよう計算された主張.

ap·plau·sive /əplɔ́ːzɪv, əplɑ́ː-, -sɪv | əplɔ́ːsɪv/ *adj.* 《古》拍手喝采(かっさい)の; 称賛的な. **~·ly** *adv.* 〘1605〙

ap·ple /ǽpl̩/ *n.* **1 a** りんご: slices of ~ / bob [dip, dunk] for ~*s* 水に浮かべたりんごの早食い競争をする / An ~ a day keeps the doctor away. 一日にりんご一個で医者いらず. **b** 〖植物〗リンゴ (apple tree) 《バラ科リンゴ属 (*Malus*) の木の総称; リンゴ (*M. pumila*) など》. **c** リンゴ材 (applewood). **2 a** (りんごのように)丸い果実: ⇨ custard apple, love apple, May apple, oak apple, thorn apple. **b** 〖植物〗丸い果実を生じる植物. **3 a** (形や色が)りんごに似た物 《ボールなど》. **b** 《米俗》(野球の)ボール. **4** [通例 the ~] (Eden の園の)禁断の木の実 (forbidden fruit). **5** 《米俗》**a** [通例形容詞を伴って] やつ, 男 (fellow): a bad ~ ⇨ bad egg (見出し) / a wise ~ 生意気な若造. **b** [the (Big) A-] ニューヨーク市. **6** [*pl.*] =APPLE(*s*) *and pears*. **7** 〖電子工学〗=apple tube.
ápple(*s*) *and péars* 《ロンドン韻俗》階段 (stairs) 《略して apples とも; STAIRS との脚韻俗語》《1857》 ***compáre ápples and óranges*** 本来比べようがないものを無理に比べる. ***pólish the ápple*** 《米俗》(人の)ご機嫌をとる (cf. apple-polish). ***the ápple of*** *a person's* [*the*] ***éye*** (1) 非常に大切にしているもの, 掌中の珠(たま) (cf. *Deut.* 32: 10): She was *the ~ of her father's eye*. (2) ひとみ (pupil). 《a1300》 ***She's ápples.*** 《豪・NZ 口語》万事良好 (All is well.).
ápple of díscord (1) 不和[嫉妬]のもと, 争いの種. (2) [the —] 〖ギリシャ神話〗争いのりんご 《争いの女神 Eris が 'For the fairest' と記した黄金のりんごをある婚礼の宴席へ投じたので Hera, Athena および Aphrodite の三女神の競争となり, Zeus の命でその審判に当たった Troy の王子 Paris はこれを Aphrodite に与えた; これが Trojan War のもとともなったという》. 《1867》
ápple of Perú 〖植物〗(1) オオセンナリ (*Nicandra physaloides*) 《ペルー原産のナス科の多年草; 実が美しく観賞用; shoofly ともいう》. (2) =jimsonweed.
ápple of Sódom [the —] (1) 失望の種, 開けてくやしい玉手箱; どうにも食べられない果実. (2) ソドムのりんご 《死海の近傍の産で外観は美しいがひとたび口に入れると灰に化すると言い伝えられている; the Dead Sea apple [fruit] ともいう》. 《1634》
〘ME *apple, epple* OE *æppel* ← Gmc **aplu-* (Du. *appel* / G *Apfel* / ON *epli*) ← IE **abel-* apple〙

Ap·ple /ǽpl̩/ *n.* アップル 《米国のコンピューターメーカー Apple Computer 社の通称》.

ápple àphid *n.* 〖昆虫〗リンゴにつくアブラムシ; (特に)リンゴアブラムシ (*Aphis pomi*).

ápple·bèr·ry /-bèri, -bəri | -b(ə)ri/ *n.* 〖植物〗オーストラリア原産のトベラ科の低木 (*Billardiera scandens*) 《花が美しく, 実は甘酸っぱい》.

ápple blìght *n.* 〖昆虫〗リンゴワタムシ (*Eriosoma lanigera*) 《リンゴの木につく害虫; American blight ともいう》.

ápple blòssom *n.* リンゴの花. ★ 米国 Arkansas 州および Michigan 州の州花. 〘1824〙

ápple bòx *n.* 〖植物〗ユーカリの木の一種 (*Eucalyptus bridgesiana*) 《オーストラリア産の観葉植物; ハート形の幼葉が, 大きくなって披針葉になる; 円錐形の実を結ぶ; apple gum ともいう》. 〘1890〙

ápple brándy *n.* アップルブランデー (《米》applejack) 《りんご酒を蒸留して造る; cf. hard cider》. 〘c1780〙

ápple bútter *n.* 《米》(りんご酒で煮て香料を加えた)りんごジャム. 〘c1774〙

Ap·ple·by /ǽpl̩bi/ *n.* アップルビー 《イングランド北西部 Cumbria 州の都市; 旧 Westmorland 州の州都》.

ápple·càrt *n.* りんご運搬車.
upsét the [*a person's*] ***ápplecart*** 計画をくつがえす[打ちこわす]. 〘1788〙

ápple-chéeked *adj.* 赤いほおをした, りんごのほっぺの. 〘1864〙

ápple chéese *n.* りんごの搾りかす (apple pomace) のかたまり. 〘1706〙

ápple cíder *n.* りんご果汁 (cider).

ápple dúmpling *n.* りんごをパイ生地で包んで焼いたデザート. 〘1711〙

ápple gréen *n.* 澄んだ薄緑色. 〘1648〙

ápple gùm *n.* 〖植物〗=apple box.

ápple hèad *n.* (小形犬の)円形の頭. 〘1922〙

Ápple Ísle *n.* [the ~] 《豪・NZ 口語》=Tasmania.

Ápple Íslander *n.* 《豪・NZ 口語》=Tasmanian.

ápple·jàck *n.* 《米》**1** =apple brandy. **2** =hard cider. 〘1816〙

ápple-Jòhn *n.* 2 年もちりんご 《しなびてしわしわになったときがいちばんよいといわれる》. 〘(1598): 聖ヨハネ (St. John) の日あたりに熟すことから〙

ápple jùice *n.* りんごの果汁; アップルジュース.

ápple-knòck·er *n.* 《米俗・軽蔑》田舎者, 百姓. 〘1919〙

Ap·ple·mac /ǽpl̩mæ̀k/ *n.* 〖商標〗アップルマック 《米国 Apple Computer 社製のパーソナルコンピューター (Apple Macintosh computer)》.

Ápple Mácintosh compùter *n.* 〖商標〗アップルマッキントッシュコンピューター 《米国 Apple Computer 社製のパソコン; 通例 Mac という》.

ápple màggot *n.* 〖昆虫〗**1** 暗褐色のミバエ科のハエ (*Rhagoletis pomonella*) の幼虫 《リンゴを食う; railroad worm ともいう》. **2** その成虫. 〘1867〙

ápple mìnt *n.* 〖植物〗=horsemint 2.

ápple òrchard *n.* りんご園. 〘1721〙

ápple pandówdy *n.* 《米》=pandowdy.

ápple-pìe *adj.* [限定的] 《米口語》〈美徳など〉アメリカ人の尊重する, アメリカ的な, アメリカ独特の; すばらしい, 完全な. 〘(1780) ↓〙

ápple píe *n.* アップルパイ, りんご入りパイ: (as) American as ~ きわめてアメリカ的な. 日英比較 《米》では母親が作ってくれる菓子の代表でアメリカ的なものの典型というイメージがある. 〘1590〙

ápple-pìe béd *n.* 《英》(寝ようとしても)足を十分伸ばせないように敷布を折りたたんだ寝床 《いたずら; cf. short-sheet》. 〘1781〙

ápple-pìe órder *n.* 《口語》きちんと整っていること, 整然とした状態 (perfect order).
in ápple-pie órder 《口語》きちんと整頓されて (shipshape): put [keep] one's room *in* ~.
〘(1780) *apple-pie*: 《転訛》← F *cap-a-pied* 'head to foot, complete'〙

ápple-pòlish *vi., vt.* 《米俗》(人の)ご機嫌をとる, (人に)ごまをする. **ápple-pòlishing** *n.* 〘(1935) 米国の学童がよく教師にぴかぴかに磨いたりんごをプレゼントすることから〙

ápple pòlisher *n.* 《米口語》ご機嫌とり, ごますり (⇨ parasite SYN). 〘1928〙

ápple pómace *n.* りんごの搾りかす (cf. pomace 1).

ápple·sàuce *n.* 《米》**1** アップルソース 《薄切りにしたりんごに砂糖と水を加えて煮くずれるまで煮たもの; 豚・鴨料理などに添える; cf. sauce 2》. **2** 《俗》たわごと (nonsense), 大風呂敷 (bunk); おべんちゃら, お世辞 (flattery). 〘1739〙

ápple scàb *n.* 〖植物病理〗リンゴ腐敗病 《リンゴの黒星病菌 (*Venturia inaequalis*) がその葉・果実・新梢を冒し表面にかさぶたをつくる病害; cf. scab 4》. 〘c1899〙

Ap·ple·seed /ǽpl̩sìːd/, **Johnny** *n.* アップルシード (1775?–1847; 米国の開拓者 John Chapman の通称; 中西部にりんご園を始めたので有名).

ap·ple·snits /ǽpl̩snɪ̀ts/ *n.* 《カナダ西部》りんごのスライスでできた料理.

ap·plet /ǽplɪ̀t | -ɪt/ *n.* 〖電算〗アプレット, 小アプリ: **1** (特に Java の) プログラミングに利用できる簡単なモジュール. **2** 電卓などの簡単なプログラム.

Ap·ple·ton /ǽpl̩tən, -tṇ/ *n.* アップルトン 《米国北東部, Wisconsin 州中東部の商工業都市》.

Ap·ple·ton /ǽpl̩tən, -tṇ/, Sir **Edward Victor** *n.* アップルトン (1892–1965; 英国の物理学者; 電離層の研究で有名; Nobel 物理学賞 (1947)).

Áppleton làyer *n.* [the ~] 〖通信〗アプルトン層 (⇨ F layer). 〘(1932) ↑: その発見者〙

ápple trèe *n.* リンゴの木. 〘OE *æppletrēow*〙

ápple trèe bòrer *n.* 〖昆虫〗幼虫がリンゴの木などに害を与える昆虫: **a** ムツボシタマムシの類の昆虫 (*Chrysobothris femorata*) 《flatheaded apple tree borer ともいう》. **b** ヨーロッパ産のカミキリムシの一種 (*Saperda candida*) 《roundheaded apple tree borer ともいう》. 〘c1835〙

ápple tùbe *n.* 〖電子工学〗(可聴波増幅器の)熱電子管, 真空管 《単に apple ともいう; cf. acorn tube》. 〘リンゴの形をしていることから〙

ápple wífe [**wòman**] *n.* リンゴ売りの女. 〘1599〙

ápple·wòod *n.* リンゴ材.

ap·pley /ǽpli/ *adj.* 〈特に白ワインが〉リンゴ風味のある.

ap·pli·ance /əpláɪəns, -ənts/ *n.* **1 a** 用品, 用具, 器具, 機械, 装置 (apparatus); (特に)(家庭用・事務用の)電気器具[製品] (⇨ implement SYN): a business [household] ~ / electric [medical, scientific] ~*s* 電気[医療, 科学用]器具 / an ~ store (家庭用)電気器具店 / an ~ *for* cleaning bottles 瓶洗浄の道具. **b** 消防車 (fire engine). **2** 適用, 応用, 使用 (application). **3** 《古》手段, 手だて (means). **4** 《廃》追従, 屈従 (compliance). 〘(1561) ← APPLY+-ANCE〙

ap·plí·anced *adj.* 《米》〈キッチンが〉(各種の)器具を装備した, 器具付きの.

ap·pli·ca·bil·i·ty /æ̀plɪ̀kəbíləṭi, əplɪ̀k- | æ̀plɪkəbílɪ̀ti, əplɪ̀k-/ *n.* 適用の可能性, 応用のきくこと; 適当さ, 妥当性, 適不適. 〘1653〙

ap·pli·ca·ble /ǽplɪ̀kəbl̩, əplík- | əplík-, ǽplɪk-/ *adj.* 適用[応用]できる; 当てはまる, 適当な 〔*to*〕: The remark is ~ *to* [in] this case. **~·ness** *n.* **áp·pli·ca·bly** *adv.* 〘(1563) □ (O)F ~ < OF *appliquable* ← L *applicāre*: ⇨ apply, -able〙

ap·pli·cant /ǽplɪ̀kənt/ *n.* 志願者, 志望者, 出願者, 応募者, 申込み者 (candidate); 申請人 (petitioner) 〔*for*〕: a job ~ 求職者 / an ~ *for* a situation 求職者 / an ~ *for* admission to a school 入学志願者. 〘(c1485) □ L *applicantem* (pres.p.) ← *applicāre* (↓): ⇨ -ant〙

ap·pli·ca·tion /æ̀pləkéɪʃən | -lɪ̀-/ *n.* **1 a** 申込み, 志願, 応募; 出願, 申請 (request): an ~ blank [form]= 《英》a form of ~ 申込み[申請]用紙 / an ~ *for* admission 入学志願, 入会[加入]申込み / an ~ *for* a passport 旅券交付の申請 / on ~ 申込み次第 / an ~ by telephone 電話による申込み / an ~ *by* a foreigner 外国人の申込み / make [put in, submit] an ~ *to* a firm *for* employment 会社に採用申込みをする / send [hand] in a written ~ 願書を出す. **b** 申込み書, 願書, 申請書; 申込み[申請]用紙: fill in [out] an ~ (必要事項を)申込み用紙に記入する. **2 a** 応用, 適用, 使用 (use) 〔*to*〕: Technology is the ~ *of* science *to* industry. 科学技術は科学の工業への応用である / the ~ *of* a rule *to* a case ある場合に対する法則の適用. **b** (規則・用語などの)適用性, 使用法; 適切さ, 妥当性 (appropriateness) 〔*to*〕: a rule of general ~ 一般に適用される[当てはまる]法則, 通則 / The rule has no ~ *to* this particular case. その規則はこの事例には当てはまらない. **c** (資金などの)充当 〔*to*〕. **3** 専念, 没頭, 勤勉 〔*to*〕: close ~ *to* [in] one's studies 勉強への専念. **4 a** (物を)〔…に〕当てること, あてがうこと; (力・熱などを)〔…に〕加えること 〔*to*〕: the ~ *of* heat *to* the bulb 球への加熱. **b** (薬などを)〔…に〕付けること, 使用, 塗付 〔*to*〕: the ~ *of* a bandage, an ointment, etc. / the ~ *of* paint *to* a door ドアのペンキ塗り / for external ~ only 外用のみ. **c** 外用薬, 膏薬, 湿布(など); 塗布物. **5** 〖電算〗アプリケーション (=application program). 〘(a1398) □ ML *applicātiō(n-)* ← *applicāre* 'to APPLY': ⇨ -ation〙

applicátion mòney *n.* 株式申込み金. 〘1900〙

applicátion prògram *n.* 〖電算〗アプリケーションプログラム 《ワープロ・表計算・データベースなどユーザーの具体的な用途を満たす処理を行うプログラム》.

applicátion prògram ínterface *n.* 〖電算〗⇨ API.

applicátions pàckage *n.* 〖電算〗アプリケーションパッケージ 《ある特定の適用分野の問題処理をするためのプログラムの集合》.

applicátions sàtellite *n.* 実用衛星 《気象衛星・地球観測衛星など》. 〘1970〙

ap·pli·ca·tive /ǽpləkèɪtɪv, -kət-, əplíkə-, æp- | əplíkət-, ǽplɪkət-, -kèɪt-/ *adj.* 応用(的)の, 実地応用の; 実用的な (practical). **～·ly** *adv.* 〘(1638) ← (廃) *applicate* applied □ L *applicātus* (p.p.) ← *applicāre* 'to APPLY': ⇨ -ative〙

ap·pli·ca·tor /ǽpləkèɪtə | -lɪ̀kèɪtə(r)/ *n.* 〘医学〙薬・化粧品・塗料・光沢剤などを塗布する器具[人]; (耳鼻科医の用いる)塗布器 (綿棒など). 〘(1659) ← (廃) *applicate* (↑)＋-OR²〙

ap·pli·ca·to·ry /ǽplɪ̀kətɔ̀ːri, əplík-, æp- | ǽplɪ̀kətəri, əplík-/ *adj.* 適用[応用, 使用]できる; 実用的な (practical). 〘1649〙

ap·plied *adj.* **1** (実際に)適用された, 応用の (↔ pure, abstract, theoretical): ～ chemistry [mathematics, psychology] 応用化学[数学, 心理学] / ～ art 応用[工芸]美術. **2** アップリケを施した (appliquéd). 〘1656〙

applied linguístics *n.* 応用言語学 (言語学の成果を(外)国語教育・作文・文体の教育・翻訳・言語習得などの実用面に応用して役立てようとするもの). 〘1958〙

applied músic *n.* (米)〘教育〙実用音楽 (理論面を除外した音楽実践の科目; practical music ともいう).

applied phonétics *n.* 応用音声学 (音声学の成果を外国語発音の教育や言語障害の矯正などの分野に応用する部門).

ap·plí·er *n.* 適用[応用] (apply) する人[物]. 〘1565〙

ap·pli·qué /æ̀pləkéɪ, ―́―́ | æplíːkeɪ, əp-; *F.* aplike/ *n.* **1** アップリケ: **a** 種々な形に切り抜いた布地や革を別の大きな布または革の上に張りつけたり縫いつけたりする装飾. **b** 別々に作られたレース模様をネットなどにとじつけたレース地. **2** 〘金属加工・木工〙アップリケ (家具などの装飾用に取り付けられた木や金属の飾り). ― *adj.* [限定的] アップリケの; アップリケを施した: ～ work. ― *vt.* (～d; ～·ing) …にアップリケを施す, アップリケとして付ける. 〘(1801) □ F ～ (p.p.) ← *appliquer* 'to APPLY'〙

ap·ply /əpláɪ/ *vi.* **1 a** 志願[志望]する, 申し込む, 出願する, 申請する ⟨*to do*⟩: ～ personally 直接行って申し込む / ～ *for* (admission to) a college 大学に(入学を)志願する / ～ *to* a firm *for* employment 会社に採用を申し込む / ～ *for* a patent 特許を出願する / ～ *for* a job 仕事に応募する / He *applied to* the manager *for* an advance on his salary. 支配人に給料の前借りを頼んだ / Patent *Applied For.* 特許申請中 / *Apply* here. お申込みはこちら / *Apply for* tickets at Window 3. 切符の申込みは「3 番窓口」です / The jobs advertised were *applied for* by many people. 求人広告には多数の応募者があった / He *applied to* be sent to Europe. ヨーロッパ派遣を志願した. **b** 問い合わせる, 照会する (inquire): For particulars ～ *to* [at] the office. 詳細は事務所に[で]お問い合わせ下さい. **2** 適用される, 適合する, 当てはまる (fit) 〔*to*〕: This principle does not ～ *to* beginners. この原則は初心者には当てはまらない / The rule *applies to* [in] this case. その規則はこの場合に当てはまる / Disregard whatever does not ～ *to* you. 君に当てはまらないことは何でも無視しなさい. **3** [副詞を伴って] ⟨ペンキなどが⟩(よく)塗れる, 付く.

― *vt.* **1 a** ⟨心・注意力・精力などを⟩〔仕事などに〕注ぐ, 傾ける, 向ける (set) 〔*to*〕: ～ one's mind *to* one's studies もっぱら勉強に身を入れる, 研究に没頭する. **b** [～ one*self* として]〔…に〕身を入れる, 専念する (devote oneself) 〔*to*〕: I *applied myself to* (solving) the problem. その問題(を解くこと)に専念した. ★ ～ one*self to* do の形もあるが今は (まれ). **2 a** 応用する, 利用する; ⟨法則などを⟩適用する, 当てはめる 〔*to*〕: ～ steam *to* navigation 蒸気を航海に応用する / ～ a law / ～ a rule *to* linguistic analysis 言語分析にある法則を適用する. **b** ((特徴を表す)言葉などを)⟨人・物に⟩用いる, 付ける 〔*to*〕: ～ an epithet *to* a person 人にあだ名をつける. **3** ⟨物を⟩〔…に〕当てる, 付ける, 塗る, 加える 〔*to*〕: ～ lipstick / ～ a powder puff *to* one's face 顔にパフを当てる, 顔をパフでたたく / ～ varnish [paint] on [*to*] a box 箱にニス[ペンキ]を塗る / ～ heat *to* a substance ある物質に熱を加える. **4** ⟨力・労力などを⟩〔…に〕用いる, 使用する (use) 〔*to, on*〕; ⟨装置などを⟩作動させる, ⟨人を⟩働かせる: ～ force 暴力を用いる / The union *applied* pressure *to* [*on*] the management. 労組は経営者側に圧力をかけた / ～ the brakes ブレーキをかける. **5** ⟨資金などを⟩〔ある用途に〕当てる, 向ける, 充当する 〔*to, for*〕: ～ a sum of money *to* welfare work ある金額を福祉事業に当てる[使う].
〘(?a1350) □ OF *aplier* (F *appliquer*) < L *applicāre* to fasten, attach to ← *ap-* 'AD-'＋*plicāre* to fold, fasten (⇨ ply¹)〙

ap·pog·gia·tu·ra /əpɑ̀(ː)dʒətʊ́ərə | əpɔ̀dʒətʊ́ərə, -dʒiə-, -tjʊ́ər-; *It.* appoddʒatúːra/ *n.* (*pl.* **～s, -tu·re** /-reɪ; *It.* -re/) 〘音楽〙長前打音 (装飾音 (grace note) の一種; 主に 18 世紀に用いられた; 旧称は倚音(いおん); cf. acciaccatura). 〘(1753) □ It. ～ ← *appoggiare* to lean upon, rest < VL **appodiāre*: ⇨ ad-, podium: cf. appui〙

ap·point /əpɔ́ɪnt/ *vt.* **1 a** 任命[指名]する, 任用する, 選任する (nominate, select) 〔*as, to*〕 / ⟨*to* be [do]⟩: ～ an agent, a professor, etc. / The President ～*ed* him (*to* be) Secretary of State. 大統領は彼を国務長官に任命した / The President ～*ed* her *to* represent him at the conference. 大統領はその会議で代理をするよう彼女を任命した / He was ～*ed* chairman. 議長に指名された / He was ～*ed* (*as*) a member of the delegation. 代表団の一員に任命された / They ～*ed* him *to* the Chair of Economics. 彼に経済学講座担当を命じた. **b** (委員を選定して)⟨委員会を⟩(正式に)設ける: ～ a committee. **2** ⟨ある目的のために⟩⟨日時・場所を⟩定める, 指定する (fix) 〔*for*〕: ～ a date [place] *for* a meeting 会議の日時[場所]を決める. **3** 〘古〙⟨神・権威者などが⟩定める, 規定する (decree, direct): The laws are ～*ed* by God. その法律は神の定めるところである / God ～*s that* it shall be done. 神はそれがなされることを定めておられる. **4** [通例 p.p. 形で] 装備する, 備えつける (⇨ furnish SYN): The room is elegantly ～*ed* その部屋は優雅にしつらえられている. **5** 〘法律〙⟨財産⟩の帰属[受益]者を指定する; ⟨人を⟩受益[受託]者に指定[指名]する. ― *vi.* **1** 〘法律〙指定[指名]権を行使する. **2** (官職・地位に)任命[指名]する. **3** 〘古〙定める, 取り決める (arrange). 〘(c1385) □ OF *apointer* (F *appointer*) to arrange ← *à point* to the point: ⇨ a-⁴, point〙

ap·póint·ed /-ṭɪ̀d | -tɪ̀d/ *adj.* **1 a** 指定された, 約束の: at the ～ time [place]. **b** 定められた, 規定の: one's ～ task 定められた仕事 / one's ～ lot 宿命. **2** [通例副詞を伴って] 装備された, 設備のある (equipped): ⇨ well-appointed. 〘1535〙

ap·poin·tee /əpɔ̀ɪntíː, æ̀pɔɪn-/ *n.* **1** 被任命者 (↔ appointer). **2** 〘法律〙被指定人 (cf. appointor 2). 〘(1768) ← APPOINT＋-EE¹〙

ap·póint·er /-ṭə | -tə(r)/ *n.* 任命者 (↔ appointee). 〘1523〙

ap·point·ive /əpɔ́ɪntɪv | -tɪv/ *adj.* (米) **1** ⟨官職など⟩任命による, 任命制の (cf. elective 2): an ～ office [position] 任命職. **2** 任命の: ～ power(s) 任命権. 〘1881〙

ap·point·ment /əpɔ́ɪntmənt/ *n.* **1** 任命, 指名, 任用, 選定; 叙任 〔*to, as*〕: the ～ of a teacher / a person's ～ *to* a post, governorship, etc. / receive an ～ *as* ambassador 大使に任命される. **2 a** (任命による)地位, 任務, 官職 (position, office): take up an ～ 就任する / hold an academic ～ 学問的な地位に就いている / *by* ～ *to* the Queen 王室ご用達. **b** 任命[指名]された人. **3** (日時と場所を決めた会合・面会の)取決め, 約束, 予約 〔*with*〕 / ⟨*to* do⟩ (cf. engagement 1): an ～ at ten o'clock / give [get] an ～ 約束をする / keep [break] an ～ 約束を守る[すっぽかす] / have an ～ *with* a dentist 歯医者に予約がしてある / Consultations *by* ～ only. 予約された場合にのみ診察します / Have you got an ～? 予約していますか / see a doctor *by* ～ 予約をして医者に見てもらう / make an ～ *with* [*to* see] a person 人と会う約束をする / The ～ is *for* 3 o'clock. (会う)約束は 3 時だ. **4** [通例 *pl.*] (ホテル・船などの)設備, 装備, (馬などの)装具, 馬具; 調度品. **5 a** (神・権威者などが)規定[指定]すること, 命令. **b** 〘古〙定め, 摂理. **6** 〘法律〙(財産の)指定[指名](権): the power of ～ 財産帰属の指名権. 〘(1417) □ OF *apointement*: ⇨ appoint, -ment〙

appóintments còlumn *n.* (英) 新聞の求人欄.

ap·poin·tor /əpɔ̀ɪntɔ́ə, æ̀pɔɪn-, əpɔ́ɪntə | -tə(r)/ *n.* **1** ＝appointer. **2** 〘法律〙指定権者 (指名権行使の権限を与えられた者; cf. appointee). 〘1882〙

Ap·po·mat·tox /æ̀pəmǽṭəks | -təks/ *n.* アポマトックス (米国 Virginia 州中部の町; 1865 年 4 月 9 日ここで南軍の Lee 将軍が北軍の Grant 将軍に降伏して南北戦争が終わった; 現在, 国立歴史公園; Appomattox Court House ともいう). 〘← N-Am.-Ind. (Algonquian): Algonquin の部族名〙

ap·port /əpɔ́ət | əpɔ́ːt/ *n.* **1** 〘心霊〙幻姿 (降霊術の会 (séance) で霊媒を通じて物体が現れる心霊現象; そのようにして現れるという物体). **2** (廃) 態度, 物腰. **3** [*pl.*] (廃) 奉納物, 供物; 上納金. 〘((?c1421)) (1894) □ F～ ← *apporter* to bring < L *apportāre* ← *ap-* 'AD-'＋*portāre* to carry〙

ap·por·tion /əpɔ́əʃən | əpɔ́ː-/ *vt.* (ある基準によって)割り当てる, 配分する, ⟨費用・損失などを⟩分担させる (portion out) 〔*to, among, between*〕: ～ work *to* a person 人に仕事を割り当てる / Work was ～*ed to* us. / We were ～*ed* work. / The profits were ～*ed among* them. 利益は彼らの間で分配された / He ～*ed* them each a plot of land. 彼らにそれぞれ一区画の土地を与えた / ～ expenses 費用を割り当てる[分担させる]. **～·a·ble** *adj.* **～·er** /-ʃ(ə)nə | -nə(r)/ *n.* 〘(1574) □ (O)F *apportionner* ← A-⁴＋*portioner* to portion〙

ap·pór·tion·ment *n.* **1 a** 割り当て, 分配, 分賦; (費用・損失などの)分担 〔*to, among*〕. **b** 〘保険〙(損害補塡(ほてん)額の)分担. **2** (米) **a** 〘議会〙(人口比率による)(各州への)下院議員数の割り当て 〔*to*〕. **b** (州議会で各郡への)議員数割り当て. **c** 〘税法〙(各州への)課税割り当て. 〘1529〙

ap·pós·a·ble /-zəbḷ/ *adj.* **1** 並置できる. **2** 〘解剖〙＝opposable 2.

ap·pose /æpóuz | æpəuz/ *vt.* **1** ⟨二つの物を⟩並べる, 並置する. **2** 〘古〙⟨一つの物を⟩〔…の〕そばに置く, 〔…に〕付ける (put, apply) 〔*to*〕. 〘(1593) □ (O)F *apposer* ← A-⁴＋*poser* to place〙

ap·po·site /ǽpəzɪ̀t | ǽpəzɪ̀t, -zàɪt/ *adj.* **1** 適切な, ぴったりした (apt, to the point) 〔*to, for*〕 (⇨ relevant SYN): an ～ answer, remark, etc. / be ～ *to* the case その場合にぴったり合う. **2** 〘植物〙付着した, 並生の. **～·ly** *adv.* **～·ness** *n.* 〘(1621) □ L *appositus* (p.p.) ← *appōnere* to place near ← *ap-* 'AD-'＋*pōnere* to put: ⇨ pose¹〙

ap·po·si·tion /æ̀pəzíʃən/ *n.* **1** 並置, 並立 (juxtaposition). **2** 〘文法〙同格(関係) (cf. extraposition 2) 〔*to, with*〕: In 'Mr. Smith, our neighbor, bought a new car', 'Mr. Smith' and 'our neighbor' are *in* ～.「我々の隣人, スミス氏は新車を買った」における「スミス氏」と「隣人」は同格である / a noun *in* ～ 同格名詞 / *in* ～ *to* …と同格(関係)の[に]. **3** 〘生物〙付着生長[成長], 付加法 (cf. intussusception 1): growth by ～ (細胞膜の)付着生長[成長]. **4** 〘古〙添付, 付加 〔*to*〕: the ～ of a seal *to* a contract 契約書への押印. 〘(?a1425) □ (O)F ～ □ L *appositiō(n-)* setting before: ⇨ ↑, -tion〙

ap·po·sí·tion·al /-ʃnəl, -ʃənl/ *adj.* **1** 〘文法〙同格(関係)の. **2** 〘生物〙付着生長[成長]の. **～·ly** *adv.* 〘1841〙

apposítion éye *n.* 〘動物〙連立像眼, 接合眼 (昼行性昆虫に見られる複眼で, 小細胞が円錐晶体の直下に位置し色素細胞が個眼の基層までのびているような型の複眼; cf. superposition eye).

ap·pos·i·tive /əpɑ́(ː)zəṭɪv, æp- | -pɔ́zɪ̀t-/ 〘文法〙*adj.* **1** 同格(的)の, 同格関係にある 〔*to*〕: an ～ word, phrase, clause. **2** 非制限的の (nonrestrictive). ― *n.* 同格語[句, 節]. **～·ly** *adv.* 〘1693〙

ap·prais·al /əpréɪzəl, -zḷ/ *n.* **1** 評価, 値踏み, 見積もり, 鑑定; 査定 〔*of*〕: an ～ *of* land, a person, a work of art, etc. / make [give] an ～ *of* …を評価する, 見積もる (cf. performance appraisal). **2** 評価額, 見積もり価格. 〘1817〙

appráisal drìlling *n.* 評価掘削 (石油・ガスなどが発見されたとき, その産出地面の面積・埋蔵量・生産可能率・特性などを評価するために行われる掘削).

ap·praise /əpréɪz/ *vt.* **1** ⟨人物・能力・作品などを⟩評価する (evaluate), 判断する (judge): ～ a person / ～ a musical composition 音楽作品を評価する. **2** ⟨財産・物品・数量などを⟩値踏みする, 評価[鑑定]する, 見積もる (⇨ estimate SYN); 査定する (assess): ～ a house, a loss, etc. / ～ land *at* so much 土地を幾らと評価[査定]する.
ap·práis·a·ble /-zəbḷ/ *adj.* **ap·práis·ing** *adj.* **ap·práis·ing·ly** *adv.* **～·ment** *n.* 〘(c1400) *ap(p)reise(n)* (変形) ← OF *aprisier* ← *à* 'A-⁴'＋*pris* 'PRICE': 英語の形は PRAISE の影響〙

ap·práis·er *n.* **1 a** 評価[鑑定]する人. **b** 〘法律〙評価[鑑定]人. **2** (米) 関税査定官. 〘1529〙

ap·prais·ive /əpréɪzɪv/ *adj.* ⟨言葉など⟩評価的な; ⟨目つきなど⟩評価[値踏み]するような, 詮索的な. **～·ly** *adv.* 〘1934〙

ap·pre·cia·ble /əpríːʃəbḷ, -ʃiə-/ *adj.* **1** ⟨物事が⟩認め[感じ]られる, 目に見えるほどの, 多少の; 明らかな, かなりの程度の (⇨ perceptible SYN): an ～ change かなりの変化 / for no ～ reason はっきりした理由なしに / There is no ～ difference. 目につくほどの[大した]相違はない. **2** 評価できる. 〘((1459)) (1818) □ (O)F *appréciable*: ⇨ appreciate, -able〙

ap·pré·cia·bly /-bli/ *adv.* **1** 感じられるほどに; 多少; 明らかに, かなり. **2** 評価できるように. 〘1859〙

ap·pre·ci·ate /əpríːʃièɪt, -si-, əprɪ́ʃ- | əpríːʃi-, -si-/ *vt.* **1 a** ⟨人・物の⟩真価を認める, 良さがわかる, ⟨物を⟩しみじみ楽しむ[味わう], 玩味(がんみ)する (esteem, enjoy) (⇨ understand SYN); 高く評価する, 称賛する, …に好意をもつ (admire): ～ Shakespeare, (good) wine, etc. / His genius was ～*d* by posterity. 彼の天才は後世に認められた / I ～ a shower after a day's work. 一日の仕事のあとでシャワーを浴びるのは全くいいものだ. **b** ⟨芸術を⟩鑑賞する: ～ art, music, etc. **2 a** ⟨物事を⟩(的確に)判断する, 認識する (estimate correctly); ⟨細かい差異などを⟩識別する, 感知する (discriminate): ～ an international situation 国際状況を把握する / ～ shades of meaning 意味の微妙な違いを識別する. **b** ⟨事を⟩理解する, わかる (understand); ⟨…ということを⟩認める (admit) ⟨*that*⟩: You will ～ our difficult position. 当方の苦衷はお察しいただけるでしょう / We ～ (fully) *that* …＝It is (fully) ～*d that* …ということは十分に理解できます. **3** ⟨好意などを⟩感謝する, ⟨功などを⟩多とする ⟨*doing*⟩: I greatly ～ your kindness. ご親切心より感謝いたします / I ～ be*ing* invited to the party. パーティーへのご招待ありがとう存じます / We would ～ it if you paid [would pay] promptly. すぐにお支払い下さればありがたく思います. **4** 〘古〙評価する, 見積もる (estimate). **5** …の価格を騰貴させる, 上昇させる (↔ depreciate).
― *vi.* ⟨土地・物などが⟩値上がりする; ⟨価格が⟩騰貴する; (数が)増える (↔ depreciate).
〘(1655) (逆成) ← APPRECIATION // ← L *appretiātus* (p.p.) ← *appretiāre* (↓): cf. F *apprécier* / It. *apprezzare*: APPRAISE, APPRIZE と三重語: ⇨ -ate³〙

SYN 高く評価する: **appreciate** 人や物の正当な価値を認める: He really *appreciates* good wine. 上等なワインの味が本当にわかる. **value** 非常に価値があると思う: I *value* his friendship very highly. 彼の友情をとても大事に思っている. **prize** 非常に価値があると思って大事にしている: Why is democracy *prized?* なぜ民主主義は尊重されるのか. **esteem** ⟨人や物を⟩大いに尊敬する: He is highly *esteemed* for his bravery. 勇気があるので大いに尊敬されている.
ANT depreciate, despise.

ap·pre·ci·a·tion /əprìːʃiéɪʃən, -si-, əprɪ̀ʃ- | əprìː-ʃi-, -si-/ *n.* **1 a** (人・物の)真価を認める[理解する]こと, (物事を)心から楽しむ[味わう]こと, 玩味, 味得: the ～ *of* the tea ceremony. **b** 鑑賞; 鑑賞力[眼]: show ～ / the ～ *of* beauty / have a keen ～ *of* poetry 詩に対する鋭い鑑賞力がある / have no ～ *of* music 音楽が少しもわからない / listen to music *with* ～ 音楽を鑑賞する. **2** (好意などへの)感謝, 謝意 (gratitude); (功などを)多とすること, 称賛 (approval): a letter of ～ 感謝状 / a small token of ～ 感謝のしるし / in ～ *of* …への感謝として[のしるしに]; …を多として, を賞して. **3 a** (的確な)判断, 理解, 認識. **b** (細かい差異などの)識別, 感知. **4** (書物などの)批評; (特に)好意的な書評: write an ～ *of* …. **5** (価格の)騰

A

貴, 上昇 (↔ depreciation): an ~ *of* the market, stock, yen, etc. 〖(?*c*1400) □ (O)F *appréciation* ∥ LL *appreciātiō(n-)*: ⇨ ↑, -ation〗

ap·pre·cia·tive /əpríːʃətɪv, -ʃiə-, -ʃièɪt- | əpríːʃi-ət-, -siə-/ *adj.* (↔ depreciatory) **1** 鑑賞的な; 鑑識力[眼]のある: ~ criticism 鑑賞(的)批評 / an ~ audience 目の高い聴衆. **2** 感謝の, 感謝を表す 〔*of*〕: ~ words / ~ *of* …を感謝して. **~·ly** *adv.* **~·ness** *n.* 〖*a*1698〗

ap·pré·ci·à·tor /-tə | -tə(r)/ *n.* 真価を解する人, 玩味(がんみ)する人; 鑑賞家, 鑑定者; 感謝を表する人. 〖1842〗

ap·pre·cia·to·ry /əpríːʃətɔ̀ːri, əpríʃ- | əpríːʃiətəri, -ʃət-, -ʃièɪt-/ *adj.* =appreciative. **ap·pré·ci·a·tò·ri·ly** *adv.* 〖(1819) ← APPRECIAT(E)+-ORY¹〗

ap·pre·hend /æprɪhénd/ *vt.* **1** 〈人を〉捕える, 逮捕する. ★ 主に法律用語. **2** 〈物事・意味を〉悟る, 認める; [通例 *that*-clause または目的語+*to* be を伴って]〈…であると〉理解する: The child ~*ed* his father's death [*that* his father was dead]. その子は父の死を悟った / I ~*ed* myself *to* be near death. 私は自分が死に瀕していることを悟った. **3** 〈事を〉懸念する, 危ぶむ (fear); 〈…ということを〉恐れる 〈*that*〉: ~ danger in every sound 物音がするたびに身の危険を感じる / He ~*ed that* an accident might happen. 事故が起こりはしないかと気づかった / *It is* ~*ed that* …の恐れがある. — *vi.* **1** 理解する. **2** 《古》恐れる, 懸念する. 〖(*a*1398) □ L *apprehendere* ← *ap-* 'AD-' +*prehendere* to seize (cf. prehensile)〗

ap·pre·hen·si·ble /æprɪhénsəbl | -sɪ-/ *adj.* 理解できる 〔*to, by*〕: *To* many people legal documents are not ~. 多くの人にとって法律文書はわかりにくい. **àp·pre·hèn·si·bíl·i·ty** /-səbíləṭi | -sɪbíləti/ *n.* **àp·pre·hén·si·bly** *adv.* 〖(*c*1475) □ LL *apprehensibilis* ← L *apprehensus* (p.p.) ← *apprehendere* (↑): ⇨ -ible〗

ap·pre·hen·sion /æprɪhénʃən/ *n.* **1** (特に未来の悪いことについての)憂慮, 懸念(けねん), 不安, 心配 (fear) 〔*of, for, about*〕/〈*that*〉: (a) nameless [vague] ~ 何とも言えない不安 / have ~(*s*) *of* danger, earthquakes, etc. / She felt ~ *for* [*about*] her son's health. 息子の健康を不安に思った / They were filled with ~ *that* there might be another war. また戦争になるのではなかろうかと不安だった. **2** 《法律》捕縛, 逮捕 (arrest): the ~ *of* a thief. **3 a** (比較的皮相な)理解, 理解力 (understanding): a person of dull ~ 理解力の鈍い[物わかりの悪い]人 / be above a person's ~ 理解できない / be quick [slow] of ~ 理解が早い[遅い]. **b** 《古》(比較的皮相な)考え, 意見, 見解 (view, opinion): in my ~ 私の考えでは. 〖(*a*1398) □ LL *apprehensiō(n-)*: ⇨ apprehend, -sion〗

ap·pre·hen·sive /æprɪhénsɪv, -héntsɪv/ *adj.* **1** 懸念(けねん)して, 気づかって, 恐れて(いる) (anxious, worried) 〔*of, for, about*〕/〈*that*〉(⇨ afraid **SYN**): an ~ look / be ~ *of* danger, disaster, failure, etc. / be ~ *for* [*about*] a person's safety 人の安否を気づかう / We were [grew, became] ~ *about* her marriage [her marrying him]. 彼女の結婚[彼女が彼と結婚すること]について懸念をいだいた[いだくようになった] / They are ~ *that* another severe earthquake may occur. また大地震が起こりはしないかと心配している. **2** 《古》**a** 理解の早い, 聡明な (intelligent). **b** 〔事に〕気付いて, 知って (aware) 〔*of*〕: be ~ *of* …に気付いている. **3** 《古》知覚の (perceptive): ~ power 知覚力. **~·ly** *adv.* **~·ness** *n.* 〖(*a*1398) □ ML *apprehensīvus* ← L *apprehensus* (p.p.): ⇨ apprehensible, -ive〗

ap·pren·tice /əpréntɪs | -tɪs/ *n.* **1 a** (昔の)徒弟, 年季奉公人 〔*to*〕(cf. master 3 c, journeyman 1 a): bind a boy ~ *to* a printer 少年を印刷屋に年季奉公に出す[徒弟にやる]. **b** 見習い; 見習工 〔*to*〕: an ~ mechanic 機械工見習い / a carpenter's ~ 大工見習い / an ~ *to* a house painter ペンキ屋の見習い / an ~ student=3 a. **2** 初心者, 新米 (beginner) 〔*in*〕: an ~ *in* golf [writing]. **3 a** 実習生, 練習生. **b** 《米海軍》(seaman や airman に進む前段階の)実習兵. **4** 《競馬》見習い騎手 (騎手歴 1 年未満またはレースに 40 勝をしていない者をいう). — *vt.* 徒弟にやる, 年季奉公に出す; 見習いに出す, 見習い騎手にする 〔*to*〕: ~ a boy *to* a tailor / ~ one*self to* …の徒弟になる; …の見習いになる. 〖(1307) □ OF *aprentis* (F *apprenti*) ← *aprendre* to learn < L *apprendere* (短縮) ← *apprehendere* 'to APPREHEND'〗

ap·prén·ticed *adj.* 〈人が〉徒弟の; 見習いの 〔*to*〕. 〖1639〗

ap·prén·tice·hood *n.* 《廃》=apprenticeship. 〖(*c*1378): ⇨ -hood〗

ap·pren·tice·ship /əpréntɪ(ʃ)ʃɪp, -tɪsʃɪp | -tɪ(ʃ)ʃɪp, -tɪsʃɪp/ *n.* 年季奉公, 徒弟の身分[期間], 年季; 見習いの身分[期間]; 実習の身分[期間]: the period of ~ (年季奉公の)年季 (通例 4–7 年); 見習い[実習]期間 / one's ~ *to* [*with*] a person / one's ~ *at* a barber's [*in* bricklaying] / serve [serve out] one's ~ *with* a mason 石工のもとで年季をいれる[勤め上げる]. 〖1592〗

ap·pressed /æprést/ *adj.* 〔物に〕密着[固着]した 〔*to, against*〕. 〖(1791) ← L *appressus* ((p.p.) ← *apprimere, adprimere* to press to ← AD-+*primere* to press)+-ED〗

ap·pres·so·ri·um /æpresɔ́ːriəm/ *n.* (*pl.* **-ri·a** /-riə/) 《生物》付着器 (宿主性の菌類の菌糸が宿主の表皮に付着するための吸盤様の構造). 〖(1897) ← NL ~ ← L *appressus* (↑)+-ORIUM〗

ap·prise /əpráɪz/ *vt.* (*also* **ap·prize** /~/) 〈人に〉(…(ということ)を)知らせる, 通知[通告]する (inform) 〔*of*〕/〈*that*〉: ~ a person *of* a fact / be ~*d of* …を知って[承知して]いる / He ~*d* me *that* the matter was settled. 事件は落着したと私に知らせた. 〖(1694) □ F *appris* (p.p.) ← *apprendre* to learn, teach: ⇨ apprentice〗

ap·prize /əpráɪz/ *vt.* (*also* **ap·prise** /~/) **1** 《古》〈事を〉高く評価する, 尊重する (value). **2** 《廃》=appraise. **ap·príz·er** *n.* 〖(*c*1400) □ OF *aprisier* 'to APPRAISE'〗

ap·pro /ǽprou | -rəu/ *n.* 《英口語》=approval; approbation. ★ 次の成句で: *on* [*upòn*] *áppro* =*on* APPROVAL. 〖1874〗

ap·proach /əpróutʃ | əprə́utʃ/ *vt.* **1** (場所的・時間的に)…に近づく, 近寄る, 接近する: ~ land 陸地に接近する / The man ~*ed* me. その男は私に近寄って来た / The house is ~*ed* by a gravel drive. その家に行くには砂利を敷いた車道を通る / The train ~*ed* the station. 列車は駅に近づいた / The old man is ~*ing* eighty. あの老人は八十に近い / It was ~*ing* midnight. 真夜中になろうとしていた. **2 a** (交渉の目的で)〈人に〉接近する, 話を持ちかける, 交渉を始める: ~ a person *for* a loan 人に融資を受けたいと申し出る / ~ a person *on* [*about*] a matter [*with* a proposal] ある事で[ある提案をもって]人に交渉する / They have ~*ed* me *to* write a dictionary. 私に辞書を書くように話を持ちかけてきた / He is easily ~*ed*. 彼は容易に近づける, 彼は親しみやすい. **b** …に近づく, 〈人〉と親しくなろうとする; 〈人を〉買収しよう[動かそう]とする. **3** 〈仕事・問題〉に取り掛かる (set about), 取り扱う: ~ a problem carefully 注意深く問題に取り掛かる / try to ~ something objectively あることに客観的に接近しようとする. **4** (性質・状態・数量などの点で)…に近づく, 近い; …に近似する, 似る: ~ completion [perfection] 完成に近い / ~ manhood 成人に近づく / a sum ~*ing* the required amount ほぼ所要金額に近い額 / His reply ~*es* a refusal. 彼の返事はほとんど拒絶に等しい. **5** 《古》〈物を〉〔…に〕近づける (bring near) 〔*to*〕: ~ a chair *to* the fire. **6** 《航空》〈空港〉へ向かって進入する(態勢をとる) (cf. *n.* 6). **7** 《軍事》(近接路によって)〈要塞などに〉接近する (cf. *n.* 7 a). — *vi.* **1** (場所的・時間的に)近づく, 近寄る, 接近する: Christmas is ~*ing*. クリスマスが近づいている / The time ~*es*. 時が迫る. **2** 《ゴルフ》アプローチ(ショット)をする (cf. *n.* 8). **3** 《航空》(空港へ向かって)進入する, 着陸進入態勢にはいる (cf. *n.* 6). **4** 《古》(性質・状態・数量などの点で)〔…に〕近い (amount); 〔…に〕近似する (approximate) 〔*to*〕(cf. *vt.* 4). — *n.* **1** (場所的・時間的な)近づき, 近寄り, 接近: the ~ of night, summer, an army, etc. / ~ *to* an object, a person, a place, etc. **2** (ある地点に)近づく道, 入る道, 入口, 進入路 (access) 〔*to*〕: the ~ *to* a house, town, etc. / the ~ *to* a bridge 橋のたもと / All ~*es to* Tokyo are crowded. 東京への進入路はすべて込んでいる. **3** [しばしば *pl.*] 〔人に〕接近しようとすること, 〔人を〕動かそうとすること, (交渉などの)申入れ, 提案 (offer, overture); 〔異性に〕近づこうとすること (advances) 〔*to*〕: make ~*es to* a person 人にモーションをかける / His ~*es* were refused by her. 彼女は彼の誘いを断った. **4 a** 〔仕事・問題・研究などに〕取り掛かる方法, 取り上げ方, 研究方法[態度], アプローチ 〔*to*〕: a method of ~ / a new ~ *to* language learning 新しい言語学習法 / ⇨ oral approach. **b** 入門(書), 手引き 〔*to*〕. **5** (性質・状態・数量などの)近いこと, 近似 (nearness): his nearest ~ *to* a smile 彼として精一杯の微笑. **6** 《航空》空港への進入, アプローチ: make an ~ (滑走路に)進入する. **7** [*pl.*] **a** 《軍事》(敵の要塞・陣地などへの)近接路, 接敵路 (塹壕(ざんごう)など). **b** 《土木》(橋のまたはトンネルへの)アプローチ. **c** 《鉄道》アプローチ (列車が信号機によって制御される区間に入る前に通過する鉄道線路の区間). **8** 《ゴルフ》アプローチ(ショット) (パッティンググリーン (putting green) に球を運ぼうとする打撃; approach shot [stroke] ともいう): ~ play / make [play] an ~. **9** 《スキー》(ジャンプの)助走滑走路. **10** 《ボウリング》アプローチ: **a** 投球動作への入り方. **b** 助走路.
éasy [*dífficult*] *of appróach* (1) 〈場所など〉近づきやすい[にくい], 行きやすい[にくい]. (2) 〈人が〉近寄りやすい[にくい], 親しみやすい[にくい].
~·er *n.* **~·less** *adj.* 〖(*c*1280) □ OF *aprochier* (F *approcher*) < LL *appropiāre* ← *ap-* 'AD-'+*propiāre* to draw near (← *propius* (compar.) ← *prope* near ← IE **prokʷe-* ← **per* forward)〗

ap·proach·a·ble /əpróutʃəbl | əprə́utʃ-/ *adj.* **1** 〈人が〉近づき[親しみ]やすい. **2** [叙述的] 〈場所・物事が〉接近できる, 近寄れる, 近づきやすい (easy of access). **~·ness** *n.* **ap·pròach·a·bíl·i·ty** /-tʃəbíləṭi | -lɪti/ *n.* 〖1571〗

appróach àid *n.* 《航空》(空港の)進入援助設備. 〖1948〗

appróach gràfting *n.* 《園芸》寄せ[呼び]接ぎ (cf. inarch). 〖(1838): cf. *grafting by approach*〗

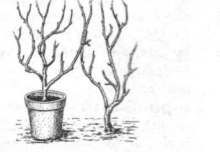

approach grafting

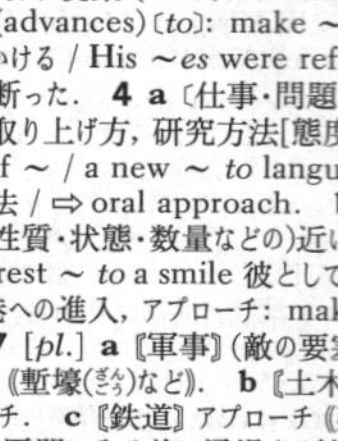

ap·próach·ing *adj.* 近づいて来る, 迫って来る: ~ dawn, footsteps, death, etc. 〖*c*1450〗

appróach lìght *n.* 《航空》(空港滑走路の)進入灯, アプローチライト (夜間着陸誘導用). 〖1930〗

appróach pàth *n.* 《航空》(着陸)進入路.

appróach ròad *n.* 《英》(ある場所に至る)アプローチの道路, 取付路, 流入路. 〖1833〗

appróach shòt [**stròke**] *n.* 《ゴルフ》アプローチショット (⇨ approach *n.* 8): make [play] an ~. 〖1879〗

ap·pro·bate /ǽprəbèɪt | -rə(u)-/ *vt.* **1 a** 《米》是認[承認]する (approve); 認可[公認]する (sanction). **b** 称賛する. **2** 《スコット法》〈証書の一部などを〉(法的に)有効と認める. ★ 通例次の句に用いて: ~ and reprobate 〈証書〉の一部を認め残部を拒否する (しかし, 法的には認められない). 〖(?*a*1425) ← L *approbātus* (p.p.) ← *approbāre* 'to APPROVE': ⇨ -ate³〗

ap·pro·ba·tion /æprəbéɪʃən | -rə(u)-/ *n.* **1** 認可, 免許 (sanction); 是認, 承認, 賛同 (approval); 推賞, 称賛 (praise): gain [win] ~. **2** 《廃》立証; 確認 (confirmation); 試験 (trial). *on approbátion* 《商業》= *on* APPROVAL. 〖(*a*1393) □ (O)F ~ □ L *approbātiō(n-)*: ⇨ ↑, -ation〗

ap·pro·ba·tive /ǽprəbèɪtɪv | -rə(u)bèɪt-/ *adj.* = approbatory. 〖(1611) □ F *approbatif* ∥ ML *approbātīvus* proving: ⇨ approbate, -ative〗

ap·pro·ba·to·ry /ǽprəbətɔ̀ːri, əpróub- | ǽprə(u)bèɪtəri/ *adj.* 是認[承認]の; 賛意を表す: an ~ gesture 是認[賛成]の身振り. 〖1548〗

ap·pro·pin·qui·ty /æprəpíŋkwəṭi | -kwɪti/ *n.* 《古》=propinquity. 〖(1646) ← *ap-* 'AD-'+PROPINQUITY〗

ap·pro·pri·a·ble /əpróupriəbl | əprə́u-/ *adj.* 割り当て可能な, 充当できる 〔*to*〕. 〖1646〗

ap·pro·pri·a·cy /əpróupriəsi | əprə́u-/ *n.* =appropriateness.

ap·pro·pri·ate /əpróupriɪt | əprə́u-/ *adj.* **1** 適切な, 妥当な 〔*to, for*〕(⇨ fit¹ **SYN**): clothes ~ *to* [*for*] the occasion その場合にふさわしい服装 / words ~ *to* express the idea その思想を言い表すのに適切な言葉 / *It is* ~ *that* he should be chosen [to choose him]. 彼が選ばれるのは妥当だ / choose an ~ moment [occasion, time] 適切な時を選ぶ / use an ~ means 適切な手段を講じる / use flattery, and if [when, where, as] ~, threats お世辞を言ったり, 適当な場合はおどしも使う. **2** 《まれ》固有[特有]の (peculiar) 〔*to*〕.
— /əpróuprièɪt | əprə́u-/ *vt.* **1 a** 〈公共物・共有物などを〉私用に供する, 私物化する, 専用する; 横領[着服]する; 〈他人の考えなどを〉盗用する: ~ to one*self* [one's own use] 私物化する, 専用する; 横領する. **b** 〈わずかな金品を〉盗む, くすねる (pilfer). **c** 〈国家などが〉〈権利などを〉占有[取用]する (take over). **d** 《法律》〈公有地などを〉(合法的に)専有する. **2** 〈資金などを〉〔特定の用途に〕割り当てる, 充当する (set apart) 〔*for, to*〕: ~ funds *for* space exploration 宇宙開発のために予算を割り当てる / Part of the swimming pool has been ~*d for* (the use of) children. プールの一部分は子供用に指定されている. **3** 《古》〈言葉などを〉〔…に〕適合させる, 合わせる 〔*to*〕.

ap·pro·pri·a·tive /əpróupriètɪv, -priəṭ- | əprə́upriət-, -prièt-/ *adj.* 〖(?*a*1425) □ L *appropriātus* (p.p.) ← *appropriāre* to make one's own ← *ap-* 'AD-'+*proprius* one's own (⇨ proper): ⇨ -ate²·³〗

ap·pró·pri·ate·ly /-priɪtli/ *adv.* 適切に, ふさわしく; 適切にも: She dresses ~. ふさわしい身なりをしている / *Appropriately* enough, she wore black. その場にふさわしく黒い服を着ていた. 〖1531〗

ap·pró·pri·ate·ness *n.* 適切さ, 妥当性, ふさわしさ (appropriacy): with ~ 適切に, 妥当に. 〖*a*1638〗

apprópriate technólogy *n.* 適正技術 (開発途上国に適した, 維持や使用にあまり高度な知識・費用を要さない技術; 略 AT). 〖1973〗

ap·pro·pri·a·tion /əpròupriéɪʃən | əprəu-/ *n.* **1 a** (議会などによる)予算割り当て承認; (承認を経た)(割り当て)予算(額), 支出(金), …費 〔*for*〕: a housing ~ 住宅建設費 / an ~ *for* defense 国防費[予算] / an ~ of a million dollars 百万ドルの予算. **b** (資金などの)割り当て, 充当; 割り当てられた物 〔*for*〕. **2 a** 私物化, (不当な)専用; 横領, 着服; 盗用. **b** 盗むこと, 窃盗. **c** 占有, 収用. **d** 《法律》専有. **3 a** 《神学》(三位一体の三位へのそれぞれの属性の)帰属. **b** 《英国国教会》中世の教会財産の一種で修道院に永久に帰属せしめられた十分の一税 (tithes) その他の寄与 (cf. impropriation).
appropriátion of súrplus 《会計》利益金処分.
〖(*c*1370) □ LL *appropriātiō(n-)* making one's own: ⇨ appropriate, -ation〗

appropriátion bìll *n.* 《議会》(議会に提出する)政府支出案, 歳出予算案 (《米》では appropriations bill, 《英》では supply bill ともいう): an educational ~ 教育予算案. 〖1858〗

appropriátion bùdget *n.* 《会計》割り当て型予算.

ap·prò·pri·á·tion·ist /-ʃ(ə)nɪst | -ɪst/ *n.* [しばしば軽蔑的に] 盗用芸術家: ~ art 盗用芸術. 〖(1862): ⇨ -ist〗

ap·pró·pri·à·tor /-èɪṭə | -tə(r)/ *n.* (公共物などを)私用に供する人, (不当な)専用者; 横領者; 盗用者. 〖1840〗

ap·prov·a·ble /əprúːvəbl/ *adj.* 承認[是認, 賛成]できる; 称賛できる. **ap·próv·a·bly** *adv.* 〖*c*1449〗

ap·prov·al /əprúːvəl, -vl/ *n.* **1** 是認, 賛成, 同意; 称賛 (praise): with warm ~ / gain [receive, meet with] (a person's) ~ 賛成を得る, 称賛される / show [nod] one's ~ 賛意[満足]を示す, 称賛を表す / a look of ~ 称賛の顔つき / the prime minister's ~ rating 首相の支持率. **2 a** (公式の)承認, 賛同: parliamentary ~ 議会の承認[協賛] / ~ of the minutes 議事録の承認 / with your kind ~ ご賛成を得て / give one's ~ to …を承認[採択]する / I submit this plan for your ~. この案に対し承認をお願いします / ~ or disapproval 賛否 / seal of ~ 正式認可. **b** 認可, 裁可 (sanction). **3** 《郵趣》[*pl.*]

アプルーバル《買い手の要求に応じて郵送された切手, そういう販売方法; 買い手が実物を見た上で気に入ったら買う》.
on appróval 〘商業〙(客が実物を見て)気に入れば買うという条件で; 〘郵趣〙アプ(式)で (cf. *on* SALE *or* [*and*] *return* (2)): sale *on* ~ 点検売買 / send goods *on* ~ 試験的に品物を送る. 《1870》
〘《1690》: ⇨ ↓, -al²〙

ap·prove /əprúːv/ *vi.* 〔人·物事を〕よいと言う[思う], 是認する, 〔…に〕賛成[同意, 満足]する (↔ disapprove); 〔…を〕称賛する 〔*of*〕: I don't ~ *of* his intention [his *going* alone]. 彼の意向[彼がひとりで行くこと]には賛成しない / The new policy was heartily [warmly, definitely] ~*d of* by the people. 新政策は国民に大好評だった.
── *vt.* **1** 〈議案·報告などを〉承認[支持]する, …に賛同[賛成]する (confirm); 認可する (sanction): ~ a bill, resolution, etc. / ~ accounts 決算報告(書)を承認する / The proposal was ~*d* by the committee. その提案は委員会で採択された / using the ~*d* methods 承認された方法を使って. **2** =approve of (⇨ *vi.*). **3** [通例 ~ one*self* で] 《古》 **a** 〈人·物事が〉…であることを実証する (prove): He ~*d himself* (*to* be) honest. **b** 〈人·物事が〉〔神などの〕称賛に値することを実証する 〔*to*〕. **4** 《廃》 **a** 証明する (prove); [しばしば再帰用法で] 立証する (attest). **b** 〈人〉の有罪を宣告[証明]する (convict). **c** 試す (test). 〘《?c1300》□ OF *aprover* (F *approuver*) < L *approbāre* to approbate ← *ap-* 'AD-' + *probāre* 'to PROVE'〙

SYN 是認する: **approve** 〈人や物を〉満足すべきものとみなす《最も一般的な語》: I can hardly *approve* her conduct. 彼女の振舞いは是認しかねる. **endorse** 是認して積極的に支持する《格式ばった語》: I can highly *endorse* this book. この本は大いに推奨できる. **sanction** 法令などによって正式に認可する: Society does not *sanction* child labor. 児童の労働は社会的に認可されない. **ratify** 〈協定·条約などを〉通例署名して正式に有効なものとする: *ratify* a peace treaty 平和条約を批准する.
ANT disapprove, reject.

ap·próved *adj.* 許可[是認]された; 立証済みの, 定評のある. 〘《c1380》: ⇨ ↑, -ed〙

appróved schóol *n.* (英国の)教護院《もと非行未成年者を収容補導した国立の施設 (1933–69); community home の前身; cf. industrial school 2》. 〘1932〙

appróved sócial wòrker *n.* 《英》〘社会福祉〙認可民生委員《精神病患者を入院させたり, 保護を受けられるようにする自治体によって公認された委員》.

ap·próv·er *n.* **1** 承認[賛成]者, 是認者. **2 a** 《廃》密告者 (informer). **b** 〘英古法〙共犯証人《減刑をねらい共犯者の犯罪を証言する人; cf. king's evidence》. 〘c1395〙

ap·próv·ing *adj.* 賛成[是認]する, 満足そうな: an ~ look. **~·ly** *adv.* 賛成[是認]して, よしよしと言って; 満足げに. 〘1702〙

approx. 《略》approximate; approximately.

ap·prox·i·mal /əprɑ́(ː)ksəməl, -mḷ | -rɔ́ksɪ̆-/ *adj.* 〘解剖〙密接[隣接]した (contiguous): an ~ surface 密接面. 〘⇨ approximate, -al¹〙

ap·prox·i·mant /əprɑ́(ː)ksəmənt | -rɔ́ksɪ̆-/ 〘音声〙 *adj.* 接近音の. ── *n.* 接近音《調音器官のせばめが広く摩擦を生じない音; 母音を除いた半母音や無摩擦継続音 (frictionless continuant)》. 〘《1641》□ L *approximāntem* (pres.p.) (↓)〙

ap·prox·i·mate /əprɑ́(ː)ksəmɪ̀t | -rɔ́ksɪ̆-/ *adj.* **1 a** (数量·程度など)近似の: the ~ distance, time, weight, etc. / roughly ~ / an ~ estimate 概算見積もり / an ~ value of π [pi] 円周率の近似値 / be ~ *to* the market price 市価に近い. **b** おおよその, 大体の (more or less accurate): give (only) an ~ account of the disaster 災害の(ほんの)概略を伝える. **2** 類似の (very similar). **3** 接近した.
── /əprɑ́(ː)ksəmèɪt | əprɔ́ksɪ̆-/ *v.* ── *vi.* (数量·性質などの点で)〔…に〕近い, ほぼ等しい 〔*to*〕: ~ roughly *to* the truth 〈報道などが〉ほぼ真相に近い. ── *vt.* **1** (数量·程度·性質などの点で)…に近づく, 接近する (approach), 近づける: The dispute ~*d* a settlement. 紛争は解決に近づいた / The amount ~*d* $1,000 [the required sum]. 金額は約千ドル[ほぼ所要額]に達した / His art ~*s* perfection. 彼の技[芸]は完璧(かんぺき)に近い. **2 a** 概算する: ~ future economic growth 将来の経済成長を概算する. **b** 〘数学〙近似する, 近似値を見いだす. **3** 近づける (bring close to): The original was ~*d* by its translations. 翻訳は原文に近づいていた. **4** まねる (imitate), …に見せかける (simulate). **5** 〘医学〙(組織の端を)接合する.
~·ness *n.* 〘《?a1425》□ LL *approximātus* (p.p.) ← *approximāre* to come near to ← *ap-* 'AD-' + *proximus* nearest ((superl.) ← *prope* near)〙

ap·prox·i·mate·ly /əprɑ́(ː)ksəmɪ̀tli | -rɔ́ksɪ̆-/ *adv.* ほとんど (almost); おおよそ, ほぼ, 大体 (roughly, about): ~ correct, equal, etc. / for ~ a year=for a year, ~ 約一年間 / The two countries are ~ antipodes. 両国はほぼ対蹠(たいしょ)地である. ***véry appróximately*** (1) ほんの概算で, ごくおおざっぱにいって. (2) ごく正確に. 〘1845〙

appróximate rhýme *n.* 〘詩学〙近似韻《故意または不注意に用いられた, 正規の韻に類似した押韻; 例: these, cease》.

ap·prox·i·ma·tion /əprɑ̀(ː)ksəméɪʃən | -rɔ̀ksɪ̆-/ *n.* **1 a** (数量·性質など)接近する[させる]こと, 接近: a first ~ (完全な定義などへの)第一近似. **b** 近似(するもの): This is a close [rough] ~ *to* the truth. これはごく[概略]真実[真相]に近い. **2** 概算, 見積もり (estimate); 概算額[高], 概数: an ~ of the number of unemployed workers. **3** 〘数学·物理〙近似, 近似計算, 近似法; 近似値[数]: by successive ~ 逐次近似(法)によって. 〘《?a1425》□ ML *approximātiō(n-)*: ⇨ -ation〙

ap·prox·i·ma·tive /əprɑ́(ː)ksəmèɪtɪv, -mət- | -rɔ́ksɪ̆mət-/ *adj.* =approximate 1 a. **~·ly** *adv.* 〘1830〙

appt 《略》appoint; appointed; appointment.

apptd 《略》appointed.

ap·pui /æpwíː, əp-; *F.* apɥi/ *n.* **1** 〘軍事〙支持, 支援 (defensive support): a point of ~ = point d'appui 2. **2** 〘乗馬〙(手綱 (bridle) などによる騎手と馬の口との)釣合い, 銜(はみ)受け. 〘《a1573》□ F ~ 《逆成》← *appuyer* to lean on, support < VL **appodiāre* ← *ap-* 'AD-' + L *podium* pedestal, support〙

ap·pulse /æpʌ́ls, əp-, ǽpʌls/ *n.* **1** 〘天文〙(天体の)近接 (approach) 〔*to*〕; 二天体が合 (conjunction) に近づくこと, 合 (月[日·星]食などを除く). **2** (船·波·軍隊などの)衝突, 会 (船体に損傷を受けるほどの)接触. **3** 接近(すること). **ap·púl·sive** *adj.* **ap·púl·sive·ly** *adv.* 〘《a1626》□ L *appulsus* a drawing to ← *appellere* ← *ap-* 'AD-' + *pellere* to drive: cf. pulse¹〙

ap·pur·te·nance /əpə́ːtnəns, -tṇ-, -tən- | əpə́ːtɪ̆n-, -tṇ-/ *n.* **1** [しばしば *pl.*] 付属品, 付属物 (accessory) 〔*to*〕: a house and all its ~*s* 家とその一切の付属物. **2** [*pl.*] (船などの)付属装置, 機械 (apparatus, instruments). **3** 〘法律〙従物, 財産に付属する権利 〔*to*〕 (cf. appendant 2). 〘《?a1300》□ AF *apurtenance* = OF *apartenance* (F *appartenance*) < VL **appertinentiam* ← LL *appertinēre* 'to APPERTAIN': ⇨ -ance〙

ap·pur·te·nant /əpə́ːtnənt, -tṇ-, -tən- | əpə́ːtɪ̆n-, -tṇ-/ *adj.* 付属の, 付随する (accessory, incident) 〔*to*〕. ── *n.* 付属物[品] (appurtenance). 〘《c1370》□ OF *apartenant* (F *appartenant*) (pres.p.) ← *apartenir* 'to APPERTAIN': ⇨ -ant〙

appx 《略》appendix.

APR /éɪpìːáə | -áː(r)/ 《略》annual percentage rate (金利の)実質年率; Annual Purchase Rate.

Apr. 《略》April.

a·prax·i·a /eɪprǽksiə/ *n.* 〘精神医学〙失行(症), 行動不能(症). **a·prac·tic** /eɪprǽktɪk/ *adj.* **a·prax·ic** /eɪprǽksɪk/ *adj.* 〘《1888》← NL ~ ← Gk *apraxía* a not acting: ⇨ a-⁷, praxis, -ia¹〙

a·près /æpréɪ, ɑ̀ːpréɪ | ǽpreɪ; *F.* apʀɛ/ *prep.* の後に[の] (after). ── *adv.* のちに, のちほど.

a·près- *pref.* 《口語·滑稽》…のあとの: *après*-bath, *après*-sex. 〘《1963》《略》← F *après-ski*〙

a·près-ski /ɑ̀ːpreɪskíː, æp- | æp-; *F.* apʀɛski/ *F. n.* **1** (スキーロッジなどでの)スキー後の時間[夕べ, 娯楽], アフタースキー. 日英比較「アフタースキー」は和製英語. **2** [形容詞的に] スキーのあとの[で使う]: an ~ amusement, party, etc. / an ~ suit スキーのあとに向くスーツ. 〘《1954》□ F 'after skiing'〙

a·pri·cot /éɪprəkɑ̀(ː)t, ǽp- | éɪprɪ̆kɔ̀t/ *n.* **1** あんず, アプリコット: ~ brandy あんず酒. **2** 〘植物〙ホンアンズ (*Prunus armeniaca*). **3** あんず色, 赤みを帯びた黄色. 〘《1551》(古形) *abrecok, aprico(c)k* □ Port. *albricoque* // Sp. *albaricoque* □ Arab. *al-barqūq* ← AL-² + *barqūq* (□ LGk *berikókkia* (pl.) ← Gk *praikókion* apricot □ L *praecoquum* (neut.) ← *praecoquus* = *praecox* early ripening: ⇨ PRECOCIOUS). 現在の語形は F *abricot* apricot と L *apricum* sunny place との影響: cf. precocious〙

A·pril¹ /éɪprəl/ *n.* 4月 (略 Apr.). 〘《c1375》 *april* □ AF *Aprille* // L *Aprīlis* ← ? *aperīre* to open (⇨ APERIENT) ∞ 《?a1200》 *averil* □ (O)F *avril* < VL **Aprīliam* = L *Aprīlis*〙

A·pril² /éɪprəl | -prɪ̆l/ *n.* エープリル《女性名; May, June にならい 20 世紀に用いられ始めた》. 〘↑〙

Ápril fóol *n.* **1** 四月ばか《4月1日の万愚節のいたずらでかつがれた人》: make a person an ~ 人を四月ばかでかつぐ. 日英比較 日本語の「エイプリルフール」は4月1日 (April Fool's Day) を表すが, 英語の *April fool* はこの日にかつがれた人の意. **2** 万愚節でのいたずら. 〘1687〙

Ápril Fóols' [Fóol's] Dày *n.* 万愚節, 四月ばかの日《いたずらが許される4月1日; All Fools' Day ともいう; この日にかつがれた人を April fool という (⇨ April fool 日英比較)》. 〘1832〙

Ápril wéather *n.* **1** 降ったり照ったりする天気. **2** 微笑と涙の交錯, 泣き笑い.

a pri·o·ri /ɑ̀ːprióːri, èɪp-, æ̀p-, -raɪ | èɪpraɪɔ́ːraɪ, ɑ̀ːp-, -pri-, -ri/ *adj.* **1** (↔ a posteriori) **a** 〘論理〙演繹(えんえき)的な (deductive): ~ reasoning 演繹的推理[推論]. **b** 〘哲学〙先天[先験]的な, 生得的な: an ~ fact 先験的事実 / ~ probability 先験的確率. **2 a** (事実や経験に基づかないで)推測的な (presumptive); 直観的な (intuitive): an ~ judgment 直観的な判断. **b** 《俗用》即座の (offhand). ── *adv.* **1** (↔ a posteriori) **a** 演繹的に: argue [reason] ~. **b** 先天[先験]的に, 生得的に. **2 a** 推定的に; 直観的に. **b** 《俗用》即座に. 〘《1710》□ L *ā priōrī* from what is before ← *ā* from + *priōrī* ((abl.) ← *prior* 'first, PRIOR')〙

a·pri·o·rism /ɑ̀ːprióːrɪzm, èɪp-, æ̀p- | èɪpraɪɔ́ːr-, ɑ̀ːp-, -pri-/ *n.* **1** 〘哲学〙先天主義. **2** 〘論理〙演繹(えんえき)主義; 演繹的推理[原理, 観念] (cf. rationalism, sensationalism). 〘《1874》《なぞり》? ← F *apriorisme*〙

à·pri·ó·rist /-rɪ̆st | -rɪst/ *n.* 先天主義者; 演繹(えんえき)主義者. 〘1889〙

a·pri·o·ris·tic /ɑ̀ːprioːrístɪk, èɪp-, æ̀p- | èɪpraɪɔːr-, ɑ̀ːp-, -pri-⁻/ *adj.* 先天主義(的)の; 演繹(えんえき)主義(的)の. **à·pri·o·rís·ti·cal·ly** *adv.* 〘1874〙

a·pri·or·i·ty /ɑ̀ːprióː(ː)rəṭi, èɪp-, æp-, -ɑ́(ː)r- | èɪpraɪɔ́rɪ̆ti, ɑ̀ːp-, -pri-/ *n.* **1** 〘哲学〙先天性. **2** 〘論理〙演繹(えんえき)(性). 〘1854〙

a·pron /éɪprən/ *n.* **1** エプロン, 前掛け (cf. pinafore 1): a kitchen ~ / wear [be in] an ~ エプロンをして[つけて]いる / wipe one's hands *on* [*with*] one's ~ エプロンで手をふく. **2 a** 〘航空〙エプロン《空港で乗客·貨物の積み降ろしなどを行う(舗装した)広場》. **b** 〘海事〙エプロン (埠頭(ふとう)で貨物の積み降ろしなどを行うための上屋(うわや)前の広場). **c** (建物の前の)広場《駐車用など》. **3** 〘劇場〙 **a** エプロン, 前舞台 (forestage)《プロセニアム (proscenium) の前に張り出した舞台の部分》. **b** =apron stage. **4** 〘機械〙エプロン: **a** 危険防止用の(金属)カバー. **b** 旋盤の往復前の懸垂部. **c** =apron conveyor. **5** 〘土木〙(河岸·堤防の)護床, 水たたき; (ダムの)阻堰(えん). **6 a** 〘ボクシング〙エプロン《リングの床がロープの外に張り出した部分》. **b** 〘ゴルフ〙エプロン《グリーンの外側と接するコースの部分》. **7** 〘建築〙 **a** (家具や窓敷居 (windowsill) の下にある)幅木(はばき) (skirt). **b** (窓の外側の下に付けられた)副水切り, 副雨(あま)押さえ《雨押さえ (apron piece) の上端に付ける木造部分》. **c** (流し台·洗面所の)スカート《上または下に垂直に延長した部分》. **8** 〘造船〙(木船の)副船首材. **9** 〘自動車〙エプロン《自動車の前部, ラジエーター下部に取り付けられる水平または垂直の金属保護板, 垂れ板》. **10** 〘写真〙タンク現像用ベルト《フィルムと一緒に枠に巻きフィルムがくっつかないようにする, ふちに凹凸のあるプラスチックのベルト》. **11** 〘地質〙山麓の沖積平地. **12** 〘軍事〙 **a** (防空用の)係留気球金網. **b** 屋根形鉄条網の斜面. **c** (火砲を保護する防楯(ぼうじゅん)の)下方防楯. **13** 〘鳥類〙肉垂《シチメンチョウ·アヒルなどの頸部に垂れ下がる脂肪に富む皮膚のひだ》. **14** 飾り毛《イヌの首の下方, 胸にある長めの毛》. **15 a** (馬車などの座席の前に掛ける革製·防水布などの)ひざ掛け. **b** 〘英国国教会〙エプロン《bishop, dean などの着用する式服の一種で, 膝(ひざ)まで垂れた cassock の短いもの》. **c** 〘フリーメースン〙(制服の)前垂れ. ── *vt.* …にエプロンを掛け(させ)る. **~ed** *adj.* 〘《16C》《異分析》← 《1307》 *napron* □ OF *naperon* (F *napperon*) napkin, cloth (dim.) ← *nap(p)e* table cloth < ML *nappam* = L *mappa* 'NAPKIN' (cf. map): cf. adder²〙

ápron convéyor *n.* 〘機械〙エプロンコンベヤー《短冊形の鋼板を取り付けたチェーンコンベヤー》. 〘1909〙

a·pron·ful /éɪprənfʊ̀l/ *n.* (*pl.* ~**s**, **a·prons·ful**) エプロンに一杯: an ~ of apples. 〘1865〙

apron·man /-mən/ *n.* (*pl.* **-men** /-mèn/) 《廃》労働者. 〘1607–08〙

ápron pìece *n.* 〘建築〙 **1** 雨(あま)押さえ《板張りの外壁の最下部などに雨滴が外から内側に入らないように付ける板; flashing ともいう》. **2** 階段の踊り場[らせん階段の踏段]を支える小梁(こはり). 〘1859〙

ápron rèef *n.* 〘地質〙島の海岸にできた小規模なサンゴ礁《裾礁(きょしょう)の始めのもの》.

ápron stàge *n.* 〘劇場〙(Elizabeth 朝時代などの土間に突き出した)張出し舞台, エプロンステージ.

ápron strìng *n.* 前掛け[エプロン]のひも.
be tíed to one's móther's* [*wífe's*] *ápron strìngs 〈男性が〉母[妻]の言いなりになる.
〘1542〙

ap·ro·pos /æ̀prəpóu | æ̀prəpə́u⁻/ *adj.* 時機を得た (opportune), 適切な: an ~ remark 当を得た発言 / It is particularly ~ that …ということは特に妥当だ. ── *adv.* **1** 適切に (to the purpose): You speak quite ~. お言葉は全く適切です. **2** ついでに, ちなみに, それはそうと (by the way).
apropós of …に関して, について (concerning); …の話で思い出したが, …と言えば (speaking of): a discussion ~ *of* the agenda 議事日程についての論議 / ~ *of* nothing (何の前置きもなく)出し抜けに, やぶから棒に / *Apropos of* earthquakes, we felt one last night. 地震と言えば昨夜もあった. 《1746》
── *prep.* …について, …のことで《apropos of の of を省略した形》: ~ the coming generation.
〘《1668》□ F *à propos* 《原義》to the purpose ← *à* 'AD-' + *propos* 'PURPOSE'〙

Á-proposítion /éɪ-/ *n.* 〘論理〙全称肯定命題《古典論理学において「すべての」ではじまる命題; cf. E-proposition, O-proposition》.

a·pros·ex·i·a /èɪprɑ(ː)séksiə | -prɒs-/ *n.* 〘精神医学〙注意減退症, 注意集中不能(症). 〘《1889》─ NL ~ ← Gk *aprosexía* heedlessness ← A-⁷ + *prosékhein* to heed (← *pros* toward + *ékhein* to hold): ⇨ -ia¹〙

a·pró·tic sólvent /eɪpróutɪk- | -prə́ut-/ *n.* 〘化学〙非プロトン性溶媒, 中性溶媒《ベンゼン·四塩化炭素など陽子を放出しない有機溶媒の総称》. 〘1965〙

APS /èɪpìːés/ 《略》advanced photo system 新写真システム《24ミリのカートリッジフィルムを使用する》; Amateur Photographic Society アマチュア写真協会; American Peace Society 米国平和協会; American Philatelic Society 米国郵趣協会; American Philosophical Society 米国哲学協会; American Physical Society 米国物理学協会; American Protestant Society 米国プロテスタント協会.

ap·sa·ra /ʌ́psərə/ *n.* (*pl.* ~**s**) (*also* **ap·sa·ras** /ʌ́psərɑ̀ːs/ (*pl.* ~·**es**)) 〘インド神話〙アプサラ《天女·水の精, 特に天界の音楽師の妻》.

apse /ǽps/ *n.* **1** 〘建築〙アプス, アプシス, 後陣 (apsis)《教会堂祭壇後方の丸屋根のある半円形のくぼみ; 古代教会堂

A

では bishop の座; 下の挿絵のほかに ⇨ church 挿絵). **2** 〚天文〛=apsis 1. 〚(1822) ▭ ML *apsis* 'APSIS'〛

apse 1

ápse lìne *n.* 〚天文〛(天体の軌道の)長軸線 (line of apsides).

ap·si·dal /ǽpsədl̩ | -sɪdl̩/ *adj.* **1** 〚建築〛アプス (apse) の, アプス状の. **2** 〚天文〛軌道極点 (apsis) の: ～ motion 近(星)点運動. 〚(1846) ← L *apsis, apsid-* 'APSIS' +-AL¹〛

apsides *n.* apsis の複数形.

ap·sid·i·ole /æpsídiòʊl | -diəʊl/ *n.* 〚建築〛小アプシス, 小後陣 (cf. apse 1). 〚(1889) ▭ F ～ ← *abside* 'APSE': ⇨ -ole²〛

ap·sis /ǽpsɪ̀s | -sɪs/ *n.* (*pl.* **ap·si·des** /ǽpsədì:z, æpsáɪdi:z | æpsáɪdi:z, ǽpsɪ̀dì:z/) **1** 〚天文〛軌道極点, アプス (楕円軌道の長軸で近点および遠点の総称): the higher ～ (惑星などの)遠(日)点; (月の)遠地点 / the lower ～ (惑星などの)近(日)点; (月の)近地点 / the line of *apsides* 長軸線. **2** 〚建築〛=apse 1. 〚(1601) ▭ L ～, *absis* arch, vault ▭ Gk (*h*)*apsis* felloe of a wheel, vault ← *háptein* to fasten〛

apt /ǽpt/ *adj.* (～**·er**, ～**·est**; **more** ～, **most** ～) **1** 〈言葉など〉適切な, 適当な 〔*for*〕 (⇨ fit¹ SYN): an ～ answer, quotation, reply, description, etc. / a remark ～ *for* the occasion その場にふさわしい言葉. **2** 〈…する〉傾向がある, …しやすい, …しがちな (prone, inclined) 〈*to* do〉: He is (rather) ～ *to* forget people's names. 人の名前をよく忘れる / That path is ～ *to* be muddy after rain. あの小道は雨が降るとぬかりやすい. **3** 〚米口語〛…しそうな (likely) 〈*to* do〉: He is ～ *to* win an Oscar this time. 今度はオスカーを取りそうだ / There is no solution yet, nor is there ever ～ *to* be (one). まだ解決策はないし, 今後もありそうにない. **4** 〈ある事に〉機敏な, 才能[素質]のある, 頭のよい 〔*at*〕 (⇨ quick SYN): an ～ student きれる学生 / be ～ *at* languages 語学の才がある / be ～ *at* flattering お世辞がうまい. **5** 〚古〛用意のある (ready), 進んでする (willing) 〔*for*〕. 〚(?c1350) ▭ (O)F *apte* ∥ L *aptus* fitted, suited (p.p.) ← *apere* to fasten ← IE **ap-* to take, reach (L *apisci* to attain)〛

SYN …しがちな: **apt** 〈人や物が〉性質上…しがちな: He is *apt* to be careless. えてして不注意になりがちだ / Long poems are *apt* to be dull. 長い詩は退屈になりがちだ. **likely** 特定の状況・範囲の中で将来…する蓋然性がある: It's *likely* to snow today. きょうは雪が降りそうだ. **liable** 不利をこうむる, 危険にさらされるなどの状況にありがちな: We are *liable* to be overheard. 我々は盗み聞きされる恐れがある. **prone** 〈人が〉性格的にある傾向を帯びている: She is *prone* to get angry. 彼女は怒りっぽい.

APT /èɪpì:tí:/ (略) 〚電算〛automatically programmed tools 数値制御用題向き言語; Advanced Passenger Train. 〚1959〛

apt. (*pl.* **apts**) (略) apartment; aptitude.

ap·ter·al /ǽpt(ə)rəl/ *adj.* **1** 〚動物〛=apterous 1. **2** 〚建築〛〈ギリシャ神殿など〉側面に柱列のない. 〚(1834) ← Gk *ápteros* wingless (← A-⁷+*pterón* wing, row of columns)+-AL¹〛

ap·te·ri·um /æptí°riəm | -tíər-/ *n.* (*pl.* **-ri·a** /-riə/) 〚鳥類〛無羽域, 裸区 (おおねばのない部分; cf. pteryla). 〚(1867) ← NL ～: ⇨ a-⁷, ptero-, -ium〛

ap·ter·oid /ǽptərɔ̀ɪd/ *adj.* 〚動物〛無翼状の. 〚(1836): ⇨ ↑, -oid〛

ap·ter·ous /ǽpt(ə)rəs/ *adj.* **1** 〚動物〛〈鳥が〉無翼の; 〈昆虫が〉無翅(し)の. **2** 〚植物〛翼状物のない: an ～ stem. 〚(1775): ⇨ apteral, -ous〛

ap·ter·yg·i·al /æptərɪ́dʒiəl⁻/ *adj.* 〚動物〛翼[翅, ひれ, 手足]のない. 〚(1902) ← A-⁷+Gk *pterúgion* little wing +-AL¹〛

Ap·ter·y·go·ta /æptèrəgóʊtə | -rɪgə́ʊtə/ *n. pl.* 〚昆虫〛無翅亜綱. 〚← A-⁷+*Pterygota* ← Gk *pterugōtá* winged (neut.pl.) ← *ptérux* wing〛

ap·ter·y·gote /æptérəgòʊt | -rɪgə̀ʊt/ *adj.* 〚昆虫〛無翅亜綱の. 〚↑〛

ap·ter·yx /ǽptərɪks/ *n.* 〚鳥類〛キーウィ (⇨ kiwi 1 a). 〚(1813) ← NL ～ without wings: ⇨ a-⁷, -pteryx〛

ap·ti·tude /ǽptətù:d, -tjù:d | -tɪ̀tjù:d/ *n.* **1 a** (特定の)才能, 素質 〔*for*〕 (⇨ talent SYN): an artistic ～ 芸術的才能 / have an ～ *for* languages [sketch*ing*] 語学[スケッチ]の才がある. **b** (学習などでの)機敏さ, 頭[物覚え]のよさ (intelligence). **c** 〚心理〛適性 〔*for*〕. **2** 性向, 傾向, 習癖 (inclination) 〔*to*〕 〈*to* do〉: An ～ to vice is easily acquired. 悪い癖は付きやすい / Oil has an ～ *to* burn. 油には燃えやすい性質がある. **3** 適切さ, ふさわしさ (fitness) 〔*for*〕: their ～ *for* heaven 天国へ行くのにふさわしいこと. **àp·ti·tú·di·nal** *adj.* **àp·ti·tú·di·nal·ly** *adv.* 〚(?a1425) ▭ (O)F ～ ∥ LL *aptitūdō* fitness: ⇨ apt, -tude〛

áptitude tèst *n.* 〚教育〛適性検査. 〚1923〛

ápt·ly *adv.* 適切に, ふさわしく, うまく (suitably): It has ～ been said that …とは適評[至言]だ. 〚*c*1525〛

ápt·ness *n.* **1** 適切さ, ふさわしさ 〔*for*〕. **2** 性向, (…しがちな)傾向: the ～ of men *to* imitate 人間の模倣性. **3** 才能, 素質: ～ *to* learn. 〚1538〛

APU (略) 〚航空〛auxiliary power unit.

Ap·u·le·ius /æ̀pjʊlí:əs, -léɪ-/, **Lucius** *n.* アプレイウス (紀元 2 世紀時代のローマの哲学者・諷刺家; *Metamorphōsēs* (英訳名 *The Golden Ass*); ローマ文学の長編小説のうち完全な形で現存する唯一の作品とされる).

A·pu·lia /əpjú:ljə, -liə/ *n.* アプリア(州) (イタリア南東部の州; 面積 19,347 km², イタリア語名 Puglia). **A·pu·lian** /əpjú:ljən, -liən/ *adj.*, *n.*

a pun·ta d'ar·co /ɑ:pú:ntɑ:dɑ́əkoʊ | -dɑ́:kəʊ; *It.* appuntadárko/ *adv.* 〚音楽〛弓の上端で (弦楽器奏法の指示). 〚▭ It. ～ 'at the point of the bow'〛

A·pu·re /əpú:reɪ, ɑ:-; *Am.Sp.* apúre/ *n.* [the ～] アプレ(川) (ベネズエラ中西部を東へ流れ Orinoco 川へ注ぐ (800 km)).

A·pu·rí·mac /ɑ̀:purí:mɑ:k | -mæk; *Am.Sp.* apurímak/ *n.* [the ～] アプリマック(川) (ペルー南部 Andes 山中に発し, 北西に流れて Urubamba 川と合流する (885 km)).

A·pus /éɪpəs/ *n.* (*gen.* **ap·o·dis** /ǽpədɪ̀s | -dɪs/) 〚天文〛ふうちょう(風鳥)座 (南天の星座; the Bird of Paradise ともいう). 〚← NL ～ ← L ～ 'swallow supposed to be footless' ← Gk *ápous* footless ← A-⁷+*poús* foot〛

ap·y·rase /ǽpəreɪs | ǽpɪ̀-/ *n.* 〚生化学〛アピラーゼ (ATP からリン酸を加水分解する酵素). 〚(1945) ← A(DENOSINE)+PYR(OPHOSPHATE)+-ASE〛

a·py·ret·ic /èɪpaɪrétɪk, æ̀pə- | æ̀paɪ(ə)rét-, èɪp-/ *adj.* 〚病理〛熱のない, 無熱(性)の. 〚(1842): ⇨ a-⁷, pyretic〛

a·py·rex·i·a /èɪpaɪréksiə | -paɪ(ə)r-/ *n.* 〚病理〛無熱, 発熱間欠期. 〚← NL ～: ⇨ a-⁷, pyrexia〛

aq., Aq (略) aqua; aqueous.

AQ (略) 〚心理・教育〛accomplishment quotient; 〚心理・教育〛achievement quotient.

ʻA·qa·ba /ɑ́:kəbə, ǽk- | ǽk-; *Arab.* ʕáqaba/ *n.* アカバ (ヨルダン南西部, 'Aqaba 湾頭の港).

ʻAqaba, the Gulf of *n.* アカバ湾 (Arabia 半島と Sinai 半島とを分ける紅海北端の湾(長さ 190 km, 幅 16 km)).

aq. bull. (略) 〚処方〛*L.* aqua bulliens (=boiling water).

aq. dest. (略) 〚処方〛aqua destillata.

AQL (略) 〚商業〛acceptable quality level 許容基準内品質.

a·qua /ɑ́:kwə, ǽkwə | ǽk-/ *n.* **1** (*pl.* ～**s**) =aquamarine 2. **2** (*pl.* **a·quae** /ɑ́:kwaɪ, ǽkwi: | ǽkwi:, -waɪ/) 水; (特に調剤[製薬]での)液, 溶液 (solution). 〚(*a*1398) ▭ L ～ 'water' < IE **akʷā-*〛

a·qua- /ɑ́:kwə, ǽk- | ǽkwə/ aqui- の異形. ★ 特に, 水上演芸・水上[水中]スポーツに関して用いる: *aquacade.*

áqua ammónia [am·mó·ni·ae /-əmóʊniì: | -əmə́ʊ-/] *n.* 〚化学〛アンモニア水 (ammonia water).

áqua áura *n.* 〚宝石〛アクアオーラ (水晶または他の鉱物に純金の被膜を用いたもので, 青い虹色が生じる).

a·qua·belle /ɑ́:kwəbèl, ǽk- | ǽk-/ *n.* 〚米〛水着の美人. 〚← ? AQUA(CADE)+BELLE〛

a·qua·cade /ɑ́:kwəkèɪd, ǽk- | ǽk-/ *n.* 〚米〛水上演芸 (cf. synchronized swimming, water ballet). 〚(1937) ← AQUA-+(CAVAL)CADE〛

a·qua·cul·ture /ɑ́:kwəkʌ̀ltʃə, ǽk- | ǽkwəkʌ̀ltʃə⁽ʳ⁾/ *n.* =aquiculture. **aq·ua·cul·tur·al** /ɑ̀:kwəkʌ́ltʃ(ə)rəl, æ̀k- | æ̀k-⁻/ *adj.*

Aq·ua·dag /ǽkwədæ̀g/ *n.* 〚商標〛アクアダッグ (コロイド黒鉛; 潤滑剤として用いる).

áqua des·til·lá·ta /-dèstəlɑ́:tə | -tɪ̀lɑ́:tə/ *n.* (*pl.* **aquae des·til·la·tae** /-ti:/) 蒸留水. 〚▭ L *aqua destillāte* distilled water〛

aquae *n.* aqua 2 の複数形.

a·qua·for·tis /ɑ̀:kwəfɔ́ətɪ̀s, æ̀k- | æ̀kwəfɔ́:tɪs/ *n.* (*pl.* **-for·tes** /-ti:z/) **1** 〚化学〛硝酸 (nitric acid の古名). **2** 〚エッチング〛硝酸で版面を腐食する技法. 〚(*a*1500) ▭ ML ～ 'strong water'〛

a·qua·lung /ɑ́:kwəlʌ̀ŋ, ǽk- | ǽk-/ *n.* アクアラング (肩に負う圧搾空気のボンベと目と鼻につけるガラス付きマスクを含む潜水用水中呼吸器; cf. scuba). — *vi.* アクアラングを使う. 〚(1950) ← *Aqua-Lung* (商標名)〛

á·qua·lùng·er *n.* アクアラングをつけた潜水夫. 〚1952〛

a·qua·ma·ni·le /ɑ̀:kwəmɑní:li, æ̀kwəmənáɪ- | æ̀k-/ *n.* (*pl.* ～**s** /-mənáɪli:z, -ní:leɪs/, **-ma·nil·i·a** /-məníliə/) **1** 広口水差し. **2** 〚キリスト教〛水盤 (ミサの時, 司祭が手を洗うためのもの). 〚(1875) ▭ LL *aquamanīlē* (変形) ← L *aquae manālē* ← *aquae* ((gen.) ← AQUA)+*manālē* ewer (← *manālis* flowing ← *manāre* to flow)〛

a·qua·ma·rine /ɑ̀:kwəmərí:n, æ̀k- | æ̀k-⁻/ *n.* **1** 〚鉱物〛藍玉(らんぎょく), アクアマリン (緑柱石 (beryl) の変種; 宝石に用いる; ⇨ birthstone). **2** 薄い緑青色 (light bluish green). — *adj.* 淡青緑色の. 〚(1598) ▭ L *aqua marina* sea water: cf. (廃) *aigue marine* ▭ F〛

a·qua·naut /ɑ́:kwənɔ̀:t, ǽk-, -nɑ̀:t | ǽkwənɔ̀:t/ *n.* **1** アクアノート, 潜水技術者 (主に海底の仮泊所を拠点としてかなりの長期間にわたり海中の探索などを行う; oceanaut ともいう; cf. habitat 3, hydronaut). **2** =skin diver. 〚(1881) ← AQUA-+(AERO)NAUT〛

aq·ua·pho·bi·a /æ̀kwəfóʊbiə | -fə́ʊ-/ *n.* (特におぼれる可能性からの)水への異常な恐怖, 水恐怖症 (cf. hydrophobia).

a·qua·plane /ɑ́:kwəplèɪn, ǽk- | ǽk-/ *n.* アクアプレーン (モーターボートに引かせる波乗り板; cf. water ski). — *vi.* **1** アクアプレーンに乗って遊ぶ. **2** 〚英〛=hydroplane 2. **á·qua·plàn·er** *n.* 〚(1914) ← AQUA-+PLANE¹〛

áqua pú·ra /-pj(j)ʊ́°rə | -p(j)ʊ́ərə/ *n.* (*pl.* **a·quae pu·rae** /ɑ́:kwaɪp(j)ʊ́°raɪ, ǽkwi:p(j)ʊ́°ri: | ǽkwi:p(j)ʊ́əri:, ǽkwaɪp(j)ʊ́əraɪ/) 純水, 蒸留水. 〚▭ L *aqua pūra* pure water〛

áqua ré·gi·a /-rí:dʒiə/ *n.* (*pl.* **aquae re·gi·ae** /-dʒii:/) 〚化学〛王水 (濃硝酸と濃塩酸の混合液; 金や白金を溶かす; nitrohydrochloric acid ともいう). 〚(1610) ▭ L *aqua rēgia* royal water〛

aq·ua·relle /ɑ̀:kwərél, æ̀k- | æ̀k-/ *n.* **1** 〚絵画〛透明水彩画(法). **2** 〚印刷〛型抜き水彩画, 型染め水彩画. 〚(1869) ▭ F ～ ▭ It. *acquarello* water color painting ← *acqua* water〛

à·qua·rél·list /-lɪ̀st | -lɪst/ *n.* (透明)水彩画家. 〚1882〛

aquaria *n.* aquarium の複数形.

A·quar·i·an /əkwέ°riən | -wέər-/ *adj.* みずがめ(水瓶)座の; みずがめ座生まれの. — *n.* みずがめ座生まれの人. 〚(1911) ← L *aquārius*+-AN¹〛

a·quar·ist /əkwέ°rɪ̀st | ǽkwərɪst/ *n.* **1 a** 水族館長. **b** 水族槽(など)の所有者. **2** 水生生物研究家. 〚(1893): ⇨ ↓, -ist〛

a·quar·i·um /əkwέ°riəm | -wέər-/ *n.* (*pl.* ～**s**, **-i·a** /-riə/) **1** 水族館. **2** 水槽, 水族槽, アクアリウム (ガラス製の水生動植物の飼育・観賞用容器), 金魚鉢; 養魚池. 〚(1853) ▭ L ～ (neut.) ← *aquārius* pertaining to water: ⇨ aqua, -arium〛

A·quar·i·us /əkwέ°riəs | əkwέər-/ *n.* **1** 〚占星〛**a** みずがめ(水瓶)座, 宝瓶(ほうへい)宮 (黄道 12 宮の第 11 宮; the Water Bearer, the Water Carrier ともいう; cf. zodiac). **b** みずがめ座生まれの人. **2** 〚天文〛みずがめ座 (やぎ座とうお座の間にある南天の星座; the Water Bearer, the Water Carrier ともいう).

the Áge of Aquárius 〚占星〛水瓶座の時代 (春分点が水瓶座に入って始まったこれからの約 2 千年間で, 世界の平和と秩序が訪れるとされる).

〚(1391) ▭ L ～ 'water carrier' (なぞり) ← Gk *hudrokhóos*: ⇨ ↑, -ary〛

a·qua·ro·bics /ɑ̀:kwəróʊbɪks, æ̀k- | æ̀kwərə́ʊ-/ *n.* アクアロビクス (水中で行うエアロビクス運動). 〚(1980): cf. aerobics〛

A·qua·scu·tum /æ̀kwəskjú:təm, -skú:- | -skjú:t-/ *n.* 〚商標〛アクアスキュータム (英国 London の高級紳士服店, そのブランド; コートでは定評がある).

áqua·shòw *n.* 〚英〛=aquacade.

a·qua·tel /æ̀kwətél, ɑ̀:k- | æ̀k-/ *n.* 〚英〛アクアテル (マリーナ (marina) などに係留してある水上ホテル船). 〚← AQUA(TIC)+(HO)TEL〛

a·quat·ic /əkwɑ́(:)tɪk, -wǽt- | əkwǽt-, əkwɔ́t-/ *adj.* **1** 水生の; 水産の (cf. aerial 2 b): an ～ animal 水生動物 / an ～ bird 水鳥 / an ～ plant 水草, 水生植物 / ～ products 水産物. **2** 水の, 水に属する. **3** 水上[水中]で行う: ～ sports 水上競技[スポーツ]. — *n.* **1** 水生動物; 水生植物, 水草 (cf. hydrophytic). **2** [*pl.*; 時に単数扱い] 水上競技[スポーツ]; 水中戯. **3** 水上スポーツの好きな人. **a·quát·i·cal·ly** *adv.* 〚(1490) ▭ (O)F *aquatique* ∥ L *aquāticus* watery: ⇨ aqua〛

a·qua·tint /ɑ́:kwətɪ̀nt, ǽk- | ǽk-/ *n.* 〚エッチング〛**1** アクアチント (食刻凹版の一種). **2** アクアチント版画. — *vt.*, *vi.* アクアチントで食刻する. ～**·ed** /-tɪ̀d | -tɪ̀d/ *adj.* ～**·er** /-tə | -tə⁽ʳ⁾/ *n.* ～**·ist** *n.* 〚(1782) ▭ F *aquatinte* ▭ It. *acquatinta*: ⇨ aqua, tint¹〛

áqua·tòne *n.* 〚印刷〛アクアトーン (網写真を応用した写真平版法の一種); アクアトーンによる印刷物.

áqua·tùbe *n.* アクアチューブ (プールにある曲がりくねった長い管状の水流すべり台).

a·qua·vit /ɑ́:kwəvì:t, ǽk- | ǽkwəvɪt, -vì:t/ *n.* アクワビット (スカンジナビア諸国の無色の蒸留酒; 通例ジャガイモや穀類を原料とし, ヒメウイキョウの実 (caraway) で風味をつける). 〚(1890) ▭ Norw., Dan. & Swed. *akvavit* ▭ ML *aqua vitae* (↓)〛

a·qua vi·tae /ɑ̀:kwəváɪţi, æ̀k- | æ̀kwəváɪti:, -ví:taɪ/ *n.* **1** (錬金術で)アルコール (alcohol). **2** 〚古〛火酒 (brandy, whiskey など). 〚(?*a*1425) ▭ ML ～ 'water of life': cf. whiskey〛

aq·ue·duct /ǽkwədʌ̀kt | ǽkwɪ̀-/ *n.* **1** 水路, 水道; 高架式水道, 水路橋, 水道橋. **2** 〚解剖〛水管, 水道. **áqueduct of Sýl·vi·us** /-sílviəs/ 〚解剖〛シルビウス(導)水管, 中脳水管 (第 3・第 4 脳室を連絡する; cerebral aqueduct ともいう). 〚*Sylvius*: (ラテン語名) ← *Jacques Dubois* (1478–1555: フランスの解剖学者)〛 〚(1538) ▭ L *aquae ductus* conveyance of water ← *aquae* ((gen.) ← AQUA)+*ductus* ((p.p.) ← *dūcere* to lead)〛

áqueduct brìdge *n.* 水路橋, 水道橋. 〚1791〛

a·que·ous /éɪkwiəs, ǽk-/ *adj.* **1** 水の; 水から成る; 水のような (watery): an ～ solution 水溶液 / an ～ tint 〚絵画〛水彩, 水色. **2** 水の作用による, 水成の. **3** 〚植物〛**a** 透明組織の. **b** 水に富む. ～**·ly** *adv.* 〚(1643) ▭ ML *aqueus* of water: ⇨ -ous〛

áqueous ammónia *n.* 〚化学〛アンモニア水 (ammonia water).

áqueous húmor *n.* 〚解剖〛(眼の角膜と水晶体の間の)水様液, (眼)房水 (⇨ eye 挿絵). 〚1643〛

áqueous róck *n.* 〚岩石〛水成岩 (sedimentary rock). 〚1833〛

áqueous tíssue *n.* 〚植物〛貯水組織.

aq·ui- /ǽkwə, ɑ́:k- | ǽkwɪ̀/ 「水 (water)」の意の連結形: *aquiculture.* ★ 時に aqua- になる. 〚▭ L ～: ⇨ aqua〛

aq·ui·clude /ǽkwəklùːd, ɑ́ːk- | ǽkwɪ̀-/ *n.* 〖地質〗難透水層. 〘← AQUI- + L *clūdere, claudere* 'to CLOSE'〙

aq·ui·cul·ture /ǽkwəkʌ̀ltʃə, ɑ́ːk- | ǽkwɪ̀kʌ̀ltʃə(r/ *n.* **1** 〖生物〗水中生物培養, 水生植物栽培, 水生動物養殖, 海洋生物培養; 栽培[養殖]漁業 (cf. mariculture). **2** 〖農業〗=hydroponics. **aq·ui·cul·tur·al** /æ̀kwəkʌ̀ltʃ(ə)rəl, ɑ̀ːk- | æ̀kwɪ̀-ˊ/ *adj.* 〘(1867)〙

aq·ui·fer /ǽkwəfə, ɑ́ːk- | ǽkwɪ̀fə(r/ *n.* 〖地質〗帯水層, 透水層《地下水で飽和されている地層》. 〘(1901)〙

a·quif·er·ous /əkwíf(ə)rəs, ɑːk- | æk-/ *adj.* 〖地質〗水を含んだ, 水を運ぶ[導く]. 〘1836〙

Aq·ui·la[1] /ǽkwələ, əkwílə | ǽkwɪ̀lə, əkwílə/ *n.* 〖天文〗わし(鷲)座《白鳥座 (Cygnus) の南にある星座で, 0.8 等星アルタイル (Altair) を含む; the Eagle ともいう》. 〘← NL ← L 'eagle'〙

A·qui·la[2] /ǽkwələ | ǽkwɪ̀-; *It.* áːkwila/ *n.* アクイラ, ラクイラ《イタリア Abruzzi 州の州都; L'Aquila ともいう》.

aq·ui·le·gi·a /æ̀kwəlíːdʒiə, -dʒə | æ̀kwɪ̀-; *It.* akwiléːdʒa/ *n.* 〖植物〗オダマキ《キンポウゲ科オダマキ属 (*Aquilegia*) の植物の総称; columbine ともいう》. 〘(1578) ← NL ～ ← ML *aquilēgia, aquilēja* columbine〙

A·qui·le·ia /ɑ̀ːkwəlíːə, æ̀k- | æ̀kwɪ̀-; *It.* akwiléːja/ *n.* アクイレイア《イタリア北東部アドリア海北端の町; ローマ時代の中枢都市》.

aq·ui·line /ǽkwəlɪ̀n, -làɪn | ǽkwɪ̀làɪn/ *adj.* **1** ワシの; ワシに似た, ワシのような. **2** 〈鼻・顔立ちなど〉(ワシのくちばしのように)かぎ形の[に曲がった] (hooked): an ～ nose わし鼻, かぎ鼻 (⇨ nose 挿絵). **aq·ui·lin·i·ty** /æ̀kwəlínəṭi | æ̀kwɪlínɪ̀ti/ *n.* 〘(1646) ▭ L *aquilīnus* ← *aquila* 'EAGLE': ⇨ -ine[1]〙

aq·ui·lon /ǽkwəlɑ̀(ː)n | ǽkwɪ̀lɔ̀n/ *n.* 《廃》北風, 北北西の風. 〘(*c*1380) ▭ OF *aquilon* ▭ L *aquilō(n)*〙

Aquinas, Saint **Thomas** *n.* ⇨ Thomas Aquinas.

Aq·ui·nist /əkwáɪnɪ̀st | ǽkwɪnɪst, æk-/ *n.* (トマス)アクィナス信奉者[研究家] (Thomist). 〘← *St. Thomas Aquinas* + -IST〙

A·qui·no /əkíːnoʊ | -nəʊ; *Sp.* akíno/, **Maria Co·ra·zon** /kɔ́ːrəzɑ̀(ː)n, -zɔ̀(ː)n | -zɔ̀n/ *n.* アキノ (1933– ; フィリピンの政治家; 反 Marcos 運動の旗手 Benigno ～ (1932–83) の妻; 夫の暗殺後政界入り, 大統領 (1986–92); 通称 Cory /kɔ́ːri/ Aquino).

Aq·ui·taine /ǽkwətèɪn | æ̀kwɪtéɪn, ˌ-ˌ-ˊ; *F.* akitɛn/ *n.* アキテーヌ《フランス南西部の盆地; 紀元前 56 年 J. Caesar に征服され, 以後ローマ帝国の属州, 後公爵領; ラテン語名 Aquitania /æ̀kwətéɪniə | æ̀kwɪ̀-/》.

Aquitaine, Eleanor of ⇨ Eleanor of Aquitaine.

a·quiv·er /əkwívə | -və(r/ *adv., adj.* [叙述的] (ぶるぶる)震えて 〔*with*〕. 〘(1883) ← A-[1] + QUIVER[2]〙

a quo /eɪkwóʊ, ɑː- | -kwə́ʊ/ *L. adv.* それから: ⇨ terminus a quo. — *n.* (思想などの)新展開, 発足点 (point of departure) (cf. ad quem). 〘▭ L *a quō* from which〙

a·quos·i·ty /əkwɑ́(ː)səti, eɪk- | -kwɔ́sɪ̀ti/ *n.* 水であること; 水分のあること, 水っぽさ (wateriness). 〘(1528) ▭ LL *aquōsitātem* ← L *aquōsus* 'AQUEOUS': ⇨ -ity〙

ar 《記号》Argentina (URL ドメイン名).

Ar. 《略》Arabian; Arabic; Aramaic; argentum.

Ar 《記号》〖化学〗argon.

AR 《略》accomplishment ratio; 〖商業〗advice of receipt 受取り通知; 〖化学〗acid resisting 耐酸性(の); 〖商業〗acknowledgment of receipt 受取り通知; 〖化学〗acrylic rubber アクリルゴム; all rail; 〖化学〗analytical reagent 分析用試薬; *L.* Anna Rēgīna (=Queen Anne); annual return; 〖米郵便〗Arkansas (州); army regulation; Autonomous Republic.

A/R, AR 《略》〖会計〗account receivable.

ar. 《略》〖紋章〗argent; aromatic; arrival; arrive(s).

a.r., A.R. 《略》*L.* anno rēgnī (=in the year of the reign) 治世第…年に; A.R. 25.

a.r., a/r, AR, A/R 《略》〖海上保険〗all risks.

ar- /ær, ər/ *pref.* (r の前にくるときの) ad- の異形: *ar*rear.

-ar[1] /ə | ə(r/ *suf.* 「…の, …の性質の, …のような」の意の形容詞を造る: famili*ar*, simil*ar*. ★ 通例語幹に l を含む語に付き, -le に終わる名詞に付くときは -le を -ul- に変える: angle → angul*ar* / muscle → muscul*ar*. 〘▭ L *-āris* belonging to (*l* を含む語幹に付く時の *-ālis* '-AL[1]' の変形) ∽ ME *-er* ▭ AF〙

-ar[2] /ə | ə(r/ *suf.* **1** 「…の人, …の物」などの意の名詞を造る: schol*ar*, alt*ar*. **2** 〘SCHOLAR などとの類推による変形〙-er[1] の異形: begg*ar*, li*ar*, pedl*ar*. 〘▭ L *-ārius* ∥ *-āris* (agent suf.) ∽ ME *-er* ▭ AF〙

A·ra /ɛ́ərə | ɛ́ərə/ *n.* 〖天文〗さいだん(祭壇)座《南天の星座; the Altar ともいう》. 〘← NL ～ ← L *āra* altar, 《原義》a parched place〙

ARA 《略》Associate of the Royal Academy (英国)王立美術院準会員 (cf. R.A.); 《英》Aircraft Research Association; 《NZ》Auckland Regional Association.

ar·a-A /ǽrəéɪ, ɛ̀r- | ǽr-/ *n.* 〖薬学〗アラ A《抗ウイルス薬; 特にヘルペスウイルス感染症の治療に用いられる》. 〘(1975) ← *ara*binose + *A*denine〙

Ar·ab /ǽrəb, ɛ́r- | ǽr-/ *n.* **1** (セム族一派としての)アラブ人; (Arabia 半島の) アラビア人; アラビア語を話す民族; ベドウィン《遊牧のアラブ人》. **2** アラブ馬, アラブ種(の馬), アラブ (Arab horse). **3** 《米》ではまた éɪræb/ [時に a-] 浮浪児 (street arab). — *adj.* **1** アラブ人の, アラビア人の: an ～ chief, custom, woman, etc. **2** アラビアの (Arabian). 〘lateOE ▭ (O)F *arabe* ▭ L *Arab(u)s* ▭ Gk *Árab-, Áraps* ▭ Arab. '*arab* 《原義》? dwellers of the desert〙

Arab. 《略》Arabia; Arabian; Arabic.

ar·ab- /ǽrəb, ɛ́r- | ǽr-/ (母音の前にくるときの) arabo- の異形.

ar·a·ban /ǽrəbæ̀n, ɛ́r- | ǽr-/ *n.* 〖化学〗アラバン《加水分解による L-アラビノース (arabinose) を生じるペントサン (pentosan) をいう》. 〘(1892) ← ARABO- + -AN[2]〙

Ar·a·bel /ǽrəbɛ̀l, ɛ́r- | ǽr-/ *n.* アラベル《女性名》. 《(変形)? ← ANNABEL》

Ar·a·bel·la /æ̀rəbélə, ɛ̀r- | æ̀r-/ *n.* アラベラ《女性名》. 《(ラテン語形) ↑》

Arab Emírates *n.* [the ～] =United Arab Emirates.

ar·a·besque /æ̀rəbésk, ɛ̀r- | æ̀r-ˊ/ *n.* **1** 〖バレエ〗アラベスク《片足で立ち身体を前方に倒し, 片手は前に他の手足は床と平行に後ろに伸ばすポーズの一つ; cf. attitude 5》. **2 a** アラベスクの装飾[文様], アラベスク(風), (アラビア風の)唐草模様. **b** 〖建築〗(イスラム教建築の)抽象的装飾. **3 a** 〖音楽〗アラベスク《装飾の多い楽曲》. **b** 手の込んだ言語表現の型. — *adj.* **1** 〈意匠など〉アラベスク(風, 様式)の, (アラビア風)唐草模様の. **2** 手の込んだ, 凝った; 奇抜な, 風変わりな (fanciful). — *vt.* アラベスク風に装飾する. 〘(1611) ▭ F ～ 'Arabian' ▭ It *arabesco*: ⇨ Arab, -esque〙

arabesque 2 a

A·ra·bi·a /əréɪbiə/ *n.* アラビア《アジア南西部紅海とペルシャ湾の間の大半島; バーレン, クウェート, オマーン, カタール, サウジアラビア, アラブ首長国連邦, イエメンを含む; 面積 2,600,000 km², Arabian Peninsula ともいう》. ★ 以前は北部の Arabia Deserta /dɪzə́ːtə | -zə́ːtə/ (Desert Arabia), 南東部の Arabia Felix /fíːlɪ̀ks | -lɪks/ (Fertile Arabia), 北東部の Arabia Petraea /pɪ̀tríːə | pɪ-/ (Rocky Arabia) に分かれていた. 〘(1711) ▭ L ▭ Grk: ⇨ Arab, -ia[1]〙

A·ra·bi·an /əréɪbiən/ *adj.* **1** アラビアの. **2** アラブ人の, アラビア人の (Arab). — *n.* **1** アラブ人, アラビア人 (Arab). **2** アラビア語 (Arabic) 《セム (Semitic) 語族に属する》. **3** =Arab 2. 〘?*a*1300〙

Arábian bírd *n.* =phoenix 1. 〘*c*1605〙

Arábian cámel *n.* 〖動物〗ヒトコブラクダ (⇨ dromedary; cf. Bactrian camel).

Arábian cóffee *n.* 〖植物〗コーヒーノキ (⇨ arabica).

Arábian Désert *n.* [the ～] アラビア砂漠《Nile 川と紅海との間のエジプト東部の砂漠; 面積 2,331,000 km²》.

Arábian Gúlf *n.* [the ～] アラビア湾 (⇨ Persian Gulf).

Arábian hórse *n.* =Arab 2. 〘1737〙

Arábian jásmine *n.* 〖植物〗マツリカ(茉莉花) (*Jasminum sambac*) 《インド原産の低木で, モクセイ科のジャスミンの一種; その芳香のある白色の花は中国で茶に入れる; cf. jasmine tea》.

Arábian Níghts' Entertáinments, The *n. pl.* 「アラビア夜話」《10 世紀ごろペルシャ方面から伝わった話にアラビアの多数の話が加わったもの; The Arabian Nights, The Thousand and One Nights ともいう》.

Arábian Península *n.* [the ～] アラビア半島 (⇨ Arabia).

Arábian Séa *n.* [the ～] アラビア海《インド洋の北西部でインドとアラビアの中間》.

Ar·a·bic /ǽrəbɪk, ɛ́r- | ǽr-/ *n.* **1** アラビア語 (Arabian). **2** (コーランによって樹立された)標準的アラビア文語および古典語. — *adj.* **1** アラビア語[文字・数字・文化]の: a word of ～ origin アラビア起源の語. **2** アラビアの (Arabian); アラブ[アラビア]人の (Arab). **3** [a-] (アラビアゴムに含まれる)酸の. 〘(*c*1325) ▭ OF ～ (F *arabique*) ▭ L *Arabicus* ▭ Gk *Arabikós*: ⇨ Arab, -ic[1]〙

a·rab·i·ca /ərǽbɪkə/ *n.* 〖植物〗アラビアコーヒー (*Coffea arabica*) 《エチオピア原産のアカネ科の低木; 世界のコーヒー豆生産の大部分を占める; Arabian coffee ともいう》; アラビアコーヒー豆 (arabica bean); アラビアコーヒー. 〘(1922) ← NL ～ (fem.) ← L *Arabicus* (↑)〙

Árabic álphabet *n.* 〖言語〗アラビア語アルファベット《フェニキア, アラムなどと同じセム系アルファベットの一つ; 28 文字よりなる; イスラム教の拡大と共にアラビア語のみならず, アジア・アフリカの諸言語の表記に広く用いられている》. 〘1841〙

Árabic árch *n.* 〖建築〗=horseshoe arch.

Árabic árchitecture *n.* 〖建築〗アラビア建築《中近東を中心に見られるイスラム教徒たちの建築》.

Árabic fígure *n.* =Arabic numeral.

A·rab·i·cize /ərǽbɪ̀sàɪz | -bɪ-/ *vt.* **1** 〈外国語を〉アラビア語化する. **2** =Arabize 1. 〘1872〙

Árabic númeral *n.* アラビア数字 (0, 1, 2, 3, …など; cf. Roman numeral). 〘*c*1847〙

a·rab·i·nose /ərǽbənòʊs, -nòʊz | ərǽbɪnəʊz/ *n.* 〖化学〗アラビノース ($C_5H_{10}O_5$) 《細菌などの培養基として使用する五炭糖; pectinose ともいう》. 〘(*c*1884) ← ARAB(IC) + -IN[2] + -OSE[2]〙

ar·a·bin·o·side /æ̀rəbínəsàɪd, ɛ̀r- | æ̀r-/ *n.* 〖生化学〗アラビノシッド《arabinose という五炭糖を含んでいる配糖体》. 〘(1927): ⇨ ↑, -ide〙

ar·a·bis /ǽrəbɪ̀s, ɛ́r- | ǽrəbɪs/ *n.* 〖植物〗ハタザオ《アブラナ科ハタザオ属 (*Arabis*) の植物の総称; ウスベニハタザオ (*A. muralis*) など; rock cress ともいう》. 〘(1578) ← NL ～ ← Gk *arabís* ← *Árab-, Áraps* 'ARAB'〙

Ar·ab·ism /ǽrəbɪ̀zm, ɛ́r- | ǽr-/ *n.* **1** アラビア語風[法]. **2** アラビアへの心酔, アラビア(文化)研究. **3** アラブ民族主義. 〘1614〙

Ar·ab·ist /-bɪ̀st | -bɪst/ *n.* アラビア学者, アラビア語[文学]研究家. 〘1753〙

Ar·a·bize /ǽrəbàɪz, ɛ́r- | ǽr-/ *vt.* **1 a** 〈人を〉アラブ化する. **b** 〈民族〉にアラブの血を混ぜる. **2** =Arabicize 1.

Àr·ab·i·zá·tion *n.* 〘1883〙

ar·a·ble /ǽrəbl̩, ɛ́r- | ǽr-/ *adj.* **1** 〈土地が〉耕せる, 耕作に適する, 耕地の: ～ land 耕地. **2** 《英》**a** 作物栽培に従事する; 耕作の. **b** 〈作物が〉種子からの栽培が必要な. — *n.* 耕地. **ar·a·bil·i·ty** /æ̀rəbíləṭi, ɛ̀r- | æ̀rəbílɪ̀ti/ *n.* 〘(*c*1410) ▭ (O)F ～ ∥ L *arābilis* ← *arāre* to plow ← IE **arə-* to plow: cf. 《廃》*earable* ← *ear* to plow (< OE *erian*): ⇨ -able〙

Árab Léague *n.* [the ～] アラブ諸国連盟《1945 年エジプト・イラク・ヨルダン・レバノン・サウジアラビア・シリア・イエメンの間に結成された連盟; 後にアルジェリア・クウェート・リビア・モロッコ・南イエメン・スーダン・チュニジアなども加わり, アラブ 21 か国が加盟; 略 AL; 正式名 the League of Arab States》. 〘1945〙

ar·a·bo- /ǽrəboʊ, ɛ́r- | ǽrəbəʊ/ 〖化学〗次の意味を表す連結形: **1** アラビノース (arabinose) に関する. **2** [通例イタリック体で] アラビノースと同じ立体配置をもつ. 〘← ARABINOSE〙

Árab Repúblic of Égypt *n.* [the ～] エジプトアラブ共和国《1971 年 9 月よりのエジプトの公式名》.

Ar·a·by /ǽrəbi, ɛ́r- | ǽrə-/ *n.* 《古・詩》=Arabia. 〘lateOE ▭ OF *ar(r)abi* (F *Arabie*)〙

A·ra·ca·ju /ɑːrɑ̀ːkəʒúː | æ̀rəkæʒúː; *Braz.* arakaʒú/ *n.* アラカジュ《ブラジル東部 Sergipe 州の州都》.

A·ra·ce·ae /əréɪsiìː/ *n. pl.* 〖植物〗(単子葉植物サトイモ目)サトイモ科. **a·ra·ceous** /-ʃəsˊ/ *adj.* 〘← NL ～ ← *Arum* (属名: ⇨ arum) + -ACEAE〙

ar·a·chid·ic /æ̀rəkídɪk | -dɪkˊ/ *adj.* 〖化学〗アラキン酸の. 〘(1866) ← NL *Arachid-, Arachis* (⇨ arachis oil) + -IC[1]〙

árachidic ácid *n.* 〖化学〗アラキン酸 ($CH_3(CH_2)_{18}COOH$) 《エステルが植物中の油脂成分として存在》. 〘1875〙

ár·a·chi·don·ic ácid /æ̀rəkɪ̀dɑ̀(ː)nɪk-, ɛ̀r- | æ̀rəkɪdɔ̀n-/ *n.* 〖化学〗アラキドン酸 ($CH_3(CH_2)_4(CH{=}CHCH_2)_4(CH_2)_2COOH$) 《動物の内臓脂質中に存在する不飽和脂肪酸》. 〘(1913) *arachidonic*: ⇨ arachidic, -on[1], -ic[1]〙

ár·a·chis òil /ǽrəkɪ̀s-, ɛ́r- | ǽrəkɪs-/ *n.* =peanut oil. 〘(1889 *arachis*: ← NL ～ ← ? Gk *arakís* (idm.) ← *arakós* chickling vetch〙

ar·achn- /ərǽkn/ (母音の前にくるときの) arachno- の異形.

A·rach·ne /ərǽkni/ *n.* 〖ギリシャ神話〗アラクネー《芸術の神 Athene と機織りの競争をして負けて「くも」にされた少女》. 〘▭ L *arachnē* ▭ Gk *Arákhnē* 《原義》spider〙

a·rach·nid /ərǽknɪ̀d | -nɪd/ *n.* 〖動物〗クモガタ綱の動物. 〘(1869) ↓〙

A·rach·ni·da /ərǽknədə | -nɪdə/ *n. pl.* 〖動物〗クモガタ綱, 蛛形(ちゅけい)綱《クモ・サソリ・ダニなどを含む》. 〘(1834) ← NL ～ ← Gk *arákhnē* spider, spider's web + -IDA〙

a·rach·ni·dan /ərǽknədən, -dn̩ | -nɪdən, -dn̩/ *adj., n.* 〖動物〗クモガタ綱の(動物). 〘(1881) ↑〙

ar·ach·ni·tis /æ̀rəknáɪṭɪ̀s, ɛ̀r- | æ̀rəknáɪtɪs/ *n.* 〖病理〗くも膜炎, 蜘網(ちもう)膜炎. 〘(1827) ← NL ～: ⇨ ↓, -itis〙

a·rach·no- /ərǽknoʊ | -nəʊ/ 「クモ (spider); くも膜 (arachnoid membrane)」の意の連結形. ★ 母音の前では通例 arachn- になる. 〘← NL ～: ⇨ Arachnida〙

a·rach·noid /ərǽknɔɪd/ *adj.* **1** 〖植物〗くもの巣状の (cobweblike). **2** 〖解剖〗くも膜の, 蜘網(ちもう)膜の (cf. subarachnoid). **3** 〖動物〗クモガタ綱の. — *n.* **1** 〖解剖〗くも膜, 蜘網膜 (arachnoid membrane) 《軟膜と硬膜との間の膜; cf. dura mater, pia mater》. **2** 〖動物〗=arachnid. 〘(1789) ← NL *arachnoidēs* ← Gk *arakhnoeidēs* like a cobweb: ⇨ Arachnida, -oid〙

ar·ach·nol·o·gy /æ̀rəknɑ́(ː)lədʒi, ɛ̀r- | æ̀rəknɔ́l-/ *n.* 〖動物〗クモ学《クモ・サソリ・ダニなどの研究分野を含む》.

àr·ach·nól·o·gist *n.* /-dʒɪ̀st | -dʒɪst/ 〘(1861) ← ARACHNO- + -LOGY〙

a·rach·no·phobe /ərǽknəfòʊb | -fəʊb/ *n.* クモ恐怖性[嫌い]の人. 〘(1925) ← ARACHNO- + -PHOBE〙

arach·no·pho·bi·a /ərǽknəfóʊbiə | -fə́ʊ-/ *n.* クモ嫌い[恐怖症]. 〘(1925) ← ARACHNO- + -PHOBIA〙

A·rad /ɑːrɑ́ːd | ǽrəd; *Ruman.* arád/ *n.* アラド《ルーマニア西部, Mures 川に臨む都市》.

ar·ae·om·e·ter /æ̀riɑ́(ː)məṭə, ɛ̀ər- | -ɔ́mɪ̀tə(r, ɛ̀ər-/ *n.* =areometer. 〘1706〙

a·rae·o·style /əríːəstàɪl | əríːə(ʊ)-/ 〖建築〗*adj.* 疎柱式の. — *n.* 疎柱式(建物). 〘(1563) ▭ L *araeostylos* ▭ Gk *araióstulos* ← *araiós* rare: ⇨ -style[1]〙

a·rae·o·sys·tyle /əriːəsístaɪl | əriːə(ʊ)-/ 〖建築〗*adj.* 吹寄柱式の《柱が 2 本ずつ組になって並べられた》. — *n.* 吹寄柱式(建物). 〘(1834) ▭ F *areósystyle* ← Gk *araiós* (↑) + F *systyle* 'SYSTYLE'〙

Ar·a·fat /ǽrəfæ̀t, ɛ́r-, -fɑːt | ǽrəfæt; *Arab.* ʕarafáːt/, **Yasir** *or* **Yasser** *n.* アラファト (1929– ; パレスチナ解放機構 (PLO) 議長 (1969–), パレスチナ自治政府議長 (1996–); Nobel 平和賞 (1994)).

Á·ra·fu·ra Séa /ɑ̀ːrəfúərə- | æ̀rəfúərə-/ *n.* [the ～] アラフラ海《オーストラリア北部と New Guinea 島の間の海; 面積 650,000 km²》.

Ar·a·gats /ǽrəgæ̀ts, ɛ̀r- | ǽr-/, **Mount** *n.* アラガツ山《アルメニア共和国北西部の火山 (4,090 m)》.

A·ra·go /ǽrəgòʊ | -gəʊ; *F.* aʀago/, **Dominique François Jean** *n.* アラゴー《1786–1853; フランスの天文・物理学者・政治家》.

Ar·a·gon /ǽrəgɑ̀(ː)n, ɑ́ːr-, -gɔ̀(ː)n | -gən; *Sp.* aɾaɣón/ *n.* アラゴン《スペイン北東部の地方; 11–15 世紀には王国; 面積 47,609 km²》.

A·ra·gon /ǽrəgɔ̃ː(ŋ), -gɔ̀ːŋ; *F.* aʀagɔ̃/, **Louis** *n.* アラゴン《1897–1982; フランスの小説家・詩人・批評家; *Les Communistes*「レ コミュニスト」(1949–51), *La Semaine sainte*「聖週間」(1958)》.

Ar·a·go·nese /æ̀rəgəníːz, -níːs | -níːz⁻/ *adj.* アラゴン (Aragon) (人, 語)の. — *n.* (*pl.* ~) **1** アラゴン人. **2** アラゴン語. 〖1513〗

a·rag·o·nite /ərǽgənàɪt, ǽrəg-, ɛ́r- | ərǽg-, ǽrəg-/ *n.* 〖鉱物〗霰(あられ)石 ($CaCO_3$)《calcite と同一化学組成だが, 物理性・結晶系の異なる鉱物》. **a·rag·o·nit·ic** /ərǽgənítɪk, æ̀r-, ɛ̀r- | ərǽgənít-⁻/ *adj.* 〖(1803) □ G *Aragonit* ← *Aragon* (スペインにあるその石の発見地): ⇨ -ite¹〗

A·ra·gua·ya /æ̀rəgwáɪə; *Braz.* aɾagwáia/ *n.* (*also* **A·ra·gua·ia**) [the ~] アラグァイア(川)《ブラジルの中央部を北に流れ Tocantins 川に注ぐ川 (2,198 km)》.

Ar·a·hat, a- /ǽrəhət, -hʌ̀t/ *n.* 〖仏教〗=Arhat. 〖1850〗

a·raise /əréɪz/ *vt.* 《廃》 **1** =raise. **2** 死者をよみがえらせる. 〖(*a*1325): ⇨ a-¹, raise〗

ar·ak /ǽrək, ɛ́r-, ərǽk | ǽrək, ǽræk/ *n.* =arrack.

A·ra·kan Yo·ma /ɑ̀ːrəkáːnjóʊmə, æ̀rəkǽn- | ɑ̀ː-rɑːkáːnjə́ʊmɑː/ *n.* アラカンヨーマ《ミャンマー西部を南北に走る山脈; インドとミャンマーの境界をなす》.

A·raks /ərɑ́ːks/ *n.* [the ~] アラクス(川) (⇨ Aras).

Ar·al·dite /ǽrəldàɪt, ɛ́r- | ǽr-/ *n.* 〖商標〗アラルダイト《スイス製のエポキシ樹脂系接着剤》.

A·ra·les /əréɪliːz/ *n. pl.* 〖植物〗(単子葉植物)サトイモ目. 〖← NL ~: ⇨ arum, -ales〗

a·ra·li·a /əréɪliə/ *n.* 〖植物〗ウコギ科タラノキ属 (*Aralia*) の高木・低木・草本《一般に aralia として知られ, 温室や室内で栽培される近縁のモミジバアラリア (*Dizygotheca elegantissima*) は観葉植物》. 〖(1756) ← NL ← ?〗

A·ra·li·a·ce·ae /ərèɪliéɪsiː/ *n. pl.* 〖植物〗(双子葉植物セリ目)ウコギ科. **a·ra·li·á·ceous** /-ʃəs⁻/ *adj.* 〖← NL ~ ← *Aralia* (属名: ← ?)+-ACEAE〗

Áral Séa /ǽrəl-, ɛ́r-, ɑ́ːr-, ǽr-/ *n.* [the ~] アラル海《カザフスタンとウズベキスタンとの間にある, カスピ海東方の内陸塩湖; 面積 64,500 km² (世界第 4 位), Lake Aral ともいう》.

Ar·am /ɛ́ᵊrəm | ɛ́əræm, -rəm/ *n.* アラム《古代シリア (Syria) の聖書名》. 〖⇨ Aramaean〗

Ar·am /ǽrəm, ɛ́r- | ǽr-/, **Eugene** *n.* アラム《1704–59; 英国の言語学者; ケルト語と他の印欧諸語との関連性を実証》.

ARAM 《略》 Associate of the Royal Academy of Music.

Aram. 《略》 Aramaic.

-a·ram·a /ərɑ́ːmə, ərǽmə | ərɑ́ːmə/ 連結形 -orama の異形: snack*arama*.

Ar·a·mae·an /æ̀rəmíːən, ɛ̀r- | æ̀r-⁻/ *n., adj.* アラム人(の); アラム語(の). 〖(1834) ← L *Aramaeus* (□ Gk *Aramaîos* of Aram ← Heb. *Ărām* Aram)+-AN¹〗

Ar·a·ma·ic /æ̀rəméɪɪk, ɛ̀r- | æ̀r-⁻/ *adj.* アラム (Aram) の; アラム語の. — *n.* アラム語《セム語族に属する; アラム人のみならず, バビロン追放後のユダヤ人・ペルシャ人など広く古代東方世界の人々の lingua franca として用いられた》. 〖(1834): ⇨ ↑, -ic¹〗

Áramaic álphabet *n.* 〖言語〗アラム アルファベット: **1** 紀元前 9 世紀から数世紀にわたって南西アジアの通商のために用いられ, シリア・アラビアなど他のアルファベットの基になった北セム系のアルファベット. **2** 正方形書体のヘブライアルファベット. 〖1925〗

A·ram·co /ərǽmkoʊ | -kəʊ/ *n.* アラムコ《サウジアラビアの原油生産に携わる米国資本の巨大石油会社; 1976 年サウジアラビアが国有化》. 〖《頭字語》 ← *Ar*(*abian*)-*Am*(*erican*) (*Oil*) *Co*(*mpany*)〗

Ar·a·me·an /æ̀rəmíːən, ɛ̀r- | æ̀r-⁻/ *n., adj.* =Aramaean.

ar·a·mid /ǽrəmɪ̀d, ɛ́r- | ǽr-/ *n.* アラミド《ラジアルタイヤ・防弾チョッキなどの素材となる耐熱性が高く強い軽量の芳香族ポリアミドの合成繊維》. 〖(1972) ← *aromatic*+*amide*〗

Ar·a·mis /ǽrəmɪ̀s, ɛ́r- | ǽrəmɪs/ *n.* 〖商標〗アラミス《米国 Estée Lauder 社製の男性化粧品》.

Ar·an /ǽrən, ɛ́r- | ǽr-/ *adj.* **1** アラン(諸)島の. **2** (アラン島独特の)模様編みニットウェアの: an ~ sweater. — *n.* **1** =Aran Islands. **2** アラン編み. 〖1919〗

A·ran·da /ǽrənd, ərɑ́ntə | ǽrənd, ərɑ́ntə/ *n.* (*pl.* ~, ~**s**) **1 a** [the ~(s)] アランダ族《オーストラリア中部に住む種族》. **b** アランダ族の人. **2** アランダ語. — *adj.* アランダ族[語]の. 〖1891〗

a·ra·ne·id /əréɪniɪ̀d | -ɪd/ *n.* 〖動物〗クモ (spider) (cf. arachnid). 〖↓〗

Ar·a·ne·i·da /æ̀rəníːədə | -níːɪdə/ *n. pl.* 〖動物〗真正クモ目. 〖← NL ~ ← *Aranea* (属名: ← L *arānea* spider: cf. Arachnida)+-IDA〗

ar·a·ne·i·dan /æ̀rəníːədən | -níːɪ-⁻/ *adj., n.* 〖動物〗真正クモ目の(動物). 〖1835〗

Ár·an Íslands /ǽrən-/ *n. pl.* [the ~] アラン諸島《アイルランドの西部 Galway 湾の近くにある三つの小島; J. M. Synge の *The Aran Islands* (1907) はこの諸島の見聞記》.

Áran júmper [swéater] *n.* アランジャンパー[セーター]《太い羊毛で編んだアラン編みのセーター》.

A·ran·ta /ərǽntə, ərɑ́ːn- | -tə/ *n., adj.* =Aranda.

A·rany /*Hung.* ɔ́rɔɲ/, **János** *n.* アラニュ《1817–82; ハンガリーの叙事詩人・学者》.

A·ran·ya·ka /ɑːrɑ́njəkə/ *n.* 〖バラモン教〗「アーラニヤカ」(⇨ Veda). 〖□ Skt *āraṇyaka* 《原義》 forest treatise〗

A·rap·a·ho /ərǽpəhòʊ | -həʊ/ *n.* (*also* **A·rap·a·hoe** /~/) (*pl.* ~, ~**s**) **1 a** [the ~(s)] アラパホー族《北米 Algonquian 語族の部族で, 今はカナダ中部から米国南西部にかけて平原地帯に住む》. **b** アラパホー族の人. **2** アラパホー語 (Algonquian 語族の一つ). 〖(1812) □ Am.-Ind. (? Crow) *aaraxpéahu* 《原義》 tattoo ← *aa-* with+*raxpé* skin+*-ahu* many〗

ar·a·pai·ma /æ̀rəpáɪmə/ *n.* 〖魚類〗=pirarucu. 〖(1840) ← NL ~ ← Port. & Sp. ~ ← Tupi〗

ar·a·pon·ga /æ̀rəpɑ́(ː)ŋgə | -pɔ́ŋ-/ *n.* (*also* **ar·a·pun·ga** /-pʌ́ŋgə/) 〖鳥類〗=bellbird a. 〖(1824) □ F ~ □ Port.〗

Ar·a·rat /ǽrəræ̀t, ɛ́r- | ǽr-/ *n.* **1** アララット(山)《トルコ東部のイラン国境付近にある大小二つの火山をもつ山; Great Ararat (5155 m); Little Ararat (3914 m); トルコ語名 Ağrı Dağı /aːrɪdaɣɪ/ ともいう》. **2** 〖聖書〗アララテ《大洪水が引いてノア (Noah) の箱舟がとどまった所; cf. *Gen.* 8: 4》. 〖□ Heb. *Ărārāṭ* □ Akkad. *Urarṭu*〗

ar·a·ro·ba /æ̀rəróʊbə, ɛ̀r- | æ̀rərə́ʊ-/ *n.* **1** 〖植物〗南米ブラジル産マメ科の木 (*Andira araroba*) 《幹からゴア末 (Goa powder) を採る》. **2** 〖薬学〗=Goa powder (cf. chrysarobin). 〖□ Port. ~ ← Tupi〗

A·ras /ərɑ́ːs/ *n.* [the ~] アラス(川)《トルコの Armenia 地方から東流しイラン北西部との境を流れてアゼルバイジャン東部で Kura 川に合流, また直接カスピ海にも注ぐ; ロシア語名 Araks, 古代名 Araxes》.

a·rátional /eɪ-/ *adj.* 合理性のない, 非合理の: ~ consciousness. 〖(1935) ← *a-*⁷+RATIONAL〗

A·rau·can /əráʊkən/ *n.* (*pl.* ~, ~**s**), *adj.* =Araucanian.

A·rau·ca·ni·a /æ̀rɔːkéɪniə, ɛ̀r- | æ̀r-/ *n.* アラウカニア《チリ中部の地方; アラウカン族 (Araucanian) が多い》.

A·rau·ca·ni·an /æ̀rɔːkéɪniən, ɛ̀r- | æ̀r-⁻/ *n.* **1 a** [the ~] アラウカン族《チリ中部およびブラジル北部に住む南米先住民の種族》. **b** アラウカン族の人. **2** アラウカン語. — *adj.* アラウカン族[語]の. 〖(1809) □ Sp. *Araucano* ← *Arauco* (チリの地名: ← Araucan *ragh, raq, rau* clay+*ko, co* water)+*-ano* '-IAN'〗

ar·au·car·i·a /æ̀rɔːkɛ́ᵊriə, ɛ̀r- | æ̀rɔːkɛ́ər-/ *n.* 〖植物〗ナンヨウスギ《南米・オーストラリアなどに産するナンヨウスギ属 (*Araucaria*) の針葉樹の総称; 実 (nut) は食用になる; チリマツ (monkey puzzle) など》. **àr·au·cár·i·an** /-riən⁻/ *adj.* 〖(1833) ← NL ~ ← *Arauco* (↑): ⇨ -aria〗

Ar·a·wak /ɑ́ːrəwɑ̀ːk, -wæ̀k | ǽrəwæ̀k/ *n.* (*pl.* ~, ~**s**) **1 a** [the ~(s)] アラワク族《アラワカン (Arawakan) 族を形成する(任意の)部族で, 今は主にガイアナ (Guyana) の沿岸に住む》. **b** アラワク族の人. **2** アラワク語. — *adj.* アラワク族[語]の. 〖1769〗

Ar·a·wa·kan /ɑ̀ːrəwɑ́ːkən, -wǽk- | æ̀rəwǽk-⁻/ *n.* (*pl.* ~, ~**s**) **1 a** [the ~(s)] アラワカン族《南米および西インド諸島に住むもと大種族》. **b** アラワカン族の人. **2** アラワカン語(族)《南米全域に分布する先住民の一大語族》. — *adj.* アラワカン族[語]の. 〖1910〗

A·rax·es /ərǽksiːz/ *n.* [the ~] アラクセス(川)《Araks の古代名》.

arb /ɑ́ːb | ɑ́ːb/ *n.* 《口語》 =arbitrageur. 〖1979〗

ar·ba kan·foth /ɑ́ːbəkɑ́ːnfəs, -foʊs, -foʊt | ɑ́ːbə-kɑ́ːnfəs, -fəʊs, -fəʊt/ *n.* (*also* **ar·ba kan·fot** /~/) 〖ユダヤ教〗男性ユダヤ教徒の用いる四角い布で, 衣服の下に頭から着る (cf. tallith). 〖□ Heb. *árba' kanphōth* four corners〗

ar·ba·lest /ɑ́ːbəlɪ̀st | ɑ́ː-/ *n.* (*also* **ar·ba·list** /-lɪ̀st | -lɪst/) (中世の)弩(いしゆみ) (crossbow). 〖lateOE *arblast* □ OF *arbaleste* (F *arbalète*) kind of catapult < LL *arcuballistam*: ⇨ arc, ballista〗

ár·ba·lest·er *n.* 弩兵(どへい), 弩(いしゆみ)の射手. 〖1330〗

Ar·be·la /ɑːbíːlə | ɑː-/ *n.* アルベラ《Nineveh の東にあった古代アッシリアの都市; 付近で Alexander 大王が Darius 三世のペルシャ軍を大敗させた (331 B.C.); 現代名 Erbil》.

Ar·ber /ɑ́ːbə | ɑ́ːbə(r)/, **Werner** *n.* アルバー《1929– ; スイスの分子生物学者; 分子遺伝学への貢献で Nobel 生理学医学賞 (1978)》.

Ar·bil /ɑ́əbɪl | ɑ́ː-/ *n.* =Erbil.

ar·bi·ter /ɑ́əbətə | ɑ́ːbɪ̀tə(r)/ *n.* **1** (争議などの)仲裁人, 調停者, 裁定人. **2 a** (権威ある)決定者, 裁断者, 判定者 (⇨ judge SYN): God is the ~ of our fate. 神は我々の運命の決定者だ. **b** (趣味・作法などの)権威者: the ~ *of* etiquette, fashion, etc. / the ~ *of* elegance (優雅な趣味の元締め, 通人. **c** 〖野球〗審判員 (umpire). 〖(?*a*1387) □ L ~ 'umpire, judge' ← ? *ar-* 'AD-'+*bitere, bētere* to go〗

árbiter e·le·gán·ti·ae /-èlɪ̀gǽnʃiː/ *L. n.* 趣味[儀礼など]の決定者, 通人. 〖(1933) □ L ~ 'judge of elegance': Tacitus が Petronius を評した言葉から〗

árbiter e·le·gan·ti·á·rum /-èlɪ̀gænʃiɛ́ᵊrəm | -ɛ́ərəm/ *L. n.* =arbiter elegantiae. 〖(1818) □ L ~ 'judge of elegances'〗

ar·bi·tra·ble /ɑ́əbətrəbl̩, ɑəbítrə- | ɑːbɪtrə-, ɑːbí-trə-/ *adj.* 〈争議など〉仲裁[調停]できる, 仲裁に付すべき. 〖(1531) ← L *arbitrārī* to judge (⇨ arbitrate)+-ABLE〗

ar·bi·trage *n.* **1** /ɑ́əbətrɑ̀ːʒ, ⌐ー⌐ | ɑ̀ːbɪ̀trɑ́ːʒ, ɑ́ː-bɪ̀trɪdʒ; *F.* aʀbitʀaʒ/ 〖商業〗裁定取引; さや取り売買, ピンハネ: an ~ broker さや取り仲買人 / an ~ house さや取り屋. **2** /ɑ́əbətrɪdʒ | ɑ́ːbɪ̀-/ 《まれ》 =arbitration. — *vi.* 裁定取引[さや取り売買]をする. 〖(1480) □ (O)F ~ ← *arbitrer* 'to ARBITRATE': ⇨ -age〗

ar·bi·trag·eur /ɑ̀əbətrɑ̀ːʒə́ː, ⌐ー⌐ | ɑ̀ːbɪ̀trɑ̀ːʒə́ː(r), ɑ́ːbɪ̀trɪdʒə(r)/ *n.* 〖商業〗さや取り商人, ピンハネ商人. 〖1923〗

ar·bi·tra·geur /ɑ̀əbətrɑːʒə́ː | ɑ̀ːbɪ̀trɑːʒə́ː(r); *F.* aʀbitʀaʒœːʀ/ *n.* 〖商業〗=arbitrager. 〖(1870) □ F ~〗

ar·bi·tra·gist /ɑ́əbətrɑ̀ːʒɪ̀st, ⌐ー⌐ | ɑ̀ːbɪ̀trɑ́ːʒɪst, ɑ́ːbɪ̀trɪdʒ-/ *n.* 〖商業〗=arbitrager. 〖1881〗

ar·bi·tral /ɑ́əbətrəl | ɑ́ːbɪ̀-/ *adj.* 仲裁[調停]の. 〖(1609) □ (O)F ~ // LL *arbitrālis*: ⇨ arbiter, -al¹〗

ar·bit·ra·ment /ɑəbítrəmənt | ɑː-/ *n.* **1** 仲裁, 調停 (arbitration). **2** (仲裁者の)裁定, 裁決; 裁定権. **3** (権威者による)決定権. 〖(*c*1385) *arbitrement* □ OF □ ML *arbitrāmentum* judgement: 現在の形は ML の影響: ⇨ arbiter, -ment〗

ar·bi·trar·i·ly /ɑ̀əbətrérəli, ⌐ー⌐ー | ɑ́ːbɪ̀trɛ́ərɪ̀li, ⌐ー⌐ー/ *adv.* **1** 任意に, 恣意(しい)的に, 勝手に; 気まぐれに: choose ~. **2** 専横に, 独裁的に. 〖*a*1626〗

ar·bi·trar·y /ɑ́əbətrèri | ɑ́ːbɪ̀trəri/ *adj.* **1 a** 任意の, 恣意(しい)的な, 勝手に選んだ: in ~ order 順序不同に[で]. **b** 〈事・人など〉勝手(気まま)な, 気まぐれな (capricious). **2** 専断な, 専横な, 独裁的な (despotic) (⇨ dictatorial SYN): an ~ ruler, government, etc. **3** 〖法律〗〈判決など〉(成文法などに拘束されず)自由裁量による: an ~ decision. **4** 〖数学〗任意の, 不定の (undetermined). **5** 〖言語〗恣意的な,《語形と意味の間に必然的な関係がない; de Saussure の用語》. **6** 《英》〖印刷〗〈活字が〉特殊なアクセント付きの: an ~ character 特殊アクセント付き活字[文字]《例: â č ł ş》. — *n.* [*pl.*] 《英》〖印刷〗特殊アクセント付き活字《peculiar の方がふつう》. **ár·bi·tràr·i·ness** *n.* 〖(*a*1400) □ L *arbitrārius* of arbitration, not fixed: ⇨ arbiter, -ary〗

ar·bi·trate /ɑ́əbətrèɪt | ɑ́ːbɪ̀-/ *vt.* **1** 〈争議などを〉仲裁[調停]する: ~ differences *between* two parties 二者間の係争を調停する. **2** 仲裁[調停]によって決する, 仲裁に付する. **3** 《古》〈権威者が〉〈事を〉(最終的に)決定する. — *vi.* **1** (居中)調停する, 仲裁に立つ: ~ *in* a dispute / ~ *between* contending parties 論争する二派を仲裁する. **2** (紛争などを)仲裁(裁判)に付する. 〖(1590) ← L *arbitrātus* (p.p.) ← *arbitrārī* to judge: ⇨ arbiter, -ate³〗

ar·bi·tra·tion /ɑ̀əbətréɪʃən | ɑ̀ːbɪ̀-/ *n.* **1** (争議などで双方の同意した第三者または職権による)仲裁, 調停《その裁定 (award) には従わなければならない; cf. conciliation 1, mediation 1》; 仲裁裁判: refer [submit] a dispute to ~ 争議を仲裁に付する / go to ~ 〈企業・労働者などが〉仲裁を持ち込む; 〈争議が〉仲裁に付される / a court of ~ 仲裁裁判所 / the Labor *Arbitration* Law 労働仲裁法 **2** 〖国際法〗国際仲裁裁判.

arbitrátion of exchánge 〖商業〗為替の裁定 (cf. arbitrage).

~·al /-ʃnəl, -ʃənl̩⁻/ *adj.* **ar·bi·tra·tive** /ɑ́əbə-trèɪtɪv | ɑ́ːbɪ̀trèɪt-/ *adj.* 〖(*c*1390) □ (O)F ~ □ L *arbitrātiō*(*n*-): ⇨ ↑, -ation〗

arbitrátion bàr *n.* 〖冶金〗アービトレーション試験棒《ロットのサンプル用の試験棒》.

ár·bi·trà·tor /-tə | -tə(r)/ *n.* **1** =arbiter 1 (⇨ judge SYN). **2** =arbiter 2. **~·ship** *n.* 〖(*c*1426) □ (O)F □ L *arbitrātor*: ⇨ arbitrate, -or²〗

ar·bit·re·ment /ɑəbítrəmənt | ɑːbítrɪ̀-/ *n.* =arbitrament.

ar·bi·tress /ɑ́əbətrɪ̀s | ɑ́ːbɪ̀trɪ̀s, -trɛs/ *n.* **1** 女性仲裁人. **2** (権威的な)女性決定[裁断]者. 〖(1340) □ OF *arbitresse*: ⇨ arbiter, -ess¹〗

ar·blast /ɑ́əblæst | ɑ́ː-/ *n.* 《古》 =arbalest.

Ar·blay /ɑ́əbleɪ | ɑ́ː-/, **Madame d'** *n.* ⇨ Burney.

ar·bo·lo·co /ɑ̀əbəlóʊkoʊ | ɑ̀ːbələ́ʊkəʊ; *Am.Sp.* aɾβolóko/ *n.* (*pl.* ~**es**) 〖植物〗南米コロンビア産キク科の低木 (*Montanoa lehmannii*) 《玉突のキューの用材》. 〖□ Am.-Sp. ~ ← Sp. *árbol* (< L *arborem* (↓))+LOCO¹〗

ar·bor¹, 《英》 **ar·bour** /ɑ́əbə | ɑ́ːbə(r)/ *n.* **1** (格子細工などに木の枝やつる性の植物をはわせて作った)東屋(あずまや), 亭(ちん); (林間などの)木陰 (bower). 日英比較「東屋」は屋根を萱(かや)や藁(わら)などで葺(ふ)いてあるのに対し, *arbor* は枝やつる植物などをはわせたもの. **2** 《廃》 **a** 果樹園 (orchard); 庭園, 芝生. **b** 並木道 (shaded walk). 〖(?*a*1300) (*h*)*erbere* herb garden □ AF=(O)F (*h*)*erbier* ← *erbe* 'HERB': L *arbor* (↓) に影響された〗

ar·bor² /ɑ́əbə | ɑ́ːbɔː(r), -bə(r)/ *n.* (*pl.* **ar·bo·res** /ɑ́ə-bərìːz | ɑ́ː-/) **1** 〖植物〗樹木, 木本, 高木, 喬木(きょうぼく) (tree). **2** 〖解剖〗(小脳の)活樹(体). 〖(1669) ← NL ~ ← L 'tree'〗

ar·bor³ /ɑ́əbə | ɑ́ːbə(r)/ *n.* 〖機械・金属加工〗アーバー, 軸, (旋盤の)心軸, 心棒 (axle). 〖(1659) *arber* □ F *arbre* tree, axis < L *arborem* (↑): 現在の形はラテン語の影響〗

ar·bo·ra·ceous /ɑ̀əbəréɪʃəs | ɑ̀ːbər-, ɑ̀ːbɔːr-⁻/ *adj.* =arboreal. 〖(1848): ⇨ ↑, -aceous〗

ar·bo·ral /ɑ́əb(ə)rəl | ɑ́ː-/ *adj.* =arboreal. 〖1657〗

Árbor Dày *n.* 植樹祭《初め米国で 4, 5 月ごろに, 今はカナダ・オーストラリアなどでも行われる》. 〖1872〗

ar·bor·e·al /ɑəbɔ́ːriəl | ɑː-/ *adj.* **1** 樹木の, 樹木性の, 木本の: ~ vegetation 樹木. **2** 樹上[樹間]にすむ: ~ animals. **3** 〖動物〗〈サルなどの骨格が〉樹間生活に適した. **~·ly** *adv.* 〖(*a*1667) ← L *arboreus* (⇨ arboreous)+-AL¹〗

ar·bored /ɑ́əbəd | ɑ́ːbəd/ *adj.* **1** 東屋(あずまや)のある. **2**

樹木[木陰]のある; 並木のある: an ~ walk 並木道.
ar·bor·e·ous /ɑəbɔ́ːriəs | ɑː-/ *adj.* **1** 樹木の多い, 木の茂った (wooded). **2** =arboreal 2: an ~ bird. **3** =arborescent. 〖(1646) ◻ L *arboreus*: ⇨ arbor², -ous〗
arbores *n.* arbor² の複数形.
ar·bo·res·cence /ɑ̀əbərésəns, -sns | ɑ̀ːbər-, -bɔːr-/ *n.* **1** 高木[喬木(きょうぼく)]性. **2** 樹木状; (結晶などの)樹枝状. 〖(1856) ⇨ ↓, -ence〗
ar·bo·res·cent /ɑ̀əbərésənt, -snt | ɑ̀ːbər-, -bɔːr-ˈ-/ *adj.* **1** (成長・外観など)樹木のような, 高木[喬木(きょうぼく)]状の, 亜喬木の. **2** 〈鉱物など〉樹枝状の. **~·ly** *adv.* 〖(1675) ◻ L *arborēscentem* (pres.p.) ← *arborēscere* to grow into a tree ← ARBOR²: ⇨ -ent〗
ar·bo·re·tum /ɑ̀əbəríːtəm | ɑ̀ːbəríːt-, -bɔːr-/ *n.* (*pl.* **~s**, **-re·ta** /-tə | -tə/) 樹木園, 植物園 (cf. fruticetum). 〖(1838) ← NL ~ ← L *arborētum* place grown with trees: ⇨ arbor²〗
ar·bo·ri·cul·ture /ɑ́əbərɪ̀kʌ̀ltʃə, ɑəbɔ́ːrə- | ɑ́ːbərɪkʌ̀ltʃə^(r), -bɔːr-/ *n.* (主に観賞用)樹木栽培 (cf. silviculture). **ar·bo·ri·cul·tur·al** /ɑ̀əbərɪ̀kʌ́ltʃ(ə)rəl, ɑəbɔ̀ːrə- | ɑ̀ːbərɪkʌ́l-, -bɔːr-ˈ-/ *adj.* 〖(1828): ⇨ arbor², culture〗
ar·bo·ri·cul·tur·ist /ɑ̀əbərɪ̀kʌ́ltʃərɪ̀st, ɑəbɔ́ːrə- | ɑ̀ːbərɪkʌ́ltʃərɪst, -bɔːr-/ *n.* 樹木栽培家. 〖1825〗
ar·bo·ri·form /ɑ́əbərəfɔ̀əm, ɑəbɔ́ːrə- | ɑ́ːbərɪ̀fɔːm, -bɔːr-/ *adj.* 樹木の形をした, 樹木状の. 〖1848〗
Ar·bo·ri·o /ɑəbɔ́ːriòʊ | ɑːbɔ́ːriəʊ; *It.* arbɔ́ːrjo/ *n.* アルボーリオ《イタリア産の穀粒の丸い米; リゾットに用いる》.
ar·bo·rist /ɑ́əbərɪ̀st | ɑ́ːbərɪst/ *n.* 育樹専門家. 〖1578〗
ar·bo·ri·za·tion /ɑ̀əbərɪ̀zéɪʃən | ɑ̀ːbəraɪ-, -rɪ-/ *n.* **1** 樹木[樹枝]状形成. **2 a** 〖鉱物〗(結晶などの)樹木[樹枝]状. **b** 〖解剖〗(脈管などの)樹木[樹枝]状化. 〖1794〗
ar·bo·rize /ɑ́əbəràɪz | ɑ́ː-/ *vt.*, *vi.* 樹木[樹枝]状にする[なる]. 〖(1847) ◻ F *arboriser*: ⇨ arbor², -ize〗
ar·bor·ous /ɑ́əbərəs | ɑ́ː-/ *adj.* 樹木の; 樹木からなる. 〖(1667) ← ARBOR²+-OUS〗
ar·bor·vi·tae /ɑ̀əbəváɪtiː, -víː- | ɑ̀ːbəváɪtiː, -víːtaɪ/ *n.* **1** 〖植物〗ニオイヒバ (*Thuja occidentalis*) 《米国東部産ヒノキ科の針葉樹; cf. oriental arborvitae, red cedar》. **2** 〖解剖〗=arbor vitae. 〖(1646) ← NL *arbor vitae* tree of life〗
ar·bor vi·tae /ɑ̀əbəváɪtiː, -víː- | ɑ̀ːbəváɪtiː, -víːtaɪ/ *n.* 〖解剖〗小脳活樹.
arbour *n.* =arbor¹.
ar·bo·vi·rus /ɑ̀əbəváɪrəs | ɑ̀ːbə(ʊ)váɪər-/ *n.* 〖医学〗アルボウイルス《節足動物によって伝播されるウイルスの総称; 脳炎, 黄熱などの病原体を含む》. 〖(1957) 《略》← *ar*(*thropod-*)*bo*(*rne*) *virus*〗
Ar·broath /ɑəbróʊθ | ɑːbrə́ʊθ/ *n.* アーブロース《スコットランド中東部 Dundee の北東にある海港・観光地; ここで Robert 一世が 1320 年に英国王 Edward 二世に対してスコットランドの独立宣言を行った; Aberbrothock ともいう》. 〖ME *Abbirbroth* 《原義》at the mouth of the river Brothock〗
Ar·buck·le /ɑ́əbʌkl̩ | ɑ́ː-/, **Ros·coe** /rɑ́(ː)skoʊ | rɔ́skə(ʊ)/ *n.* アーバックル《1887–1933; 無声映画時代の米国の喜劇俳優》.
Ar·bus /ɑ́əbəs | ɑ́ː-/, **Diane** *n.* アーバス《1923–71; 米国の写真家; 旧姓 Nemerov; 1960 年代に小人・巨人・服装倒錯者そのほかグロテスクなものの写真で注目を浴びた》.
Ar·buth·not /ɑəbʌ́θnət, ɑ́əbəθnɑ̀(ː)t | ɑːbʌ́θnət, əb-/, **John** *n.* アーバスノット《1667–1735; スコットランド生まれの英国の医師・諷刺作家; Swift の友人; その文集 *The History of John Bull* (1712) は "John Bull" という代表的イングランド人の通称を作り出した》.
ar·bu·tus /ɑəbjúːtəs | ɑːbjúːt-/ *n.* 〖植物〗 **1** ツツジ科 *Arbutus* 属の数種の低木の総称《白またはピンク色の花を咲かせ, 赤い実を結ぶ》; (特に)南ヨーロッパ産の観賞用・食用に栽培される植物 (*Arbutus unedo*). **2** 北米産ツツジ科イワナシ属の匍匐(ほふく)性低木 (*Epigaea repens*) (trailing arbutus ともいう). ★ 米国 Massachusetts 州の州花. 〖(1551) ◻ L ~ 'wild strawberry tree'〗
arc /ɑ́ək | ɑ́ːk/ *n.* **1** 弧形, 弓形: fly [move] *in* an ~ 弧を描いて飛ぶ[進む]. **2** 〖数学〗弧, 円弧 (⇨ 挿絵 circle): the major [minor] ~ 優[劣]弧 / of ~ 角度の. **3** 〖電気〗 **a** アーク, 電弧 (electric arc). **b** =arc lamp. **4** 〖天文〗弧: ⇨ diurnal arc. **5** 〖医学〗弧: a hysterical ~ ヒステリー弓《ヒステリーによる強直性発作》/ ⇨ reflex arc. **6** 《廃》アーチ (arch).
árc of appróach 〖機械〗近寄り弧《原動歯車の歯の根本寄りの部分が従動歯車の歯の先寄りの部分に接触しながら押し進める間に歯車が通過する弧の長さ》.
árc of cóntact 〖機械〗接触弧《一組の歯車において, 一方の歯が他方の歯に接触を始めた時刻から接触が終了する時刻までに歯車が通過する弧の長さ, またはベルト車においてベルトと接触している円周の部分》.
árc of Ló·witz /-lóʊvɪts | -lə́ʊ-; *Russ.* lóvʲɪts/ 〖気象〗ローウィッツの弧《まれに見られる暈(かさ)の一種で, 22° の幻日からうっすらと斜め下にのびる》. 〖← *J. T. Lowitz* (18 世紀のドイツ系ロシア人の天文学者)〗
árc of récess [**recéssion**] 〖機械〗遠のき弧《原動歯車の歯の先寄りの部分が従動歯車の歯の根本寄りの部分に接触しながら押し進める間に歯車が通過する弧の長さ》.
— *vi.* (**~ed**, **arcked**; **~·ing**, **arck·ing**) **1** 弧を描く, 弧を描いて進む[飛ぶ]. **2** 〖電気〗弧光を発する.
— *adj.* 〖数学〗逆の《sine, cosine など, 三角関数の逆関数についていう》.
〖(c1390) ◻ (O)F ~ < L *arcum* bow, arch ← IE **arku-* bow and arrow〗
Arc, Jeanne d' *n.* =Joan of Arc.
Arc 《略》Arcade.
ARC 《略》Agricultural Research Council; AIDS-related complex; AIDS-related condition; American Red Cross 米国赤十字社.
ARCA 《略》Associate of the Royal College of Art.
ar·cade /ɑəkéɪd | ɑː-/ *n.* **1 a** アーケード《屋根付きの街路・商店街》, 仲店通り: a shopping ~ / ⇨ amusement arcade. **b** 回廊状の通路. **2** 〖建築〗 **a** 拱廊(きょうろう), 列拱, 迫持(せりもち)ぞろい《柱などで支えられたアーチの連なり》. **b** (アーチを連ねた)歩廊, 回廊. **ar·cád·ed** /-dɪ̀d | -dɪd/ *adj.* 〖(1644) ◻ F ~ ◻ It. *arcata* < *arco* bow, arch < L *arcum* bow: ⇨ arc, -ade〗

arcade 2 b

arcáde gàme *n.* アーケードゲーム《ゲームセンターにあるような高速・高画質のテレビゲーム》.
Ar·ca·di·a /ɑəkéɪdiə | ɑːkéɪd-/ *n.* **1** アーケイディア《米国 California 州南西部, Los Angeles 郊外の都市》. **2** アルカディア《古代ギリシャ Peloponnesus 半島の中央高原の景勝地; 住民は牧羊・狩猟を生業として一つの理想郷を造っていたという》. **3** (現代ギリシャの)アルカディア地方. **4** 理想的田園. 〖(c1890) ◻ L ~ ◻ Gk *Arkadía* ← *Arkádos* (gen.) ← *Arkás* (founder of Arcadia)〗
Ar·ca·di·an /ɑəkéɪdiən | ɑːkéɪd-/ *adj.* **1** アルカディア (Arcadia) の. **2** [しばしば a-] アルカディア風の, 牧歌的な: ~ simplicity アルカディア風の[牧歌的な]簡素. — *n.* **1** アルカディア人. **2** [しばしば a-] 理想的に簡素な田舎人, 田園趣味の人. **3** (古代ギリシャ語の)アルカディア方言. 〖(1590): ⇨ ↑, -an¹〗
Ar·cá·di·an·ìsm, a- /-nɪzm/ *n.* アルカディア風, 簡素な田園趣味, 牧歌的気風[精神]. 〖1824〗
Ar·cad·ic /ɑəkéɪdɪk | ɑːkéɪd-/ *adj.* アルカディア人[方言]の. — *n.* アルカディア方言 (cf. Attic, Aeolic, Doric, Ionic).
ar·cád·ing /-dɪŋ | -dɪŋ/ *n.* 〖建築〗(建物や建物の装飾などに用いられた)アーチの連なり. 〖1849〗
Ar·ca·dy /ɑ́əkədi | ɑ́ːkədi/ *n.* 《詩》=Arcadia. 〖1590〗
ar·ca·na /ɑəkéɪnə | ɑː-/ *n.* **1** arcanum の複数形. **2** アルカナ《タロット占いに用いる 2 種類の組カードのいずれか一方; minor arcana は 56 枚の点数カード, major arcana は 22 枚の寓意画カードから成る》.
ar·ca·ne /ɑəkéɪn | ɑː-/ *adj.* 秘密の, 不可解な (secret); (普通の人には)難解な; 秘義的な (esoteric): an ~ reason, rite, word, etc. **~·ly** *adv.* **~·ness** *n.* 〖(1547) ◻ L *arcānus*: ⇨ arcanum〗
ar·cá·nist /-nɪ̀st | -nɪst/ *n.* (磁器などの)製法の奥義を究めた職人; 名工. 〖(1905): ⇨ ↓, -ist〗
ar·ca·num /ɑəkéɪnəm | ɑː-/ *n.* (*pl.* **-ca·na** /-nə/) **1** 神秘, 秘密 (mystery, secret); 奥義. **2** 〖錬金術〗(錬金術師 (alchemist) が発見しようと努めた)自然界の秘密. **3** 秘薬, 霊薬 (elixir). 〖(1599) ◻ L *arcānum* (neut.) ← *arcānus* closed ← *arca* chest: ⇨ ark〗
arcánum ar·ca·nó·rum /-ɑ̀əkənɔ́ːrəm | -ɑ̀ː-/ *n.* **1** 最も神秘[秘密]なもの. **2** 〖占星・錬金術〗(astrology, alchemy, magic の背後に潜むと思われた)究極の秘密. 〖← NL ~ ← L *arcānum arcanōrum* mystery of mysteries〗
ar·ca·to /ɑəkɑ́ːtoʊ | ɑːkɑ́ːtəʊ; *It.* arkáːto/ *adv.* 〖音楽〗弓で (coll'arco)《弦楽器奏法の指示》. 〖◻ It. ~ ← *arco*: ⇨ arcade〗
ar·ca·ture /ɑ́əkətʃʊ̀ə, -tʃə | ɑ́ːkətjʊ̀ə^(r), -tʃʊ̀ə^(r), -tʃə^(r)/ *n.* 〖建築〗 **1** 小アーケード. **2** アーケード状装飾 (blind arcade). 〖← ML *arcāta* 'ARCH¹'+-URE〗
árc-bàck *n.* 〖電子工学〗逆弧《水銀整流器などで通常流さない向きの電流を流してしまう一種の誤動作; backfire ともいう》.
arc-bou·tant /ɑ́əkbuːtɑ̃ː(ŋ), -tɑ́ːŋ | ɑ́ːkbuː-; *F.* aʀkbutɑ̃/ *F. n.* (*pl.* **arcs-bou·tants** /~(z); *F.* ~/) 〖建築〗(ゴシック建築の)飛び控え壁 (flying buttress). 〖(1731) ◻ F ~ 《原義》thrusting arch〗
árc·chùte *n.* 〖電気〗アークシュート《遮断器などでアークを引き伸ばして消弧させる部分》.
árc cosécant *n.* 〖数学〗アークコセカント, 逆余割(関数)《記号 cosec⁻¹; inverse cosecant ともいう》.
árc cósine *n.* 〖数学〗アークコサイン, 逆余弦(関数)《記号 cos⁻¹; inverse cosine ともいう》. 〖c1884〗
árc cotángent *n.* 〖数学〗アークコタンジェント, 逆余接(関数)《記号 cot⁻¹; inverse cotangent ともいう》.
Arc de Tri·omphe /ɑ̀əkdətriɔ́ː(m)f, -ɔ́ːmf | ɑ̀ːk-; *F.* aʀkdətʀijɔ̃f/ *n.* [the ~] (Paris の) 凱旋門《Napoleon がその戦勝を記念するために 1806 年に建築し始め 1836 年に完成》. 〖◻ F ~ 'arch of triumph'〗
árc dischàrge *n.* 〖電気〗アーク放電.
ar·cel·la /ɑəsélə | ɑː-/ *n.* 〖動物〗アルセラ《原生動物門有殻アメーバ目に属する *Arcella* 属の原生動物の総称; 殻をもったアメーバの一群で, 代表種はナベカムリ (*A. vulgaris*)》. 〖← NL ~ ← L *arca* box, chest (cf. ark)+-ELLA〗
árc éye *n.* 〖医学〗アーク眼《アーク溶接の紫外線による角膜の損傷による眼の痛み》.
árc fùrnace *n.* アーク炉《電弧による熱を利用した電気炉; cf. electric furnace, induction furnace》.
arch¹ /ɑ́ətʃ | ɑ́ːtʃ/ *n.* **1** 〖建築〗アーチ, 迫持(せりもち)《石やれんがを弧形に積み上げてかけ渡した構造物》. **2** アーチ路 (archway). **3** アーチ[弓形]門, 緑門: a memorial ~ 記念門 / a triumphal ~ =an ~ of triumph 凱旋門. **4 a** アーチ形, 弓形, くし形, 半円形: the ~ of an eyebrow 弓形のまゆ, 三日月まゆ / the ~ of the heavens [sky] 大空, 蒼穹(そうきゅう). **b** 弓形の物[部分]: a railroad ~ (アーチ型の)ガード / the ~ of a foot 土踏まず. **c** 土踏まず (⇨ leg 挿絵). **d** 《古》虹(にじ) (rainbow). **5** 〖解剖〗弓(きゅう): the dental ~ 歯列弓 / the plantar ~ 土踏まず. **6** (指紋の)弓状紋. **7** [Arches] 〖英国国教会〗=COURT of Arches. **8** 《古》弧 (arc).
— *vi.* **1 a** アーチ形[弓形]になる, 弓形に曲がる[そる]: Her eyebrows ~*ed*. 彼女のまゆがつり上がった. **b** (アーチのように)(…の上に)差し掛かる 〈*across, over, against*〉: A rainbow ~*ed over* the bridge [*against* the sky]. にじが橋の上に[空に]かかった. **c** 〈球などが〉弓形に[弧を描いて]進む[飛ぶ]. **2** 〖ダンス〗(パートナーあるいはコーナー(隣の人)と手をつないで, 上方に)アーチをつくる. **3** 〖海事〗〈船体が〉中央部で盛り上がる形になる (hog). — *vt.* **1** …にアーチを渡す[掛ける]. **2** アーチ形[弓形]にする, 弓形に曲げる[そらす] (bend, curve): ~ one's eyebrows (驚きや不満のため)まゆをつり上げる / A cat ~*es* its back. ねこは背を弓なりに曲げる. **3** 〈橋などが〉…に掛かる (span).
〖(c1300) ◻ (O)F *arche* < VL **arcam* ← L *arcus* 'bow, ARC'〗
arch² /ɑ́ətʃ | ɑ́ːtʃ/ *adj.* **1 a** 〈女・子供の顔付きなど〉いたずらっぽい, ちゃめな (roguish): an ~ look, smile, etc. / look ~ ひょうきんに見える / Her tone sounded ~. 彼女の口調はちゃめっぽく聞こえた. **b** ずるい, ずるそうな (sly). **2** [形容詞的に] 主な, 主要な (chief); 首領の; 大…: an ~ imposter 大詐欺師. ★ 今は通例複合語に用いる (⇨ arch-¹). — *n.* 《廃》首領 (chief). 〖(1547) 《独立用法》← ARCH-¹〗
arch. 《略》archaic; archaism; archery; archipelago; architect; architectural; architecture.
Arch. 《略》Archbishop; Archdeacon; Archduke; Archibald.
arch-¹ /ɑ́ətʃ | ɑ́ːtʃ/「主たる, 第一の; 大…, はなはだしい」などの意の連結形: *arch*enemy / *arch*liar 大うそつき / *arch*-robber 盗賊の頭(かしら). ★ (1) *arch*angel などでは後続の a 音の影響で /ɑək | ɑ́ːk/ と発音する. (2) 近代におけるギリシャ語・ラテン語からの借入語では通例異形 archi- が用いられる: *archi*mandrite. 〖< OE *ærce-*, *erce-* ◻ L *arch(i)-* ◻ Gk *arkh(i)-* chief ← *arkhós* leader ← *árkhein* to rule, begin〗
arch-² /ɑ́ək | ɑ́ːk/ archi-² の異形: *arch*enteron.
-arch¹ /ɑ̀ək | ɑ̀ːk/「支配者, 王, 君主」の意の名詞連結形: mon*arch*, olig*arch*. 〖ME ◻ OF *-arche* ◻ LL *-archa*=L *-arches* ◻ Gk *-arkhēs* ← *arkhós* (↑)〗
-arch² /ɑ̀ək | ɑ̀ːk/ *suf.*「…に起点[原点]をもつ」の意の形容詞語尾: end*arch*. 〖◻? G ~ ← Gk *arkhḗ* beginning: cf. arch-¹〗
ar·chae- /ɑ́əki | ɑ́ː-/ (母音の前にくるときの) archaeo- の異形.
ar·chae·a /ɑəkíːə | ɑː-/ *n. pl.* 〖生物〗古細菌 (archaebacteria) 《大きさと構造の単純さは細菌に似ているが, 分子組成が根本的に異なる微生物; 現在では真性細菌と真核生物の中間に位置する古いグループと考えられている》.
Ar·chae·an /ɑəkíːən | ɑː-/ 〖地質〗*adj.* 太古代の, 始生代の; 太古代[始生代]岩石の: the ~ era 太古代, 始生代《約 25 億年以前の最古の地質時代》/ ~ rocks 太古代[始生代]岩石. — *n.* [the ~] 太古代, 始生代. 〖(1872) ⇨ archaeo-, -an¹〗
àrchae·bactéria *n. pl.* =archaea.
ar·chae·o- /ɑ́əkioʊ | ɑ́ːkiəʊ/「古代の (ancient), 原始(的)の (primitive)」の意の連結形: *archaeo*logy. ★ 母音の前では通例 archae- になる. 〖◻ Gk *arkhaio-* ← *arkhaîos* ancient ← *arkhḗ* beginning: cf. arch-¹〗
àrchaeo·astrónomy *n.* 天文考古学《古代文明の天文学上の研究》. **àrchaeo·astrónomer** *n.* 〖(1971): ⇨ ↑, astronomy〗
ar·chae·o·cyte /ɑ́əkiousàɪt | ɑ́ːkiə(ʊ)-/ *n.* 〖動物〗原始細胞, 原性[原生]細胞《発生初期の幼生中の未分化の細胞》. 〖1887〗
archaeol. 《略》archaeological; archaeology.
ar·chae·o·log·ic /ɑ̀əkiəlɑ́(ː)dʒɪk | ɑ̀ːkiəlɔ́dʒ-ˈ-/ *adj.* =archaeological. 〖1731〗
ar·chae·o·log·i·cal /ɑ̀əkiəlɑ́(ː)dʒɪ̀kəl, -kl̩ | ɑ̀ːkiəlɔ́dʒɪ-ˈ-/ *adj.* 考古学(的)の, 考古学上の: ~ digging (考古学的調査のための)遺跡発掘 / an ~ site 考古学的遺跡. **~·ly** *adv.* 〖1782〗
ar·chae·ol·o·gist /ɑ̀əkiɑ́(ː)lədʒɪ̀st | ɑ̀ːkiɔ́lədʒɪst/ *n.* 考古学者. 〖1824〗
ar·chae·ol·o·gize /ɑ̀əkiɑ́(ː)lədʒàɪz | ɑ̀ːkiɔ́l-/ *vi.* 考古学の研究をする; (趣味で)考古学をやる. 〖1884〗
ar·chae·ol·o·gy /ɑ̀əkiɑ́(ː)lədʒi | ɑ̀ːkiɔ́l-/ *n.* **1** 考古学. **2** 〖考古〗古代文化の遺物[遺跡]. **3** 《古》古代史 (ancient history) (cf. prehistory, protohistory). 〖(1607) ◻ LL *archaeologia* ◻ Gk *arkhaiología*: ⇨ archaeo-, -logy〗
àrchaeo·mágnetism *n.* 〖考古〗古地磁気学《年代決定のための残留磁気計測》. 〖(1958) ← ARCHAEO-+MAGNETISM〗
ar·chae·om·e·try /ɑ̀əkiɑ́(ː)mətri | ɑ̀ːkiɔ́m-/ *n.* 考古(標本)年代測定(法) (archeometry ともつづる). 〖(1958) ← ARCHAEO-+-METRY〗
ar·chae·op·ter·yx /ɑ̀əkiɑ́(ː)ptərɪks | ɑ̀ːkiɔ́p-/ *n.* 〖古生物〗始祖鳥《ジュラ紀の古鳥類 *Archaeopteryx* 属ま

A

たは古鳥亜綱の鳥の総称; 爬虫類の特徴を多く有する小形の鳥). 〚(1859) ← NL ～: ⇨ archaeo-, -pteryx〛

ar·chae·or·nis /ɑ̀əkiɔ́ənɪ̀s | ɑ̀:kiɔ́:nɪs/ *n.* 〖古生物〗始祖鳥 (*Archaeornis* 属 (現在では *Archaeopteryx* 属と同義とされる) の鳥の総称). 〚← NL ～: ⇨ archaeo-, -ornis〛

Ar·chae·o·zo·ic /ɑ̀əkiəzóuɪk | ɑ̀:kiə(ʊ)zə́ʊ-ˊ/ *adj.*, *n.* 〖地質〗 =Archeozoic.

àrchaeo·zoólogy *n.* 動物考古学.

ar·cha·ic /ɑəkéɪɪk | ɑ:-/ *adj.* **1** 〈風習・考えなど〉昔風の, すたれた (out-of-date). **2 a** 〈語句・語法など〉古い, 古風な, 古体の (old-fashioned) (⇨ old SYN): an ～ word 古語. **b** 〈文体など〉古文体の; 〈作家など〉古語[擬古体]を用いる. **3 a** 初期の (undeveloped). **b** 〖生物〗原始的な (primitive). **4** [しばしば A-] 〖美術〗〈美術様式・文化など〉初期の, 創始期の, アルカイックな, 古拙な (cf. Hellenistic 2): ～ Greek sculpture / the ～ period 古拙期 / ⇨ archaic smile. **ar·chá·i·cal·ly** *adv.* 〚(1832) ▭ F *archaïque* ▭ Gk *arkhaïkós* old fashioned ← *arkhaîos*: ⇨ archaeo-, -ic¹〛

archáic smíle *n.* 〖美術〗アルカイックスマイル, 古拙の微笑 (紀元前 500 年ごろまでのギリシャの彫刻に特有な微笑に似た表情; 広義には日本の飛鳥時代の仏像などにも指摘される). 〚1889〛

ar·cha·ism /ɑ́əkiìzm, -keɪ- | ɑ:kéɪɪzm, ˊ-ˋ-/ *n.* **1** 古語; 古文体, 擬古体. **2** 擬古主義. **3** 古風; 古風な習慣. 〚(1612) ← NL *archaismus* ← Gk *arkhaismós* ← *arkhaîos*: ⇨ archaeo-, -ism〛

ar·cha·ist /ɑ́əkiɪ̀st, -keɪ- | ɑ:kéɪɪst, ˊ-ˋ-/ *n.* **1** (言語・美術上の)擬古主義者, 古語使用者. **2** 古物[遺物]研究家 (antiquary). 〚1851〛

ar·cha·is·tic /ɑ̀əkiístɪk, -keɪ- | ɑ̀:keɪ-ˊ/ *adj.* 古風な, 古体の; 擬古的な. **àr·cha·ís·ti·cal·ly** *adv.* 〚1850〛

ar·cha·ize /ɑ́əkiàɪz, -keɪ- | ɑ́:keɪ-, ɑ́:ki-/ *vt.* 古風にする, 古風な言い方にする. — *vi.* 古体[古語]を用いる, 古風をまねる. **ár·cha·iz·er** *n.* 〚(1850) ▭ Gk *arkhaízein*: ⇨ archaic, -ize〛

ár·cha·iz·ing *adj.* 古風な[語法, 文体]をまねた, 擬古体[調]の: ～ poetry. 〚(1850): ⇨ ↑, -ing²〛

ar·chal·lax·is /ɑ̀əkəlǽksɪ̀s | ɑ̀:kəlǽksɪs/ *n.* (*pl.* **-lax·es** /-si:z/) 〖生物〗アルハラクシス (胚の発生の初期に新形質が導入されること). 〚← NL ～ ← ARCHI-²+Gk *állaxis* exchange〛

arch·an·gel /ɑ́əkèɪndʒəl, -dʒl, ˊ-ˋ-ˋ | ɑ:kéɪndʒəl, -dʒl, ˊ-ˋ-/ *n.* **1** 〖神学〗大天使 (天使の九階級中第八階級の天使; ⇨ angel 1 a). **2** 〖植物〗 =angelica 1. **3** 〖植物〗 =yellow archangel. **4** 〖鳥類〗イエバト, ドバト (背に斑紋のある青銅色の飼い鳩). 〚OE ～ ▭ OF *archangele* // LL *archangelus* ▭ Gk *arkhággelos*: ⇨ arch-¹, angel〛

Arch·an·gel /ɑ́əkèɪndʒəl, -dʒl, ˊ-ˋ- | ɑ́:kèɪndʒəl, -dʒl, ˊ-ˋ-/ *n.* アルハンゲリスク (⇨ Arkhangelsk). 〚1854〛

Archangel, the Gulf of *n.* アルハンゲル湾 (Dvina Bay の旧名).

arch·an·gel·ic /ɑ̀əkeɪndʒélɪk | ɑ̀:k-ˊ/ *adj.* 大天使の(ような). 〚1667〛

árch bàr *n.* 〖建築〗アーチ形棒材.

árch·bíshop *n.* **1 a** 〖カトリック〗大司教; 〖東方正教会〗大主教. **b** 〖英国国教会〗大主教 (Canterbury 大主教と York 大主教のみを指す; 米国聖公会や日本聖公会にはこの制度はない; cf. presiding bishop). **c** 〖プロテスタント〗大監督. **2** 〖仏教〗大僧正 (略. abp, Abp, Arch., Archbp). 〚OE *ærcebiscop* ▭ LL *archiepiscopus* ▭ Gk *arkhiepískopos*: ⇨ arch-¹, bishop〛

àrch·bíshopric *n.* archbishop の座[職, 管区]. 〚OE *ar̄cebiscopric̄e*〛

árch bòard *n.* 〖海事〗(アーチ形の)船尾船名板. 〚1883〛

Archbp (略) archbishop.

árch brìck *n.* 〖建築〗迫持(せり)れんが (アーチの建造に用いるくさび形のれんが).

árch brìdge *n.* 〖土木〗アーチ橋, 拱橋.

árch cènter *n.* 〖土木〗セントル (アーチの型枠).

àrch·confratérnity *n.* 〖カトリック〗大信心会 (他の信心会を合併し, 与えられている特権や贖宥(しょくゆう)を分与する権利がある会). 〚(1636) (なぞり) ← It. *arciconfraternita*〛

Archd. (略) Archdeacon; Archduke.

árch dàm *n.* 〖土木〗アーチダム (構造物のアーチ作用により水圧など諸外力に抵抗する貯水機能をもったダム).

árch·déacon *n.* **1** 〖英国国教会〗大執事; 〖カトリック〗大助祭; (その他で)大補祭, 助祭長, 長補祭, 副監督 (特に英国国教会では, 主教の次に位し, 主教から教区の管理の一部を託される重要な職で, 17 世紀以降司祭がこれに当たる). **2** 〖仏教〗副僧正, 権(ごん)僧正. **～·shìp** *n.* 〚OE *ærcediacon* ▭ LL *archidiāconus* ▭ Gk *arkhidiákonos*: ⇨ arch-¹, deacon〛

àrch·déaconate *n.* archdeacon の地位[職]. 〚(1882): ⇨ ↑, -ate¹〛

àrch·déaconry *n.* archdeacon の権能[地位, 管轄区, 邸宅]. 〚1555〛

àrch·díocese *n.* 〖キリスト教〗大司教区, 大主教区 (archbishop の管轄する教区). **àrch·diócesan** *adj.* 〚1844〛

árch·dúcal *adj.* 大公の; 大公領の. 〚1665〛

árch·dúchess *n.* **1** 大公妃 (archduke の夫人・未亡人). **2** (1918 年までのオーストリアの)皇女. 〚(1618) ▭ F *archiduchesse*: ⇨ archduke, -ess¹〛

árch·dúchy *n.* 大公領, 大公国 (archduke または archduchess の領土). 〚(1680) ▭ F (廃) *archeduché* (F *archiduché*): ⇨ arch-¹, duchy〛

àrch·dúke *n.* 大公 (1918 年までのオーストリア皇子). 〚(1530) ▭ OF *archeduc* (F *archiduc*): ⇨ arch-¹, duke〛

àrch·dúke·dom *n.* =archduchy. 〚1530〛

ar·che-¹ /ɑ́əkɪ̀ | ɑ́:kɪ/ *pref.* 「原 (primitive, original)」の意: *arche*gonium. 〚▭ L ～: ⇨ archi-¹〛

ar·che-² /ɑ́əki | ɑ́:-/ (母音の前にくるときの) archeo- の異形.

Ar·che·an /ɑəkí:ən | ɑ:-/ *adj.*, *n.* (米) 〖地質〗 = Archaean. 〚1872〛

arched /ɑ́ətʃt | ɑ́:tʃt/ *adj.* **1** アーチのある, 迫持(せりもち)造りの; アーチ形の, 弓形の: an ～ door 迫持造りのドア / an ～ bridge そり橋, アーチ橋. **2** 〖紋章〗〈区画線など〉アーチ状の, カーブした (invexed ともいう). 〚*c*1330〛

árched squáll *n.* 〖気象〗アーチ形スコール (赤道地方に起こる突風で, 密集した黒雲がアーチ形に前進し激しい雷雨を伴う).

árched trúss *n.* 〖土木〗アーチトラス (アーチ状のけた構えで基底部分が温度の変化による伸縮で動くようになったもの).

archegonia *n.* archegonium の複数形.

ar·che·go·ni·al /ɑ̀əkɪ̀góuniəl | ɑ̀:kɪgə́ʊ-ˊ/ *adj.* 〖植物〗 **1** 造卵器の. **2** =archegoniate 1. 〚(1865) ⇨ archegonium, -al¹〛

ar·che·go·ni·ate /ɑ̀əkɪ̀góuniɪ̀t, -èɪt | ɑ̀:kɪgə́ʊ-ˊ/ 〖植物〗 *adj.* **1** 造卵器をもった. **2** =archegonial 1. — *n.* 造卵器植物. 〚← NL ～: ⇨ ↓, -ate¹·²〛

ar·che·go·ni·um /ɑ̀əkɪ̀góuniəm | ɑ̀:kɪgə́ʊ-/ *n.* (*pl.* **-ni·a** /-niə/) 〖植物〗造卵[蔵卵]器 (コケ類・シダ類など下等植物の雌性生殖器官; 首と 1 個の卵子を含む腹部から成る). 〚(1854) ← NL ～ ← Gk *arkhégonos* first of a race: ⇨ arche-¹, -gonium〛

àrch·énemy *n.* **1** 大敵: Edward Randolph, our ～ 我々の大敵エドワード ランドルフ. **2** [しばしば A-; the ～] サタン, 悪魔: the ～ (of mankind) 人類の大敵, サタン. 〚1550〛

ar·chen·ter·on /ɑəkéntərɑ̀(:)n, -rən | ɑ:kéntərɒn, -rən/ *n.* (*pl.* **-ter·a** /-rə/) 〖生物〗原腸 (primitive enteron). **ar·ch·en·ter·ic** /ɑ̀əkəntérɪk | ɑ̀:-ˊ/ *adj.* 〚(1881) ← NL ～: ⇨ archi-², enteron〛

ar·che·o- /ɑ́əkiou | ɑ́:kiəʊ/ archaeo- の異形: *Archeozoic*. ★ 母音の前では通例 arche- になる.

àrcheo·astrónomy *n.* =archaeoastronomy.

ar·che·o·cyte /ɑ́əkiousàɪt | ɑ́:kiə(ʊ)-/ *n.* 〖動物〗 = archaeocyte.

ar·che·o·log·i·cal /ɑ̀əkiəlɑ́(:)dʒɪ̀kəl, -kl | ɑ̀:kiəlɒ́dʒɪ-ˊ/ *adj.* =archaeological.

ar·che·ol·o·gist /ɑ̀əkiɑ́(:)lədʒɪ̀st | ɑ̀:kiɒ́lədʒɪst/ *n.* =archaeologist.

ar·che·ol·o·gy /ɑ̀əkiɑ́(:)lədʒi | ɑ̀:kiɒ́l-/ *n.* (米) = archaeology.

àrcheo·mágnetism *n.* =archaeomagnetism.

Ar·che·o·zo·ic /ɑ̀əkiəzóuɪk | ɑ̀:kiə(ʊ)zə́ʊ-ˊ/ 〖地質〗 *adj.* 始生代の: the ～ era 始生代 (先始生代と共に地球歴史の最古の時代でこの時代に生物が発生したと想像されている): ～ rocks 始生代岩石. — *n.* [the ～] **1** 始生代. **2** 始生代層 (cf. Proterozoic). 〚(1872) ← ARCHAEO-+-ZOIC〛

àrcheo·zoólogy *n.* =archaeozoology.

arch·er /ɑ́ətʃə | ɑ́:tʃə^(r)/ *n.* **1** 弓術家, 射手 (bowman). **2** [the A-] **a** 〖天文〗いて(射手)座 (⇨ Sagittarius 2). **b** 〖占星〗いて座, 人馬宮 (⇨ Sagittarius 1 a). **3** 〖魚類〗 =archerfish. 〚(*c*1300) ▭ AF ～=OF *archier* < VL **arcārium* ← L *arcus* 'bow, ARC'〛

Ar·cher /ɑ́ətʃə | ɑ́:tʃə^(r)/, **Jeffrey (Howard)** *n.* アーチャー (1940–　; 英国の保守党政治家・サスペンス小説家; *Kane and Abel* (1979), *First Among Equals* (1984)).

Archer, William *n.* アーチャー (1856–1924; スコットランド生まれの英国の劇作家・劇評家, Ibsen の紹介者; *The Old Drama and the New* (1923)).

ar·cher·ess /ɑ́ətʃərɪ̀s | ɑ́:tʃərɪs, -rès/ *n.* 女性弓術家. 〚1646〛

árcher·fìsh *n.* 〖魚類〗 **1** テッポウウオ (*Toxotes jaculator*) (東インド・南洋産の小形の淡水魚; 巧みに水を吹きかけ昆虫を落として捕食する). **2** テッポウウオと類似の魚類の総称. 〚*c*1889〛

ar·cher·y /ɑ́ətʃ(ə)ri | ɑ́:-/ *n.* **1** アーチェリー, 洋弓術 (⇨ arrow, bow³): an ～ target. **2** 弓矢の使用. **3** [集合的] 射手隊. **4** [集合的] 弓矢類, 弓術用具. 〚(?*c*1375) ▭ OF *archerie*: ⇨ archer, -ery〛

ar·ches /ɑ́ətʃɪ̀z | ɑ́:-/ *n. pl.* [単数扱い] 〖昆虫〗翅にジグザグ模様のあるガの総称 (ノンネマイマイ (*Lymantria monacha*) (black arches) など).

Árch·es Nátional Párk /ɑ́ətʃɪ̀z- | ɑ́:-/ *n.* アーチズ国立公園 (米国 Utah 州東部の自然公園; 風化と浸食により巨大な砂岩のアーチや尖塔が形成されている; 1929 年に指定).

ar·che·spore /ɑ́əkɪ̀spɔ̀ə | ɑ́:kɪspɔ̀:^(r)/ *n.* 〖植物〗胞原細胞(群). **ar·che·spo·ri·al** /ɑ̀əkɪ̀spɔ́:riəl | ɑ̀:kɪ-ˊ/ *adj.* 〚(1901) ↓〛

ar·che·spo·ri·um /ɑ̀əkɪ̀spɔ́:riəm | ɑ̀:kɪ-/ *n.* (*pl.* **-ri·a** /-riə/) 〖植物〗 =archespore. 〚(*c*1889) ← NL ～: ⇨ arche-¹, spore, -ium〛

ar·chet·to /ɑəkétou | ɑ:kétəʊ; *It.* arkétto/ *n.* (*pl.* **～s**) 〖窯業〗成形体の余分の部分をかき取るための針金を弓状に張った道具. 〚▭ It. ～ ← *arco* bow (cf. arcade)+-*etto* '-ET'〛

ar·che·typ·al /ɑ̀əkɪ̀táɪpəl, -pl | ɑ̀:kɪ-ˊ/ *adj.* 原型(的)の; 典型的な. **～·ly** *adv.* 〚1642〛

ar·che·type /ɑ́əkɪ̀tàɪp | ɑ́:kɪ-/ *n.* **1 a** 典型: the very ～ of a fool, knight, etc. **b** 原型 (⇨ model SYN): The Model T is the ～ of mass-produced automobiles. (フォードの) T 型車は大量生産による自動車の原型である. **2** 〖哲学〗原型 (現象界の事物の原型としての Plato の idea; 新プラトン派やスコラ哲学では被創造物の形態を決定する神の心の中の観念; 現象に対する外界また は物自体など). **3** 〖心理〗元型, アーキタイプ (人類に普遍的な象徴を帯びた原始的な心像; Jung の用語). **4 a** 〖文芸〗(世界各地の神話や伝承に現れて, 民衆の意識下に共通して存在すると思われる)原型, 祖型. **b** (作品などにしばしば使用されるテーマなどの)原型. **ar·che·typ·ic** /ɑ̀əkɪ̀típɪk | ɑ̀:kɪ-ˊ/ *adj.* **àr·che·týp·i·cal** *adj.* **àr·che·týp·i·cal·ly** *adv.* 〚(1545) ▭ L *archetypum* ▭ Gk *arkhétupon* original type, pattern ← *arkhétupos* molded first as a model: ⇨ archi-², -type〛

árch·fíend *n.* **1** 大悪魔 (chief fiend). **2** [the ～] 魔王 (Satan). 〚1667〛

árch hèad *n.* 〖機械〗アーチヘッド (動桁 (walking beam) の両端に固定する湾曲した金具; ポンプ用の鎖をつるすために使用). 〚1760〛

ar·chi-¹ /ɑ́əkɪ̀ | ɑ́:kɪ/ arch-¹ の異形 (⇨ -i-): *archi*diaconal, *archi*episcopal.

ar·chi-² /ɑ́əkɪ̀ | ɑ́:kɪ/ 〖生物〗「原 (primitive, original)」の意の連結形: *archi*plasm. ★ 時に arch- になる. 〚▭ L ～ ← Gk *arkhé* beginning: cf. arch-¹〛

Ar·chi·bald¹ /ɑ́ətʃəbɔ̀:ld, -bɑ̀:ld | ɑ́:tʃɪ̀bɔ̀:ld/ *n.* アーチボルド (男性名; 愛称形 Archie, Archy). 〚ME *Arcebaldus* ▭ OF *Archembaldt* ∽ OE *Eorconbeald* ▭ OHG *Ercanbald* ← *ercan* genuine+*bald* 'BALD'〛

Ar·chi·bald², a- /ɑ́:tʃəbɔ̀:ld, -bɑ̀:ld | ɑ́:tʃɪ̀bɔ̀:ld/ *n.* =Archie². 〚(1915) ← *Archibald, certainly not* (20 世紀初めの英国の流行歌の繰り返し): 対空射撃を受けた英国の操縦士がこれを口にしたことから〛

Árchibald príze *n.* (豪) アーチボールド賞 (1921 年以来オーストラリアの Art Gallery of New South Wales によって毎年優れた肖像画に授与される賞; ジャーナリスト J. F. Archibald (1856–1919) の遺志による).

ar·chi·blast /ɑ́əkəblæ̀st | ɑ́:kɪ-/ *n.* 〖生物〗 **1** 卵の原形質部分 (卵黄や貯蔵物質を除いた部分). **2** =epiblast. **ar·chi·blas·tic** /ɑ̀əkəblǽstɪk | ɑ̀:kɪ-ˊ/ *adj.* 〚1876〛

ar·chi·carp /ɑ́əkɪ̀kɑ̀əp | ɑ́:kɪkɑ̀:p/ *n.* 〖植物〗糸原体 (子嚢(のう)菌類の雌性生殖器官; cf. ascogonium).

àrchi·diáconal *adj.* archdeacon の. 〚1651〛

àrchi·diáconate *n.* =archdeaconate. 〚▭ ML *archidiāconātus*: ⇨ archdeacon, -ate¹〛

àrchi·díocese *n.* =archdiocese.

Ar·chie¹ /ɑ́ətʃi | ɑ́:-/ *n.* アーチー (男性名). 〚(dim.) ← ARCHIBALD¹〛

Ar·chie², a- /ɑ́ətʃi | ɑ́:-/ *n.* (俗) 高射砲 (antiaircraft gun). 〚(1915) (略) ← ARCHIBALD²〛

àrchi·epíscopacy *n.* 〖キリスト教〗archbishop (管治)制. 〚(1642) ← LL *archiepiscopus* (⇨ archbishop)+-ACY〛

àrchi·epíscopal *adj.* archbishop の: an ～ throne archbishop の座[地位] / an ～ cross=patriarchal cross / an ～ staff=crosier 1 b. **～·ly** *adv.* 〚1611〛

àrchi·epíscopate *n.* archbishop の職[任期, 管区]. 〚(1792) ▭ ML *archiepiscopātus*: ⇨ archiepiscopacy, -ate¹〛

ar·chil /ɑ́ətʃɪ̀l, -kɪ̀l | ɑ́:tʃɪl, -kɪl/ *n.* **1** リトマス (リトマスゴケなどの地衣から採取される紫色の色素; 化学の試薬として使われる). **2** 〖植物〗リトマスゴケ (*Roccella tinctoria*) (orchil ともいう). 〚(1483) ▭ OF *orchel* (F *orseil*) ▭ It. *orcello*: ⇨ orchil〛

Ar·chi·lo·chi·an /ɑ̀əkəlóukiən | ɑ̀:kɪ̀lə́ʊ-ˊ/ *adj.* 〖詩学〗アルキロコス(の詩)の, アルキロコス風の. 〚(1751): ⇨ ↓, -AN¹〛

Ar·chil·o·chus /ɑəkíləkəs | ɑ:-/ *n.* アルキロコス (紀元前 8–7 世紀ごろのギリシャの叙情・諷刺詩人).

ar·chi·mage /ɑ́əkɪ̀mèɪdʒ | ɑ́:kɪ-/ *n.* 大魔法師 (great magician). 〚(1553) ← NL *archimagus* ← LGk *arkhímagos*: ⇨ arch-¹, Magus〛

ar·chi·man·drite /ɑ̀əkɪ̀mǽndraɪt | ɑ̀:kɪ-/ *n.* 〖東方正教会〗 **1** (大)修道院長 (cf. abbot). **2** 修道会総会長, 管長 (superior abbot) (いくつかの修道院全体の長). **3** 大修道院長 (すぐれた修道士に与えられる名誉称号). 〚(1591) ▭ F ～ // LL *archimandrita* ▭ LGk *arkhimandrítēs* ← ARCH-¹+*mándra* monastery, (Gk) enclosure: ⇨ -ite¹〛

Ar·chi·me·de·an /ɑ̀əkəmí:diən, -mɪ̀dí:ən | ɑ̀:kɪmí:diən, ɑ̀:kɪmɪdí:ənˊ/ *adj.* アルキメデスの; アルキメデスの発見[考案]した. 〚1813〛

Àrchimedean scréw *n.* =Archimedes' screw. 〚1829〛

Ar·chi·me·des /ɑ̀əkəmí:di:z | ɑ̀:kɪ-ˊ/ *n.* アルキメデス (287?–212 B.C.; ギリシャの数学者・発明家;「アルキメデスの原理」を発見した).

Àrchimedes' prínciple *n.* 〖物理〗アルキメデスの原理 (液体中に浸された固体は, それが排除した液体の重さに等しい浮力を受ける, という物理学上の原理).

Àrchimedes' scréw *n.* 〖機械〗アルキメデスの螺旋(らせん)水揚げ機. 〚*c*1859〛

ar·chin /ɑəʃí:n | ɑ:-/ *n.* (*also* **ar·chine** /～/) =arshin.

arch·ing *n.* **1** アーチ形[弓形]にする[なる]こと; 迫持(せりもち)(構え)にすること. **2** アーチ形, 弓形, 弧形; 弓状部; 迫持

構え. ── adj. アーチ形をなす, アーチを形成する. 〘1598〙

ar·chi·pel·a·go /àəkəpéləgòʊ | à:kɪpéləgəʊ/ n. (pl. ~s, ~es) 1 群島, 列島: the Japanese *Archipelago* 日本列島; ⇨ Arctic Archipelago, Malay Archipelago. 2 群島[列島]のある海. 3 [the A-] 多島海《Aegean Sea の旧名》. **ar·chi·pe·la·gi·an** /àəkəpəléɪdʒiən, -dʒən | à:kɪpɪ-⁻/ adj. **ar·chi·pe·lag·ic** /àəkəpəlǽdʒɪk | à:kɪpɪ-⁻/ adj. 〘(1502)□ It. *arcipelago* chief sea ← *arci-* 'ARCH-¹'+Gk *pélagos* sea〙

Ar·chi·pen·ko /àəkəpéŋkoʊ | à:kɪpéŋkəʊ; *Russ.* arxʲípʲinkə/, **Alexander Por·fi·ri·e·vich** /parfʲírʲijvʲitʲ/ n. アルキペンコ《1887–1964; ロシア生まれの米国(1923 年渡米)の抽象彫刻家》.

ar·chi·pho·neme /áəkəfòuni:m, ⁻⁻⁻⁻ | à:kɪfə́uni:m, ⁻⁻⁻⁻/ n. 〘言語〙原音素《例えば, 英語では音素 /p/ と /b/ とは無声, 有声の対立をもつが, speak のように /s/ の後ではその対立がない; このような場合 /s/ の後では /p/ と /b/ 両者の基底をなす原音素 /P/ が出現するという; Trubetzkoy の用語》. 〘1937〙

Ar·chi·pié·la·go de Colón /àəki:pjéləgòʊðeɪkəlóʊn | à:ki:pjéləgəʊðeɪkələ́ʊn; *Am.Sp.* artʃipjélaɣoðekolón/ n. コロン諸島《Galápagos 諸島の公式名》.

ar·chi·plasm /áəkəplæ̀zm | á:kɪ-/ n. 〘生物〙 1 原始原形質, 原形子形質《細胞分裂の際に紡錘糸などを形成する物質; archoplasm ともいう》. 2 《受精卵の分割を始める前の》未分化の原形質. **ar·chi·plas·mic** /àəkəplǽzmɪk | à:kɪ-⁻/ adj. 〘□ G *Archiplasma*: ⇨ archi-², -plasm〙

ar·chip·te·ryg·i·um /àəkìptərídʒiəm | à:-/ n. 〘動物〙原始鰭(き). 〘← NL ~ ← ARCHI-²+Gk *pterúgion* little wing〙

archit. 《略》architecture.

ar·chi·tect /áəkətèkt | á:kɪ-/ n. 1 建築家, 建築技師; (船の)設計者: ⇨ landscape architect, naval architect. 2 企画者, 創造者, 建設者 (designer, creator): the (Great) *Architect* 造物主, 神 / the ~ of one's own fortune 自己の運命の開拓者 / the (chief) ~ of a coup d'état クーデターの主導者 / the ~ of détente 緊張緩和の立役者. ── vt. 建築する; 設計する; 企画(遂行)する. 〘(1563)□ F *architecte* □ L *architectus* master builder □ Gk *arkhitéktōn* ← *arkhi-* 'ARCH-¹'+*téktōn* builder (← IE **tekth-* to weave, fabricate: cf. technic)〙

ar·chi·tec·ton·ic /àəkətektɑ́(:)nɪk | à:kɪtektɔ́n-⁻/ adj. 1 建築術の; 建築の; 建築家の. 2 構造的な, 構成的な, 組織的な (constructive): ~ beauty 構成美. 3 建築様式の. 4 〘哲学〙組織的[体系的]知識の. 5 〘美術〙〈作品など〉(大建築を思わせるように)雄大な (monumental). ── n. =architectonics. **àr·chi·tec·tón·i·cal·ly** adv. 〘(1645)□ L *architectonicus* □ Gk *arkhitektonikós*: ⇨ arch-¹, tectonic〙

ar·chi·tec·ton·ics /àəkətektɑ́(:)nɪks | à:kɪtektɔ́n-/ n. 1 建築学. 2 〘哲学〙建築術《体系の技術で, 雑多な認識を寄せ集めでなく学問的体系へと統一する方法》. 3 構成様式: the ~ of Beethoven's symphonies. 〘1660〙

architects' scále n. 〘建築〙建築用定規, 三角スケール《建築設計用の定規で, 各種の縮尺の目盛りがあり, 三角柱の形状をしている》.

ar·chi·tec·tur·al /àəkətéktʃ(ə)rəl | à:kɪ-⁻/ adj. 1 a 建築の, 建築上の: ~ beauty 建築美 / an ~ assistant (製図などをする)建築助手 / an ~ firm 建築[建設]会社. b 建築用の. 2 建築術の, 建築学上の; 建築学の法則にかなった. 3 建築的な. **~·ly** adv. 〘1762〙

ar·chi·tec·ture /áəkətèktʃə | á:kɪtèktʃə^r/ n. 1 建築術[学]; 建築(設計)(業): domestic ~ 住宅建築 / ecclesiastical ~ 教会建築, 宗教建築 / military ~ 築城法 / naval ~ 造船学. 2 建築様式; 建築風[法]: Gothic [Roman] ~. 3 建築物 (building); [集合的] 建築 (buildings). 4 構造, 組織, 構成 (construction). 5 〘電算〙アーキテクチャー《コンピューターシステムの語長・アドレス指定方式などの基本設計》. 〘(1555)□ F ~ □ L *architectūra* art of building: ⇨ architect, -ure〙

ar·chi·trave /áəkətrèɪv | á:kɪ-/ n. 〘建築〙 1 アーキトレーブ, 台輪(だいわ)《entablature の最下部; 柱上の梁に相当する部分》. 2 軒縁(のきぶち), 額縁《窓・出入口周囲の化粧縁》. 3 アーチ外周部の刳形(くりがた). 〘(1563)□ F ~ □ It. ← *archi-* 'ARCH-¹'+*trave* beam (□ L *trabs*) ← IE **treb-* dwelling〙

ar·chi·val /aəkáɪvəl, áəkə-, -vl | a:káɪ-/ adj. 記録[(古)文書]の; 記録保管所の; 〘電算〙保存用の. 〘1847〙

archíval stòrage n. 〘電算〙外部記憶装置に(長期保存用に)情報を記録すること; 保存用外部記憶装置.

ar·chive /áəkaɪv | á:-/ n. 1 [pl.] 記録[公文書類]保管所, 古文書館; 記録収集所. 2 [通例 pl.] (保管されている)古記録《史料となる一家・団体・国家などの古文書類》; 公文書. 3 (情報・データなどの)集積(所). 4 〘電算〙アーカイブ, 書庫《複数のファイルを(通例圧縮して) 1 つにまとめたもの》. ── vt. 1 〈文書・記録などを〉(記録保管所などに)保管する, 集める. 2 〘電算〙アーカイブに入れる. 〘(1603)□(廃) F ~ (F *archives*) □ L *archīvum* □ Gk *arkheîon* public building, residence of chief magistrate ← *arkhḗ* beginning, first place: cf. archi-²〙

ar·chi·vist /áəkɪvɪst, -kaɪ- | á:kɪvɪst/ n. 記録[公文書]保管人, 記録[文書]係, 古文書係. 〘(1753)□ F *archiviste*: ⇨ ↑, -ist〙

ar·chi·volt /áəkəvòʊlt | á:kɪvəʊlt/ n. 〘建築〙 1 アーキボルト, 曲がり額縁, 飾り迫縁(せりぶち)《アーチの曲線に沿ってつけられた飾り縁》. 2 アーチの下部. 〘(1731)□ It. *archivolto* ← *archi-* 'ARCH¹'+*volto* turned (＜ VL **voltum* (p.p.) ← L *volvere* to roll)〙

arch·lute /áətʃlù:t | á:tʃlù:t, -ljù:t/ n. 大リュート《普通のリュートに長い低音弦を付け加え, そのための糸倉を別にもつ楽器》. 〘(1727)□ F *archiluth* □ It. *archiliuto*: ⇨ arch-¹, lute¹〙

árch·ly adv. ちゃめっぽく, ひょうきんに; ずるく, ずるそうに. 〘(1662) ← ARCH²+-LY¹〙

árch·ness n. ちゃめ(さ加減); ずるさ, 狡猾(こうかつ). 〘(1709) ⇨ arch², -ness〙

ar·chon /áəkɑ(:)n | á:kən, -kɔn/ n. 1 アルコン, 執政官《古代ギリシャ Athens の 9 名より成る最高の役職》. 2 支配者, 主宰者. **~·ship** n. 〘(1603)□ L *archōn* □ Gk *árkhōn* ruler, magistrate ← *árkhein* to rule〙

ar·chon·tate /áəkəntèɪt | á:-/ n. アルコンの任期. 〘(1762)□ F *archontat* ← *archonte* 'ARCHON': ⇨ -ate¹〙

ar·cho·plasm /áəkəplæ̀zm | á:-/ n. 〘生物〙=archiplasm 1. **àr·cho·plás·mic** adj.

árch òrder n. 〘建築〙アーチオーダー《ローマ建築でアーチの周囲を柱で囲ったもの》. 〘1879〙

ar·cho·saur /áəkəsɔ̀ə | á:kəsɔ̀:^r/ n. 〘古生物〙祖竜類《祖竜亜綱 (Archosauria) に属する爬虫(はちゅう)類; 恐竜・翼竜などを含む》. 〘(1933)《逆成》↓〙

Ar·cho·sau·ri·a /àəkəsɔ́:riə | à:-/ n. pl. 〘古生物〙(脊椎動物門)祖竜亜綱. **àr·cho·sáu·ri·an** /-riən⁻/ adj., n. 〘← NL ~ ← Gk *árkhōn* (⇨ archon)+-SAUR+-IA¹〙

árch·príest n. 1 〘カトリック〙主席司祭. 2 〘英国国教会〙 a 《古》主席司祭[牧師] (dean). b =rural dean. **àrch·príest·hood** n. **àrch·príest·ship** n. 〘(a1387) *archeprest*〙

árch ring n. 〘土木〙アーチリング, 拱環(きょうかん).

àrch·rìval n. 大好敵手, 宿命のライバル.

árch stòne [sòlid] n. 〘建築〙=voussoir. 〘1828〙

árch suppòrt n. (靴の底に入れ土踏まずを支える)踏まず心(しん).

archt. 《略》architect.

árch·wày n. 〘建築〙 1 拱道(きょうどう), 拱路, アーチ道《アーチの架けられた通路[入口]》. 2 通路上のアーチ. 〘1799〙

árch·wìse adv. アーチ形[弓状]に. 〘1577〙

Ar·chy /áətʃi | á:-/ n. アーチー《男性名》. 〘(dim.) ← ARCHIBALD¹〙

-ar·chy /àəki | à:-/「…政治 (rule), …政体 (government)」の意の名詞連結形: mon*archy*. **-ar·chic** adj. **-ar·chist** n. 〘ME *-archie* □ OF // L *-archia* □ Gk *-arkhía* ← *-arkhós* '-ARCH¹': ⇨ -y¹〙

ar·ci·form /áəsəfɔ̀əm | á:sɪfɔ̀:m/ adj. 〘解剖〙アーチ形[弓状, 弧状]の. 〘(1839) ⇨ arc, arch¹, -form〙

ar·cil·lite /áəsəlàɪt | á:sɪ-/ n. 〘土壌〙アーシライト《吸湿性顆粒状の物質で培養土の原料, 土壌改良剤, 芝生の追肥として用いる; cf. perlite, vermiculite》.

árc·jèt n. 〘宇宙〙 1 アークジェット《アーク放電によって発生した高温プラズマを噴出した高速流》. 2 =arc-jet engine.

árc-jet èngine n. 〘宇宙〙アークジェットエンジン《arcjet によって推力を得るプラズマエンジン》.

arcked v. arc の過去形・過去分詞.

arcking v. arc の現在分詞.

árc làmp n. 弧光灯, アーク灯. 〘1882〙

árc lìght n. 1 =arc lamp. 2 アーク灯の光. 〘1881〙

árc lìghting n. 弧光点灯, アーク照明. 〘1880〙

ARCM 《略》Associate of the Royal College of Music.

árc mínute n. 分角 (minute)《角度の単位》.

ar·co /áəkou | á:kəu; *It.* árko/ adj., adv. 〘音楽〙弓で(の) (cf. pizzicato). ★ 弦楽器の奏者への指示として用いる. 〘(1740)□ It. ~ 'bow': ⇨ arcade〙

ARCO 《略》Associate of the Royal College of Organists.

arc·o·graph /áəkəgræ̀f | á:kəgrà:f, -græ̀f/ n. 〘数学〙円弧規《円弧を描く用具; cyclograph ともいう》. 〘(1822) ⇨ arc, -graph〙

ar·col·o·gy /aəkɑ́(:)lədʒi | a:kɔ́l-/ n. 完全環境計画都市, アーコロジー《米国の建築家 Paolo Soleri の著書 (1969) から》. 〘(1969)《混成》← ARCHITECTURE+ECOLOGY〙

ar·cos /áəkɑ̀(:)s | á:kɔ̀s/ 《略》〘数学〙arc cosine.

árc-òver n. 〘電気〙弧絡《アークで電気的につながること》.

ARCS 《略》Associate of the Royal College of Science; Associate of the Royal College of Surgeons (of England); Australian Red Cross Society.

árc sécant n. 〘数学〙アークセカント, 逆正割(関数)《記号 $\sec^{-1}$; inverse secant ともいう》.

árc sécond n. 秒角, 秒 (second)《角度の単位》.

árc síne n. 〘数学〙アークサイン, 逆正弦(関数)《記号 $\sin^{-1}$; inverse sine ともいう》. 〘c1909〙

árc spèctrum n. 〘物理〙アークスペクトル《アーク灯から発する光のスペクトル》.

arct- /aəkt | a:kt/ (母音の前にくるときの) arcto- の異形.

arc·tan /áəktæ̀n | á:k-/ 《略》〘数学〙arc tangent.

árc tángent n. 〘数学〙アークタンジェント, 逆正接(関数)《記号 $\tan^{-1}$; inverse tangent ともいう》. 〘c1909〙

arc·tic /áəktɪk, áətɪk | á:ktɪk/ adj. 1 [時に A-] 北極の; 北極地方の (↔ antarctic): an ~ expedition 北極探検. 2 《口語》 a 極寒の (frigid): ~ weather 極寒. b 冷たい, 冷淡な: an ~ smile. ── n. 1 [the A-] a 北極地方 (arctic regions). b 北極海 (Arctic Ocean). 2 /《米》áətɪk, áəktɪk/ [通例 pl.] 《米》(留め金具付き半長の)防寒防水オーバーシューズ: a pair of ~*s*. **árc·ti·cal·ly** adv. 〘(1556)□ L *arcticus* □ Gk *arktikós* of the Bear ← *árktos* the Bear (constellation), the North ← IE **r̥tko-* bear ∞ (1391) *artik* □ OF *artique* (F *arctique*) □ ML *articus*: cf. Arthur〙

Árctic Archipélago n. [the ~] 北極海諸島《北米大陸北方と Greenland との間のカナダの島々》.

árctic chár(r) n. 〘魚類〙アルプスイワナ (*Salvelinus alpinus*)《カナダ北部・アラスカの湖水産のイワナ》. 〘c1902〙

Árctic Círcle n. [the ~] 北極圏《北寒帯の南の限界線で, 北極から 23°28′, または 66°32′ N の緯線》. 〘1556〙

Árctic dáisy n. 〘植物〙アキノコハマギク (*Chrysanthemum arcticum*).

árctic fóx, A- f- n. 〘動物〙ホッキョクギツネ (*Alopex lagopus*)《ホッキョクギツネ属の哺乳動物; 冬に真っ白になる白ギツネ (white fox) と一年中青灰色の青ギツネ (blue fox) とがある; cf. red fox》. 〘1772〙

árctic gráyling, Á- g- n. 〘魚類〙北米産サケ科カワヒメマス属の魚の一種 (*Thymallus signifer*).

árctic háre n. 〘動物〙ホッキョクウサギ (*Lepus arcticus*)《カナダ北極地方産のウサギで, 冬期, 毛が白くなる》.

Árctic Ócean n. [the ~] 北極海《ユーラシア・北米両大陸および Greenland に囲まれた北極を取り巻く海》.

árctic plánt n. 〘植物〙北極地植物.

Árctic Póle n. [the ~] 北極(点) (North Pole).

Árctic Réd n. [the ~] アークティックレッド(川)《カナダの Northwest 準州北西部を北に流れ, Mackenzie 川に合流する (499 km)》.

árctic séal n. 模造アザラシ毛皮《ウサギの毛皮を加工し, アザラシに似せたもの》.

árctic séa smòke n. 〘気象〙北極霧《冷たい空気が海氷中の暖かい水面上に吹き寄せてできる霧》. 〘1941〙

árctic skúa, Á- s- n. 〘鳥類〙=parasitic jaeger.

árctic smóke n. 〘気象〙=arctic sea smoke. 〘1940〙

Árctic térn, á- t- n. 〘鳥類〙キョクアジサシ (*Sterna paradisaea*)《夏に北極地方で繁殖し冬はアフリカ南部, 南米南部にまで渡る》. 〘1844〙

árctic wíllow n. 〘植物〙ホッキョクヤナギ (*Salix arctica*)《カナダツンドラ地帯のヤナギ科の樹高数センチほどの矮生(わいせい)低木》.

Árctic Zòne n. [the ~] 北極帯, 北寒帯 (North Frigid Zone)《北極圏から北極までの間》.

Arc·ti·i·dae /aəktáɪədì: | a:ktáɪɪ-/ n. pl. 〘昆虫〙(鱗翅目)ヒトリガ科. **arc·ti·id** /áəktiɪd, -kʃi- | á:ktiɪd, -kʃi-/ adj. 〘← NL ~ ← *Arctia* (属名: ← GK *árktos* bear: cf. arctic)+-IDAE〙

arc·to- /áəktou | á:ktəu/ 次の意味を表す連結形: 1「北の (north); 北極の (arctic)」. 2「熊 (bear)」. ★ 母音の前では通例 arct- になる. 〘□ L ~ ← Gk *árktos* (↑)〙

Arc·to·gae·a /àəktədʒí:ə/ n. (also **Arc·to·ge·a** /~/) 〘生物地理〙北界《動物分布三大区分の一つ; アジア・ヨーロッパ・アフリカ・北アメリカの各大陸を含む地域; cf. Neogaea, Notogaea》. **Àrc·to·gáe·an** /-dʒí:ən⁻/ adj. **Àrc·to·gé·an** /-dʒí:ən⁻/ adj. 〘← NL ~: ⇨ arcto-, -gaea〙

arc·to·phile /áəktoufàɪl, -tə- | á:kta(ʊ)-/ n. クマのぬいぐるみ (teddy bear) 愛好家[収集家].

Arc·tu·rus /aəktʊ́ərəs, -tjʊ́ər- | a:ktjʊ́ər-/ n. 〘天文〙アークトゥルス, 摂提(せってい)大角(たいかく)星《牛飼い座 (Boötes) の α 星で赤色巨星, 北半球第 1 位の輝星》. **Arc·tú·ri·an** adj. 〘(c1380) □ L ~ □ Gk *Arktoûros* ← *árktos* bear+*oûros* guardian (← IE **wer-* to perceive)〙

ar·cu·ate /áəkjuɪt, -kjuèɪt | á:-/ adj. 弧状の; 弓形の, アーチ状の (arched): ~ islands 弧状列島. **~·ly** adv. 〘(1626)□ L *arcuātus* (p.p.) ← *arcuāre* to curve like a bow ← *arcus* bow: cf. arc〙

ár·cu·àt·ed /-tɪd | -tɪd/ adj. =arcuate. 〘1766〙

ar·cu·a·tion /àəkjuéɪʃən | à:-/ n. 1 (弓状の)曲がり. 2 〘建築〙アーチ構造; 迫持(せりもち)工事(法). 3 〘建築〙(一連の)アーチ. 〘(1696)□ LL *arcuātiō(n-)*: ⇨ arcuate, -ation〙

ar·cure /áəkjuə | á:kjuə^r/ n. 〘園芸〙(果樹の枝を曲げて)弓状に仕立てること.

ar·cus /áəkəs | á:-/ n. (pl. ~) 〘気象〙アーチ雲. 〘← NL ~ ← L ~ 'bow, ARC'〙

árcus se·ní·lis /-sənáɪlɪs | -sɪnáɪlɪs/ n. 〘病理〙老人環《老人の角膜縁に見られる狭い黄白色弓で脂肪変性による》. 〘(1795)□ L *arcus senīlis* senile bow〙

árc-wèld vt. アーク溶接する.

árc wèld n. アーク溶接法による溶接.

árc wèlding n. アーク溶接. 〘1890〙

árc·wise connécted sét n. 〘数学〙弧状連結集合《どの 2 点も弧 (arc) で結べるような位相空間; 必然的に連結 (connected) となる》.

ARD 《略》〘医学〙acute respiratory disease 急性呼吸器疾患.

-ard /əd | əd/ suf.「大いに…する者」の意の名詞を造る. ★ 非難の意を含むことが多い (cf. -art): cow*ard*, dot*ard*, drunk*ard*, slugg*ard*. 〘ME □ OF ~, *-art* □ OHG *-hart*, *-hard* hardy: cf. hard, Gerard: custard, leopard, steward などの *-ard* は異語源〙

Ar·da·bil /àədəbí:l | à:d-/ n. (also **Ar·de·bil** /~/) アルダビール《イラン北西部, カスピ海近くの都市》.

ar·deb /áədeb | á:-/ n. アルダブ《エジプト地方の乾量単位; 5.62 米 bushels, 約 198 liters》. 〘(1861)□ Arab. *irdább*, *ardább* □ Gk *artábē* □ OPers. *artaba*〙

Ar·dèche /aədéʃ | a:-; F. aʀdɛʃ/ n. アルデーシュ(県)《フランス南部の県; 面積 5,556 km², 県都 Privas /privɑ/》.

A

Ar·de·i·dae /ɑədíːədìː | ɑːdíːɪ-/ *n. pl.* 〘鳥類〙 サギ科.

ar·de·id /áədiɨ̯d | áːdiɪd/ *adj.* 〖← NL ～ ← *Ardea* (属名: ← L *ardea* heron)＋-IDAE〗

Ar·den /áədn̩ | áː-/ *n.* アーデン (男性名). 〖ME *Arderne* ← OE **eardærn* dwelling-house: 地名に由来する家族名〗

Ar·den /áədn̩ | áː-/, **Elizabeth** *n.* アーデン (1878–1966; カナダ生まれの米国の実業家; 香水・化粧品を生産・販売し, 美容院チェーンを経営; 本名 Florence Nightingale Graham).

Arden, John *n.* アーデン (1930–2012; 英国の劇作家; *Serjeant Musgrave's Dance* (1959)).

Ar·den /áədn̩ | áː-/, **the Forest of** *n.* アーデンの森 (イングランド中部 Warwickshire 州西部にあった森林地帯; Stratford-upon-Avon の北方に位置し, Shakespeare 作の *As You Like It* の舞台である同名の森のモデルとされる). 〖← Celt. *ardu-* high or steep (place)〗

Ar·den-Ar·cade /áədn̩ɑəkéɪd | áːdn̩ɑː-/ *n.* アーデンアーケード (米国 California 州中央部, Sacramento の郊外).

ar·den·cy /áədənsi, -dn̩- | áːdən-, -dn̩-/ *n.* **1** (燃えるような)熱意, 熱情: the ～ of love, expectation, etc. **2** 〘海事〙 (船の)風上への向首性. 〖(1549) ⇨ ardent, -cy〗

Ar·dennes /ɑədén(z) | ɑː-; *F.* aʁdɛn/ *n.* アルデンヌ: **1** フランス北東部のベルギーに接する県; 面積 5,219 km², 県都 Mézières /mezjɛːʁ/. **2** ＝the Forest of ARDENNES.

Ardennes, the Forest of *n.* アルデンヌの森 (ベルギー南東部を中心にルクセンブルクおよびフランスの Ardennes まで Meuse 川東岸に沿った山林地帯; 第一次・第二次大戦の激戦地).

ar·dent /áədənt, -dn̩t | -dənt, -dn̩t/ *adj.* **1 a** 〈人が〉(何かに)熱中している, 熱烈な (devoted) (⇨ passionate SYN): an ～ lover, patriot, supporter, etc. / an ～ golfer ゴルフに打ち込んでいる人. **b** 〈情熱など〉熱烈な, 激しい (vehement): an ～ hope, love, desire, etc. **c** 〈目など〉(情熱で)燃えている(ような), 輝く (glowing). **2 a** 〈熱など〉火のような, 熱い, 強烈な (fiery): the ～ heat of the sun. **b** 《廃》 燃える, 燃えやすい (cf. ardent spirits). **3** 〘海事〙 〈船が〉風上へ船首を向けたがる. **～·ness** *n.* 〖(a1333) *ardaunt* ◻ OF *ardant* (F *ardent*) ◻ L *ardentem* (pres.p.) ← *ardēre* to burn ← *āridus* 'ARID': ⇨ -ent〗

ár·dent·ly *adv.* 熱烈に, 熱心に, 激しく. 〖1340〗

árdent spírits *n. pl.* 蒸留酒, 火酒 (brandy, whiskey, gin など). 〖1833〗

Ard·na·mur·chan /ɑ̀ədnəmə́ːkən | ɑ̀ːdnəmə́ː-, -xən/ *n.* アードナマーカン(岬) (スコットランド北部, Highland 州南西端の岬; Great Britain 島の最西端).

ar·dor, 《英》 **ar·dour** /áədə | áːdə^(r)/ *n.* **1 a** 情熱, 熱情, 熱意, 意気込み (eagerness) (⇨ passion SYN): patriotic ～ / the ～ of a lover / show ～ *for* study / with ～ 熱心に. **b** (情熱などの)熱烈さ, 激しさ. **2** 《まれ》 高熱, 灼熱(しゃく) (burning heat). 〖(c1390) ◻ OF *ardour* (F *ardeur*) < L *ardōrem* fire ← *ardēre*: ⇨ ardent, -or¹〗

ar·du·ous /áədʒuəs | áːdju-, -dʒu-/ *adj.* **1 a** 〈仕事など〉困難な, 骨の折れる (⇨ hard SYN): an ～ task. **b** 〈生活・境遇など〉耐え難い, つらい, 厳しい (trying): an ～ life. **2** 奮闘する, 根気強い (strenuous): an ～ effort 根気強い努力, 健闘 / an ～ worker こつこつ働く人, 勤勉な働き手. **3** 登りにくい, 険しい (steep): an ～ hill, path, etc. **～·ness** *n.* 〖(1538) ← L *arduus* steep, difficult ← IE **erəd(h)-* high＋-ous〗

ár·du·ous·ly *adv.* 苦労して, 骨を折って, 根気強く, 勤勉に, 孜々(し)として. 〖1753〗

are¹ /ə; áə | ə; áː^(r)/ *vi.*, *auxil. v.* be の第二人称単数および第一人称・二人称・三人称複数の直説法現在形. 〖OE (Northumbrian) *aron*〗

are² /ɛ́ə, áə | ɛ́ə^(r), áː^(r); *F.* aːʁ/ *n.* アール (メートル法の面積単位; ＝100 m²; 略 a). 〖(1819) ◻ F ～ ◻ L *ārea* (↓)〗

ARE /éɪɑ̀əíː | -ɑ̀ː(r)íː/ 《略》 Arab Republic of Egypt.

ar·e·a /ɛ́əriə | ɛ́ər-/ *n.* **1 a** (特定の)地方, 地域, 地帯 (region); 地区, 区域 (zone): a mountain(ous) ～ 山岳地帯 / the Kanda ～ 神田地区 / a commercial ～ 商業地区 / a parking ～ 駐車区域 / an ～ of outstanding natural beauty (英国の)国定特別美景地区 (全英に 33 箇所ほどある) / ⇨ sterling area. **b** (建物内の特定の)部分: a dining ～ (家庭・レストランなどの)食事のコーナー, 食堂. **2** 面積, 地積; 床面積 (floor space): the ～ of a square [triangle] 正方形[三角形]の面積 / It is 300 square meters in ～. 面積が 300 平方メートルである. **3** (活動などの)範囲, 領域 (scope, range); (学問などの)分野, 部門 (field): an ～ of study, interest, dispute, etc. / a wide ～ of scientific investigation 科学的研究の広い分野 / That's not my ～ (of expertise). それは私の(専門)分野じゃない. **4** 地面, 空地 (open space). **5** (建物の)敷地; 庭. **6 a** 《英》 地下勝手口 (⇨ areaway 1): an ～ bell [door, gate] 地下勝手口のベル[ドア, 通用門]. **b** 〘建築〙 ＝dry area. **7** 〘教育〙 (学校の)教科内容の主要部分. **8** 〘解剖〙 **a** 野(や), 区; 領域. **b** 領 (大脳皮質のある特殊機能をつかさどる中枢). **9** 〘生物〙 部域 (発生初期に特定の分化能力が局限されている胚の部分); 分布圏 (動植物の種や群集が生育する範囲). 〖(1538) ◻ L *ārea* vacant piece of ground, building plot (cf. *ārēre* to be dry)〗

área bòmbing *n.* 〘軍事〙 地域爆撃 (少数の目標でなく广範な地域に損害を与え, その維持を困難ならしめるための大規模な空爆; cf. pattern bombing). 〖1942〗

área còde *n.* 《米・カナダ》 〘電話〙 地域番号, 市外局番 (加入者番号の前につける 3 桁の数字; cf. STD code). 〖1961〗

ar·e·al /ɛ́əriəl | ɛ́ər-/ *adj.* **1** 面積の; 地域の. **2** 〘言語〙 地域言語学の. **～·ly** *adv.* 〖1676〗

área linguístics *n.* ＝areal linguistics.

áreal linguístics *n.* 地域言語学 (例外のない音法則の存在を否定して, 言語の変化とその伝播の説明に系統よりも地域的な接触を重視する言語理論).

área navigátion *n.* 〘航空〙 エリアナビゲーション (地上の無線標識から信号を受けて一定範囲内の任意のコースを飛行可能にする航法システム; 略 RNAV). 〖1970〗

área o·pá·ca /-oupéɪkə | -ə(ʊ)-/ *n.* 〘動物〙 暗域 (鳥類や爬虫類の発生初期の胚盤葉の周域で明域 (area pellucida) を取り囲み, 卵黄と直接接するために不透明に見え, 胚の形成されない部分). 〖← NL ～: ⇨ opaque, area〗

área pel·lú·ci·da /-pəlúːsədə | -pəlúːsɪdə/ *n.* 〘動物〙 明域(めい) (鳥類や爬虫類の発生初期において胚盤葉の中心部の透明に見える, 将来胚の形成される部分). 〖← NL ～: ⇨ pellucid, area〗

área rùg *n.* 床の一部にだけ敷く敷物.

área stùdy *n.* 地域研究 (一定地域の地理・歴史・文化などの総合研究).

área vas·cu·ló·sa /-væ̀skjʊlóusə | -lə́usə/ *n.* 〘動物〙 血管域 (鳥類や爬虫類の胚盤葉の暗域の中で中胚葉がみが侵入している部分). 〖← NL ～: ⇨ vascular, area〗

área vit·el·lí·na /-vɪ̀təláɪnə, -vàɪ- | -tɨ̯-/ *n.* 〘動物〙 卵黄域 (鳥類や爬虫類の胚盤葉の暗域のうち, 中胚葉の進入した血管域の外周部をいい, この部分は外・内胚葉のみが卵黄表面を覆っている). 〖← NL ～: ⇨ vitelline, area〗

área·wày *n.* 《米》 **1** 地下勝手口, 地下室出入り口 (《英》 area) (地下室(台所)前に舗装された空地; 商人などの出入口・通風・採光用). **2** (建物と建物, 棟と棟の間の)通路 (passageway). 〖1899〗

ar·e·ca /ərí:kə, ǽrɨ̯kə | ǽrɪkə, ərí:kə/ *n.* 〘植物〙 アレカ (アジア産ヤシ科アレカ属 (*Areca*) の植物の総称); (特に)ビンロウ (betel palm). 〖(1510) ← NL ～ ← Port. ～ ◻ Malayalam *áḍakka* ← Tamil〗

aréca nùt *n.* ＝betel nut. 〖1808〗

aréca pàlm *n.* 〘植物〙 ＝areca. 〖1871〗

A·re·ci·bo /ɑ̀ːrəsíːbou | -bəu; *Am.Sp.* aresíβo/ *n.* アレシボ (Puerto Rico 北部の港湾都市; 世界最大級の電波望遠鏡を有するアレシボ観測所 (Arecibo Observatory) がある).

a·rec·o·line /ərékəlìːn/ *n.* 〘化学〙 アレコリン ($C_8H_{13}O_2N$) (ビンロウの種子 (areca nut) から採れるアルカロイド; 家畜の駆虫剤に用いる). 〖(1899) ← ARECA＋-OL¹＋-INE³〗

areg *n.* erg² の複数形.

a·re·na /əríːnə/ *n.* **1** 競技場, 試合場, 土俵; 道場; (試合場のある)競技館: a boxing ～. **2** 活舞台, 競争場裡(り): in the ～ of the United Nations 国連の活舞台で / enter the ～ of politics 政界に入る. **3** (古代ローマの amphitheater で, 中央の砂を敷いた)闘技場. **4** 〘演劇〙 ＝arena theater 1. 〖(1600) ◻ L *(h)arena* sand, sandy place〗

aréna·bàll *n.* 〘スポーツ〙 アリーナボール (アメリカンフットボールに似た屋内競技; 長さ 50 ヤードの競技場で 1 チーム 8 人で行う).

ar·e·na·ceous /æ̀rənéɪʃəs, ɛ̀r- | æ̀rɨ̯-⁻/ *adj.* **1** 砂質の, 砂地の (cf. argillaceous, rudaceous). **2** 〘植物〙 砂(地)に生じる. **3** 砂のような; 無味乾燥な. 〖(1646) ◻ L *arēnāceus* sandy: ⇨ arena, -aceous〗

aréna stáge *n.* 〘演劇〙 円形劇場の舞台. 〖1955〗

aréna théater *n.* 〘演劇〙 **1** 円形劇場 (中央に舞台があってその周りに観客席のあるもの; theater-in-the-round ともいう). **2** 円形劇場上演法. 〖1944〗

ar·e·na·vi·rus /æ̀rənəvàɪrəs/ *n.* 〘生物〙 アレナウイルス (アレナウイルス科 (Arenaviridae) のウイルス; RNA ウイルスの一科で, ラッサウイルス, リンパ球性脈絡髄膜炎ウイルスなどを含む).

A·rendt /áːrənt, ɛ́ər- | áːr-, ǽr-; *G.* áːʁənt/, **Hannah** *n.* アレント (1906–75; ドイツ生まれの米国の政治思想家, ユダヤ人女性; 全体主義を生み出した現代社会の病理を考察した).

ar·e·nic·o·lous /æ̀rəníkələs, ɛ̀r- | æ̀rɨ̯-⁻/ *adj.* 〘動物〙 砂(中)にすむ. 〖(1851) ⇨ arena, -colous〗

ar·e·nite /ǽrənàɪt, ɛ́r- | ǽrɨ̯-/ *n.* 〘岩石〙 砂質岩.

ar·e·nit·ic /æ̀rənítɪk | æ̀rɨ̯nít-⁻/ *adj.* 〖← ARENA＋-ITE¹〗

ar·e·nose /ǽrənòus, ɛ́r- | ǽrɨ̯nə̀us/ *adj.* 砂混じりの; じゃりじゃりする. 〖(1731) ◻ L *(h)arēnōsus* sandy: ⇨ arena, -ose¹〗

aren't /áənt | áːnt/ 《口語》 **1** are not の縮約形. **2** [疑問構文で] am not の縮約形. ★ 主に 《英》 (cf. ain't, an't, amn't): I'm a student, ～ I? / *Aren't* I your mother? 〖1810〗

ar·e·o- /ɛ́əriou | ɛ́əriəu/ 「火星 (Mars)」の意の連結形: *areography*. 〖← Gk *Áreos, Árēs* Mars〗

àreo·céntric *adj.* 〘天文〙 火星中心の. 〖1877〗

ar·e·og·ra·phy¹ /ɛ̀əriá(ː)grəfi | ɛ̀əriɔ́g-/ *n.* 〘天文〙 火星表面学. 〖1870〗

ar·e·og·ra·phy² /ɛ̀əriá(ː)grəfi | ɛ̀əriɔ́g-/ *n.* 〘生物地理〙 生物地理誌 (cf. biogeography). 〖← AREA＋-O-＋-GRAPHY〗

a·re·o·la /əríːələ, ær-/ *n.* (*pl.* **-o·lae** /-lìː/, **～s**) **1 a** 小さい隙間(すき). **b** 〘生物〙 小域, 小隙(しょうげき); (葉脈間・翅脈間などの)網目状空隙. **2 a** 〘解剖〙 乳輪. **b** 〘解剖〙 虹彩輪 (瞳孔(どう)に接する虹彩 (iris) の部分). **c** 〘病理〙 (皮疹(しん)の)紅輪. 〖(1664) ← NL ～ ← L *āreola* (dim.) ← *ārea* 'AREA'〗

a·re·o·lar /əríːələ, ær- | -lə^(r)/ *adj.* 〘解剖〙 小隙(しょうげき)のある; 網目状の, 輪紋状の. 〖1818〗

a·re·o·late /əríːəlɨ̯t, ær-, -lèɪt/ *adj.* 〘解剖〙 ＝areolar. 〖1847〗

ar·e·o·la·tion /ərìːəléɪʃən, æ̀r-/ *n.* 〘生物〙 網目状空隙(げき)形成, 網目状組織. 〖1830〗

ar·e·ole /ɛ́ərioʊl | ɛ́əriəʊl/ *n.* **1** ＝areola. **2** (特に植物の)小さい穴[すき間]. 〖(1856) ◻ F *aréole* ◻ L *āreola* 'AREOLA'〗

a·re·ol·o·gy /ɛ̀əriá(ː)lədʒi | ɛ̀əriɔ́l-/ *n.* 〘天文〙 火星学. 〖1881〗

ar·e·om·e·ter /æ̀riá(ː)məṭə, ɛ̀r- | ɛ̀əriɔ́mɨ̯tə^(r), æ̀r-/ *n.* 浮きばかり, 液体比重計 (hydrometer) (液体中に浮かべて比重を測る簡単な比重計). 〖◻ ? F *aréomètre* ← Gk *araiós* thin: ⇨ -meter¹〗

ar·e·om·e·try /æ̀riá(ː)mətri, ɛ̀r- | ɛ̀əriɔ́mɨ̯tri, æ̀r-/ *n.* 液体比重測定(法).

Ar·e·op·a·gite /æ̀riá(ː)pəgàɪt, ɛ̀r-, -dʒàɪt | æ̀riɔ́pə-/ *n.* アレオパゴス (Areopagus) の会議の構成員; (後には, 特に)裁判官. 〖(1382) ◻ L *Areopagites* ◻ Gk *Areiopagítēs*: ⇨ Areopagus, -ite¹〗

Ar·e·op·a·git·ic /æ̀riɑ̀(ː)pədʒíṭɪk, ɛ̀r- | æ̀riɔ̀pədʒít-⁻/ *adj.* アレオパゴス裁判所の. 〖1649〗

Ar·e·op·a·git·i·ca /æ̀riɑ̀(ː)pədʒíṭɪkə, ɛ̀r-, -ṭə- | æ̀riɔ̀pədʒítɪ-/ *n.* [the ～] 「アレオパジティカ」 (J. Milton が出版の自由を主張したパンフレットの表題 (1644)).

Ar·e·op·a·gus /æ̀riá(ː)pəgəs, ɛ̀r- | æ̀riɔ́p-/ *n.* **1** [the ～] **a** (古代ギリシャの)アレオパゴス (ギリシャ Athens の丘; ここに置かれた評議会は貴族制以来保守派の牙城で, 政治的実権を握っていた). **b** アレオパゴス裁判[審判]所 (古代ギリシャ Athens の最高法廷). **2** 最高裁判所 (high tribunal). 〖(1642) ◻ L ～ ◻ Gk *Areiópagos*＝*Áreios págos* hill of Ares or Mars: ⇨ pax: cf. *Acts* 17: 19, 22〗

a·re·o·style /əríːəstàɪl | əríːə(ʊ)-/ *adj.*, *n.* 〘建築〙 ＝araeostyle.

a·re·o·sys·tyle /əríːəsístaɪl | ərìːə(ʊ)-/ *adj.*, *n.* 〘建築〙 ＝araeosystyle.

A·re·qui·pa /ɑ̀ːrɨ̯kíːpə, æ̀rɪ-, æ̀rɛ-, ɛ̀r- | æ̀r-; *Am.Sp.* arekípa/ *n.* アレキパ (ペルー南部の都市; 1540 年 Inca の都市に建設されたペルー南部およびボリビア北部の商業中心地).

Ar·es /ɛ́əriːz | ɛ́ər-/ *n.* 〘ギリシャ神話〙 アレース (軍(いくさ)の神; Zeus と Hera の息子; ローマ神話の Mars に当たる). 〖◻ L ～ ◻ Gk *Árēs* Mars, (原義) destroyer ← *arḗ* bane, ruin〗

ar·e·ta·ics /æ̀rətéɪɪks, ɛ̀r- | æ̀rɨ̯-/ *n.* 徳論 (徳の本質・実践などを研究課題とする倫理学の分野; cf. eudaemonics). 〖(1865) ← Gk *aretḗ* virture＋-ICS〗

a·re·te /æ̀rətéɪ, -tíː, ɛ̀r- | æ̀rɨ̯tèɪ/ *n.* 〘哲学〙 徳, アレテー (物, 特に人間に備わりそれを良くする性質). 〖(1838) ◻ Gk *aretḗ* ← *aréskein* to appease〗

a·rête /əréɪt, ær-, -rét; *F.* aʁɛt/ *n.* (*pl.* **～s** /～s/; *F.* ～/) 〘地理〙 (主に氷河の浸食によるアルプスなどの岩石からなる)鋭い山稜; 〘登山〙 やせ尾根, 鎌(かま)尾根, アレート. 〖(1862) ◻ F ～ 'fishbone, sharp ridge (of roofing)' ◻ L *arista*, (L) beard of grain〗

ar·e·thu·sa /æ̀rəθúːzə, ɛ̀r-, -θjúː- | æ̀rɨ̯θjúːzə, -θúː-/ *n.* 〘植物〙 アレツーサ (*Arethusa bulbosa*) (北米産のラン科アレツーサ属の植物; 一枚の細長い葉とピンクの花を一輪つける; 実生でふえる). 〖← NL ～ (↓)〗

Ar·e·thu·sa /æ̀rəθúːzə, ɛ̀r-, -θjúː- | æ̀rɨ̯θjúːzə, -θúː-/ *n.* 〘ギリシャ神話〙 アレトゥーサ: **1** 川の神 Alpheus に追われていたが泉に姿を変え, 川になった Artemis と合体した森の精. **2** Hesperides の一人. 〖◻ L ～ ◻ Gk *Aréthousa* ← *árdousa* waterer (fem. pres.p.) ← *árdein* to water〗

A·re·ti·no /ɑ̀ːrətíːnou | æ̀rɪtíːnəu; *It.* aretíːno/, **Guido** *n.* ⇨ Guido d'Arezzo.

Aretino, Pietro *n.* アレティーノ (1492–1556; イタリアの諷刺作家・劇作家).

A·rez·zo /ɑːrétsou | ærétsəu, -réts-; *It.* arέttso/ *n.* アレッツォ (イタリア中部, Tuscany の都市; 古代ラテン名 Aretium).

arf /áəf | áːf/ *int.*, *n.* わん, うーっ (犬のほえ声, または類似のもの).

'arf /áːf/ *adj.* 《俗》 ＝half: ～ a mo ちょっと待って. 〖1854〗

arf·ved·son·ite /áəvɨ̯dsənàɪt/ *n.* 〘鉱物〙 ソーダ角閃石, アルベゾン角閃石 ($Na_{2\text{-}3}(Fe, Mg, Al)_5Si_8O_{22}(OH)_2$) (アルカリ角閃石の一種). 〖(1837) ← *J. A. Arfvedson* (19 世紀のスウェーデンの化学者)＋-ITE¹〗

arg 《略》 〘紋章〙 argent; *L.* argentum (＝silver); argument.

Arg. 《略》 Argentina; Argentine; Argyll.

ar·gal /áəgəl, -gl̩ | áː-/ *n.* **1** 〘化学〙 ＝argol¹. **2** 〘動物〙 ＝argali. 〖1904〗

ar·ga·la /áəgələ | áː-/ *n.* 〘鳥類〙 **1** ＝adjutant bird. **2** ＝marabou. 〖(c1754) ◻ Hindi *hargilā*〗

ar·ga·li /áəgəli | áː-/ *n.* (*pl.* ～, **～s**) 〘動物〙 アルガリ (中央アジアに生息する角の曲がった大きな野生の羊) (*Ovis ammon*). 〖(a1774) ← Mongolian〗

Ar·gall /áəgɔːl, -gɑːl, -gəl, -gl̩ | áːgɔːl, -gəl, -gl̩/, **Sir Samuel** *n.* アーゴール (1572–1639; 英国の探検家; 米国植民地時代の Virginia の副総督 (1617–19)).

Ar·gand, a- /ɑ̀əgáː n(d), -gǽn(d)⁻ | áːgænd, -gənd; *F.* aʁgɑ̃/ *n.* ＝Argand lamp. 〖(1790) ← *Aimé Argand* (1755–1803: それを発明したスイスの物理学者)〗

Árgand bùrner, á- b- *n.* アルガンバーナー (アルガン灯(丸芯)の火口).

Árgand dìagram *n.* 〘数学〙アルガン図表《実数部分を *x* 座標, 虚数部分を *y* 座標とする点で複素数を表示するようにした平面; *x* 軸を実軸 (real axis), *y* 軸を虚軸 (imaginary axis) という; Gauss plane ともいう》. 〘(1908) ← *Jean Robert Argand* (1768–1822: フランスの数学者)〙

Árgand làmp, á- l- *n.* アルガン灯《丸芯のランプ》. 〘(1805): ⇨ Argand〙

Ar·gas·i·dae /ɑːgǽsɪdìː | ɑːgǽsɪ-/ *n.* 〘動物〙ヒメダニ科. **ar·ga·sid** /ɑ́ːgəsɪ̀d | ɑ́ːgəsɪd/ *adj.* 〘← NL ～ ← *Argas* (属名: ← ? Gk *argós* idle ← A-[7]+*érgon* work)+-IDAE〙

ar·gent /ɑ́ədʒənt | ɑ́ː-/ *n.* **1** 《古・詩》銀 (silver). **2** 《詩》銀白, 純白. **3** 〘紋章〙銀色《無彩色図では白無地で示す》. **4** 《廃》銀貨 (silver coin), 貨幣 (money). — *adj.* 銀の, 銀のような, 銀白の (silvery-white); 純白の; 〘紋章〙銀色の. 〘(*a*1300) □ (O)F ～ < L *argentum* silver: ⇨ argentum〙

ar·gent- /ɑədʒént | ɑː-/ (母音の前にくるときの) argento- の異形: *argent*amide.

ar·gen·tal /ɑədʒéntl̩ | ɑːdʒéntl/ *adj.* 銀の(ような); 銀を含む. 〘1816〙

ar·gen·te·ous /ɑədʒéntiəs | ɑːdʒént-/ *adj.* 銀のような, 銀状の (silvery). 〘(1881) □ L *argenteus* (⇨ argentum)+-OUS〙

Ar·gen·teuil /ɑəʒɑ̃tə́ːi, -tə́ːl | ɑ̀ː-; *F.* aʁʒɑ̃tœj/ *n.* アルジャントイユ《フランス北部, Paris に近い Seine 河畔の都市》.

ar·gen·ti- /ɑədʒéntɪ | ɑː-/ argento- の異形 (⇨ -i-): *argenti*nitrate.

ar·gen·tic /ɑədʒéntɪk | ɑːdʒént-/ *adj.* 〘化学〙2 価の銀 (Ag^{II}) の, 第二銀の. 〘1868〙

ar·gen·tif·er·ous /ɑ̀ədʒəntíf(ə)rəs | ɑ̀ː-/ *adj.* 〘地質〙〈鉱石・鉱脈など〉銀を生じる, 銀を含む. 〘1801〙

Ar·gen·ti·na /ɑ̀ədʒəntíːnə | ɑ̀ː-; *Am.Sp.* aɾhentína/ *n.* アルゼンチン《南米南部の共和国; 面積 2,776,889 km²; 首都 Buenos Aires; 公式名 the Argentine Republic アルゼンチン共和国》. 〘□ Sp. ～ ← ? (*tierra*) *argentina* silvery (land): その川 (特に *Rio de la Plata* the river of silver) や湖の美しさにちなむ: ⇨ argentine〙

Ar·gen·ti·na /ɑ̀ədʒəntíːnə | ɑ̀ːdʒən-; *Am.Sp.* aɾhentína/, **La** /lɑː; *Sp.* la/ *n.* アルヘンティナ (1888–1936; アルゼンチンの女性舞踊家; 本名 Antonia Mercé /antónja merθé/).

ar·gen·tine /ɑ́ədʒəntàɪn, -tìːn, -tɪ̀n | ɑ́ːdʒəntàɪn/ *adj.* 銀の; 銀のような, 銀色の (silvery): ～ glass 銀色ガラス. — *n.* **1** 銀; 銀色金属. **2** 〘魚類〙銀色のうろこをもったニギス科ニギス属 (*Argentina*) の鹹水(かんすい)魚の総称. **3** 魚鱗箔(ぎょりんはく)《魚のうろこから採った銀色材料で, 模造真珠製造用》. 〘(*c*1450) □ (O)F *argentin* ∥ L *argentīnus* of silver: ⇨ argentum, -ine[1]〙

Ar·gen·tine /ɑ́ədʒəntàɪn, -tìːn, -tɪ̀n | ɑ́ːdʒəntàɪn, -tìːn/ *adj.* アルゼンチンの: the ～ Republic. — *n.* **1** アルゼンチン(共和国)人. **2** [the ～] 《英》=Argentina. **3** 〘ダンス〙アルゼンチン(タンゴ). 〘(1829): ⇨ Argentina〙

Ar·gen·tin·e·an /ɑ̀ədʒəntíniən | ɑ̀ː-ˊ-/ *adj., n.* = Argentine.

Árgentine ánt *n.* 〘昆虫〙アルゼンチンアリ (*Iridomyrmex humilis*)《南米産で米国南西部・オーストラリアなどに分布する茶色のアリ》. 〘1908〙

Árgentine clóth *n.* アルゼンチンクロス《薄地モスリンに似たつや出し網織物》.

Ar·gen·tin·i·an /ɑ̀ədʒəntíniən | ɑ̀ː-ˊ-/ *adj., n.* = Argentine. 〘1918〙

ar·gen·tite /ɑ́ədʒəntàɪt | ɑ́ː-/ *n.* 〘鉱物〙輝銀鉱 (Ag_2S)《銀の重要な鉱石; silver glance ともいう》. 〘(1837) □ G *Argentit*: ⇨ ↓, -ite[1]〙

ar·gen·to- /ɑədʒéntou | ɑːdʒéntəu/「銀」の意の連結形: *argento*metry. ★時に argenti-, また母音の前では通例 argent- になる. 〘□ L ～: ⇨ argentum〙

ar·gen·tol /ɑ́ədʒəntɔ̀(ː)l | ɑ́ːdʒəntɔ̀l, -dʒen-/ *n.* 〘化学〙アルゼントル ($C_9H_5N(OH)SO_3Ag$)《粉末状で防腐剤として用いられる有機銀化合物》. 〘⇨ ↑, -ol[1]〙

ar·gen·tom·e·try /ɑ̀ədʒəntɑ́(ː)mətri | ɑ̀ːdʒəntɔ́mɪ-/ *n.* 〘化学〙銀滴定.

ar·gen·tous /ɑədʒéntəs | ɑːdʒént-/ *adj.* 〘化学〙1 価の銀 (Ag^{I}) の, 第一銀の: ～ chloride 塩化銀 (AgCl). 〘1869〙

ar·gen·tum /ɑədʒéntəm | ɑːdʒént-/ *n.* 《廃》〘化学〙= silver 1. 〘□ L ～ ← IE **ar(e)g-* to shine (Gk *árgillos* 'ARGIL': cf. argue)〙

Ar·ge·rich /ɑ́əgərɪtʃ | ɑ́ː-; *Am.Sp.* aɾheɾítʃ/, **Martha** *n.* アルヘリッチ, アルゲリッチ (1941– ; アルゼンチン生まれのピアニスト).

argh /ɑː/ *int.* =aargh.

ar·ghan /ɑ́əgən | ɑ́ː-/ *n.* 〘植物〙中央アメリカ産の野生のパイナップルの一種 (*Ananas magdalenae*) (cf. pita 1). 〘(1922) ← ?〙

Ar·gie /ɑ́ədʒi | ɑ́ː-/ *n.* 《英俗》=Argy. 〘1982〙

ar·gie-bar·gie /ɑ́ədʒibɑ́ədʒi | ɑ̀ːdʒibɑ́ː-/ 《口語》 *vi., n.* =argy-bargy.

ar·gil /ɑ́ədʒɪl | ɑ́ːdʒɪl/ *n.* **1** 陶土, 白粘土 (potter's clay). **2** 〘化学〙=alumina. 〘(*a*1398) *argilla* □ OF *argille* (F *argile*) □ L *argilla* □ Gk *árgillos* white clay: cf. argentum〙

ar·gill- /ɑədʒɪl | ɑː-/ (母音の前にくるときの) argillo- の異形.

ar·gil·la /ɑədʒílə | ɑː-/ *n.* カオリン, 白陶土 (kaolin). 〘□ L ～: ⇨ argil〙

ar·gil·la·ceous /ɑ̀ədʒɪléɪʃəs | ɑ̀ːdʒɪ-ˊ-/ *adj.* **1** 陶土質の, 粘土質の (clayey) (cf. arenaceous, rudaceous). **2** 多量の粘土を含む. 〘(1731) □ L *argillaceus*: ⇨ argil, -aceous〙

ar·gil·li- /ɑədʒɪlɪ, -li | ɑː-/ argillo- の異形 (⇨ -i-).

ar·gil·lic /ɑədʒílɪk | ɑː-/ *adj.* 多量の粘土を含む (argillaceous): an ～ horizon 〘土壌〙アルジリック層《粘土の集積層》. 〘← ARGILL(O-)+-IC[1]〙

ar·gil·lif·er·ous /ɑ̀ədʒɪlíf(ə)rəs | ɑ̀ːdʒɪ-ˊ-/ *adj.* 陶土[粘土]を生じる. 〘*c*1800〙

ar·gil·lite /ɑ́ədʒɪlàɪt | ɑ́ːdʒɪ-/ *n.* 〘岩石〙粘土質岩 (cf. shale, slate[1] 1 a, mudstone). **àr·gil·lít·ic** /ɑ̀ədʒɪlítɪk | ɑ̀ːdʒɪlít-ˊ-/ *adj.* 〘1795〙

ar·gil·lo- /ɑədʒílou | ɑːdʒíləu/「粘土, 陶土 (clay); 粘土[陶土]を生じる[に富む]」の意の連結形. ★時に argilli-, また母音の前では通例 argill- になる. 〘□ L ～ ← *argilla* 'ARGIL'〙

ar·gi·nase /ɑ́ədʒɪnèɪs, -nèɪz | ɑ́ːdʒɪnèɪs/ *n.* 〘化学〙アルギナーゼ《arginine を ornithine と尿素とに分解する酵素》. 〘(1904): ⇨ ↓, -ase〙

ar·gi·nine /ɑ́ədʒɪnìːn, -nàɪn | ɑ́ː-/ *n.* 〘化学〙アルギニン ($C_6H_{14}N_4O_2$)《塩基性アミノ酸の一種; 記号 R; 略 Arg; cf. amino acid》. 〘(1886) ← ? Gk *arginóeis* bright+-INE[3]〙

Ar·gi·nu·sae /ɑ̀ədʒɪnúːsiː, -njúː- | ɑ̀ːdʒɪnjúː-/ *n. pl.* [the ～] アルギヌサイ《エーゲ海にある Lesbos 島南東沖の小島群; ペロポンネソス戦争 (406 B.C.) でアテナイが最後の勝利をあげた古戦場》.

Ar·give /ɑ́ədʒaɪv, -gaɪv | ɑ́ːgaɪv, -dʒaɪv/ *adj.* **1** (古代ギリシャ, 特にアカイヤの都市の)アルゴス (Argos) の; アルゴリス (Argolis) の. **2** ギリシャの (Greek). — *n.* **1** アルゴス人; アルゴリス人. **2** ギリシャ人. 〘(*c*1530) □ L *Argīvus* □ Gk *Argeîos* ← *Argos* 'ARGOS'〙

ar·gle /ɑ́əgl̩ | ɑ́ː-/ *vt., vi.* 《方言》(…のことで)議論する (argue). 〘(1589) 《方言》(変形) ← ARGUE: ⇨ -le[3]〙

ar·gle-bar·gle /ɑ́əglbɑ́əgl̩ | ɑ́ːglbɑ́ː-/ *vi., n.* 《口語・方言》=argy-bargy. 〘(1872) (加重) ↑〙

Ar·go /ɑ́əgou | ɑ́ːgəu/ *n.* **1** [the ～] 〘ギリシャ伝説〙アルゴー号 (cf. Argonaut 1). **2** 〘天文〙アルゴ座《南天の大星座として設けられたが今は Puppis, Vela, Carina, Pyxis の各星座に分けられている; Argo Navis ともいう》. 〘□ Gk *Argṓ* ← *argós* swift〙

ar·gol[1] /ɑ́əgɔ(ː)l | ɑ́ːgɔl/ *n.* 〘化学〙粗酒石《ぶどう酒の熟成中に樽 (vat) の内側に付着する赤褐色の結晶物; これを精製して酒石 (tartar) を造る》. 〘(1295–96) *argoil* □ AF *argoil* ← ? Gk *argós* (↑)〙

ar·gol[2] /ɑ́əgɔ(ː)l | ɑ́ːgɔl/ *n.* アラガル《乾燥した牛糞・羊糞など; モンゴルなどで燃料用》. 〘(1856) ← Mongolian〙

Ar·go·lis /ɑ́əgəlɪs | ɑ́ː-; *Mod. Gk.* árgolis/ *n.* **1** アルゴリス《古代ギリシャ Peloponnesus 半島の東部地方で Argos や Mycenae などの有力な都市があった》. **2** アルゴリス(県)《ギリシャ南部の県; 県都 Návplion; 面積 2,261 km²》.

Argolis, the Gulf of *n.* アルゴリス湾《ギリシャ Peloponnesus 半島の東岸にありエーゲ海に面する》.

ar·gon /ɑ́əgɑ(ː)n | ɑ́ːgɒn, -gən/ *n.* 〘化学〙アルゴン《空気中に存在する希ガス元素; 記号 Ar, 原子番号 18, 原子量 39.948》. 〘(1894) ← NL ～ ← Gk *argón* (neut.) ← *argós* idle, inert ← A-[7]+*érgon* work: idle gas の意〙

Ar·go·naut /ɑ́əgənɔ̀ːt, -nɑ̀ːt | ɑ́ːgənɔ̀ːt/ *n.* **1** 〘ギリシャ伝説〙アルゴナウテース《アルゴー号一行 (the Argonauts) の人; 伝説の英雄 Jason に従って Argo という船に乗り「黄金の羊毛 (the Golden Fleece)」を捜すためコルキス (Colchis) 国へ遠征した勇士》. **2** [時に a-] **a** 冒険家 (adventurer). **b** (米国で, 1848–49 年にゴールドラッシュに駆られて California に集まった)金鉱探検者 (cf. forty-niner 1). **3** [a-] 〘動物〙アオイガイ (paper nautilus). 〘(1596) □ L *Argonauta* □ Gk *Argonaútēs* ← *Argṓ* 'ARGO'+*naútēs* sailor〙

Ar·go·nau·tic /ɑ̀əgənɔ́ːtɪk, -nɑ́ː- | ɑ̀ːgənɔ́ːt-ˊ-/ *adj.* 〘ギリシャ伝説〙アルゴー号一行 (the Argonauts) の (cf. Argonaut 1): the ～ expedition アルゴナウテースたちの遠征.

Ár·gonne Fórest /ɑ́əgɑ(ː)n-, -gɔ(ː)n- | -gɒn-; *F.* aʁgɔn-/ *n.* アルゴンヌの森《フランス北東部の山林地帯; 戦跡 (1918, 1944); 単に the Argonne ともいう》.

Ar·gos /ɑ́əgɑ(ː)s, -gəs | ɑ́ːgɒs/ *n.* アルゴス《ギリシャ南東部の古代都市; Argolis 地方の中心地で Sparta, Athens, Corinth の強敵だった》.

ar·go·sy /ɑ́əgəsi | ɑ́ː-/ *n.* **1** (16–17 世紀に豪華な荷物を積んでアドリア海 (Adriatic Sea) を航行した Ragusa や Venice の)大型帆船. **2** 《古・詩》大型商船, 船; 商船団. **3** 豊富な蓄え, 宝庫 (rich store): an ～ *of* poetic images. 〘(1577) (変形) ← 《廃》*ragusye* □ It. *ragusea* vessel of Ragusa〙

ar·got /ɑ́əgou, -gət | ɑ́ːgəu; *F.* aʁgo/ *n.* **1** (盗賊・浮浪者などの)隠語, 暗語, 符丁 (⇨ dialect SYN): pickpockets' ～. **2** (あるグループ・職業などに)特有な用語, 俗語 (slang, jargon): the ～ of students / printers' ～.

ar·got·ic /ɑəgɑ́(ː)tɪk | ɑːgɔ́t-/ *adj.* 〘(1860) □ F ～ ← ? OF *ergot*〙

Ar·go·vie /*F.* aʁgɔvi/ *n.* アルゴビー (Aargau のフランス語名).

ar·gu·a·ble /ɑ́əgjuəbl̩ | ɑ́ː-/ *adj.* **1** 〈事が〉議論可能な. **2 a** 〈事が主張可能な, 論拠のある, 恐らく真実な[間違いない]: It is ～ that he has misjudged the situation. 恐らく情勢の判断を誤っていると言ってよかろう. **b** 〈事が〉議論の余地のある, 疑わしい (uncertain): It is ～ whether the assumption is valid. 前提が妥当であるかどうかは疑問である. 〘1611〙

ar·gu·a·bly /ɑ́əgjuəbli | ɑ́ː-/ *adv.* (論理的に)主張できるように, 恐らく間違いなく: Eliot's '*Four Quartets*' is ～ his greatest work.=*Arguably*, '*Four Quartets*' is Eliot's greatest work. エリオットの「四つの四重奏」は多分彼の最も偉大な作品と言えるだろう. 〘1890〙

ar·gue /ɑ́əgjuː | ɑ́ː-/ *vt.* **1** (理由などを示して)〈事を〉主張する (maintain) 〈*that*〉: ～ one's position 自分の立場を主張[弁護]する / He ～*d* convincingly [powerfully, strongly] *that* he was in the right. 彼は自分の方が正しいのだと説得力をもって[強力に, 強く]主張した. **2 a** 〈事(の可否・真偽など)を〉論じる, 議論する (discuss): ～ a point, question, etc. / ～ a case 〈弁護人が〉事件の弁論をする. **b** 〈事(の合法性など)を〉問題にする, …に異議を唱える (question): ⇨ *argue the* TOSS. **3** 〈人を〉説いて…させる 〔*into, out of*〕: They ～*d* him *into* joining the party. 彼を説得して入党させた / She ～*d* herself *into* going back. いろいろ考えた末もどることにした / He ～*d* me *out of* the habit. 私を説いてその習慣をやめさせた / ～ a person *down* 人を言い込める. **4** 〈物事が〉示す (indicate); 立証する (prove): His conduct ～*s* him (*to* be) a rogue [～*s* roguery in him]. そのふるまいで彼が悪者であることが明らかだ / The bloodstains ～ *that* there was foul play. 血痕は犯行のあったことを物語っている / Not to know me ～*s* yourselves unknown. 私を知らないとは自分たちの無名な証拠である (Milton, *Paradise Lost* 1. 830). — *vi.* **1** 論じる, 議論する; 論争する (⇨ discuss SYN): ～ *with* a person *about* [*over*] a thing 人とある事について議論する / She can ～ well [convincingly, persuasively]. 上手に[説得力のある]議論ができる / ～ *against* 〈人・事〉に反対の議論をする; 〈事が〉…と反対の結論を示す / ～ *for* [in favor of] …に賛成の議論をする / ～ *with* oneself (何かについて)自分でいろいろと考える / ～ away 長々と議論する / ～ in a circle ⇨ circle 5 b. **2** 言い争う, 口論する (quarrel): ～ *about* money (*with* each other) / They are always *arguing*. / *Don't* ～ (*with* me); it's been decided! (私に)文句を言うのはやめてくれ. もう決まったことだ.

árgue awáy [*óff*] (1) 〈問題などを〉(もっともらしい議論で)片付ける, 一掃する: ～ *away* a misunderstanding 論じて誤解を一掃する. (2) ⇨ *vi.* 1. 〘1719〙 ***árgue one's wáy óut of*** うまく議論して…から切り抜ける: He ～*d his way out of* a tough spot. うまく論じ立てて窮地を脱した. ***árgue óut*** 〈問題などを〉徹底的に論じる ～ out a problem 問題をとことん論じる.

ár·gu·er *n.*

〘(*c*1303) □ (O)F *arguer* □ L *argūtāre* to prate (freq.) ← *arguere* to make clear, prove ← IE **ar(e)g-* to shine (Gk *árgos* / L *argentum* silver: cf. argentum)〙

ar·gu·fy /ɑ́əgjufàɪ | ɑ́ː-/ 《口語・方言》 *vi.* (つまらぬ事を)くどくどと論じる; 言い争う. — *vt.* しつこく論じる; 〈人を〉しつこい議論で悩ます. **ár·gu·fì·er** *n.* 〘(1751): ⇨ ↑, -fy〙

ar·gu·ment /ɑ́əgjumənt | ɑ́ː-/ *n.* **1** (賛否の)論拠, 論点, 理由 (reason) 〔*for, against*〕/ 〈*that*〉: a strong [weak] ～ / an ～ *for* [*against*] (ending a) war / put forward an ～ in favor of compromise 妥協賛成論を出す / on the ～ *that* …という理由で / My ～ is *that* his assumption is faulty. (それに対する)私の主張は彼の前提に誤りがあるということだ. **2 a** (賛否の)議論, 論議 (discussion): have an ～ *with* a person *about* [*over*] a question / beyond ～ 議論の余地のない, 明らかな / without ～ 異議[文句]なしに / (just) for ～'s sake (ただ)議論のために / (just) listen to both sides of the ～ 双方の議論に耳を傾ける / for the sake of ～ (ただ)議論の[を進める]ために / I am [My case is] open to ～. 私の主張は議論する余地がある. **b** 言い争い, 口論 (⇨ quarrel SYN): He had an ～ *with* his wife *about* their son. **c** 〘法律〙弁論; 弁論における立証手続き. **3** 推論, 立論 (reasoning); 論法: follow a person's ～. **4 a** (文学作品の)梗概(こうがい) (summary). **b** 《廃》主題, 主旨, テーマ (theme): the ～ of a speech. **5 a** 〘哲学・論理〙論証 (argumentum); 議論, 論議: an ～ from silence=ARGUMENTUM e [ex] silentio. **b** 〘論理〙(関係や関数の)項 (term). **6 a** 〘電算〙引数, アーギュメント. **b** 〘数学〙偏角 (amplitude)《アルガン図表 (Argand diagram) 上に複素数を表示したものと座標軸が交差した点を結んだ線と正の方向に引いた水平軸との角度》. **7** 《廃》**a** 証拠 (proof). **b** 争いの根拠[理由].

árgument from desígn [the —] 〘哲学〙目的論的証明 (teleological argument)《目的をもった宇宙の秩序を神の存在の証明の根拠に用いる証明法》.

árgument from illúsion [the —] 〘哲学〙錯覚論法《錯覚・幻覚の可能性を根拠にして知覚の認識的確実性を疑問視し, また知覚は物それ自身の性質を表さないと主張する議論》.

ar·gu·men·tal /ɑ̀əgjuméntl̩ | ɑ̀ːgjuméntl-ˊ-/ *adj.* 〘(*c*1330) □ (O)F ～ □ L *argūmentum*: ⇨ argue, -ment〙

SYN 議論: **argument** 証拠と推論に基づく論理的な議論: We usually rely on *arguments* for persuasion. 人を説得するには通例議論に頼る. **dispute** 相手の議論に反駁するための議論《通例論争の際の激しさ・怒りを暗示する》: The matter is under *dispute*. この問題は論議中だ. **discussion** 問題解決のために意見を交換して行う討論: I had a *discussion* with him about the plan. 私はそのプランに関して彼と討論をした. **debate** 一定のルールのもとに行われる公式の討論: the abortion *debate* (妊娠)中絶(是非)論争. **controversy** 主に団体の間の重大な問題に関する長期にわたる論争: the *controversy* about the IT project IT プロジェクトをめぐる議論.

---

argumenta *n.* argumentum の複数形.

A

ar·gu·men·ta·tion /àːgjʊməntéɪʃən, -mɛn- | àː-/ *n.* **1** 推論, 論証; 立論 (reasoning). **2** 討議, 論争 (discussion, debate). **3** 《まれ》 =argument 1, 2. 〖(*c*1443) ▭ (O)F ～ // L *argūmentātiō(n-)* ← *argūmentārī* to bring forward proof: ⇨ argument, -ation〗

ar·gu·men·ta·tive /àːgjʊménṭəṭɪv | àːgjʊmén-tət-ˊ/ *adj.* (*also* **ar·gu·men·tive** /-ménṭɪv | -tɪvˊ/) **1** 〈人が〉議論好きな, 理屈っぽい (quarrelsome). **2** 〈発言など〉議論的な, 論争的な. **3** 〖法律〗〈抗弁が〉立証的な. **4** 〈事が〉〈…を〉示す, ほのめかす (indicative) 〔*of*〕. **～·ly** *adv.* **～·ness** *n.* 〖1447〗

árgument prìnciple *n.* [the ～] 〖数学〗偏角原理 《複素正則関数の閉曲線に沿う偏角 (argument) の変化は, その閉曲線の内部にある零点と極の個数の差の 2π 倍に等しいという原理》.

ar·gu·men·tum /àːgjʊménṭəm | àːgjʊmént-/ *L.* *n.* (*pl.* **-men·ta** /-ṭə | -tə/) 〖哲学・論理〗論証, 論法 (argument).

arguméntum ád /-ǽd/ …に向けての論証[論法]: an ～ *ad* baculum 威力[暴力]に訴える論証 / an ～ *ad* ignorantiam /-ɪgnərǽnʃiəm/ (=ignorance) 無知(相手が事実に暗い点)に乗じる論証 / an ～ *ad* populum /-pá(ː)pjʊləm | -pɔ́p-/ (=the people) 大衆にこびる論証 / ⇨ argumentum AD ABSURDUM, argumentum AD HOMINEM, argumentum AD MISERICORDIAM, argumentum AD REM.

arguméntum e [**ex**] **si·lén·ti·o** /-sɪ̀lénʃiòʊ | -sɪlénʃiəʊ/ 〖哲学・論理〗沈黙[無言]論法 (argument from silence) 《反証が提示されないことをもって当面の結論の正しさを主張する論法》. 《1934》

〖(1690) ▭ L *argūmentum* 'ARGUMENT'〗

ar·gus /áəgəs | áː-/ *n.* **1** 〖鳥類〗セイラン (*Argusianus argus*) 《タイ・マレー産のキジ科の美しい鳥; 目のような模様がある; argus pheasant ともいう》. **2** 〖昆虫〗翅に多くの目のような斑点のある(特に, ジャノメチョウ科の)チョウの総称. **3** 〖魚類〗クロホシマンジュウダイ (*Scatophagus argus*) 《体高が高く扁平で丸い斑点がある; インド洋・太平洋産; argus fish ともいう》. 〖(1768) ← NL ～ (↓): その羽[翅]の紋様が目に似ていることから〗

Ar·gus /áəgəs | áː-/ *n.* **1** アーガス《男性名》. **2 a** 〖ギリシャ神話〗アルゴス《百眼の巨人; Hera に命じられて雌牛に変えられた美女 Io の番をしていたが Hermes の笛に眠らされて殺された; Hera は死体から取った彼の目をくじゃくの尾につけたという》. **b** 鋭く見張る人, 厳重な見張人. **3** 〖ギリシャ神話〗アルゴス (Phrixus の息子で, アルゴー号 (the Argo) の建造者). 〖(1369) ▭ L ～ ▭ Gk *Argós* ← *argós* shining, bright〗

Árgus-éyed, á- *adj.* 目の鋭い, 油断のない (vigilant). 〖(1603) ↑〗

árgus phèasant *n.* 〖鳥類〗セイラン (⇨ argus 1).

ar·gute /aəgjúːt | aː-/ *adj.* **1** 敏捷な; 鋭敏な, 抜け目のない (shrewd). **2** 〈音が〉鋭い, かん高い (shrill). **～·ly** *adv.* **～·ness** *n.* 〖(*c*1420) ▭ L *argūtus* clear, sharp (p.p.) ← *arguere* 'to ARGUE'〗

Ar·gy /áədʒi | áː-/ *n.* 〖英俗・軽蔑〗アルゼンチン人《特に 1982 年の Falklands 紛争のとき使われた》.

ar·gy·bar·gy /áədʒibáədʒi | àːdʒibáː-/ *vi.* 《口語・方言》議論を戦わす, 討論をする (debate); 言い争う, 口論する. **—** *n.* 《英口語》議論, 討論 (argument); 言い争い, 口論 《argle-bargle ともいう》. 〖(1887) 《加重》 ← 《方言》 *argy* 《変形》 ← ARGUE〗

Argyl. 《略》 Argyll; Argyllshire.

ar·gyle[1], **A-** /áəgaɪl, ─ˊ | àːgáɪlˊ/ *n.* (*also* **ar·gyll** /～/) **1** アーガイル《靴下・セーターなどを編むときのダイヤ形色模様》. **2** [通例 *pl.*] ダイヤ形色模様のソックス. **—** *adj.* アーガイル柄の, ダイヤ形色模様の. 〖(1899) ← *Argyll*: この氏族が用いた格子柄から〗

ar·gyle[2] /áəgaɪl, ─ˊ | aːgáɪl/ *n.* (*also* **ar·gyll** /～/) (保温式の)グレービー容器 (gravy vessel). 〖(1797) ← ? *Duke of Argyle*〗

Ar·gyll /aəgáɪl | aː-/ *n.* =Argyllshire.

Argýll and Búte *n.* アーガイル ビュート区《スコットランド西部の行政区; 1996 年成立; 行政の中心都市 Lochgilphead》.

Ar·gyll·shire /aəgáɪlʃə, -ʃɪə | aːgáɪlʃə(r, -ʃɪə(r/ *n.* アーガイル州《スコットランド西部沿岸の旧州; 1996 年 Argyll and Bute の一部となった》. 〖← *Argyll* (スコットランドの地名)+-SHIRE〗

ar·gyr- /áədʒər | áːdʒɜr/ (母音の前にくるときの) argyro- の異形: *argyr*anthous 銀色の花のある.

ar·gyr·i·a /aədʒíriə | aː-/ *n.* 〖病理〗銀中毒. 〖(1875) ← NL: ⇨ ↓, -ia[1]〗

ar·gy·ro- /áədʒəroʊ | áːdʒɜrəʊ/ 「銀, 銀色」の意の連結形. ★ 母音の前では通例 argyr- になる. 〖← NL ～ ← Gk *árguros* silver: cf. argue〗

ar·gyr·o·dite /aədʒírədàɪt | aːdʒírə(ʊ)-/ *n.* 〖鉱物〗硫銀ゲルマニウム鉱 (Ag_8GeS_6). 〖(1886) ← Gk *argurṓdēs* rich in silver (← *árguros* (↑))+-ITE[1]〗

Ar·gy·rol /áədʒərɔ̀(ː)l | áːdʒɪrɔ̀l/ *n.* 〖商標〗アージロール《目・耳・鼻など局部防腐剤として用いる含銀液》. 〖(1908) ← ARGYRO-+-OL[2]〗

ar·gy·ro·phil·ic /àədʒəroʊfílɪk | àːdʒɜrə(ʊ)-ˊ/ *adj.* 〖生物〗好銀性の《銀塩ですぐに黒く染まる》. 〖(1934) ← ARGYRO-+-PHILIC〗

Ar·hat, a- /áəhət | áː-/ *n.* 〖仏教〗阿羅漢(あらかん), 応供(おうぐ) (cf. Bodhisattva). **～·ship** *n.* 〖(1870) ▭ Skt ～ 《原義》 deserving respect〗

År·hus /ɔ́əhuːs | ɔ́ː-/ *n.* =Aarhus.

a·rhyth·mi·a /əríðmiə, eɪ-/ *n.* 〖病理〗=arrhythmia.

a·ri·a /áːriə; *It.* áːrja/ *n.* (*pl.* **～s, a·ri·e** /-rièɪ; *It.* áːrje/) 〖音楽〗 **1** 詠唱, アリア《オペラ・カンタータなどで通例楽器の伴奏のある抒情的性格の独唱曲; cf. arioso, recitative 1》. **2** =air[1] 7 a. 〖(1742) ▭ It. ～ 《原義》 atmospheric air: ⇨ air[1]〗

-a·ri·a[1] /ɛ́ᵊriə | ɛ́ər-/ *suf.* 〖生物〗動植物の上位の分類名, 特に「目 (order)」を表す複数名詞を造る: Actini*aria* イソギンチャク目. 〖← NL ～ ← L *-āria* (fem. sing., neut. pl.) ← *-ārius* '-ARY'〗

-aria[2] *suf.* -arium の複数形.

ária da cápo *n.* (*pl.* **arias da capo, arie da capo**) 〖音楽〗ダカーポアリア《17 世紀末ごろから 18 世紀半ごろにかけて発達し確立されたアリアの形式で, A–B–A の 3 部形式をとる》. 〖▭ It. ～ 'air from the beginning'〗

Ar·i·ad·na /æ̀riǽdnə/ *n.* アリアドナ《女性名》. 〖↓〗

Ar·i·ad·ne /æ̀riǽdni/ *n.* **1** アリアドニ《女性名》. **2** 〖ギリシャ神話〗アリアドネ (Crete の王 Minos の娘; Theseus と恋に落ち, 彼に糸のまりを与えて道しるべとし迷宮からの脱出を助けた; cf. labyrinth 1 b, Minotaur). 〖▭ L ～ ▭ Gk *Ariádnē*〗

Ar·i·an[1] /ɛ́ᵊriən | ɛ́ər-/ *adj.* アレイオス (Arius) の; アレイオス主義の. **—** *n.* アレイオス主義の人. 〖(1532) ← LL *Ariānus* (← *Arīus* ▭ Gk *Áreîos*)+-AN[1]〗

Ar·i·an[2] /ɛ́ᵊriən | ɛ́ər-/ *adj., n.* =Aryan.

Ar·i·an[3] /ɛ́ᵊriən | ɛ́ər-/ *adj., n.* おひつじ座生まれの(人).

-ar·i·an /ɛ́ᵊriən | ɛ́ər-/ *suf.* 「…派の(人), …主義の(人), …歳の(人)」などの意の形容詞・名詞を造る: humanit*ar*ian, veget*ar*ian, sexagen*ar*ian. 〖← L *-ārius* '-ARY'+-AN[1]〗

A·ri·an·ism /ɛ́ᵊriənìzm | ɛ́ər-/ *n.* 〖キリスト教〗アレイオス[アリウス]主義《イエスは父なる神と同質(同一実体)ではないが, 他のすべての被造物に先立って父により創造された高貴な存在であるとする Arius の教説; キリストの神性を否定するものとして 325 年の Nicene Council で異端とされる》. 〖*a*1600〗

A·ri·an·ize /ɛ́ᵊriənàɪz | ɛ́ər-/ *vt., vi.* 〖キリスト教〗アレイオス[アリウス]主義にする[なる]. 〖1605〗

Ar·i·as Sán·chez /áːriàːssáːntʃɛz; *Am.Sp.* árja(s)sántʃes/, **Oscar** *n.* アリアス サンチェス (1941– ; コスタリカの政治家; 大統領 (1986–90); 1987 年の中米平和協定の成立に尽力した; Nobel 平和賞 (1987)).

ARIBA 《略》 Associate of the Royal Institute of British Architects 英国王立建築家協会準会員.

a·ri·bo·fla·vin·o·sis /eɪràɪboʊflèɪvɪ̀nóʊsɪ̀s | -bə(ʊ)flèɪvɪnə́ʊsɪs/ *n.* 〖病理〗リボフラビン[ビタミン B_2] 欠乏(症). 〖(1939) ← NL ～: ⇨ a-[7], riboflavin, -osis〗

ARIC 《略》 Associate of the Royal Institute of Chemistry.

A·ri·ca /ərίːkə; *Am.Sp.* aríka/ *n.* **1** アリカ《チリ北部の海港》. **2** ⇨ Tacna-Arica. **3** アリカ《肉体と精神の鍛練により自己発見[実現]を図る方法の一つ》.

ar·id /ǽrɪ̀d, ɛ́r- | ǽrɪd/ *adj.* **1 a** 〈土地・空気など〉乾燥した, 乾ききった (⇨ dry SYN): an ～ plateau. **b** 不毛の, 荒れた: ～ soil. **2** 〈頭脳・思想など〉貧弱な, 不毛の; 〈作品・人など〉無味乾燥な: ～ writing / an ～ lecture, personality, etc. **～·ly** *adv.* **～·ness** *n.* 〖(1652) ▭ F *aride* // L *āridus* ← *ārēre* to be dry〗

a·rid·i·sol /ərídəsɔ̀(ː)l | -dɪ̀sɔ̀l/ *n.* 〖土壌〗アリディソル《有機物に乏しく, 塩分・アルカリの含有が多い乾燥地土壌》. 〖(1960) ← ARID *adj.*+-I-+-SOL〗

a·rid·i·ty /ərídəṭi, æ-, ɛr- | ærídɪ̀ti, ər-/ *n.* **1** 乾燥(状態); 不毛. **2** 貧弱さ; 無味乾燥, むなしさ: the ～ of life, recent poetry, etc. 〖(1599) ▭ F *aridité* // L *āriditātem* ← *āridus*: ⇨ arid, -ity〗

arie *n.* aria の複数形.

A·ri·ège /æ̀riéɪʒ, ɛ̀r- | æ̀r-; *F.* aʁjɛːʒ/ *n.* アリエージュ(県)《フランス南部のスペインに接する県; 面積 4,890 km², 県都 Foix /fwa/》.

ar·i·el /ɛ́ᵊriəl | ɛ́ər-/ *n.* 〖動物〗アラビアガゼル (*Gazella arabica*) 《アジア・アフリカに生息するレイヨウ; ariel gazelle ともいう》. 〖(1828) ▭ Arab. *áryil* 《変形》 ← *áyyil* stag〗

Ar·i·el /ɛ́ᵊriəl | ɛ́ər-/ *n.* エアリエル: **1** 女性名. **2** 男性名. **3** Shakespeare 作の *The Tempest* に登場する空気の精; 自由に姿を変え空を飛んで主人の Prospero を助ける; cf. AERIAL spirits. **4** 〖天文〗アリエル《天王星 (Uranus) の第 1 衛星; 5 個の衛星のうち内側から 2 番目》. 〖▭ LL ～ ▭ Gk ～ ▭ Heb. *arī'ēl* lion of god: 英語では AERIAL, AIRY と連想された〗

Ar·i·elle /ɛ̀ᵊriél | ɛ̀ər-/ *n.* エアリエル: **1** 女性名. **2** 男性名. 〖↑〗

Ar·i·en /ɛ́ᵊriən | ɛ́ər-/ *n., adj.* おひつじ座生まれの(人).

Ar·i·es /ɛ́ᵊriːz, -riìːz | ɛ́əriːz, -riìːz/ *n.* **1** 〖占星〗 **a** おひつじ座, 白羊宮《黄道 12 宮の第 1 宮; the Ram ともいう; 3 月 21 日–4 月 20 日ころを支配する; ⇨ zodiac》. **b** おひつじ座生まれの人. **2** 〖天文〗おひつじ(牡羊)座《おうし座とうお座の間に位置する北天の星座; the Ram ともいう》. **—** *adj.* おひつじ座生まれの. 〖(*a*1385) ▭ L ～ 'ram'〗

a·ri·et·ta /àːriéṭə, æ̀r-, ɛ̀r- | æ̀riétə, àːr-; *It.* arjétta/ *n.* (*pl.* **～s, a·ri·et·te** /-teɪ; *It.* -te/) 〖音楽〗アリエッタ, 小詠唱 (short aria). 〖(1742) ▭ It. ～ (dim.) ← ARIA〗

a·ri·ette /àːriét, æ̀r-, ɛ̀r- | æ̀r-, àːr-; *F.* aʁjɛt/ *n.* (*pl.* **～s** /～s; *F.* ～/) 〖音楽〗=arietta. 〖(1818) ▭ F ～ (↑)〗

a·right /əráɪt/ *adv.* 正しく, 間違いなく (rightly): if I remember ～ 私の記憶に誤りがなければ, 確か. 〖OE *on riht, ariht*: ⇨ a-[1], right〗

A·rik·a·ra /ərίkərə/ *n.* (*pl.* ～, **～s**) **1 a** [the ～(s)] アリカラ族《今は米国 North Dakota 州, Missouri 河畔に住む平原北米先住民の一種族》. **b** アリカラ族の人. **2** アリカラ語 (Caddoan 語族の一つ). 〖(1811) ▭ N-Am.-Ind. (Pawnee) ～ 《原義》 horns: その髪形から〗

a·ri·ki /áːriːkiː | áːri-/ *n.* (*pl.* ～) 《NZ》 名家の長男[長女]; (マオリ族の)首長 (chief).

ar·il /ǽrəl, ɛ́r- | ǽrɪl/ *n.* 〖植物〗仮種被《種子の表面にある特殊な被覆物》. **ár·illed** /～d/ *adj.* 〖(1794) ← ? NL *arillus* ← ML *arilli* dried grapes ▭ Sp. *arillos*〗

ar·il·late /ǽrəlèɪt, ɛ́r-, -lɪ̀t | ǽrɪ-/ *adj.* 〖植物〗仮種被のある. 〖(1830): ⇨ ↑, -ate[2]〗

ar·il·lode /ǽrəlòʊd, ɛ́r- | ǽrɪlə̀ʊd/ *n.* 〖植物〗偽仮種被. 〖(1854) ← ARIL+-ODE[1]〗

Ar·i·ma·the·a /æ̀rɪ̀məθíːə, ɛ̀r- | æ̀r-/ *n.* (*also* **Ar·i·ma·thae·a** /～/) アリマタヤ《古代 Palestine の町; イエスの弟子 Joseph of Arimathea の出身地 (*Matt.* 27: 57–60)》.

A·rim·i·num /ərímɪ̀nəm | -mɪ-/ *n.* アリミナム《イタリア北部の都市 Rimini の古代名》.

ar·i·ose /àːriòʊs, æ̀r-, ɛ̀r- | àːriə̀ʊs, æ̀r-/ *adj.* 〖音楽〗調子の美しい, 叙情調の (songlike). 〖(1742) ↓〗

a·ri·o·so /àːrióʊsoʊ, æ̀r-, ɛ̀r-, -zoʊ | àːriə́ʊsəʊ, æ̀r-, -zəʊ; *It.* arjóːzo/ *adj., adv.* 〖音楽〗アリオーソ(風)の[に]. **—** *n.* (*pl.* **～s, -o·si** /-siː, -ziː; *It.* -zi/) アリオーソ《オペラ・カンタータなどで詠唱 (aria) と叙唱 (recitative) との中間的性質の[混じり合った]歌曲; 通例, 器楽伴奏がつく》. 〖(1742) ▭ It. ～: ⇨ aria, -ose[1]〗

Ar·ios·to /àːriá(ː)stoʊ, æ̀r-, ɛ̀r-, -ɔ́(ː)s- | æ̀riɔ́stəʊ; *It.* arjɔ́sto/, **Lu·do·vi·co** /ludovíːko/ *n.* アリオスト (1474–1533; イタリアの詩人・劇作家; *Orlando Furioso*「狂えるオルランド」(1516)).

-ar·i·ous /ɛ́ᵊriəs | ɛ́ər-/ *suf.* 「…性の」の意の形容詞を造る: greg*arious*. 〖← L *-ārius* '-ARY'+-OUS〗

a·rise /əráɪz/ *vi.* (**a·rose** /əróʊz | ərə́ʊz/; **a·ris·en** /ərízən, -zn/) **1 a** 〈問題が〉起こる, 生じる, 発生する (occur) (⇨ rise SYN): An idea *arose*. ある考えが浮かんだ / A quarrel *arose* between the brothers. 兄弟の間に争いが起こった / The question ～*s* (as to) whether she is fit for office. 彼女が仕事に向いているかどうかについて疑問が生じる. **b** 〈事が〉〈…から〉起こる, 〔…に〕原因する (result) 〔*from, out of*〕: Courage ～*s from* hope. 希望から勇気が湧く. **c** 〈偉人などが〉現れる, 生まれる (appear, be born). **2** 《文語》起床する, 起きる; 立ち[起き]上がる: I will ～ and go now. (Yeats) さあ立ち上がって行こう. ★ 日常語は get up. **3 a** 〈風などが〉起こる, 出る (rise): A wind [mist] is *arising*. **b** 〈声などが〉聞こえてくる: A scream *arose* in the darkness. **4** 《詩》(反抗して)立ち上がる, 謀反を起こす (rise) 〔*against*〕. **5** 《詩》〈建物が〉建てられる. **6** 《詩》〈死者が〉よみがえる. **7** 《古・詩》〈太陽などが〉昇る, 出る (rise).

arising òut of [独立構文で] …の結果として; …に関連して(のことだが) (cf. 1 b).

〖OE *ārīsan*: ⇨ a-[2], rise〗

arisen *vi.* arise の過去分詞.

a·ris·ings /əráɪzɪŋz/ *n. pl.* (生産過程から生じる)副産物, 廃棄物.

Arist. 《略》 Aristotle.

a·ris·ta /ərístə/ *n.* (*pl.* **a·ris·tae** /-tiː/, **～s**) **1** 〖植物〗芒(のぎ) (awn) 《イネ科植物の外花穎(えい)の先端から出る剛毛状の突起》. **2** 〖動物〗芒状物, (ハエなどの)端刺《昆虫類のアブ科の触角第 3 節にある特化した剛毛》. 〖(1691) ← NL ～ ← L 'beard of grain': cf. arête〗

Ar·is·tae·us /æ̀rɪ̀stíːəs, ɛ̀r- | æ̀r-/ *n.* 〖ギリシャ神話〗アリスタイオス (Apollo と Cyrene の息子; 農牧業の神).

Ar·is·tar·chus /æ̀rɪ̀stáəkəs, ɛ̀r- | æ̀rɪ̀stáː-/ *n.* 〖天文〗アリスタルコス《月面北東象限にあるクレーター; 直径約 37 km で最も輝いている》.

Aristárchus of Sámos *n.* サモスのアリスタルコス (*c*310–230 B.C.; ギリシャの天文学者; 地動説の先駆者).

Aristárchus of Sámothrace *n.* サモトラケのアリスタルコス (*c*217–145 B.C.; ギリシャの文法家; アレクサンドリア図書館長; 特に Homer 作品の編纂で有名).

a·ris·tate /ərísteɪt, -stɪ̀t/ *adj.* **1** 〖植物〗芒(のぎ)のある. **2** 〖動物〗芒のある, 芒形の. 〖(1838) ← L *aristātus*: ⇨ arista, -ate[2]〗

Ar·is·tide /æ̀rɪstíːd, ɛ̀r- | æ̀r-; *F.* aʁistid/, **Jean-Ber·trand** /ʒɑ̃bɛʁtʁɑ̃/ *n.* アリスティド (1953– ; ハイチのカトリック司祭・政治家; 1990 年に初の民主選挙で大統領に選出されるが, 翌年軍事クーデターで米国に追われる; 1994 年に米国のあと押しで復帰し, 96 年まで大統領を務めた).

Ar·is·ti·des /æ̀rɪ̀stáɪdiːz, ɛ̀r- | æ̀rɪ̀s-/ *n.* アリスティデス (530?–?468 B.C.; 古代ギリシャ Athens の政治家で将軍; 通称 Aristides the Just).

Ar·is·tip·pus /æ̀rɪ̀stípəs, ɛ̀r- | æ̀rɪ̀s-/ *n.* アリスティッポス (435?–?366 B.C.; 古代ギリシャの哲学者でキレネ学派の創始者; cf. Cyrenaic 2).

a·ris·to /ərístoʊ | -təʊ/ *n.* 《英口語》 =aristocrat 1. 〖1864〗

a·ris·to- /əristoʊ, ǽrɪ̀s-, ɛ́r- | ǽrɪ̀stəʊ, ərís-/ 「最上の (best), 優秀な (superior)」の意の連結形: *aristo*cratic. 〖▭ F ～ ▭ LL ～ ← Gk *áristos* best ← IE **ar(ə)-* to fit together〗

ar·is·toc·ra·cy /æ̀rɪ̀stá(ː)krəsi, ɛ̀r- | æ̀rɪ̀stɔ́k-/ *n.* **1** [the ～; 集合的] **a** 貴族, 貴族社会 (the nobility). **b** 上流[特権]階級: the ～ of labor 〖経済〗労働貴族《労働者でありながら高所得を得てブルジョア化し, ブルジョア社会の支柱となる人々》. **2 a** 貴族政治; 貴族政治の国 (cf. democracy). **b** 最上の市民による政治; そうした政治の国. **3** [集合的] (知能・資産など)一流の人々: an ～ of talent. **4** 貴族的性質[精神]. 〖(1531) ▭ (O)F *aristocratie* ▭ L *aristocratia* ▭ Gk *aristokratía* rule of the best: ⇨ ↑, -cracy〗

a·ris·to·crat /ərístəkræ̀t, ǽrɪ̆s-, ɛ́r- | ǽrɪ̆s-, ǽrɪs-/ *n.* **1** 貴族 (noble, patrician): a struggle between the ~*s* and the plebeians 貴族と平民間の闘争. **2** 貴族的な人. **3** 貴族政治主義者. **4** (ある物の中で)最上のもの: the ~ *of* cigars 最上のシガー. 〘(1789) ▭ F *aristocrate* (逆成) ← *aristocratie* (↑) & *aristocratique* (↓): ⇨ -crat〙

a·ris·to·crat·ic /ərìstəkrǽtɪk, æ̀rɪ̆s-, ɛ̀r- | æ̀rɪ̆stəkrǽt-⁻/ *adj.* **1** 貴族の; 貴族政治の. **2 a** 貴族的な, 貴族らしい, 立派な, しゃれた; おうような. **b** 貴族ぶる, 尊大な; 排他的な. **3** 貴族主義の. 〘(1602) ▭ F *aristocratique* ▭ Gk *aristokratikós*: ⇨ aristocracy, -ic[1]〙

a·rìs·to·crát·i·cal *adj.* =aristocratic. **~·ly** *adv.* 〘1589〙

ar·is·toc·rat·ism /æ̀rɪ̆stɑ́(ː)krətɪzm, ɛ̀r- | æ̀rɪ̆stɔ́k-/ *n.* **1** 貴族[貴族政治]主義. **2** 貴族的な気風[精神], 貴族かたぎ. 〘1792〙

arìsto·génesis *n.* 〘生物〙 アリストゲネシス, 最善進化 (進化は, その生物に本来備わった能力と外界との適応によって一定の方向に連続的に進むという考え; 現在はあまり受け入れられていない).

A·ris·to·lo·chi·a·ce·ae /ərìstoʊloʊkiéɪsiìː, æ̀r-, ɛ̀r- | æ̀rɪ̆stə(ʊ)ləʊ-/ *n. pl.* 〘植物〙 (双子葉植物)ウマノスズクサ科. **a·ris·to·lo·chi·á·ceous** /-ʃəs⁻/ *adj.* 〘← NL ~ ← *Aristolochia* (← L ▭ Gk *aristolokhía* birthwort ← ARISTO- + *lokheía* childbirth) + -ACEAE〙

Ar·is·toph·a·nes /æ̀rɪ̆stɑ́(ː)fəniːz, ɛ̀r- | æ̀rɪ̆stɔ́f-/ *n.* アリストファネス (450?–?388 B.C.; 古代ギリシャ Athens の詩人・喜劇作家; *The Clouds* (423 B.C.); *The Birds* (414 B.C.), *The Frogs* (405 B.C.) など).

Aristóphanes of Byzántium *n.* ビザンティウムのアリストファネス (257–180 B.C.; Alexandria の文献学者; Homer の作品などを編纂した).

Ar·is·to·phan·ic /æ̀rɪ̆stəfǽnɪk, ɛ̀r- | æ̀rɪ̆stə-, -tɔf-⁻/ *adj.* アリストファネス風の (諷刺的な喜劇などについていう). 〘1827〙

Ar·is·to·te·li·an /æ̀rɪ̆stətíːliən, ɛ̀r- | æ̀rɪ̆stə-, -stə-⁻/ *adj.* (*also* **Ar·is·to·te·lean** /~/) **1** アリストテレスの; アリストテレス学派の. **2** 論理的な; 演繹(えんえき)的な. — *n.* アリストテレス学徒. 〘(1607) ← L *Aristotelius* of Aristotle + -IAN〙

Àr·is·to·té·li·an·ism /-nɪzm/ *n.* **1** アリストテレス(学派)の哲学. **2** アリストテレス主義 (論理的分析と経験的事実の解明を重視する立場). 〘1727〙

Aristotelian lógic *n.* 〘論理〙 **1** アリストテレス論理学 (アリストテレスの *Organon* における論理学). **2** (伝統的)形式論理学 (*Organon* に由来し中世を経て近世・現代に至る, 現代数学的論理学以前の論理学). 〘1840〙

Ar·is·tot·le /ǽrɪ̆stɑ̀(ː)tl̩, ɛ́r- | ǽrɪ̆stɔ̀tl̩/ *n.* **1** アリストテレス (384–322 B.C.; 古代ギリシャの哲学者; Plato の弟子で Alexander 大王の師; *Ethics*, *Poetics*, *Politics*, etc.). **2** 〘天文〙 アリストテレス (月面北西象限にあるクレーター; 直径約 83 km). **3** 瓶, ボトル (bottle の押韻俗語). 〘▭ Gk *Aristotélēs*〙

Áristotle's lántern *n.* 〘動物〙 アリストテレスのちょうちん (ウニ類の口部にある咀嚼(そしゃく)器官). 〘(1870) ウニの形がある種のちょうちんに似ているというアリストテレスの記述から〙

a·ris·to·type /ərístətàɪp/ *n.* 〘写真〙 アリスト印画法 (塩化銀ゼラチン製の感光紙 (アリスト紙または POP という)を用いる写真印画法); アリスト印画.

arith. 《略》 arithmetic; arithmetical.

ar·ith·man·cy /ǽrɪ̆θmæ̀nsi, ɛ́r- | ǽr-/ *n.* =arithmomancy. 〘1577〙

a·rith·me·tic /əríθmətɪk | -mɪ̆-/ *n.* **1** 算数, 算術, 算法: literal ~ =algebra 1 / mental ~ 暗算 / ⇨ decimal arithmetic. **2** 算数の能力; 計算, 勘定: I challenge your ~. 君の計算は怪しいぞ. **3** 算数書. — /æ̀rɪ̆θmétɪk, ɛ̀r- | æ̀rɪ̆θmét-⁻/ *adj.* 算数の, 算術の. 〘(*c*1250) *arsmet(r)ik* ▭ OF *arismétique* (F *arithmétique*) ▭ L *arithmētica* ▭ Gk *arithmētikḗ* (*tékhnē*) (the art) of counting ▭ *arithmeîn* to number, count ← *arithmós* number ← IE **ar(ə)-* to fit together: ME 形は L *ars metrica* art of measuring と混同したため〙

àr·ith·mét·i·cal *adj.* =arithmetic. **~·ly** *adv.* 〘1543〙

arithmétic (and) lógic ùnit *n.* 〘電算〙 演算論理装置 (四則演算・論理演算などを行う装置).

árithmetic áverage *n.* 〘数学〙 =arithmetic mean.

a·rith·me·ti·cian /əriθmətíʃən | əriθmɪ̆-, æ̀rɪ̆θ-/ *n.* 算数家, 算術家. 〘(1557) ▭ F *arithméticien*〙

árithmetic méan *n.* 〘数学〙 算術平均, 相加平均 (n 個の数の和を n で割ったもの; average ともいう; cf. geometric mean, harmonic mean). 〘1767〙

arithmétic progréssion *n.* 〘数学〙 等差数列, 算術数列 (cf. geometric progression). 〘1594〙

árithmetic séries *n.* 〘数学〙 等差級数, 算術級数 (cf. geometric series).

arithmétic ùnit *n.* 〘電算〙 演算装置.

a·rith·me·tize /əríθmətàɪz | -mɪ̆-/ *vt.* 算術化する: **a** 〘数学〙 数学のある理論を算術に還元する, すなわちその理論の諸対象・諸概念を自然数を用いて定義し直す. **b** 〘論理〙 論理・数学の証明のため記号や式に特殊な数をふり当てそれらを算術的に表現する; K. Gödel /G. gǿːdl/ の方法. **a·rith·me·ti·za·tion** /əriθmətɪ̆zéɪʃən, ərɪθmɛ- | əriθmɪ̆taɪ-, -tɪ-, æ̀rɪ̆θ-/ *n.* 〘1892〙

a·rith·mo- /əríθmoʊ | -məʊ/「数」の意の連結形. 〘← ? NL ~ ← LGk ~ ← Gk *arithmós* number〙

a·rith·mo·man·cy /əríθməmæ̀nsi | -mə(ʊ)-/ *n.* 数占い. 〘1621〙

ar·ith·mom·e·ter /æ̀rɪ̆θmɑ́(ː)mətə | -mɔ́mɪ̆tə(r)/ *n.* (初期の)計算器. 〘1876〙

aríthmo·phòbia *n.* (異常な)数恐怖症.

-ar·i·um /ɛ́ᵊriəm | ɛ́ər-/ *suf.* (*pl.* **~s**, **-a·ri·a** /ɛ́ᵊriə | ɛ́ər-/)「…に関連する[用いる]物, …の場所」などの意のラテン語系名詞を造る: aqu*arium*, honor*arium*. 〘▭ L *-ārium* (neut.) ← *-ārius* '-ARY'〙

Ar·i·us /ǽriəs, ɛ́r- | ɛ́əri-, əráɪ-/ *n.* アレイオス, アリウス (250?–?336; Alexandria の聖職者; キリストの神性を否認した; cf. Arianism).

a ri·ve·der·ci /ɑːrìːvədɛ́ətʃi | -dɛ́ə-; *It.* arrivedértʃi/ *It. int.* =arrivederci.

Ariz. 《略》 Arizona.

Ar·i·zo·na /æ̀rəzóʊnə, ɛ̀r- | æ̀rɪ̆zə́ʊ-⁻/ *n.* アリゾナ州 (米国南西部の州; ⇨ United States of America 表). 〘▭ Am.-Sp. ~ ▭ Papago *Arizonac* (原義) little springs〙

Árizona cýpress *n.* 〘植物〙 アリゾナイトスギ (*Cupressus arizonica*) (米国 Arizona 州産の常緑針葉高木; 庭木にする).

Ar·i·zo·nan /æ̀rəzóʊnən, ɛ̀r- | æ̀rɪ̆zə́ʊ-⁻/ *adj.* (米国) Arizona 州(人)の. — *n.* Arizona 州人.

Ar·i·zo·ni·an /æ̀rəzóʊniən, ɛ̀r- | æ̀rɪ̆zə́ʊ-⁻/ *adj.*, *n.* =Arizonan.

Ar·ju·na /ɑ́ədʒʊnə | ɑ́ː-; *Hindi* ərdʒʊn/ *n.* アルジュナ (古代インドのサンスクリット大叙事詩 *Mahabharata* に登場する英雄の一人; cf. Bhagavad-Gita).

ark /ɑ́ək | ɑ́ːk/ *n.* **1** [the ~] 〘聖書〙 **a** (ノアの)箱舟 (Noah's ark). **b** =ARK of the Covenant. **2** [the A-] 〘ユダヤ教〙 =Holy Ark. **3** 身を寄せる所, 避難所 (refuge) (cf. 1 a). **4 a** (ノアの箱舟のような)大舟, 箱舟. **b** 《米》 (もと川で農作物などの運搬に用いた)大型平底船 (broadhorn). **5** 《方言・詩》 櫃(ひつ), 箱, (ふたのある)かご. ***out of the árk*** 《口語》 (ノアの箱舟から出てきたように)とても古い, 旧式で: His hat is [has come] *out of the* ~. 彼の帽子は古色蒼然としている. ***tóuch* [*láy hánds on*] *the árk* (*of the cóvenant*)** 神聖視されている事柄に手出しをする[を軽々しく扱う] (cf. 2 *Sam.* 6:6). 〘(1842)〙

Árk of the Cóvenant [**of Téstimony**] [the —] 〘ユダヤ教〙 (1) 契約の箱 (十戒を刻んだ 2 個の平たい石を納めた箱; ユダヤ人にとって最も神聖なもの; cf. *Exod.* 25:10–22). (2) 聖典保管所[容器] (cf. Torah). 〘1667〙 〘OE (*e*)*arc* ▭ L *arca* chest, coffer ← IE **arek-* to hold〙

Ark. 《略》 Arkansas.

Ar·kan·san /ɑəkǽnzən, -zn̩, | ɑː-/ *adj.* (米国) Arkansas 州(人)の. — *n.* Arkansas 州人.

Ar·kan·sas *n.* **1** /ɑ́əkənsɔ̀ː, -sɑ̀ː | ɑ́ːkənsɔ̀ː/ アーカンソー (米国中南部の州; ⇨ United States of America 表). **2** /ɑəkǽnzəs, ɑ́əkənsɔ̀ː, -sɑ̀ː | ɑːkǽnzəs, ɑ́ːkənsɔ̀ː/ [the ~] アーカンソー(川), アーカンザス(川) (米国 Colorado 州中部の Rocky 山脈から起こり Arkansas 州南東部で Mississippi 川に合流する (2,333 km)). 〘▭ F ~ ← N-Am.-Ind. (Siouan) (原義)? downstream people〙

Árkansas kíngbird *n.* 〘鳥類〙 北アメリカ西部に生息するハイトリ属の鳥 (*Tyrannus verticalis*).

Árkansas tóothpick *n.* 《米》 =bowie knife. 〘1881〙

Ar·kan·si·an /ɑəkǽnziən, -siən | ɑː-/ *adj.*, *n.* = Arkansan.

Ar·khan·gelsk /ɑəkǽŋgɛlsk | ɑː-; *Russ.* arxánɡʲilʲsk/ *n.* アルハンゲリスク (ロシア連邦北部, Northern Dvina 川の河口, 白海の Dvina 湾に臨む海港 (11–5 月凍結); 英語名 Archangel).

Ar·kie /ɑ́əki | ɑ́ː-/ *n.* 《米口語》 (米国 Arkansas 州出身の)移動農業労働者, 放浪農夫 (cf. Okie). 〘← AR-K(ANSAS) + -IE〙

ar·kose /ɑ́əkoʊs, -koʊz | ɑ́ːkəʊs/ *n.* 〘岩石〙 アルコース, 花崗(かこう)質砂岩. **ar·kó·sic** *adj.* 〘(1839) ▭ F ~〙

árk shèll *n.* 〘貝類〙 フネガイ科の貝の総称 (ノアノハコブネガイ (*Arca noae*) など). 〘(1854) 貝殻の内側が舟の形をしていることから〙

Ark·wright /ɑ́əkraɪt | ɑ́ːk-/, **Sir Richard** *n.* アークライト (1732–92; 英国の発明家・企業家; 水力紡績機械 (water frame) を発明 (1769)).

Arl·berg /ɑ́əlbəːg, -bɛəg | ɑ́ːlbəːg; *G.* ɑ́ʁlbɛʁk/ *n.* **1** アールベルク峠 (オーストリア西部, Alps の険路; 高さ 1,802 m). **2** [the ~] アールベルク(トンネル) (アールベルク峠の下を通るトンネル).

Ar·len /ɑ́ələn | ɑ́ː-/ *n.* アーレン (男性名; 異形 Arlyn). 〘← ?: cf. Arlene〙

Ar·len /ɑ́ələn | ɑ́ː-/, **Michael** *n.* アーレン (1895–1956; アルメニア系の英国の小説家; *The Green Hat* (1924)).

Ar·lene /ɑəlíːn | ɑːlíːn/ *n.* アーリーン (女性名; 異形 Arline, Arleen). ★ 20 世紀に米国で多く用いられるようになった. 〘← ?: cf. Arlen〙

arles /ɑ́əlz | ɑ́ːlz/ *n. pl.* 《スコット・北英》 手付金. 〘(*c*1220) *erles* (異化) ← OF *erres* (pl.) (F *arrhes*) < L *arrham* earnest money: cf. earnest[2]〙

Arles /ɑ́əl | ɑ́ːl; *F.* aʁl/ *n.* **1** アルル (フランス南東部の都市; Rhone 川の河口に近く, 古代ローマの遺跡がある). **2** アルル王国 (Kingdom of Arles) (フランス南東部の王国 (1378 年まで); 1200 年ごろまでは Burgandy 王国).

Ar·ling·ton /ɑ́əlɪŋtən | ɑ́ː-/ *n.* アーリントン: **1** 米国 Virginia 州北東部の郡; Potomac 川対岸の Washington, D.C. の郊外住宅地; 無名戦士の墓などのある国立墓地 (National Cemetery) の所在地. **2** 米国 Texas 州北東部の都市. **3** 米国 Massachusetts 州東部, Boston 郊外の都市. 〘英国の地名にちなむ〙

Árlington Héights *n.* アーリントンハイツ (米国 Illinois 州北東部, Chicago 郊外の村).

Ar·lon /ɑəlɔ̃ː(ŋ), -lɔ́ːŋ | ɑː-; *F.* aʁlɔ̃/ *n.* アルロン (ベルギー南東部の州 Luxembourg 州の州都).

Ar·lyn /ɑ́əlɪ̆n | ɑ́ːlɪn/ *n.* アーリン (男性名). 〘⇨ Arlen〙

arm[1] /ɑ́əm | ɑ́ːm/ *n.* **1** 腕, 上肢(じょうし) (hand (手)を含めないこともある; ⇨ hand 〔日英比較〕): an upper ~ 上腕, 上膊(じょうはく) / one's left ~ 左腕 / ⇨ right arm / with a handbag on one's ~ 腕にハンドバッグを提げて / a child [a baby, an infant] in ~*s* まだ歩けない子供[赤ん坊, 乳飲み子] / have a child in one's ~*s* 子供を抱いている / with a coat over one's ~ 腕にコートをひっかけて / fold one's ~*s* 腕を組む, 腕組みする / give [offer] one's ~ (to) (…に)(つかまりなさいと)腕を差し出す / take the ~ 差し出された腕を取る / put [throw] one's ~*s* around a person's neck 人の首に抱きつく / under one's ~ わきの下に, 小わきに(抱えて) / within ~'s reach [length] of …の手の届く所に / link ~*s* (人と)腕を組む / on a person's ~ 人の腕に寄りかかって[つかまって]. ★ ラテン語系形容詞: brachial. **2** 〘動物〙 **a** (脊椎(せきつい)動物の)前足, 前肢. **b** (無脊椎動物の)肢, 運動器, 把握器. **3** 形態的に腕に似たもの: **a** (服の)袖 (sleeve): the ~*s* of a coat [shirt, jacket]. **b** 大枝 (large branch). **c** (いす・ソファーなどの)ひじ掛け: the ~*s* of a chair. **d** 入江, 支流: an ~ of the sea 入江, 入海. **e** 腕木, 腕金; (レコードプレーヤーなどの)アーム: the ~*s* of an anchor 錨(いかり)の腕 / ⇨ yardarm / the ~ of a balance [lever] はかりのさお[てこの腕] / the ~*s* of a windmill 風車の羽根車 / the ~ of a crane クレーンのアーム. **4** 権力 (power, authority): the ~ of the law 法の力 (cf. long arm 2) / ⇨ SHORTEN *the arm of* / Justice [A king] has long ~*s*. 正義の力[王権]の及ぶところは広い. **5** (官庁・活動などの)部門 (division, branch) (cf. arms 3): the ~*s* of government 政府の諸機関. **6** (野球などで)投球力, 肩, 強肩の選手. **7** 〘活字〙 腕木 (E や F の横棒). **8** 〘電気〙 アーム (整流回路などで機能的には一個の弁作用で代表できる部分). **9** 〘海事〙 =yardarm.
an árm and a lég 法外な金額: cost *an* ~ *and a leg* 《口語》 大変な金がかかる. ***árm in árm*** 〔人と〕腕を組み合って 〔*with*〕: He was walking ~ *in* ~ *with* her. 《*c*1374》 ***an árm of flésh*** 肉の腕; 人の力, 人の援助 (cf. 2 *Chron.* 32:8): In such peril, *an* ~ *of flesh* can do but little. このような危険に際しては人力ではほとんど何もできない. ***as lóng as one's árm*** 《口語》 〈名簿などが〉とても長い. 《1846》 ***at árm's léngth*** ⇨ arm's length 成句. 《1655》 ***chánce one's árm*** ⇨ chance *vt.* 1. ***in the árms of Mórpheus*** ⇨ Morpheus 成句. ***màke a lóng árm*** ⇨ long arm 成句. 《1860》 ***pùt the árm on*** 《米俗》 (1) 〈人〉を捕える, 逮捕する. (2) 〈人〉に〔金品を〕ねだる, 強要する 〔*for*〕. ***tálk a person's árm òff*** ⇨ talk 成句. ***thrów oneself into the árms of*** … (1) …の腕の中に身を投げかける. (2) …の妻[愛人]になる. ***twíst a person's árm*** (cf. arm-twisting) (1) 人に強制する, 無理強いする. (2) 人の腕をねじる. ***with fólded* [*cróssed*] *árms*=*with* (*one's*) *árms fólded* [*cróssed*]** 腕組みして; 手をこまぬいて, 傍観して (cf. fold[1] *vt.* 2). ***with ópen árms*** ⇨ open arms 成句. 《1735》
— *vt.* 腕を組み合って〈人〉に同伴する, 〈人〉の腕を取って連れて行く.

árm·lìke *adj.* 〘OE (*e*)*arm* < Gmc **armaz* (Du. *arm* / G *Arm*) ← IE **ar(ə)-* to join (L *armus* shoulder / Gk *harmós* joint)〙

arm and hand

1 knuckle
2 fingers
3 thumb
4 ball of thumb
5 palm
6 wrist
7 forearm
8 elbow
9 upper arm
10 shoulder
11 armpit

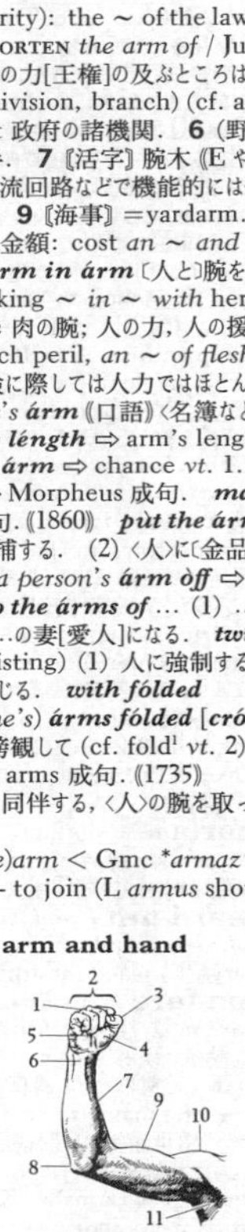

arm[2] /ɑ́əm | ɑ́ːm/ *vt.* **1 a** 武装させる: ~ oneself 武装する; 油断なく構える / be ~*ed* at all points (議論などで)一分のすきもない, 慎重に構えている. **b** 〔ある武器で〕武装させる; 〈兵器〉に〔…を〕装備する (equip) 〔*with*〕: He ~*ed* himself *with* a gun. 銃で身を固めた / a rocket ~*ed with* a warhead 弾頭を装備したロケット. **c** 保護する, 守る (protect) 〔*against*〕: ~ oneself *against* failure 失敗から身を守る. **2 a** 〈人などに〉〔用具などを〕供給する, 与える (furnish) 〔*with*〕: ~ a person *with* tools / ~*ed with* a camera カメラを携えて[用意して] / The bee is ~*ed with* a sting. ハチには針という武器がある. **b** 〈人〉に〔必要な知識・資格・手段などを〕与える, 授ける 〔*with*〕: ~ a person *with* information / ~*ed with* full powers 全権を帯びて / *Armed with* courage, he set out. 勇気に身を固めて出発した. **3** 〈物を〉防護する, 補強する (fortify) 〔*with*〕; 装甲する (armor). **4 a** 〈導火線〉に点火する: ~ a fuse. **b** 〘軍事〙 〈爆弾・弾丸など〉に(信管その他の)発火装置をつける; 〈信管を〉発火準備状態にする, 安全解除する. **5** 〘電気〙 …に電機子 (armature) をつける. **6** 〘海事〙 〈測鉛〉に獣脂 (arming) を詰める. — *vi.* **1** 武器を取る, 武装する; 軍備を整える: ~ *for* war / negotiations between ~*ing* nations 軍備を整えている国家間の交渉. **2** 闘争の準備をする: ~ *against* injustice. 〘(?*a*1200) ▭ (O)F *armer* < L *armāre* to equip ← *arma* 'ARMS'〙

Arm. 《略》 Armagh; Armenia; Armenian; Armoric; Armorican.

ar·ma·da /ɑəmɑ́ːdə | ɑːmɑ́ːdə/ *n.* **1** 艦隊. **2** (飛行機・車両などの)大編成部隊. **3** [the A-] =Spanish

A

Armada. 〖(1533)□ Sp. ~ < ML *armāta* armed forces ← L *armāre* 'to ARM²': ARMY と二重語: ⇨ -ade〗

ar·ma·dil·lo /àəmədílou | à:mədíləu/ *n.* (*pl.* **~s, ~es**) 〘動物〙アルマジロ《熱帯アメリカに産するアルマジロ科の夜行性哺乳動物の総称; 骨質のよろいで覆われ敵に遭えば球状になって身を守る種がある; 体長 40–100 cm 位; ココノオビアルマジロ (*Dasypus novemcinctus*) など》. 〖(1577) □ Sp. ~ (dim.) ← *armado* armed creature ← L *armātus* (p.p.) ← *armāre* (↑)〗

Ar·ma·ged·don /àəməgédn | à:-/ *n.* **1** ハルマゲドン《世界の終末における善と悪との最後の大決戦(場); cf. *Rev.* 16:16》. **2** 最後の大決戦; (国際的な)大決戦[動乱](の場). 〖(1811)□ LL ~ □ Gk *Harmagedṓn* □ ? Heb. *har Mᵉghiddō* mountain (district) of Megiddo〗

Ar·magh /àəmá: | à:má:/ *n.* アーマー: **1** 北アイルランド南部の地区; 独立自治体. **2** 同地区の中心都市; 亜麻布製造の中心地; プロテスタント, カトリック両派の大聖堂がある.

ar·ma·gnac /áəmənjæk, ⏤⏤ | á:mənjæk; *F.* aʀmaɲak/ *n.* [しばしば A-] アルマニャック《フランス旧 Armagnac 地方産の高級辛口ブランデー; cf. cognac》. 〖(1850)□ F ~〗

Ar·ma·gnac /áəmənjæk, ⏤⏤ | á:mənjæk; *F.* aʀmaɲak/ *n.* アルマニャック《フランス南西部の旧 Gascony 地方の一地区; 現在の Gers 県とほぼ同じ地域》.

ar·mal·co·lite /ɑəmǽlkəlàɪt | ɑ:-/ *n.* 〘鉱物〙アーマルコライト ((Fe, Mg)Ti_2O_5)《米国のアポロ 11 号乗組員が月の静かな海 (the Sea of Tranquillity) から採集した玄武岩中に発見された新鉱物; cf. tranquillityite》. 〖(1970) 3 人の宇宙飛行士 *N. Armstrong, E. Aldrin, M. Collins* の名にちなんだ命名: ⇨ -lite〗

Ar·ma·li·te /áəməlàɪt | á:-/ *n.* 〘商標〙アーマライト《米国の銃器メーカー; 同社製のライフル銃》. 〖(1958) ← ARM² + *-a-* + *-lite* (変形 < LIGHT)〗

ar·ma·ment /áəməmənt | á:-/ *n.* **1** [しばしば *pl.*] (一国の)軍備; 軍事力: an ~(*s*) race 軍備競争 / limitation [reduction] of ~ 軍備制限[縮小]. **2** [しばしば *pl.*] **a** (要塞・軍艦などの)装備, 兵装, 備砲(砲): auxiliary ~ 補助砲 / main [secondary] ~ 主[副]砲 / a warship with an ~ of 16 guns 大砲 16 門を備えた軍艦. **b** 兵器: nuclear ~*s* 核兵器. **3** 軍備[戦備]を整えること, 武装化 (↔ disarmament): nuclear ~ 核武装. **4** (戦備を整えた)軍隊, 部隊. **5** 〘生物〙=armor 4. 〖(1699)□ L *armāmentum, -a* (pl.) implements ← *armāre* 'to ARM': ⇨ -ment〗

ar·ma·men·tar·i·um /àəməmentέᵊriəm, -mən- | à:məmentέər-/ *n.* (*pl.* **-i·a** /-riə/, **~s**) **1** 〘医学〙医療必需品一式《器具・薬品・書籍などを含む》. **2** (特定の分野に必要な)全設備[資料, 要因]. 〖(1874)□ L *armāmentārium* arsenal: ⇨ ↑, -ary〗

Ar·mand /ɑəmá:(ŋ), -má:ŋ | ɑ:-; *F.* aʀmɑ̃/ *n.* アーマンド, アルマン《男性名》. 〖□ F ~ 'HERMAN'〗

Ar·ma·ni /ɑəmá:ni | ɑ:-; *It.* armá:ni/, **Gior·gio** /*It.* dʒórdʒo/ *n.* アルマーニ (1935– ; イタリアのファッションデザイナー; 高価でファッショナブルな紳士服で有名だが, 婦人服にも進出).

armaria *n.* armarium の複数形.

ar·mar·i·an /ɑəmέᵊriən | ɑ:mέər-/ *n.* 〘カトリック〙(昔の修道院の)図書・写字室係の修道士. 〖1849〗

ar·mar·i·um /ɑəmέᵊriəm | ɑ:mέər-/ *n.* (*pl.* **-i·a** /-riə/, **~s**) =ambry 2. 〖□ ML *armārium* bookcase, library, (L) place for arms: cf. ambry〗

ar·ma·ture /áəmətʃùə, -tʃə | á:mətʃə(r), -tʃùə(r), -tjùə(r)/ *n.* **1** 〘生物〙防護器官《歯・とげなど》. **2** 〘電気〙 **a** 電機子: the ~ of a generator [motor] (rotor ともいう). **b** (継電器などの磁極の)接片, 接極子 (keeper): the ~ of a magnet. **c** (磁石の両極に渡した)鉄片. **3** 〘建築〙(中世建築の)補強鉄材. **4** 〘彫刻〙(製作中の像を支える)仮わく, 補強材. **5** 《古》よろい(かぶと), 甲冑(かっちゅう) (armor), 武器 (arms). 〖(*a*1450)□ L *armātūra* armor ← *armāre* 'to ARM': ARMOR と二重語〗

Ar·ma·vir /àəməvíə | à:məvíə(r); *Russ.* armavʲír/ *n.* アルマビル《ロシア連邦南西部, Kuban 川に臨む Caucasus 地方の都市》.

árm bàdge *n.* 腕章. 〖1931〗

árm·bànd *n.* (腕に巻く)腕章, 喪章. 〖1797〗

arm·chair /áəmtʃɛə, ⏤⏤ | á:mtʃèə(r), ⏤⏤/ *n.* ひじ掛け椅子. — *adj.* [限定的] **1 a** 〈批評家・批評など〉(実地の)経験によらない, 空論的な (theoretical); 素人の (amateur): an ~ theory 机上の空論 / an ~ detective (実地調査をしないで推理する)素人探偵: an ~ quarterback [general] 専門外のことについてあれこれいう人 (cf. Monday morning quarterback). **b** (読書・テレビなどをもとにした)想像上の (vicarious): ~ travel / an ~ traveler (旅行記などを読んで)旅行した気になる人. **2** 〈劇など〉茶の間で見る. **3** (銀行や商店が顧客に提供する)在宅での: an ~ service. 〖1633〗

Arm·co /áəmkou | á:mkəu/ *n.* 〘商標〙アームコー《自動車レース場のサーキットの周囲などに建てる金属製の安全防壁》. 〖(1961) (頭字語) ← *A*(*merican*) *R*(*olling*) *M*(*ill*) *C*(*ompany*)〗

arme blanche /áəmblɑ́:(n)ʃ, -blɑ́:nʃ | á:m-; *F.* aʀməblɑ̃:ʃ/ *F. n.* (*pl.* **armes blanches** /~/) 〘軍事〙 **1** 白兵, 白兵戦用武器《火器と区別して騎兵刀・騎兵槍(そう)・銃剣など》. **2** 騎兵 (cavalry). 〖□ F ~ 'white weapon'〗

armed /áəmd | á:md/ *adj.* **1** 武装した; 武力による: an ~ merchant ship 武装商船 / an ~ conflict 武力衝突, 戦争 / ~ neutrality [peace] 武装中立[平和] / ~ robbery 武装強盗 / an ~ revolution 武力革命. **2** 〘生物〙防護器官を備えた. **3** 〘紋章〙〈動物・猛禽(もうきん)類など〉角・くちばし・脚・爪・歯などが体の色と異なる (cf. membered 3). 〖?c1225〗

-armed /áəmd | á:md/ 「…の腕をした」の意の形容詞連結形: bare-*armed* 腕をむき出しにした, 腕もあらわな[に] / long-*armed* 腕の長い. 〖← ARM¹ + -ED 2〗

ármed búllhead *n.* 〘魚類〙=pogge.

ármed cámp *n.* 武装キャンプ《戦争のために十分な武器を備えた町や地域, 集団》. 〖1861〗

ármed fórces [sérvices] *n. pl.* [(the) ~] (一国のあるいは数か国の)軍, 軍隊《陸・海・空の三軍》. 〖1943〗

Ar·me·ni·a /ɑəmí:niə | ɑ:-/ *n.* アルメニア: **1** トルコとイランに国境を接した西アジア, Caucasus 山脈の南側にある国; 面積 29,800 km², 首都 Yerevan; 公式名 the Republic of Armenia アルメニア共和国. **2** 南西アジアの古代国家; 現在のアルメニア共和国, トルコ, イランにまたがる紀元前 12 世紀に起源をもつ王国. **3** 南米コロンビア中部の都市; コーヒー生産の中心地. 〖(1373)□ L ~ □ Gk *Armenia* □ OPers. *Arminà*〗

Ar·me·ni·an /ɑəmí:niən | ɑ:-/ *adj.* アルメニア(人)の; アルメニア語の. — *n.* **1** アルメニア人. **2** アルメニア語《印欧語族の一派》. **3** 〘キリスト教〙アルメニア(派)教徒《アルメニア教会 (Armenian Church) の一員》. 〖(1537): ⇨ ↑, -an¹〗

Arménian álphabet *n.* [the ~] アルメニア文字《5 世紀初めに St. Mesrop がギリシャ文字とイラン文字を基にして作った; 36 文字からなり後に 2 字追加》.

Arménian Chúrch *n.* [the ~] アルメニア教会《最古の国教会ともいわれ, 4 世紀初頭に設立; カルケドン総会議 (the Council of Chalcedon) (451 年)の決定を拒否, 民族的結合の固い独自な教会として今日に至る; 一種のキリスト単性論 (Monophysitism) を奉ずるが, 教理的にはおおむね東方正教会に一致しており, その一部はローマカトリック教会と合同した》.

Arménian stóne, a- s- *n.* =azurite blue.

Ar·me·noid /ɑəmí:nɔɪd | ɑ:-/ 〘人類学〙 *n.* 類アルメニア人《西アジアに分布する人種でアルプス人種の一分枝; やや濃色の皮膚・突出した鼻をもち短頭でいわゆるユダヤ人の特徴をもつ》. — *adj.* アルメニア人的な. 〖(1899) ← ARMENIA + -OID〗

Ar·men·tières /àəməntjέə, -tíəz | á:məntìə(r), ⏤⏤; *F.* aʀmɑ̃tjɛ:ʀ/ *n.* アルマンティエール《フランス北部の都市; 第一次大戦の激戦地》.

ar·me·ri·a /ɑəmíᵊriə | ɑ:míər-/ *n.* =thrift 4.

armes par·lantes /áəmpɑəlɑ́:(n)t, -lɑ́:nt | á:mpɑ:-; *F.* aʀmpaʀlɑ̃:t/ *n. pl.* 〘紋章〙=allusive arms. 〖□ F ~ 《原義》 speaking arms〗

ar·met /áəmɪ̀t | á:mɪt/ *n.* 〘甲冑〙アーメット《鉢・目庇(まびさし)・面頬(めんぽお)などを備えた 15 世紀のかぶと》. 〖(1507)□ (O)F ~ (*arme* 'ARMS' と連想) ← OSp. *almete*, It. *elmetto*: ⇨ helmet〗

arm·ful /áəmfʊ̀l | á:m-/ *n.* (*pl.* **~s, arms·ful**) (両)腕一杯, ひとかかえ; たくさん 〔*of*〕: an ~ *of* books. 〖1579〗

árm gàrter *n.* =garter 2.

árm·guàrd *n.* **1** (弓術・フェンシングなどの)籠手(こて); 腕甲. **2** 〘ボクシング〙腕によるガード. 〖1889〗

árm·hòle *n.* **1** アームホール, (服の)袖ぐり, 袖つけ線[位置]. **2** 《廃》〘解剖〙=armpit. 〖*a*1325〗

ar·mi·ger /áəmɪ̀dʒə | á:mɪdʒə(r)/ *n.* **1** アーミジャー《紋章使用資格をもつ者で, esquire 以上の階層に限られる》. **2** =armor-bearer. **ar·mig·er·al** /ɑəmídʒərəl | ɑ:-/ *adj.* 〖(1597)□ ML ~ 'squire', L weaponbearer ← L *arma* weapons + *gerere* to carry〗

ar·mig·er·ous /ɑəmídʒərəs | ɑ:-/ *adj.* 紋章をつける資格のある: an ~ family. 〖1731〗

ar·mil·la /ɑəmílə | ɑ:-/ *n.* (*pl.* **ar·mil·lae** /-li:/, **~s**) **1** 〘考古〙腕輪 (bracelet). **2** (英国王が着用する)戴冠式用ストール (cf. stole 1). 〖(1706)□ L ~ ← *armus* 'shoulder, ARM¹'〗

ar·mil·lar·i·a /àəməlέᵊriə | à:mɪlέər-/ *n.* 〘植物〙ナラタケ《キシメジ科ナラタケ属 (*Armillaria*=*Armillariella*) のキノコ》.

ar·mil·lar·y /áəməlèri, ɑəmíləri | ɑ:míləri, á:mɪl-/ *adj.* 腕輪の(ような); 環状の. 〖(1664) ← L *armilla* + -ARY〗

ármillary sphére *n.* 〘天文〙渾(こん)天儀, アーミラリー天球儀《古代の天球儀の一種》. 〖1664〗

árm·ing *n.* **1** 武装を施すこと, 武装; 武装具類. **2** 〘電気〙(磁石の)接極子. **3** 〘海事〙(海底の砂・泥などが付着して上がってくるように測鉛の下端穴 (arming hole) に詰める)獣脂. 〖?*a*1300〗

árming càp *n.* 〘甲冑〙(かぶとの下にかぶる)綿入れ頭巾.

árming dòublet *n.* 〘甲冑〙鎧下(よろいした).

árming pòint *n.* [通例 *pl.*] 〘甲冑〙(鎧下についている)留めひも《鎧の部分を体に結び留めるひも》. 〖1860〗

árming prèss *n.* (製本用の)型押器. 〖1875〗

Ar·min·i·an /ɑəmíniən | ɑ:-/ *adj.* アルミニウス (Arminius) 派の. — *n.* アルミニウス派信者. 〖(1618) ← *Jacobus Arminius*〗

Ar·mín·i·an·ism /-nɪ̀zm/ *n.* 〘神学〙アルミニウス主義[説]《Calvin の教義 (⇨ Calvinism) を修正して人間の自由意志と神の恵みとがすべての人に及ぶべきものであるとする 16 世紀後半に起こった説》. 〖1618〗

Ar·min·i·us /ɑəmíniəs | ɑ:-/ *n.* アルミニウス (17 B.C.? –?A.D. 21; ゲルマン人の族長; トイトブルクの森 (Teutoburg Forest) でローマの 3 軍団を潰滅させ (A.D. 9), 皇帝 Augustus のゲルマン征服計画を挫折させた; Armin ともいう; ドイツ語名 Hermann).

Ar·min·i·us /ɑəmíniəs | ɑ:-/, **Jacobus** *n.* アルミニウス (1560–1609; オランダのプロテスタント神学者; オランダ語名 Jacob Harmensen /hέrmmans/ [Hermansz /hέrmans/]; cf. Arminianism).

ar·mip·o·tent /ɑəmípətənt | ɑ:mípət-/ *adj.* 武力に優れた. 〖(*c*1385)□ L *armipotentem* ← *arma* 'ARMS' + *potens* powerful〗

ar·mi·stice /áəmɪ̀stɪ̀s | á:mɪ̀stɪs/ *n.* 休戦; 停戦 (truce): make an ~ 休戦する. 〖(1664)□ F ~ ← NL *armistitium* ← L *arma* 'ARMS' + *-stitium* stoppage (← *sistere* to stop)〗

Ármistice Dày *n.* (第一次大戦の)休戦記念日 (11 月 11 日). ★ 第二次大戦の戦没者に対する記念を含めて米国では 1954 年に Veterans Day と, 英国では 1946 年に Remembrance Sunday と, カナダでは Remembrance Day と改称された. 〖1919〗

árm·less¹ *adj.* **1** 腕なしの, 無肢(むし)の. **2** 〈椅子など〉ひじ掛けのない. 〖*c*1375〗

árm·less² *adj.* 武器をもたない, 無防備の. 〖1616〗

arm·let /áəmlɪ̀t | á:m-/ *n.* **1** (上腕につける)腕輪, 腕飾り, 腕章. **2** 小入江. **3** ごく短い袖. 〖(1535) ← ARM¹ + -LET〗

árm·lòad *n.* (両)腕にかかえられる量, ひとかかえ 〔*of*〕 (cf. armful): an ~ *of* clothing, wood, etc. 〖1906〗

árm·lòck *n.* 〘レスリング〙アームロック, 腕固め. 〖1905〗

ar·moire /ɑəmwáə | ɑ:mwá:(r); *F.* aʀmwa:ʀ/ *n.* (*pl.* **~s** /~z; *F.* ~/) 大型衣装だんす. 〖(1571)□ F ~ 'closet, movable cupboard'〗

ar·mor, 《英》 **ar·mour** /áəmə | á:mə(r)/ *n.* **1** 〘軍事〙 **a** [集合的] 装甲車両; 機甲部隊. **b** (軍艦・戦車・航空機・要塞などの)装甲. **2 a** 〘甲冑〙よろいかぶと, 甲冑(かっちゅう), 具足: a piece of ~ / a suit of ~ 甲冑一領[一そろい] / (clad) in ~ よろいを着て(いる), 武装して(いる) / a knight in ~ / ⇨ *a* CHINK² *in one's* [*the*] *armor*. 日英比較 日本語の「よろいかぶと」は顔や手足は覆わないが, 英語の *armor* は全身を覆うもの. **b** 身の守りとなるもの (protection): wear the ~ of indifference 無頓着な態度で身を守る. **3** 防護服; 潜水服 (diver's suit). **4** 〘生物〙保護器官《うろこ・とげ・殻など》. **5** 〘電気〙(ケーブルなどの)外装 (cf. armoring). **6** 〘紋章〙紋章; 大紋章 (achievement). — *vt.* **1** …によろいを着せる. **2** 〈軍艦などを〉装甲する. **3** 〘ガラス製造〙〈ガラスを〉強化する (cf. armored glass). **~·less** *adj.* 〖(1297) *arm*(*u*)*re* □ (O)F *armure* < L *armātūram* ← *armāre* 'to ARM²': ARMATURE と二重語〗

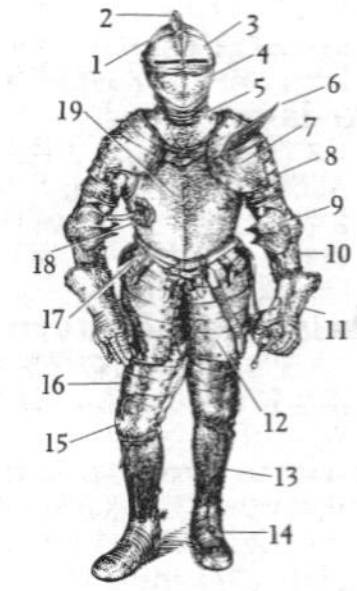

armor 1
1 skull 2 comb 3 visor 4 ventail 5 gorget 6 haute-piece 7 pauldron 8 rerebrace 9 couter 10 vambrace 11 gauntlet 12 tasset 13 greave *or* jambeau 14 sabbaton 15 poleyn 16 cuisse 17 fauld 18 lance rest 19 breastplate

ármor-bèarer *n.* よろい持ち, 騎士の従者 (esquire). 〖1611〗

ármor bèlt *n.* (軍艦の喫水線付近の)装甲帯.

ármor-clàd *adj.* よろいを着た; 装甲した: an ~ ship 装甲艦. — *n.* 装甲艦. 〖1862〗

ár·mored /áəməd | á:məd/ *adj.* **1** 装甲された; 装甲車両を有する; 機甲部隊による: an ~ cruiser 装甲巡洋艦 / an ~ train 装甲列車 / an ~ battalion 機甲大隊 / ~ forces [troops] 機甲部隊 / an ~ combat 機甲戦闘. **2** 〘電気〙外装された: an ~ cable 外装ケーブル. 〖1601〗

ármored cár *n.* **1** 〘軍事〙(偵察用の)装甲車. **2** (現金などを輸送する)装甲自動車.

ármored cóncrete *n.* 〘建築〙鉄筋コンクリート (reinforced concrete の昔風の呼び方).

ármored gláss *n.* 〘ガラス製造〙強化ガラス《焼入れを行い強度を著しく高めたガラス》. 〖1932〗

ármored personnél càrrier *n.* 〘軍事〙装甲兵員輸送車 (米軍の M113A1 が代表的; 略 APC).

ármored scále *n.* 〘昆虫〙マルカイガラムシ《半翅目マルカイガラムシ科のカイガラムシの総称; San Jose scale など》. 〖*c*1903〗

ar·mor·er /áəm(ə)rə | á:m(ə)rə(r)/ *n.* **1** 武具師, 具足師. **2** 兵器製造者. **3** 兵器係, 武器管理者. **4** 〘軍事〙 **a** (部隊で小火器の修理・整備に従事する)火器係, 小火器整備係. **b** (爆弾・機関銃など飛行機の武装の修理・整備に従事する)武装整備員[工]. 〖(*c*1385)□ AF *armurer*=OF *armurier*: ⇨ armor, -er¹〗

ar·mo·ri·al /ɑəmɔ́:riəl | ɑ:-/ *adj.* 紋章の; 紋章のついた[ある]. — *n.* 〘紋章〙 **1** 紋章集, 紋章教科書. **2** =arms 4. **~·ly** *adv.* 〖1576〗

armórial béaring *n.* [通例 *pl.*] 紋章; (特に)大紋章 (achievement, coat of armor, coat of arms). 〖1857〗

Ar·mor·ic /ɑəmɔ́(:)rɪk, -mɑ́(:)r- | ɑ:mɔ́r-/ *adj.*, *n.* = Armorican. 〖*c*1386〗

Ar·mor·i·ca /ɑəmɔ́(:)rɪ̀kə, -mɑ́(:)r- | ɑ:mɔ́rɪ-/ *n.* アルモリカ《フランス北西部の古代ローマ時代の一地方; ほぼ今の Brittany に当たる》. 〖(*c*1395)□ L *Armoricae* (pl.) ←

Gaulish *are-* in front of (cf. L *prae*)＋*mor* sea (cf. L *mare*)〕

Ar·mor·i·can /ɑəmɔ́(ː)rɪ̀kən, -mɑ́(ː)r- | ɑːmɔ́rɪ-/ *adj.* アルモリカ(地方人, 地方語)の. ── *n.* **1** アルモリカ地方人《特に Breton 人を指す》. **2** アルモリカ地方語. 〘1480〙

ár·mor·ing /-m(ə)rɪŋ/ *n.* 〖電気〗外装《ケーブルに鋼帯・鋼線などを巻いて保護すること》. 〘1924〙

ár·mor·ist /-mərɪ̀st | -mərɪst/ *n.* 紋章通, 紋章学者[専門家]. 〘1586〙

ármor-pìercing *adj.* 〖軍事〗《銃弾・砲弾など》装甲を貫通する, 破甲の, 徹甲の: an ～ bomb 徹甲爆弾. 〘1897〙

ármor plàte *n.* (軍艦・戦車・飛行機・要塞などの)装甲鋼板, 装甲板, 防弾板; [集合的] ＝armor plating. 〘1863〙

ármor-plàted *adj.* **1** 装甲した. **2** (攻撃・権力に)無感覚な. 〘1863〙

ármor plàting *n.* [集合的] 装甲(鋼)板 (armor plates); 装甲. 〘1860〙

ar·mor·y[1], 《英》 **ar·mour·y** /ɑ́əm(ə)ri | ɑ́ː-/ *n.* **1 a** (物資・資料などの)集積. **b** (特定の)兵器類(の集積). **2 a** 兵器[武器]庫, 兵器室. **b** 《米》造兵廠(しょう) (arsenal); 兵器工場. **3** 《米》[カナダでは *pl.*] 〖軍事〗 **a** 州兵[陸軍予備役]部隊本部《通例大きな営舎で被服・兵器類を格納し, 訓練場も兼ねる》. **b** (その)屋内訓練場 (drill hall). **4** [集合的]《古》武具, 兵器類 (arms and armor). 〘(?*a*1300) *armurie*: ⇨ armor, -y[1]〙

ar·mor·y[2] /ɑ́əm(ə)ri | ɑ́ː-/ *n.* **1** 紋章付人名簿. **2** 紋章学 (heraldry). **3** 《古》紋章 (heraldic bearings). 〘(1489) □ (O)F ← *armoirie* ← *armoier* to blazon ← *armes* 'ARMS': ⇨ -y[1]〙

armour *n.* ＝armor.

Ar·mour /ɑ́əmə | ɑ́ːmə(r)/, **Philip Dan·forth** /dǽnfɔəθ | -fɔːθ/ *n.* アーマー《1832–1901; 米国の産業資本家; Chicago を世界の精肉業の中心地にした》.

armoured *adj.* ＝armored.

armoury *n.* ＝armory[1].

ar·mo·zeen /ɑ̀əməzíːn | ɑ̀ː-/ *n.* (*also* **ar·mo·zine** /～/) アーモジン《厚地の無地絹布; 通例黒色で僧服・喪章などに用いる》. 〘(1599) □ OF *armesin* (F *armoisin*) □ ? It. *ermesino* □ ModGk *khermezí* □ Arab. *qirmizī*: cf. crimson, kermes〙

arm·pit /ɑ́əmpɪ̀t | ɑ́ːm-/ *n.* 〖解剖〗わきのした, 腋窩(えきか) (axilla). 〘*a*1333〙

árm·ràck *n.* (小火器格納用の)銃架《arms rack ともいう》.

árm·rèst *n.* (椅子などの)ひじ掛け. 〘1889〙

arms /ɑ́əmz | ɑ́ːmz/ *n. pl.* **1 a** 兵器, 武器 (weapons); (特に)銃砲 (firearms): ⇨ side arms, small arm / ⇨ arms control / the ～ industry 兵器[軍需]産業 / a stand of ～ ⇨ stand *n.* 13 / by ～ 武力によって / change ～ 銃をにない替える / give up one's ～ 武器を渡して降伏する / lay down (one's) ～ 武器を捨てる; 戦いをやめる; 降伏する / lie on [upon] one's ～ 武器をもったまま寝る / a man of ～ 《古》＝man-at-arms / ⇨ arms race. **b** [通例修飾語を伴って]《まれ》武器 (weapon); [単数扱い]《古・詩》甲冑(かっちゅう); 武具 (armor). **2 a** 戦闘, 戦争 (fighting, war): deeds [feats] of ～ 戦功, 武勲 / appeal [go] to ～ 武力に訴える. **b** 軍務, 兵役 (military service): adopt ～ as a career 軍人を職業に選ぶ. **c** 《詩》戦功, 武勲 (deeds of arms). **3** 〖軍事〗[この意味では単数形でも用いられる] **a** 兵科, (戦闘)兵種, 戦闘部隊 (combat branch): the infantry [artillery] *arm* 歩兵[砲兵]科 / of all ～ 各兵種の[から成る]. **b** (一国の軍隊の)一部門, …軍: the air *arm* 空軍 (cf. arm[1] 5). **4** 〖紋章〗紋章: ⇨ COAT of arms, COLLEGE of Arms, KING of Arms / grant ～ 紋章(をつけること)を許可する / a grant of ～ 紋章使用許可証 / the royal ～ 英国王の紋章.

árms and the màn 武器[戦争]と人 (Virgil, *Æneid* 第一行の句からの英訳). ***bèar árms*** (1) 武器を携帯[所有]する; 〈人が〉武装している. (2) 兵役に服する. (3) 紋章を帯びる. 〘1795〙 ***càll to árms*** 〈部隊に〉戦闘準備を命じる (cf. To ARMS); 〈兵を〉召集[動員]する. ***cárry árms*** (1) 武器を携帯[所有]する. (2) 〖軍事〗＝*shoulder* ARMS. ***in árms*** 武装して; 軍備を整えて: rise *in* ～ 武器を取って立ち上がる, 兵を挙げる. 〘1503〙 ***órder árms*** ⇨ order *v.* 成句. 〘1844〙 ***píle árms*** ⇨ pile[1] *vt.* 4. (*c*1778) ***pórt árms*** ⇨ port[5] *vt.* 1. 〘1803〙 ***presént árms*** ⇨ present[2] *vt.* 6 b. 〘1759〙 ***shóulder árms*** 〖軍事〗になえ銃(つつ)をする: *Shoulder* ～! [号令] になえ銃. 〘1844〙 ***slópe árms*** 《英》〖軍事〗＝*shoulder* ARMS. ***stánd to*** *one's* ***árms*** 〖軍事〗戦闘隊形を作る, 戦闘準備をする: *Stand to your* ～! ***tàke árms*** ＝*take up* ARMS (1), (2). ***táke úp árms*** (1) 武器を取る, 武装する; 戦端を開く 〔*against*〕. (2) 闘争[論争]を始める. (3) 兵士になる. 〘1831〙 ***To árms!*** [号令] 戦闘準備. 〘1711〙 ***túrn*** *one's* ***árms agàinst*** …に対して戦争を仕掛ける, …を攻撃する. 〘1769〙 ***ùnder árms*** 〈兵士が〉武装して, 戦争[戦闘]準備を整えて; 動員されて. ***ùp in árms*** (1) 〔不満な事柄について〕強い反対を示して, 憤慨して 〔*about*, *over*〕: They are *up in* ～ *about* the new railroad line. 新鉄道路線に強い反対の声を上げている. (2) 手に手に武器を取って, 戦う準備を整えて; 反旗を翻して, 反乱を起こして 〔*against*〕. 〘1593〙

árms of allíance 〖紋章〗結婚によって組み合わされた紋章《結婚によって妻は生家の紋章を夫の紋章と組み合わせて夫婦の紋章として使用, 妻だけの紋章はない; cf. ESCUTCHEON of pretense》.

árms of preténsion 〖紋章〗権利の紋章《国王・国家の紋章の場合, 主権が及んでいないのにわが領土であるとしてその領域の紋章を加えている場合をいう》.

árms of Úlster 〖紋章〗准男爵 (baronet) を示す紋章で, 銀の地に赤色の開いた右手を描いたもの《baronet's badge ともいう》.

〘(*a*1250) □ (O)F *armes* □ L *arma* weapons ← IE **ar(ə)-* to join; arm〙

árms contròl *n.* 軍備管理[制限]《各国家の軍備の存続を不可避としたうえで, 軍備の開発・実験・配備・使用などについて国際的に一定の規制を加えること》. 〘1961〙

árms dèpot [dùmp] *n.* 兵器置場[集積所].

árm's-lèngth *adj.* [限定的] 距離を置いた, 密接[親密]でない〈関係〉; 〖商業〗〈取引行為など〉互いに対等な立場に立っての, 公平な; 商業ベースでの (cf. *at* ARM'S LENGTH). 〘*c*1909〙

árm's lèngth *n.* 腕を伸ばしただけの距離[長さ].
★ 次の成句で: ***at árm's léngth*** (1) 腕一杯の長さに離して, 少し距離をおいて (at a distance); 敬遠して: hold a picture *at* ～ (よく見るために)腕を伸ばして絵を持つ / keep a person *at* ～ 人を遠ざける, 手元へ寄せ付けない; 人によそよそしくする. (2) 〖商業〗(取引行為など)互いに対等な立場に立って(の), 公正に[な]; 商業ベースで(の). 〘1655〙

árms ràce *n.* 軍備[軍拡]競争 (armament(s) race). 〘1936〙

árms ràck *n.* ＝armrack.

Arm·strong /ɑ́əmstrɑ(ː)ŋ, -strɔ(ː)ŋ | ɑ́ːmstrɔŋ/, **(Dan·iel) Louis** *n.* アームストロング《1900–71; 米国の黒人ジャズトランペット奏者; 通称 Satchmo /sǽtʃmoʊ | -məʊ/》.

Armstrong, Edwin Howard *n.* アームストロング《1890–1954; 米国の電気技師・発明家; FM 放送の開発者》.

Armstrong, Neil Alden *n.* アームストロング《1930–2012; 米国の宇宙飛行士; 最初の月面着陸者の一人 (1969)》.

Armstrong, Baron **William George** *n.* アームストロング《1810–1900; 英国の機械技師; アームストロング砲 (Armstrong gun) の発明者》.

árm-twìsting *n.* 《米口語》(目的を遂げるための)無理押し, 強い圧力. ── *adj.* 高圧的な. 〘1948〙

ar·mure /ɑ́əmjuə, -mjə | ɑ́ːmjuə(r), -mjə(r); *F.* aʁmyːʁ/ *n.* (毛または絹の)鎖かたびら形紋織. 〘(1880) □ F ～: ⇨ armor〙

árm-wàving *n.* 両手を(左右に)大きく振ること《注意を引くため》; 丹念だが説得力のない説明.

árm-wrèstle *vt.*, *vi.* (人と)腕相撲をする.

árm wrèstling *n.* 腕相撲 (Indian wrestling). 〘1971〙

ar·my /ɑ́əmi | ɑ́ː-/ *n.* **1** (陸軍の)軍隊, 部隊 (armed force): an ～ of occupation 占領軍, 進駐軍 / raise an ～ 軍を起こす, 兵を募る / send an ～ overseas 海外に派兵する. **2 a** [the ～ *or* A-] 陸軍《一国の地上軍隊を意味する総括的用語》: be in *the* ～ 陸軍[軍隊]にいる, 軍人である / enter [join, go into] *the* ～ 陸軍[軍隊]にはいる / leave *the* ～ 除隊になる, 退役する / serve in *the* ～ 兵役[軍務]に服する. **b** [the ～] 兵役, 軍務. **3** 〖陸軍〗軍《最大の管理自営の戦術部隊; 必要に応じて 2 個以上の army から army group (軍集団)が作られる》: the *Army* Commander 軍司令官. ★ 軍の区分は通例次のようになる: army《2 個(以上)の軍団 (corps) と支援部隊から成り, 長は通例大将 (general); field army (野戦軍)ともいう》— corps《2 個(以上)の師団 (division) から成り, 長は通例中将 (lieutenant general)》— division《2 個(以上)の旅団 (brigade) から成り, 長は通例少将 (major general)》— brigade《2 個(以上)の連隊 (regiment) から成り, 長は通例准将 (brigadier general)》— regiment《2 個(以上)の大隊 (battalion) から成り, 長は通例大佐 (colonel)》— battalion《2 個(以上)の中隊 (company) から成り, 長は通例少佐 (major)》— company《2 個(以上)の小隊 (platoon) から成り, 長は通例大尉 (captain)》— platoon《2 個(以上)の分隊または班 (squad *or* section) から成り, 長は通例中尉または少尉 (first *or* second lieutenant)》— squad《通例軍曹, 伍長各 1 人ずつと 10 人の兵から成る》. **4** (人や動物の)大勢, 大群 (host): an ～ of ants, locusts, etc. / A vast ～ of tourists descended on Tokyo. 観光客の大群が東京に押し寄せた. **5** (ある目的のために組織化された)団体, 集団: the Salvation *Army* 救世軍.

Army of the United States [the ─] 合衆国陸軍, 米国陸軍 (United States Army の旧称; 略 AUS).

── *adj.* [限定的] 陸軍の, 軍隊の: an ～ broker [contractor] 陸軍御用商人 / ～ life 軍隊生活 / an ～ surgeon 陸軍軍医.

〘(*c*1387–95) *arme* 《廃》military expedition □ (O)F *armée* ＜ L *armātam* armed forces ← *armātus* (p.p.) ← *armāre* 'to ARM[2]': ⇨ -y[3]〙

Ármy Àct *n.* [the ～] 〖英軍〗陸軍刑法.

Ármy Áir Fòrces *n. pl.* [the ～] (米国の)陸軍航空隊《1947 年に米国空軍 (United States Air Force) として独立した; 略 AAF》.

Ármy and Návy stòres *n. pl.* [the ～] 《英》陸海軍購買組合売店.

ármy ànt *n.* 〖昆虫〗サスライアリ, (俗に)軍隊アリ《サスライアリ亜科のアリの総称; 大挙して移動し他の動植物を襲う; cf. driver ant, legionary ant》. 〘1874〙

ármy àrea *n.* 〖米軍〗軍管区 (⇨ corps area).

ármy bràt *n.* 《米俗》軍人の子《各地を転々として子供時代を送る》.

ármy còrps *n.* 〖軍事〗軍団《2 個以上の師団 (division) と補助部隊 (auxiliary troops) から成り, 長は通例, 中将 (lieutenant general)》. 〘cf. F *corps d'armée*〙

ármy dispòsal *n.* 《豪》＝army surplus.

ármy fatìgues *n. pl.* 《米》(軍隊の)戦闘服.

ármy gròup *n.* 〖陸軍〗軍集団 (⇨ army 3).

ármy issue *n.* [通例形容詞的に] 軍の支給品: ～ undershorts.

ármy lìst *n.* 《英》＝army register.

ármy-návy stòre *n.* 陸海軍用品販売店《軍の衣服その他の余剰物資を(値引して)売る店》.

Ármy Órdnance Còrps *n.* 〖軍事〗陸軍兵器部隊.

ármy règister *n.* 《米》陸軍現役将校名簿《現階級・生年月日・学歴・軍歴などを記載する》.

ármy sùrplus *n.* 軍の余剰物資, 陸軍余剰品《しばしば民間に払い下げられる》.

ármy·wòrm *n.* 〖昆虫〗アワヨトウ (*Leucania unipuncta*) の幼虫《合衆国北部に生息するヤガ科の昆虫; 時に大発生し, 広大な地域の農作物に大害を与える》. 〘1819〙

Ar·nauld /ɑənóʊ | ɑːnə́ʊ; *F.* aʁno/, **Antoine** *n.* アルノー《1612–94; フランスのヤンセン主義 (Jansenism) を奉じる神学者; 通称 the Great Arnauld; *Grammaire générale et raisonnée*「ポールロワイヤル文法」(共著) (1660)》.

Ar·naut /ɑ́ənaʊt, ─ ́─ | ɑ́ːnaʊt, ─ ́─/ *n.* (主としてオスマン帝国軍に服務していた)アルバニア人. 〘(1717) □ Turk. *Arnavut* Arbanian □ ? MGk *Arbanítēs* (変形) ← *Albanítēs* ← *Albanía* □ ML *Albānus* an Albanian〙

Arndt /ɑ́ənt | ɑ́ːnt; G. ámt/, **Ernst Mo·ritz** /móːrɪts/ *n.* アルント《1769–1860; ドイツの愛国者・詩人・歴史家》.

Arne /ɑ́ən | ɑ́ːn/, **Thomas Augustine** *n.* アーン《1710–78; 英国の作曲家 (⇨ Rule, Britannia)》.

Ar·nel /ɑ́ənɛ̀l | ɑ́ː-/ *n.* 〖商標〗アーネル《米国製のしわ・縮みに強い合成繊維; シャツ・スーツ・その他の衣料品の素材となる》.

Arn·hem /ɑ́ənəm, ɑ́ənhɛm | ɑ́ːnəm, ɑ́ːnhəm; *Du.* árnhɛm, árnəm/ *n.* アルンヘム《オランダ東部の Rhine 川に臨む港湾都市; Gelderland 州の州都》.

Árnhem Lànd *n.* アーネムランド《オーストラリアの Northern Territory 北部の地域; 先住民特別保留地》. 〘17 世紀にその地域の沿岸を探検したオランダ船 *Arnhem* にちなむ〙

ar·ni·ca /ɑ́ənɪkə | ɑ́ː-/ *n.* **1** 〖植物〗アルニカ (*Arnica montana*)《キク科ウサギギク属の薬用植物》. **2** 〖薬学〗アルニカ製剤, アルニカチンキ《外傷薬》. 〘(1753) ← NL ～ ← ?: cf. Gk *ptarmikḗ* sneezewort〙

Ar·nim /ɑ́ənɪ̀m | ɑ́ːnɪm; G. ámɪm/, **Bet·ti·na von** /bɛtíːna/ *n.* アルニム《1785–1859; ドイツの詩人; Clemens Brentano の妹で Ludwig von Arnim の妻; Goethe との往復書簡は有名; 旧姓名 Bettina (Elisabeth) Brentano》.

Arnim, Ludwig Joachim von *n.* アルニム《1781–1831; ドイツのロマン派の詩人; 通称 Achim /áxɪm/ von Arnim》.

Ar·no /ɑ́ənoʊ | ɑ́ːnəʊ; *It.* árno/ *n.* [the ～] アルノ(川)《イタリア中部の川; アペニン山脈から発し Florence を通り Pisa の付近で地中海に注ぐ (245 km)》.

Ar·nold /ɑ́ənəld, -nɪ̀d | ɑ́ː-; *G.* áʁnɔlt, *Du.* árnɔlt, *Norw.* ɑ́(ː)nɔl/ *n.* アーノルド《男性名》. 〘ME *Arnald*, *Arnott* □ ML *Arnoldus* // OF *Arnaud* □ OHG *Arenwald* 《原義》strong as an eagle: cf. G *Aar* eagle (⇨ erne) & *walten* to rule〙

Ar·nold /ɑ́ənɪ̀d | ɑ́ː-/ *n.* アーノルド《イングランド中北部, Nottinghamshire 南部の都市》.

Ar·nold /ɑ́ənəld, -nɪ̀d | ɑ́ː-/, **Benedict** *n.* アーノルド《1741–1801; 米国の将軍; 独立戦争の際英軍に内通》.

Arnold, Sir **Edwin** *n.* アーノルド《1832–1904; 英国の詩人・東洋研究家; *The Light of Asia* (1879)》.

Arnold, Henry Harley *n.* アーノルド《1886–1950; 米国の将軍; 第二次大戦の米陸軍航空隊総指揮官; 通称 'Hap' Arnold》.

Arnold, Sir **Malcolm (Henry)** *n.* アーノルド《1921– ; 英国の作曲家》.

Arnold, Matthew *n.* アーノルド《1822–88; 英国の詩人・批評家・教育家; *Poems* (1853), *Essays in Criticism* (1865, 1888)》.

Arnold, Thomas *n.* アーノルド《1795–1842; 英国の教育者・歴史家; Matthew Arnold の父; Rugby 校の校長 (1828–42) として public school の教育を刷新した》.

Árnold Pálmer *n.* 〖商標〗アーノルドパーマー《米国製のゴルフ用品; ⇨ Arnold PALMER》.

Ar·nold·son /ɑ́ənɪ̀dsən, -sn̩ | ɑ́ː-; *Swed.* áːɳɔld-sɔn/, **Klas Pon·tus** /klɑ́ːs pɔ́ntɵs/ *n.* アーノルドソン《1844–1916; スウェーデンの平和主義者; Nobel 平和賞 (1908)》.

Á-ròad /éɪ-/ *n.* 《英》(主要都市を結ぶ)主要幹線道路. 〘1921〙

a·ro·ha /ɑ́ːrɑ(ː)hə | -rɔ-/ *n.* 《NZ》愛(情), 同情. 〘(1815) 1863 □ Maori ～〙

ar·oid /ɛ́ᵊrɔɪd | ɛ́ər-/ 〖植物〗*adj.* アルム属 (*Arum*) の (cf. arum); サトイモ科の (araceous). ── *n.* サトイモ科の植物の総称. 〘(1876) ← AR(UM)＋-OID〙

a·roint /ərɔ́ɪnt/ *vt.* 《古》 **1** [命令形で次の形で用いて]: *Aroint* thee [ye]! 去れ, 失せろ (Away! Begone!) (★ thee は thyself の意). **2** (ののしって)追い払う. 〘(1606) ← ?: cf. Shak. *Macbeth* 1. 3. 6; *Lear* 3. 4. 129〙

a·rol·la /ərɑ́(ː)lə | ərɔ́lə/ *n.* 〖植物〗シモクリマツ (Swiss pine) (arolla pine ともいう). 〘(1881) □ F *arolle*〙

a·ro·ma /əróʊmə | ərə́ʊ-/ *n.* **1 a** 芳香, 香気, 香り (fragrance, delicate flavor) (⇨ smell SYN): the ～ of

A

coffee, a fine cigar, etc. **b** アロマ《ぶどう酒の原料になるぶどうのもつ独特な芳香, cf. bouquet 2 a》. **2** (芸術品などの特有な)趣, 気品, 妙趣: the ～ of culture [poetry]. 〘(?a1200) *aromat* □ OF (F *aromate*) □ L *arōmata* (neut.pl.) ← *arōma* spice, aromatic herb □ Gk *árōma* ← ?〙

aròma·thérapy *n.* 芳香療法, アロマテラピー《芳香のついた天然油脂を用いてマッサージを行い, ストレスの解消や皮膚失患の回復を図る治療法》. **aròma·thérapist** *n.* 〘(1949) □ F *aromathérapie*〙

ar·o·mat·ic /ærəmǽtɪk, ɛ̀r- | æ̀rə(ʊ)mǽt-⁻/ *adj.* **1 a** 芳香のある, 香気のある (fragrant); 〈においが〉芳しい; 強いにおいがする: an ～ tobacco / the ～ scent of pines. **b** 趣のある. **2** 〘化学〙(ナフタレンのような)芳香族の, 芳香性の: ～ bitters 芳香性ビターズ《芳香油を含む》/ an ～ oil 芳香油 (cf. essential oil). **—** *n.* **1** 芳香性の物, 香料, 芳香剤, 芳香植物. **2** 〘化学〙=aromatic compound. **àr·o·mát·i·cal·ly** *adv.* 〘(1366) □ (O)F *aromatique* □ LL *arōmaticus* □ Gk *arōmatikós*: ⇨ ↑, -atic〙

áromatic cómpound *n.* 〘化学〙芳香族化合物《ベンゼン (benzene)・ナフタレン (naphthalene) など》. 〘1869〙

ar·o·ma·tic·i·ty /ærəmətísəti, əròʊ- | æ̀rəmətísɪ̀ti/ *n.* **1** 芳香性. **2** 〘化学〙芳香族性《ベンゼンのように二重結合があるのに不飽和があまりない性質》. 〘1932〙

áromatic vínegar *n.* 香酢《樟脳(しょうのう)などを溶かした酢で嗅(か)ぎ薬に用いる》.

áromatic wíntergreen *n.* 〘植物〙ヒメコウジ (⇨ wintergreen 1).

a·ro·ma·ti·za·tion /əròʊmətɪ̀zéɪʃən | əràʊmətaɪ-, -tɪ-/ *n.* 〘化学〙芳香族化. 〘1603〙

a·ro·ma·tize /əróʊmətàɪz | əráʊ-/ *vt.* **1** …に芳香をつける, 香味を加える, 芳香性にする: an ～*d* wine 芳香性ワイン. **2** 〘化学〙芳香族化する. 〘(?a1425) □ F *aromatiser* □ LL *arōmatizāre* □ Gk *arōmatízein*: ⇨ aromatic, -ize〙

ar·o·mor·pho·sis /ærəmɔ́əfəsɪ̀s, ɛ̀r- | æ̀rə(ʊ)mɔ́ː-fəsɪs/ *n.* 〘生物〙アロモルフォーシス《進化過程において新しい体制の形成が速やかに行われること; cf. allomorphosis》. 〘← NL ～ ← Gk *ára* then, straightway＋MORPHOSIS〙

A·roos·took /ərúːstək, ərús-, -tʊk/ *n.* アルーストゥーク (川)《米国 Maine 州北部から流れて, カナダ New Brunswick の St. John 川に注ぐ(約 225 km)》.

a·rose /əróʊz | əráʊz/ *v.* arise の過去形. 〘OE *ārās*〙

A·rouet /æruèɪ; *F.* aʁwɛ/, **François-Marie** *n.* ⇨ Voltaire.

a·round /əráʊnd/ *adv.* (cf. round¹ *adv.* ★) **1** 四方に[を] (on every side): His house is fenced all ～. 彼の家は四方を柵(さく)で囲ってある. **2** 迂回して: The path goes ～ by the pond. 小道は池のほとりを迂回している. **3** 反対の方向へ (round): He turned ～ when he heard the noise. その物音を聞くと後ろを振り返った. **4** ぐるりと, 周囲に: People crowded ～. 人が大勢集まって来た. **5 a** あたりを, 周囲を: He looked (all) ～ in wonder. 不思議そうな顔をしてあたりを見回した / the scenery ～ 周囲の景色 / The smoke was seen for miles ～. その煙は何マイル四方にもわたって見えた. **b** 周囲が (round): This tree is four feet ～. この木は周囲が 4 フィートある. **6 a** (ぐるりと)回って, ぐるぐると (round): fly ～ over a city 市の上空を旋回する / The earth keeps going ～ and ～. 地球はぐるぐると回転し続ける. **b** 皆に行き渡って: The apples are just enough to go ～. リンゴはちょうど皆に行き渡るだけある. **7** 〘口語〙あちこちと (here and there): travel ～ 漫遊する / show a person ～ 人をあちこち見物させる. **8** 〘口語〙**a** どこかこの[その]辺で, この[その]あたりで, 近くで: He's ～ somewhere [somewhere ～]. どこかその辺にいる / I was waiting ～ (here) for a friend. (ここで)ぶらぶらして友人を待っていた / Don't just stand ～ doing nothing. 何もしないでぼんやり立ってちゃだめだ. **b** 特定の場所に (along, over): Come ～ for a chat. おしゃべりをしにおいでなさい. **9 a** 〈季節・順番などが〉めぐって: Another spring has come ～. また春がめぐって来た. **b** 全期間を通して. ★ 主に次の句で用いる: (all) the year ～=all year ～ 1 年中. **10** 〘口語〙正常な状態に, (意識を)回復して: bring a person ～ 人に正気づかせる. **11 a** 〈品物など〉得られて, 出回って, あって: There are many new-type toys ～. 新型のおもちゃがたくさん出回っている. **b** 〘口語〙〈有名人など〉現存中で, いて: She is one of the best playwrights ～. (今日)最もすぐれた劇作家の一人だ. **12** 〘米口語〙動き回って, 立ち働いて (about): ⇨ UP *and around.*

áll aróund (1) 四方[あたり]一面に (cf. 1). (2) 回り中に, いたるところに; 一同に: shake hands *all* ～ 周りの人々と握手する, 握手をして回る / Bartender, let's have drinks *all* ～. バーテン, みんなに酒を. (3) 〘米〙あらゆる点で; 満遍なく. 〘(1330)〙 ***gèt aróund*** ⇨ get¹ 成句. ***have bèen aróund*** 〘口語〙(方々で)広い経験がある, 世慣れている: I've been ～ (a bit). 世の中のことは(少々)心得ているつもりだ. 〘(1927)〙 ***sée a person aróund*** 〘口語〙人とまた会う: So long (for now). (I'll) *see* you ～. さよなら, またね.

— *prep.* /ˌ–ˈ–/ (cf. round¹ *adv.* ★) **1** …の周囲に, …を取り巻いて (encircling): We sat ～ the fire. 火を囲んで座った. **2** …の周囲をめぐって, …を一周して; …を迂回して, を回避して: a trip ～ the world 世界一周旅行 / sail ～ a cape 岬を迂回して航海する. **3** 〈角〉を曲がった所に (round): a store ～ the corner 角を曲がった所にある店. **4** …の方々を: travel [roam] ～ the country 国内を漫遊[流浪]する. **5** …の四方を, のあたりを: look ～ a room 室内を見回す / I looked (all) ～ me. あたりを見回した. **6 a** …の周辺に, の近く[付近]に (near, about): the district ～ the village 村の周辺の地方 / He is ～ the house. 彼は家のどこか(中または近く)にいる / He lives somewhere ～ Brighton. どこかブライトンの近くに住んでいる. **b** 〈人〉の側近に[の] (close to): the president and the people ～ him 大統領と側近者たち. **7** 〘米〙…ごろ, 約… (about): (at) ～ half past three 3 時半ごろに / ～ a hundred people 約 100 人 / (in) ～ 1980 1980 年ごろに. **8** …のあちこちに: There are trees (all) ～ the park. その公園には至る所に木がある. **9** …を中心に(回転して): The moon turns ～ the earth. 月は地球を中心に回転する. **10** …に基づいて, …を中心にして (based on): write a biography ～ a person's letters and journals 人の手紙や日記を元にして伝記を書く.

〘(?a1300) ← *on round*: ⇨ a-¹, round〙

aróund-the-clóck *adj.* 24 時間ぶっ通しの; 休みなしの, 不眠不休の. 〘1943〙

aróund-the-wórld *adj.* 〘米〙世界一周の.

a·rous·al /əráʊzəl, -zl/ *n.* 刺激(する[される]こと); (性的な)興奮; 覚醒(かくせい), 喚起. 〘(1854) ⇨ ↓, -al¹〙

a·rouse /əráʊz/ *vt.* **1** 〈感情などを〉刺激する, 起こさせる, 喚起する (⇨ stir SYN); (性的に)興奮させる; ; 〈人を〉覚醒(かくせい)[奮起]させる (stir up, excite): ～ (a person's) curiosity, envy, suspicion, etc. / ～ a person *to* activity 人を奮起させる / A red rag ～*s* the anger of a bull. 赤い布片は雄牛を怒らせる. **2** 〔眠りなどから〕〈人を〉起こす, 目覚めさせる (awake, rouse) 〔*from*〕: ～ a person *from* sleep / He was ～*d from* his thoughts by the sound. その音を聞くと考え事をしていた彼は我に返った. **—** *vi.* 覚醒する, 目覚める, 奮起する. **a·róus·er** *n.* 〘(1590–91) ← A-² (強意)＋ROUSE¹〙

a·row /əróʊ | əráʊ/ *adv.* 一列に, ずらりと (in a row); 列を正して. 〘(?a1200) *aroue* ← *on roue*: ⇨ a-¹, row¹: cf. OE *on ġerǣwe*〙

a·roynt /ərɔ́ɪnt/ *vt.* =aroint.

Arp /ɑ́əp | ɑ́ːp; *G.* áʁp/, **Jean** *or* **Hans** *n.* アルプ《1887–1966; フランスの抽象画家・彫刻家; Dadaism 主唱者の一人》.

ARP 《略》air-raid precautions.

Ár·pád /ɑ́əpɑːd | ɑ́ː-; *Hung.* áːrpaːd/ *n.* アールパード《?–907; ハンガリーを征服した Magyar 族の族長; ハンガリーの国民的英雄》.

arpeggi *n.* arpeggio の複数形.

ar·peg·gi·ate /ɑəpédʒièɪt | ɑː-/ *vt.* 〘音楽〙アルペッジョで演奏する. 〘(1953)《逆成》↓〙

ar·peg·gi·a·tion /ɑəpèdʒiéɪʃən | ɑː-/ *n.* 〘音楽〙アルペッジョ (arpeggio) 演奏[を用いて作曲すること]. 〘(1889) ⇨ ↓, -ation〙

ar·peg·gi·o /ɑəpédʒiòʊ, -dʒoʊ | ɑːpédʒiəʊ, -dʒəʊ; *It.* arpéddʒo/ *n.* (*pl.* **～s, ar·peg·gi** /-dʒiː; *It.* -dʒi/) 〘音楽〙**1** アルペッジョ《和音の構成音を急速かつ連続的に奏すること》: in ～. **2** アルペッジョで奏する和音. 〘(1742) □ It. ～ ← *arpeggiare* to play on a harp ← *arpa* 'HARP'〙

arpeggio

ar·pent /ɑəpɑ̃ː(ŋ), -pɑ́ːŋ | ɑː-; *F.* aʁpɑ̃/ *n.* (*pl.* **～s** /～(z); *F.* ～/) アルパン: **a** 昔のフランスの面積の単位; 地方により広さが異なる; カナダ Quebec 州, 米国 Louisiana 州の一部などで用いられ, 約 0.85 エーカー. **b** フランスの長さの単位; 約 58 メートル. 〘(1580) □ (O)F ～ < VL **arependis*=L *arepennis* ← Gaulish〙

ar·que·bus /ɑ́əkwɪ̀bəs | ɑ́ː-/ *n.* 〘銃砲〙=harquebus. 〘1532〙

ARR 《略》L. annō rēgni rēgis [rēgīnae] (=in the year of the king's [queen's] reign).

arr. 《略》〘音楽〙arranged (by); arrangement(s); arrival; arrive(s); arrived.

ar·ra·ca·cha /ærəkǽtʃə, ɑ̀ːrəkɑ́ːtʃə/ *n.* 〘植物〙アラカチャ (*Arracacia xanthorrhiza* syn. *A. esculenta*)《南米産セリ科の熱帯植物; 根を食用にする》. 〘(1823)《現地語》〙

ar·rack /ǽrək, ɛ́r-, ərǽk | ǽrək, ǽræk; *Arab.* ʕaraq/ *n.* アラック《中近東諸国その他でココヤシの汁・米・糖蜜などを原料として造る種々の蒸留酒; arak ともいう》. 〘(1516) □ Arab. *'áraq* (fermented) juice〙

ar·rah /ǽrə, ɛ́rə | ǽrə/ *int.* 《アイル》あら, おや, でも《驚きなどを表す》. 〘(1705) □ Ir.-Gael. *ara*〙

ar·raign /əréɪn/ *vt.* **1** 〘法律〙(法廷に召喚して)〈被告人〉に罪状 (charge) の認否 (guilty or not guilty) を問う: be ～*ed for* [on a charge of] murder 殺人罪に問われる. **2** 〔…のかどで〕〈人を〉非難する, 糾弾する (accuse) 〔*for*〕; 〈行為・発言を〉とがめる: ～ a politician at the bar of public opinion 政治家を世論の場で糾弾する. **～·er** *n.* 〘(?c1380) *ar(r)eine(n)* □ AF *arainer*=OF *araisnier* (F *arraisonner*) < VL **adratiōnāre* to call to account ← AD-＋L *ratiō(n-)* 'REASON'〙

ar·ráign·ment *n.* **1** 〘法律〙罪状認否手続《法廷に被告人を召喚して起訴状 (indictment) に書かれた罪状の認否を問う手続》. **2** 非難, 難詰, 糾弾. 〘(1444) □ OF *araisnement*: ⇨ ↑, -ment〙

ar·rak /ǽrək, ərǽk | ǽrək, ǽræk/ *n.* =arrack.

Ar·ran /ǽrən, ɛ́r- | ǽr-/ *n.* アラン島《スコットランド南西部, Clyde 湾にある島; 観光地; 面積 430 km²》. 〘□ ? Gael. *aran* (gen.) ← *ara* kidney〙

ar·range /əréɪndʒ/ *vt.* **1 a** (協議などによって)〈事を〉手配する, 手はずする, 計画する (prepare, plan); 〈車などの〉手配をする: ～ a concert, negotiations, matters, things, etc. / ～ a loan from a bank 銀行からローンを取りつける / ～ a meeting *for* Saturday afternoon 土曜日の午後に会を予定する / Don't worry; it's all ～*d!* 心配するな, 一切手はずはついている / Everything has been ～*d for* the trip. 旅行の手はずは全部ついている. **b** 取り決める, 協定する: ～ a date, rates, terms, etc. / ～ a marriage 縁談をまとめる. **2** [通例 *to* do [be] または *that*-clause を伴って]〈…するように〉打ち合わせる[手配する, 予定する]: I have ～*d* to meet her [*that* I should meet her] next Monday. 次の月曜日に彼女に会うことにしてある / It is ～*d* with the embassy *that* ... 大使館と…というように打ち合わせてある. **3 a** 整える, 整頓する; 配列する, 配置する; 分類する: ～ books, shelves, etc. / ～ flowers in a vase 花を花びんに生ける / ～ one's hair 髪を整える. **b** 〈事務などを〉整理する, 順序立てる: ～ one's affairs 身辺の雑事を整理する / ～ one's thoughts 考えをまとめる. **4** 〈紛争などを〉調停する (settle): ～ a dispute. **5** 〘音楽〙〈曲などを〉編曲する, アレンジする〔*for*〕: ～ a song *for* the piano 歌をピアノ曲に編曲する. **6** 改作する, 脚色する (adapt) 〔*for*〕: ～ a novel *for* the stage 小説を上演用に脚色する. **—** *vi.* **1 a** 打ち合わせ[話合い]をする, 取り決めをする, 協定する: I will ～ *with* the manager *for* an interview. 面会してもらうようマネージャーに話をつけよう / He tried to ～ *with* his creditors *about* payment of interest. 利息支払いについて債権者と談合しようとした. **b** 〔…の〕手配[手はず]をする, 準備をする (prepare) 〔*for*〕: We are *arranging for* a party. パーティーの準備をしている / The tickets have been ～*d for*. 切符の手配は済んでいる / Capulet ～*d for* Juliet *to* marry Paris. キャピュレットはジュリエットをパリスと結婚させるように手はずを整えた / The secretary ～*d for* a car *to* be sent. 秘書は車を差し向ける手配をした. **2** 〈…するように〉(何とか)都合をつける, やってみる (manage): Can you ～ *to* come [be here] earlier? もっと早く来られませんか / I'll ～ somehow. 何とか都合しましょう. **3** 〘音楽〙編曲する.

ar·ráng·er *n.* 〘(1375) *araynge(n)* □ OF *arangier* (F *arranger*) ← *a-* 'AD-'＋*rangier* 'to RANGE'〙

ar·ránged márriage *n.* 親が決めた結婚, 見合い結婚. 〘1878〙

ar·range·ment /əréɪndʒmənt/ *n.* **1** [通例 *pl.*] 準備, 用意, 手配, 繰合わせ (preparations): an ～ committee 準備委員会 / make ～*s for* a meeting 会の準備をする / make ～*s to* go on a trip 旅行に行く手はずをする / *Arrangements* have been made. 手はずが整っている, 準備完了. **2** 話合い, 取決め, 協定 (agreement); 談合, 示談; 調停, 和解 (settlement): come to an ～ (*with* a person *about* ...) (人と…で)話合いがつく, 協定[示談, 和議]に達する / Can't we come to some ～? 何とか話合いはつきませんか / I have an ～ *with* this bank to cash my checks. 私の小切手を現金にしてくれるようこの銀行と契約している. **3 a** 整頓, 整理; (特別に)並べられたもの; (花などの)生け方, (服装などの)飾り付け; 配列, 配置; 取合わせ, (色の)配合: an apt ～ of words 言葉の適切な配列 / ⇨ flower arrangement. **b** 構造, 組織, 制度. **4** 〘音楽〙編曲, アレンジ《原曲をできるだけ損なわずに大規模な編成から小編成に改めること; cf. transcription 3》; 編曲した作品. **5** 改作, 翻案, 脚色 (adaptation); 改作した作品, 翻案物. **6 a** (幾つかの部品から成る)装置 (device). **b** 〘俗〙仕組み, 代物(しろもの) (affair). **7** 〘数学〙順列 (permutation). 〘(1727) □ F ～: ⇨ arrange, -ment〙

ar·rant /ǽrənt, ɛ́r- | ǽr-/ *adj.* **1** 全くの, 徹底的な (downright): an ～ fool 大ばか / an ～ lie 大うそ / ～ nonsense 途方もないたわごと. **2** 名うての (notorious); 恥知らずの, 極悪な: an ～ knave, rogue, etc. **3** 〘廃〙さまよう, 流浪の (wandering). **～·ly** *adv.* 〘(1550)《異形》← ERRANT: *thief errant* または *errant thief* のような使い方から common, public → notorious へと意味が変化した〙

ar·ras¹ /ǽrəs, ɛ́r- | ǽr-/ *n.* (*pl.* ～) **1 a** (14–15 世紀の Arras で織られた) アラス織《美しい絵模様のあるつづれ織》. **b** アラス織の掛け布[垂れ幕, カーテン]. **2 a** つづれ織. **b** つづれ織の掛け布, タペストリー《昔しばしば室内の壁に掛けめぐらせた》: Go, hide thee behind the ～. さあ早く, 壁掛けの後ろに隠れろ (Shak., *1 Hen IV* 2. 4. 549). 〘(1400) □ AF (*draps d'*) *Arras* (cloths of Arras) (フランス北部の都市名)〙

ar·ras² /ɑ́ːrɑːs; *Sp.* áras/ *n.* 〘スペイン法〙(結婚に際しての夫から新妻への)贈与品. 〘□ Sp. ～ □ LL *arrae* (pl.) ← L *arr(h)a(bō)* pledge: ⇨ earnest²: cf. arles〙

Ar·ras /ǽrəs, ɛ́r-, -ræs | ǽr-; *F.* aʁɑːs/ *n.* アラス《フランス北部の都市, Pas-de-Calais 県の県都; 両大戦の戦跡地; つづれ織の生産で知られた》.

ár·rased /ǽrəst, ɛ́r- | ǽr-/ *adj.* (アラス織の)掛け布を掛けた: an ～ wall. 〘1600〙

ar·ra·sene /ǽrəsìːn, ɛ̀r-, ˌ–ˌ–ˈ– | æ̀rəsíːn, ˌ–ˌ–ˈ–/ *n.* アラシーン糸《毛と絹などを混ぜた刺繍用の太糸》. 〘(1881) ← ARRAS¹＋(DAMASC)ENE〙

Ar·rau /əráʊ; *Am.Sp.* aráu/, **Claudio** *n.* アラウ《1903–91; チリ生まれの米国のピアニスト》.

ar·ray /əréɪ/ *vt.* **1 a** 〈軍隊などを〉整列させる, 勢ぞろいさせる (marshal, arrange): ～ troops for battle [*against* the enemy] / soldiers ～*ed* in order of battle 戦闘隊形に並んだ兵隊 / words ～*ed* in alphabetical order アルファベット順に配列した単語 / They ～*ed* themselves *against* the bill. その法案にこぞって反対した. **b** 〈証拠などを〉ずらりと並べる, 列挙する. **2** 装う, 飾る (dress up) 〔*in*〕: ～ oneself *in* gaudy clothing 派手な衣服を着飾る

/ a bird ~*ed in* beautiful feathers 美しい羽毛を着けた鳥. **3** 〘法律〙陪審員(候補者)名簿に載せる (impanel).
— *n.* **1** ずらりと並んだ[並べ立てた]もの (display), 多数 (large number): an ~ *of* cakes, problems, etc. / an imposing ~ *of* celebrities 堂々たる名士の顔ぶれ / a vast [whole] ~ *of* data 莫大な[一大]資料. **2 a** (軍の)整列, 陣立て, 陣列, 勢ぞろい: in battle ~ 戦闘隊形を整えて / make an ~ 勢ぞろいする / set in ~ 整列させる. **b** (陣立てした)軍隊, 軍勢. **3** 《詩》衣装 (dress), 美装 (fine apparel): be in fine ~ 美装をこらしている. **4** 配列: **a** 〘数学・統計〙(数などをある形に並べたもの; ベクトル, 行列など). **b** 〘電算〙(一連のデータを並べ, まとめて扱う変数). **5 a** 〘通信〙=antenna array. **b** 〘電算〙アレイ (単一の記憶装置中に記憶素子を並べたもの; cf. gate array). **6** 〘法律〙陪審員名簿の序列(決定); (召集された)陪審員 (panel) (総員). **~·al** /~əl/ *n.* **~·er** *n.* **~·ment** *n.* 〖v.: (?a1325) □ AF *araier*=OF *areer* < VL **arredāre* to arrange ← AR-+**rēdāre* to provide (□ Gmc (Frank.) **raiðjan* to place in order ← IE **reidh-* to RIDE). — n.: (a1338) □ AF *arai*=OF *arei* ← *aeer*〗

ar·ráyed *adj.* **1** 整列した; 陳列された. **2** 《文語》盛装した 〔*in*〕. 〖(c1395): ⇨ ↑, -ed〗

ar·ré /ǽreɪ, ʌ́r-/ *int.* 《インド》あれ, おや, おい (困惑・驚き・興味を示す; また注意を引くときに用いる).

ar·rear·age /əríᵊrɪʤ | əríər-/ *n.* **1** 延滞, 滞り, 遅れ. **2** [しばしば *pl.*] 支払い残高, 延滞金額 (arrears). **3** 《古》保留物[品]. 〖(1262) □ OF *arerage* (F *arrérage*): ⇨ ↓, -age〗

ar·rears /əríəz | əríᵊ(r)z/ *n. pl.* **1** (借金・支払いなどの)滞り; (仕事などの)遅れ: ~ of wages, work, correspondence, etc. / have ~ of rent to pay 家賃[地代]が滞っている / be paid in ~ (賃金が)後払いである. **2** 支払い残金, 延滞金: ~ *in* taxes.
fáll into arréars 滞る. ***in arréars*** 〔支払いが〕遅れて, 滞って; 〔仕事が〕遅れて (behindhand) 〔*with*〕: wages *in* ~ 未払い賃金 / He is *in* ~ *with* the payment [his rent]. 支払い[家賃]が滞っている. (1700) ***in arréars of*** …より遅れて (behind) (↔ in advance of): In this respect we are much *in* ~ *of* European countries. この点ではヨーロッパ諸国よりはるかに遅れている. (1859) ***wórk óff arréars*** 働いて遅れを取り返す.
〖(1620) ← ME *ar(r)ere* (adv.) behind, in the rear □ OF *ar(i)ere* (F *arrière*) < VL **ad retrō* ← AD-+L *retrō* behind: ⇨ retro-〗

ar·rect /ərέkt/ *adj.* 《古》**1** [叙述的] 〈犬などの耳が〉ぴんと立って(いる) (pricked up). **2** 〈人など〉耳をそばだてて(いる), 一心になって(いる) (intent, alert). 〖(1646) □ L *arrectus* (p.p.) ← *arrigere* to set upright, erect ← *ar-* 'AD-'+*regere* to keep in a straight line〗

ar·re·not·o·kous /ærənɑ́(:)təkəs | -nɔ́t-/ *adj.* 〘生物〙=arrhenotokous. 〖1877〗

Ar·rern·te /ǽrənd, ərέntə | ǽrənd, ərʌ́ntə/ *n.* = Aranda.

ar·rest /ərέst/ *vt.* **1 a** 〘法律〙取り押さえる, 逮捕する (seize); 検束[検挙, 拘引]する (take into custody) 〔*for, as*〕: ~ a person *as* a murderer 人を殺人犯として逮捕する / He was ~*ed for* theft [carrying a weapon]. 窃盗[凶器携帯]のかどで逮捕された. **b** 〘海法〙〈船舶・船貨を〉差し押さえる. **c** 〘スコット法〙〈財産を〉差し押さえる. **2 a** 〈進行・成長などを〉(引き)止める, はばむ, 阻止する (stop): ~ decay, growth, a current, etc. **b** 〘医学〙〈病気〉の進行を阻止する: ~*ed* cancer. **3 a** 〈人目・注意などを〉引く, 引き止める (attract): A fine statue ~*ed* my eyes [my attention]. 立派な彫像が私の目に留まった[注意を引いた]. **b** 〈人〉の注意[興味]を引く: The casual remark ~*ed* her. その何気ない言葉が彼女の注意を引いた. **4** 〘法律〙〈判決を〉阻止する: ~ judgment (誤審を理由に)判決を阻止する (cf. arrest of judgment). **5** 《古》(手で)つかまえる, 捕える (catch). **6** 《古》言質をとる.
— *n.* **1 a** 〘法律〙捕縛, 逮捕; 検束, 検挙, 拘引 (seizure): be under ~ 拘引[収監]中である / place [put] under ~ 拘禁する / make an ~ of a person 人を逮捕する / ⇨ house arrest / You are under ~. 君を逮捕する. **b** 〘海法・スコット法〙差し押さえ (seizure) (cf. *vt.* 1 b, c). **2** 阻止, 停止, 中断: ⇨ cardiac arrest. **3** 〘法律〙(判決の)阻止: ⇨ arrest of judgment. **4** 〘機械〙制動装置.
arrést of júdgment 〘法律〙判決阻止 (陪審の評決後, 判決を言い渡しても判決が無効とされるような重大な誤りがある場合に, 判決の言い渡しをしないこと).

ar·res·ta·tion /ærestéɪʃən, èr-, ərès- | ærɛs-/ *n.* 〖v.: (c1325) □ OF *arester* (F *arrêter*) to stop < VL **arrestāre* ← AD-+L *restāre* to stay, stop (⇨ rest²). — n.: (1375) □ OF *arest(e)* (F *arrêt*) stoppage〗

ar·rest·a·ble /ərέstəbl/ *adj.* **1** 〘法律〙(特定の犯罪で)令状なしに(犯人を)逮捕できる: an ~ offense. **2** 〘医学〙〈病気が〉進行を阻止できる: an ~ disease. 〖1555〗

ar·res·tant /ərέstənt/ *n.* 〘昆虫〙停止因子 (昆虫の移動を停止させ摂食を開始させる物質). 〖(1962) ← ARREST+-ANT〗

ar·rest·ee /ərèstíː/ *n.* 逮捕された人, 逮捕[捕縛]者. 〖(1847) ← ARREST+-EE¹〗

ar·rest·er *n.* **1** 逮捕[捕縛]する人. **2 a** 防止装置. **b** 避雷器 (lightning arrester). **3** 〘航空〙=arresting gear. 〖1440〗

arréster gèar *n.* 《英》〘航空〙=arresting gear. 〖1926〗

arréster hòok *n.* 〘航空〙拘束フック, 着艦フック (機体の後部下面に装備する引込式のフック; 着艦[着陸]の際, 航空母艦の甲板や陸上滑走路に装備する拘束索 (arrester wires) にそれに引っかけ, 短い距離で停止させる). 〖1940〗

arréster wìres *n. pl.* 〘航空〙拘束索, 引留め索 (⇨ arrester hook). 〖1937〗

ar·rést·ing *adj.* 人の注意[興味]を引く, 人目につく (⇨ noticeable SYN): an ~ headline (新聞の)目立つ見出し. **~·ly** *adv.* 〖1792〗

arrésting bàrrier *n.* 〘航空〙=crash barrier 2.

arrésting gèar *n.* 〘航空〙アレスティングギア, 拘束装置 (《英》 arrester gear) (飛行機が航空母艦に着艦するとき短い滑走で停止させるために甲板に取り付けた制動装置; 時に陸上滑走路でも使用される). 〖1951〗

ar·res·tive /ərέstɪv/ *adj.* **1** 人目[注意]を引きやすい. **2** 〘文法〙抑止的な (adversative): an ~ conjunction 抑止的接続詞 (but, yet, however など). 〖1834〗

ar·rést·ment *n.* **1** 阻止. **2** 逮捕; 拘引. **3** 〘スコット法〙所得の差し押さえ(手続). 〖1474〗

ar·rés·tor *n.* =arrester.

ar·ret /əréɪ; *F.* aʁɛ/ *n.* (*pl.* ~**s** /~z; *F.* ~/) 《フランス法》判決 (judgment); 命令 (decree). 〖□ F *arrêt*: AR-REST と二重語〗

Ár·re·tine wàre /ǽrətàɪn-, ér-, -tiːn- | ǽrɪ̀tɪn-/ *n.* 〘窯業〙アレティウム焼き (古代ローマ時代にイタリアの Arezzo /It. arέttso/ (旧名 Arretium) で造られた古い陶器; 微細な赤色粘土を用い同じ色の上薬がかかっており, 製作者の印が押されて, 薄浮彫りの独特な形の装飾がある; Samian ware ともいう). 〖1782〗

Ar·re·ti·um /əríːʃiəm, -ʃiəm | -tiəm, -ʃiəm/ *n.* アレティウム (イタリアの都市 Arezzo の旧名). **Ár·re·tìne** *adj.*

Ar·rhe·ni·us /əréɪniəs, əríː-; *Swed.* aréːnɪʊs/, **Svan·te** /svǽnte/ **August** /ǽugəst/ *n.* アレーニウス (1859–1927; スウェーデンの物理・化学者; 電解質の発見により Nobel 化学賞 (1903)).

ar·rhe·not·o·kous /ærənɑ́(:)təkəs | -nɔ́t-/ *adj.* 〘生物〙雄性産生単為生殖 (arrhenotoky) の (↔ thelytokous). 〖□ Gk *arrhenotókos* bearing male children ← *arrhēno-* male+*tókos* offspring: ⇨ -ous〗

ar·rhe·not·o·ky /ærənɑ́(:)təki | -nɔ́t-/ *n.* 〘生物〙雄性産生単為生殖 (雄のみ発生する単為生殖; ↔ thelytoky). 〖□ Gk *arrhēnotokía* (↑): ⇨ -ia¹〗

ar·rhyth·mi·a /əríðmiə, eɪ-/ *n.* 〘病理〙不整脈. 〖(1888) ← NL ~ ← Gk *arruthmía* want of rhythm: ⇨ a-⁷, rhythm〗

ar·rhyth·mic /əríðmɪk, eɪ-/ *adj.* 律動的[周期的], 規則的]でない. **ar·rhýth·mi·cal** *adj.* **ar·rhýth·mi·cal·ly** *adv.* 〖(1853) ← A-⁷ *prefix*+RHYTHMIC〗

ar·ric·cio /əríːtʃoʊ | -tʃəʊ; *It.* arríttʃo/ *n.* (*pl.* ~**s**) 〘美術〙(フレスコ画 (fresco) で)壁面に最初に施される粗塗り (cf. intonaco). 〖□ It. ~ ← *arricciare* to curl, groove ← *a-* 'AD-'+*riccio* (< L *ēricium* hedgehog)〗

ar·ride /əráɪd, ər-/ *vt.* 《古》〈物事が〉喜ばせる (please), 満足させる (gratify). 〖(1599) □ L *arridēre* ← *ar-* 'AD-'+*rīdēre* to smile (⇨ ridiculous)〗

ar·rière-ban /ærièəbáːn | -bǽn | ærièəbǽn; *F.* aʁjɛʁbɑ̃/ *n.* (*pl.* ~**s** /~z; *F.* ~/) **1** (封建時代にフランス王の発した)臣下召集令, 総動員令. **2** [集合的] 召集された臣下たち[軍勢]. 〖(1523) □ F ~ < OF *ariereban* (変形) ← *arban, herban* □ Gmc **hariban* (OHG *heriban*) ← **hari* army (G *Heer*) (← IE **koro-* army)+*ban* proclamation (⇨ ban²): F *arrière* behind と混同〗

ar·rière-pen·sée /ærièəpɑ̃ː(n)séɪ, -pɑːn- | ærièə-; *F.* aʁjɛʁpɑ̃se/ *F. n.* (*pl.* ~**s** /~z; *F.* ~/) **1** 腹の中, 底意. **2** =mental reservation. 〖(1824) □ F ~ (原義) behind thought〗

'Ar·ri·et /ǽriət, ér- | ǽr-/ *n.* 《英口語》(London の) がらの悪い元気な(若い)女性, ねえちゃん. 〖(俗) ← HARRIET: cf. 'Arry〗

Ar Ri·mal /áərɪmáːl | àː-/ *n.* =Rubʻ al Khali.

ar·ris /ǽrɪ̀s, ér- | ǽrɪs/ *n.* (*pl.* ~, ~·**es**) 〘建築〙**1** (ドリス式円柱の縦溝が接して作る)かど, 稜(りょう). **2** (特に刳形(くりかた)などの)かど, すみ. 〖(1677) □ OF *areste* (F *arête*) < LL *aristam* ear of grain, bone of a fish: cf. arête〗

árris fìllet *n.* 〘建築〙広小舞い.

árris gùtter *n.* 〘建築〙(V 字形)樋(とい), 三角樋, 薬研(やげん)樋.

árris pìece *n.* 〘造船〙(木製組立てマストの)埋め木 (何本もの長材を鉄環で締めつけてマストを作るとき, そのすき間を埋めるための細長い埋め木). 〖1867〗

árris ràil *n.* アリスレール (三角形の断面をもつ柵のレール). 〖1833〗

árris·wise *adv.* 〘建築〙(タイルの配置などで)かど[すみ]を向けて.

ar·ri·val /əráɪvəl, -vl/ *n.* **1 a** 到着, 来着, 入港 〔*at, in,* etc.〕 (↔ departure); 出現, 到来 (advent): the ~*s* and departures of trains 列車の発着 / safe ~ 安着 / on (one's) ~ 到着の上, 着き次第. **b** 〘商業〙(貨物の)到着, 着荷: for ~ 到着渡し / cash on ~ 着荷払い. **2** 〔結論・ある年齢などへの〕到達 〔*at*〕. **3 a** 到着者; 到着物, 着荷: daily ~*s at* a hotel / The teacher is a new ~. あの先生は新任だ / The Smiths were recent ~*s in* the village. スミス一家はその村に最近越してきたばかりだった. **b** [(new) ~] 《口語》新しく生まれた赤ん坊, 新生児 (newborn child). — *adj.* [限定的] 到着の; 到着者[物]の: an ~ contract [sale] 〘商業〙先物約定[売買] / an ~ list 到着船客名簿 / an ~(*s*) platform 《英》到着[着車]ホーム. 〖(c1380) □ AF *arrivaile*: ⇨ arrive, -al¹〗

arríval pòint *n.* 〘海事〙着達地 (航海計算の到達地点; ↔ departing point).

ar·rív·ance /əráɪvəns/ *n.* 《廃・方言》到着 (arrival), 到着した[する]人たち. 〖(1604) ← ARRIVE+-ANCE: cf. contrivance〗

ar·rive /əráɪv/ *vi.* **1 a** 〔目的地に〕着く, 到着する, 現れる 〔*at, in, (up)on, over*〕 (↔ depart): ~ *at* a place, town, city, etc. / ~ *in* a country, large city, etc. ★ 大都市でも, 通過途中などの一地点と考えるときは at: I ~*d at* Chicago and took a plane. / ~ back (*from* …) (…から)帰って来る, 帰着する / ~ *in* port 入港する / I ~*d* home at six. 6 時に帰宅した / The telegram said "*Arriving at* Heathrow (on) Monday."「月曜日ヒースロー着」と電報にあった / He ~*d in* Paris *from* London. / The spacecraft ~*d on* the moon. 宇宙船は月面に到着した / We ~*d over* Tokyo. 東京上空に達した / *Arrived at* the station, he hurried to the ticket window. 駅に着くと急いで出札口へ行った (★ この構文は, 今はまれな be *arrived* (cf. be come [fallen, gone, etc.]) の分詞構文 Being *arrived* …に由来する). **b** 〈物が〉届く, 着く: The parcel ~*d* yesterday. **2 a** 〈時が〉来る (come): The time [moment] has ~*d*. いよいよ時期が到来した. **b** 《古》〈事が〉起こる (happen). **3 a** 〔ある年齢・時期に〕達する (attain) 〔*at*〕: ~ *at* one's majority [the age of 20] 成年 [20 歳] に達する. **b** 〔結論・合意などに〕達する (reach) 〔*at*〕: ~ *at* a conclusion / How did they ~ *at* their decision? どのように決定をしたのか / No understanding has yet been ~*d at*. まだ何ら了解(点)には達していない. **4** 《口語》〈赤ん坊が〉生まれる (be born). **5** [フランス語法] 〈人が〉成功[出世]する, 有名になる (cf. arrivé): He has ~*d* (*as* a writer) only recently. (作家として)名を成したのはほんの最近のことだ.
— *vt.* **1** 〈空港〉に到着する (cf. depart 2): We are *arriving* Heathrow soon ヒースロー空港に間もなく着きます. **2** 《廃》〈場所〉に着く, 到着する.
ar·rív·er *n.* 〖(?a1200) □ OF *ariver* (F *arriver*) < VL **arripāre* to come to shore ← **ar-* 'AD-'+L *rīpa* shore, RIVER〗

ar·ri·vé /æ̀rɪvéɪ; *F.* aʁive/ *F. n.* (*pl.* ~**s** /~z; *F.* ~/) 成り上がり者 (upstart). 〖(1925) □ F ~ (p.p.) ← *arriver* (↑)〗

ar·rívéd *adj.* (*also* **ar·ri·ved** /ærɪvéɪd/) 成功[出世]した, 名を成した. 〖(1896) ← F *arrivé* (↑)+-ED〗

ar·ri·ve·der·ci /ɑ̀riːvədéətʃi | ɑ̀rɪvədɑ́ː-, -déə-, ærɪva-; *It.* arrivedértʃi/ *It. int.* さようなら, じゃまた. 〖□ It. ~ 'till we meet again': cf. au revoir, auf Wiedersehen〗

ar·ri·vism /æ̀riːvíːzm, èr- | æ̀r-/ *n.* =arrivisme.
àr·ri·víst /-víːst/ *n.* 〖1936〗

ar·ri·visme /æ̀rɪvíːsm, èr- | æ̀r-; *F.* aʁivism/ *F. n.* (あくどい)出世主義. 〖(1944) □ F ~ ← *arriver* 'to ARRIVE': ⇨ -ism〗

ar·ri·viste /æ̀riːvíːst, èr- | æ̀r-; *F.* aʁivist/ *F. n.* (*pl.* ~**s** /~s; *F.* ~/) (あくどい)出世主義者, 野心家, 成り上がり者. 〖(1901) □ F ~ ← *arriver* (↑): ⇨ -ist〗

ar·ro·ba /əróʊbə | əráʊ-; *Sp.* aróβa, *Port.* ɐʁóbɐ, *Braz.* aʁóba/ *n.* (*pl.* ~**s** /~z; *Sp.* ~**s**, *Port.* ~ʃ, *Braz.* ~s/) **1** アローバ (スペイン・ポルトガル・ブラジルなどの重量単位; メキシコでは 25.37 常用ポンド (9.5 kg), ブラジルでは 32.38 常用ポンド (12 kg)). **2** アローバ (スペインの液量単位; 不定であるが, 油では 13 quarts (12 *l.*), ぶどう酒では 17 quarts (16 *l.*)). 〖(1598) □ Sp. ~ □ Arab. *ar-rúbʻ* the quarter〗

ar·ro·gance /ǽrəgəns, ér- | ǽr-/ *n.* 横柄, 尊大, 傲慢, 無礼.
árrogance of pówer 〘外交〙権力のおごり[驕傲(きょうごう)]. 《(1970) W. Fulbright の造語》
〖(c1303) □ (O)F ~ ∥ L *arrogantia*: ⇨ arrogant, -ance〗

ár·ro·gan·cy /-gənsi/ *n.* =arrogance. 〖(1529) □ L *arrogantia*: ⇨ ↓, -ancy〗

ar·ro·gant /ǽrəgənt, ér- | ǽr-/ *adj.* 横柄な, 尊大な, 傲慢な, 無礼な (⇨ proud SYN); 専横な (overbearing): an ~ face, man, manner, etc. / an ~ demand 横暴な要求. **~·ly** *adv.* **~·ness** *n.* 〖(c1390) □ (O)F ~ ∥ L *arrogantem* (pres.p.) ← *arrogāre* (↓)〗

ar·ro·gate /ǽrəgèɪt, ér- | ǽr-/ *vt.* **1** [通例 ~ to oneself として] 〈権利などを〉(不当にも)自分のものだと称する, 私する; 〈称号などを〉偽って使う, 詐称する (assume): ~ power *to oneself* 権力を私する / ~ (*to oneself*) the rank of major 少佐だと詐称する. **2** 〈ある属性などを〉(十分な根拠なしに)人などに帰する (ascribe) 〔*to*〕: ~ an ulterior motive *to* a person 人が不純な動機をもっていると勝手に決める. **ar·rog·a·tive** /ərɑ́(:)gətɪv | ərɔ́gət-/ *adj.* **ár·ro·gà·tor** /-tə | -tə(r)/ *n.* 〖(?c1530) ← L *arrogātus* (p.p.) ← *arrogāre* to ask for oneself ← *ar-* 'AD-'+*rogāre* to ask (⇨ rogation): ⇨ -ate³〗

ar·ro·ga·tion /ærəgéɪʃən, èr- | ær-/ *n.* (権利などの)不当な主張, わが物にすること; 越権(行為); 詐称: the ~ of leadership. 〖(1590) □ L *arrogātiō(n-)*: ⇨ ↑, -ation〗

ar·ron·di /ærɔ̃ː(n)díː, ærɔːn-; *F.* aʁɔ̃di/ *adj.* 〘バレエ〙〈腕の形・脚の動きなど〉丸みをもった, アロンディ. 〖(1727) □ F ~ (p.p.) ← *arrondir* to round (↓)〗

ar·ron·disse·ment /ærɑ̀ːndiːsmáːn, ɛr- | ærɔndíːsmɑ̃ː(ŋ), -mɑːŋ; *F.* aʁɔ̃dismɑ̃/ *n.* (*pl.* ~**s** /~z; *F.* ~/) **1** (フランスの)郡 (県 (department) の最大行政区; いくつかの小郡 (canton) からなる). **2** (Paris の) 区. 〖(1807) □ F ~ ← *arrondir* to round: ⇨ a-¹, round¹, -ment〗

ar·row /ǽroʊ, ér- | ǽrəʊ/ *n.* **1** 矢: shoot an ~ 矢を射る[放つ] / with bow and ~ 弓矢を携えて / (as) straight

A

as an 〜 矢のようにまっすぐ(な). ★ ラテン語系形容詞: sagittal. **2** 矢の形をした物; 矢印 (→ など). **3** = broad arrow. **4** [*pl.*; 単数扱い]《口語》=dart 2. **5** 〘植物〙(サトウキビの)花序, (花序の内部に入ってきている)花茎の細長い部分. **6** [the A-]〘天文〙や(矢)座 (⇨ Sagitta 1). — *vi.* (矢のように)飛ぶ, 突進する (dart). — *vt.* **1** [〜 one's way で] 突き進む, 突進する. **2**〘印刷〙〈挿入箇所を〉矢印で示す: 〜 in 矢印で示して挿入する.

〜·less *adj.* **〜·lìke** *adj.* 〘OE *ar(h)we, (e)arh* ← Gmc **arχwō* (ON *ǫr* / Goth. *arhwazna*) ← IE **arku-* bow and arrow (L *arcus* bow): 原義は belonging to the bow: cf. arc〙

Ar·row /ǽroʊ, ɛ́r- | ǽrəʊ/, **Kenneth Joseph** *n.* アロー (1921– ; 米国の経済学者; Nobel 経済学賞 (1972)).

ár·rowed *adj.* 矢のような印[記号]のついた. 〘(1652): ⇨ arrow, -ed〙

árrow gràss *n.* 〘植物〙沼地に生えるシバナ科の多年草 (シバナ (*Triglochin maritima*), ホソバノシバナ (*T. Palustris*) など). 〘1792–1807〙

árrow·hèad *n.* **1** 矢じり, 矢の根; 矢じりに似た物: the (broad) 〜=broad arrow. **2** (製図で寸法線の両端につける)矢印. **3**〘植物〙オモダカ (オモダカ属 (*Sagittaria*) の植物の総称; 水生植物でたいてい矢じり形をした葉をもつ; 特に, 水槽で観賞用に植える *S. gigantea* など). **4**〘建築〙(卵鏃(らんぞく)飾り (egg and dart) の)矢じりの部分. **5**〘服飾〙三角かがり, アローヘッド (サテンステッチ (satin stitch) で矢頭[三角形]に刺す刺繍; 装飾, かんぬきどめに用いる). 〘1386〙

árrow·hèaded *adj.* 矢じり形の; (古代アッシリア文字の)楔(くさび)形の (cuneiform): 〜 characters 楔形(せっけい)文字. 〘1816〙

árrow rèst *n.* 〘アーチェリー〙アローレスト (矢を射るときに安定させるために弓の中央部のグリップの部分にある台).

árrow·ròot *n.* **1**〘植物〙クズウコン (*Maranta arundinacea*) (熱帯アメリカ·ブラジル原産の多年草; 根茎から良質の澱粉が採れる). **2 a** アロールート, くず粉 (クズウコンの根茎から採る澱粉; 料理や菓子の製造に用いる). **b** アロールートに類似した他の植物から採った澱粉. — *adj.* クズウコンの. 〘(1696): 北米先住民がその根を毒矢の傷の治療に用いたことから〙

árrow-shàped *adj.* 矢状[矢形]の; 矢の根形の.

árrow slìt *n.* 〘築城〙矢狭間(やざま) (特に中世の城などで, 矢を射るため, または光や空気を採り入れるために壁にあけた縦長の穴). 〘1851〙

árrow-stìtch *n.* 〘服飾〙(コルセットの鯨ひげを留める)矢じりかがり.

árrow-stráight *adj.* 矢のようにまっすぐな, 一直線の. — *adv.* 一直線に, まっしぐらに.

árrow·wòod *n.* 〘植物〙昔矢を作るのに用いた枝をもつ諸種の低木の総称 (laurustine, 米国南西部やメキシコ産のキク科の低木 (*Pluchea sericea*), ocean spray など). 〘1709〙

árrow·wòrm *n.* 〘動物〙矢虫 (海洋に生息する毛顎(もうがく)動物門の浮遊小動物の総称; 素早く動く姿が飛ぶ矢に似ている; ヤムシ (*Sagitta bipunctata*) など). 〘1889〙

ar·row·y /ǽroʊi, ɛ́r- | ǽrəʊi/ *adj.* **1** 矢のような, まっすぐな; 速く飛ぶ, 速い. **2** 〈言葉など〉鋭い, 辛辣(しんらつ)な (sharp). **3** 矢の, 矢でできた. 〘1637〙

ar·roy·o /ərɔ́ɪoʊ, ərɔ́ɪə | ərɔ́ɪəʊ; *Sp.* arójo/ *n.* (*pl.* 〜**s**) 《米南西部》**1** (乾燥地帯の)小川, 細流, アロヨ. **2** (深い)涸(か)れ谷 (dry gully). 〘(1807) □ Sp. 〜 ← ?: cf. L *arrūgia* shaft, pit in a mine〙

Ar·roy·o, Gloria Macapagal *n.* アロヨ (1947– ; フィリピン大統領 (2001–); 故 Diosdado Macapagal の娘).

ar·roz /ərɑ́(ː)s | ærɔ́s/ *n.* 米 (rice). 〘□ Sp. 〜 'rice'〙

ar·roz con pol·lo /ɑːróʊθkɑ(ː)npóʊljoʊ, ɑːróʊskɑ(ː)npóʊjoʊ | ɑːráʊθkɒnpáʊljəʊ, ɑːráʊskɒnpáʊjəʊ; *Sp.* aróθkompóʎo, *Am.Sp.* aróskompójo/ *n.* アロスコンポーリョ (ライスと鶏肉にトマト·サフランなどの香辛料を加えたスペイン風料理). 〘(1938) □ Sp. 〜 'rice with pullet'〙

Ár·ru Íslands /ɑ́ːruː-/ *n. pl.* =Aru Islands.

'Ar·ry /ǽri, ɛ́ri | ǽri/ *n.* 《英口語》(London の)がらの悪い元気な(若い)男性, (町の)あんちゃん: 〜 and 'Arriet. **〜·ish** /〜ɪʃ/ *adj.* 〘(1874)《俗》← HARRY: cf. 'Arriet〙

ar·ryth·mi·a /əríðmiə, eɪ-/ *n.* 〘病理〙=arrhythmia.

ARS /èɪɑ̀ːrés | -ɑ̀ː(r)-/ 《略》Agricultural Research Service.

ars- /ɑ́ːs | ɑːs/「ヒ素 (arsenic)」の意の連結形. 〘← ARSENIC〙

ARSA 《略》Associate of the Royal Scottish Academy; Associate of the Royal Society of Arts.

árs·a·nil·ic ácid /ɑ̀əsənílɪk- | ɑ̀ː-/ *n.* 〘化学〙アルサニル酸 ($NH_2C_6H_4AsO(OH)_2$) (o-, m-, p- の異性体がある; 有毒). 〘(1907) *arsanilic*: ← ARS-+ANIL(INE)+-IC[1]〙

ars an·ti·qua /ɑ́əsæntíːkwə, ɑ́əz- | ɑ́ːz-/ *n.* [the 〜]〘音楽〙アルスアンティクア (西欧中世 1300 年以前(特に 13 世紀後半)の音楽およびその様式; cf. ars nova). 〘□ L *ars antiqua* old art〙

arse[1] /ɑ́əs | ɑ́ːs, ǽs/ *n.* 《英卑》しり; しりの穴 (《米卑》ass). ***be right up a person's árse*** 《英卑》人にぴたっと車をくっつけて走らせる. ***gèt óff one's árse*** 《英卑》仕事などにさっさと取りかかる. ***líck a person's árse*** 《英卑》人にぺこぺこする. ***móve [shíft] one's árse*** 《英卑》さっさとやる, 急ぐ; 場所をあける. ***My árse!*** まさか, とうてい信じられない. ***nòt knów one's árse from one's élbow*** 《英卑》どうしようもないばかだ.
〘lateOE *ears, ærs* ← Gmc **arsaz* (Du. *(n)aars* / G *Arsch*) ← IE **ers-* buttocks, backside (Gk *órros* rump): cf. uro-[2]〙

arse[2] /ɑ́əs | ɑ́ːs/ *vi.* 《英俗》=ass[1]. 〘《異形》← ASS[1]〙

árse bàndit *n.* 《卑》しりの穴 (《米》asshole). ***from ársehole to bréakfast tìme*** いつも, ずっと. — *vt.* 《豪俗》…を首にする. 〘*a*1400〙

árse-kìssing *n.*, *adj.* 《英卑》=ass-licking.

árse-lìck·er /-lɪkə | -kə(r)/ *n.* 《卑》=ass-licker.

árse-lìcking *n.*, *adj.* 《英卑》=ass-licking. 〘1912〙

ar·sen- /ɑ́əs(ə)n, -sn̩, ɑəsén | ɑ́ːs(ə)n, -sn̩, -sɪn/ (母音の前にくるときの) arseno- の異形.

ar·se·nal /ɑ́əs(ə)nl̩ | ɑ́ːs(ə)nl̩, -sn̩-, -sɪn-/ *n.* **1** 兵器[軍需品]の保有量[集積]: a nuclear 〜 核(兵器)保有量. **2** 兵器庫, 軍需品倉庫; (兵器庫を兼ねる)訓練場. **3** 備蓄, 収蔵, 集積 (store); 宝庫 (storehouse): an 〜 of information. **4 a** 兵器[軍需]工場[工廠(こうしょう)]: a naval 〜 海軍工廠. **b** 整備補給廠. 〘(1506) □ It. *arsenale* dock ← Arab. *dār-aṣ-ṣinā'aʰ* house of the craft〙

ar·se·nate /ɑ́əs(ə)nə̀t, -sn̩-, -sənèɪt, -sn̩- | ɑ́ːs[1]nèɪt, -sn̩-, -nə̀t/ *n.* 〘化学〙ヒ酸塩 (オルトヒ酸塩 ($M^{I}_3AsO_4$), ピロヒ酸塩 ($M^{I}_4As_2O_7$), メタヒ酸塩 ($M^{I}AsO_3$) などがある). 〘(1800)《廃》*arseniate* □ ? F *arséniate*: ⇨ arsenic, -ate[1]〙

Ar·sène /ɑəséɪn | ɑː-; *F.* aʁsɛn/ *n.* アーセイン (男性名). 〘□ F 〜〙

ar·se·nic /ɑ́əsənɪk, -sn̩- | ɑ́ː-/ *n.* **1**〘化学〙ヒ素 (記号 As, 原子番号 33, 原子量 74.9216). **2** 《商用語》=arsenic trioxide (cf. white arsenic).
— /ɑəsénɪk | ɑː-/ *adj.* ヒ素の[を含む]; (特に) 5 価のヒ素 (As^{V}) を含む (arsenic acid 以外の arsenic で始まるヒ素化合物の発音は /ɑ́əs(ə)nɪk | ɑ́ː-/).
〘(*a*1393) □ (O)F 〜 // L *arsenicum* □ Gk *arsenikón*=*arrenikón* yellow orpiment ← Syr. *zarnīkā* ← Iran. (cf. Pers. *zar* gold / Skt *hiraṇya* gold, *hari* yellowish): Gk で通俗語源により *arsenikós* male, virile と混同された〙

arsénic ácid *n.* 〘化学〙ヒ酸 (H_3AsO_4). 〘1801〙

ar·sen·i·cal /ɑəsénɪk(ə)l, -kl̩ | ɑː-sénɪ-/ 〘化学〙*adj.* ヒ素の; ヒ素を含む: 〜 poisoning ヒ素中毒. — *n.* ヒ素化合物; ヒ素剤, 含ヒ剤 (殺虫剤). 〘1605〙

arsénical pýrites *n.* 〘鉱物〙=arsenopyrite.

ársenic anhýdride *n.* 〘化学〙無水ヒ酸 (As_2O_5) (白色無定形潮解性の固体; ガラス成分; arsenic pentoxide ともいう). 〘1876〙

ársenic disúlfide *n.* 〘化学〙二硫化ヒ素 (As_4S_4, As_2S_2 または AsS) (橙赤色の粉末; 花火製造に用いる; arsenic monosulfide ともいう).

ársenic mírror *n.* 〘化学〙ヒ素鏡 (ヒ素の検出に使われるマーシュ試験 (Marsh test) で, 試料に水素を作用させてできる水素化ヒ素が冷たい白色陶器の表面に触れて分解した暗褐色のヒ素の付着物).

ársenic monosúlfide *n.* 〘化学〙一硫化ヒ素 (⇨ arsenic disulfide).

ársenic pentasúlfide *n.* 〘化学〙五硫化ヒ素 (As_2S_5 または As_4S_{10}) (黄色の単斜晶形の結晶).

ársenic pentóxide *n.* 〘化学〙五酸化ヒ素 (⇨ arsenic anhydride).

ársenic súlfide *n.* 〘化学〙硫化ヒ素 (V) (As_2S_5) (微黄色結晶).

ársenic trichlóride *n.* 〘化学〙三塩化ヒ素 ($AsCl_3$) (無色油状液体; 有機ヒ素化合物合成, 窯業で用いられる).

ársenic trióxide *n.* 〘化学〙三酸化ヒ素 (As_2O_3 または As_4O_6), (俗に)亜ヒ酸 (白色粉末で白ヒ (white arsenic) ともいう猛毒; 医薬·防腐·顔料·殺虫·除草用).

ársenic trisúlfide [trisúlphide] *n.* 〘化学〙三硫化ヒ素 (As_2S_3 または As_4S_6) (黄色の結晶; 花火製造·黄色顔料に用いる; king's yellow ともいう).

ar·se·nide /ɑ́əsənàɪd, -sn̩- | ɑ́ːs[1]n-, -sn̩-/ *n.* 〘化学〙ヒ化物. 〘(1863) □ F 〜: ⇨ arseno-, -ide[2]〙

ar·se·ni·ous /ɑəsíːniəs | ɑː-/ *adj.* 〘化学〙ヒ素 (arsenic) の[を含む]; (特に) 3 価のヒ素 (As^{III}) を含む. 〘(1818) □ F *arsénieux*: ⇨ arseno-, -ous〙

arsénious ácid *n.* 〘化学〙亜ヒ酸 (H_3AsO_3) (顔料·殺虫·除草用). 〘1818〙

arsénious óxide *n.* 〘化学〙=arsenic trioxide.

ar·se·nite /ɑ́əsənàɪt, -sn̩- | ɑ́ːs[1]n-, -sn̩-/ *n.* 〘化学〙亜ヒ酸塩[エステル]. 〘(1800) □ F *arsénite*: ⇨ arseno-, -ite[1]〙

ar·se·niu·ret·ted /ɑəsíːnjurèt[1]d, -sén- | ɑːsíːnjurèt-, -sén-/ *adj.* 〘化学〙ヒ素化した. 〘(1812) ← *arseniurete* (⇨ arsenic, -uret: ↑の古名)+-ED 2〙

arséniuretted hýdrogen *n.* 〘化学〙ヒ化水素 (⇨ arsine). 〘1812〙

ar·se·no /ɑ́əsənoʊ, -sn̩- | ɑ́ːs[1]nəʊ, -sn̩-/ *adj.* 〘化学〙アルセノ基 (–As=As–) を含んだ. 〘↓〙

ar·se·no- /ɑ́əsənoʊ, -sn̩- | ɑ́ːs[1]nəʊ, -sn̩-/ 〘化学〙「ヒ素(の) (arsenic), アルセノ基 (–As=As–) を含む」の意の連結形. ★ 母音の前では通例 arsen- になる. 〘← ARSENIC〙

árseno gròup *n.* 〘化学〙アルセノ基 (–As=As–).

ar·sen·o·lite /ɑəsénəlàɪt, -nl̩- | ɑː-/ *n.* 〘鉱物〙ヒ華 (As_2O_3). 〘1854〙

ar·se·nom·e·try /ɑ̀əsənɑ́(ː)mətri, -sn̩- | ɑ̀ːsənɔ́m[1]-, -sn̩-/ *n.* 〘化学〙亜ヒ酸滴定.

àrseno·pýrite *n.* 〘鉱物〙硫ヒ鉄鉱, 毒砂 (FeAsS) (mispickel ともいう). 〘1881〙

ar·se·no·so- /ɑəsənóʊsoʊ, -sn̩- | ɑ̀ːs[1]nə́ʊsəʊ, -sn̩-/ 〘化学〙「アルセノソ基 (–As=O) を含む」の意の連結形. 〘← ARSENO-+(FERR)OSO-〙

arsenóso gròup *n.* 〘化学〙アルセノソ基 (–As=O).

ar·se·nous /ɑ́əsənəs, -sn̩- | ɑ́ːs[1]nəs, -sn̩-/ *adj.* 〘化学〙=arsenious. 〘1800〙

ársenous ácid *n.* 〘化学〙=arsenious acid. 〘1800〙

arses *n.* arsis の複数形.

ar·sey /ɑ́əsi | ɑ́ː-/ *adj.* 《豪口語》ついている, 運のいい (lucky). 〘(1953)《変形》← *tin arse*〙

ars gra·ti·a ar·tis /ɑ́əzgréɪʃiəɑ́ətɪs, ɑ́əsgrɑ́ːtiə- | ɑ́ːzgréɪʃiəɑ́ːt-, ɑ́ːsgrɑ́ːtiə-/ *L. n.* 芸術のための芸術 (art for art's sake).

ARSH 《略》Associate of the Royal Society for the Promotion of Health 王立健康増進協会員.

ar·shin /ɑəʃíːn | ɑː-; *Russ.* arʃín/ *n.* (*also* **ar·shine** /〜/) アルシン (ロシアの長さの単位; メートル法採用以前の基本単位; =71 cm). 〘(1734) □ Russ. 〜 ← Turk. *arşyn* measure〙

ar·sie /ɑ́əsi | ɑ́ː-/ *adj.* =arsey.

ar·sin- /ɑəsíːn | ɑː-/ 〘化学〙(母音の前にくるときの) arsino- の異形.

ar·sine /ɑəsíːn, ─́ ─ | ɑ́ːsiːn/ *n.* 〘化学〙水素化ヒ素, アルシン, ヒ化水素 (AsH_3) (不安定な無色可燃性有毒ガス; arseniuretted hydrogen ともいう). 〘(1876) ← ARS(ENIC)+-INE[3]〙

ar·sín·ic ácid /ɑəsínɪk- | ɑː-/ *n.* 〘化学〙アルシン酸 (RR'AsOOH の一般名).

ar·si·no /ɑəsíːnoʊ | ɑːsíːnəʊ/ *adj.* 〘化学〙アルシノ基 ($-AsH_2$) を含んだ. 〘↓〙

ar·si·no- /ɑəsíːnoʊ | ɑːsíːnəʊ/ 〘化学〙「アルシノ基 ($-AsH_2$) を含む」の意の連結形. ★ 母音の前では通例 arsin- になる. 〘← ARSINE〙

arsíno gròup *n.* 〘化学〙アルシノ基 ($-AsH_2$).

ar·sis /ɑ́əs[1]s | ɑ́ːsɪs/ *n.* (*pl.* **ar·ses** /-siːz/) **1**〘詩学〙(英詩の)強音部[節] (cf. ictus 1, thesis 5); (古典詩の)弱音部, 抑音部. **2**〘音楽〙上拍, 弱拍 (upbeat); (リズムをとる際, 弱拍を示すため)手を上に挙げること (↔ thesis 4). 〘(*a*1398) □ LL 〜 'accented syllable', (原義) a raising (of voice) □ Gk *ársis* unaccented syllable, (原義) a raising (of foot in beating time) ← *aírein* to lift, raise〙

ARSL 《略》Associate of the Royal Society of Literature.

ars lon·ga, vi·ta bre·vis /ɑ́əzlɔ́(ː)ŋgə víːtəbrév[1]s | ɑ́ːzlɔ́ŋgə víːtəbrévɪs/ *L.* 芸は長く人生は短し (本来は医術を習得することの難しさをたとえて言ったもの). 〘□ L *ars longa, vīta brevis* art is long, life is short; Hippocrates の警句のラテン語訳〙

ARSM 《略》《英》Associate of the Royal School of Mines.

ars no·va /ɑ́əsnóʊvə, ɑ́ːz- | ɑ́ːznə́ʊ-/ *n.* [the 〜]〘音楽〙アルスノバ (西欧中世 14 世紀の音楽およびその様式; cf. ars antiqua). 〘□ L 〜 'new art'〙

ar·son /ɑ́əsən, -sn̩ | ɑ́ː-/ *n.* 〘法律〙放火(罪). **〜·ous** /-sənəs, -sn̩-/ *adj.* 〘(*a*1680) □ AF & OF 〜 □ LL *ārsiō(n-)* act of burning ← L *ardēre* to burn〙

ár·son·ist /-sən[1]st, -sn̩- | -sənɪst, -sn̩-/ *n.* 〘法律〙放火犯人. 〘1864〙

ars·phen·a·mine /ɑ̀əsfénəmìːn, -mɪ̀n | ɑːsfénəmìːn, -mɪn/ *n.* 〘薬学〙アルスフェナミン ($C_{12}Cl_2H_{14}As_2N_2O_2$) (有毒で淡黄色のヒ素化合物; 梅毒の特効薬として用いられた; ⇨ Salvarsan). 〘(1917) ← ARS-+PHEN(YL)+AMINE〙

ars po·e·ti·ca /ɑ́əzpoʊéṭɪkə, -ṭə- | ɑ́ːspəʊétɪ-/ *n.* **1** 詩の技法 (art of poetry), 詩学 (poetics). **2** 詩論. **3** [A- P-]「詩論」(紀元前 13 世紀ごろ Horatius が文学や詩の技法を教訓をまじえて論じた詩). 〘□ L 〜 'art of poetry'〙

ARSR 《略》〘航空〙Air Route Surveillance Radar 航空路監視レーダー (航空路監視用の長距離レーダーで調査可能域は高度 21,000 m, 距離約 350 km).

ar·sy-var·sy /ɑ́əsivɑ́əsi | ɑ̀ːsivɑ́ː-/ *adv.*, *adj.* (*also* **ar·sy-ver·sy** /〜/) 《俗》ひっくり返って[た], さかさまに[の] (topsy-turvy). 〘(1539) (加重) ← ARSE[1]+-Y[2]: *varsy* は L *versus* 'VERSUS' の影響か〙

art[1] /ɑ́ət | ɑ́ːt/ *n.* **1 a** (総合的·個別的に)芸術; [the 〜s; 集合的] =fine art 2: 〜 for 〜's sake 芸術のための芸術, 芸術至上主義 (cf. ars gratia artis) / 〜 for life's sake 人生のための芸術 (「人生派」の立場) / the *art*-for-*art* school 芸術派 / Music is an 〜. 音楽は芸術である / ⇨ graphic arts, plastic art / a work of 〜 ⇨ work *n.* 5 c. **b** (芸術部門の中で特に)美術 (fine art): French 〜 / decorative 〜 装飾美術 / applied 〜 応用美術 / study 〜. **c** [集合的] 美術[芸術](作)品: a museum of modern 〜 近代美術館 / He is fond of 〜. 美術(品)が好きだ. **2 a** (芸術的)技法, 手法, 芸(風); (芸術的)手腕, 手際 (cf. 5): the 〜 of the novel 小説技法 / the 〜 of T. S. Eliot T. S. エリオットの技法[芸術] / with 〜 手際よく, 巧みに / *Art* is long, life is short. 芸は長く人生は短し (この art は誤って「芸術」の意にも用いられる; cf. ars longa, vita brevis). **b** (作品の)芸術性[味]. **3 a** [通例 *pl.*] (1) (大学で理科系科学に対し)人文科学 (cf. humanity 3 c): 〜*s* and sciences 文科系と理科系(の科目) / a Bachelor [Master] of *Arts* 文学士[修士] / strong on the 〜*s* side 人文科目が得意. (2) =liberal arts 2 b. **b** 学問[学術]の一部門 (learning); [通例 *pl.*] (大学の)科目, 学科 (中世では下位の三科 (trivium) と上位の四科 (quadrivium) から成っていた). **4 a** (専門の)技術, 技芸 (⇨ technique SYN): the 〜 of building [navigation, printing] 建築[航海, 印刷]術 / a term of 〜 術語, 専門用語 / the 〜 of agriculture 農芸 / the healing 〜(*s*) 医術 / ⇨ black art, industrial art 2. **b** (技術を要する)職

業 (trade, craft): the potter's ～ 陶芸 / learn the barber's ～ 理髪業を修業する / the ～ of lexicography 辞書編集の仕事. **5** 〔何かをする〕方法, 秘訣(ひけつ), こつ (skill, knack) 〔*of*〕; 熟練, 手腕, わざ, 巧妙さ (skillfulness) (cf. 2 a): by ～ 熟練によって / the ～ *of* swimming 水泳術 / the ～ *of* making money 金もうけの秘訣 / There's no ～ *in* [*to*] doing it. それをするには別に要領[熟練]はいらない. **6 a** (自然に対して)人工, 人為: by ～ 人工によって, 人為的に / nature and ～ 自然と人工. **b** わざとらしさ, 不自然さ, 作為, 技巧 (artificiality): a smile without ～ 素直[無邪気]な微笑. **7 a** 狡猾(こうかつ)さ, ずるさ (cunning): by ～ 狡猾に. **b** [通例 *pl.*] 術策, 手管 (artifice, trick). **8** [集合的]《印刷》(本文に対し)挿絵, 図版. **9** 《古》学問, 学術 (learning, science). **10** 《古》巧みな計画.

gèt* [*hàve*] ... *dówn to a fíne árt 《口語》...を完ぺきにマスターしている. ***the státe of the árt*** ⇨ state 成句.

árt and párt (1) 《スコット法》幇助(ほうじょ)罪(で), 従犯(で), 第二級正犯(で)〔*in*〕: be [have] ～ *and part in* ...の共犯である. (2) 加担して, 協力[参加]して (participating) 〔*in*〕: He was ～ *and part with* a friend *in* (doing) it. 友人と共同でそれに当たった. 《(*c*1425): もと to be concerned in ... either by art (in contriving it) or by part (taken in actually executing it) の意から》

árts and cráfts (美術)工芸, 手工芸. 《1888》

(mánly) árt of sèlf-defénse [the —] 護身術 《boxing や fencing の別名》.

— *adj.* [限定的] 芸術(的)の, 美術(的)の: an ～ critic 美術批評家 / ～ education / an ～ film 芸術映画 / ～ history 美術史 / an ～ school [student] 美術学校[学生].

— *vt., vi.* [～ up で]《口語》(気取って)芸術的に見せようとする, きざっぽく飾り立てる.

〖(*c*1250) □ (O)F ～ ＜ L *artem*, *ars* skill, art ← IE **ar(ə)-* to join: ⇨ arm¹〗

art² /ət; àət, áət | ət; ɑ:t, ɑ:t/ *vi.* 《古・詩》be の二人称単数直説法現在形: thou ～ =you are. 〖OE (*e*)*art*: ⇨ are〗

Art /áət | ɑ:t/ *n.* アート (男性名). 〖(dim.) ← ARTHUR〗

art. 《略》article; artificer; artificial; artillery; artist.

-art /ət | ət/ *suf.* -ard の異形: bragg*art*.

artal *n.* rotl の複数形. ★ 時に単数扱い.

Ar·taud /aətóu | ɑ:tóu; *F.* aʁto/, **An·to·nin** /ɑ̃tɔnɛ̃/ *n.* アルトー 《1896–1948; フランスの演出家・俳優・詩人・劇作家》.

art au·tre /ɑ̀ətó:tr(ə), -tá:- | ɑ̀:tó:-; *F.* aʁto:tʁ/ *F. n.* 《美術》=tachisme. 〖(1959) □ F ～ 《原義》another art〗

Ar·ta·xer·xes I /ɑ̀ətəzə́:ksi:z | ɑ̀:təksə́:k-, -tə(g)zə́:-/ *n.* アルタクセルクセス一世 《?–425 B.C.; 古代ペルシャの王 (465–425 B.C.); Xerxes 一世の息子》.

Artaxerxes II *n.* アルタクセルクセス二世 《?–359 B.C.; 古代ペルシャの王 (404–359 B.C.); Darius 二世の息子; CYRUS the Younger の兄; 通称 Mnemon》.

Artaxerxes III *n.* アルタクセルクセス三世 《?–338 B.C.; 古代ペルシャの王 (359–338 B.C.); 多数の兄弟と親族を殺して即位; 恐怖政治を行った》.

árt dèaler *n.* 美術商, 画商.

art de·co, A- D- /ɑ̀ə(t)deɪkóu, ⌐⌐⌐ | ɑ̀:(t)dékəu, -déɪ-; *F.* aʁdeko/ *n.* 《美術》アールデコ 《1920–30 年代にフランスを中心に流行した装飾様式; Art Nouveau の曲線的装飾に対して, 実用的で簡素な直線的デザインを好んだ》. 〖(1966) □ F *Art Déco* 《略》← *Exposition Internationale des Arts Décoratifs et Indestriels Modernes* international exposition of modern decorative and industrial arts (1925 年にパリで開かれた展覧会)〗

árt dirèctor *n.* **1** 《演劇・映画・テレビ》美術監督, アートディレクター. **2** 《出版・印刷》(書物その他の印刷物の美術面に責任をもつ)アートディレクター. 〖1933〗

árt èditor *n.* 《出版・印刷》=art director 2. 〖1941〗

ar·te·fact /ɑ́ətɪ̀fæ̀kt | ɑ́:tɪ̀-/ *n.* =artifact. 〖1821〗

ar·tel¹ /aətél | ɑ:-/ *n.* =artal.

ar·tel² /aətél | ɑ:-; *Russ.* artʲélʲ/ *n.* (ロシアに 14–15 世紀からあった独立農民や労働者の)協同組合, アルテリ. 〖(1884) □ Russ. *artel'* □ It. *artieri* (pl.) ← *artiere* artisan〗

ar·te·mi·a /aətí:miə | ɑ:-/ *n.* 《動物》=brine shrimp. 〖← NL ～ ← ARTEMIS＋-IA²〗

Ar·te·mis /ɑ́ətəmɪ̀s | ɑ́:tɪ̀mɪs/ *n.* 《ギリシャ神話》アルテミス 《日輪の神 Apollo と双生児で月の女神 (cf. Luna); また狩猟の女神で森林・野獣の守護神; ローマ神話の Diana に当たる; Cynthia ともいう》. 〖□ L ～ □ Gk *Artemis* ← ?〗

ar·te·mis·i·a /ɑ̀ətəmíʒiə, -ʒə | ɑ̀:tɪ̀míziə/ *n.* 《植物》ヨモギ 《キク科ヨモギ属 (*Artemisia*) の植物の総称; ニガヨモギ (*A. absinthium*), ヨモギ (*A. princeps*) など》. 〖(*a*1325) ← NL ～ ← L ～ 'mugwort' □ Gk *artemisía* 《原義》plant sacred to Artemis ← *Ártemis* (↑): ⇨ -ia¹〗

ar·te·mis·in·in /ɑ̀ətəmísənɪ̀n | ɑ̀:tɪ̀mísɪ̀nɪn, -mí:-/ *n.* 《薬学》アルテミシニン 《ヨモギ属の一年草クソニンジンから抽出されるマラリア治療薬》. 〖(1979) 《混成》← ARTEMISIA＋QUININE〗

Ar·ten·kreis /ɑ́ətŋkràɪs | ɑ́:-; *G.* áʁtŋkʁàɪs/ *n.* (*pl.* **Ar·ten·krei·se** /-kráɪzə; *G.* -kʁaɪzə/, **～·es**) 《生物》連繋種, 種環. 〖□ G ～ 《原義》cycle of species ← *Arten* ((pl.) ← *Art* kind)＋*Kreis* cycle〗

Ar·te Pov·e·ra /ɑ̀ətɪpá(:)vərə | ɑ̀:tɪpóv-; *It.* artepɔ́vera/ *n.* 《美術》アルテ ポベラ 《土・新聞紙などの安い材料を利用するミニマルアートの一様式; 1960 年代末のイタリアで始まった》. 〖(1970) □ It. 'impoverished art'〗

ar·ter /ɑ́ətə | ɑ́:tə^(r)/ *prep., conj., adv., adj.* 《方言》= after. 〖《方言》《変形》← AFTER〗

ar·te·re·nol /ɑ̀ətərí:nɔ(:)l | ɑ:tərí:nɒl/ *n.* 《生化学》アルテレノール (⇨ norepinephrine). 〖← *Arterenol* (商標名)〗

ar·te·ri- /aətíᵊri | ɑ:tíəri/ (母音の前にくるときの) arterio- の異形.

ar·te·ri·al /aətíᵊriəl | ɑ:tíər-/ *adj.* **1** 《生理》**a** 動脈の; 動脈状の (cf. venous 2); 動脈系の: ～ blood 動脈血. **b** 動脈血の. **2** 〈道路など〉動脈のような, 幹線の, 主要な: ～ drainage 脈路系排水 / an ～ road [highway] 幹線道路. **—** *n.* 幹線道路. **～·ly** *adv.* 〖(?*a*1425) □ (O)F *artériel*: ⇨ artery, -al¹〗

ar·te·ri·al·i·za·tion /aətìᵊriəlɪ̀zéɪʃən | ɑ:tìəri-əlaɪ-, -lɪ-/ *n.* 《生理》(肺による静脈血の)動脈血化. 〖1836〗

ar·te·ri·al·ize /aətíᵊriəlàɪz | ɑ:tíər-/ *vt.* **1** 《生理》〈肺が〉〈静脈血を〉動脈血化する. **2** 動脈状化する, ...に動脈状の組織を与える. 〖1833〗

ar·te·ri·o- /aətíᵊriou | ɑ:tíəriəu/ **1** 「動脈」の意の連結形: *arterio*sclerosis, *arterio*logy. ★ 母音の前では通例 arteri- になる. **2** 「動脈と」の意の連結形: *arterio*venous. 〖□ Gk *artērío-* ← *artēría* 'ARTERY'〗

ar·te·ri·o·gram /aətíᵊriəgræ̀m | ɑ:tíər-/ *n.* 《医学》動脈撮影像. 〖1929〗

ar·te·ri·og·ra·phy /aətìᵊriá(:)grəfi | ɑ:tìəriɔ́g-/ *n.* 《医学》(造影剤を注入後 X 線を用いて行う)動脈造影[撮影](法). **ar·ter·i·o·graph·ic** /aətìᵊriəgræ̀fɪk | ɑ:tìər-⌐/ *adj.* 〖1929〗

ar·te·ri·ole /aətíᵊriòul | ɑ:tíəriəul/ *n.* 《解剖》(大きめの動脈と毛細血管をつなぐ)小動脈, 細動脈. **ar·tè·ri·ó·lar** *adj.* 〖(1839) □ F *artériole* ← ? NL *arteriola* small artery: ⇨ artery, -ole²〗

artèrio·sclerósis *n.* 《病理》動脈硬化(症) 《一般には hardening of the arteries》. **artèrio·sclerótic** *adj., n.* 〖(1886) ← NL ～: ⇨ arterio-, sclero-, -osis〗

ar·te·ri·ot·o·my /aətìᵊriá(:)təmi | ɑ:tìəriɔ́t-/ *n.* 《外科》動脈切開(術) 《多く瀉血のために行う》. 〖(1634) □ LL *artēriotomia* □ Gk *artēriotomía*: ⇨ arterio-, -tomy〗

artèrio·vénous *adj.* 《解剖・病理》動静脈の[をつなぐ]; 動静脈を冒す. 〖1880〗

ar·te·ri·tis /ɑ̀ətəráɪtɪ̀s | ɑ̀:tə̀ráɪtɪs/ *n.* 《病理》動脈炎. 〖(1836) ← NL ～: ⇨ arterio-, -itis〗

ar·ter·y /ɑ́ətəri, -tri | ɑ́:təri, -tri/ *n.* **1** 《解剖》動脈 (cf. vein 1): the dorsal ～ 背動脈 / the main ～ 大動脈 / ⇨ brachial artery, maxillary artery, pulmonary artery. **2** 幹線, 幹線[主要]道路, 主要水路; 中枢. 〖(*a*1398) □ L *artēria* □ Gk *artēría* windpipe, artery ← ? *a*(*e*)*irein* to raise ← IE **wer-* to raise〗

ar·te·sian /aətí:ʒən | ɑ:tí:ziən, -ʒiən, -ʒən/ *adj.* 掘抜き(井戸)の. 〖(1830) □ F *artésien* 《原義》of Artois ← OF *Arteis* (ヨーロッパで掘抜き井戸が最も古くから行われたフランスの旧州名で, 現在は Artois): ⇨ -ian〗

artésian wéll *n.* **1** アルトワ (Artois) 式井戸, 掘抜き井戸, 噴(ふ)き井戸. **2** 深く掘った井戸. 〖1860〗

Ar·te·velde /ɑ́ətəvèldə | ɑ́:tə-; *Du.* ártəvɛldə/, **Jacob van** *n.* アルテフェルデ 《1295?–1345; フランドルの政治家; 百年戦争初期, フランスに対して英国と結ぶ》.

Ar·tex /ɑ́ətɛks | ɑ́:-/ *n.* 《商標》アーテックス 《英国製の, 天井や壁面に塗る粗面仕上げ塗料》. 〖1952〗

árt fìlm *n.* 芸術映画. 〖1926〗

árt fòrm *n.* 《芸術》**1** 既成作品からとられた表現形式. **2** 主題や内容が既存の作品のものと一致する表現形式. **3** (芸術の表現媒体としての)形態, フォルム. 〖1868〗

art·ful /ɑ́ətfəl, -fl | ɑ́:t-/ *adj.* **1** 〈人・手段など〉技巧[手管]をろうする, 狡猾(こうかつ)な, ずるい (crafty, cunning): an ～ person. **2** 〈人・技術など〉技巧[工夫]に富んだ, 巧妙な, 上手な (skillful, clever). **3** 〈言葉など〉凝った, わざとらしい (artificial). **～·ness** *n.* 〖1613〗

árt·ful·ly *adv.* **1** 狡猾に, ずるく. **2** 巧みに, 手際よく. 〖1613〗

árt gàllery *n.* 美術館, 美術品陳列場; 画廊. 〖1863〗

árt glàss *n.* **1** 工芸ガラス. **2** (目先の変わった)工芸ガラス製品. 〖1926〗

árt hístory *n.* 美術史. **árt históríán** *n.* **árt-históríical** *adj.* 〖1874〗

árt hòuse *n.* 《演劇》=art theater. 〖1951〗

ar·thr- /aəθr | ɑ:-/ (母音の前にくるときの) arthro- の異形.

ar·thral·gi·a /aəθrǽlʤiə, -ʤə | ɑ:θrǽl-/ *n.* 《病理》関節痛. **ar·thral·gic** /aəθrǽlʤɪk | ɑ:-/ *adj.* 〖(1848) ← NL ～: ⇨ arthro-, -algia〗

ar·thrit·ic /aəθrítɪk | ɑ:θrít-/ *adj.* **1** 関節炎の[にかかった]. **2** 老化の[を示す(ような)]. **—** *n.* 関節炎患者. **ar·thrít·i·cal·ly** *adv.* 〖(1366) ME *artetik*, *arth*(*r*)*etik* □ OF (*goute*) *artetique* (F *arthritique*) □ LL (*gutta*) *artetica* ← L *arthriticus* gouty □ Gk *arthrītikós* of or for the joints, diseased in the joints ← *arthrītis* (今の形は L による再構成) (↓): ⇨ -ɪc¹〗

ar·thri·tis /aəθráɪtɪ̀s | ɑ:θráɪtɪs/ *n.* (*pl.* **-thrit·i·des** /-rítədì:z | -tɪ̀-/) 《病理》関節炎 (cf. rheumatoid arthritis). 〖(1543) □ L *arthrītis* □ Gk *arthrîtis* ← *árthron* joint ← IE **ar(ə)-* to join: ⇨ -itis〗

ar·thro- /áəθrou | ɑ́:θrəu/ 「関節」の意の連結形: *arthro*pathy. ★ 母音の前では通例 arthr- になる. 〖□ L ～ □ Gk ～ ← *árthron* (↑)〗

àrthro·centésis *n.* 《医学》関節穿刺(せんし). 〖← NL ～: ⇨ arthro-, centesis〗

ar·throd·e·sis /aəθrá(:)dəsɪ̀s | ɑ:θrɔ́dəsɪs/ *n.* (*pl.* **-e·ses** /-sì:z/) 《外科》関節固定(術). 〖(1901) ← NL ～: ⇨ arthro-, -desis〗

ar·thro·di·a /aəθróudiə | ɑ:θrəudiə/ *n.* (*pl.* **-di·ae** /-diì: | -di-/) 《解剖》平面関節. 〖(1634) ← NL ～ ← Gk *arthrōdía* ← *arthrṓdēs* articulated ← *árthron* joint: ⇨ -ode¹, -ia¹〗

ar·thro·mere /áəθroumɪ̀ə, -θrə- | ɑ́:θrə(u)mɪə^(r)/ *n.* 《動物》(節足動物の)体節. **ar·thro·mer·ic** /ɑ̀əθrəmérɪk | ɑ̀:-⌐/ *adj.* 〖← ARTHRO-＋-MERE〗

ar·throp·a·thy /aəθrá(:)pəθi | ɑ:θrɔ́p-/ *n.* 《病理》関節症. 〖1878〗

ar·thro·pod /áəθrəpɑ̀(:)d | ɑ́:θrəpɒd/ *n.* 《動物》節足動物 《エビ・カニ・クモ・サソリ・ムカデ・昆虫など節足動物門の無脊椎動物の総称》. **ar·throp·o·dal** /aəθrá(:)pədl̩ | ɑ:θrɔ́pədl/ *adj.* **ar·thróp·o·dan** /-dn/ *adj.* **ar·thróp·o·dous** /-dəs | -dəs/ *adj.* 〖(1870) ↓〗

Ar·throp·o·da /aəθrá(:)pədə | ɑ:θrɔ́pədə/ *n. pl.* 《動物》節足動物門. 〖(1870) ← NL ～: ⇨ arthro-, -poda〗

ar·thro·scope /áəθrəskòup | ɑ́:θrəskəup/ *n.* 《医学》関節鏡.

ar·thros·co·py /aəθrá(:)skəpi | ɑ:θrɔ́s-/ *n.* 《医学》関節鏡検査(法). **ar·thro·scop·ic** /ɑ̀əθrəská(:)pɪk | ɑ̀:θrəskɔ́p-⌐/ *adj.* 〖(*c*1935) ← ARTHRO-＋-SCOPY〗

ar·thro·sis /aəθróusɪ̀s | ɑ:θrəusɪs/ *n.* (*pl.* **-thro·ses** /-si:z/) **1** 《解剖》関節接合. **2** 《病理》関節症. 〖(1634) ← NL ～ ← Gk *árthrōsis* ← *arthroûn* to articulate (← *árthron* joint)＋-OSIS〗

ar·thro·spore /áəθrəspɔ̀ə | ɑ́:θrəspɔ:^(r)/ *n.* **1** 《細菌》分節[有節]胞子 《青緑色の藻類が作る休眠細胞》. **2** 《植物》有節芽胞. **ar·thro·spor·ic** /ɑ̀əθrəspɔ́:rɪk | ɑ̀:-⌐/ *adj.* **ar·thros·po·rous** /aəθrá(:)spərəs | ɑ:θrɔ́s-/ *adj.* 〖1895〗

Ar·thur /áəθə | ɑ́:θə^(r); *G.* áʁtuʁ, *F.* aʁtyːʁ/ *n.* アーサー 《男性名; 愛称形 Art, Artie》.

nót knów whèther one is Árthur or Mártha 《豪口語》混乱して.

〖ME □ ML *Art*(*h*)*urus* ← ? Celt. **arto-* bear (Welsh *arth*) ← IE **ṛtko-* bear (Gk *árktos*: ⇨ arctic)〗

Ar·thur /áəθə | ɑ́:θə^(r)/, **Chester Alan** *n.* アーサー 《1830–86; 米国第 21 代大統領 (1881–85); 共和党》.

Arthur, King *n.* アーサー王 《6 世紀ごろの Britain 島の伝説的王; ブリトン人を率いて, 侵入するサクソン人を撃退したといわれる; 円卓の騎士団 (Knights of the Round Table) を従え, アーサー王伝説の中心人物として活躍》.

Ar·thu·ri·an /aəθ(j)ú^əriən, -θjú^ər- | ɑ:θjúər-, -θúər-/ *adj.* アーサー王 (King Arthur) の[に関する]; アーサー王伝説[物語]のような: the ～ romances [stories] アーサー王物語. **—** *n.* **1** アーサー王の部下, 円卓の騎士. **2** アーサー王伝説の研究家. 〖1853〗

Arthúrian légend *n.* [the ～]《文学》アーサー王伝説 《中世文学において英国種の重要な伝説; ⇨ King ARTHUR》. 〖1875〗

ar·ti·ad /áətiæ̀d | ɑ́:ti-/ *n.* **1** 《化学》偶価元素 《偶数の原子価を有する元素; cf. perissad》. **2** 《動物》偶蹄(ぐうてい)目の動物. 〖(1870) ← Gk *ártios* even＋-AD¹〗

ar·tic /áətɪk | ɑ́:t-/ *n.* 《英口語》《自動車》=articulated lorry. 〖(1970) 略〗

ar·ti·choke /áətətʃòuk | ɑ́:tɪ̀tʃəuk/ *n.* 《植物》**1 a** アーティチョーク, チョウセンアザミ (*Cynara scolymus*) 《花托(かたく)を食用にする; globe artichoke ともいう》. **b** アーティチョークの花托. **2** =Jerusalem artichoke. 〖(1530) □ It. 《北部方言》*articiocco* 《変形》← *arcicioffo* □ OSp. *alcarchofa* □ Sp.-Arab. *al-kharšōf* the artichoke〗

artichoke

ártichoke gàll *n.* 《植物病理》アーティチョークの虫こぶ 《アーティチョークのつぼみの中に生じる硬い卵形の虫こぶ; タマバチ (gall wasp) の寄生によって起こる》.

ar·ti·cle /áətɪkl | ɑ́:tɪ-/ *n.* **1** (新聞・雑誌などの)記事, 論説: an editorial ～ 論説, 社説 / a news ～ ニュース記事 / an ～ *about* [*on*] pollution / in a newspaper ～ 新聞の記事(の中)に. **2** 〔同種のものの〕一個, 一品 (item) 〔*of*〕: an ～ *of* clothing 衣料品一つ / an ～ *of* furniture 家具一品 / Shellfish is an ～ *of* food. 貝は食品の一つだ. **3** 物品, 品物, 商品, 品: ～*s* of trade 商品 / toilet ～*s* 化粧品 / the genuine ～ 本物. **4 a** (契約・法令などの)箇条, 条項; [*pl.*] 契約, 規約: ～*s* and clauses 条項 / by ～ 逐条的に / *Article* 1 第 1 条 《Art. 1 と略記する》 / *under* ～ 5 第 5 条に(より) / the ～*s* of partnership 組合規約 / ⇨ Thirty-nine Articles. **b** [*pl.*] 年季契約 (articles of apprenticeship): in ～*s* 年季契約で働いて. **5** 《文法》冠詞 《英語では a, an, the》: the definite [indefinite] ～ 定[不定]冠詞. **6** 《口語》[しばしば軽蔑的に] 人, やつ, しろもの: a useless ～ やくざなやつ. **7** 《古》〔ある事に関する〕問題, 事柄 (matter) 〔*of*〕: in the ～ *of* ...の事[件]で, ...に関して(は). **8** 《古》瞬間, 瀬戸際. ★ 通例次の句で: in the ～ of death 死の間際に, 臨終に. **9** 《英口語》室内便器.

in the árticle of ...に関して. ***of gréat árticle*** 《廃》極めて重要な. 《1602》

árticle of fáith (1) 深い信念, 信条. (2) 《キリスト教》

A

信仰箇条, 信条.
articles of agréement《口語》〖法律〗(箇条書きにした)契約書; 契約 (contract). 《1837》
árticles of associátion [the ―]〖法律〗(1)《英》(会社の)通常定款《基本定款 (memorandum of association) に記載されない会社の組織, 手続きなどの事項を定める》. (2)《米》(法人でない社団 (unincorporated association) の)定款.
Árticles of Confederátion [the ―]〖米史〗連邦規約《英国のアメリカ植民地 13 州が独立したときの最初の憲法; 1781 年 3 月 1 日発効し, 現行の憲法が制定された 1788 年まで存続した》.
árticles of relígion [the ―]〖キリスト教〗宗教箇条《英国国教会の Thirty-nine Articles のような各宗派の基本的信仰規約》.
Árticles of Wár [the ―] (1)〖米軍〗(陸・海・空軍)軍法会議法《1951 年 the Uniform Code of Military Justice となった》. (2)〖英軍〗(19 世紀以前の)陸海軍懲罰・訴訟法. 《1716》
― *vt.* **1 a** 契約で縛る. **b** 年季契約によって雇う: ～ an apprentice 年季契約で徒弟を雇う / be ～*d to* a printer (年季契約で)印刷屋の徒弟になる. **2**《古》**a** 箇条書きにする, 列挙する. **b**〖法律〗〔人に対して〕〈罪状を〉列挙する〔*against*〕; (罪状を列挙して)〈人を〉告発する (indict). ― *vi.* **1**《古》〖法律〗(罪状を列挙して)〔人を〕告発する〔*against*〕. **2**《廃》規定[契約]する.
〖(?*a*1200) □ (O)F ～ □ L *articulus* (dim.) ← *artus* joint, limb ← IE **ar(ə)-* to join: ⇨ -cle: cf. art[1], arm[1]〗
ár·ti·cled *adj.* 年季契約の: an ～ apprentice / an ～ clerk〖英法〗(ソリシター (solicitor) になるための)実務修習生. 〖*c*1434〗
árticle nùmbering *n.*《英》〖商業〗商品番号化 (cf. ANA).
ar·tic·u·la·ble /ɑətíkjʊləbl | ɑː-/ *adj.* 考えをはっきり[遠慮なく]述べることができる. 〖1833〗
ar·tic·u·la·cy /ɑətíkjʊləsi | ɑː-/ *n.* 考えをはっきり[遠慮なく]述べることができること. 〖1934〗
ar·tic·u·lar /ɑətíkjʊlə | ɑːtíkjʊlə^r/ *adj.*〖医学〗関節の; 関節の: an ～ disease. 〖(1432) □ L *articulāris* ← *articulus* 'ARTICLE': ⇨ -ar[1]〗
ar·tic·u·late /ɑətíkjʊlɪ̀t | ɑː-/ *adj.* **1 a** 思うことをはっきり述べることができる, 遠慮なく[どしどし]発言する: an ～ speaker, writer, etc. **b**〈考え・論旨など〉明確な, (理路)整然とした. **c** 物が言える, 話すことのできる. **2**〈発音・言葉など〉はっきりした, 明瞭な (distinct, clear). **3**〖言語〗音節からできた, 分節的な, 有節音の: ～ speech 意味のある語句に分かれた言語, 人間の言語. **4**〈物の形・地域・時代など〉明確な[に区切られた] (distinct). **5**〈組織など〉(各部分の調和によって)一本化した, 渾然(こん)とした. **6**〖生物〗関節のある (jointed).
― /ɑətíkjʊlèɪt | ɑː-/ *v.* ― *vt.* **1**〈考えなどを〉はっきり[明確に]表現する; 〈形などを〉明確に表す[示す]. **2**〈音(節)・語などを〉はっきり[明瞭に]発音する. **3**〖音声〗調音する《音声器官 (organs of speech) が言語音 (speech sound) をつくる》; 発音する. **4**〈部分的なものを〉〔他と〕統合する, 一本化する (integrate)〔*with*〕. **5 a**〖解剖〗関節で接合する (joint): The bones are ～*d to* the spine. それらの骨は脊柱に関節で接合している. **b**〈車両などを〉関節式に連結する (cf. articulated 5). **6**〖歯科〗〈義歯の人工歯を〉排列する.
― *vi.* **1** はっきり[明瞭に]発音する. **2**〖音声〗(言語音の)調音をする. **3**〖解剖〗〈骨が〉関節で接合する〔*with*〕. **4**《廃》折り合う (come to terms)〔*with*〕.
― /-lɪ̀t/ *n.*〖貝類〗有関節亜綱の動物《ホウズキチョウチン (lamp shell) など》.
～·ness *n.* 〖(adj.: 1569; v.: 1553–87) □ L *articulātus* (p.p.) ← *articulāre* to separate into natural divisions ← *articulus* 'joint, ARTICLE': ⇨ -ate[2,3]〗
ar·tic·u·lat·ed /ɑətíkjʊlèɪtɪ̀d | ɑːtíkjʊlèɪtɪ̀d/ *adj.* **1 a** はっきり発音された. **b**〈語音が〉調音された. **2**〈考えなど〉明確に表現された. **3 a** 関節で接合された (jointed). **b**〖動物〗関節のある. **4** (統合などによる)相互関係のある. **5**《英》〖鉄道・自動車〗〈車両など〉連結式の, 関節式の: an ～ bus, car, vehicle. 〖1553〗
artículated locomótive *n.*〖鉄道〗関節式機関車《2–3 の連結した部分からなり, 2–3 組の独立した(駆)動輪をもつ蒸気機関車》.
artículated lórry *n.*《英》〖自動車〗＝trailer truck.
artículated tráin *n.*〖鉄道〗関節列車《列車編成の単位として幾つかの車両を(半)永久的に連結したもの》. 〖1923〗
artículated trúck *n.*〖自動車〗＝trailer truck. 〖1958〗
ar·tic·u·late·ly /ɑətíkjʊlɪ̀tli | ɑː-/ *adv.* **1** (言葉を)はっきりと, 明瞭に (clearly). **2** 明確に, 整然と (distinctly).
ar·tic·u·la·tion /ɑətìkjʊléɪʃən | ɑː-/ *n.* **1** 明瞭な発音; 発音(ぶり) (enunciation). **2**〖音声〗**a** 調音. **b** 言語音, 語音 (speech sound); (特に)子音 (consonant). **3** (考えなどの)明確な表現; (形などの)明確な表示. **4 a**〖通信〗明瞭度《言語を正しく聴取しうる度合》. **b**〖音楽〗アーティキュレーション《各音を明瞭に打ち出すこと; 旋律を幾つかの部分に分割して, 旋律の特徴を強調すること》. **5 a** 統合, 一体化. **b** (密接な)相互関係. **c**〖教育〗調整《初等と中等など異なる教育段階相互の接続をはかること; 学校・教会および家庭での教育を関連づけること》. **6**〖言語〗**a** 分節《発話の各部分を有意味な言語音に分けること》. **b** 有節構造《発話の各部分が連結詞 (connective) で結ばれている構造》. **7**〖建築〗分節, 節づけ《造型モチーフの単位を明確にしてアクセントをつけること》. **8 a**〖解剖・生物〗関節接合 (jointing); 関節 (joint). **b**〖植物〗節(ふし) (node); 節間. **9**〖歯科〗**a** 人工歯配列《機能上, 外観上具合よく人工歯を配置すること》. **b** 咬合《下顎の歯が上顎の歯に接触しながら滑走すること》. **c** ＝occlusion 3. 〖(?*a*1425) □ (O)F ～ // L *articulātiō(n-)*: ⇨ articulate, -ation〗
ar·tic·u·la·tive /ɑətíkjʊlətɪv, -lèɪt- | ɑːtíkjʊlət-, -lèɪt-/ *adj.*〖音声〗調音(上)の. 〖1849〗
ar·tíc·u·là·tor /-lèɪtə | -tə^r/ *n.* **1** 発音の明瞭な人; はっきり発音する人. **2**〖音声〗調音器官, 調音部《調音点 (point of articulation) の下にあって自由に動く音声器官; 下唇や舌など》. **3**〖歯科〗咬合器. 〖1777〗
ar·tic·u·la·to·ry /ɑətíkjʊlətɔ̀ːri | ɑːtíkjʊlətəri, -lèɪt-, ɑːtìkjʊléɪt-, -tri/ *adj.* **1**〖音声〗調音(上)の. **2** ＝articular. **ar·tic·u·la·to·ri·ly** /ɑətìkjʊlətɔ́ːrəli, ―――――― | ɑːtíkjʊlət(ə)rɪ̀li/ *adj.* 〖1818〗
articulatory lóop *n.*〖心理〗調音ループ《短いひと続きの言葉を頭の中で反復することで得られる短期記憶; テープをループ状にして再生することにたとえていう》.
articulatory phonétics *n.*〖音声〗調音音声学《音声をその調音 (articulation) の面から研究する音声学の部門; physiological phonetics ともいう; cf. acoustic phonetics, auditory phonetics》. 〖1955〗
Ar·tie /ɑ́əṭi | ɑ́ːti/ *n.* アーティ《男性名》. 〖(dim.) ← ARTHUR〗
ar·ti·fact /ɑ́əṭɪ̀fæ̀kt | ɑ́ːtɪ̀-/ *n.* **1 a** (天然物に対して)人工物, 加工品《道具や装飾品》; 工芸品, 芸術品; (文明の)所産. **b**〖考古〗(自然の遺物に対して)人工遺物, 文化遺物: an ～ of Stone Age man 石器時代人の文化遺物. **2**〖生物〗人為構造, 人為結果《試薬・死などによって組織内に生じた物質または構造で, 本来生物の体内になかったもの》. **ar·ti·fac·tu·al** /ɑ̀əṭɪ̀fǽktʃuəl, -tʃʊl | ɑ̀ːtɪ̀fǽktjuəl, -tjʊl, -tʃuəl, -tʃʊl/ *adj.* 〖(1821) ← L *arti-* (連結形) ← *ars* 'ART[1]')＋*factum* something made ((neut. p.p.) ← *facere* to make)〗
ar·ti·fice /ɑ́əṭəfɪ̀s | ɑ́ːtɪ̀fɪs/ *n.* **1 a** 術策, 策略, 手管 (⇨ trick SYN): by ～. **b** 狡猾(こう), 欺瞞(まん) (cunning). **2** 巧妙な思いつき, 工夫. **3**《廃》熟練, 手腕, 巧みさ (skill). 〖(?*a*1425) ME *artificie* □ AF & (O)F artifice □ L *artificium* skilled handicraft, skill ← *artifex* craftsman ← *arti-* (↑)＋*-fex* (← *facere* to make)〗
ar·tif·i·cer /ɑətífəsə, ɑ́əṭə- | ɑːtífɪ̀sə^r/ *n.* **1** 技術家, 細工人 (craftsman); 名工, 名匠. **2** 考案者, 発明者 (contriver): the Great *Artificer* 造物主 (R. L. Stevenson, *To My Wife*). **3**〖軍事〗技術兵, 陸[海]軍技工 (soldier mechanic). 〖(*a*1393) □ AF **artificier* OF *artificien*: ⇨ ↑, -er[1]〗
ar·ti·fi·cial /ɑ̀əṭəfíʃəl | ɑ̀ːtɪ̀-/ *adj.* **1** 人工(的)の, 人為的な (made by art) (↔ natural): ～ lightning 人工雷. **2** 人造の (synthetic); 模擬[模造]の (sham) (↔ real): an ～ eye 入れ目, 義眼 / ～ fertilizer [manure] 化学肥料 / ～ blood 人造血液 / ～ flowers 造花 / an ～ fly〖釣〗毛針 / an ～ leg 義足 / an ～ limb 義肢 / an ～ diamond. **3 a** 不自然な, 堅苦しい, 装った (unnatural, forced): an ～ laugh わざとらしい笑い(声) / an ～ smile 作り笑い / an ～ manner わざとらしい態度 / ～ tears 空涙. **b**〈人・文体など〉気取った, きざな (affected). **4**〖植物〗栽培された (cultivated). **5**〖生物〗人為的な. **6**《廃》巧みな (skilful), ずるい. **～·ness** *n.* 〖(*c*1384) □ (O)F *artificiel* // L *artificiālis*: ⇨ artifice, -al[1]〗

SYN 人工的な: **artificial** 特に天然のものをまねて人間によって作られた: *artificial* jewels 模造宝石 / The state is an *artificial* society. 国家は人為的な社会である. **man-made** 自然にできたものに対して, 人間が造り出した構造物など: *man-made* lakes 人工湖. **synthetic** 化学的な処理によって合成され, 天然物質の代用となる: Nylon is a *synthetic* fabric. ナイロンは合成繊維である.
ANT natural.

artificial áid *n.* **1** [通例 *pl.*]〖馬術〗副扶助 (⇨ aid *n.* 4). **2**〖登山〗人工登攀(はん)の用具 (ハーケン (piton), アイゼン (crampon) など). 〖1934〗
artificial classificátion *n.*〖生物〗＝artificial system.
ártificial clímbing *n.* 人工登攀(はん) (aid climbing). 〖1956〗
artificial fertilizátion *n.*〖生物〗人工授精.
ártificial géne *n.*〖生化学〗(化学的に合成した)人工遺伝子. 〖1973〗
ártificial grávity *n.*〖航空〗人工重力《宇宙船の船室を回転させて遠心力によって人工的につくる》.
ártificial héart *n.*〖医学〗＝mechanical heart.
artificial horízon *n.* **1** 人工水平, 模擬地平《測量または天体観測の際, 人工的に定める水平線》. **2** 人工水平儀《航空機・艦船・列車などのような動揺体上で人工的に水平面を得る装置; gyro horizon ともいう》. 〖1801〗
artificial inseminátion *n.* 人工授精 (略 AI): ～ by husband 配偶者間人工授精 (略 AIH) / ～ by donor 非配偶者間人工授精(略 AID). 〖1897〗
artificial intélligence *n.*〖電算〗人工知能《推論・学習または言語理解など人間がもっている機能を機械が実行する能力; 略 AI》. 〖1956〗
ar·ti·fi·ci·al·i·ty /ɑ̀əṭəfɪ̀ʃiǽləṭi | ɑ̀ːtɪ̀fɪ̀ʃiǽlɪ̀ti/ *n.* **1** 人工[人為]的なこと, 人工, 人為; 不自然さ, わざとらしさ; 気取り. **2** 人工的[不自然]なもの; 人工物. 〖*a*1763〗
ar·ti·fi·cial·ize /ɑ̀əṭəfíʃəlàɪz | ɑ̀ːtɪ̀-/ *vt.* 人工的にする, 人工化する; 不自然なものにする. 〖1684〗
artificial kídney *n.*〖医学〗人工腎臓 (kidney machine). 〖1913〗
artificial lánguage *n.* **1** 人造語, 人工言語《特に Esperanto のような国際語; cf. natural language》. **2**〖電算〗＝machine language. 〖1864〗
ártificial lárynx *n.*〖医学〗人工喉頭(こう).
ártificial lífe *n.* (ペースメーカーや ICU などの手段で維持された)人工的生命; (ロボットなどによる)疑似生命活動.
ártificial lúng *n.*〖医学〗人工肺. 〖1870〗
àr·ti·fí·cial·ly /-ʃəli | -ʃli/ *adv.* **1** 人工的に, 人為的に. **2** 不自然に, わざとらしく. 〖?*a*1425〗
ártificial móther *n.* ＝mother[1] 6.
artificial mutátion *n.*〖生物〗人為突然変異.
artificial parthenogénesis *n.*〖生物〗人為単為生殖.
ártificial pérson *n.*〖法律〗＝juristic person.
ártificial plánet *n.* 太陽を回る軌道にある人工天体.
artificial radioactívity *n.*〖物理〗人工放射能《中性子・陽子などを種々の元素に照射することによって人工的に発生させた放射能; induced radioactivity ともいう》.
ártificial ráin *n.* 人工降雨.
artificial respirátion *n.* 人工呼吸: apply ～ 人工呼吸を施す. 〖1852〗
ártificial sátellite *n.* 人工衛星.
artificial seléction *n.*〖生物〗人為選択, 人為淘汰 (cf. natural selection).
ártificial sílk *n.* 人造絹糸, 人絹, レーヨン (rayon).
ártificial súnlight *n.* 人工太陽光線. 〖1927〗
ártificial sýstem *n.*〖生物〗人為分類《生物をその進化の系統を無視して花弁の数・食物の種類などに基づいて便宜的に分類した体系; artificial classification ともいう; cf. natural system》.
ártificial wáves *n. pl.* 人工の波《実験用にまたは水泳プールなどで人工的に起こす波》.
ar·til·ler·ist /ɑətílərɪ̀st | ɑːtílərɪst/ *n.* **1** ＝artilleryman. **2** 砲術家. 〖1778〗
ar·til·ler·y /ɑətíl(ə)ri | ɑː-/ *n.* **1** [集合的] 砲, 大砲, ミサイル発射機 (guns, cannon) (cf. small arm): ～ fire 砲火. **2** [the ～] 砲兵科, 砲兵隊 (cf. cavalry 1 a, infantry 1 b): ～ fighting 砲兵戦 / the Royal *Artillery* 英国砲兵隊(略 RA) / ⇨ field artillery, heavy artillery. **3** 砲術 (gunnery). **4** (議論や説得のための)有力な論法[武器]. **5** [通例集合的]《俗》(拳銃・小銃などの)武器, 凶器. **6** [集合的]《古》飛び道具(発射機)《弓・投石器 (sling)・弩(ど) (catapult) など》. 〖(*c*1390) *artelrie* □ (O)F *artillerie* ordnance ← *artillier* to equip with engines of war ← ML *articula* engine of war (dim.) ← L *art* 'ART[1]'〗
artíllery·man /-mən | -mən, -mæ̀n/ *n.* (*pl.* **-men** /-mən, -mèn/) (個々の)砲兵, 砲手 (gunner). 〖1635〗
artíllery plànt *n.*〖植物〗コメバコケミズ (*Pilea microphylla*)《南米原産イラクサ科ミズ属の背の低い多年草; 花壇の縁に植える》.
ar·ti·o·dac·tyl /ɑ̀əṭioʊdǽktɪ̀l | ɑ̀ːtiə(ʊ)dǽktɪl/〖動物〗*adj.* 偶蹄(てい)目の. ― *n.* 偶蹄目の動物《ウシ・ヒツジ・ヤギ・カモシカ・シカ・キリン・ラクダ・カバ・ブタ・イノシシなど》. 〖(1849) ↓〗
Ar·ti·o·dac·ty·la /ɑ̀əṭioʊdǽktələ | ɑ̀ːtiə(ʊ)-/*n. pl.*〖動物〗偶蹄(てい)目《有蹄類の中で偶数個のひづめを有する獣類; cf. Perissodactyla》. **àr·ti·o·dác·ty·lous** /-ləs/ *adj.* 〖← NL ～ (neut.pl.) ← *artiodactylus* having an even number of toes ← Gk *ártios* even＋*-dactylus* '-DACTYLOUS': ⇨ -a[2]〗
ar·ti·san /ɑ́əṭəzən, -zn̩, -sən, -sn̩ | ɑ̀ːtɪ̀zǽn, ――́/ *n.* **1** 職人, 職工, 技工 (handicraftsman). **2**《廃》＝artist. **～·al** *adj.* **～·ship** *n.* 〖(1538) □ ? It. *artesano* (cf. Sp. *artesano* / F *artisan*) ← *arte* 'ART[1]'＋*-esano* (□ L *-ensiānus*: ⇨ -AN[1]): cf. It. *atigiano* craftsman, workman (< VL **artītiānu(m)* ← L *artītus* skilled in the arts (p.p.) ← *artire* to instruct in the arts ← *art-, ars* 'ART[1]')〗
art·ist /ɑ́əṭɪ̀st | ɑ́ːtɪst/ *n.* **1 a** 美術家; (特に)画家, 彫刻家: one's ～ friend(s) / a commercial ～ 商業美術家. **b** 芸術家. **2 a** (物事の処理などの)上手な人, 手際のよい人. **b** 〔その道の〕達人, 名人〔*at, in*〕: an ～ *at* making coffee コーヒーの通人 / an ～ *in* disguise 変装の名人. **3**《俗用》＝artiste 1. **4 a** いかさま師: an ～ *with* cards, dice. **b** [修飾語を伴って]《俗》(好ましくない事に熱心な)人, やつ: a booze ～ 飲み助. **5**《古》＝artisan 1. **6 a**《古》医者. **b**《廃》(哲学・医学・天文学・錬金術などの)学者. 〖(1581) □ F *artiste* □ It. & ML *artista* ← L *artem, ars* 'ART[1]': ⇨ -ist〗
ar·tiste /ɑətíːst | ɑː-; *F.* aʁtist/ *n.* (*pl.* **～s** /～s/; *F.* ～/) **1** 芸能人, 芸人. **2** (料理・仕立て・理髪などで)名人(芸の人). **3**《軽蔑》芸術家. 〖(1823) □ F ～ (↑)〗
ar·tis·tic /ɑətístɪk | ɑː-/ *adj.* **1** 美術の; 芸術の. **2 a** 美術的な; 芸術的な: ～ beauty, effects, etc. **b** 風雅な, 趣のある (tasteful). **3** 美術[芸術]を好む[を解する, の才のある]. **4** (物事の処理など)手際のよい, 巧妙な. **5** 芸術[美術]家(的)の: an ～ temperament 芸術家的気質. **ar·tís·ti·cal** *adj.* 〖1753〗
ar·tís·ti·cal·ly *adv.* **1** 芸術[美術]的に; 風雅に; 手際よく. **2** 芸術的に見て[見れば]. 〖1836〗
artístic diréctor *n.* 芸術監督《劇場・バレエ団・オペラ座で, 公演される作品の選択・解釈の全責任を負う》.
ártist lithógraphy *n.*〖美術〗＝autolithography.
ar·tist·ry /ɑ́əṭɪ̀stri | ɑ́ːtɪs-/ *n.* **1 a** 芸術的手腕[技巧]; 芸術性, 芸術的効果. **b** 芸術的才能. **2** 芸道. 〖1868〗
ártist's fúngus *n.*〖植物〗マンネンタケ属の一種 (*Ga-*

noderma applanatum)《ユーラシア・北米産マンネンタケ科の画家のパレットのような形をした表面が赤褐色のキノコ》.

ártist's próof *n.*〘版画〙試し刷り, 初刷り《普通刷りよりも鮮明なので珍重される》.

árt·less *adj.* **1** たくまない, 無技巧の, 自然な (⇨ naive SYN); 飾りのない, 簡素な (simple); 無邪気な, あどけない, 人ずれのしていない (innocent, naive): ～ art 無技巧の[たくまない]技巧 / an ～ smile. **2** 非芸術的な (inartistic), 不細工な, 拙劣な (clumsy). **3** 技術を欠いた; 無教養な, 無知な (ignorant). **～·ly** *adv.* **～·ness** *n.* 〖1589〗

árt lìning *n.*〘印刷〙仮想並び線そろえ (cf. standard lining).

art·mo·bile /ɑ́ətmoubì:l, -mə- | ɑ́:tmə(ʊ)-/ *n.*《米》(トレーラーで地方を巡回する)移動美術館. 〖← ART¹＋(AUTO)MOBILE〗

art mo·derne /ɑ̀əmoudɛ́ən | ɑ̀:mɔudɛ́ən; *F.* aʀmɔdɛʀn/ *F. n.* 近代美術(品) (cf. art deco). 〖(1934) □ F ～ 'modern art'〗

árt musèum *n.* 美術館 (art gallery). 〖1856〗

árt mùsic *n.*〘音楽〙芸術音楽《folk music や popular music と区別して》.

Art Nou·veau, a- n- /ɑ̀ə(t)nu:vóu | ɑ̀:(t)nu:vóu; *F.* aʀnuvo/ *F. n.*〘美術〙アールヌーボー《19 世紀の末から 20 世紀初頭にかけて欧米で広まった装飾美術や建築の様式; 植物のモチーフなどの曲線的デザインが特徴; cf. Jugendstil》. 〖(1899) □ F ～ 'new art'〗

ar·to- /ɑ́ətou | ɑ́:tou/「パン(bread)」の意の連結形. 〖□ L ～ ← Gk *ártos* loaf, wheat-bread〗

árt òbject *n.* ＝objet d'art. 〖(なぞり) ← F *objet d'art*〗

Ar·tois /ɑ̀ətwɑ́: | ɑ:-; *F.* aʀtwa/ *n.* アルトワ(州)《フランス北部の旧州; cf. artesian well》.

ar·to·type /ɑ́ətətàɪp | ɑ́:tə-/ *n.*〘印刷〙アートタイプ (⇨ collotype 1). 〖(1879) ← ART¹＋-O-＋-TYPE〗

árt pàper *n.*《英》〘製紙〙アート紙 (coated paper)《白土などを塗ってから強光沢をつけた紙》. 〖1905〗

ARTS《略》〘航空〙Automatic Radar Terminal System ターミナル管制情報処理システム《ASR で得られる情報を計算機で処理し, 航空機の自動識別・追尾を行い, 管制卓の CRT 上に機名・便名・高度・速度などの情報を表示する》.

Árts and Cráfts Mòvement *n.* [the ～]〘美術〙美術工芸運動《19 世紀後半における英国の美術工芸運動; 職人芸と日用品美化を強調; W. Morris らが主唱》. 〖1939〗

árts cìnema *n.*《英》＝art theater.

árts còllege *n.*《米》リベラルアーツカレッジ《liberal arts の教育を主目的とする大学[学部]》.

art·sie /ɑ́ətsi | ɑ́:-/ *n.*《米俗》美大生; 芸術(愛好)家.

árts·man *n.*《古》**1** 学者. **2** 職工. **3** 芸術家. 〖(1551): cf. craftsman〗

árt sòng *n.*〘音楽〙芸術歌曲《folk song や popular song に対し, ドイツ リートなどの芸術的創作歌曲を指す》. 〖1890〗

árt squàre *n.* アートスクエア《小型で方形の地染めのじゅうたん》. 〖1902〗

art·sy /ɑ́ətsi | ɑ́:-/ *adj.*《口語》＝arty. 〖1902〗

ártsy-and-cráfty *adj.* ＝arty-crafty.

ártsy-cráft·sy /-krǽftsi | -krɑ́:f-⁻/ *adj.*《米口語》＝arty-crafty. 〖1902〗

ártsy-fárt·sy /-fɑ́ətsi | -fɑ́:-⁻/ *adj.*《口語》えらく芸術品めかした, 芸術家気取りが鼻につく. 〖1971〗

árt thèater *n.*〘演劇〙芸術劇場, アートシアター《主に芸術的な映画・実験的な劇を上映・上演する劇場》. 〖1923〗

árt thèrapy *n.*〘心理〙アートセラピー《心理療法の一つで, 絵や彫塑などで自由に自分を表現させることを通して患者の精神的回復を助ける》.

árt tìtle *n.*〘映画〙意匠字幕, 装飾字幕.

art trou·vé /ɑ̀ə(t)tru:véɪ | ɑ̀:(t)-; *F.* aʀtʀuve/ *n.*〘美術〙(偶然に)見つけた芸術《特定の意図をもたず, たまたま目に触れた物をとりあげ, そこに作家の理念を託する》. 〖(1970) □ F *art trouvé* found art〗

árt ùnion *n.* **1**《米》(19 世紀米国でくじ引き (lottery) によって絵画を配布した)美術協会. **2**《豪》(政府公認の大規模な)くじ引き, 富くじ《もとは非公営で賞品が美術品, 今は現金》. 〖1837〗

Ar·tu·ro /ɑətúərou | ɑ:túərəu; *It.* artú:ro, *Am.Sp.* artúro/ *n.* アルトゥーロ《男性名》. 〖□ It. ～ 'ARTHUR'〗

árt·wòrk *n.* **1 a** [集合的にも用いて] 美術(工芸)品. **b** 美術(工芸)の仕事, (手)工芸. **2**〘印刷〙＝art¹ 8. 〖1877〗

art·y /ɑ́əti | ɑ́:ti/ *adj.* (**art·i·er; -i·est**)《口語》〈装飾品など〉芸術品まがいの, いやに凝った; 〈人が〉芸術家気取りの, ディレッタント (dilettante) の, きざな: ～ clothes, furniture, etc. / artists and ～ people 芸術家とえせ芸術家たち. **árt·i·ly** /-təli, -tli | -təli, -tli/ *adv.* **árt·i·ness** *n.* 〖1942〗

arty《略》artillery.

árty-and-cráfty *adj.* ＝arty-crafty. 〖1902〗

árty-cráfty *adj.*《口語》**1**〈家具など〉いやに凝った; 実用向きでない; 〈人が〉(いやに凝った)手作りの[民芸調の]物を使う[作る]. **2**〈人が〉芸術家気取りの (arty). 〖(1920) ← *Arts and Crafts* (*Movement*): ⇨ -y⁴〗

árty-fár·ty /-fɑ́əti | -fɑ́:ti⁻/ *adj.*《英口語》＝artsy-fartsy. 〖1967〗

Ar·tzy·ba·shev /ɑ̀ətsɪbɑ́:ʃəf, -ʃef | ɑ̀:tsɪbɑ́:-; *Russ.* artsibáʃif/, **Mikhail Petrovich** *n.* アルツィバーシェフ《1878–1927; ロシアの小説家; *Sanin* (1907)》.

A·ru·ba /ərú:bə/ *n.* アルーバ(島)《ベネズエラの北西岸沖, オランダ領西インド諸島中の Lesser Antilles 諸島北部の群島の一島; 面積 193 km²》. **A·ru·ban** /ərú:bən, -bn/ *adj., n.*

a·ru·gu·la /ərú:gələ, -gju-/ *n.* (*also* **a·ru·go·la** /-gələ/)〘植物〙＝garden rocket 1. 〖(1967) □ It (方言)〗

Á·ru Íslands /ɑ́:ru:-/ *n. pl.* [the ～] アルー諸島《New Guinea の南西岸沖, インドネシア領の群島; 面積 8,563 km²》.

ar·um /ɛ́ərəm | ɛ́ər-/ *n.*〘植物〙アラム《サトイモ科アラム属 (*Arum*) の植物の総称; cuckoopint など; cf. aroid》. 〖(1551) ← NL ～ ← L ～ □ Gk *áron* wake robin〗

árum lìly *n.*〘植物〙＝calla. 〖1856〗

A·ru·na·chal Pra·desh /ɑ̀:rənɑ́:kəlprədéʃ, -kɪ-/ *n.* アルナチャルプラデシュ《インド北東部の州; もと連邦直轄地 (1972–86); 面積 83,743 km², 州都 Itanagar; 旧名 North East Frontier Agency》.

Ar·un·del /ǽrəndl/ *n.* アランデル《イングランド南部の West Sussex 州の Arun 川に臨む市場町; 有名な古城 (Arundel Castle) がある》. 〖lateOE *Harundel* ← ? OE *Hārhūndell* ← *hārhūne* hoarhound＋DELL〗

ar·un·di·na·ceous /ərʌ̀ndənéɪʃəs | ərʌ̀ndɪ-⁻/ *adj.*〘植物〙アシ(葦) (reed) の; アシ[(サトウ)モロコシ (cane)]のような. 〖(1657) □ L *(h)arūndināceus* ← *(h)arūndō* reed: ⇨ -aceous〗

A·run·ta /ərʌ́ntə | -tə/ *n., adj.* ＝Aranda.

A·ru·sha /ərú:ʃə/ *n.* アルシャ《アフリカ東部, タンザニア北東部, アルシャ州の州都》.

a·rus·pex /ərʌ́speks, ǽrəspèks/ *n.* (*pl.* **a·rus·pi·ces** /ərʌ́spəsi:z | -pɪ-/) ＝haruspex.

A·ru·wi·mi /ɑ̀:ruwí:mi/ *n.* [the ～] アルウィーミ(川)《アフリカ中部コンゴ民主共和国の北東部を南西に流れて Congo 川に注ぐ(約 1,288 km)》.

ARV《略》〘聖書〙American (Standard) Revised Version.

Ar·vad·a /ɑəvǽdə | ɑ:vǽdə/ *n.* アーバダ《米国 Colorado 州中部, Denver の北西にある都市》.

Ár·val Bróthers /ɑ́əvəl-, -vl- | ɑ́:-/ *n. pl.* [the ～] (古代ローマの)アルウァーレース神官団《Dea Dia などを祭る 12 名の神官団》. 〖(なぞり) ← L *Frātrēs Arvālēs* (← *arval* □ L *arvālis* of cultivated field ← *arvum* cultivated land): cf. *Arval Brethren* (1854)〗

ar·vo /ɑ́əvou | ɑ́:vəu/ *n.* (*pl.* ～**s**)《豪俗》午後 (cf. afto). 〖(1933)《短縮》← AFTERNOON〗

ARWS《略》Associate of the Royal Society of Painters in Water Colours (英国)王立水彩画会会員.

-ar·y /ˌ⁻(ə)èri, ˌ⁻əri | ⁻(ə)ri/ *suf.* **1**「…の, …に関する」の意の形容詞を造る: arbitr*ary*, milit*ary*, prim*ary*. **2**「…に関係する人, …に関するもの, …の場所」などの意の名詞を造る: advers*ary*, diction*ary*. 〖ME □ OF *-arie* (F *-aire*) // L *-ārius* (masc. adj. suf.), *-ārium* (neut.), *-āria* (fem.) pertaining to, connected with〗

Ar·ya·bha·ta /ɑ̀:riəbɑ́:tə, ɛ̀r- | æ̀riəbɑ́:tə/ *n.* アールヤバタ《476–?550; インドのグプタ時代の天文学者・数学者》.

Ar·y·an /ɛ́əriən, ɑ́ər- | ɛ́ər-, ɑ́:r-/ *adj.* **1** アーリア語族[民族]の, 印欧語族[民族]の (Indo-European). **2** インドイラン語の (Indo-Iranian). **3** (ナチスドイツで)アーリア人(種)の, 非ユダヤ系白人の《特にノルディック系のコーカソイド人を指す》. — *n.* **1** アーリア[印欧]語族[祖語]; アーリア民族 (cf. Hamite 2). **2** インドイラン語. **3** (ナチスドイツで)非ユダヤ系白人. 〖(1601) □ L *Ariānus* of Ariane ← *Aria*, *Ariānē* Ariane □ Gk *Areiā*, *Ariā* □ Skt *ārya-* (Vedic *ária-*) noble, Aryan, member of the upper castes (cf. F *Aryen* / G *Arier*) ← IE *aryo- lord, ruler: cf. IRAN: ⇨ -AN¹.〗

Ar·y·an·ize /ɛ́əriənàɪz, ɑ́:r- | ɛ́ər-, ɑ́:r-/ *vt.* **1** アーリア化する. **2** (ナチスドイツで)…からユダヤ人を追放する, ユダヤ人の勢力を排除する. **Ar·y·a·ni·za·tion** /ɛ̀əriənɪzéɪʃən, ɑ̀:r- | ɛ̀əriənaɪ-, ɑ̀:r-, -nɪ-/ *n.* 〖1858〗

aryballi *n.* aryballus の複数形.

ar·y·bal·los /æ̀rəbǽləs, ɛ̀r- | æ̀rɪ-/ *n.* (*pl.* ～**es**, **àr·y·bál·loi** /-lɔɪ/) (古代ギリシャの)香油瓶(びん), 軟膏瓶《首が短く片耳付きの球形の瓶; cf. alabastrum, askos, lecythus》. 〖(1848) □ Gk *arúballos* bag, purse ← ? *arúein* to draw＋*bállein* to throw〗

ar·y·bal·lus /æ̀rəbǽləs, ɛ̀r- | æ̀rɪ-/ *n.* (*pl.* ～**es**, **àr·y·bál·li** /-laɪ/) ＝aryballos. 〖□ L ～ (↑)〗

ar·y·ep·i·glot·tic /æ̀rièpəglɑ́(:)tɪk, ɛ̀r- | æ̀riepɪglɔ́t-⁻/ *adj.*〘解剖〙披裂(ひれつ)軟骨と喉頭蓋の. 〖← Gk *arúein* to draw＋EPIGLOTTIC〗

ar·y·ep·i·glot·tid·e·an /æ̀rièpəglɑ(:)tídiən, ɛ̀r- | æ̀riepɪglɔtɪd-⁻/ *adj.*〘解剖〙＝aryepiglottic.

ar·yl /ǽrəl, ɛ́r- | ǽr-/ *n.*〘化学〙アリール基《芳香族炭化水素の環についた水素 1 原子を除いた残基》. 〖(1906) ← AR(OMATIC)＋-YL〗

ar·yl·a·mine /æ̀rələmí:n, ɛ̀r- | æ̀r-/ *n.*〘化学〙アリールアミン.

ar·yl·ate /ǽrəlèɪt, ɛ́r- | ǽr-/ *vt.*〘化学〙アリール化する. 〖← ARYL＋-ATE³〗

áryl gròup *n.*〘化学〙アリール基《芳香族炭化水素の基の一般名》.

ar·y·te·noid /æ̀rətí:nɔɪd, ɛ̀r- | æ̀rɪ-/ *adj., n.*〘解剖〙＝arytenoid.

ar·y·te·no·ep·i·glot·tic /æ̀rətí:nouèpəglɑ́(:)tɪk, ɛ̀r- | æ̀rɪtí:nəuèpɪglɔ́t-⁻/ *adj.*〘解剖〙＝aryepiglottic. 〖⇨ ↓, epiglottic〗

ar·y·te·noid /ərǽtənɔɪd, ɛ̀r- | æ̀rɪ-/〘解剖〙*adj.*〈筋・軟骨など〉披裂(ひれつ)の. — *n.* 披裂筋[軟骨]. **ar·y·te·noi·dal** /æ̀rətí:nɔ́ɪdl, ɛ̀r- | æ̀rɪtí:nɔ́ɪdl⁻/ *adj.* 〖(1727) ← NL *arytaenoides* ← Gk *arutainoeidḗs* ← *arútaina* funnel: ⇨ -oid〗

a·rythm·i·a /ərɪ́ðmiə, eɪ-/ *n.*〘病理〙＝arrhythmia.

as¹ /əz; æz, ǽz/ *conj.* **1** [時] **a** …しているとき, …すると; …しながら: He came up *as* I was leaving. ちょうど出かけようとしているところへ彼がやって来た / We were smoking *as* we talked. 話をしながらたばこを吸っていた.

語法 (1) when, while よりも緊密な同時性を示す. (2) 次の省略的表現法は本来同格語の前に as を添加したもの: As a boy (＝When a boy), he was fond of sport. 子供の時分にはスポーツが好きだった.

b …につれて (according as): He became wiser *as* he grew older. 彼は年をとるにつれて賢くなった.

2 a [同程度の比較; 先行の as (⇨ *adv.*) と相関的に as … as … として] …(と同じ)ほど, …くらい, …だけ: I am *as* tall *as* he (is). 私の身長は彼と同じくらいだ《★ 今ではしばしば目的格を用いて I am as tall as *him.* となる》/ She is *as* wise *as* (she is) fair. 美しくもあるがまた賢い, 才色兼備だ / You like her *as* much *as* I (＝I like her). 君も僕と同じくらい彼女が好きだ / You like her *as* much *as* me (＝you like me). あなたは私が好きなのと同じくらい彼女が好きですね / I get up *as* early *as* I should. 起きるべき時間に遅れずに起きている / Run *as* fast *as* you can [*as* fast *as* possible]. できるだけ速く走れ / John is *as* diligent *as* any other boy in the class. ジョンはクラスのどの男の子にも劣らず勤勉です / He is *as* busy *as* ever [always]. 相変わらず忙しい / He can run *as* fast *as* 20 miles an hour. 彼は 1 時間に 20 マイルも(速く)走れる / *as* early [late] *as* 1930 早くも 1930 年に [1930 年に至ってようやく], 1930 年にはすでに[まだ].
★ 否定では相関的副詞として so が用いられることもある (⇨ *conj.* 3 a) が, 今日では as が肯定の場合と同様に用いられることが多い: He wasn't *as* quick *as* you. あなたのように速くはなかった. **b** [直喩 (simile) を構成して] …のように(最も, 実に). ★ 通例先行の as を省く; しばしば頭韻を踏み, また時にはごろ合わせ的な形式を採ることがある: (*as*) sure *as* fate ＝very sure / quick *as* a flash / busy *as* a bee / blind *as* a bat / cool *as* a cucumber / happy *as* happy can be ＝very happy / still *as* still＝very still.

3 a [否定の比較; so [as] … as として] …ほど (cf. *conj.* 2 a ★): I am *not so* tall *as* he. 彼ほど背が高くない / She was *not so* [*as*] young *as* she looked. 見かけほど若くなかった. **b** [結果・目的; so … as *to do* として]: I *so* arranged matters *as to* suit [I arranged matters *so as to* suit] all of you. 君たち皆に都合のいいように計らった / He was *so* kind *as* (＝kind enough) *to* help me. 親切にも私を助けてくれた / He turned aside *so as to* avoid meeting me. 私に会うのを避けるようにわきにそれて行った.

4 [対比・比例; 時に強調的に As …, so … の構文をなす] …(である)ようにまた(…で): Parks are to the city (just) *as* (＝what) lungs are to the body. 公園と都市との関係は肺と身体との関係に似ている / Two is to three *as* four is to six.＝*As* two is to three, (*so*) four is to six. 2:3＝4:6 / *As* rust eats iron, *so* care eats the heart. さびが鉄を腐食するように労苦は心をむしばむ / *As* a man lives, *so* shall he die.《諺》生あるごとく死あり (cf. *Eccles.* 11:3).

5 [様態] **a** …(する)ように (in the way that); …(する)通りに; …(という状態)によれば: I live *as* others do. 私は他人の(暮らす)ように暮らす[人と同じように生活する] / Do *as* you are told. 言われる通りにしなさい / (just) *as* you wish [like, prefer] (どうぞ)希望どおりに[お好きなように, ご勝手に] / Leave it *as* it is. そのままにしておきなさい / Take things *as* they are. 物事はすべてあるがままに受け入れなさい / *As* she predicted, the sky cleared up. 彼女が予測した通り空が晴れ渡った / *As* you know, he has thousands of English books. 君も知っているように彼は英書を何千冊も持っている / He collects paintings, *as* did several of his ancestors. 彼も祖先の何人もがしたように絵を収集している《★ as-clause の主語が長いときなど倒置が行われることがある; ⇨ 5 末尾 ★》/ I went in, booted *as* I was. 靴をはいたまま中に入った (cf. 8) / Living *as* I do so far from town, I seldom have visitors. 何しろこんな人里離れた所に住んでいるので訪ねて来る人も滅多にない / I promise to do this *as* (＝as surely as) I hope for salvation. (神の救いを望むと同様)確かにこれをすることを約束する / It is stated *as* above [below]. それは上[下]のように述べられている / The law *as* it stands at present, is severe on authors. その法律は現行では著者に厳しすぎる / Tom is quite good, *as* boys go. このごろの男の子としてはトムはなかなかよい子だ (cf. go¹ *vi.* 7 a) / ⇨ *as* BEST *one can* [*may*].
b [省略構文で前置詞的に用いて] …のような[で, に] (like); 例えば… (for instance): Her face was *as* a mask. 彼女の顔は能面のようだった / ⇨ *as one* MAN¹ / Many words, *as* in English, have been borrowed from other languages. 英語の場合もそうであるが, ほかの言語から借入された語が多い / Some animals, *as* the fox and the squirrel, have bushy tails. キツネやリスのようなある種の動物にはふさふさした尾がある《★ 特に例を列挙する場合には単独な as よりも such as (⇨ *rel. pron.* 1 語法 (1)) のほうが普通》.
★ 次の表現では as は 'and so' に相当し, 指示副詞としての原義的特質を暗示している: He was a linguist, *as* was his wife. 彼は言語学者だったが, 彼の夫人もそうだった.

6 a [あとにある種の形容詞・過去分詞・前置詞を伴い制限の意を添えて]: I would call them friends *as distinct* from mere acquaintances. 彼らを単なる知り合いとは区別して友人と呼ぶことにしたい / This is my opinion *as distinguished* from theirs. これは彼らの意見とははっきりと異なった私の意見である / *As compared* with his father's, his merits were nothing. 父親の功績に比べてみるならば彼の功績など取るに足らぬものだった / I'm studying colloquialism *as contrasted* with literary style. 文語体と対

A

照しての口語体を研究している / Mary likes reading, *as opposed to* May, who hates it. メリーはメイとは反対に読書が好きだ, メイのほうは読書が嫌いなのだ / The balance of power has shifted *as between* our army and the enemy. わが軍と敵軍の間での力の均衡は変動している / ⇨ AS AGAINST (*prep.* 6 ★), AS *from*. **b** [先行する名詞の概念を制限する形容詞節を導いて]: The origin of English *as* we know it is commonly traced back to the eighth century. 我々の知っている英語の起源は普通 8 世紀にさかのぼる / There I met Old John *as* we called him. そこで我々の言うジョンじいさんに会った / The sight of the mountain *as seen* from the lakeside is very beautiful. 湖畔から見た山の光景は実に美しい (★ as seen は as it is seen の略).

7 [理由] …だから, …ので: *As* it was getting dark, we soon turned back. 暗くなってきたので間もなく引き返した. ★ この用法の as は意味が不明確になりがちなため, 特に《米》では避けられ, 代わりに because または since が用いられる傾向がある.

8 [譲歩] **a** [通例形容詞[副詞]＋as … の形をなして]: Young *as* he is (=Though he is young), he is wise. 年は若いが賢明だ (cf. though *conj.* 1 a [語法] (2)) / Woman *as* she was, she decided to bear up against the distress. 女性ではあったがその苦難に耐えていこうと決心した / *much as* … (⇨ much *adv.* 成句).

[語法] (1) 8 は書き言葉で改まった用法. (2) 8 a の表現法は (As) young as he is, he … のように, 強調された形容詞が主語に対し同格的叙述語の機能を果たしたものに由来する; 今日でも特に《米》で As young as he is, … の形を用いることがある. (3) 文脈によっては理由を表すこともある: Young *as* he is, he naturally commits such a mistake. 若いものだから自然こんな間違いをする. (4) 8 a の第 2 の例におけるように as の前に名詞(通例無冠詞)が用いられている場合は《まれ》.

---

b [原形動詞＋as＋主語＋may [might, will, would] の形をなして]: Try *as* you may (=However hard you may try), you will never succeed. 君はどんなに努力しても成功しないだろう.

9 [形容詞・副詞の比較級のあとに用いて]《英方言》: =than.

10 [名詞節を導いて]《口語・方言》=that: I don't know *as* it makes any difference. まずそれでどうということはあるまい.

11《古》=as if: He looks *as* he had seen a ghost. (Coleridge: *Wallenstein* I. V) 彼はあたかも亡霊を見たような顔つきだ.

ás and whén (1) [不確定な未来を表して] …するとき. (2)《口語》いつかは. ***as fàr as*** ⇨ far *adv.* 成句. ***às for …*** …については, …はどうかと言えば (speaking of): *as for* me 人はともかく私は, 私などは (for my part) / *As for* the others, they don't count. ほかのものなど問題でない. ★ しばしば他と対照的に否定・軽視の観念を含む場合に用いられる (cf. AS *to* (1)). 《c1449》 ***às from …*** …(法律・契約など)何日[時]より, …以後 (on [at] and after): The agreement starts *as from* September 1. この協定は 9 月 1 日から発効する. 《1916》 ***as góod as*** ⇨ good *adj.* 成句. 《1523》 ***as hów***《方言》(1) …ということ (that): I know *as how* it is a fact. 私はそれが事実だということを知っている. (2) …かどうか (if, whether): I don't know *as how* I ought to do so. 私はそうすべきかどうかわからない. ***as if*** (1) あたかも…のように[で] (as would be the case if) (as though): He behaves *as if* he was [《文語》were] a child. 子供みたいなふるまいをする / I felt *as if* I hadn't long to live. もう命も長くはないように感じた / He looks *as if* he is angry. 怒ったような顔をしている / It seemed *as if* he would never come. 彼はとうとう来ないのかと思われた (★ この文では as if は that と同意となる) / It looks *as if* it's going to rain. 雨が降りそうな様子だ / He raised his hand *as if* to take off his hat. 帽子を脱ごうとするかのように手を挙げた / It isn't *as if* he were [《口語》was] poor. 彼が貧乏だというわけでもあるまいし / *As if* you didn't know! そ知らぬ顔をして, 知っているくせに. (2)〖哲学〗「かのように」《カント哲学の現象界を人間が生きるために有用な虚構と解釈した H. Vaihinger (1852–1933) がその著 *Philosophie des Als-Ob*「かのようにの哲学」(1911) で中心概念とした言葉》. 《(なぞり) ← G *als ob*》 ***as it is*** (1) 現状のままで (cf. *conj.* 5 a). (2) [仮想的陳述に続いて] (しかし仮想に反し)実際は, 実情は (in reality): Of course I would pay you if I could. But *as it is* I cannot. もちろんできたらお払いするのですが, 実のところお払いできないのです. ★ 過去の実情について述べる場合には as it *was* が用いられる: Of course I would have paid you if I could. But *as it was* I could not. ***as it wére*** いわば, ある程度 (so to speak): Our alma mater was, *as it were*, revived in 1899. 母校はいわば 1899 年に蘇生(そせい)した. 《c1386》 ***as mùch as*** ⇨ much 成句. ***as of*** (1) (何年[日, 時])現在で[の], …までで[の]: the US Cabinet *as of* Sept. 1, 1980 1980 年 9 月 1 日現在の米国内閣. (2)《米》=AS *from*: He was promoted *as of* the preceding April 1. 先の 4 月 1 日付けで昇進した. 《1900》 ***as óften as nót*** ⇨ often 成句. ***as thóugh*** =AS *if* (1). ***às to*** (1) …に関しては, については (with regard to): He said nothing *as to* places. 場所のことは何も言わなかった. ★ 特に《英》ではしばしば As for と同様に対照の観念を含んで用いられる: *As to* you—I am ashamed of you. さて君のことだがあいそが尽きた. *as to, as for* は前の話題と関連した別の話題を導入するために文頭に用いられる: *As for* [*to*] marrying again, there is only one man I would wish to marry. 再婚するということなら, 私が結婚したいと思う人は一人しかいない. 《英》では, *as to* を「…については」(as regards) の意味でも用いる: There is no doubt *as to* who will be elected. だれが選ばれるかについては疑いはない. (2) [*wh*-clause または *wh*-phrase に先立って] …について (about). ★ 特に《英》で多く用いられるが, しばしば表現されないことがある: They were quarreling *as to which* was the stronger. どちらが強いかについて言い争っていた / I'm uncertain *as to whether* she is the right girl for me. 彼女がぼくにふさわしい子かどうか迷っている / Nobody could decide (*as to*) *what to* do. だれもどうしてよいか判断しかねた. (3) …に従って, によって (according to, by): These articles have been classified *as to* size and color. これらの品は大きさと色で分類されている. 《c1375》 ***as úsual*** ⇨ usual *adj.* 成句. 《1754》 ***as yét*** ⇨ yet 成句. ***as you wére*** (1)《口語》(前言を訂正する場合などに) …ではなく…, …いや…: There I met Brown—*as you were*—I mean White. そこでブラウンに会った—いや, (ブラウンでなく)ホワイトのことだ. (2)〖軍事〗[号令] もとへ; もとの位置へ帰れ. 《1864》

— *adv.* [同程度を表す指示副詞] 〈…と〉同様に, 同じくらい (equally). ★ しばしば as … as … の形で相関的に用いられる (cf. *conj.* 2 a, *rel. pron.* 1); ただしあとの *as*-clause が省略されることがある; また時には比較の対象が前出の陳述中に含まれていることもある: He is *as* clever (*as* you are). 彼も(君に)劣らず利口だ / This is twice [three times, four times] *as* big *as* that. これはあれの 2 [3, 4] 倍大きい / He has *as* much again [half *as* much, half *as* much again] *as* I have. 彼は私の 2 倍も持っている[半分しかない, 1 倍半ある] / He did it in two hours, but it took me *as* many days. 彼は 2 時間でやったが私は 2 日かかった / Kate can sing just *as* sweetly. ケートも全く同じくらいよい声で歌える / ⇨ AS MANY, AS MUCH, AS WELL[1].

— *prep.* (cf. *conj.* 5 b) **1** …として (in the capacity of): Speaking *as* a foreigner, … 外国人として言うならば … / He attended the meeting *as* an observer. その会にオブザーバーとして出席した / I will act *as* go-between. 私が仲人役をする (★ as に続く名詞が官職・役目などを示すときは無冠詞) / His act *as* Romeo was almost perfect. ロミオとしての彼の演技はほとんど完全だった. **2** [accept, describe, recognize, regard, represent, see, treat, view, look up to, think of などのあとで目的補語を伴って] …と: I *regard* [*look upon*] him *as* a fool. 彼をばかだと思っている / He *treats* me *as* a child. 私を子供のようにあしらう / They *looked up to* him *as* their leader. 彼を首領と仰いでいた. ★ as のあとには形容詞や現在分詞が用いられることもある: They *regarded* him *as indispensable*. 彼を絶対必要な人間と考えた / This theory is *seen as lying* at the root of political error. この説は根源的には政治上の誤りに起因しているとみなされる.

— *rel. pron.* **1** [先行する such, the same, as などと相関的に用いて]: Tell the children *such* stories *as* are instructive as well as interesting. 子供たちにおもしろいばかりでなくためにもなる話をしてやって下さい / Bees like *the same* odors *as* we do. ミツバチは人間と同じ香りを好む / This is *the same* watch *as* I have lost. これは私がなくしたのと同じ(ような)時計です (★ 同種類を表すことが多いが, 《口語》では the same watch *that* I have lost の場合と同じく同一物を表すこともある) / He will lend you *as* much money *as* he has. 彼は君に持っているだけの金を貸してくれるだろう.

[語法] (1) しばしば省略節を導く: There you can have *such* liquors *as* beer. そこではビールのような飲み物が飲める / In the field there are various animals, *such as* horses, cattle, and deer. その野原には馬, 牛, 鹿のようないろいろな動物がいる (cf. *conj.* 5 b) / My brother works in *the same* building *as* you work in). 兄はあなたと同じビルで仕事をしています. (2) such … as はあとに不定詞句を従えることがある: He was charged with *such* guilt *as to* leave no doubt. 疑いの余地のないような罪で告発された.

---

2 [文全体を先行詞として]: He was a foreigner, *as* (= which fact) I knew from his accent. 彼は外国人だった, なまりでわかったのだが / Grandpa, *as* was usual with him, took the dog out for a walk after breakfast. おじいさんはいつものように朝食後犬を連れて散歩に出た. **3** (俗・方言) =that, who: them *as* (=those who) know me おいらを知ってる連中 / It was him *as* did it. 彼がしたのです.

as éver is* [*wás*]** ⇨ ever 成句. ***as fóllows ⇨ follow 成句. ***às is***《口語》現状のままで (as it is); (特に, 中古商品について)現品で, (損傷があっても)取り替えないという約束で, 無保証で: I bought the car *as is*. その車を無保証で買った. ***as regárds*** ⇨ regard *v.* 成句. 《1867》 ***às wás***《口語》以前の状態のままで (cf. AS *is*).

《(?a1200)《短縮》← OE (*e*)*alswā* all so, quite so: ALSO と二重語: cf. G *als* as, than ← *also* therefore》

as[2] /ǽs/ *n.* (*pl.* **as·ses**) **1** アース《古代ローマの青銅貨でレンズ形; もとは重さ 12 オンス》. **2** アース《古代ローマの重さの単位; 12 オンス, 約 340 g》. 《(1601) □ L *ā* unit □ ? Gk *heîs* (Dric *ais*) one: cf. ace》

as《略》〖化学〗asymmetric.

As《略》〖気象〗altostratus.

As《記号》〖化学〗arsenic.

AS《略》《英》Academy of Science; airspeed; *L.* anno salutis (=in the year of salvation); assistant secretary; assistant surgeon; Associate in [of] Science.

AS, A-S《略》Anglo-Saxon.

A/S《略》〖商業〗after sight; alongside.

A/S, AS《略》antisubmarine.

as- /əs, æs/ *pref.* (s の前にくるときの) ad- の異形: *as*sert, *as*similation. 《⇨ ad-》

A·sa /éɪzə/ (聖書の名としては) éɪsə, ɑ́ːsə/ *n.* **1** エイサ《男性名》. **2**〖聖書〗アサ (913?–?873 B.C.; 偶像崇拝に反対したユダの王; cf. 1 Kings 15: 8–24》. 《□ Heb. *Āsā*《原義》? myrtle, physician》

ASA /èɪèséɪ/《略》Acoustical Society of America;《英》Advertising Standards Authority 広告基準審査委員会;《英》Amateur Swimming Association; American Society of Appraisers 米国鑑定家協会; American Standards Association 米国規格協会《現在は American National Standards Institute (略 ANSI); cf. DIN, JIS》; American Statistical Association 米国統計協会; Associate Member, Society of Actuaries; Association of Southeast Asia 東南アジア連合.

ASA/BS /èɪèséɪ bíːés/《略》〖写真〗American Standards Association / British Standard.

as·a·fet·i·da /æ̀səfétədə, -fíːt̬- | -tɪdə/ *n.* (*also* **as·a·foet·i·da** /～/) **1** 阿魏(あぎ)《イラン・アフガニスタン地方に産するセリ科オオウイキョウ属 (*Ferula*) の薬用植物; 特に *F. assafoetida*, *F. foetida* などから採ったゴム樹脂; 強い臭気があり以前は痙攣(けいれん)の鎮静剤・駆虫剤; インド・中東でカレー・ピクルスなどの料理に香辛料として用いる》. **2**〖植物〗阿魏が採取される植物の総称 (devil's dung ともいう). 《(a1398) □ ML ～ ← *asa* gum (□ Pers. *azā* resin)＋L *foetida* ((fem.) ← *foetidus* stinking (⇨ fetid))》

a·sa·na /ɑ́ːsənə/ *n.* (ヨーガの)姿勢, 座法. 《(c1934) □ Skt *āsana* 'manner of sitting' ← *āste* 'he sits'》

A·san·sol /ɑ́ːsənsòʊl, -sɒ- | -sɔ̀ʊl/ *n.* アサンソル《インド北東部の West Bengal 州の工業都市》.

A·san·te /əʃǽnti, əʃɑ́ːn- | əʃǽnti/ *n.* (*pl.* ～, ～**s**) = Ashanti. 《1721》

A·san·te·he·ne /æʃǽnt̬ɪhèni | -tɪ-/ *n.* (ガーナの)アシャンティ族の最高支配者.

a.s.a.p., ASAP《略》as soon as possible. 《1955》

As·aph /ǽsəf/ *n.* アサフ《男性名》. 《□ Heb. *Āsāph*《原義》? (God is) collector》

Asaph. /ǽsəf/《略》*ML.* Asaphēnsis (=of Saint Asaph)《Bishop of Saint Asaph が署名に用いる; ⇨ Cantuar. 2》.

A·sar /ɑ́ːsəə | ɑ́ːsɑː(r/ *n. pl.* =Aesir.

as·a·ra·bac·ca /æ̀sərəbǽkə/ *n.*〖植物〗オウシュウサイシン (*Asarum europaeum*)《ウマノスズクサ科の多年草》. 《(1551) ← L *asarum* (← Gk *asaron*)＋*bacca* berry》

A·sarh /ɑ́ːsəə, ―́― | ɑ́ːsɑː(r, ―́―/ *n.* アーサール(の月)《ヒンズー暦の 4 月で, 太陽暦の 6–7 月に当たる; cf. Hindu calendar》. 《□ Hindi *Asāṛh* ← Skt *Aṣāḍha*》

as·a·rum /ǽsərəm/ *n.*〖薬学〗細辛(さいしん)《カナダサイシン (wild ginger) の根茎および根を乾燥させたもの; せきどめ・発汗用》. 《← NL ～ ← L ～ 'hazelwort' □ Gk *ásaron*》

ASAT /éɪsæt/〖軍事〗*adj.* =antisatellite. — *n.* 衛星攻撃兵器, エイサット (antisatellite interceptor). 《1977》

ASB《略》Alternative Service Book〖英国国教会〗代替祈書 (1980).

asb.《略》asbestos.

As·ben /ɑːsbén/ *n.* =Aïr.

as·bes·tic /æsbéstɪk, æz- | æs-, əs-, æz-, əz-/ *adj.* = asbestine. 《1845》

as·bes·tine /æsbéstiːn, æz-, -tɪ̆n | -tiːn, -tɪn/ *adj.* 石綿性[質]の; 不燃性の (incombustible). 《(1627) □ L *asbestinus* ← Gk *asbéstinos*: ⇨ asbestos, -ine[1]》

As·bes·tine /æsbéstiːn, æz-, -tɪ̆n | -tiːn, -tɪn/ *n.*〖商標〗アスベスチン《短繊維状滑石; ゴム, 紙の充填材 (filler), 塗料の増量剤 (extender) に用いる》. 《1627》

as·bes·toid /æsbéstɔɪd, æz-/ *adj.* 石綿類似の, 石綿様の. 《(1796): ⇨ ↓, -oid》

as·bes·tos /æsbéstəs, æz- | -tɒs, -təs/ *n.* **1**〖鉱物〗**a** アスベスト, 石綿. **b** (不燃材として用いられた)貴蛇紋石, 温石綿 (chrysolite). **2** 石綿地 (asbestos fabric). **3**〖劇場〗防火幕. **4** [形容詞的に] 石綿で織った; 石綿を含む; 石綿に似た. 《(a1387) □ L ～ □ Gk *ásbestos* unquenchable ← A-[7]＋*sbestós* quenchable (← *sbennúnai* to quench) ← IE *g^wes- to extinguish: OF *al-* の形は L *albus* white との連想による》

asbéstos cemént *n.*〖建築〗アスベストセメント《通常のセメントに石綿を加えたもの; 防火・保湿性にすぐれる》. 《1890》

as·bes·to·sis /æ̀sbestóʊsɪ̆s, æ̀z- | -tóʊsɪs/ *n.* (*pl.* **as·bes·to·ses** /-siːz/)〖医学〗アスベスト症, 石綿(沈着)症《石綿の粉末吸入によって肺臓または皮膚に石綿が沈着する職業病》. 《(1927) ← NL ～: ⇨ asbestos, -osis》

as·bes·tus /æsbéstəs, æz-/ *n.* =asbestos.

as·bo·lane /ǽzbəlèɪn, ǽs-/ *n.*〖鉱物〗=asbolite.

as·bo·lite /ǽzbəlàɪt, ǽs-/ *n.*〖鉱物〗呉須土(ごすど)《酸化コバルトを含むマンガン土; 陶器用絵の具; cf. zaffer》. 《(1881)《変形》← G *Asbolan* □ Gk *asbólē* soot ← *ásein* to dry up: 語尾は -ITE[1] との連想: cf. ash[1]》

ASBSBSW《略》《英》Amalgamated Society of Boilermakers, Shipwrights, Blacksmiths, and Structural Workers ボイラー製造者, 造船業者, 鉄鋼業者および組織労働者の合同組合.

As·bur·y /ǽzberi, -b(ə)ri | -b(ə)ri/, **Francis** *n.* アズベリー《1745–1816; 英国生まれの宣教師, 米国メソジスト教会の初代監督; 米国にメソジスト派を広めた》.

Ásbury Párk *n.* アズベリーパーク《米国 New Jersey 州東部の海岸都市; 海水浴場》. 《↑》

ASC《略》American Society of Cinematographers 米

国映画カメラマン協会; American Standards Committee 米国工業規格委員会.

Asc. 《略》〘占星〙ascendant.

asc- /æs(k)/ (母音の前にくるときの) asco- の異形.

As·ca·lon /ǽskəlɑ̀(ː)n | -lɔ̀n/ *n.* =Ashqelon.

As·ca·ni·us /æskéɪniəs/ *n.* 〘ローマ神話〙アスカニオス (Iulus) 《Aeneas が Troy 落城のとき連れて逃げた息子, Alba Longa の建設者》. 〘□ L ～ □ Gk *Askánios*〙

ASCAP /ǽzkæp/ 《略》American Society of Composers, Authors and Publishers 米国作曲作詞出版家協会.

as·ca·ri·a·sis /æ̀skəráɪəsɪ̀s | -sɪs/ *n.* (*pl.* **-a·ses** /-sìːz/) 〘病理〙回虫症[病]. 〘(1888) ← NL ～: ⇨ ascaris, -iasis〙

as·ca·rid /ǽskərɪ̀d | -rɪd/ *n.* (*pl.* **～s, as·car·i·des** /æskǽrədìːz | -rɪ-/) 〘動物〙カイチュウ科の動物の総称 《人体に寄生するカイチュウ (roundworm) など》. 〘(*c*1890) ↓〙

As·car·i·dae /æskǽrədìː | -rɪ-/ *n. pl.* 〘動物〙カイチュウ(回虫)科. 〘← NL ～: ⇨ ascaris, -idae〙

ascarides *n.* ascarid または ascaris の複数形. 〘1398〙

as·car·i·dole /æskǽrədòʊl, -kǽr- | -rɪdəʊl/ *n.* (*also* **as·car·i·dol** /-dɔ̀(ː)l | -dɔ̀l/) 〘化学〙アスカリドール ($C_{10}H_{16}O_2$) 《アリタソウ (Mexican tea) の精油(ヘノポジ油 (chenopodium oil)) の主成分; 過酸化物構造をもち, 駆虫作用がある》. 〘(1908) ← ASCARID＋-OLE¹〙

as·ca·ris /ǽskərɪ̀s | -rɪs/ *n.* (*pl.* **as·car·i·des** /æskǽrədìːz, əs- | -rɪ-/) 〘動物〙=ascarid. 〘(1797) ← NL ～ ← LL ～ □ Gk *askarís* ← *skaírein* to gambol〙

ASCE 《略》American Society of Civil Engineers 米国土木学会.

as·cend /əsénd, æs-/ *vi.* **1** (山などに)登る, 上がる (⇨ climb SYN); (川を)のぼる, さかのぼる (go up) (↔ descend): The party ～*ed to* the summit. **2** 〈道などが〉登りになる. **3** 〈煙などが〉(立ち)昇る, 上昇する (rise): Smoke was ～*ing from* the volcano. **4 a** 〈物価が〉上がる, 騰貴する. **b** 地位が上がる, 向上する, 出世する (rise). **5 a** 〘音楽〙〈音が〉音調が上がる, 上行する. **b** 《古》〈叫び声などが〉起こる, 聞こえてくる (rise). **6** 〘天文〙〈天体が〉地平線上に昇る; (特に)天頂 (zenith) に向かって昇る. **7** 〘印刷〙〈活字が〉並び線より上につき出る (cf. ascender 2). **8** 《古》(時代的・世代的に)さかのぼる, 遡及(そきゅう)する: ～ *to* a former century. — *vt.* **1 a** 登る, 上がる (climb) (↔ descend): ～ a mountain, a ladder, the stairs, etc. **b** 〈川を〉のぼる, さかのぼる. **2** 〈王位〉に昇る: ～ the throne 王位に就く, 即位する. **～·a·ble** /-dəbl̩/ *adj.* **～·i·ble** /-dəbl̩ | -dɪ̀-/ *adj.* 〘(*c*1384) □ L *ascendere* to climb up ← *a-* 'AD-'＋*scandere* to climb (cf. scansion)〙

as·cén·dance /-dəns/ *n.* =ascendancy. 〘(1742): ⇨ -ance〙

as·cen·dan·cy /əséndənsi, æs-/ *n.* 日の出の勢い, 優勢, 権勢, 支配権 (domination, sway): gain a [the] complete ～ *over* [in] …を制圧する / have (an [the]) ～ *over* …に対し優位を占める, …を支配する / be under a person's ～ 人に支配されている. 〘(1712): ⇨ ↓, -ancy〙

as·cen·dant /əséndənt, æs-/ *adj.* **1** 上昇的な, 上がって行く (rising) (↔ descendent). **2** 〈地位・人など〉優位の, 優勢な, 権勢のある (dominant). **3 a** 〘占星〙東の地平線上に昇っている. **b** 〘天文〙天頂に向かって昇行中の: an ～ star. **4** 〘植物〙上に曲がった: an ～ leaf. — *n.* **1** [しばしば A-] 〘占星〙上昇点 《誕生時など特定の時に東の地平線上にかかる黄道上の位置》; 上昇宮 《上昇点にある黄道 12 宮の星座》: the house of the ～ 東の地平線以上 5 度より以下 25 度までの間の星宿 / the lord of the ～ 首座星. **2** 優位, 優勢, 勢力 (predominance). **3** 尊属 (cf. ancestor 1 b; ↔ descendant): a lineal [collateral] ～ 直系[傍系]尊属. **4** 《まれ》(直系・傍系の)先祖.

in the ascéndant (1) 〈人・勢力など〉隆盛で, 日の出の勢いで; 上り坂で. (2) 〈運勢が〉優勢で; 〈運が〉開けてきて: He felt that his star was *in the* ～. 自分は運が向いていると思った. (*a*1698)

～·ly *adv.* 〘(*c*1388) □ (O)F ～ □ L *ascendentem* (pres.p.) ← *ascendere*: ⇨ ascend, -ant〙

as·cen·dence /əséndəns/ *n.* =ascendance.

as·cén·den·cy /-dənsi/ *n.* =ascendancy.

as·cen·dent /əséndənt/ *adj., n.* =ascendant.

as·cénd·er *n.* **1** ascend する人[もの]. **2** 〘活字〙**a** =ascending letter. **b** アセンダー 《b, d, f, h などの, エックスハイト (x height) より高く上に出る部分; cf. descender》. **3** =ascendeur. 〘(1623): ⇨ -er¹〙

as·cen·deur /æsɑ̃ː(n)dɜ́ː, æsɑːn- | -dɜ́ː(r; *F.* asɑ̃dœːʁ/ *n.* 〘登山〙登高器 《人工登攀(とうはん)でザイルに付ける金属具》.

as·cénd·ing *adj.* (↔ descending) **1** 上がって[登って]行く, 上昇(的)の; 上方に向かう, 上行の: an ～ escalator / the ～ order of the powers 〘数学〙昇冪(べき)の順 / an ～ scale 〘音楽〙上昇音階 / in ～ order 〈大きさや重要性など〉だんだん大きくなる順に. **2** 〘植物〙斜上行の: ～ inflorescence 斜上行[上向きの]花序. 〘(1616): ⇨ -ing²〙

ascénding aórta *n.* 〘解剖〙上行大動脈 (cf. descending aorta).

ascénding cólon *n.* 〘解剖〙上行結腸.

ascénding létter *n.* 〘活字〙アセンダー文字 《エックスハイト (x height) より上に出る部分をもつ小文字; b, d, f, h など; cf. descending letter》.

ascénding nóde *n.* 〘天文〙昇交点 《天体が基準面を南から北へ通過する点; cf. descending node》.

ascénding rhýthm *n.* 〘詩学〙=rising rhythm. 〘1903〙

as·cen·sion /əsénʃən/ *n.* **1 a** 昇る[登る]こと, 上昇. ★ 今は通例 ascent を用いる. **b** 登山. **2** 〘キリスト教〙**a** [the A-] キリストの昇天, 主の昇天 (cf. *Acts* 1:9). **b** [A-] =Ascension Day. **3** 〘天文〙天体が地平線上に昇ること. 〘(?*a*1300) □ (O)F ～ □ LL *ascensiō(n-)* ascent: ⇨ ascend, -sion〙

As·cen·sion /əsénʃən/ *n.* アセンション(島) 《大西洋南部, 英領 St. Helena 島の北西にある島; 英国植民地 St. Helena の保護領; Ascension Island ともいう》.

as·cén·sion·al /-ʃnəl, -ʃənl̩/ *adj.* 上昇(的)の. 〘1594〙

Ascénsion Dày *n.* 〘キリスト教〙(キリスト)昇天日[祭]; 〘カトリック〙御昇天(の大)祝日 《復活祭後 40 日目で常に木曜日; Holy Thursday ともいう》.

as·cen·sion·ist /əsénʃ(ə)nɪ̀st | -nɪst/ *n.* 〘登山〙(特に名高い山の)登頂に成功した人. 〘(1863): ⇨ -ist〙

Ascénsion·tìde *n.* 〘キリスト教〙昇天節 《(キリスト)昇天日 (Ascension Day) から聖霊降臨日前夜 (Whitsunday Eve) までの 10 日間》. 〘1871〙

as·cen·sive /əsénsɪv, æs-/ *adj.* **1** 上昇的な (rising); 進歩的な (progressive). **2** 《まれ》〘文法〙強意的な (intensive). 〘1646〙

as·cent /əsént, æs-/ *n.* (↔ descent) **1** 登ること, 登り: an ～ *to* the summit 登頂 / make an ～ *of* Mt. Fuji 富士登山をする. **2 a** 上り坂[道], 上り勾配(こうばい) (upward slope): a gentle [rapid] ～ ゆるやかな[急な]坂道 / The road has an ～ of five degrees. 道は 5 度の上り勾配である. **b** 上がり段, 階段. **3** 上昇: the ～ of a balloon 気球の上昇. **4** (身分などの)昇進, 栄達 (advancement). **5** (時間的・系図的な)遡及(そきゅう). 〘(1600) ← ASCEND: DESCENT との連想〙

as·cer·tain /æ̀sətéɪn | æ̀sə-/ *vt.* **1 a** 〈事実などを〉確かめる, 突き止める, 確認する, 探知する (find out): ～ the cause of (a person's) death (人の)死因を確かめる. **b** [しばしば *that*-clause または *wh*-clause を伴って] 〈…であると[かを]〉確かめる: He ～*ed that* it was an error.＝He ～*ed it* to be an error. それが誤りであることを確かめた / It is difficult to ～ *where* the rumor started. うわさがどこから広まったかを突き止めることは困難だ / We must ～ *whether* it is his signature. 彼の署名かどうかを確認しなければならない. **2** 《古》確実にする, 確定する (make definite). **～·a·ble** /-nəbl̩/ *adj.* **～·a·bly** *adv.* 〘(1427) *acertaine(n)*, *ascerteine(n)* □ AF *acerteiner*＝OF *acertener* to assure, confirm: ⇨ a-⁴, certain〙

às·cer·táin·ment *n.* 確かめる[突き止める]こと, 確認, 探知. 〘1657〙

as·ce·sis /əsíːsɪ̀s, æs- | -sɪs/ *n.* (*pl.* **-ce·ses** /-siːz/) 〘哲学〙鍛錬, 克己, 禁欲 (self-discipline, asceticism). 〘(1873) □ LL *ascēsis* □ Gk *áskēsis* exercise ← *askeîn* to exercise, work: ⇨ -esis〙

as·cet·ic /əsétɪk, æs- | -tɪk/ *n.* **1** 禁欲主義者. **2** 苦行者, 行者(ぎょうじゃ). **3** 〘キリスト教〙(初期キリスト教時代の)修道士 (monk), 隠修士, 隠者 (hermit). — *adj.* 禁欲(的)の, 禁欲生活の; 〈風貌(ふうぼう)など〉行者のような: an ～ life 禁欲生活; 苦行者の生活. **as·cét·i·cal** *adj.* **as·cét·i·cal·ly** *adv.* 〘(1646) □ Gk *askētikós* practiced, athletic ← *askētḗs* monk, hermit, 《原義》one who exercises ← *askeîn* (↑): ⇨ -ic¹〙

ascétical théology *n.* 〘カトリック〙修徳神学.

as·cét·i·cìsm /-təsɪzm | -tɪ-/ *n.* **1** 禁欲主義; 禁欲生活. **2** 〘宗教〙苦行, 修行. **3** 〘カトリック〙修徳(主義). 〘1646〙

Asch /æʃ/, **Sho·lem** /ʃóʊləm | ʃə́ʊ-/ *or* **Sho·lom** /～/ *n.* アーシュ (1880–1957; ポーランド生まれの米国の劇作家・小説家; 主に Yiddish で書いた; *Three cities* (1933), *The Nazarene* (1939)).

A·schaf·fen·burg /əʃǽfənbɜ̀ːg, -bʊ̀əg | -bɜ̀ːg/ *n.* アシャッフェンブルク 《ドイツ Bavaria 州の Main 川に臨む都市》.

As·cham /ǽskəm/, **Roger** *n.* アスカム 《1515–68; 英国の古典学者・人文主義者, Elizabeth 一世の師; ラテン語・ギリシャ語からの借入に反対する純正主義者であり, 英語による著作を提唱; *The Scholemaster* (1570)》.

asc·hel·minth /ǽsk(h)ɛlmɪnθ/ *n.* (*pl.* **～s, ～es**) 〘動物〙袋形(たいけい)動物 《線形動物門 (Nematoda) と 7 つの小さな門を含むグループに属する無脊椎動物; 以前は袋形動物門 (Aschelminthes) として分類されていた》.

Asc·hel·min·thes /æ̀sk(h)ɛlmínθiːz/ *n. pl.* 〘動物〙袋形動物門. 〘← NL ～: ⇨ asco-, helminth〙

Asch·heim-Zón·dek tèst /ɑ́ːʃhaɪmtsɔ́(ː)ndɛk-, -zɑ́(ː)n- | -tsɔ́n-; *G.* áʃhaɪmtsɔ́ndɛk-/ *n.* 〘医学〙アッシュハイム ツォンデック試験 《妊婦の尿を未成熟のマウスに注射して行う妊娠判定テスト》. 〘← *Selman Aschheim* (1878–1965)＋*Bernhard Zondek* (1891–1966): 共にドイツの医師〙

A·schoff bòdy [nòdule] /ɑ́ːʃɔ(ː)f-, -ʃɑ(ː)f- | -ʃɔf-; *G.* áʃɔf-/ *n.* 〘病理〙(リウマチ性心疾患の際の)アショッフ結節. 〘← *Ludwig Aschoff* (1866–1942: ドイツの細菌学者)〙

asci *n.* ascus の複数形.

as·ci- /æsɪ̀, æsi/ asco- の異形 (⇨ -i-).

as·cid·i- /əsídi, æs- | -di/ (母音の前にくるときの) ascidio- の異形.

ascidia *n.* ascidium の複数形.

as·cid·i·an /əsídiən, æs- | -di-/ 〘動物〙*adj.* ホヤの. — *n.* ホヤ (⇨ sea squirt). 〘1856〙

ascídian tádpole *n.* (ホヤ類の)オタマジャクシ形幼生.

as·cid·i·o- /əsídioʊ, æs- | -diəʊ/ 「ホヤ (ascidian); つぼ状(器官) (ascidium)」の意の連結形. ★ 母音の前では通例 ascidi- になる. 〘← NL ～ (↓)〙

as·cid·i·um /əsídiəm, æs- | -di-/ *n.* (*pl.* **-i·a** /-diə | -diə/) 〘植物〙(ウツボカズラなどの葉の一部が変形してできた)つぼ状器官 《虫を捕えて消化するものもある》. 〘(1766)〙(1830) ← NL ～ ← Gk *askídion* (dim.) ← *askós* leather bag, wineskin: ⇨ -idium〙

ASCII /ǽski, -ki/ *n.* 〘電算〙アスキー(符号) 《情報交換用米国標準符号》. 〘(*c*1966) (頭字語) ← *A(merican) S(tandard) C(ode for) I(nformation) I(nterchange)*〙

as·ci·tes /əsáɪtiːz, æs-/ *n.* (*pl.* ～) 〘病理〙腹水 (dropsy of the belly). **as·cit·ic** /əsítɪk, æs- | -tɪk/ *adj.* 〘(*a*1400) *aschites* □ LL *ascītēs* □ Gk *askítēs* dropsy ← *askós* leather bag, belly: cf. ascus〙

as·cle·pi·ad /əsklíːpiəd, æs-, -piæ̀d/ *n.* 〘植物〙ガガイモ科 (*Asclepiadaceae*) の草本. 〘1859〙

As·cle·pi·ad /əsklíːpiəd, æs-, -piæ̀d/ *n.* 〘古典詩学〙アスクレピアデス格 《spondee (— —), choriambus (— ◡ ◡ —) および iambus (◡ —) からなる; Asclepiadic ともいう》. 〘(1656) □ L *Asclēpiadēus* □ Gk *Asklēpiádeios* ← *Asclēpiádēs* (紀元前 2 世紀ごろのギリシャの詩人)〙

As·cle·pi·a·da·ce·ae /əsklìːpiədéɪsiìː, æs-/ *n. pl.* 〘植物〙(双子葉植物フジウツギ目)ガガイモ科. **as·clè·pi·a·dá·ceous** /-ʃəs⁺/ *adj.* 〘← NL ～ ← *Asclepiad*, *Asclepias* (属名: ← L *asclēpias* swallowwort □ Gk *asklēpiás* 《原義》plant dedicated to Asclepius ← *Asklēpiós* 'ASCLEPIUS')＋-ACEAE〙

As·cle·pi·a·de·an /əsklìːpiədíːən, æs-⁺/ *adj., n.* 〘古典詩学〙アスクレピアデス格の(詩). 〘(1706) ← LL *Asclēpiadēus* (□ Gk *Asklēpiádeios*)＋-EAN〙

As·cle·pi·ad·ic /əsklìːpiǽdɪk, æs- | -dɪk⁺/ *adj., n.* 〘古典詩学〙=Asclepiadean. 〘(1652): ⇨ ↑, -ic¹〙

as·cle·pi·as /əsklíːpiəs/ *n.* 〘植物〙=milkweed. 〘1578〙

As·cle·pi·us /əsklíːpiəs, æs-/ *n.* 〘ギリシャ神話〙アスクレピオス 《Apollo の子で医学の神; ラテン語名 Aesculapius》. 〘□ L *Asclēpius* □ Gk *Asklēpiós*〙

as·co- /ǽskoʊ | -kəʊ/ 「袋」「子嚢(しのう)」の意の連結形. ★ 時に asci-, また母音の前では通例 asc- になる. 〘← NL ～ ← ASCUS〙

as·co·carp /ǽskəkɑ̀əp | -kə(ʊ)kɑ̀ːp/ *n.* 〘植物〙子嚢(しのう)果 《カビ類・酵母菌類・キノコ類など子嚢菌類の形成する子実体; cf. apothecium, perithecium》. **às·co·cár·pic** *adj.* **as·co·car·pous** /æ̀skəkɑ́əpəs | -kə(ʊ)kɑ́ː-⁺/ *adj.* 〘1887〙

a·scog·e·nous /əskɑ́(ː)dʒənəs | -kɔ́dʒɪ̀-/ *adj.* 子嚢(しのう)を生ずる. 〘1882〙

as·co·go·ni·um /æ̀skəgóʊniəm | -kə(ʊ)gə́ʊ-/ *n.* (*pl.* **-ni·a** /-niə/) 〘植物〙(子嚢(しのう)菌の)造果器, 造嚢器 (cf. archicarp). 〘(1875) ← NL ～: ⇨ asco-, -gonium〙

As·co·li Pi·ce·no /ɑ́ːskəliːpɪtʃéɪnoʊ | -nəʊ; *It.* áskoliptʃéːno/ *n.* アスコリピチェーノ 《イタリア中東部 Marches 地方の町; 同盟市戦争でそこのローマ市民が虐殺された (90 B.C.); ラテン語名 Asculum Picenum》.

as·co·my·cete /æ̀skoʊmáɪsiːt, -maɪsíːt | -kə(ʊ)-/ *n.* 〘植物〙子嚢(しのう)菌 《子嚢菌亜門の植物; cf. basidiomycete》. 〘(1875) ↓〙

As·co·my·ce·tes /æ̀skoʊmaɪsíːtiːz | -kə(ʊ)-/ *n. pl.* 〘植物〙子嚢(しのう)菌亜門. 〘(1940) ← NL ～: ⇨ asco-, -mycetes〙

as·co·my·ce·tous /æ̀skoʊmaɪsíːtəs | -kə(ʊ)maɪsíːt-⁺/ *adj.* 子嚢菌の. 〘1867〙

as·con /ǽskɑ(ː)n | -kɔn/ *n.* 〘動物〙アスコン型 《海綿動物の体内をめぐる水溝系の一型; 小孔よりただちに胃腔に通じる最も簡単な型; cf. leucon, sycon》. 〘← NL ～ ← Gk *askós* wineskin〙

as·conce /əskɑ́(ː)ns | -kɔ́ns/ adv. 《廃》=askance.

as·co·noid /ǽskənɔ̀ɪd/ *adj.* 〘動物〙アスコン型の[に似た]. 〘← NL ～: ⇨ ↑, -oid〙

as·cor·bate /əskɔ́əbɪ̀t, æs- | -kɔ́ː-/ *n.* 〘生化学〙アスコルビン酸塩. 〘(1941): ⇨ ↓, -ate¹〙

a·scór·bic ácid /əskɔ́əbɪk-, æs- | -kɔ́ː-/ *n.* 〘生化学〙アスコルビン酸 ($C_6H_8O_6$) 《新鮮な果物, 特にミカン類・トマト・野菜などに豊富, また動物製品にもある抗壊血病 (antiscorbutic) 要素; vitamin C, cevitamic acid ともいう》. 〘(1933) *ascorbic*: ← A-⁷＋NL *scorbutus* scurvy＋-IC¹: ⇨ scorbutic〙

ásco·spòre *n.* 〘植物〙子嚢(しのう)胞子.

àsco·spóric *adj.* 〘植物〙子嚢胞子を生じる.

àsco·spórous *adj.* 〘植物〙=ascosporic.

as·cot /ǽskɑ(ː)t, -kət | -kət/ *n.* 《米》**1** アスコットタイ (《英》Ascot tie) 《幅広の一種のネクタイ》. **2** あごの下で輪にして着ける幅広のスカーフ. 〘(1900) ← *Ascot 2*〙

As·cot /ǽskɑ(ː)t, -kət | -kət/ *n.* **1** アスコット 《イングランド南東部 Windsor の南西約 10 km にある村》. **2 a** アスコット競馬場 《この村の Ascot Heath にあり, 特に毎年 6 月に行われる 4 日間の Royal Ascot レースは最も貴族的で, 女王[国王]の臨御がある》: ～ races. **b** アスコット競馬 《特に Royal Ascot をさす》. 〘OE *Eastcot* 《原義》eastern cottage〙

as·crib·a·ble /əskráɪbəbl̩/ *adj.* 〔…に〕起因する, 帰すべき〔*to*〕: an accident ～ *to* carelessness 不注意によると思われる事故. 〘(1671): ⇨ ↓, -able〙

as·cribe /əskráɪb/ *vt.* **1** 〈事を〉〔…の〕結果[せい]とみなす (attribute, credit) 〔*to*〕: His politeness was [can be] ～*d to* his upbringing. 彼の行儀良さは育ちによるものとされた[される]. **2 a** 〈性質などを〉〔…に〕帰する, 〔…が〕持っているとみなす (attribute, impute) 〔*to*〕: ～ grace *to* God

神を慈悲深い存在とみなす / ～ a good [bad] motive *to* a person [his conduct] 人(の行動)がよい[悪い]動機によっていると考える. **b** 〈物(の起原など)を〉(…に)帰する (attribute) (*to*): The painting has been (wrongly) ～*d to* Rubens. その絵はルーベンス作と(誤り)伝えられている. 〘(?a1425) □ L *ascribere* ← *as-* 'AD-'+*scribere* to write ∞ (c1340) *ascrive(n)* □ OF *ascriv-* (stem) ← *ascrire* □ L: ⇨ scribe¹〙

SYN …に帰する: **ascribe** あることの起源が人や物に帰属すると考える: This poem was formerly *ascribed* to Chaucer. この詩は以前チョーサーの作とされていた. **attribute** 〈性質・要因・責任を〉人や物のものであるとする: They *attributed* her acts to her want of morals. 彼女の行為を身持ちの悪さのせいにした. **impute** 通例〈悪いものを〉人・物のせいにする《格式ばった語》: They *imputed* the theft to a tramp. 盗みを浮浪者のせいにした. **credit** 〈人がある長所・美点を持っていると信じる: They *credited* him with too much idealism. 彼は理想主義が強すぎると信じていた.

as·crip·tion /əskrípʃən/ *n.* **1** (物事を)(…に)帰すること, 帰属(の認定) (*to*): the ～ of social unrest *to* misrule 社会不安(の原因)を失政に帰すること. **2** 〘キリスト教〙(聖職者が説教の終わりに)神を賛美する言葉, 神に栄光を帰する言葉[祈り]. 〘(1597) □ L *ascriptiō(n-)* ← *ascriptus* (p.p.): ⇨ ↑, -tion〙

as·crip·tive /əskríptɪv/ *adj.* 帰属の[に関する]. **～·ly** *adv.*

ASCS 《略》《米》Agricultural Stabilization and Conservation Service 農業安定保全局.

ASCU /ǽskjuː/ 《略》《米》Association of State Colleges and Universities.

As·cu·lum Pi·ce·num /ǽskjuləmpaɪsíːnəm/ *n.* Ascoli Piceno のラテン語名.

as·cus /ǽskəs/ *n.* (*pl.* **as·ci** /ǽs(k)aɪ, ǽskiː/) 〘植物〙子嚢(のう). 〘(1830) ← NL ～ ← Gk *askós* leather bag〙

ASDE 《略》〘航空〙Airport Surface Detection Equipment 空港面探知装置.

as·dic /ǽzdɪk/ *n.* 《英》〘電子工学・海軍〙アスデック, 水中(音波)探知機, 対潜測音機《英国で開発された潜水艦探知機; sonar の旧式な型》. 〘(1939) 《頭字語》← *A(nti-) S(ubmarine) D(etection) I(nvestigation) C(ommittee))*〙

ASE 《略》Amalgamated Society of Engineers; American Stock Exchange; Associate of the Society of Engineers.

-ase /eɪs, eɪz/ *suf.* 〘生化学〙酵素 (enzymes) を表す名詞を造る: lact*ase*, pect*ase*. 〘□ F ～ ← (DIAST)ASE〙

ASEAN /ǽsiən, -àːn | ǽziən, ǽs-/ *n.* 東南アジア諸国連合, アセアン《タイ・インドネシア・マレーシア・フィリピン・シンガポールの 5 か国で 1967 年結成; のちにブルネイ・ベトナム・ミャンマー・ラオス・カンボジアも参加》. 〘《頭字語》← *A(ssociation of) S(outh) E(ast) A(sian) N(ations)*〙

a·seis·mat·ic /èɪsaɪzmǽtɪk, -saɪs- | èɪsaɪzmǽt-ˉ/ *adj.* 耐震(的)の. 〘← A-⁷+Gk *seismós* earthquake (← *seiein* to shake)+-ATIC〙

a·seis·mic /eɪsáɪzmɪk, -sáɪs- | -sáɪz-/ *adj.* **1** 〘地質〙〈地域が〉非地震性の. **2** 〈地域が〉微震しかない. **3** 〈建物など〉耐震設計の. 〘(1884) ← A-⁷+SEISMIC〙

a·se·i·ty /eɪsíːəti, əs- | -síːɪ̀ti/ *n.* 〘哲学〙自存性《自己の存在の根拠・原理が自己自身の中にあるような対象や状態のあり方; 例えば神のように》. 〘(1691) □ ML *aseitātem* ← L *ā sē* from oneself (⇨ ab-): ⇨ -ity〙

a·sel·lus /əséləs/ *n.* (*pl.* **a·sel·li** /-laɪ, -liː/) 〘動物〙ミズムシ科 *Asellus* 属の節足動物の総称《中部ヨーロッパの池沼にふつうに見られる *A. aquaticus* など》. 〘← NL ～ ← L *asellus* (dim.) ← *asinus* 'ASS¹'〙

ASEM /éɪsɛm/ *n.* アジア欧州首脳会議《東南アジア諸国連合 (ASEAN) を中心としたアジア諸国と欧州連合 (EU) との首脳会議; 1996 年に第 1 回会議をバンコクで開催》. 〘《頭字語》← *As(ia-)E(urope) M(eeting)*〙

a·se·mi·a /əsíːmiə/ *n.* 〘精神医学〙象徴不能(症), 失象徴(症)《言葉・身ぶりなどが理解[使用]不能なこと》. 〘← Gk *ásēmos* signless (← A-⁷+*sêma* sign)+-IA¹〙

a·sep·al·ous /eɪsépələs, eɪ-/ *adj.* 〘植物〙萼(がく)片を欠いた〈花〉.

a·sep·sis /eɪsépsɪ̀s, əs- | -sɪs/ *n.* (*pl.* **a·sep·ses** /-siːz/) 〘医学〙**1** 無菌(状態). **2** (外科的)防腐処置, 無菌法 (cf. antisepsis). 〘(1892) ← NL ～: ⇨ a-⁷, sepsis〙

a·sep·tic /eɪséptɪk, əs-/ *adj.* **1** 〘医学〙無菌の, 免毒性の; (外科的)防腐処置の: ～ surgery 無菌手術. **2** 感情を表に出さない, 控えめの, 冷たい; 〈文体など〉情味のない; 〈意見など〉とらわれない, 公平な. **3** 浄化効果をもつ. **—** *n.* 防腐剤 (cf. antiseptic). **a·sép·ti·cal·ly** *adv.* 〘(1859): ⇨ a-⁷, septic〙

Á sèries *n.* ＝A sizes.

-ases *suf.* -asis の複数形.

a·sex·u·al /eɪsékʃuəl, -ʃəl | -ʃuəl, -ʃʊl, -sjuəl, -sjʊl/ *adj.* **1** 〘生物〙性別のない, 性器のない, 無性の; 無性生殖による. **2** 性とは無関係の, 性を感じさせない: ～ clothing. **～·ly** *adv.* 〘1830〙

aséxual generátion *n.* 〘生物〙無性世代.

a·sex·u·al·i·ty /eɪsèkʃuǽləti | -ʃuǽlɪ̀ti, -sju-/ *n.* 〘生物〙無性(状態). 〘1877〙

aséxual reprodúction *n.* 〘生物〙無性生殖.

as·fet·i·da /æsfétədə, -fiːt- | -tɪdə/ *n.* ＝asafetida.

asg. 《略》assigned; assignment.

As·gard /ǽsgaəd, ǽz- | -gɑːd/ *n.* (*also* **As·garth** /-gaəθ | -gɑːθ/, **As·gar·dhr** /-gaəðə | -gɑːðə(r)/) 〘北欧神話〙アスガルド《アサ神族 (Aesir) の国で障壁がめぐらしてあり, 12 の神の住居があり, 最高神 Odin の殿堂 Valhalla などの宮殿があり, 地上との間には虹の橋 (Bifrost) がかかっているという》. 〘ON *Āsgardhr* ← *āss* god+*gardhr* yard〙

asgd 《略》assigned.

asgmt 《略》assignment.

ash¹ /ǽʃ/ *n.* **1** [しばしば *pl.*] 灰, 灰殻, 燃え殻; [*pl.*] (火事の後の)灰, 灰燼(じん): tobacco ～(*es*) / wood ～(*es*) 木灰 / cigarette ～(*es*) / a cigar ～ 葉巻きの灰《かたまり》/ ～(*es*) in the fireplace 暖炉の灰 / This coal leaves a lot of ～. この石炭は灰がたくさん出る / be burned to ～*es* 焼けて灰になる, 灰燼に帰する, 全焼する / In ten minutes the hut was [lay] in ～*es*. 10 分で小屋は灰になった. **2 a** 〘化学〙灰, 灰分. **b** 〘商用語〙＝soda ash. **c** 〘地質〙火山灰 (volcanic ash). **3** [*pl.*] (死体を焼いた後の)灰, 屍(し)灰, 遺骨; 《詩》遺骸, なきがら (cremated remains): His ～*es* were collected in an urn. 彼の遺骨は骨つぼに納められた / Peace (be) to his ～*es*! 故人の霊よ安らかなれ. **4** [*pl.*] (焼け跡の)残骸, 廃墟 (ruins); 痕跡 (vestiges): the ～*es* of the old order 旧体制の名残. **5** [*pl.*] 《詩》土, ちり (dust); 肉体, 人間: ⇨ DUST *and ashes*. **6** [*pl.*] (仕草・言葉などで表す)悲しみ[後悔, 遺憾など]の印: ⇨ *in* SACKCLOTH *and ashes*. **7 a** ＝ash gray. **b** [*pl.*] 《詩》(死人のような顔面の)蒼白(そうはく) (pallor). **8** [the Ashes] 〘クリケット〙(英豪戦 (test match) の仮想の)トロフィー; 英豪戦勝敗(の行方): win [lose] *the Ashes* 英豪戦で勝つ[負ける] / recover [bring back] *the Ashes* 英豪戦で雪辱する. 〘(1882): この年の英豪戦のあと英国のスポーツ紙で, 勝った豪チームが英チームの死体を火葬にし, その骨灰をオーストラリアに持ち帰ったと皮肉ったことから〙

ásh(es) of róses 灰色がかったピンク. ***áshes to áshes, dúst to dúst*** 灰は灰に, ちりはちりに(かえせ) (Prayer Book, *The Burial of the Dead*). ***(as) pále as áshes*** (顔面)蒼白で, まっさおな顔をして. (1678) ***láy in áshes***＝***redúce to áshes*** 全焼させる, 焼き払う; 〈国などを〉焦土と化する, 壊滅させる. (1711) ***ríse (like a phóenix) from the áshes*** (不死鳥のように)再生する, (災害などの)打撃から立ち直る: Japan *rose from the* ～*es of* defeat. 日本は敗戦の傷跡[痛手]から立ち直った. (c1870) ***túrn to áshes in a person's móuth*** 〈期待した経験などが〉苦々しいものとなる, いやな後味を残す.

— *vt.* **1** …に灰を振りかける. **2** 〈骨などを〉焼いて灰にする. **3** 〘化学〙炭化する.

～·less *adj.* 〘OE *asċe, æsċe* ← Gmc **askōn-* (Du. *as(ch)* / G *Asche*) ← IE **asgōn* ← **as-* to burn (L *ardēre* to burn / Gk *ásein* to dry up)〙

ash² /ǽʃ/ *n.* **1** 〘植物〙トネリコ《モクセイ科トネリコ属 (*Fraxinus*) の植物の総称》; (特に)セイヨウトネリコ (common ash), アメリカトネリコ (white ash). **2** トネリコ材《材質は強靭(きょうじん)》. **—** *adj.* [限定的] トネリコの; トネリコ製の. 〘OE *æsċ* ← Gmc **askiz-* (Du. *esch* / G *Esche*) ← IE **ōs-* (L *ornus* elm)〙

ash³ /ǽʃ/ *n.* アッシュ《古英語の合字 æ および音声記号 [æ] の呼び名》. 〘OE *æsċ* 'ASH²': ルーン文字 æ の呼び名から〙

ASH /ǽʃ/ *n.* 《英》禁煙健康増進協会. 〘(1968) 《頭字語》← *A(ction on) S(moking and) H(ealth)*〙

a·shake /əʃéɪk/ *adj.* [叙述的] (ぶるぶる)震えて (shaking). 〘(1856) ← A-¹+SHAKE〙

a·shamed /əʃéɪmd/ *adj.* [叙述的] **1 a** 〔自分・他人(の行為・状態)を〕恥じて, 恥ずかしく思って 〔*of*〕 (↔ proud, unashamed): She was [felt] ～ *of* her son [her son's ignorance]. / She was [felt] ～ *of* [*at, by*] her son's conduct. 彼女は息子の行為を恥じた / I felt ～ *of* what I said. 自分の言ったことを恥じた / Your kindness to me despite my insolence makes me (feel) ～. 私の不遜なふるまいにもかかわらず親切にしていただき痛み入ります / He is ～ *of* himself (*for* wearing such clothes). (そんな服装をしているため)自分を恥ずかしく思っている / I'm ～ *for* you. お前のせいで私の方が恥ずかしいよ. 日英比較 *ashamed* は倫理・道徳・常識の点から見て不名誉・不面目であることを意味するが, 日本語の「恥ずかしい」はその他に「きまりが悪い」(embarrassed),「はにかんでいる」(shy) ことも表す. ⇨ shame. **b** 〈…であることを〉恥じて 〈*that, to do*〉: He is ～ *that* he was rude. 失礼なことをした[言った]のを恥じて[恐縮して]いる / She felt ～ *that* you (should have) heard of her failure. 失敗したことが君の耳に入ったら恥ずかしいと思った / He was ～ *to* be seen in such a place. そんな場所にいるのを見られるのが恥ずかしかった (cf. 3). **2** [～ of *doing* として] …した[する]ことを恥じて: He is ～ *of having* done such a thing. そんな事をしたのを恥じている. **3** [～ *to do* として] **a** 恥ずかしくて…したくない, 〈…するのを〉潔しとしない: He was [felt] ～ *to* see his father. 気が引けて父に会いたくなかった, 父に合わせる顔がなかった (cf. 1 b) / He was [felt] ～ *to* ask for help. 恥ずかしくて助けを求められなかった / I'm ～ *to* say [admit] that I need help. ＝I need help, I'm ～ *to* say [admit]. お恥ずかしい話[こと]ですが助けてほしいのです. **b** [否定構文で]: She was *not* ～ *to* work as a maid. 女中として働くのをいとわなかった. **—** *adj.* [限定的] [今は修飾語を伴って] 恥じている: a very ～ man. **a·shám·ed·ly** /-mɪ̀dli | -mɪ̀d-, -md-/ *adv.* **a·shám·ed·ness** /-mɪ̀dnɪ̀s, -md-/ *n.* 〘OE *āsċeamod* (p.p.) ← *āsċamian* to be ashamed: ⇨ a-², shame (v.)〙

SYN 恥じている: **ashamed** 自分や他人の誤った[愚かな]行為を恥じている《一般的な語》: I was *ashamed* that I cried at the movie. 映画を見て泣いたのが恥ずかしかった. **humiliated** 自尊心を傷つけられている: I felt *humiliated* by the failure. 失敗して不面目に思った. **mortified** 誇りを傷つけられて悔しい思いをし, 屈辱を感じている: He was *mortified* when he was expelled from the university. 大学を退学させられたとき屈辱を感じた. **chagrined** 残念なことをしてくやしく思っている《格式ばった語》: I was *chagrined* at my blunder. へまをしたのがくやしかった. **ANT** proud.

A·shan·ti /əʃǽnti, əʃáːn- | əʃǽnti/ *n.* (*also* **A·shan·te** /～/) (*pl.* ～, ～**s**) **1** アシャンティ《西アフリカ, ガーナ中央部の州; 以前は王国, 後に旧英領 Gold Coast の一部 (1901–57); 重要な金採掘地域; 面積 24,930 km², 州都 Kumasi》. **2 a** [the ～(s)] アシャンティ族《アフリカ西部, ガーナ南部の森林地帯に住む種族》. **b** アシャンティ族の人. **3** アシャンティ語《Akan 語の一方言》.

Á shàres *n. pl.* 《英》〘証券〙(投票権などの制限付き)普通株.

Ash·be·ry /ǽʃbɛri | -b(ə)ri/, **John** (**Lawrence**) *n.* アッシュベリー《1927– ; 米国の詩人・美術評論家; フランスの象徴主義・ダダイズム・シュルレアリスムの影響を受け, 実験的で難解な詩を書く; *Self-Portrait in a Convex Mirror* (1975), *Shadow Train* (1981)》.

ásh bìn *n.* 《英》灰[石炭殻]入れ, ごみ箱 (cf. ashcan). 〘1883〙

ásh-blónd *adj.* 〈髪が〉薄い金髪[ブロンド]の. 〘1926〙

ásh blónd *n.* **1** 薄い金髪の人. **2** 薄い金髪[ブロンド]の色. 〘1903〙

ásh-blónde *adj.* ＝ash-blond.

ásh blónde *n.* ＝ash blond. 〘1903〙

Ash·bur·ton /ǽʃbəːtn̩ | -bɜ́ː-/, 1st Baron *n.* アッシュバートン《Alexander Baring の称号》.

Ash·by-de-la-Zouche /ǽʃbiḍəlɑzúːʃ, -dɛ-, -lɑː- | -də-, -dɛ-/ *n.* アッシュビードゥラズーシュ《英国中部 Leicestershire 北東部にある都市; スコットランド女王 Mary が幽閉された城がある》.

ásh·càke *n.* 《米南部・中部》(とうもろこしの粗挽き粉の生地を)熱い灰の中で焼いたパン.

ásh·càn *n.* 《米》**1** (金属製の)灰[石炭殻]入れ, ごみ入れ (cf. ash bin, dustbin, garbage can, trash can). **2** 《俗》爆雷 (depth charge). 〘1899〙

Ásh·can Schòol, a- s- /ǽʃkæn-/ *n.* [the ～] 〘美術〙アッシュカン派《20 世紀初頭の米国 New York などのスラム街をテーマにしたリアリスト画家のグループ》. 〘↑〙

ásh còlor *n.* 灰白色 (ash gray). **ásh-còlored** *adj.*

Ash·croft /ǽʃkrɔ(ː)ft, -krɑ(ː)ft | -krɔft/, Dame **Peggy** *n.* アッシュクロフト《1907–91; 英国の舞台・映画女優; Shakespeare 劇で有名になり, *A Passage to India* (1984) でアカデミー助演女優賞受賞》.

Ash·dod /ǽʃdɑ(ː)d | -dɔd; *Heb.* aʃdɔ́d/ *n.* アシュドド, アシドド《イスラエル西部, Jerusalem 市の西にある港湾都市; ペリシテ人の 5 都市の一つで, Dagon 礼拝の中心地であった; cf. *Josh.* 13:3》.

Ash·down /ǽʃdaun/, **Paddy** *n.* アッシュダウン《1941– ; 英国の政治家; 自由民主党 (Liberal Democrat Party) 党首 (1988–99); 本名 Jeremy John Durham Ashdown》.

ásh dùmp *n.* (炉の)灰落とし.

Ashe /ǽʃ/, **Arthur** (**Robert**) *n.* アッシュ《1943–93; 米国のテニス選手; 全米オープン優勝 (1968), ウィンブルドン優勝 (1975)》.

ash·en¹ /ǽʃən/ *adj.* **1** 灰の(ような); 灰色の, 青白い (⇨ pale¹ SYN): an ～ face. **2** 灰からできている. 〘(c1375): ⇨ ash¹, -en¹〙

ash·en² /ǽʃən/ *adj.* 《古》トネリコの(ような); トネリコ製の. 〘(a1325): ⇨ ash², -en¹〙

áshen-fàced *adj.* (ショック・恐怖・病気などで)顔色が青ざめて.

Ash·er /ǽʃə | ǽʃə(r)/ *n.* **1** アッシャー《男性名》. **2** 〘聖書〙**a** アセル《Jacob の第 8 子; cf. *Gen.* 30:12–13》. **b** アセル族《Asher を祖とするイスラエルの十二支族の一つ》. 〘□ Heb. *Āšēr* (通俗語源) happy〙

ash·er·y /ǽʃ(ə)ri/ *n.* **1** 灰置場. **2** 灰焼場; 真珠灰[粗製炭酸カリ]製造所. 〘(1831) ← ASH¹+-ERY〙

ash·et /ǽʃɪt, ǽʃət/ *n.* 《スコット・NZ》大皿. 〘(1552) □ F *assiette*〙

Ashe·ville /ǽʃvɪl, -vəl | -vɪl/ *n.* アシュビル《米国 North Carolina 州西部の都市》. 〘← *Samuel Ashe* (1725–1813: North Carolina 州知事): ⇨ -ville〙

Ash·ford /ǽʃfəd | -fəd/ *n.* アシュフォード《イングランド Kent 州中部の都市; 定期的に市場を開く》.

ásh fùrnace *n.* 〘ガラス製造〙アッシュ炉《ガラス製造用の原料をフリット (frit) にするための窯炉》.

Ash·ga·bat /ǽʃgəbæ̀t, -bɑ̀ːt | ɑ̀ːʃgəbɑ́ːt/ *n.* ＝Ashkhabad.

ásh gráy *n.* 灰白色 (ash color). **ásh-gráy** *adj.* 〘1889〙

ásh hèap *n.* 灰の山, 灰だまり. 〘c1650〙

ásh hòle *n.* (炉下部の)灰落とし孔; 灰だめ場. 〘1641〙

a·shim·mer /əʃímə | -mə(r)/ *adj.* [叙述的] かすかに[ちらちら]光って 〔*with*〕. 〘(1926) ← A-¹+SHIMMER〙

a·shine /əʃáɪn/ *adj.* [叙述的] 光って, 輝いて (shining) 〔*with*〕. 〘(1840) ← A-¹+SHINE〙

ásh·ing *n.* **1** 灰を振りかけること. **2** 〘化学〙灰化; 除灰; 灰磨き. 〘(1842): ⇨ -ing¹〙

Ash·ing·ton /ǽʃɪŋtən/ *n.* アシントン《イングランド北東部 Northumberland 州の町; 石炭鉱業が盛ん》.

a·shiv·er /əʃívə | -və(r)/ *adj.* [叙述的] 震えて (shivering) 〔*with*〕. 〘(1840) ← A-¹+SHIVER〙

Ashkelon *n.* ＝Ashqelon.

Ash·ke·na·zi /ɑ̀ːʃkənáːzi, æ̀ʃkənǽzi | æ̀skɪ̀náː-/ *n.* (*pl.* **-na·zim** /-zɪm/, ～) アシュケナジ《ヨーロッパ中部およ

び北部のユダヤ人; cf. Sephardi). **Ash·ke·naz·ic** /àːʃkənáːzɪk, æ̀ʃkənǽz- | æ̀skənáːz-/ adj. 〖◻MHeb. *Aškᵉnazzīm* (pl.) ← Heb. *Aškᵉnáz* a descendant of Japheth (cf. *Gen.* 10:3): 中世的用法ではドイツを意味する〗

Ash·ke·na·zy /àːʃkənáːzi, æ̀ʃ- | æ̀ʃ-; *Russ.* aʃkʲináːzʲi/, **Vladimir Davidovich** *n.* アシュケナージ (1937– ; ロシア生まれのピアニスト・指揮者; アイスランド国籍を得る (1972)).

ásh kèy *n.* 〘植物〙トネリコの翅果 (cf. key¹ 16).

Ash·kha·bad /ǽʃkəbæ̀d, -bàːd/ *n.* アシガバート, アシハバード (トルクメニスタン共和国の首都; 大学都市; 旧名 Poltoratsk (1919–27); Ashgabat ともつづる). 〖← Turk. *ishk* love ＋ Pers. *abad* town〗

ash·lar /ǽʃlə | -lə(r)/ *n.* **1** 〘石工〙 **a** [集合的にも用いて] 切石, 張付け石. **b** 切石積み (ashlar masonry ともいう; cf. ragwork). **2** 〘建築〙屋根裏仕切束. — *vt.* …に切石を張る. 〖(1339–40) ◻ OF *aisselier* crossbeam ◻ L *axilla* (dim.) ← *axis* plank〗

ásh·lar·ing /-lərɪŋ/ *n.* **1** 〘石工〙 **a** ＝ashlar 1 b. **b** [集合的] 切石, 張付け石. **2** [集合的]〘建築〙屋根裏仕切束. 〖(1731): ⇨ ↑, -ing¹〗

áshlar lìne *n.* 〘建築〙横目地(ﾖｺﾒｼﾞ) (切石を積んだ壁面外部の水平線).

áshlar màsonry *n.* 〘石工〙＝ashlar 1 b.

ash·ler /ǽʃlə | -lə(r)/ *n.*, *vt.* ＝ashlar.

Ash·ley /ǽʃli/ *n.* アシュリー (男性名; 女性名).

Ashley, Laura *n.* アシュリー (1925–85; 英国の服飾・家具デザイナー; cf. Laura Ashley).

Ashley, Sir William James *n.* アシュリー (1860–1927; 英国の経済史家).

ásh·màn /-mæ̀n/ *n.* (*pl.* **-men** /-mèn/) (米) (ごみ類を集める)清掃夫. 〖1625〗

Ash·mole /ǽʃmoʊl | -məʊl/, **Elias** *n.* アシュモール (1617–92; イングランドの古物収集家; コレクションを Oxford 大学に寄贈 (1677)).

Ash·mó·le·an Muséum /æʃmóʊliən- | -məʊ-/ *n.* [the ～] アシュモリアン博物館 (Oxford 大学付属の美術考古学博物館; 英国で最も古く, 1683 年公開).

Ásh·more and Cár·ti·er Íslands /ǽʃmɔər-ən(d)káːtièr- | -mɔː(r)ən(d)káːti-/ *n.* アシュモー カーティエ島 (インド洋上のオーストラリア領の島で, 無人島; アシュモー礁(または島)とカーティエ島からなる).

A·sho·ka /əʃóʊkə, əsóʊ- | əʃə́ʊ-, əsə́ʊ-/ *n.* ＝Asoka.

a·shore /əʃɔ́ə | əʃɔ́ː(r)/ *adv.* **1** 浜に[へ], 岸に[へ] (on or to the shore): be driven ～ 〈船などが〉岸に吹き付けられる; 座礁(ｻﾞｼｮｳ)する / be washed ～ 岸に打ち上げられる / run ～ 浅瀬に乗り上げる, 座礁する / swim ～ 岸へ泳ぎ着く. **2** 陸上に (on land) (↔ aboard, afloat): ～ and adrift 陸上にまた海上に / come [go] ～ (船から)上陸する; 〈水泳者が〉浜に上がる; 〈船が〉座礁する / take ～ 陸揚げする. — *adj.* [叙述的] 陸上にいる[ある], おかに上がって: life [service] ～ 陸上生活[勤務]. 〖(1586) ← A-¹ ＋ SHORE〗

ásh òven *n.* 〘ガラス製造〙＝ash furnace.

ásh-pále *adj.* 灰白色の; 青白い.

ásh·pàn *n.* (炉の火床 (grate) 下の)灰受け皿, 灰受け, 灰皿. 〖1568〗

ásh·pìt *n.* (炉の火床下の)灰落とし穴, 灰だめ. 〖1797〗

ásh·plànt *n.* **1** トネリコ (ash) の若木 (ステッキ・むちなどに用いる). **2** トネリコのステッキ. 〖1850〗

ásh·pòne *n.* (米) 熱灰で焼いたとうもろこしパン (1 個).

Ash·qe·lon /ǽʃkəlɑ̀(ː)n | -kʃlən, -lɒn/ *n.* (*also* **Ash·ke·lon** /～/) **1** アシュケロン, アスカロン (古代 Jerusalem の西南西の地中海に臨む古代都市; cf. *Judge* 1:18, *I Sam.* 6:17; Ascalon, Askalon, Askelon ともつづる). **2** アシュケロン (イスラエルの地中海岸の都市).

ASHRAE (略) American Society of Heating, Refrigerating and Air-Conditioning Engineers 米国暖冷房空気調整技術者協会.

ash·ram /áːʃrəm, ǽʃrɑːm | ǽʃrəm, -rɑːm/ *n.* **1** 〘ヒンズー教〙(聖者の住む)隠所, 庵(ｲｵﾘ) (hermitage); 僧房, 修行所; (隠所・僧房の)修行者たち. **2 a** (禅などの)修行所, 道場. **b** (米) ヒッピー族のたむろする場所, ヒッピー村 (hippie commune). 〖(1917) ◻ Skt *āśrama* ← *ā* toward ＋ *śrama* fatigue, religious exercise〗

a·shra·ma /áːʃrəmə/ *n.* **1** 〘ヒンズー教〙アーシュラマ (インド古代法典に規定された上流階級 (Brahmans, Kshatriyas, Vaisyas) の生涯の四つの住期の一つ: (1) 学生期 (brahmacharya), (2) 家住期 (grihastha), (3) 林住期 (vanaprastha), (4) 遊行期 (sannyasi)). **2** ＝ashram 1. 〖◻ Skt *āśrama* (↑)〗

ásh·stànd *n.* スタンド式[付き]の灰皿.

Ash·ta·roth /ǽʃtərɔ̀(ː)θ, -rɑ̀(ː)θ | -rɒθ/ *n.* ＝Ashtoreth.

Ash·ton /ǽʃtən/, **Sir Frederick William Mallandaine** *n.* アシュトン (1904–88; エクアドル生まれの英国の舞踏家・振付師).

Ash·ton-un·der-Lyne /ǽʃtənʌ̀ndəláɪn, -tn- | -də-/ *n.* アシュトン アンダー ライン (イングランド北西部 Manchester 東方の工業都市; 単に Ashton ともいう). 〖← *Ashton* (⇨ ash², town) ＋ UNDER ＋ *Lyme* (← Celt. (原義) elm tree: cf. Welsh *llwyf* elm)〗

Ash·to·reth /ǽʃtərèθ | -tə-, -tɔ-/ *n.* 〘神話〙アシュトレト (古代セム族の愛と豊穣の女神; cf. Ishtar, Astarte). 〖◻ Heb. *'Aštōreth* (混成) ← *'Aštart* 'ASTARTE' ＋ *bōšeth* shame: 古代ヘブライ人はこの女神を「恥」と見なしたことから〗

ash·tray /ǽʃtrèɪ/ *n.* (たばこの)灰皿. 〖1887〗

A·shur /áːʃʊə | -ʃʊə(r)/ *n.* ＝Assur.

A·shur·ba·ni·pal /àːʃʊəbáːnəpàːl, -ʃə- | æ̀ʃəbáː-nɪpæ̀l, -pəl, -pl/ *n.* アッシュールバニパル (アッシリア帝国最後の王; 在位 669?–?626 B.C.; Nineveh に王宮・神殿・大図書館を建造; cf. Sardanapalus).

Ásh Wédnesday *n.* 灰の水曜日, 聖灰水曜日 (Lent の初日; カトリック教会ではこの日に懺悔(ｻﾞﾝｹﾞ)の象徴として頭上に灰をかける習慣がある; First Day of Lent ともいう). 〖(*c*1300): cf. LL *dies cinerum* day of ashes〗

ash·y /ǽʃi/ *adj.* (**ash·i·er**; **-i·est**) **1** 灰の. **2** 灰だらけの, 灰まみれの. **3** 灰のような(色の), 灰白色の. ★ 時に副詞的にも用いる: His face turned [went] ～ pale. 顔色が真っ青になった. 〖*c*1385〗

ASI (略) 〘航空〙airspeed indicator.

ʻA·si /ǽsi/ *n.* アーシ(川) (Orontes 川のアラビア語名).

A·sia /éɪʒə, -ʃə/ ★ (英) でも最近は /-ʒə/ の発音が増加しており, /-ʃə/ を上回る勢い. *n.* アジア (五大州の一つ; 面積 44,000,000 km²). 〖(?*a*1300) ◻ L ～ ◻ Gk *Asía* ← Akkad. *āṣū* to go out, rise〗

Ásia Mínor *n.* 小アジア (アジア西部の黒海・地中海および Marmara 海の間の半島部; トルコの大部分を含む; cf. Anatolia).

A·sian /éɪʒən, -ʃən/ ★ (英) でも最近は /-ʒən/ の発音が増加している. *adj.* アジアの; アジア人の. — *n.* アジア人 (cf. Asiatic). 日英比較 日本ではいわゆるアジア全般を連想するのが普通であるが, (米) では特に日本・韓国・中国など東アジアを, (英) では特にインド・パキスタン・バングラデシュなど南アジアを連想することもある. 〖(*a*1563) ◻ L *Asiānus* ◻ Gk *Asiānós* ← *Asía* 'ASIA': ⇨ -an¹〗

Ásian-Américan *n.*, *adj.* アジア系アメリカ人(の). 〖1974〗

Ásian chólera *n.* ＝Asiatic cholera.

Ásian Devélopment Bànk *n.* アジア開発銀行 (アジア・太平洋地域の発展途上国の経済開発を促すための融資を目的に 1966 年設立; 本店所在地 Manila; 略 ADB).

Ásian élephant *n.* 〘動物〙アジアゾウ, インドゾウ (Indian elephant). 〖1981〗

Ásian flú *n.* ＝Asian influenza. 〖1958〗

Ásian Gámes *n. pl.* [the ～] アジア競技大会 (4 年に 1 回開催されるスポーツ大会).

A·si·an·ic /èɪʒiǽnɪk, -ʃi- | -ʃi-, -ʒi-/ *adj.* **1** 小アジアの. **2** 〘文学〙(紀元前の 3 世紀間にアジアのギリシャ人が用いた文体のように)誇張的で華麗な. **3** 〘言語〙非インドヨーロッパ語族の. 〖1883〗

Ásian influénza *n.* アジアかぜ. 〖1957 年そのウイルスが香港で初めて発見されたことから〗

A·sian·ize /éɪʒənàɪz, -ʃə- | -ʃə-, -ʒə-/ *vt.* アジア化する. 〖1893〗

Ásian péar *n.* 〘園芸〙アジアナシ (ニュージーランド産の果汁の多いナシ).

Ásia-Pacífic règion *n.* アジア太平洋地域 (環太平洋地域 (Pacific Rim) の国々に加えて全アジアからなる経済地域).

A·si·at·ic /èɪʒiǽtɪk, -ʃi- | -tɪk/ *adj.* アジア(人)の; アジア式[風]の. — *n.* アジア人. ★ Asiatic は(特に人種の場合は)侮蔑の意を含むと思われがちなので, Asian の方が多用される傾向がある. 〖(1631) ◻ L *Asiaticus* ◻ Gk *Asiatikós* of Asia: ⇨ Asia, -atic〗

Ásiatic béetle *n.* 〘昆虫〙＝oriental beetle.

Ásiatic chólera *n.* 〘病理〙アジア[真性]コレラ (⇨ cholera). 〖1831〗

Ásiatic cóckroach *n.* 〘昆虫〙コバネゴキブリ (⇨ oriental cockroach).

Ásiatic flú *n.* (口語) ＝Asian influenza.

A·si·át·i·cìsm /-təsɪzm | -tɪ-/ *n.* **1** アジア風[式](の模倣). **2** (文体・様式などの)華麗さ. 〖1774〗

ASIC (略) 〘電子工〙application specific integrated circuit 特定用途向け IC.

ASID (略) American Society of Interior Designers 米国室内装飾家協会.

a·side /əsáɪd/ *adv.* **1** わきへ[に], かたわらに: stand [step] ～ わきへ寄る[よける] / take [draw] a person ～ (内緒話などのため)人をわきへ連れて行く / push [elbow] a person ～ 人をわきへ押しのける[ひじでわきへ押しのける] / turn ～ (from) (…から)わきへそれる. **2** 別にして, 取りのけて (in reserve): Keep [Hold] this book ～ (for me). この本を(私に)取っておいて下さい / put money ～ for the future 将来に備えて金を取っておく. **3** 除外して, 抜きにして (apart): joking [jesting] ～ 冗談はさておき. **4** わきを向いて(そっと): speak ～ (相手には聞こえぬように)わきを向いて(そっと)言う; 〈俳優が〉わきぜりふ[傍白]を言う. **5** 双方それぞれ, 各々 (on each side). **6** [～ of として] (古・方言) …のわき[そば]に, …と並んで (beside, alongside of).

aside from (米) ＝APART *from*. ***sèt aside*** ⇨ set 成句.

— *n.* **1 a** 〘演劇〙わきぜりふ, 傍白 (相手役に聞こえない約束で言う独白): in an ～ (to the audience). **b** ひそひそ話, ささやき 〔*to*〕. **2** 余談 (digression). 〖(?*a*1300): ⇨ a-¹, side〗

Á-sìde *n.* (*also* **Á sìde**) (レコードの) A 面. 〖1962〗

a·sien·to, A- /æ̀siéntoʊ, àːs- | -təʊ; *Sp.* asjénto/ *n.* (*pl.* **～s** /～z; *Sp.* ～s/) 〘スペイン史〙奴隷貿易独占権, アシエント (1713 年の Utrecht 条約によってスペイン王と英国との間に結ばれたアメリカ大陸におけるスペイン植民地に対するアフリカ黒人と各種商品の供給契約). 〖◻ Sp. ～ 'seat, treaty' ← *asentar* to seat, make an agreement ← *a-* 'AD-' ＋ *sentar* to seat〗

a·sig·mat·ic /èɪsɪgmǽtɪk | -tɪk/ *adj.* 〘文法〙語根に s を付加せずに形成された (例えば古代ギリシャ語で *lúō* "I lose" の aorist 形 *é-lū-s-a* に対して *léipō* "I leave" のそれは *é-lip-on* と -s- をもたない). 〖(1893) ← A-⁷ ＋ SIGMATIC〗

As·i·mov /ǽzəmɑ̀(ː)f, -mɑ̀(ː)v | ǽzɪmɒ̀f, ǽs-, -mɒ̀v/, **Isaac** *n.* アシモフ (1920–92; ロシア生まれの米国の SF 作家・生化学者; *I, Robot* (1950), *Foundation* (1951)).

A·sin /áːsɪn, -sn̩ | -sɪn/ *n.* アシン(の月) (ヒンズー暦の 7 番目の月名で, 太陽暦の 9–10 月に当たる; cf. Hindu calendar). 〖◻ Skt *Āśvina*〗

as·i·ni·co /æ̀sənìːkoʊ | -kəʊ/ *n.* (廃・方言) 愚か者. 〖(1606) ◻ Sp. *asnico* (dim) ← *asno* 'ASS¹'〗

as·i·nine /ǽsənàɪn, -sn- | ǽsɪn-/ *adj.* **1** 愚かな, 頑迷な. **2** ロバの; ロバのような. **～·ly** *adv.* 〖(*c*1610) ◻ L *asininus* ← *asinus* 'ASS¹, dolt': ⇨ -ine¹〗

as·i·nin·i·ty /æ̀sənínəti, -sn- | æ̀sɪnínɪti/ *n.* 頑固, 愚鈍(な行い, 性質). 〖(1831): ⇨ ↑, -ity〗

ASIO /éɪzioʊ, ǽz- | -ziəʊ/ (略) Australian Security Intelligence Organization.

A·sir /ǽsíə | æsíə(r)/ *n.* アシール (サウジアラビア南西岸の地方; 面積 103,600 km²).

Asír Móuntains *n. pl.* [the ～] アシール山脈 (サウジアラビアの南西部にある山脈で, 紅海に平行して連なる).

-a·sis /-əsɪs | -sɪs/ *suf.* (*pl.* **-a·ses** /əsìːz/) 「…に似た状態・特徴」の意を表し, 通例 -iasis の形で病名に用いられるギリシャ語系名詞を造る: elephanti*asis*, mydri*asis*, psori*asis*. 〖◻ L *-āsis* ◻ Gk *-āsis*: cf. -sis, -iasis, -osis〗

as·i·ty /ǽsəti | ǽsɪti/ *n.* 〘鳥類〙マミヤイロチョウ (マダガスカルの森にすむマミヤイロチョウ科の鳥の総称; マミヤイロチョウ属 (*Philepitta*), ニセタイヨウチョウ属 (*Neodrepanis*) の 2 属を含む).

Á sìzes *n.* (紙型の) A 判 (国際標準機構に認められた紙の寸法; 2A 0 (1189×1682 mm) から A7 (74×105 mm) まで 9 種類; A series ともいう).

ask /ǽsk | áːsk/ *vt.* **1** 〈人〉に〈ものを〉尋ねる, 問う (inquire): ～ (a person) the price, the way, etc. / ～ (a person) a question ＝ ～ a question (of a person) 人に質問する (★ of を用いた後者の方が堅い表現) / ～ (a person) a person's name / ～ a person *about* a matter / (When) *asked* about the matter, she refused to comment. そのことについて聞かれると彼女はコメントすることを拒んだ / ～ (a person) *who* it is [*where* to go] / He ～*ed* (me [himself]) *if* [*whether*] it was true. 本当かどうか(私に)尋ねた[自問した] / We were ～*ed* no questions. ＝ No questions were ～*ed of* us. 私たちは何も聞かれなかった / May I ～ the time? 時間を教えていただけませんか / "Do you know him?" I ～*ed*. 「彼を知っていますか」と私は聞いた / Is this yours, may I ～ [if I may ～]? 失礼ですがこれはあなたのですか. **2 a** [目的語＋*to* do または *that*-clause を伴って] 〈人に〈…することを〉頼む[求める]: He ～*ed* me *to* marry him. 彼は私に結婚してくれと言った / I will ～ him not *to* go. 彼に行かないように頼もう / She can explain everything if (she is) ～*ed to* [if you ～ her *to*]. 求められれば彼女はすべてを説明するだろう / They were ～*ed to* do it. / She ～*ed that* the meeting (should) not be postponed. 会合が延期されないように求めた / I ～*ed that* he (should) come at once. 彼にすぐ来てもらいたいと言った. **b** [*to* do を伴って] 〈…すること[許可]を〉頼む, 請う: He ～*ed to* see the manager. 支配人に会わせてもらいたいと言った / I ～*ed* (my secretary) *for* someone *to* post the letter. 手紙をだれかに出させるように(秘書に)頼んだ. **c** 〈人〉に〈ものを〉頼む, 請う, 求める (request, beg): ～ (a person) a favor, a person's advice, etc. / May I ～ you a favor? ＝ May I ～ a favor (of you)? 一つお願いがあります / He ～*ed* me *for* some money [a night's lodging]. 私に金を少しくれ[一晩泊めてくれ]と言った / She ～*ed* his permission. ＝ She ～*ed* permission *of* him. ＝ She ～*ed* him *for* permission. 彼の許可を求めた / I ～ nothing of you. 君に何も求めはしない / You are ～*ing* a lot [too much] *of* your son. あなたは息子さんに多くを期待しすぎている / That is too much to ～ *of* a student. 学生にそれを求めるのは無理だ / You're [That's] ～*ing* a lot [the impossible]. 要求がすぎる[不可能なことを求めている]. **d** (口語) 〈女性〉に結婚を申し込む: Mother, he ～*ed* me again. **3 a** [しばしば方向の副詞語句を伴って] 招待する, 招く, 呼ぶ (invite): ～ a person *to* [*for*] dinner [a party, tea] 人を晩餐[パーティー, お茶]に招待する / Why not ～ Mary along, too? メアリーも呼んではどう / ～ a person *down* [*up*] 人に上[下]へ来てもらう / ～ a person *in* 人を呼び入れる[通す] / ⇨ ASK *out* (1) / ～ a person *over* [(*a*)*round*] (to one's house) 人を(自宅に)招く / ～ a person *back* (招かれた)お礼に人を招待する (cf. *vi.* 1) / If they've ～*ed* us *over*, we should really ～ them *back*. 私たちを招待してくれたら実際に招待をお返ししなくては / He ～*ed* several friends *over* [(*a*)*round*] *to* meet me. 私を引き合わせるために数人の友人を相客に招いた. **b** [目的語＋*to* do を伴って] 〈人を〉〈…するように〉招く, 誘う: I ～*ed* her *to* come to [for] tea. 彼女をお茶に呼んだ (cf. 2 a). **4** (代価として)請求する, 要求する (demand): ～ a high price / ～ the earth [a fortune] 法外な要求[請求]をする / What [How much] are you ～*ing for* this hat? この帽子はいくらですか / They ～*ed* (me) ten dollars *for* it. それは 10 ドルだと言った / They ～*ed* too much. ひどく高いことを言った. **5** 〈物事が〉要する (require) (cf. *vi.* 3): It ～*s* close attention. それには細心の注意がいる. **6** (古) 〘キリスト教〙 (教会で)〈聖職者が〉結婚予告 (banns) を〉発表する (publish); …の結婚予告を発表する (cf. asking 2): ～ the banns / be ～*ed* (in church) 〈当事者が〉教会で結婚予告をしてもらう.

— *vi.* **1** 尋ねる, 問う (inquire) 〔*about, after*〕: ～ again [back] 問い返す / I ～*ed about* it. それについて尋ねた[問い合わせた] / ⇨ ASK *after* / Now you are ～*ing*! (口

A

語》いや, それは難問だ / That's ~*ing*! 《口語》返事はご免だ, ノーコメントだ. **2 a** 〔宿・食物・援助などを〕求める, 請う (beg); 〔人と〕面会[話]したいと頼む 〔*for*〕: ~ *for* help, advice, money, time, etc. / ~ *for* a night's lodging 一夜の宿を求める / She ~*ed for* his permission. (cf. *vt.* 2 c) / ~ *for* a person 人に面会を求める / Someone came [telephoned] ~*ing for* you. だれか君を訪ねて来た[君に電話をかけてきた] / You're [That's] ~*ing for* a lot [the impossible] (from me). 要求が多すぎる[そんな要求は無理だ] / *Ask*, and it shall be given you. 求めよ, さらば与えられん (*Matt.* 7:7, *Luke* 11:9). **b** 〔罰などを〕自ら招くようなことをする 〔*for*〕: ~ *for* it 《口語》=ask for trouble (⇨ trouble 1 a) / You ~*ed for* it. 自業自得だろ, おれは知らんよ. **3** 〈物事が〉〔…を〕要する (require) 〔*for*〕 (cf. *vt.* 5): It ~*s for* close attention. それには細心の注意がいる.
ásk àfter 人の健康を尋ねる: ~ *after* a person's health 人の健康を尋ねる, 人が元気かと聞く / He ~*ed after* Mary and the kids. メアリーと子供たちは元気かと尋ねた. ***ásk aróund*** (1) あちこち[その辺りで]尋ねる: If you don't know the answer, you'll have to ~ *around*. 答えがわからなければあちこち尋ねなさい. (2) ⇨ *vt.* 3 a. ***ásk for*** (1) 〈ある場所〉への道案内を求める: He ~*ed for* the post office. 郵便局へ行く道を教えてくれといった (cf. *vt.* 2 c, *vi.* 2 a). (2) ⇨ *vi.* 3. (3) 《スコット》=ask after. ***Ásk me anóther.*** 《口語》そんなこと(こっちだって)知らない (I don't know). 《1910》 ***ásk óut*** (1) デートに誘う, よそへ招待する: ~ a person *out to* dinner / You'll never get ~*ed out* if you don't get your hair cut. 髪を切らないと絶対誘ってもらえないよ. (2) 《米》やめさせてもらう, 辞職[辞任]する. ***Dón't àsk mé.*** 《口語》(そんなことを私に尋ねるのは)お門違いだ: Will the boss give me a raise?—*Don't* ~ *me*. I'm only his secretary. 社長は給料を上げてくれるだろうか—私に聞いてもわかるものですか. 私は単なる秘書です. ***if yóu àsk mé*** 《口語》私に言わせてもらえれば, 私の考えでは (in my opinion): *If you* ~ *me*, the weather is not ideal for a picnic. 《1856》 ***(Wéll,) I ásk you*** 《口語》全くひどい(ものだ), けしからん: (*Well,*) *I* ~ *you*, can you call this an expressway? これが高速道路だって. 《1855》
〖OE *āscian* (音位転換) ← *ācsian, āxian* to ask < (WGmc) **aiskōjan* (G *heischen*) ← IE **ais-* to wish (L *aeruscāre* to beg / Gk *hímeros* longing)〗

SYN 尋ねる: **ask** 相手に情報を求める《一般的な語》: *Ask* him if he knows. 彼に知っているかどうか聞いてみなさい. **inquire** 事実または真相を尋ねる: He *inquired* how to get there. 彼はそこへどうやって行くのかを尋ねた. **query** ある事柄の正確さについて疑いを抱いて質問する; 単に「質問する」の意味でも用いる: I *query* whether he can be trusted. 彼が信用できるかどうか疑問だ / 'What's the time?' he *queried*. 「今何時?」と彼は聞いた. **question** 真相を知るために一連の質問をする: He *questioned* the witness at length. 証人に長々と審問した. **interrogate** 相手から情報を得るために公式に長時間にわたり徹底的に質問をする: The prosecutor *interrogated* the prisoner closely. 検事は刑事被告人を厳しく尋問した. **ANT** answer, respond, reply.

Ask /ɑ́ːsk/ *n.* 〖北欧神話〗アスク《神々によってトネリコ (ash) とニレ (elm) から作られた最初の男; cf. Embla》. 〖□ ON *Askr*: cf. ash[2]〗
As·ka·lon /ǽskəlɑ̀(ː)n | -k(ə)lən, -lɔ̀n/ *n.* =Ashqelon 1.
a·skance /əskǽns | -kǽns, -kɑ́ːns/ *adv.* 横に (sideways); 横目で, 怪しそうに, 疑って (suspiciously, distrustfully, scornfully); 軽蔑して; 非難して; ねたんで: look ~ at …を横目で見る, (じろりと)しりめにかける; …を怪しいと思って見る. **—** *vi.* 《廃》そらす (turn aside). 〖《1530》 *a scanche, a sca(u)nce* ← ?: cf. ME *ascaunce* as if to say (← ᴀs+OF *quanses* how of), *askoin* sidewise (← ᴀ-[1]+? (M)Du. *schuin* sidewise)〗
a·skant /əskǽnt/ *adv.* =askance. **—** *prep.* 《廃》斜めに. 〖1633〗
as·ka·rel /ǽskərèl/ *n.* 〖化学〗アスカレル《不燃性合成絶縁材[油]の総称》.
as·ka·ri /ǽskɑ́ːri, əs-/ *n.* (*pl.* ~, ~**s**) **1** (ヨーロッパ人に訓練された東アフリカの)アフリカ兵. **2** (東アフリカの)アフリカ人警官. 〖《1889》□ Arab. *'askarī* soldier〗
As·ke·lon /ǽskəlɑ̀(ː)n | -k(ə)lən, -lɔ̀n/ *n.* =Ashqelon 1.
ásk·er *n.* **1** 尋ねる人; 質問者. **2** (何かを)求める[ねだる]人; 乞食(こじき) (beggar). 〖*c*1375〗
as·ke·sis /əskíːsɪs, æs- | -sɪs/ *n.* (*pl.* **as·ke·ses** /-siːz/) 〖哲学〗=ascesis.
a·skew /əskjúː/ *adv.* 斜めに (obliquely), 横に (sidelong); ゆがんで (awry); 軽蔑的に, さげすんで: hang a picture ~ 絵を斜めに掛ける / look ~ at …を斜めに見る, (軽蔑して)横目で見る. **—** *adj.* [通例叙述的] 斜めに; ゆがんで[だ]: His glasses were very much ~. 眼鏡がひどくゆがんでいた. **~·ness** *n.* 〖《1573》← ᴀ-[1]+sᴋᴇᴡ[1]〗
As·key /ǽski/, Sir **Arthur Bowden** *n.* アスキー《1900–82; 英国のコメディアン》.
ask·ing /ǽskɪŋ | ɑ́ːsk-/ *n.* **1 a** 尋ねること, 質問. **b** 求めること, 請求. **2** 《古》(結婚の)予告(をすること) (cf. ask *vt.* 6): This is the first time of ~. これ第1回の予告なり (*Prayer Book*, 'Solemnization of Matrimony'). ***for the ásking*** 請求(する)だけで, (ほしいと言えば)ただで: You may have it [It's yours, It's there] *for the* ~. ほしいと言いさえすれば(ただで)もらえる. 〖OE *āscung, āxung*〗

ásking bìd *n.* 〖トランプ〗(contract bridge で) アースキング ビッド《スラム (slam) の可能性がある時, パートナーに特定のスーツ (suit) の即攻札 (quick trick) の有無を聞くために使う特殊なビッド》. 〖1936〗
ásking prìce *n.* 〖商業〗(売り手の)言い値. 〖1755〗
ásking ràte *n.* 〖商業〗(売り手の)言い値, 要求歩合, 要求交換比率. 〖1930〗
As·kja /ɑ́ːskjə/ *n.* アスキャ(山)《アイスランド中東部の火山 (1,510 m); 同国最大の噴火口 (88 km^2)》.
a·sklent /əsklɛ́nt/ *adv., adj.* [叙述的], *prep.* 《スコット》=aslant. 〖《1584》《スコット》← ᴀsʟᴀɴᴛ〗
as·kos /ǽskɑ(ː)s | -kɔs/ *n.* (*pl.* **as·koi** /-kɔɪ/) (古代ギリシャ・ローマの)香油入れ, ぶどう酒入れ (cf. alabastrum, aryballos, lecythus). 〖□ Gk *askós* leather bag: cf. ascus〗
ASL 《略》American Sign Language (cf. Ameslan).
ASLA /èɪèsèlèɪ/ 《略》American Society of Landscape Architects アメリカ造園家協会《造園家・都市計画・地域計画の専門家たちの団体》.
a·slant /əslǽnt | -lɑ́ːnt/ *adv.* 傾斜して, 傾いて, 斜めに (obliquely): The rain was driven ~. 雨は(風で)斜めに降った. **—** *adj.* [叙述的] 傾いて, 斜めで: listen with (one's) head ~ 小首を傾けて聞き入る. **—** *prep.* …を斜めに横切って, …と筋違いに (athwart): The ship was sailing ~ the bay. 〖(*a*1325) *aslant(e), oslant(e)* on slope: ⇨ a-[1], slant[1] (n.)〗
a·sleep /əslíːp/ *adj.* [叙述的] **1** 眠って (sleeping) (↔ awake): fall ~ 寝入る, 寝つく (cf. 5) / be [lie] fast [sound] ~ ぐっすり寝入っている / be [lie] half ~ うとうとする. **2** 〈手足が〉しびれて (numb): My foot is ~. **3** 〈こま (top) が〉(よく回って)澄んで(いて). **4** (眠ったように)静まって, 休止して, 無気力[無関心]で. **5** 《婉曲》永眠して, 眠って (dead): ~ in the grave / fall ~ 永眠する (cf. 1). **6** 〖海事〗(風が無く)〈帆が〉たるんでしまって. 〖ME *aslepe* < OE *on slǣpe*: ⇨ a-[1], sleep〗
ASLEF /ǽzlɛf, ǽs-/ 《略》《英》Associated Society of Locomotive Engineers and Firemen 機関士・火夫労働組合.
Á/Ś lèvel /èɪés-/ *n.* 《英》〖教育〗**1 a** 上級補完級, AS レベル《1989年から始まった, GCE 試験のうち A level よりも出題範囲の科目が少ないレベル》. **b** [修飾語として] A/S レベルの: ~ English. **2** A/S レベル科目の合格. 〖← *A(dvanced) S(upplementary) level*〗
ASLIB, As·lib /ǽzlɪb/ 《略》〖図書館〗Association of Special Libraries and Information Bureaux. 〖1926〗
ASLO 《略》〖生化学〗antistreptolysin-O.
a·slope /əslóup | əslə́up/ *adv., adj.* [叙述的] 斜面をなして, 傾いて, 傾斜して. 〖(*a*1398): ⇨ a-[1], slope〗
ASM 《略》〖軍事〗air-to-surface missile; assistant sales manager; assistant scout master; assistant stage manager; assistant station master.
As·ma·ra /æzmɑ́ːrə, æs-; *It.* azmáːra/ *n.* アスマラ《エリトリア (Eritrea) の首都; 商工業中心地であり, 紅海沿岸の Massawa 港と鉄道で結ばれている; 海抜 2,367 m》.
ASME /èɪèsèmíː/ 《略》American Society of Mechanical Engineers アメリカ機械技師協会.
As·me·ra /æsmɛ́ᵊrə, æz- | -méərə/ *n.* =Asmara.
As·mo·de·us /æ̀zmoudíːəs, æs- | æ̀smɔudíːəs/ *n.* 〖ユダヤ神話〗アシュマダイ《Tobias の妻の先夫 7 人を殺した悪魔 (evil spirit)》. ★ Milton, *Paradise Lost* では /(英) æsmə(u)dìːəs/ と発音される. 〖□ L *Asmodaeus* □ Gk *Asmodaîos* □ Heb. *Ašmᵉdhay* □ Avest. *Aeshma-dæva* 'Aeshma, the deceitful'〗
ASNE 《略》American Society of Newspaper Editors 米国新聞編集者協会.
As·niè·res /ɑːnjɛ́ə, ɑːn- | -njɛ́ə(r; *F.* anjɛːʀ/ *n.* アニエール《Paris の北西郊外, Seine 川に臨む都市》.
As·nières-sur-Seine /-suəséɪn | -suə-; *F.* -syʀsɛn/ *n.* =Asnières.
ASO 《略》〖生化学〗antistreptolysin-O.
a·so·cial /eɪsóuʃəl, -ʃl | -sə́u-/ *adj.* **1** 社交的でない, 非社交的な. **2** 《口語》思いやりのない, 利己的な (selfish); 敵意のある. **3** 反社会的な (⇨ unsociable **SYN**). 〖《1883》← ᴀ-[7]+sᴏᴄɪᴀʟ〗
A·so·ka /əsóukə, əʃóu- | əsə́u-, əʃə́u-; *Hindi* əʃoːka/ *n.* 〖仏教〗アショーカ王, 阿育王《古代インドの Maurya 王朝第三代の帝王 (268?–?232 B.C.); Maurya 王朝の領土を最大に拡張; 仏教に帰依し, 各地にアショーカ法勅を残し, 法 (dharma) による政治を行った》. 〖□ Skt *Aśoka*〗
Asóka Chák·ra /-tʃɑ́krə/ *n.* (インド国旗の)アショカ王柱の車輪《アショカ王柱の獅子柱頭にある車輪をデザインしたもの》.
Asóka píllar *n.* アショカ王柱, アショカピラー《仏陀の最初の説法が行われた地である Uttar Pradesh 州の Sarnath にアショカ王が建てた, 柱頭に 4 頭の獅子を冠した石柱; インドの国章の原案にされた》.
a·so·ma·tous /eɪsóumətəs | -sə́umət-/ *adj.* 無形の (incorporeal). 〖《1731》□ LL *asōmatus* □ Gk *asṓmatos* ← ᴀ-[7]+*sōmat-, sôma* body: ⇨ soma[1], -ous〗
A·so·pus /əsóupəs | əsə́u-/ *n.* 〖ギリシャ神話〗アソーポス《ギリシャ Boeotia を流れる川の神》. 〖□ L *Āsōpus* □ Gk *Asōpós*〗
asp[1] /ǽsp | æsp, ɑ́ːsp/ *n.* **1** 〖動物〗**a** エジプトコブラ (*Naja haje*)《Cleopatra が自殺に用いたのもこれと伝えられる; Egyptian cobra ともいう》. **b** アスプクサリヘビ (*Vipera aspis*)《ヨーロッパなどにすむクサリヘビ科の小さな毒蛇》. **c** ヨーロッパクサリヘビ (viper). **d** ツノクサリヘビ (horned viper). **2** 〖魚類〗ユーラシア産のコイ科の淡水魚 (*Aspius aspius*)《大形で肉食性》. **3** (古代エジプトの諸王が王者の印として王冠につけた)蛇形章 (uraeus). 〖《1340》 *aspide, aspis* □ OF *aspide* ∥ L *aspis* □ Gk *aspís*〗
asp[2] /ǽsp | æsp, ɑ́ːsp/ *n., adj.* 《古》=aspen. 〖OE *æspe*〗
ASP /èɪèspíː/ 《略》〖経済〗American Selling Price 米国内販売価格《米国内の卸売価格を基準に輸入品に課税する制度》.
a.s.p. 《略》〖商業〗*F.* accepté sous protêt (=accepted under protest).
ASPAC /ǽspæk/ *n.* アジア太平洋協議会, アスパック《1966年6月設立》. 〖《頭字語》← *As(ian and) Pa(cific) C(ouncil)*〗
as·par·a·gine /əspǽrədʒìːn, -pér- | -pǽr-/ *n.* 〖生化学〗アスパラギン ($H_2NOCCH_2CH(NH_2)COOH$)《アスパラギン酸のモノアミド》. 〖《1813》□ F ~: ⇨ asparagus, -ine[3]〗
as·par·a·gin·ic ácid /əspæ̀rədʒínɪk-, -pèr- | -pæ̀r-/ *n.* 〖生化学〗=aspartic acid.
as·par·a·gus /əspǽrəgəs, -pér- | -pǽr-/ *n.* **1** 〖← NL ~〗(*pl.* ~) 〖植物〗**a** アスパラガス (*Asparagus officinalis*)《ユリ科の多年草; 芽を食用にする》: cultivate [grow] ~. **b** =asparagus fern. **2** アスパラガス(の若芽): an ~ tip アスパラガスの先[先端] / eat ~. **3** 《軍俗》=asparagus bed 2. 〖《1548》□ L ~ □ Gk *aspáragos, asphíragos* ∽ OE *sparagi* □ L: ⇨ sparrowgrass〗
aspáragus bèan *n.* 〖植物〗ジュウロクササゲ (*Vigna sesquipedalis*)《熱帯アメリカ産のマメの一種; 長大な莢(さや)がなり, 食用にする》. 〖1856〗
aspáragus bèd *n.* **1** アスパラガスの畑. **2** 《軍俗》(鋼鉄・木材・コンクリートなどを地面に埋めた)対戦車障害物. 〖1733〗
aspáragus bèetle *n.* 〖昆虫〗アスパラガスハムシ《成虫・幼虫共にアスパラガスに害を与えるハムシ科の小形の甲虫の総称; アスパラガスクビナガハムシ (*Crioceris asparagi*), ジュウニホシクビナガハムシ (*C. duodecimpunctata*) など》.
aspáragus fèrn *n.* 〖植物〗シノブボウキ (*Asparagus setaceus*)《シダに似たアスパラガス属の半低木; 観葉植物》.
aspáragus pèa *n.* 〖植物〗=Goa bean. 〖1859〗
a·spar·kle /əspɑ́ːkl | əspɑ́ː-/ *adv., adj.* [叙述的] 火花を発する, きらきら輝く, きらめく. 〖《1840》: ⇨ a-[1], sparkle〗
as·par·tame /ǽspətèɪm | -pə-/ *n.* アスパルテーム ($C_{14}H_{18}N_2O_5$)《低カロリーの人工甘味料》. 〖《1972》← ᴀsᴘᴀʀᴛɪᴄ (ᴀᴄɪᴅ)+ ← *ame* (← ?)〗
as·par·tate /əspɑ́ːteɪt | -pɑ́ː-/ *n.* 〖生化学〗アスパラギン酸塩[エステル].
as·pár·tic ácid /əspɑ́ːtɪk- | -pɑ́ːt-/ *n.* 〖生化学〗アスパラギン酸 ($HOOCCH_2CH(NH_2)COOH$)《アミノ酸の一種》. 〖《1836》← ᴀsᴘᴀʀ(ᴀɢᴜs)+-*t*- (添え字)+-ɪᴄ[1]〗
as·pàr·to·kínase /əspɑ̀ːtə(u)- | -pɑ̀ːtə(u)-/ *n.* 〖生化学〗アスパラギン酸キナーゼ《アスパラギン酸の加燐酸化を触媒する酵素》. 〖← ᴀsᴘᴀʀᴛ(ɪᴄ ᴀᴄɪᴅ)+-ᴏ-+ᴋɪɴᴀsᴇ〗
As·pa·sia /æspéɪʃə, -ʒə | æspéɪziə, -ʒiə/ *n.* アスパシア《470?–410 B.C.; Athens の才色兼備の女性で Pericles の愛妾》. 〖□ L ~ □ Gk *Aspasía*〗
ASPCA 《略》American Society for the Prevention of Cruelty to Animals 米国動物愛護協会 (cf. RSPCA).
as·pect /ǽspɛkt/ *n.* **1 a** (事の)様相, 形勢, 局面, (問題などの)面, 方面 (⇨ phase **SYN**): the physical ~ of love 恋愛の肉体的な(側)面 / assume [present] a serious ~ 深刻な様相を帯びる[呈する]. **b** 見地, 角度 (viewpoint): approach a problem *from* a different ~ 別の面から問題と取り組む. **2 a** (家などの)向き (exposure): a house with a southern ~ 南向きの家. **b** (物の)面 (side): the ventral ~ 腹面. **3 a** (物の)姿, 様子 (appearance): the physical ~ of Australia オーストラリアの地勢 / paint Mt. Fuji in its changing ~*s* 絶えず変化する富士山の姿を描く. **b** (人の)顔付き, 表情, 様子 (⇨ appearance **SYN**): forbidding in ~ こわい顔付きで / a man of [with an] amiable ~ 愛想のよさそうな感じの人. **4** 〖《なぞり》□ Russ. *vid*〗〖文法〗(ロシア語などの動詞の)相, 体, アスペクト《完了・未完了そのほかの動詞のさまざまな様態などを表す文法形式; 英語の progressive なども一つのアスペクトとする文法家がある; cf. perfective, progressive 3》. **5** 〖生態〗季観《植物群落の季節的な外観》. **6 a** 〖天文〗角距離《地球から見た惑星と他の惑星との角度》. **b** 〖占星〗星相, 角相, 視座《惑星間の角度を示し, 人の運勢に影響するという》. **7** 〖航空〗アスペクト《進路面に対する翼の投影》. **8** 《古》瞥見(べっけん), 一目 (glance). 〖《*c*1385》□ L *aspectus* glance (p.p.) ← *aspicere* ← *a-* 'ᴀᴅ-'+*specere* to look (cf. spectacle)〗
as·pec·tant /æspɛ́ktənt/ *adj.* 〖紋章〗(鳥・魚・猛獣以外の)〈動物が〉向き合っている (respectant) (cf. combatant, addorsed). 〖□ L *aspectāntem*: ⇨ ↑, -ant〗
áspect ràtio *n.* **1** 〖航空〗アスペクト比, 縦横(じゅうおう)比《翼の細長さを示す値で, 気流の方向に垂直な翼幅と平均翼弦長との比; (翼幅)^2/(翼面積)で定義される》. **2** 〖テレビ〗画像比, 横縦(よこたて)比《画像の縦横の比率; 縦 3 横 4 の割合》. **3** 〖造船〗舵の高さと長さの比. **4** 〖宇宙・航空〗**a** (ロケット・ミサイルの)胴体の平均直径と体長との比 (slenderness ratio ともいう). **b** (ロケットモーターの)直径と全長との比. 〖1907〗
as·pec·tu·al /æspɛ́ktʃuəl, æs- | -tʃuəl, -tjuəl/ *adj.* 〖文法〗相 (aspect) の[に関する]. 〖《1652》 1950〗
as·pen /ǽspən/ *n.* 〖植物〗ヤマナラシ《ヤナギ科ヤマナラシ属 (*Populus*) の植物の総称; 特にヨーロッパヤマナラシ (European poplar), アメリカヤマナラシ (American poplar), ポプラ (Lombardy poplar), オオバヤマナラシ (*P. grandidentata*) など風に当たって葉の震える種類をいう; quaking aspen [ash, 《古》asp] ともいう》. **—** *adj.* ポプラの; ポプラの葉のような; 《古・文語》よく震える: tremble like an ~

leaf. 〖(c1395): ⇨ asp², -en²〗

As·pen /ǽspən, -pn̩/ *n.* アスペン《米国 Colorado 州中部の村; スキー場として有名》.

Áspen Hill *n.* アスペンヒル《米国 Maryland 州中部, Washington, D.C. の郊外の市》.

as·per /ǽspə | -pə(r)/ *n.* アスパー《古いエジプト・トルコ銀貨》; アスパー《のちに通貨単位; 120 aspers=1 piaster》. 〖(15C) □ (O)F *aspre* // It. *aspero* □ MGk *áspron* (neut.) ← *áspros* white □ L *asper* (*nummus*) rough (coin)〗

as·per·ate /ǽspərɪt/ *adj.* (手触りが)ざらざらする, 粗い (rough). **—** /ǽspərèɪt/ *vt.* 粗くする, ざらざらにする (make rough). 〖(1623) □ L *asperātus* (p.p.) ← *asperāre* to make rough ← *asper* (↑)〗

as·perge /əspə́ːdʒ, æs- | -pə́ːdʒ/ *vt.* 〖カトリック〗…に〖聖水を〗振りかける (sprinkle) 〔*with*〕. 〖(1547) □ F *asperger* // L *aspergere* ← Asperges〗

Ás·per·ger's sýndrome /ǽspəːgəz- | -pəː-dʒəz-/ *n.* 〖精神医学〗アスペルガー症候群《集団に適応できない精神発達障害; 言語の遅れは通常ないが, 行動や興味が限定され, 反復的で紋切り型であり, 狭い分野では優秀な結果を示すことがある》. 〖← *Hans Asperger* (1906–80: オーストリアの精神科医)〗

As·per·ges /əspə́ːdʒiːz, æs- | -pə́ː-/ *n.* 〖カトリック〗 **1** [時に a-] 灌水(かんすい)式, 聖水散布式《日曜日の盛式ミサ (High Mass) の前に祭壇・司祭・会衆に聖水を振りかけて清める式》. **2** 灌水式の聖歌. 〖(1553–87) □ L *aspergēs* thou shalt sprinkle ← *aspergere* to sprinkle upon: 式の最中に歌われる *Aspergēs mē, Domine, hyssopō* Lord, thou shalt purge me with hyssop という聖歌の冒頭の句から: ⇨ asperse〗

as·per·gill /ǽspədʒɪl | -pə-/ *n.* 〖カトリック〗=aspergillum. 〖1864〗

aspergilla *n.* aspergillum の複数形.

aspergilli *n.* aspergillus の複数形.

as·per·gil·lo·sis /æ̀spədʒɪlóusɪs | -pədʒɪlə́usɪs/ *n.* (*pl.* **-lo·ses** /-siːz/) 〖獣医〗アスペルギルス症《コウジカビ属 (*Aspergillus*) の菌によって起こる動物(特に鶏)の病気; 結核に似て主に肺を冒す》. 〖(1897) ← NL ~ ← *Aspergillus* (属名: ⇨ aspergillus)+-OSIS〗

as·per·gil·lum /æ̀spədʒɪ́ləm | -pə-/ *n.* (*pl.* **-gil·la** /-lə/, **~s**) 〖カトリック〗灌水(かんすい)器, 聖水散布用器《小さな刷毛(はけ), または小穴のあいた丸い容器のついた棒》. 〖(1649) ← NL ~ ← L *aspergere* 'to sprinkle, ASPERGE' + *-illum* (dim. suf.)〗

as·per·gil·lus /æ̀spədʒɪ́ləs | -pə-/ *n.* (*pl.* **-gil·li** /-laɪ/) 〖植物〗コウジカビ《コウジカビ属 (*Aspergillus*) の各種の菌類の総称; こうじをつくるニホンコウジカビ (*A. oryzae*) など》. 〖(1847) ← NL ~ (↑)〗

as·per·i·ty /æspérəti, əs- | -rɪti/ *n.* **1** (表面の)手触りの悪いこと, ざらざら, でこぼこ (roughness); [通例 *pl.*] ごつごつした所, 隆起部分: the ~ of the ground. **2** (音声の)耳障り, (語調の)荒々しさ: speak with ~ 荒々しくものを言う. **3** (気分・気質の)荒々しさ, 邪険, 無愛想 (harshness); [通例 *pl.*] 辛辣な言葉. **4** (気候などの)激しさ (severity); (境遇などの)つらさ, 困難: the *asperities* of a winter campaign 冬期戦の苦しさ. 〖(?a1200) *asprete* □ OF (F *âpreté*) < LL *asperitātem* roughness ← *asper* rough〗

a·sper·mi·a /eɪspə́ːmiə | -spə́ː-/ *n.* 〖医学〗無精液(症), 射精不能(症). 〖(1853) ← NL ← A-⁷+Gk *spérma* seed; ⇨ -ia¹〗

a·sper·mous /eɪspə́ːməs | eɪspə́ː-/ *adj.* 〖医学〗無精液の. 〖(1853) □ Gk *áspermos*: ⇨ a-⁷, spermous〗

as·perse /əspə́ːs, æs- | -pə́ːs/ *vt.* **1** 〈人〉に〖悪口などを〗浴びせる〔*with*〕; 〈人・人格・名誉などを〉中傷する (slander): ~ a person *with* accusations 人に非難を浴びせる / ~ a person's character [honor]. **2** 《まれ》 **a** …に〖水などを〗振りかける〔*with*〕. **b** 〖キリスト教〗…に聖水を振りかける[振りかけて授洗する]. **as·pérs·er** *n.* **as·pér·sive** *adj.* **as·pér·sive·ly** *adv.* 〖(1490) ← L *aspersus* (p.p.) ← *aspergere* ← *a-* 'AD-'+*spargere* to sprinkle: cf. sparse〗

as·per·sion /əspə́ːʒən, æs-, -ʃən | -pə́ːʃən/ *n.* **1** 中傷 (slander), 悪評, 汚名: cast ~*s* on [upon] a person [a person's honor] 人を中傷する, 人に汚名をきせる. **2** 《まれ》〖キリスト教〗散水, 聖水散布; 散水式洗礼《洗礼のまれな形式で, affusion の変形; cf. immersion 3》: baptize by ~ 聖水を振りかけて洗礼を授ける. **3** 《古》露, 小雨; しぶき. 〖(1553–87) □ L *aspersiō(n-)*: ⇨ ↑, -sion〗

as·per·so·ri·um /æ̀spəsɔ́ːriəm | -pə-/ *n.* (*pl.* **-ri·a** /-riə/, **~s**) 〖カトリック〗 **1** 聖水盤. **2** =aspergillum. 〖(1861) □ ML ~: ⇨ asperse, -orium〗

as·phalt /ǽsfɔːlt, -fɑːlt, -fælt | -fælt, -fɔːlt/ *n.* **1** 〖化学〗アスファルト; アスファルトに似た人工物質. **2** (アスファルトと砕石を混合した)アスファルト《舗装材》: an ~ pavement アスファルト舗道. **—** /《英》⁻⁻, ⁻⁻/ *vt.* アスファルトで覆う; 〈道路などを〉アスファルトで舗装する: ~ a street [road]. 〖(1714) □ LL *asphaltum* □ Gk *ásphalton* bitumen ← A-⁷+*sphállein* to cause to fall (石壁の石の接合に使われたためか) ∞ (?c1380) *Aspalt(oun)* □ OF〗

ásphalt cemént *n.* 〖土木〗アスファルトセメント《重交通の舗装用に精製されたアスファルト》.

as·phal·tene /ǽsfɔːltiːn, -fɑːl-, -fæl- | -fæl-, -fɔːl-/ *n.* 〖化学〗アスファルテン《アスファルトの石油エーテル不溶分のうち, ベンゼン・二硫化炭素に不溶性の高分子物質; cf. carbene 1》. 〖(1837–68) □ F *asphaltène*: ⇨ asphalt, -ene〗

as·phal·tic /æsfɔ́ːltɪk, -fɑ́ːl-, -fǽl- | -fǽl-, -fɔ́ːl-/ *adj.* アスファルト(質)の; アスファルトを含む. 〖1643〗

as·phal·tite /æsfɔ́ːltaɪt, -fɑːl-, -fæl-, ⁻⁻⁻ | æsfǽltaɪt, -fɔ́ːl-, ⁻⁻⁻/ *n.* 〖地質〗アスファルタイト《普通のアスファルトよりも融解点の高い天然アスファルト》. 〖(c1899) □ Gk *asphaltítēs*: ⇨ asphalt, -ite¹〗

ásphalt júngle *n.* 《米》アスファルトジャングル《生存競争の激しい過密都市またはその特定の地域》. 〖1920〗

ásphalt mástic *n.* 〖土木〗アスファルトマスチック《アスファルトと充填材との混合物》.

ásphalt pàper *n.* 〖製紙〗アスファルト紙《アスファルトを塗布した防水・防湿紙》.

ásphalt róck *n.* 〖地質〗瀝青がしみ込んだ岩石.

as·phal·tum /æsfɔ́ːltəm, -fɑ́ːl-, -fǽl- | -fǽl-, -fɔ́ːl-/ *n.* =asphalt.

a·spher·ic /eɪsfɛ́ərɪk, -sfér- | -sfér-/ *adj.* 〖光学〗 **1** 非球面の: an ~ lens 非球面レンズ. **2** 球面収差のない《光が一点に集まらずに像がぼけたりゆがんだりしない》.

a·sphér·i·cal *adj.* 〖(1923) ← A-⁷+SPHERIC〗

a·sphér·ics *n. pl.* 非球面レンズ.

as·pho·del /ǽsfədèl | -fə(ʊ)-/ *n.* (*pl.* ~, **~s**) **1** 〖植物〗アスフォデル《南ヨーロッパ産ユリ科ツルボラン属 (*Asphodelus*) およびアスフォデリネ属 (*Asphodeline*) の植物の総称; cf. bog asphodel》. **2** 〖ギリシャ神話〗不凋(ふちょう)花《Elysium の野に咲いていると伝えられる花》. **3** 《詩》水仙. 〖(1597) □ L *asphodelus* □ Gk *asphódelos*: cf. daffodil〗

as·phyx·i·a /æsfɪ́ksiə, əs-/ *n.* 〖病理〗仮死; 窒息 (suffocation). **as·phýx·i·al** /-siəl | -siəl, -sjəl/ *adj.* 〖(1706) ← NL ~ ← Gk *asphuxía* pulselessness ← A-⁷+*sphúxis* pulsation (← *sphúxein* to beat): cf. sphygmus〗

as·phyx·i·ant /æsfɪ́ksiənt, əs-/ *adj.* 窒息性の. **—** *n.* 窒息剤. 〖(1854) ← ASPHYXIA+-ANT〗

as·phyx·i·ate /æsfɪ́ksièɪt, əs-/ *vt., vi.* 窒息させる[する] (suffocate): an *asphyxiating* gas 窒息ガス. 〖1836〗

as·phyx·i·a·tion /æsfɪ̀ksiéɪʃən, əs-/ *n.* 窒息, 気絶, 仮死(状態). 〖1866〗

as·phýx·i·à·tor /-tə | -tə(r)/ *n.* **1** 動物窒息試験器, 窒息装置. **2** (炭酸ガス応用の)消火器. **3** (下水管の)漏水試験器. 〖1882〗

as·phyx·y /æsfɪ́ksi, əs-/ *n.* 〖病理〗=asphyxia. 〖1784〗

as·pic¹ /ǽspɪk/ *n.* アスピック《肉や魚のだし汁から作った風味のあるゼリー; 普通ゼラチンを加えて冷やし固め, 冷製料理に用いる》. 〖(1789) □ F ~ 《原義》ASP¹: 肉汁の色がコブラ (asp¹) を連想させるところから〗

as·pic² /ǽspɪk/ *n.* 《詩》=asp¹. 〖(1530) □ (O)F ~ 《変形》← *aspe* 'ASP¹'〗

as·pic³ /ǽspɪk/ *n.* 〖植物〗ヒロハラベンダー, スパイクラベンダー (*Lavandula spica*) 《lavender の一種で精油を採る》. 〖(1604) □ F ~ □ OProv. *espic* spike (of a grain) □ L *spīca* 'SPIKE'〗

as·pid- /ǽspəd | -pɪd/ (母音の前にくるときの) aspido- の異形.

as·pi·dis·tra /æ̀spədístrə | -pɪ-/ *n.* 〖植物〗ハラン(葉蘭) (*Aspidistra elatior*) 《中国南部原産のユリ科の常緑多年草; 観賞用として広く栽培される; 葉は長くて堅く, 花は鐘形の暗褐色または紫褐色で地面すれすれに咲く; しばしば中流家庭の因習性などの象徴とされる; cast-iron plant ともいう》. 〖(1822) ← NL ~ ← Gk *aspís* shield+? *ástron* star〗

as·pi·do- /ǽspədou | -pɪdəu/ 「盾 (shield)」の意の連結形. ★ 母音の前では通例 aspid- になる. 〖← NL ~ ← Gk *aspís* shield〗

As·pin·wall /ǽspɪnwɔ̀ːl, -wɑ̀ːl | -pɪnwɔ̀ːl/ *n.* アスピンウォール《Colón の旧名》.

as·pi·rant /ǽsp(ə)rənt, əspáɪᵊr- | ǽsp(ə)r-, əspáɪər-/ *n.* 大望を抱く人; (地位・栄誉などの)志望者, 志願者, 熱望者: an ~ *after* [*for, to*] honors / a presidential ~. **—** *adj.* 抱負のある, 大望[大志]のある, 向上的な (aspiring). 〖(1738) □ L *aspīrantem*: ⇨ aspire, -ant〗

as·pi·ra·ta /æ̀spəráːtə, -réɪ- | -pɪráːtə, -réɪ-/ *n.* (*pl.* **-ra·tae** /-tiː/) 〖ギリシャ文法〗無声帯気閉鎖音 (φ, χ, θ). 〖← NL ~ (fem.p.p.) ← *aspīrāre* (↓)〗

as·pi·rate /ǽspərèɪt | -pɪ-/ *vt.* **1** 〖音声〗 **a** 〈破裂音を〉帯気で発音する, 帯気音にする《破裂の直後に [h] に似た息の音が聞えるように発音する》: The first [p] in "paper" is ~*d*, but the second is unaspirated. paper では最初の [p] は帯気音だが 2 番目のは無気音である. **b** 〈語または音節を〉[h] で始める, …に [h] 音を響かせる[加えて発音する]: ~ a vowel 母音の前に h 音をつける / 'When' is usually ~*d* in America. **2** 〖医学〗 **a** 〈膿などを〉吸出器で吸い出す. **b** 〈異物を〉気管支[肺]に吸い込む, 吸引する. **3** 吸い出す, 吸引する.
— /ǽsp(ə)rɪt/ *n.* **1** 〖音声〗 **a** 帯気音. **b** [h] 音, 気音; 気(息)音字 (h の字); (ギリシャ語の)気(息)音符 (ʽ): put the ~ in the wrong place 誤って (hair を air と) [h] を落としたり (air を hair と) [h] を入れたりする《Cockney などの発音癖; cf. DROP *one's aitches*》. **2** 〖医学〗吸出された物質〔*from*〕(cf. *vt.* 2 a).
— /ǽsp(ə)rət, -rɪt/ *adj.* 〖音声〗帯気音の, [h] 音の. 〖(1669) ← L *aspīrātus* (p.p.) ← *aspīrāre*: ⇨ aspire, -ate³〗

ás·pi·ràt·ed /-rèɪtɪd | -tɪd/ 〖音声〗*adj.* 帯気の, 気音の; [h] 音を伴う (↔ unaspirated). **—** *n.* =aspirate 1. 〖1668〗

as·pi·ra·tion /æ̀spəréɪʃən | -pɪ-/ *n.* **1 a** 抱負, 向上心, 大望; 熱望, 念願, (野心的な)志望: an ~ *to* [*for, after*] fame, knowledge, a position, etc. / an ~ *to* attain an ideal / have ~*s* [an ~] *to* be(come) a great scientist 大科学者になろうという大望を抱く / lofty [unfulfilled] ~*s* 高遠な[かなわなかった]望み. **b** 切望[念願]の対象: The mayoralty was her ~. 市長になることが彼女の念願だった. **2** 〖音声〗帯気 (⇨ aspirate *vt.* 1 a); (帯気の際の)気音《pin の [p] の後に聞こえる [h] に似た音》. **3** 呼吸 (breathing); 《特に》吸気 (inspiration). **4** 〖医学〗 **a** 吸出し, 吸引 (suction). **b** (気管支・肺への)異物の吸引: ~ pneumonia 吸入[嚥下(えんげ)]性肺炎. **5** 〖音楽〗アスピラシオン《音符の時価の終わりに現れる装飾音》. 〖(a1398) □ L *aspīrātiō(n-)* ← *aspīrāre*: ⇨ aspire, -ation〗

às·pi·rá·tion·al /-ʃnəl, -ʃənl | -ʃənl⁻/ *adj.* **1** 大望の, 念願の. **2** (社会的に)高いものを望む: ~ families wanting more for themselves and their kids 自分たちと子供らのためにより多くを望む上昇志向の家族. 〖(1887): ⇨ ↑, -al¹〗

ás·pi·rà·tor /-rèɪtə | -tə(r)/ *n.* **1** 吸引器; 吸引する人. **2** 吸い上げポンプ. **3** 〖医学〗吸引器[装置], (膿(うみ)などの)吸出し器, アスピレーター. 〖(1863) □ G ~: ⇨ aspirate (v.), -or²〗

as·pir·a·to·ry /əspáɪᵊrətɔ̀ːri | -páɪərətəri, -tri/ *adj.* 呼吸の, 吸気の. 〖1864〗

as·pire /əspáɪə | əspáɪə(r)/ *vi.* **1** 〔偉大・高遠なものを〕志望する, 切望する, 〔…に対する〕大志を抱く, 〔…に〕あこがれる〔*to, after*〕; 〈…したいと〉熱望する 〈*to* do [be]〉: ~ *to* knowledge / ~ *to* literary fame 文名を天下に揚げたいと熱望する / The book ~*s to* the status of a work of art. この本はほとんど芸術作品といっていい出来だ / He secretly ~*d to* (win) the hand of this lady. この女性との結婚をひそかに切望していた. **2** 《古・詩》立ち昇る (rise, soar); 高くそびえる (tower up). 〖(a1400) □ L *aspīrāre* ← *a-* 'AD-'+*spīrāre* to breath: cf. spirit, inspire〗

as·pír·er /-páɪᵊrə | -páɪərə(r)/ *n.* =aspirant. 〖1584〗

as·pi·rin /ǽsp(ə)rɪn/ *n.* (*pl.* ~, **~s**) 〖薬学〗 **1** アスピリン ($C_9H_8O_4$) 《サリチル酸を無水酢酸でアセチル化したものでアセチルサリチル酸 (acetylsalicylic acid) の別名; 解熱・鎮痛・頭痛薬》. **2** アスピリン錠剤 (aspirin tablet): take an ~. 〖(1899) □ G ~ ← A(CETYL)+*Spir*(*säure*) salicylic acid (⇨ spirea)+-IN²〗

as·pir·ing /əspáɪᵊrɪŋ | -páɪər-/ *adj.* **1** 大望を抱いている, 向上心に燃えている, 野心のある (⇨ ambitious SYN): an ~ politician, young man, etc. **2** 《古・詩》立ち昇る (rising); 高くそびえる (towering). **~·ly** *adv.* 向上心に燃えて, 意欲的に. 〖(c1565): ⇨ -ing²〗

-as·pis /⁻⁻əspɪs | -pɪs/ 〖動物・古生物〗「盾(たて)のようなものをもつもの」の意の名詞連結形《属名に用いる》: Cephalaspis, Odontaspis. 〖← NL ~ ← Gk *aspís* shield〗

as·ple·ni·um /æsplíːniəm/ *n.* 〖植物〗チャセンシダ《チャセンシダ属 (*Asplenium*) のシダ類の総称; シマオオタニワタリ (*A. nidus*) など, 世界中に分布; spleenwort ともいう》. 〖1796〗

as·port /æspɔ́ət | -pɔ́ːt/ *vt.* 《まれ》不法に持ち去る. **as·por·ta·tion** /æ̀spɔətéɪʃən | -pɔː-/ *n.* 〖(1621) ← L *asportāre* ← *as-* away+*portāre* to carry〗

a·sprawl /əsprɔ́ːl, -rɑ́ːl | -rɔ́ːl/ *adv., adj.* [叙述的] (手足を伸ばして)横になって, 寝そべって. 〖(1878) ← A-¹+SPRAWL〗

a·squint /əskwɪ́nt/ *adv., adj.* [叙述的] **1** 横目に, やぶにらみに, 斜めに: look ~ at a person. **2** 斜視で. 〖(?a1200) ← A-¹+? Du. 《廃》*schuinte* slope, slant ← *schuin* sideway: cf. squint〗

As·quith /ǽskwɪθ, -kwəθ | -kwɪθ/, **Herbert Henry** *n.* アスキス (1852–1928; 英国の政治家; 自由党の党首 (1908–26), 首相 (1908–16); 第一次大戦勃発時の首相で, 上院の力を制限し, 1915 年からは連合政権を組織したが戦争半ばで Lloyd George と交代; 称号 1st Earl of Oxford and Asquith).

ASR 《略》〖航空〗airport surveillance radar 空港監視レーダー《空港周辺空域にある航空機の位置を探知し, 離着陸や空中待機などの管制に使う》; air-sea rescue.

a·sra·ma /áːʃrəmə/ *n.* =ashrama.

ASRS 《略》《英》Amalgamated Society of Railway Servants《今は NUR》.

ass¹ /ǽs/ *n.* **1** 〖動物〗ロバ《ウマ科ウマ属 (*Equus*) の野生のロバや飼育種の動物の総称; アフリカノロバ (African wild ass) (*E. asinus*) とアジアノロバ (Asiatic wild ass) (*E. hemionus*) の 2 種がある; cf. onager, donkey》: ⇨ asses' bridge. ★ この意味では ass² との音の連想をさけるため, 聖書以外では donkey を用いることが多い. **2** /《英》ではまた áːs/ ばか(なもの), 頑固な人, 強情者: You silly ~! ばかだね君は《冗談にもいう》.
an áss in a lion's skin ライオンの皮をかぶったろば, 「虎の威を借る狐」《Aesop 物語から》. ***màke an áss of*** 〈人〉をばかにする[愚弄(ぐろう)する]. (1595–96) ***màke an áss of onesèlf*** ばかなことをする. (1865) ***pláy the áss*** ばかなまねをする.
— *vi.* 《俗》 **1** [~ about [around] として] **a** ぶらぶらする, のらくらする (fool about): ~ *about* with a person. **b** 〈機械などを〉いじる, いじり回す (fool) 〔*with*〕: Don't ~ *about with* my radio. **2** [~ along として] **a** ぶらぶら進む[歩く]. **b** ばかなまねをする.
〖ME *asse* < OE *assa* □ OIr. *asan* □ L *asinus* ass, dolt < IE **asinus* ass (Gk *ónos*)〗

ass² /ǽs/ *n.* 《米卑》 **1** 尻, けつ (buttocks). **2 a** 肛門 (anus). **b** 女性の性器. **3** [しばしば a piece [bit] of ass として] **a** 性交. **b** 女. ★ ass [arse] は多くの卑俗な表現に用いられる.
be on a person's áss (1) 人に(しつこく)やりたくないことをやれと言う. (2) (車で)人の後から追い立てる. ***gèt óff***

A

one's áss 《米卑》ぐずぐずしない, (仕事などに)さっさと取りかかる. ***gét one's áss in géar*** 行動を起こす, 急いでやる. ***Gét your áss òver hére.*** 《米卑》すぐここに来い. ***kíck a person's áss*** 《米俗》〈人を〉たたきのめす, こてんぱんにやっつける; うかれ騒ぐ. ***kíck some áss (aròund)*** (人に代わって)指図しはじめる, (ボスとして)しごく. ***kíss a person's áss*** 人にへいこらする, おべっかを使う. ***móve one's áss*** 急ぐ. ***Mỳ áss!*** 《米卑》ばかな《不信感を表す》. ***whíp a person's áss*** 人をこてんぱんにやっつける. ***nòt knów one's áss from one's élbow*** 《米卑》どうしようもないばかだ. 〖((1860)) 《変形》← ARSE[1]〗

ass. 《略》assembly; assistant; association; assorted; assurance.

As·sad /ɑːsɑ́ːd/, **Ha·fez al-** /hɑːféːzæl/ *n.* アサド《1928–2000; シリアの政治家・将軍; 大統領 (1971–2000)》.

as·safet·id·a /æ̀səféṭədə, -fíːṭ- | -tɪdə/ *n.* (*also* **as·sa·foe·ti·da** /〜/) =asafetida.

as·sa·gai /ǽsəgàɪ/ *n.*, *v.* =assegai.

as·sa·i[1] /æsáɪ, ɑː- | æsáɪ; *It.* assáːi/ *adv.* 〘音楽〙非常に, ごく, アッサイ (very): allegro 〜 非常に速く. 〖((c1724)) ◻ It. 〜 'very, enough' < VL **ad satis*: ⇨ asset〗

as·sa·i[2] /ɑ̀ːsɑːíː/ *n.* **1** 〘植物〙アサイヤシ (*Euterpe edulis*) 《ブラジル産ヤシ科キャベツヤシ属の植物》. **2** アサイヤシ飲料. 〖◻ Port. 〜 ◻ Tupi *assahi*〗

as·sail /əséɪl/ *vt.* **1 a** 〈人を〉(質問・議論・非難などで)攻め立てる, 攻撃する, 悩ます 〔*with*〕: 〜 a person *with* questions 人を質問攻めにする. **b** 〈人・陣地などを〉(激しく)攻め立てる, 猛烈に攻撃する, 襲撃する (⇨ attack SYN): 〜 an enemy, a fortress, etc. / 〜 a person *with* blows 人になぐりかかる. **2 a** 〈疑惑・恐怖などが〉〈人・心を〉襲う, 悩ます (beset): Fears 〜*ed* her. / I was 〜*ed with* [by] doubts. 疑惑に悩まされた. **b** 〈音・臭気などが〉襲う: Shouts 〜*ed* our ears. 叫び声が聞こえてきた. **3** 〈仕事・難局などに〉取り組む, …に立ち向かう. **〜·a·ble** /-ləbl̩/ *adj.* **〜·er** /-lə | -lə(r)/ *n.* **〜·ment** *n.* 〖((?a1200)) ◻ OF *assaillir, asalir* (F *assaillir*) < VL **assalīre* 《変形》← L *assilīre* to leap upon ← *as-* 'AD-' + *salīre* to leap: cf. sally[1]〗

as·sail·ant /əséɪlənt/ *n.* 攻撃[襲撃, 襲来]者, 暴漢. ― *adj.* 《古》攻め寄せる, 攻撃の, 寄せ手の. 〖((c1532)) ◻ F *assaillant* (pres.p.) ← *assaillir*: ⇨ ↑, -ant〗

as·sam /ǽsæm; *Malay.* ásam/ *n.* 《マレーシア》アサム《料理用のタマリンドの実》: 〜 ikan アサムで調味した魚料理.

As·sam /æsǽm, ⌐⌐/ *n.* **1** アッサム(州)《インド北東部の州; 茶の大産地; 面積 78,438 km², 州都 Dispur》. **2** アッサム《Assam 州で産出される紅茶; Assam tea ともいう》.

As·sa·mese /æ̀səmíːz, -míːs | æ̀səmíːz, æ̀sæ-/ *adj.* アッサム地方の, アッサム人[語]の. ― *n.* (*pl.* 〜) アッサム人[語]《印欧語族 Indic 語派の一つ》. 〖1826〗

Assám féver *n.* 〘病理〙アッサム熱 (kala azar).

Assám Státes *n. pl.* [the 〜] アッサム諸州《言語別州再編成法 (1956 年 11 月)以前の州; その大部分は今日の Assam 州に含まれる》.

as·sart /əsάət | əsάːt/ *vt.*, *vi.* (林地の)樹木[やぶ]を掘り除く, (林地を)開拓する. ― 〘古英法〙*n.* **1 a** (耕地にするための)林地開拓. **b** 林地開拓罪. **2** (林地の)開拓地. 〖((a1450)) ◻ AF 〜 =OF *essart* grubbing up of trees < LL *exartum* cleared (land) (p.p.) ← **exarīre* to grub up ← EX-[1] + L *sarīre* to grub〗

as·sas·sin /əsǽsən, -sn̩ | -sɪn, -sn̩/ *n.* **1** 暗殺者, 刺客《特に, 有名な重要政治家の殺害者に用いる》. **2 a** [the Assassins] (イスラム教徒の)暗殺秘密結社団, アサシン派《1090–1272 年ごろペルシャやシリアで十字軍指導者などに対して暗殺などのテロ行為を行った狂信者の団体》. **b** [A-] 暗殺秘密結社団員. 〖(((c1237)) (1531)) ◻ F 〜 ∥ ML *assassinus* ◻ Arab. *ḥaššāšīn* drinkers of hashish (pl.) ← *ḥaššāš* ← *ḥašīš*: この狂信者は行動前まず hashish を飲まされるのを常としたことから〗

as·sas·si·nate /əsǽsənèɪt, -sn- | -sɪn-/ *vt.* **1** 〈要人などを〉(通例政治的または宗教的理由で)暗殺する, やみ討ちする (⇨ kill[1] SYN). **2** 〈名誉などを〉卑劣な手段で傷つける[毀損(きそん)する]. **as·sas·sin·a·ble** /əsǽsənəbl̩, -sn- | -sɪn-, -sn-/ *adj.* 〖((1618)) ← ML *assassinātus* (p.p.) ← *assassināre* ← *assassinus* (↑): ⇨ -ate[3]〗

as·sas·si·na·tion /əsæ̀sənéɪʃən, -sn- | -sɪn-/ *n.* **1** 暗殺(行為), やみ討ち: political 〜. **2** 名誉や評判を毀損(きそん)すること. 〖1606〗

as·sás·si·nà·tor /-ṭə | -tə(r)/ *n.* 暗殺者, 刺客. 〖1676〗

assássin bùg *n.* 〘昆虫〙サシガメ科の各種の吸血虫 (⇨ conenose). 〖1895〗

assássin flỳ *n.* 〘昆虫〙=robber fly.

as·sault /əsɔ́ːlt, əsάːlt | əsɔ́ːlt, əsɔ́lt/ *n.* **1 a** (突然に)襲いかかること, 襲撃 〔*on, upon*〕: make an 〜 *on* a person *with* a stick 人にいきなり棒で打ってかかる. **b** (言葉による激しい)攻撃, 非難 〔*on, upon*〕: level [make] a verbal 〜 *on* [*against*] sectarianism 派閥主義を痛烈に批判する. **2** 〘軍事〙**a** (要塞に対する)急襲, 強襲, 襲撃 (storm); (近距離での)集中攻撃, 猛攻; 強襲上陸; 空挺攻撃 〔*on, upon*〕: make [mount, launch] an 〜 *on* the enemy 敵を急襲する / carry [take] a fortress [city] by 〜 強襲して要塞[都市]を攻略する / a ground [air] 〜 地上攻撃[空襲] / fight against the 〜 of wind and rain 風雨の襲来と闘う. **b** (攻撃の最終段階での)突撃, 白兵突撃. **c** [限定的] 急襲のための: 〜 troops 襲撃隊 / 〜 course [practice] 突撃訓練場[突撃訓練] / an 〜 boat [ship] 攻撃舟艇 / 〜 craft 強襲上陸用舟艇《敵前上陸作戦用の舟艇・水陸両用車などの総称》/ an 〜 gun (特に歩兵隊が支援武器として用いる)自走砲. **3** 〘法律〙暴行(未遂), 暴行の脅迫. **4** 《婉曲》〔女性に対する〕暴行 (rape) 〔*on, upon*〕 (cf. indecent assault): commit sexual 〜 *on* a minor 未成年者に性的暴力を加える.

assáult and báttery 〘法律〙暴行殴打《故意に暴力を用い不法に他人の身体に害を加える行為; 現実に殴打した場合が battery, 狭義の assault は他人に危害を加える態勢をとり, 畏怖の念を生ぜしめた場合; assault を広義に用いると battery をも含む》.

assáult at [of] árms (*pl.* **assáults at [of] árms**) 《英》 (1) 〘フェンシング・ボクシング・レスリング〙練習試合; (チーム間各級選手の)トーナメント. (2) 〘軍事〙白兵戦訓練の公開. 〖1694〗

― *vt.* **1 a** 〈人などを〉襲う, …に襲い[打って]かかる (⇨ attack SYN): The crowd 〜*ed* the cars *with* stones. 群衆は車を襲って投石した. **b** 〘軍事〙(攻撃の最終段階で)…に突撃する; 〈敵・陣地などを〉急襲する, 強襲する, 猛攻する (storm): 〜 a fortress. **c** 〈人・物事を〉(言葉で)攻撃する, 非難する (attack). **2** 〈音・光などが〉〈人・感覚を〉襲う: The odor 〜*ed* my nose. その臭気が鼻を突いた. **3** 〘法律〙〈人を〉殴打する, …に暴行する. **4** 《婉曲》〈女性を〉襲う, …に暴行する. ― *vi.* 襲う, 襲撃する; 突撃する, 強襲する.

〜·er /-ṭə | -tə(r)/ *n.* 〖((?a1200)) *assaut* ◻ (O)F < VL **assaltum* (p.p.) ← *assalīre* 'to ASSAIL': *-l-* の挿入については cf. fault, vault[2]. ― v.: ((c1425)) ◻ OF *assauter* ← n.〗

as·saul·tive /əsɔ́ːlṭɪv, əsάːl- | əsɔ́ːlt-, əsɔ́lt-/ *adj.* 〘心理〙攻撃的な, 襲撃しそうな, 襲いかかりたがる. **〜·ness** *n.* 〖((1955)): ⇨ ↑, -ive〗

assáult rifle *n.* 突撃銃, アソールトライフル. 〖1975〗

as·say /ǽseɪ, æséɪ, əs- | əséɪ, æs-, ǽseɪ/ *n.* **1 a** 〘化学〙試金; 検定, 評価分析; 試金物, 分析物; (試金)分析表[結果]: make an 〜 of an alloy [ore] 合金[鉱石]を(試金)分析する. **b** 〘薬学〙分析; (分析的)検定; 分析物; 分析表[結果]: the 〜 of a drug. **2** 分析, 検討 (analysis); 実験, テスト (test); (分析・実験による)評価 (estimate): ⇨ bioassay. **3** 《古》試み (attempt); (懸命の)努力. **4** 《廃》毒味. **5** 《廃》攻撃.

― /æséɪ, əs-, ǽseɪ | əséɪ, æs-/ *vt.* **1** 〘化学〙**a** (貴金属などの含有量を調べるため)〈鉱石を〉試金する, 分析する, 〈合金・貨幣などを〉(定量)分析する, 〈貴金属の〉純分を調べる; 〈食品などを〉分析する. **b** (分析の結果)〈鉱石が〉〈…の(貴金属などの)含有量を示す, 検定する (cf. *vi.* 2). **2** 〘薬学〙〈薬物を〉分析する. **3** 〈物事を〉分析する, 検討する; (分析)評価する (evaluate): 〜 a state of affairs, the results of an election, etc. **4 a** ためす, 試験する (test): 〜 abilities. **b** 〘医学〙〈薬物などを〉動物実験[定量, 力価検定, 効力検定, アッセイ]する. **5** 《廃》試みる (attempt) 〈*to do*〉: 〜 a difficult task. **6** 〈…しようと〉努める 〈*to do*〉. **7** 《廃》…の毒味をする. **8** 《廃》挑戦する (challenge); 近寄る (accost). ― *vi.* 〘化学〙**1** 試金する, (定量)分析をする. **2** [補語を伴って] (分析の結果)〈鉱石が〉〈貴金属などの〉高い[低い]含有量を示す 〔*in*〕 (cf. *vt.* 1 b): The ore 〜*s* high [low] *in* nickel.

〜·a·ble /-əbl̩/ *adj.* 〖((c1303)) ◻ AF *assai*=OF *assai, essai* 'ESSAY' (F *essai*)〗

ássay bàlance *n.* 試金天秤. 〖1746〗

ássay bàr *n.* (政府作製の標準分析)純金[純銀]棒.

as·sáy·er *n.* 〘化学〙試金[分析]者. 〖a1400〗

ássay ìnch *n.* 試金インチ《鉱山の評価用語》.

as·sáy·ing *n.* 〘化学〙試金法, 検定試験. 〖c1380〗

ássay màster *n.* 分析試験官. 〖1647〗

ássay òffice *n.* (金銀などの)純分検定所. 〖1773〗

ássay tón *n.* 〘金属加工〙分析トン, 試金トン《試金分析の際の重量単位; ≒29.166 g》.

áss-báckwards *adj.*, *adv.* 《卑》あべこべの[に], でたらめな[に], 見当違いの[に].

as·se·gai /ǽsəgàɪ/ *n.* **1** (アフリカ南部の部族などの用いる)細身の投げ槍. **2** 〘植物〙アセガイ (*Curtisia dentata*) 《アフリカ南部産のミズキ科の高木; 材が硬くこの木で投げ槍を作る》. ― *vt.* 投げ槍で刺す. 〖((1625)) ◻ F 《廃》*azagaie* (F *zagaie, sagaie*) ◻ OSp. *azagaya* ◻ Arab. *az-zaghāyah* ← *al* the + Berber *zaghāyah* spear〗

as·sem·blage /əsémblɪdʒ/ *n.* **1** 集合, 集会, 会合, 集まり. **2** 会衆, 集団, 群衆 (gathering); (物の)群, 集まり (collection). **3** 〘機械〙(機械などの各部分の)組立て (assembly). **4** 〘数学〙=set A 4. **5** /《米》ではまた æ̀sɑː(m)blάːʒ, æ̀sɑːm-; *F.* asɑ̃blaːʒ/ 〘美術〙アサンブラージュ《空缶・空瓶・紙くずなどさまざまの物体を寄せ集めて作品を構成する現代美術の一手法; その作品》. **6** 〘考古〙アセンブリッジ《考古学的遺跡から発見された遺物》. 〖((1727–51)) ◻ F 〜: ⇨ assemble, -age〗

as·sem·blag·ist /æ̀sɑːmblάːʒɪst, əsémblɪdʒɪst | -dʒɪst/ *n.* 〘美術〙アサンブラージュ (assemblage) によって表現する芸術家. 〖1965〗

as·sem·ble /əsémbl̩/ *vt.* **1 a** (特定の目的のために)〈人を〉集める, 集合させる, 召集する (bring together) (⇨ gather SYN): 〜 an audience / The guests were 〜*d* in the hall. 客はホールに集まっていた. **b** 〈物を〉集める, 収集する (collect); (集めて)整理する, まとめる. **2** 〘機械〙〈部品・機械などを〉組み立てる (put together) (↔ disassemble, take apart): 〜 an airplane, a watch, etc. / 〜 parts *into* a model car=〜 a model car out of [from] parts 部品を組み立てて模型自動車を作る / 〜*d* parts 組み立てた部品. **3** 〘電算〙アセンブルする《アセンブラー言語 (assembly language) のプログラムを機械語に翻訳する; cf. compile 2》. ― *vi.* 集まる, 集合する, 会合する (convene, come together) / The guests 〜*d* in the hall. 客はホールに集まった. 〖((a1325)) ◻ (O)F *assembler* < VL **assimulāre* ← *as-* 'AD-' + L *simul* together: cf. assimilate, same〗

as·sem·blé /àsɑ̃ː(m)bléɪ, æ̀sɑːm-; *F.* asɑ̃ble/ *n.* (*pl.* 〜**s** /〜z; *F.* 〜/) 〘バレエ〙アサンブレ《バレエの跳躍の基礎; 第 5 ポジションから片脚で踏み切って跳び上がり, 宙で足の前後を変えて両脚で第 5 ポジションに降りる技術》. 〖◻ F 〜 (p.p.) ← *assembler* (↑)〗

as·sém·bler /-blə, -blə | -blə(r), -bl-/ *n.* **1** 組立て工. **2** 〘商業〙(農産物などの)集荷人《仲買人》. **3 a** 〘電算〙アセンブラー《アセンブラー言語で書かれたプログラムを機械語のプログラムに変換するプログラム; assembly program ともいう; cf. compiler 2》. **b** =assembly language. 〖1635〗

assémbler lànguage *n.* =assembly language.

as·sem·bly /əsémbli/ *n.* **1 a** [しばしば A-] (立法)議会: the *Assembly* of Notables ⇨ notable *n.* 2 / ⇨ legislative assembly, General Assembly, National Assembly, HOUSE of assembly. **b** [A-] (米国の数州の議会の)下院: the *Assembly* of California. **c** [A-] 《NZ》=General Assembly 4. **d** 集団, 群集: A large 〜 of protesters had collected outside the state capitol. 抗議の大群集が州議事堂の周りに集まった. **2 a** 集合すること: freedom of 〜 集会の自由. **b** (討議・社交などの共同目的による)集会, 会合, 会議; (特に学校で)朝礼: an 〜 of Congress / speak in 〜 集会[会議]で発言する / absent from (the) (school) 〜 (学校の)集会を欠席する. **3** 〘機械〙**a** (部品・機械などの)組立て. **b** 組立て部品一式. **c** 組立品. **4** 〘軍事〙**a** 集合合図, 集合らっぱ[太鼓]. **b** (軍隊の)集結, 集合. **5** 〘電算〙アセンブリー《アセンブラー (assembler) により記号言語で書かれたプログラムを機械語に翻訳すること》.

Assémblies [Assémbly] of Gód [the 〜] 〘キリスト教〙神の集会《20 世紀初期米国に設立されたペンテコステ派に属する一派; cf. Pentecostal *adj.* 2》.

〖((c1300)) ◻ AF *assemblé*=(O)F *assemblée* (fem. p.p.) ← *assembler* 'to ASSEMBLE': ⇨ -y[3]〗

assémbly dìstrict *n.* 《米政治》州議会下院議員選挙区 (cf. senatorial district, Congressional district).

assémbly-gròund *n.* (特に, つがうための)鳥などの群がりの場. 〖1906〗

assémbly háll *n.* **1 a** (集)会場; 会館. **b** =assembly room 1 c. **2** (航空機などの)組立て工場.

assémbly lànguage *n.* 〘電算〙アセンブラー言語《機械語の命令語の所在番地・演算コード・参照番地を記号で表現する低水準のプログラム言語; assembler language ともいう》. 〖1964〗

assémbly lìne *n.* **1** 組立てライン, 組立て線 (cf. flow line 3). **2** (流れ作業的な)能率偏重の手順[過程]. 〖1914〗

assémbly·man /-mən/ *n.* (*pl.* **-men** /-mən, -mèn/) (議会の)議員; [A-] (米国の一部の州の)下院議員. 〖1647〗

assémbly màrk *n.* (機械・構造物などの)組立て記号, 合い印.

assémbly·pèrson *n.* [時に A-] 議員, (米国の一部の州の)下院議員《性差別を避けた語; cf. -person》.

assémbly plànt *n.* =assembly shop.

assémbly prògram *n.* 〘電算〙=assembler 3 a. 〖1955〗

assémbly ròom *n.* **1 a** (舞踏会などの)会場, 集会室《昔は上流階級の社交場》. **b** [*pl.*] (会館の一連の)会場; 会館. **c** (学校の)講堂. **2** 組立て工場 (assembly shop). 〖1744〗

assémbly shòp *n.* 組立て工場.

assémbly·wòman *n.* (議会の)女性議員; (米国の一部の州の)女性下院議員. 〖1969〗

assémbly wòrker *n.* 組立てライン[線]作業員.

As·sen /ɑ́ːsən, -sn̩; *Du.* ɑ́sə/ *n.* アッセン《オランダ北部 Drenthe 州の州都》.

as·sent /əsént, æs-/ *n.* 同意, 賛成, 許諾 (agreement); (消極的な)承認, 黙諾 (acquiescence) 〔*to*〕 (cf. dissent): 〜 and consent 〘英議会〙協賛 / obtain (the) royal [Royal] 〜 〘英議会〙(両院通過の議案に対する)裁可を得る, 勅裁を得る / by common 〜 一同賛成[一致]して / with one 〜 満場一致で, 異議なく / give one's (wholehearted) 〜 (全面的な)同意[承諾]を与える / ask one's parents' 〜 親の承諾を求める / nod (one's head) in 〜 うなずいて同意を示す, うんとうなずく (nod one's head).

― *vi.* **1 a** 〔提案などに〕(熟慮の上で)同意する, 賛成する 〔*to*〕 (⇨ consent SYN): 〜 *to* a plan, proposal, request, etc. / He 〜*ed* readily *to* his daughter marry*ing* the man. 娘がその男と結婚するのを快く承知した. **b** 〔相手の意見に〕(表面的に)同意する, 相づちを打つ (say yes); 〔要求を〕(消極的に)承諾する, 認める (concede) 〔*to*〕 / 〈*to do*〉: 〜 *to* a person's views / 〜 *to* listen to a person 人の話を聞くことを承知する / "You're right," he 〜*ed*. 「おっしゃる通り」と彼は同意した. **2** 〔事を〕(事実として)認める, 譲る 〔*to*〕.

as·sen·tive /əséntɪv, æs- | -tɪv/ *adj.*

〖((?a1300)) ◻ OF *a(s)senter* (F *assentir*) < L *assentārī* (freq.) ← *assentīre* to join in feeling ← *as-* 'AD-' + *sentīre* to feel, perceive: (⇨ sense)〗

as·sen·ta·tion /æ̀səntéɪʃən, æ̀sen-, æ̀sn̩- | æ̀sen-/ *n.* 追従, 迎合, 付和雷同. 〖((1481)) ◻ L *assentātiō(n-)*: ⇨ ↑, -ation〗

as·sént·ed /-ṭɪd | -tɪd/ *adj.* 〘証券〙同意付きで預託された《証券の量・性質または状態の所定の変更について所有者が同意するという約定のもとに預託された》: 〜 bonds [securities] 同意付き預託債券[証券]. 〖1907〗

as·sént·er /-ṭə | -tə(r)/ *n.* =assentor 1. 〖1634〗

as·sen·tient /əsénʃənt, æs-/ *adj.* 同意の, 賛成の. ― *n.* 同意者, 賛成者. 〖((1851)) ◻ L *assentientem* (pres.p.) ← *assentīre* 'to ASSENT'〛

as·sént·ing·ly /-tɪŋli | -tɪŋ-/ *adv.* 同意[賛成]して, 同意するように. 〚1552〛

as·sén·tor /-tə | -tə(r)/ *n.* **1** 同意者, 賛成者 (assenter). **2** 〖英法〗(議員選挙の際の)候補者指名協賛者 (8名)のうちの一人. 〚1880〛

As·ser /ɑ́ːsə, ǽs- | ǽsə(r); *Du.* ɑ́sə/, **To·bi·as Mi·chael Ca·rel** /tobíːɑs míːçael kárəl/ *n.* アッセル (1838–1913; オランダの法律学者; Nobel 平和賞 (1911)).

as·sert /əsə́ːt, æs- | əsə́ːt/ *vt.* **1** (根拠なしに)断言する, 主張する, 言い張る (state, declare) (↔ deny): ~ *that* it is true = ~ *it* to be true = ~ its truth それが真実だと主張する. **2** (強引に)行使する (put into effect); 〈権利などを〉主張する, 擁護する (maintain): ~ one's power [authority] 権力を行使する / ~ a claim, a right, one's innocence, etc. / Her strongly ~*ed* claims were strenuously denied. 彼女が強く主張した要求は強く否定された. **3** [~ one*self* として] **a** 自分の権利[意見]を主張する, 自己主張をする; 我を張る, でしゃばる: He never forgets to ~ *himself*. / You've got to ~ *yourself* more if you want to get ahead. 優位に立ちたいならもっと主張しなければだめだ. **b** 〈天分などが〉現れる: Justice will ~ *itself*. 正義公道は自ずと明らかになるものだ. **4** …の存在を仮定する[前提とする]. **~·er, as·sér·tor** /-tə | -tə(r)/ *n.* 〚(*a*1604) ← L *assertus* (p.p.) ← *asserere* ← *as-* 'AD-'+*serere* to join: ⇨ series〛

SYN 断言する: **assert** 証拠はないが, 真実だと確信して強く主張する: She *asserted* that her husband was innocent. 夫は無実だと断言した. **declare** 公然とまたは正式に言明する: The government *declared* that it would carry out the policy. 政府はその政策を遂行すると断言した. **affirm** 証拠や信仰に基づいて, あくまでも真実であると言明する: He *affirmed* the truth of my statement. 彼は私の言ったことは本当だと断言した. **aver** 真実であるという絶対の確信を言明する《格式ばった語》: He *averred* that he saw the thief. 泥棒を見たと確言した. **avow** 〈できれば隠しておきたいような事実を〉はっきりと認める《格式ばった語》: He *avowed* his opinions boldly. 大胆に自分の意見を公言した.

as·sert·ed·ly /əsə́ːtɪ̀dli, æs- | əsə́ːt-/ *adv.* 伝えられるところでは: Though she has ~ claimed compensation, this office has received nothing from her in writing. 彼女は補償を求めているということだが, 当方では彼女から書面で何も受け取っていない. 〚(1937): ⇨ ↑, -ly¹〛

as·sert·i·ble /əsə́ːtəbl̩, æs- | əsə́ːtɪ̀-/ *adj.* (*also* **as·sert·a·ble** /-tə- | -tə-/) 主張できる, 主張される. 〚1837〛

as·ser·tion /əsə́ːʃən, æs- | əsə́ː-/ *n.* **1** 〔権利などの〕主張 〔*of*〕; 自己主張 (self-assertion). **2 a** (根拠に基づかない)断言, 主張, 言説 (declaration) (↔ denial): make an ~ 断言[主張]する / That's a mere ~ of his. それはただ彼の言い分にすぎない / Despite all ~*s* to the contrary, things are improving. 反対意見もあるが事態は改善しつつある. **b** 〖哲学・論理〗断定, 主張. **~·al** /-ʃnəl, -ʃənl/ *adj.* 〚(1424) □ (O)F ~ // LL *assertiō*(*n*-): ⇨ assert, -ation〛

as·ser·tive /əsə́ːtɪv, æs- | əsə́ːt-/ *adj.* **1 a** (自信をもって[堂々と])自分を主張する, (自己)主張のはっきりした, 自信に満ちた; 独断的な: You should try to be a little more ~. もう少し自分を強く出したほうがいい. **b** 断定的な (positive): an ~ sentence 〖文法〗断定文 (肯定平叙文). **2** 〈味・香りなどが〉はっきりした, 目立った, 強い. **~·ly** *adv.* **~·ness** *n.* 〚1562〛

SYN 自己主張が強い: **assertive** 自己の信念・能力に対する強い自信を表明する: John is an *assertive* boy, always insisting on his own rights and opinions. ジョンは押しの強い子で常に自分の権利や意見に固執する. **aggressive** 《よい意味で》進取の気性に富み, 積極的な; 《悪い意味で》押しつけがましい, 強引な: A salesman has to be *aggressive*. セールスマンは意欲的でなければならない. **pushing** 《よい意味で》やり手で活動的な; 《悪い意味で》出しゃばりな: an energetic, *pushing* manager 精力的でやり手のマネージャー / a bold, *pushing* man 厚かましくでしゃばりな男.
ANT retiring.

assértiveness tràining *n.* 自己主張訓練.

as·ser·to·ric /æ̀səːtɔ́(ː)rɪk, -tɑ́(ː)r- | -sətɔ́r-⁻/ *adj.* 〖論理〗〈命題など〉実然的な, 確定的な (cf. apodictic 1, problematic 2): an ~ judgment 実然判断. 〚(1889) ← L *assertōrius* (← *assertor* one who asserts ← *asserere* 'to ASSERT'): ⇨ -ic¹〛

as·ser·to·ry /əsə́ːtəri, æs- | əsə́ːtəri/ *adj.* = assertive.

asses *n.* as², ass¹·² の複数形.

ásses' brídge *n.* 〖数学〗= pons asinorum. 〚《なぞり》← NL *pōns asinōrum*〛

as·sess /əsés, æs- | əs-/ *vt.* **1** 〈人・物事を〉(厳密に)評価する (evaluate): ~ a curriculum. **2** (税額決定のために)〈財産・収入などを〉(…と)評価する, 査定する (estimate) 〔*at*〕: His landed property was ~*ed at* three million dollars. 彼の地所は 300 万ドルと査定された. **3** 〈税金・罰金・損害賠償金などの〉金額を決定[査定]する 〔*at*〕: a tax ~*ed at* ten pounds 10 ポンドと査定された税金. **4 a** (査定によって)〈税金・罰金・割当て金などを〉〈人・物・行為に〉課する, 割り当てる 〔*on, upon*〕: ~ union dues *on* all members 組合費を全員に割り当てる / Damages will be ~*ed upon* the company. 会社に賠償金が課されるだろう. **b** 〈人・物〉に(ある金額・割金などを)課する, 割り当てる 〔*at, in*〕: ~ a person *at* [*in*] fifty pence 人に 50 ペンスを課(税)する / He was ~*ed in* a fine of one pound. 罰金として 1 ポンドを課された. **c** 〔二重目的語を伴って〕…に(ある金額を)課する: He was ~*ed* ten dollars *for* the fund. その資金の分担に 10 ドル割り当てられた. 〚(1423) □ AF & OF *assesser* □ LL *assessāre* (treq.) ← L *assidēre* to sit by as an assistant-judge ← *as-* 'AD-'+*sedēre* to sit: cf. assize〛

as·sess·a·ble /əsésəbl̩, æs- | əs-/ *adj.* **1** 査定できる; 課税[賦課]できる. **2** 〖証券〗〈証券が〉払込み追徴のできる, (未払込み金の)払込み請求できる. 〚1777〛

as·sess·ee /æ̀sesíː, əsèsíː, ⸺⸗/ *n.* (財産などの)被査定者; (税金などの)賦課を受ける人. 〚1726〛

as·sess·ment /əsésmənt, æs- | əs-/ *n.* **1 a** (人・物などの)評価 (evaluation): make an ~ of …を査定する, 評価する. **b** 《英》成績評価. **2** (課税の対象としての財産・収入などの)評価, 査定. **3** (税額などの)査定: the ~ of taxes [damages] 税額[損害賠償額]の査定 / a standard of tax ~ 課税標準. **4** 賦課額, 税額, 評価[査定]額; 割付け[割当て]金. **5 a** 〖証券〗払込み追徴(金); (未払込み金の)払込み請求 (call). **b** 〖保険〗賦課: ⇨ assessment insurance. 〚*c*1540〛

asséssment arràngements *n. pl.* 《英》〖教育〗全国教育カリキュラム成績評価計画.

asséssment cènter *n.* **1** 《英》(罪を犯した青少年の)考査収容施設. **2** 《米》(人事考課のための)能力査定センター. 〚1948〛

asséssment insùrance *n.* 〖保険〗賦課式保険 《あらかじめ徴収した保険料に不足が生じたときは追徴する方式の保険》.

as·ses·sor /əsésə, æs- | əsésə(r)/ *n.* **1** (財産・収入などの)評価人, 査定者; 《英》〖保険〗損害査定官; 《英》成績評価担当者. **2** 〖法律〗裁判所補佐人. **3** 補佐役. **4** 《古》**a** 顧問, 相談役. **b** 同役, 相役. **as·ses·so·ri·al** /æ̀səsɔ́ːriəl, æ̀sɛ-, æsə- | æ̀sɛ-/ *adj.* **~·ship** *n.* 〚(*c*1380) □ AF & OF *assessor*: ⇨ assess, -or²〛

as·set /ǽset, ǽsɪ̀t | ǽset, ǽsɪt/ *n.* **1** (無形の財としての)有用[有利, 貴重]なもの, 利点, 強み, 長所 (advantage) 〔*to, for*〕 (cf. liability 4): One of his ~*s* is patience. 彼の長所の一つは我慢強さだ / Knowledge of English is an ~ *to* anyone. 英語の知識はだれにもプラスとなる. **2 a** [*pl.*] (個人や会社の)資産, 財産: ~*s* and liabilities 資産と負債 / net ~*s* 正味資産 / ⇨ current assets, fixed assets. **b** [*pl.*] 〖会計〗(貸借対照表の)資産科目. **3** 資産 (の一項目). **4** [*pl.*] 〖法律〗(債務弁済または遺贈に充当すべき)遺産; (破産者の債務弁済に充当すべき)全資産. 〚(1868) 《逆成》← (1531) *assets* □ AF ~, *asetz* = OF *asez* (F *assez*) enough < VL *ad satis* in sufficiency ← AD- + L *satis* sufficiency: *assets* の -*s* を複数語尾と誤解した逆成〛

ASSET 《略》Association of Supervisory Staffs, Executives, and Technicians.

ásset-bàcked *adj.* 〖証券〗資産担保証券の, アセットバック証券の《資産をプールして担保化したものや信託財産としたものを裏付けとして発行される証券の》.

ásset efféct *n.* 〖経済〗資産効果 (⇨ Pigou effect).

ásset-strìpping *n.* 《英》〖商業〗資産収奪《資産の多い経営不振の企業を買収し, その資産を売却して利益を得ること》. **ásset-strìpper** *n.* 〚1972〛

as·sev·er·ate /əsévərèɪt, æs-/ *vt.* 〈事を〉(強く)主張する, 断言する, 誓って言う (affirm): ~ a fact, one's innocence, etc. / ~ *that* it is true. **as·sev·er·a·tive** /əsévərèɪtɪv, æs- | -tɪv/ *adj.* 〚(1791) ← L *asseverātus* (p.p.) ← *asseverāre* ← *as-* 'AD-'+*sevērus* serious (⇨ severe)〛

as·sev·er·a·tion /əsèvəréɪʃən, æs-/ *n.* 断言, 誓言. 〚(*a*1556) □ L *asseverātiō*(*n*-): ⇨ asseverate, -ation〛

as·sez /ɑːséɪ | æseɪ; *F.* ase/ *adv.* 〖音楽〗十分に, かなり.

áss·hòle *n.* 《米・カナダ卑》**1** けつの穴 (anus). **2** いちばん嫌な[汚い]場所. **3** いやらしいやつ, どあほう, 野郎. **4** = asshole buddy. ***from ásshole to bréakfast tìme*** 《英卑》ずっと, いつも, しょっちゅう. ***ásshole déep in*** …で困りきって, …でてんやわんやで. **—** *adj.* ばかな, 軽蔑すべき (cf. arsehole). 〚(*a*1400) 1935〛

ásshole búddy *n.* 《米卑》親友, ダチ(公).

As·shur /ɑ́ːʃʊə | -ʃʊə(r)/ *n.* = Assur.

as·sib·i·late /əsíbəlèɪt, æs- | -bɪ̀-/ 〖音声〗*vt.* 歯擦音 (sibilant) を伴って発音する, 歯擦音化する《[tj] [dj] をそれぞれ [tʃ] [dʒ] に発音するなど; 例えば, /krístjən > krístʃən/, /édjʊkèɪt > édʒʊkèɪt/》. **—** *vi.* 歯擦音に(置き)変わる. 〚(1844) ← L *assibilātus* (p.p.): ⇨ ad-, sibilate〛

as·sib·i·la·tion /əsìbəléɪʃən, æs- | -bɪ̀-/ *n.* 〖音声〗歯擦音化. 〚1850〛

As·si·de·an /æ̀sədíːən | æ̀sɪ̀-/ *n.* 〖ユダヤ教〗= Hasid 1. 〚(*c*1384) ← GK *assideis* (□ Gk *asidaîoi* □ Heb. *ḥasīdhīm* pious ones) + -AN¹〛

as·si·du·i·ty /æ̀sɪ̀dúːəti, -djúː- | -djúːɪ̀ti/ *n.* **1** たゆみない努力, 勤勉, 精励 (diligence): ~ *in* one's duties / with ~ 精を出して. **2** [通例 *pl.*] 心づくし, 行き届いた心づかい; おせっかい. 〚(?*a*1425) □ (O)F *assiduité* // L *assiduitātem* attendance ← *assiduus* sitting by, industrious ← *assidēre* ← *as-* 'AD-'+*sedēre* to sit: ⇨ -ity〛

as·sid·u·ous /əsídʒuəs, æs- | əsídju-/ *adj.* **1** 〈人が〉勤勉な, 精励な; 〈仕事などが〉たゆみのない: an ~ teacher / ~ reading / be ~ *in* one's duties. **2** 《古》(卑屈なほど)献身的な心づかいをする. **~·ly** *adv.* **~·ness** *n.* 〚(1538) □ L *assiduus*: ⇨ ↑, -ous〛

as·si·en·to /æ̀siéntoʊ, ɑ̀ːs- | -təʊ/ *n.* (*pl.* ~**s**) = asiento. 〚□ Sp. ~ 'contract' ← *asentar* to seat, adjust ← A-⁴ + *sentar* seat (← L *sedēre*)〛

as·sign /əsáɪn/ *vt.* **1** 〈物・仕事などを〉〈人に〉割り当てる, あてがう, 指定する (give out) 〔*to*〕; 〈人に〉〈仕事などを〉割り当てる (⇨ allot SYN): ~ rooms *to* guests (ホテルなどで)客に部屋を割り当てる / ~ positions *to* people (cf. 2 a) / The task [responsibility] was ~*ed to* me. その仕事[責務]は私に割り当てられた / I was ~*ed* the task [responsibility]. / The teacher ~*s* (us) homework every week. 先生は私たちに毎週宿題を出す / Each executive will be ~*d* a secretary. 役員にはそれぞれ秘書がつけられる / You'll all get your ~*ed* share(s) of the profits. 全員に利益の分け前が与えられる. **2 a** 〈人を〉〈任務・職場などに〉選定[選任]する (appoint) 〔*to, for*〕 / 〈*to* do〉: ~ a person *to* a position [a post, night duty] 人をある職[地位, 夜勤]に選任する (cf. 1) / He will be ~*ed to* lead the expedition. 探検隊のリーダーに任命されるだろう. **b** 〖軍事〗〈人・部隊を〉(ある指揮系統に)(比較的長期的に)所属させる; 〈人を〉(比較的長期的な職に)補職[補任]する 〔*to*〕 (cf. attach 2 b). **3** 〈日時・場所・限界などを〉指定する, 定める (fix) 〔*for, to*〕: ~ a day [time, date] *for* a meeting [trial] 会合[裁判]の日を定める / ~ a limit *to* something 物事に限界を設ける / ~ a value *to* each variable = ~ each variable a value おのおのの変数に値を入れる. **4 a** 〔事・行為に対して〕〈原因などを〉挙げる 〔*to, for*〕; 〈事を〉(…に)帰する, (…の)せいだとする (ascribe) 〔*to*〕: ~ a motive [reason] *for* an action / *To* whom should we ~ the Sphinx's fame? スフィンクスを有名にした功績はだれにあるのか. **b** 〈物事(の起原など)を〉(…に)帰する 〔*to*〕: ~ a saying *to* a person / The vase has been ~*ed to* the fifteenth century. その花瓶は 15 世紀のものと考えられている. **5** 〖法律〗〈財産・権利などを〉〈人に〉譲渡する (transfer) 〔*to*〕: ~ property *to* a person.
— *vi.* 〖法律〗(債権者のために他人に)財産を委託する.
— *n.* [通例 *pl.*] **1** 〖法律〗(財産や権利の)譲受人 (assignee): heirs and ~*s*. **2** 《廃》付属品.
~·er *n.* 〚*v.*: (*c*1300) □ (O)F *assigner* < L *assignāre* ← *as-* 'AD-'+*signāre* to mark out (⇨ sign). — *n.*: (1343) □ AF ~ = (O)F *assigné* (p.p.)〛

as·sign·a·ble /əsáɪnəbl̩/ *adj.* **1** 指定できる; 選任できる. **2** 〈原因など〉挙示できる; 〈物事が〉(…に)帰せられる 〔*to*〕. **3** 〖法律〗譲渡できる. **as·sìgn·a·bíl·i·ty** /-nəbíləti | -lɪ̀ti/ *n.* **as·síg·na·bly** *adv.* 〚(1659): ⇨ ↑, -able〛

as·si·gnat /æ̀sɪgnǽt, æ̀sɪnjɑ́ː; *F.* asiɲa/ *n.* (*pl.* ~**s** /-nǽts, -njɑ́ːz; *F.* ~/) 〖フランス史〗アシニャ紙幣《フランスの革命政府が 1789–96 年に, 没収した教会財産を抵当として発行した不換紙幣; 100 francs のものが最後には反古(ほ)同然になった》. 〚(1790) □ F ~ □ L *assignātus* (p.p.): ⇨ assign〛

as·sig·na·tion /æ̀sɪgnéɪʃən/ *n.* **1 a** 指定; 割当て. **b** = assignment 4. **2** (時間と場所を決めた)密会の約束; (男女の)あいびき(の約束) (tryst): keep an ~ *with* … と約束して密会[あいびき]する / a house of ~ = assignation house. **3** 〖法律〗= assignment 5 a. **às·sig·nátion·al** *adj.* 〚(*a*1400) □ (O)F ~ □ L *assignātiō*(*n*-): ⇨ assign, -ation〛

assignátion hòuse *n.* 《米》売春宿 (brothel), あいびきの場所[宿, ホテル]. 〚1870〛

assígned rísk *n.* 〖保険〗割当て不良物件, 割当て危険, アサインドリスク《assigned risk plans において, 共同引受け組織から保険会社に割当てられる物件》. 〚1946〛

assígned rísk plàns *n. pl.* 〖保険〗不良物件割当て計画, 危険割当て方式《危険が大きく保険会社がその引受けを好まない物件を共同引受け組織で引き受け, 会員保険会社間にその危険を割り当てること; 米国で州法により定められ, 自動車保険などに行われる》.

as·sign·ee /æ̀sənìː, æ̀saɪ-, əsàɪníː | æ̀saɪníː, æ̀sɪn-/ *n.* **1** 〖法律〗**a** (権利などの)譲受人 (cf. assign *n.*, assignor). **b** 受託者; 代理人. **c** 《古》破産管財人. **2** 《古》(昔, オーストラリアなどの英国植民地で)無給召使《囚人が割り当てられた; cf. assignment 6》. 〚(1343) □ (O)F *assigné* (p.p.) ← *assigner*: ⇨ assign, -ee¹〛

as·sign·ment /əsáɪnmənt/ *n.* **1 a** 割当て, 任務の割当て; 課せられた任務 (commission) (⇨ task SYN): go out on an ~ 仕事で出かける. **b** 選任, 任命 (appointment); (任命された)職, 地位: the ~ *of* a person *to* a new position / an important ~ in the government 政府の要職. **2** 〖教育〗研究課題, 宿題 (cf. homework 1): spend one hour on an English ~ 英語の宿題に 1 時間かける. **3** (日時などの)指定. **4** (理由・動機などの)挙示; 帰属, 帰因. **5** 〖法律〗**a** (財産・権利の)譲渡; 譲渡証書. **b** 委託. 移転《破産者の財産が破産管財人に移る場合など》. **6** 〖電算〗(変数への値の)代入. **7** 《古》(無給召使としての)囚人割当て制度 (cf. assignee 2). 〚(1389) □ AF & OF ~ □ MF *assignāmentum*: ⇨ assign, -ment〛

as·sign·or /æ̀sənɔ́ə, æ̀saɪ-, əsàɪnɔ́ə | æ̀saɪnɔ́ː(r), æ̀sɪ-/ *n.* 〖法律〗(財産・権利の)譲渡人 (cf. assignee 1 a); 委託者. 〚1668〛

as·sim·i·la·ble /əsíməlabl̩ | -mɪ̀-/ *adj.* **1** 同化[吸収]できる. **2** 《古》なぞらえうる 〔*to*〕. **as·sím·i·la·bly** *adv.* **as·sìm·i·la·bíl·i·ty** /-ləbíləti | -lɪ̀ti/ *n.* 〚(*a*1667) □ LL *assimilābilis* ← L *assimilāre* (↓)〛

as·sim·i·late /əsíməlèɪt | -mɪ̀-/ *vt.* **1** 〈少数民族・移民などを〉(文化的に)同化[融合]する 〔*into, to*〕: The United States has ~*d* people of many ethnic groups. **2** 〈人・性質などを〉順応させる (adapt, conform) 〔*to, into, with*〕: ~ oneself *to* a new environment 新しい環境に順応する. **3 a** 〈知識などを〉吸収する, (完全に)理解する,

A

消化する (grasp): ～ ideas, information, etc. / ～ what one reads. **b** 〈消化した食物などを〉同化する, 吸収する: Food is ～*d* and converted into organic tissue. 食物は同化されて有機組織に変えられる. **4** 〈物事を〉似通ったものにする, 同(質)化する (make similar) 〔*to, with*〕. **5** 〖音声〗同化する 〔*to*〕 (↔ dissimilate; ⇨ assimilation 4). **6** 《古》なぞらえる (liken) 〔*to, with*〕. **— *vi.*** **1** 〈移民などが〉(文化的に)同化する 〔*to, with*〕: Some immigrants ～ quickly and others slowly. すぐに同化する移民もあれば時間がかかるものもある / rapidly *assimilating* ethnic minorities 急速に同化する少数民族. **2** (文化的に)順応する 〔*to, with, into*〕. **3** 〈食物などが〉同化する, 吸収される. **4** 〈物が〉同(質)化する 〔*to, with*〕. **5** 〖音声〗同化する (↔ dissimilate; ⇨ assimilation 4). **6** 《古》類似する 〔*to, with*〕. **as·sím·i·là·tor** /-ṭə | -tə(r)/ *n.* 〖《?a1425》← L *assimilātus* (p.p.) ← *assimilāre* to liken ← *as-* 'AD-'+*similis* like: ⇨ similar, -ate³〗

as·sim·i·la·tion /əsìməléɪʃən | -mɨ̀-/ *n.* (↔ dissimilation) **1** 〖社会学〗同化, 融合《個人や集団が生活や経験の交流を通じて, 共通の行動様式や文化を共通するようになる過程》. **2** 同化, 一様化. **3 a** 〖生物・生理〗同化(作用) (cf. catabolism). **b** 〖地質〗同化作用《マグマ中に外来岩石が溶かし込まれること》. **4** 〖音声〗同化《ある音が隣接する他の音の影響を受けてその音に近い音に変化すること; 例: water /wáːtər/ の [aː] が [w] の影響で /wɔ́ːṭə, wáː- | wɔ́ːtə(r)/ になった》. **5** 〖心理〗同化《知覚が周囲の条件に影響されてその方向へと変化すること》. **6** 〖証券〗(新発株式などの)完売, 同化. 〖《?a1425》□ (O)F ～ □ L *assimilātiō(n-)* physiological assimilation, similarity: ⇨ ↑, -ation〗

as·sìm·i·lá·tion·ìsm /-ʃənìzm/ *n.* 〖社会学〗(異民族などの)同化[吸収]政策; 文化融合論[政策]. 〖1952〗

as·sìm·i·lá·tion·ist /-ʃ(ə)nɨ̀st | -nɪst/ *n., adj.* (異民族間の)同化[吸収]政策論者(の); 文化融合論者(の). 〖1928〗

assimilátion stàrch *n.* 〖植物〗同化澱粉.

assimilátion tìssue *n.* 〖植物〗同化組織.

as·sim·i·la·tive /əsímələ̀ṭɪv, -ləṭ-, -ml- | -mɨ̀lət-, -lèɪt-/ *adj.* 同化の; 同化的な, 同化力のある, 同化作用の. **～·ly** *adv.* 〖《c1400》□ ML *assimilātīvus* (p.p.): ⇨ assimilate, -ative〗

as·sim·i·la·to·ry /əsímələtɔ̀ːri, -ml- | -mɨ̀lətəri, əsìmɨ̀léɪtəri, -mɨ̀-, -tri/ *adj.* =assimilative. 〖1856〗

As·sin·i·boin /əsínəbɔ̀ɪn | -nɨ̀-/ *n.* (*also* **As·sin·i·boine** /～/) (*pl.* **～s**, ～) **1 a** [the ～(s)] アシニボイン族《Missouri 川上流から Saskatchewan 川中流に至る地域に住むアメリカインディアンの一種族》. **b** アシニボイン族の人. **2** アシニボイン語《アシニボイン族が話す Dakota 方言》. 〖□ F ～ □ Ojibwa *ūsini-ūpwāwᵃ* 《原義》one who cooks by use of stones ← *ūsini* stone + *ūpwāwᵃ* he cooks by roasting〗

As·sin·i·boine /əsínəbɔ̀ɪn | -nɨ̀-/ *n.* [the ～] アシニボイン(川)《カナダ南部の川 (1,000 km)》.

As·si·si¹ /əsíːsi, əsíː-, -zi | əsíːsi, æ-, -zi; *It.* assíːzi/ *n.* アッシジ《イタリア中部, Perugia 南東方の町; St. Francis の生地; その修道院で有名》.

Assisi² ⇨ Clare of Assisi.

As·si·si·an /əsíːsiən, əsíː-, -ziən | əsíːsiən, æ-, -ziən/ *adj.* **1** アッシジの. **2** アッシジの聖フランチェスコ (Saint Francis of Assisi) の. **— *n.*** **1** アッシジの住民. **2** [the ～] アッシジの聖フランチェスコ (Saint FRANCIS OF ASSISI). 〖《1870》: ⇨ Assisi¹, -an¹〗

as·sist /əsíst/ *vt.* **1 a** 〈人を〉手伝う, …に助力する; 〈人〉に事業などで手を貸す, 援助する 〔*in*〕; 〈人を〉(仕事などで)手伝う, 助ける, 〔金銭などで〕援助する, …を与える 〔*with*〕 (⇨ help SYN): ～ an architect 建築家の助手をする / ～ a person *in* a project / She ～*ed* her son *with* his homework. 息子の宿題を手伝ってやった. **b** 〈人が…するのを〉手伝う, 援助する 〈*in* doing, *to* do〉: She ～*ed* him *in* correcting [*to* correct] the proof. 彼の校正を助けた / I was ～*ed in* painting the door. ドアのペンキ塗りを手伝ってもらった. **c** [in, out などや副詞句を伴って] 〈人を〉助けて…させる: ～ a person *out* of a car 手を貸して人を車から降ろす / ～ an invalid *to* bed 病人が床に入るのに手を貸す. **2** 〈物事を〉援助する, 支持する; 〈物事が〉〈人・物事〉の助けになる, 助長[促進]する: ～ a campaign, person, etc. **3** 《廃》同伴する, 同行する. **— *vi.*** **1 a** 〔仕事などを〕手伝う, 援助[支持]する 〔*in*〕: ～ *at* childbirth 《助産婦などが》赤ん坊を取り上げる. **b** 〔…に〕参加する (take part) 〔*in*〕: ～ *in* a movement. **2 a** 〖野球〗補殺する. **b** 〖アイスホッケー・バスケット・サッカー〗アシストする. **3** [フランス語法] 〔…に〕立ち会う, 列席する (be present) 〔*at*〕: ～ *at* a ceremony, an interview, etc.

— *n.* **1** 《米》**a** 援助, 助力. **b** 補助器(具)[装置]. **2 a** 〖野球〗補殺《打者・走者をアウトにする送球》. **b** 〖アイスホッケー・バスケット・サッカー〗アシスト《シューターに適切なパスを送ってゴールインを助けるプレー》.

～·er *n.* 〖v.: 《1426》□ (O)F *assister* □ L *assistere* to stand by ← *as-* 'AD-'+*sistere* to cause to stand ← *stāre* 'to STAND'. — n.: 《1597》← (v.)〗

as·sis·tance /əsístəns, -tṇs, -tənts, -tṇts/ *n.* **1** 手伝い, 助力, 援助, 支持 (help, support); 財政的援助: technological ～ / ⇨ public assistance / be of ～ (*to* …) (…に)役立つ / come to a person's ～ 人の援助[救援]に向かう / give [render] ～ (*to* …) (…に)援助を与える. **2** 《古》[フランス語法] 列席, 出席 (presence) 〔*at*〕; [集合的] 列席[出席]の人々 (persons present). **3** 《英》=national assistance. 〖《1398》*assystence*, ～ □ (O)F *assistance* // ML *assistentia*: ModE *-ance* の綴りは F *assistance* の影響: ⇨ ↑, -ance〗

as·sis·tant /əsístənt, -tṇt/ *adj.* 補助の, 補佐の, 副…, …補; 〔…の〕助けになる 〔*to*〕: an ～ manager 副支配人. **— *n.*** **1 a** 助手, 補助者, 補佐役 (helper). **b** 〖米大学〗助手. **2** 《英》店員, 売り子 (shop assistant). **3** 補助手段, 補助物 (auxiliary). **4** 〖染色〗助剤.
assistant chief of police 《米》(警察の)副本部長 (⇨ police 1 ★).
〖《1433》*assistent* □ OF ～ (F *assistant*) // L *assistentem* (pres.p.) ← *assistere* 'to ASSIST': 今の語尾は F *assistant* の影響: ⇨ -ant〗

assístant chíef cónstable *n.* 《英》(自治体[地方]警察の)警察次長 (⇨ police 1 ★).

assístant commíssioner *n.* 《英》(ロンドン警視庁の)警視監; (ロンドン市警察の)副本部長 (⇨ police 1 ★).

assístant lécturer *n.* 〖英大学〗助講師 (⇨ lecturer 2).

assístant máster [místress] *n.* 《英》(校長 (head teacher) に対して)平教員. 〖1872〗

assístant proféssor *n.* 〖米・カナダ大学〗助教授 (⇨ professor 1 a ★). 日英比較 《米》の大学教員の序列は下から講師 (instructor), 助教授 (assistant professor), 準教授 (associate professor), 教授 (professor) の 4 段階に分かれており, 従って日本語の「助教授」とは少しずれがある. 《英》では professor の下の位は senior lecturer またはreader, その下は assistant [junior] lecturer という. ⇨ professor; reader. **～·shìp** *n.* 〖1851〗

assístant·shìp *n.* **1** 助手[補助者]の地位. **2** 〖米大学〗**a** (主に, 博士課程の大学院学生などが就く)助手職. **b** 助手手当. 〖1696〗

assístant téacher *n.* =assistant master.

assíst·ed área *n.* 《英》援助地域《特に失業率の高い地区で, 政府が特別援助金を出して産業の復興をはかっている地域》.

assísted pláce *n.* 《英》特別奨学枠《パブリックスクールなど independent school で設けられている特別奨学生枠; 政府が授業料を負担し, 貧困家庭の英才を援助している》. 〖1977〗

assísted súicide *n.* 他人[(特に)医師]の助けをかりた自殺. 〖1976〗

as·sís·tor *n.* 〖法律〗幇助(ほうじょ)者. 〖1602〗

As·si·ut /æsjúːt/ *n.* =Asyut.

as·size /əsáɪz/ *n.* **1** [通例 *pl.*] 〖英法〗**a** (もとイングランドおよびウェールズ各州の)巡回裁判《上級裁判所の判事が定期的に(毎年数回)地方を回って行った民事・刑事の陪審裁判; 1971 年に改正されて, 民事は High Court に, 刑事は Crown Courts に引き継がれた; cf. circuit 5》: at ～*s* / hold ～*s* 巡回裁判を行う / an ～ town 巡回裁判開廷都市 / ⇨ COURT of assize. **b** 巡回裁判開廷期[地]. **2** 〖古法律〗**a** (陪審)裁判, 審理 (inquest). **b** (陪審裁判を要する)訴訟. **c** (陪審裁判の)令状. **d** (陪審の)評決 (verdict). **3** 〖スコット法〗**a** 陪審裁判. **b** [集合的] 陪審員 (jury). **4** [the great [last] ～ として] 最後の審判 (the Last Judgment). **5 a** 《廃》立法[行政]会議. **b** 《英廃・米古》法令, 条令 (edict, ordinance). **6** 〖古法律〗**a** (消費物資の)価格・量目・品質に関する法令. **b** (小麦価格に基づく)パンとビールの)法定価格. **c** 法定規準. 〖《?a1300》□ AF & OF *as(s)ise* session, settlement ← *assis* (fem. p.p.) ← *asseeir* (F *asseoir*) to be seated < L *assidēre* ← *as-* 'AD-'+*sedēre* to sit〗

áss-kìss·ing *n., adj.* 《卑》お追従, へいこらする(こと). **áss-kìss·er** *n.* 〖1974〗

áss-lìcker *n.* 《卑》おべっか使い, ごますり. 〖1939〗

áss-lìcking *n., adj.* 《卑》へつらい(の) (toadying). 〖《1970》: ⇨ ass²〗

assn 《略》association.

assoc., Assoc 《略》associate; associated; association.

as·so·ci·a·ble /əsóʊʃiəbl̩, -ʃə-, -siə- | əsə́ʊsi-, -ʃi-/ *adj.* 連想できる, 連想される 〔*with*〕. **as·so·ci·a·bil·i·ty** /əsòʊʃiəbíləṭi, -ʃə-, -siə- | əsə̀ʊʃiəbílɨ̀ti, -ʃə-, -siə-/ *n.* 〖《1611》□ F ～ ← *associer*: ⇨ ↓, -able〗

as·so·ci·ate /əsóʊʃièɪt, -si- | əsə́ʊsi-, -ʃi-/ *v.* **— *vt.*** **1** 〈物事・人を〉(…と)(心理的に)関係づける, 結びつけて考える, 連想する 〔*with*〕 (⇨ join SYN): We ～ (the name of) Nero *with* tyranny and cruelty. ネロと言えば暴政と残虐を連想する[思い出す]. **2 a** [しばしば受身で] 〈人・物事を〉(…と)結合[連合]させる, 〔…に〕参加させる (join); 〔…と〕結合[関連]させる (connect) 〔*with*〕 (↔ dissociate): be ～*d with* a person *in* business 人と共同で事業に携わっている / be ～*d with* an electrical company 《米》電気会社に勤務している / ～ two names *with* [in] a scandal 両名をスキャンダルの関係者と見なす / cases of lung cancer ～*d with* smoking 喫煙と関連があるとされる肺癌(がん)の症例. **b** [～ *oneself* で] 〔…と〕共同[連合]する, 〔運動・意見などに〕(公然と)賛同[参画]する 〔*with*〕: He ～*d himself with* the law firm [the policy]. 法律事務所と提携した[その政策の支持を表明した] / I'd like to ～ *myself* with those sentiments. その考えに私は共感を覚えます. **3** 〖化学〗会合させる 〔*with*〕 (cf. association 5). **4** 《廃》付き添う, …の世話をする. **— *vi.*** **1** 交際する, 付き合う (keep company) 〔*with*〕: ～ *with* young people. **2** 提携する, 連携する (unite) 〔*with*〕: ～ *in* a common cause 共通の目的のために協同する. **3** 〖化学〗会合する.
— /əsóʊʃiɨ̀t, -si-, -èɪt | əsə́ʊsi-, -ʃi-/ *n.* **1** 仲間, 友, 僚友; 提携者 (ally), 組合員 (partner); 同僚, 同人 (colleague); 共犯者, 共謀者 〔*in*〕: an ～ at work 同僚. **2 a** 〖米大学〗(短期大学または 4 年制大学短期コース修了の)準学士(号); 準教授 〔*in*〕: get an *Associate* in Arts [an AA] degree=get the degree of *Associate in* Arts [AA] 準文学士の称号を得る. **b** 準会員, 会友; 準社員. **3** 付随物 (concomitant). **4** 〖心理〗連想観念; 連合心象. **5** 〖数学〗**a** =Hermitian conjugate. **b** [*pl.*] 同伴《環 (ring) の, 互いに約元である 2 つの元》.
— *adj.* [限定的] **1** 連合した; 仲間の; 同僚の (associated). **2** 準…: an ～ judge 陪席判事 / an *Associate* Justice of the Supreme Court 最高裁判所の陪審判事 / an ～ member 準会員[社員]. **3** 付随する (concomitant). **4** 〖心理〗連想の.
as·só·ci·àt·ed /-èɪṭɨ̀d | -tɨ̀d/ *adj.* **as·só·ci·a·tò·ry** /-ətɔ̀ːri | -təri, -tri/ *adj.* **～·ship** *n.* 〖《?a1425》← L *associātus* (p.p.) ← *associāre* ← *as-* 'AD-'+*sociāre* to join ∽ 《c1400》*associe(n)* □ (O)F *associer* □ L *associāre*: ⇨ social, -ate³〗

SYN 仲間: **associate** 共通の利害関係を持つ, 特に仕事上の仲間: a business *associate* 仕事上の仲間. **colleague** 特に知的職業の仲間《親密さは無関係》: Professor Smith is my *colleague* at the university. スミス教授は大学での同僚だ. **companion** 友情または偶然から他人に同行したり時間を共にしたりする人: a drinking *companion* 飲み仲間. **comrade** 共通の活動・目的を持ち, 行為・運命を共にする親密な仲間: *comrades* in arms 戦友.
ANT opponent, rival, enemy.

assóciated bánk *n.* 組合銀行《組合員で形成される金融機関》.

assóciated cómpany *n.* 関連会社, 系列会社.

Assóciated Préss *n.* ⇨ AP.

assóciated státes *n. pl.* (英国の)連合州, 準国家《西インド諸島の旧英国植民地; 1967 年に外交・防衛を除いて自治権を獲得し, 現在はほとんどが独立国となっている; cf. West Indies Associated States》.

assóciated státehood *n.* (英国の)連合州としての地位.

assóciate proféssor *n.* **1** 〖米・カナダ大学〗準教授 (⇨ professor 1, assistant professor 日英比較). **2** 〖NZ 大学〗上級講師 (senior lecturer)《教授の下に位する》. **～·shìp** *n.* 〖1822〗

assóciate's degrée *n.* 《米》(短大などの)準学士(号).

as·so·ci·a·tion /əsòʊʃiéɪʃən, -si- | əsə̀ʊsi-, -ʃi-/ *n.* **1** 〖法律〗協会, 会; 共同団体, 組合, 社団, 会社; 結社: ⇨ voluntary association. **2** 交際, つきあい (companionship), 親密 (intimacy) 〔*with*〕. **3 a** 連合[合同, 共同, 提携](すること) 〔*with*〕: form an ～ (*with* several others) 何人かと連携する / in ～ *with* …と共同[連携]して (cf. b) / ⇨ ARTICLES of association, DEED of association. **b** 結合; 関連 (connection) 〔*with*〕: in ～ *with* …に関連して (cf. a). **4 a** 〖心理〗連想; =ASSOCIATION of ideas (cf. free association). **b** [しばしば *pl.*] 連想されるもの, 連想によって生じるもの《思い出・暗示的意味・含蓄など》: The photograph [word] had pleasant ～*s* for her. その写真[言葉]には彼女にとって楽しい思い出があった. **c** (文学や精神分析の手法としての)連想の利用. **5** 〖化学〗会合《分子間力・水素結合によって数分子が結合すること》. **6 a** 〖天文〗(星の)集群《中心から外に広がっていくような運動を示す散開星団の一変種》. **b** 〖数学〗結合《いくつかの元を 1 つの演算で次々に結びつけること》. **7 a** 〖生態〗群叢(ぐんそう), 群集《種類・組成から植物群落を分類した時の一単位; 通例共通の特性をもつ数種の植物が優勢な一群》. **b** 〖動物〗関連, 結合《一時的な個体の集団状態》.
association of idéas 〖心理〗観念連想. 〖1690〗
〖《1535》□ (O)F ～ // ML *associātiō(n-)*: ⇨ associate, -ation〗

as·sò·ci·á·tion·al /-ʃnəl, -ʃənl/ *adj.* **1** 協会の, 共同団体の, 社団の. **2** 連想(上)の. 〖1815〗

as·sò·ci·á·tion·al·ìsm /-ʃ(ə)nəlìzm/ *n.* 〖心理〗=associationism. **as·sò·ci·á·tion·al·ist** /-ʃ(ə)nəlɨ̀st | -lɪst/ *n., adj.*

associátion àrea *n.* 〖解剖〗(大脳皮質の) 連合野(や). 〖1909〗

associátion bòok [còpy] *n.* (名士などの書入れのある)手沢(しゅたく)本. 〖1901〗

associátion fìbers *n. pl.* 〖解剖〗連合線維《脳皮質の各区を結びつける神経線維》. 〖1900〗

associátion fóotball *n.* サッカー (⇨ soccer). 〖1873〗

as·sò·ci·á·tion·ìsm /-ʃənìzm/ *n.* 〖心理〗観念連合説, 連合主義《心理過程を感覚や観念などの要素の結合によるとみなす心理学上の立場》. **as·sò·ci·á·tion·ist** /-ʃ(ə)nɨ̀st | -nɪst/ *n., adj.*

associátion psychòlogy *n.* 〖心理〗連合心理学 (associationism の別名). 〖1864〗

as·so·ci·a·tive /əsóʊʃièɪṭɪv, -si-, -ʃəṭ-, -ʃiə-, -siə- | əsə́ʊsiət-, -ʃiə-, -sièɪ-, -ʃiə-/ *adj.* **1** 連合(的)の, 連携の. **2** 〖心理〗連合(的)の, 連想の[による]; 学習課程によって獲得した. **3** 〖数学〗結合(的)の: the ～ law 結合法則《演算に関する性質で, 加法の $(a+b)+c=a+(b+c)$ に相当するもの》. **～·ly** *adv.* **as·so·ci·a·tiv·i·ty** /əsòʊʃiətívəṭi, -si-, -ʃət- | əsə̀ʊsiətívɨ̀ti, -ʃi-/ *n.* 〖《1812》: ⇨ -ative〗

assóciative córtex *n.* 〖解剖〗連合皮質《大脳皮質のうち, 学習・推論などの高次の精神活動を支配する部分》.

assóciative léarning *n.* 〖心理〗連合学習.

assóciative stórage *n.* 〖電算〗連想記憶装置.

as·só·ci·à·tor /-ṭə | -tə(r)/ *n.* 仲間, 組合員, 会員. 〖1616〗

as·soil /əsɔ́ɪɫ, æs-/ *vt.* 《古》 **1** 〈人を〉(罪から)免じる, 許す (absolve); 赦免する, 自由の身にする (acquit, release): ～ a person *from* [*of*] sin. **2** あがなう (atone for). **～·ment** *n.* 〖《c1275》□ AF *as(s)oilier* =OF *assoldre* (F *absoudre*) < L *absolvere* to loosen: ⇨ absolve〗

as·so·nance /ǽsənəns, ǽsn̩-/ *n.* **1** 音の類同; 類音. **2** 〖詩学〗 **a** 母音韻, 半階音 《母音だけの押韻; 例: man: cat / baby: lady; cf. consonance》. **b** 類韻 《広い意味で音の類似を指す; 例: form: informal / grave: great; 子音のみの反復を指すこともある; 例: held: healed / spanner: spinner》. **3** 部分的な一致[符号], 類似 (partial correspondence). 〖《1727》□ F ～: ⇨ ↓, -ance〗

as·so·nant /ǽsənənt, ǽsn̩-/ *adj.* **1** 〖詩学〗 母音だけ同韻(律)の, 半階(かい)音の; 類韻の. **2** 類(似)音の. — *n.* 母音類似語, 類音語. 〖《1727–51》□ F ～ □ L *assonantem* (pres.p.) ← *assonāre* to respond to ← *as-* 'AD-'+*sonāre* 'to SOUND¹': ⇨ -ant〗

as·so·nan·tal /æ̀sənǽntḷ, æ̀sn̩- | -tḷ←/ *adj.* =assonant.

as·so·nate /ǽsənèɪt, ǽsn̩-/ *vi.* **1** 〈音節・語が〉類音をもつ 〔*with*〕. **2** 〖詩学〗 母音だけ押韻する. 〖《1623》← L *assonātus* (p.p.) ← *assonāre*: ⇨ assonant, -ate³〗

as·sort /əsɔ́ət | əsɔ́:t/ *vt.* **1** 類別する, 分類する, 仕分けする (classify): ～ apples, books, etc. / The shoes were ～*ed by* [*in*] size. 靴は大きさで分けられていた. **2 a** 〈品物を〉各種取りそろえる[詰め合わせる]. **b** 〈店など〉に各種の品物を取りそろえる. **3** 〈同種のものを〉組み合わせる (group) 〔*with*〕 (cf. assorted). — *vi.* **1** [well, ill などを伴って] 釣り合う, 調和する (match) 〔*with*〕 (cf. assorted): The picture ～*ed well* [*ill*] *with* the room. その絵は部屋とよく調和した[しなかった]. **2** 《古》 交際する, 付き合う (associate) 〔*with*〕. **as·sort·ive** /əsɔ́əṭɪv | əsɔ́:t-/ *adj.* 〖《1490》□ OF *assorter* (F *assortir*) ← A-⁴ +*sorte* 'SORT'〗

as·sor·ta·tive /əsɔ́əṭəṭɪv | əsɔ́:tət-/ *adj.* **1** 釣り合う, 調和する. **2** 〖生物〗 類似性に基づく. **～·ly** *adv.* 〖1897〗

assórtative máting *n.* 〖生物〗 選択結婚 《ある形質の者同士が結婚したり, あるいはある形質のものを意識的に避けて結婚すること》. 〖1897〗

as·sórt·ed /-ṭɪ̣d | -tɪ̣d/ *adj.* **1** 各種取りそろえた; 雑多な: a box of ～ biscuits 詰合わせビスケット一箱 / a well-*assorted* stock 品ぞろいのいい在庫. **2** 釣り合った, 調和した: a well-*assorted* [an ill-*assorted*] couple 似合いの[不釣り合いの]夫婦(など). **3** 類別[分類]した, 仕分けした. 〖*a*1797〗

as·sórt·er /-ṭə | -tə^(r)/ *n.* 《米》 (品物の)組合わせをする人, 仕分け人. 〖1897〗

as·sort·ment /əsɔ́ətmənt | əsɔ́:t-/ *n.* **1 a** (各種)取りそろえた物, 詰合わせ: an ～ *of* imported goods 輸入品各種. **b** 雑多な物[人]の集まり (variety). **c** 同種のものの集まり. **2** 仕分け, 口分け, 類別, 種別. 〖1611〗

As·souan /ǽswɑ:n, ɑ́:s- | ←ー←/ *n.* =Aswan.

ASSR 《略》 Autonomous Soviet Socialist Republic 自治ソビエト社会主義共和国.

Asst., asst, Ass/t, ass/t 《略》 Assistant; assistant.

asstd 《略》 assented; assorted.

ASSU 《略》 American Sunday School Union.

as·suage /əswéɪdʒ/ *vt.* **1 a** 〈苦痛・怒り・不安などを〉緩和する, 和らげる (soften). **b** 〈人を〉なだめる (soothe, calm): ～ an angry man. **2** 〈食欲などを〉静める, 満たす (appease): ～ one's thirst *with* water. — *vi.* 《古》 静まる, 減退する (abate). **as·suá·ger** *n.* 〖《c1300》 *a(s)swage(n)* □ AF *as(s)uager*=OF *assuag(i)er* < VL **assuāviāre* ← *as-* 'AD-' +*suāvis* 'SWEET'〗

as·suáge·ment *n.* 緩和, 軽減, 鎮静; 緩和物. 〖《1561》: ⇨ ↑, -ment〗

As·su·an /ǽswɑ:n, ɑ́:s- | æ̀swǽn, ɑ̀:s-, -wɑ́:n←/ *n.* = Aswan.

as·sua·sive /əswéɪsɪv, -zɪv/ *adj.* 緩和する, なだめる, 和らげる (soothing). 〖《1708》← A-⁴+SUASIVE〗

as·sub·ju·gate /əsʌ́bdʒəgèɪt/ *vt.* 《廃》 服従させる; 〈名誉などを〉汚す, 低下させる. 〖《1601–2》← a-¹+SUBJUGATE〗

as·sue·tude /ǽswɪ̣tù:d, -tjù:d | -tjù:d/ *n.* 慣れ, 習慣 (habit). 〖《1626》□ L *assuētūdō* ← *assuētus* (p.p.) ← *assuēscere* to become accustomed ← *as-* 'AD-'+ *suēscere* to become accustomed〗

Ás Sulaymaníyah /ǽs-/ *n.* Sulaymaniyah の正式名.

as·sum·a·ble /əsú:məbḷ | əsjú:m-, əsú:m-/ *adj.* **1** 仮定[想定]できる. **2** 〈任務など〉執(と)ることができる 〔*by*〕. **3** 装うことができる. **as·sùm·a·bíl·i·ty** /-məbɪ́ləṭi | -lɪ̣ti/ *n.* 〖1784〗

as·súm·a·bly /-bli/ *adv.* 恐らく, 多分(…であろう) (probably): *Assumably* it is true. 〖1883〗

as·sume /əsú:m | əsjú:m, əsú:m/ *vt.* **1 a** 仮定する, 想定する, 臆測(おく)する, 当然のことと考える (take for granted, suppose): ～ a person's consent (一応)人の承諾を仮定する[決めてかかる] / They ～*d* her guilt. 彼女が有罪だと決めていた / You're [That's] *assuming* too much. それは勘ぐりすぎだ. **b** 〈…と〉仮定[想定]する, 考える (suppose) 〔*that, to be*〕: They ～*d* her (*to be*) guilty. 彼女が有罪だと決めていた / She is guilty, I ～. 彼女は有罪だと思う / I ～*d that* our team would win. こちらのチームが勝つものと決めていた / He is ～*d to* be the best writer of our time. 当代随一の作家とみなされている / (Even) *assuming* (*that*) [Even if we ～ *that*] this is no good, what alternative is there? 仮にこれがだめだとしてもほかにどんな方法があるだろうか. **c** 〖論理〗 《論証の仮定または前提として》仮定する. **2** 〈役目・任務などを〉引き受ける, 〈責任を〉負う, 執(と)る (undertake): ～ office 就任する / ～ the chair 議長席につく / ～ control of …を支配[掌握]する, 牛耳る / ～ power [authority] 権力[権威]をもつ / ～ (the burden of one's) new responsibilities 新しい責任(の重荷)を負う. **3 a** 〈態度を〉執る, 〈性質を〉帯びる (take on): ～ a haughty air 傲慢な態度を執る / ～ a new aspect 新局面を呈する, 面目を一新する / Little things can ～ enormous importance when you're under pressure. プレッシャーを感じると些細なことがとても重要に思えてくる. **b** 〈服などを〉身に着ける (put on). **c** 〈名前などを〉(仮に)採用する, かたる (adopt): ～ a false name 偽名を使う. **d** …のふりをする, 装う (pretend, simulate): ～ ignorance 無知を装う, 知らないふりをする / ～ gaiety 陽気らしくふるまう. **4** 〈権利などをわが物にする, 横取りする (usurp): ～ power *to oneself* 権力をほしいままにする. **5** 〖法律〗 **a** 〈他人の負債などを〉引き受ける. **b** 〈…することを〉引き受ける 〈*to do*〉. **6 a** 《古》 …に加入を許す, 加入させる, 仲間に入れる. **b** 〖神学〗 〈天国へ〉受け入れる 〔*into*〕: be ～*d into* heaven 昇天する. — *vi.* 《古》 せんえつな態度に出る, でしゃばる.

as·súm·er *n.* 〖《*a*1420》□ L *assūmere* to take up ← *as-* 'AD-'+*sūmere* to take (← SUB-+*emere* to take)〗

SYN **1** 想定する: ⇨ presume. **2** ふりをする: **assume** 持っているようなふりをする 《欺く意志はない》: He *assumed* an air of cheerfulness. 陽気なそぶりを装った. **pretend** 欺く意志をもって偽りの外見を装う: The policeman *pretended* to be a visitor. 警官は訪問客を装った. **feign** 《文語》 巧みに偽って〈ある感情・状態を〉経験しているようなふりをする: He *feigned* surprise. 驚いたふりをした. **affect** 特定の印象を与えようとして〈ある感情・様子などを〉装う 《格式ばった語で通例軽蔑的》: He *affected* an air of despair. 絶望の風をしてみせた. **simulate** 特に〈強い感情を〉感じているようなふりをする 《格式ばった語》: He *simulated* joy. 大喜びしているふりをしてみせた.

---

as·súmed *adj.* **1** 装った, 偽りの (pretended): ～ ignorance そ知らぬ顔 / an ～ voice 作り声 / under an ～ name 仮名[偽名]を用いて. **2** 仮定した, 想定上の (supposed): an ～ cause 想定上の原因 / the ～ time of his departure 彼が出発したと思われる時間 / the ～ perpetrator of the crime 犯罪の容疑者. **3** 奪われた, 横領された (usurped): an ～ right. **4** 引き受けた: ～ bonds 〖証券〗 引受社債. 〖1624〗

as·súm·ed·ly /-mɪ̣dli/ *adv.* **1** 仮定的に, 想定上 (assumptively). **2** 想定上は, 多分 (assumably). 〖1881〗

as·súm·ing *adj.* せんえつな, でしゃばる, なまいきな (arrogant). — *conj.* [しばしば ～ that] …と仮定して, …とすれば: Even ～ that it is true, he will not accept it. それが本当だとしても, 彼はそれを認めないだろう. **～·ly** *adv.* 〖1695〗

as·sump·sit /əsʌ́m(p)sɪ̣t | -sɪt/ *n.* 〖法律〗 **1** 引受け訴訟 《古英法の訴訟形式の一種, 単純契約 (simple contract) の履行を要求する訴訟》. **2** (引受け訴訟によって)訴えうる契約 (actionable contract). 〖《1607》～ NL ～ ← L ～ 'he has undertaken' (perf.) ← *assūmere* 'to ASSUME'〗

as·sump·tion /əsʌ́m(p)ʃən/ *n.* **1 a** 仮定, 前提, 想定, 臆測(おく) (supposition): It's a mere ～. 単なる臆測に過ぎない / the ～ of truth 真実であるという想定 / the ～s of a statement 言説の前提(条件) / We will proceed on the ～ *that* the argument is valid. その議論が妥当だという仮定のもとに話を進めよう / You're operating on [starting from] a false ～. 誤った考えに立っている. **b** 〖論理〗 (三段論法 (syllogism) の)小前提 (minor premise). **2** (任務などを)執(と)ること, 引受け, 就任: the ～ of office 就任. **3** (権利・権力などを)わが物にすること, 独占, 横取り: ～ of power, rights. **4** 《古》 せんえつ, でしゃばり (arrogance, presumption): an air of ～ 威張った風. **5** 〖法律〗 (他人の負債の)引受け. **6** 人の(肉体の)昇天. **7** [the A-] 〖カトリック〗 **a** 聖母マリア被昇天 (Assumption of the Virgin): the feast of the *Assumption* 聖母マリア被昇天の大祝日 (8 月 15 日). **b** 聖母マリア被昇天の大祝日.

Assúmption of Móses [the ―] モーセの被昇天 《偽典 (pseudepigrapha) 中の一書》.

assúmption of rísk 〖法律〗 危険の引受け 《雇用契約の中で, 被用者がその業務に当たって被る危険について雇い主に賠償を求めず, 自らその危険を負担する旨を明示すること》. 〖《c1300》□ OF *asompsion*, (O)F *assomption* □ L *assūmptiō(n-)* (L) a taking up ← *assūmptus* (p.p.) ← *assūmere* 'to ASSUME': ⇨ -tion〗

as·súmp·tion·ist /-ʃ(ə)nɪ̣st | -nɪst/ *n.* **1** 〖米史〗 米国の独立戦争で各州が被った負債の補填を連邦政府が引き受けるべきだとした人. **2** [the Assumptionists] 〖カトリック〗 =AUGUSTINIANS of the Assumption. 〖1891〗

as·sump·tive /əsʌ́m(p)tɪv/ *adj.* **1** 仮定(的)の, 臆測(おく)(的)の. **2** せんえつな, 傲慢(ごう)な. **～·ly** *adv.* 〖《1611》← L *assūmptus* (⇨ assumption)+-IVE〗

As·sur /ǽsə | ǽsə^(r)/ *n.* アッシュール: **1** アッシリアの戦争の最高神. **2** 今のイラク北部, Tigris 川上流に臨む古代シュメール都市; アッシリアの最初の首都. **3** アッシリアの最初の名. 〖← Assyrian 《原義》? the benign〗

as·sur·ance /əʃúᵊrəns, əʃɔ́:r-, -ənts | əʃɔ́:r-, əʃúər-/ *n.* **1** 保証, 請合い; 確約, 言質(げん) (pledge) 〈*that*〉: He gave me an [his] ～ *that* he would be there on time. 必ず時間通り向こうに行くと私に言った[約束した] / Despite his repeated ～*s* of support, I'm still dubious. 援助してくれると何回も請け合ってくれたけど, まだ信じられない. **2** 確信, (ある事についての)自信, 安心(感) (confidence) 〔*of*〕 / 〈*that*〉 (⇨ certainty SYN): make ～ doubly [double] sure 念には念を入れる (cf. Shak., *Macbeth* 4. 1. 83). **3** (自分の才能についての)自信 (self-confidence), (自信から生まれる)落着き (self-possession): with ～ 自信をもって, 落ち着いて. **4** 《米古・英》 (生命)保険 (⇨ insurance 1): an ～ company 保険会社 / life ～ 生命保険. **5** 《古》 厚かましさ, ずうずうしさ (impudence): have the ～ to do ずうずうしくも…する. **6** 《古》 (地位などの)安定, 安全 (security). **7** 〖法律〗 不動産譲渡; 不動産譲渡証書. **8** 〖神学〗 (神の恩寵や救済の)確証, 確かさ; (神との人格的交わりの)自覚. 〖《c1390》□ OF *aseurance* (F *assurance*): ⇨ -ance〗

As·sur·ba·ni·pal /ɑ̀:suəbɑ́:nəpɑ̀:l, -ʃə- | æ̀ʃə:bɑ́:nɪpæ̀l, -pəl, -pḷ/ *n.* =Ashurbanipal.

as·sure /əʃúə, əʃɔ́: | əʃɔ́:^(r), əʃúə^(r)/ *vt.* **1 a** 〈人〉に〈…だと〉保証する, 〈人〉に〈…だと〉言う 〈人〉に〈…を〉保証する, 請け合う, 確約する (guarantee, pledge) 〔*of*〕: I ～ you he can be trusted.=He can be trusted, I ～ you.=Let me ～ you *that* he can be trusted. 本当に彼は信用できる人だ / He was ～*d that* it was true [false]. 全く真実[偽り]だと告げられた / I ～ you *of* its quality [my cooperation]. 君にその品質[私の協力]を保証する. **b** 〈人〉に〈物事を〉保証[確約]する: He ～*d* me success. **2 a** (保証して)〈人を〉安心させる, 元気づける (cf. reassure): The doctor tried to ～ me by saying it was nothing serious. それは大したことはないと言って医者は私を安心させようとした. **b** 〈人〉に〈…だと〉納得させる 〈*that*〉: 〈人〉に〈物事について〉確信を持たせる, 納得させる (convince) 〔*of*〕: I wish I could ～ her *of* her abilities. 彼女にその才能について自信を持たせることができたらよいのにと思う. **c** [～ *oneself* または受身で] 確信[納得]する[している], 安心する[している] (feel confident) 〔*of*〕 / 〈*that*〉: I ～*d myself of* his safe arrival. 彼の安着を確信した / Before launching her campaign she had to ～ *herself of* [*that* she had] widespread support. (選挙)運動を始めるに当たって彼女は広い支持を得ていることを確かめる必要があった / Now I *am* ～*d of* success. いよいよ私は成功の自信がついた[成功間違いなしだ] / (You may [can]) rest ～*d of* his safety [*that* he is safe]. 彼が安全なことは確信していてよい. **3** 〈将来の事柄を〉確実にする, 確保する (ensure): This will virtually ～ his promotion.=This will virtually ～ him (*of*) promotion. これで彼の昇進が確実になろう. **4** 《英》 **a** …に保険をかける (insure). **b** 〈生命〉に保険をかける: ～ (a person's) life (人に)生命保険をかける. **5** 〈地位などを〉安定させる, 固める. **as·súr·a·ble** *adj.* 〖《c1375》□ OF *ase(u)rer* (F *assurer*) < VL **assēcūrāre* ← *as-* 'AD-'+L *sēcūrus* 'SECURE, safe'〗

as·sured /əʃúəd, əʃɔ́:d | əʃɔ́:d, əʃúəd/ *adj.* **1 a** 自信を持った, 確信した, 落着きのある (self-assured): in an ～ manner 自信のある態度で. **b** うぬぼれの強い; 厚かましい. **2** 保証された; 確かな, 確実な, 安定した (certain): an ～ fact, income, position, etc. **3** 《英》 生命保険をかけた[に加入した] (cf. assure 4). — *n.* (*pl.* ～, ～**s**) [通例 the ～; 単数または複数扱い] 《英》 〖保険〗 **1** (生命・損害保険の)被保険者. **2** 保険金受取人. 〖adj.: 《*a*1420》; n.: 《1755》〗

as·sur·ed·ly /əʃúᵊrɪ̣dli, əʃɔ́:r- | əʃɔ́:r-, əʃúər-/ *adv.* **1** 確かに, 確実に (certainly): She will most ～ win. 彼女は確実に勝つ. **2** 自信を持って. 〖《*a*1400》: ⇨ -ly¹〗

as·sur·ed·ness /əʃúᵊrɪ̣dnɪ̣s, əʃɔ́:r-, əʃúəd-, əʃɔ́:d- | əʃɔ́:rɪ̣d-, əʃúər-, əʃɔ́:d-, əʃúəd-/ *n.* **1** 確実さ, 確実性. **2** 自信の強さ; 図太さ (impudence). 〖1561〗

assúred ténancy *n.* 《英》 (新築住宅の)協定家賃保証貸借(権) 《住宅協会など政府公認の団体と借家人との協定; cf. regulated tenancy》.

as·sur·er /əʃúᵊrə, əʃɔ́:rə | əʃɔ́:rə^(r), əʃúər-/ *n.* **1** 保証者. **2** 《英》 〖保険〗 (生命)保険業者 (underwriter). 〖1607〗

as·sur·gen·cy /əsɔ́:dʒənsi | əsɔ́:-/ *n.* 〖植物〗 斜上性. 〖《1664》: ⇨ -ency〗

as·sur·gent /əsɔ́:dʒənt | əsɔ́:-/ *adj.* **1** 上昇的な (rising). **2** 〖植物〗 斜上性の (ascendant). 〖《1578》□ L *assurgentem* (pres.p.) ← *assurgere* ← *as-* 'AD-'+*surgere* to rise〗

as·sur·ing /əʃúᵊrɪŋ, əʃɔ́:r- | əʃɔ́:r-, əʃúər-/ *adj.* **1** 保証する(ような). **2** 安心させる(ような), 心強い; 自信[確信]を与える(ような). **～·ly** *adv.* 〖1530〗

as·sur·or /əʃú(ə)rə, əʃɔ́:rə | əʃɔ́:rə^(r), əʃúər-/ *n.*= assurer.

As-Su·ways /*Arab.* assuwéjs/ *n.* Suez のアラビア語名.

assy 《略》 assembly.

Assyr. 《略》 Assyrian.

As·syr·i·a /əsíriə/ *n.* アッシリア 《現在のイラクを中心とした西南アジアにあった古代王国; 首都 Nineveh》. 〖□ L ～ □ Gk *Assuría* □ Akkad. *Ashshur*: cf. Syria〗

As·syr·i·an /əsíriən/ *adj.* **1** アッシリアの. **2** アッシリア人[語]の. — *n.* アッシリア人; アッシリア語. 〖《1584》: ⇨ ↑, -an¹〗

As·syr·i·ol·o·gist /əsìriɑ́(:)lədʒɪ̣st | -ɔ́lədʒɪst/ *n.* アッシリア学者. 〖1865〗

As·syr·i·ol·o·gy /əsìriɑ́(:)lədʒi | -ɔ́l-/ *n.* アッシリア学 《古代アッシリア・バビロニアの言語・歴史・風俗・遺物などを研究する》. **As·syr·i·o·log·i·cal** /əsìriəlɑ́(:)dʒɪ̣kəl, -kḷ | -lɔ́dʒɪ-←/ *adj.* 〖《1828》← ASSYRI(A)+-o-+

-LOGY〗

AST 《略》 Atlantic Standard Time.

-ast /æst, əst/ *suf.*「…に関係のある人」の意の名詞を造る: hypocondriast. 〖ME ▭ (O)F *-aste* ▭ L *-asta, -astes* ▭ Gk *-astēs*: cf. -ist〗

a·sta·ble /eɪstéɪbl/ *adj.* **1** 安定していない. **2** 〖電子工学〗〈真空管・トランジスターの回路など〉非安定の《とりうる二つの状態がともに不安定で両者の状態を繰り返す; cf. monostable, bistable》: an ～ multivibrator 非安定マルチバイブレーター. 〖《1951》← MONOSTABLE, BISTABLE〗

Á-stàge résin *n.* 〖化学〗 A 樹脂 (⇨ resol).

A·staire /əstéə | -téə^(r)/, **Fred** *n.* アステア《1899–1987; 米国のダンサー・歌手・俳優; Ginger Rogers とペアを組んだミュージカル映画で有名; *Top Hat* (1935); 本名 Frederick Austerlitz》.

As·ta·na /ɑːstɑ́ːnə, əs-/ *n.* アスタナ《カザフスタン中北部の市; 同国の首都; Almaty から遷都 (1997) 後 Akmola を改名 (1998), 旧称 Tselinograd, Akmolinsk》.

a·star·board /əstɑ́əbəd, -bɔəd | əstɑ́ːbəd, -bɔːd/ *adv.* 〖海事〗 右舷(ʒぃ)に (↔ aport): put the helm ～ 舵柄(ぇぃ)を右舷に取る《昔の方式で船首は左舷に向く; 今の put the wheel aport と同意》/ Hard ～! 面舵(ぉぇ)いっぱい. 〖《1627–30》← A-¹+STARBOARD〗

as·tar·te /əstɑ́əṭi, æs- | æstɑ́ːti, əs-/ *n.* 〖貝類〗 エゾシラオガイ《エゾシラオガイ属 (*Astarte*) の貝の総称; *A. borealis* など》. 〖← NL ～ (↓)〗

As·tar·te /əstɑ́əṭi, æs- | æstɑ́ːti, əs-/ *n.* 〖神話〗 アスタルテ《フェニキア人らの崇拝した古代セム族の豊作と生殖の女神; ヘブライ人のアシュトレト (Ashtoreth), バビロニア人・アッシリア人のイシュタル (Ishtar) に当たり, ギリシャ人・ローマ人はそれぞれ Aphrodite, Venus と考えた》. 〖▭ L ～ ▭ Gk *Astártē*: cf. Ashtoreth, Isis〗

a·sta·si·a /əstéɪʒiə, -ʒə/ *n.* 〖病理〗 失立(症), 起立不能(症), 無定位(症) (cf. abasia). 〖《1890》← NL ～ ← Gk *astasía*: ⇨ ↓, -ia¹〗

a·stat·ic /eɪstǽṭɪk | -tɪk/ *adj.* **1** 不安定な (unstable, unsteady). **2** 〖物理〗 無定位の (cf. static): an ～ governor 無定位調速機 / an ～ needle 無定位(磁)針.

a·stát·i·cal·ly *adv.* 〖《1827》← A-⁷+STATIC〗

astátic contról *n.* 〖電気〗 無定位制御.

astátic galvanómeter *n.* 〖物理〗 無定位電流[検流]計.

a·stat·i·cism /eɪstǽṭəsɪzm | -tɪ-/ *n.* 〖物理〗 無定位.

as·ta·tine /ǽstətiːn, -tn̩ | -tiːn, -tɪn/ *n.* 〖化学〗 アスタチン《元素; 記号 At, 原子番号 85, 原子量 210?; cf. alabamine》. 〖《1947》← Gk *ástatos* unstable (⇨ astatic) +-INE³〗

a·stay /əstéɪ/ *adj.* [叙述的], *adv.* 〖海事〗 近錨(きんびょう)の[に]《錨を揚げる途中で, 船から見た錨鎖の方向がマストの前方支索の方向と一致した状態》. 〖《1867》← A-¹+STAY³〗

as·ter /ǽstə | -tə^(r)/ *n.* **1** 〖植物〗 シオン《キク科シオン属 (*Aster*) の植物の総称; ハマシオン (sea aster), アメリカシオン (New England aster) など; cf. golden aster》. **2** 〖植物〗 エゾギク《キク科エゾギク属 (*Callistephus*) の植物の総称; エゾギク (China aster) など》. **3** 〖生物〗 星状体. 〖《1879》← NL ～ ← LL ～ 'star'〗 〖《1603》← NL ～ ← L ～ ▭ Gk *astḗr* star〗

as·ter- /ǽstər/ (母音の前にくるときの) astero- の異形: *asteroid*.

-as·ter¹ /←–æstə | -tə^(r)/ *suf.* **1**「…に似て非なる者, へぼ, 三流の…」などの意の名詞を造る (cf. -ster): poet*aster*. **2** 〖植物〗「…に類似[近縁]」などの意の名詞を造る: pin*aster*. 〖ME ▭ L *-aster* ▭ Gk *-astḗr* (pejorative suf.)〗

-as·ter² /ǽstə | -tə^(r)/ 主に生物学で「星」の意の名詞連結形: di*aster*. 〖← NL ～ ← Gk *astḗr*: ⇨ aster〗

As·ter·a·ce·ae /æ̀stəréɪsiː/ *n. pl.* 〖植物〗 キク科.

às·ter·á·ceous /-ʃəs⁻/ *adj.* 〖《1876》← NL ～: ⇨ Aster-, -aceae〗

a·ster·e·og·no·sis /eɪstèriɑ(ː)gnóusɪ̀s, -stɪ̀ᵊri- | -stèriɒgnə́usɪs, -stɪər-/ *n.* (*pl.* **-no·ses** /-siːz/) 〖病理〗 立体感覚失認, 立体認知不能. 〖《1900》← NL ～: ⇨ a-⁷, stereognosis〗

as·ter·i- /ǽstərɪ̀, -ri/ astero- の異形 (⇨ -i-).

as·te·ri·a /æstɪ́ᵊriə | -tɪ́ər-/ *n.* 〖宝石〗 星彩石, アスティリア《星に似た光彩を放つサファイアなど》. 〖《1646》: ⇨ aster, -ia¹〗

as·te·ri·at·ed /æstɪ́ᵊrièɪṭɪ̀d | -tɪ́əriὲɪt-/ *adj.* **1** 〖結晶〗 星状光彩を示す (cf. asterism 3). **2** 放射状の, 星状の. 〖《1816》← Gk *astérios* starry+-ATE³+-ED〗

as·te·ri·oid /æstɪ́ᵊriɔ̀ɪd | -tɪ́ər-/ *adj.*, *n.* 〖動物〗 = asteroid 2. 〖← NL *Asterioidae* ← *Asterias* (属名: ← Gk *astérios* starry)+-OIDEA〗

as·ter·isk /ǽstərɪ̀sk | -tərɪsk, -trɪsk/ *n.* **1** アステリスク, 星じるし, 星標 (*) (star) 《参照(この時は第 1 番目の参照符として使用される)・省略・(文献にはないが理論上想定される)推定形・文法的でない表現形式であることを示す; cf. reference mark》. **2** 〖東方正教会〗《聖パンが直接覆いにふれないよう聖体拝領皿などの上にかぶせる》星架, 星形金具, 星付き十字架. **— *vt.*** …に星じるしをつける. **～ed** *adj.* **～·less** *adj.* 〖《*a*1382》▭ LL *asteriscus* ▭ Gk *asterískos* (dim.) ← *astḗr* 'STAR'〗

as·te·ris·kos /ɑːstérɪskɔ̀(ː)s | -kɒs/ *n.* 〖東方正教会〗 = asterisk 2.

as·ter·ism /ǽstərɪ̀zm/ *n.* **1** 三星標, アステリズム (⁂ または ⁎⁎⁎; 特に, 注意をうながす文章の前に付ける). **2** 〖天文〗 星宿, 星座 (constellation). **3** 〖結晶〗 **a** (スタールビーのように)星状に光を散乱すること. **b** アステリズム《結晶が変形を受けたために, そのラウエ写真 (Laue photograph) の各斑点が伸びて全体が星状模様を呈すること》.

as·ter·is·mal /æ̀stərɪ́zməl, -ml̩⁻/ *adj.* 〖《1598》▭ Gk *asterismós* constellation ← *astḗr* 'STAR': ⇨ -ism〗

as·ter·ix·is /æ̀stəríksɪ̀s | -sɪs/ *n.* 〖病理〗 定位維持不能《肝昏睡のときなどの特に手の震え》. 〖← NL ～ ← A-⁷+Gk *stérixis* fixed position〗

a·stern /əstə́ːn | əstə́ːn/ *adv.*, *adj.* [叙述的] 〖海事〗 船尾に, 船尾の方へ; 後方に (backward), 後ろに (behind); 他船の後について: a ship next ～ 後続船 / ～ *of* …よりも後方に[で] / back ～「ゴースターン」をかける, 《船を》後進させる; 逆進する / Go ～! [命令] ゴースターン, 後進 (↔ Go ahead!) / move ～ 後進する / set a ship ～ 船を後進させる. ***dróp* [*fáll*] *astérn*** 〖海事〗 《船が》(速力が落ちて)《他船に》遅れる, 後落(ごう)する 〔*of*〕. 〖《1627》← A-³+STERN〗

a·ster·nal /eɪstə́ːnl̩ | -stə́ː-/ *adj.* 〖解剖・動物〗 **1** 無胸骨の. **2** 胸骨 (sternum) に到達[結合]しない. 〖《1847》← A-⁷+STERNAL〗

as·ter·o- /ǽstərou | -rəu/「星」の意の連結形. ★ 時に asteri-, また母音の前では通例 aster- になる. 〖▭ Gk ～ ← *astḗr* star〗

as·ter·oid /ǽstərɔ̀ɪd/ *n.* **1** 〖天文〗 小惑星《火星と木星との軌道の間およびその付近に散在する小型の惑星; 1800 個以上発見されている; planetoid, minor planet ともいう》: the ～ belt 小惑星帯. **2** 〖動物〗 ヒトデ (starfish). **— *adj.*** **1** 星状の (starlike, star-shaped). **2** 〖動物〗 ヒトデ類の; ヒトデ(類)に似た. 〖《1802》▭ Gk *asteroeidḗs* starlike ← *astḗr* 'STAR': ⇨ -oid〗

as·ter·oi·dal /æ̀stərɔ́ɪdl̩ | -dl̩⁻/ *adj.* **1** 小惑星状の. **2** 〖動物〗 ヒトデ類の. 〖1868〗

As·ter·o·i·de·a /æ̀stərɔɪ́diə | -diə/ *n. pl.* 〖動物〗 《棘皮動物門》ヒトデ綱. 〖← NL ～: ⇨ asteroid, -oidea〗

as·ter·oi·de·an /æ̀sterɔ́ɪdiən | -diən/ *adj.*, *n.* 〖動物〗 ヒトデ綱の(棘皮動物).

As·ter·o·pe /æstérəpiː/ *n.* 〖ギリシャ神話〗 アステロペ (⇨ Sterope). 〖▭ Gk *Asteropḗ*〗

as·then- /æsθén/ (母音の前にくるときの) astheno- の異形.

as·the·ni·a /æsθíːniə/ *n.* 〖病理〗 無力(症), 虚弱, 衰弱 (debility) (cf. sthenia). 〖《1802》← NL ～ ← Gk *asthéneia*: ⇨ astheno-, -ia¹〗

as·then·ic /æsθénɪk/ *adj.* **1** 衰弱している, 虚弱の (weak, debilitated). **2** 〖心理〗 〈体型が〉四肢が長くてやせ型の, 無力型の, 細長型の (cf. somatotype, athletic 4, pyknic): the ～ type 無力型. **— *n.*** 〖心理〗 無力型の人. 〖《1789》▭ Gk *asthenikós*: ⇨ ↓, -ic¹〗

as·then·o- /æsθénou | -nəu/「無力[衰弱](の)」の意の連結形. ★ 母音の前では通例 asthen- になる. 〖▭ Gk ～ ← *asthenḗs* weak ← A-⁷+*sthénos* strength (⇨ sthenic)〗

as·the·no·pi·a /æ̀sθənóupiə | -θɪnə́u-/ *n.* 〖眼科〗 眼精疲労 (eyestrain). **às·the·nóp·ic** *adj.* 〖← NL ～: ⇨ ↑, -opia〗

as·then·o·sphere /æsθénəsfɪə | -nə(u)sfɪə^(r)/ *n.* [the ～] 〖地質〗 アセノスフェア《地球表層部のリソスフェア (lithosphere) 下にあると考えられる, より軟らかく流動性に富む層; cf. isostasy》. 〖《1914》: ⇨ -sphere〗

as·the·ny /ǽsθəni/ *n.* = asthenia.

asth·ma /ǽzmə | ǽs(θ)mə/ *n.* 〖病理〗 喘息(ぜんそく): bronchial [cardiac] ～ 気管支[心臓]喘息. 〖《16C》▭ Gk *ásthma* a panting ← *ázein* to breathe hard ∽ 《*a*1400》 *asma* ▭ OF *asme, asmat* (F *asthme*) ▭ ML *asma* ▭ Gk〗

asth·mat·ic /æzmǽṭɪk | æs(θ)mǽt-⁻/ *adj.* **1** 〖医学〗 喘息(ぜんそく)(性)の; 喘息にかかっている; 呼吸困難な: ～ bronchitis 喘息性気管支炎. **2** 喘息の[あえぐ]ような音を出す (wheezy). **— *n.*** 喘息患者. **asth·mát·i·cal** *adj.* **asth·mát·i·cal·ly** *adv.* 〖《1542》▭ L *asthmaticus* ▭ Gk *asthmatikós*: ⇨ ↑, -ic¹〗

asth·ma·toid /ǽzmətɔ̀ɪd | ǽs(θ)mə-/ *adj.* 〖医学〗 **1** 喘息(ぜんそく)に似た. **2** 喘息(特有)の. 〖⇨ asthmatic, -oid〗

a·sthore /əsθɔ́ə | -θɔ́ː^(r)/ *n.* 《アイル》 [呼び掛けに用いて] 愛するもの (darling). 〖《1894》▭ Ir.-Gael. *a stōr* ← *a* O +*stōr* treasure: cf. store〗

As·ti /ɑ́ːsti, ǽs- | ǽsti, -tiː; *It.* ásti/ *n.* アスティ: **1** イタリア北西部, Piedmont の都市. **2** Asti 原産の特に発泡性の白ぶどう酒 (cf. Asti Spumante).

as·tig·mat·ic /æ̀stɪgmǽṭɪk | -tɪk⁻/ *adj.* **1** 〖眼科〗 乱視の, 乱視眼の; 〖光学〗 非点収差の: ～ lenses 乱視眼鏡 / an ～ pencil 〖光学〗 非点光束. **2** 物事を歪曲して見がちな, 偏見にとらわれた. **— *n.*** 〖眼科〗 乱視の人. **às·tig·mát·i·cal** *adj.* **às·tig·mát·i·cal·ly** *adv.* 〖《1849》← A-⁷+Gk *stígmatos* (← *stígma* 'point STIGMA')+-IC¹〗

a·stig·ma·tism /əstígmətɪ̀zm, æs-/ *n.* **1** 〖眼科〗 乱視(眼) (cf. stigmatism 4). **2** 〖光学〗 (レンズの)非点収差《光学系の軸外物点から出た光線束が一つの像点に集まらずメリジオナル (meridional) およびサジタル (sagittal) 像点が現れる収差; cf. stigmatism 3》. **3** (偏見等によって)歪められた物の見方. 〖《1849》: ⇨ ↑, -ism〗

a·stig·ma·tiz·er /əstígmətàɪzə, æs- | -zə^(r)/ *n.* 〖光学〗 非点レンズ《点光源の像をある直線上にくるように補正する円柱レンズ》.

a·stig·ma·tom·e·ter /əstɪ̀gmətɑ́(ː)məṭə | -tɔ́mɪ̀tə^(r)/ *n.* 〖眼科〗 乱視計. 〖← ASTIGMAT(ISM)+-O-+-METER¹〗

a·stig·mi·a /əstígmiə, æs-/ *n.* 〖眼科〗 = astigmatism 1. 〖← NL ～: ⇨ a-⁷, stigma, -ia¹〗

as·tig·mom·e·ter /æ̀stɪgmɑ́(ː)məṭə | -mɔ́mɪ̀tə^(r)/ *n.* 〖眼科〗 = astigmatometer.

a·stil·be /əstílbi/ *n.* 〖植物〗 チダケサシ《ユキノシタ科チダケサシ属 (*Astilbe*) の植物の総称; チダケサシ (*A. microphylla*), 観賞用に栽培されるアワモリショウマ (*A. japonica*) など》. 〖《1843》← NL ～ 《原義》 (flower) not showy ← A-⁷+Gk *stílbē* (fem.) ← *stilbós* glistening ← *stílbein* to glitter〗

a·stir /əstə́ː | əstə́ː^(r)/ *adv.*, *adj.* [叙述的] **1** 動いて (in motion); 活気を帯びて, 活動して (stirring, active); 興奮して: The whole town was ～ *with* the news. 町中がその情報でざわめいていた. **2** (ベッドから)起きて (up and about): be early ～ 早く起きている. 〖《1823》← A-¹+STIR¹〗

Ásti Spu·mán·te /-spuːmɑ́ːnṭi, -mǽn-, -teɪ | -mǽnti, -teɪ; *It.* -spumánte/ *n.* アスティスプマンテ《イタリア Asti 原産で発泡性の白ぶどう酒》. 〖▭ It. ～ 《原義》 sparkling Asti: Asti は産地の地名〗

ASTM 《略》 American Society for Testing and Materials 米国材料試験協会.

ASTMS 《略》《英》 Association of Scientific, Technical, and Managerial Staffs.

As·to·lat /ǽstoulæ̀t | -təu-/ *n.* アストラット《Arthur 王伝説に出てくる町; イングランド Surrey 州にあったといわれるが位置は不明》.

a·stom·a·tous /eɪstɑ́mətəs, -stóum- | æstɔ́mət-, æstə́um-/ *adj.* 〖動物〗 口のない, 無口の (mouthless); 〖植物〗 気孔のない. 〖《1855》← A-⁷+STOMATOUS〗

As·ton /ǽstən, -tn̩/, **Francis William** *n.* アストン《1877–1945; 英国の物理学者; 質量分析器の改良により Nobel 化学賞 (1922)》.

Aston, William George *n.* アストン《1841–1911; アイルランド出身の英国の外交官・言語学者; 幕末から明治初期に日本に駐在; 日本の研究家・紹介者; *Annals of Ancient Japan* (1896)「日本書紀」の英訳》.

Áston dárk spàce *n.* 〖電気〗 アストン暗部《真空放電の際, Ar, Ne などの不活性気体で, 陰極面と陰極光との間に明瞭に現れる暗部をいう; cf. Crookes dark space》. 〖← *F. W. Aston*〗

as·ton·ied /əstɑ́(ː)nid | -tɔ́n-/ *adj.* 《古》 ひどく驚いた, 仰天した (stunned). 〖《*c*1300》 (p.p.) ← 《廃》 *astony* 《変形》← 《廃》 *astone* to stun (↓)〗

as·ton·ish /əstɑ́(ː)nɪʃ | -tɔ́n-/ *vt.* **1** (ひどく)驚かす, びっくりさせる (⇨ surprise SYN); 〈人を〉(…で)驚かす 〔*by, with*〕: His accuracy ～*es* the reader. 彼の正確さは読者を驚かす / He ～*ed* us *with* [*by*] his assertion. その主張で私たちを驚かした. **2** [p.p. 形で; 形容詞的に] 驚く 〔*at, by*〕〈*to do, that*〉: I am ～*ed at* you. 君には驚く[あきれる]よ / They were ～*ed at* [*by*] his ignorance. 彼の無知に驚いた / She was ～*ed to* see [*at, by*] the changes in Tokyo. 東京の変わり方を見て驚いた / I am ～*ed that* it (should have) failed. 失敗する[した]とは驚いた / It ～*ed* me *to* learn that it had failed. それが失敗したと聞いてびっくりした. **3** 《廃》 当惑させる. 〖《1530》← ? 《廃》 *astony, astone* (< ME *astonie(n), astone(n)* astound ▭ OF *estoner* (F *étonner*) < VL **extonāre* to strike, shock ← EX-+L *tonāre* to thunder)+-ISH〗

as·tón·ished *adj.* 驚いた, びっくりした: an ～ look, manner, etc. **～·ly** *adv.* 〖1513〗

as·ton·ish·ing /əstɑ́(ː)nɪʃɪŋ/ *adj.* 驚くほどの, びっくりするような, 目覚ましい (amazing, astounding) 〔*to*〕: an ～ event 驚くべき事件 / It is [I find it] ～ that this is [should be] true. これが本当だとは驚く(べきことだ). **～·ness** *n.* 〖1612〗

as·tón·ish·ing·ly *adv.* びっくりするように, 目覚ましく: She behaved ～ at the party last night. 彼女は昨夜パーティーでびっくりするようなふるまいをした / *Astonishingly* (enough), the youngest musician won first prize. 本当に驚いたことに最年少の音楽家が一位になった. 〖《1668》: ⇨ ↑, -ly¹〗

as·ton·ish·ment /əstɑ́(ː)nɪʃmənt/ *n.* **1 a** (非常な)驚き, びっくり, 驚愕(きょうがく) 〔*at*〕: *in* ～ 驚くのあまり, 驚いて / with ～ 驚いた様子で, 驚いて / to a person's (complete and utter) ～ = to the (complete and utter) ～ of a person 驚いたことには. **b** 驚くべき事[もの]. **2** 《古》(周章)狼狽(ろうばい) (dismay). 〖《1576》: ⇨ -ment〗

Ás·ton Már·tin /ǽstən-/ *n.* 〖商標〗 アストン マーティン《英国製の高級スポーツカー(メーカー)》.

As·tor /ǽstə | ǽstə^(r), -tɔː^(r)/, **John Jacob** *n.* アスター《1763–1848; 米国の資本家・皮革商》.

Astor, Nancy Witcher *n.* アスター《1879–1964; 米国生まれの英国下院最初の女性議員 (1919–45); 2nd Viscount Astor (1879–1952) の妻; 旧姓 Langhorne /lǽŋhɔən, -hən | lǽŋhɔːn/》.

As·to·ri·a /əstɔ́ːriə, æs-/ *n.* アストリア《米国 Oregon 州北西部の海港; J. J. Astor が 1811 年に毛皮交易所として建設した》.

as·tound /əstáund/ *vt.* [しばしば p.p. 形で] びっくり仰天させる, …の肝をつぶさせる 〔*by, with, at*〕 (⇨ surprise SYN): I was ～*ed at* [*by*] its failure. = I was ～*ed that* it (should have) failed. **— *adj.*** 《古》 びっくり仰天した, 肝をつぶした, 愕然(がくぜん)とした. 〖*v.*: 《1600》← ME *astoun(e)d, astoned* (p.p.). — adj.: 《*c*1300》 *astoun(e)d, astoned* (p.p.) ← *astonen* to stun: ⇨ astonied〗

as·tóund·ed *adj.* びっくり仰天した, 度肝を抜かれた. 〖《?*a*1400》: ⇨ ↑, -ed〗

as·tound·ing /əstáundɪŋ/ *adj.* びっくり仰天するような, 肝をつぶすような, どえらい (amazing, astonishing). 〖1586〗

as·tóund·ing·ly *adv.* びっくり仰天するほど; 驚いたことに: *Astoundingly*, an unseeded player won Wimbledon. 驚いたことにノーシードの選手がウィンブルドンを制した. 〖《1826》: ⇨ ↑, -ly¹〗

astr. 《略》astronomer; astronomical; astronomy.
astr- /æstr/ (母音の前にくるときの) astro- の異形: *astroid*.
As·tra /ǽstrə/ *n.* 〖商標〗アストラ: **a** 英国 Vauxhall Motors 社製の小型乗用車; ドイツ Opel 社の Kadett のライセンス生産. **b** Opel 社製の小型乗用車.
as·tra·chan, A- /ǽstrəkən, -kæ̀n | æ̀strəkǽn, -ká:n⁻/ *n.* ＝astrakhan.
a·strad·dle /əstrǽdl/ *adv., prep.* (…に)またがって (astride): sit ～ (*of* [*on*]) a horse 馬にまたがる / stand ～ 足を開いて立つ. 〖(1703) ← A-¹＋STRADDLE〗
As·trae·a /æstríːə/ *n.* 〖ギリシャ神話〗アストライア (Zeus と Themis の娘で正義の女神; 青銅時代の終わりに最後に人類[地上]から去り, おとめ座 (Virgo) に変えられた). 〖□ L ～ □ Gk *Astraía* 《原義》starry (fem.) ← *astraîos* ← *astḗr* 'STAR'〗
as·tra·gal /ǽstrəgəl/ *n.* **1** 〖建築〗**a** 玉縁(ぎ), 定規縁, アストラガル (bead) (ギリシャ・ローマ風の建築によく用いられた). **b** たたみ扉の端についた刳形(くりかた). **2** 〖機械〗(管や筒口の)肉厚帯; 砲口凸縁(えん). **3** 〖解剖〗＝astragalus 1. 〖(1563) □ L *astragalus*: ⇨ astragalus〗
as·trag·al- /əstrǽgəl, æs-, -gl/ (母音の前にくるときの) astragalo- の異形.
astragali *n.* astragalus の複数形.
as·trag·a·lo- /əstrǽgəlou, æs- | -ləu/ 次の意味を表す連結形: **1** 「さいころ (dice)」. **2** 〖解剖〗「距骨 (astragalus)」. ★ 母音の前で通例 astragal- になる. 〖← Gk *astrágalos*〗
as·trag·a·lus /əstrǽgələs, æs-/ *n.* (*pl.* **-a·li** /-lài, -lìː/) **1** 〖解剖〗距骨(きょこつ) (anklebone, talus). **2** 〖植物〗レンゲソウ (マメ科レンゲソウ属 (*Astragalus*) の植物の総称; milk vetch, トラガカントゴムノキ (tragacanth) など). 〖(1541) ← ? NL ～ ← Gk *astrágalos* knucklebone, anklebone〗
as·tra·khan, A- /ǽstrəkən, -kæ̀n | æ̀strəkǽn, -ká:n⁻/ *n.* アストラカン: **1** Astrakhan 地方産子羊の巻毛黒毛皮 (cf. karakul). **2** アストラカン皮のまがい織 (astrakhan cloth ともいう). 〖(1766) ↓〗
As·tra·khan /ǽstrəkæ̀n, -kən | æ̀strəkǽn, -ká:n⁻; *Russ.* ástrəxənʲ/ *n.* アストラハン (ロシア連邦カスピ海沿岸, Volga 河口の都市). 〖cf. khan²〗
as·tral /ǽstrəl/ *adj.* **1** 星の; 星から成る; 星のような (stellar); 星型の (star-shaped). **2** 星の世界の, 星界の: ～ spirits (昔, 想像された)星界の精霊たち. **3 a** 夢想的な (visionary). **b** 高位の, 上流の (exalted). **4** 〖生物〗星状体の (cf. aster 3). **5** 〖心霊〗霊気の, 星気の: ⇨ astral body. ── *n.* **1** ＝astral lamp. **2** 〖心霊〗＝astral body. **～·ly** *adv.* 〖(1605) □ LL *astrālis* ← L *astrum* 'STAR' □ Gk *ástron*: ⇨ -al¹〗
ástral bódy *n.* 〖心霊〗星気体 (心霊研究や神知学において霊魂と肉体との中間にあると仮定されている超感覚的な霊気体). 〖1691〗
ástral crówn *n.* 〖紋章〗アストラルクラウン (対の翼 4 組を輪にした冠; 飛行関係者のマークなどに使用される).
ástral lámp *n.* アストラル ランプ, 無影灯 (灯下に影を落とさない石油ランプ). 〖1831〗
ástral ráy *n.* 〖生物〗星糸 (星状体を構成する個々の糸状構造).
a·strand /əstrǽnd/ *adj.* 〖海事〗＝stranded. 〖1810〗
as·tran·ti·a /əstrǽntiə | -tiə/ *n.* 〖植物〗ヨーロッパ・西アジア産セリ科 *Astrantia* 属の数種の多年草 (特に master wort はよく庭で栽培される).
as·tra·pho·bi·a /æ̀strəfóubiə | -fə́u-/ *n.* 〖精神医学〗雷(鳴)[稲妻]恐怖(症), 雷雨恐怖(症). **às·tra·phó·bic** *adj.* 〖← NL ～ ← Gk *astrapḗ* lightning＋-PHOBIA〗
a·stray /əstréi/ *adv., adj.* [叙述的] **1** 〈人が〉(考え方・行動などの)本筋をはずれて, 道を踏みはずして, 邪道に入って; 堕落して; 〈心が〉さまよって, あらぬかたに走って: lead a person ～ 人を惑わす[堕落させる] / He went ～ with his bad friends. 悪友と一緒になって道を踏みはずした. **2** (道に)迷って (lost): be ～ / go ～ 道に迷う / The parcel went ～. 小包が(途中で)紛失した. 〖(*c*1300) *astrai*(*ed*), *o stray* □ AF *estraié* (p.p.) ← *estraier* 'to STRAY'〗
As·tre·a /æstríːə/ *n.* 〖ギリシャ神話〗＝Astraea.
a·strict /əstríkt/ *vt.* **1 a** 締めつける, (狭い所に)閉じ込める, 束縛する. **b** (法的・道徳的に)束縛[拘束, 制限]する (bind up) (*to*). **2** 便秘させる. **a·stric·tion** /əstríkʃən/ *n.* 〖(1513–75) ← L *astrictus* (p.p.) ← *astringere* to draw close, bind: ⇨ astringe〗
as·tric·tive /əstríktiv/ *adj.* **1** 収斂(しゅうれん)性の. **2** 制限的な, 束縛の. ── *n.* 収斂剤 (astringent). **～·ly** *adv.* 〖(*c*1555): ⇨ -ive〗
As·trid /ǽstrɪ̀d | -trɪd/ *n.* アストリド (女性名; 1935 年事故死したベルギー女王の名から一般化した). 〖← ON *Ástríðr*: cf. OHG *Ansitruda* ← *ansi* god＋*trūt, drūt* beloved, dear〗
a·stride /əstráid/ *adv.* **1** またがって: ～ *of* a donkey ろばにまたがって / ride [sit] ～ (馬に)またがって行く[いる]. **2** 脚を開いて: stand ～. ── *prep.* **1** …にまたがって: ～ a scooter スクーターにまたがって / sit ～ a horse 馬に乗る. **2** …の両側に (on both sides of): The troops were stationed ～ the river. 軍隊は川の両側に配置されていた. **3** …をつないで; …(の全体)にわたって, …に及んで: ～ an age, a country, etc. 〖(1664) ← A-¹＋STRIDE〗
as·tringe /əstríndʒ/ *vt.* **1** きつく縛る; 収縮させる. **2** 〖医学〗収縮[収斂(しゅうれん)]させる (constrict); 秘結させる (constipate). 〖(1523) □ L *astringere* ← *a-* 'AD-'＋*stringere* to draw tight, bind: ⇨ strict: cf. astrict〗
as·trin·gence /əstríndʒəns/ *n.* ＝astringency.
as·trin·gen·cy /əstríndʒənsi/ *n.* **1** (薬の)収斂(しゅうれん)性; 収斂味. **2** 厳しさ. **3** 渋味, 渋さ. 〖(1601): ⇨ ↓, -ency〗
as·trin·gent /əstríndʒənt/ *n.* **1** 収斂(しゅうれん)剤. **2** アストリンゼント (化粧水). ── *adj.* **1** 収斂性の (styptic): ～ taste 収斂味 (収斂性の酸味). **2** 〈性質が〉厳しい, 厳格な (stern). **3** 渋い. **～·ly** *adv.* 〖(1541) □ F ～ □ L *astringentem* (pres.p.) ← *astringere*: ⇨ astringe, -ent〗
as·trin·ger /ǽstrɪndʒə | -dʒə^(r)/ *n.* 〖鷹狩〗鷹匠, 鷹使い. 〖(1486) *austringer, ostringer* (変形) ← *ostreg*(*i*)*er* □ OF *ostrucher, ostricier* ← *ostour* hawk ＜ LL *auceptōrem* ← L *acceptor* (変形) ← *accipter* 'ACCIPITER' (*accipere* 'to ACCEPT' との連想による変形)〗
as·tri·on·ics /æ̀striɑ́niks | -ɔ́n-/ *n.* 〖宇宙〗宇宙電子工学 (宇宙航行に関連した電子工学, 誘導・制御・計測・通信等を含む; avionics ともいう). 〖← ASTR(ONAUTICS)＋(AV)IONICS〗
as·tro- /ǽstrou | -trəu/ **1** 「天体, 宇宙, 天文, 星」の意の連結形: astrology, astrometry. **2** 〖生物〗「星状体 (aster)」の意の連結形: astrosphere. ★ 母音の前では通例 astr- になる. 〖ME ← Gk *ástron* 'STAR'〗
àstro·archaeólogy *n.* ＝archaeoastronomy. 〖1973〗
àstro·biólogy *n.* 天体生物学. **àstro·biológical** *adj.* **àstro·biólogist** *n.* 〖1955〗
as·tro·bleme /ǽstrəblìːm/ *n.* 〖地質〗隕石痕 (隕石が地表に衝突して残した痕跡). 〖(1961) ← ASTRO-＋Gk *blêma* missile, wound from a missile ← *baléein* to throw〗
àstro·bótany *n.* 宇宙植物学 (地球以外の天体に光合成のような作用をもつ植物性生物を探査する学問). 〖(1952) □ Russ. *astrobotanika*: ⇨ astro-, botany〗
àstro·chémistry *n.* 宇宙化学 (宇宙の物質などの化学的研究をする学問; cosmochemistry ともいう).
ástro·còmpass *n.* 〖航空〗アストロコンパス (星などの天体の位置から航空機などの位置を割り出すコンパスの一種; 磁気コンパスが使えなくなる極地帯で特に使用される). 〖1951〗
as·tro·cyte /ǽstrəsàit/ *n.* 〖解剖〗星細胞; 星状(神経)膠(こう)細胞. **as·tro·cyt·ic** /æ̀strəsítik | -tɪk/ *adj.* 〖(1898): ⇨ -cyte〗
as·tro·cy·to·ma /æ̀strəsaitóumə | -tə́u-/ *n.* (*pl.* ～**s**, ～**·ta** /～tə | ～tə/) 〖病理〗星細胞腫(しゅ), 星状膠(こう)細胞腫. 〖(1930) ← NL ～: ⇨ astro-, cyto-, -oma〗
as·tro·dome /ǽstrədòum | -dəum/ *n.* **1** 〖航空〗天測窓 (飛行機などの上部にあるドーム形の窓でここから飛行中天体観測を行う; 《英》astro hatch ともいう). **2** アストロドーム (丸屋根付き競技場; 米国 Texas 州 Houston の野球場が有名). 〖1941〗
àstro·dynámics *n.* 宇宙力学 (大気圏外における人工天体の運動を論じる力学理論). 〖1955〗
ástro fìx *n.* 〖航空〗アストロフィックス (星などの天体の位置をもとにして自機の位置を算出すること). 〖1941〗
as·tro·gate /ǽstrəgèit/ 〖宇宙〗*vt.* 〈宇宙船などを〉宇宙航行させる. ── *vi.* 宇宙を航行する. **ás·tro·gà·tor** /-tə | -tə^(r)/ *n.* 〖← ASTRO-＋(NAVI)GATE〗
as·tro·ga·tion /æ̀strəgéiʃən/ *n.* 〖宇宙〗宇宙航行. 〖← ASTRO-＋(NAVI)GATION〗
àstro·geólogy *n.* 惑星地質学.
as·trog·o·ny /æstrɑ́(ː)gəni | -trɔ́g-/ *n.* 天体進化論 (cf. cosmogony). 〖← ASTRO-＋-GONY〗
as·tro·graph /ǽstrougræ̀f | -trə(u)grɑ̀ːf, -græ̀f/ *n.* 〖天文〗**1** 天体写真儀. **2** アストログラフ (星の位置をよみとる航海用図表). 〖⇨ -graph〗
ástro·hàtch *n.* 《英》〖航空〗＝astrodome 1. 〖1941〗
as·troid /ǽstrɔid/ *n.* 〖数学〗アストロイド(曲線), 星芒形(せいぼうけい) (4 個の尖点 (cusp) をもつ内サイクロイド (hypocycloid)). 〖(1897): ⇨ -oid〗
astrol. 《略》astrologer; astrological; astrology.
as·tro·labe /ǽstrəlèib | -trə(u)-/ *n.* 〖天文〗アストロラーベ: **1** 天体経緯度の精密観測用の天体観測装置の一種. **2** 昔の天体観測儀. 〖(?*a*1300) □ AF & OF *astrelabe* □ ML *astrolabium* □ (dim.) ← Gk *astrolábon* (*órganon*) 《原義》startaking (instrument) ← ASTRO-＋*lambánein* to take〗
as·trol·a·try /æstrɑ́(ː)lətri | -trɔ́l-/ *n.* 天体[星辰(せいしん)]崇拝. 〖(1678) ← ASTRO-＋-LATRY〗
àstro·lithólogy *n.* 隕石(いんせき)学.
as·trol·o·ger /əstrɑ́(ː)lədʒə | əstrɔ́lədʒə^(r), æs-/ *n.* **1** 占星学者, 星占い師. **2** 《廃》天文学者 (astronomer). 〖(*a*1382): ⇨ astrology, -er¹〗
as·tro·log·ic /æ̀strəlɑ́(ː)dʒɪk | -lɔ́dʒ-⁻/ *adj.* ＝astrological.
as·tro·log·i·cal /æ̀strəlɑ́(ː)dʒɪkəl, -kl | -lɔ́dʒɪ-⁻/ *adj.* 占星(的)の, 占星術(上)の. **～·ly** *adv.* 〖(1591) ← LL *astrologicus* □ Gk *astrologikós*: ⇨ ↓, -ical〗
as·tról·o·gist /-dʒɪst | -dʒɪst/ *n.* ＝astrologer. 〖1954〗
as·trol·o·gy /əstrɑ́(ː)lədʒi | əstrɔ́l-, æs-/ *n.* **1** (星によって人間の運命を知ろうとする)占星術. **2** 《古》〖物理〗星学, 原始天文学. **3** 《廃》天文学 (astronomy). 〖(*a*1387) □ (O)F *astrologie* □ L *astrologia* □ Gk *astrologíā*: ⇨ astro-, -logy〗
àstro·meteorólogy *n.* 天体気象学. 〖1862〗
as·trom·e·ter /əstrɑ́(ː)mətə | əstrɔ́mɪtə^(r), æs-/ *n.* 〖天文〗天体光度測定器 (今はあまり使わない). 〖(1830): ⇨ -meter¹〗
ástrometric bínary *n.* 〖天文〗測位連星 (光の弱い方の星は直接は見えないが光の強い方の星の運動からその所在を確認できる連星 (binary star)).
as·trom·e·try /əstrɑ́(ː)mətri | əstrɔ́mɪtri, æs-/ *n.* 〖天文〗天文測定学 (位置天文学の一部門). **as·tro·met·ric** /æ̀strəmétrɪk⁻/ *adj.* **às·tro·mét·ri·cal** *adj.* 〖(1867–77): ⇨ -metry〗
astron. 《略》astronomer; astronomical; astronomy.
as·tro·naut /ǽstrənɔ̀ːt, -nɑ̀ːt | -nɔ̀ːt/ *n.* 宇宙飛行士 (cf. cosmonaut). 〖(1929) ← ASTRO-＋-NAUT〗
as·tro·nau·ti·cal /æ̀strənɔ́ːtɪkəl, -nɑ́ː-, -kl | -nɔ́ːtɪ-⁻/ *adj.* 宇宙航行術[学](的)の; 宇宙飛行士の. **～·ly** *adv.* 〖1929〗
as·tro·nau·tics /æ̀strənɔ́ːtɪks, -nɑ́ː- | -nɔ́ːt-/ *n.* 〖宇宙〗宇宙航行術[学] (有人または無人の対象物を宇宙空間に飛ばし操縦する技術・学問を総合したもので, 天体力学・天体物理学・機械力学・電気通信学・生物学などの分野にまたがる). 〖(1929) ← ASTRONAUT＋-ICS〗
àstro·navigátion *n.* 〖海事・航空〗天文航法 (⇨ celestial navigation). 〖1942〗
àstro·návigator *n.* 天文航法による航行者. 〖1949〗
as·tron·o·mer /əstrɑ́(ː)nəmə | -trɔ́nəmə^(r)/ *n.* **1** 天文学者. **2** 《英》天文台長. 〖(*a*1387) (変形) ← (?*a*1300) *astronomien* □ OF ← LL *astronomus* □ Gk *astronómos*: ⇨ astronomy, -er¹〗
Astrónomer Róyal *n.* (*pl.* **Astronomers R-**) (英国の)王室天文学者 (英国の優れた天文学者に与えられる名誉称号; 1972 年まではグリニッジ天文台 (the Royal Greenwich Observatory) 長の公式称号で, 現在は Edinburgh の王立天文台長の称号として用いられる).
as·tro·nom·ic /æ̀strənɑ́(ː)mɪk | -nɔ́m-⁻/ *adj.* ＝astronomical. 〖1712〗
as·tro·nom·i·cal /æ̀strənɑ́(ː)mɪkəl, -kl | -nɔ́mɪ-⁻/ *adj.* **1** 〈数字など〉天文学的な, 巨大な: ～ figures, distances, incomes, etc. **2** 天文の, 天文学的な, 天文学用の, 天文学上の: an ～ instrument 天文学用器械 / ～ observations 天文観測 / an ～ observatory 天文台. **～·ly** *adv.* 〖(1556) ← L *astronomicus*＋-AL¹: ⇨ astronomy, -ical〗
astronómical chronólogy *n.* 天文年代学, 天文年表.
astronómical clóck *n.* 天文時計: **1** 天文観測に用いられる極めて正確で, 通常恒星時をよむように作られた時計. **2** 月の満ち欠けや惑星位置などの天文現象を示す機構を組み込んだ時計. 〖1856〗
astronómical dáy *n.* 天文日(じつ) (平均正午から始まるような平均太陽日のこと; 天文観測に用いた; 1925 年 1 月 1 日以降は一般に真夜中から次の真夜中に終わるように定めた常用日を用いる).
astronómical látitude *n.* 天文緯度 (ある地点の鉛直線と地球自転軸とのなす角度の余角).
astronómical lóngitude *n.* 天文経度 (ある地点の鉛直線と地球の自転軸とを含む平面が, 天文台の鉛直線と地球の自転軸とを含む平面とによってなす角度をいう).
astronómical photógraphy *n.* 天体写真術.
astronómical refráction *n.* 〖天文〗大気差 (⇨ refraction).
astronómical spectróscopy *n.* 天体分光学.
astronómical télescope *n.* 天体望遠鏡 (cf. terrestrial telescope). 〖1882〗
astronómical tíme *n.* 天文時(じ) (1925 年 1 月 1 日以前に用いられた時制; 1 日が正午に始まり次の正午で終わるようになっていた).
astronómical twílight *n.* 天文薄明 (天文学に用いる薄明で太陽の俯角が 12 度から 18 度の間).
astronómical únit *n.* 天文単位, 天文単位距離 (太陽系内の天体間の距離を測定するための単位; ＝ $1{,}496 \times 10^{8}$ km; 略 AU). 〖1903〗
astronómical yéar *n.* 天文年 (solar year, tropical year ともいう). 〖1855〗
astronómical zénith *n.* 天文天頂 (cf. GEOCENTRIC zenith).
as·tron·o·my /əstrɑ́(ː)nəmi | əstrɔ́-, æs-/ *n.* **1** 天文学 (cf. astrology): descriptive ～ 記述天文学 / gravitational ～ ＝celestial mechanics / theoretical ～ 理論天文学 / statistical ～ 統計天文学 / ⇨ nautical astronomy, practical astronomy, spherical astronomy. **2** 天文学の論文・書物. **3** 《廃》占星術 (astrology). 〖(?*a*1200) □ (O)F *astronomie* □ L *astronomia* □ Gk *astronomíā* ← *astronómos* astronomer: ⇨ astro-, -nomy〗
as·tro·phile /ǽstrəfàil/ *n.* (*also* **as·tro·phil** /-fɪl/) 星の研究家, 素人天文学者.
as·tro·pho·bi·a /æ̀strəfóubiə | -fə́u-/ *n.* ＝astraphobia. **às·tro·phó·bic** /-fóubɪk | -fə́u-⁻/ *adj.* 〖1871〗
àstro·phótograph *n.* 天体写真. 〖1938〗
àstro·photógraphy *n.* 天体写真術. **àstro·photográphic** *adj.* 〖1858〗
àstro·photómeter *n.* 天体測光計.
àstro·photómetry *n.* 天体測光(術, 学), 天体光度測定(法).
àstro·phýsical *adj.* 天体物理学(的)の. 〖1956〗
àstro·phýsicist *n.* 天体物理学者. 〖1869〗
àstro·phýsics *n.* 天体物理学. 〖1890〗
as·tro·sphere /ǽstrousfɪə | -trə(u)sfɪə^(r)/ *n.* 〖生物〗**1** (細胞の)星状圏, 中心球 (centrosphere) (星状体 (aster) の中心部). **2** 中心体 (centrosome) を除いた星状体. 〖(1896): ⇨ -sphere〗
As·tro·Turf /ǽstrətə̀ːf | -tə̀ːf/ *n.* 〖商標〗アストロターフ

A

(人工芝). 〖1966〗

a·strut /əstrʌ́t/ *adv., adj.* [叙述的] 気取って[た]; 気取った歩き方で. 〖(*c*1330) *astrout*: ⇨ a-¹, strut¹〗

as·tu·cious /əstúːʃəs, æs-, -tjúː- | -tjúː-/ *adj.* = astute. **~·ly** *adv.* **~·ness** *n.* **as·tu·ci·ty** /əst(j)úːsəṭi | -tjúːsɪ̀ti/ *n.* 〖(1823) □ F *astucieux* ← *astuce* astuteness: ⇨ astute, -ous〗

As·tu·ri·an /æst(j)ʊ́(ə)riən, əs- | æst(j)ʊ́ər-/ *adj.* アストゥリアス (Asturias) の; アストゥリアス人[語]の.
— *n.* **1** アストゥリアス人. **2** アストゥリアス語 (スペイン語の方言).

As·tu·ri·as /əstʊ́ᵊriəs, æs-, -tjʊ́ᵊr- | æst(j)ʊ́əriæ̀s, -riəs/ *n.* アストゥリアス: **1** スペイン北西部地方. **2** 同地方にあった王国; 1037 年 Castilla に合併された.

As·tu·rias /əstʊ́ᵊriəs, æs-, -tjʊ́ᵊr- | æst(j)ʊ́əriæ̀s, -riəs; *Sp.* astúrjas/, **Miguel An·gel** /áŋxel/ *n.* アストゥリアス (1899–1974; グアテマラの小説家・詩人・外交官; *El señor Presidente*「大統領閣下」(1946); Nobel 文学賞 (1967)).

as·tute /əstúːt, æs-, -tjúːt | -tjúːt/ *adj.* **1** 鋭い, 機敏な, 明敏な: an ~ eye, observer, etc. **2** 抜け目のない; 狡猾(こうかつ)な, ずるい (⇨ shrewd SYN): an ~ politician / be ~ *in* business (dealings) 商売(上の取引)に抜け目がない. **~·ly** *adv.* **~·ness** *n.* 〖(1611) □ L *astūtus* ← *astus* craft〗

As·ty·a·nax /əstáɪənæ̀ks, æs-/ *n.* 〖ギリシャ神話〗 アステュアナクス (Hector と Andromache の息子; Trojan War で勝ったギリシャ軍に城壁から投げ落とされて殺された). 〖□ L ~ □ Gk *Astuánax* (原義) king of the city ← *ástu* city＋*ánax* lord〗

a·sty·lar /eɪstáɪlə | æstáɪlə^(r)/ *adj.* 〖建築〗 〈建物正面が〉無柱式の. 〖(1842) ← Gk *ástulos* (← A-⁷＋*stûlos* pillar ＋-AR¹〗

A·sun·ción /əsùːnsióun, ɑːs- | əsùnsiə́un, -sión; *Sp.* asunθjón/ *n.* アスンシオン (パラグアイ南西部, Paraguay 川に臨む港湾都市で同国の首都).

a·sun·der /əsʌ́ndə | -də^(r)/ *adv., adj.* [叙述的] **1** (一つのものが)二分されて; ばらばらに: break ~ 二つに割る[割れる] / cut ~ 切り離す / come [fall] ~ ばらばらに崩れる / put ~ 引き離す, ばらばらにする / tear [rend] ~ きれぎれに引き裂く, 寸断する. **2** (二つ以上のものが)離れて, 離れ離れに (apart); (性質などが)かけ離れて: The villages lie ~. / The clouds were driven ~. 雲は(風で)飛び散った. 〖OE *on sundran* apart: ⇨ a-¹, sunder〗

A supplý *n.* 〖電子工学〗 A 電源 (⇨ A power supply).

A·sur /ǽsə, ɑ́ːsʊə | ǽsə^(r), ɑ́ːsʊə^(r)/ *n.* ＝Assur.

as·u·ra /ʌ́sʊrə/ *n.* **1** 〖ヒンズー教〗 アスラ, 阿修羅 (古代ペルシャ語 Ahura 神と同語源のサンスクリット語; インドでは後代 a- (非)＋sura (神) という意味の異分析が生じて邪神と解された; 仏教では六道の一つで鬼神). **2** 〖ゾロアスター教〗 ＝Ahura.

ASV (略) 〖軍事〗 air-to-surface vessel 航空機に装備する機上対水[対艦船]レーダー; 〖聖書〗 American Standard Version.

ASW (略) 〖軍事〗 antisubmarine warfare.

As·wan /ǽswɑːn, ɑ́ːs- | ˌ-ˈ-/; *Arab.* ʔasˤwáːn/ *n.* アスワン (エジプトアラブ共和国南東部, Nile 川東岸の都市).

Áswan Dám *n.* [the ~] アスワンダム (Aswan の近くにある Nile 川をせき止めて 1902 年に造られた大ダム).

Áswan Hígh Dám *n.* [the ~] アスワンハイダム (Aswan Dam の上流約 6.5 km の所に Nile 川をせき止めて 1970 年に造られた高さ 111 m, 幅 520 m の世界最大のロックフィルダム (rock-fill dam); 最大貯水量約 1,600 億立方メートル).

a·swarm /əswɔ́əm | əswɔ́ːm/ *adj.* [叙述的] 〈場所が〉〔…で〕うようよして, 充満して (swarming) 〔*with*〕: The zoo was ~ *with* children. 〖(1830) ← A-¹＋SWARM¹ (n.)〗

a·swim /əswím/ *adv., adj.* [叙述的] 泳いで; あふれて 〔*with*〕.

a·swirl /əswə́ːl | əswə́ːl/ *adj.* [叙述的] 渦巻いて (swirling). 〖(1877) ← A-¹＋SWIRL〗

a·swoon /əswúːn/ *adj.* [叙述的] 気絶して, 卒倒して. 〖(*c*1395) ← A-¹＋SWOON〗

Asyl. (略) Asylum.

a·syl·la·bi·a /èɪsɪ̀léɪbiə/ *n.* 〖病理〗 綴音不能(症). 〖← NL ~ ← A-⁷＋L *syllaba* 'SYLLABLE'＋-IA¹〗

a·syl·lab·ic /èɪsɪ̀lǽbɪk⁻/ *adj.* 〖音声〗 ＝nonsyllabic. 〖(1827) ← A-⁷＋SYLLABIC〗

a·sy·lum /əsáɪləm/ *n.* **1** (もと身体障害者・困窮者・孤児などの)収容所, 施設, ホーム; (特に)精神病院: an ~ *for* the aged 老人ホーム / a lunatic ~ 精神病院 (今は通例 mental home [hospital, institution] という) / an orphan ~ 孤児院. **2 a** 〖国際法〗 (外国(から)の政治的亡命者に対する)保護収容所 (大使館など) (⇨ shelter SYN).
b (亡命者の)保護(収容): grant ~ 亡命を認める / He sought [asked for] (political) ~ *in* the United States. 合衆国に(政治的)亡命を求めた / ⇨ RIGHT of asylum.
3 a 避難所, 隠れ場 (refuge), 憩いの場所. **b** 避難, 保護 (shelter): seek [find] ~. **4** (昔の逃亡犯罪人・負債者などの)逃込み場, 保護所 (sanctuary) (多くは教会堂). 〖(?a1439) □ L ~ □ Gk *ásūlon* refuge (neut.) ← *ásūlos* inviolable ← A-⁷＋*sûlon* right of seizure ∽ (*c*1384) *asile* □ (O)F *asile, asyle* □ L〗

asýlum sèeker *n.* 政治的亡命希望者. 〖1959〗

a·sym·bo·li·a /èɪsɪmbóuliə | -bə́u-/ *n.* 〖病理〗 象徴不能(症), 失象徴 (asemia). 〖(1876) ← NL ~: ⇨ a-⁷, symbol, -ia¹〗

a·sym·met·ric /èɪsɪ̀métrɪk, æ̀s-⁻/ *adj.* **1** 不均整の, 不釣合いな; 対称でない. **2** 〖植物〗 非相称の. **3 a** 〖数学〗 反対称の (A が B とある関係にあり, B も A とその関係にあるならば, A と B とは必然的に等しくなければならないという関係についていう). **b** 〖統計〗 非対称の. **4** 〖化学〗 **a** 〈分子内の原子配列が〉不均整の. **b** 〈炭素分子内の原子が〉不斉の. **5** 〖物理〗 非対称の, 対称的でない. ★ cf. symmetric, antisymmetric, nonsymmetric.

à·sym·mét·ri·cal *adj.* **à·sym·mét·ri·cal·ly** *adv.* 〖1875〗

ásymmetrical bárs *n. pl.* ＝asymmetric bars.

ásymmetric bárs *n. pl.* 〖体操〗 **1** 段違い平行棒. **2** 段違い平行棒競技.

ásymmetric tíme *n.* 〖音楽〗 非対称拍子.

a·sym·me·try /eɪsímətri, æs- | -mɪ̀-/ *n.* **1** 不釣合い, 不均整; 非対称. **2** 〖統計〗 非対称度 (⇨ skewness). **3** 〖化学〗 不均整; 不斉 (⇨ asymmetric 4). 〖(*a*1652) □ Gk *asummetría* ← *asúmmetros* ill-proportioned: ⇨ a-⁷, symmetry〗

asýmmetry potèntial *n.* 〖物理化学〗 不斉電位 (ガラス電極などの内側と外側が同じ溶液中で示す電位差).

a·symp·to·mat·ic /eɪsìm(p)təmǽṭɪk | æsìm(p)təmǽt-⁻/ *adj.* 〖病理〗 無症候(性)の. **a·sỳmp·to·mát·i·cal·ly** *adv.* 〖(1932): ⇨ a-⁷〗

as·ymp·tote /ǽsɪ̀m(p)tòut | ǽsɪm(p)tə̀ut/ *n.* 〖数学〗 漸近線. 〖(1656) □ F *asymptote* ← NL *asymptōta* ← Gk *asúmptōtos* not falling together ← A-⁷＋*sump-tōtós* (adj.) (← *sumpíptein* to fall together): ⇨ symptom〗

as·ymp·tot·ic /æ̀sɪ̀m(p)tɑ́(ː)ṭɪk | æ̀sɪm(p)tɔ́t-⁻/ *adj.* 〖数学〗 漸近(的)の: an ~ circle [cone] 漸近円[円錐] / an ~ series 漸近級数. **às·ymp·tót·i·cal** *adj.* **às·ymp·tót·i·cal·ly** *adv.* 〖(1671): ⇨ a-⁷〗

ásymptotic cúrve *n.* 〖数学〗 漸近曲線.

a·syn·ap·sis /eɪsɪ̀nǽpsɪ̀s | -sɪnǽpsɪs/ *n.* 〖生物〗 不対合, 非対合 (減数分裂で相同染色体が対合せず一価染色体が現れる現象). 〖(1930) ← NL ~: ⇨ a-⁷, synapsis〗

a·syn·chro·nism /eɪsíŋkrənɪ̀zm, -sín- | æ-/ *n.* 非同時性, 異時性, 異期. 〖(1875): ⇨ a-⁷〗

a·syn·chro·nous /eɪsíŋkrənəs, -sín- | æ-/ *adj.* **1** 非同時性の, 時の合わない. **2** 〖電気〗 非同期の: an ~ machine 非同期機, 誘導機. **3** 〖電算〗 非同期の (すべての動作についてある動作が完全に終了してから次の動作が始まるように定められていること). **~·ly** *adv.* 〖⇨ a-⁷〗

a·syn·chro·ny /eɪsíŋkrəni, -sín- | æ-/ *n.* ＝asynchronism.

asyndeta *n.* asyndeton の複数形.

as·yn·det·ic /æ̀sɪ̀ndéṭɪk, èɪs- | æ̀sɪndét-⁻/ *adj.* 〖修辞〗 連辞[接続詞]省略(的)の (⇨ asyndeton 1).

à·syn·dét·i·cal·ly *adv.* 〖(1879): ⇨ ↓, -ic¹〗

a·syn·de·ton /əsíndəṭɑ̀(ː)n, eɪs-, -tən | æsíndɪ̀tən/ *n.* (*pl.* **-de·ta** /-ṭə | -tə/, **~s**) **1** 〖修辞〗 連辞[接続詞]省略 (Caesar の "*Veni, vidi, vici.*" (=I came, I saw, I conquered) が有名; ↔ syndeton, polysyndeton). **2** 〖図書館〗 (目録で)相互参照不備. 〖(1589) □ LL ~ □ Gk *asúndeton* (neut.) ← *asúndetos* unconnected ← A-⁷＋*súndetos* (← *sun-* 'SYN-'＋*deîn* to bind)〗

a·syn·er·gi·a /èɪsɪ̀nə́ːdʒiə, -dʒə | -nə́ː-/ *n.* 〖病理〗 協同[共同]運動不能[消失](症). 〖(1860) ← NL ~: ⇨ a-⁷, synergia〗

a·syn·er·gy /eɪsínədʒi | -nə-/ *n.* 〖病理〗 ＝asynergia. 〖1907〗

a·syn·tac·tic /èɪsɪ̀ntǽktɪk | -sɪn-⁻/ *adj.* 〖文法〗 非統語的な, 統語法[文章法]によっていない; 非文法的な (ungrammatical). 〖(1880) □ Gk *asúntaktos* irregular＋-IC¹: ⇨ a-⁷〗

Ás Yòu Líke Ít *n.*「お気に召すまま」(Shakespeare 作の喜劇 (1599)).

a·sys·to·le /eɪsístəliː, -li | -li/ *n.* 〖生理〗 不全収縮(期). **a·sys·tol·ic** /èɪsɪ̀stɑ́(ː)lɪk | -sɪstɔ́l-⁻/ *adj.* 〖(1876): ⇨ a-⁷〗

As·yut /æsjúːt/ *n.* (*also* **As·yût, As·siut** /~/) アシュート (エジプト中部 Nile 川河畔の都市).

at¹ /(弱) ət, æt; (強) æ̀t, ǽt/ *prep.* **1 a** [点・位置・場所] …において, …に, …で: *at* a point 一点に[で] / *at* the center 中心に[で] / *at* a distance 離れた所に, 離れて / *at* a depth [height] of 5 meters 5 メーターの深さ[高さ]で / *at* the end [corner] of a street 通りの突き当たり[角]に / *at* the foot [top] of a hill 小山のふもと[頂上]に / *at* the head of a page ページの上部に / We met *at* Mary's (house). メアリーの家で会った / *at* the door [desk, counter, entrance, exit] 戸口[机, カウンター, 入口, 出口]で / with the woman I love *at* my side 愛する女性を側において. **b** [出入の点] …から: enter a house *at* the front door 表口から家に入る / go in *at* one ear and out *at* the other 右の耳から入って左の耳から抜ける. **c** [到着地点・到達点] …に: arrive *at* one's destination, the end of a journey, a conclusion, etc. **d** [臨席・在・不在] …に (出て・行ってなど): be (present) *at* a meeting 会に出席している / be present *at* a funeral [wedding] 葬式[結婚式]につらなる. **e** (古) [東西南北の地方を示して]: *at* the East 東部地方に.
2 a [時の一点・時刻・時節]: (*at*) what time 何時に / *at* 5 o'clock 5 時に / *at* half past seven 7 時半に / *at* noon 正午に / *at* daybreak [sunset] / *at* night [midnight] / *at* midsummer [Christmas] / *at* parting 別れる時に / *at* present 今は, 現今 / *at* that time あの時は, その当時は / *at* the beginning [end] of a month 月初め[末]に / *at* this time of (the) year [day] この季節[今時分]に. **b** [年齢]: *at* his age あの年で / *at* (the age of) seven 7 歳の時に. **c** [at a [an] …として] 一度に(など): *at* a bound 一飛びに / *at* a mouthful 一口に. **d** [間隔]: *at* regular intervals 一定間隔で / *at* intervals of 5 feet 5 フィート間隔で.
3 a [1 d の意味から] …中, …従事して (engaged in): *at* breakfast 朝飯中 / *at* church (教会に行って)礼拝中 / *at* prayer お祈りをして / *at* school (学校へ行って)授業中 / *at* college [Harvard] 大学[ハーバード]に行っている / be *at* work [play] 働いて[遊んで]いる / What are you *at* now? 君は今何をしているの. **b** [上手(じょうず)・下手(へた)の分野]: She is good [poor] *at* drawing. 絵が上手[下手]だ / He is a genius *at* music. 音楽の天才だ / She succeeds *at* whatever she does. 彼女は何をやっても成功する.
4 [度・割合]: *at* 80° 80 度に[で] / *at* zero 零度に[で] / *at* that rate その割で; その分では / *at* (the [a] rate [speed] of) 40 miles an hour 1 時間 40 マイル(の割[スピード])で / *at* full speed 全速力で.
5 [数量・代価・費用] …で(売買する); …と(見積もる): *at* a good price よい値で / buy [sell, be sold] *at* ten pounds (a gallon) (1 ガロン) 10 ポンドで買う[売る, 売れる] / estimate a crowd *at* 2,000 群衆を 2,000 人と見積もる / *at* the cost [expense, price] of one's health 健康を犠牲にして. **6** [方向・目当て・目的]: look *at* the moon 月を見る[ながめる] / gaze [glance, stare] *at* a person 人を見つめる / point *at* something ある物を指す / aim *at* a target 的をねらう / fire a pistol [shoot] *at* a person 人に向かってピストルを放つ / throw a stone *at* a dog 犬に石を投げる / What are you looking *at*? 何を見ているのですか / fly [jump, rush, snatch] *at* …に飛びつく / guess *at* …を当ててみる / hint *at* …を暗に示す, ほのめかす / laugh *at* a person 人を(あざけり)笑う / ⇨ TALK *at* / He ran *at* me with a knife. ナイフを持って私に飛びかかってきた / work hard *at* a project プロジェクトに精を出す / knock [hammer] *at* the door ドアをノックする / nibble *at* a sandwich サンドイッチをかじって食べる. **7** [状態・情況] **a** [極点]: *at* one's happiest 一番幸せの時 / Art was then *at* its best. 当時芸術は全盛であった / The storm was *at* its worst. あらしは猛烈を極めていた. **b** [平和・不和]: *at* peace 平和で / *at* war 戦争中で / *at* odds 不和で. **c** [窮状・立場]: *at* a loss 困って, 当惑して / ⇨ *at* FAULT / He doesn't know where he is *at*. (口語) 彼は自分の立場をご存じない (cf. where *pron.* 1 ★). **d** [停止・休止]: *at* a standstill ぴたりと止まって / *at* anchor 停泊して / *at* rest 休息して. **e** [自由・任意]: *at* a person's disposal 意のままに / *at* will 随意に, 気ままに / be *at* liberty to do …してもよい / *at* leisure ゆっくり. **f** [手段・方法・様態]: speak *at* length 詳しく話す / *at* a gallop 一足飛びに, 疾駆して / *at* a trot 〈馬が〉だく足で. **8 a** [本源] …から, …より: get information *at* the source 情報を(また聞きでなく)手に入れる / receive mistreatment *at* a person's hand 人から虐待を受ける. **b** [感情の原因] …を見て[聞いて, 考えて]: be surprised *at* a person's rudeness 無作法に驚く / be annoyed *at* failing 失敗してむしゃくしゃする / rejoice *at* the news 知らせを聞いて喜ぶ / tremble *at* the thought of …を考えて[思い出して]震える / wonder [grieve] *at* the sight of …を見て驚く[悲しむ]. ★ 人・物を目的語とするとき(英)は通例 with を用いるが, (米) はしばしば at も用いる: I was angry *at* him. / The child was delighted [showed delight] *at* the compliment. その子はほめられて喜んだ. **c** [理由・動機]: I came *at* her request [invitation]. 彼女の求め[招き]に応じて来た.
at abòut [***aròund***] …ごろ (about): He got up *at about* six. 6 時ごろ起きた. ★ at about は about よりも口語的. 〖1843〗 ***Át him*** [***them***]***!*** 彼[彼ら]にかかれ (cf. 6). ***át it*** 従事して, 精を出してやっている: He is hard *at it*. せっせとやっている / They are *at it* again. また(夫婦げんかなど)やっている / while we are *at it* 事のついでに. ***be át*** (口語) (1) (口やかましく)〈人〉にせがむ: She's *at* her husband again. またもや夫にしつこく言っている / His children *were at* him *to* buy [about buying] a new car. 子供たちは彼に新車を買えとせがんだ. (2) …を攻撃する; 〈他人の物〉をいじくる: Tom's *been at* my watch again. トムがまた私の時計をいじくっていた. ***whére it's át*** ⇨ where *pron.* 成句.
〖OE *æt* in, at < Gmc **at* in (OFris. *et, at* / OHG *az* / ON *at*) ← IE **ad-* to, near (L *ad*)〗

at² /ɑ́ːt/ *n.* (*pl.* ~) アット (ラオスの通貨単位; =¹/₁₀₀ kip). 〖□ Siamese ~〗

at (記号) Austria (URL ドメイン名).

At (記号) 〖化学〗 astatine; 〖電気〗 ampere-turn.

AT (略) achievement test; air temperature; air transport(ation) 空輸; 〖電気〗 ampere-turn; antitank; 〖天文〗 apparent time; appropriate technology; attainment target.

A/T (略) 〖商業〗 American terms アメリカ式取引条件.

at. (略) airtight; atmosphere(s); atomic.

At., At /ǽt/ *n.* (英口語) 国防婦人部隊員. 〖(逆成) ← ATS, ATS: *-s, -S* を複数語尾と誤解した逆成〗

A.t. (略) Atlantic time.

at- /ət, æt/ *pref.* (t の前にくるときの) ad- の異形: *at*tend.

-a·ta /ɑ́ːṭə, éɪ- | -tə/ *suf.*「…の特徴をもつもの」の意の複数名詞語尾 (通例動物学上の分類に用いられる): Coelenter*ata* 腔腸動物門, Branchi*ata* 鰓綱. 〖← NL ~ ← L *-āta* (neut.pl.) ← *-ātus* '-ATE¹'〗

at·a·bal /ǽṭəbæ̀l | ǽt-/ *n.* アタバル: **a** アラビアの半球形太鼓. **b** 西インド諸島の小太鼓. 〖(1672) □ Sp. ~ □ Arab. *aṭ-ṭábl* the drum〗

A·ta·ba·li·pa /æ̀ṭəbɑ́ːlɪ̀pɑː | æ̀təbɑ́ːlɪ-; *Am.Sp.* ata-βálipa/ *n.* ＝Atahualpa.

At·a·brine /ǽṭəbrɪ̀n, -brìːn | ǽtəbrɪn, -brìːn/ *n.* 〖商標〗 アタブリン (米国製のマラリア予防薬キナクリン (quinacrine) の商品名; 英国名は Atebrin). 〖(1913) □ G *Atebrin* ← ? *Antifebrin*: ⇨ anti-, febrile, -ine³〗

A

Á·ta·ca·ma Désert /ǽtəkàːmə-, áːṭ- | ǽtə-; *Sp.* atakáma-/ *n.* [the ~] アタカマ砂漠《チリ北中部の荒地で硝石の産地; 面積 78,268 km²》.

at·a·cam·ite /ətǽkəmàɪt | æt-/ *n.* 〘鉱物〙緑塩銅鉱 ($Cu_2Cl(OH)_3$). 〚((1837–68)) □ F ~: ⇨ ↑, -ite[1]〛

a·tac·tic /eɪtǽktɪk/ *adj.* **1** 〘病理〙=ataxic. **2** 〘化学〙アタクチックの: ~ polymer アタクチックポリマー《主鎖・側鎖の配置に全く規則性のない重合体》. 〚((1842)): ⇨ a-[7]〛

at·a·ghan /ǽṭəgæ̀n, -ṭəgən | ǽtəgən/ *n.* =yataghan. 〚1813〛

A·ta·hual·pa /àːṭəwáːlpə | àːt-; *Am.Sp.* atawálpa/ *n.* アタワルパ《1500–33; 南米 Inca 帝国最後の国王; Pizarro に殺された; cf. Huáscar》.

At·a·lan·ta /àːṭəlǽntə, æ̀ṭl- | æ̀təlǽntə/ *n.* **1** アタランタ《女性名》. **2** 〘ギリシャ神話〙アタランテー《足が速く狩猟に長じた少女; 彼女との競走に負けた求婚者は皆殺された が, Hippomenes が Aphrodite からもらった金のりんご 3 個を競走中に次々に落として彼女に拾わせて勝ち結婚した》: throw an apple into the path of ~ 人を好餌(こうじ)で釣ろうとする. 〚□ L ~ □ Gk *Atalántē* (fem.) ← *atálantos* having the same value (as a man) ← *a-* (← IE **sem-* one, together: ⇨ same)+*tálanton* balance (⇨ talent)〛

at·a·man /ǽṭəmæ̀n | æ̀t-; *Russ.* atamán/ *n.* (*pl.* ~**s**) コサック人の(戦闘部)隊長, アタマン. 〚((1835)) □ Russ.〛

át·a·mas·co líly /ǽṭəmæ̀skoʊ- | ǽtə-/ *n.* 〘植物〙 **1** ゼフィランテス アタマスコ (*Zephyranthes atamasco*)《米国産ヒガンバナ科タマスダレ属のユリのような白い花をつけ観賞用に栽培される多年草》. **2** タマスダレ属の植物の総称《サフランモドキ (zephyr lily) など》. 〚((1743)) *atamasco*: ← N-Am.-Ind.〛

A·tan·a·soff /ətǽnəsɔ̀(ː)f, -sɑ̀(ː)f | -sɒf/, **John (Vincent)** *n.* アタナソフ《1903–95; 米国の物理学者・コンピューターの先駆者; 真空管を用いて電算機の第 1 号 ABC を作った (1942)》.

AT & T /èɪtìːəntìː/ 《略》 American Telephone and Telegraph Company 米国電話電信会社.

a·tap /ǽtæp/ *n.* **1** 〘植物〙ニッパヤシ (nipa). **2** ニッパヤシの葉. **3** ニッパヤシの葉で葺(ふ)いた屋根. 〚(((1672)) ((1817)) □ Malay ~ 'roof, thatch'〛

at·a·rac·tic /æ̀ṭərǽktɪk | æ̀tə-ˊ/ *adj.* **1 a** 〘薬学〙精神安定性の. **b** 精神安定的な. **2** 落ち着きのある, 平静な (calm). — *n.* 〘薬学〙精神安定剤 (tranquilizer). 〚((1941)) ← Gk *ataraktós* calm: ⇨ ↓, -ic[1]〛

at·a·rax·i·a /æ̀ṭərǽksiə | æ̀tə-/ *n.* =ataraxy. 〚((1882)) ← NL ~ ← Gk *ataraxía* ← *atáraktos* undisturbed ← A-[7]+*tarássein* to disturb〛

at·a·rax·ic /æ̀ṭərǽksɪk | æ̀tə-ˊ/ *n., adj.* =ataractic.

at·a·rax·y /ǽṭərǽksi | ǽtə-/ *n.* 無感動, 冷静, 平然. 〚((1603)) □ F ~: ⇨ ataraxia〛

ATAS 《略》〘英空軍〙 Air Transport Auxiliary Service 空輸補助部隊.

Atatürk, Kemal *n.* ⇨ Kemal Atatürk.

a·taunt /ətɔ́ːnt, ətáːnt | ətɔ́ːnt/ *adv., adj.* [叙述的] (*also* **a·taun·to** /-ṭoʊ | -təʊ/) **1** 〘海事〙すべての帆を張って (with all sails set). **2** 万事ととのって (shipshape). 〚((?a1439)) □ (O)F *autant* as much (as possible) 《古形》 *altant* ← *al* other (thing) (< VL **ale*=L *aliud* (neut.) ← *alius* another)+*tant* so much (< L *tantus* so great: cf. else, tantamount)〛

at·a·vic /ǽṭəvɪk | ǽtə-/ *adj.* **1** =atavistic. **2** 古い先祖の. 〚((1866)): ⇨ ↓, -ic[1]〛

at·a·vism /ǽṭəvìzm | ǽtə-/ *n.* **1** 先祖返り(的な現象) (throwback). **2** 〘生物〙隔世遺伝 (reversion). **3** =atavist. 〚((1833)) □ F *atavisme* ← L *atavus* father of a great-grandfather, ancestor ← ? *atta* daddy+*avus* grandfather: ⇨ -ism〛

át·a·vist /-vɪ̀st | -vɪstˊ/ *n.* 隔世遺伝の人[もの].

at·a·vis·tic /æ̀ṭəvɪ́stɪk | æ̀tə-ˊ/ *adj.* **1** 先祖返り的な. **2** 〘生物〙隔世遺伝(的)の. **àt·a·vís·ti·cal·ly** *adv.* 〚1875〛

a·tax·i·a /ətǽksiə, eɪt-/ *n.* **1** 〘病理〙失調(症), 運動失調(症): ⇨ locomotor ataxia. **2** 無秩序, 混乱 (↔ eutaxy). 〚(((1670)) ((1878)) □ Gk *ataxía* disorder ← *átaktos* disorderly ← A-[7]+*taktós* ordered (← *tássein* to put in order): ⇨ -ia[1]〛

a·tax·ic /ətǽksɪk, eɪt-/ *adj.* 〘病理〙(運動)失調(症)の[を伴う]. 〚1853〛

a·tax·ite /ətǽksaɪt, æt-/ *n.* 〘岩石〙アタキサイト, 無構造隕鉄《貧ニッケルアタキサイトと富ニッケルアタキサイトの二種がある》. 〚⇨ ataxia, -ite[1]〛

a·tax·o·nom·ic /eɪtæ̀ksənɑ́(ː)mɪk | -sə(ʊ)nɒ́m-ˊ/ *adj.* 〘生物〙非分類的な. 〚← A-[7]+TAXONOMIC〛

a·tax·y /ətǽksi/ *n.* =ataxia. 〚1670〛

ATB 《略》 all-terrain bike [bicycle].

At·ba·ra /ǽtbərə, ætbáːrə | ætbáːrə/ *n.* **1** [the ~] アトバラ(川)《エチオピアの北西部から流れてスーダンで Nile 川に注ぐ川 (805 km)》. **2** アトバラ《スーダン北東部の町》.

at bat *n.* (*pl.* ~**s**) 〘野球〙打席, 打数 (略 ab) (cf. at BAT[2]): He made one hit in four ~*s*. 4 打席で 1 安打した. 〚1884〛

ATC 《略》 air-traffic control; 〘英軍〙 Air Training Corps; 〘米軍〙 Air Transport Command 航空輸送司令部; 〘鉄道〙 automatic train control.

atch·a /ətʃáː/ *int.* =atchoo.

atch·oo /ətʃúː/ *int.* はくしょん《くしゃみの音を表す》. — *n.* (*pl.* ~**s**) 「はくしょん」の音. 〚擬音語〛

ate /éɪt | ɛ́t, éɪt/ *v.* eat[1] の過去形. 〚ME *et, at* < OE *ǣ, ǣt*〛

A·te /áːṭi, éɪṭi | -ti/ *n.* **1** 〘ギリシャ神話〙アーテー《人を悪事や愚行に駆り立て破滅させる盲目的な衝動を象徴する女神; 悪戯の女神》. **2** [a-] (人を破滅に陥れる)盲目的な衝動. 〚((1587)) □ Gk *Átē* ← *átē* infatuation〛

ATE 《略》 automated test equipment 自動試験装置.

-ate[1] /ɪ̀t, eɪt/ *suf.* 次の意味を表す名詞語尾: **1 a** 位, 職; 集団: consul*ate*, doctor*ate*, episcop*ate*, magistr*ate*, sen*ate*. **b** 領土: sultan*ate*. **2** (ある行為の)対象となる人・物; 行為の結果: leg*ate*, precipit*ate*. **3** 〘化学〙 **a** 「…酸塩, …酸エステル」: acet*ate*, sulf*ate*. **b** (ある処理による)製品: distill*ate*, condens*ate*. 〚ME □ (O)F *-at* ‖ L *-ātus* (masc.), *-ātum* (neut.): ↓〛

-ate[2] /ɪ̀t, eɪt/ *suf.* **1** ラテン語系形容詞の語尾: fortun*ate*, delic*ate*, orn*ate*. **2** 「…化した」の意の形容詞を造る: Italian*ate*. **3** 〘生物〙(名詞に付いて)「…を有する」の意の形容詞(またその転用で名詞)を造る: chord*ate*, foli*ate*. 〚ME *-at* □ L *-ātus* (*-āre* を語尾とする第一変化動詞の完了受動分詞[過去分詞]語尾): cf. -ed〛

-ate[3] /ˊ-- èɪt, -eɪt/ *suf.* 次の意味を表す動詞語尾: **1** 「…させる, …する, …になる」: actu*ate*, captiv*ate*, felicit*ate*, hyphen*ate*, incapacit*ate*. **2** 〘化学・医学〙「…を加える, …で処理する」: camphor*ate*, vaccin*ate*. ★ 2 音節の動詞では creáte, rebáte のように /-éɪt/ の強勢が普通. 3 音節以上の動詞では éducàte, domésticàte のように 2 音節前に第一強勢がくる /ˊ-- -èɪt/ の強勢が原則 (⇨ -ation ★). 〚ME □ L *-ātus* (↑)〛

Â·tèam *n.* **1** =first string. **2** 〘映画〙主要な[レギュラー]俳優連.

At·e·brin /ǽṭəbrɪ̀n, -brìːn | ǽtəbrɪn, -brìːn/ *n.* 〘商標〙アテブリン《キナクリン (quinacrine) の英国における商品名; cf. Atabrine》.

a·tel- /ətél/ (母音の前にくるときの) atelo- の異形.

at·e·lec·ta·sis /æ̀ṭəléktəsɪ̀s, æ̀ṭl- | æ̀təléktəsɪs/ *n.* (*pl.* **ateclectases** /-siːz/) 〘病理〙アテレクターゼ, 無気肺《出生時の新生児肺膨張不全》. 〚((1859)) ← NL ~: ⇨ atelo-, ectasis〛

a·te·lei·o·sis /ətèliόʊsɪ̀s | -ɔ́ʊsɪs/ *n.* 〘病理〙=ateliosis.

a·tel·ic /eɪtélɪk/ *adj.* 〘文法〙〈相が〉未完了の (imperfective) (↔ telic). 〚← A-[7]+TELIC〛

a·te·lier /ætəljéɪ, æ̀t-, -ṭl-, ætéljeɪ | ətéliè̀ɪ, æ-, ætəlièɪ; *F.* atəlje/ *n.* (*pl.* ~**s** /~z/; *F.* ~/) アトリエ, 画室, 仕事場, 工房, 製作室 (studio). 〚((1840)) □ F ~ < OF *astellier* woodpile ← *astele* chip of wood < LL *astellam*=L *astula* 《変形》 ← *assula* chip ((dim.) ← *assis* board+*hastula* little spear)〛

a·tel·i·o·sis /ətèliόʊsɪ̀s | -ɔ́ʊsɪs/ *n.* 〘病理〙下垂体性幼稚症《発育不全, 小児様発育》. 〚((1902)) ← NL ~ ← Gk *atéleia* incompleteness (↓)+-osis〛

a·tel·o- /ǽtəloʊ | -ləʊ/ 「不完全な, 発育不全の (defective)」の意の連結形. ★ 母音の前では通例 atel- になる. 〚□ Gk ~ ← *atelḗs* incomplete ← A-[7]+*télos* end〛

a tem·po /ɑːtémpoʊ | -pəʊ; *It.* attέmpo/ *adv., adj.* 〘音楽〙もとの速度で[の]《主として ritardando または accelerando のあとに用いる》. — *n.* a tempo の指示がある楽節. 〚((1740)) □ It. ~ 'in time'〛

a·tem·po·ral /eɪtémpərəl/ *adj.* 時間に影響されない, 無時間の. 〚((1870)) ← A-[7]+TEMPORAL〛

A·ten /áːtn/ *n.* [the ~] 〘エジプト神話〙アトン《古代エジプトの王 Amenhotep 四世の治世に信奉された太陽神; 日輪にかたどられた》. 〚((1877)) □ Egypt. *'itn* 《原義》 sun disk〛

a·ten·o·lol /əténəlɔ̀(ː)l | -lɒl/ *n.* 〘薬学〙アテノロール ($C_{14}H_{22}N_2O_3$)《合成ベーター受容体遮断薬; 高血圧・狭心症・不整脈, 局所的に緑内障の治療に用いる》. 〚((1974)) ← *aten-* (← A(NGINA)+TEN(SION))+*-*olol*〛

Á tènt *n.* 《米》 A 型テント《リッジポール (ridgepole) から両側にキャンバスを斜めに張った屋根型のテント》. 〚1863〛

a ter·go /ɑːtéəgoʊ | -téəgəʊ/ *L. adv.* 背部に, 後ろに; 背後[後ろ]から. 〚□ L *a tergō* at [from] the back〛

A·te·ri·an /ətíᵊriən | ətíər-/ *adj.* 〘考古〙アティール文化の《アフリカ北部に広く分布する後期旧石器文化にいう》. 〚((1928)) □ F *atérien* ← (*Bir el-*)*Ater* (チュニジア南部にあるこの文化の標準遺跡): ⇨ -ian〛

à terre /ɑːtéə | -téə(r; *F.* atɛːʀ/ *adv., adj.* 〘バレエ〙アテール, 床に. 〚((1922)) □ F ~ 'on the ground'〛

ATF 《略》《米》 Bureau of Alcohol, Tobacco, and Firearms アルコール・たばこ火器局《財務省の一部局》.

At·get /ɑːdʒéɪ; *F.* adʒɛ/, **(Jean) Eugène Auguste** *n.* アジェ《1856–1927; フランスの写真家; パリジャンの日常生活の写真で知られる》.

ath. 《略》 athlete; athletic.

Ath·a·bas·ca /æ̀θəbǽskə/ *n.* =Athabaska.

Ath·a·bas·can /æ̀θəbǽskənˊ/ *adj.* アタバスカン族[語(族)]の. — *n.* **1 a** [the ~s] アタバスカン族《カナダ西部の Athabaska 湖あたりに住みアタバスカン語を話していた北米インディアンの一種族》. **b** アタバスカン族の人. **2** アタバスカン語族《アラスカからカナダ北西部・アメリカ南西部・北メキシコにわたる広い地域に分布し, ナバホ (Navaho), アパッチ (Apache) 語をも含む北米インディアン最大の語族》. 〚((1846)) □ N-Am.-Ind. (Cree) *Athabasca* Athabascan people, 《原義》 grass or reeds here and there+-AN[1]〛

Ath·a·bas·ka /æ̀θəbǽskə/ *n.* **1** [the ~] アタバスカ(川)《カナダ Alberta 州を北流して Athabaska 湖に注ぐ川 (1,231 km)》. **2** =Athabaskan.

Athabaska, Lake *n.* アタバスカ湖《カナダ西部の湖; 面積 8,081 km²》.

Ath·a·bas·kan /æ̀θəbǽskənˊ/ *n.* =Athabascan.

Ath·a·mas /ǽθəmæ̀s/ *n.* 〘ギリシャ神話〙アタマス《Thebes の王. Phrixus と Helle の父》. 〚□ L *Athamās* □ Gk *Athámas*〛

ath·a·na·sia /æ̀θənéɪʒə, -ʃə | -ʃə, -ʒə, -ziə, -siə/ *n.* 不死, 不滅 (immortality). 〚((1829)) □ LL ~ □ Gk *athanasía* ← A-[7]+*thánatos* death〛

Ath·a·na·sian /æ̀θənéɪʒən, -ʃən | -ʃən, -ʒən, -ziən, -siənˊ/ *adj.* アタナシオス (Athanasius) の; アタナシオス派[教義]の. — *n.* アタナシオス[アタナシオス教義]の信奉者. 〚n.: 1586; adj.: 1781〛

Áthanasian Créed *n.* [the ~] 〘キリスト教〙アタナシオス[アタナシウス]信条[信経]《古代末期から中世に西方教会で用いられた三位一体論的・受肉論的信条; もと Athanasius が書いたものとされていたが実は作者不詳》. 〚1586〛

Àth·a·ná·sian·ìsm /-nìzm/ *n.* アタナシオス(信条の)教義. 〚1777〛

Ath·a·na·sius /æ̀θənéɪʒəs, -ʒiəs | -ʃəs, -ʒəs, -ziəs, -siəs/, Saint *n.* アタナシオス, アタナシウス《296?–373; Alexandria の司教; アレイオス主義 (Arianism) に反対し正統信仰の教義を確立した; 通称 Athanasius the Great》.

a·than·a·sy /əθǽnəsi/ *n.* =athanasia.

a·tha·nor /ǽθənɔ̀ə | -nɔ̀ː(r/ *n.* 〘錬金術〙アタノール《一定温度を保つための燃料自給式の炉》. 〚((1471)) □ ML **athanor* □ Arab. *at-tannūr* the oven〛

Ath·a·pas·kan /æ̀θəpǽskənˊ/ *n.* (*also* **Ath·a·pas·can** /~/) =Athabascan.

A·thár·va-Véda /ətáːvə- | ətáː-/ *n.* [the ~] 〘バラモン教〙「アタルヴァヴェーダ」(⇨ Veda).

a·the·ism /éɪθiìzm/ *n.* **1** 〘哲学〙無神論 (↔ theism). **2** 不信心; (不信心による)神を恐れないふるまい. 〚((1587)) □ F *athéisme* ← *athée* (↓): ⇨ -ism〛

a·the·ist /éɪθiɪ̀st | -ɪst/ *n.* **1** 無神論者 (↔ theist). **2** 不信心者. 〚((1571)) □ F *athéiste* ← *athée* ← Gk *átheos* godless ← A-[7]+*theós* god: ⇨ -ist〛

a·the·is·tic /èɪθiɪ́stɪkˊ/ *adj.* **1** 無神論(的)の; 無神論者(的)の. **2** 不信心な; 神を恐れない, 邪悪な. **à·the·ís·ti·cal** *adj.* **à·the·ís·ti·cal·ly** *adv.* 〚1634〛

ath·e·ling /ǽθəlɪŋ/ *n.* (Anglo-Saxon 時代の)貴族 (nobleman); 王子 (prince); 皇太子. 〚OE *æþeling* < (WGmc) **aþelinȝa* (OHG *ediling*) ← **aþal-* race, family (OE *æþelu* / OHG *adal* (G *Adel*)): ⇨ -ing[3]〛

Ath·el·stan /ǽθəlstæ̀n, ǽθl- | -stən | -stæn; OE 風に ǽðəlstàːn/ *n.* アセルスタン: **1** 男性名. **2** (895?–939) イングランド王 (924–39); Alfred 大王の孫; デーン人 (Danes) を撃破し, England 統一の強化に努めた. 〚OE *Æþelstāne* ← *æþel* noble+*stān* 'STONE'〛

áthel trèe /ǽθəl-, ǽθl-/ *n.* 〘植物〙アジア南西部原産の庭園樹として観賞するギョリュウ属の常緑低木 (*Tamarix aphylla*) (salt tree ともいう). 〚*athel*: □ Arab. *áthla*[h]〛

a·the·mat·ic /èɪθimǽtɪk, -θiː- | æ̀θɪmǽt-, èɪ-, -θiː-ˊ/ *adj.* **1** 〘言語〙 **a** 〈名詞・動詞の語幹など〉語幹形成母音のない《屈折語尾の前に語幹形成母音 e または o (thematic vowels) をもたない; 例えばギリシャ語 *esti* (=is) ← *es-* (語根)+*-ti* (人称語尾)》. **b** 〈言語が〉動詞の活用変化に語幹形成母音を用いない. **2** 〘音楽〙主題のない, 無主題の《例えば装飾音型などを指していう》. 〚((1894)) ← A-[7]+THEMATIC〛

A·the·na /əθíːnə/ *n.* **1** アシーナ《女性名》. **2** 〘ギリシャ神話〙=Athene. 〚⇨ Athene〛

Ath·e·nae·um /æ̀θəníːəm | æ̀θɪ-/ *n.* **1** [the ~] **a** アテナイオン《古代ギリシャの Athens にあった女神 Athene の神殿; 詩人・文学者が集まってお互いの著作を論評した》. **b** (Hadrian 帝がローマに建設した)アテネウム学園《雄弁術・修辞学・哲学・法律などを教授した》. **2 a** [a-] 文芸[学術]協会; 文芸[学術]クラブ. **b** [the ~] (London の)アシニーアム(クラブ)《会員は有名な文学者・学者など; 1824 年創設》. **3** [a-] 図書室[館]. 〚((1727–51)) □ L ~ □ Gk *Athēnaîon* ← *Athēnē* 'ATHENE'〛

Ath·e·nae·us /æ̀θəníːəs | æ̀θɪ-/ *n.* アテナイオス《2 世紀末から 3 世紀初めのギリシャの著作家; *Deipnosophistai*「食卓談義」》.

A·the·ne /əθíːni, -niː/ *n.* **1** アシーニ《女性名》. **2** 〘ギリシャ神話〙アテーネー, アテーナー《知恵・学芸・工芸・戦争の女神; 父 Zeus の頭から甲冑(かっちゅう)をつけて生まれたと伝えられる; 古代ギリシャの Athens の守護神; Pallas Athene ともいう; ローマ神話の Minerva に当たる》. 〚□ Gk *Athḗnē* ← ?〛

Ath·e·ne·um /æ̀θəníːəm | æ̀θɪ-/ *n.* =Athenaeum.

A·the·ni·an /əθíːniən, -njən/ *adj.* アテネ (Athens) の; (特に)古代アテネ(文明)の. — *n.* (古代)アテネ人. 〚n.: (OE) 1526; adj.: 1595–96〛

Athénian émpire *n.* アテナイ帝国 (cf. Delian League).

Ath·ens /ǽθɪ̀nz, ǽθənz/ *n.* アテネ, アテナイ《ギリシャ南東部にある同国の首都; 古代ギリシャで Attica の首都, ギリシャ文明(最盛期)の中心地; ギリシャ語名 Athínai; 古代ギリシャ語名 Athenae》.
cárry [*sénd*] *ówls to Áthens* ⇨ owl 成句.
〚□ L *Athēnae* □ Gk *Athênai* (pl.) ← *Athḗnē* 'ATHENE'〛

ath·er·ine /ǽθəràɪn, -rɪ̀n | -ràɪn, -rɪn/ *adj., n.* 〘魚類〙トウゴロウイワシ科の(魚). 〚((1770)) ← NL *Atherina* (属名) ← Gk *atherínē* smelt ← *athḗrē* gruel〛

a·ther·mal /eɪθə́ːməl, -ml | æθə́ː-/ *adj.* 〘化学〙無熱の: ~ solution 無熱溶液《混合熱 0 の溶液》.

a·ther·man·cy /æθə́ːmənsi | æθə́ː-/ *n.* 〘物理化学〙不透熱性 (adiathermancy). 〚((1863)) ← A-[7]+THERMO-+-ANCY〛

a·ther·ma·nous /æθə́ːmənəs | æθə́ː-/ *adj.* 〘物理化学〙不透熱性の (↔ diathermanous). 〚((1863)): ⇨ ↑, -ous〛

ath·er·o- /ǽθəroʊ | -rəʊ/ 〘病理〙「アテローム (atheroma)」の意の連結形. 〚← NL ~: ⇨ atheroma〛

àthero·génesis *n.* 〔病理〕(動脈)アテローム (atheroma) 発生. 〔1953〕

àthero·génic *adj.* 〔病理〕(動脈)アテローム発生(性)の. 〔1954〕

ath·er·o·ma /æ̀θəróʊmə | -rə́ʊ-/ *n.* (*pl.* ~**s**, ~**ta** /~tə | ~tə/) 〔病理〕 **1** アテローム, 粥腫(じゅくしゅ), 粉瘤(ふんりゅう). **2** 動脈アテローム《血管壁の退行性動脈硬化》. 〖(1706) ← NL ~ ← L ~ ◻ Gk *athérōma* ← *athérē* gruel, porridge: ⇨ -oma: cf. atherine〗

ath·er·o·ma·to·sis /æ̀θəroʊmətóʊsɪ̀s | -rəʊmətə́ʊsɪs/ *n.* (*pl.* **-to·ses** /-si:z/) 〔病理〕アテローム症; 動脈アテローム変性. 〖← NL ~: ⇨ ↑, -osis〗

ath·er·o·ma·tous /æ̀θəróʊmətəs | -rə́ʊmət-/ *adj.* 〔病理〕アテローム(性)の. 〔1676〕

àthero·sclerósis *n.* 〔病理〕アテローム(性動脈)硬化(症). **àthero·sclerótic** *adj., n.* 〖(1910) ← NL ~: ⇨ athero-, sclerosis〗

Ath·er·stone /ǽθəstòʊn | ǽθəstəʊn/ *n.* アサーストーン《英国 Warwickshire 北部の市場町; 炭坑・採石場》.

Ath·er·ton /ǽθətən, -tn̩ | ǽθətən, -tn̩/, **Gertrude (Franklin)** *n.* アサートン《1857–1948; 米国の小説家; *The Conqueror* (1902), *Black Oxen* (1923)》.

Áth·er·ton Tábleland /ǽθətən-, -tn̩- | ǽθətən-, -tn̩-/ *n.* アサートン高原《オーストラリア Queensland 州北東部の大分水嶺山脈 (Great Dividing Range) 中の高原》.

ath·e·tize /ǽθətàɪz | ǽθɪ̀-/ *vt.* (古典の本文批評において)〈文節・語句などを〉不純な[正当でない]ものとして退ける[排除する]. 〖(1886) ← Gk *áthetein* to set aside (A-[2] + *theós* placed ← *tithénai* to place)+-IZE〗

ath·e·toid /ǽθətɔ̀ɪd | ǽθɪ̀-/ *adj.* 〔病理〕 **1** アテトーシス (athetosis) 状[特有]の. **2** =athetotic 1. 〖(1875): ⇨ athetosis, -oid〗

ath·e·to·sic /æ̀θətóʊsɪk | -tə́ʊ-ˊ/ *adj.* 〔病理〕=athetotic.

ath·e·to·sis /æ̀θətóʊsɪ̀s | æ̀θɪ̀tə́ʊsɪs/ *n.* 〔病理〕アテトーシス, アテトーゼ《たえず四肢の不随意運動を伴う主として小児期の神経疾患》. 〖(1871) ← Gk *áthetos* not fixed+-OSIS: cf. athetize〗

ath·e·tot·ic /æ̀θətɑ́(:)tɪk | æ̀θɪ̀tɔ́t-ˊ/ *adj.* 〔病理〕 **1** アテトーゼ (athetosis) の. **2** =athetoid 1. 〔1898〕

A·thí·nai /*Mod.Gk.* aθínɛ/ *n.* アテナイ《Athens のギリシャ語名》.

a·thirst /əθə́ːst | əθə́:st/ *adj.* [叙述的] **1** 《古・詩》のどが渇いて (thirsty). **2** 渇望して (eager) 〔*for*〕: be ~ *for* fame, information, etc. 〖(c1280) *athurst* < OE *ofþyrst* ← *ofþyrsted* (p.p.) ← *ofþyrstan* 'suffer THIRST': ⇨ a-[1]〗

athl. 《略》 athlete; athletic; athletics.

ath·lete /ǽθli:t/ *n.* **1** 運動選手, スポーツマン. 日英比較 日本語の「アスリート」は陸上競技の選手を指すが, 英語の *athlete* はそれよりも広義. 日本語の「スポーツマン」がこの語に当たることが多い. **2** 《英》(トラックとフィールドの)陸上競技者. **3** (筋骨)たくましい人. 〖(?a1425) ◻ L *āthlēta* ◻ Gk *athlētḗs* combatant ← *athleîn* to contend ← *áthlos* contest & *áthlon* prize〗

áthlete's fóot *n.* 〔病理〕(足にできる)水虫, 汗疱状白癬. 〔1928〕

áthlete's héart *n.* 〔病理〕スポーツ心(臓), 過度運動性心臓肥大《肉体的激労の継続のため起こる心臓肥大》.

ath·let·ic /æθlétɪk | æθlét-, əθ-/ *adj.* **1** (運動)競技の, 競技的な; 体育の: an ~ meet(ing) 競技会, 運動会 / ~ sports 運動競技; 《英》陸上競技(会). ⇨ athlete 日英比較. **2** 運動選手の[らしい]; 筋骨のたくましい (robust), 元気で活発な (vigorous): a man of ~ build. **3** 運動[競技]用の. **4** 〔心理〕〈体型が〉筋骨型の, 闘士型の (mesomorphic) (cf. somatotype, asthenic 2, pyknic): the ~ type 闘士型, 闘士体型. **ath·lét·i·cal·ly** *adv.* 〖(1605) ◻ L *āthlēticus* ◻ Gk *athlētikós*: ⇨ athlete, -ic[1]〗

athlétic fòot *n.* 〔病理〕=athlete's foot.

athlétic héart *n.* 〔病理〕=athlete's heart.

ath·lét·i·cìsm /-təsɪ̀zm | -tɪ̀-/ *n.* **1** (専門としての)運動競技; 運動競技練習. **2** 運動競技[スポーツ]熱. **3** たゆまざる努力. 〔1870〕

ath·let·ics /æθlétɪks | æθlét-, əθ-/ *n.* **1** [通例複数扱い] **a** 運動競技. 日英比較 日本語の「フィールドアスレチック(ス)」(自然の地形を利用した運動娯楽施設)は和製英語の商標名. **b** 《英》陸上競技 (track and field). **2** [通例単数扱い] (科目としての)体育《実技と理論がある》. 〖(1727) ← ATHLETIC: ⇨ -ics〗

athlétic suppòrt [suppòrter] *n.* =jockstrap 1. 〔1927〕

Ath·lone /æθlóʊn | -lə́ʊn/ *n.* アスローン《アイルランド Westmeath 州の町; 紡績業の中心地》.

ath·o·dyd /ǽθədɪd/ *n.* 〔航空〕アソダイズ《今は通例 ramjet (engine) という》. 〖(1945) ← *A*(*ero*)-*Th*(*ermo*)-*Dy*(*namic*)-*D*(*uct*)〗

Áth·ole brόse /ǽθəl-, ǽθl̩-/ *n.* (*also* **Ath·oll brose** /~/) 《スコット》アトルブローズ《ウイスキーに蜂蜜とオートミールを混合した飲み物》. 〖*Athole*: ← *Athole, Atholl* (スコットランドの山岳地帯)〗

at home /əthóʊm | əthə́ʊm, ətə́ʊm/ *n.* (*also* **at-home** /~/) **1** (曜日や日時などを決めておいてその時間内(通例午後)に来客をもてなす)気軽な招待会, アットホーム; (自宅で催す)略式のパーティー (cf. *at* HOME (1)): an ~ card / She holds her ~ on Thursday. **2** =open house 3 a. 日英比較 日本語の「アットホームな雰囲気」は英語では a cozy atmosphere など. 〖(1745) ← *at home* (招待カードの文句)〗

-a·thon /-ˊ əθɑ̀(:)n | -əθɔ̀n/ 「長さや持久力を競う競技」の意の名詞連結形: talk*athon*. 〖← (MAR)ATHON〗

Ath·o·nite /ǽθənàɪt/ *adj.* アトス山 (Mount Athos) の; アトス山の修道院の. — *n.* アトス山の修道士. 〖(1887) ← L *Athōn, Athōs* (⇨ Mount ATHOS): ⇨ -ite[1]〗

A·thos /ǽθɑ(:)s, éɪθ- | -θɔs; *Mod.Gk.* áθɔs/ *n.* アトス(半島)《ギリシャ北東部の Chalcidice 半島が分かれて三つまたになった最東方の小半島; 長さ約 50 km》.

Athos, Mount *n.* アトス山: **1** Athos 半島の先端, 岬をなす山 (2,033 m). **2** アトス山にある東方正教会の 20 の修道院から成る自治国. 〖◻ Gk *Áthōs*〗

a·thrill /əθrɪ́l/ *adj.* [叙述的] 〈恐怖・快感などで〉ぞくぞく[わくわく, うずうず]して 〔*with*〕. 〖(1879) ← A-[1]+THRILL〗

ath·ro·cyte /ǽθrəsàɪt/ *n.* 〔生物〕集受細胞《体液中の排出物を取り込み貯蔵する働きをもつ細胞》. 〖(1938) ← Gk *athróos* collected+-CYTE〗

ath·ro·cy·to·sis /æ̀θrəsaɪtóʊsɪ̀s | -tə́ʊsɪs/ *n.* 〔医学〕摂食(作用)《負荷電コロイドを吸収するマクロファージや腎尿細管上皮細胞の能力》. 〖(1938) ← Gk *athróos* crowded+-CYTOSIS〗

a·thwart /əθwɔ́ət | əθwɔ́:t/ *adv.* **1** 横ざまに, 筋違いに, 斜めに (crosswise, obliquely). **2** 意に反して (perversely): Everything goes ~. 何もかも思い通りにいかない. **3** 〔海事〕 **a** 竜骨線に直交して; 横方向に (cf. fore and aft ⇨ fore[1] *adv.* 3). **b** 舷側を風に向けて (broadside to the wind). — *prep.* **1** (…の直前・進路など)を横切って: ~ a person's path, vision, etc. **2** …に逆らって, 反して (against, contrary to): ~ a person's purpose. 〖(1470) ← A-[1]+THWART: cf. ON *umþuert* over in a transverse direction〗

athwárt·hàwse *adv., adj.* 〔海事〕〔停泊中の他船の〕前方を横切って 〔*of*〕. 〔1813〕

athwárt·shìp *adj.* 〔海事〕船体を横切る, 船体真横の. 〔1879〕

athwárt·shìps *adv.* 〔海事〕船体を横切って, 真横に. 〖(1718): ⇨ -s[2]〗

-at·ic /ǽtɪk | ǽt-/ *suf.* 「…の, …的な, …性の」などの意の形容詞を造る: aqu*atic*, Asi*atic*, dram*atic*, lun*atic*. ★ この類の形容詞はしばしば名詞ともなる. 〖◻ F *-atique* ◻ L *-āticus* ◻ Gk *-atikos* ← *-at-* (p.p. 語幹)+*-ikos* '-IC[1]'〗

a·tich·oo /ətɪ́tʃu:/ *int., n.* (*pl.* ~**s**) 《英》=atchoo.

-a·tile /ətl̩, ətàɪl | ətàɪl/ *suf.* -atic とほぼ同じ意味をもつ形容詞を造る: vol*atile*, fluvi*atile*. 〖◻ L *-ātilis*: ⇨ -ate[2], -ile〗

a·tilt /ətɪ́lt/ *adv., adj.* **1** 《古》槍(やり)を構えた姿勢で, 突きの構えで. **2** 傾いて(倒れそうな): with a bottle ~ 瓶を傾けて.

***rún* [*ríde*] *atílt at* [*agàinst*]** (1) 《古》(馬上試合で)…に向かって槍を傾けて(まっしぐらに)突きかかる. (2) (論戦などで)…(相手)を激しく攻撃する. (1589–90) 〖(1562) ← A-[1]+TILT[1]〗

a·tin·gle /ətɪ́ŋgl̩/ *adj.* [叙述的] ひりひりして, うずいて (tingling); 興奮して (excited). 〖(1855) ← A-[1]+TINGLE〗

-a·tion /-ˊ-éɪʃən, -ˊéɪʃən/ *suf.* 次の意味を表す名詞語尾: **1** 動作, 行動: agit*ation*, flirt*ation*. **2** 結果の状態: occup*ation*. **3** 結果として生じた物: civiliz*ation*, decor*ation*. ★ (1) 一般には一語の中にこれらの諸語義を併せ含むことが多い. (2) 本来 -ate, -ize, -ise で終わる動詞やラテン語・フランス語系の動詞に付くが, まれに英語起源の動詞に付くことがある: starve → starv*ation*. (3) 4 音節以上の名詞では 2 音節前に第二強勢がくる (⇨ -ate[3] ★). 〖ME *-acioun* ◻ (O)F *-ation* ← L *-ātiō*(*n-*): ⇨ -ate[2], -ion〗

a·tip·toe /ətɪ́ptòʊ | -tə̀ʊ/ *adv., adj.* [叙述的] **1** つま先立って, つま先で. **2** 抜き足差し足で, こっそりと. **3** 大いに期待して, 待ち構えて: She was ~ *to* hear good news. 朗報を聞かんと待ち構えていた. 〔1576〕

a·tish·oo /ətɪ́ʃu:/ *int. n.* (*pl.* ~**s**) 《英》=atchoo. 〔1878〕

A·ti·tlán /ɑ:ti:tlɑ́:n; *Am.Sp.* atitlán/ *n.* アティトラン(湖)《グアテマラ南西部, Atitlán 火山の北に位置する火口湖》.

At·i·van /ǽtəvæ̀n | ǽtɪ-/ *n.* 〔商標〕アチヴァン《lorazepam 製剤の商品名》.

-a·tive /-ˊ-èɪtɪv, -ˊ(-)ət- | -ˊ(-)ətɪv, -ˊ-èɪt-/ *suf.* 「…的な」の意で傾向・性質・関係などを表す形容詞語尾: **1** -ate で終わる動詞から《この場合が最も多い》: relate → rel*ative*. **2** ラテン語系の動詞から: affirm → affirm*ative*. **3** -ty で終わる名詞から: authority → authorit*ative*. **4** (2 との類推で)英語固有の動詞から: talk → talk*ative*. 〖ME ◻ (O)F *-atif*, *-ative* ← L *-ātīvus*: ⇨ -ate[2], -ive〗

Át·ka máckerel [físh] /ǽtkə-, ɑ́:t-/ *n.* 〔魚類〕キタノホッケ (*Pleurogrammus monopterygius*). 〖*Atka*: ← *Atka* (Aleutian 列島中の一島でその生息地)〗

Atkins *n.* ⇨ Tommy Atkins.

At·kin·son /ǽtkɪnsən, -sn̩/, **Sir Henry Albert** *n.* アトキンソン《1831–92; 英国生まれのニュージーランドの政治家; 首相 (1876–77, 1883–84, 1887–91)》.

Atkinson, (Justin) Brooks *n.* アトキンソン《1894–1984; 米国のジャーナリスト・劇評家》.

Atl. 《略》 Atlantic.

at·lant- /ətlǽnt/ (母音の前にくるときの) atlanto- の異形.

At·lan·ta /ətlǽntə, æt- | -tə/ *n.* アトランタ《米国 Georgia 州の北部にある同州の州都; 米国南東部最大の商工業の中心地》. **At·lán·tan** /-tən, -tn̩ | -tən/ *adj., n.* 〖← *Western & Atlantic Railroad* (この鉄道の終点): *-a* は市名に多い女性語尾〗

at·lan·tad /ətlǽntæd, -æt-/ *adv.* 〔解剖〕環椎(かんつい) (atlas) の方向へ. 〖(1825) ← NL *atlant-, atlas* (⇨ atlas 4)+-AD[1]〗

at·lan·tal /ətlǽntl̩, æt- | -tl̩/ *adj.* 〔解剖〕環椎(かんつい)の. 〖(1803): ⇨ atlas 4, -al[1]〗

At·lan·te·an /æ̀tlæntí:ən, -lən-, ətlǽntiən, æt- | æ̀tlæntí:ən, -lən-, ətlǽntiən, æt-/ *adj.* **1** 巨人アトラス (Atlas) のような; 巨大な (gigantic), 力の強い (strong). **2** (古代人が西方の楽土と信じていた)アトランティス島 (Atlantis) の; アトランティス島のような. 〖(1667) ← L *Atlantēus* 'of ATLAS': ⇨ -an[1]〗

atlantes *n.* atlas の複数形.

At·lan·tic /ətlǽntɪk, æt-/ *adj.* **1 a** 大西洋の; 大西洋沿岸の: ~ islands 大西洋の島々 / the ~ states 《米》大西洋沿岸諸州. **b** 大西洋横断の (transatlantic): an ~ liner 大西洋航路定期船. **c** 大西洋沿岸諸国(間)の. **2** (アフリカ北西部の)アトラス山脈 (Atlas Mountains) の. **3** 巨人アトラス (Atlas) の. **4** 〔地学〕アトランティック期の《北ヨーロッパで後氷期の第 3 気候期; Boreal 期と Sub-Boreal 期の間で, 約 7500–5000 年前; 温暖・湿潤で現在より 2–3 度高温だった》. — *n.* **1** [the A-] 大西洋: the North [South] ~ 北[南]大西洋. **2** 〔商標〕アトランティック《米国 Atlantic Recording 社製のレコード・テープ・CD のレーベル》. **3** [the ~] 〔地学〕アトランティック期. 〖(?a1425) ◻ L (*mare*) *Atlanticum* Atlantic Ocean ◻ Gk (*Pélagos*) *Atlantikós* ← *Átlās* 'the ATLAS mountains'〗

Atlántic-Antárctic Rídge *n.* 南大西洋南極の海嶺(かいれい)《中部大西洋海嶺 (Mid-Atlantic Ridge) の南に連なる海底山脈で火山活動が見られる》.

Atlántic bonito *n.* 〔魚類〕大西洋産ハガツオ属の魚 (*Sarda sarda*).

Atlántic bránt *n.* 〔鳥類〕コクガン (*Branta bernicla hrota*) 《Greenland 北部で繁殖し, 北米大西洋岸で越冬する黒い小形のガン》.

Atlántic Chárter *n.* [the ~] 大西洋憲章《1941 年 8 月 14 日米国大統領 Roosevelt と英国首相 Churchill が北大西洋海上に会して決定した「米英共同宣言」; 領土拡張否認・主権と自治回復・海洋の自由・侵略国の武装解除などの 8 原則を含む》. 〔1941〕

Atlántic Cíty *n.* アトランティックシティー《米国 New Jersey 州南東部の都市; 海水浴地として知られる》.

Atlántic cróaker *n.* 〔魚類〕米国南部大西洋岸と Florida 州の川にすむニベ科の重要な食用魚 (*Micropogan undulatus*) 《ぐーぐーと鳴くような音を出す》. 〔c1949〕

Atlántic Íntracoastal Wáterway *n.* [the ~] 大西洋岸内陸水路 (⇨ Intracoastal Waterway).

At·lán·ti·cism /-təsɪ̀zm | -tɪ̀-/ *n.* 〔政治〕(軍事・政治・経済上の)ヨーロッパ・北米諸国協力主義[政策]. **At·lán·ti·cist** /-sɪ̀st | -sɪst/ *n.*

Atlántic kíttiwake *n.* 〔鳥類〕=kittiwake.

Atlántic Ócean *n.* [the ~] 大西洋《North Atlantic と South Atlantic とに分かれる; 面積 81,663,000 km², 最深部 8,345 m》.

Atlántic Páct *n.* [the ~] =North Atlantic Treaty [Pact]. 〔1949〕

Atlántic Próvinces *n. pl.* [the ~] (カナダの)大西洋諸州《New Brunswick, Newfoundland, Nova Scotia, Prince Edward Island を含む》.

Atlántic púffin *n.* 〔鳥類〕ニシツノメドリ (*Fratercula arctica*).

Atlántic Rídge *n.* [the ~] 大西洋(中央)海嶺(かいれい)《大西洋の中央に横たわる大海底山脈, 北は Iceland に迫り, 南はアフリカ南端で東に折れて西インド洋海嶺へ続く》.

Atlántic sáilfish *n.* 〔魚類〕大西洋やメキシコ湾に生息するマカジキ科バショウカジキ属の魚 (*Istiophorus americanus*).

Atlántic sálmon *n.* 〔魚類〕タイセイヨウサケ (⇨ salmon 1 a). 〔1902〕

Atlántic séal *n.* 〔動物〕=gray seal.

Atlántic stándard tìme *n.* =Atlantic time.

Atlántic tìme *n.* 大西洋(標準)時《米国の標準時の一つで西経 60° にあり GMT より 4 時間遅い; Atlantic standard time ともいう; 略 AST; ⇨ standard time》. 〔c1909〕

Atlántic tómcod *n.* 〔魚類〕=tomcod a.

At·lan·tis /ətlǽntɪ̀s, æt- | -tɪs/ *n.* アトランティス(島)《Gibraltar 海峡の西方大西洋中にあったと Plato が述べている楽土; 神罰によって一昼夜にして沈んだといわれる大きな島》. 〖◻ L ~〗

at·lan·to- /ətlǽntoʊ | -təʊ/ 「環椎(かんつい) (atlas); 環椎と…との (atlantal and …)」の意の連結形. ★ 母音の前では通例 atlant- になる. 〖← NL ~ (↓)〗

at·lan·to·sau·rus /ətlæ̀ntəsɔ́:rəs, æt- | -tə-/ *n.* 〔古生物〕アトラントサウルス, 載竜《竜脚亜目アトラントサウルス属 (*Atlantosaurus*) のジュラ紀後期に北米にいた恐竜》. 〖(1877) ← NL ~ ← L *Atlant-* 'ATLAS'+-SAURUS〗

at·las /ǽtləs/ *n.* (*pl.* 1–4 では ~**·es**, 5 では通例 **at·lan·tes** /ətlǽnti:z, æt-/) **1** 地図書, 地図帳 (volume of maps) (⇨ map SYN). 〖(1636) ← NL ~: 1595 年出版の *Mercator* (フランダースの地理学者)の地図帳の題名から; もと地図書の巻頭に天をになった Atlas の絵を付けるのを例としたことに由来する〗 **2** 図表集. **3 a** 〔製紙〕アトラス判《筆記・図画用紙の大きさ; 33 [34]×26 インチ》. **b** 〔製本〕=atlas folio. **4** 〔解剖〕環椎(かんつい), 第一頸椎(けいつい) (cf. axis[1] 4). 〖(1699) ← NL ~: 巨人 ATLAS から〗 **5** 〔建築〕(1 本の)男像柱 (telamon) (cf. caryatid). 〖(1589) ◻ L *Atlās* (↓)〗

At·las /ǽtləs/ *n.* **1** 〔ギリシャ神話〕アトラス《天空を双肩に担う巨人 (Titan); Atlas 山脈を象徴したものといわれる》.

2 (アトラスのような)重荷を担う人; 大黒柱 (mainstay). **3** アトラス《米国の大陸間弾道弾; 宇宙船打ち上げにも用いられた》. **4** 〖天文〗アトラス《1980 年に発見された土星の 15 番目の衛星》. 〘◻ L *Atlās* ◻ Gk *Átlās* ← ? *a-* (語頭添加音)+IE **tel-* to lift, support (L *tolerāre* to endure / Gk *trēntai* to bear)〙

Atlas 1

átlas béetle *n.* 〖昆虫〗オオカブトムシ (*Chalcosoma atlas*) 《アジア産で体長 75 mm に達し黒褐色で光沢を有する》.
Átlas cédar *n.* 〖植物〗アトラスシーダー (*Cedrus atlantica*) 《ヒマラヤスギに似たアルジェリア産のマツ科の常緑針葉樹》.
átlas fólio *n.* 〖製本〗アトラスフォリオ《二折本の最大版; 16×25 インチ; 単に atlas ともいう; cf. elephant folio》.
átlas gríd *n.* 〖写真〗空中写真の格子(こうし)線《目標地点の発見を容易にさせるために施すもの》.
átlas móth *n.* 〖昆虫〗ヨナクニサン(与那国蚕), オオアヤニシキ (*Attacus atlas*) 《沖縄の与那国島・台湾・インド・ジャワなど熱帯アジア産の世界最大のガ; 翅(はね)を広げると 25 cm に達する》. 〘1868〙
Átlas Móuntains *n. pl.* [the ~] アトラス山脈《アフリカ北西部に連なる山脈 (延長約 2,400 km) で, モロッコ, アルジェリア, チュニジアにわたる; 主峰は Mt. Toubkal (4,167 m)》.
at·latl /ɑ́ːtlɑːtl | -tl/ *n.* (古代メキシコで用いられた)矢投げ具, 矢[槍(やり)]発射器. 〘(1871) ◻ Uto-Aztec. ~〙
At·li /ɑ́ːtli/ *n.* 〖北欧伝説〗アトリ《フン族 (Huns) の王; *Volsung Saga* で, 遺産目当てに Sigurd の寡婦 Gudrun と結婚しその兄弟たちを殺したが, ついに彼女に殺害された》. 〘◻ ON ~: ⇨ Attila〙
ATM /éɪtìːém/ 《略》automated [automatic] teller machine. 〘1976〙
atm. 《略》atmosphere(s); atmospheric.
at. m. 《略》〖化学〗atomic mass.
atm- /ætm/ (母音の前にくるときの) atmo- の異形: *atmiatry*.
at·man /ɑ́ːtmən/ *n.* (*pl.* ~**s**) 〖ヒンズー教・バラモン教〗アートマン, 我《ウパニシャッド哲学で個人の中心主体とされ, 世界の根本原理であるブラフマン (Brahma) と同一であるとされた(梵我一如); 我は仏教では否定された》. 〘(1785) ← Skt *ātman* breath, spirit ← IE **ētmen-* breath (OHG *ātum* breath)〙
at·mid- /ǽtməd | -mɪd/ (母音の前にくるときの) atmido- の異形.
at·mi·do- /ǽtmədoʊ | -mɪdə(ʊ)/「水蒸気 (steam); 蒸気 (vapor)」の意の連結形. ★ 母音の前では通例 atmid- になる. 〘← Gk ~ ← *atmid-, atmís* steam (↓)〙
at·mo- /ǽtmoʊ | -məʊ/「蒸気 (vapor), 空(気) (air)」の意の連結形. ★ 母音の前では通例 atm- になる. 〘← NL ~ ← Gk *atmós* vapor ← IE **awe-* to blow〙
at·mol·y·sis /ætmɑ́(ː)ləsɪs | -mɔ́lɪsɪs/ *n.* (*pl.* -**y·ses** /-sìːz/) 〖化学〗分気, 透壁分気法《混合気体を多孔性物質に通し拡散させて分離すること》. 〘(1866) ← NL ~: ⇨ -lysis〙
at·mo·lyze /ǽtməlàɪz/ *vt.* 〖化学〗分気法で分離する. 〘⇨ ↑, -ize〙
at·mom·e·ter /ætmɑ́(ː)mətə, ət- | -mɔ́mɪtə(r)/ *n.* アトモメーター, 蒸発計 (evaporimeter, evaporometer ともいう). **at·móm·e·try** /-tri/ *n.* 〘1815〙
at·mo·phile /ǽtməfàɪl/ 〖化学〗*adj.* 〈化学元素・化合物が〉親気的な, 大気中にある, 大気中に発生しやすい. — *n.* 親気元素. 〘⇨ -phile〙
at·mo·sphere /ǽtməsfɪə | -sfɪə(r)/ *n.* **1** [the ~] **a** 大気《地球を取り巻いている気体》; (その下層部分をなす)空気 (the air) (cf. troposphere, stratosphere, mesosphere, ionosphere). **b** 〖物理〗(大)気圏《大気の存在する領域; cf. lithosphere》: a nuclear test in the ~ 大気圏内の核実験. **c** 〖天文〗大気《天体を取り巻くガス体; 惑星や恒星などの表面層》. **2** (特定の場所の)空気(の状態): a stuffy ~ むっとする空気. **3** 雰囲気, 周囲の状況, 環境, 空気, 気分 (environment, milieu, ambience): an ~ of freedom [tension, hostility] 自由[緊張, 敵意]の雰囲気 / a tense [relaxed] ~ 緊張[リラックス]した空気. ⇨ mood¹ 日英比較. **4 a** (場所などのもつ)独特な雰囲気, ムード, (エキゾチックな)魅力: This restaurant has ~. **b** (芸術品などのかもし出す)雰囲気, 気分, 感じ, ムード: a play full of ~ 雰囲気に富んだ劇. ⇨ mood¹ 日英比較. **5** 〖放送・映画〗(雰囲気を作り出すための)背景音響効果. **6** 〖物理〗気圧単位《海面において温度 0°C の水銀 760 mm 柱が底面に及ぼす圧力で 1 cm² に約 1,013,246 ダインの力が働いた時の圧力になる; 略 atm.》: absolute ~ 絶対気圧. **7** 〖化学〗雰囲気 (媒体).
cléar the átmosphere ⇨ clear 成句.
〘(1638) ← NL *atmosphaera* ← Gk *atmós* vapor (⇨ atmo-)+*sphaîra* 'SPHERE'〙
at·mo·spher·ic /ætməsférɪk, -sfɪ(ə)r- | -sfér-ˈ/ *adj.* **1 a** 大気の, 空気の; 大気中の, 空気中の; 大気(の作用)による: an ~ depression 低気圧 / an ~ discharge 空中放電 / ~ (nuclear) testing 大気圏内(核)実験 / ~ pollution 大気汚染. **b** 大気のような; 〈光・色などが〉かすんだような, 淡い (hazy, airy). **2** 雰囲気[ムード]の(ある), 雰囲気を作り出す: ~ music ムード音楽 / an ~ play ムード劇. **àt·mo·sphér·i·cal** *adj.* **àt·mo·sphér·i·cal·ly** *adv.* 〘1873〙
átmospheric bráking *n.* 〖宇宙〗大気制動《宇宙船などが地球または他の惑星の大気圏に突入し減速すること》.
atmosphéric distúrbance *n.* 〖通信〗空中擾乱(じょうらん)《無線通信電波が空中電気に妨害されること》.
atmosphéric electrícity *n.* 〖物理〗(聖エルモの火 (St. Elmo's fire)・オーロラなどの)空電(現象).
átmospheric éngine *n.* 〖機関〗(昔の)大気圧機関. 〘1822〙
atmosphéric perspéctive *n.* 〖絵画〗=aerial perspective.
átmospheric préssure *n.* 〖気象〗大気圧, 気圧: ⇨ high [low] atmospheric pressure.
atmosphéric refráction *n.* 〖天文〗=refraction 2.
at·mo·spher·ics /ætməsférɪks, -sfɪ(ə)r- | -sfér-/ *n.* **1** 空電 (static) 《大気電気によって生じる一種の電波で, 無線通信に妨害を与えるもの》. **2** 空電を起こす自然現象(雷・オーロラなど). **3** 〖通信〗(空電によって生じるラジオ・テレビの)雑音. **4** 雰囲気. 〘(1905): ⇨ -ics〙
átmospheric tíde *n.* 〖気象〗大気潮汐(ちょうせき)《月の引力および太陽熱の影響で起こる地球大気の潮汐》. 〘*c*1864〙
at·mo·sphe·ri·um /ætməsfí(ə)riəm | -sfɪər-/ *n.* 〖気象〗アトモスフェリウム《雲・雷・虹・オーロラなどの》気象現象の像を投影する装置; その装置を備えつけた部屋[建物]》. 〘(1967) ← ATMOSPHERE+-IUM〙
ATN 《略》arc tangent; augmented transition network.
at. no. 《略》〖物理・化学〗atomic number.
ATO 《略》〖航空〗assisted take-off (ロケットやカタパルトなどの)補助装置を使った離陸; 〖鉄道〗automatic train operation.
Á to J 《略》(NZ) Appendices to Journals (of the House of Representatives or Parliament).
ATOL /ǽtɔ(ː)l, ǽtɑ(ː)l | ǽtɒl/ 《略》〖英〗Air Travel Organizer's Licence 航空旅行主催者免許 (民間航空局が発行する).
at·oll /ǽtɔːl, ǽtɑːl, éɪ- | ǽtɒl, ətɔ́l/ *n.* アトール, 環礁《珊瑚礁が礁湖 (lagoon) を囲んで環状に連なるもの, しばしばその上に小島をもつ》. 〘(1625) ◻ Malayalam *atoḷu* reef〙

atoll

at·om /ǽtəm | ǽt-/ *n.* **1** 〖物理・化学〗**a** 原子. **b** [the ~] 原子力 (atomic energy). **2** [形容詞的に] =atomic: the ~ age / an ~ scientist. **3** 微量, みじん (particle): smash [break] ... to ~*s* …を粉みじんに砕く / He doesn't have an ~ *of* sincerity. 彼には誠意のかけらもない / There is not an ~ *of* truth in the news. そのニュースは根も葉もない. **4** 〖哲学〗原子《物質の不可分な究極的極微粒子; cf. atomism 2》. 〘(?*a*1400) *attome, athomus* ◻ (O)F *atome* ◻ L *atomus* ◻ Gk *átomos* indivisible ← A-⁷+*tomós* (adj.) (← *témnein* to divide, cut)〙
at·om·ar·i·um /ætəmé(ə)riəm | ætəméər-/ *n.* 展示用小型原子炉(展示室), 原子力展示館.
átom-bómb *vt., vi.* 原子爆弾で攻撃する. 〘1945〙
átom bómb *n.* =atomic bomb. 〘1945〙
a·tom·ic /ətɑ́(ː)mɪk | ətɔ́m-/ *adj.* **1** 原子力の; 原子力を用いる; 原子爆弾の[を用いる]: ~ control 原子力管理 / ~ propulsion 原子力推進 / an ~ (aircraft) carrier 原子力航空母艦 / an ~ ship [vessel] 原子力船 / an ~ submarine 原子力潜水艦 / ~ weapons 原子力兵器, 核兵器 / ~ warfare 原子力戦争, 核戦争. **2** 原子の: an ~ formula 〖化学〗原子式. **3** 極微の, 微細な (tiny). **4** 〖化学〗原子の, 原子状の: ~ hydrogen [oxygen] 原子状水素[酸素]. **5 a** 〖哲学〗原子(的)の, 原子論(的)の (atomistic). **b** 〖哲学・論理〗(論理的にもはや分割不可能で単純という点で)原子的な (cf. molecular 2): an ~ proposition 原子命題. **c** 〖電算〗〈transaction が〉原子的な《完全に行われるか, 全く行われないかのいずれかである》. **a·tóm·i·cal** *adj.* **a·tóm·i·cal·ly** *adv.* 〘1678〙
atómic áge *n.* [the ~] 原子力時代. **atómic-áge** *adj.* 〘1945〙
atómic báttery *n.* 原子電池《放射能を直接電流に変える装置》.
atómic bómb *n.* 原子爆弾, 原爆 (A-bomb, fission bomb ともいう; cf. fusion bomb). 〘1914〙
atómic bómb diséase *n.* 〖病理〗原爆症.
atómic bómbing *n.* 原子爆弾による攻撃. 〘1945〙
atómic clóck *n.* 原子時計《セシウム等の原子またはアンモニアなどの分子の振動を利用して電気的な発振器を構成し, その発振周波数によって時を刻む非常に精度の高い標準時計; cf. cesium clock》. 〘1938〙
atómic cócktail *n.* 〖医学俗〗原子カクテル《癌(がん)治療・診断のため患者に服用させるヨウ化ナトリウム (sodium iodide) などの医薬用放射性物質》.
atómic disintegrátion *n.* 〖物理〗原子核崩壊《放射性元素の原子核が粒子を放出しまたは K 殻の電子を吸収して他種の原子核に変わる現象》.
atómic énergy *n.* 原子エネルギー, 原子力 (nuclear energy) (cf. atomic power). 〘1906〙
Atómic Énergy Authòrity *n.* [the ~] (英国の)原子力公社《1954 年設立; 略 AEA》. 〘1955〙
Atómic Énergy Commìssion *n.* [the ~] **1** (国連)原子力委員会《1946 年安全保障理事会の下部機関として設立; 1952 年通常軍備委員会と合併して軍縮委員会となる》. **2** (米国の)合衆国原子力委員会《1946 年設立の非軍関係の連邦機関; 1974 年のエネルギー再編法により Department of Energy (エネルギー庁; 略 DOE) に発展的解消; 略 AEC》.
atómic físsion *n.* 〖物理・化学〗(原子)核分裂 (nuclear fission).
atómic fúsion *n.* 〖物理・化学〗(原子)核融合 (⇨ fusion 3).
atómic héat *n.* 〖化学〗原子熱《1 グラム原子 (gram atom) の物質の温度を 1°C 上げるのに要する熱量》.
atómic hýdrogen wélding *n.* 原子水素溶接. 〘1933〙
atómic hypóthesis *n.* =atomic theory 1.
at·o·mic·i·ty /ætəmísəti | ætəmísɪti/ *n.* **1** 〖化学〗**a** (気体分子中の)原子数. **b** 原子価 (atomic value, valence). **2** 原子で構成されている状態. **3** 〖哲学〗原子性, 原子的性格[性質]《原子のように単純・非分割・究極等の性格[性質]》. **4** 〖電算〗原子性. 〘1865〙
atómic máss *n.* 〖化学〗**1** 原子質量. **2** =relative atomic mass. 〘1898〙
atómic máss ùnit *n.* 〖物理〗原子質量単位《質量数 12 をもつ炭素原子の質量の 1/12 に相当する質量の単位; 略 amu; dalton, mass unit, unified atomic (mass unit) ともいう》. 〘*c*1942〙
atómic núcleus *n.* 〖物理・化学〗原子核.
atómic númber *n.* 〖物理・化学〗原子番号 (proton number) (略 at. no.; 記号 Z). 〘1821〙
atómic philósophy *n.* 〖哲学〗=atomism 2 a.
atómic phýsics *n.* 原子物理学. 〘1882〙
atómic píle *n.* 〖原子力〗原子炉《主として黒鉛を減速材として用いた初期のものを指す; cf. reactor 5》. 〘1945〙
atómic pówer *n.* **1** (動力としての)原子力 (nuclear power) (cf. atomic energy): an ~ plant [station] 原子力発電所. **2** 核[原子]兵器保有国 (nuclear power). 〘1914〙
atómic-pówered *adj.* 原子力を(動力に)使用する. 〘1945〙
a·tom·ics /ətɑ́(ː)mɪks | ətɔ́m-/ *n.* 《米》原子学《原子力・核分裂などの研究》. 〘(1920) ← ATOM+-ICS〙
atómic strúcture *n.* 〖物理〗原子構造. 〘1897〙
atómic théory *n.* **1** 〖物理・化学〗原子論, 原子説. **2** 〖哲学〗=atomism 2 a. 〘*c*1847〙
atómic tíme *n.* 〖物理・天文〗原子時《原子時計によって刻まれる時刻》.
atómic únit *n.* 〖物理〗原子単位 (atomic mass unit).
atómic válue *n.* 〖化学〗原子価 (valence).
atómic vólume *n.* 〖化学〗原子容, 原子体積《1 グラム原子の固体物質の体積; cf. molecular volume》. 〘1850〙
atómic wéight *n.* 〖物理〗原子量《現在は relative atomic mass; 略 at. wt.》. 〘1820〙
at·om·ism /ǽtəmìzm | ǽtə-/ *n.* **1** 〖物理・化学〗=atomic theory 1. **2** 〖哲学〗**a** 原子論《万物はもはや分割できない極微粒子からなるという説; Democritus らが最初に唱えた; atomic theory ともいう; cf. atom 4》. **b** (論理的)原子論《全世界が単純・非分割の命題的な事態からなる総体と考える立場; Russell や前期 Wittgenstein の説》. **3** 〖心理〗原子論, 原子主義《心理現象を心的要素の結合として説明しようとする心理学説; cf. associationism, sensationism 2》. **4** 〖社会学〗**a** (社会の)個別的区分[階層](制). **b** 原子論的社会観《社会を単に物理的原子のような集合体とみなす立場》. **c** (社会・集団内部の)孤立[個人]主義(的傾向) (cf. holism). 〘(1678): ← ATOM+-ISM〙
át·om·ist /-mɪst | -mɪst/ *n.* 原子論者. — *adj.* 原子論者の. 〘1610〙
at·om·is·tic /ætəmístɪk | ætə-/ *adj.* **1** 原子論[説]の, 原子論的な. **2 a** 〈社会・経済など〉相互関連のない孤立した個体から成る, 個別的区分制の, 原子論的な: an ~ economy, market, etc. / an ~ society 原子論的社会《内面的に孤立した各個体がただ受動的に同調[行動]するもの; cf. atomism 4 a》. **b** 個人主義的な. **3** 原子の. **àt·om·ís·ti·cal** *adj.* **àt·om·ís·ti·cal·ly** *adv.* 〘1809〙
at·om·i·za·tion /ætəmɪzéɪʃən | ætəmaɪ-, -mɪ-/ *n.* **1** 原子化, 微粒化; 霧化. **2** 霧吹き作用. **3** 原子化 (cf. atomize 4 a). 〘1866〙
at·om·ize /ǽtəmàɪz | ǽtə-/ *vt.* **1** 粉砕する. **2** 〈液体を〉霧にする, 霧に吹く: ~*d* fuel, paint, perfume, etc. **3** 《口語》原子爆弾[兵器]で粉砕[破壊, 攻撃]する. **4 a** 個別化する, …の統一性[まとまり]を失わせる, 原子化する (cf. atomistic 2 a). **b** 原子論的に見る[扱う]. 〘1678〙
át·om·ìz·er *n.* 霧吹き器, (香水・消毒剤などの)噴霧器, アトマイザー. 〘1865〙
átom smàsher *n.* 《口語》〖物理〗粒子加速器[装置] (accelerator). 〘1937〙
at·o·my¹ /ǽtəmi | ǽt-/ *n.* 《古》**1** ごく小さなもの (atom); ちり (mote). **2** こびと, ちび. 〘(1594) ◻ L *atomī* (pl.) ← *atomus* 'ATOM': 単数と誤解したもの〙
at·o·my² /ǽtəmi | ǽt-/ *n.* 《古》**1** 骸骨 (skeleton). **2** ひどくやせている人, 骨と皮の人. 〘(1597) ← (*an*) *atomy* (異分析) ← ANATOMY〙

A

A·ton /ɑ́ːtn/ *n.* [the ～]〘エジプト神話〙＝Aten.

a·ton·a·ble /ətóunəbl | ətə́un-/ *adj.* 償いうる, あがなわれる. 〖*a*1679〗

a·ton·al /eɪtóunl, æt- | -tə́u-/ *adj.*〘音楽〙無調の, 調性のない: ～ music. **～·ly** *adv.* 〖(1922) ← A-⁷+TONAL〗

a·tón·al·ism /-nəlɪzm, -nl-/ *n.*〘音楽〙無調主義, 無調形式使用《20 世紀初頭の Schönberg らの調性にとらわれず音楽を作る試み》. 〖1928〗

a·tón·al·ist /-nəlɪst, -nl- | -ɪst/ *n.*〘音楽〙無調主義者. **a·ton·a·lis·tic** /eɪtòunəlístɪk, æt-, ət-, -nl- | -tə̀un-/ *adj.* 〖1929〗

a·to·nal·i·ty /èɪtounǽləti, æ̀t- | -təunǽlɪti/ *n.*〘音楽〙**1** 無調性 (cf. tonality 2). **2** (作曲上の)無調主義[形式]. 〖1922〗

a·tone /ətóun | ətə́un/ *vi.* **1** (人に対して)〔罪などを〕償う, あがなう, 〔…の〕罪滅ぼしをする (make amends, make up)〔*for*〕: ～ *for* a crime, one's sin, etc. / ～ by apologizing [with an apology] *to* a person *for* breaking one's promise 約束を破ったことで人に謝って償いをする / His rudeness has not been ～*d for*. 彼の無礼に対する償いはまだ済んでいない. **2** 《廃》和(解)する. **— *vt.* 1** 《古》**a** 〈罪などを〉償う, あがなう. **b** 〈人を〉なだめる (appease). **2** 《廃》和解させる; 調和させる. **a·tón·ing·ly** *adv.* **～·a·ble** *adj.* **a·tón·er** *n.* 〖(?*c*1300) *atone*(*n*) to be reconciled ← *at on*(*e*) of one mind: ⇨ at, one《(逆成)? ← ATONEMENT〗

a·tóne·ment *n.* **1** 償い, あがない, 罪滅ぼし: make ～ *for* …を償う / an act of ～ 償いの行為 / in ～ for …の償いとして. **2** [時に A-]〘神学〙贖罪(しょく); [the A-] (キリストの十字架の死によるあがない: the Day of *Atonement*＝Yom Kippur. **3** 《廃》和解, 和合. 〖(1513) 《なぞり》← ML *adūnāmentum* ← *adūnāre* to unite ∽ (*c*1390) 《廃》*onement*: ⇨ one, -ment〗

a·to·ni·a /eɪtóuniə, æ- | -tə́u-/ *n.* ＝atony.

a·ton·ic /eɪtɑ́(ː)nɪk, æt-, ət- | -tɔ́n-/ *adj.* **1**〘音声〙アクセント[強勢]のない, 無強勢の, 抑揚のない (unaccented). **2**〘病理〙無緊張性の, 弛緩(しかん)した, アトニーの. **— *n.*** 〘音声〙無強勢の語[音節, 音]. 〖(1727–51) □ F *atonique* ∥ ML *atonicus* ← Gk *átonos* relaxed, unaccented ← A-⁷+*tónos* 'TONE': cf. tonic〗

at·o·nic·i·ty /æ̀tounísəti, æ̀t- | æ̀təunísɪti/ *n.*〘病理〙無緊張性, 弛緩状態. 〖1900〗

at·o·ny /ǽtəni, ǽtni | ǽtəni, ǽtni/ *n.* **1**〘病理〙(収縮性器官の)無緊張(症), 緊張減退(症), 弛緩, アトニー. **2**〘音声〙アクセント[強勢]のないこと, 無強勢. 〖(1693) □ LL *atonia* □ Gk *átonos* relaxed, want of tone: ⇨ atonic〗

a·top /ətɑ́(ː)p | ətɔ́p/ *prep.* …の頂上に: from ～ a roof 屋根の上から. **— *adv.*** 頂上に (on or at the top)〔*of*〕: a hill with a castle ～ 頂上に城のある丘 / ～ *of* a hill 丘の頂上に. 〖(1655) ← A³+TOP〗

at·o·py /ǽtəpi | ǽt-/ *n.*〘病理〙アトピー《遺伝的素因による過敏ないしアレルギー状態》. **a·top·ic** /eɪtɑ́(ː)pɪk, -tóup- | -tɔ́p-, -tə́up-/ *adj.* 〖(1923) □ Gk *atopía* strangeness ← *átopos* out of place, strange ← A-⁷+*tópos* place〗

-a·tor /← èɪtə | -tə(r)/ *suf.*「…する人[物]」の意の名詞を造る: avi*ator*, gradu*ator*. 〖□ L *-ātor* (⇨ -ate³, -or²) ∽ ME *-atour* □ OF〗

-a·to·ry /ətɔ̀ːri | ətəri, èɪt-, -tri/ *suf.*「…のような, …と関係のある, …となる」の意の形容詞を造る: amat*ory*, laud*atory*. 〖□ L *-ātōrius*: ⇨ -ate², -ory¹〗

a·tox·yl /ətɑ́(ː)ksɪl, eɪt-, -sl | ætɔ́ksɪl/ *n.*〘薬学〙アトキシル ($NH_2·C_6H_4·AsO_3HNa+4H_2O$)《もと梅毒・睡眠病・皮膚病・貧血などに用いた酸性水銀塩》. 〖(1906) ← A-⁷+TOX(IC)+-YL〗

Á to Ź *n.* ＝A-Z.

ATP /èɪtìːpíː/《略》〘生化学〙adenosine triphosphate. 〖1939〗

ATPase /èɪtìːpíːèɪs, -èɪz/ *n.*〘生化学〙ATP アーゼ《ATP を ADP とリン酸に分解する反応の触媒となる酵素》. 〖(1946): ⇨ ↑, -ase〗

at·ra·bil·iar /æ̀trəbíljə, -liə | -liə(r, -ljə(r/ *adj.* ＝atrabilious. 〖1597〗

at·ra·bil·ious /æ̀trəbíljəs, -liəs | -liəs, -ljəs/ *adj.* **1** ゆううつ症にかかった. **2** 気がふさいでいる, ゆううつ性の; むっつりした, 気むずかしい: an ～ old woman. **～·ness** *n.* 〖(1651) ← L *ātra bīlis* black bile《(なぞり)← Gk *melagkholíā* melancholy)+-OUS〗

at·ra·men·tous /æ̀trəméntəs | -təs/ *adj.* 墨のような, 真っ黒な. 〖← (?*a*1400)《廃》*atrament* (□ L *ātramentum* ink ← *ātrāre* to blacken ← *āter* black)+-OUS〗

a·trau·mat·ic /èɪtrɔːmǽtɪk, -trɑː-, -trau- | -trɔː-, -trau-/ *adj.*〘外科〙非外傷性の, 非外力性の. 〖(1934) ← A-⁷+TRAUMATIC〗

at·ra·zine /ǽtrəzìːn/ *n.*〘薬学〙アトラジン ($C_8H_{14}ClN_5$)《除草剤》. 〖(1962) ← ? L *ātr-*, *āter* black+(TRI)A-ZINE〗

ATRC《略》〘米空軍〙Air Training Command.

a·trem·ble /ətrémbl/ *adv.*, *adj.* [叙述的] ぶるぶる震えて. 〖(1856): ⇨ a-¹, tremble〗

a·tre·sia /ətríːʒə, -ʒiə | -ziə, -ʒiə/ *n.*〘医学〙**1** (先天性)閉鎖(症), 無孔: anal [vaginal] ～ 鎖肛[鎖陰, 鎖膣]. **2** (卵胞などの)萎縮消失. 〖(1807) ← NL ～: ⇨ a-⁷, -tresia〗

A·tre·us /éɪtruːs, -triəs | éɪtriəs, ǽtr-/ *n.*〘ギリシャ伝説〙アトレウス《Pelops の子で Mycenae の王; Agamemnon と Menelaus の父; 王自身および一家の非行はギリシャ劇作家の題材となった; cf. Thyestes》. 〖□ L ～ □ Gk *Atreús*〗

at·ri- /ǽtri/ (母音の前にくるときの) atrio- の異形.

atria *n.* atrium の複数形.

a·tri·al /éɪtriəl/ *adj.*〘解剖〙心房[心耳] (atrium) の. 〖(1869): ⇨ atrium, -al¹〗

a·trich·i·a /eɪtríkiə, ə-/ *n.*〘病理〙無毛(症). **at·rích·ic** /-kɪk/ *adj.* 〖← NL ～: ⇨ a-⁷, tricho-, -ia¹〗

at·ri·cho·sis /æ̀trɪkóusɪs | -trɪkə́usɪs/ *n.* (*pl.* **-cho·ses** /-siːz/)〘病理〙＝atrichia. 〖← NL ～ ← Gk *átrikhos* (↑)+-OSIS〗

at·ri·chous /ǽtrɪkəs, eɪtrík- | ǽtrɪk-, eɪtrík-/ *adj.* **1**〘生物・昆虫・植物〙鞭毛[鞭節・匍匐枝] (flagella) のない. **2**〘病理〙無毛の.

at·ri·o- /ǽtriou | -triəu/〘解剖〙「(心)房, 前房」の意の連結形: *atrio*nector 洞房結節. ★ 母音の前では通例 atri- になる. 〖⇨ atrium〗

àtrio·ventrícular *adj.*〘解剖〙(心臓の)房室(系)の; (心臓の)房室間の (略 AV). 〖1879〗

atrioventrícular búndle *n.*〘解剖〙房室束.

atrioventrícular nóde *n.*〘解剖〙房室[田原]結節.

a·trip /ətríp/ *adj.* [叙述的], *adv.*〘海事〙準備が整って: **a** ＝aweigh. **b** (一層よく風をはらむように)〈帆や帆桁が〉まさに回し直されて; 〈帆が〉まさに広げられるばかりになって. **c** 〈マストの上部が〉下げる用意のできた. 〖(1626) ← A-¹+TRIP¹〗

àt·rísk *adj.* 危険な状態にある, 保護の必要がある.

a·tri·um /éɪtriəm | ɑ́ː-, ǽ-/ *n.* (*pl.* **a·tri·a** /-triə/, ～**s**) **1**〘建築〙**a** アトリウム《古代ローマ建築の住宅における玄関広間; 中央に天窓 (compluvium) があり, その下に雨水だめ (impluvium) が設けられている》. **b** (教会前面の)柱廊の巡った中庭 (cf. paradise 6). **c** (ショッピングセンター・ホテルなどの)吹き抜けの中央大ホール《屋根がガラスであることが多い》. **2**〘解剖〙心房 (⇨ heart 挿絵), 心耳 (auricle); (耳の)鼓室. **3**〘動物〙(排泄腔(はいせつこう)・生殖腔などの)腔 (cavity). 〖(1577) □ L *ātrium*〗

-a·trix /èɪtrɪks/ *suf.* -ator の女性形. 〖← L *-ātor* '-ATOR'+*-ix* (fem. suf.)〗

a·tro·cious /ətróuʃəs | ətrə́u-/ *adj.* **1**《口語》ひどい, お話にならない (disgusting, awful): ～ food, weather, etc. / an ～ play / His English is ～. **2 a** 極悪な, 凶悪な; 残虐な; 暴虐な (⇨ cruel SYN): an ～ crime, etc. **b** 非人道的な, 非道な, 恐ろしい: ～ nuclear weapons. **c** 無法な, 法外な, ひどい (outrageous). **3** 〈病気・苦痛など〉激しい, 苦しい, 激烈な. **～·ness** *n.* 〖(1669) ← L *atrōcis*, *atrōx* cruel (← *āter* black)+-OUS〗

a·tró·cious·ly *adv.* **1** 《口語》ひどく(下手に), 悪趣味に. **2** 凶悪に; 残虐に; 暴虐に. **3** 無法に, 理不尽に. **4** 激烈に, 激しく. 〖1765〗

a·troc·i·ty /ətrɑ́(ː)səti | ətrɔ́sɪti/ *n.* **1 a** 残虐行為, 凶行, 蛮行 (atrocious deed); [*pl.*] (戦時中などの一連の)残虐行為: commit an ～ / *atrocities* committed in war. **b** (社交上の)大失態, 大失策: commit an ～. **2** 極悪, 凶悪, 残虐, 暴虐. **3** (生活・労働などの)耐え難い状態[条件]. **4** 《口語》ひどい代物[行為], 下手な[悪趣味な]もの. 〖(1534) □ (O)F *atrocité* ∥ L *atrōcitātem* ← *atrōx* cruel: ⇨ atrocious, -ity〗

à trois /ɑːtrwɑ́ː; *F.* atʀwa/ *F. adj.*, *adv.* 三人(用)の[で]: a dinner ～ / dine ～. 〖(1881) □ F ～ 'by three'〗

a·troph·ic /ətrɑ́(ː)fɪk, eɪtróu- | ætrɔ́f-, eɪ-, ət-/ *adj.* 萎縮(いしゅく)性の. 〖(1865): ⇨ atrophy, -ic¹〗

at·ro·phied *adj.* 萎縮(いしゅく)した, やせ衰えた. 〖1597〗

at·ro·phy /ǽtrəfi/ *vt.*, *vi.* 萎縮させる[する]; やせ衰え(させ)る. **— *n.* 1**〘病理〙萎縮(いしゅく)(症), 無栄養症, 消耗(症): ～ of the liver, lungs, etc. **2**〘生物〙(機能の)衰退, (形態の)退化, 退縮. **3** (道徳心などの)衰退, 減退: the ～ of conscience, virtue, etc. 〖(1620) □ F *atrophie* ∥ LL *atrophia* □ Gk *atrophíā* ← *átrophos* ill-fed ← A-⁷+*trophḗ* nourishment〗

at·ro·pine /ǽtrəpiːn, -pɪn | -pɪn, -piːn/ *n.* (*also* **at·ro·pin** /-pɪn | -pɪn/)〘化学〙アトロピン ($C_{17}H_{23}NO_3$)《ベラドンナ (belladonna) から採る有毒アルカロイド; 痙攣(けいれん)を静めまた瞳孔拡大の作用がある》. 〖(1836) □ F *atropine* □ G *Atropin* ← NL *Atropa* belladonna genus ← Gk *átropa* deadly nightshade ← *Átropos* 'ATROPOS': ⇨ -ine³: cf. trope〗

átropine súlfate *n.*〘薬学〙硫酸アトロピン ($(C_{17}H_{23}O_3N)_2·H_2SO_4$)《チョウセンアサガオの類 (datura) の葉を干したマンダラ葉に含まれるアルカロイド; 散瞳・鎮痙剤》.

at·ro·pism /ǽtrəpɪzm/ *n.*〘病理〙アトロピン中毒. 〖1876〗

At·ro·pos /ǽtrəpɑ̀(ː)s, -pɔ̀s, -pəs | -pəs/ *n.*〘ギリシャ神話〙アトロポス《運命の三女神 (the Fates) の一人; 運命の糸を切る役; cf. fate 4》. 〖□ L ～ □ Gk *Átropos*《原義》inflexible (↓)〗

at·ro·pous /ǽtrəpəs/ *adj.*〘植物〙直生の: an ～ ovule 直生胚珠. 〖(1839) □ Gk *átropos* inflexible: ⇨ a-⁷, -tropous〗

Ats, ATS /ǽts/ *n.*〘英口語〙国防婦人部隊《1941 年編成, 1949 年 WRAC として陸軍に編入; cf. At》. 〖(1939)《頭字語》← *A*(*uxiliary*) *T*(*erritorial*) *S*(*ervice*)〗

ATS《略》American Temperance Society 米国禁酒協会; American Travel Service; Army Transport Service 陸軍輸送部;〘鉄道〙automatic train stop;〘鉄道〙automatic train supervisory system.

a.t.s.《略》〘医学〙anti-tetanic serum 抗破傷風血清; at the suit of.

át sign *n.*〘電算〙アットマーク (@ 印).

ATT《略》American Telephone & Telegraph Company;〘商業〙Attention.

att.《略》attached;〘商業〙Attention; attorney.

Att.《略》〘商業〙Attention; Attic; Attorney.

at·ta /ɑ́ːtɑː/ *n.*《インド》小麦粉. 〖(1860) □ Hindi *āṭā*〗

at·ta·bal /ǽtəbæ̀l, -bɑ̀ːl | -tə-/ *n.* ＝atabal.

at·ta·boy /ǽtəbɔ̀ɪ | ǽtə-/ *int.*《米俗》すごいぞ, よくやった, えらいぞ, その調子《★ 男性に向かって激励・称賛などを表す; cf. attagirl》. 〖(1909) ← *That's the boy!*〗

at·tac·ca /ətɑ́ːkə, ətǽkə; *It.* attákka/ *vi.* [命令形で]〘音楽〙(次の楽章を)すぐ始めよ《楽章の終わりに指示される》. 〖□ It. ～《原義》attack (imper. sing) ← *attaccare* to attack〗

at·tach /ətǽtʃ/ *vt.* **1 a** 〔…に〕取り付ける, くっ付ける, 張りつける, 縛りつける〔*to*〕(↔ detach): ～ a label *to* a parcel 小包に札を付ける / The key ring was ～*ed to* his belt *with* [by] a chain. 鍵輪は鎖でベルトに付けてあった. **b** 〈署名などを〉(書き)添える, 加える (affix)〔*to*〕: ～ one's signature [name] *to* a document. **c** [～ *itself* または受身で用いて] くっ付かせる, 付着させる (adhere)〔*to*〕: The abalone ～*es itself to* rocks. アワビは岩にくっ付く. **d**〘電算〙〈ファイルを〉添付する《電子メールに付けて送る》. **2 a** [しばしば ～ *oneself* または受身で用いて]〈人を〉〔団体などに〕所属[付属, 加入]させる, 引き入れる〔*to*〕: ～ *oneself to* a publishing firm 出版社に入社する / a kindergarten ～*ed to* the women's college 女子大学付属幼稚園 / He is ～*ed to* a new party. 新党に属している. **b**〘軍事〙〈個人・部隊を〉〔ある指揮系統に〕比較的一時的に配属する〔*to*〕(cf. assign 2 b): ～ an officer *to* a regiment 将校を連隊に配属する / He is ～*ed to* the battalion headquarters. 大隊本部付きである. **3 a** 〈重要性などを〉〔…に〕置く (assign)〔*to*〕: ～ great [much] importance *to* education 教育を大いに重視する. **b** 〈責任などを〉〔…に〕帰する〔*to*〕: No blame is ～*ed to* his action. 彼の行為には何も非難すべき点はない. **4** 〈条件などを〉付ける, 付加する〔*to*〕. **5** [しばしば受身または ～ *oneself* として]〈人・動物を〉(愛情などで)結び付ける, 愛着をもたせる, 慕わせる〔*to*〕: Kindness ～*es* people *to* each other. 親切は人々を互いに結びつける / The monkey has ～*ed itself to* him. 猿が彼になついて離れなくなった. **6**〘法律〙逮捕する (arrest); 差し押さえる (seize). **7** 《廃》…をつかむ (lay hold of).

— *vi.* 1 〈物事が〉〔…に〕付随する, 伴う, 属する〔*to*, *upon*〕: responsibilities that ～ *to* liberty 自由に伴う責任 / No blame ～*es to* him (for the accident). (事故のことで)彼には何ら非難すべきところはない. **2**〘保険〙法的に効力を生ずる.

～·er *n.* 〖(*a*1338) □ OF *atachier* (F *attacher*) ← A-⁴+(*es*)*tachier* to fasten ← Gmc (cf. OE *staca* 'STAKE²'): ATTACK と二重語〗

at·tach·a·ble /ətǽtʃəbl/ *adj.* **1** 取り付けできる〔*to*〕. **2**〘法律〙逮捕[差押え]できる. 〖*a*1579〗

at·ta·ché /æ̀təʃéɪ, ətæ̀ʃéɪ | ətǽʃeɪ, æt-, -ʃi; *F.* ataʃe/ *n.* (*pl.* ～**s** /～z; *F.* ～/) (大使・公使の)随行員, 大使館員, 公使館員, 外交官試補: ⇨ commercial attaché, military attaché, naval attaché. **～·shìp** *n.* 〖(1835) □ F ～ (p.p.) ← *attacher* to attach〗

at·ta·ché case /←—←—, —←—← | —←—←—/ *n.* **1** アタッシェケース《書類用の四角い小型手さげ折りカバン》. **2** ＝briefcase. 〖1904〗

at·tached /ətǽtʃt/ *adj.* **1 a** 〔…が〕好きな〔*to*〕(cf. attach *vt.* 5): She is very ～ *to* the cat. その猫をとても好いている / She is deeply ～ *to* him. 彼を非常に慕っている. **b** (結婚・婚約などにより)特定の相手がいる. **2** (人が団体などに)属している (cf. attach *vt.* 2); 付属の: an ～ school 付属校. **3**〘建築〙壁続きの, 棟割式の: an ～ house (連続住宅の)一戸 (cf. detached 2). **4** 取り付けてある. **5**〘動物〙固着性の (cf. sessile). 〖1552〗

at·tach·ment /ətǽtʃmənt/ *n.* **1 a** 愛着, 愛慕心, 愛情 (*to*, *for*) (⇨ love SYN): have an ～ *to* a person 人を愛している / form a deep ～ *to* a person 人に深い愛着を覚えるようになる / the ～ of parents and children 親子間の愛情. **b** 〔主義・人などへの〕傾倒, 献身〔*to*〕. **2 a** 結び付けるもの《ひも・ねじなど》, 連結部[装置] (fastening). **b**〘歯科〙アタッチメント《義歯を歯に固定する特殊装置》. **3 a** 付属物[品], 付属装置, アタッチメント (accessory)〔*for*〕: ～*s for* a sewing machine ミシンの付属品 / a camera with a flash ～ フラッシュ付きのカメラ. **b**〘電算〙(電子メールの)添付ファイル. **4** (隊員, 従業員の)一時的派遣. **5 a** 取り付け, 結び付け, 付着; 付着物. **b**〘電算〙(電子メールへの)ファイルの添付. **6**〘法律〙逮捕(令状), 差押え(令状): ⇨ foreign attachment. **attáchment of éarnings**《英》所得差押え(命令)《負債を払うために従業員の賃金をカットすることを経営者に求める裁判所の命令》. 〖(*a*1400) □ (O)F *attachement*: ⇨ -ment〗

attáchment plùg *n.*〘電気〙差込み[接続]プラグ《電気器具と配線やコンセントとの接続に使う接続器具》.

at·tack /ətǽk/ *vt.* **1 a** 〈敵軍・陣地などを〉攻撃する, 攻める (↔ defend): ～ the enemy, castle, etc. **b** 〈人・動物などに〉襲いかかる, 襲う: The dog ～*ed* the cat. / He ～*ed* me *with* a knife. ナイフで私に襲いかかった. **c** 《婉曲》〈女性を〉襲う (assault), 乱暴する (rape). **d**〘電算〙〈システムを〉攻撃する《不正侵入を試みる》. **2** (文章・言葉で)〈人・行為を〉攻撃する, 非難する (abuse); 〈主張などを〉攻撃[反論, 批判]する: ～ governments, arguments, ideas, etc. **3 a** 〈病気が〉〈人・局所を〉襲う, 冒す (grip): He was ～*ed* by pneumonia [a fever]. 肺炎[熱病]にかかった. **b** 〈風雨などが〉〈物を〉侵す, 腐食する: Acid ～*s* metal. 酸は金属を侵す. **4** 〈仕事・食事などに〉勢いよく取りかかる[着手する]: ～ a task, problem, etc. / We ～*ed* the dinner at once. すぐさま食事にかぶりついた.

日英比較 日本語の「アタック」は一般に「難事にいどむ」意

だが, 英語の *attack* は本来「攻撃する」意味で, この語義でも「仕事をがむしゃらに始める」「食物にかぶりつく」ことを意味し, 「難事にいどむ」意味はない. その意味での英語は try, challenge. **5** 〘チェス〙〈駒を〉攻める. **— vi.** 攻撃する, 攻撃を開始する: The best way to defend is to ～. 防御の最上の方法は攻撃だ.

— n. 1 a 攻撃, 襲撃 (↔ defense); 襲来: be [come] under ～ 攻撃されて[を受けて]いる / open to ～ 無防備で / make [launch] an ～ *on* [*against*] the enemy 敵に攻撃を加える / be [go] on the ～ 攻撃している[する] / an ～ of locusts バッタの襲来 / The best defense is ～. 攻撃は最大の防御である. **b** [限定的に]〘軍事〙攻撃用の: an ～ aircraft, missile, etc. / an ～ formation 攻撃隊形. **c** 〘電算〙攻撃《不正侵入の試み》. **2** (文章・言葉による)攻撃, 非難, 批判; (女性に対する)暴行 (rape): make an ～ (*up*)*on* a person in the press 人を新聞紙上で攻撃する. **3 a** 発病, 罹病(りびょう); (病気の)発作 (fit, seizure): a heart ～ 心臓発作 / an ～ *of* hiccups しゃっくりの発作 / have an ～ *of* measles はしかにかかる / have an ～ of nerves 神経過敏になる. **b** 腐食. **4** 〔仕事などの〕開始, 着手 〔*on, upon*〕. **5 a** (競技などで)攻撃(位置); [the ～] 攻撃側. **b** 〘クリケット〙攻撃, 投球 (bowling); [the ～] 攻撃側. **c** 〘チェス〙攻め; 布局において黒の用いる手段を白が使うこと. **d** 〘ラクロス〙相手チームのゴールとセンターの間にいるプレーヤー《第 1 アタックから第 3 アタックの 3 人がいる》; その位置. **6** 〘音楽〙 **a** (声楽・器楽で最初の)発声, 発音, 音の出だし. **b** アタック《1 音符または 1 楽句の最初を強調する演奏法》. **c** (ある音が)最大音量に達する速度. **7** 〘音声〙音立て《休止状態から発音し始めること; cf. glide 4》.

～·a·ble /-kəbl̩/ *adj.* 〘(1600) □ F *attaquer* □ It. *attaccare* ← *at-* 'AD-'＋OIt. *(*es*)*taccare* to attach (← *stacca* ← Gmc: cf. stake²): ATTACH と二重語〙

SYN 攻撃する: **attack** 特に武器をもって攻撃する《最も一般的な語》: *attack* the enemy 敵を攻撃する. **assault** 突然乱暴に襲撃する: The man *assaulted* her with a club. 男は棍棒を振るって襲いかかった. **assail** 激しくまたは繰り返し攻撃する《格式ばった語》: He *assailed* me with blows. 私に殴りかかってきた. **charge** 激しい動作で襲いかかったり, 突進して攻撃する: The dog suddenly *charged* some children. その犬は突然子供たちを襲った. **storm** 嵐のように突然の激しい攻撃によって〈城・とりでなどに〉攻め入る: We *stormed* the fortress. とりでに猛攻を加えた. **bombard** 〈場所を〉砲撃または爆撃する; 比喩的には, 質問などで攻め立てる: The German army *bombarded* Paris. ドイツ軍はパリを砲撃した / They *bombarded* him with questions. 彼を質問攻めにした.

ANT defend, resist.

---

attáck dòg *n.* 《米》(警察の)攻撃犬. 〘1970〙

at·tack·er /ətǽkə | -kə(r/ *n.* **1** 襲う人, 攻撃する人; (球技の)アタッカー: beat back an ～ 攻撃してくる人を撃退する. **2** 女性に対する暴行者. **3** 攻撃機. 〘(1664): ⇨ ↑, -er¹〙

attáck·màn /-mæ̀n/ *n.* (*pl.* **-men** /-mèn/) (ラクロスなどで)攻撃位置の選手. 〘1940〙

attáck tràiner *n.* 攻撃兼練習機.

at·ta·girl /ǽtəgə̀ːl | ǽtəgə̀ːl/ *int.* (*also* **at·ta·gal** /-gæ̀l/) 《米俗》やったね, よくやった, えらいぞ, その調子《★ 女性に向かって attaboy の代わりに用いられる》. 〘(1924) ← *That's the girl!*: cf. attaboy〙

at·tain /ətéɪn/ *vt.* **1 a** 〈目的・望みなどを〉成し遂げる, 達成する (⇨ reach SYN): ～ one's aim, ambition, etc. **b** (努力によって)〈地位などを〉(勝ち)得る, 獲得する (win): ～ eminence, success, etc. **2** 〈高所・高齢などに(到)達する (reach): ～ the summit of a mountain, a ripe old age, etc. **— vi.** (成長または努力によって)〔…に〕達する, 至る (come up)〔*to*〕: ～ *to* man's estate 成年に達する / ～ *to* perfection 完璧(かんぺき)に達する. 〘(?a1300) □ OF *ateign-* (pres.p. stem) ← *ataindre* (F *atteindre*) < VL **attangere* 《変形》← L *attingere* ← *at-* 'AD-'＋*tangere* to touch: cf. tangent〙

at·tain·a·bil·i·ty /ətèɪnəbíləṭi | -bíl̩ti/ *n.* 達成[到達]の可能性, 遂げられること (achievability, attainableness) 〘(1810)〙

at·tain·a·ble /ətéɪnəbl̩/ *adj.* 達成[到達]できる, 遂げられる (achievable) (↔ unattainable). **at·táin·a·bly** *adv.* **～·ness** *n.* 〘1647〙

at·tain·der /ətéɪndə | -də(r/ *n.* **1** 〘法律〙私権喪失, 権利剥奪《もと, 大逆罪などの重罪犯人が死刑などの宣告を受けた結果生じた; 現在は法益剥奪 (outlawry) 処分の場合を除き廃止》: ⇨ BILL of attainder. **2** 《廃》不名誉 (dishonor). 〘(1444) □ AF & OF *ataindre* to accuse < L *attingere*: ⇨ attain: cf. attaint〙

at·tain·ment /ətéɪnmənt/ *n.* **1** 成し遂げること, 達成; 到達; (地位などの)獲得: the ～ of one's goal 目標達成 / It's difficult of ～. 達成が難しい. **2** 達して得たもの; (生徒の)学力; [しばしば *pl.*] (高度の)学識, 才芸, 才能 (accomplishment): artistic [literary, scientific] ～*s* / a man of varied ～*s* 多芸多才の人. 〘(1384) *attenement* 《廃》encroachment: ⇨ -ment〙

attáinment tàrget *n.* 《英》〘教育〙学力到達目標 (略 AT).

at·taint /ətéɪnt/ *vt.* **1** 《古》汚す, 汚辱する (disgrace): ～ a person's honor [name] 人の名誉[名]を汚す. **2 a** 〈病気などが〉冒す, 襲う (affect). **b** 感染させる, 毒する (infect, corrupt)〔*with*〕. **3** 〘法律〙…の私権を剥奪する, 喪失させる (cf. attainder 1). **4** 《古》告発する, 問責する (accuse)〔*of*〕. **5** 《廃》〈人〉の有罪を証明する, 有罪とする〔*of*〕. **— n. 1** 《古》汚辱, 汚名. **2** 〘法律〙 **a** (小陪審 (petty jury) 評決の)不正の有無の審理《昔 24 人から成る大陪審 (grand jury) で行った》; (不正評決の)小陪審に対する有罪決定. **b** ＝attainder 1. **3** 《廃》(中世馬上試合での)タッチ, 突き. **— adj.** 《廃》汚されて (infected). 〘v.: (c1330) □ OF *ataint* (p.p.) ← *ataindre* 'to ATTAIN'. — n.: (a1338) □ OF *atainte* ← (fem.) ← *ataint*〙

at·tain·ture /ətéɪntʃə | -tʃə(r/ *n.* 《古》＝attainder. 〘1538〙

At·ta·lid /ǽṭəlɪ̀d | ǽtəlɪd/ *n.* (*pl.* **～s, At·ta·li·dae** /ətǽlədiː, æ- | -lɪ-/) アッタロス朝の人《ヘレニズム時代, ペルガモン王国のアッタロス朝 (283–133 B.C.) の人》.

at·tap /ǽtæp | ǽt-/ *n.* ＝atap.

at·ta·pul·gite /æ̀ṭəpʌ́ldʒaɪt | æ̀tə-/ *n.* 〘鉱物〙アタパルジャイト《米南東部産の粘土の一種; ⇨ palygorskite》. 〘← *Attapulgus* (その原産地に近い米国 Georgia 州の地名)＋-ITE¹〙

at·tar /ǽṭə, ǽtɑə | ǽtə(r, ǽtɑː(r/ *n.* **1** 花の精, 花の香水. **2** 〘化学〙＝ATTAR of roses. **3** 芳香 (fragrance). **áttar of róses** 〘化学〙ばら油 (rose oil). 〘(1798) □ Pers. *'aṭar* perfumed ← *'iṭr* perfume ← Arab.〙

'At·tār /ǽṭə, ǽtɑə | ǽtɑː(r/, **Farid od-Dīn** (**Mohammad ebn Ebrāhīm**) *n.* アタール (1142?–1220; ペルシャの神秘主義詩人; *Conference of the Birds*).

At·ta·wa·pis·kat /æ̀ṭəwəpískət | æ̀tə-/ *n.* [the ～] アタワピスカット(川)《カナダ Ontario 州北東部を東流し, James 湾に注ぐ (748 km)》.

at·tem·per /ətémpə, æt- | -pə(r/ *vt.* 《古》 **1** (他の要素を加えて)緩和[加減]する, 弱める (moderate). **2 a** 〈物の温度を調節する (regulate). **b** 調和させる, 合わせる (accommodate)〔*to*〕. **3** 〈感情, 人を〉和らげる, 静める, なだめる (soothe). **4** 〈金属を〉鍛える (temper). ★ 今はどの意味にも通例 temper を用いる. **～·ment** *n.* 〘(c1200) □ OF *atemprer* (F *attremper*) < L *attemperāre* to accommodate ← *at-* 'AD-'＋*temperāre* 'to TEMPER'〙

at·tem·per·a·tor /ətémpərèɪṭə, æt- | -tə(r/ *n.* (醸造業などで用いられる液体温度を一定度に保つ)保温器. 〘1854–57〙

at·tempt /ətém(p)t/ *vt.* **1** 試みる, 企てる, 計る (seek) 〈*to do*; *doing*〉 (⇨ try SYN): ～ a difficult problem 難問を解こうとする / ～ an excuse 言い訳をしようとする / A coup d'état was ～*ed* by the general. クーデターが将軍によって企てられた / He ～*ed to* better his own record, but failed. 自己の記録を更新しようと試みたが失敗した / They ～*ed* to climb Mt. Everest twice. エベレスト登攀(とうはん)を二度試みた. **2 a** 〈要塞(ようさい)などを〉襲う, 攻撃する; 〈障害を〉乗り越えようとする; 〈山に〉挑(いど)む: ～ a fortress / ～ K2 K2 に挑む. **b** 《古》〈人命を〉奪おうとする, ねらう (try to take): ～ the life of …を殺そうとする[企てる] / ～ one's own life 自殺を企てる. **3** 《古》誘惑する (tempt) 〈*to do*〉.

— n. 1 a 試み, 企て, 企図, 努力 (trial, endeavor) 〈*to do*〉/〔*at*〕: an ～ *at* negotiations / an ～ *to* reform [*at* reforming] education 教育改革の試み / He made an ～ *to* sleep. 無理に眠ろうとした / make no ～ *to* do ことさら…しようとしない / make an ～ *at* concealment 隠し立てをしようとする / I made an [another] ～ *at* the work, but failed. その仕事を[もう一度]企てたが失敗した / succeed *at* the first ～ 一度で成功する / succeed, or die in the ～ 計画がのるかそるか / He turned aside *in* an ～ *to* avoid the blow. 打たれるのを避けようとして身をかわした[横を向いた] / without an ～ *at* concealment 隠し立てをしないで / give up [abandon] an ～ 企てを断念する.

日英比較 日本語の「試み」「企て」は事の成否はいずれでもよいが, 英語の *attempt* はしばしば「実行できなかった試み」や, 「失敗に終った企て」を含意する. **b** (努力から生まれた)(不満足な)結果, 出来ばえ〔*at*〕: a poor ～ *at* painting [a sketch] 下手な絵[スケッチ]. **2 a** 〔要人などの生命を〕奪おうとする企て〔*on*〕: An ～ was made *on* his life [the life of the ambassador]. 彼[大使]に対して暗殺が企てられた. **b** 〔スポーツなどの記録を〕破ろうとすること〔*on*〕. **c** 《古》攻撃, 襲撃 (attack, assault)〔*on, against*〕: make an ～ *on* a fortress, town, etc. **3** 〘法律〙未遂(行為); 未遂罪〔*at*〕: an ～ *at* murder, hijacking, etc.

～·a·ble /-təbl̩/ *adj.* **～·er** *n.* 〘(a1393) □ OF *attempter* < L *attemptāre* ← *at-* 'AD-'＋*temptāre* 'to try, TEMPT'〙

at·tempt·ed /ətém(p)tɪ̀d/ *adj.* 未遂の: ～ murder [suicide, robbery] 殺人[自殺, 強盗]未遂. 〘(1513): ⇨ ↑, -ed〙

At·ten·bor·ough /ǽtn̩bə̀ːroʊ | -b(ə)rə/, Sir **David** *n.* アッテンボロー (1926– ; 英国の博物学者・放送プロデューサー; Richard の弟; 動物や民族誌学のテレビフィルムで有名).

Attenborough, Baron Richard *n.* アッテンボロー (1923– ; 英国の映画俳優・監督・製作者; David の兄; *Gandhi* (1982) の監督).

at·tend /əténd/ *vt.* **1** 〈会などに〉出席[列席, 参列]する; 〈学校などに〉通う, 行く: ～ a funeral / ～ school, church / ～ Mass ミサに出る[出席する] / ～ a baseball game 野球の試合を見に行く / His class is well ～*ed*. 彼のクラスは聴講者が多い / a well-[poorly-]*attended* class 学生の出席率のよい[悪い]クラス. **2 a** 〈医師・看護婦などが〉(一定期間)〈患者〉に付き添う, …の治療[看護, 世話]を(担当)する; 往診する (visit) (cf. *vi.* 4 b): He was ～*ed* by a specialist [good nurse]. 専門医[よい看護婦]が付いた. **b** 〈家臣・召使などが〉…にかしずく, 仕える, 付き添う, …の世話をする (wait upon); …に随行する (cf. *vi.* 5) (⇨ accompany SYN): The king was ～*ed* by court officials on his trip. 旅行中の王に宮内官が同行して仕えた. **3** 〈事が〉(結果として)…に伴う (accompany) (cf. *vi.* 6): Success ～*ed* his perseverance. 彼は忍耐の結果成功した / The project will be ～*ed with* [by] many obstacles. その企画には多くの障害が伴うだろう. **4** 《古》〈人・言葉などを〉注意して聞く, …に留意する (listen to) (cf. *vi.* 2 a). **5** 《古》〈人・事を〉見張る, 用心する (watch over). **6** 《古》〈人・事を〉待つ (wait for); 期待する (expect); 〈事が〉待ち構える (await).

— vi. 1 出席[参列]する, 出向く (be present)〔*at*〕: I merely ～ sometimes. 時々しか参加しない. **2 a** [通例 ～ *to* として]〈人・言葉などに〉耳を傾ける, 留意する (listen): *Attend to* my words [what I say]. 私の言葉[私の言うこと]をよく聞きなさい. **b** 〔事に〕注目[注意]する〔*to*〕. **3** 〔仕事などに〕精を出す, 没頭する (apply oneself)〔*to*〕: ～ *to* one's business, studies, etc. **4 a** 〔人・動物などの〕世話をする, 面倒をみる, 〔機械などの〕手入れをする, 〔事を〕取り扱う (deal with)〔*to*〕: ～ *to* children, chickens, a matter, etc. / ～ *to* a person's wishes 人の要望に添うようにする / Is anybody ～*ing to* you?＝Are you being ～*ed to*? (店員が客に向かって)だれか御用を承っておりましょうか / Let him ～ *to* that later. それはあとで彼に処理させなさい / My typewriter needs ～*ing to*. タイプライターは手入れする必要がある. **b** 〈医師・看護婦が〉〈患者・傷病の〉手当て[処置]をする (treat)〔*to*〕(cf. *vt.* 2 a): ～ *to* an injury / The emergency case was ～*ed to* by an intern. その急病人は研修医に手当てを受けた. **5 a** 〈貴人・主人などに〉かしずく, 仕える, 伺候する, 〔…の〕世話をする; 〔…に〕供奉[随行]する〔*on, upon*〕(cf. *vt.* 2 b): Several ladies ～*ed upon* the queen. 何人もの女官が女王にかしずいた / The old man had a servant ～*ing on* him. 老人には召使がついていた. **b** [～ (*up*)*on* として] ＝*vt.* 2 a. **6** [～ (*up*)*on* として] ＝*vt.* 3. **7** 《廃》遅れる.

～·er *n.* 〘(a1325) □ OF *atendre* (F *attendre*) to wait for // L *attendere* ← *at-* 'AD-'＋*tendere* to stretch: ⇨ tend¹〙

at·ten·dance /əténdəns, -dn̩s, -dənts, -dn̩ts/ *n.* **1 a** 出席, 出勤, 参会, 参列 (presence)〔*at*〕; 就学: ～ *at* school, a meeting, etc. / regular ～ 精勤 / His ～ is bad. 出席[出勤]状態が悪い / There were several hundred people *in* ～ (*at* the ceremony). (式には)数百人の人が出席した. **b** 出席回数: have ten ～*s* 10 回出席する. **c** [集合的] 出席者, 列席者, 観客. **d** 出席者数: There was a large [small] ～ *at* the ceremony. 式の参列者は多かった[少なかった] / What [How big] was the ～? 出席者はどのくらいあったのか. **2 a** 世話(すること); (医師・看護婦による)手当て, 治療, 看護〔*on, upon*〕; 付き添うこと, 仕えること, 伺候; 随行, 供奉(ぐぶ): in ～ *on* …に仕えて[付き添って]; …の世話をして; 〈患者〉の手当て[治療, 看護]をして. **b** 《古》(ホテルなどの)サービス; サービス料. **3** [集合的] 供奉者, 従者, 随行者〔*of*〕.

dánce atténdance on a person (そばに付き添って)人のごきげんを伺う, 人にちやほやする (cf. Shak., *Hen VIII* 5. 2. 31). 《1562》

〘(c1380) □ OF *atendance*: ⇨ ↑, -ance〙

atténdance allòwance *n.* 《英》〘保険〙(重病人に給付される)付添看護手当. 〘1969〙

atténdance àrea *n.* 《米》〘教育〙(公立学校の)学区.

atténdance cèntre *n.* 《英》保護観察センター《裁判所の判決で 21 歳以下の非行少年に対して矯正施設に収容せず自発的な改善更正を促進するための施設》. 〘1948〙

atténdance móney *n.* 《豪》＝appearance money.

atténdance òfficer *n.* 〘教育〙(無断欠席者などの補導をする)怠学者補導官《公立学校職員; truant officer ともいう》. 〘1884〙

at·ten·dant /əténdənt, -dn̩t/ *n.* **1** (ホテル・会社・ガソリンスタンドなどの)接客係, 係(員), 案内係: a cloakroom ～ クローク係 / an ambulance ～ 救急隊員 / a museum ～ 博物館の案内係 / a parking lot ～ 駐車場係. **2** 付添人, 随行者, 従者; (患者の)治療者, 看護人〔*on, upon*〕: the king and his ～*s* 王とお付きの者. **3** 出席者, 参会者, 参列者〔*at*〕. **4** 付随物, 付きもの.

— adj. 1 伴う, 付随する (accompanying, concomitant)〔*on*〕: an accident and its ～ circumstances 事故とその付帯情況 / unemployment ～ *upon* a depression 不況に伴う失業 / unemployment and [with] (all) its ～ problems [difficulties]. 失業とそれに伴う問題[困難]. **2** 付添いの, 供の, 随行の〔*on, upon*〕. **3** 列席の, 参会の, (その場に)居合わす: an ～ crowd. 〘(a1393) □ OF *atendant*: ⇨ attend, -ant〙

atténdant kéy *n.* 〘音楽〙＝relative key.

at·tend·ee /ətèndíː, æ̀tèn-/ *n.* 《米》＝attendant 3. 〘(1937): ⇨ -ee¹〙

at·tend·ing *adj.* 〘医学〙 **1** 〈医師が〉(ある患者の)主治医を務めて[担当して]いる: one's ～ physician 主治医. **2** 《米》〈医師が〉(付属病院で)実習指導に当たっている: an ～ surgeon. 〘1594〙

at·tent /ətént/ *adj.* 《古》注意深い (attentive), 専心している (intent)〔*to, upon*〕. **～·ly** *adv.* 〘(1482) □ L *attentus* (p.p.) ← *attendere* 'ATTEND'〙

at·ten·tat /ətɑ̃ː(n)táː, æ̀tɑːn-; *F.* atɑ̃ta/ *F. n.* (*pl.* **～s** /～z; *F.* ～/) (失敗した)政治的暴力[クーデター]. 〘(1622) □ F ～ *attenter* to try □ L *attentāre*: ⇨ attempt〙

at·ten·tion /əténʃən, -ʃn̩/ *n.* **1** 注意(を向けていること), 傾聴, 注目, 留意〔*to*〕; 注意力: close ～ *to* meaning 意味に対する細心の注意 / with ～ 注意深く / pay [give] ～ 注意を払う, 注意する / give ～ *to* one's work 仕事に精を出す / Pay more ～ *to* the lecture. 講義をもっ

A

とよく聞きなさい / Pay special ～ *to* the next example. 次の例に特に注意しなさい / call [draw] (a person's) ～ *to* …に注意を向けさせる, …を指摘する / Let us now turn our ～ *to* the fall of the Roman Empire. 次にローマ帝国の衰亡に目を向けよう / divert ～ (*from* …)=draw ～ away (*from* …) (…から)注意(力)をそらす / bring … to a person's ～ 人に…を注目させる[指摘する] / give one's undivided ～ *to* …に一心に注意を払う; …に専念する / with [without] due care and ～ 十分注意して[注意を払わないで] / His absence came to my ～. 彼の欠席[欠勤]が私の目に留まった / Her appearance attracted ～. 彼女のなりが人目を引いた / Suddenly she stiffened to ～. 急に体を硬くして耳をそばだてた / I am all ～. 私は全身を耳にして(聞いて)いる / (Your) *Attention*, please! 皆さまに申し上げます《アナウンス係の用語》/ Thank you for your ～. ご静聴ありがとうございました《スピーチを締めくくる時のことば》. **2 a** (具体的な)考慮, 配慮, 対処, 手配 (consideration) 〔*to*〕: promise immediate ～ 至急手配を約束する / Give more ～ *to* your manners. もっと態度に気を付けなさい / The situation requires serious [urgent] ～. 情勢は慎重[緊急]な配慮を要する. **b** 心づかい, 親切, 世話, 手当て (care) 〔*to*〕: ～ *to* old people 老人の世話[へのいたわり] / He needed [required] immediate [medical] ～. 彼は直ちに[医者の]手当てを必要とした. **c** (機械などの)手入れ: My typewriter needs ～. **3 a** 丁寧, 丁重 (politeness) 〔*to*〕: with ～ 丁重に. **b** [しばしば *pl.*] 心尽くし, 慇懃(いんぎん), 〔女性への〕親切 〔*to*〕; (好ましくない意味で)お節介: She rejected his unwanted ～*s*. 気の進まない求愛を拒んだ. **4** 〖心理〗注意《環境の中からある特定の部分を選び出しそれに集中する認知の働き; cf. selective attention》. **5** 〖軍事〗気をつけの姿勢 (cf. *at* EASE (4)): *Attention* /(ə)tènʃʌ́n, æt-/! [号令] 気をつけ《略して 'shun /ʃʌ́n/!, (a) tènhút, 'tènshún という》/ come [stand] to ～気をつけの姿勢を取る / snap [spring] to ～ さっと気をつけの姿勢を取る / stand at ～ 気をつけの姿勢でいる, 不動の姿勢を取る. **6** [A-] 〖商業〗アテンション, …宛て《会社・官庁などへの書面で, ある人または部課を目指す場合, 注意を引くためにその直前に付ける語; for the attention of … の意; 略 ATT, Att., ATTN, Attn.; cf. attention line, CARE *of*》: *Attention* (:) Mr. Charles Smith, Manager. **～·al** /-ʃnəl, -ʃənl/ *adj.* 〘(c1380) □ L *attentiō(n-)* ← *attentus* (p.p.) ← *attendere* 'to ATTEND': ⇨ -tion〙

atténtion dèficit disòrder *n.* 〖精神医学〗注意欠陥障害《学習・行動障害を示す症候群; 重度の肉体的・精神的障害に起因するものではないが, 注意散漫・衝動行為・多動などを特徴とする; 略 ADD; attention deficit hyperactivity disorder ともいう; 略 ADHD》. 〘1980〙

atténtion lìne *n.* 〖商業〗アテンションライン, 宛名行《会社などへの書面で, inside address と salutation の中間に必要に応じて特定の宛名を記す一行; cf. attention 6》. 〘1925〙

atténtion-sèeking *adj.* 人目を引きたがる, 目立ちたがり屋の. 〘1961〙

atténtion spàn *n.* 〖心理〗注意の範囲 (⇨ SPAN of attention). 〘1934〙

at·ten·tive /ətέntɪv | -tɪv/ *adj.* **1** 注意深い, よく気を付ける, 傾聴[注目]する; 〔仕事などに〕励む (intent) 〔*to*〕: an ～ reader, mind, etc. / be ～ *to* duty 義務をよく守る / be ～ *to* hygiene 衛生に注意する. **2 a** 〔人のために〕気をつかう, 親切な, いたわる (solicitous) 〔*to*〕 (⇨ thoughtful SYN): an ～ son [wife] / be ～ *to* guests [the sick] 客[病人]への気配りがある. **b** (女性に)親切な, ちやほやする. **3** 丁寧な, 慇懃(いんぎん)な (polite) 〔*to*〕: ～ *to* strangers. **～·ly** *adv.* **～·ness** *n.* 〘(c1449) □ (O)F *attentif* ← L *attentus*: ⇨ attention, -ive〙

at·ten·u·ant /ətέnjuənt/ *adj.* 希薄にする; 〖医学〗〈血液などを〉希釈する. **—** *n.* 〖医学〗希釈剤. 〘(1603) □ F ～ □ L *attenuantem* (pres.p.) ← *attenuāre*: ⇨ ↓, -ant〙

at·ten·u·ate /ətέnjuèɪt/ *v.* **—** *vt.* **1** 細くする, (やせ)細らせる (make slender). **2** 〈液体・気体を〉薄める, 希薄にする, 希釈する (dilute, rarefy); 〈力・量・価値などを〉減じる, 弱める (weaken). **3** 〖電気〗減衰させる: be ～*d* 減衰する. **4** 〖医学〗〈病毒・ワクチンなどを〉弱毒化する. **—** *vi.* 細くなる, やせ細る; 薄くなる; 弱る, 衰える. **—** /ətέnjuɪt, -njuèɪt/ *adj.* **1** =attenuated. **2** 〖植物〗〈葉が〉先の細くなった, 漸先形の. 〘(1530) ← L *attenuātus* (p.p.) ← *attenuāre* ← *at-* 'AD-'+*tenuāre* to make thin (← *tenuis* 'THIN')〙

at·tén·u·àt·ed /-njuèɪtɪd | -tɪd/ *adj.* 細くした; 薄くした, 希釈した; 〖電気〗減衰した. 〘*c*1610〙

at·ten·u·a·tion /ətènjuéɪʃən/ *n.* **1** 細くなること, やせ細り; やつれ (emaciation); 衰弱. **2** 希薄化, 希釈; 希釈度. **3** 〖物理・化学・電気〗減衰《電流・電圧・電力などの減少》. 〘(?a1425) □ L *attenuātiō(n-)*〙

attenuátion cónstant *n.* 〖物理・化学・電気〗減衰定数《ある量が減少する度合を示す》.

at·tén·u·à·tor /-tə | -tə(r)/ *n.* 〖電気〗減衰器《電圧・電流・電力を所要の大きさに減衰させるための機器》. 〘(1924): ⇨ -or²〙

at·test /ətέst/ *vt.* **1** 〈物事が〉…の証拠となる, 立証する (bear witness to): The child's punctuality ～*s* his strict upbringing. あの子のきちょうめんさでその厳しいしつけがわかる. **2 a** 〈事実を〉証言する, 証明する, 立証する (testify): ～ the truth of a statement 陳述の真実さを証言する / I ～ *that* it is true. それが真実だということを証明する. **b** 〖法律〗(宣誓などによって)〈証書など〉の真正なことを証明する: ～ a will [signature]. **3** 〖言語〗〈語句などの〉使用[存在]を確証[確認]する, 文証する: an ～*ed* form 文証された形式. **4** 《英》〖畜産〗〈牛・牛乳〉の無病[無菌]を証明する: ～*ed* cattle 健康であることを証明された牛 / ～*ed* milk 保証牛乳 (cf. certified milk). **5** 〖軍事〗〈要員を〉(宣誓させた上)兵籍に入れる (enroll). **—** *vi.* **1 a** 〈物事が〉〔…の〕証明となる〔*to*〕: These facts all ～ *to* the integrity of his purpose. これらの事実はすべて彼の目的の誠実さを立証する. **b** 〔…を〕証言する (bear witness) 〔*to*〕. **2** 〖軍事〗兵籍に入る. **—** *n.* 《廃》証拠; 証明. **～·a·ble** *adj.* 〘(1596) □ (O)F *attester* □ L *attestārī* to bear witness ← *at-* 'AD-'+*testārī* to be a witness: cf. testament〙

at·test·ant /ətέstənt/ *adj.* 証拠となる, 証明する. **—** *n.* 〖法律〗(証書の真正さの)証明者, 証人. 〘(1880) □ L *attestantem* (pres.p.): ⇨ ↑, -ant〙

at·tes·ta·tion /ætɛstéɪʃən, ætɪ̀s- | ætɛs-, ætɪ̀s-/ *n.* **1** 証言, 証明, 立証; 証拠. **2** 〖法律〗《契約書など, 権利義務を内容とする書面作成の》立会(人). 〘(1547) □ F ～: ⇨ attest, -ation〙

at·tes·ta·tor /ətέsteɪtə | -tə(r)/ *n.* 〖法律〗=attester. 〘1598〙

at·tést·ed *adj.* 《英》無菌を証明された. 〘(1934): ⇨ attest, -ed〙

at·tést·er *n.* (*also* **at·tés·tor**) 〖法律〗(証書作成の)立会証人. 〘1598〙

Att. Gen. 《略》Attorney General.

at·tic /ǽtɪk | -tɪk/ *n.* **1 a** 〖建築〗屋階《屋根下の階》, 屋根裏 (attic story). **b** 屋根裏部屋 (attic room(s)) 《《米》では 2 部屋以上にもいう》 (⇨ garret¹ SYN): live in an ～. **2** 《口語・戯言》頭 (head) (cf. upper story 2): be queer in the ～ 頭が変だ. **3** 〖建築〗アティク《ギリシャ建築で軒蛇腹の上の細長い横壁》. **4** 〖解剖〗上鼓室《中耳の一部》. 〘(1696) □ F *attique* ← L *Atticus* (↓): Attic 様式のつけ柱 (pilaster) を用いたことから〙

attic 1 b

At·tic /ǽtɪk | -tɪk/ *adj.* **1 a** 古代アッティカ (Attica) の; 古代アテネ (Athens) の, アテネ人の. **b** アッティカ方言の. **2** [時に a-] 〈文芸様式など〉アテネ風の, 古典的な, 高雅な; 〈文体など〉簡潔典雅な. **—** *n.* **1** アッティカ人; アテネ人. **2** アッティカ方言《アッティカ地方のギリシャ語; 古代の標準ギリシャ語》. 〘(1599) □ L *Atticus* □ Gk *Attikós* of Attica〙

At·ti·ca /ǽtɪkə | ǽtɪ-/ *n.* アッティカ: **1** 古代ギリシャ Athens を中心とする国家. **2** ギリシャ中部の県; 県都 Athens. 〘□ L ～ □ Gk *Attikḗ*〙

Áttic báse *n.* 〖建築〗(ギリシャ建築で円柱の)アッティカ式柱基.

Áttic fáith *n.* 絶対に揺るがない信義 (cf. Punic faith).

At·ti·cism, a- /ǽtəsìzm | ǽtɪ-/ *n.* **1** アテネ文学の特質. **2** アッティカ方言(特有の)語法. **3** 《誇張や装飾を排した》簡潔典雅な文体 (cf. Asianic 2). **4** アテネ(人)に対する憧憬(しょうけい)[模倣]. **Át·ti·cist** *n.* 〘(1612) □ L *Atticismus* □ Gk *Attikismós*: ⇨ Attic, -ism〙

At·ti·cize, a- /ǽtəsàɪz | ǽtɪ-/ *vt.* アテネ風にする, アテネ化する. **—** *vi.* **1** アテネ人の味方をする. **2** アッティカ方言を使用する. 〘1610〙

Áttic órder *n.* [the ～] 〖建築〗アッティカ式《角柱を用いる柱式》.

Áttic sált, á- s- *n.* アテネ風の(優雅な)とんち, 上品なしゃれ. 〘(なぞり) ← L *sāl Atticum*〙

áttic stóry *n.* 〖建築〗=attic 1 a.

At·ti·cus /ǽtɪkəs | ǽtɪ-/, **Titus Pom·po·ni·us** /pɑmpóuniəs | pɒmpə́unjəs, -niəs/ *n.* アッティクス《109–32 B.C.; Rome の実業家・文芸愛好者; Cicero の親友》.

Áttic wít, á- w- *n.* =Attic salt. 〘1738〙

At·ti·la /ǽtɪ̀lə, ǽtlə, ətílə | ətílə, ǽtɪlə/ *n.* アッティラ《(406?–453; ヨーロッパに侵入したフン族 (Huns) の王; 451 年 Châlons-sur-Marne でローマ人および西ゴート人 (Visigoths) に破られた; あだ名 the Scourge of God; Attila the Hun ともいう》. 〘□ Goth. ～ 《原義》little father: 一時ゴート人を支配したのでそう呼ばれた〙

Áttila Lìne *n.* アッティラ線《ギリシャとトルコが占領したキプロスを分ける境界で, キプロスを分割するための 1964 年のトルコの秘密計画アッティラ計画の名にちなむ; Sahin Line ともいう》.

at·tire /ətáɪə | ətáɪə(r)/ *n.* **1 a** 装い, 服装, 衣装 (⇨ dress SYN); 盛装, 美装 (finery): in male ～ 男装で[の]. **b** 《樹木などの》装い: the ～ of spring 春の装い. **2** 〖狩猟・紋章〗鹿の枝角 (antlers of a stag). **—** *vt.* [しばしば ～ *oneself* または受身] 装わせる (dress); 盛装させる (dress up) 〔*in*〕: ～ *oneself in* blue [a blue suit] ブルーの装いをする[ブルーの服を着る] / They came out, ～*d for* traveling [the honeymoon]. 旅行[ハネムーン]の服装をして出て来た. 〘(c1300) □ OF *atir(i)er* to set in order, adorn ← A-⁴+*tire* rank, order (⇨ tire³)〙

at·tired *adj.* **1** 〖狩猟〗〈鹿が〉枝角のある. **2** 〖紋章〗**a** 〈鹿が〉角を付けた. **b** 〈鹿〉の角が体の色と異なる《鹿以外の弱い動物は horned》. 〘?a1300〙

At·tis /ǽtɪ̀s | ǽtɪs/ *n.* 〖ギリシャ神話〗アッティス, アテュス《Cybele に愛された Phrygia の少年》. 〘□ L ～ □ Gk *Áttis, Áttus*〙

at·ti·tude /ǽtətù:d, -tjù:d | ǽtɪtjù:d/ *n.* **1** 《精神状態の表れとしての》姿勢, 身構え, 態度 (⇨ posture SYN): an ～ of respect / sit [stand] *in* a lazy [threatening] ～ ものぐさそうな姿勢[威嚇的な態度]でいる. **2 a** 〔物事などに対する〕(心的)態度, 心構え; (しばしば感情的な)意見, 立場, 心境 (opinion) 〔*to, toward*〕: one's ～ *to* life [work, social problems] 人生観[仕事, 社会問題]についての考え / show a patronizing [condescending, arrogant] ～ 恩に着せるような[見下すような, 横柄な]態度を見せる / take [assume, adopt] a strong [negative, hostile] ～ *toward* …に対して強硬な[否定的な, 敵意のある]態度[姿勢]を取る / have a good [bad] ～ *toward* …に対する姿勢[心掛け]がよい[悪い] / have an ～ problem 自己中心的[非協力的]な態度を取る. **b** 《俗》横柄で反抗的な態度; あまりにも自信に満ちた態度: Don't give me any of your ～! 私に反抗的な態度を取るのはやめたまえ. **3** 〖心理〗(一定した)態度《ある事象に一定の反応を引き起こす行動傾向》. **4** 〖宇宙・航空〗姿勢《地面に対する機体傾角・バンク角などや周囲の大気に対する迎え角・横すべり角など; cf. axis 7》. **5 a** 〖ダンス〗姿勢, ポーズ. **b** 〖バレエ〗アチチュード《片足で立ち片足を後ろに曲げたポーズ; arabesque の変形》. **c** 〖美術〗(人物などの)姿勢, ポーズ.

an áttitude of mínd =2. ***stríke* [*táke úp, adópt*] *an áttitude*** (1) 気取った[わざとらしい]身構えをする, ポーズを作る (pose for effect). (2) 気取った[風変わりな]ふるまいをして見せる. 《1883》

áttitude of flíght 〖航空〗飛行姿勢.

〘(1668) □ F ～ □ It. *attitudine* aptness, posture < LL *aptitūdinem* 'APTITUDE'〙

at·ti·tu·di·nal /ætətú:dənəl, -tjú:-, -dnl | ætɪtjú:dɪnl/ *adj.* 態度の[に関する], 態度を表す. 〘(1831) ← It. *attitudine* 'ATTITUDE': ⇨ -al¹〙

at·ti·tu·di·nar·i·an /ætətù:dənέ(ə)riən, -tjù:-, -dn- | ætɪtjù:dɪnέər-, -tʃù:-/ *n.* =attitudinizer. **～·ism** /-nìzm/ *n.* 〘1754–6〙

at·ti·tu·di·nize /ætət(j)ú:dənàɪz, -dn- | ætɪtjú:dɪn-, -dn-/ *vi.* (態度を)気取る, ポーズを作る, 気取って言う[書く]. 〘1784〙

àt·ti·tú·di·nìz·er *n.* 気取った態度を取る人, 気取り屋. 〘1824〙

Att·lee /ǽtli/, **Clement Richard** *n.* アトリー《1883–1967; 英国の政治家; 労働党党首 (1935–40, 51–55), 同党内閣の首相 (1945–51); 称号 1st Earl Attlee》.

attn, Attn., ATTN 《略》〖商業〗Attention.

at·to- /ǽtou | ǽtəu/ 「アト (10⁻¹⁸)」の意の連結形 (略 a). ★ mks 単位系・SI 単位系で基本単位に付けて用いる: *at-togram*. 〘← Dan. or Norw. *atten* eighteen < ON *á(t)tján*〙

at·torn /ətə́:n | ətə́:n/ 〖法律〗*vi.* **1** (土地譲渡の結果)〈借地人が〉新地主を承認する. **2** (封建時代に)新領主に忠誠を誓う. **—** *vt.* 〈土地などを〉譲渡する (transfer). **～·ment** *n.* 〘(a1250) 'to turn, transform' □ OF *atorner* to direct, attorn ← A-⁴+*torner* < L *tornāre* 'to TURN'〙

at·tor·ney /ətə́:ni | ətə́:-/ *n.* 〖法律〗**1** 《米》弁護士 (attorney-at-law) (⇨ lawyer SYN). **2** (委任状 (letter of attorney) による)代理人, 代人 (attorney-in-fact): by ～ 代理人によって, 代人で / ⇨ POWER of attorney, WARRANT of attorney. **—** *vt.* 《古》代理をたてる. 〘(c1303) □ AF & OF *ato(u)rné(e)* (p.p.) ← *atorner* (↑)〙

attórney-at-láw *n.* (*pl.* **attorneys-**) 〖法律〗**1** 《米》弁護士 (lawyer). **2** 《英廃》=solicitor 3. 〘1768〙

attórney géneral *n.* (*pl.* **attorneys g-**, **～s**) [しばしば A- G-] **1** 法務長官, 司法長官: **a** 米国では内閣員または州最高法務官. **b** 英国では国王に任命され, 内閣と運命をともにはするが内閣員ではない; 国王を代表して刑事訴追に当たる最高の法務官吏. **c** オーストラリア・ニュージーランドでは内閣員. **2** (米国のいくつかの州で) =public prosecutor. 〘1585〙

attórney-in-fáct *n.* (*pl.* **attorneys-**) =attorney 2.

attórney·shìp *n.* **1** attorney の職[身分]. **2** 代理権. 〘(1589–90): ⇨ -ship〙

at·tract /ətrǽkt/ *vt.* **1 a** 〈人・動物などを〉〈興味・利益などで〉引き付ける[寄せる] 〔*to, toward*〕: ～ admirers, followers, etc. / The fire ～*ed* a large crowd. 火事でたくさんのやじ馬が集まった / Bees are ～*d to* flowers. ミツバチは花に引き付けられる / He couldn't help being [feeling] ～*ed to* her. どうしても彼女に引き付けられていった / What first ～*ed* you to her? 彼女に引き付けられたきっかけは. **b** 誘致する〔*to*〕: ～ tourists / ～ industry *to* a district ある地域に工業[産業]を誘致する. **2 a** 〈注意・興味などを〉引く, そそる (draw) (↔ distract); 〈人の気[注意]を引く, …に興味(など)を起こさせる, 魅惑する (allure): ～ admiration, curiosity, hostility, criticism, etc. / The picture ～*ed* a lot of attention [interest]. その絵はたいそう人目[関心]を引いた / She was ～*ed* by him [his good looks]. 彼[彼の美貌]に心を引かれた. **b** 〈危険・批判などを〉招く, 呼ぶ: ～ risks. **c** 〖法律〗〈税金などを〉支払う対称となる, …に法的責任がある (be liable for): income that ～*s* tax at 15% 15% の税金支払対象となる収入. **3** (引力・磁気などで)〈物を〉引く, 引き付ける (↔ repel): A magnet ～*s* iron. 磁石は鉄を引く / Salt ～*s* moisture. 塩は湿気を呼ぶ / The moon is ～*ed to* the earth. 月は地球に引き付けられている. **4** 〖文法〗〈語が〉(牽引作用によって)〈近くの語〉の呼応に影響を与える〔*into*〕: The verb has been ～*ed into* the plural by a plural noun before it. この動詞はその前の複数名詞の影響で複数をもって呼応している.

— *vi.* 引き付ける(力がある); 魅力がある, 魅惑する: Do opposites ～? 正反対のものは引き付け合うか / Kindness

can ～. 親切は人を引き付ける.
～·a·ble /-təbl̩/ *adj.* **～·er, at·trác·tor** *n.*
〚(?*a*1425) ← L *attractus* (p.p.) ← *attrahere* ← *at-* 'AD-'＋*trahere* to draw: cf. tract¹〛

SYN 引き付ける: **attract** 最も一般的な語で,〈人や物を〉磁石のように引き寄せる《引かれるものに感応性があることを含意する》: I was *attracted* by his honesty. 私は彼の誠実さに引き付けられた. **magnetize** 強い力で人々の興味·注意を引き付ける: Her voice *magnetized* the audience. 彼女の声は聴衆を引き付けた. **fascinate** 呪文で縛る; 比喩的に, 耐えがたい力で興味·注意を引き付ける: He was *fascinated* with her charm. 彼女の魅力のとりこになった. **allure** 快楽や報酬によって誘惑する: She *allured* him by hopes. いろいろ気を持たせて誘惑した. **charm** 文字どおりまたは比喩的に〈人に〉魔法をかける: Her beauty *charmed* everybody. 彼女の美しさはすべての人を魅了した. **enchant** 〈人を〉大きな喜びでいっぱいにする: I was *enchanted* by the music. その音楽にうっとりと聞きほれた.
ANT repel.

at·trac·tant /ətrǽktənt, -tn̩t/ *n.* 引き付けるもの, 誘引物;〘動物〙昆虫などを誘い寄せるのに使う物質, 誘引剤 (cf. pheromone). 〚1920〛
at·tráct·ing *adj.* 人の注意を引く, 人目につく, 魅惑的な (attractive);〈物を〉引き付ける. **～·ly** *adv.* 〚1661〛
at·trac·tion /ətrǽkʃən/ *n.* **1** 引き付けること,(互いに)引き付けられること; 誘引, 誘致〔*to, toward*〕: the ～ of a crowd 大勢の人を引き付けること[力] / the ～ of ants *to* sweet foodstuffs / She feels no ～ to me. 彼女は私に引かれていない. **2 a** 〈人·注意力などを〉引き付ける力, 魅力 (charm)〔*for*〕: I have no ～ *for* her. 彼女を引き付けるものがない / the ～ of a circus *for* children 子供たちに対するサーカスの魅力 / Gambling has no ～ *for* me. 私はギャンブルには全く興味がない. **b** (多数の)人を引き付けるもの, 人目を引くもの, 魅惑的なもの, 魅力; 呼び物: the chief [main] ～ of the evening [program] 当夜[番組]の主な呼び物 / Kyoto is full of tourist ～*s*. 京都には観光の名所がたくさんある / Your idea has the ～ of being [*that* it is] practical. あなたの考えには実際的であるという魅力がある. 日英比較 日本語の「アトラクション」は「主要な催しの他に添える出し物」を意味するのに対して, 英語の *attraction* は「それ自体が人を引き付ける中心となるもの」を指す. **3** 〘物理〙引力 (↔ repulsion): the ～ of gravity 重力 / capillary [molecular] ～ 毛管[分子]引力 / chemical ～ 親和力 (affinity) / magnetic ～ 磁引力, 磁力. **4** 〘文法〙牽引《近くの語に引かれて数·格などが変化すること; 例: when him [＝he whom] we serve's away》. **at·trác·tion·al·ly** *adv.* 〚(*a*1400) □ AF & (O)F ～ // L *attractiō(n-)*: ⇨ attract, -tion〛
attráction sphère *n.* 〘生物〙誘引球《中心体の中心粒の周囲に球状に分化した細胞質; astrosphere, centrosphere ともいう》. 〚1896〛
at·trac·tive /ətrǽktɪv/ *adj.* **1 a** 〈女性など〉人目に付く, 魅力[愛嬌(あいきょう)]のある (charming), きれいな (pretty): an ～ face, girl, voice, etc. / a man ～ *to* young girls / She is not beautiful, but ～. 彼女は美人ではないが魅力がある. **b** 〈物事が〉興味をそそる, 人の気に入る: an ～ device, garden, etc. / an ～ price [salary] 買う気をそそる値段[魅力的な給料] / an ～ store 人目を引く[気のきいた]店. **2** 〈動物などを〉引き付ける, 誘引する〔*to*〕: a smell ～ *to* cats. **3** 〘物理〙引力のある: the ～ power of a magnet 磁石の引き付ける力. **～·ly** *adv.* **～·ness** *n.*
at·tràc·tív·i·ty /ətræktívəti | -v̩ti/ *n.* 〚(*a*1400) □ (O)F *attractif* // LL *attractīvus* ← L *attractus*: ⇨ attract, -ive〛
attráctive núisance *n.* 〘法律〙誘惑的妨害[危険]物《分別のない子供たちを招き寄せるような危険物; 建築中の足場など》.
at·tra·hent /ǽtrəhənt/ *n.* ＝attractant. 〚(1661) □ L *attrahentem* (pres.p.) ← *attrahere* to draw to: ⇨ attract, -ent〛
attrib. 《略》attribute; attributive; attributively.
at·trib·ut·a·ble /ətríbjʊtəbl̩ | -tə-/ *adj.* 〔原因などに〕帰することができる, 帰因する,〔…の〕せいである〔*to*〕: His failure is ～ *to* idleness. 彼の失敗は怠惰によるものだ. 〚1665〛
at·trib·ute /ətríbjuːt, -bjʊt | -bjuːt/ *vt.* **1** 〈結果などを〉〔ある原因に〕帰する,〔…の〕せいだとする (put down)〔*to*〕(⇨ ascribe **SYN**): ～ an effect *to* a cause / They ～ his success *to* hard work [work*ing* hard, his mother]. 彼の成功を勉強[勤勉, 母の助力]のたまものであるとしている / His death was ～*d to* heart failure. 彼の死因は心臓麻痺(まひ)とされた. **2** 〈性質などを〉〔…に〕属させる,〔…が〕もっていると考える[みなす]〔*to*〕;〔…が〕〈性質などを〉もっていると考える〔*with*〕: ～ talent [guilt] *to* a person ＝ ～ a person *with* talent [guilt]. **3 a** 〈作品·発明などを〉(相当な根拠によって)〔…の〕作だとする,〔…の手によるものとする (ascribe)〔*to*〕: ～ a work of art *to* a person / The saying is ～*d to* a Greek philosopher. その格言はあるギリシャの哲学者が言ったものとされている. **b** 〈物〉の年代[出所]を〔…のものと〕考える[みなす] (assign)〔*to*〕: The vase has been ～*d to* China [the Tang dynasty]. その花器は中国[唐時代]のものとみなされてきた.
— /ǽtrəbjùːt | ǽtrɪ̆-/ *n.* **1** 属性, 特質: Kindness is an ～ of a good teacher. / She has all the ～*s* of a good teacher. 良い教師の資質すべてを持ち合わせている. **2 a** (官職·資格などの表象となる)付きもの, 持ち物 (symbol): The eagle was the ～ of Jupiter. / A crown and scepter are ～*s* of kings. 冠と笏(しゃく)とは王の表象[王に付きもの]である. **b** 〘美術〙(表現された人物の性格を特徴づける)決まった持ち物. **3** 〘論理·哲学〙属性, 性質 (predicate) (↔ subject). **4** 〘文法〙**a** 限定語(句), 属性·性質を表す語(句) (adjunct);(特に)形容詞(相当語句)《例えば a *good* dog》. **b** 内心構造 (endocentric construction) における二つの直接構成素のうちの修飾部《例えば *this* boy / *very* old / *black*board など》. **5** 〘電算〙(ファイルなどの)属性, アトリビュート《変更の可否など》. **6** 《古》名声, 名誉 (fame).
at·tríb·ut·er, at·tríb·u·tor /-tə | -tə^(r)/ *n.*
〚*n.*: (*c*1373) (O)F *attribut* // L *attribūtum* ← *attribūtus* (p.p.) ← *attribuere* ← *at-* 'AD-'＋*tribuere* to add, assign: cf. tribute. — v.: (1523) ← L *attribūtus*〛
at·tri·bu·tion /ætrəbjúːʃən | ætrɪ̆-/ *n.* **1** (性質などを)帰すること,(結果などを)〔原因に〕帰すること,(作品などを)〔ある作者[時代]のものと〕判断すること (ascription)〔*to*〕: the ～ of an effect *to* a cause / the ～ of intelligence *to* some animals ある種の動物に知性があるとみなすこと[説] / the ～ of a painting *to* Picasso 絵をピカソの作であるとすること. **2** 帰せられるもの, 属性 (attribute). **3** 《古》(官職などに付属する)権能, 職権. **～·al** /-ʃnəl, -ʃənl̩/ *adj.* 〚(1467) □ (O)F // L *attribūtiō(n-)*: ⇨ ↑, -tion〛
attribútion thèory *n.* 〘心理〙帰属理論《人の行動や感情が内的原因と外的原因とどう結びついているかを説明する理論》.
at·trib·u·tive /ətríbjʊtɪv | -tɪv/ *adj.* **1** 属性的な, 属性を表す. **2** 〘文法〙限定[修飾]的な, 連体的な (↔ predicative): ⇨ attributive adjective, attributive noun. **3** 〘哲学〙属性に関する. **— *n.*** 〘文法〙限定詞, 連体語[句]. ★ the old dog の *old* は attributive (限定詞)で, The dog is old. の *old* は predicative (叙述詞).
～·ness *n.* 〚(1601–02) □ F *attributif*: ⇨ attribute, -ive〛
attríbutive ádjective *n.* 〘文法〙限定形容詞《a big boy における *big* のように名詞の前に置かれた形容詞; cf. predicative adjective》.
at·tríb·u·tive·ly *adv.* **1** 属性的に. **2** 〘文法〙限定的に, 限定詞として. 〚1853〛
attríbutive nóun *n.* 〘文法〙限定名詞《a cannon ball における *cannon* のように限定形容詞用法の名詞のこと; cf. predicative noun》.
attríbutive théory *n.* 〘心理〙属性理論《個人が自分の行動や感情を自分も意識しない他の心理的原因によると思っている状態に関する心理学的研究の理論》.
attríbutive úse *n.* 〘文法〙限定用法《形容詞が直接に名詞や代名詞を修飾する用法; cf. predicative use》.
at·trit /ətrít/ *vt.* (**at·trit·ted; at·trit·ting**) 《米俗》**1** 徐々に消耗させる[擦り減らす, 処理する]. **2** 殺す. 〚(1969)《逆成》← ATTRITION〛
at·trite /ətráɪt, ætr-/ *adj.* 〘カトリック〙(不完全な)痛悔をもつ (cf. contrite). **— *vt.*** 磨滅させる. 〚(1625) □ L *attrītus* (p.p.) ← *atterere* to rub against ← *at-* 'AD-'＋*terere* to rub〛
at·trít·ed /-tɪ̆d | -tɪ̆d/ *adj.* 擦(す)れた, 磨滅[削摩]している. 〚1760〛
at·tri·tion /ətríʃən, ætr-/ *n.* **1** 磨滅, 摩損 (abrasion). **2** (数などの)減少, 縮小; 消耗: a war of ～ 消耗戦. **2** (数などの)減少, 縮小; (死亡·退職などによる)人員の自然減 (natural wastage). **3** 摩擦 (friction). **4** 〘カトリック〙(不完全な)痛悔 (cf. contrition 2). **5** 〘歯科〙咬耗(こうもう) (occlusal wear)《上下の歯をすり合わせて歯が擦り減ること》. **6** 〘地質〙(岩石の)磨滅[磨耗](流水·風などに運ばれる際に起こる石などの磨滅; cf. abrasion, corrasion). **～·al** /-ʃnəl, -ʃənl̩/,
at·tri·tive /ətráɪtɪv | -tɪv/ *adj.* 〚(*c*1385) □ ML *attrī-tiō(n-)* chastisement, (L) rubbing against: ⇨ attrite, -tion〛
attrítion mìll *n.* 〘機械〙アトリションミル, 歯付円板粉砕機.
At·tu /ǽtuː/ *n.* アッツ(島)《米国 Alaska 州西部 Aleutian 列島西端の島; 日本軍が占領していた (1942–43)》.
At·tucks /ǽtəks | ǽt-/, **Cris·pus** /kríspəs/ *n.* アタックス (1723?–70; 米国の愛国者·黒人指導者; Boston Massacre (1770) で英軍に殺された).
at·tune /ətúːn, æt-, -tjúːn | -tjúːn/ *vt.* **1** 〈楽器など〉の調子を合わせる, 調音する (put in tune)〔*to*〕: ～ a violin *to* a piano バイオリンをピアノの調子に合わせる. **2** 〈心など〉の調子を合わせる,〈気分などを〉調和させる (harmonize)〔*to*〕: hearts ～*d to* worship 礼拝にふさわしい人々(の心) / My mind was not ～*d to* a serious book. 私は真面目な本を読むような気分ではなかった. **～·ment** *n.* 〚(1596) ← *at-* 'AD-'＋TUNE: ATONE からの類推か〛
Atty. 《略》Attorney.
Atty. Gen. 《略》Attorney General.
a·tu·a /áːtuə/ *n.* (NZ) 超自然的な存在, 神, 精霊. 〚(1769) □ Maori ～〛
ATV 《略》〘自動車〙all-terrain vehicle;《英》〘テレビ〙Associated Television.
at. vol. 《略》〘化学〙atomic volume.
a·twain /ətwéɪn/ *adv.* 《古》二つに (in twain, in two);(二つに)分かれて (asunder). 〚(*c*1378) *atweyne* ← OE *on twēgen*: ⇨ a-¹, twain〛
a·tween /ətwíːn/ *adv., prep.* 《古·方言》＝between. 〚(*c*1400) *atwene* ← A-¹＋-*twene* (⇨ between)〛
a·twit·ter /ətwítə | -tə^(r)/ *adv., adj.* [叙述的] **1** (小鳥が)さえずって (twittering). **2** 興奮して; そわそわして. 〚(1833) ← A-¹ 2＋TWITTER (v.)〛
At·wood /ǽtwʊd/, **Margaret (Eleanor)** *n.* アトウッド (1939– ; カナダの詩人·小説家·批評家; *Surfacing* (1972), *The Blind Assassin* (2000)).
Át·wood's machìne /ǽtwʊdz-/ *n.* 〘物理〙アトウッドの器械《物体の落下運動を緩慢にし重力加速度 g の測定に適するようにした器械》. 〚← *George Atwood* (1746–1807: 英国の数学者でその発明者)〛
at. wt. 《略》〘化学〙atomic weight.
a·typ·i·a /eɪtípiə/ *n.* 〘病理〙異型性, 非定型性. 〚← NL ～: ⇨ a-⁷, type, -ia¹〛
a·typ·ic /eɪtípɪk/ *adj.* ＝atypical.
a·typ·i·cal /eɪtípɪ̆kəl, -kl̩ | -pɪ-/ *adj.* 典型からはずれた; アブノーマルな; 不規則な. **～·ly** *adv.* **a·tỳp·i·cál·i·ty** *n.* 〚1885〛
au /oʊ | əʊ; *F.* o/ *F.* ＝to the, at the, in the, with the. 〚□ F ～ 《短縮》← *à le* to the〛
au 《記号》Australia (URL ドメイン名).
Au 《記号》〘化学〙gold (← *L.* aurum);《略》author.
AU 《略》Actors' Union;〘印刷〙all up.
AU, a.u. 《略》〘物理〙angstrom unit;〘天文〙astronomical unit.
au·bade /oʊbáːd | əʊ-; *F.* obad/ *n.* (*pl.* ～**s** /-dz; *F.* ～/) **1** 〘音楽〙オバド: **a** 恋人と別れる暁の歌 (cf. serenade). **b** 田園情緒の曲. **2** 〘文学〙暁の恋歌;(恋人の)暁の別れの歌, 後朝(きぬぎぬ)のうた (cf. alba²). **3** 朝の鳥のさえずり. 〚(1678) □ F ～ □ Sp. **albada* ← *alba* dawn: ⇨ alba²〛
Aube /óʊb | əʊb; *F.* oːb/ *n.* **1** オーブ(県)《フランス北部の県; 面積 6,026 km², 県都 Troyes》. **2** [the ～] オーブ(川)《フランス北部に発し, 西北に流れて Seine 川に注ぐ (200 km)》.
au·be·pine /ɔ́ːbəpìːn, -beɪ-/ *n.* 〘化学〙オーベピン (⇨ anisaldehyde). 〚□ F *aubépine* < VL **albispīna* ← L **alba spīna*＝*spīna alba* white thorn〛
Au·ber /oʊbέə | əʊbέə^(r); *F.* obɛːʁ/, **Daniel François Esprit** *n.* オーベール (1782–1871; フランスの作曲家).
au·berge /oʊbέəʒ | əʊbέəʒ, -bɔ́ːʒ; *F.* obɛʁʒ/ *F. n.* (*pl.* **-berg·es** /～ɪ̆z; *F.* ～/) 宿屋, 旅籠(はたご) (inn). 〚(1615) □ F ～ ← Gmc: cf. harbor / G *Herberge* inn〛
au·ber·gine /óʊbəʒìːn | ə́ʊbəʒìːn, -dʒìːn; *F.* obɛʁʒin/ *n.* (*pl.* ～**s** /～z; *F.* ～/) **1** 《英》ナス (eggplant). **2** なす色, 暗紫色. 〚(1794) □ F ～ □ Catalan *albergínia* □ Arab. *albādhinjān* eggplant ← *al-* the＋Pers. *bādhinjān*〛
Au·ber·vil·liers /òʊbəviːljéɪ | əʊbə-; *F.* obɛʁviljə/ *n.* オーベルヴィリエ《フランス北部の Paris に近い都市》.
au bleu /oʊbléː, -blúː | əʊ-; *F.* obløʹ/ *adj.* [叙述的], *adv.* オーブルー《魚(特にマス)を酢入りのクールブイヨン (court bouillon) で青っぽくゆで煮た料理についていう》: trout ～. 〚□ F ～ 《原義》to the blue〛
au·bre·tia /ɔːbríːʃə, ɑː-, -ʃiə | ɔː-/ *n.* 〘植物〙＝aubrietia.
Au·brey /ɔ́ːbri/ *n.* オーブリ《男性名; 異形 Auberon》. 〚□ F *Auberi* □ G *Alberich* ← MHG *alb* elf＋-*rich* ruler (cf. rich): cf. Alberich / OE *Ælfric*〛
Au·brey /ɔ́ːbri, áː- | ɔ́ː-/, **John** *n.* オーブリ (1626–97; 英国の考古学者·伝記作家; *Brief Lives* (1898)).
au·brie·ta /ɔːbríːtə, ɑː-, -ʃə | ɔːbríːʃə, -tə/ *n.* 〘植物〙＝aubrietia.
au·brie·tia /ɔːbríːʃə, ɑː-, -ʃiə | ɔː-/ *n.* 〘植物〙ムラサキナズナ《地中海沿岸産アブラナ科ムラサキナズナ属 (*Aubrietia*) の多年草の総称; ムラサキナズナ (*A. deltoidea*) など; 観賞用》. 〚(1829) ← NL ～ ← *Claude Aubriet* (1668–1743: フランスの動植物画家): ⇨ -ia²〛
au·burn /ɔ́ːbən, áː- | ɔ́ːbən, -bəːn/ *adj.* **1** 赤褐色の (reddish-brown), 金褐色の (golden-brown): ～ hair. **2** 《廃》黄色[茶色]がかった白の,(薄い)麻色の. **— *n.*** 赤褐色, 金褐色. 〚(*a*1420) *a(l)borne* blond, yellowish white □ AF *auburn*＝OF *auborne, alborne* □ ML *alburnus* whitish ← L *albus* white: 現在の意味は ME *brun* brown との連想から〛
Au·burn¹ /ɔ́ːbən, áː- | ɔ́ːbən, -bəːn/ *n.* オーバーン《米国 New York 州中部の都市, 州刑務所がある》. 〚Goldsmith の詩 *The Deserted Village* 中の村の名にちなむ〛
Au·burn² /ɔ́ːbən, áː- | ɔ́ːbən, -bəːn/ *n.* オーバーン《男性名》. 〚⇨ auburn〛
Au·bus·son /òʊbəsɔ́ː(ŋ), -sɔ́ːŋ | əʊ-; *F.* obysɔ̃/ *n.* オービュソン織《手織りできれいな模様があるタペストリー (tapestry)》;(特に)オービュソン織じゅうたん (Aubusson carpet [rug]). **— *adj.*** オービュソン織の. 〚(1851) ← *Aubusson* (フランス中部の町でその生産地)〛
a.u.c., AUC 《略》*L.* ab urbe condĭta, annō urbis conditae (＝(in the year) from the founding of the city (i.e. Rome)) ローマ紀元《ローマ建設の年 (753 B.C.) から起算して, Augustus 帝の時から用いられた》.
Au·cas·sin and Ni·co·lette /ɔ̀ːkæsǽ(ŋ)ənnìkəlέt, àː- | ɔ̀ː-/ *n.* 「オーカッサンとニコレット」(13 世紀初め北フランスで書かれた, 貴族の息子 Aucassin と囚われのサラセンの美少女の恋を主題にした chantefable; フランス語名 Aucassin et Nicolette /okasɛ̃enikɔlɛt/).
Au·chin·closs /ɔ́ːkɪ̆nklɔ̀(ː)s, áː-, -klɔ̀(ː)s | ɔ́(ː)kɪnklɒs/, **Louis Stanton** *n.* オーキンクロス (1917– ; 米国の法律家·作家; *The House of the Prophet* (1980)).
Auck·land /ɔ́ːklənd, áːk- | ɔ́ːk-/ *n.* オークランド《ニュージーランド北島北部にある港湾都市, もと同国の首都 (1840–65)》.
Áuckland Íslands *n. pl.* [the ～] オークランド諸島《ニュージーランド南方の 6 つの無人島から成る; 面積約 600 km²》.
au con·traire /òʊkɑ(ː)ntréə | əʊkɒntréə; *F.* okɔ̃tʀɛːʁ/ *F. adv.* これ[それ]に反して (on the contrary).

〘⇨ au, contrary〙
au cou·rant /òukurɑ́ː(ŋ), -rɑ́ːŋ | əukúrɑ̃ː(ŋ), -rɑːŋ; *F.* okuʀɑ̃/ *F. adj.* **1** 〔情勢に〕明るい, 〔最新の情報に〕通じている (well-informed, up-to-date) 〔*with, of*〕: keep oneself ～ *of* (時勢など)に遅れないようにする. **2** 〔事の内情を〕心得ている (acquainted) 〔*with, of*〕. 〘(1762) □ F ～ 'in the current'〙
auc·tion /ɔ́ːkʃən, ɑ́ːk- | ɔ́ːk-, ɔ́k-/ *n.* **1** 競売, 競り売り, オークション: a public ～ 公売 / ⇨ Dutch auction / put up to [《米》at] ～ 〈物を〉競売に付する[かける] / sell by [《米》at] ～ 〈物を〉競売で売る / buy at an ～ 〈物を〉競売で買う. **2** 〖トランプ〗**a** 競り, ビッディング (bidding) 《bridge などで, 競技に先立ち切札の種類・トリック (trick) の取得数などを宣言 (bid) し合い, 最も高いトリック取得数を契約 (contract) した者に切札決定権が与えられるまでの過程》; (それによって到達した)最高ビッド, コントラクト (contract). **b** =auction bridge.
àll óver the áuction 《豪俗》至る所に (everywhere).
— *vt.* 競売で売る (sell by auction) 〈*off*〉: He ～*ed off* his furniture. オークションで家具を売った / The house was ～*ed off*. 家は競売で売り払われた.
〘(1595) □ L *auctiō(n-)* (public sale by) increase (of bids) ← *auctus* (p.p.) ← *augēre* to increase: ⇨ -tion〙
áuction blòck *n.* 競売台.
áuction brìdge *n.* 〖トランプ〗オークションブリッジ《contract bridge の前身で, 獲得したトリック数による得点がすべて勝負に直結する方式のブリッジ》. 〘1908〙
auc·tion·eer /ɔ̀ːkʃəníə, ɑ̀ːk- | ɔ̀ːkʃəníə^r, ɔ̀k-/ *n.* 競売人, 競り売り人, 競売進行者: come under the ～*'s* hammer 競売になる. — *vt.* 競売で売る (auction). 〘(1708): ⇨ -eer〙
àuc·tion·éer·ing /-níᵊrɪŋ | -níər-/ *n.* 競売業, せり売り業. 〘*a*1733〙
áuction hòuse *n.* 競売会社. 〘1682〙
áuction pìnochle *n.* 〖トランプ〗オークションピノクル《通常 4 人で行うピノクルの一種; 実際に競技するのは 3 人で各自 15 枚の手札をもち, 競りによって切札決定権, メルド (meld) 権, 打出し権, 3 枚の後家札 (widow) 使用権などを獲得する方式》.
áuction pìtch *n.* 〖トランプ〗オークションピッチ《2–7 人で行い競りで打出し権(同時に切札選択権)を決める方式の seven-up; setback ともいう》.
áuction pòol *n.* **1** (競馬などで)勝馬(など)の名前を当てる一種の富くじ. **2** 〖海事〗船の一日の航走マイル推定懸賞《船中で行われる一種の富くじ》.
áuction ròom *n.* オークションルーム, 競売室. 〘1767〙
auc·to·ri·al /ɔːktɔ́ːriəl, ɑːk- | ɔːk-/ *adj.* =authorial. 〘(1821) ← L *auctor* 'AUTHOR': ⇨ -ial〙
au·cu·ba /ɔ́ːkjubə, ɑ́ː- | ɔ́ː-/ *n.* 〖植物〗アオキ《東部アジア・日本産ミズキ科アオキ属 (*Aucuba*) の常緑低木の総称; アオキ (*A. japonica*) など》. 〘(1819) ← NL ～ ← ? Jpn. *aoki ba*「青木葉」〙
aud. 《略》audit; auditor.
au·da·cious /ɔːdéɪʃəs, ɑː- | ɔː-/ *adj.* **1** 大胆な, 不敵な, 豪放な (⇨ brave SYN). **2** 向こう見ずな, 無謀な (reckless). **3** ずぶとい (brazen), 傍若無人な (impudent); ふらちな (shameless). **4** 独創的な; 自由奔放な, 活発な. **～·ly** *adv.* **～·ness** *n.* 〘(1550) □ F *audacieux* bold ← *audace* boldness □ L *audācia* ← *audāx* bold ← *audēre* to dare, be eager ← *avidus* 'AVID': ⇨ -ous〙
au·dac·i·ty /ɔːdǽsəṭi, ɑː- | ɔːdǽsɪ̀ti/ *n.* **1** 大胆不敵, 豪胆, 豪放 (boldness) (⇨ temerity SYN); 無謀, 向こう見ず (recklessness). **2** ずぶとさ, 不届き至極, 傍若無人 (insolence): have the ～ *to* do ずうずうしくも…する. **3** [通例 *pl.*] 大胆な行為; 厚かましい言動. 〘(?*a*1425) □ ML *audācitātem*: ⇨ ↑, -ity〙
Aude /óud | ɔ́ud; *F.* oːd/ *n.* オード(県)《フランス南部の地中海に臨む県; 面積 6,342 km², 県都 Carcassonne》.
Au·den /ɔ́ːdn, ɑ́ː- | ɔ́ː-/, **W**(**ystan**) **H**(**ugh**) *n.* オーデン《1907–73; 1946 年米国に帰化した英国生まれの詩人・劇作家; *Look, Stranger!* (1936), *For the Time Being* (1945), *The Dyer's Hand* (評論集; 1948, '62)》.
Audh /áud/ *n.* =Oudh.
Au·di /áuḍi, ɔ́ː-, ɑ́ː- | áudi, ɔ́ː-; *G.* áudi/ *n.* 〖商標〗アウディ《ドイツの乗用車メーカー Audi AG 製の乗用車》.
au·di·al /ɔ́ːḍiəl, ɑ́ː- | ɔ́ːdi-/ *adj.* 聴覚の[に関する] (aural). 〘(1966) ← AUDIO-＋-AL¹〙
au·di·bil·i·ty /ɔ̀ːḍəbíləṭi, ɑ̀ː- | -dɪ̀bílɪ̀ti/ *n.* **1** 聞き取れること, はっきり聞こえる状態; 可聴性, 聴度. **2** 〖生理〗聴力, 聴覚感度. 〘(1669): ⇨ ↓, -ility〙
au·di·ble /ɔ́ːḍəbl̩, ɑ́ː- | -dɪ̀-/ *adj.* (耳に)聞こえる, はっきり聞き取れる: an ～ sound, voice, etc. — *n.* 〖アメフト〗オーディブル《攻撃側・守備側ともに一度スクリメージライン (line of scrimmage) に着いてから合図をもって位置を入れ替えること; automatic ともいう》. **～·ness** *n.* 〘(1529) □ (O)F *audible* // LL *audibilis* ← L *audire* to hear: ⇨ -ible〙
áudible límit *n.* 〖物理〗可聴限界.
áu·di·bly /-bli/ *adv.* 聞こえる程度に, 聞こえるように, 聞き取れるほどに: complain ～. 〘1635〙
au·di·ence /ɔ́ːḍiəns, ɑ́ː-, -ənts | ɔ́ːdi-/ *n.* **1** [集合的] **a** 聴衆 (listeners); (映画・劇などの)観衆, 観客 (spectators); (ラジオの)聴取者 (listeners), (テレビの)視聴者 (viewers): a large [small] ～ 大勢の[少数の]聴衆 / enthusiastic [critical] ～*s* 熱心な[批判的な]聴衆 / reach [get, have] an ～ of thousands 何千人もの人に聴いて[見て]もらう / the ～ *at* a speech [theater] / theater [television] ～*s* 劇場の観客[テレビの視聴者] / ～ figures [ratings] 視聴率 / ～ participation (劇などへの)観客参加; (放送番組などへの)視聴者参加 / The ～ is [《英》are] enjoying the show. 観客はショーを楽しんでいる. **b** (書物などの)読者. **c** (芸術(家)・主義などの)支持者, 愛好者, ファン: Picasso's ～. **2** (国王などが外国使節などに与える)公式会見, 謁見(えっけん), 接見 〔*with, of*〕: be received [admitted] *in* ～ 拝謁[謁見]を許される / grant an ～ to …に謁見を許す / have an ～ *with* …=《英》have an ～ *of* …に拝謁する, 引見される / an ～ chamber [room] 接見室, 拝謁の間. **3** 聞いてもらう機会, 聞いてやること, 聴取 (hearing): give (an) ～ (訴えなどを)聴取する, 聞いてやる, 聞く (hear, listen) / in the ～ of a person =in a person's ～ 《古》人の聞いている所で, 人の前で. 〘(?c1350) □ AF & (O)F ～ □ L *audientia* a hearing ← *audientem* (pres.p.) ← *audīre* to hear: ⇨ -ence〙

SYN 聴衆, 観客: **audience** 講演や音楽を聴いたり競技やショーを見たりするために集まった人々. **spectators** ショーや競技を見る人々《つまり, *audience* は *spectators* の意味でも使うことができる》: The *audience* was [*spectators* were] very excited by the game. 観客はそのゲームで大いに興奮した.

---

au·di·ent /ɔ́ːḍiənt, ɑ́ː- | ɔ́ːdiənt/ *adj.* 聞く, 傾聴する (listening). — *n.* 聞く人, 傾聴する人. 〘(1612) □ L *audientem* (↑): ⇨ -ent〙
au·dile /ɔ́ːdaɪl, ɑ́ː- | ɔ́ː-/ *adj.* **1** 〖生理〗聴覚の[による]. **2** 〖心理〗〈人が〉聴覚型の. — *n.* 〖心理〗聴覚型の人《聴覚像が特に鮮明な人; cf. motile, verbile, visualizer》. 〘(1886) ← AUDIO-＋-ILE¹〙
aud·ing /ɔ́ːdɪŋ, ɑ́ː- | ɔ́ːd-/ *n.* 〖教育〗オーディング, 聴解《語られる言葉の内容を理解し, 解釈しようとして耳を傾けること》. 〘(c1949) ← L *audīre* to hear ⇨ audio-, -ing²〙
au·di·o /ɔ́ːḍiòu, ɑ́ː- | ɔ́ːdiəu/ *adj.* **1 a** (テレビ・映画などで)音の, 音声の (cf. video). **b** 音放送[受信](用)の; 音再生(用)の, (特に)ハイファイの. **2** 音響機器(専門)の. **3** 〖通信〗可聴周波の, 低周波の. — *n.* (*pl.* ～**s**) **1 a** (テレビ受像機・映写機などの)音声部分 (cf. video). **b** 音響機器, オーディオ. **2** 音放送[受信]; 音再生, (特に)ハイファイ (high fidelity). **3 a** 〖通信〗可聴周波音. **b** 《俗》音 (sound). 〘(1916) ↓〙
au·di·o- /ɔ́ːḍiou, ɑ́ː- | ɔ́ːdiəu/ 次の意味を表す連結形: **1**「聴覚; 聴覚と…との」: *audio*meter, *audio*visual. **2**「音」: *audio*phile. 〘← L *audīre* to hear ← IE **aw-* to perceive〙
áudio àmplifier *n.* 〖通信〗可聴周波増幅器《audio-frequency amplifier ともいう》.
áudio-animatrónics *n.* オーディオアニマトロニックス《コンピューター制御によって人形に話しをさせたり, いろいろな動作をさせたりする技術; これを売り物にした展示[ショー]》. 〘1965〙
áudio bòok *n.* カセット[CD]ブック, 朗読カセット[CD]付きの本.
áudio·cassètte *n.* 録音カセット, カセット録音. 〘1971〙
áudio cònference *n.* 電話会議.
áudio frèquency *n.* 〖通信〗可聴周波《常人の耳に聞こえる範囲の周波数, 50–20,000 Hz 程度; 無線用高周波に対して低周波ともいう; 略 AF》. **áudio-frè·quency** *adj.* 〘1913〙
au·di·o·gen·ic /ɔ̀ːḍiəʤénɪk, ɑ̀ː- | ɔ̀ːdiə-ˊ/ *adj.* 〖心理〗〈発作など〉高周波音による: an ～ seizure 聴源発作. 〘1941〙
au·di·o·gram /ɔ́ːḍiəgræ̀m, ɑ́ː- | ɔ́ːdiə-/ *n.* 〖医学〗オーディオグラム, 聴力図. 〘1930〙
áudio-guíded *adj.* イヤホーンで案内される: an ～ tour イヤホーンで説明を聞きながら回る(博物館などの)見物[見学].
àudio-língual *adj.* 〖教育〗〈外国語教授法など〉耳と口による, 口頭練習に基づく (aural-oral) (cf. audiovisual). 〘1960〙
au·di·ol·o·gy /ɔ̀ːḍiɑ́(ː)ləʤi, ɑ̀ː- | ɔ̀ːdiɔ́-/ *n.* 〖医学〗聴力学, 聴覚学《聴能を研究し併せて難聴の治療を行う; cf. otology》. **au·di·o·log·i·cal** /ɔ̀ːḍiəlɑ́(ː)ʤɪ̀kəl, ɑ̀ː-, -kl̩ | ɔ̀ːdiəlɔ́ʤɪ-ˊ/ *adj.* **àu·di·o·lóg·i·cal·ly** /-kəli/ *adv.* **àu·di·ól·o·gist** /-ʤɪ̀st | -ʤɪst/ *n.* 〘(1947) ← AUDIO-＋-LOGY〙
au·di·om·e·ter /ɔ̀ːḍiɑ́(ː)məṭə, ɑ̀ː- | -diɔ́mɪ̀tə^r/ *n.* 〖医学〗オーディオメーター, 聴力計. 〘1879〙
au·di·om·e·try /ɔ̀ːḍiɑ́(ː)mətri | ɔ̀ːdiɔ́mɪ̀-/ *n.* 〖医学〗聴力検査, オーディオメトリー. **àu·di·o·mét·ric** /-əmétrɪk-ˊ/ *adj.* **au·di·o·met·ri·cal** /ɔ̀ːdiou-métrɪ̀kəl, ɑ̀ː-, -kl̩ | ɔ̀ːdiə(u)métrɪ-ˊ/ *adj.* **àu·di·o·mét·ri·cal·ly** *adv.* **àu·di·óm·e·trist** /-trɪ̀st | -trɪst/ *n.* 〘1889〙
au·di·o·phile /ɔ́ːḍiouf àɪl | ɔ́ːdiəu-/ *n.* オーディオファン[愛好家], ハイファイファン. 〘1951〙
áudio respónse ùnit *n.* 〖電算〗音声応答装置《質問に対する答えを音声を用いて行う装置》.
áudio sìgnal *n.* **1** 〖電子工学〗音声信号《音声をマイクロホンなどで電気信号に変えたもの; cf. picture signal》. **2** 〖通信〗可聴(周波)信号《可聴周波 (audio frequency) の電気信号》.
áudio·tàpe *n.* 録音テープ, オーディオテープ (cf. videotape). 〘1963〙
áudio·tỳpist *n.* 録音テープ(など)を聞きながら打つ[原稿を起こす]タイピスト. **áudio·tỳping** *n.* 〘1959〙
àudio·vísual *adj.* 視聴覚(教育)の (cf. audio-lingual). — *n.* [*pl.*] 〖教育〗=audiovisual aids. **～·ly** *adv.* 〘(1937) ← AUDIO-＋VISUAL〙
audiovísual áid *n.* [通例 *pl.*] 〖教育〗視聴覚教材[教具]《教室・図書館などで用いる映画・ラジオ・テレビ・テープレコーダー・写真・地図・図表・グラフ・模型など; cf. visual aid》. 〘1937〙
au·di·phone /ɔ́ːdɪ̀fòun, ɑ́ː- | ɔ́ːdɪfəun/ *n.* 〖医学〗骨伝導式[切歯式]補聴器《歯に当てて音の振動を骨伝導で内耳に伝える》. 〘1880〙
au·dit /ɔ́ːdɪ̀t, ɑ́ː- | ɔ́ːdɪt/ *vt.* **1** 〈会計・帳簿・請求〉の検査[監査]をする. **2** 《米・カナダ》〈大学の講義・科目〉に聴講生として出席する, 聴講する (cf. auditor 3): ～ lectures [a course]. — *vi.* 会計検査[監査]をする. — *n.* **1 a** 会計検査, (会社などの)監査: a day of ～=an ～ day 会計検査日. **b** 会計検査報告(書). **2** 清算, 決算; 監査[決算]済みの会計. **3** 厳密な検査[検討]. **4** 《古》審理, 裁判 (judicial hearing). **～·a·ble** /-ṭəbl̩ | -tə-/ *adj.* 〘(1431) □ L *audītus* a hearing ← *audīre* to hear〙
au·dit- /ɔ́ːdət | -dɪ̀t/ (母音の前にくるときの) audito- の異形.
áudit ále オーディットエール《もと英国の大学で造った特に強いビール; 会計検査日 (day of audit) に飲んだ》.
áudit certíficate *n.* 〖会計〗監査証明 (audit report).
Áudit Commíssion *n.* (英国の)監査委員会《地方公共団体などの外部監査を行うための独立した機関》.
au·di·tion /ɔːdíʃən/ *n.* **1** (芸能志願者に対する)採用試験, オーディション; オーディションでの演技(など): give an ～ (志願者に対して)テストをする; 〈志願者が〉オーディションで演技などをやって見せる. **2 a** 〖演劇〗(脚本の採否などを決めるための簡単な)試演. **b** (レコードなどの)試聴. **3** 聞くこと; 聴力, 聴感, 聴覚. — *vt.* 〈芸能志願者〉の採用試験[オーディション]を行う. — *vi.* オーディションを受ける 〔*for*〕: ～ *for* TV, a commercial, a part, etc. 〘(1599) □ L *audītiō(n-)*: ⇨ audio-, -tion〙
au·di·tive /ɔ́ːḍəṭɪv | -dɪt-/ *adj.* =auditory. 〘(1611) □ F *auditif*: ⇨ audio-, -ive〙
au·di·to- /ɔ́ːḍəṭou | -dɪ̀təu/「音 (sound); 耳と…との (auditory and …)」の意の連結形. ★ 母音の前では通例 audit- になる. 〘ME □ OF ～ // L ～ ← *audītus* (p.p.) ← *audīre* to hear〙
au·di·tor /ɔ́ːḍəṭə, ɑ́ː- | ɔ́ːdɪ̀tə^r/ *n.* **1** 会計検査官; 会計監査人, 監査役, 監事. **2** 聞く人 (hearer), 聴衆の一人; (ラジオなどの)聴取者 (listener) (cf. viewer). **3** 《米》(大学の)聴講生《単位取得を目的としない》. **4** 〖法律〗(請求権の有無の)査定官. **～·ship** *n.* 〘(*a*1333) □ AF *auditour* =(O)F *auditeur* □ L *auditor*〙
auditoria *n.* auditorium の複数形.
au·di·to·ri·al /ɔ̀ːḍətɔ́ːriəl, ɑ̀ː- | ɔ̀ːdɪ̀-ˊ/ *adj.* 会計検査(官)の. 〘1859〙
au·di·to·ri·um /ɔ̀ːḍətɔ́ːriəm, ɑ̀ː- | ɔ̀ːdɪ̀-ˊ/ *n.* (*pl.* ～**s**, **-ri·a** /-riə/) **1** (劇場などの)観客席; 聴衆席, 講堂, 大講義室. **2** 《米・カナダ》会館, 公会堂 (hall). 〘(1727–51) □ L *audītōrium*: ⇨ ↓, -ium〙
au·di·to·ry /ɔ́ːḍətɔ̀ːri, ɑ́ː- | -dɪ̀təri, -tri/ *adj.* 〖解剖・生理〗聴覚の (cf. visual): an ～ image 聴覚像 / ～ sensation [perception, sense] 聴覚 / the ～ type 〖心理〗聴覚型《記憶型の一つ; cf. audile》. — *n.* 《古》**1** 聴衆, 観衆 (audience). **2** 聴衆席, 観客席 (auditorium). **au·di·to·ri·ly** /ɔ̀ːḍətɔ́ːrəli, ɑ̀ː- | ɔ́ːdɪ̀tərɪli, -tri/ *adv.* 〘adj.: (1578) □ L *audītōrius* (adj.): ⇨ auditor, -ory¹, — n.: (c1390) □ L *audītōrium* (↑): ⇨ -ory²〙
áuditory aphásia *n.* 〖病理〗聴覚性失語(症).
áuditory área *n.* 〖解剖〗(大脳の)聴覚野.
áuditory canál *n.* 〖解剖〗=auditory meatus.
áuditory cápsule *n.* 〖生物〗=otic vesicle.
áuditory meátus *n.* 〖解剖〗耳道《外耳道または内耳道; 人体解剖学では acoustic meatus ということもある》.
áuditory nèrve *n.* 〖解剖〗聴神経《acoustic nerve ともいう》. 〘1724〙
áuditory phonétics *n.* 〖音声〗聴覚音声学《音声を聴覚の面から研究する音声学の一部門; cf. acoustic phonetics, articulatory phonetics》.
áuditory vèsicle *n.* 〖生物〗=otic vesicle.
áudit repòrt *n.* 〖会計〗=audit certificate.
au·di·tress /ɔ́ːḍətrɪ̀s, ɑ́ː- | ɔ́ːdɪ̀trɪ̀s, -très/ *n.* **1** 女性の聞き手. **2** 《米》(大学の)女子聴講生. 〘1667〙
Au·drey /ɔ́ːdri, ɑ́ː- | ɔ́ː-/ *n.* オードリー《女性名》. 〘《変形》← ETHELDRED〙
Audrey, Saint *n.* ⇨ Saint ETHELDREDA.
Au·du·bon /ɔ́ːdəbɑ̀(ː)n, ɑ́ː-, -bən | ɔ́ːdəbən, -bɔ̀n/, **John James** *n.* オーデュボン《1785–1851; Haiti 島に生まれフランスで教育を受けた米国の鳥類学者・画家; *The Birds of America* (1827–38)》.
Áudubon wárbler *n.* 〖鳥類〗オーデュボンアメリカムシクイ (*Dendroica auduboni*)《北米西部産アメリカムシクイ科の小鳥; Audubon's warbler ともいう》. 〘(1837) ← *J. J. Audubon* (↑)〙
Au·er /áuə | áuə^r; *G.* áuɐ/, **Karl** *n.* アウアー《1858–1929; オーストリアの化学者; ライターの石として用いられるセリウム鉄合金やガスマントルなどを発明; 称号 Baron von Welsbach》.
Auer, Leopold *n.* アウアー《1845–1930; ハンガリーのバイオリニスト》.
Au·er·bach /áuəbɑ̀ːk, -bɑ̀ːx | áuə-; *G.* áuɐbax/, **Frank** (**Helmuth**) *n.* アウアーバッハ《1931– ; ドイツ生まれの英国の画家》.
AUEW 《略》《英》Amalgamated Union of Engineering Workers. 〘1971〙

au fait /oʊféɪ | əʊ-; *F.* ofɛ/ *F. adj.* [叙述的] **1** よく知って(いる), 精通して(いる) (versed)〔*with, to*〕: put [make] a person ～ *with* …を人に熟知させる. **2** 熟達して, 上手で (good)〔*in, at*〕: be ～ *at* chess. 〘(*a*1743) □ F ～ 《原義》 to the fact or point〙

Auf·ga·be, a- /áʊfgɑ̀ːbə; *G.* áʊfgàːbə/ *n.* (*pl.* **-ga·ben** /-bən; *G.* -bən/) 〖心理〗課題《心理実験で被験者に与えられる課題》. 〘(1902) □ G ～: 意味上 G *aufgeben* to assign と連想〙

Auf·he·ben /áʊfhèɪbən; *G.* áʊfhèːbṇ/ *n.* 〖哲学〗止揚, 揚棄《Hegel 弁証法哲学の基礎概念; ⇨ sublation》. 〘□ G ～ ← *aufheben* to lift up: cf. heave〙

Auf·klä·rung /áʊfklɛ̀ᵊrʊŋ | -klɛ̀ər-; *G.* áʊfklɛːʁʊŋ/ *G. n.* 啓蒙(けいもう); [the ～] (特に, 18 世紀ドイツの)啓蒙思潮[運動] (cf. enlightenment 3). 〘(1842) □ G ～〙

au fond /oʊfɔ́ː(ŋ), -fɔ́ːŋ; *F.* ofɔ̃/ *F. adv.* 根底[心底]は, 実際(に)は (cf. à fond). 〘(1782) □ F ～ 'at bottom'〙

auf Wie·der·seh·en /aʊfvíːdəzèɪ(ə)n | -də-; *G.* aʊfvíːdɐzèːən/ *G. int., n.* ではまた, さようなら(の挨拶). 〘(1885) □ G ～ 《原義》 until we meet again: cf. au revoir〙

aug. 《略》 augmentative; augmented.

Aug. 《略》 August.

Au·ge·an /ɔːdʒíːən, ɑː- | ɔː-/ *adj.* **1** アウゲアス (Augeas) 王の. **2** (アウゲアス王の牛舎のように)汚い, 不潔極まる; (道徳的に)腐敗しきった. **3** 〈仕事など〉至難でその上不愉快な. 〘(1599): ⇨ Augeas, -an[1]〙

Augéan stábles *n. pl.* [the ～] 〖ギリシャ神話〗アウゲアス (Augeas) 王の牛舎《3,000 頭の牛を飼いながら 30 年間一度も掃除をしなかったが, Heracles が Alpheus 川の水を引いて一日で清掃したという》: cleanse [purge] *the* ～ 腐敗を一掃する. 〘1635〙

Au·ge·as /ɔːdʒíːəs, ɑː- | ɔːdʒíːæs, ɔːdʒiæ̀s, ɔ́ːdʒiəs/ *n.* 〖ギリシャ神話〗アウゲアス《ギリシャ Elis の国王; cf. Augean stables》. 〘□ L *Augēas* □ Gk *Augeías*〙

au·gend /ɔ́ːdʒɛnd, ɑ́ː- | ɔ́ː-/ *n.* 〖数学〗被加算数[量] (summand). 〘(1898) □ L *augendum* ← *augēre* to increase〙

au·ger /ɔ́ːgə, ɑ́ː- | ɔ́ːgə(r)/ *n.* **1** (らせん状の)木工錐(きり), ボード錐, 板錐, ねじ錐 (cf. gimlet). **2** オーガー《土質調査や鑿地(さくち)に使われる錐》. **3** (ひき肉機やレンガ製造機などの)らせん状部《原料を混ぜて押し出す》. 〘(1354) (*an*)*augur, auger* 《異分析》← ME (*a*)*navegar, nauger* < OE *nafogār* ← *nafu* 'NAVE[2] of a wheel' + *gār* spear, javelin: cf. OHG *nabugēr* (G *Näber*)〙

Au·gér effèct /oʊʒéɪ- | əʊ-; *F.* oʒe-/ *n.* [the ～] 〖物理〗オージェ効果《X 線を出しうるほどに励起された原子が X 線を出さず, 自己の軌道電子を放出し安定していく現象》. 〘(1931) ← *Pierre V. Auger* (1899–1993: フランスの物理学者でその発見者)〙

Augér elèctron *n.* 〖物理〗オージェ電子《オージェ効果 (Auger effect) で放出される電子》. 〘1949〙

áuger shèll *n.* 〖貝類〗タケノコガイ《タケノコガイ科 *Terebra* 属などの巻貝の総称; タケノコガイ (*T. subulata*) など》.

Augér shòwer *n.* 〖物理〗オージェシャワー《強い宇宙線シャワー》.

Au·ghrá·bies Fálls /ɔːgrɑ́ːbiz-/ *n. pl.* [the ～; しばしば単数扱い] アウグラビース滝, オーグラビース滝《南アフリカ共和国 Northern Cape 州北西部の, Orange 川にある滝; 落差 146 m; 別称 King George's Falls》.

Augh·rim /ɔ́ːgrɪ̩m, ɑ́ː- | ɔ́ːgrɪm/ *n.* オーグリム《アイルランド西部 Galway 州の村; William 三世が 1691 年 James 二世支持派のアイルランド・フランス連合軍を大敗させた所》.

aught[1] /ɔ́ːt, ɑ́ːt | ɔ́ːt/ *n.* 《古》あること[もの], 何か, 何も (anything) (cf. naught).

for àught Í cáre どうでも構わない (for all I care): He may die *for* ～ *I care.* やつが死んだって構う[知る]ものか.
for àught Í knòw よくは知らないが, (何とも言えないが)多分 (for all I know, perhaps). ***if áught there bé*** 《古》あったところで(知れたもの).

— *adv.* 《古》どうにも, 到底 (at all); どのみち.
〘OE *āwiht, ōwiht* ← *ā, ō* ever (⇨ aye[2]) + *wiht* 'WIGHT, thing'〙

aught[2] /ɔ́ːt, ɑ́ːt | ɔ́ːt/ *n.* 零, 0 (naught, cipher). 〘《異分析》← *a naught*〙

aught[3] /ɔ́ːt, ɑ́ːt | ɔ́ːt/ *vt.* (過去形 ～; 三人称単数現在形 ～, ～s) 《スコット》 **1** 所有する (own). **2** 〈人・物〉に負うところがある (owe). — *adj.* 所有している. — *n.* 《古》 **1** 所有(権). **2** 所有物, 財産. 《OE *ǣht* ← *āgan*: cf. OHG *ēht* / Goth. *aihts*》 〘OE *ǣhte* (pret.) ← *āgan* 'to OWE': ⇨ ought[1]〙

aught[4] /ɑ́ːxt/ *adj.* 《スコット》 = eight; eighth. 〘ME *auhte*: ⇨ eight〙

Au·gier /oʊʒiéɪ, oʊʒéɪ | əʊ-; *F.* oʒje/, **(Guillaume Victor) Émile** *n.* オージェ (1820–89; フランスの劇作家).

au·gite /ɔ́ːdʒaɪt, ɑ́ː- | ɔ́ː-/ *n.* 〖鉱物〗輝石 (pyroxene) の一種. **au·git·ic** /ɔːdʒɪ́tɪk, ɑː- | ɔːdʒɪ́tɪk⁻/ *adj.* 〘(1786) □ L *augites* precious stone □ Gk *augítēs* ← *augē* gleam ← IE **aug-* to shine: ⇨ -ite[1]〙

au·gi·tite /ɔ́ːdʒətàɪt | -dʒɪ̩-/ *n.* 〖岩石〗輝石岩《輝石に富む玄武岩質火山岩の一種; cf. pyroxenite》.

aug·ment /ɔːgmɛ́nt, ɑːg- | ɔːg-/ *v.* — *vt.* **1** 〈数量・程度・大きさを〉増加[増大]させる (⇨ increase SYN) (↔ diminish): ～ defense power, personnel, taxes, etc. / They will ～ their service by (increas*ing*) extra trains. 臨時列車(の増発)によってサービスを強化することになろう. **2** 〖音楽〗 **a** 〈主題を〉拡大[拡延]する (↔ diminish). **b** 増音する《長音程や完全音程に半音を付加する》. **3** 〖文法〗…に接頭母音をつける (⇨ *n.*). **4** 〖紋章〗〈紋章〉に加増紋を付加する. — *vi.* 増加する, 増す, 増大する: Nowadays accidents ～ in an alarming way. 昨今は事故が驚くほど増加している.

— /ɔ́ːgmɛnt, ɑ́ːg- | ɔ́ːgmənt, -mɛnt/ *n.* 〖文法〗接頭母音《ギリシャ語やサンスクリット語の動詞が過去のときに語頭に添える母音または語頭の母音を長くすること; ギリシャ語の ἐ など》.

～·a·ble /-təbl̩ | -tə-/ *adj.* 〘*v.*: (*a*1400) □ AF & (O)F *augmenter* < LL *augmentāre* to increase ← *augmentum* ← L *augēre* to increase: ⇨ -ment. — *n.*: (*a*1420) □ (O)F ～ □ LL *augmentum*〙

aug·men·ta·tion /ɔ̀ːgmɛntéɪʃən, ɑ̀ːg-, -mən- | ɔ̀ːgmɛn-, -mən-/ *n.* **1** 増加, 増大. **2** 増加率. **3** 増加物, 添加物 (addition). **4** 〖音楽〗拡大 (主題または音型を, 音価を一定の比率で拡大した形で再現すること; ↔ diminution). **5** 〖紋章〗加増紋. **6** 〖文法〗接頭母音添加. 〘(*a*1422) □ OF *augmentacion* (F *augmentation*) □ LL *augmentātiō(n-)* ← *augmentāre*: ⇨ ↑, -ation〙

aug·men·ta·tive /ɔːgmɛ́ntətɪv, ɑːg- | ɔːgmɛ́ntət-/ *adj.* **1** 増加的な, 増大性の. **2** 〖文法〗 **a** (増大辞として)大きさや不細工さを強調する. **b** 増大辞の; 増大辞のついた. — *n.* 〖文法〗増大辞《大きさや不細工さなどを強調する接頭辞・接尾辞; cf. diminutive; 例: ball*oon* (large ball) / mill*ion* (large thousand) (← L *mille* thousand)》. **～·ly** *adv.* 〘(1413) □ (O)F *augmentatif*: ⇨ ↑, -ative〙

aug·mént·ed /-mɛ́ntɪ̩d | -tɪ̩d/ *adj.* **1** 増加[増大]した, 数が増えた. **2** 〖音楽〗増音程の, 半音増の, 増(ぞう)… (cf. perfect 7 b, diminished 2): ⇨ augmented interval. 〘1605〙

augménted ínterval *n.* 〖音楽〗増音程《完全音程や長音程をなす 2 音の一方を動かして半音増加させた[高くした]音程》. 〘1954〙

augménted mátrix *n.* 〖数学〗拡大行列《連立一次方程式の係数の右へ, 定数項から成る一列を付け加えて得られる行列》. 〘1942〙

augménted róman, A- R- *n.* = initial teaching alphabet.

augménted síxth *n.* 〖音楽〗増 6 度和音.

augménted transítion nètwork *n.* 〖言語〗拡張遷移網《図表化された構文変換の形式モデル》.

aug·men·tor /ɔːgmɛ́ntə, ɑːg- | ɔːgmɛ́ntə(r)/ *n.* (*also* **aug·ment·er** /～/) **1** 増大させる物[人]. **2** 〖航空・宇宙〗推力増強装置《推力を増すための補助エンジン》.

au gra·tin /oʊgrɑ́ːtn̩, -grǽtn̩ | əʊgrǽtǽ(ŋ), -tæŋ, -tæn; *F.* ogʁatɛ̃/ *adj.* [叙述的] 〖料理〗グラタンで[にした] (cf. gratin): cauliflower [macaroni] ～ カリフラワー[マカロニ]グラタン. 〘(1806) □ F ～ 'with a gratin, or crust made by burning in the oven'〙

Augs·burg /ɔ́ːgzbəːg, ɑ́ːgz-, áʊgsbʊəg | áʊgzbəːg, áʊks-, -bʊəg; *G.* áʊksbʊʁk/ *n.* アウクスブルク《ドイツ南部, Bavaria 州の都市; 紀元前 14 年にローマ軍によって建設された》.

Áugsburg Conféssion *n.* [the ～] アウクスブルク信仰告白[信条]《1530 年にドイツの Augsburg で Luther と Melanchthon が発表した信仰告白文》. 〘1534〙

au·gur /ɔ́ːgə, ɑ́ː- | ɔ́ːgə(r)/ *vt.* **1** 占う; (占いで)予言する (predict): From the economic conditions I ～ its failure [*that* it will fail]. (今日の)経済状態から見てその失敗を[それは失敗するだろうと]予想する. **2** 〈物事があらかじめ知らせる, …の前兆となる (portend): It seems to ～ success (*for* him). (彼にとって)成功の前兆らしい.
— *vi.* **1** 占う. **2** [通例 ～ well [ill] として] 〈事が〉前兆を示す: ～ *well* [*ill*] 縁起がよい[悪い] / This ～s *well* [*ill*] *for* the scheme. これは計画にとって幸先(さいさき)がよい[悪い].
— *n.* **1** 卜占(ぼくせん)官《古代ローマで鳥の挙動・鳴声, 獣の臓腑(ぞうふ), 天体の現象などによって公事の吉凶を判断した僧官; auspex ともいう》. **2** 易者, 占い師 (fortune-teller), 予言者 (prophet). **～·ship** *n.* 〘*n.*: (1549) □ L ～ 'a senior priest of divination' ← ? OL **augos, *augeris* increase, growth (意味上 AUSPEX と連想): ⇨ augment. — *v.*: □ L *augrārī* ← *augur*〙

au·gu·ral /ɔ́ːgjʊrəl, ɑ́ː- | ɔ́ː-/ *adj.* **1** 占い(者)の. **2** 前兆をなす, 吉凶を示す (ominous, auspicious). 〘1513〙

au·gur·er /ɔ́ːgjʊrə, ɑ́ː- | ɔ́ːgjʊrə(r)/ *n.* 《廃》卜占(ぼくせん)官 (augur). 〘(*c*1400): ⇨ augur, -er[1]〙

au·gu·ry /ɔ́ːgjʊri, ɑ́ː- | ɔ́ː-/ *n.* **1** 占い(術), 占い判断 (divination). **2** 占いの儀式. **3** 前兆, 予示. 〘(*c*1385) □ OF *augurie* // L *augurium*: ⇨ augur, -ery〙

au·gust /ɔːgʌ́st, ɑː- | ɔː-⁻/ *adj.* **1** 威厳のある, 尊厳のある (majestic), 威風堂々とした (awe-inspiring), 堂々たる (⇨ grand SYN): an ～ personage 威風あたりを払う人物. **2** 畏(かしこ)い, 尊い, 神々しい (venerable): your ～ father 御尊父. **～·ly** *adv.* **～·ness** *n.* 〘(1664) □ L *augustus* venerable ← *augēre* to increase〙

Au·gust[1] /ɔ́ːgəst, ɑ́ː- | ɔ́ː-/ *n.* 8 月 (略 Aug., Ag.). 〘lateOE ― □ L *Augustus* 《原義》august (↑): 最初のローマ皇帝 Augustus Caesar にちなんで従来の *Sextīlis* (第 6 月)にかえたもの (⇨ December): cf. July〙

Au·gust[2] /ɔ́ːgəst, ɑ́ː- | ɔ́ː-; *Swed.* ɑ̊ːgɵst, *Dan.* aʊgɔ̀sd/ *n.* オーガスト (男性名). 〘↑〙

Au·gus·ta[1] /əgʌ́stə, ɔː-, ɑː- | ɔː-, ə-/ *n.* オーガスタ: **1** 米国 Georgia 州東部, Savannah 河畔の都市. **2** 米国 Maine 州南西部 Kennebec 河畔にある同州の州都.

Au·gus·ta[2] /aʊgúːstə/ *It.* aʊgústa/ *n.* アウグスタ《イタリアの Sicily 島東部にある港町》.

Au·gus·ta[3] /əgʌ́stə, ɔː-, ɑː- | ɔː-, ə-/ *n.* オーガスタ《女性名; 愛称形 Guss, Gussie》. 〘(fem.) ← AUGUSTUS〙

Au·gus·tan /ɔːgʌ́stən, ɑː-, ə- | ɔː-, ə-/ *adj.* **1** (ローマ皇帝)アウグストゥス (Augustus) の. **2 a** (ローマ文芸全盛期としての)アウグストゥス帝時代の; (一国の)文芸全盛期の: ⇨ Augustan age. **b** 〈文学が〉古典主義(的)の. **c** 〈趣味・様式など〉古典風の, 高雅な. **3** アウクスブルク (Augsburg) の. — *n.* **1** 文芸全盛期の作家. **2** 文芸全盛期の作家の研究者. 〘(1565) □ L *augustānus* ← *Augustus*: ⇨ August[1]〙

Augústan áge *n.* [the ～] **1** アウグストゥス帝時代《ラテン文学の隆盛期; 27 B.C.–14 A.D.》. **2** (一国の)文芸全盛期, 古典主義時代《英国では狭義には Queen Anne の時代すなわち Pope, Addison, Johnson の時代をいうが, 広義には Dryden 時代を含めることもあり, また 18 世紀文学を総称することもある》. 〘1712〙

Augústan Conféssion *n.* [the ～] = Augsburg Confession. 〘1565〙

Áugust Bánk Hóliday *n.* [the ～] 《英》オーガストバンクホリデー《イングランド・ウェールズ・北アイルランドでは 8 月の最終月曜日(以前は最初の月曜であった); スコットランドでは 8 月の最初の月曜日; Late Summer Holiday ともいう; cf. Bank Holiday》.

Au·guste[1] /ɔːgúːst, oʊ-, ɑː-, -gíst | ɔː-, əʊ-; *F.* ɔgyst, o-/ *n.* オーギュスト《男性名》. 〘□ F ～ 'AUGUST[2]'〙

Au·guste[2], **a-** /aʊgúst/ *n.* (サーカスの)道化役, アウグスト《顔を白く塗り大きな丸い赤鼻をし, だぶだぶの服を着てへまばかりやる役》. 〘(1910) □ F ～ □ ? G *August* auguste: ⇨ August[2]〙

Au·gus·tine[1] /ɔ́ːgəstìːn, ɑ́ː-, -stɪ̩n, ɔːgʌ́stɪ̩n, ɑː- | ɔːgʌ́stɪn, ə-; *F.* ogystin, ɔ-/ *n.* オーガスティン《男性名; 異形 Austin》. 〘□ L *Augustīnus* ← *Augustus* 'AUGUST[2]': ⇨ -ine[1]〙

Au·gus·tine[2] /ɔ́ːgəstìːn, ɑ́ː-, -stɪ̩n, ɔːgʌ́stɪ̩n, ɑː- | ɔːgʌ́stɪn, ə-/ *n.* 〖カトリック〗= Augustinian 2. 〘?*a*1400〙

Au·gus·tine[3] /ɔ́ːgəstìːn, ɑ́ː-, -stɪ̩n, ɔːgʌ́stɪ̩n, ɑː- | ɔːgʌ́stɪn, ə-/, **Saint** *n.* **1** アウグスティヌス (354–430; 初期キリスト教会最大の指導者・神学者・哲学者; *The City of God,* および *Confessions* の著者; 北アフリカ Hippo の司教 (396–430); St. Augustine of Hippo とも呼ばれる; 祝日 8 月 28 日). **2** アウグスティヌス, オーガスチン (?–604; ローマの修道士; 597 年英国に上陸し, 伝道師団の長として英国人のキリスト教化に尽くし, ケント王 Ethelbert の援助を得て Canterbury を拠点に布教を進めた; Canterbury の初代大司教 (601–604); 祝日 5 月 26 日; St. Austin または the Apostle of the English とも呼ばれる).

Au·gus·tin·i·an /ɔ̀ːgəstíniən, ɑ̀ː- | ɔ̀ː-⁻/ *adj.* **1** アウグスティヌス (St. Augustine of Hippo) の(神学説の). **2** アウグスティノ修道会の. — *n.* **1** アウグスティヌス主義者. **2** 〖カトリック〗 **a** [the ～s] アウグスティノ(修道)会. **b** アウグスティノ修道士.

Augustínians of the Assúmption [the ―] 〖カトリック〗(聖母)被昇天アウグスティノ会《1850 年フランスで創立された修道会; ultramontanism, つまりローマ中心的な傾向の故に, フランスで物議をかもし禁止され, スペイン・ベルギー・米国などに広がった; the Assumptionists ともいう》. 〘1602〙

Àu·gus·tín·i·an·ìsm /-nìzm/ *n.* 〖神学〗アスグスティヌス (St. Augustine of Hippo) の教義, アウグスティヌス主義. 〘1830〙

Au·gus·tin·ism /ɔ́ːgəstìnɪzm, ɑ̀ː-, ɔːgʌ́stɪ̩nìzm, ɑː- | ɔːgʌ́stɪ-, ə-/ *n.* = Augustinianism. 〘1883〙

Au·gus·tus /əgʌ́stəs, ɔː-, ɑː- | ɔː-, ə-/ *n.* **1** オーガスタス (男性名). **2** アウグストゥス (63 B.C.–A.D. 14; ローマ最初の皇帝 (27 B.C.–A.D. 14); Julius Caesar の後継者; 国政を改革し, 学芸を奨励した; Gaius Julius Caesar Octavianus または Augustus Caesar ともいう; 即位前は Gaius Octavianus (⇨ Octavian) と呼ばれた). 〘□ L ～ 'AUGUST[2]'〙

au jus /oʊʒúː(s), -dʒúːs | əʊ-; *F.* oʒy/ *adj.* [叙述的] 〈肉料理が〉その肉汁 (gravy) と共に出される: roast beef ～. 〘(*c*1919) □ F ～ 'with juice'〙

auk /ɔ́ːk, ɑ́ːk | ɔ́ːk/ *n.* 〖鳥類〗ウミスズメ《北半球の沿岸に生息するウミスズメ科の鳥類の総称; ヒメウミスズメ (little auk, dovekie) など; cf. great auk, razorbill》. 〘(1678) □ Norw. or Icel. *alk*(*a*) < ON *ālka*: cf. Dan. *alke* / Swed. *alka*〙

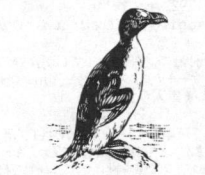

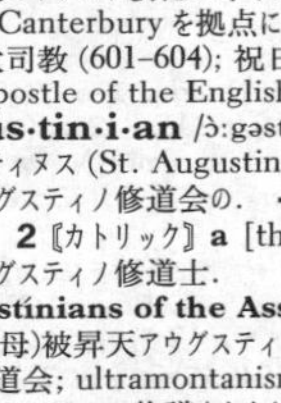

auk
(*Synthliboramphus antiquus*)

auk·let /ɔ́ːklɪ̩t, ɑ́ːk- | ɔ́ːk-/ *n.* 〖鳥類〗小形のウミスズメ類の鳥類の総称《アメリカウミスズメ (Cassin's auklet) など》; (特に)エトロフウミスズメ属 (*Aethia*) の数種の鳥類の総称《エトロフウミスズメ (crested auklet) など》. 〘(1886): ⇨ ↑, -let〙

aul- /ɔːl, ɑːl | ɔːl/ (母音の前にくるときの) aulo- の異形.

au lait /oʊléɪ | əʊ-; *F.* olɛ/ *F. adj.* [叙述的] ミルク入りの: ⇨ café au lait. 〘□ F ～ 'with milk'〙

auld /ɔ́ːld, ɑ́ːld | ɔ́ːld/ *adj.* 《スコット》 = old. 〘OE 《北部方言》 *ald*: ⇨ old〙

Auld Kirk /ɔ̀ːldkə́ːk | -kə́ːk/ *n.* [the ～] スコットランド教会 (Church of Scotland).

auld lang syne /ɔ̀ːl(d)lænzáɪn, ɑ̀ːl(d)-, -sáɪn | ɔ̀ːl(d)lænsáɪn, -záɪn/ *n.* **1** 《スコット》懐しい昔, 今は懐しそ

A

の昔 (the (good) old times); 古いよしみ, 旧交: drink to ～. **2** [A- L- S-]「オールドラングサイン」(R. Burns の詩; 「ほたるの光」はこの詩に William Shield /ʃíːld/ (1748–1829) の旋律をつけたもの). 〖(1721)《スコット》～ 'old long ago': ⇨ syne〗

Auld Licht /ɔ́ːldlíçt, áːld- | ɔ́ːld-/ n. [the ～] (スコットランド分離派教会の)旧派 《宗教と国家との結合を主張する; cf. New Light》. 〖《スコット》～《原義》old light〗

Auld Ree·kie /ɔ́ːldríːki, áːld- | ɔ́ːld-/ n. スコットランド Edinburgh 市の俗称. 〖(1818)《スコット》～《原義》old reeky (city)〗

au·lic /ɔ́ːlɪk, áː- | ɔ́ː-/ adj. 宮廷の. 〖(1701) □ F *aulique* □ L *aulicus* □ Gk *aulikós* of the court ← *aulḗ* court〗

Áu·lic Cóuncil /ɔ́ːlɪk-, áː- | ɔ́ː-/ n. **1** (神聖ローマ帝国の)皇帝直裁の最高裁判所. **2** 御前会議 《旧ドイツ帝国の枢密院会議 (1502–1806); 後にはオーストリアの内閣閣議》. 〖(なぞり) ← G *Hofrat*〗

Au·lis /ɔ́ːlɪ̀s, áʊ- | ɔ́ːlɪs, áʊ-/ n. アウリス 《ギリシャ中東部 Boeotia 県に遺跡が残っている古代の港湾都市; トロイ戦争のときギリシャ軍はここから船出したといわれる》.

AULLA /áʊlə/ n. オーストラリア大学言語文学協会. 〖《頭字語》← *A(ustralian) U(niversities) L(anguage) (and) L(iterature) A(ssociation)*〗

au·lo- /ɔ́ːloʊ, áː- | ɔ́ːləʊ/「横笛 (flute); 管」の意の連結形. ★ 母音の前では通例 aul- になる. 〖← NL ～ ← Gk *aulós*: cf. alveolus〗

auloi n. aulos の複数形.

au·lo·phyte /ɔ́ːləfàɪt, áː- | ɔ́ː-/ n. 〚植物〛他の植物体内の空処に生活する植物 《共生でも寄生でもない》. 〖← AULO-＋-PHYTE〗

au·los /ɔ́ːlɑ(ː)s, áː- | ɔ́ːlɒs/ n. (pl. **au·loi** /-lɔɪ/) アウロス 《古代ギリシャの甲高い音を出す複簧(ふくこう)管楽器》. 〖□ Gk *aulós*: ⇨ aulo-〗

Aum /ɔ́ːm, áːm | ɔ́ːm/ n. 〚インド哲学〛＝Om.

AUM 《略》〚軍事〛air-to-underwater missile.

aum·bry /ɔ́ːmbri/ n. ＝ambry.

au·mil·dar /ɔ̀ːmɪ̀ldɑ́ə, àː-, ⌐–⌐ | ɔ̀ːmɪ̀ldɑ́ː(r, ⌐–⌐/ n. (インド人の)仲買人, 代理人, 支配人; (特に)税金取立て人, 収税吏. 〖(1778) □ Hindi *'amaldār* ← Arab. *'ámal* work＋Pers. *-dār* -er¹〗

a.u.n. 《略》L. absque ūlla nota (＝with no identifying mark).

au na·tu·rel /òʊnætʃʊrél, -nàːtʊ- | əʊnætjʊ-, -tʃʊ-; F. onatyʀɛl/ F. adj. [叙述的], adv. **1** **a** 自然のままの[で]. **b** 裸の[で], ヌードの[で] (nude). **2** **a** (本来の味を生かして)淡白に料理した (cooked plainly). **b** 生(なま)のままの[で] (uncooked): oysters ～. 〖(1817) □ F ～ 'in the natural'〗

aune /óʊn | ə́ʊn; F. oːn/ n. オーヌ 《フランスの織物用旧尺度; ＝1.18 m (後に 1.2 m)》. 〖□ F ～ < OF *aulne*〗

Aung San /áʊŋsǽn/ n. アウン サン (1915–47; ビルマの政治家, 独立運動の指導者; 1946 年反ファシスト人民自由連盟総裁として事実上ビルマの政治を指導, 独立準備を進める途中で政敵の配下に暗殺された; Aung San Suu Kyi の父).

Aung San Suu Kyi /áʊŋsǽnsùːtʃíː/ n. アウン サン スー チー (1945– ; ミャンマーの反体制民主化運動の指導者; Nobel 平和賞 (1991)).

aunt /ǽnt, áːnt | áːnt/ ★《米》では /áːnt/ は New England と Virginia 州東部で聞かれるだけ. n. **1** **a** おば, 伯母, 叔母 (cf. uncle) (cf. father 1 a ★): I'm now an ～. (兄弟(姉妹)に子供ができて)私はおばさんになった (cf. uncle 語法). 日英比較 日本語の「伯母」(父母の姉)と「叔母」(父母の妹)の区別は英語にはない. **b** おじの妻, 義理のおば (cf. aunt-in-law). **2** **a** 〚口語〛(よその親しい)おばさん. **b** ＝auntie 2. **3** 《俗》(年下の男性を好む)年配のホモ; 売春婦. **4** 《廃》老婆, おしゃべり女.
My (sáinted) áunt! あら, まあ. (1888)
～·hòod n. **～·lìke** adj.
〖(c1300) □ OF *a(u)nte* (F *tante*) < L *amitam* father's sister ← **amma* mother〗

aunt·ie /ǽnti, áːnti | áːnti/ n. **1** 〚口語〛おばちゃん. **2** 〚米口語〛(黒人の)ばあや, ばあさん. **3** 〚英口語〛保守的(傾向)の機関; (特に)ビービーシー (BBC): *Auntie* BBC. **4** 〚軍俗〛ミサイル迎撃ミサイル (antimissile missile). **5** ＝aunt 3. 〖(1792): ⇨ ↑, -ie〗

áunt-in-láw n. (pl. **aunts-**) 義理のおば: **a** おじの妻. **b** 配偶者のおば.

Àunt Jemíma n. 〚商標〛アントジェマイマ 《米国 Quaker Oats 社製のパンケーキミックス・パンケーキ用シロップ; 製品のシンボルとなっている黒人の女性》.

áunt·ly adj. おばのような. 〖(1844): ⇨ -ly²〗

Àunt Sálly n. 《英》**1** 〚遊戯〛サリーおばさんのパイプ落とし 《縁日などで「サリーおばさん」と呼ばれる木像にくわえさせたりその耳にはさんだりしてあるパイプに棒を投げつけて, それを打ち落とす遊び》. **2** (不当な)攻撃[嘲弄(ちょうろう)]の的. 〖1861〗

aunt·y /ǽnti, áːnti | áːnti/ n. ＝auntie.

au pair /oʊpɛ́ə | əʊpɛ́ə(r; F. opɛːʀ/ n. ＝au pair girl. ― adj., adv. 相互援助の[によって], オペア(方式)の[で]. ― vi. オペアガールとして働く. 〖(1897) □ F ～ 'on equal terms'〗

au páir gìrl n. オペアガール 《外国の家庭に無料で滞在させてもらう代わりに家事手伝いなどをしながら英語[語学]を学ぶ若い女性》. 〖1962〗

au poivre /oʊpwɑ́ːv, -pwɑ́ːvrə | əʊ-; F. opwaːvʀ/ F. adj. [叙述的] オーポアブルの, ひいた黒こしょうの実で味付けした: steak ～. 〖(1971) □ F〗

aur-¹ /ɔːr/ (母音の前にくるときの) auri-¹ の異形.

aur-² /ɔːr/ (母音の前にくるときの) auri-² の異形.

au·ra /ɔ́ːrə/ n. (pl. ～s, **au·rae** /-riː/) **1** (人や物の微妙で独特な)雰囲気, 感じ; (人・物が発散する)魅力, 輝かしさ (radiance): an ～ of culture, sadness, etc. / There was an ～ of mystery about her. 彼女にはどことなく謎めいた風があった. **2** (物体から出る)発散物 (emanation), (花などの)香り, におい. **3** 〚心霊〛霊気, オーラ. **4** 〚電気〛用電気. **5** 〚病理〛(癲癇(てんかん)・ヒステリーなどの主観的な)前兆, アウラ. **6** [A-] 〚ギリシャ神話〛アウラ 《微風の女神》. 〖(c1400) □ L ～ 'breeze' □ Gk *aúrā*〗

au·ral¹ /ɔ́ːrəl, áːr- | ɔ́ːr-/ adj. **1** 耳の; 聴覚の, 聴感の: ～ comprehension 〚教育〛(外国語の)聞き取りによる理解. ★ 英国の語学教育では特に oral / aural という句で oral と区別して /áʊrəl/ と発音されることがある. **2** 〚解剖・生理〛耳性の; 聴力の. **～·ly** adv. 〖(1847) ← L *auris* ear＋-AL¹〗

au·ral² /ɔ́ːrəl/ adj. aura の. 〖1869〗

áural-óral adj. 〚教育〛〈外国語教授法など〉耳と口による: the ～ method.

au·ra·mine /ɔ́ːrəmìːn, -mɪ̀n | -miːn, -mɪn/ n. 〚化学〛オーラミン ($C_{17}H_{22}ClN_3$) 《ミヒラーのケトン (Michler's keton) と塩化アンモニウムと塩化亜鉛を共融して作る黄色染料》. 〖(1884) ← L *aurum* gold＋AMINE〗

Au·rang·a·bad /aʊrʌ́ŋ(g)əbɑːd, -bæd/ n. アウランガバード 《インド中西部 Maharashtra 州北部, Bombay 市の東北東にある都市; Ajanta, Ellora 石窟への観光基地》.

Au·rang·zeb /ɔ̀ːrəŋzéb, ɔ́ːr- | -rǽŋ-, -rəŋ-/ n. アウランゼーブ (1618–1707; Hindustan のムガル (Mogul) 皇帝 (1658–1707)).

aurar n. eyrir の複数形.

au·rate /ɔ́ːreɪt, -rɪ̀t/ n. 〚化学〛金酸塩. 〖(1838) ← L *aurum* gold: ⇨ -ate¹〗

au·re·ate /ɔ́ːriɪ̀t, -rɪ̀t, -rièɪt/ adj. **1** 金色の (golden); けんらんたる, きらびやかな. **2** 〈文体・表現など〉華麗な, 凝りすぎた. **～·ly** adv. **～·ness** n. 〖(a1420) □ L *aureātus* ← *aureus* golden ← *aurum* gold: ⇨ -ate²〗

aurei n. aureus の複数形.

Au·re·li·a /ɔːríːliə/ n. オーリリア 《女性名》. 〖□ L ～ (fem.) ← *Aurelius* (ローマの家族名: ←? L *aurum* gold)〗

Au·re·li·an /ɔːríːliən/ n. アウレリアヌス (212?–75; ローマの皇帝 (270–75); ラテン語名 Lucius Domitius Aurelianus /-dəmíʃəs ɔːrìːliéɪnəs, -doʊ-, -ʃiəs | də(ʊ)míʃiəs-, -dɔ-, -ʃəs/).

Aurelius, Marcus n. ⇨ Marcus Aurelius.

au·re·o·la /ɔːríːələ, ɔːríːələ, ər- | ɔːríːələ/ n. (pl. ～s, **-o·lae** /-liː/) ＝aureole. 〖(1483) □ ML *aureola (corōna)* golden (crown) (fem.) ← *aureolus* (dim.) ← *aureus* ← *aurum* gold〗

au·re·ole /ɔ́ːriòʊl | -əʊl/ n. **1** **a** 〚神学〛(俗世・欲情・悪魔に打ち勝った有徳の人々に神が与えるとされる天国の)栄冠, 報賞, 栄光. **b** 《比喩》輝かしさ (radiance). **2** 〚美術〛(聖像の頭部または全身を囲む)後光, 光輪 (halo) (cf. nimbus 3). **3** 〚地質〛接触変質域 《火成岩体の周りで接触変成が及んでいる範囲》. **4** 〚天文〛＝corona 2. ― vt. (後光などで)囲む. **～d** adj. 〖(c1225) □ (O)F *auréole* (↑)〗

au·re·o·lin /ɔːríːəlɪ̀n | -lɪn/ n. 〚化学〛オーリオリン, アウレオリン 《黄色の絵画用顔料; ヘキサニトロコバルト (III) 酸カリウム ($K_3[Co(NO_2)_6]$) の顔料名》. 〖(1879) ← *aureol-* (⇨ aureola)＋-IN²〗

Au·re·o·my·cin /ɔ̀ːrioʊmáɪsɪ̀n, -riə-, -sn̩ | -riə(ʊ)máɪsɪn/ n. 〚商標〛オーレオマイシン 《chlortetracycline の商品名》. 〖(1948) ← L *aureo-*, *aureus* golden＋-MYCIN: その色が黄金色であるため〗

au·re·us /ɔ́ːriəs/ n. (pl. **au·re·i** /-riàɪ/) アウレウス 《Caesar から Constantine I までの古代ローマの金貨; その通貨単位》. 〖(1609) □ L ～《原義》golden〗

au re·voir /òʊrəvwɑ́ə | ə̀ʊrɪ̀vwɑ́ː(r; F. oʀəvwaːʀ/ F. int., n. ではまた, さようなら(の挨拶): say ～ to …に(ではまたと)別れを告げる. 〖(1694) □ F ～《原義》to the seeing again: cf. auf Wiedersehen〗

au·ri-¹ /ɔ́ːrɪ̀ | -rɪ/「耳 (ear)」の意の連結形: auriform. ★ 母音の前では通例 aur- になる. 〖← L *auris* 'EAR¹'〗

au·ri-² /ɔ́ːrɪ̀ | -rɪ/「金 (gold)」の意の連結形. ★ 母音の前では通例 aur- になる. 〖← L *aurum* gold: cf. auro-〗

au·ric¹ /ɔ́ːrɪk/ adj. **1** 〚化学〛第二金の, 3 価の金 (Au^{III}) の (cf. aurous): ～ oxide 酸化第二金 (Au_2O_3). **2** 金の(ような); 金を含む. 〖(1838) ← L *aurum* gold: ⇨ -ic¹〗

au·ric² /ɔ́ːrɪk/ adj. (生体を取り囲む)オーラ (aura) の. 〖(1889) ← AURA＋-IC¹〗

Au·ric /ɔ́ːrɪk; F. oʀik/, **Georges** n. オーリック (1899–1983; フランスの作曲家).

áuric ácid n. 〚化学〛金酸 ($HAuO_2$) 《両性水酸化物, 水酸化金 (III) (gold (III) hydroxide) ($Au(OH)_3$) が酸性の方がやや強いところから呼ばれる慣用名》. 〖1838〗

au·ri·cle /ɔ́ːrɪkl̩, -rə- | -rɪ-/ n. **1** 〚解剖〛耳介(じかい) (pinna). **2** 〚解剖・動物〛(心臓の)心耳 (⇨ heart 挿絵). **3** 〚生物〛耳状物, 耳状部 (auricula). **～d** adj. 〖(1653) L *auricula* (dim.) ← *auris* ear〗

au·ric·u·la /ɔːríkjʊlə | ɔː-, ə-/ n. (pl. ～s, **-u·lae** /-liː/) **1** 〚植物〛アツバサクラソウ (*Primula auricula*) 《黄色の花をつけるサクラソウ科の高山植物; 主に Alps に産し葉の形が耳に似ているので俗に bear's-ear ともいわれる; 観賞用にも栽培》. **2** ＝auricle. **3** 〚動物〛オーリキュラ 《*Auricula* 属の軟体動物の総称》. 〖(1655) ← NL ～ ← L ～ (↑)〗

au·ric·u·lar /ɔːríkjʊlə | ɔːríkjʊlə(r, ə-/ adj. **1** 耳の[による], 聴覚[聴感]の[による]. **2** 耳語(じご)の[による], 内密な: an ～ confession 〚カトリック〛(司祭にする)秘密告白, 耳聴告白. **3** 耳状の (auriculate). **4** 〚解剖〛心耳の. **5** 〚鳥類〛〈羽が〉耳を覆う. ― n. [通例 pl.] 〚鳥類〛耳羽 (auricular feathers). 〖(1542) □ LL *auriculāris* ← L *auricula* (↑)〗

au·ric·u·lar·i·a /ɔːrìkjʊlɛ́ᵊriə | -lɛ́ər-/ n. (pl. **-i·ae** /-riìː/, ～s) 〚生物〛オーリクラリア 《ナマコ類の浮遊性幼生》. 〖← NL ～: ⇨ auricula, -aria¹〗

au·ríc·u·lar·ly adv. 耳で; ささやいて, 耳打ちして, 内密に. 〖1589〗

aurícular wítness n. 〚法律〛(直接)聞いたことを証言する証人 (cf. ocular witness).

au·ric·u·late /ɔːríkjʊlɪ̀t, -lèɪt/ adj. (also **au·ric·u·lat·ed** /-tɪ̀d | -tɪd/) **1** 耳翼のある; 心耳のある; 耳状部を有する. **2** 耳形の. **～·ly** adv. 〖(1713) ← NL **auriculātus* ← LL *auriculātus* having ears (⇨ auricula): ⇨ -ate²〗

au·ric·u·lo- /ɔːríkjʊloʊ | -ləʊ/ 次の意味を表す連結形: **1**「(心臓の)心耳[心房] (auricule of the heart) と…との[に関する]」. **2**「耳と…との (aural and …)」. 〖← ? NL ～ ← L *auricula* 'AURICLE'〗

auriculo·ventrícular adj. 〚解剖〛＝atrioventricular. 〖1836〗

au·rif·er·ous /ɔːríf(ə)rəs/ adj. 〚地質〛〈岩石・砂礫(されき)など〉金を含む, 金を生じる: an ～ mine [ore] 金山[含金鉱]. 〖← L *aurifer* gold-bearing: ⇨ auri-², -ferous〗

au·ri·form /ɔ́ːrəfɔ̀əm | -rɪ̀fɔ̀ːm/ adj. 耳形の, 耳状の, 耳のような (ear-shaped). 〖(1816): ⇨ auri-¹〗

au·ri·fy /ɔ́ːrəfàɪ | -rɪ̀-/ vt., vi. 金にする, 金化する. 〖(1652) ← AURI-²＋-FY〗

Au·ri·ga /ɔːráɪgə/ n. 〚天文〛ぎょしゃ(馭者)座 《北天の星座, 主星は Capella; the Charioteer, the Wagoner ともいう》. 〖(c1430) □ L *auriga* charioteer ← *aureae* (pl.) bridle of a horse＋*-iga* driver (← *agere* to drive, lead)〗

Au·ri·gna·cian /ɔ̀ːriːnjéɪʃən | ɔ̀ːrɪgnéɪʃən/ 〚考古〛adj. オーリニャック期(文化)の 《ヨーロッパを中心とする地域における後期旧石器時代の一時期についていう; cf. Paleolithic》. ― n. **1** オーリニャック期文化. **2** オーリニャック期人. 〖(1914) □ F *aurignacien* ← *Aurignac* (この時代の遺物を出土した洞窟(どうくつ)のある南フランスの地名): ⇨ -ian〗

au·rin /ɔ́ːrɪ̀n | -rɪn/ n. 〚化学〛オーリン (⇨ rosolic acid). 〖(1869) □ G ～: ⇨ auri-², -in²〗

Au·riol /ɔːrióʊl, -óʊl | ɔːriə́ʊl, -riɒ́l; F. oʀjɔl/, **Vincent** n. オリオール (1884–1966; フランスの政治家・弁護士; 第 4 共和国初代の大統領 (1947–54)).

au·ri·scope /ɔ́ːrəskòʊp | -rɪ̀skəʊp/ n. 〚医学〛耳鏡 (otoscope). 〖(1853) ← AURI-¹＋-SCOPE〗

au·rist /ɔ́ːrɪ̀st | -rɪst/ n. 耳科医 (otologist). 〖(1678) ← AURI¹-＋-IST〗

au·ro- /ɔ́ːroʊ | -rəʊ/ 次の意味を表す連結形: **1**「金 (gold); 金と…との (gold and …)」. **2** 〚化学〛「1 価の金 (Au^I) の[に関する, を含む], 第一金の (aurous)」. 〖← L *aurum* gold: cf. auri-², -o-〗

Au·ro·bin·do /ɔ̀ːrəbíndoʊ | -dəʊ/, **Sri** n. オーロビンド (1872–1950; インドの宗教思想家; 本名 Aurobindo Ghose).

au·roch /ɔ́ːrɑ(ː)k, áʊ- | -rɒk/ n. 〚動物〛＝aurochs.

au·rochs /ɔ́ːrɑ(ː)ks, áʊ- | -rɒks/ n. (pl. ～, ～·es) 〚動物〛**1** オーロクス (*Bos taurus primigenius*) 《ヨーロッパの畜牛の祖先で 17 世紀に絶滅した野牛; urus ともいう》. **2** ヨーロッパヤギュウ (⇨ wisent). 〖(1766) □ G *Auerochs* < OHG *ūrohso* ← *ūro* aurochs＋*ochso* 'ox': cf. OE *ūr* aurochs〗

au·ro·ra /ərɔ́ːrə, ɔːr- | ɔːr-, ər-/ n. (pl. ～s, **au·ro·rae** /-riː/) **1** オーロラ, 極光. **2** **a** あけぼの, しののめ, 夜明け, 曙光(しょこう) (dawn). **b** (物事の)始まり, 発足(期). 〖(c1386) □ (O)F *aurore* ∥ L *aurōra* dawn ← IE **awes-* to shine: cf. east〗

Au·ro·ra¹ /ərɔ́ːrə, ɔːr- | ɔːr-, ər-/ n. **1** オーローラ 《女性名》. **2** 〚ローマ神話〛アウローラ, オーロラ 《あけぼのの女神; ギリシャ神話の Eos に当たる》. 〖↑〗

Au·ro·ra² /ərɔ́ːrə, ɔːr- | ɔːr-, ər-/ n. オーロラ: **1** 米国 Colorado 州北中部の都市, 住宅地. **2** 米国 Illinois 州, Chicago 西方の工業都市.

auróra aus·trál·is /-ɔːstréɪlɪ̀s, -ɑːs- | -ɒstréɪlɪs, -trɑ́ːl-/ n. (pl. **aurorae aus·tra·les** /-liːz/) 南極光 (southern lights), 南のオーロラ (cf. aurora borealis). 〖(1741) ← NL ～ ← AURORA＋L *austrālis* southern (cf. Australia)〗

auróra bor·e·á·lis /-bɔ̀ːriǽlɪ̀s, -ǽl- | -bɔ̀ːriéɪlɪs, -ɑ́ːl-/ n. (pl. **aurorae bo·re·a·les** /-liːz/) 北極光 (northern lights), 北のオーロラ (cf. aurora australis). 〖(1621) ← NL ～ ← AURORA＋L *boreālis* northern〗

aurorae n. aurora の複数形.

au·ro·ral /ərɔ́ːrəl, ɔːr- | ɔːr-, ər-/ adj. **1** **a** あけぼのの, 曙光(しょこう)の. **b** 曙光のような, ばら色の, 輝かしい (radiant). **2** オーロラ[極光]の(ような). **～·ly** adv. 〖1552〗

au·ro·re·an /ərɔ́ːriən, ɔːr- | ɔːr-, ər-/ adj. ＝auroral. 〖1819〗

au·rous /ɔ́ːrəs/ adj. **1** 〚化学〛第一金の, 1 価の金 (Au^I) の (cf. auric): ～ oxide 酸化第一金. **2** 金の, 金を含む. 〖(1862) □ LL *aurōsus* ← L *aurum* gold: ⇨ -ous〗

au·rum /ɔ́ːrəm, áʊr-/ n. 〚化学〛＝gold 1. 〖(a1500) □ L ～ 'gold'〗

au·rum po·ta·bi·le /áʊrəmpətɑ́ːbəli, ɔ́ːrəm-

pətéɪb- | -bɪ-/ L. n. 飲用金《昔用いられた金粉を含んだ強壮剤》. 〖(1644) ← NL ～ 'potable gold'〗
Au·rung·zeb /ɔ́ːrəŋzèb, ɔ́ːr- | -rʌŋ-, -rəŋ-/ n. = Aurangzeb.
AUS 〘自動車国籍表示〙 Australia.
AUS 《略》 Army of the United States.
Aus. 《略》 Australia; Australian; Austria; Austrian.
Au·sa·ble /ɔːséɪbl̩, ɑː- | ɔː-/ n. [the ～] オーセーブル(川)《米国 New York 州北東部の川; 景勝の峡谷(長さ 3 km)を通って Champlain 湖に注ぐ (129 km)》. 〖← F *au sable* sandy (place)〗
Au·schwitz /áuʃwɪts, -vɪts; G. áuʃvɪts/ n. アウシュビッツ: **1** =Oświęcim. **2** 第二次対戦中ポーランドの Oświęcim 市の郊外にあったナチの大強制収容所; ユダヤ人などの大虐殺が行われた.
aus·cul·tate /ɔ́ːskəltèɪt, ɑ́ːs-, -kl̩- | ɔ́ːs-, ɔ́s-, -kl̩-, -kʌl-/ vt., vi. 〘医学〙 聴診する: ～ a person's chest.
áus·cul·tà·tive /-tèɪtɪv, -təṭɪv | -tətɪv/ adj. 〖(1862)《逆成》↓〗
aus·cul·ta·tion /ɔ̀ːskəltéɪʃən, -kl̩- | ɔ̀ːskəl-, ɔ̀s-, -kl̩-, -kʌl-/ n. **1** 〘医学〙 聴診(法) (cf. percussion 6). **2** 聞く (listening). 〖(1634) ◻ L *auscultātiō(n-)* ← *auscultātus* (p.p.) ← *auscultāre* to listen ← *auris* ear + *clūere* (← IE **klei-* to lean¹)〗
áus·cul·tà·tor /-tə | -tə(r/ n. 〘医学〙 聴診者; 聴診器 (stethoscope). 〖(1833) ◻ L *auscultātor*〗
aus·cul·ta·to·ry /ɔːskʌ́ltətɔ̀ːri, ɑːs- | ɔːskʌ́ltətəri/ adj. 〘医学〙 聴診(上)の. 〖1651〗
aus·form /ɔ́ːsfɔ̀əm, ɑ́ːs- | ɔ́ːsfɔ̀ːm/ vt. 〘金属加工〙 オースフォームする, オースフォーミングする《Ni-Cr-Mo 鋼などの過冷オーステナイト (austenite) の状態で塑性変形を加えた後, 強靱化と疲労強度を高めるために急冷して加熱処理をする》. 〖← AUS(TENITIC)+(DE)FORM〗
Aus·gleich /áusglaɪk; G. áusglaɪç/ G. n. (pl. **Aus·glei·che** /-kə; G. -çə/) **1** [the ～] アウスグライヒ《1867 年にオーストリアとハンガリーとの間に締結された二重君主制の協約; cf. Austria-Hungary》. **2** [a-] 協定; 妥協. 〖◻ G ～ 'arrangement'〗
aus·lan·der /áuslɛ̀ndə, -lɛ̀n- | -də(r; G. áuslɛndɐ/ n. 外国人. 〖(1936) ◻ G *Ausländer*: cf. out, land〗
aus·laut /áuslaut; G. áuslaut/ n. (pl. **aus·lau·te** /-ṭə | -tə; G. -tə/, ～**s**) 〘音声〙 末尾音《語または音節の終わりの音; cf. anlaut, inlaut》. 〖(1881) ◻ G ～: cf. *out, loud*〗
aus·lese /áusleɪzə; G. áusle:zə/ n. [しばしば A-] アウスレーゼ《ドイツ・オーストリア産の甘みのある白ワイン; 晩穫の熟したぶどうからえりすぐって醸造》. 〖(1851) ← G *aus* 'OUT' + *lese* picking〗
Au·so·ni·us /ɔːsóuniəs, ɑː- | ɔːsə́u-/, **Decimus Magnus** n. アウソニウス《310?–?395; ゴール (Gaul) 生まれの古代ローマ詩人》.
aus·pex /ɔ́ːspɛks, ɑ́ːs- | ɔ́ːs-, ɔ́s-/ n. (pl. **aus·pi·ces** /-pəsìːz/) 卜占(ぼくせん)官 (augur). 〖(1598) ◻ L ～ 'bird seer': ⇨ auspice〗
aus·pi·cate /ɔ́ːspəkèɪt, ɑ́ːs- | ɔ́ːsp̩-, ɔ́s-/ vt. 《古》《儀式などによって》〈事を〉(めでたく)始める, (正式に)開始する, …に着手する (inaugurate). 〖(1603) ← L *auspicātus* (p.p.) ← *auspicārī* to take auspices: ⇨ ↓, -ate³〗
aus·pice /ɔ́ːsp̩s, ɑ́ːs- | ɔ́ːspɪs, ɔ́s-/ n. **1** [通例 pl.] 保護, 援助, 賛助, 主催 (support, patronage): The party was held under the ～ of the Foreign Ministry. その会は外務省の後援で開かれた. **2** [しばしば pl.] 前兆 (omen), (特に)吉凶: under favorable [unfavorable] ～s 幸先(さいさき)よく[悪く]. **3** (鳥で行う)占い: take ～s 吉兆を占う. 〖(1533) ◻ (O)F ～ ◻ L *auspicium* a bird-watching ← *auspic-, auspex* birdwatcher ← *avis* bird + *specere* to look at, watch: cf. augur〗
auspices n. auspex の複数形.
aus·pi·cial /ɔːspíʃəl, ɑːs- | ɔːs-, ɔs-/ adj. **1** 占いの: ～ rites. **2** =auspicious. 〖1614〗
aus·pi·cious /ɔːspíʃəs, ɑːs- | ɔːs-, ɔs-/ adj. **1** 前兆のよい, 幸先(さいさき)のよい, 縁起のよい (of good omen, promising): an ～ beginning (物事の)幸先のよい始まり. **2** めでたい, 幸運な (fortunate): ～ six years 幸運続きの 6 年間. **～·ness** n. 〖(1602): ⇨ -ous〗
aus·pí·cious·ly adv. めでたく, 縁起よく, 幸先(さいさき)よく. 〖1596〗
Aus·sat /ɔ́ːsæt, ɑ́ː-, -zæt | ɔ́sæt, ɔ́z-/ n. オーザット《オーストラリアの通信衛星; 1985 年打ち上げ》.
Aus·sie /ɔ́ːzi, ɑ́ːzi, -si | ɔ́zi/ adj. 《口語》 オーストラリア(人)の. — n. 《口語》 **1 a** オーストラリア人. **b** オーストラリア兵. **2** オーストラリア (Australia). 〖(1917) (dim.) ← AUSTRALIAN: ⇨ -ie〗
Aust. 《略》 Austria; Austria-Hungary; Austrian.
aus·tausch /áustauʃ; G. áustauʃ/ n. (pl. **aus·tau·sche** /-ʃə; G. -ʃə/) 〘物理〙 交換係数. 〖◻ G ～ 《原義》 exchange〗
aus·tem·per /ɔːstɛ́mpə, ɑːs- | ɔːstɛ́mpə(r, ɔs-/ vt. 〘冶金〙 オーステンパーする《鋼の S 曲線を利用して焼入れする》. 〖(1937) ← AUS(TENITE)+TEMPER〗
Aus·ten /ɔ́ːstɪ̣n, ɑ́ːs- | ɔ́stɪn, ɔ́ːs-/, **Jane** n. オースティン《1775–1817; 英国の小説家; *Pride and Prejudice* (1813), *Emma* (1816)》.
aus·ten·ite /ɔ́ːstənàɪt, ɑ́ːs- | ɔ́ːstɪn-, ɔ́s-/ n. 〘冶金〙 オーステナイト《γ 鉄中に炭素を固溶した固溶体 (solid solution)》. 〖(1902) ◻ F ～ ← Sir *W. C. Roberts-Austen* (1843–1902: 英国の冶金学者): ⇨ -ite¹〗
aus·ten·it·ic /ɔ̀ːstənítɪk, ɑ̀ːs- | ɔ̀ːstɪnít-, ɔ̀s-/ adj. 〘冶金〙 〈鉄合金が〉オーステナイトの. 〖1905〗
áustenitic stáinless stéel n. オーステナイト ステンレス鋼《通常ニッケル 8%, クロム 18% を含有する鉄の合金; 用途はさび防止・耐熱など》.
aus·ten·it·ize /ɔ́ːstənətàɪz, ɑ́ːs- | ɔ́ːstɪnaɪt-, ɔ́s-/ vt. 〘冶金〙 〈鉄合金を〉オーステナイト化する. 〖⇨ -ize〗
Aus·ter /ɔ́ːstə, ɑ́ːs- | ɔ́ːstə(r, ɔ́s-/ n. アウステル《南風の神; cf. Notus》. 〖(c1380) ◻ L ～: *auster* south (wind) の擬人化〗
aus·tere /ɔːstíə, ɑːs- | ɔstíə(r, ɔːs-/ adj. (**more ～, most ～; aus·ter·er, aus·ter·est**) **1 a** 〈文体・様式など〉飾りけのない, 簡素な, 渋い. **b** 〈生活など〉質素な, 簡素な: an ～ life / ～ post-war conditions 戦後の質素な状況. **2** (否定的な意味をこめて) **a** 〈人・性格・言行など〉厳しい, 厳格な, きまじめな (sternly cold): an ～ teacher. **b** 〈様子など〉厳しそうな, いかめしい: an ～ look. **3** (自己に)厳しい, 禁欲的な (ascetic): an ～ hermit, Puritan, etc. **4** 厳粛な, 重々しい. **5** 《古》(味が)酸っぱい, 苦い. **6** 《まれ》黒ずんだ, 地味な (sombre). **～·ness** n. 〖(a1338) ◻ (O)F *austère* // L *austērus* dry, harsh ◻ Gk *austērós* ← *aúein* to dry ← *aûos* dry ← IE **saus-* dry〗
aus·tére·ly adv. **1** 質素に; 簡素に; 禁欲的に. **2** 厳しく, 厳格に; いかめしく. 〖c1380〗
aus·ter·i·ty /ɔːstérəṭi, ɑːs- | ɔstérɪ̣ti, ɔːs-/ n. **1 a** 耐乏, 緊縮; [通例 pl.] 禁欲[耐乏]生活, 苦行: ～ measures to control inflation インフレを抑えるための厳しい手段[方策] / practice *austerities* 禁欲生活[緊縮財政]を実行する.. **b** [形容詞的に] 耐乏の, 緊縮の: ～ clothes / an ～ life. **2** 質素, 簡素, 渋味. **3** 厳しさ, 厳格; 厳粛 (austereness). **4** 《古》 酸味, 苦味. 〖(1340) ◻ (O)F *austérité*: ⇨ austere, -ity〗
Aus·ter·litz /ɔ́ːstəlɪts, ɑ́ːs-, áus- | ɔ́ːstə-, áus-; G. áustɐlɪts/ n. アウステルリッツ《チェコ南東部の町; 1805 年 Napoleon がロシアとオーストリアとの連合軍を破った所; チェコ語名 Slavkov》.
Aus·tin¹ /ɔ́ːstɪ̣n, ɑ́ːs- | ɔ́stɪn, ɔ́ːs-/ n. オースティン《米国 Texas 州中部, Colorado 川に沿う都市; 同州の州都》. 〖← *S. F. Austin*〗
Aus·tin² /ɔ́ːstɪ̣n, ɑ́ːs- | ɔ́stɪn, ɔ́ːs-/ n. オースティン《男性名》. 〖⇨ Augustine¹〗
Aus·tin³ /ɔ́ːstɪ̣n, ɑ́ːs- | ɔ́stɪn, ɔ́ːs-/ n. 〘商標〙 オースティン《英国製の小型自動車》.
Aus·tin⁴ /ɔ́ːstɪ̣n, ɑ́ːs- | ɔ́stɪn, ɔ́ːs-/ adj., n. =Augustinian. 〖(?1384) ◻ (O)F *Augustin* ◻ LL *Augustīnus*〗
Austin, Saint n. =Augustine³ 2.
Aus·tin /ɔ́ːstɪ̣n, ɑ́ːs- | ɔ́stɪn, ɔ́ːs-/, **Alfred** n. オースティン《1835–1913; 英国の桂冠詩人 (1896–1913); *The Garden that I Love* (1894)》.
Austin, Herbert n. オースティン《1866–1941; 英国の技術者; Austin Motor Company の創立者; 称号 1st Baron Austin》.
Austin, John n. オースティン《1790–1859; 英国の法学者; 著書 *The Province of Jurisprudence Determined* (1832) は法理論, 英国法体系に大きな影響を及ぼした》.
Austin, John Lang·shaw /lǽŋʃɔː, -ʃɑː | -ʃɔː/ n. オースティン《1911–60; 英国の言語哲学者; 発話行為 (speech act) の効果など言語哲学の領域に独自の観点を導入した; *Sense and Sensibilia* (1962)》.
Austin, Mary (**Hunter**) n. オースティン《1868–1934; 米国の女流小説家・劇作家; *The Land of Little Rain* (小説) (1903)》.
Austin, Stephen Fuller n. オースティン《1793–1836; Texas を開拓した米国人》.
Áustin Fríar n. 〘カトリック〙 アウグスティノ修道会 (Order of St. Augustine) の修道士. 〖⇨ Austin⁴〗
Áustin Réed n. オースティン リード《英国の高級紳士洋品店; そのブランド》.
Austl. 《略》 Australia; Australian.
Austr. 《略》 Austria; Austrian.
Austr- /ɔ́ːstr, ɑ́ːs- | ɔ́str, ɔ́ːstr/ (母音の前にくるときの) Austro-¹·² の異形.
aus·tral¹ /ɔ́ːstrəl, ɑ́ːs- | ɔ́ːs-, ɔ́s-/ adj. **1** 南の, 南方の (southern); 〈風が〉南からの (southerly). **2** [A-] **a** = Australian. **b** =Australasian. 〖(1398) ◻ L *austrālis* southern ← *auster* south wind〗
aus·tral² /austrɑ́ːl; Am.Sp. austrál/ n. (pl. **-tral·es** /-ɛs/) アウストラル《アルゼンチンの旧貨幣単位; =100 centavos; 1991 年に peso に代わった》. 〖(1986) ◻ Am.Sp. ～ ◻ Sp. ～ 'southern' ← L *austrālis*〗
Austral. 《略》 Australia; Australian.
Aus·tral·a·sia /ɔ̀ːstrəléɪʒə, ɑ̀ːs-, -ʃə | ɔ̀s-, ɔ̀ːs-/ n. オーストラレーシア: **a** Australia, New Zealand および付近の諸島の総称. **b** 英連邦に属する西南太平洋の諸島の総称. **c** =Oceania. ★ 地理学では, この名称は用いない. 〖(1766) ◻ F *Australasie* ← L *austrālis* 'AUSTRAL' + *Asie* 'ASIA'〗
Aus·tral·a·sian /ɔ̀ːstrəléɪʒən, -ʃən | ɔ̀s-, ɔ̀ːs-/ adj. オーストラレーシアの. — n. オーストラレーシア人. 〖1802〗
Áustral Énglish n. オーストラル[オーストラレーシア]英語《オーストラリア・ニュージーランドの英語》. 〖1898〗
Aus·tra·lia /ɔːstréɪljə, ɑːs- | ɔstréɪljə, ɔːs-, -liə; 現地では əs-/ n. **1** オーストラリア, 豪州《南太平洋とインド洋にはさまれた大陸で六大州の一つ》. **2** オーストラリア《5 つの mainland states (Western Australia, Queensland, New South Wales, Victoria, South Australia), に Northern Territory, Australian Capital Territory と Tasmania その他付近の諸島を含む連邦で英連邦内の国; 面積 7,686,849 km², 首都 Canberra; 公式名 the Commonwealth of Australia オーストラリア連邦》. 〖← NL ～ ← L (*Terra*) *Austrālis* the southern (land): ⇨ austral¹, -ia〗
Austrália ántigen n. 〘免疫〙 オーストラリア抗原《肝炎にかかった患者の血液中に存する抗原; 最初オーストラリアアボリジニの中から発見された》. 〖1966〗
Austrália Dày n. (オーストラリアの)建国記念日《1788 年の英国人のオーストラリア上陸を記念する法定休日; 1 月 26 日 あるいはその直後の月曜日》. 〖1911〗
Aus·tra·lian /ɔːstréɪljən, ɑːs- | ɔstréɪljən, ɔːs-, -ljən/ adj. **1 a** オーストラリアの, 豪州の: the ～ Aborigines オーストラリア先住民. **b** オーストラリア人[英語, 現地語]の. **c** 《古》 オーストラリア先住民の. **2 a** 〘動物地理〙 オーストラリア区の. **b** 〘植物地理〙 Australia と Tasmania を含む地理区分の. — n. **1** オーストラリア人, 豪州人; オーストラリア先住民, オーストラリア アボリジニ (Australian Aborigine). **2** オーストラリア英語 (Australian English); オーストラリア先住民の言語. 〖n.: 1693; adj.: 1814〗
Aus·tra·li·an·a /ɔːstrèɪliǽnə, ɑːs-, -ɑ́ːnə | ɔstrèɪliɑ́ːnə, ɔːs-/ n. オーストラリア関連の文献[資料], オーストラリア誌. 〖(1855) ← AUSTRALIA + -ANA〗
Austrálian Álps n. pl. [the ～] オーストラリアアルプス《オーストラリア南東部に連なる山脈; 最高峰は Mt. Kosciusko (2,228 m)》.
Austrálian Antárctic Térritory n. 南極オーストラリア領《オーストラリアが領有権を主張している南極大陸の一地区; Adelie Land を除く南緯 60 度以南, 東経 45 度–160 度の範囲》.
Austrálian bállot n. オーストラリア式投票用紙《全候補者名が印刷された投票用紙; 支持者名に印を付ける方式の秘密投票に用いる; 最初オーストラリアで始まった (1856); cf. Indiana ballot, Massachusetts ballot》. 〖1888〗
Austrálian béar n. 〘動物〙 =koala.
Austrálian Cápital Térritory n. [the ～] オーストラリア首都特別地域《New South Wales 内にあるオーストラリア連邦直属の一地域; この中に連邦首都 Canberra がある; 面積 2,431 km²; 旧名 Federal Capital Territory; 略 ACT》.
Austrálian cáttle dòg n. オーストラリアンキャトルドッグ《家畜を集めるためにオーストラリアで育成された中形犬》. 〖1926〗
Austrálian cráne n. 〘鳥類〙 =brolga.
Austrálian cráwl n. [the ～] 〘水泳〙 オーストラリア式クロール《オーストラリア先住民の泳法に由来する泳法で, 今日のアメリカ式クロール (American crawl) に改良される前の, 左右の腕がそれぞれひとかきずつする前に 2 回足をあおる泳法 (2-beat crawl)》.
Austrálian Énglish n. オーストラリア英語 (cf. Austral English). 〖1940〗
Austrálian flátworm n. 〘動物〙 オーストラリア扁虫 (*Coenoplana alba*)《長さ 8 cm ほどの褐色ないし黄色の陸生の扁虫で, オーストラリアから英国に偶然持ち込まれ, ミミズを捕食して減少させている》.
Austrálian hóneysuckle n. 〘植物〙 バンクシア (*Banksia integrifolia*)《オーストラリア産ヤマモガシ科の常緑低木; beefwood ともいう》. 〖1881〗
Aus·trá·lian·ìsm /-nɪ̀zm/ n. **1** オーストラリア英語特有の表現. **2** オーストラリア(人)気質[精神]. **3** オーストラリア国粋主義; オーストラリア支持[びいき]. 〖1891〗
Aus·tra·lian·ize /ɔːstréɪljənàɪz, ɑːs- | ɔstréɪljən-, ɔːs-, -liən-/ vt. **1** オーストラリア化する. **2** オーストラリアに帰化させる. 〖1883〗
Austrálian Lábor Pàrty n. [the ～] オーストラリア労働党《略 ALP; 1891 年以来の伝統をもつオーストラリア最大の政党; アメリカ式つづりの Labor が用いられているのは, 19 世紀後期の米国の社会主義者の著述を多読した影響ともいわれる》
Austrálian Nátional Rúles n. pl. =Australian Rules.
Austrálian píne n. 〘植物〙 オーストラリア特産のモクマオウ科モクマオウ属 (*Casuarina*) の常緑樹数種の総称; (特に)トキワギョリュウ (*C. equisetifolia*)《今は熱帯地方で広く栽培される》. 〖1919〗
Austrálian Rúles n. pl. **1** [単数扱い] オーストラリアンルールズ(フットボール)《1 チーム 18 人ずつの選手が広さ 180–190 ヤードのフィールドに各エンドに四つずつ設けられたゴールポストを用いて行うラグビーに似たゲーム; ボールは大型のラグビーボールを用いる》. **2** その規則. 〖1925〗
Austrálian Rúles fóotball n. =Australian Rules 1.
Austrálian sálmon n. 〘魚類〙 =kahawai.
Austrálian salúte n. [the ～] 《豪口》 ハエを払いのける手の動作.
Austrálian térrier n. オーストラリアンテリア《オーストラリアで数種のテリアの異種交配によって作り出された小形のイヌ; 作業用》. 〖1903〗
australis ⇨ aurora australis, Corona Australis.
Áustral Íslands n. pl. =Tubuai Islands.
aus·tra·lite /ɔ́ːstrəlàɪt, ɑ́ːs- | ɔ́ːs-, ɔ́s-/ n. 〘鉱物〙 オーストラライト《オーストラリア産のテクタイト (tektite) の一種》. 〖(1909) ← AUSTRALIA (その原産地) + -ITE¹〗
Aus·tra·loid /ɔ́ːstrəlɔ̀ɪd, ɑ́ːs- | ɔ́s-, ɔ́ːs-/ 〘人類学〙 n. アウストラロイド《オーストラリア先住民・タスマニア人などの特徴を共通にもつ人類; 身体特徴・文化ともに古代的要素を多く残しており, 現代の旧石器時代人ともいわれる; cf. stock¹ 15》. — adj. アウストラロイドの. 〖(1864) ← AUSTRALIA + -OID〗
aus·tra·lo·pith·e·cine /ɔːstrèɪloupíθəsàɪn, ɑːs- | ɔstrèɪlə(u)píθɪ-, ɔːs-/ n., adj. 〘人類学〙 アウストラロピテク

A

ス属 (*Australopithecus*) の(猿人). 〖(1938) ← NL *Australopithecinae* ← *Australopithecus* (属名: ← L *austrālis* 'AUSTRAL' + NL *pithēcus* ape (⇨ pitheco-)) ＋-INAE: ⇨ -ine¹〗

aus·tra·lo·pi·the·cus /ɔːstrèɪloupɪ́θiːkəs, ɑːs- | ɔstrèɪlə(ʊ)pɪθí:-, ɔːs-/ *n.* 〖人類学〗アウストラロピテクス《1924 年に最初に発見された人類の古い祖先と思われるアウストラロピテクス属 (*Australopithecus*) の猿人; 主として洪積世初期 (約 100–300 万年前) に生存していた; 現在では Swartkrans ape-man, Kromdraai ape-man など南アフリカ共和国・東アフリカ・エチオピアなどから多数の化石が発見されている; cf. paranthropus, zinjanthropus》. 〖(1925) ← NL ～: ↑〗

Aus·tral·orp /ɔ́ːstrəlɔ̀əp, ɑ́ːs- | ɔ́strəlɔ̀:p, ɔ́ːs-/ *n.* オーストラロープ《オーストラリアでオーピントン種 (Orpington) を改良してできた黒色の卵用鶏》. 〖(1922) ← AUSTRAL(IA) + ORP(INGTON)〗

Aus·tra·sia /ɔːstréɪʒə, ɑːs-, -ʃə | ɔstréɪzjə, ɔːs-, -ziə/ *n.* アウストラシア《昔の Frank 王国の東部地方; 今のフランス北東部・ドイツ西部・ベルギーを含む Rhine 川両岸の地域》. 〖□ ML *Austrāsia*, *Ostrāsia* (原義) eastern countly ← Frank. **ōstra-* eastern: ⇨ east〗

Aus·tri·a /ɔ́ːstriə, ɑ́ːs- | ɔ́s-, ɔ́ːs-/ *n.* オーストリア《ヨーロッパ中部の共和国 (1918 年以来); 面積 83,850 km², 首都 Vienna; 公式名 the Republic of Austria オーストリア共和国; ドイツ語名 Österreich》. 〖□ ML ～ □ OHG *ōstarrīh* ← *ōstar* 'EAST' + *rīhhi* realm (⇨ -ric)〗

Áustria-Húngary *n.* オーストリアハンガリー《オーストリア, ハンガリーおよびその他諸小国を含んだ中部ヨーロッパの帝国 (1867–1918); Dual Monarchy ともいう》. **Áus·tria-Hungárian** *adj.*, *n.* 〖← NL ～ ← G *Österreich* (原義) eastern kingdom ← *öster* eastern (< OHG *ōstar*) + *Reich* kingdom (< OHG *rīkki*): ⇨ east, rich〗

Aus·tri·an /ɔ́ːstriən, ɑ́ːs- | ɔ́s-, ɔ́ːs-/ *adj.* **1** オーストリア(人, 語)の. **2** オーストリア(経済)学派の. — *n.* **1** オーストリア人. **b** オーストリア語《ドイツ語の一方言》. **2** オーストリア(経済)学派の人. 〖1620〗

Áustrian blínd *n.* オーストリアブラインド《縦にひだのついた布地を使った日よけ; 上げるとルーシェ (ruche) のようになる》.

Áustrian bríer *n.* 〖植物〗黄色い悪臭のある花が咲くバラ科の低木 (*Rosa foetida*).

Áustrian Émpire *n.* [the ～] オーストリア帝国《最後の神聖ローマ帝国皇帝 Francis 二世がオーストリア皇帝 Francis 一世と称した 1804 年から 1918 年まで栄えた帝国; 1867 年からはオーストリアハンガリー帝国と呼ぶのが普通; cf. Hapsburg Monarchy》.

Áustrian schòol *n.* [the ～] 〖経済〗オーストリア学派《19 世紀末–20 世紀初頭のオーストリアに栄えた経済学派; K. Menger に始まり Eugen Böhm-Bawerk (1851–1914), Friedrich von Wieser などの学者を含む; 限界効用の概念を中心に消費理論を構築し, 迂回生産を基礎とする資本と利子の理論を唱えた》.

Aus·tro-¹ /ɔ́ːstrou, ɑ́ːs- | ɔ́strəʊ, ɔ́ːs-/ 次の意味を表す連結形: **1** 「南の (south); 南からの (southern)」. **2** 「オーストラリアと…との (Australian and …)」: *Austro*-Malayan. ★ 母音の前では通例 Austr- になる. 〖← L *auster* the south (wind): ⇨ east〗

Aus·tro-² /ɔ́ːstrou, ɑ́ːs- | ɔ́strəʊ, ɔ́ːs-/ 「オーストリアと…との (Austrian and …); オーストリア (Austria)」の意の連結形: *Austro*-Hungarian / *Austro*phobia. 〖← NL ← AUSTRIA〗

Àustro·asiátic 〖言語〗 *adj.* (*also* **Austro-Asiatic**) アウストロアジア諸言語の, 南亜語族の. — *n.* アウストロアジア語族《モンクメール・チャム・カシ・ムンダー諸語の総称》. 〖(1927): ⇨ Austro-¹〗

Àustro-Gérman *adj.* オーストリアドイツの.

Áustro-Hungàrian émpire *n.* オーストリアハンガリー帝国 (cf. Austria-Hungary).

Àustro-Húngary *n.* ＝Austria-Hungary. **Àus·tro-Hungárian** *adj.*, *n.*

Aus·tro·ne·sia /ɔ̀ːstrouníːʒə, ɑ̀ːs-, -ʃə | ɔ̀strə(ʊ)níːʒə, ɔ̀ːs-, -ziə, -siə, -ʃə/ *n.* オーストロネシア《太平洋中部および南部の諸島; Indonesia, Melanesia, Micronesia, Polynesia を含む》. 〖← AUSTRO-¹ + Gk *nēsos* island + -IA¹〗

Aus·tro·ne·sian /ɔ̀ːstrouníːʒən, ɑ̀ːs-, -ʃən | ɔ̀strə(ʊ)níːʒən, ɔ̀ːs-, -ziən, -siən, -ʃən/ *adj.* オーストロネシア(語族)の. — *n.* オーストロネシア語族《南太平洋の Polynesia, Melanesia, Micronesia, Indonesia で使われる諸語の総称; Malayo-Polynesian ともいう》. 〖1903〗

au·su·bo /ausúːbou | -bəʊ/ *n.* ＝balata 2.

AUT 《略》Association of University Teachers.

aut. 《略》autograph; automatic.

aut- /ɔːt/ (母音の前にくるときの) auto-¹ の異形: *aut*acoid.

au·ta·coid /ɔ́ːṭəkɔ̀ɪd, ɑ́ː- | -tə-/ *n.* 〖生理〗オータコイド, 局所ホルモン《ホルモンと化学伝達物質の中間的性格をもつ物質》. **au·ta·coi·dal** /ɔ̀ːṭəkɔ́ɪdḷ, ɑ̀ː- | -tə-⁻/ *adj.* 〖(1914) ← AUTO-¹ + *ac*- (□ Gk *ákos* remedy) + -OID〗

au·tarch /ɔ́ːtɑək, ɑ́ː- | ɔ́ːtɑːk/ *n.* 専制君主, 独裁者 (autocrat). 〖(1865) □ Gk *aútarkhos* ← (adj.) 'autocratic': ⇨ auto-¹, -arch¹〗

au·tar·chy¹ /ɔ́ːtɑəki, ɑ́ː- | ɔ́ːtɑː-/ *n.* **1** 絶対[専制]主権 (absolute sovereignty). **2** 専制[独裁]政治(体制); 専制国, 独裁国. **au·tar·chic** /ɔːtɑ́əkɪk | -tɑ́ː-/ *adj.* **au·tár·chi·cal** *adj.* **au·tár·chi·cal·ly** *adv.* 〖(1665) □ Gk *autarkhía* self-rule: ⇨ ↑, -y¹〗

au·tar·chy² /ɔ́ːtɑəki, ɑ́ː- | ɔ́ːtɑː-/ *n.* ＝autarky.

áu·tar·kist /-kɪ̀st | -kɪst/ *n.* 経済自立主義者.

au·tar·ky /ɔ́ːtɑəki, ɑ́ː- | -tɑː-/ *n.* **1** 自給自足; (特に) 自給自足経済, アウタルキー. **2** 経済自立国策. **3** 経済自立地方[国家]. **au·tar·kic** /ɔːtɑ́əkɪk, ɑː- | ɔːtɑ́ː-/ *adj.* **au·tár·ki·cal** *adj.* **au·tár·ki·cal·ly** *adv.* 〖(1617) □ Gk *autárkeia* ← *autárkēs* self-sufficient ← AUTO-¹ + *arkeîn* to suffice〗

au·te·cious /ɔːtíːʃəs, ɑː- | ɔː-/ *adj.* 〖植物〗＝autoecious.

au·te·cism /ɔːtíːsɪzṃ, ɑː- | ɔː-/ *n.* ＝autoecism.

aut·e·col·o·gy /ɔ̀ːtiːkɑ́(ː)lədʒi, ɑ̀ː-, -ṭɪ-, -tɛ- | ɔ̀ːtiː-kɔ́l-, -tɪ-, -tɛ-/*n.* 〖生態〗個生態学, 種生態学. **aut·e·co·log·i·cal** /ɔ̀ːtiːkəlɑ́(ː)dʒɪ̀kəl, ɑ̀ː-, -ṭɪ-, -tɛ-, -kḷ | -lɔ́dʒɪ-, -kḷ⁻/ *adj.* 〖1910〗

au·teur /outə́ː | ɔtə́ː(ʳ, əʊ-; *F.* otœːʁ/ *n.* (*pl.* ～**s** /～z; *F.* ～/) 〖映画〗オトゥール《自分の独創性, 個性を作品に投影する映画監督》. **～·ist** *n.* 〖□ F ～ □ L *auctor* 'AUTHOR'〗

au·teur·ism /outə́ːrɪzm | ɔtə́ːr-, əʊ-/ *n.* 〖映画〗＝ auteur theory.

autéur thèory *n.* [the ～] 〖映画〗監督至上主義《映画批評で, 映画監督の個性・手法が作品の性格を決定するという考え方》. 〖(1962) (部分訳) ← F *politique des auteurs*〗

auth. 《略》authentic; author; authoress; authority; authorized.

au·then·tic /əθéntɪk, ɑːθ-, əθ- | ɔːθént-/ *adj.* **1** 真正な, 本物の (genuine): an ～ portrait / The sets and costumes have to look ～. セットも衣装も本物に見えねばならない. **2 a** 本心に偽りのない: She'll never put on a false front: she's one of the most ～ people I know. 彼女は決して体裁よく見せかけたりしない. 私の知っている人でもっとも自分に誠実な人の一人だ. **b** 信頼できる, 信ずべき, よりどころ[典拠]のある (reliable): an ～ report, statement, etc. **3** 〖法律〗認証された, 正式な, 真正な: an ～ deed. **4** 〖音楽〗正格の (cf. plagal): **a** (教会旋法で)主音が音域 (ambitus) の最低音に位する: an ～ mode 正格旋法. **b** 属和音から主和音へ終止する: ⇨ authentic cadence. **5** 《廃》＝authoritative. **au·thén·ti·cal·ly** *adv.* 〖(16C) □ LL *authenticus* □ Gk *authentikós* original, genuine ← *authéntēs* perpetrator, author ← AUTO-¹ + *héntēs* doer ∞ (1369) *au(c)tentik* □ OF *autentique* (F *authentique*)〗

au·then·ti·cate /ɔːθénṭəkèɪt, ɑːθ-, əθ- | ɔːθéntɪ-/ *vt.* **1** 〈言説・事柄などの〉信頼できること[正統性]を証明する, の確実性を立証する. **2** 〈筆跡・美術品などの〉本物[真正]であることを証明する. **3** 〖法律〗〈証書などを〉正式な手続きで作成する; (真正であることを)認証する. 〖(1653) ← ML *authenticātus* (p.p.) ← *authenticāre* to make authentic ← LL *authenticus* (↑): ⇨ -ate³〗

au·then·ti·ca·tion /ɔːθènṭəkéɪʃən, ɑːθ-, əθ- | ɔːθèntɪ-/ *n.* (確実性[正統性]の)証明, 立証, 認証. 〖1788〗

au·thén·ti·cà·tor /-ṭə | -tə(ʳ/ *n.* 証明者; 認証者. 〖1863〗

authéntic cádence *n.* 〖音楽〗正格終止(法)《属和音または属七の和音から主和音に終止すること》. 〖1873〗

au·then·tic·i·ty /ɔ̀ːθəntísəṭi, ɑ̀ː-, -θən- | ɔ̀ːθen-tísɪ̀ti, -θən-/ *n.* **1** 出所の正しさ; 真正, 正統性. **2 a** 《口語》誠実(なこと). **b** 信頼性, 確実性; (事の)真偽. 〖(1657): ⇨ -icity〗

au·thi·gen·e·sis /ɔ̀ːθədʒénəsɪ̀s, ɑ̀ː- | ɔ̀ːθɪdʒénɪ̀sɪs/ *n.* (*pl.* **-e·ses** /-sìːz/) 〖地質〗自生作用《堆積物の堆積に引き続き固結する過程で化学的・生化学的作用によって新しい鉱物を形成する作用》. 〖← NL ～ ← Gk *aûthi* there + -GENESIS〗

au·thi·gen·ic /ɔ̀ːθədʒénɪk, ɑ̀ː- | ɔ̀ːθɪ-⁻/ *adj.* 〖地質〗〈鉱物が〉自生の (↔ allothogenic). 〖(1888) ← G *authigen* authigenic (↑) + -IC¹〗

au·thig·e·nous /ɔːθídʒənəs, ɑː- | ɔːθídʒɪ̀-/ *adj.* 〖地質〗＝authigenic.

au·thor /ɔ́ːθə, ɑ́ː- | ɔ́ːθə(ʳ/ *n.* **1 a** 著者, 作者; 作家, 著述家 (cf. authoress, writer): the ～ of a book [play, poem, story] / one's favorite ～ 愛読の作家 / A best-selling ～ can get very rich. ベストセラーの作家は金持になれる. **b** (ある著者の)著作, 作品: He has read many ～*s*. 彼は多くの作家の作品を読んでいる / a passage in an ～ ある作家の一節. **c** 〖電算〗(プログラムの)作者. **2** (計画などの)立案者, 創始者, 創造者, 張本人 (originator): the ～ *of* an idea / God the *Author* of our being われらの創造者[造物主]である神 / Who was the ～ *of* the joke? そんないたずらを企(たくら)んだのはだれか. **3** 〖生物〗(学名の)命名者. — *vt.* **1 a** 〈本などを〉書く, 著す. **b** 〖電算〗〈マルチメディアデータなどを〉オーサリングする, 作成する. **2** 創始する, 創造する (create). 〖(?c1350) *au(c)to(u)r* □ AF *au(c)tour* = OF *autor* (F *au(c)teur*) □ L *auctor* promoter, author ← *auctus* (p.p.) ← *augēre* to increase: *auth-* のつづりは 16C 頃から(で語源的でない)〗

áuthor càtalog *n.* 〖図書館〗著者(名)目録 (cf. title catalog).

áuthor èntry *n.* 〖図書館〗著者登録《著者名の目録記入》.

au·thor·ess /ɔ́ːθərɪ̀s, ɑ́ː-, -rəs | ɔ́ːθərès, -rɪ̀s/ *n.* 女流作家. ★ 今は author が普通. 〖1478〗

au·tho·ri·al /ɔːθɔ́ːriəl, ɑː- | ɔː-⁻/ *adj.* 著者[作者]の, 著者による (auctorial). 〖(1796): ⇨ -ial〗

áuthor ìndex *n.* 〖図書館〗著者(名)索引 (cf. subject index).

áu·thor·ing /-θ(ə)rɪŋ/ *n.* 〖電算〗オーサリング《マルチメディアデータの構築》.

áuthoring lànguage *n.* 〖電算〗オーサリング言語《プログラム作成用言語の知識なしでもプログラムが自分で書けるよう援助する言語システム》.

au·thor·i·tar·i·an /ɔːθɔ̀(ː)rətéᵊriən, ɑː-, əθ-, -θɑ̀(ː)r- | ɔːθɔ̀rɪ̀téər-, əθ-⁻/ *adj.* **1** 権威[独裁](主義)的な. **2** 権柄(けんぺい)ずくな. — *n.* **1** 権威主義者; 独裁主義者. **2** 権柄ずくな人. 〖(1879): ⇨ -arian〗

au·thòr·i·tár·i·an·ìsm /-nìzm/ *n.* 権威[独裁]主義. 〖1909〗

au·thor·i·ta·tive /əθɑ́(ː)rətèɪṭɪv, ɔːθ-, ɑːθ-, -θɔ́(ː)r- | ɔːθɔ́rɪ̀tətɪv, əθ-, -tèɪt-/ *adj.* **1** 当局の, その筋(から)の; 正式な (official, authorized): ～ orders. **2** 〈情報など〉信頼すべき, 権威のある (reliable): an ～ account, opinion, etc. / ～ sources 権威筋. **3** 〈人・態度など〉権威のある; 命令的な, 権柄(けんぺい)ずくな (commanding): in an ～ manner [voice]. **～·ness** *n.* 〖1605〗

au·thór·i·tà·tive·ly *adv.* **1** 権威的に, 権威をもって. **2** 権威筋から. **3** 権威を示して; 命令的に, 横柄に. 〖1621〗

au·thor·i·ty /əθɑ́(ː)rəṭi, ɔːθ-, ɑːθ-, -θɔ́(ː)r- | ɔːθɔ́rɪ̀ti, əθ-/ *n.* **1 a** [通例 *pl.*] 政府, 当局, その筋: the civil [military, school] *authorities* 行政[軍, 学校]当局 / The *authorities* expressed their displeasure. 当局は不満を表明した. **b** 公共事業機関: the Local Education *Authority* 《英》地方教育当局 (略 LEA) / ⇨ port authority, Tennessee Valley Authority. **2** (政府・支配者などの)権力, 権威, 支配 (power, rule) 〔*over*〕 (⇨ power SYN): the ～ of the sovereign / a position of ～ 権力の地位 / a person in ～ 権力者 / those in ～ *over* us 我々を支配している人々 / under the ～ of …の権力[支配]下に / exercise [have] ～ *over* …に対して権力を振るう[to]. **3 a** 権限, 職権 〔*for*〕 / 〈*to do*〉: on one's own ～ 自己の一存で, 独断で / exceed one's ～ 越権行為に出る / The police have (the) ～ *to* maintain law and order. 警察は治安を維持する権限がある. **b** (権力者による)許可, 是認 (authorization); (委任された)権利; 自由裁量 〔*for*〕 / 〈*to do*〉: by (the) ～ of …の許可[認可]を得て / by the ～ vested in me … 私に付与された裁量により / The manager gave me (the) ～ *to* open the letter. 支配人は私に手紙を開封してよいと言った / You have no ～ *to* move my bag (without permission). (許可なしに)私のかばんを動かす権利はない / do something without (proper) ～ しかるべき許可なしに何かをする. **c** 〖法律〗授権書. **4** (地位・人柄・経験などによる)威信, 権威, 影響力 〔*over*, *with*〕; 説得力, 重み: speak with ～ 権威をもって話す / They have little ～ *over* [*with*] their children. 子供に対してほとんど権威がない[にらみがきかない] / He spoke with all the ～ of his 20 years of experience. 20 年の経験に基づき威信をもって話した. **5** 〈特定の主題についての〉権威者, 大家, 泰斗; 権威書 〔*on*〕: He is an [the greatest living] ～ *on* gardening [Shakespeare] 彼はガーデニング[シェークスピア]の権威だ[現代最高の権威だ]. 日英比較 日本語の「オーソリティー」は英語では expert に当たることが多い. **6 a** 典拠, よりどころ, (論拠となる)引用; 出典 (source); 証言 〔*for*〕: *on* the ～ of …を典拠[よりどころ]にして / I have it *on* good ～. それは確かな筋によるものだ. **b** 〈行為などの〉正当な理由, 根拠 (warrant) 〔*for*〕. **7** (演奏・作品などの)堂に入った演技[出来栄え]. **8** 〖法律〗判決; 判(決)例, 先例.

authórity to páy 〖商業〗＝LETTER of credit.

authórity to púrchase 〖商業〗手形買取り授権書.

〖(?a1200) □ AF & (O)F *au(c)torité* (F *autorité*) □ L *auctōritātem* personal influence: ⇨ author, -ity〗

au·tho·ri·za·tion /ɔ̀ːθ(ə)rɪ̀zéɪʃən, ɑ̀ː- | ɔ̀ːθ(ə)raɪ-, -rɪ-/ *n.* **1** 授権, 委任. **2** 認定, 認可, 公認, 官許. **3** 認証. 〖(1610): ⇨ ↓, -ization〗

au·tho·rize /ɔ́ːθəràɪz, ɑ́ːθ- | ɔ́ːθ-/ *vt.* **1** 〈行動・計画などを〉許可[認可]する, 許す (sanction): ～ a change in foreign policy / A budget was ～*d* for the project. その計画に対して予算が承認された[割り当てられた] / an expression ～*d* by custom 慣用上認められた表現. **2** …に〈…する〉権限を与える, 委任する (empower) 〈*to do*〉: We ～*d* him *to* act for us. 彼に代行の権限を与えた. **3** 《古》〈物事が〉…の根拠となる, 正当化する (justify). 〖(?c1378) *au(c)torise(n)* □ OF *auctoriser* (F *autoriser*) □ ML *auctorizāre* ← *auctor* 'AUTHOR': ⇨ -ize〗

SYN 権限を与える: **authorize** 〈権限のある人が〉正式の許可を与える: The President *authorized* him to do this. 大統領が彼にこれをする権限を与えた. **commission** 権限を与えて公的な特定の仕事を委任すること: He was *commissioned* to negotiate the matter. 彼はこの件の交渉の権限を与えられた. **empower** 公的な機関・団体などに法的な権限を与えること《格式ばった語》: The faculty meeting is *empowered* to give entrance examinations. 教授会は入学試験を行う権限が与えられている. **license** 特定の事柄について法律上の許可を与える: We are *licensed* to sell alcohol. 私どもは酒類販売の免許を受けています.

ANT forbid, prohibit.

áu·tho·rìzed *adj.* 認可された, 認可を得た, 認定の, 検定済の; 公認された, 正しい; 権限を授けられた: an ～ agent 指定代理人 / an ～ translation 原著者の許可を得てなされた翻訳. 〖*c*1399〗

áuthorized cápital *n.* 〖経済〗授権資本 (cf. nominal capital). 〖1911〗

Áuthorized Vérsion *n.* [the ～] 〖聖書〗欽定(きんてい)訳聖書《英国王 James 一世の命によって翻訳編集され

1611 年に出版された英訳聖書; Shakespeare と共に近代英語文体の形成に甚大な影響を与えた; 略 AV; 米国では通例(時に英国でも) King James Bible [Version] という; cf. Revised Version). 〖*c*1613〗

áuthor lànguage *n.* 〘電算〙 =authoring language.

áuthor·less *adj.* 著者[作者]不明の, 読み[詠み]人知らずの; 匿名の (anonymous). 〖1713〗

áuthor màrk *n.* 〘図書館〙 著者記号 (著者の姓の記号化).

áuthor nùmber *n.* 〘図書館〙 著者番号 (author mark).

áuthor's alterátion *n.* 〘印刷〙 著者直し (著者自身による字句の改変; 略 AA, a.a.; cf. printer's error).

áuthor's corréction *n.* 〘印刷〙 =author's alteration (略 AC).

áuthor's edítion *n.* 〘図書館〙 自費出版本, 私家版.

áuthor·shìp *n.* **1** 著作者であること; (仕事としての)著述, 著述業: the trade of ~ 著述業. **2** (書籍・楽曲などの)原作者(がだれであるかということ), 著者; (うわさ・事件などの)出所, 根源, 張本人 (origin): the ~ of a book, conspiracy, etc. / a book of doubtful ~ 原作者の不確かな本. 〖(1710): ⇨ -ship〗

Auth. Ver. (略) Authorized Version.

au·tism /ɔ́ːtɪzm̩, ɑ́ː- | ɔ́ː-/ *n.* **1** 〘心理〙 自閉性; 内閉性. **2** 〘精神医学〙 自閉(症). 〖(1912) ← NL *autismus*: ⇨ auto-¹, -ism〗

au·tis·tic /ɔːtístɪk, ɑː- | ɔː-/ *adj.* 自閉性の; 自閉症の: an ~ child. — *n.* 自閉性[症]の人. **au·tís·ti·cal·ly** *adv.* 〖(1912): ⇨ -istic〗

au·to¹ /ɔ́ːṭoʊ, ɑ́ːṭ- | ɔ́ːtəʊ/ (米口語) *n.* (*pl.* ~**s**) 自動車, 車 (car). — *vi.* 車で行く, 車を運転する: ~ to the lake. 〖(1899) (略) ← AUTOMOBILE〗

au·to² /ɔ́ːṭoʊ, ɑ́ːṭ- | ɔ́ːtəʊ/ *n.*, *adj.* =automatic.

auto. (略) automatic; automobile; automotive.

au·to-¹ /ɔ́ːtoʊ | -təʊ/「自身の, 独自の, 自己…」などの意の連結形: *auto*cracy, *auto*suggestion. ★ 母音の前では時に aut- になる. 〖← Gk *autós* self〗

au·to-² /ɔ́ːṭoʊ | -təʊ/「自動車の」の意の連結形: *auto*camp, *auto*cross. 〖← AUTOMOBILE〗

au·to-³ /ɔ́ːṭoʊ | -təʊ/「自動機械の, 自動の」の意の連結形: *auto*changer. 〖← AUTOMATIC〗

áuto·alàrm *n.* 〘海事〙 自動警報装置, 自動警急受信機 (遭難信号を受信して自動的に警報を鳴らす装置).

àuto·ánalyzer *n.* 〘化学〙 自動分析機 (化学物質・血液などを自動的に試験分析する機械). 〖1960〗

àuto·ántibody *n.* 〘生理〙 自己抗体. 〖1910〗

au·to·bahn /ɔ́ːṭoʊbàːn, ɑ́ː-, áʊ- | ɔ́ːtə(ʊ)-, áʊ-; G. áʊtobàːn/ G. *n.* (*pl.* ~**s**, **au·to·bah·nen** /-nən; G. -nən/) アウトバーン (ドイツ・オーストリアの高速道路 (expressway), (英) motorway); cf. autopista, autoroute, autostrada). 〖(1937) □ G ~ ← AUTO-²+*Bahn* track, road: It. *autostrada* のなぞりか〗

àu·to·bi·óg·ra·pher /-fə | -fə⁽ʳ⁾/ *n.* 自叙伝作者, 自伝作者. 〖1821〗

àuto·biográphic *adj.* =autobiographical. 〖1827〗

au·to·bi·o·graph·i·cal /ɔ̀ːṭəbàɪəgrǽfɪkəl, ɑ̀ː-, -ṭoʊ-, -bàɪo(ʊ)-, -kl̩ | ɔ̀ːtə(ʊ)bàɪə(ʊ)grǽfɪ-ˈ/ *adj.* 自叙伝的な, 自叙伝体の. **~·ly** *adv.* 〖1829〗

au·to·bi·og·ra·phy /ɔ̀ːṭəbaɪɑ́(ː)grəfi, ɑ̀ː- | ɔ̀ːtə(ʊ)-baɪɔ́g-/ *n.* **1** 自叙伝, 自伝; 自伝文学. **2** 自伝の執筆. 〖1797〗

áuto·bòat *n.* =motorboat.

áuto brá *n.* 〘自動車〙 オートブラ (bra).

áuto·bùs *n.* 乗合自動車, バス (omnibus). 〖1899〗

au·to·cade /ɔ́ːṭoʊkèɪd, ɑ́ː- | ɔ́ːtə(ʊ)-/ *n.* (米) =motorcade. 〖(*c*1931) ← AUTO-²+(CAVAL)CADE〗

áuto·càmp *n.* 自動車旅行者用[オート]キャンプ場.

áuto·càr *n.* (古) 自動車.

àuto·catálysis *n.* 〘化学〙 自触媒現象, 自触媒作用. **àuto·catalýtic** *adj.* 〖1891〗

au·to·ceph·a·lous /ɔ̀ːṭoʊséfələs, ɑ̀ː- | ɔ̀ːtə(ʊ)-ˈ/ *adj.* **1** 〘東方正教会〙〈教会・主教が〉自治の, 自主的な, 独立の (independent). **2** 独自の頭[長]をもつ. 〖(1863) □ LGk *autoképhalos*: ⇨ auto-¹, -cephalous〗

au·to·ceph·a·ly /ɔ̀ːṭoʊsèfəli, ɑ́ː- | ɔ̀ːtə(ʊ)-/ *n.* 〘東方正教会〙 (教会・主教の)自主性, 独立性. **àuto·cephálic** *adj.* 〖□ LL *autocephalia*: ⇨ ↑, -y¹〗

áuto·chànge *n.* =autochanger. 〖1944〗

áuto·chànger *n.* 自動レコード交換装置(のあるプレーヤー). 〖1944〗

au·to·chrome /ɔ́ːṭəkròʊm, ɑ́ː- | ɔ́ːtə(ʊ)krəʊm/ *n.* 〘写真〙 オートクローム (フランス人 Lumière 兄弟の発明した初期天然色透明写真用乾板). 〖(1907) □ F ~: ⇨ auto-³, chrome〗

au·toch·thon /ɔːtɑ́(ː)kθən, ɑː-, -θɑ(ː)n | ɔːtɔ́kθən, -θɔn/ *n.* (*pl.* ~**s**, **-toch·tho·nes** /-θəniːz/) **1** [通例 *pl.*] 原住民, 先住民 (aboriginal inhabitant). **2** 〘生物〙 土地固有の動植物, 自生種. **3** 〘地質〙 原[現]地性 (岩石が生成地域から移動していないこと; cf. allochthon). 〖(1646) □ Gk *autókhthōn* from the land itself ← AUTO-¹+*khthṓn* earth〗

au·toch·thon·al /ɔːtɑ́(ː)kθənl̩, ɑː- | ɔːtɔ́k-/ *adj.* = autochthonous. 〖1829〗

autochthones *n.* autochthon の複数形.

au·toch·thon·ic /ɔ̀ːtɑ(ː)kθɑ́nɪk, ɑ̀ː- | ɔ̀ːtɔkθɔ́n-ˈ/ *adj.* =autochthonous. 〖1845〗

au·tóch·tho·nìsm /-nìzm̩/ *n.* 土着, 原産. 〖1857〗

au·toch·tho·nous /ɔːtɑ́(ː)kθənəs, ɑː- | ɔːtɔ́k-/ *adj.* **1** 〘生物〙 土地固有の, 原産の, 自所(性)の, 自生の; 先住の, 土着の (aboriginal) (cf. heterochthonous). **2** 〈岩石が〉原[現]地性の (cf. allochthonous). **3** 〘病理〙 自所(性)の, 自己由来の, 自生の. **4** 〘精神医学〙〈観念が〉自生の, 〈思考が〉自己の所属を離れてひとりでに次々と現れてくるような. **~·ly** *adv.* 〖(1805): ⇨ -ous〗

au·toch·tho·ny /ɔːtɑ́(ː)kθəni, ɑː- | ɔːtɔ́k-/ *n.* = autochthonism.

au·to·clave /ɔ́ːṭoʊklèɪv, ɑ́ː-, -ṭə- | ɔ́ːtə(ʊ)-/ *n.* **1** (料理用の)圧力鍋[釜] (pressure cooker). **2 a** (化学・工業用の)耐[加]圧器, オートクレーブ. **b** (医療器具消毒用の)加圧(蒸気)滅菌器. — *vt.* 圧力鍋[オートクレーブ]に入れる[掛ける]. 〖(1876) □ F ~ (原義) self-closing ← AUTO-³+L *clāvis* key〗

áuto·còder *n.* 〘電算〙 オートコーダー (初期のアセンブラー (assembler) の一種).

àuto·cohérer *n.* 〘電気〙 オートコヒーラー (無線電信の初期に用いられた検波器の一種).

au·to·coid /ɔ́ːṭəkɔ̀ɪd, ɑ́ː- | ɔ́ːtə-/ *n.* 〘生理〙 =autacoid.

àuto·collimátion *n.* 〘光学〙 オートコリメーション (平面の反射を利用し望遠鏡などの視準線の方向・焦点を調整する操作). 〖1932〗

àuto·cóllimator *n.* 〘光学〙 (オートコリメーションが行える)視準器. 〖1951〗

àuto·correlátion *n.* 〘統計〙 自己相関 (観測値と一定時間後の観測値との相関). 〖1950〗

áuto còurt *n.* (米) =motel.

au·toc·ra·cy /ɔːtɑ́(ː)krəsi, ɑː- | ɔːtɔ́k-/ *n.* **1** 独裁政治, 独裁政府; 独裁国, 独裁政治の行われている地域. **2** 独裁権. 〖(1655) □ Gk *autokráteia* ← *autokratḗs*: ⇨ ↓, -cracy〗

au·to·crat /ɔ́ːṭəkræ̀t, ɑ́ː- | ɔ́ːtə-/ *n.* **1** 独裁者, ワンマン. **2** 独裁[専制]君主 (absolute monarch). **3** 横暴な人. 〖(1803) □ F *autocrate* □ Gk *autokratḗs* ruling by oneself ← AUTO-¹+*krátos* might (⇨ -crat)〗

au·to·crat·ic /ɔ̀ːṭəkrǽṭɪk, ɑ̀ː- | ɔ̀ːtəkrǽt-ˈ/ *adj.* **1** 専制(的)の; 独裁(的)の (absolute, dictatorial) (cf. constitutional 1 b): ~ government 独裁政治 (cf. POPULAR government). **2** 横暴な. **àu·to·crát·i·cal** *adj.* **àu·to·crát·i·cal·ly** *adv.* 〖(1823): ⇨ ↑, -ic¹〗

áuto·crìme *n.* 自動車犯罪 (自動車の窃盗など).

au·to·cross /ɔ́ːṭoʊkrɔ̀(ː)s, ɑ́ː-, -krɑ̀(ː)s | ɔ́ːtə(ʊ)krɒs/ *n.* (自動車の)クロスカントリーレース. 〖(1963) ← AUTO-²+CROSS(-COUNTRY)〗

Áuto·cùe *n.* (英) 〘商標〙 オートキュー (テレビ用後見機で, テープ状のものが動いて, 出演者や講演者などに台詞(せりふ)・放送原稿を教える電子装置; cf. TelePrompTer). 〖1958〗

áuto·cỳcle *n.* (古) 原動機付き自転車 (1920–50 年代に流行). 〖1905〗

au·to-da-fé /ɔ̀ːṭoʊdəféɪ, ɑ̀ː- | ɔ̀ːtə(ʊ)dɑː-, àʊ-; *Port.* autoðəfɛ́/ *n.* (*pl.* **autos-** /-toʊz- | -təʊz-; *Port.* -tuʒ-/) 〘キリスト教史〙 **1** (宗教裁判所 (the Inquisition) の)死刑宣告判決の公式宣告と執行, アウトダフェ. **2** アウトダフェの判決の執行; (特に)異端者の火刑. 〖(1723) □ Port. *auto da fé* (原義) act of faith〗

au·to de fé /ɔ̀ːṭoʊdəféɪ, ɑ̀ː- | ɔ̀ːtə(ʊ)dɑː-, àʊ-; *Sp.* áutoðefé, autuðɯfɛ́/ *Sp. n.* (*pl.* **autos de fé** /-toʊz- | -təʊz-; *Sp.* -tos-/) 〘キリスト教史〙 =auto-da-fé. 〖(1771) □ Sp. ~ □ Port. *auto da fé* (↑)〗

àuto·destrúct *adj.* 自己破壊的な, 自滅的な. — *vi.* (ミサイル・機械などが)自己破壊する, 自滅[自爆]する. **àuto·destrúctible** *adj.* **àuto·destrúctive** *adj.* 〖1971〗

àuto-destrúction[-destrúctive] árt *n.* 〘美術〙 自壊芸術 (完成された形態を保つことなく崩壊や消滅するように工夫された芸術; 現代美術の一傾向).

áuto·dìaler *n.* (*also* **áuto·dìal**) 自動ダイヤル機.

áuto·dìaling *n.* 自動ダイヤル機による通話.

au·to·di·dact /ɔ̀ːṭoʊdáɪdækt, ɑ̀ːt-, -daɪdǽkt, -dɪ̀- | ɔ̀ːtoʊdáɪdækt/ *n.* 独学[独習]者 (self-taught person). 〖((1534)) (1748) □ Gk *autodídaktos* self-taught ← AUTO-¹+*didaktós* (← *didáskein* to teach: ⇨ didactic)〗

au·to·di·dac·tic /ɔ̀ːṭoʊdaɪdǽktɪk, ɑ̀ːt-, -dɪ̀- | ɔ̀ːtəʊ-ˈ/ *adj.* 独学(者)の; 独学によって得た. 〖1847〗

au·to·drome /ɔ́ːṭoʊdròʊm, ɑ́ː- | ɔ́ːtə(ʊ)drəʊm/ *n.* 〘自動車〙 カーレース走路. 〖(1935) ← AUTO-²+Gk *drómos* course (← *drameîn* to run)〗

áuto·dỳne *n.* 〘通信〙 オートダイン (ヘテロダイン用信号を検波器内部で発生させる方式; cf. heterodyne). 〖1911〗

au·toe·cious /ɔːtíːʃəs, ɑː- | ɔː-/ *adj.* 〘植物〙 **1** 同種寄生の (cf. heteroecious). **2** 〈コケ類など〉雌雄両生殖器官を備えた. **~·ly** *adv.* 〖(1882): ⇨ ↓, -ous〗

au·toe·cism /ɔːtíːsɪzm, ɑː- | ɔː-/ *n.* 〘植物〙 同種寄生 (ヒマワリやソラマメのさび菌 (rust) など寄生菌類が単一宿主 (host) で発達を完了することをいう). 〖← AUTO-¹+Gk *oíkos* house+-ISM〗

àuto·ecólogy *n.* =autecology.

àuto·erótic *adj.* 〘心理〙 自体愛の. **àuto·eróti·cally** *adv.* 〖1898〗

àuto·eróticism *n.* 〘心理〙 =autoerotism.

àuto·érotism *n.* 〘心理〙 自体愛; (広義に)自慰行為. 〖1898〗

áuto·expòsure *n.* (カメラなどの)自動露出装置.

áuto·fòcus *n.* (カメラの)オートフォーカス, 自動焦点システム. 〖1958〗

au·tog·a·mic /ɔ̀ːṭougǽmɪk, ɑ̀ː- | ɔ̀ːtə(ʊ)-ˈ/ *adj.* 〘植物・生物〙 =autogamous.

au·tog·a·mous /ɔːtɑ́(ː)gəməs, ɑː- | ɔːtɔ́g-/ *adj.* 〘植物・生物〙 自家生殖の. 〖(1889): ⇨ -gamous〗

au·tog·a·my /ɔːtɑ́(ː)gəmi, ɑː- | ɔːtɔ́g-/ *n.* **1** 〘植物〙 自家生殖 (cf. allogamy). **2** 〘生物〙 自家生殖, オートガミー (原生動物の生殖法の一つ; 同じ個体に由来する 2 個の核が合体して新しい核を形成すること). 〖(1877): ⇨ -gamy〗

àuto·génesis *n.* **1** 〘生物〙 自然発生 (abiogenesis). **2** 〘病理〙 自己発生. **3** 〘生態〙 自生 (原因・由来が外部環境と無関係に個体・群集・地域等の内部にあること). 〖1890〗

àuto·genétic *adj.* **1** 〘生物〙 **a** 自然発生した (self-generated). **b** 自然発生の[に関する]. **2** 〘病理〙 自己発生の. **àuto·genétically** *adv.* 〖1886〗

àuto·génic *adj.* **1** 〘生物〙〈生態的遷移が〉自発的な (群落内で自然に起こる; cf. allogenic 2): an ~ succession 自発的遷移. **2** 〘昆虫〙 =autogenous 3. 〖(1875): ⇨ -genic¹〗

àuto·génics *n.* =autogenic training. 〖(1981): ⇨ ↑, -ics〗

autogénic tráining *n.* 〘心理〙 自律訓練法 (自己暗示・自己催眠などによって全身の緊張を解き, 心身の状態を自分で調整できるようにする訓練法). 〖1964〗

au·tog·e·nous /ɔːtɑ́(ː)dʒənəs, ɑː- | ɔːtɔ́dʒə-/ *adj.* **1** 〘生物〙 自生の, 自発的な (cf. heterogenous): ~ vaccine 自生ワクチン. **2** 〘生理〙 自家発生の. **3** 〘昆虫〙〈カなどが〉卵を産むのに血を吸う必要がない (cf. anautogenous). 〖(1846) □ Gk *autogenḗs* self-produced: ⇨ auto-¹, -genous〗

autógenous wélding *n.* 〘金属加工〙 =gas welding. 〖1930〗

au·tog·e·ny /ɔːtɑ́dʒəni, ɑː- | ɔːtɔ́dʒə-/ *n.* 〘生物〙 自然発生 (self-generation). 〖(1875) □ Gk *autogenḗs*: ⇨ auto-¹, -geny〗

au·to·gi·ro /ɔ̀ːṭoudʒáɪrou, ɑ̀ː- | ɔ̀ːtə(ʊ)dʒáɪərəʊ/ *n.* (*pl.* ~**s**) 〘航空〙 オートジャイロ (前進すると前から来る気流により機上の回転翼が回転して揚力を生じ飛行する航空機; gyroplane ともいう; cf. helicopter). 〖(1923) ← *Autogiro* (商標名): ⇨ auto-¹·³, gyro-〗

au·to·graft /ɔ́ːṭougræ̀ft, ɑ́ː- | ɔ́ːtə(ʊ)grɑ̀ːft/ 〘外科〙 *n.* 自家移植片 (同一個体からとって移植した組織片; cf. heterograft, homograft). — *vt.* 〈組織を〉自家移植する. 〖1919〗

au·to·graph /ɔ́ːṭəgræ̀f, ɑ́ː- | ɔ́ːtəgrɑ̀ːf, -græ̀f/ *n.* **1** 自署, 署名, (有名人などの)サイン (cf. allograph) (⇨ signature SYN). ⇨ sign, signature 日英比較. **2** 自筆, 肉筆, 親筆. **3** 自筆の原稿(など); 著者署名入り文書. **4** 〘印刷〙 肉筆石版刷, 肉筆石版画. **5** [形容詞的に] **a** 自筆の; 自署の: an ~ letter [manuscript] 自筆の手紙[原稿] / an ~ album [book] 署名帳, サイン帳. **b** 〘美術〙〈作品が〉自筆の, 本物の: This Rubens is ~. — *vt.* **1** …に自署する: ~ a presentation copy 贈呈本に署名する / an ~*ed* picture of T. S. Eliot. **2** 自筆で書く, 自書する. **3** 〘印刷〙 肉筆石版で複写[複製]する. 〖(1640–44) □ F *autographe* ∥ L *autographum* (neut.) ← *autographus* □ Gk *autógraphon*: ⇨ auto-¹, -graph〗

au·to·graph·ic /ɔ̀ːṭəgrǽfɪk, ɑ̀ː- | ɔ̀ːtə(ʊ)-ˈ/ *adj.* **1** 自筆の, 自書の, 真筆の; 自署の. **2** 〈計器が〉自記の (self-recording). **3** 〘印刷〙 肉筆石版印刷の. **àu·to·gráph·i·cal** *adj.* **àu·to·gráph·i·cal·ly** *adv.* 〖1810〗

au·tog·ra·phy /ɔːtɑ́(ː)grəfi, ɑː- | ɔːtɔ́g-/ *n.* **1** 自筆で書くこと, 自書. **2** 筆跡. **3** [集合的] 自署, 自筆(原稿). **4** 〘印刷〙 肉筆石版印刷. 〖1644〗

àuto·gravúre *n.* 〘印刷〙 オートグラビア (写真凹(おう)版 (photogravure) の一種).

au·to·gy·ro /ɔ̀ːṭoudʒáɪrou, ɑ̀ː- | ɔ̀ːtə(ʊ)dʒáɪərəʊ/ *n.* (*pl.* ~**s**) 〘航空〙 =autogiro.

Áuto·hàrp *n.* 〘商標〙 オートハープ (zither の一種; 簡単な和音はボタン操作で奏する). 〖1882〗

àuto·hypnósis *n.* 自己催眠術. **àuto·hypnótic** *adj.* 〖1903〗

àuto·hýpnotism *n.* =autohypnosis. 〖1913〗

au·toi·cous /ɔːtɔ́ɪkəs, ɑː- | ɔː-/ *adj.* 〘植物〙 =autoecious.

àuto·ignítion *n.* **1** (内燃機関の)自己着火; 自然発火 (cf. preignition). **2** 〘化学〙 =spontaneous combustion. 〖1962〗

àuto·ignítion pòint *n.* 〘化学〙 自然点火温度 (flash point).

àuto·immúne *adj.* 〘病理〙 自己免疫(性)の.

àuto·immúnity *n.* 〖1952〗

autoimmúne diséase *n.* 〘病理〙 自己免疫疾患 (自己の体内の成分に対するアレルギー(自己アレルギー)を基に生じる病態; 全身性エリテマトーデス (SLE) や慢性関節リウマチなど). 〖1961〗

àuto·immunizátion *n.* 〘病理〙 自己免疫化. 〖1907〗

àuto·inféction *n.* 〘病理〙 自己感染. 〖1878〗

àuto·injéctor *n.* 自己(皮下)注射器.

àuto·inoculátion *n.* 〘医学〙 自己接種. 〖1874〗

àuto·intóxicant *n.* 〘病理〙 自家中毒素. 〖1900〗

àuto·intoxicátion *n.* 〘病理〙 自家中毒. 〖1887〗

àuto·ionizátion *n.* 〘物理〙 自動[自己]電離 (励起状態の原子あるいは分子が自発的に電子を放出してイオンと電子に分解する現象).

au·to·ist /ɔ́ːṭouɪ̀st, ɑ́ː- | -təuɪst/ *n.* =automobilist.

A

〘1903〙

au·to·ki·ne·sis /ɔ̀ːtoʊkənìːsəs, àː-, -kaɪ- | ɔ̀ːtə(ʊ)-kənìːsɪs, -kaɪ-/ *n.* 〘心理〙自動運動 (autokinetic effect). 〘1900〙

àuto·kinétic *adj.* 自動運動の.

autokinétic effèct [illúsion] *n.* 〘心理〙自動運動現象《暗室内で静止している光点を凝視していると，その光点があたかも動いているかのように見える現象; autokinetic phenomenon ともいう》. 〘1934〙

áuto lìft *n.* (車体点検・修理用の)自動車リフト.

àuto·líthograph *n.* 〘美術〙直接石版画. 〘1874〙

àuto·lithógraphy *n.* 〘美術〙直接石版画法《原画を直接印刷面に描く石版画法; artist lithography ともいう》. 〘1874〙

àuto·lóading *adj.* 〈銃器など〉自動装塡(そう)式の (self-loading).

au·tol·o·gous /ɔːtɑ́(ː)ləgəs, ɑː- | ɔːtɔ́l-/ *adj.* 〘生物〙地元の，同原の《組織中に自然[正常]に派生する》. 〘(1921) ← AUTO-¹＋(HOMO)LOGOUS〙

Au·tol·y·cus¹ /ɔːtɑ́(ː)ləkəs, ɑː- | ɔːtɔ́lɪ-/ *n.* **1** 〘ギリシャ神話〙アウトリュコス《Hermes の子で巧妙な泥棒; Odysseus の母方の祖父》. **2** オートリカス《Shakespeare の *The Winter's Tale* に出てくる泥棒の名》. 〘□ L ～ □ Gk *Autólukos*〙

Au·tol·y·cus² /ɔːtɑ́(ː)ləkəs, ɑː- | ɔːtɔ́lɪ-/ *n.* アウトリュコス《月のクレーターの一つ; 直径 38 km, 深さ 3,000 m》.

au·tol·y·sate /ɔːtɑ́(ː)ləsèɪt, ɑː-, -zèɪt | ɔːtɔ́lə-/ *n.* 〘生化学〙自己溶解物，自己分解質. 〘(1910): ⇨ autolysis, -ate¹〙

au·to·ly·sin /ɔːtɑ́(ː)ləsən, ɑː- | ɔːtɔ́ləsɪn/ *n.* 〘生化学〙(動植物組織を破壊させる)自己分解素. 〘(1934): ⇨ ↓, -in²〙

au·tol·y·sis /ɔːtɑ́ləsəs, ɑː- | ɔːtɔ́ləsɪs/ *n.* 〘生化学〙自己分解，自己消化《一生物体の細胞が自己の酵素の作用により分解すること; cf. heterolysis》. **au·to·lyt·ic** /ɔ̀ːtəlítɪk, àː-, -tḷ- | ɔ̀ːtəl-, -tḷ-/ *adj.* 〘(1902) ← NL ～: ⇨ auto-¹, -lysis〙

au·to·lyze /ɔ́ːtoʊlàɪz, ɑ́ː- | ɔ́ːtə(ʊ)-/ *vt., vi.* 〘生化学〙自己分解[消化]させる[する]. 〘(1903): ⇨ -lyze〙

áuto·màker *n.* 《米》自動車製造業者. 〘1947〙

au·to·mat /ɔ́ːtəmæ̀t, ɑ́ː- | -tə-/ *n.* **1** 自動販売機 (slot machine): a coffee ～. **2** [A-] 《米》オートマット《自動販売式食堂のサービスマーク (service mark)》. 〘((1671)) (1903) ← *Automat* (商標名) ← AUTOMATON〙

au·to·mat- /ɔ̀ːtəmǽt, ɑ̀ː- | ɔ̀ːtə-/ (母音の前にくるときの) automato- の異形.

automata *n.* automaton の複数形.

au·to·mate /ɔ́ːtəmèɪt, ɑ́ː- | ɔ́ːtə-/ *vt.* **1** 〈工場・操作などを〉オートメーション化する，自動[オートメ]化する: ～ production / Electronics has ～*d* many aspects of modern living. 電子工学は現代生活の多くの面を自動化している. **2** 自動操作する，オートメーションで経営[管理]する. — *vi.* オートメーションを取り入れる，オートメ化する. **áu·to·màt·a·ble** /-təbḷ | -tə-/ *adj.* 〘(1954)《逆成》← AUTOMATION〙

áu·to·màt·ed /-təd | -tɪd/ *adj.* 自動化した，自動の. 〘(1952)《逆成》← AUTOMATION〙

áutomated téller machìne *n.* 〘銀行〙現金自動預払機，自動窓口機 (《英》cash dispenser) (略 ATM). 〘c1971〙

au·to·mat·ic /ɔ̀ːtəmǽtɪk, ɑ̀ː- | ɔ̀ːtəmǽt-⁻/ *adj.* **1 a** 自動の，自動的[式]の，オートマチックの: ～ action 自動作用 / an ～ door [elevator] 自動ドア[エレベーター] / an ～ locker (駅などにある)コインロッカー / ～ operation 自動操作 / an ～ telephone 自動電話. **b** 〈銃器など〉(全)自動式の《引金を引き続けている限り弾丸の装塡(そう)・発射・空薬莢(やっきょう)の排出が連続的に行われる方式をいう》. **c** 〈自動車のギヤが〉自動式の，オートマチックの: ～ gear. **d** 〈時計が〉自動巻きの. **2 a** 無意識の，習慣的な，機械的な (mechanical). **b** 自然な，必然的な (necessary): an ～ consequence. **3** 〘生理・心理〙自動(性)の，自発運動の，無意識的な，反射的な (reflex): an ～ response. **4** 〘美術〙オートマチスムによる，オートマチックな (cf. automatism 5). — *n.* **1 a** 自動機械[工具，装置]. **b** ＝automatic pistol; automatic rifle. **c** 〘機械〙＝automatic transmission. **d** 自動巻き(時計). **e** 自動ギヤ変速機構(を装備する自動車). **2** 〘アメフト〙＝audible. **àu·to·mát·i·cal** *adj.* 〘(1748) ← Gk *autómatos* self-moving: ⇨ -IC¹〙

au·to·mat·i·cal·ly /ɔ̀ːtəmǽtɪkəli, àː-, -tə-, -kḷi, -kli | ɔ̀ːtəmǽtɪ-/ *adv.* **1** 自動で，自動的[式]に，オートマチックに: The door locks ～. ドアは自動的に錠がかかる. **2** 無意識に，習慣的に，機械的に: People ～ assume that surgeons are male. 人はみな外科医は男性だと機械的に決めてかかる. 〘(1853): ⇨ ↑, -ly¹〙

automátically prógrammed tóol *n.* 〘電算〙数値制御用プログラミングシステムの一種 (略 APT; cf. NC).

áutomatic blóck sìgnal *n.* 〘鉄道〙自動閉塞信号機.

áutomatic cámera *n.* 自動カメラ《レンズの絞り・シャッター速度などを自動設定する》.

áutomatic dáta prócessing *n.* 〘電算〙自動データ処理 (略 ADP; cf. integrated data processing).

automátic diréction fìnder *n.* 〘航空〙自動方向探知器 (略 ADF). 〘1940〙

áutomatic dráwing *n.* 〘美術〙自動描法 (⇨ André MASSON).

áutomatic dríve *n.* 〘機械〙＝automatic transmission.

áutomatic fréquency contròl *n.* 〘通信〙自動周波数制御《発振器などの周波数を目的とする値に自動的に合わせる制御; 略 AFC》. 〘1935〙

áutomatic gáin contròl *n.* 〘電気〙自動利得制御《出力信号が適当な大きさになるように増幅器の利得を自動的に調整すること; 略 AGC》. 〘1930〙

au·tom·a·tic·i·ty /ɔːtəmətísəti, àː-, -mæ- | ɔ̀ːtə-mətísɪti, -mæ-/ *n.* **1** 自動性. **2** 〘生理〙自動能，反射性《摘出した心臓が独自に収縮活動をなしうる現象など》: the ～ of reaction to response. 〘c1870〙

áutomatic lánding *n.* 〘航空〙自動着陸《全自動で航空機を着陸させること》. 〘1938〙

áutomatic páyment *n.* 口座引き落とし，自動振替.

áutomatic péncil *n.* 《米》シャープペンシル (《英》propelling pencil). 日英比較「シャープペンシル」は和製英語. 19 世紀末に米国で発表された Eversharp (常にとがっているの意)の商標名から.

áutomatic pílot *n.* **1** 〘航空〙自動操縦装置，オートパイロット. **2** 〘海事〙自動操舵装置.

be on áutomatic pílot 自動操縦で動いている; 《口語》機械的[無意識に]行動している.

〘1916〙

áutomatic pístol *n.* 自動拳銃《銃把内に弾倉のある型で自動的に装塡(そう)・発射がなされるもの; cf. revolver》.

áutomatic prémium lòan *n.* 〘保険〙保険料自動振替貸付け《保険料の払込み期日がきても払込みがない場合，保険会社は契約失効としないで保険料を立て替えて，それを貸付金とする方式》.

áutomatic récord chànger *n.* 自動レコード交換装置《一枚のレコードの演奏が終わると自動的に他のレコードが降りて連続的に演奏できるもの》.

automátic repéat *n.* 〘電算〙(キーボードの)自動反復(機能)，オートリピート《キーが押されている間，反復してキーが押されたのと同様の動作をする機能》.

áutomatic rífle *n.* 自動小銃 (cf. bolt action).

áutomatic stábilizing equipment *n.* 〘航空〙自動安定装置 (略 ASE; stability augmentation system ともいう).

áutomatic télephone exchànge *n.* 〘通信〙自動電話交換機; 自動電話交換局. 〘1879〙

áutomatic téller machìne *n.* ＝automated teller machine. 〘1971〙

áutomatic trácking *n.* 〘電子工学〙自動追尾《レーダーによる目標物の進路追跡方式》.

áutomatic tráin contròl *n.* 〘鉄道〙自動列車制御装置 (略 ATC). 〘1912〙

áutomatic tráin operàtion *n.* 〘鉄道〙(列車の)自動運転 (略 ATO).

áutomatic tráin stòp *n.* 〘鉄道〙自動列車停止(装置) (略 ATS).

áutomatic tráin supervìsory sỳstem *n.* 《米》〘鉄道〙自動列車監視装置 (略 ATSS).

áutomatic translátion *n.* 自動翻訳 (machine translation).

automátic transmíssion *n.* 〘機械〙自動変速装置，自動変速機《自動車などのギヤが自動的に変換される; automatic drive ともいう》. 〘1961〙

áutomatic týpesetting *n.* ＝computer typesetting.

áutomatic vólume contròl *n.* 〘通信〙自動音量制御(装置)《ラジオ受信機の出力をアンテナ入力の変動にかかわらず自動的に一定に保つこと; その装置; 略 AVC, a.v.c.》. 〘1930〙

áutomatic wríting *n.* 〘心霊〙自動筆記，神霊書写《テレパシーなどにより無意志的または無意識に字や絵をかくこと; cf. spirit writing》. 〘1883〙

au·to·ma·tion /ɔ̀ːtəméɪʃən, àː- | ɔ̀ːtə-/ *n.* 〘機械〙(機械・工場・生産などの操作をできるだけ人手を使わずコンピューターなどにより調整制御する)自動操作(法)，オートメーション. 〘(1948): ⇨ automaton, -ation〙

au·tom·a·tism /ɔːtɑ́(ː)mətìzm, ɑː- | ɔːtɔ́m-/ *n.* **1** 自動(性)，自動作用，自動的活動; 機械的[無意識的]行為. **2** 〘生物〙(動物の)自動[機械的]行動説. **3** 〘生理・病理〙自動性《心臓の鼓動・筋肉の反射運動などにいう》; 自動症. **4** 〘心理〙自動現象，無意識行動《夢中遊行など》. **5** 〘美術〙オートマチスム《意識活動を避けて無意識的被抑圧思想感情に芸術的表現を与えること; 超現実主義 (surrealism) の用語》. **6** 〘哲学〙自動機械説《生物，特に人間を精巧な機械になぞらえてみる立場》. **au·tóm·a·tist** /-təst | -tɪst/ *n.* 〘(1838) □ F *automatisme*: ⇨ automate, -ism〙

au·tom·a·ti·za·tion /ɔːtɑ̀(ː)mətəzéɪʃən, ɑː- | ɔː-tɔ̀mətaɪ-, -tɪ-/ *n.* 自動化; オートメ(ーション)化.

au·tom·a·tize /ɔːtɑ́(ː)mətàɪz, ɑː- | ɔːtɔ́m-/ *vt.* 自動化する，オートメ化する (automate). 〘1837〙

au·to·mat·o- /ɔ̀ːtəmǽtoʊ, àː- | ɔ̀ːtəmǽtəʊ/「自動的な」の意の連結形. ★ 母音の前では通例 automat- になる. 〘□ Gk ～ ← *autómatos* self-moving〙

au·tom·a·ton /ɔːtɑ́(ː)mətən, ɑː-, -tṇ, -tɑ̀(ː)n | ɔː-tɔ́mətən, -tṇ/ *n.* (*pl.* **～s, -a·ta** /-tə | -tə/) **1** 自動機械[装置]. **2** (機械作用の)ロボット，自動人形. **3** (ロボットのように)機械的に行動する人. **4** 〘電算〙オートマトン《人間の知能的動作を行うことのできる自動機械》. 〘(1611) □ L ～ □ Gk *autómaton* (neut.) ← *autómatos* self-moving ← AUTO-¹＋-*matos* willing (← IE **men-* to think (L *mēns* mind / Gk *ménos* spirit))〙

au·tom·a·tous /ɔːtɑ́(ː)mətəs, ɑː- | ɔːtɔ́mət-/ *adj.* ロボットのような; 自動的な，機械的な (automatic). 〘(1646) □ L *automatus* □ Gk *autómatos* (↑)〙

àuto·méchanism *n.* 自動機構《設計されたとおりの条件に従って自動的に動作する装置》.

Au·tom·e·don /ɔːtɑ́(ː)mədɑ̀(ː)n, ɑː- | ɔːtɔ́mədən/ *n.* **1** 〘ギリシャ伝説〙アウトメドン (Achilles の戦車の御者). **2** (巧みな)御者. 〘□ L ～ □ Gk *Automédōn*〙

áuto·mèter *n.* (複写機の)自動枚数記録装置，カウンター. 〘⇨ -meter〙

au·to·mize /ɔ́ːtəmàɪz, ɑ́ː- | ɔ́ːtə-/ *vt.* 自動化する (automate). **àu·to·mi·zá·tion** *n.*

au·to·mo·bile /ɔ́ːtəməbìːl, ɑ́ː-, ⌐⌐⌐⌐ | ɔ́ːtə-mə(ʊ)bìːl, ⌐⌐⌐⌐/ *n.* 《米》自動車; (特に)乗用車. ★ 日常語としては《米》では car, 《英》では car または motorcar. — *vi.* 《米》自動車に乗る，ドライブする. — *adj.* ＝automotive. 〘(1883) □ F ～: ⇨ auto-¹, mobile〙

Áutomobile Associàtion *n.* 《英》自動車協会 (略 AA).

áutomobile insùrance *n.* 〘保険〙自動車保険《自動車事故で他人に与えた損害賠償責任の保険を含む》.

áu·to·mo·bìl·ism /-lɪzm/ *n.* 《米》自動車の使用[運転法，運転技術]. 〘1896〙

áu·to·mo·bìl·ist /-ləst | -lɪst/ *n.* 《米》自動車使用者，ドライバー (motorist). 〘1897〙

au·to·morphic /ɔ̀ːtəmɔ́əfɪk, àː- | ɔ̀ːtə(ʊ)mɔ́ː-⁻/ *adj.* **1** 〘鉱物〙自形の (⇨ idiomorphic 2). **2** 自己流の: an ～ concept. 〘1873〙

auto·morphism /ɔ̀ːtəmɔ́əfɪzm, àː- | ɔ̀ːtəmɔ́ː-/ *n.* 〘数学〙自己同形[型]写像，自己同形[型]《代数系の自分自身への同形写像; cf. isomorphism 2》. 〘1873〙

au·to·mo·tive /ɔ̀ːtəmóʊtɪv, àː- | ɔ̀ːtə(ʊ)məʊt-⁻/ *adj.* **1** 自動車(関係)の: the ～ industry 自動車産業. **2** 〈機械など〉自動推進の (self-propelled). 〘1865〙

au·to·net·ics /ɔ̀ːtounétɪks, àː- | ɔ̀ːtə(ʊ)nét-/ *n.* 〘電子工学〙自動制御論. 〘← AUTO-¹＋(CYBER)NETICS〙

au·to·nom·ic /ɔ̀ːtənɑ́(ː)mɪk, àː- | ɔ̀ːtə(ʊ)nɔ́m-⁻/ *adj.* **1** ＝autonomous 1. **2** 〘解剖・生理〙〈神経が〉自律的[性]の; 自律神経系[性]の. **3** 〘植物〙自発的な，自動的な: ～ movements 自動運動. **àu·to·nóm·i·cal** *adj.* **àu·to·nóm·i·cal·ly** *adv.* 〘(1832): ⇨ autonomy, -ic〙

autonómic imbálance *n.* 〘病理〙自律神経失調(症).

áutonomic nérvous sỳstem *n.* 〘解剖・生理〙 **1** 自律神経系《植物性機能を自動的に調節する神経系; 交感神経系 (sympathetic nervous system) と副交感神経系 (parasympathetic nervous system) とから成る; cf. central nervous system》. **2** ＝parasympathetic nervous system. 〘1898〙

au·tón·o·mist /-məst | -mɪst/ *n.* 自治制主張者，自治論者. 〘1865〙

au·ton·o·mous /ɔːtɑ́(ː)nəməs, ɑː- | ɔːtɔ́n-/ *adj.* **1** 自治的な，(政治的)自治権を有する; 自律的な; 自主的な (cf. heteronomous 1): an ～ school system. **2** 〘生物〙独立存在の，自律性の. **3 a** 〘植物〙＝autonomic 3. **b** 〘生理〙自律性の; 自律神経に支配される. **4** 〘言語〙自律的な. **～·ly** *adv.* 〘(1800) □ Gk *autónomos* making or having one's own laws (← AUTO-¹＋*nómos* law): ⇨ -OUS〙

au·ton·o·my /ɔːtɑ́(ː)nəmi, ət- | ɔːtɔ́n-/ *n.* **1** 自治; 自治権 (cf. heteronomy). **2** 自治団体. **3** (行動などの)自由，自主性. **4** 〘哲学〙自律《特にカント倫理学の中心概念で，実践理性が自己に義務法則を課しそれに服すること; cf. heteronomy 2》. 〘(1623) □ Gk *autonomía* independence: ⇨ autonomous, -y¹〙

au·to·nym /ɔ́ːtənɪm, ɑ́ː- | ɔ́ːtə-/ *n.* 本名 (cf. pseudonym); 本名で著した著作. 〘(1867) ← AUTO-¹＋-ONYM〙

àuto·oxidátion *n.* 〘化学〙＝autoxidation 2.

au·toph·a·gous /ɔːtɑ́(ː)fəgəs, ɑː- | ɔːtɔ́f-/ *adj.* 自己消耗の，自食(性)の. 〘(1881) □ Gk *autophagós*: ⇨ auto-¹, -phagous〙

au·toph·a·gy /ɔːtɑ́(ː)fədʒi, ɑː- | ɔːtɔ́f-/ *n.* 〘生物〙(飢餓などによる)自己消耗，自食. 〘(1881): ⇨ -phagy〙

au·to·phyte /ɔ́ːtəfàɪt, ɑ́ː- | ɔ́ːtə(ʊ)-/ *n.* 〘植物〙無機物質から直接栄養物を摂取する植物. **auto·phyt·ic** /ɔ̀ːtəfítɪk | -tə(ʊ)fít-/ *adj.* 〘⇨ -phyte〙

áuto·pìlot *n.* 〘航空・海事〙＝automatic pilot. 〘(1935)《短縮》〙

au·to·pis·ta /àʊtoʊpíːstɑː | -tə(ʊ)-; *Sp.* autopísta/ *Sp. n.* アウトピスタ《スペイン語圏の高速道路; cf. autobahn》. 〘(1955) □ Sp. ～ ← AUTO-²＋*pista* track〙

au·to·plast /ɔ́ːtouplæ̀st, ɑ́ː- | ɔ́ːtə(ʊ)-/ *n.* 〘外科〙＝autograft. 〘1883〙

au·to·plas·tic /ɔ̀ːtouplǽstɪk, àː- | ɔ̀ːtə(ʊ)-/ *adj.* **1** 〘外科〙自己組織形成術 (autoplasty) の. **2** 〘精神医学〙自己変容的な. **3** (環境に)適応[順応]性のある. **àu·to·plás·ti·cal·ly** *adv.* 〘(1853): ⇨ ↓, -plastic〙

au·to·plas·ty /ɔ́ːtə(ʊ)plæ̀sti, ɑ́ː- | ɔ́ːtə(ʊ)-/ *n.* 〘外科〙自己(組織)形成(術)，自家移植片形成術《患者の身体から採った移植片をその患者に移植して，失われた体部を整形する手術; cf. autograft》. 〘(1853) ← Gk *autóplastos* self-formed＋-Y¹: ⇨ auto-¹, -plasty〙

áuto·pòlo *n.* 〘スポーツ〙オートポロ《自動車に乗って行うポロ》.

àuto·pólyploid 〘生物〙*n.* 同質倍数体. — *adj.* 同質倍数性の (cf. allopolyploid). 〘1928〙

àuto·pólyploidy *n.* 〘生物〙同質倍数性 (cf. allopolyploidy). 〘1928〙

àuto·potámic *adj.* 〘生態〙〈植物または動物が〉清流に生える[生息する] (cf. eupotamic).

áu·top·sist /-səst | -sɪst/ *n.* (検死)解剖者.

au·top·sy /ɔ́ːtɑ(ː)psi, ɑ́ː-, -təp- | ɔ́ːtɔp-, -təp-, ɔːtɔ́p-/

n. **1** (死因を確かめるための)死体解剖, 剖検; (特に)検死 (postmortem): make an ～ of … =perform an ～ on …の死体を解剖[検死]する. **2** (事後における)分析, 解剖 (critical analysis). **3** 実地観察, 実見. **—** *vt.* …に検死(解剖)を行う, 解剖する. 〘(1651) ← NL *autopsia* ← Gk *autopsíā* a seeing with one's own eyes ← AUTO-[1]+*ópsis* sight (cf. optic)〙

au·top·tic /ɔːtɑ́(ː)ptɪk, ɑː- | ɔːtɔ́p-/ *adj.* 死体解剖の; 検死の; 実地観察の[による]. **au·tóp·ti·cal** *adj.* 〘(1849) □ Gk *autoptikós*: ⇨ ↑, -ic[1]〙

àuto·purificátion *n.* 〘生理〙自浄作用.

au·to·put /ɔ́ːtoupʊ̀t, ɑ́ː- | ɔ́ːtəʊ-; *Serb.* àutopûːt/ *n.* アウトプート《旧ユーゴスラビアの高速自動車道》.

àuto·rádiogram *n.* =autoradiograph.

àuto·rádiograph *n.* オートラジオグラフ《試料中の放射性(同位)元素の位置と分布量を, 密着した写真乳剤膜に対する放射線の作用の強弱で測定する写真》. 〘1903〙

àuto·radiógraphy *n.* オートラジオグラフィー《オートラジオグラフを撮る写真法》. **àuto·radiográphic** *adj.* 〘1941〙

àuto·regulátion *n.* 〘生物〙自己調節《さまざまな条件の下でも生理作用を一定に保つこと》.

àuto·revérse *adj.* オートリバースの《カセットテープが終わると自動的に逆転して, テープを入れ替えずに裏面を再生・録音できる装置についていう》.

áuto·rìckshaw *n.* 《インド》原動機付き軽三輪車.

àuto·rótate *vi.* 〘航空〙自転する (⇨ autorotation). 〘1920〙

àuto·rotátion *n.* 〘航空〙自転《気流中の回転翼が風からエネルギーの供給を受けて回転すること》. **～·al** *adj.* 〘1918〙

au·to·route /ɔ́ːtourùːt, ɑ́ː-, -ràut | ɔ́ːtə(u)rùːt; *F.* otoʀut, otɔ-/ *F. n.* (*pl.* **～s** /～s; *F.* ～/) オートルート《フランス・ベルギーなどの高速道路; cf. autobahn》. 〘(1963) □ F ～ ← AUTO-[2]+*route* road〙

áuto·sàve *n.* 〘電算〙(アプリケーションプログラムの) 自動セーブ(機能)《作業結果の保護の目的で, あらかじめ設定した時間間隔でデータファイルを自動的にセーブする機能》.

au·to·sched·i·asm /ɔ̀ːtouskédiæ̀zm, ɑ̀ː- | ɔ̀ːtəu-/ *n.* 即席, 即興(で行うもの). 〘(1842) □ Gk *autoskhedíasmā* ← *autoskhediázein* to act off-hand ← *autoskhédios* off-hand〙

autos-da-fé *n.* auto-da-fé の複数形.

autos de fé *n.* auto de fé の複数形.

àuto·segméntal *adj.* 〘言語〙自律分節の《発話を自律的 (autonomous) で並行的 (parallel) な分節素の連鎖として分析する》: ～ phonology 自律分節音韻論.

áuto·sèxed *adj.* 〘畜産〙=autosexing.

áuto·sèxing *adj.* 〘畜産〙自家性別の, 自家性標示の《伴性遺伝する形質を利用して, 羽色や羽の性質から初生雛で性を見分けられるような鶏についていう》. 〘1936〙

áuto·shàping *n.* 〘心理〙自動(反応)形成《条件反応が賞罰によって強化されるのでなく, 特定の刺激に対する本能的反応を修正しながら形成されること》.

áuto shòw *n.* 《米》車の展示会 (《英》motor show).

áuto·slèd *n.* (雪氷の上などを走る)自動そり.

au·to·some /ɔ́ːtousòum, ɑ́ː- | ɔ́ːtə(u)sə̀um/ *n.* 〘生物〙常染色体《核を構成する染色体のうち性染色体以外の染色体をいう; euchromosome ともいう; cf. allosome》. **au·to·so·mal** /ɔ̀ːtəsóuməl, ɑ̀ː-, -ml | ɔ̀ːtəsə́u-ˊ/ *adj.* **～·ly** *adv.* 〘(1906) ← AUTO-[1]+-SOME[2]〙

áuto·spòrt *n.* オートスポーツ, モータースポーツ《オートバイ・自動車による競走・ラリー》.

àuto·stabílity *n.* 〘機械〙**1** 自律安定. **2** (ジャイロスコープ (gyroscope) のような)自動安定装置による安定.

au·to·stra·da /áutoustràːdə, ɔ̀ː-, ɑ̀ː- | ɔ̀ːtə(u)stràːdə; *It.* autostráːda/ *It. n.* (*pl.* **～s**, **-stra·de** /-der; *It.* -de/) アウトストラーダ《イタリアの高速道路; cf. autobahn》. 〘(1927) □ It. ～ ← AUTO-[2]+*strada* street, road〙

àuto·suggést *vt.* 自己暗示で作り出す[除く, 左右する]. 〘1921〙

àuto·suggéstion *n.* 〘心理〙自己暗示. **àuto·suggéstive** *adj.* 〘1890〙

àuto·synápsis *n.* 〘生物〙=autosyndesis. 〘← NL ～: ⇨ auto-[1], synapsis〙

áuto·sýndesis *n.* 〘生物〙同親対合, 同質接合 (cf. allosyndesis). 〘← NL ～: ⇨ auto-[1], syndesis〙

au·to·tel·ic /ɔ̀ːtoutélɪk, ɑ̀ː-, -tíːl- | ɔ̀ːtə(u)-ˊ/ *adj.* 〘哲学・文学〙自己目的的な, それ自体が目的となる (cf. heterotelic). 〘(1901) ← Gk *autotelḗs* complete in itself (← AUTO-[1]+*télos* end)+-IC[1]〙

au·to·tel·ism /ɔ̀ːtoutélɪzm, ɑ̀ː-, -tíːl- | ɔ̀ːtə(u)-/ *n.* 〘哲学・文学〙自己目的主義《芸術作品, 特に文学作品は自己自身によって正当化されるという考え方》. 〘⇨ ↑, -ism〙

àuto·tétraploidy *n.* 〘生物〙同質 4 倍性《ゲノム (genome) が四つの個性をもっていること》. **àuto·tétraploid** *adj.*, *n.*

àuto·thérapy *n.* 〘医学〙自家治療[療法]. 〘1933〙

áuto·tìmer *n.* (電子レンジなどの)自動タイマー. 〘1967〙

au·tot·o·mize /ɔːtɑ́(ː)təmàɪz, ɑː- | ɔːtɔ́t-/ 〘動物〙*vt.* 〈トカゲなどが〉〈体の一部を〉自切する, 自割する. **—** *vi.* 自切する, 自割する. 〘(1901): ⇨ ↓, -ize〙

au·tot·o·my /ɔːtɑ́(ː)təmi, ɑː- | ɔːtɔ́t-/ *n.* **1** 〘動物〙(トカゲなど捕えられたときその尾を切るような)自己切断, 自切. **2** 〘外科〙自己手術. **au·to·tom·ic** /ɔ̀ːtətɑ́(ː)mɪk, ɑ̀ː- | ɔ̀ːtətɔ́m-ˊ/ *adj.* **au·tot·o·mous** /ɔːtɑ́(ː)təməs, ɑː- | ɔːtɔ́t-/ *adj.* 〘(1898) ← AUTO-[1]+-TOMY〙

àuto·toxémia *n.* (*also* **auto·toxaemia** /～/) 〘病理〙=autointoxication. 〘1890〙

àuto·tóxic *adj.* 自家中毒素の[による]. 〘1903〙

àuto·tóxin *n.* 〘病理〙自家中毒素. 〘1894〙

àuto·transfórmer *n.* 〘電気〙単巻変圧器, オートトランス. 〘1895〙

àuto·tránsplant *n.*, *vt.* 〘外科〙=autograft.

àuto·transplantátion *n.* 〘1909〙

au·to·tron·ic /ɔ̀ːtoutrɑ́(ː)nɪk, ɑ̀ː- | ɔ̀ːtə(u)trɔ́n-ˊ/ *adj.* 〈エレベーターが〉自動(電子)装置の. 〘← *Autotronic* (商標名) ← AUTO-[1]+(ELEC)TRONIC〙

au·to·troph /ɔ́ːtətrɑ̀uf, ɑ́ː-, -trɑ̀(ː)f | ɔ́ːtətrɔ̀f/ *n.* 〘生物〙独立栄養生物, 自主栄養生物, 無機栄養生物 (holophyte) (cf. heterotroph). 〘(1938) □ G ～〙

au·to·tro·phic /ɔ̀ːtətróufɪk, ɑ̀ː- | ɔ̀ːtətrɔ́f-ˊ/ *adj.* **1** 〘生物〙独立栄養の, 栄養物質を自ら造る, 自主栄養の (cf. heterotrophic). **2** 簡単な物質を食べて生きていける. **au·to·tróph·i·cal·ly** *adv.* 〘(1901): ⇨ -ic〙

au·tot·ro·phy /ɔːtɑ́trəfi | -tɔ́trə-/ *n.* 〘生物〙独立栄養, 自主栄養, 無機栄養.

áuto·trùck *n.* 《米》貨物自動車, トラック (《英》motor-lorry). 〘1899〙

au·to·type /ɔ́ːtoutàɪp, ɑ́ː- | ɔ́ːtə(u)-/ *n.* **1** 〘印刷〙オートタイプ (単色刷りの印画法); その印画. **2** 複写, 模写 (facsimile). **—** *vt.* オートタイプ版にする, 〈絵画を〉写真版に複写する. **au·to·typ·ic** /ɔ̀ːtoutípɪk, ɑ̀ː- | ɔ̀ːtə(u)-ˊ/ *adj.* 〘1853〙

àuto·typógraphy *n.* 〘印刷〙オートタイポグラフィー《nature printing の一種で, 銅の軟材を版に使う》.

au·to·typ·y /ɔ́ːto(u)tàɪpi | -tə(u)-/ *n.* 〘印刷〙オートタイプ法[術]《オートタイプ (autotype) による複製印刷法》.

áuto·wìnder *n.* 〘写真〙(カメラの)フィルム自動巻取り装置 (cf. motor drive).

áuto·wòrker *n.* 《米》自動車工場の従業員.

au·tox·i·da·tion /ɔːtɑ̀(ː)ksədéɪʃən, ɑː- | -tɔ̀ksɪ-/ *n.* 〘化学〙**1** 自動酸化. **2** 酸化反応 (auto-oxidation). **au·tóx·i·da·tive** /-dèɪtɪv, -dəṭɪv | -dətɪv/ *adj.* 〘1883〙

au·tre·fois ac·quit /òutrəfwáːækíː | òu-/ *n.* 〘法律〙前の無罪裁判《同一犯罪事実で, すでに無罪判決を受けたこと, また, それを根拠になされる公訴棄却の申し立て》. 〘□ AF ～ 'formerly acquitted'〙

autrefóis con·víct /-kənvíkt/ *n.* 〘法律〙前の有罪裁判《同一犯罪事実で, すでに有罪判決を受けたこと, また, それを根拠になされる公訴棄却の申し立て; cf. double jeopardy》. 〘□ AF ～ 'formerly convicted'〙

au·tumn /ɔ́ːṭəm, ɑ́ːṭ- | ɔ́ːt-/ *n.* **1** 秋, 秋季《天文学上は北半球では秋分から冬至まで, 南半球では春分から夏至まで; 一般には落葉と実りの季節を指す; 通俗的には, 北半球では大体 9, 10, 11 月, 英国では 8, 9, 10 月とすることもある》: in (the) ～ 秋に(なると) / in the ～ of 2001 2001 年の秋に. ★ 米国では日常語としては通例 fall を用いる. **2** (衰退期に入ろうとする)成熟期; 初老期, 凋落(ちょう)期, 晩年: in the ～ of her life. **3** [形容詞的に] 秋の; 秋向きの: an ～ day / ～ tints 秋色, 紅葉 / ～ wear 秋ものの服. 〘(1624) □ L *autumnus* ← ? Etruscan ∞ (1380) *autumpne* □ OF *autompne* (F *automne*) □ L〙

au·tum·nal /ɔːtʌ́mnəl, ɑː-, -nl | ɔː-/ *adj.* **1** 秋の; 秋のような: ～ leaves, skies, etc. / ～ tints 秋色, 紅葉. **2** 秋咲きの; 秋に実る. **3** 中年を過ぎた, 初老の: an ～ matron. **～·ly** *adv.* 〘1574 □ L *autumnālis*: ⇨ ↑, -al[1]〙

autúmnal équinox *n.* [the ～] 〘天文〙**1** 秋分. **2** 秋分点《秋季昼夜平分点; autumnal point ともいう; cf. vernal equinox》. 〘1678〙

autúmnal póint *n.* [the ～] 〘天文〙=autumnal equinox 2.

autúmn béllflower *n.* 〘植物〙ヨーロッパ産のリンドウの一種 (*Gentiana pneumonanthe*). 〘1597〙

áutumn crócus *n.* 〘植物〙=meadow saffron. 〘1822〙

áutumn équinox *n.* 〘天文〙=autumnal equinox.

áutumn ólive *n.* 〘植物〙アキグミ (*Elaeagnus umbellata*)《グミ科の落葉低木; 葉に銀または茶色の細鱗毛が密生している; cf. Russian olive》.

au·tun·ite /óuṭənàɪt, ɔ́ː-, -tn- | ɔ́utən-, ɔ́ː-, -tn-/ *n.* 〘鉱物〙燐灰(りんかい)ウラン石 ($Ca(UO_2)_2(PO_4)_2 10–12H_2O$)《ウラン雲母の一種》. 〘(c1852) ← *Autun* (その産地であるフランスの町の名)+-ITE[1]〙

Au·vergne /ouvéən, -vɔ́ːn | əuvéən, -vɔ́ːn; *F.* ovɛʀɲ/ *n.* **1** オーベルニュ《フランス中南部の一地方; 中心都市 Clermont-Ferrand; 火山性の山が多い; cf. puy》. **2** =Auvergne Mountains.

Auvérgne Móuntains *n. pl.* [the ～] オーベルニュ山地《フランス中南部の山地; 単に Auvergne ともいう》.

au vol /ouvɑ́(ː)l | əuvɔ́l/ *n.* 〘鷹狩〙鷹を飛ばすときの掛け声. 〘□ F ～ 'to the flight'〙

aux /óu | óu; *F.* o/ *F.* =to the; at the; with the. 〘□ F ～ (転訛) ← *à les* to the: cf. au〙

aux. 《略》auxiliary.

aux- /ɔːk, ɑːk | ɔːk/ (母音の前にくるときの) auxo- の異形: *aux*in.

au·xan·o·gram /ɔːgzǽnəgræ̀m, ɑː-, -ksǽn- | ɔː-/ *n.* 〘細菌〙最適平板培地《平板培養基のこと》. 〘1905〙

au·xa·nog·ra·phy /ɔ̀ːgzənɑ́(ː)grəfi, ɑ̀ː-, -ksə- | ɔ̀ːgzənɔ́g-, -ksə-/ *n.* 〘細菌〙最適細菌培養法《最適平板培地を用いてする, 細菌に最適な培地を決定する方法》. 〘1905〙

au·xa·nom·e·ter /ɔ̀ːgzənɑ́(ː)məṭə, ɑ̀ː-, -ksə- | ɔ̀ːgzənɔ́mɪtə^r, -ksə-/ *n.* 〘植物〙生長計《高等植物の軸方向の伸長を計測する計器》. 〘(1878) ← Gk *auxánein* to increase+-O-+-METER[1]: cf. auxo-, auction〙

aux armes /ouzáəm | əuzáːm; *F.* ozaʀm/ *F. int.* 武器を取れ, 戦闘準備. 〘□ F ～ 'to arms'〙

Aux Cayes /oukéɪ | əu-; *F.* okaj/ *n.* オカイ (Les Cayes の旧名).

-aux·e /ɔ́ːksi, ɑ́ːk- | ɔ́ːk-/ (*pl.* **-aux·ae** /-siː, -saɪ/) 〘医学〙「拡大, 腫脹 (enlargement); 肥大, 肥厚 (hypertrophy)」の意の名詞連結形. 〘← NL ～ ← Gk *aúxē* growth: cf. auxo-〙

aux·e·sis /ɔːgzíːsɪs, ɑː-, -ksíː- | ɔːgzíːsɪs, -ksíː-/ *n.* (*pl.* **-e·ses** /-siːz/) **1** 〘生物〙肥大, 増大《特に, 細胞分裂なしに細胞が大きくなること; cf. merisis》. **2** 〘修辞〙意味の強化, 誇張 (hyperbole). 〘(1577) ← NL ～ ← Gk *aúxēsis* ← *auxánein* to increase: cf. auxo-〙

aux·et·ic /ɔːgzéṭɪk, ɑː-, -kséṭ- | ɔːgzét-, -ksét-/ 〘生物〙*adj.* 増大の[を促す]. **—** *n.* 増大促進剤. 〘(1740) □ Gk *auxētikós*: ⇨ ↑, -ic[1]〙

auxil. 《略》auxiliary.

aux·il·ia·ry /ɔːgzíljəri, ɑːg-, -lìəri | ɔːgzíljəri, ɔːk-síl-, -liəri/ *n.* **1** 補助者, 助手; 補助物[手段]. **2** [通例 *pl.*] (外国からの)援軍, 外人部隊 (foreign troops). **3** 〘海軍〙補助艦艇 (tug, supply ship, transport など). **4** 〘海事〙**a** 補助機関 (auxiliary engine). **b** 補助機関付き帆船. **5** 〘文法〙=auxiliary verb. **6** (社交クラブなどの)補助団体: a women's ～ 婦人準会員団. **7** 〘カトリック〙=auxiliary bishop. **8** 〘数学〙補助量. **—** *adj.* **1** 補助の, 従属的な (helping, subsidiary): Science and technology are ～ *to* each other. 科学と技術は相補関係にある / ～ troops (外国からの)援軍, 援隊 / an ～ vessel [ship] 〘海軍〙補助艦艇. **2** 予備の (reserve). **3** 〈ボートなどが〉補助機関を装備した. **4** 〈艦艇が〉非戦闘用の. 〘(1601) □ L *auxiliārius* helpful ← *auxilium* additon, help: ⇨ -ary: cf. augment〙

auxíliary bíshop *n.* 〘カトリック〙補佐司教《教区長である(大)司教の任務を補佐する名義上の司教》.

auxíliary céll *n.* 〘植物〙助細胞《紅藻の雌性生殖器官に見られる細胞; 受精の後に 2 倍体接合子が助細胞の助けをかりて造胞糸を経て果胞子に発達する》.

auxíliary éngine *n.* 〘海事〙補助機械, 補機《船の主機以外の機械; 揚錨(びょう)機・発電機など》.

auxíliary equátion *n.* 〘数学〙**1** 補助方程式. **2** =characteristic equation.

auxíliary lànguage *n.* 〘言語〙(国際的)補助言語《エスペラント語など》. 〘1905〙

auxíliary nòte *n.* 〘音楽〙=auxiliary tone.

auxíliary pówer ùnit *n.* 〘航空〙(航空機に搭載する)補助動力装置 (略 APU).

auxíliary ráfter *n.* 〘建築〙**1** 補助垂木(たるき). **2** 添え合掌《トラスの中の補助垂木; cushion rafter ともいう》.

auxíliary sáint *n.* 〘カトリック〙救難聖人《困窮時にとりなしの功徳があるとされる 14 聖人の一人》.

Auxíliary Territórial Sérvice *n.* [the ～] 〘英陸軍〙国防婦人部隊《1949 年 Women's Royal Army Corps (WRAC) と改称; 略 ATS》. 〘1938〙

auxíliary tòne *n.* 〘音楽〙補助音《和音の一構成音が一時的に和音外に出た音; auxiliary note ともいう》.

auxíliary vérb *n.* 〘文法〙助動詞 (cf. main verb). 〘1762〙

aux·i·lyt·ic /ɔ̀ːksəlíṭɪk, ɑ̀ːk- | ɔ̀ːksɪlít-ˊ/ *adj.* 〘生化学〙(細胞などの)溶解(作用)を促進させる. 〘← AUXO-+-I-+-LYTIC〙

aux·i·mone /ɔ́ːksəmòun, ɑ́ːk- | ɔ́ːksɪmə̀un/ *n.* 〘生化学〙オーキシモン《植物の生長を促進すると考えられるビタミンに似た物質》. 〘← Gk *aúximos* promoting plant growth+-ONE〙

aux·in /ɔ́ːksɪn, ɑ́ːk- | ɔ́ːksɪn/ *n.* 〘生化学〙オーキシン《植物生長ホルモン; cf. Avena test, heteroauxin》. **aux·in·ic** /ɔːksínɪk, ɑːk- | ɔːk-/ *adj.* **aux·ín·i·cal** *adj.* **aux·ín·i·cal·ly** *adv.* 〘(1934): ⇨ ↓, -in[2]〙

aux·o- /ɔ́ːksou, ɑ́ːk- | ɔ́ːksəu/「増加, 増大, 成長, 生長; 促進, 刺激」などの意の連結形: *auxo*chrome. ★ 母音の前では通例 aux- になる. 〘← Gk *aúxein* to grow, increase〙

àuxo·cárdia *n.* 〘医学〙(生理的な)心拡張期; 心肥大.

aux·o·chrome /ɔ́ːksəkròum, ɑ́ːk- | ɔ́ːksəkrə̀um/ *n.* 〘化学〙助色団 (cf. chromophore). 〘1892〙

aux·o·spore /ɔ́ːksəspɔ̀ə, ɑ́ːk- | ɔ́ːksəspɔ̀ː^r/ *n.* 〘植物〙増大胞子. 〘1884〙

aux·o·troph /ɔ́ːksətrɑ̀uf, ɑ́ːk-, -trɑ̀(ː)f | -trɔ̀f/ *n.* 〘生物〙栄養要求体《自分で栄養を合成できない菌株; cf. prototroph》. 〘(1950) ← AUXO-+(PROTO)TROPH〙

aux·o·tro·phic /ɔ̀ːksətróufɪk, ɑ̀ːk-, -trɑ́(ː)f- | -trɔ́f-ˊ/ *adj.* 〘生物〙栄養要求性の. **aux·ót·ro·phy** /-ɑ́(ː)trəfi | -ɔ́trə-/ *n.* 〘1950〙

Aux Sources *n.* ⇨ Mont Aux Sources.

aux. v. 《略》auxiliary verb.

Av /ɔːv/ *n.* =Ab.

AV 《略》〘解剖・病理〙arteriovenous; Artillery Volunteers; 〘解剖〙atrioventricular; audio-visual; 〘解剖〙auriculoventricular; 〘聖書〙Authorized Version (cf. RV); average value 平均値.

av. 《略》average; avoirdupois.

Av. 《略》Avenue; *F.* Avocat (=lawyer).

a.v. 《略》*L.* annos vixit (=he [she] lived so many years); 〘会計〙asseted value 評価価値.

a.v., A/V 《略》〘商業〙ad valorem.

a-v, A-V, AV /éɪvíː/ 《略》audiovisual.

a·va /əváː, əvɔ́ː/ *adj.* (*also* **a·va'** /～/) 《スコット》=of

A

all; at all. 〖(1768)《スコット》～ ← av of＋A-⁷〗

av·a·da·vat /ǽvədəvæ̀t/ *n.* 〖鳥類〗＝amadavat. 〖1878〗

a·vail /əvéɪl/ [通例否定・疑問構文で] *n.* **1** 利益, 効用, 効果 (advantage, use). ★ 今は下の成句にのみ用いる. **2** [*pl.*]《古》利益, 収益.
of aváil 役に立つ, 効果がある: Every means we employed was *of no* [*little*] ～. 我々の用いたあらゆる手段は全く[ほとんど]むだだった. (c1450) ***to nó*** [***líttle***] ***aváil***＝***withòut aváil*** (1) 役に立たずに, むなしく: We tried to persuade her, but *to no* ～. 彼女を説得しようとしたがだめだった. (2) 役に立たない, むだで (of no avail). (1817)
— *vt.* 〈人を〉利する, 〈人〉に役立つ (benefit): It will ～ you *little* or *nothing*. それはほとんど君の役に立つまい / It will ～ you *little* or *nothing* to protest. 抗議しても君の得にはほとんどならない.
aváil onesèlf of …を利用する, …に乗じる (make use of) (⇨ use SYN): He ～*ed himself of* every opportunity to learn English. あらゆる機会を利用して英語を学んだ. ★ 今は主に《米》では oneself を省くことがある: ～ *of* a proposal.
— *vi.* **1** 〈物事が〉役に立つ, 用が足りる (be useful, serve) 〔*against*〕/〈*to* do〉: Nothing ～*ed against* the flood. 洪水に対しては何事もむだだった / No words ～*ed to* pacify him. どんな言葉も彼をなだめる力がなかった. **2** 《古》利益を得る.
〖(c1300) □ AF *availen* ← A-¹＋*vaile*(*n*) to avail (□ (O)F *vail-* (pres. stem) ← *valoir* to be worth □ L *valēre* to be effective): cf. valiant〗

a·vail·a·bil·i·ty /əvèɪləbíləṭi | -lɪ̀ti/ *n.* **1** 利用[入手]の可能性; 有効性 (availableness) (↔ unavailability). **2** 利用できる人[物(など)]. **3** 《米》〖政治〗当選有望なこと; 立候補可能なこと. 〖(1803): ⇨ ↓, -ability〗

a·vail·a·ble /əvéɪləbl̩/ *adj.* **1 a** (すぐ)利用できる, 役に立つ, 間に合う (at hand); 手に入る, 得られる (accessible) 〔*to*, *for*〕: take the first ～ train できるだけ早い便の列車に乗る / Tickets are ～ on the day of the performance only. 切符は公演当日にのみ発売します / The golf links are ～ *to* [for the use of] members only. そのゴルフ場は会員だけが利用できる / No easy text is readily ～ *for* my class. 私のクラス用のやさしいテキストがなかなか見つからない / Slacks are ～ in different sizes. スラックスはいろいろなサイズのがある. **b** 〈人が〉(暇なので)会って[来て, (仕事を)して]もらえる, 手があいている 〔*for*〕: He is not ～ *for* the dinner. 彼は(忙しくて)晩餐会には来てもらえない / I called on the manager, but he was not ～. 支配人を訪問したが会ってもらえなかった / No one at the Ministry was ～ *for* comment. その省のだれにもコメントしてもらえなかった / She always makes her ～ to her students. 彼女はいつでも生徒のために時間をさく. **2** 〈動植物が〉利用しうる形態の, 有効態の: an ～ water 有効水. **3** 〖法律〗〈抗弁など〉有効な (valid): an ～ plea. **4** 《古》有利な, 有益な (profitable) 〔*to*〕. **5** 《古》＝valid 2. **～·ness** *n.* 〖1417〗

aváilable ássets *n. pl.* **1** 利用可能資産《使途の制限がなく抵当にも入っていない資産》. **2** 当座資産.

aváilable chlórine *n.* 〖化学〗有効塩素量《さらし粉などで漂白などの目的に有効に働く塩素の量; 百分率で表す》.

aváilable énergy *n.* 〖物理〗有効エネルギー (cf. unavailable energy).

aváilable líght *n.* 〖写真・美術〗自然光《撮影・制作のため特別な照明をしない光線状態》.

a·váil·a·bly /-bli/ *adv.* 利用[入手]できるように, 有効に. 〖1530-31〗

av·a·lanche /ǽvəlæ̀ntʃ | -lɑ̀:nʃ, -lɑ̀:ntʃ/ *n.* **1** なだれ: fall in an ～ / be caught in an ～ なだれにあう. **2** なだれのように押し寄せるもの, 殺到: an ～ *of* angry words, letters, stones, etc. **3** 〖物理・化学〗電子なだれ《電界により加速された電子が次々に分子をイオン化しなだれ状になって生じる導電現象; electron avalanche, Townsend avalanche ともいう》. — *vi.* なだれとなって[を打って]落ち(てくる); (なだれのように)押し寄せる, なだれ込む, 殺到する.
— *vt.* …に殺到する (flood): He was ～*d with* invitations. 招待攻めにあった. 〖(1789) □ F ～ □ Swiss-F *avalantse* descent ← ＋*lavanche* < VL **labanca* ← ?: *aval-* は F *avaler* to lower の影響〗

ávalanche líly *n.* 〖植物〗米国北西部の高山地帯に生える白色の美花をつけるユリ科カタクリ属の多年草 (*Erythronium montanum*). 〖(1912): 雪線の近くに生え, 雪の消えるころに咲くことから〗

ávalanche wìnd *n.* 〖気象〗なだれ風《なだれに伴う突風》.

a·vale·ment /ɑ̀:vɑ:lmɑ́:(ŋ), æ̀væl-, -mɑ́:ŋ; *F.* avalmɑ̃/ *n.* 〖スキー〗アバルマン《凸凹のある表面を速いスピードで方向転換するとき, ひざを曲げて調節しスキーが雪面から離れないようにすること》. 〖□ F ～ 《原義》swallowing ← *avaler* to lower, swallow〗

Av·a·lon /ǽvəlɑ̀(:)n | -lɔ̀n/ *n.* (*also* **Av·al·lon** /～/)〖ケルト伝説〗アバロン《Arthur 王とその部下が死後運ばれたという西方楽土の島; Glastonbury であったともいわれる》. 〖□ F ～ □ Welsh (*Ynys yr*) *Afallon* (Island of) Apples〗

Áv·a·lon Península /ǽvəlɑ̀(:)n- | -lɔ̀n-/ *n.* アバロン半島《カナダ Newfoundland 半島南東部の Trinity と Placentia 湾にはさまれた, 大きな半島; 面積 10,000 km²》.

a·vant-cou·ri·er /ɑ:vɑ̀:n(t)kúriə, -kə́:r- | æ̀vɑ̃:(ŋ)kúriə(r, æva:ŋ-, -kár-; *F.* avɑ̃kuʀje/ *n.* (*pl.* ～**s** /～z; *F.* ～/) **1** 先駆者, 先発者; 伝令官. **2** [*pl.*]《古》前衛, 先鋒 (advance guard). 〖(1603) □ F *avant courrier* ← *avant* forward＋*courrier* courier〗

a·vant-garde /ɑ:vɑ̀:n(t)gɑ́əd, æv-, əvɑ́:n(t)gɑ̀əd | æ̀vɑ̃:(ŋ)gɑ́:d, æva:ŋ-; *F.* avɑ̃gaʀd/ *n.* [集合的] **a** (主に芸術方面の)前衛派, アバンギャルド: an ～ *in* literature / the ～ and the Establishment 前衛派と既成[体制]派. **b** 前衛派の支持者たち. — *adj.* [限定的] 前衛(的)の, アバンギャルドの: ～ art, artists, films, etc. 〖((1470-85)) (1910) □ F ～ 'VANGUARD'〗

a·vànt-gárd·ism /-dɪzm̩/ *n.* (主に芸術上の)前衛主義. 〖1950〗

a·vànt-gárd·ist /-dɪ̯st | -dɪst/ *n.* 前衛主義者. 〖1953〗

a·van·tu·rine /əvǽntʃərì:n, -rɪ̯n | -rì:n, -rɪn/ *n.*, *adj.* ＝aventurine.

A·var /ɛ́ɪvɑə, ǽv- | -vɑ:(r/ *n.* **1** アバール人《6 世紀から 9 世紀初頭にかけてヨーロッパ東部に住んだ民族; 800 年に Charlemagne によって絶滅させられた; Caucasus 民族の一つ》. **2** アバール語《アバール人の言語; カフカス語族 (Caucasian) の北西カフカス語派に属する》. 〖1788〗

av·a·rice /ǽv(ə)rɪ̯s | -rɪs/ *n.* (金銭上の)強欲さ, 貪欲; (物事を)手に入れたがる[保持したがる]こと. 〖(?c1300) □ (O)F ～ □ L *avāritia* greed ← *avārus* greedy ← *avēre* to long for, covet: cf. avid〗

av·a·ri·cious /æ̀vəríʃəs⁻/ *adj.* ひどく欲の深い, 強欲な, 貪欲な (⇨ greedy SYN). **～·ly** *adv.* **～·ness** *n.* 〖(c1390) □ (O)F *avaricieux*: ⇨ ↑, -ous〗

a·vas·cu·lar /əvǽskjulə | -lə(r/ *adj.* 〖解剖〗〈組織が〉無血管の《血管またはリンパ管のない》. 〖(1900) ← A-⁷＋VASCULAR〗

a·vast /əvǽst | əvɑ́:st/ *int.* 〖海事〗待て (stop), やめ, よせ (cease)《特に, それ以前の命令を撤回したり, 行動の中止を命令するため》: *Avast* heaving! 巻き方やめ. 〖(1681) ← ? Du. *houd vast* hold fast〗

av·a·tar /ǽvətɑ̀ə, ⸗⸗⸗ | ǽvətɑ̀:(r, ⸗⸗⸗; *Hindi* əvta:r/ *n.* **1** 〖インド神話〗権現(ごんげん), 権化(ごんげ), 化身(けしん) (incarnation)《動物または人間の姿で現世の悪に立ち向かう; 特に Vishnu の十の異なる化身の一つ一つを指す》. **2** 具体化, 具象 (embodiment); 示現; 相, 面 (phase). 〖(1784) ← Skt *avatāra* descent ← *ava* down＋*tār-* to pass over〗

a·vaunt /əvɔ́:nt, əvɑ́:nt | əvɔ́:nt/ *int.* 《古》行け, 去れ, 退散せよ (begone!). — *n.* 《廃》退去命令. 〖(?a1400) ← (adv.) □ (O)F *avant* to the front ← L *ab ante* from before〗

AVC, a.v.c. 《略》〖通信〗automatic volume control.

AVC 《略》《英》additional voluntary contribution 割増任意分担金《退職時により多くの年金給付が受けられるよう, 任意で積み立てられる年金原資への割増し納入金》; American Veterans' Committee 米国在郷軍人委員会 (cf. AMVETS).

AVD 《略》Army Veterinary Department 陸軍獣医部.

avdp. 《略》avoirdupois.

a·ve /ɑ́:veɪ, -vi:/ *int.* **1** ようこそ(いらっしゃい) (hail, welcome). **2** さらば, ごきげんよう (farewell). — *n.* **1** 歓迎[告別]の呼び(声)[挨拶]. **2** [しばしば A-] ＝Ave Maria 1, 2. 〖(?a1200) □ L (*h*)*avē* hail, farewell □ ? Punic *ḥăwē* live!〗

Ave., ave. 《略》Avenue.

a·ve at·que va·le /ɑ́:veɪɑ́:tkweɪvɑ́:leɪ/ *L.* こんにちはそしてまたさようなら (hail and farewell).

Ave·bu·ry /ɛ́ɪvb(ə)ri, -bɛri | -b(ə)ri/ *n.* エイブバリー《英国イングランド南部 Wiltshire の村; 欧州で最大のケルト文明以前の神殿の一つ(イングランド最大の新石器時代遺跡)が存在する》.

Ave·bu·ry /ɛ́ɪvbɛri | -bəri/, 1st Baron *n.* ⇨ Sir John LUBBOCK.

a·vec plai·sir /ɑ:vɛ̀kpleɪzíə, æv- | -zíə(r; *F.* avɛkplɛzi:ʀ/ *F.* *adv.* 喜んで. 〖□ F ～ 'with pleasure'〗

A·vei·ro /əvéɪru:; *Port.* əvéiɾu/ *n.* アベイル《ポルトガル北西部の港湾都市; アベイル湖 (Aveiro lagoon) に臨む; 古代ローマ都市; 運河で大西洋と連絡; 古名 Talgabriga》.

a·vel /ǽvɛl/ *n.* 〖ユダヤ教〗＝ovel.

Av·e·line /ǽvəlàɪn, -lì:n/ *n.* アベリン, アベライン《女性名》. 〖□ F ～: ⇨ Evelyn〗

a·vel·lan /əvélən, ǽvə-/ *adj.* (*also* **a·vel·lane** /əvéleɪn, ǽvəleɪn/)〖紋章〗はしばみの: a cross ～ 先端がはしばみの形をした十字. 〖((a1400)) (1611) ← L *avellana* filbert〗

A·ve·lla·ne·da /ɑ̀:vəʒənéɪdə | -də; *Am.Sp.* aβeʝanéða/ *n.* アベヤネダ《アルゼンチン東部の Buenos Aires 北東部の都市》.

A·ve Ma·ri·a /ɑ́:veɪmərí:ə, ɑ́:vi:-/ *n.* 〖カトリック〗 **1** アベマリアの祈り, 天使祝詞《聖母マリアに捧げる祈り; cf. *Luke* 1:28, 42》. **2** アベマリア(を唱える)時刻. **3** (ロザリオ (rosary) の祈りを数える)アベマリアの玉. 〖(?a1200) □ ML *Avē María* Hail, Mary !: ⇨ ave〗

av·e·na·ceous /æ̀vənéɪʃəs | æ̀vɪ̯-⁻/ *adj.* 〖植物〗カラスムギ (oats) に似た. 〖(1775) ← L *avena* (⇨ Avena test)＋-ACEOUS〗

Av·e·nar·i·us /æ̀vənɛ́(ə)riəs | æ̀vɪ̯nɛ́ər-; *G.* a:vená:ʀɪʊs/, **Richard** *n.* アベナリウス (1843-96; ドイツの哲学者, 経験批判論 (empiriocriticism) の主唱者).

A·vé·na tèst /əví:nə-/ *n.* 〖植物生理〗アベナテスト《カラスムギ (*Avena sativa*) による植物生長素の含有量テスト; cf. auxin》. 〖*Avena*: ← NL ← L *avēna* oats〗

a·venge /əvénʤ/ *vt.* **1** 〈他人(または自分の被害)〉の(正当な)復讐(ふくしゅう)[報復, 仕返し]をする (take vengeance for): At the last moment Hamlet ～*d* the murder of his father [his murdered father]. 土壇場でハムレットは殺害された父のあだを報じた. **2** [～ *oneself* または受身で] 〔…に〕復讐する, 仕返しする (revenge oneself) 〔*on*, *upon*〕: He ～*d himself* [was ～*d*] *on* them *for* the betrayal. — *vi.* 復讐する, 仕返しする. 〖(c1378) □ AF *avenger*＝OF *avengier* ← A-¹＋*vengier* (F *venger*) (< L *vindicāre* to avenge, punish: cf. vengeance)〗

SYN 復讐する: **avenge** 他人や自分に加えられた非行に対して当然の仕返しをする: We *avenged* the insult to our flag. 国旗に対する侮辱に復讐した. **revenge** 自分が受けた侮辱・不正などに対して個人的な憎しみの気持ちをもって仕返しをする: Gangsters *revenged* the murder of one of their gang. ギャングは殺された仲間のかたきを取った.

---

a·venge·ful /əvénʤfəl, -fl̩/ *adj.* 復讐心に満ちた. 〖1591〗

a·véng·er *n.* あだを討つ人, 復讐者.
avénger of blóod [the ―]〖聖書〗(血族関係上)あだ討ちの義務のある人《被害者の最近親; *Deut.* 19:6, *Josh.* 20:5》. 〖1535〗 〖c1395〗

a·véng·ing *adj.* 復讐の, あだ[かたき]討ちの. **～·ly** *adv.* 〖1596〗

av·ens /ǽvɪ̯nz | ɛ́ɪv-, ǽv-/ *n.* (*pl.* ～, ～**·es**)〖植物〗ダイコンソウ《北半球の寒地・温帯に分布するバラ科ダイコンソウ属 (*Geum*) の植物の総称; cf. bennet 2》. 〖(?c1200) □ OF *avence* □ ML *avencia* a kind of clover〗

av·en·tail /ǽvəntèɪl | ǽvɪ̯n-/ *n.* 〖甲冑〗 **1** (鎖頭巾(ずきん))のあご当て. **2** ＝camail. **3** (close helm の) 面頬(めんぽお) (ventail). 〖(c1385) □ ? AF **aventaille* (i)《異分析》? ← OF *la ventaille* 'the VENTAIL' // (ii) ＝OF *esventail* airhole ← *esventer* (F *éventer*) < VL **exventāre* ← EX-¹＋L *ventus* wind〗

Av·en·tine /ǽvəntàɪn, -tì:n | ǽvɪ̯n-/ *n.* [the ～] アヴェンティヌスの丘《ローマの七丘 (Seven Hills) の一つ》. 〖□ L *Aventinus*〗

A·ven·tis /ɑ:vɑ̃:(n)tí:s, -vɑ:n-; *F.* avɑ̃tis/ *n.* アベンティス《フランスの大手医農薬メーカー; 医薬部門の Aventis Pharma は世界的な製薬会社》.

a·ven·tu·rine /əvéntʃərì:n, -rɪ̯n | -rì:n, -rɪn/ (*also* **a·ven·tu·rin** /-rɪ̯n | -rɪn/) *n.* **1** 〖ガラス製造〗アベンチュリンガラス《肉眼で認められる大きさの金属銅の結晶が多数分散しているガラス》. **2** 〖窯業〗アベンチュリン釉(ゆう)《金属の微細結晶(主として酸化鉄)が析出し, 砂金石のような外観を呈する上薬》. **3** 〖鉱物〗砂金石. **4** ＝sunstone 1.
— *adj.* 梨(なし)地の. 〖(1791) □ F ～ □ It. *avventurino* ← *avventura* chance: その発見の偶然性にちなむ: cf. adventure〗

av·e·nue /ǽvənù:, -njù: | ǽvɪ̯njù:/ *n.* **1** (都市の)広い街路, 大通り (broad street). ★ 米国の大都市などでは avenue と street を縦と横の道路に使い分ける場合がある; 例えば New York では Avenue は南北, Street は東西の道路に用いている: ⇨ Fifth Avenue. **2** 並木道[通り]: an ～ of maples. **3** 《英》 **a** (country house の玄関に通じる)並木道. **b** 二列の並木. **4** 道筋, ルート: an ～ *to* India / an ～ of trade 交易路 / an ～ of escape 逃げ道, 退路. **5** (成功などへの)道, 方法: an ～ *to* [*of*] fame, knowledge, promotion, etc. / explore every (possible) ～ できる限りの手段を尽くす[講じる] / open up an ～ of compromise 妥協の道を切り開く. 〖(1600) □ F ～ (fem. p.p.) ← *avenir* to approach < L *advenīre* ← AD-＋*venīre* to come〗

Av·en·zo·ar /æ̀vənzóuə, -zóuɑə | -zə́uə(r, -zə́uɑ:(r/ *n.* アベンゾアル (Ibn Zuhr のラテン語名).

a·ver /əvə́: | əvə́:(r/ *vt.* (**a·verred**; **a·ver·ring**) **1** 〈事の〉真実を断言する; 〈…であると〉(自信をもって)言明[主張]する (assert positively) 〈*that*〉(⇨ assert SYN): ～ a statement / He ～*red that* the task was easy. 仕事は容易だと言い切った. **2** 〖法律〗〈申し立ての〉事実[正当さ]を立証[主張]する; 〈…であると〉主張する 〈*that*〉. 〖(a1400) □ AF *averer*＝(O)F *avérer* ← A-¹＋OF *veir*, *voir* true (cf. very)〗

av·er·age /ǽv(ə)rɪʤ/ *n.* **1** 平均, アベレージ (mean): above [below] (the) ～ 平均以上[以下]で / on (an [the]) ～ 平均して, ならして, 概して / take an [the] ～ (of) (…の)平均を出す; 平均する / The ～ of 2, 7, and 9 is 6. / He is above [below] ～ in intelligence. 知能は普通以上[以下]だ / He reads, on ～, two books a week. 平均[大体]週に本を 2 冊読む / We do an ～ of 8 hours(') work a day. 1 日平均 8 時間労働をする. **2** (一般)標準, 並(なみ) (common standard): well up to the ～ 標準に十分達して. **3** 〖数学〗 **a** 平均値: ⇨ geometric average. **b** ＝arithmetic mean. **4** 〖スポーツ〗(チームまたは選手の勝負などの)率, アベレージ: ⇨ batting average, bowling average. **5** 〖海商〗 **a** 海損《海難によって生じる損害》; 分損: ⇨ general average, particular average. **b** 海損の分担; 分担額. **6** 〖海事〗(港湾料・水先案内料・曳船料など船長負担の)小口雑費《もと船側と荷主側とで分担したが現在は貨物運賃に含まれている》. **7** [通例 *pl.*]〖証券〗平均株価: ⇨ Dow-Jones average.
— *adj.* **1** 平均の, ならしての (mean): the ～ monthly rainfall 一か月平均降雨量 / ⇨ average life. **2** 標準の, 並の, 普通の (ordinary): the [an] ～ man 普通の人 / an ～ winter 例年並の冬 / an article of ～ quality 並品, 中等品 / an article of above-[below-]*average* quality 上等[下等]品 / children of ～ IQ 標準知能指数の児童.
— *vt.* **1** 平均する, …の平均を取る (cf. AVERAGE *out* (1)): ～ 3, 6, and 9 3 と 6 と 9 の平均を出す. **2** 平均して…をする[取る](など) (cf. *vi.* 1): We ～ 8 hours(') work a day. 1 日平均 8 時間働く / The car ～*d* 60 miles an hour. その車の平均時速は 60 マイルだった. **3** 〈利益・損

失などを)均分する〔among〕. **4** 平均[標準]化する (cf. AVERAGE *out*). — *vi.* **1 a** 平均すると…である[になる] (cf. *vt.* 2, AVERAGE *out* (3)): Their wages ~ $2,000 a month. 彼らの賃金は月額平均 2,000 ドルだ / The attendance ~*d* 75%. 出席率は平均 75 パーセントだった. **b** 〈色が〉平均して〈ある色彩〉になる. **2** 〘証券〙難平(なん)売り[買い]する, 難平をかける: ⇨ AVERAGE *down*, AVERAGE *up* (*vi.*).

average dówn 〘証券〙難平買いする《買い付けた証券や商品の平均買付値段を下げるために安値のものを買い増す》.

average óut (*vt.*) (1) …の平均を〔…と〕出す〔*at*〕: They ~*d* his profit *out at* $10,000 a year. 彼らは彼の利益は年平均 10,000 ドルとはじいた. (2) 平均[標準]化する (cf. *vt.* 4). (*vi.*) (1) 平均すると〔…に〕なる〔*at, to*〕(cf. *vi.* 1): His daily practice ~*s out at* five hours. 彼の 1 日の練習は平均 5 時間だ / Their wages ~ *out at* [*to*] $1,500 a month. 彼らの賃金は平均月 1,500 ドルだ. (2) 《口語》〈事が〉(結局)平均[常識]的な線に落ち着く〔*at*〕. (3) 〘証券〙難平売り[買い]によって損を免れて手仕舞いする. (4) 〘物理〙(ゆらぎなどが)ならされて消える. ***average úp*** (*vt.*) (1) 〈給与などを〉一般水準に引き上げる. (2) …の平均を出す. (*vi.*) 〘証券〙難平売りする《売り付けた証券や商品の平均売付値段を上げるために高値のものを売り増す》.

~·ly *adv.* **~·ness** *n.*

〖(*a*1200)〗《1491》'charge over and above the shipment freight'《変形》← (O)F *avarie* damage to goods in transit ◻ It. *avaria* ◻ Arab. *'awārīya^h* damages: 「平均」の意味は「投資者平等負担の船荷損害」の意から で 18 世紀以後: ⇨ -age〗

SYN 平均: **average** 算術的な平均《最も一般的な語》. **mean** 両極端の数の中間《数学的な意味では *average* よりも広義に用いられる》: 8 is the geometric *mean* of 4 and 16, while 10 is the arithmetical *mean* [*average*] of 4 and 16. 4 と 16 の幾何平均は 8 であるが, 4 と 16 の算術平均は 10 である. **median** 数学・統計学の専門用語. 大きさの順に並べた連続の中間点で, 中位数, 中央値という: The *median* of 6, 8, 10, 16, and 20 is 10. 6, 8, 10, 16, 20 の中位数は 10 である.

áverage adjúster *n.* 海損精算人. 〖1865〗

áverage adjústment *n.* 〘海商〙海損清算.

áverage cláuse *n.* 〘保険〙(損害保険の)比例条項; (海上保険の)単独海損[分損]担保約款.

áverage deviátion *n.* 〘統計〙=mean deviation.

áverage fúture lífetime *n.* 〘保険・年金〙平均余命.

áverage life *n.* 〘物理・化学〙平均寿命《放射性核種, 励起状態, 反応物質が減衰または反応して最初の 1/*e* (*e* は自然対数の底)に減少するまでの時間; mean life ともいう》.

áverage révenue *n.* 〘商業・経済〙平均収入《総収入を販売量で除した販売量 1 単位当たりの収入; cf. marginal revenue》.

A·ver·il /éɪv(ə)rəl | -rɪl/ *n.* エイブリル《男性名; 女性名; 変形 Averell, Averyl; 愛称形 Averilla》. 〖← ? OE *eofor* boar + *hild* battle ∥ *hyld* protection: 7 世紀の Yorkshire の聖徒にちなむ〗

a·ver·mec·tin /èɪvəméktɪn | -vəméktɪn/ *n.* 〘薬学〙アベルメクチン《放線菌 *Streptomyces avermitilis* から得られるラクトン構造をもつ抗寄生虫剤》.

a·ver·ment /əvə́ːmənt | əvə́ː-/ *n.* **1** 言明, 断言 (positive assertion). **2** 〘法律〙事実の主張[立証]. 〖(1429): ⇨ aver, -ment〗

A·ver·no /ɑːvéənoʊ | -véənəʊ; *It.* avérno/ *n.* = Avernus.

A·ver·nus /əvə́ːnəs | əvə́ː-/ *n.* **1** アベルノ(湖), 〘ローマ神話〙アウェルヌス(湖)《イタリア Naples 西方の湖; 昔その水が臭気を発散してその上を飛ぶ鳥を殺したと信じられ, 地獄への入口といわれた; イタリア語名 Averno》. **2** 地獄 (hell). **A·vér·nal** /-nl/ *adj.* 〖(16C) ◻ L ~ ◻ ? Gk *áornos* birdless (lake) ← A-⁷ + *órnis* bird〗

A·ver·ro·ës /əvérouìːz, æ̀vəróuìːz | əvérəuìːz, æ̀vəráuiːz; *Sp.* aβerόes/ *n.* (*also* **Aver·rho·ës** /~/) アベロエス《1126?–1198; スペインにいたアラビアの哲学者; キリスト教やユダヤ教に大きな影響を与えた; アラビア語名 Ibn-Rushd》.

Av·er·ro·ism /əvéroʊìzm, æ̀vəróʊɪzm | əvérəʊìzm, æ̀vərə́ʊɪzm/ *n.* 〘哲学〙アベロエス (Averroës) 主義[哲学]《アリストテレス哲学に対する新プラトン派的な汎神論的解釈をいう》. **Av·ér·ro·ist** /-ɪst | -ɪst/ *n.* 〖(1753): ⇨ ↑, -ism〗

Av·er·ro·is·tic /əvèroʊístɪk, æ̀vəroʊ- | əvèrəʊís-, æ̀vərəʊ-ˊ/ *adj.* 〘哲学〙アベロエス (Averroës) 派哲学(者)の. 〖1837〗

a·ver·sant /əvə́ːsənt, -snt | əvə́ː-/ *adj.* 〘紋章〙〈右手が〉開いて甲を見せた (cf. appaumee). 〖((1657)) (1830) ◻ L *āversantem* ← *āversārī* to turn oneself from (freq.) ← *āvertere* (↓)〗

a·verse /əvə́ːs | əvə́ːs/ *adj.* **1** 〘叙述的〙(…が)(ひどく)嫌いで, 嫌で, (…に)反対して (unwilling)〔*to*〕(⇨ reluctant SYN). ★ from は今は主に《古》, to do は今は《古》: He is ~ *to* [*from*] any form of exercise. どんな種類の運動も大嫌いだ / I wouldn't be ~ *to* another drink. もう一杯きゅっとやるのもいいね / He is ~ *to coming* here. ここへ来るのを嫌がっている. **2** 〘植物〙〈葉が〉基茎から反対に向いた (cf. adverse 4). **~·ly** *adv.* **~·ness** *n.* 〖(1597) ◻ L *āversus* (p.p.) ← *āvertere* to turn away: ⇨ avert〗

a·ver·sion /əvə́ːʒən, -ʃən | əvə́ːʃən, -ʒən/ *n.* **1** (根強い)嫌悪(けんお), 大嫌い, 毛嫌い (repugnance)〔*to, for, from*〕: have [feel] an ~ *to* flattery, fops, spiders, etc. / After that he took an ~ *to* making a speech. それからというもの彼は演説をするのがこわくなった. **2** 嫌なもの[人]: one's pet ~《戯言》虫の好かない[大嫌いな]もの (bête noire). **3** 〘心理〙嫌悪《心身に対する苦痛・不快を回避すること》: ⇨ aversion therapy. **4** 《廃》避けること, そむけること. 〖(1596) ◻ L *āversiō(n-)* a turning away: ⇨ avert, -sion〗

SYN 嫌悪: **aversion** 強くて永続的な嫌悪感: She shrank from the snake with *aversion*. へビを毛嫌いして尻込みした. **antipathy** 強い敵意や反感《格式ばった語》: I have a natural *antipathy* toward caterpillars. 生来イモムシがきらいだ. **repugnance** 自分の思想・趣味などに合わないものに反発し嫌悪する感情: She felt a *repugnance* for male eyes. 男の目に嫌気を起こした. **disgust** 正しくないまたは良くないと感じるものに対する強い嫌悪感: To my *disgust* he again asked for money. また金をくれと言ったのであいそが尽きた. **loathing** 激しい嫌悪の感情: He looked at the woman with a bitter *loathing*. 激しい嫌悪感をこめてその女を見た. **repulsion** 思わず避けたくなるような強い嫌悪と嫌気の感情: She felt a *repulsion* toward the dandy. その伊達男に嫌悪感を覚えた. **abhorrence** 激しい嫌悪感: I have a great *abhorrence* of medicine. 薬が大きらいだ.

ANT attraction, affinity.

---

avérsion thèrapy [trèatment] *n.* 〘心理〙嫌悪療法《望ましくない行動を除くためにその行動に嫌悪を起こさせる刺激を結合させ, その条件づけによって行動自体を嫌悪させるようにする心理療法》. 〖1950〗

a·ver·sive /əvə́ːsɪv, -zɪv | əvə́ːsɪv/ *adj.* **1** 嫌悪の[を示す]. **2** 避ける(ための), 回避的な. **3** 〘心理〙嫌悪療法の. **~·ly** *adv.* 〖1597〗

a·vert /əvə́ːt | əvə́ːt/ *vt.* **1** 避ける, よける, 防ぐ: ~ a blow, war, etc. **2** 〈目・心などを〉そむける, そらす, 転じる (turn away)〔*from*〕: She ~*ed* her eyes [glance, gaze] *from* him. 彼から目[視線]をそらした. — *vi.* 《古》〈人が〉向き直る (turn away)〔*to, from*〕. **~·a·ble** /-təbl | -tə-/ *adj.* **~·i·ble** /-təbl | -tɪ-/ *adj.* **~·er** /-tə | -tə^(r)/ *n.* 〖(*a*1400) ◻ (O)F *avertir* ◻ L *āvertere* to turn aside from ← A-⁵ + *vertere* to turn〗

Av·er·tin /ǽvətɪn, -tn | ǽvətɪn/ *n.* 〘商標〙アベルティン《ドイツ Bayer 社製の麻酔剤 tribromoethanol の薬品名》.

A·ver·y /éɪv(ə)ri/ *n.* エイブリー《男性名》. 〖OE *Everild* ← ? *eofor* boar + *hild* battle: cf. OHG *Eburhilt*〗

A·ver·y /éɪv(ə)ri/, **Milton** (**Clark**) *n.* エイブリー《1893–1965; 米国の画家》.

A·ves /éɪviːz/ *n. pl.* 〘動物〙鳥綱. 〖← NL ~ ← L *avēs* (pl.) ← *avis* bird〗

A·ves·ta /əvéstə; *Pers.*/ *n.* [the ~] アベスタ《ゾロアスター教の経典; ⇨ Zend-Avesta》. 〖(1807): ⇨ Zend〗

A·ves·tan /əvéstən, -tn/ *n.* アベスタ語《アベスタ経典の大部分に用いられている古代ペルシャ語に近い言語; Iranian 語派に属する; 旧称 Zend》. — *adj.* アベスタ経典[言語]の. 〖(1856): ⇨ ↑, -an¹〗

A·ves·tic /əvéstɪk/ *n.* =Avestan.

A·vey·ron /àːveɪrɔ́ː(ŋ), -rɔ́ːŋ; *F.* avɛʁɔ̃/ *n.* アベイロン《フランス中南部の県; 県都 Rodez》.

avg. 《略》average.

av·gas /ǽvgæ̀s/ *n.* 《米》航空ガソリン. 〖(1943)《短縮》← *av*(*iation*) *gas*(*oline*)〗

av·go·lem·o·no /àːvgoʊlémənòʊ | æ̀vgə(ʊ)lémə-nəʊ; *Mod. Gk.* avγolémono/ *n.* 〘料理〙アブゴレモノ《チキンストックをベースに卵・レモンジュース・米などで作るスープ[ソース]》. 〖1961〗

a·vi- /éɪvɪ, ǽvɪ, -vi/「鳥」の意の連結形. 〖← L *avis* bird〗

a·vi·an /éɪviən/ *adj.* 鳥(類)の (avine). — *n.* 鳥 (bird). 〖(1870): ⇨ ↑, -an¹: cf. apian〗

ávian diphthéria *n.* 〘獣医〙家禽ジフテリア (⇨ fowl pox).

ávian leukósis còmplex *n.* 〘獣医〙ニワトリ白血症群 (leukosis).

ávian pneumoencephalítis *n.* 〘獣医〙鶏肺脳炎 (⇨ Newcastle disease).

ávian pòx *n.* 〘獣医〙禽痘 (⇨ fowl pox).

ávian spirochetósis *n.* 〘獣医〙家禽スピロヘータ症 (fowl spirochetosis).

a·vi·a·rist /éɪviərɪst, -vièr- | -viərɪst/ *n.* 鳥の飼育者[係]. 〖(1883): ⇨ ↓, -ist〗

a·vi·ar·y /éɪvièri | éɪviəri/ *n.* (動物園などの大型の)鳥小屋, 鳥類飼育場, 飼鳥園. 〖(1577) ◻ L *aviārium* poultry yard ← *avis* bird: ⇨ -ary〗

a·vi·ate /éɪvièɪt, ǽv- | éɪv-/ *vi.* 飛行する. — *vt.* 〈飛行機を〉操縦する. 〖(1887)《逆成》↓〗

a·vi·a·tion /èɪviéɪʃən, æ̀v- | èɪv-/ *n.* **1** 飛行, 航空. **2** 飛行[航空]術. **3** [集合的] 航空機, (特に)軍用機. **4** 航空機産業 (aviation industry). 〖(1866) ◻ F ~: ⇨ avi-, -ation〗

aviátion bàdge *n.* 航空記章 (⇨ wing *n.* 3 a).

aviátion cadèt *n.* 〘米空軍〙航空士官候補生. 〖1941〗

aviátion mèdicine *n.* 航空医学《飛行条件から受けるストレスや航空作業そのものが人体に及ぼす影響を明らかにし, 医学的な面から対策を講じることを目的とした学問; cf. space medicine》. 〖1920〗

aviátion spirit *n.* 〘航空〙(高オクタン価の)航空用ガソリン. 〖1920〗

á·vi·à·tor /-tə | -tə^(r)/ *n.* 飛行家, パイロット: a civilian [private] ~ 民間飛行家 / a lady ~ 女性飛行家. 〖(1891) ◻ F *aviateur*〗

áviator glàsses *n. pl.* 飛行士眼鏡《軽い金属製フレームの着色レンズ付きのサングラス》. 〖1968〗

áviator's éar *n.* 〘病理〙航空中耳炎 (aero-otitis media). 〖1937〗

a·vi·a·tress /éɪvièɪtrɪs, ǽv- | -trɪs, -très/ *n.* =aviatrix. 〖1909〗

a·vi·a·trix /èɪviéɪtrɪks, æ̀v- | èɪv-/ *n.* (*pl.* **~·es, -a·tri·ces** /-trəsìːz | -trɪ-/)《まれ》女性飛行家. 〖(1910) ← AVIA(TOR) + -TRIX: cf. F *aviatrice*〗

A·vice /éɪvɪs | -vɪs/ *n.* エイビス《女性名; 異形 Avis》. 〖◻ ONF ~ ◻ ? OHG *Aveza*〗

Av·i·cen·na /æ̀vɪsénə | æ̀vɪ-/ *n.* アビセンナ, アビケンナ《980–1037; イラン人イスラム教徒の医師・哲学者; アラビア語の多数の作品を著した; アラビア語名 Ibn-Sīnā /*Arab.* ibnsiːnáː/》.

avicularia *n.* avicularium の複数形.

a·vic·u·lar·i·um /əvìkjʊlέ^əriəm | -lέər-/ *n.* (*pl.* **-i·a** /-riə/) 〘動物〙鳥頭体《多形性の群体をつくるコケムシ類の個虫が特殊な場合に示す型で, 全形が鳥の頭の形に似ている》. 〖(1856) ← NL ~: ⇨ -arium〗

a·vi·cul·ture /éɪvəkʌ̀ltʃə, ǽv- | éɪvɪkʌ̀ltʃə^(r)/ *n.* 鳥類飼育, 鳥飼い. 〖(1880): ⇨ avi-, culture〗

á·vi·cùl·tur·ist /-tʃ(ə)rɪst | -rɪst/ *n.* 鳥類飼育家. 〖1904〗

av·id /ǽvɪd | ǽvɪd/ *adj.* **1** 熱心な (eager, keen): an ~ listener, reader, etc. / with ~ interest むさぼるように興味をもって, 食い入るように. **2** 貪欲な; (…を)渇望する〔*for, of*〕: ~ *for* news しきりにニュースを知りたがって / be ~ *for* food 食べ物に飢えている / A miser is ~ *of* money. けちん坊は金に目がない. **~·ly** *adv.* **~·ness** *n.* 〖(1769) ◻ F *avide* greedy ∥ L *avidus* ← *avēre* to crave: cf. avarice〗

av·i·din /ǽvədɪn | ǽvɪdɪn/ *n.* 〘生化学〙アビディン《卵白の中にあって biotin と特異的に結合して卵白の作用を害する蛋白質》. 〖(1941): ⇨ ↓, -in²: biotin に対する親和力の強さから〗

a·vid·i·ty /əvídəti, æv- | -dɪti/ *n.* **1** (熱烈な)欲求心, 渇望 (ardent desire); 熱心, 熱意 (eagerness): with ~ むさぼるように, ひどく熱心に. **2** 欲, 強欲, 貪欲 (greed). **3** 〘化学〙**a** 酸[アルカリ]の解離度に基づく強度. **b** 親和力 (affinity). **4** 〘生化学〙親和性《抗原との結合を高めるような抗体の性質》. 〖(*c*1449) ◻ (O)F *avidité* ∥ L *aviditātem* ← *avidus*: ⇨ avid, -ity〗

a·vi·dya /əvídjaː/ *n.* 〘ヒンズー教・仏教〙無知, 無明(むみょう)《特に, 窮極の真理に対する盲目をいう; cf. vidya》. 〖◻ Skt *avidyā*《原義》ignorance ← *a-* 'A-⁷' + *vidyā* knowledge (cf. wit¹)〗

Av·ie·more /ævɪmɔ́ə | -mɔ́ː^(r)/ *n.* アビモー《スコットランド北東部と Cairngorm 山地北西部の町; 冬季スポーツリゾート地》.

a·vi·fau·na /èɪvəfɔ́ːnə, æ̀v-, -fáː- | èɪvɪfɔ́ː-/ *n.* [集合的] 〘生態〙鳥類相, 地方鳥類 (ornis)《一地方, 一時期に分布した鳥類》. **à·vi·fáu·nal** /-nl/ *adj.* **a·vi·fáu·nal·ly** /-nli/ *adv.* **à·vi·fau·nís·tic** *adj.* 〖(1874) ← NL ~ ← L *avis* bird + FAUNA〗

av·i·ga·tion /æ̀vəgéɪʃən | -vɪ-/ *n.* 航空; 航法 (aerial navigation). 〖(1927)《混成》← AVI(ATION) + (NAVI)GATION〗

A·vi·gnon /æ̀vɪnjóʊn, -njáːn | ǽvɪnjɔ̃ː(ŋ), -njɔ̀ːŋ; *F.* aviɲɔ̃/ *n.* アビニョン《フランス南東部, Rhone 川沿岸の都市; Vaucluse 県の県都; 教皇庁所在地 (1309–77)》.

Á·vi·la /áːvɪlə; *Sp.* áβila/ *n.* アビラ《スペイン中部, Madrid の西北西の都市; 11 世紀の花崗岩城壁とロマネスク風大聖堂で知られる》

Ávila, Teresa of ⇨ Teresa of Ávila, St.

A·vi·la Ca·ma·cho /áːvɪləkəmáːtʃoʊ | -tʃəʊ; *Am. Sp.* áβilakamátʃo/, **Manuel** *n.* アビラ カマチョ《1897–1955; メキシコの政治家・軍人; 大統領 (1940–46)》.

a·vine /éɪvaɪn, -vɪn | -vaɪn, -vɪn/ *adj.* =avian.

a·vion /ǽviɔ̃ː(ŋ), -ɔ́(ː)ŋ | -vɪ-; *F.* avjɔ̃/ *F. n.* (*pl.* **~s** /~z; *F.* ~/) 飛行機 (airplane): ⇨ par avion. 〖(1898) ◻ F ~ ← L *avis* bird〗

a·vi·on·ics /èɪviɑ́(ː)nɪks, æ̀v- | èɪviɔ́n-/ *n.* 〘航空〙アビオニクス, 航空電子工学, 航空エレクトロニクス. **à·vi·ón·ic** /-nɪk-ˊ/ *adj.* 〖(1949)《短縮》← *avi*(*ation*) (*electr*)*onics*〗

a·vir·u·lent /èɪvír(j)ʊlənt-ˊ/ *adj.* 〘病理〙〈細菌・ウイルスなどが〉無発病性の; 無毒性の, 非病原性の (cf. nonpathogenic, virulent 3). 〖(1900) ← A-⁷ + VIRULENT〗

A·vis¹ /éɪvɪs | -vɪs/ *n.* エイビス《女性名》. 〖⇨ Avice〗

A·vis² /éɪvɪs | -vɪs/ *n.* 〘商標〙エイビス《米国のレンタカー会社》.

a·vi·so /əváɪzoʊ | -zəʊ/ *n.* (*pl.* **~s**) **1** =dispatch boat. **2** 《廃》公文書送達 (dispatch); 通報 (advice). 〖(1634) ◻ Sp. ~ < LL *avīsum* 'ADVICE'〗

a·vi·ta·min·o·sis /eɪvàɪtəmɪnóʊsɪs | æ̀vɪtəmɪ-nə́ʊsɪs/ *n.* (*pl.* **-o·ses** /-siːz/) 〘病理〙ビタミン欠乏症. **a·vi·ta·min·ot·ic** /eɪvàɪtəmɪnɑ́(ː)tɪk | æ̀vɪtəmɪn-ɔ́t-ˊ/ *adj.* 〖(1914) ← NL ~: ⇨ a-⁷, vitamin, -osis〗

av·i·zan·dum /æ̀vɪzǽndəm/ *n.* 〘スコット法〙一時休廷[延期]《新たな問題や困難な問題が起きたとき, 判決を一時延期する裁判所の決定》. 〖(1861) ◻ ML *avīzandum* (neut. gerund.) ← *avīzāre* to advise〗

Av·lo·na /ævlóʊnə | -láʊ-/ *n.* =Valona.

AVM 《略》Air Vice-Marshal.

avn 《略》aviation.

a·vo /áːvuː; *Port.* ávu/ *n.* (*pl.* **~s** /~z; *Port.* ávuʃ/) **1** アボ《マカオの通貨単位; = $^1/_{100}$ pataca》. **2** アボ硬貨.

〖▭ Port. ～〗

av·o·ca·do /æ̀vəkɑ́ːdoʊ, ɑ̀ːv- | æ̀və(ʊ)kɑ́ːdəʊ/ *n.* (*pl.* ～s, ～es)〘植物〙 **1** アボカド, ワニナシ (avocado pear)《アボカドの果実; セイヨウナシ (pear) 型で生食・サラダ用; alligator pear ともいう》. **2** アボカド (*Persea americana*)《西インド諸島・メキシコ・グアテマラ原産のクスノキ科の熱帯果樹》. **3** 黄緑色. 〖(1697)《変形》← Sp. *aguacate* ▭ Nahuatl *ahuacatl*《短縮》← *ahuacacuahuitl*《原義》testicle tree: cf. alligator〗

av·o·ca·tion /æ̀vəkéɪʃən | æ̀və(ʊ)-/ *n.* **1** 副業, 内職; 道楽(仕事), 余技 (hobby). **2**《まれ》本職, 本業, 職業. **3**《古》慰み事, 気晴らし (diversion). **4**《廃》気をそらす[まぎらす]こと (distraction). **～·al** /-ʃnəl, -ʃənl/ *adj.* **～·al·ly** *adv.* 〖(1529) ▭ L *āvocātiō(n-)* ← *āvocāre* to call away ← *a-* 'AB-[1]'＋*vocāre* to call〗

a·voc·a·to·ry /əvɑ́(ː)kətɔ̀ːri | əvɔ́kətəri, -tri/ *adj.* 呼び返す (calling back): an ～ letter 召還状. 〖(1666) ▭ ML *āvocātōrius* ← *āvocāre*: ⇨ ↑, -ory[1]〗

av·o·cet /ǽvəsèt | ǽvə(ʊ)-/ *n.*〘鳥類〙ソリハシセイタカシギ《くちばしが上に曲がっているソリハシセイタカシギ属 (*Recurvirostra*) の鳥類の総称; ソリハシセイタカシギ (*R. avosetta*) など》. 〖(1766) ▭ F *avocette* ▭ It. *avocetta*〗

A·vo·ga·dro /æ̀vəgɑ́ːdroʊ, ɑ̀ːv- | æ̀və(ʊ)gɑ́ːdrəʊ; *It.* avogáːdro/, **Count A·me·de·o** /amedéːo/ *n.* アボガドロ (1776–1856; イタリアの物理・化学者).

Avogádro númber [cónstant] *n.*〘化学〙アボガドロ数《1 モルの純物質中に存在する分子の数; 6.022045×10^{23}; Avogadro's number [constant] ともいう; cf. gram molecule》. 〖1902〗

Avogádro's láw [hypóthesis] *n.*〘物理〙アボガドロの法則《同温度・同圧力の下におけるすべての気体の同体積は同数の分子を含むという法則》. 〖1871〗

a·void /əvɔ́ɪd/ *vt.* **1 a**〈人・場所・物事を〉避ける, 回避する, 敬遠する (shun) (⇨ escape SYN): ～ evil [bad company, danger] 悪[悪友, 危険]を避ける / He ～*ed* my eye. 私の視線を避けた / She's been ～*ing* me all week. この一週間彼女は私を避けている / If you take this route, you can ～ the rush-hour traffic. この道を通ればラッシュアワーの混雑を避けることができる. **b**〈…するのを〉避ける (refrain from)〈*doing*〉: She ～*ed* giving a definite answer. はっきりした返事をしようとはしなかった. **2**〘法律〙取り消す, 無効にする (annul). **3**《廃》…から立ち去る (leave). **4**《廃》空にする (void, empty). **～·er** *n.* 〖(1373) ▭ AF *avoider*＝OF *esvuidier* to empty out ← ES-＋*vuidier* to empty (⇨ void)〗

a·void·a·ble /əvɔ́ɪdəbl/ *adj.* 避けられる, 免れられる, 回避できる. **a·vóid·a·bly** *adv.* 〖1610〗

a·void·ance /əvɔ́ɪdns, -dəns, -dnts, -dənts | -dns, -dəns, -dnts, -dənts/ *n.* **1** 避けること, 回避: the ～ of traffic accidents / Tax ～ is legal; tax evasion is not. 税金の回避は合法的だが脱税はそうではない. **2**〘法律〙無効, 取消しの主張: ⇨ CONFESSION and avoidance. **3** (聖職の)空位 (vacancy). **4**〘文化人類学〙回避慣習《無文字社会によくみられる慣習で, ある特定の関係にある相手と口をきかないなどして互いに避け合うもの; 夫とその妻の両親の間に存在することが多く, 無用の摩擦を防ぐため起こったとも解釈されている》. 〖(*a*1398) ▭ ? AF ～: ⇨ -ance〗

avóidance relátionship *n.*〘社会学〙忌避関係《伝統的社会の中で設けられている規制によって禁止されている親族関係; 性を異にする父と娘, 母と息子は互いに身体接触を避けるなど》.

a·void·ant /əvɔ́ɪdənt, -dnt | -dənt, -dnt/ *adj.*〘心理〙(特定の刺激を)回避しようとする, 回避(的)の. 〖⇨ avoidance, -ant〗

avoir.《略》avoirdupois.

av·oir·du·pois /æ̀vədəpɔ́ɪz, ⌐⌐⌐⌐ | æ̀vwaːdjuːpwɑ́ː, æ̀vədəpɔ́ɪz/ *n.* **1** 常衡《貴金属・宝石・薬品以外に用いる衡量 16 ounces＝7,000 grains をもって 1 ポンド (pound) と定める; 略 avoir., avdp., av.》: 5 pounds [lb.] ～ 常衡 5 ポンド. **2**《米口語》肥満; 体重, 重さ: a woman of much ～ 太った女性. 〖(?*a*1325) *averdepeise, avoir de pois* ▭ AF & OF *avier de peis* goods sold by weight ← *aveir* (F *avoir*) goods (< L *habēre* to HAVE')＋*de* of＋*peis, pois* (F *poids*) weight〗

avoirdupóis pòund *n.* 常用ポンド (⇨ pound[1] 1 a).

avoirdupóis wèight *n.* ＝avoirdupois 1. 〖1619〗

A·von[1] /éɪvɑ(ː)n | -vɒn/ *n.*〘商標〙エイボン《米国の化粧品メーカー Avon Products, Inc. (英国では Avon Cosmetics Ltd.) の略・通称, 同社製の化粧品》.

A·von[2] /éɪvən, -vɑ(ː)n | -vɒn/ *n.* **1** エーボン《イングランド南西部の州; 1974 年に新設; 旧 Gloucestershire 州南部と旧 Somerset 州北部よりなる; 面積 1,346 km², 州都 Bristol》. **2** [the ～] エーボン(川)《イングランド中部, Warwickshire 州を北東から南西に流れる川; Shakespeare の生地 Stratford-upon-Avon を経て Severn 川に注ぐ (154 km)》. **3** エイボン《米国 Michigan 州南東部の都市; Detroit 近郊》. 〖OE *Abon, Aten* ▭ Celt. (原義) river〗

A·von /éɪvən/, **Earl of** *n.* エイボン伯 (Anthony EDEN の称号).

av·o·set /ǽvəsèt | ǽvə(ʊ)-/ *n.*〘鳥類〙＝avocet.

à vo·tre san·té /ɑːvɔ́ːtr(ə)sɑ̃ː(n)téɪ, -sɑːn-; *F.* avɔtʀsɑ̃te/ *F.* ご健康を祝して(乾杯). 〖▭ F ～ 'to your health'〗

a·vouch /əváʊtʃ/《古》*vt.* **1** (確信をもって)主張する, 断言する: ～ a fact 事の真実を明言する / ～ *that* it is true. **2 a** 自認する, 認める (acknowledge, confess): ～ misconduct 不倫を告白する / ～ *that* one is guilty. **b** [～ oneself として] 自分は…であると認める: ～ *oneself* heretical [(*as*) a heretic] 異端者であることを自認する. **3** 保証する (vouch for): ～ the quality of an article 品質を請け合う. ― *vi.* 保証する (guarantee) (*for*). ― *n.*《古》保証. **～·ment** *n.* 〖(*a*1393) 'to appeal for confirmation to some warrant' ▭ OF *avochier* ▭ L *advocāre* to call, summon (as legal defender): ⇨ advocate, vouch〗

a·vow /əváʊ/ *vt.* **1 a**〈過失などを〉率直に[公然と]認める, 告白する (⇨ assert SYN): ～ one's errors, views, etc. / He ～*s that* he loves drink. 彼は酒好きだということをおおっぴらに言っている. **b** [～ oneself として] 自分は〈…であることを〉認める[告白する]〈*to be*〉: He ～*ed himself* (*to be*) cowardly [a coward, in the wrong]. 彼は臆病だ[臆病者だ, 自分が間違っている]と率直に認めた. **2 a**〈ある事を〉(責任をもって)言明する, 公言する. **b**〈…であると〉公言する〈*that*〉;〈ある事を〉〈…に違いないと〉言明[断言]する〈*to be*〉. **3**〘法律〙…の正当占有の申し立てをする (cf. avowry). **～·a·ble** /～əbl/ *adj.* **～·er** *n.* 〖(*c*1220) ▭ AF & (O)F *avouer* ▭ L *advocāre* to summon: ⇨ advocate〗

a·vow·al /əváʊəl/ *n.* 公言, 言明; (公然の)自認, 告白: make an ～ of …を公言[自認]する. 〖(1727–31): ⇨ ↑, -al[2]〗

a·vowed /əváʊd/ *adj.* 自認の; 公言の, 公認の; 公然の: one's ～ aims 明言した目的 / an ～ candidate 立候補を表明した人 / an ～ enemy 公然の敵 / He is the ～ author of the pamphlet. 彼は自分がそのパンフレットを書いたと言っている. **a·vow·ed·ness** /əváʊɪdnəs/ *n.* 〖1340〗

a·vow·ed·ly /əváʊɪdli/ *adv.* 自認して, 公言して, 公然と; 明白に. 〖1656〗

a·vow·ry /əváʊri | əváʊ(ə)ri/ *n.*〘法律〙正当占有の申し立て《自救的動産差押さえ (distress) をしたことを認めそれを正当な権利に基づくものであると主張すること; cf. avow 3》. 〖(*a*1325) ▭ OF *avouerie*: ⇨ avow, -ry〗

a·vul·sion /əvʌ́lʃən/ *n.* **1** 引き裂くこと, むしりとること. **2** 裂片. **3**〘法律〙(土地の)突然の転位, 自然分離《洪水または河流の変移のため土地の相当部分が隣地へ付着すること; 所有権に変更はない》; 分裂地. **4** (身体部分の)捻除; 摘出, 裂離. 〖(1622) ▭ L *āvulsiō(n-)* ← *āvulsus* (p.p.) ← *āvellere* to tear away ← *a-* 'AB-[1]'＋*vellere* to pull〗

a·vun·cu·lar /əvʌ́ŋkjʊlə | -lə(r)/ *adj.* 伯父[叔父](ホ)の; 伯父[叔父]らしい; (伯父[叔父]のように)慈愛のある, 優しい: ～ affection. **～·ly** *adv.* 〖(1831) ← L *avunculus* maternal uncle ((dim.) ← *avus* grandfather)＋-AR[1]: cf. uncle〗

a·vun·cu·late /əvʌ́ŋkjʊlɪt/ *n.* 伯父[叔父](ホ)方委任[管理]《母方の伯父[叔父]に息子に関する権利義務を委ねる社会慣習》. ― *adj.* 伯父[叔父]方の[によって管理された]. 〖(1920): ⇨ ↑, -ate[1, 2]〗

aw /ɔ́ː, ɑ́ː | ɔ́ː/ *int.*《米口語》おお《軽い抗議・懇願・失望・嫌悪(ケンオ)・同情などを表す》. 〖擬音語〗

AW《略》〘航空〙aerial [aircraft] warning;〘航空〙airborne warning;〘英軍〙Articles of War; atomic warfare; automatic weapon 自動火器.

AW, A/W《略》〘商業〙actual weight 実量; airworthy;〘海事〙all water 全水運《全部水路輸送で》.

a·wa, awa' /əwɔ́ː, əwɑ́ː/ *adv.*《スコット》＝away.

AWA《略》Amalgamated Wireless (Australasia) Ltd.

AWACS, Awacs /éɪwæks/《略》〘航空〙airborne warning and control system 空中警戒指令(機)《敵機を発見し, 空中から味方の航空部隊を指揮する機能, およびそれをもつ航空機》. 〖1970〗

A·wadh /ʌ́wəd/ *n.* ＝Oudh.

a·wait /əwéɪt/ *vt.* **1**《文語》**a**〈人が〉待つ, 待ち受ける (wait for); 待望する, 期待する (⇨ expect SYN): ～ the arrival of …の到来を待つ / ～ a decision 決定を待つ / an ～*ed* book 待ち受けていた本 / *Awaiting* the favor of your prompt attention. 至急御回答願い上げます《手紙の結び》. **b**〈条約などが〉〈批准などを〉待つ. **2**《文語》〈運命などが〉…に用意されている, 待っている (be in store for): Death ～*s* us all. 死がわれわれすべてを待っている《人間は死を免れぬ》/ A surprise ～*s* him. 思いがけない事が彼を待ち受けている《今に驚くぞ》. **3**《廃》待ち伏せする. ― *vi.*《文語》〈人・物事が〉待ち受ける. 〖(?*a*1200) ▭ ONF *awaitier*＝OF *aguaitier* ← A-[4]＋*waitier*＝OF *guaitier* 'to WAIT'〗

a·wake /əwéɪk/ *adj.* [叙述的] **1** 眠らずに, 目が覚めて (↔ asleep) (cf. wide-awake): ～ or asleep 寝ても覚めても / be [lie, stay] wide ～ all night 一晩中まんじりともしない / keep (oneself) ～ 目が覚めて[眠らずに]いる / Coffee keeps him ～. 彼はコーヒーを飲むと眠れない. **2 a** 油断のない, 機敏な (alert); 奮起して, 活動して (aroused): be wide ～ 抜け目がない. **b** (…に)気づいて, (…を)自覚して (aware) (*to*): be fully ～ *to* a danger 危険をはっきり意識している / be wide ～ *to* one's interests 利害にさとい[抜け目がない].

― *v.* (**a·woke** /əwóʊk | əwə́ʊk/, (まれ) **a·waked**; (まれ) **a·waked,** (まれ) **a·woke, a·wok·en** /əwóʊkən | əwə́ʊk-/) ― *vi.* **1** 目が覚める, 起きる (wake up): ～ *from* sleep [a dream] 眠り[夢]から覚める / ～ at seven / He *awoke to* find it was still dark. 目が覚めてみるとまだ暗かった / I *awoke* one morning and found myself famous. ある朝目を覚ましてみると一躍有名になっていた (*Childe Harold's Pilgrimage* によって名声を博した時の詩人 Byron の端的な感想). **2** (無関心などから)目覚める, 奮起する (*from*); (…に)気づく, (…を)悟る, 自覚する (*to*): ～ *from* an illusion 迷いから目が覚める / ～ *to* a danger [one's surroundings] 危険[周囲の様子]に気づく. ― *vt.* **1** 眠りから覚ます, (眠っている人を)起こす (wake). **2**〈記憶・恐怖などを〉呼び起こす, かき立てる (arouse): ～ sorrow *in* a person 人に悲哀の念を起こさせる / The sight *awoke* old memories. その光景は古い記憶を呼び起こした. **3** (無関心・不活動から)目覚ます, 覚醒(カクセイ)させる (stir up); (…に)(罪・実状などを)悟らせる, 自覚させる (*to*): His words *awoke* me *to* a sense of duty. 彼の言葉は私に義務感を自覚させた.

〖v.: lateOE *āwacan, āwacian*: ⇨ a-[2], wake[1]. ― adj.: ME (尾音消失) ← *awaken* (p.p.)〗

a·wak·en /əwéɪkən/ *vt., vi.* **1** 目覚める, 気がつく. ★ 比喩的に *vt.* に用いられることが多い: ～ a person's pity / ～ suspicion *in* a person 人に疑惑を起こさせる / She was ～*ed to* the realities of life. 人生の現実に目覚め(させられ)た / We must ～ them to the danger. 彼らにその危険を気づかせなければならない. **2** 目を覚ます (awake): ～ *from* sleep [an illusion] / be ～*ed* by a noise 物音に目を覚ます. **～·er** *n.* /-k(ə)nə | -nə(r)/ 〖OE *onwæcn(i)an, āwæcn(i)an*: ⇨ ↑, waken〗

a·wak·en·ing /-k(ə)nɪŋ/ *n.* **1 a** (怠惰などからの)覚醒(カクセイ), 目覚め, 自覚, 奮起. **b** (注意などを)呼び起こすこと, 喚起: the ～ of interest / His sexual ～ came late. 彼は性に目覚めるのが遅かった. **2** (ある事柄に)気づくこと, 認識 (realization) (*to*): suffer a rude ～ (不快な事実の)突然の認識, 幻滅を味わう. **3** (信仰などの)復興, 復活 (revival): ⇨ Great Awakening. **4** 目を覚ますこと, 目覚め. ― *adj.* 目覚めつつある; 覚醒の. 〖1595–6〗

a·ward /əwɔ́əd | əwɔ́ːd/ *n.* **1** 賞, 賞品 (prize), 栄誉 (honor); 授与されるもの: receive an ～ for bravery 勇敢な行為で賞を受ける / an *award*-winning performance 賞を授与された演技. **2**〘法律〙**a** 裁定書. **b** 審判, 判定; 裁定. **c** (損害賠償などの)裁定額. **3** 奨学金. **4**《豪》＝award wage. ― *vt.* **1 a**〈賞などを〉(審判の上で)授与する (confer, grant): ～ a prize *to* a person＝～ a person a prize / He was ～*ed* a Ph. D. *for* the dissertation. その論文により博士号を授けられた / The cup was ～*ed to* our team. カップは我々のチームが受けた / The contract was ～*ed to* a Japanese firm. 日本の企業と契約が結ばれた. **b** (罰などとして)課する (*to*). **2**〘法律〙(仲裁裁判などで)裁定する, (判決で)認める, 与える: A judge ～*s* damages in a civil action. 判事は民事訴訟において損害賠償を認める. **～·a·ble** /-dəbl/ *adj.* **～·er** *n.* 〖n.: (*a*1325) ▭ AF *award* (＝OF *esguart*) ← *awarder* (＝OF *esguarder* to observe, decide: ⇨ es-, guard). ― v.: (*c*1390) ← n.〗

a·ward·ee /əwɔ̀ədíː, ⌐⌐⌐ | əwɔ̀ːdíː, ⌐⌐⌐/ *n.* 裁定[賞, 奨学金]を受ける人, 受賞者. 〖⇨ ↑, -ee[1]〗

awárd wáge *n.*《豪》法定最低賃金《単に award ともいう》.

a·ware /əwέə | əwέə(r)/ *adj.* **1** [叙述的] **a** (…に)気づいていて, (…を)知っていて (conscious) (*of*): become ～ *of* a danger 危険に気づく / They were not ～ *of* his presence. 彼のいるのを知らなかった / I was suddenly ～ *of* it. 急にそれに気づいた / We must make them ～ of the danger. 危険に気づかせねばならぬ. **b**〈…ということを〉知っていて〈*that, wh-*〉: He is well [fully] ～ *that* there is something wrong with it. どこか調子の悪いのは十分承知している / I was not ～ (*of*) *what* kind of man he was. 彼がどんな風な人なのか私は知らなかった. **2** (その道のことにはっきりした)認識[意識]のある: be politically [socially] ～ 政治[社会的]意識がある. **3** 万事心得ている, そつ[抜かり]のない (alert, well-informed): an ～ person / a politically ～ person 政治意識のある人. **4**《古》(…を)警戒して, 用心して (watchful) (*of*). 〖(*c*1200) *awar(e), iwar(e)* < OE *ġewær*: ⇨ y-, ware[2]〗

SYN 意識して: **aware** あることについての知識・意識を持っている: I am well *aware* of the difficulty. その困難さはよく承知している. **conscious** 注意力を集中して, 何が起こっているか気づいている: She is *conscious* of her shortcomings. 自分の欠点に気づいている. **mindful** 事柄などを考慮に入れ, 心に留めていること《格式ばった語》: She was *mindful* of her duties. 彼女は自分の責任を忘れなかった. **sensible**《古風》*aware* とほぼ同じで, 感覚を通して気づいている: He was vaguely *sensible* of the danger. その危険を漠然と気づいていた.

ANT unaware, insensible, ignorant.

---

a·wáre·ness *n.* **1** 気づいていること, 知っていること (*of*) /〈*that*〉. **2** 意識 (consciousness) (cf. aware 2): political ～ (in [among] young people) (若者の)政治意識. 〖(1828): ⇨ ↑, -ness〗

a·wash /əwɑ́(ː)ʃ, əwɔ́(ː)ʃ | əwɔ́ʃ/ *adv., adj.* [叙述的] **1** 水びたしで (flooded). **2**〈場所が〉(…で)充満して, いっぱいで (overflowing) (*with*): a kitchen ～ *with* garbage. **3** 波にもまれて, (波間に)漂って (afloat). **4**〘海事〙〈暗礁・甲板などが〉(…の)水面とすれすれの高さで, 洗岩(アライイワ)で (*with*): ～ *with* the sea / Anchor ～. ⇨ anchor 成句. 〖(1833) ← A-[1]＋WASH (n.)〗

a·way /əwéɪ/ *adv.* **1 a** [位置] 離れて, 遠くへ行って, 去って, 不在[欠席]で: far [a long way] ～ はるか遠方に / miles ～ 何マイルも離れて / ～ (to the) east はるか東に / keep ～ (*from* …) (…に)近づかない, (人・物を)近づけない / He is ～ *from* home [school]. 家にいない[学校を休んでいる] / He is ～ in the country [on a trip, for the summer]. 田舎へ[旅行に, 避暑に]行っている / Christmas is still three months ～. クリスマスはまだ 3 か月先のことだ. **b** 相手のホームグラウンドで, 遠征で: Liverpool won ～. リバプールは遠征で勝った. **2** [移動] あちらへ, 去って: go

～ / turn ～ 追い返す; (顔を)そむける / They were ～ before I knew it. 知らぬ間に彼らはいなくなった / *Away!* あっちへ行ってしまえ / 《古・戯言》I must ～ before nightfall. 暗くなる前に帰らねばならぬ / ⇨ COME *away*. **3** [消失・除去] (消え)去って, うせて, (行って)しまって: die [fade] ～ 消え去る / waste ～ やせ衰える / cut [rub] ～ 切り[こすり]取る / wash ～ 洗い流す / throw ～ one's money 金銭を浪費する. **4** [連続] 絶えず, せっせと, どんどん: dance [dig, work] ～ / He just went on talking ～. 彼はひたすら話し続けた / He kept sawing ～ at the tree. その木をのこぎりでひき続けた. **5** [即時] 直ちに, すぐ. ★ 次の句で: ⇨ RIGHT *away*, STRAIGHT *away*. **6** [強意] 《米口語》 はるかに, ずっと (far). ★ 他の副詞 back, behind, down, off, up などの前につけてそれを強める; しばしば 'way, way と略される.

awáy báck 《米口語》 ずっと前に, 早くも (way back, far back, as long ago as): ～ *back* in 1900 1900 年の昔に. 《1882》 ***awáy with*** (1) [命令文で] …を追い[取り]払え (take away): *Away with* him! (彼を)追い払え / *Away with* it! 取り除いて[よして]しまえ / *Away with* you! 行ってしまえ. (2) [通例 cannot ～ *with* として] 《古》 …を我慢する (put up with): I *cannot* ～ *with* it [him]. 《1477》 ***dò awáy* (*with*)** ⇨ do² 成句. ***óut and awáy*** ⇨ out *adv.* 成句. ***wéll awáy*** ⇨ well¹ *adv.* 成句. ***Whère* [*Whither*] *awáy?*** ⇨ where *adv.* 成句.

— *adj.* **1** 《英》〘スポーツ〙〈試合など〉相手のホームグラウンドでの, 遠征の (out) (cf. home *adj.* 4): the ～ team ビジターチーム / an ～ game [match] 遠征試合 / an ～ win 遠征試合での勝利 / Spurs are ～ to Wolves this week. スパーズは今週ウルブズの本拠地で試合をする. **2** 〘ゴルフ〙 アウェー: **a** 〈ボールが〉ホールから最も遠くにある. **b** 〈ゴルファーが〉(そのために)最初にプレーすべき. **3** 〘野球〙 アウトになって: two ～ in the eighth inning 8 回 2 死になって.

— *n.* 〘スポーツ〙 遠征試合(での勝利).

〖OE *onweġ, āweġ*: ⇨ a³, way¹〗

awáy-gòing cróp *n.* 〘法律〙 期間後収穫 《waygoing crop ともいう》. 〖1865〗

awáy·swìnger *n.* 〘クリケット〙 ＝outswinger.

AWB 《略》 Afrikaner Weerstandsbeweging アフリカーナー抵抗運動 《南アフリカ共和国のオランダ系白人 (Afrikaner) が構成する右翼政治団体》.

Aw·dry /ɔ́ːdri, ɑ́ː- | ɔ́ː-/, Revd **W**(**ilbert**) (**Vere**) *n.* オードリー 《1911–97; 英国の絵本作家; 職業は英国国教会の牧師; *Thomas the Tank Engine* (1946) などの鉄道絵本で有名》.

awe /ɔ́ː, ɑ́ː | ɔ́ː/ *n.* **1** 畏敬(いけい), 畏怖 (reverential fear): feel ～ / a feeling of ～ 畏敬の念, 畏怖心 / with ～ 畏敬して, 恐れかしこまって / be in ～ of …を畏敬する, 恐れ敬う / hold [keep] a person in ～ 人を畏敬[恐れ]させる / be struck with ～ 畏敬の念に打たれる, 威厳に打たれる / The boy stood in ～ of his father. その子は父親を畏怖していた. **2** 《古》 威圧力. **3** 《廃》 恐怖. — *vt.* **1** 畏敬[畏怖]させる: They were ～*d* by the grandeur of Niagara Falls. ナイアガラ瀑布(ばくふ)の壮観に畏敬の念を覚えた. **2** 〈人を〉畏怖させて(…の状態に)至らせる 〈*into*〉: He was ～*d into* silence. 威厳に打たれて沈黙した. 〖(*c*1200) *aȝhe, awe* ◻ ON *agi* fear, anguish ← Gmc **aȝ-* ← IE **agh-* to be afraid (Gk *ákhesthai* to be grieved) ∞ OE *eġe*〗

SYN 畏敬の念: **awe** 恐怖または驚きの混じった尊敬の気持ち: He felt a deep *awe* for the sublimity of the universe. 彼は宇宙の荘厳さに深い畏敬の念を感じた. **reverence** 神聖なものに対して抱く愛情の混じった深い尊敬: I have a profound *reverence* for the truth. 真理を深く尊敬している. **veneration** 古いあるいは過去の人や物に対する崇敬の念 《格式ばった語》: The Japanese hold their ancestors in *veneration*. 日本人は祖先を敬う.
ANT contempt, scorn, insolence.

---

a·wea·ry /əwíᵊri | əwíəri/ *adj.* [叙述的] 《詩》 ＝weary. 〖(1552): ⇨ a-², weary〗

a·weath·er /əwéðə | -ðəʳ/ *adv.* 〘海事〙 風上に (toward the wind) (↔ alee): ⇨ HELM¹ *aweather!* 〖(1599): ⇨ a-¹〗

awed /ɔ́ːd, ɑ́ːd | ɔ́ːd/ *adj.* 畏怖(い)の念に打たれた, 畏敬を示す: in an ～ voice 畏怖したような声で. **～·ly** *adv.* **～·ness** *n.* 〖1642〗

a·weigh /əwéɪ/ *adv., adj.* [叙述的] 〘海事〙 起き錨(いかり)で 《錨が海底を離れた瞬間, 航海状態に移る瞬間をいう》: with anchor ～ 錨を揚げて. 〖(1627): ⇨ a-¹〗

áwe-inspiring *adj.* 畏敬[畏怖]の念を起こさせる, 恐れを抱かせる. 〖1814〗

áwe·less *adj.* **1** 畏怖を感じない; 恐れを知らない; 不遜(そん)な. **2** 《廃》 畏敬の念を起こさせない. **～·ness** *n.* 〖((OE)) (?*a*1200) *au*(*e*)*les*: ⇨ -less〗

awe·some /ɔ́ːsəm/ *adj.* **1** 畏怖心を起こさせる (awe-inspiring); 恐ろしい, ものすごい (dreadful). **2** 畏怖心[恐れ]に満ちた; うやうやしい (reverential). **3** 《口語》 すばらしい, すてきな. **～·ly** *adv.* **～·ness** *n.* 〖1598〗

áwe·strìcken *adj.* ＝awestruck. 〖1853〗

áwe·strùck *adj.* 畏敬の念に打たれた, 畏怖して[恐れて]いる. 〖1634〗

aw·ful /ɔ́ːfəl, ɑ́ː- | ɔ́ː-/ *adj.* **1** 恐ろしい, すさまじい (⇨ horrible **SYN**): an ～ crime / How ～ (for you) it must have been! さぞ恐ろしかったことでしょう. **2 a** (とても)ひどい, 嫌な, 下手な (very bad, lousy): ～ food, manners, weather, English / an ～ fellow, hat / I feel ～ today. きょうは嫌な気分だ / I feel ～ about what I said last night. ゆうべ言ったことが気になる. **b** 非常な, 大した (very great): an ～ bore ひどくうるさいやつ / ～ nonsense ひどくばかげたこと / have an ～ lot of things to do なすべきことがすごくたくさんある. **3 a** 《口語》 すごい (exceedingly great). **b** 《廃》 不安な, 脅えた (afraid, terrified). **4** /ɔ́ːfʊl, ɑ́ː- | ɔ́ː-/ 《古》 畏敬(いけい)の念に満ちた, 敬虔な. — *adv.* 《米口語》 ＝awfully 1: I'm ～ glad you came. 来てくれてとてもうれしい. **～·ness** *n.* 〖((OE)) (?*a*1200) *aueful, aghful*: ⇨ -ful〗

aw·ful·ly *adv.* **1** /ɔ́ːfli, ɑ́ː- | ɔ́ː-/ 《口語》 **a** 非常に, 恐ろしく, とても, ばかに (very) (cf. horribly 2): ～ cold, tired, big, small, sorry, funny / He is ～ good at tennis. テニスがとてもうまい / It is ～ kind of you. 本当にご親切さま / I'm ～ glad you came. 来ていただいて本当にうれしい / Thanks ～ for everything. **b** 《英》 (ひどく)不愉快な態度で, 無作法に: behave [write] ～. **2** /ɔ́ːfʊli, ɑ́ː- | ɔ́ː-/ 畏敬の念を起こさせるように; 荘厳に. **3** /ɔ́ːfʊli, ɑ́ː- | ɔ́ː-/ 《古》 畏敬の念をもって, うやうやしく; 恐れて. 〖(*c*1340) *auefulli*: ⇨ ↑, -ly¹〗

AWG 《略》 American Wire Gauge アメリカ線径ゲージ 《電線など針金の直径を表示する番号; 米国で制定された》.

a·wheel /ə(h)wíːl/ *adv., adj.* [叙述的] 自転車[自動車]で. 〖1887〗

a·while /ə(h)wáɪl/ *adv.* しばらく (for a time): Let's rest ～. ちょっと休もう. ★ for awhile のように前置詞の目的語として用いられることがあるが, 一般には誤用とされる. 〖OE *āne hwīle*: ⇨ a², while〗

a·whirl /ə(h)wə́ːl | ə(h)wə́ːl/ *adj.* [叙述的] ぐるぐる回って(いる). 〖1883〗

awk·ward /ɔ́ːkwəd, ɑ́ːk- | ɔ́ːkwəd/ *adj.* (～·er, ～·est; more ～, most ～) **1 a** 〈立場など〉扱いにくい, 厄介な, 〈時など〉間[具合]の悪い, まずい, 困った: an ～ time [moment] (for me) (私にとって)まずい時間 / an ～ question / an ～ situation 困った状態[事態] / make things ～ 厄介をかける; 困った事態に置く[巻き込む] / It is ～ that he should be [is] away at this moment. いま彼がいないとは困ったことだ. **b** 〈沈黙など〉気まずい, 気詰まりな (embarrassing): There was an ～ silence. **2 a** 〈物が〉扱いにくい, 不便な: an ～ tool (to use). **b** 〈方法などやりにくい, まずい. **3 a** 〈人・動作など〉堅苦しい, ぎこちない, 無作法な (clumsy); 気詰まりな, きまりが悪い (embarrassed): an ～ excuse 苦しい弁解 / an ～ expression ぎこちない[堅苦しい]表現 / be ～ *in* one's manner 物腰がぎこちない / He is [feels] ～ *with* women. 女性の前で固くなる[きまり悪がる] / I feel a bit ～ about telling them. 彼らに話すのはちょっときまりが悪い. **b** 〈子供など〉(均整がとれていなくて)ぶかっこうな, ぎこちない (ungainly). **c** 不器用な, 下手な (bungling) (↔ deft): an ～ workman / He is ～ *with* [*at* handl*ing*] tools. 道具の扱い方が下手だ. **4 a** 〈人など〉手に負えない, 手ごわい (stubborn, unreasonable): an ～ customer ⇨ customer 2 / He's rather an ～ person to deal with. 彼はなかなか手ごわい相手だ. **b** 言うことを聞かない, 協力しない. **5** 〈坂道・角など〉都合の悪い, あぶない (dangerous). **6** 《廃》 つむじ曲がりの, 片意地な (perverse). **～·ness** *n.* 〖(1380) *aukward* in the wrong direction ← *auk* backhanded (◻ ON *ǫfugr* turned the wrong way ← *af* off) ＋-WARD〗

SYN 不器用な: **awkward** 円滑機敏に機能することができなく, 上品さに欠ける 《最も広い意味の語》: An *awkward* girl is no help in the kitchen. 不器用な女の子は台所の助けにならない. **clumsy** すぐ物を壊してしまうほど動きがぶこつでぎこちなく, 鈍重という印象を与える: He is *clumsy* with his hands. 彼は手先が不器用だ. **unskillful** 物事の処理に不慣れで不器用な: an *unskillful* driver 不器用なドライバー. **maladroit** 社交上機転がきかず, 物事の処理が下手な 《格式ばった語》: a *maladroit* response to the offer 申し入れに対するまずい対応.
ANT deft, graceful.

áwkward àge *n.* [the ～] (大人とも子供ともつかない)扱いにくい年ごろ, 思春期. 〖1895〗

áwk·ward·ly *adv.* **1** ぶかっこうに; ぎこちなく; 気詰まりさせるように, きまり悪そうに. **2** 扱いにくく, 都合悪く, 困らせるように. **3** 不器用に, まずく. 〖(?*a*1400) *aukwardli*: ⇨ -ly¹〗

áwkward squàd *n.* **1** 〘軍事〙 新兵班. **2** 《俗》 未熟な連中[チーム]. 〖1816〗

awl /ɔ́ːl, ɑ́ːl | ɔ́ːl/ *n.* (靴屋などが用いる)突きぎり. 〖OE *æl* ← Gmc **ǣl-* (ON *alr* / Du. *aal* / G *Ahle*) ← ?〗

AWL, awl /ɔ́ːl, ɑ́ːl | ɔ́ːl/ ★ 文字通りに /èɪdʌbljuːél/ とも発音する. 《略》《米》 absent with leave 許可済離隊, 賜暇欠勤 (cf. AWOL, AOL).

aw·less /ɔ́ːlɪ̀s, ɑ́ː- | ɔ́ː-/ *adj.* 《米》 ＝aweless.

áwl-shàped *adj.* 〘植物〙 突きぎり状の. 〖1762〗

áwl·wòrt *n.* 〘植物〙 ハリナズナ (*Subularia aquatica*) 《北半球に広く分布するアブラナ科の小形の多年草; 水辺に生える》.

aw·mous /ɑ́ːməs, ɔ́ː-/ *n.* (*pl.* ～) 《スコット》 ＝almous. 〖(?*a*1325) *almouse, awmus* 《北部方言》 ◻ ON *almusa*: cf. alms〗

awn /ɔ́ːn, ɑ́ːn | ɔ́ːn/ *n.* **1** 〘植物〙 (麦などの)のぎ, 芒(ぼう) (beard). **2** 〘動物〙 (シカの枝角の末端にあるような)小突起[隆起]. **～·less** *adj.* 〖(*a*1150) *awne, agune* ◻ ON *agn-*, *ǫgn* (Swed. *agn* / Dan. *avn*(*e*)) ← IE **ak-* sharp (L. *acus* chaff): cf. OE *eġenu* husk〗

áwned *adj.* ＝bearded.

áwned whéatgrass *n.* 〘植物〙 花穎(かえい) (lemmas) にのぎがある雑草 (*Agropyron subsecundum*) (cf. couch grass).

awn·er /ɔ́ːnə, ɑ́ːnə | ɔ́ːnəʳ/ *n.* 〘農業〙 脱芒機. 〖1881〗

aw·ning /ɔ́ːnɪŋ, ɑ́ː- | ɔ́ː-/ *n.* **1 a** (窓などの外に取り付けた)日除け, 雨覆い. **b** 〘海事〙 (甲板上の)天幕. **2** 避難所, 雨宿り場. 〖(1624) ← ?: cf. F *auvent* shed〗

áwning dèck *n.* 〘海事〙 覆(おお)い甲板 《主甲板の上に前後方向に走る軽甲板; hurricane deck ともいう》. 〖1869〗

áwning stànchion *n.* 〘海事〙 天幕(支)柱, テント支柱.

áwning wìndow *n.* 突き出し窓.

áwnless brómegrass *n.* 〘植物〙 コスズメノチャヒキ (*Bromus inermis*) 《北半球の温帯に産するイネ科スズメノチャヒキ属の牧草; しばしば雑草となる》.

awoke *v.* awake の過去形・過去分詞. 〖OE *āwōc* ← *āwæcnan* 'to AWAKEN': 過去分詞は過去形の転用で 18 世紀から〗

awoken *v.* awake の過去分詞.

AWOL, awol /éɪwɑ(ː)l, -wɔ(ː)l | -wɒl/ ★ 文字通りに /èɪdʌbljuːòuél | -əuél/ とも発音する. 〘軍事〙 *adj., adv.* 職務離脱で[の], 無許可[無断]離隊で[の], 無断[無届]上陸[外出]で[の]: be ～ / go ～ 職務離脱する. — *n.* 職務離脱者, 無許可離隊者 (cf. AOL, AWL). 〖(1921) 《頭字語》 ← *a*(*bsent*) *w*(*ith*)*o*(*ut*) *l*(*eave*)〗

a·work /əwə́ːk | əwə́ːk/ *adv., adj.* 活動して (at work). 〖(*c*1380): ⇨ a-¹〗

AWRE 《略》 Atomic Weapons Research Establishment (英国の)オルダーマストン原子兵器研究所.

a·wry /əráɪ/ *adv., adj.* [叙述的] **1** 曲がって, ゆがんで, ねじれて (twisted): look ～ 横目で見る; 疑い[不信]の目で見る / His necktie was all ～. 彼のネクタイはひどくゆがんでいた. **2** 〈物事・行動など〉間違って, 誤って, 不首尾に (wrong, amiss).

gó* [*rún, tréad,* etc.] *awrý 〈人が〉道を踏み誤る, 邪道に走る; 〈事が〉不首尾に終わる, 失敗する. 《1524》 ***tréad one's* [*the*] *shóe awrý*** 《古》 不義[密通]をする. 〖(*a*1393) *awrie, on wry*: ⇨ a¹, wry〗

AWS 《略》《英》 automatic warning system (列車運転士に対する)自動警報システム.

áw-shúcks *adj.* 恥ずかしそうな, 当惑した.

áw shúcks *int.* ＝shucks.

AWU /èɪdʌbljuːjúː/ 《略》 Australian Workers' Union.

ax /ǽks/ *n.* **1 a** 斧(おの), まさかり (cf. hatchet 1). **b** ＝battle-ax. **c** ＝axhammer. **2 a** 首切り役人 (headsman) の斧. **b** [the ～] 斬首. **3** [the ～] (人員・経費などの)大幅な削減, 縮小: apply the ～ to …を大幅に削減する. 〖(1922) ← *Geddes axe*: Sir Eric Geddes (1875–1937: 英国の実業家・政治家)を委員長とする *Geddes* 委員会の勧告による (1922) 英国の官庁の大幅な人員・経費の削減〗 **4** 《米俗》 (ジャズなどに用いる)楽器 《saxophone, guitar など》.

fáce the áx 《口語》 首切りに直面する; 削減[閉鎖]の対象になる. ***gét the áx*** 《口語》 (1) 斬首に処される. (2) 首になる. (3) 退学させられる. (4) 〈恋人, 友人などに〉捨てられる. (5) 〈計画など〉中止させられる. ***give the áx*** 《口語》 (1) 〈人を〉首にする. (2) 〈人を〉退学させる. (3) 〈恋人などを〉振る. ***háng úp one's áx*** 無用な計画を中止する. ***hàve an áx to grìnd*** 《口語》 腹に一物がある; 不満を抱いている 《少年をうまくおだてて斧を研がせたという, 俗に Franklin に帰せられた話から》. 《1815》 ***láy the áx to the róot of*** …の根絶を図る, の抜本的な改革を行う (cf. *Matt.* 3:10, *Luke* 3:9). ***pút the áx in the hélve*** 難問題を解決する, なぞを解く. 《*c*1450》 ***sénd the áx áfter the hélve*** ＝*throw the* HELVE *after the hatchet*.

— *vt.* **1 a** 〈人員・経費などを〉(大幅に)削減する, 大なたを振るう, 整理する, 削る: *axed* officials. **b** 〈人を〉首にする: be *axed from* a job 仕事を首になる. **c** 〈計画などを〉中止する: They *axed* his scheme. 彼の案を削った. **d** 〈値段などを〉大幅に下げる. **2 a** 斧で切る. **b** 〘石工〙 〈石材などの表面を〉斧で削(って仕上げ)る: *axed* bricks. 〖OE *æx, æces* ◻ Gmc **akwizjō, *akujō* (G *Axt* / Du. *aaks*) ← IE **agʷ*(*e*)*sī* (L *ascia* / Gk *axínē*)〗

ax. 《略》 axiom; axis.

ax- /æks/ (母音の前にくるときの) axo- の異形.

ax·an·thop·si·a /æ̀ksənθɑ́(ː)psiə | -θɔ́p-/ *n.* 〘眼科〙 黄色盲. 〖← NL ～: ⇨ a-⁷, xanthopsia〗

áx·brèaker *n.* 〘植物〙 **1** オーストラリア産の材質が堅い植物 (*Notelaea longifolia*). **2** ＝quebracho 2 a. 〖1884〗

axe /ǽks/ *n., vt.* ＝ax.

áxe kìck *n.* 踵(かかと)落とし 《テコンドーや他の格闘技で用いられるキックの一種で, 相手の頭部をかかとで打つ》.

ax·el /ǽksəl, ɑ́(ː)k-, -sl | ǽk-/ *n.* 〘スケート〙 アクセル 《一方のスケートの外側の前方エッジからジャンプし空中で 1 回転半してから, もう一方のスケートの外側の後方のエッジから氷上にもどるジャンプ》. 〖(1930) ← *Axel Paulsen* (1855–1938: ノルウェーのスケート選手, その技の発明者)〗

Ax·el /ǽksəl, -sl/ *n.* アクセル 《男性名》. 〖◻ Swed. ～ 《原義》 supporter ?〗

Ax·el·rod /ǽksəlrɑ̀(ː)d, -sl- | -rɔ̀d/, **Julius** *n.* アクセルロッド 《1912–　; 米国の生理学者; Nobel 医学生理学賞 (1970)》.

áxe·man /-mən, -mæ̀n/ *n.* (*pl.* **-men** /-mən, -mèn/) ＝axman.

a·xen·ic /eɪzénɪk, -zíːn- | æz-/ *adj.* 〘生物〙 異種生物を混じない; (特に)〈動物が〉無菌の (sterile). **a·xén·i·cal·ly** *adv.* 〖(1942) ← A-⁷＋XENO-＋-IC¹〗

axes *n.* axis¹ の複数形.

áx·hàmmer *n.* 〘石工〙 斧槌(おのづち), 石目槌 《粗い石を割ったり仕上げたりする斧》. 〖1681〗

ax·i- /ǽksɪ, ǽksi/ axo- の異形 (⇨ -i-).

ax·i·al /ǽksiəl/ *adj.* **1** 軸の, 軸上の, 軸性の; 軸のまわり

A

の, 軸方向の: ~ rotation. **2** 〘植物〙(形態学的に)中軸性の: an ~ placenta 中軸胎座 / an ~ root 主根, 直根. **3** 〘化学〙軸方向の《環状構造のなす平面に対して垂直方向の》. **ax·i·al·i·ty** /æksiǽləṭi | -lɨ̀ti/ *n.* **~·ly** *adv.* 〘(1849): ⇨ axis, -al¹〙

áxial ángle *n.* 〘鉱物〙軸角《結晶軸のなす角》.

áxial fílament *n.* 〘動物〙軸糸《鞭毛(べんもう)の中軸をなす弾性の糸》.

áxial-flów *adj.* 〘航空〙軸流[軸向き流れ]の《流体が軸方向に流れる; cf. radial-flow》: an ~ turbine 軸流タービン. 〘1889〙

áxial flów compréssor *n.* 〘機械〙軸流圧縮機《気体の流れが回転軸と平行であるような構造の圧縮機》. 〘1949〙

áxial grádient *n.* 〘生物〙軸勾配《ある軸にそって含有物質の量や生理的な性質に勾配があること; 単に gradient ともいう》. 〘1911〙

áxial péncil *n.* 〘数学〙共軸平面束(そく)《一直線を通るあらゆる平面の束(たば)》.

áxial skéleton *n.* 〘解剖〙軸骨格《頭と躯(く)幹の骨格》. 〘1872〙

áxial véctor *n.* 〘数学〙=pseudovector. 〘1903〙

ax·il /ǽksəl, -sɪl | -sɪl, -sɪl/ *n.* 〘植物〙葉腋(えき). 〘(1794) ← NL *Axilla*: ⇨ axilla〙

ax·ile /ǽksaɪl/ *adj.* 〘植物〙(形態的性質に関係なく)軸に属する, 軸にある. 〘(1845): ⇨ axo-, -ile¹〙

ax·i·lem·ma /æksəlémə | -sɨ̀-/ *n.* (*pl.* **~·ta** /~ṭə | ~tə/) 〘解剖〙軸索鞘. 〘← AXO-+LEMMA²〙

áxile placentátion *n.* 〘植物〙中軸胎座《数個の心皮が癒着し, しかも中軸を造りその周囲に胚珠が着生するつき方》.

ax·il·la /æksílə/ *n.* (*pl.* **ax·il·lae** /-liː, -laɪ | -liː/, **~s**) **1** 〘解剖〙腋窩(えきか), わきのした. **2** 〘植物〙葉腋 (axil). **3** 〘鳥類〙翼腋. 〘(1616) □ L ~ 'armpit' (dim.) ← *axula, āla* wing〙

ax·il·lar /ǽgzɪlə, æksílə | æksílə^(r)/ *n.* 〘鳥類〙腋羽(わきばね). 〘(1541) □ F *axillaire*: ⇨ ↑, -ar¹〙

ax·il·lar·y *adj.* /ǽksəlèri, æksíləri | æksíləri/ **1** 〘解剖〙わきのした[腋窩]の. **2** 〘植物〙葉腋の, 腋生の: ⇨ axillary bud. **—** *n.* 〘鳥類〙=axilla 3, axillar. 〘1615〙

áxillary búd *n.* 腋芽, 側生芽 (lateral 3).

ax·i·nite /ǽksənàɪt | -sɪ-/ *n.* 〘鉱物〙斧石(おのいし) ((Ca, Mn, Fe)$_3$Al$_2$BO$_3$(Si$_4$O$_{12}$) (OH)). 〘(1802) □ F ~ ← Gk *axínē* 'AX'+-ITE¹: 斧形の結晶から〙

ax·i·no·man·cy /ǽksənəmæ̀nsi | ǽksɪnə(ʊ)-/ *n.* (古代ギリシャの)斧(おの)占い《熱した斧の頭に瑪瑙(めのう)(agate)または黒玉 (jet) をのせるとそれが罪人の方へ動くとされた》. 〘(1601) □ L *axinomantia* □ Gk *axinomanteía* ← *axínē* (↑): ⇨ -mancy〙

ax·i·o·log·i·cal /æ̀ksiəlɑ́(ː)dʒɪkəl, -kl | -lɔ́dʒɪ-ˈ-/ *adj.* **1** 価値論(的)の. **2** (本質的)価値に基づく[に関する]. **~·ly** *adv.* 〘1907〙

áxiological éthics *n.* 〘倫理〙価値倫理(学)《行為の動機や目的の価値を主題として論じる倫理的立場; cf. teleological ethics, deontological ethics》.

àx·i·ól·o·gist /-dʒɪst | -dʒɪst/ *n.* 〘哲学〙価値論者. 〘(1935): ⇨ ↓, -ist〙

ax·i·ol·o·gy /æ̀ksiɑ́(ː)lədʒi | -ɔ́l-/ *n.* 〘哲学〙価値論, 価値学. 〘(1908) ← Gk *áxios* (↓)+-LOGY〙

ax·i·om /ǽksiəm/ *n.* **1 a** 〘論理·数学〙公理《理論の前提となる命題; 自明の根本命題; cf. theorem 2, 3》. **b** 自明の理. **2** 原理, 原則. **3** 〘哲学·倫理〙格率 (maxim).

áxiom of chóice 〘数学〙選択公理《空でない任意個数の集合から, 同時に一つずつ要素を選び出すことができるという集合論の公理; multiplicative axiom ともいう》.

áxiom of countabílity 〘数学〙可算公理《各点の近傍が可算個の基をもつ位相空間は第一可算公理をみたすという; 開集合に対する可算個の基がある位相空間は第二可算公理をみたすという》.

〘(1485) □ F *axiome* // L *axiōma* □ Gk *axíōma* what is thought fit or worthy ← *axioûn* to hold worthy ← *áxios* worthy〙

ax·i·o·mat·ic /æ̀ksiəmǽṭɪk | -mǽt-ˈ-/ *adj.* **1 a** 公理の; 公理のような, 自明の (self-evident). **b** 原則(的)の: It is ~ *of* diplomacy that …ということは外交上の原則である. **2** 格言(的)の. **àx·i·o·mát·i·cal** *adj.* **àx·i·o·mát·i·cal·ly** *adv.* 〘(1797) □ Gk *axiōmatikós*: ⇨ ↑, -atic〙

ax·i·o·mat·ics /æ̀ksiəmǽṭɪks | -tɪks/ *n.* 〘論理·数学〙**1** 公理(体)系《一群の公理; 公理化された体系》. **2** 公理論《公理(群)または公理体系についての研究あるいは理論》. 〘(1927): ⇨ ↑, -ics〙

ax·i·om·a·tize /æ̀ksiɑ́(ː)mətàɪz | -ɔ́m-/ *vt.* 公理化する. 〘1716〙

áxiom sỳstem *n.* **1** 〘論理〙公理体系《一群の公理と定理の派生に必要な変形規則; 以上から得られる定理·規則の全体としての体系》. **2** 〘数学〙公理系《理論の前提となる公理の集まり》.

ax·i·on /ǽksiɑ̀(ː)n | -ɔ̀n/ *n.* 〘物理〙アクシオン《仮想の基本的粒子; 天体物理学の理論によって宇宙の失われた質量を説明するために設定された》. 〘(1978): ⇨ axial, -on²〙

Ax·i·os /ɑ́ksiɔs, ǽksiəs *Mod.Gk.* aksiós/ *n.* アクシオス《Vardar のギリシャ語名》.

ax·is¹ /ǽksɪs | -sɪs/ *n.* (*pl.* **ax·es** /ǽksiːz/) **1** 軸, 軸線: the earth's ~=the ~ of the equator 〘天文〙地軸 / the ~ of a cylinder 〘数学〙(両底面の中心点を結んだ)円筒の軸 / The earth revolves *on* its ~. 地球は自転する / ⇨ major axis, minor axis. **2** 〘数学〙座標軸: the ~ of abscissas [ordinates] 横[縦](座標)軸. **3** (運動·伸長·方向などの)主軸, 中枢, 中心部. **4** 〘解剖〙軸椎(じくつい), 第二頸椎(けいつい) (cf. atlas 4). **5** 〘植物〙軸《枝·葉·根などをつけ, 中軸となる茎》. **6 a** 〘光学〙光軸《回転対称光学系の対称軸, または結晶の光(学)軸》: the ~ of a lens レンズの光軸 / the ~ of the eye 視軸 / the ~ of refraction 屈折軸 / ⇨ optical axis 1, principal axis. **b** 〘結晶〙結晶軸. **7** 〘航空〙軸《飛行機の運動や空気力の大きさを記述するために使用する座標軸》: a lateral ~ 左右軸 / a longitudinal ~ 前後軸 / a normal ~ 上下軸. **8** 〘政治〙**a** 枢軸《国家間の連合》; [集合的] 枢軸国: the Rome-Berlin ~ (第二次大戦に先立ってイタリアとドイツが結んだ)ローマベルリン枢軸. **b** [the A-] (第二次大戦の)日独伊枢軸: the *Axis* powers 枢軸国. **9** (共通目的のための)提携, 連合 (association). **10 a** 〘建築·製図〙軸線, 対称軸, 芯(しん)《図面上に配置や物体の中心を示すために記入する線》. **b** 〘美術〙(作品の中心となる想像上の)軸線. **11** 〘ダンス〙(動きが一点に集中したり回転するときの)身体の軸部分. **12** 《古》(車輪の)軸, 車軸 (axle).

áxis of a cúrve 〘数学〙曲線の(対称)軸《曲線を対称な２つの部分に分ける直線》.

áxis of revolútion 〘数学〙回転軸《ある図形を一直線のまわりに回転させてできた立体に対し, その直線をいう》.

áxis of rotátion 〘機械〙回転軸線.

áxis of sýmmetry 〘数学〙対称軸.

〘(1549) □ L ~ 'axle, pivot' ← IE **aks-i-* ← **ag-* axis〙

ax·is² /ǽksɪs | -sɪs/ *n.* 〘動物〙アクシスジカ (*Axis axis*)《インド産シカ科アクシスジカ属の白い斑(ふ)のあるシカ》. 〘(1601) ← NL ~ ← L ~〙

áxis cýlinder *n.* 〘解剖〙軸索. 〘1839〙

áxis cýlinder pròcess *n.* 〘解剖〙=axon.

áxis dèer *n.* 〘動物〙=axis².

àxi·symmétric *adj.* 線対称の, 軸に関して相称[対称]をなす. **àxi·symmétrical** *adj.* **àxi·symmétrically** *adv.* **àxi·sýmmetry** *n.* 〘1893〙

ax·le /ǽksl/ *n.* 〘機械〙(車輪の)心棒, 車軸 (axletree) (⇨ wheel 挿絵); 軸端: a blind ~ 盲軸, 不導軸 / ⇨ dead axle, driving axle, live axle. **áx·led** *adj.* 〘(1596) ← (13C) *axel(-tre)* 'AXLETREE'〙

áxle bòx *n.* 〘機械〙軸箱. 〘1850〙

áxle jòurnal *n.* 〘機械〙車軸ジャーナル, 車軸頭《車軸の軸受けに支えられた部分》.

áxle lòad *n.* 〘機械〙車軸荷重, 軸重.

áxle pìn *n.* (荷車などの)車軸ボルト. 〘1523〙

áxle·trèe *n.* (荷車などで両端から車を支える)車軸(棒), 定車軸 (⇨ wheel 挿絵). 〘(*a*1325) □ ON *ǫxul-tree* ← *ǫxull* axle ← Gmc **axsulaz* ← **axsō* (OE *eaxl* / G *Achsel* shoulder) ∽ (1200) *axtreo* ← OE *æx* axle+*treo* tree: cf. axis¹〙

áx·man /-mən, -mæ̀n/ *n.* (*pl.* **-men** /-mən, -mèn/) 斧(おの)を使う人, 木こり (woodman). 〘1671〙

Ax·min·ster /ǽksmɪnstə | -tə^(r)/ *n.* アクスミンスター(じゅうたん)《もとはトルコじゅうたんに似た上質の手織りのもの; 今は機械織りじゅうたんの一種; Axminster carpet [rug] ともいう》. 〘(1818): イングランド Devon 州のもと原産地〙

ax·o- /ǽksoʊ | -səʊ/ 次の意味を表す連結形: **1** 「軸 (axis)」. **2** 〘解剖〙「軸索 (axis cylinder)」. ★ 時に axi-, また母音の前では通例 ax- になる. 〘← Gk *áxōn* axle, axis〙

ax·o·lem·ma /æ̀ksoʊlèmə | -sə(ʊ)-/ *n.* 〘解剖〙軸索鞘(しょう)《神経繊維の軸索を包む膜》.

ax·o·lotl /ǽksəlɑ̀(ː)ṭl | ǽksəlɔ̀tl, ˌ-ˌ-ˈ-/ *n.* 〘動物〙**1** 北米やメキシコにすむトラフサンショウウオ属 (*Ambystoma*) の幼形生殖 (neoteny) をするサンショウウオ類の動物の総称. **2** アホロートル (*Siredon mexicanum*)《メキシコ山地の湖沼に生息し, 成長後も外鰓(えら)をもつサンショウウオ (salamander) の一種》. 〘(1786) □ Nahuatl ~ 《原義》water doll ← *atl* water+*xolotl* doll〙

axolotl 2

ax·on /ǽksɑ(ː)n | -sɒn/ *n.* (*also* **ax·one** /ǽksoun | -səʊn/) 〘解剖〙(脊椎(せきつい)動物の)軸索《神経線維の中心をなし伝導をつかさどる; axis cylinder process ともいう; ⇨ neuron 挿絵》. **ax·o·nal** /ǽksənl/ *adj.* **ax·on·ic** /æksɑ́(ː)nɪk | -sɔ́n-/ *adj.* 〘(1842) ← NL ~ ← Gk *áxōn* axis〙

ax·o·neme /ǽksoʊnìːm | -sə(ʊ)-/ *n.* 〘生物〙軸糸(じくし), アクソネマ《繊毛[鞭毛]の軸索糸状体で, 9 組の周辺小管と２本の中心小管とが配列した構造》; 〘遺伝〙染色系. **ax·o·né·mal** *adj.* 〘(1901) ← AXO-+Gk *nêma* thread〙

ax·o·no- /ǽksənoʊ | -nəʊ/ 「軸 (axis)」の意の連結形. 〘← Gk *áxōn* axle, axis〙

ax·o·no·met·ric /æ̀ksənoʊmétrɪk | -nə(ʊ)-ˈ-/ *adj.* 〘製図〙軸測投像の: ~ drawing 軸測投像製図. **àx·o·no·mét·ri·cal·ly** *adv.* 〘(1908): ⇨ ↑, -metric〙

axonométric projéction *n.* 軸測投像[投影]図法. 〘1938〙

ax·o·nom·e·try /æ̀ksənɑ́(ː)mətri | -nɔ́mɨ̀-/ *n.* 〘製図〙軸測投像法. 〘1865〙

áxo·plàsm *n.* 〘解剖〙軸索突起原形質, アキソプラスマ. **àxo·plásmic** *adj.* 〘1900〙

áx·sèed *n.* 〘植物〙コロニアバリア (*Coronilla varia*)《ヨーロッパ産のピンクの花をつけるマメ科の薬用植物; crown vetch ともいう》.

áx·stòne *n.* 〘鉱物〙(南洋の先住民などが斧(おの)などに用いる)玉(ぎょく)《翡翠(ひすい)(jade) の一種》. 〘1811〙

Ax·um /ɑ́ːksuːm/ *n.* =Aksum.

ay¹ /áɪ/ *adv., int., n.* (*pl.* **ayes** /~z/) =aye¹.

ay² /éɪ/ *adv.* =aye².

ay³ /éɪ/ *int.* 《古·方言》ああ《驚き·悲しみ·悔いなどを表す; cf. ah, oh》. ★ 通例次の句で: Ay me! ああ, 悲しいかな. 〘(*c*1225) *ei* ← ?: cf. F *ahi, aï*〙

A·ya·cu·cho /àɪəkúːtʃoʊ | -tʃəʊ; *Am.Sp.* ajakútʃo/ *n.* アヤクチョ《ペルー南西部の都市; 1824 年にこの付近での独立派軍の勝利によりペルーは独立してスペインの新世界 (New World) での支配は終わった》.

ay·ah /áɪə, ɑ́ːjə/ *n.* 《インド》(インド人の)乳母, お手伝い. 〘(1782) □ Hindi *āyā, āya* □ Port. *aia* nursemaid < L *avia* grandmother〙

ay·a·huas·ca /àɪəwɑ́ːskə/ *n.* 〘植物〙アヤフアスカ (*Banisteriopsis caapi*)《ブラジル産キントラノオ科 (Malpighiaceae) の蔓(つる)性植物》. 〘(1949) Am.-Sp. ~ □ S-Am.-Ind. (Quechua) *ayawáskha* 《原義》vine of the dead〙

ay·a·tol·lah /àɪətóʊlə, ɑ̀ːjə- | àɪətɔ́lə/ *n.* (*also* **a·ya·tul·lah** /ɑ̀ːjətʌ́lə/) **1** アヤトラ《イランのイスラム教シーア派 (Shi'a) の最高指導者に与えられる尊称》. **2** 大きな影響力·権力を有する指導者. 〘1950〙

AYC 《略》American Youth Congress 米国青年会議.

Ayck·bourn /éɪkbɔən | -bɔːn/, **Alan** *n.* エイクボーン (1939– ; 英国の劇作家; *Absurd Person Singular* (1973)).

Ay·cliffe /éɪklɪf/ *n.* エイクリフ《イングランド北東部, Durham 州南東部のニュータウン》.

AYD 《略》American Youth for Democracy 米国民主主義青年団.

Ay·din /áɪdn̩ | -dɪn/ *n.* アイディン《トルコ南西部, Izmir 南東の都市; 古代の遺跡がある; トルコ語名 Aydın /ájdɪn/》.

aye¹ /áɪ/ *adv., int.* しかり, はい (yes); (票決で)賛成 (cf. content² *adj.* 3). ★ 今は票決のときおよび船員が用いるときの他は主に《古》または《方言》: *Aye,* ~, *sir!* 〘海事〙はい承知しました, 「ようそろ」《号令に対する部下の応答》. **—** *n.* **1** 賛成投票, 可; [しばしば *pl.*] 賛成投票者 (cf. yea): the ~*s* and noes 賛成と反対(の投票) / The ~*s* have it. 可とする者多数. **2** 肯定の答え. 〘(1576) ← ? I (pron.)〙

aye² /éɪ/ *adv.* 《古·詩·方言》常に, いつも (ever, always): for (ever and) ~ 永久に. 〘(?*c*1200) *ai, ei* □ ON *ei* ← Gmc **aiwaz* (OE *ā* / G *je*)〙

aye³ /éɪ/ *int.* =ay³.

aye-aye /áɪàɪ/ *n.* 〘動物〙アイアイ, ユビザル (*Daubentonia madagascariensis*)《Madagascar 島産の原始的なキツネザル; 夜行性で中指の特有の長い爪で卵の中身を取り出したり昆虫の幼虫を掘り出して食う》. 〘(1781) □ F ~ □ Malagasy *aiay*: その鳴き声からか〙

aye-aye

Ayer /ɛ́ə | ɛ́ə^(r)/, **Sir Alfred Jules** *n.* エア (1910–89; 英国の哲学者; 論理実証主義を代表する).

Áyers Róck /ɛ́əz- | ɛ́əz-/ *n.* エアズロック《オーストラリア Northern Territory にある世界最大の一枚岩; 海抜 960 m, 周囲の地表面から 380 m の高さ, 周囲 9 km; 先住民による呼称は Uluru》.

A·ye·sha /ɑ́ːɪʃə/ *n.* =Aisha.

AYH 《略》American Youth Hostels.

ay·in /áɪɪn | áɪn/ *n.* (*also* **'ay·in** /~/) ガイン《ヘブライ語アルファベット 22 字中の第 16 字 (ע; ローマ字の O に当たる): ⇨ alphabet 表》. 〘(1823) □ Heb. *'áyin* 《原義》eye: この文字の形から〙

Á·yi·os Ni·kó·la·os /áɪɔ(ː)snɪkəlɑ́ː(ː)s | -ɔsnɪkəlɑ́ːɔs; *Mod. Gk.* ájosnikoláos/ *n.* アギオスニコラオス《Crete 島東部にある高級保養地》.

Ayles·bu·ry /éɪlzb(ə)ri | -b(ə)ri, -bèri/ *n.* エールズベリー: **1** イングランド Buckinghamshire 州の州都. **2** 英国産の白色で肉用品種のアヒル. 〘OE *Aegelesbyriġ* ← *Aegel* (意味不明)+*byriġ* burg〙

Ayl·mer /éɪlmə | -mə^(r)/ *n.* エイルマー《男性名; 異形 Elmer》. 〘OE *Æthelmær* ← *æthel* noble+*mære* famous: cf. atheling〙

Ayl·win /éɪlwɪn | -wɪn/ *n.* エイルウィン《男性名》. 〘OE *Æthelwine* 《原義》noble friend (↑) // *Ælfwine* 《原義》elf friend〙

AYM 《略》angry young man.

Ay·ma·ra /àɪmərɑ́ːˈ-; *Sp.* aimará/ *n.* (*pl.* **~, ~s**) **1 a** [the ~(s)] アイマラ族《ボリビアとペルーの Titicaca 湖付近に住んでいる南米インディアンの部族》. **b** アイマラ族の人. **2 a** アイマラ語. **b** アイマラ語族《南米アメリカインディアン語, ケチュマラ語族 (Quechumaran) に属する》. 〘(1860) □ Am.-Sp. □ ? S-Am.-Ind. (Quechua)〙

Ay·ma·ran /àɪmərɑ́ːnˈ-/ *adj.* アイマラ族[語(族)]の. **—** *n.* =Aymara 2 b.

Ay·mé /eɪméɪ; *F.* ɛme/, **Marcel** *n.* エーメ (1902–67; フランスの作家; 軽快で機知に富む語りで知られる).

a·yont /əjá(:)nt | əjɔ́nt/ *adv., prep.* 《スコット》＝beyond. 〘(1724): ⇨ a-², yond〙

a·yous /eɪjú:s/ *n.* 〘植物〙＝obeche.

Ayr /ɛ́ə | ɛ́ə(r/ *n.* **1** ＝Ayrshire¹. **2** エア《スコットランド南西部 Clyde 湾岸の都市·観光地; 旧 Ayrshire 州の州都》.

Ayr. 《略》Ayrshire.

ayre /ɛ́ə | ɛ́ə(r/ *n.* 《古》〘音楽〙＝air 7 b.

Ayr·shire¹ /ɛ́əʃɪə, -ʃə | ɛ́əʃə(r, -ʃɪə(r/ *n.* エア州《スコットランド南西部の旧州》.

Ayr·shire² /ɛ́əʃɪə, -ʃə | ɛ́əʃə(r, -ʃɪə(r/ *n.* エアシャー《スコットランド旧 Ayrshire 州原産の長く曲がった角のある赤褐色·白色で頑健な乳用品種の牛》. 〘1856〙

áyr stòne, A- S- *n.* きめの細かい研磨用石材《snakestone ともいう》.

Ayr·ton /ɛ́ətn̩ | ɛ́ə-/, **William Edward** *n.* エアトン《1847–1908; 英国の電気工学者; 来日して物理学を講じ(1873–78), また日本の電気工学の発展に貢献した》.

Áyrton shùnt *n.* 〘電気〙エアトン分流器, 万能分流器《universal shunt ともいう》. 〘← *William E. Ayrton* (↑)〙

Ay·toun /éɪtn̩/, **William Ed·mond·stoune** /édmənstən/ *n.* エイトン《1813–65; スコットランドの詩人》.

a·yu /á:ju:, áɪ(j)u:/ *n.* 〘魚類〙アユ (*Plecoglossus altivelis*)《日本を中心とした東アジアに分布するアユ科の淡水魚; sweetfish ともいう》. 〘□ Jpn.〙

A·yub Khan /ɑ:jú:bká:n/, **Mohammed** *n.* アユブ カーン《1907–74; パキスタンの軍人·政治家; 大統領 (1958–69)》.

a·yun·ta·mien·to /aɪjʊ̀nta:miéntoʊ | -təʊ; *Sp.* ajuntamjénto/ *Sp. n.* (*pl.* **~s** /~z; *Sp.* ~s/) **1** 市政当局 (municipal government); 市会 (municipal council). **2** 市役所 (town hall); その所在地. 〘□ Sp. ~ ← *ayuntar* to join (← *a-* '**AD-**'＋*juntar* 'to **JOIN**')＋*-miento* '**-MENT**'〙

a·yur·ve·da /ɑ̀:jʊəvéɪdə, -ví:də | àɪəvéɪdə⁻/ *n.* 〘ヒンズー教〙アーユルヴェーダ《インドの古代医学の総称; 主に薬草療法·同種療法·自然療法による》. **a·yur·ve·dic** /ɑ̀:jʊəvéɪdɪk, -ví:dɪk- | -jʊəvéɪd-, -ví:d-⁻/ *adj.* 〘□ Skt *āyurveda* ← *āyur-* life, vital power＋*veda* knowledge〙

A·yu·the·a /ɑ:jú:θiə:, -θiə/ *n.* (*also* **A·yut·tha·ya** /-tɑjə | -tə-/) アユタヤ《タイ中部, Menam 川に沿う都市; 同国の旧首都》.

az 《記号》Azerbaijan《URL ドメイン名》.

AZ 《略》〘米郵便〙Arizona (州).

A-Z /éɪtəzí: | -təzéd/ *n.* 《英》索引付き市街地地図帳.

az. 《略》azimuth; 〘紋章〙azure.

az-¹ /eɪz, æz | æz/ (母音の前にくるときの) azo- の異形.

az-² /æz/ (母音の前にくるときの) aza- の異形.

a·za- /ǽzə/ 〘化学〙「環の異節原子として窒素を含むこと」の意の連結形《分子構造に炭素原子に代わり窒素原子を有する; 特に CH_2 の代わりに KH, CH の代わりに N 原子一個を含む》: *aza*cyamine. ★ 母音の前では通例 az- になる. 〘← **AZ(OTE)**＋**-A-**〙

A·zad /ɑ:zá:d/, **A·bul Ka·lam** /əbʊ́l kəlá:m/ *n.* アーザード《1889–1958; インドのイスラム教学者·独立運動の指導者》.

Á·zad Kashmír /ɑ́:zæd-/ *n.* アザド(自由)カシミール《パキスタン北東部にある自治国家で, パキスタンが実効支配する特別州; 1949 年インドからの分離の結果としてカシミールが分割されて成立; 行政の中心地 Muzzafarabad》.

a·za·lea /əzéɪljə, -liə/ *n.* **1** [A-] 〘植物〙アザレア属《初期の植物学のツツジ科の一属; 今はツツジ属 (*Rhododendron*) に含まれる》. **2** 〘園芸〙アザレア, セイヨウツツジ, オランダツツジ《落葉性ツツジの園芸品種群》. **3** (一般に)ツツジ, サツキ. 〘(1753) ← NL ← Gk *azaléa* (fem.) ← *azaléos* dry: 乾燥地によく育つことから〙

A·za·lea /əzéɪljə, -liə/ *n.* アザレア《女性名》. 〘↑〙

a·zan /ɑ:zá:n/ *n.* 〘イスラム教〙アザーン《イスラム寺院の光塔 (minaret) から日に 5 回行われる祈禱時刻の告知; cf. muezzin》. 〘(1855) □ Arab. *adhān* call to prayer〙

A·za·ña /əθá:njə; *Sp.* aθáɲa/, **Ma·nuel** /manwél/ *n.* アサーニャ《1880–1940; スペインの政治家; 首相 (1931–33, 1936), 大統領 (1936–39)》.

A·zan·de /əzǽndi/ *n.* (*pl.* **~, ~s**) **1 a** [the ~(s)] アザンデ族, ザンデ族《スーダン·中央アフリカ·コンゴ民主共和国に住むスーダン系農耕民; Zandeともいう》. **b** アザンテ[ザンデ]族の人. **2** アザンデ[ザンデ]語. **—** *adj.* アザンデ[ザンデ]族[語]の.

A·za·ni·a /əzéɪniə/ *n.* アザニア《アフリカの民族主義者の用語で「南アフリカ」の称》. **A·zá·ni·an** /-niən/ *n., adj.*

A·za·ri /əzéəri | əzéəri/ *n.* ＝Azeri.

A·z·a·ri·ah /æ̀zəráɪə/ *n.* アザライア《男性名》. 〘□ Heb. *'Azaryāh* God has helped: cf. Ezra〙

az·a·role /ǽzəròʊl | -rəʊl/ *n.* **1** 〘植物〙アザロール (*Crataegus azarolus*)《地中海地方に産するバラ科サンザシ属の低木; 果実は食用》. **2** アザロールの(果)実 (medlar の一種). 〘(1658) □ F *azerole* □ Sp. *acerola* □ Arab. *azza'rūrah*〙

àza·sérine *n.* 〘薬学〙アザセリン ($C_5H_7N_3O_4$)《制癌性のある抗生物質》. 〘← (**DI**)**AZ**(**O**-)＋**A**(**CETYL**)＋**SERINE**〙

a·za·thi·o·prine /æ̀zəθáɪəprì:n, -prɪ̀n | -prì:n, -prɪn/ *n.* 〘薬学〙アザチオプリン ($C_9H_7N_7O_2S$)《制癌剤》. 〘(1962) ← **AZA-**＋**THIO-**＋**P**(**U**)**RINE**〙

A·za·zel /əzéɪzəl, -zl, ǽzəzèl/ *n.* **1** 〘聖書〙アザゼル《贖罪の日 (Day of Atonement) に人間の罪を負った山羊 (scapegoat) がつかわされる砂漠の悪霊; cf. *Lev.* 16: 8, 10, 26》. **2** (聖書の偽典 Enoch に出てくる)アザゼル《サタン (Satan) とともに神に謀反した堕落天使の一人; Milton, *Paradise Lost* 1: 534》. **3** 〘イスラム神話〙アザゼル《裏切りのために天使によって捕えられた魔物 (jinn)》. 〘□ Heb. *'Azāzēl* ← ? *'āzáz ēl* God is strong〙

Az·bine /æzbí:n; *F.* azbin/ *n.* アズビーン《Aïr の別名》.

AZC 《略》American Zionist Council.

a·zed·a·rach /əzédəræ̀k/ *n.* **1** 〘植物〙タイワンセンダン (chinaberry). **2** タイワンセンダンの根の皮《もと催吐剤·駆虫剤用に用いられた》. 〘(1753) □ F *azédarac* □ Sp. *acedaraque* □ Pers. *āzād dirakht* free or noble tree〙

áz·e·la·ic ácid /ǽzəlèɪɪk- | ǽzɪ-/ *n.* 〘化学〙アゼライン酸 (HOOC(CH_2)$_7$COOH)《オレイン酸 (oleic acid) を酸化して得られる無色の結晶; 可塑剤などの原料》. 〘(1838) *azelaic*: ← **AZO-**＋Gk *élaion* olive oil＋**-IC**¹〙

a·ze·o·trope /eɪzí:ətròʊp | -trəʊp/ *n.* 〘物理化学〙共沸混合物《共沸現象を示す混合液体》. 〘(1938) ← **A-**⁷＋*zeo-* (← Gk *zeîn* to boil)＋**-TRORE**〙

a·ze·o·trop·ic /eɪzì:ətrá(:)pɪk | -ə(ʊ)trɔ́p-⁻/ *adj.* 〘化学〙共沸の: the ~ point 共沸点. 〘(1911): ⇨ ↑, -ic¹〙

azeotrópic distillátion *n.* 〘化学〙共沸蒸留.

a·ze·ot·ro·py /èɪziá(:)trəpi | -ɔ́tr-/ *n.* 〘物理化学〙共沸, アゼオトロピー《混合液体の蒸留の際に, 蒸気と液体の組成がある温度で一致する現象》. 〘(1934): ⇨ azeotrope, -y¹〙

A·zer·bai·jan /ɑ̀:zəbaɪdʒá:n, æ̀z-, -ʒá:n | -zə-⁻/ *n.* アゼルバイジャン: **1** (*also* **A·zer·bai·dzhan** /~/) Caucasus 山脈の南側, カスピ海に臨む共和国; 独立国家共同体の一つ; 面積 86,600 km², 首都 Baku; 公式名 the Azerbaijan Republic アゼルバイジャン共和国. **2** Araks 川を境にアゼルバイジャン共和国に接するイラン北西部の肥沃な山岳地方; 面積 91,000 km², 主要都市 Tabriz. 〘□ Pers. *Azarbaydjan* (原義)? country of fire: 石油の産地にちなむか〙

A·zer·bai·ja·ni /ɑ̀:zəbaɪdʒá:ni, æ̀z-, -ʒá:- | -zə-/ *n.* (*pl.* **~s, ~**) **1** アゼルバイジャン共和国 (Azerbaijan) 人; (イランの)アゼルバイジャン地方 (Azerbaijan) の住民《トルコ族》. **2** ＝Azerbaijanian. 〘1888〙

A·zer·bai·ja·ni·an /ɑ̀:zəbaɪdʒá:niən, æ̀z-, -ʒá:- | -zə-⁻/ *adj.* アゼルバイジャン人の; (イランの)アゼルバイジャンの住民の. **—** *n.* アゼルバイジャン語《チュルク (Turkic) 語の一つ》. 〘⇨ ↑, -an¹〙

A·ze·ri /əzéəri | əzéəri; *Turk.* azerí/ *n.* (*pl.* **~, ~s**) **1 a** [the ~(s)] アゼリー族《アゼルバイジャン·アルメニア·イラン北部に住むトルコ系民族》. **b** アゼリー族の人. **2** アゼリー語 (Azerbaijani).

a·zér·ty kéyboard /əzɜ́:ti- | əzɜ́:ti-/ *n.* アゼルティーキーボード《タイプライターの最上段左側に a, z, e, r, t, y を配置したキーボード》.

a·zide /éɪzaɪd, ǽz- | ǽzaɪd/ *n.* 〘化学〙アジド, アジ化物 (N_3 基をもつ爆発しやすい化合物). 〘(1907) ← **AZO-**＋**-IDE**²〙

az·i·do /ǽzɪdòʊ | ǽzɪdəʊ/ *adj.* 〘化学〙アジド基の[を含む]. 〘↑〙

ázido gròup *n.* 〘化学〙アジド基 ($-N_3$).

àzido·thýmidine *n.* 〘薬学〙アジドチミジン (zidovudine)《AIDS 治療用抗ウイルス薬; 略 AZT》. 〘(1974): ⇨ thymidine〙

A·zi·ki·we /ɑ̀:zikí:weɪ/, **Nnam·di** /ná:mdi/ *n.* アジキウェ《1904–96; ナイジェリアの政治家; 初代大統領 (1963–66)》.

A·zil·ian /əzí:ljən, əzíl-, -liən/ *adj.* 〘考古〙(旧石器時代と新石器時代の中間の中石器時代の一時期)アジール期(文化)の (cf. Paleolithic). **—** *n.* [the ~] アジール期(文化). 〘← (*Mas d'*)*Azile* (House of) Azile (フランス領 Pyrenees 山脈中の洞穴の名)〙

az·i·muth /ǽz(ə)məθ | ǽzɪ̀-/ *n.* **1** 〘天文·海事〙方位角, 方位 (cf. amplitude 1 c); 方位圏: an ~ angle 方位角 / a magnetic ~ 磁気方位 / in ~ 方位圏内で[に] / ⇨ time azimuth. **2** 方角; 方針 (course). 〘(*a*1388) □ OF *azimuth* (F *azimut*) □ Arab. *as-sumūt* (pl.) the paths ← *samt* (sing.)〙

az·i·muth·al /æ̀zəmʌ́θəl, -mjú:θ-, -θl | æ̀zɪ̀-⁻/ *adj.* 〘天文·海事〙方位角の. **~·ly** *adv.* 〘1654〙

azimúthal equidístant projéction *n.* 〘地図〙正(主)距方位図法《すべての経線の各部分が正しい長さの割合で表される方位図法; zenithal equidistant projection ともいう》. 〘1942〙

ázimuthal quántum nùmber *n.* 〘物理〙方位量子数《軌道角運動量の大きさを表す量子数》.

ázimuth bàr *n.* 〘海事〙方位針, シャドウピン《方向を測るために羅盆のガラスの中心に縦にはめ込む細い金属製の棒》.

ázimuth cìrcle *n.* 〘天文〙方位圏; 方位環 (cf. vertical circle).

ázimuth còmpass *n.* 〘天文〙方位羅針儀.

A·zin·court /ǽdʒənkɔ̀ət, ǽʒənkʊ̀ə | ǽzɪnkɔ̀:(r, ǽdʒɪnkɔ̀:t; *F.* azɛ̃kuːʁ/ *n.* アジャンクール《フランス北部の村; 英国王 Henry 五世がフランス騎士団の軍を負かした (1415); 旧名 Agincourt》.

a·zine /éɪzi:n, ǽz- | éɪzi:n/ *n.* 〘化学〙アジン《6 原子環式化合物で, 2 個以上の原子が炭素でなく, しかも少なくとも 1 個以上が窒素原子の化合物; 窒素の数によって diazine, triazine, tetrazine などという; cf. azole》. 〘(1887) ← **AZO-**＋**-INE**³〙

à·zin·phos·méthyl /èɪzɪ̀nfɑ(:)s-, æ̀z- | æ̀zɪnfɔs-/ *n.* 〘薬学〙アジンホスメチル《有機リン殺虫剤》. 〘← **AZINE**＋**PHOS**(**PHORUS**)＋**METHYL**〙

az·lon /ǽzlɑ(:)n | -lɔn/ *n.* 〘化学〙アズロン《人造蛋白質繊維の総称》. 〘← **AZO-**＋*-lon* (cf. nylon)〙

Az·nar /æzná: | -ná:(r; *Sp.* aθnár/, **José Ma·rí·a** /maría/ *n.* アスナール《1953–2004; スペインの政治家; 国民党; 首相 (1996–)》.

Az·na·vour /ǽznəvʊ́ə, -vɔ́ə | æ̀znəvʊ́ə(r, -vɔ:(r; *F.* aznavuːʁ/, **Charles** *n.* アズナブール《1924– ; フランスのシャンソン歌手·映画俳優》.

a·zo /éɪzoʊ, ǽz- | ǽzəʊ/ *adj.* 〘化学〙《化合物が》窒素を含む, アゾ(-N=N- の原子団)の: an ~ compound アゾ化合物. 〘← **AZOTE**〙

Azo. 《略》Azores.

a·zo- /éɪzoʊ, ǽz- | ǽzəʊ/ 次の意味を表す連結形: **1**「窒素 (nitrogen)」: *azo*green アゾ緑色. **2**「アゾ基」. ★ 母音の前では通例 az- になる. 〘← **AZOTE**〙

àzo·bénzene *n.* 〘化学〙アゾベンゼン (C_6H_5N=NC_6H_5)《赤色結晶; cis- と trans- の異性体がある》.

àzo·bénzol *n.* 〘化学〙＝azobenzene.

ázo dỳe *n.* 〘染色〙アゾ染料《アゾ基 (azo group) を含む一群の染料》.

ázo gròup *n.* 〘化学〙アゾ基 ($-N_2-$), アゾ原子団.

a·zo·ic /əzóʊɪk, eɪz- | əzə́ʊ-, ezə́ʊ-/ *adj.* **1** 生命の痕跡のない. **2** 〘地質〙無生物時代の. **3** 〘生態〙動物の生息していない: the ~ zone 無生物帯《水中などで動物の全く生息していない層》. 〘(1854) ← Gk *ázōos* (⇨ a-⁷, zoo-)＋**-IC**¹〙

azóic dýe *n.* 〘染色〙アゾイック染料《不溶性アゾ染料; 普通水冷下で操作を行い, 繊維上で不活性染料を生じさせて染めるので ice color, in grain dye ともいう》. 〘1884〙

àzo·ímide *n.* 〘化学〙アゾイミド (⇨ hydrogen azide). 〘(1891): ⇨ imide〙

a·zole /éɪzoʊl, ǽz- | ǽzəʊl/ *n.* 〘化学〙アゾール: **1** その中の一つ以上が窒素である環状に配置された 5 個の元素を含む化合物; 窒素の数によって diazole, triazole などという. **2** 6 環式化合物の総称 (cf. azine). **3** 《まれ》＝pyrrole. 〘(*c*1899) ← **AZO-**＋**-OLE**¹〙

a·zo·lit·min /èɪzoʊlítmɪ̀n, æz- | æ̀zə(ʊ)lítmɪn/ *n.* 〘化学〙アゾリトミン《リトマスから精製される暗赤色の色素, 酸塩基指示薬の一種》. 〘← **AZO-**＋**LITM**(**US**)＋**-IN**²〙

a·zon /éɪzoʊn, -zɑ(:)n | -zəʊn, -zɔn/ *n.* 〘軍事〙＝azon bomb. 〘← *az*(*imuth*) *on*(*ly*)〙

a·zon·al /eɪzóʊnl̩ | -zə́ʊ-/ *adj.* **1** (地域的に)区分[区画]されていない. **2** 〘土壌〙非成帯の, 亜成帯の (cf. intrazonal, zonal 2). 〘(1896) ← **A-**⁷＋**ZONAL**〙

azónal sóil *n.* 〘土壌〙非成帯土壌《年代が新しく, また断面の発達が十分でなく, 成帯·間帯のいずれになるか明らかでない土壌型; cf. intrazonal soil, zonal soil》. 〘1938〙

ázon bòmb *n.* 〘軍事〙方向可変爆弾, 遠隔操作爆弾《無線装置によって尾部の小翼を動かし, 操作者が爆弾が落下方向を左右に変えることができるようにした 500 キロ爆弾; cf. razon bomb》. 〘⇨ azon〙

a·zon·ic /eɪzá(:)nɪk | -zɔ́n-/ *adj.* 非局地的な, 一地帯[局地]に限定されていない. 〘(1795) □ Gk *azōnikós* ← *ázōnos* ← **A-**⁷＋*zōnē* 'belt, **ZONE**'〙

a·zo·o·sper·mia /eɪzoʊəspɜ́:miə, ə- | -spɜ́:-/ *n.* 〘医学〙無精子(症), 精子欠如(症). 〘(*c*1881) ← NL ← Gk *azoos* lifeless＋*spérma* seed＋**-IA**¹〙

A·zores /éɪzɔəz, əzɔ́əz | əzɔ́:z/ *n. pl.* [the ~] アゾレス(諸島)《大西洋ポルトガル西方にあるポルトガル領群島; 面積 2,335 km²》. **A·zo·re·an, A·zo·ri·an** /əzɔ́:riən/ *adj., n.*

Azóres hígh *n.* 〘気象〙アゾレス高気圧圏《Azores 諸島近辺に発する亜熱帯性高気圧圏》.

A·zo·rín /ɑ̀:θɔːrí:n | æθə-; *Sp.* aθorín/ *n.* アソリン《1873–1967; スペインの作家; いわゆる '98 年の世代' を代表する一人; *Una hora de España* (論集 1924)「スペインの一時」; 本名 José Martínez /martíneθ/ Ruiz》.

a·zo·tae·mi·a /èɪzoʊtí:miə, æz- | æ̀zə(ʊ)-/ *n.* 〘病理〙＝azotemia.

a·zote /éɪzoʊt, ǽz- | əzə́ʊt/ *n.* 《廃》〘化学〙アゾート, 窒素 (nitrogen). 〘(1791) □ F ~ ← **A-**⁷＋Gk *zōḗ* life: A. L. Lavoisier の造語: 窒素が酸素と違って呼吸作用を保持できないところから〙

a·zo·te·mi·a /èɪzoʊtí:miə, æz- | æ̀zə(ʊ)-/ *n.* 〘病理〙高窒素血(症)《血液中に窒素が増加した状態》. **a·zo·te·mic** /èɪzoʊtí:mɪk, æz- | æ̀zə(ʊ)-/ *adj.* 〘(*c*1900) ← NL ~: ⇨ ↑, -emia〙

az·oth /ǽzɔ(:)θ | ǽzɔθ/ *n.* 〘錬金術〙**1** (すべての金属の根本元質としての)水銀 (mercury). **2** (スイスの Paracelsus のいわゆる)万病[万能]薬. 〘(1477) □ Arab. *az-zāwūq* the quicksilver〙

a·zot·ic /eɪzá(:)tɪk, æz- | əzɔ́t-, æz-/ *adj.* 〘化学〙窒素の; 窒素を含む; 窒素性の. 〘(1791): ⇨ azote, -ic¹〙

a·zo·tize /éɪzətàɪz, ǽz- | ǽz-/ *vt.* 〘化学〙**1 a** 窒素化する (nitrogenize). **b** …から酸素を除去する. **2** アゾ化合物 (azo compound) に変える. 〘1804〙

a·zo·to·bac·ter /eɪzóʊtəbæ̀ktə, æz- | æzə́ʊtəbæ̀ktə(r/ *n.* 〘細菌〙アゾトバクター《Azotobacteraceae 科 *Azotobacter* 属の空気中の窒素を固定する機能がある細菌》. 〘(1910) ← NL ~: ⇨ azote, bacterium〙

a·zo·tur·i·a /æ̀zətúəriə, -tjúər- | -tjúər-/ *n.* 〘病理〙窒素尿(症)《尿中に過剰な尿素と窒素含有物が含まれること》. 〘(1838) ← NL ~: ⇨ -uria〙

A·zov /ǽzɔ(:)f, éɪz-, -zɑ(:)f | á:zɔv, éɪz-; *Russ.* azóf/, **the Sea of** *n.* アゾフ海《黒海北部の内海; Kerch 海峡によって黒海と結ばれている; 面積 37,600 km²》. 〘□ Russ. ~ ← Turk. *azak* low, lowland〙

Az·ra·el /ǽzreɪəl, -riəl | ǽzreɪəl, -reɪl, -riəl/ *n.* 〘ユダヤ教·イスラム教〙アザレル《死の瞬間に霊魂を肉体から分離する天使》. 〘□ Arab. *'izrā'īl* □ Heb. *'Azar'ēl* (原義) God has helped〙

AZT 《略》azidothymidine. 〘1985〙

A

Az·tec /ǽztɛk/ *n.* **1 a** [the ~s] アステカ族《1519 年スペイン人 Cortés に征服されるまで, 12 世紀ごろからメキシコ中央部に高文明を築いていたアメリカインディアンの部族》. **b** アステカ族の人. **2** アステカ語. **—** *adj.* アステカ人[語]の. 〖《1787》□ Sp. *Azteca* □ Nahuatl (pl.) *Aztecatl* ← *Azt(a)llan* (この部族の伝説的原住地: 《原義》near the crane)+-*tecatl* (起源を示す suf.)〗

Az·tec·an /ǽztɛkən, ─ˊ─/ *adj.* =Aztec.

Áztec Rúins Nátional Mónument *n.* アステカ廃墟国定記念物《米国 New Mexico 州北西部にある; 先史時代のインディアン部落の廃墟が残っている》.

Áztec-Tánoan *n.*, *adj.* アズテク タノア大語族(の).

Áztec twó-step *n.* =Montezuma's revenge. 〖1970〗

a·zu·le·jo /æ̀zjuléɪhoʊ | -həʊ/ *n.* (*pl.* **~s**) アスレホス, 彩釉タイル《釉薬を施したカラータイル》. 〖《1845》□ Sp. ← *azul* blue, AZURE〗

az·u·lene /ǽʒʊlìːn | ǽzjʊ-/ *n.* 〘化学〙アズレン《青色の炭化水素》: **1** 植物精油のうち青紫色のものの一般名 $C_{15}H_{18}$. **2** 合成された青色の結晶 $C_{10}H_8$; 1 のアズレンの母体. 〖《1874》← Sp. *azul* blue: ⇨ ↓, -ENE〗

az·ure /ǽʒɚ, éɪʒɚ | ǽʒə(r, éɪʒ-, -ʒʊə(r/ *adj.* **1** 空色の (sky-blue); 青空の, 晴朗な; 青空のような: the ~ sea 青い海 / ~ eyes 青い目. **2** [通例名詞の後に置いて]〘紋章〙青色の. **3** 〘製本〙〈装丁図柄が〉水平の並行線模様の. **—** *n.* **1** 空色. **2** [the ~] 青空, 天空 (sky). **3** 〘紋章〙青色 (blue)《無彩色図では横線で示す》. **4** 《古》〘鉱物〙青金石, るり (lapis lazuli). 〖《?*a*1300》□ (O)F *azur* □ ML *azura*, □ Arab. *al-lāzawárd* ← AL-[2]+Pers. *lāzhuward* lapis lazuli: 語頭 *l* の脱落は *l'azur* と誤解したものか: cf. lapis lazuli〗

ázure stòne *n.* 〘鉱物〙 **1** 青金石, 瑠璃(るり) (lapis lazuli). **2** 天藍(らん)石 (lazulite). 〖1657〗

az·u·rine /ǽʒʊràɪn | ǽʒʊ(ə)r-, ǽzjʊ(ə)r-/ *adj.* 空色の (azure). **—** *n.* **1** 〘染色〙アズリン《アニリンの酸化によってつくられる青黒色染料》. **2** 〘魚類〙ヨーロッパ産コイ科デース属の魚 (*Leuciscus caeruleus*)《背は灰青色》. 〖《1600》□ F *azurin*: ⇨ azure, -ine[1]〗

az·ur·ite /ǽʒʊràɪt | ǽʒʊ(ə)r-, ǽzjʊ(ə)r-/ *n.* 〘鉱物〙 **1** 藍(らん)銅鉱 ($Cu_3(OH)_2(CO_3)_2$)《銅の原鉱の一つ》. **2** アズライト《藍銅鉱を磨いた宝石》. 〖《1816》□ F ~: ⇨ -ite[1]〗

ázurite blúe *n.* 〘顔料〙アズライトブルー, 青緑色.

az·ur·mal·a·chite /æ̀ʒɚmǽləkàɪt | æ̀ʒə-/ *n.* 〘鉱物〙藍孔雀石《藍銅鉱と孔雀石との混合石》.

a·zy·gos /ǽzɪgəs, eɪzáɪ- | əzáɪ-, æ-/ *adj.*, *n.* 〘解剖・生物〙=azygous.

a·zy·go·spore /eɪzáɪgəspɔ̀ɚ | -spɔ̀ː(r/ *n.* 〘生物〙奇状胞子《配偶子の融合なしにつくられる生殖細胞》. 〖《1889》: ⇨ ↓, spore〗

ázygos véin *n.* 〘解剖〙奇静脈《胸郭の後部の右側にある大きな静脈で, 上大静脈に入る》.

a·zy·gous /ǽzɪgəs, eɪzáɪ- | ǽzɪ-, eɪzáɪ-/ 〘解剖・生物〙 *adj.* 対(つい)をなさない, 不対(ふつい)の: an ~ vein 奇静脈. **—** *n.* 不対部分, 単一器官. 〖《1646》← NL *azygos* ← Gk *ázugos* unyoked ← A-[7]+*zugón* yoke: cf. zeugma〗

a·zyme /ǽzaɪm/ *n.* (*also* **az·ym** /ǽzɪm, -zəm | -zɪm/) 〘ユダヤ教〙 **1** 種なしパン《過越(すぎこし)の祝い (Passover) に用いるもの》. **2** [*pl.*] =Feast of Unleavened Bread (⇨ feast). 〖(《*a*1400》) 《1582》□ LL *azȳma* (neut.pl.) ← L *azȳmus* □ Gk *ázūmos* ← A-[7]+*zū́mē* leaven〗

a·zy·mous /ǽzəməs | ǽzɪ-/ *adj.* 無酵母の, 種なしの (unleavened): ~ bread. 〖1727〗

Áz Zárqa /ǽz-/ *n.* =Zarqa.

B b

B, b /bíː/ *n.* (*pl.* **B's, Bs, b's, bs** /～z/) **1** 英語アルファベットの第 2 字. ★ 通信コードは Bravo. **2** (活字・スタンプなどの) B または b 字. **3** [B] B 字形(のもの). **4** 文字 b が表す音 (big, rob などの [b]). **5** (連続したものの) 第 2 番目(のもの). **6** (中世ローマ数字の) 300. **7** 〘音楽〙 **a** ロ音, (ドレミ唱法の)シ音; ロ音の弦[鍵(ケン)], (パイプオルガンの)パイプ]: *B* flat 変ロ音 (記号 B♭) / *B* sharp 嬰(エイ)ロ音 (記号 B♯). **b** ロ調 (ドイツ語では H): *B* major [minor] ロ長[短]調 (cf. key[1] 3 a). **8** 何であれ不快感を与える b で始まる語を婉曲に指す (例 bloody). ***nót knòw B from a búll's fóot*** (豪口語) 何も知らない. 〘OE *B, b* ◻ L (Etruscan を経由) ◻ Gk *B, β* (bêta) ◻ Phoenician ㇱ: cf. Heb. ב (bēth) 〘原義〙 house: ⇨ A[1] ★〙

b (記号) 〘物理〙 barn(s); 〘気象〙 blue sky; 〘数学〙 第 2 既知数[量] (cf. a, c, d; x, y, z); 〘チェス〙 ⇨ algebraic notation.

B (記号) **1** 〘英〙 (道路などの) 2 級, B 級; (富裕度が第 2 位の) B 階層. **2** [時に b-] 〘教育〙 **a** (学業成績の評語として)良: a *B in* biology. **b** (米) (一部の学校で) 2 学期, 後期 (second semester). **3** 〘化学〙 boron. **4** (ABO 式血液型の) B 型. **5** **a** 靴幅を示すサイズ番号の一つ (A より幅広く C より狭い). **b** ブラジャーのカップサイズの一つ (A より大きく C より小さい). **c** (男子用パジャマのサイズの)中 (medium). **6** 〘製紙〙 B 判 (紙の規格系列の一つ): ⇨ B4, B5. **7** **a** (映画の等級として)普通, 二流; (主要作品との併映用に小規模な経費で製作する) B 級作品: a *B* movie (米) [(英) film]. **b** (二つの物のうち)補助的なもの: the *B* side of a record レコードの B 面. **8** 〘物理〙 magnetic induction. **9** 〘電気〙 **a** magnetic flux density. **b** susceptance. **10** 〘物理〙 bel(s). **11** 〘貨幣〙 baht(s); balboa(s); bolivar(s); boliviano(s). **12** 〘物理〙 baryon number. **13** 〘チェス〙 bishop. **14** black (鉛筆の)黒色濃度 (cf. H). **15** 〘米軍〙 爆撃機 (bomber): *B*-52. **16** 〘自動車国籍表示〙 Belgium.

B/ (記号) 〘貨幣〙 balboa(s).

B/- (記号) 〘商業〙 bag; bale.

b. (略) back; bag; bale; ball; 〘音楽〙 bass; 〘音楽〙 basso; bay horse; beam; bedroom; before; *L.* bis (＝twice); bitch; blue sky; bound; bowels; 〘クリケット〙 bowled (by); bust; by; 〘クリケット〙 bye[2].

b., B. (略) 〘野球〙 base; baseman; base hit; bat; battery; 〘地図〙 bay; belga(s); bench; bicuspid; billion; blended; blend of; blue; book; born; breadth; brightness; brother; bulb.

B. (略) Bachelor; Bacillus; Baptist; Baron; Bassoon; Battle; Baumé; *L.* Beātus, Beāta (＝Blessed); Belgium; Benediction; Bey; Bible; Bishop; Black; Blessed; Board; Boatswain; Bomber; Boston; British; Brotherhood; Building.

B4 /bíːfɔ́ə | -fɔ́ː⁻/ *n., adj.* B4 判(の) (257×364 mm).

B5 /bíːfáɪv/ *n., adj.* B5 判(の) (182×257 mm).

ba /báː/ *n.* バー (古代エジプトの宗教上の霊魂; 人間の頭のある鳥の姿で表される). 〘◻ Egypt. *b*;〙

ba (記号) Bosnia and Herzegovina (URL ドメイン名).

Ba (記号) 〘化学〙 barium.

BA (略) *L.* Baccalaureus Artium (＝Bachelor of Arts); 〘金融〙 bank(er's) acceptance 銀行引受手形; batting average; breathing apparatus; British Academy; British Airways 英国航空 (BEA と BOAC が合併 (1971) したもの); British America; British Association (for the Advancement of Science); Buenos Aires.

baa /bǽː, báː | báː/ *n.* めー (羊の鳴き声). **— *vi.*** (**～ed, ～'d; ～·ing**) 〈羊が〉めーと鳴く (bleat). 〘(*a*1580): 擬音語〙

BAA (略) Bachelor of Applied Arts; British Airports Authority.

BAAB (略) British Amateur Athletic Board.

Baa·de /báːdə | -də; *G.* báːdə/, **Walter** *n.* バーデ (1893–1960; ドイツの天文学者; ケフェウス型変光星に 2 種あることを確認, 従来の銀河の距離スケールを 2 倍にすべきことを示した).

Báa·der-Méin·hof Gáng [Gróup] /báːdəmáɪnhoʊf- | báːdəmáɪnhɔf-; *G.* báːdɐmáɪnhoːf-/ *n.* [the ～] バーダーマインホフ団 (資本主義社会の打倒を目標とするドイツのゲリラ集団; Red Army Faction ともいう).

BAAE (略) Bachelor of Aeronautical and Astronautical Engineering.

Ba·al, b- /béɪəl, béɪl/ *n.* (*pl.* **Ba·a·lim, b-** /béɪ(ə)lɪm, béɪəlɪm | béɪəlɪm, (ユダヤ人の発音は) báːlɪm/, **～s**) **1** バール神 (古代セム人の泉・森・星などの自然神, 特にフェニキア人の尊信した肥沃・豊饒の神). **2** 邪神, 偶像神 (idol). ***bénd* [*bów*] *the knée to Báal*** 邪神を礼拝する; 異端[俗説]に膝を屈する (cf. *1 Kings* 19:18). 〘(*c*1384) ◻ Heb. *Bá'al* 〘原義〙 owner, lord: cf. Akkad. *Bēlu*: cf. Beelzebub〙

báa·làmb *n.* (小児語) めーめー羊さん.

Ba·al·bek /béɪəlbèk, báːlbɛk | báːlbɛk/ *n.* バールベク (レバノン東部の町; バール神の神殿などローマ時代の遺跡がある; 古代ギリシャ語名 Heliopolis).

baa·le·bos /báːləbàː(ː)s, -bɔ̀(ː)s | -lə̀bɔ̀s/ *n.* (イディッシュ) **1** 家長. **2** 事業主. **3** (俗) 差し出がましい人.

Baalim, b- *n.* Baal の複数形.

Ba·al·ish, b- /béɪəlɪʃ, béɪlɪʃ/ *adj.* **1** バール神の(ような). **2** 偶像神崇拝の, 妄信の (idolatrous). 〘(1690): ⇨ Baal, -ish[1]〙

Ba·al·ism, b- /béɪəlɪzm, béɪlɪzm/ *n.* **1** バール神崇拝. **2** 偶像神崇拝の. **Bá·al·ist, b-** /-lɪst | -lɪst/ *n.* 〘(*a*1625): ⇨ -ism〙

Ba·al·ite, b- /béɪəlàɪt, béɪlaɪt/ *n.* バール神崇拝者. 〘(1639): ⇨ -ite[1]〙

Baal Shem-Tob /báːlʃémtɔ̀ːv | -tòʊv/ *n.* (*also* **Baal Shem-Tov** /～/) バールシェムトーブ (1700?–60; ポーランドで活躍したウクライナ生まれのユダヤ人の宗教家, Hasidism の創始者; 通称 BEShT /béʃt/; 本名 Israel ben Eliezer /bén ɛ̀líːzə | -zə(r)/).

baas /báːs/ *n.* (南ア) [特に黒人が白人に対する呼び掛けに用いて] 主人, だんな様 (master). 〘(1625) ◻ Afrik. ～ ◻ MDu. *baes*: cf. boss[1]〙

BAAS (略) British Association for the Advancement of Science.

baa·sie /báːsi/ *n.* (南ア) (軽蔑) 若造, あんちゃん (白人の若者への呼び掛け). 〘(1899) ◻ Afrik. ～ 〘原義〙 little master: ⇨ baas, -ie: cf. Du. *baasjie* sonny, lad〙

baas·skap /báːskɑːp/ *n.* (*also* **baas·kap** /～/) [ときに B-] (南アフリカ共和国の)白人による非白人支配. 〘(1935) ◻ Afrik. ～ 〘原義〙 mastership ← BAAS＋MDu. *-scap* '-SHIP'〙

Baath /báːθ, bǽθ | báːθ/ *n.* (*also* **Ba'ath** /～/) バース党 (アラブ諸国, 特にシリア・イラクの急進主義政党; 選挙・出版・言論・集会の自由と汎アラブ主義を主張). **Báath·ism** *n.* **Báath·ist** *n.* 〘(1955) ◻ Arab. *ba't* resurrection〙

Bab[1] /bǽb/ *n.* バーブ (女性名). 〘(dim.) ← BARBARA[1]〙

Bab[2] /báːb/ *n.* [the ～] バーブ (Bâb-ed-Din の通称). 〘◻ Pers. *Bāb* ← *Bāb-ed-Dīn* 〘原義〙 gate of the faith ← *bāb* gate〙

Bab. (略) Babylonian.

ba·ba[1] /báːbɑː, -bə; *F.* baba/ *n.* (*pl.* **～s** /～z/; *F.* ～/) ババ (イーストで膨らませて焼いた(ときに干しぶどう入りの)フルーツケーキ; ラム酒入りのシロップに浸す; rum baba ともいう). 〘(1827) ◻ F ～ ◻ Pol. ～ 〘原義〙 old woman〙

ba·ba[2] /báːbɑː/ *n.* [しばしば B-] ヒンズー教の導師[霊的指導者]の称号; (一般に)(霊的)指導者; (トルコ) …様 (特に貴族に対する敬称). 〘(1967) ◻ Hindi *bābā* 〘原義〙 father〙

baba au rhum /báːbɑːoʊrʌ́m, -bə- | -əʊ-; *F.* babaoʀɔm/ *n.* (*pl.* **ba·bas au r-** /báːbɑːzoʊrʌ́m, -bə- | -zəʊ-; *F.* babazoʀɔm/) ＝baba[1]. 〘(1933) ◻ F ～ 'BABA with rum (syrup)'〙

ba·ba·coo·te /bɑ̀ːbəkúːti | -ti/ *n.* 〘動物〙 インドリ (indri). 〘(1880) ◻ Malagasy *babakoto*〙

ba·ba gha·nouji /bɑ̀ːbɑːgɑːnúːʒ/ *n.* (*also* **baba ga·nouji** /～/, **baba ga·noush** /-núːʃ/) ババガヌージ (ナスのピューレをニンニク・レモンジュース・タヒニ (tahini) であえた中東の料理; 前菜としてピタ (pita) と食べる). 〘◻ Arab. *bābā ghannūj* ← *bābā* 〘原義〙 papa＋*ghannūj* (人名?)〙

bab·a·laas /bǽbəlɑ̀ːs/ *n.* (南ア口語) 二日酔い.

Ba·bar /báːbɑə | -bɑː(r)/ *n.* ＝Baber.

ba·bas·su /bɑ̀ːbəsúː/ *n.* 〘植物〙 ババスーヤシ (*Orbignya speciosa*) (ブラジル北東部産の巨大なヤシ; その実から採った油は石鹸やマーガリンの原料). 〘(1917) ◻ Port. *babaçú* ← S-Am.-Ind. (Tupian)〙

Bab·bage /bǽbɪdʒ/, **Charles** *n.* バベッジ (1792–1871; 英国の数学者・機械工学者; 近代的コンピューターの概念の創始者).

Bab·bie /bǽbi/ *n.* バビー (女性名). 〘(dim.) ← BARBARA[1]〙

bábbit mètal *n.* 〘冶金〙 ＝babbitt metal.

bab·bitt[1] /bǽbɪt | -bɪt/ *n.* **1** 〘冶金〙 ＝babbitt metal. **2** 〘機械〙 バビットメタルの軸受け内張. **— *adj.*** バビットメタルの[でできた, に関する]. **— *vt.*** …にバビットメタルまたは類似の軟らかい合金を〈ベアリング・表面〉に張る. 〘(1923) ← BABBITT METAL〙

Bab·bitt, b-[2] /bǽbɪt | -bɪt/ *n.* (米軽蔑) 視野が狭く現実に満足した俗物的実業家 (cf. Babbittry). 〘(1923) ← *Babbitt*: Sinclair Lewis 作の同名の小説 (1922) の主人公〙

Bab·bitt /bǽbɪt | -bɪt/, **Irving** *n.* バビット (1865–1933; 米国の教育家・文芸批評家; 新人文主義 (New Humanism) の主唱者; *Rousseau and Romanticism* (1919)).

Babbitt, Milton Byron *n.* バビット (1916–　; 米国の作曲家).

bábbitt mètal *n.* 〘冶金〙 [ときに B- (m-)] バビットメタル [合金] (スズ(ときに鉛)・アンチモニー・銅の合金で軸受けに用いる). 〘(1875) ← *Isaac Babbitt* (1799–1862: 米国の発明家)〙

Bab·bitt·ry, b- /bǽbɪtri | -bɪ-/ *n.* 低俗な実業家かたぎ. 〘(1928) ← BABBITT＋-RY〙

bab·ble /bǽbl̩/ *vi.* **1** **a** 〈小児などが〉意味のない片言を言う. **b** ぺちゃくちゃ言う, むだ口をきく (chatter). **2** 〈流れ・鳥などが〉さざめく, さらさらと音を立てる (murmur). **— *vt.*** **1** 〈わけないことなどを〉ぺちゃくちゃ[べらべら]言う: ～ nonsense. **2** 〈秘密などを〉(軽率に・衝動的に)べらべら口走る 〈*out*〉: ～ (*out*) a secret, the truth, etc. **— *n.*** **1** **a** 小児の意味のない片言. **b** くだらないおしゃべり, (大勢の人が)ぺちゃくちゃしゃべる声, がやがや. **2** さらさら流れる音, せせらぎ. **3** (電話に入る)無関係な雑音, 混信(音), 騒音. 〘(?*a*1200) *babel(n)* ◻ ? MLG *babbelen* ← IE **baba-* (擬音語): ⇨ -le[3]〙

báb·ble·ment *n.* ＝babble. 〘1644〙

báb·bler /-blə, -lə | -blə(r), -lə(r)/ *n.* **1** 片言を言う小児. **2** **a** ぺちゃくちゃしゃべる人, おしゃべり. **b** 秘密を漏らす人. **3** 〘鳥類〙 チメドリ (スズメ目チメドリ亜科の鳥の総称; 南アジア・オーストラリア・アフリカに分布). **4** (豪俗) (特に羊飼い・羊毛刈り込み人などの食事の準備をする)料理人. 〘(1530): ⇨ -er[1]〙

báb·bling /-blɪŋ, -lɪŋ/ *adj.* **1** 片言を言う; ぺちゃくちゃしゃべる. **2** さらさら流れる: a ～ brook. **— *n.*** **1** (わけのわからない)おしゃべり, 冗舌. **2** さらさら流れる音: the ～ of a brook. **～·ly** *adv.* 〘*a*1250〙

bab·by /bǽbi/ *n.* (方言) ＝baby.

Báb·cock tèst /bǽbkɑ(ː)k- | -kɔk-/ *n.* バブコック法 (牛乳やクリーム中のバター性脂肪の含有量を測定する法). 〘← *S. M. Babcock* (1843–1931: 米国の化学者)〙

babe /béɪb/ *n.* **1** (文語) 赤ん坊 (baby): ～*s* and sucklings 赤ん坊や乳飲み子, 青二才ども (cf. *Ps.* 8:2, *Matt.* 21:16). **2** (口語) うぶな人, 世間知らず: He is a mere ～ in the ways of the world. 全く世間の事にうとい. **3** (米俗) [しばしば呼び掛けにも用いて] 若い女性, (魅力的な)娘; かわいい女性. **4** [B-] 〘商標〙 ベイブ (米国 Faberge 社製の香水・コロン・石鹸など). ***a bábe in árms*** 実務経験のない人; 青二才. ***a bábe in the wóod(s)*** 未熟な人; うぶで信じやすい人. (〘1795〙 古謡 "The Children in the Wood" より) 〘(?*a*1200) ← **baba-* 'to BABBLE': cf. mamma[1], papa[1]〙

Babe /béɪb/ *n.* ベーブ: **1** 男性名. **2** 女性名.

Bâb-ed-Din /bɑ́ːbɛddíːn/ *n.* バーブエドディン (1819–50; ペルシャの宗教家, バーブ教 (Babism) の開祖; イスラムの異端者として処刑された; 本名 Mirza Ali Mohammed, 通称 the Bab, Ali Muhammad of Shiraz).

Ba·bel /béɪbəl, bǽb-, -bl̩ | béɪb-/ *n.* **1** **a** 〘聖書〙 バベルの都 (Shinar の古都でおそらくは Babylon のこと; Noah の洪水のあとに人々はここに天まで届く塔 (Tower of Babel) を建てようとしたが神の怒りに触れ, 人々の言語が混乱し塔は完成されなかった; cf. *Gen.* 11:1–9). **b** バベルの塔. **2** [通例 a b-] **a** (大勢の人が)がやがや言う話し声; 音声[言語, 思想など]の混乱: *a* ～ of sound / *a* ～ of heathen tongues 異国の人の(わけのわからない)言葉のさえずり. **b** 騒々しい光景[場所]; 騒々しい集まり. **3** [通例 b-] **a** 非常に高い建物, 摩天楼. **b** 架空の計画. **Ba·bel·ic** /beɪbélɪk, bæb- | beɪb-/ *adj.* 〘(*c*1384) ◻ Heb. *Bābhél* (Babylonia の都) ◻ Akkad. *Bābilu* 〘原義〙 the gate of the god (なぞり) ← Sumer. *Ka-dingir*〙

Ba·bel /báːbəl, -bl̩ | -bl̩t, -bl̩; *Russ.* bábʲilʲ/, **I·saak Em·ma·nu·i·lo·vich** *n.* バーベリ (1894–1941; ロシアの短編作家).

Ba·bel·ism, b- /béɪbəlɪzm, bǽb- | béɪb-/ *n.* 音声[言語, 思想]などの混乱. 〘(1834): ⇨ -ism〙

Ba·bel·ize, b- /béɪbəlàɪz, bǽb- | béɪb-/ *vt.* (違った言語・文化などの混交で)混乱させる, 乱す, ろうばいさせる. **Ba·bel·i·za·tion** /bèɪbəlɪzéɪʃən, bæ̀b- | bèɪbəlaɪ-, -lɪ-/ *n.* 〘(1600): ⇨ -ize〙

Bab el Man·deb /bǽbəlmǽndɛb/ *n.* [the ～] バブエルマンデブ海峡 (アフリカ東岸とアラビア半島南西部の間の紅海と Aden 湾を結ぶ海峡; 幅 32 km). 〘◻ Arab. *Bābul-Māndab* 〘原義〙 the gate of lamentation: しばしばそこで難船したことから〙

Ba·ber /báːbə | -bə(r)/ *n.* バーブル (1483–1530; インドのムガール帝国 (Mogul Empire) の創建者; 初代皇帝 (1526–30); 本名 Zahir ud-Din Muhammad).

ba·be·si·a /bəbíːʒiə, -ʒə/ *n.* 〘動物〙 バベシア (胞子虫綱 *Babesia* 属の原生動物の総称; 主に哺乳動物の赤血球に寄生し, 時に大きな被害を与える). 〘(1911) ← NL ～ ← *Victor Babeş* (1854–1926: ルーマニアの細菌学者): ⇨ -ia[2]〙

bab·e·si·a·sis /bæ̀bɪzáɪəsɪs | -bɪzáɪəsɪs/ *n.* (*also*

B

bab·e·si·o·sis /~/ (*pl.* **-a·ses** /-sì:z/) 〖獣医〗バベシア病 (babesia による家畜の病気; Texas fever ともいう). 〖(1916) ← NL ~: ⇨ ↑, -iasis〗

Ba·bette /bæbét/ *n.* バベット (女性名). 〖(dim.) ← ELIZABETH[2]〗

Ba·beuf /bɑ:bʌ́f; *F.* babœf/, **François Noël** *n.* バブーフ (1760–97; フランスの急進的な革命家; 総裁政府 (Directoire) の転覆・共産政体を企てて失敗, 自殺を図ったがその翌日処刑された; 筆名 Gracchus Babeuf).

Ba·bi /bɑ́:bi/ *n.* バーブ教派; バーブ教徒 (⇨ Babism). 〖(1850) □ Pers. ~ ← BAB[2]〗

ba·biche /bəbí:ʃ/ *n.* (カナダ) (動物の生皮・腱などで作った)雪靴用革ひも. 〖(1806) □ Canad.-F ~ ← N-Am.-Ind. (Algonquian)〗

bábies' brèath *n.* 〖植物〗=baby's breath.

Bab·ing·ton /bǽbɪŋtən/, **Anthony** *n.* バビントン (1561–86; 英国のローマカトリック教の陰謀者; Elizabeth 一世殺害を企て処刑された).

Ba·bín·ski rèflex /bəbínski-; *F.* babɛ̃ski-/ *n.* 〖医学〗母趾反射, バビンスキー反射[徴候] (足底を刺激すると足の親指が背屈する病的反射, ただし二歳以下の乳幼児・性興奮時などでは生理的; Babinski's reflex [sign, effect] ともいう; cf. plantar reflex). 〖(1900) ← *Josef François Felix Babinski* (1857–1932: フランスの神経学者)〗

bab·i·ru·sa /bæ̀bərú:sə, bɑ̀:b- | -bɪ-/ *n.* (*also* **bab·i·rous·sa** /~/, **bab·i·rus·sa** /~/) 〖動物〗バビルーサ, シカイノシシ (*Babyrousa babyrussa*) (Celebes 島およびその周辺の湿地帯に生息するイノシシ科の動物; 体毛は薄くしわのよった皮膚を持ち, 雄の上あごの犬歯は細長く, 上くちびるを貫通して顔面に出ている). 〖(1673) □ Malay *bābīrūsa* hog deer〗

Bab·ism /bɑ́:bɪzm/ *n.* (1844 年 Bab が興したペルシャの)バーブ教 (万有神教的で高い道徳と, 両性の平等, 一夫多妻・同棲・物乞い・奴隷売買・深酒・麻薬の禁止を唱えた; 後 Bahaism がこれに取って代わった). **Báb·ist** /-bɪst | -bɪst/ *n., adj.* **Bab·ite** /bɑ́:baɪt/ *n., adj.* 〖(1850) ← BAB[2]+-ISM〗

bab·ka /bɑ́:bkə; *Pol.* bápka/ *n.* バブカ (干しぶどう入り, ポーランド風の円筒形のスポンジケーキ). 〖□ Pol. ~ (dim.) ← *baba* 'BABA[1]'〗

Ba·bœuf /bɑ:bʌ́f; *F.* babœf/ *n.* =Babeuf.

ba·boo /bɑ́:bu:/ *n.* =babu.

ba·boon /bæbú:n | bə-/ *n.* **1** 〖動物〗ヒヒ (アフリカ・アラビア産ヒヒ属 (*Papio*) のサルの総称; マントヒヒ (sacred baboon), サバンナヒヒ (*P. cynocephalas*), チャクマヒヒ (chacma) など; cf. mandrill). **2** 粗野な人, (特に)醜く野卑な人. 〖(?c1320) *babewin* □ OF *bab(o)uin* gaping figure, manikin, baboon ← ? *baboue* muzzle, grimace〗

ba·boon·er·y /bæbú:nəri | bə-/ *n.* 粗野[醜く野卑]な行為[態度]. 〖(c1383) (a1848): ⇨ -ery〗

ba·bóon·ish /-nɪʃ/ *adj.* ヒヒのような; 醜く野卑な. 〖(1824): ⇨ -ish[1]〗

babóon spíder *n.* 〖動物〗バブーンスパイダー (アフリカ産オオツチグモ科 *Ceratogyrus* 属などの地中にすむ大形のクモの総称).

ba·bouche /bəbú:ʃ, bɑ:-; *F.* babuʃ/ *n.* バブーシュ (中東・北アフリカなどの東洋風の上履き[スリッパ]). 〖(1695) □ F ~ □ Arab. *bābūj* □ Pers. *pāpūsh* foot-covering〗

Ba·bruysk /bəbrú:ɪsk | bɒb-/ *n.* (*also* **Ba·bruisk** /~/) =Bobruisk.

Babs /bǽbz/ *n.* バブズ (女性名). 〖(dim.) ← BARBARA[1]〗

BABS (略) 〖航空〗beam [blind] approach beacon system (盲目)着陸援助用無線装置 (cf. ILS).

Bab·son /bǽbsən, -sn/, **Roger Ward** *n.* バブソン (1875–1967; 米国の統計学者・著述家).

ba·bu /bɑ́:bu:/ *n.* **1 a** インド人紳士. **b** 君, 様 (インドのある地方で Mr. に相当する尊称; full name の前または first name のあとに置く). **2** (古) **a** 英語が書けるインド人書記. **b** [通例軽蔑的に] 少しばかり英語の教育を受けたインド人, 英語かぶれのインド人: ~ English (本から覚えた)凝った英語. 〖(1776) □ Hindi *bābū, bābu* (原義) father〗

ba·bu·ism /bɑ́:bu:ɪzm/ *n.* (インド人の)英国紳士気取り (浅薄な英国かぶれと不完全な英語の使用). 〖(c1879): ⇨ ↑, -ism〗

ba·bul /bɑbú:l/ *n.* **1** 〖植物〗アラビアゴムモドキ (*Acacia arabica*) (熱帯アフリカまたはインド産; 黄色の花をつける; 古くはゴムを採り, また樹皮からタンニン・染料・硬材を得た; babul acacia ともいう). **2** (アラビアゴムモドキの)ゴム, さや, 木の皮, 樹皮. 〖(1780) □ Pers. *babūl*〗

Ba·bur /bɑ́:bə | -bə(r)/ *n.* =Baber.

ba·bush·ka /bəbú:ʃkə, bæ-, -bʊ́ʃ-; *Russ.* bábuʃkə/ *n.* **1** 祖母, おばあさん. **2** バーブシュカ (ロシア農民女性用三角ずきん[スカーフ]で, 両端をあごの下で結ぶ). 〖(1934) □ Russ. ~ 'grandmother' (dim.) ← *baba* (old) woman〗

Bá·bu·yan Íslands /bɑ̀:bujɑ́:n-/ *n. pl.* [the ~] バブヤン諸島 (フィリピン Luzon 島の北に位置する島群; 中心は Babuyan 島).

ba·by /béɪbi/ *n.* **1 a** 赤ん坊, 赤ちゃん, 乳児 (infant): She is going to have a ~ next month. 赤ん坊が来月生まれる予定だ / She is expecting a ~ 彼女はおめでたです (=She is pregnant.) / The ~ [*Baby*] is crying. 赤ん坊が泣いている / burp a ~ (背中などをさすって)赤ちゃんにげっぷをさせる / change a ~ 赤ちゃんのおむつを取り替える. ★ (1) 一般には it で受けるが, 家族内などでは he [she] を用いる. (2) ⇨ father 1 a ★. **b** 動物の赤ん坊. **c** (伸びきっていない)小さな植物. **2** (家族・チームなどの中で)一番年若の者, 末っ子: the ~ *of* the family [class]. **3 a** (軽蔑) 赤ん坊[子供]みたいな人: He is a great [big] ~. 彼は大きな赤ん坊みたいだ (世話がやける). **b** 意気地のない人, 泣き虫: Be brave. Don't be such a ~. 勇気を出して. そんなに臆病になるな. **c** (方言) 人形. **4 a** (普通より)小さい物[人], ちび. **b** 小型自動車. **c** (口語) 小びん(など). **5** (俗) [しばしば呼び掛けに用いて] **a** (夫婦間・恋人同士で)おまえ, あなた. **b** 若い女性, (きれいな)娘; 恋人, 「かわい子ちゃん」. **c** 男(の子). **d** [通例修飾語を伴って] 人, 物: a tough ~. **6** (口語) 関心事; おはこ, 得意: It's his ~. それが彼の「おはこ」だ. **7** (口語) (厄介な)役目, 仕事; 責任: It's your ~ now. それは君の役目だ. **8** (俗) もの, こと (thing): That ~'s going to need a lot of work. それには多くの手間がかかる.
hóld* [*cárry*] *the báby 厄介な役目を背負い込む: be left *holding the* ~ 厄介な役目を任せられる. 〖(1912)〗 ***páss the báby*** (俗) 責任を押しつける ⟨*to*⟩. ***tálk báby*** (1) 赤ん坊のような話し方をする. (2) 赤ん坊に話すような話し方をする. ***thròw óut the báby with the báthwàter*** 大事なものを無用なものと一緒に捨ててしまう. ***wét the báby's hèad*** (口語) 赤ん坊の誕生を祝って祝杯をあげる.
— *adj.* [限定的] **1** 赤ん坊の; 赤ん坊のような, 幼い: a ~ brother まだ赤ん坊の弟 / a ~ girl [boy] 女[男]の赤ちゃん ★ 文脈によっては a girl [boy] ~ も用いる / a ~ wife 子供のような若妻 / a ~ lamb [elephant, carrot] 羊[象, にんじん]の赤ちゃん. 日英比較 「ベビーサークル」は和製英語. 英語では playpen. **2** (口語) (普通より)小さい, 小型の; 小額の; 子供用の: a ~ camera 小型カメラ / a ~ car 豆自動車, 小型車 / a ~ typhoon 豆台風. 日英比較 英語の *baby* car は「小型車」を指し, 日本語の「ベビーカー」(乳母車)は意味しない. これは英語では (米) *baby* buggy [carriage, coach], (英) perambulator, pram という.
— *vt.* (口語) **1** ⟨人を⟩(赤ん坊[子供]のように)大事にする, 甘やかす (⇨ indulge SYN): She is *babied* by everyone. 皆にちやほやされる. **2** ⟨道具などを⟩大事に扱う: ~ a new car. **3** (バドミントンなどで)⟨球を⟩軽く打つ.
〖(c1378) *babi* (dim.) ← BABE: ⇨ -y[2]〗

báby àct *n.* (米) **1** 幼児[未成年者]の行為; 子供らしい[めめしい]行い: play the ~ 幼稚な行為をする. **2** 未成年の抗弁, (消滅)時効の抗弁: plead the ~ (口語) 未成年を理由に(契約などの)責任を逃れようとする; 未経験を口実にする. 〖1837〗

báby béef *n.* **1** 食肉用の太った若い雌牛[去勢牛]. **2** ベビービーフ (1–2 歳のときに屠(と)殺する目的で肥育した若い雌牛[去勢牛]の肉).

báby blùe *n.* **1** 淡い青色(の目). **2** [*pl.*] (口語) 産後の気のふさぎ. 〖1945〗

báby-blúe-èyes *n.* (*pl.* ~) 〖植物〗ルリカラクサ, ネモフィラ (*Nemophila menziesii*) (米国産ハゼリソウ科の青い花の咲く園芸植物). 〖(1887) その花の斑点が眼に似ていることから〗

báby bònd *n.* (米) 〖証券〗額面価額が 1,000 ドル未満の債券 (small bond).

báby bònus *n.* (カナダ口語) 児童手当. 〖1945〗

báby bòok *n.* ベビーブック, 育児手帳[日記], 発育記録帳; (口語) 育児書, 育児ガイドブック.

báby bòom *n.* 出生率の急上昇, ベビーブーム (米では特に第二次大戦後のそれをいう; 英では the bulge ともいう). 〖1941〗

báby bòomer *n.* ベビーブームに生まれた人. 〖1974〗

báby bòttle *n.* (米) =nursing bottle.

Báby bòuncer, b- b- *n.* 〖商標〗=baby jumper. 〖1968〗

báby brèak *n.* 育児有給休暇.

báby bùggy *n.* (米・カナダ) (折りたたみ式フードが付いている 4 輪の)乳母車, ベビーバギー ((英口語) pram) (cf. stroller). 日英比較 日本語では乳母車のことを「ベビーカー」ともいうが, これは和製英語. ⇨ baby 日英比較 〖1890〗

báby bùst *n.* 出生率の急落. 〖1971〗

báby càrriage *n.* (米・カナダ) =baby buggy. 〖1866〗

báby càrrier *n.* 〖軍事〗小型航空母艦[空母] (escort carrier).

Ba·by·cham /béɪbiʃæ̀m/ *n.* 〖商標〗ベビーシャム (英国 Showerings 社製の洋ナシ発酵酒ペリー (perry)).

báby còach *n.* (米) =baby buggy. 〖1903〗

báby dóll *n.* **1** 赤ちゃん人形. **2** (口語) (無邪気で)きれいな娘[女性], かわい子ちゃん. **3** (短い薄手の)婦人用パジャマ. 〖a1862〗

báby fàce *n.* **1** 赤ん坊みたいな顔, 童顔. **2** 童顔の人. **báby-fàced** *adj.* 〖a1700〗

báby fàrm *n.* (軽蔑) 有料託児所, 保育園. 〖1868〗

báby fàrmer *n.* (軽蔑) 託児所経営者, 保育園主. 〖1868〗

báby fàrming *n.* (軽蔑) 託児所経営. 〖1868〗

báby fàt *n.* (米口語) (幼児期に一時的に丸々と太る)幼太り ((英) puppy fat).

báby flàttop *n.* 〖軍事〗=baby carrier.

báby fòod *n.* 幼児食, 離乳食, ベビーフード. 〖1897〗

báby gránd *n.* (長さ約 1.5 m の)小型グランドピアノ (baby grand piano ともいう; cf. boudoir grand, concert grand). 〖c1903〗

Ba·by·gro /béɪbigròʊ | -gràʊ/ *n.* 〖商標〗=babystretch. 〖1959〗

báby·hòod *n.* **1** 幼児期, 幼少時. **2** 幼少, 幼稚. 〖(1748): ⇨ -hood〗

báby-hòuse *n.* 人形の家 (doll's house). 〖1726〗

ba·by·ish /béɪbiɪʃ/ *adj.* 赤ん坊のような, 子供じみた, おとなげない, 幼稚な. **~·ly** *adv.* **~·ness** *n.* 〖(1753): ⇨ -ish[1]〗

bá·by·ism /-ɪzm/ *n.* **1** おとなげなさ, 分別のなさ; 子供じみた行為[ことば]. **2** (米) =babyhood. 〖(1836): ⇨ -ism〗

báby jùmper *n.* (英) ベビージャンパー (天井からつるしておく幼児の手足運動用の丸い枠). 〖1848〗

báby kìsser *n.* (米俗) (選挙運動中)大衆の人気取りに熱心な政治家.

báby·less *adj.* 赤ん坊のいない, 子供のない. 〖(1871): ⇨ -less〗

báby·lìke *adj.* 赤ん坊のような.

Bab·y·lon /bǽbələn, -lɑ̀(:)n | bǽbɪ̥lən, -lən/ *n.* **1** バビロン (古代バビロニアの首都; 現在のイラク Baghdad の南, Euphrates 川の近くにあった; その壮麗さと文化において比類のない都であった; 後にカルデア帝国の首都). **2** (軽蔑) **a** (バビロンのような)華美で種々の悪徳のはびこる大都市, 魔都. **b** 華美と悪徳のはびこるローマカトリック教会. **3** 捕囚の地. 〖バビロニア捕囚 (Babylonian captivity) の故事から〗 〖(1369) □ L *Babylōn* □ Gk *Babulṓn* □ ? Akkad. *Bābilāni* ← *bāb* gate + *ilāni* ((pl.) ← *ilu* god): cf. Babel〗

Bab·y·lo·ni·a /bæ̀bəlóʊniə, -njə | bæ̀bɪ̥láʊ-/ *n.* バビロニア (メソポタミア南部の Babylon を首都とした地域・古代王国 (2,200–538 B.C.); ペルシャ人に征服された). 〖□ L *Babylōnia* □ Gk *Babulōnía*: ⇨ ↑, -ia[1]〗

Bab·y·lo·ni·an /bæ̀bəlóʊniən, -njən | bæ̀bɪ̥láʊ-~/ *adj.* **1** バビロニア王国の, 古都バビロンの. **2** バビロン[バビロニア]人の(ような); ぜいたくな, 華美な (luxurious); 悪徳の, 邪悪な (sinful); 頽廃的な (decadent), 堕落した (depraved). **3** バビロニア語の. — *n.* **1** (古代)バビロニア[バビロン]人. **2** バビロニア語 (古代バビロニアで使われたアッカド語 (Akkadian)). **3** =Babylonian captivity. 〖(1564): ⇨ ↑, -ian〗

Babylónian captívity [éxile] *n.* [the ~] **1** 〖聖書〗バビロニア[バビロン]捕囚[虜囚] (バビロニア王 Nebuchadnezzar によってユダ王国の人々がバビロニアに移され捕囚の生活を送ったこと (597–538 B.C.); the Captivity, the Exile ともいう). **2** (教皇の)バビロニア幽囚 (教皇 (pope) が 7 代 (1309–77) にわたりフランス王の権力下におかれ, 南仏 Avignon に滞在したことをいう). **3** 長期にわたる幽囚[流刑, 追放]; その期間.

Bab·y·lon·ic /bæ̀bəlɑ́(:)nɪk | -bɪ̥lɒ́n-~/ *adj.* =Babylonian 1, 2. 〖1614〗

Bab·y·lon·ish /bæ̀bəlóʊnɪʃ | -bɪ̥láʊ-~/ *adj.* バビロニア[バビロン]の; 豪奢な, 享楽的な, 頽廃的な; 言葉の乱れた. 〖(1535): ⇨ -ish[1]〗

báby mìlk *n.* (英) 乳幼児用ミルク (通常のミルクから蛋白質を除き糖分と鉄分を加えたもの).

báby-mìnder *n.* (英) =baby-sitter. **báby-mìnding** *n.* 〖1863〗

báby òil *n.* ベビーオイル (乾燥防止のために肌に塗るオイル).

báby-píg disèase *n.* 〖獣医〗生まれたばかりの豚の子がかかる低血糖症. 〖1942〗

báby pòwder *n.* ベビーパウダー. 〖1897〗

báby prímrose *n.* 〖植物〗ヒナザクラ, ハルコザクラ (*Primula forbesii*) (中国からミャンマー原産のピンクの花をつけるサクラソウの一種).

Báby Rúth *n.* 〖商標〗ベビールース (米国 Curtiss Candy 社製のピーナッツ入りチョコレートバー).

báby's brèath *n.* 〖植物〗**1 a** シュッコンカスミソウ, コゴメナデシコ (*Gypsophila paniculata*) (地中海沿岸原産の白またはピンクの花が咲く多年草). **b** カスミソウ (*G. elegans*) (カフカス原産の大きい白またはバラ色の花が咲く一年草). **2** =grape hyacinth. **3** ヨーロッパ産のヤエムグラ属の一種 (*Galium sylvaticum*). 〖(c1890): その花の芳香による連想から〗

báby shòw *n.* 赤ちゃんコンクール. 〖1854〗

báby shòwer *n.* (米) (出産予定の女性に贈り物をする)赤ちゃんを祝うパーティー.

báby-sit *v.* (**baby-sat; -sit·ting**) — *vi.* **1** ベビーシッターをする, (親の留守の間)子守りをする: ~ *with* a person's baby 人の赤ん坊のベビーシッターをする. ★ 過去形は did baby-sitting とするほうが普通. **2** 愛玩動物などの世話をする: ~ for our neighbor's dog となりの犬の世話をする. — *vt.* …のベビーシッターをする. **báby-sìtting** *n., adj.* 〖(1947) (逆成) ↓〗

báby-sìtter *n.* ベビーシッター (両親が外出の間雇われる留守番の子守役; 通例アルバイトの女子学生; cf. childminder). 〖(1937) ← BABY + SITTER〗

báby slìng *n.* おぶいひも (赤ん坊を抱いたり, おぶったりするのに用いる).

báby snàtcher *n.* (口語) **1** 赤ちゃん泥棒. **2** = cradle snatcher. 〖1911〗

báby splìt *n.* (俗) 〖ボウリング〗ベビースプリット (2 番と 7 番または 3 番と 10 番のピンが残ったもの).

báby spót *n.* ベビースポット (手近から狭い範囲を照らす舞台用小型スポットライト).

Báby Stàte *n.* [the ~] ベビー州 (米国 Arizona 州の俗称).

báby stày *n.* 〖ヨット〗ベビーステー (外洋レース用のヨットで補助的に使われるフォアステー (forestay)).

báby's tèars *n.* (*pl.* ~) 〖植物〗Corsica 島および Sardinia 島産のイラクサ科の植物 (*Helxine soleirolii*) (観葉植物として栽培).

báby stèp *n.* (giant steps で) 一人が進むことのできる一歩の最短の歩幅 (一方の足のつま先に他方の足のかかとを接して前進する; cf. giant step).

báby·strètch *n.* ベビーストレッチ (赤ん坊の両腕・両脚を覆う伸縮自在のタオル地のワンピース).

báby tàlk *n.* **1 a** (舌の回らない)赤ん坊言葉[口調]. **b** (赤ん坊・恋人・愛玩動物に対して大人が用いる)赤ん坊のような話し方. **2** (わざとする)簡単すぎる無邪気な話し方[説明]. 〖1836〗

báby tòoth *n.* 〖歯科〗乳歯 (《英》milk tooth). 〖1939〗

báby wàlker *n.* =walker 2. 〖1856〗

báby-wàtch *vi.* 《英》=baby-sit.

báby·wèar *n.* 乳幼児用衣料品, ベビーウェア.

BAC /bíːèɪsíː/ 《略》British Agricultural Council; British Aircraft Corporation.

Bac. 《略》*L.* Baccalaureus (=Bachelor).

bac·a·lao /bækəláu, ⌐—⌐/ *n.* (*pl.* **~s**) (しばしば厚切りにした)塩漬けタラの干物. 〖(1555) ◻ Sp *bacallao* codfish〗

Ba·car·di /bəkáədi | -káːdi; *Sp.* bakárði/ *n.* バカルディ: **1** 〖商標〗西インド諸島産の辛口のラム. **2** グレナディンシロップ・砂糖・ライムジュースを入れて作ったカクテル. 〖(1921) ← *Bacardi* (酒造家の名?)〗

bac·ca[1] /bǽkə/ *n.* (*pl.* **bac·cae** /bǽkiː, -kaɪ, bǽksiː/) 〖植物〗液果, 漿果(しょうか) (⇨ berry 1). 〖◻ L *bacca*, *bāca* olive, berry: ⇨ bacci-〗

bac·ca[2] /bǽkə/ *n.* 《英口語・米俗》=baccy. 〖1824〗

bac·ca·lau·ré·at /bækəlɔːriáː; *F.* bakalɔʀea/ *n.* バカロレア《フランスの中等学校卒業と国立総合大学の入学資格を与える国家資格(試験)》. 〖◻ F ~ (↓)〗

bac·ca·lau·re·ate /bækəlɔ́ːriɪ̯t, -láːr- | -lɔ́ːr-/ *n.* **1** 学士 (bachelor) の称号. **2** 《米》**a** (大学の卒業に際しての)卒業式説教, 卒業式訓辞. **b** (通例, 卒業式の直前の日曜に行われる)卒業式の礼拝[ミサ]. 〖(1625–49) ◻ F *baccalauréat* // ML *baccalaureātus* ← *baccalārius*: ⇨ bachelor, -ate[1]〗

baccaláureate addrèss [sèrmon] *n.* = baccalaureate 2 a. 〖1864〗

bac·ca·rat /bàːkəráː, bæk-, ⌐—⌐ | bǽkəràː, ⌐—⌐; *F.* bakaʀa/ *n.* (*also* **bac·ca·ra** /~; *F.* ~/) 〖トランプ〗バカラ《欧米のカジノで行われる賭博ゲーム; 親が自分と子に2–3 枚ずつ札を配り, 各自の札の合計点数の末尾一桁が 8 か 9 に近いほど勝となる, 西洋おいちょかぶ; cf. chemin de fer》. 〖(1865) ◻ F *baccara* ← ? *Baccarat* (フランスの町の名)〗

Bác·ca·rat glàss /báːkəràː-, bǽk- | bǽk-; *F.* bakaʀa-/ *n.* バカラグラス《フランス北東部の町 Baccarat の良質のクリスタルガラス[カットグラス]製品》.

bac·cate /bǽkeɪt/ *adj.* 〖植物〗**1** 液果[漿果(しょうか)] (berry) を生じる. **2** 液果状の. 〖(1836) ◻ L *baccātus* ← *bacca* berry, pearl: ⇨ -ATE[2]〗

Bac·chae /bǽkiː, -kaɪ | -kiː/ *n. pl.* **1 a** バッコス神 (Bacchus) の侍女たち. **b** バッコス神の巫子(みこ)たち. **2** バッコス祭に参加する女性たち. 〖(*c*1909) ◻ L ~ ◻ Gk *Bákkhai* (pl.) ← *Bákkhē* maenad ← *Bákkhos* 'BACCHUS'〗

bac·cha·nal /bækənǽl, bǽkənḷ | bǽkənḷ, bækənǽl⌐/ *adj.* **1** バッコス神 (Bacchus) の(ような). **2 a** バッコス祭の(ような). **b** 飲み狂う, どんちゃん騒ぎの. — /《米》bǽkənḷ, bækənǽl, bàːkənáːl, ⌐—⌐/ *n.* **1** バッコス神の信徒; バッコス神の祭司[巫子(みこ)]. **2** 酒飲み, 飲み騒ぐ人. **3 a** [B-; 時に *pl.*] =Bacchanalia 1. **b** 乱飲乱舞の酒宴, どんちゃん騒ぎ, 底抜け騒ぎ (orgy). 〖(1536) ◻ L *bacchānālis* 'of BACCHUS': ⇨ -al[1]〗

bac·cha·nale /bækənǽl; *F.* bakanal/ *n.* バカナル《飲めや歌えのお祭り騒ぎや奔放な快楽を表現するバレエ》.

Bac·cha·na·li·a, b- /bækənéɪliə, -ljə/ *n.* (*pl.* **~, ~s**) **1** バッカナリア《古代ローマのバッコス祭, 酒神祭; cf. Dionysia》. **2** [b-] =bacchanal *n.* 3 b. 〖(1591) ◻ L *Bacchānālia*: ⇨ ↑, -ia[2]〗

bac·cha·na·li·an /bækənéɪliən, -ljən⌐/ *adj.* = bacchanal. — *n.* =bacchanal 1. 〖(1565): ⇨ ↑, -ian〗

bàc·cha·ná·li·an·ìsm /-nìzm/ *n.* 大酒宴, どんちゃん騒ぎ. 〖(1855): ⇨ ↑, -ism〗

bac·chant /bǽkənt, bəkǽnt, -káːnt | bǽkənt/ *n.* (*pl.* **~s, -chantes** /bǽkənts, bəkǽnts, -káːnts, -kǽntiːz, -káːn- | bəkǽnts/) =bacchanal 1. — *adj.* **1** バッコス神を崇拝する. **2** 酒を好む, 大酒飲みの. 〖(1699) ◻ L *bacchāntem* (pres.p.) ← *bacchārī* 'to celebrate the festival of BACCHUS'〗

bac·chante /bəkǽnt, -kǽnṭi, -káːn- | -kǽnti, -kǽnt/ *n.* **1** 酒神 Bacchus の巫女(みこ) (maenad). **2** 酒宴にふける女. 〖(1579) ◻ F ~: ↑〗

bacchantes *n.* bacchant および bacchante の複数形.

bac·chan·tic /bəkǽnṭɪk, -káːn- | bəkǽnt-/ *adj.* = bacchant. 〖1845〗

Bac·chic, b- /bǽkɪk/ *adj.* **1** バッコス神の, バッコス祭の (cf. Dionysian). **2** [b-] (飲めや歌えの)どんちゃん騒ぎの. 〖(1669) ◻ L *Bacchicus* ◻ Gk *Bakkhikós* 'of BACCHUS'〗

bac·chi·us /bəkáɪəs, bæ-/ *n.* (*pl.* **-chi·i** /-káɪaɪ/) 〖詩学〗バッカス格《バッカス賛歌に用いた弱強強[短長長]格の詩脚; cf. antibacchius》. 〖(1589) ◻ L ~ ◻ Gk *Bakkheîos* (*poús*) (foot) of Bacchus, frenzied (foot) (↓)〗

Bac·chus /bǽkəs, báː- | bǽk-/ *n.* 〖ギリシャ・ローマ神話〗バッコス, バッカス《酒神; ギリシャでは Dionysus とも呼んだ》: a son of ~ 大酒家, 酔っ払い. 〖(*a*1300) *Bacus* ◻ L *Bacchus* ◻ Gk *Bákkhos* 《原義》? the god of grape-berries: ↓〗

bac·ci- /bǽksɪ̯, -si/「液果, 漿果(しょうか) (berry)」の意の連結形: *bacci*form 液果状の. 〖← L *bacca*, *bāca* olive, berry ← ?〗

bac·cif·er·ous /bæksíf(ə)rəs/ *adj.* 〖植物〗液果[漿果]を結ぶ[生じる]. 〖(1656): ⇨ ↑, -ferous〗

bac·ci·form /bǽksəfɔəm | -sɪ̯fɔːm/ *adj.* 〖植物〗漿果状の. 〖(1839) ← NL *bacciformis* ← L *bacca* berry〗

bac·civ·o·rous /bæksívərəs/ *adj.* 〖動物〗液果[漿果]を常食とする. 〖(1661) ← BACCI-+-VOROUS〗

bac·co /bǽkou | -kəu/ *n.* 《英口語》=baccy. 〖1792〗

bac·cy /bǽki/ *n.* 《英口語・米俗》たばこ. 〖(1833)《短縮》← TOBACCO〗

bach /bǽtʃ/ *n.* **1** 《米口語》独身男: an old ~ 一生独身を通す[そうとする]男 / keep ~ やもめ暮らしをする. **2** 《NZ》一時しのぎの小屋; (特に海岸や行楽地に設けられた)小さな家, 小別荘. — 《米・カナダ・豪口語》*vi.* 独身生活[やもめ暮らし]をする; (特に)〈夫が〉(妻の外出中に)家事をする. — *vt.* [~ it として] 独身生活[やもめ暮らし]をする. 〖(1855)《略》← BACHELOR〗

Bach /báːk, báːx/ *n.* 〖商標〗バック《米国製の管楽器; トランペット・トロンボーンが有名》.

Bach /báːk, báːx; *G.* báx/, **Johann Christian** *n.* バッハ (1735–82; J. S. Bach の末子(第 11 子)でオルガン奏者・作曲家; 1762 年以来英国王族の楽師として London に住む; 通称 the London Bach).

Bach, Johann Christoph *n.* バッハ (1642–1703; ドイツの作曲家; オペラ・カンタータ・モテット等を作曲し, そのうち数曲は遠縁にあたる J. S. Bach の作とされた).

Bach, Johann Sebastian *n.* バッハ (1685–1750; ドイツのオルガン奏者で作曲家; 近代音楽の父と呼ばれ, また息子と区別して「大バッハ」と称せられる).

Bach, Karl [Carl] Philipp Emanuel *n.* バッハ (1714–88; J. S. Bach の次子で作曲家; 交響曲形式を発展させたことで知られる; 通称 the Berlin Bach).

Bach, Wilhelm Friedemann *n.* バッハ (1710–84; J. S. Bach の長男で作曲家; 9 曲の交響曲と多数の鍵盤楽器曲・宗教曲がある).

Bach·a·rach /bǽkəræk; *G.* báxaʀax/ *n.* バハラッハ《ドイツ南西部 Rhineland-Palatinate 州の町; 白ぶどう酒産地》.

Bach·a·rach /bǽkəræk/, **Burt** *n.* バカラック (1929– ; 米国のポピュラー音楽作曲家; 映画音楽の分野で活躍).

bach·e·lor /bǽtʃ(ə)lə | -tʃələ[(r)], -tʃl-/ *n.* **1** 未婚男子, 独身男性 (single [unmarried] man) (cf. spinster 1): ⇨ old bachelor / an old friend of one's ~ days 独身時代の旧友. **2** 学士(号) (cf. master[1] 5): a *Bachelor* of Arts 文学士(号) (略 BA, 《米》AB) / a *Bachelor* of Medicine 医学士(号)(略 MB, BM) / a *Bachelor* of Science 理学士(号) (略 BS, BSc, SB) / She is [has] a *Bachelor* of Science *in* chemistry. 化学の学士号を持っている / She has a ~*'s* (degree) *in* English. 英語の学士号を持っている. **3 a** (中世の他の騎士に従う)若い騎士, 騎士見習, 近習騎士. **b** =knight bachelor 1. **4 a** (つがいの相手のない)若い雄のオットセイ《捕獲を許される》. **b** (繁殖期に)相手のない雄. 〖(?*a*1300) ◻ OF *bacheler* young man aspiring to knighthood < VL **baccalā-re(m)*=ML *baccalārius* tenant, vassal farmer, advanced student: ⇨ -or[2]: cf. baccalaureate〗

báchelor apàrtment *n.* 独身者向きアパート. 〖1857〗

báchelor-at-árms *n.* (*pl.* **bachelors-**) =bachelor 3 a.

báchelor bùtton *n.* 〖植物〗=bachelor's button.

báchelor chèst *n.* =bachelor's chest.

báchelor dìnner *n.* =bachelor party. 〖1902〗

bách·e·lor·dom /-dəm/ *n.* (男性の)独身, 独身の身分. 〖(1881): ⇨ -dom〗

bach·e·lor·ette /bǽtʃələrét/ *n.* (自活している)独身女性. 〖(1961) ← BACHELOR+-ETTE〗

bachelorétte pàrty *n.* (結婚直前の女性を囲んだ)女性だけの独身お別れパーティー (hen party).

báchelor flàt *n.* 《英》=bachelor apartment. 〖1921〗

báchelor gìrl *n.* 《口語》自活している独身女性. 〖1895〗

báchelor hàll *n.* =bachelor's hall.

báchelor·hòod *n.* =bachelordom. 〖1833〗

bách·e·lor·ìsm /-lərìzm/ *n.* **1** 独身[未婚]男子であること, 独身. **2** 独身男子の特質[特色, 特徴]. 〖(1808): ⇨ -ism〗

bách·e·lor·ly *adj.* 独身男子の[らしい]. 〖(1580): ⇨ -ly[2]〗

báchelor móther *n.* 《米口語》**1** 未婚の母. **2** (夫に生別・死別して)女手一つで子供を育てる母親.

báchelor pàrty *n.* 男性だけの社交会; (特に結婚直前の男性を囲んだ)男性だけの独身お別れ会. 〖1922〗

báchelor's *n.* 《口語》=bachelor's degree.

báchelor's bùtton *n.* **1** 〖植物〗**a** ボタン形の花の咲く植物の総称《ヤグルマギク (cornflower), フランスギク (oxeye daisy) など》. **b** その花. **2** 《英俗》縫付け不要のボタン. 〖1578〗

báchelor's chèst *n.* バチェラーズチェスト《18 世紀の英国の低い整理だんす; 上で書き物ができるようになっている》.

báchelor's degrée *n.* 学士号《口語では単に bachelor's ともいう》.

báchelor sèal *n.* =bachelor 4 a.

báchelor's hàll *n.* 独身者の住居; (妻の外出中の)ひとり住まい. ★ 主に次の句で: keep ~ 独身生活[やもめ暮らし]をする; 〈夫が〉妻の外出中家事をする (★ 今は keep bach というほうが普通).

báchelor·shìp *n.* **1** (男性の)独身. **2** 学士の称号[資格, 身分]. 〖(1589–90): ⇨ -ship〗

báchelor wòman *n.* 《口語》=bachelor girl. 〖1898〗

Bách flòwer rèmedies /bǽtʃ-/ *n. pl.* 〖心理〗バッハフラワー治療薬《多くの身体疾患の根底にあるという感情的要因に作用し, 疾患を緩和するという補助療法; Bach remedies ともいう》. 〖(*c*1975) ← *Edward Bach* (1886–1936: 英国の医師)〗

Bách flòwers *n. pl.* =Bach flower remedies.

Bách trúmpet /báːk-, báːx-/ *n.* 〖音楽〗バッハトランペット《特に J. S. Bach の作品の高音域の速いパッセージを演奏するのに適した三弁のトランペット; cf. clarino》. 〖(1898) ← *J. S. Bach*〗

BACIE 《略》British Association for Commercial and Industrial Education.

ba·cil·lar /bəsílə, bǽsələ | bəsílə[(r)]/ *adj.* =bacillary. 〖1883〗

ba·cil·lar·y /bǽsəlèri, bəsíləri | bəsíləri, bæ-/ *adj.* **1** 杆(かん)状の: ~ tissue. **2** 〖細菌〗バチルス(性)の, 杆菌(性)の: ~ researches. 〖(1865) ← BACILLUS+-ARY〗

bacíllary dýsentery *n.* 〖医学〗細菌性赤痢 (shigellosis).

bac·il·le·mi·a /bæ̀sɪ̯líːmiə | -sɪ-/ *n.* 〖病理〗=bacteremia.

bacilli *n.* bacillus の複数形.

ba·cil·li·form /bəsíləfɔəm | -lɪ̯fɔːm/ *adj.* バチルス形[状]の, 小棒状の. 〖(1847–49) ← NL *bacilliformis*: ⇨ bacillus, -form〗

bac·il·lu·ri·a /bæ̀səlúᵊriə | -sɪlúər-, -ljúər-/ *n.* 〖病理〗細菌尿(症). 〖(1881) ← NL ~: ⇨ ↓, -uria〗

ba·cil·lus /bəsíləs/ *n.* (*pl.* **ba·cil·li** /-laɪ/) **1** 〖細菌〗**a** [B-] バチルス, [バシラス]属. **b** バチルス, 杆(かん)菌, 桿菌《バチルス属の微生物; 枯草菌 (*B. subtilis*) など; cf. bacterium, coccus 1, spirillum》. **2** [通例 *pl.*] 《俗用》細菌 (bacterium), 病菌. 〖(*c*1879) ← NL ~ ← LL ~ ◻ L *bacillum* small rod (dim.) ← *baculum* rod, staff (cf. Gk *báktron*)〗

bacíllus Cal·mette-Gué·rin /-kælmétgeɪræ̃(ŋ), -réŋ; *F.* -kalmɛtgeʀɛ̃/ *n.* 〖医学〗BCG, カルメット・ゲラン菌. 〖◻ F *bacille Calmette-Guérin* ← A. L. C. *Calmette* (1863–1933) & *Camille Guérin* (1872–1961): この菌を発見したフランスの細菌学者の名から〗

bac·i·tra·cin /bæ̀sətréɪsɪ̯n | -sɪ̯tréɪsɪn/ *n.* 〖生化学〗バシトラシン《枯草菌 (*Bacillus subtilis*) の類の培地から得られる水に可溶の連鎖状球菌・ぶどう状球菌などに対して効果のある抗生物質》. 〖(1945) ← *Baci(llus subtilis)*+ (*Margaret*) *Tracy* (米国人; この女性が子供のときの傷の中にこの物質が発見された)+-IN[2]〗

back[1] /bǽk/ *n.* **1** (人間・動物の)背(中), 背部(はいぶ); (衣服の)背の部分: hurt one's ~ 背中を傷める / suffer from ~ pain 腰痛を患う / hair flowing down one's ~ 背中まで伸ばしている髪 / sit on the horse's ~ 馬の背にまたがる / have [carry] on one's ~ 背負っている[行く] / pat a person on the ~ ⇨ pat[1] 成句 / sit with one's ~ to … に背中を向けて座る / Excuse my ~. 背中[おしり]を向けてごめんなさい. ★ ラテン語系形容詞: dorsal. 日英比較 日本語の「背中」は普通「腰」から上の部分をいうが, 英語の *back* は肩 (shoulder) から hips (腰の左右にはり出した部分)までをいう. したがって日本語の「背中」に当たるぴったりの英語はない. waist は胴のくびれた部分であり, hips は腰のはり出した部分であり, loin は普通は牛, 豚などの下方の肉で, 人に使うときは生殖器の周囲をいう. しいていえば, lower *back* が日本語の「腰」に近い.「腰痛」は lower *back* pain もしくは *back*ache. **2 a** (物の)背面, 後ろ, 裏, かげ (↔ front): the ~ of a coin [bill] コイン[札]の裏 / the ~ of a door ドアの向こう側 / the ~ of a book 本の巻末(の数頁) (cf. *n.* 11 a) / on the ~ of an envelope 封筒の裏に / a yard at the ~ of a house 家の裏手の庭 (cf. *n.* 4 a). 日英比較 日本語では離れた後方も, ある物の後方もともに「…の後ろ」というが, 英語の "*back*" は「後部, 裏側」の意味のみで後方は意味しない. 離れた後方をいうには at the *back* of …, 《米》in *back* of … というフレーズを使うか behind … を用いる. **b** 裏庭 (backyard). **c** [the Backs] ⇨ Backs. **3 a** (建物の)背面, 裏(側): out ~ 《米》= 《英》out [round] the ~ (建物の)裏に[へ]. **b** 裏側の部屋: in a second-floor ~ 二階[三階]裏側の部屋で. **c** 裏部屋の住人. **4 a** 後部, 奥; (舞台奥の, または写真撮影の際の)背景: in the ~ 後部に / the ~ of the mouth [throat] 口[のど]の奥 / the ~ of a drawer 引出しの奥 / sit in the ~ of the car 車の後部座席に座る / a seat at the ~ of the theater 劇場の後部席 / a room at the ~ of the house 家の奥の部屋 (cf. *n.* 2 a) / at the ~ of a village 村の奥の方に. **b** (心の)底; (事の)真相: at the ~ of one's mind 心[記憶]の奥に. **5 a** (椅子の)寄りかかり, 背もたれ: ⇨ lazyback. **b** (手足の)甲. **c** (山の)尾根. **d** (刀などの)背, 峰: the ~ of a spoon スプーンの背 / the ~ of a knife ナイフの峰. **e** (波の)背. **f** (船の)竜骨. **g** (手すりの)上側. **h** (輪の)外側. **i** 裏当て, 裏張り (backing), 裏地: the ~ of a coat. **6** 背骨 (backbone): break one's ~ 背骨を折る. **7** (衣服を着る)体: have nothing on one's ~ 裸である / She puts all she earns on her ~. もうけた金は皆着てしまう. **8** 荷物をかつぐ力: He has a strong ~. 彼は重い物でもよくかつぐ. **9 a** 〖サッカー〗バック, 後衛《ゴールキーパーの前に位置するプレーヤー》; 〖ラグビー〗バックス, (特に) =fullback. **b** 〖アメフト〗バック《攻撃ではクォーターバック・ハーフバック・フルバック, 守備ではラインメンの背後に位置するプレーヤー》. **c** バック[後衛]の位置 (cf. forward). **10** 〖建築〗**a** (アーチなどの壁中に埋まった)外弧面, 上面. **b** 窓台下から床までの腰板. **11 a** 〖製本〗=backbone 5; のど (back margin).

b〘活字〙背. 12〘採鉱〙採掘場の天井, あご冠(かん). 13〘海事·航空〙プロペラ翼板 (propeller blade) の背面 (cf. face 14). 14〘音声〙後舌面《back of the tongue ともいう; cf. front *n.* 13》.

at one's báck*＝*at the báck of …の後ろに, の背後に (behind) (cf. *n.* 2 a, 4 a); …を後援して; …を追跡して: have a large number of people *at one's* ～ 大勢の後援者をもっている / There must be someone [something] *at the* ～ *of* this. この背後にはだれか(黒幕)がいる[何か(魂胆)がある]に違いない. ***báck to báck*** (1) 背中合わせに: sit ～ *to* ～ (*with*) (…と)背中合わせに座る (cf. back-to-back 1). (2) 連続的に: get two homers ～ *to* ～ in the seventh inning 7 回にホームランを 2 本続けざまに打つ. (3)〘トランプ〙(stud poker で)くっつきの《伏せて配られた最初の札と, 次に配られた表向きの札とが背中合わせのペアになる場合にいう》. ***báck to frónt*** (1) 前後を逆にして, 後ろ前に(着るなど): put one's dress on ～ *to front.* (2)〈写真のプリントなどが〉逆さまに. (3) 徹底的に (thoroughly). ***behìnd a person's báck*** 人のいないときに, 内緒で, こっそり (in secret): He plotted against me *behind my* ～. 彼はこっそり私を落とし入れようとした / He went *behind my* ～ to complain to the boss. 私に内緒で所長に不足を言った. (*c*1325) ***bréak a person's báck*** (1) 人に背負いきれない荷を負わす. (2) 人を失敗させる, (特に)人を破産させる. (1612–13) ***bréak one's báck*** (1) ⇨ *n.* 6. (2) 懸命に努力する: My parents *broke their* ～*s* getting me through college. 両親は私に大学を卒業させるのにひどく骨が折れた. (3)〈船が〉真っ二つに折れる. ***bréak the báck of*** (1) ＝*break a person's* [*a thing's*] BACK. (2)〈仕事·計画などの〉困難な部分をあらまし片付ける, 峠を越す: We've *broken the* ～ *of* this project and will finish it soon. プロジェクトの大部分が済んで間もなく終る. (3)〈攻撃·議論などを〉打ち負かす, …に打ち勝つ. (1873) ***cóver one's báck***《英》人に後ろ指をさされないようにする. ***gét* [*pút*] *a person's báck úp*** (ネコが背をそびやかすように)怒る[人を怒らせる], いらだつ[人をいらだたせる, 人をいじにする]. ***gèt óff a person's báck***《口語》人のあら探しをやめる, 人を邪魔する[悩ます]のをやめる. (1968) ***gét the báck of*** …の後ろへ回る. (1653) ***gét to the báck of*** …の真相を突き止める. ***give a person the báck*＝*give the báck to a person*** (1)〈人〉に背を向ける. (2)〈人を〉無視する. ***hàve a bróad báck*** 寛大である. ***háve on one's báck*** (1) ⇨ *n.* 1, 7. (2)〈負担などを〉背負いこむ, …に悩まされる. ***hàve one's báck on the wáll*** もう後がない, 追い詰められている. ***in báck of***《米口語》＝*at the* BACK *of* (cf. BACK *of* ⇨ *adv.* 成句): a tool shed *in* ～ *of* the house 家の後ろの道具小屋. ***in báck*** (車·建物の)後部で. ***knów like the báck of one's hánd***〈場所などを〉よく知っている, …に精通している (know like the palm of one's hand). (1944) ***líve óff a person's báck*** 人を搾取する. ***on a person's báck*** 人のあらを探して; 人を悩ませて: He's always *on my* ～ if I dont' work hard. 仕事の手をゆるめるといつも小言をいう. (1677) ***on one's báck*** あおむけに: be [be flat, lie] *on one's* ～ あおむけに寝ている; 病床についている; 万策尽きた状態にある / be thrown *on one's* ～ あおむけに倒される; 全く負かされる / lay a person *on his* ～ 人をあおむけに倒す. (1840) ***on the báck of*** …に引き続いて; …に加えて. ***pút one's báck into*** …に全力を投入する, 身を入れる, 努力する. (1882) ***ròund the báck***《英》すぐ近くに, そばに: He's just gone *round the* ～ for a minute. すぐそこまでちょっと出かけた. ***scrátch my báck and I'll scrátch yóurs*** ⇨ scratch *vt.* 3 (cf. backscratcher). ***sée the báck of***〈訪問者·侵入者などを〉追い払う, 厄介払いする: I'll be glad to *see the* ～ *of* them. 連中がいなくなってせいせいするだろう. ***sláp a person on the báck*** (友情·称賛などのしるしに)人の背中をぽんとたたく (cf. backslap). ***stáb a person in the báck*** (1) 人の背を刺す. (2) 人の陰口をきく, 人を中傷する. (3) (信じている)相手を裏切る. (1916) ***the báck of beyónd*** 遠い遠い所, 世界の果て: He lives at [in] *the* ～ *of beyond.* 遠い遠い所に住んでいる. ***the báck of one's hánd*** 非難, 軽蔑, 拒絶. ***to the báck*** 骨の髄まで (cf. *to the* BACKBONE). ***túrn one's báck on*** (立腹·軽蔑して)…に背を向ける, …を見捨てる; …を無視する; …に後ろを見せる, …から逃げ出す: *turn one's* ～ *on* a problem. (*c*1400) ***with one's báck to the wáll*** (大勢を相手に)追い詰められて, 窮地に陥って: England was fighting *with her* ～ *to the wall.* 英国は追い詰められて必死に戦っていた. (1854)

— *adj.* [限定的] **1** 背部[後]の, 後部[方]の, 後ろの, 裏の, 裏手の: a ～ alley 裏通り / a ～ entrance 裏口 / a ～ garden 裏庭 / the ～ [rear] and the front wheels 前後輪 / ⇨ back bench, back door, back room, back-street. 日英比較 自転車の「バックギアー」は和製英語で, 英語では reverse gear という. また「バックミラー」も和製英語で, 英語では rearview mirror. **2**《米·豪》遠い, 辺鄙(へんぴ)な, 奥の (remote); 遠回りの: ～ settlements 辺鄙な開拓地 / ～ slums (場末の)貧民街 / ⇨ back road. **3** (雑誌などの, 最新号を除いた)既刊の, 〈雑誌など〉(現在)出回っていない; 過去の: a ～ copy (雑誌などの)旧号, バックナンバー / ⇨ back file, back issue, back number. **4**〈支払い·俸給など〉未納[済]の, 滞っている: ～ rent 滞った家賃[地代] / ～ salary 未払い俸給 / ⇨ back pay. **5** 後戻りの, 逆の: a ～ current 逆流 / a ～ step 後戻り / ⇨ back action, back answer, back track. **6**〘音声〙後舌(面)の, 後舌(面)で調音する (cf. front 2, central[1] 7). **7**〘海事〙真後ろへ戻る. **8**〘ゴルフ〙(18 ホールのコースで)後半(9 ホール)の (cf. nine *n.* 7). **9**〘クリケット〙バックプレー (back play) の: a ～ stroke.

— *adv.* **1 a** 後方へ, 後ろに[で], あとに; 奥に[へ]; 引っ込んで; 離れて: ～ and forth ⇨ 成句 / ～ from the road 道路から(奥に)引っ込んで / play ～〘クリケット〙⇨ play[1] *vi.* 3 a / step ～ 下がる / look ～ 見返る, 振り返る / move ～ in a bus バスの奥へ進む / sit ～ in one's chair 椅子に深く腰を掛ける / Keep ～! 後ろに下がっていなさい / The police held the crowd ～. 警官は群衆を制した. **b** 後ろにもたれて: lie ～ on a couch ソファーにもたれて座る. **2 a** もとの所へ; 帰って, 戻って; 逆戻りして; 戻して; 直って: a few pages ～ 数ページ前に / on one's way ～ 帰り道で / *Back!* ＝Go ～! 帰れ, 戻れ / ～ in New York ニューヨークへ戻って; もといたニューヨークで(は) / I'll be ～ at five. 5 時には帰ります / go ～ to primitive life 原始的生活に逆戻りする (cf. *adv.* 3 a) / put a book ～ (on the shelf) 本を(棚の)もとの場所へ戻す / be ～ on one's feet 再び元気になっている, 立ち直っている / Artificial respiration brought him ～. 人工呼吸で彼はよみがえった. **b** 返して; 返報に: get money ～ 金を返してもらう / give [pay] ～ a loan 借りを返す / answer ～ 口答えする / hit a person ～ なぐり返す. **3 a** 昔に, 以前にさかのぼって: for some time ～ しばらく前から / go ～ to the 7th century 7 世紀にさかのぼる (cf. *adv.* 2 a) / look ～ on one's youth 青春時代を振り返ってみる / The USA declared her independence (way) ～ in 1776. アメリカ合衆国は 1776 年の昔に独立を宣言した. **b**《口語》(今から)…以前に (ago): two weeks ～ 2 週間前に. **4 a** 押さえて, 控えて; 出さずに, しまって; 引っ込めて: hold ～ one's anger 怒りをこらえる / keep ～ the main facts 主な事実を隠しておく / take ～ one's words 自分の言ったことを撤回する. **b** 遅らせて; 未納で, 滞って.

báck and fórth 行ったり来たり(して), 往復[やりとり]して, 前後[左右]に動いて. ⇨ back-and-forth 日英比較 (1613) ***báck of***《米口語》(1) …の後ろに, …の背後に (behind): the houses (in [at the]) ～ *of* the church 教会の後ろの家 / What could be ～ *of* his strange remark? 彼の奇妙な言葉の裏には何があるのか. (2) …より以前に. (3) …を後援して. ***gèt* [*hàve*] *one's ówn bàck*** own 成句. ***thére* [*to* …] *and báck*** そこまで[…へ]往復で: It's twenty miles *there and* ～. そこまでは往復 20 マイルある / a fare *to* London *and* ～ ロンドンまでの往復運賃.

— *vt.* **1** 後退させる, 後ろへ戻す, 逆行させる〈*up*〉: ～ a horse (*up*) 馬を後ずさりさせる / ～ a car *into* [*out of*] the garage 自動車をバックしてガレージに入れる[から出す] / ～ a car *into* a lamppost by mistake 車をバックさせて誤って電柱にぶつける / ～ the oars オールを逆にこぐ. **2 a** 後押しする, 後援する〈*up*〉(⇨ support SYN); …の言葉を裏打ちする〔*on*〕: ～ a plan 計画を支持する / ～ a person *up* 人を後援する / ～ a friend in his candidacy 友人の立候補を後援する / ～ *up* an argument *with* facts 事実をあげて議論に説得力を加える. **b**〈勝負〉に賭ける: ～ a winner 勝ち馬に賭ける / ～ the wrong horse ⇨ horse 成句 / ～ the field ⇨ field 10 c. **3 a** …に背を付ける, 裏打ちする〔*up*〕: ～ a book 本に背を付ける / ～ a picture 絵に裏打ちする / ～ a dress *with* silk ドレスに絹の裏を付ける. **b** …の裏にある, 背景をなす. **4 a**《古》〈手形などに〉裏書きする (endorse): ～ a check / ～ a bill (for a friend) (友人のために)手形に裏書きする. **b**〈事業など〉の金銭上の責任を負う. **5**《方言》〈封筒〉にあて名を書く. **6**《まれ》〈馬〉の背に乗る; 〈馬を〉乗りならす. **7**〘写真〙〈乾板·フィルムの裏面〉にハレーション防止の薬品を塗る. **8**〘音楽〙〈歌手〉の伴奏する, …に伴奏をつける (accompany). **9**〘海事〙〈帆を〉逆帆にする《逆帆にして船の前進力を阻止または後進をする》. **10**〘音声〙〈音を〉舌の後方[後部]で発音する.

— *vi.* **1** 後ろに戻る, 後ずさりする, 逆行する: ～ *up* a little 少し後ろへ下がる / ～ *away* from a snake ヘビに驚いて後ずさりする / His car ～*ed into* mine. 車をバックさせて私の車にぶつけた. **2** 背中合わせになる, 背後で接する: The house ～*s onto* [《英》*on to*] a wall. 家の裏はすぐ塀になっている. **3**〔…を〕思いがけなく手に入れる〔*in*〕. **4**〘気象〙〈風が〉逆転する《東風が北風となるように風向きが反時計回りに移動する; ↔ veer》. **5**〘海事〙逆帆にする《帆の前面から風を受けるように帆桁を回す》.

báck and fíll (1)〘海事〙(狭い瀬戸を風上に向かってつれ潮を使用して進むとき)帆を巧みに操ってひたすら潮流に流されるようにして進む. (2)《米》前後に動かす[動く]. (3)《米》考え[態度]が常にぐらつく (vacillate). ***báck awáy*** (1) ⇨ *vi.* 1. (2)〔考え·提案·計画から〕少しずつ身を引く, 撤退する〔*from*〕. ***báck dówn*** (1) 手を引く, 引き下がる〔*from*〕. (2)〔前言などを〕取り消す, 撤回する; 〔…を〕譲歩する, 非を認める〔*from, on, over*〕. (3)〈運転手·車などが〉後ろへ下がる, バックする; 〔木などから〕下りる. (4)〘ボート〙(オールを押して)〈ボートを〉後方に移動させる. ***báck óff*** (1)《米》＝BACK *down*: *Don't* ～ *off* from your responsibilities. 責任逃れをするな. (2) ＝back away: *Back off* a bit. 少し下がってください. (3)《口語》口出しをやめる. ***báck óut (of)*** (*vi.*) (1) (〈企画·契約などから〉手を引く; 〈競技などから〉抜ける: ～ *out of* a contest, scheme, commitment, etc. / We cannot ～ *out* now. 今さら引っ込みがつかない. (2) 約束を破る, 違約する: He agreed to pay, then ～*ed out.* 払うと約束しておきながら違約した. (3) (…から)後ろ向きに出る[出す]. — (*vt.*) (1) ⇨ *vt.* 1. (2) 合図して後ろに誘導して出す. ***báck úp*** (*vt.*) (1) ⇨ *vt.* 1. (2) ⇨ *vt.* 2 a. (3)《米》〈車を〉逆進させる. (4)〈障害物·ダムなどが〉〈水を〉せき止める; 〈車の流れを〉止める. (5)〘電算〙〈データの〉バックアップを作る〔*on, onto*〕. (6) ⇨ *vt.* 2 a. — (*vi.*) (1) ⇨ *vi.* 1. (2)《米》〈車·交通が〉数珠つなぎになる, 渋滞する. (3)〈供給物などが〉(さばき口がなくて)たまる. (4)〈下水などが〉(つかえて)たまる, 逆流してあふれる. (5)〘球技〙バックアップする《送球や打球をさばく味方選手の後ろに備える》. (6)〘印刷〙(表面(おもて)について)裏刷りする; (電気版 (electrotype) を補強するために裏面に)裏金付けする. (7)〘海事〙〈留めたロープの端を〉引っ張ってさらにしっかり結び留める. (8)〘クリケット〙〈投球を受けている打手または受けていない打手が〉走る構えをして打者線から出る. (9)〘電算〙バックアップを取る《ファイル·プログラムなどの破壊や消滅に備えて写しやコピーを作ること》. (10)《豪》同じ動作を直ちに繰り返す〔*on*〕.

〖n.: OE *bæc* ＜ Gmc **bakam* (ON *bak* / OHG *bah*) ← ?. — v.: (*a*1376) ← (n.). — adj.: (*c*1450) ← (n.). — adv.: (*c*1390)《頭音消失》← *abak* ABACK〗

back[2] /bǽk/ *n.* (醸造·染色などに使う)大おけ. 〖(1682) ◻ Du. *bak* ◻ (O)F *bac* ＜ VL **baccam* water vessel〗

Back /bǽk/, Sir **George** *n.* バック (1796–1878; 英国海軍軍人·北極探検家).

báck·àche *n.* 背中の(下部の)痛み, (特に)腰痛. 〖1601〗

báck·àching *adj.* 〈仕事が〉ひどく骨の折れる, つらい: a ～ job. 〖1940〗

back·act·er /bǽkæ̀ktə | -tə[r]/ *n.*〘土木〙バックアクター (backhoe).

báck áction *n.*《米》(機械などの)反動. 〖1845〗

báck-álley *adj.* **1**〈企てなど〉こそこそした, 明朗でない, きたない: ～ schemes, gossip, etc. / ～ abortions 不法中絶. **2** ごみごみした, むさ苦しい.

báck álley *n.* **1** スラム, いかがわしい地区. **2** (ストリップ劇場などの)煽情的でゆったりとしたジャズ. **3** (物事の)裏側.

báck ànchor *n.*〘海事〙(主錨の係駐力を補強するための小さな)添錨(てんびょう), 副錨, バックアンカー.

báck-and-fórth *adj.* [限定的] 前後に動く; 行ったり来たりする: a ～ movement 前後運動 / ～ traffic of information 情報のやりとり[交換]. 日英比較 日英の語順は逆.

báck ànswer *n.* (無礼な)口答え: give a ～ 口答えする. 〖(1884) ⇨ back[1] (adj.)〗

báck-àrc *adj.* [限定的]〘地質〙背弧の《島弧 (island arc) の背後側についている》: a ～ basin 背弧海盆.

back·are /bǽkèə, -kɛ̀əri | -kɛ̀ə[r], -kɛ̀əri/ *int.*《Shak》後ろへさがれ! 〖(*a*1553) ← ? *back there*: ラテン語もじりの変形か〗

back·ass·wards /bǽkǽswədz | -wədz/ *adv.*《卑》尻の方から, 逆さまに.

báck bácon *n.* 豚の腰肉から作ったベーコン (Canadian bacon). 〖1947〗

báck·bànd *n.* **1** (荷鞍に渡した馬の)背帯《荷車のながえ (shafts) と連結し, かつそれを引き上げる役をする》. **2**〘建築〙ドア·窓の額縁の外側の縁形(ふちがた). 〖1523〗

báck·bàr *n.* バック バー: **1** (湯沸かしなどをつるす)炉の上に渡した横棒. **2** バーカウンターの後ろに棒で組み, 棚板を渡すなどして, ボトルなどを置けるようにしたもの.

báck béam *n.*〘紡織〙バックビーム, 間丁(けんちょう)《織機の後部で, 経糸(たていと)が巻きつけてある木の円筒》.

báck·bèat *n.*〘音楽〙バックビート《ポピュラー音楽で, 本来弱拍のところにアクセントをおいた拍子; 4 拍子で第 2, 4 拍を強くする場合など》. 〖1928〗

báck bénch *n.*〘英議会〙**1** [通例 *pl.*] (議場の)後方座席《平議員の席; cf. front bench》. **2** [the ～; 集合的] (後部座席の)平議員たち. 〖1874〗

báck·béncher *n.*《英·豪》(議会で後方座席の)平議員. 〖1910〗

báck·bènd *n.* 後屈《立った姿勢から体を後ろに反らせて両手を床につける曲芸的な動作》.

báck·bìte *v.* (**back·bit**; **-bit·ten**,《口語》**-bit**) — *vt.*〈いない人〉の悪口を言う, 〈人〉の陰口をきく. — *vi.* 人の陰口をきく. **báck·bìter** *n.* 〖(*a*1325): ⇨ back (adv.), bite〗

báck·bìting *n.* 陰口(をきくこと). 〖(*c*1175): ⇨ ↑, -ing[1]〗

báck·blòck *n.* [通例 *pl.*]《豪》(河川·海岸から離れた)奥地, 奥地の開拓地, 開拓地の第一線. 〖1870〗

báck·blòck·er *n.*《豪》奥地の住民.

báck·bòard *n.* **1 a** (荷車の)後板. **b** (掛け額の)背板. **c** (ボートの)より板. **d** (昔の電話機の)背面板. **2**〘医学〙(小児の)脊柱矯正板, 背板. **3**〘バスケットボール〙バックボード《バスケットを取り付けた板; 単に board ともいう》. — *vt.* …に背板[矯正板]をつける. 〖((OE)) (1761) *bæc-bord* larboard: ⇨ back[1] (n.), board〗

báck·bòiler *n.*《英》(ストーブやレンジの後ろに置いた)湯沸かし (《米》water back). 〖1939〗

báck·bòne *n.* **1** 背骨, 脊柱 (spine). **2** [the ～] (集団·計画などの)中心的支持力, 主力: the ～ of a defense 防衛の主力 / the ～ of England 英国の背骨《upper middle class のこと》. **3** 気骨, 精神力, 根性: He lacks [wants] ～. 彼には気骨がない. **4** (山脈の)脊梁(せきりょう). **5**〘製本〙**a** (書籍の)背《ここに書名·著者名などを示す》. **b**《米》背張り部分. **6**〘海事〙バックボーン《甲板上の天幕の中央に縦に縫いつけた補強用ロープ》. **7**〘造船〙バックボーン《船の中心線に沿って船底に縦の強さを与える背骨材; 竜骨·内竜骨など》. **8**〘電算〙バックボーン (ネットワークの)幹線, 主ケーブル, バックボーン.

to the báckbone [通例被修飾語のあとに置いて] 骨の髄まで, どこまでも, 完全に[な], 徹底的に[な] (cf. *to the* CORE[1]): an Englishman *to the* ～ 生粋の英国人 / a liberalist *to the* ～ 徹底的な自由主義者. (1864)

～·less *adj.* 〖(*a*1325): ⇨ back[1] (n.), bone[1]〗

báck·bòned *adj.* **1** 背骨のある: a ～ creature. **2** 気骨[根性]のある. 〖(1860): ⇨ ↑, -ed[2]〗

báck·brèaker *n.* **1 a**〘レスリング〙バックブリーカー《相手をひざや肩の上にあおむけに乗せて弓なりに反らす技》. **b**《米》〘スポーツ〙試合を決めるプレー[得点]. **2**《口語》とても骨の折れる仕事. 〖1867〗

báck·brèaking *adj.* **1** 〈仕事など〉ひどく骨の折れる. **2** 〈荷など〉ひどく重い. 〘1870〙

báck búlb *n.* 〖植物〗バックバルブ《ランの茎の葉または花をつけた偽鱗茎のうしろにできる葉のなくなった偽鱗茎》.

báck·bùrn *vt.* 《豪・NZ》〈燃え進む火とは逆方向に新たに〉向かい火で〈やぶ・雑木林などを〉焼き払う. ― *n.* 向かい火で焼き払うこと; その向かい火の焼け跡. 〘1944〙

báck·bùrner *vt.* 《米俗》後回し[二の次]にする (cf. put on the BACK BURNER).

báck búrner *n.* レンジの奥のバーナー《煮込み料理などをかけっぱなしにしておくバーナー; cf. front burner》. ***pút on the báck búrner*** 後回しにする, 重要な扱いをしない: First things first: We'll have to *put* the minor problems *on the* ～ 重要なことをまず先にして細かな問題は後回しにせねばならぬ. 〘1963〙

báck-calculàtion *n.* 血中アルコール量の逆算《検査時の値から運転中はどうであったかを計算すること》.

báck·càp *vt.* みくびる, 非難する.

báck·càst *vt., vi.* 〈研究・資料に基づいて〉〈過去のことを〉再構成する, 描述する (cf. forecast). ― *n.* 後方に投げること; 〖釣〗バックキャスト《投げ釣りで釣り糸を振り込む予備動作として竿を後方に振ること》. 〘1818〙

báck·chánnel *n.* **1** (外交交渉などの)裏の[非公式の]ルート. **2** 〖言語・心理〗(相手の発話中に発する)あいづち (yeah, uh-huh, really など). 〘1975〙

báck·chàt *n.* 《口語》 **1** 《英》口答え (《米》back talk). **2** (喜劇役者などの)掛合い問答, 当意即妙の応答. 〘(1901) ← BACK[1] (adj.)〙

báck·chèck *vi.* 〖アイスホッケー〗バックチェックする《攻撃をしかけてくる相手チームのプレーヤーの動きを阻止するため, 味方チームのディフェンス区域内に回り込む; cf. forecheck》. 〘(1937) ← BACK[1] (adv.)〙

báck·clòth *n.* **1** バッククロス《ローラー捺染機で下敷きに用いる布》. **2** 〖海事〗バッククロス《横帆を畳んだときにその中央部を巻き上げて固縛するための帆桁に取り付けた三角形のキャンバス》. **3** 《英》〖劇場〗＝backdrop 1 a. 〘(1874) ← BACK[1] (adj.)〙

báck·còmb *vt.* (髪にふくらみをもたせるために)逆毛(さかげ)を立てる. 〘1955〙

báck còmb *n.* 頭髪の後部につける装飾用の櫛(くし). 〘1865〙

bàck·cóuntry *n.* 《米・カナダ・豪》(都会から遠い)田舎, 奥地; 未開拓地. **báck-cóuntry** *adj.* 〘1746〙

báck cóupling *n.* 〖電気〗反結合《出力の一部を入力に加えて正帰還をかけること》.

báck·cóurt *n.* バックコート: **a** 〖バスケットボール〗センターラインより味方側のコート. **b** 〖テニス〗コートの後陣でサービスラインとベースラインの間の区画 (↔ forecourt; ⇨ lawn tennis 挿絵). 〘1890〙

báck·cóurt·man *n.* 〖バスケットボール〗(チームの)ガード. 〘1954〙

báck cràwl *n.* 〖水泳〗背泳 (backstroke).

báck·cròss 〖生物〗*vi.* 戻し交配[交雑]する. ― *n.* 戻し交配[交雑]《雑種第一代をその一方の親と交配すること》; 戻し交配によって得られた雑種. ― *adj.* 戻し交配[交雑]の[に関する]. 〘(1904) ← BACK[1] (adv.)＋CROSS[1] (v.)〙

báck cúrrent *n.* 〖電気〗逆電流 (reverse current). 〘1833〙

báck·dàte *vt.* **1** 〈書類・出来事などを〉〈実際より〉前の日付にする. **2** …を(実際の日より)前の日付にさかのぼって発効させる: ～ the wage increases *to* January 1 1月1日にさかのぼって昇給させる. 〘(1944) ← BACK[1] (adv.)＋DATE[1] (v.)〙

báck dive *n.* 〖水泳〗背面飛込み《飛込み台で後ろ向きに立ち, 後ろ向きに飛び込むこと》. 〘*c*1934〙

báck·dóor *adj.* [限定的] **1** 裏口の. **2** 内密の, 秘密の (secret): ～ methods 陰謀 / a ～ man 《俗》間男 / a ～ trade 不正取引. **3** 〖電算〗(システムの)抜け穴 (trapdoor). 〘1805〙

báck dóor *n.* **1 a** (家の)裏口. **b** (国などの表玄関に対し)裏玄関, 裏口. **2** 秘密[不正]手段: by [through] the ～ 不正手段で, ひそかに. **3** 《俗》肛門. 〘1530〙

báck·dòwn *n.* 《米口語》退却, 後退; (前言・主張・約束などの)撤回. 〘(1862) ← *back down* (⇨ back[1] (v.) 成句)〙

báck·dràft *n.* **1** (炉の中などの)逆気流. **2** バックドラフト《酸欠でくすぶっている火に新たな酸素が供給されて起こる爆発》. 〘1825〙

báck·dròp *n.* **1 a** 〖劇場〗(舞台の背後につるした)背景幕, 垂れ幕 (《英》backcloth). **b** (写真家の用いる)背景布. **2** (事件などの)背景 (background). ― *vt.* …に背景幕をつける. 〘1913〙

backed *adj.* **1** [しばしば複合語の第2構成素として] (…の)背をもった; (…の)背部を付けた: a straight-*backed* old lady 背のまっすぐな老婦人 / a high-*backed* chair 背の高い椅子. **2** 保温性を増すために裏に経糸(たていと)[緯糸(よこいと)]を付けた. **3** 後援[支持]された. **4** 〖商業〗〈手形など〉裏書のある. **5** 〖写真〗〈フィルム・乾板など〉裏面にハレーション防止層が塗られた. 〘(*a*1398) ← BACK[1] (n., v.)＋-ED〙

báck electromótive fórce *n.* 〖電気〗＝counter electromotive force. 〘1895〙

báck-ènd *adj.* **1** 最終的な; (契約)終了時の. **2** 〖電算〗バックエンドの, 後置型の.

báck énd *n.* **1** 後ろの端, 後部, 後尾. **2** (契約の)終了(最終的な)利益. **3** 《スコット・北英方言》晩秋, 初冬. **4** (核燃料サイクルの)終末過程《使用済み燃料の再処理過程》. **5** 〖電算〗バックエンド《ユーザーが直接操作しないハードやソフト》. 〘(*a*1617) ← BACK[1] (adj.)〙

báck·er *n.* **1** (運動・事業などの)後援者, 後ろ盾 (⇨ sponsor SYN). **2** (競馬など他人のする勝負事の)賭け手 (cf. layer 7). **3** 支持物; 台紙《紙が折れ曲がったりしないようにする支え紙》; 裏打ち. **4** 〖製本〗バッキング工, 山出し工, 耳出し工《丸背の本で, 表紙付けに便利なように本の背にバッキングをする人》. 〘(1583) ← BACK[1] (v.)＋-ER[1]〙

bácker-ùp *n.* 〖アメフト〗＝linebacker.

back·et /bǽkɪ̈t | -kɪt/ *n.* 《スコット》(石炭・塩などを運ぶ浅い)木箱, 手おけ. 〘(1789) ◻F *baquet* (dim.) ← *bac* tub: ⇨ back[2]〙

báck·fàll *n.* **1** 退くこと[もの]. **2** 〖レスリング〗フォール《投げてマットに背をつけさせること》. 〘1676〙

báck-fànged *adj.* 〖動物〗〈ヘビが〉後牙類の《上あごの後方に毒牙がある; boomslang など》.

báck·fàt *n.* (ブタの)背脂肪, 背脂(せあぶら). 〘1801〙

báck-fénce *adj.* 〈会話など〉裏側の垣根越しになされる; 陰口の: a ～ chat [talk].

báck·fìeld *n.* 〖アメフト〗 **1** [集合的] バックフィールド《攻撃チームからみて相手守備軍のラインバッカーより後ろの位置にいるプレーヤー》. **2** バックフィールドの位置. 〘1920〙

báck fíle *n.* 〖図書館〗(新聞などの)バックナンバーつづり[のとじ込み]; バックナンバー.

báck·fìll *n.* 〖土木〗(土など)埋め戻し; (土など)埋め戻し材料. ― *vt.* (特に考古学の調査後)〈掘った穴を〉埋め戻す. 〘1908〙

báck·fìll·ing *n.* 〖土木〗＝backfill. 〘1901〙

báck·fìre *n.* **1** 〖機械〗(内燃機関の早発による)逆火(ぎゃっか), 逆火(さかび), バックファイヤー. **2** 期待はずれの結果, 不首尾. **3** 向かい火《野火などの延焼を防止するため下手(しもて)に放つ火; cf. counterfire》. **4** (銃・砲の)逆火, 逆発, 復発; 逆動. **5** 《まれ》〖電子工学〗逆弧 (arc-back). ― /《英》ニーノ/ *vi.* **1** 〖機械〗〈内燃機関・車などが〉バックファイヤーを起こす. **2** 〈計画などが〉期待はずれの[予期に反した]結果になる, 不首尾に終わる: Our plan ～*d* (*on* us). **3** 向かい火を放つ. **4** 〈銃砲が〉逆火[逆発, 復炎]する; 逆動する. 〘(1839) ← BACK[1] (adj.)〙

back·fisch /bɑ́ːkfɪʃ; *G.* bákfɪʃ/ *G. n.* (*pl.* **-fi·sche** /～ə; *G.* ～ə/) 年頃の女の子, ティーンエージャー. 〘(1888) ◻G *Backfisch* 《原義》fish for baking〙

báck·fìst *n.* 〖空手〗裏拳(うらけん)《握ったこぶしの甲で打つ, 通例, 顔面攻撃の技》.

báck·flàsh *n., vi.* 〖映画・文学〗フラッシュバックの手法(で描く). 〘1957〙

báck·flìp *n.* 後ろ宙返り, バック転. ― *vi.* 後ろ宙返りをする. 〘1935〙

báck·flòw *n.* 逆流, 還流, バックフロー. 〘1884〙

báck fócus *n.* 〖写真〗バックフォーカス, 後部焦点《無限遠に焦点を合わせたときのレンズの一番後ろ側の面の頂点から焦点面までの距離》. 〘1897〙

báck-formàtion *n.* 〖言語〗 **1** 逆成《ある語を他の語からの派生語と考え通常の派生による手順とは逆にその本源と思われる新語を造ること; 例: lazy → laze; typewriter → typewrite; donation → donate》. **2** 逆成語. 〘(1889): ⇨ back[1] (adv.): J. A. H. Murray の造語〙

báck fóur *n.* 〖サッカー〗バックフォア《ディフェンシブハーフにいる4人のディフェンダー》.

báck·friènd *n.* **1** 支持者, 後援者. **2** 《廃・方言》にせの友, 味方のふりをした敵. 〘1472〙

back·gam·mon /bǽkgæ̀mən, ニーノ/ *n.* **1** バックギャモン《2個の遊戯箱 (tables) の上の各12個のとがり部分 (points) の盤上で, 2個のさいを振って各15個のこま (men) を動かす二人用の西洋すごろく》: a ～ board バックギャモンの盤. **2** バックギャモンでの勝ち, (特に)3倍点 (tripled score) をとったときの勝ち. ― *vt.* バックギャモンで〈相手に〉勝つ; (特に)3倍点で〈相手に〉勝つ. 〘(*c*1645) ← BACK[1] (adv.)＋GAMMON[2]: こまが後戻りすることから〙

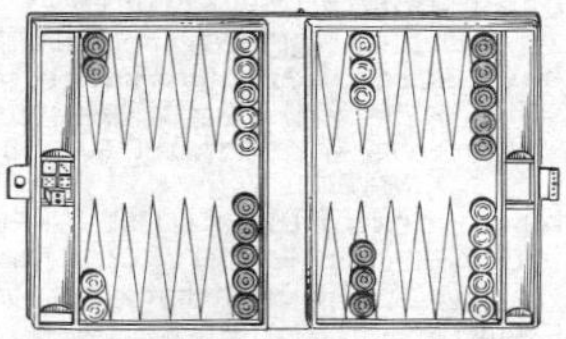

backgam-mon

báck gèar [gèaring] *n.* 〖機械〗バックギヤ《旋盤の主軸の回転速度を変化させる歯車装置》.

báck gràv *n.* ＝backcloth 1. 〘1896〙

báck gréen *n.* 《スコット中部方言》裏庭.

báck·gròund *n.* **1** (景色・絵画・舞台の)背景, 遠景 (cf. foreground, middle distance): a castle with a ～ of hills / in the ～ 背景[遠景]に / the ～ of the heavens 星辰(せいしん)の背景《天体の背景をなす暗黒の空間》. **2 a** (事件発生の)背景, 背後事情; (背景となる)一連の条件, 原因: the ～ of the American Revolution / It happened against the ～ of widespread social change. 広範な社会変化を背景にして起きた. **b** (問題などの理解に必要な)背景的情報, 予備知識 (background information ともいう). **c** (人の自然的・物理的・物質的などの)背景《教養・家柄・交友など》, 素性(すじょう), 経歴, 前歴; 経験, 学歴: He's a nice boy but what's his ～? いい少年だけど, どんな素性なの. **3** 目立たない所[立場], 裏面: keep [stay, be, remain, etc.] in the ～ 表面に立たないでいる, 黒幕になっている. **4** ＝background music. **5** (織物・画面などの)地(じ): a dress with red spots on a white ～. **6** 〖教育〗基礎環境《性格形成期などの環境》. **7** 〖電子工学・物理〗 **a** バックグラウンド, 影雑音, 暗騒音《有意な信号がないときにも通信機や測定器が示す擬似信号》. **b** 〖物理〗背景放射《宇宙のあらゆる方向からやってくる, ビッグバン起源のマイクロ波の放射; background radiation ともいう》. **8** 〖電算〗バックグラウンド《マルチタスク環境で, 他のプロセスより優先度の低い地位》. **9** [限定的に] 背景の[となる]; 表面に出ない: ～ noise, data, etc. ― *vt.* **1** …の背景となる. **2** …に背景となるもの[予備知識]をもたせる. **3** 《米口語》(物語・劇などの)考証をする. 〘1672〙

báck·gròunder *n.* 《米》(政府の政策・措置などの背景を説明するための)非公式記者会見; その新聞発表. 〘1960〙

báckground héater *n.* バックグラウンドヒーター《常にある一定の温度を保つための暖房装置; 適温よりやや低くそれ以上暖めるには他の暖房器具を用いる》. **báckground héating** *n.* 〘1939〙

báckground informàtion *n.* ＝background 2 b.

báckground mùsic *n.* バックグラウンドミュージック《映画・ラジオ・テレビ・演劇などで背景に流す音楽; また食堂・デパートなどで流すムード音楽》. 〘1928〙

báckground prócessing *n.* 〖電算〗バックグラウンド処理《優先順位の高いプログラムがシステムの使用していないとき優先順位の低いプログラムを自動的に実行すること》.

báckground projèction *n.* 〖映画・テレビ〗バックグラウンドプロジェクション, 背景投写[映写]《あらかじめ準備しておいたフィルムやスライドをアクション撮影の際, 半透明のスクリーン上に裏側から背景として投写すること; back projection, rear projection ともいう》.

báckground radiátion *n.* 〖物理〗＝background 7 b. 〘1969〙

báck·hànd *n.* **1 a** (テニスなどで)バックハンド(ストローク)《手の甲を打球方向に向けて打つ打球法; cf. forehand 1》. **b** バックハンド(ストローク)が用いられる(プレーヤーの)サイド. **2** (筆跡の)左傾斜書体《上下の筆線が左に傾いている書体》. **3** 〖野球〗バックハンドキャッチ. ― *adj.* ＝backhanded. ― *adv.* **1** バックハンド[逆手]で. **2** 左傾書体で. **3** 〖野球〗バックハンドキャッチで. ― *vt.* **1** バックハンドで打つ, 逆手で打つ. **2** 〖野球〗バックハンドで〈球を〉捕える. **3** 《俗》非難する, はねつける. 〘(1657): ⇨ back[1] (adj.)〙

báck·hánd·ed *adj.* **1** バックハンドによる, 逆手で打った; 〈打撃など手の甲による: a ～ stroke in tennis. **2** 回りくどい, もって回った, あいまいな (equivocal); 実意のない, 不誠実な (insincere); 皮肉な, 意地の悪い (sarcastic) (cf. left-handed 6): ～ warning, compliment, etc. **3** 〈筆跡が〉左傾斜の: ～ writing. **4** おずおずする, 躊躇(ちゅうちょ)する (hesitant): ～ in asking a question 質問するのをためらう. **5** 間接的な: in a ～ way 間接的に. **6** (ロープなど)逆撚りの. ― *adv.* **1** バックハンド[逆手]で. **2** 〖野球〗バックハンドキャッチで. **～·ly** *adv.* **～·ness** *n.* 〘(1800): ⇨ ↑, -ed 2〙

báckhanded rópe *n.* ＝left-handed rope.

báck·hánd·er *n.* **1 a** 〖テニス〗バックハンド(ストローク). **b** 〖野球〗バックハンドキャッチ. **2** 逆手打ち; 手の甲での打撃. **3** 間接的攻撃, 非難. **4** おまけの1杯《酒びんを順送りに左へ回す前に右側の人についでやる2杯目のつぎ酒》. **5** 《英俗》わいろ (bribe). 〘1960〙

báckhand rópe *n.* ＝left-handed rope.

báck·hàul *n.* (貨物船・貨車の)復路, 帰路. ― *vi.* 復路を走行する.

Back·haus /bɑ́ːkhaus; *G.* bákhaus/, **Wilhelm** *n.* バックハウス《1884–1969; ドイツのピアニスト》.

báck·hèel *vt., vi.* かかとで後方に蹴る. 〘1883〙

báck·hòe *n.* 〖土木〗バックホウ: **a** 地盤より低い所の掘削に適した掘削機の一種 (backacter ともいう). **b** バックホウを備えたトラクター. 〘1928〙

báckhoe lóader *n.* 《英》〖土木〗バックホーローダー (backhoe)《掘削機》.

báck·hòuse *n.* **1** 《米》屋外便所 (privy). **2** 《方言》(母屋の)裏の離れ. **3** 《スコット》小屋の裏側の部屋[台所]. 〘*c*1847〙

báck·ing *n.* **1** 後援, 支持, (特に金銭的)支援; [集合的] 後援者[団体]: financial ～ 財政的支援 / win strong union ～ 労働組合の強力な支持を得る / have a strong ～ 強力な支持団体がある. **2 a** 裏付け, 裏張り; 裏材, 裏板. **b** 〖劇場〗(舞台装置の窓や戸口などの開口部の裏に置く)隠し幕[板]. **3** 〖音楽〗(特に, 録音時にポップ歌手につける)伴奏: vocal [instrumental] ～ 声楽[器楽]による伴奏. **4** (手形などの)裏書保証. **5** 逆行, 後退: a ～ signal 後退信号. **6** 〖製本〗バッキング, 山出し, 耳出し《本の中身の背をたたいて耳出しをする作業》. **7** 〖印刷〗裏刷り. **8** 〖写真〗(乾板・フィルムの裏面の)ハレーション防止塗布層. **9** (発行紙幣に対する)金または貴金属による裏付け. **10** 〖釣〗(リールの下巻きにする)予備の糸. 〘(1793) ← BACK[1] (v.)＋-ING[1]〙

bácking dòg *n.* 《豪・NZ》羊の背中に飛び乗って羊を移動させる犬. 〘1934〙

bácking lìght [làmp] *n.* **1** ＝backup light. **2** 〖劇場〗＝backing strip.

bácking rìng *n.* 〖機械〗裏当て輪.

bácking stòre [stòrage] *n.* 〖電算〗補助記憶装置.

bácking strìp [strìplight] *n.* 〖劇場〗ストリップライト《舞台装置の背景に当てるための照明》.

bácking tràck *n.* 〖音楽〗録音された伴奏, カラオケ.

báck íssue *n.* (雑誌などの)バックナンバー.

báck júdge *n.* 〖アメフト〗バックジャッジ《バックフィールド地域を受け持つ審判》. 〘*c*1966〙

báck·lànd *n.* [しばしば *pl.*] 奥地, 僻地, 後背地. 〘(1681) ← BACK[1]＋LAND〙

báck·làsh *n.* **1 a** 強い巻き返し[反発](運動). **b** 《米》(黒人の人種差別反対運動に対する)白人の差別[巻き返し]運動: the White ～ to the Black Power movement 黒人の公民権運動などに対する白人の反発. **c** (急

B

激な)逆戻り, 激しい反動: a political ～. **2 a** 逆回転. **b** 〖機械〗バックラッシュ,「がた」,「あそび」《歯車や機械のゆるんだ部分の戻り》. **3** 〖釣〗(リールの)糸のもつれ. — *vi.* **1**「がた」[「あそび」]をつくる. **2** (急激に)逆戻り[巻き返し]をする, 強い反動を起こす. **3** 〖釣〗〈リールの糸が〉もつれる. **～·er** *n.* 〖1815〗

báck·làsh·ing *n.* 〖機械〗＝backlash 2 b.

báck·less *adj.* 背部のない; 〈婦人服が〉背中の部分が広くあいた: a ～ bench, dress, etc. 〖(1823): ⇨ -less〗

báck·lift *n.* **1** 〖ラグビー・サッカー〗バックリフト《ボールをキックするとき, 逆方向に脚を上げる動作》. **2** 〖クリケット〗(ボールを打つ前に)バットを後ろに振ること. 〖1912〗

báck·lìght *n.* 背面光, バックライト, 逆光線, バック照明《対象の背後から, または対象に直角に当たる照明》. — *vt.* (～·ed, -lit) …に背面光を当てる, 背後から照らす. 〖*c*1846〗

báck·lìght·ing *n.* 〖写真〗逆光照明(法), バック照明(技術). 〖1950〗

báck line *n.* **1** 〖ラグビー〗バックライン《スリークォーターの形成するライン》. **2** 〖アメフト〗バックライン《スクラムの後ろのバックスの形成するライン; cf. back[1] *n.* 9 b》. 〖1890〗

báck·lìning *n.* **1** 〖建築〗裏羽目《上げ下げ窓の窓枠を裏打ちする板で, 窓のすべりをよくするために張られる》. **2** 〖製本〗背紙, 背張り《本の中身の背とか, 背表紙の内側に張り付けて補強用にあてる布や紙》.

báck·list *n.* (出版社の新刊本を除く)在庫本(リスト). — *vt.* 〈書物を〉在庫本(リスト)に入れる[含める]. 〖1946〗

báck·lòad *n.* **1** 帰路の積み荷. **2** 背中に背負った[背負えるだけの]荷物, 背負いやすい荷物. — *vi.* 帰路に荷を輸送する. — *vt.* 〈賃金・費用などの支払いを延期する. 〖1725〗

báck·lòbe *n.* 〖電気〗バックローブ《指向性空中線[アンテナ]で本来電波を出すべき方向と正反対の方向に出る電波束》.

báck·lòg *n.* **1** 《口語》(商品などの)注文残高, 受注残; 滞貨; (仕事などの)未処理分, 残務; (副材料などの)予備貯蔵, 備蓄, 手持ち: have a sound ～ *of* experience 経験をしっかり積む. **2** 《米・カナダ》炉背木《まきの台木として炉の奥に置く長く燃える大丸太》. — *vt.* **1** (将来に備えて)取っておく, 留保する. **2** (将来のものとして)…の注文を受注する. 〖1684〗

báck·lòt *n.* 〖映画〗バックロット《撮影所付属の屋外撮影広場》.

báck márgin *n.* 〖印刷〗のど(あき)《図書のとじ目の側の余白; gutter margin, inner margin, inside margin, または単に margin ともいう》. 日英比較 日本語の「バックマージン」は問屋などが商品の値下げをした場合, さかのぼって販売先に返す金のことをいうが, 英語の *back margin* にはその意味はない. 英語では kickback という.

báck·màrker *n.* 《英》**1** (レースで)最も不利なハンディキャップで走る選手. **2** ＝also-ran. 〖1895〗

báck màtter *n.* 〖印刷〗(書物の)後付け《本文のあとにある参考書目・索引・補遺などの部分; end matter ともいう; cf. front matter》. 〖1947〗

báck mòlding *n.* 〖建築〗縁取用縁形(ぶち), 散(ち)縁形《壁面のへりを隠すために内側窓や戸の側部に取り付ける突き出しの部分》.

báck·mòst *ad.* 最も後方の, 最後部の. 〖(1782) ← BACK[1] (adj.)＋-MOST〗

báck mutàtion *n.* 〖生物〗復帰突然変異, 逆突然変異《突然変異した遺伝子が前の状態に変異すること》. 〖1939〗

báck níne *n.* 〖ゴルフ〗バックナイン《18 ホールのコースの後半の 9 ホール》.

báck númber *n.* **1** バックナンバー, 旧号《雑誌などで, 最新号以外の既刊の号》. **2** 《口語》時代遅れの人[もの, 方法]. 〖1812〗

báck o' Bóurke /-bɔ́ːk | -bɔ́ːk/ *adv.* 《豪》人里離れた[奥まった]所に[で]. 〖1918〗

báck-of-the-énvelope *adj.* すばやく簡単に決まる; (封筒の裏を使ってでもできるような)簡単な計算で済む, たやすく算出できる. 〖1971〗

báck-òrder *vt.* 繰越し注文する.

báck órder *n.* 〖商業〗**1** 未処理注文《処理の終わってない未納注文》. **2** あと積(づ)み注文, 繰越し注文, 再指図《調達し残った部分または元の注文時になかった品への新注文》.

báck òut *n.* **1** 《米口語》撤回, 脱退, 取消, 変節. **2** 〖宇宙〗時間読み撤回《時間読みの行程を逆にして中止すること》. 〖1829〗

báck·pàck *n.* **1 a** 背負って運ぶ荷. **b** 背負ったまま使用するように設計された機器《スキューバ (scuba), 宇宙服の生命維持装置 (life-support system) など》. **2** (アルミ製などの枠付きの)リュックサック (rucksack). — *vi.* リュックを背負ってハイキングする, バックパッキングする. — *vt.* (ハイキングなどで)〈食料・用具などを〉リュックで運ぶ. **～·er** *n.* **～·ing** *n.* 〖1914〗

báck·pàddle *vi.* ＝back water (⇨ water 成句).

báck-páge *adj.* 〖新聞〗裏ページ[裏面]の; 報道価値の低い (↔ front-page).

báck páge *n.* (本などの)偶数ページ, 裏ページ.

báck·pàint *vt.* 〈建物内部の造作など〉の裏[隠れた部分]を塗る, 裏塗りをする. **～·ing** *n.* 〖1753〗

báck párlor *n.* (私用の)奥の部屋,「裏座敷」. 〖1738〗

báck páss *n.* 〖サッカー〗バックパス《意図的に自分のゴールキーパーの方向に送るパス》.

báck pássage *n.* 《口語》**1** 直腸 (rectum). **2** 建物の裏に通じる通路.

báck·pàt *vt., vi., n.* **1** …の背中を軽くたたく(こと).

2 …に賛意を示す(しぐさ[ことば]).

báck pày *n.* **1** 未払い給料[俸給]. **2** (賃金引上げなどの場合の)遡及(そきゅう)分給与 (cf. retroactive 2).

báck·pèdal /⌐⌐⌐ | ⌐⌐⌐/ *vi.* (-**ped·aled, -alled; -al·ing, -al·ling**) **1** (自転車を減速するため)ペダルを逆に踏む. **2** (ボクシングなどで)後ろに身をかわす, すばやく後退する. **3** 行動・企てを翻す; 〈意見・約束などを〉撤回する 〔*from, on*〕. 〖(1901): ⇨ back[1] (adv.)〗

báck pìtch *n.* 〖機械〗横ピッチ《2 列以上のリベット継手の各列間の間隔》.

báck·plàne *n.* 〖電算〗バックプレーン《回路基板を相互に接続するためのバスに連絡したコネクター群からなる部分》.

báck·plàstering *n.* 〖建築〗裏プラスター塗り《壁の断熱・遮音性能を高めるために, 壁下地の裏側, つまり壁の仕上げ面とは反対側をプラスターで塗ること》.

báck·plàte *n.* **1** 〖建築〗裏地板《構材を支えるための木[金属]の板》. **2** 〖甲冑〗背当て (cf. breastplate 1 a). 〖(1656): ⇨ back[1] (n., adj.)〗

báck plày *n.* 〖クリケット〗バックプレー《打手が三柱門 (wicket) の方へ一歩下がって球を打つこと; cf. forward play》. 〖1844〗

báck prèssure *n.* 〖機械〗背圧《蒸気機関の出口側の蒸気圧力》. 〖1860〗

báck prèssure-árm lìft mèthod *n.* 〖医学〗人工呼吸法の一種《背中を圧迫し次に両ひじを上げる動作を繰り返す》.

báck·projèct 〖映画・テレビ〗*vt.* 〈映像を〉背景映写する (⇨ background projection). — *n.* 背景映写された映像. 〖1961〗

báck projèction *n.* 〖映画・テレビ〗＝background projection. 〖1933〗

back·ra /bǽkrə/ *n.* ＝buckra.

báck·rèst *n.* **1 a** (いすなどの)背もたれ. **b** バックレスト《手仕事に従事する人が用いる背中を休めるために寄りかかる支え》. **2** 〖機械〗あと振れ止め. **3** 〖紡織〗バックレスト, 間丁(まちょう)《織機の後部で経糸を支えるもの》. 〖1859〗

Báck Ríver /bǽk-/ *n.* [the ～] バック川《カナダ北部, Northwest Territories から北東に流れ, 北極海に注ぐ (974 km)》.

báck róad *n.* (人通りの少ない)田舎道《舗装していないことが多い》.

báck·róom *adj.* 舞台裏で行われる, 秘密の; こっそり決められた: ～ politics 秘密政治. 〖1940〗

báck róom *n.* **1** 奥の部屋. **2 a** (組織の)参謀たち, ブレーン(の会合場所). **b** (政党などの指導者の)秘密会合の場所. **c** (戦時の)秘密研究所. 〖1592〗

báckroom bóy *n.* [しばしば *pl.*] 《英口語》**1** (軍事目的などの)秘密研究員. **2** (政治の)裏面工作員,「裏方」. 〖1941〗

báck·ròpe *n.* 〖海事〗**1** バックロープ《dolphin striker の端を後方に船首まで張るロープ》. **2** ＝cat back. 〖1369〗

báck ròw /-ròu | -rəu/ *n.* 〖ラグビー〗バックロー《スクラムの第 3 列目を組む 2–3 名の選手》.

báck-ròw cénter *n.* 〖ラグビー〗バックローセンター《バックローの中心に位置する選手》.

báck rùn *n.* 〖化学〗逆流, バックラン《製造行程中材料物質の流れを逆にすること》.

Backs /bǽks/ *n. pl.* [the ～] バックス《Cambridge 大学の Trinity College などの裏手にある, Cam 川のほとりの風景の美しい土地》.

báck·sàw *n.* つり掛けのこぎり, 背のこぎり. 〖*c*1877〗

báck·scàtter *n.* 〖物理〗(素粒子や放射線の)後方散乱 (backscattering ともいう). 〖1940〗

báck scòre *n.* (カーリングの)バックスコア《フットスコアとスウィーピングスコアの中間の線; ⇨ curling 挿絵》.

báck·scràtcher *n.* (*also* **báck scràtcher**) **1** 孫の手《背中をかく道具》. **2** 《口語》(私利のため)お互いに便宜を図り合う人, 持ちつ持たれつでいく人. **3** 《口語》おべっか使い. 〖1834〗

báck·scràtching *n.* 《口語》(私利のために)お互いに便宜を図り合うこと, ギブアンドテイク. 〖(1884): ⇨ back[1] (n.): cf. 《諺》You scratch my back, and I'll scratch yours.〗

báck-séat *n.* **1** 後ろの座席, 後席 (⇨ car 挿絵). **2** 《口語》低い[目立たない]地位. ★ 通例次の成句で: ***táke a backséat to*** …に対して従属的になる, 卑下する, 一目置く; 〈物事が〉二の次になる. 〖1829〗

backséat dríver *n.* 《口語》**1** (自動車の後ろの座席から出しゃばって)運転の指示などをする人. **2** (権限もないのに)余計な口出しをする人, 出しゃばり; 下の地位にいて上の人に命令する人. **backsèat dríving** *n.*

báck·sèt *n.* 《米》**1** 後戻り, 逆行 (reverse). **2** 戻り水, 逆流 (countercurrent). **3** 〖建築〗バックセット《錠やかんぬきの先立面から鍵穴の中心までの距離》. 〖(1721) ← BACK[1] (adj.)＋SET (n.)〗

back·sheesh /bǽkʃiːʃ, ⌐⌐/ *n.* (*also* **back·shish** /～/) ＝baksheesh.

báck·shift *n.* 〖文法〗後方転移《直接話法における現在形が間接話法では過去形に変わる, あるいは過去形が過去完了形に変わること》.

báck shìft *n.* 《英》交替勤務制の午後番 (《米》swing shift). 〖1860〗

báck·shòp *n.* **1** (主店舗に隣接する)裏の店. **2** 新聞[定期刊行物]印刷所. 〖1549〗

báck·sìde *n.* **1** 後部; 裏側, 背面. **2** [しばしば *pl.*] 《口語》尻, けつ. **3** 月の裏側. 〖(1391): cf. Swed. *baksida*〗

báck·sight *n.* **1** 〖測量〗**a** 後視《トラバース測量・高低測量において, 後方の既知測点を視準すること》. **b** (測量済みの地点を示す)旗, 標識. **2** (銃の)照門, 照尺 (cf. foresight 5): a notch of the ～ 照門. 〖1847〗

báck slàng *n.* (英国の)逆さ言葉, 逆読み俗語《man を nam, pig を gip という類; cf. ananym》. 〖(1860): ⇨ back[1] (adv.)〗

báck·slàp *vt.* (親密・友情などを大げさに示して)ぽんと〈人〉の背中をたたく; 〈人〉に大げさに愛想よくする. — *vi.* ぽんと人の背中をたたく. — *n.* ＝backslapping. 〖(1926) ← *slap on the back* (⇨ back[1] (n.) 成句)〗

báck·slàp·per *n.* (やたらに人の背中をたたいたりして)いやに愛想のよい人, にこぽん式の人. 〖(1924): ⇨ ↑, -er[1]〗

báck·slàp·ping *n.* 背中をぽんとたたくこと, にこぽん式. — *adj.* やけに愛想のよい. 〖(1777): ⇨ -ing[1,2]〗

báck·slàsh *n.* バックスラッシュ《右下がりの斜線 (＼)》; バックスラッシュ文字[キー].

báck·slìde *vi.* (-**slid; -slid, -slid·den**) (道徳的・宗教的に)後戻りする, (再び)堕落する (relapse); (信仰から)脱落する, 背教する. — *n.* 後戻り, 退歩, 堕落. **báck·slìd·ing** *n.* 〖1581〗

báck·slìd·er *n.* (宗教上などの)堕落者, 背教者. 〖(1581): ⇨ ↑〗

báck·spàce *vi.* バックスペースする《タイプライターのキャリッジを 1 スペース分後戻りさせる》. — *n.* ＝backspacer. 〖1911〗

báckspace kèy *n.* ＝backspacer. 〖1915〗

báck·spàc·er *n.* バックスペース用のキー. 〖1907〗

báck·spìn *n.* (テニス・卓球・ゴルフ・バスケットボール・サッカーなどの球の)逆回転, バックスピン《球が落下すると逆にバウンド・転回または急停止する》. 〖*c*1909〗

báck·splàsh *n.* レンジ・カウンターなどの背後の壁の汚れ止め板 (splashback). 〖1947〗

báck·stàb *vt.* …の陰口をきく[たたく], 内緒で[知らぬうちに]攻撃する. 〖(1925)《逆成》↓: ⇨ back[1] (n.)〗

báck·stàb·ber *n.* 陰で人を攻撃する人, 不当な攻撃をする[陰口をたたく]人. 〖(1906): ⇨ back[1] (n)〗

back·stage /⌐⌐/ *adv.* **1 a** 舞台の裏[陰]で[へ]; (特に)楽屋で[へ]: go ～ 〈観客などが〉楽屋を訪れる. **b** 舞台後方で[へ] (upstage). **2** ひそかに, こっそりと. — /⌐⌐/ *adj.* [限定的] **1** 舞台裏で(の). **2** 芸能人の私生活に関する. **3** 〈活動など〉内密な, こっそり行われる;「黒幕」の. — /⌐⌐/ *n.* 舞台裏; (特に)楽屋; 舞台後方. 〖(1898) ← BACK[1] (adj.)＋STAGE (n.)〗

báck·stàir *adj.* ＝backstairs.

back·stairs /⌐⌐/ *n.* [単数または複数扱い] **1** (使用人の部屋に通じる)裏手階段《本来は使用人用》. **2** 秘密の手段. — /⌐⌐/ *adj.* **1** 裏手階段の. **2** 秘密の: a ～ intrigue 内緒の企み, 陰謀 / by ～ influence 秘密の[隠れた]勢力[手段]で. **3** 中傷的な, 下劣な. 〖(1627): ⇨ back[1] (adj.)〗

báck·stàmp *n.* **1** 郵便物の裏に押したスタンプ《着地・到着日を記録する》. **2** 陶器の底の商標. — *vt.* 〈郵便物の裏にスタンプを押す.

báck·stày *n.* **1** 〖機械〗(機械装置の)背控え, 後控え. **2** [しばしば *pl.*] 〖海事〗後方支索, バックステー《檣(しょう)頭から斜め下後方の両舷側に張ったマストの支え綱》. **3** 〖建築〗(塔・柱などの)支持用に張り渡した部材, 控え綱《ケーブルなど》. **4** 市革(いちかわ)《靴の後部についているハート[短冊]状の革》. 〖1626〗

báck·stìtch *n.* 返し針, 返し縫い. — *vt., vi.* 返し針で縫う. 〖1611〗

báck·stòp *n.* **1** バックストップ: **a** 《米俗》〖野球〗捕手の背後のバックネット[壁, 柵など]. 日英比較「バックネット」は和製英語. **b** 〖テニス〗ベースラインの背後の壁[金網など]. **c** 〖射撃〗(弾丸が遠くへ飛ばないようにする)標的の背後の土塁. **d** 〖ボート〗スライド式腰掛けのバックストップ. **2** 《俗》**a** 《米》〖野球〗捕手 (catcher). **b** 《英》(クリケットの)捕手 (wicketkeeper). **3** 〖機械〗(エレベーター・コンベヤーなどの逆行防止のための)安全装置. **4** 《口語》(主義・方法などの)裏付け, 支え; 後援, 支持. — *vt.* **1** …のキャッチャーをする. **2** 《米》支える; 〈他人を〉支持する, 支援する. 〖(1851): ⇨ back[1] (adj.)〗

báck stráight *n.* 〖競馬・競技〗＝backstretch 1. 〖1905〗

báck·stràp *n.* **1** バックストラップ《それを引っ張って靴を履くためにかかとにつけた革片》. **2** 〖製本〗＝backbone 5 a. **3** (馬の引き具の)背の中央部を通る革帯.

báck-stràpped *adj.* 〖海事〗(逆風や海流のために)航行が思うようにいかない, 進まない.

báck-stréet *n.* [通例 *pl.*] 裏通り, 裏町, 場末. — *adj.* **1** 〈行動など〉こそこそ行われる, 人目を盗んだ. **2** 非合法の: ～ abortions 不法中絶. 〖15C〗

báck·strètch *n.* **1** 〖競馬・競技〗バックストレッチ《競技場の決勝点のある走路と反対側の直線コース; cf. homestretch 1》. **2** 〖競馬〗(馬の走路に隣接する)納屋のある区域《馬を休めたり飼育係などが一時的に利用する》. 〖1839〗

báck·strìp *n.* 〖製本〗＝backbone 5 a.

báck·stròke *n.* **1** 打返し, 反撃. **2** 〖機械〗(ピストンなどの)退衝. **3** 《米》(テニスなどの)バックハンドストローク. **4** 〖水泳〗**a** 背泳, バックストローク. **b** [the ～] 背泳競技. **5** 〖鳴鐘〗バックストローク《上向きになっている鐘を下向きにするための綱の引き戻し; cf. handstroke》. — *vi.* 背泳をする. **báck·stròk·er** *n.* 〖1674 ← BACK[1] (adv.)＋STROKE[2] (n.)〗

báck·swèpt *adj.* **1** 斜め後方へ傾いた, 後方にたなびいた. **2** 〖航空〗〈飛行機の翼が〉後退角のついた (swept-back): a ～ wing 後退翼. 〖*c*1918〗

báck swìmmer *n.* 〖昆虫〗マツモムシ《腹を上にして泳ぐ半翅(し)目 Notonectidae 科の昆虫の総称; boat bug, water boatman ともいう》. 〖1862〗

báck·swìng *n.* **1** 〖球技〗バックスイング《クラブ・バット・

ラケットを引いて打球に備える動作). **2** (思想・風習などの)後戻り, 復古. 〘1899〙
báck·swòrd *n.* **1** 片刃の剣. **2** =broadsword. **3** 《古》(フェンシング練習用の)木刀. **4** =backswordman. 〘1609〙
báck·swòrd·man /-mən/ *n.* **1** 木刀使い. **2** 片刃の剣を使う人. 〘1598〙
báck-tàlk *vi.* 口答えする; 生意気な返事をする.
báck tàlk *n.* 《米口語》(目下の者の)口答え, 無礼な返答, 生意気な返事. 〘(1858): ⇨ back[1] (adj.): cf. talk back〙
báck-titrátion *n.* 〘化学〙逆滴定, 残余滴定《過剰の試薬を加え, 他の標準液でその過剰量を滴定して求め, 最初の反応物質の量を求める方法》.
báck-to-báck *adj.* [通例後置詞として] **1** 〈家・座席など〉背中合わせの: ～ houses. **2** 連続的な, 続けざまの. ― *n.* 《英》隣りと背中合わせに建っている二階建ての家, テラス. 〘15C〙
báck-to-básics *adj.* 基本[根本, 初心]に戻る. 〘1975〙
báck-to-náture *adj.* 自然にかえる, 自然回帰の《生活様式の単純化をいう》. 〘米国の映画 *Back to the Future* (1985) からの連想か〙
báck tóoth *n.* 奥歯. ***sick [féd úp] to the báck téeth*** 《口語》うんざりである: I'm *sick to the* ～ *teeth* of all this quarreling. このけんかにはうんざりだ.
báck-to-schóol *adj.* 《米》(9月の)新学期の: a ～ sale 新学期大売出し.
báck·tràck 《米》*vi.* **1** 同じ道を引き返す. **2** (事業などから)手を引く, 身を引く; 〔一度発表した意見・政策・計画などを〕撤回する, 取り消す〔*from, on*〕; 逆の政策をとる. ― *vt.* …の跡をたどる, 追跡する; 調査する. 〘(1904): ⇨ back[1] (adj.)〙
báck tràck *n.* 《米》(出発点へ帰る)帰り道, 戻り道: take the ～ 帰る, 退く. 〘(1724) ↑〙
báck·ùp *n.* **1 a** (ある人・物の)予備, 代替物: a ～ of troops. **b** (研究や開発で計画が挫折する場合に備えて並行して行われる)別計画, 別活動. **2** 《米・カナダ》**a** 支援, バックアップ. **b** 裏打ち, 裏張り. **3** 《米》(下水・車などの流れの)停滞, たまり; あふれ: a ～ of cars 車の渋滞. **4** 〘電算〙バックアップ: **a** 本体が故障した場合のための予備のシステム. **b** 控えの保存データ(を作ること). **5** 〔政策などの〕後退, 撤回〔*on*〕. **6** 〘ボウリング〙バックアップ, それ玉《ボウラーの利き腕の方向に大きく曲がるボール》. ― *adj.* **1 a** 予備の, 副の: a ～ generator 予備の発電機 / a ～ pilot 副操縦士. **b** 〘電算〙バックアップ用の. **2** 伴奏をする: ～ musicians. **3** 補充要員の. 〘(1900) ← *back up*: ⇨ back[1] (v.)〙
báckup light *n.* 《米・カナダ》(自動車の)後退灯, バック(アップ)ライト《後部にあって変速ギヤをバックに入れたときに点灯して車の後退を表示する; reversing light ともいう》.
báckup sìgnal *n.* 〘鉄道〙=dwarf signal.
báck·vèld *n.* (*also* **back·verdt**) 《南ア口語》未開で原始状態のままの奥地. **～·er** *n.* 〘(1905) ← BACK[1] (adj.)+VELD〙
báck vówel *n.* 〘音声〙後舌母音《[u], [o], [ɔ], [ɒ], [ɯ], [ɤ], [ʌ], [ɑ] など; cf. front vowel, central vowel》.
back·ward /bǽkwəd | -wəd/ *adv.* **1** 後方に, 後ろ向きに (backwards): fall ～ 仰向けに倒れる / lean ～ 後ろへもたれる / look ～ (over one's shoulder) (肩越しに)振り返って見る / walk ～ 後ろ向きに歩く / sit ～ on a horse 後ろ向きに馬に乗る. **2** 逆に, 反対方向に: count [read, flow, roll] ～ / say the alphabet ～ アルファベットを逆に言う / turn a handle ～ 取っ手を反対に回す. **3** 逆行して, 退歩して: a community going ～ 退歩[堕落]する社会. **4** 以前[昔]にさかのぼって: look ～ over the good old days 懐しい昔を振り返る. **5** 完璧に.
báckward and fórward (1) 行ったり来たり, 前後に, あちらこちらに; しどろもどろに. (2) 《口語》完全に, 徹底的に. (1581) ***bénd [fáll, léan] óver báckward*** (行き過ぎを直すために)正反対の態度を取る, 前とは打って変わって…しようとする; 《口語》(人を喜ばすために)懸命の努力をする, 必死になって…しようとする 〈*to do, (in) doing*〉: He *bent over* ～ (*in trying*) *to* help [please] her. (前とは違って)彼は彼女に力を貸そうと[彼女を喜ばそうと](して)一生懸命だった. ***knów báckward (and fórward)*** 《英口語》熟知[精通]している.
― *adj.* [通例限定的] **1** 後方の, 後方への; もとに戻る, 逆行の; 逆行的な, 逆の: a ～ glance 振り返り / a ～ movement 後退, 後ずさり / a ～ journey 帰りの旅 / a ～ process 逆のやり方 / a ～ blessing 呪い. **2** 発達の遅れている; 保守的な; 進歩の遅い, 覚えの悪い: a ～ country [nation] 開発途上国 (cf. DEVELOPING country) / a *backward*(-looking) attitude 保守的な態度 / a ～ child 学習の遅い子 / ～ in one's studies 勉強が遅れて. **3** しりごみしがちの, ためらいがちな (reluctant); 引っ込み思案な[の], 内気な (shy): a ～ suitor はにかみやの求婚者 / He is ～ in giving people his views. 人前で自分の意見を述べたがらない. **4** 時期[季節]遅れの: a ～ season 例年より遅い季節 / The crops are ～ this year. 今年は作が遅れている. **5** 〘チェス〙〈ポーンが〉(自陣のポーンの背後にあって)孤立している. **6** 〘クリケット〙打者の三柱門の後ろで守る. **7** 《北米》自信のない, 気後れした.
báckward in cóming fórward [否定文で]《口語》内気な, 物おじする.
― *n.* 《詩》過去: in the dark ～ and abysm of time 遠い遠い昔に (Shak., *Tempest* 1. 2. 50).
〘adv.: (*a*1325) *bakward(es)* (頭音消失) ← *abakward*: ⇨ aback, -ward. ― adj.: (*a*1398) ← (adv.)〙
back·ward·a·tion /bæ̀kwədéɪʃən | -wə-/ *n.* 《英》〘証券〙(London 証券取引所の繰延べ取引における)売株の繰延べ料《売主から繰延べ取引の相手方に支払われる》; 繰延べ逆日歩. 〘(1850): ⇨ ↑, -ation〙
báckward compatibílity *n.* 〘電算〙旧バージョン互換性.
báckward compátible *adj.* 〘電算〙《新版のソフトウェア・ハードウェアが》旧バージョンに対して互換の, バックワードコンパチブルな《旧バージョンで使用できたデータやプログラムがそのまま使用できる》.
báckward-gàzing [-lòoking] *adj.* 回顧的な, 後ろ向きの.
báck·ward·ly *adv.* **1** 後方へ, 逆行して. **2** しりごみして, 嫌々ながら, しぶしぶ; ぐずぐずと, のろのろと. **3** 後に, 遅れて. 〘(1552) ← BACKWARD (adj.)+-LY[1]〙
báck·ward·ness *n.* **1** 遅れがち, 進歩の遅いこと, 後進性, 遅鈍性. **2** 気後れ性, しりごみがち; 気の進まないこと. **3** (季節などの)遅れ. 〘(*a*1588): ⇨ -ness〙
báck·wards /-wədz | -wədz/ *adv.* =backward. ★《英》《米》で用いる. 〘*c*1410〙
báck·wàsh *n.* **1** 一度岸に寄せて引き返す波. **2** (事件などの)通常好ましくない余波, 波紋, 反響. **3** 〘海事〙**a** オールなどで押し返される水. **b** (船の推進器などによって生じる)後方への流れ, 溯流(そこう). **4** 〘航空〙後流, バックウォッシュ《飛行機のプロペラの回転によって後方に流される渦流》. ― *vt.* **1** 〈船・引潮などが〉…に影響を及ぼす[与える], あおりを食らわせる, 逆流を浴びせる. **2** 〈羊毛を〉再洗する《梳毛工程で一度加えた油脂を除く》. 〘1876〙
báck·wàter *n.* **1** せき返し水, 戻り水, 逆流; よどみ, 逆水; よどみのある入江, 潟(かた). **2** (知的)スランプ, (文化的)沈滞; 沈滞している環境[場所]: in an intellectual ～ 知的スランプの状態で / I live in a ～ in this small village. こんな小さな村の活気のない環境の中にくすぶっている. **3** 他から離れた所, 孤立した場所. **4** 〘地理〙自然的または人工的に川がせき止められて生じた水面; その水面に川が流入する部分. ― *vi.* =back water (⇨ water 成句). ― *adj.* 戻り水の, 沈滞した; 逆の (backward). 〘(*a*1387): ⇨ back[1] (adv., adj.), water (n.)〙
báck·wày *n.* 裏道, 裏に通じる道; 脇道. 〘1577〙
báck·wìnd[1] /-wìnd/ 〘海事〙*n.* 逆風《帆に反対側から当たる風》. ― *vt.* **1** …に逆帆をうつ, 〈帆〉に逆風を当てる. **2** 〈他の帆船〉の風上に出て風をさえぎる. 〘1899〙
báck·wìnd[2] /-wàɪnd/ *vt.* 〈カメラのフィルムを〉巻き戻す.
báck·wóod *adj.* =backwoods.
báck·woods *n. pl.* **1** [しばしば単数扱い; 通例 the ～] (米国・カナダなどの)へんぴな未開拓の森林地, 奥地. **2** 僻地. ― *adj.* [限定的] **1** 未開拓の, 森林地の; 僻地の. **2** 素朴な, 身純な; 無骨な (uncouth). 〘1709〙
báckwóods·man /-mən/ *n.* (*pl.* **-men** /-mən, -mèn/) **1** へんぴな未開拓地の住人[移住者]. **2** 《米口語》**a** 僻地の人, 田舎者. **b** めったに都会に出ない人, (礼儀作法を知らない)無骨者. **3** 《英口語》(駆り出されなければ)めったに登院しない上院議員. 〘1774〙
báck·wóods·y /-wʊ́dzi/ *adj.* =backwoods. 〘1862〙
back·yard /bǽkjάəd | -jάːd⁻/ *n.* **1** 裏庭, 後庭《垣根越しに隣家と交際する場所になる; 英国では通例舗装してある》. **2** (親近感などから)行きやすい所, (自分の)縄張り; よく人の集まる場所, たまり場, 行きつけの場所: in one's own ～ すぐ近くに, 身近に; 縄張りで. 〘1659〙
bac·la·va /bὰːkləvάː, ⸗⸗⸗ | bǽkləvὰː, bάːk-/ *n.* =baklava.
Ba·col·od /bɑːkóʊlɑ(ː)d | -kɑ́ʊləd/ *n.* バコロド《フィリピン中部, Negros 島北西岸の都市》.
ba·con /béɪkən/ *n.* **1** ベーコン《豚の横腹や背の肉を干すか塩漬にしていぶしたもの; ⇨ pork 挿絵》: ～ and eggs=eggs and ～ ベーコンエッグ《焼いた薄切りのベーコンを添えた目玉焼き》. **2** 《Shak》田舎者.
bring hóme the bácon 《口語》(1) 成功する; 所期の目的を達する. (2) 生活に必要な金をかせぐ; 生活必需品を備える. (1924) ***sáve one's bácon*** 《英口語》(1) 危ないところを助かる, 危害を免れる. (2) 人に本望を遂げさせる. (1654) ***séll one's bácon*** 《俗》体[身]を売る. (1825)
― *vt.* 《米》〈豚肉などを〉ベーコンにする.
〘(*c*1330) *bacoun* ☐ OF *bacon, bacun* ☐ Frank. *báko* ham, flitch < Gmc **bakōn* (cf. **bakam* 'BACK[1]')〙
Ba·con /béɪkən/, **Francis** *n.* ベーコン: **1** (1561–1626) 英国の哲学者・政治家・随筆家; 経験論の祖; *Essays* (1597, 1612, '25); *Novum Organum*「新機関」(1620); 称号 1st Baron Verulam, Viscount St. Albans. **2** (1909–92) アイルランドの画家; 人物・犬・死骸のゆがんだ濃い色の絵が特徴.
Bacon, Nathaniel *n.* ベーコン《1647–76; 英国生まれの米国植民者; ベーコンの反乱 (Bacon's Rebellion) (1676) の首領》.
Bacon, Roger *n.* ベーコン《1214?–94; 英国中世のフランシスコ会神学者・自然科学者で科学的近世哲学の先駆者; Friar Bacon, 'the Admirable Doctor' と呼ばれた》.
bácon-and-éggs *n. pl.* 〘植物〙=bird's-foot trefoil.
bácon bèetle *n.* 〘昆虫〙=dermestid. 〘1832〙
ba·con·er /béɪkənə | -nə(r)/ *n.* (83–101 kg の体重の)豚《ベーコン用肉を採る》. 〘(1743): ⇨ -er[1]〙
Ba·co·ni·an /beɪkóʊniən, bə- | -kə́ʊ-/ *adj.* ベーコン (Francis Bacon) の; ベーコン学派の; ベーコン(作者)説の: the ～ method 〘論理〙ベーコン式帰納法. ― *n.* **1** ベーコン哲学信奉者. **2** ベーコン(作者)説の支持者 (cf. Stratfordian 2). 〘(1812) ← *Francis Bacon*+-IAN〙
Bacónian théory *n.* [the ～] ベーコン(作者)説《Shakespeare の作品は Francis Bacon の作だとする説; 18 世紀の中頃に始まったといわれる》. 〘1874〙
bácon pìg *n.* ベーコン用に飼育した豚. 〘1833〙
bact. 《略》bacteria; bacterial; bacteriology; bacterium.
-bac·ter /bǽktə | -tə(r)/「細菌」,「バクテリア」の意の属名を造る連結形: helico*bacter*.
bac·te·re·mi·a, 《英》**bac·te·rae·mi·a** /bæ̀ktəríːmiə/ *n.* 〘病理〙菌血症《血液中に細菌が存在する病態》. **bac·te·re·mic** /bæ̀ktəríːmɪk⁻/ *adj.* 〘(1890) ← NL ～ ← F *bactériémie*: ⇨ ↓, -hemia〙
bac·te·ri- /bæktíᵊrɪ, -ri | -tíər/「バクテリア (bacteria), 細菌の (bacterial)」の意の連結形. ★ bacterio-, bactero- ともなる. 〘← BACTERIUM〙
bac·te·ri·a /bæktíᵊriə | -tíər-/ *n. pl.* (*sing.* **-ri·um** /-riəm/) バクテリア, 細菌《分裂菌類の細菌の総称》. ★ 単数形を用いることは比較的まれ. 〘(1854) ← NL ～ (pl.) ← BACTERIUM〙
bactéria bèd *n.* 微生物[酸化]濾床《下水に曝気(ばっき)処理を施すとともに浄化微生物の作用をうけさせるための細砂または砂利の層; cf. filter bed》.
bac·te·ri·al /bæktíᵊriəl | -tíər-/ *adj.* 細菌の, 細菌による, 細菌に似た: a ～ disease. **～·ly** *adv.* 〘(1871): ⇨ bacterium, -al[1]〙
bactérial blíght *n.* 〘植物病理〙(細菌の寄生による)植物病: **a** =halo blight. **b** =angular leaf spot.
bactérial cánker *n.* 〘植物病理〙バクテリアによる癌腫病, 潰瘍病, 胴枯れ病: **a** *Pseudomonas* 属の菌による核果の病気. **b** =tomato canker.
bactérial pláque *n.* 〘歯科〙=dental plaque.
bactérial vàginósis *n.* 〘医学〙細菌性膣症《通例悪臭のある灰色の帯下が特徴的な膣炎》.
bactérial wílt *n.* 〘植物病理〙細菌性凋(ちょう)枯症, 青枯れ病, 立枯れ病. 〘1946〙
bac·te·ri·cid·al /bæktìᵊrəsáɪdl | -tìərɪ̀-⁻/ *adj.* 殺菌(性)の, 殺菌力のある. **～·ly** *adv.* 〘(1878): ⇨ ↓, -al[1]〙
bac·te·ri·cide /bæktíᵊrəsàɪd | -tíərɪ̀-/ *n.* 殺菌剤. 〘(1884) ← BACTERI-+-CIDE〙
bac·ter·id /bǽktərɪ̀d | -rɪd/ *n.* 〘病理〙細菌性皮疹. 〘← BACTERI-+-ID[6]〙
bac·ter·in /bǽktərɪ̀n | -rɪn/ *n.* 〘医学〙バクテリン《細菌ワクチン; 免疫用》. 〘*c*1912〙
bac·te·ri·o- /bæktíᵊriou | -tíəriəʊ/ bacteri- の異形.
bactèrio·chlórophyll *n.* 〘植物・生化学〙細菌性葉緑素《光合成細菌にある青色の葉緑素に似たピロール誘導体》. 〘(1938) ← BACTERI-+CHLOROPHYLL〙
bac·te·ri·o·cid·al /bæktìᵊriəsáɪdl | -tìərɪ̀-⁻/ *adj.* =bactericidal. 〘1943〙
bac·te·ri·o·cin /bæktíᵊriəsɪ̀n | -tíəriəsɪn/ *n.* 〘生物〙(バクテリアから生まれる)抗生物質. 〘(1954) ← BACTERI-+(COLI)CIN〙
bac·te·ri·oid /bæktíᵊriɔ̀ɪd | -tíər-/ *n., adj.* 〘植物・動物〙=bacteroid. 〘1889〙
bacteriol. 《略》bacteriological; bacteriology.
bac·te·ri·o·log·ic /bæktìᵊriəlɑ́(ː)dʒɪk | -tìəriəlɔ́dʒ-⁻/ *adj.* =bacteriological. 〘1896〙
bac·te·ri·o·log·i·cal /bæktìᵊriəlɑ́(ː)dʒɪ̀kəl, -kl | -tìəriəlɔ́dʒɪ-⁻/ *adj.* **1** 細菌学(上)の, 細菌学的な. **2** (病気を蔓延させるため)細菌を使用する. **～·ly** *adv.* 〘(1886): ⇨ -ical〙
bactèriológical wárfare *n.* 細菌戦(争) (cf. biological warfare). 〘1924〙
bac·tè·ri·ól·o·gist /-dʒɪ̀st | -dʒɪst/ *n.* 細菌学者. 〘(1891): ⇨ ↓, -ist〙
bac·te·ri·ol·o·gy /bæktìᵊriɑ́(ː)lədʒi | -tìəriɔ́l-/ *n.* **1** 細菌学. **2** 細菌の生態[生命現象]. 〘(1884) ← BACTERI-+-O-+-LOGY〙
bacteriolyses *n.* bacteriolysis の複数形.
bac·te·ri·o·ly·sin /bæktìᵊriəláɪsɪ̀n | -tìəriə(ʊ)láɪsɪn/ *n.* 〘免疫〙溶菌素. 〘(1900): ⇨ ↓, -in[2]〙
bac·te·ri·ol·y·sis /bæktìᵊriɑ́(ː)ləsɪ̀s | -tìəriɔ́ləsɪs/ *n.* (*pl.* **-y·ses** /-sìːz/) 〘細菌〙溶菌(作用). 〘(1895) ← BACTERI-+-O-+-LYSIS〙
bac·te·ri·o·lyt·ic /bæktìᵊriəlítɪk | -tìəriəlít-⁻/ *adj.* 溶菌(作用)の, 溶菌力のある. 〘(1900): ⇨ ↑, -lytic〙
bac·te·ri·o·phage /bæktíᵊriəfèɪdʒ, -fὰːʒ | -tíər-/ *n.* 〘医学〙バクテリアファージ, ファージ《細菌に寄生して溶菌を起こさせるウイルス; しばしば単に phage ともいう》. **bac·te·ri·o·phag·ic** /bæktìᵊriəfǽdʒɪk | -tìər-⁻/ *adj.* **bac·te·ri·oph·a·gous** /bæktìᵊriɑ́(ː)fəgəs | -tìəriɔ́f-⁻/ *adj.* **bac·tè·ri·óph·a·gy** *n.* 〘(1920) ☐ F *bactériophage*: ⇨ bacteri-, -phage〙
bactèrio·rhodópsin *n.* 〘生化学〙バクテリオロドプシン, 細菌ロドプシン《好塩性細菌がもつ色素蛋白質; 光を化学エネルギーに変換する》. 〘1974〙
bac·te·ri·os·co·py /bæktìᵊriɑ́(ː)skəpi | -tìəriɔ́s-/ *n.* 細菌鏡検. **bac·te·ri·o·scop·ic** /bæktìᵊriəskɑ́(ː)pɪk | -tìəriəskɔ́p-⁻/ *adj.* **bac·tè·ri·o·scóp·i·cal** /-pɪ̀kəl, -kl | -pɪk-⁻/ *adj.* **bac·te·ri·os·co·pist** /bæktìᵊriɑ́(ː)skəpɪ̀st | -tìəriɔ́skəpɪst/ *n.* 〘← BACTERI-+-O-+-SCOPY〙
bac·tè·ri·o·stá·sis *n.* (*pl.* **-sta·ses**) 〘細菌〙細菌発育阻止, 静菌(作用). 〘(1920) ← BACTERI-+-O-+-STASIS〙
bac·te·ri·o·stat /bæktíᵊriəstæ̀t | -tíəriə(ʊ)-/ *n.* 〘細菌〙静菌剤, 細菌発育阻止剤. **bac·te·ri·o·stat·ic** /bæktìᵊriəstǽtɪk | -tìəriə(ʊ)stǽt-⁻/ *adj.* **bac·tè·ri·o·stát·i·cal·ly** *adv.* 〘(1920) ← BACTERI-+-O-+-STAT〙
bactèrio·thérapy *n.* 〘医学〙細菌療法. 〘(1886) ← BACTERI-+THERAPY〙

B

bac·te·ri·um /bæktíəriəm | -tíər-/ *n.* **1** bacteria の単数形. **2** 〖細菌〗[B-] バクテリア属《ある分類法による細菌類の一属》. 〘(1847-49) ← NL ～ ← Gk *baktḗrion* small staff (dim.) ← *báktron* staff, stick: 18 世紀のドイツの博物学者 C. G. Ehrenberg の造語〙

bac·te·ri·u·ri·a /bæktìəri(j)úəriə | -tiər-/ *n.* 〖病理〗細菌尿(症). 〘(1889-90) ← NL ～: ⇨ bacteri-, -uria〙

bac·ter·ize /bǽktəràɪz/ *vt.* …に細菌を作用させる, 細菌の作用によって…の組織を変化させる. **bac·ter·i·za·tion** /bæ̀ktərɪ̀zéɪʃən | -raɪ-, -rɪ-/ *n.* 〘(1914) ← BACTER(IUM)＋-IZE〙

bac·ter·o- /bǽktəroʊ | -rə(ʊ)/ bacteri- の異形.

bac·te·roid /bǽktərɔ̀ɪd/ *adj.* 細菌に類似した, 細菌状の. **— *n.* 1** [*pl.*] 〖植物〗(豆科植物の根粒中にあり窒素固定をする状態の)根粒細菌, バクテロイド. **2** 〖動物〗(ある昆虫の菌膿(ʒ)細胞の)バクテリア体. 〘(1855) ← BACTERI-＋-OID〙

bac·ter·oi·dal /bæ̀ktərɔ́ɪdḷ, -dl⁻/ *adj.* ＝bacteroid.

bac·te·roi·des /bæ̀ktərɔ́ɪdiːz/ *n.* (*pl.* ～) 〖細菌〗バクテロイデス《消化管内に見られる *Bacteroides* 属グラム陰性の糸状嫌気性微生物》. 〘← NL ～: ⇨ bacterium, -oidea〙

Bac·tri·a /bǽktriə/ *n.* バクトリア《南西部アジアの Oxus 川と Hindu Kush 山脈との間にあった古代ギリシャ人の建てた王国 (246-138 B.C.); 現在のアフガニスタン北部 Balkh 地方》.

Bac·tri·an /bǽktriən/ *adj.* バクトリア (Bactria) の. **— *n.* 1** バクトリア人. **2** バクトリア語. 〘□ L *Bactriānus* □ Gk *Baktrianós* ← *Baktria* (原義) the eastern province: ⇨ -an¹〙

Bac·tri·an·a /bæ̀ktriǽnə, -ɑ́ːnə | -ɑ́ːnə/ *n.* ＝Bactria.

Báctrian cámel *n.* 〖動物〗フタコブラクダ (*Camelus bactrianus*)《中央アジア産で背に二つのこぶがあり毛が密で長く, 荷役として利用する; cf. dromedary》. 〘1607〙

bacula *n.* baculum の複数形.

baculi *n.* baculus の複数形.

ba·cu·li·form /bækjúːləfɔ̀əm | -lɪ̀fɔ̀ːm/ *adj.* 〖生物〗棒状の, 桿状(ɡ̃ɴ)の (rod-shaped): ～ chromosomes 棒状染色体. 〘← L *baculum* (↓)＋-I-＋-FORM〙

bac·u·line /bǽkjulàɪn/ *adj.* **1** 棒の, むちの. **2** むち打ち刑の. 〘(1710) ← L *baculum* stick＋-INE¹〙

bac·u·lite /bǽkjulàɪt/ *n.* 〖古生物〗バキュリテス《白亜紀の *Baculites* 属のアンモナイト (ammonite)》. 〘(1822) ← NL *baculites*: ⇨ ↓, -ite¹〙

bac·u·lo·vi·rus /bǽkjulouvàɪ°rəs | -vàɪ(ə)rəs/ *n.* 〖生物〗バキュロウイルス《昆虫細胞に感染するウイルス; 害虫の抑制に利用される》. 〘(1985) ← L *baculum* stick (⇨ bacillus)＋VIRUS〙

bac·u·lum /bǽkjuləm/ *n.* (*pl.* **～s, -u·la** /-lə/) 〖動物〗陰茎骨. 〘(1939) ← NL ～ ← L 'staff, stick'〙

bac·u·lus /bǽkjuləs/ *n.* (*pl.* **-u·li** /-làɪ, -lìː/) **1** 権威の表象である杖(ɔ̃), 権標. **2** 〖カトリック〗司教杖(ʒ̃). 〘□ LL ～ 'rod': ⇨ bacillus〙

bad¹ /bǽd/ *adj.* (**worse** /wə́ːs | wə́ːs/; **worst** /wə́ːst | wə́ːst/) **1 a** 悪い, 不良の, ふとどきな, 不正な: ～ conduct [behavior, attitude] 不品行 / a ～ life ふしだらな生活 / a ～ boy 悪童, 不良少年 (cf. bad boy) / a ～ girl 不良少女; おてんば娘 / a ～ man 悪人, 悪党 (cf. badman) / Sometimes you can't tell the good guys from the ～ guys. ときによると善人と悪人の区別がつかない / a ～ woman 素行の悪い女性 / a ～ book 悪書 / ～ habits 悪癖, 悪習 / (a) ～ law 悪法 / a ～ name 悪評 / a ～ word 悪い言葉, 不敬[卑猥(ᵹ̃)]な語 / ～ language 悪口, 毒舌 / a ～ conscience 良心のとがめ / in a ～ humor [temper, mood] 機嫌を悪くして / call a person ～ names 人の悪口を言う / He isn't as ～ as he looks. 見かけほど悪い奴ではない / It was very ～ *of* you to leave me like that. あんな具合に私を見捨てるとは君もずいぶんひどい. **b** [the ～; 名詞的に] 悪人たち.
2 〈本来悪い物事が〉(一層)ひどい, 激しい, 重い (severe): a ～ accident [blunder] ひどい事故[失策] / a ～ cold [head(ache)] ひどい風邪[激しい頭痛] / a ～ crime 悪質な犯罪; 大罪 / a ～ disease 悪性の病気; 重病.
3 a 不十分な, 役に立たない (inadequate); 不適当な, 不都合な (unsuitable): a ～ plan [idea] 準備不足の企画[アイデア] / ～ heating 不良暖房 / a ～ light 不十分な明かり / It's a very ～ line. 電話の通話状態がとても悪い / come at a ～ time 都合の悪い時に来る. **b** 割の合わない, もうからない (unprofitable): a ～ buy 買い損 / a ～ investment 無駄な投資 / Is business good or ～ these days? このごろは景気がいいですか悪いですか.
4 不愉快な, 不利な (unfavorable); あいにくの, 運の悪い (unfortunate): a ～ impression 不快な印象 / ～ news 悪い知らせ, 凶報 (cf. bad news) / a ～ crop 不作 / a ～ year 凶年, 不景気な年 / ～ times 不景気 / ⇨ bad time / a ～ business [job] 《口語》あいにくなこと / in ～ circumstances 悪い境遇に陥って) / have ～ luck [success] 不運に会う[失敗する] / have a ～ time (of it) ひどい目に遭う / It looks ～ for us. 形勢は我々に不利なようだ (⇨ *too* BAD).
5 悪質な, 粗悪な, 劣等な (inferior); 偽造の (counterfeit): a ～ diamond 粗悪なダイヤモンド / a ～ repair job ずさんな修理の仕方 / very [awfully] ～ food ひどく栄養のない食べ物, ひどい粗食 / a ～ coin 悪貨, にせ金 / turn up like a ～ penny ⇨ penny *n.* 成句. **6 a** へたな, まずい, ひどい (poor): a ～ driver [horseman] へたな運転手[騎手] / ～ fun まずい冗談 / speak ～ French ひどいフランス語を話す / He's ～ *at* figures [lying]. 計算が[うそをつくのが]へただ / He's ～ *about* [when it comes to] being on time. 時間を守ることにかけてはだめな男だ. **b** 〈好み・嗜好が〉芸術的センスのない, 趣味の悪い: have ～ taste in clothes 着る物の趣味が悪い. **c** (**bad·der**; **bad·dest**) 《米俗・反語》すばらしい, 抜群の (excellent): He blows a ～ trumpet. トランペットでは超一流だ / He's the ～*dest* trumpet-player I ever did hear. 今まで聞いた中で最高のトランペット奏者だ. **7** [叙述的] 《口語》後悔して, 悲しんで (sorry): feel ～ *about* one's error [being late] あやまちを[遅れたのを]後悔する. ★ 一層くだけた言い方ではこの意味に badly (*adv.* 3) を用いる. **8** 加減が悪い, 病気の (ill, sick); けがをした, 痛む (injured): a ～ constitution 病身 / a ～ leg [back] 痛む足[背中] / be taken ～ 病気になる / look ～ 顔色が悪い / feel ～ *from* drinking too much 飲みすぎて気分が悪い / He is very ～ today. きょうは容態が大変悪い. **9 a** 悪くなった, 腐敗した (rotten): a ～ egg 腐った卵 / a ～ tooth 虫歯 / go ～ 〈食物が〉悪くなる, 腐る / This fish is [has gone] ～. この魚は腐っている. **b** 荒れ果てた, 荒廃した (dilapidated): a house in a ～ state [condition] 崩れかかった家. **10 a** 〈味・香りなど〉悪い, いやな, 不快な (nasty); 〈気候・天候など〉厳しい, 荒れ模様の, 険悪な (inclement): a ～ smell [taste] 胸が悪くなる臭気[味] / sound [taste] ～ いやな音[味]がする / a ～ summer 暑さの厳しい夏 / The weather is too ～ (for you) to go for a walk. 天候が悪くて(あなたの)散歩には不向きです. **b** 〈容姿など〉美しくない, 魅力に乏しい (unattractive): a ～ figure 魅力に欠ける容姿 / She's by no means ～ to look at [*bad*-looking]. 決して不美人ではない. **11** 有害な, よくない (injurious): a climate ～ *for* the health 健康に悪い気候 / Candy is ～ *for* you [your teeth]. キャンディーは身体[歯]に悪い / What's so ～ about smoking? 喫煙のどこがいけないのか. **12** 誤っている, 不当な (incorrect); 〖競技〗反則の (foul), 得点に数えられない: (a) ～ shot 見当違い / a ～ claim 不当な要求 / ～ grammar 誤った[破格な]語法 / a ～ tennis shot アウトになったテニスの打球[ショット]. **13** 〖商業〗効力のない (invalid), 無効の, 回収不能の (irrecoverable): a ～ check 不渡り小切手 / ⇨ bad debt. **14** [叙述的] むずかしい, 困難な (difficult): I found Russian as ～ as I had feared. ロシア語を始めたら心配したとおりむずかしかった.
in a bád wáy ⇨ way 成句. ***Mý bád.*** 《米俗》おれが悪かった, すまん. ***nòt bád*** 《口語》(まんざら)悪くない, なかなかよい: That's *not* (at all [that]) ～. I really like it. 悪くはないね. 本当に気に入ったよ / It's *not* (really [that]) ～ but it could be better. 悪くはないが改善の余地がある / It's *not* as ～ as all that. そんなに悪くはない, まあまあだ. ★ (英語の)控え目な表現の一つ. (1771) ***nót so*** [***too***] ***bád*** 《口語》＝*not* BAD. ***That can't be bád!*** 悪くないよ, それはよかった. ***tóo bád*** 《口語・しばしば軽蔑》あいにくで, 気の毒で (regrettable, a pity): That's *too* ～. それは残念, (お)気の毒だ / It's *too* ～ you hav*ing* to stay at home. 君が留守番とはお気の毒さま.
— *adv.* 《米口語》＝badly. ★ ただし, badly 2 の意味で用いるのは非標準的: He can't stop thinking of her. He's really got it ～. 彼女のことを考えずにいられない. かなりの重症だ. ***be bád óff*** 経済的に困っている, 暮らし向きが悪い. (1815)
— *n.* 悪いこと, 悪; 悪い状態; 不運: go [turn] from ～ to worse だんだん悪くなる / take the ～ with the good 幸運も不運も合わせ迎える, よい目にも悪い目にも遭う.
be [***gèt***] ***in bád*** 《口語》(1) 嫌われている: He's *in* ～ *with* the boss. 上役の不興を買っている. (2) 困っている. (1911) ***gó to the bád*** 破滅[零落]する, 悲境に陥る; 堕落する. (1864) ***to the bád*** 不足[欠損]で, 赤字で, 借金して: He is $200 *to the* ～. 200 ドルの借りになっている. (1816)
～·ness *n.* 〘(*c*1300) *badde* wicked ← ? OE *bæddel* hermaphrodite, effeminate person: OE *-l* の消失については ⇨ much〙

SYN 悪い: **bad** 〈人や物事が〉倫理的・道徳的規範から逸脱していたり正常でないことを表す最も一般的な語: *bad* conduct 不品行 / a *bad* law 悪法. **evil** *bad* よりも意味が強く,「人に害を与えて喜ぶ」といった含意がある《格式ばった語》: an *evil* king 邪悪な王 / She has an *evil* tongue. いろいろと人の悪口を言う. **wicked** 〈人や行動が〉故意に道徳律を破るといったようにはなはだしく悪い《古風な語で, *evil* の方が普通に使われる》: Deliberately leading an evil life is *wicked*. 故意に邪悪な生活をするのは悪いことだ. **ANT** good, moral.

---

bad² *v.* 《古》bid の過去形. 〘OE *bæd*〙

BADA 《略》British Antique Dealers' Association.

bád áctor *n.* 《米俗》**1** 手に負えないやつ[動物], 無法者; 常習犯. **2** ＝bad egg.

Bad·a·joz /bɑ̀ːdəhóus | bæ̀dəhɔ́z, -háuz; *Sp.* baðaxóθ/ *n.* バダホス《スペイン南西部のポルトガル国境に近い都市; 11-13 世紀はムーア人王国の主要都市》.

Ba·da·lo·na /bɑ̀ːdəlóunə | -dələ́u-; *Sp.* baðalóna/ *n.* バダロナ《スペイン北東部の Barcelona 近郊の港市; 工業都市》.

ba·dam /bədɑ́ːm/ *n.* 《インド》＝almond.

bád ápple *n.* ＝bad egg.

Ba·da·ri /bədɑ́ːri/ *n.* **1** バダリ《中部エジプト Asyut の南, Nile 川東岸にある村; 新石器後期(先王朝時代)の遺跡がある》. **2** バダリ文化《バダリを指標とする文化》.

Ba·da·ri·an /bədɑ́ːriən/ *adj.* バダリ文化の. 〘(1924): ⇨ ↑, -an¹〙

bád·àss 《俗》*n.* もんちゃくを起こす者, 粗暴な男, 'わる'. **— *adj.*** 悪の, 'わる'の (badassed ともいう). 〘1956〙

bád blóod *n.* 悪感情, 不和, 敵意, 憎しみ, 憤り: make [breed] ～ *between* the brothers 兄弟同士を不和にさせる. 〘1825〙

bád bóy *n.* (道徳・芸術上の)時代の反逆児, 異端者 (cf. bad¹ *adj.* 1 a).

bád bréath *n.* 〖医学〗口臭, 悪臭呼気 (halitosis).

bád cónduct dischàrge *n.* 〖米軍〗**1** 懲戒除隊, 非行除隊《不名誉除隊 (dishonorable discharge) よりも軽い罪による除隊; 略 BCD》. **2** 懲戒除隊証明書.

bád débt *n.* 貸倒れ(金), 不良貸付け[債権].

bad·de·ley·ite /bǽdəliàɪt, -dl- | -də-, -dl-/ *n.* 〖鉱物〗バデレー石 (ZrO_2)《二酸化ジルコニウム; 耐火物質用に使用される》. 〘(1894) ← *Joseph Baddeley* (19 世紀の英国人で, その発見者)＋-ITE¹〙

bad·der /bǽdə | -də(r)/ *adj.* 《口語》＝worse (cf. bad¹ *adj.* 6 c).

bad·der·locks /bǽdəlɑ̀(ː)ks | -dəlɔ̀ks/ *n. pl.* 〖植物〗[単数扱い] (ヨーロッパ北部で食用に供する)チガイソ科の海藻 (*Alaria esculenta*). 〘(1789) ← ?〙

bad·dest /bǽdɪ̀st | -dɪ̀st/ *adj.* 《口語》＝worst. (cf. bad¹ *adj.* 6 c)

bad·die /bǽdi | -di/ *n.* 《口語》(映画・テレビなどに出る)やくざ, 悪役, 不良の男[女], 悪人. 〘(1937) ← BAD¹＋-IE〙

bad·dish /-dɪʃ | -dɪʃ/ *adj.* やや悪い. 〘(1755): ⇨ -ish¹〙

bad·dy /bǽdi | -di/ *n.* ＝baddie.

bade *v.* bid の過去形.

bád égg *n.* 不正直者, 信頼できない人 (bad actor, bad apple, bad hat, bad lot ともいう).

Ba·den /bɑ́ːdṇ; *G.* báːdṇ/ *n.* **1** バーデン《ドイツ南西部のスイス・フランスに接する地方; 1806 年大公国, 1918 年ワイマール共和国の州, 第 2 次大戦後, 統合されて Baden-Württemberg 州となった》. **2** ＝Baden-Baden. 〘□ G ～ < OHG *badun* (dat. pl. ← *bad* 'bath': cf. Bath)〙

Ba·den-Ba·den /bɑ́ːdṇbɑ́ːdṇ; *G.* báːdṇbáːdṇ/ *n.* バーデンバーデン《ドイツ南西部の都市; 古代ローマ時代より温泉保養地》. 〘cf. Baden〙

Ba·den-Pow·ell /béɪdṇpóuəl, -páu- | -pə́uɪ̀l, -páuəl, -páu-/, Lord **Robert Stephenson Smyth** *n.* ベイドンパウエル (1857-1941; 英国の将軍; Boer War に活躍したあと, 1908 年に Boy Scouts を, 1910 年に妹 Agnes とともに Girl Guides を創設; 称号 1st Baron Baden-Powell (of Gilwell /gílwəl/)).

Ba·den-Würt·tem·berg /bɑ́ːdṇvə́ːtəmbə̀ːg | -və́ːtəmbə̀ːg; *G.* báːdṇvʏ́ʁtəmbɛʁk/ *n.* バーデンビュルテンベルク(州)《ドイツ南西部の州; 面積 35,745 km², 州都 Stuttgart》.

Ba·der /bɑ́ːdə | -də(r)/, Sir **Douglas** (**Robert Steuart**) *n.* バーダー (1910-82; 英国の戦闘機パイロット; 第二次大戦の英雄, 最後にフランス上空でドイツ機と接触, 撃墜されて捕虜となった; 1976 年身体障害者に対する福祉活動を認められてナイトに叙された).

bád fáith *n* **1** 裏切り, 背信, 不実: act in ～ 不誠実にふるまう. **2** (サルトル哲学の)自己欺瞞(ᵹ̃) (mauvaise foi)

bád fórm *n.* 《英》無作法, はしたないこと. 〘1868〙

badge /bǽdʒ/ *n.* **1** 記章, 肩章, バッジ: a ～ of rank (軍人の)階級章 / a good conduct ～ 善行章 / a school ～ 校章 / wear a ～ 記章を付ける. **2** しるし, 表象 (symbol): Chains are a ～ of slavery. **3** 〖紋章〗バッジ《広い意味の紋章に含まれるが, 旗印 (standard) に加えられる印として始まり, 後に大紋章 (achievement) の下, あるいは上に加えられる場合もあった; イングランドのバラ, スコットランドのアザミはその例》. **— *vt.*** …に記章[肩章]を付け(て区別す)る. 〘(?a1400) bag(g)e □ ? AF & OF *bage* ← ?〙

BADGE /bǽdʒ/ *n.* 〖軍事〗バッジ, 半自動警戒管制組織 (SAGE の小規模なもの). 〘《頭字語》← *B*(*ase*) *A*(*ir*) *D*(*efense*) *G*(*round*) *E*(*nvironment*)〙

bádge engineèring *n.* バッジエンジニアリング《自動車を複数のブランド名で販売すること》.

bad·ger¹ /bǽdʒə | -dʒə(r)/ *n.* (*pl.* **～s,** ～) **1 a** 〖動物〗アナグマ《穴を掘って生息するイタチ科の動物で北米産のアメリカアナグマ (*Taxidea taxus*), ヨーロッパ産のアナグマ (*Meles meles*) など》: draw a ～ アナグマを穴から追い出す; 敵をおびき出す. **b** アナグマの毛皮. **2** アナグマの毛で作った毛針[絵筆]. **3** [B-] 《口語》米国 Wisconsin 州人. **4** 《豪》〖動物〗**a** ＝wombat. **b** ＝bandicoot. **— *vt.* 1** 〈アナグマを〉犬で攻める. **2** 〖質問などで〗いじめる (tease) 〈*with*〉 (⇨ bait¹ SYN); 悩まして(ある行動・状態に)追いやる: ～ a person *with* questions [requests] いろいろと質問[要求]をして人を苦しめる / He ～*ed* his father *into* buying [*to* buy] him a car. おやじさんにさんざん言ってとうとう車を買ってもらった / ～ a person *out of* his wits [senses] 人をいじめて[悩まして]戸惑わせる[正気を失わせる]. 〘(1523) *bageard* ← ? BADGE (アナグマの頭の白斑(ᵹ̃)との連想)＋-ARD〙

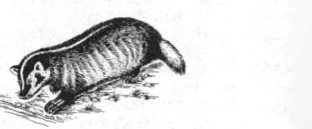

badger¹ 1 a
(*T. taxus*)
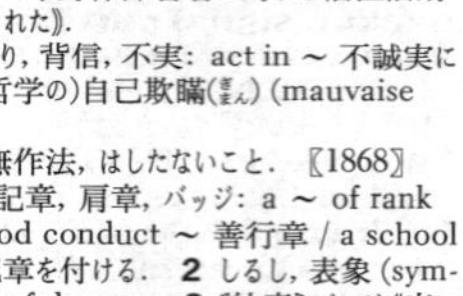

bad·ger² /bǽdʒə | -dʒə(r)/ *n.* 《英方言》(主に食料品の)行商人. 〘(?1421) *bagger* ← ? *bagge* 'BAG¹'〙

bádger bàiting [**dràwing**] *n.* アナグマいじめ《アナグマを樽や人工の穴に入れて犬をけしかけていじめた昔の遊び》. 〘(1790): ⇨ bait¹ (vt. 2 a)〙

bádger gàme *n.* 美人局(ᵹ̃ɴ)《女性をおとりに金をゆすり取ること》. 〘(1909) ← BADGER¹ (v.)〙

bádger-légged *adj.* 脚の長さがちがう. 〘(*a*1704) 昔アナグマは脚の長さが不ぞろいだと考えられていたことから: ⇨ -ed 2〙

bádger plàne *n.* 〖木工〗際鉋(きわがんな)《鉋の端まで刃の出る鉋で入隅(いりすみ)の部分を削るのに用いる》. 〘*a*1877〙

Bádger Stàte *n.* [the ～] 米国 Wisconsin 州の俗称.

Bád Gódesberg /bɑ́ːt-; *G.* bɑ́ːt-/ *n.* Godesberg の公式名.

bád gùy *n.* 《米俗》(映画などの)悪役.

bád háir dày *n.* 《口語》いやな日, 不愉快な日, 悪い日.

bád hát *n.* ＝bad egg.

Ba·di·an /béɪdiən | -diən/ *adj.*, *n.* ＝Barbadian. 〘略〙

bad·i·nage /bæ̀dənɑ́ːʒ, -dṇ-, ⌐⌐⌐ | bǽdɪ̀nɑːʒ, ⌐⌐⌐; *F.* badinaːʒ/ *n.* 軽い冗談, からかい (chaff). — *vt.* 軽い冗談でいじめる, からかう. 〘(1658) □ F ～ ← *badiner* to jest ← *badin* fool＝Prov. *badin* ← *badar* to gape ＜ VL **batāre* to gape: ⇨ -age〙

bad·i·ne·rie /bədìnəríː/ *n.* 〖音楽〗バディヌリ《2 拍子の陽気な速い楽章; 18 世紀のフランスやドイツの作曲家の組曲にみられる》. 〘1712〙

bád·lànds *n. pl.* 《米》〖地理〗悪地, バッドランズ《粘土や砂礫(されき)層の地域で雨水による浸食がはなはだしく, 無数の雨裂 (gully) に刻まれた荒地》. 〘(1851) ↓: cf. F *mauvaises terres*〙

Bád Lànds *n. pl.* [the ～] バッドランズ《米国 South Dakota 州南西部および Nebraska 州北西部の悪地地帯》.

Bádlands Nátional Párk *n.* バッドランズ国立公園《米国 South Dakota 州南西部の悪地を利用した公園; 不毛の峡谷と多色の泥板岩から成る尾根から広がる; 1978 年に指定》.

bád lót *n.* ＝bad egg.

bad·ly /bǽdli/ *adv.* (**worse** /wɔ́ːs | wɑ́ːs/; **worst** /wɔ́ːst | wɑ́ːst/) **1** 悪く, 不正に; 不完全に, 不正確に; まずく, 拙劣に; 不都合に, 不利に (↔ well): act [behave] ～ 不心得をする, 〈子供が〉やんちゃにふるまう / Things have gone rather ～. 事態が幾分悪くなった / a ～ built house 立て付けの悪い家 / paint ～ へたな絵をかく / provide ～ for ...に対する備えが不十分である / think ～ of ...を快く思わない / The weather turned out ～ for the picnic. 遠足にはまずい天気になった. **2** ひどく, 大いに (very much): very ～ injured [wounded] 大けがをした / If you think that, you're ～ mistaken. そのように考えるとしたら大間違いだ / be ～ beaten in the game 試合で散々に負ける / be ～ in want [need] of ...が無くて大変に困っている, ...を大いに必要としている / I want [need] money ～. 金がぜひ必要だ / Your hair ～ needs cutting. 絶対に床屋へ行かなければだめだ / We ～ need more time. 絶対的に時間不足だ. **3** 《口語》悲しんで, 残念に思って (regretfully): feel ～ about ...をすまないと[残念に]思う (cf. bad *adj.* 7 ★). **4** 非人情的に, 残酷に.
— *adj.* [叙述的] 《北英方言》病気である, 気分が悪い.
〘(*c*1300) *baddeli*(*che*): ⇨ bad¹, -ly¹〙

bad·ly off /bǽdlì(ː)f, -ɑ́(ː)f | -ɔ́f⌐/ *adj.* (**worse off**; **worst off**) **1** ふところ具合が悪い, 生活が苦しい. **2** 〔...が〕不足[欠乏]している 〔*for*〕. 〘1856〙

bád·màn /-mæ̀n/ *n.* (*pl.* **-men** /-mɛ̀n/) 《米》(開拓時代の西部の)無法者, 荒くれ者[男], ガンマン. 〘1855〙

bád-mánnered *adj.* 不作法な.

bad·min·ton /bǽdmɪntṇ, -tən | -tən, -tṇ/ *n.* **1** バドミントン. **2** バドミントン《claret にソーダ水・砂糖を加えた夏の飲料; badminton cup ともいう》. 〘(1845) ← *Badminton* (英国 Avon にある Duke of Beaufort の領地, ここで初めてこの競技が行われた)〙

Bádminton Hóuse Trials *n.* [the ～] バドミントン馬術大会《英国 Avon のバドミントン家の敷地内で年に 1 度行われる 3 日間にわたる重要な馬術競技会; 王室の人たちも列席する》.

bád-mòuth /-màuθ, -màuð/ *vt.* 《米・カナダ口語》口汚く批評する, こっぴどくこきおろす, 中傷する (slander). 〘1941〙

bád móuth *n.* 《米口語》悪意に満ちた中傷[批評]: put a ～ on a person 人をこきおろす. 〘1835〙

bád néws *n.* 《米》厄介な人[事] (cf. bad¹ *adj.* 4): He is ～. あいつはうるさいやつだ. 〘1930〙

Ba·don /béɪdṇ/ *n.* [Mount ～] 〖アーサー王伝説〗ベードン[バードン]山《Arthur 王が, 侵入してくる Saxon 族の軍勢に大勝した (520?) 地; Dorset の Badbury Rings, Bath に近い丘, Linlithgow 近くの Bouden Hill など諸説がある》.

bád páper *n.* 《米俗》不渡りの小切手; にせ札

bád pátch *n.* 《英》不運な時期.

bád shít *n.* 《卑》**1** 危険人物; 危険な仕事. **2** 不幸, 不運.

bád-témpered *adj.* 機嫌の悪い, 意地の悪い; 気むずかしい. 〘1879〙

bád tíme *n.* (無届外出・営倉入りなど)兵役期間に算入されない期間.

bád tríp *n.* 《俗》(麻薬などによる)恐ろしい経験[幻覚]; (一般に)いやな経験 (cf. trip¹ 3).

BAe 《略》British Aerospace.

BAE 《略》Bachelor of Aeronautical Engineering; Bachelor of Agricultural Engineering; Bachelor of Architectural Engineering; Bachelor of Art Education; Bachelor of Arts in Education.

BAEA 《略》British Actor's Equity Association 英国俳優組合.

BAEd 《略》Bachelor of Arts in Education 教育学士.

Bae·da /bíːdə | -də/ *n.* ＝Saint Bede.

Bae·de·ker /béɪdəkə, báɪ- | -dɪkə(r, -dɪ-/ *n.* **1** ベデカー(旅行案内書)《主としてヨーロッパの都市・国などの一連の旅行案内書; cf. Michelin》. **2** 旅行案内書, 便覧. 〘(1863) ↓〙

Bae·de·ker /béɪdɪkə | 日英比較 -dɛkə(r, -dɪ-; *G.* bɛ́ːdəkɐ/, **Karl** *n.* ベデカー (1801–59; ドイツの旅行案内出版者).

Báedeker ráids *n. pl.* ベデカー空襲《1942 年に英国の名所旧跡に対して行われたドイツの報復爆撃》. 〘(1942) ↑〙

BAeE 《略》Bachelor of Aeronautical Engineering 航空工学士.

BAEE 《略》Bachelor of Arts in Elementary Education 初等教育学士.

Baeke·land /béɪklænd; *Flem.* bákəlɑnt/, **Leo Hendrik** *n.* ベークランド (1863–1944; ベルギー生まれの米国の化学者; Bakelite の発明者).

ba·el /béɪl, béɪɪl, bάːɪl/ *n.* 〖植物〗**1** ベルノキ《*Aegle marmelos*》《インド・パキスタン原産のミカン科の低木; 材は硬く, 若い実から黄色染料を採り, 熟した実を薬用とする; Bengal quince ともいう》. **2** ベルノキの果実. 〘(1618) □ Hindi *bel*＝Marathi *bail* ← Skt *bilvá-*, bel tree〙

Baer /béə | béə(r; *G* bɛ́ːɐ/, **Karl Ernst von** *n.* ベーア (1792–1876; ドイツの動物学者; 記述・近代発生学の基礎を築いた).

bae·tu·lus /béɪtʃələs | -tjʊ-/ *n.* (*pl.* **-tu·li** /-làɪ/) ＝baetyl.

bae·tyl /bíːtḷ | -tɪ/ *n.* (古代ギリシャ・ローマで, 神から来たと考えられた)聖石(隕石など). 〘(1854) □ L *baetulus* □ Gk *baítulos*〙

bae·ty·lus /bíːtələs, -tḷ- | -tɪl-/ *n.* (*pl.* **-ty·li** /-təlàɪ, -tḷ- | -tɪlàɪ/) ＝baetyl.

Bae·yer /béɪə | béɪə(r; *G.* bάɪɐ/, **(Johann Friedrich Wilhelm) Adolf von** *n.* バイヤー (1835–1917; ドイツの有機化学者; indigo の合成に成功; Nobel 化学賞 (1905)).

Ba·ez /bάɪɛz, ⌐⌐/ ★ 本人は /bάɪz/ の発音を好むといわれる. , **Joan** *n.* バエズ (1941– ; 米国の女性ロック・フォーク歌手; 反戦運動家).

baff /bǽf/ 〖ゴルフ〗*vt.* 〈球を〉バッフする《クラブのソールで地面を打って球を高く上げる》. — *n.* バッフ(の一打). 〘(*a*1800) (擬音語)?: cf. 《スコット》*baff* blow〙

baf·fie /bǽfi/ *n.* 《スコット》＝carpet slipper.

Baf·fin /bǽfɪ̀n | -fɪn/, **William** *n.* バフィン (1584?–1622; 北米の北極圏に属する部分を探険した英国の航海家; Baffin Bay, Baffin Island は彼の名にちなむ).

Báffin Báy *n.* バフィン湾《Greenland とカナダの北極圏内諸島との間の湾; 北極海の一部》.

báff·ing spòon /bǽfɪŋ-/ *n.* 〖ゴルフ〗＝baffy.

Báffin Ísland *n.* バフィン島《Greenland と Hudson 湾との間のカナダ領の島; 長さ 1,500 km, 面積 476,068 km²》.

baf·fle /bǽfḷ/ *vt.* **1** 〈人を〉はたと困らせる, あわてさせる (disconcert) (⇨ puzzle SYN); 迷わせる (delude): The question ～*d* me completely. その質問には全く参った / He ～*d* his pursuer. 追跡者をまいた. **2 a** 〈計画・努力などを〉挫折させる, くじく, 破る: ～ the enemy's plans / ～ description 名状し難い. **b** [通例受身で] 〈人の努力[企て]を挫折させる; 〈計画・企てなどを〉失敗させる 〔*in*〕: *be* ～*d in* one's design 計画の裏をかかれる. **3** (防止装置によって)防止する. **4** 〈光・液体・音響などの流れを防止[調節]する. **5** 〖海事〗〈風・天候が〉〈船の〉前進を妨げる. **6** 《廃》〈人を〉欺く, だます (cheat); 恥をかかせる. — *vi.* もがく, いたずらにあせる, 苦闘する, 悩む: ～ *with* the storm 〈船があらしに遭って木の葉のようにもまれる. — *n.* **1** 当惑; 邪魔(じゃま)物. **2** 〖機械〗(水流・気流・音響などの)防止[調節]装置; (流路の)そらせ板, 邪魔板, バッフルプレート (baffle plate). **3** 〖電気〗バッフル《スピーカーボックス用の低音用隔壁》. 〘(1548) (変形) ? ← Sc. 《廃》*bauchle* to disgrace: cf. OF *beffler* to ridicule / F *bafouer*〙

báffle bòard *n.* 〖通信〗(受話器の)バッフル板. 〘1931〙

báffle·gàb *n.* (官吏が書いたり話したりする)くどくてわかりにくい言葉[表現]. 〘(1952) ← BAFFLE＋GAB¹〙

báf·fle·ment *n.* 失敗, 挫折; 失敗[挫折]させる[させられる]こと; 困惑, 混乱. 〘(1841): ⇨ -ment〙

báffle plàte *n.* 〖機械〗＝baffle *n.* 2. 〘1882〙

báf·fler /-flə, -lə | -lə(r, -lə(r/ *n.* **1** 挫折させるもの; 困らせる[迷わせる]もの. **2** 〖機械〗＝baffle *n.* 2. 〘(1606): ⇨ -er¹〙

báffle wàll *n.* (音の広がりを阻止する)バッフル壁. 〘1939〙

báf·fling /-flɪŋ, -lɪŋ/ *adj.* **1** くじく, 頓挫(とんざ)させる, 〈人を〉困惑させる (perplexing): a ～ problem 面くらう[はたと困る]ような問題. **2** 〈人が〉測り難い, 不可解な (inscrutable). **～·ly** *adv.* **～·ness** *n.* 〘(1772–84): ⇨ -ing²〙

báffling wínd *n.* 〖海事〗方向不定の風. 〘1854〙

baff·y /bǽfi/ *n.* 〖ゴルフ〗バフィー《球を高く打ち上げるための, 打球面が大きく傾斜した短い木製のクラブ; 4 番または 5 番ウッド; baffy spoon ともいう》. 〘(1888) ← BAFF＋-Y⁴〙

baft /bǽft | bάːft/, **baft·a** /bǽftə | bάːf-/ *n.* バフタ《きめの粗い安物の(綿)織物》. 〘(1598) □ Urdu & Pers. *bāft* textile ← *bāfta* woven〙

Baf·ta /bǽftə/ *n.* 《英》バフタ (BAFTA によって与えられる優秀映画・テレビ作品賞).

BAFTA /bǽftə/ *n.* 英国映画・テレビ芸術協会. 〘(頭字語) ← *B*(*ritish*) *A*(*cademy of*) *F*(*ilm and*) *T*(*elevision*) *A*(*rts*)〙

bag¹ /bǽg/ *n.* **1** (紙・布・革製の上部のあいた)袋: a paper ～ 紙袋 / ⇨ doggie bag, carrier bag, shopping bag. **2 a** かばん. **b** ハンドバッグ (handbag). **c** 旅行かばん, スーツケース: pack one's ～*s* 出発の準備をする. **d** 弁護士の書類入れかばん (cf. green bag, blue bag). **e** 金入れ, 財布 (moneybag). **f** ＝game bag. **g** ＝mailbag. 日英比較 *bag* は日本語の「かばん」と「袋」の両方の意味を持つ. ただし, 「(麻などの)大袋」は sack という. **3 a** 袋の中身, 袋一杯 (bagful): eat a ～ of peanuts. **b** [集合的] 袋の中の獲物; (特に, 1 人 1 回[一定期間]の)獲物の量: a big [good] ～ 大猟 / get a good ～ たくさんの獲物をとる. **c** 《口語》(人・物の)集まり, 群, 団: ⇨ mixed bag. **4 a** (皮膚・布などの)たるみ; (目の下の)皮膚のたるみ: ～*s* under the eyes. **b** [*pl.*] 《英口語》(だぶだぶの)ズボン: a pair of ～*s* / ⇨ Oxford bag 2. **5** [*pl.*] 《英口語》たくさん, 多量 〔*of*〕: ～*s of* water 多量の水 / There's [We've still got] ～*s of* time. 時間はたっぷりある. **6** 《軽蔑・俗》**a** 魅力のない[だらしない, 意地悪な]女: an old ～. **b** 売春婦. **7 a** (動植物の)袋状のもの (sac) (蜜嚢(みつのう)・毒嚢など). **b** (雌牛の)乳房. **c** [*pl.*] 《米俗》陰嚢 (scrotum); 《俗》おっぱい. **d** [*pl.*] 《英方言》胃袋 (belly). **8** 《口語》**a** (ある人の)興味のあること, 得意, 専門, おはこ: Mountain climbing is my ～. 私の得意は登山だ. **b** 事態, 問題. **c** [修飾語を伴って] 精神状態, 気分. **9** 《口語》**a** (人の)生き方. **b** 行動の仕方, 言い方, スタイル; (ジャズ音楽などの)演奏スタイル. **10** 《米口語》邪魔になるもの, 障害物 (hang-up). **11** 《米俗》麻薬の一服; それを入れた包み. **12** 〖野球〗塁, ベース (base). ★ 本塁だけは home plate という. **13** 《英俗》(あることをしたい・欲しいことを示す)意思表示. **14** 《俗》コンドーム.

a bág of bónes (骨と皮ばかりに)やせこけた人[動物]. (1838) ***bág and bággage*** 所持品[家財]を一切取りまとめて; 何もかも全部, 一切合財. (1741) ***béar the bág*** 財布を握る; 金が自由になる. ***émpty the bág*** (1) 袋をあける. (2) 話の種が尽きる, (すっかり話し尽くして)言うこと[議論]がなくなる. ***gét the bág*** 《俗》お払い箱になる, 首になる. ***gíve a person the bág*** 《俗》(1) 〈人を〉解雇する, 首にする (dismiss). (2) (求婚に対して)〈人に〉ひじ鉄を食わせる. ***gíve a person the bág to hòld*** 《口語》(困ったときに)〈人を〉見捨てる; (見捨てて)責任を押しつける. (1823) ***háve in the bóttom of the bág*** 最後の手段[奥の手]として持つ. (1659) ***hóld the bág*** 《米口語》(1) 責任をすっかり負わされる (hold the baby): be left *holding the* ～ 困った場合に全責任を負わされる. (2) 入用なものを手にしていない, 無一物である. ***in the bág*** (1) 《口語》手中に(入って); 獲得[確保]されたも同然で, 確実で: The contract's *in the* ～. 契約は完了した. (2) 《俗》酔っぱらった (drunk). (1922) ***léave a person the bág to hòld*** ＝*give a person the* BAG *to hold*. (1793) ***lét the cát òut of the bág*** ⇨ cat 成句. ***páck one's bágs*** (1) ⇨ 2 c. (2) 《口語》(不愉快な事情のために)住まい[職場]を変わる[出ていく](仕度をする). ***púll sòmething òut of the bág*** おそまきながらがんばってうまくいく[成功する]. ***róugh as bágs [sácks]*** 《豪》ぶざまな, 野暮な (uncouth). ***sét one's bág for*** 《米口語》...に野心[色気]をもつ. ***the (whóle) bág of trícks*** (1) あらゆる手段[術策]. (2) すべての付属[必要]物, あらゆること[もの], 全部. (1841)

bag of wáters 〖解剖〗羊膜 (amnion). (*c*1881)

— *v.* (**bagged**; **bag·ging**) — *vt.* **1** 袋に入れる 〈*up*〉: ～ *up* the rice. **2** 《口語》**a** 〈席などを〉とる, 確保する: If we get there early we can ～ the best seats. 早く着けばいい席が確保できる. **b** (悪気なく)黙って[こっそり]とる, もらっておく; 《婉曲》〈他人のものを〉失敬する: Who has ～*ged* my matches? 私のマッチを持って行ったのはだれだ. **3 a** 〈獲物などを〉捕える, 仕留める. **b** 〈敵機などを〉撃ち落とす, やっつける. **4** 手に入れる, 集める (collect): ～ anecdotes, subscriptions, etc. **5** 膨らませる (bulge). **6** [～s (I) ! として; 間投詞的に] (...は)もらった, おれが最初だ, おれがする: *Bags* I first drink. 一番に飲むはおれだ. **7** 《豪俗》〈人を〉けなす, ばかにする. — *vi.* **1** (袋のように)膨らむ; 〈衣服が〉だぶだぶする: trousers that ～ (*out*) at the knees ひざがたるんだズボン. **2** 《英》〖海事〗**a** 〈船が〉針路をはずれる. **b** 風下へ流される.

～·like *adj.* 〘(?*a*1200) *bagge* □ ON *baggi* packet ← ?〙

SYN 袋: **bag** [しばしば複合語で] 紙・布・皮製の袋で, 上部が開いており, 物を入れて持ち運ぶ袋を表わす一般語: a shopping *bag* 買い物袋 / a traveling *bag* 旅行かばん. **sack** 目のあらい布製の, 封をされた大型の袋で貯蔵・運搬に使う: a potato *sack* じゃがいも用の袋 / two *sacks* of coal 石炭二袋. ★ 最近《米》では *sack* はどんな大きさの紙袋にも使われることがある.

bag² /bǽg/ *vt.* (**bagged**; **bag·ging**) 〈麦などを〉鎌で刈る[刈って束にする]. 〘(*a*1697) ← ?〙

B. Ag. 《略》*L.* Baccalaureus Agricultūrae (＝Bachelor of Agriculture).

Ba·gan·da /bəgǽndə, -gάːn-/ *n.* (*pl.* ～, ～**s**) バガンダ族《主にアフリカ東部ウガンダに居住するネグロイド (Negroid)》.

ba·gasse /bəgǽs/ *n.* **1** バガス《さとうきびなどの搾(しぼ)り殻; 燃料・製紙材料・飼料用》. **2** バガス紙《バガスの繊維から作られた紙の一種》. 〘(*c*1826) □ F ～ □ Sp. *bagazo*〙

bagásse disèase *n.* 〖病理〗バガス病《バガスのほこりを吸うことから生じる真菌性の呼吸器疾患》. 〘1943〙

bag·as·so·sis /bæ̀gəsóusɪ̀s | -sóusɪs/ *n.* 〖病理〗＝bagasse disease. 〘(1941) ← NL ～: ⇨ bagasse, -osis〙

bag·a·telle /bæ̀gətɛ́l/ *n.* **1** つまらない物, ささいなこと. **2 a** バガテル《盤上で行う一種の玉突き》. **b** 〖遊戯〗＝pinball 1. **3** 〖音楽〗バガテル《通例ピアノ用の軽い小曲》.

〖(1633) □ F ～□ It. *bagatella* trifle (dim.) ← *baga*, *baca* berry〗

Bag·dad /bǽgdæd, ―´ | ―´, ―´―/ *n.* =Baghdad.

Bage·hot /bǽdʒət/, **Walter** *n.* バジョット《1826–77; 英国の経済学者・ジャーナリスト・評論家・*The Economist* の編集者; *The English Constitution* (1867), *Lombard Street* (1873)》.

ba·gel /béɪgəl, -gḷ/ *n.* ベーグル《イースト入りの生地をリング形にして，いったんゆでてからオーブンで焼き上げるユダヤ風のパンの一種》. 〖(1919) □ Yid. *beygl* □ G《方言》*Beugel*, *Bäugl* < MHG **böugel* (dim.) ← *bouc-*, *boug-* ring: cf. OE *bēag* 'BEE[2]'〗

bág·flòwer *n.* 《植物》アフリカ西部原産のクマツヅラ科クサギ属の低木 (*Clerodendron thomsoniae*).

bág fòx *n.* 袋狐《袋に入れて連れて来る狐; それを猟場で放って犬に追わせる》. 〖1741〗

bag·ful /bǽgfʊ̀l/ *n.* (*pl.* ～s, **bags·ful**) **1** 袋一杯(の量): eat a ～ *of* peanuts. **2** かなりの[多くの]量[数]: ～*s* [a ～] *of* money [tricks] 多額の金[多くの術策]. 〖(*c*1300): ⇨ -ful[2]〗

bag·gage /bǽgɪdʒ/ *n.* **1** 《米・カナダ》**a** 旅行小荷物, (旅客)手荷物《trunk, valise, suitcase など》: two pieces of ～ 手荷物 2 個 / the ～ allowance 手荷物重量制限 / excess ～ 制限超過手荷物 / a ～ check 手荷物預かり証. **b** =baggage car. **2** 移動可能な備品; (特に)軍用行李(こうり): heavy [light] ～ 大[小]行李 / ～ animals 軍用[探検隊用]行李を運ぶ牛馬. **3 a** 邪魔になる[余計な]もの. **b** (旧式の)考え方[慣習]. **4 a** やくざ女, あばずれ, 浮気女 (flirt), 売春婦; 《戯言》(生意気な)娘, 女, おてんば: You saucy ～, you! この生意気娘が. **b** 売春婦 (prostitute). 〖《通俗語源》? ← F *bagasse* harlot □ Arab. *baghīy* ← *bágha* to desire an adulteress, prostitute〗 **c** 《軽蔑》(荷厄介な)老婆.
〖(*c*1430) □ (O)F *bagage* ← *bagues* (pl.) bundles ← ML *baga* 'BAG' ∥ ← *baguer* to tie up: ⇨ bag[1], -age〗

SYN 手荷物: 《米》**baggage**, 《英》**luggage** (1) 旅行者の手回り品を入れたトランク・スーツケース類. 《英》でも船や航空機の手荷物には *baggage* を使う. (2) *luggage* は入れ物を指すのに対し, *baggage* は入れ物と中身の両方を指す. 時には *luggage* のみが可能: buy *luggage* / empty *luggage*. また時には *baggage* のみが可能: excess *baggage*. また *luggage* と *baggage* の両方共用いることができる場合がある: check *luggage* [*baggage*]. 両方とも用いられる場合《米》や空港では *baggage* が,《英》では *luggage* が用いられることが多い.

---

bággage càr *n.* 《米・カナダ》(鉄道の)(手)荷物車両 (《英》luggage van). 〖1833〗

bággage clàim *n.* 《米・カナダ》(空港などの)手荷物受取所《baggage claim area, 《英》baggage reclaim ともいう》.

bággage·màn /-mæ̀n, -mən/ *n.* (*pl.* **-men** /-mɛ̀n, -mən/) 《米・カナダ》(鉄道・ホテルの)手荷物係員. 〖1858〗

bággage·màster *n.* 《米・カナダ》**1 a** (鉄道・船舶の)手荷物係. **b** (バス会社の)荷物苦情処理係. **2** 《軍事》行李(こうり)長. 〖1815〗

bággage òffice *n.* 《米・カナダ》手荷物取扱所.

bággage ràck *n.* 《米・カナダ》(列車・バスの)網棚. ★ 今は luggage rack が普通.

bággage reclàim *n.* 《英》=baggage claim.

bággage ròom *n.* 《米・カナダ》手荷物一時預かり所. 〖1819〗

bággage scàle *n.* 《米・カナダ》携帯用手荷物秤(はかり).

bággage-smàsher *n.* 《米俗》=baggageman. 〖1851〗

bággage tàg *n.* 《米・カナダ》手荷物のラベル. 〖1879〗

bággage tràin *n.* 《軍事》大行李(こうり), 荷物段列《軍用荷物を運ぶ車の列》. 〖1841〗

bag·gat·a·way /bəgǽtəwèɪ | -tə-/ *n.* 《カナダ》バガタウェイ《カナダ・インディアンの球技; lacrosse の原型》.

bagged /bǽgd/ *adj.* **1** ゆるく垂れ下がった, ぶくぶくの, (目に)下にたるみのできた: ～ cheeks, eyes. **2** 《俗》酔っぱらった (drunk) (cf. *in the* BAG[1]). 〖(?*a*1400): ⇨ -ed[2]〗

bag·ger /bǽgə | -gə(r)/ *n.* **1 a** (たばこ・セメントなどの)袋詰め工; (スーパーマーケットなどの)袋詰め係. **b** 袋詰め機. **2** 《俗》[通例複合語の第 2 構成素として]《野球》…塁手; …塁打: a two-*bagger* 二塁打 (cf. bag[1] 12). 〖(1740): ⇨ -er[1]〗

Bag·gie /bǽgi/ *n.* 《商標》バギー《食品保存用などに使われる米国製ポリ袋》.

bag·gies /bǽgiz/ *n. pl.* =baggys.

bág·ging *n.* **1** 袋地, 袋布《麻・ズックなど》. **2** 袋詰め包装. 〖(1711): ⇨ -ing[1]〗

bag·gy[1] /bǽgi/ *adj.* (**bag·gi·er, -gi·est; more ～, most ～**) 袋のような; だぶだぶした, ぶくぶくの; ゆったりした: ～ trousers, sleeves, etc. / trousers ～ at the knees ひざがたるんだズボン / the ～ skin under the eyes 目の下のたるんだ皮膚. **bág·gi·ly** /-gɪli/ *adv.* **bág·gi·ness** *n.* 〖(1831): ⇨ -y[4]〗

bag·gy[2] /bǽgi/ *n.* =bagie.

bag·gys /bǽgiz/ *n. pl.* バギー: **a** (運動用などの)ゆるやかな半ズボン (baggy shorts). **b** (サーファーなどがはく)ゆったりした水泳用パンツ (swim trunks) (cf. jams). **c** すそが非常に広いズボン. 〖1962〗

bággy·wrìnkle *n.* 《海事》すり切れ防止に綱の回りに巻くヤーン (yarn).

bagh /bɑ́:g/ *n.* (インド・パキスタンの)庭.

Bagh·dad /bǽgdæd, ―´ | ―´, ―´―; *Arab.* baɣdá:d/ *n.* バグダッド《イラクの首都; Tigris 川の中流に沿う; アッバース朝の首都 (762–1258)》.

ba·gie /béɪgi/ *n.* 《ノーサンブリア方言》カブラ (turnip).

Ba·gir·mi /bəgíəmi | -gɪ́ə-/ *n.* (*pl.* ～, ～s) **1 a** [the ～(s)] バギルミ族《スーダンの Chad 湖南東岸地方に住む一種族》. **b** バギルミ族の人. **2** バギルミ語.

bág jòb *n.* 《米俗》スパイ行為の証拠を得るための不正な捜索. 〖1971〗

bág làdy *n.* 《口語》バッグレディー《全財産を買物袋に入れて大都市の街や公園をうろついている宿なしの(年配の)女性のホームレス; shopping-bag lady を省略した形》. 〖1972〗

bag·man /-mən/ *n.* (*pl.* **-men** /-mən/) **1** 《英口語》注文取り, 外交員, 出張販売人, 旅商人. **2** 《米俗》ゆすり屋の手先, 使い走りの暴力団員《幹部などの命令で不正に金をゆすったり配ったりする下っ端の男性》. **3** 《俗》=bag fox. **4** 《豪》(主に馬に乗った)放浪者, 渡り者 (tramp). **5** 《カナダ口語》政治資金調達運用の責任者. **6** 《米》(郵便局の)郵袋(ゆうたい)係員. 〖(1329) 'pouch-maker; tax-collector': 1 の語義はサンプルをかばんに入れて持ちまわることから〗

bág mòth *n.* (NZ) ガの一種《幼虫が袋・ケースなどに発生する》.

ba·gnio /bɑ́:njoʊ, bǽn- | bǽnjəʊ, bɑ́:-/ *n.* (*pl.* ～s) **1** 売春宿 (brothel). **2** 《廃》イタリア式またはトルコ式浴場. **b** (トルコで奴隷を入れる)牢獄. 〖(1599) □ It. *bagno* bath < L *balneum*〗

Bag·ot /bǽgət/ *n.* 《畜産》バゴット種のヤギ《角を有し, 頭部・首・肩が黒い白色種》.

bág·pìpe *n.* [しばしば *pl.*] バグパイプ, 風笛《スコットランド高地人などの用いる革袋製のかん高い音の楽器》: play the ～*s*. ―― *vi.* バグパイプを吹奏する. 〖(*c*1350)《なぞり》? ← LG *sakpipe*〗

bág·pìper *n.* バグパイプ吹奏者. 〖(1440): ⇨ -er[1]〗

bág pùdding *n.* 型に入れず袋で包み込んで煮たり蒸したりして食べるプディング. 〖1598〗

B. Agr. 《略》*L.* Baccalaureus Agriculturae (=Bachelor of Agriculture).

bág·slèeve *n.* バッグスリーブ《14–15 世紀に流行した広い袖で袖口にギャザーを入れて絞ったもの》. 〖1844〗

bág tàble *n.* 布製の袋をつるした小型裁縫[仕事]机.

Ba gua /bɑ́: gwɑ́:/ *n.* 《易学》八卦(はっけ); 八卦拳, 八卦掌《中国拳法の一種; pa kua ともいう》. 〖← Chin. *bā* eight ＋*guà* divinatory symbols〗

ba·guette /bægɛ́t, bə-; *F.* bagɛt/ *n.* (*also* **ba·guet** /～/) **1 a** 小型で角形の宝石. **b** (宝石の)角形カット. **2** (細長い)フランスパン, バゲット (French loaf). **3** 《建築》小さい半円形繰形(くりがた), 玉ぶち. 〖(1727–51) □ F ～ 'wand, rod' □ It. *bacchetta* (dim.) ← *bacchio* < L *baculum* staff〗

ba·gui·o /bɑ̀:gióʊ, bɑ:gjóʊ | bæ̀giə́ʊ, bɑ:gjə́ʊ; *Sp.* báɣjo/ *n.* (*pl.* ～s) バギオ《Baguio 付近を襲う台風》.

Ba·gui·o /bɑ̀:gióʊ, bɑ:gjóʊ | bæ̀giə́ʊ, bɑ:gjə́ʊ; *Sp.* báɣjo/ *n.* バギオ《フィリピン Luzon 島北西部の都市; 1976 年まで同国の夏季の首都; 避暑地; 海抜 1,371 m》.

bág·wàsh *n.* 《古》**1** (大きな汚れを落とす程度の)ざっとした洗濯, 下洗い; 下洗いした洗濯物; その洗濯屋. **2** (下洗い用の)洗濯物を入れる袋. 〖1937〗

bág·wìg *n.* 袋かつら《後髪の垂れる部分を絹袋に包むようにしたかつら; 18 世紀ごろ英国で流行した》. 〖1717〗

bág·wòman *n.* 《米俗》ゆすり屋の女手先.

bág·wòrm *n.* 《昆虫》ミノムシ《ミノガ科の幼虫; basketworm ともいう; cf. caseworm》. 〖1862〗

bágworm mòth *n.* 《昆虫》ミノガ.

bah /bɑ́:, bǽ: | bɑ:/ *int.* ふふん, ばかな《軽蔑を表す》: *Bah!* Humbug! ふん, ばかな. 〖(1600) □ F ～《擬音語》〗

ba·ha·da /bəhɑ́:də | -də/ *n.* =bajada.

ba·ha·dur, B- /bəhɑ́:də | -də(r)/ *n.* 《インド》閣下《しばしば英国人がインド人高官などに対して公式文書などで尊称として用いる》: Brown Sahib *Bahadur* ブラウン閣下. 〖(1776) □ Hindi *bahādur* hero, champion〗

Ba·ha·i /bəhɑ́:i, bɑ:-; *Pers.* bahɑ:ʔiː/ *n.* (*also* **Ba·ha'·i** /～/) **1** バハーイ教徒. **2** バハーイ教 (Bahaism). ―― *adj.* バハーイ教の; バハーイ教徒の. 〖(1889) □ Pers. *bahā'ī* 《原義》of glory ← *bahā* glory〗

Ba·ha·ism /bəhɑ́:ɪzm, bɑ:-/ *n.* バハーイ教《1863 年 Baha Ullah が興した Babism の一派; すべての宗教の一体性・人類の平和と統一・偏見の除去・男女の平等などを説く》. 〖(1903): ⇨ -ism〗

Ba·há·ist /-hɑ́:ɪst | -ɪst/ *n.* バハーイ教徒. ―― *adj.* バハーイ教の; バハーイ教徒の. 〖(1924): ⇨ -ist〗

Ba·ha·ite /bəhɑ́:aɪt, bɑ:-/ *n.* =Bahaist. 〖1914〗

Ba·há·ma Íslands /bəhɑ́:mə-/ *n. pl.* [the ～] バハマ諸島《西インド諸島中のもと英領の諸島》.

Ba·ha·man /bəhɑ́:mən/ *n.*, *adj.* =Bahamian.

Ba·ha·mas /bəhɑ́:məz/ *n.* **1** [the ～; 複数扱い] =Bahama Islands. **2** [単数扱い] バハマ (Bahama Islands から成る国家; もと英国植民地で, 1973 年独立; 面積 13,935 km^2, 首都 Nassau; 公式名 the Commonwealth of the Bahamas バハマ国).

Ba·ha·mi·an /bəhéɪmiən, -hɑ́:m-/ *adj.* バハマ(諸島)の; バハマ人の. ―― *n.* バハマ人.

Ba·há·sa Indonésia /bəhɑ́:sə-/ *n.* バハサインドネシア語《中東アジアで通商用語として用いられた; マライ語を基礎として作られたインドネシアの公用語》. 〖1952〗

Bahása Maláysia *n.* マレー語, マレーシア語《マレーシアの公用語; Malayo-Polynesian 語族の一つ》. 〖1969〗

Ba·ha Ul·lah /bɑ:hɑ́: u:lɑ́ | bɑ̀:hɑ:ʊ́lə; *Pers.* bahɑ:ʔullɑ́:h/ *n.* (*also* **Ba·ha·ul·lah** /～/) バッハーアッラー (1817–92; ペルシャの宗教指導者; バハーイ教 (Bahaism) の開祖; Mirza Husayn Ali の尊称; 初めシーア派イスラム教徒だったが, Bâb-ed-Din の弟子となった).

Ba·ha·wal·pur /bɑ:hɑ́:wəlpʊ̀ə, bə- | -pʊ̀ə(r), pɔ̀:(r)/ *n.* バハワルプル: **1** パキスタンの Punjab 州南西部の地方《1947 年までインドの藩王国》. **2** 同地方の中心都市.

Ba·hi·a /bəhí:ə, bɑ:í:ə; *Braz.* baía/ *n.* バイア: **1** ブラジル東部の州; 面積 561,026 km^2, 州都 Salvador. **2** Salvador の別名.

Ba·hí·a Blan·ca /bəhí:əblǽŋkə, bɑ:í:əblɑ́:ŋ-; *Am. Sp.* baíaβláŋka/ *n.* バイアブランカ《アルゼンチン東部の海港》.

Bahía de los Co·chi·nos /*Sp.* baíaðeloskotʃínos/ *n.* Bay of Pigs のスペイン語名.

Bahía gràss *n.* 《植物》メキシコ・西インド諸島原産のイネ科の草本 (*Paspalum notatum*)《米国南部で牧草として栽培される》. 〖*c*1927〗

Bah·rain /bɑ:réɪn; *Arab.* baħré:n/ *n.* (*also* **Bah·rein** /～/) **1** バーレーン(島)《ペルシャ湾内の島; 面積 552 km^2》. **2** バーレーン《Bahrain 島を主島とする諸島からなる独立国; もと英国保護下にあったが, 1971 年独立; 石油産出国; 面積 622 km^2, 首都 Manama; 公式名 the State of Bahrain バーレーン国》. **Bah·ráin·i** /bɑ:réɪni/ *n.*, *adj.*

baht /bɑ́:t/ *n.* (*pl.* ～s, ～) **1** バーツ《タイの通貨単位; =100 satang; 記号 B》. **2** 1 バーツ硬貨[紙幣]. 〖(1828) □ Thai *bāt*〗

ba·hut /bɑ́:hu:t, -hu:t, bəhút, -hú:t; *F.* bay/ *n.* (衣類などを収納する)かまぼこ型のふたのある飾り箱[たんす]; アンティーク風の飾り棚. 〖(1784) □ F *bhutte*〗

Ba·hu·tu /bəhú:tu:/ *n.* Hutu の複数形.

ba·hu·vri·hi /bɑ̀:hu:vrí:hi/ *n.* 《サンスクリット文法・言語》「多財釈(たざいしゃく)」, 異機能合成語, 記述複合語《第一要素は形容詞的に第二要素(通例名詞)を記述・修飾し, 全体として第二要素の表す物をもつ人を意味する; 例: barefoot, graybeard, turnkey》. 〖(1846) □ Skt *bahuvrīhi* ← *bahu* much＋*vrīhi* 'RICE'〗

bai[1] /bάɪ/ *n.* 黄砂《春や秋に中国北部などの黄土地帯から吹き上げられる黄色の砂塵; sand mist ともいう》.

bai[2] /bάɪ/ *n.* 《インド》婦人《年上の女性の敬称としても用いる》. 〖□ Marathi ～ 'lady'〗

BAI 《略》*L.* Baccalaureus Artis Ingeniariae (=Bachelor of Engineering).

Bai·ae /béɪi:; *Lat.* báiai, báiɛ/ *n.* バイアエ《イタリア南西部 Naples の南西方の遺跡; Julius Caesar, Pompey, Nero などの別荘があった》.

Bai·a-Ma·re /bɑ́:jəmɑ́:rə; *Rom.* bájamáre/ *n.* バヤマレ《ルーマニア北西部の都市》.

Bai·an·ism /béɪənɪzm/ *n.* 《カトリック》バーユス主義《神の恩恵に対し人間は無力だと教え異端とされた; 後のヤンセン主義 (Jansenism) の前身; cf. Molinism》. 〖(1733) □ F *baianisme*: ⇨ M.Baius, -ism〗

bai·dar·ka /baɪdɑ́əkə | -dɑ́:-/ *n.* =bidarka.

bai·gnoire /bеɪnwɑ́ə, béɪ- | béɪnwɑ:(r); *F.* bɛɲwa:ʁ/ *n.* (*pl.* ～s /～z; *F.* ～/) 《劇場》ベニョワール《一階の特別席; cf. stage box》. 〖(1873) □ F ～ 'bathtub' ← *baigner* to bathe〗

Bai He /*Chin.* pάɪxɤ́/ *n.* [the ～] 白河(パイホー)《中国河北省 (Hebei) の川》.

Bai Ju·yi /*Chin.* pάɪtɕỳì/ *n.* 白居易(バイチューイー)《772–846; 中国唐代の詩人, 字は楽天》.

Bai·kal /baɪkɑ́:l, -kǽl, ―´; *Russ.* bajkál/, **Lake** *n.* バイカル湖《東シベリア地方南部の世界最深の湖 (1,620 m); 面積 31,500 km^2》.

Bai·ko·nur /bàɪkənʊ́ə | -nʊ́ə(r); *Russ.* bajkənúr/ *n.* バイコヌール《カザフスタン中部の町; 宇宙基地があり, ソ連時代に世界初の人工衛星 Sputnik 号 (1957) と有人衛星 (1961) が打ち上げられた》.

bail[1] /béɪl/ *n.* 《法律》**1** 保釈: refuse [deny] ～ 保釈を許さない[拒絶する] / request [grant] ～ 保釈を要求する[認める]. **2** 保釈(保証)金: give [offer] ～ 保釈金を納める / *Bail* was set at $10,000. 1 万ドルで保釈された. **3** 保釈保証人《一人の場合もある》. **4** 保釈を許す法廷. **5** (海事事件における)差押解除; 差押解除金.
fórfeit one's báil 保釈中の呼びかけに応じないため釈放金を没収される. ***gíve* [*táke*] *lég báil*** ⇨ leg bail 成句. ***gó* [*stánd*] *báil for*** (1) 〈拘留中の人〉の保釈保証人となる. (2) 〈人・物〉を請け合う. ***júmp* [*skíp*] (*one's*) *báil*** 保釈中失踪[逃亡]する. ***on báil*** 保釈金を出して: be out *on* ～ (保釈金を納めて)保釈出所する / be released *on* ～ 保釈金を納めて釈放される. ***stánd* [*pùt úp*,《英》*póst*] *báil for*** =go BAIL *for*.
―― *vt.* **1 a** 〈保証人が〉(保釈金を出して)〈拘留中の人を〉保釈してもらう 〈*out*〉. **b** 〈治安判事などが〉保釈する. **2** 〈品物を〉供託する, 委託する. **3** 〈人・会社・国などを〉(財政上などの困難・借金から)救い出す 〈*out*〉: I hope someone will ～ me *out* (*of* my troubles [*with* a loan]). だれかが私を(窮境[借金]から)救ってくれればよいがと思う.
〖(*a*1338) *bail(le)* □ OF *bail* custody ← *baillier* to deliver < L *bājulāre* to bear a burden ← *bājulus* carrier ← ?〗

bail[2] /béɪl/ *n.* **1** 《クリケット》ベイル《三柱門を形づくる横木; ⇨ wicket 挿絵》. **2** (中世の城館の)外壁; (外壁に囲まれた)庭. **3 a** (馬屋の)仕切りの横木[棒]. **b** (車輪をつけた)移動可能な乳牛舎. 〖(*a*1325) *baille* □ OF ～ 'barrier' ← ? L *bājulus* (↑)〗

bail[3] /béɪl/ *n.* (船の)あかとり《たまり水をくみ出す器具》. ―― *vt.* **1** 〈あかを〉かい出す 〈*out*〉: ～ water *out* (*of* a boat) (船から)水をかい出す. **2** 〈船〉から水をかい出す 〈*out*〉: ～ *out* a boat 船中の水をかい出す. ―― *vi.* 船のたまり水をかい出す[すっかり出す].
báil óut (*vt.*) ⇨ *vt.* 1, 2. (*vi.*) (1) (緊急時の飛行機か

ら)パラシュートで脱出する. (2)〘サーフィン〙(サーフボードから)離れる. (3)〘俗〙窮地を脱する, 責任を回避する; (責任逃れのために)手を引く.
〖(1336) bail(l)e ◻ (O)F *baille* bucket < VL *bājula(m)* (fem.) ← L *bājulus* (↑)〗

bail[4] /béɪl/ *n.* **1 a** (鍋·湯沸かし·バケツなどを手でさげるための半円形の)つる. **b** (幌馬車の覆いを支える)輪形の支柱(枠). **2**〘豪〙(乳を搾る時雌牛の頭を押さえる)枠(ﾜｸ). **3** =bail bar. — *vt.* **1** …につるを付ける. **2 a**〘豪〙(乳を搾るために)〈雌牛〉の頭を枠で押さえる〈*up*〉. **b**〘豪〙〈山賊などが〉〈人〉に手を挙げさせる〈*up*〉; 追いはぎする. **c**〘豪口語〙(話をするために)〈人〉を引き留める〈*up*〉. **3**〘古〙閉じ込める. — *vi.*〘豪〙(山賊などに出会って)手を挙げ(させられ)る〈*up*〉; 抵抗せずに降参する. 〖(1411–12) ◻ ? ON *beygla* ← *beygja* to bend〗

báil·a·ble /-əbl/ *adj.*〘法律〙保釈できる: ~ offences 保釈の認められる犯罪. 〖(1554): ⇨ bail[1], -able〗

Bai·lan /beɪlɑ́ːn/ *n.* =Beilan.

báil bàr *n.* (タイプライター·印刷機などの)紙押さえ棒. 〖1959〗

báil bònd *n.*〘法律〙保釈証書. 〖1709〗

Baile Atha Cliath /blɑ̀ːklíːə, blɑ̀ː- | -klíə/ *n.* Dublin のゲール語名. 〖◻ Gael. ~〘原義〙town of the ford of hurdles〗

bail·ee /beɪlíː/ *n.*〘法律〙受寄者 (cf. bailor). 〖(1528) ← BAIL[1]+-EE[1]〗

bail·er[1] /béɪlə | -lə(r)/ *n.*〘クリケット〙三柱門 (wicket) のベイル (bails) に当たる球. 〖(1833) ← BAIL[2]+-ER[1]〗

bail·er[2] /béɪlə | -lə(r)/ *n.* **1** (船の)あかくみ〘器具〙. **2** (船の)たまり水をくみ出す人. **3** (太平洋南西部に生息する)巻貝の一つ〘あかくみに用いる〙. 〖(1883) ← BAIL[3]+-ER[1]〗

báil·er[3] /-lə | -lə(r)/ *n.*〘法律〙=bailor.

bai·ley /béɪli/ *n.* (中世の城館の)外壁(内の空間·庭): ⇨ Old Bailey. 〖(*a*1325) *bail(l)ie* (異形) ← *bail(l)e*: ⇨ bail[2]〗

Bai·ley[1] /béɪli/ *n.* ベイリー〘海上気象予報区のひとつ; 大西洋北東部の海域で, Rockall 区の北, Faeroe 諸島区の南西を占める〙.

Bai·ley[2] /béɪli/ *n.* ベイリー〘男性名; 異形 Baillie, Baily, Bayley〙. 〖◻ OF *Bailli*〘原義〙steward: ⇨ bailiff〗

Bailey, David *n.* ベイリー〘(1938– ; 英国の写真家; 1960 年代のファッション写真は一世を風靡した)〙.

Bailey, Sir Donald Coleman *n.* ベイリー〘(1901–85; 英国の技師; cf. Bailey bridge)〙.

Bailey, Liberty Hyde *n.* ベイリー〘(1858–1954; 米国の植物学者·園芸家)〙.

Bailey, Nathan [Nathaniel] *n.* ベイリー〘(?–1742; 英国の辞書編集者; *An Universal Etymological English Dictionary* (1721–27))〙.

Bailey, Philip James *n.* ベイリー〘(1816–1902; 英国の詩人; cf. Spasmodic school)〙.

Báiley brìdge *n.*〘軍事·土木〙ベイリー式組立て橋〘プレハブ鋼鉄パネルをボルトで締めて造る高速度建設用仮橋; 第二次大戦中よく用いられた〙. 〖(1944) ← *Sir Donald Coleman Bailey*〗

Bai·ley's /béɪliz/ *n.*〘商標〙ベイリーズ〘アイルランド産のリキュール; アイリッシュウイスキーを混合し香料で調味〙.

báil hòstel *n.*〘英〙ベイルホステル〘保護観察·保釈中の人に一時的な宿泊·支援を提供する施設; ボランティアの管理下にある〙.

bai·lie /béɪli/ *n.* **1** (スコットランドの)市参事会員〘イングランドの alderman に当たる〙. **2**〘古〙(スコットランドの)荘園主席行政官. **3**〘方言〙=bailiff. 〖(*c*1280) ◻ OF *bailli, baillis* 'BAILIFF'〗

bai·li·er·y /béɪlièri | -liəri/ *n.* bailie の管轄[裁判]権. 〖(1440) ← F *baillerie* office of the BAILIE〗

bai·liff /béɪlɪf | -lɪf/ *n.* **1**〘米〙**a** 廷吏〘法廷の雑務に従事する役人〙. **b** 執行官代理. **2** (法の)執行吏[者]〘sheriff の下役で犯人逮捕·令状·刑の執行をつかさどる役人〙: ⇨ water bailiff. **3**〘英史〙都市執政官, 市政官, 代官, 町役人〘領主から都市の行政を委任された役人〙; (城の)監守人. **4**〘英史〙郡長, 郡宰〘hundred の主席官吏〙. **5**〘英〙地主代理, 地主の執事, 〘英〙土地[農場]管理人, 荘園差配人: a ~ in husbandry (農場の)農事監督, 耕作監視員. **~·shìp** *n.* 〖(*c*1300) *baillif* custodian, magistrate ◻ OF ~ (obl.) ← *baillis* (nom.) (F *bailli*) < VL **bājulīvu(m)* ← L *bājulus*: cf. bail[1]〗

bai·li·wick /béɪləwɪk | -lɪ-/ *n.* **1**〘法律〙bailiff または bailie の職[管区]. **2** (得意の)領域, 活動分野; 近辺, 周辺. 〖(1431) ← BAILI(E)+-WICK[2]〗

Bail·lie /béɪli/ *n.* ベイリー〘男性名〙. 〖⇨ Bailey[2]〗

Bail·ly /béɪli/ *n.* ベイリー〘月面第 1 象限にある月の最大クレーター; 直径約 293 km〙.

báil·ment *n.*〘法律〙**1** 寄託〘寄託者 (bailor) が受寄者 (bailee) に動産を引き渡すこと〙: a contract of ~ 寄託契約. **2** 保釈(金). 〖(1554) ◻ OF *baillement* ← *bailler* to bail, give, deliver〗

bail·or /beɪlɔ́ə, béɪlə | béɪlə(r)/ *n.*〘法律〙寄託者 (cf. bailee). 〖(1602): ⇨ bail[1], -or〗

báil·òut *n.* **1** (緊急時の飛行機からの)パラシュートによる降下[脱出]. **2** (特に, 財政難に陥った会社·地方自治体に対する政府の経済援助による)緊急救済[救援]. — *adj.* 緊急事態対策の, 応急(処置)の: ~ measures for air pollution 大気汚染の緊急の対策. 〖(1951) ← *bail out* (⇨ bail[3] (*v.*) 成句)〗

bails·man /béɪlzmən/ *n.* (*pl.* **-men** /-mən, -mèn/)〘まれ〙保釈保証人. 〖1862〗

Bai·ly /béɪli/ *n.* ベイリー〘男性名; 異形 Bailey, Baillie〙. 〖⇨ Bailey[2]〗

Bái·ly's béads /béɪliz-/ *n. pl.*〘天文〙ベイリーの数珠(ｼﾞｭｽﾞ), ベイリービーズ〘皆既日食の際, 月のふちに見える数珠状の光点〙. 〖(1867) ← *Francis Baily* (1774–1844: 英国の天文学者)〗

Bain·bridge /béɪnbrɪdʒ/, **Beryl** *n.* ベインブリッジ〘(1934– ; 英国の小説家·劇作家; 簡潔な文体で知られる; *The Dressmaker* (1973), *The Bottle Factory Outing* (1974))〙.

bái·nín /bɑ́ːniːn/ *n.*〘アイル〙**1** バーニン〘カラーや折返しのない目のつんだ白いウールの上着〙. **2** バーニンの服地.

bain·ite /béɪnaɪt/ *n.*〘冶金〙ベイナイト〘鋼の焼入れ, 焼戻し組織の一つ; セメンタイト (iron carbide) とフェライト (ferrite) の集合体; cf. martensite, sorbite, troostite[2]〙. 〖(1935) ← *Edgar C. Bain* (1891–1971: 米国の冶金学者): ⇨ -ite[1]〗

bain-ma·rie /bæ̃ː(m)məríː, bǽmə-; *F.* bɛ̃maʁi/ *n.* (*pl.* **bains-ma·rie** /~/) **1 a** =water bath 1. **b** =double boiler. **2** =steam table 1. 〖(1822) ◻ F ~〘原義〙bath of Mary〘なぞり〙← ML *balneum Mariae*〘なぞり〙← Gk *kámīnos Marías* furnace of Mary (i.e., *Miriam* 'sister of Moses'): 彼女が錬金術師であったとの伝説にちなむ〗

Bai·ram /baɪrɑ́ːm; *Turk.* baɪrɑm/ *n.*〘イスラム教〙バイラム祭〘小バイラム祭 (Lesser Bairam) (Ramadan の直後) と大バイラム祭 (Greater Bairam) (小バイラム祭の 70 日後)の年 2 回行われる〙. 〖(1599) ◻ Turk. *bayram*〗

Baird /béəd | béəd/ *n.* ベアード〘男性名; 異形 Bard〙. 〖◻ Ir.-Gael. *Bhaird*〘原義〙ballad singer〗

Baird, John Logie *n.* ベアード〘(1888–1946; スコットランドの発明家·テレビジョンの開拓者)〙.

Báire category thèorem /béə- | béə-/ *n.*〘数学〙ベールのカテゴリー[類]定理〘完備な距離空間は第 2 類であるという定理〙. 〖← *René Baire* (1874–1932: フランスの数学者)〗

bairn /béən | béən/ *n.*〘スコット·北英〙小児, 子供. 〖(1513–75) Sc. ~〘変形〙← ME *barn(e)* child < OE *bearn* < Gmc **barnam* ← IE **bher-*: ⇨ bear[1]〗

Bairns·fa·ther /béənzfɑ̀ːðə | béənzfɑ̀ːðə(r)/, **Bruce** *n.* ベアンズファーザー〘(1888–1959; インド生まれの英国の漫画家; 第二次大戦の戦争漫画で有名)〙.

Bai·sakh /bɑ́ɪsɑːk/ *n.* バイサーク, ヴァイシャーク(の月)〘ヒンズー暦の月名の一つで, 太陽暦の 4–5 月に当たる; cf. Hindu calendar〙. 〖(1971) ◻ Skt *Vaiśākha*〗

Bai·sa·khi /baɪsɑ́ːki, -xi/ *n.* バイサキ〘シク教の祭典; シク教の第 10 代のグル Gobind Singh が 1699 年に Khalsa 教団を設立したのを記念して毎年行われる〙.

bait[1] /béɪt/ *vt.* **1** 〈釣り·わなに〉えさをつける: ~ a hook [trap]. **2 a** 〈人を〉意地悪く苦しめる, (しつこく)なぶる, いじめる, からかう. **b** (娯楽として)〈つないだ動物〉に犬をけしかけていじめる: ~ a badger [bear, etc.] with dogs. **3** (えさでまたはだまして)おびき寄せる; わなにかける; 誘惑する. **4** 〈土地〉に毒餌(ﾄﾞｸｴ)をまく. **5**〘方言〙(旅行中)〈馬など〉にまぐさを与える. — *vi.*〘古〙**1** 〈馬などが〉えさを食べる. **2** 旅の中途で食事のために休む; 小休止する. — *n.* **1** 餌(ｴ), えさ: ~ in mousetraps ねずみ取りのえさ / live ~ 生き餌 / put ~ *on* a hook [*in* a trap] はり[わな]にえさをつける / take the ~ えさを食う. **2** おびき寄せるもの, 誘惑. **3** (殺鼠·殺虫などのためまく)毒餌. **4**〘北英方言〙食物〘特にパックに詰めた昼食〙. **5**〘古〙(旅の中途の)休憩. ***rise to the báit*** (1) 〈魚が〉(水面近くにきて)えさに食いつく. (2) 〈人が〉誘いに乗って引き付けられる[怒る]. ***swállow the báit*** (1) えさをのむ[に食いつく]. (2) つり込まれる, わなにかかる. 〖v.: (?*c*1200) ◻ ON *beita* to cause to bite ← *bīta* 'to BITE'. — n.: (*c*1300) ◻ ON *beita* (fem.)〗

SYN いじめる: **bait** 意地悪いことを言って〈人を〉いじめて喜ぶ: He *baited* his wife for wasting money. 無駄遣いすると言って妻をいじめた. **badger** しつこくいじめて[悩まして]追い詰める: The lawyer *badgered* the witness with questions. 弁護士はうるさく証人を質問攻めにした. **bully** 弱者をいじめる: Stop *bullying* him その子をいじめるのはやめなさい. **heckle** 公開の席上でしつこく質問したりあざけったりして〈弁士を〉困惑させる: A speaker must endure *heckling*. 弁士はやじを我慢しなければならない. **torment** 〈人や動物に〉面白半分に, 意地の悪いことをする: She *tormented* her mother by asking silly questions. ばかな質問をして母親を悩ました. **ride**〘特に米口語〙ひやかしたりあら捜しをしたりしていじめる: They *rode* me about my pimples. 彼らは私のにきびをからかっていじめた.

bait[2] /béɪt/ *n.* =bate[2] 2.

báit-and-swìtch *n.* (*also* **báit and swìtch**) おとり商法[販売]〘しばしばありもしない安価な商品で客を引き付けておいて高価な商品を売りつけようとする〙. 〖1967〗

báit bùg *n.*〘動物〙砂浜に穴を掘ってすむスナホリガニ科の甲殻類の総称〘分類学上はヤドカリの仲間; *Emerita analoga, Hippa pacifica* など; 魚のえさ用〙.

báit-càsting *n.*〘釣〙投げ餌(ｴ)釣り〘両軸受けリール付きのロッドで生き餌[ルアー]を投げる釣り[技術]〙.

báit·er /-tə | -tə(r)/ *n.* 動物に犬をけしかけて悩ます[いじめる]人. 〖(1611): ⇨ bait[1], -er[1]〗

báit·fìsh *n.* 釣り餌(ｴ)に用いる魚. 〖1820〗

Bai·tou Shan /bàɪtúː ʃɑ́ːn; *Chin.* pàɪtʰóuʂān/ *n.* Paektu の中国語名.

Bai·us /béɪəs/, **Michael** *n.* バーユス〘(1513–89; ベルギーの神学者; cf. Baianism)〙.

bai·za /bɑ́ɪzɑː | -zə:/ *n.* (*pl.* **~s**, **~**) **1** バイザ〘オマーンの通貨単位; = 1/1000 Omani-rial〙. **2** 1 バイザ硬貨. 〖(1970) ◻ Arab. ~ ◻ Hindi *paisā*〗

baize /béɪz/ *n.* **1** ベーズ〘ナッピング仕上げ (napping) をした緑や赤の単色の紡毛織物; 現在は密度を粗にしてテーブル掛け·カーテン·ビリヤードの敷布などに使う〙. **2** ベーズのテーブル掛け[カーテンなど]. — *vt.* ベーズで覆う[裏打ちする]. 〖(1578) *bayes* ◻ F *baies* (pl.) ← *bai* reddish brown: cf. bay[5]〗

báize dóor *n.* (大邸宅·オフィスでの)仕切り扉.

BAJ Bachelor of Arts in Journalism.

Ba·ja Ca·li·for·nia /bɑ́ːhɑːkæləfɔ́ənjə | -fɔ́ː-; *Am.Sp.* bahakalifórnja/ *n.* バハカリフォルニア(半島)〘Lower California のスペイン語名;〘口語〙the Baja; cf. Alta California〙.

ba·ja·da /bəhɑ́ːdə | -də; *Am.Sp.* bahá∂a/ *n.* **1**〘米南西部〙険しく曲がった下り道[小道]. **2** (山のふもとから盆地へ広がる)沖積土の斜面[スロープ]. **3**〘米〙〘地理〙乾燥地域で盆地の縁にできる扇状地. 〖(1866) ◻ Sp ~ ← *bajar* to descend〗

Ba·jan /béɪdʒən/ *adj.*, *n.*〘カリブ口語〙=Barbadian.

Baj·er /bɑ́ɪə | bɑ́ɪə(r); *Dan.* bɑ́jˀʌ/, **Fredrik** *n.* バイアー〘(1837–1922; デンマークの政治家·著作家; Nobel 平和賞 (1908))〙.

Ba Jin /bɑ̀ːdʒín; *Chin.* pàtɕín/ *n.* 巴金(ﾊﾟｰﾁﾝ)〘(1904– ;中国の作家)〙.

baj·ra /bɑ́ːdʒrə/ *n.* (*also* **baj·ri** /-riː/, **baj·ree** /-riː/)〘インド〙〘植物〙=pearl millet. 〖(1813) ◻ Hindi *bājrā, bājrī*〗

ba·ju /bɑ́ːdʒuː/ *n.* マライ人の着る短いゆったりしたジャケット. 〖(1820) ◻ Malay ~〗

Ba·jun /béɪdʒən/ *adj.*, *n.* =Barbadian.

bake /béɪk/ *v.* (**~d**; **~d**,〘古〙**bak·en** /béɪkən/) — *vt.* **1 a** 〈パン·菓子などを〉(オーブンなどで)焼く: ~ an apple pie / ~ bread in an oven オーブンでパンを焼く / ~ cakes (hard) ケーキを(固く)焼く / ~ potatoes (in their skins) 皮ごとじゃがいもを焼く / I ~*d* her a cake.=I ~*d* a cake *for* her. 彼女にケーキを焼いてあげた. 日英比較 英語の *bake* はパン·ケーキなどの他, 魚, 野菜, 果物を目的語にとるが, 肉には roast を用いる (ただし, ハムには *bake* を用いる). また, 焼き網にのせて直火で焼くのは broil (〘英〙grill). 野外などで焼きながら食べるのは barbecue という. これに対して, 日本語の「焼く」はより広義で, 以上のいずれにも用いる. ⇨ toast; fry. **b** 〈れんが·陶器などを〉(窯(ｶﾏ)で)焼き乾かす, 焼き固める: ~ bricks, pottery, etc. **c** 〈太陽が〉〈地面を〉照らし固める: ~ the ground. **2 a** 〈太陽が〉〈皮膚などを〉焼く. **b** 〈太陽が〉〈果実を〉熟させる. **3**〘廃〙固まりにする; (寒さで)固まらせる. **4**〘古〙(氷結のように)固める, 固くする. — *vi.* **1** 〈パン·菓子などを〉焼く: Put the mixture in the oven and ~ till firm. 混ぜ合わせたものをオーブンに入れ固くなるまで焼きなさい. **2** 〈パンなどが〉焼ける; 〈れんが·道路などが〉焼けて固まる: These apples don't ~ well. このりんごはうまく焼けない. **3 a** 皮膚を焼く: ~ in the sun 日に当たって体を暖める[肌を焼く]. **b**〘口語〙体が不快なほど熱くなる. — *n.* **1 a** パン焼き; パンの焼き方. **b** (パンなどの)ひと焼き. **2**〘米〙**a** 焼き料理. **b** 焼き料理パーティー; (特に)=clambake 1. **3**〘英〙細切れにした野菜や魚を入れて焼き固めた料理. **4**〘スコット〙固焼きビスケット. **5**〘カリブ〙油で揚げた小型の平たい菓子. 〖OE *bacan* < Gmc **bak(k)an* (G *backen*) ← IE **bhē-* to warm: cf. bath[1]〗

báke·àpple *n.*〘カナダ〙〘植物〙=cloudberry. 〖1829〗

baked /béɪkt/ *adj.* (かまど·オーブンなどで)焼いた (cf. half-baked): a ~ apple 焼きりんご / ⇨ baked beans, baked potato. 〖(1545): ⇨ -ed[2]〗

báked Alάska, B- A- *n.* ベークトアラスカ〘スポンジケーキの上にアイスクリームを載せ全体にメレンゲをかぶせてオーブンで焼き目をつけたデザート〙.

báked béans *n. pl.* ベークトビーンズ: **1**〘米〙完熟したインゲン豆を塩漬豚肉·トマトソースなど香辛料を加えて蒸し焼きしたもの. **2**〘英〙インゲン豆のトマトソース煮(の缶詰).

báked méat *n.* =bakemeat.

báked potáto *n.* (皮ごと)焼いたじゃがいも, 焼きじゃが, ベークトポテト.

báke·hòuse *n.* =bakery. 〖?*a*1300〗

Ba·ke·lite /béɪkəlàɪt, béɪklaɪt/ *n.*〘商標〙ベークライト〘フォルムアルデヒドと石炭酸から成る人造樹脂〙. 〖(1909) ◻ G *Bakelit* ← *L. H. Baekeland*: ⇨ -ite[1]〗

báke·mèat *n.*〘廃〙焼き菓子 (pastry), パイ (pie), (特に)ミートパイ (meat pie). 〖*c*1353〗

baken *v.*〘古〙bake の過去分詞.

báke-òff *n.* (素人の)料理競技会, 料理コンクール.

bak·er /béɪkə | -kə(r)/ *n.* **1** パン屋; パン·菓子類製造業者. **2**〘米〙焼料理用器具, 携帯用オーブン. **3** 焼料理に適した物: good ~s 焼いておいしい物〘肉·じゃがいもなど〙. **4**〘釣〙(サケ釣りに用いる)毛針の一種. **5**〘鳥類〙カマドドリ (*Furnarius rufus*)〘かまど形の巣を作る南米産の鳴鳥; baker bird ともいう; cf. ovenbird 2〙. ***spéll báker*** 難しいことをやり遂げる, 困難な役目を果たす. 〘古いつづり字教科書では *baker* が最初の二音節語だったことから〙 〖OE *bæcere*: ⇨ bake, -er[1]〗

Ba·ker /béɪkə | -kə(r)/, Sir **Benjamin** *n.* ベーカー〘(1840–1907; 英国の土木技師; Sir John Fowler と共に London の地下鉄を設計·建設した)〙.

Baker, George Pierce *n.* ベーカー〘(1866–1935; 米国の演劇指導者)〙.

Baker, Dame Janet *n.* ベーカー〘(1933– ; 英国のメゾソプラノ歌手; 特にオラトリオ·リートの歌手として有名)〙.

Baker, Josephine *n.* ベーカー〘(1906–75; 米国生まれのフランスのダンサー·歌手; 第二次大戦時はレジスタンス活動に協力した)〙.

Baker, Ray Stan·nard /stǽnəd | -nəd/ *n.* ベーカー

B

《1870–1946; 米国の著述家・ジャーナリスト; 筆名 David Grayson》.

Baker, Russell Wayne *n.* ベーカー《1925–　; 米国のジャーナリスト・文筆家, *New York Times* のコラムニスト; *Growing Up* (1982); Pulitzer 賞 (1979, 83)》.

Baker, Sir **Samuel White** *n.* ベーカー《1821–93; 英国のアフリカ探検家; Blue Nile を探検し (1860–62), Albert 湖を発見 (1864)》.

báker bìrd *n.* 〘鳥類〙=baker 5.

Báker dày *n.* 《英》〘教育〙教員研修日《英国の教育相であった Kenneth Baker (1934–　) にちなむ》.

Báker Ísland *n.* ベイカー島《太平洋中部, 赤道付近にある米国領の小島; 環礁; 面積 2.6 km²》.

báker-knèed[-lègged] *adj.* X 脚の. 〘(1611): パンこねの無理な姿勢が原因と考えられたため〙

Báker-Núnn càmera /-nʌ́n-/ *n.* ベーカーナンカメラ《人工衛星・弾道弾の飛跡撮影に使われる大型シュミット望遠カメラ》. 〘← *J. G. Baker & Joseph Nunn* (1957 年に初めて用いられたこのカメラを考案した米国人)〙

báker's brèad *n.* (家で焼いた (home-baked) のに対して)パン屋の焼いたパン. 〘1813〙

báker's dózen *n.* [a ~] **1** パン屋の 1 ダース, 13 個 (cf. devil's dozen). **2** 少しばかりの数. 〘(1596): もと行商人が 1 ダース分として 13 個のパンを卸してもらい, 1 個をもうけとしたことから; または斤量不足のための厳罰に対する用心から〙

Ba·kers·field /béɪkəzfiːld | -kəz-/ *n.* ベーカーズフィールド《米国 California 州南部の都市》. 〘← *Colonel Thomas Baker* (1810–72: この地域の地主)〙

Báker Strèet *n.* ベーカー街《London の街路; この 221 番地 b に Sherlock Holmes が住んだことになっている》.

báker's yèast *n.* (パン・菓子用の)イースト, パン酵母. 〘1854〙

bak·er·y /béɪk(ə)ri | -kəri/ *n.* **1** パン製造所, パン屋 (baker's shop). **2** 《米》パン・菓子[ケーキ]類販売店. 〘(*c*1820) ← BAKER＋-Y¹〙

báke sàle *n.* 《米》(資金集めのための)手作りパン菓子即売会.

báke·shòp *n.* 《米》=bakery. 〘1789〙

báke·stòne *n.* パンや菓子を焼くための平たい石または鉄板. 〘*a*1200〙

báke·wàre *n.* 耐熱陶器[ガラス]なべ.

Bake·well /béɪkwel, -wəl/, **Robert** *n.* ベークウェル《1725–95; 英国の農学者; 牛・羊などの品種改良で有名》.

Bákewell tárt *n.* 《英》ベークウェルタルト《ジャムとアーモンド味のスポンジケーキを詰めた上皮のないパイ》.

Bakh·ta·ran /bæ̀ktərάːn, -rǽn/ *n.* バクタラン《イラン西部 Qareh Su 渓谷にある市; 精油所がある; 旧名 Kermanshah》.

bák·ing *n.* **1** パン焼き. **2** 一焼き(分の量) (batch). **3** [形容詞的に]〈原料・道具など〉パン焼き用の: a ~ dish. — *adj.* 《口語》**1** 焼きつけるような: The weather was simply ~. まったく焼けつくような暑さだった. **2** [副詞的に] 焼けつくように: ~ hot 焼けるように暑い. **~·ly** *adv.* 〘(*a*1398): ⇨ -ing¹·²〙

báking pòwder *n.* ベーキングパウダー, ふくらし粉《イーストの代用》. 〘1850〙

báking shèet *n.* (クッキー・パンなどを焼く) 天板《baking tray ともいう》.

báking sòda *n.* 〘化学〙重曹(じゅうそう) ($NaHCO_3$) (sodium bicarbonate). 〘1881〙

bak·kie /bǽki, bάki/ *n.* 《南ア》(農民などが使う)小型トラック. 〘(1971) ◻ Afrik. ~ ← *bak* container＋*-kie* (dim.)〙

ba·kla·va /bὰːkləvάː, ─ ─ ⏑ | bǽkləvὰː, bάːk-; *Turk.* bɑklɑvɑ/ *n.* (*also* **ba·kla·wa** /~/) バクラバ《トルコ・ギリシャなどで作る菓子; 薄い小麦粉の生地の間にナッツや香辛料をはさんで層にし, 焼いてシロップをかける》. 〘(1653) ◻ Turk. ~〙

bak·ra /bǽkrə/ *n.* =buckra.

bak·sheesh /bǽkʃiːʃ, ─ ⏑ | ─ ⏑, ⏑ ─/ *n.* (*also* **bakshish** /~/) (インド・トルコ・エジプトなどで)心付け, 祝儀, チップ; 賄賂(わいろ); 施し: give ~ to …に心付けをやる. — *vt.* …に心付けをやる. 〘(1755–60) ◻ Pers. *bakhshish* ← *bakhshidan* to give〙

Bakst /bάːkst | bǽkst; *Russ.* bákst/, **Léon Nikolaevich** *n.* バクスト《1866–1924; ロシアの舞台装飾家・デザイナー・画家; 本名 Lev Samoylovich Rosenberg》.

Ba·ku /bɑːkúː, bæ-⏑/ *n.* バクー《アゼルバイジャン共和国の首都, カスピ海に臨む港で採油の中心地》.

Ba·ku·nin /bɑːkúːnʲɪn, bə- | bəkúːnɪn, bɑː-; *Russ.* bakúnʲin/, **Mikhail Aleksandrovich** *n.* バクーニン《1814–76; ロシアの無政府主義者》.

bal /bǽl/ *n.* 《口語》**1** =balmacaan. **2** =Balmoral 2.

BAL 《略》〘化学〙British anti-lewisite (⇨ dimercaprol). 〘1942〙

bal. 《略》〘簿記〙balance; balancing.

Ba·laam /béɪləm | -læm, -ləm/ *n.* **1** バラム《メソポタミア生まれの預言者; イスラエルの民をのろいに出かけたが, 自分のロバに戒められた; cf. *Num.* 22–24》. **2** 当てにならない預言者[味方]. 《1648》 **3** [b-] 《俗》(新聞記事などの)埋草: a *balaam* box [basket] 埋草投票箱. 《1826》

bal·a·cla·va /bæ̀ləklάːvə, ─klǽvə | -klάːvə/ *n.* バラクラバ帽《頭・首および肩を覆う野戦用または登山・スキー用の羊毛製の大型帽》. 〘(1881): ⇨ Balaklava〙

Bal·a·cla·va /bæ̀ləklάːvə/ *n.* =Balaklava.

balaclava hèlmet *n.* =balaclava. 〘1900〙

bal·a·dine /bǽlədìːn, ⏑ ─ ─; *F.* baladin/ *F. n.* 《古》(特に, 大道芸人一座の)踊り子. 〘((1599)) (1863) ◻ F *baladin* ◻ Prov. *baladin* ← *balar* to dance: ⇨ ballad〙

bal·a·fon /bǽləfὰ(ː)n | -fɔ̀n/ *n.* 〘音楽〙バラフォン《西アフリカで使われるひょうたんの共鳴具つきの大型木琴》. 〘(*c*1775) ◻ F ~ ← Mandingo *bala* xylophone＋*fo* to play〙

Ba·la·guer /bὰːlɑːgéə | -géə^r; *Am.Sp.* balayér/, **Joaquín** *n.* バラゲール《1907–2002; ドミニカ共和国大統領 (1960–62, 1966–78, 1986–96)》.

Ba·la·ki·rev /bɑːlάːkɪrɛf | bəlǽkɪrɛ̀v, -lάːk-; *Russ.* balákʲirʲɪf/, **Mi·ly** /mʲílʲɪj/ **Alekseyevich** *n.* バラキレフ《1837–1910; ロシアの作曲家; 五人組 (the Five) の中心人物》.

Bal·a·kla·va /bæ̀ləklάːvə, -klǽvə | -klάːvə; *Ukr.* balaklάva/ *n.* バラクラーバ《ウクライナ南部, 黒海に臨む海港; クリミア戦争中 Tennyson の詩で有名な「軽騎兵の突撃 (Charge of the Light Brigade)」の行われた場所 (1854)》.

bal·a·lai·ka /bæ̀ləláɪkə; *Russ.* bəlalájkə/ *n.* バラライカ《ロシアの 3 弦の撥弦楽器; 三角形の胴とギターに似た棹(さお)がある; 主としてフォーク音楽用》. 〘(1788) ◻ Russ. ~ ← ? Tatar〙

Bá·la Láke /bǽlə-/ *n.* バラ湖《ウェールズ北西部 Gwynedd の Snowdonia 国立公園にあり, 天然湖としてはウェールズ最大》.

bal·an- /bǽlən/ (母音の前にくるときの) balano- の異形.

bal·ance /bǽləns, -lənts/ *n.* **1** (二つの力・傾向などの)平均, 釣合い(のとれた状態), 平衡, 均衡, バランス; (運命などの)バランス; 精神[情緒]の安定, 心の平衡, 平静: The ~ of his mind was disturbed. 彼は精神の安定を失っている / recover [regain] one's ~ 平静さを取り戻す / keep one's ~ 体の平衡[釣合い]を保つ; 心の平衡を保つ, 取り乱さない / lose one's ~ 体の平衡を失う[失って倒れる]; 心の平衡を失う, 取り乱す / upset the delicate ~ of conflicting forces that had kept the peace 平和を保っていた対立勢力の微妙なバランスを乱す. **2 a** [しばしば *pl.*] 決定する力, 決定権: hold the ~ (between [of] opposing forces) (二大勢力の間に介在して)均衡を左右する, 決定力をもつ. **b** はかりにかけること; 評価; 未決定の状態. **3 a** (勘定・計画などの)調整, 精算. **b** [the ~] 《口語》残余, 残り (⇨ remainder SYN): *the* ~ of one's dinner / You may keep *the* ~. お釣りは取っておきなさい. **4** 〘会計〙帳尻の差額, 差引残高(額): the [one's] ~ at the bank 銀行預金残高 ⇨ bank balance / the ~ due 不足額 / the ~ due from [to] …へ貸し[より借り] / the ~ in hand 手元残高 / The ~ of the account is *against me* [*in* my favor]. 差引勘定は私の借り[貸し]. **5 a** 秤(はかり), 天秤(てんびん)《中央を支点 (pivot) とする棹(さお) (beam) を用いて両端に皿 (scale) をつるし物体の重量を量る器械; cf. chemical balance, microbalance》: be weighed in the ~ and found wanting 試されたうえで不十分[役に立たない]とされる, 鼎(かなえ)の軽重を問われる (cf. *Dan.* 5:27; wanting *adj.* 3). **b** 《廃》秤の皿 (scale): a pair of ~*s*. **6 a** 釣合いをとるもの; 釣合いおもり, 分銅 (counterweight): act as a ~ *to* …に対して釣合いをとる働きをする. **b** 均衡力. **7** 優勢: The ~ of advantage is with him [on her side]. 勝味は彼に[彼女の側に]ある. **8 a** 〘体操〙平均運動. **b** 〘ダンス〙バランス《偶数拍子または ³/₄ 拍子に合わせて踊る均等歩の動作で, 前後左右への動きがある》. **9** 〘美術〙(線・色・形などの美的)調和, 配合, 釣合い: The picture is lacking in ~. その絵は調和に欠けている. **10** 〘修辞〙バランス, 対句法《修辞的効果を狙って語句・アイディアを並置すること; cf. balanced sentence》. **11** 〘生理・生物〙平衡: water [acid] ~ 水分[酸塩基]平衡. **12** 〘時計〙てんぷ《アンクルからの衝撃をうけて固有の周期で振動する時計調速機の主要部分; てん輪(わ)・てん真・ひげなどからなる》. **13** 〘銃砲〙均衡点《ライフルの下側に支点を与えた場合, 前後の重さが釣り合う点》. **14** [the B-] **a** 〘天文〙てんびん(天秤)座 (⇨ Libra 1). **b** 〘占星〙てんびん座, 天秤宮 (⇨ Libra 2).

in bálance =on BALANCE. ***in (the) bálance*** (1) ⇨ *n.* 5 a. (2) どちらとも決まらないで, 極めて不安のままに: hold *in the* ~ 未定のままにしておく / hang [be, tremble] *in the* ~ 不安定な状態にある, どっちつかずである. 《*c*1320》 ***òff bálance*** 平衡[釣合い]を失って; 平静を失って: throw a person *off* ~ 人に平衡[平静]を失わせる. 《1954》 ***on bálance*** すべてを考慮[斟酌]して(みると), 結局. 《1843》 ***strike [kéep] a bálance*** (1) 貸借を差引きする, 収支の差引勘定をする (cf. strike *vt.* 10 a). (2) 公平な解決に達する, 均衡をはかる: *strike a* proper ~ between work and leisure 仕事とレジャーのバランスをとる. 《1638》 ***tip [túrn, swíng] the bálance*** =*tip the scale(s)* (⇨ scale²). 《1956》

bálance of accóunts 勘定残高《ある勘定の借方記入額合計から, 貸方記入額合計を差し引いた残高またはその逆の差引計算による残高》.

bálance of cléaring 交換尻.

bálance of exchánge 為替(かわせ)尻.

bálance of náture 自然の平衡《生物間の生態[生物]学的平衡》. 《1909》

bálance of (internátional) páyments (1) 国際収支《一定期間中の国の対外経済取引の総体的収支表で, 貿易収支の他に貿易外収支を含む》. (2) その記録. 《1844》

bálance of pówer (1) (強国間の)勢力均衡. (2) (一般に)力・影響力の均衡. 《1677》

bálance of térror (強国間の)核兵器所有の均衡. 《1960》

bálance of tráde 貿易収支: a favorable [an unfavorable] ~ *of trade* 輸出[輸入]超過. 《1668》

— *vt.* **1 a** …の平衡[釣合い]を保たせる, (倒れたりしないように)あやつる: ~ a pole, etc. / ~ a plate on one's finger 指先で皿を落とさないようにバランスをとる / ~ oneself (on a tightrope) (張り綱の上で)体の釣合いをとる. **b** 〈食事・色などを〉バランスよく調整する. **2 a** 天秤にかけて見る, 量る. **b** 〈問題などを〉(心の中で)比べ考える, 〈二者を〉比較[対照]する: ~ the two proposals [plans]. **3 a** 釣り合わせる, 平均させる, …の均衡を取る (counterbalance): ~ one thing *with* [*by, against*] another / be equally ~*d* 釣り合っている. **b** …と釣り合う[等しい]; …の埋め合わせをする, 償う: His generosity ~*s* her stinginess. 彼の気前のよさは彼女のけちの埋め合わせをする / Income should ~ expenditure. 収入と支出は釣り合ってなければならない. **4** 〘会計〙収支を合わせる; 清算する, 決算する, 差引きする, …の貸借を対照する: ~ one's [the] accounts 諸口座を締め切る, 貸借を勘定する / ~ the books 帳簿を精算する[締める] / The government is pledged to ~ the budget. 政府は収入が見合うようにすると約束している. **5** 〘ダンス〙(交互に)〈相手〉に近づきまた離れる: ~ one's partner. **6** 〘化学〙化学方程式の両辺の各化合物の〈係数を〉バランスさせる. — *vi.* **1** (体などの)平衡を保つ, バランスをとる: ~ on one foot 片足でバランスをとる / ~ on top of a ladder はしごの上でバランスをとる. **2** 〔…と〕釣り合う, 平均する, 均衡を保つ, 均衡が取れる 〔*with*〕; (計算・帳尻が)合う: These scales do not ~. この天秤はバランスがとれない / The debits and credits ~ (out). 借方貸方の帳尻が合う, 収支平均する. **3** 揺れる; 〈二者の間で〉ためらう, 躊躇(ちゅうちょ)する (hesitate) 〔*between*〕. **4** 〘会計〙精算する. **5** 〘ダンス〙前後左右に揺れるようにバランスステップする.

〘(?*c*1200) ◻ (O)F ~ < VL **bilancia*(*m*) ← LL *bilanx* ← BI-¹＋*lanx* plate, scale of weighing machine〙

ba·lan·cé /bæ̀lɑ̃ː(n)séɪ, bὰː-, -lɑːn-; *F.* balɑ̃se/ *n.* 〘バレエ〙バランセ《一方の足で立ちひざを曲げながら体を振り動かすようにして軽やかに他方の足へ重心を移すステップ》. 〘(*c*1786) ← F *pas balancé* (原義) balanced step〙

bál·ance·a·ble /-səbl/ *adj.* 平衡[釣合い]を保たせることができる. 〘(1667): ⇨ -able〙

bálance bèam *n.* **1** (平衡おもりとして用いられる)平衡桿(かん). **2** 平均台の横木. 〘1813〙

bálance brìdge *n.* =bascule bridge.

bálance còil *n.* 〘電気〙平衡コイル.

bal·anced /bǽlənst, -lənst/ *adj.* **1** 平均のとれた, 釣り合った: a ~ education [budget] 均衡のとれた教育[予算] / ⇨ balanced diet. **2** (心的・情緒的に)安定した. **3** (議論・企てなどについて)公平に・偏らずに提出された. **4** 〘アメフト〙センターの両側に均等にプレーヤーを配置したフォーメーションの. 〘(1592): ⇨ -ed²〙

bálanced búdget mùltiplier *n.* 〘経済〙均衡予算乗数《財政収支の均衡が維持されたときの乗数; cf. multiplier 4》.

bálanced círcuit *n.* 〘電気〙平衡回路. 〘1933〙

bálanced díet *n.* (あらゆる栄養物を適当量に混合した)均衡[調整]食. 〘1936〙

bálanced fúnd *n.* 〘金融〙均衡投資信託, バランスファンド《株式のほか債券・優先株などを組み入れてあるオープン投資信託の一種》.

bálanced líne *n.* 〘電気〙平衡線路.

bálanced lóad *n.* 〘電気〙平衡負荷. 〘1924〙

bálanced módulator *n.* 〘電気〙平衡変調器. 〘1924〙

bálanced rátion *n.* =balanced diet.

bálanced rúdder *n.* 〘海事〙平衡舵, 釣合い舵《水圧の中心部が舵の中心部にかかるようにして回転要力を最小限に押えるように設計された舵》. 〘1869〙

bálanced séntence *n.* 〘修辞〙均衡文《2 またはそれ以上の並列する同じ構造型の節から成る文; 例: They have been educated to achieve success; few of them have been educated to exercise power》.

bálanced stép *n.* 〘建築〙割合段《まわり階段の扇形の踏み板の最も幅の狭い部分が, 直線階段の部分の踏み板の幅にそろえられているもの》. 〘1904〙

bálanced tícket *n.* 《米》(政党の)公認候補者名簿.

bálanced válve *n.* 〘機械〙釣合い弁, 両座弁《弁棒に働く力を少なくするため, 弁体に作用する力が互いに打ち消すように 2 個の弁座をもたせた弁》.

bálance lúgsail *n.* 〘海事〙バランスラグスル《帆の一部が帆桁より前に出たすその長いラグスル縦帆》.

bálance píston *n.* 〘機械〙釣合いピストン《タービンなどでスラストを釣り合わせるために取り付ける》.

bál·anc·er *n.* **1 a** 平衡[釣合い]を保つ人. **b** 軽業師 (acrobat). **2** 平衡器, 釣合い装置. **3** 清算人. **4** 〘昆虫〙平均棍(こん), 平均体《双翅類(カ・ハエ・アブなど)の後翅が棍棒状に退化したもので飛ぶときに体の平均を保つ》. 〘(1413): ⇨ balance, -er¹〙

bálance rùdder *n.* 〘海事〙=balanced rudder.

bálance scrèw *n.* 〘時計〙ちらねじ《てん輪(わ)の外周に取り付けられた歩度調節ねじ; cf. split balance》.

bálance shèet *n.* 〘会計〙貸借対照表, バランスシート (略 B/S). 〘*c*1771〙

bálance sprìng *n.* 〘時計〙ひげぜんまい, ひげ (⇨ hairspring). 〘1884〙

bálance stàff *n.* 〘時計〙てん真《てん輪(わ)の軸》. 〘1884〙

bálance tàb *n.* 〘航空〙バランスタブ《飛行機の舵面[操縦翼面]後縁に取り付けられた可動小翼; 舵面とは反対方向に動き, 人力で大きな舵面を操作する場合の操舵力を軽減するはたらきをする》.

bálance wèight *n.* 釣合いおもり. 〘1824〙

bálance whèel *n.* **1 a** 〘時計〙てん輪(わ)《てんぷの輪

の部分; cf. balance *n.* 12). **b** 〘機械〙釣合い輪. **2** 安定に役立つもの, 平衡を保つ力,「おもり」. 〘1669〙

Bal·an·chine /bǽlənʃiːn | -tʃiːn, -ʃiːn/, **George** *n.* バランチン (1904–83; ロシア生まれの米国の舞踊家・振付師; 革新的バレエ運動を展開).

bálancing àct *n.* **1** 平衡行動《複数の互いに矛盾する状況や要素を同時に処理しようとする試み》: The government must do [perform] a difficult ～ to keep itself popular with both conservatives and liberals. 政府は保守とリベラルの双方の人気を保つために難しいバランスのとれた行動をとらねばならない. **2** (曲芸などの)バランス技. 〘1954〙

bálancing bànd *n.* 〘海事〙つり帯《錨を水平につる時に用いる重心点付近の鉄帯》.

bálancing capàcitor [condènser] *n.* 〘電気〙平衡コンデンサー《compensating capacitor, compensating condenser ともいう》.

bálancing sìde *n.* 〘歯科〙平衡側《そしゃく時, 食物をかんでいない側の歯列; cf. working side》.

ba·lan·der /bəlǽndə | -də(r)/ *n.* (*also* **ba·lan·da** /-də/) 《軽蔑》(オーストラリア先住民の英語で)白人, 毛唐.

bal·a·ni·tis /bæ̀lənáɪtɪs | -tɪs/ *n.* 〘医学〙亀頭炎. 〘(1853) ← NL *Balanitis* ← Gk *Bálanos* acorn＋-ITIS〙

bal·a·no- /bǽlənoʊ | -nəʊ/ 次の意味を表す連結形: **1**「どんぐり (acorn)」. **2**「陰茎亀頭 (glans penis)」. ★ 母音の前では通例 balan- になる. 〘← NL ～ ← Gk *bálanos* acorn: cf. gland〙

bal·a·noid /bǽlənɔ̀ɪd/ *n.*, *adj.* 〘動物〙フジツボ (acorn barnacle) 形(の). 〘(1869) □ Gk *balanoeidḗs* ← *bálanos* (↑): ⇨ -oid〙

Bal·a·noph·o·ra·ce·ae /bæ̀lənɑ̀(ː)fəréɪsiìː | -nɔ̀f-/ *n. pl.* 〘植物〙ツチトリモチ科. **bàl·a·nòph·o·rá·ceous** /-ʃəs⁻/ *adj.* 〘← NL ～ ← *Balanophora* (属名: ⇨ balano-, -phora)＋-ACEAE〙

Ba·lante /bəlɑ́ːnt/ *n.* (*pl.* ～, ～s) **1 a** [the ～(s)] バラント族《Senegal 地方の種族》. **b** バラント族の人. **2** バラント語. 〘(*c*1895) □ F ～〙

ba·lao /bəláʊ/; *Sp.* baláo/ *n.* (*pl.* ～s) 〘魚類〙＝halfbeak. 〘(1854–55) □ Sp. ～〙

Ba·la·ra·ma /bʌ̀lərɑ́ːmə/ *n.* 〘インド神話〙バララーマ, 力(ちから)のラーマ《Krishna の長兄で Vishnu の第八化身ともいわれ, 犂(すき)を手にしている; cf. Rama》.

bal·as /bǽləs/ *n.* 〘鉱物〙バラスルビー《貴尖(せん)晶石の一種でばら赤色またはオレンジ色の宝石; balas ruby ともいう》. 〘(*a*1430) □ (O)F *balais* □ ML *balasus* □ *Arab. bálkhaš* ← Pers. *Badhakhshān* (産地名)〙

ba·la·ta /bəlɑ́ːtə | bǽlətə, bəlɑ́ːtə/ *n.* **1** バラタ《西インド諸島産の bully tree の乳液を乾かし固めたもの; 主に機械用ベルトやゴルフ球の表皮に, また gutta-percha の代用品として電線被覆やチューインガム原料などに用いる; balata gum ともいう》. **2** 〘植物〙バラタを産する各種の樹木, バラタノキ (bully tree). 〘(1858) □ Am.Sp. ～〙

Ba·la·ton /bɑ́ːlətɑ̀(ː)n, bǽl- | bǽlətɒn, bɔ́l-; *Hung.* bɔ́lɒton/, **Lake** *n.* バラトン湖《ハンガリー西部の中部ヨーロッパ最大の湖; 長さ 80 km; ドイツ語名 Plattensee /plátṇzeː/》.

ba·laus·tine /bəlɔ́ːstɪn, lɑ́ːs- | -lɔ́ːstɪn/ *n.* **1** ザクロの花《干して収斂(しゅうれん)剤として用いる》. **2** ザクロの木 (pomegranate). ── *adj.* ザクロの木[花]の. 〘(1671) ← Gk *balaústion* flower of pomegranate tree: ⇨ -ine¹〙

Bal·bo /bɑ́ːlboʊ | -bəʊ; *It.* bálbo/, **I·ta·lo** /iːtalo/ *n.* バルボ (1896–1940; イタリアの飛行家・空軍元帥・ファシスト政治家; Mussolini の腹心の一人).

Bal·bo·a /bælbóʊə | -bə́ʊə; *Am.Sp.* balβóa/ *n.* **1** バルボア《パナマ運河地帯太平洋側終端の海港》. **2** [b-] **a** バルボア《パナマの通貨単位; ＝100 centesimos; 記号 B, B/》. **b** 1 バルボア銀貨. (*c*1909) 〘↓〙

Bal·bo·a /bælbóʊə | -bə́ʊə; *Sp.* balβóa/, **Vasco Núñez de** /núɲeθ de/ *n.* バルボア (1475–1519; スペインの探検家で, 太平洋の発見者 (1513)).

bal·brig·gan /bælbrɪ́gən/ *n.* **1** バルブリガンメリヤス《さらさない綿メリヤスで, 下着や靴下を作る》; それに似た編み目のコットンニット. **2** [*pl.*] バルブリガンメリヤス製の衣類《長靴下・パジャマなど》. 〘(1859) ← *Balbriggan* (アイルランドの原産地名)〙

Balch /bɔ́ːltʃ, bɑ́ːltʃ | bɔ́ːltʃ/, **Emily Greene** *n.* ボールチ (1867–1961; 米国の政治経済学者; Nobel 平和賞 (1946)).

Bal·con /bɔ́ːlkən, bɑ́ːl- | bɔ́ːl-/, **Sir Michael** *n.* バルコン (1896–1977; 英国の映画プロデューサー).

bál·co·nied *adj.* バルコニーを付けた, 露台のある. 〘(*a*1733): ⇨ ↓, -ed²〙

bal·co·ny /bǽlkəni/ *n.* **1** バルコニー, 露台, 張出し縁側. **2 a** 〘劇場〙《英》dress circle の上の階上席(桟敷(さじき)席); 《米・カナダ》2 階桟敷. **b** [集合的] (映画館などの)階上席. **3** 〘海事〙船尾[艦尾]の展望台. 〘(1618) □ It. *balcone* □ Gmc **balkōn* 'beam, BALK'〙

bald /bɔ́ːld, bɑ́ːld | bɔ́ːld/ *adj.* (～·er; ～·est) **1 a** 〈頭が〉はげた, 〈人が〉はげ頭の: a ～ head / get [go] ～ 頭がはげる. **b** 《口語》〈タイヤが〉踏み面の刻みが摩耗した. **c** 〈木が〉葉のない, 〈山など〉木のない, 裸の; 〈動物が〉頭部のはげた, 無毛の, 〈鳥が〉羽毛のない; 〈布が〉けばのない: a ～ mountain はげ山 / (as) ～ as an egg [a billiard ball, a coot] つるつるにはげている. **2** 〈表現・陳述など〉飾りのない, むき出しの; 露骨な, ありのままの (bare, plain); 〈文体など〉雅致のない, 単調な: a ～ statement of fact むき出しの事実の陳述 / a ～ prose style 雅致のない散文体. **3** 〈馬など〉顔面の目・鼻孔周辺が白い (cf. bald-faced 1). **4** つまらない, ほとんど価値のない (trivial). ── *vi.* はげる. **～·ness** *n.* 〘(*c*1300) *balled(e)* ＜ ? OE **bællede* ← **ball-* white patch ← Gmc **bala-* ← IE **bhel-* to shine (Gk *phalós* white / Skt *bhālam* brightness, forehead): ⇨ -ed〙

bal·dac·chi·no /bæ̀ldəkíːnoʊ, bɔ̀ːl- | -nəʊ; *It.* baldakkíːno/ *n.* (*pl.* ～s) ＝baldachin.

bal·da·chin /bɔ́ːldəkɪn, bǽl-, bɑ́ːl- | bɔ́ːldəkɪn/ *n.* (*also* **bal·da·quin** /～/) **1** (主にカトリックで祭壇や貴人の席の上の)天蓋 (canopy)《もとは Baghdad 産の錦(にしき)で作った; 通例, 円柱で支えられ, 金属製など》. **2** (宗教的行列で奉持される)天蓋. **3** 錦, 金襴(きんらん). 〘(1537) □ F *baldaquin* ∥ It. *baldacchino*《原義》silk from Baghdad ← *Baldacco* Baghdad〙

báld cóot *n.* 《英》**1** 〘鳥類〙オオバン (⇨ coot 1). **2** はげ頭の人. 〘*a*1325〙

báld crów *n.* 〘鳥類〙ハゲチメドリ (rockfowl).

báld cýpress *n.* **1** 〘植物〙ラクウショウ(落羽松), ヌマスギ (*Taxodium distichum*)《米国南部沼沢地産のスギ科の植物》. **2** ラクウショウ材. 〘1709〙

báld éagle *n.* 〘鳥類〙ハクトウワシ (*Haliaeetus leucocephalus*)《北米産; 米国の国鳥で同国の国章・貨幣模様に用いられている; white-headed eagle, American eagle ともいう》. 〘1688〙

bald eagle

Bal·der /bɔ́ːldə, bɑ́ːl- | bɔ́ːldə(r)/ *n.* 〘北欧神話〙バルドル, バルデル《Odin と Frigg の息子; 美しく, 善良・温厚・賢明な神; ⇨ Hoder》. 〘ON *Baldr* ← *baldor* bold, hero〙

bal·der·dash /bɔ́ːldədæ̀ʃ, bɑ́ːl- | bɔ́ːldə-/ *n.* **1** たわごと (nonsense): absolute ～ 全くのたわごと ★ しばしば間投詞として不平・反対の意見を表す. **2** 《廃》(ビールにミルクやぶどう酒を混ぜたりした)変な混合飲み物. 〘(1596) ← ?: cf. Dan. *balder* noise, chatter〙

báld fàce *n.* 《米》**1** 〘鳥類〙＝baldpate 2. **2** 《廃》粗悪なウイスキー. 〘1709〙

báld-fàced *adj.* **1** 〈動物が〉顔面に白斑(はん)入りの: a ～ horse, stag, etc. **2** むきだしの (undisguised); あつかましい, 恥知らずの: a ～ lie しらじらしいうそ. 〘1648〙

báld-fàced hórnet *n.* 〘昆虫〙＝white-faced hornet. 〘1861〙

báld·hèad *n.* **1** はげ頭の人. **2** 白冠鳩《家鳩の一種》. **3** 〘鳥類〙＝baldpate 2. 〘1535〙

báld-héad·ed *adj.* **1** 頭のはげた. **2** 〘海事〙〈スクーナーなど〉トップマストのない. ── *adv.* 《口語》むきになって, がむしゃらに: go (*into* [*at*, *for*]) it ～ それにすべてをかけてやる / go ～ *for* [*at*] a thing [person] 物[人]をめがけてがむしゃらにぶつかっていく / snatch a person ～ 人を厳しく非難する[叱る]. 〘1580〙

bal·di·coot /bɔ́ːldɪkùːt, bɑ́ːl- | bɔ́ːl-/ *n.* ＝bald coot.

bald·ie /bɔ́ːldi, bɑ́ːl- | bɔ́ːl-/ *n.* ＝baldy.

Bald·ie /bɔ́ːldi, bɑ́ːl- | bɔ́ːl-/ *n.* ボールディー《男性名》. 〘(dim.) ← ARCHIBALD¹〙

báld·ing *adj.* (頭の)はげかかった: a ～ head, man. 〘(1938): ⇨ -ing²〙

báld·ish /-dɪʃ/ *adj.* ややはげた, はげかかっている. 〘(1833): ⇨ -ish¹〙

báld·ly *adv.* むきだしに, 露骨に: speak ～ / write rather ～ / to put it ～ 露骨に言えば. 〘(1603): ⇨ -ly¹〙

báld·mòney *n.* 〘植物〙小さい黄花を開くセリ科の多年草 (*Meum athamanticum*)《食用および薬用に英国で栽培; spignel ともいう》. 〘(*a*1393) *baldemoin(e)* □ ML *baldimonia*〙

báld·pàte *n.* **1** ＝baldhead 1. **2** 〘鳥類〙アメリカヒドリ (*Anas americana*)《北米北西部に繁殖するヒドリガモの一種; baldhead, American widgeon, 《米》bald face ともいう》. ── *adj.* ＝bald-headed 1. 〘1578〙

báld·pàted *adj.* ＝baldpate. 〘1604〙

Bal·dr /bɔ́ːldə, bɑ́ːl- | bɔ́ːldə(r)/ *n.* 〘北欧神話〙＝Balder.

báld·rib *n.* 《英方言》豚の尻の近くの脂の少ない肉. 〘1598〙

bal·dric /bɔ́ːldrɪk, bɑ́ːl- | bɔ́ːl-/ *n.* 綬帯, 飾帯《肩から斜めにかけ, 剣などを つる皮帯》. 〘(?*a*1300) *bauderik* □ ? OF *baudrei* ← ?〙

Bal·dric /bɔ́ːldrɪk, bɑ́ːl- | bɔ́ːl-/ *n.* ボードリック《男性名》. 〘□ OHG *Baldarich* ← *balda* 'BOLD'＋*ricja* ruler〙

Bal·dur /bɔ́ːldə, bɑ́ːl- | bɔ́ːldə(r)/ *n.* 〘北欧神話〙＝Balder.

báld whéat *n.* 〘植物〙ボウズムギ《コムギの品種で, ノギのないもの》. 〘1856〙

Bald·win¹ /bɔ́ːldwɪn, bɑ́ːld- | bɔ́ːldwɪn/ *n.* 〘園芸〙赤竜《米国のリンゴの品種名; 紅色または紅黄色》. 〘← *Col. Loammi Baldwin* (1740–1807: Massachusetts 州のりんご栽培家)〙

Bald·win² /bɔ́ːldwɪn, bɑ́ːld- | bɔ́ːldwɪn/ *n.* 〘商標〙ボールドウィン《米国 Baldwin Piano & Organ 社製のピアノ・オルガン》.

Bald·win³ /bɔ́ːldwɪn, bɑ́ːld- | bɔ́ːldwɪn/ *n.* ボールドウィン《男性名》. 〘□ OHG *Baldavin* ← *balda* 'BOLD' ＋*vini* friend〙

Baldwin, James (Arthur) *n.* ボールドウィン (1924–87; 米国の黒人作家; *Another Country* (1962)).

Baldwin, James Mark *n.* ボールドウィン (1861–1934; 米国の心理学者).

Baldwin, Stanley *n.* ボールドウィン (1867–1947; 英国保守党の政治家, 首相 (1923–24, 1924–29, 1935–37); 称号 1st Earl Baldwin of Bewdley /búːdli | -lɪ/).

B

Baldwin I *n.* ボードゥアン一世 (1058–1118; 十字軍戦士でエルサレム王国の初代国王 (1100–18); Godefroy de Bouillon の兄).

Báldwin Párk *n.* ボールドウィンパーク《米国 California 州南西部, Los Angeles 郊外の都市》.

bald·y /bɔ́ːldi, bɑ́ːl- | bɔ́ːl-/ *n.* (*also* **bald·ie** /～/) **1** [通例 呼び掛け]《口語》はげ頭の人. **2** 摩耗したタイヤ. 〘(1863): ⇨ -y²〙

bale¹ /béɪl/ *n.* **1** 梱(こり), 俵《船積のため圧縮して鉄たがをかけたりズックに包んだりして荷造りした商品; 品種によって重量が一定している》: a ～ of cotton 綿の梱《米国では約 500 lb》. **2** たくさん, 大量: a ～ of trouble / She received letters by the ～. 大きい束で手紙を受け取った. **3** ウミガメの群れ. **4** 《豪》＝wool bale. ── *vt.* **1** (梱・俵に干草などを)入れる, 荷造りする, 梱包する: a *baling* press 荷造り用プレス. **2** 《豪》〈羊毛を〉羊毛梱 (wool bale) に入れる. 〘(*c*1380) □ MDu. *bale* (Du. ∥ *baal*) OF ～ (F *balle*) □ ? OHG *balla* 'BALL¹'〙

bale² /béɪl/ *n.* 《古・詩》**1** 害悪, 禍 (evil), 不幸 (misfortune); 危害 (injury). **2** 苦痛 (pain), 悲しみ (grief). 〘OE *b(e)alu* an evil ＜ Gmc **balwam* ← IE **bhelu-* to harm〙

bale³ /béɪl/ *v.* ＝bail¹, bail³.

bale⁴ /béɪl/ *n.* ＝bail⁴.

bale⁵ /béɪl/ *n.* 《古》大きなたき火; のろし. 〘OE *bǣl* fire, pyre ← IE **bhel-* to shine: cog. ON *bāl*〙

Bâle /bɑ́ːl; *F.* bɑːl/ *n.* バール《Basel のフランス語名》.

Ba·le·a·res /*Sp.* baleáres/ *n.* バレアレス《Balearic Islands のスペイン語名》.

Bál·e·ar·ic Íslands /bɑ́ːliæ̀rɪk-, bæ̀l-, -ɛ̀r- | bæ̀liæ̀r-/ *n. pl.* [the ～] バレアレス諸島《地中海西部のスペイン東岸の諸島で, 一州 (Baleares /bæ̀liɑ́ːriːz/) を成す; Majorca, Minorca, Ibiza, Formentera, Cabrera など 16 の島々を含む; 面積 5,014 km², 州都 Palma; the Balearics ともいう》.

bále brèaker *n.* 〘紡績〙開俵機《固くなった綿塊などを解く機械》.

ba·leen /bəlíːn/ *n.* 〘動物〙鯨鬚(げいしゅ), くじらひげ (whalebone). 〘(?*c*1225) *bale(i)n(e)* □ OF *baleine* ＜ L *balaenam* whale □ Gk *phál(l)aina*〙

baléen whále *n.* 〘動物〙＝whalebone whale. 〘1874〙

bale·fire /béɪlfàɪə | -fàɪə(r)/ *n.* **1** (野天の)大たき火, かがり火; 合図のかがり火. **2** 《古》火葬用の薪[燃料]. 〘OE *bǣlfȳr* funeral fire: ⇨ bale⁵, fire〙

bale·ful /béɪlfəl, -fl/ *adj.* **1** 有害な, 悪意のある, 意地悪な; 不吉な (⇨ sinister SYN): shoot a ～ glance at ... を悪意のある目でちらっと見る. **2** 《古》悲惨な (wretched), 不幸な (miserable). **～·ly** *adv.* **～·ness** *n.* 〘OE *bealu-full* ← BALE²＋-FUL¹〙

bále-gòods *n. pl.* 《英》梱包された商品. 〘1694〙

Ba·len·ci·a·ga /bəlènsiɑ́ːgə; *Sp.* balenθjáɣa/, **Cris·tó·bal** /kristóβal/ *n.* バレンシアガ (1895–1972; スペインの服飾デザイナー).

bál·er /-lə | -lə(r)/ *n.* 干し草・わらなどを梱包する機械, ベーラ《bailing machine ともいう》. 〘(1888): ⇨ bale¹, -er¹〙

bále slìng *n.* 〘海事〙ベールスリング《俵物 (bale) 荷役に用いるつり索》. 〘1883〙

ba·les·tra /bəléstrə/ *n.* 〘フェンシング〙バレストラ《突きの攻撃の前に行う跳躍》. 〘□ It. ～《原義》crossbow〙

Ba·le·wa /bəléɪwə/, **Sir Abubakar Tafawa** *n.* バレワ (1912–66; ナイジェリアの首相 (1957–66); 軍部に暗殺された).

Balfe /bǽlf/, **Michael William** *n.* バルフ (1808–70; アイルランドの作曲家・歌手).

Bal·four /bǽlfə, -fɔə | bǽlfə(r), -fɔː(r)/, **Arthur James** *n.* バルフォア (1848–1930; 英国の保守党政治家・哲学者; 首相 (1902–05), 外相 (1916–19); 称号 1st Earl of Balfour; *Defence of Philosophic Doubt* (1879)).

Bálfour Declarátion *n.* [the ～] バルフォア宣言《Palestine にユダヤ人の national home を樹立することを支持した英国政府(外相 A. J. Balfour) の 1917 年 11 月 2 日の宣言; cf. Zionism》.

Ba·li /bɑ́ːli, bǽli | bɑ́ːli/ *n.* バリ島《インドネシア, Java 島東方の標高 3,000 m 以上の高山のある島; 主都 Denpasar; 面積 5,600 km²》.

bal·i·bun·tal /bæ̀lɪbʌ́ntl | -tl/ *n.* **1** (帽子用の)織目のよく詰んだ光沢のある繊維《シュロの葉から採れる》. **2** それで作った帽子. 〘(1913)《短縮》← *Balinog buntal* ← *Balinog* (フィリピン諸島中の産地名): ⇨ buntal〙

Ba·lik·pa·pan /bɑ̀ːlɪkpɑ́ːpɑːn/ *n.* バリクパパン《インドネシア Borneo 島南東部の都市》.

Ba·li·nese /bɑ̀ːlɪníːz, bæ̀l-, -níːs | bɑ̀ːlɪníːz⁻/ *adj.* バリ島 (Bali) の; バリ民族の; バリ語の: a ～ dancer. ── *n.* (*pl.* ～) **1 a** [the ～] バリ民族. **b** バリ(島)人. **2** バリ語《オーストロネシア語族 (Austronesian) に属する》. **3** 〘動物〙バリニーズ《シャムネコの自然突然変異種; シャムネコに似るが, 被毛はなめらかで長く尾は羽毛状》. 〘(1880) □ Du. *Balinees*: ⇨ Bali, -ese〙

Ba·li·ol /béɪliət, -ljət/, **Edward de** *n.* ベイリオル (?1283–1364; スコットランド王 (1332, 1333–56)).

Baliol, John de *n.* ベイリオル (1249–1315; スコットランド王 (1292–96); イングランド王 Eduard I に敗れ, 廃位された;

Balliol ともつづる》.

bal·i·strar·i·a /bæ̀ləstrέ(ə)riə | -l̩strέər-/ *n.* 中世の要塞の壁にあけた十字穴《石弓 (crossbow) を放った》. 〖(1845) ← ML ～ (fem.) ← *ballistrārius* ← L *ballista*: ⇨ ballista〗

B

balk /bɔ́ːk, bɑ́ːk | bɔ́ːk, bɔ́ːłk/ *vi.* **1 a** 〔…に〕ためらう, ひるむ, しり込みする〔*at*〕(⇨ recoil SYN): ～ *at* the work. **b** 〈人が〉立ち止まる, 立ち往生する (stop): He ～*ed in* his speech. 演説の最中に立ち往生した. **2** 〚野球〛〈投手が〉ボークする. **3** 〈馬が〉急に止まって進まない (pull up). **4** 《Shak》難癖をつける, 文句を言う.
— *vt.* **1** 〈人・行為〉の邪魔をする, 妨げる (⇨ frustrate SYN); 〈人・計画など〉の裏をかく; 〈人を〉失望させる; 〈期待など〉をくじく: ～ a person's plan =～ a person *in* his plan 人の計画をくじく / be ～*ed in* a jump 間際になってしくじる / be ～*ed in* [*of*] one's purpose 目的がはずれる / ～ a person of his prey 人を妨害して獲物をとらせない. **2** 《文語》(無意識に)逸する, 逃がす (miss): ～ an opportunity. **3** 意図的に義務・話題を避ける. **4** 〚野球〛(ボークで)〈走者〉に得点を許す.
— *n.* **1** ボーク: **a** 〚野球〛走者が塁にあるときの投手の反則牽制行為; 全走者は各一個の進塁を許される. **b** 〚スポーツ〛踏切り後の中止 (cf. balkline 1). **2** 障害, 妨害, 邪魔物 (hindrance): a ～ *to* one's plans 計画に対する妨害. **3** 失策, 手抜かり (blunder): make a ～ しくじる. **4** (境界などのための)すき残しの畝(ã), あぜ. **5** 〚建築〛杣角(ãã), (丸み付きの)角材, 野角(ãã). **6** 〚玉突〛 **a** 玉突台のボーク《ボークライン (balkline) と真近のクッションとの間の部分》. **b** ボークラインでできた八つの区画の一つ.
in bálk (1) 〚玉突〛玉がボークの中に入り込んで. (2) 《口語》阻止されて.
～·er *n.* **～·ing·ly** *adv.* 〖OE *balc(e)* ridge ▫ ON *bālkr* < Gmc **balkōn* beam (G *Balken* beam) ← IE **bhelg-* plank, beam (Gk *phálagx* 'PHALANX')〗

Bal·kan /bɔ́ːłkən, bɑ́ːl- | bɔ́ːł-, bɔ́ł-/ *adj.* バルカン半島の, バルカン半島諸国(民)の, バルカン山脈の. — *n.* [the ～s] =Balkan States. 〖(1835) ▫ Turk. ～ (原義) mountain (range): ⇨ -ic¹〗

Bal·kan·ize, b- /bɔ́ːłkənàɪz, bɑ́ːl- | bɔ́ːł-, bɔ́ł-/ *vt.* **1** (バルカン半島諸国のように)相敵視する小国に分裂させる. **2** 小さく分ける. **Bal·kan·i·za·tion, b-** /bɔ̀ːłkənɪzéɪʃən, bɑ̀ːl- | bɔ̀ːłkənaɪ-, -nɪ-/ *n.* 〖(1919): ⇨ ↑, -ize〗

Bálkan Móuntains *n. pl.* [the ～] バルカン山脈《ブルガリア西部から黒海にわたる; 最高峰は Botev Peak /bóʊtef-/ (2,376 m)》.

Bálkan Península *n.* [the ～] バルカン半島《Danube 川・Sava 川南方の半島; アドリア海・イオニア海・地中海・エーゲ海・黒海に囲まれている》.

Bálkan Státes *n. pl.* [the ～] バルカン諸国《スロヴェニア・クロアチア・ボスニア-ヘルツェゴビナ・マケドニア・ユーゴスラビア・ルーマニア・ブルガリア・アルバニア・ギリシャおよび Bosporus 以西のトルコの一部》.

Bálkan Wárs *n. pl.* [the ～] バルカン戦争《First Balkan War (1912–13) および Second Balkan War (1913)》.

Balkh /bɑ́ːłk; *Afghan.* bælf/ *n.* バルフ《アフガニスタン北部の古代 Bactria のあった地域; ゾロアスター教の中心地であった》.

Bal·khash /bɑːłkɑ́ːʃ, bæł-, bæłkǽʃ/, **Lake** *n.* バルハシ湖《カザフスタン共和国にある塩湖; Ili 川が注ぐ; 面積 17,000–22,000 km²》.

Bal·kis /bɑ́ːłkɪ̀s | -kɪs/ *n.* バルキス《コーラン (Koran) の中での Sheba の女王の呼称》.

bálk·lìne *n.* ボークライン: **1** 〚スポーツ〛跳躍でボーク判定の踏切り線 (cf. balk 4 a). **2** 〚玉突〛 **a** ボークラインゲームでクッションに平行して引いた 4 本の線の一つ》. **b** 英国式玉突台の脚部第二星間を結ぶ線. **c** ボークラインにより制限を課して行う競技. 〖1839〗

balk·y /bɔ́ːki, bɑ́ːki | bɔ́ːki, bɔ́ːłki/ *adj.* (**balk·i·er**; **-i·est**) **1** 〈馬など〉急に立ち止まる癖がある; 〈人など〉命令に従わない, 言うことを聞かない: a ～ horse, witness, etc. **2** 〚野球〛ボークを犯しそうな. **bálk·i·ly** /-kɪ̀li/ *adv.* **bálk·i·ness** /-kinɪ̀s/ *n.* 〖(1847): ⇨ -y¹〗

ball¹ /bɔ́ːł, bɑ́ːł | bɔ́ːł/ *n.* **1 a** (球戯用の)ボール: a tennis [ping-pong] ～ / throw a ～. **b** 球形[状]のもの, 球, 玉: a ～ of snow=a snow ～ 雪玉 / a ～ of string [wool] 糸[毛糸]の玉 / the ～ of the thumb [big toe] 手[足]の親指の付け根の膨らみ / the ～ of the hand 手の指の付け根の膨らみ / the three (golden) ～*s* 質屋の看板. **c** 弾丸, 砲丸, 弾《破裂しない実体弾で, 通例鉄のかたまり; 砲・機銃・ライフル・ピストル用; cf. shell 5 a》; [集合的] 普通弾, 実弾, (特に小火器用の)銃弾: ⇨ cannonball / load a gun with a ～ / powder and ～(*s*) 弾薬. **d** 球状にまとめた食物《キャンディーやミンチにした魚や肉など》. **e** (獣医用の)大丸薬 (bolus). **f** 〚園芸〛(苞(ã)で包んだりした)土つきの根. **2 a** (投げたり打ったりした)球: a good [slow, difficult] ～ 好[緩, 難]球 / ⇨ fastball / a low [high, curve] ～ 低い[高い, カーブの]球. **b** 〚野球〛ボール《ストライクにならない投球; ⇨ BASE¹ on balls; ↔ strike》. **c** 〚クリケット〛フェアの投球 (cf. no-ball). **3** 野球; 球技, 球戯: play ～ 野球[ボール遊び]をする. **4 a** (体の)球状の部分. **b** [*pl.*] 《卑》睾丸(ãã), きんたま. **c** [*pl.*] 《卑》ばかげたこと, たわごと (nonsense); [不賛同・迷惑を表して, 間投詞的に] ばかな, うるさい. **d** 勇気 (courage). **5** (仕事の)権限, 監督, 責任ある地位: ⇨ *carry the* BALL. **6** [修飾語を伴って] 《俗》やつ, 男. **7** 〚印刷〛=ink ball. **8** 《まれ》〚天文〛天体; (特に)地球 (the earth): the terrestrial ～ 地球 / ⇨ fireball.
báll and cháin (1) (囚人の足にくくり付けた)鎖つきの鉄丸. (2) (強い)拘束, 束縛 (restraint). (3) 《俗》妻, 女房, 細君. 〖1835〗 *a báll of fíre* (1) 火の玉. (2) 非常に精力[活動]的な人. 〖*c*1900〗 *báll of múscle* 《豪》非常に元気な力強い人. *bréak a person's bálls* 《卑》働きすぎる, 一生懸命働く. *cárry the báll* 《米口語》責任を引き受ける; 率先してやる, 中心的役割を果たす. *cátch the báll befóre the bóund* (バウンドしないうちに球を受けるように)早手回しをする; 機先を制する. *dróp the báll* 《米》失敗する, へまをする. *gét the báll rólling* =*start the* BALL *rolling*. *háve the báll at* one's *fóot* [*féet*] (足もとに球が転がっているように)今チャンスをつかみかけている, 幸先がいい, 成功の見通しがつく. 〖*a*1641〗 *háve the báll befóre* one 今まさに好機に恵まれている. *kéep the báll rólling* 〖1840〗 =*kéep úp the báll* 《口語》(座がしらけないように)話などをうまく続けていく; 中途でだれないようにする. *knóck the bálls abóut* (玉突・クロッケーなどの)球を気まぐれに打つ, 球戯を気まぐれにやる. *máke a bálls of* 《俗》…を台なしにする (spoil). 〖1889〗 *on the báll* 《俗》(1) 油断のない, 抜け目のない: get *on the* ～ 注意して[一生懸命]やる / have [keep] one's eye *on the* ～ 油断なく見張っている. (2) 有能な, 機敏な: be *on the* ～ 有能だ / have something [a lot] *on the* ～ 能力[才能]がある. 〖1912〗 *pláy báll* (1) ⇨ 3. (2) 野球[球技]を開始する: *Play* ～! 試合開始[再開]《審判員の掛ける言葉》. (3) 《口語》事を始める; 〔…に〕協力する〔*with*〕. (4) 《米俗》〔…に対し〕正々堂々とやる〔*with*〕. 〖1903〗 *stárt* [*sét*] *the báll rólling* (率先して)事を始める, 皮切りをする, (話などの)口火を切る. 〖1850〗 *táke the báll befóre the bóund* =*catch the* BALL *before the bound*. *táke úp the báll* (談話などで)話題を受け取る《自分が引き取って話をつぐ》. *Thát's the wáy the báll bóunces.* それが人生というものさ. *The báll is in your cóurt* [*with yóu*]. さあ今度はあなたの番だ. 〖*c*1955〗 *the whóle báll of wáx* 《口語》すっかり, みんな, いっさいがっさい.
báll jòint ⇨ ball-and-socket joint.
báll and tápe clòck 〚時計〛時刻が記入されたテープによってつられた一種の falling-ball clock.
— *vt.* **1** 球にする; 巻いて[押し固めて]球にする: ～ cotton / ～ *up* a letter 手紙を丸める. **2** 〈ハチが〉〈女王バチ〉の回りにかたまる. **3** 《卑》…と性交する. — *vi.* 〈雪・雲・毛糸などが〉球[一団]になる, 固まる〈*up*〉.
báll úp (*vt.*) (1) ⇨ *vt.* 1. (2) [通例 p.p. 形で] 《米俗》混乱させる, まごつかせる; 台なしにする: He got ～*ed up* in his speech. 演説はしどろもどろだった. (*vi.*) (1) ⇨ *vi.* (2) 《米俗》混乱する, まごつく; 台無しになる.
bálls úp 《英俗》=BALL *up* (*vt.*) (2).
〖(?*a*1200) *bal* ▫ ON *bǫllr* < Gmc **balluz* beam (OHG *bal*) ← IE **bhel-* to swell: cf. belly〗

ball² /bɔ́ːł, bɑ́ːł | bɔ́ːł/ *n.* **1** (正式の大)舞踏会 (cf. dance *n.* 2): a fancy [masked] ～ 仮装[仮面]舞踏会 / give a ～ 舞踏会を催す / lead the ～ 舞踏の先導となる. **2** 《口語》大いに楽しい時[時間]: have (oneself) a ～ とても楽しいひとときを過ごす, 陽気に浮かれ騒ぐ.
ópen the báll 舞踏の皮切りをやる; 真っ先に始める, (議論などで)攻勢に出る (lead off). 〖1812〗
— *vi.* 《口語》とても楽しい時を過ごす, 陽気に浮かれ騒ぐ.
〖(1632–39) ▫ F *bal* ← *baller* < OF *baler* to dance < LL *ballāre* to dance ▫ Gk *ballízein* ← *bállein* to throw〗

Ball /bɔ́ːł, bɑ́ːł | bɔ́ːł/, **John** *n.* ボール (?–1381; 英国の聖職者; 1381 年の Wat Tyler の the Peasants' Revolt の思想的指導者の一人として革命失敗後処刑された; "When Adam delved and Eve span, who was then the gentleman?" の言葉は有名》.

Ball, Lucille *n.* ボール《1911–89; 米国の喜劇女優; テレビの 'I Love Lucy' シリーズで人気を得た》.

bal·lad /bǽləd/ *n.* **1** バラッド《素朴な用語と短い連で書かれた民間伝承の物語詩; 英国のバラッドは 15 世紀に始まった》: ～ poetry バラッド形式で書かれた詩. **2** 〚音楽〛バラッド: **a** 16 世紀英国の叙事的な世俗歌曲. **b** 19 世紀英国上流階級で歌われた感傷的な歌曲. **c** (現在の)センチメンタルなラブソング. **d** 素朴な歌謡. — *vi.* バラッドを作る. **bal·lad·ic** /bəlǽdɪk, bæ- | -dɪk/ *adj.* 〖(*a*1393) *balad(e)* ▫ OF *balade* (F *ballade*) ▫ (O)Prov. *balada* dancing song, dance ← *balar* to dance < LL *ballāre*: ⇨ ball²〗

bal·lade /bəlɑ́ːd, bæ-, -lǽd | bælɑ́ːd; *F.* balad/ *n.* **1** 〚詩学〛バラード《通例 8 行または 10 行の連三つと 4 行の envoi とから成るフランス詩体; 各連と envoi とは皆同一の折返し句で終わる》. **2** 〚音楽〛バラード: **a** 14 世紀頃上記の詩につけられた音楽形式. **b** 19 世紀ロマン的な物語を歌った歌曲. **c** 19 世紀のピアノ小品; 譚(ã)詩曲. 〖(*c*1386) ▫ OF *balade* (F *ballade*) (↑): cf. It. *ballada*〗

bal·lad·eer /bæ̀lədíə | -díə(r)/ *n.* バラッド詩人[作者]; 民謡歌手; 《米口語》ポピュラーソング歌手. 〖(1830): ⇨ -eer〗

balláde róyal *n.* 〚詩学〛バラードロイヤル体《各連が 8 行から成る rhyme royal 体のバラード》. 〖1483〗

bal·lad·ier /bæ̀lədíə | -díə(r)/ *n.* =balladeer. 〖1637〗

bál·lad·ist /-dɪ̀st | -dɪst/ *n.* バラッド作者[歌手]. 〖(1858): ⇨ -ist〗

bállad mèter *n.* 〚詩学〛バラッド律《通例弱強格 (iambic) の四歩格と三歩格とを交互にした 4 行から成り, 通例 abcb と押韻する; cf. ballad stanza》.

bállad·mònger *n.* **1** バラッド売り《片面刷りの紙に印刷して売った》; バラッド作者. **2** 《軽蔑》へぼ詩人. 〖1586〗

bállad òpera *n.* バラッドオペラ《18 世紀前半 *The Beggar's Opera* の上演を契機として英国に現れた俗謡や諷刺的なせりふから成る庶民的な音楽劇; フランスの vaudeville, ドイツの singspiel に多少似ている》. 〖1779〗

bal·lad·ry /bǽlədri/ *n.* **1** [集合的] バラッド形式で書かれた詩. **2** バラッドを歌うこと[歌唱法]. 〖(1596): ⇨ -ry〗

bállad stànza *n.* バラッド[民謡]連《バラッドに普通な弱強調の四行連; cf. ballad meter》. 〖1934〗

bal·lan /bǽlən/ *n.* =ballan wrasse.

Bal·lance /bǽləns/, **John** *n.* バランス (1839–93; 北アイルランド生まれのニュージーランドの政治家; 首相 (1891–93)).

báll-and-cláw fòot *n.* =claw-and-ball foot. 〖1904〗

báll-and-sócket jòint *n.* **1** 〚機械〛玉継ぎ手. **2** 〚解剖〛球(窩(ã))関節, 臼状関節 (multiaxial joint ともいう). 〖1809〗

Bal·lan·tine's /bǽləntàɪnz/ *n.* 〚商標〛バランタイン(ズ)《スコットランド産のブレンドウイスキー》.

Bal·lan·tyne /bǽləntàɪn/*n.* 〚商標〛バランタイン《スコットランド Ballantyne 社製の高級カシミヤセーター・ブレザー・マフラーなど》.

Bal·lan·tyne /bǽləntàɪn/, **R**(**obert**) **M**(**ichael**) *n.* バランタイン (1825–94; スコットランドの作家; 児童向け冒険作品 *The Coral Island* (1857), *Martin Rattler* (1858)).

bállan wrásse *n.* 〚魚類〛欧州のベラの一種 (*Labrus bergylta*) (単に ballan ともいう). 〖(1769) ▫ Ir. *ballān* ← *ball* spot〗

Bal·la·rat /bǽləræ̀t, ⏑–⏑/ *n.* バララト《オーストラリア南東部 Victoria 州南中央部の都市; 1850 年代に金鉱都市として栄えた (cf. Eureka Stockade)》.

Bal·lard /bǽləd, -lɑːd | -ləd, -lɑːd/, **J**(**ames**) **G**(**raham**) *n.* バラード (1930–　; 英国の作家; 終末的世界を描く独自の SF で注目される).

bal·las /bǽləs/ *n.* バラス《試錐用・工業用のダイヤモンド》. 〖▫ Port. *balas* (pl.) ← *bala* (原義) ball bullet〗

bal·last /bǽləst/ *n.* **1** 〚海事〛バラスト, 脚荷(ãã), 底荷《船に安定を与え, 喫水を大にするために船底に積む石・鉄・水など: cf. ballast tank》. **2** 〚航空〛バラスト《軽気球のゴンドラに積む砂袋・水》. **3** (鉄道軌道に敷いたりコンクリートに混ぜる)道床, バラス, 砂利, 砕石. **4** (心などを)安定させるもの, 安定(力), 堅実味, 落着き: mental ～ 心の安定 / He lacks ～. 心に落着きがない. **5** 〚電気〛安定抵抗.
in bállast 〈船が〉底荷だけ積んで, 空荷(ãã)で; 〈石など〉底荷として.
— *vt.* **1** 〈船など〉にバラストを積む; 《Shak》荷を積む: ～ a ship. **2** 〈道など〉にバラス[砂利]を敷く. **3** 〈心などを〉安定させる, 〈人を〉落ち着かせる.
～·er *n.* 〖(1530) ▫ LG ～ ∥ Swed. ～ ← OSwed. ? *bar* mere, bare＋*last* load: ⇨ bare¹, last⁴〗

bállast còil *n.* 〚電気〛安定コイル.

bál·last·ing *n.* **1** (船の)底荷材料. **2** 敷き砂利. **3** バラストを積むこと. 〖(1536): ⇨ -ing¹〗

bállast làmp *n.* 〚電気〛=ballast tube.

bállast lìne *n.* 〚海事〛バラストライン《脚荷(ãã)を積んだときの喫水線》.

bállast pùmp *n.* 〚海事〛バラストポンプ《バラストタンクへの海水の出し入れに用いるポンプ》.

bállast tànk *n.* 〚海事〛バラストタンク《水バラスト専用のタンク》.

bállast tùbe *n.* 〚電気〛安定抵抗管.

bal·la·ta /bəlɑ́ːtə | -tə; *It.* ballá:ta/ *n.* 〚詩学・音楽〛バッラータ《14 世紀イタリアで愛好された詩と音楽の一形式》. 〖(1762) ▫ It. ～ ▫ OProv. *balada*: ⇨ ballad〗

báll-béaring *adj.* 〚機械〛玉入りの, ボールベアリング利用の.

báll béaring *n.* 〚機械〛 **1** ボールベアリング, 玉軸受け (cf. roller bearing). **2** (ボールベアリング用)球. 〖1883〗

báll bòy *n.* ボールボーイ《野球・テニスで試合中ボール拾いをする男子》. 〖1903〗

báll·brèaker *n.* 《俗》**1** 非常につらい[苛酷な]仕事. **2** 男性に威圧的な女性. 〖1954〗

báll bùster *n.* =ballbreaker.

báll·càrrier *n.* 〚アメフト〛ボールキャリアー《普通はボールをクォーターバックから受け取って走るバックスの選手をいう》. 〖1935〗

báll càrtridge *n.* 普通弾, 実弾[包] (cf. blank cartridge). 〖1803〗

báll clày *n.* 《米》〚窯業〛ボールクレー《可塑性に富んだ二次粘土で, 練ると球状にすることができる》. 〖1811〗

báll clùb *n.* 《米》**1** 野球[球技]のチーム. **2** 野球チームの後援クラブ[組織]. 〖1845〗

báll còck *n.* (水の流出を自動的に調節する)球栓, 浮玉弁, 浮球コック. 〖1790〗

báll contròl *n.* ボールコントロール《アメリカンフットボール・バスケットボールなどで, ボールを長く維持し, 攻撃権を持続させる攻撃法》. 〖1928〗

báll-drèss *n.* 《英》ボールドレス《舞踏会などの正式な場合に着用するスーツ・ドレス》; 正装. 〖1789〗

bal·le·ri·na /bæ̀lərí:nə; *It.* ballerí:na/ *n.* **1** バレリーナ, 女性バレエダンサー (ballet dancer). **2** 《米》=prima ballerina. 〖(1815) ▫ It. ～ ← *ballare*: ⇨ ballet〗

ballerína drèss *n.* バレリーナドレス《バレリーナが着用する衣装を真似たドレス》.

Bal·les·ter·os /bàləstέ(ə)rous, bæ̀lə- | bæ̀l̩stíərɒs, bàɪ̩-, -stέə-; *Sp.* baʎestéros, -jes/, **Se·ve·ri·a·no** /seβerjáno/ *n.* バレステロス (1957–　; スペインのプロゴルファー).

bal·let /bǽleɪ, ⏑–⏑ | bǽleɪ; *F.* balɛ/ *n.* (*pl.* **～s** /～z; *F.* ～/) **1 a** バレエ《音楽を伴う舞踏で, 劇場芸術の一形

式); バレエ曲. **b** [(the) ～] バレエ術; (芸術形式としての)バレエ. **2** [集合的] バレエダンサー, バレエ団. **3** バレエ用の楽譜[台本]. **4** (オペラの幕間の)バレエ. 〘(1634) □ F ～ □ It. *balletto* (dim.) ← *ballo* dance ← *ballare* to dance < LL *ballāre*: cf. ball[2]〙

bállet blánc /-blɑ́ː(ŋ), -blɑ́ːŋ; F. -blɑ̃/ n. (pl. **bal·lets blancs** /～(z); F. ～/) バレエブラン《バレリーナが白いスカートをつけるバレエ》. 〘(1947) □ F ～ (原義) white ballet〙

bal·let d'ac·tion /bǽleɪdæksjɔ̃ː(ŋ), -sjɔ́ːŋ; F. baledaksjɔ̃/ F. n. (pl. **bal·lets d'ac·tion** /-leɪ(z)-; F. ～/) バレエダクション《筋(すじ)のあるバレエで, 一般的には悲劇を主題にしている》. 〘(1797) □ F ～ (原義) ballet of action〙

bállet dàncer n. バレエダンサー. 〘1836〙

bállet drèss n. =ballerina dress.

bal·let·ic /bælétɪk | -tɪk/ adj. バレエの[のような, に関する, に適する]. **bal·lét·i·cal·ly** adv. 〘(1930): ⇨ -ic[1]〙

bállet màster n. バレエマスター《バレエ団の訓練・演出を担当し, 時に振付けもする男性指導員》. 〘1762〙

bállet mìstress n. バレエミストレス, バレエ女性指導員 (cf. ballet master). 〘1843〙

bal·let·o·mane /bəlétəmèɪn, bæ- | bǽlɪtə(ʊ)-, -lɛ-/ n. バレエに熱心な人, バレエ狂. 〘(1930) □ F ～ ← It. *balletto* 'BALLET' + F *manie* mania〙

bal·let·o·ma·ni·a /bəlètəméɪniə, bæ-, -njə | bæ-lètə(ʊ)méɪniə/ n. バレエに対する熱中, バレエ狂い. 〘(1934): ⇨ ↑, -mania〙

bállet skìrt n. バレエダンサーの短いスカート. 〘1867〙

bállet slìpper [shòe] n. **1** バレエシューズ《バレエダンサー用のかかとのない, つま先を補強した靴》. **2** バレエシューズに似た女性用の靴. 〘1867〙

Bal·lets Russes /bǽleɪrúːs; F. balɛʀys/ n. [the ～] バレエ リュス, ロシアバレエ団《1909 年 Sergey Diaghilev が Paris に設立したバレエ団; 当初のメンバーには振付師 Michel Fokine, 踊り手に Anna Pavlova, Vaslav Nijinsky がおり, のちには振付師 George Balanchine が加わった》.

bállet sùite n. バレエ組曲.

báll fèrn n. 〘植物〙 シノブ (*Davallia bullata*)《熱帯アジア産シノブ属のシダ; 観賞用に栽培》.

báll-fìring n. 実弾射撃. 〘1833〙

báll flòat n. 〘機械〙 (浮玉弁 (ball cock) を作動させるための)球浮き.

báll-flòwer n. 〘建築〙 ボールフラワー, 玉花飾り, 花球《13–14 世紀の英国の装飾式ゴシック建築の特色をなす装飾モチーフ》. 〘1845〙

báll fòot n. ボールフット《17 世紀の英国やフランドルで多く用いられたボール型の家具の脚; cf. bun foot, melon foot》.

báll gàme n. 《米》 **1** 球技; 《米・カナダ》 (特に)野球, ソフトボール. **2** 《口語》 **a** 活動の舞台[中心]. **b** 事態, 状況: a whole new ～ 全く新しい情勢. 〘1848〙

báll gìrl n. ボールガール (cf. ball boy). 〘1848〙

báll·gòwn n. 舞踏会用ガウン.

báll·hàndler n. 〘バスケット〙 (特にパス・ドリブルの)うまい選手. 〘1948〙

báll·hàwk n. **1** (アメリカンフットボール・バスケットボールなどで)敵のボールを奪うのが上手な選手. **2** 〘野球〙 捕球の巧みな外野手.

bal·li·bun·tal /bæ̀libʌ́ntḷ | -tl/ n. (also **bal·li·bun·tl** /～/) =balibuntal.

báll ìndicator n. 〘航空〙 =bank indicator.

Bal·li·ol /béɪliəl, -ljəl/ n. **1** ⇨ Baliol. **2** ベイリオル学寮《Oxford 大学の最も古く有名な学寮 (college) の一つ; 創立 1263 年頃で, 創立にはスコットランドの Baliol 王家から財政援助がなされた》.

bal·lism /bǽlɪzm/ n. 〘病理〙 バリズム《手足の不随意運動の一種, 舞踏病その他で見られる》. 〘← NL *ballismus* ← Gk *ballismós* dance ← *ballízein* to jump about: ⇨ ball[2]〙

bal·lis·mus /bælízməs/ n. 〘病理〙 =ballism. 〘↑〙

bal·lis·ta /bəlístə/ n. (pl. **-lis·tae** /-tiː, -taɪ/, ～s) 弩砲(どほう)《石や矢を発射する古代の攻城機》. 〘(c1384) □ L ～ □ Gk *ballistḗs* ← Gk *bállein* to throw: cf. ball[2]〙

bal·lis·tic /bəlístɪk/ adj. **1** 弾道学の, 弾道の: a ～ curve 弾道曲線 / a ～ trajectory (ミサイルなどの)自由弾道《推進薬が尽きた後に, 重力および大気摩擦の影響下でたどる弾道》. **2** 〘電気〙 衝動の, 弾道の. **3** 〘物理〙 弾道論的な, バリスティックな《粒子が散乱を受けずに直進するほど希薄な》. **4** 《米口語》 激怒した: go ～ 激怒する. **bal·lís·ti·cal·ly** adv. 〘(1775): ⇨ ↑, -ic[1]〙

ballístic cámera n. 弾道カメラ《夜間に発射された弾道兵器追跡用の》. 〘1956〙

ballístic galvanómeter n. 〘電気〙 衝撃検流計. 〘1878〙

bal·lis·ti·cian /bæ̀lɪstíʃən | -lɪs-/ n. 弾道学専門家. 〘(1909): ⇨ ballistics, -ician〙

ballístic míssile n. 〘軍事〙 弾道ミサイル, 弾道弾 (cf. ICBM, IRBM, MRBM). 〘1954〙

ballístic péndulum n. 〘物理〙 弾道振子《弾丸など高速運動物体の速度・運動量を測る装置; 砂を詰めた鉄箱の振子》. 〘1778〙

bal·lis·tics /bəlístɪks/ n. 〘軍事〙 **1** 弾道学: **a** 腔[砲]外弾道学 (exterior ballistics ともいう). **b** 腔[砲]内弾道学 (interior ballistics ともいう). **2** (銃砲または薬筒の)射撃特性. 〘(1753): ⇨ ballista, -ics〙

ballístic wínd /-wínd/ n. 弾道風, バリスティックウィンド《実際に変化する風が飛翔する弾丸の弾道に及ぼす影響の総量と等しくなるように計算された仮定の単一の風》.

bal·lis·tite /bǽlɪ̀stàɪt | -lɪ-/ n. 混成無煙火薬《ニトログリセリンとニトロセルロースを基剤とする無煙火薬の一種》. 〘(1892) (商標名): ⇨ ballista, -ite[1]〙

bal·lìs·to·cárdiogram /bəlìstoʊ- | -təʊ-/ n. 〘医学〙 心弾動図, バリストカルジオグラム (略 BCG). 〘(1938) ← BALLIST(IC) + -O- + CARDIOGRAM〙

ballìsto·cárdiograph n. 〘医学〙 心弾動計. **ballìsto·cardiográphic** adj. **ballìsto·cardiógraphy** n. 〘(1938): ⇨ ↑, graph〙

báll jòint n. =ball-and-socket joint. 〘c1884〙

báll lìghtning n. 〘気象〙 球電光《雷雨のときなど, たまに観測される光球; 空間をゆっくり浮遊して消える》. 〘1857〙

báll mìll n. 〘機械〙 ボールミル《鋼鉄やセラミックのボールを粉砕媒体とした回転円筒粉砕機; cf. rod mill 2》. 〘1903〙

bál·lock·ing /bɑ́(ː)ləkɪŋ, -lɪk- | bɔ́lək-/ n. 《英俗》 = bollocking.

bal·locks /bɑ́(ː)ləks, -lɪks | bɔ́ləks/ 《卑》 n. pl. きんたま; たわごと (nonsense), くだらないもの[こと]. ── int. フン! 《不快・不信の発声》. ── vt. 混乱させる ⟨up⟩; [-lock] 《英》 ひどくしかりつける. 〘n.: (pl.) OE **balluc, beallucc* (dim.) ← Gmc **balluz* 'BALL[1]': ⇨ -ock: cf. bollock[2]. ── v.: (1938) ← (n.)〙

bal·lon /bælɔ̃ː(ŋ), -lɔ́ːŋ; F. balɔ̃/ n. 〘バレエ〙 バロン《ダンサーが空中に止まって見えるような動きの力量感》. 〘(1830) □ F ～ 'BALLOON'〙

bal·lon d'es·sai /bælɔ̃ː(ŋ)dɛséɪ, -lɔːŋ-; F. balɔ̃desɛ/ F. n. (pl. **bal·lons d'es·sai** /～/) =trial balloon. 〘(1883) □ F ～ (原義) balloon of assay〙

bal·lo·net /bæ̀lənéɪ; F. balɔnɛ/ n. 〘航空〙 (観測気球・飛行船の浮力を調節するための)空気房, 補助気嚢, 小気嚢. 〘(1902) □ F *ballonnet* (dim.) ← *ballon*: ⇨ balloon〙

bal·lon·né /bæ̀lənéɪ; F. balɔne/ n. (pl. ～s /～z; F. ～/) 〘バレエ〙 バロネ《基礎技術の一つ; 第 5 ポジションから脚を 45 度に広げて跳躍すること》. 〘(1778) □ F ～ ← *ballon* (↑)〙

bal·lon·net /bæ̀lənéɪ; F. balɔnɛ/ n. 〘航空〙 =ballonet. 〘1902〙

bal·loon /bəlúːn/ n. **1** (おもちゃの)風船(玉). **2** 気球, 軽気球, 風船: a captive ～ 係留気球 / a dirigible ～ 遊動[可導]気球, 飛行船 / an observation ～ (射弾)観測気球 / ⇨ trial balloon, pilot balloon. **3** 《口語》 吹出し《漫画中の人物の口から出た言葉を示す風船形の輪郭》. **4** 〘医学〙 バルーン《ふさがった血管などを広げるための膨張性のプラスチック管》. **5** =balloon glass. **6** 〘建築〙 (門柱などの上の)王飾り. **7** 〘化学〙 風船形フラスコ. **8** 《英》 ボールを空中高く上げるキック[打撃].

gò dówn [óver] like a léad ballóon ⟨ジョークなどが⟩少しの効果もない, 全く受けない.

(whén) the ballóon góes úp 《口語》 何かが起こるとき, いよいよ戦争[騒ぎ, など]が始まる場合《第一次世界大戦時に総攻撃を始める前に気球をあげたことから》.

── adj. [限定的] **1** (風船のように)膨らんだ気球状の; 風船状の: ～ sleeves. **2** 〘商業〙 (分割払い・賦払い式貸付で)最終払込金がそれまでのものよりずっと多額になる.

── vi. **1** (風船のように)膨れる ⟨out, up⟩: Her apron ～ed with wind. 彼女のエプロンが風で膨れた. **2** 急増[急進]する, 《物価などが》急騰する ⟨out, up⟩. **3 a** 気球に乗って昇る. **b** ⟨クモの子が⟩空中飛行をする《糸を長く空中に引き, その浮力で気流に乗って飛ぶ》. **4** ⟨ボールなどが⟩高くカーブを描いて飛ぶ. ── vt. **1** 膨らませる. **2** ⟨ボールなどを⟩高く打ち[蹴]上げる. **3** (普通以上に)大きくする, 増す, ⟨値を⟩上げる.

～·like adj. 〘(1579) □ F *ballon* // It. (方言) *ballone* (It. *pallone*) (aug.) ← *balla* ← Gmc **balluz*: ⇨ ball[1], -oon〙

ballóon ángioplasty n. 〘医学〙 バルーン血管形成(術)《詰まった[狭くなった]血管にカテーテルで小さな気球を挿入し, ふくらませて血管を開通させる方法》.

ballóon astrónomy n. 気球天文学《気球に望遠鏡を搭載し高空にあげて観測を行う天文学の一手段》. 〘1965〙

balloon barrage /-⌐-⌐-⌐ | -⌐-⌐-⌐/ n. 〘軍事〙 気球阻塞(そさい), 防空気球網《空襲を防ぐために陣地の周辺に設けた気球の列; cf. barrage balloon》. 〘1919〙

ballóon càtheter n. 〘医学〙 バルーンカテーテル《先端にバルーンが付いているカテーテル; 挿入後ふくらませたり脱気したりすることができて, 血管内の血圧測定や, 冠動脈狭窄部を直接的に拡張するのに用いる》.

bal·loon·er /bəlúːnə | -nə[r]/ n. 〘海事〙 =balloon sail. 〘1783〙

ballóon·fìsh n. 〘魚類〙 ハリセンボン科の魚類の総称. 〘1834〙

ballóon·flòwer n. 〘植物〙 キキョウ (*Platycodon grandiflorum*). 〘1901〙

ballóon fràme n. 〘建築〙 バルーンフレーム, バルーン構造《下階から屋根まで一体となった間柱に, 外壁・床材などを釘打ちした木構造; 19 世紀に米国で発達した; cf. platform frame》. 〘1853〙

ballóon glàss [gòblet] n. 《英》 (上が狭く西洋なし形の)ブランデーグラス (snifter). 〘1940〙

bal·lóon·ing n. **1** 〘航空〙 バルーニング, (飛行機の着陸時の)浮上がり《接地速度が大きすぎたり, 引起こしが早すぎたりしたときに起こる》. **2** 気球操縦; 気球乗り. **3** 〘医学〙 風船様拡大, 空気注入法《検査や治療のために体腔に気体や液体を入れて膨らませること》. 〘(1784): ⇨ -ing[1]〙

bal·lóon·ist /-nɪ̀st | -nɪst/ n. 気球乗り, 気球操縦者[乗員]. 〘(1784): ⇨ -ist〙

ballóon jìb n. 〘海事〙 バルーンジブ《風の弱いとき jib の代わりにヨットで用いる大形三角形の比較的薄い帆》.

ballóon pàyment n. 《米》 バルーン型返済《少額ずつ返していき, 最後に残額を一括返済する》.

ballóon sàil n. 〘海事〙 バルーンスル《ヨットに用いる競走用または巡航用の各種の膨らみやすい薄手の帆の総称; balloon jib, spinnaker など》. 〘1899〙

ballóon sèat n. =bell seat.

ballóon tìre n. (断面積の大きい)バルーンタイヤ《自動車などの低圧タイヤ; cf. doughnut tire》. 〘1923〙

ballóon vìne n. 〘植物〙 フウセンカズラ (*Cardiospermum halicacabum*)《大きな袋状の実のできる米国産ムクロジ科のつる性植物; 観賞用に栽培》. 〘1836〙

ballóon whìsk n. ワイヤーループでできたはたき.

bal·lot[1] /bǽlət/ n. **1 a** 投票(制), (特に)秘密[無記名]投票; 《米》 大統領候補指名選挙: ⇨ secret ballot / take a ～ 投票を行う / elect [vote] by ～ / put to a [the] ～ (無記名)投票にかける. **b** [the ～] 投票権: gain [lose] *the* ～. **2 a** (特に無記名投票に用いる)投票用紙, 投票札: cast [take] a ～ (*on* a question). **b** 《古》 投票用小球. **3** [集合的] 投票総数: a large ～ 多数の投票. **4** 候補者一覧表, 公認候補者名簿. **5** 《古》 くじ引き(の制度・慣習). **6** 《NZ》 農地の無記名投票による割り当て《退役軍人のような候補者資格のある人が投票する》. **7** 《NZ》 (くじ引きによる)低金利の住宅ローン割り当て. ── vi. **1** (無記名)投票をする; 〔役員などを〕投票で選ぶ 〔*for*〕: ～ *for* [*against*] a resolution 決議に賛成[反対]の投票をする. **2** 〔…を〕くじ引きで決める 〔*for*〕: ～ *for* a place くじで場所を決める. ── vt. **1** 〔…について〕⟨会員などの⟩投票を求める 〔*on*〕. **2** (投票またはくじ引きで)選び出す. 〘n.: (1549) □ It. *ballotta* little ball (dim.) ← *balla*: ⇨ balloon. ── v.: (1549) □ It. *ballottare* ← (n.)〙

bal·lot[2] /bǽlət/ n. 小梱(こり) 《70–120 ポンドの重さのもの》. 〘(1865) □ F ～ (dim.) ← *balle* 'BALE[1]'〙

bal·lo·tade /bæ̀lətéɪd, -tɑ́ːd/ n. 〘馬術〙 バロタード《跳躍の折に後脚の蹄鉄が見えるように後脚を曲げる跳躍法》. 〘(1727–51) □ F ～ ← *ballotter* to toss ← *ballote* small ball □ It. *ballotta*: ⇨ ballot[1], -ade〙

bal·lot·age /bǽlətɪdʒ | -tɪdʒ/ n. (もとフランスでの)決選投票. 〘(1869) □ F *ballottage* ← *ballotter* to subject to a second ballot, toss (↑): ⇨ -age〙

bállot bòx n. **1** 投票箱. **2** 無記名投票. 〘a1680〙

bál·lot·ing /-tɪŋ | -tɪŋ/ n. 投票; 抽選. 〘(1549): ⇨ -ing[1]〙

bállot pàper n. 投票用紙. 〘1865〙

bal·lotte·ment /bəlɑ́(ː)tmənt, bæ- | -lɔ́t-; F. balɔtmɑ̃/ n. 〘医学〙 **1** 浮球法《羊水中の胎児の頭などの浮球感を指で触知する診断法》. **2** 遊走腎(じん)・移動性腹腔腫瘍(しゅよう)・関節水腫などを調べる同様の方法. **3** 浮球感, 躍動感, バロットマン. 〘(1839) □ F ～ (原義) act of tossing ← *ballotter*: ⇨ ballotade, -ment〙

bal·lot·tine /bǽlətìːn; F. balɔtin/ n. (pl. ～s /～z; F. ～/) バロティーヌ《ガランティーヌ (galantine) の一種; 獣肉・鳥肉・魚肉などの骨を抜き, そのまま詰め物をして巻いて形を整え, ゆで煮した料理; 温かくして出すことが多い》. 〘← ? F *ballo(tté)* tossed about (↑) + (GALAN)TINE〙

báll·pàrk n. **1** 《米》 (野球などの)球場 (stadium). **2** 《口語》 大体の範囲. ***in [within] the (right) báll-park*** 《口語》 ⟨数量など⟩概算で; ほぼ正しい, ほぼ当を得た. 《1968》 ***in the sáme bállpark*** 《口語》 ほぼ同等である, 比肩しうる ⟨*as*⟩. 〘1: (1899). 2: (1957)〙

báll-pàrk adj. 《口語》 概算の; 大体正しい; おおまかな《野球場の入場数の数え方がいいかげんであったことから》: a ～ figure [estimate] およその数字[概算]. 〘1967〙

báll-pèen hàmmer /-pìːn-/ n. 丸頭ハンマー《下面が平らで上端 (peen) が球形の片手ハンマー》. 〘a1877〙

báll pen n. =ballpoint pen.

báll·plàyer n. **1** 《米》 野球をする人, (特に)プロ野球選手. **2** 球技をする人, (特にサッカーで)ボールコントロールが抜群の選手. 〘1619〙

báll·pòint adj. ペン先が小さい鋼球の. ── n. =ballpoint pen. 〘1959〙

bállpòint pén n. ボールペン. 〘1948〙

báll·pròof adj. 弾丸の通らない, 防弾の: a ～ jacket 防弾チョッキ. 〘1854〙

báll ràce n. 〘機械〙 (玉・ころ軸受の環体)レース. 〘1907〙

báll·ròom n. **1** (ホテルなどの)舞踏室, ダンス場. **2** = ballroom dancing. 〘1736〙

bállroom dàncing n. 社交ダンス (social dance).

bálls-áching adj. 《卑》 すげえいやな, たまったもんじゃねえ, むかつく. **bálls-àche** n. **bálls-áchingly** adv.

bálls-òut adj. 《俗》 どえらい, ものすごい, 最高の.

bálls-ùp n. 《英俗》 =ballup. 〘1939〙

báll·sy /bɔ́ːlzi, bɑ́ː-l- | bɔ́ːl-/ adj. 《俗》 元気のよい, 勇敢な. 〘(1959) ← *balls* (pl.) ← BALL[1], -Y[4]〙

báll-tàmpering n. 〘クリケット〙 ボールの表面[縫い目]に不正な細工をすること.

báll tèarer n. 《豪俗》 **1** 過酷な仕事. **2** 特異なこと, とてつもないこと. ★ よい意味でも悪い意味でも用いられる. **báll-téaring** adj.

báll tùrret n. 〘航空〙 (戦闘機などの)旋回砲塔[銃座]. 〘1945〙

báll·ùp n. 《米俗》 混乱, ろうばい, うろたえ; 失敗. 〘← *ball up* (⇨ ball[1] (v.) 成句)〙

bal·lute /bəlúːt, bɑː-/ n. (安定・減速用の)小型補助パラシュート. 〘(1960) (混成) ← BALL(OON) + (PARACH)UTE〙

B

báll vàlve *n.* 〖機械〗玉弁《球を弁として使ったもの》. 〖1839〗

bal·ly /bǽli/ *adj., adv.* 《英俗》ひどい[ひどく], とんでもない[なく] (damned). ★ bloody の代用語として滑稽的にまたは強意的に用いる: Whose ～ fault is that? 一体全体どいつが悪いんだ. 〖(1885)《婉曲語》← BLOODY〗

Bal·ly /bǽli; *F.* baji/ *n.* 〖商標〗バリー《スイスの靴メーカー; そのブランド》.

Bal·ly /bɑ́ːiː; *F.* baji/, **Charles** *n.* バイイ《1865–1947; スイスの言語学者; *Le langage et la vie*「言語と生活」(1926)》.

bal·ly·hack /bǽlihæ̀k/ *n.* 《米俗》破滅, 地獄: Go to ～! 地獄へ行きやがれ. 〖← ?: cf. bally, hack[2] 5〗

bal·ly·hoo[1] /bǽlihùː | ⌐⌐—⌐/ *n.* (*pl.* ～s)《口語》**1** 誇大[はでな]広告, 騒々しい空(ㅎ)宣伝. **2** 大ぼら; 大騒ぎ, 大わめき (clamor). — 《米》*vt.* …の空宣伝をする, 誇大[はでに]広告をする. **～·er** *n.* 〖(1901) ← ?: 誤ってアイルランドの村の名 *Ballyhooly* と連想〗

bal·ly·hoo[2] /bǽlihùː | ⌐⌐—⌐/ *n.* 〖魚類〗大西洋岸産のサヨリの一種 (*Hemiramphus braziliensis*). 〖《通俗語源》← Am.-Sp. *balajú*〗

Bal·ly·me·na /bæ̀limíːnə, -lɪ-/ *n.* バリミーナ: **1** 北アイルランド北東部の地区. **2** その中心の町.

bal·ly·rag /bǽliræ̀g/ *vt.* =bullyrag.

balm /bɑ́ːm/ *n.* **1** 芳香性樹脂, 香油, 香膏(ㅎ). **2** 芳香 (fragrance). **3 a** バル(サ)ム剤, 鎮静剤. **b** 慰め: Your words will be ～ *to* her broken heart. 彼女の失意に対してあなたがたの言葉は大きな慰めとなろう. **4** 〖植物〗コウスイ(香水)ハッカ《各種の芳香性植物の総称》; (特に)セイヨウヤマハッカ, メリッサ (*Melissa officinalis*)《地中海地方に産するシソ科の植物》.

bálm in Gílead (1) =BALM of Gilead (2). (2) 鎮静剤; 慰安物, 慰め (cf. Jer. 8:22).

bálm of Gílead (1) 〖植物〗ギレアドバルサムノキ《カンラン科ミルラノキ属の常緑樹の総称》; (特に) *Commiphora opobalsamum* と *C. opobalsamum*. (2) ギレアドバルサムノキから採るオレオ樹脂 (oleoresin)《Mecca balsam ともいう》. (3) 〖植物〗北米産のポプラの一種 (*Populus gileadensis*); アメリカポプラ (balsam poplar). (1703)

bálm of Mécca =BALM of Gilead (2).

— *vt.* 《古》香油を塗る.

〖(?a1200) *baume* ◻ OF *bau(s)me* < L *balsamum* 'BALSAM'〗

bal·ma·caan /bæ̀lməkǽn, -kɑ́ːn | -kɑ́ːn/ *n.* バルマカーン《小さめの折り返り襟とラグラン (raglan) 袖の付いたゆったりした男子用オーバーコート》. 〖(1919) ← *Balmacaan* (スコットランドの地名)〗

Bal·main /bǽlmeɪn, —⌐ | bǽlmæ̃(ŋ), -mæŋ; *F.* balmɛ̃/, **Pierre Alexandre** *n.* バルマン《1914–82; フランスの服飾デザイナー》.

bal mas·qué /bɑ́ːlmæskéɪ, bǽl-; *F.* balmaske/ *n.* (*pl.* **bals mas·qués** /～/) 仮面舞踏会. 〖(1768) ◻ F ～ 'masked ball'〗

bálm crícket *n.* 〖昆虫〗セミ (cicada). 〖(1783)《通俗語源》← *baumcricket* (部分訳) ← G *Baumgrille* tree cricket〗

Bál·mer sèries /bɑ́ː(l)mə- | bɑ́ːmə-; G. bálmɐ-/ *n.* 〖物理〗バルマー系列《水素の原子スペクトルの中の一群》. 〖← *J. J. Balmer* (1825–98: スイスの物理学者)〗

bal·mo·ny /bǽlməni/ *n.* 〖植物〗=turtlehead.

Bal·mor·al /bælmɔ́(ː)rəl, -mɑ́(ː)r- | -mɔ́r-/ *n.* **1 a** しままたは柄物の毛織物で作ったペチコート《つり上げたスカートの下から見える》. **b** ペチコート用の織物. **2** [b-] 内羽根式の靴《腰革が舌革の上に重なっている靴》. bal ともいう; cf. blucher). **3** [b-] 縁なし帽 (tam-o'-shanter に似て, スコットランドで用いる). **4** =Balmoral Castle. 〖(1859): ⇨ ↓〗

Balmóral Cástle *n.* バルモラル城《スコットランド北東部, Dee 河畔の城; 1852 年以来英王室御用邸; Albert 皇子が建立》.

Bal·mung /bɑ́ːlmʊŋ; G. bálmʊŋ/ *n.* バルムンク《Nibelungenlied 中の英雄 Siegfried の剣》.

bal mu·sette /bǽlmjuːzét; *F.* balmyzɛt/ *n.* (*pl.* **bals mu·settes**) アコーディオンバンド付きのフランスの(大衆)ダンスホール. 〖(1926) ◻ F. ～: もとはアコーディオンの伴奏で野外で踊った〗

balm·y[1] /bɑ́ːmi/ *adj.* (**balm·i·er; -i·est**) **1** 芳香を放つ, 芳しい (fragrant): ～ leaves. **2 a** さわやかな, 穏やかな, 気持ちのいい (⇨ soft SYN): a ～ breeze / ～ weather. **b** 慰めとなる; 〈痛みなどを〉和らげる (soothing). **3** 〈樹木が〉芳香性樹脂を生じる. — *n.* [the ～]《英俗》眠り (sleep).

bálm·i·ly /-mə̀li/ *adv.* **bálm·i·ness** *n.* 〖(?c1408) ← BALM+-Y[1]〗

balm·y[2] /bɑ́ːmi/ *adj.* 《英俗》=barmy 2. 〖(1851)《変形》← BARMY〗

baln. cal. 《略》〖処方〗*L.* balneum calidum (=warm bath).

bal·ne·al /bǽlniəl/ *adj.* 《まれ》浴場の, 入浴の; 湯治の. 〖(c1645) ← L *balneum* bath: ⇨ -al[1]〗

bal·ne·a·ry /bǽlniəri/ 《まれ》=balneal.

bal·ne·ol·o·gy /bæ̀lniɑ́(ː)lədʒi | -ɔ́l-/ *n.* 〖医学〗温泉学. **bàl·ne·o·lóg·i·cal** /-niəlɑ́(ː)dʒɪkəl, -kl | -dʒɪ-⌐/ *adj.* 〖(c1879) ← L *balne(um)* (↑)+-o-+-LOGY〗

bàl·ne·ól·o·gist /-dʒɪst | -dʒɪst/ *n.* 温泉学者. 〖(1872) ◻ L *balneum* bath: ⇨ -OLOGIST〗

bàl·ne·o·thérapy /bæ̀lniou- | -niəu-/ *n.* 〖医学〗温泉療法. 〖(1881) ← L *balneum* bath+THERAPY〗

Ba·lo·chi /bəlóutʃi | -ləu-/ *n.* (*pl.* ～, ～s) =Baluchi.

ba·lon /bælɔ̃ː(ŋ), -lɔ́ːŋ; *F.* balɔ̃/ *n.* 〖バレエ〗=ballon.

ba·lo·ney /bəlóuni | -ləu-/ *n.* **1** 《俗》(不同意を示して)ばかげたこと, たわごと; うそっぱち. **2** 《口語》=bologna 1. — *int.* 《俗》(そんな)ばかな (nonsense). 〖(1923)《転訛》? ← BOLOGNA (*sausage*)〗

BALPA /bǽlpə/ 《略》British Airline Pilots' Association 英国民間輸送機操縦士協会.

bal pa·ré /bɑ́ːlpæréɪ, bǽl-, -pɑː-; *F.* balpaʀe/ *F. n.* 正装舞踏会. 〖◻ F ～ 'dressed ball'〗

bal·sa /bɔ́ːlsə, bɑ́ːl- | bɔ́ːl-, bɔ́l-/ *n.* **1 a** 〖植物〗バルサ (*Ochroma lagopus*)《熱帯アメリカ産の樹木; 木材が極めて軽く強いので浮標や舟艇に用いられる; 西インド諸島産の同属の近縁種 *O. pyramidale* も同名で用いられることがあるが品質は劣る》. **b** バルサ材 (balsa wood). **2 a** バルサ材製のいかだ[浮標]. **b** 救命いかだ. 〖(1593) ◻ Sp. ～〗

bal·sam /bɔ́ːlsəm, bɑ́ːl- | bɔ́ːl-, bɔ́l-/ *n.* **1 a** バルサム《松脂油に富んだ液状樹脂で薬用・工業用》. **b** オレオ樹脂 (oleoresin). **2** (薬用・儀式用)芳香油, 香膏(ㅎ). **3 a** 鎮静剤. **b** 慰め, 慰藉(ㅎ)物 (balm). **4 a** 〖化学〗=Canada balsam. **b** =BALSAM of Peru. **c** =BALSAM of Tolu. **5** 〖植物〗バルサム樹《バルサムを分泌する各種の樹木の総称》: **a** =balsam fir. **b** =balsam poplar. **6** 〖植物〗=garden balsam.

bálsam of Mécca =BALM of Gilead (2). (1721)

bálsam of Perú ペルーバルサム《熱帯アメリカ産マメ科の木 (*Myroxylon pereira*) から採る暗褐色で粘液性のバルサム》. (1771)

bálsam of fír カナダバルサム (Canada balsam).

bálsam of Tolú トルーバルサム《南米産マメ科の木 (*Myroxylon balsamum*) から採る褐色で可塑性の固体のバルサム》. (1671)

〖lateOE ～, *balzam(a)* ◻ L *balsamum* balm ◻ Gk *bálsamon* balsam tree, resin of this tree ◻ Heb. *bāśām*: BALM と二重語〗

bálsam ápple *n.* 〖植物〗ツルレイシ (*Momordica balsamina*)《旧世界熱帯原産ウリ科の蔓草; 花は黄色で, 橙色の卵形の実がなる》. 〖1578〗

bálsam fír *n.* **1** 〖植物〗**a** バルサムモミ (*Abies balsamea*)《北米産モミの一種でこの樹脂からカナダバルサムを採る; パルプ材・クリスマスツリーにも使用される》. **b** バルサムモミ材. **2** モミ属 (*Abies*) の各種の植物の総称. 〖1805〗

bal·sam·ic /bɔːlsǽmɪk, bɑːl- | bɔːl-, bɔl-/ *adj.* **1** バルサムの[を産する, を含む]. **2** バルサムのような, バルサム質の; 芳香性の; 鎮痛の. — *n.* 鎮静薬. **bal·sám·i·cal·ly** *adv.* 〖(1605): ⇨ -ic[1]〗

balsámic vínegar *n.* バルサミコ酢.

bal·sam·if·er·ous /bɔ̀ːlsəmíf(ə)rəs, bɑ̀ːl- | bɔ̀ːl-, bɔ̀l-/ *adj.* バルサムを生じる. 〖(1683–84) ← BALSAM+-I-+-FEROUS〗

Bal·sa·mi·na·ce·ae /bɔ̀ːlsəmənéɪsiiː, -sæm-, bɑ̀ːl- | bɔ̀ːl-/ *n. pl.* 〖植物〗(双子葉植物ムクロジ目)ツリフネソウ科. **bàl·sa·mi·ná·ceous** /-ʃəs/ *adj.* 〖← NL ～ ← *Balsamina* (属名: ⇨ balsamine)+-ACEAE〗

bal·sa·mine /bɔ́ːlsəmìːn, bɑ́ːl- | bɔ́ːl-, bɔ́l-/ *n.* 〖植物〗=garden balsam. 〖(1578) ◻ F ～ ◻ Gk *balsaminē* ← *bálsamon* 'BALSAM'〗

bálsam péar *n.* 〖植物〗ツルレイシ, ニガウリ (*Momordica charantia*)《熱帯アメリカ原産のウリ; 食用》.

bálsam póplar *n.* 〖植物〗アメリカポプラ (*Populus balsamifera*)《北米産; 芽が芳香性の油で覆われている; balsam, balm of Gilead, tacamahac ともいう》. 〖1819〗

bálsam sprúce *n.* 〖植物〗バルサムスプルース (*Abies lasiocarpa*)《北米産のモミの一種; 樹皮から樹脂を採る》.

bal·sam·y /bɔ́ːlsəmi, bɑ́ːl- | bɔ́ːl-, bɔ́l-/ *adj.* バルサムのような, 芳香のある. 〖(1687): ⇨ -y[1]〗

Bal·sas /bɔ́ːlsəs, bɑ́ːl- | bɔ́ːl-; *Sp.* bálsas/, **Río de las** *n.* [the ～] バルサス川《メキシコ南中央部から太平洋に注ぐ川 (771 km)》.

bálsa wòod *n.* バルサ材. 〖1917〗

bals masqués *n.* bal masqué の複数形.

bals musettes *n.* bal musette の複数形.

Balt /bɔ́ːlt, bɑ́ːlt | bɔ́ːlt, bɔ́lt/ *n.* **1** バルト人《リトアニア・ラトビア・エストニアのバルト諸国の(先)住民》. **2** バルト諸国生まれ[居住]のドイツ人《特にドイツ語を用いる地主貴族階級》. **3** 《豪》中央ヨーロッパからの移住民. 〖(1878) ← LL *Baltī* (pl.) the Balts ← ? Goth. (cf. *balthei* boldness)〗

Balt. 《略》Baltic; Baltimore.

bal·te·us /bǽltiəs, bɔ́ːl-, bɑ́ːl- | bǽl-, bɔ́ːl-/ *n.* (*pl.* **-te·i** /-tiàɪ/) (古代ローマの)剣帯. 〖◻ L ～ 'BELT'〗

Bal·thas·ar /bæ̀lθəzɑ́ə, ⌐⌐—, bælsézə | bæ̀lθəzɑ́ː(r), ⌐⌐—, bæ̀lθéɪzə(r)/ *n.* **1** バルサザー《男性名; Balthazar の異形》. **2** /bæ̀lθəzɑ́ə, ⌐⌐— | bæ̀lθəzɑ́ː(r), ⌐⌐—/ バルサザー《Shakespeare 作 *Merchant of Venice* 中の Portia の偽名》. **3** =Balthazar 2, 3.

Bal·thaz·ar /bæ̀lθəzɑ́ə, ⌐⌐—, bælsézə | bæ̀lθəzɑ́ː(r), ⌐⌐—, bæ̀lθéɪzə(r)/ *n.* **1** バルサザー《男性名》. **2** 〖中世キリスト教伝説〗バルタザール《東方の三博士 (Wise Men of the East) の一人》. **3** 〖(1935) ← Belshazzar: このバビロン王が 1000 人のために酒宴を催したことから; cf. *Dan.* 5:1〗(ワイン用の)バルサザール瓶《約 16 quarts 入り; 普通の瓶の 16 本分》. 〖◻ L ～ ◻ Gk *Baltásar* ◻ Heb. *Bēlṭᵉšaṣṣar* ◻ Akkad. *Balaṭšarriuṣur* save the life of the king: cf. Belshazzar〗

Bal·thus /bɑ́ːltəs; *F.* baltys/ *n.* バルテュス《1908–2001; フランスの画家; 神秘的なムードを持つ人物画や風景画で知られる; 本名 Balthasar Klossowski de Rola》.

bal·ti /bɔ́ːlti, bɑ́ːl-, -bǽl- | bɔ́ːl-, bɔ́l-, bǽl-/ *n.* [時に B-] ボールティ, バルティー《肉・鶏・野菜をスパイスを効かせてとろ火で煮込んだパキスタン料理; 通例 中華鍋のような浅い鍋で調理して供される》: a ～ house ボールティ[パキスタン]レストラン. 〖◻ Urdu *bāltī* (原義) pail〗

Bal·ti /bɑ́ːlti, bɔ́ːl-, bɑ́ːl- | bɔ́ːl-, bɔ́l-/ *n.* 〖言語〗バルティー語《北カシミール地方で話されるチベット語の一方言》. 〖1901〗

Bal·tic /bɔ́ːltɪk, bɑ́ːl- | bɔ́ːl-, bɔ́l-/ *adj.* **1** バルト海(沿岸)の. **2** バルト諸国の. **3** バルト語派の. — *n.* **1** バルト語派《印欧語族に属し, Latvian, Lithuanian, Old Prussian を含む》. **2** [the B-] =Baltic Sea. **3** 暗緑色. **4** (ロンドンのシティーにある)バルティック商業海運取引所 (Baltic Exchange). 〖(c1590) ◻ ML *Balticus* (cf. L *balteus* 'BELT'): ⇨ Balt, -ic[1]〗

Báltic Séa *n.* [the ～] バルト海《ヨーロッパ北部の北海に出口をもつ海》. 〖c1590〗

Báltic Shíeld *n.* 〖地質〗バルト楯(ㅎ)状地《先カンブリア紀の古期岩層から成る安定地域; Scandinavian Shield ともいう》. 〖1906〗

Báltic Státes *n. pl.* [the ～] バルト諸国《バルト海沿岸のエストニア, ラトビア, リトアニアの 3 共和国, 時にフィンランドを加えることもある》.

Bal·ti·more[1] /bɔ́ːltəmɔ̀ə, bɑ́ːl-, -mə | bɔ́ːltɪ̀mɔ̀ː(r), bɔ́l-/ *n.* **1** 〖鳥類〗=Baltimore oriole. **2** 〖昆虫〗北米東部産タテハチョウ科カラフトヒョウモンモドキ属のチョウ (*Euphydryas phaëton*)《幼虫はジャコウソウモドキ類 (turtlehead) を食べる》. 〖(1669) ← *Lord Baltimore*〗

Bal·ti·more[2] /bɔ́ːltəmɔ̀ə, bɑ́ːl-, -mə | bɔ́ːltɪ̀mɔ̀ː(r), bɔ́l-/ *n.* ボルティモア《米国 Maryland 州北部 Chesapeake 湾の入江に臨む海港で商工業都市, Johns Hopkins 大学がある》. 〖← *Lord Baltimore*〗

Baltimore /bɔ́ːltəmɔ̀ə, bɑ́ːl-, -mə | bɔ́ːltɪ̀mɔ̀ː(r), bɔ́l-/, **David** *n.* ボルティモア (1938– ; 米国の分子生物学者; Nobel 医学生理学賞 (1975)).

Baltimore, Lord *n.* ⇨ George CALVERT.

Báltimore chóp *n.* 《俗》〖野球〗ボルティモアチョップ《ホームベース近くで高くバウンドし, しばしば内野安打になる打球》. 〖以前 Baltimore のチームが巧みにこのような打球を打ったことから〗

Báltimore óriole *n.* 〖鳥類〗ボルティモアムクドリモドキ (*Icterus galbula*). 〖(1808) ← *Lord Baltimore*: 雄鳥の色が Baltimore 家の紋章付きの外衣の色に似ていることから〗

Báltimore Órioles *n.* [the ～] ボルチモア・オリオールズ《American League 東地区の大リーグ球団》.

Bal·ti·stan /bɔ̀ːltɪstǽn, bɑ̀ːl-, -stɑ́ːn | bɔ̀ːltɪ̀stɑ́ːn, bɔ̀l-, -stǽn/ *n.* バルティスタン《Kashmir 北部の Ladakh 地区の一部; パキスタンが領有; Karakoram 山脈の高峰 K2 (Mt Godwin Austen), Gasherbrum I, Broad Peak などが並び, 一名 'Little Tibet'》.

Bal·to-Slav·ic /bɔ̀ːltouslɑ́ːvɪk, bɑ̀ːl-, -slǽv- | bɔ̀ːltəu-, bɔ̀l-/ *n.* バルトスラブ語派《Baltic および Slavic 語派から成る印欧語族の一区分; Balto-Slavonic ともいう》. — *adj.* バルトスラブ語派の. 〖(1896) ← *Balto-* (⇨ Baltic)+SLAVIC〗

Ba·lu·chi /bəlúːtʃi/ *n.* (*pl.* ～, ～s) **1 a** [the ～(s)] バルチ族 (Baluchistan の遊牧民). **b** バルチ族の人. **2** バルチ語《印欧語族のイラン語派 (Iranian) に属する》. 〖(1616) ◻ Pers. *Balūch(ī)*〗

Ba·lu·chi·stan /bəlùːtʃɪstǽn, -stɑ́ːn | -stɑ́ːn, -stǽn/ *n.* バルーチスタン: **1** パキスタン南西部, イラン南東部の山岳地帯. **2** パキスタン西部の州; もとイギリス領インドの一部; 州都 Quetta.

bal·un /bǽlʌn/ *n.* 〖電気〗バラン, 平衡不平衡変成器《平衡インピーダンスと不平衡インピーダンスとを接続する同軸回路》. 〖← *bal(anced)*+*un(balanced)*〗

bal·us·ter /bǽləstə | -tə(r)/ *n.* 〖建築〗**1 a** 手すり子《手すりまたは欄干を支える小柱; ⇨ balustrade 挿絵》. **b** [*pl.*] =balustrade 1. **2** イオニア式柱頭の渦巻きの側面部. 〖(1602) ◻ F *balustre* ◻ It. *balaustro* ◻ L *balaustium* ◻ Gk *balaústion* flower of wild pomegranate: 手すり子の形がザクロの萼(ㅎ)に似ていることから〗

bal·us·trade /bǽləstrèɪd | ⌐⌐—⌐/ *n.* **1** (手すり子 (baluster) の付いている)手すり, 欄干. **2** 低い欄(ㅎ)[障壁]. **bál·us·tràd·ed** /-dɪ̀d | -dɪd/ *adj.* 〖(1644) ◻ F ～ ◻ It. *balaustrata* ← *balaustro* (↑)〗

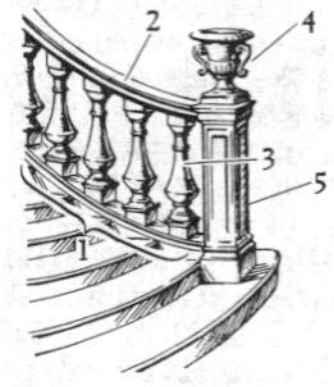

balustrade 1
1 balustrade
2 handrail
3 baluster
4 urn
5 newel

bál·us·tràd·ing /-dɪŋ | -dɪŋ/ *n.* 手すり部材[構成材]. 〖(1880): ⇨ -ing[1]〗

Bal·zac /bɔ́ːlzæk, bɑ́ːl-, bǽl- | bǽl-; *F.* balzak/, **Honoré de** *n.* バルザック (1799–1850; フランスの小説家; 連作 *La Comédie humaine*「人間喜劇」). **Bal·zá·cian** *adj.*

bam[1] /bǽm/ *vt.* (**bammed; bam·ming**)《古》だます (deceive), かつぐ (hoax). 〖(1738)《略》? ← BAMBOOZLE〗

bam[2] /bǽm/ *int.* ばん, どん. — *n.* にぶい音. — *vi.* (**bammed; bam·ming**) ばん[どん]という音を立てる, にぶい音を立てる. 〖(1930) 擬音語〗

bam·a /bǽmə/ *n.* 《豪》(特に Queensland 州北部出身の) 先住民.

Ba·ma·ko /bæ̀məkóu, bɑ̀ːm- | bǽməkə́u; *F.* bamako/ *n.* バマコ《アフリカ西部マリ (Mali) 南西部 Niger 川に臨む港市で, 同国の首都》.

Bam·ba·ra /bæmbɑ́ːrə/ *n.* (*pl.* ~, ~s) **1** a [the ~(s)] バンバラ族《アフリカ Niger 川上流に住む種族》. **b** バンバラ族の人. **2** (バンバラ族の話す) Mande 語. 〖1883〗

Bam·berg /bǽmbəːg, bɑ́ːmbɛək | bǽmbəːg, bɑ́ːmbɛək; *G.* bámbɛʁk/ *n.* バンベルク《ドイツ中南部の都市》.

Bam·bi /bǽmbi; *G.* bámbi/ *n.* バンビ《オーストリアの作家 Felix Salten (1869–1945) 作の同名の動物物語 (1923), および Walt Disney の映画 (1942) の主人公の雄鹿》.

bam·bi·no /bæmbíːnoʊ, bɑːm- | -nəʊ/ *n.* (*pl.* ~s, **-bi·ni** /-niː/; 1 では通例 **-bi·ni**) **1** 幼いキリストの像[絵]. **2** 《口語》(イタリアの)子供, 赤ん坊. 〖(1722) ◻ It. ~ 'baby' (dim.) ← *bambo* childish ← IE **baba-* (擬音語)〗

bam·boo /bæ̀mbúː⁻/ *n.* (*pl.* ~s) **1** a 〘植物〙タケ《イネ科の大形タケ類の総称》: a ~ sprout＝bamboo shoot. **b** 竹; 竹の棒, 竹ざお; 竹材. **2** 淡い黄色がかった褐色. **—** *adj.* [限定的] 竹(製)の: a ~ cane 竹のステッキ / ~ work 竹細工. 〖(17C) (逆成) ← (1586) *bambus* ◻ Du. *bamboes* ◻ Malay *bambu* ← ? Drav.: cf. Malay *bambū*〗

bambóo bòrer *n.* 〘昆虫〙チビタケナガシンクイ (*Dinoderus minutes*)《竹や貯蔵穀類を食べる甲虫》.

bámboo cúrtain, B- C- *n.* [the ~] 竹のカーテン《1950–60 年代に中国が西欧諸国の外交・通商・文化などの接触に対して設けた思想・軍事・政治上の障壁; cf. iron curtain a》. 〖1949〗

bambóo ràt *n.* 〘動物〙 **1** タケネズミ《東南アジアの森林の地中にすむネズミ科タケネズミ属 (*Rhizomys*) の夜行性の大型ネズミの総称; タケなどの植物の根を食べる; cane rat ともいう》. **2** ＝cane rat. 〖1881〗

bambóo shòot *n.* [通例 *pl.*] たけのこ. 〖1889〗

bambóo tùrning *n.* 竹型の繰形(くりがた)《家具の脚や枠材用に竹の節を使った細工》.

bambóo wàre *n.* バンブーウェア《J. Wedgwood が 1770 年に作った caneware の一種で, 竹に似た造りの薄黄[茶]色の炻器(せっき)》. 〖1904〗

bam·boo·zle /bæmbúːzl/ *vt.* 《口語》 **1** a 〈人を〉ごまかす. **b** …に一杯食わせて(ある行動を)させる 〔*into*〕; だまして(物を)奪う 〔*out of*〕: ~ a person *into doing* something [*out of* something] 人をだまして事をさせる[物を奪う]. **2** 困らせる, 迷わす (confuse). **—** *vi.* ごまかす, だます. **~·ment** *n.* **bam·bóo·zler** /-zlə, -zlə | -zlə(r), -zlə(r)/ *n.* 〖(1703) ← ?〗

Bam·i·an /bæ̀miɑ́ːn/ *n.* バーミヤーン《アフガニスタン中部の町; Gupta 様式の巨大石仏が有名であったが, Taliban によって破壊された》.

ban[1] /bǽn/ *n.* **1** 公式の禁止令, 禁制, 法度(はっと) 〔*on*〕: be under a ~ 禁制[法度]である / lift [remove, rescind] a ~ 解禁する / place [put] ... under a ~＝place [put, impose] a ~ *on* …を禁止する / There is a ~ *on* smoking here. ここは禁煙になっている. **2** (世論などの)反対, 非難, 禁止 (prohibition) 〔*on*〕: a ~ *on* alligator hunting ワニ狩りの禁止. **3** (封建時代の)家臣に対する召集令; 召集される全員. **4** 《古》のろい (curse). **5** a 制令, 布告 (edict). **b** [*pl.*] 《古》＝banns. **6** 〘宗教〙破門 (excommunication). **—** *vt.* (**banned; banning**) **1** a (法的にまた社会的圧力で)禁止[制禁]する (⇨ forbid SYN): ~ a book, nuclear testing, etc. **b** 〈人〉に(…することを)禁止する 〔*from*〕: ~ people *from* reading pornography / She was ~*ned from* driving for a year. 一年間免停となった. **2** 《古》のろう. **3** 《南ア》言論[政治活動]を禁圧する. **—** *vi.* 《古》のろいの言葉を唱える. 〖v.: OE *bannan* to summon < Gmc **bannan* (OHG *bannan* to banish) ← IE **bhā-* to speak (⇨ fame): ON *banna* to forbid, curse の影響を受けた. — n.: (c1250) *iban* < OE *gebann* proclamation // (O)F *ban* ◻ Frank. **ban* (G *Bann*)〗

ban[2] /bɑ́ːn/ *n.* (昔のハンガリーの南境地方の)大守; (後に, Croatia および Slavonia の) 都督. 〖(1614) ◻ Serbo-Croat. *bān* lord ◻ Turk *bayan* very rich person ← *bay* rich〗

ban[3] /bɑ́ːn; *Rom.* bán/ *n.* (*pl.* **ba·ni** /bɑ́ːni/) **1** バーニ《ルーマニアの通貨単位; ＝$^1/_{100}$ leu》. **2** 1 バーニ硬貨. 〖(1880) ◻ Rum. ~〗

Ba·na·ba /bənɑ́ːbə/ *n.* バナバ《太平洋南西部の島でキリバス (Kiribati) 共和国に属する; Ocean Island とも呼ばれる; 面積約 5 km²》. **Ba·ná·ban** /-bən/ *adj.*, *n.*

Bá·nach spàce /bɑ́ːnɑːk-, -nək-/ *n.* 〘数学〙バナッハ空間《ノルム (norm) の定義されている完備なベクトル空間》. 〖(1949) ← *Stefan Banach* /*Pol.* bánax/ (1892–1945: ポーランドの数学者)〗

ba·nal /bənɑ́ːl, bæ-, -nǽl/ *adj.* **1** 陳腐な, 平凡な (commonplace) (⇨ insipid SYN): a ~ remark. **2** 普通の, 一般的な: ~ symptoms. **~·ly** /-ɫli, -li/ *adv.* 〖(1753) ◻ F ~ ← *ban*: ⇨ ban[1], -al[1]: 封建時代の賦役がすべての人に課せられたことから〗

ba·nal·i·ty /bənǽləṭi, bæ- | bənǽlɪ̣ti, bæ-/ *n.* 陳腐, 平凡; 陳腐[平凡]な言葉[考え]. 〖(1861) ◻ F *banalité*: ⇨ ↑, -ity〗

ba·nal·ize /bənɑ́ːlaɪz, bæ-, -nǽl-/ *vt.* 陳腐[平凡]なものにする. 〖(1949): ⇨ -ize〗

ba·nan·a /bənǽnə | -nɑ́ːnə/ *n.* **1** a 〘植物〙バナナ《バショウ属 (*Musa*) の熱帯植物の総称》. **b** (主食用)バナナ (*Musa sapientum*) の果実 (cf. dwarf banana, plantain[2]): a hand of ~*s* (特に, 10–20 本から成る)バナナ一房. **2** バナナ色《灰色がかった黄色》. **3** 《米俗》(バーレスク (burlesque) などの)コメディアン: ⇨ top banana. **4** 《卑》ペニス; 性交. ***gò banánas*** 《米俗》 (1) かんかんに怒る. (2) 狂ったようになる, 頭がおかしくなる. 《(1970): 猿がバナナをむさぼり食う様子からか》 〖(1597) ◻ Sp. & Port. ~ ← W-Afr. (cf. Wolof *banäna*): cf. plantain[2]〗

banána bèlt *n.* 《カナダ口語》気候温暖な地域. 〖1963〗

Banána bènder *n.* 《豪口語・軽蔑》Queensland 州の人[住民] (Bananalander ともいう).

banána bòat *n.* **1** バナナを運ぶ舟. **2** 《英空軍俗》航空母艦, 空母. 〖1916〗

banána fìsh *n.* 〘魚類〙＝bonefish.

Ba·nan·a·land /bənǽnəlæ̀nd | -nɑ́ː-/ *n.* 《豪口語》＝Queensland. 〖1898〗

banána òil *n.* **1** 〘化学〙バナナ油: **a** ＝amyl acetate 1. **b** ＝isoamyl acetate. **2** 《俗》たわごと, でたらめ (nonsense). 〖1926〗

banána pèel *n.* ＝banana skin.

banána plùg *n.* 〘電気〙バナナプラグ《先端がスプリングになったバナナ形の単極プラグ》.

banána·quìt *n.* 〘鳥類〙ミツドリ《熱帯アメリカ産のホオジロ科ミツドリ属 (*Coereba*) の各種の小鳥の総称; 花の蜜を好む》.

banána repùblic *n.* 《口語・軽蔑》バナナ共和国《国の経済が主に果物輸出・観光・外国資本の投資などに依存しているラテンアメリカの小国など》. 〖1935〗

ba·nan·as /bənǽnəz | -nɑ́ːn-/ *adj.* 《俗》気が狂った; 熱狂した: *Bananas!* ばかばかしい, そんなばかな (Nonsense!) / go ~ ⇨ banana 成句. 〖(1968): cf. banana oil 2 / *go bananas* (⇨ banana)〗

banána sèat *n.* 〘自転車〙バナナシート《前が細く後部が上の方へ湾曲した自転車のサドル》. 〖1965〗

banána shrùb *n.* 〘植物〙カラタネオガタマ (*Michelia fuscata*)《中国原産のモクレン科の常緑小高木; 花は芳香がある》.

banána skìn *n.* **1** バナナの皮. **2** 《口語》思いがけない災難のもととなるもの, つまずきの原因: slip on a ~ 失態を演じる. ★ 政治に関連して用いられる. 〖1907〗

banána spìder *n.* 〘動物〙 **1** アシダカグモ, (俗に)バナナグモ (*Heteropoda venatoria*)《バナナと共に温帯に移入する大きい黄色がかった熱帯産カニグモ (crab spider)》. **2** ＝tarantula.

banána splìt *n.* バナナスプリット《縦半分に切ったバナナの上にアイスクリーム・生クリーム・木の実などをのせたデザート》. 〖1920〗

Ba·na·ras /bənɑ́ːrəs/ *n.* バナラス《Varanasi の別名》.

ban·at /bǽnət/ *n.* (*also* **ban·ate** /~/) (昔の)都督管轄区《ban[2] の治めた地域》. 〖◻ Serbo-Croat. *bānat* ← *bān* lord〗

Ba·nat /bɑ́ːnɑːt, bǽn-; *Serbocroat.* bànaːt, *Rom.* banát/ *n.* バナト《ハンガリー・ルーマニア・ユーゴスラビアにまたがる肥沃な平原》.

ba·nau·sic /bənɔ́ːsɪk, -nɑ́ː-, -zɪk | bənɔ́ːzɪk, -sɪk/ *adj.* **1** 職業上の; 営利を目的とする, 実利的な. **2** a 実用的な (practical). **b** 通俗的な, 平凡な, 機械的な, 退屈な. 〖(1845) ◻ Gk *banausikós* of mechanics ← *baûnos* forge[1]〗

Ban·bu·ry /bǽnbèri, -b(ə)ri | bǽnb(ə)ri/ *n.* バンベリー《イングランド Oxfordshire 州北部の都市》. 〖OE *Banesberie*? '**BOROUGH** of *Bana* (人名)'〗

Bánbury càke [bún] *n.* 《英》バンベリーケーキ《干しぶどう・果物の砂糖煮・香辛料などを混ぜ合わせて包んだ楕円形のパイ; 上に十字の模様をつける》. 〖(1615) ↑〗

banc /bǽŋk/ *n.* 判事席. ★ 主に次の成句で: ***in banc*** (コモンロー上級裁判所で)全判事列席の上で(大法廷で): a sitting *in* ~ 《古》(コモンロー裁判所における)総員合議の審理. 〖(1863) 〖(1727–51) ◻ OF *banc*: ⇨ bank[3]〗

bánc·assùrance /bǽŋk-/ *n.* 《英》銀行による保険商品の販売, 銀行保険, バンカシュアランス. **bánc·as·sùrer** *n.*

ban·co[1] /bǽŋkoʊ | -kəʊ/ *n.* (土地の通貨に対し)銀行勘定貨幣, 本位貨幣. 〖(1753) ◻ It. ~ (変形) ← *banca* '**BANK**[1], bench'〗

ban·co[2] /bǽŋkoʊ | -kəʊ/ *n.* 〘トランプ〙(baccarat や chemin de fer で) バンコ《子の一人が単独で親と同額を賭けること, またその宣言; 他の子の賭けは全部無効となる》. **—** *int.* 「バンコ」の掛け声. 〖(1789) ◻ F ~ ◻ It. *banco* (転用) ← *banco* (↑)〗

ban·co[3] /bǽŋkoʊ | -kəʊ/ *n.*, *vt.* ＝bunco.

ban·co[4] /bǽŋkoʊ | -kəʊ/ *n.* ＝banc.

Ban·croft /bǽnkrɔ(ː)ft, bǽŋ-, -krɑ(ː)ft | -krɒft/ *n.* バンクロフト《男性名》. 〖(原義) dweller at an enclosure where beans grew (⇨ bean, croft): もと地名〗

Bancroft, George *n.* バンクロフト《1800–91; 米国の歴史家・政治家: *A History of the United States* (1835–75)》.

band[1] /bǽnd/ *n.* **1** a 帯状のひも[布片], バンド, ベルト, 帯 (belt): wear a ~ of ribbon around one's head 頭にリボンを巻きつける. **b** 〘機械〙調帯, ベルト (belt). **c** (レコードの音を刻んだ)溝の集まり, 録音帯, バンド《レコードで一曲納まっている部分; 特に, 音のない部分と区別している》. **2** a (色などの)しま, すじ (stripe). **b** 帯状の部分[地域]: the wide ~ of woods 幅広い帯状の森林地域. **c** (変動の)範囲, 幅 (range). **d** 《英》(年齢・収入・税金などによって区分した)階層. **3** 〘通信〙バンド, 周波数帯《周波数の範囲・幅》. **4** 〘電算〙バンド, 帯域《磁気ドラムやディスクの補助記憶装置の一群の磁気トラック》. **5** a 縛るもの, くくるもの. **b** ひも, 縄: a hay ~. **c** たが, 環, 帯金, 帯輪: an iron ~ 鉄のたが / a rubber ~ 輪ゴム / a ~ of iron (戸・箱などの補強に付けた)帯金 / a spring ~ 弾性帯金. **d** (鳥の脚につける)標識バンド, 脚輪. **e** 指輪: a wedding ~ 結婚指輪. **6** a (法的・道徳的・精神的に)束縛するもの, きずな; 義務, 責務 (obligation): the ~*s* of matrimony. **b** 《古》約束; 保証. **7** a カラー, 襟(えり). **b** [*pl.*] (大学教授の式服・弁護士服・聖職服などの襟の前に垂らした) 2 本の白い布. **c** (17 世紀ごろ西ヨーロッパでひだ襟を取り付けた)スタンドカラー, 台襟. **8** 〘建築〙帯模様, 帯節り; 帯状繰形(くりがた). ★ 通例 fascia より幅が狭い. **9** 〘歯科〙帯環《歯にかぶせるために金合金などの薄板で作った環》: a ~ crown 帯環金属冠. **10** 〘解剖・動物〙帯, 靱帯(じんたい). **11** 〘製本〙 a とじ緒; バンド《とじ緒を背に埋め込まないためにできた隆起》. **b** にせバンド《とじ緒の隆起しない本の中身の背にボール紙を入れて作ったにせの隆起》. **12** 〘鉱山〙薄い鉱床.

— *vt.* **1** ひもで縛る[くくる]. **2** a …にバンドをつける. **b** 〈鳥〉に標識バンドを付ける. **3** …にしま[すじ]をつける. **4** 《英》(課税などを)階層区分する.

〖(1126) *bond* ◻ ON *band* tie < Gmc **bandam* (G *Band*) ← **bendan* 'to **BIND**': cf. bend[1, 2], bond[1]: ME 末期に (O)F *bande* strip (◻ Gmc **bendōn* ← **bindan*) の影響を受けた〗

band[2] /bǽnd/ *n.* **1** 楽隊, バンド; (吹奏)楽団: a ~ concert 楽団演奏会 / ~ music 楽隊音楽 / a regimental ~ 連隊付き軍楽隊 / a street ~ 街頭音楽隊 / a military [naval] ~ 陸軍[海軍]軍楽隊 / a dance ~ ダンス音楽のバンド / a jazz ~ ジャズバンド. **2** a (人の)一団; (特に)(武装者・盗賊・無法者などの)一隊 〔*of*〕 (⇨ troop SYN). **b** 《米》(動物・鳥の)群れ. **c** (物の)集まり 〔*of*〕: a ~ *of* thoughts. **d** 遊牧民族の一団. **3** 《カナダ》特定の居留地に住む先住民集団《連邦政府公認の行政単位》.

béat the bánd 《口語》(これは)驚いた, すばらしい, ひどい: to *beat the* ~ (もの)すごく, ひどく, 一心に(など). 〖1897〗 ***then the bánd plàyed*** それから大変なことになった. ***whèn the bánd begins to pláy*** 事が重大に[いよいよ面白く]なると. 〖1890〗

Bánd of Hópe 《英》少年禁酒団《生涯禁酒を誓う少年の会; 1847 年創立》.

— *vt.* **1** 団結させる: We ~*ed* ourselves against a common enemy. 団結して共同の敵にあたった. **2** (ある目的のために)集める, 呼び寄せる. **3** 《英》(生徒を)学力別に分ける. **—** *vi.* 団結する 〈*together*〉: The States ~*ed into* a union. 州は合併して連邦となった.

〖(1490) ◻ (O)F *bande* troop ◻ OProv. & It. *banda* ← ? Gmc (Goth. *bandwa* sign: ⇨ banner)〗

Band /bɑ́ːnt; *G.* bánt/ *G. n.* (*pl.* **Bän·de** /bɛ́ndə; *G.* bɛ́ndə/) (書籍の)巻 (volume) (略 Bd, *pl.* Bde). 〖◻ G *Band*: ⇨ band[1]〗

Ban·da /bǽndə, bɑ́ːn- | bǽn-/, **Hastings Kamuzu** *n.* バンダ《1906?–97; マラウィ共和国の医師・政治指導者; 独立後初代大統領 (1966–94)》.

ban·dage /bǽndɪdʒ/ *n.* **1** 包帯, 巻布; 目隠しの布帯: apply a ~ *to* …に包帯をする / roll ~*s* 包帯巻きをする / have one's foot in ~*s* 足に包帯をしている. **2** 帯金類, はちまき鉄. **—** *vt.* 包帯をする, …に包帯を当てる: ~ (*up*) a cut finger. **—** *vi.* 包帯をする. 〖(1599) ◻ F ~ ← *bande*: ⇨ band[1], -age〗

bán·dag·er *n.* 包帯をしてやる人. 〖(1851): ⇨ ↑, -er[1]〗

bánd·ag·ing *n.* 包帯を巻くこと, 包帯法; 包帯材料.

Band-Aid /bǽndèɪd/ *n.* **1** 〘商標〙バンドエイド《真ん中にガーゼのついたばんそうこう; 米国の Johnson & Johnson 社製; cf. Elastoplast》. **2** [しばしば band-aid] 一時しのぎ, 応急措置. **—** *adj.* 一時しのぎの, 応急的な. 〖1924〗

ban·dan·na /bændǽnə/ *n.* (*also* **ban·dan·a** /~/) **1** バンダナ(ハンカチ)《色彩のきれいなくくり染めの大型ハンカチ》. **2** バンダナに似せたハンカチ[スカーフ]. 〖(1752) ◻ ? *Port. bandana* ◻ Hindi *bandhnū*「絞り染め」← *bandhnā* to tie ← Skt *bandhati* he ties: ⇨ bind〗

ban·dar /bʌ́ndə | -də(r)/ *n.* 〘動物〙＝rhesus monkey. 〖(1885) ◻ Hindi *bandar* monkey ← Skt *vana* forest〗

Ban·da·ra·na·i·ke /bɑ̀ːndərənáɪkə, -drə- | bæ̀n-/, **Mrs. Si·ri·ma·vo** /sìːrɪmɑ́ːvoʊ | -vəʊ/ *n.* バンダラナイケ《1916–2000; スリランカの女性政治家; 首相 (1960–65, 1970–77, 1994–2000)》.

Ban·da·ra·na·i·ke, Solomon *n.* バンダラナイケ《1899–1959; Sirimavo Bandaranaike の夫; スリランカ(旧名セイロン)の首相 (1956–59); 暗殺された》.

Ban·dar Lam·pung /bʌ́ndəlɑ́ːmpʊŋ | -də-/ *n.* バンダルランプン《インドネシア Sumatra 島南部の港市》.

ban·dar-log /bʌ́ndəlɔ̀(ː)g, -lɑ̀(ː)g | -dəlɒ̀g/ *n.* (*pl.* ~, ~s) おしゃべり連中, 口さがない連中. 〖(1894) ← Hindi *bandar* (⇨ bandar)＋*log* people: R. Kipling 作 *The Jungle Book* (1894–95) に出てくるおしゃべりで気取り屋の猿の一族にちなむ〗

Ban·dar Se·ri Be·ga·wan /bɑ́ːndəsèribəgɑ́ːwən | bǽndə-; *Indon.* bándar sərí bəgáwan/ *n.* バンダル スリ ブガワン《ブルネイ (Brunei) の首都・海港》.

Bán·da Séa /bɑ́ːndə-, bǽn- | bǽn-/ *n.* [the ~] バンダ海《Celebes 島と New Guinea 島との間, Moluccas 諸島の南方 Timor 島の北方の海》.

B&B, b.& b. 《略》bed and breakfast.

bánd·bòx *n.* **1** (帽子・カラーなど小物を入れる円筒型の)紙箱, 薄板箱: (as) neat as a ~ (紙箱に入れておいた衣服のように)きちんとした / He looks as if he had just come out of a ~. ぱりっとした身なりをしている. **2** 《口語》(普通より)小型の(サイズの)もの, 狭い場所[建物など]. 〖(1631): ⇨ band[1]〗

bánd bràke *n.* 〘機械〙バンドブレーキ, 帯(おび)ブレーキ

B

(strap brake). 〚1889〛
bánd càll *n.* 〖劇場〗楽団のリハーサル.
bánd convèyor *n.* =conveyor belt.
bánd còurse *n.* 〖建築〗=belt course.
Bände *n.* Band の複数形.
ban·deau /bændóu | bǽndəu; *F.* bɑ̃do/ *n.* (*pl.* **ban·deaux** /~z; *F.* ~/) バンドー: **1** 幅の狭いブラジャー. **2** 幅の狭いテープ[コード]《大抵は布地にくるんだ針金やバックラム (buckram) から成り, 主に帽子のサイズや高さを調整するのに用いる》. **3** ヘアバンド; 冠のような型の髪飾り. 〚(1706) □ F ~ (dim.) ← *bande*: ⇨ band¹〛
bánd·ed¹ *adj.* **1** しま[すじ]のある. **2** 〖建築〗帯のある, 帯のついた. 〚(1488): ⇨ band¹, -ed 2〛
bánd·ed² *adj.* 団結した. 〚(1601): ⇨ band², -ed 2〛
bánded ánteater *n.* 〖動物〗フクロアリクイ (*Myrmecobius fasciatus*)《オーストラリア産で, アリやシロアリを主食とする有袋類; numbat ともいう》.
bánded cólumn *n.* 〖建築〗バンド柱, リング柱《帯模様 (band) の施された柱》.
bánded máckerel [rúdderfish] *n.* 〖魚類〗西大西洋産のアジ科ブリ属の魚 (*Seriola zonata*). 〚1814〛
bánded snáil *n.* 〖貝類〗生垣や草地にいるマイマイ科 *Cepaea* 属のカタツムリ《黄色または赤茶色の殻に, 通例濃い色の帯がある》.
bánded strúcture *n.* 〖地質〗しま状構造. 〚1889〛
ban·de·let /bændəlét, bǽndəl̩t, -dl-/ *n.* 〖建築〗バンダリット《fillet と fascia の中間の幅の帯状繰形(ⓡⓘ)》. 〚(1647) □ F *bandelette* (dim.) ← OF *bandele* little band〛
bánd-eliminàtion fìlter *n.* 〖電子工学〗帯域阻止フィルター[濾波器]《ある範囲の周波数成分以外を通過させる濾波器》. 〚1929〛
Ban·del·lo /bændélou, bɑːn- | -ləʊ; *It.* bandéllo/, **Matteo** /mattéːo/ *n.* バンデッロ (1485–1561; イタリアの修道士・作家).
bánd·er *n.* 《米》鳥に脚環をつける人.
ban·de·ril·la /bændəríː(l)jə, bɑ̀ːn-; *Sp.* banderíʎa, -ja/ *n.* バンデリリャ《banderillero が使用する小さい飾りを付けた有刺投げ槍; これを牛の首・肩に刺し込み牛を興奮させる》. 〚(1797) □ Sp. ~ (dim.) ← *bandera* 'BANNER'〛
ban·de·ril·le·ro /bændəri(l)jέərou, bɑ̀ːn- | -(l)jéərəʊ; *Sp.* banderiʎéro, -jé-/ *n.* (*pl.* ~**s**) バンデリリェロ《banderilla を用いる闘牛士; cf. matador 1》. 〚(1797) □ Sp. ~ ← *banderilla* (↑)+-*ero*- -er¹〛
ban·de·role /bǽndəròul -rəul/ *n.* (*also* **ban·de·rol** /~/) **1 a** 《騎士の槍先や帆柱の上に付ける先の分かれた長い》小旗[吹流し]. **b** 弔旗《偉人の葬式のときや墓の上に掲げるもの》. **2** 銘を書いたリボン[巻物]. **3** 〖建築〗《ルネサンス建築によく見られる》銘を書いた帯飾, 銘帯. 〚(1562) □ F ~ □ It. *banderuola* (dim.) ← *bandiera* 'BANNER'〛
ban·der·snatch /bǽndəsnæ̀tʃ | -də-/ *n.* **1** 奇怪な人物, 異様な人, 規格はずれの人. **2** 《他人に脅威・迷惑などを与えて》困り者と考えられる人物. 〚(1871) ← *Bandersnatch*: Lewis Carroll 作 *Through the Looking Glass* 中の奇怪な動物の名〛
bánd·fìsh *n.* 〖魚類〗**1** アカタチ科の魚《総称; 帯状の海産魚で, 背びれと, しばしばしりびれが前後に長く, 体全体の長さに及ぶ》. **2** ロングノーズナイフフィッシュ, トランペットナイフ (*Rhamphichthys rostratus*)《南米熱帯原産ナイフフィッシュ科の大型食用淡水魚; ゾウの鼻のような長い口をもち, 背びれ・腹びれ・尾びれをもたない》.
bánd fòrm *n.* 〖解剖〗棒状(核)球, 桿状核球《白血球の核の一形態》.
band-ga·la /bǽndgəlɑː/ *adj.* (インドのコートの)襟元の閉じた.
bandh /bʌ́nd/ *n.* (インドの)ゼネラルストライキ. 〚1966〛
bandh·nu /bɑ́ːndnuː; *Hindi* bɑ́ːndɦnu/ *n.* 《インド》〖染色〗くくり染め, 絞り染め (tie-dyeing). 〚(1970) □ Hindi *bandhunū*: ⇨ bandanna〛
B & I 《略》〖宝石〗brilliant and ivory.
ban·di·coot /bǽndɪkuːt/ *n.* 〖動物〗**1** オニネズミ《オニネズミ属 (*Bandicota*) とチビオオニネズミ属 (*Nesokia*) の総称; 台湾・中国・インド・東南アジア・小アジア・アフリカ北部産の大形のネズミ; bandicoot rat, mole rat ともいう》. **2** バンディクート科の有袋類の総称《オーストラリア・ニューギニア・タスマニア産; cf. rabbit bandicoot》. (*as*) ***báld as a bándicoot*** すっかりはげて. — *vt.* 《豪》(茎をそのままにしてじゃがいもを)掘り起こす. 〚(1789) □ Telugu *pandikokku* (原義) pig rat〛
ban·di·do /bændíːdou | -dəu; *Am.Sp.* bandíðo/ *n.* (*pl.* ~**s**) 《中南米・米南西部》(主にメキシコ系の)無法者, 悪漢 (bandit, outlaw). 〚□ Sp. ~: ⇨ bandit〛
bánd·ing *n.* **1** 帯状の布片《テープ・組みひも・リボンなど》. **2** しま模様. **3** 団結, 連合. **4** 《英》能力別グループ分け《小学校最終学年において生徒を能力によって 3 段階に分けること》. 〚(1575): ⇨ band¹, -ing¹〛
ban·dit /bǽnd̩t | -dɪt/ *n.* (*pl.* ~**s**, 1 ではしばしば **-dit·ti** /bændíṭi | -ti/) **1** 強盗, ギャング (gangster) (cf. one-armed bandit): a set [gang] of ~*s* 強盗団. **2** 山賊, 追いはぎ《時に地中海沿岸の山地に出没する盗賊団の一員》: mounted ~*s* 馬賊. **3** 《相手の弱みに付け込んで法外な金を吹っかける》悪党, 悪人, ゆすり, たかり. **4** 政治的テロリスト, ゲリラ. **5** 〖空軍俗〗敵機. 〚(1590–91) □ It. *bandito* (p.p.) ← *bandire* to banish: cf. ban¹, band²〛
ban·di·to /bændíːṭou | -təu; *Am.Sp.* bandíto/ *n.* (*pl.* ~**s**) 《特に中南米で》無法者, 山賊, 追いはぎ, 強盗, 悪党, ならず者 (bandit). 〚(*c*1650) □ It. ~: ⇨ bandit〛
ban·dit·ry /bǽnd̩tri | -dɪ-/ *n.* **1** 山賊行為, 強盗. **2** [集合的] 山賊, 強盗 (bandits). 〚(1922): ⇨ ↑, -ry〛

banditti *n.* bandit の複数形.
Ban·djer·ma·sin /bændʒəmɑ́ːsən, bɑ̀ːn-, -sn̩ | -dʒə-/ *n.* (*also* **Ban·djar·ma·sin** /~/) =Banjermasin.
bánd·lèader *n.* バンド指揮者, バンドリーダー. 〚1894〛
bánd·màster *n.* (楽隊の)楽長, バンドマスター《楽団の指揮者または首席演奏者》. 〚1858〛
bánd·mòll *n.* 《米》ロックバンドに群がる若い女性 (cf. groupie 1). 〚cf. gun moll〛
ban·do·bust /bʌ́ndəbʌ̀st/ *n.* 《インド》=bundobust.
ban·dog /bǽndɔ̀(ː)g, -dɑ̀(ː)g | -dɔg/ *n.* 《番犬として, また猛犬のゆえに》鎖でつないだ犬《通例 mastiff あるいは bloodhound をいう》. 〚(*c*1300) *bond dogge* ← BAND¹+DOG〛
ban·do·lier /bændəlíə, -dl- | -də(ʊ)líə^(r)/ *n.* (*also* **ban·do·leer** /~/) (弾薬筒を入れて肩から斜めにつるす)弾薬帯, 負い皮. 〚(*a*1577) □ Du. *bandelier* ∥ F *bandoulière* □ Sp. *bandolera* ← *banda* sash ← Gmc: ⇨ banner〛
ban·do·line /bǽndəliːn, -lɪ̀n, -dl- | -də(ʊ)liːn/ *n.* バンドリン《頭髪・口ひげ用香油》. 〚(1846) ← BANDEAU+L *line*(*re*) to smear〛
ban·do·ni·on /bændóuniɑ̀(ː)n | -dəuniən/ *n.* (*also* **ban·do·ne·on** /~/; *Am.Sp.* bandoneón/) バンドネオン《低音や高音を出すための押しボタン付きのアコーディオンで, 主に南米で用いられる》. 〚(1925) □ G *Bandonion* ← *Heinrich Band* (19 世紀のドイツの音楽家, この考案者)+(*Harm*)*on*(*ika*) 'HARMONICA'+(*Akkord*)*ion* 'ACCORDION'〛
ban·dore /bændɔ́ə, ←— | bændɔ́ː^(r), ←—/ *n.* (*also* **ban·do·ra** /bændɔ́ːrə/) バンドゥーラ《lute または guitar に似た撥弦楽器で, ルネサンス期に用いられた》. 〚(1566) □ Sp. *bandurria* ∥ Port. *bandurra* □ LL *pandūra*, *pandūrium* three-stringed lute □ Gk *pandoûra* 'PANDORA': cf. banjo〛
bánd·pàss *n.* 〖電子工学〗帯域通過《最大出力の何分の 1 か(通例 ½)が得られる周波数境界の間の幅を Hz または kHz で表したもの》. 〚1922〛
bánd-pàss fìlter *n.* 〖電子工学〗帯域(通過)濾波器[フィルター]《ある二つの周波数の間の電流を比較的容易に通過させ, それ以外のすべての周波数の電流を減衰させるもの》. 〚1926〛
Bandr. 《略》〖陸・海軍〗Bandmaster.
bánd ràzor *n.* 帯かみそり《安全かみそりの一種》.
bánd-rejèction fìlter *n.* 〖電気〗=band-elimination filter.
ban·drol /bǽndroul | -drəul/ *n.* =banderole.
B and S 《略》brandy and soda. 〚*a*1878〛
bánd sàw *n.* 帯のこ(ぎり). 〚1864〛
bánd shèll *n.* (音響効果のために後方に半円形の反響板を備えた)奏楽堂. 〚1926〛
bánds·man /-mən/ *n.* (*pl.* **-men** /-mən, -mèn/) (楽隊の)隊員, 楽団員, バンドマン; 軍楽生. 〚(*a*1842) ← BAND²+-s²+-MAN〛
bánd spèctrum *n.* 〖物理〗バンドスペクトル, 帯(たい)スペクトル《線スペクトルが比較的狭い範囲に密集し, 帯状に見える分子スペクトル (molecular spectrum) で, 振動状態・回転状態の変化を伴う電子遷移によって生じる》. 〚1869〛
bánd·sprèading *n.* 〖電子工学〗バンドスプレッド《無線受信機で, 同調を容易にするためのもの》. 〚1940〛
bánd·stànd *n.* **1** 《楽団の戸外演奏用の通例屋根のある》奏楽台, 野外音楽堂. **2** 《ホール・レストランなどの》演奏台. 〚1859〛
bánd stèel *n.* =hoop iron.
bánd-tàiled pígeon *n.* 〖鳥類〗オビオバト (*Columba fasciata*)《北米西部産の尾に黒いしまのある野生バト》.
Ban·dung /bɑ́ːnduŋ | bǽn-, ←—; *Indon.* bánduŋ/ *n.* バンドン《インドネシア Java 島西部の都市; 第 1 回アジア・アフリカ会議 (the ~ Cónference) の開催地 (1955)》.
ban·du·ra /bændúᵊrə | -dúərə; *Ukr.* bandúra, *Russ.* bandúrə/ *n.* バンドゥーラ《ウクライナの撥弦民族楽器》. 〚□ Russ. ~ □ Pol. ~ □ It. *pandura*, *-dora* □ LL *pandūra*: ⇨ bandore〛
ban·dur·ria /bændúriə bandúrja/ *n.* バンドゥリア《スペインのリュート族の撥弦楽器》. 〚(1842) □ Sp. ~: ⇨ bandore〛
B and W, b & w 《略》black and white.
bánd·wàgon *n.* **1** 《米》(パレードなどの先頭に立つ)楽隊車. **2** 《政治運動・競争などで》優勢な側, 人気のある側; 時流に乗った社会[文化, 民族, 人種]運動. ***climb [hóp, júmp, gèt] on the bándwagon*** 優勢な党[側]へ乗り換える, 便乗する. (1899) 〚1855〛
bánd whèel *n.* 〖機械〗**1** =belt pulley. **2** 帯車《帯のこぎりをかけて回す車》.
bánd·width *n.* 〖電気〗帯域幅《通信などに使用する周波数の範囲の幅 (cf. channel¹ 1); 単位は Hz; デジタル通信では bps で表した単位時間に送れる情報量をいう》. 〚1930〛
ban·dy¹ /bǽndi/ *vt.* **1** [通例 ~ *about* [*around*] として] 〈うわさなどを〉(無責任に次々と)話し回る, 言い触らす; べらべらと論じる, いいかげんに扱う: ~ a rumor *about* うわさを言い触らす / have one's name *bandied about* (悪い意味で)名前を言い触らされる. **2** 〔人と〕〈打撃・お世辞などを〉やりとりする, 言い合いをする〔*with*〕: ~ blows *with* a person 人となぐり合いをする / ~ compliments *with* a person 人と挨拶を交わす / ~ words *with* a person 人と言い争う. **3** 〈テニスボールなどを〉打ち合う. **4** 争う, 戦う. **5** 《古》団結させる. — *vi.* 《古》団結する (unite). — *n.* **1** バンディー《ボールとラケットを用いるテニスに似た昔の遊び》. **2** 《英》フィールドホッケーに似た, またその古形とされる球技; それに用いるクラブ. — *adj.* **1** 〈脚が〉外側に曲がっている. **2** =bandy-legged. ***knóck a person bándy*** 《豪口語》〈人を〉びっくり仰天させる. 〚(1577) □ ? (O)F *bandé* (p.p.) ← *bander* to bandy at tennis ← ? *bande* strip: ⇨ band¹〛
ban·dy² /bǽndi/ *n.* (インドで)去勢した牛に引かせる二輪車. 〚(1761) □ Telugu *baṇḍi*〛
bándy·bàll *n.* **1** =bandy². **2** バンディーに使うボール. 〚1822〛
ban·dy-ban·dy /bǽndibǽndi/ *n.* 〖動物〗バンディバンディ(ヘビ) (*Vermicella annulata*)《黒と黄の環状のしま模様があるオーストラリア産コブラ科の小形毒ヘビ》. 〚1926〛
bándy-légged *adj.* 〈人・動物など〉脚の曲がった, わに足の (cf. knock-kneed 1). 〚(1688) ← BANDY² (adj.)〛
bándy lègs *n. pl.* =bowleg. 〚1687〛
bane¹ /béɪn/ *n.* **1** [the ~] 破滅のもと, 命取り; 悩みの種; 害毒, 害悪, 禍: Drink has been *the* ~ *of* his life [existence]. 飲酒が彼の命取りとなった. **2 a** 《古》(死に至らしめる)毒. ★ 今は通例次のような複合語にだけ用いる: ⇨ baneberry, ratsbane. **b** 《廃》死の原因となるもの. **3** 《詩》死 (death); 破滅; 悲嘆 (woe). — *vt.* 《古》毒殺する. 〚(OE) (1577) *bana* murderer < Gmc **banōn* ← IE *gʷhen-* to strike〛
bane² /béɪn/ *n.* 《スコット》=bone¹. 〚ME《北部方言》*ban* < OE *bān* 'BONE¹'〛
bane·ber·ry /béɪnbèri, -b(ə)ri | -b(ə)ri/ *n.* **1** 〖植物〗ルイヨウショウマ《キンポウゲ科ルイヨウショウマ属 (*Actaea*) の植物の総称; red baneberry, white baneberry など》. **2** ルイヨウショウマの実《有毒》. 〚(1755): ⇨ bane¹, berry〛
bane·ful /béɪnfəl, -fl/ *adj.* **1** ひどく害毒を及ぼす(ような), 有害な, 悪い (⇨ harmful SYN): ~ influence, superstitions, etc. **2** 《古》(死に至らしめるほど)有毒な (poisonous): ~ herbs. **~·ly** *adv.* **~·ness** *n.* 〚(1579) ← bane¹〛
Banff /bǽnf, bǽmf/ *n.* バンフ: **1** カナダ Alberta 州南西部, Rocky 山脈中の Banff National Park (面積 6,640 km²) にある観光・保養地. **2** スコットランドの北東部, Aberdeenshire にある港市. 〚ME *Banb*, *Banef* ← ? Ir. *banb* a sucking-pig〛
Banff·shire /bǽnfʃə, bǽmf-, -ʃɪə | -ʃə^(r), -ʃɪə^(r)/ *n.* バンフシャー《スコットランド北東部の旧州; 現在の Aberdeenshire の一部》.
bang¹ /bǽŋ/ *vt.* **1** 強く音を立てて打つ, どん[ばたん]と打つ, 〈太鼓などを〉どんとたたく, 〈どらなどを〉ごーんと打つ; 〈大砲などを〉ずどんと撃つ; 激しく打ちつける, ぶつける; 〈戸などを〉ばたんと閉める (slam): ~ a drum / ~ a door (shut) 戸をばたん[ぴしゃり]と閉める / ~ a window *down* ぴしゃりと窓を閉ざす / ~ one's fist on a table こぶしでテーブルをどんと打つ / ~ oneself against a tree 木にどすんとぶつかる / ~ a heavy dictionary *back* on the shelf どすんと重い辞書を棚に戻す. **2** (打って)〈音を〉出す; (キーを使って)打ち出す 〈*out*〉: ~ *out* a tune on the piano ピアノでじゃんじゃん曲を奏する / The clock ~*ed out* ten. 時計は 10 時を打った. **3** 〈頭・ひざなどを〉ぶつける. **4** 《俗》〈知識などを〉〈頭〉にたたき込む〔*into*〕: ~ grammar *into* a person's head 文法を頭にたたき込む. **5** 《古》〈人を〉びしびし打つ, したたかなぐる (thrash)〔*around*〕. **6** 《方言》…にまさる, 勝つ (beat): ~ all the others. **7** 《卑》…と性交する. **8** 《口語》急いで作り出す 〈*out*〉: ~*out* an essay エッセイを急いで書く. **9** 乱暴に扱う. **10** 《英》〈株価を〉売り急いで下落させる, 株を急いで売る. **11** 《俗》〈人〉に薬(ⓒ)をうつ. — *vi.* **1** どんとたたく, 激しく打つ: ~ *on* [*at*] the door. **2** ずどんと発砲する; 〈銃が〉ずどんと鳴る; 大きな音をたてる; 〈物が〉外れてばたんばたんいう: Stop ~*ing about* [*around*] upstairs. 上で騒ぐのはやめなさい. **3** どすん[ばん]とぶつかる〔*against*, *into*〕; 《口語》〔人と〕偶然に出会う〔*into*〕: ~ *against* a post. **4** 〈戸などが〉ばたんと閉まる: The door ~*ed* shut after him. 彼が出る[入る]と戸がばたんと元のように閉まった. **5** (音を立てながら)突進する, 急いで行く 〈*along*, *down*, *on*, *out*, *etc*.〉: ~ *down* the stairs ばたばたと急いで階下へ下りる / She ~*ed off* angrily to her room. 怒ってさっさと自分の部屋へ行ってしまった. **6** どたばた動き[歩き, 走り]まわる 〈*around*, *about*〉. **7** 《俗》麻薬をうつ. **8** 《卑》性交する.
***báng abóut* [*aróund*]** (*vt.*) 〈…を〉乱暴に取り扱う (cf. *vt.* 9). (*vi.*) 転々とする (cf. *vi.* 6), どたばた動き回る.
báng abòut* [*arǒund*]** … (1) …を放浪する, 転々とする. (2) …で騒ぎまわる. ***báng awáy (1) 〔…を〕攻めたてる; しつこく問いただす〔*at*〕. (2) 〔仕事などに〕大いに励む, 〔…に〕熱心にとりかかる〔*at*, *on*〕. (3) ⇨ *vi.* 2. (4) 《口語》鳴り続ける. (5) 《俗》何度もセックスをする. ***báng óff*** (1) 〈銃を〉ずどんと発砲する. (2) 《ピアノなどで》〈楽曲を〉ぼんぼん鳴らす. ***báng ón abòut*** 《英口語》いつまでもしゃべりまくる: She's always ~*ing on about* how little she gets paid. 給料が少ないことをいつもしゃべりたてている.
báng one's héad agàinst a* (*brìck*) *wáll 《口語》成功の見込みのないことを試みる. ***báng óut*** 〈低品質な商品などを〉大量生産する; 《ピアノなどで》曲をがんがん弾く; 《特にパソコンで》急いで書く (cf. *vt.* 8). ***báng úp*** (1) どんと打ちつける, 殴りつける; 負傷させる. (2) めちゃくちゃにする[壊す]. (3) 《英》〈給料を〉上げる. (4) 《英俗》〈囚人を〉独房にぶち込む, 〈人を〉留置する. (5) 《米俗》妊娠させる, はらませる.
— *n.* **1** どん[ずどん]という音, 轟音, 砲声: the ~ of a gun. **2** 《大きな音を伴う》強打; 衝撃: get [have] a ~ on the head 頭をがんと打たれる / give a drum a ~ 太鼓をどんと打つ. **3** 《米俗》スリル, 興奮 (excitement): get a ~ out of …で刺激を得る, …をひどく楽しむ. **4** 《口語》**a** 激発的な動作, 急激な動き: in a ~ 急いで, 突然. **b** 元気, 気力, 活力, バイタリティー. **5** 《俗》麻薬の注射. **6** 《卑》性交.

nót with a báng but a whímper 大した成果もなく, ひっそりと, あっけなく. *the whóle báng* (*lót* [*shóot*]) 《英俗》全部, 一切(合切). *báng for the* [*one's*] *búck* 《米口語》努力や投資に対する見返り, 報酬: Good hard work is bringing in less ～ *for the buck* every year. 一生懸命働いても報酬が年々少なくなっている. *with a báng* (1) ばたんと; ずどんと. (2) 出し抜けに, ばったりと. (3) 活発に, 威勢よく. (4) 上首尾に, うまく: go over [《英》off] *with a* ～《口語》〈公演やパーティーなどが〉大成功を収める. 《1925》

— *int.* どん, ずどん; びしゃり: *Bang!* went the gun. ずどんと一発鳴った.

— *adv.* **1 a** どんと, ずどんと; びしゃりと: go ～ どんと鳴る[破裂する]; 発砲する; びしゃりと閉じる. **b** 突然, 出し抜けに; 激しく. **2** 《口語》正に; ちょうど, まともに, もろに; 全く, すっかり: ～ up to … ちょうど…まで / fall ～ in the middle [on one's head] 真ん中に[頭の真上に]落ちる / Production is ～ *on* target this year. 今年の生産は正に目標通りだ.

Báng gòes 《口語》〈期待・機会などが〉ご破算になる, パーになる. *báng óff* 《英俗》早速, すぐに. *báng ón* 《英口語》どんぴしゃりの[に], すばらしい[く], すてきな[に] (excellent, spot on). *báng úp* 《米》=BANG on.

〖《?c1550》《擬音語》: cf. ON *banga* to hammer / LG *bangen* to strike〗

bang² /bǽŋ/ *vt.* **1** 〈前髪を〉切下げにする: wear one's hair ～*ed* 前髪をおかっぱにしている. **2** 〈馬の尾などを〉切り詰める. — *n.* [通例 *pl.*] (前髪の)切下げ, 切下げ[おかっぱにした]前髪. 〖《1878》← BANGTAIL〗

bang³ /bǽŋ/ *n.* =bhang. 〖1929〗

bang·al·ay /bǽŋəli/ *n.* 〖植物〗=bastard mahogany. 〖《1884》□ Austral. ～ (現地語)〗

Ban·ga·lore /bǽŋɡəlɔ̀ə, ⸗⸗⸗ | bæ̀ŋɡəlɔ́ː(r)/ *n.* バンガロール《インド南部 Karnataka 州の州都》.

bángalore torpédo *n.* 〖軍事〗(バンガロ)破壊筒, 爆薬筒《爆薬を詰めた長い金属製の筒; 投げて鉄条網を破壊したり地雷原を爆破する》. 〖《1913》↑〗

bán·ga·low pálm /bǽŋɡəlòu- | -ləu-/ *n.* 〖植物〗ユスラヤシ《オーストラリア産のユスラヤシ属 (*Archontophoenix*) のヤシ; ユスラヤシ (*A. alexandrae*) とユスラヤシモドキ (*A. cunninghamii*) の 2 種で緑陰樹とする; 若芽は食用; 単に bangalow ともいう》. 〖《1878》《1851》*bangalow*: □ Austral. ～ (現地語)〗

báng-bàng *n.* 〖宇宙〗バンバン制御《不感帯をもつ三位置制御; bang-bang control, on-off control ともいう》. — *adj.* 《米》〈スポーツのプレーなど〉続けざまの. 〖《加重》← BANG¹〗

báng·bòard *n.* **1** トウモロコシ取り入れ板《荷車の一方に取り付けられていて, トウモロコシの雌穂がこれに当たって車の中に落ちるようになった収穫用の幅広い板》. **2** (合板などで造った)テニスの壁打ちの練習板. 〖← BANG¹+BOARD〗

bánged-úp *adj.* 《米口語》ひどい目に遭わされた, こづきまわされた. 〖《1886》← *bang up* (⇨ bang¹ (v.) 成句)〗

bang·er /bǽŋə | -ŋə(r)/ *n.* 《英》**1** 《口語》かんしゃく玉, 爆竹. **2** 《俗》うるさいおんぼろ自動車. **3** 《俗》(激しい)接吻. **4** 《俗》ソーセージ (sausage): ～*s* and mash ソーセージとマッシュポテトを合わせた料理. 〖《1657》← BANG¹+-ER¹〗

Bang·ka /bǽŋkə/ *n.* バンカ(島)《Sumatra 島の東方にあるインドネシアの島; スズの世界的な産地; 面積 11,910 km²》.

bang·kok /bǽŋkɑ(ː)k, ⸗⸗ | bæŋkɔ́k, ⸗⸗/ *n.* **1** バンコク《シュロの茎から採れる軽くて光沢のない繊維》. **2** バンコクで作った帽子. 〖《1916》↓〗

Bang·kok /bǽŋkɑ(ː)k, ⸗⸗ | bæŋkɔ́k, ⸗⸗/ *n.* バンコク《タイ南部 Chao Phraya 川に臨む主要港で, 同国の首都; タイ語名 Krung Thep》. 〖□ Thai ～ ← *bang* district + *kok* (樹木名): もと村の名〗

Ban·gla /bɑ́ŋlɑː/ *n.* 《インド》ベンガル語 (Bengali). 〖⇨ Bengal〗

Ban·gla·desh /bæ̀ŋɡlədéʃ, bɑ̀ːŋ-, -déɪʃ | bæ̀ŋ-⸗/ *n.* (*also* **Ban·gla Desh** /⸗/) バングラデシュ《インドの東に接する共和国; もと East Pakistan としてパキスタンの一州であったが, 1971 年独立; 面積 142,776 km², 首都 Dacca; 公式名 the People's Republic of Bangladesh バングラデシュ人民共和国》. **Bàn·gla·désh·i** /-déʃi, -déɪ-⸗/ *adj.*, *n.* 〖Bengali ～ 《原義》? fertile land〗

ban·gle /bǽŋɡl/ *n.* **1** (金属の輪で作った通例女性用の)腕輪, バングル (cf. bracelet 1); (同様な)足首飾り (anklet). **2** (腕輪・ネックレス・タンバリンなどに下げた)飾りの小円板. 〖《1787》□ Hindi *baṅglī* colored-glass wrist ring〗

ban·gled /bǽŋɡld/ *adj.* 飾り輪[腕輪]をつけた. 〖《1864》: ⇨ ↑, -ed 2〗

Ban·gor /bǽŋɡə | -ɡə(r)/ *n.* バンゴール: **1** ウェールズ北西部 Gwynedd 州にある大学町. **2** 北アイルランド南東部, Belfast 近くの沿岸都市, 避暑地.

báng ròom *n.* 《米俗語》麻薬を常用する部屋.

Báng's disèase /bǽŋz-/ *n.* 〖獣医〗バング病《細菌による牛の伝染病; しばしば伝染性流産の原因となり, また人にも伝染する》. 〖《c1929》← *B. L. F. Bang* (1848–1932: デンマークの獣医)〗

báng·tàil *n.* **1** 《俗》競走馬, 競馬馬. **2** 野生の馬, (特に)尾の短い野生の馬. **3** 《豪》(総数を調べるため)尾の先端を切った牛: ～ muster 牛の総数点検. 〖《1870》← *bang* (《鼻音化》? ← BAG²)+TAIL¹〗

Ban·gui /bɑːŋɡíː; *F.* bɑ̃ɡi/ *n.* バンギ《中央アフリカ共和国 (Central African Republic) の首都》.

báng-ùp¹ *adj.* 《米口語》上等の, 一流の, 極上の (first-rate): a ～ job, hotel, etc. 〖《1810》← BANG¹ (adv.)〗

báng-ùp² *n.* 《英俗》収監. 〖cf. *bang up* (⇨ bang¹ (v.) 成句)〗

Bang·we·u·lu /bæ̀ŋwiúːluː/, **Lake** *n.* バングウェウル湖《アフリカのザンビア北東部にある浅い湖; 周囲の沼沢地を含め面積 9,840 km²》.

báng-zòne *n.* 《米》〖航空〗(飛行機の)衝撃波の影響を受ける地域.

bani *n.* ban³ の複数形.

ban·ian /bǽnjən, -njæn/ *n.* =banyan. 〖1599〗

ban·ish /bǽnɪʃ/ *vt.* **1** 〈人を〉追い出す, 追い払う, 追放する; 〈害虫などを〉駆除する; 〈恐怖心・心配などを〉払いのける: ～ a person *from* one's presence 人を面前から追い払う / ～ flies [mosquitoes] はえ[蚊]を駆除する / *Banish* grime *from* your kitchen with our new cleanser. 小社の新しいクレンザーで台所から汚れをなくしてください / ～ one's thoughts [sorrow, fear, anxiety] 考え[悲しみ, 恐れ, 心配]を一掃する / ～ something *from* memory あることをすっかり忘れてしまう. **2** 〈人を〉(国事犯などとして)国など)から追放する, 流刑に処する 〔*from*〕; [二重目的語を伴って] 〈人を〉(国などから)放逐する: ～ a person *from* a country 人を国外に追放する / Napoleon was ～*ed to* St. Helena. ナポレオンはセントヘレナ島に流された / The king ～*ed* him (*from*) the kingdom [court]. 王は彼を王国[宮廷]から追放した. **～·er** *n.* 〖《1375》□ OF *baniss-* (stem) ← *banir* (F *bannir*) to put under a ban, outlaw < VL *bannīre to ban ← Gmc *bannjan ← *bannaz: ⇨ ban¹, -ish²〗

SYN 追放する: **banish** 政府の命令によって処罰として国外に追放する: Napoleon was *banished* to Elba. ナポレオンはエルバ島へ追放された. **exile** 主に政治的な理由で母国から追放する: He was *exiled* for his political activities. 政治的活動のために母国を追われた. **expatriate** (国籍を剝脱して)国外に追放する; [oneself を伴い, または自動詞として] (特に帰化するために)国籍を捨てる《格式ばった語》: He *expatriated* (himself) from Japan. 彼は日本の国籍を捨てた. **deport** 〈不法滞在者・好ましくない外国人を〉国外に追放する: We *deport* aliens who slip across our borders. 国内に潜入する不法入国者を国外に追放する. **ostracize** 不名誉な行為をしたために社会から排斥する: After his bankruptcy he was *ostracized* by all his friends. 破産後は友人すべてからつまはじきされた.
ANT admit, receive, harbor.

bán·ish·ment *n.* **1** 追放; 流刑, 島流し(の身分). **2** 放逐, 駆逐. 〖《1507》: ⇨ ↑, -ment〗

ban·is·ter /bǽnɪ̣stə | -tə(r)/ *n.* **1** [*pl.*; 単数または複数扱い] (特に屋内の)欄干, 手すり (balustrade). **2** (まれ) 手すり子 (baluster). 〖《1667》《変形》← BALUSTER〗

bánister bàck *n.* バニスターバック《17 世紀に英米で用いられた小柱を縦に並べた椅子の背》.

Ba·nja Lu·ka /bɑ̀ːnjəlúːkə | bæ̀n-; *SCr.* bâːɲaːlŭːka/ *n.* バーニャールーカ《ボスニア ヘルツェゴビナ共和国北部の都市; 近世にはたびたびオーストリア・トルコ間の戦場となった》.

ban·jax /bǽndʒæks/ 《口語》*vt.* 《主にアイル口語》打つ, なぐる; やっつける. 〖《1939》← Anglo-Ir. ← ?〗

bán·jaxed *adj.* 打ちこわされた, つぶれた, 台なしになった; 酔っぱらった.

Ban·jer·ma·sin /bæ̀ndʒəmɑ́ːsən, bɑ̀ːn-, -sn̩ | -dʒə-/ *n.* (*also* **Ban·jar·ma·sin** /⸗/) バンジャルマシン《インドネシア Borneo 島南岸の海港》.

ban·jo /bǽndʒou, ⸗⸗ | -dʒəu, ⸗⸗/ *n.* (*pl.* **～s**, **～es**) **1** バンジョー《もとアフリカ黒人の楽器; 通例 4–5 弦》. **2** 《豪》バンジョーの形をしたもの; フライパン, シャベル. — *adj.* バンジョー型の: ⇨ banjo clock. 〖《1739》: BANDORE の黒人の発音なまりから: cf. Bantu (現地語) *mbanza*〗

bánjo clòck *n.* バンジョー形時計《19 世紀初期の米国で用いられたバンジョーに似た形の柱時計》. 〖1903〗

bán·jo·ist /-ɪst | -ɪst/ *n.* バンジョー奏者. 〖《1880》: ⇨ -ist〗

bánjo-ukuléle *n.* =banjulele.

Ban·jul /bɑ́ːndʒuːl | ⸗⸗/ *n.* バンジュール《アフリカ西部ガンビアの海港で同国の首都; 旧名 Bathurst》.

ban·ju·le·le /bæ̀ndʒuléɪli/ *n.* バンジュレレ《banjo と ukulele の中間楽器; banjo-ukulele ともいう》. 〖《1925》《混成》← BANJ(O)+(UK)ULELE〗

bank¹ /bǽŋk/ *n.* **1 a** 銀行: ⇨ national bank, savings bank. **b** [the B-] イングランド銀行 (Bank of England): (as) safe as *the Bank* 全く安全で. **2 a** 貯蔵所, (組合などの)金庫: a sperm ～ 精子銀行 / ⇨ blood bank, databank, eye bank. **b** 貯金箱《普通豚の形をしているので, しばしば piggy bank という》. **3 a** [the ～] (賭場で)親元の用意した金, 胴元の持ち金. **b** (賭けの)親元 (banker).

bréak the bánk (1) 胴元をつぶす《賭けに勝って親元の用意金を全部巻き上げる》. (2) 〈人を〉破産させる, 文無しにする. 《1612–15》 *in the bánk* (1) 銀行に預けて; 用意して. (2) 《英》借金して (in debt). 《1930》 *láugh àll the wáy to the bánk* 《口語》がっぽりもうけて笑いが止まらない: They thought my project would fail—but I'll be *laughing all the way to the* ～. みんな私の計画は失敗だろうと考えた—でも, こっちはがっぽりもうけて笑いが止まらないだろう.

Bánk for Internátional Séttlements [the ―] 国際決済銀行《1930 年スイスの Basel に設立; 略 BIS》.
Bánk of Éngland [the ―] イングランド銀行《英国の中央銀行 (central bank); 1694 年設立》.
bánk of íssue [circulátion] 発券銀行《Bank of England, Federal Reserve Bank など》.

— *vt.* **1** 〈金を〉銀行に預ける. **2** 現金に換える (cash). **3** 〈血液・血漿(けっしょう)などを〉血液銀行に預ける.
— *vi.* **1** 銀行に預金する; 〔銀行と〕取引する 〔*at, with*〕: Where do you ～? 取引銀行はどこですか / ～ *at* [*with*] Barclay's バークレー銀行と取引する. **2** 銀行業を営む. **3** (賭博で)親元になる. **4** 《口語》〔…に〕頼る; 〔…を〕当てにする 〔*on, upon*〕: You can ～ *on* him *for* help [to help you]. 彼なら助けてくれるものと頼りにできる / Don't ～ *on* getting any money from him. 彼から金が借りられるなんて当てにしてはだめだ.
〖《1474》□ OF *banque* // It. *banca* bench, table ← Gmc *baŋkon (↓)〗

bank² /bǽŋk/ *n.* **1 a** (水流の)岸, 川岸; [*pl.*] 川の両岸, 川沿いの地: bring a boat to the ～ / the right [left] ～ of a river (川下に向かって)右[左]岸 / the ～*s* of the Thames テムズ河岸 / live on the ～*s* of a river 川沿いに住む / overflow its ～*s* 〈河水が〉氾濫する / ⇨ riverbank. **b** (川・湖などの)土手, 堤 (⇨ shore¹ SYN): a ～ of earth 堤防. **2 a** (小道や畑の境界線となる)土手, 土盛り. **b** (丘などの)斜面, 坂 (slope). **3** (土手のように)長く盛り上がったもの; 〔雪・雲・土などの〕堆積, 層 〔*of*〕: a ～ *of* snow, leaves, etc. / ⇨ snowbank / a ～ *of* clouds=a cloud-*bank* 層雲, 雲の峰. **4** 堆(たい)《海底の小隆起》, 洲(す), 浅瀬 (⇨ shallow SYN): a sand ～ 砂洲(す) / the ～*s* of Newfoundland ニューファウンドランドの洲[堆]《大漁場; cf. codbank》. **5 a** バンク《旋回するときの機体やカーブを切るときの車体がとる横傾斜》: the angle of ～ バンク角《飛行[走行]中の左右傾斜角度》/ rise in a steep [sharp] ～ 急傾斜で上昇する. **b** (道路屈曲部につけられた)傾斜のバンク. **6** 〖鉱山〗**a** 炭柱の基部. **b** 鉱床のうち水準面より上にある部分. **c** 坑口付近: from ～ to ～ (坑夫が)入坑してから出るまで《坑内労働時間》. **7** 〖玉突〗クッション (cushion).

bánk and túrn índicator 〖航空〗=turn-and-bank indicator.

— *vt.* **1** …に土手(のようなもの)を築く, 堤で囲む 〈*up*〉: ～ a river (*with* sand) 川に(砂で)堤防を築く. **2** (堤のように)堆積する, 積み上げる (pile) 〈*up*〉: ～ (*up*) the snow 雪を積み上げる / He ～*ed* leaves against the wall. 塀に木の葉を寄せて積み上げた. **3** 〈火をいける, 〈火〉の上に灰[薪炭(しんたん)など]を置く〈*up*〉: ～ (*up*) a fire (灰などを掛けて)火をいける, 埋(うず)火にする; (新たに燃料を盛り上げ)空気の流通を止めて火を長持ちするようにする. **4** 〈鉄道のレールを〉(カーブさせるときに)内側のレールよりも外側のレールを高くする; 〈曲がり道などを〉内側より外側を高くして作る. **5** 《飛行機・車の機体[車体]を(飛行[走行]中)横に傾ける, バンクさせる. **6** 〖玉突〗〈手玉を〉的玉に当てる前にクッションに当てる; 〈的玉を〉クッションに当ててポケットに入れる. **7** 〖バスケットボール〗バックボードからバスケットにはねるようにシュートする. — *vi.* **1 a** 積み重なる, 〈雲などが〉峰をなす (rise) 〈*up*〉. **b** [～ up で] 《英》集まる; 〈交通などが〉混雑する. **2 a** 機体[車体]をバンクさせる; 〈飛行機・車が〉(飛行[走行]中)横に傾く, バンクする. **b** 傾斜してカーブする. **3** 〖時計〗(レバーなどの動く)範囲を)限定する.
〖《?c1200》□ ? ON *banki bank, ridge (cf. OIcel. *bakki*) < Gmc *baŋkōn: cf. bench〗

bank³ /bǽŋk/ *n.* **1 a** (物の)列. **b** (ピアノ・オルガン・コンピューターなどの)キーの列, 鍵座(けんざ). **c** (2 台以上のエレベーターの)一組. **2** (古代の galley 船などで上下に重なる)オールの列の層. **3 a** こぎ手座 (thwart) 《こぎ手の腰掛け》. **b** [集合的] (こぎ手座につく)こぎ手. **4** 〖印刷〗**a** 《英》(組版を指定通りにまとめ上げる作業に使う)まとめ台, (新聞の組版の)大組み台 (random). **b** (ゲラを収納しておく)ゲラ棚, ゲラだんす. **c** 《古》紙のせ台《印刷物[用紙]を置く台》. **5** 〖新聞〗そで見出し (deck) 《数行続く見出しの一部, 特に副見出し》. **6** 〖電気〗バンク《同時に作動できるようスイッチまたは端子付で並べたもの》: a ～ of resistors 抵抗器バンク. — *vt.* 列に並べる. 〖《?a1200》□ (O)F *banc* bench ← Gmc *baŋkōn (↑)〗

Ban·ka /bǽŋkə/ *n.* =Bangka.

bank·a·ble /bǽŋkəbl̩/ *adj.* **1** 《米》もうかりそうな, 金になりそうな: one of Hollywood's most ～ stars ハリウッド一金になりそうなスターの一人. **2** 銀行に担保にできる, 銀行で受け付けられる: ～ securities. **3** 割引のきく: a ～ bill. **4** 当てになる. **bànk·a·bíl·i·ty** *n.* 〖《1818》← BANK¹ (v.)+-ABLE〗

bánk accèptance *n.* 〖金融〗銀行引受手形 (cf. trade acceptance).

bánk accòunt *n.* **1** 銀行預金口座. **2** 銀行預金勘定. 〖1799〗

Bánk·Amèrica *n.* バンカメリカ(社)《世界有数の商業銀行 Bank of America の持株会社; 1968 年設立》.

bánk annùities *n. pl.* 〖証券〗永久公債《コンソル公債 (consols) の正式名》.

bánk·assùrance *n.* =bancassurance.

bánk bàlance *n.* 銀行(預金)残高. 〖1931〗

bánk bàrn *n.* 《米》丘の斜面に建てた二階建ての納屋《一階にも二階にも直接外から入れる》.

bánk bìll *n.* 《米》銀行券 (bank note); 《英》銀行手形. 〖1696〗

bánk·bòok *n.* 銀行通帳《passbook ともいう》. 〖1714〗

bánk càrd *n.* **1** バンクカード, 銀行の発行するクレジットカード. 日英比較 日本でキャッシュカード, マネーカード, キャッシングカードなどとよばれている現金自動引き出し機 (ATM) 用カードは英語では *bank card* が一般的, または bank credit card ともいう. **2** 《英》=cheque card. 〖1967〗

bánk chèck *n.* (当座預金の預金者が振り出す)銀行小切手. 〖1803〗

bánk clèrk *n.* 銀行員, 銀行出納係 (teller). 〖1829〗
bánk crèdit *n.* 銀行信用(状), 保証貸付. 〖1752〗
bánk depòsit *n.* 銀行預金. 〖1832〗
bánk dìscount *n.* 銀行割引(料). 〖1841〗
bánk dràft *n.* 銀行為替手形 (略 B/D, b/d).
bánked fíre *n.* 〘機械〙=stock fire.
bánk èngine *n.* 《英》勾配の急な上り坂で列車に連結する補助機関車. 〖1893〗
bank·er[1] /bǽŋkə | -kə^(r)/ *n.* **1** 銀行家, 銀行経営者: Let me be your ~. 金を融通しましょう. 日英比較 カタカナ語で「バンカー」というときには銀行員も含むのが普通だが, 英語の *banker* は銀行の頭取や重役など経営者をいう. 普通の銀行員は bank clerk, teller. ⇨ businessman, businesswoman. **2** (賭博の)親元, 胴元, 元締め. **3** 〘トランプ〙=BANKER and broker. **4** 《英》(football pool で, クーポンに記入したチームの勝敗の)予想的中率.
bánker and bróker 〘トランプ〙底札めくり《我が国で遊ぶ「銀行」とは違う胴元賭博の一種; 賭け手に一山のカードが伏せて配られ, その底札が胴元の山の底札より高位であれば勝つ》. 〖(1534) □ (O)F *banquier* ← *banque*: ⇨ bank[1], -er[1]〗
bánk·er[2] *n.* **1** (Newfoundland 漁場の)たら漁船[漁夫] (cf. bank[2] *n.* 4). **2** 《豪口語》堤いっぱいまで水かさが増して流れている川, 洪水すれすれの川. **3** =bank engine. 〖(1666) ← BANK[2]+-ER[1]〗
bánk·er[3] *n.* **1** (彫刻家・石工・煉瓦工の)仕事台, 細工台. **2** (モルタルなどの)練り台. 〖(1677) ← BANK[3]+-ER[1]〗
bank·er·ess /bǽŋkərɪ̀s | -rɪ̀s, -rès/ *n.* 《戯言》女性銀行家; 銀行家夫人. 〖(1854): ⇨ banker[1], -ess〗
bánker's accèptance *n.* =bank acceptance. 〖*c*1924〗
Bánkers Associàtion *n.* 銀行協会; 銀行家集会所.
bánker's bánk *n.* 銀行の銀行; (市中銀行を統括する)中央銀行.
bánker's bìll *n.* 銀行手形《銀行が外国銀行へ振り出す手形》.
bánker's càrd *n.* =bank card. 〖1967〗
bánker's dràft *n.* =bank draft.
bánkers' hòurs *n. pl.* 短い労働時間.
bánker's órder *n.* (銀行への)自動振込依頼 (standing order).
bank·et /bæŋkét/ *n.* 〘地質〙(南アフリカ共和国 Transvaal 地方の金鉱地の)含金礫(ﾚｷ)岩層. 〖(1887) □ Afrik. ~ □ Du. 'sweetmeats' □ (O)F *banquet*: ⇨ banquet〗
bánk exàminer *n.* (州政府・連邦政府の)銀行検査官.
bánk fìsh *n.* 〘魚類〙=cod[1]. 〖1666〗
Bank·head /bǽŋkhɛd/, **Tallulah Brock·man** /brɑ́(ː)kmən | brɔ́k-/ *n.* バンクヘッド (1903–68; 米国の舞台・映画女優).
bánk hóliday *n.* **1 a** 《米》銀行休日《日曜日以外に年 4 回; しばしば法令によって定められる》. **b** (官命による)銀行休業《通貨の安定や銀行業務の改変のため》. **2** 《英》法定休日 (cf. legal holiday). ★ 1871 年に制定された土曜日と日曜日以外の休日; 1991 年に改訂された; 最初は銀行だけに実施されたためこの名があるが, 後に全国的な行事として銀行以外の商社・商店も休むようになった; イングランドおよびウェールズでは, New Year's Day (1975 年以降), Good Friday, Easter Monday, May Day (1978 年以降), Spring Bank Holiday (5 月の最終月曜日, 以前は Whitmonday), Summer Bank Holiday (8 月の最終月曜日, 以前は 8 月の第 1 月曜日), Christmas Day, Boxing Day (クリスマスの日の翌日)の年 8 回; スコットランドでは New Year's Day, 2nd January, Good Friday, the first Mondays in May and August, Christmas Day, Boxing Day; なおイングランドの bank holiday にはスコットランドでも官庁は休日; また北アイルランドではイングランドのすべての休日のほか, St. Patrick's Day と Orangeman's Day が休日.
bank·ie /bǽŋki/ *n.* 《南ア》背の低いスツール. 〖(1974) □ Afrik. ~ ← Du. *bank* 'BENCH': ⇨ -ie〗
bánk ìndicator *n.* 〘航空〙バンク計 (⇨ relative inclinometer).
bánk·ing[1] *n.* 銀行業, 銀行経営, 銀行業務: ~ facilities 金融機関 / a ~ center 金融中心地 / ~ power (銀行の)貸出し能力. 〖(1735): ⇨ bank[1], -ing[1]〗
bánk·ing[2] *n.* **1 a** 土手造り, 築堤. **b** (川・湖などの)岸, 堤防. **c** =bank[2] *n.* 5 b. **2** Newfoundland 近海漁業. 〖(1610): ⇨ bank[2], -ing[1]〗
bánking accòunt *n.* 《英》=bank account.
bánking dòctrine *n.* 〘経済〙銀行主義《銀行券の発行は経済界の必要に応じてすべきで, 正貨準備にこだわる必要はないという主張; cf. currency doctrine》.
bánking gàme *n.* (トランプ・スポーツ・くじなどで)胴元賭博《複数の参加者が一人の親・胴元・主催者を相手に賭けを行う方式の総称; 通例, 親に有利な条件が与えられる》.
bánking hòuse *n.* 銀行. 〖1809〗
bánking pìn *n.* 〘時計〙どてピン《アンクルの振幅を限定するためのピン》. 〖1870〗
bánking prìnciple *n.* 〘経済〙=banking doctrine.
ban·ki·ni /bæŋkíːni/ *n.* 女性用のワンピースの水着《背中が開いているもの》.
bánk lètter *n.* 経済報告書, 経済時評《銀行が定期的に発行するもの》.
bánk lìne *n.* 〘釣〙海岸に取り付けた釣糸《漁夫が時々やってきて魚がかかっているかどうかを見る》.
bánk lòan *n.* 銀行融資, 銀行融資金[貸付金].
bánk machìne *n.* =cash dispenser.
bánk mànager *n.* 銀行の支店長. 〖1860〗
bánk mòney *n.* 銀行貨幣, 預金通貨《銀行が供給する預金通貨》. 〖1636〗
bánk nìght *n.* 《口語》**1** 懸賞付き夜間興業, 映画宝くじ《映画館主によって宝くじが行われ, あらかじめ登録してあった出席観客にはくじに当たった場合, 賞金が与えられる》. **2** 宝くじ興業の行われる夜.
bánk·nòte *n.* 銀行券; 《英》イングランド銀行券. 〖1695〗
bánk pàper *n.* **1** [集合的] 銀行券. **2** [集合的] 銀行が支払いを引き受ける手形類一切《銀行券・銀行手形・商業手形など》. **3** 商業用書簡紙などに用いられる薄くて強い紙《特上用紙に似ていてそれよりも軽い》. 〖1790〗
bánk ràte *n.* 〘金融〙**1** 公定歩合. **2** [B- R-] (イングランド銀行の)銀行割引歩合. 〖1876〗
bánk rèference *n.* 銀行照会《銀行の信用証明のこと》.
bánk·ròbber *n.* 銀行強盗. 〖1799〗
bánk·ròll 《米》 *n.* 富の蓄え; 手元資金; 後援者, 出資者. — *vt.* 《口語》〈事業・計画などに〉(金銭上の)援助をする, 資金を出す. 〖(1877) ← BANK[1]+ROLL〗
bánk·ròller *n.* 後援者; 貸元.
bank·rupt /bǽŋkrʌpt, -rəpt/ *adj.* **1** 破産した, 支払能力のない; 破産宣告を受けた: go ~ 破産する; 破滅する / The business [businessman] was declared ~. 会社[企業家]は破産の宣告を受けた. **2** 行き詰まった, 破綻(ﾀﾝ)をきたした: a ~ foreign policy 行き詰まった外交政策. **3** 〔ある性質などを〕欠いている (destitute, bereft) 〔*of*〕: be intellectually [morally] ~ 知性[道徳性]に全く欠けている / be ~ *of* all tender feelings 全く情愛に欠けている.
— *vt.* **1** 破産させる. **2 a** 破壊する, 疲弊[枯渇]させる. **b** 奪う. — *n.* **1** 〘法律〙破産の宣告を受けた人, 破産者. **2** 支払不能者. **3** ある性格に欠けた人: a moral ~ 道徳的破綻(ﾀﾝ)者. 〖(1533) □ (O)F *banqueroute* □ It. *banca rotta* broken bench (支払い不能の金銭融通者の店台が破壊されたことにちなむ): 語尾は *rotta* の語源 L *ruptus* (cf. abrupt) の影響: ⇨ bank[1]〗
bank·rupt·cy /bǽŋkrʌptsi, -rəp-, -rʌpsi, -rəp-/ *n.* **1** 破産(状態), 倒産: go into [file for] ~ 破産する[破産の申請を出す] / a trustee in ~ ⇨ trustee. **2** 〔性格・知力などの〕破綻, 〔名声などの〕失墜 〔*of*〕. 〖(1700): ⇨ ↑, -cy〗
bánkruptcy òrder *n.* 〘英法〙破産決定《ある人物が破産したことを宣告し, その人物のかかわる物事を財産保全管理人または管財人の下に置く裁判所の決定》.
Banks /bǽŋks/, **Gordon** *n.* バンクス (1937– ; 英国のサッカー選手; 全イングランドの名ゴールキーパー).
Banks, Sir **Joseph** *n.* バンクス (1743–1820; 英国の博物学者・探検家; 1768–81 年 James Cook と世界を周航).
bánk shòt *n.* バンクショット: **1** 〘バスケットボール〙ボールをバックボードにはね返らせてバスケットに入れる投球(法). **2** 〘玉突〙手玉または的玉をクッションに当てる突き. 〖(1897) ← BANK[2]〗
banks·i·a /bǽŋ(k)siə/ *n.* 〘植物〙バンクシア《オーストラリア特産のヤマモガシ科 *Banksia* 属の各種の常緑低木; 円筒状に集まった美しい花が咲く》. 〖(1788) ← NL ~ ← *Sir Joseph Banks*: ⇨ -ia[1]〗
bánks·i·an róse, B- r- /bǽŋksiən-/ *n.* 〘植物〙=banksia rose. 〖1841〗
bánksia róse, B- r- *n.* 〘植物〙モッコウバラ (*Rosa banksiae*)《中国大陸南部原産のつる性常緑低木; 淡黄色または白色の花が咲く》. 〖1890〗
bánk·sìde *n.* **1** 川岸の斜面. **2** [the B-] London の Thames 川南岸に沿う昔の劇場地域; Globe Theatre もここにあった. 〖1596〗
Bánks Ísland /bǽŋks-/ *n.* バンクス島: **1** カナダ北部, 北極海諸島西端の島; 面積 67,340 km. **2** カナダ南西部 British Columbia 州沖の島; 長さ 72 km.
bánks·man /-mən/ *n.* (*pl.* **-men** /-mən, -mèn/) 〘鉱山〙坑外監督; クレーン監視司令係. 〖(1598) ← BANK[2]〗
bánk stàtement *n.* **1** 銀行の預金者への月例(勘定)通知. **2** 銀行の定期的資産状況報告. 〖1916〗
bánk swàllow *n.* 〘鳥類〙ショウドウツバメ (*Riparia riparia*)《河岸のがけなどに穴を掘って巣を作る; 《英》では sand martin という》. 〖(1655) ← BANK[2]〗
bánk vòle *n.* 〘動物〙ヨーロッパヤチネズミ (*Clethrionomys glareolus*)《ユーラシアの森林・低木林などにすむ赤褐色のネズミ》.
ban·lieue /bɑ̃ːnljə́ː, bɑːn-; *F.* bɑ̃ljø/ *F. n.* (*pl.* ~**s** /~z; *F.* ~/) [しばしば *pl.*] 都市の周辺, 近郊, 郊外 (environs). 〖□ F ~ ← *ban* 'tribute, BAN[1]'+*lieue* 'LEAGUE[2]'〗
Ban-Lon /bǽnlɑ̀(ː)n | -lɔ̀n/ *n.* 〘商標〙バンロン《弾力性に富む合成糸でできたしわにならないニット製品》.
ban·ner /bǽnə | -nə^(r)/ *n.* **1 a** (街路・建物の入口などに掲げる広告・宣伝用の)垂れ幕, 横幕. **b** (2 本柱に付けて行列の先頭にかつぐ)スローガンの旗. **c** 国旗, 軍旗, 校旗(など) (cf. flag[1]): ⇨ Star-Spangled Banner / red, white and blue ~ 《米口語》星条旗. **d** (封建騎士や国王が部下を率いるときに用いた)旗, のぼり. **2** 表象, 旗じるし (symbol): fight under the ~ of freedom 自由の旗じるしの下に[自由の旗をかざして]戦う / the ~ of revolt 反旗 / follow [join] the ~ of …の旗の下に参加する, …の大義を信奉する / unfurl one's ~ 旗幟(ｼ)を鮮明にする. **3** 〘紋章〙バナー《badge または紋章を配した四角の旗; 王, 公, 伯等によって大きさに差がある; cf. standard 11》. **4** 〘新聞〙第一面全段抜きの大見出し (screamer). **5** 〘植物〙蝶形花冠 (papilionaceous corolla) の旗弁. **6** [形容詞的に] 《米》優秀な, 一流の (first-rate), 目立った (conspicuous); ある政党の支持が目立つ: a ~ student / a ~ year for crops 豊年.
cárry the bánner (1) 先頭に立つ. (2) 窮乏している. (*c*1950) ***hóld the bánner*** 第一流の地位にある, 他より抜きん出ている.
— *vt.* **1** …に旗を備える. **2 a** 目立たせる. **b** 〘新聞〙〈記事を〉大見出しで報道する.
〖(?*a*1200) □ AF *banere*=OF *baniere* (F *bannière*) < VL **bandāria(m)* ← ML *bandum* standard ← Gmc (cf. Goth. *bandwa, bandwō* sign): ⇨ band[2]〗
bánner bèarer *n.* 旗持ち; (主義などの)唱道者. 〖1440〗
bánner clòud *n.* 〘気象〙旗雲《孤立した峰の風下に旗のようにかかった雲》. 〖1909〗
bán·nered *adj.* 旗を立てた, 旗を備えた. 〖(1667): ⇨ -ed 2〗
ban·ner·et[1] /bǽnərɪ̀t | -rɪt/ *n.* [しばしば B-] **1** 昔自分の旗の下に一隊の臣下を従えて出陣できた騎士. **2** バナレット勲位《baron の下, knight bachelor の上に位した今はない称号; knight banneret とも呼ばれ, knight bachelor の pennon と異なり banner の保持権を認められた》. **3** 《古》(スイスとイタリアの)役人, 官吏. 〖(*c*1300) *baneret* □ OF (F *banneret*) ← *baniere* 'BANNER'+*-et* '-ATE[1]'〗
ban·ner·et[2] /bǽnərɪ̀t | -rɪt/ *n.* (*also* **ban·ner·ette** /~/) 小旗 (small banner). 〖(?*a*1300) □ OF *baneret(t)e* (dim.) ← *baniere* (↑): ⇨ -et〗
bánner hèad [hèadline] *n.* 〘新聞〙=banner *n.* 4. 〖1915〗
bánner·lìne 〘新聞〙 *n.* =banner *n.* 4. — *vt.* =banner *vt.* 2 b. 〖← BANNER+LINE[2]〗
bánner·man /-mən/ *n.* (*pl.* **-men** /-mən, -mèn/) =standard-bearer 1. 〖?*a*1500〗
ban·ne·rol /bǽnəròʊl | -rə̀ʊl/ *n.* (*also* **ban·ne·roll** /~/) =banderole. 〖1548〗
bánner scrèen *n.* (炉の前につるす小さい旗形の)防火用ついたて. 〖1864〗
ban·nis·ter /bǽnɪ̀stə | -tə^(r)/ *n.* =banister.
Ban·nis·ter /bǽnɪ̀stə | -tə^(r)/, Sir **Roger Gilbert** *n.* バニスター (1929– ; 英国の医師・陸上競技選手; 1954 年 1 マイルを初めて 4 分以下で走った).
ban·nock /bǽnək, -nɪk | -nək/ *n.* **1** オート麦または大麦で作るしばしばパン種の入っていないパン. **2** 《スコット・英方言》バノック《オート麦・大麦・小麦などの粉を使い, 干しぶどう・アーモンド・果物の砂糖煮などを加えた丸くて平たい菓子パン》. 〖OE *bannuc* cake ← Celt. (Gael. *bonnach*): ⇨ -ock〗
Ban·nock·burn /bǽnəkbə̀ːn, ⌐–⌐ | bǽnəkbɜ̀ːn/ *n.* バノックバーン《スコットランド中部 Stirling の南にある村; Robert the Bruce の軍がイングランド軍を破りスコットランドの独立を確保した古戦場 (1314) が付近にある》. 〖《原義》'rocky brook': ← Gael. *bannoc* rocky: ⇨ burn[2]〗
banns /bǽnz/ *n. pl.* [the ~, one's ~] 結婚予告《教会で結婚式を挙げる前に引き続き 3 回日曜日に予告し異議の有無を尋ねる》: publish [《古》ask, call] *the* ~ 〈牧師が〉教会で結婚予告をして異議がないかと問う / forbid *the* ~ (発表された)結婚予告が無効であると異議を申し立てる / have *one's* ~ published 教会で結婚予告をしてもらう / put up [publish] *the* ~ 結婚予告を掲げる[公表する]. 〖(*a*1333) *banes* (pl.) ← *ban(e)* 'proclamation, BAN[1]': cf. ML *banna*〗
ba·nó·ffi [ba·nóf·fee] pìe /bənɑ́fi-/ *n.* バノフィーパイ《タフィー (toffee), バナナと生クリームで作ったパイ・タルト》. 〖(1994) 《混成》← BAN(ANA)+(T)OFFI〗
banque d'af·faires /bɑ̃ː(ŋ)kdæféə, bɑ́ːŋk-, -dɑː- | -féə^(r); *F.* bɑ̃kdafɛːʁ/ *F. n.* (フランスの)投資銀行. 〖□ F ~: ⇨ bank[1], affair〗
ban·quet /bǽŋkwɪ̀t, -kwɛt | -kwɪt/ *n.* **1** (通例スピーチや乾杯を伴う正式の)宴会 (⇨ feast SYN): a wedding ~ 結婚披露宴 / give [hold, have] a ~ 宴会を催す. **2** ごちそう, 豪華な食事: It was a regular ~. (まるで公式の宴会のような)すばらしいごちそうだった. **3** [The B-] ⇨ symposium 4. — *vt.* 宴会を開いて〈人を〉もてなす. — *vi.* 宴に列する, ごちそうにあずかる; ごちそうを食べる. 〖(?*a*1475) □ (O)F ~ □ It. *banchetto* (dim.) ← *banco* bench: ⇨ banco[1]〗
bán·quet·er /-ṭə | -tə^(r)/ *n.* **1** 宴会に列する人, 宴会の客; 宴会好きな人. **2** 《廃》宴会の主人. 〖(1534): ⇨ ↑, -er[1]〗
bánquet làmp *n.* 宴会用ランプ《背の高い精巧な卓上ランプ》.
bán·quet·ing hàll *n.* =banquet room.
bánquet ròom *n.* (ホテル・レストランなどの)宴会場. 〖1837〗
ban·quette /bæŋkét/ *n.* **1 a** (レストランなどのクッション付きの長い)窓下腰掛け (window seat). **b** (乗合馬車の)乗客用腰掛け. **c** 片側に湾曲したひじ掛け (roll-over arm) 付きのソファー. **2** 《米南部》(車道よりも高い)歩道. **3** (土堤を補強するための)築堤. **4** 〘築城〙胸壁 (parapet) の内側の射撃用足場. 〖(1629) □ F ~ □ Prov. *banqueta* (dim.) ← *banc* bench ← Gmc: ⇨ bank[3], -ette〗
Ban·quo /bǽŋkwoʊ | -kwəʊ/ *n.* バンクォー《Shakespeare 作 *Macbeth* で暗殺されて, 亡霊となって Macbeth の前に現れる将軍》.
bans /bǽnz/ *n. pl.* =banns.
ban·sel·a /bænsélə/ *n.* =bonsela.
ban·shee /bǽnʃiː, ⌐–⌐/ *n.* (*also* **ban·shie** /~/) 《アイル》バンシー《家に死者が出るとき, 恐ろしい泣き声でそれを知らせるという女の妖精》. 〖(1771) □ Ir. *bean sídhe* ← *bean* woman+*sídh* fairy〗

Ban·stead /bǽnstɨ̀d, -stɛd | -stɪd, -stɛd/ *n.* バンステッド《イングランド南部, Surrey 北東部の都市; London のベッドタウン》.

bant[1] /bǽnt/ *vi.* バンティング療法 (Banting) をやる[とる]. 〖(1865)《逆成》← BANTING〗

bant[2] /bǽnt/ *n.*《ランカシャー方言》ひも (string).

ban·tam /bǽntəm | -təm/ *n.* **1** [通例 B-] バンタム鶏, チャボ(矮鶏). **2** 小さくて気の荒い[威勢のいい]人. **3** = bantamweight. **4** ジープ (jeep). ― *adj.* **1** 小柄な, 小粒の; 小型で取り扱いやすい. **2** 年少者の: a ～ team. **3** 生意気な (pert). 〖(1749) ← *Bantam* ↓〗

Ban·tam /bǽntəm | -təm/ *n.* バンタム《インドネシア Java 島西部にあった東インド諸島における最初のオランダ植民地 (1684)》.

bántam stòre *n.* 長時間営業コンビニ店.

bántam·wèight *n.*《ボクシング・重量挙げ・レスリングの》バンタム級の選手 (⇨ weight 表). 〖1884〗

ban·teng /bǽntɛŋ/ *n.*〘動物〙バンテン (*Bos banteng*)《東南アジア産の野生牛》. 〖(1817) ◻ Malay ～〗

ban·ter /bǽntə, bǽnə | bǽntə(r)/ *n.* からかい, ひやかし, (悪気のない軽い)冗談. ― *vt.* **1** からかう, ひやかす (chaff); …に(罪のない)冗談を言う. **2**《米南部・中部》〈人〉に挑む, 挑戦する. **3**《古》欺く (delude). ― *vi.* からかう, 冗談を言う. **～·er** /-tərə, -nərə | -tərə(r)/ *n.* 〖(1676) ← ?: cf. bandy[2]〗

bán·ter·ing /-tərɪŋ, -trɪŋ | -tərɪŋ, -trɪŋ/ *adj.* 冗談交じりの, からかっている. **～·ly** *adv.* 〖(1691): ⇨ ↑, -ing[2]〗

bán-the-bómb *adj.* [限定的] 核武装廃止を主張する. **bán-the-bómb·er** *n.*

Ban·thine /bǽnθiːn/ *n.*〘商標〙バンサイン《迷走神経遮断薬 (methantheline bromide) の商品名》.

Ban·ting /bǽntɪŋ | -tɪŋ/ *n.* (*pl.* **～s**, ～)〘動物〙バンテン (*Bibos javanicus*)《主に東南アジアの野生の牛》. 〖(1880) ◻ Malay ～〗

Ban·ting, b- /bǽntɪŋ | -tɪŋ/ *n.*《古》バンティング療法《澱粉・糖分などの減食により体量を減らす方法》. 〖(1864) ← *William Banting* (1797–1878: 医師の指示でこの方法を実行した London の葬儀屋)〗

Ban·ting /bǽntɪŋ | -tɪŋ/, **Sir Frederick Grant** *n.* バンティング《(1891–1941; カナダの医学者でインシュリンの発見者の一人; Nobel 医学生理学賞 (1923)》.

Ban·ting·ism, b- /bǽntɪŋɪzm | -tɪŋ-/ *n.* バンティング療法 (Banting). 〖1864〗

Bán·ti's disèase [sỳndrome] /bǽntiz- | -tiz-/ *n.*〘病理〙バンチ病[症候群], 肝脾腫性脾腫. 〖← *Guido Banti* (1852–1925: イタリアの医師)〗

bant·ling /bǽntlɪŋ/ *n.*《古》子供; じゃり, がき, 小僧 (brat). 〖(1593)《転訛》? ← G *Bänkling* bastard《原義》child conceived on a bench ← *Bank* 'BENCH': ⇨ -ling[1]〗

Ban·toid /bǽntɔɪd, bɑ́ːn-/ *adj.*〘言語〙(カメルーンとナイジェリアで)バンツー語の[に特徴的な] (cf. Semi-Bantu).

Ban·tu /bǽntuː, bɑ́ːn- | ⌐ ⌐/ *n.* (*pl.* ～, **～s**) **1 a** [the ～(s)] バンツー系種族《アフリカ南部および中部の黒人種族の総称》. **b** バンツー族の人. **2** バンツー語派. ― *adj.* バンツー系種族の; バンツー語派の. 〖(1862) ◻ Bantu *bantu* mankind (pl.) ← *(a)ba* (pl. personal pref.)+*-ntu* man〗

Bántu béer *n.*《南ア》バンツービール《発酵・発芽させた雑穀で造ったビール》. 〖(1962): ⇨ ↑, beer〗

Bántu educátion *n.*《南ア》人種別教育《白人と分離して黒人に教育を施すこと; 白人教育に比べて予算・教育の質が劣っている》.

Ban·tu·stan /bæ̀ntustǽn, bɑ̀ːntustɑ́ːn/ *n.* 南アフリカ共和国内の黒人の限定された自治区《公式名 homeland》. 〖(1949) ← BANTU (↑)+*-stan* (cf. Hindustan)〗

ban·ty /bǽnti | -ti/ *n.*《口語》=bantam 1, 2.

Ban·ville /bɑ̃ː(m)víːl, bɑːm-; *F.* bɑ̃vil/, **Théodore (Faul·lain** /folɛ̃/) **de** *n.* バンビル《(1823–91; フランスの詩人・劇作家》.

ban·yan /bǽnjən, -niən, -njæn/ *n.* **1** インド商人[仲買人]《特殊なカースト (caste) に属し肉食をしない》. **2** (インド人の着る)ゆるやかな長シャツ[上着]. **3**〘植物〙バンヤンノキ, ベンガルボダイジュ (*Ficus benghadensis*)《インド産クワ科イチジク属の常緑高木; 枝から多数の気根を生じそれが根づいて一本の木で森のように大きくなる; ヒンズーの聖木; banyan treeともいう》.《この木の下でインド商人 (banyan) が小さな pagoda を建てた(または, その下で市を開いた)ことから》 〖(1634) ◻ Port. *banian* ◻ Gujarati *vāṇiyo* man of trading caste ◻ Skt *vāṇija* merchant〗

bányan dày *n.*〘海事〙バニアン日, 精進日《船員に対して一度も肉食品が支給されない日》. 〖(1748) banyan が肉食をしないことにちなむ〗

bányan trèe *n.*〘植物〙=banyan 3. 〖1634〗

ban·zai /bɑːnzáɪ | bæn-, bɑːn-⌐/ *int.* 万歳! ― *adj.* [限定的] 向こう見ずな, 自殺的な: a ～ attack [charge] (万歳を唱えながら行う)死の突撃. 〖(1893) ◻ Jpn. ◻ Chin. *wan sui*〗

ba·o·bab /béɪoubæb, bɑ́ː- | béɪə(ʊ)-/ *n.*〘植物〙バオバブ (*Adansonia digitata*)《アフリカのサバンナに生えるパンヤ科の巨木; 時には直径 8–9 m にも及ぶ; monkey bread と称するヒョウタン形の食用果実を生じる; 樹皮はタンニン原料》. 〖(1640) ← ? Afr.《現地語》〗

Bao·ding /bàudíŋ; *Chin.* pǎutìŋ/ *n.* 保定(ﾊﾞｵﾃｨﾝ)《中国河北省 (Hebei) 北部の都市》.

BAOR《略》British Army of the Rhine. 〖1945〗

Bao·shan /bàuʃǽŋ; *Chin.* pǎuʂān/ *n.* 保山(ﾊﾞｵｼｬﾝ)《中国雲南省 (Yunnan) 西部の都市》.

Bao·tou /bàutúː; *Chin.* pǎutʰóu/ *n.* 包頭(ﾊﾟｵﾄｳ)《中国内蒙古自治区中部, 黄河に臨む工業都市》.

bap /bǽp/ *n.*《スコット》朝食用のロールパン. 〖(1513–75) ← ?〗

bap., bapt.《略》baptize; baptized.

Bap., Bapt.《略》Baptist.

baptise *v.* =baptize.

bap·ti·si·a /bæptíʒiə/ *n.*〘植物〙ムラサキセンダイハギ《北米産マメ科ムラサキセンダイハギ属 (*Baptisia*) の多年草の総称; 黄・青または白色の花が咲き, 観賞用に栽培》. 〖(c1868) ← NL ～ ← Gk *báptisis* dipping ← *báptein*: ⇨ baptize, -ia[2]〗

bap·tism /bǽptɪzm/ *n.* **1**〘キリスト教〙洗礼(式), 浸礼, バプテスマ《浸水または灌水をし命名してキリスト教徒にするための教会の儀式》: ～ by immersion [affusion] 浸水[灌水]洗礼 / the clinic ～ 病床洗礼, 臨終の洗礼 / a name of ～ =baptismal name. **2** (洗礼(式)に似た)入会・命名などの儀式.

báptism for the déad 死者(の)洗礼, 死者のためのバプテスマ《バプテスマを受けないで死んだ人のために生者が代わって受ける儀式 (cf. 1 *Cor.* 15:29); 原始キリスト教会で行われたように現在でもモルモン教徒によって行われている》.

báptism of blóod 血の洗礼, 殉教 (martyrdom)《未受洗者が迫害を受けて死んだときに, その流した血によって洗礼されて殉教者となること》.

báptism of [by] fíre (1) 火のバプテスマ, (聖霊による)霊的洗礼 (cf. *Acts* 2:3–4; *Matt.* 3:11). (2) 火の洗礼[火刑]による殉教 (martyrdom). (3) 砲火の洗礼《兵士が戦地で初めて浴びる砲火の経験》. (4) (忍耐力に対する)最初の厳しい試錬. (1857)

〖(c1303) *bapte(s)me* ◻ OF *baptesme* (F *baptême*) ◻ LL *baptismus* ◻ Gk *baptismós* dipping in water, *báptisma* baptism ← *baptízein* 'to BAPTIZE': ⇨ -ism〗

baptism 1
1 clergyman *or* priest
2 font
3 infant to be baptized

bap·tis·mal /bæptízmәɫ, -mɫ/ *adj.* 洗礼の, 浸礼の: a ～ ceremony 洗礼式. **～·ly** *adv.* 〖(1641): ⇨ ↑, -al[1]〗

baptísmal nàme *n.* 洗礼名, 受洗名, 霊名《姓 (family name) に対するもの; Christian name ともいう》. 〖1869〗

baptísmal regenerátion *n.*〘神学〙洗礼による再生[新生]《キリスト教の洗礼によって聖霊による再生がもたらされるとする教理》. 〖1651〗

Bap·tist /bǽptɨ̀st | -tɪst/ *n.* **1 a** バプテスト, バプテスト派の人[信者]《幼児洗礼を認めず, 成人して信仰告白をした人にのみ全身を浸す洗礼 (immersion) を行うべきだと主張するカルバン (Calvin) 派系の人》. **b** [the ～s] バプテスト派. **2** [b-] 洗礼を施す人. **3** [the ～] 洗礼者ヨハネ (⇨ John the Baptist). ― *adj.* バプテスト派の, バプテスト派の(教義)に関する: the ～ Church バプテスト教会, 浸礼教会. 〖(?a1200) ◻ (O)F *baptiste* ◻ LL *baptista* ◻ Gk *baptistēs* one who baptizes ← *baptízein* 'to BAPTIZE': ⇨ -ist〗

Bap·tis·ta /bæptístə/ *n.* バプティスタ《女性名》. 〖(fem.) ↓〗

Bap·tiste /bɑːtíːst, bæ-; *F.* batist/ *n.* バティスト《男性名》. 〖◻ F ～ 'BAPTIST'〗

bap·tis·ter·y /bǽptɨ̀stri, -təri | -tɪs-/ *n.* **1** (教会の)洗礼室[場], 受洗所. **2** (バプテスト教会で)浸水による洗礼を行うための水槽. 〖(c1300) ◻ OF *baptisterie* ◻ LL *baptistērium* ◻ Gk *baptistḗrion* bathing place ← *baptízein* 'to BAPTIZE'〗

Bap·tis·tic /bæptístɪk/ *adj.* 洗礼の; バプテスト派の(教義にそった). 〖(1884) ◻ Gk. *Baptistikos* ← *baptízein* 'to baptize'〗

bap·tist·ry /bǽptɨ̀stri | -tɪs-/ *n.* =baptistery. 〖14C〗

Báptist's dày *n.*〘キリスト教〙洗礼者ヨハネ[洗者聖ヨハネ]の祝日《6 月 24 日》.

bap·tize /bǽptaɪz, ⌐ ⌐ | ⌐ ⌐/ *vt.* **1 a** …に洗礼[浸礼]を施す: Babies are christened; grown-up people are ～*d*. 幼児は洗礼名を受け, 成人は浸礼を受ける / be ～*d into* the church 洗礼を受けて教会にはいる. **b** [目的補語を伴って] 洗礼によって〈人を〉〈ある派の教徒〉と認める: He was ～*d* a Catholic. 洗礼を受けてカトリック教徒になった. **2** (精神的に)清める, 清めて入会させる[献納する]: be ～*d* by sorrow 悲しみに清められる. **3** [通例目的補語を伴って]〈人を〉〈…と〉命名する (christen); 〈人に〉〈…と〉あだ名をつける (nickname): The boy was ～*d* (by the name of) John. 少年はジョンと命名された. **4** 開始する. ― *vi.* 洗礼を行う. **báp·tiz·er** *n.* 〖(c1280) ◻ (O)F *baptiser* ◻ LL *baptizāre* ◻ Gk *baptízein* to dip under water, baptize ← *báptein* to dip: ⇨ -ize〗

ba·pu /bɑ́puː, bɑ́ː-; *Hindi* bɑːp/ *n.*〘ヒンズー教〙神父. 〖◻ Hindi ← Skt *papu* protector〗

bar[1] /bɑ́ə | bɑ́ː(r)/ *n.* **1 a** バー, 酒場 (barroom). **b** (酒場・軽食堂などの)カウンター (counter). **c** (カウンターの前に腰を掛けて食べる)簡易食堂: a milk ～ ミルクスタンド / ⇨ coffee bar, snack bar. **d** (店での特定の品物の)売場: a hat [slipper] ～. **e** (飲食物を運ぶ)移動台[カウンター]《ワゴンなど》. **2 a** (窓・戸などに縦または横に固定して打ちつけた木や金属の細長い)棒, 桟, 格子; (扉などの)かんぬき, 横木; (窓ガラスの)枠 (sash): ⇨ parallel bars / the ～*s* of a gate [fence, prison] 門扉[塀, 牢獄]の横[縦]の桟 / prison ～*s* 刑務所の窓格子 / ⇨ *behind* BARS. **b** (道路の進行を止める)遮断棒, 柵 (cf. toll bar). **3 a** 長方形で固形の物, 棒型の物: a ～ of soap, candy, lead, etc. / a chocolate [candy] ～ 板チョコ[棒状のキャンディー]. **b** 棒状地金 (ingot): a ～ of gold=a ～ gold 金の延べ棒. **c** かなてこ, バール (crowbar). **d** (電気ヒーターの)熱棒. **4 a** (進歩・行動などの)障害, 障壁 (barrier) (*to*) (⇨ obstacle SYN): a ～ *to* progress / let down the ～*s* 障壁を取り除く. **b** (河口・港口または沖合で航海の障害となる)砂洲 (sandbar). **5 a** 細長の線[帯]. **b** (光・色などの)線条, 筋, しま (stripe) (*of*): a ～ *of* light. **c** (軍人の)線章《細長い金属製の棒または縫い取りで, 兵種・一部将校の階級などを表し, また勲功を示す栄誉記章にもなる》. **d** (馬の)くつわを連結する横棒; はみ《(くつわの一部で馬の口に横向きに含ませる部分》; (馬の口の)はみ身; 蹄支《馬のひづめの外壁の末端》. **6** [the ～, the B-] 弁護士界, (一裁判所所属の)弁護士団; 弁護士業: a ～ association 弁護士会 / be admitted to *the* ～《米》(裁判所所属の)弁護士として許される[資格を得る] / be at *the Bar* バリスターとなっている / be called to [before] *the Bar*《米》弁護士になる, 《英》バリスターの資格を得る, バリスターの免許を受ける / a call to *the* ～《英》バリスター資格免許 / be called within *the* ～《英》勅選バリスターに任ぜられる (be appointed King's [Queen's] Counsel) / go to [join] *the Bar* バリスターになる / practice at *the* ～ バリスターを業とする / study [《英》read] *for the* ～ バリスターの勉強をする. **7** [the ～] **a** (法廷の)裁判官席・被告席・弁護士席と一般席との境の手すり. **b** 法廷; (特定の)裁判所組織: *the* ～ of the House (英議会の)下院の懲罰裁判所 / a prisoner at *the* ～ 刑事被告人 / a trial at ～ (上級裁判所で)判事の全員[定員数]列席の上での審理, 正式法廷での裁判; 《英》(高等法院の)王座部 (King's [Queen's] Bench Division) での審理. **c** 審判の場: *the* ～ of God 神の(最後の)審判 / *the* ～ of conscience [public opinion] 良心[世論]の制裁[裁断]. **8**〘英議会〙(議場内の入口近くに設けてある)仕切り[手すり]《議員以外の者が証言などのために喚問されたときここに立つ》. **9**〘法律〙妨訴: a plea in ～ 妨訴抗弁. **10**〘紋章〙バー《fess の約 1/3 幅の横帯; 盾の 1/5 幅という定義もあるが, 実際には様々に描かれている》: a ～ nebuly [wavy] 雲形[波形]のバー. **11**〘音楽〙(楽譜の小節を分かつ)縦線; 小節: a single [double] ～ 単[複]縦線 / play a few ～*s* 曲を 2–3 小節奏する. **12 a** ボタンホールの止め糸. **b** (刺繍やカットワークの)模様をつなぐかけ糸. **13**〘バレエ〙バー《壁に沿って設けた練習用の横棒》. **14**〘活字〙横木《A や H の横線》; バー《ā, th の上付きや下付きの横棒, または縦棒 '|'》. **15**〘歯科〙バー《義歯の主要部分を連結する金属製の装置》. **16** (サッカー・ラグビーなどの)ゴールのクロスバー (crossbar). **17**〘体操〙鉄棒 (horizontal bar).

behìnd bárs 獄中に[で], 刑務所で: put a person *behind* ～*s* 刑務所に入れる. (1914) 1951) ***chín the bár*** 懸垂する. ***cróss the bár*** 死ぬ (die). ***in bár of*** …《法律》…を防止するために. (1827) ***wón't [wóuldn't] have a bár of***《豪口語》…には我慢がならない, …は大嫌いだ.

― *vt.* (**barred; bar·ring**) **1** (ドアなどに)かんぬきをさす, 閉ざす; …に格子を付ける: ～ a door 戸締まりをする / All exits are ～*red*. 出口は皆閉鎖されている / The windows are all ～*red up against* burglars. 窓はすべて泥棒よけに格子がはめられている. **2 a** 〈通行を〉妨げる, 〈道を〉ふさぐ: ～ a passage 通行を妨げる / ～ a road *to* traffic 道をふさいで交通を止める. **b** 防止する, 妨げる (hinder); …が〈ある行動をとるのを〉はばむ (prevent) (*from*): ～ all prospects of success 成功の望みをはばむ / Nothing ～*red* him *from* going. 彼が(出て)行くのに何の妨げもなかった. **c** 禁止する, 禁じる (prohibit): a convention ～*ring* the use of atomic bombs 原爆の使用を禁止する協定 / Smoking [Swimming] is ～*red* there. そこでは喫煙[水泳]が禁じられている. **3** (格子などを使って)閉じ込める (shut up): ～ a person in a cell 人を独房に閉じ込める. **4 a** 除外する (exclude) (*from*); [二重目的語を伴って]《古》〈人を〉…から締め出す: ～ a person *from* a club [competition] 人をクラブ[競技]から締め出す / Stay out. You're ～*red*. 入るな. お前は締め出しだ / I will ～ no honest man my house. 正直者が家[店]に来るのを拒むことはない (Shak., 2 *Hen IV* 2. 4. 110). **b** 考慮外にする (cf. barring). **5**《英俗》〈人・癖などに文句をつける, 嫌う. **6** [通例 p.p. 形で] …に(…で)しま[筋]をつける (*with*): a sky ～*red with* black clouds 黒雲がしまのように出ている空. **7**〘法律〙(妨訴抗弁など)異議を申し立てて〈手続きの進行を〉阻止する. **8** 〈曲を〉縦線で小節に分ける.

bár ín [óut] 閉じ込める[締め出す]: He ～*red* himself *in*. 家に閉じこもって人に会わなかった.

― *prep.* …を除いて (except) (cf. barring): All over ～ the shouting. ⇨ shouting 成句 / ～ one 一つを除いて / ～ three [two, one]〘競馬〙(賭け率を決めるときに, すでに名の出ている) 3 [2, 1] 頭の馬を除いて《★ 数字を省略して用いることもある》.

bár nóne 例外なく, 一つ残らず: the best student, ～ *none* (誰と比べても)例外なく最も優秀な学生. (1866)

〖n.: ? lateOE *barre* ◻ (O)F < VL **barra(m)* a bar ← ?. ― v.: (c1280) *barre(n)* ◻ (O)F *barrer* to bar ← *barre* (n.)〗

bar[2] /bɑ́ə | bɑ́ː(r)/ *n.*《米》蚊帳(ｶﾔ). 〖(1847) ◻ Louisiana-F *boire*〗

bar[3] /bɑ́ə | bɑ́ː(r)/ *n.* **1**〘物理〙バール《圧力の単位; =1 dyne/cm²》. **2**〘気象〙バール《気圧の単位; =10^5 Pa (パス

カル)=10⁶ dyn/cm²; cf. centibar, decibar, millibar). 〚(1903) □ G ～ □ Gk *báros* weight〛

bar⁴ /bάə | bά:ʳ/ *n.* 〘魚類〙=maigre². 〚(1724) □ F ～ □ Du. *baars*: cf. bass²〛

B

bar⁵ /bάə | bά:ʳ/ *n.* 《英南西部方言》ゲームの規則[罰則]の適用免除. ― *int.* タイム《ゲーム中にルールの適用免除を求めるときの発声》.

BAR /bάə | bά:ʳ/ 《略》〘電算〙base address register ベースアドレスレジスター《コンピューターにおいて, アドレスの上位の所定数のビットを記憶するレジスター》; Browning automatic rifle.

bar. 《略》barleycorn; barometer; barometric; barrel; barrister.

Bar. 《略》〘音楽〙Baritone; Barrister; 〘聖書〙Baruch.

B.Ar. 《略》Bachelor of Architecture.

bar- /bær, bɛr | bær/ (母音の前にくるときの) baro- の異形.

Bar- /bάə | bɑ:ʳ/ *pref.* …の息子《ユダヤ人の父称の前で使われる; 例 Bar-Kochba》.

Ba·rab·bas /bərǽbəs/ *n.* バラバ《キリストの代わりに放免された盗賊; cf. *Matt.* 27:16–26; Pilate》. 〚□ LL ～ □ Gk *Barabbâs* □ Aram. *bar abbā* son of the master: ⇨ Abba〛

bara brith /bǽrəbríθ/ *n.* バラブリス《紅茶に浸したドライフルーツを使って作るウェールズの伝統的なフルーツケーキ》.

Ba·ra·cal·do /bɛ̀rəkά:ldou, bɑ̀:- | -dəu/; *Sp.* barakáldo/ *n.* バラカルド《スペイン北部, Basque の都市》.

bar·ag·no·sis /bæ̀rægnóusɪs | -náusɪs/ *n.* 〘医学〙重量圧感喪失. 〚← NL ～: ⇨ baro-, a-⁷, -gnosis〛

Ba·ra·ka /bərά:kə/, **Imamu Amiri** *n.* バラーカ《1934– ; 米国の詩人・劇作家; 急進的な黒人運動家; *Slave Ship* (1967); もとの名は LeRoi Jones》.

Bar·a·nof /bǽrənɔ̀(:)f, -nɑ̀(:)f | -nɔ̀f/ *n.* バラノフ島《米国 Alaska 州南東部 Alexander 諸島にある島; 面積 4,167 km²》.

Bá·rá·ny /bά:ra:njə; *Hung.* bá:ra:ɲ/, **Robert** *n.* バーラーニ《1876–1936; ハンガリー系のオーストリアの医学者; Nobel 医学生理学賞 (1914)》.

ba·ra·sin·gha /bɑ̀:rəsíŋgə/ *n.* 〘動物〙バラシンガジカ (⇨ swamp deer). 〚(1862) □ Hindi *bārahsiṅghā* (原義) having twelve tines ← *bārah* twelve+*sin* horn〛

Ba·rat /bɑ:rά:, bæ-; *F.* baʀa/, **Saint Ma·de·leine So·phie** /mædlɛn sɔfi/ *n.* バラ《1779–1865; カトリック女子修道会聖心会 (Society of the Sacred Heart) を創設したフランスの修道女》.

bar·a·the·a /bǽrəθí:ə, bɛ̀r- | bæ̀r-/ *n.* バラシーア服地《絹・レーヨン・綿・羊毛などでつくる破畝(はうね)織の目の細かい織物; 特にコートやジャケット用》. 〚(1862) ← *Barathea* (商標)〛

bar·a·thrum /bǽrəθrəm, bərǽθ-/ *n.* (*pl.* **-a·thra** /-rə/) 底なしのふち, 深淵. 〚(1520) □ L ～ □ Gk *bárathron*〛

ba·ra·za /bərά:zə/ *n.* 《アフリカ東部》 **1** 集会場. **2** 集会, 商談, 交渉. 〚(1892) ← Swahili (現地語)〛

barb¹ /bάəb | bά:b/ *n.* **1 a** (矢じり・釣針などの)あご, かかり, かえり (⇨ fishhook 挿絵). **b** (有刺鉄線の)とげ, さかとげ: ⇨ barbed wire. **2** 矛先, とげ(のある言葉); あら探し的評言; 痛烈な批評. **3** (中世に用いられた)白布の覆い《現在は一部の修道女のみ使用》. **4** 〘生物〙 **a** ひげ状の物. **b** =barbel 1. **5** 〘鳥類〙羽枝. **6** 〘魚類〙バルブ《コイ科 *Barbus* 属または *Puntius* 属の鑑賞用淡水魚の総称; ロージーバルブ (*B. conchonius*) など》. **7** [*pl.*] 〘獣医〙牛・馬の舌の下にある粘膜の乳嘴(にゅうし)状突起《特に, 炊衝(きんしょう)を起こしたときのもの》. **8** 〘紋章〙バーブ《バラの花弁の間に見える萼》. **9** 《廃》あごひげ (beard). ― *vt.* …にあご[かかり, さかとげ]を付ける: ～ a hook 釣針にあごを付ける. 〚(1305) *barbe* □ (O)F < L *barbam* 'BEARD'〛

barb² /bάəb | bά:b/ *n.* **1** バーバリ馬《ムーア人が Barbary からスペインに持って来た種類》. **2** バーバリバト《短くて太いくちばしの伝書バトの一種》. **3** 《豪》黒色のケルピー犬 (kelpie). 〚(1636) □ F *barbe* □ It. *barbero* of Barbary: cf. Barbary, Berber〛

barb³ /bάəb | bά:b/ *n.* (口語) =barbiturate. 〚1967〛

BARB /bάəb | bά:b/ *n.* 《英》視聴率調査機構. 〚(頭字語) ← *B*(*roadcasters'*) *A*(*udience*) *R*(*esearch*) *B*(*oard*)〛

Barb. 《略》Barbados; Barbara.

bar·ba /bάəbə | bά:-/ *n.* 〘医学〙 **1** 須毛(すもう), (あごの)ひげ. **2** 毛髪, 毛. 〚← NL ～: ⇨ barb¹〛

Bar·ba·di·an /bɑəbéɪdiən | bɑ:béɪd-/ *adj.* バルバドスの; バルバドス人の. ― *n.* バルバドス人. 〚(1732): ⇨ Barbados ↓, -ian〛

Bar·ba·dos /bɑəbéɪdous | bɑ:béɪdɔs, -dəs/ *n.* バルバドス《西インド諸島東端の島で, 英連邦内の国; もと西インド諸島連邦 (Federation of the West Indies) の一員であったが, 1966 年独立; 面積 430 km², 首都 Bridgetown》. 〚1902〛

Barbádos áloe *n.* 〘植物〙トウロカイ, シンアロエ, ホンアロエ, バルバドスアロエ (*Aloe vera*)《アフリカ北部原産のユリ科のアロエの一種》.

Barbádos flówer fènce *n.* 〘植物〙=PRIDE of Barbados.

Barbádos líly *n.* 〘植物〙キンサンジゴ (*Hippeastrum puniceum*)《熱帯アメリカ原産ヒガンバナ科の園芸種》.

Barbádos príde *n.* 〘植物〙 **1** =PRIDE of Barbados. **2** =red sandalwood 2. 〚1885〛

Barbádos ròyal pálm *n.* 〘植物〙セダカ[カリブ]ダイオウヤシ (*Roystonea oleracea*)《西インド諸島原産のダイオウヤシの一種; 若芽は食用》.

Bar·ba·ra¹ /bάəb(ə)rə | bά:-/ *n.* バーバラ《女性名; 愛称形 Bab, Babbie, Babs; 異形 Barbra》. 〚□ L ～ ← ? *barbarus* 'strange, BARBAROUS': ⇨ -A¹〛

Bar·ba·ra², b- /bάəb(ə)rə | bά:-/ *n.* 〘論理〙三段論法の第一格の第一式; 論理学的訓練. 〚(1589) □ L ～ 'barbarous things': *barbara celarent* … で始まる三段論法の格および式の記憶に役立つ一種のラテン文戯詩(いわゆる格式覚え歌 (mnemonic verses)) の冒頭の語で, 三つの a を含み第一格第一式の特色を想起させるという理由で選ばれたもの〛

bar·ba·ra·la·li·a /bɑ̀əbərəléɪliə | bɑ̀:-/ *n.* **1** 外国なまりの発音[抑揚]. **2** 〘医学〙難語発音障害. 〚← NL ～ ← *barbara-* (← Gk *bárbaros* foreign)+-LALIA〛

bar·bar·i·an /bɑəbέ(ə)riən | bɑ:bέər-/ *n.* **1** 未開人, 野蛮人. **2** 野蛮な人, 野卑な人, 野人; (Matthew Arnold のいわゆる) 教養のない人, 俗物《教養を忘れてスポーツや快楽に浮身をやつす貴族》. **3** (特に, ルネサンス期のイタリアにおいて)イタリア生まれでない人. **4** 外国人, 異邦人. ★ もとは, 言語習慣などを異にする異邦人 (foreigner) の意味で古代ギリシャ・ローマ人, ルネサンス時代のイタリア人, キリスト教国人などによって用いられた. **5** 不道徳な人. ― *adj.* **1** 未開[野蛮]人の; 未開[野蛮]な (uncivilized): ～ customs 野蛮人の風習. **2** 教養の欠けた, 粗野な (uncultured): a ～ person 野蛮な人. **3** 外国の, 異邦の (cf. *n.* 4). **～·ism** /-nìzm/ *n.* 〚(a1300) *barbarien*(*e*) □ OF *barbarien* ← L *barbaria* foreign country ← *barbarus* 'BARBAROUS'〛

SYN 野蛮な: **barbarian** 《通例軽蔑》未開・野蛮を表す最も一般的な語: a *barbarian* tribe 未開部族. **barbaric** 《通例軽蔑》*barbarian* とほぼ同義だが, 洗練さを欠いている意味もあり, ときに野性的な魅力を持つという意味にもなる: Head-hunting is a *barbaric* custom. 首狩りは野蛮な習慣である. **barbarous** 《軽蔑》野蛮ではなはだしく残忍な; 悪趣味で無教養な: *barbarous* peoples 野蛮な民族 / *barbarous* warfare 残虐な戦争. **savage** 《軽蔑》原始的・野蛮・獰猛(どうもう)さを表す最も意味の強い語: a *savage* tiger 獰猛な虎. **ANT** civilized, cultured

---

bar·bar·ic /bɑəbǽrɪk, -bέr- | bɑ:bǽr-/ *adj.* **1** 野蛮人の(ような), 野蛮な, 原始的な, 未開の; 残忍な (⇨ barbarian SYN): ～ invaders 野蛮な侵略者たち / Their traits are ～ rather than Teutonic. 彼らの特性はチュートン民族的というよりは野蛮人風だ. **2** 〈文体・表現など〉洗練されていない, 荒けずりの: ～ splendor [ornaments] 野卑な豪華さ[装飾]. **bar·bár·i·cal·ly** *adv.* 〚(c1395) □ (O)F *barbarique* // L *barbaricus* foreign □ Gk *barbarikós* ← *bárbaros*: ⇨ barbarous, -ic¹〛

bar·ba·rism /bάəbərìzm | bά:-/ *n.* **1** 野蛮, 未開(状態): a state of ～ / live in ～ 野蛮な生活をする. **2** 蛮行, 暴虐行為. **3 a** 野蛮な風習, 粗野なふるまい[言葉遣い]; 生硬な文体. **b** 外国語濫用, 誤用した語(句), 破格語法[構文]; 卑語. 〚(a1447) □ (O)F *barbarisme* // L *barbarismus* impropriety of speech □ Gk *barbarismós*: ⇨ barbarous, -ism〛

bar·bar·i·ty /bɑəbǽrəṭi, -bέr- | bɑ:bǽrɪ̣ti/ *n.* **1** 残虐, 暴虐, 残酷. **2** 蛮行, 暴虐[残虐]行為. **3** (文体・趣味などの)粗野. **4** 野蛮, 未開(状態). 〚(1570) ← L *barbarus*+-ITY: ⇨ barbarous〛

bar·ba·ri·za·tion /bɑ̀əbərɪzéɪʃən | bɑ:bəraɪ-, -rɪ-/ *n.* **1** 野蛮化. **2** (言葉・文体などの)不純化, 破格. 〚(1822): ⇨ ↓, -ation〛

bar·ba·rize /bάəbəràɪz | bά:-/ *vt.* **1** 野蛮化する, 蛮風にする. **2** 〈言葉・文体などを〉不純化する, 野卑にする. ― *vi.* **1** 野蛮になる. **2** 不純[野卑]になる. 〚(1644) ← BARBAROUS+-IZE: cf. Gk *barbarízein*〛

Bar·ba·ros·sa /bɑ̀əbəróusə, -rά(:)s- | bɑ̀:bərɔ́sə/ *n.* バルバロッサ: **1** ⇨ Frederick Barbarossa. **2** (1483?–1546) Barbary 海岸の海賊, のちにオスマントルコの提督; 本名 Khayr ad-Din といい, Barbarossa はヨーロッパ人がつけたあだ名. 〚□ It. ～ ← *barba* 'BEARD'+*rossa* red〛

bar·ba·rous /bάəb(ə)rəs | bά:-/ *adj.* **1** 野蛮な, 未開の (uncivilized) (⇨ barbarian SYN): ～ countries, peoples, etc. **2** 残忍な, 残酷な (cruel): ～ treatment, conduct, etc. / He is utterly ～ (in his behavior). やつは(行動が)全く残忍だ / It was ～ of him to do that. そんなことをするなんてむごい. **3** 〈人・態度など〉粗野な, 教養に欠ける, 〈風習・趣味など〉野蛮な, 野卑な (unrefined); 〈言語が〉ラテン・ギリシャ以外の, 異国語の, 粗野な (crude); 〈音が〉不快な, 耳障りな: ～ habits / wild and ～ music 騒々しい耳障りな音楽. **～·ly** *adv.* **～·ness** *n.* 〚(c1405) □ L *barbarus* □ Gk *bárbaros* foreign, (原義) ? stammering: ⇨ -ous〛

Bar·ba·ry /bάəb(ə)ri | bά:-/ *n.* バーバリ(地方)《アフリカの北部, エジプトの西から大西洋岸に至る地域》. 〚(?a1300) □ L *barbaria*: ⇨ ↑, -ia¹: cf. Berber〛

Bárbary ápe *n.* 〘動物〙バーバリマカク[エイプ] (*Macaca sylvanus*)《アフリカ北部および Gibraltar の山地や荒地にすむ尾なしザル》. 〚1864〛

Bárbary Cóast *n.* [the ～] **1** バーバリ海岸《Barbary 地方の地中海沿岸地方; 16–19 世紀にこの地方に海賊が暴れ回った》. **2** 〚(1880)〛バーバリコースト《1906 年の地震以前, 賭博・売春などで悪名の高かった San Francisco の暗黒街》.

Bárbary shéep *n.* 〘動物〙=aoudad. 〚c1898〛

Bárbary Státes *n. pl.* [the ～] バルバリ諸国; ベルベル人の国々《16–19 世紀 Morocco, Algiers, Tunis, (リビアの) Tripoli など北アフリカ諸国の総称》.

bar·bas·co /bɑəbǽskou | bɑ:bǽskəu/ *n.* (*pl.* ～**s**) 〘植物〙アメリカインディアンによって魚を殺すのに使われた各種の植物; (特に)ムクロジ科ガラナ属の矢毒に用いる植物 (*Paullinia pinnata*). 〚(1860) □ Am.-Sp. ～ (変形) ? ← Sp. *verbasco, varbasco* mullein □ L *verbascum*〛

bar·ba·stelle /bɑ̀əbəstél | bɑ̀:-/ *n.* 〘動物〙ヨーロッパチチブコウモリ (*Barbastella barbastellus*). 〚(1791) □ F. ～ □ It. *barbastrello*〛

bar·bate /bάəbeɪt | bά:-/ *adj.* **1** 〘動物〙ひげのある. **2** 〘植物〙〈茎・葉など〉長い硬毛のある; 〈実など〉芒(のぎ)のある; ひげ状の房のある. 〚(1853) □ L *barbātus* bearded: ⇨ barb¹, -ate²〛

bárb bòlt *n.* 〘機械〙=rag bolt.

barbe /bάəb | bά:b/ *n.* =barb¹ 3. 〚ME: ⇨ barb¹〛

bar·be·cue /bάəbɪkjù: | bά:-/ *n.* **1 a** (豚・牛肉などの)焼き網, 鉄灸(てっきゅう), 丸焼き台. **b** 焼き網付きの携帯用野外炊事炉. **2** (バーベキューが出る)野外の大パーティー; (戸外の)焼肉パーティー. **3** バーベキュー, 焼肉《牛・豚・鳥・魚などを丸ごとまたは切って直火(じかび)で焼いたもの》. **4** バーベキュー料理専門店. ― *vt.* **1** 〈豚などを〉(火の上で)丸焼きにする; 〈牛肉や豚肉を〉あぶる. **2** 〈獣肉や魚肉を〉バーベキューソースで辛口に料理する. ― *adj.* **1** バーベキューの. **2** バーベキューで調理された: ～ ribs バーベキューリブ. **bár·be·cù·er** *n.* 〚(1661) □ Am.-Sp. *barbacoa* ← ? S-Am.-Ind. (Taino) (西インド諸島で用いる魚肉や獣肉をあぶる木製架)〛

bárbecue pìt *n.* バーベキューピット《戸外でのバーベキュー用に火を起こすための炉》. 〚1957〛

bárbecue sàuce *n.* バーベキューソース《トマト・タマネギ・ニンニクなどに調味料・香辛料を合わせて作る》.

barbed *adj.* **1** 〈釣針などが〉あごのある, かかり[さかとげ]をつけた: a ～ fishhook あごのある釣針. **2** 刺すような, 痛烈な (stinging): ～ words とげのある言葉 / ～ wit 鋭い才知. **3** 〘紋章〙 **a** 〈バラが〉花弁の色と異なるバーブ (barb) のある: a rose gules ～ vert 赤いバラで萼は緑. **b** 〈矢が〉矢柄と違う色合いの矢じりのついた: an arrow argent ～ azure 青い矢じりのついた銀色の矢. **～·ness** *n.* 〚(1611): ⇨ barb¹, -ed 2〛

bárbed tríbutary *n.* (上流の方向に向かって逆向きに本流に合流する)支流.

bárbed wíre *n.* (鉄条網用の)有刺(鉄)線, 有刺鉄条, 鬼線: ～ entanglements 有刺鉄条網. 〚1881〛

bárbed-wíre gràss *n.* 《豪》〘植物〙オガルカヤの一種 (*Cymbopogon refractus*)《イネ科の多年草》.

bar·bel /bάəbəl, -bl̩ | bά:-/ *n.* **1** (魚の)触鬚(しょくしゅ). **2** 〘魚類〙 **a** バーベル (*Barbus barbus*)《ヨーロッパ産の上あごに 4 本の触鬚のあるコイ科の魚; 形はニゴイに似る》. **b** *Barbus* 属の各種の魚類の総称. 〚(a1450) □ OF ～ (F *barbeau*) < LL *barbellum* (dim.) ← L *barbus* barbel ← *barba* 'BEARD'〛

bar·bell /bάəbèl | bά:-/ *n.* バーベル《長い棒の両端に円盤のついた重量挙げ用具》. 〚(1887) ← BAR¹+(DUMB)-BELL〛

Bár Bèll *n.* 〘劇場〙(場内の酒場や休憩室の人に知らせる)休憩時間終わりのベル.

bar·bel·late /bάəbəlèɪt | bά:-/ *adj.* 〘生物〙短い剛毛のある. 〚(1847) ← NL *barbella* (dim.) ← L *barbula* little beard (dim.) ← *barba* 'BEARD': ⇨ -ate²〛

bar·be·que /bάəbɪkjù: | bά:-/ *n.*, *vt.* =barbecue.

bar·ber /bάəbə | bά:bəʳ/ *n.* **1** 理髪師, 床屋: a ～'s chair=barber chair / at the ～'s (shop) 《英》理髪店[床屋]で. ★ ラテン語系形容詞: tonsorial. 日英比較 日本語の「床屋」は理髪店も理髪師も指すが, 英語の *barber* は「理髪師」の意味のみ.「理髪店」は《米》barbershop.《英》barber's (shop) という. **2** 〘気象〙=frost smoke 1. ― *vt.* **1** 〈理髪師が〉〈客〉の調髪をする, 顔・ひげをそる. **2** 〈芝生などを〉刈る. ― *vi.* 理髪業を営む. 〚(?a1300) *barbour* □ AF *barber, barbour*=OF *barbeor* < ML *barbātōrem* ← L *barba* 'BEARD': ⇨ -er¹〛

Bar·ber /bάəbə | bά:bəʳ/, **Samuel** *n.* バーバー《1910–81; 米国の作曲家》.

bárber chàir *n.* (伸縮調節可能な)床屋用椅子.

bárber còllege *n.* 《米》理容学校.

bárber-mònger *n.* 《Shak》床屋に足しげく通う人, 気取り屋. 〚(1604–5): ⇨ monger〛

bárber pòle *n.* 床屋の看板柱,「アメンボ」《赤・白または赤・白・青のだんだら塗りにした(回転)棒; もと床屋が一種の外科医で, 放血手術の包帯と血を表象したものという; cf. barber-surgeon》.

bar·ber·ry /bάəbèri | bά:b(ə)ri/ *n.* **1** 〘植物〙メギ《メギ科メギ属 (*Berberis*) の低木の総称》; (特に)ヒロハヘビノボラズ (*B. vulgaris*)《黄色の花とオレンジまたは赤色の実をつける》. **2** メギの実. ― *adj.* メギの. 〚(a1400) *barberie* □ OF *berberis* □ ML *barbaris* □ Arab. *barbārīs*: 現在の形は BERRY の影響〛

bárber's blóck *n.* かつら台, かつら掛け《木製》. 〚1836〛

bárber·shòp *n.* 《米・カナダ》 **1** 理髪店[室], 床屋 (《英》barber's (shop)) (⇨ barber 日英比較). **2** 理髪業. ― *adj.* 《米口語》〘音楽〙(無伴奏の)男声四部合唱の, 密集四声の: a ～ quartet バーバーショップカルテット《男性密集和声の四部合唱隊》. 〚1579〛

bárbershop mùsic *n.* 床屋の音楽《16–18 世紀英国の理髪店では盛んに音楽が演奏されたが, この伝統は米国では 20 世紀まで続き, 特有の和声・服装・身振りを伴う男声合唱による演奏スタイルを指すようになった》.

bárber's ítch *n.* **1** (顔・首などひげのある部分の)たむし, (白癬性)毛瘡(もうそう) (tinea barbae)《ぜにたむしの類の皮膚病》. **2** 毛嚢(もうのう)炎, かみそりまけ. 〚1890〛

bárber's póle *n.* =barber pole. 〚1684〛

bárber's rásh *n.* =barber's itch. 〚1906〛

bárber-súrgeon *n.* **1** (昔の)理髪外科医《理髪師のほか外科医・歯科医を兼ねた》. **2** やぶ医者. 〚1627〛

bar·bet /bɑ́əbɪ̀t | bɑ́:bɪt/ *n.* **1** 〘鳥類〙 **a** ゴシキドリ《熱帯地方産ゴシキドリ科の尾の短い美しい小鳥; くちばしの付け根にひげ状の羽がある; cf. coppersmith 2》. **b** =puff-bird. **2** バーベット《長毛のフランス原産の小形のイヌ; poodle の一種》. 〘《1780》◻F ～ (masc. dim.) ← *barbe* (↓)〙

bar·bette /bɑəbét | bɑ:-/ *n.* **1** 〘築城〙《胸壁越しに発砲できるように一段高く築いた砲座. **2** 〘海事〙《軍艦の》露天砲塔《砲塔の下部の装甲円塔》. 〘《1772》◻F ～ (fem. dim.) ← *barbe*: ⇨ barb¹, -ette〙

bar·bi·can /bɑ́əbɪ̀kən | bɑ́:-/ *n.* **1** 《都市または砦の》外防備; バービカン, 《特に》楼門, 橋楼, 《城門・橋上の》物見やぐら, 城門塔. **2** 胸檣の銃眼. **3** [B-] 〘商標〙 バービカン《英国 Bass 社製のビールに似た炭酸飲料》. 〘《c1250》◻OF *barbacane* ◻ML *barbicana* ◻Pers. *barbārkhāna* ← *barbār* guard+*knāna* house〙

Bar·bi·can /bɑ́əbəkən | bɑ́:bɪ̀-/ *n.* [the ～] バービカン《London にある複合ビル; 住居と共に, コンサートホール・展示ホール・劇場・映画館などがはいった Barbican Arts Centre (1982) がある》.

bar·bi·cel /bɑ́əbəsèl | bɑ́:bɪ-/ *n.* 〘鳥類〙 小羽枝(しょううし) (barbule) の上の細毛. 〘《1869》← NL *barbicella* (dim.) ← L *barba* 'BEARD'〙

bar·bie /bɑ́əbi | bɑ́:-/ *n.* 《豪・NZ俗》 barbecue の縮約形. 〘1976〙

Bar·bie /bɑ́əbi | bɑ́:-/ *n.* **1** 〘商標〙 バービー人形《金髪・青い眼の着せ替え人形; 現在はいろいろな人種の人形がある; Barbie doll ともいう》. **2** 《軽蔑》《バービーのように》美しいが頭の悪い女性.

bar·bier·ite /bɑəbíᵊraɪt | bɑ:bíə-/ *n.* 〘鉱物〙 バービライト《$NaAlSi_3O_8$ なる組成を有する単斜晶系の長石》. 〘《1910》← *Philippe Barbier* (20 世紀初めのフランスの化学者)+-ITE¹〙

bár bílliards *n. pl.* 《英》〘玉突〙 バービリヤード《小さめの台で行うポケットゲームで時間制限がある》. 〘1966〙

Bar·bi·rol·li /bɑ̀əbərɑ́(:)li | bɑ̀:bɪ̀rɔ́li/, Sir **John** *n.* バルビローリ (1899–1970; 英国の指揮者).

bár bìt *n.* 〘馬具〙《棒状の》銜(はみ), 棒銜.

bar·bi·tal /bɑ́əbətɔ̀:l, -tɑ̀:l | bɑ́:bɪ̀tɪ̀l/ *n.* 《米》〘薬学〙 バルビタール, ジエチルバルビツール酸 ($C_8H_{12}N_2O_3$)《鎮静剤・催眠剤》. 〘《1919》← BARBIT(URIC)+(VERON)AL〙

bárbital sódium *n.* 〘薬学〙 バルビツルナトリウム ($C_8H_{11}N_2O_3Na$)《催眠剤》.

bar·bi·tone /bɑ́əbətòun | bɑ́:bɪ̀təun/ *n.* 《英》〘薬学〙 =barbital. 〘《1914》← BARBIT(URIC)+-ONE〙

bar·bit·u·rate /bɑəbítʃ(ə)rɪ̀t, -tʃurèɪt | bɑ:-/ *n.* **1** 〘化学〙 バルビタール酸塩[誘導体]. **2** 〘薬学〙 精神安定剤, 催眠剤, バルビツレート. 〘《1928》: ⇨ ↓, -ate¹〙

bar·bi·tu·ric /bɑ̀əbətúᵊrɪk, -tjúᵊr-, -tʃúᵊr-, ⸗⸗⸗⸗ | bɑ:bɪtjúər-, bɑ:bítjur-, ⸗⸗⸗⸗/ *adj.* 〘化学〙 バルビタール酸の. 〘《1866》◻F *barbiturique* ← G *Barbitur(säure)* ← BARBARA¹+UR(IC)+*Säure* acid〙

barbitúric ácid *n.* 〘化学〙 バルビタール酸, マロニル尿素 ($C_4H_4N_2O_3$)《この化合物や誘導体は催眠剤》. 〘1866〙

Bár·bi·zon schòol /bɑ́əbəzɑ̀(:)n- | bɑ́:bɪzɔ̀n-; *F.* baʁbizɔ̃-/ *n.* [the ～] 〘美術〙 バルビゾン派《19 世紀中葉のフランス風景画家群; 主に Paris 近郊の村 Barbizon で制作に従事した Corot, Millet, Théodore Rousseau, Daubigny, Dupré などを含む》. 〘1890〙

bárb·less *adj.* 《矢じり・釣針など》かかりのない, あごのない: a ～ hook かかりのないかぎ[釣針]. 〘《1882》: ⇨ barb¹, -less〙

bar·bo·la /bɑəbóulə | bɑ:bə́u-/ *n.* バーボーラ細工 (barbola work)《押し絵, 張り絵》. 〘《1927》← *Barbola*《商標名》← F *barbotine* (粘土泥漿) ← *barboter* dabble〙

bar·bo·tine /bɑ́əbətì:n | bɑ́:-/ *n.* 〘窯業〙 粘土泥漿(でいしょう) (slip). 〘《1865》◻F *barbotine* ← *barboter* to work noisily with the bill in water or mud (as a duck)〙

Bar·bour /bɑ́əbə | bɑ́:bə⁽ʳ/ *n.* 〘商標〙 バーバー《ろう引き防水性のジャケット・コート》.

Bar·bour /bɑ́əbə | bɑ́:bə⁽ʳ/, **John** *n.* バーバー (1316?–96; スコットランドの詩人).

Bar-B-Que /bɑ́əbɪ̀kjù: | bɑ́:-/ *n., vt., adj.* =barbecue (Bar-B-Q ともつづる).

barbs /bɑ́ədz | bɑ́:bz/ *n. pl.* 《俗》 鎮静剤. 〘《短縮》← *barbiturates*〙

bar·bu /bɑəbú: | bɑ:-/ *n.* 〘魚類〙 米国大西洋岸にすむツバメコノシロ属の魚 (*Polydactylus virginicus*). 〘◻F ～ ◻LL *barbūtus=L barbātus*: ⇨ barbate〙

Bar·bu·da /bɑəbú:də | bɑ:bjú:də/ *n.* バーブーダ(島)《西インド諸島, Leeward 諸島中の島; 面積 161 km²; ⇨ Antigua and Barbuda》.

bar·bule /bɑ́əbju:l | bɑ́:-/ *n.* **1** 小さいあご[さかとげ]. **2** 《鳥の羽の》小羽枝(しょううし). 〘《1835》◻L *barbula* (dim.) ← *barba* 'BEARD'〙

Bar·busse /bɑəbú(j)ù:s | bɑ:-; *F.* baʁbys/, **Henri** *n.* バルビュス (1874–1935; フランスの小説家・詩人; *Le Feu*「砲火」(1916)).

bárb·wíre *n.* =barbed wire. 〘1880〙

Bar·ca /bɑ́əkə | bɑ́:-/ *n.* バルカ: **1** 古代カルタゴの政界に勢力のあった一家; Hamilcar, Hasdrubal, Hannibal はこれに属した. **2** キレナイカ (Cyrenaica) 地方にあった古代ギリシャの植民地. **Bár·can** /-kən/ *adj.*

bár càr *n.* 〘鉄道〙 バーを備えた客車. 〘1945〙

bar·ca·role /bɑ́əkəròul | bɑ̀:kərə́ul, -rɔ̃l, ⸗⸗⸗; *F.* baʁkaʁɔl/ *n.* (*also* **bar·ca·rolle** /～/) **1** バルカロール《Venice のゴンドラこぎの舟歌; それを模した音楽; Mendelssohn, Chopin の曲が有名》. **2** 舟歌. 〘《1779》◻F *barcarolle* ◻It. (方言) *barcaruola* boatsman's song ← *barca* boat: ⇨ bark³〙

Bar·ce /*It.* bártʃe/ *n.* バルチェ (Al Marj のイタリア語名).

Bar·ce·lo·na /bɑ̀əsəlóunə | bɑ̀:sɪ̀lə́u-⸗; *Sp.* bàrθelóna/ *n.* バルセロナ: **1** スペイン北東部の地中海に臨む Catalonia 自治州の州都. **2** ベネズエラ北東部の都市. 〘◻L *Barcino* (*Barcilo, Barcinona*) 'discreet, prudent'〙

Barcelóna cháir *n.* バルセロナ椅子《ステンレス枠に革のクッションを付けたひじ掛けのない椅子; 1929 年同地の世界博覧会に展示されたことから》. 〘1965〙

Bárcelona nút *n.* バルセロナナッツ《食用ハシバミ (hazel nut) の実でスペインに産するものをいう》. 〘1880〙

B Arch 《略》 Bachelor of Architecture.

bar·chan /bɑəkɑ́:n | bɑ:-; *Russ.* barxán/ *n.* (*also* **bar·chane** /～/) バルハン, 三日月砂丘《砂漠地帯や砂浜海岸にできる風上側に凸面を向けた三日月形の砂丘》. 〘《1888》◻Russ. *barkhan*〙

bár chàrt *n.* =bar graph. 〘1914〙

bár clàmp *n.* バークランプ (⇨ clamp¹ 挿絵).

Bar·clay /bɑ́əkli, -kleɪ | bɑ́:-/ *n.* バークレー《男性名; 異形 Berkeley》. 〘《原義》'one who came from *Berkeley* (地名:《原義》birch wood)'〙

Bar·clay de Tol·ly /bɑəklɑ́:dətó(:)li, -tɑ́(:)- | bɑ:-klɑ́:dətɔ́li; *Russ.* barklájdjitólʲi/, Prince **Mikhail** *n.* バルクライ デ トルイ (1761–1818; ロシアの陸軍元帥; 1812 年の Napoleon 一世との戦いの総司令官).

Bár·clays Bánk /bɑ́əkliz-, -kleɪz- | bɑ́:-/ *n.* 《英国の》バークレー銀行.

Bar Coch·ba [Coche·ba] /bɑəkóʊ(:)kvɑ:, -kɔ́(:)x- | bɑ:kɔ́k-, -kɔ́x-/, **Simon** *n.* =BAR KOK(H)BA.

bár còde *n.* 〘電算〙 バーコード《光学読取り用のしま状の記号群; 商品などを識別するのに用いる; cf. Universal Product Code》. 〘1963〙

Bar·coo /bɑəkú: | bɑ̀:-⸗/ *adj.* 《豪口語》 オーストラリアの奥地の, ど田舎の. 〘《1889》↓〙

Bárcoo Ríver *n.* [the ～] バークー川 (Cooper Creek の別称).

Bárcoo rót *n.* 《豪》 バークーただれ《慢性の皮膚潰瘍》. 〘1898〙

Barcóo salúte *n.* 《豪口語》 顔のハエを払う手のしぐさ.

bard¹ /bɑ́əd | bɑ́:d/ *n.* **1** 《古代ケルト族の》楽人, 吟唱[遊]詩人, 放浪楽人. **2** ウェールズ芸術祭 (eisteddfod) で認められた詩人. **3** 《古・文語》 詩人 (poet).
Bárd (of Ávon) [the —] エイボンの歌人《Shakespeare のこと》. (1881)
〘《c1450》◻Ir.-Gael. & Sc.-Geal *bārd* < OCelt. **bardos* (Welsh *bardd*)〙

bard² /bɑ́əd | bɑ́:d/ *n.* **1** [通例 *pl.*] 馬よろい. **2** 豚の背脂の薄切り《肉などに巻き, 脂分を補って調理するためのもの》. — *vt.* **1** 《馬》に馬よろいをつける. **2** 《肉など》に豚の背脂の薄切りを巻く. 〘《1480》◻(O)F *barde* ∥ It. & Sp. *barda* horse armor ◻Arab. *bárdaʻaʰ* packsaddle〙

Bard /bɑ́əd | bɑ́:d/ *n.* バード《男性名》. 〘⇨ Baird〙

barde /bɑ́əd | bɑ́:d/ *n., vt.* =bard².

bar·dee /bɑ́əḍi | bɑ́:di/ *n.* =bardy².

Bar·deen /bɑədí:n | bɑ:-/, **John** *n.* バーディーン (1908–91; 米国の物理学者; Nobel 物理学賞 (1956, 1972); cf. BCS theory).

bar·di /bɑ́əḍi | bɑ́:di/ *n.* =bardy².

bár diagram *n.* =bar graph. 〘1923〙

bard·ic /bɑ́əḍɪk | bɑ́:d-/ *adj.* 吟唱[遊]詩人 (bard) の: ～ poetry 吟唱詩歌. 〘《1775》: ⇨ bard¹, -ic¹〙

bar·die /bɑ́əḍi | bɑ́:di/ *n.* =bardy².

bard·let /bɑ́ədlɪ̀t | bɑ́:d-/ *n.* =bardling. 〘1867〙

bard·ling /bɑ́ədlɪŋ | bɑ́:d-/ *n.* 小詩人, へぼ詩人. 〘《1813》← BARD¹+-LING¹〙

bar·do /bɑ́əḍou | bɑ́:dəu/ *n.* 〘チベット仏教〙 中有(ちゅうう), バルド.

bard·ol·a·ter, B- /bɑədɑ́(:)ləṭə | bɑ:dɔ́lətə⁽ʳ/ *n.* シェークスピア礼賛者[崇拝者]. 〘《1903》← *Bard* (of *Avon*) (⇨ bard¹)+(ID)OLATER〙

bard·ol·a·try, B- /bɑədɑ́(:)lətri | bɑ:dɔ́l-/ *n.* シェークスピア (Bard of Avon) 崇拝. 〘《1901》: ⇨ ↑, idolatry〙

Bar·dolf /bɑ́ədɑ(:)lf | bɑ́:dɔlf/ *n.* バルドルフ《男性名》. 〘◻OHG *Berhtolf* ← *beraht* 'BRIGHT'+*wolf* 'WOLF'〙

Bar·do·li·no /bɑ̀əḍəlí:nou | bɑ̀:dəlí:nəu; *It.* bardolí:no/ *n.* バルドリノ《軽い良質のイタリア産赤ぶどう酒》. 〘《1934》← イタリアのガルダ湖畔の村の名〙

Bar·dot /bɑədóu | bɑ:dəu; *F.* baʁdo/, **Bri·gitte** /briʒit/ *n.* バルドー (1934– ; フランスの映画女優).

bard·y¹ /bɑ́əḍi | bɑ́:di/ *adj.* 《スコット》 厚かましい, ずぶとい, 出しゃばりな. 〘《1788》← ? BARD¹+-Y¹〙

bar·dy² /bɑ́əḍi | bɑ́:di/ *n.* 〘昆虫〙 オーストラリアに生息し木材を食害するカミキリムシ科の昆虫 (*Bardistcos cibaricus*) またはその幼虫《先住民は食用とする》.
Stárve the bárdies! 《豪俗》 へえ, いやはや《驚き・嫌悪を表す》.
〘《1926》← Austral.《現地語》〙

bare¹ /béə | béə⁽ʳ/ *adj.* (**bar·er; -est**) **1 a** 衣類をつけてない, 裸の (naked): be in one's ～ skin 真っ裸になっている / have one's head ～ 頭に何もかぶらないでいる / walk with ～ feet [with one's feet ～] 素足で歩く / ～ to the waist 腰まで裸になって. **b** 《毛髪・肉・樹木・樹皮など, 本来あるべき》覆い[保護物]のない, むき出しの, 露出した, 《樹木が》葉のない: a person's ～ upper lip 口ひげのない鼻の下 / ～ branches 葉を落とした枝 / a ～ hillside 木の生えていない山腹 / lie on the ～ earth [ground]《何も敷かないで》地べたに寝る / with ～ head 無帽で / pick a bone ～ 骨をつついて肉をきれいに取る. **c** 武器をもたない. ★ 通例次の句で: with one's ～ hands 素手(すで)で. **d** 《刀が》鞘(さや)から抜いた, 抜身の: a ～ sword. **e** 《布が》すり切れた (threadbare). **2 a** 空の, がらんとした, 《部屋が》家具のない, 備えつけのない, 《壁が》飾りのない: ～ walls《額など掛かっていない》裸の壁 / a ～ treasury 空の金庫 / under [with] ～ poles ⇨ pole¹ *n.* 3 b / a ～ floor=～ boards《敷物の敷いてない》むき出しの床(ゆか) / The room looked ～. 部屋はがらんとしていた. **b** 〔…が〕ない, なくて, 空で (destitute) 〔*of*〕: trees ～ *of* leaves 葉の落ちた木 / The room is ～ *of* furniture. 部屋は家具もなくて空っぽだ / The cupboard is ～ (*of* food). 戸棚は《食物が》空だ. **3** かろうじての, ようやくの; ただ…だけの, ほんのわずかな, かすかな: a ～ hundred pounds ようやく 100 ポンドだけ / by a ～ majority 過半数ぎりぎりで / earn a ～ living やっと生きていけるだけの金をかせぐ / the ～ necessities of life やっと命をつなぐだけの必需品 / a ～ [the ～*st*] possibility わずかな可能性[見込み] / escape with ～ life 命からがら逃げる / I shudder at the ～ thought. ちょっと考えただけでもぞっとする. **4** あらわな, 赤裸々の: a ～ account 偽り隠さない話 / a ～ unadorned style 偽りのない飾り気ない文体 / ～ facts ありのままの事実. **5** 《Shak》 荒れ果てた.
láy báre (1) 裸にする, あらわにする (uncover): *lay* one's chest ～ 胸をはだける. (2) 打ち明ける; 漏らす, 口外する, 暴露する (reveal): *lay* one's heart [plans] ～ 意中[計画]を打ち明ける / The secrets were *laid* ～ by the investigating committee. その秘密は調査委員会によって暴かれた.
— *vt.* **1 a** 裸にする, むき出しにする (⇨ strip² SYN): ～ one's head《敬意を表して》帽子をとる / ～ its teeth in a snarl《動物が》歯をむき出してうなる. **b** 《秘密などを》打ち明ける, 暴く: ～ one's heart [soul, thoughts] 心の中[思い]を打ち明ける. **2** 《刀を》抜く (unsheathe): ～ one's sword. **3** …から〔…を〕はぐ, 取り去る, 奪う (strip) 〔*of*〕: ～ trees *of* their fruit 木から果実をもぎ取る.
～·ness *n.* 〘OE *bær* < Gmc **bazaz* (G *bar*) < IE **bhoso* naked〙

SYN むき出しの: **bare** 適当な覆いや飾りのない: *bare* feet はだし / Let me have the *bare* facts. 余計なことはいいから事実だけを教えてくれ. **naked** 《人の体または その一部が》衣服を着けていない: I was stripped *naked*. 丸裸にされた. 比喩的な意味では bare よりも意味が強い: the *naked* truth ありのままの真実. **nude** 《美術品が》裸体の: a *nude* statue 裸体像. **ANT** covered, clothed.

---

bare² *v.* 《古》 bear¹ の過去形.

báre·àssed *adj.* 《米俗》 素っ裸の.

báre·bàck *adj., adv.* **1** 《馬が》裸背の[で], 鞍なしの[で]: ride ～ 裸馬に乗る. **2** 《卑》《男が》避妊具を用いない(で). 〘1562〙

báre·bàcked *adj., adv.* =bareback 1. 〘《1628》: ⇨ ↑, -ed 2〙

báre·bèlly *n.* 《豪》 腹部に毛のない羊. 〘*c*1875〙

báre·bòat *adj.* 〘海運〙 裸(はだか)用船の: a ～ charter 裸用船契約《用船主が船の運航費・修繕費・保険費・船員の給料などを全部負担する方式》. 〘*c*1949〙

báre·bòne *n.* やせた人. 〘*c*1595〙

báre bónes *n. pl.* 骨子, 要点 (⇨ bone¹ 3). 〘1915〙

Báre·bònes Párliament *n.* 〘英史〙 ベアボーンズ議会 (1653 年 7 月 4 日に招集された Cromwell ら軍指導者による議会; 有力議員 Praise-God Barbon のあだ名にちなむ; Little Parliament ともいう).

báre condúctor *n.* 〘電気〙 裸導体, 裸線《表面が絶縁されていない導体・電線》.

báre cóntract *n.* 〘法律〙 無約因契約《約因 (consideration) を欠くため無効の契約; cf. nudum pactum》. 〘1641〙

báre·fáced /-féɪst⸗/ *adj.* **1 a** 髭(ひげ)のない. **b** 面をつけていない, 素面(すめん)の. **2** むき出しの; あけっぴろげの; 率直な: a ～ insult 公然たる侮辱. **3** 厚かましい, 鉄面皮な, ずうずうしい: ～ impudence 厚面皮なずうずうしさ / a ～ lie しらじらしいうそ. **báre·fáced·ly** /-stli, -sɪ̀d-li/ *adj.* **báre·fác·ed·ness** /-sɪd-, -səd-, -st-/ *n.* 〘《1595–96》: ⇨ bare¹, -ed 2〙

bárefaced ténon *n.* 〘木工〙《胴付が一面しかない》平枘(ひらほぞ)の一種.

báre·físted *adj., adv.* 素手の[で].

báre·fòot *adj., adv.* **1** はだしの[で], 素足の[で]: a ～ boy / be [walk, go] ～ 素足である[歩く, いる]. **2** 《馬が》蹄鉄を打っていない[打たずに]. **3** 〘木工〙《柱など》ほぞ継ぎなしで留めた[て]. 〘OE *bærfōt*: ⇨ bare¹, foot〙

bárefoot dóctor *n.* 《特に中国の》医療補助員《農村などで比較的簡単な医療活動を行う》. 〘1970〙

báre·fóoted *adj., adv.* =barefoot. 〘*c*1410〙

ba·rège /bəréɪʒ; *F.* baʁɛ:ʒ/ *n.* (*also* **ba·rege** /bəréɪʒ/) 《フランスのピレネー地方産の》バレージュ《女性衣料用絹・毛または綿・毛の軽めの混紡織物》. — *adj.* バレージュの. 〘《1828》◻F *barège* ← *Bar(r)èges* (フランス Hautes-Pyrénées の村の名)〙

báre·hánded *adj., adv.* **1** 手をむき出しにした[て]. **2** 素手(すで)の[で], 道具[武器など]をもたない[もたず]. 〘?*a*1425〙

báre·hèad *adj., adv.* =bareheaded. 〘*c*1320〙

báre·héaded *adj., adv.* 頭をむき出しにして(いる), 帽子なしの[で]: walk ～ in the sun 帽子もかぶらずに日向(ひなた)を歩く. **～·ness** *n.* 〘《*c*1395》: ⇨ ↑, -ed 2〙

Ba·reil·ly /bəréɪli; *Hindi* bərylli/ *n.* バレーリ《インド北部の都市》.

báre infínitive *n.* 〘文法〙 原形不定詞《to のつかない不定詞》.

báre·knúckle *adj.* **1** 《ボクシングで》グラブをつけない,

B

素手の．2 無鉄砲な，むちゃくちゃな; 情け容赦のない，苛烈な: ～ politics 情け容赦のない政策 / ～ criticism 仮借のない批判．— *adv.* 1 グラブをつけず，素手で．2 むやみに，無鉄砲に; 情け容赦なく: fight ～ めちゃくちゃにけんかする．〖1903〗

báre·knúckled *adj., adv.* =bareknuckle. 〖1924〗

báre·légged *adj., adv.* 脚を露出した[して]，靴下を履かない[ないで]．〖《*a*1375》: ⇨ -ed〗

Ba·re·li /bəréɪli; *Hindi* bərylli/ *n.* =Bareilly.

báre·ly *adv.* 1 《口語》わずかに，かろうじて，やっと: She is ～ sixteen. やっと 16 歳だ / He ～ escaped death. なんとか死を免れた / He has ～ enough money to live on. やっと暮らしてゆくだけの金しかない．★「やっと[かろうじて]…する」という肯定的意味を表すのが普通．ただし時に否定的意味になることもある．2 ほとんど…ない (scarcely): She had ～ arrived [*Barely* had she arrived] when [before] it began to rain hard. 着いたかと思うと雨が激しく降り出した．3 《古》赤裸々に，むき出しに．4 裸で．5 貧弱に，乏しく: a ～ furnished room 家具の少ない部屋．6 《古》ただ，単に (merely). 〖OE *bærlīċe*: ⇨ bare[1], -ly[1]〗

Ba·r·en·boim /bǽrənbɔ̀ɪm, bέr-, bɑ́ːr-｜bǽr-/, **Daniel** *n.* バレンボイム《1942–　; アルゼンチン生まれのイスラエルの指揮者・ピアニスト》.

Ba·rents /bǽrənts, bέr-, bɑ́ːr-｜bǽr-; *Du.* bɑ́ːrənts/, **Willem** *n.* バレンツ《1550?–97; オランダの航海者・北極探検家; the Barents Sea は彼の名にちなむ》.

Bárents Séa *n.* [the ～] バレンツ海《ヨーロッパ北東部と Spitsbergen 諸島, Franz Josef Land, Novaya Zemlya との間の北極海の一部》.

bare·sark /bέəsɑək｜bέəsɑːk/ *n.* 〘北欧伝説〙=berserker. — *adv.* 《古》武器を帯びずに，武装しないで. 〖《1840》《なぞり》← ON *berserkr* 'BERSERK'〗

báre wíre *n.* 〘電気〙裸線.

barf /bɑ́əf｜bɑ́ːf/ *vi.* 《米俗》吐く (vomit). — *n.* 嘔吐, ゲロ. 〖《1957》《擬音語》〗

bárf bàg *n.* 《米俗》1 (飛行機内の)嘔吐袋. 2 すごくいやな人, むかつく人.

bár·flỳ *n.* 《口語》酒場を飲み歩く人, バーの常連. 〖《1910》← BAR[1]+FLY[2]〗

bárfly jùmping *n.* バーフライジャンピング《ベルクロ (Velcro) のスーツを着てベルクロでおおわれた壁に向かってジャンプしたり貼り付いたりするスポーツ》.

bár·ful *adj.* 《Shak》障害の多い. 〖《1601–2》← BAR[1]+-FUL〗

bar·gain /bɑ́əgɪn｜bɑ́ː-/ *n.* 1 a (安い)買物, (結果から見て)有利な[不利な]取引[事態]: a good [great] ～ 安い[有利な]買物 / a bad [losing] ～ 高い[損な]買物 / She loves (to get) ～s. バーゲンで買うのが好きだ. b 割安の買物, 特売品, 格安物, 掘出し物, もうけ物; 見切り品: a chance ～ 出物 / buy a ～ 得な買物をする / pick up ～s (at a sale) (売出しで)格安品を掘り出す / It would be a ～ at that price. その値段なら掘出し物だ. 2 a (取引などの)契約, 約定; 売買契約, 取引, 手合わせ: conclude [settle] a ～ 契約を結ぶ / make a ～ *with* …と契約[取決め]をする / strike a ～ 取引を決める, 手を打つ / A ～'s a ～. 約束は約束《約束したことは守らなくてはならない》/ That's [It's] a ～. それで決まった, 約束しましたよ / The ～ is off and that's that! 契約は破談になった, 今さらどうにもならない. b 協定 (agreement); (労働条件に関する)労使間の取決め. [日英比較] バーゲンセールは, 通例 sale とだけ言って *bargain* をつけない (cf. sale). 3 《Shak》値切る交渉 (bargaining).

(at) a bárgain 《口語》安く: I got it *a* ～. 安く手に入れた. ***béat a bárgain*** 値切る. 《1664》 ***drive a (hárd) bárgain*** (相手に譲らず)有利な条件で買う[売る], (…と)有利な取引[取決め]をする (*with*). 《1836》 ***gèt [hàve] the bést of the bárgain*** 《口語》勝つ; うまくやる, (取引など)得をする. ***in [(英) into] the bárgain*** その上に, おまけに. 《*a*1674》 ***kéep one's síde of the bárgain*** (取引・つきあいで)自分の側で引き受けた約束ごとを果たす. ***màke the bést of a bád bárgain*** 逆境に善処する. 《1670》 ***séll a pérson a bárgain*** 《Shak》人に一杯食わせる, 人をかつぐ. 《1594–95》 ***stríke a bárgain*** 売買契約をする. 《1753》

bárgain and sále 〘法律〙土地売買契約および代金支払い. 《1602》

— *adj.* [限定的] 特売(品)の, 格安な, 掘出し物の: a ～ day 特売日 / a ～ price 見切り値段 / ⇨ bargain counter, bargain hunter.

— *vt.* 1 a 約定[契約]する: ～ the price of oil down 石油価格の値下げを取り決める. b [*that*-clause を伴って] 〈…するように〉交渉する, 〈…することを〉協定して決める. 2 〔…と〕交換する (barter) 〔*for*〕: ～ one thing *for* another. 3 [通例 *that*-clause を伴って] 〈…することを〉保証する, 請け合う (pledge). — *vi.* 1 a (売買・契約などについて)話し合う, 駆引きをする: ～ *with* oil-producing nations *about* a price [*for* a constant supply of oil] 産油国と価格の件で[石油の安定供給について]交渉する. b 契約[約定]する: ～ *on* a five-year term 5 年間の条件で契約を結ぶ. 2 値切る (haggle): ～ *away* しつこくいつまでも値切る / ～ *for* an article 品物を値切る. 3 a [通例否定文または more than と共に] 〔…を〕予期[予想]する 〔*for* [(米) *on*]〕: I did not ～ *for* [(米) *on*] that. そんなつもりじゃなかった, それは全く予想外だった / That's *more than* I ～*ed for.* そこまでは私は予期していなかった《予想以上に悪い》/ get *more than* one ～*ed for* 予想以上にいやなことが多い[ひどい目に遭う]. b 〔…を〕当てにする 〔*on*〕: ～ *on* making a fortune 一財産築こうともくろむ.

bárgain awáy (*vi.*) ⇨ *vi.* 2. (*vt.*) 〈土地などを〉安値で[損をして]手放す, たたき売る; (小さな利益に目がくらんで)〈権利・自由などを〉放棄する. ***bárgain for*** (1) ⇨ *vt.* 2. (2) ⇨ *vi.* 1 a, 3. (3) …を安く手に入れようとする.

〖*n.*: 《*c*1333–52》□ OF *bargai(g)ne* ← *bargai(g)nier.* — *v.*: 《*c*1380》□ (O)F *bargai(g)nier* □ ? Frank. **borganjan* ← IE **bhergh-*: ⇨ bury〗

bárgain-bàsement *adj.* 格安の; 〈物が〉下等の, 粗悪な: at ～ rates 格安の値段で. 〖1948〗

bárgain básement *n.* (デパートの地階)特売場. 〖1899〗

bárgain-còunter *adj.* =bargain-basement.

bárgain cóunter *n.* 特売品カウンター. 〖1888〗

bar·gain·ee /bɑ̀əgɪníː, ⌐⌐⌐｜bɑ̀ːgɪníː/ *n.* 〘法律〙BARGAIN and sale における買主 (↔ bargainor). 〖《1598》: ⇨ -ee[1]〗

bár·gain·er *n.* 売買の交渉者. 〖《*a*1460》: ⇨ -er[1]〗

bárgain hùnter *n.* 掘出し物[特売品]あさりをする人. 〖1791〗

bárgain hùnting *n.* 掘出し物[特売品]あさり.

bár·gain·ing *n.* 取引, 交渉: ⇨ collective bargaining. 〖《*c*1390》: ⇨ -ing[1]〗

bárgaining àgent *n.* 〘労働〙交渉代表(権者)《労使の団体交渉で全労働者を正式に代表する者; 通常は労働組合》.

bárgaining chìp *n.* 交渉を有利に導く材料[切り札]. 〖1965〗

bárgaining cóunter *n.* 《英》=bargaining chip.

bárgaining lèvel *n.* 〘労働〙《政府・産業・企業・事業所といった》団体交渉が開かれる組織上のレベル.

bárgaining posítion *n.* 交渉を有利に導く立場[情勢].

bárgaining pòwer *n.* 取引を有利に運ぶ力[余地].

bárgaining scòpe *n.* 〘労働〙(団体交渉における)交渉項目[事項].

bárgaining tàble *n.* [the ～] 交渉のテーブル[席].

bárgaining ùnit *n.* 交渉単位[団体].

bar·gain·or /bɑ̀əgɪnɔ́ə, ⌐⌐⌐, bɑ́əgɪnə｜bɑ̀ːgɪnɔ́ː, bɑ́ːgɪnə/ *n.* 〘法律〙BARGAIN and sale における売主 (↔ bargainee). 〖《1602》← BARGAIN+-OR[2]〗

barge /bɑ́ədʒ｜bɑ́ːdʒ/ *n.* 1 (運河・河川・港内で通例他船に曳航されて荷物を運ぶ)平底の荷船, はしけ, 伝馬(てん)船: a ship's ～ 艦船付属の運貨船[はしけ]. 2 大型遊覧船; (特に, 儀式用に優美に装飾をこらした)御座船. 3 〘海軍〙司令官艇, 将官艇, 長官艇《艦船付属の司令官用舟艇》. 4 (shell よりも幅が広く重い) 練習用ボート. 5 《ニューイングランド》(駅からホテルなどに団体を運ぶ)大型乗合馬車. 6 [cf. bargee:「船頭の使うような乱暴な言葉」の意から] 《俗》議論, 討論. 7 《口語・軽蔑》おんぼろの船. — *vt.* 1 [～ one's way として] 《口語》かき分けて進む: He ～*d his way through* the crowd. 群衆の中をかき分けかき分け進んだ. 2 はしけで運ぶ. 3 (帆走レースで)〈他船に〉強引に接近する. — *vi.* 1 《口語》どたばたと動き回る; 乱暴に突進する[突き当たる]: ～ *about* [*around*] 乱暴に飛び回る / ～ *in* [*into* a room] 無作法に中へ[部屋へ]押し入る / ～ *against a* thing 物にぶつかる / ～ *into* a person 人にぶつかる; 人に偶然に出会う / You can't ～ *in on* a total stranger. 全然一面識もない人の所に押しかけるわけにはいかない. 2 《口語》余計な口を出す: ～ *into* a conversation 強引に人の話に割り込む / Don't ～ *in on* her like that. そんなふうに彼女に横から口を出すもんじゃない. 3 (帆走レースで)むりやり他船に近づく. 4 はしけを利用して旅行する, はしけに便乗する. 5 《口語》のそのそ動く, のろのろ[のらりくらり]と進む 〈*along*〉. 〖《?*a*1300》□ (O)F ～ < VL **bārica(m)* ← Gk *bâris* (Egyptian) boat〗

bárge·bòard *n.* 〘建築〙破風(はふ)板 (⇨ gable 挿絵) (vergeboard ともいう). 〖《1833》← ? ME *berge* sloping roof □ OF *berge* slope〗

bárge còuple *n.* 〘建築〙枝外垂木(えだそとたるき)《破風に一番近い垂木で, 破風飾りの一部を構成する》. 〖《1562》↑〗

bárge còurse *n.* 〘建築〙傍軒(そばのき), 螻羽(けらば)《切妻壁から突出した軒の部分》. 〖《1668》↑〗

bar·gee /bɑːdʒíː｜bɑː-/ *n.* 《英》=bargeman: a regular ～ まるで船頭みたいながさつもの / swear like a ～ 船頭みたいにすさまじい暴言を吐く, たんかを切る. 〖《1666》← BARG(E)+-EE[1]〗

bar·gel·lo /bɑədʒélou｜bɑːdʒéləu; *It.* bardʒɛ́llo/ *n.* バルジェッロ縫い《ジグザグ模様を作っていく針縫い》. 〖《*c*1924》: フィレンツェにある美術館の名から〗

bárge·man /-mən｜-mən, -mæ̀n/ *n.* (*pl.* **-men** /-mən, -mɛ̀n/) 《米》1 barge の船頭[所有者, 管理者]. 2 barge の船員. 〖1423〗

bárge màster *n.* barge の持主. 〖1648〗

bár gémel *n.* (*pl.* **bars g-**, **bars gemels**) 〘紋章〙⇨ gemel 3.

bárge pòle *n.* (barge に用いる) 押し棒, 舟さお.
nòt tóuch with (the énd of) a bárge pòle 《口語》(押し棒(の先)で触れるのも)まっぴらだ, 大嫌いだ: I would*n't touch* him [it] *with a* ～. あいつなんか[そんなもの]大嫌いだ. 《1893》 〖1890〗

bárge spìke *n.* 舟釘《木造船用平形の大釘》.

bárge stòne *n.* 〘建築〙破風笠(かさ)石. 〖1833〗

bar·gham /bɑ́əkəm｜bɑ́ː-/ *n.* 《北英》馬の首輪 (collar). 〖《*c*1475》← ? ME *bargen* (< OE *beorgan* to protect)+-*ham* 'HAME'〗

bar·ghest /bɑ́əgest, -gɪst｜bɑ́ːgest/ *n.* 《北英・スコット》大犬の姿で現れて凶事を予告するという化け物. 〖《1732》← ? 《北部方言》*bar(gh)* ridge (< OE *beorg* 'BARROW[2]')+*ghest* (=GHOST)〗

bár gìrl *n.* 《米》1 バーのホステス. 2 酒場に出入りする売春婦. 〖1857〗

bár gràph *n.* (数量の比較を示す)棒グラフ. 〖1924〗

barh·al /bɑ́ːrəl｜bʌ́r-/ *n.* 〘動物〙=bharal.

Bar·ham /bǽrəm, bέr-, bɑ́ːr-｜bǽr-, bɑ́ːr-/, **Richard Harris** *n.* バーラム《1788–1845; 英国の聖職者・ユーモア作家》.

Bár Hárbor *n.* バーハーバー《米国 Maine 州沖の Mount Desert 島のリゾート地》.

bár·hòp *vi.* 《米口語》(バーからバーへと)はしごする, はしご酒をして歩く (《英》pub-crawl). 〖1947〗

Ba·ri /bɑ́ːri; *It.* bɑ́ːri/ *n.* バーリ《イタリア南東部の港市; アドリア海に面する Apulia 州の州都; 旧名 Barium》.

bar·i·at·ri·cian /bæ̀riətríʃən, bɛ̀r-｜bæ̀r-/ *n.* 肥満体治療法の専門家. 〖《1967》: ⇨ ↓, -ian〗

bar·i·at·rics /bæ̀riǽtrɪks, bɛ̀r-｜bæ̀r-/ *n.* 肥満学, 肥満体治療法. **bàr·i·át·ric** *adj.* 〖《1967》← BARO-+-IATRICS〗

bar·ic[1] /bέərɪk｜bέər-/ *adj.* バリウム(性)の; バリウムを含む. 〖《1869》← BAR(IUM)+-IC[1]〗

bar·ic[2] /bǽrɪk, bέr-｜bέr-/ *adj.* 気圧の; 気圧計の. 〖《1881》← Gk *báros* weight+-IC[1]〗

ba·ril·la /bəríː(l)jə; *Sp.* baríʎa, -ja/ *n.* 1 〘植物〙a オカヒジキ (saltwort). b アルジェリア産アカザ科のオカヒジキの類の植物 (*Halogeton souda*). 2 バリラ《barilla を焼いて作ったソーダ灰; cf. kelp》. 〖《1622》□ Sp. ～ (dim.) ← *barra* < VL **barra(m)* 'BAR[1]'〗

Bar·ing /bέərɪŋ｜bέər-/, **Alexander** *n.* ベアリング《1774–1848; 英国の政治家; 称号 1st Baron Ashburton》.

Baring, Evelyn *n.* ベアリング《1841–1917; 英国の外交官; エジプト総領事として, エジプト政府を牛耳った (1883–1907); 称号 1st Earl of Cromer》.

Bar·ing-Gould /bέərɪŋgúːld｜bέər-/, **Sa·bine** /séɪbɪn｜-bɪn/ *n.* ベアリング グールド《1834–1924; 英国の作家; *Mehalah* (小説, 1880), *Songs and Ballads of the West* (民謡集成, 1889–91)》.

bár ìron *n.* 棒鉄. 〖1677〗

Ba·ri·sal /bǽrəsɔ̀ːl, bέr-, -sɑ̀ːl｜bǽrɪsɔ̀ːl/ *n.* バリサール《バングラデシュ南部, Ganges 川デルタ地帯の港町》.

barit. 《略》baritone.

bar·ite /bǽraɪt, bέr-｜bǽr-/ *n.* 〘鉱物〙バライト, 重晶石《斜方晶系結晶をなす硫酸バリウム ($BaSO_4$) の鉱石; 白ペンキの原料》. 〖《1868》← BARYTES: ⇨ ite[1]〗

bar·i·tone /bǽrətòun, bέr-｜bǽrɪtəun/ *n.* 〘音楽〙1 バリトン歌手. 2 バリトン《男声中間音(域); tenor と bass の中間; ⇨ alto》. 3 バリトン声部. 4 バリトン《althorn と tuba の中間の大きさの saxhorn》. 5 =viola bastarda. — *adj.* バリトンの; バリトン歌手の: a ～ voice. **bar·i·to·nal** /bæ̀rətóunl, bɛ̀r-｜bæ̀rɪtə́u-/ *adj.* 〖《1609》□ It. *baritono* □ Gk *barútonos* ← *barús* heavy+*tónos* 'TONE'〗

bar·i·um /bέəriəm｜bέər-/ *n.* 〘化学〙バリウム《金属元素の一つ; 記号 Ba, 原子番号 56, 原子量 137.33》. [日英比較] 日本語ではレントゲン検査用の造影剤も「バリウム」というが, これは英語では普通は *barium* meal という. 〖《1808》← NL ～: ⇨ baro-, -ium〗

bárium 140 *n.* 〘化学〙バリウム 140《バリウムの放射性同位体, 半減期 12.8 日; トレーサーとして用いる》.

bárium brómate *n.* 〘化学〙臭素酸バリウム ($Ba(BrO_3)_2$).

bárium cárbonate *n.* 〘化学〙炭酸バリウム ($BaCO_3$)《陶磁器の釉(うわぐすり)・光学ガラスの原料》.

bárium chlóride *n.* 〘化学〙塩化バリウム ($BaCl_2$).

bárium chrómate *n.* 〘化学〙クロム酸バリウム ($BaCrO_4$).

bárium dióxide *n.* 〘化学〙=barium peroxide.

bárium énema *n.* 〘医学〙バリウム注腸《下部消化管 X 線撮影のため硫酸バリウム液を注入すること》. 〖1930〗

bárium hydróxide *n.* 〘化学〙水酸化バリウム ($Ba(OH)_2$).

bárium méal *n.* 〘医学〙バリウム粥(かゆ)《消化管のレントゲン検査のため経口造影剤として用いる硫酸バリウム (barium sulfate) 溶液; ⇨ barium [日英比較]》. 〖1913〗

bárium nítrate *n.* 〘化学〙硝酸バリウム ($Ba(NO_3)_2$).

bárium óxide *n.* 〘化学〙酸化バリウム (BaO)《baryta ともいう》.

bárium peróxide *n.* 〘化学〙過酸化バリウム (BaO_2)《過酸化水素・花火製造用》.

bárium stéarate *n.* 〘化学〙ステアリン酸バリウム ($Ba(C_{18}H_{35}O_2)_2$).

bárium súlfate *n.* 〘化学〙硫酸バリウム ($BaSO_4$)《blanc fixe ともいう; cf. barite, barium meal》. 〖1903〗

bárium súlfide *n.* 〘化学〙硫化バリウム (BaS).

bárium thiosúlfate *n.* 〘化学〙チオ硫酸バリウム (BaS_2O_3).

bark[1] /bɑ́ək｜bɑ́ːk/ *vi.* 1 〈犬が〉ほえる; 〈狐・リスなどが〉ほえるような声を出す (cf. snarl, yelp, whine): ～ *at* a stranger / *Barking* dogs don't [seldom] bite. 《諺》ほえる犬は[めったに]かまない《口やかましい人は案外悪意がない》. 2 〈人が〉ほえるように[がみがみ]言う; どなる 〔*at*〕: ～ *at* a person / ⇨ *bark at* [*against*] *the* MOON. 3 《米口語》(見世物などの入口で)はやし立てて客を呼ぶ, 大声で宣伝する. 4 《口語》せきをする (cough). 5 〈ピストル・大砲などが〉どんと鳴る. — *vt.* 1 〈人が〉どなり声で言う, 〈命令などを〉大声で発する 〈*out*〉: ～ *out* an order どなりつけて命令する / "Do As I say!" he ～*ed.*「言われた通りにしろ」と彼はどなった / ⇨ *bark up the wrong* TREE. 2 〈商品などを〉大声で宣伝する. — *n.* 1 (犬の)ほえる声; (狐・リスなどの)ほえるような声: Our dog's ～ is worse than his bite. うちの犬はよくほえるがめったにかみつかない / His ～ is worse than his bite. 口ほど悪い男ではない《上例の転用》. 2

《口語》せき(の音) (cough). **3** どなり声, ぶっきらぼうな言い方[答え]: in an angry ～ 怒ってほえるような調子で. **4** 銃声, 砲声. **～·less** *adj.* 〖OE *beorcan* < Gmc **berkan* ← ? IE **bherg-* to growl, buzz (擬音語)〗

bark² /bάək | bά:k/ *n.* **1** 木の皮, 樹皮 (⇨ skin SYN). **2** キナ皮 (Peruvian bark, cinchona). **3** タンバーク (tanbark). **4** 《方言·俗》皮膚 (skin).
with the bárk òn 《米口語》荒削りの, 粗野な: a man *with the* ～ *on* 粗野な人.
— *vt.* **1** …の樹皮をはぐ, 〈木〉の皮をむく: ～ a tree. **2** 樹皮で覆う: ～ the roof 樹皮で屋根をふく. **3** (タンバークから採った)植物タンニンでなめす (tan). **4** …の皮膚を擦りむく: ～ one's shins, elbows, etc.
～·less *adj.* 〖(*a*1325) □ ON *bark-, bǫrkr* (Dan. & Swed. *bark*) < Gmc **barkuz* (G *Borke*): ? cog. OE *beorc* birch〗

bark³ /bάək | bά:k/ *n.* **1** バーク (3本マストのうち前2本に横帆, 最後尾のマストに縦帆のある帆船). **2** 小型の帆船. **3** 《詩》帆船, 舟 (craft). 〖(*a*1425) □ ? (O)F *barque* □ Prov. *barca* < VL **barica(m)* small boat: ⇨ barge〗

bark³ 1

bar·kan /baəkά:n | bα:-/ *n.* 〖地理〗 =barchan.
bark·an·tine /bάəkəntì:n | bά:-/ *n.* =barkentine.
bárk bèd *n.* タン皮 (tanbark) の殻を用いた温床. 〖1732〗
bárk bèetle *n.* 〖昆虫〗キクイムシ (キクイムシ科の昆虫; 成虫と幼虫が針葉樹類の樹皮下に大害を与える). 〖1862〗
bárk-bòund *adj.* 〖園芸〗樹皮が堅くて成長が遅い. 〖1615〗
bárk clòth *n.* 樹皮布 (タッパ布 (tapa) など). 〖1864〗
bár kèel *n.* 〖海事〗方形キール, 方形竜骨 (帆船·小型船·ボートなどの方形のキール; cf. plate keel). 〖1874〗
bár·kèep *n.* =barkeeper 1. 〖1846〗
bár·kèep·er *n.* **1** 《米》バー[酒場]の主人; バーテン (bartender). **2** 《英》通行料徴収人 (cf. toll bar). 〖1712〗
bark·en·tine /bάəkəntì:n | bά:-/ *n.* バーカン[ケン]ティーン (3本マストで前檣だけに横帆があり, 他の2本には縦帆のある帆船). 〖(1693) ← BARK³: brigantine にならった造語〗
bárk·er¹ *n.* **1** よくほえる動物; どなり立てる人: Great ～*s* are no biters. 《諺》ほえる犬はかまない. **2** 《口語》**a** (商店·劇場·見世物などの入口でどなり立てる)客引き, 呼び込み. **b** 観光案内人, ガイド. **3** 《俗》ピストル; 大砲 (cannon). 〖(?c1350): ⇨ bark¹, -er¹〗
bárk·er² *n.* **1** (丸太や木材の)皮はぎ器, 皮むき機; 皮はぎ人. **2** (なめし皮法でタンニンを採るための)木の皮を用意する人. 〖(?*a*1419): ⇨ bark², -er¹〗
bárker càrd *n.* 商品の棚に貼られた人目を引く当該商品の広告.
bar·khan /baəkά:n | bα:-/ *n.* 〖地理〗 =barchan.
Bárk·hau·sen effèct /bάək(h)aʊzən, -zṇ- | bά:k-; *G.* báʁkhauzṇ-/ *n.* 〖物理〗バルクハウゼン効果 (磁性体にかける磁界を連続的に強めていくとき, その磁化が段階的に増す現象). 〖(1924) ← *Heinrich Barkhausen* (1881–1956: ドイツの物理学者)〗
Bárkhausen-Kúrz oscillàtion /-kʊ́əts- | -kʊ́əts-; *G.* -kúʁts-/ *n.* 〖電気〗BK 振動 (三極管格子に正電圧を与え, 陽極を負にしたときに起こる電子振動現象). 〖(1940) ← *H. Barkhausen* (↑)+*K. Kurz* (ドイツの物理学者)〗
bárk·ing¹ *n.* **1** (犬·狐などの)ほえる声. **2** 《口語》激しいせき. **3** 《口語》どなり声. 〖(?*a*1300): ⇨ bark¹, -ing¹〗
bárk·ing² *adj.* 《英俗》気が狂った, 頭が変な. 〖(1968) (pres.p.) ← BARK¹〗
Bar·king /bάəkɪŋ | bά:-/ *n.* バーキング (London 東部の自治区; Barking and Dagenham ともいう). 〖OE *Berecingas* ← '*Berica* (人名)': ⇨ -ing³〗
bárking déer *n.* 〖動物〗ホエジカ (⇨ muntjac). 〖1880〗
bárking fróg *n.* 〖動物〗コヤスガエル (*Eleutherodactylus latrans*) (犬のほえるような声で鳴く米国 Texas 州産のユビナガガエルの一種).
bárking gécko [lízard] *n.* 〖動物〗ほえるような調子で鳴くヤモリ: **1** 南アフリカ産 *Ptenopus* 属の総称 (スナホリヤモリ (*P. garrulus*) など). **2** オーストラリア南部産タマオヤモリ属 (*Nephrurus*) のヤモリの総称.
bárking ìron *n.* =bark spud. 〖1785〗
bárking squírrel *n.* 〖動物〗 =prairie dog.
Bar·kis /bάəkɪ̈s | bά:kɪs/ *n.* バーキス (Dickens 作の小説 *David Copperfield* 中で Peggotty の求婚者).
Bárkis is willin'. 〈男が〉結婚を望む[の意志がある] (Barkis から Peggotty への伝言から); けっこうだ.
Bark·la /bάəklə | bά:-/, **Charles Glov·er** /glʌ́və | -vəʳ/ *n.* バークラ (1877–1944; 英国の物理学者; Nobel 物理学賞 (1917)).
Bark·ley /bάəkli | bά:k-/, **Alben William** *n.* バークリー (1877–1956; 米国の政治家, 副大統領 (1949–53)).
Barkley, Charles *n.* バークリー (1963– ; 米国のバスケットボール選手).
Bárk·ly Tábleland /bάəkli- | bά:k-/ *n.* バークリー台地 (オーストラリア Northern Territory 東部を中心に, 南東部は Queensland に広がる台地; 平均高度 300 m).
Bar Kok(h)·ba /bάəkɔ́(:)kvα:, -kɔ́(:)x- | bά:kɔ́k-, -kɔ́x-/, **Simon** *n.* バルコクバ (?–135; ローマ帝国に対する反乱 (132–35) のユダヤ人指導者).
bárk pàinting *n.* 〖豪〗樹皮画 (アボリジニ絵画の一種).
bárk spùd *n.* (木材の)皮はぎ器.
bárk trèe *n.* 〖植物〗キナノキ (⇨ cinchona). 〖1783〗
bark·y /bάəki | bά:-/ *adj.* (**bark·i·er; -i·est**) 樹皮で覆われた, 樹皮に似た. 〖(1595–96): ⇨ bark², -y⁴〗
Bar·lach /bάəlα:k, -lα:x | bά:læk, -læx; *G.* báʁlax/, **Ernst** *n.* バルラッハ (1870–1938; ドイツの彫刻家; 農民芸術に関心をもつ; 詩や劇も書く).
Bar·let·ta /bɑəlétə | bα:létə; *It.* barlétta/ *n.* バルレッタ (イタリア南東部, Apulia 州の港町).
bar·ley¹ /bάəli | bά:-/ *n.* **1** 〖植物〗オオムギ (*Hordeum vulgare*). **2** (穀物としての)大麦 (植物も実もいう; ⇨ wheat 挿絵): ～ meal 大麦のあら粉 / a ～ field 大麦畑. 〖OE *bærlic* of barley ← *bære, bere* barley < Gmc **bariz-* ← IE **bhares-* barley: ⇨ -ly²〗
bar·ley² /bάəli | bά:-/ *n.* 《英》(子供の遊戯での)休戦, タイム (truce): cry ～ タイムをかける / have a ～ (スコット) 小休止する. 〖(1814) (i) (転訛) ← PARLEY // F *parlez* speak (impel.), (ii) (略)? ← BARLEYBREAK: cf. ME *barlay* (interj.)〗
bárley·bràke *n.* =barleybreak. 〖1608〗
bárley·brèak *n.* 〖遊戯〗バーリブレイク (barley field または hell と呼ぶ一定地内に2人(しばしば男女一組)残り, ここに踏み込もうとする者を捕える昔の英国の遊び). 〖(1557) ← ?BARLEY¹+?BREAK¹〗
bárley-brèe *n.* (*also* **bárley-bròo**) 《スコット》**1** ウイスキー (whiskey). **2** ビール (beer). 〖1724〗
bárley bróth *n.* 《英方言》 =barley-bree. 〖1593〗
bárley·còrn *n.* **1** 大麦の粒: ⇨ John Barleycorn. **2** (昔単位として用いた)およそ大麦粒の一つの長さ (=$^1/_3$ inch). 〖*c*1384〗
Barleycorn, John *n.* ⇨ John Barleycorn.
bárley·mòw /-mòʊ | -màʊ/ *n.* 大麦のいなむら[刈り束]. 〖1714〗
bárley-sùgar 《英俗》*n.* 後ろから腕をひねること. **—** *vt.* 〈腕を〉ひねる. 〖↓: その形がねじり棒状であることから〗
bárley sùgar *n.* 大麦糖 (昔大麦を煮た汁と砂糖を煮詰めて作ったあめ; 現在では大麦の汁の代わりに水を用いる). 〖1712〗
bárley wàter *n.* 《英》大麦湯 (特に子供の下痢止め薬; レモンやオレンジで香りづけをするのが普通). 〖*c*1330〗
bárley wìne *n.* 《英》バーレーワイン (強いビール). 〖1728〗
bár lìne *n.* 〖音楽〗縦線 (bar).
bar·low /bάəloʊ | bά:ləʊ/ *n.* 《米》(1枚刃の)大型ジャックナイフ (barlow knife ともいう). 〖(1884) ← *Russell Barlow* (18世紀の英国人でその製作者)〗
Bar·low /bάəloʊ | bά:ləʊ/, **Joel** *n.* バーロウ (1754–1812; 米国の詩人·外交官; *The Columbiad* (1807)).
Bár·low's disèase /bάəloʊz- | bά:ləʊz-/ *n.* 〖病理〗バーロー病, 乳児壊血病 (infantile scurvy ともいう). 〖← *Sir Thomas Barlow* (1845–1945: 英国の小児科医)〗
barm /bάəm | bά:m/ *n.* 麦芽酒醸造中にできる泡状のパン種, こうじ, 酵母 (yeast). 〖OE *beorma* yeast < Gmc **bermōn* (G *Bärme*) ← IE **bhreu-* 'to boil, BURN¹'〗
bár màgnet *n.* 棒磁石.
bár·màid *n.* バー[酒場]のホステス; 《英》女性のバーテン. **—** *vi.* バーのホステスをする. 〖*a*1658〗
bár·man /-mən | -mən, -mæ̀n/ *n.* (*pl.* **-men** /-mən, -mèn/) 《英》 =bartender. 〖1657〗
barm·brack /bάəmbræk | bά:m-/ *n.* 《アイル》 = barnbrack. 〖(1878) □ Ir. *bairigen break* speckled cake〗
bárm càke *n.* 《ランカシャー方言》丸くて偏平な柔らかいパン.
Bar·me·ci·dal /bὰəməsάɪdḷ | bὰ:mɪ̈-/ *adj.* 〈宴会など〉見掛け倒しの, 豊かそうな幻想を与える; 偽りの, 架空の: a ～ feast=Barmecide feast. 〖(*a*1845): ⇨ ↓, -al¹〗
Bar·me·cide /bάəməsàɪd | bά:mɪ̈-/ *n.* **1** バルマク家の人[王子] (「アラビア夜話」に出てくる並ぶものない権勢と富を有していた Bagdad の貴族; Schacabac というこじきを供応するために呼んだが, 次々に出る皿は皆空で, 手まねや身振りでもてなしたという). **2** 見掛け倒しの供応をする人, 空(から)の恩恵を与える人. **—** *adj.* =Barmecidal: ⇨ Barmecide feast. 〖1713〗
Bármecide féast *n.* 内容の貧弱な見掛け倒しの供応. 〖1842〗
bar mitz·vah, B- M- /bαəmítsvə | bα:-/ (*also* **bar miz·vah, B- M-** /～/) 〖ユダヤ教〗バルミツバー: **1** 13歳に達した少年 (正式に成人として宗教上の責任と義務が生じる). **2** 少年を bar mitzvah として認める荘厳な祭式 (13回目の誕生日の直後の安息日の朝会堂で行われる (cf. bath mitzvah)). **—** *vt.* 〈13歳の少年〉にバルミツバーを施す: be ～*ed*. **—** *adj.* 13歳に達して宗教上の責任と義務が生じた. 〖(1861) □ Mish. Heb. *bar miṣwāh* son of commandment〗
barm·y /bάəmi | bά:-/ *adj.* (**barm·i·er; -i·est**) **1** (発酵酒にできる)泡のような, 泡立った; 酵母質の, 発酵中の. **2** 《英俗》うわついた, 頭の変な, 左巻きの: go ～ 狂う / be ～ on the crumpet 頭が変になっている / put on the ～ stick 狂人のふりをする. 〖(1535): ⇨ -y⁴〗
barn¹ /bάən | bά:n/ *n.* **1** 納屋, 物置き (農家で干草·穀物などを入れる小屋; 《米》では, 今は通例一般の倉庫として農機具[車]をも入れ, かつ家畜小屋をも兼ねる). **2** (納屋のような)がらんとした(無装飾の)建物. **3** 《米》(電車·トラックなどの)車庫 (carbarn).
betwèen yóu and Í and the bárn 《米口語》ここだけの話だが (★ この場合 me とは言わない). ***bórn in a bárn*** 教養のない. ***cán't hít a bárn dóor*** 射撃が下手だ. ***clóse the bárn dóor àfter the hórse has léft [escáped]*** 《米口語》起こったことは取り返しがつかない.
— *vt.* 〈穀物·干草などを〉納屋に貯蔵する, 蓄える.
〖OE *bere(r)n* ← *bere* 'BARLEY¹'+*ærn* place, house (< Gmc **rasnam*: cf. rest¹)〗
barn² /bάən | bά:n/ *n.* 〖物理〗バーン (微視的粒子の衝突過程の断面積の単位; 10^{-28} m²; 記号 b). 〖(1947) ← *as big as a barn* (↑): 断面積が比較的大きいことから〗
Bar·na·bas /bάənəbəs, -bæ̀s | bά:-/ *n.* **1** バーナバス (男性名; 愛称形 Barney). **2** [(Saint) ～] 〖聖書〗バルナバ (使徒で Paul の友人; cf. *Acts* 4:36). 〖□ eccl. L ～ □ Gk *Barnábas* ← Aram. *bar* son+*nābhā́* exhortation〗
Bar·na·by /bάənəbi | bά:-/ *n.* バーナビー (男性名). 〖(1595) ↑〗
Bárnaby brìght [dày] *n.* 聖バルナバ祭(日) (ユリウス暦の6月11日; 一年中で一番日が長い).
bar·na·cle¹ /bάənɪ̈kəl, -kḷ | bά:-/ *n.* **1** [通例 *pl.*] **a** 鼻ばさみ (蹄鉄を付けるときなど暴れる馬の鼻を抑える器具). **b** 《廃》(鼻ばさみに似た)責め道具. **2** [*pl.*] 《英方言》眼鏡 (spectacles). **3** 〖紋章〗バーナクル (鼻ばさみの図形; 開いた形 (extended) と閉じた形 (closed) の2種がある). 〖(*c*1350) *bernacle* (変形) ← OF *bernac* ← ?〗
bar·na·cle² /bάənɪ̈kəl, -kḷ | bά:-/ *n.* **1** 〖動物〗蔓脚(まんきゃく)[ツルアシ]綱の甲殻類 (フジツボ·カメノテ·エボシガイなど; 海産で岩·船底に固着する; cf. goose barnacle, acorn barnacle). **2 a** (楽な仕事などに)かじりつく人; (人に)だにのように付きまとう人. **b** (過去に結びついて)進歩発展を妨げるもの, 旧弊, 旧習. **3** 〖鳥類〗 =barnacle goose. (蔓脚類の殻から孵化(ふか)するという伝説があった). 〖(*a*1333) *bernak* ← ? Celt. (cf. Welsh *brenig* limpets / Breton *bernic* barnacle)〗
bár·na·cled *adj.* barnacle の付着した[に覆われた]. 〖(1691): ⇨ barnacle¹, -ed 2〗
bárnacle góose *n.* 〖鳥類〗**1** カオジロガン (*Branta leucopsis*) (北欧産; 単に barnacle ともいう). **2** コクガン (brent goose) の旧名. 〖1768〗
Bar·nard /bάənəd, -nɑəd, bənάəd | bά:nəd, -nα:d, bənά:d/ *n.* バーナード (男性名). 〖(変形) ← BERNARD〗
Bar·nard /bάənɑəd, -nəd | bά:nα:d, -nəd/, **Christiaan (Neethling)** *n.* バーナード (1922– ; 南アフリカ共和国の外科医; 世界初の心臓移植を行った (1967)).
Barnard, Edward Emerson *n.* バーナード (1857–1923; 米国の天文学者; 木星の5番目の衛星の発見や彗星·星雲·赤色矮星の発見で知られる).
Barnard, George Grey *n.* バーナード (1863–1938; 米国の彫刻家).
Bar·nar·do /bənάədoʊ, bɑə- | bənά:dəʊ, bα:-/, **Thomas John** *n.* バーナード (1845–1905; 英国の慈善家; 多くの孤児院を設立).
Barnárdo Hóme *n.* バーナード孤児院 (社会事業家·慈善家 T. J. Barnardo によって設立された英国各地の孤児院; 最初は London に建てられた (1867)).
Bárnard's stár *n.* 〖天文〗バーナード星(せい) (蛇遣(へびつかい)座の赤色矮(わい)星; 既知の恒星中で最大の固有運動をする). 〖← *Edward E. Barnard* (1857–1923: 1916年これを発見した米国の天文学者)〗
Bar·na·ul /bὰənəú:l | bὰ:-; *Russ.* bərnaúl/ *n.* バルナウル (ロシア連邦中部, Altai 地方オビ (Ob) 川上流の都市).
bárn bàll *n.* バーンボール (野球の前身).
barn·brack /bάənbræk | bά:n-/ *n.* 《アイル》干しぶどう入りの丸いパン[ケーキ]. 〖(1772) ← Ir. *bairghean* cake of bread+*breac* speckled〗
bárn bùrner *n.* 《米口語》注目を集めるもの, センセーショナルなこと.
bárn dànce *n.* バーンダンス: **a** 《米》20世紀初めに米国で起こった社交ダンスの一種; ポルカなどをもとにしたスクエアダンスの変形. **b** 《英》20世紀初頭英国で発達した schottische に似た社交ダンス. **c** カントリーダンスのパーティー. 〖1831〗
bárn dóor *n.* **1 a** 納屋の戸 (収穫を積んだ荷車をそのまま馬が引いて入れるほど大きい二枚開きの大扉): (as) big as a ～ とても大きい. **b** 《口語》はずれようのない大きな的: He can't hit a ～. 射撃がへたくそだ. **2** 〖写真〗バンドア (映画·テレビなどの照明用光源に付属した二つ折り式不透明の遮光板で, 照射範囲を制限する). 〖*c*1300〗
bárn-dóor fòwl *n.* =barnyard fowl. 〖*c*1685〗
bárn-dóor hànger *n.* 納屋の引き戸のつり金具.
bárn-dóor skàte *n.* 〖魚類〗ガンギエイ属の魚の一種 (*Raja laevis*) (北米産で 1.2 m 以上にもなる).
Barnes /bάənz | bά:nz/, **Djuna** *n.* バーンズ (1892–1982; 米国の小説家·詩人·イラストレーター; *Nightwood* (1936)).
Barnes, Harry Elmer *n.* バーンズ (1889–1968; 米国の歴史学者·社会学者).
Barnes, Margaret (Ayer) *n.* バーンズ (1886–1967; 米国の小説家·劇作家; *Years of Grace* (1930)).
Barnes, William *n.* バーンズ (1801–86; 英国の聖職者·詩人, Dorset の方言で詩を書いた; *Poems of Rural Life* (1844, '59, '63)).
Bar·net¹ /bάənɪ̈t | bά:nɪt/ *n.* バーネット (London 北部の自治区; 1471年バラ戦争で York 家が勝利を収めた地). 〖← OE *bærnet* place cleared by burning ← *bærnan* 'to BURN¹'〗
Bar·net² /bάənɪ̈t | bά:nɪt/ *n.* 《韻俗》髪 (hair) (Barnet Fair の縮約形). 〖(1857) ← *Barnet Fair* (London の自

治区 Barnet で開かれた馬の市の名): fair と hair との押韻俗語〕

Bar·nett /bɑ́ənèt, ―́ ― | bɑ́ːnɪ̀t/ *n.* バーネット《男性名》. 〖(dim.) ← BARNARD〗

B

Bar·ne·veldt /bɑ́ənəvèlt | bɑ́ː-; *Du.* bɑ́rnəvɛ̀lt/, **Jan van Ol·den** /jɑ́n van ɔ́ldən/ *n.* バルネベルト《1547–1619; オランダの政治家·愛国者》.

bar·ney /bɑ́əni | bɑ́ːni/ *n.* **1** 《英·豪口語》 **a** 騒がしい議論, 口げんか, 口論. **b** どんちゃん騒ぎ. **2** 〔鉱山〕(鉱石を積んだ貨車を押し上げる)小型機関車. ― *vi.* 《主に豪》議論する, 口論する. 〖(1859) ↓〗

Bar·ney /bɑ́əni | bɑ́ːni/ *n.* バーニー《男性名》. 〖(dim.) ← BARNABAS // BERNARD〗

bárn lòt *n.* 《米中部·南部》=barnyard. 〖1724〗

bárn òwl *n.* 〔鳥類〕メンフクロウ (*Tyto alba*). 〖1674〗

bárn ràising *n.* 《米》納屋新築の手伝いのための(隣近所の人々の)集まり (cf. bee[1] 4). 〖1856〗

bárn sàsh *n.* 小型の窓枠[サッシ].

Barns·ley /bɑ́ənzli | bɑ́ːnz-/ *n.* バーンズリー《イングランド北部の工業都市; South Yorkshire 州の州都》. 〖OE *Berneslai* ← *Beorn* (人名): ⇨ lea[1]〗

barn·storm /bɑ́ənstɔ̀əm | bɑ́ːnstɔ̀ːm/ *vi.* 《口語》 **1 a** 〈俳優などが〉田舎[どさ]回りをする. **b** 〈プロのスポーツチームが〉(オフシーズン中に)模範試合をしながら地方を巡業する. **c** 《米》〈政治家が〉(選挙·広報活動のため)地方を遊説する. **2** 《米·カナダ》〈パイロットが各地を旅して曲技飛行などのショーを行う《第一次大戦後から 1930 年代まで流行》. ― *vt.* 〈地方を〉遊説して回る, 興行[巡業]して回る. **～·er** *n.* **～·ing** *n.* 〖(1883) ← BARN[1]＋STORM (v.): しばしば納屋が会場になったことから〗

bárn swàllow *n.* 〔鳥類〕ツバメ (*Hirundo rustica*) 《家の軒下などに巣を作る欧米でも最も普通の種類》. 〖1851〗

Bar·num /bɑ́ənəm | bɑ́ː-/, **P(hineas) T(aylor)** *n.* バーナム《1810–91; 米国の興行師; 1871 年に The Greatest Show on Earth を組織し, サーカス興行を確立》.

Bárnum effèct *n.* 〔心理〕バーナム効果《性格判断·星占いなどがあいまいで役に立たない内容であっても正しい情報として受け入れてしまう傾向》.

bárn·yàrd *n.* 納屋の前庭, 農家の内庭. ― *adj.* **1** 納屋の前庭の(ような). **2 a** 田舎風の; すれてない, 素朴な. **b** 下卑た, 卑俗な, 猥褻(わいせつ)な. 〖1354–55〗

bárnyard fówl *n.* (庭先などで放し飼いにしている普通の)にわとり.

bárnyard gólf *n.* 《米口語》=horseshoe 3.

bárnyard gràss *n.* 〔植物〕イヌビエ (*Echinochloa crusgalli*) 《イネ科の雑草》. 〖1843〗

bar·o- /bǽrou, bέr- | bǽrəu/「重量; 圧力 (pressure)」の意の連結形: *barogram*. ★ 母音の前では通例 bar- になる. 〖← Gk *báros* weight: cf. Gk *barús* heavy〗

Ba·roc·chio /*It.* barɔ́kkjo/, **Giacomo** *n.* ⇨ Vignola.

ba·ro·cep·tor /bǽrousèptə, bέr- | bǽrə(ʊ)sèptə(r)/ *n.* 〔解剖〕=baroreceptor. 〖1949〗

bar·o·cli·nic·i·ty /bæ̀ro(ʊ)klínəṭi, bὲr-, -rə- | bæ̀rə(ʊ)klínəti, -nɪ-/ *n.* 〔気象〕傾圧性《等圧面と等密度面が交差する流体の状態; cf. barotropy》. 〖← BARO-＋(IN)CLINE＋-IC[1]＋-ITY〗

bar·o·clin·i·ty /bæ̀rouklínəṭi, bὲr- | bæ̀rə(ʊ)klínɪ̀ti/ *n.* 〔気象〕=baroclinicity.

bar·o·cy·clon·om·e·ter /bæ̀rousàɪklounɑ́(ː)məṭə, bὲr- | bæ̀rə(ʊ)sàɪkləʊnɔ́mɪ̀tə(r)/ *n.* 〔気象〕熱帯低気圧計, 颶(ぐ)風計. 〖(1906) ← BARO-＋CYCLONE＋-O-＋-METER[1]〗

Ba·ro·da /bəróuḍə | -rə́udə/ *n.* バローダ: **1** インド西部にあった旧藩王国. **2** Vadodara の旧称 (1976 年まで).

bàro·dynámics *n.* 重量力学《橋·ダムなど自重でくずれやすい重量建造物を研究する力学の一部門》. **bàro·dynámic** *adj.* 〖← BARO-＋DYNAMICS〗

bar·o·gram /bǽrəgræ̀m, bέr- | bǽrə(ʊ)-/ *n.* 〔気象〕(自記気圧計で測った)気圧記録. 〖(1884) ← BARO-＋-GRAM〗

bar·o·graph /bǽrəgræ̀f, bέr- | bǽrə(ʊ)grɑ̀ːf, -græ̀f/ *n.* 〔気象〕自記気圧計. **bar·o·graph·ic** /bæ̀rəgrǽfɪk, bὲr- | bæ̀r-―́/ *adj.* 〖(c1864) ← BARO-＋-GRAPH〗

Ba·ro·ja /bɑːróuhɑː | -rə́u-; *Sp.* baróxa/, **Pí·o** /píːo/ *n.* バローハ《1872–1956; スペインの小説家》.

Ba·ro·lo /bəróulou | -rə́uləu; *It.* baróːlo/ *n.* バローロ《イタリアの Piedmont 地方産の辛口の赤ワイン》. 〖1875〗

ba·rol·o·gy /bərɑ́(ː)lədʒi | -rɔ́l-/ *n.* 重量学, 重力学. 〖(1859) ← BARO-＋-LOGY〗

ba·rom·e·ter /bərɑ́(ː)məṭə | -rɔ́mɪ̀tə(r)/ *n.* **1** 晴雨計, 気圧計. **2** (変化する世論·動向などの)指標, バロメーター: a reliable ～ *of* political trends 政治的動向の信頼できる指標 / a ～ stock 〔証券〕指標株《市況を代表的に示す株式》. 〖(1665–66) ← BARO-＋-METER[1]〗

bar·o·met·ric /bæ̀rəmétrɪk, bὲr- | bæ̀rə(ʊ)-―́/ *adj.* 晴雨計[気圧計]の[によって示された]; 気圧の: ～ maximum 高気圧 / ～ minimum 低気圧 / ⇨ barometric gradient, barometric pressure. 〖(1802): ⇨ -metric[1]〗

bàr·o·mét·ri·cal /-métrɪ̀kəl, -kḷ | -ɪkəl, -kḷ―́/ *adj.* =barometric. **～·ly** *adv.* 〖1665–66〗

bárometric érror *n.* 〔時計〕気圧誤差《大気密度の変動によって生じる時計の誤差》. 〖1884〗

bárometric grádient *n.* 〔気象〕気圧傾度.

bárometric préssure *n.* 〔気象〕(水銀柱の高さで示された)大気圧. 〖1827〗

ba·rom·e·try /bərɑ́(ː)mətri | -rɔ́mɪ̀tri/ *n.* 気圧測定法. 〖(1713) ← BAROMETER＋-Y[1]: ⇨ -metry〗

bar·on /bǽrən, bέr- | bǽr-/ *n.* **1 a** 男爵. ★ 英国貴族の最下位; 呼び掛けの敬称には, 姓と共に外国の男爵には Baron ..., 英国の男爵の場合は Lord ... という. **b** ヨーロッパ諸国の貴族《国によって位が異なる》: a German ～ ドイツ貴族. **2** 〔史〕 **a** (勲功によって領地を賜った)王の直臣(じきしん), (地方の)豪族. **b** (直接に議会への召集令状を受けた)大貴族, 上院議員. **c** (幾つかの都市の)自由民, 正市民, 市選出議員. **3** [通例修飾語を伴って] 大実業家, 豪商, …王 (cf. king 4 a, magnate 1); 大物, 有力者: a coal [an oil, a press] ～ 石炭[石油, 新聞]王. **4** (背骨の所で切り離さない)両側の腰肉: a ～ of beef, lamb, hare, etc. **5** 〔法律·紋章〕夫. ★ 通例 '～ and feme' (=husband and wife) の表現をとり, 夫婦の紋章を指す場合に用いる (cf. baron et femme). **6** 《古》(財務裁判所の)裁判官: ～*s* of the Exchequer. 〖(?a1200) □ AF *barun*=(O)F *baron* (acc.) ← *ber* free man, warrior, baron < ML *barōnem* ← ? Gmc (cf. OHG *baro* (free)man, fighting man)〗

Bar·on /bǽrən, bέr- | bǽr-/ *n.* バロン《男性名》. 〖↑〗

bar·on·age /bǽrənɪdʒ, bέr- | bǽr-/ *n.* **1** [集合的] (全)男爵, 男爵階級 (the barons); 貴族階級. **2** 貴族名簿, 華族名鑑. **3** 男爵の身分[地位, 領地]. 〖(c1225) *barnage* □ OF ～: ⇨ baron, -age〗

bar·on·ess /bǽrənɪ̀s, bέr- | bǽrənɪ̀s, -nès/ *n.* **1** 男爵夫人[未亡人]. **2** 女男爵, バロネス. ★ 呼び掛けの敬称には, 姓と共に外国人の場合は Baroness ..., 英国の場合は Lady ... という. 〖(1435) □ OF *bar(o)nesse*: ⇨ baron, -ess[1]〗

bar·on·et /bǽrənɪ̀t, bέr- | bǽrənɪ̀t, -nèt, bæ̀rənét/ *n.* 准男爵. ★ 英国世襲位階の最下級 (baron の下で knight の上)であるが, 貴族ではない; 1611 年に設けられた; 尊称としては姓名の前に Sir を付け, 終わりに Bart. あるいは Bt と略書する (例: Sir Thomas Jackson, *Bart.*); なお呼び掛けの敬称には knight と同じ Sir を用いて Sir Thomas といい, その夫人は通例 Lady Jackson のようにいうが, 法律上の書類などには正式に Dame Mary Jackson のように記す. ― *vt.* 准男爵に叙する. 〖((?a1400)) (1614) ← BARON＋-ET〗

bar·on·et·age /bǽrənɪ̀tɪdʒ, bέr- | bǽrənɪ̀t-, bæ̀rənét-/ *n.* **1** [集合的] (全)准男爵 (the baronets). **2** 准男爵名簿. **3** 准男爵の身分[地位]. 〖(1720): ⇨ ↑, -age〗

bar·on·et·cy /bǽrənɪ̀tsi, bέr- | bǽrənɪtsi, -nèt-/ *n.* 准男爵の位階[身分]. 〖(1795): ⇨ -cy〗

ba·ron et femme /bərɑ́(ː)nɛtfém, bǽrən-, bέr- | bǽrɔ́n-; *F.* baʀɔ̃efam, bɑ-/ *n.* 〔紋章〕夫婦 (baron and feme) (cf. baron 5). 〖□ AF ～〗

báronet's bádge *n.* 〔紋章〕=ARMS of Ulster.

ba·rong /bərɔ́(ː)ŋ, bɑː-, -rɑ́(ː)ŋ | -rɔ́ŋ/ *n.* バーロング刀《フィリピンの Moro 族の用いる幅広の刀; 峰は厚く刃は極めて薄い》. 〖(1898) ← Philippine (現地語): cf. parang〗

ba·ro·ni·al /bəróuniəl | -rə́ʊ-/ *adj.* **1** 男爵(階級, 領)の: ～ rank. **2 a** 男爵にふさわしい, 華族風の. **b** 〈建物など〉堂々たる, 広大な, 豪壮な; 城館風の様式の: a ～ hall / the ～ style of architecture 豪華な建築. 〖(1767) ← BARONY＋-AL[1]〗

ba·ronne /bərɑ́(ː)n, bæ-, -rɔ́(ː)n | -rɔ́n; *F.* baʀɔn, bɑ-/ *F. n.* (フランスの)男爵夫人[未亡人]; 女男爵 (baroness). 〖□(O)F ～ (fem.) ← BARON〗

bar·on·y /bǽrəni, bέr- | bǽr-/ *n.* **1** 男爵領. **2** 男爵の位階[身分]. **3** [修飾語を伴って] …王国: a cotton ～. **4** (アイルランドの)郡《イングランドの hundred に相当》. **5** (スコットランドの)広い自由保有地, 大荘園《平民の所有地の場合にも用いられた》. 〖(c1300) *baronie* □ OF ～: ⇨ baron, -y[1]〗

ba·roque /bəróuk, bæ-, -rɑ́(ː)k | bərɔ́k, bæ-, -rə́ʊk; *F.* baʀɔk/ *adj.* **1** [しばしば B-] 〔建築〕バロック式の《誇張された装飾·曲線の使用を特徴とする, 16 世紀イタリアに発達し 18 世紀まで続いた建築様式にいう》. ★ この語を rococo と同じ意味に用いる人もある. **2** 〔音楽〕 **a** [時に B-] バロック時代の, バロック様式の《およそ 1600–1750 年を音楽史の一様式期としてとらえた名称にいう; ルネサンス期の音楽に比べ, 対称を強調した表現豊かな音楽で Bach や Handel でその頂点に達した》. **b** 〈オルガンが〉バッハ時代の特徴に従って作られた, バロックの. **3 a** 奇異な, 怪奇な (grotesque); 〈趣味など〉あくどくて粗野な, げてものの, グロな (bizarre); 〈文体など〉過度に装飾的な, 美辞麗句に満ちた (ornamented). **b** 〈真珠が〉(形が)不整の, いびつな, ふぞろいの (irregular): a ～ pearl. ― *n.* **1** [しばしば B-] **a** バロック建築様式. **b** バロック(様式)時代 (c1550–1750). **2** [the ～] 怪奇趣味; 異様な装飾的文体. **3** 〔音楽〕バロック音楽. **4** (形の)いびつな真珠. **～·ly** *adv.* 〖(1765) □ F ～ □ It. *barocco* Port. *barroco* misshapen pearl □ Arab. *burāq* (pl.) pebbly ground〗

baróque órgan *n.* 〔音楽〕バロックオルガン《J. S. Bach のころまでのパイプオルガンを指す》; これに似せて作られたオルガン《近代オルガンとは反対に音が柔らかく混ざるように風圧を弱くしてある》.

bàro·recéptor *n.* 〔解剖〕圧受容器《圧力を感じる知覚神経器官》. 〖(1948) ← BARO-＋RECEPTOR〗

bar·o·scope /bǽrəskòup, bέr- | bǽrə(ʊ)skə̀ʊp/ *n.* 〔気象〕気圧計. **bar·o·scop·ic** /bæ̀rəskɑ́(ː)pɪk, bὲr- | -skɔ́p-―́/ *adj.* 〖(1665) ← BARO-＋-SCOPE〗

bàro·sinusítis *n.* 〔病理〕=aerosinusitis.

ba·ro·stat /bǽroustæ̀t, bέr- | bǽrə(ʊ)-/ *n.* バロスタット《航空機内などの圧力を一定に保つ装置》. 〖(1929) ← BARO-＋-STAT〗

báro·swìtch *n.* 〔気象〕(大気圧によって作動する)ラジオゾンデ用スイッチ.

bàro·thérmogram *n.* 〔気象〕自記温圧図.

bàro·thérmograph *n.* 〔気象〕自記温圧計《気温と気圧を記録する器械》. 〖(1896) (混成) ← BARO(GRAPH)＋THERMOGRAPH〗

bàro·thèrmo·hýgrogram *n.* 〔気象〕自記温湿圧計図.

bàro·thèrmo·hýgrograph *n.* 〔気象〕自記温湿圧計《気圧と気温と湿度を記録する器械》. 〖← BARO-＋THERMO-＋HYGROGRAPH〗

bar·o·ti·tis /bæ̀rətáɪṭɪ̀s, bὲr- | bæ̀rətáɪtɪs/ *n.* 〔病理〕気圧性中耳炎, 航空性中耳炎. 〖⇨ ↓, -itis〗

bàro·tráuma *n.* (*pl.* ～·**ta**, ～**s**) 〔病理〕気圧性外傷; (特に)航空中耳炎. 〖← NL ～: ⇨ baro-, trauma〗

bar·o·trop·ic /bæ̀routrɑ́(ː)pɪk | -rə(ʊ)trɔ́p-/ *adj.* 〔気象〕〈流体が〉順圧の. 〖← BARO-＋-TROPIC〗

ba·rot·ro·py /bərɑ́(ː)trəpi | -rɔ́trə-/ *n.* 〔気象〕順圧《等圧面と等密度面が一致する流体の状態; cf. baroclinicity》.

Ba·rot·se /bərɑ́(ː)tsi | -rɔ́tsi/ *n.* (*pl.* ～, ～**s**) **1** バロツェ族《アフリカ中部ザンビア南西部に住む黒色人種》. **2** バロツェ語 (Lozi). 〖1851〗

Ba·ro·tse·land /bərɑ́(ː)tsilæ̀nd | -rɔ́tsi-/ *n.* バロツェランド《ザンビアの西部地方; バロツェ族の居住区; もと英国の保護領》.

ba·rouche /bərúːʃ | bə-, bæ-/ *n.* (昔の)バルーシュ型馬車《2 人ずつ向かい合った座席のあるほろ付き 4 人乗りの四輪馬車; 御者席は車の前方にあり通例 2 頭立て; 19 世紀に普及》. 〖(1801) □ G 《方言》*Barutsche* □ It. *baroccio* □ VL **birotium* two wheeled ← L *birotus*: ⇨ bi-[1], rota[1]〗

Ba·roz·zi /bərɑ́(ː)tsi | -rɔ́tsi; *It.* barɔ́ttsi/ *n.* ⇨ Vignola.

bár·pèrson *n.* バブの給仕《特に募集広告で使われる性差別を避けた語; cf. -person》.

bár pìlot *n.* 〔海事〕門洲(もんす)水先人《浅瀬を越えて港へ船を導く任務の水先案内人》. 〖1944〗

bár pìn *n.* 細長い飾りピン《ブローチの一種》.

bar·quan·tine /bɑ́əkəntìːn | bɑ́ː-/ *n.* 〔海事〕=barkentine.

barque /bɑ́ək | bɑ́ːk/ *n.* =bark[3].

bar·quen·tine /bɑ́əkəntìːn | bɑ́ː-/ *n.* 〔海事〕=barkentine. 〖1693〗

bar·quette /bɑəkét | bɑː-/ *n.* バルケット《舟形の小型パイ》. 〖(c1949) ← BARQUE＋-ETTE〗

Bar·qui·si·me·to /bɑ̀əkəsəméɪtou | bɑ̀ːkɪsɪmét-əʊ; *Sp.* baɾkisiméto/ *n.* バルキシメト《ベネズエラ北西部の商業都市》.

Barr. (略) Barrister.

Bar·ra /bǽrə, bέrə | bǽrə/ *n.* バラ(島)《スコットランド北西方海岸沖 Outer Hebrides 諸島の主島; 面積 91 km²》.

bar·rack[1] /bǽrək, bέr-, -rɪk | bǽrək/ *n.* **1** [通例 *pl.*; 単数または複数扱い] 兵営, 営舎. **2** [通例 *pl.*; 単数または複数扱い] バラック式建物, (大きくてがらんとした)大勢人の住む家, 仮小屋: a regular ～ of a place 全くバラック同然の家. 日英比較 日本語の「バラック」(粗末な仮小屋)よりはかなり大きな建物を指す. 日本語の「バラック」に相当する英語は hut, shack, shanty など. **3** 《米北東部》(四本柱で仮設の屋根を支えた)干草覆い. ― *adj.* [限定的] 兵営の, 兵舎の: a ～ life / a ～ room 兵舎の部屋 / a ～ yard 営庭. ― *vt.* 〈軍隊を〉兵舎に収容する. ― *vi.* 兵舎で暮らす. 〖(1686) □ F *baraque* □ It. *baracca* wooden hut or shed // Sp. *barraca* cabin, mud hut ← ? *barro* clay〗

bar·rack[2] /bǽrək, bέr-, -rɪk | bǽrək/ 《口語》 *vt.* **1** 《英》〈見物人が〉〈選手·チーム·演説者などを〉やじる (jeer). **2** 《豪》声援する. ― *vi.* **1** 《英》やじる 〔*against*〕. **2** 《豪》声援する 〔*for*〕. 〖(1890) ← Austral. (現地語) *borak* a banter〗

bár·rack·er *n.* 《英·豪》やじる人, やじ馬; 《豪》声援する人. 〖(1893): ⇨ -er[1]〗

bár·rack·ing *n.* 《英·豪》やじ, 抗議, 声援, 掛け声.

bárrack-ròom láwyer *n.* 軍法·軍則·軍人の権利などの権威者と自認している軍人; (ろくに知識もないのに)細かいことに口を出して意見を述べる人. 〖1943〗

bárracks bàg *n.* 〔軍事〕衣料袋《衣服その他の支給装具を入れる個人用の布袋》. 〖1938〗

bárracks làwyer *n.* =barrack-room lawyer.

bárrack-squàre *n.* (兵営近くの)練兵場. 〖1932〗

bar·ra·coon /bæ̀rəkúːn, bὲr- | bæ̀r-/ *n.* (昔の)奴隷[囚人]仮収容所. 〖(1848) □ Sp. *barracón* (aug.) ← *barraca* 'BARRACK[1]'〗

bar·ra·cou·ta /bæ̀rəkúːṭə, bὲr- | bæ̀rəkúːtə/ *n.* (*pl.* ～, ～**s**) (*also* **bar·ra·cou·da** /-ḍə | -də/) **1** 〔魚類〕 **a** 南半球温帯部のクロタチカマス科の食用魚 (*Thyrsites atun*). **b** =barracuda. **2** (NZ) 《通例 2 ポンドの》長パン. 〖(1678) □ Am.-Sp. ～ ← W-Ind.〗

bar·ra·cu·da /bæ̀rəkúːḍə, bὲr- | bæ̀rəkjúːdə, -kúː-/ *n.* (*pl.* ～, ～**s**) 〔魚類〕 **1** カマス《カマス科カマス属 (*Sphyraena*) の細長い海産魚の総称; cf. great barracuda》. **2** ヨコシマサワラ (*Scomberomorus commerson*) 《東南アジア沖およびインド洋海域のサバ科の食用魚》. 〖((1678)) (1734) □ Am.-Sp. ～〗

bar·ra·cu·di·na /bæ̀rəkuːdənə, bὲr-, -dṇə | bæ̀rəkjúdɪnə, -kúː-/ *n.* 〔魚類〕ハダカエソ《ハダカエソ科の魚類の総称》. 〖□ Am.-Sp. ～ ← BARRACUDA＋-*ina* '-INE[5]'〗

bar·rage[1] /bərɑ́ːʒ, -rɑ́ːdʒ | bǽrɑːʒ, -rɑːdʒ; *F.* baʀaːʒ/ *n.* **1** 〔軍事〕弾幕砲火[射撃], 弾幕, つるべ打ち: a creeping [rolling] ～ 誘導弾幕, 移動弾幕射撃 / lift the ～ 弾幕の射程を長くする. **2** 〔打撃などの〕集中攻撃, 連発; 〔言葉·書き物の〕圧倒的多量 〔*of*〕: a ～ *of* questions 矢継ぎ

早の質問, 質問攻め. **3** (フェンシング·馬術などの)予選; 決勝競技. — *vt.* **1** …に弾幕砲火を浴びせる. **2** 〔質問·要求などを〕〈人〉に連発する〔*with*〕. 〖(1916) □ F (*tir de*) *barrage* barrier (fire): ↑〗

bar·rage² /bɑ́ːrɪdʒ | bǽrɑːʒ, -rɑːdʒ/ *n.* 〘土木〙 (河流などの)せき止め工事, 堰(せき), ダム (dam). 〖(1859) □ F ～ ← *barrer* 'to BAR¹': ⇨ -age〗

barráge ballòon *n.* 〘軍事〙 阻塞(そさい)気球, 防空気球 《空襲を防ぐために設ける網·索を支持するのに用いる; cf. balloon barrage》. 〖*c*1920〗

bar·ra·mun·da /bærəmʌ́ndə, bèr- | bær-/ *n.* (*pl.* ～, ～s) 〘魚類〙 **1** バラムンダ (*Neoceratodus forsteri*) 《オーストラリアの諸河川に産する肺魚; cf. ceratodus》. **2** =barramundi. 〖(1873) ← Austral. (現地語)〗

bar·ra·mun·di /bærəmʌ́ndi, bèr- | bær-/ *n.* (*pl.* ～, ～s) 〘魚類〙 **1** バラマンディ (*Lates calcarifer*) 《オーストラリアからインドにいたるインド洋·太平洋に分布するスズキ目アカメ科の大型食用魚; 河川で成長する》. **2** スポッテッドバラマンディ (*Scleropages leichardti*) 《オーストラリアに生息するオステオグロッスム科の淡水魚; 雌が卵を口中で哺育する》. 〖1864〗

bar·ran·ca /bərǽŋkə; *Sp.* barránka/ *n.* **1** (米国南西部の)深い急な峡谷 (gorge). **2** 切り立った土手, 絶壁. **3** 〘地理〙 火口瀬 《火口やカルデラから流れ出す川》. 〖(*a*1691) □ Sp. ～〗

bar·ran·co /bərǽŋkoʊ | -kəʊ/ *n.* (*pl.* ～s) =barranca. 〖*a*1691〗

Bar·ran·quil·la /bɑ̀ːrɑːnkíːjɑː, bæ̀r-, bèr-, -kíːjə | bæ̀rəŋkíːə; *Sp.* baraŋkíja/ *n.* バランキヤ 《コロンビア北部 Magdalena 川河口近くの港市》.

bar·ra·tor /bǽrətə, bér- | bǽrətə(r)/ *n.* (*also* **bar·ra·ter** /～/) 〘法律〙 訴訟教唆 (barratry) の犯罪者. 〖(1389) *baratour* rioter □ AF=OF *barateor* swindler ← *barater* 'to deceive, BARTER': ⇨ -or²〗

bar·ra·trous /bǽrətrəs, bér- | bǽr-/ *adj.* 〘法律〙 訴訟教唆の; (判事の)収賄罪の; 船長[船員]の不法行為の. **～·ly** *adv.* 〖(1842): ⇨ ↓, -ous〗

bar·ra·try /bǽrətri, bér- | bǽr-/ *n.* **1** 〘法律〙 訴訟[争議]教唆罪. **2** 〘スコット古法〙 (判事の)収賄罪. **3** (船主または荷主に対する)船長[船員]の不法行為. **4** 聖職[官職]の売買. 〖(?*a*1400) □ OF *baraterie* ← *barate*: ⇨ barter, -ery〗

Bar·rault /bæróʊ, bər- | bǽrəʊ; *F.* baʁo/, **Jean-Louis** /ʒɑ̃lwi/ *n.* バロー 《1910–94; フランスの俳優·演出家; 特にパントマイムで知られる》.

Bárr bòdy /bɑ́ə- | bɑ́ː-/ *n.* 〘生物〙 バー小体, 性染色質体 《性の決定をつかさどる染色(質)体; sex chromatin body ともいう》. 〖(1963) ← *Murray Llewellyn Barr* (1908–95: カナダの解剖学者)〗

barre /bɑ́ə | bɑ́ː(r); *F.* baːʁ, bɑːʁ/ *n.* 〘バレエ〙 =bar¹ 13. 〖(1883) □ F ～: ⇨ bar¹〗

bar·ré /bɑːréɪ; *F.* baʁe, ba-/ *n.* **1** 厚段(あつだん) 《横糸の密度が部分的に多い織りむら》. **2** バレ 《織物·編物·染色などの過程で現れる欠点》. **3** 〘音楽〙 バレ 《ギターなどを弾くときに人差し指で指板を押さえて区切ること; 人差し指で弦を押さえて和音を出す奏法》. — *vt., vi.* バレで奏する. — *adv.* バレで. 〖(1876) □ F ～ (p.p.) ← *barrer* 'to BAR¹'〗

barred /bɑ́əd | bɑ́ːd/ *adj.* **1** 横[縦]桟のある, 棒を打ちつけた: a ～ gate, window, etc. **2 a** かんぬきのある; 閉じ込めた, さえぎった. **b** 〈港が〉砂洲のある. **3 a** 線[筋, しま]のある (striped). **b** 〘鳥類〙 羽に横じまがある. 〖(?*c*1390): ⇨ bar¹, -ed 1, 2〗

bárred í /-áɪ/ *n.* 〘音声〙 横棒付き i ([ɨ] という記号; [ə] よりも舌の高い中舌の非円唇高母音を表す).

bárred ówl *n.* 〘鳥類〙 アメリカフクロウ (*Strix varia*) 《北米東部産; swamp owl ともいう》. 〖1811〗

bárred spíral gálaxy *n.* 〘天文〙 棒渦巻星雲.

bar·rel /bǽrəl, bér- | bǽr-/ *n.* **1** (胴の膨れた)樽 (cf. cask, tub 1): a beer ～. **2 a** 一樽; 樽一杯(分): a ～ *of herrings* ニシン一樽. **b** バレル 《容量の単位; 石油では 158.98 リットル (42 米ガロン, 35 英ガロン), その他の液体では, 米国では 119.24 リットル (31.5 米ガロン), 英国では 163.67 リットル (36 英ガロン), 果物·野菜などでは 115.67 リットル (7,056 立方インチ, 105 乾量クォート)など品物により異なる: 略 bbl.》. **c** [しばしば *pl.*] 《口語》 たくさん, どっさり (lot): ～*s* of money [jokes] / It was a ～ of fun [laughs]. 実におもしろかった. **3 a** (物の)胴体. **b** 銃身, 砲身. **c** (機械の)円筒; (巻上機の)胴. **d** 〘海事〙 車地(しゃち) (capstan) の胴部. **e** (ポンプの)筒. **f** (万年筆の)インク室. **g** 香箱 《昔の時計のぜんまい箱》. **h** (カメラ·交換レンズの)鏡胴. **4** (牛馬の)胴体 (trunk). **5** 《英俗》 でぶ, 「ビヤ樽」. **6** 羽柄.

lóck, stóck, and bárrel ⇨ lock¹ 成句. ***on the bárrel*** =*on the* BARRELHEAD. ***óver a bárrel*** 《口語》 窮地に陥って, お手上げの状態で: have [get] a person *over a* ～ 〈人を〉(特に経済的に)こちらの言いなりにさせる, 思いのままに支配する. 《溺れかけた人を樽の上に乗せて水を吐かせたことから》 ***scrápe (the bóttom of) the bárrel*** 《口語》 (やむなく)残った[拙劣な]手[人]を使う.

— *v.* (**bar·reled, -relled; -rel·ing, -rel·ling**) — *vt.* **1** 樽に入れる, 樽詰めにする. **2** 《米俗》 **a** 〈荷物などを〉早く運ぶ. **b** 〈自動車などを〉高速度で走らせる, とばす. — *vi.* 《米口語》 〈乗物などが〉高速で進む, 疾走する: The enemy airplane came ～*ing in.* 敵機が高速で進入してきた / The truck ～*ed down* the highway. トラックが大通りを疾走して行った.

〖(?*a*1300) *barel* □ (O)F *baril* ← ? *barre* 'BAR¹'〗

bárrel bòlt *n.* 〘建築〙 上げ落とし[上げ]ボルト 《扉·開き窓などにつける戸締まりのための上げ下ろし金具》. 〖1909〗

bárrel-bùlk *n.* 5 立方フィートの容積 (=⅛ トン). 〖1720〗

bárrel càctus *n.* 〘植物〙 樽形になるサボテン類の総称; (一般に)タマサボテン属 (*Echinocactus*) の植物. 〖1881〗

bárrel chàir *n.* 樽形の(高い背もたれのある)安楽椅子. 〖1850〗

bárrel-chésted *adj.* (身長に比べて)特に広く厚い胸をした. 〖1926〗

bárrel cùff *n.* (通例ボタンで留める)袖に縫い付けられた折返しのないカフス (cf. French cuff). 〖1926〗

bárrel distòrtion *n.* (光学機械·テレビ受像機などの)樽形ひずみ (cf. pincushion distortion). 〖1889〗

bárrel-dràin *n.* 〘建築〙 筒形下水, 円筒型排水渠. 〖1823〗

bár·reled *adj.* [通例複合語の第 2 構成素として] **1** (…の)銃身のある, 筒が…の: a double-*barreled* gun 二連銃 / a single-*barreled* gun 単身銃, 単銃. **2** 〈牛馬など〉胴回りが…の: a well-*barreled* cow 胴回りの大きい雌牛. 〖(1494): ⇨ -ed〗

bárrel·fìsh *n.* 〘魚類〙 黒っぽい色をしたイボダイ科の魚 (*Schedophilus medusophagus*) 《ニューイングランド沿岸産》. 〖(1884) ← BARREL+FISH¹〗

bar·rel·ful /bǽrəlfʊ̀l, bér- | bǽr-/ *n.* (*pl.* ～s, **bar·rels·ful**) **1** 樽一杯(分); 1 バレル(の量) 〔*of*〕. **2** たくさん, 大量 (lot): a ～ *of* fun [foreign words]. 〖(*c*1395): ⇨ -ful²〗

bárrel·hèad *n.* 樽の上部[下部]の板, 鏡板, 底板. ***on the bárrelhead*** 《米》 即金で[の], 即座に[の]: pay (cash) *on the* ～ for a car 現金で車を買う. 〖1840〗

bárrel·hòuse *n.* 《米》 **1** 《俗》 下等な飲み屋[ナイトクラブ]. **2** 〘ジャズ〙 バレルハウス 《20 世紀初期に New Orleans の酒場ではやった騒々しく力強い旋律のジャズ》. 〖1883〗

bárrel·hòuse *adj.* 《米》 〈ジャズが〉力強い旋律の, 騒々しい. 〖1926〗

bárrel kèy *n.* =pipe key.

bárrel òrgan *n.* **1** バレルオルガン 《大道音楽師がハンドルを回して鳴らす小型の手回し風琴; street organ ともいう》. **2** バレルオルガン 《18–19 世紀に教会で使用された同様な仕掛けで動く大型のオルガン》. 〖1772〗

bárrel plàting *n.* 〘化学〙 回転めっき 《細かい穴のあいた円筒に品物を入れ, 槽中を回転させながらする電気めっき法》. 〖1911〗

bárrel prìnter *n.* =drum printer.

bárrel ràce [ràcing] *n.* 《米》 バレルレース 《3 本のたるのまわりをジグザグに馬を走らせて速さを競う, 通例女性のロデオ競技》.

bárrel-ròll *vi.* 〘航空〙 バレルロールする. 〖1927〗

bárrel ròll *n.* 〘航空〙 バレルロール 《飛行機の曲技飛行の一種; 水平に樽(たる)の内側に沿って飛ぶような航跡を描く横転飛行》. 〖*c*1920〗

bárrel ròof *n.* 〘建築〙 **1** かまぼこ屋根. **2** =barrel vault.

bárrel shòp *n.* =barrelhouse. 〖1904〗

bárrel vàult *n.* 〘建築〙 円筒ボールト, かまぼこ型天井 《wagon vault, tunnel vault ともいう》. 〖1825〗

bar·ren /bǽrən, bér- | bǽr-/ *adj.* (**more** ～, **most** ～; ～**·er**, ～**·est**) **1 a** 〈土地が〉やせた, 作物のできない, 不毛の (unproductive) (⇨ sterile SYN): ～ land. **b** 〈草木が〉実を結ばない (fruitless): a ～ vine めしべ[子房]のないつる. **c** 《古》 〈女性·動物の雌が〉子を生まない, 不妊の; まだ妊娠していない: a ～ woman. **2** 《文語》 〈計画·努力など〉実を結ばない, 結果を生じない, むだに終わった (empty): a ～ scheme / ～ endeavors. **3** 《文語》 〔…に〕乏しい, 〔…を〕欠いた (devoid) 〔*of*〕: be ～ *of* results [interest] 成果[興味]に乏しい. **4** 〈作品など〉内容の貧弱な, 中身のない (meager); つまらない (dull); だれた; 〈作家·知能など〉ぼんくらの, 無能な: a ～ writer. — *n.* **1** 荒地, やせ地. **2** [*pl.*] 荒野, 不毛の地 《北アメリカで, 樹木のまばらなゆるやかに起伏する砂地》. **～·ly** *adv.* **～·ness** *n.* 〖(?*a*1200) *barain(e)* □ AF *barai(g)ne*=OF *barhaine* (F *bréhaigne*) ← ?: cf. Alb. *beronjë* sterile〗

Bárren Gróunds *n. pl.* [the ～] バレングラウンズ 《カナダ北部, 特に Hudson 湾北西部周辺より Great Slave 湖·Great Bear 湖あたりまでのツンドラ地帯; Barren Lands ともいう》.

bárren·wòrt *n.* 〘植物〙 発汗剤など薬用または観賞用に栽培されるメギ科イカリソウ属 (*Epimedium*) の植物の総称 《日本産のバイカイカリソウ (*E. diphyllum*) など》. 〖(1597): これを食べると不妊症になると考えられていたことから〗

bar·rer·a /bəréərə, bɑː-; *Sp.* baréra/ *Sp. n.* **1** 闘牛場の赤い木壁. **2** 闘牛場の最前列の席. 〖(1924) □ Sp. ～ ← *barra* 'BAR¹'〗

Bar·rès /bærés; *F.* baʁɛs/, **(Auguste) Maurice** *n.* バレス 《1862–1923; フランスの政治家·評論家·小説家; 熱烈な国家主義者; *Le Culte du Moi* 「自我礼賛」(1888–91)》.

bar·ret /bǽrɪt, bér-, bərét | bǽrɪt/ *n.* **1** バレット帽 《ベレー帽に似た中世風の小型の帽子》. **2** =biretta. 〖(1828) □ F *barrette* cap □ It. *berretta*: ⇨ biretta〗

bar·re·tor /bǽrətə, bér- | -rɪtə(r)/ *n.* =barrator.

bar·re·try /bǽrətri, bér- | bǽr-/ *n.* =barratry.

Bar·rett /bǽrɪt, bér-, -rɛt | bǽrɪt/ *n.* バレット 《英国各地で低価格の住宅を供給している建設会社》.

bar·rette /bɑːrét, bə- | bə-, bɑː-; *F.* baʁɛt, ba-/ *n.* 《米》 バレッタ 《棒状のヘアクリップ》, 髪留め (hairslide). 〖(1901) □ F ～ (dim.) ← *barre* 'BAR¹'〗

bar·ret·ter /bərétə | -tə(r)/ *n.* 〘電気〙 バレッター 《細い白金線の抵抗変化を利用する, マイクロ波電力測定用素子》. 〖(1903) (変形) ← OF *bareteor* to exchanger: cf. barrator, barter〗

bar·ri·cade /bǽrəkèɪd, bér-, ⌐–⌐ | bæ̀rɪkéɪd, ⌐–⌐/ *n.* **1** [通例 *pl.*] バリケード, 防柵, 防塞 《敵を食い止めるため, 樽や車などで路上にわか造りに組み立てたもの》; 往来止め. **2** 妨害物, 障害, 障壁 (barrier). **3** [しばしば *pl.*] 論争[衝突]の場: on the ～*s* for … のための論争で. — *vt.* **1 a** …にバリケードを築く〔*with*〕; 〈往来などを〉ふさいで止める[遮る]: ～ a passage *with* desks and chairs 机やいすで通路にバリケードを築く. **b** バリケードで(…の出入りを)防ぐ. **2** バリケードで守る; (バリケードなどを築いて)〔…に〕閉じ込める〔*in*〕: ～ oneself *in* one's room [*in*, *inside*] バリケードを作って部屋[中]に閉じこもる. **bár·ri·càd·er** *n.* 〖v.: (1592) □ F *barricader* ← *barricade* (n.) ← *barrique* barrel (初めは土を入れた大樽でバリケードを作ったことから) □ Sp. *barrica*: ⇨ -ade. — n.: (1642) ← v.〗

bar·ri·ca·do /bæ̀rəkéɪdoʊ, bèr- | bæ̀rɪkéɪdəʊ/ 《古》 *n.* (*pl.* ～es, ～s), *vt.* =barricade. 〖(1590) □ F *barricade* (↑)〗

Bar·rie /bǽri, béri | bǽri/ *n.* バリー 《男性名》. (⇨ Barry)

Bar·rie /bǽri, béri | bǽri/ *n.* バリー 《カナダ Ontario 州南東部の都市》.

Barrie, Sir James M(atthew) *n.* バリー 《1860–1937; スコットランドの小説家·劇作家; *Peter Pan* (1904), *Dear Brutus* (1917)》.

bar·ri·er /bǽriə, bér- | bǽriə(r)/ *n.* **1 a** (すべて人の通行·出入りを禁止する)障壁, さく. **b** 税関の門; (駅の)改札口. **c** 境界線: a racial ～ 人種的境界線. **d** 《古》 (国境の)とりで, 防御柵. **2** 難関, 障害, 障壁, 妨げ〔*to*〕: a mountain ～ 交通を遮る山岳 / a trade ～ 貿易の障害 / a language ～ 言葉の障壁 / a ～ *to* education [progress] 教育[進歩]を阻む邪魔物 / eliminate sex ～*s* 男女差別を撤廃する / put a ～ *between* …の仲に水を差す. **3** 〘地理〙 **a** 堡氷(ほひょう) 《南極大陸で barrier ice が海中に連続し, 高原のように広がり, 垂直の崖(がけ)で終わっているもの》. **b** 沿岸洲(す), 堤洲 《海岸線に平行して連続する長い砂洲; 陸地との間は潟や沼沢地になっている; barrier beach, barrier bar ともいう》. **4** 〘競馬〙 (出発点の)バリヤー, 遮断柵; バリヤー式発馬機. **5** [通例 *pl.*] **a** (中世の試合場の)矢来(やらい), 埒(らち) (palisade). **b** (矢来の中で行われる)試合.

bárrier of idéas 〘哲学〙 概念の障壁 《対象の知覚に際しては別の知覚が干渉するので, 知覚しているものが実際に存在するかどうかはあやしいとする考え方; cf. representationalism》.

bárriers to éntry 参入障壁 《新規企業が特定産業に参入しようとするときの参入の難易度》.

— *vt.* **1** 柵で囲む, 閉鎖する, 閉ざす〈*in*〉. **2** 遮断する〈*off*〉.

〖(*c*1380) *barrere* □ AF =(O)F *barrière* obstacle < VL **barrāria(m)* ← **barra* 'BAR¹': ⇨ -ier¹〗

bárrier bèrg *n.* 〘地理〙 バリアバーグ 《南極大陸の堡氷(ほひょう) (barrier) から分離した頂上の平らな大氷山》.

bárrier crèam *n.* (手の)荒れ止めクリーム. 〖1950〗

bárrier-frée *adj.* (老人·身障者などのために)障壁[段差]のない, バリアフリーの: a ～ trail 障害のない小道 / create a ～ single economic market 障壁のない単一の経済市場をつくる.

bárrier ìce *n.* 〘地理〙 バリアアイス 《南極大陸の大陸氷河[氷床, 内陸氷]の縁の部分; cf. barrier 3 a》.

bárrier làyer *n.* 〘物理〙 障壁, 堰(せき)層 《blocking layer ともいう》. 〖1934〗

bárrier mèthod *n.* 〘医学〙 (コンドーム·ペッサリーなどを用いた)障害式避妊法.

bárrier rèef *n.* 〘地理〙 堡礁(ほしょう) 《海岸線に平行し礁湖 (lagoon) の海面をはさんで発達するさんご礁; cf. fringing, reef, atoll》: ⇨ Great Barrier Reef. 〖1805〗

bar·ring /bɑ́ːrɪŋ/ *prep.* …以外は, …を除いて (excepting); …がなければ: Nobody else, ～ the author, knew. 著者のほかはだれも知らなかった / *Barring* rain, we leave tonight. 雨さえ降らなければ今夜たちます. 〖(1481–90) ← ME *barin(g)* (pres.p.) ← *barre* 'to BAR¹': ⇨ -ing²〗

bárring-óut *n.* (*pl.* **barrings-out**) 締め出し 《抵抗のためまたはふざけて教室や校舎から教師を閉め出すこと》. 〖(1728) ← *bar out (masters)* (⇨ bar¹ (v.) 成句)〗

bar·ri·o /bɑ́ːriòʊ, bǽr-, bér- | bǽriəʊ; *Sp.* bárjo/ *n.* (*pl.* ～s) **1** (スペインまたはスペイン語圏における)都市の一区域, 区. **2** 《米》 (米国の都市の)スペイン語を日常語とする人々の住む一画. 〖(1841) □ Sp. ～〗

bar·ris·ter /bǽrɪstə, bér- | bǽrɪstə(r)/ *n.* **1** 〘英法〙 バリスター 《法廷で弁論をする資格がある弁護士; 正式には barrister-at-law という; cf. King's Counsel, attorney-at-law, solicitor 3; ⇨ lawyer SYN》: ⇨ revising barrister. **2** 《米口語》 弁護士 (lawyer). 〖(1466) *barrester* ← *barri-* (⇨ bar¹)+-STER〗

bár·ròom *n.* (ホテルなどの)酒場, バー(のある室).

Bar·ros /bɑ́ːruːʃ; *Port.* báʁuʃ/, **João de** /ʒuɐ̃ũdɨ/ *n.* バロス 《1496–1570; ポルトガルの歴史家; Portuguese Livy と呼ばれる; *Ásia* 「アジア記」(4 vols, 1552–53, 1563, 1615)》.

bar·row¹ /bǽroʊ, bér- | bǽrəʊ/ *n.* **1 a** 担架形の運搬器, 輦台(れんだい). **b** 1 輪の手押し車, ねこ(車(ぐるま)). **c** 《英》 (果物行商人などの用いる) 2 輪の手押し車. **2** 手押し車 1 台分の荷物. **3** 《北英》 関心事, 仕事: That's not my ～. ***into one's bárrow*** 《アイル·スコット》 希望[関心]に合った. 〖(*c*1300) *barwe* < OE **bearwe* basket < Gmc **barwōn* ← **ber-* 'to BEAR¹'〗

bar·row² /bǽroʊ, bér- | bǽrəʊ/ *n.* **1** 〘考古〙 (土まんじゅう形の)塚, 古墳 (tumulus) 《英国にある有史前の墓》:

long [round] ~s 長形[円]墳. **2** 《英》[B-; イングランドの地名に用いられて] 丘, 山 (hill): Rain Barrow. 〘OE *beorg* < Gmc **berʒaz* (G *Berg* hill) ← IE **bhergh-* high〙

bar·row[3] /bǽroʊ, bér- | bǽrəʊ/ *n.* 去勢した雄豚. 〘OE *bearg* < Gmc **barʒwaz* (Du. *barg*) ← ? IE **bher-* to cut〙

Bar·row /bǽroʊ, bér- | bǽrəʊ/ *n.* **1** =Barrow-in-Furness. **2** [the ~] バロー(川)《アイルランド南東部の川 (190 km)》. 〘1: ME *Barrai* ← Gael. *barr* hill+ON *ey* island〙

Bar·row /bǽroʊ, bér- | bǽrəʊ/, **Point** *n.* バロー岬《米国 Alaska 州最北端に位置し北極海に面した岬》. 〘← *Sir John Barrow* (1764–1848: 英国の地理学者)〙

bárrow bòy *n.* 《英》(手押し車で野菜・果物を売る)行商人, 呼び売り人[少年]. 〘1939〙

bar·row·ful /bǽroʊfʊ̀l, bér- | bǽrəʊ-/ *n.* 手押し車一台分の荷物. 〘(*c*1485) ← BARROW[1]+-FUL[2]〙

Bárrow-in-Fúrness *n.* バロー イン ファーネス《イングランド北西部, Cumbria 州南部の海港で造船所がある》.

bárrow·lòad *n.* (手押し車)一杯分の量.

bárrow·man /-mən, -mæ̀n/ *n.* (*pl.* **-men** /-mən, -mɛ̀n/) =barrow boy. 〘?*c*1650〙

bárrow pìt *n.* 《米西部》道路わきのみぞ.

bar·ru·let /bǽrjʊlɪ̀t/ *n.* 〘紋章〙バルレット《bar の約 1/2 幅の横帯; 1/2 は目安であって厳格に守られていない; 通例 7 本以上の横帯も barrulet と呼ばれる》. 〘(1562) (dim.) ← AF **barrule* (dim.) ← F *barre* 'BAR[1]': ⇨ -ule, -let〙

bar·ru·ly /bǽrjʊli/ *adj.* 〘紋章〙 =barry. 〘(1562) □ AF *barrulée*: ⇨ ↑, -y[3]〙

bar·ry /bɑ́:ri/ *adj.* 〘紋章〙〈盾が〉水平に 4 以上の偶数に等分割された《交互に 2 色—金属色 (metal) と原色 (color) —で彩色される》. 〘(*a*1450) □ (O)F *barré* barred ← *barrer* 'to BAR[1]'〙

Bar·ry /bǽri, béri | bǽri/ *n.* バリー《男性名》. 〘□ Ir. *Bearrach* (原義) spear〙

Bar·ry /bǽri, béri | bǽri/ *n.* バリー《Wales 南部, Cardiff 南西の Bristol 湾に臨む港市》.

Bar·ry /bǽri, béri | bǽri/, **Sir Charles** *n.* バリー《1795–1860; 英国の建築家; 英国国会議事堂の設計者》.

Barry, Comtesse du *n.* ⇨ Du Barry.

Barry, Leonora Marie Kear·ney /kɑ́:ni, kɑ́ə- | kɑ́:-, kɑ́:-/ *n.* バリー《1849–1930; アイルランド生まれの米国の労働運動の指導者; 特に女性・子供の労働条件改善のために活動した》.

Barry, Philip *n.* バリー《1896–1949; 米国の劇作家; 客間喜劇の作者として人気があった》.

bárry-bèndy *adj.* 〘紋章〙〈盾が〉fess lines (横線)と bend lines (向かって左上からの斜線)で等分割された (bend sinister line (向かって右上からの斜線)が用いられた場合は barry-bendy sinister という). 〘(1611): ⇨ barry, bendy〙

Bar·ry·more /bǽrɪmɔ̀ə | -mɔ̀:ʳ/, **Ethel** *n.* バリモア《1879–1959; 米国の女優; Lionel の妹で John の姉》.

Barrymore, John *n.* バリモア《1882–1942; 米国の俳優; Lionel と Ethel の弟》.

Barrymore, Lionel *n.* バリモア《1878–1954; 米国の俳優; Ethel と John の兄》.

Bár·ry Móuntains /bǽri-, béri- | bǽri-/ *n. pl.* [the ~] バリー山脈《オーストラリア南東部 Victoria 州東部に位置する; オーストラリアアルプスの一部》.

bárry-nèbuly *adj.* 〘紋章〙〈盾が〉水平に nebuly lines (雲形の線)で 4 以上に等分割された (cf. barry-wavy). 〘*a*1550〙

bárry-píly *adj.* 〘紋章〙〈盾が〉pile (楔)の形に横に等分割された. 〘1638〙

bárry-wàvy *adj.* 〘紋章〙〈盾が〉水平に波形の線で 4 以上に等分割された. 〘(1610) 1864〙

Bar·sac /bɑ́əsæk | bɑ́:-; *F.* baʀsak/ *n.* バルサック《フランス南西部の Gironde 県の町 Barsac で産する甘口白ワイン》. 〘1728〙

bár sínister *n.* **1** 《俗用》〘紋章〙 =bend sinister. **2** 嫡出でないこと. **3** (永久に消すことのできない)汚名, 焼き印, 恥辱. 〘1823〙

bár snàck *n.* バースナック《英国のパブで出る軽食》.

bár·spòon *n.* バースプーン《カクテル用の柄の長いスプーン》.

bár·stòol *n.* バースツール《バー[酒場]のとまり木; 座部が高くて円い》.

Bart /bɑ́ət | bɑ́:t/ *n.* バート《男性名》. 〘(dim.) ← BARTHOLOMEW〙

BART /bɑ́ət | bɑ́:t/ *n.* バート《米国 San Francisco 市の高速通勤用鉄道》. 〘《略》← *B*(*ay*) *A*(*rea*) *R*(*apid*) *T*(*ransit*)〙

Bart. 《略》Baronet; Bartholomew.

Bart /bɑ́ət | bɑ́:t/, **Lionel** *n.* バート《1930–99; 英国の作曲家・作詞家; ミュージカル *Lock Up Your Daughters* (1959), *Oliver!* (1960) など》.

bár tàck *n.* 〘服飾〙かんぬき止め《ボタンホールなど力のかかる場所の補強のため糸を上下あるいは左右に数回渡したステッチ》. **bár-tàcked** *adj.*

bár·tènd *vi.* (特に, 職業として)バーテンをする. 〘(逆成) ↓〙

bár·tènder *n.* 《米・カナダ》バー[酒場]の主人; バーテン (barman). 日英比較 「バーテン」は「バーテンダー」を略した和製英語. 〘(1836) ← BAR[1]+TENDER[3]〙

bar·ter /bɑ́əṭə | bɑ́:təʳ/ *vt.* **1** 〈…と〉物々交換する (exchange) 〔*for*〕(⇨ exchange SYN): ~ oil *for* machinery 石油を機械と交換する. **2** [しばしば ~ *away* として] 安値で売り渡す; (利益に目がくらんで)〈…と引き換えに〉〈自由・地位などを〉売る〔*for*〕: ~ *away* one's honor [freedom] *for* wealth 金と引き換えに名誉[自由]を売る. — *vi.* **1** 交易する, 物々交換をする (trade): ~ *with* Indians (*for* furs) インディアンと(毛皮を求めて)交易する. **2** (交換条件などを)話し合う, 交渉する. — *n.* **1 a** 現物交易, 物々交換: the ~ system 〘経済〙交換貿易制, バーター方式 / a ~ economy 交換経済. **b** 交換, 取り交わし, やりとり (exchange). **2** 交易品: ~ *for* food 食料との交易品. 〘(1440) □ OF *barater* to cheat, exchange < ? VL **prattāre* □ Gk *prắttein* to perform: cf. barrator〙

bár·ter·er *n.* 物々交換者, 交易者. 〘(1611): ⇨ ↑, -er[1]〙

Barth /bɑ́əθ, bɑ́ət | bɑ́:t; G. baʀt, bá:ʀt/, **Heinrich** *n.* バルト《1821–65; ドイツのアフリカ探検家; 大英帝国がスーダンと貿易関係を結ぶのに貢献》.

Barth /bɑ́əθ | bɑ́:θ/, **John** (**Simmons**) *n.* バース《1930– ; 米国の小説家; *The End of the Road* (1958)》.

Barth /bɑ́ət, bɑ́əθ | bɑ́:t; G. baʀt/, **Karl** *n.* バルト《1886–1968; スイスのプロテスタント神学者, 弁証法神学 (dialectical theology) の指導者; *Die Kirchliche Dogmatik*「教会教義学」(1932–67)》.

Bar·thel·me /bɑ́əθəlmèɪ, -θɪ- | bɑ́:-/, **Donald** *n.* バーセルミ《1931–89; 米国の小説家; *Snow White* (1967)》.

Barthes /bɑ́ət | bɑ́:t; *F.* baʀt/, **Roland** *n.* バルト《1915–80; フランスの批評家・記号学者》.

Barth·i·an /bɑ́əṭiən, -θiən | bɑ́:tiən/ *adj.* バルト (Karl Barth) 派(の神学)の. — *n.* バルト神学の支持者[信奉者]. 〘(1929) ← *Karl Barth*: ⇨ -ian〙

Bárth·i·an·ism /-nɪzm/ *n.* バルト神学 (Karl Barth を中心としたプロテスタント神学理論). 〘(1934): ⇨ ↑, -ism〙

Bar·thol·di /bɑəθɑ́(:)ldi, -tɑ́(:)l-, -θɔ́(:)l-, -tɔ́(:)l- | bɑ:tɔ́l-, -θɔ́l-; *F.* baʀtɔldi/, **Frédéric Auguste** *n.* バルトルディ《1834–1904; フランスの彫刻家; New York 湾内の「自由の女神像 (Statue of Liberty)」の制作者》.

bar·tho·lin·i·tis /bɑ̀əθəl̩ɪnáɪṭɪs, -təl-, -tl̩- | bɑ:θəlɪnáɪtɪs, -təl-, -tl̩-/ *n.* 〘医学〙バルトリン腺炎. 〘← BARTHOLIN('S GLAND)+-ITIS〙

Bár·tho·lin's glànd /bɑ́əθəl̩ɪnz-, -təl-, -tl̩- | bɑ́əθəlɪnz-, -təl-, -tl̩-/ *n.* 〘解剖〙(女性外陰部の)バルトリン腺, 大前庭腺. 〘(1901) ← *Kaspar Bartholin* (1655–1738: デンマークの解剖学者)〙

Bar·thol·o·mew /bɑəθɑ́(:)ləmjù:, bə- | bɑ:θɔ́l-, bə-/ *n.* **1** バーソロミュー《男性名; 愛称形 Bart, Bartle, Bartlemy, Bartlet, Bartley, Bat》. **2** [(Saint) ~] 〘聖書〙バルトロマイ, バルトロメオ《キリスト十二使徒の一人; 祝日 8 月 24 日; cf. *Matt.* 10:3》. 〘□ OF *Barthelemieu* (F *Barthélemy*) ∥ LL *Bartholomaeus* □ Gk *Bartholomaîos* □ Aram. *bar Talmáy* son of Talmai (男性名)〙

Barthólomew Fáir *n.* バルトロマイ[バルトロメオ]祭の市《8 月 24 日の聖バルトロマイ祭日 (St. Bartholomew's Day) のころに最初は London の West Smithfield で (1133–1840), 後に Islington で (1840–55) 開かれた大定期市》. 〘1711〙

Barthólomew·tìde *n.* =St. Bartholomew's Day. 〘*c*1300〙

Bar·ti·mae·us /bɑ̀əṭəmí:əs | bɑ̀:tɪ-/ *n.* 〘聖書〙バルテマイ《エリコ (Jericho) でキリストに目をいやされた盲目のこじき; cf. *Mark* 10:46–52》. 〘□ LL ~ □ Gk *Bartimaîos* (原義) son of Timaeus ← Aram. *bar* son〙

bar·ti·zan /bɑ́əṭəzən, -zn, bɑ̀əṭəzǽn | bɑ̀:tɪzǽn/ *n.* 〘築城〙(見張り・防御あるいは屋上に旗などを立てるため設けた)張出しやぐら. **bár·ti·zaned** *adj.* 〘(1801) (変形) ← (スコット) *bartisane* < ME *bretasce*: ⇨ brattice〙

Bar·tle /bɑ́əṭl̩ | bɑ́:tl̩/ *n.* バートル《男性名》. ★ イングランド北部に多い. 〘(dim.) ← BARTHOLOMEW〙

Bar·tle·my /bɑ́əṭl̩mi | bɑ́:tl̩-/ *n.* バートルミー《男性名》. 〘(dim.) ← BARTHOLOMEW〙

Bart·let /bɑ́ətl̩ɪ̀t | bɑ́:t-/ *n.* バートレット《男性名; 異形 Bartlett》. 〘(dim.) ← BARTHOLOMEW〙

Bart·lett /bɑ́ətl̩ɪ̀t | bɑ́:t-/ *n.* 〘園芸〙バートレット《英国で発見されたセイヨウナシの品種名; 日本の主要な栽培品種; Williams pear ともいう》. 〘(1831) ← *E. Bartlett* (米国の果実卸商)〙

Bart·lett /bɑ́ətl̩ɪ̀t | bɑ́:t-/, **John** *n.* バートレット《1820–1905; 米国の出版業者・編集者; *Familiar Quotations* (1855)の編者》.

Bart·ley /bɑ́ətli | bɑ́:t-/ *n.* バートレイ《男性名》. 〘(dim.) ← BARTHOLOMEW〙

Bar·tók /bɑ́əta(:)k, -tɔ:k | bɑ́:tɔk; *Hung.* bɔ́rto:k/, **Bé·la** /béːlɒ/ *n.* バルトーク《1881–1945; ハンガリーの作曲家・ピアニスト・民俗音楽研究家》.

Baar·to·lo·mé /bɑ̀əṭoʊloʊméɪ | bɑ̀:tə(ʊ)lə(ʊ)-; *Sp.* baɾtolomé/ *n.* バルトロメ《男性名》. 〘□ Sp. ~: ⇨ Bartholomew〙

Bar·to·lom·me·o /bɑəṭɑ̀(:)ləméɪoʊ | bɑ:tɔ̀ləméɪəʊ; *It.* bartolommɛ́:o/, **Fra** *n.* バルトロメオ《1472–1517; イタリア, Florence の宗教画家; 本名 Baccio della Porta /battʃodellapɔ́rta/》.

bar·ton /bɑ́əṭn̩ | bɑ́:-/ *n.* **1** 《英古・方言》(農家の)内庭 (farmyard); (農家の)付属建築物, 納屋. **2** 《英方言》(荘園の)直営地農園《貸付地と区別して領主が自己経営用に保持しているもの; cf. demesne 4》. **3** 《古》脱穀場. 〘OE *beretūn* threshing floor, barn ← *bere* 'BARLEY[1]' +*tūn* enclosure〙

Bar·ton /bɑ́əṭn̩ | bɑ́:-/, **Clara** *n.* バートン《1821–1912; 1881 年に米国赤十字社を創設した米国女性; 本名 Clarissa Harlowe》.

Barton, Sir Derek Harold Richard *n.* バートン《1918–98; 英国の化学者; Nobel 化学賞 (1969)》.

Barton, Sir Edmund *n.* バートン《1849–1920; オーストラリアの政治家; 初代首相 (1901–03)》.

bar·ton·el·lo·sis /bɑ̀əṭənɛlóʊsɪ̀s, -tn̩- | bɑ̀:tənɛlə́ʊsɪs, -tn̩-/ *n.* 〘病理〙バルトネラ症《主に Andes 山脈沿いの低地に見られるバルトネラ菌 (*Bartonella bacilliformis*) を病原体とする伝染病》. 〘← NL ~ ← *Bartonella* (← *A. L. Barton*: 20 世紀初頭に活躍したペルーの医師) (+-ELLA)+-OSIS〙

bár tràcery *n.* 〘建築〙バートレーサリー, 棒狭間(はざま)《ゴシック完成期の棒状の石材から成るトレーサリー》.

Bar·tram /bɑ́ətrəm | bɑ́:-/, **John** *n.* バートラム《1699–1777; 米国の植物学者》.

Bartram, William *n.* バートラム《1739–1823; 米国の博物学者, John の息子》.

Bart's /bɑ́əts | bɑ́:ts/ *n.* 《口語》(ロンドンの)聖バーソロミュー病院 (St. Bartholomew's Hospital). 〘短縮〙

bart·si·a /bɑ́ətsiə | bɑ́:-/ *n.* 〘植物〙ゴマノハグサ科の数種の草本《特に red bartsia (*Odontites verna*) を指す》. 〘(1753) ← NL *Bartsia* ← *Johann Bartsch* (1709–38: プロイセンの博物学者)〙

Ba·rú /bɑːrú:; *Am. Sp.* baɾú/ *n.* バル(山)《パナマ西部, コスタリカ国境付近にある火山 (3,475 m); 旧名 Chiriquí》.

Ba·ruch *n.* /bərú:k, bɑ:rú:k, bɛ́əʳɒk, bɑ́:rʊk, bɛ́ər-, -rək/ 〘聖書〙 **1** バルク《預言者 Jeremiah の友でその預言の筆記者; 「バルク書」の著者と伝えられる; cf. *Jer.* 32:13》. **2** バルク書《外典 (Apocrypha) の一書》.

Ba·ruch /bərú:k/, **Bernard Man·nes** /mǽnəs/ *n.* バルーク《1870–1965; 米国の政治家・財政家; Wilson および Roosevelt 大統領の経済顧問》.

bár·wàre *n.* バー[酒場]の備品. 〘1941〙

bár·wìng *n.* 〘鳥類〙シマドリ《ヒタキ科シマドリ属 (*Actinodura*) の数種の鳥; 中国・ヒマラヤ・東南アジア産》. 〘← BAR+WING: 翼と尾に縞があることから〙

bar·y- /bǽrɪ̀, -ri/「重い (heavy)」の意の連結形. 〘← Gk *barús* heavy〙

báry·cènter *n.* 〘物理・数学〙重心. **bàry·cén·tric** *adj.* 〘(部分訳) ← G *Baryzentrum* ← BARY-+ *zentrum* 'CENTER'〙

barycéntric coórdinate sỳstem *n.* 〘数学〙重心座標系《*n* 次元ユークリッド空間の座標系の一つ; 各点に総和が 1 の (*n*+1)個の数の組を対応させるもの》.

bar·ye /bǽri, béri | bǽri/ *n.* =microbar.

bar·y·on /bǽriɑ̀(:)n, bér- | bǽriɔ̀n/ *n.* 〘物理〙バリオン, 重粒子《核子および核子よりも重いスピン半奇数の素粒子で, 互いに強い相互作用をするものの総称; cf. antibaryon, hadron, lepton[2], meson[1], nucleon》. **bar·y·on·ic** /bæ̀riɑ́(:)nɪk, bèr- | bæ̀riɔ́n-ˊ/ *adj.* 〘(1953) ← BARY-+-ON[2]〙

báryon nùmber *n.* 〘物理〙バリオン数《系(たとえば原子核)に含まれる重粒子の総数から反重粒子の総数を引いたもの; 厳密に保存される量と考えられる; cf. CONSERVATION of baryon number》. 〘1958〙

bar·y·pho·ni·a /bæ̀rəfóʊniə, bèr- | bæ̀rɪfə́ʊ-/ *n.* 濁った声. 〘← BARY-+PHONE[2]+-IA[1]〙

Ba·rysh·ni·kov /bəríʃnɪ̀kɔ̀(:)f, -kɑ̀(:)f | -kɔ̀f/, **Mikhail** *n.* バリシニコフ《1948– ; ラトビア生まれのバレエダンサー・振付師; 米国に亡命 (1974)》.

bar·y·sphere /bǽrɪ̀sfɪə, bérə- | bǽrɪsfɪəʳ/ *n.* [the ~] 〘地球物理〙重圏《岩石圏 (lithosphere) によって取り囲まれている地球の内部; 著しく比重の大きな物質から成る; cf. hydrosphere》. 〘(1901) ← BARY-+-SPHERE〙

ba·ry·ta /bəráɪṭə | -tə/ *n.* 〘化学〙 **1** バリタ, バライタ, 重土, 酸化バリウム (BaO); 水酸化バリウム ($Ba(OH)_2$). **2** バリウム (barium): carbonate of ~ 炭酸バリウム. **ba·ryt·ic** /bərítɪk | -tɪk/ *adj.* 〘(1809) (変形) ← BARYTES〙

barýta pàper *n.* 〘写真〙バライタ紙《硫酸バリウムを塗布した写真用原紙》. 〘1900〙

barýta wàter *n.* 〘化学〙バリタ水, 重土水《水酸化バリウムの水溶液》.

bar·yte /bǽraɪt, bér- | bɛ́ər-/ *n.* 〘鉱物〙 =barite.

ba·ry·tes /bəráɪṭi:z/ *n.* 〘鉱物〙 =barite. 〘(1789) □ Gk *barútēs* weight ← *barús* heavy〙

ba·ry·to·cal·cite /bəràɪṭəkǽlsaɪt | -tə(ʊ)-/ *n.* 〘鉱物〙バリトカルサイト, 重土方解石 ($BaCa(CO_3)_2$). 〘← *baryto-* ((連結形) ← BARYTA)+CALCITE〙

bar·y·ton /bǽrətòʊn, bér- | bǽrɪ̀tə̀ʊn; *F.* baʀitɔ̃/ *n.* 〘音楽〙バリトン《18 世紀の低音の弦楽器ビオール (viol); 通常の 6 弦に加えて数本の共鳴弦を持つ》.

bar·y·tone[1] /bǽrətòʊn, bér- | bǽrɪ̀tə̀ʊn/ *n., adj.* 〘音楽〙 =baritone.

bar·y·tone[2] /bǽrətòʊn, bér- | bǽrɪ̀tə̀ʊn/ *n., adj.* 〘ギリシャ文法〙(grave accent のある)最後の音節にアクセント(符)がない(語). 〘(1828) □ LL *barytonos* □ Gk *barútonos*: ⇨ bary-, tone〙

BAS 《略》Bachelor of Agricultural Science; Bachelor of Applied Science.

ba·sad /béɪsæd/ *adv.* 基部へ, 土台へ, 下部へ. 〘← BASE[1]+-AD[3]〙

bas·al /béɪsəl, -sl̩, -zəl, -zl̩ | -səl, -sl̩/ *adj.* **1** 基底の, 基部の: the ~ parts of a column 円柱の基部 / the ~ line 基線. **2** 基礎の, 基礎的な, 根本[基本]的な (fundamental); 初心者教授用の: ~ characteristics 基本的な特徴 / a ~ condition 基本条件 / ~ readers 初級用リーダー. **3** 〘解剖〙基底の. **4** 〘生理〙基礎的な《空腹時に安静に寝ている場合を基礎として考えた》: ⇨ basal metabolic rate, basal metabolism. **5** 〘医学〙基礎的な, 第一次の《補充麻酔の基礎となる最初の失神状態についていう》: ~ anesthesia [narcosis] 基礎麻酔 / a ~ anesthetic [narcotic] 基礎麻酔薬. **6** 〖植物〗基部から生じる. **~·ly** *adv.* 〖(1645) ← BASE[1]+-AL[1]〗

básal bódy *n.* 〖生物〗基底小体, 基粒, 生毛体《鞭毛や繊毛の基部にある色素によく染まる微小構造で, 中心粒に似た構造をしている》. 〖1902〗

básal bódy tèmperature *n.* 〖生理〗基礎体温《略 BBT》.

básal céll *n.* 〖解剖〗基底細胞. 〖*c*1903〗

básal cèll carcinóma *n.* 〖医学〗基底細胞癌《めったに転移せず, 通例 治癒可能な皮膚癌》.

básal gánglia *n. pl.* 〖解剖〗脳幹神経節, 基底核, 灰白核《大脳髄質の中にある神経核の集団で, 尾状核 (caudate nucleus)・レンズ核 (lenticular nucleus)・扁桃体 (amygdaloid body)・前障 (claustrum) の 4 つから成る》. 〖1913〗

básal gránule *n.* 〖生物〗=basal body. 〖1920〗

básal metabólic ráte *n.* 〖生理〗基礎代謝率《適温空腹安静時における生体の酸素消費率; 略 BMR》. 〖1922〗

básal metábolism *n.* 〖生理〗基礎代謝《空腹安静時における必要最小限の新陳代謝》. 〖1913〗

básal rídge *n.* 〖歯科〗=cingulum 2.

ba·salt /bəsɔ́ːlt, -sɑ́ːlt, béɪsɔːlt, -sɑːlt | bǽsɔːlt, bǽsəlt, bəsɔ́ːlt, bɔ́sɔlt/ *n.* **1** 〖岩石〗玄武(ぶ)岩 (cf. flood basalt). **2** (酸化鉄と酸化マンガンを加えて作った玄武岩様の光沢の鈍い)黒色無釉炻器(せっき)《Josiah Wedgwood が 創作 (1768)》. 〖(1601) (古形) *basaltes* ◻ L *basaltēs* dark, hard marble in Ethiopia ◻ Gk *basanítēs* ← *básanos* touchstone〗

ba·sal·tes /bəsɔ́ːltiːz | -sɔ́ːl-, -sɔ́l-/ *n.* =basalt 2. 〖↑〗

basált glàss *n.* 〖岩石〗玄武岩質玻璃(はり).

ba·sal·tic /bəsɔ́ːltɪk, -sɑ́ːl- | -sɔ́ːltɪk, -sɔ́l-/ *adj.* 〖岩石〗玄武岩質[性]の: ~ lava [plateau] 玄武岩質溶岩[台地]. 〖(1772): ⇨ -ic[1]〗

ba·sal·ti·form /bəsɔ́ːltəfɔ̀əm | -sɔ́ːltɪ̀fɔ̀ːm, -sɔ́l-/ *adj.* 〖岩石〗玄武岩状の, (六角)柱状の. 〖(1791) ← BASALT+-I-+-FORM〗

basált·wàre *n.* =basalt 2.

bas·a·nite /bǽsənàɪt, -zə-/ *n.* 〖岩石〗ベイサナイト《斜長石・輝石・橄欖(かんらん)石にかすみ石または柘榴(ざくろ)石を含んだアルカリ玄武岩の一種, 試金石 (touchstone) として用いられることがある》. 〖(1753) ◻ L *basanites* (*clapis*)〗

bas bleu /bɑ́ːblə́ː, -blúː; *F.* bɑblø/ *F. n.* (*pl.* **~s** /~(z); *F.* ~/) =bluestocking. 〖(?1786) ◻ F ~ ← *bas* stocking+*bleu* blue: bluestocking のフランス語訳〗

bas·ci·net /bǽsənɪ̀t, -nèt | -sɪ̀-/ *n.* =basinet.

bas·cule /bǽskjuːl/ *n.* 〖土木〗跳(は)上げ構造, 跳構え. 〖(1678) ◻ F ~ 'seesaw'〗

báscule brìdge *n.* 跳開橋, 跳(は)橋 (London の Tower Bridge など; balance bridge, counterpoise bridge ともいう; cf. drawbridge). 〖1884〗

bascule bridge

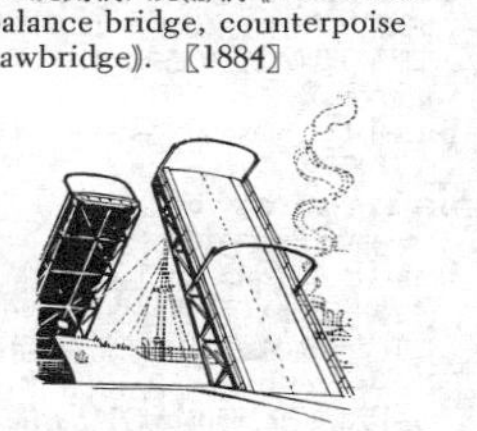

base[1] /béɪs/ *n.* **1 a** (物を支える)基底, 土台, 台, 基盤: the ~ of a building etc. **b** 〖建築〗柱基, 礎盤, 柱礎《柱の下部で柱身より太くなった部分》; (記念碑などの)基部, 台座. **2 a** ふもと: at the ~ of a mountain. **b** (指などの)付け根, 基部: the ~ of the thumb. **3** (塗装の)下塗り; (化粧などの)下地. **4 a** (無形の物事の)基礎, 根拠, 根本 (basis); (数量などの)基準, 基本: the ~ of one's belief 信仰の基盤 / increase the wage ~ 賃金基準[給与ベース]を引き上げる / ⇨ base pay. 日英比較「ベア」(ベースアップ, base up) は和製英語. 英語では《米》pay raise, 《英》pay rise という. **b** (政治などでの)支持基盤 (power base): a candidate with a ~ (of support) in the working class 労働階級に支持基盤をもつ候補. **c** (行動などの)基点, 根拠地, 出発点. **5 a** 主成分, ベース, 基剤: paint with an oil ~ 油を主成分とするペンキ, 油性塗料 / a drink with a gin ~ ジンをベースにした飲物. **b** 〖写真〗=film base. **6** 〖軍事〗**a** 根拠地, (補給)基地: a ~ of operations 作戦基地, 策源地 / ⇨ air base, naval base. **b** =base unit. **c** =baseline 9. **7 a** 〖スポーツ〗出発点, (ホッケーなどの)決勝点[線]. **b** =prisoners' base. **8** 〖野球〗塁, ベース: ⇨ base umpire, first base, second base, third base / The ~*s* are loaded [full]. 満塁だ / a *bases*-loaded homer 満塁ホーマー (grand slam). 日英比較 日本語では満塁のことを「フルベース」というが, これは和製英語. **9** 〖化学〗**a** 塩基: an organic ~ 有機塩基. **b** =Lewis base. **c** 〖生化学〗塩基《核酸 (DNA, RNA) の鎖の基本単位ヌクレオチド (nucleotide) を構成する; DNA と RNA はそれぞれ 4 種類で構成され, この塩基配列で遺伝暗号が記されている》. **10** 〖染色〗顕色剤《ジアゾ化しナフトール類と結合させ, 不溶性アゾ染料や顔料をつくる成分》. **11** 〖数学〗**a** 基線, 基数. **b** 基, 底, 基底 (cf. subbase 3); 開基. **c** 底辺, 底面. **12** 〖生物〗基部《器官の付着部分》. **13** 〖論理〗基底節 (base clause), 起点: the ~ of a cone, triangle, etc. / a ~ angle 底角. **14** 〖言語〗**a** 語基, 基体《文法的屈折部や接辞を除いた, 語の基底となる要素; 例えば unloveliness から un-, -ly, -ness を除いた love; cf. stem[1] 7》. **b** =root[1] 5 b. **c** =base component. **15** 〖電気〗(電球・真空管などの)口金: an Edison [a swan] ~ ねじ[差し]込み口金. **16** 〖電子工学〗トランジスター (transistor) のベース《三端子のうち通例制御信号を加える端子》. **17** 〖測量〗基準線, 基線 (baseline). **18** 〖紋章〗(盾の)下部. **19** 〖証券〗(証券の)底値, 横ばい型の底値. **20** 〖商業〗それに(利息などの)率を掛けたり引いたりする一定金額. **21** 〖宝石〗**a** =pavilion 9. **b** 天然真珠の価格を決める品質係数. **22** [*pl.*] 〖廃〗(中世の騎士が身につけた)腰からひざまでのスカート型の服.

chánge one's báse 《米口語》転進する, 退却する, 逃げる. *cóver* (*áll*) *the báses* 《米》万事抜かりなく手配[準備]する. *in báse* 〖紋章〗盾の下部に. *lóad* [*fíll*] *the báses* 〖野球〗満塁にする. *òff* (*one's*) *báse* (1) 〖野球〗ベースを離れて. (2) 不意打ちに, 不意に: be caught *off* ~ 不意を打たれる. (3) 《米俗》正気の沙汰でなく, 気が狂って; 全く間違って. 〖(1882)〗 *on báse* 〖野球〗出塁して《単に on とも略す》. *réach* [*gét to*] *first báse* ⇨ first base 成句. *tóuch báse with a person* 〈人〉に連絡する.

báse on bálls 〖野球〗フォアボール(での出塁)《walk, pass ともいう》: an intentional ~ *on balls* 敬遠. 日英比較「フォアボール」は和製英語. 〖*c*1891〗

— *adj.* [限定的] **1** 基礎となる: a ~ color 基調色. **2** 基本的な. **3** 〖軍事〗基地となる.

— *vt.* **1** …の基底[土台]をなす: A marble pedestal ~*d* the statue. その彫像には大理石の台がついていた. **2** 〔…に〕…の基礎を置く; 〈希望などを〉〔…に〕基づかせる; 〈議論などの根拠を〉〈事実などに〉置く (found, ground) 〔*on, upon*〕: a theory ~*d on* experience 経験に基づいた学説 / ~ one's arguments *on* facts 事実を議論の基礎とする / ~ oneself on … (議論などで)…に頼る, 立脚する / ~ oneself *in* [*at*] …に本拠を置く, …を中心に活動する / This film is ~*d upon* one of Shakespeare's plays. この映画はシェークスピアの芝居の一つを原作にしたものだ. **3** 〔…に〕駐屯させる, 配備する; 〔…に〕…の本拠地を置く〔*at, on, in*〕. **— *vi.*** **1** 〔…に〕基づく〔*on, upon*〕. **2** 〔…に〕基地を置く〔*on, upon*〕.

〖(*a*1300) ◻ (O)F ~ ∥ L *basis* ◻ Gk *básis* step, pedestal ← IE **gʷā-* 'to go, COME': cf. basis〗

SYN 基底: **base** 支えとなる基底: the *base* of a pillar 柱の基底. **basis** 根底にある主要原理: the *basis* of his argument 彼の論拠. **foundation** [通例複数] 堅固で永続的な基礎: the *foundations* of a building ビルの基礎; 比喩的には=*basis*: *foundations* of linguistics 言語学の基礎. **groundwork** 研究・行動などの基礎をなす準備工作: lay the *groundwork* for diplomatic talks 外交交渉の基礎を敷く.

ANT top, summit.

---

base[2] /béɪs/ *adj.* (**bas·er; -est**) **1** 〈人・行為など〈心の〉〉さもしい, (根性の)卑しい, 見下げ果てた, 卑劣な (cowardly, vile): a ~ trick 卑劣な策略. **2 a** 質の劣った: a ~ substitute 質の劣った代用品. **b** 〈金属などが〉比較的価値の低い, 劣位の (inferior) (cf. precious 1 b, noble 5 a): ⇨ base metal. **c** 卑金属で作った[と合金した]; 悪質の, 偽造の: a ~ coin 粗悪貨幣. **3** 〈仕事など〉卑しい(者に適した). **4** 〖古英法〗農奴的役務 (base service) を条件とした隷農保有の: a ~ estate [tenant] 同上の条件で土地を保有する権利[借地人], 農奴役務保有権[保有者]. **5** 《まれ》〈言語が〉純正でない, 俗な (not classical): ~ Latin 平俗ラテン語. **6** 《古》生まれの卑しい, 地位の卑しい, 卑しい仕事をする; 庶出の: a ~ peasant / Who is here so ~ that would be a bondman? 諸君のうちだれが奴隷に甘んずるほど卑屈であるか (Shak., *Caesar* 3. 2. 31). **7** 《廃》(音が)太く低い, 低音の (bass). **8 a** 《古》低い, 高くない. **b** 《廃》(場所・位置が)低い. **— *n.*** 《古》〖音楽〗=bass[1]. **~·ness** *n.* 〖(*c*1390) ◻ (O)F *bas* low < LL *bassum* stumpy〗

SYN 卑劣な: **base** 《主に文語》〈人や行動などが〉道徳的節操が全くない: It is *base* to betray a friend for a reward. 報酬のために友人を裏切るのは卑劣である. **mean** 〈人や行動が〉卑小で恥ずべき: It was *mean* of you not to allow Mary to go to the party. メアリをパーティーへ行かせてやらなかったなんてあなたも意地が悪い. **ignoble** 人柄や目的が卑しい《格式ばった語》: an *ignoble* action 下劣な行為. **abject** 情けないほど自尊心に欠けている: an *abject* liar 浅ましいうそつき. **sordid** 《軽蔑》〈人や行動・動機などが〉不道徳で汚らわしい: *sordid* motives さもしい動機. **low** 人の弱みに付け込むような卑劣な: He is so *low* as to deceive a man who is helpless. 無力な人をだますような卑劣な男だ. **ANT** noble, moral, virtuous.

---

base·ball /béɪsbɔ̀ːl, -bɑ̀ːl | -bɔ̀ːl/ *n.* **1** 野球, ベースボール: a ~ fan [player, team] 野球のファン[選手, チーム] / a ~ game 野球試合 / a ~ park 野球場 / play ~ 野球をやる. **2** 野球用ボール. **3** 〖トランプ〗通例 7 枚の持札で行う stud poker の一種《9 と 3 を wild card とし, 3 (=三振)と 4 (=四球)の札にそれぞれ罰と特典を与える方式のもの》. 〖(1744) *c*1815〗

báseball càp [**hàt**] *n.* 野球帽.

báse·bànd *n.* 〖通信〗ベースバンド《原信号を変調せずに回線に送り出す方式; cf. broadband》: ~ transmission ベースバンド伝送.

báse·bòard *n.* **1** 基盤となる板. **2** 《米》(室内の壁の基部に付けた)幅木(はばき) (《英》skirting board). 〖1853〗

báseboard héating *n.* **1** パイプ式暖房装置《壁の基底部に付けたパイプを通して蒸気や湯を循環させる》. **2** 1 の装置用のパイプ[金属外被]. 〖1954〗

báse·bórn *adj.* **1** 生まれ[素姓]の卑しい. **2** 庶出の. **3** 下品な, 卑しい. 〖(1591) ← BASE[2]+BORN〗

báse bòx *n.* ベースボックス《ブリキ板の販売に用いられる単位; 14×20 インチ (35×50 cm) が 112 枚分, 合計 31,360 平方インチ (196,000 cm²)》. 〖1925〗

báse·bréd *adj.* 育ちの卑しい. 〖1616〗

báse búllion *n.* 〖冶金〗粗銀地金, 含金銀粗鉛《銀または金と銀を含んだ粗鉛》.

báse bùrner *n.* 《米》底だき自給ストーブ《燃料が少なくなると新しい燃料が上部から補給されるもの》. 〖1874〗

báse càmp *n.* ベースキャンプ《登山などで根拠地として設けるキャンプ》.

báse cìrcle *n.* 〖機械〗基礎円《インボリュート歯車で歯型としてのインボリュート曲線が作られる時, 基礎となる円》.

báse·còat *n.* (ペンキなどの)下塗り.

báse compónent *n.* 〖言語〗(変形文法で)基底部門《言語の深層構造を生み出す規則と語彙目録 (lexicon) から成る部分》. 〖1965〗

báse còurse *n.* **1** 〖建築〗(石・れんがの)根積み《壁の最下層に土台として積まれる》. **2** 〖土木〗(舗装の)基層. **3** 〖海事〗直線コース.

báse-còurt *n.* **1** (城の外壁に隠れた)外庭; (農家の)裏庭. **2** 〖英古法〗下級裁判所《荘園領主裁判所 (court baron) のような記録裁判所 (court of record) でない裁判所の総称》. 〖1: 1491; 2: 1542–43〗

básed *adj.* [しばしば複合語の第 2 構成素として] **1** 基礎づけられた, 基礎が…の: a firmly ~ argument しっかりした根拠を踏まえた議論. **2** (…に)基地を有する, 本拠地[基盤]を置く: a land-*based* navy 陸上基地のある海軍 / a New York-*based* bank ニューヨークに本拠地のある銀行. 〖(1611) ← BASE[1]+-ED〗

Bá·se·dow's disèase /bɑ́ːzədòuz- | -dàuz-; *G.* bɑ́ːzədo-/ *n.* 〖病理〗バセドウ病 (⇨ exophthalmic goiter). 〖← *Karl von Basedow* (1799–1854: ドイツの医師)〗

báse drèssing *n.* (耕す前に地面に施す) 敷肥(しきごえ).

báse exchànge *n.* **1** 〖物理化学〗=cation exchange. **2** 〖土壌〗塩基交換. **3** 〖米空軍〗販売部, 基地売店, 物品販売所 (略 BX). 〖1922〗

báse fèe *n.* 〖英古法〗(条件付き)制限不動産権《一定の事実の発生・消滅を存続の条件とする単純封土権 (fee simple) のこと》.

báse fòrm *n.* 〖文法〗原形 (root).

báse·hèad *n.* 《米俗》フリーベース (freebase) をつくって吸入する者, (クラック (crack) を吸う者. 〖(1980s) ← (FREE)BASE+HEAD 18〗

báse·héart·ed *adj.* 心の卑しい, 根性がさもしい.

báse hít *n.* 〖野球〗安打, ヒット, 塁打. 〖1874〗

báse hóspital *n.* **1** 〖軍事〗基地[兵站(へいたん)]病院《野戦病院から後送される患者を収容する総合的な固定病院; cf. field hospital》. **2** 《豪》(地方都市の拠点となる)大病院. 〖1895〗

BÁSE júmp /béɪs-/ *n.* ベースジャンプ《崖・高層ビル・橋など固定した場所からのパラシュートジャンプ; base jump とも書く》. **BÁSE júmper** *n.* **BÁSE júmping** *n.* 〖《略》← B(UILDING)+A(NTENNA-TOWER)+S(PAN)+E(ARTH)〗

báse knòck *n.* 〖野球〗=base hit.

Ba·sel /bɑ́ːzəl, -zl; *G.* bɑ́ːzl/ *n.* バーゼル: **1** スイス北西部, Rhine 河畔の Basel-Stadt 準州の州都; 旧名 Basle, フランス語名 Bâle. **2** スイス北部の旧州 (canton); Basel-Land と Basel-Stadt の 2 つの準州に分かれている.

báse·less *adj.* **1** 基部[底]のない. **2** 基礎[根底, 根拠]のない, 理由のない: a ~ claim / ~ fears. **~·ly** *adv.* **~·ness** *n.* 〖(1611) ← BASE[1]+-LESS〗

báse lèvel *n.* 〖地理〗浸食基準面《浸食作用のおよぶ下方限界面》: the ~ of erosion. 〖1875〗

báse lìght *n.* 〖写真・映画・テレビ〗主照明.

base·line /béɪslàɪn/ *n.* **1 a** 基本(線); 基礎, 起点. **b** 基準となる数量[価値]. **2** 〖測量〗=base[1] 17. **3** 〖野球〗ベースライン《塁と塁とを結ぶ線; 走者が進塁するときその中を走らなければならない 3 フィート幅の走路》. **4** 〖テニス〗ベースライン《コートのバックライン; ⇨ lawn tennis 挿絵》. **5** 〖電子工学〗基線《走査点の流れによって陰極線管の表面に生じる線》. **6** 〖造船〗基線《船舶の型寸法の基準になる線で平板竜骨に接する外板の内面最下部を通る水平線》. **7** 〖活字〗並び線《欧文小文字 x, a などの下端に引いた仮想の水平線; 単に line ともいう》. **8** 〖通信〗基線《ロランやデッカ航法方式における主局と従局を結ぶ線》. **9** 〖軍事〗基線: **a** 射撃目標地域内の既知の地点と銃砲とを結ぶ線. **b** 射撃統制などにおいて, 二つの既知の地点を結び, その長さと方向が明確に知られている線. 〖1750〗

báse·lìn·er *n.* 〖テニス〗ベースラインプレーヤー《ネットプレーよりグラウンドストロークを得意として, baseline の近くで戦うプレーヤー》. 〖*c*1929〗

Bas·el·la·ce·ae /bæ̀səléɪsiiː, -zə- | -sɪ̀-/ *n. pl.* 〖植物〗ツルムラサキ科. **bàs·el·lá·ceous** /-ʃəs⁻/ *adj.* 〖← NL ~ ← *Basella* (属名) (← ? Ind. (現地語))+-ACEAE〗

báse·lòad *n.* 〖電気〗ベース負荷, 基底負荷《大きさが変動する負荷のうち, 常時存在する一定量; 残りは変動負荷 (fluctuating load)》.

báse·ly *adv.* **1** 卑しく, 下劣に, 卑劣に. **2** 庶出として. 〖(*c*1500) ← BASE[2]+-LY[1]〗

báse·man /-mən/ *n.* (*pl.* **-men** /-mən, -mèn/) [通例序数を伴って] 〖野球〗塁手: the first ~ 一塁手. 〖1857〗

báse màp *n.* 白図, 白地図.

base·ment /béɪsmənt/ *n.* **1** (人の居住する)(半)地階, ベースメント; (半)地階の部屋 (cf. cellar): the 2nd [3rd]

～ 地下 2 [3] 階. 2 (構造物の)最下部. 3 a (円柱などの)基部. b (ルネサンス建築の)ベースメント《建物の構成上の基礎部; 土台部分を形づくる一階もしくは半地下階》. 4 (ニューイングランド)(学校の屋内にある)便所, 洗面所 (toilet). 5 〔地質〕=basement complex. **～·less** *adj.* 〖(1730)? ← BASE[1] (n.)+-MENT: cf. Du. 《廃》 *basement* foundation〗

básement còmplex *n.* 〔地質〕基盤《火成岩・変成岩からなる先カンブリア時代の岩体など》. 〖1897〗

básement mèmbrane *n.* 〔解剖〕基底膜. 〖1847〗

básement ròck *n.* 〔地質〕基盤岩.

báse métal *n.* 1 卑金属, 賤金属《アルミニウム・マグネシウム・亜鉛のように酸化・腐食されやすい金属; cf. precious metal, noble metal》. 2 (合金における)主要成分金属. 3 〔金属加工〕母材《溶接・溶断される金属材料》; メッキの台となる金属.

báse-mínded *adj.* 心の卑しい, さもしい, 卑劣な. 〖1586〗

Ba·sen·ji, b- /bəséndʒi/ *n.* バセンジー《アフリカ中部原産の小形の猟犬で, 耳は直立し, 尾は固く巻き, めったにほえないイヌ》. 〖(1933) ◻ Afr. (Bantu) ～ 'bush thing'〗

báse óil *n.* 基油《添加剤を加える前の, 潤滑油の材料油》.

báse páir *n.* 〔生化学〕塩基対《核酸を構成する四つの有機塩基のうち対合し合うもの》. 〖1956〗

báse pàper *n.* 〔製紙〕=body paper.

báse pàth *n.* 〔野球〕=baseline 3. 〖1935〗

báse páy *n.* 1 =basic wage 2. 2 〔軍事〕本俸, 俸給《軍人の身分・階級に応じて支給される給与; cf. basic pay》. 〖1920〗

báse pèriod *n.* 〔統計〕基準時, 基準期間《物価・税・生産高などの測定の際に基にする時点; 通例基準指数を 100 とする》.

báse·plàte *n.* 1 〔機械〕底板, 床板(ゆか), 基礎板. 2 〔建築〕ベースプレート, 底板, 底盤, 基板《鉄骨の柱脚部にあって柱脚を載せるプレート》. 3 〔歯科〕a 基礎床《義歯を作るための予備床》. b 義歯床.

báse príce *n.* 〔経済〕1 裸(はだか)値段, 基準価格《標準商品の価格》. 2 基礎値段[価格]《割引前または追加料金加算前の》.

báse ráte *n.* 1 基本料金; 基本給率《時間・個数単位・一定の基準で行われた仕事に対して支払われる》. 2 《英》基準(貸付け)金利《市中銀行の基準金利》. 〖1923〗

báse rùnner *n.* 〔野球〕ランナー, 走塁者, 走者. 〖1867〗

báse·rùnning *n.* 〔野球〕ベースランニング, 走塁(法). 〖1867〗

bas·es[1] /béɪsɪ̀z/ *n.* base[1] の複数形.

ba·ses[2] /béɪsiːz/ *n.* basis の複数形.

báse sálary *n.* =base pay.

báses-lóaded *adj.* 〔野球〕満塁の: a ～ homer 満塁ホームラン (cf. base[1] *n.* 8).

báse stàtion *n.* 〔通信〕基地局《市民帯無線 (CB radio) や携帯電話と接続して用いられる送受信装置》.

báse stèaling *n.* 〔野球〕盗塁(法), スチール. 〖1886〗

báse stòne *n.* 〔土木〕=footing stone.

báse sùrge *n.* ベースサージ《水中での核爆発直後に水面から発生する放射性物質を多量に含んだ環状の雲》.

báse úmpire *n.* 〔野球〕塁審.

báse ùnit *n.* 〔物理〕基本単位《質量・長さ・時間・電流などをはかる単位; 科学単位系の基本単位; fundamental unit ともいう; cf. derived unit》.

báse wáge *n.* =base pay.

bash[1] /bǽʃ/ *vt.* 《口語》1 強く[激しく]打つ, 打ち壊す (beat): ～ *up* a car 車を(ぶつけて)ぺしゃんこにする / ～ one's head *against* a tree 木に頭をがんとぶっつける / He was badly ～*ed about*. さんざんに殴られた[虐待された]. 2 たたいてへこませる[つぶす], 打ち壊す ⟨*in, down*⟩: ～ *in* a hat. 3 非難する, 攻撃する. — *vi.* 《口語》1 衝突する: The bike ～*ed into* the wall. バイクが塀に激突した. 2 《英》a ぶつかる, 当たる ⟨*against*⟩. b (こぶしで)ぶん殴る. ***básh ahéad* [*awáy, ón*]** 《英俗》熱心にどんどんやる[進める] ⟨*with, at*⟩. ***básh úp*** 《英口語》ぶちのめす.
— *n.* 《口語》1 強打: give a person a ～ on the nose 人の鼻をぶん殴る / get a ～ on the head 頭を殴られる. 2 (強打による)へこみ, くぼみ (dent). 3 パーティー (party), 祝賀会 (celebration); 《米》にぎやかなパーティー, お祭り騒ぎ. 4 《英口語》試み (attempt): have [take] a ～ *at* (成功の確信がないのに)とにかく…をやってみる.
on the básh 《俗》(1) 飲み騒いで: go *on the* ～ every Saturday 土曜日ごとに飲んで騒ぐ. (2) 《英》売春をして. 〖1919〗
～·ing *n.* 〖(1641) 《混成》? ← B(ANG[1])+(SM)ASH[1]: cf. ON *basca to strike〗

bash[2] /bǽʃ/ *n.* 《英俗》急ごしらえの仮宿《雨露をしのぐために路上に段ボール箱や新聞紙など寄せ集めて作ったもの》.

ba·sha /bɑːʃɑ́ː, ⏑—| bǽʃə/ *n.* 《東南アジアの》草ぶきの竹製の小屋, バシャ. 〖(1921) ◻ Assamese ～〗

Ba·shan /béɪʃən | -ʃæn/ *n.* 〔聖書〕バシャン《古代パレスチナ (Palestine) の Jordan 川東方の地味の肥えた地方; 王 Og /ɑ́(ː)g, ɔ́(ː)g | ɔ́g/ によって治められていた王国で, Moses の軍により滅ぼされた (cf. *Num.* 21:33); 良い家畜を産するので有名 (cf. *Ps.* 22:12, *Amos* 4:1)》. 〖◻ Heb. *bāšān* 《原義》fertile stoneless plain〗

ba·shaw /bəʃɔ́ː/ *n.* 1 [しばしば B-] =pasha. 2 《口語》お偉方, 大立物 (bigwig); 横柄な[もったいぶった]人. 〖(1534) 《変形》← PASHA〗

bash·ful /bǽʃfəl, -fl/ *adj.* 1 恥ずかしがりの, (特に)⟨子供が⟩はにかみやの, 内気な, 遠慮がちな (⇨ shy[1] SYN): a ～ child. 2 ⟨言葉・態度など⟩恥じらいを含んだ, 恥ずかしそうな: ～ looks. **～·ly** *adv.* **～·ness** *n.* 〖(1548) ← 《廃》 *bash* (《頭音消失》← ABASH)+-FUL[1]〗

bash·i-ba·zouk /bæ̀ʃibəzúːk/ *n.* 1 オスマン帝国の不正規兵《略奪と残忍さを恐れられた》. 2 (一般に)不正規兵. 〖(1855) ◻ Turk. *başi bozuk* irregular soldier, 《原義》one whose head is turned〗

bàsh·i-ba·zóuk·er·y /-kəri/ *n.* 1 [集合的] オスマン帝国の不正規兵. 2 残忍な略奪行為, 蛮行. 〖(1884): ⇨ ↑, -ery〗

Bá·shi Chánnel /bɑ́ːʃi-/ *n.* [the ～] バシー海峡《台湾とフィリピンの Batan 諸島の間; 幅 148 km》.

-bàsh·ing「攻撃」「虐待」「バッシング」の意の複合語構成要素: union-*bashing* 組合たたき / Japan-*bashing* 日本たたき.

Bash·kir /bɑːʃkíə, bæʃ- | bæʃkíə(r; *Russ.* baʃkʲír/ *n.* (*pl.* ～, ～s) 1 a [the ～(s)] バシキール族《バシコルトスタン共和国およびその周辺に居住する》. b バシキール族の人. 2 バシキール語.

Bash·kir·i·a /bɑːʃkíriə | -kíər-, -kír-/ *n.* =Bashkortostan.

Bashkír Repúblic *n.* [the ～] =Bashkortostan.

Bash·kor·to·stan /bɑːʃkɔ́ətəstɑ̀ːn, -stæn | bæʃ-kɔːtə-/ *n.* バシコルトスタン《ロシア西部, ウラル山脈南部にあるロシア連邦内の共和国; バシキール自治ソビエト社会主義共和国から 1992 年に改称; 面積 143,600 km^2; 首都 Ufa; Bashikiria, Bashikir Republic ともいう》.

bash·ment /bǽʃmənt/ *n.* 《カリブ》盛大な(ダンス)パーティー.

ba·si- /béɪsɪ̀, -si/「基部の (base)」の意の連結形: *basi*cranial 頭蓋(がい)基部の / *basi*rostral くちばしの基部の / *basi*hyal 舌骨 (hyoid bone) の基部の. ★ 時に baso- となる. 〖← L *basis* step: ⇨ base[1]〗

ba·si·al /béɪsiəl, -ziəl/ *adj.* 〔人類学〕basion の[に関する]. 〖⇨ ↑, -al[1]〗

ba·sic /béɪsɪk, -zɪk | -sɪk/ *adj.* 1 a 基礎の, 根底の, 根本[基本]的な; 必要最低限の, ごく低いレベルの: ～ principles 基本原理 / ～ raw materials 基本原料 / a ～ wage 基本給 / a ～ hotel room 粗末なホテルの部屋 / the ～ vocabulary of English 英語の基本語彙(い). b […にとって]不可欠の [to]. 2 〔化学〕塩基の; 塩基性の (alkaline): ～ salt 塩基性塩 / the ～ group 塩基性類 / a ～ oxide 塩基性酸化物. 3 〔冶金〕塩基性(製鋼)法の[による] (cf. acid 6): ⇨ basic steel. 4 〔地質〕(塩)基性の; ケイ酸含有量の少ない: a ～ rock (塩)基性岩 / ～ lava 塩基性溶岩. 5 〔軍事〕a 基礎的な, 基本的な: do ～ (military) training 第一期基礎訓練を行う, 基本教練を行う. b 最下級の, 初歩的業務に従事する: a ～ airman =an airman ～ 最下級の航空兵.
— *n.* 1 [*pl.*] a 基本原則, 根本原理; 基礎技術: the ～*s* of algebra 代数の基礎 / go back to ～*s* 基本原則に戻る. b 必要最低限の食物[衣服, 設備]. 2 〔軍事〕a 基礎訓練, 基礎的軍事教練. b 最下級の陸軍兵士[航空兵]. 3 〔化学〕=basic slag. 〖(1842) ← BASE[1]+-IC[1]〗

Ba·sic /béɪsɪk/ *n.* =Basic English. 〖1929〗

BA·SIC, Ba·sic /béɪsɪk/ *n.* 〔電算〕ベーシック《コンピューターとの対話用に開発されたプログラム言語の一種で, 規格化された日常言語を使用する》. 〖(1964) 《頭字語》← *B(eginner's) A(ll-purpose) S(ymbolic) I(nstruction) C(ode)*〗

ba·si·cal·ly /béɪsɪkəli, -kli, -kli/ *adv.* 基本的に(は), 本質的に(は), 根本的に, 元来: She's ～ right. 彼女は基本的に正しい / *Basically*, she's right. 基本的には彼女が正しい. 〖(1903): ⇨ basic, -ically〗

básic anhýdride *n.* 〔化学〕塩基性無水物.

básic Chrístian Commúnities *n. pl.* 基本的キリスト教共同体《伝統的な教区制が今日くずれかかっているとき, 意識的な信者が新しいキリスト教的生活形態を求めて作るもの》.

básic cólor *n.* 〔化学〕=basic dye.

básic cróp *n.* 《米》(政府援助の対象となる)基本農産物, 基本作物.

básic dichrómate *n.* 〔化学〕=bismuth chromate.

básic dréss *n.* ベーシックドレス《無地のプレーンなドレス; 着て行く場所に合わせてアクセサリーを替える》.

básic dýe *n.* 〔化学〕塩基性染料[色素]. 〖1891〗

básic educátion *n.* 《インド》基礎教育《すべての授業が技術修得と関連する教育》.

Básic Énglish *n.* ベーシックイングリッシュ《英国の心理学者 C. K. Ogden および I. A. Richards が主唱したもので英語の 850 の語彙(い)を基本として一種の国際補助語を意図したもの》. 〖(1929) 《頭字語》← *B(ritish), A(merican), S(cientific), I(nternational), C(ommercial)*: 基礎語彙の意味で BASIC にもかけてある〗

básic índustry *n.* 基幹産業.

ba·sic·i·ty /beɪsísəti | -sɪ̀ti/ *n.* 〔化学〕塩基性; 塩基性度. 〖(1849) ← BASIC+-ITY〗

básic-líned *adj.* 〔冶金〕塩基性ライニングの《溶解炉の内張りがドロマイト・マグネサイトのような塩基性材料で張ってある》.

básic óxygen pròcess *n.* 〔冶金〕塩基性酸素(製鋼)法.

básic páy *n.* (軍事の本俸 (base pay) と勤続加俸を含む)基本給.

básic plúmage *n.* 〔鳥類〕基羽《年 1 回の完全な換羽によって得られる羽装; cf. alternate plumage, nuptial plumage, supplemental plumage》.

básic prócess *n.* 〔冶金〕塩基性(製鋼)法《炉の内張りに塩基性耐火材を用いた製鋼法; cf. acid process》. 〖1883〗

básic ráte *n.* =base rate.

básic sálary *n.* =basic wage.

básic slág *n.* 〔化学〕塩基性スラグ《製鋼の副産物で石灰分の多いもの; 肥料やセメント混合材用》. 〖1888〗

básic stéel *n.* 〔冶金〕塩基性鋼《塩基性法 (basic process) によって製造された鋼》.

básic súbstance wèight *n.* 〔製紙〕=basis weight 1.

básic tráining *n.* 〔軍事〕(入隊直後の)基礎訓練(期間), 基礎教練. 〖1943〗

básic únit *n.* =base unit.

básic wáge *n.* 1 生活給《生活費を基準にした給与》. 2 (ボーナス・超勤手当などを除いた)基本給 (base pay, basic salary).

básic wèight *n.* 〔製紙〕=basis weight 1.

básic wórking-dày *n.* 基本就労[勤務]時間.

ba·sid·i- /bəsídi | -di/ (母音の前にくるときの) basidio- の異形.

basidia *n.* basidium の複数形.

ba·sid·i·al /bəsídiəl | -di-/ *adj.* 〔植物〕担子器の[に関する], 担子器をもつ. 〖← BASIDI(UM)+-AL[1]〗

ba·sid·i·o- /bəsídiou | -diəu/ 〔植物〕「担子器」の意の連結形. ★ 母音の前では通例 basidi- になる. 〖← BASIDI(UM)+-O-〗

basídio·càrp *n.* 〔植物〕担子器果《担子菌類において担子器 (basidium) を生じる子実体》. 〖⇨ ↑, -carp〗

basìdio·mýcete *n.* 〔植物〕担子菌《担子菌亜門の植物; cf. ascomycete》. 〖(1899) ↓〗

Basìdio·mycétes *n. pl.* 〔植物〕担子菌亜門.
basìdio·mycétous *adj.* 〖← NL *Basidiomycētēs*: ⇨ basidio-, -mycete〗

basídio·phòre *n.* 〔植物〕担子柄, 担子基, 小柄, 担子梗《担子菌類の有性生殖器官》. 〖← BASIDIO-+-PHORE〗

basídio·spòre *n.* 〔植物〕担子胞子《担子菌類の担子器に減数分裂の結果生じる胞子; cf. sporidium》.
basìdio·spórous *adj.* 〖(1859) ← BASIDIO-+SPORE〗

ba·sid·i·um /bəsídiəm/ *n.* (*pl.* -i·a /-diə/) 〔植物〕担子器《担子菌類において, 通例 4 個の担子胞子 (basidiospore) を生じる菌糸の末端の細胞》. 〖(1858) ← NL ～: ⇨ basi-, -idium〗

Ba·sie /béɪsi/, **William** *n.* ベーシー《1904–84; 米国のジャズピアニスト・作曲家・バンドリーダー; 通称 Count Basie》.

ba·si·fi·ca·tion /bèɪsəfɪkéɪʃən | -sɪ̀fɪ-/ *n.* 1 〔化学〕塩基化. 2 〔地質〕基性岩化作用.

bàsi·fíxed *adj.* 〔植物〕底着の《基部または基部の近くで付着したものにいう; cf. versatile 5》: a ～ anther 底着葯《雄蕊の葯の基部に花糸が付いている》. 〖(1870) ← BASI-+FIXED〗

bas·i·fy /béɪsəfàɪ | -sɪ̀-/ *vt.* 〔化学〕塩基性にする. 〖c1847〗

ba·sig·a·my /bəsígəmi/ *n.* 〔植物〕基底受精. 〖← BASI-+-GAMY〗

bas·il[1] /béɪzəl, -səl, bǽz-, -zɪ̀l, -sɪ̀l | bǽzəl, -zɪ̀l, -zɪl/ *n.* 〔植物〕1 a メボウキ《シソ科メボウキ属 (*Ocimum*) のハッカに似た植物の総称; 香味料・薬用にする》: ⇨ bush basil. b =sweet basil. 2 シソ科 *Pycnanthemum* 属の植物の総称. 〖(c1450) ◻ OF *basile* ◻ ML *basilicum* ◻ Gk *basilikòn* royal (plant): ⇨ basilic[1]: L *basilisca* (basilisk の毒気を消す効能があると想像されていた草の名)との連想?〗

bas·il[2] /béɪzəl, -səl, bǽz-, -zɪ̀l, -sɪ̀l | bǽzəl, -zɪ̀l, -zɪl/ *n.* ベズル《タンニンなめしの羊革; 製本用》. 〖1674〗

Bas·il /bézəl, -səl, bǽz-, -zɪ̀l, -sɪ̀l | bǽzəl, -zɪ̀l, -zɪl/ *n.* バジル《男性名; 愛称形 Bas, Basie》. 〖◻ L *Basilius* ◻ Gk *Basíleios* royal: ⇨ basilica〗

Bas·il /béɪzəl, -səl, bǽz-, -zɪ̀l, -sɪ̀l | bǽzəl, -zɪ̀l, -zɪl/, Saint *n.* バシリウス《330?–79; Cappadocia の Caesarea の主教; 修道院制度の確立に努めた; Gregory of Nyssa の兄; 通称 Basil the Great》.

Ba·si·lan /bɑːsíːlɑːn/ *n.* バシラン: 1 a フィリピンの Mindanao 島南西方の島群. b その主島《Basilan Strait (バシラン海峡)を挟んで Mindanao 島と対する; 面積 1,282 km^2》. 2 Basilan 島にある都市.

bas·i·lar /bǽzələ, béɪs-, -zɪ̀-, -sə- | -lə(r/ *adj.* 〔生物・解剖〕基部[基底]の[にある]; (特に)頭蓋底の[にある]. 〖(1541) ← NL *basilāris* ← L *basis* 'BASIS'〗

básilar mémbrane *n.* 〔解剖〕(内耳の蝸牛管の)基底膜. 〖1867〗

bas·i·lar·y /bǽsəlèri | bǽsɪləri/ *n.* 〔生物・解剖〕=basilar.

Bas·il·don /bǽzəldən, -zɪ̀l-/ *n.* バジルドン《イングランド Essex 州南部の町》.

bas·i·lect /bǽzəlèkt, béɪs- | -zə̀-, -sə̀-/ *n.* 〔言語〕基層方言《ある社会で最も格式の低い方言; cf. acrolect》. 〖(1965) ← BASI-+-LECT〗

Ba·sil·i·an /bəzíliən, -síl-/ 〔キリスト教〕*adj.* バシリウス(会)の. — *n.* バシリウス会士《4 世紀の Saint Basil によって設立された修道会員; バシリウス修道会の規則に従う修道士》. 〖(1780): ⇨ -ian〗

ba·sil·ic[1] /bəsílɪk, -zíl-/ *adj.* 《古》王の, 王者の, 王らしい (royal). 〖(1541) ◻ (O)F *basilique* ◻ L *basilicus* ◻ Gk *basilikós* royal (⇨ basilica, -ic[1]): 語義 2 はその重要性からか〗

ba·sil·ic[2] /bəsílɪk, -zíl- | -zíl-, -síl-/ *adj.* 1 =basilican. 2〖解剖〗尺側(しゃく)皮静脈の. 〘(1703) □ F *basilique* □ L *basilica* (↑)〙

ba·sil·i·ca /bəsílɪkə, -zíl- | bəzíl-, -síl-/ *n.* **1** バシリカ会堂《大広場の近くにあって, 古代ローマ時代に裁判·集会などに用いた長方形の世俗用の公会堂》. **2** (バシリカ風建築の)初期キリスト教の教会堂. **3**〖カトリック〗バシリカ聖堂《宗教的特権を与えられた七教会堂の一つ》: the *Basilica* of St. Peter's 聖ペトロのバシリカの聖堂《バチカンのサンピエトロ大聖堂のこと》. 〘(1541) □ L ～ □ Gk *basilikḗ (stoá)* royal (cloister) (fem.) ← *basilikós* ← *basileús* king〙

ba·sil·i·cal /-lɪkəl, -kl | -lɪ-/ *adj.* =basilic[1].

ba·sil·i·can /bəsílɪkən, -zíl- | -zílı-, -síl-/ *adj.* バシリカ (basilica) の, バシリカ風建築の. 〘(1797): ⇨ -an[1]〙

Ba·sil·i·ca·ta /bəzìlɪkáːtə, -sìl- | -lıkáːtə; *It.* baziliká:ta/ *n.* バジリカータ《イタリア南部 Taranto 湾沿岸の州; 面積 9,992 km²; 州都 Potenza; 旧名 Lucania》.

ba·síl·i·con óintment /bəsílɪkən-, -zíl-, -kɑ̀(ː)n- | -zílıkən-, -síl-, -kɔ̀n-/ *n.*〖薬学〗バシリコン膏《松脂 35% の軟膏; rosin cerate ともいう》. 〘← L *basilicum* □ Gk *basilkón (phármakon* plaster) (neut.) ← *basilikós* royal〙

basílic véin *n.*〖解剖〗尺側皮静脈. 〘*a*1670〙

bas·i·lisk /bǽsəlìsk, bǽz- | bǽz-, bǽs-, -zɪ-, -sɪ-/ *n.* **1**〖ギリシャ·ローマ伝説〗バシリスク《アフリカの砂漠に住み, その呼気に触れたりにらまれたりした者はたちまち死ぬといわれた伝説上の爬虫動物; cf. cockatrice 1》. **2**〖紋章〗バシリスク《wyvern に似た架空の生物で, 尾の先端に dragon の頭が付いている》. **3**〖動物〗バシリスク《熱帯アメリカ産のイグアナ科バシリスク属 (*Basiliscus*) の各種のトカゲの総称; 頭から背中まで直立した背びれがある; バシリスク (*B. basiliscus*), *B. mitrotu* など》. **4** 蛇砲(だほう)《中世の大型大砲》. — *adj.* バシリスクのような, (相手を)蛇ににらまれたようにする, 射すくめるような: a ～ glance, horror, etc. 〘(*a*1387) □ L *basiliscus* a kind of lizard □ Gk *basilískos* little king (dim.) ← *basileús* king〙

Ba·sil·i·us /bəsíliəs, -zíl-/ *n.* バシリウス (Saint Basil のラテン語名).

básil thỳme *n.*〖植物〗=calamint.

ba·sin /béɪsən, -sn/ *n.* **1 a** たらい, 水盤, 洗面器, 水鉢 (bowl). **b** ベイスン《各種の食べ物を入れる円水盤形の容器》. **2** たらい一杯(の量): a ～ of water. **3 a** 水たまり, ため池 (pond): a collecting ～ 集水池 / a setting ～ 沈澱池. **b** 係船ドック《入口に水門があって内部の水位が常に満潮時同様に保てるような係船池》: ⇨ tidal basin. **c** 陸地に囲まれた港, 小内湾: a yacht ～ ヨット港, ヨットハーバー. **4**〖地理〗**a** 盆地; (水盤状の)くぼ地. **b** (川の)流域 (river basin): the Thames ～ テムズ川流域. **c** 海盆《海底の広い凹地; ocean basin ともいう》. **5**〖地質〗堆積盆地. **6**〖解剖〗骨盤. **7**〖植物〗(リンゴ·ナシなどの果実の底の)くぼみ, へこみ. **～·al** /-sənl, -snl/ *adj.* **～ed** *adj.* **～·lìke** *adj.* 〘(?*c*1200) □ OF *bacin* (F *bassin*) < VL **bacchinu(m)* ← ML *bacca* water vessel〙

bas·i·net /bǽsənét, bǽsənɪt, -nèt | -sɪn-/ *n.*〖甲冑〗バシネット《14–15 世紀に用いられた頂と面頬(めんぼお)のとがった鉄かぶと; この上に重い戦闘用かぶとをかぶることもある》. 〘(?*a*1300) *bacinet* □ OF (dim.) ← *bacin* (↑): ⇨ -et〙

ba·sin·ful /béɪsənfʊ̀l, -sn-/ *n.* **1** たらい[洗面器]一杯(分)〔*of*〕. **2**〖口語〗(仕事·困難などが)たくさん〔*of*〕. 〘(*c*1450): ⇨ -ful[2]〙

have a básinful (1)《口語》手に余るほど仕事(など)をかかえて(困って)いる. (2)《俗》ひとつやってみる; 承知する. 〘1935〙

básing pòint *n.*〖経済〗基点《製品の実際の出荷地と関係なく運賃計算の基本となる地点》.

básin rànge *n.*〖地質〗ベースンレンジ《岩層が断層をなし急角度で上昇してできた山脈; 米国西部の Great Basin 地域に典型的にみられる》.

ba·si·on /béɪsiɑ̀(ː)n, -zi- | -ɔn/ *n.*〖解剖〗基底点, バシオン《大後頭孔の前正中点》. 〘(1878) ← NL ～ ← Gk *básis* 'BASE[1]'〙

ba·sip·e·tal /beɪsípətl, -zíp- | -sípɪtl/ *adj.*〖植物〗求基的な, 求底的の, 基部に向かう. **～·ly** *adv.* 〘(1869) ← BASI-＋-*petal* (← L *petere* to go toward)〙

ba·sip·o·dite /bəsípədàɪt/ *n.*〖動物〗基節《節足動物の関節肢の第 2 関節》. 〘(1870) ← BASI-＋-POD[1]＋-ITE[1]〙

ba·sis /béɪsɪs | -sɪs/ *n.* (*pl.* **ba·ses** /béɪsiːz/) **1** 基礎, 土台, 基底 (⇨ base[1] SYN); 根拠, 基本, 根本原理; 規準, 条件; (話し合いなどの)共通の基盤: *on* the ～ of ...を基礎として, ...の上に / *on* a war ～ 戦時体制で / *on* an equal ～ 対等で / *on* a national ～ 全国的規模で[見て] / *on* a commission ～ 歩合制で / *on* a commercial ～ 商業ベースで / *on* a priority ～ 重点主義で[によって] / work *on* a twenty-four-hour ～ 24 時間営業をする / The building is inspected on a daily [weekly, monthly] ～. その建物は毎日[週, 月]点検される / She accepted my products on a sale-or-return ～. 彼女は私の製品を残品引受けの条件付きで引き受けた / be *on* a first-name ～ (with each other) 名で呼び合う[おれおまえの]仲である / the ～ of [for] an argument 論拠 / the ～ of assessment 課税の基礎[基準] / the ～ schedule〖商業〗ベーシス《先物取引において先物値段と現物値段との差》/ the physical ～ of life 生活(現象)の物理的基礎. **2** (調剤·混合物などの)主成分, 主薬. **3**〖数学〗(ベクトル空間の)基, 基底. 〘(*a*1398) □ L ～: BASE[1] と二重語〙

básis pòint *n.*〖金融〗ベーシスポイント《利回り·為替相場レートなどを表すときの最小単位; 1% の 1/100; 略 bp》. 〘1967〙

básis ràte *n.*〖保険〗基本料率.

básis wèight *n.*〖製紙〗**1** (紙 1 連 (500 枚の)の)連量(れんりょう)《重さは通例ポンドで表す; basic weight, substance, substance number ともいう》. **2** 坪量《紙の一定面積比の重さ》.

bask /bǽsk | bɑ́ːsk/ *vi.* **1**〔日光·熱などに〕快く浴する[温まる, 当たる], 日なたぼっこをする〔*in, before*〕: ～ *in* the sun [sunshine] / ～ *before* the fire. **2**〔恩恵などに〕浴する〔*in*〕: ～ *in* the love of one's family 家族の愛情に包まれる / ～ *in* the company of women 女性とのつきあいに恵まれる / ～ *in* the smiles of Fortune 幸運に恵まれる. — *vt.* [通例 ～ *oneself* で]《古》(日光·熱に当てて)温める. 〘((*a*1393)) (1599) *baske(n)* to wallow (in blood) □ ? ON **baðask* to bathe oneself ← *baða* to bathe＋-*sk* (← *sik* (reflexive pron.): cf. G *sich*)〙

Bas·ker·ville /bǽskəvɪ̀l | -kə-/ *n.*〖活字〗バスカービル《1752 年 Baskerville が作った活字書体》. 〘(1802) ← *John Baskerville* (1706–75: 英国の印刷業者·活字鋳造家)〙

bas·ket /bǽskɪt | bɑ́ːs-/ *n.* **1** (竹·柳枝·藺(い)などを編んで作った)かご, バスケット; ざる (cf. clothes basket, wastebasket): a shopping ～. **2 a** かご型の容器: a fire ～ (かがり火の)火かご. **b** (軽気球·ロープウェー用)つりかご. **3** かご[ざる]一杯, 一かご分(の量) (basketful): a ～ *of* apples, eggs, etc. **4**〖集合的〗(タイプライターの)キーバー (key bars). **5** ひとまとまり, 同類の集合[グループ]; 一括関連事項[諸問題]: a ～ of currencies バスケット方式一括通貨単位. **6**《口語·婉曲》=bastard 2. **7**〖バスケットボール〗バスケット, ゴールの網; ゴール, 得点: make 22 ～*s* 22 ゴール入れる / shoot a ～《俗》得点をあげる. **8** =basket hilt. **9**〖スキー〗(ストックの)リング (snow ring).

be léft in the básket (一番悪いりんごのように)最後まで残される; 売れ残りになる; 見離される.

the pick of the básket ⇨ pick[1].

— *vt.* かごに入れる; くずかごに入れる[捨てる].

～·lìke *adj.* 〘(?*a*1300) □ AF *basket* (dim.) ← ? OF *basche* basket: ⇨ -et〙

bas·ket·ball /bǽskɪtbɔ̀ːl, -bɑ̀ːl | bɑ́ːskɪtbɔ̀ːl/ *n.* **1**〖スポーツ〗バスケットボール. 日英比較 日本語のバスケットボールの意の「バスケット」または「バスケ」は和製英語. 英語の basket はバスケットボールのゴール網の意. **2** バスケットボール用ボール. 〘1892〙

basketball court
a sideline
b center circle
c center line
d free throw line
e restricted area
f free throw circle
g free throw lane
h end line
i three-point line

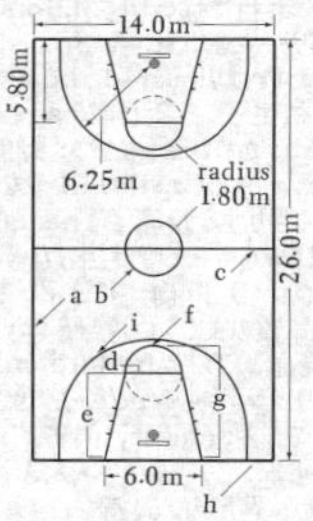

básket càrriage *n.* 車体が柳枝細工の馬車. 〘1870〙

básket càse *n.* **1**《米俗》(手術などで)両手両脚を切断された人, 「だるま」. **2** 全く無力[無効]な人[もの]; ノイローゼで衰弱しきった人. 〘1919〙

básket cèll *n.*〖解剖〗かご細胞. 〘1901〙

básket chàir *n.* 柳枝製のひじかけ椅子. 〘*a*1631〙

básket clàuse *n.* 一般的[包括的]条項. 〘1883〙

básket clòth *n.* ななこ織り (basket weave) の布地.

básket dìnner *n.* =basket lunch. 〘1892〙

básket fèrn *n.*〖植物〗**1** =male fern 1. **2** タマシダ (*Nephrolepis pectinata*)《熱帯アメリカ産ウラボシ科の観葉植物》. 〘1883〙

básket fìsh *n.* (*pl.* ～, ～·**es**)〖動物〗テズルモズル《クモヒトデ類 *Astrophyton* 属の棘皮(きょくひ)動物の総称; 枝分かれしている腕の先で餌を捕える》. 〘1753〙

básket flòwer *n.*〖植物〗**1** アザミヤグルマギク (*Centaurea americana*)《米国南西部の紫色の頭状花をつけるキク科の一年草で, ヤグルマギクの一種》. **2** (ペルーからボリビアにかけて産する)ヒガンバナ科の球根植物 (*Hymenocallis calathina*).

bas·ket·ful /bǽskɪtfʊ̀l | bɑ́ːs-/ *n.* (*pl.* ～**s**, **baskets·ful**) **1** かご一杯分(の量): two ～*s* of oranges. **2** 相当な数; かなりの量: a ～ *of* shock 大変な衝撃. 〘(*c*1300): ⇨ -ful[2]〙

básket-hàndle árch *n.*〖建築〗バスケットアーチ, 三心アーチ, 三心拱(きょう), 三心迫持(せりもち).

básket hìlt *n.* (刀剣の)かごつか《手を保護するかご状の覆いのついたつか》. **básket-hílt·ed** *adj.* 〘*c*1550〙

básket lúnch *n.*《米》(バスケットに入れた)弁当. 〘1905〙

Básket Màker *n.*〖考古〗**1** バスケットメーカー文化《アナサジ (Anasazi) 文化の前期に発達した米国南西部のアメリカインディアンの文化》. **2** バスケットメーカー族(の人) (cf. Pueblo 2). 〘1897〙

básket mèeting *n.*《米》バスケット会《バスケットに各自食べ物を入れて持ち寄り, 終日を過ごす(特に, 宗教的な)集会》. 〘1859〙

básket-of-góld *n.*〖植物〗アリッサム (*Alyssum saxatile*)《ヨーロッパ産のアブラナ科の多年草で, 花壇の縁植えにする; gold dust ともいう》. 〘1930〙

básket ósier *n.*〖植物〗コリヤナギ (*Salix purpurea*, *S. viminalis* などヨーロッパ産のヤナギで, バスケットを編むのに用いる).

básket pìcnic *n.*《米》弁当 (basket lunch) を持って出かけるピクニック. 〘1882〙

bas·ket·ry /bǽskɪtri | bɑ́ːs-/ *n.* **1** かご細工法. **2**〖集合的〗かご細工品 (basketwork). 〘(1851): ⇨ -ry〙

básket shèll *n.*〖貝類〗クチベニガイ科の貝 (*Corbula*)《砂浜の小型の二枚貝で, 通例左の殻がより大きな右の殻の中にはまり込む》. 〘1713〙

básket stàr *n.*〖動物〗=basket fish. 〘*c*1923〙

básket stìtch *n.*〖服飾〗バスケットステッチ《連続的に重ねて刺したクロスステッチ》. 〘1883〙

básket tràding *n.*〖金融〗=program trading.

básket wèave *n.* ななこ織り, バスケットウィーブ《かごの目状に織った織物》. 〘*c*1900〙

básket willow *n.*〖植物〗=osier 1 a.

básket·wòod *n.*〖植物〗バスケットノキ (*Serjania polyphylla*)《ムクロジ科の一種で西インド諸島産のつるになる低木; その茎をかご細工に使う》.

básket·wòrk *n.*〖集合的〗かご細工品 (wickerwork); かご細工(業). 〘1764〙

básket·wòrm *n.*〖昆虫〗=bagworm.

básking shàrk *n.*〖魚類〗ウバザメ (*Cetorhinus maximus*)《水面近くで日光浴をする習性のある大形のサメ; 歯が細かいのでウバザメという; sailfish ともいう》. 〘1769〙

Bas·kin-Rob·bins /bǽskɪnrɑ́(ː)bɪnz | -kınrɔ́bınz/ *n.*〖商標〗バスキンロビンズ《米国のアイスクリームのチェーン店; 日本ではサーティーワンアイスクリームとして知られる》.

Basle /bɑ́ːl; *F.* bɑːl/ *n.* バール (Basel の旧名).

basmáti (rìce) /bæzmɑ́ːti(-), bæs-, bɑs- | -ti(-); *Hind.* baːsmət̪iː(-)/ *n.* バスマティ米《香りのよい北インド·パキスタン産の上質米》. 〘(1845) *basmati* ← Hindi. *bāsmatī* (原義) fragrant〙

bás mítzvah, B- M- /bɑ́ːs-/ *n.* (*also* **bas mizvah** /～/)〖ユダヤ教〗=bath mitzvah. 〘1952〙

bas·net /bǽsnɪt, -nɛt/ *n.*〖甲冑〗=basinet.

baso. (略) basophil.

ba·so- /béɪsoʊ | -səʊ/ basi- の異形 (⇨ -i-).

bas·oid /béɪsɔɪd/〖農業〗*adj.* 〈土壌が〉バソイドの, 塩基性の (cf. acidoid). — *n.* バソイド《溶可電懸(けん)物質》. 〘← BASI-＋-OID〙

ba·son[1] /béɪsən, -sn/ *n.* =basin 1 a.

ba·son[2] /béɪsən, -sn/ *n.* (手製時代の)製帽用の型. — *vt.* (製帽型で)...の氈(せん)を固める. 〘(1727–51) (変形) ? ← BASIN〙

ba·so·phil /béɪsəfɪl, -soʊ- | -sə(ʊ)-/ *n.* (*also* **ba·sophile** /-fàɪl/) **1**〖生物〗好塩基性体《細胞·物質など》. **2**〖解剖〗好塩基球《細胞質中に二裂の核と好塩基性顆粒をもつ白血球》. — *adj.*〖生物〗=basophilic. 〘(1890) ← BASI-＋-PHILE〙

ba·so·phil·i·a /bèɪsəfíliə, -soʊ- | -sə(ʊ)-/ *n.* **1**〖病理〗好塩基球(細胞)増加症. **2**〖生物·解剖〗好塩基性《塩基性色素に染まりやすいこと》. 〘(1905): ⇨ ↑, -ia[1]〙

ba·so·phil·ic /bèɪsoʊfílɪk, -sə- | -sə(ʊ)-/ *adj.*〖生物·解剖〗好塩基性の, 塩基性の色素によく染まる (cf. acidophilic 2, eosinophilic). 〘(1894): ⇨ -ic[1]〙

ba·soph·i·lous /beɪsɑ́(ː)fələs | -sɔ́fɪ-/ *adj.* =basophilic. 〘1894〙

Ba·so·tho /bəsúːtuː/ *n.* (*pl.* ～**s**) バストゥ人 (Mosotho)《特に Lesotho に住む Sotho 人; 単数で使うのは本来は誤用》; [*pl.*] バストゥ族 (=Sotho). 〘(1895) □ Bantu ～〙

Basótho-Qwáqwa *n.* バストゥ クワクワ《南アフリカ共和国の Orange Free State にあった黒人地区 (Bantustan); 別名 Qwaqwa》.

Ba·sov /bɑ́ːsɔf, -sɑ(ː)f | -sɒf; *Russ.* básəf/, **Nikolai Gen·na·di·e·vich** /gʲɪnnádʲijɪvʲɪtʃ/ *n.* バソフ《(1922–2001; ロシアの物理学者; Nobel 物理学賞 (1964)》.

Basque /bǽsk | bǽsk, bɑ́ːsk; *F.* bask/ *n.* **1** バスク人《スペインの Pyrenees 山脈地方に住む一種族》. **2** バスク語《他言語との類縁関係はまだ十分明らかにされていない》. **3** [b-] **a** (バスク地方の衣装を真似た)体にぴったりしたボディス (bodice), 上衣. **b** (ボディスに続いた)短いスカート. **c** (男子ダブレット (doublet) に続いた)短いスカートのようなもの. — *adj.* バスク人[語, 地方]の. 〘((1611)) (1817) □ F ～ □ L *Vascō* 'inhabitant of *Vasconia* (Gascony のラテン語名)'〙

Básque Cóuntry *n.* バスク地域《バスク人の居留地域; フランス南西部とスペイン北東部の国境地帯; フランス語名 Pays Basque》.

Básque Próvinces *n. pl.* [the ～] バスク地方《スペイン北部 Alava, Guipúzcoa, Viscaya の 3 県から成る自治州; 面積約 7,250 km²; 州都 Vitoria》.

Básque shírt *n.* バスクシャツ《プルオーバーセーターに似た横じまのニットシャツ》.

Bas·ra /bɑ́ːsrə, bǽs-, bɑ́ːz-, bǽz- | bǽz-, bɑ́z-, bɑ́ːz-; *Arab.* báṣʕa/ *n.* バスラ《イラク南東部 Shatt-al-Arab 川に臨む港市; Busra, Al Basrah ともいう》.

bas-re·lief /bɑ̀ːrɪlíːf, ⸗⸗⸗ | bɑ̀ː-, bæ̀s-/ *n.*〖美術〗浅浮彫り, 薄肉彫り (⇨ low relief, cf. high relief). 〘(1667) □ F ～ (なぞり) ← It. *basso rilievo*: ⇨ basso-rilievo〙

Bas-Rhin /bɑːrǽ(ŋ), -rǽŋ; *F.* baʁɛ̃/ *n.* バラン(県)《フランス北東部のドイツに接する県; 面積 4,786 km², 県都 Strasbourg》: ⇨ Alsace-Lorraine.

bass[1] /béɪs/〖音楽〗*n.* **1** バス《男声最低音(域); ⇨ alto》. **2** バス歌手. **3** バス声部, 低声部; [the ～] (和音の)最低音: figured [thorough] ～ 数字付[通奏]低音. **4** バス楽器《ある楽器属で最も低い音域をもつ楽器; tuba など》. **5**《口語》**a** =contrabass, double bass. **b** ベースギ

ター (bass guitar): on ～ ベースギターを弾いて. 6 〘放送〙 低音域; 低音調整用のつまみ[ノブ]. — *adj.* [限定的] バスの, 低音の; バス歌手の: a ～ voice, part, singer, instrument, etc. — *vi.* 《古》 低い声で言う. 〘(?c1450) *bas* 《特殊用法》← BASE[2]: 今の形は It. *basso* 'BASSO' の影響〙

bass[2] /bǽs/ *n.* (*pl.* ～, ～·es) 〘魚類〙 **1 a** スズキ目スズキ科とサンフィッシュ科のうちブラックバス属 (*Micropterus*) の魚の総称 《black bass, sea bass など》. **b** = perch[2] 1 a. **2** スズキ科の海産食用魚の総称 《black seabass, striped bass など》. 〘(?c1200) 《変形》← OE *bærs* < Gmc **barsaz* (G *Barsch* perch) ← IE **bhar-* projection〙

bass[3] /bǽs/ *n.* **1** 〘植物〙 = basswood 1. **2** シナノキの内皮; 靭皮(じんぴ). **3 a** シュロ皮. **b** [*pl.*] シュロ製品 《シュロむしろなど》. 〘(1691) 《*t* の消失による変形》← BAST〙

Bass[1] /bǽs/ *n.* バス 《イングランド Burton-on-Trent にある英国最大のビールの醸造会社 (Bass PLC)》. 〘1849〙

Bass[2] /bǽs/ *n.* 〘商標〙 バス 《米国 G. H. Bass 社製の靴》.

bas·sa·risk /bǽsərɪsk/ *n.* **1** 〘動物〙 カコミスル (⇨ cacomistle 1). **2** カコミスル (cacomistle) の毛皮. 〘《変形》← NL *Bassariscus* ← Gk *bassarís* fox + NL *-iscus* (dim. suffix)〙

báss-bàr /béɪs-/ *n.* ベースバー, 力木(ちからぎ) 《バイオリンなどの胴の内部に縦に取り付けられた細長い木片》. 〘1838〙

báss bròom /bǽs-/ *n.* (piassava の繊維で作った)シュロぼうき.

báss clèf /béɪs-/ *n.* 〘音楽〙 = F clef. 〘1903〙

báss drúm /béɪs-/ *n.* (オーケストラ用の)大太鼓, バスドラム 《gran cassa ともいう》. 〘1804〙

basse danse /bɑ́ːsdɑ̀ː(n)s, -dɑ́ːns; *F.* basdɑ̃ːs/ *n.* バスダンス 《滑るような小刻みのステップによる 14–5 世紀の荘重な踊り》. 〘(1789) □ F ～ 《原義》 low dance〙

Bas·sein /bəséɪn | bæ-/ *n.* バセイン 《ミャンマー南部, Irrawaddy デルタ地帯の港市》.

Basse-Nor·man·die /bɑ́ːsnɔəmɑ̃ː(n)díː | -nɔː-; *F.* basnɔʁmɑ̃di/ *n.* バスノルマンディー 《フランス北西部に位置しイギリス海峡に面する県》.

Bas·sen·thwaite /bǽsənθwèɪt, -sn̩-/ *n.* バセンスウェイト(湖) 《イングランド北西部の Cumbria 州にある湖》.

Basses-Alpes /bɑ́ːszǽlp; *F.* baszalp/ *n.* バスザルプ(県) 《フランスの県 Alpes-de-Haute Provence の旧名》.

Basses-Py·ré·nées /bɑ́ːspìːreɪnéɪ; *F.* baspiʁene/ *n.* バスピレネ(県) 《フランスの県 Pyrénées-Atlantiques の旧名》.

bas·set[1] /bǽsɪt/ *n.* バセット 《faro に似た賭博ゲームの一種で, 18 世紀に流行した》. 〘(1645) □ F *bassette* □ It. *bassetta* (dim.) ← *basso* low: ⇨ basso, -et〙

bas·set[2] /bǽsɪt/ *n.* = basset hound. 〘(1616) □ F ～ (dim.) ← *basse* (fem.) ← *bas* low: ⇨ base[1], -et〙

bas·set[3] /bǽsɪt/ 〘鉱山・地質〙 *n.* 露頭 (outcrop). — *vi.* 〈鉱脈が〉露出する (crop out). 〘(1686) □ ? F ～ 'something low' (↑)〙

basse-taille /bɑ̀ːstáɪ; *F.* bastɑj/ *n.* バスターユ 《図柄を銀の裏板に浅浮彫りし, そこに透明なエナメルを埋め焼き付ける技法; それで作った七宝》. 〘1899〙

Basse·terre /bæstéə | -téə(r)/ *n.* バステール 《西インド諸島, St. Kitts 島の海港; St. Christopher-Nevis の首都》.

Basse-Terre /bæstéə | -téə(r); *F.* bastɛːʁ/ *n.* バステル: **1** 西インド諸島中の Leeward 諸島の島; フランスの海外県 Guadeloupe の一部を成す. **2** 同島の港市; Guadeloupe 県の県都.

básset hòrn *n.* バセットホルン 《18 世紀のクラリネット属の楽器; 音域はテノールクラリネットに相当》. 〘(1835) □ G *Bassetthorn* 《部分訳》← F *cor de bassette* □ It. *corno di bassetto*: ⇨ basset[1]〙

básset hòund *n.* バセットハウンド 《フランス原産の肢の短い胴長の, 耳の長い猟犬》. 〘1883〙

báss fìddle /béɪs-/ *n.* コントラバス, ダブルベース 《特に, ジャズオーケストラ用のもの》. 〘1951〙

báss guitár /béɪs-/ *n.* ベースギター 《ダブルベースと同じ音域をもつエレキギター》.

báss hórn /béɪs-/ *n.* **1** = tuba 1. **2** バスホルン 《19 世紀前半に使用された管側孔金管楽器》. 〘1859〙

bassi *n.* basso の複数形.

bassi buffi *n.* basso buffo の複数形.

bassi cantanti *n.* basso cantante の複数形.

bas·si·net /bæ̀sənét | -sɪ-/ *n.* **1** (小児用の)ほろ付き揺りかご; ほろ付きうば車. **2** (病院の)乳児用ベッド. **3** = basinet. 〘((1578)) (1854) □ F ～ (dim.) ← *bassin* 'BASIN': ⇨ -et〙

bassi profundi *n.* basso profundo の複数形.

bassi-rilievi *n.* basso-rilievo の複数形.

bass·ist /béɪsɪst | -sɪst/ *n.* **1** コントラバス[ベース]奏者. **2** 低音歌手, バス歌手. 〘(1870) ← BASS[1] + -IST〙

bass·let /bǽslɪt/ *n.* 〘魚類〙 ハタ科に近縁のグラマ科 *Gramma* 属, *Lipogramma* 属の色の鮮やかな小型の魚の総称.

bas·so /bǽsou, bɑ́ː- | -səu; *It.* básso/ *n.* (*pl.* ～s, *It.* **bas·si** /-siː; *It.* -si/) **1** 〘音楽〙 バス, 低音 (bass); 低音部 (bass part). **2** バス歌手. 〘(1817) □ It. ～ 'deep bass[1]' < LL *bassum* low: ⇨ base[2]〙

básso búffo *It. n.* (*pl.* **bassi buffi**, ～s) (オペラの)喜劇役のバス歌手. 〘(1909) □ It. ～ 'comic bass'〙

básso can·tán·te /-kæntǽnti | -ti; *It.* -kantánte/ *It. n.* (*pl.* **bassi can·tan·ti** /-kæntǽntiː; *It.* -kantánti/) 〘音楽〙 (叙情的表現をする)バス声部の高音域. **2** バス声部の高音域を得意とするバス歌手. 〘(1876) □ It. ～ 《原義》 singing bass〙

básso contínuo *n.* (*pl.* ～s) 〘音楽〙 通奏低音 (⇨ continuo). 〘□ It. ～ 《原義》 continuous bass〙

bas·soon /bəsúːn, bæ-/ *n.* **1** バスーン, ファゴット (fagotto) 《大型の低音木管楽器》. **2** バスーン[ファゴット]奏者. **3** (オルガンの)バスーン音栓. 〘(1727–51) □ F *basson* □ It. *bassone* ← *basso* 'BASSO': ⇨ -oon〙

bas·soon·ist /bəsúːnɪst, bæ- | -nɪst/ *n.* バスーン[ファゴット]奏者. 〘(1865): ⇨ ↑, -ist〙

básso ostináto *n.* (*pl.* ～s) = ground bass. 〘(1876) □ It. ～ 《原義》 obstinate bass: ⇨ ostinato〙

básso pro·fún·do /-prəfʌ́ndou | -dəu; *It.* -profúndo/ *n.* (*pl.* ～s, **bassi pro·fun·di** /-prəfʌ́ndiː; *It.* -profúndi/) 〘音楽〙 (荘重な表現をする)バス声部の低音域, バッソ プロフンド; それを得意とするバス歌手. 〘(1860) □ It. *basso profondo* 'deep BASSO'〙

básso-relíevo *n.* (*pl.* ～s) 〘美術〙 = bas-relief. 〘1644 《変形》↓〙

básso-rilíevo *It. n.* (*pl.* **bassi-rilievi**) 〘美術〙 = bas-relief. 〘(a1666) □ It. *basso rilievo* low relief: ⇨ basso, rilievo〙

báss rèflex /béɪs-/ *n.* (スピーカーの低音域の再生をよくするための)位相反転装置, バスレフ, バスリフレックス.

báss-relíef /bǽs-/ *n.* 〘美術〙 = bas-relief.

báss respònse /béɪs-/ *n.* 〘電子工学〙 低音応答 《スピーカーや増幅器の低音域における周波数特性》.

báss stàff /béɪs-/ *n.* 〘音楽〙 低音部譜表.

Báss Stráit /bǽs-/ *n.* [the ～] バス海峡 《オーストラリア大陸と Tasmania との間の海峡; 幅 130–240 km》.

báss túba /béɪs-/ *n.* バスチューバ 《大型の最低音金管楽器》.

báss víol /béɪs-/ *n.* 《米》 **1** = viola da gamba. **2** = contrabass. 〘1590〙

báss·wòod /bǽs-/ *n.* **1 a** 〘植物〙 シナノキ 《シナノキ属 (*Tilia*) の各種の植物の総称》; 《特に》アメリカシナノキ (*T. americana*). **b** アメリカシナノキ材 《excelsior の好材料》. **2 a** 〘植物〙 ユリノキ (tulip tree). **b** ユリノキ材. 〘(1670) ← BASS[3] + WOOD〙

bast /bǽst/ *n.* **1** 〘植物〙 靭皮(じんぴ)部 (phloem). **2** 靭皮繊維 《ござ・かご・なわなどの材料; bast fiber ともいう》. 〘OE *bæst* < Gmc **bastaz* ← ?: cf. OHG & ON *bast*〙

Bast /bɑ́ːst/ *n.* 〘エジプト神話〙 バスト 《猫頭の女神; Bubastis ともいう》.

bas·ta /bǽstə, bɑ́ːs-; *It.* básta/ *int.* 十分だ, よろしい (enough). — *n.* 〘トランプ〙 バスタ 《ある種のカードゲームで, 3 番目に強い切り札; ombre ではクラブのエース》. 〘(1593–94) □ It. & Sp. ～ 'it is enough'〙

bas·tard /bǽstəd | bɑ́ːstəd, bǽs-/ *n.* **1** 非嫡出子, 庶子, 私生子. **2** [時に a ～ of a ... として] 《俗》 ひどい[いやな]やつ; かわいそうなやつ; 野郎, やつ (chap); 厄介な[いやな]もの: a ～ *of a* storm いやな嵐 / this ～ *of a* headache このうんざりする頭痛 / This question is really a ～. ★ 時に親しみをもって呼び掛けなどにも用いる: a lucky ～ 運のいいやつ. **3** 偽物; 劣等品; 粗悪品. **4 a** (偶然の交配による品質のよくない)雑種 (hybrid). **b** 《南ア》 (白人と黒人の)混血. **5** = bastard culverin. **6** 《Shak》 甘口のスペインワイン. — *adj.* **1** 庶出の. **2** 雑種の. **3** 不純な, 偽りの: ～ charity 偽善 / speak ～ English でたらめな英語をしゃべる. **4** (形・大きさ・作りなど)普通でない, 標準的でない; 異形の, 異常な. ★ 通例専門用語として用いる: a ～ car / ～ quartz 結晶の異常な石英, 擬石英. **5** 類似の, 擬似の (sham). **6** 〘印刷〙 〈活字が〉変格の 《活字のボディーと字面の大きさが異なった状態》; 〈込め物の大きさが〉不規則な[の]: a ～ type 変格活字体. 〘(c1300) □ OF ～ (F *bâtard*) < ML *bastardum* ← *bastum* packsaddle + *-ardus* '-ARD': cf. OF *fils de bast* illegitimate son 《原義》 son of a packsaddle (らば追いなどが荷鞍を枕がわりにしたことから)〙

bástard álkanet *n.* 〘植物〙 = corn gromwell.

bástard bóx *n.* 〘植物〙 オーストラリアまたはニューカレドニア産のフトモモ科ユーカリ属 (*Eucalyptus*) とトベラモドキ属 (*Tristania*) の各種の高木で材質がきわめて堅いもの; 特に *E. polyanthemos*, *T. suaveolens*, *T. conferta* など.

bástard cánna *n.* 〘植物〙 = safflower 1.

bástard cúlverin *n.* 小型カルバリン砲 《蛇形の柄(え)のついた 16 世紀のカルバリン砲 (culverin) の小型のもので, 5–8 ポンドの砲弾を使用する; 単に bastard ともいう》. 〘1549〙

bástard cút fìle *n.* 〘金属加工〙 = bastard file.

bástard fìle *n.* 〘金属加工〙 粗目のやすり. 〘1677〙

bástard gúnter *n.* 〘海事〙 = jackass gunter.

bástard hártebeest *n.* 〘動物〙 = sassaby.

bástard índigo *n.* 〘植物〙 **1** = false indigo 2. **2** ナンバンクサフジ (*Tephrosia purpurea*) 《東インド諸島産のマメ科の淡赤色の花が咲く多年草》. **3** マメ科ミヤコグサ属 (*Lotus*) の植物の総称.

bas·tard·i·za·tion /bæ̀stədɪzéɪʃən | bɑ̀ːstədaɪ-, bæ̀s-, -dɪ-/ *n.* **1** 庶子であるとの認定, 庶出認定[判定]. **2** 粗悪化. **3** 《豪》 新入生[新兵]を迎えるしごきの入会式; いじめ. 〘(1818): ⇨ ↓, -ation〙

bas·tard·ize /bǽstədàɪz | bɑ́ːstə-, bǽs-/ *vt.* **1** ...に庶子の汚名を着せる; 〈子供を〉庶出と判定[認定]する. **2** 粗悪化する. — *vi.* **1** 粗悪になる. **2** 《Shak》 私生児を産む. 〘(1587) ← BASTARD + -IZE〙

bástard júte *n.* = kenaf 2.

bástard kúdu *n.* 〘動物〙 = nyala.

bás·tard·ly *adj.* **1** 庶出の; 生まれの卑しい (baseborn). **2** 偽りの, まがいの (counterfeit). **3** 《軽蔑》 全く価値のない, つまらない, 取るに足らない. 〘(1552): ⇨ -ly[2]〙

bástard mahógany *n.* 〘植物〙 オーストラリア産のユーカリの一種 (*Eucalyptus botryoides*) 《フトモモ科の常緑高木で, 材は堅く船や車輪に用いる; ban-galay, blue gam ともいう》.

bástard márjoram *n.* 〘植物〙 = pot marjoram.

bástard méasles *n.* 〘病理〙 風疹 (rubella). 〘1881〙

bas·tard·ry /bǽstədri | bɑ́ːstədri, bǽs-/ *n.* 《豪》 不愉快な行為, 残虐なふるまい.

bástard slíp *n.* 《英》 **1** (樹木の)吸枝 (sucker). **2** = bastard 1. 〘c1525〙

bástard spéedwell *n.* 〘植物〙 (ヨーロッパ南東部原産の)ゴマノハグサ科クワガタソウ属の多年草 (*Veronica spuria*) 《花は青色》.

bástard títle *n.* 〘製本〙 = half title 1.

bástard-trénch *vt.* 〘園芸〙 〈土地を〉一時的に表土を除いて下の土を掘り返すように掘る.

bástard túrtle *n.* 〘動物〙 = ridley.

bástard wíng *n.* 〘鳥類〙 (鳥の)小翼羽 (alula). 〘1772〙

bas·tard·y /bǽstədi | bɑ́ːstə-, bǽs-/ *n.* **1** 庶出 (illegitimacy) (cf. legitimacy 2). **2** 庶子をもうけること. 〘(a1338) □ AF & OF *bastardie*: ⇨ bastard, -y[1]〙

bástardy órder *n.* 〘法律〙 (推定上の父に対して発せられる)非嫡出子扶養命令. 〘1867〙

baste[1] /béɪst/ *vt.* 〈服・布などを〉仮縫いする, ...にしつけをする (tack). 〘(?a1400) □ OF *bastir* (F *bâtir*) to build, baste □ Frank. **bastjan* (cf. OHG *besten* to sew with bast) ← Gmc **bastaz* 'BAST'〙

baste[2] /béɪst/ *vt.* (肉をローストするときなど, 乾燥を防ぎ風味をつけるため) 〈料理, 《特に》肉〉にバターや焼き汁をかける. 〘(?a1475) ← ?: cf. OF *basser* to soak〙

baste[3] /béɪst/ *vt.* **1** 激しく打つ, たたく (beat). **2** どなりつける, ののしる (abuse). 〘(1533) 《転用》? ↑: cf. ON *beysta* to beat〙

bást·er[1] *n.* 仮縫いする人. 〘(1883) ← BASTE[1] + -ER[1]〙

bást·er[2] *n.* **1** (肉をローストするときなどに)バターや焼き汁をかける人. **2** スポイト状の調理器具 《肉をローストするときなど, バターや焼き汁をかけるために用いる》. 〘(1525) ← BASTE[2] + -ER[1]〙

Bas·tet /bǽstɛt/ *n.* 〘エジプト神話〙 バステト 《雌のライオン, のちには猫の形態で崇拝されていた女神》.

bást fìber *n.* = bast 2. 〘c1885〙

bas·ti /bʌ́sti/ *n.* 《インド》 スラム街 (slum).

Bas·ti·a /bǽstiə, bɑ́ːs-; *F.* bastja/ *n.* バスティア 《フランス Corsica 島北東岸の海港で, 同島の旧主都; 観光地》.

bas·tide /bæstíːd; *F.* bastid/ *F. n.* **1** (フランス南部の)田舎の小邸宅. **2** (フランス中世の武装都市[村落]. 〘(1523) □ OF ～ □ Prov. *bastida* (↓)〙

bas·tille /bæstíːl; *F.* bastij/ *n.* (*also* **bas·tile** /～/; *F.* ～/) **1** (暴虐を思わせる)牢獄 (prison). **2** (中世の築城や城塞化された町の)防御塔; 小さなとりで. — *vt.* 〈人を〉投獄する. 〘(?c1380) □ (O)F ～ 'fortress' 《変形》← *bastide* □ Prov. *bastida* ← *bastir* to build: ⇨ baste[1]〙

Bas·tille /bæstíːl; *F.* bastij/ *n.* [the ～] バスティーユ牢獄 《Paris にあった主に政治犯を収容する牢獄; 1789 年 7 月 14 日群衆によって襲撃・占拠されフランス革命の発端となった》. 〘↑〙

Bastílle Dày *n.* バスティーユ牢獄襲撃の日 《Bastille 牢獄の襲撃・占拠を記念するフランス共和国の革命記念日; 7 月 14 日; cf. French Revolution, quatorze juillet》. 〘1920〙

bas·ti·nade /bæ̀stənéɪd, -nɑ́ːd/ *n.*, *vt.* = bastinado.

bas·ti·na·do /bæ̀stənéɪdou, -nɑ́ːdou | -tɪnɑ́ːdəu, -néɪd-/ *n.* (*pl.* ～es) **1** 棍棒による殴打. **2** 足の裏を棍棒で打つ刑 《昔トルコ・中国などで行われた刑罰》. **3** 棍棒. — *vt.* 棍棒で打つ; ...の足の裏を棍棒で打つ. 〘(1577) □ Sp. *bastonada* ← *bastón* stick < LL *bastum*: ⇨ baton, -ado: cf. F *bastonnade* a cudgeling〙

bást·ing[1] *n.* **1** 仮縫い; しつけ縫い. **2** しつけの縫目; しつけ糸. 〘(1530) ← BASTE[1] + -ING[1]〙

bást·ing[2] *n.* (肉をローストするときなどに)バターや焼き汁をかけること; そのバターや焼き汁. 〘(1530) ← BASTE[2] + -ING[1]〙

bást·ing[3] *n.* 激しく打つこと. 〘(1592–94) ← BASTE[3] + -ING[1]〙

bas·tion /bǽstʃən, -tiən | -tiən/ *n.* **1** 〘築城〙 稜堡(りょうほ), バスティオン 《fortification の突出部》. **2 a** 要塞 (fortification). **b** 要塞地帯[陣地]. **3** とりでと見なされるもの[国家, 地域, 基地など]: a ～ of democracy. 〘(1562) □ (O)F ～ 《変形》← *bastillon* (dim.) ← *bastille* 'BASTILLE': ⇨ -on[4]〙

bás·tioned *adj.* 稜堡を設けた[備えた]. 〘(1817): ⇨ ↑, -ed〙

bast·nae·site /bǽstnəsàɪt/ *n.* (*also* **bast·na·site** /～/) バストネス石 ($LaFCO_3$) 《希土類元素を採る鉱石; スウェーデンの鉱山 Bastnäs で最初に発見された》.

bas·to /bǽstou, bɑ́ːs- | -təu/ *n.* 〘トランプ〙 = basta.

Bas·togne /bæstóun | -tə́un; *F.* bastɔɲ/ *n.* バストーニュ 《ベルギー南東部の町; 第二次大戦中の Bulge の戦い (1944–45) で連合国側の軍事拠点となった》.

bas·ton /bǽstən/ *n.* **1** 〘紋章〙 = cotise. **2** 〘建築〙 (柱基 (base) の)半円形繰形(くりがた) (torus). 〘(a1325) □ OF *baston* (F *bâton*): ⇨ baton〙

bást ráy *n.* 〘植物〙 = phloem ray.

ba·su·co /bəsúːkou | -kəu/ *n.* (*also* **ba·su·ko** /～/) バズーコ 《コカインを精製した残りかす; 習慣性の強い麻薬》. 〘(1980s) ← ? Colombian-Sp.: cf. Sp. *bazucar* to shake violently〙

Ba·su·to /bəsúːtou | -təu/ *n.* (*pl.* ～, ～s) **1** バスト人 《Basutoland の住民; Basotho の旧名》. **2** バストの言語 《Sesotho の旧名》. 〘(1835) □ S.-Afr. ～〙

Ba·su·to·land /bəsúːtoulæ̀nd, -tə- | -təʊ-/ *n.* バストランド《1966 年までの Lesotho の旧名》. 〘1892〙

BASW /bǽzwə/ *n.* 英国ソーシャルワーカー協会. 〘《頭字語》← *B*(*ritish*) *A*(*ssociation of*) *S*(*ocial*) *W*(*orkers*)〙

bat[1] /bǽt/ *n.* **1 a** (野球・クリケットの)バット; (バドミントンやテニスの)ラケット; 《英》(卓球の)ラケット (《米》paddle): cross ～*s* with …と試合する. 日英比較 日本語では普通は「バット」と「ラケット」を明確に区別するが, 英語では racket は *bat* の一種と考えられている. **b** (バットやラケットで)打つこと, 打球; 打ち番: ⇨ *at* BAT. **2** (クリケット・野球の)打手, 打者 (batsman, batter): a good [useful] ～ 好打手[者]. **3 a** 棍棒 (club). **b** 〖競馬〗騎手のむち (whip). **c** [通例 *pl.*]〖航空〗(着艦する[着陸した]飛行機の誘導に用いる)バット (cf. batsman 2). **4** 《口語》厳しい打撃. **5** 一方の端を切り落としたれんが, 端物; (皿などを作る第一段階としての固まった粘土などの平たく丸い)かたまり: a ～ of clay. **6** (*also* **batt**) **a** [通例 *pl.*] (寝具などに入れる)中入れ綿. **b** フェルトを作るのに用いる長い打ち延べ絹[羊毛]繊維; 帽子を作るのに用いるフェルト (felt). **7** 《英口語》速度 (speed): go (*at*) full ～ 全速力で進む / go off *at* a terrific ～ 一目散に逃げ去る. **8** 《俗》ばか騒ぎ, どんちゃん騒ぎ (spree): go on a ～ どんちゃん騒ぎを始める. **9** 〖窯業〗**a** 焼成時に陶磁器を支持する平板[厚板, 棚]. **b** たたら《平皿をろくろ成形する前にたたら成形機で調整した大ざっぱな形の陶磁器坏土の円板》. **c** バット印刷 (bat printing) に用いるゼラチンやにかわの薄膜. **10** 《豪》two-up でコインをほうり上げる小板.

at bát 〖野球〗(1) 打席について (cf. *in the* FIELD (4)): the side [team] *at* ～ (野球の)攻撃側. (2) ⇨ at bat. ***cárry* [*táke*] (*óut*) *one's bát*** (1) 〖クリケット〗一回の終わりまでアウトにならないで残る. (2) 《口語》がんばり通す, ついに勝つ. 《1833》 ***gó to bát for*** 《米口語》積極的に〈人〉を支持[援助, 弁護]する. ***òff one's ówn bát*** 《英口語》(1) 〖クリケット〗自分の打球で(何点かを得る). (2) 自力で, 独力で; 自発的に. 《1742》 ***on one's ówn bát*** 自分の都合[勝手]で. (***ríght***) ***òff the bát*** 《米口語》即座に, すぐさま (immediately). ***with the bát*** 〖野球〗打席について, 打者として.

— *v.* (**bat·ted**; **bat·ting**) — *vi.* **1** バットを使う, 打手[打者]となって打つ. **2** 《俗》あてもなく行く, ぶらぶらする 〈*around*〉. — *vt.* **1** (棒などで)打つ; 〈議論などを〉打ち破る, つぶす 〈*down*〉. **2** 〖野球〗**a** 打つ, 打って〈走者を〉進ませる: ～ a runner *home* 打って走者を生還させる. **b** …の打率をあげる: He ～*ted* 0.325 this season. 今シーズンは3割2分5厘の打率をあげた. **3** 《米口語》急いで作る; でっちあげる 〈*out*〉: ～ *out* a story on a typewriter 物語をタイプライターでたたき出す. **4** 《米俗》〈計画・主題などを〉(自由に, 長々と)論じる, 考察する 〈*around, back and forth*〉: ～ a problem *around* for hours 何時間も問題をああでもないこうでもないと議論する.

bát aróund 《米俗》(1) ぶらつく. (2) 〈計画などを〉自由に話し合う. (3) 〖野球〗(1 イニングで)打者が一巡する. ***bát a 1000* [*thóusand*]** 《米俗》大成功を収める. ***bát ín*** 〖野球〗(打って)〈得点を〉かせぐ; 〈得点〉に結びつける.

〘OE *batt* club, stick ▭ ? Celt. *bat*(*a*) (cf. Ir. & Gael. *bat*) // ▭ (O)F *batte* ← *battre* 'to BATTER[1]'〙

bat[2] /bǽt/ *n.* **1** 〖動物〗コウモリ《哺乳動物翼手目の動物の総称; cf. vampire 5》: (as) blind as a ～ 全く目が見えない (cf. bat-blind) / the time when the ～*s* come out = the *bat*-flying time 夕暮時. **2** こうもり爆弾《投下されると弾頭につけたレーダーによって自動的に目標に誘導される爆弾》. **3** 《俗》**a** 売春婦. 《夜出歩くところから》 **b** 《軽蔑》不愉快な女, あま: an old ～.

háve* [*be*] *báts in the* [*one's*] *bélfry 《口語》頭がどうかしている, 気が変だ (cf. batty[1] 1). 《*c*1901》 ***like a bát óut of héll*** 《口語》まっしぐらに, 猛烈なスピードで. 《1921》

～·like *adj.* 〘《*c*1575》《変形》← ME *bakke* ← ? ON: cf. MSwed. *nat bakka* night bat: 今の形は ML *b*(*l*)*atta*, cockroach, moth との連想のためか〙

bat[3] /bǽt/ *vt.* (**bat·ted**; **bat·ting**) 《口語》〈目・まぶたを〉まばたかせる (wink): ～ one's eyes [eyelashes] まばたきをする, 〔…に〕ウィンクする 〔*at*〕. ***nót bát an éye* [*éyelash, éyelid*]** 《口語》(1) まんじりともしない. (2) まゆ一つ動かさない, (驚きなどの)感情を全然見せない.

〘《1615》《変形》← BATE[2]〙

bat[4] /bǽt/ *n.* **1** 《インド》口語, ヒンドスタニー語. **2** [the ～] 《英俗》(インドやその東方諸国など)外地の人が使う口語. ***sling the bát*** (外地で)その国[土地]の言葉を使う.

〘《1887》 ▭ Hindi *bāt* speech〙

bat[5] /bάːt/ *n.* (*pl.* ～, ～*s*) =baht.

Bat /bǽt/ *n.* バット《男性名》. 〘(dim.) ← BARTHOLOMEW〙

bat. 《略》battalion; battery; battle.

Bat. 《略》Batavia.

BAT 《略》Bachelor of Arts in Teaching 教育学士.

Ba·ta /bάːtə | -tə/ *n.* バタ《アフリカ西海岸, 赤道ギニアの主要港市; Rio Muni 州の州都》.

Ba·táan Península /bətǽn-, -tάːn- | -tάːn-/ *n.* [the ～] バターン半島《フィリピン Luzon 島西部の半島; 第二次大戦の日米激戦地 (1942)》.

Ba·tak /bətάːk, bɑː-/ *n.* (*pl.* ～, ～*s*) **1 a** [the ～(s)] バタク族《Sumatra 島の高地地方に住む一種族》. **b** バタク族の人. **2** バタク語. 〘▭ Malay ～〙

ba·ta·leur /bæ̀təlɜ́ː, -tḷ- | bætəlɜ́ː(r, -tḷ-/ *n.* 〖鳥類〗= bateleur.

bát allòwance *n.* =bat money.

Ba·tan·gas /bətάːŋgəs, -tǽŋ-/ *n.* バタンガス《フィリピン Luzon 島南西部の海港》.

Ba·tán Íslands /bətάːn-, bɑː-/ *n. pl.* [the ～] バタン諸島《Luzon 島の北方の群島; 面積 197 km²》.

bâ·tarde /bətάəd | -tάːd; *F.* bɑtaʀd/ *n.* バタルド(書)体《17 世紀初めごろフランスで用いられた丸みのある手書き書体》. 〘▭ F ～ (fem.) ← *batard* 'BASTARD'〙

ba·ta·ta /bətάːtə | -tə/ *n.* サツマイモ (sweet potato). 〘《1577》 ▭ Sp. ～ ▭ Taino〙

Ba·ta·vi·a /bətéiviə/ *n.* バタビア: **1** Jakarta の旧名《旧オランダ領東インド (Netherlands East Indies) の首都》. **2** オランダ (Holland) の古称・詩的名称. **3** Rhine 川の河口にあったオランダの古代の地域.

Ba·ta·vi·an /bətéiviən/ *n.* **1** バタビア人《北海沿岸低地帯 (Low Countries) に住んでいた古代人》. **2** オランダ人. — *adj.* **1** (古代の)バタビア人の. **2** オランダ人の. 〘1: 《1598》← L *Batavi* (Betawe (Rhine 川と Waal 川の間にある島状地帯)に住んでいた古代民族)＋-AN[1]. 2: 《1859》← NL *Batavia* Holland＋-AN[1]〙

Batávian éndive *n.* 〖植物〗キクヂシャ (⇨ endive 1).

Batávian léttuce *n.* =Batavian endive.

bát-blìnd *adj.* (コウモリのように)目はあいているがものが見えない, 愚鈍な (dull). 〘1609〙

bát bòy *n.* 〖野球〗バットボーイ《バットなどの備品の世話をする少年》. 〘1914〙

bát càrrier *n.* 《米俗》(警察への)密告者, スパイ, たれ込み屋, 情報屋.

batch[1] /bǽtʃ/ *n.* **1 a** (パン・陶器などの)一焼き分, 一かま分: a ～ of loaves, cakes, etc. **b** (材料・原料の)一度分(の分量); 一度に作られた分量: a ～ of concrete (工事で必要とされる)一回分のコンクリート. **2** ひとまとまり, 一組, 一群, 一団; 一束: a ～ of cigars, books, letters, orders, etc. / a ～ of men [workmen] 一団の人々[労働者] / in ～*es* 群れをなして. **3 a** 〖窯業〗バッチ《調合比率に合わせて作られた物質の混合物》: a ～ of china, pottery, etc. **b** 〖ガラス製造〗ガラス融解るつぼに入れるばかりになっているフリット. **4** 〖電算〗バッチ《コンピューターで一度に処理するジョブの集まり; cf. remote batch》. — *vt.* 〈一定数・量のものを〉区分してまとめる, まとめて処理する; 一度に作る; 〈一回に必要な原料を〉量り分ける. **～·er** *n.* 〘《1440》 *bach* < OE **bæcce* a baking ← *bacan* 'to BAKE': cf. OE *ġebæċ* a baking〙

batch[2] /bǽtʃ/ *n.*, *vi.* 《豪》=bach.

Bat Cha·yil, b- c- /bάːtxάːjɪl/ *n.* 〖ユダヤ教〗バースミツバー (Bath Mitzvah) に達した少女の堅信礼; その年齢に達した少女.

bátch fìle *n.* 〖電算〗バッチファイル《バッチ処理 (batch processing) の内容を記述したテキストファイル》.

bátch lòaf *n.* 山高(形)の食パン《特にスコットランドやアイルランドで製造される》.

bátch mixer *n.* 〖土木〗バッチミキサー《一回分の材料を投入し混合して排出してから次回の材料を投入するミキサー; cf. continuous mixer》.

bátch pròcessing *n.* 〖電算〗一括処理, バッチ処理《コンピューターの仕事を要求のあるたびに実行するのではなく, 一定時間ごとにまとめて処理する方式》. 〘cf. *batch process* 《1954》〙

bátch prodùction *n.* バッチ生産《原料を容器内に入れて加工し, その容量単位で製品をつくるもので, 多種少量生産に適した生産方式; しばしば組別生産と同義に使われる》. 〘1958〙

batch·y /bǽtʃi/ *adj.* (**batch·i·er**; **-i·est**) 《俗》=batty[1] 1. 〘《1898》← ?: cf. batty〙

Bat·dam·bang /bǽtəmbæ̀ŋ | -təm-/ *n.* バッタンバン《カンボジア西部の都市; Battambang ともつづる》.

bate[1] /béɪt/ *vt.* **1** 弱める, 薄くする, 和らげる; 〈息を〉こらす (restrain): with ～*d* breath (不安・興奮などで)息をこらして, かたずを飲んで. **2** 減じる, 減らす (lessen); 値引きする (deduct): ～ one's demands / cannot ～ a penny 一文も引けない. **3** 《古》鈍くする (blunt). — *vi.* 《廃・方言》弱まる, 和らぐ (diminish). 〘《?*a*1300》 *bate*(*n*) 《頭音消失》← *abate*(*n*) 'ABATE'〙

bate[2] /béɪt/ *n.* **1** 〖鷹狩〗(鷹が羽をばたつかせて)ひどく怒った[恐れた]状態. **2** 《英俗》怒り, 立腹 (rage): in a ～ 怒って / get in a ～ 怒る. — *vi.* 〈鷹が〉(怒って[恐れて])羽ばたきして逃げようとする. 〘《*a*1333》 ▭ OF *batre* (F *battre*) 'to beat, BATTER[1]'〙

bate[3] /béɪt/ *n.* なめし(剤)液, ベーティング《裸皮の酵素処理(皮から不要蛋白質類を除く)により皮をきれいにすること》. — *vt.* 〈皮を〉ベーティングする. 〘《1875》← ? Scand.: cf Swed. *beta* to macerate〙

bate[4] /béɪt/ *n.* 《廃》争い, 不和. 〘《*a*1325》: cf. debate〙

bát èar *n.* (犬の)こうもり耳《立ち耳で, 基部は幅広く, 先端では輪郭が丸みをおび, 開孔部がまっすぐ正面を向いているもの》. **bát-èared** *adj.* 〘1903〙

bát-eared fóx *n.* 〖動物〗オオミミギツネ, オトキオン (*Otocyon megalotis*) 《アフリカ東部および南部の乾燥地帯に生息する耳の大きいキツネ》.

ba·teau /bætóu | -təʊ; *F.* bato/ *n.* (*pl.* **ba·teaux** /～(z); *F.* ～/) **1** (*also* **batteau**) (カナダ・北米北部の)川舟《両端が細くとがっている長い平底舟》. **2** (舟橋の)浮舟 (cf. pontoon[1] 1 b). 〘《1711》 ▭ F ～ < OF *batel* < ML *batellum* (dim.) ← *bat*(*t*)*us* boat ← ? OE *bāt* 'BOAT': ⇨ -el[1]〙

batéau bridge *n.* 舟橋《bateau を用いて作った橋》.

batéau móuche /-múːʃ; *F.* -muʃ/ *n.* (*pl.* ～**s** /～/) バトームーシュ《Paris の Seine 川の遊覧船》. 〘《1903》 ▭ F ～ 《原義》fly boat: その移動性のよさから〙

batéau néck [néckline] *n.* 〖服飾〗バトーネック (boat neck). 〘1923〙

bateaux *n.* bateau の複数形.

báte·less *adj.* (Shak) 鈍らない, 鋭い. 〘《1593–94》: ⇨ bate[1], -less〙

ba·te·leur /bæ̀təlɜ́ː, -tḷ- | bætəlɜ́ː(r, -tḷ-; *F.* batlœːʀ/ *n.* 〖鳥類〗ダルマワシ (*Terathopius ecaudatus*) 《アフリカ産の尾の短いワシ; bateleur eagle ともいう》. 〘《1864》 ▭ F ～ < OF *bastelleur* juggler ← *baastel* puppet〙

B

Bate·man /béɪtmən/, **Henry Mayo** *n.* ベイトマン《1887–1970; オーストラリア生まれの英国の漫画家; 社交上の失敗で困っている人物 "The Man Who …" の連続漫画で知られる》.

báte·ment lìght /béɪtmənt-/ *n.* 〖建築〗(尖頭アーチ形頂部を持つ垂直窓の上部に仕切られた)ゴシック建築の開口部[上窓]. 〘《1445》《頭音消失》← ABATEMENT〙

Bates /béɪts/, **H**(*erbert*) **E**(*rnest*) *n.* ベイツ《1905–74; 英国の小説家; *The Darling Buds of May* (1958)》.

-ba·tes /← bətìːz/ 「歩くもの (walker)」の意の名詞連結形. 〘← NL ～ ← Gk *bátēs* one that treads ← *bainein* to go, walk〙

Bátes·i·an mímicry /béɪtsiən-/ *n.* 〖動物〗ベイツ擬態《他の動物の捕食の対象となるような味のよい動物が, 味の悪い動物の警戒色を模倣して捕食を免れる場合をいう》. 〘《1896》← *Henry W. Bates* (1825–92: 英国の博物学者)〙

Bátes mèthod /béɪts-/ *n.* [the ～] ベイツ法《眼の運動によって視力回復をはかろうとする方法》. 〘← *William H. Bates* (1860–1931: 米国の眼科医)〙

Bate·son /béɪtsən, -tsṇ/, **William** *n.* ベイトソン《1861–1926; 英国の生物学者; 著書で Mendel の業績を広く紹介した》.

bát·fìsh *n.* 〖魚類〗翼状突起のある魚: **a** アカグツ科の魚類の総称《フウリュウウオ (*Malthopsis lutea*), アカグツ (*Halieutaea stellata*) など》. **b** セミホウボウ科の魚 (*Dactylopterus volitans*). **c** California 産マダラトビエイの一種 (*Aetobatis californicus*).

bát flỳ *n.* 〖昆虫〗クモバエ科・コウモリバエ科のハエ《総称; コウモリに外部寄生する》.

bát·fòwl *vi.* (たいまつなどで目をくらませながらねぐらを襲い棒で打って[網をかけて])鳥を捕える. **～·er** *n.* **～·ing** *n.* 〘《1440》← BAT[1]＋FOWL (v.)〙

Bat Godesberg *n.* ⇨ Godesberg.

bath[1] /bǽθ | bάːθ/ *n.* (*pl.* ～**s** /bǽðz, bǽθs | bάːðz/) **1** 入浴, 水浴び (cf. bathe): a hot [cold] ～ 温[冷水]浴 / a mud ～ 泥ぶろ / a salt ～ 塩湯 / a hip ～ =sitz bath / a sea-water ～ 海水浴 / a sun ～ 日光浴 / ⇨ sand bath, shower bath, steam bath, Turkish bath, vapor bath / ⇨ ORDER of the Bath / take [have] a ～ 入浴する / take the ～*s* (療養のために)鉱泉に浴する, 湯治する / give a ～ to …を入浴させる. ★ ラテン語系形容詞: balneal. **2** 液体に覆われた状態, 汗[血など]にまみれること: in a ～ of sweat びっしょり汗をかいて / ⇨ bloodbath. **3 a** 浴室, ふろ場 (bathroom): a private ～ 専用浴室. **b** 浴場, ふろ屋 (bathhouse): a public ～ 公衆浴場, ふろ屋. **c** [通例 *pl.*] (通例建物内の)水泳プール: an open-air ～ 野天プール / the Swiss Cottage ～*s*. **d** [しばしば *pl.*] (昔ローマなどにあった)豪華な公衆浴場: the ～*s* of Caracalla カラカラ大浴場. **e** [*pl.*] 湯治場, 温泉 (cf. spa 1 b, watering place 1). **4 a** 入浴用の水[湯, 蒸気(など)]: run a ～ 浴槽に湯[水]を入れる. **b** (物を浸すための)溶液, (フィルムの)現像液 (cf. fixer 3). **c** 温度調節用の媒体《水・空気・砂・油など》. **5 a** 《英》浴槽, 湯船 (《米》bathtub). **b** 溶液を入れる器; 電気めっき槽, 電解槽: a hypo ～ (写真種板の溶液のはいった)ハイポ皿[バット]. **c** 温度調節用の容器. **6** 物を浸して化学反応を与えること, …浴: oil ～ 油浴. **7** 〖冶金〗溶融金属の塊.

tàke a báth (1) ⇨ n. 1. (2) 《米俗》〈株式相場・投機などで〉大損をする 〔*on*〕, 破産する, すってんてんになる.

— 《英》 *vt.* 〈赤ん坊・病人・動物などを〉ふろに入れる, 入浴させる, …に湯を使わせる. — *vi.* 入浴する.

〘OE *bæþ* < Gmc **baþam* (Du. *bad* / G *Bad*) ← IE **bhē-* to warm: cf. bake〙

bath[2] /bǽθ/ *n.* バス《古代イスラエルの液量の単位; 約 40 リットル》. 〘《*a*1398》 ▭ Heb. ～〙

Bath /bǽθ | bάːθ/ *n.* バース《イングランド南西部 Bristol の南東にある都市; ローマ時代から有名な温泉観光地》. ***Gó to Báth!*** 出て行け (cf. go to JERICHO). 〘《1837》 OE *Baþum* ← *æt* (*þǣm*) *baþum* at the baths: ローマ時代の浴場にちなむ: cf. G *Baden*〙

bath- /bæθ/ (母音の前にくるときの) batho- の異形 (cf. bathy-).

Bath. & Well. 《略》 *ML.* Bathoniēnsis et Wellsoniēnsis (=of Bath and Wells) 《Bishop of Bath & Wells が署名に用いる; ⇨ Cantuar. 2》.

Bat Ha·yil /bάːtxάːjɪl/ *n.* =Bat Chayil.

Báth brick *n.* バス砥石(といし). 〘《1837》← BATH (原産地)〙

Báth bùn *n.* バスバン《丸くて小型の菓子パンの一種で, 砂糖漬けの果物や木の実を用い, 上にざらめ糖をかける》. 〘《1801》← BATH (原産地)〙

Báth chàir, b- c- *n.* (ほろ付きの病人用)車椅子. 〘《1823》: Bath で初めて用いられたことから〙

Báth chàp *n.* バスチャップ《燻製にした豚の頬および下顎部の肉》.

báth cùbe *n.* =bath salts.

bathe /béɪð/ *vt.* **1** 〔…に〕浸す (immerse) 〔*in*〕: ～ one's face [feet] *in* water / ～ one's hands *in* blood 手を血まみれにする《殺人のため》/ trees ～*d in* moonlight 月光を浴びた木立ち. **2** 《米》ふろに入れる; [～ *oneself* で] 入浴する: ～ a baby. **3** [しばしば受身で] 〈光・暖気などが〉…にいっぱいに注ぐ[みなぎる]; 〈汗・涙などが〉覆う: be ～*d in* sweat 汗まみれになる / The sunlight ～*d* the lawn. 陽光が芝生一面に降り注いでいた / His eyes were ～*d with* [*in*] tears. 目に涙があふれていた. **4** 〈波が〉〈岸などを〉洗う

B

(wash): ~ the shores [the foot of a cliff]. **5** 〈目や患部を〉(布や海綿などで)洗う, 潤す: ~ a wound / ~ one's eyes *with* warm water 目を温湯で洗う. **— *vi.* 1** 入浴する; 日光浴をする. **2** 《英》水に入る, 水を浴びる, (海)水浴をする: ~ *in* the sea 海で泳ぐ / go *bathing in* a river 川へ泳ぎに行く. **3** 〔水などに〕浸る, 〔日光などに〕浴する 〔*in*〕.
— *n.* 《英》(川や海での)水泳: go for a ~ (海)水浴に行く / have a ~ (海)水浴をする.
〖OE *baþian* < Gmc **baþōn* ← **baþam* 'BATH[1]'〗

báthe·a·ble /-ðəbl/ *adj.* 水浴[入浴]に適する.

bath·er /béɪðə | -ðə(r)/ *n.* **1** 《英》(川や海での)水浴者, 水泳者; 海水浴客. **2** (湯治場の)入場[浴]者, 湯治客. **3** [通例 *pl.*] 《豪》水泳用パンツ, 水着. 〖(1636): ⇨ bathe, -er[1]; 3 (1945)〗

ba·thet·ic /bəθétɪk | -tɪk/ *adj.* 〖修辞〗漸降法 (bathos) の[的な]; 陳腐な (trite); 過度に哀れっぽい. **ba·thét·i·cal·ly** *adv.* 〖(a1834) ← BATHOS: PATHETIC との類推による〗

báth·hòuse *n.* **1** ふろ屋, 浴場. **2** 《米》(海水浴場などの)更衣所. 〖1705〗

Ba·thil·da /bətíldə/ *n.* バティルダ《女性名; 異形 Batilda》. 〖□ OHG *Baduhildi* 《原義》commanding battle-maiden〗

Bath·i·nette /bæθənét | -θɪ-/ *n.* 〖商標〗バシネット《ゴム引きの布などで作った幼児用の携帯用湯船》. 〖(1936) ← BATH[1]: BASSINET との類推による〗

bath·ing /béɪðɪŋ/ *n.* **1** 水浴, 水泳; 入浴, 入湯. **2** [形容詞的に] 水浴用の: a ~ place 水浴場, 海水浴場. 〖(a1338): ⇨ bathe, -ing[1]〗

báthing bèach *n.* 海水浴場. 〖1926〗

báthing bèauty [bèlle] *n.* (特に海浜の, 美人コンテストに出場する)水着の美人. 〖1920〗

báthing càp *n.* (婦人用のゴム製などの)水泳帽. 〖1867〗

báthing còstume *n.* 《英》水着, 海水着 (bathing suit). 〖1830〗

báthing dràwers *n. pl.* 《英廃》水泳パンツ (bathing trunks). 〖1893〗

báthing drèss *n.* =bathing costume. 〖1774〗

báthing gòwn *n.* ビーチガウン, 海浜着.

báthing hòuse [hùt] *n.* =bathhouse 2. 〖1598〗

báthing machìne *n.* 《古》(海水浴場の車輪のついた)移動更衣車, 更衣車《海水浴者を乗せて水辺に引き出し, 海水浴者はその中で着替える; 18–9 世紀に用いられた》. 〖1771〗

báthing sùit *n.* 《米》水着, 海水着 (swimsuit). 〖1873〗

báthing trùnks *n. pl.* 《英》=swimming trunks. 〖1895〗

báth·kèep·er *n.* 《英》浴場主, ふろ屋. 〖1851〗

báth·less *adj.* 入浴しない[していない]; 浴室のない. 〖(1889): ⇨ -less〗

báth màt *n.* 浴室用マット, バスマット. 〖1895〗

báth mítzvah, B- M- /bá:θ-, bá:t-, bá:s-/ *n.* 〖ユダヤ教〗バスミツバー: **1** 約 13 歳に達した少女; 正式に成人として宗教上の責任と義務が生じる. **2** 少女を bath mitzvah として認める荘厳な儀式; 通例金曜日の晩に会堂で行われる (cf. bar mitzvah). 〖(1950) Mish. □ Heb. *bath miṣwāh* daughter of commandment〗

bath·o- /bǽθoʊ | -θəʊ/ 次の意味を表す連結形 (cf. bathy-): **1** 「深さ (depth), 深海」. **2** 「下(向き)の (downward)」. ★ 母音の前では通例 bath- になる. 〖← Gk *báthos* depth〗

bath·o·chrome /bǽθəkròum | -θə(ʊ)kràʊm/ *n.* 〖化学〗深色団《有機色素などを置換してその吸収帯を長波長に移動させて色を深くする原子[基]》. 〖(c1875) ← Gk *bathos* depth+-CHROME〗

bath·o·chro·mic /bæ̀θəkróʊmɪk | -θə(ʊ)kráʊ-ˊ/ *adj.* 深色団の, 色を深くする.

bàtho·chrómic efféct *n.* 〖化学〗深色効果《吸収スペクトルを長波長側に移動させる効果; cf. hypsochromic effect》.

bath·o·lite /bǽθəlàɪt/ *n.* =batholith. 〖⇨ batho-, -lite〗

bath·o·lith /bǽθəlɪθ/ *n.* 〖地質〗底盤《主に花崗岩からなる大型の深成岩体; bathylith ともいう》. **bath·o·lith·ic** /bæ̀θəlíθɪkˊ/ *adj.* 〖(c1900) □ G ~〗

Báth Óliver *n.* 甘みのないビスケット《以前は単に Oliver ともいった》. 〖(1878) ← *William Oliver* (1695–1764: これを考案したといわれるイングランド Bath の医師)〗

ba·thom·e·ter /bəθá(:)mətə | -θɔ́mɪtə(r)/ *n.* 〖海洋〗水深測定器. 〖(1875) ← BATHO-+-METER〗

Ba·tho·ni·an /bæθóʊniən, -njən | bɑ:θəʊ-/ *adj.* **1** (英国の) Bath 市(民)の. **2** 〖地質〗バス階の. **—** *n.* **1** Bath の人[市民]. **2** 〖地質〗(中部ジュラ紀中世期の)バス階. 〖(1766) ← *Bathonia* 《ラテン語形》← BATH: ⇨ -an[1]: cf. Oxonian〗

ba·thoph·i·lous /bəθá(:)fələs | -θɔ́fɪ-/ *adj.* 〖動物〗深海に住むのに適した. 〖← BATHO-+-PHILOUS〗

bát·hòrse /bǽt-/ *n.* 軍用駄馬, 荷馬《将校などの荷物[軍用行李(こうり)]を運ぶ; cf. batman》. 〖(1863) ← 《廃》*bat* packsaddle (□ (O)F *bât*)+HORSE: cf. F *cheval de bât* packhorse: ⇨ bastard〗

ba·thos /béɪθɑ(:)s, -θɔ(:)s | -θɒs/ *n.* **1** 〖修辞〗漸降法, 急落《漸次高まった崇高・荘重な文体から急に卑俗で滑稽な調子に転落する表現法で, anticlimax の極端なもの》. **2** (表現などの)異常な平凡さ, 陳腐さ (triteness). **3** 甘い[過度な]感傷, センチメンタリズム, 過度なペーソス. **4** どん底 (nadir). 〖(1727) □ Gk *báthos* depth ← *bathús* deep〗

báth·ròbe *n.* **1** バスローブ《入浴の前後に着る長いコートのようなガウンで, 吸湿性のある生地で作られる; cf. dressing gown》. **2** 《米》=dressing gown. 〖1902〗

bath·room /bǽθrù:m, -rʊm | bá:θ-/ *n.* **1** 浴室, ふろ場, 湯殿《浴槽またはシャワーがあり, 通例洗面所とトイレ付き》. 日英比較 日本語の「ふろ場」は最低「浴槽」さえあればよいが, 英語の *bathroom* は最低洗面所とトイレが付いているものを指し, 浴槽がなくてシャワーが付いているものもある. なお, toilet + sink (洗面台) の構造のものを ½ *bathroom*, toilet+sink+shower のものを ¾ *bathroom*, それらに加えて bathtub (浴槽) が付いたものを full *bathroom* という. **2** 《米》化粧室, トイレ (toilet, lavatory): go to [use] the ~ 用を足す. 〖1780〗

báthroom scàle *n.* [しばしば複数形で単数扱い] 浴室の体重計, ヘルスメーター. 日英比較 「ヘルスメーター」は和製英語.

báth sàlts *n. pl.* バスソルト《ふろの水を軟化させたり香りをよくしたりするための薬剤》. 〖1907〗

Bath·she·ba /bæθʃí:bə, bǽθʃə- | bǽθʃɪ-/ *n.* **1** バスシーバ《女性名》. **2** 〖聖書〗バテシバ《ヘテ人 (Hittite) Uriah の妻; 夫の死後 David と再婚して Solomon を産んだ; cf. 2 *Sam.* 11–12》. 〖□ Heb. *Bathšébha'* 《原義》? daughter of the fullness [happiness]〗

báth shèet *n.* 特大のバスタオル.

báth spònge *n.* 浴用海綿. 〖1889〗

Báth stòne *n.* バス石《一種の石灰岩; 建築用淡黄色石材》. 〖(1833): Bath 付近の魚卵状石灰岩層より切り出されるため〗

báth tòwel *n.* バスタオル, 湯上がりタオル. 〖1863〗

báth·tùb *n.* **1** 浴槽, 湯舟, バスタブ. **2** =sitzmark. **báth·tùb·fùl** /-fùl/ *n.* 〖1869〗

báthtub gín *n.* 《米俗》ジンに似せて造った自家製ジン, (特に, 禁酒法時代の)密造ジン. 〖1930〗

Bath·urst /bǽθ(h)ə:st, -θəst | bǽθə(:)st, bǽθhə:st/ *n.* バサースト: **1** Banjul の旧名《1973 年まで》. **2** オーストラリア南東部, New South Wales 州東部の都市; 1851 年にゴールドラッシュがあった. **3** カナダ New Brunswick 州北東部の港市.

Báthurst búrr *n.* 《豪・NZ》〖植物〗トゲオナモミ (*Xanthium spinosum*) 《キク科オナモミ属の一種; 世界の熱帯・温帯に分布; 葉腋に 3 本のとげがある; 実のいが (burr) が羊毛にからみつく》. 〖1855〗

báth·wàter *n.* 浴槽の湯. ***thrów óut the báby with the báthwater*** ⇨ baby 成句. 〖c1300〗

bath·y- /bǽθi, -θɪ/ 「深い; 深さ; 深海」,「体の内部」の意の連結形 (cf. batho-). 〖← Gk *bathús* deep〗

bath·y·al /bǽθiəl/ *adj.* 深い海の半[漸]深海底の; (特に, 100 尋(ひろ)ほどの大陸棚 (continental shelf) から 1,000 尋ほどの深海地帯 (abyssal zone) の間の)半[漸]深海の: the ~ zone 半[漸]深海地帯. 〖(1921): ⇨ ↑, -al[1]〗

ba·thyb·ic /bəθíbɪk/ *adj.* 深海性の, 深海に生息する: ~ plankton 深海性プランクトン. 〖(1891) ← BATHY-+BIO-+-IC[1]〗

bath·y·lith /bǽθəlɪθ | -θɪ-/ *n.* 〖地質〗=batholith.

ba·thym·e·ter /bəθímətə | -mɪ̀tə(r)/ *n.* (海・湖などで用いる)音波測深器. 〖← BATHY-+-METER[1]〗

bath·y·met·ric /bæ̀θəmétrɪk | -θɪ-ˊ/ *adj.* **1** 水深測量術の. **2** 等深線の: a ~ map 海底地形図. 〖(1862) ← BATHY-+-METRIC[1]〗

bath·y·met·ri·cal /bæ̀θəmétrɪkəl, -kl | -trɪ-, -klˊ/ *adj.* =bathymetric. **~·ly** *adv.* 〖1861〗

ba·thym·e·try /bəθímətri | -mɪ̀-/ *n.* **1** (海洋・湖水などの)水深測量術, 深海学. **2** 水深測量術によって得られた資料. 〖(c1859) ← BATHY-+-METRY〗

bàthy·pelágic *adj.* 半[漸]深海の[に生息した] (cf. bathyal). 〖(c1900) ← BATHY-+PELAGIC〗

bath·y·scaphe /bǽθɪskæ̀f, -skèɪf | -θɪ-/ *n.* (*also* **bath·y·scaph** /-skæ̀f/) バチスカーフ《深海調査用の潜水艇の名; スイスの A. Piccard と息子の J. Piccard が考案し, 1948 年にテストした; cf. mesoscaphe》. 〖(1947) □ F ~ ← BATHY-+Gk *skáphē* light boat〗

bath·y·sphere /bǽθɪsfɪə | -θɪsfɪə(r)/ *n.* バチスフェア《深海調査用潜水球; cf. benthoscope》. 〖(1930) ← BATHY-+-SPHERE〗

bàthy·thérmogram *n.* 〖海洋〗(海)水温測定器による記録. 〖← BATHY-+THERMOGRAM〗

bàthy·thérmograph *n.* 〖海洋〗(海)水温測定器《水温を水深の関数として示す測定器; 略 BT》. 〖(1938) ← BATHY-+THERMOGRAPH〗

ba·tik /bətí:k, bǽtɪk | bætí:k, bǽtɪk/ *n.* **1** ろう染め, ろうけつ染め(法). **2** ろう染めの布. **3** ろう染めの模様. **—** *adj.* **1** ろう染めの. **2** 《俗用》風変わりな色模様の. 〖(1880) □ Du. ~ □ Jav. *'mbatik* 《原義》painted〗

Ba·til·da /bətíldə/ *n.* バティルダ《女性名》. 〖⇨ Bathilda〗

bat·ing[1] /béɪtɪŋ | -tɪŋ/ *prep.* 《古》…を除いて, …のほか (excepting): *Bating* this, I know nothing to his disadvantage. これ以外は彼の不利になることは何も知らない. 〖(1568) (pres.p.) ← BATE[1]〗

bát·ing[2] /-tɪŋ | -tɪŋ/ *n.* 〖皮革〗ベーティング《裸皮の酵素処理》. 〖← BATE[3]〗

Ba·tis·ta /bətí:stə; *Am.Sp.* batísta/, **Ful·gen·cio** /fulxénsjo/ *n.* バチスタ《1901–73; キューバの軍人・政治家; 大統領 (1940–44, 52–59); 1959 年 Fidel Castro に政権を奪われた; 正式名 Fulgencio Batista y Zaldívar /isaldíbar/》.

ba·tiste /bætí:st, bə-; *F.* batist/ *n.* バチスト《上質薄手の麻・綿・絹・毛・化繊などの布》. **—** *adj.* バチストの. 〖(1697) □ F ~ ← *Baptiste* (その最初の製造者といわれる 13 世紀フランス Cambrai (現在の Nord 県の都市)の織物業者)〗

bat·let /bǽtlɪ̀t/ *n.* 《まれ》洗う際に衣服をたたく棒. 〖(1599) ← BAT[2]+-LET〗

Bat·ley /bǽtli/ *n.* バトリー《イングランド中北部 Leeds の南西にある都市》. 〖OE *Bateleia* 《原義》'LEA[1] of *Bata* (人名)'〗

bat·man /bǽtmən/ *n.* (*pl.* **-men** /-mən/) (荷馬を扱う)馬丁 (cf. bathorse); 《英》〖軍事〗(将校の)従卒, 当番(兵) (orderly). 〖(1755) ← BAT(HORSE)+MAN[1]〗

Bat·man /bǽtmæn/ *n.* バットマン《米国の漫画 (1939 年)の主人公で正義の味方; Bob Kane (1916–98) の作》.

Bat·man /bǽtmən/, **John** *n.* バットマン《1801–39; オーストラリアの開拓者; Melbourne の設立者の一人》.

bát mítzvah /bá:t-/ *n.* =bath mitzvah. 〖1950〗

bát mòney *n.* 《英》(将校の)戦地手当 (field allowance) (cf. bat-pay). 〖(1793) ← 《廃》*bat*: cf. bathorse〗

batn. 《略》〖軍事〗battalion.

Bat·na /bǽtnə; *F.* batna/ *n.* バトナ《アルジェリア北東部の都市》.

ba·ton /bətá(:)n, -tn | bǽtən, -tn, bætɔ́n, -tɔ̃:(ŋ), -tɔ(:)ŋ; *F.* batɔ̃/ *n.* (*pl.* **~s** /~z/; *F.* ~/) **1** (巡査のもつ)警棒 (truncheon): a ~ charge 警察の手入れ. **2 a** (バトンガール・楽隊指揮者のもつ)バトン. **b** 〖音楽〗指揮棒: wield a good ~ 〈指揮者が〉見事に指揮棒を振るう, 指揮振り鮮やかである / an orchestra under the ~ of … 指揮の管弦楽団. 日英比較 「タクト」はドイツ語 Taktstock からの借用語. **3** 〖陸上競技〗(リレー用の)バトン. 日英比較 「バトンタッチ」は和製英語. 英語ではバトンを渡す場合は pass (on) the *baton* to …, バトンを引き継ぐ場合は take over [pick up] the *baton* from … という. また名詞としては *baton* passing, takeover などという. **4** 司令杖, (元帥などの)官杖(かんじょう)《官位を示す staff》: a (Field-)Marshal's ~ 元帥の司令杖, 元帥杖 / have [carry] a Marshal's ~ in one's knapsack ⇨ 人が将来大いに出世する器量を有する. **5** 長い棒状のパン. **6** 〖紋章〗バトン紋《cotise の両端が盾の縁から離れ短いもの; cotise couped ともいう; cf. baton sinister》. **7** 〖時計〗棒文字《文字盤に数字の代わりに付ける棒状のマーク》. **8** [*pl.*] (一部の tarot における) 棍棒の一組 (suit) (wands と呼ぶ tarot もある). ***páss* [*hánd*] *the batón*** バトンを渡す; 責任を(他に)委ねる 〈*to*〉. ***píck úp the batón*** バトンを受け取る; 責任を引き受ける. **—** *vt.* 警棒で殴る. 〖(1548) □ F *bâton* stick, staff < OF *baston* < VL **bastōne(m)* ← LL *bastum* stick〗

bâ·ton de com·mande·ment /bɑ:tɔ̃:(n)də-kɔ(:)mɑ̃:(n)dəmɑ̃:(ŋ), -tɔ́:ndəkɔ(:)mɑ́:ndəmɑ́:ŋ | -kɔ-; *F.* batɔ̃dəkɔmɑ̃dmɑ̃/ *n.* 〖考古〗指揮棒《上部旧石器時代の道具; シカの角で作られている》.

batón gùn *n.* (暴動鎮圧用のゴム弾発射銃. 〖1973〗

batón pàss *n.* バトンタッチ. ⇨ baton 日英比較.

Bat·on Rouge /bǽtnrú:ʒ/ *n.* バトンルージュ《米国 Louisiana 州南東部, Mississippi 川に沿う同州の州都, 貿易港市》. 〖□ F ~ (なぞり) ← N-Am.-Ind. (Choctaw) *ítuúma* red pole〗

batón ròund *n.* (baton gun 用の大きな硬質の)ゴム製の銃弾 (plastic bullet). 〖1972〗

batón sínister *n.* 〖紋章〗バトンシニスター《baton の逆図形; イングランドでは庶子であることを示すマークとして使用されることが多い》. 〖1816〗

batón twírler *n.* バトントワラー《バトンをぐるぐる回したりしながら楽隊を指揮する; cf. drum majorette》.

bát-pày *n.* 〖英軍〗戦時増俸, 戦地手当 (cf. bat money).

bát prìnting *n.* 〖窯業〗バット印刷, ゼラチン転写《ゼラチンやにかわのかたまりを使って転写する陶磁器上絵付法》.

ba·trach- /bətréɪk/ (母音の前にくるときの) batracho- の異形.

Ba·tra·chi·a /bətréɪkiə, -kjə/ *n. pl.* 〖動物〗 **1** = Amphibia. **2** =Salientia. 〖(1847) ← NL ~ ← Gk *batrákheia* ← *bátrakhos* frog〗

ba·tra·chi·an /bətréɪkiən, -kjən/ 〖動物〗 *adj.* 両生綱の (amphibian); カエル類の(特徴をもった). **—** *n.* 両生動物; カエル類. 〖(1834) ← NL ~: ⇨ ↑, -ian〗

ba·tra·cho- /bətréɪkoʊ | -kəʊ/ 〖動物〗「カエル (frog)」の意の連結形. ★ 母音の前では通例 batrach- となる. 〖← NL ~ ← Gk *bátrakhos* frog〗

batràcho·tóxin *n.* 〖生化学〗バトラコトキシン ($C_{24}H_{33}O_4N$) 《南米産のカエルの皮膚から抽出されるステロイド系毒物》. 〖⇨ ↑, toxin〗

-bat·ra·chus /bǽtrəkəs/ 〖動物〗「両生綱の (batrachian)」の意の名詞連結形. 〖← NL ~ ← Gk *bátrakhos*: ⇨ batracho-〗

bát ràv *n.* 〖魚類〗=stingray.

bats /bǽts/ *adj.* 《俗》[叙述的] 狂気の, 気が狂った (insane); 奇矯な (⇨ bat[2] 成句): go ~ 気が狂う. 〖(c1901) 《転訛》← BATTY[1]〗

báts-in-the-bélfry *n.* 〖植物〗ヒゲギキョウ (*Campanula trachelium*) 《ヨーロッパ・西アジア・北アフリカ原産》. **—** *adj.* 《俗》狂気の, 頭のおかしい (bats).

bats·man /bǽtsmən/ *n.* (*pl.* **-men** /-mən/) **1** 〖野球・クリケット〗打者, 打手 (batter) (⇨ cricket[1] 挿絵): the ~'s box バッターボックス, 打席 / the ~'s line 打者線. **2** 〖航空〗**a** (着艦する飛行機に空母の甲板から 2 本のバットで信号を送って誘導する)バット信号手. **b** (陸上で同じ方法で飛行機を誘導する)バット誘導手. **~·ship** *n.* 〖(1756) ← BAT[1]+-S[2]+-MAN: cf. craftsman〗

Ba·tswa·na /bɑtswá:nə/ *n.* Tswana の複数形.

batt /bǽt/ *n.* **1** =batting 1. **2** 《豪》幅広の板状の断熱材. 〖(1871) 《変形》← BAT[1]〗

batt. 《略》〖軍事〗battalion; battery.

bat·tail·ous /bǽtələs, -tl̩- | -təl-, -tl̩-/ *adj.* 《古》好戦的な (warlike). 〖(*a*1393) ◻ OF *bataillos*: ⇨ battle¹, -ous〗

bat·ta·lia /bətéɪljə, -tǽl-/ *n.* 《古》戦闘隊形, 陣形; 戦闘序列. 〖(1592–93) ◻ It. *battaglia* (↓)〗

bat·tal·ion /bətǽljən, -liən/ *n.* **1** 〖軍事〗大隊 (略 bn, batn., batt.; ⇨ army 3). **2** 陣容を整えた軍隊. **3** [しばしば *pl.*] (同じ特徴・状態・目的などをもった)たくさんの人[物], 大勢, 大部隊: God is for the ～*s*.＝Providence is always on the side of the big [strongest] ～*s*. 《諺》神は常に大軍にくみす, 強い者にはかなわない / When sorrows come, they come not single spies, but in ～*s*. ⇨ sorrow 2. 〖(1589) ◻ F *bataillon* ◻ It. *battaglione* ← *battaglia* 'BATTLE¹': ⇨ -on⁴〗

Bat·tam·bang /bǽtəmbæ̀ŋ | -təm-/ *n.* ＝Batdambang.

bat·teau /bætóu | -tə́u; *F.* bato/ *n.* (*pl.* **bat·teaux** /～(z); *F.* ～/) ＝bateau 1.

bat·tel /bǽtl̩ | -tl/ *vi.* (Oxford 大学で)校内の食堂を利用する. ― *n.* [通例 *pl.*] (Oxford 大学での)学費; 食費. **～·er** *n.* 〖(?*c*1400) ← ? 《廃》*battle* to feed ← 《廃・方言》*battle* (a) feeding ← **bat-* (cf. batten¹): ⇨ -le³〗

bat·te·ment /bætmɑ̃ː(ŋ), -mɑ́ːŋ; *F.* batmɑ̃/ *n.* 〖バレエ〗バットマン《第5ポジションから片脚を前[後, 横]に上げそれをもとに戻す動作》. 〖(1830) ◻ F ～ ← *battre* 'to BATTER¹'〗

bat·ten¹ /bǽtn̩/ *vi.* **1** 〔うまい物を〕どっさり[がつがつ]食う 〔*on, upon*〕. **2** 肥える, 太る. **3** 〔他人(の努力・善意など)を食いものにして〕懐[私腹]を肥やす, ぜいたくに暮らす 〔*on*〕. **4** 〈機会・口実などを〉とらえる, うまく利用する 〈*on, onto*〉. ― *vt.* …にうまい物を食べさせる; 太らせる. **～·er** *n.* 〖(1591) ◻ ON *batna* to get better: *bat-* は OE *bet* 'BETTER¹' と同語源〗

bat·ten² /bǽtn̩/ *n.* バッタン《手機(てばた)で杼投(ひなげ)と筬打(おさうち)をする装置》. 〖(1831) ← F *battant* (pres.p.) ← *battre* 'to BATTER¹'〗

bat·ten³ /bǽtn̩/ *n.* **1** 床張り板《長さ6フィート以上, 幅7インチ, 厚さ4インチ以下の板》. **2** 野地板(のじいた); 目板(めいた), 小割り板; 帯材. **3** 〖海事〗当て木. **4** 〖造船〗バッテン《ゆるやかな曲線を描くのに用いる「しない定規」》. **5** 〖演劇〗バトン (《米》barrel) 《照明・垂れ幕などをつるため天井のすのこ (gridiron) から下げる長い木または金属パイプ》; 一列の照明. **6** (NZ) フェンスの縦棒《等間隔で針金を留めるのに使用; dropper ともいう》. ― *vt.* **1** …に床板を張る; …に目板を取り付ける. **2** 〖海事〗…に当て木をする 〈*down*〉: ～ *down* the hatches (暴風雨・火災などの際に)艙口(そうこう)に当て木を付けて密閉する; 難局に備える. **3** 〖建築〗〈合成鉄柱などを〉帯板 (batten plate) で結合する. **4** 〖演劇〗〈照明・垂れ幕などを〉バトンからつる. ― *vi.* (小割り板を張って)補強する 〈*down*〉. 〖(1658) 《変形》← BATON〗

Bat·ten /bǽtn̩/, **Jean Gardner** *n.* バッテン (1909–82; ニュージーランドの飛行士; イングランドからオーストラリアまで単独往復飛行した (1934–35) 最初の女性).

Bat·ten·burg /bǽtn̩bəːg | -bəːg/ *n.* 〖英〗〖菓子〗バッテンバーグ《2色で4つに区分されている長方形のスポンジケーキ》. 〖(1903): ドイツの町の名から〗

bát·ten·ing /-tn̩ɪŋ, -tn-/ *n.* 〖建築〗小割り板[目板]による補強, 押縁で留めること; 目板[押縁]を取り付けた構造.

bátten plàte *n.* 〖建築〗帯板, 綴板(つづりいた)《橋や建物の鉄骨造の組合わせ部材を連結する帯状の鋼板》.

bat·ter¹ /bǽtə | -tə^(r)/ *vt.* **1** (棍棒などで)続けざまに打つ, たたく, 乱打[連打]する: ～ a person *on* the head 人の頭を連打する. **2 a** 〈城壁などを〉(破城つち (battering ram) や大砲で)攻撃する 〈*down*〉. **b** 〈物を〉打ちこわす, たたきつぶす 〈*down*〉; …に大打撃を与える: ～ a door [wall] *down* / The heavy waves ～*ed* the ship *to* pieces. 激浪は船を打ち砕いた. **c** 〈人・理論などを〉激しく[繰り返し]攻撃する, こきおろす; 〈人を〉打ちのめして(ある状態に)陥れる 〔*into*〕: ～ a person *into* exhaustion 人を打ちのめしてへとへとにする. **3** 打ちつぶす, へこませる 〈*in*〉: His face was ～*ed* almost to a pulp. 顔は打ちつぶされてほとんどぐにゃぐにゃになっていた. **4** 〈家具・服・機械・活字などを〉(乱暴に扱って)使いつぶす, 摩滅させる (wear): ～*ed* type 滅(活)字. **5** 《米俗》…にせびる. ― *vi.* 〔戸などを〕乱打する 〔*at, on*〕: ～ (*away*) *at* a door. ― *n.* **1 a** (活字面・版面の)磨滅, つぶれ. **b** (活字の摩滅などによる印刷紙面の)つぶれ. **2** 乱打(すること). 〖(*c*1330) ◻ AF *baterer* ← OF *batre* (F *battre*) < VL **battere*＝L *battuere* to strike ← ? Celt. ― n.: (1381) *bature* ◻ AF *batour*＝OF *bature* beating, beaten metal ← *batre*〗

bat·ter² /bǽtə | -tə^(r)/ *n.* 〖野球・クリケット〗バッター, 打者, 打手 (batsman): the ～*'s* box バッターボックス, 打席. 日英比較 「バッターボックス」は和製英語. / *Batter* up! バッターアップ!, プレーボール! 〖(1773) ← BAT¹＋-ER¹〗

bat·ter³ /bǽtə | -tə^(r)/ *n.* **1** 〖料理〗(パンケーキ用などの, 小麦粉・牛乳・鶏卵などを混ぜた)たね, 生地, バッター; (揚げ物用の)ころも. **2** 《スコット》(小麦粉製の)のり (paste). ― *vt.* …にころもを付ける; (材料を)バッターにする.

bat·ter⁴ /bǽtə, -tə^(r)/ *n.* 〖建築〗縦勾配, 傾度, バタ《塔や壁の上部の厚さを減らして作る》. ― *vi.* 〈壁などが〉(基底から)後方へ傾斜する, ゆるい縦勾配になっている. ― *vt.* 〈壁など〉にゆるい縦勾配をつける. 〖(v.: 1546; n.: 1743) ← ?: cf. batter¹〗

bat·ter⁵ /bǽtə | -tə^(r)/ *n.* 《英俗》どんちゃん騒ぎ (spree). ★ 通例次の成句で: ***on the bátter*** どんちゃん騒ぎをして; 売春をして: go *on the* ～ どんちゃん騒ぎをする; 売春をする. 〖(1839) ← ?: cf. bat¹ (n.) 8〗

bátter bòard *n.* 〖建築〗水貫(みずぬき), 遣形(やりかた)貫《建造物基礎工事の際四隅に打った杭に水平に取り付けた貫; これに水糸を張って, 柱や壁の中心線, 建造物の輪郭線などの基準にする》.

bátter bràce *n.* 〖建築〗方杖(ほうづえ)《補強のためトラス (truss) 中に入れる短斜材; batter post ともいう》.

bátter brèad *n.* ＝spoon bread.

bátter·càke *n.* 《米南部・中部》＝griddle cake. 〖1830〗

bát·tered¹ *adj.* **1** 打ちたたかれた; 何度も打って[ぶつけて]変形した; 打ちつぶされた; 形のつぶれた, 使い古した; 酷使していたんだ: a ～ old hat くたびれた帽子 / a ～ old car おんぼろ自動車. **2** (生活苦などで)疲れ果てた, やつれた; (暴力で)虐待された; 《俗》酔っぱらった. 〖(1592–3) (p.p.) ← BATTER¹〗

bát·tered² *adj.* 〖料理〗ころもを付けて揚げた.

báttered child [báby] sỳndrome *n.* [the ～] 〖病理〗幼児[乳児]受傷症候群《通例4歳以下の小児で, 親などからくり返し受けた虐待や傷害による》. 〖1962〗

báttered wífe *n.* 〖法律〗(夫から)絶えず殴打・暴行を受けている妻 (cf. ASSAULT and battery). 〖1973〗

bát·ter·er /-tərə, -trə | -tərə^(r), -trə^(r)/ *n.* **1** やかましくたたく人, 乱打するもの. **2** (妻子などに)暴力を振るう人. 〖(1611) ← BATTER¹＋-ER¹〗

bat·te·rie /bæ̀təríː | -tə-; *F.* batʀi/ *n.* **1** 〖バレエ〗バテリー《跳躍している間に足やふくらはぎを打ちつけること》. **2** 〖音楽〗＝battery 10. 〖(1712) ◻ F ～: ⇨ battery〗

bat·te·ríe de cui·sìne /bæ̀təríːdə- | -tərìːdə-/ *n.* (*pl.* **batteries-**) 台所用品, 料理道具類. 〖(1773): ⇨ battery〗

bát·ter·ing /-tərɪŋ, -trɪŋ | -tərɪŋ, -trɪŋ/ *n.* たたくこと, 殴打, 虐待: baby- [granny-] *battering* 幼児[老人]虐待. 〖(1542): ⇨ batter¹, -ing¹〗

báttering ràm *n.* **1** 破城つち《昔城壁などを破るのに用いた攻撃用具》: a ～ assault 猛攻. **2** (消防士などが使う)戸[壁など]の打ちこわし用の金属棒. 〖1593〗

bátter pìle *n.* 〖土木〗斜杭(ななめぐい)《斜めに打ち込んだ杭》.

bátter pòst *n.* 〖建築〗＝batter brace.

Bat·ter·sea /bǽtəsi | -tə-/ *n.* バタシー《London の旧自治区で現在は Wandsworth の一部》. 〖OE *Badricesea, Batriceseġ* 《原義》'island of *Beaduric* (人名)'〗

bátter's éye scrèen *n.* 〖野球〗バックスクリーン《投手が投げた球が打者によく見えるように, センター後方の外野席に設けられた黒い板》. 日英比較 「バックスクリーン」は和製英語.

bat·ter·y /bǽtəri, -tri | -təri, -tri/ *n.* **1** 〖電気〗電池, バッテリー《cell の集まったもの; cf. accumulator 4》: a gravity ～ 重力電池 / size D [C, AA, AAA] *batteries* 単1 [2, 3, 4] 乾電池 / ⇨ dry battery, primary battery, secondary battery, storage battery. 日英比較 日本語の「バッテリー」は普通は蓄電池を指し, 電池一般を指す英語の *battery* より狭義. **2** 〖軍事〗**a** 砲列, 砲兵陣地, 砲台; (艦上の)砲郭; 備砲: a starboard ～ / a six-inch ～ / an enfilade ～ 縦射砲台 / a cross ～ 十字射砲台 / a floating ～ 浮き砲台 / a masked ～ 覆面[遮蔽(しゃへい)]砲台. **b** (砲の)発射の用意のできた状態: ⇨ *in* BATTERY. **c** 砲兵中隊《砲兵以外の中隊は通例 company という; cf. company 5, troop 2 a》. **3** 一組の器具[装置]: a ～ of boilers 一組のボイラー. **4 a** 同種のものの一群; 一連の関係あるもの (set): a ～ of social problems / fire a ～ of questions at a politician 政治家に一連の質問を浴びせる. **b** (人・物の)圧倒するような[豪勢な]一群, 勢ぞろい (array): a ～ of cameramen and reporters 勢ぞろいしたカメラマンや記者. **5** 〖野球〗バッテリー《投手と捕手》. **6 a** 打つこと, 強打. **b** 〖法律〗殴打, 不法接触 (⇨ ASSAULT and battery). **c** 《廃》砲撃 (bombardment). **7 a** (打ちのばして作られた)金属; 金属製容器. **b** (真鍮または銅製の)打出し細工品, (主に)台所用品. **8** 〖心理〗バッテリー《(行動のいろいろな側面を検査するための幾つかのテストの組合わせ): take a ～ (of tests) 総合テストを受ける. **9** 《英》〖畜産〗バタリー《ニワトリやウサギを飼養するための多段式の一連のケージ; cf. free range》; [形容詞的に用いて] バタリー(方式)の[による]: ～ farming / ～ hens, eggs, etc. **10** (*also* batterie) 〖音楽〗**a** (オーケストラの)打楽器部. **b** バッテリー《弦をたたいて演奏するギター奏法の一種》. **11** 《Shak》打たれた跡, 傷. ***chánge one's báttery*** 攻撃の方向を変える, 手を変えて攻める. ***in báttery*** 〈重砲が〉(発射の反動がおさまって次の)発射の用意が整った. ***re-chárge one's bátteries*** (元気を回復するために)休息する, 「充電」する. ***túrn a person's báttery agàinst himsèlf*** 相手の論点をとらえて逆襲する. 〖(*c*1450) ◻ (O)F *batterie*: ⇨ batter¹, -ery〗

báttery chàrger *n.* 〖電気〗充電器.

báttery elìminator *n.* 電池エリミネーター.

báttery jàr *n.* 電槽《電池の電極や電解液を入れておくガラスの容器; 特に生物・化学の実験用のもの》.

Bát·ter·y Párk /bǽtəri-, -tri- | bǽtəri-, -tri-/ *n.* バッテリー公園《米国 New York 市 Manhattan の南端 New York 湾頭にある公園; もと砲台 (battery) があった; 単に the Battery ともいう》.

báttery-pòwered *adj.* 電池で動く.

Bat·ti·ca·lo·a /bæ̀tɪkəlóuə | -tɪkələ́uə/ *n.* バッティカロア《スリランカ東海岸の島にある港町》.

bat·tik /bǽtɪk | -tɪk/ *n., adj.* ＝batik.

bát·ting /-tɪŋ | -tɪŋ/ *n.* **1** (掛けぶとんなどの詰め物用に薄く押し重ねた)原綿[毛]. **2 a** 〖野球・クリケット〗打撃[バッティング] (cf. fielding); バットの使用(能力). **b** [形容詞的に]打撃(用)の: ⇨ batting average, batting order. 〖(1611) ⇨ bat¹, -ing¹〗

bátting àverage *n.* **1** 〖野球・クリケット〗打率 (cf. slugging average). **2** 《口語》(活動における)成功度, 達成記録. 〖1867〗

bátting càge *n.* 〖野球〗バッティングケージ《打撃練習用の囲い》.

bátting èye *n.* 〖野球〗(打者の)選球眼, バッティングアイ.

bátting hèlmet *n.* 〖野球〗打者用ヘルメット.

bátting òrder *n.* 〖野球・クリケット〗打順.

bat·tle¹ /bǽtl̩ | -tl/ *n.* **1 a** (特に, 特定地域の大規模で長期的な)戦争, 戦い, 戦闘, 交戦, 会戦: an air ～ 大空中戦 / a naval ～ 海戦 / a decisive ～ 決戦 / a close ～ 接戦 / a general's ～ (戦略によって決する)戦略戦 / a pitched ～ (両軍陣容を整えての)対陣 (⇨ pitched battle) / a soldier's ～ (兵力によって決する)兵力戦 / the field of ～ 戦場 / ⇨ LINE² of battle / ⇨ ORDER of battle / accept ～ 応戦する / do ～ 《文語》戦う; 口論する / fall [die] in ～ 戦死する / fight a ～ 一戦を交える / fight one's ～*s* over again (昔の手柄話・経歴談などを繰り返して)いつしか往時の夢にふける / give ～ to …に攻撃をしかける; …と交戦する / join ～ 応戦する, 交戦する. **b** (二者の)一騎打ち: ⇨ TRIAL¹ by battle. **2** 闘争, 闘い (struggle); 競技 (contest): the ～ of life 生存の闘争 / a ～ of words 論戦 / a ～ *against* sin 罪悪との戦い / fight a losing ～ *for* reform 改革のために見込みのない努力をする / a ～ *for* a free press 出版の自由のための闘争 / a ～ of wits 機知くらべ / a ～ of wills 意見のぶつけあい / the ～ of the sexes 男女両性間の争い. **3** [the ～] 勝ち戦, 戦利 (victory); 成功 (success): win [lose] *the* ～ 戦いに勝つ[負ける] / *The* ～ is not always to the strong. 戦争(の勝利)はあながち強者のものとは決まらない (cf. *Eccl.* 9:11) / Youth is half *the* ～. 青春の鋭気は(それだけで既に)成功の半ば. **4** 《古》**a** 大軍勢. **b** ＝battalion.

Báttle of Brítain [the ―] 英国の戦い《第二次大戦中の 1940 年秋に英国上空で行われた英空軍機 (Spitfire, Hurricane など) とドイツ空軍機 (Messerschmitt 109, Stuka など) による一連の大空中戦》.

Báttle of the Atlántic [the ―] 大西洋海戦《第二次大戦中(特に 1940–43) に英国周辺の制海権を確保しようとした戦い》.

Báttle of the Búlge [the ―] (1) バルジの戦い《第二次大戦末期ベルギー・ルクセンブルク内に深く侵攻したドイツ軍の大反攻; 1944 年 12 月 16 日から 1945 年 1 月まで続いたが, 失敗に終わった》. (2) [b- of the b-] 《口語》やせようとする必死の努力.

Báttle of the Nátions [the ―] 諸国民戦争《ナポレオン戦争中の 1813 年 10 月 16–19 日に行われた戦争; Battle of Leipzig ともいう》.

Báttle of the Níle [the ―] ナイル海戦《1798 年 8 月 1 日 Nelson の率いる英国艦隊がフランス艦隊を Nile 河口に打ち破り, Napoleon をエジプトに孤立させた; 我が国では普通アブキール (Abukir) 湾の戦いという》.

― *vi.* **1** 戦う (fight): ～ *with* [*against*] opponents 敵と戦う / The armies ～*d* (*against* [*with*] each other). 軍隊は(互いに)戦った. **2** 〔自由・大義などのために〕奮闘する (struggle) 〔*for*〕; 〔運命・困難・風雨・仕事などと〕戦う 〔*with, against*〕: ～ *for* freedom 自由のために戦う / We must ～ *on against* environmental pollution. 環境汚染に対する戦いの手を休めてはならない. **3** 《豪》(臨時の仕事などで)なんとか生計を立てる, やっと生活する. ― *vt.* **1** 《米》…と戦う (fight): The armies ～*d* each other. 軍隊は互いに戦った / We must ～ pollution. 我々は公害と戦わねばならない. **2** 戦って得る: ～ one's way 戦い[努力し]て進む; 戦って目的を達成する / ～ one's way through a crowd 雑踏の中をもみ合って進む. ***báttle it óut*** 決着がつくまで戦い抜く. 〖(?*c*1225) *batail(le)* ◻ (O)F *bataille* < VL **battālia(m)*＝LL *battuālia* fighting and fencing exercises ← L *battuere* 'to BATTER¹'〗

SYN 戦闘: **battle** 特定の地域における大規模で長期にわたる戦闘で特により大きな戦いの一部をなすもの: the *battle* of Waterloo ワーテルローの戦い. **engagement** ＝*battle*. **combat** 二人の人間または二つの軍隊間の戦い《最も一般的な語》: unarmed *combat* 武器を持たない戦い. **campaign** 通例一つの地域において特殊な目的を達成するための一連の軍事行動: Napoleon's Russian *campaign* ナポレオンのロシア作戦. **encounter** 両軍が偶然に遭遇すること: an *encounter* with the enemy 敵軍との遭遇戦. **skirmish** 小さな分遣隊間の短くて軽い小ぜり合い: Several *skirmishes* occurred on the border. 国境で小競り合いが何回か起こった. **action** 短く局部的な主に一回の交戦: go into *action* 交戦を開始する.

bat·tle² /bǽtl̩ | -tl/ *vt.* 《古》胸壁で固める. 〖(*a*1338) ◻ OF *bataillier* to furnish with ramparts ← *bataille* (↑)〗

Bat·tle /bǽtl̩ | -tl/ *n.* バトル《イングランド南部, East Sussex 州の町; Hastings の戦い (1066) にちなむ》.

báttle arrày *n.* 戦闘隊形, 陣形, 陣立て, 陣容; 《古》よろい, 戦闘用具. 〖1552〗

báttle-àx, -àxe *n.* **1** (石器時代の)戦闘用石斧(せきふ), (ゲルマン人の鉄製)戦斧. **2** 《口語》手に負えない女, (気性の激しい)がみがみ女 (virago). ― *adj.* [Battle-Ax] 〖考古〗(戦斧の使用を特徴とする)北欧の新石器時代文化の, 戦斧文化の: the *Battle-Ax* culture 戦斧文化. 〖1385–86〗

Báttle-Bòrn Stàte *n.* [the ～] 戦争生まれの州《Nevada 州の俗称; 一部が 1848 年のメキシコ戦争ののちに米国に割譲された》.

báttle bòwler *n.* 《軍俗》鉄かぶと (steel helmet). 〖1925〗

báttle bùs *n.* 政治家が移動式の選挙運動本部として用いるバス.
báttle clàsp *n.* 〖軍事〗=clasp 3 a.
Báttle Créek *n.* バトルクリーク《米国 Michigan 州南部の都市》. 〖測量技師達とこの土地のインディアンとの衝突があった (1824)ことにちなむ〗
báttle crùiser *n.* 巡洋戦艦. 〖1911〗
báttle crỳ *n.* **1** ときの声, 喊声(かんせい). **2** (主義・理想を表現する)標語, スローガン (slogan). 〖1814〗
bát·tled *adj.* **1** 胸壁を設けた狭間(はざま)のある: a ~ tower. **2** 〖紋章〗=embattled² 2. 〖(*c*1380) ← BATTLE²＋-ED〗
báttle dànce *n.* =war dance.
bat·tle·dore /bǽtḷdɔ̀ə | -tḷdɔ̀ː(r)/ *n.* **1 a** バトルドア《板・ネットまたは革張りのラケット》. **b** 〖遊戯〗=BATTLEDORE and shuttlecock. **2** (もと, 洗濯物などをたたいたり, パン焼きに用いた)へら. **3** (17–18 世紀に用いられた子供の学習用)文字板, 初級入門書.
báttledore and shúttlecock 〖遊戯〗羽根つき《バトルドアと羽根 (shuttlecock) を用いて二人でする遊戯でバドミントンの前身》: play ~ *and shuttlecock*.
— *vt.* 《まれ》投げ合う; 〈提案などを〉たらい回しにする.
— *vi.* **1** 《まれ》飛び回る, あちこちする. **2** 〈意見などが〉ふらふらする.
〖(1440) *batildore* ▭ ? Prov. *batedor* beating instrument ← OF *batre* 'to BATTER¹': cf. bat¹ (v.), -le³〗
báttle drèss *n.* 野戦服, 戦闘服, 戦闘用軍服. 〖1938〗
báttle fatìgue *n.* 〖精神医学〗戦争神経症, 戦闘疲労《combat fatigue ともいう; cf. shell shock》. **báttle-fatìgued** *adj.* 〖1945〗
battle·field /bǽtḷfìːld | -tḷ-/ *n.* **1** 戦場, 戦地, 戦陣: on the ~. **2** 闘争の場, 葛藤(かっとう)の場. 〖1812〗
báttle flèet *n.* 〖海軍〗戦闘艦隊.
báttle·frònt *n.* 前線, 第一線; 戦闘正面. 〖1914〗
battle·ground /bǽtḷgràund | -tḷ-/ *n.* =battlefield. 〖1865〗
battle gròup *n.* 〖米軍〗戦闘群, 戦闘団《通例 5 個中隊より成る歩兵または空挺部隊の戦術上の一単位; これが五つ集まって師団 (division) を構成する》.
battle jàcket *n.* **1** バトルジャケット, 戦闘短上衣《袖口と胴回りの締まる腰までの毛織りの軍人用上着; combat jacket ともいう》. **2** バトルジャケットに似たジャケット.
battle lìne *n.* **1** 戦線, 前線. **2** =LINE¹ of battle (1). 〖1814〗
bat·tle·ment /bǽtḷmənt | -tḷ-/ *n.* [しばしば *pl.*] 〖築城〗**1** 狭間(はざま)胸壁, 銃眼付き胸壁《塔・城壁の上に設けられた parapet; 後に装飾用》. **2** 胸壁で囲まれた屋根. 〖(?*c*1380) *batilment* ← OF *bataillier* 'to BATTLE²' ＋ -MENT // OF *bastillement* (cf. bastille)〗

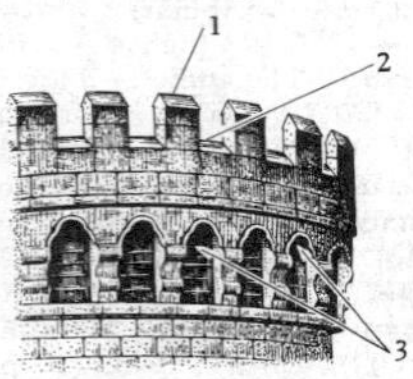

battlement
1 merlon
2 crenel
3 machicolations

bát·tle·ment·ed /-ṭɪ̀d | -tɪ̀d/ *adj.* =battled 1. 〖1603〗
báttle pàinter *n.* 戦争画家. 〖1701〗
báttle pìece *n.* 戦争を扱った作品, 戦争もの《記録・絵画・詩・曲など》. 〖1711〗
báttle·plàne *n.* 《古》戦闘機, 軍用機 (warplane). 〖1915〗
bát·tler /-tlə, -ṭḷə | -tlə(r), -tḷə(r)/ *n.* **1** 戦士; (特に, 強敵を向こうに回しての)頑強な戦士. **2** 《豪》貧困者, 敗残者. 〖(?a1300) ▭ OF *batuilleor*: ⇨ battle¹, -er¹〗
báttle róyal *n.* (*pl.* battles r-, ~s) **1 a** (多数参加する)大乱闘 (free-for-all); (数羽の闘鶏の)激闘. **b** とことんまで戦うこと, 死闘. **2** 大論戦. 〖1672〗
báttle-scàrred *adj.* **1** 戦傷を受けた, 戦争の傷跡のある; 歴戦を物語る. **2** 使い古した. 〖1865〗
báttle·shìp *n.* **1** 戦艦. **2** 《古》戦列艦 (⇨ SHIP of the line). **3** 《俗》大機関車. **4** 〖ゲーム〗戦艦撃沈ゲーム. 〖(1705) ← *line-of-battle ship*〗
báttleship gráy *n.* 戦艦グレー《くすんだ青みがかった灰色》. 〖1916〗
bat·tle·some /bǽtḷsəm | -tḷ-/ *adj.* けんか好きの, 議論好きの. 〖(1877) ← BATTLE¹＋-SOME¹〗
báttle stàr *n.* 〖米軍〗**1** 青銅従軍星章《戦役記念リボン[章] (campaign ribbon) に会戦参加ごとに 1 個ずつ加える》. **2** 銀色従軍星章《青銅従軍星章 5 個の代わりにつける》.
báttle stàtion *n.* 〖陸・海軍〗戦闘部署, 戦闘配置; 〖空軍〗即時待機.
báttle·wàgon *n.* 《俗》**1** 戦艦 (battleship). **2 a** 重爆撃機. **b** 重戦車; (キャタピラーつきの)重車両. 〖1926〗
báttle·wòrthy *adj.* 臨戦体勢にある, 戦闘準備が整った. 〖1889〗
bát trèe *n.* 〖植物〗タイサンボク (evergreen magnolia).
bat·tu /bætúː, -tjúː; *F.* baty/ *adj.* 〖バレエ〗バテュ《空中で両足を打ちつける》. 〖(1947) ▭ F ~ (p.p.) ← *battre* 'to BATTER¹'〗
bat·tue /bætúː, -tjúː; *F.* baty/ *n.* (*pl.* ~s /~z; *F.* ~/) 《英》**1** 〖狩猟〗**a** 獲物の狩り出し《林ややぶなどをたたいてハンターの待機する方向に獲物を追い出すこと》. **b** 狩り出し狩猟. **c** 狩り出された獲物. **2** (大勢で)徹底的に捜すこと. **3** (無防備の群集などを)殺戮(さつりく)すること, 大量殺人. 〖(1816) ▭ F ~ 'a beating' (fem. p.p.) ← *battre* (↑)〗
bat·tu·ta /bətúːṭə | -tə; *It.* battúːta/ *n.* 〖音楽〗**1** 拍《拍子の単位》. **2** 小節 (measure). 〖(1819) ▭ It. ~ (fem. p.p.) ← *battere* < L *battuere* 'to BATTER¹'〗
bat·ty¹ /bǽṭi | -ti/ *adj.* (**bat·ti·er**; **-ti·est**) **1** 《俗》気の変な, 気の狂った (crazy). **2** コウモリ (bat) の(ような). 〖(1595–96) ← BAT²＋-Y⁴〗
bat·ty² /bǽṭi | -ti/ *n.* 《カリブ》(人の)おしり.
bátty bòy [màn] *n.* 《カリブ・軽蔑》ホモ, おかま.
Ba·tu Khan /bɑ́ːtuːkɑ́ːn/ *n.* バトゥハーン, 抜都汗 (1207–55; Genghis Khan の孫で Golden Horde (キプチャクハーン国)を建てた (1242)).
Ba·tum /bətúːm | bɑː-/ *n.* バツーム《Batumi の旧名》.
Ba·tu·mi /bətúːmi | bɑː-/ *n.* バトゥーミ《グルジア共和国, 黒海に臨む都市; Adzhar 共和国の首都; 付近に保養地がある》.
ba·tu·que /bətúːkə/ *n.* バツーカ《アフリカ起源のブラジルの求愛のダンス》. 〖▭ Port. ~ ← Afr. (現地語)〗
Ba·twa /bɑ́ːtwɑː/ *n.* Twa の複数形.
bát·wìng *adj.* コウモリの翼のような形をした: ~ sleeve バットウィングスリーブ《大きな袖ぐりから続いた袖で袖口が締まったもの》. 〖1823〗
bát·wòman *n.* 《英》〖軍事〗女性の batman. 〖1941〗
Bat-Yam /bɑ́ːtjɑ́ːm/ *n.* バトヤム《イスラエル中西部, 地中海に臨む都市》.
bau·bee /bɔ́ːbiː, bɑ́ː-, ─ ́ | bɔ́ːbiː, ─ ́/ *n.* =bawbee.
bau·ble /bɔ́ːbḷ, bɑ́ː- | bɔ́ː-/ *n.* **1** 安ぴか物, 安っぽい飾り (trinket). **2 a** 子供の玩具. **b** 子供だまし, つまらないもの[こと] (trifle). **c** 《廃》つまらぬ人, **3** 《古》道化師 (fool) の笏杖(しゃくじょう)《頭部にしばしば奇妙な彫りものがついたもの》: A fool should never hold a ~ in his hand. 《諺》愚か者は手に笏杖をもつべきではない《自分の愚かを宣伝すべきではない》. 〖(*c*1330) *babel* ▭ OF *ba(u)bel* child's toy (加重) ? ← *bel* < L *bellum* pretty〗
báu·bling /-bḷɪŋ, -bl-/ *adj.* 《Shak》取るに足らぬ, ささいな. 〖(1601–2): ⇨ ↑, -ing²〗
Bau·chi /báutʃi/ *n.* バウチ《ナイジェリア北部の州およびその州都》.
bau·chle /bɔ́ːkḷ, bɑ́ː-, -xḷ | bɔ́ː-/ *n.* 《スコット》**1** すり切れた古靴. **2** 役に立たない人[もの]. **3** =perch². 〖(1787) ← ?: cf. Sc. *bauch* poor〗
Bau·cis /bɔ́ːsɪ̀s, bɑ́ː- | bɔ́ːsɪs/ *n.* 〖ギリシャ神話〗バウキス《フリギア (Phrygia) の貧しい老農婦; 夫 Philemon と共に変装した Zeus と Hermes を好遇したためその礼に農家をりっぱな神殿に変えて贈られた》. 〖▭ L ~ ▭ Gk *Baûkis*〗
baud /bɔ́ːd, bɑ́ːd, bóud | bɔ́ːd, báud/ *n.* (*pl.* ~, ~s) **1** ボー《電信の通信速度を表す単位; 毎秒の bit 数》. **2** 〖電算〗ボー《データ通信の通信速度を表す単位; 毎秒伝達されるシンボル数; 例えば 4 値信号を用いるときには 1 ボーは 2 毎秒ビットに対応する》. 〖(1931) ← *J. M. E. Baudot* (1845–1903: フランスの技師)〗
bau·de·kin /bɔ́ːdəkɪn, bɑ́ː- | bɔ́ːdɪ̀-/ *n.* 華やかに刺繍した織物; 金襴(きんらん), 錦. 〖(?a1300) *baudekin* precious silk stuff ▭ OF *baudequin* (F *baldaquin* 'BALDACHIN')〗
Bau·de·laire /boudəlέə, -dḷ-, -dl- | bóudəlèə(r), -dḷ-, ─ ─ ́; *F.* bodlɛːʀ/, **Charles (Pierre)** *n.* ボードレール (1821–67; フランスの詩人・批評家; *Les Fleurs du Mal*「悪の華」(1857)).
bau·di·kin /bɔ́ːdɪ̀kɪn, bɑ́ː- | bɔ́ːdɪ-/ *n.* 《古》=baudekin. 〖?a1300〗
Bau·douin I /boudwǽn, -dwǽ(ŋ), -dwǽŋ | bóudwæ̃(ŋ), -dwæŋ; *F.* bodwɛ̃/ *n.* ボードワン一世 (1930–93; ベルギー王 (1951–93)).
Bau·dri·llard /bòudrijɑ́ə | bóudrijɑ̀ː(r); *F.* boudʀijaːʀ/, **Jean** *n.* ボードリヤール (1929–　; フランスの社会学者; 資本主義経済における生産と交換の問題を, 欲望や誘惑といった視点から解析した; *Le Système des objets*「物の体系」(1968), *L'Echange symbolique et la Mort*「象徴交換と死」(1976) など).
bau·drons /bɔ́ːdrənz, bɑ́ː- | bɔ́ː-/ *n.* 《スコット》(小)猫. 〖(*c*1450) ← ? Celt.〗
bau·er·a /báuərə/ *n.* 〖植物〗バウエラ《ピンクまたは紫色の花をつけるオーストラリア東部産のユキノシタ科バウエラ属 (*Bauera*) の常緑低木》. 〖(1835) ← NL *Bauera* ← *Franz* (1758–1840) & *Ferdinand* (1760–1826) *Bauer* (オーストリアの植物画家兄弟)〗
Bau·haus /báuhàus; *G.* báuhaus/ 〖美術・建築〗*n.* [the ~] **1** バウハウス《すべての芸術・科学・技術資源を活用する機能的・実験的建築を創造するため, Walter Gropius が 1919 年にドイツの Weimar に創立した建築デザイン学校; のちに Dessau に移転》. **2** バウハウスの理念.
— *adj.* バウハウスの(建築・デザイン理念と関連のある).
〖(1923) ▭ G *Bauhaus* (原義) architecture house ← *Bau* (← *bauen* to build)＋*Haus* 'HOUSE'〗
bau·hin·i·a /bouhíniə, bɔː-, bɑː- | bəuhín-, bɔː-/ *n.* バウヒニア《マメ科ハカマカズラ属 (*Bauhinia*) の植物の総称》. 〖(1790) ← *Jean* and *Gaspard Bauhin* (1541–1613, 1560–1624: スイスの植物学者)〗
baulk /bɔ́ːk, bɑ́ːk | bɔ́ːk, bɔ́ːlk/ *n.*, *v.* =balk.
báulk·line *n.* 《米》=balkline.
Baum /bɔ́ːm, bɑ́ːm | bɔ́ːm/, **L(yman) Frank** *n.* ボーム (1856–1919; 米国のジャーナリスト・劇作家・児童文学者; *The Wonderful Wizard of Oz* (1900)).
Baum /báum/, **Vic·ki** /víki/ *n.* バウム (1888–1960; オーストリア生まれの米国の女性の小説家; *Grand Hotel* (1930)).
Bau·mé /bouméi, ─ ́ | bə́umei; *F.* bome/ *adj.* 〖物理〗ボーメ(比重計)の《比重計またはその目盛り(ボーメ度 (Baumé degree))を表すもので, 密度測定用; 略 Be, Bé: ⇨ Baumé scale》. 〖(1844) ← *Antoine Baumé* (1728–1804: フランスの化学者)〗
Baumé scàle *n.* 〖物理〗ボーメスケール[目盛]《液体の比重を表すのに用いる》.
báum màrten /báum-/ *n.* **1** (ヨーロッパ産の)マツテン (pine marten). **2** マツテンの毛皮. 〖(1879) (部分訳) ← G *Baummarder* ← *Baum* tree (⇨ beam)＋*Marder* 'MARTEN'〗
Bausch & Lomb /bɔ́ːʃən(d)lɑ́(ː)m, bɑ́ːʃ- | bɔ́ːʃən(d)lɔ́m/ *n.* 〖商標〗ボシュロム《米国の大手光学製品メーカー; その製品のブランド; サングラス・双眼鏡・望遠鏡・眼鏡・コンタクトレンズなど》.
bau·son /bɔ́ːsən, bɑ́ː-, -sṇ | bɔ́ː-/ *n.* 《古》アナグマ (badger). 〖(a1375) *bausene* ← *bausand* (↓): cf. badger²〗
bau·sond /bɔ́ːsənd, bɑ́ː- | bɔ́ː-/ *adj.* 《英方言》〈動物が〉顔または額の黒地に白い斑点[しま]のある. 〖(*c*1312) *bausand* ▭ OF *bausant* balck and white spotted < VL **balteānu(m)* striped ← L *balteus* 'BELT¹'〗
Baut·zen /báutsən; *G.* báutsṇ/ *n.* バウツェン《ドイツ, Spree 河畔の都市; Napoleon 一世がプロイセン軍とロシア軍とを破った地 (1813)》.
baux·ite /bɔ́ːksaɪt, bɑ́ːk- | bɔ́ːk-/ *n.* 〖鉱物〗ボーキサイト, 水礬(ばん)土鉱《アルミニウムの原鉱; 主要成分 $Al_2O_3 \cdot 2H_2O$》. **baux·it·ic** /bɔːksítɪk, bɑːk- | bɔːksít-/ *adj.* 〖(1861) ▭ F ~ ← *Les Baux* (フランスの地名): ⇨ -ite¹〗
Bav. 《略》Bavaria; Bavarian.
ba·var·dage /bɑ̀ːvədɑ́ːʒ | bæ̀vɑː-; *F.* bavaʀdaːʒ/ *n.* おしゃべり, 雑談. 〖(1835) ← F *bavarder* to chatter ← *bavard* talkative ← *bave* drivel: ⇨ -age〗
Ba·var·i·a /bəvέ(ə)riə, -vǽr- | -vέər-/ *n.* バイエルン, バヴァリア《ドイツ南東部の州, 旧王国; 面積 70,549 km², 州都 Munich; ドイツ語名 Bayern》.
Ba·var·i·an /bəvέ(ə)riən, -vǽr- | -vέər-/ *adj.* **1** バイエルン[バヴァリア]地方(産)の: ~ blue 〖化学〗青色染料の一種. **2** バイエルン[バヴァリア]人の. — *n.* **1** バイエルン[バヴァリア]人. **2** (高地ドイツ語の)バイエルン[バヴァリア]方言. **3** =Bavarian cream. 〖(1638): ⇨ ↑, -an¹〗
Bavárian créam *n.* ババロア《牛乳・砂糖・卵黄・ゼラチン・生クリームなどで作った冷たいデザート; bavarois ともいう》. 〖*c*1879〗
ba·va·rois /bɑ̀ːvərwɑ́ː; *F.* bavaʀwa, -ʀwɑ/ *n.* =Bavarian cream. 〖1846〗
bav·in /bǽvɪ̀n | -vɪn/ *n.* 《英》柴の束 (faggot), たきつけ. 〖(1528) ← ? Celt.〗
baw·bee /bɔ́ːbiː, bɑ́ː-, ─ ́ | bɔ́ːbiː, ─ ́/ *n.* 《スコット》**1** ボウビー《スコットランドの古い銀貨; James 五世の時代から William 三世の時代まで; もとは英国の 3 halfpence, 後には 6 pence の価》. **2** 半ペニー; 小銭. **3** 無価値なもの, つまらぬもの, 取るに足らぬもの. 〖(1542) ← (*Alexander Orrok, Laird* (=Lord) *of Sille*)*bawby* (16 世紀の英国の造幣局長)〗
baw·cock /bɔ́ːkɑ(ː)k, bɑ́ː- | bɔ́ːkɔk/ *n.* 《古》(親しみをこめて)いいやつ. 〖(1599) (部分訳) ← F *beau coq* good fellow〗
bawd¹ /bɔ́ːd, bɑ́ːd | bɔ́ːd/ *n.* **1 a** 《文語》売春宿の女将(おかみ). **b** 《まれ》売春婦. **2** 《廃》(悪い意味での)男女の仲介人, 取持ち. 〖(a1376) *baude* ▭ ? OF *baud* bold, gay ← Gmc **balþaz* 'BOLD': cf. OHG *bald*〗
bawd² /bɔ́ːd, bɑ́ːd | bɔ́ːd/ *n.* 《廃・方言》うさぎ (hare). 〖(1595–96): cf. baudrons〗
bawd·ry /bɔ́ːdri, bɑ́ː- | bɔ́ː-/ *n.* **1** 猥褻な言葉[文章]; 猥談. **2** 《廃》**a** 売春. **b** 姦淫, 不義. 〖(*c*1385): ⇨ ↑, -ery〗
bawd·y /bɔ́ːdi, bɑ́ː- | bɔ́ːdi/ *adj.* (**bawd·i·er**; **-i·est**) 〈言葉づかいなどが〉みだらな, 猥褻な (obscene), 艶笑の; 《騒騒しく》下品な: a ~ talk, man, etc. — *n.* =bawdry 1. **báwd·i·ly** /-dəli, -dḷi | -dɪ̀li, -dḷi/ *adv.* **báwd·i·ness** *n.* 〖(*c*1378) ← BAWD¹＋-Y⁴〗
báwdy·hòuse *n.* 女郎屋, 売春宿 (brothel). 〖1552〗
bawl /bɔ́ːl, bɑ́ːl | bɔ́ːl/ *vi.* **1** (やかましく)叫ぶ, わめく, どなる: ~ and squall わめき立てる, 悪声を張り上げる / ~ *at* a person 人をどなりつける / ~ *for* help 大声で助けを求める / ~ *to* a person *across* the street 通りの向こうから人に向かってどなる. **2** 泣き叫ぶ; (苦しい声を絞って)うめく, うめくように話す, 苦しそうに歌う. — *vt.* **1 a** どなる, どなりちらす (shout): ~ the news 大声で知らせを告げる / ~ *out* a string of curses 次々にのろいの言葉をわめき立てる. **b** どなって…にする: ~ oneself hoarse 大声を出して声をからす. **2** 〈物売りが〉〈売物を〉呼び売りする. ***báwl óut*** (1) ⇨ *vt.* 1 a. (2) 《口語》こっぴどくしかりつける, どなりつける.
— *n.* 叫び, わめき声; やかましい泣き声.
~·er *n.* **~·ing** *n.*
〖(1440) ← ? ON *baula* to low (擬音語): cf. ML *baulāre* to bark〗
baw·ley /bɔ́ːli, bɑ́ː- | bɔ́ː-/ *n.* 《英方言》(Essex および Kent の海岸, 特に Gravesend から下流の Thames 川に特有の)えび取り用の 1 本マストの漁船《bawley boat ともいう》. 〖(1887) ← ?〗
bawn¹ /bɔ́ːn, bɑ́ːn | bɔ́ːn/ *adj.* 《アイル》白い, 色白の (fair): a colleen ~ ⇨ colleen 1. 〖▭ Ir. *bān*〗
bawn² /bɔ́ːn, bɑ́ːn | bɔ́ːn/ *n.* **1** 《アイル》要塞で囲まれた土地; (特に)要塞で囲まれた城の外周部[外堡(がいほう)]. **2** 家畜のおり[囲い]. 〖(1537) ▭ Ir. *babhūn* < MIr. *bōdhūn*〗

← bō 'cow'+dūn 'fortress, TOWN'〗

baw·neen /bɑ́ːniːn/ *n.* 《アイル》=bainin. 〖(1910) □ Ir. *báinín*〗

Bax /bǽks/, Sir **Arnold** (**Edward Trevor**) *n.* バックス《(1883–1953; 英国ロマン派の作曲家・詩人; *Tintagel* (1917)》.

b-àxis *n.* 〖結晶〗b 軸《結晶軸の左右軸; cf. a-axis, c-axis》.

Bax·ter /bǽkstə | -tə(r/ *n.* バクスター《男性名; 愛称形 Bax》. 〖OE *bæcestre* (fem.) ← *bæcere* 'BAKER': ⇨ -ster〗

Bax·ter /bǽkstə | -tə(r/, **James** *n.* バクスター《(1926–72; ニュージーランドの抒情詩人; *The Fallen House* (1953)》.

Baxter, Richard *n.* バクスター《(1615–91; イングランドの Puritan 派の牧師・神学者》.

Bax·ters /bǽkstəz | -stəz/ *n.* 〖商標〗バクスターズ《スコットランドの Baxters of Speyside 社製の缶詰・瓶詰など》.

bay[1] /béɪ/ *n.* **1 a** (通例 gulf より小さい)湾: Hudson *Bay* ハドソン湾 / the *Bay* of Biscay ビスケー湾. 日英比較 英語では大きな湾は gulf, 比較的小さな湾を *bay* というが, 日本語の「湾」は大きさ・広さは問わない. **b** (川の)湾曲部. **c** (川などから)区画された小水域. **2** (一部山に囲まれた)入り込んだ土地, 山ふところ. **3** 《米》(一部森林に囲まれた)入り込んだ草原. 〖(*a*1387) *bai* □ (O)F *baie* □ (O)Sp. *bahia* < ML *baiam* ← ? L *Bāiae* (古代ローマの有名な海水浴場): cf. OFris. *baga* curve, bay〗

bay[2] /béɪ/ *n.* **1 a** 〖建築〗ベイ, 柱間(はしらま), 径間(わたりま), 格間(ごうま)《壁の支柱と支柱で区切られた規則的な四角な区画》; 破風の下の空間. **b** (窓の)ベイ《縦仕切り (mullion) と縦仕切りの間》. **c** =bay window 1. **2 a** (構造物の)区画, 仕切り部分. **b** (船の)中甲板の最前部《しばしば病室に用いる; cf. sick bay》. **c** (飛行機の機体内の)ベイ《特定の物を収めるために作った隔室》: ⇨ bomb bay. **d** (納屋の, 干草などの)牛馬飼料置場. **e** 《英》(鉄道・バス発着所の)側線発着ホーム. **f** (駐車や荷積などのための)区画地: a parking [loading] ~. **3** (ラジオ・電話機などを乗せる)台. **4** 〖英軍〗塹壕(ざんごう)の横檣(しょう)間隔. 〖(?*c*1380) □ OF *ba(i)ee* an opening (F *baie*) ← *bayer* to gape < ML *batāre* ← ?〗

bay[3] /béɪ/ *n.* **1** (猟犬などが獲物を追跡するときの長い)ほえ声; 太くうなる声: the distant ~ of the hounds. **2 a** 追い詰められて(追手に刃向かって)いる状態, 窮地: a stag *at* ~ 猟犬に追い詰められた雄鹿 / ⇨ *be at* BAY. **b** (敵・危険・病気などを)食い止めた[寄せつけない]状態: ⇨ *keep at* BAY.

be at báy (1) 〈獲物が〉追い詰められて(刃向かって)いる. (2) 〈人が〉窮地にいる. ***bríng* [*dríve*] *to báy*** (1) 〈獲物を〉追い詰める. (2) 〈人を〉窮地に陥れる. ***cóme to báy*** =*turn to* BAY. ***háve at báy***=*hold at* BAY (1). ***hóld at báy*** (1) 〈猟犬が〉〈獲物を〉追い詰めて逃さない. (2) =*keep at* BAY. ***kéep at báy*** 寄せつけない, 食い止める: *keep* an enemy [a disease] *at* ~ 敵[病気]を寄せつけない / *keep* fear *at* ~ 恐ろしくないふりをする. (*c*1532) ***stánd at báy***=*be at* BAY. (*c*1314) ***túrn to báy*** 〈獲物が〉追い詰められて猛烈に刃向かう; (絶体絶命で)最後に踏み止まる.

— *vi.* **1** 〈猟犬などが〉(太い声で長く)ほえる (bark). **2** 〔…に〕どなる〔*at*〕. — *vt.* **1 a** 〈猟犬などが〉ほえて追跡する[取り囲む]; 追い詰める. **b** 〈犬が〉…にほえつく. **2** 〈人が〉ほえるような声で示す[言う]: ~ a defiance 大声で反抗する. ***báy at the móon*** 月にほえる, むだなことをする. ***báy for*** (*a pérson's*) ***blóod*** 《英》(人々が)(人の)破滅を求める, (人を)血祭りにあげようとする.

〖(*c*1350) □ OF *bai* ← *bayer* (↑) // 〖頭音消失〗← ME *abaie* □ OF *abai* (F *aboi*) ← *abaier* (F *aboyer*)《擬音語》〗

bay[4] /béɪ/ *n.* **1** 〖植物〗**a** ゲッケイジュ (*Laurus nobilis*) 《bay tree, bay laurel ともいう》. **b** =bayberry 3. **c** 《米》ゲッケイジュに似たタイサンボクの類の一種 (*Magnolia glauca*). **2** [しばしば *pl.*] **a** 月桂冠; (勝利者などに与えられる)栄誉の花輪. **b** 名声, 声望 (fame). 〖(1373) □ (O)F *baie* < L *bācam, bacca* berry〗

bay[5] /béɪ/ *adj.* 〈馬など鹿毛(かげ)色〉の. — *n.* **1** 鹿毛(色), 赤褐色. **2** 鹿毛(色)の馬. 〖(1341) □ (O)F *bai* brown < L *badium* chestnut brown〗

bay[6] /béɪ/ *n.* せき (dam). — *vt.* せき止める 〈*up, back*〉.

ba·ya /bɑ́ɪə, baɪjɑ́ː/ *n.* 〖鳥類〗キムネコウヨウジャク (*Ploceus philippinus*) 《南アジア産のハタオリドリの一種; baya weaver ともいう》. 〖□ Hindi *bayā*〗

ba·ya·dere /bɑ́ɪədɪə, -dèə | -dɪə(r, -dèə(r/ *n.* **1** (インド南部のヒンズー教徒の)舞子, 踊り子. **2** (色彩の対照の鮮やかな)縞(しま)織物. — *adj.* 〈織物・布地が〉横縞の. 〖(1598) □ F *bayadère* □ Port. *bailadeira* ballet dancer ← *bailar* to dance: cf. ball[2]〗

ba·ya·mo /bəjɑ́ːmoʊ | -məʊ; *Am. Sp.* bajámo/ *n.* (*pl.* ~**s**) (キューバ南海岸などにみられる)雷を伴うスコール. 〖← *Bayamo* (キューバ南東部の地名, その付近によく起こることから)〗

Ba·ya·món /bɑ̀ːəmóʊn | -mɔ́n; *Am. Sp.* bajamón/ *n.* バヤモン《プエルトリコ北東部の都市; 最初の自治都市》.

báy àntler *n.* 〖動物〗(鹿の枝角(えだつの)の根本から) 2 番目の枝角. 〖(1611)) (1884) 〖通俗語源〗← *bes antler* ← *bes-, bez-* secondary (⇨ bi-[1])+ANTLER〗

bay·ard /béɪəd | -əd/ *n.* **1** 《古》鹿毛(かげ)の馬. **2** [B-] **a** (中世騎士物語中の)魔法の馬《Charlemagne がその 12 勇士 (paladins) の一人 Rinaldo に与えた魔力を有するといわれる鹿毛の馬》. **b** 駒(こま), 馬《英雄風をまねた名》. — *adj.* [b-] 鹿毛色[赤褐色]の. 〖(*a*1338) □ OF *baiard*: ⇨ bay[5], -ard〗

Bay·ard /béɪəd | -ɑːd/ *n.* ベイアード《男性名》.

Ba·yard /béɪəd | -ɑːd; *F.* bajaːʁ/ *n.* **1 Pierre Terrail** /tɛʁaj/ ~ バヤール《(1473?–1524; 中世騎士の鑑(かがみ)とうたわれたフランスの騎士; 通称 Seigneur de Bayard》. **2** (Bayard のような)高潔で英雄的な紳士.

báya wèaver *n.* 〖鳥類〗=baya.

bay·ber·ry /béɪbèri | -b(ə)ri/ *n.* 〖植物〗**1** 月桂樹の実. **2 a** ヤマモモ《ヤマモモ属 (*Myrica*) の木の総称; 特に, 北米東部産の *M. pensylvanica*; カロライナヤマモモ (*M. carolinensis*), シロコヤマモモ (*M. cerifera*) など》. **b** ヤマモモの果実. **3** ベーラムノキ (*Pimenta acris*) 《西インド諸島産; その葉で bay rum を作る》. 〖(*a*1400) ← BAY[4]+BERRY〗

Báy Cìty *n.* ベイシティ《米国 Michigan 州東部, Saginaw 河口近くの港市》.

Bay·er /béɪə, bɑ́ɪə | bɑ́ɪə(r, béɪə(r; *G.* báɪɐ/, **Friedrich** *n.* バイエル《(1825–80; ドイツの製薬業者; 総合化学会社バイエル社 (Bayer AG) を創立 (1863)》.

Bayer, Johann *n.* バイヤー《(1572–1625; ドイツの天文学者; 星座の星に光度によってギリシャ文字をあてる方式を考案した》.

Bay·ern /*G.* báɪɐn/ *n.* バイエルン《Bavaria のドイツ語名》.

Bayes·i·an /béɪziən/ *adj.* 〖統計〗ベイズの定理の, ベイズ派の. 〖(1961): ⇨ -an[1]〗

Báyes' théorem /béɪz-/ *n.* 〖統計〗ベイズの定理《事前確率と認知の条件付確率から事後確率を求めるための定理; 英国の数学者 Thomas Bayes (1702–61) による》. 〖1939〗

Bá·yeux tápestry /béɪjuː, baɪ- | baɪɜ́ː, beɪ-, -jɜ́ː-ˊ; *F.* bajø/ *n.* バイユー壁掛け《フランス北西部の町 Bayeux にある長さ約 70 m, 幅約 50 cm の壁掛け; William 征服王の一生について絵巻物風の刺繍 (58 場面) があり; 11～12 世紀にその妃 Matilda の作と伝えられる》.

Bay·kal /baɪkɑ́ːɫ, -kǽl, ˊ-ˊ; *Russ.* bajkál/, **Lake** *n.* =Baikal.

báy làurel *n.* 〖植物〗=bay[4] 1 a. 〖← BAY[4]〗

Bayle /béɪɫ; *F.* bɛl/, **Pierre** *n.* ベール《(1647–1706; フランスの哲学者・批評家》.

báy lèaf *n.* 〖料理〗ベイリーフ, ローリエ《乾燥した月桂樹の葉; 香辛料の一種》. 〖(*c*1450) ← BAY[4]〗

Bay·ley /béɪli/ *n.* ベイリー《男性名》. 〖⇨ Bailey[2]〗

báy·lìne *n.* 《英》〖鉄道〗引込線, 退避線. 〖← BAY[2]〗

Bay·lis /béɪlɪs | -lɪs/, **Lilian Mary** *n.* ベイリス《(1874–1937; 英国の劇場支配人; Old Vic 劇場を 1912 年に設立》.

báy lỳnx *n.* 〖動物〗アカオオヤマネコ, ボブキャット (*Lynx rufus*) 《北米産のオオヤマネコ; カナダオオヤマネコに似るが, 小形で肢が短く, 耳の先端の毛も短い; bobcat, mountain cat ともいう》. 〖← BAY[5]〗

báy òil *n.* 〖化学〗ベイ油, 月桂樹油《bayberry の葉から採る揮発性の油で, 養毛剤; bay rum の原料》. 〖← BAY[4]〗

bay·o·net /béɪənət, -nèt, ˊ-ˊ-ˊ/ *n.* **1** 銃剣: a ~ charge 銃剣突撃 / ~ drill [fencing] 銃剣術 / fix [unfix] a ~ 銃剣をつける[はずす] / Fix ~s! [号令] 着け剣, 着剣 / ⇨ *at the* POINT *of the bayonet*. **2** [the ~ または *pl.*] 武力. **3** [*pl.*] 銃剣武装兵 (cf. saber 4): 2,000 ~s 歩兵 2,000 の軍勢. **4** 〖機械〗差込みピン. — *vt.* **1** 銃剣で突く[殺す]: ~ a person *to* death. **2** …に銃剣で迫る; 武力によって〔ある状態に〕陥れる〔*into*〕: ~ people *into* submission 人民を武力[圧迫]によって屈従させる. — *vi.* 銃剣を用いる. 〖(1611) □ F *baïonnette* ← *Bayonne* (フランスのその最初の製作地): ⇨ -et〗

báyonet bàse *n.* 《米》〖電気〗差込み口金.

báyonet càp *n.* 《英》〖電気〗差込み口金. 〖1914〗

báyonet drìll *n.* 銃剣訓練.

báyonet jòint *n.* 〖電気〗差込み接続(部). 〖1870〗

báyonet plùg *n.* 〖電気〗(押して回す)差込みプラグ.

báyonet sòcket *n.* 〖電気〗差込みソケット. 〖1892〗

Ba·yonne[1] *n.* /beɪóʊn, -ɑ́(ː)n, -ɔ́(ː)n | -ɔ́ʊn/ ベイヨン《米国 New Jersey 州北東部の都市》.

Ba·yonne[2] /baɪɔ́(ː)n, -óʊn, -ɑ́(ː)n | -ɔ́n; *F.* bajɔn/ バヨンヌ《フランス南西部 Biscay 湾近くの海港》.

bay·ou /bɑ́ɪuː, -oʊ | -uː, -juː/ *n.* 《米南部》バイユー《大河の支流・湖などのよどんだ流れ・河口・入江》. 〖(1763) □ Louisiana-F ~ □ Choctaw (Muskhogean) *bayuk* small stream〗

Báyou Stàte *n.* [the ~] 米国 Mississippi 州, Louisiana 州の俗称.

báy pòint *n.* 〖動物〗=bay antler.

báy pòplar *n.* **1** 〖植物〗アメリカヌマミズキ (tupelo gum). **2** アメリカヌマミズキの材. 〖← BAY[4]〗

Bay·reuth /bɑɪrɔ́ɪt, ˊ-ˊ; *G.* baɪʀɔ́ʏt/ *n.* バイロイト《ドイツ南東部, Bavaria 州北部の都市, Wagner festival で知られる》.

Báyreuth féstival *n.* [the ~] =Wagner festival.

báy rúm *n.* **1** ベーラム《頭髪用香油; cf. bayberry 3, bay oil》. **2** 〖植物〗=bay-rum tree. 〖(1840) ← BAY[4]〗

báy-rúm trèe *n.* 〖植物〗ベーラムノキ (⇨ bayberry 3).

Bay·rut /beɪrúːt/ *n.* =Beirut.

báy sàlt *n.* 天日(てんぴ)塩, 粗塩. 〖(1465) ← BAY[1]〗

báy scàllop *n.* 〖貝類〗米国東岸の内湾にすみ食用になるイタヤガイ類の一種 (*Argopecten irradians*). 〖← BAY[1]〗

báy sèal *n.* =Hudson seal.

Báy Stàte *n.* [the ~] 米国 Massachusetts 州の俗称. 〖(1789): もと Colony of Massachusetts Bay と呼ばれたことから〗

Báy Stàter *n.* Massachusetts 州人. 〖1845〗

Báy Strèet *n.* **1** ベイストリート《カナダ 最大の証券取引所がある Toronto 市の金融中心街》. **2** Toronto 市の金融実業界.

Bay·town /béɪtaʊn/ *n.* ベイタウン《米国 Texas 州南東部, Houston 近くの Galveston 湾に臨む都市》.

báy trèe *n.* 〖植物〗ゲッケイジュ (⇨ bay[4] 1 a): flourishing like a [the] green ~ 大いに栄える[繁盛する], 世にはびこる (cf. *Psalms* (*Prayer Book*) 37:36, *Ps.* 37:35). 〖(*c*1475) ← BAY[4]〗

báy wíndow *n.* **1** ベイウィンドー, 張出し窓《通例, 地上一階から上まで建物が張り出して窓となるもの; cf. bow window 1, oriel window》. **2** 《俗》(太った人の)太鼓腹, (妊娠のための)突き出た腹. 〖(1405) ← BAY[2]〗

báy·wòod *n.* ベイウッド《メキシコ Campeche 湾沿岸産のマホガニー材; 家具用》. 〖1869〗

ba·za /bɑ́ːzə/ *n.* 〖鳥類〗カッコウハヤブサ《アジア・オーストラリア産タカ科カッコウハヤブサ属 (*Aviceda*) の総称》.

ba·zaar /bəzɑ́ə | -zɑ́ː(r/ *n.* **1** (東洋諸国の)市場, バザール《露店や商店の続く街路で, 屋根のあることもある》: in the ~ 市場に出ている, 買える. **2 a** (バザールに似た)商品陳列場; (大商店の)特売場: a Christmas ~ クリスマス特売場. **b** デパート. **3** 慈善市, バザー: a charity ~ 慈善(小間物)市. 〖((*c*1340)) (1588) □ It. *bazarro* □ Pers. *bāzār* market〗

ba·zar /bəzɑ́ə | -zɑ́ː(r/ *n.* =bazaar.

ba·zoo /bəzúː/ *n.* (*pl.* ~**s**) **1** =kazoo. **2** 《米俗》**a** 口 (mouth), 鼻 (nose). **b** ほら話. 〖(1877) ← ?: cf. Du. *bazuin* trumpet〗

ba·zoo·ka /bəzúːkə/ *n.* 〖軍事〗**1** バズーカ(砲), 対戦車ロケット砲《初め米軍が使用した戦車攻撃用の携帯用歩兵兵器; rocket launcher ともいう》. **2** 〖空軍〗(戦闘機などの翼の下に取り付けた対空[対地]の)ロケット弾発射機, ロケット弾射出装置[ランチャー]. 〖(1935) ← BAZOO+KA (zoo) (cf. bashi-bazouk): 米国の喜劇役者 Bob Burns (1896–1956) が使った楽器の名〗

bazóoka·màn /-mæ̀n/ *n.* (*pl.* **-men** /-mèn/) バズーカ砲兵.

ba·zooms /bəzúːmz/ *n. pl.* 《俗》おっぱい (bosom). 〖1955〗

bb 《略》books.

bb 《記号》Barbados《URL ドメイン名》.

BB /bíːbìː/ *n.* **1** 直径 0.18 インチの散弾子(の大きさ)《散弾銃の薬莢(やっきょう)に入れて発射する小さな鉛のばら弾》. **2** 0.175 インチの小弾丸(の大きさ)《滑腔(かっこう)の空気銃式 BB 銃に使う; BB shot ともいう》. 〖1874〗

BB 《略》Bachelor of Business; bail bond; balloon barrage; bankbook; basketball; bill book; 〖議会〗Blue Book; B'nai B'rith; Boys' Brigade; branch bill; Bureau of the Budget; Burton and Bitter (Beer) (cf. Burton[2]).

BB 《記号》〖鉛筆〗double black, 2B (cf. HH). 〖1853〗

bb., BB. 《略》〖野球〗base(s) on balls.

b.b. 《略》ball bearing; bearer bonds; beer barrel; 〖海事〗below bridges.

BBA 《略》Bachelor of Business Administration 経営学士.

B̀ bàttery *n.* 〖電子工学〗B 電池《真空管のプレート回路に用いる高圧電池; plate battery ともいう; cf. A battery, C battery》. 〖1920〗

BBB 《略》bed, breakfast and bath; Better Business Bureau.

BBB 《記号》〖鉛筆〗treble black, 3 B (cf. HHH). 〖1853〗

BBBC 《略》British Boxing Board of Control.

BBC /bíːbìːsíː/ *n.* **1** [the ~] 英国放送協会 (British Broadcasting Corporation). **2** BBC 放送: on ~.

BBC Énglish *n.* BBC 英語《BBC のアナウンサーが用いる標準英語》.

BBE 《略》Bachelor of Business Education.

BBFC 《略》British Board of Film Classification.

BB̀ gùn *n.* 〖銃砲〗BB 銃《滑腔(かっこう)の空気銃》.

bbl. 《略》barrel(s).

bbls. 《略》barrels.

B-bop /bíːbɑ̀(ː)p | -bɔ̀p/ *n.* 《米俗》〖ジャズ〗=bebop.

B-boy, b- /bíːbɔ̀ɪ/ *n.* 《口語》ヒップホップ[ラップ]のミュージシャン[ファン]の若者; 《米俗》おしゃれに着こなしたやつ. 〖(1985) ← BEAT[2] or BREAK DANCING〗

BBQ /bɑ́əbɪ̀kjuː | bɑ́ː-/ 《略》barbecue.

BBS 《略》〖電算〗bulletin board system (電子)掲示板システム, BBS《メッセージの交換をネットワーク上で行うシステム》.

BBT 《略》〖生理〗basal body temperature.

B̀ búrsary *n.* 《NZ》B 奨学金《大学・科学技術専門学校入学者対象の奨学金; cf. A bursary》.

BC /bíːsíː/ 《略》*L.* Baccalauleus Chīrurgiae (=Bachelor of Surgery); Bachelor of Chemistry; Bachelor of Commerce; 〖軍事〗bad character 性行不良; bank clearing; bankruptcy court; basketball club; 〖楽器〗bass clarinet; 〖楽器〗basso continuo; battery commander; battle cruiser; bicycle club; billiard club; bills for collection; bishop and confessor; board of control; boat club; boating club; bomber command; borough council; bowling club; bowls club; boxing club; boys' club; Bristol Channel; British Columbia; British Commonwealth; British Council; budgeted cost.

B.C., BC /bíːsíː/ 《略》before Christ 西暦紀元前 (⇨ A.D.).

BCA 《略》《NZ》Bachelor of Commerce and Administration.

BCAR 《略》British Civil Airworthiness Require-

B

ments; British Council for Aid to Refugees.

bcc, b.c.c., Bcc, BCC 《略》〖電算〗 blind carbon copy 《電子メールで，本来の宛先に写しの送付(先)を知らせずに，本来の宛先以外にも送付される写し; cf. carbon copy》.

BCC 《略》 British Council of Churches.

BCCI /bíːsìːsìːáɪ/ 《略》 Bank of Credit and Commerce International 《アラブ系の多国籍銀行; 1972 年設立; 麻薬組織などの資金を運用しているとして英米等の金融当局により営業停止・資金凍結の処分を受けた (1991 年 7 月)》.

BCD *n.* 〖電算〗 二進化十進法 《十進の一桁ごとに二進の四桁を割り当てる二進符号の一種; cf. EBCDIC》. 〘(*c*1962) 《頭字語》 ← *b*(*inary*)-*c*(*oded*) *d*(*ecimal*)〙

BCD 《略》〖米軍〗 bad conduct discharge.

BCE 《略》 Bachelor of Chemical Engineering; Bachelor of Civil Engineering; Bachelor of Christian Education; before the Common Era.

B̀ cèll *n.* 〖生理〗 ＝B-lymphocyte. 〘1968〙

BCF 《略》 British Chess Federation; British Cycling Federation.

BCG váccine *n.* 〖医学〗 ビーシージー [BCG] (ワクチン) 《弱毒化したウシ結核菌であるカルメット・ゲラン菌からとったワクチン; 結核予防に使用，癌治療への試みもある》. 〘(1926) *BCG*: ← B(ACILLUS) C(ALMETTE)-G(UÉRIN)〙

bch (*pl.* **~s**) bunch.

BCh 《略》 *L.* Baccalaureus Chīrurgiae (＝Bachelor of Surgery); Bachelor of Chemistry.

BChE 《略》 Bachelor of Chemical Engineering 化学工学士.

BChir 《略》 *L.* Baccalaureus Chirurgiae (＝Bachelor of Surgery).

BCL 《略》 Bachelor of Canon Law; Bachelor of Civil Law.

bcn 《略》 beacon.

BCNZ 《略》 Broadcasting Corporation of New Zealand.

BCOF 《略》 British Commonwealth Occupation Force.

BCom 《略》 Bachelor of Commerce.

B̀ còmplex *n.* 〖生化学〗 ＝vitamin B complex. 〘1934〙

BCPA 《略》 British Commonwealth Pacific Airlines.

BCS 《略》 Bachelor of Chemical [Commercial] Science; British Computer Society.

BCSE 《略》 Board of Civil Service Examiners.

B̀C sóil *n.* 〖土壌〗 BC 土壌 《浸食などの作用によって A 層位が失われ，B 層位と C 層位のみを含む土壌; cf. ABC soil》. 〘1938〙

B̀CS thèory *n.* 〖物理〗 BCS 理論 《J. Bardeen, L. N. Cooper, J. R. Schrieffer の 3 人が 1957 年に提唱した超伝導の理論》.

bd 《略》 board; bold; bond; bound; boundary; broad; bundle.

bd 《記号》 Bangladesh 《URL ドメイン名》.

Bd 《略》 Band; Boulevard.

BD 《略》 Bachelor of Divinity; bank discount; barrels per day; battle dress; bill discounted; bishop and doctor; bomb disposal; boom defence.

BD 《記号》〖貨幣〗 Bahrain dinar(s).

B/D, b/d 《略》〖金融〗 bank discount; bank draft; bill(s) discounted; 〖簿記〗 brought down 次期繰越し; 〖石油〗 barrels per day 日産バレル.

b.d. 《略》〖処方〗 *L.* bis die (＝twice a day).

BDA 《略》 Bachelor of Domestic Arts; Bachelor of Dramatic Art; British Dental Association.

Bde, bde 《略》 Bände; Brigade.

bdell- /dɛl/ (母音の前にくるときの) bdello- の異形.

-bdel·la /bdélə/「ヒル (leech)」の意の名詞連結形. 〘⇨ bdello-〙

bdel·li·um /déliəm, -ljəm/ *n.* **1** ブデリウム: **a** アフリカ産のカンラン科ミルラノキ属 (*Commiphora*) の特に *C. africana* から採る芳香樹脂. **b** 同上の芳香のある草木. **2** 〖聖書〗 ブドラク 《芳香樹脂・こはく・水晶・真珠など色々に解釈されている》. 〘(*c*1384) *bdelyum* ◻ LL *bdellium* (cf. *Gen.* 2:12, *Num.* 11:7) ◻ LGk *bdéllion* ◻ Heb. *bᵉdhōlaḥ*〙

bdel·lo- /délou | -ləu/「ヒル (leech)」の意の連結形. ★ 母音の前では通例 bdell- になる. 〘← Gk *bdélla* leech〙

bdèllo·víbrio *n.* 〖細菌〗 デロビブリオ 《デロビブリオ属 (*Bdellovibrio*) の微生物》. 〘⇨ ↑, vibrio〙

bd. ft. 《略》 board foot [feet].

BDG 《略》 binding 製本.

bdl., bdle 《略》 bundle.

Bdr 《略》 Bombardier; Brigadier.

bdrm 《略》 bedroom.

bds 《略》〖製本〗 (bound in) boards (⇨ board *n.* 4 b); bundles.

BDS 《略》 Bachelor of Dental Surgery; 〖自動車国籍表示〗 Barbados; bomb disposal squad 不発弾処理班.

BDSA 《米》 Business and Defense Services Administration.

BDST 《略》 British Double Summer Time. 〘1943〙

Bdx. Bordeaux.

be¹ /(弱) bi, bɪ; (強) bíː/ *v.* ★ 語形変化については項末の 語法 を参照; 現在および過去形は通例 Anomalous finite で，否定・疑問文でも *do*-form を用いない.

— *vi.* **1** [Copula として形容詞・名詞・代名詞・副詞または前置詞句などを伴って種々の関係・状態・性質などを表す] 〈…で〉ある，(…のままで)いる; (変化して) 〈…と〉なる: He *is* dead. / *Is* it true that he *is* dead? / Trees *are* green. / *Are* they any good?—Some *are* and some *aren't*. それらはいくらかは役に立ちますか—役に立つものもあるし，役に立たないものもあります / It *is* he [him]. / He *is* well. / He *is* in good health. 彼は健康だ / How *are* you today? きょうはいかがですか / Where *are* you from? どこのご出身ですか / He *is* from Hokkaido. 彼は北海道の出身だ / I *am* against capital punishment. 死刑には反対だ / This letter *is* for you. この手紙はあなたあてのものです / It's of pure silk. それは正絹です / She *is* out. 外出中だ / To live *is* to fight.＝Living *is* fighting. 生きることは戦うことだ / My trouble *is* knowing what to do. 厄介なことは何をすべきか知ることだ / The trouble with you *is* that you're stupid. 君の困った点は間抜けだということだ / Rather cold today, *isn't* it? きょうはなかなか寒いですね / My son wants to *be* a painter. 息子は画家になりたがっています / My daughter wants to *be* President. 私の娘は大統領になりたがっている / What my daughter wants *is* to *be* President. 私の娘が望んでいるのは大統領になることです / It's a long time since she left. 彼女が去ってからだいぶたちました / Twice two *is* four. 二二が四 / It *is* nothing to me. それは私にとっては何でもない / That will *be* the death of me. それは私の命取りとなるだろう / How much *is* this?—This one *is* ten pounds. これはいくらですか—これは 10 ポンドです / It's nearly 9 o'clock. かれこれ 9 時です / Tomorrow will *be* Sunday. 明日は日曜日です / Olivier *is* Hamlet tonight. 今夜オリビエがハムレットをやる / I *am* twenty (years old). 私は 20 歳です / He lived to *be* seventy. 70 歳まで生きた / He's a loner, Tom *is* [*is* Tom]. 《英口語》 やつは一人でいたがる人だ，トムはな.

2 [場所・時の副詞語句を伴って位置などを表す] 〈…に〉ある，いる: Where *is* Rome?—It *is* in Italy. ローマはどこにあるか—イタリアにある / The key *is* in the lock. かぎは錠にさしてある / Your hat *is* here, on the table. あなたの帽子はここテーブルの上にある / We *are* ten miles [an hour's drive, two hours] from the nearest station. 最寄りの駅まで 10 マイル[車で 1 時間，2 時間]だ / My birthday *is* (on) Monday. 私の誕生日は月曜日に当たる / How long have you *been* here? ここへ来てどのくらいになりますか / My uncle had *been* at Oxford. おじはオックスフォードで学んでいた / I have *been* at the beach. 私は今まで海岸にいた / She'll *be* here soon. 間もなく来ます / You can *be* there in twenty minutes. 20 分でそこへ行けます / *be* off [away] 立ち去る.

3 [have been として] 行って来た; 行ったことがある; 来て行った: I *have been* there once. 一度そこへ行ったことがある / I *have been* to the United States three times. 3 度米国に行ったことがある / He *has been* to New York. ニューヨークに行って来た (cf. He has gone to New York. ＝He is now in New York *or* on his way there.) / *Have* you ever *been* to [in] Nikko? 日光へ行ったことがありますか / I *had been* to see the play that night. その晩は芝居を見に行っていた / I *have* just *been* to the park. 公園へ行って来たところだ / *Has* the postman *been* yet? 《英》 郵便屋はもう来ましたか 《★《米》では Has the mailman come yet?》 / *Has* anyone *been* in my absence? 《英》 留守中にだれか来ましたか.

4 存在する，ある (exist); 生存する (live) 日英比較 日本語では生物には「いる」，無生物には「ある」を用いて区別するが，英語ではそれを *be* 1 語で表す: God *is*. 神は存在する / What ever *is*, is right. 世にあるものはすべて正しい (Pope) / Troy *is* no more. トロイは今はない (Dryden) / To *be*, or not to *be*: that is the question. 生きるべきか死ぬべきか，それが問題だ (Shak., *Hamlet* 3. 1. 56) / I think, therefore I *am*. われ思う，故にわれ在り (Descartes) / if need *be* 必要があるなら / How can such things *be*? どうしてそんなことがありうるのか / Tyrants have *been* and *are*. 暴君はこれまでもいたし現在もいる. ★ 主語が不定の場合は there に伴う形式の方が普通: *There is* a book on the desk. デスクの上に本がある / *There is* a meaning in it. それには意味がある / *There is* no new thing [nothing new] under the sun. ⇨ *under the* SUN¹ (1) / *There are* women and women. 世の中にはいろいろな女性がいる.

5 生じる，起こる (happen)，行われる: his wife that *is* [that [《英口語》 as] *was*, that is to *be*] 彼の現在の[もとの，未来の]妻 / my sister-in-law to *be* 私の義理の姉[妹]になる女性 / Mrs. Berry to *be* 未来のベリー夫人 / The exam *was* last week. 試験は先週あった / When will the wedding *be*? 結婚式はいつ行われるのか / The meeting's already *been*. 《英》 会は既に終わった.

6 そのままの状態である; 存続する (remain): Let him [it] *be*. 彼[それ]をほって[うっちゃって]おけ / I *was* [It *was*] a long while before I could rise. 長い間起き上がれなかった / You have *been* rather long about it. そのことで少々手間取りましたね / Go, but don't *be* long! 行きなさい，でも早くしてね.

7 《古》 (…の身に)起こる. ★ 今は次のような間投句にしか用いない: Woe *is* me! ああ悲しい / Success (*be*) *to* your efforts! 成功を祈る / Woe (*be*) *to* the transgressor! 違反者に災いあれ.

be onesélf 自分にふさわしくふるまう，年がいもないことはしない. ***bé that as it máy*** それはともあれ. ***Béen thère, dóne thàt!*** もう体験ずみだ，もう興味はない. ***fàr bè it from mé (to dó)*** ⇨ far 成句. ***hàve béen and (góne and) dóne*** 《英口語》 …しでかしてしまった 《人がなした行為に対する驚き，またはいらだちを表す》: He *has been and* moved my papers. やつめ僕の書類を動かしおった / What ever *have* you *been and gone and* done? 一体何てことをしでかしてしまったのか. 《1836》 ***lèt bé*** ⇨ let¹ 成句. ***so bé＝bé it that*** 《古》 もし…ということなら: *be it* indeed *that* I have erred 私が本当に誤りを犯したのであれば. 《*c*1314》 ***sò bé it*** そうあらしめよ (cf. amen); それならそれでよい (仕方がない): If you want to keep smoking *so be it* — but you may get sick. もしあなたがたばこを吸い続けたいなら仕方がない—しかし病気になるかもしれませんよ.

— *auxil. v.* **1** [be＋現在分詞で進行形を表す]: As I write this, the train *is passing* through the mountains. 私が今これを書いているとき汽車は山間を通過している / Life *is passing* away, and we *are doing* nothing. 人生は過ぎ去っていく，しかも我々は何もしていない / He *is being* kind. 親切にふるまっている / He *is being* a fool. ばかなことをしている / We *are getting* married this spring. 今春結婚することにしています 《手はずを表す》 / Will you *be leaving* tomorrow? 明日出発しますか / *Were* you *wanting* to see Professor Smith? スミス教授にご用でしょうか 《丁寧な言い方》 / We stayed there while our house *was building*. 《まれ》 家を建てている間そこに滞在した 《★ 受動的な意味を表す; 今は通例 was being built か，was under construction とする》.

2 [be＋過去分詞で受身を表す]: A child *was run* over by a car. 子供が自動車にひかれた / Most magazines *are published* monthly. たいていの雑誌は月刊だ / Japanese *is spoken* here. 当店では日本語を話します / It's *made* of pure silk. それは正絹でできている / It *is reported* that he is dead. 彼は死んだという話だ.

3 [be＋to 不定詞で予定・命令・義務・運命・可能・目的などの意を表す]: We *are to* meet at 5. 5 時に集合することになっている / There's *to* be an investigation. 調査が行われるはずだ / The troops *were to* cross the river. 軍隊は川を渡る予定であった / I *am to* inform you that …の旨ご通知申し上げます / It *is to* be hoped that …どうか…でありたいものです / What *am* I *to* do? 私はどうしたらいいのか / What *is to* be done? どうすべきですか / Which *is* it *to* be: the big one or the small one? どちらにしますか，大きいのですか，それとも小さいのですか / You *are to* blame. 君が悪いのだ / *Is* this house *to* let? この家は貸家ですか / You *are* not *to* do that. それをしてはいけない / You *were* not *to* do [have done] that. それをしてはいけなかった(のに) / He *was* never *to* see his home again. 彼は再び郷里に帰らぬ運命だった / No one *was to* be seen on the street. 通りにはだれ一人見えなかった / A knife *is to* cut with. ナイフは物を切るものです. ★ if-clause では必要条件を表す: You must speak out if we *are to* remain friends. 友人同士でいたいならはっきり意見を言いたまえ.

4 [were＋to 不定詞で強い仮定を表す]: If I *were to* propose, would you accept? もしも私が提案するとしたら受け入れますか / *Were* he *to* ask me, it would be different. もしも彼が私に頼むのなら話は違ってくるだろう. ★ 主語が単数の場合には《口語》では was も用いられる.

5 《古》 [変移動詞 (mutative verb) (come, go, grow, set など)の過去分詞を伴って完了を表す]: He *is come*. 来ている / How he *is grown up*! まあ彼の大きくなったこと / The sun *is set*. 太陽は沈んだ / Our guests *are gone*. お客は帰った / Babylon *is fallen*. バビロンは滅んだ. ★ 今は完了形は have＋過去分詞で統一されている. Winter *is gone*. / Everything *is changed*. / My poem *is finished*. の gone, changed, finished などは形容詞と見るべきであろう.

語法 この動詞は人称および数により次のように変化する: (1) 直説法現在: I *am*; you *are* [thou *art*]; he [she, it] *is*; we [you, they] *are*. ★《古・方言》では we [you, they] *be*: We *be* twelve brethren. 我らは十二人の兄弟なり (*Gen.* 42:32)
(2) 直説法過去: I *was*; you *were* [thou *wast* or *wert*]; he [she, it] *was*; we [you, they] *were*.
(3) 仮定法現在: *be*; 過去: *were* (ただし thou *wert*). ★ 現代英語では仮定法現在の代わりに直接法現在が用いられることが多い: *Be* it so.＝So *be* it.＝Let it *be* so. しかあれかし; そうならそれでよし / if that *be* so もしそうなら / *be* it true or not 真偽いずれにせよ / I insist that he *be* allowed his freedom. 彼に自由が与えられることを主張する / If he *be* not guilty, I insist that he (should) not be punished! 《古》 もし彼が罪を犯していないのなら，彼が罰せられないように私は主張する 《★ 現代英語ではこのような場合 if 節で直説法現在を用いることが多い》 / If he *were* not ill [*Were* he not ill], he would be sure to come. 病気でなかったらきっと来るだろう / Even if [though] he *were* here, I should say the same thing. たとえ彼がここにいても私は同じことを言うでしょう / I'd do it if I *were* you. 私ならそれをしますね / It *is* high time she *were* going. 彼女ももいい加減に出かけていいころだ / Oh, that I *were* young again! ああ，もう一度若くなりたいものだ.
(4) 命令法: *be*: *Be* gone! 行ってしまえ，去れ / *Be* patient. 我慢なさい / *Be* seated. おかけなさい / Don't *be* idle. 怠けるな.
(5) 過去分詞: *been*: I have *been* ill for a week. / He had *been* studying in London. / Dinner (having *been*) finished, they left the room. 晩餐が済むと，彼らは部屋を去った.
(6) 現在分詞: *being*: The matter was *being* discussed. そのことが論じられていた / Dinner (*being*) over, they left the room. 晩さんが済むと彼らは部屋を去った.
(7) 動名詞: *being*: I don't like *being* asked to sing. 歌を所望されるのは好きではない.
(8) 口語では次の縮約形を用いる: *'m*＝am, *'s*＝is, *'re*＝are; *an't* [*ain't*]＝am not (⇨ an't, ain't).

〘OE *bēon* to be ← Gmc **beu-* ← IE **bheuə-* to become, grow (L *fuī* I have been): cf. am, is, are (← IE **es-* to exist (L *esse* to be) & **er-* to set in motion); was, were (← IE **wes-* to remain)〗

be² /bíː/ *n.* =bee³.

be 《記号》Belgium《URL ドメイン名》.

Be 《記号》〖化学〗beryllium.

Be, Bé 《略》〖物理〗Baumé.

BE 《略》Bachelor of Economics; Bachelor of Education; Bachelor of Engineering; Bank of England; Board of Education; British Embassy; (Order of the) British Empire; Buddhist Era; Building Exhibition.

BE, B/E, b.e. 《略》bill of entry; 〖金融〗bill of exchange.

be- /bɪ̞/ *pref.* **1** 形容詞・名詞に付いて「…にする, …と呼ぶ, …として待遇する」の意の他動詞を造る: *be*fool, *be*foul, *be*friend. **2** -ed を語尾とする形容詞に付いて「…で覆われた, (過度に)…の付いた」の意: *be*capped, *be*jeweled, *be*wigged. **3** [強意的] 他動詞に付いて「全部, 全く, すっかり, 過度に」などの意: *be*daub, *be*sprinkle, *be*smear, *be*smirch. **4** 自動詞に付いて他動詞を造る: *be*fall, *be*moan, *be*speak, *be*stride. **5** 名詞に付いて「…で囲む, …で覆う」などの意の他動詞を造る: *be*cloud, *be*fog. 〖OE *be-, bi-* ← *bī* 'at, near, BY¹': cog. G *be-* / Goth. *bi-*〗

Bea /bíː/ *n.* ビー《女性名》. 〖(dim.) ← BEATRICE¹〗

BEA 《略》British East Africa; British Electricity Authority; British European Airways (Corporation) (⇨ BA).

BEAB 《略》British Electrical Approvals Board.

beach /bíːtʃ/ *n.* **1 a** (海・湖・川辺の砂・小石・岩のある) 浜 (⇨ shore¹ SYN); 海辺, 磯, なぎさ, 湖岸, 川べり: a sandy ～ 砂浜 / a rocky ～ 磯 / a shingle ～ 砂利浜. **b** (水泳などのできる)浜辺, 海浜; 海水浴場: at the ～ / a public [private] ～. **2** 《古》[集合的] (海浜の砂, 砂利. ***on the béach*** (1) 〖海事〗〈水夫が〉上陸して; 陸上勤務で; 退職して. (2) 〈水夫など〉(零落して)浜辺[波止場]をうろついて, 落ちぶれて (cf. beachcomber 2). (3) 失業して, 破産して, 困って; 一文なしになって. 《1903》 ***táke the béach*** 〖海事〗下船する.

— *adj.* [限定的] 海辺の; 海辺で使用する: a ～ coat (水着の上に着る)海浜着, ビーチウェア.

— *vt.* **1 a** 〈ボート・鯨などを〉浜に引き上げる. **b** 〈嵐などが〉〈船を〉浜に打ち上げる[座礁させる]. **2** 〈人を〉役に立たなくする (disable). **—** *vi.* 〈船が〉浜に乗り上げる.

〖(*c*1535) ← ?: cf. OE *bæċe, beċe* brook (cf. beck²)〗

béach àster *n.* 〖植物〗=seaside daisy.

béach bàg *n.* (海水浴用品を入れる)ビーチバッグ. 〖1934〗

béach bàll *n.* ビーチボール: **1** 海浜・プールなどで使う軽い大きなボール. **2** 宇宙飛行士を救助船に移送するための一人用の球体. 〖1940〗

béach blànket bíngo *n.* 《米俗》浜辺でのセックス.

béach bòat *n.* (小型の)ボート.

béach·bòy *n.* **1** 海浜の男性監視人; (特に)サーフィン・水泳などの男子指導員. **2** 海浜の遊び人. 〖1939〗

Béach Bòys *n.* [the ～] ビーチボーイズ《米国のポップロックグループ; Brian Wilson ら 5 人で California で結成 (1961)》.

béach brèak *n.* 海浜の近くで砕ける波. 〖1965〗

béach bùggy *n.* (特大タイヤのついた)砂浜用自動車[バギー]《dune buggy ともいう》. 〖1943〗

béach bùm *n.* 《米》海辺によく来る男, 一日中ビーチで遊び暮らす男[サーファー]. 〖1962〗

béach bùnny *n.* 《米俗》(サーフィン仲間に加わっているが実際はやらずに)ビキニ姿で海浜を歩き回る女性. 〖1965〗

béach·chàir *n.* ビーチチェア《浜辺用のデッキチェア》.

beach·comb /bíːtʃkòum | -kàum/ *vi.* 波止場で浮浪生活を送る. **～·ing** *n.* 〖(*a*1865)《逆成》↓〗

beach·comb·er /bíːtʃkòumə | -kàumə^(r)/ *n.* **1** (沖から打ち寄せる)大波, 寄せ波. **2** 浜で(難破船などからの)物を拾う人; (特に, 南太平洋諸島の)波止場をうろつく浮浪白人, 波止場ごろ. 〖(1840) ← BEACH＋COMBER¹〗

béach cràb *n.* 〖動物〗イソガニ《なぎさにいるカニの総称》; (特に)熱帯アメリカ大西洋岸にいる普通のカニ (*Sesarma ricordi*). 〖1909〗

béach drìfting *n.* 海浜漂流《波の作用により海浜に沿って沈積物が移動すること》.

beached *adj.* 浜に乗り[引き]上げた; 磯に打ち上げられた. 〖(1595–96): ⇨ -ed〗

béach·er *n.* (サーファーが)波打ち際まで乗れる大波. 〖(1923): ⇨ -er¹〗

béach flèa *n.* 〖動物〗ハマトビムシ《ハマトビムシ科の砂浜にいる小形甲殻類; ノミのようにはねる; sand hopper, sand flea ともいう》. 〖1843〗

béach·frònt *n.* 海辺, 海岸地帯. **—** *adj.* 海辺の, ごく海に近い, 海岸に隣接した. 〖1921〗

béach gòldenrod *n.* 〖植物〗=seaside goldenrod.

béach gràss *n.* 〖植物〗**1** 米国東部の海岸などの砂地の多いイネ科の雑草 (*Ammophila arenaria*)《その込み合った根茎はよく砂をおさえる》. **2** 米国南部海岸に生えるイネ科 *Panicum* 属の雑草 (*P. amarulum*). 〖1681〗

béach·hèad *n.* **1** 〖軍事〗上陸拠点, 海岸堡, 海岸橋頭堡(きょうとうほ), 浜頭堡(ひんとうほ)《敵前上陸作戦を強行して最初に確保する拠点; cf. airhead 1, bridgehead 1》. **2** 出発点, 足掛かり (foothold). 〖1940〗

beach·ie /bíːtʃi/ *n.* 《豪口語》**1** 海辺の釣り人. **2** 浜辺の若い浮浪者[ごろつき].

beach-la-mar /bìːtʃləmάə | -mάː^(r)/ *n.* [通例 Beach-la-Mar]《英》〖言語〗ビーチラマー《南西太平洋方面で用いられるなまり英語; cf. pidgin English, Chinook Jargon》. 〖(1911)《変形》← Port. *bicho do mar* 'BÊCHE-DE-MER'〗

béach·less *adj.* (波浪などにより)砂浜[浜辺]のない.

béach màrker *n.* 〖海事〗浮標, 海岸標式.

béach·màster *n.* 揚陸指揮長, ビーチマスター《上陸作戦において部隊を指揮する海岸将校》. 〖1875〗

béach pèa *n.* 〖植物〗ハマエンドウ (*Lathyrus maritimus*)《北半球温帯各地の海岸の砂浜に生え, 紫の花をつけるマメ科の多年草》. 〖1802〗

béach plùm *n.* 〖植物〗(北米北東海岸産の)低木のスモモ (*Prunus maritima*)《花は白く, 果実は直径 2 cm ほどで紫色; 食用》; その実. 〖1784〗

béach-rèscue *n.* 《英》海岸での水難者救助員.

béach rìdge *n.* 浜堤《あらしで打ち上げられた海岸の砂[砂利]の隆起》.

béach·sìde *adj.* 海辺の, 浜辺の. 〖1952〗

béach umbrèlla *n.* ビーチパラソル. 日英比較 「ビーチパラソル」は和製英語; ⇨ parasol.

béach vòlleyball *n.* ビーチバレー《砂浜で行う 2 人制のバレーボール》.

béach wàgon *n.* =station wagon. 〖1868〗

béach·wèar *n.* ビーチウェア, 海浜着. 〖1928〗

béach wórm wood *n.* 〖植物〗シロヨモギ (*Artemisia stelleriana*)《キク科ヨモギ属の多年草》.

beach·y /bíːtʃi/ *adj.* (**beach·i·er**; **-i·est**) 浜辺のような, 小石や砂の多い. 〖(1598): ⇨ -y⁴〗

Béachy Héad *n.* ビーチー岬《イングランド南東部 East Sussex 州の岬; 高さ 180 m の白亜質の絶壁, 灯台がある》.

bea·con /bíːkən/ *n.* **1** (通例, 丘・塔などで燃す信号用の)かがり火, のろし (signal fire). **2 a** 目じるし《遠方から見える小山・森など》; 標識塔. **b** 灯台 (lighthouse); 信号浮標 (signal buoy). **c** 《英》(柱の先に付けた黄色の)歩行者用交通標識: a flashing ～ ⇨ Belisha beacon. **d** 航空[水路]標識, 無線標識, ラジオビーコン. **3** 《英》望楼 (watchtower), 信号所 (signal station). **4** 《比喩》**a** 指針(を示してくれる人), 指標(となるもの), 戒め 〈*to*〉. **b** 知識[霊感]の泉. **5** [B-]《英》…山, …峰《高く顕著な外貌のもの》: Dunkery *Beacon*. **—** *vt.* **1** (標識の火[光]のように)照らす. **2** …に指針を与える, 導く, …に警告する. **3** …に標識を設ける. **—** *vi.* **1** (標識灯[光]のように)輝く (shine). **2** 指針[指標]となる. 〖OE *bēac(e)n* sign, banner < Gmc **bauknam* ← ? IE **bhā-* to shine〗

Beacon /bíːkən/ *n.* ビーコン《米国 New York 州南東部, Hudson 川に臨む都市》.

bea·con·age /bíːkənɪdʒ/ *n.* 〖海事〗**1** (航路標識での)立標式. **2** 航路標識維持費[料]. 〖(1607): ⇨ beacon, -age〗

béacon bòat *n.* 小型の無人灯船.

béacon fìre *n.* 合図の火《かがり火・のろしなど》.

béacon·fìsh *n.* 〖魚類〗=head-and-tail light.

Béacon Híll *n.* ビーコンヒル《米国 Massachusetts 州 Boston にある植民地時代のたたずまいを残す地区》.

béacon lìght *n.* 標識の光《かがり火・灯台などの光》. 〖1814〗

Beac·ons·field¹ /békənzfìːld/ *n.* ベコンズフィールド《イングランド Buckinghamshire 州南部の住宅地の町》. 〖ME *Bekene(s)feld* 'open country or plain by the BEACON': ⇨ field〗

Bea·cons·field² /bíːkənzfìːld/, 1st Earl of *n.* ビーコンズフィールド (Benjamin DISRAELI の称号).

bead /bíːd/ *n.* **1** (糸・針金などに通す石・ガラス・貝・金属などの)数珠(じゅず)玉, ビーズ: glass [pearl, coral] ～*s* / a string of ～*s*. **2** [*pl.*] **a** 数珠, ロザリオ (rosary): tell [count, say, bid] one's ～*s* (数珠をつまぐって)祈りを唱える / ⇨ Baily's beads. **b** (玉をつないだ)首飾り (necklace). **3 a** [*pl.*] ロザリオをつまぐっての祈り. **b** [通例 *pl.*]《廃》祈り, 祈禱. **4 a** 数珠玉状のもの. **b** (玉のような)汗[血]; 露, 水玉, したたり: ～*s* of dew 露の玉 / ～*s* of sweat [perspiration] 玉なす汗. **c** (清涼飲料水の)泡, (清涼飲料水の上の)泡のかたまり. **5** (銃の)照星; ねらい: draw [get] a ～ *on* [*upon*] …をねらう. **6** (空気タイヤの)耳, ビード《リムにはまる縁》. **7** 〖建築〗玉縁《断面が円弧をなしている縁形; cf. baguette 3》. **8** 〖化学〗ビード, 熔球《白金線の先に作った環にホウ砂やリン酸塩の粉末をつけて熱したときにできるガラス状の小球; 定性分析に利用する》. **9** 〖冶金〗ビード《灰吹き法 (cupellation) の際に生じる金銀の小粒》. **10** 〖金属加工〗ビード《溶接箇所にできた溶着金属の細長い波形の帯; bead weld ともいう》. **11** 〖電気〗ビード《高周波の漏洩を防止するもの》.

práy withòut *one's* ***béads*** 計算違いをする, 当てがはずれる. 《*a*1659》

béad and rèel 〖木工〗連珠紋《玉縁と円盤が交互に並んだ縁形》. 《1909》

— *vt.* **1** 数珠玉で飾る[覆う], …に玉[露]を付ける: a face ～*ed with* sweat 玉の汗が吹き出ている顔. **2** 数珠のようにつなぐ, 数珠形にする. **—** *vi.* **1** 数珠玉になる. **2** 照準を合わせる, ねらいをつける.

～·lìke *adj.*

〖OE *(ge)bed* prayer < Gmc **beđam-* 'to BID¹'〗

béad·blàst *n.* ビードブラスト, ビーズ吹き《ガラスビーズを吹きつける》. **—** *vt.* ビードブラスト処理する. **～·er** *n.*

béad chàin *n.* (電気スタンドのソケット用などの)玉鎖.

béad cùrtain *n.* 玉すだれ.

béad·ed /-dɪ̞d | -dɪd/ *adj.* **1** 数珠(じゅず)玉になった, 玉なす; 泡立った: ～ bubbles. **2** ビーズを付けた[で飾った]; 玉縁の: a ～ handbag [dress]. **3** 〈靴が〉玉縁を付けた. 〖(1577): ⇨ -ed〗

béaded lízard *n.* 〖動物〗メキシコドクトカゲ (*Heloderma horridum*) (cf. Gila monster).

bead·er /bíːdə | -də^(r)/ *n.* **1** 〖機械〗縁曲げ器. **2** 〖木工〗=beading plane. 〖(1881): ⇨ -er¹〗

béad·hòuse *n.* 《古》養貧院, 養老院 (almshouse)《収容者はその設立者の祝福を祈ることを要求された; cf. beadsman 2》. 〖lateOE *bedhūs* chapel, 《原義》house of prayer〗

B

béad·ing /-dɪŋ | -dɪŋ/ *n.* **1** ビーズ, ビーズ細工[飾り]. **2** (リボンを通すことのできる)透かし編み縁飾り. **3** (靴の)玉縁. **4** =bead *n.* 6. **5** 〖建築〗玉縁; 玉縁装飾 (⇨ bead *n.* 7). 〖(1858): ⇨ -ing¹ 2〗

béading plàne *n.* 〖木工〗材木に玉縁を付ける面取鉋(めんとりがんな). 〖1875〗

bea·dle /bíːdl | -dl/ *n.* **1** 《英》(教会・学寮・市職業組合などの)祭式[典礼]係; =bedel. **2** 《英》(もと, 教会の雑務をした)教区[教会]吏員 (parish officer). **3** 《スコット》(牧師に仕える)教会職員. **4** 〖ユダヤ教〗**a** ユダヤ教会堂の会衆. **b** Hanukkah の灯明点火用のろうそく (cf. shammash). **～·shìp** *n.* 〖(1340) *bedel* □ OF (F *bedeau*) ← Gmc ∞ OE *bydel* messenger < Gmc **buđilaz* ← IE **bheudh-*: ⇨ bid¹: cf. bedel〗

Bea·dle /bíːdl | -dl/, **George Wells** *n.* ビードル (1903–89; 米国の遺伝学者; Nobel 医学生理学賞 (1958)).

béa·dle·dom /-dəm/ *n.* 小役人根性, 小役人のうるさいばか威張り. 〖(1860): ⇨ -dom〗

bèad·let anèmone /bíːdlɪ̞t- | -lɪt-/ *n.* 〖動物〗ウメボシイソギンチャク (*Actinia equina*)《北半球の温帯から寒帯に分布する, 普通濃紅色のイソギンチャク》.

béad plànt *n.* 〖植物〗コケサンゴ (*Nertera depressa*)《南米・ニュージーランド産のアカネ科の匍匐(ほふく)性多年草; さんご色の美しい実をつける》. 〖1878〗

béad·ròll *n.* **1** 名簿, 目録 (list); 連続, 一連 (series). **2** 数珠 (rosary). **3** 《古》冥福(めいふく)を祈るべき人々の名簿, 過去帳. 〖(*c*1500) ← BEAD＋ROLL (n.)〗

béad-rùby *n.* 〖植物〗=FALSE lily of the valley.

beads·man /bíːdzmən/ *n.* (*pl.* **-men** /-mən/) **1** 《古》(報酬を得て)他人の冥福(めいふく)を祈る人. **2** 《古》(施主の冥福を祈ることを要求されている)養貧院の収容者 (cf. beadhouse). **3** (スコットランドの)公認こじき. 〖(16C) ← BEAD＋-s²＋-MAN ∞ (?*a*1200) *bed(e)man*: cf. almsman, craftsman, etc.〗

béads·wòman *n.* 《古》女性の beadsman. 〖1430〗

béad trèe *n.* 〖植物〗**1** =chinaberry 2. **2** =necklace tree. **3** =red sandalwood 2. 〖1668〗

béad wèld *n.* 〖金属加工〗=bead 10.

béad·wòrk *n.* **1** ビーズ細工[飾り]. **2** 〖建築〗玉縁 (⇨ bead 7). 〖1751〗

bead·y /bíːdi | -di/ *adj.* (**bead·i·er**; **-i·est**) **1** ビーズのような: ～ eyes (貪欲・好奇心を表す)小さくて光る丸い目 / have [keep] one's ～ eye(s) on …をじっと見つめる. **2** ビーズで飾った; (玉をなして)泡立つ: ～ liquor. **béad·i·ly** /-dɪ̞li, -dɪli | -dɪli, -dɪli/ *adv.* **béad·i·ness** *n.* 〖(1826): ⇨ -y⁴〗

béady-éyed *adj.* (ビーズのような)小さくキラキラした目をした; 食い入るような鋭い目つきをした.

bea·gle /bíːgl/ *n.* **1** ビーグル《肢の短い耳の垂れた小形猟犬; 徒歩で行う野うさぎ狩りに使用される》. **2** (犯人などの)追跡者, スパイ, 探偵, 刑事, 巡査; 執達吏. **—** *vi.* **1** ビーグル犬を使って狩りをする; 決められたコースを走る. **2** 《米俗》のぞき回る. **béa·gler** *n.* 〖(*a*1500) *begle* □ OF *begueule* wide throat: そのほえる太い声から〗

Béa·gle Chánnel /bíːgl-/ *n.* [the ～] ビーグル海峡《南米南端の Tierra del Fuego 諸島を横切る海峡; 主島 Tierra del Fuego と南の Navarino 他の島々の間を通る》.

béa·gling /-glɪŋ, -glɪŋ/ *n.* ビーグルを使用する野うさぎ狩り. 〖(1824): ⇨ beagle, -ing¹〗

beak¹ /bíːk/ *n.* **1 a** (肉食鳥の)くちばし (cf. bill² 1). 日英比較 日本語の「くちばし」は鳥類全般について用いるが, 英語の *beak* は猛鳥のかぎ形のくちばしを指し, ハト・水鳥などの平たく細長いものは bill と区別することがある. **b** (スッポン・タコ・カモノハシなどのかぎ形の)くちばし. **c** (カマスなどの)長く突き出た口. **d** 〖昆虫〗長い吻(ふん), 口先. **2 a** くちばし状のもの. **b** 《俗》(人の)鼻, かぎ鼻. **c** (水差しなどの)のみ口, 口. **d** 〖化学〗(レトルトの)細長い(曲がった)口, 導管. **e** (笛の)口. **f** 〖植物〗くちばしのように細長く先のとがった果実; (特に)小麦ののぎ. **3** (昔の軍艦の)船嘴(せんし), 撃突艦首《敵艦を突き破るのに用いたとがったへさき; cf. ram 3》. **4** 〖建築〗(蛇腹の端部で雨水が流れ出すように作られ, しばしばくちばし形をしている)突出部, 水はけ口, 水切り. **5** 〖印刷〗くちばし (h, i, k のステム (stem) の上部のセリフ (serif)). **～·less** *adj.* **～·lìke** *adj.* 〖(*a*1250) *bek* □ (O)F *bec* < LL *beccum* beak ← Celt.〗

beak² /bíːk/ *n.* **1** 《英俗》判事 (judge), 治安判事 (magistrate). **2** 《英学生俗》(あるパブリックスクールの)先生, 教師 (schoolmaster). 〖(*a*1845) ↑: もと盗賊用語〗

beaked *adj.* **1** くちばしのある, くちばし状の. **2** かぎ鼻をした: a ～ nose. **3** (くちばしのように)突き出ている: a ～ promontory 突き出た岬. **4** 〖紋章〗〈鳥が〉体の色と異なるくちばしをもつ: an eagle sable, ～ or くちばしが金色の黒い鷲. 〖(1572) ← BEAK¹＋-ED 2〗

béaked sálmon *n.* =sandfish 2.

béaked whále *n.* 〖動物〗アカボウクジラ《アカボウクジラ科の歯鯨の総称, 口はくちばし状に突き出ている; アカボウクジラ (*Ziphius cavirostris*), ツチクジラ (*Berardius bairdi*), オオハギクジラ (*Mesoplodon stejnegeri*) など》. 〖1877〗

bea·ker /bíːkə | -kə^(r)/ *n.* **1** (化学実験用の)ビーカー《口付きガラス器》; (同上に似た)プラスチック製コップ. **2** (取っ手のない)広口の大コップ《しばしば台付き》. **3** 大コップ[ビーカー]1 杯(分) 〈*of*〉. **4** 〖考古〗ビーカー《広口の背の高い土器; cf. Beaker folk》. **—** *adj.* [B-]〖考古〗ビーカー族 (Beaker folk) の. 〖(1348) *biker* □ ON *bikarr* □ ML *bicārium* □ ?Gk *bīkos* drinking-bowl: 現在の語

B

形は BEAK[1] の影響による〛

Béaker fòlk, b- f- *n. pl.* [the ~]〘考古〙ビーカー族, 鐘形杯文化人《金石併用時代にヨーロッパにいた種族; 円い塚に死者と共に埋葬されたビーカー土器がその文化 (Beaker culture) を代表する》. 〚1922〛

béak·ing jòint *n.*〘木工〙芋(いも)継ぎ《接合部がつき合わせたように見える単純な木造継ぎ手の一方法》. 〚1667〛

beak·y /bíːki/ *adj.* (**beak·i·er; -i·est**) くちばし状[形]の; かぎ鼻の: a ~ nose. 〚(1718) ← BEAK[1]+-Y 4〛

beal /bíːl/ *vi.* 《主にスコット》膿(う)む, ただれる (fester).

Beale /bíːl/, **Dorothea** *n.* ビール《1831–1906; 英国の女子教育の先駆者》.

bé·àll *n.* [the ~] =*the* BE-ALL *and end-all.*
the bé·àll and énd-àll (1) 《口語》すべて, 最高[究極]のもの; 肝心なこと 〔*of*〕. (2) 《戯言》改善[向上]の望みのない人(もの).
〚(1606): cf. Shak. *Macbeth* 1. 7. 5〛

beam /bíːm/ *n.* **1 a** 光束, 光線 (⇨ ray SYN): a ~ of light [heat] 一条の光線[熱線] / a ~ from a lamp / ⇨ sunbeam. **b** (希望などの)光, (顔・表情・微笑などの)輝き (gleam), 晴れやかさ, 笑顔: a ~ of hope 希望の光 / the ~*s* of a smile 晴れ晴れしい笑い / enjoy the ~*s* of a person's kindness 人の温かい親切を受ける. **2 a** 梁(はり), けた, 横げた, 梁材; 角材. **b** (船の)梁(ビーム)《両舷の相対する肋材を連結するとともに甲板を支えている船材》. **c** (はかりの)棹(さお); はかり: a ~ and scales はかり, 天秤(てんびん) / ⇨ *kick the* BEAM. **d** (織機の前後の)糸巻き, 布巻き, 巻軸: ⇨ cloth beam, warp beam. **e** (すき (plough) の)柄. **f** (錨(いかり)の)幹 (shank). **g** (鹿の角の)本幹. **h** (体操の)平均台 (balance beam). **3 a** 最も広い部分; (動物の)胴幅. **b** 《口語》(人間の)尻幅: a man broad in the ~ お尻の大きい人, どっしりとしてかっぷくのよい人. **c** 〘海事〙(船体の)最大幅, 船幅. **d** 〘航空〙(水上機のフロート・飛行艇の艇体の)最大幅, ビーム. **4** 〘機械〙(機関のピストンの運動をクランクシャフトに伝える)レバー (lever). **5** 〘通信〙(拡声機・マイク・空中線などの)有効可聴範囲; (その最大効果を発揮する)最大有効角度. **6** 〘航空〙**a** 信号電波, ビーム, 方向表示電波 (radio beam)《無線航路表示局 (radio range station) から送られる一定の電波; 夜間または悪天候の際など飛行機の操縦を容易にさせる》. **b** この信号電波によって指示される正確な航路: ⇨ *off the* BEAM (1), *on the* BEAM (1). **7** 〘電子工学〙ビーム《陰極から出た電子がある方向に集中して進行するもの》. **8** 〘皮革〙かまぼこ(台)《腰高から下へ斜めに渡した中央部がかまぼこ状に高くなった木材の厚板で, 脱毛・裸皮・あか出しなどに用いる》.
abáft [*befòre*] *the béam* 〘海事〙(船の)正横(せいおう)後[前]に. *a béam in one's (ówn) éye(s)* 自分の目にある梁(はり), 自分では気づかない自己の大欠点 (cf. *Matt.* 7:3). *flý the béam* 〘航空〙信号電波に従って飛ぶ. *gèt òn the béam* 《俗》〘ラジオ〙(1) マイクの最も明瞭に音がはいる側に立つ. (2) 放送される. *kick the béam* (1) (はかりの一方が軽くて)棹がはね上がる, (ある物より)ずっと軽い. (2) (他に比べて)取るに足りない. (3) 圧倒される, 負ける. 〚1712〛 *òff the béam* (1) 〘航空〙〈航空機が〉信号電波に示された航路をそれて. (2) 《口語》間違って (wrong); 乱心して. 〚1941〛 *òn the béam* (1) 〘航空〙〈航空機が〉信号電波に示された航路(上)に; 正しい方向に; 軌道に乗って. (2) 〘海事〙正横に (abeam). (3) 《口語》正しい, 間違いない (right); 正気の (sane). 〚1941〛 *ríde the béam* 〘航空〙=*fly the* BEAM. *strike the béam*=*kick the* BEAM. *tip the béam at* 目方が…ある.
— *vi.* **1 a** 〈太陽などが〉光を発する[放つ], 輝く. **b** 〈人・顔などが〉(微笑で)輝く, 晴れやかに見える; 〈人が〉晴れやかにほほえむ: ~ all over one's face / ~ *with* joy [pleasure] 満面に喜色を浮かべる / ~ *upon* [*at*] a person 人を見て晴れやかにほほえみかける / His face ~*ed.* にこにこ顔だった. **2** 〘通信・ラジオ〙**a** 〈信号電波が〉送信される. **b** 〈番組が〉放送される. **3** 〘皮革〙あか出しをする《あか (scud) を除去する》. — *vt.* **1 a** 〈光を〉発する. **b** 〈愛情・うれしさなどを〉発散する 〈*forth, out*〉. **2** 梁が見えるように〈天井を〉張る. **3** 〘通信・ラジオ〙**a** 〈信号電波を〉発する[送信する]. **b** 〈番組・放送などを〉向ける, 送る, 放送する: programs ~*ed at* Africa [*to* women] アフリカ[女性]向け放送番組 / ~ the news *from* Japan *to* South America 日本から南米に向けてニュースを放送する. **c** 〘天文〙〈放射を〉ビーム状にする. **4** [時に ~ up [out] として]《しばしば戯言》〈人を〉急いで救出する《テレビ SF シリーズ "Star Trek" での表現から》.
~·lìke *adj.* 〚OE *bēam* tree, beam (of wood), column of light < (WGmc) *bauma (Du. *boom* / G *Baum* tree) ← IE *bheu- 'to BE, grow'〛

beam 2
1 tie beam 2 purlin
3 ridge 4 king post
5 strut 6 top plate
7 wall plate
8 common rafter
9 principal rafter

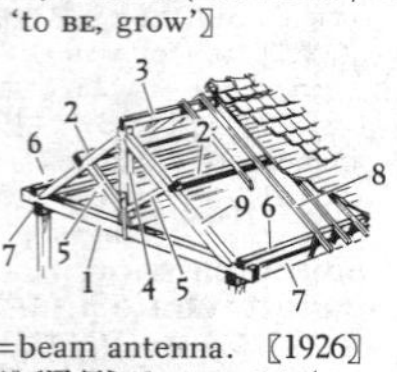

béam àerial *n.* 《英》=beam antenna. 〚1926〛

béam antènna *n.* 《米》〘通信〙ビームアンテナ (⇨ antenna array). 〚1945〛

béam àrm *n.* 〘造船〙ビームアーム《木船の艙口を補強するための三角材; fork beam ともいう》. 〚*c*1850〛

béam bràcket *n.* 〘造船〙ビームブラケット, 梁肘(りょうちゅう)板《ビームをフレームに取り付ける三角形の鋼板》.

béam brìck *n.* 〘建築〙ビームブリック, 梱(こり)れんが《コンクリート製の梱の表面に張る直角三角形の断面のある化粧れんが》.

béam cómpass *n.* ビーム[棹(さお)]コンパス《移動ソケットがついていて大きな円を描くのに用いる; cf. trammel 4》. 〚1785〛

béamed *adj.* **1** 梁(はり)のある. **2** 光り輝く. **3** 〘通信〙(ある地域に向かって)放送される[された]: a ~ program. **4** 〘海事〙〈船が〉幅が…の. 〚(*a*1400): ⇨ -ed〛

béam-énds *n. pl.* 〘海事〙(船の)梁端(りょうたん).
on her [*their*] *béam-énds* 〘海事〙(甲板が直立するほど)〈船が〉真横に傾いて, 転覆しかかって. *on one's* [*the*] *béam-énds* 《口語》(1) 抜き差しならない羽目に陥って, 万策尽きて. (2) 〈人・事業が〉金銭的に困って, 金詰まりで. 〚(1773): 上の成句の転用〛

béam èngine *n.* 〘機械〙ビーム機関《ピストンの上下運動をクランクやポンプに伝えるシーソーのようなビームをもつ初期の蒸気機関》. 〚1844〛

beam·er[1] /bíːmə | -mə(r)/ *n.* **1** 〘機械〙経(たて)巻機, 下巻機《糸や布を巻き取る機械》. **2** 〘クリケット〙ハイボール《打者の頭の高さぐらいの投球》. 〚(1857): ⇨ -er[1]〛

beam·er[2] /bíːmə | -mə(r)/ *n.* 《米俗》=beemer.

béam fìll *n.* 〘建築〙=beamfilling.

béam·fìlling *n.* 〘建築〙間積《桁(けた)同士の間の空所をれんが・石・セメントなどで満たすこと》. 〚*c*1400〛

béam hòle *n.* 〘原子力〙ビーム孔《加速器や原子炉から実験用の荷電電子・中性子などの粒子線や放射線を取り出すための孔》.

béam·ing *adj.* 光り輝いている (radiant), うるわしい, 和やかな (benign), 喜色に輝く, 晴れやかな (cheerful): a ~ face, smile, glance, etc. **~·ly** *adv.* 〚(1667): ⇨ -ing[2]〛

béaming machìne *n.* 〘機械〙**1** 裸皮の毛根等のあか出しをする機械. **2** =beamer[1] 1. 〚*a*1877〛

béam·ish /-mɪʃ/ *adj.* 希望に輝く; 晴れやかな. **~·ly** *adv.* 〚(1530) ← BEAM+-ISH[1]〛

béam knèe *n.* 〘造船〙**1** ビームニー《梁材をその両端で支える肘(ちゅう)材 (knee)》. **2** =beam arm. 〚1869〛

béam·less *adj.* **1** 梁(はり)のない. **2** 光を放たない, 輝かない. 〚(1679): ⇨ -less〛

béam lìghts *n. pl.* ビームライト《劇場などで舞台天井に取りつけられたスポットライト》.

béam mìll *n.* 〘金属加工〙ビーム圧延機《形鋼用の粗圧延機》.

Bea·mon /bíːmən/, **Bob** *n.* ビーモン《1946– ; 米国の陸上競技選手; メキシコオリンピック (1968) で走り幅跳びの世界記録を樹立》.

béam-pòwer tùbe *n.* 〘電気〙=beam tube.

béam rìder *n.* 〘軍事〙ビームライダー《電波ビームにより誘導されるミサイル》. **béam-rìding** *adj., n.*

béam séa *n.* (船の舷側に打ち寄せる)横波.

béam splìtter *n.* 〘光学〙**1** ビームスプリッター《入射光線の一部分のみ反射して光線を2つに分ける光学素子》. **2** ビームスプリッター内蔵カメラ. 〚1935〛

béam sỳstem *n.* 〘通信〙ビーム式《一定方向に特に強い電波を放射する空中線方式》.

béam tràwl *n.* 〘漁業〙ビームトロール《支え棒をつけて網口を広げておくトロール網; cf. otter trawl》. 〚cf. *beam-trawling* (1883)〛

béam tràwler *n.* 〘漁業〙ビームトローラー《ビームトロールを備えた漁船》.

béam tùbe *n.* 〘電気〙ビーム出力管《電力増幅用の真空管の一種》.

béam vàlve *n.* 《英》〘電気〙=beam tube.

béam·wìdth *n.* 〘通信〙ビーム幅《電波・光などの広がりの角度》.

béam wìnd /-wínd/ *n.* 〘海事〙(船の竜骨に直角に吹く)横風.

beam·y /bíːmi/ *adj.* (**beam·i·er; -i·est**) **1** 光線を発する, 輝かしい (radiant). **2** 〈刀・槍(やり)など〉大きな, 巨大な (huge). **3** 〘海事〙船幅の広い. **4** 〘動物〙(雄鹿のような)枝角のある. 〚(*a*1398): ⇨ -y 4〛

bean /bíːn/ *n.* **1 a** 豆《主にソラマメ・インゲン・ササゲの類の実も植物をもいう; cf. pea[1]》: a garden ~=broad bean / soy ~ 大豆 / ⇨ BAKED beans, French bean, kidney bean / Every ~ has its black. 《諺》人にはみな欠点がある. 日英比較 日本語には「豆(類)」という総称があるが, 英語では日常レベルの語には総称がなく, *bean* (凹みのある楕円形の豆, そら豆, いんげん豆, コーヒー豆など), pea (丸い球形の豆, えんどう豆, グリーンピースなど), lentil (平らな円形の豆, ひら豆, レンズ豆など)の三つに分かれる. **b** 食用にする未熟な豆のさや. **2** 豆に似た果実[種子]: coffee [cocoa] ~*s*. **3 a** 豆状のもの. **b** 水鳥の上のくちばしの突起. **4** 《米俗》頭 (head): beat a person on the ~ 人の頭をなぐりつける. **5** [主に否定構文で]《俗》**a** つまらぬもの: *not* worth a ~ [a row of ~*s*] 何の値打ちもない / not add up [not amount] to a row of ~*s* ほとんど価値がない. **b** 少額の金: They have *never* saved a ~. 一文も蓄えたことがない. **c** [*pl.*]《米》少量, 少し: not care ~*s* 少しも気にかけない / not know ~*s* 全く知らない. **6** 《口語》貨幣; 《米俗》1ドル貨; 《英俗》1ギニー貨. 《cf. F *bien* something good》 **7** [old ~ で; 親しい間での呼び掛けとして]《英俗》やあ, 君 (cf. fruit 4). **8** [*pl.*]《俗》なぐること, 懲罰, 折檻(せっかん), 叱責. **9** [*pl.*; 間投詞的に]《俗》いやになっちゃうな, ひどいなあ《不満・嫌悪などを表す》.
a hill of béans 《米口語》わずかな価値のもの. *full of béans* (1) 《口語》〈人が〉元気いっぱいで (cf. bean-fed): feel *full of* ~. (2) 《米口語》〈人が〉間違って, いい加減で. 〚(1854): もと豆の餌をたっぷり与えられて元気いっぱいの馬についていったもの〛 *gèt béans* 《俗》しかられる; なぐられる, ひどい目に遭わされる. 〚1893〛 *give a person béans* 《俗》〈人を〉罰する, ひどい目に遭わせる, しかりつける. 〚1835〛 *hàve tóo múch béans* 《口語》元気[活気]があり余る. *knów hòw màny béans màke fíve* 《米口語》物がわかっている, 抜かりがない. 《昔子供が豆を使って数え方を覚えたことから; またはこれをひねった謎 How many blue beans make five white ones? (答えは Five—if peeled.) にかけたもの》 *lìke béans* 《口語》とても, ひどく. *spíll the béans* 《口語》(1) 〔…に〕(通例うっかり)秘密をもらす 〔*to*〕. (2) 計画[配列]をくつがえす.
— *vt.* 《米口語》〈飛んできた物が〉…の頭に当たる; 〘野球〙〈ボールが〉〈打者〉の頭に当たる, 〈打者〉にビーンボールを投げる. 〚OE *bēan* < Gmc *baunō (G *Bohne*) ← ? IE *bha-bhā- broad bean (L *fava*). — v.: (1910) ← (n. 3)〛

béan àphid *n.* 〘昆虫〙半翅(はんし)目の豆類につくアブラムシの一種 (*Aphis fabae*) (black bean aphid, blackfly ともいう).

béan·bàg *n.* **1** お手玉; お手玉遊び. **2** (灰皿敷などに用いる)お手玉状の下敷. **3** (ビーン)バッグチェア《お手玉を大きくしたようなクッションで, 座る人間に応じて柔軟に変形する; beanbag chair ともいう》. 〚1871〛

béan bàll *n.* 〘野球〙ビーンボール《打者の頭(の近く)をねらって投げられた球》. 〚(1905) ← BEAN (n. 4)〛

béan bèetle *n.* =Mexican bean beetle.

béan blìght *n.* 〘植物病理〙インゲン葉焼け病.

béan càke *n.* 大豆かす. 〚1887〛

béan càper *n.* 〘植物〙地中海東部沿岸地方のハマビシ科の小木 (*Zygophyllum fabago*)《そのつぼみを酢漬けにしてケーパー (capers) の代用に使う》. 〚1597〛

béan cóunter *n.* 《米口語》(統計データにうるさい)会計係[士], 経営者, 経理屋. **béan-cóunting** *adj.*

béan cùrd [**chèese**] *n.* 豆腐. 〚1889〛

bean·er·y /bíːnəri/ *n.* 《米口語》安料理店. 〚(1887) ← BEAN+-ERY: 主に豆の料理を出すことから〛

béan·fèast *n.* 《英》**1** (年に一度雇主が雇人にふるまう)宴会. **2** 《口語》(食事の用意された)めでたい[楽しい]お祝い, お祭り. 〚(1805): もとは豆とベーコン (beans and bacon) のごちそうが主であったことから〛

béan-fèd *adj.* 《口語》元気に満ちた (cf. beany[2]). 〚1889〛

bean·fest /bíːnfèst/ *n.* 《英》=beanfeast.

béan gòose *n.* 〘鳥類〙ヒシクイ (*Anser fabalis*)《イングランドでは冬に北方から大群で渡来; 不吉な響きがする悪声のため, しばしば 死の予告者とされる》. 〚1766〛

béan hùller *n.* =bean thresher.

bean·ie /bíːni/ *n.* 《口語》ビーニー帽《女性・学童・学生のかぶる頭にぴったりした丸い小型の帽子[キャップ]》. 〚(1943) ← BEAN (n. 4)+-IE〛

béanie bàby *n.* 《米》〘商標〙ビーニーベイビー《米国で人気のある赤ん坊のぬいぐるみ》.

béan jàm *n.* (和菓子の)餡(あん).

bean·o[1] /bíːnoʊ | -nəʊ/ *n.* (*pl.* ~**s**) 《英俗》=beanfeast. 〚(1888) 《短縮》← BEANFEAST: ⇨ -o〛

bean·o[2] /bíːnoʊ | -nəʊ/ *n.* (*pl.* ~**s**) =bingo. 《(変形) ← BINGO》

béan pàste *n.* 味噌. 〚1904〛

béan·pòd *n.* 豆のさや. 〚1733〛

béan·pòle *n.* **1** 豆のつるの支柱. **2** 《口語》背の高いやせた人, 背高のっぽ. 〚1798〛

béan pòt *n.* 煮物用厚手なべ.

béan shòot *n.* =bean sprout.

béan·shòoter *n.* 《米》=peashooter. 〚1890〛

béan shòt *n.* 〘冶金〙(融状態で水中に投入されて粒状になった)精製銅.

béan spròut *n.* [通例複数形で] (大豆か緑豆(りょくとう)の)もやし《食用になる》. 〚1923〛

béan·stàlk *n.* 豆の木の茎: Jack and the *Beanstalk* ジャックと豆の木. 〚?*c*1800〛

béan thrèsher *n.* (豆類の)脱粒機《bean huller ともいう》.

Béan Tòwn *n.* [the ~] 米国 Boston 市の俗称. 〚← *Boston baked beans* (白いんげんを豚肉や糖蜜などと混ぜていためたもの; その缶詰は都会の独身者の安直な食べ物の代表)〛

béan trèe *n.* 〘植物〙**1** オーストラリア産マメ科の植物の一種 (*Castanospermum australe*)《街路樹として, また黒い豆をあぶったり粉にして食用とする; Moreton Bay chestnut ともいう》. **2** さや豆に似た実のなる落葉樹《キササゲ (catalpa), イナゴマメ (carob) など》. **3** =laburnum.

béan wèevil *n.* 〘昆虫〙マメゾウムシ(鞘翅(しょうし)目マメゾウムシ科の甲虫の総称; 種々の豆類に食い入る大害虫が多い); (特に)インゲンマメゾウムシ (*Acanthoscelides obtectus*). 〚1870〛

bean·y[1] /bíːni/ *n.* =beanie.

bean·y[2] /bíːni/ *adj.* (**bean·i·er; -i·est**) 《俗》元気な; 上機嫌な. 〚(1852) ← BEAN+-Y[4]: cf. *full of beans*〛

bear[1] /béə | béə(r)/ *v.* (**bore** /bɔ́ə | bɔ́ː(r)/, (古) **bare** /béə | béə(r)/; **borne** /bɔ́ən | bɔ́ːn/, **born** /bɔ́ən | bɔ́ːn/) ★ born の用法は ⇨ *vt.* 7 a. — *vt.* **1 a** 運ぶ, 持って行く; 連れて行く (take), 案内する (lead): ~ a burden [heavy load] 重荷を(負って)運ぶ / Four captains *bore* Hamlet *to* the stage. 4人の隊長がハムレットを壇上に運んだ / We *bore* him *home* [*to* his quarters]. 彼をうちへ[宿舎へ]送って行った / The sound of a church bell came *borne* (*up*)*on* the wind. 教会の鐘の音が風に乗って聞こえてきた. **b** [通例 p.p. 形で] 輸送する (transport): ⇨ airborne / goods *borne* in ships 船で輸送されてきた物資. **c** 〈賞などを〉獲得する (cf. BEAR *away* (*vt.*) (1)). **2 a** 〈武器・マーク・痕跡(こんせき)などを〉帯びる, 身に着ける (wear, carry); 〈日付・銘などの〉記載がある: ~ a sword 剣を帯びる / ~ arms 武器を執る, 武装する; 兵役に服する / ~ arms *against* …に背く, 刃向う / a ship ~*ing* (the) American colors 米国国旗を掲げた船 / a bottle that ~*s* the label "poison"「有毒」のラベルが張ってあるびん / ～ a coat of arms 紋章を帯びる / The bed *bore* traces [signs] of having been slept in. そのベッドにはだれか寝た形跡があった / This letter ～*s* the wrong address [(the) date of 1976]. この手紙には間違った宛名 [1976 年の日付] が書いてある / The urn *bore* an inscription. そのつぼには銘が刻んであった. **b** [p.p. 形で]〔名簿に〕載せる, 登録する (enroll)〔*on*〕: regular members *borne on* the list 名簿に載っている正会員.

3 [しばしば二重目的語を伴って]〈心に〉もつ,〈恨み・悪意などを〉抱く, 含む (entertain): *Bear in* mind what I say. 私の言うことを心に留めておきなさい / ～ a grudge *against* a person＝～ a person a grudge 人に恨みを抱く / ～ ill will *toward* a person＝～ a person ill will 人に悪感情をもつ / ～ a person hatred [love] 人に憎悪[愛情]を抱く / I ～ you no resentment for what happened. 起きたことに対してあなたに恨みを抱いてなどいない.

4〈関係・比率などを〉有する, もつ (have);〈名前・称号・名声・特徴などを〉もつ, 示す (show): the ratio which one thing ～*s to* another 甲の乙に対する比率 / ～ no relation *to* …に関係がない / ～ a resemblance *to* …に似た所がある / ～ the name (of) Thomas トマスという名がある / ～ a title 肩書を帯びる / ～ a reputation 名声を有する / ～ an evil look 凶悪な顔つきをしている.

5 伝える (convey), 広める (spread); 提供する, 与える (offer): ～ tales [gossip] うわさを広める / ～ good news 吉報をもたらす / ～ testimony (to) (…に)証言を与える, (…の)証人に立つ / ～ false witness (*against* a person) (人の不利になるように)虚偽の証言をする / ～ a hand《古》手を貸す, 手伝う / ～ [keep] a person company《古》おつきあいに人と同座[同行]する.

6 a ある姿勢に〈身体などを〉保持する: ～ *oneself* [one's body] erect(ly) 体をまっすぐにしている / ～ one's head high 頭を高くしている. **b** [～ *oneself* で]〈身を〉処する, ふるまう (behave): ～ *oneself* nobly [with grace] 雄々しく[スマートに]ふるまう / ～ *oneself* like a gentleman 紳士らしくふるまう / He ～*s himself* well in spite of his misfortunes. 不幸にあってもくじけずにりっぱに身を処している.

7 a [しばしば二重目的語を伴って]〈子を〉産む (cf. beget 1): She has *borne* (him) five children. 彼女は(彼との間に) 5 人の子供を産んだ / She *bore* him a son. 彼の息子をもうけた. ★ 特に, 受動態で「生まれた」の意味を表す場合は, あとに by… が続くときを除き, 過去分詞として born を用いる (cf. born, borne): He was *born* in England in 1933. 1933 年英国で生まれた / He was *borne by* an American woman. 彼は米国女性を母として生まれた / They believed that Christ was *born* of a virgin. キリストの処女降誕を信じた. **b**〈花を〉つける,〈実を〉結ぶ (produce);〈利子を〉生む (yield);〈賞賛を〉もたらす (invite): ～ fruit 実を結ぶ; 成果をあげる / Apple trees ～ blossoms in early spring. りんごは早春に花をつける / The bonds ～ 5% [a low rate of] interest. その債券には 5 分の[低率の]利子がつく / His new novel *bore* severe criticism. 彼の新しい小説は厳しい批判を受けた. **c** [受身]〈新しい時代などが〉生まれる;〈人が〉〔…に〕生まれつく〔*to*〕(cf. born): A new era was being *born*. 新しい時代が誕生しよう[始まろう]としていた / He *is* [*was*] *born* to teach. 先生になるように生まれついている[生まれついた] / I *was born* to love you. 私はあなたを愛するように生まれついた.

8〈重さ・物などを〉支える, 支持する, 載せている (support)〈*up*〉: an altar ～*ing* offerings 供え物を載せた祭壇 / beams that ～ (*up*) (the weight of) the roof 屋根(の重み)を支える梁(はり) / This ice won't ～ us. この氷では我々(の重さ)を支えきれまい.

9〈義務・責任・役割などを〉負う, 分担する (assume);〈費用などを〉もつ, 支払う (defray): ～ a part (*in*) (…に)一役買う, 参加する / a responsibility too great for me to ～ 私には負いきれないほど重大な責任 / I will ～ the blame. その責めは私が負う / He *bore* the whole cost by himself. 一人で一切の費用をもってくれた.

10 a [通例否定構文で; 名詞, 動名詞, to 不定詞または目的語＋to 不定詞などを伴って]〈苦痛・不幸などに〉耐える, 我慢する (endure): ～ all hardships あらゆる困難に耐える / I can*'t* ～ it [him]. それ[彼]には我慢できない / This is more than I can possibly ～. これには私はとうてい耐えられない / There's no ～*ing* that fellow [this noise]. あの男[この騒がしさ]にはとても我慢がならない / He could*n't* ～ *to* be [～ be*ing*] ignored. 無視されるのが我慢ならなかった / I can*'t* ～ her be*ing* unhappy.＝I can*'t* ～ (for《米》) her *to* be unhappy.＝I can*'t* ～ it for her to be unhappy. ＝What I can*'t* ～ is for her to be unhappy. 彼女を不幸にしておくには忍びない / I can*'t* ～ it that she's unhappy. 彼女が不幸であることには耐えられない / I can*'t* ～ it when she's unhappy. 彼女が不幸であるのは耐えられない. **b** (苦々しい気持で)耐える: I *bore* it hard [heavy] to be laughed at. 笑い者にされてしゃくにさわったが我慢した / ⇨ GRIN *and bear it*.

11 [しばしば *doing* を伴って] **a**〈試験・検査・翻訳・反復などを〉受けるのに耐える[適する] (stand): ～ the test of time 時の試練に耐える / a statement that will not ～ close examination 綿密に調べれば虚偽だとわかるような陳述 / an expression that does not ～ translation とても翻訳のできない表現 / His language doesn't ～ repeat*ing*. 彼の言葉は(実に下品で)繰り返すに耐えない / It doesn't ～ think*ing* about! そんなことは(恐ろしくて)とても考えられないよ / The joke will ～ repeat*ing*. そのジョークは(傑作だから)繰り返して使えそうだ / This cloth will ～ wash*ing*. この布地は洗濯がきく. **b**〈検査・監視などを〉必要とする, 要する (require): His answer will ～ examination. 彼の答は吟味が必要だ.

12〈見解・解釈などを〉可能にする, いれる: a word ～*ing* several meanings 幾つもの意味をもつ単語 / The accident ～*s* two explanations. その事故には二通りの説明が可能だ.

13 押す (press), 突く (thrust), 追う (drive): a boat *borne* down the rapids 急流を押し流されるボート / Crowds *bore* us *along*. 我々は群衆に押されていった / The demonstrators were *borne back*(*ward*) by the police. デモ隊は警官隊に押し返された.

14《古》〈権力・職権などを〉振るう, 行使する (exercise): ～ sway (*over*) (…を)支配する / ～ rule (*in*) (…の)支配権を握る, (…を)統治する.

15 [*that*-clause を伴って]《古》〈…ということを〉趣旨とする, 意味する (purport).

— *vi.* 1 持ちこたえる; 重さに耐える: Will the ice ～? その氷は乗っても大丈夫だろうか. **2**〔…を〕耐え忍ぶ, 我慢する (endure)〔*with*〕: ～ and forbear /fɔəbéə | fɔːbéə(r)/ じっと我慢する / If you will ～ *with* me just a few minutes, …ほんのしばらくお待ち願えれば[私の言うことを聞いて下さるならば(など)] / Please ～ *with* me while I try another extension, caller. 別の内線に回しますのでお待ち下さい / There's no ～*ing with* them. 連中にはとても我慢がならない. **3 a**〔…に〕重みがかかる, もたれかかる,〔…を〕押す〔*against, on*〕: an arch ～*ing against* piers せり持ち台に載っているアーチ / He *was* ～*ing* (*up*)*on* his crutches. 松葉杖にもたれかかっていた. **b**〔…を〕圧迫する,〔…に〕のしかかる (weigh)〔*on, upon*〕: The weight of taxation ～*s* hard [heavily] (*up*)*on* all classes. 課税の重圧がすべての階層の人々の上に重くのしかかっている. **4**〔…に〕影響がある, 関係がある (relate)〔*on, upon*〕: documents ～*ing on* the subject その問題に関係のある書類 / His story doesn't ～ *upon* this question. 彼の話はこの問題と関係がない. **5 a** (ある方向に)向かう, 進む: ～ (*to* the) right 右の方へ進む / The ship *bore south*. 船は南へ進路を向けた / The road ～*s east*. 道は東の方へ延びている. **b** (ある方位に)向いている, 位置する: bring guns to ～ (*up*)*on* the enemy's position 敵陣へ大砲の照準を合わせる / ⇨ BRING *to bear on* [*upon*] / The bay *bore* due *north*. 湾は真北に位置していた. **6 a** 実を結ぶ: This tree ～*s* well. この木にはよく実がなる. **b**《古》子を生む.

be bórne ín on* [*upòn*]** …に確信される, …にわかってくる (be brought home to): It *was borne in* (*up*)*on* me that… 私は…と確信するに至った. ***béar awáy (*vt.*) (1) 持って[取って]いってしまう: ～ *away* the prize＝*bear away the* BELL[1]. 《*c*1450》 (2) [受身で] 駆り立てる: He *was borne away* by anger. 怒りに駆られた. — (*vi.*)《海事》(主に風下に)針路を少し曲げる. ***béar báck*** (*vi.*) 退く (retreat). (*vt.*) 押し返す (⇨ *vt.* 13). ***béar dówn*** (*vt.*) (1)〈敵・反対などを〉圧服する, 圧倒する, 克服する (overcome); (議論などで)〈相手〉に打ち勝つ. (2)〈枝などを〉たわませる, 押し下げる. — (*vi.*) (1)《主に米》しっかりと頑張る, 大いに努力する. (2)《主に英》(分娩時に)息む. (3) 押えつける; 力一杯押す. (4)《海事》(特に追風を受けて)航海する;〈船が〉互いに向かい合ってくる.《*a*1398》 ***béar dówn on* [*upòn*]** (1)《主に米》〈敵などが〉…に急に襲いかかる;〈群衆などが〉…にどっと押し寄せる;〈船・車・人などが〉…にぐんぐん近づく, 向かってくる: A car *bore down upon* us. 一台の車が我々の方へどんどん迫ってきた.《1716》 (2) …に一生懸命に取り組む. (3)《主に米》…に圧力をかける, もたれかかる (cf. *vi.* 3 a): He was ～*ing down on* his crutches. 松葉杖にもたれかかっていた. (4)〈責任・税金・伝統などが〉…に重くのしかかる, …を圧迫する (cf. *vi.* 3 b). (5) …を強調する (emphasize): ～ *down on* economic causes 経済的な原因を力説する. (6) …を叱る, 罰する: ～ *down* (hard) *on* criminals 犯罪人を(厳しく)処罰する. ***béar hárd* [*héavy, héavily*]** (*vt.*) (1) ⇨ *vt.* 10 b. (2)《廃》〈人を〉いやに思う. — (*vi.*) ⇨ *vi.* 3 b.《*c*1400》 ***béar in with***《海事》＝BEAR *up for*. ***béar óff*** (*vt.*) (1) ＝BEAR *away* (1). (2) 払いのける; (ぶつからないように)かわす: ～ *off* a boat. (3) …の命を奪う. — (*vi.*) (1)《海事》(陸地・他船から)(徐々に)遠ざかる (steer away). (2) (次第に)脇へそれる. ***béar óut*** (*vt.*) (1) 運び出す. (2)〈人の意見などを支持する (support);〈話・理論・仮説などを〉確認する,〈事実・情報などが〉裏書きする: He will ～ me *out* (that I stayed at home). 私(がずっと家にいたということ)を支持してくれるだろう / Later research *bore out* his theory. その後の研究が彼の理論を実証した / It was later *borne out* that she had been right. 彼女が正しかったことが後に確認された.《1551》 — (*vi.*)〈色が〉出る. ***béar úp*** (*vt.*) (1) ⇨ *vt.* 8. (2) 支える, 励ます: ～ a person *up* 人を支える.《1482》 — (*vi.*) (1) (失望しないで元気に)頑張る, (くじけず, めげずに)耐える: ～ *up against* misfortune [*under* affliction] 不幸に対して[苦難のもとで]へこたれない / ～ *up with* boredom 退屈を我慢する / *Bear up!* 頑張れ / How is he ～*ing up?* — Not too badly. 彼は頑張っていますか—まあまあです. (2)〈主張などが〉〔精査などに〕耐えうる〔*under*〕. (3)《海事》針路を風下に転じる, 風下に走る.《1611》 ***béar úp for***《海事》…に向けて進む. ***béar wátching*** (1) 注目に値する, 将来性がある: This author ～*s watching*. (2) 警戒を要する, 油断がならない: That corner ～*s watching*. あの曲がり角は注意を要する[危険だ]. ***bríng to béar on* [*upòn*]** ⇨ bring 成句.

— *n.*《米学生俗》難しい科目[問題]: That problem is a ～ (to solve). その問題(を解くの)は難しい.

〖OE *beran* < Gmc **beran* (G *gebären* to bring forth) ← IE **bher-* to carry (L *ferre* to carry / Gk *phérein* / Skt *bharati* he bears)〗

SYN 1 運ぶ: ⇨ carry. **2** 耐える: **bear**〈苦痛・悩みなどに〉不平を言わずに耐える: He is *bearing* his grief very well. 悲しみによく耐えている. **suffer**〈不愉快なものを〉嫌々ながら我慢する《格式ばった語》: I cannot *suffer* such insult. そのような侮辱は我慢できない. **endure**〈苦痛・困難などを〉長期にわたって辛抱強く耐え忍ぶ《精力・剛毅さを暗示する》: *endure* great hardships 大きな困難を耐え忍ぶ. **tolerate**〈いやなもの・是認できないものを〉干渉しないで許す: I can *tolerate* his presence. 彼の同席を我慢できる. **stand** [通例否定構文で] ＝*bear*: I cannot *stand* teasing. からかわれるのは我慢できない. **put up with**《口語》〈特に怒りを〉我慢する: I can't *put up with* his rudeness. 彼の無礼には我慢できない.

bear[2] /béə | béə(r)/ *n.* (*pl.* ～**s**, ～) **1**《動物》**a** クマ《クマ科の哺乳動物の総称》: ⇨ polar bear / Catch the ～ before you sell his skin.《諺》取らぬ狸(たぬき)の皮算用(をするな) / sell the skin before one has killed the ～ 取らぬ狸の皮算用をする. ★ ラテン語系形容詞: ursine. **b** 熊に似た動物: ⇨ antbear. **c**《豪》コアラ (koala). **2** 熊のおもちゃ: ⇨ teddy bear. **3**《証券》(相場の下落を予想しての)弱気の売方, 弱気筋 (↔ bull[1]). **4**《口語》《トランプ》(はったりをかけたりしない)地味なプレーヤー (↔ bull[1] 8). **5**《口語》無骨で粗暴な人, 無作法者, がさつ者: a regular ～ まるで熊みたいな男. **6**《口語》(仕事などに)能力[熱意, 興味など]を大いに示す人〔*for*〕: be a ～ *for* music 音楽が好きだ / He is a ～ *for* work. 彼は仕事の鬼だ. **7** [the B-]《天文》**a** おおぐま(大熊)座 (the Great Bear) (⇨ Ursa Major). **b** こぐま(小熊)座 (the Little Bear) (⇨ Ursa Minor). **8** [B-] カブスカウト《ボーイスカウトの幼年組 (8–10 才)の団員》. **9** [the B-] ロシア (Russia)《擬人法的ないい方》. **10** (鉄板に穴をあける)穴あけ器.

(as) cróss as a béar とても機嫌が悪い, ぷりぷりしている. ***be a béar for púnishment*** 虐待に耐える; 悪条件に屈しない. ***hàve a béar by the táil*** 手に負えない[扱いにくい]ものを持つ; 苦境に立つ. ***like a béar with a sóre héad***《口語》＝(*as*) *cross as a* BEAR. ***lóaded for béar*** ⇨ loaded 成句. ***pláy the béar with***《口語》…を台なしにする.《1854》 ***táke the béar by the tóoth*** むだな危険を冒す.

— *adj.*《証券》弱気の, 相場が低下傾向の: be on the ～ side 売方に立つ / ⇨ bear market.

— *vt., vi.*《証券》(株式・市場などを)売りくずす[たたく].

〖OE *bera* < (WGmc) **berōn*《原義》the brown animal (Du. *beer* / G *Bär*) ← IE **bher-* 'BROWN': cf. beaver[1]〗

bear[3] /bíə | bíə(r)/ *n.*《主にスコット》＝barley[1].

Bear *n.* [the ～] ⇨ Bear River.

bear·a·ble /bé(ə)rəbl | béər-/ *adj.* 耐えられる, 我慢できる,〈寒暑など〉しのげる: The pain was rather ～. 痛みはなんとか我慢できた. **béar·a·bly** *adv.* **bèar·a·bíl·i·ty** /-rəbíləti | -l̩ti/ *n.* **～·ness** *n.* 〖《*c*1454》← BEAR[1]＋-ABLE〗

béar animàlcule /béə- | béər-/ *n.*《動物》緩歩類 (tardigrade).〖1889〗

béar·bàiter *n.* 熊いじめをする人.

béar·bàiting *n.* 熊いじめ《16–17 世紀英国で流行した, つないだ熊に mastiff などの猛犬をけしかける遊び・賭博; 1835 年の禁令で終息; ⇨ bear garden 1)》.〖《?*a*1300》: ⇨ bear[2], bait[1] (vt.) 2 a〗

bear·ber·ry /béəbèri | béəb(ə)ri/ *n.*《植物》**1** クマコケモモ, ウワウルシ (*Arctostaphylos uvaursi*)《北半球寒帯の赤い実がなるツツジ科の常緑のつる植物; 葉はウワウルシ葉(よう)といい薬用》. **2** ＝possum haw 1. **3** ＝American cranberry. **4** ＝cascara buckthorn.〖1625〗

béar·càt *n.* **1 a**《動物》＝binturong. **b** ＝panda 1 a. **2**《米口語》強い[勇猛な]人[動物など], 闘士; すぐれた[すてきな]もの[人].〖1889〗

béar clàw *n.*《米》ベアクロー《熊の手の形のアーモンド入り菓子パン; bear paw ともいう》.

beard /bíəd | bíəd/ *n.* **1 a** あごひげ (cf. moustache, whisker): a man with a bushy ～ もじゃもじゃのあごひげを生やした男 / grow [have, wear] a ～ ひげを生やす[生やしている] / shave off one's ～ あごひげをそり落とす / stroke one's ～ あごひげをなでる / trim one's ～ あごひげの手入れをする / take a person by the ～ 人のあごひげをつかむ; 大胆に攻撃する (*1 Sam.* 17:35). **b**《米俗》あごひげを生やしている人《特に, 大学生・教授・知識人についていう》. **2** (やぎ・犬などの)あごひげ (chin tuft). **3** (麦などの)芒(のぎ) (awn). **4** (矢じり・釣りばり・編針などの)あご, かかり, かえり (barb). **5**《活字》**a**《米》＝bevel 3; (時に) bevel と肩 (shoulder) を合わせた部分. **b** ひげ《ローマン体の大文字 G などのステム (stem) の端にあるセリフ (serif)》. **6**《動物》カキの鰓(えら); (二枚貝の)足糸; 鳥のくちばしのひげ状羽毛. **7**《米俗》(正体を隠すための)表向きの事業, 看板役; (賭けている本人を隠すための)代りの賭け手, 替え玉.

beard mustache wiskers

in spíte of a person's béard 人の意に逆らって. ***láugh in one's béard*** [***úp one's sléeve***] ⇨ laugh 成句. ***síngе the King of Spáin's béard*** スペインの海岸を荒らす.《Sir Francis Drake が 1587 年 Cadiz 港で敵船 1 万トンを撃沈したときの言葉から》 ***spéak in one's béard*** つぶやく, もぐもぐ言う. ***to a person's béard*** 人の面前をはばからず.

B

— *vt.* **1** …ひげをつかむ[引っ張る], ひげを抜く. **2** …に公然と反抗する (defy). **3** …にひげを付ける.
***béard the líon in his dén* [*láir*]** 実力者のところに乗り込んで行く, 手ごわい相手に立ち向かう.
~·lìke *adj.* 〚ME *berd* < OE ~ < Gmc **barðaz* (Du. *baard* / G *Bart*) ← IE **bhardhā-* (L *barba*) ← ? **bhar-* bristle, point: cf. halberd〛

Beard /bíəd | bíəd/, **Charles Austin** *n.* ビアード《1874–1948; 米国の歴史家》.

Beard, Daniel Carter *n.* ビアード《1850–1941; 米国のボーイスカウトの創設者の一人; 通称 Dan Beard》.

Beard, James (Andrews) *n.* ビアード《1903–85; 米国の料理研究家》.

Beard, Mary R(it·ter) /rítə | -tə(r)/ *n.* ビアード《1876–1958; Charles Austin Beard の妻で歴史家; *The Rise of American Civilization* (夫と共著) (1927–42)》.

beard·ed /bíədɪ̀d | bíədɪ̀d/ *adj.* **1** 〈人など〉ひげのある: a gray-*bearded* man. **2** 〈麦など〉芒(のぎ)のある. **3** 〈釣り針など〉鉤(かかり)のある. **~·ness** *n.* 〚(c1303): ⇨ -ed〛

béarded cóllie *n.* ビアデッドコリー《あごひげが長く垂れているイヌ》. 〚1880〛

béarded dárnel *n.* 〘植物〙ドクムギ (*Lolium temulentum*)《種子から麻酔薬が作られる; poison darnel ともいう》.

béarded íris *n.* 〘植物〙ビアデッドアイリス《下弁のあるアイリス》.

béarded lízard [drágon] *n.* =jew lizard.

béarded néedle *n.* =spring needle.

béarded séal *n.* 〘動物〙アゴヒゲアザラシ《北極海に生息する大形のアザラシ, 鼻づらの両側に長い剛毛のひげがある》.

béarded tít *n.* 〘鳥類〙ヒゲガラ (*Panurus biarmicus*).

béarded vúlture *n.* 〘鳥類〙=lammergeier.

béard·fìsh *n.* 〘魚類〙太平洋と大西洋の深海にすむギンメダイ科の魚の総称《下あごに一対のひげがある》.

beard·ie /bíədi | bíədi/ *n.* **1** ひげの生えた犬. **2** 《口語》ひげを生やした人. 〚(1828) ← BEARD (n.)+-IE〛

béard·ing /-dɪŋ | -dɪŋ/ *n.* 〘造船〙**1** 船側の角度に合わせた肋材の傾斜. **2** 舵の前端部; これに対応する船尾材の後端部. 〚((1483)) (1833) ← BEARD (n.)+-ING[1]〛

béarding lìne *n.* 〘造船〙ベアディングライン, 外板内面線《木船で船首材・力材・キール・船尾材などのフレーム外面(すなわち外板内面)との交点を示す線》. 〚1833〛

béard·less *adj.* **1** 〈人など〉ひげのない; ひげをそった. **2** まだひげの生えない, 青二才の. **3** 〈麦など〉芒(のぎ)のない: ~ wheat. **4** 〈釣り針など〉鉤(かかり)のない. **~·ness** *n.* 〚(c1330): ⇨ -less〛

Beard·more /bíədmɔə | bíədmɔː(r)/ *n.* ビアドモア《南極大陸の Ross Ice Shelf へ下る氷河》.

béard néedle *n.* =spring needle.

Beards·ley /bíədzli | bíədz-/, **Aubrey Vincent** *n.* ビアズリー《1872–98; 英国の挿絵画家; *The Yellow Book* の美術主任; 世紀末の代表的画家; Oscar Wilde の *Salome* の挿絵などで有名》.

béard·tòngue *n.* 〘植物〙イワブクロ《ゴマノハグサ科イワブクロ属 (*Pentstemon*) の植物の総称》. 〚1821〛

beard·y /bíədi | bíədi/ *n.* =beardie. 〚1598〛

bear·er /bé(ə)rə | béərə(r)/ *n.* **1 a** 運ぶ者, 運搬人; (現地人の)ポーター: a ~ of burdens / a flag ~ 旗手 **b** = pallbearer. **c** 竈(かまど)かき. **d** (インド, アフリカなどの)召使い, ボーイ (house servant), 従者 (valet). **2** (小切手・手形の)持参人, (証明書などの)携帯者, (手紙の)使者: payable to ~ 持参人払い / the ~ of unhappy news いやな知らせを伝える人 / reply by ~ 持参人に返事を持たせてやる / the ~ of this letter この手紙を持ってあなたの所へ行く者. **3** [形容詞を伴って] 実のなる[花の咲く]草木 (cf. flowerer 1, fruiter 3, grower 1): a good ~ よく実る[花の咲く]草木. **4** 身分[官職]を有する人. **5** (家具の)引出しのレール《bearing rail ともいう》. **6** 〘印刷〙**a** まくら, ベアラ《印刷機の両端部に設けられ, 版盤で版面の高さに合わせてある棒》. **b** まくら, ベアラ《紙型取りで, 原版の空白部分に入れる活字と同じ高さの金具》. **c** 版盤レール《版盤を支える鉄製のレール》. **7** 〘造船〙(ボイラー据付けその他の)受台. — *adj.* [限定的] 持参人払いの; 無記名(式)の: a ~ check 持参人払い小切手 / ~ securities 持参人払い[無記名]債券. 〚(c1380) ← BEAR[1]+-ER[1]〛

bearer bònd *n.* 無記名債券, 持参人払い債券《所有者の名義・記名を必要としない; cf. registered bond》.

bearer còrps [còmpany] *n.* 〘英軍〙衛生看護隊[中隊], 担架部隊[中隊].

béar gàrden *n.* **1** 熊園, 熊闘技場《もと bearbaiting をやらせた場所》. **2** 騒々しい場所: make a ~ of …を混乱のちまたとしてしまう. 〚1596〛

béar gràss *n.* 〘植物〙ユリ科イトラン属 (*Yucca*) の数種の植物の総称; (特に)イトラン (*Y. filamentosa*). 〚1750〛

béar hùg *n.* **1** 力強い抱擁. **2** 〘レスリング〙ベアハッグ《前方から相手の体に両腕を巻きつけ仰向けにフォールしようとする組み方》. 〚1921〛

bear·ing /bé(ə)rɪŋ | béər-/ *n.* **1 a** 〔他の物に対する〕関係, 関連 〔*on, upon*〕: It has no ~ *on* the question. その問題には無関係である / consider a matter in all its ~*s* あらゆる面から問題を考える. **b** (言葉などの)意味, 意義, 趣旨: What is the precise ~ of the word in this passage? この節のこの語の正確な意味は何か. **2** (人の)物腰, 態度; ふるまい, 挙動: a man of lofty [dignified, émilitary] ~ 堂々たる[威厳のある, 軍人らしい]態度の人 / one's kindly ~ ものやさしい態度 / His ~ was admirable. 彼の態度はりっぱだった. **3 a** 方角, 方位, 方面: ⇨ magnetic bearing, true bearing / take a (compass) ~ *on* a lighthouse 灯台の方向に針路をとる. **b** [*pl.*] (自分の置かれた他との)相対的対置, (自己の)立場の認識, 状勢の把握: get [take, find] one's ~*s* 物標の方位を測定する, 位置を確かめる; 自船の位置[状態]を確かめる, 自分のすべきことがわかる / bring a person to his ~*s* 人に分をわきまえさせる, (自分のふるまいを)反省させる / lose one's ~*s* 方角がわからなくなる; 当惑する, 迷う / be out of one's ~*s* 自分の立場がわからない; 途方に暮れる. **4** 忍耐, 我慢, 辛抱: His conduct is beyond [past] all ~. 彼の行為は全く我慢ができない. **5** 圧迫 (pressure), 押し (thrust). **6** 〘機械〙軸受け, ベアリング: ⇨ ball bearing. **7 a** 〘植物〙結実(期), 結果; 収穫 (crop), 収穫高: a tree past ~ 実がならなくなった木 / be in ~ 実を結んでいる. **b** (子を)生むこと, 出産(期): ⇨ childbearing. **8** 〘建築〙(構造物の)支点; 張り間, わたり間. **9** 〘紋章〙**a** [*pl.*] 紋章《通例 armorial bearings の形で使用される》. **b** (盾に描かれる)紋章 (charge). **10** 〘通信〙方位《特に, 電波到来の方位を指す》: ~ resolution 方位分解能. 〚(c1250): ⇨ bear[1], -ing[1]〛

SYN 態度: **bearing** 人柄の表れるような物腰《最も一般的な語》: His manly *bearing* won the confidence of his employers. 男らしい態度によって雇い主から信頼された. **carriage** 身のこなし《格式ばった語》: She has a graceful *carriage*. 物腰が上品だ. **demeanor** 他人に対する態度《格式ばった語》: He maintained a stolid *demeanor*. あくまでも鈍重な態度を崩さなかった. **mien** 《文語》特定の気分を示す態度, 特に表情: with an indignant *mien* 憤然とした様子で. **manner** 特定の場合の, または習慣的なふるまい・話す態度: He has a fascinating *manner*. 人を魅了する態度をしている. **deportment** 《英》特に若い女性の立ち居ふるまい; 《米》ふるまい: her ladylike *deportment* 彼女の貴婦人らしいふるまい.

-bèar·ing *adj.* [通例複合語の第 2 構成素として] …を生む, つける: an interest-*bearing* bond 利子を生む債券.

béaring blòck *n.* 〘土木〙ベアリングブロック《木造トラス (truss) の格点などにおいて斜材などの圧縮力を他の部材に分布させるための部材》.

béaring bràss *n.* 〘機械〙軸受けメタル《真鍮または青銅製》.

béaring-clòth *n.* 《廃》子供の洗礼服. 〚1601〛

béaring pedèstal *n.* 〘機械〙軸受けユニットベッド, 軸受台.

béaring pìle *n.* 〘土木〙支持杭《地盤が軟弱な場合に, 下層の硬質地盤まで打ち込む杭で, 荷重を支持し, 柱の役目をする》.

béaring ràil *n.* =bearer 5.

béaring rèin *n.* =checkrein. 〚1794〛

béaring swòrd *n.* (家来や召使に持たせる)太刀.

béaring wàll *n.* (床・屋根を補強する)耐力壁.

bear·ish /bé(ə)rɪʃ | béər-/ *adj.* **1** 熊のような; がさつな, 粗暴な (rough): one's ~ bearing. **2** 〘証券〙弱気の, 相場が低下傾向の (↔ bullish). **3** 〘経済〙(先行き)悲観的な, 見通しが暗い. **~·ly** *adv.* **~·ness** *n.* 〚(1744) ← BEAR[2]+-ISH[1]〛

béar lèader *n.* **1** (見世物の)熊使い. **2** (金持の息子・貴公子などの見学旅行などに付き添う)家庭教師, (付添い)お相手. **3** 《英》協力な指導者. 〚(1749) ← BEAR[2]〛

béar màrket /béə- | béə-/ *n.* 〘証券〙下げ[下降]相場, 弱気市場《弱気の売りが優勢な[相場が低下傾向の]市場; cf. bull market》.

Bé·arn /beɪáən | -áːn; *F.* beaʀn/ *n.* ベアルン《フランス南西部 Pyrenees 山脈中の地方》.

Bé·ar·naise, b- /bèənéɪz, bèɪɑə-, bèrə- | bèɪənéɪz, bèɪɑː-, -néz⌐; *F.* beaʀnɛːz/ *n.* ベアルネーズソース《hollandaise sauce に shallot, tarragon などの香草で風味をつけた温かいソース; Béarnaise sauce ともいう》. 〚(1877) ◻ F ~ (fem.) ← *béarnais* of Béarn〛

béar pàw *n.* =bear claw.

béar pit *n.* 喧騒と混乱の場所 (bear garden).

Béar Ríver /béə- | béə-/ *n.* [the ~] ベア川《米国 Utah, Wyoming, Idaho の 3 州を流れる川; Great Salt Lake に注ぐ (560 km)》.

béar's-brèech *n.* 〘植物〙アカンサス《イタリア原産キツネノマゴ科の大型多年草の *Acanthus mollis* とトゲハアザミ (*A. spinosus*); トゲハアザミの葉の模様がギリシャ建築に用いられた》. 〚1565〛

béar's-èar *n.* 〘植物〙=auricula. 〚(1597) ← BEAR[2]: その葉の形から〛

béar's fòot *n.* 〘植物〙**1** キダチクリスマスローズ (*Helleborus foetidus* [*viridis*])《キンポウゲ科クリスマスローズ属の植物 setterwort ともいう》. **2** 北米産キク科の多年草 (*Polymnia uvedalia*)《強い臭気があり, 花は黄色》. 〚1551〛

béar's grèase *n.* 熊の脂肪から精製した油《主に髪油用》. 〚c1420〛

béar·skìn *n.* **1** 熊の毛皮: a ~ cap. **2 a** 熊の毛皮製品[服]: a ~ rug. **b** (特に, 英国近衛(このえ)連隊の)黒毛皮製高帽. **3** (オーバーコート用の)粗い厚地のラシャ地. 〚1677〛

béar's-pàw *n.* 〘貝類〙=horseshoe clam.

béar·wàrd *n.* **1** 熊使い. **2** 《廃》うしかい(牛飼い)座 (Boötes). 〚(1399): ⇨ ward〛

béar·wòod *n.* 〘植物〙=cascara buckthorn.

Be·as /béɪɑ́ːs, bìː-/ *n.* [the ~] ビーアス川《Himalaya 山脈に発し, Punjab 地方を西流して Sutlej 川と合流する川》.

beast /bíːst/ *n.* **1 a** (植物と区別して)動物 (animal); (鳥・魚に対して)獣, 四足獣 (quadruped)《★ 以上の意味では animal の方が普通》: ~*s* and birds 獣類と鳥類, 鳥獣 / the ~ of the forest [jungle] 森林[ジャングル]にすむ獣 / the king of ~*s* (⇨ king 3) / hunt wild ~*s* 野獣を狩る / behave like a wild ~ 野獣のようにふるまう. **b** (人間に対して)獣, 畜生: man and ~ 人畜 / make a ~ of oneself 野獣のようになる. **c** 家畜; (特に, 乗用・荷役用の)動物《馬・ろばなど》. **d** 《英》食用牛. **e** むずかしいもの, 不快なもの: That last math problem was a real ~. あの最後の数学の問題は本当にむずかしかった. **2 a** 獣的性向の人; (獣のような)ひどいやつ, 畜生: a drunken ~ 飲んだくれ / You ~! こん畜生 / Clumsy ~! (足を踏まれたときなどに)気をつけろ / (make) the ~ with two backs 《古》性交中の男女[性交する]. **b** 《口語》[通例 a ~ of a …として] 獣のような嫌な人[物], 不快なこと: a ~ *of a* man 嫌な男 / *a* (perfect) ~ *of a* day (全く)ひどい日 / *a* (real) ~ *of a* problem 嫌な問題. **3** [the ~] 獣性 (animal nature): (bring out) *the* ~ in man 人間の獣性(をむき出しにする). **4** [the B-] 反キリスト, キリストの敵 (Antichrist) (cf. *Rev.* 13:18).
béast of búrden 牽引家畜, 役畜《ウマ・ラバ・ロバなど》. 《1740》
béast of cháse (1) 猟獣. (2) (中世イングランドで)猟のために飼われていた動物《fallow deer, roe deer, fox, marten など》.
béast of préy 猛獣《ライオン・トラなど》.
~·lìke *adj.* 〚(?a1200) *best(e)* ◻ OF *beste* (F *bête*) < VL **besta(m)*=L *bēstiam* beast, animal ← ? IE **dh(e)wes-* to breathe: cf. animal, deer〛

béast èpic *n.* (動物が人間のように行動し話す)動物物語詩. 〚1889〛

béast fàble *n.* (動物が人間のように行動し話す)動物寓話. 〚1865〛

beast·ie /bíːsti/ *n.* 《文語》動物; (特に, かわいい)小動物; 《口語》昆虫. 〚(1785) 《スコット》: ⇨ beast, -ie〛

beast·ings /bíːstɪŋz/ *n. pl.* [単数扱い] (産後の雌牛の)初乳. 〚OE **bēsting, bȳsting* ← *bēost* beastings ← ?: ⇨ -ing[3]〛

beast·ly /bíːs(t)li/ *adj.* (**beast·li·er, -li·est; more ~, most ~**) **1 a** 獣のような, 獣的な (bestial): ~ appetites 獣欲 / ~ pleasures 獣的快楽. **b** 残忍な; 汚ならしい, けがらわしい, みだらな (obscene): ~ habits / a ~ conversation. **2 a** ぞっとするほど嫌な, 鼻持ちならない (disgusting). **b** 《口語》(軽い意味で)いまいましい, 嫌な, ひどい (nasty, horrid, horrible): a ~ headache ひどい頭痛 / ~ weather [food] 嫌な天候[食べ物] / ~ hours ひどい時刻《「朝っぱら」など》/ This bed is simply ~. このベッドは全くひどい / Don't be so ~ to me. そんなに邪険にしないでくれ / It was ~ of you to say that. 君がそんなことを言ったのはひどい / That was a ~ thing to say. それはひどいことを言ったものだ. — *adv.* (**beast·li·er; ·li·est**) 《英口語》[通例悪い意味で] ひどく, とても, いまいましいほど (exceedingly): ~ bad luck ひどい悪運 / a ~ rude fellow いまいましいほど無作法な奴 / rain ~ hard どしゃ降り / be ~ drunk [wet] ぐでんぐでんに酔っている.

béast·li·ness *n.* 〚(?c1200): ⇨ beast, -ly[2]〛

beat[1] /bíːt/ *v.* (~; ~·en /bíːtn/, ~) ★ p.p. 形 beat の用法 ⇨ *vt.* 12.
— *vt.* **1 a** 〈相手・敵などを〉打ち負かす (⇨ conquer SYN); …に勝る (surpass): ~ a visiting team by a big margin 遠征軍を大差で破る / ~ a person *at* chess [*in* an election] 人をチェス[選挙]で負かす / ~ a record 記録を破る / If you fight hard enough even you can ~ the system. 十分しっかりと頑張るなら君でも体制の壁が破れる[うまい手が見つかる] / If you can't ~'em, join 'em. 《諺》勝てないなら一緒になれ,「長いものには巻かれろ」/ have a person ~(*en*) 《口語》人を負かす; 人を閉口させる / As a storyteller Maugham ~*s* all his contemporaries. 物語作家としては同時代の作家中でモームに並ぶものはない / For a brilliant evening of Irish music you can't ~ [there's nothing to ~] the Victoria Pub. アイルランド音楽の華麗な夕べにかけてはビクトリアパブに勝るものはない / That ~*s* everything I ever heard. そんな驚くべきことは聞いたことがない / Can you ~ it [that]? 《口語》(これ以上のことが考えられるか)全く驚いたね, こんなすばらしい[ひどい]ことってあるかい. **b** 〈暑さなどに〉打ち勝つ. **c** 〈危機などを〉切り抜ける (surmount).
2 (続けざまに)打つ, たたく; 打って〈ある状態に〉至らせる; (罰として)むち打つ《★ 単発的に打つのは hit》: ~ a door ドアをたたく / ~ a carpet (ほこりを出すために)じゅうたんをたたく (cf. *vt.* 3) / ~ a tree (果実を落とすために)木をたたく / ~ a person (*up*) 人を(さんざんに)打ちすえる / They were ~*ing* him on the head. 彼らは彼の頭をたたいていた / They were ~*ing* him about the head and shoulders. 彼らは彼の頭と肩のあたりをたたいていた / ~ flies *away* [*off*] はえをたたいて追う / ~ a snake *to* death へびを打ち殺す / ~ one's breast ⇨ breast 成句 / ~ a person *to* a jelly [pulp] ⇨ jelly, pulp 成句 / He was ~*en* black and blue. あざだらけになるほど打たれた (cf. black-and-blue) / ~ a person's brains out 《口語》頭をなぐって殺す[脳天をなぐりつける] / The man was ~*en into* confession. その男はなぐられて白状させられた / The confession was ~*en* out of him. その自白は彼をなぐって言わせたものだ.
3 a 〈太鼓などを〉打ち鳴らす; 〈曲などを〉太鼓で奏する; 〈合図などを〉太鼓で示す: ~ a drum / ⇨ *beat the* DRUM / ~ a military march ドラムで軍隊行進曲を奏する / ~ an alarm 太鼓で警報する / ~ a charge [parley] 〘軍事〙太鼓の合図で突撃を命じる[和平交渉の意を知らせる] / ⇨ *beat a* RETREAT. **b** 〈太鼓が〉〈曲などを〉打ち鳴らす.
4 …に打ちつける, 打ち砕く: waves ~*ing* the shore 岸に打ち寄せる波 / a ship ~*en to* pieces in the storm あらしで微塵に打ち砕かれた船 / ~ one's head *against* a brick [stone] wall 不可能な事を試みる.

5 〔…の中へ〕打ち込む〔*into*〕; 〔…から〕たたいて出す〔*from, out of*〕: ~ stakes *into* the ground / ~ chalk dust *from* an eraser 黒板消しのチョークの粉をたたいて出す (cf. *vt.* 1) / I can't ~ it *into* [*out of*] his head. 彼にその考えをわからせる[捨てさせる]ことができない.
6 a 〈金属を〉打ち延ばす: ~ *out* gold 金を打って延ばす / ~ iron flat [*into* thin plates] 鉄を打って平らにする[薄板に延ばす] / ~ one's swords *into* plowshares ⇨ sword 成句. **b** 〈考えなどを〉練り上げる: ~ an idea *into* a definite plan 思いつきを明確な計画にまとめ上げる.
7 a 〖狩猟〗〈やぶ・水面などを〉打ちあさる: ~ a thicket *for* hares うさぎを求めてやぶを打ちあさる. **b** 捜し回る: ~ woods *for* [in search of] a lost child 迷子を捜して森の中を歩き回る.
8 a 〈道を〉踏み固める (tread) (cf. beaten 4); 〈道を〉歩いて行く: ~ a path [way] *through* the snow 雪の中を踏んで道を作る / ~ the pavement(s) 舗道を歩いて行く. **b** [~ one's way として] (なんとか)進む, 前進する; (不正な手段で)旅をする: He ~ *his way* through the thicket. やぶの中をなんとか進んだ. **c** [~ it として]《口語》急いで行く; あわてて逃げる; 出て行く: You can ~ *it* if you don't like this place. ここがいやなら出て行っていいぞ / *Beat it* or I'll call the cops. 出て行け, さもないと警官を呼ぶぞ.
9 〈鳥が〉〈翼を〉はばたく; 〈人が〉〈手を〉たたく, 〈足を〉どんどんさせる: a bird ~*ing* its wings against a window 窓に羽をばたつかせている鳥 / ~ one's hands in time to music 音楽に合わせて手をたたく.
10 a (手・指揮棒・メトロノームなどで)〈拍子・リズムなどを〉取る: ~ time〖音楽〗拍子を取る / ~ a steady rhythm 一定のリズムを取る. **b** 〈秒を〉刻む: A clock ~*s* seconds. 時計は秒を刻む.
11 (料理で)〈卵などを〉強くかき混ぜる〔*into*〕: ~ eggs / ~ cream 生クリームをかき混ぜて泡立てる / ~ flour and eggs (*up*) (*in*) *to* a paste 小麦粉と卵を(十分に)かき混ぜて練り粉にする.
12 《口語》**a** 閉口させる, 当惑させる (baffle): That ~*s* me. それには参った / It ~*s* me how he did it. 彼がそれをどうやってやったのかてんでわからない / How on earth did he do it? — *Beats* me. 一体どうやって彼はそれをやったんだ—さあね. **b** [通例 p.p. 形で] へとへとに疲れさせる (exhaust) (cf. *adj.* 1). **c** [通例 p.p. 形で] がっかりさせる (cf. beaten 2).
13 a …に先んじる, …の先を越す (anticipate and forestall): ~ a deadline 締切期限の寸前に出す / ~ a whistle 合図の笛より早くスタートする / ~ a traffic signal 信号が変わる寸前に向こう側に渡る / He ~ me *to* the lake. (競争して)彼は私より先に湖に着いた. **b** 《米》〖新聞〗〈他の新聞・汽車などを〉出し抜く.
14 《米》**a** 《口語》ごまかす (cheat); 〈人を〉だまして〔…を〕奪う〔*out of*〕: ~ creditors 債権者をごまかす / ~ a person *out of* his money 人をだまして金を奪う. **b** 《俗》〈告訴などを〉免れる: ⇨ beat the RAP[1].
— *vi.* **1** (続けざまに)どんどん打つ: ~ *at* [*on*] the door. **2** 〈雨・風・波などが〉打ちつける, 激しく当たる (dash); 〈太陽が〉激しく照りつける (shine) 〈*down*〉: The rain ~ fiercely *against* the windows [*on* the roof]. 雨が激しく窓[屋根]を打った / The sun ~ *down* (*up*)*on* us. 太陽が頭上をかんかん照らしつけた. **3** 〈太鼓が〉どんどん鳴る; (合図のために)太鼓を打ち鳴らす: The drums were ~*ing* all right. ドラムはちゃんと鳴り響いていた. **4** 〈羽が〉ばたばたする. **5 a** 〈心臓・脈などが〉打つ, 拍動する, 鼓動する: His heart ~ fast *with* joy. うれしさに胸がどきどきした. **b** 〈時計が〉ちくたく音を出す. **6** 《口語》勝つ (win): Which team will ~? どのチームが勝つだろうか. **7** (料理で)〈生クリームなどが〉泡立つ, 混ざる: This cream doesn't ~ *well*. このクリームはうまく泡立たない. **8** 〖狩猟〗獲物を狩り立てる: ⇨ *beat about* [*around*] *the* BUSH[1]. **9** 〖海事〗間切る《風または潮に逆らい Z 字形に進む; cf. tack[1] *vi.* 1》: The ship ~ *about* [*along* the coast]. 船はジグザグに[沿岸沿いに]間切って進んだ. **10** 〖物理〗うなりを生じる.
béat abóut (1) 〔口実・解決策・物などを〕見つけようとする, 捜し回る〔*for*〕. 《1713》 (2) 〖海事〗⇨ *vi.* 9. (3) ばたばたする. ***béat áll*** 《口語》おかしな[驚くべき]ことである. ***béat* (*áll*) *hóllow*** 《口語》(1) 〈人を〉完全に負かす; 〈人より断然すぐれる: ~ one's opponent *all hollow* 相手を散々な目に遭わせる. 《*c*1800》 (2) 〈物事が〉…を(完全に)圧倒する. ***béat* (*áll*) *to sticks*** =BEAT (*all*) hollow. ***béat aróund*** 《米俗》ぶらつきまわる. ***béat awáy*** (1) 打ち続ける. (2) ⇨ *vt.* 1. 《1570》 ***béat báck*** 〈敵・ライバルなどを〉撃退する (repulse): ~ *back* inflation. 《1593》 ***béat dówn*** (*vt.*) (1) たたきこわす, 打ち落とす; 打ち倒す; 打ち負かす. (2) 《口語》〈売手・値段を〉値切る (haggle)〔*from, to*〕: I ~ him [his price] *down to* five dollars. 彼に[彼の言い値を]5 ドルまで値引きさせた. (3) 〈ドアなどを〉(たたき破って)中に押し入る. —(*vi.*) ⇨ *vi.* 2. 《?*a* 1400》 ***béat dówn to size*** (たたいて)…の高慢の鼻をへし折る. ***béat hánds dówn*** =BEAT (*all*) hollow. ***béat ín*** (1) かき混ぜる. (2) 打ち込む (drive in). 《1561》 (3) 打ちつぶす (crush): ~ the door *in*. (4) (頭に)たたき込む. ***béat ìnto fits*** =BEAT (*all*) *hollow* (1). ***béat it úp*** 《英俗》(1) わあわあ騒ぐ, 大騒ぎする. (2) (酒を飲んだりして)遊び回る,「遊ぶ」. 《1933》 ***béat óff*** (*vt.*) (1) ⇨ *vt.* 1. (2) 〈敵・攻撃などを〉撃退する (repel). (3) 《米俗・卑》…にマスターベーションをしてやる. —(*vi.*) 《米俗・卑》オナニーをする (《英俗》toss off). ***béat* one's *bráins*** (*òut*) 着想や解決策を見つけようと努力する. 《1579》 ***béat óut*** (1) 〈金属を〉打ち延ばす; 〈へこみなどを〉たたいて直す. (2) 〈道を〉踏んで造る. 《1577》 (3) 〈火を〉踏み消す. (4) 《米俗》〈競争相手を〉打ち負かす, やっつける. (5) 《米》〈人を〉へとへとにさせる (exhaust) (cf. *vt.* 12 b). (6) 《口語》〈記事などを〉急いで書き上げる. (7) 〈リズム・曲などを〉たたいて出す〔*on*〕; 〈ジャズを〉演奏する. 《1945》 (8) 〖野球〗〈ゴロを〉(一塁まで疾走して)内野安打にする. (9) 〖木工〗〈ほぞ穴などを〉あける. ***béat … òut of a person*** 〈真相などを〉殴って人から聞き出す. ***béat a person òut of …*** 人をだまして…を巻き上げる (cf. *vt.* 14 a). ***béat the áir*** [*wínd*] 空(くう)を打つ; むだなことをする (cf. *1 Cor.* 9:26). 《*c*1380》 ***béat the dáylights*** [*líving dáylights, héll, lífe, tár, etc.*] ***òut of a person*** 《口語》気を失うほど〈人を〉なぐりつける[おびえさせる] (cf. daylight 成句). ***béat a person to …*** 人より先に…に着く (cf. *vt.* 13 a). ***béat a person to it*** (1) (競走して)人より先に着く. (2) 〈人の〉機先を制する, 〈人を〉出し抜く. 《1904》 ***béat úp*** (*vt.*) (1) 不意打ちする, 奇襲する: ~ *up* the quarters of …の住居をだしぬけに訪ねる. (2) (太鼓を鳴らして)召集する; 熱心に捜す: ~ *up* recruits 新兵を募集する. (3) 〈卵・生クリームなどを〉激しくかき混ぜる, 泡立てる (cf. *vt.* 10): ~ *up* an egg with milk and brandy 卵にミルクとブランデーを入れてよくかき混ぜる. (4) 散々になぐりつける; 〈人に〉乱暴する (cf. *vt.* 2): He kept ~*ing* her *up*. 彼は彼女を散々になぐり続けた. (5) だめにする. (6) [受身で] 疲れ切る, 疲労困憊(こんぱい)する. —(*vi.*) (1) 〔…の〕募集に奔走する〔*for*〕. (2) 《米俗》〈人を〉散々になぐりつける〔*on*〕; 〈人に〉つらく当たる, 不当に非難[中傷]する: He kept ~*ing* (*up*) *on* her. 彼は彼女を散々になぐり続けた / ~ *up on* oneself 《米》自分を責めすぎる. (3) 〖海事〗間切って進む. ***béat ùp and dówn*** 〖狩猟〗〈獲物が〉あちこち走り回る. ***to beat the bánd*** [*héll, the dévil, the Dútch*] 《米口語》勢いよく, 猛スピードで, 激しく, ひどく; 大量に. ***You cán't béat ….*** …にはかなわない, …が一番だ, 最高だ〔*for*〕(⇨ *vt.* 8 c).
— *n.* **1** 打つこと (stroke, blow); (獲物の)狩り出し. **2** 打つ音; 太鼓による合図: the ~ of a drum ⇨ drumbeat / the ~ of the waves on the beach 浜を打つ波の音. **3 a** 心拍 《心臓の拍動》, 鼓動, 脈拍: the ~ of the heart 心臓の鼓動 / ⇨ heartbeat. **b** (時計の)時を刻む音 (tick). **4** 〖音楽〗**a** 拍子, 手[足]拍子; 拍: music with three ~*s* to the bar 1 小節 3 拍の音楽. **b** (ジャズ・ロックなどの)ビート, 強烈なリズム: I like music with a strong rhythmic ~ to it. 私はリズミカルで強烈なビートのきいた音楽が好きだ. **c** =beatnik. **d** (指揮棒の)一振り(によって示されるテンポ). **5 a** (巡査・番人などの)巡回区域 (cf. point duty): a policeman's ~ / be on [walk, pound] one's [the] ~ 持ち場を巡回中である[巡回する]. **b** 記者の担当範囲, 持ち場. **c** (猟人が獲物をあさる)猟場, 縄張り. **d** 《豪》(羊飼い・牛飼いなどの)受持ち区域. **6** (米国 Alabama, Mississippi 州で)郡の下の区分 (supervisory district ともいう). **7** 《米》**a** [the ~]《口語》〔…に〕勝るもの〔*of*〕: I've never seen [heard] *the* ~ *of* it. それ以上のものは見たこと[聞いたこと]がない. **b** 〖新聞〗(特種で他の新聞を)出し抜くこと; その特種 (cf. scoop 3). **8** 《米》なまけ者, のらくら者 (deadbeat). **9** 〖音響〗うなり《振動数の近い二つの音波の合成波》. **10** 〖詩学〗(詩脚の)強音 (stress). **11** 〖演劇〗呼吸, 間(ま). **12** 〖海事〗**a** 間切り (cf. *vi.* 9). **b** 一間切りの距離.
gét a béat on a person 《米俗》(不正な手段で)〈人〉を出し抜く. ***in béat*** (時計の)振り子が規則正しく動いて. 《1860》 ***in*** [***òff, òut of***] ***one's béat*** 自分の専門[専門外]で, 自分の畑で[畑ちがいで]. 《1839》 ***miss*** [***skip***] ***a béat*** (心臓の)鼓動が止まりそうになる《興奮・驚き・恐怖などのため》; [否定構文で] (事態に)あわてる. ***òn*** [***òff***] (***the***) ***béat*** (1) リズムに乗って[を外して], 規則的[不規則]に. (2) ⇨ 4 a. ***òut of béat*** (時計の)振り子が不規則に動いて. 《1874》
— *adj.* 《口語》**1** 疲れ切った (exhausted): ⇨ dead beat. **2** =beaten 2. 《?*c*1200》《略》← BEATEN》
~·a·ble *adj.*
〖v.: ME *bete*(*n*) < OE *bēatan* < Gmc **bautan* (ON *bauta*) ← IE **bhau-* to strike (L *confūtāre* 'to CONFUTE'). — n.: 《*c*1615》 ← (v.)〗

SYN 打つ: **beat** 手や棒などで繰り返したたく《最も一般的な語》: *beat* a drum 太鼓をたたく. **pound** 重い物でどしんどしんとたたく: He *pounded* the fence with a hammer. ハンマーでフェンスをどしんどしんとたたいた. **pummel** 〈人を〉こぶしで連続的にめった打ちにする《通例 *beat* よりも傷害が大きい》: I *pummeled* his nose. 彼の鼻をげんこでめった打ちにした. **thrash** 〈人や動物を〉特に罰としてつえやむちで繰り返しなぐる: He *thrashed* the boy for stealing an apple. 男の子がりんごを盗んだのでつえで打ちすえた. **flog** 罰として〈学童などを〉棒やむちでびしびしなぐる: The teacher *flogged* the lazy boy. 先生は怠惰な学童をびしびしむち打った. **whip** 〈人や動物を〉特に罰としてむちで打つ: *whip* a mule ラバをむち打つ.

---

beat[2] /bíːt/ *n., adj.* ビート族(の): ~ jargon ビート族用語. 《(1955)《略》← BEAT GENERATION》
be·a·ta /beɪáːtə | -tə/ *n.* (*pl.* **be·a·tae** /-teɪ/, **~s**)〖カトリック〗女性の beatus. 〖□ L *beāta* (fem.) ← *beātus* blessed: ⇨ beatific〗
Be·a·ta /biéɪtə | -tə/ *n.* ビエイタ《女性名》. 〖↑〗
beatae *n.* beata の複数形.
béat bòx *n.* **1** 《口語》リズムボックス (drum machine)《ドラムやパーカッションの音を作り出す電子装置》. **2** 大型ラジカセ. **3** 《米俗》(ラップミュージックで)ビートをつける人.
beat·em·est /bíːtəmɪ̀st | -tɪ̀mɪst/ *adj.* (*also* **beat·'em·est** /~/) 《米方言》最優秀の. 《(1831) ← *beat'em* (=beat them) + -EST[1]: 後には *beatingest* と考えられた》
beat·en /bíːtn/ *v.* beat の過去分詞. **— *adj.*** **1** 打たれた: a ~ dog 打たれた犬. **2** 打ち負かされた; 落胆した, 意気消沈した: a ~ enemy [team] / with a ~ look on his face 落胆した顔つきで. **3** 打ち延ばした: ~ gold 金箔, 延べ金 / ~ silver 銀箔 / ~ work 打ち出し細工; 打ち物. **4** (料理で)強くかき混ぜた, 泡立てた: ~ cream / well-*beaten* eggs (かき混ぜて)十分に泡立てた卵. **5 a** 踏みならされた: ⇨ beaten track [path]. **b** 〈表現などが〉おなじみの, よく知られた. **6** 〈人が〉疲れ切った; 〈土壌が〉疲弊した; 〈本などが〉ぼろぼろになった. 〖《?*c*1200》 (*i*)*bete*(*n*) < OE (*ge*)*bēaten* (p.p.)〗

B

béaten bíscuit *n.* 《米南部》ビートンビスケット《生地を十分にたたき, 折りたたんで作るビスケット》. 《1876》
béaten próof *n.* 〖印刷〗(つちによる)打ちゲラ《つちで組版上のならし木を打って作った校正刷》.
béaten tráck [**páth**] *n.* [the ~] 踏みならされた道, 尋常の方法, 世間の慣習, 常道: off the ~ 人のあまり行か[知ら]ない(所にある); 常道をはずれて, 慣習を破って; 異常な / follow the ~ (何の奇もない平凡な)常道をたどる.
béat·en-úp *adj.* 《口語》使い古した, おんぼろの, がたがたの: a ~ old car おんぼろのぼんこつ車.
béat·er /-tə | -tə(r)/ *n.* **1 a** 打ちたたく器具; 打棒, 打器, …たたき: a carpet [rug] ~. **b** かき混ぜ器, かくはん器, 泡立て器; =eggbeater. **c** 〖製紙〗ビーター, 叩解(こうかい)機《製紙原料をたたいてときほぐす作用をする》. **d** 〖紡織〗ビーター《解綿作用をする高速回転体》. **2** 〖狩猟〗(獲物を追い出す)勢子(せこ), 狩り立てる人. **3** 打つ人, たたく人: a wife [child] ~. **4** 下宣伝員. **5** 《米口語》おんぼろ車. 《*c*1440》: ⇨ beat[1], -er[1]》
béat frèquency *n.* 〖電気〗うなり周波数.
béat generátion, B- G- *n.* [the ~; 集合的] ビート族, ビートジェネレーション《第二次大戦後(特に 1950 年代後期), 冷戦下の米国社会に幻滅し, 因襲的な思想・文化・生活態度に反発し, 異様な服装をして気ままな放浪生活を送る若者; cf. beatnik, Lost Generation》. 《(1952)? ← BEAT[1] (adj.): cf. beat[1] n. 4 // BEAT(ITUDE): カナダ生まれの米国の小説家 Jack Kerouac (1922–69) の小説 *On the Road* (1957) などにより流行語となった》
beati *n.* beatus の複数形.
be·a·tif·ic /bìːətífɪk⁻/ *adj.* (*also* **be·a·tif·i·cal** /-fɪ̀kəl, -kl | -fɪ-⁻/) **1** 祝福を与える[至福をもたらす]力のある: ⇨ beatific vision. **2** 幸福に輝いている, 至福の (blissful): a ~ smile. 《(1639) □ F *béatifique* // LL *beātificus* ← L *beātus* blessed: ⇨ beatitude, -fic》
bè·a·tíf·i·cal·ly *adv.* 幸福に輝いて, さも満足そうに. 《(1627): ⇨ ↑, -ically》
be·at·i·fi·ca·tion /biæ̀təfɪ̀kéɪʃən | -tɪ̀fɪ-/ *n.* **1** 至福を与えること; 至福にあずかること, 受福. **2** 〖カトリック〗**a** 列福《死者を天福を受けた者の列に加えること》. **b** 列福式《死者を正式に福者の列に加える儀式; cf. canonization》. 《(1502) □ (O)F *béatification* // LL *beātificātiō*(*n*-) ← *beātificātus* (p.p.) ← *beātificāre* 'to BEATIFY'》
beatífic vísion *n.* [the ~] **1** 〖神学〗至福直観《天使や聖徒が天国において天主を見ること》. **2** 神の栄光[天国]の示現. 《1639》
be·at·i·fy /biǽtəfàɪ | -tɪ̀-/ *vt.* **1** …に天福を受けさせる, 至福にあずからせる. **2** 〖カトリック〗〈教皇が〉〈死者〉に対し列福の宣言をする, …の列福式を行う. 《(1535) □ (O)F *béatifier* // LL *beātificāre* ← *beātus*: ⇨ beatific, -fy》
beat·ing /-tɪŋ | -tɪŋ/ *n.* **1** 打つこと: give a mat a good ~ マットをよくたたいてほこりを出す / the ~ of the waves on the shore 波が岸を打つこと. **2** (罰として)打ちたたくこと, 懲らしめ: give a boy a good ~ 少年をひどく懲らしめる. **3 a** 打ち負かす[負かされる]こと; 敗北 (defeat): give the enemy a thorough ~ 敵を徹底的に打ち負かす / take [get] a good ~ at the enemy's hands [from the enemy] 敵に大敗を喫する. **b** 無情な扱い, ひどい目; 精神的・物質的な打撃: They took a ~ in [on] the stock market. 株で痛手を受けた. **4** 羽打ち, 羽ばたき (flapping): the ~ of wings. **5** (心臓の)どきどき打つ音, 拍動, 鼓動, 動悸(どうき); 脈拍: the ~ of his heart 彼の心臓の鼓動. **6** (金属を)打ち延ばすこと, 打ち出し: the ~ of metal 金属の打ち延ばし. **7** かくはん, 泡立て. **8** 〖水泳〗ばた足. **9** 〖海事〗間切り, 縫航《風上への帆走; cf. tacking 2 b》.
táke some [***a lòt of***] ***béating*** 《口語》(1) 〈物事・人が〉打ち負かす[しのぐ]ことはなかなか難しい (cf. *n.* 3): That record will *take some* ~. あの記録はなかなか破れまい. (2) 〈物が〉長持ちする.
《(?*a*1200): ⇨ beat[1], -ing[1]》
béating rèed *n.* 打簧(だこう)《木管楽器やオルガンのリード音栓のリード; 振動するとき歌口を叩いたり互い同士を打つ; cf. free reed》. 《1879》
béating-úp *n.* **1** (こぶし・棒などで)さんざんに打つこと. **2** 〖紡織〗おさ打ち《織機で横に入れた横糸を手前に打ちつけること》. 《1915》
be·at·i·tude /biǽtətùːd, -tjùːd | -tɪ̀tjùːd, -tʃùːd/ *n.* **1** 天福, 至福, 至上の幸福 (⇨ happiness SYN). **2** [しばしば the Beatitudes] 真福八端, 八福《キリストが山上の垂訓 (the Sermon on the Mount) の中に説いた八つの幸福; Blessed are the poor …「幸福(さいわい)なるかな心の貧しき者」で始まる; cf. *Matt.* 5:3–12》. **3** 〖キリスト教〗東方教会の総大主教の称号. 《(?*a*1425) □ (O)F *béatitude* // L *beātitūdō* happiness, blessedness ← *beātus* blessed (p.p.) ← *beāre* to bless, make happy: ⇨ -tude》
Bea·tle /bíːtl | -tl/ *adj.* ビートルズの, ビートルズスタイルの. 《(1963)《逆成》↓》
Bea·tles /bíːtlz | -tlz/ *n. pl.* [the ~] ビートルズ《英国 Liverpool 出身の 4 人のロックグループ; John Lennon, Paul McCartney, George Harrison, Ringo Starr が 1962 年に結成, 70 年解散》. 《1963》
béat màn *n.* 特定地域の担当記者 (district man).

B

béat mòll *n.* 《米俗》売春婦, 街の女.
béat músic *n.* ビート音楽《強いリズム感をもつジャズ》.
beat·nik /bíːtnɪk/ *n.* **1** ビート族 (beat generation) の人 (cf. hippie). **2** 《口語》因習的な服装や行動を嫌う人. 〖(1958) ← BEAT[1] (adj.) (cf. beat generation)＋-NIK (⇨ Sputnik)〗
Bea·ton /bíːtn/, Sir **Cecil Walter Hardy** *n.* ビートン《1904–80; 英国の写真家・舞台衣装のデザイナー》.
béat-óut *adj.* 《口語》疲れ切った, へとへとになった.
béat·òut *n.* 《野球》内野安打, バントヒット.
Be·a·trice[1] /bíːətrɪ̀s/ *n.* ベアトリス《女性名; 愛称形 Bea, Beatty, Trissy, Trix; 異形 Beatrix; ウェールズ語形 Bettrys》. 〖□F *Béatrice* < L *Beātricem, Beātrix* (原義) she who makes happy ← *beātus*: ⇨ beatitude〗
Be·a·trice[2] /bíːətrɪ̀s, bèɪɑːtríːtʃeɪ; *It.* beatríːtʃe/ *n.* ベアトリーチェ《Dante 作 *La Vita Nuova* および *La Divina Commedia* 中で Dante のこの世における愛人から発展した象徴的理想の女性》. 〖cf. *Beatrician* (1943)〗
Be·a·trix /bíːətrɪks/ *n.* ベアトリクス《女性名》. 〖⇨ Beatrice[1]〗
Be·a·trix /bíːətrɪks; *Du.* béːatrɪks/, **Wilhelmina Arm·gard** /ármgɑr(d)/ *n.* ベアトリクス《1938– ; オランダ女王 (1980–2013); Juliana 女王の娘》.
Beat·ty /bíːti | -ti/, **David** *n.* ビーティ《1871–1936; 英国の海軍提督・大将; 第一次大戦中 Heligoland (1914) および Jutland (1916) の海戦でドイツ艦隊と戦った; 称号 1st Earl of the North Sea and of Brooksby /brúksbi/》.
Beat·ty /béɪti, bíː- | -ti/, **(Henry) Warren** *n.* ビーティ, ベイティ《1937– : 米国の映画俳優・監督・制作者; 制作・主演した Arthur Penn の *Bonnie and Clyde* (俺たちに明日はない, 1967) が話題を呼んでニューシネマの原点となり, アンチヒーロー的スターの地位を築く; 本名 Henry Warren Beaty》.
béat-úp *adj.* [通例限定的]《米口語》使い古しの, おんぼろの (dilapidated); (長期使用または放置のため)だめになった; へとへとになった: a ～ leather bag 使い古した[くたびれた]革のかばん. 〖1940〗
be·a·tus /beɪɑ́ːtəs | -təs/ *n.* (*pl.* **be·a·ti** /-tiː/)《カトリック》福者《聖人に認定される前の人》. 〖□L *beātus* blessed: ⇨ beatitude〗
beau /bóu | bə́u; *F.* bo/ *n.* (*pl.* **～s, ～x** /～z; *F.* ～/) **1** しゃれ男 (dandy). ★ もとは人の特性を表現する修飾語ないしニックネームとして用いられた. **2** 女性の相手役[付添い]となる男性 (lady's escort). **3** いい人, ボーイフレンド,「彼」(lover). ― *vt.* **1** 〈女性の機嫌を取る, お相手をする. **2** 〈女性〉に付き添う (escort). ― *F. adj.* 美しい (pretty), 良い (good): ⇨ beau geste, beau monde. 〖n.: (1684) □F ～ < L *bellum* lovely ← IE **deu-* to do, revere (L *bonus* 'BONUS'). ― adj.: (1229) □(O)F ～〗
Beau Brum·mell /bóubrʌ́məl, -mḷ | bə́u-/ *n.* (*also* **Beau Brum·mel** /～/) **1** しゃれ者, 伊達者(だて) (dandy). **2** (鏡・引出し・燭台などを組み入れた 19 世紀前期の)男子用化粧テーブル[鏡台]. 〖(1920) George Bryan Brummell (1778–1840: 英国の George 四世のお気に入りで紳士服の流行をリードした)のあだ名〗
beau·coup /boukúː | bəu-; *F.* boku/ *adj.* 多数[量]の. 〖(1918) □F ～〗
Beau·fort /bóufət | bə́ufət, -fɔːt/ *n.* ボーフォート《男性名》. 〖□OF ～ (原義) beautiful stronghold〗
Béau·fort scále /bóufət- | bə́ufət-, -fɔːt-/ *n.* [the ～] ビューフォート風力階級《風力を 0 から 12 までの 13 階級に分けて示した表; 元来海上用であるが, 気象通報などに用いられている; ⇨ wind scale》. 〖(1858) ← *Sir Francis Beaufort* (1774–1857: この表を考案した英国の提督)〗
Béaufort Séa *n.* [the ～] ボーフォート海《Alaska の北東の海; 北極海の一部》.
beau geste /bóuʒést | bə́u-; *F.* boʒɛst/ *F. n.* (*pl.* **beaux gestes** /～; *F.* ～/, **～s**) **1** うるわしいふるまい. **2** (見せかけの)親切, (うわべだけの)雅量. 〖(1914) □F ～ 'beautiful gesture'〗
beau greg·o·ry, B- G- /bóugrég(ə)ri | bə́u-/ *n.* 《魚類》米国 Florida 州・西インド諸島沿岸に生息するクロスズメダイ属の魚 (*Eupomacentrus leucosticus*). 〖(1847): ⇨ beau, Gregory〗
Beau·har·nais /bòuɑənéɪ | bə̀uɑː-; *F.* boaʀnɛ/, Vicomte **Alexandre de** *n.* ボアルネ《1760–94; フランスの軍人; 米国独立戦争に参加; Joséphine の夫》.
Beauharnais, Eugénie de *n.* ボアルネ《1781–1824; フランスの軍人・政治家; Alexandre の息子; Napoleon 一世を補佐してイタリアを統治》.
Beau·har·nais, Eugénie-Hortense de *n.* ⇨ Hortense[2].
Beauharnais, Joséphine de *n.* ⇨ Joséphine.
beau i·de·al /bóuaɪdíːəl, -díːl | bə́uaɪdíəl, -díː(ə)l; *F.* boideal/ *n.* **1** (*pl.* **beaus i-** /bóuz- | bə́uz-/, **beaux i-** /bóu(z)- | bə́u(z)-; *F.* bozideal/) 美の極致, 理想美; 最高の典型, 優秀の極致. **2** (*pl.* **～s**) (beautiful ideal と誤解されて)最高の理想: He is my ～ of a scholar. 彼こそは私の理想にかなった学者だ. 〖(1801) □F *beau idéal* ideal beauty〗
Beau·jo·lais /bòuʒəléɪ | bə́uʒəleɪ, -ʒɔ-; *F.* boʒɔlɛ/ *n.* (*pl.* **～es** /～z; *F.* ～/) ボージョレー(ワイン)《フランス東部ブールゴーニュ (Burgundy) 南部 Beaujolais 地方産の赤ワイン》. 〖(1863) □F ～: その産地名から〗
Béaujolais nou·véau /-nuːvóu | -və́u; *F.* -nuvo/ *n.* ボージョレーヌーボー《その年最初のボージョレーワイン; 現在の出荷解禁日は 11 月の第 3 木曜日; Beaujolais Primeur ともいう》.
Beau·mar·chais /bòumɑəʃéɪ | bə́umɑːʃèɪ, ⌒⌒; *F.* bomaʀʃɛ/, **Pierre Augustin Ca·ron** /kaʀɔ̃/ **de** *n.* ボーマルシェ《1732–99; フランスの劇作家; *Le Barbier de Séville*「セビリアの理髪師」(1775), *Le Mariage de Figaro*「フィガロの結婚」(1784)》.
Beau·mé /bouméɪ, ⌒⌒ | bə́umeɪ; *F.* bome/ *adj.* 《物理》＝Baumé.
beau monde /bóumɑ́(ː)nd, -mɔ́(ː)nd, -mɔ́ː(n)d | bə́umɔ́nd; *F.* bomɔ̃ːd/ *n.* (*pl.* **～s, beaux mondes** /～/) [the ～] (流行を左右する)上流社会, 社交界. 〖(1673) □F *le beau monde* ～ (原義) the beautiful world〗
Beau·mont[1] /bóumɑ(ː)nt, ⌒⌒ | bə́umənt, ⌒⌒/ *n.* ボーモント《米国 Texas 州南東部の都市》. 〖□F ～ (原義) beautiful hill〗
Beau·mont[2] /bóumɑ(ː)nt, -mənt | bə́umənt, -mɔnt/ *n.* ボーモント《男性名》. 〖↑〗
Beaumont, Francis *n.* ボーモント《1584–1616; 英国の劇作家, John Fletcher の協力者》.
Beaumont, William *n.* ボーモント《1785–1853; 米国の外科医; 消化器分野治療の先駆者》.
Beau Nash *n.* ⇨ Richard NASH.
Beaune /bóun | bə́un; *F.* bon/ *n.* **1** ボーヌ《フランス Burgundy 地方の町》. **2** ボーヌワイン《フランス東部産の赤ワイン》. 〖1818〗
Beau·port /boupɔ́ə | bəupɔ́ː(r); *F.* bopoːʀ/ *n.* ボーポール《カナダ Quebec 州南部の都市》.
Beau·re·gard /bɔ́ːrəgɑ̀əd | bɔ́ːrɪ̀gɑ̀ːd; *F.* boʀgaːʀ/, **P(ierre) G(ustave) T(ou·tant)** /tutɑ̃/ **de** *n.* ボーレガード《1818–93; 南北戦争時の南軍の将軍》.
Beau Sa·breur /bóusæbrə́ː | bə́usæbrə́ː(r); *F.* bosabʀœːʀ/ *n.* **1** 色男の剣士《Napoleon の有名な騎兵隊指揮官 Joachim Murat のあだ名》. **2** [しばしば b- s-] 勇み肌の冒険家. 〖(1834) □F ～ 'handsome swordsman'〗
beaut /bjúːt/ *n., adj.* 《米俗・豪俗》[しばしば皮肉] すてきな(もの), 美しい(人). ― *int.* いいぞ, よしよし, お見事《同意・喜び・祝いを表す》. 〖(1866) (略) ← BEAUTY〗
beau·te·ous /bjúːtiəs | -tjəs/ *adj.* 《詩》美麗な, うるわしい, うっとりするほど美しい. **～·ly** *adv.* **～·ness** *n.* 〖(*c*1400–25) ← BEAUTY＋-OUS〗
beau·ti·cian /bjuːtíʃən/ *n.* 美容師; 美容院の経営者. 〖(1924) ← BEAUTY＋-ICIAN: cf. mortician〗
beau·ti·fi·ca·tion /bjùːtəfəkéɪʃən | -tɪ̀fɪ-/ *n.* 美しくすること, 美化. 〖(*a*1640) ← BEAUTIFY＋-FICATION〗
béau·ti·fì·er *n.* 美しくするもの; (特に)化粧品. 〖(1612) ← BEAUTIFY＋-ER[1]〗
beau·ti·ful /bjúːtəfəl, -fḷ | -tɪ-/ *adj.* **1** 美しい, 美麗な, きれいな (cf. pretty): a ～ flower, picture, woman, etc. / ～ *in* appearance 容姿が美しい. **2** すばらしい, すてきな: a ～ friendship / a ～ voice / ～ weather うららかな天気 / She makes ～ roast beef. 実においしいローストビーフを作る. **3** りっぱな, すぐれた, 見上げた: a ～ system 整然とした体系 / ～ patience あっぱれな忍耐 / ～ in body and soul 身も心もりっぱで高潔な / Her solution was ～. 彼女の解決は実に見上げたものだった. **4** (手際などの)水際だった, 鮮やかな, 見事な (excellent): ～ batting 鮮やかなバッティング / do a ～ job of cleaning up a room 部屋をきれいにするという仕事を見事にする. ― *n.* [the ～] **1** 美 (beauty, beautifulness); 理想の美, 美中の美: have an eye for *the* ～ 審美眼がある. **2** [集合的; 複数扱い] 美しいもの; 美しい人々, 美女[佳人(かじん)]たち. ― *int.* すばらしい, いいぞ, お見事. **～·ness** *n.* 〖(*c*1443) ← BEAUTY＋-FUL[1]〗

SYN 美しい: **beautiful** 感覚・精神に最も深い喜びを与える《最も一般的な語》: a *beautiful* scene 美しい光景 / a *beautiful* lady 美しい婦人 / *beautiful* music 美しい音楽. ★ 人の場合は, 通例たぐい稀な美しい女性について言う. **lovely** 人の心に温かく訴えかけるような美しさについていう: a *lovely* girl 愛らしい少女 / a *lovely* dress 美しいドレス. **handsome** 均斉がとれて美しい《男性美・威厳を暗示する》: a *handsome* young man 美青年. ★ 造作(ぞうさく)が大きくて凛(りん)とした魅力をもつ女性についても用いる. **pretty** 〈女性が〉きれいでかわいらしい: a *pretty* face きれいな顔 / a *pretty* little baby かわいい赤ちゃん. **good-looking** 〈人が〉気持ちよく美しい容貌をした: a *good-looking* boy 男前の少年. **comely** 《文語》〈特に女性が〉容姿に健康的な魅力がある: a *comely* young woman 器量よしの若い女性. **fair** 《文語》〈女性が〉＝*beautiful*: a *fair* maiden 美しい乙女.
ANT ugly.

béautiful létters *n. pl.* 《米》＝belles lettres.
beau·ti·ful·ly /bjúːtəf(ə)li | -tɪ-/ *adv.* **1** 美しく, きれいに: paint [write] ～. **2** 手際よく, 鮮やかに, すばらしく, 見事に: play ～ / The car ran ～. 車はするすると快く走った / That will do ～. Thank you. それで申し分ありません, ありがとう. **3** 《口語》とっても, すごく. 〖(1548): ⇨ -ly[1]〗
béautiful péople, B- P- *n.* [the ～]《口語》**1** 国際社交界の人々; 有閑階級の華やかな人々. **2** 現代的感覚の持ち主, いかす連中. 〖1964〗
beau·ti·fy /bjúːtəfàɪ | -tɪ-/ *vt.* 美しく[りっぱに]する, 美化する, …に美を添える (⇨ adorn SYN): ～ life with [through] art 芸術で人生を豊かにする. ― *vi.* 美しく[りっぱに]なる. 〖(*c*1425) ← BEAUTY＋-FY〗
beau·til·i·ty /bjuːtíləti | -lɪti/ *n.* (家具や建物などが)美と実用性を兼ね備えていること. 〖(1973) (混成) ← BEAUT(Y)＋(UT)ILITY〗
beau·ty /bjúːti | -ti/ *n.* **1** 美しさ, うるわしさ, 美, 美麗; 美貌 (beautifulness): manly [womanly, feminine, female] ～ 男性[女性]美 / the ～ of a face [mother's love] 顔[母性愛]の美しさ / *Beauty* is but [only] skin-deep. 《諺》美貌はただ皮一重《有徳などの保証にはならない》, 見目より心 / A thing of ～ is a joy for ever. 美しきものはとこしえに喜びである (Keats, *Endymion*). **2 a** 美点, よさ (charm); 《口語》長所, 利点 (advantage): one of her chief *beauties* 彼女の主な魅力の一つ / the *beauties* of nature [Japan] 自然界[日本]のさまざまな美しい趣, 自然[日本]の美観 / The picture has a ～ all its own. その絵には独特の美しさがある / The ～ of this apparatus is its simplicity [that it's simple]. この装置は簡単なところが長所だ / That's the ～ of it. そこがよいところ[面白い点]だ. **b** [*pl.*] (文学書の)絶妙なくだり: a collection of Shakespeare's *beauties* シェークスピア名文選[詞華集]. **3** 《口語》[しばしば反語的] 美しい人, (特に)美人, 麗人; 美しいもの, 見事なもの: a real ～ 本当の美人 / the ～ of the ball 舞踏会で随一の美人 / She's a real [great] ～, isn't she? いやはや大した美人じゃないか / Well, you are a ～ いやはや君はりっぱな美人だよ / Isn't this apple a ～? なんとこのりんごの見事なこと / He has a ～ of a Winchester. すばらしいウィンチェスター銃をもっている / Here's a ～. これは見事だ / That mistake was a ～. あの間違いは傑作だった. **4** [the ～; 集合的] 美人たち: *the* wit and ～ of the town 都の才子佳人(かじん)たち. **5** 《物理》ビューティー《quark などの物理量の分類である flavor の一つ》. ― *int.* 《豪俗》その通りだ, いいぞ: *Beauty!*＝You ～! よくやってくれた. ― *vt.* 《Shak》飾る, 美しくする (beautify). 〖(*a*1325) *beaute* □ AF *beute*＝OF *bealte* (*F beauté*) < VL **bellitāte(m)* ← L *bellus* lovely: ⇨ beau, -ty[2]〗
Béauty and the Béast *n.*「美女と野獣」《ヨーロッパの古伝承に基づく, フランスの物語作家ボーモン夫人 (Jeanne-Marie Leprince de Beaumont) の童話; 魔法によって獣に変えられていた王子が, 心優しい娘の至純の愛の力で元の姿に戻るという話》.
béauty-bèrry *n.* 《植物》ムラサキシキブ《ムラサキシキブ属 (*Callicarpa*) の植物の総称; アメリカムラサキシキブ (French mulberry) やムラサキシキブ (Japanese beauty-berry) など》.
béauty bùsh *n.* 《植物》スイカズラ科の低木 (*Kolkwitzia amabilis*)《中国原産で観賞用に栽培される》. 〖1926〗
béauty cóntest *n.* **1** ビューティー[美人]コンテスト. 日英比較「ミスコンテスト」は和製英語. **2** (一般に)人気投票. **3** 《米》(米国大統領選挙で)人気投票. 〖1899〗
béauty cùlture *n.* 《米》美容術 (cosmetology). 〖1909〗
béauty cùlturist [dòctor, òperator] *n.* 《米》美容師 (cosmetologist). 〖1911〗
béauty màrk *n.* ＝beauty spot 2.
béauty pàgeant *n.* 《米》＝beauty contest 1.
béauty pàrlor *n.* 美容院. 〖1908〗
béauty quèen *n.* 美の女王《beauty contest の優勝者》. 〖1922〗
béauty salòn [《米》shòp] *n.* ＝beauty parlor. 〖1922〗
béauty slèep *n.* **1** 《口語》夜半前の睡眠《寝入りばなで最も快く美容に役立つという》. **2** 十分な睡眠. 〖1857〗
béauty spècialist *n.* 《米》＝beauty culturist. 〖1907〗
béauty spòt *n.* **1** 名所, 名勝地. **2** (女性の)ほくろ; あざ (mole); 付けぼくろ. 〖1657〗
béauty trèatment *n.* 《英》＝beauty culture. 〖1928〗
béauty wàsh *n.* 化粧水, 美顔水. 〖1709〗
Beau·vais /bouvéɪ | bəu-⌒; *F.* bovɛ/ *n.* ボーヴェ《フランス, Paris 北方の都市》.
Béauvais tápestry *n.* ボーヴェタペストリー《フランスの Beauvais 産のつづれ織り》. 〖(1885) ← *Beauvais* (フランスの産地名)〗
Beau·voir /bouvwɑ́ə | bə́uvwɑː(r); *F.* bovwaːʀ/, **Si·mone de** /simoːn də/ *n.* ボーヴォワール《1908–86; フランスの実存主義の作家・批評家; *Le Deuxième Sexe*「第二の性」(1949)》.
beaux *n.* beau の複数形.
beaux arts /bòuzɑ́ə | bəuzɑ́ː(r); *F.* bozaːʀ/ *F. n. pl.* 美術 (fine arts). 〖(1821) □F *beaux-arts* fine arts〗
Beaux Arts, b- a- /bòuzɑ́ə | bəuzɑ́ː(r); *F.* bozaːʀ/ *adj.* **1** (19 世紀後半にフランスで流行した)パリの美術学校 (École des Beaux Arts) 風の. **2** 《建築》(建築学上の様式主義に縛られた)過度に形式主義の: a ～ design 形式主義に堕した設計. 〖1924〗
beaux esprits *n.* bel esprit の複数形.
beaux gestes *n.* beau geste の複数形.
beaux ideal *n.* beau ideal 1 の複数形.
beaux yeux /bòuzjə́ː | bəu-; *F.* bozjø/ *F. n. pl.* **1** 美しい目, 明眸(めいぼう). **2** [しばしば皮肉] 美貌: I will do it for your ～. (美しい)あなたのためだからそうしましょう. 〖(1828) □F ～ 'beautiful eyes'〗
bea·ver[1] /bíːvə | -və(r)/ *n.* (*pl.* **～s,** 1 ではまた ～) **1** 《動物》**a** ビーバー《木をかじり倒して流れをせき止め巣を作る習性がある齧歯(げっし)類の動物; ユーラシア産の *Castor fiber* とアメリカ産の *C. canadensis* の 2 種類がある》: ～('s) fur ビーバーの毛皮 / work like a ～ (ビーバーのように)あくせく働く / (as) busy [industrious] as a ～《米口語》非常に忙しい / (as) mad as a ～《米口語》かんかんに怒った. **b** ＝mountain beaver. **c** ビーバー色《灰色または黄色がかった茶色》. **2** ビーバーの毛皮: trimmed with ～. **3** ビーバークロス《ビーバーの毛皮に似せた毛または綿の有毛織物》. **4 a** ビーバー帽《ビーバーの毛皮[ビーバークロス]製の帽子》.

b シルクハット《もとビーバーの毛皮で作った》. **5**《米口語》がんばり屋, 働き者, 勉勉家: a busy ～ / ⇨ eager beaver. **6 a**《俗》(濃い)あごひげ(の男). **b**《俗》(女性の)陰部; ポルノ; ポルノ映画. **7** [B-] **a** [the ～(s)] (カナダ西部の)ビーバー族. **b** ビーバー族の人. **c** ビーバー語. 《《なぞり》← N-Am.-Ind. (Beaver) *Tsattine*《原義》dwellers among the beavers》 **8** [B-] 米国 Oregon 州 (Beaver State) の人のあだ名. **9** [B-] ボーイスカウトの最年少組 (6-7 歳)の少年. ― *vi.* [～ *away* として]《英口語》(…に取り組んで)(ビーバーのように)懸命に[あくせく]働く (*at*).

béa·ver·ish /-vərɪʃ/ *adj.* **～·lìke** *adj.* 〖OE *be(o)for* < Gmc **bebruz* (Du. *bever* / G *Biber*) < IE **bhibhru-, bhebhru-* the brown animal ← **bher-* 'BROWN': cf. bear²〗

beaver¹ 1 a
(*C. canadensis*)

bea·ver² /bíːvə | -və(r)/ *n.*〖甲冑〗(かぶとの)あご当て. 〖(a1420) *bavier* □ OF *baviere*《原義》child's bib ← *bave* saliva〗

béaver bòard *n.* ビーバーボード《木繊維を固めて成形した軽くて硬い板で, 間仕切りなどに用いる》. 〖(1909) ← *Beaverboard* (商標名)〗

Bea·ver·brook /bíːvəbrʊ̀k | -və-/, 1st Baron *n.* ビーバーブルック《1879-1964; カナダ生まれの英国の新聞発行者・保守党政治家; 本名 William Maxwell Aitken》.

béaver clòth *n.* =beaver¹ 3. 〖1858〗

bea·ver·ette /bìːvərét/ *n.* ビーバーレット《ビーバーの毛皮に似せて作ったウサギの毛皮》. 〖(1922) ← BEAVER¹ + -ETTE〗

béaver hàt *n.* =beaver¹ 4 a.

Béa·ver·head Móuntains /bíːvəhèd- | -və-/ *n. pl.* [the ～] ビーバーヘッド山脈《米国 Montana, Idaho 州境の山脈; Bitterroot 山脈の南東部分》.

béaver làmb *n.* ビーバーの毛皮に似せた羊の毛皮.

béaver pòison *n.*《米》〖植物〗ドクゼリ (water hemlock). 〖1857〗

béaver ràt *n.*〖動物〗ミズネズミ (water rat).

Béaver Stàte *n.* [the ～] 米国 Oregon 州の俗称.

béaver·tàil *adj.*《米》ビーバーの尾のような形の.

bea·ver·teen /bìːvətíːn, ←―― | -və-/ *n.* ビーバーティン布《ビーバー毛皮まがいのビロード》. 〖(1827) ← BEAVER¹ + -EEN¹: cf. velveteen〗

béaver trèe *n.*〖植物〗ヒメタイサンボク (sweet bay).

Bea·vis and Butt·head /bíːvəsən(d)bʌ́thed | -vɪs-/ *n.* ビービス アンド バットヘッド《米国のテレビ漫画》.

be·bee·rine /bɪbíəriːn, -rɪn | -bíəriːn, -rɪn/ *n.*〖薬学〗ビビーリン ($C_{36}H_{38}N_2O_6$)《bebeeru の皮から採るアルカロイド; 抗マラリア剤》. 〖(1851): ⇨ ↓, -ine³〗

be·bee·ru /bɪbíəruː | -bíər-/ *n.*〖植物〗リョクシンボク (*Nectandra rodioei*)《熱帯アメリカ産クスノキ科の常緑高木; greenheart ともいう》. 〖□ Sp. & Port. *bibirú* ← Carib.《現地語》〗

Be·bel /béɪbəl, -bl; G. béːbl/, **(Ferdinand) August** *n.* ベーベル《1840-1913; ドイツの社会主義者・著述家》.

be·bop /bíːbɑ(ː)p | -bɒp/ *n.*〖ジャズ〗ビーバップ《モダンジャズの最も初期の形式; ⇨ bop¹》. 〖(1944): この音楽の特徴である断音楽句の擬音語〗

bé·bòp·per *n.* =bopper 1. 〖1946〗

bec.《略》because.

BEC《略》《米》Bureau of Employees' Compensation; Business Education Council.

be·calm /bɪkɑ́ːm/ *vt.* **1** [通例受身で] 風が凪(な)いで〈帆船を〉止める, 進めなくする; 〈帆走艇が〉(風上に出て)〈風下の艇〉の帆に当たる風を止めてしまう: The ship was ～*ed* for ten days. **2**《古》静める (calm). 〖(1559) ← BE- + CALM〗

be·cálmed *adj.* (帆船が)無風のため止まって.

became *v.* become の過去形.

be·card /beɪkɑ́əd, bɪ-, békəd | békəd, bɪkɑ́ːd/ *n.*〖鳥類〗カザリドリモドキ《熱帯アメリカ産カザリドリ科カザリドリモドキ属 (*Pachyramphus*) の数種の鳥; 大きな頭と太いくちばしをもつ》. 〖(c1850) □ F *bécarde* ← *bec* 'BEAK¹'〗

be·cause /(強) bɪkɔ́ːz, -kɑ́ːz, -kʌ́z | -kɔ́z; (弱) kəz, kəs/ *conj.* [従位接続詞; ⇨ for *conj.* 1 ★] **1 a** …だから, …なので; なぜならば…だから: Why did you do it? ― *Because* I wanted to. なぜそうしたのか―やりたかったからだ / We had a rest ～ we were tired. 疲れたので一休みした / He didn't come ～ he was busy. 忙しいので来なかった (cf. 2) / Just ～ I say nothing(,) you mustn't assume that I'm bored. 何も言わないからといって退屈してると思われては困る. **b** [主節の後で発言の根拠を示して] なぜこういうかというと…だから, というのは…, …からみると: He must have passed this way, ～ (=*for*) there is no other road. 彼はこの道を通ったに相違ない, なぜなら他には道がないから.

2 [not … ～ として] …だからといって(…ない): You should *not* despise a man (simply [merely, only, just]) ～ he is uneducated. (ただ)教育がないからといって人を軽蔑するものではない / I'm *not* here ～ I want to be (, but ～ I have to be). 私はここにいたいからいるのではない(いなくてはならないからだ) / It's no less useful (just) ～ it's cheap. (ただ)安いからといって役に立たないわけではない.

語法 (1) 1 の用法では文の終わりを下降調のイントネーションで発音するが, 2 の用法では, 下調上昇調で発音する. (2) 1 の用法では not などの否定は because 以下の従属節には及ばないので because の前にコンマをつけることがあるが, 2 の用法では否定語は because 以下を否定の対象としているので, because の前にコンマをつけない. ただし, 次のように (特に just を伴った) because 節が文頭にきてコンマを用いることもある: *Just* ～ everybody else does it, you do*n't* have to go along. ほかのみんながしているからといって, 同調する必要はない / *Just* ～ I say nothing (,) you mustn't assume that I'm bored. 何も言わないからといって, 退屈してると思われては困る.

3 [名詞節を導いて]《口語》…ということ (that): The reason I do it is ～ I like it. それをする訳はそれが好きだからです ★ 特に《口語》で just because で文を始め, これを主語にすることがある: *Just* ～ you are older than me does*n't* mean you can tell me what to do. (=Just ～ you are older than me, it does*n't* mean you can tell me what to do. 私より年が上だからといって私に指図できるということにはならない / Just ～ you overslept is no reason why you should be late. ただ寝坊したというだけでは遅刻の理由にはならない.

4《古》…する目的で, …するように (cf. *Matt.* 20:31).

***àll the móre becàuse* [*sínce*]** …だからいよいよ[かえって].
nòne the léss becàuse …であるにかかわらず(やはり).

― *adv.* [省略的に単独で用いて]《口語》どうしても《はっきり言えない[忘れた]理由のためにの意》: Why did you go out with him?―Well, just ～. どうして彼と行ったの―うーん, どうしてもね.

becàuse of …のゆえに, のために: *Because of* lack of courage, he failed. 勇気が足りなかったので失敗した / The game was called ～ *of* rain. 試合は雨のため中止となった.
becàuse that《古》…というわけで (because).

〖(c1375) ME *bicause* ← *bi* 'BY¹' + CAUSE: cf. OF *par cause de* by reason of〗

bec·ca·fi·co /bèkəfíːkoʊ | -kəʊ/ *n.* (*pl.* ～**s**, ～**es**)〖鳥類〗秋のころイチジクの木やぶどう園に来る小さな渡り鳥の総称; (特に)メジロムシクイ (*Sylvia hortensis*)《イタリアに生息するウグイスの一種》. 〖(1621) □ It. ～ 'fig pecker' ← *beccare* to peck + *fico* 'FIG¹'〗

bé·cha·mel sàuce /béɪʃəmèl- | béɪʃ-, béʃ-; *F.* beʃamɛl-/ *n.* ベシャメルソース《小麦粉とバターの roux に牛乳を合わせて作った白いソース》. 〖(1796) □ F *sauce béchamelle* ← *Louis de Béchamel* (*d.* 1703: 初めてこのソースを考案した Louis 十四世の食事担当執事)〗

be·chance /bɪtʃǽns | -tʃɑ́ːns/ *vi.*《古》起こる. ― *vt.*《廃》…に(偶然)起こる. 〖(1527) ← BE- + CHANCE〗

Bé·char /beɪʃɑ́ə | -ʃɑ́ː(r); *F.* beʃaːʁ/ *n.* ベシャール《アルジェリア北西部の都市; 旧名 Colomb-Béchar》.

be·charm /bɪtʃɑ́əm | -tʃɑ́ːm/ *vt.*《文語》魅する, うっとりさせる (charm). 〖(1340) *becharm(e)*: ⇨ be-, charm〗

bêche-de-mer /bèʃdəméə, bèɪʃ- | -méə(r)/ *n.* (*pl.* ～, **bêches-de-mer** /～/) **1** 海参(ﾊｲｼﾝ)《ナマコを煮て干したもの; 中華料理の材料に用いる》. **2** [通例 Bêche-de-Mer]〖言語〗=beach-la-mar. 〖(1814) ← F ～《原義》spade of the sea《変形》← *biche de mer* □ Port. *bicho do mar* sea slug〗

Be·chet /béʃeɪ/, **Sidney (Joseph)** *n.* ベシェ《1897-1959; 米国の黒人ジャズソプラノサックス・クラリネット奏者・作曲家》.

Bech·stein /békstaɪn; *G.* béçʃtaɪn/ *n.*〖商標〗ベヒシュタイン《ドイツのピアノメーカー, 同社製のピアノ; 創業 1853 年》. 〖← *Carl Bechstein* (1826-1900: 創業者であるドイツのピアノ製造業者)〗

Bechu.《略》Bechuanaland.

Bech·u·a·na /bètʃuɑ́ːnə/ *n.* (*pl.* ～, ～**s**) **1** ベチュアナ人《アフリカ南部の Orange 川と Zambezi 川の間に住むバンツー人 (Bantu); cf. Tswana》. **2** (ボツワナの)バンツー語. 〖1804〗

Bech·u·a·na·land /bètʃuɑ́ːnəlæ̀nd/ *n.* ベチュアナランド《ボツワナ (Botswana) の旧名》.

beck¹ /bék/ *n.* **1** [通例 one's ～] (意思表示・合図の)うなずき (nod), 手招き, 身振り, 手振り, 表情(など): nods and ～*s*. **2**《スコット》おじぎ (bow). ***at a person's béck* (*and cáll*)** =***at the béck and cáll of a person*** 人の意のままに, 言いなりに. ***háve a person at one's béck* (*and cáll*)** 〈人を〉思うままに[あごの先で]使う.
― *vi.* **1**《古》身振りで合図する (beckon). **2**《スコット》会釈する (bow). ― *vt.*《古》〈人〉に合図する.
〖(n.: c1384; v.: c1385)《略》← BECKON〗

beck² /bék/ *n.*《北英》(川床が岩の)小川. 〖(c1340) □ ON *bekkr* stream < Gmc **bakjaz*: cf. OE *beċe*〗

beck³ /bék/ *n.*〖金属加工〗*n.* 鍛造用金敷(かなしき)のくちばし. ― *vt.* 小金(かなしき)[金敷]を用いて〈鋼片を〉丸める. 〖《逆成》← *beckiron*《通俗語源》←《古形》*bickern* □ F *bigorne* < L *bicorniam* two-horned ← BI-¹ + cornū 'HORN'〗

Beck·en·bau·er /békənbàuə | -bàuə(r); G. békn̩baʊɐ/, **Franz** *n.* ベッケンバウアー《1945- ; ドイツのサッカー選手》.

Beck·en·ham /békənəm/ *n.* ベカナム《London 南東部にあった住宅地区; 現在は Bromley の一部》. 〖OE *Biohhahema*《原義》'the village (⇨ home) of *Beohha*' (← ? *beorht* 'BRIGHT')〗

Beck·er /békə | -kə(r); G. békɐ/, **Boris** *n.* ベッカー《1967- ; ドイツのテニス選手; 最年少でウィンブルドン大会優勝 (1985)》.

beck·et /békɪt | -kɪt/ *n.* **1** 索(さく)輪. **2**〖海事〗(綱・円材などを結びつける)取手索(とってなわ). 〖(1769) ← ?〗

Beck·et /békɪt | -kɪt/, **Saint Thomas à** *n.* ベケット《1118?-70; 英国 Canterbury の大司教; Henry 二世の教会政策に反対したため殺された》.

bécket bènd *n.*〖海事〗ベケットベンド (⇨ sheet bend). 〖1884〗

Beck·ett /békɪt | -kɪt/, **Samuel** *n.* ベケット《1906-89; フランスで活躍したアイルランドの詩人・小説家・劇作家; Nobel 文学賞 (1969); *En attendant Godot* (1952)「ゴドーを待ちながら」(英訳 *Waiting for Godot* (1954))》.

Beck·ford /békfəd | -fəd/, **William** *n.* ベックフォード《1760-1844; 英国の著述家; *Vathek* (もとフランス語で書かれ (1782), 英訳 (1786))》.

Beck·mann /békmən, -mɑːn; G. békman/, **Ernst (Otto)** *n.* ベックマン《1853-1923; ドイツの有機化学者; 化合物の分子量の決定法を考え出す; cf. Beckmann thermometer》.

Beckmann, Max *n.* ベックマン《1884-1950; ドイツの表現主義の画家》.

Béckmann thermómeter *n.* ベックマン温度計《精密な水銀温度計》. 〖← *Ernst O. Beckmann*〗

beck·on /békən/ *vt.* **1** (手まね・うなずき・身振りなどで) 招く, 差し招く; (手やあごで)…に合図する: ～ a person *back* [*in, away*] 人に戻れ[入れ, 立ち去れ]と合図する / He ～*ed* me *to* him [me *to* follow him]. 私に自分の方へ来るように[あとについて来い]と合図した / a ～*ing* glance [look] 差し招く一瞥[目つき]. **2** 誘う, 誘惑する (lure): Sensual pleasures ～*ed* him *to* destruction. 官能的快楽が彼を誘惑して破滅させた. ― *vi.* **1** (手まねなどで)招く, 合図する: ～ *to* a waitress ウエートレスを手招きする / ～ *to* [*for*] a person *to* come nearer 人にもっと近寄るように合図する. **2** 誘う, 誘惑する. **3** 間近に迫る. ― *n.* うなずき; 招き. **～·er** *n.* **～·ing** *adj., n.* **～·ing·ly** *adv.* 〖OE *bēcnan*, **bīecnan* to make signs < Gmc **bauknian* ← **bauknam* 'BEACON'〗

béckoning cráb *n.*〖動物〗=fiddler crab.

Beck's /béks/ *n.*〖商標〗ベックス《ドイツ製のビール; 輸出専用で, 米国で人気がある》.

Beck·y /béki/ *n.* ベッキー《女性名》. 〖(dim.) ← REBECCA〗

be·cloud /bɪkláʊd/ *vt.* **1** 雲で覆う, 曇らせる. **2** 〈目・心などを〉暗くする, 覆う, 曇らせる (overshadow). **3** 〈議論・人の頭などを〉混乱させる (confuse): ～ the argument. 〖(1598) ← BE- + CLOUD〗

be·come /bɪkʌ́m/ *v.* (**be·came** /-kéɪm/ ★ 文中で *vi.* のときは弱く, *vt.* のときには強く発音される.; **-come**) ― *vi.* [名詞・形容詞(句)・p.p. 形を補語として] …になる: ～ a doctor [an artist, king, President] 医者[芸術家, 王, 大統領]になる / ～ rich [poor, happy, melancholy] 金持[貧乏, うれしく, ゆううつ]になる / The custom has now ～ a rule. その慣習は今では規則になっている / The milk quickly *became* sour. その牛乳はすぐに酸っぱくなってしまった / We soon *became* anxious. 我々は間もなく心配になった / She left home when she *became* (= reached) 21. 彼女は 21 歳になったとき家を出た / The truth *became* known to us all. 真相が我々皆に知れ渡った / It *became* apparent that he had gone mad. 彼が気が狂ったことが明らかになった / The whole world is rapidly *becoming* Americanized. 世界中が急速にアメリカ化されつつある. ― *vt.* **1** 〈服装などが〉…に似合う (suit): This dress ～*s* you very much. このドレスはあなたによく似合う. **2** …にふさわしい, 適する (befit): Modesty ～*s* her. つつましさこそ彼女の人柄だ / It ill ～*s* you to complain. 不平を言うなんて君にも似合わない. ★ 受身には用いられない.

becóme of [疑問詞 what(ever) を主語として] …は(一体)〈どう〉なる: *What* has ～ *of* him? 彼はどうなったろう;《口語》彼はどこへ行ったのだろう. (1535)

〖OE *becuman* to come about: ⇨ be-, come〗

be·cóm·ing *adj.* (cf. unbecoming) **1** 〈服装・色など〉似合う, 映りのよい (attractive): a ～ hat, dress, etc. / a hairdo ～ *to* you あなたに似合う髪型 / Green looks very ～ *on* you. グリーンが君によく似合う. **2** 〈行為など〉ふさわしい, 似つかわしい, よろしきを得た (⇨ fit¹ SYN): her ～ modesty 彼女にいかにもふさわしいつつましさ / conduct ～ (*to*) a gentleman 紳士にふさわしい行為 / It is not at all ～ *in* a lady to speak like that. そういう口のきき方は淑女にはまったく似つかわしくありません. ― *n.* **1 a**〖哲学〗生成 (cf. being¹ 6): being and ～ ⇨ being¹ 6. **b** 変化, 転成 (change). **2**《廃》事のよろしきを得ること, 適宜.

～·ly *adv.* **～·ness** *n.* 〖n.: (?c1425) 'event': ⇨ -ing².¹〗

bec·que·rel /bèkərél, ←―― | ――, ――; *F.* bɛkʁɛl/ *n.*〖物理〗ベクレル《放射能の SI 単位; 放射線核種の壊変数が 1 秒につき 1 であるとき 1 becquerel とする; 記号 Bq.》. 〖1975〗

Bec·que·rel /bèkərél, ←―― | ――, ――; *F.* bɛkʁɛl/, **Alexandre Edmond** ベクレル《1820-91; フランスの物理学者; A. H. Becquerel の父》.

Becquerel, Antoine Henri *n.* ベクレル《1852-1908; フランスの物理学者, ベクレル線発見者; Nobel 物理学賞 (1903)》.

Becquerel ràys *n. pl.*《古》〖物理〗ベクレル線《Becquerel が 1896 年ウラン鉱から発見した放射性物質の放つ放射線; 今日の α, β, γ の 3 放射線に相当する》. 〖(1896) ↑〗

bed /béd/ *n.* **1** ベッド, 寝台 (bedstead); (mattress, bedclothes など寝具を含めた)寝床: ⇨ feather bed / a ～ of hay, straw, etc. / ⇨ deathbed, sickbed / a ～ of sickness 病床 / get out of [into] ～ 起きる[床に就く] / Get that patient into [out of] ～, nurse. 看護婦さん, その患者を寝かせなさい[起こしなさい] / lie in ～ 臥(ふ)床する / be in ～ with influenza インフルエンザで寝ている / keep

(to) [be confined to] one's ～ 病気で寝ている, 床に就いている / leave one's ～ 床を離れる, 床上げをする / He stayed in ～ because he was ill [lazy]. 彼は病気で[怠けて]寝ていた / put a baby to ～ 赤ん坊を寝かしつける[寝かせる] / sit on the ～ ベッドに腰かける / sit (up) in ～ 寝床で起き直る / wear a pair of socks to ～ ソックスを履いたまま床に就く / take to one's ～ (病気で)床に就く / fall into ～ 疲れてベッドに倒れこむ / be for ～ 《英》寝(ようとしている)ところである / He is too fond of his ～. 彼はなかなか床を出ない(怠け者だ) / change a ～ 《米》ベッドのシーツを取り替える. **2 a** 睡眠, 眠り: time for ～ 就寝時刻. **b** 寝る所, 休み場所. 日英比較 「ベッドタウン」は和製英語. 《米》では bedroom town [community] または bedroom suburbs, 《英》では dormitory (town [suburb]) という. また commuterland, commuterdom, commuterville ともいう. **c** 宿泊 (lodging): get a ～ at a hotel (for the night) (夜は)ホテルに泊まる. **d** 《文語》墓 (grave): one's ～ of dust＝one's narrow [lowly] ～ 墓 / a ～ of honor 戦死者の墓. **3 a** 結婚の床, 結婚; 夫婦関係: the pleasures of the ～ 結婚の床の喜び. **b** 《口語》性的関係, 性交: get a person into ～ 人と性的関係をもつ / get into ～ with a person 同衾(どうきん)する / be in ～ with a person 人と性交中で. **4** 就寝時間 (bedtime): go out before ～. **5** (牛馬の)敷きわら (litter); (動物の)ねぐら. **6 a** 苗床, 花壇, 畑: a flower ～ / an onion ～ / a ～ of peas. **b** 苗床にできる植物. **7 a** 川床, 水底: the ～ of a river ⇨ riverbed, seabed, streambed. **b** (かき (oyster) などの)養殖場: an oyster ～. **8** 地層, 層 (stratum): a ～ of clay, sandstone, etc. / a coal ～ 炭層. **9 a** 道床, 路盤 (その上を舗装する): a road ～ / the ～ of gravel. **b** (料理で)他の素材をのせる素材: shrimp(s) on a ～ of lettuce レタスを敷いてのせた小エビ. **c** 土台, 下敷き. **d** (れんが・タイル・スレートなどを敷く)床. **e** 砲床; 玉突き台の床. **10** 〘動物〙爪床(そうしょう) (動物の爪の基部を包む肉). **11** 《英方言・米》(車の)ボディー. **12** 〘印刷〙版盤 (組版を載せる台).
a béd of róses [***dówn, flówers***] 安楽な境涯[憩いの場, 地位, 身分など]: He did not repose on *a ～ of roses.* 彼は気楽な身ではなかった / The work [life] is no ～ *of roses.* その仕事[生活]は決して楽ではない. (1604) ***a béd of thórns*** [***náils***] 辛い境地[思い], 「針のむしろ」. ***be bróught to béd*** (***of***) 《文語》お産をする: She *was brought to* ～ of a boy. 男児を出産した. (c1320) 1530) ***béd and bóard*** (1) 宿泊と食事. (2) 夫婦が寝食を共にすること, 同棲(どうせい), (妻からみた)夫婦生活: She has left her husband's ～ *and board.* (婚姻継続のまま)夫と別居した. (c1403) ***díe in*** (***one's***) ***béd*** 病床で死ぬ, (変死でなく)畳の上で死ぬ (cf. *die in a* DITCH, DIE¹ *in one's boots*). (1742) ***gèt out of béd*** (***on***) ***the wróng síde***＝***gèt úp on the wróng side of the béd*** [通例過去または完了形で] 《口語》(今日は)不機嫌だ, 虫の居所が悪い. ***gó to béd*** (1) 寝る. (2) 〔異性と〕寝る, 同衾(どうきん)する 〔*with*〕. (3) 〈新聞などが〉印刷に回される. (1859) (4) 《俗》〘トランプ〙〈人・カードが〉くさる (勝札を温存しすぎて使う機会を失う). ***hóp into béd*** (***with***) 《口語》(異性と)寝る. ***máke one's béd*** (1) 床をとる. (2) 《口語》自分から不幸を招く: As you *make your* ～, so you must lie on [in] it.＝One must lie on [in] the ～ one *has made.* (諺) 自業(じごう)自得; 身から出た錆(さび). ***máke the*** [***a***] ***béd*** (起床後の)寝床を整える, 片付ける; 床をとる. (1597) ***màke úp a béd*** (1) ＝*make a* BED. (2) 臨時の寝床を用意する. ***pút to béd*** (1) 〈子供・病人などを〉寝かす (⇨ *n.* 1). (2) 〘印刷〙〈組版を版盤に固定する; 〈新聞などの〉印刷の用意をする. (1951) (3) 印刷の直前まで編集し続ける; 〈新聞など〉の最終版の原稿を作成する[印刷に回す]. ***pút a person to béd with a shóvel*** 《俗》〈人を〉葬る (bury).
— *v.* (**bed·ded; bed·ding**) — *vt.* **1** …に寝床を与える. **2 a** 寝かせる. **b** 《口語》〈男女を〉寝かせる; 〈異性を〉寝床に連れていく; 〈異性〉と寝る (seduce). **3** 〈牛馬〉に敷きわらを敷いてやる 〈*down*〉: He ～*ded* (*down*) his horse (*with* straw). (寝わらを敷いて)馬を寝かせた. **4** (花壇・床(とこ)に)植えつける, 定植する 〈*out*〉: ～ *out* geraniums / ～ oysters (養殖場に)かきを入れる. **5** 〈石・れんがなどを〉土台に据える, 据え付ける, 平らに置く, 層に置く, 積み重ねる: ～ stones, bricks in mortar, etc. — *vi.* **1 a** 寝床に就く, 寝る: Early to ～ and early to rise, makes a man healthy, wealthy and wise. (諺) 早寝早起きは人を健康に裕福に賢明にする. **b** 〔ホテルなどに〕宿泊する 〔*in*〕: ～ in a hotel. **2 a** 〔…と〕一緒に寝る[住む] 〔*with*〕. **b** 《口語》〔異性と〕寝る, 同衾する 〈*down, up*〉 / 〔*with*〕. **3** 〈物が〉〔…の上に〕載っかる, 安定する, 座る 〔*on*〕; 〔…には〕まり込む, 埋まる 〔*in*〕. **4** 〘地質〙地層を成す.
béd dówn (*vi.*) (1) 床を整える, 床をとる, 〈牛などが〉寝床に就く. (2) ⇨ *vi.* 2 b. (*vt.*) (1) 〈旅行者・兵士などに〉寝床を与える. (2) 〈牛・馬などを〉寝わらを敷いて寝かす.
～·less *adj.*
〘n.: OE *bed*(*d*) ＜ Gmc **badjam* (Du. *bed* / G *Bett*) ← IE **bhedh-* to dig (L *fodere* to dig: cf. fossil). — v.: OE *beddian* ← (n.)〙

BEd /bìːéd/ 《略》 Bachelor of Education.

be·dab·ble /bɪdǽbl/ *vt.* 〈水・血などを〉…にはねかける (splash), (はねかけて)汚す (stain) 〔*with*〕. 〘(1595-96) ← BE-＋DABBLE〙

be·dad /bɪdǽd/ *int.* 《アイル》まあ, とんでもない, しまった, ちくしょう (begad). 〘(1710) ← *by dad* (変形) ← *by Gad*: ⇨ begad, Gad²〙

béd and bréakfast *n.* 朝食付き宿泊 (ホテル・民宿などでの提供条件; 略して B and B, b and b という; 略 B & B, b & b). — *adj.* 《口語》〘証券〙ベッド アンド ブレックファストの (税金対策として, 株などを売却して翌朝買い戻す方式). 〘1910〙

be·dash /bɪdǽʃ/ *vt.* **1** 一面に振りかける. **2** 打ちつける, 打ちのめす. **3** 打ち砕く, 抹殺する. 〘(1564) ← BE-＋DASH¹〙

be·daub /bɪdɔ́ːb, -dɑ́ːb | -dɔ́ːb/ *vt.* **1** こてこてと塗る, 塗りたくる[つける] (besmear); はねかける (splash): ～ something *with* filth. **2** こてこてと[けばけばしく]飾り立てる. 〘(1553-87) ← BE-＋DAUB〙

Be·dáux sỳstem /bədóu- | -dáu-/ *n.* [通例 the ～] ビドー給与制度 (仕事の出来高に応じて割増しボーナスを支給する). 〘← *Charles Eugène Bedaux* (1887-1944: フランス生まれの米国の産業能率技師)〙

be·daze /bɪdéɪz/ *vt.* 茫然(ぼうぜん)とさせる; 途方に暮れさせる. 〘(a1605) ← BE-＋DAZE〙

be·daz·zle /bɪdǽzl/ *vt.* **1** …の目をくらませる, 幻惑させる; 当惑[困惑]させる. **2** …に強烈な印象を与える, 魅了する, 悩殺する. **～·ment** *n.* 〘(1593-94) ← BE-＋DAZZLE〙

béd bàth *n.* (入浴の代わりに)病人の体を寝かせたまま洗うこと.

béd bòard *n.* ベッドボード (ベッドの床座のスプリングとマットレスの間に入れる薄い硬い板). 〘1415〙

béd bòlt *n.* (ベッドの側面でベッドボードやフットボードを締めつける)ボルト, ねじ釘.

béd·bòund *adj.* 寝たきりの.

béd·bùg *n.* 《米》〘昆虫〙**1** トコジラミ, (俗に)南京虫 (*Cimex lectularius*) (寝台にたかる吸血性の半翅目の昆虫). **2** トコジラミ属の吸血性の昆虫の総称. **3** 《米俗》プルマンカーの黒人ポーター. 〘1809〙

béd chàir *n.* (病人のベッド用)補助椅子 (chair bed ともいう).

béd·chàmber *n.* 《文語》＝bedroom. 〘a1376〙

béd chèck *n.* 〘米軍〙就寝点呼. 〘1927〙

béd·clòthes *n. pl.* 寝具, 夜具 (mattress 以外の sheets, blankets および counterpane). ⇨ bedcover 日英比較. 〘1367〙

béd·clòthing *n.* [集合的] ＝bedclothes. 〘1852〙

béd·còver *n.* ベッドカバー, ベッドの上掛け, 寝台掛け. 日英比較 日本語の「ベッドカバー」は装飾を兼ねたほこり除け用の覆いを指すが, 英語の *bedcover* はその他にシーツや毛布など寝具も意味する.「ベッドカバー」に相当する英語は bedspread,「寝具」は bedclothes が普通. 〘1828〙

béd·cùrtain *n.* (旧式寝台の)寝台の天蓋 (canopy) から垂れたカーテン (cf. four-poster 1).

bed·da·ble /bédəbl/ *adj.* **1** ベッドになる[ふさわしい]. **2** 性的魅力のある; ベッドの誘いにすぐのる(女性). 〘(1941): ⇨ -able〙

bed·ded /bédɪd | -dɪd/ *adj.* **1** 〘地学〙層状の (stratified). **2** [通例複合語の第 2 構成素として] ベッドが…の, …ベッド付きの: a twin-*bedded* room ツインの部屋.

bed·der /bédə | -də(r)/ *n.* **1** 寝床[敷きわら]の敷き手. **2** 冷床で栽培される(花壇用の)草花. **3** 《英》**a** (大学口語) 寝室係小使. **b** 寝室. 〘(1611): ⇨ -er¹〙

bed·ding /bédɪŋ | -dɪŋ/ *n.* **1** 寝具類. **2** (牛馬の)敷きわら. **3** 〘建築〙土台, 底台, 基床; (梁(はり)などを所定の位置に)水平に置く[取り付ける]こと; (仕上げ部分の下の)下地; (窓ガラス接合用の)敷きパテ. **4** 〘地質〙成層. **5** [形容詞的] 花壇用の: ～ plants. 〘OE: ⇨ bed, -ing¹˒³〙

bédding plàne *n.* 〘地質〙成層面. 〘1895〙

Bed·does /bédouz | -dəuz/, **Thomas Lovell** *n.* ベドーズ (1803-49; 英国の詩人・劇作家; *Death's Jest-Book* (詩劇, 1850)).

bed·dy-bye /bédibàɪ | -di-/ *n.* 《小児語・戯言》寝床 (bed); 就寝時間 (bedtime): *Beddy-byes!* 早く寝なさい. 〘(1906) ← BED＋-Y²＋(BYE-)BYE¹: 小児語から〙

Bede /bíːd/ *n.* ビード, ベーダ (男性名). 〘OE *Bēda* □ ? Celt. *Bedaws* (原義) life: cf. OE *bēodan* to proclaim〙

Bede, Saint *n.* ビード, ベーダ (673-735; 英国の聖職者・歴史家・神学者; *Ecclesiastical History of the English Nation* (731); 通称 the Venerable Bede; Baeda とも呼ばれる).

be·deck /bɪdék/ *vt.* きらびやかに飾る, 装飾する, 飾りたてる (deck out): ～ something *with* flowers, jewels, flags, etc. 〘(1559) ← BE-＋DECK〙

bed·e·guar /bédɪgɑ̀ə | -gɑ̀ː(r)/ *n.* (*also* **bed·e·gar** /～/) (ばらにできる苔(こけ)に似た)虫こぶ, 虫癭(ちゅうえい) (gall). 〘(1578) □ F *bédég(u)ar* □ Pers. *bādāwar(d)* (原義) brought by the wind〙

béde·hòuse /bíːd-/ *n.* ＝beadhouse.

be·del /bíːdl, bɪdél | bíːdl, bɪdél/ *n.* (*also* **be·dell** /～/) (英国の大学で, 行列の先頭に立ち総長の権標 (mace) を奉持する)先導係 (macebearer) (伝統的に Oxford では bedel, Cambridge では bedell を用いる). 〘OE *bydel* herald ＜Gmc **buðilaz*: ⇨ beadle〙

bedes·man /bíːdzmən/ *n.* (*pl.* **-men** /-mən, -mèn/) ＝beadsman.

bédes·wòman *n.* ＝beadswoman.

be·dev·il /bɪdévəl, -vɪl/ *vt.* (**-iled, -illed; -il·ing, -il·ling**) **1** 苦しめる, いじめる (torment); ひどく悩ます[困らせる] (harass). **2** 〈人〉に悪魔を取りつかせる. **3** 改悪する, 悪くする. **4** 混乱させる, 台なしにする: ～ the economy. **5** 狂乱させる. 〘(1768) ← BE-＋DEVIL〙

be·dév·il·ment *n.* **1** 苦悩(させること). **2** 悪魔に取りつかせる[れる]こと. **3** 混乱, 台なし. **4** 狂乱. 〘(1843): ⇨ ↑, -ment〙

be·dew /bɪdúː, -djúː | -djúː/ *vt.* …に露を宿す; 〈涙・汗などで〉ぬらす 〔*with*〕: eyes ～*ed with* tears 涙の露を宿した目. 〘(1340) *bideue(n)*: ⇨ be-, dew〙

béd·fàst *adj.* (病気などで)寝たきりの (bedridden). 〘a1639〙

béd·fèllow *n.* **1** 寝床を共にする人 (cf. bedmate). **2** 同僚, 仲間; (特に, 一時的な)協力者: an awkward ～ つきあいにくい人 / a strange ～ (仕事や偶然の事情でつきあうだけの)気心の知れぬ仲間 / Misery acquaints a man with strange ～*s.*＝Adversity [Misery] makes strange ～*s.* 逆境[不幸]にあっては思わぬ[なじみのなかった]人とつきあいができる (cf. Shak., *Tempest* 2.2.42). 〘c1450〙

Bed·ford /bédfəd | -fəd/ *n.* ベッドフォード: **1** イングランド中部, Bedfordshire 州の州都. **2** ＝Bedfordshire. 〘OE *Bedanford* (原義) 'FORD of *B(ī)ēda* (人名)'〙

Bed·ford /bédfəd | -fəd/, Duke of *n.* ベッドフォード (1389-1435; John of Lancaster の称号; Henry 四世の子, 甥 Henry 六世が未成年で即位したためその摂政となり (1442), Joan of Arc (ジャンヌ ダルク)を魔女として焼殺させた (1431)).

Bédford córd *n.* ベッドフォードコード, ラシャコール (織物の縦方向に盛り上がったうねを作った横糸二重織りの一種; 乗馬服などに用いられる). 〘(1862) ? ← *Duke of Bedford* // (↑) ← *New Bedford* (米国 Massachusetts 州の地名)〙

Bed·ford·shire /bédfədʃə, -ʃɪə | -fədʃə(r), -ʃɪə(r)/ *n.* **1** ベッドフォードシャー (イングランド中部の内陸州; 面積 1,235 km², 州都 Bedford). **2** 《戯言》＝bed: go to ～ ねんねする / be for ～ ねんねしたい. 〘lateOE *Bedanfordscīr*: ⇨ Bedford, -shire〙

béd·fràme *n.* ベッドの枠組[枠台]. 〘1815〙

béd·gòwn *n.* **1** ＝nightgown. **2** 〘英方言〙(昔女性が仕事をするときに着た)ゆるやかで短い上着. 〘1756〙

béd·hèad 《英》 *n.* (ベッドの)頭部のボード[パネル]. 〘c1390〙

béd-hòp *vi.* 《口語》だれとでも性的関係をもつ.
～·per *n.*

bed·i·bye /bédibàɪ | -di-/ *n.* ＝beddy-bye.

be·dight /bɪdáɪt/ *vt.* (～·**ed,** ～) [通例 p.p. 形で] 《古・詩》飾る (deck out) (cf. dight 2). 〘(a1400) ← BE-＋DIGHT〙

be·dim /bɪdím/ *vt.* (**be·dimmed; -dim·ming**) **1** 〈目などを〉曇らせる, かすませる: eyes ～*med with* tears. **2** 〈心・記憶などを〉ぼんやりさせる. 〘(1566) ← BE-＋DIM〙

béd-ìn *n.* ベッドイン抗議 (カップルがベッドに入って意見を主張する) (cf. die-in, sit-in 2, teach-in). 日英比較 男女がベッドを共にするの意の「ベッドイン」は和製英語. 英語では go to bed (with …), sleep (with …) という.

Bed·i·vere /bédəvɪə | -dɪvɪə(r)/, Sir *n.* 〘アーサー王伝説〙ベディビア (瀕死の Arthur 王を平底舟まで運んだ騎士; その舟で 3 人の王女が王を Avalon 島まで運んだ).

be·di·zen /bɪdáɪzən, -dízən, -zn/ *vt.* [しばしば ～ oneself または受身で] 《古》(下品に)ごてごてと飾りたてる, けばけばしく飾る: ～ *oneself* [*be* ～*ed*] *with* jewels 宝石でけばけばしく身を飾る. **～·ment** *n.* 〘(1661) ← BE-＋DIZEN〙

béd·jàcket *n.* ベッドジャケット (女性がベッドの上で座っているとき, 寝衣の上に着る短いゆったりした上着). 〘1914〙

béd jòint *n.* 〘建築〙横目地 (水平に通る目地), アーチの放射状の目地. 〘1747〙

béd·kèy *n.* 寝台用レンチ (台架の各部を締めたりゆるめたりするのに用いる). 〘1861〙

bed·lam /bédləm/ *n.* **1 a** [B-] ベドラム (St. Mary of Bethlehem 精神病院の通称; 同院は 1274 年 London 市内に修道院として建てられたが, 1547 年に精神病院となり, 1930 年 London 南部の Croydon 近郊に移された; cf. Abraham-man 1). **b** 《古》精神病院. **2** 騒々しい所, 混乱の場面; 大混乱. **3** 《廃》狂人.
Tóm [**Jáck**] **o' Bédlam** 《古》(1) 狂人. (2) ベドラム帰り (物乞いを許された元ベドラム患者およびその詐称者). 〘1562〙
— *adj.* 気の狂った (mad), 精神病院向きの (lunatic). 〘(1418) ← ME *Bedlem* (転用): ⇨ Bethlehem〙

bed·lam·ite /bédləmàɪt/ *n.* [時に B-] 《古》狂人 (lunatic). — *adj.* 気が狂った, 狂気の. 〘(1621): ⇨ ↑, -ite¹〙

béd·linen *n.* シーツと枕カバー. 〘1815〙

Béd·ling·ton térrier /bédlɪŋtən-/ *n.* ベドリントンテリア (耳が三角形で先が丸く頭が豊かな頂毛で覆われているイヌ; 単に Bedlington ともいう). 〘(1867) ← *Bedlington* (イングランド Northumberland 州の鉱山町の名, そこにあるハニス丘陵が原産地)〙

béd·lòad *n.* 〘土木〙河床土砂, 掃流土砂.

Béd·loe's Ísland /bédlouz- | -ləuz-/ *n.* (*also* **Bédloe Ísland** /bédlou- | -ləu-/) ベドローズ島 (米国 Liberty Island の旧名). 〘この島の最初の所有者 *Isaac Bedloe* にちなむ〙

béd·màker *n.* **1 a** ベッドの用意をする人, 寝室係(メード). **b** (Oxford, Cambridge 大学の)寝室係 (cf. *make the* BED). **2** ベッドメーカー, ベッド製造業者. 〘1454〙

béd·màking *n.* (寝るために)ベッドを整えること, ベッドの整頓.

béd·màte *n.* 同衾(どうきん)者; (特に, 性の対象としての)相手, 妻, 情婦; 夫. 〘1583〙

béd mòlding *n.* 〘建築〙敷繰形(しきくりがた) (軒の突出部などの下に設ける繰形). 〘1703〙

Bed·ou·in /béduɪn | -du-/ *n.* (*pl.* ～, ～**s**) **1** ベドウィン (アジアおよびアフリカの砂漠地方に遊牧生活を送るアラビア人). **2** 遊牧民 (nomad), 放浪者 (wanderer).
— *adj.* **1** ベドゥインの. **2** 遊牧民の, 放浪者の.
～·ism *n.* 〘(c1400) □ OF *beduin* (F *bédouin*) □ Arab. *badawī* dweller in the desert ← *badw* desert〙

béd·pàn *n.* **1** (病人用の浅い)便器, おまる. **2** ＝warming pan 1. 〘1: 1678; 2: 1585〙

béd pìece *n.* 材木の下に置く枕木.
béd·plàte *n.* 〖機械〗ベッドプレート, 台板, 台. 〖1850〗
béd·pòst *n.* **1** 寝台柱《ベッドの四隅の柱》. **2** [通例 *pl.*]《俗》〖ボウリング〗ベッドポスト《7 番と 10 番のピンが残っているスプリット》. ***between yóu and mé and the bédpost*** ⇨ between 成句. ***in the twinkling of a bédpost*** ⇨ twinkling 2 b. 〖1598〗
béd·presser *n.* 《Shak》怠け者. 〖1596–97〗
béd·quìlt *n.* 刺し子の掛けぶとん.
be·drab·bled /bɪ̀drǽbḷd/ *adj.* 雨水[泥水]によごれた. 〖(1440) ← *bedrabble*: ⇨ be-, drabble〗
be·drag·gle /bɪ̀drǽgḷ/ *vt.* **1** 〈衣服などを〉びしょぬれにする. **2** [通例 p.p. 形で]〈衣服などを〉引きずってよごす; 〈人を〉薄ぎたなくする: ～ one's skirt / She looked ～*d*. 薄ぎたないなりをしていた. **～d** *adj.* 〖(1727) ← BE-＋DRAGGLE〗
béd·ràil *n.* 寝台の枠材.
be·drench /bɪ̀dréntʃ/ *vt.* ずぶぬれにする. 〖(*a*1333) ← BE-＋DRENCH〗
béd rèst *n.* **1** (結核患者などの)安静臥(が)床. **2** (ベッドの)患者支え台. 〖1872〗
bed·rid /bédrɪd/ *adj.* **1** 《詩・文語》＝bedridden 1. **2** 衰えた, よぼよぼの. 〖lateOE *bedreda, -rida* one bedridden ← *bedd* 'BED'＋*ridda* rider (← *rīdan* 'to RIDE')〗
bed·rid·den /bédrɪ̀dṇ/ *adj.* **1** (病気・老齢で)寝たきりの (cf. walking 4). **2** 老朽化した, 使い古した. 〖(late OE): ⇨ ↑, -en³: p.p. 形との混同による: cf. hagridden〗
béd·right *n.* 《Shak》婚姻の床の権利. 〖1611〗
bed·rock /bédrɑ̀(ː)k | -rɔ̀k/ *n.* **1** 〖地質〗基岩, 床岩《土壌や岩などで覆われた基盤岩》. **2 a** (事物の)根底, 基礎 (foundation); 基本的事実. **b** 最低点, 底: at ～. ***réach*** [***còme dówn to, gèt dówn to***] ***bédrock*** (1) 真相を究める, 本題にはいる. (2)《米俗》底をつく, 文(もん)無しになる. 〖1850〗 **— *adj.*** [限定的] **1** 基本的な, 主要な (fundamental). **2** 底の, 最低の: the ～ price 底値. 〖1850〗
béd·ròll *n.* (巻いた)携帯用寝具(類), 巻きぶとん (cf. blanket roll 1). 〖(*a*1652) 1910〗
bed·room /bédrùːm, -rʊ̀m/ *n.* 寝室, 寝間 (sleeping room). **— *adj.*** [限定的] **1** 寝室の; ベッドシーンの, 性的な: a ～ farce きわどい笑劇 / ～ eyes 色目, 秋波. **2** 《米》ベッドタウンの, (大都会の)近郊の, 通勤者の住む: a ～ town [community] ベッドタウン. 日英比較 「ベッドタウン」は和製英語. 〖1595–96〗
-béd·ròomed *adj.* [通例複合語の第 2 構成素として] …の寝室がある: a three-*bedroomed* house 寝室が 3 室ある家. 〖(1865): ⇨ ↑, -ed〗
bédroom slìpper *n.* (かかとのない)室内用スリッパ (cf. house slipper).
bédroom sùburb *n.* 《米》ベッドタウン (dormitory suburb).
Beds 《略》Bedfordshire.
bèd·settée *n.* 《英》(背もたれを倒して寝台にする)ソファーベッド (cf. studio couch). 〖1933〗
béd shèet *n.* 敷布, シーツ. 〖1401〗
béd·sheet bállot *n.* 長くて形式の複雑な投票用紙.
bed·side /bédsàɪd/ *n.* 床のかたわら; (特に, 病人の)枕もと: be at [by] a person's ～ 人の枕もとにかしずく / I sat [watched] by her ～. **— *adj.*** [限定的] **1** 枕もとの; 臨床の, 看護の: a ～ diagnosis / ⇨ bedside manner. **2** 床のそばの[にある]: a ～ table, lamp, phone, etc. **3** 〈書物など〉寝床で読むのに適した, 軽くて肩の凝らない: ～ books, stories, etc. 〖*c*1303〗
bédside mánner *n.* (医師の)患者に接する物腰, 患者の扱い方: have a good ～ 患者の扱い方がうまい; 《皮肉》(迎合的で)相手をそらさない. 〖1869〗
bédside téaching *n.* (医学生の)臨床教授.
béd·sít 《英俗》 *n.* ＝bed-sitter. **— *vi.*** bed-sitter に住む[寝起きする]. 〖《逆成》↓〗
bed-sítter *n.* 《英口語》＝bed-sitting-room. 〖(1927)《短縮》← *bed-sitting-room*: cf. -er¹〗
béd-sítting-ròom *n.* 《英》寝室居間兼用の部屋からなる一間のアパート, ワンルームマンション. 〖1892〗
béd skìrt *n.* 《米》ベッドスカート《ベッドの足やスプリングを隠す掛け布》.
béd sòcks *n. pl.* ベッドソックス《ベッドで履いて寝る毛の短い靴下》. 〖1870〗
bed·so·ni·a /bɛdsóuniə | -sə́u-/ *n.* 〖細菌〗ベドソニア《おうむ病・トラコーマなどの病原となるウイルスの仲間》. 〖← NL ～ ← *Sir Samuel P. Bedson* (1886–1969: 英国の細菌学者)＋-IA¹〗
béd·sòre *n.* (病人の)床ずれ, 褥瘡(じょくそう). 〖1861〗
béd·spàce *n.* (ホテル・病院・寮などの)ベッド数, ベッドの占めるスペース.
béd·spàcer *n.* (フィリピンの)ベッド賃貸者, 貸しベッド使用者.
béd·sprèad *n.* (昼間掛けておく装飾のための)ベッドカバー, 寝台掛け; (寝台の)掛けぶとん. ⇨ bedcover 日英比較. 〖(1845) ← BED＋SPREAD (n.) 4: cf. Du. *beddle-sprei*〗
béd·sprìng *n.* ベッドのばね, ベッドスプリング. **— *adj.*** 〈アンテナなどが〉ベッドスプリング形の.
bed·stead /bédstɛ̀d/ *n.* (敷きぶとんを載せる)ベッドの台, 寝台の床架. 〖?*a*1400〗
béd stòne *n.* **1** 大型礎石《地中梁の支持用の礎石》. **2** (挽臼(ひきうす)の)下臼. 〖1723〗
béd·stràw *n.* **1** 床わら. **2** 〖植物〗アカネ科ヤエムグラ属 (*Galium*) の植物の総称《もと, その茎を干して床わらに用いた; cf. yellow bedstraw》. 〖*a*1200〗
béd-swèrver *n.* 《Shak》不倫をする者. 〖(1610–11): ⇨ swerve〗
béd tàble *n.* ベッドの側に置く小さなテーブル《食事・読書のため大きさの調節できるものもある》. 〖1811〗
béd tèa *n.* (パキスタンなどで)目覚めたばかりでまだベッドにいる客に出す朝一番の紅茶.
béd·tìck *n.* **1** ＝tick³ 1. **2** ＝ticking². 〖1569〗
béd·tìcking *n.* ＝ticking². 〖1705〗
béd·tìme *n.* 就寝[就床]時刻. **— *adj.*** 就寝前の: a ～ snack (就寝前の)夜食. 〖*c*1250〗
bédtime stòry *n.* **1** (子供にする)就寝時のおとぎ話. **2** おもしろいが疑わしい話[説明]. 〖1899〗
Bed·u /bédu:/ *n., adj.* (*pl.* ～) [しばしば b-] ＝Bedouin.
Bed·u·in /bédʊɪn | -du-/ *n.* (*pl.* ～, ～s), *adj.* ＝Bedouin.
béd wàgon *n.* (18 世紀に用いられた)火鉢を入れたやぐら《寝具を温めるために用いられた》.
bed·ward /bédwəd | -wəd/ *adv.* **1** 寝床の方へ. **2** 《廃》就寝時刻に近づいて. 〖*c*1430〗
bed·wards /bédwədz | -wədz/ *adv.* ＝bedward.
béd wàrmer *n.* 寝床温め器 (warming pan 1). 〖1931〗
béd wètter *n.* 寝小便たれ. 〖1938〗
béd·wètting *n.* おねしょ, 寝小便, 夜尿症 (enuresis). 〖1890〗
béd·wòrk *n.* 《Shak》(ベッドでできる)簡単な仕事. 〖1601–2〗
Bed·worth /bédwəθ | -wəθ/ *n.* ベッドワース《イングランド中央部, Warwickshire 北部の都市; 石炭産業が盛ん》.
bee¹ /bíː/ *n.* **1** 〖昆虫〗**a** ミツバチ (*Apis mellifera*)《honeybee ともいう》: ⇨ queen bee, worker bee, bumblebee / a ～'s sting ミツバチの針[剣] / a swarm of ～*s* 一群のミツバチ, ミツバチひと巣 / swarm like ～*s* 雲集する / work like a ～ せっせと働く / (as) busy as a ～ 休む間もなく忙しい / ⇨ bee's knee. **b** ハチ〖膜翅類ミツバチ上科の体の比較的丸いハチの総称; cf. wasp 1〗. **2** 勤勉な働き手, よく働く人: a busy ～ いつも忙しそうに動いている人, 働き者. **3** 奇妙な考え (cf. *have a* BEE *in one's bonnet*). **4** 《米》(近所同士の仕事の)手伝いの集まり; (競技などの)集まり: ⇨ husking bee, knitting bee, quilting bee, raising bee, spelling bee, spinning bee. 〖cf.《方言》*been* voluntary help ＜ ? OE *bēn* prayer〗
hàve a bée in one's bónnet [***héad***] (気が変になるほど)ある考えに凝っている, (…について)奇妙な考え[計画]をもっている, 奇妙な考えにとりつかれている 〔*about*〕. 〖*a*1553〗 ***pút the bée on*** 《米口語》(1) …を鎮圧する, 打ち負かす (beat). (2) …に金を貸せという, …から金をねだる. 〖1918〗 ***táke up bées*** 《米》ミツバチを巣ごといぶし殺す: *take up* ～*s* to get honey.
～·like *adj.* 〖OE *bēo* ＜ Gmc **bīōn* (G *Biene*) ← IE **bhei-* to quiver (L *fūcus* drone)〗

bee¹ hornet wasp

bee² /bíː/ *n.* **1** 〖海事〗ビー《第一斜檣の先端の両側に取り付けた木片で, 支索をこれの穴に通して固定する; bee block ともいう》. **2** 《廃》(金属製)腕輪, 指輪. 〖((OE)) (*c*1860) *bēag, bēah* ring ＜ Gmc **bauzaz* ← IE **bheug-*: ⇨ bow²〗
bee³ /bíː/ *n.* (アルファベットの) b の文字.
BEE 《略》Bachelor of Electrical Engineering.
Beeb /bíːb/ *n.* [the ～]《口語》英国放送協会 (BBC). 〖1967〗
bée bàlm *n.* 〖植物〗**1** セイヨウヤマハッカ (lemon balm). **2** タイマツバナ (Oswego tea). 〖1847〗
Bee·be /bíːbi/, **(Charles) William** *n.* ビービ (1877–1962; 米国の博物学者・探検家・著述家).
bee·bee¹ /bíːbiː/ *n.* 《インド》＝bibi. 〖1816〗
bee·bee² /bíːbiː/ *n.* ＝BB.
béebee gùn *n.* ＝BB gun.
bée bèetle *n.* 〖昆虫〗ハチヤドリカッコウムシ (*Trichodes apiarius*)《ミツバチの巣に寄生するヨーロッパ産の小甲虫》.
bée bìrd *n.* 〖鳥類〗ハチを好んで食う鳥の総称《タイランチョウ (kingbird) など》; (特に)ハチクイ (bee-eater).
bée blòck *n.* 〖海事〗＝bee² 1.
bée·brèad *n.* 〖昆虫〗ミツバチのパン《ミチバツが花から集めてくる花粉で作りその幼虫の食料とする》. 〖(OE) 1657〗
beech /bíːtʃ/ *n.* (*pl.* ～·es, ～) **1** 〖植物〗ブナノキ《ブナ属 (*Fagus*) の木の総称》. **2** ブナ材. 〖OE *bēce* beech tree ＜ Gmc **bōkjōn* ＜ IE **bhāgos*: cf. book〗
Bee·cham /bíːtʃəm/, **Sir Thomas** *n.* ビーチャム (1879–1961; 英国の指揮者).
Béecham Gròup *n.* [the ～] ビーチャム系[グループ]《医薬品をはじめとする各種の消費者製品の分野で英国最大の企業グループ》. 〖← *Thomas Beecham* (1820–1907: その名を冠した丸薬を販売し, この企業グループの基礎を作った)〗
Béech·cràft *n.* 〖商標〗ビーチクラフト《米国 Beech Aircraft 社製の飛行機》.
béech·dròps *n.* (*pl.* ～) 〖植物〗**1** ブナノキの根に生えるハマウツボ科の寄生植物 (*Epifagus virginiana*)《cancer-root ともいう》. **2** ＝squawroot. 〖1815〗
beech·en /bíːtʃən/ *adj.* ブナの; ブナ材製の. 〖lateOE *bēcen*: ⇨ beech, -en²〗
Bee·cher /bíːtʃə | -tʃə^(r)/, **Henry Ward** *n.* ビーチャー (1813–87; 米国の牧師・奴隷解放論者; H. B. Stowe の弟).
Beecher, Lyman *n.* ビーチャー (1775–1863; 米国の牧師・神学者; H. W. Beecher と H. B. Stowe の父).
béech fèrn *n.* 〖植物〗シダ植物のミヤマワラビの類 (*Dryopteris phegopteris, D. hexagonoptera*)《しばしばブナ材に生じる》.
Bee·ching /bíːtʃɪŋ/, **Richard** *n.* ビーチング (1913–85; 英国鉄道委員会の委員長 (1963–65) を務め, 国内の多くの鉄道路線を廃止するビーチング計画 (the ～ Plan) を作成).
béech màrten *n.* 〖動物〗ブナテン (⇨ stone marten 1). 〖1841〗
béech màst *n.* [集合的] ブナノキの実《特に, 地上に落ちたもの; 豚のえさによく用いる》. 〖1577〗
béech·nùt *n.* ブナノキの実《とげのある殻の中にはいっている三角の栗(くり)に似た実で食用になる》. 〖1739〗
béech·wòod *n.* ブナノキ材. 〖1913〗
beech·y /bíːtʃi/ *adj.* ブナノキの. 〖(1612): ⇨ -y 4〗
bée cùlture *n.* ミツバチ飼育, 養蜂(ようほう).
bée dánce *n.* ハチのダンス《えさのありかを他のハチに伝えるため踊るように飛ぶこと》.
bee·di /bíːdi | -di/ *n.* 《インド》ビーディ《糸で縛った手巻きたばこ》. 〖(1974) □ Hindi *bīḍī* betel plug, cigar ← Skt *viṭikā*〗
bée-èater *n.* 〖鳥類〗ハチクイ《南欧・アフリカ・南アジア・豪州産のハチクイ科の食虫鳥の総称; ハチ・アブなどを食べる; cf. bee bird》. 〖1668〗
beef /bíːf/ *n.* (*pl.* ～s, **beeves** /bíːvz/, ～) **1** 牛肉, ビーフ: roast ～ ローストビーフ / cold ～ 冷肉 / corned ～ コーンビーフ. **2** (*pl.* **beeves**, 時に《米》～s) [通例 *pl.*] **a** 成長した牛; (特に)肉牛 (beef cattle). **b** (畜殺しておろした)肉牛の胴体. **3** 《口語》**a** 筋肉 (muscle). **b** 筋力, 力; 努力 (effort): put too much ～ into a stroke 打撃に力を入れすぎる. **4** 《口語》肉付き, 体重 (weight): ～ to the heels [knees] 太りすぎて / put on ～ 肉がつく, 体重が増える. **5** (*pl.* ～s)《口語》不平 (complaint); 抗議 (protest); 告訴; 口論, けんか (quarrel): the ～ session (不平を訴えるための)苦情[抗議]集会. **6** 《卑》肥えてる人, でぶ. ***pùt béef into*** 《英俗》…に精を出す: Put some ～ into it! 一生懸命に働け. ***Whére's the béef?*** 《米》中身はあるの, 本当はどうなの《相手の言うことがうますぎる; ハンバーガーチェーン Wendy's のコマーシャルから》.
— *vi.* 《口語》不平を言う, ぶつぶつ言う (complain); 抗議する (protest) 〔*about*〕. **— *vt.*** **1** 《米俗》**a** 〈牛を〉(食肉用に)太らす. **b** 〈牛を〉畜殺する. **2** 〈傷口〉に生肉を当てる. **3** 《口語》強化[増強]する (strengthen) 〈*up*〉: ～ *up* armaments, control, etc.
〖(?*a*1300) *bēf, boef* □ AF & OF *boef, buef* (F *bœuf*) ＜ L *bovem, bōs* ox ← IE **gʷous*: ⇨ cow¹〗

A. American method of cutting beef: 1 hind shank 2 heel of round 3 round 4 rump 5 sirloin 6 loin 7 flank 8 ribs 9 chuck 10 neck 11 plate 12 brisket 13 foreshank
B. English method of cutting beef: 1 leg 2 round 3 thick flank 4 aitchbone 5 rump 6 flank 7 loin 8 plate 9 fore rib 10 middle rib 11 brisket 12 steak meat 13 clod 14 shin

beef 1

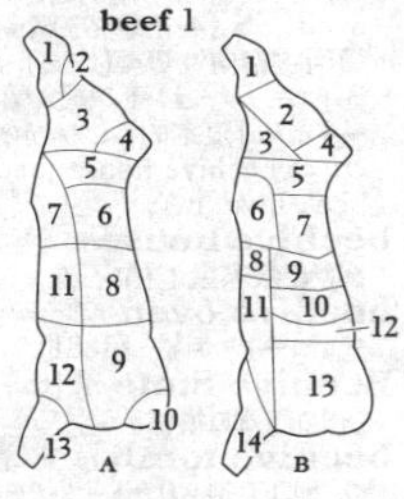

bee·fa·lo /bíːfəlòu | -lə̀u/ *n.* (*pl.* ～es, ～s, ～) 〖畜産〗ビーファロ《野牛と畜牛との雑種の肉牛》. 〖(1973) ← BEEF＋(BUFF)ALO〗
béef bóuillon *n.* 《米》＝beef tea.
béef bour·gui·gnón /-bʊ̀əgiːnjɔ́ː(ŋ), -njɔ́ːŋ | -bʊə-/ *n.* ＝boeuf bourguignon.
béef-bràined *adj.* 愚鈍な. 〖1627〗
béef brèad *n.* (成長した牛・羊などの)膵臓(すいぞう) (pancreas)《食用》.
béef brèed *n.* 〖畜産〗(牛の)肉用種.
béef-bròth *n.* 肉汁. 〖1703〗
beef·burg·er /bíːfbə̀ːgə | -bə̀ːgə^(r)/ *n.* ＝hamburger. 〖(1940) ← BEEF (n.)＋(HAM)BURGER〗
béef·càke *n.* 《俗》**1** [集合的] 男性のヌード[肉体美]写真 (cf. cheesecake 2). **2** (頭脳に対して)筋肉[筋骨]たくましいからだつき. 〖(1949)《戯言的造語》← BEEF (n.)＋(CHEESE)CAKE〗
beef·cak·e·ry /bíːfkèɪkəri/ *n.* 《米俗》男性ヌード写真撮影技術.
béef càttle *n.* [集合的] 食肉用の牛, 肉牛 (cf. dairy cattle). 〖1758〗
béef·èater *n.* **1** 牛肉を食べる人; 栄養のいい人. **2** [時に B-] **a** (英国王の)衛兵 (Yeoman of the Guard) の通称《今では全く儀式的な存在》. **b** (通称として)ロンドン塔 (Tower of London) の守衛. **3** 《米俗》英国人, イギリス人. **4** [B-] 〖商標〗ビーフイーター《英国製のジン》. 〖(1610) ← BEEF＋EATER〗
béefed-ùp *adj.* 強化[増強, 補強]された.
béef·er *n.* **1** 《豪俗》肉牛. **2** 《米俗》不平家. **3** 《米俗》告発者. **4** 《米俗》フットボール選手. 〖(1888) ← BEEF (vi.)＋-ER¹〗
béef éxtract *n.* 牛肉[牛血]エキス《胃液の分泌を促すのに用いる》. 〖1890〗
béef·hèad·ed *adj.* 《口語》ばかな (stupid).
beef·ing /bíːfɪŋ/ *n.* ＝biffin.
béef jèrky *n.* 《米》ビーフジャーキー《保存用乾燥牛肉》.

B

bée flỳ *n.* 〖昆虫〗 ツリアブ《ツリアブ科の昆虫の総称》. 〖1852〗

Béef·màster *n.* 〖商標〗 ビーフマスター《Brahman 種, Shorthorn 種, Hereford 種を交配して作り出した肉牛》.

béef ròad *n.* 《豪》 肉牛輸送道路.

Béef Stàte *n.* [the ~] 米国 Nebraska 州の俗称.

béef·stèak *n.* **1** (ステーキ用の)牛肉の厚い切り身. **2** ビーフステーキ. 日英比較 日本語の「ビフテキ」は英語起源のフランス語 bifteck に由来する. 英語では普通 steak という. 〖(1711): cf. steak〗

béefsteak begónia *n.* 〖植物〗 表面が濃緑色で裏面が紅色の肉厚の葉をもったベゴニアの一種 (*Begonia feastii*).

béefsteak fúngus *n.* 〖植物〗 カンゾウタケ (*Fistulina hepatica*)《多孔菌類の一種; 広く分布し, 色・形・質が牛の肝臓に似て生で食べられる; beeftongue ともいう》. 〖1886〗

béefsteak gerànium *n.* 〖植物〗 =beefsteak begonia.

béefsteak tomáto *n.* ビーフステーキトマト《大きな赤いトマトの品種の総称》.

béef stéw *n.* ビーフシチュー.

béef stróganoff *n.* =stroganoff. 〖1932〗

béef tàpeworm *n.* 〖動物〗 無鉤(むこう)条虫 (*Taeniar saginata*)《人間の小腸に寄生; 中間宿主はウシ》. 〖1884〗

béef téa *n.* ビーフティー《赤身の牛肉を少量の水で煮出した滋養飲料; または beef extract に湯を加えてつくる; しばしば病人の食欲増進に用いられる》. 〖1783〗

béef tomáto *n.* 《英》 =beefsteak tomato.

béef·tòngue *n.* 〖植物〗 =beefsteak fungus.

béef Wéllington *n.* 〖料理〗 ビーフウェリントン《牛ヒレ肉をフォアグラのパテで覆い, さらにパイ皮などで包んでオーブンで焼いたもの》. 〖1965〗

béef-wìtted *adj.* ばかな, 愚かな (stupid). 〖1601–2〗

béef·wòod *n.* 〖植物〗 **1** =swamp oak. **2** =Australian honeysuckle. 〖**1**: 1836; **2**: 1756〗

beef·y /bíːfi/ *adj.* (**beef·i·er**; **-i·est**) **1** 牛肉の(ような); 肉づきのよい (fleshy). **2** 〈人が〉肉づきのよい, ぶくぶく肥えた; 筋骨のたくましい (brawny): a ~ young man. **3** 重い (heavy); 鈍重な (stolid). **4** 《英俗》 成績がまあまあの (fair). **béef·i·ly** *adv.* **béef·i·ness** *n.* 〖(1743): ⇨ -y 4〗

bée glùe *n.* =propolis. 〖1598〗

bée gùm *n.* 《米南部・中部》 **1** うつろな内部にミツバチが巣を作るゴムの木. **2** ハチの巣. 〖1817〗

bée hàwkmoth *n.* 〖昆虫〗 スズメガ科 *Hemaris* 属のホウジャク[蜂雀]《総称; 昼飛性の小型のスズメガ; ハチを連想させる姿をしている》.

bee·hive /bíːhàɪv/ *n.* **1** ミツバチの巣箱[巣] (cf. honeycomb 1). **2** 人込みの場所. **3** ミツバチの巣箱のような形をしたもの《小屋・女性の髪型など》. **4** =beehive oven. **5** 《英空軍俗》 戦闘機に護衛された爆撃機隊. **6** 〖軍事〗 指向性爆薬[炸薬], 成形爆薬, 円錐弾. **7** [the B-] ニュージーランドの国会議事堂; ニュージーランド政府. — *adj.* [限定的] ミツバチの巣箱型の; 半円形の, ドーム形の: ⇨ beehive house, beehive oven. 〖(1373): ⇨ bee¹, hive (n.)〗

béehive hòuse *n.* 〖考古〗 (ヨーロッパの先史時代の)蜂窩(ほうか)状家屋《主に石造》. 〖1863〗

béehive óven *n.* ビーハイブ炉《副産物を回収しない旧式のコークス炉》. 〖1881〗

Béehive Stàte *n.* [the ~] 米国 Utah 州の俗称. 〖州の印章の模様から〗

béehive tòmb *n.* 穹窿墓(きゅうりゅうぼ)《ミュケーナイ文明の, 地下に造られたドーム状の墓》. 〖1887〗

bée·hòuse *n.* 養蜂(ようほう)所 (apiary). 〖1675〗

bée·kèeper *n.* 養蜂家, ミツバチを飼う人. 〖1817〗

bée·kèeping *n.* 養蜂, ミツバチ飼養 (apiculture). 〖1839〗

bée kìller *n.* 〖昆虫〗 ムシヒキアブ《ハチを食べるといわれるムシヒキアブ科の昆虫の総称》.

bée·lìne *n.* 一直線の道, 最短コース: in a ~ 一直線に / make [take] a ~ for 《口語》 …へまっすぐに進む. — *vi.* 《米口語》 *vi.* 一直線に進む, 最短コースを急いで行く. — *vt.* [~ it として] =*vi.* 〖(1830) ← BEE¹+LINE²: ミツバチは蜜を採って巣に帰るとき一直線に飛ぶと信じられたところから〗

bée-lìner *n.* 自動推進式のディーゼル式鉄道車両. 〖《混成》 ← BEE(LINE)+LINER¹〗

bée-lóud *adj.* ミツバチのぶんぶんうなっている. 〖1890〗

bée lòuse *n.* 〖昆虫〗 ミツバチシラミバエ (*Braula coeca*)《体は 1.5 mm ぐらいしかなく翅もなく眼も極端に退化した, 双翅類の昆虫》. 〖1840〗

Be·el·ze·bub /biːélzɪbʌ̀b/ *n.* **1** 〖聖書〗 ベルゼブル, 魔王 (cf. *Matt.* 12:24). **2** 悪魔 (devil). **3** 堕天使の一人《Milton の *Paradise Lost* で Satan に次ぐ悪魔》. 〖OE *Belzebub* ◻ LL *Beelzebūb* ◻ Gk *Beelzeboúb* ◻ Heb. *Baʿalzᵉbhūbh* 《原義》 lord or Baal of the flies 《ペリシテ人の神: cf. 2 *Kings* 1:2》〗

bée-màrtin *n.* 〖鳥類〗 =kingbird.

bée·màster *n.* =beekeeper. 〖1658〗

beem·er /bíːmə | -mə(r)/ *n.* 《米俗》 BMW 車, ビーエム.

bée·mìstress *n.* 女性の beemaster. 〖1859〗

bée mòth *n.* 〖昆虫〗 ハチミツガ (*Galleria mellonella*)《メイガ科の小形のガ; その幼虫はミツバチの巣を食べる; wax moth ともいう》. 〖1829〗

been /(弱) bɪn | bɪn; (強) bín | bíːn/ *vi., auxil. v.* be の過去分詞.

béen-tò *n.* 《アフリカ口語》 英国帰り, 英国で教育を受けた人. 〖1960〗

bée òrchis [òrchid] *n.* 〖植物〗 ランの一種 (*Ophrys apifera*)《ハチに似た形の花が咲く》. 〖1597〗

beep¹ /bíːp/ *n.* **1** ぴーっという音《走行中の自動車・機関車などの発する信号・警笛またはラジオの時報などの音》. **2** 《米》 〖通信〗 通話中の人に会話が録音されている旨を知らせる信号《15 秒ごとに出る》. **3** 〖電算〗 (パソコンの)ビープ(音); (留守番電話の録音開始を告げる)発信音. — *vi.* ぴーっという音を出す, 信号音を出す[発する]. — *vt.* **1** 〈警笛などを〉鳴らす (sound). **2** (警笛などを鳴らして)〈警告などを〉知らせる 〈*out*〉. 〖(1929) 擬音語〗

beep² /bíːp/ *n.* 《米俗》 小型ジープ. 〖← *b*(*aby*) (*j*)*eep*〗

béep·er *n.* **1** beep を発する装置[人]《ポケットベルなど》. **2** (電話回路に組み込んで)通話が録音されていることを定期的に知らせる装置. **3** 《口語》 航空機の無線操縦用の信号発信装置. 〖(1946) ← BEEP¹ (v.)+-ER¹〗

bée plànt *n.* (ミツバチに花蜜を供給する)蜜源植物.

beer /bíə | bíə(r)/ *n.* **1** ビール, 麦酒《麦芽を発酵させホップ (hop) を入れて造るアルコール飲料; 生ビールを draft beer, 貯蔵ビールを lager (beer) という; cf. ale 1 a, porter³, stout 1》: black ~ 黒ビール《stout, porter など》/ ~ on draft=draft beer / double ~ 強ビール / Munich ~ (ドイツの)ミュンヘンビール / ⇨ small beer. 日英比較 日本で一般的な「ビール」は, 《英》 では lager という. パブでの注文の際は, 量と銘柄を指定する. (例) A pint [half] of Carling, please. ⇨ mild, bitter, stout. **2** [通例修飾語を伴って] (アルコール分のない, または少ない)清涼飲料水: ⇨ birch beer, ginger beer, root beer. **3** ビール 1 本 [1 杯, 1 缶]: Give me a ~. / Two ~*s*, please. ***béer and skíttles*** [単数扱い] 《口語》 (飲んだり遊んだりして過ごす)のんきな生活 (easy living): Life is not all ~ *and skittles*. 《諺》 人生はおもしろおかしいことばかりではない. (1857) ***be in béer*** ビールに酔っている. ***crý into* [*in*] *one's béer*** 《俗》 (不当な扱いを受けたと思って)自分をひどくあわれむ. ***on the béer*** 《英》 酒を飲み続けて, 飲んだくれて, 酔っぱらって. (1887). — *vi.* 《口語》 ビールを(がぶがぶ)飲む 〈*up*〉. — *vt.* 《米俗》 [~ *oneself*] ビールで酔っ払う. 〖OE *bēor* < (WGmc) **beura*- (G *Bier*) ◻? LL *biber* ← L *bibere* to drink ← IE **pō*(*i*)- to drink: cf. beverage〗

beer·age /bíərɪdʒ | bíər-/ *n.* 《英俗》 **1** [the ~; 集合的] **a** 醸造者. **b** [軽蔑的に] (特に, 醸造業で貴族になった)ビール貴族: the peerage and *the* ~. **2** 醸造業. 〖(1891) 《混成》 ← BEER+(PEER)AGE〗

béer bàrrel *n.* ビール[ビヤ]樽. 〖1600–1〗

béer-béllied *adj.* ビール腹の.

béer bèlly *n.* =beer gut.

Beer·bohm /bíəbəʊm | bíəbəʊm/, Sir **Max** *n.* ビアボーム《1872–1956; 英国の諷刺画家・随筆家; 本名 Henry Maximilian Beerbohm》.

béer bùst *n.* 《米俗》 ビールパーティー.

béer cèllar *n.* (地下の)ビール貯蔵室; (地下の)ビアホール, ビアケラー.

béer drìnk *n.* 《南ア》 (黒人社会の伝統的な)ビールの飲み会.

bee·ren·aus·le·se /béərənàusleɪzə | béər-; G. béːʁənausleːzə/ *n.* (*pl.* **-sen** /-zən, -zn̩; G. -zn̩/, ~**s**) [しばしば B-] ベーレンアウスレーゼ《ドイツ・オーストリアで, 貴腐化したブドウの果粒を選んで仕込んだ高級甘口白ワイン》. 〖(1926) ◻ G ~ ← *Beeren* berries+*Auslese* choice (← *aus* out+*lese* picking)〗

béer èngine *n.* 《英》 =beer pump. 〖1823〗

béer gàrden *n.* (戸外の)ビヤガーデン. 〖1863〗

béer-gàrden·er *n.* 《米俗》 ビアガーデン経営者.

béer gùt *n.* 《口語》 ビール腹, 太鼓腹(の人).

béer hàll *n.* **1** ビヤホール. **2** 《南ア》 白人でない人にカフィールビール (Kaffir beer) を売る会館. 〖1900〗

béer hèart *n.* 〖病理〗 ビール心(臓)《ビール愛飲者の心臓に見られる肥大・拡張》.

béer·hòuse *n.* 《英》 ビール店《ビールだけの販売を許可されている店; cf. public house》. 〖1494〗

béer jèrker *n.* 《米俗》 ビールを給仕する人.

béer màt *n.* ビール用のグラスを置くコースター.

béer mòney *n.* **1** 《英口》 (夫の)へそくり, ポケットマネー《ビール代など》. **2** (雇い人へ与える)酒手. 〖1827〗

Beer·naert /béənaət | béənɑːt; F. bɛʁnaʁt/, **Auguste M**(**arie**) **F**(**rançois**) *n.* ベールナルト《1829–1912; ベルギーの政治家; Nobel 平和賞 (1909)》.

béer-òff *n.* 《英俗》 酒類販売免許. 〖1939〗

béer pàrlor *n.* 《米》 (ホテルなどの)ビアホール. 〖1925〗

béer·pùll *n.* **1** =beer pump. **2** beer pump のてこ. 〖1864〗

béer pùmp *n.* ビールポンプ《酒場で地下室にある樽からビールを吸い揚げるポンプ》. 〖1627〗

Beer·she·ba /bɪəʃíːbə, bɛə-, bə- | bɪəʃíːbə, bíəʃɪ-/ *n.* ベエルシェバ, [聖書] ベエルシバ《イスラエル南部の都市で, 聖書ではパレスチナ (Palestine) 南端の町》: from Dan (even) to ~ ⇨ Dan¹ 成句. 〖◻ Heb. *Bᵉʾēr šébhaʿ* 《原義》 ? seven wells or well of fullness〗

béer tènt *n.* ビールテント《野外行事のときにビールなどのアルコール飲料を販売するテント小屋》.

béer-ùp *n.* 《豪俗》 飲み会, 酒宴. 〖1919〗

beer·y /bíəri | bíəri/ *adj.* (**beer·i·er**; **-i·est**) **1** ビール質の, ビールのような. **2** ビールに酔った, ビールでほろ酔い機嫌の. **3 a** ビールのにおいのする. **b** ビールで味付けをした[を混ぜた]. **béer·i·ly** /-rəli | -rɪ̀li/ *adv.* **béer·i·ness** *n.* 〖(1848): ⇨ -y 4〗

bée-skèp *n.* 《英》 (わらで作った)ミツバチの巣 (cf. skep). 〖*a*1640〗

bée's knée *n.* **1** 《英》 小さくてつまらないもの: not as big as a ~ 非常に小さい. **2** [the ~s] 《俗》 とびきり立派なもの. 〖1797〗

beest·ings /bíːstɪŋz/ *n. pl.* [単数扱い] =beastings. 〖lateOE **bīesting* ← *bēost* beestings ← ?: cog. G *Biest*〗

bée-stùng *adj.* ハチに刺されたような, 赤くぷっくりふくれた.

bées·wàx *n.* **1** 蜜蠟(みつろう)《ミツバチの巣を溶かして得た蠟物質; 木材のつや出し蠟の材料》. **2** [次の成句で] 《米口語》 =business: ***Nóne of your béeswax!*** よけいなお世話だ. — *vt.* …に蜜蠟を塗る, 蜜蠟で磨く. 〖1676〗

bées·wìng *n.* **1** ビーズウィング《古い瓶詰のポートワイン (port) などにできる薄いふわふわした小片; cf. crust 3 e》. **2** 年数を経たぶどう酒, 年数もののワイン. 〖(1860) ← *bee's wing*〗

beet¹ /bíːt/ *n.* **1** ビート (*Beta vulgaris*)《アカザ科サトウダイコン属の植物; 栽培変種が多く, フダンソウ (chard), サンゴジュナ (red beet) などを含む; sea beet ともいう; cf. sugar beet》. **2** 《米》 (特に, サラダ用)ビートの根 (《英》 beetroot). **3** =beet greens. **~·lìke** *adj.* 〖OE *bēte* ◻ L *bēta* ← ? Celt.: cog. G *Beete*〗

beet² /bíːt/ *vt.* 《英方言》 〈火〉に燃料をくべる. 〖OE *bētan* to amend < Gmc **bōtjan* ← **bōtō* 'BOOT²'〗

béet ármyworm *n.* 〖昆虫〗 シロイチモンジヨトウガ (*Laphygma exigua*) の幼虫《ビートなどの葉を食い荒らすイモムシ》. 〖1902〗

béet bùg *n.* 〖昆虫〗 チビヒラタカメムシ科 (*Piesmidae*) の昆虫《農作物の害虫》.

béet·flỳ *n.* 〖昆虫〗 アカザモグリハナバエ (*Pegomyia hyoscyami*) (mangold fly).

béet grèens *n. pl.* beet¹ の若葉でサラダ用. 〖1712〗

Bee·tho·ven /béɪtoʊvən | -thəʊ-, -təʊ-; G. béːtho:fn̩/, **Ludwig van** /fan, van/ *n.* ベートーベン《1770–1827; ドイツの作曲家》.

Bee·tho·ve·ni·an /bèɪtoʊvíːniən | -thəʊ-, -təʊ-/ *adj., n.* ベートーベンの; ベートーベンの崇拝者[愛好者](の). 〖(1894): ⇨ -ian〗

bee·tle¹ /bíːtl̩ | -tl/ *n.* **1** 〖昆虫〗 甲虫(こうちゅう)《鞘翅(しょうし)類 (Coleoptera) の昆虫の総称; cf. atlas beetle》. **2** 《俗用》 甲虫に似た昆虫の総称《ゴキブリなど》: ⇨ black-beetle. **3** [しばしば B-] 《俗》 かぶと虫《ドイツの Volkswagen 社製の小型車の一種》. **4** 近視の人. **5** 〖遊戯〗 ビートル《かぶとの虫の形を描いたり組み合わせていったりするさいころ遊び》. **6** 《米俗》 最先端を行く女性. ***(as) blind as a béetle*** 目の見えない, ひどい近眼の. ***(as) déaf* [*dúmb*] *as a béetle*** 全く耳が聞こえない[口がきけない]で. — *vi.* **1** 《英口語》 急ぐ (hurry), 逃げ出す, 立ち去る (depart) 〈*off, along, away*〉: *Beetle off!* さっさと失(う)せろ. **2** 《英空軍・口語》 飛び立つ 〈*off*〉. 〖OE *bitela, bitula* beetle, 《原義》 biter ← *bītan* 'to BITE': ⇨ -le¹〗

bee·tle² /bíːtl̩ | -tl/ *n.* **1** 大づち, 掛矢, きね, (地面を固める)たこ. **2** (織物に光沢を出すための)布打ち機; じゃがいもつぶし, すりこぎ. — *vt.* **1** (つちで)打つ, (たこで)打ち固める. **2** 〈布を〉打つ. 〖OE *bētel, bietel* mallet < Gmc **bautilaz* ← **bautan* 'to BEAT¹': ⇨ -le¹〗

bee·tle³ /bíːtl̩ | -tl/ *adj.* 〈眉・崖など〉突き出ている (overhanging); しかめ面の (lowering): ~ brows げじげじ眉. — *vi.* **1** 〈眉・崖などが〉突き出る, 差しかかる (overhang). **2** 〔…の上へ〕差し迫る, 覆いかぶさる, のしかかる 〔*over*〕. 〖adj.: (1532) 《逆成》 ← BEETLE-BROWED. — v.: (1600–1) ← (adj.)〗

béet lèafhopper *n.* 〖昆虫〗 米国西部に広く分布するビートなどの病毒を媒介するヨコバイの一種 (*Circulifer tenellus*). 〖1919〗

béetle-bràin *n.* =beetlehead. 〖*a*1604〗

béetle-bròwed *adj.* **1** 眉毛の突き出た, げじげじ眉の. **2** しかめ顔の, むっつりした (sullen). 〖(*a*1376) *bitel-brouwed* ← ? *bitel* biting (← OE *bītan* 'to BITE')+BROW¹+-ED: 後には BEETLE¹ と連想された〗

béetle-crùsher *n.* 《英》 **1** 大きな足[靴]. **2** 《俗》 歩兵. 〖1860〗

béetle drìve *n.* ビートル大会《beetle¹ 5 を行う社交的行事》.

béetle-èyed *adj.* まるで目の見えない. 〖1594〗

béetle·hèad *n.* ばか, のろま. 〖1617〗

béetle-hèaded *adj.* ばかな, のろまな (stupid). 〖1553–87〗

béetle mìte *n.* 〖動物〗 =oribatid.

béetle-squàsher *n.* =beetle-crusher.

bée·tling /-tl̩ɪŋ, -tl- | -tl̩-, -tl-/ *adj.* 突き出た, 差しかかった: ~ cliffs [brows] 突き出た絶壁[眉]. 〖(1728) ← BEETLE³+-ING²〗

Bee·ton /bíːtn̩/, Mrs. **Isabella Mary** *n.* ビートン《1836–65; 英国の料理および家事研究家》.

béet·ràdish *n.* 〖植物〗 =red beet.

bée trèe *n.* 野生のミツバチが巣にする芯のうつろな木《シナノキ (basswood) など》. 〖1782〗

béet·ròot *n.* 《英》 =beet¹ 2: go ~ 《口語》 (恥ずかしくて)真っ赤になる. 〖1579〗

béet sùgar *n.* 甜菜(てんさい)糖 (cf. sugar beet). 〖1833〗

beeves *n.* beef の複数形.

bée wòlf *n.* 〖昆虫〗 ハチヤドリカッコウムシ (bee beetle) の幼虫《時にミツバチの巣に寄生し, その幼虫を食べる》.

beez·er /bíːzə | -zə(r)/ *n.* 《俗》 **1** 鼻. **2** 《英》 人, やつ. **3** 《スコット》 極端な例. — *adj.* 《英古風》 すばらしい. 〖(1914) 《混成》? ← BEAK¹+SNEEZER〗

bef. 《略》 before.

BEF 《略》 British Expeditionary Force 英国海外派遣軍 (cf. CEF). 〖1917〗

be·fall /bɪfɔ́ːl, -fɑ́ːl | -fɔ́ːl/ *v.* (**be·fell** /-fél/; **-fall·en** /-fɔ́ːlən, -fɑ́ː- | -fɔ́ː-/) — *vi.* **1** 《文語》 (通例)〈悪い事が〉起こる, 生じる (happen); 〔身に〕およぶ, 振りかかる 〔*to*〕: I fear some evil will ~. 何か禍が生じはしないかと心配だ /

I'll still love you whatever may ～. 何が起ころうとも私はなおもあなたを愛します / A misfortune *befell to* him. 災難が彼の身に振りかかった. **2** 《古》〔…に〕属する, 〔…の〕所有に帰する〔*to*〕. — *vt.* 《文語》《通例》〈悪い事が〉…に振りかかる: What *befell* him? 彼の身に何が起こったか. ★ 受身には用いられない. 〘OE *befeallan* ← BE-+*feallan* 'to FALL': cf. G *befallen*〙

be·fit /bɪ̆fít/ *vt.* (**be·fit·ted; -fit·ting**) 〈物・事が〉…に適する (suit); 似合う, ふさわしい (become). ★ 三人称でのみ用い, 受身には用いられない: wear clothes that ～ the occasion 場所柄をわきまえた服装を着用する / The presents were lavish, as ～*ted* the donor. 贈り主にふさわしく贈り物はどっさりだった / It ill ～*s* him to do …するのは彼に適当でない[似合わない]. 〘(*c*1460): ⇨ be-, fit[1] (v.)〙

be·fit·ting /-ṭɪŋ | -tɪŋ/ *adj.* 適当な, 相応した, ふさわしい: modesty ～ *to* youth 青年にふさわしい謙遜. **～·ly** *adv.* 〘(1564): ⇨ ↑, -ing[2]〙

be·flag /bɪ̆flǽg/ *vt.* (**-flagged; -flag·ging**) (たくさんの)旗で覆う[飾る]. 〘(1882) ← BE-+FLAG〙

be·fog /bɪ̆fɑ́(ː)g, -fɔ́(ː)g | -fɔ́g/ *vt.* (**be·fogged; -fog·ging**) **1** 濃霧で覆う. **2 a** 〈人を〉困らせる, 当惑させる, 途方に暮れさせる (bewilder): The wine ～*ged* his senses. 酒で正体を失った. **b** 〈説明・問題点などを〉ぼかす, 曖昧にする. 〘(1601) ← BE-+FOG[1]〙

be·fool /bɪ̆fúːl/ *vt.* **1** たぶらかす, だます (deceive). **2** 《古》ばか者扱いする[呼ばわりする]. 〘(*a*1393) ← BE-+FOOL〙

be·fore /bɪ̆fɔ́ə | -fɔ́ː(r)/ *prep.* /—⌣/ **1** [時] **a** …よりも前に (earlier than) (↔ after) 〈期間〉が過ぎる前に; 〈場所〉に着く前に: (long [shortly]) ～ his arrival 彼の到着する(ずっと[少し])前に / three days ～ Christmas クリスマスの3日前に / ～ time 定刻前に / ～ now [then] 今[その時]までに / return ～ dark 暗くならないうちに戻る / He arrived there ～ me [five o'clock]. 私よりも先に [5 時前に]そこへ着いた / He did not get home ～ ten o'clock. 10 時を過ぎて帰宅した / Brush your teeth ～ going to bed. 就寝前に歯を磨きなさい / ～ three days 3 日とたたぬうちに / ～ long 間もなく, 遠からず, ほどなく / Turn right just ～ the church [traffic lights]. 教会[信号]のすぐ手前で右に曲がりなさい. **b** 〈何時〉(…分)前 (to): The time now is five minutes ～ six o'clock. 時刻はただ今 6 時 5 分前です.

2 [位置・場所] **a** …の先に(立って) (ahead of), …の前に (in front of); …の面前[眼前]に: walk ～ a person 人の前方を歩いて行く / appear ～ an audience 聴衆の前に姿を現す / He was brought ～ the magistrate. 治安判事の前に引き出された. **b** …の前に示されて[用意されて]; …の前途に, …を待って: a bill coming up ～ the Senate 上院まで回ってきた法案 / The hardest task is (still) ～ us. 最も困難な仕事が(なお)眼前に横たわっている / I will lay [put] the whole matter ～ you. そのことをすっかり申し上げます / His whole life is ～ him. 彼の人生はこれからだ / The Christmas holidays were ～ them. クリスマスの休暇が彼らを待っていた.

3 [順序・階級] …より先に, …に先んじて: put quality ～ quantity 量よりも質を重んじる / Your turn ～ mine. 私の前にあなたの番だ / He is ～ the others in his class. クラスで首席だ.

4 [優先・選択] …よりはむしろ (rather than): They would choose freedom ～ fame. 名声よりも自由をとる / Death ～ dishonor. 不名誉よりも死を / die ～ yielding 屈服よりも死を選ぶ / I would do anything ～ that. 何でもするがそれだけは嫌だ.

5 …に直面して, …にぶつかって: bow ～ authority 権威の前に屈する / The demonstrators did not recoil ～ the police. デモ隊は警官隊の勢いにもひるまなかった. **6** …に照らして, …に従って (in respect to): a crime ～ the law 法律上の犯罪 / man and wife ～ God 神前に誓った夫婦 / ⇨ *before* GOD! **7** …を考慮に入れないで, 〈税〉を払う前に[の] (↔ after): the price ～ tax 税抜き価格.

— *adv.* **1** [時] さきに, 以前に; その時までに (cf. ago *adj.*): long [shortly] ～ 久しい以前に, とっくの昔に[少し前に] / three months ～ (その時から) 3 か月前に / as ～ 従前通り / at no time ～ or after あとにも先にも(…ない) / (the) day [night] ～ 前日[夜] / I have been there ～. 以前そこへ行ったことがある (⇨ *have been* THERE *before*) / I had heard this ～. それまでにこの事は聞いたことがあった.

2 (定められた時刻より)早く, 前に (earlier): begin at noon, not ～ ちょうど正午に始める / I'll call you up a few days ～. 2, 3 日前にお電話します. **3** [位置・場所] 前に, 前方に, 先に(立って) (ahead); 前面に: this chapter and the one ～ この章と前の章 / run on ～ 先に立って走って行く / ～ and behind 前と後ろに.

lóok before and áfter (1) 前後を見る. (2) あとさきを考える (cf. Shak., *Hamlet* 4. 4. 37).

— *conj.* **1** 〈…する〉に先立って, 〈…する〉よりも前に, …しないうちに (earlier than): long [shortly] ～ I arrived 私が到着するずっと[少し]前に / ～ I could reply 返事をするひまもなく / ～ you know where you are すぐに, あっという間に / Please drop me a line ～ you come. お出かけの前にご一報下さい / She arrived ～ I (had) expected her to. 予期していたよりも[意外に]早く到着した / I had not waited long ～ he came. 待つほどもなく彼がやって来た / It will be a long time ～ we meet again. 今度お会いするのはずっと先のことでしょう, いつまたお目にかかれるやら / It will not be long ～ we meet again. 間もなくまたお会いできるでしょう / Take it down ～ you forget. 忘れないうちに書き留めておきなさい. [日英比較] 日本語では「日が暮れないうちに」「忘れないうちに」のように否定表現で言う場合でも, 英語では *before* (it gets) dark / *before* you forget のように肯定表現で言う. **2** …するよりはむしろ (rather than): I would die ～ I stole [would steal]. 盗みをするくらいなら死ぬ, 死んでも盗みなどはしない.

〘OE *beforan* (adv., prep.) (cog. G *bevor*) ← Gmc **bi-* 'BY[1]'+**forana* from the front ⇨ fore[1]〙

be·fore·hand /bɪ̆fɔ́əhæ̀nd | -fɔ́ː-/ *adv., adj.* [叙述的] **1 a** 前もって, あらかじめ, かねて, 事前に; 手回しよく: get everything ready ～ 前もってすべて用意する / Please let me know ～. 事前に知らせて下さい. **b** (決められた時よりも)前に: be ～ *with* the rent 家賃を期日前にきちんと払う. **2** (経済的に)余裕がある, 十分(以上)にもっている; (金が)余分にある: have nothing ～ 余分の蓄え[金]がない. **3** 早計で (hasty): You are rather ～ in your suspicions. 君は気をまわしすぎる. ***be befórehand with*** …に前もって備える; …の先を越す (cf. 1): *be* ～ *with* one's packing 荷造りを早くやっておく / *be* ～ *with* the world 《古》現金をもっている, 手元に余裕がある / *be* ～ *with* one's enemy 敵の機先を制する. 〘1594–96〙

befóre-hànd·ed·ness *n.*

〘(?*a*1200) *biforen hond* ← *before* (*the*) *hand*: cf. AF *avant main* / L *prae manibus*〙

befóre-mèntioned *adj.* 前述の. 〘1593〙

befóre·tàx *adj.* 税込みの: a ～ income.

befóre·time *adv.* 《古》昔, 以前は (formerly). 〘(*a*1325) *before tyme*: ⇨ BEFORE, TIME〙

be·fórtune /bɪ̆-/ *vi.* 《Shak》起こる, ふりかかる. 〘(1594): ← BE-+FORTUNE (v.)〙

be·foul /bɪ̆fáʊl/ *vt.* 《文語》 **1** 汚す (soil). **2** …の悪口を言う, けなす (slander). **3** …の恥となる, はずかしめる (disgrace). **～·er** *n.* **～·ment** *n.* 〘(*c*1320) *befoulen* 《変形》← OE *befȳlan*: ⇨ be-, foul〙

be·friend /bɪ̆frénd/ *vt.* (友人として)助ける, …に理解を示す, …の味方となる. **～·er** *n.* **～·ment** *n.* 〘(1559) ← BE-+FRIEND〙

be·fud·dle /bɪ̆fʌ́dḷ | -dl/ *vt.* **1** ぐでんぐでんに酔わせる: be ～*d with* drink. **2** (まくしたてて)まごつかせる, どぎまぎさせる. **～·ment** *n.* 〘(*c*1879) ← BE+FUDDLE〙

be·fúd·dled *adj.* 当惑した; 泥酔した.

be·furred /bɪ̆fə́ːd | -fə́ːd/ *adj.* 毛皮の飾りを付けた: a ～ gown. 〘(*a*1470) ← BE-+FUR+-ED〙

beg[1] /bég/ *v.* (**begged; beg·ging**) — *vt.* **1 a** 〔人に〕〈許し・恩恵などを〉請う, 頼む, 懇願する〔*of*〕; 〈人〉に〔物・事を〕求める, 頼む〔*for*〕: ⇨ *I beg your* PARDON / I ～ leave to disagree. 失礼ながら承知しかねます / I ～ a favor of you.＝I have a favor to ～ *of* you. お願いがあります / *Begging* my best remembrances to … 《古》…にもよろしくお伝え下さい《私信の結び文句》 / ～ a person *for* alms 人に施しを請う / He ～*ged* his wife *for* a divorce. 妻に離婚してくれと頼んだ. **b** [目的語＋to do または *that*-clause を伴って] 〈…するように〉頼む, 請う (entreat): He ～*ged* me not to leave him alone. 私に一人にしないでくれと頼んだ (cf. *vi.* 2) / "Don't leave me alone," he ～*ged* (me).「一人にしないでくれ」と彼は(私に)頼んだ / Don't leave me alone, I ～ you. 頼むから一人にしないでくれ / I ～ *that* he (should) be spared. 彼が容赦してもらえるように私からもお願いします / I ～ that he (will) be allowed [forgiven] to go. 彼が行かせてもらえるように私からもお願いします. (★ *that*-clause で仮定法現在は《米》《英》で用いる). **c** [不定詞を伴って] 〈…させて下さいと〉頼む; (失礼ですが)…いたします《丁寧に意図を知らせる言い方》: The child ～*ged to* stay up late. (＝The child ～*ged that* he might stay up late.) 子供は遅くまで起きていてもいいようにと頼んだ / I ～ *to* be excused. (せっかくだが)ごめんこうむりたい / I ～ *to* differ on that point. 失礼ですがその点では意見が違います / We ～ *to* hand you a check for … 《古》…の小切手お送り申し上げます《商用文》. **2 a** 〈金銭・食べ物などを〉〔人に〕請い求める〔*from, of*〕: ～ one's bread 食を請う, こじきをする / humbly ～ one's life from the king 王に命ごいをする / ～ money *of* [*from*, 《口語》*off*] charitable people 慈悲深い人々から金の施しを請う. **b** [～ one's way として] 道々こじきをして行く, こじきをしながら道中する. **3 a** (根拠・理由などなしに)当然のことと思う, もちろんのことと考える: ⇨ *beg the* QUESTION. **b** 〈問題点などを〉避ける, …に答えない (evade): ～ the point in dispute 論点を巧みに避ける. — *vi.* **1 a** 〔物・事を〕請う, 頼む〔*for*〕: ～ *for* food [money] 食べ物[金銭]を請う / ～ *for* help [mercy] 援助[慈悲]を請う. **b** 施しを請う, こじきをする: ～ from door to door 門付(かどづ)けする / ～ *from* passers-by 通りすがりの人に物を請う / ⇨ *go* BEGGING. **2** 〔…に〕熱心に頼む, 懇願する (entreat) 〔*of*〕: Don't leave me alone, I ～ *of* you どうか一人にしないで下さい / I ～ *of* you not to run any risk. お願いだから危険なことはしないで下さい (★ *of* を用いない言い方 (cf. *vt.* 1 b) よりも形式ばっている) / She ～*ged for* me to stay. 私にいてくれと一生懸命に頼んだ (★ for を用いるのは《米》). **3** 〈犬が〉(あと足で立って)ちんちんをする; [命令形で] ちんちん. **4** 《トランプ》(all fours で)「ベッグ」する (一番手 (the eldest hand) に許された切札変更要請権で, 親は子に 1 点ずつ与えて変更を拒否するか, またはさらに札を 3 枚ずつ配って新たなスーツ (suit) の切札をめくる; cf. stand *vi.* 14).

bég óff (*vi.*) (義務・約束などを)言い訳して断る[免除してもらう]: We had to ～ *off* (the invitation to the party). (パーティーへの招待を)言い訳して断らなければならなかった. (*vt.*) (懇願して)〈人を〉〔義務などから〕免除してもらうようにする; もらい下げる〔*from*〕. 〘1714〙 ***gò bégging*** (1) 物もらい[こじき]をして歩く. (2) 〈品物・役職などが〉引受人[買手]がない. 〘1535〙

〘(?*a*1200) *begge*(*n*) (i) ◻ AF *begger* ← OF *begar*(*d*) begger ◻ MDu. *beggart* mendicant (cf. Beghard, Beguine); (ii) ←? OE *bedecian* ← Gmc **beð-* 'to BID[1]'〙

SYN 頼む: **beg** 〈許し・恩恵などを〉熱心に頼む: May I *beg* a favor of you? 折入ってお願いがあるのですが. **solicit** 熱心に丁重に頼む《格式ばった語》: I *solicited* him for a contribution. 寄付を要請した. **entreat** 熱心に相手に取り入って頼みこむ《格式ばった語》: He *entreated* them not to kill him. 彼らにどうか命ばかりはと頼みこんだ. **beseech** 非常に熱心に, 不安をもって懇願する《格式ばった語》: I *beseech* you to listen to me. お願いですからよく聞いて下さい. **implore** 必死に懇願する (*beseech* よりも強意的): He *implored* her to change her mind. 思い直してくれるよう懇願した. **importune** 相手を怒らせるほどうるさく懇願する: The man *importuned* her for money. 男はうるさく金をせがんだ.

beg[2] /bég/ *n.* (中央アジア・トルコなどの)長官《しばしば称号として用いられる》. 〘(1686) ◻ Russ. ～: ⇨ bey〙

beg. 《略》begin; beginning.

be·gad /bɪ̆gǽd/ *int.* 《口語》まあ, とんでもない, しまった, ええちくしょう《軽いののしりを表す; cf. Gad[2]》. ★ 現在ではあまり使われない. 〘(1742) 《転訛》← *by God*〙

be·gan /bɪ̆gǽn/ *v.* begin の過去形. 〘OE〙

begat *v.* 《古》beget の過去形. 〘lateOE *begæt*〙

be·gats /bɪ̆gǽts/ *n. pl.* 《米俗》 **1** (旧約聖書中の)家系図, 系図表. **2** 子孫, 子, 子女. 〘⇨ ↑, -s[1]: 聖書で系図を表す記事の中に begat が頻出するところから〙

be·gem /bɪ̆dʒém/ *vt.* (**be·gemmed; -gem·ming**) …に宝石をちりばめる, …を宝石で飾る. 〘(1749) ← BE-+GEM〙

be·get /bɪ̆gét/ *vt.* (**be·got** /-gɑ́(ː)t | -gɔ́t/, 《古》**-gat** /-gǽt/; **-got·ten** /-gɑ́(ː)tn̩ | -gɔ́tn̩/, **-got** /-gɑ́(ː)t | -gɔ́t/; **-get·ting**) **1** 〈子を〉もうける (generate). ★ 父親に, またまれには両親にも用いるが母親には用いない (cf. bear[1] *vt.* 7 a): He *begot* three sons and two daughters. **2** 《文語》生じさせる, (結果として)招く (produce): Money ～*s* money. 金は金を生む / Poverty ～*s* crime. 貧困は罪悪の母 / Fear is often *begotten* of guilt. 恐怖心は往々罪の意識から生じる. 〘(?*a*1200) *begete*(*n*) ∽ OE *begietan*: ⇨ be-, get[1]〙

be·gét·ter /-ṭə | -tə(r)/ *n.* 生む人, (特に)父親; 事を起こす人. 〘(*c*1390): ⇨ ↑, -er[1]〙

beg·gar /bégə | -gə(r)/ *n.* **1** こじき, 物もらい (cf. mendicant); 寄付集めの人: a good ～ もらい上手, 金集めのうまい人; 食べ物ねだり(など)の上手なペット / die a ～ (こじきの身でみじめに)のたれ死にする / A ～'s purse is always empty. 《諺》こじきの財布はいつも空っぽ / *Beggars* can't be choosers. 《諺》物もらいにえり好みは禁物 / If wishes were horses, ～*s* would ride. 《諺》願望が馬ならこじきも乗ろう,「とかく浮世はままならぬ」/ Set a ～ on horseback, and he'll ride a gallop [to the devil]. 《諺》こじきを馬に乗せたらどこまでも馬を飛ばす《にわか大尽は有頂天になり間もなく身を滅ぼす》/ Once a ～, always a ～. ⇨ once *conj.* **2** 一文なし, 貧乏人. **3** [修飾語を伴って] **a** 《口語》[多く親しみ・戯れの意で用いて] 人, やつ (fellow): a good-natured little ～ いい男 / nice little ～*s* かわいらしいやつら《子供や動物の子などにいう》/ Poor ～! かわいそうに / You little ～! こいつめ / You lucky ～! 君は果報者だ. **b** 《英口語》とても上手な[熱心な]人: a ～ *for* work 仕事熱心な人 / a ～ *to* argue 議論の上手な人. — *vt.* **1** [しばしば ～ *oneself* で] 貧乏にする (impoverish): ～ *oneself* by speculation 投機ですかんぴんになる / Reckless spending could ～ the country. むちゃな浪費は国を貧乏にしかねない. **2** 貧弱にする, 顔色なからしめる; 〈物が〉〈表現・比較などを〉不可能にする: ～ (all) description 表現のしようがない, 筆舌に尽くし難い (cf. Shak., *Antony* 2. 2. 203) / ～ belief 信じ難い. ***I'll be béggared if*** … 《俗》もし…ならこじきになってもいい《誓ってそんなことはない》.

〘(?*a*1200) *begger*(*e*), *beggar*(*e*) ◻? OF *begar*(*d*): ⇨ beg[1], -er[1]〙

bég·gar·dom /-dəm/ *n.* こじき仲間[社会]. 〘(1882) ← BEGGAR+-DOM〙

béggar-lìce *n.* (*pl.* ～) 《植物》＝beggar's-lice.

bég·gar·ly *adj.* **1** こじきのような, 無一物の. **2** わずかな, けちな; (知的に)貧弱な: a ～ salary わずかな給料 / a ～ amount of learning 乏しい[わずかな]学識. **3** 卑しい, さもしい. — *adv.* 《古》卑劣な態度で. **bég·gar·li·ness** *n.* 〘(?*a*1400): ⇨ -ly[1, 2]〙

béggar-my-néighbor *n.* 《トランプ》すかんぴん《相手の札を一枚残らず取ることが目的の単純な遊び; 比喩的に政策などに関しても用いる》. — *adj.* 他人の損失によって利益を得る. 〘(1734): cf. beggar (v.)〙

béggars-bútton *n.* 《植》＝burdock.

béggar's-lìce *n.* (*pl.* ～) 《植物》着物に付着する実を生じる植物の総称《イノコズチ, ヤブジラミなど *Lappula* 属, ヌスビトハギ属 (*Desmodium*) やヤエムグラ属 (*Galium*) の植物》; その実[種子]. 〘1847〙

Béggar's Ópera, The *n.* こじきオペラ《John Gay の諷刺的なせりふにドイツ生まれの John Pepusch (1667–1752) が作曲・編曲を添えた ballad opera; 1728 年初演》.

béggar's pùrse *n.* 《米》《料理》ベガーズパース《クレープに通例キャビアとクリームを包んだ前菜》.

béggar's-tìcks *n.* (*pl.* ～) 《植物》＝beggar-ticks.

béggar-thy-néighbor *n., adj.* 《トランプ》＝beggar-my-neighbor.

béggar-tìcks *n.* (*pl.* ～) 《植物》 **1 a** アメリカセンダングサ (*Bidens frondosa*) 《とげで着物に付着する実をつけるキク科の植物》. **b** アメリカセンダングサの実[種子]. **2** ＝beggar's-lice. **3 a** キンミズヒキ《キンミズヒキ属 (*Agrimonia*) の植物の総称; キンミズヒキ (*A. pilosa*) など》. **b** キンミズヒキの実[種子]. 〘1817〙

B

béggar·wèed *n.* 〘植物〙 **1** マメ科ヌスビトハギ属 (*Desmodium*) の植物の総称 《アメリカハギ (*D. canadense*), マイハギ (telegraph plant), ヌスビトハギ (*D. podocarpum*) など》. **2** 《英》やせ地に生える各種の植物の総称 《knotweed, spurry, dodder など》. 〘《1878》〙

beg·gar·y /bégəri/ *n.* **1** こじきの身分; ひどい貧乏, 赤貧 (penury): be reduced to ～ ひどく貧乏になる. **2** [集合的] こじき社会, 貧民階級. **3** 物請い, こじきをすること; 卑しさ, さもしさ; 全くみすぼらしい様子[外観]. 〘《c1378》 *beggerie*: ⇨ beggar, -y[1], -ery〙

beg·ging *n.* **1** 物ごい, こじき生活: live by ～ こじきをして暮らす. **2** [形容詞的に] 物乞いの, 無心する: ⇨ begging letter. ***gò a-bégging*** ⇨ abegging. 〘《?1384》: ⇨ -ing[1]〙

bégging bòwl *n.* **1** (托鉢修道会・仏教などの)托鉢僧の鉢[椀(わん)]. **2** [比喩的に] 援助の依頼[要請]. 〘《1894》〙

bégging lètter *n.* 寄付要請の手紙, 無心の手紙.

Beg·hard /bég(h)ɑəd, bégəd | -g(h)ɑ:d, -gəd/ *n.* ベギン会修道士 《13 世紀にフランドルに起こった半俗半僧の修道士で女子のベギン (Beguine) 会の方式によって生活した》. 〘《1537》 □ ML *Beghardus* □ OF *Bégard* ← *Beguina*: ⇨ Beguine, -ard〙

be·gin /bɪ̀gín/ *v.* (**be·gan** /-gǽn/; **be·gun** /-gʌ́n/; **be·gin·ning**) ― *vt.* **1** 始める, …に着手する (commence, start); [*to* do, *doing* を伴って] …しだす (start) (↔ end, finish): ～ one's work 仕事を始める / ～ (*to* study) Russian ロシア語の勉強を始める / ～ (*writing*) a letter 手紙を書き始める / ～ school 学校に通い始める / ～ life＝《文語》 ～ the world 世の中に出る / ～ one's career as a nurse 看護婦として人生を振り出す / He *began* his speech by saying that …と言って演説を始めた / Well *begun* is half done. 《諺》 初めがよいのは半分成就したのも同じ,「始め半分」/ When will it be *begun*? いつ開始されるだろうか / The snow *began to* melt. 雪が解け始めた / I am ～*ning to* see what he means. 彼の意図がわかり始めてきた / They *began* watching television. テレビを見始めた. ★ 動作の開始点に重点を置く場合は begin *to* do, 開始された動作の継続に重点を置く場合は begin *doing* を用いることが多い. **2 a** 起こす, 創設する (originate, start): ～ a dynasty 王朝を建てる[の始祖となる] / ～ a reform movement 改革運動を起こす. **b** …の始めにくる, 最初の部分をなす (start): A ～*s* the alphabet. アルファベットは A から始まる. **3** 《口語》 [*to* do を伴い否定構文で] まるで…しそうで(ない): You can't ～ *to* imagine how glad I am to see you. 君に会えてどんなにうれしいか想像もつくまい / It doesn't (even) ～ *to* meet the specifications. その仕様書にはとても適合できそうもない.
― *vi.* (↔ end, finish) **1** 始まる; 起こる; 発生する (commence, start): School ～*s at* nine o'clock [*on* Monday, *in* April]. 学校は 9 時に[月曜から, 4 月から]始まる / Education ～*s with* a person's birth. 教育は人の誕生とともに始まる / His name *began with* a C. 彼の名前は C で始まっていた / Charity ～*s at* home. ⇨ charity 2 / When did life on this earth ～? 地球の生物はいつ発生したのか / When will it ～? いつ始まりますか. **2** 始める, 開始する, 着手する (commence, start): ～ again 初めからやり直す / ～ *at* the beginning 最初からやる / ～ *at* the wrong end 第一歩を誤る / Today we ～ *at* [*on*] page 10, line 5. 今日は 10 ページの 5 行目からです / ～ *on* another bottle もう 1 本開ける / He *began on* a new book. 新しい本に取りかかった《読み[書き]始めた》/ *Begin with* No. 1. 《口語》 まず自分から始めよ / Give 10 words ～*ning with* M. M で始まる単語を 10 挙げよ. **3** 談話を始める, 言い出す (commence, start): He *began* by praising us, saying …. 彼はまず…と言って我々をほめた.
to begin with (1) [独立副詞句] そもそも, まず第一に, 何はさておき (in the first place). (2) 最初は (at first). (3) 最初から. 〘《a1563》: cf. *to begin withal* 《1531》〙
〘OE *beginnan* ＜(WGmc) **biʒinnan* to begin ← **bi-* 'BE-'+**ʒinnan* to start (← ?: cf. gin[3])〙

SYN 開始する: **begin** 〈ある行為・過程を〉開始する (↔ end) 《最も一般的な語》: He *began* to talk. 話し始めた. **commence** 〈予定の行為を〉開始する 《その行為が長く続くことを暗示する; 格式ばった語》 (↔ conclude): *commence* legal proceedings 法律手続きを開始する. **start** 休止[待機]のあと, ある点から開始する (↔ stop): He *started* his journey again. 彼はまた旅を始めた. **inaugurate** 〈重要な事柄を〉儀礼的に開始する: The mayor *inaugurated* the city library. 市長が市立図書館を開館した.
ANT end, finish, conclude, stop.

Be·gin /béɪgɪn, bég-/, **Menachem** *n.* ベギン 《1913–92; ポーランド生まれのイスラエルの政治家; 首相 (1977–83); Nobel 平和賞 (1978)》.

be·gin·ner /bɪ̀gínə | -nə^(r)/ *n.* **1** 初学者, 初心者; (特に)未熟者: a mere ～ 全くの初心者 / a ～'s dictionary 初学者向きの辞書 / That's not bad for a ～. 初心者としては悪くはない[いいほうだ] / *Beginners* are invariably lucky. (勝負事では)初心者は運がいいのが常だ. **2** 〈会などの〉創立者, 創始者, 開祖 〔*of*〕. 〘《c1380》: ⇨ -er[1]〙

beginner's lúck *n.* [the ～] 初心者の幸運 《賭事・狩猟などずぶの素人に幸運が多いという》. 〘《1897》〙

be·gin·ning /bɪ̀gínɪŋ/ *n.* **1** 初め, 端緒 (start): at the (very) ～ 最初に, まっ先に / at the ～ of this month 今月の初めに / from ～ to end 初めから終わりまで, 終始 / from the ～ 最初から / in the ～ 物の初めに, まず初めに (↔ in the end) / make a ～ 端緒を開く, 始める, 着手する / since the ～ of things 世の初めから. **2** 始まり, 発端; 起源, 起こり (⇨ origin **SYN**): the ～ of a book [play] 本[芝居]の初めの部分, (特に)最初の 3 分の 1 の部分 (middle, end に対している) / the ～ and the end 発端と結末, 全部 / the ～ of the end 最後の結果[大団円]を予示する最初の兆し,「桐一葉」/ Humility is the ～ of wisdom. 謙譲は分別の始まり / Everything has a ～. 《諺》 物事には皆初めがある,「初めよりの和尚(おしょう)なし」/ Nobody knows what the ～ of their quarrel was. 彼らの仲たがいの原因が何であるかだれも知らない. **3 a** [通例 *pl.*; 単数扱い] 初期, 初め[幼少]のころ: the ～*s* of English literature 英文学の揺籃(ようらん)期 / rise from humble ～*s* 卑賤から身を起こす / cultivate the ～*s* of a garden 庭を造り始める. **b** 初期[未発達]の段階にあるもの: The sewage system is only a ～. 下水道の設備はいまだ緒に着いたばかりだ. ― *adj.* [限定的] **1** 〈学科・本など〉基礎的な, 初心者向けの; 〈学習者・職業人など〉初心の: a ～ dictionary 初級者用辞書 / a ～ carpenter 新米大工. **2** 始まったばかりの, 初期の (incipient). **3** 最初の, 導入の. 〘lateOE *beginnunge*〙

beginning rhýme *n.* 〘詩学〙 **1** 詩行の初めの押韻. **2** ＝alliteration. 〘《1913》〙

be·gird /bɪ̀gə́:d | -gə́:d/ *vt.* (**be·girt** /-gə́:t | -gə́:t/, ～**·ed**; **-girt**) [通例 p.p. 形で] 《文語》 帯で巻く; 囲む, 取り巻く: a castle *begirt with* a moat 堀をめぐらした城. 〘OE *begyrdan*: ⇨ be-, gird[1]〙

be·glam·our /bɪ̀glǽmə | -mə^(r)/ *vt.* …に魅力を添える. 〘《1822》: ← BE-+GLAMOUR〙

be·gob /bɪgá(:)b | -gɔ́b/ *int.* 《アイル》 まあ, とんでもない, しまった, ちぇっ. 〘《1889》 《転訛》 ← *by God*〙

be·gone /bɪ̀gɔ́(:)n, -gá(:)n | -gɔ́n/ *vi.* [命令形または不定詞形で] 《文語》 去る (go away): *Begone!* 行ってしまえ, 失(う)せろ / Tell him to ～ at once. すぐ立ち去れと言え. 〘《c1370》 ← *be* ((imper.) ← *ben* 'to BE'+GONE[1]: cf. beware〙

be·go·nia /bɪ̀góʊnjə, -niə | -gə́ʊniə, -njə/ *n.* 〘植物〙 ベゴニア, シュウカイドウ 《ベゴニア属 (*Begonia*) の熱帯植物の総称; 観賞用に植えるものが多い》. 〘《1751》 ← *Michel Bégon* (1638–1710: フランスの植物学の奨励者): ⇨ -ia[1]〙

be·gor·ra /bɪ̀gɔ́(:)rə, -gá(:)rə | -gɔ́rə/ *int.* (*also* **be·gor·rah** /～/, **be·gor·ry** /-ri/) 《アイル》 実に, いやはや 《軽いののしりを表す》. 〘《1839》 《転訛》 ← *By God*〙

begot *v.* beget の過去形・過去分詞.

begotten *v.* beget の過去分詞.

bèg-párdon *n.* 《豪・NZ》 言いわけ, わび (apology): There were no ～*s*. 何の謝罪の言葉もなかった. 〘《1906》〙

be·grime /bɪ̀gráɪm/ *vt.* **1** [通例 p.p. 形で] 〈煙・すす・石炭・ほこりで〉汚す 〔*with*〕: a ～*d* street 薄汚い街路 / buildings ～*d with* soot すすまみれで薄汚くなった建物. **2** 〈名声などを〉汚す (sully). 〘《a1553》 ← BE-+GRIME〙

be·grudge /bɪ̀grʌ́dʒ/ *vt.* **1** [しばしば二重目的語を伴って] 〈人の物を〉そねむ, ねたむ (envy): They ～*d* (him) his good fortune. 彼の幸運をねたんだ. **2 a** [しばしば二重目的語を伴って] 〈物を〉いやいや出す, しぶしぶ与える; いやいや眺める[認める] 《★ grudge より意味が強い》: ～ every minute taken from one's studying 勉強の時間を 1 分でも割かれるのを嫌がる / He ～*s* his wife money to buy clothes. 服を買う金も細君に快く与えない. **b** 〈…することを〉嫌がる 〈*doing*〉: No one ～*s* help*ing her*. 彼女を助けるのを嫌がる者は一人もいない. **be·grúdg·er** *n.* 〘《a1376》 *bigrucchen* ← BE-+*grucchen* 'to GRUDGE'〙

be·grúdg·ing·ly *adv.* しぶしぶ, いやいやながら. 〘《1853》: ⇨ ↑, -ing[2], -ly[1]〙

be·guile /bɪ̀gáɪl/ *vt.* **1** 〔…で〕喜ばせる, 楽しませる 〔*with*〕, 魅する: ～ boys *with* stories 少年たちに話を聞かせて喜ばせる. **2** 〈暇・退屈・労苦などを〉〔…で〕紛らす, しのぐ 〔*with*〕 (⇨ amuse **SYN**); 〈物事が〉忘れさせる: ～ a journey *with* talk [*by* reading a book] 話をして[本を読んで]旅のうさを晴らす / ～ sorrow *with* music 音楽を聞いて悲しみを紛らす / The book ～*d* the tedious hours. その本で退屈な時間を忘れた. **3** 〈人を〉だます; だまして〈ある行動を〉とらせる 〔*into*〕 (⇨ deceive **SYN**); 欺いて〔…を〕奪う 〔(*out*) *of*〕: The serpent ～*d* me and I did eat. 蛇我を誘惑(まど)わして我食(くら)えり (*Gen.* 3:13) / ～ a person *into* parting with his money 人をだまして金を手放させる / ～ a person (*out*) *of* his money 人をだまして金を巻き上げる. ― *vi.* 手練手管でたぶらかす. 〘《?c1225》 *bigilen* ← BE-+*gilen* to deceive (⇨ guile)〙

be·guíle·ment *n.* **1** 退屈しのぎ, 気晴らし (diversion). **2** だますこと (deception). 〘《1805》: ⇨ -ment〙

be·guíl·er /-lə | -lə^(r)/ *n.* **1** 退屈しのぎとなるもの: This book is a good ～. これは退屈しのぎによい本だ. **2** だます人 (deceiver). 〘《c1384》: ⇨ -er[1]〙

be·guíl·ing /-lɪŋ/ *adj.* (惑わすほど)魅力的な; 退屈しのぎの, 気晴らしの. **～·ly** *adv.* 〘《1592–93》: ⇨ -ing[2]〙

Be·guin /bégɪn; *F.* begɛ̃/ *n.* ＝Beghard.

beg·ui·nage /béɪgɪ̀nɑ:ʒ, bég-, ⏑⏑⏑́ | bégɪnɑ:ʒ, béɪg-, ⏑⏑⏑́; *F.* begina:ʒ/ *n.* ベギン (Beguine) 会修道院. 〘《1815》 ← BEGUINE+-AGE〙

be·guine /bɪ̀gí:n, beɪ-/ *n.* [通例 the ～] **1** ビギン 《ルンバに似た西インド諸島 Martinique 島などで行われるダンス》. **2** ビギン風の米国の社交ダンス. **3** そのダンス曲. 〘《1935》 □ Am.-F 《方言》 *béguine* dance ← F *béguin* flirtation ← ? OF *beguine* (↓)〙

Be·guine /béɪgi:n, bég-, ⏑́⏑ | bégi:n, béɪg-; *F.* begin/ *n.* ベギン会修道女 《12 世紀にベルギーの Liège に起こった修道会の会員で, 俗人の権利を保有しながら修道女の生活をした半俗修道女; しばしば異端の疑いをかけられ, 軽蔑的に用いられた; cf. Beghard》. 〘《?a1400》 *Bigin(e)* □ (O)F *béguine* ← ? *Lambert (le) Bègue* (Lambert the Stammerer の意) (1170 年その修道会の創設者)〙

be·gum /béɪgəm, bí:-/ *n.* 《インド・パキスタン》 **1** (イスラム教徒の)王妃, 王女; 貴婦人 《主に未亡人》. **2** [B-] …夫人 (Mrs.). 〘《1617》 □ Urdu (Pers.) *begam* □ Eastern Turk. *bigim* (fem.) ← *big lord*〙

begun *v.* begin の過去分詞.

beh. 《略》 beheaded.

be·half /bɪ̀hǽf | -hɑ́:f/ *n.* (*pl.* **be·halves** /-hǽvz, -hɑ́:vz | -hɑ́:vz/) **1** 利益 (interest); 支持 (support). **2** 《古》 点, 面 (respect): in this [that] ～ これ[それ]については, この[その]点で. ★ 主に次の成句で: ***in behálf of***＝***in a person's behálf*** 《米》 (1) …のために: plead *in* ～ *of* a cause 主義のために弁じる / I say this *in your* ～. 君のためにこう言うのだ / money collected *in* ～ *of* cancer research 癌研究のために集めた金 / I felt embarrassed *in his* ～. 彼のために当惑した. (2) ＝*on* BEHALF *of* (1).
on behálf of＝***on a person's behálf*** (1) …に代わって, …を代表して: *on* ～ *of* the company 一同に代わって, 一同を代表して / I thank you *on his* ～. 彼になり代わってお礼を申し上げます. (2) ＝*in* BEHALF *of* (1).
〘《c1303》 *bihalve* ← *bi halve* on (one's) side: ⇨ by[1], half: ME *bi halve him* concerning his part の *bi halve* が *on his halve* on his part と混同され, *on his bihalve* のように用いられて名詞となったもの〙

Be·han /bí:ən/, **Brendan** (**Francis**) *n.* ビーアン 《1923–64; アイルランドの劇作家》.

be·have /bɪ̀héɪv/ *vi.* **1 a** [副詞語句を伴って] 〈ある仕方で〉ふるまう, 身を処する: ～ well [impeccably, badly, shamefully, like a gentleman] 立派に[非の打ちどころなく, だらしなく, はしたなく, 紳士らしく]ふるまう / He doesn't know how to ～. 行儀作法を知らない / You must ～ respectfully to [toward] your elders. 年長者に対しては丁重でなければならない / Why are you *behaving* like that? どうしてそんなふるまいをするのか. **b** 〈子供・若者などが〉行儀よくする, 正しいふるまいをする (cf. *vt.* 2): Did the children ～ today? 今日は子供たちは行儀がよかったか. **2** [副詞語句を伴って] **a** 〈機械などが〉動く, 運転する (work): The car ～*d* well [badly] in its test run. 車は試運転では調子がよかった[よくなかった]. **b** 〈物体・物質が〉(ある条件や環境のもとで)反応を示す, 作用する (react): How does water ～ when heated? 水は熱せられるとどう反応するか / Sometimes they ～ like waves and sometimes like particles. 時には波のように反応し, また時には粒子のように反応する. ― *vt.* [～ oneself で] **1** [副詞語句を伴って] 〈ある仕方で〉ふるまう: He ～*d himself* well [like a gentleman]. 立派に[紳士らしく]ふるまった. **2** 〈子供などが〉行儀よくする (cf. *vi.* 1 b): *Behave yourself* [*yourselves*]! お行儀をよくしなさい / Did the children ～ *themselves* today? 今日は子供たちは行儀がよかったかな.
be·háv·er *n.* 〘《c1410》 *behave(n)*: ⇨ be-, have[1]: cf. G *sich behaben*〙

SYN 行動する: **behave** [様態の副詞を伴って] 特定のふるまいをする: He *behaves* respectfully toward his superiors. 長上に対して丁重なふるまいをする. ★ *behave* (oneself) では,「通例〈子供や青少年が〉行儀よくする」の意味: Did the children *behave*? 子供たちは行儀がよかったですか. **conduct** [oneself+様態の副詞を伴って] 特定のふるまいをする 《毅然としたふるまいというニュアンスがある; 格式ばった語》: She always *conducts* herself like a princess. いつもプリンセスらしくふるまう. **deport, comport, acquit** [oneself を伴って] conduct oneself と同義であるが, 格式ばった語: He always *deports* [*comports, acquits*] himself like a gentleman. 彼はいつも紳士らしくふるまう.

-be·háved *adj.* [複合語の第 2 構成素として] (…に)ふるまう, 行儀が…である: well-[ill-, badly-]*behaved* 行儀のよい[悪い].

be·hav·ior, 《英》 **be·hav·iour** /bɪ̀héɪvjə | -vjə^(r)/ *n.* **1 a** 行動, 行為 (conduct); 行儀, 行状, 品行 (manners); ふるまい, 態度 (deportment): his ～ at the party パーティーでの彼のふるまい. **b** 〘心理〙 (心理学の研究対象として)生物の行動; (生物の)習性. **2 a** 〈機械などの〉働き, 調子: The car's ～ is still a bit erratic. その車の調子はまだ少し不安定だ. **b** (特定の状態における物体・物質の示す)性質, 作用, 反応: the ～ of tin when heated 熱を受けた場合のスズの性質[反応].
be of góod behávior 〘法律〙 善行をしている, 失行がない.
dùring góod behávior 罪過なき限り 《米国憲法中の文句》. ***on one's bést behávior*** 謹慎中で; (行状監視中に)努めて神妙にして, 行儀をよくして. ***pút a person on his bést behávior*** 人に謹慎を命じる; 人に努めて行儀をよくするように勧める.
〘《?a1425》 *behavour, behaver* ← *behaven* 'to BEHAVE': 語尾は《廃》 *havour, haviour* (← F *avoir* possessions: 不定詞の名詞化)を have の派生語と誤解してこれにならったもの〙

SYN ふるまい: **behavior** 人の人格や個性がおのずと現れる態度: His *behavior* shows his lack of consideration for others. 彼のふるまいは他人に対する思いやりの欠如を示している. **conduct** 特に道徳的な責任を伴うものとしての行い: Your son's *conduct* at school is excellent. 息子さんの学校でのお行儀は申し分ありません. **deportment** 《古風》 行儀作法としてのふるまい: Her *deportment* charmed me. 彼女の立居ふるまいに私は魅せられた.

be·hav·ior·al /bɪ̀héɪvjərəl/ *adj.* 行動に関する, 行動の. **～·ly** *adv.* 〘《a1927》: ⇨ ↑, -al[1]〙

be·háv·ior·al·ìsm /-rəlìzṃ/ *n.* (behavioral science に基づく)(人間)行動研究(の方法). **-ist** /-lɪ̈st | -lɪst/ *n.*, *adj.*

behávioral modificàtion *n.* 《心理》=behavior modification.

behávioral scíence *n.* 行動科学《心理学・社会学・文化人類学などで人間行動を観察して類型を求め，その社会的行動を方式化しようとする学問の分野》. 〖1951〗

behávioral scíentist *n.* 行動科学者.

be·háv·ior·ìsm /-vjərìzm/ *n.* 《心理》 **1** 行動主義《客観的に観察しうる行動のみを研究対象とする心理学説で J. B. Watson の主唱したもの; 米国心理学の主流をなし，古典的行動主義といわれる; 後，その修正として新行動主義が生まれる; cf. introspectionism, mentalism 2》. **2** 行動主義的研究. 〖《1913》← BEHAVIOR＋-ISM〗

be·háv·ior·ist /-vjərɪ̈st | -rɪst/ *n.* 《心理》行動主義心理学者. — *adj.* =behavioristic. 〖《1913》: ⇨ -ist〗

be·hav·ior·is·tic /bɪ̈hèɪvjərístɪk⁺/ *adj.* 行動主義的な. 〖《1914》: ⇨ -ic¹〗

be·hav·ior·is·tics /bɪ̈hèɪvjərístɪks/ *n.* 行動学《生物と人間の行動を生物学・心理学・文化人類学・社会学などの諸分野の協力によって総合的に研究する学際研究》. 〖《1941》: ⇨ -ics〗

behávior modificàtion *n.* 《心理》行動変容《行動療法 (behavior therapy) や強化療法 (reinforcement therapy) など心理学的方法によって望ましくない行動様式を変えること; behavioral modification ともいう; cf. conditioned reflex》.

behávior pàttern *n.* 《社会学》行動様式《個人または集団が一定の状況のもとで常にまたは反復的にとる(他の行動の仕方と相関的な)行動の仕方[型，様式]》. 〖1926〗

behávior thèrapy *n.* 《精神医学》行動療法《新しい行動様式の訓練による精神療法》. 〖1959〗

behaviour *n.* =behavior.

be·head /bɪ̈héd/ *vt.* **1** …の首を切る，打首にする. **2** 《地質》〈川を〉斬首する，首なし川にする. **～·al** /-dḷ | -dl/ *n.* 〖lateOE *behēafdian* ← BE-＋*hēafdian* to behead (← *hēafod* 'HEAD')〗

beheld *v.* behold の過去形・過去分詞.

be·he·moth /bɪ̈híːməθ, -mɑ(ː)θ, -məθ | -mɒθ, -məθ/ *n.* **1** [しばしば B-] 《聖書》ベヘモット，ベヘモス《牛のように草を食いそのあばら骨は鉄の棒のようだという巨獣; カバまたはワニとされる; cf. *Job* 40: 15–24》. **2 a** [通例 a ～ of a … の形で] 非常に大きい[力のある]もの，巨大なもの: *a* ～ *of a* book 膨大な書物. **b** グロテスクなもの. **be·he·moth·ic** /bìːəmɑ́(ː)θɪk | -mɔ́θ-⁺/ *adj.* 〖《c1384》□ L ～ □ Heb. *bᵉhēmōth* (pl.) ← *bᵉhēmāʰ* beast〗

be·hen·ic /bɪ̈hénɪk/ *adj.* 《化学》ベヘン酸の《docosanoic ともいう》. 〖《1873》← *behen* (《変形》← BEN³)＋-IC¹〗

behénic ácid *n.* 《化学》ベヘン酸 ($CH_3(CH_2)_{20}COOH$)《白色蠟(ろう)状の固体; 種子油の中などに存在する; docosanoic acid ともいう》. 〖1873〗

be·hest /bɪ̈hést/ *n.* 《詩・文語》 **1** 命令，指令: at a person's ～ 人の命令で. **2** 熱烈な要望: *at the* ～ *of* the family 一族の切なる願いで. 〖《?a1200》 *bihest* ← OE *behǣs* vow < Gmc **biχaissi* ← **biχaitan* ← **bi-* 'BE-'＋**χaitan* to bid, call: cf. height〗

be·hind /bɪ̈háɪnd/ *prep.* /—⌐/ **1** [場所] **a** …の後に，…の陰に: ～ the house, door, etc. / ～ the guns [the front, the lines] 銃後において，銃後の / from ～ the door 戸の後ろから / get ～ a tree [the curtain] 木[カーテン]の陰に隠れる / She looked ～ her. 後ろを振り向いた. **b** 〈ドア・木戸などを通って〉〈自分〉の後で: He closed the gate ～ him. 木戸を通った後閉めた / I bolted the door ～ me. ドアを通った後かんぬきで締めた (cf. after 2).
2 …の後を追って (following): She followed close ～ him. 彼のすぐ後をつけて行った.
3 …の背後に，…(の陰)に隠れて: There seems to be something ～ his action. 彼の行為の陰には何かあるらしい / What is [lies] ～ all this? この件の背後には一体何が隠されているのか / the story ～ the story うわさの陰に隠された話.
4 a …を後援して，を支持して (supporting): His father is ～ him in this venture. この冒険事業には彼の父の支援がある / He has the president ～ him. 彼には社長の支持がある / They are fully ～ his policy. 彼の政策を完全に支持している. **b** 《口語》…の結果として: The Yankees won the final game ～ some brilliant pitching. ヤンキーズはすばらしい投球で決勝を制した.
5 a …に遅れをとって，…より劣って: He is ～ other boys of his age. 彼は同年輩の他の少年より遅れて[劣って]いる / Our success was (very) much ～ what I had hoped. 我々の成功は私がかねて希望していたよりもずっと下回っていた / They were ten years [well] ～ their neighbors in knowledge. 彼らの知識は隣国人よりも 10 年は[ずいぶん]劣っていた / Here we are far ～ Tokyo. ここは東京よりもずっと遅れている / The Yankees won the pennant with the Red Sox two games ～ them. ヤンキーズはレッドソックスに 2 ゲーム差をつけて優勝した. **b** 《野球》…に追い込まれて《ピッチャーがストライクよりもボールを多く投げて; バッターがボールよりも多くのストライクを取られて; cf. *in the* HOLE (2)》: The pitcher was ～ the batter. ピッチャーはバッターに対し不利なカウントだった.
6 [時間] **a** 〈人〉の過去に: We have a long history ～ us. 我々は過去に長い歴史をもっている. **b** [通例 leave, remain, stay と共に] 〈人〉が去った[死んだ]後に: He *left* his stick ～ him. ステッキを忘れていった / He *left* five children ～ him. 5 人の子供を残して死んだ / He *left* nothing ～ him. 遺産は皆無だった / She *stayed* ～ me for a few days. 私が去ってからも 2, 3 日滞在した. **c** 〈人にとって過ぎて[終わって]: His apprenticeship was ～ him. 彼の徒弟時代は終わっていた / All his difficulties are now ～ him. 彼の苦労は今やすべて過去のものとなった / With several books ～ her, she got the university chair easily. 彼女は数冊の本を著していたので，大学教授の職を容易に得た. **7** 〈時刻・定刻〉より遅れて (later than); 〈時代〉に遅れて: The train is ～ its time. 列車は定刻より遅れて[延着した] / ～ schedule 定刻[予定]に遅れて / I was ten minutes ～ time. 10 分遅刻した / ⇨ *behind the* TIMES / He arrived one hour ～ me. 私よりも 1 時間遅れてやってきた. **8** …の向こう側に，…のかなたに (beyond): The sun has sunk ～ the mountains.
pút behínd one 〈ある事を〉もはや考慮しない; 忘れる: I *put* the plan entirely ～ me. その計画のことはもう全然考慮しなかった / He *put* his unpleasant memories ～ him. 不愉快な思い出を忘れた.
— *adv.* **1** [位置・場所] 後ろに，後に; 後ろを; 背後に: stay [remain] ～ 後に残る / lag ～ ぐずぐずして遅れる / look ～ 後を見る; 回顧する / I led and she followed close ～. 私が道案内し彼女はすぐ後ろからついて来た / He glanced ～. ちらりと後ろを見た / He attacked me from ～. 彼は私を後ろから攻撃した. **2** 〔仕事・進歩などが〕遅れて，〔支払い期限に〕遅れて，〔家賃などが〕滞って 〔*in*, *with*〕; 〈時計など〉遅れて (slow): be ～ *in* [*with*] one's work 仕事が遅れる / be ～ *in* [*with*] one's rent 家賃が滞っている / We are far ～ *in* [*with*] our preparations. 準備が非常に遅れている / I will not be ～ *in* doing so. 私もそれにかけては人後に落ちない[遅れを取りはしない] / If Winter comes, can Spring be far ～? 冬来たりなば春遠からじ (Shelley) / a special class for children who are ～ 遅進児のための特別学級 / The clock is (running) ～. 時計が遅れている. **3** [時間] (定刻に)遅れて，遅すぎて (too late): He came ten minutes ～. 10 分遅れて来た / The train was five minutes ～. 列車は 5 分遅れた. **4** 過去に，過ぎて: My grief lies onward and my joy ～. 私の悲しみは未来にあり私の喜びは過去にある (Shak., *Sonnets* 50). **5 a** 舞台裏で[へ，を]: I am going to take a look ～. 舞台裏をちょっとのぞいてみようと思う. **b** 背後に，隠れた所に: Is there anything ～? 何か背後にいわくがあるのか. **6** 《古》現れていない，残っている (unrealized): There is stronger evidence ～. もっと有力な証拠が残っている / The most comical scene is yet ～. 最も滑稽な場面はまだこれからだ. **7** 向こうに，かなたに (beyond): The stream has the mountains ～. その川の向こうには山がある. ***còme behínd*** 後からついて行く. ***cóme from behínd*** (レースなどで)逆転勝ちする. ***pút behínd*** 〈いやな事などを〉忘れる (⇨ behind *prep.* 成句).
— *adj.* [名詞の後に置いて] 後ろの; かなたの: the person ～ 後ろの人 / the Alps and the plains ～ アルプス山脈とかなたの平原.
— *n.* **1** 後ろ，(上着などの)背中 (back side). **2** 《口語》尻 (buttocks): kick a person's [a person in the] ～ 人の尻をける / fall on one's ～ 尻もちをつく. **3** 《オーストラリアンフットボール》1 点《キックによってボールがゴールポスト (goalpost) とその外側のポスト (behind post) を結ぶ線 (behind line) を越えた場合》.
〖OE *bi-*, *behindan* ← BE-＋*hindan* (← *hind-* 'HIND³': cog. G *hinten*)〗

behínd·hànd *adv.*, *adj.* [叙述的] **1** 遅れて，遅い (late). **2** 〈人が〉進歩が遅い，〔学問・思想などに〕遅れて (backward) 〔*in*〕: be [get] ～ *in* study [one's ideas] 勉強[思想]が遅れている[遅れる]. **3** 〔仕事・支払いなどが滞って (in arrears) 〔*in*, *with*〕 (⇨ tardy SYN); 〔暮らし向きなどが差しつかえて 〔*in*〕: be ～ *in* one's work [*with* the rent] / be ～ *in* one's circumstances 暮らし向きが悪い. 〖《1530》← BEHIND＋HAND: cf. beforehand〗

be·hind-the-scenes /bɪ̈háɪn(d)ðəsíːnz⁺/ *adj.* 舞台裏の，黒幕の; 秘密の，裏面の (cf. *behind the* SCENES): ～ maneuvers 裏面工作. 〖1711〗

Be·his·tun /bèɪhɪstúːn/ *n.* ベヒストゥン (⇨ Bisitun).

Behn /bén/, **Aph·ra** /ǽfrə/ *n.* ベーン《1640–89; 英国の女流劇作家・小説家; *The Rover* (戯曲, 1677–81), *Oroonoko* (小説, 1688)》.

be·hold /bɪ̈hóʊld | -hə́ʊld/ 《古・文語》 *v.* (**be·held** /-héld/; **-held**, 《古》 **-hold·en** /-hóʊldən, -dṇ | -hə́ʊl-/) — *vt.* 見る，眺める (⇨ see¹ SYN); 注目[凝視]する (watch): I never *beheld* a sight more beautiful. これ以上に美しい光景は見たことがない. — *vi.* [命令形で] 見よ (Look!): Lo and ～! こはそもいかに. **～·er** *n.* 〖OE *behealdan*, *bihaldan* to keep, behave (oneself), observe (laws), look at: ⇨ be-, hold¹〗

be·hold·en /bɪ̈hóʊldən | -hə́ʊl-/ *adj.* [叙述的] 《文語》おかげをこうむって，恩義を受けて: I am ～ *to you for* your kindness. ご親切ありがとう存じます. 〖《?c1390》 *bihold-e(n)* (p.p.) ← *biholden* 'to BEHOLD'〗

be·hold·ing /bɪ̈hóʊldɪŋ, -hə́ʊld-/ 《Shak》 *adj.* = beholden. — *n.* 凝視.

be·hoof /bɪ̈húːf/ *n.* (*pl.* **be·hooves** /-húːvz/) 《文語》利益 (advantage). ★ 主に次の成句で: ***to* [*for*, *on*, *in*] *a person's* (*ówn*) *behóof*** 人のために: *For whose* ～ is this done? これはだれのためにしたのか.
〖OE *behōf* utility < (WGmc) **bihōf* that which binds (G *Behuf*) ← **bi-* 'BE-'＋**hafjan* (← IE **kap-* to garsp: ⇨ have¹)〗

be·hoove /bɪ̈húːv/ (*also* **be·hove** /bɪ̈hóʊv | -hə́ʊv/) [通例 it を主語として] *vt.* 《文語》 **1** …にとって義務である; …にふさわしい: *It* ～*s* public officials *to* do their duty. 公務員はその職分を尽くさなければならない / *It* ill ～*s* you *to* complain. 不平を言うなんて君らしくもない. **2** …にとってやりがいがある: *It* would ～ you *to* be nicer to them. 彼らによくしてやることは君にとってもしがいのあることだろう. — *vi.* 《まれ》必要[適当，当然]である. 〖OE *behōfian* to need ← *behōf* (↑)〗

be·hówl /bɪ̈-/ *vt.* …に向かって(泣き)わめく.

Beh·rens /bέ(ə)rənz | béər-; G. béːʁəns/, **Peter** *n.* ベーレンス《1868–1940; ドイツの建築家・設計家; 簡素にして実用的な設計で知られる》.

Beh·ring /bέ(ə)rɪŋ | béər-; G. béːʁɪŋ/, **Emil** (**Adolf**) **von** *n.* ベーリング《1854–1917; ドイツの細菌学者; Nobel 医学生理学賞 (1901)》.

Beh·ring /bέ(ə)rɪŋ, bí(ə)r- | béər-, bíər-; *Dan.* béːʁeŋ/, **Vitus** *n.* =Vitus BERING.

Behr·man /bέəmən | béə-/, **S**(**amuel**) **N**(**athaniel**) *n.* ベアマン《1893–1973; 米国の劇作家; *The Second Man* (喜劇, 1927)》.

Bei·da /béɪdə | -də/ *n.* ベイダ《リビア北東部にある都市》.

Bei·der·becke /báɪdəbèk | -də-/, **Leon Bismarck** *n.* バイダーベック《1903–31; 米国のジャズコルネット奏者・ピアニスト・作曲家; 黒人のジャズ界で認められた最初の白人奏者; 通称 Bix》.

beige /béɪʒ | béɪʒ, béɪdʒ; *F.* bɛːʒ/ *n.* **1** (染色も漂白もしない)生地のままの毛織物. **2** (羊毛の地色の)薄いとび色，ベージュ色. — *adj.* 薄いとび色の，ベージュの. 〖《1858》□ F ～ < OF *bege* of natural color (of cotton and wool) ← ?: cf. It. *bigio*〗

bei·gel /béɪgəl, -gḷ/ *n.* =bagel.

bei·gnet /beɪnjéɪ | ⌐—; *F.* bɛnjɛ/ *n.* **1** フリッター (fritter). **2** ベニェ《果物・野菜・魚介類に衣をつけて油で揚げたもの》. 〖《1835》□ F ～〗

bei·gy /béɪʒi/ *adj.* =beige.

Bei·jing /bèɪdʒíŋ; *Chin.* pèɪtɕíŋ/ *n.* 北京(ペキン)，ペキン《中国北部の都市; 1949 年以来中華人民共和国の首都》.

Bei·lan /beɪláːn/ *n.* [the ～] ベイラーン《シリアの都市 Aleppo 北西方の山道; 小アジアとシリアとの間の昔の関門; Bailan, Beilan [Bailan] Pass ともいう》.

bé·ìn *n.* (公園などでの)ヒッピーの集会. 〖《1967》← BE¹＋-IN³〗

be·ing¹ /bíːɪŋ/ *n.* **1** 現存，存在，実在 (existence): actual ～ 実在 / a material ～ 物的存在(物) / All things in their ～ are good for something. 《諺》存在しているものは皆何かの役に立つ，「鼠の尾まで錐の鞘」. **2** 生存，生命 (life)，人生: the aim of our ～ 人生の目的 / throw one's whole ～ into love 恋に命を賭ける / In him we live, and move, and have our ～. 我らは神の中(うち)に生き，動きまた在(あ)るなり (*Acts* 17: 28). **3 a** (有形・無形の)存在物: a material ～ 物的存在物，有形物. **b** 生き物; 人間: an angelic ～ 天使 / inanimate ～*s* 無生物 / a well-dressed ～ 立派な身なりをした人 / He is one of history's most enigmatic ～*s*. 歴史上最も謎を秘めた人物の一人だ. **4** 本質，本性 (nature, essence): examine the very ～ of literature 文学の本質を探る / be thrilled to the very roots of one's ～ 腹の底までぞくぞくする，全身の血が沸く. **5** [B-] 神，上帝 (God, Deity): the Supreme [Infinite] *Being* 絶対[無限]者《神のこと》. **6** 《哲学・心理》存在 (cf. becoming 1 a): absolute ～ 絶対存在 / ～ and becoming 存在と生成.
bring* [*cáll*] *into béing 生み出す，生ぜしめる: God *called* the heaven and earth *into* ～. 神は天地を生ぜしめた. ***còme into béing*** 生まれ出る，生じる，出現する.
in béing 現存の (existing); 生存している (alive): a fleet *in* ～ ⇨ fleet¹ 1.
〖《?a1300》: ⇨ be, -ing¹〗

bé·ing² *adj.* 現在の (present). ★ 次の成句で: ⇨ *for the* TIME *being*. — *conj.* [しばしば ～ as, ～ as how, ～ that として] 《方言》…なので，…だから (because): *Being* (*as* [*that*]) it's late, let's go home. もう遅いから帰ろう. 〖《1345–46》 *beinge* (pres.p.) ∽ OE *bēande*: ⇨ -ing²〗

béing-for-itsélf *n.* 《哲学》向自存在《特に，ヘーゲル哲学の用語; being-for-self ともいう》. 〖《1865》《なぞり》← G *Für-sich-Sein*〗

béing-in-itsélf *n.* 《哲学》即自存在《特に，ヘーゲル哲学の用語; being-in-self ともいう》. 〖《1854》《なぞり》← G *An-sich-Sein*〗

béing-itsélf *n.* 《哲学》存在自体《無限定的な純粋の存在》. 〖1957〗

bé·ing·ness *n.* 《哲学》存在，実在(性)，有，本質《あらゆる事物について語られる最広義の存在; 超越的または内実的な実在》. 〖《1662》: ⇨ -ness〗

béing·with *n.* 《哲学》共(同)存在《社会の一員として他人と共にある人間の存在》. 〖1963〗

bei·ra /báɪrə | béɪrə/ *n.* 《動物》ベイラ (*Dorcatragus megalotis*)《ソマリア・エチオピアにまれにしかいない小形のレイヨウ》. 〖← Afr. (現地語)〗

Bei·ra /béɪrə | báɪ(ə)rə; *Port.* bɐ́jɾɐ/ *n.* ベイラ《アフリカ南東部モザンビークの海港》.

Bei·rut /beɪrúːt; *Arab.* bajrúːt/ *n.* ベイルート《レバノンの首都で，海港》.

bei·sa /béɪzə/ *n.* 《動物》ベイサオリックス (*Oryx gazella beisa*)《アフリカの東部・南部に生息するオリックス》. 〖《1850》← Afr. (現地語)〗

Beit Knes·set /béɪtknésɛt/ *n.* ユダヤ教会堂 (synagogue).

Be·ja /béɪʒə/ *n.* (*pl.* ～, ～**s**) **1 a** [the ～(s)] ベジャ族《Nile 川と紅海の間に住む遊牧民族》. **b** ベジャ族の人. **2** ベジャ語. 〖1819〗

be·ja·bers /bɪ̈dʒéɪbəz | -bəz/ *int.* (*also* **be·jab·bers** /-dʒǽb-/) 《アイル》=bejesus. 〖《1821》《転訛》← *by Jesus*〗

B

Be·jaï·a /bɛdʒáɪə, beɪ-/ *n.* ベジャイア《アルジェリア北東部の地中海に臨む港市》.

Be·jam /bíːdʒæm, -dʒəm/ *n.*〘商標〙ビージャム《英国製の冷凍食品とその冷凍庫; そのメーカー (Bejam Group)》.

be·jan /bíːdʒən/ *n.* (スコットランドの大学の)一年生. 〚《1611》□ F *béjaune* < OF *bec jaune* yellow beak: もとパリ大学での呼称で「くちばしの黄色いひよこ」の意〛

Bé·jart /beɪʒáə | -ʒáː(r; *F.* beʒaːʁ/, **Maurice** *n.* ベジャール《1927– ; フランスの舞踏家・振付師;「20 世紀バレエ団」を結成 (1960)》.

be·jau·na /bɪdʒɔ́ːnə, -dʒáː- | -dʒɔ́ː-/ *n.* 女性の bejan.

bej·el /bɛ́dʒəl, -dʒl/ *n.*〘病理〙中東に見られる非性病性の梅毒. 〚《1928》□ Arab.《口語》*bájlaʰ*〛

be·je·sus /bɪdʒíːzəs, -zəz/ *int.* イエスにかけて, きっと (by Jesus). — *n.* ★ 次の成句で: ***béat the bejésus òut of*** …をこっぴどく打つ[なぐる]. ***scáre the bejésus òut of a person*** 〈人を〉ぎょっとさせる. 〚《1908》《変形》← *by Jesus*〛

be·jew·el /bɪdʒúːəl, -dʒúːl, -dʒúəl/ *vt.* (**be·jew·eled, -elled; -el·ing, -el·ling**) …に宝石をちりばめる, 宝石で飾る: a ~*ed* woman / The sky is ~*ed with* stars. 空は星をちりばめたようだ. **~ed** *adj.* 〚《1557》← BE-+JEWEL〛

Be·kaa /bɪkáː/ *n.* ベカー《レバノン東部 Lebanon 山脈と Anti-Lebanon 山脈の間の高原》.

bé·ké /béɪkeɪ; *F.* beke/ *n.* (クリオールの)白人入植者《通例上流階級》.

Bé·ké·sy /béɪkəʃi; *Hung.* béːkeːʃi/, **Georg von** *n.* ベケシー《1899–1972; ハンガリー生まれの米国の物理学者・生理学者; Nobel 医学生理学賞 (1961)》.

bel[1] /bɛ́l/ *n.*〘電気〙ベル《電力や音の減衰や利得を示す単位; =10 decibels; 記号 B, 古くは b》. 〚《1929》← A. G. Bell〛

bel[2] /bɛ́l/ *n.*〘植物〙=bael. 〚□ Hindi *bel* fruit of the bel ← Skt *bilva* bel tree〛

Bel[1] /bɛ́l/ *n.* ベル《女性名》. 〚(dim.) ← ARABEL // BELINDA // ISABEL〛

Bel[2] /béɪl, bɛ́l/ *n.* ベル《バビロニアおよびアッシリアの大地の神; Bel and the Dragon は外典 (Apocrypha) の一書》. 〚□ L *Bēlus* □ Gk *Bêlos* □ Akkad. *Bēlu*《原義》owner, lord: ⇨ Baal〛

bel.《略》below.

Bel.《略》Belgian; Belgium.

be·la·bor,《英》**be·la·bour** /bɪléɪbə | -bə(r/ *vt.* **1** 〈論点などを〉(不必要に)長々と論じる, 詳説する: ~ the obvious わかりきった事を長々と論じる. **2** やっつける (attack). **3**《まれ》ひどく打つ, なぐりつける. **4**《廃》= labor. 〚《1596》← BE-+LABO(U)R〛

Bel·a·fon·te /bɛ̀ləfáː(ː)nti, -teɪ | -fɔ́nti/, **Harry** *n.* ベラフォンテ《1927– ; 米国の歌手・俳優》.

be·lah /bíːlə/ *n.*〘植物〙**1** グラウカモクマオウ (*Casuarina glauca*)《オーストラリア原産; 木材用》. **2** オーストラリア Queensland 産マメ科アカシア属の高木 (*Acacia excelsa*). 〚《1862》← Austral.《現地語》〛

be·lar /bíːlə | -lə(r/ *n.*〘植物〙=belah.

Be·la·rus /bɛ̀lərúːs/ *n.* ベラルーシ《ヨーロッパ東部, ポーランドに隣接する共和国; ソ連邦の構成共和国だったが 1991 年に独立; 公式名 the Republic of Belarus; 首都 Minsk; 旧称白ロシア (White Russia)》.

Be·la·rus·sian /bɛ̀lərúːʃən⁻/ *n., adj.* =Belorussian.

Be·las·co /bɪlǽskou | -kəu/, **David** *n.* ベラスコ《1853–1931; 米国の劇作家・演劇人; *Madame Butterfly* (John Luther Long と合作) (1900)》.

be·lat·ed /bɪléɪtɪd | -tɪd/ *adj.* **1** 遅れた, 遅くなった; 期限を超えた, 時期を逸した: a ~ report, letter, dinner, etc. / ~ efforts 手遅れ. **2** 時代遅れの, すたれた (outdated): Such a view is ~. そんな考えは時代遅れだ. **3**《古》夜にはいって暗くなった, 行き暮れた (benighted): a ~ traveler 行き暮れた旅人. **~·ly** *adv.* **~·ness** *n.* 〚《1618》←《廃》*belate* to retard (⇨ be-, late)+-ED 1〛

Bel·a·trix /bəléɪtrɪks | bélətrɪks, bəléɪtrɪks/ *n.*〘天文〙=Bellatrix.

Be·lau /bɪláu | bɛ-/ *n.* ベラウ《西太平洋 Caroline 諸島西端の約 100 の島から成る共和国; 第二次大戦後米国の信託統治領だったが 1981 年自治政府が発足; 公式名 the Republic of Belau; 首都 Koror; 面積 476 km²; 旧名 Palau Islands》.

be·laud /bɪlɔ́ːd, -láːd | -lɔ́ːd/ *vt.* (冷やかし・皮肉を含めて)激賞する: be ~*ed to* the skies ほめそやされる. 〚《*a*1849》← BE-+LAUD〛

be·lay /bɪléɪ/ *vt.* **1**〘海事〙〈綱を〉S 字[8 字]形に巻きつける; (索留め (cleat) などに巻きつけて)留める. **2**〘登山〙**a** 〈人を〉確保する (cf. *n.*). **b** 〈ザイルを〉確保する, セットする: ~ a rope *round* [*to*] a rock. **3**〘海事〙〈命令などを〉取り消す. **4** [通例命令文で] やめる, 取りやめる. — *vi.* 〘海事〙**1** ロープを巻き留める. **2**《口語》[主に命令文で] やめる (stop): *Belay* (there)! やめろ (Stop!), (もう)たくさんだ (Enough!). — *n.*〘登山〙**1 a** 確保, ビレー《ザイルでつないだ仲間が墜落するのをザイルで食い止めること》. **b** 確保技術. **2** 確保支点《岩の突起・立木など》. **~·er** *n.* 〚《(OE)》(1549) *belecgan* to lay round: ⇨ be-, lay[2]〛

Be·la·ya Tser·kov /béləjətsə́ːkə(ː)f, -kɑ(ː)f | -tsə́ːkɔf; *Ukr.* bʲílaja tsérkva/ *n.* ベーラヤツェルコフィ《ウクライナ北部の軽工業都市》.

beláying pìn *n.*〘海事〙ビレーピン, 索留め栓(せん)《これに索具を S 字[8 字]形に巻きつけて留める長さ 30 cm くらいの木または金属棒》. 〚1836〛

bel can·to /bɛ̀lkáːntou, -kǽn- | -kǽntəu; *It.* bɛlkánto/ *n.* **1**〘音楽〙(オペラの)ベルカント唱法《旋律や音自体の美しさを表現することに重点が置かれた歌唱法》. **2** [形容詞的に] ベルカント唱法の: a ~ aria ベルカントによるアリア. 〚《1894》□ It. ~《原義》fine song〛

belch /bɛ́ltʃ/ *vi.* **1** おくびを出す, げっぷをする. **2** 〈火山・砲などが〉炎[煙など]を吐き出す. **3** 〈悪口・のろいなどが〉飛び出す: Insults ~*ed* out of him. 侮辱の言葉が彼の口から矢継ぎ早に吐き出された. — *vt.* **1** 〈火山・砲などが〉〈炎・煙を〉吐き出す, 噴出する (emit): The volcano ~*ed forth* [*out, up*] flames and smoke. **2** 〈悪口・のろいなどを〉言う, 吐く 〈*forth*〉. — *n.* **1** おくび, げっぷ. **2** 火煙 [ガスなど]の噴出, 噴火. **3** 悪口[のろいなど]の噴出. **4**《俗》品質の悪いビール. 〚《*a*1325》*belche*(*n*), *belke*(*n*) ← ? OE *belċettan* to belch ← Gmc **bellan* to bellow ← IE **bhel-* to cry out: cf. OE *bealcan* to emit〛

bel·cher /bɛ́ltʃə | -tʃə(r/ *n.* **1** ベルチャースカーフ《紺地に白い大きな斑点あるネッカチーフ》. **2** まだら染めのネッカチーフ. 〚《1805》← *James Belcher* (1781–1811: それを初めて用いたといわれる英国のボクサー)〛

bélch wàter *n.*《米俗》炭酸水, ソーダ水.

bel·dam /bɛ́ldəm/ *n.* (*also* **bel·dame** /~/) **1** 老婆; (特に)醜い老婆, 悪婆 (hag); 口やかましい老婆, がみがみ女. **2**《廃》祖母. 〚《1440》*beldam*(*e*) grandmother ← *bele* (□ OF *bel*(*e*) fair)+*dam*(*e*) lady: 本来美称の皮肉的用法: ⇨ belle, dame〛

be·lea·guer /bɪlíːgə | -gə(r/ *vt.* **1** 〈軍隊が〉攻囲する, 包囲する: ~ a town, garrison, etc. **2** 取り巻く, …に付きまとう, 悩ます: be ~*ed with* [*by*] annoyances 色々いやな思いをさせられる. **~·er** /-g(ə)rə | -gərə(r/ *n.* **~·ment** *n.* 〚《1587》□ Du. & LG *belegeren* to camp round ← *be-* about+*leger* camp: ⇨ be-, leaguer[2]〛

be·léa·guered *adj.* **1** 包囲された. **2** 付きまとわれた, 取り巻かれた, 悩まされた. 〚《1644》: ⇨ ↑, -ed〛

be·lee /bɪlíː/ *vt.* (Shak) 〈船などを〉風の当たらない場所に置く. 〚《1604》← BE-+LEE〛

Be·lém /bəlɛ́m; *Braz.* belẽ́j/ *n.* ベレン《ブラジル北部の Pará 川に沿う港市; Amazon 川流域の商業中心地; Pará ともいう》.

bel·em·nite /bɛ́ləmnàɪt/ *n.*〘古生物〙矢石《イカに類する古生物の化石; cf. thunderstone》. **bel·em·nit·ic** /bɛ̀ləmnítɪk | -tɪk⁻/ *adj.* 〚《1646》← NL *belemnītēs* ← Gk *bélemnon* dart: ⇨ -ite[1]〛

bel es·prit /bɛ̀lɛspríː, -ləs- | -lɛs-; *F.* bɛlɛspʁi/ *F. n.* (*pl.* **beaux es·prits** /bòuzɛspríː, -zəs- | bàuzɛs-; *F.* bozɛspʁi/) **1** 才人, 才子. **2** 才気, 軽妙 (wit). 〚《1638》□ F ~《原義》fine wit〛

bel é·tage /bɛ̀leɪtáːʒ; *F.* bɛletaːʒ/ *F. n.* 最良の階, 二階. 〚□ F ~《原義》fine story〛

Belf.《略》Belfast.

Bel·fa·gor /bɛ́lfəgɔə | -gɔː(r/ *n.* =Belphegor.

Bel·fast /bɛ́lfæst, ─⁻ | bɛ̀lfáːst, ─⁻─/ *n.* ベルファスト《北アイルランドの首都, North Channel に臨む海港・工業都市》. 〚□ Ir. *Béal Feirste*,《原義》the mouth of the sandbank〛

Bel·fort /bɛlfɔ́ə, beɪl- | -fɔ́ː(r; *F.* bɛlfɔːʁ, (現地では) bɛfɔːʁ/ *n.* ベルフォール《フランス東部の都市, Territoire de Belfort 県の県都; Vosges 山脈と Jura 山脈との間の山道にある要塞地》.

Belfort, Ter·ri·toire de /*F.* tɛʁitwaːʁ də/ *n.* ベルフォール(県)《フランス東部のスイスに接する県; 面積 609 km², 県都 Belfort》.

bel·fried /bɛ́lfrid/ *adj.* 鐘楼のある. 〚《1841》: ⇨ ↓, -ed 2〛

bel·fry /bɛ́lfri/ *n.* **1** 鐘楼《主に教会堂の一部をなすものをいう; cf. bell tower, campanile》. **2 a** (教会堂の)鐘を設置する所. **b** 鐘支えの枠組. **3**《俗》頭, こうべ (head); 頭脳, 思考力, 才能 (mental capacity). **4** (昔の要塞攻撃用の)移動式の塔. ***hàve*** [***be***] ***báts in the*** [*one's*] ***bélfry*** ⇨ bat[2] 成句. 〚《?*a*1300》*berfrei* □ OF *berfrei*, *berfroi* (F *beffroi*) watchtower ← Frank. **bergfrid* ← ? Gmc **berʒan* to protect+**friþuz* peace〛

Belg.《略》Belgian; Belgic; Belgium.

bel·ga /bɛ́lgə/ *n.* (*pl.* ~**s**; *F.* bɛlga/ *n.* **1** ベルガ《ベルギーで 1926 年から 1946 年まで外国為替用に用いられた通貨単位》. **2** 1 ベルガ貨(=5 ベルギーフラン). 〚《1926》□ L ~ (fem.) ← *Belgus* Belgian (money)〛

Bel·gae /bɛ́lgaɪ, -dʒiː/ *n. pl.* ベルガエ族《Caesar 時代北フランス・ベルギー地方に住んでいた種族; 近代ベルギー人の祖といわれる》. 〚《*c*1895》□ L ~ □ Gaul ~《原義》the angry ones〛

Bel·gaum /bɛlgáum/ *n.* ベルゴム《インド南西部, Karnataka 州の都市》.

Bel Geddes *n.* ⇨ Geddes.

Bel·gian /bɛ́ldʒən/ *adj.* **1** ベルギーの; ベルギー人の. **2** フランドル語の. — *n.* **1** ベルギー人. **2** (ベルギー原産の)強く大きな荷車用の駄馬(だ), 引き馬. 〚《*c*1623》: ⇨ Belgium, -an[1]〛

Bélgian Blúe *n.* ベルジャンブルー種の牛《筋肉が発達している肉牛種》.

Bélgian Cóngo *n.* [the ~] ベルギー領コンゴ《コンゴ民主共和国の旧名 (1908–60)》.

Bélgian éndive *n.* =endive 2.

Bélgian háre *n.* ベルギーウサギ《ベルギー原産の赤褐色の大きい食肉品種の飼いウサギ》. 〚1900〛

Bélgian Ma·li·nóis /-mæ̀lənwáː | -lɪ-; *F.* malinwa/ *n.* ベルジャンマリノワ《ベルギー原産の短毛で, Belgian sheepdog に似たがっしりした体形の作業犬》. 〚1968〛

Bélgian shéepdog *n.* ベルジャンシープドッグ《黒く長い被毛のベルギー原産のイヌ; 英国ケンネルクラブでは Belgian shepherd dog または Groenendael ともいう》. 〚1929〛

Bélgian shépherd dòg *n.* =Belgian sheepdog.

Bélgian Ter·vú·ren /-tɛəvjúᵊrən, -təː- | -tɛə-vjúər-, -tɑː-/ *n.* ベルジャンタービュレン《ベルギー原産の比較的長毛で, Belgian sheepdog に似た作業犬》. 〚《1964》← *Tervuren* (ベルギーの Brabant にある地名)〛

Bélgian wáffle *n.* ベルギーワッフル《通例フルーツとホイップクリームを載せて食べる》.

Bel·gic /bɛ́ldʒɪk/ *adj.* **1** ベルガエ族 (Belgae) の. **2** = Belgian. 〚《1589》□ L *Belgicus* ← *Belgae* 'BELGAE'〛

Bel·gique /*F.* bɛlʒik/ *n.* ベルジーク《Belgium のフランス語名》. 〚□ F ~: ⇨ ↓, -ic〛

Bel·gium /bɛ́ldʒəm/ *n.* ベルギー《西ヨーロッパの王国; 面積 30,514 km², 首都 Brussels; 公式名 the Kingdom of Belgium ベルギー王国》. 〚□ L ~ ← BELGAE ← ? Celt.〛

Bel·go- /bɛ́lgou | -gəu/「ベルギーの; ベルギーと…との (of Belgium and …)」の意の連結形. 〚← BELG(IUM)+-O-〛

Bel·go·rod-Dnes·trov·ski /bɛ́lgəròː(ː)dnɛs-trɔ́(ː)fski, -trɔ́(ː)v- | -trɔ́f-, -trɔ́v-/ *n.* ベルゴロドドニエストロフスキー《ウクライナ共和国, 黒海沿岸 Dniester 河口にある都市; 旧名 (1946 年まで) Akkerman》.

Bel·grade /bɛ́lgreɪd, -grɑːd, -græd, ─⁻ | bɛlgréɪd⁻/ *n.* ベオグラード《ユーゴスラビア東部 Danube 河畔にある同国の首都, およびセルビア共和国の首都; セルビア語名 Beograd》.

Bel·gra·vi·a /bɛlgréɪviə/ *n.* **1** ベルグレーヴィア《London の West End の Hyde Park に続く貴族的な住宅地区; 中心に Belgrave Square /bɛ́lgreɪv-/ がある》. **2** 上流住宅地区; 代表的上流社会. 〚《1848》← *Belgrave* (*Square*) (19 世紀 London の上流住宅地区 ← (O)F *bel* beantiful+ME *grave* 'GROVE')+-IA[1]〛

Bel·gra·vi·an /bɛlgréɪviən/ *adj.* **1** Belgravia の. **2** 貴族的な, 上流社会的な (fashionable). — *n.* Belgravia の住民; 上流社会の人. 〚《1848》: ⇨ ↑, -an[1]〛

Be·li·al /bíːliəl, bíːljəl/ *n.* **1**〘聖書〙邪悪 (wickedness), 破壊 (destruction): sons [men] of ~ 極道者, 無頼の徒 (cf. *1 Sam.* 1:16; 2:12). **2**〘聖書〙ベリアル, 悪魔, サタン (the Devil) (cf. *2 Cor.* 6:15). **3** (Milton の *Paradise Lost* で) 堕天使の一人. 〚《?*c*1200》□ Heb. *Bᵉlīyáʻal* worthlessness ← ? *bᵉlî* without+*yáʻal* usefulness〛

be·lie /bɪláɪ/ *vt.* (**be·lied; -ly·ing**) **1** 〈物・事が〉正しく伝えない; …と著しい対照をなす: The report ~*s* him. 彼はうわさのような人物ではない / The young face ~*d* the shock of gray hair above it. 顔は童顔なのに頭はもじゃもじゃの白髪だった. **2** …の偽りであることを示す, 偽る: Her frightened eyes ~*d* the smile on her lips. おびえたような目つきで口元の微笑が本物でないことがわかった / His appearance does not ~ his character. 彼の容貌は彼のそのまま彼の人格を表している. **3** 〈約束・希望などを〉裏切る, …に反する, 背く: His acts ~ his words. 彼は言行が一致しない / Summer ~*s* its name. 夏とは(いうが)名ばかり. **4**《古》…についてうそを言う, 中傷する (slander). **5** (Shak) うそで満たす. **be·lí·er** *n.* 〚OE *belēogan* to deceive: ⇨ be-, lie[2]〛

be·lief /bɪlíːf/ *n.* **1** (事実・陳述などを)信じること (↔ disbelief): beyond ~ 信じ難い / It passes all ~. それは全く信じられない / easy [hard] of ~《文語》容易に信じられる[信じ難い] / a person light of ~ 軽々しく信じる人, 軽信家 / statements unworthy of ~ 信じる価値がない説 / one's ~ *in* ghosts 幽霊の存在を信じること. **2** 信念; 所信, 確信 (conviction), 意見 (opinion): a person of strong [firm] ~*s* 強い[固い]信念の人 / one's religious [democratic] ~*s* 宗教心[民主主義の信念] / In spite of their statement, he remained of the same ~. 彼らの説明でも彼の確信は変わらなかった / in the ~ *that* …と信じて / My ~ is [It is my ~] *that* … 私の信じるところは…, 私は…であることを信じる / contrary to popular ~ 世間の通念に反して(意外にも). **3** 信用, 信頼 (trust): a child's ~ *in* his parents 親に対する子供の信頼 / I have great [firm] ~ *in* hard work [marrying young]. 勤勉[早婚]の効能を大いに[固く]信用している. **4** 信仰, 信心 (faith); 宗教 (cf. unbelief): the Christian ~ キリスト教 / ~ *in* Christianity キリスト教を信仰すること / ~ in God 神を信仰すること. **5**〘キリスト教〙**a** 信条 (creed): the ~(*s*) of the Christian Church キリスト教会の信条. **b**《古》[the B-] 使徒信条, 使徒信経 (the Apostles' Creed). ***to the bést of my belief*** ⇨ best *n.* 成句. 〚ME *bileafe* ← BE- (BELIEVE との類推による添加)+ *leafa* (< OE *ġelēafa* belief, faith): 今の形は *grieve—grief*, *prove—proof* との類推から〛

SYN 信じること: **belief** ある事柄が真実である[真に存在する]という感情《最も一般的な語》: He cherishes a *belief* in ghosts. 彼は幽霊の存在を信じている. **faith** 人や物のよさを完全に盲目的に信頼すること; 宗教的には, 信仰: I have lost *faith* in democracy. 民主主義は信じられなくなった. **trust** 人や物を信頼できるという(しばしば直観的な)信念: I have absolute *trust* in him. 彼のことは全面的に信頼している. **confidence** 人や人の能力や情報などに対する理性的な信頼: a motion of no *confidence* in the government 内閣不信任案. **credence** 単にある事柄を真であると受け入れること《格式ばった語》: I never give *credence* to gossip. ゴシップはてんで信用しない.
ANT doubt, incredulity.

---

be·liev·a·ble /bɪlíːvəbl/ *adj.* 信じられる, 信用できる

(↔ unbelievable). **~·ness** *n.* **be·lìev·a·bíl·i·ty** /-vəbílət̬i | -lǝ́ti/ *n.* **be·líev·a·bly** *adv.* 〖(*c*1384): ⇨ ↓, -able〗

be·lieve /bǝ̀lí:v/ *vt.* **1** [しばしば *that*-clause, *wh*-clause を伴って] 信じる, 本当と思う (↔ disbelieve): I ~ you. 君(の言葉)を信じる, そうですとも, ごもっともです / I ~ his story. 彼の話を本当だと思う / I refuse to ~ his story. 彼の話を本当だと思いたくない / I ~ *what* he says [*that* he means well]. 彼の言うこと[彼に悪意のないことを]を信じる / There is every reason to ~ *that* ...と信ずべき理由が大いにある / Nobody will ~ *how* difficult this task was. この仕事がどんなに困難だったかだれも信じはすまい / This is not to be ~*d.* これは信じられない / I wouldn't ~ it of him. 彼にそんなことができるなんて信じられない《★ "of＋(代)名詞" を伴い, can [could, would など] と共にしばしば否定文に用いられる》/ *Believe* me.《口語》本当ですよ, 全くそうなんです, 本当に《★ 強調するときには *Believe* you me. ともいう》/ *Believe* it or not.《口語》本当とは思えないかもしれないが, 実際(こんな事がある, など) / Would [Can] you ~ it?《口語》信じられますか(でも本当なんです) / You('d) better ~ it.《口語》確かに, 本当に / I can't [don't] ~ it! 信じられない, まさか / Don't you ~ it! そんなの全くうそっぱちさ. **2** [*that*-clause, 目的語＋補語, 目的語＋*to be* [do] を伴って] 〈...と〉考える, 思う (think): I ~ him (*to* be) honest. 彼を正直だと思う《★ I ~ (*that*) he is honest. のほうが口語的》/ It is ~*d to* be a mistake. それは間違いだと考えられている / I ~ she has done it [her to have done it]. それは彼女のしたことだと思う / He has, I ~, a son. 彼には確か息子が1人いるはずだ / He is ~*d to* have a son. 彼には息子が1人いるという話だ / Will it rain tomorrow?—I ~ *so* [*not*]. あすは雨だろうか—まずそうだと思う[まあ降らないだろう] / I ~ it won't rain.＝I don't ~ it'll rain. 雨は降らないだろうと思う / He gave us to ~ *that* he would start on June 5. 彼は私たちに自分は6月5日に出発すると思ってくれと言ってきた.

— *vi.* **1 a** 信じる: I quite ~. 絶対に信じている《それに間違いない》/ You'd better ~.《口語》(信じられないかもしれないが)実際の話. **b** 〔...の〕存在を信じる; 〔言葉・約束などを〕信じる; 〔...の〕価値を信じる, 〔...を〕よいと思う〔*in*〕: ~ *in* witches [flying saucers, an afterlife] 魔女[空飛ぶ円盤, 来世]の存在を信じる / He ~*s* strongly *in* early rising [female emancipation]. 早起き[女性解放]はよいことだと固く信じている. **2** 〔...を〕信頼する, 信仰する〔*in*, 《古》*on*〕: I ~. 私は信仰をもっている《キリスト教徒だ》/ You can do it: I ~ *in* you. 君の力量を信頼するよ / I ~ *in* everything you stand for. あなたが賛成するすべてのことを私は信じます / ~ *in* God [a religion] 神[宗教]を信じる. **3** 考える, 思う (think): ~ like one's father 父親と同じような考え方をする / I won't ~ meanly of you. 君を軽蔑などしない.

believe* one's *éars* [*éyes*]** [通例否定構文で] 自分の耳[目]を信じる: At first he could *not* ~ *his ears*. 初めのうち自分の耳が信じられなかった. ***If yóu believe thát, yóu'll believe ánything! (ばかじゃないか)そんなうそっぱち信じられないよ. ***màke believe*** ⇨ make[1] v. 成句.

〖(*c*1200) *bileve(n)* ∞ OE *ġelīefan*, *ġelēfan* < Gmc **ʒalauƀjan* to hold dear, esteem, trust (Du. *geloven* / G *glauben* / Goth. *galaubjan*) ← **ʒa-* 'Y-'＋**lauƀ-*, **leuƀ-* dear, lief (← IE **leubh-* to care, desire).〗

be·liev·er /bǝ̀lí:və | -və^(r)/ *n.* 信じる人; 信仰を有する人, 信徒; 〔...の価値を〕信じる人〔*in*〕: a ~ *of* gossip うわさ話を信じる人 / a ~ *in* Christianity キリスト教信者 / He is a great ~ *in* vegetarianism. 熱心な菜食主義の信奉者だ / a ~ *in* working hard [hard work] 勤勉の信奉者. 〖(*a*1415): ⇨ ↑, -er[1]〗

be·líev·ing *n.* 信じること: Seeing is ~.《諺》「百聞は一見にしかず」. — *adj.* [限定的] 信仰を有する: a ~ Christian 信仰の厚いキリスト教徒. **~·ly** *adv.* 〖(1422): ⇨ -ing[1]〗

be·like /bǝ̀láɪk/ *adv.* 《古》多分(そうだろう), 恐らく (probably). 〖(*a*1533) ← ? *by-* 'BY[1]'＋LIKE[1]〗

Be·lin·da /bǝ̀líndə/ *n.* ベリンダ《女性名; 愛称形 Bel, Bell, Linda》. 〖□ OHG *Betlindis* ← *bet* (← ?)＋*lindi* snake〗

Be·lin·sky /bǝ̀línski; *Russ.* bʲilʲínskʲij/, **Vis·sa·ri·on** /vʲissarʲión/ **Grigoryevich** *n.* ベリンスキー《1811–48; ロシアの文芸評論家》.

Bel·i·sar·i·us /bèləsέ^ərɪəs | -lǝ̀sá:r-, -sέər-/ *n.* ベリサリオス《505?–565; 東ローマ帝国の武将》.

Be·lí·sha béacon /bǝ̀lí:ʃə-/ *n.* (英国の都市に見られる)ベリーシャ交通標識《頂上に黄色の球を付けた立標で横断箇所を示す; 単に Belisha または flashing beacon ともいう》. 〖(1934) ← *Leslie Hore-Belisha* (1893–1957: 英国の運輸相 (1931–37))〗

be·lite /bí:laɪt/ *n.* 《化学》ベリット《ポートランドセメントを構成する第二の主要な水硬性成分; $2CaO \cdot SiO_2$ を主成分とする; cf. alite, celite》. 〖□ Swed. *belit* ← *be* 'B'＋*-lit* '-LITE'〗

Be·li·tong /bǝ̀lí:tɑ(:)n | bɪlí:tɔn/ *n.* ＝Billiton.

be·lit·tle /bǝ̀lítl̩ | -tl̩/ *vt.* **1 a** 軽視する, 見くびる, 蔑(さげす)む, けなす (⇨ disparage SYN): ~ the danger, a person's scholarship, etc. / He ~*s* everything I do. 私のすることをことごとくけなす. **b** [~ *oneself* で] 卑下する. **2** 小さくする, 小さく見せる. **~·ment** *n.* **be·lít·tler** /-tlə, -tl̩ə | -tlə^(r), -tl̩-/ *n.* 〖(1781) ← BE-＋LITTLE〗

be·lít·tling /-tlɪŋ, -tl̩-| -tl-, -tl̩-/ *adj.* 人を見下すような, けなすような.

Be·li·tung /bǝ̀lí:təŋ, bɛlí:tuŋ | bɪlí:tuŋ/ *n.* ＝Billiton.

be·live /bǝ̀láɪv/ *adv.* 《スコット》**1** すばやく; すぐ. **2** 間もなく, やがて. 〖(?*a*1200) *belife, beliue* ← *bi life* by life, with liveliness: ⇨ by, life〗

Be·lize /bəlí:z, bɛ- | bǝ̀lí:z, bɛ-/ *n.* ベリーズ: **1** 中央アメリカ, カリブ海に面する国; 英国領から 1981 年に独立した英連邦加盟国; 面積 22,963 km², 首都 Belmopan; 旧名 (1973 年まで) British Honduras. **2** Belize の港市, 旧 British Honduras の首都 (1970 年まで); Belize City ともいう. **Be·lí·ze·an** /-ziən/ *adj.*, *n.*

bell[1] /bέl/ *n.* **1 a** (玄関などにある, 押して鳴らす)ベル, 鈴; 〘ボクシング〙ゴング: an electric ~ 電気ベル, 電鈴 / ⇨ call bell, handbell, doorbell, cowbell. **b** 鐘, 釣鐘《通例中空で口広の逆カップ型の金属製のもので, 中空につるした舌 (clapper) またはつち (hammer) によって音を発する; ⇨ locomotive 挿絵》: the ringing of ~*s* 鳴鐘法 / The ~*s* rang (out) a merry peal. ⇨ peal[1] *n.* 1 a. **c**《英口語》電話: give someone a ~ 人に電話する. **2 a** ベル[鐘]の音: a marriage ~ (教会の)結婚式の鐘 / ⇨ passing bell / a peal of ~*s* (教会の)鐘の音 / answer the ~ 来客の取次をする / There's the ~! ベルが鳴っている, 来客だ; 〘ボクシング〙ゴングが鳴った. **b** 〘競技〙(最終ラップを知らせる)ベル. **3 a** 鐘状のもの. **b** 鐘状ガラス. **c** 鐘状花: In a cowslip's ~ I lie. カウスリップの花の中に寝る (Shak., *Tempest* 5. 1. 89). **d** 〘動物〙(クラゲの)かさ (umbrella). **e** じょうごの大きい方の口. **f** (管・パイプ・管楽器などの)広く開いている方の端: the ~ of a trumpet トランペットのラッパ状の口. **g** [*pl.*] ＝bell-bottoms. **4 a** [通例 *pl.*] ＝chime[1] 1 c. **b** ＝glockenspiel. **5 a** [通例 *pl.*] 〘海事〙時鐘. ★ 艦船上で 30 分ごとに打ち鳴らす鐘; 点打と時間は下記の通り.

点 打	時 間		
1	12:30	4:30	8:30
2	1:00	5:00	9:00
3	1:30	5:30	9:30
4	2:00	6:00	10:00
5	2:30	6:30	10:30
6	3:00	7:00	11:00
7	3:30	7:30	11:30
8	4:00	8:00	12:00

なお当直時間は 8 点鐘から 8 点鐘までの 4 時間, ただし折半直 (dogwatch) は 2 時間: Leave the ship at four ~*s*. 4 点鐘 (2 時・6 時・10 時に鳴らす鐘)で下船して下さい. **b** (大型船上の, 機関室への)信号. **6** 〘建築〙(コリント式・コンポジット式)柱頭の葉飾りを取り去った本体《鐘をさかさまにした形をしているため》.

(as) cléar as a béll 〈声・音が〉よく澄んだ[通る]; 〈水・酒など〉澄みきった; 〈物事が〉全く明白な, よくわかる. 《(*a*1300)》 ***(as) sóund as a béll*** 至って元気で; 〈機械など〉とてもよい調子で. ***béar* [*cárry*] *awáy the béll*** 賞品[勝利]を得る. 《(1594)》 ***béar the béll*** 一位である, 首位を占める. 《(*c*1385)》 ★ 上の二つの成句はしばしば混同して用いられる. ***béll, bóok, and cándle*** 《口語》過度に煩雑[厳粛]な儀式. ***bélls and whistles*** 《口語》(製品などの)必須ではない付加物, 付加機能; 安っぽい装飾品. ***be sáved by the béll*** (1) 〘ボクシング〙(回の終わりの)ゴングで救われる. (2) 《口語》気まずいところをやっと[土壇場で]免れる. 《(*c*1885)》 ***cúrse by béll, bóok, and cándle*** 〘カトリック〙鐘書燭(しょうしょしょく)破門式 (excommunication) によって破門する. ★ カトリック教会でこの式を行うときは, まず鐘を鳴らして列席者の注意を引き, 破門宣言を読み上げた後, その書を閉じて燭(しょく)を消し, 教会から破門するのを例とした. 《(*a*1325)》 ***ríng a béll*** (1) 鐘を鳴らす. (2) 《口語》ある事を思い出させる, 思い出を誘う, ぴんとくる: That word did not *ring a* ~ in his mind. その言葉を聞いても何も思い当たらなかった. 《(1934)》 ***ríng* one's *ówn béll*** 自分で自分をほめる, 自画自賛する. ***ríng the béll*** 《口語》(1) うまくいく, 成功する. (2) 心に訴える, ぴんとくる《射的場で的に当たると鐘が鳴ることから》《(1900)》 ***ríng the bélls báckward*** (火事などで)危急を告げる, 警報する. 《もと組鐘 (chime) を逆の順序に低音から鳴らしたことから》 ***with bélls òn*** [通例未来形の動詞と共に用いて] 《米口語》熱心に; 喜び勇んで: I'll be there *with* ~*s on*. 喜んで出かけます.

bélls of Íreland 〘植物〙＝Molucca balm.

— *vt.* **1** ...に鈴[ベル]を付ける: ⇨ *bell the* CAT. **2** 鐘形に広げる 〈*out*〉. — *vi.* **1 a** 〈電車などが〉鐘を鳴らす. **b** 鐘のような音を出す. **2 a** 鐘のような形になる 〈*out*〉. **b** 〘植物〙〈植物が〉鐘状花冠を生じる; 〈ホップが〉種皮が鐘状になる.

〖OE *belle* < Gmc **bellō(n)* (Du. *bel*) ← IE **bhel-* to cry out: cf. bell[2], bellow〗

bell[2] /bέl/ *n.* (発情期の雄鹿の鳴声; 猟犬のほえ声. — *vi.* 〈雄鹿などが〉鳴く; ほえる (bellow). 〖OE *bellan* < Gmc **bellan* (↑) (G *bellen* to bark) ← IE **bhel-* to cry out: cf. bellow〗

Bell /bέl/ *n.* ベル《女性名》. 〖(dim.) ← ISABEL〗

Bell, Ac·ton/ǽktən/ *n.* ベル《Anne BRONTË の筆名》.

Bell, Alexander Graham *n.* ベル《1847–1922; スコットランド生まれの米国の科学者; 電話の発明者》.

Bell, Alexander Melville *n.* ベル《1819–1905; スコットランド生まれの米国の音声学者・教育家; A. G. Bell の父; *Visible Speech* (1867)》.

Bell, (Arthur) Clive (Howard) *n.* ベル《1881–1964; 英国の美術・文芸批評家》.

Bell, Currer *n.* ベル《Charlotte BRONTË の筆名》.

Bell, Daniel *n.* ベル《1919– ; 米国の社会学者》.

Bell, Ellis *n.* ベル《Emily BRONTË の筆名》.

Bell, Sir **Francis Henry Dillon** *n.* ベル《1851–1936; ニュージーランドの政治家・首相 (1925)》.

Bell, Gertrude (Margaret Lowthian) *n.* ベル《1868–1926; 英国の旅行家; 第 1 次大戦で英国の諜報活動に従事; 戦後, その影響力を行使して Faisal がイラク王になるのを助ける》.

Bell, Vanessa *n.* ベル《1879–1961; 英国の画家・デザイナー; Sir Leslie Stephen の娘, Virginia Woolf の姉で, Bloomsbury グループの中心人物》.

B

Bel·la /bέlə/ *n.* ベラ《女性名; cf. Belle》. 〖(dim.) ← ISABELLA[2]〗

Bel·la·Coo·la /bèləkú:lə/ *n.* (*also* **Bel·la·coo·la** /~/) (*pl.* ~, ~s) **1** ベラクーラ族《カナダの British Columbia 州の沿岸, Bella Coola 川沿いに住んでいた Salish 系インディアン》. **2** ベラクーラ語《セイリッシュ語族 (Salishan) に属する》.

bel·la·don·na /bèlədá(:)nə | -dɔ́nə⁻/ *n.* **1** 〘植物〙 **a** ベラドンナ, セイヨウハシリドコロ (*Atropa belladonna*)《ナス科の有毒植物; 根と葉にアトロピン (atropine) その他のアルカロイドを含み, 薬用; deadly nightshade, dwale ともいう》. **b** ＝belladonna lily. **2** 〘薬剤〙ベラドンナエキス《ベラドンナの根と葉から採る; 鎮痛・鎮痙剤》. 〖(1597) ← NL ~ ← It. *bella donna* 《原義》beautiful lady ← *bella* ((fem.) ← *bello* beautiful < L *bellum*)＋*donna* lady: イタリアでそれが化粧品の原料として用いられていたところから〗

bélladonna líly *n.* 〘植物〙＝amaryllis 1.

bel·la fi·gu·ra /bέla:fi:gú:ra:/ *It. n.* 好印象, 立派な容姿.

Bel·la·my /bέləmi/, **Edward** *n.* ベラミー《1850–98; 米国の小説家・社会改良家; *Looking Backward* (1888)》.

Béll & Hówell *n.* 〘商標〙ベルアンドハウエル (~ Co.)《米国の会社; 同社製の 8 ミリ撮影機・映写機・テープレコーダーなど》.

béll-and-spígot jòint *n.* 〘機械〙＝socket-and-spigot joint.

béll animálcule *n.* 〘動物〙ツリガネムシ (vorticella). 〖1875〗

bel·lar·mine /bέləmì:n, -lɑə- | -ləmí:n, -lɑ:-/ *n.* ベラルミン《ひげの顔の飾りのついた胴の膨らんだ首の細い大型のジョッキ; 16–17 世紀に多くの家庭で使われた; graybeard, longbeard ともいう》. 〖(1719) ← *Roberto Cardinal Bellarmino* (1542–1621: イタリアの聖職者): もとはオランダのプロテスタント教徒が, 彼を諷刺するために考案したもの〗

Bel·la·trix /bəléɪtrɪks | bélətrɪks, bəléɪtrɪks/ *n.* 〘天文〙ベラトリックス《オリオン座 γ 星, 1.6 等星》. 〖□ L *bellātrix* (fem.) ← *bellātor* warrior〗

Bellay, Joachim du *n.* ⇨ du Bellay.

béll bèaker *n.* 〘考古〙ベルビーカー, 鐘形杯《倒鐘形をしたビーカー土器; ⇨ Beaker folk》. 〖1902〗

béll·bìrd *n.* 〘鳥類〙スズドリ《その鳴声が鐘のような南半球の各種の鳥の総称》: **a** スズドリ (*Procnias nivea*)《南米産カザリドリ科の鳥; 額に肉質突起がある》. **b** スズミツスイ (*Manorina melanophrys*)《オーストラリア産》. **c** ニュージーランド産ミツスイ科の鳥 (*Anthornis melanura*). 〖1802〗

béll bòok *n.* 〘海事〙ベルブック《機関使用状況記録簿》. 〖⇨ bell[1] *n.* 5〗

béll-bóttom *adj.* 〈ズボンが〉すそが開いた, らっぱズボンの: ~ trousers. **~ed** *adj.* 〖1891〗

béll-bóttoms *n. pl.* [単数扱い] ベルボトム, らっぱズボン, パンタロン《すそがベル型に広がっているズボン; 水兵などが着用する》. 〖1898〗

béll·bòy *n.* 《米》(ホテル・クラブなどの)ベルボーイ《特にホテルの利用客の荷物運びなどをするボーイ; bellhop, bellman ともいう》. 〖1851〗

béll brònze *n.* 〘冶金〙＝bell metal.

béll bùoy *n.* 〘海事〙ベルブイ, 打鐘浮標《波動によって自然に音を出し霧の中ででも浅瀬や暗礁の存在を船舶に知らせる》. 〖1838〗

béll bùtton *n.* **1** (ベルを鳴らす)押しボタン (push button). **2** (衣服につける)鐘型のボタン. 〖1775〗

béll càptain *n.* 《米》(ホテル・クラブなどの)ボーイ長 (cf. bellboy). 〖1926〗

béll cènter pùnch *n.* 〘機械〙わん形ポンチ.

béll còt [còte] *n.* 鐘覆い《壁の外側や屋根の上に張り出し鐘を支えるための小さな鐘楼》.

béll crànk *n.* 〘機械〙ベルクランク《曲がったてこ》. 〖(1884) ← *bell wire*: その腕の部分にこれが用いられていたところから〗

béll cùrve *n.* 〘統計〙＝bell-shaped curve.

belle /bέl; *F.* bɛl/ *n.* **1** 美女, 佳人. **2** [the ~] (パーティーなどの)随一の美人: *the* ~ of society 社交界の花 / *the* ~ of the ball 舞踏会の女王. 〖(1622) □ F ~ (fem.) ← *bel, beau* beautiful: ⇨ beau〗

Belle /bέl/ *n.* ベル《女性名》. 〖(dim.) ← ISABELLA[2]〗

belle a·mie /bέlæmí:, -ɑmí:; *F.* bɛlami/ *F. n.* 女友だち, 愛人. 〖□ F ~ 'fair (woman- or girl-)friend'〗

Bel·léau Wóod /bέlou- | -ləu-; *F.* bɛlo-/ *n.* ベローの森《フランス北部 Château-Thierry の北西方にある森林; 第一次大戦の戦跡》.

belled /bέld/ *adj.* 〘紋章〙〈鷹が〉足に(体と異なる色の)鈴を付けた. 〖(1833) ← BELL[1]＋-ED〗

belle dame /bέldǽm, -dá:m; *F.* bɛldam/ *F. n.* (*pl.* **belles dames** /~/) 美人: *La Belle Dame sans Merci*「つれなきたおやめ」(Keats のバラッドの題名). 〖(1767) □ F ~ 'fair lady': ⇨ belle, dame〗

Bel·leek /bǝ̀lí:k/ *n.* **1** ベリーク《1857 年北アイルランドで生産された薄手玉虫色の表面が特長の磁器; Belleek china [ware] ともいう》. **2** [形容詞的に] ベリーク製の: a ~ vase. 〖(1869) ← *Belleek* (北アイルランドのベリーク生産地)〗

belle é·poque /bèleɪpá(:)k, -pɔ́(:)k | -pɔ́k; *F.* bɛle-

B

pɔk/ *n.* [la /lɑː; *F.* la/ ～] 美しき優雅な時代, ベルエポック《普仏戦争 (1871) から第一次大戦前 (1914) の Paris の社交界の生活に特徴づけられる》. ― *adj.* 〈文学・美術・工芸など〉ベルエポックを表す[的な]. 〘(1954) □ F ～ 'fine era': ⇨ belle, epoch〙

Belle Isle /bɛláɪl/**, the Strait of** *n.* ベルアイル海峡《カナダの Labrador と Newfoundland 島との間の海峡; 幅 16–27 km》.

belle laide /bɛléɪd; *F.* bɛlɛd/ *F. n.* (*pl.* **belles laides** /～; *F.* ～/) =jolie laide. 〘(1908) □ F ～ 'attractively ugly woman'〙

Bel·ler·o·phon /bəlérəfən, -fɑ(ː)n | -fən/ *n.* 〖ギリシャ神話〗ベレロフォン《天馬 Pegasus に乗って怪物 Chimera を殺した Corinth の勇士》. 〘□ L *Bellerophōn* □ Gk *Bellerophṓn* 《原義》murderer of a demon called *Bellerus*〙

belles dames *n.* belle dame の複数形.

belles laides *n.* belle laide の複数形.

belles let·tres /bɛ(l)létr(ə) | -létrə, -létəʳ; *F.* bɛllɛtʀ/ *n. pl.* [通例単数扱い] **1** (詩・小説・戯曲などの)純文学; (特に, 随筆・批評などの)散文学. **2** 純文学研究, 文芸学. 〘(1665) □ F ～ 《原義》fine letters: ⇨ belle, letter²〙

bel·let·rist /bɛ(l)létrɪst | -trɪst/ *n.* belles lettres の研究者[学者]. **bel·let·rism** /bɛlétrɪzm/ *n.* 〘(1816): ⇨ ↑, -ist〙

bel·le·tris·tic /bɛ̀lətrístɪk⁻/ *adj.* 純文学的な; 散文学的な. 〘(1821): ⇨ ↑, -ic¹〙

Belle·ville /bélvɪl/ *n.* ベルビル《米国 Illinois 州南西部の都市》.

Belle·vue /bélvjuː/ *n.* ベルビュー《米国 Washington 州北西部の都市; Seattle の郊外》.

béll·flòwer *n.* 〖植物〗**1 a** ホタルブクロ《キキョウ科ホタルブクロ属 (*Campanula*) の植物の総称》. **b** =clustered bellflower. **2** =Chinese bellflower. 〘1578〙

Bell·flow·er /bélflàʊə | -flàʊəʳ/ *n.* ベルフラワー《米国 California 州南西部の都市; Los Angeles の郊外》.

béll fòunder *n.* 鐘鋳造師. 〘1530〙

béll fòunding *n.* 鐘鋳造(法). 〘1872〙

béll fòundry *n.* 鐘鋳造所.

béll gàble *n.* (教会堂の)鐘尖塔, 破風(はふ)鐘楼. 〘1845〙

béll glàss *n.* =bell jar.

béll hànger *n.* 呼び鈴やベルを取り付ける職人. 〘1540〙

béll-hànger's bìt *n.* 〖木工〗方立(ほうだて)などに小さな穴をあけるための錐(きり).

béll hèather *n.* 〖植物〗**1** ヨーロッパの荒地に生えるツツジ科エリカ属 (*Erica*) のヒースの類の植物 (*E. tetralix* または *E. cinerea*; hearth bell, heather bell ともいう). **2** 北米産ツツジ科イワヒゲ属の植物 (*Cassiope mertensiana*).

bell·hop /bélhɑ̀(ː)p | -hɔ̀p/ *n.* 《米》**1** =bellboy (cf. carhop). **2** 銀行の使い走り. 〘(1910) 《略》← *bell-hopper* ← BELL¹+HOPPER¹〙

bel·li·cism /béləsɪzm | -lɪ̀-/ *n.* =belligerence 1. 〘← L *bellic(us)* of war+-ISM: PACIFISM にならった造語〙

bel·li·cose /bélɪkòʊs | -kəʊs, -kəʊz/ *adj.* 好戦的な, 戦争[けんか]好きな, 闘争を好む (⇨ belligerent SYN). **～·ly** *adv.* **～·ness** *n.* 〘(?a1425) □ L *bellicōsus* warlike ← *bellum* war: ⇨ -ose¹〙

bel·li·cos·i·ty /bɛ̀lɪkɑ́(ː)səti | -kɔ́sɪti/ *n.* 好戦的なこと, 好戦性, 闘争気質 (pugnacity). 〘(1884): ⇨ ↑, -ity〙

bel·lied /bélid/ *adj.* **1** 膨らみのある, 膨れた: a ～ sail 風に膨らんだ帆. **2** [しばしば複合語の第 2 構成素として] (…のような)腹をした, 腹が…の: pot-*bellied* 太鼓腹の / empty-*bellied* すきっ腹の / a man ～ like a barrel ビヤ樽のような腹をした男. 〘(?c1475) *balyd*: ⇨ belly (n., v.), -ed〙

bel·lig·er·ence /bəlídʒ(ə)rəns/ *n.* **1** 好戦性, 闘争的性格[態度]. **2** 交戦, 戦争 (warfare). 〘(1814) ← BELLIGERENT, -ENCE〙

bel·lig·er·en·cy /bəlídʒ(ə)rənsi/ *n.* **1** 交戦状態; 交戦国であること, 交戦国という法的地位. **2** =belligerence 1. 〘(1863): ⇨ ↑, -ency〙

bel·lig·er·ent /bəlídʒ(ə)rənt/ *adj.* **1 a** 交戦中の: ～ powers 交戦国. **b** 交戦国の: ～ rights 交戦権. **2** 好戦的な, 戦闘[闘争]的な; 今にも戦いそうな, けんか腰の: a ～ man, voice, mood, etc. ― *n.* 交戦国《交戦中の一国》; 交戦中の団体[人]. **～·ly** *adv.* 〘(1577) □ L *belligerantem* (pres.p.) ← *belligerāre* to wage war ← *bellum* war+*gerere* to carry on: cf. gerent〙

SYN 好戦的な: **belligerent** 〈人・態度・言葉が〉怒ってけんかをしそうな: a *belligerent* attitude 好戦的な態度. **bellicose** 争い好きな気質をした《格式ばった語》: a *bellicose* nation 戦争好きな国民. **quarrelsome** 通例つまらないことで争いたがる: He is *quarrelsome* when drunk. 飲むとすぐけんかをしたがる. **contentious** しつこく議論やけんかをしたがる《格式ばった語》: A *contentious* person argues about trifles. 議論好きな人はつまらぬことであげつらう. ⇨ aggressive, martial.
ANT peaceful, friendly.

Bel·ling·ham /bélɪŋhæ̀m/ *n.* ベリングハム《米国 Washington 州北西部の港市》.

Bel·lings·hau·sen /bélɪŋzhàʊzən, -zn; *Russ.* bʲiʲlʲinzgáuzʲen/**, Fabian Gottlieb von** *n.* ベリングスハウゼン (1778–1852; ロシアの探検家; 南極地方を探検).

Béllingshausen Séa *n.* [the ～] ベリングスハウゼン海《南極大陸の南極半島西方の海; 太平洋の一部》. 〘↑〙

Bel·li·ni /bəlíːni | bɛlíː-, bə-; *It.* bellíːni/**, Gen·ti·le** /dʒentíːle/ *n.* ベッリーニ (1429?–1507; イタリアのベネチアの画家; Jacopo の子).

Bellini, Giovanni /dʒovánni/ *n.* ベリーニ (1430?–1516; Gentile の弟, イタリアのベネチアの画家; Titian の師).

Bellini, Ja·co·po /jáːkopo/ *n.* ベリーニ (1400?–?70; イタリアのベネチアの画家).

Bellini, Vin·cen·zo /vintʃéntso/ *n.* ベリーニ (1801–35; イタリアの歌劇作曲家; *Norma* (1831)).

Bel·lin·zo·na /bɛ̀lɪnzóʊnə, -tsóʊ- | -zə́ʊ-, -tsə́ʊ-; *It.* bellintsóːna/ *n.* ベリンツォーナ《スイス南東部の都市; Ticino 州の州都》.

béll jàr *n.* ベルジャー, ガラス鐘《釣鐘状のガラス器具で, 物体の覆い・ガス貯留・中を真空にしての実験などに用いる; bell glass ともいう》. 〘*c*1859〙

Béll Láboratories *n. pl.* ベル研究所《通信システムやコンピューターなどの研究開発を行う米国の研究所》.

béll-lìke *adj.* **1** 鐘状の. **2** 鐘の音に似た. 〘1769〙

béll lỳra *n.* ベルリラ《携帯用の竪琴型の枠にはめ込んだ鉄琴; 特に, 行進する軍楽隊に使用される》. 〘*c*1943〙

béll màgpie *n.* 〖鳥類〗=currawong.

béll·man /-mən, -mæ̀n/ *n.* (*pl.* **-men** /-mən, -mèn/) **1 a** 鐘を鳴らす人. **b** ベルを鳴らし触れ回る人. **c** 町の触れ役 (town crier); (昔の)夜回り人 (watchman). **2** 潜水夫の助手. **3** 《米》=bellboy. 〘(1389) *bel(le) man* ← BELL¹+-MAN〙

béll mètal *n.* 〖冶金〗ベルメタル, 鐘青銅《銅 3, スズ 1 の割合で作られる合金; bell bronze ともいう》: a ～ ore 黄錫鉱. 〘1541〙

béll mòth *n.* 〖昆虫〗ハマキガ科 (*Tortricidae*) のガ《休んでいるときベルの形をしている》. 〘1841〙

béll-móuthed *adj.* 〈容器など〉鐘形[朝顔形]の口をした. 〘1797〙

Bel·loc /bélɑ(ː)k | -lɔk/**, Hil·aire** /hílɛə | -lɛəʳ/ *n.* ベロック (1870–1953; フランス生まれでカトリック系の英国の随筆家・詩人・歴史家; *The Path to Rome* (1902), *Hills and the Sea* (1906); 本名 Joseph Hilary (Pierre) Belloc).

Bel·lo·na /bəlóʊnə | -lə́ʊ-/ *n.* **1** 〖ローマ神話〗ベロナ《戦争の女神; Mars の妻とも妹ともいわれる》. **2** (ベロナのような)堂々たる体をした元気のいい女性. 〘(1606) □ L *Bellōna* ← *bellum* war〙

bel·low /béloʊ | -ləʊ/ *vi.* **1** 〈人が〉(牛のように)ほえる, どなる (roar); (怒り・苦痛のあまり)わめく 〈*out*〉: ～ *at* one's servant 使用人をどやしつける. **2** 〈大砲・雷などが〉とどろく (thunder); 〈風が〉うなる 〈*out*〉. **3** 〈牛が〉大声で鳴く. ― *vt.* 〈命令などを〉どなって言う (bawl) 〈*out, forth*〉: ～ *out* an order. ― *n.* 人のどなり声; (風の)うなり声; (大砲・雷などの)とどろき; 牛の鳴声: give a ～ of anger 怒声を発する. **～·er** *n.* 〘ME *belwe(n)* < OE **belgian* ← ?: ⇨ bell¹·²: cf. OE *bylgan* to anger〙

Bel·low /béloʊ | -ləʊ/**, Saul** *n.* ベロー (1915– ; カナダ生まれの米国の小説家; Nobel 文学賞 (1976); *The Adventures of Augie March* (1953); *Herzog* (1964)).

bel·lows /bélouz, -ləz | -ləʊz/ *n. pl.* [単数または複数扱い] **1** ふいご: A pair of ～ is out of order. ふいごが 1 つ故障している. ★ 両手で使うのは通例 a pair of bellows, かじ屋などで据え付けたのは (the) bellows という. **2 a** (足踏みオルガン・アコーディオンなどの)送風機, 風袋. **b** (写真器や引伸機の)蛇腹(じゃばら). **3** 《文語》肺 (lungs): have ～ to mend (特に)〈馬が〉息切れする. 〘(1372–74) *belwes, belows* (pl.) ← *belu* < ? OE *belga* (pl.) ← *bel(i)ġ, bæl(i)ġ* bag 《略》← *blǣst-bel(i)ġ* blowing-bag: ⇨ blast, belly〙

Bel·lows /bélouz | -ləʊz/**, George Wesley** *n.* ベローズ (1882–1925; 米国の画家・石版画家).

béllows fìsh *n.* 〖魚類〗熱帯・温帯産のサギフエ科の魚類の総称《管状の吻(ふん)と扁平な体をもつ; サギフエ (*Macrorhamphosus scolopax*) など; snipefish, trumpet fish ともいう》.

béll pèpper *n.* 〖植物〗シシトウガラシ (sweet pepper). 〘1707〙

béll·pùll *n.* (呼び鈴やベルを鳴らす)引き手, 引きひも, ひも付き取っ手. 〘1832〙

béll pùnch *n.* (昔車掌が用いた)箱形切符穴あけ器《横穴に切符を入れて上部のボタンを押すと切符に穴があき, 使用の度にベルが鳴る》. 〘1877〙

béll pùsh *n.* (ベルの)押しボタン. 〘1884〙

béll rìnger *n.* **1** (教会の)鐘を鳴らす人, 鳴鐘係; (一般に)振鈴を振って曲を演奏する人. **2** 大当たりすること, 大成功するもの. **3** 《米俗》セールスマン, 外交員. 〘1429〙

béll rìnging *n.* **1** (教会の鐘の)鳴鐘法[術]. **2** 鳴鐘職. 〘*a*1333〙

Béll Róck *n.* [the ～] =Inchcape Rock.

Béll's /bélz/ *n.* 〖商標〗ベルズ《スコットランドの Arthur Bell & Sons 社製のブレンデッドウイスキー》.

béll sèat *n.* (18 世紀初期の英国の椅子についている)鐘形の座部 (balloon seat ともいう).

béll-shàped *adj.* 鐘形の, ベル形の. 〘1757〙

béll-shàped cúrve *n.* 〖統計〗ベル型[鐘型]曲線《正規分布を示す; bell curve ともいう》.

béll shèep *n.* 《豪》羊毛刈り込み人が終業ベルの直前に刈り始めた羊《その分は自分の仕事として刈り終えてよい; catch ともいう》. 〘1900〙

Béll's Láw /bélz-/ *n.* ベルの法則《背骨の後根は求心性神経繊維からなり, 前根は遠心性神経繊維からなるという法則》. 〘← *Sir Charles Bell* (1774–1842: スコットランド生まれの英国の生理学者)〙

Béll's pálsy *n.* 〖病理〗顔面神経麻痺; ベル麻痺. 〘(*c*1860) ← *Sir Charles Bell* (↑)〙

béll tènt *n.* 鐘形[円錐形]テント. 〘1785〙

béll tòwer *n.* 鐘楼, 鐘塔《特に, 教会堂と別建築のものをいう; cf. belfry 1, campanile》. 〘1614〙

béll tràp *n.* 〖建築〗ベルトラップ, 碗トラップ《ベル形の金物を用いた防臭弁; 床排水などに用いられた》. 〘1876〙

bel·lum /béləm/ *n.* ベラム(船)《ペルシャ湾で使う 8 人乗りくらいの舟》. 〘← ? Pers. *balam*〙

béll·wèther *n.* **1** 《米》先導者, 率先者, 首謀者; (動向・趨勢を示す)兆候: a ～ product 業界先取り製品. **2** 《軽蔑》リーダー; うるさい人. **3** 鈴付き羊《首に鈴を付けて羊の群れを導く去勢雄羊》. 〘1284〙

béll whìstle *n.* (蒸気または空気を釣鐘状の鋳物に噴出させる)ベルホイッスル, 鐘形汽笛.

béll-wìre *n.* (bellpull をベルにつないで)ベルを鳴らす引き針金. 〘1759〙

béll wìre *n.* 〖電気〗ベル線《呼び鈴の回路などに用いるパラフィン加工綿巻電線》.

béll·wòrt *n.* 〖植物〗釣鐘状の花をつける植物の総称: **a** =Chinese bellflower. **b** ユリ科 *Uvularia* 属の植物の総称《チゴユリやホウチャクソウに似た黄色の花をつける》. 〘1784〙

bel·ly /béli/ *n.* **1 a** (人・動物・魚の)腹, 腹部 (⇨ stomach SYN): a pot ～ 太鼓腹, ほてい腹 / lie on one's ～ 腹ばいになる / fire in one's ～ 野心, 熱意; 霊感. **b** 胃 (stomach): an empty ～ 空腹. **c** 豚の腹肉一切れ (belly pork ともいう). **d** [*pl.*] 《豪》羊の腹毛. **e** 《古》子宮 (womb). **2** 食欲, 口腹の欲, 大食; 強欲 (greed): The ～ has no ears. 《諺》ひもじいときには道理も聞こえぬ, 「衣食足りて礼節を知る」. **3 a** (物の)内部の空洞, 内部: the ～ of a ship 船倉. **b** (飛行機の)胴体の下部 (cf. bellyhold, belly-land). **c** (バイオリン・樽・びんなどの)膨らんだ部分, 胴. **d** (風で膨らんだ帆の)膨らみ. **4** 〖解剖〗筋腹《筋肉の膨らんだ部分; cf. digastric》. **5** 〖活字〗腹 (front ともいう). **6** 〖アーチェリー〗(弓の)腹《弦に面した内側》. ***gó* [*túrn*] *bélly úp*** 《口語》だめになる; 破産する; 死ぬ, くたばる.
― *vi.* **1** 膨らむ 〈*out*〉: The sails *bellied out* in the strong breeze. 帆は強い風をはらんで膨らんだ. **2** 匍匐(ほふく)する. **3** 腹を前に出して歩く. ― *vt.* 膨らます 〈*out*〉. ***bélly ín*** 〖航空〗=belly-land. ***bélly úp*** 《米口語》つぶれる, だめになる, 破産する; 死ぬ. ***bélly úp to*** 《米口語》…にすりよる; …にまっすぐに行く; (特に, 飲み屋に)直行する.
〘OE *bel(i)ġ, bæl(i)ġ* leatherbag, bellows ← *belġ* bag < Gmc **balʒiz* ← IE **bhelgh-* to swell: cf. bull¹〙

bélly·àche *n.* **1** 腹痛 (colic). **2** 《口語》不満, 泣きごと. ― *vi.* 《口語》しきりに不平[泣きごと]を言う.
bélly·àch·er *n.* **bélly·àch·ing** *n.* 〘1552〙

bélly·bànd *n.* **1** (主に荷鞍をつけた馬の)腹帯. **2** 〖海事〗**a** ベリーバンド《帆の reef band の下の左右にわたる補強布》. **b** =reef band. 〘1523〙

bélly·bòard *n.* (通例 3 フィート以下の腹ばいになって乗る小型の)波乗り板, サーフボード (surfboard).

bélly bùmp *n.* =belly flop.

bélly bùst [**bùster**] *n., adv., vi.* =belly flop.

bélly bùtton *n.* 《口語》へそ (navel). 〘1877〙

bélly dànce *n.* ベリーダンス《腹と腰を挑発的にくねらせて踊る中近東などの女性の舞踊; danse du ventre ともいう》. ― *vi.* ベリーダンスを踊る. **bélly dàncer** *n.* 〘1899〙

bélly flòp 《口語》*n.* **1** (水泳で)腹打(はらう)ち飛込み (belly bump [slam] ともいう). **2** (そりなどで)腹ばいになって滑降すること. **3** (兵士が)敵の砲火を避けるため急に体を伏せること. **4** =belly landing. ― *adv.* 腹を打つ形で; うつ伏せになって (prone): dive ～. ― *vi.* belly flop を行う. 〘1895〙

bélly flòpper *n.* =belly flop.

bel·ly·ful /bélifùl/ *n.* **1** 腹いっぱい. **2** 《口語》いやになるほどの量, しこたま: have had a ～ of advice [通例現在完了形で] さんざん忠告される. 〘(1535): ⇨ -ful²〙

bélly-gòd *n.* 《古》大食漢. 〘(*c*1540) 《原義》one who makes his belly his god: ⇨ belly, God: cf. *Philip.* 3: 19〙

bélly-gùn *n.* (隠しやすく, 至近距離で用いる)銃身のきわめて短い拳銃.

bélly-hèlve *n.* 《英》〖金属加工〗=helve hammer.

bélly-hòld *n.* 〖航空〗(旅客機の胴体の客室の下にある)荷物室.

bélly-lànd 〖航空〗*vi.* 〈飛行機が〉(故障などで)胴体着陸する. ― *vt.* 〈飛行機を〉胴体着陸させる. 〘1943〙

bélly lànding *n.* 〖航空〗胴体着陸: make a ～.

bélly-làugh *vi.* 《口語》大笑いする.

bélly làugh *n.* 《口語》**1** 腹をかかえて笑うこと, 抱腹絶倒, 大笑い. **2** (劇のせりふなどで)大笑いさせるもの; 大笑いの種. 〘1921〙

bélly pòrk *n.* =belly 1 c.

bélly ròll *n.* 〖陸上競技〗ベリーロール (⇨ straddle 6). 〘1725〙

bélly slàm *n.* =belly flop.

bélly tànk *n.* 〖航空〗胴体(下)増槽《旅客機の胴体の下に付けた補助燃料タンク》.

bélly-úp *adj.* 《米》打ちのめされた, 破壊された; (特に)破産した. 〘1939〙

bélly whòp *n., adv., vi.* =belly flop.

Bel·mon·do /bɛlmɑ́(ː)ndou | -mɔ́ndəu; *F.* bɛlmɔ̃do/, **Jean-Paul** *n.* ベルモンド《1933– ; フランスの俳優》.

Bel·mont /bɛ́lmɑ(ː)nt | -mɔnt, -mənt/, **Alva Ertskin Smith Vanderbilt** /-ə́ːtskɨ̀n- | -ə́ːtskɪn-/ *n.* ベルモント《1853–1933; 米国の社会運動家・女権運動家; 社交界の中心人物; National Woman's Party の党首 (1921–33)》.

Bél·mont Stákes /bɛ́lmɑ(ː)nt- | -mɔnt-, -mənt-/ *n.* [the ~]【競馬】ベルモント ステークス《3 歳馬による米国三冠レースの一つ; 距離 $1^1/_2$ マイル(約 2400 メートル); 1867 年創設; cf. classic races 2, triple crown 3》.

Bel·mo·pan /bɛ̀lmoupǽn | -məu-ˊ/ *n.* ベルモパン《ベリーズの首都》.

Be·lo Ho·ri·zon·te /béɪlouhɔ̀(ː)rəzɑ́(ː)nti, bél-, -hɑ̀(ː)- | bèɪləuhɔ̀rɪzɔ́nti; *Braz.* bɛlorizõtʃi/ *n.* ベロオリゾンテ《ブラジル南東部の都市; Minas Gerais 州の州都》.

be·loid /bíːlɔɪd/ *adj.* 矢のような形をした. 〚(1901) ← Gk *bélos* arrow＋-OID〛

bel·o·man·cy /bɛ́ləmæ̀nsi/ *n.* 矢占い《矢を用いてする占い》. 〚(1646) ← Gk *bélos* arrow＋*manteía* divination〛

be·long /bɨlɔ́(ː)ŋ, -lɑ́(ː)ŋ | -lɔ́ŋ/ *vi.* **1 a** (所有物として)〔…に〕属する,〔…の〕ものである〔*to*〕: This book ~*s to* me. この本は私のです / You ~ *to* me. 君はぼくのもの / The environment ~*s to* everyone. 自然環境は万人のものだ. **b** (本来の性質・権限・付随物などとして)〔…に〕伴う, 付属する, ふさわしい〔*to*〕: Geniality ~*s to* her personality. 愛想のよさは彼女の人柄に備わったものだ / It ~*s to* me to decide. 決定を下すのは私の権限だ / That stopper ~*s to* this bottle. その栓はこのびんのです. **2 a** (一員として)〔…に〕所属する,〔…の〕一員である〔*to*〕: He ~*s to* our club [party]. 当クラブ[我々の会]の会員です. **b** 当然(あるグループ・階級などに)属する: He ~*s in* teaching [a bank]. 生粋の教師[銀行マン]だ / Do you think [feel] you ~ here *among* us? お前はおれたちの仲間だと思っているのか. **3** (分類上)属する: ~ here この項目に属する / things that ~ together 同類である物 / He ~*s among* such writers as …のような作家群に属する / The tiger ~*s to* the cat family. トラはネコ科に属する / a philosopher who ~*s with* Kant カントと同系の哲学者 / *Under* [*In*] what category does this book ~? この本はどの部類にはいるのか. **4 a** 〈物・人が〉(ある[いる]べき場所に)ある, いる; ある[いる]べきである: The plates ~ *on* the shelf. The pan ~*s under* the sink. 皿は棚に, なべは流しの下に納める / These knives ~ *with* those forks. これらのナイフはそのフォークと合う / Cheese ~*s with* salad. チーズはサラダによく合う / The book is not where it ~*s*. その本は所定の場所にない / Children ~ *in* bed after dinner. 子供は夕食がすんだら寝るもの / He doesn't ~ here. 彼はここにふさわしい人ではない / That opinion of yours doesn't ~ *in* this discussion. 君のその意見はこの議論には場違いだ. **b** 〔人・物にとって〕適当である, 利益になる〔*in, to*〕: A telephone ~*s in* every home. 各家庭に電話があるのが好ましい. **5** 〔ある土地の〕者である,〔…に〕住む〔*to*〕: He ~*s to* [《米》*in*] Chicago. シカゴの人です / Do you ~ here? この土地の方ですか. **6** 〈人が〉(周囲と)調和する; 社交性がある: She is smart and jolly, but she just doesn't ~. 彼女は気がきいて快活ではあるが, 全く社交性がない. **7** 《俗》〔…の〕持ち主である〔*to*〕: Who ~*s to* this book? この本はだれのだい. **8** [*to* do を伴って]《米南部・中部》〈…する〉ことになっている, …すべきである: They ~ *to* come at six o'clock. 6 時に来ることになっている. 〚(1340) *belonge*(*n*) ← BE-＋*longen* to belong (← OE *ġelang* belonging to): cf. along〛

be·long·ing /bɨlɔ́(ː)ŋɪŋ, -lɑ́(ː)ŋ- | -lɔ́ŋ-/ *n.* **1** [*pl.*] 付属物, 従属物; 属性. **2** [通例 *pl.*] **a** 家財 (⇨ property SYN). **b** 所持品. **3** [*pl.*]《口語》家族, 親類. **4** 親密な関係; (特に, グループなどへの)帰属: a sense [feeling] of ~ 親和感, 帰属意識. 〚1603〛

be·lóng·ing·ness *n.*【心理】所属(性). 〚(1656): ⇨ ↑, -ness〛

Be·lo·rus·sia /bɛ̀lourʌ́ʃə, bjɛ̀l-, -rúːsiə | -lə(u)-/ *n.* ベロルシア: **1** Belarus の旧名. **2** 帝政ロシア時代のヨーロッパロシアの西部地方 (White Russia ともいう).

Be·lo·rus·sian /bɛ̀lourʌ́ʃən, bjɛ̀l-, -rúːsiən | -lə(u)-ˊ/ *n.* **1** ベロルシア人, 白ロシア人 (White Russian ともいう). **2** ベロルシア語, 白ロシア語《東スラブ語の一方言》. — *adj.* **1** ベロルシアの, 白ロシアの. **2** ベロルシア人[語]の, 白ロシア人[語]の. 〚(1943) ← Russ. *Belorussija* Belorussia (← *byelo-* white＋RUSSIA)＋-AN[1]〛

Be·lo·stok /*Russ.* bʲilastók/ *n.* ベロストク《Białystok のロシア語名》.

be·lote /bəlɑ́(ː)t | -lɔ́t; *F.* bəlɔt/ *n.* (*also* **be·lotte** /~/) 【トランプ】ブロット《klaberjass に似たゲームでフランスで流行》. 〚(1941) ◻ F ~ ← *F. Belot* (このトランプ遊びを完成させた 20 世紀のフランス人)〛

be·love /bɨlʌ́v/ *vt.* [受身にのみ用いて] 愛する, かわいがる: He *is* ~*d by* [*of*] all. 皆に愛されている. 〚(?a1200) *biluve*(*n*): ⇨ be-[1], love (v.)〛

be·lov·ed /bɨlʌ́vɨd, -vd/ *adj.* ★ 述語的用法のときには /-vɨd/, 限定的用法のときには /-vd/. **1** 最愛の, かわいい, いとしい (dear): one's ~ son. **2** 愛用の, 大切な: one's ~ pipe. — /-lʌ́vɨd/ *n.* **1** [通例 one's ~ として; 夫・妻・恋人などへの呼び掛けに用いて] 最愛の人; (特に)恋人 (sweetheart): *my* ~ あなた, おまえ. **2** [呼び掛けに用いて] (特に, 宗教用語で)親愛なる人達. 〚(c1370) *biloved* (p.p.) ← *biluven* (↑)〛

be·lóv·ed dísciple /-vɨd-, -vd-/ *n.* [the ~] 使徒 St. John の異名 (cf. *John* 13:23, etc.).

be·lóv·ed physícian /-vɨd-, -vd-/ *n.* [the ~] 使徒 St. Luke の異名 (cf. *Col* 4:14).

be·low /bɨlóu | -ləu/ *prep.* /—ˊ/ **1** …より下に; …よりも深く: ~ one's eyes 眼下に / ~ stairs＝belowstairs / ~ the knee ひざから下に / ~ the moon 月下に / ~ (the) sea level 海面以下 / The sun has sunk ~ the horizon. 太陽は地平線下に没した / 3 feet ~ the surface of the ground 地下 3 フィートに / He had a scar just ~ his left eye. 左目の真下に傷跡があった. **2** …より下流に, 〈斜面などの〉下手(しもて)に: ~ the bridge 橋の下手に / stations ~ this ここから下手の停車場. **3** …の真下に《★ 厳密には under, beneath を用いる》: from all that dwell ~ the skies 天の下に住むすべての人々から / Books lay on and ~ the table. 書物がテーブルの上下にあった. **4 a** (量・程度が)…未満で: people ~ (the age of) fifty 50 歳未満の人々 / The thermometer stood (at) ~ 29. 寒暖計は 29 度以下に下がった / ~ (the) average [(the) standard, normal] 平均[標準]以下で / The temperature was 6 (degrees) ~ zero [freezing-point]. 気温は氷点下 6 度だった / sell ~ cost 原価以下で売る / the mark ⇨ mark[1] *n.* 6 / ⇨ *below* PAR[1]. **b** (階級・身分など)…よりも下で: next ~ a colonel 大佐の次位 / He was far ~ them *in* station. 彼は身分がはるかに低かった / No woman dresses ~ herself. 身分以下の身なりをする女性はいない / The man has sunk (to) ~ a beast. その男は畜生以下に成り下がっている. **c** (品質・能力など)…よりも劣って: He is ~ me in the class. クラスの成績では私よりも下だ / He is ~ them *in* intelligence [character]. 知能[品性]が彼らよりも劣っている. **5** …に値しない, …にふさわしくない《★ この意味では beneath の方が普通》: Such things are ~ attention [notice]. そういう事は注目に値しない / ~ contempt 軽蔑にも値しない / It is far ~ me to be an informer. 密告者になるなんて私には全くふさわしくない. **6** …よりも南で.

— *adv.* **1** 下に[へ], 下の方で: look ~ 下の方を見る / look over the plains ~ 眼下の平野を見晴らす / He jumped into the flood ~. 下の流れに飛び込んだ. **2 a** 地下[水面下]に; 地獄で (in hell): the fiends ~ 地獄の鬼ども / the place ~ 地獄 / Traitors gnash their teeth ~. 反逆者らは地獄で歯ぎしりしている. **b** [しばしば here ~ として]《古・詩》この世に (on earth): The merry stream floweth for all ~. その楽しい川はこの世のすべての人々のために流れる / Man wants but little here ~. 人はこの世では多くは望まない. **3 a** 階下に (downstairs): There's someone ~ (who) wants to see you. 階下にだれか面会人が来ています. ★ who を落とせば共有構文 (apo koinou). **b**【海事】下の船室[船倉]に: go ~ (当直が済んで)船室へ降りて行く; 非番になる. **4** (同じページの)下の方に, 下部に, 下段に; (本・論文の)後段で[に] (cf. above 3): See the table [list] ~. 下段の表参照 / See ~. 下記参照 / It will be dealt with ~. それは後段で論じる. **5** 零下…, 氷点下…: It [The temperature] is twenty ~ now. 現在は零下 20 度だ. **6** 下位に(ある), 下級の: in the court ~ 下級の裁判所で. **7** 下流に, 川下に (downstream): He expected a British fleet from ~. 川下からイギリス艦隊が来ることを期待していた. **8**【劇場】舞台前方へ[に] (downstage) (cf. above 8). **9**【動物】下部に, 腹部に (cf. above 7). **10**【音楽】低い音で.

Below there! おーい, 下の者《物を落とす場合などの注意》.

dòwn belów (建物の)地下に[へ];【海事】船室に[へ].

fròm belów (1) 下から (⇨ *adv.* 7; cf. *from* ABOVE). (2) 下の階級から.

— *n.* 下段の記事[文章]: The ~ is from Keats. 下に掲げるものはキーツからの引用である.

— *adj.* [限定的] (同じページの)下段の, 下記の; 後述の: the ~ list 下段の表.

〚(?c1380) *biloghe* ← *bi* 'BE'＋*loȝ, lou* 'LOW[1] (adj.)'〛

belów·dècks【海事】*adj., adv.* 船室の[へ], 船内に[で] (below). — *n. pl.*【海事】主甲板の下. 〚1909〛

belów·gròund *adj., adv.* 地下の[で]. 〚1928〛

belów·stáirs *adv.* ＝downstairs 1. — *adj.* [限定的] (もと)使用人部屋の, 台所の. 〚1598–99〛

belów-the-líne *adj.* 〈予算や支出などが〉水準以下の.

Bel Pa·e·se /bɛ̀lpɑːéɪzi, -paréɪ-, -zeɪ | -zeɪ, -zi; *It.* bɛlpaéːze/ *n.*【商標】ベルパエーゼ《イタリア産の口当たりの軟らかなクリーム状チーズの商品名》. 〚(商標名) ← It. *bel paese* beautiful country〛

Bel·phe·gor /bɛ́lfɨgɔ̀ə | -gɔ̀ː(r)/ *n.* **1**【聖書】ベルフェゴール《モアブ人 (Moabites) の神; ラテン伝説では地獄より人間界に派遣された悪魔》. **2 a** 人間嫌い. **b** 好色な男. 〚◻ Gk *Beelphegṓr* ◻ Heb. *Baʿal Peʿōr* Baal worshiped at Mt. Peor: cf. *Num.* 25:3, *Hos.* 9:10〛

Bel·sen /bɛ́lzən, -zn; *G.* bɛ́lzn/ *n.* ベルゼン《ドイツ北部の村; 第二次大戦中ナチの強制収容所があった; 公式名 Bergen-Belsen》.

Bel·shaz·zar /bɛlʃǽzə | -zə(r)/ *n.* **1** ベルシャザル《男性名》. **2**【聖書】ベルシャザル《Nebuchadnezzar の子で Babylon 最後の王; 酒宴を開いているとその食堂の壁に運命を示す文字が現れたという; cf. *Dan.* 5:5; ⇨ *the* WRITING *on the wall*》. 〚◻ Heb. *Bēlšaṣṣár* ◻ Akkad. *Bēlšarrauṣur* (原義) 'may BEL[1] protect the king': cf. Balthazar〛

belt[1] /bɛ́lt/ *n.* **1 a** (腰のまわりまたは肩から斜めにかける)帯, 革帯, バンド, ベルト: a lady's ~ / a leather ~ 革帯 / a sword ~ 剣帯 / ⇨ belt leather, black belt[2] / loosen one's ~ (満腹などで)ベルトをゆるめる. **b** 座席ベルト (seat belt). **c** 身分の象徴としてのベルト; (ボクシングなどの)チャンピオンベルト; (柔道・空手などの)帯: a champion ~. **d** (伯爵または騎士の)礼帯. **e** ＝cartridge belt. **2**【機械】ベルト: an endless ~ / a driving ~ 伝動ベルト. **3 a** ベルト状のもの. **b** (ある特色によって他と区別される)地方, 地帯 (cf. zone 1): a forest ~ 森林地帯 / a green ~ (都市周辺の)緑地帯 / ⇨ commuter belt, Corn Belt, cotton belt. **c** (帯状の)筋; しま. **4** (都市近郊を取り巻く)環状道路, 鉄道(路線). **5** 海峡, 水道 (strait): ⇨ Great Belt, Little Belt. **6** 積み石[塀]の水平帯状の層: ⇨ belt course. **7**【海軍】(軍艦の)装甲帯. **8** 《まれ》【天文】雲状帯. **9**【軍事】(防御用障害物の)線: a mine ~ 地雷線.

(at) fúll bélt 《英俗》全速力で.

be belòw the bélt 《口語》(批判などが)不公平[卑劣]である, 冷たい.

hít [***stríke***] ***belòw the bélt*** (1) (…の)ベルトより下を打つ《反則》. (2) 《口語》(…に)フェアでない[卑劣な]ふるまいをする. 〚(1889)〛

hóld the bélt 【ボクシング】〔…の〕選手権を保持する〔*for*〕.

tíghten [***púll ín***] ***one's bélt*** (1) 《戯言》ベルトをきつくして空腹を紛らす[我慢する]; 食事を抜く. (2) 支出を切り詰める, 窮乏を我慢する[しのぐ], 耐乏生活をする. 〚(1841)〛

ùnder one's [***the***] ***bélt*** 《口語》(1) 胃袋に収めて. (2) 過去に経験して. (3) 所有して, 自分のものにして: get trigonometry *under one's* ~ 三角法をものにする. 〚(1839)〛

wéar a bélt and bráces (ベルトを締めズボンつりをして)念には念を入れる, 石橋をたたいて渡る.

— *vt.* **1** …にベルト[帯]を締める, ベルトで締める〈*up*〉; …にベルト[帯]を付ける; …に礼帯を付ける: ~ one's trousers / a dress ~*ed* at the waist. **2** 〈剣・水筒などを〉(ベルトで)腰に付ける, つる〈*on*〉: ~ *on* a sword. **3** …に(帯状の)筋をつける. **4 a** (革帯で)打つ (strap). **b** 《口語》ひっぱたく, ぶんなぐる〈*out*〉. **5 a** (円形で)取り囲む, …に輪をつける〔*with*〕. **b** 《米》【林業】…の樹皮を輪形にはぐ.

— *vi.* 《俗》急ぐ, 疾走する: ~ *in* 駆け込む / ~ *along* (the road) (道路を)疾走する.

bélt óut 《口語》〈歌を〉大声で歌う, 元気に[力強く]歌う[演奏する].

bélt úp (1) 《英口語》[通例命令文で] 黙る (shut up). (2) 《口語》座席ベルト (seat belt) を締める (《米》buckle up).

〚OE ~ < ? Gmc **baltjaz, *baltjōn* ◻ L *balteum, balteus* girdle ← ? Etruscan: cf. baldric〛

belt[2] /bɛ́lt/ *n.* **1** 《口語》(強い)打撃, 衝撃: give a ~. **2** 《俗》(酒の)がぶ飲み: a ~ of whiskey. **3** 《俗》興奮, 痛快さ, スリル: get a ~. — *vt.* 《俗》がぶがぶ飲む 〈*down*〉: ~ the bottle 酒をがぶ飲みする. 〚(1899) ← BELT[1] (vt. 4)〛

Bel·tane /bɛ́lteɪn, -tɪn/ *n.* ベルテーン祭《昔のケルト族の祭日で, スコットランドやアイルランドで May Day にかがり火をたき踊りを踊ったり, 火の間に家畜を通らせたりした》. 〚(1424) ◻ Gael. *bealltainn* the first day of May, (原義) blazing fire: cf. balefire〛

bélt bàg *n.* ベルトバッグ (fanny pack).

bélt convèyor *n.* ベルトコンベヤー (conveyor belt). 〚1908〛

bélt còurse *n.*【建築】(建物の外壁の)蛇腹層, 胴蛇腹, 帯《外壁面を水平に区切る通常は平滑な帯; stringcourse, band course ともいう》.

bélt drìve *n.*【機械】(動力の)ベルト伝導[駆動, ドライブ]. 〚1906〛

bélt·ed *adj.* **1** ベルト[バンド]の付いた. **2** 礼帯を着けた: a ~ earl, knight, etc. **3** 筋[しま]のある. **4** 装甲を施した: a ~ cruiser ⇨ cruiser 1 b. 〚(a1325) ← BELT[1]＋-ED 2〛

bélted-bìas tíre *n.*【自動車】ベルテッドバイアスタイヤ《タイヤを構成するコードを円周方向に対し斜めに配列し, さらにその上に円周方向のベルトを取り付けたタイヤ; cf. radial-ply tire》.

bélted gálloway *n.*【畜産】ベルテッドギャロウェー《幅広で白い帯状の模様が胴体を一周しているギャロウェー種の牛》.

bélted kíngfisher *n.*【鳥類】アメリカカワセミ (*Ceryle alcyon*)《北米産で白い胸に栗色の帯がある》. 〚1811〛

bélted sándfish *n.*【魚類】大西洋西部暖海産のスズキ科の魚 (*Serranellus subligarius*).

bel·ter /bɛ́ltə | -tə(r)/ *n.* 《口語》**1** 非常にすぐれたもの[人]; 非常に強力な[印象深い]もの. **2** 《英俗》大声で歌う流行歌; 大声で流行歌を歌う人.

bélt hìghway *n.* 《米》(都市周辺の)環状道路 (《英》ring road).

bélt·ing *n.* **1** [集合的] ベルト類, 帯類. **2** ベルトの材料, 帯布. **3**【機械】ベルト; ベルト装置; ベルト用革 (belting leather ともいう). **4** (皮帯などで)たたくこと, 打擲(ちょうちゃく). 〚(1567) ← BELT[1]＋-ING[1]〛

bélt lèather *n.* ベルト革《ベルト (waist belt) 用の革》.

bélt·lìne *n.* **1** 流れ作業 (production line). **2** (婦人服の)ウエストライン, 胴まわり (waistline).

bélt lìne *n.* 《米》(交通機関の主に都市周辺の)環状線. 〚1894〛

bélt·man /-mən, -mæ̀n/ *n.* (*pl.* **-men** /-mən, -mɛ̀n/) **1** 機械ベルトの検査・維持責任者. **2** 《豪》(水泳場の)救助隊員《ベルトに救助用ロープを付けていることから》.

bélt pùlley *n.*【機械】ベルト車《ベルトをかけて動力を伝える滑車》.

bélt pùnch *n.*【機械】ベルトパンチ《革などの穴あけ用パンチ》.

bélt sànder *n.*【機械】帯つや出し盤.

bélt sàw *n.* ＝band saw.

bélt shìfter *n.*【機械】ベルト寄せ.

Bélts·ville Smáll White /bɛ́ltsvɪl- | -vɪl-/ *n.*【畜産】ベルツビルスモールホワイト《米国のベルツビル研究所で改良された白色小型の七面鳥》. 〚← *Beltsville* (Maryland 州の地名)〛

bélt tìghtening *n.* 緊縮[冗費節約](政策), 耐乏(生活). 〚1910〛

B

B

bélt·wày *n.* **1** ＝belt highway. **2** [the B-] 首都ワシントンの環状線; ワシントン政界.

béltway bándit *n.* 《米俗》ベルトウエイバンディット《米国政府との事業契約を助けるコンサルタント; 多くはもと政府職員》.

Be·lu·chis·tan /bəlùːtʃɪstǽn, -stáːn | -stáːn, -stǽn/ *n.* ＝Baluchistan.

be·lu·ga /bəlúːgə | bɪ̀-, bel-/ *n.* **1** 〘動物〙シロイルカ (*Delphinapterus leucas*)《北極海にすみ体長 4–5 m; 4–5 歳のものは体色純白で, その皮は porpoise hide と呼ばれ, 靴などに利用される; beluga whale, white whale, white fish ともいう》.《◻ Russ. *byelukha* ← *byely*》 **2 a** 〘魚類〙オオチョウザメ (*Huso huso*), ベルーガ《カスピ海・黒海およびそれに注ぐ川にすむ大形のチョウザメの一種; その浮袋からにべ (isinglass) を作り, 卵はキャビアにする》. **b** (ベルーガの)キャビア. 〘(1591) ◻ Russ. *byelúga* white whale ← *byely* white〙

bel·ve·dere /bélvədɪ̀ə, ⌐—⌐ | bélvɪ̀dɪ̀ə^(r), ⌐—⌐; *It.* belvedéːre/ *n.* **1 a** (周囲の景色を見るための)見晴らし台, 展望台, 望楼. **b** (庭園などの高所に設けた)見晴らしのよい東屋(あずまや). **2** [the B-] ベルベデーレ《ローマの Vatican 宮殿内の絵画館》. **3** 葉巻の銘柄の一種. 〘(1593) ◻ It. ~ 《原義》fine outlook ← *bel, bello* beautiful＋*vedere* sight〙

Be·ly /béɪli; *Russ.* bʲélɨj/, **Andrey** *n.* ベールイ《1880–1934; ロシアの象徴派詩人・小説家; 本名 Boris Nikolayevich Bugaev》.

BEM 《略》Bachelor of Engineering of Mines; British Empire Medal; bug-eyed monster.

be·ma /bíːmə/ *n.* (*pl.* ~·**ta** /~tə | ~tə/, ~**s**) **1** (古代ギリシャ・ローマの, 演説用の)演壇 (platform). **2 a** (初期キリスト教・近代ギリシャ正教教会堂の)内陣 (chancel), ベマ. **b** (キリスト教会堂の)内陣. **3** 〘ユダヤ教〙＝almemar. 〘(1683) ◻ Gk *bêma* step, platform ← *bainein* to step: cf. base[1]〙

be·maul /bɪ̀mɔ́ːl, -máːl | -mɔ́ːl/ *vt.* ひどい目に遭わす, 手ひどく扱う. 〘(1620) ← BE-＋MAUL〙

be·mazed /bɪ̀méɪzd/ *adj.* 《古》ぼうぜんとした (dazed). 〘(?a1200) *bimased* (p.p.) ← *bemasen*: ⇨ be-, 1, maze〙

Bem·ba /bémbə/ *n.* (*pl.* ~, ~**s**) **1 a** [the ~(s)] ベンバ族《ザンビアのバンツー語を話す農耕民族》. **b** ベンバ族の人. **2** ベンバ語《バンツー語の一種》. 〘1940〙

Bem·berg /bémbəːg | -bəːg; G. bémbɛʁk/ *n.* 〘商標〙ベンベルグ《銅アンモニア法による人絹の商品名》. 〘← *Bemberg (silk)*: ドイツの製造会社名より〙

Bem·bo /bémbou | -bəu/ *n.* 〘印刷〙ベンボ《オールドスタイルの活字書体》. 〘1930〙

Bem·bo /bémbou | -bəu; *It.* bémbo/, **Pietro** *n.* ベンボ《1470–1547; イタリアの学者・詩人・枢機卿 (1539)》.

be·mean /bɪ̀míːn/ *vt.* ＝demean[1]. 〘(1651) ← BE-＋MEAN[2]〙

be·med·aled /bɪ̀médɪ̀ld | -médɪ̀d/ *adj.* 勲章[メダル]を(数多く)飾りたてた. 〘1880〙

be·mete /bɪmíːt/ *vt.* 《古》計る, …の寸法をとる, 評価する (measure). 〘(1596) cf. OE *bemetan* to mete〙

be·mire /bɪ̀máɪə | -máɪə^(r)/ *vt.* **1** 泥でよごす, 泥まみれにする. **2** [通例受身で] 泥の中を引きずる; 泥に埋める: be ~*d* 泥(ぬかるみ)にはまる. 〘(c1532) ← BE-＋MIRE〙

be·moan /bɪ̀móun | -məun/ *vt.* **1 a** 悲しむ (⇨ deplore SYN): ~ one's fate 己(おのれ)が運命を嘆く. **b** [~ oneself で] 嘆く. **2** 《古》哀れむ, 悼む (pity). — *vi.* 悲しむ, 嘆く. 〘(16C) ← BE-＋MOAN ∽ ME *bemene* (*n*) < OE *bemǽnan*〙

be·mock /bɪ̀máː(ː)k, -mɔ́(ː)k | -mɔ́k/ *vt.* 《古》あざける. 〘(1607–8) ← BE-＋MOCK〙

be·moil /bɪmɔ́ɪl/ *vt.* 〘Shak〙泥だらけにする (bemire). 〘(1593–4) ← BE＋MOIL (v.)〙

be·mud·dle /bɪ̀mʌ́dl | -dl/ *vt.* かき乱す; 混乱[当惑]させる. 〘(1862) ← BE-＋MUDDLE〙

be·muse /bɪ̀mjúːz/ *vt.* **1** まごつかせる. **2** ぼんやりさせる, 物思いにふけらせる. **~·ment** *n.* 〘(1735) ← BE-＋MUSE〙

be·músed *adj.* **1** (特に, 酒・アヘンなどで)ぼうっとなって, もうろうとして. **2** ぼんやりして, 気をとられていて. **be·mús·ed·ly** /-zɪ̀dli/ *adv.* 〘(1735): ⇨ ↑, -ed〙

ben[1] /bén/ 《スコット》*n.* (通例, 二間の田舎家 (cottage) の)奥の間, 居間 (他の一つの部屋は but): ⇨ a BUT[2] and ben. — *adv.*, *adj.* (家の)奥に[の] (inside): Come ~. 奥[居間]へお入り / ⇨ BUT[2] and ben. ***fár bén*** (1) (一番)奥の間に. (2) (人と)ごく親しくして: be *far* ~ *with* a person. — *prep.* (家の)奥に (within). 〘(c1375) 〘変形〙← ME *binne* < OE *binnan* within ← BE-＋*innan* within, in: ⇨ in〙

ben[2] /bén/ *n.* 《スコット・アイル》(山の)峰 (peak), 山. ★ 主に山名と共に用いる: *Ben* Nevis, *Ben* Lomond, etc. 〘(1788) ◻ Gael. *beann* < OCelt. **benno-* peak: cf. Ir. *beann*〙

ben[3] /bén/ *n.* **1** 〘植物〙ワサビノキ (*Moringa oleifera*)《アラビア・インドなどに産するワサビノキ科の高木; その有翼の種子から採る油を ben oil または oil of ben といい, 香料・時計用油として用いる; horseradish tree ともいう》. **2** ワサビノキの種子. 〘(?a1425) ◻ OF & ML ◻ Arab. 《方言》*bēn* ← *bān*〙

ben[4] /bén/ *n.* [しばしば B-; 通例ヘブライ人・アラビア人名に用いて] 息子: Moses ~ Maimon メモンの息子モーセ. 〘◻ Heb. *ben* the son of: cf. Arab. *ibn*〙

Ben /bén/ *n.* ベン《男性名》. 〘(dim.) ← BENJAMIN // BENEDICT〙

Ben. 《略》Benjamin.

ben·act·y·zine /bɪ̀nǽktəzìːn | -tɪ-/ *n.* 〘薬学〙ベナクチジン《抗コリン作動薬(副交感神経遮断剤)の一種》. 〘恣意的造語?〙

Ben·a·dryl /bénədrɪ̀l, -drɪl | -drɪl/ *n.* 〘商標〙ベナドリル《抗ヒスタミン剤 diphenhydramine の商品名; hay fever の薬》.

be·name /bɪ̀néɪm/ *vt.* (~**d**; ~**d**, **be·nempt** /-ném(p)t/, **-nempt·ed** /-ném(p)tɪ̀d/) 《古》…に名をつける; 呼ぶ (call). 〘OE *benemnan*: ⇨ be-, name〙

Be·na·res /bənáːriːz, -rəs | bɪ̀náːrɪ̀z, be-/ *n.* (*also* **Be·ná·ras** /-rəs/) ベナレス《Varanasi の旧名》.

Be·na·ven·te y Mar·tí·nez /bènəvéntiːiːmɑə-tíːnɛs, -nəs | -tiːiːmɑː-; *Sp.* benaβénteimaɾtíneθ/, **Jacin·to** /xaθínto/ *n.* ベナベンテ《1866–1954; スペインの劇作家; Nobel 文学賞 (1922); 単に Benavente ともいう》.

Ben·bec·u·la /benbékjulə/ *n.* ベンベキュラ《スコットランド西部の Outer Hebrides 諸島中の島; 面積 93 km²》.

Ben Bel·la /benbéla:, -lə/, **Ahmed** *n.* ベンベラ《1916–2012; アルジェリアの政治家; 初代首相 (1962–65), 大統領 (1963–65)》.

Ben·bow /bénbou | bénbəu, bém-/, **John** *n.* ベンボウ《1653–1702; 英国の海将》.

Bénce-Jónes prótein /bénsdʒóunz- | -dʒə́unz-/ *n.* 〘生化学〙ベンスジョーンズ蛋白質《抗体蛋白質の分解物; 脊髄病などのとき, 尿に多量に出る》. 〘(c1923) ← *Henry Bence-Jones* (1813–73: 英国の医師・化学者)〙

bench /béntʃ/ *n.* **1 a** ベンチ, 長腰掛け《通例 2 人以上座れる木製の長椅子; 背のあるものとないものがある》: a park [school] ~ / sit on a ~ ベンチに座る. ⇨ chair 日英比較. **b** (船の)こぎ手座 (thwart). **c** coach の御者台. **2** (ベンチに似た)長い台, 仕事台, 作業台, 細工台 (workbench): a carpenter's [shoemaker's] ~ / work *at* a ~. **3** (英国議会の)議員席; [集合的] 議員席につく人たち: the ministerial ~*es* 政府委員席 / the bishops' ~ (上院の)主教の議員席; 議員席の主教たち / ⇨ back bench, front bench, crossbench, Treasury Bench. **4** [the ~; しばしば B-] **a** (法廷の)裁判官[判事]席 (judge's seat). **b** [集合的; 単数または複数扱い] 裁判官(団); 裁判官職: the opinion of *the* full ~ 全列席判事の意見 / ~ and bar 裁判官と弁護士, 在朝在野の法曹 / retire from [serve on] *the* ~ 裁判官を退職する[務める]. **c** 裁判所: ⇨ King's [Queen's] Bench. **5** 〘スポーツ〙**a** ベンチ《チームのメンバーが着席する施設》. **b** [集合的] 控えの選手. **6 a** 役人の席, 役人の職. **b** [集合的] 役人. **7 a** (畜犬展覧[品評]会での)陳列台. **b** 畜犬展覧[品評]会 (dog show). **8** 〘園芸〙ベンチ《温室内で鉢植え植物を置いたりするための固定台》. **9** 〘地質〙(湖や川の岸に沿う長くて狭い)段丘 (terrace). **10** 〘鉱山〙階段《露天掘りなどで鉱石を採掘するために作る》. **11** 《NZ》山腹の平地; 羊が山腹に作ったくぼみ. ***be [sít] on the bénch*** (1) 判事席についている, 審理する. (2) 《米》〈競技者が〉ベンチにいる, 出場待機中である. (3) ＝*warm the* BENCH. ***be ráised [élevated] to the bénch*** (1) 判事に昇任する. (2) 《英》主教に昇任する. ***ríde the bénch*** ＝*be on the* BENCH (2). ***wárm the bénch*** 《米》〈競技者が〉ベンチを温めている, 試合を離れている (cf. benchwarmer).

— *vt.* **1** …にベンチを備える. **2** 判事[名誉職など]の席につかせる. **3** 〘スポーツ〙〈競技者を〉試合から退かす, 試合に出さない, 出場メンバーからはずす. **4** (展覧会で)〈犬などを〉出陳する. **5** 〘園芸〙〈植物を温室内のベンチ上に置いた土や苗床に植える. **6** 〘鉱山〙〈鉱山などを〉段切りする, …の採掘面を階段状に切り取る. **7** 《NZ》(山腹に)〈小道・通路を〉造る. — *vi.* (自然の作用で)段丘を成す.

~·less *adj.*

〘n.: OE *benc* < Gmc **baŋkiz* (G *Bank* / Icel. *bekkr*) ← ? IE **bheg-* to break: ⇨ bank[1, 2]. — v.: (c1385) (1587) ← (n.)〙

bénch·bòard *n.* 〘機械〙机盤.

bénch chèck *n.* ＝bench test.

bénch-clèaring *adj.* 《米》〘野球〙(乱闘などが)チーム総出の, 全員がベンチから飛び出す.

bénch dòg *n.* 犬の展覧[品評]会の出品犬.

bénch·er *n.* **1 a** (判事など)ベンチに腰掛けて仕事をする人. **b** 《英国》法学院 (the Inns of Court) の幹部の一員. **c** 《英》国会議員 (cf. backbencher, frontbencher, crossbencher). **2** (ボートの)漕ぎ手. **3** 《まれ》バー[酒場]に入りびたりの者. 〘(c1450) ← BENCH (n.): ⇨ -er[1]〙

bench-hole *n.* 〘Shak〙便所, 便所の穴. 〘1555〙

bénch hòok *n.* 〘木工〙(材料が後にずれないように)作業台につけられた木片 (cf. bench stop).

bénching iron *n.* 〘測量〙(仮設の)基標.

bénch jòckey *n.* 《米俗》〘野球〙ベンチからさかんに敵軍野手をやじるプレーヤー, やじ将軍.

bénch lànd *n.* 〘地質〙段丘 (⇨ bench 9).

bénch làthe *n.* 〘機械〙卓上旋盤.

bénch-lèg·ged /-lègɪ̀d, -lègd/ *adj.* 〈犬などが〉前足の大きく開いた. 〘1866〙

Bench·ley /béntʃli/, **Robert (Charles)** *n.* ベンチリー《1889–1945; 米国のユーモア作家・劇評家・映画俳優》.

bénch-máde *adj.* 〈靴など〉(職人の仕事台の上で)一個一個作られた, 手製の (hand-made); (特別)あつらえの (custom-made).

bénch·man /-mən/ *n.* (*pl.* **-men** /-mən/) 作業台で仕事をする人; (特に)ラジオ[テレビ]修理工, 靴修理工.

bénch·màrk *n.* **1** (価値判断などの)基準, 尺度. **2** 〘電算〙ベンチマーク《コンピューターの操作速度や処理能力などを検査する際の基準プログラム》. **3** [通例 bench mark] 〘測量〙水準点, ベンチマーク, 水準基標《高低測量の標高の基準となる印; 略 BM》. — *adj.* 標準[基準]の: a ~ test 標準テスト. 〘(1842) ← BENCH＋MARK[1] (n.)〙

bénch màrk posítion *n.* 《NZ》(給与査定のための)標準地位[身分].

bénch-prèss *vt.*, *vi.* ベンチプレスをする.

bénch prèss *n.* **1** ベンチプレス《あおむけに寝て胸の位置で腕が完全に伸びるまでバーベルを挙げる運動》. **2** ベンチプレス競技. 〘1973〙

bénch rùn *n.* ＝bench test.

bénch scíentist *n.* (研究室・実験室の)科学研究員.

bénch scrèw *n.* 〘木工〙(万力のあごなどを操作するための)ねじ. 〘1823〙

bénch sèat *n.* (自動車などの)ベンチシート (cf. bucket seat). 〘1975〙

bénch shòw 《米》*n.* (賞を競う)犬がベンチの上につながれるドッグショー (cf. field trial 1). 〘1874〙

bénch stòp *n.* 〘木工〙ベンチストップ, 台留め《材料のずれを止めるための装置; cf. bench hook》. 〘1881〙

bénch strèngth *n.* 《米》〘野球〙(控えの)選手層.

bénch tàble *n.* 〘建築〙ベンチテーブル《壁・柱回りに取り付けた石の腰掛け》. 〘1673〙

bénch tèst *n.* ベンチテスト《エンジンやコンピューターを出荷する前に行うテスト; bench check [run] ともいう》.

bénch-tèst *vt.*, *vi.* 〘1909〙

bénch·wàrmer *n.* 《口語》〘スポーツ〙(めったに試合に出ることのない)補欠選手, 控えの選手, ベンチウォーマー (cf. *be on the* BENCH). 〘1892〙

bénch wàrrant *n.* 〘法律〙(治安刑事の発するものに対して)判事または裁判所の発する逮捕状[勾引状] (cf. justice's warrant). 〘1696〙

bénch·wòrk *n.* 作業台を用いてする仕事, 台仕事.

bench·y /béntʃi/ *adj.* 《NZ》〈丘・山に〉岩棚のある.

bend[1] /bénd/ *v.* (**bent** /bént/, 《古》~·**ed**) — *vt.* **1 a** (ある特定点に力をかけて)〈まっすぐな物を〉曲げる (⇨ curve SYN); 〈頭部・顔を〉下に向ける, うつむける; 〈写真・封筒などを〉折り曲げる (fold): ~ an elbow, a stick, a bar of iron, etc. / ~ the neck 首を下げる; 屈服する / ~ one's head *over* a book うつむいて本を読む / ~ a piece of wire *into* a ring 針金を曲げて輪にする / ~ the end of a pipe *up* [*down, back, over*] パイプの端を折り上げる[下げる, 返す] / ~ a crooked spoon straight 曲がったさじをまっすぐに伸ばす / ~ oneself double 体をくの字に折り曲げる / be *bent* (*down*) *with* age 年のせいで腰が曲がっている / Take care not to ~ the photos. 写真を折らないように注意して下さい / The point of this pen is *bent over.* このペンの先は折れ曲がっている. **b** 〈弓などを〉引く (draw): ~ a bow.

2 a 〈人を〉屈服させる, 〈意志などを〉曲げる, 従わせる: ~ a person *to* one's will 人の意のままに従わせる, 屈従させる / ~ the hearer's attitudes *to* those of the speaker 聞き手の態度を無理に話し手の態度に同調させる. **b** 《口語》〈規則・事実などを〉(都合のよいように)曲げる (cf. *vt.* 5): ~ the rules (自分の都合のために)規則を曲げる.

3 a 〈目・歩み・心などを〉向ける (direct): ~ one's steps homeward(s) [from the path] 家路につく[道を離れる] / ~ one's thoughts back toward(s) one's school days 学生時代に思いをはせる / All eyes were *bent on* me. 全部の目が私に注がれ(てい)た. **b** 〈心・努力などを〉傾ける, 傾注する: ~ one's mind *to* a task 仕事に専念する / ~ all one's energies [efforts] *to* do …するために全力[全努力]を傾注する / ~ *oneself to* …に熱中する, 精を出す.

4 [受身で] (慎重な考慮の上で)決心する (determine) (cf. bent[1] *adj.* 2 a): *be bent on* mischief いたずらを企んでいる / He *is bent on* becoming an engineer. 技術者になる決意をしている.

5 《俗》悪用する; 盗む; 〈試合など〉にわざと負ける (cf. *vt.* 2 b). **6** 《古》緊張させる 〈*up*〉. **7** 〘海事〙〈帆・ロープなどを〉結びつける (fasten): ~ a cable (*to* the ring of an anchor) いかり綱を(いかりの環に)結びつける / ~ a sail *to* its yard 帆を帆桁に結びつける.

— *vi.* **1 a** 曲がる, たわむ, しなう (curve); 〈頭部・顔が〉下に向く: Better ~ than break. 《諺》折れるよりはたわむがまさる, 「柳に雪折れなし」. **b** 写真[封筒など]を折り曲げる (fold): (Please) do not ~. 折らないで下さい《封筒などの上書き》. **2** 上半身を曲げる, かがむ (stoop): ~ down かがむ / ~ forward(s) 前方へ体をかがめる / *bent* double (in pain) (痛みのために)腰がくの字に曲がって / ~ over (one's desk) (机の上に)覆いかぶさる / He *bent over* to kiss her. 彼女にキスするために身をかがめた. **3** 〔…に〕屈服する, 従う (yield) 〔*before, to*〕: ~ *before* the enemy 敵に屈する / ~ *to* a person's will 人の意に従う. **4 a** 〈道・川などが〉(…の方向へ)向かう (turn): The road ~*s* south [*to* the left] there. 道路はそこから南[左]へ曲がっている. **b** 《古》〈人が〉(…の方向へ)歩みを向ける. **5** 精力を向ける, 努力を傾注する: ~ *to* the oars 懸命に漕ぐ / ~ *to* one's work 仕事に精を出す.

bénd óver báckward ⇨ backward 成句. ***bénd the knée*** ⇨ knee 成句. ***cátch a person bénding*** 《口語》人に不意打ちを食わせる, 人の虚をつく.

— *n.* **1** 曲がり, 屈曲, 湾曲; (川・湖・海岸・道路などの)湾曲部: a sharp ~ in the road 道路の急カーブ. **2** 曲げること, かがめること: a ~ of the body 体をかがめること, おじぎ. **3** 〘機械〙ベンド, 曲管《比較的半径の大きい湾曲部をもつ管継手》; [通例 *pl.*] 〘造船〙(木造船の)外部腰板 (wales). **4** [the ~s; 単数または複数扱い] 《口語》〘病理〙**a** 潜函病, ケーソン病 (caisson disease). **b** 航空塞栓(そくせん)症 (air bends). **5** 〘海事〙(ロープを他の物に結びつけたときにできる)結び目; 結索法 (cf. hitch[1] *n.* 6). **6** 〘Shak〙目を向けること (glance).

abóve* one's *bénd 《米》力が及ばない. ***aróund*** [(英)

ròund] ***the bénd***《口語》気がふれて, 狂った (crazy): That really drives me *around the* ～. あれには全く頭にくる / He is [has gone] *around the* ～. 彼は気がふれている.《1929》 ***gó on the*** **[a]** ***bénd***〖1887〗＝***hàve a bénd*** 飲んで騒ぐ (cf. bender 3).《1879》 ***on the bénd***《俗》不正手段で; 飲み騒いで.《1863》
〖OE *bendan* to bind, fetter, bend (a bow) < Gmc **bandjan* ← **band-* ← IE **bhendh-* to 'BIND' 'BAND[1]'〗

bend[2] /bénd/ *n.* **1**〖紋章〗斜帯《盾の右上部(向かって左上部)から左下部へ向かう盾の約 1/3 幅の帯; cf. bend sinister》. **2** ベンド《獣皮の肩部と腹部を除いた部分の半裁; cf. butt[1] 5》: ～ leather ベンド革《ベンドをなめして革にしたもの; 靴底などに用いる》. ***in bénd***〖紋章〗斜めに, 斜帯の方向に (bendwise).《1598》 ***párted per bénd***〖紋章〗〈盾が〉斜めに二分された.《1688》〖OE *bend* band, ribbon < Gmc **bandiz* (↓): cf. band[1]〗

bénd·a·ble /-dəbl/ *adj.* 曲げられる. 〖《1611》← BEND[1]＋-ABLE〗

ben·day /béndéɪ/〖写真製版〗*adj.* [しばしば B-] ベンデイ法の. **—** *vt.* ベンデイ法で製版する. 〖《1903》← *Ben(jamin) Day* (↓)〗

Bén Dáy [Bén·dáy] pròcess /béndéɪ-/ *n.* [the ～]《米》〖写真製版〗ベンデイ(製版)法《ゼラチン膜を使って印刷版に陰影・濃淡などをつける技術》. 〖《1912》← *Benjamin Day* (1838–1916: 米国 New York の印刷業者でその発案者)〗

bénd·ed *v.*《古》bend[1] の過去形・過去分詞. **—** *adj.* 曲げられた: with ～ bow《詩》弓を引き絞って / on ～ knee(s)《嘆願するときなど》ひざを屈して[折って]. 〖*a*1398〗

ben·dee /béndi/ *adj.*〖紋章〗＝bendy 3.

Ben·del /béndəl/ *n.* ベンデル《ナイジェリア南部の Guinea 湾に臨む州; 大部分は熱帯雨林; 州都 Benin City, 面積 39,737 km^2; 旧名 Mid-Western State》.

bénd·er *n.* **1** 曲げるもの[道具, 機械, 人]; 曲がるもの. **2**《俗》足 (leg), ひざ (knee). **3**《口語》飲み騒ぎ (spree): go on a ～ 飲み騒ぎをする. **4**《俗》〖野球〗カーブ (curve). **5**《口語》ホモ (homosexual). **6**《英方言》すてきなもの[こと], 逸物: It was a ～ of a day. とてもすばらしい日だった. 〖《1496》← BEND[1]＋-ER[1]〗

Bén·der Gestált tèst /béndə- | -də-/ *n.*〖心理〗ベンダーゲシュタルトテスト, 視覚・運動ゲシュタルトテスト《知能や性格の障害の分析を調査するテスト》. 〖← *Lauretta Bender* (1898–1987: 米国精神医学者): ⇨ Gestalt〗

Ben·di·go /béndɪgòʊ | -gəʊ/ *n.* ベンディゴ《オーストラリア南東部, Victoria 州の金鉱都市》. 〖1858〗

bénding mòment *n.*〖物理〗曲げモーメント.

Ben·dix /béndɪks/ *n.*〖商標〗ベンディックス《米国 White Consolidated Industries 社製の洗濯機など》.

Ben·dix /béndɪks/, **Vincent** *n.* ベンディックス《1882–1945; 米国の発明家・企業家; Bendix セルフスターターを開発 (1912)》.

bend·let /béndlɪt/ *n.*〖紋章〗ベンドレット《bend の 1/2–1/3 幅の斜帯》. 〖《1572》← ME *bendel* (◻ OF (dim.) ← *bende, bande*: ⇨ bandeau)＋-ET〗

béndlet sínister *n.*〖紋章〗ベンドレットシニスター《bendlet の逆の斜帯; 庶子のマークとしても使用される》.

bénd sínister *n.*〖紋章〗ベンドシニスター《斜帯 (bend) の逆の斜帯; 盾の向かって右上 (sinister chief) から左下 (dexter base) へ向かう盾の約 1/3 幅の斜めの帯》. 〖1612〗

bénd·wàys *adj.*〖紋章〗＝bendwise.

bénd·wìse *adj.*〖紋章〗斜帯 (bend) の方向に, 斜帯の形のように. 〖《1610》← BEND[1]＋-WISE〗

bend·y /béndi/ *adj.* **1** 曲げ[曲がり]やすい (flexible). **2**〈道などが〉曲折の多い: a ～ road 七曲がりの道. **3**〖紋章〗〈盾が〉左上 (dexter chief) から右下 (sinister base) へかけて偶数に等分割された. 〖《?*c*1450》← BEND[1]＋-Y[3]〗

béndy trèe *n.*〖植物〗＝portia tree.

bene /bíːn/ *n.*《古》(特に, 神への)祈り (prayer). 〖OE *bēn* < Gmc **bōniz* (ON *bæn*): cf. boon[1]〗

ben·e- /bénə | -nɪ/「よい」の意の連結形: *benediction*. 〖◻ L ～ *bene* well ← IE **dwenē* (adv.) ← **deu* to do favour〗

be·neaped /bɪníːpt/ *adj.*〖海事〗＝neaped. 〖1692〗

be·neath /bɪníːθ/ *prep.* /―⌐/ ★ below または under と同義の古風なまたは文語的な語であるが, 5 a の最後にある marry ～ one の形と 6 の意味では今も普通に用いられる. **1 a** …の真下に[を] (underneath, under): They could not sleep ～ the same roof. 一つ屋根の下に眠ることはできなかった / children playing ～ the window 窓の下で遊んでいる子供たち / We sauntered home ～ a half moon. 半月の下をぶらぶらと帰宅した. **b**〈壁・崖などの〉ふもとに: a cottage ～ a hill 丘のふもとの田舎家. **2** …のすぐ下に, の下側に接触して: He lay with his hand ～ his head. 手枕をして横になっていた / The tall grass rustled ～ my feet. 丈高い草が足に踏みしだかれてかさこそいった. **3**〈表面〉の下に (★ 今は under の方が普通): The musician's art lies ～ the surface. その音楽家の技は表面から見えないところに隠されている. **4** …よりも低く: The sun sank ～ the horizon. 太陽は地平線下に沈んだ. **5 a** (身分・地位が)…より下の, より低い, …の目下の《★ 今は below の方が普通》: A captain is ～ a major. 大尉は少佐の下だ / He is far ～ her *in* intelligence [character]. 彼は知能[品性]が彼女よりはるかに劣っている / marry ～ one 自分より身分の低い人と結婚する (cf. *prep.* ★). **b** (品質が)…よりも劣って《★ この意味では below の方が普通》: The copies always fall ～ the original. コピーは常にオリジナルに及ばない. **6** …に値しない, …に似つかわしくない, …の品位にかかわる: It is ～ criticism [notice]. それは批評[注目]する価値がない / It is ～ your dignity to do such a thing. そんな事をすると君の沽券(こけん)にかかわる / The attack is ～ contempt. そんな攻撃は卑しむにも足りない / Such conduct is ～ you. そんな行為は君に似つかわしくない / No woman ought to think it ～ her to be an economist. 女性は節約したりすれば沽券にかかわるなどと考えるべきではない. **7**〈重み・支配・圧迫〉の下になって, …を受けて (under): Our country is sinking ～ the oppressor's yoke. 我が国はその圧政者のくびきのもとにおしひしがれている / He staggered ～ the blow. その打撃を受けてよろめいた.
— *adv.* **1** 下に, 低く (below), 下の方に: the valley lying ～ 下の方に横たわる谷 / I heard the sea roar ～. 下の方に海のとどろきが聞こえた. **2** 真下に (underneath): the sky above and the earth ～ 頭上の空と足下の地. **3**《古》(身分・品質など)劣って: That next is disdained by him ～. その次の者は下の者に侮られる. **4 a**《廃・古》この世で (below): our world ～ この世. **b** 地下に; 地獄で (in hell): the dreadful abyss ～ 地下の恐ろしい深淵. 〖OE *bi-, beneoþan* ← *bi-* 'BE-'＋*niþan* below, down (← Gmc **niþ-* down): cf. nether〗

Ben·e·di·ci·te /bènədísəti | bènɪdáɪsəti, -díːtʃɪ-, -sə-/ *n.* **1** [the ～]〖キリスト教〗ベネディシテ, 万物の頌(しょう)《O all ye works of the Lord, bless ye the Lord … で始まっている賛歌の名; ウルガタ聖書の *Daniel* 3 にある *Benedicite omnia opera* の最初の語を採ったもの》. **2** ベネディシテの歌詞をもつ音楽. **3** [b-] 祝福の祈り(の言葉). **—** *int.* [b-]《古》**1** 君の幸(さち)あれ (Bless you). **2** これは驚いた (Good gracious); ばかな《驚き・抗議・反対などを表す》. 〖《?*a*1200》◻ L ～ 'bless ye' (imper.pl.) ← *benedīcere* to wish well to: ⇨ benediction〗

Ben·e·dick /bénədɪk | -nɪ-/ *n.* **1** ベネディック《Shakespeare 作の喜劇 *Much Ado About Nothing* 中の人物; Beatrice という女性と久しく恋の意地を張り合った後ついに結婚する》. **2** [b-] ＝benedict.

ben·e·dict /bénədɪkt | -nɪ-/ *n.* 新婚の男子《特に, 長く独身で通しながら結婚した者》. 〖《1821》《変形》← *Benedick*〗

Ben·e·dict /bénədɪkt | -nɪ-, bénɪt/ *n.* ベネディクト《男性名》. 〖◻ L *Benedictus*《原義》blessed: ⇨ Benedictus〗

Benedict, Ruth (Fulton) *n.* ベネディクト《1887–1948; 米国の女性人類学者; *Patterns of Culture* (1934), *The Chrysanthemum and the Sword* (1946)》.

Ben·e·dict /bénədɪkt | -nɪ-/, **Saint** *n.* ベネディクト(ス)《480?–?543; イタリアの修道士; ベネディクト(修道)会 (Order of St. Benedict) を創始 (529 年ごろ); 正式名 Benedict of Nursia》.

Benedict XIV *n.* ベネディクトス[ベネディクト]十四世《1675–1758; イタリアの聖職者; 教皇 (1740–58), 美術・考古学・学術の奨励者; 本名 Prospero Lambertini /prɔ́spero làmbertíːni/》.

Benedict XV *n.* ベネディクトス[ベネディクト]十五世《1854–1922; イタリアの聖職者; 教皇 (1914–22); 第一次大戦の終結に尽力した; 本名 Giacomo della Chiesa /kjéːza/》.

Ben·e·dic·ta /bènədíktə | -nɪ-/ *n.* ベネディクタ《女性名》. 〖(fem.) ← BENEDICT〗

Bénedict Árnold *n.*《米》裏切り者. 〖米国独立戦争で英軍側に走った, G. Washington の部下の名〗

Bénedict Bís·cop /-bíʃɑ(ː)p | -ʃɔp/, **Saint** *n.* 聖ベネディクトゥスビスコップ《628?–689 (または 690); 英国のベネディクト会修道士; 多くの苦難を経てローマ文化を英国に導入した》. 〖cf. OE *biscop* 'BISHOP'〗

Ben·e·dic·tine[1] /bènədíktɪn, -tiːn | -nɪdíktɪn, -taɪn⌐/ *n.*〖カトリック〗ベネディクト会(修道)士[修道女]《黒衣をまとっているので修道士を Black Monk ともいう》. ★ ベネディクト会員は /-tɪn | -tɪn/ と発音する. **—** *adj.* ベネディクト会(修道士[女])の. 〖《1602》◻ F *bénédictin* ∥ ← NL *benedictinus* ← L *Benedictus* Saint Benedict: ⇨ -ine[1]〗

Ben·e·dic·tine[2] /bènədíktiːn | -nɪ-⌐/ *n.* ベネディクチン《甘・芳香の強いリキュール》. 〖《1882》: もとベネディクト会士が造り出したことにちなむ〗

Bénedictine Rúle *n.* ベネディクト会会則《St. Benedict の制定したもので, 各修道院では修道士の選挙した院長の下に自治制が許される; なお祈禱以外の時間は沈黙と有用な仕事に従事することを規定する》.

ben·e·dic·tion /bènədíkʃən | -nɪ-/ *n.* **1** 祝福 (blessing) (↔ malediction). **2** (礼拝式の終わりに牧師が行う)祝禱(しゅくとう); (食前・食後の)謝恩の祈り: give the ～ 祝禱を捧げる (cf. say (a) grace ⇨ grace 7). **3**〖カトリック〗**a** 聖別式《聖堂・祭服・鐘などを神聖な用に捧げるときの式》. **b** [しばしば B-] (聖体)降福式. **4** 天福, 恩寵. 〖《?*a*1400》◻ (O)F *bénédiction* ◻ L *benedictiō(n-)* a blessing ← *benedictus* (p.p.) ← *benedīcere* to bless ← BENE-＋*dīcere* to say (⇨ diction): cf. benison〗

ben·e·dic·tion·al /bènədíkʃnəl, -ʃənl | -nɪ-⌐/ *adj.* ＝benedictory. **—** *n.* 祝禱書. 〖1844〗

ben·e·dic·tive /bènədíktɪv | -nɪ-⌐/ *adj.*〖文法〗〈動詞が〉願望の. 〖《1660》: ⇨ -ive〗

Bénedict of Núr·si·a /-nɔ́ːʃiə, -ʃə | -nɔ́ːsiə, -sjə/ *n.* ヌルシアのベネディクト (⇨ Saint BENEDICT).

ben·e·dic·to·ry /bènədíktəri, -tri | -nɪ-⌐/ *adj.* **1** 祝福の; 祝禱の; 謝恩の祈りの. **2** [B-] 聖体降福式の. 〖《1710》: ⇨ -ory[1]〗

Bénedict's solùtion [reàgent] *n.*〖医学〗ベネディクト(溶)液[試薬]《尿中の糖検出に用いる》. 〖← *Stanley R. Benedict* (1884–1936: 米国の生化学者)〗

Bénedict's tèst *n.*〖生化学〗ベネディクト試験《尿中の糖の検出に用いる》. 〖← *S. R. Benedict* (↑)〗

Ben·e·dic·tus /bènədíktəs | -nɪ-, -tʊs/ *n.*〖キリスト教〗**1** ベネディクトゥス《*Benedictus qui venit in nomine Domini. Hosanna in excelsis.* (＝Blessed is He that cometh in the name of the Lord; Hosanna in the highest.) (*Matt.* 21: 9) という Sanctus の次に歌われる短い賛歌; その音楽》. **2** ザカリヤの頌(しょう)《*Benedictus Dominus Deus Israel* (＝Blessed be the Lord God of Israel) (*Luke* 1: 68) で始まる賛歌; その音楽》. 〖《1552》◻ L ～ 'blessed' (⇨ benediction): その賛美歌の冒頭の語〗

ben·e·fac·tion /bènəfǽkʃən, ⌐―⌐ | bènɪfǽkʃən/ *n.* **1** 善行, 慈善(行為), 喜捨 (↔ malefaction). **2** 施し物, 寄付(金); 援助 (help). 〖《*a*1662》◻ LL *benefactiō(n-)* ← *benefacere* to do well ← BENE-＋*facere* to do: ⇨ fact, -tion〗

ben·e·fac·tive /bènəfǽktɪv | -nɪ-⌐/ *n., adj.*〖言語〗受益格《例: 格文法理論で 'It's for you' の 'for you' の部分》; 受益格の(動詞の接辞・相)《アメリカインディアン諸語にみられる》. 〖《1943》← L *benefactus* capable of giving: ⇨ -IVE〗

ben·e·fac·tor /bénəfæ̀ktə | -nɪfæ̀ktə(r)/ *n.* 恩恵を施す人; (特に, 養育院・学校・慈善事業などの)後援者 (patron), 基金寄贈者 (donor): a ～ *to* the society / an anonymous ～ 匿名の篤志家 / pious ～*s* 奇特な寄進者たち. 〖《1451》◻ LL ～ ← BENE-＋L *factor* doer, maker (← *facere* (↑))〗

ben·e·fac·to·ry /bènəfǽktəri, -tri | -nɪ-⌐/ *adj.* ＝beneficial. 〖1744〗

ben·e·fac·tress /bénəfæ̀ktrɪs, ⌐―⌐ | -nɪ-, -trɪs, -tres/ *n.* 恩恵を施す女性, 奇特な女性. 〖《15C》(fem.) ← BENEFACTOR〗

ben·e·fac·trix /bénəfæ̀ktrɪks/ *n.* (*pl.* **～·es, -tri·ces** /-trəsìːz | -trɪ-/) ＝benefactress. 〖1615〗

be·nef·ic /bɪnéfɪk/ *adj.* 良い影響を及ぼす; 恩恵を施す, 慈善深い (beneficent). 〖《1600》◻ L *beneficus* ← *benefacere*: cf. benefaction〗

ben·e·fice /bénəfɪs | -nɪfɪs/ *n.* **1 a**〖キリスト教〗聖職禄[給], ベネフィキウム《聖職者の生活維持のための教会財産または収入》. **b**〖英国国教会〗(牧師, 特に vicar または rector の収入である) 聖職禄, 僧職給 (church living). **2** 禄[聖職禄]付き聖職. **3** 封土 (fief). **—** *vt.*〈聖職者〉に聖職禄を与える. 〖《*c*1300》◻ OF ～ (F *bénéfice*) ◻ L *beneficium* grant of an estate, well-doing ← *beneficus* (↑)〗

bén·e·ficed *adj.* 聖職禄を受ける, 禄付きの. 〖《*c*1425》: ⇨ ↑, -ed〗

be·nef·i·cence /bɪnéfəsəns, -sns | -fɪ-/ *n.* **1** 善行 (↔ maleficence). **2** 恩恵, 慈善 (charity); 施し物 (gift). 〖《*c*1454》◻ (O)F *bénéficence* ∥ L *beneficentia* active kindness ← *beneficus*: ⇨ benefic, -ence〗

be·nef·i·cent /bɪnéfəsənt, -snt | -fɪ-/ *adj.* (↔ maleficent) **1**〈人が〉恩恵を施す, 慈善心に富む, 奇特な; (…に)慈悲深い [*to*] (⇨ philanthropic SYN): be ～ *to* the poor 貧乏人に慈悲深い / exert a ～ influence on …に恩沢を及ぼす. **2**〈物・事が〉有益な; (…の)ためになる [*to*]: ～ birds, bacteria, knowledge, etc. **～·ly** *adv.* 〖《1616》◻ L *beneficentem* (pres.p.) ← *benefacere* to do good (⇨ benefaction) ∥ ← BENEFIC(ENCE)＋-ENT〗

ben·e·fi·cial /bènəfíʃəl, -ʃl | -nɪ-⌐/ *adj.* **1** 有益な, 益がある; (…の)ためになる (cf. injurious) [*to*]: ～ birds [insects] 益鳥[虫] / have a ～ effect on …に有利な効果をもたらす / Sunshine is ～ *to* (the) health. 日光は健康のためによい. **2**〖法律〗(信託・財産などの)利益を受けるべき. **3**《古》俸給を伴う: a ～ post. **～·ly** *adv.* **～·ness** *n.* 〖《1464》◻ (O)F *bénéficial* ∥ LL *beneficiālis* ← *beneficium*: ⇨ benefice, -al[1]〗

ben·e·fi·ci·ar·y /bènəfíʃièri, -ʃ(ə)ri | -nɪfíʃ(ə)ri, -ʃiəri/ *n.* **1** 利益[恩恵]を受ける人, 受益者: the *beneficiaries* of a new expressway 新高速道路の恩恵を受ける人たち. **2**〖法律〗信託受益者; 為替手形などを振り出すための信用状の名宛人; (年金・保険金・遺産などの)受取人. **3** (封建時代の)受封者, 家臣, 封臣. **4** 聖職禄 (benefice) 受領者. **5** (NZ) (国家補助の)受益者. **—** *adj.* 聖職禄を受ける. 〖《1611》◻ L *beneficiārius* ← *beneficium*: ⇨ benefice, -ary〗

ben·e·fi·ci·ate /bènəfíʃièɪt | -nɪ-/ *vt.*〖鉱山〗選鉱し〈鉱石〉の品位を上げる. **ben·e·fi·ci·a·tion** /bènəfìʃiéɪʃən | -nɪ-/ *n.* 〖《1871》← Sp. *beneficiar* to benefit from a mine＋-ATE[3]〗

ben·e·fit /bénəfɪt | -nɪfɪt/ *n.* **1 a** ため, 利益: (a) public ～ 公益 / be of ～ to …のためになる / be *to* the ～ of a person＝be *to* a person's ～ 人の利益[ため]になる / derive [reap] great ～ from …から大いに利益を得る. **b** 援助 (help). ★ 通例次の句で用いる: *without* ～ *of* …の助けもなく. **2** (失業保険・健康保険などのような各種の社会保険制度による)給付, 手当《金銭・現物またはサービス》: medical ～ 医療給付 / maternity ～ (国民保険の)出産手当 / unemployment ～ 失業手当 / be out of [in, on] ～ 給付[手当]がもらえない[もらえる]. **3** 寄付興行, 慈善興行《一座の特定の俳優または競技会の特定の選手などのため, または慈善的な目的の募金などのために行う》: a ～ *for* old actors / a ～ performance 慈善興行 / a ～ match 寄付競技会, 慈善試合 / a ～ night 寄付興行の夕べ. **4**《口語》もうかる仕事, 大層ありがたいこと; 《反語》えらい目 (fine time): I had no end of a ～ getting things straight. 片を付けるのに死ぬほど苦労した. **5**《古》**a** 恩典, 恩恵 (benefaction): confer a ～ upon …に恩恵[恩典]を与える. **b** 教会の(結婚)承認: ⇨ BENEFIT of clergy. **6**《廃》自然の利点[いいところ].
for a person's bénefit＝***for the bénefit of*** …のために; 《反語》…の懲らしめに, …に当てつけて: *for the* ～ *of* soci-

ety 社会のために; 《反語》見せしめに / recap the plot *for the ~ of* latecomers 遅れて来た人たちのために筋を要約する / *for your* (special) ~ (特に)君のために. 〘1752〙 ***gét the bénefit of*** …を利用する: I've worked hard—but who's going to *get the ~* (*of* my efforts)? 私は懸命に仕事をしてきたが, だれが(私の努力から)利を得るのか.

bénefit of clérgy (1) 聖職の(裁判)特権[特典] 《聖職者が罪を犯したとき, 通常の裁判所でなく教会裁判所の審判を受ける特権; 後に初犯では死刑を科せられない特権となり, また聖職者に限らず読書力ある者にもこの特権が及ぼされた (cf. neck-verse); 英国では 1827 年に, 米国では 1790 年に廃止された》. (2) 教会の儀式[承認]; 《特に》結婚に関する教会の承認と儀式: be married without ~ *of clergy* 《戯言》教会の儀式によらずに結婚する. 〘(1488–89) 《なぞり》← ML *beneficium clericale*〙

bénefit of the dóubt [the —] 〘法律〙 《有罪の認定に当たって, 過誤の可能性・証拠の価値について》疑いあれば被告人に与えられる有利な解釈: give a person *the ~ of the doubt* 疑わしい点は被告人に有利に解釈してやる, 人を善意に解釈してやる. 〘1848〙

— *v.* (**-fit·ed,** 《米》 **-fit·ted** /-tɪ̈d | -tɪ̈d/; **-fit·ing,** 《米》 **-fit·ting** /-tɪŋ | -tɪŋ/) — *vt.* …のためになる, …に益する, 利する: be ~*ed* in every way 種々の点で利益を得ている / Will these reforms ~ ordinary people? これらの改革は普通の人たちのためになるだろうか. — *vi.* 〔…から〕利益を得る, 得をする 〔*from, by*〕: ~ *from* [*by*] the labors of others 他人の働きから利益を得る.

bén·e·fit·er /-tə | -tə(r)/ *n.*

〘(?c1350) *benfet* (*ben-* が後にラテン語化されて *bene-* となった) □ AF *benfet* =(O)F *bienfait* < L *benefactum* (neut. p.p.) good deed ← *benefacere* to do good: ⇨ fact〙

bénefit assocìation *n.* =benefit society.

bénefit clùb *n.* =benefit society.

bénefit socìety *n.* 《米》 《病気・老年などの際の金銭扶助をはかるための》共済組合 (《英》 friendly society). 〘1801〙

bénefit tòurist *n.* 《口語》失業給付金寄食旅行者 《求職中であると不正申告する一方で, 失業給付金を受けて生活するために (EU 圏から) 英国へきたは英国内を旅行する者》. **bénefit tòurism** *n.*

Ben·e·lux /bénəlʌ̀ks, -nl̩- | -nɪ̈l-, -nl̩-/ *n.* **1** ベネルクス三国 《ベルギー, オランダ, ルクセンブルグ三国の総称》. **2** ベネルクス三国間の関税協定 《1948 年発効》. 〘(1947) 《頭字語》← *Be*(*lgium*)+*Ne*(*therlands*)+*Lux*(*emburg*)〙

Bénelux Económic Únion *n.* [the ~] ベネルクス経済同盟 《1960 年発足; cf. European Economic Community》.

benempt *vt.* 《古》 bename の過去分詞.

benempted *vt.* 《古》 bename の過去分詞.

Be·neš /bénɛʃ; *Czech* bénɛʃ/, **Edvard** *n.* ベネシュ 《1884–1948; チェコスロバキアの愛国者・政治家; 大統領 (1935–38, '46–48)》.

Be·nét /bənéɪ, bɛn-/, **Stephen Vincent** *n.* ベネ 《1898–1943; 米国の詩人・小説家; *John Brown's Body* (1928)》.

Benét, William Rose *n.* ベネ 《1886–1950; 米国の詩人・編集者; S. V. Benét の兄》.

Ben·et·ton /bénətən, -tɑ̀(ː)n | -nɪ̈tən, -tŋ; *It.* benettón/ *n.* 〘商標〙 ベネトン 《イタリア Benetton 社製の衣料品・バッグ・小物など; 同社は世界中にチェーン店を展開している》. 〘← *Luciano Benetton* (1935– : 創業者)〙

Be·ne·ven·to /bɛ̀nəvéntou | -təu⁻; *It.* benevénto/ *n.* ベネベント 《イタリア南部の都市; ローマ皇帝 Trajan が戦勝記念に建てた Arch of Trajan (114 年)がある》.

be·nev·o·lence /bɪ̈névələns/ *n.* **1** 情深さ, 慈悲心 (↔ malevolence); 博愛, 仁愛: a man of great ~ of character 仁者. **2** 善行; 慈善, 喜捨. **3** 徳税, 上納金 《昔英国王が献金を名目に人民から取り立てた強制的御用金》. 〘(?c1400) □ OF *benivolence* (F *bénévolence*) // L *benevolentia* good will: ⇨ ↓, -ence〙

be·nev·o·lent /bɪ̈névələnt/ *adj.* **1** 慈悲深い, 博愛の, 仁慈の (↔ malevolent) (⇨ philanthropic SYN): a ~ donor. **2** 慈善のための, 博愛的な: a ~ society 済生会, 救済会. **3** 善意の, 好意的な: ~ neutrality 好意的中立 / his ~ smile 彼の善意のこもった微笑. **~·ly** *adv.* **~·ness** *n.* 〘(c1443) □ OF *benivolent* // L *benevolentem* well-wishing ← BENE-+*volens* willing ((pres.p.) ← *velle* to wish: ⇨ will^{1}): ⇨ -ent〙

Ben·fleet /bénfliːt/ *n.* ベンフリート 《イングランド南東部, Essex 州南部の町》.

BEng 《略》 Bachelor of Engineering.

Beng. 《略》 Bengal; Bengali.

Ben·gal /bɛŋgɔ́ːl, bɛŋ-, -gɑ́ːl, béŋgəl, béŋ-, -gl̩ | bɛŋgɔ́ːl, bɛŋ-⁻/ *n.* **1** ベンガル 《もと英領インド北東部の州; 今はバングラデシュとなった East Bengal とインド共和国に属する West Bengal に分かれていた; 面積 200,574 km²》. **2 a** ベンガル産の生糸. **b** ベンガル織 《しま模様を捺染(なっせん)した綿または絹織物》. **c** それに類似の織物. 〘□ Hind. *Bangālā* 《原義》 'land of *Bang* (アーリア系部族名)'〙

Bengal, the Bay of *n.* ベンガル湾 《インドとミャンマーの間のインド洋の一部》.

Ben·gal·ee /bɛŋgɔ́ːli, bɛŋ-, -gɑ́ː- | -gɔ́ː-/ *adj., n.* (*pl.* **~, ~s**) =Bengali. 〘1848〙

Ben·ga·lese /bɛ̀ŋgəlíːz, bɛ̀ŋ-, -líːs | -gə-, -gɔː-⁻/ *adj.* ベンガル (Bengal) の; ベンガル人の. — *n.* (*pl.* ~) ベンガル人. 〘(1778): ⇨ -ese〙

Béngal fíre *n.* =Bengal light.

Ben·gal·i /bɛŋgɔ́ːli, bɛŋ-, -gɑ́ː- | -gɔ́ː-/ *adj.* ベンガル (Bengal) の; ベンガル人[語]の. — *n.* (*pl.* ~, **~s**) **1** ベンガル人. **2** バングラデシュ人. **3** ベンガル語 《印欧語族のインド語派に属する》. 〘(1848) □ Hindi *Bengali* ← *Bengal* 'BENGAL'〙

ben·ga·line /béŋgəliːn, béŋ-, ←―⁻/ *n.* ベンガリーン, ベンガル織り 《絹・レーヨンなどと羊毛または綿糸とのあぜ織の布》. 〘(1884) □ F ~: ⇨ Bengal, -ine^{3}〙

Béngal líght *n.* **1** ベンガル花火 《鮮やかで持続性のある青色花火; 信号に用いたり舞台で用いたりする》. **2** 美しい彩色花火. 〘1791〙

Béngal mónkey *n.* 〘動物〙 ベンガルザル (⇨ rhesus monkey).

Béngal quínce *n.* 〘植物〙 =bael.

Béngal róse *n.* 〘園芸〙 =China rose 2.

Béngal tíger *n.* 〘動物〙 ベンガルトラ (*Panthera tigris tigris*) 《毛の短い種類》. 〘c1864〙

Beng·bu /bə̀ŋbúː; *Chin.* pə̀ŋpù/ *n.* 蚌埠(ポンプー) 《中国中東部, 安徽省 (Anhui) の都市》.

Benge /béndʒ/ *n.* 〘商標〙 ベンジ 《米国 King Musical Instruments 製のトランペット・コルネット》.

Ben·gha·zi /bɛŋgɑ́ːzi, bɛŋ-, -gǽzi | -gɑ́ː-; *Arab.* bàniyáːzi/ *n.* (*also* **Ben·ga·si** /~/) ベンガジ 《リビア北東部にある海港; 旧首都 (cf. Tripoli 1, Beida)》.

B Engr 《略》 Bachelor of Engineering.

B Eng S. 《略》 Bachelor of Engineering Science.

Ben·guel·a /bɛŋgwélə, -gwéɪlə; *Port.* bẽgélə/ *n.* ベンゲラ 《アンゴラ西部の港市; アフリカ大陸横断鉄道の終点の一つ》.

Benguéla Cúrrent *n.* [the ~] ベンゲラ海流 《アフリカの南西岸沿いに北流する寒流》.

Ben-Gu·ri·on /bɛŋgúriən, bɛ̀ŋgurjɑ́(ː)n | bɛŋgúəriən, bɛŋ-, -gúri-/, **David** *n.* ベングリオン 《1886–1973; ポーランド生まれのイスラエルの政治家; 首相 (1948–53, '55–63)》.

Bén Hógan /-hóugən | -háu-/ *n.* 〘商標〙 ベンホーガン 《米国製のゴルフ用品; ゴルファー名から》.

Be·ni /béni; *Sp.* béni/ *n.* [the ~] ベニー(川) 《南米ボリビア西部から北東方に流れ Madeira 川に注ぐ (1,600 km)》.

be·night·ed /bɪ̈náɪtɪ̈d | -tɪ̈d/ *adj.* **1** 〈旅人など〉行き暮れた, 夜に入った: a ~ traveler 行き暮れた旅人. **2** 未開の, 文化の遅れた; 無学文盲の: the poor ~ heathen 哀れな未開の異教徒. **~·ly** *adv.* **~·ness** *n.* 〘(1575) (p.p.) ← (a1415) *binighten* to overtake by night: ⇨ be-, night〙

be·nign /bɪ̈náɪn/ *adj.* **1 a** 〈人・性格など〉恵み深い, 優しい, 親切な (⇨ kind^{2} SYN): a ~ person, appearance, character, etc. / a ~ smile 優しい微笑 / a ~ rule 仁政 / ⇨ benign neglect. **b** 《目下の人などに対して》寛容な, 寛大な (tolerant). **2** 〘病理〙 〈病気など〉良性の (↔ malign): a ~ tumor [disease] 良性腫瘍[疾患]. **3** 〈気候・土地・影響など〉良好な, 実りのよい, 温和な (mild): a ~ climate 温和な気候. **4** 〈運命など〉吉運の, 幸先(さいさき)のよい: a ~ sign 幸先のよい兆候. **5** 〈発電などが〉原子力利用でない. **~·ly** *adv.* **~·ness** *n.* 〘(?a1325) *benigne* □ (O)F *bénigne* (fem.) < L *benignam, benignus* (nom. masc.) kind ← BENE-+*genus* birth (⇨ genus)〙

be·nig·nan·cy /bɪ̈nígnənsi/ *n.* **1** 仁慈, 恵み深さ, 温情. **2** (気候などの)温和, 温暖. **3** 〘病理〙 良性. 〘(1876): ⇨ ↓, -ancy〙

be·nig·nant /bɪ̈nígnənt/ *adj.* **1** 〈人・態度など〉《特に, 目下の者に》優しい, 慈悲深い, 恵み深い (gracious) (⇨ kind^{2} SYN): a ~ smile 優しい微笑 / a ~ sovereign 仁慈深い国王. **2** 〈物事がためになる, 有益な (beneficial). **3** 〘病理〙 〈病気など〉良性の (benign) (↔ malignant). **~·ly** *adv.* 〘(a1782) ← BENIGN+-ANT: MALIGNANT との類推による造語〙

be·nig·ni·ty /bɪ̈nígnəti | -nɪ̈ti/ *n.* **1** 《心情・性格などの》優しさ, 温良, 仁慈, 仁愛. **2** 《古》恩恵, 親切な行為. **3** (気候などの)温暖, 温和: the ~ of the season. 〘(c1380) *benignit(e)* □ (O)F *bénignité* // L *benignitātem* ← *benignus* 'BENIGN': ⇨ -ity〙

benígn neglèct *n.* 善意の無視 《政治・経済・外交などの不都合に傍観を決め込むこと》.

Be·ni Ha·san /bénihɑ́ːsɑːn/ *n.* ベニハサン 《エジプト中部, Asyut の北方で Nile 河畔にある村; 古代エジプトの岩窟墳墓の所在地》.

Be·nin /bɪ̈nín, bɛ-, -níː(ː)n | bɛníːn, bɪ̈-, -nín; *F.* benɛ̃/ *n.* **1** ベナン 《アフリカ西部 Guinea 湾に臨む共和国; もと French West Africa の一部であったが, フランス共同体 (French Community) 内の共和国を経て, 1960 年ダオメー共和国 (the Republic of Dahomey) として独立, 1975 年改称; 面積 112,639 km², 首都 Porto-Novo; 公式名 the Republic of Benin ベナン共和国》. **2** [the ~] ベニン(川) 《ナイジェリア南部の川; the Bight of Benin に注ぐ》. **3** ベニン 《14–17 世紀に栄えたアフリカ西部の旧王国, 現在はナイジェリア南部の一地方; 面積 22,344 km²》. **4** [the ~] ビニ族 《青銅や象牙の彫刻・工芸品で有名な, クワ語語族を話す部族》. **5** =Benin City. **Be·nin·ese** /bɛ̀nɪníːz⁻, bɛni-, bɪ̈-/ *adj.*

Benin, the Bight of *n.* ベニン湾 《Guinea 湾北部の湾》.

Benín Cíty *n.* ベニンシティ 《ナイジェリア南部 Bendel 州の州都; ベニン王国 (Benin 3) の旧都》.

Bén·i·off zòne /béniɔ̀(ː)f-, -ɑ̀(ː)f- | -ɔf-, -əf-/ *n.* 〘地質〙 ベニオフ帯, 震源面 《地殻プレートがマントルの下に潜り込む地域; subduction zone ともいう》. 〘← (*Victor*) *Hugo Benioff* (1899–1968: 米国の地震学者)〙

ben·i·son /bénəsən, -sn̩, -zən, -zn̩ | -nɪ̈-/ *n.* 《古》祝福 (blessing) (↔ malison); 祝福の祈り (benediction). 〘(a1300) *benisoun* □ OF *beneiçon, beneison* < L *benedictiōnem*: ⇨ benediction〙

Ben·i Su·ef /bènisuéɪf, -swéɪf/ *n.* ベニ スエフ 《エジプト北東部の, Nile 川に臨む都市》.

Be·ni·ta /bɪ̈níːtə | bɛníːtə, bɪ̈-; *Sp.* beníta/ *n.* ベニータ 《女性名》. 〘□ Am.-Sp. ~ 'BENEDICTA'〙

Be·ni·to /bəníːtou | bɛníːtəu, bɪ̈-; *It.* beníːto, *Sp.* beníto/ *n.* ベニート 《男性名》. 〘□ Sp. ~ 'BENEDICT'〙

be·ni·to·ite /bəníːtouàɪt, -tou- | -təu-/ *n.* 〘鉱物〙 ベニトアイト ($BaTiSi_3O_9$). 〘(1907) ← *San Benito* (米国 California 州の地名: ↑)+-ite^{1}〙

ben·ja·min /béndʒəmɪ̈n/ *n.* =benzoin. 〘(1580) 《転訛》← *benjoin* 《古形》← BENZOIN〙

Ben·ja·min /béndʒəmɪ̈n; *F.* bɛ̃ʒamɛ̃/ *n.* **1** ベンジャミン 《男性名; 愛称形 Ben, Benny, Benjy》. **2** 〘聖書〙 **a** ベニヤミン 《Jacob の 12 番目の末子で Joseph の弟, 母は Rachel; cf. *Gen.* 35: 18, 42: 4》. **b** ベニヤミン族 《ベニヤミンを祖とするイスラエル十二支族の一つ》. **3** 末子; 愛児. 〘□ Heb. *Binyāmīn* 《原義》 son of the right hand (=? good fortune)〙

Benja·min, Judah Philip *n.* ベンジャミン 《1811–84; 米国の法律家; 南部連盟国務長官 (Confederate secretary of state) (1862–65)》.

Ben·ja·min /bénjəmìːn; *G.* bénjamiːn/, **Walter** *n.* ベンヤミーン 《1892–1940; ドイツの批評家》.

bénjamin bùsh *n.* 〘植物〙 =spicebush.

Bénjamin-Cónstant *n.* =Jean Joseph Benjamin CONSTANT.

Bénjamin's méss [pórtion] *n.* 〘聖書〙 大きい分け前 (cf. *Gen.* 43: 34).

bénjamin trèe *n.* 〘植物〙 **1** アンソクコウノキ (*Styrax benzoin*) 《熱帯アジア産のエゴノキの類の木で, その樹液から安息香 (benzoin) を採る》. **2** インド産クワ科イチジク属の観賞用植物の一種 (*Ficus benjamiana*). 〘1640〙

Ben·jy /béndʒi/ *n.* ベンジー 《男性名》. 〘(dim.) ← BENJAMIN〙

Ben Lo·mond /bɛ̀nlóumənd | -láu-/ *n.* ベンローモンド: **1** スコットランド中西部, Loch Lomond の東側にある山 (973 m). **2** オーストラリアの Tasmania 北東部の山 (1,573 m). **3** オーストラリア の New South Wales 南東部の山; New England Range の最高峰 (1,520 m).

Benn /bén/, **Anthony (Neil) Wedgwood** *n.* ベン 《1925– ; 英国の政治家; 労働党左派; もと貴族で, 1963 年 Viscount Stansgate の称号を放棄; 通称 Tony》.

Benn /bén; *G.* bén/, **Gottfried** *n.* ベン 《1886–1956; ドイツの詩人; *Fragmente*「断篇集」(詩集, 1951)》.

ben·ne /béni/ *n.* 〘植物〙 ゴマ (sesame): oil of ~=~ oil ごま油. 〘(1769) □ Afrik. *bene*〙

ben·net /bénɪ̈t | -nɪt/ *n.* 〘植物〙 **1** =herb bennet. **2** アメリカ産のバラ科ダイコンソウ属の草本 (*Geum virginianum* または *G. canadense*). **3** ヒナギク (daisy). **4** =bent^{2} 1 b. 〘(c1440) (*herbe*) *benet* □ OF *herbe beneite* 《なぞり》← ML *herba benedicta* blessed herb: 魔除けに用いられたことから〙

Ben·net /bénɪ̈t | -nɪt/ *n.* ベネット 《男性名》. 〘《変形》← BENEDICT〙

Ben·nett^{1} /bénɪ̈t | -nɪt/ *n.* ベネット 《男性名》. 〘《変形》← BENEDICT〙

Ben·nett^{2} /bénɪ̈t | -nɪt/ *n.* 〘天文〙 ベンネット彗星(すいせい) 《1969 年に発見; 太陽より 10 倍大きい水素雲に囲まれているという; Bennett's Comet ともいう》. 〘← *John C. Bennett* (南アフリカ共和国 Pretoria でこれを発見した人)〙

Ben·nett /bénɪ̈t | -nɪt/, **Alan** *n.* ベネット 《1934– ; 英国の劇作家・俳優》.

Bennett, (Enoch) Arnold *n.* ベネット 《1867–1931; 英国の小説家; *The Old Wives' Tale* (1908), *Clayhanger* (1910)》.

Bennett, James Gordon *n.* ベネット 《1795–1872; スコットランド生まれの米国の出版人・ジャーナリスト; *New York Herald* (1835) の創刊者》.

Bennett, Jill *n.* ベネット 《1931–90; 英国の女優》.

Bennett, Louise *n.* ベネット 《1929– ; ジャマイカの詩人・女優》.

Bennett, Richard Bedford *n.* ベネット 《1870–1947; カナダの政治家, 首相 (1930–35); 称号 Viscount Bennett》.

Bennett, Sir Richard Rodney *n.* ベネット 《1936– ; 英国の作曲家》.

Ben Nev·is /bɛ̀nnévɪ̈s | -vɪs/ *n.* ベンネビス 《スコットランド中西部, Grampian Hills 西部にある山, Great Britain 島の最高峰 (1,343 m)》.

ben·ni /béni/ *n.* 〘植物〙 =benne.

Ben·nie /béni/ *n.* ベニー 《男性名》.

Ben·ning·ton /bénɪŋtən/ *n.* ベニントン 《米国 Vermont 州南西の町; 米国独立戦争で英国軍が 1777 年に敗れた地》.

bénni·sèed *n.* ごまの実. 〘cf. *beneseed* (1769)〙

ben·ny^{1} /béni/ *n.* 《俗・古風》アンフェタミン (amphetamine), 《特に》Benzedrine の錠剤. 〘(1949) ← BEN(ZEDRINE)+-Y^{2}〙

ben·ny^{2} /béni/ *n.* 《米俗》 **1** つばが広くて山 (crown) の低い麦わら帽子. **2** (19 世紀に用いられた男子用の体にぴったりした)オーバーコート. 〘(1903) 《短縮》← *Benjamin* a form of overcoat for men (仕立屋の名に由来): ⇨ -y^{2}〙

ben·ny^{3} /béni/ *n.* 《英俗》ばか, 間抜け, とんま.

ben·ny^{4} /béni/ *n.* (*pl.* **ben·nies, ben·ies** /~z/) [通例 *pl.*] 《米口語》 《雇用に伴う》諸手当 (benefits).

Ben·ny /béni/ *n.* ベニー 《男性名》. 〘(dim.) ← BENJAMIN〙

Benny, Jack *n.* ベニー 《1894–1974; 米国のラジオ・テレビ・

映画の喜劇役者; 本名 Benjamin Kubelsky).

bén óil *n.* =ben[3] 1.

Be·noît de Sainte-Maure /bɛnwáːdəsæ̃ː(m)mɔ́ːr(ə), -sæ̃ŋ-; *F.* bənwadsɛ̃mɔːʁ/ *n.* ブノワ ド サントモール (12 世紀フランスの吟遊詩人).

ben·o·myl /bénəmɪ̀l/ *n.* 〖農薬〗ベノミル ($C_{14}H_{18}N_4O_3$) (殺菌薬).

Be·no·ni /bənóuni, -naɪ | bɪ̀nə́uni, bɛ-/ *n.* ベノニ (南アフリカ共和国の Johannesburg 近くの工業都市; 大規模な金鉱山がある).

Bén·rath lìne /bénrɑːt-/ *n.* [the ~] 〖言語〗ベンラート線 (ゲルマン語第二子音推移 (p, t, k > pf または f, z または s, ch) の存否を分かつ等語線; ほぼ Aachen, Düsseldorf から Frankfurt an der Oder の間を横切っている). 〖(なぞり) ← G *Benrather Linie* ← *Benrath* (Cologne 北西部の小さな町の名): この付近で HG *machen* to make と LG *maken* を隔てる等語線が Rhine 川を横断していることから〗

Ben·son /bénsən, -sn̩/ *n.* ベンソン (男性名). 〖← BEN+-SON〗

Benson, Arthur Christopher *n.* ベンソン (1862–1925; 英国の英文学者・著述家).

Benson, E(dward) F(rederick) *n.* ベンソン (1867–1940; 英国の作家; 社会諷刺的な小説や伝記で有名; *Queen Lucia* (1920), *Miss Mapp* (1922)).

Benson, Stella *n.* ベンソン (1892–1933; 英国の女流小説家).

Bénson & Hédg·es /-hédʒɪ̀z/ *n.* 〖商標〗ベンソンアンドヘッジズ (英国 Benson & Hedges 社製の紙巻きたばこ; 米国では Philip Morris 社が製造・販売).

bent[1] /bént/ *v.* bend[1] の過去形・過去分詞. — *adj.* **1** 曲がった, 曲げられた, 湾曲した (curved): a ~ stick, bow, head, etc. / a ~ old man 腰の曲がった老人 / a ~ money ⇨ money 1. **2 a** (…しようと)決心して (determined) 〔*on, upon*〕 (cf. bend[1] *vt.* 4): They seem ~ *on* robbery. 連中は強盗を企んでいるようだ. **b** 〔…に〕熱中して 〔*on, upon*〕: a scholar ~ *on* his studies 研究に没頭している学者. **3** (ある方向に)向かって, 行く途中で: homeward ~ 家路について. **4** 《俗》(酒・麻薬に)酔った. **5** 《俗》無一文同然の. **6** 《口語》性的に異常な, 変態の, (特に)ホモの. **7** 《英口語》〈特に警官・役人が〉不正直な, 不正な, 賄賂で動く. **8** 《口語》〈物が〉不正な手段で得た; 〈特に車が〉盗まれた, 盗品の. **9** 《俗》怒り狂った; 動転した.
bent out of shápe 《俗》(1) かんかんに怒って, 逆上して. (2) (麻薬・酒に)酔った.
— *n.* **1** (心の)傾向, 性向, 性癖 (tendency) (⇨ inclination SYN); 適性: follow one's ~ 自分の気の向くままにする / have a natural ~ *for* study 生まれつき学問に向いている / a young man with a literary ~ 文学(好きな)青年. **2** 耐えうる力 (弓が曲がる限界の意から). ★ 主に次の句で: ⇨ *to the* TOP[1] *of one's bent*. **3** 《俗》同性愛の男, ホモ. **4** 〖土木〗橋脚; 構脚, 脚柱; ラーメン (< G *Rahmen*) (脚柱と梁(はり)とを剛結した構造). **5 a** 《古》湾曲, 屈曲. **b** 《廃》湾曲したもの; 湾曲部.
〖adj.: (?a1300) (p.p.) ← BEND[1]. — n.: (a1426) ← BEND[1]: *extend—extent* などとの類推による〗

bent[2] /bént/ *n.* **1 a** 〖植物〗コヌカグサ, ヌカボ (イネ科コヌカグサ属 (*Agrostis*) やそれに類似のイネ科の雑草の総称; ハイコヌカグサ (creeping bent grass) など; bent grass ともいう). **b** コヌカグサなどの(枯れた)茎. **2** 《古》〖植物〗各種のイネ科・カヤツリ科の雑草. **3 a** 《スコット・英方言》荒れ地, 荒れ野 (moor). **b** 柵囲をしていない草地. **c** 《古》山腹 (hillside). 〖(?c1350) *bent(e)* ← OE *beonet*- (原義)? stiff grass < Gmc **binut*- (G *Binse* rush) ← ?〗

bént gràss *n.* 〖植物〗=bent[2] 1 a.

ben·thal /bénθəl, -θl̩/ *adj.* 〖生物〗=benthonic.

Ben·tham /bén(t)θəm | béntəm, bén(t)θəm/, **Jeremy** *n.* ベンサム (1748–1832; 英国の法律家・哲学者; 功利主義を説いた; *Defence of Usury* (1787), *An Introduction to the Principles of Morals and Legislation* (1789)).

Bén·tham·ìsm /-mɪ̀zm/ *n.* ベンサム[主義], 功利主義 (最大多数の最大幸福 (the greatest happiness of the greatest number) を中心思想とする哲学・倫理・政治・経済学説; utilitarianism ともいう). 〖(1829): ⇨ ↑, -ism〗

Ben·tham·ite /bén(t)θəmàɪt | béntə-, bén(t)θə-/ *n.* ベンサム(学)派の人, 功利主義者. 〖(1826): ⇨ -ite[1]〗

ben·thic /bén(t)θɪk/ *adj.* 〖生物〗**1** =benthonic. **2** 深海の[にすむ]. 〖(1902)〗

ben·thon /bénθɑ(ː)n | -θɔn/ *n.* =benthos.

ben·thon·ic /benθɑ́(ː)nɪk | -θɔ́n-/ *adj.* 〖生物〗水底にすむ. 〖(1897): ⇨ ↓, -ic[1]〗

ben·thos /bénθɑ(ː)s | -θɔs/ *n.* **1** (深)海[湖]の底. **2** [集合的] 〖生物〗(水底に群生する)底生生物, ベントス (cf. plankton, nekton). 〖(1891) ◻ Gk *bénthos* depth of the sea ← ? IE **gʷadh*- to sink〗

ben·tho·scope /bénθəskòup | -skə̀up/ *n.* ベンソスコープ (海底調査用鋼球; cf. bathysphere). 〖← BENTHO(S)+-SCOPE〗

Ben·tinck /béntɪŋk/, **Lord William Henry Cavendish** *n.* ベンティンク (1774–1839; 英領の政治家・英領インドの初代知事 (1828–35)).

Bentinck, William Henry Cavendish *n.* ベンティンク (1738–1809; 英国の政治家; 首相 (1783, 1807–09); 称号 3rd Duke of Portland).

Bent·ley /béntli/ *n.* 〖商標〗ベントレー (英国製の高級乗用車; 外交官や政治家が好んで使用する).

Bent·ley /béntli/, **Edmond Clerihew** *n.* ベントリー (1875–1956; 英国のジャーナリスト).

Bentley, Eric (Russell) *n.* ベントリー (1916– ; 英国生まれの米国の演劇批評家).

Bentley, Richard *n.* ベントリー (1662–1742; 英国の古典学者・批評家).

Ben·ton /béntn̩, -tən | -tən/, **Thomas Hart** *n.* ベントン: **1** (1782–1858) 米国の政治家; 民主党の上院議員 (1821–51). **2** (1889–1975) 米国の画家・壁画家; 1 の甥の息子.

ben·ton·ite /béntənàɪt, -tn̩- | -tən-, -tn̩-/ *n.* 〖岩石〗ベントナイト (モンモリロナイト (montmorillonite) を主成分とする粘土). **ben·ton·it·ic** /bèntənítɪk, -tn̩- | -tənít-, -tn̩-/ *adj.* 〖(1898) ← *Fort Benton* (米国 Montana 州の町, 発見地): ⇨ -ite[1]〗

ben tro·va·to /bèntrouváːtou | -trəuváːtəu; *It.* bentrováːto/ *adj.* 〈逸話などが〉じょうずに作った, 巧みな, もっともらしい (plausible) (⇨ se non è vero, è ben trovato (巻末)). 〖(1876) ◻ It. ~ (原義) well found〗

bént stóne *n.* 〖時計〗=exit pallet.

bént·wòod *adj.* 木を(切らないで)曲げて作った, 曲げ木製の: ~ furniture 曲げ木家具. — *n.* (蒸気で軟らかくしていろいろな形に曲げた家具木工用の)曲げ木. 〖(1862)〗

Be·nue /béɪnweɪ | bénuèɪ/ *n.* **1** ベヌエ (ナイジェリア南東部の州). **2** [the ~] ベヌエ(川) (アフリカ西部のカメルーンから西流しナイジェリアの Niger 川に注ぐ支流 (1,400 km)).

Bénue-Cóngo *n.* ベヌエ コンゴ語派 (Niger-Congo 語族の語派で Bantu 語など西アフリカの諸言語より成る). — *adj.* ベヌエ コンゴ語派の.

be·numb /bɪ̀nʌ́m/ *vt.* **1** 〈人・体などを〉無感覚にする, 凍えさせる: be ~*ed with* [*by*] cold 寒さのために凍えて[かじかんで]いる. **2** [通例受身で] 〈精神・心などを〉麻痺させる (paralyze). **~·ing·ly** *adv.* 〖(c1400) *binome(n)* (p.p.) < OE *benumen* (p.p.) ← *beniman* to deprive of ← BE-+*niman* to take (cf. nimble): *-b* は DUMB, LIMB[1] からの類推〗

be·númbed *adj.* 感覚を失った, かじかんだ, 凍えた; (恐怖などで)ふぬけのようになった. 〖(1547): ⇨ ↑, -ed〗

Ben·ve·niste /bæ̃(ŋ)veníːst, bæ̃ŋ-; *F.* bɛ̃venist/, **Émile** *n.* バンベニスト (1902–76; フランスの比較言語学者).

Ben·xi /bə̀nʃíː, bə̀n-; *Chin.* pə̌nɕí/ *n.* 本渓(ほんけい) (中国遼寧省 (Liaoning) 東部の工業都市).

Benz /bénz, bénts; *G.* bénts/ *n.* ベンツ (Mercedes-Benz の通称).

Benz /bénz, bénts; *G.* bénts/, **Karl (Friedrich)** *n.* ベンツ (1844–1929; ドイツの発動機製作技師; 彼の設立した Karl Benz 社は後に Daimler 社と合併し, Daimler-Benz 社となる (1926); cf. DaimlerChrysler).

benz- /benz/ (母音の前にくるときの) benzo- の異形.

ben·zal /bénzæl/ *n.* 〖化学〗ベンザル (C_6H_5CH) (benzaldehyde から導かれる 2 価の基; benzylidene ともいう). 〖← BENZO-+-AL[3]〗

bènzal·ácetone *n.* 〖化学〗=benzylidene acetone.

bénzal chlóride *n.* 〖化学〗塩化ベンザル ($C_6H_5CHCl_2$) (無色の油状液体; 染料製造に用いる; benzylidene chloride ともいう).

benz·al·de·hyde /benzǽldəhàɪd | -dɪ̀-/ *n.* 〖化学〗ベンズアルデヒド (C_6H_5CHO) (苦扁桃油の主成分で, 芳香を有する無色の液体; 香料・染料製造に用いる). 〖(1866) ◻ G *Benzaldehyd*: ⇨ benzo-, aldehyde〗

ben·zal·kó·ni·um chlóride /bènzælkóuniəm- | -kə́u-/ *n.* 〖化学〗塩化ベンザルコニウム ($[C_6H_5CH_2N(CH_3)_2R]Cl$) (陽イオン活性剤の一種, 水溶性固体; 主に防腐剤や消毒剤に使う). 〖← BENZO-+ALK(YL)+(AMM)ONIUM〗

benz·am·ide /benzǽmaɪd, -mɪ̀d, bénzəmàɪd | benzǽmaɪd, -mɪd, bénzəmàɪd/ *n.* 〖化学〗ベンズアミド ($C_6H_5CONH_2$) (無色の結晶; 塩化ベンゾイルとアンモニアから造る). 〖(1850) ◻ G *Benzamid*: ⇨ benzo-, amide〗

Ben·za·mine /bénzəmìːn/ *n.* 〖商標〗ベンザミン (局部麻酔薬 eucaine の商品名).

benz·an·i·lide /benzǽnɪ̀lɪ̀d, -làɪd, -nl̩- | -nɪlɪd, -laɪd/ *n.* 〖化学〗ベンズアニリド ($C_6H_5CONHC_6H_5$) (白色の結晶; 染料製造に用いる). 〖← BENZO-+ANILIDE〗

benz·an·thra·cene /benzǽnθrəsìːn/ *n.* 〖化学〗ベンゾアントラセン ($C_{18}H_{12}$) (葉状晶; コールタール中に少量含まれる). 〖(1938) ← BENZO-+ANTHRACENE〗

benz·an·throne /benzǽnθroun | -θrəun/ *n.* 〖化学〗ベンゾアントロン ($C_{17}H_{10}O$) (淡黄色の結晶; 青色・黒色染料製造中間体として重要).

Bén·ze·drex Inháler /bénzɪ̀drèks-/ *n.* 〖商標〗ベンゼドレックス吸入器 (鼻カタル・枯草熱などの治療に用いる鼻からの吸入器).

Ben·ze·drine /bénzədrìːn | -zɪ̀drìːn, -drɪn/ *n.* 〖商標〗[時に b-] ベンゼドリン (覚醒剤アンフェタミン (amphetamine) の商品名). 〖(1933) ← BENZO-+(EPH)EDRINE〗

ben·zene /bénziːn, —ˊ—/ *n.* 〖化学〗ベンゼン (C_6H_6) (石油・コールタールから採る無色の可燃性有毒液体; 合成樹脂製造など重要な合成化学原料; cf. benzol, benzine, benzene ring). 〖(1835) ◻ G *Benzine* ← *Benz(oesäure)* benzoic acid+*-ine* '-INE[3]'〗

bénzene·azobénzene *n.* 〖化学〗=azobenzene.

bénzene·carb·ál·de·hyde /-kaəbǽldəhàɪd | -kɑːbǽldɪ̀-/ *n.* 〖化学〗=benzaldehyde.

bénzene·cárbonyl *n.* 〖化学〗=benzoyl.

bénzene·carbóxylate *n.* 〖化学〗=benzoate.

bénzene·càrboxylic ácid *n.* 〖化学〗=benzoic acid.

bénzene hexachlóride *n.* 〖化学〗ベンゼンヘキサクロリド ($C_6H_6Cl_6$) (数種の立体異性体があり, その中の γ 体が殺虫作用をもつ; 略 BHC). 〖(1884)〗

bénzene rìng [nùcleus] *n.* 〖化学〗ベンゼン環[核], ベンゾール環[核] (cf. Kekulé's formula). 〖(1877)〗

bénzene sèries *n.* 〖化学〗ベンゼン系炭化水素 (benzene, toluene, xylene など).

bènzene·sulfónic ácid *n.* 〖化学〗ベンゼンスルホン酸 ($C_6H_5SO_3H$) (無色の結晶; 有機合成に用いる).

ben·ze·noid /bénzɪ̀nɔ̀ɪd | -zɪ-/ *adj.* 〖化学〗ベンゼンに似た, ベンゼン列の. 〖(1887) ← BENZENE+-OID〗

ben·ze·thó·ni·um chlóride /bènzəθóuniəm- | -zɪ̀θə́u-/ *n.* 〖化学〗塩化ベンゼトニウム ($(C_{27}H_{42}O_2N)Cl \cdot H_2O$) (無色の結晶で陽イオン活性剤の一種; 殺菌, 消毒薬). 〖*benzethonium*: ← BENZ(YL)+(M)ETH(YL)+(AMM)ONIUM〗

ben·zi·dine /bénzədìːn, -dn̩ | -zɪ̀dìːn, -dɪn/ *n.* 〖化学〗ベンジジン ($NH_2C_6H_4C_6H_4NH_2$) (灰色のうろこ状または結晶性粉末の塩基性化合物で, 染料の原料や試薬に用いる; 有毒の発癌物質の一つ). 〖(1878) ◻ G *Benzidin* ← *Benzin* (⇨ benzine)+*-idin* '-IDINE'〗

bénzidine reàction *n.* 〖生化学〗ベンジジン反応 (ペルオキシダーゼを検出する反応).

benz·im·id·az·ole /bènzɪmədǽzoul, bènzɪ̀mɪ̀dəzóul | bènzɪmɪdǽzəul, bènzɪmɪ́dəzə̀ul/ *n.* 〖化学〗ベンゾイミダゾール ($C_7H_6N_2$) (無色の塩基性結晶). 〖(c1929) ← BENZO-+IMIDAZOLE〗

ben·zin /bénzɪ̀n | -zɪn/ *n.* =benzine.

ben·zine /bénziːn, —ˊ—/ *n.* **1** 《俗用》=benzene. **2** 〖化学〗ベンジン (石油を分留したときに得られる揮発性・引火性液体の総称; 自動車燃料, 清浄用; benzene と区別して benzoline ともいう; cf. ligroin, petroleum ether): ⇨ petroleum benzine. **3** 《古》=ligroin. **4** 《豪まれ》=petrol. 〖(1835) ◻ G *Benzin*: ⇨ benzene, -ine[3]〗

ben·zo- /bénzou | -zəu/ 〖化学〗次の意味を表す連結形: **1** 「ベンゼン (benzene) または安息香酸に関する」: *benzo*phenone. **2** 「ベンゼン環 (benzene ring) を含む」: *ben*zopyrone. ★ 母音の前では通例 benz- になる. 〖← BENZO(IC)〗

ben·zo·ate /bénzouèɪt | -zəu-/ *n.* 〖化学〗安息香酸塩[エステル].
bénzoate of sóda 〖化学〗=sodium benzoate. 〖1806〗

ben·zo·caine /bénzoukèɪn | -zə(u)-/ *n.* 〖薬学〗ベンゾカイン ($C_9H_{11}NO_2$) (局所麻酔剤; ethyl aminobenzoate ともいう). 〖(1922) ← BENZO-+(CO)CAINE〗

ben·zo·di·az·e·pine /bènzoudàɪǽzəpìːn, -éɪz- | -zə(u)-/ *n.* 〖薬学〗ベンゾジアゼピン (精神安定剤として用いられる化合物; diazepam, chlordiazepoxide, nitrazepam など). 〖1934〗

ben·zo·fu·ran /bènzoufjúᵊræn, -fjurǽn | -zə(u)-fjúəræn, -fju(ə)rǽn/ *n.* 〖化学〗ベンゾフラン (⇨ coumarone). 〖(1946) ← BENZO-+FURAN〗

ben·zo·ic /benzóuɪk | -zə́u-, —ˊ——/ *adj.* 〖化学〗安息香性の. 〖(1791) ← BENZO(IN)+-IC[1]〗

benzóic ácid *n.* 〖化学〗安息香酸 (C_6H_5COOH). 〖1791〗

benzóic áldehyde *n.* 〖化学〗=benzaldehyde.

ben·zo·in /bénzouɪn, —ˊ— | bénzəuɪn, —ˊ——/ *n.* **1** 〖化学〗安息香 (熱帯アジア産のアンソクコウノキ (benjamin tree) から採る一種のバルサム樹脂で, 薬品および香水に用いる; gum benjamin, gum benzoin ともいう). **2** 〖植物〗クスノキ科クロモジ属 (*Lindera*) の植物の総称 (ニオイベンゾイン (spicebush) およびその他類似の芳香性のある植物を含む). **3** 〖化学〗ベンゾイン ($C_6H_5CHOHCOC_6H_5$) (水溶性の白色粉末; 分析用試薬に使う). 〖(1558) *benjoin* ◻ F, It. *benjoi* ← **lobenzoi, lobenjui* ◻ Arab. *lubān jāwī* Java frankincense: Arab. *lubān*- の *lu*- は冠詞と誤解されて消失〗

ben·zol /bénzɔ(ː)l | -zɔl/ *n.* (*also* **ben·zole** /-zòul | -zə̀ul/) 〖商用語〗**1** ベンゾール (ベンゼンと他の化合物を混合した工業用粗製品). **2** =benzene. 〖(1838) ← BENZO-, -OL[2]〗

ben·zo·line /bénzəlìːn | -zə(u)-/ *n.* 〖化学〗=benzine 2. 〖(1874) ← BENZOL+-INE[3]〗

bènzo·nítrile *n.* 〖化学〗ベンゾニトリル (C_6H_5CN) (無色透明で扁桃油のような香気がある油状物質; 合成樹脂の溶剤; cyanobenzene, phenyl cyanide ともいう). 〖◻ G *Benzonitril*: ⇨ benzo-, nitrile〗

ben·zo·phe·none /bènzoufɪ̀nóun, -fíːnoun | -zə(u)fɪnə́un, -fíːnəun/ *n.* 〖化学〗ベンゾフェノン ($C_6H_5COC_6H_5$) (芳香無色の結晶体; diphenyl ketone ともいう). 〖(1885) ← BENZO-+PHENO-+-ONE〗

bènzo·púrpurine, B- *n.* 〖化学〗ベンゾプルプリン (ジアゾ赤色直接染料).

bènzo·pýrene *n.* 〖化学〗ベンゾピレン ($C_{20}H_{12}$) (コールタール中に含まれる発癌作用をもつ黄色結晶). 〖(1927) ← BENZO-+PYRO-+-ENE〗

bènzo·quinóne *n.* 〖化学〗ベンゾキノン ($C_6H_4O_2$) (代表的キノンで o-, p- 異性体がある結晶; 重合抑制剤として用いる; 単に quinone ともいう).

bènzo·trichlóride *n.* 〖化学〗ベンゾトリクロリド ($C_6H_5CCl_3$) (無色の液体で染料製造に用いる).

ben·zox·y- /benzɑ́(ː)ksɪ̀, -si | -zɔ́k-/ 〖化学〗「ベンゾイルオキシ (C_6H_5COO-) を含む」の意の連結形. 〖← BENZO-+OXY-[1]〗

ben·zo·yl /bénzouɪ̀l | -zəuɪl/ *n.* 〖化学〗ベンゾイル (C_6H_5CO-) (安息香酸 (benzoic acid) より誘導される 1 価の基). 〖(c1855) ◻ G ~: ⇨ benzo-, -yl〗

ben·zo·yl·ate /bénzouɪ̀lèɪt | -zəuɪl-/ *vt.* 〖化学〗ベン

B

ゾイル化する. **ben·zo·yl·a·tion** /bènzouɪ̀léɪʃən | -zəuɪl-/ n.

bénzoyl chlóride n. 〘化学〙 塩化ベンゾイル (C_6H_5COCl)《刺激臭のある無色の液体; 有機合成に用いる》. 〘⇨ ↑, -ate¹〙

bènzoyl·glýcine n. 〘化学〙 ベンゾイルグリシン (⇨ hippuric acid).

bénzoyl gròup n. 〘化学〙 =benzoyl.

bénzoyl peróxide n. 〘化学〙 過酸化ベンゾイル ($(C_6H_5CO)_2O_2$)《無色の結晶で; ビニール単量体の遊離基重合触媒; 小麦粉·油脂などの漂白に用いる》. 〘1924〙

bénzoyl ràdical n. 〘化学〙 =benzoyl.

bènz·pýrene n. =benzopyrene.

Ben-Zvi /benzví:, -tsví:/, **Itz·hak** /jítshɑ(:)k | -hæk/ n. ベンツビ (1884–1963; イスラエルの政治家; 大統領 (1952–63)).

ben·zyl /bénzi:l, -zəl, -zɪl | -zɪ̀l, -zɪl/ n. 〘化学〙 ベンジル ($C_6H_5CH_2$)《ベンジルアルコールから導かれる 1 価の基》. **ben·zyl·ic** /benzílɪk/ adj. 〘(1869) ← BENZO-+-YL〙

bénzyl ácetate n. 〘化学〙 酢酸ベンジル ($CH_3COOCH_2C_6H_5$)《無色の液体; 香料製造に用いる》.

bénzyl álcohol n. 〘化学〙 ベンジルアルコール ($C_6H_5CH_2OH$)《無色で弱い芳香を帯びた水溶性の液体; 主に香料に使う》.

bénzyl bénzoate n. 〘化学〙 安息香酸ベンジル ($C_6H_5COOCH_2C_6H_5$)《月下香油·ペルーバルサム油に含まれる無色油状の液体; 鎮痙剤, 疥癬(かいせん)治療剤》. 〘1920〙

bénzyl bútyrate n. 〘化学〙 酪酸ベンジル ($C_3H_7COOCH_2C_6H_5$)《果実臭のある液体; 可塑剤》.

bénzyl céllulose n. 〘化学〙 ベンジルセルロース《塗料に用いる》. 〘1932〙

bénzyl chlóride n. 〘化学〙 塩化ベンジル ($C_6H_5CH_2Cl$)《刺激臭のある無色の液体》.

bénzyl dichlóride n. 〘化学〙 =benzal chloride.

bénzyl flúoride n. 〘化学〙 フッ化ベンジル ($C_6H_5CH_2F$)《無色の液体; 有機合成に用いる》.

ben·zyl·i·dene /benzílədì:n | -lɪ-/ n. 〘化学〙 ベンジリデン (⇨ benzal). 〘← BENZYL+-IDENE〙

benzýlidene ácetone n. 〘化学〙 ベンジリデンアセトン ($C_6H_5CH{=}CHCOCH_3$)《無色の結晶; 香料に用いる; methyl styryl ketone ともいう》.

benzýlidene chlóride n. 〘化学〙 塩化ベンジリデン (⇨ benzal chloride).

bénzyl isoámyl éther n. 〘化学〙 =isoamyl benzyl ether.

bénzyl·penicíllin n. 〘薬学〙 ベンジルペニシリン ($C_{16}H_{18}N_2O_4S$)《天然産ペニシリン誘導体の一つ; (米) penicillin G, (英) penicillin II ともいう》. 〘1947〙

bénzyl thiocýanate n. 〘化学〙 チオシアン酸ベンジル ($C_6H_5CH_2CNS$)《無色の結晶; 殺虫剤》.

Be·o·grad /*SCr.* béɔgrad/ n. ベオグラード《Belgrade のセルビア·クロアチア語名》.

Be·o·wulf /béɪəwʊ̀lf | béɪə(ʊ)-, bí:-/ n. **1** 「ベーオウルフ」《8 世紀前半に作られた古英語最大の叙事詩》. **2** ベーオウルフ《*Beowulf* の主人公; 怪物 Grendel を退治する》. 〘OE *Bēowulf* 《原義》? bar, honey-robber ← *bēo* 'BEE¹' + *wulf* 'WOLF, foe'〙

BEP 《略》 〘電算〙 back end processor; 〘会計〙 break-even point.

be·paint /bɪ̀péɪnt/ vt. 《古》 **1** …に絵の具[ペンキ, 塗料]をごてごて塗る. **2** …に着色する, 染める. 〘(*c*1555) ← BE-+PAINT (v.)〙

be·plas·ter /bɪ̀plǽstə | -plɑ́:stə(r/ vt. …に漆喰(しっくい)を塗りつける; …に厚く[一面に]塗る; 〔おしろいなどを〕…に塗りたくる 〔*with*〕. 〘(1611) ← BE-+PLASTER (v.)〙

be·pow·der /bɪ̀páudə | -də(r/ vt. …に粉をまきかける; …におしろいを厚く塗る. 〘(1583) ← BE-+POWDER (v.)〙

be·praise /bɪ̀préɪz/ vt. ほめちぎる. 〘(1774) ← BE-+PRAISE (v.)〙

be·queath /bɪ̀kwí:θ, -kwí:ð | -kwí:ð, -kwí:θ/ vt. **1** 〘法律〙〈動産を〉遺言で譲る, 遺贈する: give and ~ 遺産として与える《遺言書の法律用語》/ ~ a person one's property = ~ one's property *to* a person 人に財産を遺贈する. ★ bequeath は厳密には動産の遺贈に用い, 不動産には devise を用いる. **2** 〈名·作品·範例などを〉〈後世の人に〉伝える, 残す (transmit) 〔*to*〕: Our age ~*s* its civilization *to* the next. 我々の文明は次の時代へ継承される. **3** 《廃》 託する, 委託する (entrust). **~·al** /-ðəl/ n. **~·er** n. 〘OE *becweþan* ← BE-+*cweþan* to say (cf. quoth)〙

be·quéath·ment n. 遺贈; 遺贈物. 〘(1607): ⇨ ↑, -ment〙

be·quest /bɪ̀kwést/ n. **1** (動産の)遺贈: get it by ~ / a charitable ~ 慈善事業への遺贈. **2** 遺贈物, 遺産 (legacy): leave a ~ 遺産を残す. **3** 伝わった物, 遺風, 形見. 〘(*a*1338) *biquest(e)* ← BE-+†*quiste* (← OE *-cwiss* (=*cwide* saying, sentence, testament, decree) < Gmc *kwessiz ← *kweþan: ⇨ QUOTH): cf. BEQUEATH.〙

Bé·ran·ger /bèrɑ̃:(n)ʒéɪ, -rɑ:n-; F. beʀɑ̃ʒe/, **Pierre Jean de** n. ベランジェ (1780–1857; フランスの歌謡詩人).

Be·rar /bɛrɑ́ə | -rɑ́:(r/ n. ベラール《インド中西部, Maharashtra 州の一部; 主要都市 Amravati》.

be·rate /bɪ̀réɪt/ vt. 〔…の理由で〕〈人を〉しかりつける, …に小言を言う 〔*for*〕 (⇨ scold SYN). 〘(1548) ← BE-+RATE²〙

be·ray /bɪréɪ/ vt. 《廃·古》 汚す, きたなくする (defile). 〘(1530) ← BE-+RAY〙

Ber·ber /bə́:bə | bə́:bə(r/ n. **1** ベルベル人《Tripoli 以西の北アフリカ山地に住む地中海岸民族; 人種的にはコーカソイド (Caucasoid)》. **2** ベルベル語(群)《ハムセム語族》. — adj. ベルベル人; ベルベル語の. 〘(1732) ◻ Arab. *bárbar* ← *bárbara* to babble noisily〙

Ber·ber·a /bə́:b(ə)rə | bə́:-/ n. ベルベラ《アフリカ東部ソマリアの Aden 湾に臨む海港》.

Ber·ber·i·da·ce·ae /bə̀:bərədéɪsiì: | bə̀:bərɪ-/ n. pl. 〘植物〙 (双子葉植物キンポウゲ目)メギ科. **bèr·ber·i·dá·ceous** /-ʃəs⁺/ adj. 〘← NL ~ ← *Berberid-*, *Berberis*+-ACEAE〙

ber·ber·ine /bə́:bərì:n/ n. 〘化学〙 ベルベリン ($C_{20}H_{19}NO_5$)《barberry などの植物の根から採る苦みのある黄色結晶性アルカロイド; 健胃剤·強壮剤; かつて黄色天然染料としてヨーロッパで広く用いられた》. 〘(*c*1847) ← NL *berberina* ← *Berberis* (↑)+-INE³〙

ber·ber·is /bə́:bərɪ̀s | bə́:b(ə)rɪs/ n. 〘植物〙 **1** [B-] メギ属《メギ科の一属》. **2** =barberry 1. 〘(*c*1868) ← NL ~ (属名)《変形》← ML *barbaris* 'BARBERRY'〙

ber·ber·ry /bə́:bèri | bə́:bəri/ n. 〘植物〙 =barberry.

bér·bice chàir /bə́:bi:s- | bə́:-/ n. ベルビス椅子《ひじ掛けの部分を内側に折りたたんで, 脚掛けに使用できる大型の安楽椅子》. 〘1951〙

ber·ceau /bəəsóu | bɛəsə́u; F. bɛʀso/ n. (木陰の)園亭 (arbor); (樹木で覆われた)木陰道. 〘(1699) ◻ F ~ 《原義》 cradle〙

ber·ceuse /bɛəsə́:z, -sú:z | bɛəsə́:z; F. bɛʀsø:z/ n. (*pl.* **~s** /~ɪ̀z; F. ~/) 〘音楽〙 **1** 子守歌 (lullaby). **2** ベルスーズ《静かな声楽または器楽曲》. 〘(1876) ◻ F ~ ← *bercer* to lull, rock〙

Berch·tes·ga·den /bɛ́əktəsgɑ̀:dn, bɛ́əx- | bɛ́əktəs-, bɛ́əx-; G. bɛ̀ʀçtəsgá:dn̩/ n. ベルヒテスガーデン《ドイツ南東部 Bavaria 州の保養地; Hitler の山荘があった所》.

Ber·cy /bəəsí: | bɛə-; F. bɛʀsi/ n. ベルシー(ソース)《魚か肉のだし汁とエシャロット (eschalot)·パセリ·白ぶどう酒で作るソース; Bercy sauce ともいう》. 〘← F ~ (Paris にある地区の名)〙

ber·dache /bədǽʃ | bə-/ n. (北米インディアンで)女装して女性として受け入れられているホモの男性. 〘(1806) ◻ F *bardache*〙

Ber·dya·yev /bədjɑ́:jef, -jev, bədʒɑ́:- | bɛədjɑ́:ev, -jef; Russ. bʲirdʲájɪf/, **Nikolay** (**Aleksandrovich**) n. ベルジャーエフ (1874–1948; ロシアの神秘主義的哲学者; 1922 年亡命して Berlin, Paris に住む; *Slavery and Freedom* (1940)).

bere /bɪə | bɪə(r/ n. 《英》 =six-rowed barley (cf. bigg²). 〘OE *bere*〙

be·reave /bɪ̀rí:v/ vt. (**~d**, **be·reft** /bɪ̀réft/; **~d**, **be·reft**, 《古》 **be·rev·en** /-rí:vən/) 《文語》 **1** [過去形·過去分詞には通例 bereaved を用いて] 〈死·事故などが〉〈人〉から〈肉親などを〉奪う (deprive) 〔*of*〕 (cf. bereaved): The war ~*d* them of their only son. その戦争で彼らは一人息子を亡くした. **2** [過去形·過去分詞には通例 bereft を用いて] 〈人〉に〈望み·喜び·理性などを〉失わせる 〔*of*〕 (cf. bereft): Indignation *bereft* me of speech. 腹が立って物が言えなかった / He is *bereft* of all hope. あらゆる望みを失った / Are you *bereft* of reason? 気でも狂ったのか. **3** 《廃》 強奪する (take away). **be·réav·er** n. 〘OE *berēafian* < Gmc *birauƀōjan: ⇨ be-, reave¹〙

be·reaved /bɪ̀rí:vd/ adj. **1** 親しい人に死なれた[先立たれた], あとに寂しく取り残された (cf. bereave 1): the ~ family 遺族 / the ~ parents 子供に先立たれた両親 / feel ~ after the death of …を亡くして寂しく取り残された気持ちになる. **2** [the ~; 名詞的に; 単数または複数扱い] 近親を失った人[人々], あとに残された人[人々], 遺族. 〘((?*a*1200)) (1604–05): ⇨ -ed〙

be·reave·ment /bɪ̀rí:vmənt/ n. (愛児·愛妻などに)先立たれること, 死別, 不幸: a sad ~ 不幸 / express one's sympathy with a man in his ~ 人の不幸に弔辞を述べる. 〘(1731): ⇨ -ment〙

bereaven v. 《古》 bereave の過去分詞.

be·reft /bɪ̀réft/ v. bereave の過去形·過去分詞. — adj. **1 a** 〔…を〕失って, 奪われて 〔*of*〕 (cf. bereave 2): a man ~ *of* poise [senses] 落ち着き[正気]を失った人 / be utterly ~ 何もかも[生活の望みを]全く失っている. **b** 〔…が〕不足している, 欠けている 〔*of*〕: a book ~ *of* an index 索引のない本. **2** =bereaved 1. 〘*c*1375〙

Ber·e·ni·ce /bèrənáɪsi | -rɪ̀náɪsi, -ní:s/ n. ベレナイシ《女性名; 愛称形 Bernie; 異形 Bernice》. 〘◻ L *Berenīcē* ◻ Gk *Bereníkhē* 《変形》 ← *Pheroníkē* 《原義》 bringer of victory〙

Bereníce's Háir n. [the ~] 〘天文〙 かみのけ(髪)座 (⇨ Coma Berenices). 〘1601〙

Ber·en·son /bérənsən, -sn̩/, **Bernard** n. ベレンソン (1865–1959; 米国の美術批評家; *The Italian Painters of the Renaissance* (1932)).

be·ret /bəréɪ | béreɪ, -ri, bérəɪ; F. beʀɛ/ n. (*pl.* **~s** /~z; F. ~/) **1** ベレー帽《元来バスク人の農夫のかぶるつばなしの丸型の帽子》. **2** 〘英軍〙 (ベレー帽形の)軍帽. 〘(1827) ◻ F *béret* Basque cap ◻ O Gascon & O Prov. *berret* < ML *birretum* (dim.) ← LL *birrus* cap: cf. biretta〙

Be·re·zi·na /bəréɪzənə, -réz-, -znə | bɛrézɪ-, -réz-; Russ. bʲirʲizʲiná/ n. [the ~] ベレジナ(川)《ベラルーシ共和国中央部を南東に流れ, Dnieper 川に注ぐ川 (613 km); 敗退中の Napoleon 軍が大損害を受けて渡河した (1812)》.

Be·rez·ni·ki /bəréznɪki; Russ. bʲirʲizʲnʲikʲí/ n. ベレズニキ《ロシア連邦西部の工業都市》.

berg¹ /bə́:g | bə́:g/ n. 氷山. 〘(1823) 《略》 ← ICEBERG〙

berg² /bɛ́ək | bɛ́ək; *Afrik.* bɛrk/ n. 《南ア》 (しばしば固有名詞の一部として)山 (mountain). 〘(1840) ◻ Afrik. ~ ◻ Du. *bergh*, *berch*: cf. barrow²〙

Berg /bə́:g, bɛ́əg | bə́:g, bɛ́əg; G. bɛ́ʀk/, **Alban** (**Maria Johannes**) n. ベルク (1885–1935; オーストリアの作曲家).

Berg /bə́:g | bə́:g/, **Paul** n. バーグ (1926–　; 米国の生化学者; DNA の組替えに関する業績で Nobel 化学賞 (1980)).

Ber·ga·ma /bəgɑ́:mə | bə-; *Turk.* bérgama/ n. ベルガマ《トルコ西部の都市; ⇨ Pergamum》.

ber·ga·mask /bə́:gəmæ̀sk | bə́:-/ n. **1** (イタリアの)ベルガモの住民. **2** 《廃》 ベルガマスク《tarantella に似た田舎踊り》. 〘(1595–96): ⇨ Bergamo〙

Ber·ga·mo /bɛ́əgəmòu, bə́:- | bɛ́əgəmàu; *It.* bérgamo/ n. ベルガモ《イタリア北部, Lombardy 州の都市》.

ber·ga·mot¹ /bə́:gəmɑ̀(:)t | bə́:gəmɔ̀t, -mət/ n. **1 a** 〘植物〙 ベルガモット (*Citrus bergamia*)《南ヨーロッパに産するシトロン (citron) に似た柑橘類で, その果皮下から芳香のある精油を製する; bergamot orange ともいう》. **b** ベルガモット油 (essence of bergamot). **2** 〘化学〙 =bergamot oil. **3** 〘植物〙 《ベルガモット油に似た精油を出す》シソ科ヤグルマハッカ属 (*Monarda*) の植物《ヤグルマハッカ (wild bergamot) など》. **4** 〘植物〙 =bergamot mint. **5** 〘植物〙 =Oswego tea. 〘(1696) ← *Bergamo* (イタリアの原産地)〙

ber·ga·mot² /bə́:gəmɑ̀(:)t | bə́:gəmɔ̀t, -mət/ F. n. 〘園芸〙 (フランスで)主に丸形のセイヨウナシ. 〘(1616) ◻ F *bergamotte* ◻ It. *bergamotta* ◻ Turk. *begarmūdi* 《原義》 bey's pear〙

bérgamot mint n. 〘植物〙 ベルガモットハッカ (*Mentha citrata*)《地中海地方産のハッカ属の一種》. 〘1858〙

bérgamot òil n. 〘化学〙 ベルガモット油《ベルガモットの果皮から製する黄緑色油; 香料》.

Berg·da·ma /bə:gdɑ́:mə | bə:g-/ n. =Damara.

ber·gen /bə́:gən | bə́:gən, bɛ́əg-/ n. 《英》 [しばしば B-] フレーム付きリュックサック《特に軍隊で使われる; bergen pack [rucksack] ともいう》.

Ber·gen¹ /bə́:gən, bɛ́ə- | bə́:-, bɛ́ə-; *Norw.*¹ bærgən/ n. ベルゲン《ノルウェー南西部大西洋岸の海港》. 〘◻ Norw. ~ ← *Bjorgvin* 《原義》 mountain-meadow〙

Ber·gen² /*Flem.* bɛ́rɣən/ n. ベルゲン《Mons のフラマン語名》.

Bér·gen-Bélsen /bɛ́əgən- | bɛ́ə-; G. bɛ́ʀgn̩-/ n. ベルゲンベルゼン《Belsen の公式名》.

ber·ge·ni·a /bə:dʒí:niə | bə:-/ n. 〘植物〙 **a** ベルゲニア《ユキノシタ科ベルゲニア属 (*Bergenia*) の常緑多年草の総称; アジア東部原産; cf. saxifrage》. **b** ヒマラヤユキノシタ (*Bergenia stracheyi*)《ヒマラヤ原産の多年草; 厚い大きな葉をもちピンクの花をつける; 観賞用に栽培》. 〘(1838) ← NL ~ ← *K. A. von Bergen* (1704–60: ドイツの医師·植物学者)+-IA¹〙

Ber·ger /bə́:gə | bə́:gə(r; G. bɛ́ʀgɐ/, **Hans** n. ベルガー (1873–1941; ドイツの精神医学者; 1924 年針電極とガルバノメーターを用いて脳の活動電流の記録に成功).

Ber·ge·rac /bɛ́əʒəræ̀k | bə́:ʒ-, bɛ́ə-; F. bɛʀʒəʀak/ n. ベルジュラック《フランス南西部, Dordogne 河岸の町》.

Bergerac n. ⇨ Cyrano de Bergerac.

ber·gère /bɛəʒɛ́ə | bɛəʒɛ́ə(r; F. bɛʀʒɛ:ʀ/ n. **a** ベルジェール《18 世紀のフランスに現れ西欧諸国で流行した, 大きくゆったりとした張り包みのひじ掛け椅子》. **b** ベルジェール風のソファー. 〘(1762) ◻ F ~ 《原義》 shepherdess〙

Bér·ger rhythm /bə́:gə-, bɛ́ə- | bə́:gə-, bɛ́ə-; G. bɛ́ʀgɐ-/ n. 〘生理〙 アルファリズム, α リズム, ベルガー律動[リズム]. 〘(1934) ← *Hans Berger*〙

Ber·gie /bə́:gi | bə́:-/ n. 《南ア口語》 (とくに南アフリカ共和国のテーブル山丘陵地帯に住む)放浪者.

Ber·gi·us /bɛ́əgiəs | bɛ́ə-; G. bɛ́ʀgius/, **Friedrich** (**Karl Rudolph**) n. ベルギウス (1884–1949; ドイツの化学者; Nobel 化学賞 (1931)).

Berg·man /bə́:gmən | bə́:g-; *Swed.* bærjman/, (**Ernest**) **Ing·mar** /íŋmar/ n. ベルイマン (1918–　; スウェーデンの映画監督).

Bergman, Ingrid n. バーグマン (1915–82; スウェーデン生まれの米国の女優).

Berg·mehl /bə́:gmeɪl | bə́:g-; G. bɛ́ʀkme:l/ n. 〘地質〙 灰白色の粉状沈積物《滴虫類の殻で形成されたもの; 研磨·吸収用》. 〘◻ G ~ ← *Berg* 'mountain, BARROW²' + *Mehl* 'MEAL²'〙

ber·go·mask /bə́:gəmæ̀sk | bə́:-/ n. =bergamask.

Ber·gon·zi /bəəgɑ́(:)nzi | bɛəgɔ́n-; *It.* bergóntsi/, **Carlo** /kárlo/ n. ベルゴンツィ (1924–　; イタリアのテノール歌手).

berg·schrund /bɛ́əkʃrʊnt | bɛ́ək-; G. bɛ́ʀkʃʀʊnt/ n. 〘地理·登山〙 ベルクシュルント《氷河の上端(カール壁との境の部分)にある深い割れ目; rimaye ともいう》. 〘(1843) ◻ G ~ 'moutain crevice'〙

Berg·son /bɛ́əgsən, bə́:g-, -sn̩ | bə́:g-; F. bɛʀksɔn/, **Henri** (**Louis**) n. ベルグソン (1859–1941; フランスの哲学者; Nobel 文学賞 (1927); *Le Rire* 「笑い」(1900), *L'évolution créatrice* 「創造的進化」(1907)).

Berg·so·ni·an /bɛəgsóuniən, bə:g- | bə:g-, bɛəgsə́u-/ adj. ベルグソン (Bergson) の; ベルグソン哲学の. — n. ベルグソン派の学徒[信奉者]. 〘(1909): ⇨ ↑, -ian〙

Bérg·son·ìsm /-sənìzm, -sn̩-/ n. 〘哲学〙 ベルグソン哲学《進化論の影響のもとに, あらゆる現象や営為を創造的進化 (creative evolution) によって解明しようとする立場; cf. élan vital, vitalism 2 b》. 〘(1909): ⇨ -ism〙

Berg·ström /bɛ́əgstrəm | bɛ́əg-; *Swed.* bærjstrœm/, **Sune** /sʉ̀:ne/ n. ベルイストローム (1916–2004; スウェーデン

の生化学者; prostaglandin を発見; Nobel 医学生理学賞 (1982)》.
bérg wind /bə́ək- | bɛ́ək-/ *n.* 〖南ア〗山風《Cape Province や Natal の海岸地帯に吹く山からの熱い乾いた風》. 〘《(1905)》: ⇨ berg²〙
berg·y /bə́ːgi | bə́ːgi/ *adj.* 氷山[大氷塊]の多い. 〘《(1856)》← BERG¹+-Y⁴〙
ber·gylt /bə́ːgəlt | bə́ːgɪlt/ *n.* 〖魚類〗北大西洋産のメバル属の一種 (*Sebastes viviparus*). 〘《(1809)》□ Swed. & Norw. *berggylta* ← *berg* rock+*gylta* a sow: cf. barrow²〙
be·rhyme /bɪ̈ráɪm/ *vt.* 《古》詩歌の主題にする; 詩歌で諷刺する[たたえる]. 〘《(1589)》← BE-+RHYME〙
Ber·i·a /bériə; *Russ.* bʲérʲijə/, **La·vren·ti** /lavrʲéntʲij/ **Pavlovich** *n.* ベリヤ《1899–1953; 旧ソ連の政治家; 反逆罪で処刑》.
be·rib·boned /bɪ̈ríbənd/ *adj.* リボンで飾った. 〘1863〙
ber·i·ber·i /bèribéri/ *n.* 〖病理〗脚気(かっけ). 〘《(1703)》□ Singhalese ~ 《強意的加重》← *beri* weakness〙
be·rime /bɪ̈ráɪm/ *vt.* 《古》=berhyme. 〘1589〙
Be·ring /bé(ə)rɪŋ, bí(ə)r- | béər-, bér-; *Dan.* béːʁeŋ/, **Vi·tus** (**Jonassen**) /víːtʊs(-)/ *n.* ベーリング《1681–1741; デンマークの航海者; ロシアの Peter 大帝の命を受け北太平洋を探検; Bering 海峡を発見してユーラシアとアメリカが別々の大陸であることを実証》.
Be·rin·gi·a /bərínʤiə/ *n.* ベリンジア《Bering 海峡と, これに隣接するシベリア東端部とアラスカ西端部から成る地域; 特にかつての Bering land bridge を伝っての動物の移動との関連で用いられる》. **Be·rín·gi·an** /-ʤiən/ *adj.*
Béring lánd brìdge *n.* [the ~] ベーリング陸橋《シベリアとアラスカが陸続きだった時代の, その両者間の陸地部分; ユーラシア大陸と北米大陸の間の, 先史時代の動物・人間の移動ルートであった》.
Béring Séa *n.* [the ~] ベーリング海《Aleutian 列島の北方, 北太平洋の一部》. 〘⇨ Bering〙
Béring stándard tìme *n.* =Bering time.
Béring Stráit *n.* [the ~] ベーリング海峡《米国 Alaska 半島とロシア連邦東端との間, Bering 海と北極海とを結ぶ海峡; 幅 35–86 km》.
Béring tìme *n.* ベーリング(標準)時《現在は Samoa time という》.
Be·rio /bé(ə)riòu | béəriəu; *It.* béːrjo/, **Lu·cia·no** /luʧáːno/ *n.* ベリオ《1925–　; イタリアの作曲家》.
Be·ri·o·so·va /bèrióusəvə | -óu-/, **Svet·la·na** /svɪtláːnə/ *n.* ベリオソバ《1932–98; 英国のバレリーナ》.
Be·rith, b- /bəríθ/ *n.* (*also* **Be·rit** /bərít, brít/)〖ユダヤ教〗**1** =Berith Milah. **2** ユダヤ人が生後 8 日の男子に行う割礼の儀式. 〘《略》← BERITH MILAH〙
Beríth Mi·láh, b- m- /-míːlɑː/ *n.* [the ~]〖ユダヤ教〗割礼に関する神と Abraham との契約 (cf. *Gen.* 17: 10–14). 〘□ Heb. *bᵉrith milāh* covenant of the circumcision〙
Be·ri·ya /bériə/ *n.* =Beria.
berk /bə́ːk | bə́ːk/ *n.* 《英俗》ばか, あほう (fool). 〘《(1936)》《略》← ? *Berkeley* [*Berkshire*] *Hunt* 《押韻俗語》← CUNT〙
Berke·le·ian /bə́ːkliən, báək-, bəːklíːən, bɑək- | bɑːklíːən/ *adj.* バークリー (Berkeley) の; バークリー哲学説の. — *n.* バークリー哲学説の学徒[信奉者]. 〘《(1804)》: ⇨ -an¹〙
Bérke·le·ian·ìsm /-nìzm/ *n.* バークリー哲学(説). 〘《(1830)》: ⇨ ↑, -ism〙
Berke·ley /bə́ːkli | bə́ːk-/ *n.* バークリー《米国 California 州西部の住宅・工業都市; California 大学所在地》. 〘← *George Berkeley*: 'Westward the course of empire takes its way' の詩行の作者に敬意を表したもの〙
Berke·ley /bə́ːkli | bə́ːk-/, **Busby** *n.* バークリー《1895–1976; 米国の振付師・ミュージカル映画監督; 本名 William Berkeley Enos》.
Berke·ley /báəkli, bə́ːk- | bɑ́ːk-/, **George** *n.* バークリー《1685–1753; アイルランドの司教で哲学者; Locke, Hume の中間に位するイギリス古典経験論の代表者の一人; *A Treatise concerning the Principles of Human Knowledge* (1710)》.
Berkeley, Sir **Lennox** (**Randal Francis**) *n.* バークリー《1903–89; 英国の作曲家》.
Berkeley, Sir **William** *n.* バークリー《1606–77; 英国の植民地行政官; Virginia 総督 (1641–77)》.
Berke·ley·an /bə́ːkliən, báək-, bəːklíːən, bɑək- | bɑːklíːən/ *adj., n.* =Berkeleian.
Bérke·ley Cástle /bə́ːkli-, báək- | bɑ́ːk-/ *n.* バークリー城《英国 Gloucestershire にある城; 1327 年に Edward 二世がここで殺害された》.
berke·li·um /bə́ːkliəm, bəːklíːəm | bəːkíːliəm, bə́ːkliəm/ *n.* 〖化学〗バークリウム《超ウラン元素の一つ; 記号 Bk, 原子番号 97》. 〘《(1950)》← NL ~ ← *Berkeley* (米国 California 大学 Berkley 校でこの元素の分離に最初に成功したことから): ⇨ -ium〙
Ber·koff /bə́ːkɔ(ː)f, -kɑ(ː)f | bə́ːkɔf/, **Steven** *n.* バーコフ《1937–　; 英国の舞台俳優・演出家・劇作家》.
Berks /bə́ːks, báəks | bɑ́ːks/ 《略》Berkshire (州).
Berk·shire /bə́ːkʃə, báək-, -ʃɪə | bɑ́ːkʃə(r, -ʃɪə(r/ *n.* **1** バークシャー《イングランド南部 London 西部の地域・旧州(面積 1,250 km², 州都 Reading); 略 Berks》. **2** バークシャー《Berkshire 州原産の足・顔面・尾に白い斑点がある一品種の黒豚》. 〘OE *Bearrucscīr* ← *Bearruc* ← OBrit. **barro-* top, summit: cf. Welsh *bar*: ⇨ -shire〙
Bérkshire Hílls *n. pl.* [the ~] バークシャーヒルズ《米国 Massachusetts 州西部の丘陵地帯で保養地; the Berkshires ともいう》.
ber·ley /bə́ːli | bə́ː-/ *n.* 《豪》**1** まき餌 (ground bait). **2** 《俗》ばかなこと, たわごと (nonsense). 〘《(1874)》← ?〙
Ber·lich·ing·en /béəlɪkɪŋən, -lɪç- | béə-; *G.* bɛ́ʁlɪçɪŋən/, **Götz** /gœts/ **von** *n.* ベルリヒンゲン《1480–1562; ドイツの騎士; Goethe の劇曲のモデル; 右手を失い義手を用いたことから the Iron Hand とよばれた》.
ber·lin /bəːlín | bəː-⌐/ *n.* **1** ベルリン型馬車《二人乗り四輪箱馬車; 英国とフランスでは 18 世紀ごろ流行した》. **2** ベルリン型自動車《運転手席の後ろに窓付きのガラス仕切りのあるもの》. **3** [時に B-] =Berlin wool: a ~ warehouse 毛糸販売店. 〘《(1694)》□ F *berline* ← *Berlin* (↓): 同地で最初に用いられたのにちなむ〙
Ber·lin /bəːlín | bəː-⌐; *G.* bɛʁlíːn/ *n.* ベルリン《ドイツ北東部 Spree 河畔にある同国の首都で一州を成す; 第二次大戦以後 Berlin Wall をはさみ West Berlin と East Berlin とに分かれていたが 1990 年のドイツ統合によって一つに統一された; cf. Bonn》. 〘□ G ~ □ ? OSlav. *Brulenī*〙
Ber·lin /bəːlín | bəː-/, **Irving** *n.* バーリン《1888–1989; ロシア生まれの米国の作詞・作曲家; 本名 Israel Baline》.
Berlin, Sir **Isaiah** *n.* バーリン《1909–97; 英国の政治哲学者・歴史家》.
Bérlin áirlift *n.* [the ~] ベルリン大空輸作戦《1948 年春から翌年夏まで, ソ連が封鎖した West Berlin に英米連合の輸送機部隊が生活支援物資を落下傘で大量に投下し続けた作戦》.
bérlin bláck, B- b- *n.* ベルリン黒ワニス《ストーブなどに塗る黒エナメルの一種》. 〘⇨ Berlin〙
bérlin blúe, B- b- *n.* 〖化学〗ベルリン青, 紺青(こんじょう) (⇨ Prussian blue 1). 〘1795〙
ber·line /bəːlín, -líːn | bəː-⌐/ *n.* =berlin 1, 2. 〘□ F ~ ← *Berlin*: cf. berlin〙
Ber·lín·er /bəːlínə | bəː-/ *n.* ベルリン人. 〘《(1859)》← BERLIN+-ER¹〙
Ber·li·ner /bə́ːlənə | bə́ːlɪnə(r/, **Emile** *n.* バーリナー《1851–1929; ドイツ生まれの米国の発明家; Gramophone 蓄音機などを発明》.
Ber·lín·er En·sém·ble /bəəlíːnə- | bəːlíːnə(r-; *G.* bɛʁlíːnɐ-/ *n.* [the ~] ベルリーナーアンサンブル《旧東ドイツの劇団; Brecht によって創設され, その未亡人 Helene Weigel /váɪgəl, -gł; *G.* váɪgl/ を後継者として活動したブレヒト劇・古典劇の上演に力を入れる》.
Bérlin glóves *n. pl.* 毛糸編みの手袋.
Bérlin Wáll *n.* [the ~] ベルリンの壁《ベルリンの東西分割のため東ドイツが 1961 年に構築したが, 1989 年の東西ドイツ統合によって同年に破壊された》.
Bérlin wóol *n.* 《編物・刺繍用の》上等細毛糸. 〘1841〙
Ber·li·oz /béəliòuz | béəliəuz, bə́ː-; *F.* bɛʁljoːz/, (**Louis**) **Hector** *n.* ベルリオーズ《1803–69; フランスのロマン派の作曲家》.
Ber·litz /bə́ːlɪts | bə́ːlɪts; *G.* bɛ́ʁlɪts/ *n.* 〖商標〗ベルリッツ《世界各地に外国語学校を展開する語学教育会社; ドイツ系移民の米国人 Maximilian Delphinius Berlitz (1852–1921) が創立 (1878)》.
berm /bə́ːm | bə́ːm/ *n.* **1 a** 道路沿いの細道[芝地]. **b** 《米》舗装されていない路緑[路肩]. **2** 〖築城〗堡塁(ほうるい)の崖道, (parapet と ditch との間の) 平らな地. **3** 〖土木〗犬走り, 小段. **4** 《NZ》郊外道路のへりの芝生の部分. 〘《(1729)》□ F *berme* □ Du. *berm* ∥ G *Berme*: cf. ON *barmr* brim〙
Berm. 《略》Bermuda.
berme /bə́ːm | bə́ːm/ *n.* =berm.
Ber·me·jo /bəːméɪhou, bɛə- | bəːméɪhəu; *Am.Sp.* berméxo/ *n.* [the ~] ベルメホ(川)《アルゼンチン北部に発し南東に流れ, パラグアイ国境で Paraguay 川に注ぐ川 (1,600 km)》.
Ber·mond·sey /bə́ːmən(d)zi | bə́ː-/ *n.* バーモンジー《London の旧自治区; 現在は Southwark の一部》. 〘OE *Bermundesye* 'ISLAND *of Beornmund* (人名)'〙
Ber·mu·da /bəmjúːdə | bəmjúːdə/ *n.* **1** バミューダ《北大西洋の, 米国 North Carolina 州の東方 930 km の位置にある諸島 (the Bermudas, the Bermuda Islands) より成る英国植民地; 保養地; 面積 53 km², 主都 Hamilton》. **2** [*pl.*] =Bermuda shorts. 〘□ Sp. *Bermudas* ← *Juan Bermudez*: (16 C 初この諸島を発見した)〙
Bermúda cóllar *n.* バミューダカラー《婦人服・ブラウスの細くて先のとがったカラー》.
Bermúda cútter *n.* 〖海事〗バミューダ型カッター《Marconi rig を装備したカッター》.
Bermúda gràss *n.* 〖植物〗ギョウギシバ (*Cynodon dactylon*)《ヨーロッパ南部原産イネ科の植物; 芝生や牧草地用に米国南部やインドで栽培される; devil [scutch, wire] grass ともいう》. 〘1808〙
Bermúda hígh *n.* 〖気象〗バミューダ高気圧 (Bermuda 諸島近くに夏期に発達する亜熱帯高気圧).
Bermúda líly *n.* 〖植物〗テッポウユリ (trumpet lily) の一園芸品種《イースターの飾り花用に Easter lily として売られる》. 〘1899〙
Ber·mu·dan /bəmjúːdn | bə-/ *adj., n.* =Bermudian.
Bermúda ónion *n.* 〖植物〗バミューダタマネギ《イタリアまたは Canary 諸島原産で, 米国 Texas 州南部で栽培されるタマネギ》.
Bermúda palmétto *n.* 〖植物〗ブラックバーンサバル (*Sabal blackburniana*)《西インド諸島原産の円形の葉と黒色の実をつけるヤシ》.
Bermúda rìg *n.* 〖海事〗=Marconi rig. **Bermúda-rìgged** *adj.* 〘1853〙
Bermúda shórts *n. pl.* バミューダショーツ《ひざ丈のズボン; 1950 年代に Bermuda 島で流行したもので, 男女ともに用いる; Bermudas ともいう》. 〘1951〙
Bermúda Tríangle *n.* [the ~] バミューダ三角地帯[水域]《Bermuda, Puerto Rico, Florida にはさまれた三角地帯; 特に 1940 年代以後船舶や飛行機の不可解な遭難事故が多発することで有名》.
Ber·mu·di·an /bəmjúːdiən | bəmjúːdiən/ *adj.* バミューダ (Bermuda) の; バミューダ人の. — *n.* バミューダ人. 〘《(1777)》: ⇨ -ian〙
Bermúdian máinsail *n.* 〖海事〗バミューダ型メンスル《主としてヨットにおいて, 主帆の形が先細の流線型になっている》. 〘1928〙
Bern¹ /bə́ːn, béən | bə́ːn, béən; *G.* bɛ́ʁn/ *n.* **1** ベルン《スイス西部にある同国の首都; 国際著作権協会 (International Copyright Union) の本部がある》. **2** ベルン(州)《スイス中西部の州; 面積 6,047 km², 州都 Bern》. 〘□ F *Berne* □ ? MHG *Berne* Verona〙
Bern² /bə́ːn | bə́ːn/ *n.* バーン《男性名》. 〘□ OHG *Berin* 《原義》bear: cf. Bernard〙
Ber·na·dette /bəːnədét | bəː-/ *n.* バーナデット《女性名》. 〘□ F ~ (fem.) ← BERNARD〙
Bernadétte of Lóurdes, Saint *n.* ルルドのベルナデット《1844–79; フランスの修道女; 祝日 2 月 18 日; 本名 Marie Bernarde Soubirous》.
Ber·na·dine /bə́ːnədɪ̈n, -dìːn | bə́ːnədìːn, -dɪn/ *n.* バーナディーン《女性名》. 〘《変形》← BERNARDINE〙
Ber·na·dotte /bə́ːnədɑ̀(ː)t | bəːnədɔ́t, ⌐—⌐; *Swed.* bæːɳadɔ̀t/, Count **Fol·ke** /fɔ̌lke/ *n.* ベルナドット《1895–1948; スウェーデンの外交官; パレスチナで国連の調停官としてイスラエルとアラブの停戦協定締結に成功したが, テロリストに暗殺された》.
Ber·na·dotte /bə́ːnədɑ̀(ː)t | bəːnədɔ́t, ⌐—⌐; *F.* bɛʁnadɔt/, **Jean Baptiste Jules** *n.* ベルナドッテ《1763–1844; Napoleon の部下のフランスの元帥, 後に Charles XIV John としてスウェーデン・ノルウェー王 (1818–44), 現スウェーデン王室の祖》.
Ber·na·nos /bèənənóʊs, -nɑ́(ː)s | bèənənɔ́s; *F.* bɛʁnanoːs/, **Georges** *n.* ベルナノス《1888–1948; フランスのカトリック小説家; *Le Journal d'un curé de campagne*「田舎司祭の日記」(1936)》.
Ber·nard /bə́ːnəd | bə́ːnəd; *F.* bɛʁnaːʁ/ *n.* バーナード《男性名; 愛称形 Bernie; 異形 Barnard》. 〘□ OF *Bernart* □ OHG *Bernard* ← *bero* 'BEAR²'+*harti* bold《原義》bold as a bear: cf. Bern²〙
Ber·nard /bənáəd | bə́ːnəd; *F.* bɛʁnaːʁ/, Saint *n.* 聖ベルナール《923–1008; フランスの僧; アルプスの峠に宿泊所 (hospices) を建てた; Bernard of Menthon また Apostle of the Alps とも呼ばれる》.
Ber·nard /bɛənáə | bɛənáː(r; *F.* bɛʁnaːʁ/, **Claude** *n.* ベルナール《1813–78; フランスの生理学者》.
Ber·nar·din de Saint-Pierre /bɛənaədǽ(n)-dəsæ̃(m)pjéə, -dændəsæm- | bɛənə-, -pjéə(r; *F.* bɛʁnaʁdɛ̃dsɛ̃pjɛːʁ/, **Jacques Henri** *n.* ベルナルダン ド サン ピエール《1737–1814; フランスの作家》.
Ber·nar·dine¹ /bə́ːnədɪ̈n, -nə-, -dìːn | bə́ːnədìːn, -dɪn/ *n.* バーナディーン《女性名》. 〘□ F ~ (fem.) ← BERNARD〙
Ber·nard·ine² /bə́ːnədìːn, -nə- | bə́ːnə-/ *adj.* **1** クレルボーのベルナール (St. Bernard of Clairvaux) の. **2** (St. Bernard of Clairvaux によって設立された) シトー会の. — *n.* シトー会修道士 (Cistercian). 〘1676〙
Ber·nar·do /bənáədoʊ, bɛə- | bɛənáːdəʊ; *Sp.* beɾnárðo *It.* bernárdo/ *n.* バーナードー《男性名》. 〘□ Sp. ~ 'BERNARD'〙
Bernárd of Clair·váux /bənáədəklɛəvóʊ, bɛə- | bɛənáːdəklɛəvə́ʊ; *F.* -klɛʁvo/, Saint *n.* クレルボーの聖ベルナール[ベルナルドゥス]《1090–1153; フランスの聖職者・神秘思想家; Clairvaux のシトー会修道院の設立者; Doctors of the Church の一人; the Mellifluous Doctor とも the Thaumaturgus of the West とも呼ばれる; 祝日 8 月 20 日》.
Bernárd of Clú·ny /-klúːni; *F.* -klyni/ *n.* クリュニーのベルナール[ベルナルドゥス]《1140 年ごろのフランスのベネディクト会修道士; Bernard of Morlaix /-mɔəléɪ | -mɔː-; *F.* -mɔʁlɛ/ ともいう》.
Bernárd of Menthón /-mɑ̃ː(n)tɔ̃ː(ŋ), -mɑːn-tɔ́(ː)ŋ; *F.* -mɑ̃tɔ̃/, Saint *n.* ⇨ Bernard, Saint.
Bérn [Bérne] Convéntion *n.* [the ~] ベルヌ条約《1886 年スイスの Bern で結ばれた国際著作権協定》.
Berne /bə́ːn, béən | bə́ːn, béən; *F.* bɛʁn/ *n.* ベルヌ《Bern¹ のフランス語名》.
Ber·nese /bəːníːz, bɛə-, -níːs | bəːníːz⌐/ *adj.* ベルン (Bern) の; ベルン人の. — *n.* (*pl.* ~) ベルン人. 〘《(1806)》← BERN¹+-ESE〙
Bérnese Álps *n. pl.* [the ~] ベルン アルプス (⇨ Oberland). 〘1816〙
Bérnese móuntain dòg *n.* バーニーズ マウンテン ドッグ《スイス原産の長毛の大形のイヌ》. 〘1935〙
Bérnese Óberland *n.* [the ~] ベルナーオーバーラント (⇨ Oberland). 〘1939〙
Bern·hard /bə́ːnhaəd | bə́ːnhɑːd; *G.* bɛ́ʁnhaʁt, *Swed.* bæːɳhad/ *n.* バーンハード《男性名》. 〘□ G ~: ⇨ Bernard〙
Bern·hardt /bə́ːnhaət, béən- | bə́ːnhɑːt, béən-; *F.* bɛʁnaːʁ/, **Sarah** *n.* ベルナール《1844–1923; フランスの悲劇女優; 本名 Rosine /rozin/ Bernard》.
Ber·nice /bəníːs, bə́ːnɪ̈s | bə́ːnɪs, bəːníːs/ *n.* バーニス:

1 女性名. 2 男性名. 〚(変形) ← BERENICE〛

bér·ni·cle góose /bə́ːnɪkl̩ | bə́ːnɪ-/ *n.* 〘鳥類〙 = barnacle goose.

B

Ber·nie /bə́ːni | bə́ː-/ *n.* バーニー: **1** 男性名. **2** 女性名. 〚1: (dim.) ← BERNARD. 2: (dim.) ← BERNICE〛

Ber·ni·na /bə(ː)níːnə | bə(ː)-; *It.* berníːna/ *n.* ベルニーナ山塊《スイス・イタリア国境にある Rhaetian Alps の一部; 最高峰 Piz /píts/ Bernina (4,049 m)》.

Bernína Páss *n.* ベルニーナ峠《スイス南東部とイタリア北部間のアルプスにある峠》.

Ber·ni·ni /bə(ː)níːni | bə(ː)-; *It.* berníːni/, **Giovanni Lorenzo** *n.* ベルニーニ《1598–1680; イタリアのバロック建築家・彫刻家・画家》.

Ber·noul·li /bə(ː)núːli | bə(ː)-; *G.* bɛʀnúliː, *F.* bɛʀnuji/ (*also* **Ber·nouil·li** /~/), **Daniel** *n.* ベルヌーイ《1700–82; スイスの数学者・理論物理学者; Johann の子》.

Bernoulli, Jakob *or* **Jacques** *n.* ベルヌーイ《1654–1705; スイスの数学者; Johann の兄》.

Bernoulli, Johann *or* **Jean** *n.* ベルヌーイ《1667–1748; スイスの数学者; Jakob の弟》.

Bernóulli distribùtion *n.* 〘統計〙 =binomial distribution. 〚← *Jakob Bernoulli*〛

Bernóulli effèct *n.* 〘物理〙 ベルヌーイ効果《Bernoulli's theorem 2 に基づき, 流体の速度が増大すればその圧力が減少するという現象》.

Bernóulli equàtion *n.* 〘数学〙 ベルヌーイの微分方程式. 〚(1920) ← *Johann Bernoulli*〛

Bernóulli's príncìple [láw] *n.* =Bernoulli's theorem 2. 〚1940〛

Bernóulli's théorem *n.* **1** 〘統計〙 ベルヌーイの定理《実験回数が増えれば増えるほど, 事象の起こる相対頻度がその事象の起こる確率に近いことがますます確かになるという定理; law of large numbers, law of averages ともいう》. 〚(1865) ← *Jakob Bernoulli*〛 **2** 〘物理〙 ベルヌーイの定理《流体運動に関するエネルギー保存法則の一つ》. 〚← *Daniel Bernoulli*〛

Bernóulli trìals *n. pl.* 〘統計〙 ベルヌーイ試行列《期待する結果が一定した確率で現れる実験の繰り返し; 例えば硬貨を投げて表が出ることを期待するとか, サイコロを投げて 1 の目が出ることを期待するとかいうような試行の列; cf. binomial experiment》. 〚(1951) ← *Jakob Bernoulli*〛

Bern·stein /bə́ːnstaɪn, bə́ːn- | bə́ːn-, bə́ːn-; *G.* bɛ́ʀnʃtaɪn/, **Eduard** *n.* ベルンシュタイン《1850–1932; ドイツの社会主義者; 修正社会主義を唱えた》.

Bern·stein /bə́ːnstiːn | bə́ːn-/, **Leonard** *n.* バーンスタイン《1918–1990; 米国の指揮者・作曲家; *West Side Story* (1957)》.

Bérnstein's théorem /bə́ːnstaɪnz-, bə́ːn- | bə́ːn-, bə́ːn-; *G.* bɛ́ʀnʃtaɪn-/ *n.* 〘数学〙 ベルンシュタインの定理 (⇨ Schröder-Bernstein theorem).

Ber·ra /bérə/, **Lawrence Peter** *n.* ベラ《1925– ; 米国のプロ野球選手; New York Yankees, New York Mets で捕手を務め, 後に Yankees の監督となった; 通称 Yogi Berra》.

ber·rét·ta /bərétə | -tə/ *n.* 〘カトリック〙 =biretta.

Ber·ri /bériː, ─́─; *F.* bɛʀi/ *n.* =Berry.

bér·ried *adj.* **1** ベリー (berry) が実っている; ベリーの生じる. **2** ベリー状の (baccate). **3** 〈エビなど〉卵を持っている. 〚(1794): ⇨ ↓, -ed 2〛

ber·ry /béri/ *n.* **1 a** ベリー, 液果, 漿果(しょうか)《果肉が柔らかくて汁が多く, 種子は果肉の中に埋まっている種類の果実; すぐり・いちごなど; bacca ともいう; cf. fruit 1 b, nut 1》. ★ ラテン語系形容詞: baccate. **b** (核 (stone) のない果肉の柔らかい)食用小果実《ベリーより広範囲のもの; バナナ・トマト・ぶどうなど》. **c** 《英方言》 =gooseberry. **2** (ある種の植物の)乾燥した種子; (小麦などの)粒 (grain): the coffee ~ コーヒーの種子 / the ~ of grain 穀物の粒. **3** (魚・エビの)卵の粒: a lobster in ~ 卵を持っているエビ. **4 a** 《米俗》 ドル (dollar). **b** 《英俗》 ポンド (pound). ***(as) brówn as a bérry*** こんがりと日焼けした.
— *vi.* **1** 〈木が〉ベリー[液果]を結ぶ. **2** ベリーを採る[摘む] (gather berries): go ~*ing* (野生の)ベリー[いちご]を採りに行く.
~·less *adj.* **~·like** *adj.* 〚OE *beri(ǵ)e* < Gmc **basjam*, **bazjam* bright-colored fruit (G *Beere*) ← IE **bhā-* to shine (Gk *phaínein* to bring to light, show)〛

Ber·ry /bɛriː, ─́─; *F.* bɛʀi/ *n.* ベリ《フランス中央部の旧州 (1789 年まで); 州都 Bourges》.

Ber·ry /béri/, **Chuck** *n.* ベリー《1926– ; 米国の黒人シンガーソングライター・ギタリスト; 'ロックンロールの神様' と呼ばれた; 本名 Charles Edward Berry》.

Ber·ry /béri; *F.* bɛʀi/, Duc de **Jean de France** *n.* ベリー《1340–1416; フランスの王族; 数多くの城郭・邸宅を建築し, 芸術のパトロンとして有名》.

bérry àlder *n.* 〘植物〙 =alder buckthorn.

bérry còne *n.* 〘植物〙 鱗片(りんぺん)が漿質(しょうしつ)になり互いに癒合(ゆごう)している毬果(きゅうか)《ネズ・イブキなどの果実》.

bér·ry·ing *n.* ベリー (berry) 採集, イチゴ摘み.

Ber·ry·man /bérimən/, **John** ベリマン《1914–72; 米国の詩人・批評家; *Homage to Mistress Bradstreet* (1956)》.

bérry pèpper *n.* 〘植物〙 =bird pepper.

ber·sa·glie·re /bɛ̀əsəljé°ri, -reɪ | bèəsɑːliéəri:, -ri; *It.* bersaʎʎɛ́ːre/ *n.* (*pl.* **-e·ri** /-riː; *It.* -ri/) (イタリア軍の) 狙撃(そげき)隊員. 〚(1862) □ It. ~ 'sharpshooters' ← *bersaglio* mark〛

ber·seem /bə(ː)síːm | bə(ː)-/ *n.* 〘植物〙 エジプトクローバー (*Trifolium alexandrinum*)《Nile 川流域や米国南西部に産するマメ科のクローバーの一種; 多汁で家畜の飼料となる; Egyptian clover ともいう》. 〚(c1902) □ Arab. *birsīm* □ Copt. *bersim*〛

ber·serk /bə(ː)sə́ːk, -zə́ːk, bə́ːsəːk | bə(ː)zə́ːk, -sə́ːk, bə́ːsəːk, bə́ːzəːk/ *adj.* 狂暴な, たけり狂った: go ~ 狂暴になる, 怒り狂う. — *adv.* 狂暴に. — *n.* =berserker. 〚(1851): ⇨ ↓〛

ber·serk·er /bə(ː)sə́ːkə, -zə́ː-, bə́ːsəː- | bə(ː)zə́ːkə(r, -sə́ːk-, bə́ːsəː-, bə́ːzəː-/ *n.* **1** 〘北欧伝説〙 狂戦士《一たび戦場に出れば狼のようにほえ, 熊のようになり, 狂暴の限りを尽くし, その驚くべき力にはいかなる武器も役に立たなかったという》. **2** 狂暴な人. — *adj.* =berserk: ~ rage [fury] 激怒, 狂暴. 〚(1818) □ ON *berserkr*, (acc.) *berserk* wild warrior, (原義) bear-skin ← *bern-*, *björn* 'BEAR²' + *serkr* 'SARK'〛

Bert /bə́ːt | bə́ːt/ *n.* バート: **1** 男性名. **2** 女性名. 〚1: (dim.) ← ALBERT, HERBERT, BERTRAM, etc. 2: (dim.) ← BERTHA〛

Ber·ta /bə́ːṭə | bə́ːtə/ *n.* バータ《女性名》. 〚□ It. ~: ⇨ Bertha〛

berth /bə́ːθ | bə́ːθ/ *n.* (*pl.* ~s /~s | ~s, bə́ːðz/) **1** 〘海事〙 **a** 高級船員の地位[階級]. **b** 《古》 高級船員室《数名が共に食事をとり起居する船室》. **2 a** 〘海事〙 余地, 操船余地, バース《航行中保安のために他の船舶や陸岸などとの間に残す余地; cf. sea room 1》; 停泊余積《停泊中揺れ回っても他に接触しないだけの余地》. **b** 安全のためにとられる距離: give a wide ~ to ...に対し十分に距離を置く, ...にあまり近寄らない / give a person a wide ~ =keep a wide ~ of a person 人を敬遠する. **3 a** 〘海事〙 (船の)停泊位置, 錨地(びょうち): ⇨ foul berth / a ship on the ~ (積込み[積降ろし]のために適当な停泊位置に)停泊している船 / take up a ~ 停泊位置につく. **b** (自動車などの)停車位置, 駐車位置: a truck-loading ~ トラックの積込みのための適当な停車位置. **4** (船・列車・旅客機などの)寝だな, 寝台, 段ベッド: a ~ list 寝台割当表. **5** 宿 (lodging): have a comfortable ~. **6** 《口語》 地位, 職, 口 (job): find a snug ~ 楽な仕事を見つける.
— *vi.* 停泊する. — *vt.* **1 a** 〘海事〙 〈船を〉(錨地や桟橋などに)停泊させる, 〈船に〉適当な停泊位置を与える: ~ a ship. **b** 〈バス・列車・飛行機などを〉停止位置に止める. **2** 〈乗客などに〉寝台[寝室]をあてがう.
〚(1622) ← ? BEAR¹ + -TH²: cf. birth〛

ber·tha /bə́ːθə | bə́ː-/ *n.* 〘服飾〙 バーサ: **1** (ドレスやブラウスの)肩を覆う円形の大きい襟. **2** (女性用の)短いショルダーケープ. 〚(1842) □ F *berthe* ← *Berthe* (?–783: 貞淑で名高い Charlemagne 王の母の名)〛

Ber·tha /bə́ːθə | bə́ː-/ *n.* **1** /G. béʀta/ バーサ《女性名; 愛称形 Berta, Bertie》. **2** =Big Bertha. 〚□ OHG *Berahta* (原義) the bright one〛

berth·age /bə́ːθɪdʒ | bə́ːθ-/ *n.* **1** 停泊設備; (特に, 積荷のための)余地, 係船区域. **2** 停泊税[料]. 〚(1881): ⇨ -age〛

berthe /bə́ət | béət; *F.* bɛʀt/ *n.* =bertha. 〚1842〛

Ber·the·lot /bèəṭəlóu | bèətəláu; *F.* bɛʀtəlo/, **Pierre Eugène Mar·ce·lin** /maʀsəlɛ̃/ *n.* ベルテロ《1827–1907; フランスの化学者・政治家; 熱化学の開拓者》.

bérth·ing *n.* **1** 〘海事〙 (船の)停泊(錨地(びょうち)), 係船位置. **2** 寝台設備. **3** 木船の舷側厚板 (sheer strake) の上の外板. **4** 船側や隔壁における垂直に張った板. 〚(1706): ⇨ -ing¹〛

Bér·thoud Páss /bə́ːθəd- | bə́ː-/ *n.* [the ~] バーサド峠《米国 Colorado 州北部 Front 山脈にある峠 (3,449 m); スキー場がある》.

Ber·tie /bə́ːṭi | bə́ːti/ *n.* バーティー: **1** 女性名. **2** 男性名. 〚1: (dim.) ← BERTHA. 2: (dim.) ← BERTRAM, ALBERT, HERBERT, etc.〛

Ber·til·lon /bə́ːtəlɑ̀(ː)n, -tl̩- | bə́ːtɪlɔ̀n, -tl̩-; *F.* bɛʀtijɔ̃/, **Alphonse** *n.* ベルティヨン《1853–1914; フランスの人類学者・犯罪学者; Bertillon system の考案者》.

Bértillon sỳstem *n.* [the ~] ベルティヨン式人体識別法《体型測定・人体特徴などによって個人を識別する昔の鑑別法》. 〚1896〛

Ber·told /bə́ːtould | bə́ːtəuld; *G.* bɛ́ʀtɔlt/ *n.* バートールド《男性名》. 〚□ OHG *Bereht-wald* (原義) brilliant ruler〛

Ber·to·luc·ci /bèːṭoulúːtʃi | bèːtəu-; *It.* bertolúttʃi/, **Bernardo** *n.* ベルトルッチ《1940– ; イタリアの映画監督》.

Ber·tram /bə́ːtrəm | bə́ː-/ *n.* バートラム《男性名; 愛称形 Bert, Bertie》. 〚□ OHG *Berahth-raben* (原義) bright raven〛

Ber·trand /bə́ːtrənd | bə́ː-; *F.* bɛʀtʀɑ̃/ *n.* バートランド《男性名; 愛称形 Bert, Bertie》. 〚□ F ~ (変形) ← BERTRAM〛

be·ruf·fled /bɪrʌ́fl̩d/ *adj.* ひだべり[飾り]のある. 〚1792〛

Berw. 《略》 Berwick (州); Berwickshire (州).

Ber·wick /bérɪk/ *n.* **1** =Berwickshire. **2** =Berwick-upon-Tweed. 〚OE *Berewic* (原義) corn farm: ⇨ bere, -wick¹〛

Ber·wick /bérɪk/, Duke of *n.* ベリック《1670–1734; 英国生まれのフランス軍元帥; スペイン継承戦争 (1701–14) の指揮官; 本名 James Fitz-james /fɪtsdʒéɪmz/》.

Ber·wick·shire /bérɪkʃə, -ʃɪə | -ʃə(r, -ʃɪə(r/ *n.* ベリック州《スコットランド南東部の旧州; 面積 1,184 km², 州都 Duns /dʌ́nz/》.

Bérwick-upòn-Twéed *n.* ベリックアポントゥイード《イングランド北部, Northumberland 州の港市, スコットランドとの境に近く Tweed 河口にあり北海に臨む》.

Ber·wyn /bə́ːwɪn | béəwn, bə́ː-/ *n.* バーウィン《米国 Illinois 州北東の都市; Chicago の郊外》.

ber·yl /bérəl | -rɪl/ *n.* **1** 〘鉱物〙 緑柱石 ($Be_3Al_2Si_6O_{18}$)《エメラルドなど》. **2** 薄青色, 海緑色 (sea green). 〚(a1300) □ OF *beril* (F *béryl*) < L *bēryllum* □ Gk *bḗrullos* □ ? Prakrit *vēruliya* ← ? *Vēlūr* (南インドの町の名; 現在では *Bēlūr* と呼ばれる): cf. G *Brille* spectacles (眼鏡がはじめ beryl から作られたことによる)〛

Ber·yl /bérəl | -rɪl/ *n.* ベリル《女性名》. 〚↑〛

béryl blúe *n.* ベリルブルー《緑がかった淡青色》.

ber·yl·line /bérəlàɪn, -lìːn | -rɪ-/ *adj.* 緑柱石に似た; 薄青色の. 〚(1847) ← BERYL + -INE¹〛

be·ryl·li·o·sis /bərìlióusɪs | -ə́usɪs/ *n.* (*pl.* **-ses** /-siːz/) 〘病理〙 ベリリウム中毒《ベリリウムを含んだ粉塵などを吸うことによって肺が冒される; 慢性肺炎・肉芽腫形成が特徴》. 〚⇨ ↓, -osis〛

be·ryl·li·um /bərílіəm | bə-, bɛ-/ *n.* 〘化学〙 ベリリウム《金属元素の一つ; 記号 Be, 原子番号 4, 原子量 9.01218; 古くは glucinum, glucinium ともいわれた》. 〚(c1847) ← BERYL + -IUM〛

be·ryl·lo·nite /bərílənàɪt/ *n.* 〘鉱物〙 ベリロナイト ($NaBePO_4$)《無色・白色または淡黄色斜方晶系の鉱物》. 〚(1888) ← BERYLL(IUM) + NL *-on* (← ? Gk *-on* (adj. suf.)) + -ITE¹〛

Ber·ze·li·us /bə(ː)zíːliəs, -zéɪ- | bə(ː)-; *Swed.* bæ̀ʂéːlɪʉs/, Baron **Jöns Jacob** /jœ́nsjɑ̌ːkɔp/ *n.* ベルセーリウス《1779–1848; スウェーデンの化学者; 多くの元素の原子量を決定, 化学記号を考案》.

Bes /bés/ *n.* 〘エジプト神話〙 ベース《音楽・舞踏・快楽の神で, 子供・出産の守護神でもある; 毛深く醜怪な小人の姿をしている》. 〚□ L *Bēsā* □ Gk *Bēsâ* □ Egypt. *Bēs*, *Bēses*〛

BES 《略》 business expansion scheme 事業拡大計画.

bes·a·gue /bésəgjùː/ *n.* 〘甲冑〙 (小円盤形の)脇の下当て. 〚(c1430) □ OF *besague* (F *besaiguë*) double ax or bill ← *bes* twice〛

Be·san·çon /bəzǽnsən, -sn̩, -zɑ́ː(n)sɔː(ŋ), -zɑ́ːnsɔːŋ | -zɑ̃ː(n)sɔː(ŋ), -zɑ́ːnsɔːŋ; *F.* bəzɑ̃sɔ̃/ *n.* ブザンソン《フランスの東部 Doubs 川に沿う都市, Doubs 県の県都; ローマ時代の遺跡がある》.

bes·ant /bézənt, -znt, bɪzǽnt | bézənt, -znt/ *n.* = bezant.

Bes·ant /bézənt, -znt/, **Annie** (**Wood**) *n.* ベサント《1847–1933; 英国の女性神知学者 (theosophist)・作家・政治改革家; インドの国民主義運動を指導, インド国民会議議長 (1917)》.

Besant, Sir **Walter** *n.* ベサント《1836–1901; 英国の小説家; *All Sorts and Conditions of Men* (1882)》.

bés àntler /bés-, béɪs-/ *n.* 〘動物〙 =bay antler.

be·screen /bɪskríːn/ *vt.* 《古》 screen で隠す[覆う]; 覆い隠す (shelter, conceal). 〚(1595–96) ← BE + SCREEN (v.)〛

be·seech /bɪsíːtʃ/ *vt.* (**be·sought** /bɪsɔ́ːt, -sɑ́ːt | -sɔ́ːt/, ~**ed**) **1** 〈人に〉〔慈悲・許可などを〕嘆願する 〔*for*〕; 〈人に〉〈...するように〉懇願[嘆願]する 〈*to do*, *that*〉 (⇨ beg¹ SYN): I ~ you *to* listen. お願いですからよく聞いて下さい / He *besought* the judge *for* mercy. 裁判官に慈悲を嘆願した / He *besought* (them) *that* he might be taken with them. 一緒に連れて行ってくれと懇願した / Speak the truth, I ~ you. 本当のことを言って下さい, 後生だから. **2** 請う, 求める: ~ an interview 熱心に会見を求める / ~ a favor of a person 人に嘆願する / I ~ your favor. ひとえにお願い申し上げます. — *vi.* 嘆願[懇願]する, 切に願う.
— *n.* 《Shak》 懇願 (entreaty). **~·er** *n.* 〚OE *be-sēċan*: ⇨ be-, seek〛

be·séech·ing *adj.* 懇願の, 嘆願するような: a ~ look, voice, etc. **~·ly** *adv.* **~·ness** *n.* 〚(1704): ⇨ ↑, -ing²〛

be·seem /bɪsíːm/ 《古》 *vt.* [it を主語として] ...に似合う, ふさわしい (befit): *It* ill ~*s* [*It* does not ~] you to leave him without help. 彼を見殺しにするとは君に似合わない.
— *vi.* **1** ...らしい (seem). **2** 正当である, ふさわしい.
〚(?a1200) *beseme(n)*: ⇨ be-, seem〛

be·séem·ing *adj.* 《古》 似合わしい, ふさわしい.
~·ly *adv.* **~·ness** *n.* 〚(1526): ⇨ ↑, -ing²〛

be·set /bɪsét/ *vt.* (~; **be·set·ting**) **1 a** 〈困難・誘惑などが〉...につきまとう, 悩ます (harass): a man ~ by entreaties [doubts, fears] 嘆願[疑惑, 恐怖の念]に悩まされる人 / the sin which doth so easily ~ us 人がややもすれば陥りやすい罪 (*Heb.* 12: 1; cf. besetting) / The economy was ~ by 20% inflation. 経済は 20% のインフレに悩まされた / The matter is ~ *with* difficulties. その問題にはいろいろ面倒なことがつきまとっている. **b** 〈盗賊などが〉(出没して)〈人を〉悩ます (waylay): a road ~ *with* bandits 山賊が待ち伏せている道. **2** 《古》 **a** 包囲する, 取り囲む (besiege): ~ a castle with a strong army 強力な軍勢で城を包囲する. **b** 押し寄せる, 襲う (assail). **c** 〈道路などを〉ふさぐ, 封鎖する (blockade): The police ~ every road to the town. 警察は町に通じるすべての道路を封鎖した. **3 a** 〈山・森などが〉取り囲む (surround): a village ~ *with* mountains 山に囲まれた村. **b** 〈氷原が〉〈船を〉操縦できないほどに包囲する[閉じ込める]. **4** [通例 p.p. 形で] 《古》 〔美しい物・目立つ物で〕飾る, ちりばめる (stud) 〔*with*〕: a bracelet ~ *with* diamonds ダイヤをちりばめた腕輪. **~·ter** *n.* 〚OE *besettan* to set on: ⇨ be-, set〛

be·sét·ment *n.* **1** 包囲. **2** 悩み(の種), ままならぬこと; 陥りやすい罪[過失など]. 〚(1830): ⇨ ↑, -ment〛

be·sét·ting /-tɪŋ | -tɪŋ/ *adj.* 絶えずつきまとう[悩ます]: a ~ idea 頭から離れない考え / our ~ sins 我々がえてして陥りやすい罪悪 (cf. beset *vt.* 1 a). 〚(1795) ← BESET + -ING²〛

be·shrew /bɪʃrúː/ *vt.* 《古》 のろう (curse). ★ 命令形

で軽いののしりの言葉としてのみ用いる: Beshrew me! いまいましい / Beshrew him [it]! いまいましいやつめ[こった].
〖(?c1280) beschrewe(n) ← BE-＋schrewen to curse (cf. shrewd)〗

be·side /bɪ̞sáɪd/ prep. /–⌐/ **1** …のそばに[で, を]; …の近くに (near): There was an old mill ～ the river. 川のそばに古い水車小屋があった / He sat ～ me. 彼は私の横に座った / The boy walked ～ her. 少年は彼女と並んで歩いた. **2 a** …のそばに置いて見ると, …と比べては: Beside Latin, English is analytic. ラテン語に比較すると英語は分析的だ / Beside yours, my share seems small. 君の分と比べると僕の分は少なく見える / John seems dull ～ Mary. ジョンもメアリーに比べると鈍才に見える. **b** …と同等に, 並んで: His new novel can take rank ～ those of Dickens. 彼の新しい小説はディケンズの小説に比肩できる. **3** 〈的などを〉はずれて; 〈計画・目的・本題〉からずれて: ～ the mark 的をそれて, 見当違いで / What he said was ～ the point. 彼が言ったことは要点をはずれていた / ～ the question 本題からはずれて / This discussion is ～ the matter in hand. この議論は当面の問題からそれている.
beside oneself ⇨ oneself 成句.
— adv. 《古》そばに, かたわらに.
〖(?a1200) biside(n), biside(s) ← OE bī sīdan ((dat.) ← side 'SIDE') by the side of: ⇨ be-〗

be·sides /bɪ̞sáɪdz/ adv. **1** その上, そのほかに: He gave me books and many pictures ～. 本とそのほかにたくさんの絵をくれた. **2** なお(また), それに (moreover): It is rather too late to go out; ～, I am tired. 外出するにはちょっと遅すぎるし, それに疲れてもいる / The bill cannot be paid as yet, (and) ～ the work is not completed. 勘定の支払いはまだできかねます, それに仕事も完成していませんし. **3** そのほかに(は), 別に (otherwise): He knows all about jazz, but very little ～. ジャズのことなら何でも知っているが, そのほかにはほとんど何も知らない.
— prep. /–⌐/ **1** …のほかに, …のみならず: There was another visitor ～ me. 私のほかにもう一人訪問者があった / Besides being a businessman, Carpenter was a musician. カーペンターは実業家である上に音楽家でもあった. **2** [否定構文で] …のほかは, …を除いては (except): He has nothing ～ his salary. 月給以外には何の収入もない / Have you nothing to tell us ～ what we have already heard? 今までに聞いたこと以外に話すべきことは何もないの.
〖(?a1200) bisides: ⇨ beside, -s² 1〗

be·siege /bɪ̞síːdʒ/ vt. **1 a** 〈群衆などが〉取り巻く, …に押し寄せる, 殺到する (crowd around): be ～d by reporters [with visitors] 新聞記者に取り囲まれる[客に詰めかけられる]. **b** (軍勢をもって)囲む, 包囲する, 攻囲する: ～ a town, castle, etc. / the ～d 籠城軍 (cf. besieger). **2 a** 〈嘆願・質問・招待状などで〉〈人を〉攻める, 悩ませる〔with〕: be ～d with invitations [requests, inquiries] 招待[依頼, 問い合わせ]で攻めたてられる. **b** 〔意見などを〕〈人〉にうるさく求める (importune)〔for〕: ～ a person for an opinion しつこく意見を求めて人を困らせる. **c** 〈疑惑・恐怖・心細さなどが〉襲う, 悩ます (beset). **～·ment** n.
〖(c1300) besege(n): ⇨ be-, siege〗

be·sieg·er n. **1** 包囲者, 攻城兵. **2** [pl.] 攻囲軍, 寄せ手: the ～s and the besieged 攻囲軍と籠城軍.
〖(1580): ⇨ ↑, -er¹〗

be·slav·er /bɪ̞slǽvə, -sléɪvə | -və(r)/ vt. ＝beslobber.
〖1589〗

be·slob·ber /bɪ̞slɑ́(ː)bə | -slɔ́bə(r)/ vt. **1** …によだれを垂らしかける, よだれだらけにする. **2** 〈人〉にだらだらお世辞を並べる: be ～ed with compliments やたらにほめられる.
〖(?a1387): ⇨ be-, slobber〗

be·slub·ber /bɪ̞slʌ́bə | -bə(r)/ vt. ＝besmear 1.
〖(c1378): ⇨ be-, slubber¹〗

be·smear /bɪ̞smíə | -smíə(r)/ vt. **1** 〈油・糊などを〉…に一面に塗りつける; 〔…で〕汚す〔with〕: ～ faces with war paint 〈アメリカ先住民が〉顔に出陣の顔料を塗る / be ～ed with blood [mud] 血まみれ[泥だらけ]になっている. **2** 〈名声などを〉汚す, …に泥を塗る (sully): ～ a person's reputation. 〖lateOE bismierwan: ⇨ be-, smear〗

be·smirch /bɪ̞smə́ːtʃ | -smə́ːtʃ/ vt. **1** 汚す, 汚なくする (soil). **2** 光沢を失わせる, 変色させる. **3** 〈名誉・人格などを〉汚す, …に泥を塗る (stain): ～ a person's reputation, ideal, name, etc. 〖(1599) ← BE-＋SMIRCH〗

be·som /bíːzəm/ n. **1 a** ほうき (broom); (特に)小枝を束ねて柄をつけた)枝ぼうき, 庭[竹]ぼうき. **b** 〖カーリング〗ビーザム《ストーン (stone) をよく滑らせるために前の氷の上を掃くほうき》. **2** 《スコット・英方言》[軽蔑的に] 女 (woman); (特に)あばずれ女 (jade). **3** 〖植物〗 **a** エニシダ (⇨ broom 2). **b** 《英方言》ヒース (heath). **júmp the bésom** ＝jump the BROOMSTICK. — vt. 枝[竹]ぼうきで掃く, 掃除する (sweep). 〖OE bes(e)ma broom < Gmc *besmōn (G Besen) ← ?〗

be·sort /bɪ̞sɔ́ət | -sɔ́ːt/ 《Shak》vt. 似合う (befit), ふさわしい. — n. ふさわしい仲間. 〖(1604) ← BE-＋(AS)SORT〗

be·sot /bɪ̞sɑ́(ː)t | -sɔ́t/ vt. (**be·sot·ted; be·sot·ting**) **1** 酔わせる; (酔わせて)たわいなくさせる. **2** 夢中にさせる (infatuate). **3** …の頭を狂わせる, 愚かにさせる, ぼうっと[うっとり]させる. 〖(1581) ← BE-＋SOT〗

be·sót·ted /-tɪ̞d | -tɪ̞d/ adj. **1** 酔って[た]; たわいなくなった: a ～ drunkard. **2** 夢中になった, 迷った; ぼうっとなった: ～ with [about] a barmaid バーの女性にうつつを抜かした. **3** ばかな (foolish). **～·ly** adv. **～·ness** n.
〖(1580): ⇨ ↑, -ed〗

besought v. beseech の過去形・過去分詞.

bespake v. 《古》bespeak の過去形.

be·span·gle /bɪ̞spǽŋgl/ vt. 〔ぴかぴかする物を〕…にちりばめる〔with〕; ぴかぴか[きらきら]させる[飾る]: The sky is ～d with stars. 空には星が一面に輝いている. 〖(1593) ← BE-＋SPANGLE〗

be·spat·ter /bɪ̞spǽtə | -tə(r)/ vt. **1** 〔泥水などを〕…にはね散らす, はねかける〔with〕: The trousers were ～ed with mud. ズボンには泥がはね上がっていた. **2** 〔悪口・批判などを〕…に浴びせかける〔with〕; 〈人を〉中傷する (slander). **3** …の価値[魅力]を減らす. 〖(1640) ← BE-＋SPATTER〗

be·speak /bɪ̞spíːk/ v. (**be·spoke** /-spóuk | -spə́uk/, 《古》**be·spake** /-spéɪk/; **be·spo·ken** /-spóukən | -spə́u-/, 《古》**be·spoke**) — vt. **1 a** 前もって求める: ～ a calm hearing 前もって静聴を求める / ～ the reader's patience 前もって読者の忍耐を願っておく. **b** 頼む, 求める (request): ～ a favor お願いする. **2** 前もって約束する, 予約する, 予約注文する, あつらえる (order): ～ a seat for a new play 新しい劇を見るため座席を予約する / ～ boots 靴の注文をする. **3 a** 〈事・物が〉予示する, …の前兆を示す (foretell). **b** 〈事・物が〉示す (indicate), …の証拠となる: A neat desk ～s care. 整頓された机で注意深いことがわかる. **4** 《詩》…に話しかける (address). — vi. 《古》話す (speak). 〖(OE) (1583) besprecan: ⇨ be-, speak〗

be·speck·le /bɪ̞spékl/ vt. …に斑点をつける. 〖(1641) ← BE-＋SPECKLE〗

be·spec·ta·cled /bɪ̞spéktəkl̩d/ adj. 眼鏡を掛けた: a ～ gentleman. 〖1742〗

be·spice /bɪ̞spáɪs/ vt. …に香辛料で味をつける. 〖(1575) ← BE-＋SPICE〗

be·spoke /bɪ̞spóuk | -spə́uk/ v. bespeak の過去形・《古》過去分詞. — adj. **1** 《英》**a** 〈衣服・靴など〉注文品の, あつらえの (custom-made) (cf. ready-made): ～ tailoring あつらえ仕立て / ～ clothes [boots] あつらえの服[靴]. **b** 〈洋服屋・靴屋など〉予約注文品を作る[売る]: a ～ shoemaker [tailor] 注文品専門の靴屋[洋服屋]. **2** 《方言》予約した; (特に)婚約している. 〖(1607): ⇨ bespeak 2〗

be·spo·ken /bɪ̞spóukən | -spə́u-/ v. bespeak の過去分詞. — adj. ＝bespoke.

be·spot /bɪ̞spɑ́(ː)t | -spɔ́t/ vt. (**be·spot·ted; be·spot·ting**) 《古》…に斑点をつける; …に点で印をつける. 〖(c1380): ⇨ be-, spot〗

be·spread /bɪ̞spréd/ vt. (～) 《古》一面に広げる, 覆う. 〖(?a1200): ⇨ be-, spread〗

be·sprent /bɪ̞sprént/ adj. 《詩・古》まかれた, まき散らされた (strewn) 〔with〕. 〖(c1370) bespreynt (p.p.) ← besprenge(n) ← OE besprengan to besprinkle ← BE-＋sprengan (< Gmc *spraŋʒjan (caus.) ← *spreŋʒan 'to SPRING')〗

be·sprin·kle /bɪ̞spríŋkl/ vt. 〔水・粉・調味料などを〕…にまく, ふりかける (strew) 〔with〕: The flowers were ～d with morning dew. 草花には朝露がおりていた. 〖(?a1450) besprenglen (freq.) ← besprenge(n) (↑): ⇨ sprinkle〗

Bess /bés/ n. ベス《女性名》. 〖(dim.) ← ELIZABETH²〗

Bes·sa·ra·bi·a /bèsəréɪbiə⌐/ n. ベッサラビア《ヨーロッパ南東部, Dniester 川と Prut 川にはさまれた地域, 現在は大部分モルドバ共和国に属する; もとルーマニアの一州で, トルコとロシアが争った地でもある》.

Bes·sa·ra·bi·an /bèsəréɪbiən⌐/ adj. ベッサラビア (Bessarabia) の; ベッサラビア人の. — n. ベッサラビア人. 〖(1835): ⇨ ↑, -an¹〗

Bes·sel /bésəl, -sl; G. bésl/, **Friedrich Wilhelm** n. ベッセル (1784–1846; ドイツの天文学者・数学者).

Béssel fùnction /bésəl-, -sl-/ n. 〖数学〗ベッセル関数《微分方程式から得られる特殊関数の一種》. 〖(1872) ↑〗

Bes·se·mer /bésəmə | -sɪ̞mə(r)/, **Sir Henry** n. ベッセマー (1813–98; 英国の技術者; ベッセマー製鋼法の発明者).

Béssemer convérter n. 〖冶金〗ベッセマー転炉. 〖(c1887) ← Sir Henry Bessemer〗

Béssemer pròcess n. [the ～] 〖冶金〗ベッセマー製鋼法. 〖(1856) (1875) ↑〗

Béssemer stéel n. 〖冶金〗ベッセマー鋼. 〖(1875) ↑〗

Bes·sie /bési/ n. ベッシー《女性名》. 〖(dim.) ← ELIZABETH²: ⇨ -ie〗

Bes·sy /bési/ n. ベッシー《女性名》. 〖(dim.) ← ELIZABETH²: ⇨ -y²〗

best /bést/ adj. [good, well¹ の最上級] **1** 一番よい, 最もよい, 最上の, 最良[最善]の; 最も好ましい, 最も有益な; 最も上手な: the ～ way (possible [of all]) 最善の方法; 一番の近道 / the ～ buy(s) 一番得な買物, 最高の掘り出し物 / ⇨ best room, best-seller / the ～ abilities [talents] 最も才能のすぐれた人々 / the ～ families [people] (土地の)有力者たち / one's ～ days 全盛時代 / one's ～ friend 第一の親友 / ⇨ best fellow, best girl, best man / the ～ man for the job その仕事に対する随一の適任者 / the ～ thing to do [you can do] 最良策 / the ～ film I have ever seen 今まで見たうちで最良の映画 / Tom is the ～ student in the class [《口語》of the two]. クラスではトムが一番[二人ではトムの方が]優秀な学生だ / What is the ～ (thing) to do? どうしたら一番いいだろう / I think it ～ to start at once. すぐ出発するのが最善だと思う / Love is ～. 愛は至上である / The view is ～ in spring. その眺めは春が一番よい. **2** 最も多い, 最大の (most, largest): the ～ part of a day [the vacation, the way, one's savings] 一日[休暇, 道のり, 貯金]の大部分[大半]. **3** とっておきの: get out the ～ sherry glasses とっておきのシェリーグラスを取り出す. **4** [反語的に] 極めてひどい, 徹底した: the ～ liar この上ない大うそつき / You must give him the ～ thrashing. やつは徹底的に打ちのめさなければだめだ.
bést befóre dàte (食品の)賞味期限. **bést befóre (énd)** [食品の包装などに記されて] 賞味期限: Best before end: May 20, 2001. 賞味期限: 2001 年 5 月 20 日.
pút [sét] one's bést fóot fórward [fóremost] ⇨ foot 成句.
— adv. [well¹ の最上級] **1** 一番よく, 最もよく[上手に]; 最も有利に: the best-dressed woman 一番着こなし上手な[最も洗練された服を着た]女性 / my best-loved friend 私の最愛の友 / the person ～ suited for [to] the work その仕事に最適の人 / I like this (the) ～ (of all). これが一番好きだ / I can work ～ after a good night's sleep. 一晩ぐっすり寝たあとが一番よく働ける / Who did [came off] (the) ～ on the test? テストでは誰が一番よくできたのか / ⇨ KNOW best / That is ～ refused [avoided]. それは断る[避ける]のが一番いい. **2** 一番, 最も (most): the best-pleasing girl 一番愛嬌のいい娘 / the ～ hated man 一番の嫌われ者 / the best-abused statesman 一番悪評の高い[高かった]政治家 / the best-discussed book of the year その年に最も論議を呼んだ書物. **3** ＝better¹ adv. 2 b.
as bést one càn [máy] できるだけ, 精一杯. **bést of áll** 何よりも(よいことに), 第一に. **had bést dó** ⇨ had¹ 成句.
— n. **1** [the ～] **a** 一番よいもの[こと, 部分]; 勝利 (victory): the ～ of the joke その冗談の一番おもしろいところ / the ～ of five sets (テニスなどの) 5 セットマッチ / the ～ of three games 三回勝負《二回勝てば勝ち》/ get the ～ out of … 〈人・物〉を最大限に活用する / bring out the ～ in a person 人の一番よいところを引き出す / have the ～ of care 申し分のない世話を受ける / Hope for the ～. またよいこともあろう《悲観するな》/ The ～ of it [the matter] is that … 一番いいのは…である《★《口語》では, しばしば接続詞を省いて The ～ of it is … のようにもいう》/ That is the ～ of being honest. それが正直であることの強みだ / The brandy was of the (very) ～. そのブランデーは最高のブランデーだった. **b** 最上の人(々)[物]. ★ 複数の意味で複数扱いが普通: the ～ of wives 模範的な細君 / one of the ～ 《口語》いいやつ / We are the ～ of friends. 親友同士だ. **2** [one's ～, the ～] 最善の努力: do [try] one's (very) ～ ＝do the ～ one can 全力を尽くす / do one's level ～ 《口語》最善を尽くす / That's the ～ I can do for you. それが君に対して私がしてやれる精一杯のところだ. **3** [the ～] 最上, 最善, 至上: the next [second] ～ 次善(のもの) / The ～ is the enemy of the good. 《諺》最上は上の敵《あまり標準が高いとかえって成功を妨げる》. **4** [one's ～] 晴れ着: in one's (Sunday) ～ 晴れ着を着て. **5** [the ～, one's ～] 最良の状態: ⇨ at its [one's] BEST / in the ～ of health [temper] 最上の健康[ご機嫌]で / look one's ～ (健康・外見など)一番よく[魅力的に]見える. **6** [通例 one's ～] 《米口語》くれぐれもよろしくとの挨拶 (best wishes): send (one's) ～ くれぐれもよろしくと言う.
(áll) for the bést (1) 最もよいように[よかれと思って]: I did it (all) for the ～. それが一番よいと思ってしました / All (is) for the ～. 何事も天の配剤だ《「神様のなさることに悪い事はない」というあきらめの言葉》. (2) 結局一番うまくいって: It's all for the ～. それがかえってよい結果になるのだ. 〖(c1450)〗 **Áll the bést!** (1) [人と別れるとき] ではご機嫌よう. (2) [乾杯するとき] ではご盛運を祈って. 〖(1937)〗 **at bést** 一番よいところで; いくらよく見ても, せいぜい; とどのつまり; 最高の値段で. ★ at the best は《古》. ただし強調形は at the very best. 〖(c1325) at(t)e beste ← at þe beste at the best〗 **at its [one's] bést** 最もよい状態に; 〈花など〉見ごろ[満開]で; 〈芸術など〉盛りを極めて, 全盛で: bookbinding at its ～ 最高の製本 / She was at her ～ that day. あの日が彼女の最上の出来だった. **(éven) at the bést of times** 最も順調な[恵まれた]時でさえ. 〖(1936)〗 **gét [háve] the bést of** 〈議論・競技などに勝つ, まさる; 〈人〉を出し抜く; 〈取引〉を最もうまくやる; 〈病気が〉〈人〉を参らせる: get the ～ of it 議論などに勝つ; 取引などをうまくやる / get the ～ of the bargain [deal] 有利な取引をする. 〖(1590–01)〗 **give bést** (1) 〈相手〉の勝ちを認める, 〈人〉にかぶとを脱ぐ: I give you ～. (2) 〈物事を〉あきらめる, よす: He gave it ～. 〖(1888)〗 **háve [gét, enjóy] the bést of bóth wòrlds** 世俗的利害と精神的利害の一致を図る; (利害の異なった) 二方面でうまくやる[つじつまを合わせる]. **màke the bést of** (1) …をできるだけ損のないようにする, がまんする: make the ～ of a bad business [bargain, job]＝make the ～ of it [things, the matter] 困った事情をせいぜいよくしようとする; (失望しないで)逆境に善処する. (2) 最も有効に利用[活用]する. 〖(a1626)〗 **màke the bést of onesélf** できるだけ魅力的に見えるようにする. **màke the bést of one's wáy** 《英》できるだけ早く行く, 急行する, 道を急ぐ. 〖(1704)〗 **of the bést** (1) ⇨ n. 1 b. (2) [数詞に伴って] 《口語》(金額が)…ドル[ポンド]: five hundred of the ～ 500 ドル[ポンド]. (3) [特に six of the ～ の形で] 《口語》厳しいむち打ち(の罰). 〖(1338)〗 **pláy (the) bést of thrée [fíve, séven]** 3 [5, 7] 番勝負をする《2 [3, 4] 勝した方が勝ち》. **to the bést of** …の限り(では): to the ～ of one's ability [power] できる限り, 力の及ぶ限り / to the ～ of my belief [knowledge, recollection] 私の信じる[知っている, 記憶にある]限りでは. 〖(1503–04)〗 **with the bést (of them)** だれにも劣らずに. 〖(1748)〗
— vt. **1** …に打ち勝つ, 負かす (defeat): ～ a person at tennis. **2** 〈人を〉出し抜く (outwit).
〖OE ～ (t の s への同化) ← betst, betest < Gmc *batistaz (superl.) ← *bat- ← IE *bhad- good: GOOD とは別語源: cf. better¹, boot², -est¹〗

Best /bést/, **Charles Herbert** n. ベスト (1899–1978; カナダの生理学者).

be·stárred adj. 星で飾られた, 星で覆われた.
〖(c1655): ⇨ be-, star, -ed〗

B

bést báll *n.* 〘ゴルフ〙 =best-ball match. 〖1909〗

bést-báll fòursome *n.* 〘ゴルフ〙 ベストボールフォーサム《2人が組になって4人で行い, 各ホールで各組の競技者のよいほうのスコアをその組のスコアとする競技; four-ball ともいう》.

bést-báll màtch *n.* 〘ゴルフ〙 ベストボールマッチ《1人が2人以上の組に対し各ホールで相手の競技者の最良のスコアと勝敗を争う競技》.

bést bów·er /-báuə | -báuə$^{(r)}$/ *n.* 〘海事〙 **1** (船の)予備アンカー《船首のアンカーと同じ大きさで通常重さがそれより15% ぐらい重い》. **2** 右舷大錨 (cf. small bower).

bést bóy *n.* 《米》(映画・テレビの)照明係の第一助手. 〖1937〗

be·stead /bɪ̀stéd/ 《古》 *vt.* (~·ed; ~ed, ~) 助ける, 援助する (help); …に役立つ, …の用が足りる (serve). 〖(1581) ← BE-+STEAD (v.)〗 — *adj.* (also **be·sted** /~/) [hard, ill, sore などの副詞を伴って]〈…の〉境遇[立場]にある (situated): be *hard* [*ill*] ~ 苦しい境遇に[ひどい目に遭って]いる / be *well* ~ よい境遇にある. 〖(c1303) *bistad* ← BE-+-*stad* (□ ON *staddr* (p.p.) ← *steðja* to place ← *staðr* place)〗

bést-éfforts *adj.* 〘証券〙(証券の募集・売出しにおいて)中間業者が最善の努力をしたうえで売れ残った証券は引き取らないという方式の.

bést énd *n.* (羊・子牛・豚の)首肉の肋骨付きの部分 (⇨ mutton¹ 挿絵): ~ of neck.

be·ster /bɪ̀stə́: | -stə́:$^{(r)}$/ *n.* 〘魚類〙 オオチョウザメ (beluga) とコチョウザメ (sterlet) との雑種《上流に遡(さかのぼ)らず飼育場所で産卵できるよう旧ソ連で開発された雑種のチョウザメ》. 〖← BE(LUGA)+STER(LET)〗

bést féllow *n.* 《口語》(女の子の)男友達, 恋人.

bést gírl *n.* 《口語》恋人 (sweetheart). 〖1887〗

bes·tial /béstʃəl, bí:s- | -tiəl, bí:s-/ *adj.* **1** 獣類の. **2 a** 畜生のような, 非人間的な, 野蛮な, 残忍な: ~ behavior. **b** 獣性の; 獣欲的な; 野卑な, 下品な. — *n.* 《スコット》家畜, 牛 (cattle). 〖(c1385) □ (O)F ~ □ LL *bēstiālis*: ⇨ beast, -al¹〗

bes·ti·al·i·ty /bèstʃiǽləti, bì:s- | -lɪ̀ti, bí:s-/ *n.* **1 a** 獣性. **b** 獣欲; 獣行, 獣心. **2** 〘法律〙 獣姦《コモンローでは自然に対する罪 (crime against nature) とされ重罪》. 〖(c1385) *bestialite* □ (O)F *bestialité*: ⇨ ↑, -ity〗

bes·tial·ize /béstʃəlàɪz, bí:s- | béstiəl-/ *vt.* **1** 獣(の姿)にする. **2** 獣性化する, 畜生道に落とす. 〖(1684) ← BESTIAL+-IZE〗

bés·tial·ly /-tʃəli | -tiəli/ *adv.* けだもののように.

bes·ti·ar·y /béstʃièri, bí:s- | -tiəri, bí:s-/ *n.* **1** 動物寓話集《中世ヨーロッパの, 動物をモデルにして人間を諷刺した物語詩》. **2** (中世の城などにおける象徴的意味をもった)動物の彫刻[絵画]. 〖((1625)) (1840) □ ML *bēstiārium*: ⇨ beast, -ary〗

be·stir /bɪ̀stə́: | -stə́:$^{(r)}$/ *vt.* (**be·stirred; be·stir·ring**) [~ one*self* で]《文語》(元気を出して)動く, 働く: *Bestir yourself!* 元気を出しなさい, 動き[働き]なさい. 〖(?a1300): ⇨ be-, stir¹〗

bést-knówn *adj.* well-known の最上級.

bést mán *n.* (結婚式の)花婿付添人 (cf. groomsman, bridesmaid): He was ~ at the wedding. 彼は結婚式で新郎に付き添った. 〖c1782〗

bést-óff *adj.* well-off の最上級.

be·stow /bɪ̀stóu | -stáu/ *vt.* **1** 〈人に〉〈名誉・称号などを〉贈与する, 贈る, 授ける (grant) 〔*on, upon*〕(⇨ give SYN): ~ an honor [a title] *on* a person 人に名誉[称号]を与える / I thank you for the favors you have ~*ed upon* me. お世話になりまして厚くお礼申し上げます. **2** 〔…に〕用いる, 費す, 利用する; 〈時間などを〉〔…に〕捧げる 〔*on, upon*〕: ~ one's spare time *on* study 余暇を研究に捧げる. **3** 《古》 **a** 置く, しまっておく: I don't know where to ~ all these things. これらの物を皆どこへ置いてよいかわからない. **b** 宿泊させる, 泊める (lodge). **4** 《Shak》[~ one*self* で] ふるまう (marry off). **~·ment** *n.* **~·er** *n.* 〖(a1333): ⇨ be-, stow¹〗

be·stow·al /bɪ̀stóuəl | -stáu-/ *n.* **1 a** 贈与, 授与. **b** 贈り物. **2** 《古》(しまって)置くこと, 配置; 貯蔵. 〖(1773): ⇨ ↑, -al²〗

be·strad·dle /bɪ̀strǽdl/ *vt.* …にまたがる. 〖(1807-8) ← BE-+STRADDLE〗

be·strew /bɪ̀strú:/ *vt.* (~ed; ~ed, **be·strewn** /-strú:n/) **1 a** 〈床の上や地面などに〉〔…を〕散布する, まき散らす 〔*with*〕: ~ the floor *with* papers 床に紙をまき散らす. **b** 〈物をまき散らす. **2** 〈物が〉…にたくさん散らばる: Leaves ~*ed* the street. 枯葉が街路に散らばっていた. 〖OE *bestrēowian*: ⇨ be-, strew〗

be·stride /bɪ̀stráɪd/ *vt.* (**be·strode** /-stróud | -strə́ud/, 《古》 **be·strid** /-stríd/; **be·strid·den** /-strídn/, 《古》 **be·strid**) **1 a** 〈馬・椅子などに〉にまたがる, 馬乗りになる: ~ a horse, chair, etc. **b** またいで立つ, …に立ちはだかる. **c** 〈虹・橋などが〉…にかかる. **2** 支配する, 牛耳る (dominate). **3** 《古》〈溝などを〉またぎ越す, またぐ. 〖OE *bestrīdan*: ⇨ be-, stride〗

bést ròom *n.* 《米》(家具など整えた)応接間 (parlor). 〖1719〗

be·strow /bɪ̀stróu | -stráu/ *vt.* (~ed; ~ed, **be·strown** /-stróun | -stráun/) 《古》 =bestrew.

best-sell·er /béstsélə | -lə$^{(r)}$/ *n.* (also **bést·séller, bést séller**) **1 a** (ある期間に)最もよく売れた本[レコード], ベストセラー: one of the ~*s* of the month. **b** 特によく売れる製品[商品]. **2** ベストセラーの著者. 〖1889〗

bést·séll·er·dom /-dəm/ *n.* **1** ベストセラー級[の部類]. **2** [集合的] 最もよく売れる書物[レコード]. 〖(1928): ⇨ ↑, -dom〗

best-selling /béstséliŋ⁻/ *adj.* 〈本・レコード・作家など〉ベストセラーの: one of the ~ authors. 〖1895〗

be·stud /bɪ̀stʌ́d/ *vt.* (**be·stud·ded; be·stud·ding**) **1** …に一面に鋲(びょう)で留める. **2** …にちりばめる, 散在させる (dot). 〖(1601) ← BE-+STUD (v.)〗

bet¹ /bét/ *n.* **1** 賭(か)け (wager): an even ~ 五分五分の賭 / accept [take up] a ~ 賭に応じる / win [lose] a ~ 賭に勝つ[負ける] / lay [make, put, place, have] a ~ *on* …に賭ける / make a ~ *with* …と賭をする / hedge [cover] one's ~*s* (予想される二つ以上の結果に賭けて)賭の損失を防ぐ / I will lay you a ~. 君と賭をしよう / He made a ~ *that* he would win. 彼は勝つといって賭をした. **2** 賭けた金[物]: a large [heavy] ~ 大きな賭 / a small [paltry] ~ 小さな賭. **3** [修飾語を伴って] **a** 賭の対象: That horse is a good [poor] ~. あの馬に賭ければ勝つぞ[危ないぞ]. **b** (公算を考えて)選んだ手段[方法, 道, 人]: a poor ~ for the post 地位に不適当な人 / a poor ~ to win 勝つには不適切な手段. **4** 《口語》意見 (opinion): My ~ is (*that*) … きっと…だ.

All béts are óff. どうなるか全くわからない[なくなった].
for a bét 賭に勝つ[自分の力を見せる]ために《無謀なことなどをする》. ***one's bést bét*** 《口語》最善のもの[策], 最も確実なこと[方法]: *Your best* ~ is to turn them away. 最良の策は連中を追い払うことだ.

— *v.* (~, **bet·ted; bet·ting**) ★ 過去形・過去分詞で, bet は特定の金額を賭ける場合, betted は一般的陳述に用いることが多い. — *vt.* **1 a** 〈金などを〉〔…に〕賭ける 〔*on, against*〕: ~ ten dollars *on* [*against*] the favorite 人気馬に[人気馬以外の馬に] 10 ドル賭ける. **b** 〈人〉と〔…で〕賭をする (wager) 〔*on, upon*〕: ~ a person *on* a game 試合で人と賭をする. **c** [二重目的語を伴って]〈人〉と[に対して](ある事で)〈金などを〉賭ける: I'll ~ you £5 [what you like]. 君に5ポンド[何でもお望みの物を]賭けてもいい / I'll ~ you $1,000 to $200. 君の200ドルに僕は1,000ドル賭けよう. **2** 《口語》[*that*-clause を伴って]〈…であると〉賭ける, (賭けて)主張する; [(二重)目的語+*that*-clause を伴って]〈…であると〉〈人〉に断言する; 〈…であると〉〈金などを〉賭ける: ~ two to one *that* … 2対1で…であると賭ける / I'll ~ (you) *that* … (君に)賭けてもいい, …に違いない (cf. *I* BET (*you*))/ He ~ me (a beer) *that* she would come. きっと彼女は来ると私に(ビールを賭けて)断言した / I ~ you a pound (*that*) he has forgotten it. 彼が忘れていなかったら1ポンドやる, 彼は忘れたに違いない. ★ *vt.* で次の種々の構文が可能である: He ~ (me) five dollars (on the outcome of the race). / He ~ (me) (five dollars) that he would win. — *vi.* 賭事をする, 賭ける: I don't ~. 賭はやらない / ~ (heavily) *on* the home team 地元チームに(大金を)賭ける / ~ *against* the field ⇨ field *n.* 10 c / ~ *with* a person 人と賭をする / I'll ~ *against* your winning. 君が勝ったら金を出すよ.

bét one's bóots [***bóttom dóllar, shírt***] (1) 最後の有り金[持ち物]まで賭ける. (2) (…は)きっと大丈夫だ[間違いない]〔*on*〕/ 〈*that*〉: You can ~ *your boots on* that. そのことは絶対に間違いない. ***bét one's life*** =BET *one's boots* (2). ***I*** [***I'll***] ***bét*** (***you***) 《口語》確かに, 大丈夫 (cf. *vt.* 2); その通り; [疑いを示して] 怪しいもんだ: *I* ~ *you* like it. もちろん君の気に入るよ / *Bet you* I will. 大丈夫まかしとけ. ★ しばしば bet you はなまって /bétʃə/ と発音され, betcha, betcher ともつづられる: Your tea's cold, *I betcha*. お茶冷めちゃったでしょう, きっと. ***You bét*** (***you***) 《口語》きっと, もちろん (⇨ *I* BET (*you*) ★): *You* ~? きっとかね / *You* ~ (*you*) we had a good time. まったく愉快だったよ / Are you coming—*You* ~ (I am). 来るかね—もちろんさ.
〖n.: (1592) 《頭音消失》 ← ABET. — v.: (1598) ← (n.)〗

bet² /bét, béɪt/ *n.* =beth.

bet³ 《略》 between.

be·ta /béɪtə | bí:tə/ *n.* **1** ベータ《ギリシャ語アルファベット24字中の第2字: B, β (ローマ字の B, b に当たる); ⇨ alphabet 表》. **2** 二番目, 第二位のもの, 第二級 (cf. alpha, gamma): ~ plus [minus] 《英》(学業成績が)良の上[下], B⁺[B⁻]. **3** [通例 B-; 星座名の属格を伴って] 〘天文〙 ベータ (β) 星《星座中明るさが第2位の星》. **4** 〘化学〙 [形容詞的に] ベータの, β-, 第二の (⇨ alpha¹ 5): ⇨ *beta*-eucaine / *beta*-naphthol. **5** 〘物理〙 **a** =beta particle. **b** =beta ray. 〖(a1325)) (1867) □ L *bēta* □ Gk *bêta*: cf. Heb. *bēth*: ⇨ B, b〗

Be·ta /béɪtə | -tə/ =Betamax.

béta-adrenérgic *adj.* 〘生化学〙 ベータ受容体 (beta-receptor) の. 〖1965〗

béta-adrenérgic recèptor *n.* 〘生化学〙 =betareceptor.

béta-blòcker *n.* 〘薬学〙 ベータ受容体遮断薬.

béta-blòcking *n., adj.* 〖1968〗

béta bràss *n.* 〘冶金〙 ベータ黄銅《銅と亜鉛の合金; 圧延・鍛造に向く》.

Be·ta·caine /béɪtəkèɪn | bí:tə-/ *n.* 〘商標〙 ベタカイン《局部麻酔薬 eucaine の商品名》. 〖← BETA+(EU)CAINE〗

béta-cárotene *n.* 〘生化学〙 ベータカロチン《牛乳や野菜などに含まれているカロチンで, 体内でビタミンAになる》. 〖1938〗

béta céllulose *n.* 〘化学〙 ベータセルロース《セルロース試料中で17.5% 水酸化ナトリウム液に溶ける部分のうち, 酸性にすると沈澱する部分; cf. alpha cellulose, gamma cellulose》.

Béta Cen·táu·ri /-sentɔ́:raɪ, -tá:- | -tɔ́:-/ *n.* 〘天文〙 ベータケンタウリ《ケンタウルス座の β 星, 0.9 等星》. 〖*Centauri*: □ L *Centauri* (gen.) ← *Centaurus*: ⇨ centaur〗

Béta Crú·cis /-krú:sɪ̀s | -sɪs/ *n.* 〘天文〙 南十字座の β 星 (1.3 等星; cf. Acrux). 〖*Crucis*: □ L *Crucis* (gen.) ← *Crux* 'CROSS¹, CRUX'〗

be·ta·cy·a·nin /bèɪtəsàɪənɪ̀n | bì:təsàɪənɪn/ *n.* 〘生化学〙 ベータシアニン《アオゲイトウ (beetroot) などに含まれ, 赤色の染料に用いられる》. 〖← BETA+CYAN-+-IN¹〗

béta decày *n.* 〘物理〙 ベータ崩壊《ベータ線を放出する原子核や素粒子崩壊; 通例 β-decay と書く; beta transformation [process] ともいう》. 〖1934〗

béta emítter *n.* 〘物理〙 ベータ放射体. 〖1947〗

béta-eucáine *n.* 〘化学〙 ベータオイカイン ($C_{15}H_{21}NO_2$) (⇨ eucaine). 〖⇨ beta, eucaine: cf. Betacaine〗

Béta fíber *n.* 〘商標〙 ベータファイバー《不燃性グラスファイバー》.

bet·a·fite /bétəfàɪt | -tə-/ *n.* 〘鉱物〙 ベタファイト《ウラニウム・ニオビウム・チタニウムを含む含水チタン酸塩》. 〖(1912) □ F ~ ← *Betafo* (Madagascar にある地名): ⇨ -ite¹〗

béta fùnction *n.* 〘数学〙 ベータ関数《積分から得られる特殊関数の一種》. 〖1888〗

Béta Gem·i·nór·um /-dʒèmənɔ́:rəm | -mɪ̀-/ *n.* 〘天文〙 =Pollux 2.

béta glóbulin *n.* 〘生化学〙 ベータグロブリン《血漿(けっしょう)蛋白の一種; グロブリンで電気泳動での移動度が中間のもの》. 〖1945〗

be·ta·ine /bí:təì:n | -tə-/ *n.* 〘化学〙 ベタイン ($(CH_3)_3$-$N^+CCH_2COO^-$)《砂糖大根・綿の種子・麦の芽などに含まれる甘味の結晶性アルカロイド; 広義にはアミノ酸の N-トリアルキル誘導体をいう; lycine, oxyneurine, trimethylglycine ともいう》. 〖(1879) ← L *bēta* 'BEET¹'+-INE³〗

béta ìron *n.* 〘化学〙 ベータ鉄《768–910°C の間で安定していて, 非強磁性の鉄の変態の一つ; cf. alpha iron》. 〖1885〗

be·take /bɪ̀téɪk/ *vt.* (**be·took** /-tʊ́k/; **be·tak·en** /-téɪkən/) [~ one*self* で] **1** 《文語》〔…へ〕おもむく, 行く (go) 〔*to*〕. **2** 《古》〈ある手段・行動・行為に〉訴える, 頼る, 取りかかる (resort); …に専念する 〔*to*〕: ~ *oneself to* flight [one's heels] 逃げ(去)る / ~ *oneself to* one's studies 勉強に励む. 〖((?a1200)) (16C) *betake(n)* to entrust: ⇨ be-, take〗

Be·ta·max /béɪtəmæ̀ks | bí:tə-/ *n.* 〘商標〙 ベータマックス: **1** ベータ方式. **2** ベータ方式のビデオカセットレコーダー.

béta mòvement *n.* 〘心理〙 ベータ運動現象《静止対象を運動しているように見る仮現運動の一種; cf. alpha movement》.

béta-náphthol *n.* 〘化学〙 ベータナフトール ($C_{10}H_8O$)《無色の結晶; 防腐剤・染料製造の原料》.

Bet·an·court /bètɑ:nkúə(t), -taːŋ- | béɪtæŋkɔ̀:$^{(r)}$; *Am.Sp.* betaŋkúr/, **Ró·mu·lo** /rómulo/ *n.* ベタンクール (1908–81; ベネズエラの政治家; 大統領 (1945–48, 1959–64); 総選挙実施などの多くの改革を行う).

Béta O·rí·o·nis /-ouráɪənɪ̀s | -əuráɪənɪs/ *n.* 〘天文〙 =Rigel.

béta-oxidátion *n.* 〘生物〙 ベータ酸化《動物組織の脂肪酸が酸化されるときの一形式》. 〖c1935〗

béta pàrticle *n.* 〘物理〙 ベータ粒子《原子核のベータ崩壊のとき, 飛び出してくる荷電粒子のことで, 本体は電子; 通例 β-particle と書く; 記号 β, e; cf. alpha particle》. 〖1904〗

béta radiàtion *n.* 〘物理〙 ベータ放射線《通例 β-radiation と書く; ⇨ beta ray》. 〖1899〗

béta rày *n.* 〘物理〙 ベータ線《原子核のベータ崩壊のとき放出されることから命名; ベータ粒子 (beta particle) すなわち電子から成る; 通例 β-ray と書く; beta radiation ともいう》. 〖1902〗

béta-recèptor *n.* 〘生化学〙 ベータ [β] 受容体. 〖1948〗

béta rhỳthm *n.* 〘生理〙 ベータリズム《alpha rhythm よりも小さな毎秒10以上の頻度の脳波のリズム; cf. brain wave》. 〖1936〗

béta-stánnic ácid *n.* 〘化学〙 β-スズ酸 (⇨ stannic acid).

béta stóck *n.* 《英》〘証券〙 ベータ株《株式取引所 (the Stock Exchange) の第2ランクの株》.

béta-tèst *vt.* …にベータ検査を行う.

béta tèst *n.* **1** 〘心理〙 ベータ(式)検査, B式知能検査, 非言語式知能検査《文字の代わりに絵や符号を用いた, 言語による指示をしない知能検査; 第一次大戦中に外人兵士や無教育な兵士に対し米陸軍が行ったもの; 読み書きのできる兵士には alpha test を行った》. **2** 〘電算〙 ベータテスト《ソフトウェアなどの発売に先立つ一般ユーザーも含めた最終テスト》.

be·ta·tron /béɪtətrɑ̀(:)n | bí:tətrɔ̀n/ *n.* 〘物理〙 ベータトロン, 電磁誘導加速器《電磁誘導による電子の加速装置; induction accelerator ともいう》. 〖(1941) ← *beta* (*ray*)+-TRON〗

béta vèrsion *n.* 〘電算〙 ベータバージョン《ソフトウェアなどのベータテスト用のバージョン》.

béta wàve *n.* 〘生理〙 (脳波の)ベータ [β] 波. 〖1936〗

bet·cha /bétʃə/ ⇨ *I* BET (*you*).

bet·cher /bétʃə | -tʃə$^{(r)}$/ ⇨ *I* BET (*you*).

Bet Din /bétdín, béɪt-/ *n.* =Beth Din.

be·teem /bɪ̀tí:m/ *vt.* 《Shak》認める (grant), 適当と考える. 〖(1565) ← ?: cf. Du. *betamen* to beseem〗

be·tel /bí:tl | -tl/ *n.* 〘植物〙 **1** キンマ (*Piper betle*)《熱帯アジア産コショウ科のつる性植物; その葉にビンロウジ (betel nut) と少量のサンゴの焼灰を包んだもの (pan) を東インド・台湾の先住民は常習的にかむ; betel pepper ともいう》. **2** =betel palm. 〖(1553) □ Port. ~ □ Malayalam *veṭṭila* ← *veru ila* simple or mere leaf〗

Be·tel·geuse /bíːtḷdʒùːz, bétḷ-, -dʒùːs, -dʒɔ̀ːs | -dʒɔ̀ːz, -dʒùːz; *F.* betɛlʒøːz/ *n.* (*also* **Be·tel·geux** /～/) 〘天文〙ベテルギウス《オリオン座の α 星で, 赤色の巨星; 光度 0.5–1.2 等の長周期期変光星》. 〘(1796) ◻ F *Bételgeuse* ◻ ? Arab. *bīt-ljauzā'* shoulder of the giant〙

bétel nùt *n.* ビンロウジ《ビンロウ (betel palm) の種子; 駆虫剤・瞳孔収縮剤として用いる; 東インド地方では betel の葉に包んでかむ; areca nut ともいう》. 〘1681〙

bétel pàlm *n.* 〘植物〙ビンロウ, ビンロウジュ (*Areca catechu*)《熱帯アジア産ヤシ科の植物で, その実がビンロウジ (betel nut); betel nut palm ともいう》. 〘1875〙

bétel pèpper *n.* ＝betel.

bête noire /bétnwáə, béɪt- | béɪtnwáː(r, bét-; *F.* bɛtnwaːʁ/ *n.* (*pl.* **bêtes noires** /～(z) | ～z; *F.* ～/) 特に嫌なもの, 大嫌いなもの[人] (bugbear); 嫌悪の対象. 〘(1844) ◻ F ～《原義》wild boar or wolf ← *bête* beast ＋*noire* black〙

beth /béɪθ, béɪt, béɪs | bét, béθ/ *n.* ベース《ヘブライ語アルファベット 22 字中の第 2 字: ב (英語アルファベットの B に当たる); ⇨ alphabet 表》. 〘(1823) ◻ Heb. *bēth*《原義》house: ⇨ B, b〙

Beth /béθ/ *n.* ベス《女性名》. 〘(dim.) ← ELIZABETH[2]〙

Beth·a·ny /béθəni/ *n.* 〘聖書〙ベタニヤ《Palestine の村; Jerusalem に近く, Mount of Olives のふもとにある; cf. *Matt.* 21:17, *John* 11:1》. 〘◻ LL *Bethania* ◻ Gk *Bēthanía* ◻ Heb. *bēth tᵉʾēnîm*《原義》house of figs〙

Beth Din, b- d- /béɪθdín, béɪt-, béɪs-, -díːn/ *n.* **1** (数名の判事からなる古代ユダヤの)法廷. **2** ラビ(ユダヤの律法博士)と助手からなる裁判所. 〘(1795) ◻ Mish. Heb. *bēth dīn*《原義》house of judgment〙

Be·the /béɪtə | -tə; *G.* béːtə/, **Hans Albrecht** *n.* ベーテ (1906–　; ドイツ生まれの米国の物理学者; Nobel 物理学賞 (1967)).

beth·el /béθəl, -θl/ *n.* **1** 〘聖書〙ベテル《神の家》; 聖地, 霊場 (hallowed spot) (cf. *Gen.* 28:19). **2** [Little Bethel で; 通例軽蔑的に]《英》非国教徒の礼拝所[堂]. **3** 《米》(海員たちのための)水上[海岸]教会[礼拝所]. 〘(*a*1617) ◻ LL ～ ◻ Heb. *Bēth'ēl* house of God ← *bēth* house＋*ēl* God〙

Beth·el /béθəl, -θl, bɛθél/ *n.* ベセル《Palestine 中部の古都; 現在はヨルダンの村; cf. *Gen.* 28:19》.

Be·thes·da /bɪθézdə | bɛ-, bɪ-/ *n.* **1** 〘聖書〙ベテスダ《Jerusalem の霊泉; cf. *John* 5:2–4》. **2 a** [b-] 礼拝所 (chapel). **b** ＝bethel 2. **3** ベセズダ《米国 Maryland 州中部の都市; Washington, D.C. の郊外住宅地》. 〘(1857) ◻ Gk *Bēthesdá* ◻ Aram. *bēth ḥesdā* house of mercy〙

Beth Hil·lel /béɪθhiléɪl, béɪt-, béɪs-/ *n.* ヒルレル派《紀元前 1 世紀に Jerusalem でユダヤの指導的律法学者 Hillel が保守的なシャンマイ派 (Beth Shammai) に対抗して始めたパリサイ派; 福祉と人間性を結びつけてユダヤ律法を解釈する進歩的性格をもつ; cf. Beth Shammai》. 〘◻ Mish. Heb. *bēth hillēl*《原義》house of Hillel〙

be·think /bɪθíŋk/ *v.* (**be·thought** /-θɔ́ːt, -θáːt | -θɔ́ːt/) **—** *vt.* [通例 ～ *oneself* で]《文語》**1** よく考えてみる, 熟考する: *Bethink yourself* [《古》you] *of* what you are. 自分の身分を考えてみよ. **2** 思いつく, 思い出す (recall): I *bethought myself of* a good plan. 名案を思いついた / I *bethought myself* [《古》me] *that* …だと思い出した. **3** 決心する, 心に決める: ～ *oneself of* going 行くことに決める. **—** *vi.* 《古》考える, 熟考する. 〘OE *biþencan* < Gmc *biþaŋkjan* 'to THINK'〙

Beth·le·hem[1] /béθlɪhèm, -liəm/ *n.* ベツレヘム《Palestine の中部, Jerusalem の南方 9 キロの町, イエスと David の誕生地; 現在はヨルダン国内》. 〘◻ LL *Bethlehem, Bethleem* ◻ Gk *Bēthléem* ◻ Heb. *Bēth léḥem*《原義》house of bread〙

Beth·le·hem[2] /béθlɪhèm, -liəm/ *n.* ベスレヘム《米国 Pennsylvania 州東部の都市》. 〘↑〙

Béthlehem ságe *n.* 〘植物〙ヨーロッパ原産の白または赤紫の鐘形の花が咲くムラサキ科ヒメムラサキ属の一年草 (*Pulmonaria saccharata*).

Beth·mann-Holl·weg /béɪtmənhɔ́(ː)lveɪg, bét-, -maːn-, -háːl- | -hɔ́lveɪg; *G.* béːtmanhɔ́lveːk/, **Theobald von** *n.* ベートマンホルヴェーク (1856–1921; ドイツの政治家; 首相 (1909–17)).

Béth·nal Gréen /béθnḷ-/ *n.* ベスナルグリーン《London の旧自治区; 現在は Tower Hamlets の一部》. 〘*Bethnal*: ← ME *Blithehale* ← BLITHE＋OE *healh* corner〙

bethought *v.* bethink の過去形・過去分詞.

Beth·sa·i·da /bɛθséɪdə, -sáɪ- | -də/ *n.* 〘聖書〙ベツサイダ《Palestine の古都; Galilee 湖の北岸に近い; cf. *Luke* 9:10》.

Beth Sham·mai /béɪθʃaːmáɪ, béɪt-, béɪs-/ *n.* シャンマイ派《紀元前 1 世紀に指導的律法学者 Shammai が始めた, モーセの律法に厳格な保守的なパリサイ派; (cf. Beth Hillel)》. 〘◻ Mish. Heb. *bēth šammai*《原義》house of Shammai〙

Be·thune /bɛθjúːn, bɪ-, -θjúːn | -θjúːn, -θúːn/, **Mary** *n.* ベシューン (1875–1955; 旧姓 McLeod; 米国の教育者).

be·tide /bɪtáɪd/《文語》*vi.* 起こる, 生じる (happen): whate'er (may) ～ 何事が起ころうとも. **—** *vt.* …の身に起こる (befall): Woe ～ him! 彼に禍あれ, (そんなことをすると)彼は無事ではすまない. ★ 通例原形不定詞と 3 人称単数仮定法現在形だけに用いる. 〘(?*c*1150) *betide(n)* ← BE-＋OE *tīdan* to happen (⇨ tide[1])〙

be·time /bɪtáɪm/ *vi.* 《Shak》＝betide. 〘?*a*1200: ⇨ ↑, time (v.)〙

be·times /bɪtáɪmz/ *adj.* **1** 《文語》(ちょうど)いい時分に (in good time), 遅くならないうちに, 早く (early): rise ～ 朝早く起きる. **2** 《古》すぐに, 間もなく, やがて (soon). **3** 《方言》時折 (occasionally). 〘(?*c*1225) ← *betime* 'BY[1] (the proper) TIME'＋-s[2] 1〙

bê·tise /bɛtíːz | beɪ-, bɛ-; *F.* bɛtiːz/ *n.* (*pl.* **～s** /～, ～ɪz; *F.* ～/) **1** 愚鈍. **2** 愚かな[時機を失した]行為[言葉]; つまらぬもの[こと] (trifle). 〘(1827) ◻ F ～ ← *bête* beast〙

Bet·je·man /bétʃəmən | -tʃɪ-/, **Sir John** *n.* ベチャマン (1906–84; 英国の詩人; 桂冠詩人 (1972–84); *New Bats in Old Belfries* (1944); *Summoned by Bells* (1960)).

be·to·ken /bɪtóukən | -tə́u-/ *vt.* **1** あらかじめ示す, …の前兆である (portend): A dark cloud often ～s a storm. 黒雲はしばしばあらしの前兆となる. **2** 表示する, 示す (show): the looks ～*ing* rage 怒りを示す顔つき. 〘OE **betācnian* ← BE-＋OE *tācnian* to signify: cf. G *bezeichnen*: ⇨ token〙

bet·o·ny /bétəni, -tṇi | -təni, -tṇi/ *n.* 〘植物〙**1 a** カッコウチョロギ (*Stachys officinalis*)《地中海地方産のシソ科の植物で紫の花が咲く; もとは医薬品・染料用》. **b** カッコウソウと同属の植物. **2** ＝lousewort. 〘(*a*1325) *betein(e)* ◻ (O)F *bétoine* < VL **betonia(m)*＝L *betonicam*〙

betook *v.* 《文語》betake の過去形.

be·tray /bɪtréɪ/ *vt.* **1 a** 〈信頼・人などを〉裏切る (⇨ deceive SYN); 〈約束などに〉背く; 〈女を〉誘惑したうえで捨てる, 欺く: ～ a person's trust 人の信頼を裏切る / My legs ～*ed* me. 私は転んだ. **b** 〈人を〉だまして…させる 〔*into*〕: He was ～*ed into* folly. だまされてばかなことをした. **c** 裏切って〈秘密などを〉漏らす, 密告する (⇨ reveal SYN): ～ a secret, one's hiding-place, etc. **2** 〈自国・味方などを〉〈敵に〉売る 〔*to*〕, 〈敵の手に〉渡す 〔*into*〕: ～ one's country (*to* an enemy) 自国を(敵に)売る / ～ a person *into* the enemy's hands 人を敵の手に渡す. **3 a** 〈物・事・人が〉〈感情・無知・弱点などを〉うっかり表す[示す]: His confusion ～*ed* his lie [guilt, ignorance, surprise]. うろたえたので彼のうそ[罪, 無知, 驚き]がばれた / He ～*ed* his nervousness by stammering. どもっていらいらしているところを見せてしまった. **b** [しばしば目的語＋補語を伴って]〈物・事・人が〉表す, 示す (show): a building which ～*s* great antiquity 非常な古さが見える建物 / His accent ～*s* him (to be [as]) a Londoner. 彼のなまりでロンドン子だと知れる. **4 a** 〈人の〉本性[本心]を露呈する: Her smile ～*ed* her. 微笑に彼女の本当の気持ちが出てしまった. **b** [～ *oneself* で] うっかり自分の本性[秘密]を暴露する. **—** *vi.* 〈人が〉不実[不正]であるとわかる. 〘(?*c*1225) *bitraie(n)* ← BE-＋ME *traien* (◻ OF *trair* to betray < L *trādere* to give over, hand over): ⇨ treason, tradition〙

be·tray·al /bɪtréɪəl/ *n.* **1** 背信(の行為), 裏切り: the ～ of Christ by Judas ユダがキリストを裏切ったこと / the ～ of trust 信頼に対する裏切り. **2** 内通, 内応, 密告: the ～ of a secret. **3** 露呈; 露見, 暴露: Her conduct was a ～ of her ignorance. その行為は彼女の無知の現れであった. 〘(1816): ⇨ ↑, -al[2]〙

be·tráy·er *n.* **1** 売国奴 (traitor). **2** 裏切り者, 背信者, 内通者, 密告者. **3** 誘惑者 (seducer). 〘(1526): ⇨ -er[1]〙

BETRO 《略》British Export Trade Research Organization.

be·troth /bɪtróuð, -trɔ́(ː)θ, -tráː(ː)θ, -trɔ́(ː)ð, -tráː(ː)ð | -trə́uð, -trə́uθ/ *vt.* **1** 《文語》**a** [通例 p.p. 形で] 婚約させる (affiance) 〔*to*〕: be [become] ～*ed to* …と婚約がある[婚約する], …のいいなずけである[になる] / The couple was ～*ed.* あの二人は婚約している. **b** [～ *oneself* で] 〈特に, 女性が〉〔…と〕婚約する 〔*to*〕. **2** 《古》〔…に〕嫁にやると約束する 〔*to*〕: He ～*ed* his daughter *to* my son. 私の息子に娘をくれると約束をした. 〘(*c*1303) *betreuþ(i)e(n)*: ⇨ be-, troth〙

be·troth·al /bɪtróuðəl, -trɔ́(ː)θ-, -θḷ | -trə́uð-, -trə́uθ-/ *n.* 《文語》婚約, 婚約式 (espousal): enter into ～ 婚約を結ぶ / the ～ party 婚約披露宴 / the feast of ～ 婚約の宴. 〘(1844): ⇨ ↑, -al[2]〙

be·trothed /bɪtróuðd, -trɔ́(ː)θt, -tráː(ː)θt, -tróuθt, -trɔ́(ː)ðd, -tráː(ː)ðd | -trə́uðd, -trə́uθt/ *adj.* いいなずけの, 婚約した: the ～ pair 婚約の二人. **—** *n.* 婚約者, いいなずけ (cf. fiancé, fiancée): my ～ 私のいいなずけ / the ～ 婚約者たち, 婚約中の二人. 〘(1540): ⇨ -ed〙

be·tróth·ment *n.* ＝betrothal. 〘1585〙

Bet·sy /bétsi/ *n.* **1** ベッツィ《女性名》. **2** 《俗・方言》鉄砲 (gun), ピストル (pistol). 〘(dim.) ← ELIZABETH[2]〙

bet·ta /bétə | -tə/ *n.* 〘魚類〙東南アジア産のキノボリウオ科 *Betta* 属の熱帯淡水魚の総称; (特に)ベタ (*Betta splendens*)《色が美しくひれの長いタイ産のいわゆるシャムトウギョ; (Siamese) fighting fish ともいう》. 〘(1927) ← NL ～〙

bet·ter[1] /bétə | -tə(r/ *adj.* (↔ worse) **1** [good の比較級] さらに[一層]よい, (…より)よい[有益な, 上手な], (二者の中で)すぐれている): a ～ position 一層よい地位 / one's ～ feelings 人間の高尚な性情, 本来の良心 / a ～ land [world, life] あの世 / ⇨ better half / against one's ～ judgment よくないとは思いながら / ～ than nothing ないよりまし; 一層悪くならないのが幸せ / ⇨ *have seen better* DAYS / He is a ～ man than I am. 私よりもりっぱな人間だ / Things are getting ～ (and ～). 状況はだんだんよくなっている / It is ～ to die than to lie. うそをつくより死んだ方がましだ / It's ～ you don't ask. 尋ねない方がよい / Nothing could be ～.＝It couldn't be ～. それが一番だ / So much the ～! それはますます結構 / *Better* late than never. 《諺》遅まきでも全然しないよりはまし / The ～ the day, the ～ the deed. 日がよければすることもますますよいはず《安息日を守らないことをとがめられて言い返す言葉にもなる》. **2** [well[2] の比較級] **a** 〈病人などが〉よい方で, 快方に向かって (cf. ill): feel ～ 気分が前よりよい / get ～ 病気がよくなる / He is ～, but not well yet. よい方だがまだ全快とまではいかない. **b** [quite, completely などを伴って]〈病人が〉健康を回復して, よくなって: I'm quite ～ now. もうすっかりよくなりました. **3** [the ～ part として] 一層多い, 半分以上の: *the* ～ *part* of one's lifetime [pay] 一生[給料]の大部分 / *the* ～ *part* of an hour あらかた一時間.

be the bétter for …のためにそれだけ有利だ, …に[で]かえってよい: I *am* none *the* ～ *for* it. それで少しも利するところはない. ***Cóuldn't be bétter.*** (気分[調子]は)最高だ, 絶好調. ***líttle bétter than*** ＝NO BETTER than. ***nò bétter than*** …と同様に悪い; …も同然, …に過ぎない: He is *no* ～ *than* a thief. 泥棒も同然だ. ***nò bétter than*** *one* ***shóuld*** [***óught to***] ***be*** 不道徳な, 〈特に, 女性が〉身持ちのよくない, いかがわしい. 《(1604)》 ***nòt bétter than*** …よりもよくない, せいぜい…に過ぎない. ***Thát's bétter.*** [相手をほめたり励ましたりして] そうだ, その調子だ.

— *adv.* [well[2] の比較級] **1** もっとよく, さらによく[上手に]: do ～ 〈生徒などが〉一層よくやる / behave ～ 一層行儀がよい / He speaks English ～ than I [《口語》me]. 彼は私より英語がうまい. **2 a** 一層大いに, もっと (more): I like this ～. この方が好きだ (★ like, hate は more より better の方が好まれる) / He is ～ known abroad than at home. 自国より外国でもっと有名だ / She is ～ loved than ever. ますます愛されている. **b** 一層有益に (best): They are ～ avoided. あんな連中とは付き合わない方がいい. **c** [even, still, yet などを伴って; 接続詞的にも用いて] それよりも, いっそのこと: Come here, or, even ～ [*still* ～, ～ *still*, ～ *yet*], stay there. ここへ来なさい, いや, それよりもそこにいなさい. **d** [通例 than を伴って]《主に方言》〈…より〉多く: ～ *than* an hour 1 時間以上 / It is ～ *than* a mile to the village. その村までは 1 マイル以上ある. **3** [had better の had を略して]《口語》＝HAD[1] *better do.*

(áll) the bétter for …のためにそれだけよく[多く]: I like him (*all*) *the* ～ *for* it. それだからこそ一層彼が好きだ. ***áll the bétter to*** …にとってさらにふさわしい. ***bétter óff*** ⇨ better-off. ***bètter still*** (1) ⇨ *adv.* 2 c. (2) [しばしば and のあとに] さらによいこと(に)は. ***dò bétter to dó*** …する方がよい[賢明だ]. ***féel bétter*** ほっとする. ***gò óne bétter*** ⇨ go[1] 成句. ***had bétter dó*** ⇨ had[1] 成句. ***knów bétter (than …)*** ⇨ know[1] 成句. ***knów nò bétter*** ⇨ know[1] 成句. ***nòt ány bétter***＝***nò bétter*** せいぜいそのくらいまで. ***thínk bétter of*** ⇨ think 成句. ***would bétter dó*** 《米》＝HAD[1] *better do.*

— *n.* **1** [通例 one's ～ として] 一層すぐれた人: *one's* ～ 自分よりすぐれた人 / *one's* (elders and) ～*s* 目上の人々, 長上, 先輩. ★ この意味では通例 *pl.* で用いる. **2** もっとよいもの, よりよいこと: a change for the ～ (病気・事態などの)好転, 改善; (人の)栄転 / for want of a ～ それ以上の物がないので / expect ～ もっとよいことを期待する.

be the bétter of …《アイル》…から回復している, …を克服している. ***for bétter (or) for wórse***＝***for bétter or wórse*** 幸いにも災いにも, いかなる運命になろうと(行く末永く); 功罪はいずれにせよ《*Prayer Book* の婚式宣誓の文句から》《(1390)》 ***gét*** [***háve***] ***the bétter of*** …に勝つ; …の上手(ʷᵃ)に出る (cf. *get* [*have*] *the* WORST *of it*): *have the* ～ *of* an argument 議論に勝つ / She *got the* ～ *of* me in the argument. その議論では彼女は私に勝った / Fear *got the* ～ *of* her. 彼女は不安の念を抑えることができなかった. 《(1660)》

— *vt.* **1 a** …に改良を加える, 改善する (⇨ improve SYN); 向上させる: ～ working conditions 労働条件を改善する / ～ the public 一般大衆を向上させる. **b** [～ *oneself* で] 出世する, もっとよい地位を得る; 向上する, 独学する. **c** 一層完全にする. **2** …にまさる, しのぐ (excel): ～ one's previous record 前の記録を更新する / We can never ～ that. あれ以上のものは望めない. **3** 〘トランプ〙〈賭金をさらに多くする.

— *vi.* 一層よくなる, 改良[改善]される.

〘adj.: OE *betera* < Gmc **batizōn* (G *besser*) ← **bat-*: ⇨ best. — adv.: (?*a*1160) ← (adj.) ∽ OE *bet* < Gmc **batiz*〙

bet·ter[2] /bétə | -tə(r/ *n.* ＝bettor.

Bétter Búsiness Bùreau *n.* (米・カナダなどの)取引改善協会《商業道徳の水準を向上させるために結成された各地の実業家の任意団体; 消費者からの不正取引に関する苦情を受理・調査する; 略 BBB》.

bétter hálf *n.* (*pl.* **better halves**) [one's ～ として]《口語》**1** 《戯言》つれあい (spouse), (特に)女房 (wife). ★ 古くは親友にも用いた. **2** 《米》恋人, ボーイ[ガール]フレンド. 〘(1580)《原義》one's more than half〙

bétter-knówn *adj.* well-known の比較級.

bét·ter·ment *n.* **1 a** 改良, 改善 (improvement): things that need ～ 改善を必要とする事柄. **b** (地位の)向上, 出世. **2 a** [通例 *pl.*]〘法律〙(不動産の)改良, 改善行為《単なる手入れや修繕によるものではなく, 価値を増すような改善》. **b** (改良によって生じる不動産の)値上がり. 〘(1598) ← BETTER[1] (v.): ⇨ -ment〙

bétterment tàx *n.* 〘税法〙(不動産)改良税《政府が公共施設改善のための財源として課税するもの》. 〘1890〙

bétter·mòst *adj.* 《方言》**1** 最上の (best); (一層)すぐれた (superior). **2** 大半の (greater). 〘(1762) ← BETTER[1]＋-MOST: UPPERMOST, UTTERMOST, etc. からの類推〙

bétter-óff, better óff *adj.* [well-off, well off の比較級] **1** (一層)暮らし向きのよい, (より)裕福な: the ～ people / the ～ 富裕階級. **2** …するほうがましである[望ましい]: I'm ～ without Tom. トムがいないほうがいい / He'd be ～ changing his job. 彼は転職したほうがいい.

B

— *n.* (一層)暮らし向きのよい[裕福な]人. 〘*c*1859〙

bétter-to-dó *adj.* [well-to-do の比較級] (一層)裕福な, (より)恵まれた: ~ workmen / the ~ 富裕階級. 〘1890〙

Bet·ter·ton /bétətn | -tə-/, **Thomas** *n.* ベタートン《1635?–1710; 英国の俳優・舞台監督》.

Bet·ti /béti | -ti; *It.* bétti/, **U·go** /ú:go/ *n.* ベッティ《1892–1953; イタリアの劇作家》.

Bet·ti·na /betí:nə/ *n.* ベティーナ《女性名》. 〘□ It. ~ (dim.) ← ELIZABETH[2]〙

bét·ting /-tɪŋ | -tɪŋ/ *n.* 賭, 賭事: The ~ is three to one. 賭は3対1だ. 〘(1599) ← BET[1]+-ING[1]〙

bétting bòok *n.* 賭金帳. 〘1813〙

bétting màn *n.* 賭博師. 〘1819〙

bétting òffice [《英》**shòp**] *n.* (競馬・ドッグレースなどの)賭屋. 〘1852〙

bet·tong /bətɔ́(:)ŋ, -tɑ́(:)ŋ | -tɔ́ŋ/ *n.* 《豪》フサオネズミカンガルー《フサオネズミカンガルー属 (*Bettongia*) の数種》. 〘1839〙

bét·tor /-tə | -tə[(r)]/ *n.* 賭をする人. 〘1609〙

Bet·trys /bétrɪs | -trɪs/ *n.* ベトリス《女性名》. 〘□ Welsh ~: ⇨ Beatrice[1]〙

Bet·ty /béti | -ti/ *n.* ベティー《女性名》. 〘(dim.) ← ELIZABETH[2]〙

Bétty Fórd Clínic *n.* [the ~] ベティー フォード クリニック《米国 California にある麻薬・アルコール依存症患者の治療施設; 金持ちや有名人の利用で有名》. 〘← *Betty Ford* (1918– : Gerald Ford 元大統領夫人)〙

Bet·u·la·ce·ae /bètʃuléɪsiì: | -tju-/ *n. pl.* 〘植物〙(双子葉植物ブナ目)カバノキ科. **bèt·u·lá·ceous** /-ʃəs/ *adj.* 〘← NL ~ ← L *betula* birch: ⇨ -aceae〙

be·tween /bɪtwí:n/ *prep.* /—⌣/ **1** [位置] …の中間に, の間に[の, で, を]: the railroad ~ Tokyo and Osaka 東京大阪間の鉄道 / walk ~ two hedgerows 生垣の間を通る / The river runs ~ the two countries. その川は両国の間を流れる / He stretched a rope ~ the two rafters. 二つのたる木の間にロープを張った / Bolivia is [lies] ~ Brazil, Paraguay, Argentina, Chile, and Peru. ボリビアはブラジル, パラグアイ, アルゼンチン, チリ, ペルーの間にある.

語法 (1) between は二者間の意に用いるのが普通で, 三者以上に用いるときも二者ずつに分けて考える (cf. among). (2) between のあとには ~ the two houses のように複数名詞が来るのが普通であるが, ~ each house のようにいうこともある. 非論理的と非難されるが昔からある用法.

2 [関係・交渉] 〈二者または三者以上〉の間で(の), …だけの(間で) (cf. 1 語法): a treaty ~ three powers 三国間の条約 / the understanding ~ us 我々相互間の了解 / There are no quarrels ~ gentlemen. 紳士同士の間にはけんかはない / Settle it ~ you [yourselves]. 君たちの間で(相談して)解決せよ.
3 [数量・程度・性質など] …の中間で[の], …の両方の性質をかねて[た]: ~ five and six miles from the city その市から5マイルないし6マイル / He is now ~ forty and fifty. 彼(の年齢)はいま40から50の間だ / The parcel weighs ~ eight and ten pounds. その小包は8ポンドから10ポンドの目方がある / a color ~ blue and green 青と緑との中間色 / something ~ a chair and a sofa 椅子ともソファーともつかないもの / make a sound ~ a cough and a sob 咳ともすすり泣きともつかぬ音を出す.
4 [期間] …の間に: ~ youth and middle age 青年期と壮年期の間 / ~ July and October 7月と10月の間 / The event took place ~ 12 and 1 o'clock. 事件は12時と1時の間に起こった / *Between* bites of food, they talked over the matter. 食事しながらその件を相談した.
5 [相違・比較・選択・分配] …の間の[に], …のいずれかに[を]: the difference ~ good and evil 善と悪との相違 / make no distinction ~ them 甲乙の区別をつけない《同じように遇する》/ choose ~ life and death [two courses] 生死[二つの道]のいずれかを選ぶ / decide ~ this and that あれかこれかのいずれかに決める / judge rightly ~ truth and error 真偽を正しく判断する / There is nothing to choose ~ the two. 両者間には選ぶところがない《似たり寄ったり》/ The choice lies ~ the three candidates. 三人の候補者のいずれかを選ばなければならない / The money was divided [shared (out)] equally ~ the crew. 金は乗組員一同の間に平等に分けられた. **6** [共有・協力] …の間で, …で協力して: own land ~ them 二人で土地を所有する / They killed six deer ~ them. 二人がかりで鹿を6頭殺した. **7** [~ … and …として] [原因] …やら…やらで[のために] (cf. WHAT with): *Between* ill health *and* worries he could not do much. 病気やら心配やらで大した仕事はできなかった / *Between* cooking, cleaning, washing, *and* writing, she was very busy. 料理・掃除・洗濯・書き物などで非常に多忙だった. **8** 〘紋章〙…の真ん中に, …に取り囲まれて: a chevron ~ three stars.
between oursélves 私たちだけの間のこととして, ここだけのこととして, 内密に: *Between ourselves*, he won't live long. ここだけの話だが彼の寿命は長くはないよ / This matter is ~ *ourselves*. この問題は内々だ / Let us keep this strictly ~ *ourselves*. これはここだけのことにしておこう. 〘(*c*1300)〙 ***betwèen tímes*** [*whìles*] 合間合間に, 時たま. ***betwèen yóu and mé*** (*and the póst* [*gátepost, béd-post*]) = BETWEEN *ourselves*. ***còme*** [***stánd***] ***be-twèen*** (1) …の間に入る; 仲裁する: She *came* ~ the two fighters. けんかしている二人の間をとりなした. (2) …の仲を裂く: Let nothing *come* ~ us. 何物にも私たちの仲を裂かれないようにしよう. 〘(1774)〙 ***gó between*** …の中に入る, 仲裁する, 仲介[媒介]する (cf. go-between). 〘(*c*1320)〙 ***in betwéen*** ⇨ in *adv.* 成句.
— *adv.* **1** [位置] (二つの)間に; 間を隔てて: fall ~ 間に落ちる / A man rushed ~. 一人の男が勢いよく間に割り込んで来た. **2** [期間] その合間に (in the interval): He attended two meetings and had lunch ~. 二つの会合に出席しその間に昼食をとった.
— *n.* (Shak) 間, 中間 (interval). ***fár betwéen*** = FEW[1] *and far between*. ***in betwéen*** ⇨ in *adv.* 成句.
〘prep.: OE *betwēon(an)*, *betwēonum* ← BE-+*twēonum* ((dat. pl.) ← *twēon* < Gmc **twīxn* two each (Goth. *tweihnai*) ← **twīx-* ← IE **dweik-*, **dwik-* (Skt *dvika* consisting of two) ← **dwo-* 'TWO'). — adv.: 〘(?*a*1200)〙 ← (prep.)〙

betwéen·bràin *n.* 〘解剖〙=diencephalon. 〘*c*1909〙

betwéen dècks *n.* 〘海事〙甲板間の場所[空間], 中艙(ちゅう) (⇨ deck 成句). 〘1725〙

betwéen·màid *n.* 《英》仲働き(お手伝い) (tweeny). 〘1890〙

be·twéen·ness *n.* 中間(にあること). 〘(1892): ⇨ -ness〙

betwéen sèason *n.* 端境(はざかい)期.

betwéen·tìmes *adv.* =betweenwhiles. 〘1907〙

betwéen·whìles *adv.* 合間に, 時折 (at intervals). 〘1678〙

be·twixt /bɪtwíkst/ *prep.*, *adv.* 《古・詩・方言》=between. ***betwixt and betwéen*** 《口語》中間の位置で, どっちつかずで; 良くも悪くもない, 中くらいで: The color of his tie was ~ *and between*, neither blue nor green. ネクタイの色は中間色で青でもなく緑でもなかった / Socially, we are just ~ *and between*. 社会的に言えば, 我々はちょうど中くらいだ. 〘(1832)〙〘OE *betwēox* between ← Gmc **bi* 'BY[1]'+**twiskaz* (← **twā* 'TWO'+*-*iskaz* '-ISH[1]'): -*t* は16C以降の添え字: cf. against〙

Betws-y-Coed /bétəsikɔ́ɪd | -təs-/ *n.* ベトシーコイド《北ウェールズ Conwy 南方の村; 風光明媚で知られる》.

Beu·lah[1] /bjú:lə/ *n.* **1 a** ベウラ(の地)《イスラエルの地で「配偶ある者」を意味し, イスラエルの輝かしい未来を象徴する; cf. *Isa.* 62: 4》. **b** (人生晩年の)安息の地《Bunyan, *Pilgrim's Progress* から; Land of Beulah ともいう》. **2** =bethel 2. 〘□ Heb. *bᵉʿūlā̆h* married woman〙

Beu·lah[2] /bjú:lə/ *n.* ビューラ《女性名》. 〘↑〙

beur·ré /bə:réɪ | bjʊəri; *F.* bœʀe/ *F. n.* 〘園芸〙(フランスで)特に果肉の柔らかいセイヨウナシ, ブーレ. 〘(1741) □ F ~ 'buttered, buttery' ← *beurre* < L *būtyrum* 'BUTTER[1]'〙

beurre blanc /bɔ́:blɑ́:ŋk, -blɑ́:(ŋ), -blɑ́:ŋ | bɔ́:-; *F.* bœʀblɑ̃/ *n.* 〘料理〙ブールブラン《バター, シャロット (shallot), レモン汁またはビネガーで作った魚貝類用ソース》. 〘(1931) □ F ~ 'white butter'〙

beurre ma·nié /bɔ́:mɑ:njéɪ | bɔ́:-; *F.* bœʀmanje/ *n.* ブールマニエ《バターと小麦粉を練り合わせたもの; ソースなどのつなぎ》. 〘(1939) □ F ~ 'kneaded butter'〙

beurre noir /bɔ́:nwɑ́: | bɔ́:nwɑ́:[(r)]; *F.* bœʀnwa:ʀ/ *n.* (*pl.* **beurres noirs** /~/) 焦がしバター《焦げ茶色になるまで熱したバターに, 酢・パセリなどを加えたソース》. 〘(1856) □ F ~ 'black butter'〙

Beu·then /bɔ́ɪtn; *G.* bɔ́ytn/ *n.* ボイテン (Bytom のドイツ語名).

Beuys /bɔ́ɪs; *G.* bɔ́ys/, **Joseph** *n.* ボイス《1921–86; ドイツの前衛芸術家; 造形美術から出発し, 社会的活動と一体になった芸術活動を展開した》.

BeV, Bev 《記号》《米》〘物理〙 billion electron volts.

Bev·a·lac, b- /bévəlæk/ *n.* 〘物理〙ベバラック《重イオン線形加速器 (linac) で加速したイオンを Bevatron でさらにエネルギーを高くできるようにした加速装置》. 〘← BEVA(TRON)+L(IN)AC〙

Bev·an /bévən/ *n.* ベバン《男性名》. 〘□ Welsh *ab-evan* son of the well-born or youthful one〙

Bev·an /bévən/, **A·neu·rin** /ənáɪrɪn | ənáɪ(ə)r-/ *n.* ベバン《1897–1960; 英国の政治家; 労働党左派の指導者》. **Bév·an·ìte** /-ənàɪt/ *n.*, *adj.*

Bev·a·tron, b- /bévətrɑ̀(:)n | -trɔ̀n/ *n.* 〘物理〙ベバトロン《陽子を62億電子ボルトに加速する高エネルギーシンクロトロン; California 大学 Lawrence Berkeley 研究所にある; その後, 重イオン加速器に改造され, Bevalac と呼ばれている》. 〘← BEV+-*a*- (添え字)+-TRON〙

bev·el /bévəl, -vl/ *n.* **1 a** 斜角; 傾斜; 斜面 (cant[2]) (cf. chamber 2). **b** (刃物の)斜面, 斜端《注射針の切り口》. **c** (宝石の)面取りされた面 (bezel). **2** 角度定規 (bevel square). **3** 〘活字〙(活字の字面 (face) と肩 (shoulder) との間の)斜面, どて《beard, neck ともいう》. **4** 〘紋章〙楔形の鋭角をもつ線. — *adj.* 斜角の, 斜めの. — *v.* (**bev·eled**, 《英》 **-elled**; **-el·ing**, 《英》 **-el·ling**) — *vt.* …に斜角を付ける, 面取りする, 斜めに切る, はすにする. — *vi.* 傾く, 傾斜する. **~·er**, 《英》 **~·ler** *n.* 〘(1562) □ OF **bevel* (F *biveau*) ← *baif* gaping ← *baer* to gape: cf. bay[2]〙

bev·eled, 《英》 **bev·elled** /bévəld, -vld/ *adj.* **1** 斜角を付けた, 面取りした. **2** 〘紋章〙楔形(くさび)の鋭角をもった. 〘(1757): ⇨ ↑, -ed〙

bével èdge *n.* はす縁.

bével gèar *n.* 〘機械〙傘(かさ)歯車. 〘*c*1790〙

bével jòint *n.* 〘建築〙そぎ接ぎ. 〘1823〙

bévelled-èdge chísel *n.* 斜角のみ.

bével protràctor *n.* 〘機械〙角度定規.

bével síding *n.* 〘木工〙南京(なんきん)下見《板を横方向に打ち, 下段の板の上端に上段の板を重ね合わせながら張る外壁》.

bével squàre *n.* =bevel 2.

bével whèel *n.* 〘機械〙 **1** =bevel gear. **2** 斜輪.

be·ver /bí:və | -və[(r)]/ *n.* 〘甲冑〙=beaver[2].

bev·er·age /bév(ə)rɪdʒ/ *n.* (水以外の)飲物, 飲料《牛乳・茶・ビール・ワインなど》: intoxicating ~s アルコール飲料 / cooling ~s 清涼飲料. 〘(*c*1300) □ OF *bevrage* (F *breuvage*) a drink ← L *bibere* to drink: ⇨ -age〙

Bev·er·idge /bév(ə)rɪdʒ/, Sir **William Henry** *n.* ベバリッジ《1879–1963; 英国の経済学者, 社会保障制度や完全雇用制度の主唱者》.

Bev·er·ley[1] /bévəli | -və-/ *n.* ベバリー《イングランド北東部 Hull 市北方にあり, 醸造・製革業が盛んな都市; そこにある Beverley Minster は壮大華麗なゴシック建築で有名》. 〘OE *Bevreli*, *Beoferlic* ← ? BEAVER[1]+OE **leic* stream (cf. OE *leccan* to wet)〙

Bev·er·ley[2] /bévəli | -və-/ *n.* (*also* **Bev·er·ly** /~/) ベバリー: **1** 男性名. **2** 女性名. 〘↑〙

Bév·er·ly Hílls /bévəli- | -və-/ *n.* ビバリーヒルズ《米国 California 州 Los Angeles 市の Hollywood 西方にある都市で高級住宅地; 映画人の邸宅が多い》. 〘← BEVERLEY[1]〙

bev·il /bévɪl, -vl | -vɪl/ *n.*, *adj.*, *v.* =bevel.

bév·illed *adj.* 〘紋章〙=beveled.

Bev·in /bévɪn | -vɪn/, **Ernest** *n.* ベビン《1881–1951; 英国労働党の指導者; 労働相 (1940–45), 外相 (1945–51)》.

Bévin Bòy, B- b- /bévɪn- | -vɪn-/ *n.* ベビンボーイ《第二次大戦中の英国で, 徴兵の代わりにくじ引きによって炭坑に動員された青年の俗称》. 〘(1944) ← *Ernest Bevin* (↑)〙

Be·vis /bí:vɪs, bév- | -vɪs/ *n.* ビービス, ベビス《男性名》. 〘□ F *Beuves* 《原義》fair view〙

be·vor /bí:və | -və[(r)]/ *n.* 〘甲冑〙=beaver[2].

bev·vied /bévid/ *adj.* 《英俗》酔っ払った. 〘(1960): ⇨ ↓, -ed〙

bev·vy /bévi/ 《英俗》 *n.* (*pl.* **bev·vies**) **1** 酒, アルコール; (特に)ビール. **2** 酒盛の夜. — *vi.* (**bev·vied**; **bev·vy·ing**) 酒を飲む. 〘(1889) ← BEV(ERAGE)+-Y[1]〙

bev·y /bévi/ *n.* (*pl.* **bev·ies**) **1** (小鹿・小鳥などの大きな)群れ (⇨ group SYN): a ~ *of* quails. **2** 《口語》(物の)集まり; (女性の)一団 (group): a ~ *of* fair women 美女の一団 / a ~ *of* balloons たくさんの風船. 〘(*c*1425) *bevey* □ ? AF *bevée* flock of larks or quails〙

be·wail /bɪwéɪl/ *vt.* 嘆く, 嘆き悲しむ (⇨ deplore SYN): ~ a loss, one's hard fate, etc. — *vi.* 悲嘆に暮れる. **~·ment** *n.* **~ed** *adj.* **~·ing** *adj.* **~·ing·ly** *adv.* 〘(?*a*1300): ⇨ be-, wail〙

be·ware /bɪwéə | -wéə[(r)]/ ★ 通例命令形と不定詞で用いられる. — *vi.* 〔…に〕気をつける, 用心する〔*of*〕; 〈…しないように〉気をつける〈*of doing*〉: *Beware of* pickpockets! すりにご用心 / Tell him to ~ *of* the dog. その犬に気をつけるように彼に言って下さい / We must ~ *of* committing the same fallacy in the comparison of languages. 言語の比較の際に同じ誤りを犯さないように気をつけなければならない. — *vt.* …に気をつける, 用心する〈*that, how, what*〉: *Beware* the avalanche! なだれに注意 / *Beware* the ides of March. ⇨ IDES of March / *Beware that* you do *not* miss the train. 列車に遅れないように注意しなさい / *Beware lest* you (should) fall into this mistake again. 二度とこんな間違いをしないように気をつけなさい / We must ~ *what* we say [*how* we speak]. 発言[口のきき方]には注意しなければならない. 〘(*c*1200) *be(n)* (imper., inf., or pres. subj.) *war*: ⇨ be[1], ware[2]: cf. begone〙

bew·dy /bjú:di | -di/ *int.* 《豪・NZ 俗》=beauty.

be·wet /bɪwét/ *vt.* (Shak) ぐっしょりぬらす. 〘(*c*1400): ⇨ be-, wet〙

be·whisk·ered /bɪ(h)wískəd | -kəd/ *adj.* **1** ほおひげのある. **2** 〈しゃれ・表現など〉陳腐な, 古臭い, 使い古しの (trite): a ~ joke 陳腐なジョーク. 〘(1762): ⇨ be-, whiskered〙

Bew·ick /bjú:ɪk | bjú:ɪk, bjúɪk/, **Thomas** *n.* ビューイック《1753–1828; 英国の木版画家; *Aesop's Fables* (1818), *History of British Birds* (1797–1804)》.

Béwick's swán *n.* 〘鳥類〙(ベウィック)コハクチョウ (*Cygnus bewickii*)《ユーラシア大陸のツンドラ地帯で繁殖する小形のハクチョウ; 脚とくちばしは黒く, くちばしの基部に黄色部がある》.

be·wigged /bɪwígd/ *adj.* **1** かつらをかぶった. **2** 官僚的な, 形式主義の. 〘(1774) (p.p.) ← *bewig*: ⇨ be-, wig〙

be·wil·der /bɪwíldə | -də[(r)]/ *vt.* **1** はたと困らせる, 途方にくれさせる, 当惑させる (⇨ puzzle SYN): ~ a person *with* questions 人を質問攻めにして困らせる. **2** 《古》…に方向を失わせる: be ~*ed* by the maze of streets 迷路のような道に迷う. 〘(1684) ← BE-+《廃》WILDER (v.) (逆成) ← WILDERNESS〙

be·wíl·dered *adj.* 困惑した, 途方にくれた; あっけに取られた: a ~ look 途方にくれた様子. **~·ly** *adv.* **~·ness** *n.* 〘(1685): ⇨ ↑, -ed〙

be·wil·der·ing /bɪwíldərɪŋ, -drɪŋ/ *adj.* 困惑させる, まごつかせる: the ~ traffic of a big city. **~·ly** *adv.* 当惑させるほど, 途方にくれて. 〘(1792): ⇨ -ing[2]〙

be·wil·der·ment /bɪwíldəmənt | -də-/ *n.* **1** 当惑, 困惑(状態): in ~ 当惑して. **2** 紛糾, 混乱(状態). 〘(1820): ⇨ ↓, -ment〙

be·witch /bɪwítʃ/ *vt.* **1** …に魔法をかける, 魔力にかける, (魔法で)たぶらかす: be ~*ed* by a fox 狐に化かされる. **2** 魅する, うっとりさせる (enchant); 魅惑して〈ある行動を〉とらせる〔*into*〕: She ~*ed* him *into* marrying her. 彼は彼女の魅力[色香]に負けて結婚した. — *vi.* 魔法をかける; 魅惑する. 〘(?*a*1200): ⇨ be-, witch (v.)〙

be·wítched *adj.* 魔法にかけられた; 魅惑されている, うっとりとさせられて: water ～ 《英》ごく薄い茶; 水割りの酒. 〘(*c*1387): ⇨ ↑, -ed〙

be·witch·er·y /bɪ̆wítʃ(ə)ri/ *n.* 惑わし, 魅惑. 〘(1664): ⇨ -ery〙

be·wítch·ing *adj.* 人を魅するような, 人の魂を奪う, うっとりとさせる: ～ grace. **～·ly** *adv.* うっとりさせるほど. 〘(1561): ⇨ -ing²〙

be·wítch·ment *n.* **1** 魅惑, 魅力; 魅了された状態, 恍惚(こう). **2** 呪文, まじない (spell). 〘(1607–08): ⇨ -ment〙

be·wray /bɪ̆réɪ/ *vt.* 《古》〈秘密などを〉(思わず)漏らす, 表す, 暴露する (betray). **～·er** *n.* 〘(?*c*1225) *biwreie* (*n*) to disclose ← BE-＋OE *wrēgan* to accuse (＜ Gmc **wrōʒjan* ← ?)〙

Bex·hill /bèkshíl⁻/ *n.* ベックスヒル《イングランド南部, East Sussex 州のイギリス海峡に臨む都市; 海岸保養地; Bexhill-on-Sea ともいう》. 〘(15C) *Byxhell* (HILL との連想による変形) ← ME *Bixel* ＜ OE *Bexlēa* ← *byxe* (⇨ box³)＋*lēah* 'wood, LEA¹'〙

Bex·ley /béksli/ *n.* ベックスレー《London 東部, Thames 川南岸側の自治区》. 〘OE *Byxlēa* (↑)〙

bey /béɪ/ *n.* **1** (オスマン帝国時代の)地方長官, 都督 (governor): the *Bey* of Tunis チュニジアの支配者. **2** [通例 B-] ベイ《もと, オスマン帝国・エジプトの高位の人の敬称として名の後に付けた; 1934 年廃止》: Ismet *Bey*. **3** (現代トルコで)ベイ《英語の Mr. に相当する敬称; beg ともいう》. 〘(1595) □ Turk. *beg* 'lord, prince': cf. beg²〙

Beyle /béɪl; *F.* bɛl/, **Marie Henri** *n.* ⇨ Stendhal.

bey·lic /béɪlɪk/ *n.* (オスマン帝国時代の)地方長官[都督]管区. 〘(*a*1733) □ Turk. *beylik* ← *bey* (↑)＋*-lik* (抽象名詞語尾)〙

Bey·og·lu /bèɪə(g)lúː; *Turk.* bɛjowlu/ *n.* ベーオールー《Istanbul の一区, Golden Horn の北; 旧名 Pera》.

be·yond /bi(j)ά(ː)nd | -(j)ɔ́nd/ **— *prep.*** /‐ ⁻ ⁄/ **1** [位置] …の向こうに[で, へ], …のかなたに, …を越えて (past): ～ a bridge 橋の向こうに / ～ the grave [tomb] あの世に / ～ the horizon 地平線のかなたに / from ～ the sea(s) 海外から / He had long lived ～ seas. 長いこと海外に住んでいた / He could not pass a step ～ the self-drawn circle. 自分で描いた輪の外へ一歩も踏み出すことができなかった.
2 〈時刻〉よりも過ぎて (past): ～ the usual hour いつもの時を過ぎて / They stayed ～ the time limit. 時限後まで滞在した / We arrived there an hour ～ the time. 定刻よりも 1 時間遅れてそこに着いた.
3 a …(の範囲・限度)を越えて, …(の力・理解など)の及ばない所に: ～ all things 何よりも先に / ～ all medical aid 医療の施しようのない / ～ (all) possibility (まったく)不可能で / That's (going) ～ a joke. そいつは冗談がきついぞ / All this work is getting ～ me. この仕事はだんだん私の手に負えなくなってきた / That is ～ his intelligence. それは彼にはとてもわからない / It is ～ me why he should take a fancy to that girl. なぜ彼があんな娘を好きなのか私にはわからない. **b** …の余地がない: ⇨ *beyond* DOUBT / His conduct has been ～ reproach [criticism]. 彼の振舞いは非難[批評]の余地のないものだった / It's perfect ～ praise. それはほめ言葉がないほど完全だ.
4 a …以外に (besides): *Beyond* his duties as a clergyman, he wrote several novels. 牧師としての務めのほかに小説を数冊書いた. **b** [否定構文で] …以外は (except): I know nothing about it ～ what I have read in the newspaper. それについては新聞で読んだこと以外何も知らない.
5 [数量] …よりも多く, …以上に (more than): live ～ one's income 収入以上の生活をする / He married again when he was ～ sixty. 60 歳を過ぎてから再婚した. **6** [質・程度] …よりもまさって (surpassing): He is wise ～ all others. 他のだれよりも賢い / He went far ～ me *in* researches. 研究の点ではははるかに私を上回った.
gó beyònd (1) …を越える, しのぐ, …にまさる (exceed): go ～ one's orders 受けた命令以上のことをする. (2) 《Shak》裏をかく (overreach); 先を越す. (1602) ***gò beyónd onesèlf*** (1) 我を忘れる: He *went* ～ *himself* with rage. 激怒のあまり我を忘れた. (2) 平生より上出来である.
— *adv.* **1** かなたに, (はるか)向こうに (farther away): *Beyond* was a large plain. かなたには大平原があった / the life ～ あの世. **2** ほかに, さらに (besides): He knows nothing ～. そのほかには何も知らない. **3** それ以上: The meeting lasts until three o'clock and seldom goes ～. 会は 3 時まで続くがそれ以上に及ぶことはめったにない.
— *n.* **1** [通例 the ～] 遠い所, かなた: ⇨ *the* BACK¹ *of beyond*. **2** [the ～] あの世, 来世, 後世(ごせ): go to *the* (great) ～.
〘OE *beġ(e)ondan* over there, beyond ← *be* 'BY¹'＋*ġ(e)ondan* (＜ Gmc **jandana* ← **jend-* 'YOND')〙

Bey·routh /beɪrúːt; *Arab.* bajrúːt/ *n.* ＝Beirut.

Be·za /bíːzə/, **The·o·do·rus** /teɪədɔ́ːrəs/ *n.* ベーザ (1519–1605; フランスのプロテスタント神学者; フランス語名 Théodore de Bèze /-bɛːz/).

bez·ant /béznt, -zənt, bɪ̆zǽnt | bézənt, -znt/ *n.* **1** ベザント金[銀]貨《初め Constantine 大帝が造り, 引き続き Byzantium の諸帝が発行した金貨または銀貨; 金貨 (⇨ solidus 1) は後代にも西欧諸国で用いられ, 英国で 10–20 shillings ぐらいの価となった; 銀貨は 1–2 shillings ぐらいの価であった》. **2** 〘紋章〙金色の小円 (cf. roundel 7). **3** 〘建築〙(一列に並べる)球形飾り, ベザント. 〘(*c*1200) □ OF *besant* ← L *Bȳzantium* (*nummum*) (coin of) Byzantium〙

béz àntler /béz-, béɪz-/ *n.* 〘動物〙＝bay antler. 〘(1575) □ AF **besantouiller* ← OF *bes* 'twice, BI-¹'＋*antouiller* 'ANTLER'〙

be·zazz /bɪ̆zǽz/ *n., adj.* 〘口語〙＝pizzazz.

be·zel /bíːzəl, béz-, -zl | béz-/ *n.* **1** (のみなどの)刃の斜面, 刃かど. **2 a** (カットされた宝石の)小面, 斜面. **b** 斜面溝《指輪の宝石のはまるところ, 自動車のヘッドライトのレンズのはまる溝ぶちなど》. **c** (時計の)硝子ぶち《ガラスをケースにはめこむための輪[枠]》. **— *vt.*** (～ed, **be·zelled**; ～·ing, **-zel·ling**) …に bezel をつける. 〘(1611) □ OF **besel* (F *bizeau*): cf. F *biais* 'BIAS'〙

Bé·ziers /beɪzjéɪ; *F.* bezje/ *n.* ベジエ《フランス南部の都市; ワイン取引で有名》.

bez·il /bíːzəl, béz-, -zl | béz-/ *n.* ＝bezel.

be·zique /bɪ̆zíːk/ *n.* 〘トランプ〙ベジーク: **a** pinochle の前身; 2–6 を除く 32 枚のカード 2 組を用い, 二人(以上)が 8 枚の手札で行う. **b** (このゲームの役の一つとして)スペードの女王とダイヤのジャックの組合わせ. 〘(1861) □ F *bésique* □ ? Pers. *bāzīchī* play, game〙

be·zoar /bíːzɔə | -zɔː(r)/ *n.* **1** 糞石(ふんせき), 胃石, ベゾアール《ヤギ・カモシカ・ウシなどの腸にある結石; 昔解毒剤として重用された; bezoar stone ともいう》. **2** 《廃》解毒剤. 〘(*c*1477) □ (O)F *bézoard* □ Arab. *bāzáhr* □ Pers. *pādzahr* ← *pād* protector＋*zahr* stone: 解毒剤の名〙

be·zo·ni·an /bɪ̆zóuniən/ *n.* 《古》こじき; 下郎; 無頼漢 (scoundrel). 〘(1590–91) ← It. *bisogno* need＋-IAN¹〙

Bez·wa·da /bɛzwάːdə | béɪzwɑːdə/ *n.* ベズワダ《Vijayawada の旧名》.

bez·zant /béznt, -znt, bɪzǽnt | bézənt, -znt/ *n.* ＝bezant.

bez·zazz /bɪ̆zǽz/ *n., adj.* ＝pizzazz.

bf 《略》bankruptcy fee; base frequency; board foot; 〘活字〙bold-face; bona fide; 〘法律〙brief.

bf 《記号》Burkina Faso (URL ドメイン名).

bf, BF 《略》《俗》bloody fool: He is a *bf*. あいつは大ばかだよ.

BF 《略》Bachelor of Forestry; Banque de France (＝Bank of France); Belgian franc(s); British funds.

B/F, b/f 《略》bring forward (date on correspondence); 〘簿記〙brought forward (前より)繰越し.

BFA 《略》Bachelor of Fine Arts.

BFBS 《略》British and Foreign Bible Society 英国海外聖書協会.

BFI 《略》British Film Institute 英国映画協会.

B̀ fìlm *n.* 〘映画〙＝B-movie.

bfm 《略》〘フリーメーソン〙before full moon 満月の前に (cf. bnm).

BFN 《略》British Forces Network.

BFO 《略》〘電子工学〙beat-frequency oscillator.

BFPO 《略》British Forces Post Office 英軍郵便局.

bg 《略》background; bag(s); beige; being.

bg 《記号》Bulgaria (URL ドメイン名).

BG 《略》Birmingham gauge; blood group; Brigadier General; 〘自動車国籍表示〙Bulgaria.

b/g 《略》bonded goods.

BGC 《略》British Gas Council.

B Gen 《略》Brigadier General.

bGH, BGH 《略》bovine growth hormone.

B̀-girl *n.* ホステス《客に金を使わせ売上げの歩合をもらうバー[酒場]の女性》. 〘(1936) ← *b(ar) girl*〙

bgs 《略》bags.

bh 《記号》Bahrain (URL ドメイン名).

Bh 《記号》〘化学〙bohrium.

BH 《略》base hospital; Brinell hardness; 〘自動車国籍表示〙British Honduras (Belize の旧名).

B/H, BH 《略》bill of health.

BHA 〘化学〙butylated hydroxyanisole ブチルヒドロキシアニソール ($C_{11}H_{16}O_2$)《油脂の酸化防止剤》. 〘1950〙

Bha·don /bάːdoun | -dəun/ *n.* バードン(の月)《ヒンズー暦の月名の一つで, 太陽暦の 8–9 月に当たる; cf. Hindu calendar》. 〘□ Hindi *Bhādon* ← Skt *Bhādra(pada)* ← *Bhadrapadā* having better feet ← *bhadra* fortunate＋*pada* step, foot〙

Bha·ga·vad-Gi·ta /bάːgəvɑ̀dgíːtə | bάgəvədgíːtə, bǽg-/ *n.* [the ～] バガヴァドギーター, 聖婆伽梵(ぼん)歌《古代インドの叙事詩 Mahabharata の中に見える Krishna と Arjuna との哲学的な会話体の歌で, 義務の遂行と神の恩寵を説いたものでヒンズー教徒の座右の聖典》. 〘(*c*1785) □ Skt *Bhagavad-gītā* Song of the Blessed One, Krishna or Vishnu〙

Bhag·wan /bǽgwɑːn, bʌgwάːn; *Hind.* bʰəgʋaːn/ *n.* 〘ヒンズー教〙神; 導師, 尊師. 〘□ Hindi *bhagwān* ← Skt *bhagavān* ← *bhaj* to adore〙

Bhai /bάɪ/ *n.* 高位のシク教徒の名前に付ける敬称; [b-] 《インド》兄弟. 〘(1834) Hindi *bhāi* ← Skt *bhrātr* 'BROTHER'〙

bha·jan /bάdʒən/ *n.* 〘ヒンズー教〙賛美歌, 賛歌. 〘(1914) □ Hindi ← Skt *bhajana*〙

bha·ji /bάːdʒi; *Hind.* bʰaːdʒi/ *n.* (*also* **bha·jee** /～/) (インドの)香料入り野菜フリッター. 〘□ Hindi *bhāji* fried vegetables〙

bhak·ta /bάktə/ *n.* 〘ヒンズー教〙bhakti を実行する人, 帰依者, 信者. 〘(1828) □ Skt ～ 'devoted'〙

bhak·ti /bάkti/ *n.* 〘ヒンズー教〙**1** (人格神に近づく手段としての)神に対する献身的愛, 無私の帰依(きえ)[信心]. **2** [B-] 人格神崇拝を中心とした宗教運動. 〘(1832) □ Skt ～ 'share, devotion'〙

bhákti-márga *n.* 〘ヒンズー教〙信愛の道 (⇨ marga). 〘(1937) □ Skt *bhakti-mārga*: ⇨ ↑, marga〙

B'ham 《略》Birmingham (州).

bhang /bǽŋ, bάːŋ | bǽŋ; *Hind.* bʰaːŋ/ *n.* **1** 〘植物〙インドタイマ (Indian hemp). **2** バング《インドタイマの葉と小枝を乾燥したもの; 喫煙および麻酔剤に用いる; cf. marihuana, hashish, cannabis》. 〘(1598) □ Hindi *bhaṅg* ← Skt *bhaṅgā* hemp〙

bhan·gi /bάŋgi/ *n.* ヒンズー教の不可触賤民(せんみん)《インドの最下層階級の人》. 〘□ Hindi *bhaṅgī* one addicted to bhang (↑)〙

bhan·gra /bǽŋgrə, bάːŋ-; *Hind.* bʰaːŋgr/ *n.* バングラ《英国のインド人の間で生まれたポピュラー音楽; Punjab 地方の民族音楽を土台にしている》.

bhar·al /bʌ́rəl | bʌ́r-; *Hind.* bʰərəl/ *n.* 〘動物〙バーラル (*Pseudois nahoor*)《Himalaya, Tibet などの高山地帯にすむ野生ヒツジ; 角は長く, 外上方に伸び, 先端は後方に向かう》. 〘(1838) □ Hindi ～〙

Bha·rat /bάrʌt/ *n.* バーラト《Republic of India のヒンディー語名》. 〘□ Hindi *Bhārat* ← Skt *Bhārata* (インドの伝説上の王の名)〙

Bha·ra·ti·ya /bάːrətiːjə/ *adj.* インドの, インド人の.

Bha·rat Nat·yam /bάrətnάːtjəm/ *n.* 《インド》バラットナーチャム《古代舞踊の一種》. 〘← Skt *bharatanātya* (原義) the dance of Bharata ← *Bharata* (演劇の教本 *Nātyaśātra*)〙

Bhat·pa·ra /bɑːtpάːrə/ *n.* バートパーラ《インド北東, West Bengal の都市》.

Bhau·na·gar /baunάgə | -gə(r)/ *n.* (*also* **Bhav·na·gar** /～/) バウナガル《インド西部の海港》.

bha·van /bάvən/ *n.* 《インド》(特定の目的のために使用される)建物《会合, コンサートなど》.

BHC 《略》〘化学〙benzene hexachloride.

B̀-H̀ cùrve *n.* 〘磁気〙B-H 曲線《磁性体の磁束密度 B と加えた磁界の強さ H との関係を示す曲線; その磁性体のヒステリシス (hysteresis) も示される》.

bhd 《略》beachhead; billhead; bulkhead.

BHE 《略》Bureau of Higher Education.

bhees·ty /bíːsti/ *n.* (*also* **bhees·tie, bhis·ti** /～/) 《インド》飲用水運搬人. 〘(1781) □ Hindi *bhīstī* □ Pers. *bihishtī* one from paradise ← *bihisht* paradise〙

Bhil /bíːl/ *n.* (*pl.* ～, ～**s**) ビール族《インド中西部の Rajasthan, Madhya Pradesh, Maharashtra, Gujarat 4 州の山地に広く居住する民族; 部族名の語源は「弓」の意で, 狩猟者・略奪者とされたが, 実際はほとんどが定住農耕民》. 〘□ Hindi *Bhīl* ← Skt *Bhilla*〙

Bhi·li /bíːliː/ *n.* ビーリー語《Bhil 族の言語; 印欧語族のインド語派に属す》.

bhin·di /bíndi; *Hind.* bʰɪṇḍi/ *n.* ビンディ《インド料理に使われるオクラ; lady's finger ともいう》.

BHL 《略》Bachelor of Hebrew Letters [Literature].

Bhn, BHN 《略》Brinell hardness number.

Bhoj·pu·ri /bóudʒpùri, bάːdʒ-, -pəri | báudʒpùəri, bάːdʒ-, -pəri/ *n.* ボジュプリー語《インド Bihar 州西部と Uttar Pradesh 州の東部 Chota Nagpur 南部高原で話される Bihari 語の一方言》. 〘(1901) □ Hindi *Bhojpurī* ← *Bhojpur* (Bihar 州にある村の名)〙

Bho·pal /boupάːl | bəu-/ *n.* ボパール《インド中部 Madhya Pradesh 州の州都》.

B̀-horízon *n.* 〘土壌〙B 層位《A 層位の下の層位で, A 層からの何らかの影響を受けている部位; A 層から溶脱した粘土・有機物・鉄などが集積していることが多い; 褐色・黄褐色・赤褐色; cf. ABC soil》. 〘1938〙

b'hoy /b(ə)hɔ́ɪ/ *n.* 《俗》乱暴者, 無法者, 暴れん坊. 〘(1846) (変形) ← BOY²: アイルランド発音を模したもの〙

bhp 《略》bishop.

bhp, BHP 《略》brake horsepower.

Bht 《記号》〘貨幣〙baht(s).

BHT 《略》butylated hydroxytoluene.

Bhu·ba·nes·war /bùbənéɪʃwə | -wə(r)/ *n.* ブバネシュワル《インド Orissa 州の州都; ヒンズー教の寺院で有名》.

Bhu·mi·bol Adul·ya·dej /púːmipòunɑːdúnlədèɪt | -pəu-; *Thai* pʰuːmípʰonadunlayáːdeːt/ *n.* プーミポン アドゥンヤデート (1927–　; タイ国王 (1946–　)).

bhu·na /búːnə/ *n.* 〘料理〙ブーナ《インドのドライカレーの一種》. 〘Hindi〙

bhun·gi /bάŋgi/ *n.* ＝bhangi.

Bhu·tan /bùːtάːn, -tǽn⁻/ *n.* ブータン《インドの北東方 Himalaya 山脈中にある独立国; 面積 47,000 km², 首都 Thimbu [Thimphu]; 公式名 the Kingdom of Bhutan ブータン王国》. **～·i** *adj., n.*

Bhu·tan·ese /bùːtəníːz, -tn-, -níːs | -təníːz, -tn-⁻/ *n.* (*pl.* ～) **1** ブータン人. **2** ブータン語《チベット語の一種》. **— *adj.*** **1** ブータン(人)の. **2** ブータン語の. 〘(1813): ⇨ ↑, -ese〙

Bhut·to /búːtou | búːtəu, bʌ́t-;/, **Be·na·zir** /bénəzɪə | -zɪə/ *n.* ブット (1953–　; パキスタンの政治家; 首相 (1988–90, 1993–96)).

Bhutto, Zul·fi·kar A·li /zúlfəkɑə áːli | -fɪkɑː(r) άːli/ *n.* ブット (1928–79; パキスタンの政治家; Benazir の父; 大統領 (1971–73), 首相 (1973–77)).

Bhu·va·nesh·war /bùvənéɪʃwə | -wə(r)/ *n.* ＝Bhubaneswar.

bi /báɪ/ *adj., n.* 《俗》＝bisexual 2.

bi 《記号》Burundi (URL ドメイン名).

Bi 《記号》〘化学〙bismuth.

BI 《略》background information; Bahama Islands; Balearic Islands; base ignition; British India; Bermuda Islands; bodily injury; bulk issue.

bi-¹ /bàɪ, baɪ/ *pref.* ★しばしば母音の前では bin-, bis-, c, s の前では bis- となることがある: *bin*ocular, *bis*axillary, *bis*cuit, *bis*sextile. **1** 「(…が)二つある, 双…, 複…」の意: *bi*axial, *bi*valve, *bi*plane. **2** 《まれ》〘化学〙「…の 2

B

倍を有する, 重…」の意: *bi*carbonate, *bi*chromate, *bi*phenyl. ★この場合 bi- の代わりに di- を用いるのが普通だが, 酸性塩のときは常に bi-: *bi*sulfate. **3**「二つに, 等分に, 両様に; 両側に」;〘生物〙「同様に繰り返して」の意: *bi*sect, *bi*convex, *bi*pinnate. **4**「2 期間の; 2 期 1 回の, 隔期の」の意: *bi*ennial, *bi*weekly, *bi*monthly. **5**「1 期 2 回の」の意: *bi*annual, *bi*weekly, *bi*monthly. ★この場合 biweekly, bimonthly のように 4 の意と紛らわしいので semi- を用いた方が明示的である. 〖ME □ (O)F *bi*- ∥ L *bi*- (< **dwi*-) ← *bis* (< **dwis*) twice, again: cf. duo, two, twi-〗

bi-[2] /baɪ/ (母音の前にくるときの) bio- の異形.

BIA 《略》Bachelor of Industrial Arts; Braille Institute of America; Bureau of Indian Affairs.

-bia -bium の複数形.

bi·a·ce·tyl /bàɪǽsətɪ̀l, -tìːl, -əsíːtɪ̀l | -ǽsɪ̀tàɪl, -tɪ̀l, -əsíːtaɪl/ *n.* 〘化学〙ビアセチル ($(CH_3CO)_2$) 《黄色の液体で, マーガリンの香料として用いられる; diacetyl, dimethyldiketone, dimethylglyoxal ともいう》. 〖⇨ bi-[1], acetyl〗

Bi·a·fra /biǽfrə, baɪ-/ *n.* ビアフラ《ナイジェリア東部の地方で, もと州; 1967–70 年にわたって同地方の Ibo 族が独立を宣言し, ビアフラ共和国 (Republic of Biafra) を樹立して内戦を起こしたが, 失敗に終わった》.

Biafra, the Bight of *n.* ビアフラ湾《Bonny 湾の旧名》.

Bi·a·fran /biǽfrən, baɪ-/ *adj.*, *n.* ビアフラ(共和国)人(の). 〖《1967》: ⇨ -an[1]〗

Bi·ak /biːjáːk/ *n.* ビアク島《インドネシア Schouten 諸島最大の島》.

Bia·lik /bjáːlɪk/, **Hayyim Nahman** [**Chaim Nach·man**] *n.* ビアーリーク (1873–1934; ウクライナ生まれのイスラエルの詩人; 現代最大のヘブライ詩人といわれる).

bi·al·y, bi·al·i /biáːli/ *n.* (*pl.* ~**s**, ~) 《米》ビアリ巻きパン《刻みタマネギが載せてある平たい朝食用ロールパン》. 〖《1965》《短縮》← Yid. *bialestoker* ← *Białystok* (↓: 原産地名)〗

Bia·łys·tok /biáːlɪ̀stɑ̀(ː)k, -tɔ̀(ː)k | -ǽlɪ̀stɔ̀k; *Pol.* bʲawɨ́stɔk/ *n.* ビヤリストク《ポーランド東部の都市》.

Bi·an·ca /biǽŋkə/ *n.* ビアンカ《女性名》. 〖□ It. ~ (fem.) ← *bianco* white: cf. Blanche〗

bi·an·gu·lar /bàɪǽŋgjʊlə | -lə^(r)/ *adj.* 二つの角(かど)がある, 二角の.

bi·a·nis·i·dine /bàɪənísədìːn, -dɪ̀n | -sɪ̀dìːn, -dɪn/ *n.* 〘化学〙ビアニシジン ($(H_2NC_6H_3(CH_3O))_2$)《ニトロアニソールを還元し, ベンジジン転位で得られる白色の結晶; 直接染料の原料; dianisidine ともいう》. 〖← BI-[1]+ANIS-+-IDINE〗

bi·an·nu·al /bàɪǽnjuəl, -njʊl/ *adj.* **1** 年 2 回の, 半年ごとの (⇨ bi-[1] 5 ★). **2** 2 年ごとの, 1 年おきの (biennial). — *n.* 2 年 1 回の刊行物, 隔年刊. **~·ly** *adv.* 〖《1877》: ⇨ bi-[1]〗

bi·an·nu·late /bàɪǽnjʊlɪ̀t, -lèɪt/ *adj.* 〘動物〙二つの(色などの)環をもった.

Biar·ritz /bìːərítz, ⌐⌐⌐ | bɪərɪ́ts, ⌐⌐; *F.* bjaʁits/ *n.* ビアリッツ《フランス南西部 Biscay 湾に臨む町, 海水浴場》.

bi·ar·tic·u·late /bàɪɑətíkjʊlɪ̀t | -ɑː-/ *adj.* 〘生物〙二つの関節をもった, 二節からなる. 〖《1816》: ⇨ bi-[1]〗

bi·as /báɪəs/ *n.* **1 a** 偏執, 偏見, 先入主 ⟨*for, against*⟩ (⇨ prejudice **SYN**): a religious ~ 宗教的偏見 / a ~ *against* [*in favor of, toward*] the French フランス人に対する反感[好意] / be free from [of] ~ 偏見にとらわれない / without ~ or favor 偏見ももたずえこひいきもせず, 公平無私に. **b** (心の)傾向, 性癖 (propensity) ⟨*toward, to*⟩: be under [have] a ~ *toward* …の傾向がある, …に偏している. **2** (織物, 織物の裁ち目・縫い目の)バイアス, 斜線. **3**〘ローンボウリング〙**a** (球 (bowl) が偏って転がるようにした)形のゆがみ, 一方の側につけた重み, 片重(かたおも)り. **b** 球が偏って転がる傾向, 球を曲がらせる力. **c** (形のゆがみのために生じる球の)偏った進路. **4 a**〘電気〙バイアス, 偏倚(へんい)《トランジスターなどをある作動状態におくための直流電圧または直流電流》. **b** バイアス《テープレコーダーでひずみや雑音の少ない録音をするため, 録音ヘッドに常に加えておく高周波電流》. **5**〘統計〙偏り (⇨ biased 2). **6**〘社会学〙偏り, ゆがみ《社会調査や世論調査において, 調査結果をゆがめるような主体の側の言語・心理・技術的な偏り》.

on the bias 斜めに: cut cloth *on the* ~ 生地をバイアスに裁つ.

— *adj.* **1** ⟨織物・織物の裁ち目・縫い目など⟩バイアスの, 斜めの, はすの: a ~ band. **2**〘電気〙バイアスの: a ~ joint.

— *adv.* **1** 筋違いに, 斜めに, はすに (obliquely). **2** 《廃》間違って, まずく (awry).

— *vt.* (**bi·as·es, bi·as·ses; bi·ased, bi·assed; bi·as·ing, bi·as·sing**) **1** 一方に偏らせる; …に(不当な)偏見をもたせる, 偏頗(へんぱ)にする: be ~*ed against* [*in favor of*] a person 人に不利な[有利な]偏見を抱いている / That ~*ed* me *against* [*in favor of*] her. そのために私は彼女に不利な偏見[有利な先入観]を抱いた. **2**〘電気〙⟨真空管の格子・トランジスターのベースなど⟩にバイアスをかける.

~·ness *n.* 〖《1530》□ (O)F *biais* oblique □? Prov. <? LL *bifacem*, *bifax* looking two ways ← BI-[1]+L *facies* 'FACE'〗

Bi·as /báɪəs/ *n.* ビアス《紀元前 6 世紀頃のギリシャ七賢人の一人; cf. Seven Sages》.

bías-bèlted tíre *n.* 〘自動車〙=belted-bias tire. 〖1968〗

bías bìnding *n.* =bias tape.

bi·ased /báɪəst/ *adj.* (*also* **bi·assed** /~/) **1** 傾きのある, 偏見のある: a ~ view 偏見. **2**〘統計〙偏りのある《ある値を推定するための変量の平均値が当該の値と一致しない》. **~·ly** *adv.* 〖《1611》: ⇨ -ed〗

bías-plỳ tíre *n.* バイアスプライタイヤ, クロスプライタイヤ《タイヤのコード(型を作るためゴムの中に重ねて鋳込まれる織布)が斜め編みのタイヤ; bias tire ともいう; cf. radial-ply tire》. 〖1968〗

bías tàpe *n.* バイアステープ. 〖1926〗

bías tíre *n.* =bias-ply tire.

bi·ath·lete /baɪǽθliːt/ *n.* 〘スキー〙バイアスロン競技者. 〖《1968》《混成》← BIATHL(ON)+(ATHL)ETE〗

bi·ath·lon /baɪǽθlɑ(ː)n | -lən, -lɔn/ *n.* 〘スキー〙バイアスロン《クロスカントリーと射撃の複合競技》. 〖《1958》← BI-[1]+Gk *âthlon* contest: cf. decathlon, pentathlon〗

bi·au·ral /bàɪɔ́ːrəl/ *adj.* 両方の耳の, 双耳の (binaural).

bi·au·ric·u·lar /bàɪɔːríkjʊlə | -lə^(r)/ *adj.* 〘解剖〙両耳の, 両耳殻の; 両心耳の. 〖《1839》: ⇨ bi-[1]〗

bi·au·ric·u·late /bàɪɔːríkjʊlɪ̀t, -lèɪt/ *adj.* 〘生物〙両耳があ る; 二つの心房[心耳]のある. 〖《1835》: ⇨ bi-[1]〗

bi·ax·i·al /bàɪǽksiəl/ *adj.* 軸が二つある: a ~ crystal 二軸(性)結晶. **~·ly** *adv.* 〖《1854》: ⇨ bi-[1]〗

bib[1] /bíb/ *n.* **1 a** よだれ掛け. **b** (前掛けなどの)胸部, 胸当て. **c**〘フェンシング〙マスク当て; のど当て. **2** =bibcock. **3**〘魚類〙=pout[2] 1.

kèep one's bíb óut 《豪口語》干渉しない. ***púsh*** [***pút, stíck***] ***one's bíb ín*** 《豪口語》干渉する, 口出しする (interfere).

bíb and bráce ズボンとズボン吊りの付いた胸当てから成る作業服. (1959)

bíb and túcker 《口語》衣服, 衣装: in one's best ~ *and tucker* 晴れ着を着て. (1747)

bibbed *adj.* **~·less** *adj.* 〖《1580》《転用》? ← BIB[2]〗

bib[2] /bíb/ *v.* (**bibbed; bib·bing**) 《古》 — *vt.* ⟨強い酒を⟩(常習的に)飲む, ちびちび飲む (tipple). — *vi.* 酒を飲む. **~·bing** *n.* 〖《?c1380》*bibbe*(*n*) □? L *bibere* to drink: ⇨ beer (cf. bibulous) ∥《擬音語》〗

Bib 《略》Bible; Biblical.

bi·ba·cious /bɪ̀béɪʃəs/ *adj.* =bibulous. **bi·bac·i·ty** /bɪ̀bǽsəti | -sɪ̀ti/ *n.* 〖1676〗

bi·bas·ic /bàɪbéɪsɪk/ *adj.* 〘化学〙二塩基性の (dibasic). 〖1847–49〗

bibb[1] /bíb/ *n.* 〘海事〙ビブ《マストを継ぎ足すときに, 下部マストの橋頭(しょうとう)縦材 (trestletrees) を支えるために下部マストの橋肩(きょうけん) (hound) にボルトで締められている支え板》. 〖《1779–80》《変形》← BIB[1]: 位置が幼児のよだれかけと似ているところから〗

bibb[2] /bíb/ *n.* =bibcock.

bíbb còck *n.* =bibcock.

bíb·ber *n.* 飲酒家, 大酒飲み《しばしば wine*bibber* として用いる》. **bíb·ber·y** /bíbəri/ *n.* 〖《1536》← BIB[2]+-ER[1]〗

bib·ble /bíbl̩/ *v.* 《方言》=bib[2]. 〖《c1390》(freq.) ← BIB[2]〗

bíbble-bábble *n.* 意味のないおしゃべり, くだらない話. 〖《1532》《加重》← babble〗

bíbb lèttuce *n.* 〘植物〙ビッブレタス《小さく結球し, 葉は濃い緑で柔らかいレタス》. 〖《1961》← *Jack Bibb* (1789–1884: 米国 Kentucky 州の園芸家)〗

Bib·by, b- /bíbi/ *n.* 〘海事〙(通路の上にある)客室. 〖← *Bibby Line, Ltd.* (イギリス・インド航路でそれを最初に採用した船会社)〗

bíb·còck *n.* (水道の)蛇口《一般に見られる口が下向きのもの》. 〖《1797》← BIB[1]+COCK[1]〗

bi·be·lot /bíblou, bìbəlóu | -bləʊ, -bəlàʊ; *F.* biblo/ *n.* (*pl.* ~**s** /~z; *F.* ~/) **1** 小骨董品 (trinket). **2** 特装豆本. 〖《1873》□ F ~ < OF *beubelot*《加重》← *bel* 'BELLE': cf. bauble〗

bi·bi /bíːbiː/ *n.* 《インド》非ヨーロッパ人の女友達《もとはヨーロッパ人に対する敬称; cf. memsahib》. 〖《1842》□ Hindi *bībī* □ Pers. 'lady, lawful wife'〗

bib·i·on·id /bɪbíənɪ̀d | -nɪd/〘昆虫〙*adj.* ケバエ(科)の. — *n.* ケバエ《ケバエ科の昆虫の総称》. 〖↓〗

Bib·i·on·i·dae /bɪ̀biɑ́(ː)nədiː | -bɪɔ́nɪ-/ *n. pl.* 〘昆虫〙(双翅目)ケバエ科. 〖← NL ~ ← *Bibio*(*n*-) (属名: ← L *bibio* small insect found in wine)+-IDAE〗

bi·bi·va·lent /bàɪbaɪvéɪlənt, baɪbívələnt/ *adj.* 〘化学〙双二価の《二価の陽イオンと二価の陰イオンに解離する電解質についていう》. 〖⇨ bi-[1], bivalent〗

bibl. 《略》bibliographical; bibliography.

Bibl., bibl. 《略》Biblical.

Bi·ble, b- /báɪbl̩/ *n.* **1** [the ~] (キリスト教の)バイブル, 聖書《the Old Testament (旧約)と the New Testament (新約)を含む; ユダヤ教では旧約だけを指す; cf. scripture 1》. ★1 冊の聖書を指すときは a ~ という: *an* old ~ 一冊の古い聖書. **2** [しばしば b-] (キリスト教以外の宗教の)聖典. **3** [b-] (宗教と関係のない事柄について聖書のような)権威ある典(書)籍. **4** 《廃》本 (book). **5 a** 小型の甲板みがき石. **b**〘動物〙=omasum.

kiss the Bible ⇨ kiss 成句. ***live one's Bible*** 聖書の教えを実行する.

〖《a1325》□ (O)F ~ □ LL *biblia* □ Gk (*tà*) *biblía* (the) books (pl.) ← *biblíon* (little) book, scroll (dim.) ← *bíblos* papyrus, book ← *Búblos* (ギリシャがエジプトのパピルスを輸入した Phoenicia の港町)〗

Bíble-bàsher *n.* 《英》=Bible-thumper.

Bíble-bàshing *adj.* 《英》=Bible-thumping.

Bíble Bèlt *n.* [the ~] バイブルベルト, 聖書地帯《米国, 特に南部あるいはカナダ西部で根本主義 (fundamentalism) が支配的で牧師が勢力をもっている地域; 広義では熱心な根本主義の特色を示している地域を指す》. 〖1925〗

Bíble Chrístians *n. pl.* バイブルクリスチャン派, 聖書主義派《英国のメソジスト派の一派; 1815 年に設立され, カナダ・米国・オーストラリア・中国に伝道活動を行った; 他のメソジスト派と合同して 1907 年に United Methodist Church を結成》. 〖1766〗

Bíble clàss, b- c- *n.* バイブルクラス, 聖書研究会. 〖1824〗

Bíble clèrk *n.* 聖書朗読生《Oxford 大学の幾つかのカレッジで, 礼拝堂で聖書朗読の義務をもつ特待生》. 〖1626〗

Bíble òath *n.* 聖書によってする(ような)厳粛な誓言. 〖1698〗

Bíble pàper *n.* 聖書紙, バイブルペーパー (⇨ India paper 1). 〖1903〗

Bíble-pòund·ing *adj.* =Bible-thumping.

Bíble-pùncher *n.* =Bible-thumper. 〖1917〗

Bíble-pùnch·ing *adj.* =Bible-thumping. 〖1933〗

Bíble rèader *n.* 聖書朗読者《雇われて各戸に聖書を読み聞かせて巡回する人》. 〖1538〗

Bíble schòol *n.* 聖書学校《教会の日曜学校や夏期学校などの聖書勉強会から高度な聖書研究の機関まで, その種類は様々ある》.

Bíble Socíety, b- s- *n.* (聖書の普及を目的とする)聖書(出版)協会.

Bíble tèxt *n.* 〘活字〙=great primer.

Bíble-thùmp·er *n.* 《俗》熱狂的な[こちこちの]聖書信奉者 (Bible-basher, Bible-puncher ともいう). 〖1923〗

Bíble-thùmp·ing *adj.* 《俗》熱烈に聖書を説く[信奉する].

Bi·bli·a Pau·pe·rum, B- p- /bíbliɑːpáupərʊm, -liə-, -pɔ́ːpərəm/ *n.* ビブリアパウペルム, 貧者の聖書《キリストの生涯の事跡をこれを予言する旧約聖書の記事と組み合わせ, 詞書と絵で説明した中世の聖書物語; 文盲の者に対する説教師の教本として用いられ, 14 世紀以後の写本・最古の木版本などに見られる》. 〖← NL ~ 'Bible for the poor'〗

bib·lic- /bíblɪk, -lək | -lɪk/ (母音の前にくるときの) biblico- の異形.

Bib·li·cal, b- /bíblɪ̀kəl, -kl̩ | -lɪ-/ *adj.* 聖書の[にある, から出た, に関する], 聖書の教えの; 聖書風の: a ~ name 聖書にある人名 / a ~ expression 聖書の文句 / ~ language 聖書の言語 / ~ scholars 聖書学者 / ~ literature 聖書文学 / ~ style (欽定訳)聖書風の(荘厳な)文体. **~·ly** *adv.* 〖《c1775》← 《廃》*biblic* (□ ML *biblicus* ← LL *biblia* 'BIBLE': ⇨ -ic[1])+-AL[1]〗

Bíblical Aramáic *n.* 旧約聖書 (特に Daniel 2: 4–7, 28) のアラム語.

Bíblical Hébrew *n.* 聖書ヘブライ語《the Old Testament 原典に用いられたヘブライ語; Classical Hebrew ともいう; cf. Hebrew 2 a》.

Bíblical Látin *n.* 聖書ラテン語《特にウルガタ聖書 (the Vulgate) で用いられたラテン語で中世の初期に西部ヨーロッパに広まった》.

Bíb·li·cìsm, b- *n.* **1** (聖書の字句を文字通りに解釈する)聖書厳守主義. **2** 聖書主義《聖書のみが信仰の基準であることを主張する神学的諸立場》. 〖《1851》← BIBLIC-+-ISM〗

Bíb·li·cist, b- /-sɪ̀st | -sɪst/ *n.* **1** 聖書厳守主義者; 根本主義者 (fundamentalist). **2** 聖書学者. 〖《1837》← BIBLIC-+-IST〗

bib·li·co- /bíblɪ̀kou | -lɪkəʊ-/ [しばしば B-]「聖書 (Bible)」の意の連結形. ★母音の前にくるときは通例 biblic- になる. 〖← 《廃》*biblic* 'BIBLICAL'+-o-〗

bib·li·o- /bíbliou | -liəʊ/「書籍 (book), (ときに)聖書 (Bible)」の意の連結形: *biblio*phile, *biblio*latry. 〖□ F □ L ← Gk *biblíon* little book: ⇨ Bible〗

bib·li·o·clast /bíbliəklæ̀st, -liou- | -liə(ʊ)-/ *n.* 書籍破壊(主義)者. 〖《1880》← BIBLIO-+-CLAST〗

bíblio·fìlm *n.* 図書複写フィルム《図書館などで貴重なまたはよく用いられる文献を撮影するのに用いる; cf. microfilm》.

bibliog. 《略》bibliographer; bibliographical; bibliography.

bìblio·génesis *n.* =bibliogony.

bib·li·og·o·ny /bìbliɑ́(ː)gəni | -ɔ́gəni/ *n.* 造本(術), 造本・出版(術)《bibliogenesis ともいう》. 〖《1843》← BIBLIO-+-GONY〗

bib·li·o·graph /bíbliəgræ̀f, -liou- | -liə(ʊ)grɑ̀ːf, -græ̀f/ *vt.* ⟨書物⟩に書誌をつける; …の書誌を作る. 〖《1961》《逆成》← BIBLIOGRAPHER, BIBLIOGRAPHY〗

bib·li·og·ra·pher /bìbliɑ́(ː)grəfə | -ɔ́grəfə^(r)/ *n.* **1** 書誌学者, 図書学者. **2** 書誌[書目]編纂者[作成者], 書籍解題者. 〖《1656》← F *bibliographe* bibliographer+-ER[1]〗

bib·li·o·graph·ic /bìbliəgrǽfɪk, -liou- | -liə(ʊ)-⌐/ *adj.* 書誌(学)の; 書籍解題の; 図書目録の. **bìb·li·o·gráph·i·cal** *adj.* **bìb·li·o·gráph·i·cal·ly** *adv.* 〖《1847》□ F *bibliographique*: ⇨ -ic[1]〗

bib·li·og·ra·phy /bìbliɑ́(ː)grəfi | -ɔ́g-/ *n.* **1** (特定の主題・著者に関する)書誌, 書目: a ~ of linguistics 言語学書誌 / Tennyson ~ テニソン書誌 / a select ~ 選択書誌. **2** 引用文献, 参考書目[文献, 図書]. **3** 書誌学《文献の歴史・形態・著者などについて研究する学問》. **4** 本の科学, 図書学 (bibliology). 〖《1678》□ F *bibliographie* ∥ ← NL *bibliographia* ← Gk *bibliographía*: ⇨ biblio-, -graphy〗

bib·li·o·klept /bíbliəklèpt, -liou- | -liə(ʊ)-/ *n.* 本を万引きする人, 書籍泥棒. 〖《1881》: ⇨ biblio-, klepto-〗

bìblio·klèptománia *n.* 盗書癖. 〖cf. *biblio-kleptomaniac* (1881): ⇨ ↑, -mania〗

bib·li·ol·a·ter /bìbliɑ́(ː)lətə | -ɔ́lətə^(r)/ *n.* (狂信的)聖

書[書籍]崇拝者. 〖(1847) ← BIBLIO-＋-LATER: cf. idolatry〗

bib·li·ol·a·trous /bìbliɑ́(ː)lətrəs | -ɔ́l-ˊ/ *adj.* 聖書[書籍]狂信的な. 〖(1847) ← BIBLIO-＋-LATROUS〗

bib·li·ol·a·try /bìbliɑ́(ː)lətri | -ɔ́l-/ *n.* **1** 聖書崇拝, 聖書狂信《聖書の字句に対する極端な尊重》. **2** 書籍崇拝. 〖(a1763): ⇨ bibliolater, -latry〗

bib·li·ol·o·gy /bìbliɑ́(ː)lədʒi | -ɔ́l-/ *n.* **1 a** (きわめて広い意味の)本の科学, 図書学. **b** 書誌学 (bibliography). **2** [しばしば B-]《まれ》聖書学, 聖書(文学)研究. 〖(1806) ← BIBLIO-＋-LOGY〗

bib·li·o·man·cy /bíbliəmæ̀nsi, -liou- | -ə(ʊ)-/ *n.* 聖書[書籍]占い《聖書[書籍]を開いて出た所の文句によって吉凶を判断する》. 〖(1753) ← BIBLIO-＋-MANCY〗

bib·li·o·mane /bíbliəmèɪn, -liou- | -liə(ʊ)-/ *n.* ＝bibliomaniac. 〖(1809) □ F ～《逆成》← *bibliomanie* (↓)〗

bib·li·o·ma·ni·a /bìbliəméɪniə, -liou-, -njə | -liə(ʊ)-/ *n.* 書(物)狂, 書痴, ビブリオマニア, 集書狂, 蔵書癖. 〖(1734)《変形》← F *bibliomanie*: ⇨ biblio-, -mania〗

bib·li·o·ma·ni·ac /bìbliəméɪniæ̀k, -liou- | -liə(ʊ)-/ *adj.* 書(物)狂の, 書痴の, 集書狂の, 蔵書癖の. — *n.* 書(物)狂の人, 書痴の人, 蔵書癖の人, 猟書家 (cf. bibliophile). 〖(1816): ⇨ ↑, -ac〗

bib·li·o·ma·ni·a·cal /bìbliəmənáɪəkəl, -liou-, -kl | -liə(ʊ)-ˊ/ *adj.* ＝bibliomaniac. 〖1816〗

bìblio·métrics *n.* [単数扱い] 出版物の統計的分析. **bìblio·métric** *adj.* 〖← BIBLIO-＋-METRIC[1]: ⇨ -ICS〗

bib·li·o·peg·ic /bìbliəpédʒɪk, -píːdʒ- | -liə(ʊ)-ˊ/ *adj.* 製本術の. **bìb·li·o·pég·i·cal·ly** *adv.* 〖(1882): ⇨ ↓, -ic[1]〗

bib·li·op·e·gist /bìbliɑ́(ː)pədʒɪst | -ɔ́pɪdʒɪst/ *n.* 製本術者. **bib·li·op·e·gis·tic** /bìbliəpɪdʒístɪk, -liou- | -ə(ʊ)pɪ-ˊ/ *adj.* 〖(1824) □ ? F《廃》*bibliopégiste*: ⇨ ↓, -ist〗

bib·li·op·e·gy /bìbliɑ́(ː)pədʒi | -ɔ́pɪ-/ *n.* 製本術, 装丁術 (bookbinding). 〖(c1859) ← BIBLIO-＋Gk *-pēgia* (← *pēgnúnai* to fasten)〗

bib·li·o·phage /bíbliəfèɪdʒ, -liou- | -liə(ʊ)-/ *n.* **1** (本を食う)シミ, 本虫 (bookworm). **2** 愛書家, 読書狂, 「本の虫」. **bib·li·oph·a·gous** /bìbliɑ́(ː)fəgəs | -ɔ́f-ˊ/ *adj.* 〖⇨ -phage〗

bib·li·o·phil /bíbliəfɪl, -liou- | -liə(ʊ)-/ *n.* ＝bibliophile. 〖1883〗

bib·li·o·phile /bíbliəfàɪl, -liou- | -liə(ʊ)-/ *n.* 書籍[稀覯(きこう)書]愛好家, 愛書家, 蔵書家 (bibliophilist ともいう). **bib·li·o·phil·ic** /bìbliəfílɪk | -liə(ʊ)-ˊ/ *adj.* 〖(1824) □ F ～: ⇨ biblio-, -phile〗

bib·li·oph·i·lism /bìbliɑ́(ː)fəlìzm | -ɔ́fɪ-/ *n.* 書籍愛好; 蔵書道楽, 蔵書癖. 〖(1824): ⇨ ↑, -ism〗

bib·li·óph·i·list /-lɪst | -lɪst/ *n.* ＝bibliophile.

bib·li·oph·i·lis·tic /bìbliɑ́(ː)fəlístɪk | -ɔ̀fɪ-ˊ/ *adj.* 愛書家の. 〖(1883): ⇨ ↑, -ic[1]〗

bib·li·oph·i·ly /bìbliɑ́(ː)fəli | -ɔ́fɪ-/ *n.* ＝bibliophilism. 〖1887〗

bib·li·o·phobe /bíbliəfòʊb, -liou- | -ə(ʊ)fəʊb/ *adj., n.* (極端な)書籍嫌いの(人), 書籍アレルギーの(人).

bib·li·o·pho·bi·a /bìbliəfóʊbiə, -liou- | -ə(ʊ)fəʊ-/ *n.* (極端な)書籍嫌い, 書籍アレルギー. 〖(1832) ← BIBLIO-＋-PHOBIA〗

bib·li·o·pole /bíbliəpòʊl, -liou- | -ə(ʊ)pəʊl/ *n.* 図書販売者, (特に)古[珍]書籍商; 書店, (特に)古書[珍書]店. **bib·li·o·pol·ic** /bìbliəpɑ́lɪk, -liou- | -pɔ́l-ˊ/ *adj.* 〖(1775) □ L *bibliopōla* □ Gk *bibliopṓlēs* ← BIBLIO-＋*pṓlēs* seller〗

bìb·li·óp·o·list /-lɪst | -lɪst/ *n.* ＝bibliopole. 〖1541〗

bib·li·op·o·ly /bìbliɑ́(ː)pəli | -ɔ́pə-/ *n.* (特に, 古書·稀覯本の)書籍販売. 〖(1831) ← BIBLIO-＋-POLY〗

bib·li·o·the·ca /bìbliəθíːkə, -liou- | -liə(ʊ)-/ *n.* (*pl.* ～s, -the·cae /-kiː, -siː/) **1** 図書館, 文庫; コレクション, 集書. **2** 目録, (書店の)在庫目録[リスト]. **3**《古》聖書. **bìb·li·o·thé·cal** /-θíːkəl, -kl̩ˊ/ *adj.* 〖((OE *bibliopece*)) (a1824) □ L ～ 'collection of books, (ML) Bible' □ Gk *bibliothḗkē* bookcase, library ← *biblíon* book＋*thḗkē* repository〗

bìblio·thérapy *n.*〘精神医学〙読書療法. 〖(1919) ← BIBLIO-＋THERAPY〗

bib·li·ot·ics /bìbliɑ́(ː)tɪks | -ɔ́t-/ *n.* 筆跡鑑定学. **bib·li·ot·ic** /bìbliɑ́(ː)tɪk | -ɔ́t-ˊ/ *adj.* **bib·li·o·tist** /bíbliətɪst, -liou- | -ə(ʊ)tɪst/ *n.* 〖(1901) ← BIBLIO-＋-t- (添え字)＋-ICS: Persifor Frazer (1844–1909: 米国の科学者)の造語〗

Bi·blist, b- *n.* **1** /báɪblɪst, -bl- | -ɪst/ 聖書信仰者《聖書を唯一の信仰基準とする人》. **2** /bíblɪst | -lɪst/ 聖書学者. 〖(1562): ⇨ -ist〗

Bib. Sac.《略》*L.* Biblia Sacra 聖書 (Holy Bible).

bíb tàp *n.*＝bibcock.

bib·u·lous /bíbjələs/ *adj.* **1 a** 飲酒にふける, 酒好きの. **b** 酒[飲酒]の. **2** 水分[湿気]を吸収しやすい, 吸水[吸湿]性の. **～·ly** *adv.* **～·ness** *n.* 〖(1675) ← L *bibul(us)* given to drinking (← *bibere* to drink)＋-OUS: cf. BIB[2]〗

BiC /bík; *F.* bik/ *n.*〘商標〙ビック《フランス製の使い捨てボールペン》.

bi·cam·er·al /bàɪkǽm(ə)rəlˊ/ *adj.* **1**〘政治〙〈議会·立法機関など〉上下両院をもつ, 二院制の. **2**〘生物〙〈動植物体など〉二室から成る. 〖(a1832) ← BI-[1]＋LL *camera* chamber＋-AL[1]〗

bi·cám·er·al·ìsm /-lìzm/ *n.*〘政治〙二院制. **bi·cám·er·al·ist** /-lɪst | -lɪst/ *n.*

bi·cap·su·lar /bàɪkǽpsələ, -sju- | -sjulə(r)ˊ/ *adj.*〘生物〙二つの[二室に分かれた] capsule を有する, 二蒴(さく)状の, 二房[室]の蒴の.

bi·carb /bàɪkɑ́əb, ˊ-ˊ | báɪkɑːb, ˊ-ˊ/ *n.*《口語》＝sodium bicarbonate. 〖1922〗

bicarb《略》bicarbonate; bicarbonate of soda.

bi·car·bon·ate /bàɪkɑ́əbənèɪt, -nɪt | -kɑ́ː-/ *n.*〘化学〙**1** 重炭酸塩. **2**《俗用》＝sodium bicarbonate. **bicárbonate of sóda**《俗用》＝sodium bicarbonate. 〖(1819) ← BI-[1]＋CARBONATE〗

bi·car·pel·lar·y /bàɪkɑ́əpəlèri | -kɑ́ːpɪləri/ *adj.*〘植物〙〈子房が〉2 枚の心皮 (carpel) からなる.

bic·cie /bíki/ *n.*《英口語》ビスケット (biscuit).

bice /báɪs/ *n.* **1** 青または緑の絵の具. **2** (鈍い)緑青色, (鈍い)黄緑色. 〖(a1338) *bis* dark-colored □ (O)F *bis* ← ?〗

bíce blúe *n.*〘顔料〙＝azurite blue.

bíce gréen *n.* ＝malachite green.

bi·cen·ten·a·ry /bàɪsénṭənèri, -tn-, -sɛnténəri | bàɪsɛntíːn(ə)ri, -sən-, -sn̩-, -tén-ˊ/ *adj., n.*《英》＝bicentennial. 〖1862〗

bi·cen·ten·ni·al /bàɪsenténiəl, -sən-, -sn̩-ˊ/ *adj.* **1** 二百年記念日の, 二百年祭の. **2** 二百年間継続の: a ～ period 二百年にわたる期間. **3** 二百年ごとの, 二百年に一回の. — *n.* 二百年記念日; 二百年祭: celebrate the U.S. ～ 米国建国二百年を祝う. **～·ly** *adv.* 〖(1883): ⇨ bi-[1], centennial〗

bi·cen·tric /bàɪséntrɪk/ *adj.*〘生物〙**1**〈分類単位が〉二つの進化源をもった, 二起源性の. **2**〈動植物の分布などが〉中心が二つある, 二(分布)中心の. **bi·cen·tric·i·ty** /bàɪsentrísəṭi | -sɪ̀ti/ *n.* 〖⇨ bi-[1], centric〗

bi·ce·phal·ic /bàɪsɪ̀fǽlɪk, -sɛ- | -sɪ̀-, -kɛ-, -kɪ-ˊ/ *adj.* ＝bicephalous.

bi·ceph·a·lous /bàɪséfələs | -séf-, -kéf-/ *adj.* **1**〘生物〙頭が二つある, 両頭の (two-headed). **2** 三日月形の (crescent-shaped). 〖(1803) ← BI-[1]＋CEPHALOUS〗

bi·ceps /báɪsɛps/ *n.* (*pl.* ～, **-ceps·es** /～ɪ̀z/) ★ biceps は厳密には単数であるが, 一般には通例複数扱いになる: When he bends his arm the ～ *are* round and hard (腕を曲げると丸くてかたい力こぶができる). **1**〘解剖〙二頭筋《上腕二頭筋と大腿二頭筋がある; cf. triceps): ～ of the arm＝biceps brachii. **2** (腕の)筋力; 力こぶ; 筋骨のたくましいこと. 〖(1634) □ F ～ // □ L ～ 'two-headed' ← BI-[1]＋*caput* 'HEAD'〗

bíceps brá·chi·i /-bréɪkiàɪ, -kiː/ *L. n.*〘解剖〙上腕二頭筋《力こぶのできる筋肉》. 〖(c1860) □ L ～: ⇨ ↑, brachio-〗

bíceps fé·mo·ris /-fémərɪ̀s | -rɪs/ *L. n.*〘解剖〙大腿二頭筋. 〖(c1860) ← NL ～ 'biceps of femur'〗

Biche-la-mar /bìːʃləmɑ́ə | -mɑ́ː(r)/ *n.* ＝beach-la-mar.

bich·ir /bítʃə | bíʃɪə(r)/ *n.*〘魚類〙ビチャー (*Polypterus*)《熱帯アフリカ, 特に Nile 川上流にみられる原始的な大魚; 体長は 1 m を超え, 背びれは 14–18 基の小さなひれからなる》. 〖(1960s) □ F ～ ← ?Arab〗

bi·chlo·ride /bàɪklɔ́ːraɪd, -rɪd, -rəd | -klɔ́ːr-/ *n.*〘化学〙**1** 二塩化物 (dichloride). **2** ＝mercury chloride 2. **bichlóride of mércury** ＝mercury chloride 2. 〖1810〗

bi·chon fri·sé /bíːʃɑ(ː)nfriːzéɪ | -ʃɔn-; *F.* biʃɔ̃fʁize/ *n.* ビション フリーゼ《白い巻毛の小形スパニエル》. 〖(1966) ← F *bichon à poil frisé* curly-haired lapdog〗

bi·chro·mate /bàɪkróʊmeɪt | -krə́ʊ-/ *n.*《商用語》〘化学〙重クロム酸塩, 二クロム酸塩 (dichromate); (特に) ＝potassium chromate. **bi·chró·màt·ed** /-ṭɪd | -tɪd/ *adj.* 〖1836〗

bichrómate céll *n.* 重クロム酸電池《重クロム酸を電解質とした亜鉛炭素電池; 起電力約 2 V》. 〖1875〗

bi·chrome /báɪkroʊm | -krəʊm/ *adj.* 二色の. 〖(1921) ← BI-[1]＋CHROME〗

bi·cip·i·tal /baɪsípəṭl | -pɪtl/ *adj.* **1**〘植物〙二頭の, 一端が二つに分裂する. **2**〘解剖〙**a**〈筋肉が〉二頭の. **b** 二頭筋の. 〖(1646) ← NL *bicipit-*, *biceps* (⇨ biceps): ⇨ -al[1]〗

bick·er /bíkə | -kə(r)/ *vi.* **1 a** (つまらないことで)口論する, 口げんかする〔*about, over*〕. **b**《古》戦う (fight). **2 a**〈雨などが〉ぱらぱら降る (patter). **b**《詩》〈小川などが〉さらさら流れる (babble). **3 a**〈電光が〉きらめく (glitter). **b**〈灯火などが〉ゆらゆらする (flicker). **4**《スコット》さっさと動く, 突進する, 急ぐ (hurry). — *n.* **1** (絶え間ない)口論, 口げんか (squabble). **2** (雨の)ぱらぱらいう音, (水の)さらさらいう音. **～·er** *n.* **～·ing** *n.* **～·ment** *n.* 〖(?a1300) *biker(en)* ← ?: ⇨ -er[4]: cf. MLG *bicken* to prick, thrust / Fris. *bikkern* to hack〗

bick·ie /bíki/ *n.* **1**《英口語》ビスケット (biscuit). **2** [*pl.*]《豪·NZ 俗》金 (money): big ～s 大金.

bíck·ìron /bík-/ *n.* 小型の金敷(の先端). 〖(1828): cf. beak-iron〗

bick·y /bíki/ *n.* ＝bickie. 〖(1930) (*dim.*) ← BISCUIT: ⇨ -Y[2]〗

bi·coast·al /bàɪkóʊstəl, -tl | -kə́ʊ-ˊ/ *adj.* 二つの海岸にはさまれた; (米国の)西海岸と東海岸の両方にある. 〖1972〗

Bi·col /biːkóʊl | -kə́ʊl/ *n.* (*pl.* ～, ～s) ＝Bikol.

bi·col·lat·er·al /bàɪkəlǽṭərəl, -trəl | -kəlǽtərəl, -kɔ-, -trəlˊ/ *adj.*〘植物〙〈維管束が〉複並立の, 両側立の《木質部の内面と外面が師部に覆われていることにいう; cf. collateral》: ～ bundles 複並立[両側立]維管束. 〖(1881): ⇨ bi-[1]〗

bi·col·or /báɪkʌ̀lə | -lə(r)/ *n., adj.* 二色(の): a ～ flower 二色花. **～·ing** *n.* 〖(1889) □ L ～ // F *bicolore*: ⇨ bi-[1], color〗

bí·col·ored *adj.* ＝bicolor. 〖c1843〗

bícolor lespédeza *n.*〘植物〙ヤマハギ (*Lespedeza bicolor*)《東アジア北部に野生するマメ科のハギで, 野鳥の食餌となりまた土砂止めに植えられる》.

bi·com·pact /bàɪkəmpǽktˊ/ *adj.*〘数学〙コンパクトの.

bi·con·cave /bàɪkɑ(ː)nkéɪv, ˊ-ˊ | -kɔn-, -kən-ˊ/ *adj.*〈レンズなど〉両凹(おう)の: a ～ lens. **bi·con·cav·i·ty** /bàɪkɑ(ː)nkǽvəṭi | -kɔnkǽvɪ̀ti, -kən-/ *n.* 〖(1883): ⇨ bi-[1]〗

bi·con·di·tion·al /bàɪkəndíʃnəl, -ʃənl̩/ *n.* **1** 二通りの(裏の)意味. **2**〘論理〙双条件《任意の二命題 A, B の「同値 (equivalence)」に対する別名; 同値では A, B が共にそれぞれ他と論理的条件関係にあるため》. 〖(1940): ⇨ bi-[1]〗

bi·cone /báɪkoʊn | -kəʊn/ *n.* 二円錐のような物(体). 〖(1928): ⇨ bi-[1]〗

bi·con·i·cal /bàɪkɑ́(ː)nɪkəl, -kl̩ | -kɔ́nɪ-ˊ/ *adj.* 二円錐の, 双円錐の. 〖(1870): ⇨ bi-[1]〗

bicónical anténna *n.*〘通信〙双円錐空中線.

bi·con·vex /bàɪkɑ(ː)nvéks, -kən- | -kɔn-, -kən-/ *adj.*〈レンズなど〉両凸(とつ)の: a ～ lens. **bi·con·vex·i·ty** /bàɪkɑ(ː)nvéksəṭi, -kən- | -kɔnvéksɪ̀ti, -kən-/ *n.* 〖(1849–52): ⇨ bi-[1]〗

bi·corn /báɪkɔən | -kɔːn/ *adj.* **1**〘生物〙二つの角をもつ, 双角の. ★〘動物〙では牛·羊のように左右一対の角のことではなく, 二角犀(さい)のように前後に 2 本の角のあるものをいう). **2** とさかに似た, 三日月形の. — *n.* ＝bicorne. 〖(1823) □ L *bicornis* two-horned ← BI-[1]＋*cornis* (← *cornu* 'HORN')〗

bi·corn·ate /bàɪkɔ́ənɪ̀t, -neɪt | -kɔ́ː-ˊ/ *adj.* ＝bicorn.

bi·corne /báɪkɔən | -kɔːn/ *n.* **1** 二角獣. **2** 二角帽 (⇨ cocked hat 2). 〖(1753) □ OF ～ < L *bicornis*: ⇨ bicorn〗

bi·cor·nu·ate /bàɪkɔ́ənjuèɪt, -njuɪ̀t | -kɔ́ːnju-/ *adj.* ＝bicorn.

bi·cor·po·ral /bàɪkɔ́əp(ə)rəl | -kɔ́ː-ˊ/ *adj.*〈黄道十二宮の一つが〉二つの体をもっている, 両体の. 〖(1686): ⇨ bi-[1]〗

bi·cor·po·ra·ted /bàɪkɔ́əpərèɪṭɪd | -kɔ́ːpəreɪt-/ *adj.*〘紋章〙頭が一つで体が二つの (cf. tricorporated). 〖⇨ corporate〗

bi·cor·po·re·al /bàɪkɔəpɔ́ːriəl | -kɔː-ˊ/ *adj.* ＝bicorporal. 〖1686〗

bi·cron /báɪkrɑ(ː)n | -krɔn, -krən/ *n.* ビクロン《10 億分の 1 m; 記号 μμ; cf. micron 1》. 〖《混成》← BI(LLION)＋(MI)CRON〗

bi·cru·ral /bàɪkrúərəl | -krúər-ˊ/ *adj.* 二脚の. 〖(1847): ⇨ bi-[1]〗

bi·cul·tur·al /bàɪkʌ́ltʃ(ə)rəlˊ/ *adj.*〈国など〉二文化併用の: the ～ tradition of Canada カナダの(フランス文化とアングロサクソン文化の)二文化併用の伝統. 〖(1940): ⇨ bi-[1]〗

bi·cúl·tur·al·ìsm /-lìzm/ *n.* 二文化併存.

bi·cur·sal /bàɪkə́ːsəl, -sl̩ | -kə́ː-ˊ/ *adj.*〘数学〙〈曲線が〉(双曲線のように) 2 つの枝から成る (cf. unicursal). 〖(1873) ← BI-[1]＋L *cursus* 'COURSE'＋-AL[1]〗

bi·cus·pid /bàɪkʌ́spɪd | bàɪkʌ́spɪd/ *adj.* **1**〘歯科〙〈歯など〉二尖頭(せんとう)のある, 二咬頭の. **2**〘解剖〙〈心臓などの〉二尖弁の(ある), 僧帽弁の[を有する]. — *n.* **1**〘歯科〙小臼歯(しょうきゅうし)《双頭歯または前臼歯》. **2**〘解剖〙二尖弁, 僧帽弁. 〖(1836–39) ← NL *bicuspid-*, *bicuspis* two points ← BI-[1]＋L *cuspid-*, *cuspis* point〗

bi·cus·pi·date /bàɪkʌ́spədèɪt | -pɪ-ˊ/ *adj.* ＝bicuspid. 〖1847〗

bicúspid vàlve *n.*〘解剖〙＝mitral valve. 〖c1903〗

bi·cy·cle /báɪsɪ̀kl̩, -sɪkl̩ | -sɪ̀-/ *n.* **1** 自転車 (cycle, 《口語》bike) (cf. tricycle, unicycle): enjoy a ～ ride 自転車乗りを楽しむ / a racing ～ 競走用自転車 / go by [on a] ～ 自転車に乗って行く / ride (on) a ～ 自転車に乗る. **2**〘トランプ〙(lowball で) 最強の手《最も点の低い手》. — *vi.* 自転車に乗る[で行く]. ★ cycle が普通. — *vt.* **1** 自転車(など)で運ぶ. **2** (自転車で)旅行する. 〖(1868) □ F ～ ← BI-[1]＋Gk *kúklos* circle, wheel: ⇨ cycle[2]〗

bicycle

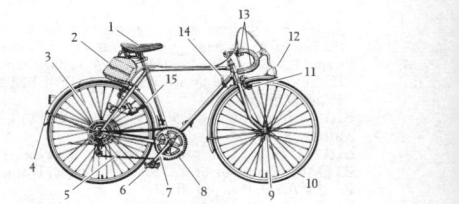

1 saddle 2 saddlebag 3 spoke 4 fender 5 chain 6 pedal 7 crank 8 chainwheel 9 hub 10 tire 11 brake 12 headlight 13 handlebars 14 gearshift 15 dynamo

bícycle chàin *n.* 自転車のチェーン. 〖1899〗

bícycle clìp *n.* 自転車乗り用クリップ《チェーンが絡まな

B

いようにズボンの脚部を足首のところで固定するクリップ). 〖1963〗

bícycle kìck *n.* 〖サッカー〗バイシクルキック, オーバーヘッドキック《飛びあがって自分の頭越しに自転車をこぐように後方へボールをキックすること》.

bícycle mòtocross *n.* 自転車モトクロス.

bícycle pàth *n.* 自転車専用道路《歩行者も通ることが多い》.

bícycle pùmp *n.* 自転車用ポータブルポンプ. 〖1908〗

bí·cy·cler /-klə, -kḷə | -klə(r, -kḷə(r/ *n.* =bicyclist.

bícycle ràce [ràcing] *n.* 自転車競走, 競輪. 〖1870〗

bi·cy·clic /bàɪsáɪklɪk, -sík-/ *adj.* **1** 二つの円から成る, 二つの円をもつ. **2** 〖植物〗〈花の雄蕊(ずい)など〉二つの輪生体を成している. **3** 〖化学〗〈化合物など〉二環式の, 双環式の. 〖(1876) ← BICYCLE+-IC¹〗

bì·cý·cli·cal *adj.* =bicyclic.

bi·cy·cling /báɪsɪklɪŋ, -sɪk-, -kḷ- | -sɪk-/ *n.* 〖映画〗自転車出演[監督]《俳優・監督などが同時にあるいは連続して二つの映画に出演または映画を演出すること》.

bi·cy·clist /báɪsɪklɪst, -sɪk- | -sɪklɪst/ *n.* 自転車乗り, 自転車常用者; 《特に》競輪選手 (cf. cyclist): a professional ~ 職業自転車乗り, 競輪選手 / be a good [bad] ~ 自転車に乗るのが上手[下手]だ. 〖(1869): ⇨ -ist〗

bid¹ /bíd/ *v.* (*vt.* 2, 3, 5, 6 では **bade** /bǽd, béɪd/, 《古》 **bad** /bǽd/, *vt.* 1, 4, *vi.* では ~; *vt.* 2, 3, 5, 6 では **bid·den** /bídn/, ~, *vt.* 1, 4, *vi.* では ~; **bid·ding**)

— *vt.* **1 a** 《競売・入札で》〈物に〉〈ある金額の値を〉付ける, 入れる, 〈幾ら〉にせる (offer) 〔*for, on*〕: ~ a good price *for* …によい値を付ける / He ~ $1,000 and got the picture. 1,000 ドルにせってその絵を手に入れた. **b** [二重目的語を伴って]〈人〉に対して〈ある金額の値を〉付ける: I'll ~ you £50. 50 ポンド出そう / How much am I ~ *for* this painting? 人はこの絵に幾らの値を付けてくれるだろうか. **2 a** [しばしば目的語+原形不定詞を伴って]《文語》〈人〉に〈…するように〉命じる, 言いつける (order) (⇨ command SYN): He *bade* me sit down. 私に座れと言った. ★ 能動態では原形不定詞, 受身では不定詞に *to* が添えられるのが通例: He was ~*den to* go. 行くように命じられた / Do as you are ~(*den*). 命じられた通りにせよ. **b** 《廃》〈人〉に嘆願する, 懇願する (beseech). **3** [しばしば間接目的語を伴って] (〈人〉に)〈挨拶などを〉述べる (express): ~ a person welcome [farewell] 人に歓迎の挨拶を述べる[別れを告げる] / ~ good night *to* one's parents 両親にお休みなさいと言う. **4 a** 招く, 招待する (invite) (⇨ bidden, unbidden 2) 〔*to*〕: be ~*den to* a feast 宴会に招かれる. **b** 《米口語》〈組織などが〉(会員として)…の参加を求める, 勧誘する. **5** 《廃》発表する, 宣言する: ~ the bans 教会で結婚を予告する / ⇨ *bid* DEFIANCE *to*. **6** 〖トランプ〗ビッドする《特定の組 (trick) 数または点数を取ると宣言すること; 特に, ブリッジで味方の望む切札のスーツ (suit) とそれによって規定数 (6) より余分に勝ちとる組数とを宣言すること》: ~ (two) hearts (ツー)ハートをビッドする《ハートを切札にして (規定数より 2 組余分にすなわち 8 組)取ると宣言する》.

— *vi.* **1** 〔…を得ようと〕努める, 手を尽くす〔*for*〕: ~ *for* popular support 民衆の支持を得ようと努める. **2** 〔物に〕値を付ける〔*for, on*〕; 〔…に〕入札する〔*on*〕: ~ at auction せり売りで値を付ける / ~ *against* a person 人とせり合う, 競争入札する / ~ *for* a contract 契約に入札する / ~ *on* a new airport 新空港の建設に入札する.

bid fáir to dó ⇨ fair¹ *adv.* 成句. ***bid ín*** 〈持ち主が〉せりに割り込む《最高値をさらにせり上げるため》; 〈持ち主が〉自分にせり落とす. ***bid óff*** 《競売で》せり落とす; 《競売で》処分する. ***bíd úp*** (1) 《競売で》…の値をせり上げる. (2) 〖商業〗〈価格を〉吊り上げる.

— *n.* **1** 〔名声・地位・同情などを得ようとする〕企て (attempt), 努力 (effort) 〔*for*〕/ 〈*to do*〉: a ~ *for* the Presidency 大統領になろうという企て / a ~ *to* restore peace 平和回復の努力. **2 a** 値を付けること, 入札; 付け値, 指し値: a ~ of $10 *for* the painting / call for ~*s* (*for* …) (…の)入札を募る. **b** 競売[入札]に付される物. **c** 入札の機会[順番]: The ~ is *with* you. 君が入札する[せる]番だ. **3** 《米口語》(入会などの)勧誘, 案内 (invitation): a ~ *to* join a club 入部の勧誘. **4** 〖トランプ〗 **a** ビッド, せり《特に, ブリッジで何組取ると宣言すること; 一番多くの組数を宣言した者が切札決定権を得る》. **b** 特定のビッド, せり高; せり申し出の番: a three-diamond ~ (contract bridge で) スリーダイヤモンドのビッド (cf. *vt.* 6) / It's your ~. 君がせり申し出をする番だ. **5** =bid price.

énter a bíd ⇨ enter *vt.* 8 b. ***in a bíd to dó*** …しようと試みて. ***màke a bíd for*** (1) …に入札する. (2) 〈人気など〉を得ようと努力する. ***màke a bíd to dó*** …しようとする.

〖《混成》← OE *biddan* to beg, pray (< Gmc **beðjan* (G *bitten*) ← **beðam*+OE *bēodan* to offer, command (< Gmc **beuðan* (Du. *bieden* / G *bieten*) ← IE **bheudh-* to be aware): 語義と活用形に上記 2 種の動詞が混用されている〗

bid² *v.* 《古》 bide の過去分詞. 〖(17C) 《尾音消失》← BIDDEN〗

bid 《略》〖処方〗 *L.* bis in die (=twice a day).

BID 《略》 Bachelor of Industrial [Interior] Design.

Bi·da /báɪdɑː/ *n.* ビダ (Doha の旧名).

bi·dar·ka /baɪdɑ́ːkə | -dɑ́ː-; *Russ.* bajdárka/ *n.* (*also* **bi·dar·kee** /-ki/) バイダルカ《アラスカイヌイットの 1–2 人用の(アザラシの)皮張りボート; kayak ともいう》. 〖(1834) ◻ Russ. *bajdarka* (dim.) ← *bajdara* canoe, coracle〗

Bi·dault /biːdóʊ | -dáʊ; *F.* bido/, **Georges Augustin** *n.* ビドー (1899–1983; フランスの政治家; 第二次大戦中の抵抗運動の指導者; 首相 (1946, 1949–50)).

bid·da·ble /bídəbḷ | bíd-/ *adj.* **1** 〈人が〉言いなりになる, 柔順な (⇨ obedient SYN). **2** 〖トランプ〗(ブリッジで) ビッド可能な: a ~ suit ビッドできるスーツ《ビッドできる最低条件を備えたスーツ; 通常, 絵札つきで 4 枚以上のそろい》. **~·ness** *n.* **bìd·da·bíl·i·ty** /-bíləti | -lɪti/ *n.* **bíd·da·bly** *adv.* 〖(*c*1768) ← BID¹+-ABLE〗

bid·den /bídn/ *v.* bid¹ の過去分詞. — *adj.* 《古》招かれた (cf. unbidden): a ~ guest. 〖ME (RIDDEN と類推) ∞ OE *beden* (p.p.) ← *biddan* 'to BID¹'〗

bid·der /bídə | -də(r/ *n.* **1** 《競売・トランプなどで》せり手, 入札者: the highest ~ 最高入札者; 《物事を》一番高く買ってくれる人; 獲得しようとする人. **2** 命令者. **3** 招待をする人. 〖(*c*1340): ⇨ bid¹, -er¹: cf. OE *biddere* petitioner ← *biddan*〗

bid·di·bid·di /bídibìdi | -dibɪdi/ *n.* =biddy-biddy.

bid·ding /-dɪŋ | -dɪŋ/ *n.* **1 a** 《競売・トランプなどでの》せり, 入札. **b** [集合的]〖トランプ〗(ブリッジなどで)(1 回の勝負で宣言された)ビッド (bids). **2** 言いつけ, 命令 (command): at the ~ of …の命のままに / do [follow] a person's ~ =do [follow] the ~ of … 人の言いつけ通りにする. **3** 勧誘; 招待; 召喚. ***at a person's bidding*** (1) 人の命に従って. (2) 人から招待[召喚]されて. 〖(?*a*1200): ⇨ bid¹, -ing¹〗

bídding pràyer *n.* **1** 《英国国教会で特殊な目的に会衆の参加を求める》説教前の祈り. **2** 《英国国教会で宗教改革前まで行われた》祈り《祈りの対象となる人の名前がリストに載っていた》. 〖(1622): 《原義》 praying of the prayers, i.e., saying of prayers〗

Bid·dle /bídḷ/, **John** *n.* ビドル (1615–62; 英国の神学者; 英国におけるユニテリアン派教義の創始者).

bid·dy¹ /bídi | -di/ *n.* 《英方言・米》 **1** 鶏. ★ しばしば鶏を呼ぶときに用いる. **2** ひな (chicken); めんどり (hen). 〖(1601–2) ← ? BIDDY // 《擬音語》〗

bid·dy² /bídi | -di/ *n.* **1** お手伝い, 洗濯女. **2** 《口語》 **a** [軽蔑的に] 女; 《特に, 口うるさい》初老の女. **b** 女性教師. 〖(1708) ↓〗

Bid·dy /bídi | -di/ *n.* ビディー《女性名》. 〖(dim.) ← BRIDGET〗

Bíddy Básketball *n.* 子供バスケットボール《ボールもコートも小さくバスケットの高さも低い》. 〖*Biddy*: 《転訛》 ← BITTY〗

bid·dy-bid /bídibɪd | -di-/ *n.* =biddy-biddy.

bid·dy-bid·dy /bídibɪdi | -dibɪdi/ *n.* (NZ)〖植物〗=piripiri; そのいが (bur). 〖(1866) ◻ Maori *piripiri*: ⇨ piripiri〗

bide /báɪd/ *v.* (**bid·ed, bode** /bóʊd | báʊd/; **bid·ed,** 《古》 **bid** /bíd/, 《廃》 **bid·den** /bídn/) — *vt.* **1** 待つ (await). ★ 過去形は bided; 通例次の句で: ~ one's time よい時機[時節]を待つ. **2** [通例否定文で]《廃・方言》…に耐える (endure). **3** 《古》…に出会う, 出くわす (encounter). — *vi.* 《文語》 **1** 《ある状態を》続ける, 持続する: ~ still じっとしている / let the matter ~ 事態をそのままにしておく. **2** [時の副詞を伴って] 待つ (wait): *Bide* a bit. ちょっと待ってくれ. **3** 住む (dwell), とどまる (sojourn). ***bide by*** 《古》 =ABIDE *by*. ***bide a wée*** 《スコット》ちょっとの間とどまる[待つ].

bíd·er *n.* 〖OE *bīdan* to wait < Gmc **bīðan* (MDu. *biden* / ON *bīða*) ← IE **bheidh-* to persuade (L *fīdere* to trust): cf. faith〗

bi·dent /báɪdnt/ *n.* 両叉(さ)器. 〖(1675) ◻ L *bident-*, *bidens* two-pronged ← BI-¹+*dent-*, *dēns* 'TOOTH'〗

bi·den·tate /bàɪdénteɪt/ *adj.* **1** 歯が二つある (two-toothed). **2** 〖化学〗二座(配位)の. 〖(1826): ⇨ bi-¹, -dentate〗

bi·den·tic·u·late /bàɪdɛntíkjʊlɪt, -lèɪt/ *adj.* 〖動物〗二つの小歯状突起のある.

bi·det /bɪdéɪ, biː- | bíːdeɪ; *F.* bidɛ/ *n.* (*pl.* **~s** /~z; *F.* ~/) **1** ビデ《主に女性性器や肛門の洗浄を目的とする容器; 水洗式で作りつけのものが多い》. **2** 《陸軍で荷役・連絡用の》小形の馬. 〖(1630) ◻ F ~ 《原義》 small horse ← ? OF *bider* to trot〗

bid·gee-wid·gee /bídʒiwɪdʒi/ *n.* 《豪》 =biddy-biddy.

bi·di /bíːdiː | -di/ *n.* 《インド》 =beedi.

bi·di·a·lec·tal /bàɪdaɪəlɛ́ktḷ/ *adj.* 二方言を使用する. **~·ism** /-təlɪzm, -tḷ- | -təl-, -tḷ-/ *n.* 〖(1954): ⇨ bi-¹〗

bid·ing /báɪdɪŋ | -dɪŋ/ *n.* **1** 待ち受けること (awaiting). **2** 滞在. **3** 《Shak》住居 (dwelling). 〖(1340): ⇨ bide, -ing¹〗

bi·di·rec·tion·al /bàɪdɪrɛ́kʃnəl, -daɪ-, -ʃənḷ/ *adj.* **1** 〈半導体素子など〉両方向に導通可能な. **2** 〈通信線など〉(送信と受信との)両方向兼用の. **3** 〖電算〗〈プリンターが〉双方向印刷可能な. 〖(1928): ⇨ bi-¹〗

bi·don /biːdɔ̃ː(ŋ), -dɔ́ː(ŋ); *F.* bidɔ̃/ *n.* 液体を入れる容器; コップ; びん; 石油かん, ドラムかん (oil drum). 〖(1867) ◻ F ~ ◻ ? Scand. *bida* vase〗

bi·don·ville /biːdɔ̃ː(n)víːl, -dɔːn-; *F.* bidɔ̃vil/ *n.* 《フランス・アフリカ北部などの都市郊外の》安普請住宅地《ドラム缶などで家が造られている》. 〖(1952) ◻ F ~ ← *bidon* (↑)+*ville* town〗

bíd prìce *n.* 〖証券〗買い呼値《買い手側の提示する最高の値段; cf. offer price》.

bid·ri /bídri/ *n.* 《もとインドで用いられた象眼細工用》スズ合金; それを用いた細工品 (bidri ware ともいう). 〖(1794) ◻ Hindi *bidrī* ← *Bidar* (インドの町の名)〗

BIE 《略》 Bachelor of Industrial Engineering.

Bie·der·mei·er /bíːdəmàɪə | -dəmàɪə(r; *G.* bíːdɐmaɪɐ/ *adj.* **1** 〈家具が〉ビーダーマイヤー様式の《19 世紀前半にドイツ・オーストリアで流行した簡素で実用的な趣味にいう》. **2** [軽蔑的に] **a** 《芸術的・知的・社会的に見て》因襲的な, 月並みの, 独創性のない (conventional). **b** 俗物の (philistine). 〖(1905) ← *Gottlieb Biedermeier*: ドイツの A. Kussmaul (1822–1902), L. Eichrodt (1827–92) らが凡俗なブルジョワに諷刺をこめて, 自分たちの作品をこの架空の詩人名のもとに発表した〗

Biel /bíːl; *G.* biːl/ *n.* ビール《スイス北西部 Biel 湖畔の町; フランス語名 Bienne》.

Biel, the Lake of *n.* ビール湖《スイス北西部の湖; 先史時代の湖上住居の跡がある; 面積 39 km²; フランス語名 le lac de Bienne, ドイツ語名 Bielersee》.

bield /bíːld/ 《スコット・北英方言》 *n.* 隠れ場, 避難所 (shelter). — *vt.* …に隠れ場[避難所]を与える (shelter). — *vi.* 隠れる, 避難する. 〖OE *b(i)eldu* < Gmc **balþīn* ← **balþaz* 'BOLD'〗

Bie·le·feld /bíːləfɛ̀lt, -fɛ̀ld; *G.* bíːləfɛlt/ *n.* ビーレフェルト《ドイツ北西部の都市; 織物業の中心地》.

Bi·e·lo·rus·sian /bièloʊrʌ́ʃən, bjɛ̀l- | -lə(ʊ)-/ *n.*, *adj.* =Belorussian.

Biel·sko-Bia·ła /bièlskoʊbiáːlə, -skɑː- | -skɔː-; *Pol.* bʲɛlskɔbʲáwa/ *n.* ビェルスコビャワ《ポーランド南部の町; 16 世紀以来紡績の中心地》.

bien en·ten·du /biæ̃(ŋ)ɑ̃ː(n)tɑ̃(n)dúː, -æ̃ŋɑ̀ːntɑːn-, -djúː; *F.* bjɛ̃nɑ̃tɑ̃dy/ *F. adv.* 当然, もちろん (of course). 〖(1844) ◻ F ~ 'well understood'〗

Bi·en Hoa /bjɛ́nhóʊə | -háʊə; *Viet.* ʔbiēnhwɑː/ *n.* ビエンホア《ベトナム南部の町》.

bien·na·le /bìːənáːli; *It.* bjennáːle/ *n.* 隔年行事, ビエンナーレ《特に国際的な美術展に用いる》.

Bienne /bjɛ́n; *F.* bjɛn/, **le lac de** *n.* ビエンヌ湖 (Biel 湖のフランス語名).

biennia *n.* biennium の複数形.

bi·en·ni·al /baɪɛ́niəl/ *adj.* **1** 2 年ごとの, 1 年おきの (cf. biannual, triennial): a ~ election 2 年ごとの選挙 / ~ games 2 年ごとの競技. **2 a** 2 年間継続の. **b** 〖植物〗二年生の, 越年生の: a ~ fruit 二年生果実《2 年目に熟す》/ a ~ plant 二年生植物. — *n.* **1** 〖植物〗二年生植物《2 年目に開花結実して枯死する; cf. annual 1, perennial 3》. **2** 2 年ごとの行事《試験・展覧会など》; ビエンナーレ(美術展). **~·ly** *adv.* 〖(1562) ◻ F *biennal* // LL *biennalis* ← L *biennium* period of two years (← BI-¹+*annus* year)+-AL¹〗

biénnial béaring *n.* 〖園芸〗隔年結果.

bi·en·ni·um /baɪɛ́niəm/ *n.* (*pl.* **~s, -ni·a** /-niə/) 二年間. 〖(1899) ◻ L ~ (↑)〗

bien-pen·sant *adj.*, *n.* 良識のある(人), 良識派の(人), 正統派の(人), 保守的な(人). 〖(1923) ◻ F ~ ← *bien* well+*pensant* (pres.p.) ← *penser* to think〗

bien·ve·nue /biæ̃(ŋ)vənúː, biæ̃ŋ-, -njúː; *F.* bjɛ̃v(ə)ny/ *F. adj.* 歓迎される (welcome). — *n.* 歓迎. 〖(*a*1393) ◻ F ~ ← *bien* well+*venue* coming〗

Bien·ville /biénvḷ̩t, bjæ̃(ŋ)víːl, biæŋ- | bjæ̃(ŋ)víːl, biæŋ-; *F.* bjɛ̃vil/, **Sieur de** *n.* ビアンビル (1680–1768; フランスの Louisiana 植民地総督; New Orleans の建設者; 本名 Jean Baptiste Le Moyne /ʒɑ̃ batist lə mwan/).

bier /bíə | bíə(r/ *n.* **1** 棺台, 棺架; (棺架に安置した)棺: weep round a person's ~ 棺架を取り囲んで泣き悲しむ, 人の死を悼む. **2** 《古》運搬用具, 担架. 〖OE *bēr, bǣr* < Gmc **bērō* (G *Bahre*) ← **beran* 'to BEAR¹'〗

Bierce /bíəs | bíəs/, **Ambrose (Gwin·nett)** /gwɪnɛ́t, gwə- | gwɪ-/ *n.* ビアス (1842–?1914; 米国の新聞記者・短編小説家; *In the Midst of Life* (*Tales of Soldiers and Civilians*) (1892), *The Devil's Dictionary* (1906)).

bier·kel·ler /bíəkɛ̀lə | bíəkɛ̀lə(r; *G.* bíːɐkɛlɐ/ *n.* 《英》(ドイツ風の内装の)ドイツビールのパブ.

Bier·stadt /bíəstæ̀t | bíə-/, **Albert** *n.* ビアスタット (1830–1902; ドイツ生まれの米国の画家).

bier·stu·be /bíəstuːbə, -ʃtuː- | bíə-; *G.* bíɐʃtùːbə/ *n.* (*pl.* **~s, -stu·ben** /-bən | -bɪn; *G.* -bən/) ビールを出すドイツ(式)の居酒屋, ビヤホール. 〖(1909) ◻ G *Bierstube* ← *Bier* 'BEER'+*Stube* room (cf. stove¹)〗

bier·wurst /bíəwəːst | bíəwɜːst; *G.* bíːɐvʊʁst/ *n.* (ドイツの)ソーセージ, サラミ.

biest·ings /bíːstɪŋz/ *n. pl.* =beastings.

bi·face /báɪfeɪs/ *n.* 〖考古〗両面石器, 握斧(あくふ) (hand ax). 〖(1934) ← BI-¹+FACE〗

bi·fa·cial /bàɪféɪʃəl, -ʃḷ/ *adj.* **1 a** 二面のある. **b** 両面が同じの. **2** 〖植物〗〈葉など〉違う両面にある. **3** 〖考古〗〈火打ち石が〉両面をたたいて薄くされた. 〖(*c*1847): ⇨ bi-¹〗

bi·far·i·ous /baɪfɛ́əriəs | -fɛ́ər-/ *adj.* **1** 〖植物〗〈葉の面など〉直立した二列をなす. **2** 《古》二つの意味にとれる, 曖昧な (ambiguous). **~·ly** *adv.* 〖(1656) ← L *bifarius* twofold: ⇨ -ous〗

bi·fer /báɪfə | -fə(r/ *n.* 1 年に 2 回開花[結実]する植物. 〖◻ L ~: ⇨ bi-¹, -fer〗

biff /bíf/ 《俗》 *n.* 強打, ぶんなぐること (whack, smack); ぼかり, びしゃり《物を打ったときの音》: give a ~ *in* the jaw [eye] あご[目]をびしゃりと打つ. — *vt.* ぶつ, ぶんなぐる (punch): ~ a person *on* the nose. 〖(1888): 擬音語?〗

bif·fin /bífɪn | -fɪn/ *n.* ビフィン: **1** 〖園芸〗(イングランド Norfolk 州産の)暗赤色の料理用リンゴ. **2** 《英》ケーキなどに平たくして入れた焼きりんご. 〖(1794) 《変形》← *beefing*: ⇨ beef, -ing³: 深紅色であることから〗

bif·fy /bífi/ *n.* 《米口語》洗面所, トイレ, 便所.

bi·fid /báɪfɪd | -fɪd/ *adj.* 〖植物〗二裂の; 二またの. **~·ly** *adv.* **bi·fíd·i·ty** /baɪfídəti | -dɪti/ *n.* 〖(1661) ◻ L *bifidus* split in two parts: ⇨ bi-¹, -fid〗

bi·fi·lar /bàɪfáɪlə | -lə(r)/ *adj.* **1** 2本糸[線]の, 2本の糸[線]で取り付けた: ~ suspension〘物理・電気〙二本吊り. **2** 二本巻きの: ~ winding〘電気〙(無誘導抵抗をつくるための)二本巻き. **~·ly** *adv.* 〘(1839) ← BI-[1]+FIL(UM)+-AR[1]〙

bi·flag·el·late /bàɪflǽdʒəlɪ̀t, -lèɪt, -flədʒél- | -flǽdʒəlɪ̀t, -dʒəlèɪt/ *adj.*〘動物〙2本の鞭毛(べんもう)をもった. 〘(1856): ⇨ bi-[1]〙

bi·flex /báɪflèks/ *adj.* 2箇所で曲がっている. 〘← BI-[1]+ *-flex* (← L *flexus*): ⇨ flex〙

bi·flo·rate /bàɪflɔ́ːreɪt, -rɪ̀t/ *adj.* 二花を有する. 〘(1864) ← BI-[1]+L *flōr-, flōs* 'FLOWER'+-ATE[2]〙

bi·fluor·ide /bàɪflɔ́ːraɪd, -flúəˑr-, -rɪ̀d | -flɔ́ːrɪ̀-, -flúər-/ *n.*〘化学〙酸性フッ化物, 重フッ化物. 〘⇨ bi-[1], fluoride〙

bi·fo·cal /bàɪfóʊkəl, -kḷ | -fóʊ-⁻/ *adj.*〘光学〙**1** 二つの焦点のある. **2** 〈眼鏡のレンズが〉二焦点の, バイフォーカルの (焦点距離の異なる二部分から成る; cf. trifocal): a ~ lens. **— *n.*** **1** 二焦点レンズ. **2** [*pl.*] 二焦点[遠近両用]眼鏡, バイフォーカル. 〘(1888): ⇨ bi-[1]〙

bi·fold /báɪfòʊld | -fəʊld/ *adj.* 二つに折りたためる, 二重の (twofold); 二種類の. 〘(1601–2) ← BI-[1]+FOLD〙

bifold dóor *n.* 折りたたみ戸.

bifold door

bi·fo·li·ate /bàɪfóʊliɪ̀t, -lièɪt | -fəʊ-/ *adj.*〘植物〙**1** 二葉の, 二出葉の. **2** =bifoliolate. 〘(1836) ← LL *bifoli(us)*: ⇨ -ate[2]〙

bi·fo·li·o·late /bàɪfóʊliəlèɪt, -lɪ̀t | -fəʊ-/ *adj.*〘植物〙〈複葉が〉二つの小葉 (leaflets) をもった, 二小葉の. 〘(1835): ⇨ bi-[1], foliolate〙

bi·fo·rate /bàɪfɔ́ːreɪt/ *adj.*〘生物〙二つの細穴[毛穴, 気孔, 孔線]のある. 〘(1842) ← BI-[1]+L *forāt(us)* perforated〙

bi·forked /bàɪfɔ́ːkt | -fɔ́ːkt⁻/ *adj.* 二またを成す, 二つの枝に分かれる, 二つの山頂に分岐する. 〘(1578): ⇨ bi-[1]〙

bi·form /báɪfɔəm | -fɔːm/ *adj.* (centaur, mermaid のように)二つの性質[形態]を合わせもった. 〘(1816) ◻ L *biformis*: ⇨ bi-[1], -form〙

Bi·frost /bíːfrɔ(ː)st, -frɑ(ː)st | -frɒst/ *n.*〘北欧神話〙ビフレスト (神々の王国 (Asgard) からこの世 (Midgard) にかけられた虹の橋). 〘◻ ON *Bifrǫst* (原義) the tremulous way ← *bifask* to tremble+*rǫst* distance〙

bif·teck /bíːftèk/ *n.* (*also* **bif·tek** /~/) =beefsteak.

BIFU (略)〘英〙Banking, Insurance, and Finance Union.

bi·fu·el /bàɪfjúːəl, -fjúːl | -fjúːəl, -fjúəl⁻/ *adj.* 二重燃料の: ~ propulsion.

bi·func·tion·al /bàɪfʌ́ŋ(k)ʃnəl, -ʃənḷ⁻/ *adj.*〘化学〙二機能性の. 〘(1936): ⇨ bi-[1]〙

bi·fur·cate /báɪfə(ː)kèɪt | -fə(ː)-/ *v.* **— *vi.*** 〈川・道・木の枝などが〉二またに分かれる; 〔…に〕分岐する〔*into*〕. **— *vt.*** 二またに分ける. **—** /bàɪfə́ːkɪ̀t, -keɪt, báɪfə(ː)kèɪt | báɪfə(ː)kèɪt/ *adj.*〘解剖〙分岐[分枝]した, 二またの. **~·ly** *adv.* 〘(1615) ◻ ML *bifurcātus* ← L *bifurcus* two-forked ← BI-[1]+*furca* 'FORK': ⇨ -ate[3]〙

bi·fur·cat·ed /báɪfə(ː)kèɪtɪ̀d, baɪfə́ːkeɪ- | báɪfə(ː)kèɪtɪ̀d/ *adj.*〘解剖〙=bifurcate. 〘1615〙

bi·fur·ca·tion /bàɪfə(ː)kéɪʃən | -fə(ː)-/ *n.* **1** 二またになっていること, 分枝, 分岐. **2** (器官・導管などの)分岐部[点], 分枝部[点]. **3** (二つに分岐した一方の)分枝. **4**〘歯科〙歯根分岐(部) (歯の根が2根に分岐すること, あるいは分岐部). 〘(1615) ◻ F ~: ⇨ bifurcate, -ation〙

big[1] /bɪ́g/ *adj.* (**big·ger; big·gest**) **1** (形状・数量的に)大きい (⇨ large SYN); 大規模な: a ~ book, city, family, fleet, river, ship, etc. / a ~ boy 大きな男の子 (cf. 4 a) / a ~ coat《スコット》オーバー, 外套(がいとう) / a ~ fortune 巨額の財産 / a ~ man 大男 (cf. 2 a) / a ~ majority 大差 / ~ pay 高給 / a ~ voice 大声 / ⇨ big business, big game, big money, big science, big toe / Art with a ~ A 本格的な芸術 / have a ~ breakfast 朝食をたくさん食べる. **2** (口語) **a** 重要な; 有力な, 偉い (important, great); 目立った: a ~ event, issue, responsibility, etc. / the ~ moment of one's life 生涯の重大な時機 / a ~ man in industry 産業界の大物 / do ~ things 大きなことをする / have ~ ideas 大きなことを考える, 野心的である (cf. big idea). **b** 偉そうな, もったいぶる (pompous), 傲慢な (arrogant); 自慢する: a ~ talker ほらふき / ~ words 大言壮語 / ⇨ big talk / feel ~ 自分を偉そうに思う / do the ~ (口語) 偉そうにする (cf. do[2] *vt.* 11). **c** (米)〈歌手など〉人気のある, 有名な. **3** [一種の強意語として限定的に用いて; ふつう望ましくないことに用いる] (口語) 大変な, 非常な, 著しい: a ~ baby ひどくおとなげない人, 大きな赤ん坊 / a ~ eater 大食漢 / a ~ liar 大うそつき / the ~*gest* rascal この上もない大悪党 / in a ~ hurry 大急ぎで / He's the ~*gest* fool of the lot. 中で一番のばか者だ. **4 a** 大きくなった, 成長した (grown-up): You're a ~ boy [girl] now. 随分大きくなったね; もう大きいんだから (我慢しなさいなど) (cf. 1) / You'll understand when you're ~*ger.* もっと大きくなったらわかるよ. **b** 年上の (elder): ⇨ big brother, big sister. **5** (出産間近で)腹が大きくなって (pregnant); (特に)〈動物が〉はらんで: ~ *with* child [young] 妊娠して[はらんで]腹が大きい. **6** 〔涙・怒りなどで〕いっぱいの; 〔運命・出来事などで〕満ちて (filled, swollen) 〔*with*〕: eyes ~ *with* tears / a year ~ *with* events 多事の年 / be ~ *with* fate 運命をはらんでいる / His heart is ~ *with* grief. 心は悲しみに満ちている. **7** (口語) 心の大きい, 寛大な (generous): a ~ heart 大きい心, 寛大(さ) (cf. bighearted) / do the ~ thing 寛大な処置をとる / She was ~ enough to admit her mistake. 彼女は自分の過ちを認めるだけの心の広さをもっていた / That's ~ *of* you. [しばしば反語的] それはご寛大なこと, これはご親切さま. **8** (口語) 〈風・あらしなど〉強い, 激しい (violent): a ~ earthquake, wind, storm, etc. **9** (廃) 力が強い.

big on (米口語) …に夢中で, …が大好きで. ***in a big wáy*** ⇨ way[1] 成句. ***máke it big*** 大成功する: He's *made it* ~ as an actor [in show business]. 彼は役者として[ショービジネスで]成功した. ***tòo big for one's bóots* [*bréeches,* (米) *pánts*]** (口語) (柄にもなく)偉ぶって, うぬぼれて: get [grow] *too* ~ *for one's boots* うぬぼれる.

— *adv.* **1** (口語) たくさんに, 十分に (largely): eat ~ / pay ~. **2** (口語) 大きく, 偉そうに (boastfully); 印象的に, 派手に: act ~ 大きな態度をとる / talk ~ 大ぶろしきを広げる; 偉そうな口をきく / think ~ 大きなことを考える, 野心的な考え方をする / win ~ 派手な勝ち方をする. **3** (口語) 首尾よく, うまくいって (successfully): go [come] (over) ~ 首尾よくいって, 成功する. **4** [形容詞を修飾して] (方言) 非常に, 大変 (very): ~ lazy, rich, etc.

— *n.* (口語) 重要人物, 大物; 大企業, 大手.

— *vt.* (**bigged; big·ging**) (米中部) 妊娠させる.

〘(c1300) *big(ge)* strong, full-grown ← ? ON: cf. Norw. (方言) *bugge* strong man〙

big[2] /bɪ́g/ *vt.* (**bigged, bug** /bʌ́g/; **big·ging**) (英方言) **1** 建てる, 建造する. **2** 〈穴を掘ったあとの土を〉積み上げる. 〘(?c1200) *bigge(n)* to dwell, build ◻ ON *byggja* to dwell in, build ← IE **bheuə-* 'to BE[1]'〙

bi·ga /bíːgɑː, báɪ-, -gə/ *n.* (*pl.* **bi·gae** /bíːgaɪ, -giː, -dʒiː, báɪdʒiː/) ビーガー (古代地中海沿岸諸国で用いられた二頭立て二輪の戦車). 〘(1850) ◻ L ~ ← BI-[1]+*-ga* (← *jugum* 'YOKE[1]')〙

big·a·mist /bígəmɪ̀st | -mɪst/ *n.* 重婚者. 〘(a1631): ⇨ -ist〙

big·a·mous /bígəməs/ *adj.* 重婚の; 重婚罪の: a ~ marriage. **~·ly** *adv.* 〘(1864): ⇨ ↓, -ous〙

big·a·my /bígəmi/ *n.* **1**〘法律〙重婚(罪) (cf. digamy, monogamy). **2**〘教会〙二重結婚; 結婚戒律違反 (婚姻に関する教会法に違反すること; これを犯せば信徒も聖職者もいろいろな特権を失う). **3** (廃) 未亡人との結婚 (昔は教会法で禁じられていた). 〘(c1250) *bigamie* ◻ (O)F // ML *bigamia* twice-married ← LL *bigamus*: ⇨ bi-[1], -gamy〙

Bíg Àpple, b- a- *n.* [the ~] (口語) ビッグアップル (New York 市の俗称).

big·ar·reau, B- /bígəròʊ, ⸗–⸗ | bígərəʊ, ⸗–⸗; *F.* bigaʀo/ *n.* (*also* **big·a·roon** /bìgərúːn/)〘園芸〙ビガロー群のオウトウ (甘果オウトウ (sweet cherry) の品種群の一つ; ハート形で肉が堅く甘い; bigarreau cherry ともいう; cf. duke 3). 〘(1675) ◻ F ~ ← *bigarré* variegated: そのまだら色にちなむ〙

bíg·áss *adj.* (*also* **bíg-áss**) (卑) **1** 大きい. **2** とてつもない. 〘← BIG[1]+ASS[2]〙

bíg banána *n.* (俗) =bigwig.

bíg bánd *n.* ビッグバンド (大編成ジャズ[ダンス]バンド; 1930年代から50年代にかけて流行). **bíg-bánd** *adj.* 〘1926〙

bíg báng *n.* **1** [the ~]〘天文〙(宇宙起源としての)ビッグバン, 大爆発 (⇨ big bang theory). **2** [B- B-]〘金融〙ビッグバン (英国の金融自由化策の総仕上げとして行われた, London 証券市場の大幅規制緩和; 1986年10月実施). **3** 突如始める大改革. 〘1950〙

bíg bánger *n.* ビッグバン説を支持する人.

bíg báng thèory *n.*〘天文〙ビッグバン説[理論] (100億から150億年前に起こった巨大な爆発によって宇宙が生成されたという説; cf. steady state theory). 〘1955〙

bíg béat, B- B- *n.* [the ~] (米俗) =rock 'n' roll. 〘1958〙

Bíg Bén *n.* **1** ビッグベン (英国国会議事堂の Clock Tower の大時鐘; 直径9フィート, 重量$13^1/_2$トン; 1856年鋳造). **2** ビッグベン塔; (特に)ビッグベンの時計. 〘(c1895) ← *Sir Benjamin Hall* (1802–67: 工事責任者)〙

Bíg Bénd Nátional Párk *n.* ビッグベンド国立公園 (米国 Texas 州南西部にあり, 山と砂漠の景色で有名, 1944年指定; 面積 2,866 km^2).

Bíg Bénd Stàte *n.* [the ~] 米国 Tennessee 州の俗称. 〘⇨ Tennessee〙

Bíg Bértha *n.* (口語) **1** ビッグバーサ, 42センチ砲 (第一次大戦時にパリ砲撃に用いられたドイツの巨砲). **2** 太った女性. 〘(なぞり) ← G *dicke Bertha* (原義) fat Bertha ← *Frau Bertha Krupp von Bohlen und Halbach* (1886–1957: 第一次大戦当時ドイツ軍の大砲の大部分を製造していた Krupp 製鉄所の女社長)〙

Bíg Bírd *n.* ビッグバード (テレビ番組 'Sesame Street' に登場する黄色い大きな鳥).

Bíg Bóard, b- b- *n.* [the ~] (米口語) **1** ビッグボード (New York 証券取引所の俗称). **2** 同取引所の相場表.

bíg-bóned *adj.* 骨太の, 骨格のしっかりした. 〘1593–94〙

bíg-bóre *adj.* (米) 〈火器が〉大口径の (cf. small-bore 1). 〘1843〙

bíg bóx *n.* (米) 巨大小売店 (大きな箱のような建物のまわりに広い駐車場をもつ).

bíg bóy *n.* [しばしば皮肉な呼掛け] (口語) =bigwig. 〘1918〙

bíg bróther *n.* **1** 兄, 兄貴. **2** [しばしば B- B-] 男性の非行少年指導員 (cf. big sister). **3** [しばしば B- B-] **a** (個人に不当な権力を行使して統御しようとする)独裁主義の国家[組織]. **b** (国家・組織の)独裁的な指導者. (G. Orwell, *1984* から) 〘1863〙

Bíg Bróth·er·ism /-brʌ́ðərìzm/ *n.* 独裁的統制(主義) (cf. big brother 3). 〘1950〙

bíg búcks *n. pl.* (米口語) **1** 大金. **2** 大金を動かす人々[組織]の影響力. 〘1970〙

bíg búd *n.*〘植物病理〙虫こぶ. 〘1900〙

bíg bùg *n.* (俗) =bigwig.

bíg búsiness *n.* **1** [集合的; しばしば軽蔑的に] (私欲を図る)財閥, 独占資本; 大企業: a ~ man 大資本家; 大企業の経営者. **2** 大きな公共施設. 〘1905〙

Bíg C /-síː/ *n.* [the ~] (俗) 癌(がん) (cancer). 〘1968〙

bíg casíno *n.*〘トランプ〙ビッグカジノ (カジノでダイヤの10; それを取った人に2点加算される).

bíg cát *n.* 大形のネコ科動物 (ライオン・ヒョウなど).

bíg chéese *n.* (俗) =bigwig.

Bíg Chíef *n.* (口語) =Big Daddy.

bíg-còne píne *n.*〘植物〙=Coulter pine.

Bíg Dáddy, big D- *n.* (口語) 親分, おやじ (がっちりとしたいかにも頼りになりそうな親分タイプの人). 〘1955〙

bíg dáy *n.* (俗) 結婚式の日.

bíg déal *n.* (口語) **1** 大きな[大事な]取引. **2** [皮肉にも用いて] 重大事, おもしろいこと[もの], 大したもの. **3** (米) 大人物, 大物, 名士. ***It's nó bíg déal.*** 大したこと[問題]ではない. ***màke a bíg déal (òut) of*** …を大げさに考える[騒ぎ立てる]. **— *int.*** (俗) へえ, その程度か, すごいもんだ (相手を軽視[冷笑]して). 〘1949〙

Bíg Díomede *n.* ⇨ Diomede Islands.

Bíg Dípper *n.* **1** [the ~] (米)〘天文〙北斗七星 (英) Plough; ⇨ dipper 5 a). **2** [b- d-] (英) ジェットコースター (roller coaster). 〘1869〙

bíg dóg *n.* **1** (まれ) 番犬 (watch dog). **2** (米俗) 大物, 有力者. 〘1833〙

Bíg Éasy *n.* [the ~] ビッグイージー (New Orleans のあだ名; 一説では元来ジャズ界の隠語で, この土地の気楽でおおらかな雰囲気から来たという; 同市を舞台にしたアクション映画 *The Big Easy* (1986) で全国的に有名になった).

bi·gem·i·nal /bàɪdʒémənḷ | -mɪ̀-/ *adj.*〘解剖・医学〙**1** 対の, 双胎[双生]の. **2** 〈脈が〉二段[二連]の. 〘(1836) ← LL *bigminus* ← BI-[1]+L *geminus* twofold〙

bi·gem·i·ny /bàɪdʒéməni | -mɪ̀ni/ *n.*〘解剖・医学〙二段脈, 二連脈. 〘(c1923): ⇨ ↑, -y[1]〙

bíg enchiláda *n.* (米戯言) 重要人物, 大物, ボス.

bíg ènd *n.*〘機械〙**1** ビッグエンド, 大端部 (エンジンの連接棒のクランク側の端部; この端は他端より大きくなっている; bottom end ともいう; cf. little end). **2** 連接棒の大端部とクランクピンの間の軸受け面. 〘1906〙

Bíg-énd·i·an /-éndiən/ *n.* 大端派の人 (⇨ Little-endian 1). 〘(1726): ⇨ ↑, -ian〙

bi·gen·er /báɪdʒiːnə, -dʒə- | -dʒɪnə(r)/ *n.*〘生物〙二属間雑種. 〘(1835) ◻ L ~: ⇨ bi-[1], gener〙

bi·ge·ner·ic /bàɪdʒɪ̀nérɪk, -dʒe-⁻/ *adj.* 二属間雑種の. 〘(1885) ← L *bigener* hybrid (← BI-[1]+*gener-*, *genus* kind, race)+-IC[1]〙

bíg·èye *n.* (*pl.* ~, ~s)〘魚類〙キントキダイ属の目の大きい魚 (*Priacanthus cruentatus* または *P. arenatus*) (太平洋西インド諸島などの暖海にすむ銀赤色の食用魚). 〘1889〙

bíg-èyed scád *n.*〘魚類〙目が大きくて突き出た熱帯地方産のアジ科の食用魚 (*Selar crumenophthalmus*) (bigeye scad, goggler, goggle-eye ともいう). 〘1885〙

bígeye túna *n.*〘魚類〙メバチ(マグロ) (*Thunnus obesus*) (食用魚; 分布は広い).

bíg físh *n.* (口語) 大立者, お偉方. ***a bíg físh in a lìttle* [*smáll*] *pónd*** (口語) [軽蔑的に] 狭い世界でいばっている人, お山の大将.

Bíg Fíve *n.* [the ~] **1** (第一次大戦中および同講和会議当時の)五大国 (英・米・フランス・イタリア・日本). **2** (第二次大戦後の国連における)五大国 (米・英・旧ソ連・中国・フランス). **3** 傑出した五者, 五巨頭 (人・会社・国など). 〘1922〙

Bíg·fòot, b- *n.* ビッグフット (Sasquatch) (北米北東部に出没するといわれる猿人). 〘1958〙

Bíg Fóur *n.* [the ~] **1** (第二次大戦後の国連における欧米の)四大国 (米・英・フランス・旧ソ連). **2** 傑出した四者, 四巨頭 (人・会社・国など). 〘1886〙

bigg[1] /bɪ́g/ *vt.* =big[2].

bigg[2] /bɪ́g/ *n.* (英)〘植物〙=four-rowed barley (cf. bere). 〘(c1450) *big* ◻ ON *bygg* barley: cf. OE *bēow*〙

bíg gáme *n.* **1** [集合的] **a** (猟の対象としての)大きな獲物, 大猟獣 (象・ライオンなど): ~ hunting 猛獣狩り / a ~ hunter 猛獣狩りをする人. **b** (釣の対象としての)大きな魚 (マカジキ・マグロなど). **2** (口語) (獲得に危険を伴う)大物, 大目標. 〘1864〙

big·ge·ty /bígətì | -gɪti/ *adj.* (米南部・中部) **1** うぬぼれの強い (conceited). **2** 傲慢な (impudent). 〘(1880) ← ? BIG[1] (adj.)+-Y[4]: cf. uppity〙

big·gie /bígi/ *n.* (米口語) **1** 大きい[でかい]人[物]. **2** お偉方, 大物, ボス, 有力者 (bigwig); 重要な[有名な]物. 〘(1931) ← BIG[1] (adj.): ⇨ -ie, -y[2]〙

big·gin[1] /bígɪ̀n | -gɪn/ *n.* (古・方言) **1** ビギン(帽) (中世から17世紀にかけてのあごの下で結ぶ形で頭にぴったりした女性・子供用のキャップ). **2** ナイトキャップ (nightcap). 〘(1530) ◻ F *béguin* cap worn by Beguines〙

big·gin² /bígɪn/ *n.* =bigging.
big·ging /bígɪn | -gɪn/ *n.* 《英方言·スコット》 建物; 家. 〖(*c*1250) ~: ⇨ big², -ing¹〗
bíg gírl's blòuse *n.* 《英》 ★ 次の成句で: ***you big girl's blouse*** (男らしくない男性に向かって)お嬢様じゃあるまいに.
big·gish /-gɪʃ/ *adj.* やや[比較的]大きい. 〖(*a*1626): ⇨ -ish¹〗
big·gi·ty /bígɪti | -gɪti/ *adj.* 《米南部·中部》 =biggety.
big·gon /bígɪn/ *n.* =biggin¹.
bíg góvernment *n.* 《米》 大きな政府 《人々の生活に政府が過度にかかわる》.
bíg gún *n.* 《口語》 **1 a** 大物, 重要人物, 顔役 (bigwig). **b** 重要事, 重要な要素. **2** 〖サーフィン〗 =gun 10. ***bring out the big guns*** ⇨ gun 成句. ***carry big guns*** ⇨ gun 成句. 〖1834〗
big·gy /bígi/ *n.* =biggie.
bi·gha /bíːgə/ *n.* 《インド》 ビーガー 《土地面積の単位: ≒¹/₄ ヘクタール》. 〖← Hindi *bighā*〗
bíg háir *n.* 長い髪を立ててふくらませたヘアスタイル.
bíg·hèad *n.* **1** 〖獣医〗 **a** 頭がはれあがる羊の病気 《悪性水腫菌によって起こり, 主に子羊がかかり, 多くは致死的な経過をとる》. **b** ビッグヘッド 《骨軟化症などによる, 動物の頭部がはれあがる病気》. **2** 《口語》 **a** うぬぼれ[自負心]の強い人. **b** 《米》 うぬぼれ, 自負心. 〖1805〗
bíg hèad *n.* =bighead 2.
bíg-héaded *adj.* **1** 大頭の. **2** 《口語》 うぬぼれ[自負心]の強い. **~·ly** *adv.* **~·ness** *n.* 〖1869〗
bíg-héarted *adj.* 寛大な, 親切な (generous). **~·ly** *adv.* **~·ness** *n.* 〖1868〗
bíg·hòrn *n.* (*pl.* ~, ~s) 〖動物〗 ビッグホーン, オオツノヒツジ (*Ovis canadensis*) 《Rocky 山脈およびアジア北東部にすむ大角をもつ野生の羊; bighorn sheep, Rocky Mountain sheep, mountain sheep ともいう》. 〖1805〗

bighorn

Bíg·hòrn *n.* [the ~] ビッグホーン川 《米国 Wyoming 州中部に源を発する川; Montana 州南部で Yellowstone 川に注ぐ (740 km)》.
Bíghorn Móuntains *n. pl.* [the ~] ビッグホーン山脈 《米国 Wyoming 州北部の山脈, Rocky 山脈の一部》.
bíg hòuse, B- H- *n.* **1** [the ~] (村一番の)豪家, 大地主の邸宅. **2** [the ~] 《俗》 刑務所. **3** 《米南部·中部》 (家の)応接間, 居間. 〖1823〗
bight /báɪt/ *n.* **1 a** たるんだ綱の中ほどの部分 《end に対していう》. **b** 綱の輪(の部分). **2 a** 海岸や川の湾曲部 (curve). **b** そのような湾曲部内の水域; 湾 (bay): ⇨ Bight of BENIN. **c** 山脈の屈曲部. **3** (身体部分の)湾曲部, くぼみ. — *vt.* 〈綱を〉輪にする[して縮める]. **2** 綱の輪でしめる. 〖OE *byht* bend < Gmc **buχtiz* ← IE **bheug-* to swell: cf. bow¹〗
bíg idéa *n.* [通例反語的] 《口語》 (大した)計画, もくろみ, 意図 (cf. big¹ *adj.* 2 a): What's the ~? 計画は何だね 《どんなばかな事を計画しているのか》.
bi·git /bídʒɪt | -dʒɪt/ *n.* 〖数学〗 =binary digit 1. 〖《短縮》 ← *b*(*inary d*)*igit*〗
bíg kahúna *n.* 《米俗》 **1** 大立者. **2** 大波.
bíg láurel *n.* 〖植物〗 **1** =evergreen magnolia 1. **2** 北米東部産の淡紅[白]色の花の咲くシャクナゲ属の一種 (*Rhododendron maxima*) 《great laurel, great rosebay ともいう; 米国 West Virginia 州の州花》. 〖1810〗
bíg-léague *adj.* 《米口語》 (ある分野で)最高の, 最もレベルの高い. 〖1947〗
bíg léague, B- L- *n.* 《米口語》 **1** =major league. **2** 同種のものの中で最もレベルの高いもの. 〖1899〗
bíg-léaguer *n.* 《米口語》 **1** 〖野球〗 メジャーリーグ (major league) の選手, 大リーガー; 熟練したプレーヤー. **2** (ある企業·職業などの)トップの人. 〖1910〗
bíg líe *n.* [the ~] **1** 事実の途方もない偽り, 大うそ. **2** (事実の途方もない偽りを利用して行う)宣伝手法. 〖(1946): cf. G *grosse Lüge*〗
bíg·ly *adv.* **1** 大規模に, 包括的に. **2** 《古》 偉そうに, 傲慢に. 〖(?*c*1380): ⇨ -ly¹〗
Bíg Mác /-mǽk/ *n.* 〖商標〗 ビッグマック 《米国 McDonald's 製の大型ハンバーガー; 3 枚の丸パン (bun) に 2 枚のハンバーグなどをはさむ》. 〖1970〗
bíg mán *n.* 《米俗》 キャンパスの花形[人気者] (cf. big¹ *adj.* 2 a, BMOC). 〖1874〗
bíg móment *n.* 《米俗》 恋人.
bíg móney *n.* 《口語》 **1** 大金. **2** 高給, 大もうけ. 〖1880〗
bíg·mòuth *n.* **1** 〖魚類〗 大きな口の魚の総称: **a** オオクチバス (largemouth bass). **b** =warmouth. **c** =squawfish. **2** 《俗》 **a** 大声でしゃべりまくる人, 大言壮語する人. **b** 無分別な人, 軽率な人. 〖1889〗
bigmouth búffalo *n.* 〖魚類〗 北米の大河·入江などにすむサッカー科の魚 (*Ictiobus cyprinellus*) 《体長 1 m 近くのものもある; bigmouth buffalo fish ともいう》.
bíg-móuthed /-máʊðd, -máʊθt/ *adj.* **1** 口の大きい. **2** 《俗》 大声でしゃべりまくる, 大言壮語する. 〖1642〗
bigmouth shíner *n.* 〖魚類〗 北米産コイ科の淡水魚 (*Notropis dorsalis*).

bíg-náme *adj.* 《口語》 **1** 〈人·物が〉有名な (famous); 一流の: a ~ professor / a ~ university 有名大学. **2** 有名人の, 有名人から成る: a ~ board of education 有名人から成る教育委員会. 〖1926〗
bíg náme *n.* 《口語》 有名人, 大物(グループ), 一流役者[出演者]. 〖1932〗
bíg·ness *n.* 大きいこと; 大きさ, 重大さ, 偉さ; 大げさ.
bíg nóise *n.* **1** 大騒音. **2** 《口語》 =bigwig.
big·no·ni·a /bɪgnóʊniə | -nə́ʊ-/ *n.* 〖植物〗 ノウゼンカズラ科ツリガネカズラ属 (*Bignonia*) やノウゼンカズラ属 (*Campsis*) の観賞植物の総称 《ツリガネカズラ (*B. capreolate*) など; cf. cross vine》. 〖(1785) ← NL ~ ← *J. P. Bignon* (1662–1743: Louis 十五世の司書官): ⇨ -ia¹〗
Big·no·ni·a·ce·ae /bɪgnòʊniéɪsiìː | -nə̀ʊ-/ *n. pl.* 〖植物〗 ノウゼンカズラ科. **big·nò·ni·á·ceous** /-ʃəs˝/ *adj.* 〖← NL ~: ⇨ ↑, -aceae〗
bíg-nóte *vt.* [~ *oneself*] 《豪·NZ 口語》 自慢する; 〈自分を〉売り込む (promote oneself).
bíg òne *n.* 《米俗》 1,000 ドル札: It'll cost you ten ~s. それには 10,000 ドルかかるぞ.
big·ot /bígət/ *n.* 〈宗教·政治·人種観などが〉偏狭な人; 頑固な迷信家; (凝り固まった)偏屈者, 一刻者 (⇨ zealot SYN). 〖(1598) □ (O)F ~ ← ?: cf. ME *bigod* by God〗
bíg·ot·ed /-tɪd | -tɪd/ *adj.* 凝り固まった, 頑固一点張りの, 偏屈な: be ~ *in* [*to*] one's opinions / He is ~ *to* ancient customs. 旧慣を墨守している. **~·ly** *adv.* 〖(1645): ⇨ -ed 2〗
bi·got·ry /bígətri/ *n.* 偏狭な信念, 頑固な信仰; 偏執, 偏屈(な言行) (cf. tolerance 1). 〖(*a*1674): ⇨ -ry〗
bíg pícture *n.* [the ~; しばしば B- P-] (特定の事項·問題の)大きな見通し, 展望, 概観. 〖1927〗
bíg pónd *n.* [the ~] 《米口語》 大西洋.
bíg pòt *n.* 《俗》 =bigwig.
bíg ságebrush *n.* 〖植物〗 =sagebrush.
bíg scíence *n.* 巨大科学, ビッグサイエンス 《大規模な資本投資を必要とする科学的研究·調査》. 〖1961〗
bíg scréen *n.* 《口語》 映画(館). 〖1962〗
bíg shòt *n.* 《口語》 =bigwig. 〖1929〗
Bíg Síoux *n.* [the ~] ビッグスー川 《米国 South Dakota 州北東部に発し, 南流して Missouri 川に合流する; South Dakota 州と Iowa 州の州境をなす》.
bíg síster *n.* **1** 姉. **2** 女性の非行少女指導員 (cf. big brother). **3** (大学新入女子学生の相談役をする)上級女子学生. 〖1851〗
Bíg Smóke *n.* **1** [the b- s-] 《豪》 大きな町 (town), 都市 (city). **2** [the ~] 《英俗》 ロンドン (London). 〖1848〗
bíg stíck, B- S- *n.* **1** [通例 the ~] (政治的または経済的·軍事的な)圧力; 勢力の誇示, 脅威 (cf. stick¹ 2 c): a ~ policy. **2** 《俗》 長ばしご; (特に) =aerial ladder. ***use*** [***carry, wield***] ***the*** [***a***] ***big stick*** 〔…に対して〕力で脅す, 圧倒的権力を行使する; 取締りを強化する 〔*over*〕. 〖(1900) ← *speak softly and carry a big stick* (Theodore Roosevelt の言った言葉)〗
Bíg Súr /-sə́ː | -sə́ː(r/ *n.* ビッグ サー 《米国 California 州, Monterey の南の海岸沿いに位置するリゾート地》.
bíg tálk *n.* 《口語》 **1** 大ぶろしき, ほら. **2** 大切な会議, 重要会談.
Bíg Tén *n.* [the ~] ビッグ テン 《米国の大学競技連盟; Ohio State, Indiana, Illinois, Purdue, Iowa, Minnesota, Wisconsin, Michigan State, Northwestern, Michigan の中西部の 10 大学からなる》.
Bíg Thrée *n.* [the ~] **1** (米国の)三大自動車メーカー (General Motors, Ford, Chrysler). **2** 〖歴史〗 三大国 《米·旧ソ連·中国(もとは英)》. **3** 傑出した三者, 三巨頭 (人·会社·国など). 〖1934〗
bíg-tícket *adj.* 《米口語》 高い定価札のついた, 高価な. 〖1945〗
big-time /bígtàɪm/ *adj.* 《口語》 最高の, 一流の (top-notch) (cf. small-time): a ~ performer, singer, theater, etc. 〖1914〗
bíg tìme *n.* **1** [the ~] 《口語》 (芸能·スポーツ界などでの)最高水準, トップクラス[レベル], 一流, 大物: be in *the* ~ トップクラスにいる. **2** 《口語》 とても愉快な時: I had a ~ there. そこではとても愉快だった. **3** [the ~] 《米俗》 入場料が高く 1 日 2 回の興業だけでもうかる寄席[演芸] (cf. small time). ***hit*** [***make***] ***the big time*** 《口語》 一流[スター]にのしあがる. — *adv.* 《米》 すごく, ひどく. 〖1863〗
bíg-tìmer *n.* 《口語》 最高の人物 (top-ranker), 大物; =bigwig. 〖1932〗
bíg tóe *n.* 足の親指 (cf. great toe). 〖*c*1887〗
bíg tòp *n.* 《口語》 **1** (サーカスの)大テント (main tent). **2** [the ~] サーカス. 〖1895〗
bíg trèe *n.* 〖植物〗 =giant sequoia. 〖1853〗
bi·gua·nide /baɪgwɑ́ːnaɪd, -nɪd | -naɪd, -nɪd/ *n.* 〖化学〗 ビグアニド, ジグアニド ($NH[C(=NH)NH_2]_2$) 《無色の結晶》. 〖← BI-¹+GUAN(IDINE)+-IDE²〗
bíg whéel *n.* **1** =Ferris wheel. **2** 《口語》 =bigwig. 〖1908〗
bíg White Chíef *n.* 《口語》 =Big Daddy.
big·wig /bígwìg/ *n.* 《口語》 お偉方, 実力者, 大物, 名士; (特に, 官界の)大立物. 〖1703〗
Bi·har /bɪhɑ́ə | -hɑ́ː(r; *Hindi* bihaːr/ *n.* ビハール 《インド北東部の州; 米作や鉱物資源で知られる; 面積 174,038 km², 州都 Patna》.
Bi·ha·ri /bɪhɑ́ːri/ *n.* **1** (*pl.* ~, ~s) (インド北東部の)ビハール (Bihar) 人. **2** ビハール語 《ビハール人の話す Hindi 語の方言群》. — *adj.* ビハール(人·語)の. 〖(1882) □ Hindi *bihārī*〗

Biisk /bíːsk, bjíːsk/ *n.* =Biysk.
Bi·ja·gós Archipélago /bìːʒɑːgɔ́(ː)ʃ- | -gɔ́s-/ *n.* [the ~] ビジャゴス諸島 《南アフリカ, ギニアビサウの南海岸沖にある 14 の島から成る諸島; 主部 Bolama; Bissagos Islands ともいう》.
Bi·ja·pur /bɪdʒɑ́(ː)pʊə | -pʊə(r/ *n.* ビジャプール 《インド南部, Karnataka 州北部にある古都》.
bi·jec·tion /baɪdʒékʃən/ *n.* 〖数学〗 全単射 《全射 (surjection) でかつ単射 (injection) であるような写像》. **bi·jéc·tive** /-tɪv/ *adj.* 〖(1966) ← BI-¹+(PRO)JECTION〗
bi·jou /bíːʒuː, ←/; *F.* biʒu/ *n.* (*pl.* ~s, **bi·joux** /~z; *F.* ~/) **1** 宝石, 珠玉 (gem); 玉飾り, 装飾物. **2** 小さくて優美な(細工)物. — *adj.* [しばしば反語的に] (特に) 〈建物が〉小さくて優美な, 珠玉のような: a ~ residence [villa] こぢんまりした優雅な邸宅[住宅]. 〖(1668) □ F ~ □ Breton *bizou* ring ← *biz* finger: cf. Welsh *bys* finger〗
bi·jou·te·rie /bɪʒúːtəriː, -ri | -təri, -tri; *F.* biʒutʀi/ *n.* **1** [集合的] 宝石類, 珠玉 (jewelry); 装飾品, 飾りつけ. **2** =bon mot. 〖(1815) □ F ~: ⇨ ↑, -ery〗
bijoux *n.* bijou の複数形.
bi·ju·gate /báɪdʒʊgèɪt, baɪdʒúːgɪt/ *adj.* 〖植物〗 〈羽状複葉が〉二対ある, 二対の小葉を有する. 〖(1725) ← BI-¹+L *jugat-us* yoked〗
bi·ju·gous /báɪdʒʊgəs/ *adj.* 〖植物〗 =bijugate. 〖1836〗
Bi·ka·ner /bìkənéə, bìː-, -níə | -néə(r, -níə(r/ *n.* ビカネル 《インド北西部 Rajasthan /rɑ́dʒəstɑ̀ːn/ 州の城壁都市; じゅうたん·毛布の特産地》.
bike¹ /báɪk/ 《口語》 *n.* **1** 自転車; オートバイ. 日英比較 日本語の「バイク」はオートバイ (motorcycle; motorbike) を指すが, 英語の *bike* は bicycle の略で主に自転車を指す. ただし, 小型オートバイを意味することもある. **2** 《俗》 尻軽女, あばずれ. ***gèt off one's bike*** [否定文に用いて] 《豪口語》 いらいらする, 怒る. ***on your bike*** 《英俗》 とっとと消えうせろ, 出ていけ. — *vi.* 自転車[オートバイ]に乗っていく. — *vt.* [~ it として] 自転車[オートバイ]に乗っていく. 〖(1882) 《短縮》 ← BICYCLE〗
bike² /báɪk/ 《スコット》 *n.* **1** (野生の)蜂の巣. **2** 人の群れ, 群集. — *vi.* 群がる. 〖(*a*1325) ← ? ON *bȳ* bee¹〗
bíke làne *n.* 《米》 自転車専用車線.
bíke pàth *n.* =bicycle path.
bík·er *n.* **1** 《米》 単車 (motorcycle) に乗る人, (特に, 単車協会[連盟]に加入している)オートバイ乗り. **2** 《口語》 暴走族の一員. 〖(1883) ← BIKE¹+-ER¹〗
bíke ràck *n.* (駐輪場などにある)自転車をとめる台.
bíke·shèd *n.* 《英》 (学校などの)駐輪小屋.
bíke·wày *n.* 《米》 自転車専用路. 〖1965〗
bik·ie /báɪki/ *n.* 《豪·NZ 俗》 暴走族の一員.
Bi·ki·ni /bəkíːni | bɪ-/ *n.* **1** ビキニ環礁 《北太平洋 Marshall Islands の環礁; 1946 年から 1958 年の間米国の原水爆実験が行われ現在は無人》. **2** 〖(1947) □ F ~: 当初の '衝撃的効果' を Bikini の原水爆実験になぞらえたもの〗 [b-] **a** ビキニ 《露出部の多いツーピースの女性用水着》. **b** ビキニパンツ 《股上のごく浅い男子用水泳パンツ, 同様の下着》. **bi·kí·nied** *adj.*
bikíni cùt *n.* (帝王切開などで)横にメスを入れること 《ビキニを着ても目立たないことから》.
bikíni lìne *n.* ビキニライン 《ビキニを着用する際の無駄毛の生えぎわの線》.
bikk·ie /bíki/ *n.* =bickie.
bik·ky /bíki/ *n.* 《英口語》 =bicky.
Bi·ko /bíːkoʊ | -kəʊ/, **Steve** *n.* ビコ (1946–77; 南アフリカの黒人運動指導者; 本名 Steven Bantu Biko).
Bi·kol /biːkóʊl | -kə́ʊl/ *n.* (*pl.* ~, ~s) **1 a** ビコール族 《南東 Luzon 島および付近のビサヤ諸島に住むマライ人》. **b** ビコール族の人. **2** ビコール語 《ビコール族の話す Malayo-Polynesian 語》. **3** ビコール地方. 〖□ Bikol & Tagalog ~〗
bi·la·bi·al /bàɪléɪbiəl/ 〖音声〗 *adj.* 両唇(りょうしん)(音)の. — *n.* 両唇音 《上下の唇で調音される子音; [p], [b], [m] など》. 〖(1862): ⇨ bi-¹〗
bi·la·bi·ate /bàɪléɪbiɪt, -bièɪt/ *adj.* 〖植物〗 〈花冠が〉両唇(りょうしん)形の: a ~ corolla 両唇形花冠. 〖(1794): ⇨ bi-¹+LABIATE〗
bil·an·der /bíləndə, báɪ- | -də(r/ *n.* 〖海事〗 ビランダー(船) 《オランダ沿岸または内陸用の二本マストの小型商船·貨物船》. 〖(1656) □ Du. *bijlander* ← *bij* 'BY¹' +*land* 'LAND¹' +-*er* '-ER¹'〗
bi·lat·er·al /bàɪlǽtərəl, -trəl | -lǽtərəl, -trəl/ *adj.* **1** 両側のある (two-sided). **2** 〖生物〗 (左右)両側性の, 左右相称の: ⇨ bilateral symmetry. **3** 〖政治〗 両党の, 両派の; 〖法律〗 双方の, 互恵的な, 双務的な (cf. unilateral): a ~ contract 双務契約. **4** 〖人類学·社会学〗 父母両系の, 両親から遺伝した, 複系の (cf. unilateral). **5** 《英》 〖教育〗 〈中等学校·教育制度が〉(普通科·技術科などの)二つの課程から成る. **6** 〖解剖·病理〗 両側(性)の, 両側に見られる. — *n.* 対立する二つの側だけの会談[討議], 両者会談. **~·ly** *adv.* **~·ness** *n.* 〖(1775) ← BI-¹+LATERAL〗
biláteral anténna *n.* 〖通信〗 双向アンテナ 《前後 2 方向に放射するアンテナ》.
bi·lát·er·al·ìsm /-lɪzm/ *n.* **1** 〖生物〗 左右相称. **2** 〖法律〗 双務(契約)制[主義]. 〖(1852): ⇨ -ism〗
biláteral nétwork *n.* 〖電気〗 両方向性回路網.
biláteral sýmmetry *n.* 〖生物〗 (身体の)左右相称 (cf. radial symmetry). 〖1854〗
biláteral tráde *n.* 双務貿易 《2 国間で輸出入の均衡をはかる貿易方式》. 〖1935〗

bi·la·te·ri·a /bàɪlətíəriə | -tíər-/ *n. pl.* 〖動物〗左右相称動物類. 〖← NL ～ ← BI-¹+L *later-*, *latus* side+-IA²〗

bi·lay·er /báɪlèɪə, -lèə | -lèɪə(r, -lèə(r/ *n.* 〖生化学〗二重膜《原形質膜などのように分子層が二重になっている膜》. 〖(1963) ← BI-¹+LAYER〗

Bil·ba·o /bɪlbɑ́ːoʊ, -báʊ | -báʊ, -bɑ́ːəʊ; *Sp.* bilβáo/ *n.* **1** ビルバオ《スペイン北部の商工業都市で, Biscay 湾に近い海港; (中世以来)鉄鋼·造船業の中心地》. **2** 《米》=Bilbao glass.

Bilbáo glàss *n.* 《米》ビルバオ鏡《元来スペインより輸入された, 18 世紀後期の大理石製の額が付いた精巧な壁鏡》.

bil·ber·ry /bílbèri | -b(ə)ri/ *n.* **1** 〖植物〗コケモモ《コケモモ属 (*Vaccinium myrtillus*) の植物の総称; whortleberry, blueberry など; cf. cranberry》. **2** コケモモの実. 〖(1577) ← *bil-* (? ← Scand.)+BERRY: cf. Dan. *bøllebær* ← *bølle* bilberry+*bær* berry〗

bil·bo¹ /bílboʊ | -bəʊ/ *n.* (*pl.* ～es, ～s) 《古》(スペインの)ビルボー剣《精巧に鍛えた剣》. 〖(1565) ← *Bilboa* (Bilbao の古形; その製造地)〗

bil·bo² /bílboʊ | -bəʊ/ *n.* (*pl.* ～es) [通例 *pl.*] ビルボー型足かせ《鉄棒を通した足かせで昔船中で捕虜や罪人などに対して用いた》. 〖(1557) ← (古形) *bilbowe* ← ? *Bilboa* (↑)〗

bil·boa /bílboʊ | -bəʊ/ *n.* =bilbo¹.

bil·bo·quet /bɪlbəkét/ *n.* 剣玉遊び (cf. CUP and ball): play ～. 〖(1616) □ F ～ < OF *billeboquet* ← *bille* ball+*bouquer* to thrust (← *bouc* male goat ← Celt.)〗

bil·by /bílbi/ *n.* 〖動物〗《豪》=rabbit bandicoot.

Bil·dungs·ro·man /bíldʊŋzroʊmɑ̀ːn | -rə(ʊ)-; G. bíldʊŋsʁomàːn/ *n.* (*pl.* -ro·ma·ne /-màːnə; G. -màːnə/, ～s) ビルドゥングスロマン, 教養小説《主人公の人格形成, 精神的·情緒的成長を主題とした小説》. 〖(1910) □ G ～ ← *Bildung* education+*Roman* novel〗

bile¹ /báɪl/ *n.* **1** 〖生理〗胆汁. **2** かんしゃく, 不機嫌 (ill humor): stir [rouse] a person's ～ 人を怒らせる. **3** 《古》胆汁質《怒りと憂鬱に関係あると考えられた 2 つの体液; cf. yellow bile, black bile》. 〖(1547) □ F ～ □ L *bīlis* gall, bile〗

bile² /báɪl/ *n.* 《スコット》=boil².

bíle ácid *n.* 〖生化学〗胆汁酸《動物胆汁の主要成分の一つ》. 〖1881〗

bi·lec·tion /baɪlékʃən/ *n.* 〖建築〗=bolection.

bíle dùct *n.* 〖解剖·動物〗胆管 (⇨ digestive 挿絵). 〖1774〗

bíle sàlt *n.* **1** 〖生化学〗胆汁酸 (bile acid) の塩. **2** 〖薬学〗胆汁酸塩《羊の胆汁から製し, 強肝剤または緩下剤として用いる》. 〖1881〗

bíle·stòne *n.* 〖病理〗胆石 (gallstone). 〖1796〗

bi-level /bàɪlévəl, -vl̩ˈ/ *adj.* **1** (貨物·乗客を乗せる)スペースが二層[階]になった. **2** 〖建築〗(一階が半地下になり)上下二階に分かれた. ―― *n.* 一階が半地下になった二階建ての家. 〖1960〗

bilge /bílʤ/ *n.* **1** (樽などの)腹, 胴 (belly), ふくれ. **2** **a** =bilge water 1. **b** 《口語》くだらない話[考え] (rubbish). **3** 〖海事〗**a** (船底の)ビルジ, 湾曲部. **b** 船底のあか溝《bilge well ともいう》. **c** [しばしば *pl.*] 船倉の最下部. ―― *vi.* 〖海事〗**1** 〈船が〉(岩に当たったりなどして)船底に穴があく. **2** 《口語》くだらぬことを話す. ―― *vt.* 〈岩などが〉〈船〉の底に穴をあける. 〖(1513) (変形) ← BULGE〗

bílge blòck *n.* 〖造船〗腹盤木《進水台などで船体が倒れないように船底両側湾曲部 (bilge) 付近にあてる大型の角材》. 〖1862〗

bílge·bòard *n.* 〖海事〗ビルジボード《船底内部両側の汚水溝にかぶせる覆板》.

bílge chòck *n.* 〖海事〗=bilge keel.

bílge kèel *n.* 〖海事〗ビルジキール, 湾曲部竜骨《船の横揺れを水の抵抗で制御するために船底の両側に縦行させた翼状突出材; bilge chock, bilge piece ともいう》. 〖1850〗

bílge kèelson *n.* 〖海事〗ビルジキールソン《ビルジ付近に配置される内竜骨》. 〖1869〗

bílge pìece *n.* 〖海事〗=bilge keel. 〖1880〗

bílge-pùmp *n.* 〖海事〗ビルジポンプ《船底にたまる汚水をかい出すポンプ》. 〖1866〗

bílge ràil *n.* 〖海事〗ビルジレール《救命ボートの湾曲部に取り付けた横木で, 転覆したときつかまるためのもの》.

bílge stràke *n.* 〖海事〗(船底湾曲部の)ビルジ外板.

bílge wàter *n.* **1** 船底にたまる汚水, あか, ビルジ, 淦水. **2** 《俗》=bilge 2 b. 〖1706〗

bílge wàys *n. pl.* [時に単数扱い]〖造船〗進水台, (船の)すべり台. 〖1769〗

bílge wèll *n.* 船底のあか溝, 船の汚水溝.

bilg·y /bílʤi/ *adj.* (bilg·i·er, -i·est; more ～, most ～) 〖海事〗ビルジ臭い, 船底汚水の臭いのある; ビルジのような. 〖(1878): ⇨ -y⁴〗

bil·har·zi·a /bɪlhɑ́ːziə, -tsiə | -hɑ́ː-/ *n.* **1** 〖動物〗ビルハルツ住血吸虫《水浴中または飲用水から人体の血液および膀胱に入るビルハルツ属 (*Bilharzia*) の寄生虫の総称; ビルハルツ住血吸虫 (*B. haematobia*) は Nile 河畔, Madagascar 島などの住民に寄生する; cf. schistosome》. **2** 〖病理〗=bilharziasis. **bil·hár·zi·al** /-ziəl, -tsiəl/ *adj.* 〖(1859) ← NL ～ ← *Theodor M. Bilharz* (1825–62: ドイツの寄生虫学者, その発見者): ⇨ -ia¹〗

bil·har·zi·a·sis /bɪlhɑəzáɪəsɪs, -tsáɪə- | -hɑːzáɪəsɪs, -tsáɪə-/ *n.* (*also* **bil·har·zi·o·sis** /bɪlhɑəzióʊsɪs, -tsi- | -hɑ̀ː-/) (*pl.* -a·ses /-siːz/) 〖病理〗ビルハルツ住血吸虫症《bilharzia, schistosomiasis ともいう》. 〖(1900) ← NL ～: ⇨ ↑, -asis, -osis〗

bil·i- /bílɪ, -li/「胆汁, 胆汁から抽出した」の意の連結形. 〖← L *bilis* bile〗

bil·i·ar·y /bílièri | -liəri/ *adj.* **1** 〖生理〗胆汁[胆管]の; 胆汁を運ぶ: ～ ducts 胆管. **2** 《古》〖病理〗=bilious: ～ colic 胆疝痛, 胆道痛. 〖(1731) □ F *biliaire*: ⇨ ↑, -ary〗

bíliary cálculus *n.* 〖病理〗=gallstone 1.

bi·lin·e·ar /bàɪlíniə | -niə(r/ *adj.* **1** 二本の線の. **2** 〖数学〗双一次の: ～ coordinates 双一次座標. 〖(1851) ← BI-¹+LINEAR〗

bilínear fórm *n.* 〖数学〗双一次形式. 〖1886〗

bi·lin·e·ate /bàɪlíniɪt, -nièɪt/ *adj.* 〖動物〗二本の線がついた. 〖⇨ bi-¹〗

bi·lin·gual /bàɪlíŋgwəl, -gjuəlˈ; ⇨ lingual ★/ *adj.* **1** 二言語[国語]を(自由に)話す: a ～ person. **2** 〈書物·辞典など〉二言語[国語]で記述された; 二言語(併用)の: a ～ dictionary 二言語[国語]辞典, 対訳辞典. ―― *n.* 二言語[国語]を話す人. **bi·lin·gual·i·ty** /bàɪlɪŋgwǽləṭi | -lɪ̀ti/ *n.* 〖(1845) ← L *bilinguis* (← BI-¹+*lingua* 'TONGUE')+-AL¹〗

bì·lín·gual·ism /-lɪzm/ *n.* (常に)二言語[国語]を話すこと, 二言語[国語]併用(能力). 〖(1873): ⇨ ↑, -ism〗

bi·lín·gual·ly /-li/ *adv.* 二言語[国語]を話して.

bi·lin·guist /bàɪlíŋgwɪst | -gwɪst/ *n.* 二言語[国語]に通じた人. 〖(1884) ← BI-¹+LINGUIST〗

bil·ious /bíljəs, -liəs/ *adj.* **1** 〖生理·病理〗胆汁 (bile) の, 胆汁性の. **2** 〖病理〗〈病気など〉胆汁分泌過多の; 胆汁症の, 胆汁異常になりやすい: a ～ patient 胆汁症患者 / a ～ complaint 胆汁症. **3** 胆汁症にかかったような(顔をしている). **4** 〈人が〉胆汁質の; 《口語》気難しい, 怒りっぽい (peevish): with a ～ eye 不機嫌な目付きで / one's ～ view of the world 気難しい世界観. **5** 《口語》〈色彩が〉全く不快な, 嫌な. **～·ly** *adv.* 〖(1541) □ (O)F *bilieux* □ L *bīliōsus*: ⇨ bile¹, -ous〗

bíl·ious·ness *n.* 《古》胆汁症, 胆汁異常; 短気, 気難しさ: have an attack of ～ 胆汁症にかかっている; かんしゃくを起こす. 〖(1821): ⇨ ↑, -ness〗

bil·i·ru·bin /bɪlərúːbɪn, bàɪl-, ―――― | bɪlɪrúːbɪn, ――――/ *n.* 〖生化学〗ビリルビン ($C_{33}H_{36}N_4O_6$)《黄褐色の結晶で, 胆汁·血液·尿·胆石中に含まれる; 血液中に多くなると黄疸症状が現れる》. 〖(1871) ← BILI-+L *ruber* 'RED¹'+-IN²〗

bi·lit·er·al /bàɪlíṭərəl, -lítrəl | -lítərəl, -trəl/ *adj.* **1** 〈碑文など〉2 種の書体[アルファベット]で書かれた. **2** 2 字の, 2 字からなる. **3** 〖言語〗(セム語族の言語で)〈語根が〉2 子音の. ―― *n.* 2 字からなる語. 〖(1787) ← BI-¹+LITERAL〗

-bil·i·ty /bíləṭi | -lɪ̀ti/ *suf.* =-ability, -ibility.

bil·i·ver·din /bɪlɪvə́ːdɪn, -véə-, -dn | -vɑ́ːdɪn, -véə-/ *n.* 〖生化学〗ビリベルジン ($C_{33}H_{34}N_4O_6$)《緑色の結晶で, ビリルビン (bilirubin) の酸化によって生じる胆汁色素; 糞を黒化させるもの》. 〖(1845) □ Swed. ～: ⇨ bili-, verdure, -in²〗

bilk /bílk/ *vt.* **1** 〈勘定·借金などを〉踏み倒す; …の勘定[借金]を踏み倒して逃げる: ～ one's bill / ～ a creditor 貸し手の借金を踏み倒す (cf. 3) / ～ a cabman 馬車代を踏み倒して逃げる / ～ a tavern 居酒屋で飲み逃げする. **2** ぺてんにかける, かたる (cheat); ごまかして〔…を〕巻き上げる (defraud)〔*of, out of*〕: ～ a tax office (*out*) *of* $10,000 税務署をだまして 1 万ドル脱税する. **3** …からなんとかして逃げる, なんとか脱する (elude); 〈問題などを〉避ける (avoid): ～ a creditor 債権者をまく (cf. 1) / ～ one's pursuer 追手から逃れる. **4** 〈努力·希望などを〉阻む, くじく, 挫折させる. **5** 〖トランプ〗(cribbage で) 相手が持ち札で上がるのを妨害する. ―― *n.* **1** 一杯食わすこと, ごまかし. **2** =bilker. 〖(1651) (変形) ← BALK: もと cribbage の用語〗

bílk·er *n.* 小詐欺漢, (勘定踏み倒し·食い逃げなどの)かたり常習者. 〖(1717): ⇨ ↑, -er¹〗

bill¹ /bíl/ *n.* **1** 勘定書き, 請求書, 付け (★ レストラン·ホテルなどの請求書の場合は《米》では check の方が普通); 請求(総)額: a doctor's ～ 医療費 / an electricity ～ 電気代 / a hotel [water] ～ ホテル[水道]代 / pay a gas ～ ガス代を払う / collect a ～ 集金をする / pay a ～ 勘定を払う / a ～ collector 集金人, 掛取り / ⇨ *foot the* BILL / (The) *Bill*, please. 勘定をして下さい / Put it *on* my ～, please. 付けにしといて下さい. **2** 〖議会〗議案, 法案《通過したものは act》: introduce [bring in] a ～ 議案を提出する / lay a ～ before Parliament [Congress, the Diet] 議案を上程する / pass a ～ 議案を通過させる / reject [throw out] a ～ 議案を否決する. **3** **a** 《米》紙幣, 札 (《英》bank note): a ten-dollar ～. **b** 《米俗》100 ドル(札). **4** **a** (催し物などを知らせる)広告札, ビラ, ポスター (placard, poster): post (up) a ～ ビラを張る / Post [Stick] No *Bills*. [掲示] 張り紙無用. **b** (芝居·映画·音楽会などの)番組(表), プログラム (program); 演芸, 出し物 (entertainment): a theater ～ 劇場のプログラム / ⇨ double bill / ⇨ *fill the* BILL / offer a good ～ いい番組を提供する / He was once on the ～ with me. 彼は私と同じ出し物に出たことがあった. **5** **a** 手形, 為替手形: a discounted ～ 割引手形 / a dishonored ～ 不渡手形 / a ～ for acceptance 引受請求手形 / a ～ in sets=a set of ～*s* 組手形 / a ～ receivable 受取手形 / a ～ payable 支払手形 (略 B/P, BP, b.p.) / a ～ (payable) to bearer 持参人払手形 / accept a ～ 手形(の支払い)を引き受ける / draw a ～ on …あてに手形を振り出す[組む] / a long [short](-dated) ～ 長[短]期手形 / honor [dishonor] a ～ 手形を支払う[の支払いを拒絶する] / negotiate a ～ (at a [the] rate of …) (…の割合で)手形を買い取る / take up a ～ 手形を引き取る[支払う]. **b** 《廃》約束手形. **6** **a** 目録, リスト, 表, 明細書: a ～ of expenditures 支出明細書. **b** (乗組員などの)職務表. **7** 《税関の》申告書: a ～ of clearance 出港証明書 / a ～ of entry 通関申告書, 船舶入港届け (略 BE, B/E, b.e.). **8** 〖法律〗**a** (起訴)状, 調書: ⇨ true bill / ignore the ～ 〈大陪審が〉起訴状を否認する《証拠不十分と認めて不起訴と決定する》. **b** 章典《人権に関する法律上の宣言》. **9** 《廃》**a** 文書. **b** 覚書. **c** 手紙.

fill [*fit*] *the bill* 《口語》〈人·物が〉要件を満たす, 十分に役立つ, 間に合う. 〖(1861) (演劇俗語): cf. 4 b〗 *fóot the bill* (1) 責任を引き受ける. (2) 費用を支払う[受け持つ]〔*for*〕(cf. foot *vt.* 3 b). 〖(1848)〗 *séll a person a bill of góods* 《米口語》〈人〉に好ましくないものをつかませる, だます (swindle). *tóp* [*héad*] *the bill* 《口語》(重要視されて)表の最初に名が出ている. 〖(1910)〗

bill at síght 一覧(為替)手形: a ～ *at* 10 day's *sight* 一覧後 10 日払手形.

bill of advénture 冒険証書《商人が他人の商品を扱っていることを証明する証書》.

bill of attáinder 〖法律〗私権剥奪法《大逆罪その他の重罪犯人に対し裁判によらないで刑罰を科しその私権を剥奪する立法府の立法行為》.

bill of cósts 〖法律〗訴訟費用明細[計算]書. 〖(1815)〗

bill of crédit 信用状 (letter of credit).

bill of débt 約束手形 (promissory note); 債務証書.

bill of exchánge (外国貿易用)為替手形 (略 BE, B/E, b.e.). 〖(1534)〗

bill of fáre (1) 献立表, メニュー (menu). (2) 番組(表), 目録, 予定(表). 〖(1636)〗

bill of góods 商品販売委託. 〖(1920)〗

bill of héalth (1) 〖海事〗(船員·船客)健康証書《出港当時船員および貨物が出港地の流行病に感染した疑いがないことを領事または官憲が証明する文書; 略 B/H, BH》: ⇨ CLEAN BILL of health, FOUL bill of health. (2) 《口語》状況報告: give a clean ～ *of health* to 〈問題のあるもの〉に大丈夫だという太鼓判を押す. 〖(1644)〗

bill of indíctment 〖法律〗《米》起訴状案《大陪審に提出する検察官の手になる起訴状の原案》. 〖(*c*1530)〗

bill of láding 〖貿易〗(1) 船荷証券《今は船荷とは限らないので「運送証券」とすべきと言う人もある: order bill of lading (指図人式船荷証券), straight bill of lading (記名式船荷証券), clean bill of lading (完全船荷証券, 無故障船荷証券), foul bill of lading (故障付き船荷証券) などがある; 略 B/L, b/l, b.l.; 《米》では通例 waybill を用いる》. (2) 《米》(鉄道·通運社会などの)貨物引換証 (《英》consignment note). 〖(1532)〗

bill of matérial 〖会計〗材料仕様書.

bill of mortálity 〖英史〗(ロンドンとその近辺の)定期刊行の死亡者統計表. 〖(1645)〗

bill of párcels 小荷物売渡し証, 貨物証券, 売渡し品目録.

bill of partículars 〖法律〗(訴訟上の)請求明細書: (1) (民事では)原告[被告]から訴え[反訴]の理由を詳細に記した正式書面. (2) (刑事では)検察側の作成する起訴事実を詳細に被告人に通告する書面. 〖(*c*1860)〗

bill of prívilege 〖法律〗特権訴状《通常の令状によって逮捕されない特権のある裁判所の官吏を訴える場合の特別の訴えの方式》.

bill of quántities 《英》建築積算書.

bill of ríghts (1) 人民の基本的人権に関する宣言. (2) [the B- of R-] 《英》権利章典《権利の宣言 (Declaration of Rights) を確認した 1689 年制定の法律》. (3) [the B- of R-] 《米》権利章典《連邦政府が人民の基本的人権を保障するため 1791 年合衆国憲法に付加された最初の 10 か条の修正 (Amendments)》. (4) [the B- of R-] 《カナダ》権利章典 (1960 年制定). 〖(1798)〗

bill of sále 〖商業〗売渡し証書, 担保承諾書《期限までに金を返さないときは担保を引き渡すという証書》. 〖(1608)〗

bill of síght 〖税関〗仮陸揚げ申告書. 〖(1852)〗

bill of súfferance 〖税関〗沿海船用品免税証. 〖(1670)〗

bíll on demánd 要求払い手形.

bíll to órder 指図人払い手形.

―― *vt.* **1** 〈品物〉の代価を勘定書に記入する, …の請求書を作成する, 〈品物などを〉付けにする (cf. 3): Please ～ the purchases *to* my father's account. 買物は父の付けにして下さい. **2** 目録に記入する, 表にする (list): ～ goods 商品目録を作る. **3** 〈人〉に勘定書で請求する, 勘定書を送る; 〈人〉の付けにする (cf. 1): The store will ～ you *for* the table. 店から君にテーブルの勘定書をよこすだろう / *Bill* me *for* it, please. それは私の付けにしておいて下さい. **4** **a** ビラ[張り札]で広告する; 〔…として〕ビラに張り出す〔*as*〕: ～ a circus ビラでサーカスの広告をする / ～ a book *as* a 'report' 本をルポルタージュとして広告する. **b** [目的語+*to do* を伴って]〈…が〉〈…する〉と番組に発表する: He is ～*ed* as Hamlet [*to* appear in the part of Hamlet]. 彼はハムレット役で出演するとビラに書いてある[番組に出ている]. **c** …の上演[出演]を取り決める, 番組に組む: The theater ～*ed* the play for three weeks. 劇場はその芝居を 3 週間上演することに決めた. **d** …にビラを張る, 張り札をする: ～ the town 町中にビラを張る. **5** **a** 〈貨物を〉貨物送り状に記載する, …の運送を託する. **b** 〈乗客〉の名を乗客名簿に記入する (book). 〖(*c*1370) □ AF *bille* ∥ Anglo-L *billa* (変形) ← ML *bulla* 'seal, BULL²'〗

bill² /bíl/ *n.* **1** **a** (猛鳥のかぎ形の beak と区別して水鳥などの細長くて平たい)くちばし. ⇨ beak 日英比較. **b** (動物などの)くちばし状の吻(ふん). **2** **a** くちばし形のもの. **b** はさみの刃. **c** 《米口語》(帽子の)まびさし. **3** (細長い)みさき (promontory). ★ 主に地名に用いる: Portland *Bill* (イングランド南部の)ポートランド岬. **4** 〖海事〗(錨の爪 (anchor fluke) の)先端. **5** 《米口語》(人間の)鼻. — *vi.* **1** 〈ハトなどが〉くちばしを軽くつつき合う: ～ and coo くちばしをつつき合いながらくうくう鳴く. **2** [通例 ～ and coo として]【1854】(ハトのように)〈恋人同士が〉キスしたり愛撫したりしながら甘い言葉を交わす. — *vt.* 〈昆虫などを〉くちばしでついばむ[つかまえる]. 〖OE *bile*: bill³ と同根か〗

B

bill³ /bíl/ *n.* **1** (中世歩兵の用いた)長柄(ながえ)の矛(ほこ) (cf. halberd). **2** なたがま (billhook). 〖OE *bil* sword < (WGmc) **biljam* (G *Bille*) ← IE **bhei-* to strike〗

bill⁴, B- /bíl/ *n.* [the ～] 《英俗》警官; 警察. 〖(1939) 1969〗

bill⁵ /bíl/ *n.* 【鳥類】サンカノゴイ (bittern) の鳴き声. 〖1789〗

Bill /bíl/ *n.* ビル《男性名; 愛称形 Billie, Billy》. 〖(dim.) ← WILLIAM〗

bil·la·bong /bíləbɔ̀(ː)ŋ, -bɑ̀(ː)ŋ | -bɔŋ/ *n.* 《豪》 **1** 分流《ある川から分かれて出て行き止まりになる川で, 時には本流に再び合することもある; cf. anabranch》. **2** 雨期だけ水がたまる小川の底; 干上がった河床. **3** 淀(よど)み. 〖(1861) □ Austral. 《現地語》*Billibang* (川の名) ← *billa* river + *bang*? dead〗

bill·board¹ /bílbɔ̀ːd | -bɔ̀ːd/ *n.* 《米》 **1** (通例屋外にある)掲示板, 広告板 (《英》hoarding) (cf. notice-board). **2** 【ラジオ・テレビ】ビルボード《視聴者のための番組開始時の出演者・内容などの紹介》. 〖(1851): ⇨ bill¹〗

bill·bòard² *n.* 【海事】 **1** 錨床(びょうしょう), 錨座《船首楼甲板上に錨(いかり)を引き上げて置く座; 現今の新しい船にはない; anchor bed ともいう》. **2** 錨ずれ《錨による損傷を防ぐため, 船首舷(げん)側の一部に当てた板》. 〖(*c*1860): ⇨ bill²〗

bill bròker *n.* 《英》手形売買の仲介商, 手形ブローカー. 〖1833〗

bill·bùg *n.* 【昆虫】ゾウムシ《コクゾウ (rice weevil) などオサゾウムシ類の昆虫の総称; 幼虫は草や作物の根に害を与える》. 〖(1861) ← BILL²: その長い鼻にちなむ〗

bill dìscounter *n.* 《為替》手形割引業者. 〖1866〗

billed *adj.* [通例複合語の第 2 構成素として] (…の)くちばしのある: a broad-*billed* bird. 〖(*c*1353): ⇨ bill², -ed 2〗

bill·er /-lə | -lə(r)/ *n.* **1** 紙幣を作る人; 勘定書作製人. **2** 紙幣[勘定書]作製機. 〖(1920) ⇨ bill¹〗

bil·let¹ /bílɪ̀t/ *n.* **1** 【軍事】 **a** (民家または非軍事的公共建物に対して発行する部隊の)舎営命令, 軍人宿舎割当命令. **b** (民家または非軍事的公共建物内の)舎営, 宿営, 軍人宿舎 (quarters): an officers' ～ 士官宿舎 / be in ～s 〈軍人が〉舎営についている. **2** (船員に割り当てられた)寝台, 寝室, ハンモックつり場所[寝所]; 船内勤務の割当て. **3** 《口語》仕事, 職, 地位 (position): a good ～ 給与のよい職業 / have a ～ at …に勤め口をもっている. **4** 指定場所, 行き先 (destination): Every bullet has its ～. 《諺》弾丸(たま)に当たるも当たらぬもみな運命; 人事[世の中]はすべて運次第. **5** 《古》短い手紙, 短信 (note). — *vt.* **1** 【軍事】 **a** 〔…に〕〈兵士〉の宿舎を指定する, 配宿をする, 宿舎割をする, 宿営させる〔*in, at, on, upon, with*〕: ～ soldiers *on* a town [*upon* a householder] 町[家主]に対して軍人の宿舎を割り当てる. **b** 〈家主などに〉舎営命令を渡す. **2** 〈人〉に宿を提供する. **3** 《口語》〈人を〉仕事や地位に就かせる. — *vi.* 舎営する, 宿営する; 宿舎をとる, 宿泊する. **bil·let·ee** /bìlɪ̀tíː/ *n.* **bil·let·er** /-tə | -tə(r)/ *n.* 〖(?*a*1425) □ AF *billette* ∥ Anglo-L *billetta* (dim.) ← *billa* 'BILL¹'〗

bil·let² /bílɪ̀t/ *n.* **1** (太い)棒切れ, (特に)たきぎ. **2 a** (馬具の)皮ひも《尾錠 (buckle) で腹帯につながる》. **b** (尾錠金に通した)皮ひもの先端をさし込む輪. **3** (コンクリート上の足場として働く)鉄板. **4** 【冶金】ビレット, 鋼片. **5** 【建築】(ノルマン式建築の)切り棒状飾り繰. **6** [通例 *pl.*] 【紋章】ビレット《小さい縦の長方形》. 〖(1437) □ (O)F *billette* (dim.) ← *bille* log □ ML *billa*, *billus* branch, trunk ← ? Celt. (cf. Ir. *bile* sacred or large tree): ⇨ -et〗

bil·let-doux /bíleɪdúː, -li-; *F.* bijedu/ *n.* (*pl.* **bil·lets-** /～z; *F.* ～/) 《戯言・古》恋文, ラブレター. 〖(1673) □ F ～ 'sweet note'〗

billet·hèad *n.* 【海事】渦形装飾船首. 〖⇨ billet²〗

bil·let·y /bílɪ̀ti | -ti/ *adj.* 【紋章】ビレット (billets) をちりばめた. 〖□ F *billeté*: ⇨ billet², -y⁴〗

bíll·fìsh *n.* 《米》くちばしの長い魚の総称《saury, gar, needlefish, spearfish など》. 〖(1782) ← BILL²: cf. bill-bug〗

bíll·fòld *n.* 《米》(通例革装の二つ折りの)札入れ (wallet) (cf. note-case). 〖(1895) 《略》← *billfolder*: ⇨ bill¹, folder〗

bíll·hèad *n.* **1** 請求書の頭部に印刷した店名・所在町名など. **2** (店名などを頭部に印刷した)請求書[明細書]用紙. 〖(1845): ⇨ bill¹〗

bíll·hòok *n.* (木の枝を払うための)なたがま. 〖(1611): ⇨ bill³〗

bil·liard /bíljəd | -liəd, -ljəd/ *adj.* [限定的] 玉突きの, 玉突きに用いる: a ～ cue 玉突きのキュー / a ～ player 玉突きをする人, 撞球(どうきゅう)家. — *n.* 《米口語》【玉突】= carom 1 (cf. pool² 4). 〖(1580) 《逆成》← BILLIARDS〗

bílliard bàll *n.* 玉突きの球, ビリヤードボール.

bílliard grèen *n.* 濃い黄緑色.

bílliard hàll *n.* = billiard room.

bíl·liard·ist /-dɪ̀st | -dɪst/ *n.* 玉突きをする人, 撞球家. 〖(1865): ⇨ billiard(s), -ist〗

bílliard màrker *n.* 玉突き[ビリヤード]のゲーム取り(の人). 〖1775〗

bílliard ròom [pàrlor] *n.* 玉突き室, ビリヤードルーム (cf. poolroom 1). 〖*c*1702〗

bil·liards /bíljədz | -ljədz, -liədz/ *n. pl.* [通例単数扱い] 玉突き, ビリヤード (cf. pool² 4): play (at) ～ 玉突きをする, 玉を突く / have a game at ～ 玉突きを(1 回)する. 〖(1580) □ F *billard* billiards, billiard cue ← *bille*: ⇨ billet², -ard〗

bílliard salòon *n.* = billiard room.

bílliard tàble *n.* 玉突き台, ビリヤードテーブル (cf. pool table). 〖(1851) 1867〗

bil·lie /bíli/ *n.* 《スコット》 **1** 仲間, 相手, 友だち (companion). **2** 兄弟 (brother). **3** 人, やつ (fellow), 若者 (lad). 〖(*c*1505) ← ? BILLIE, BILLY〗

Bil·lie /bíli/ *n.* ビリー《男性名》. 〖(dim.) ← BILL〗

Bil·li·ken, b- /bílɪ̀kən | -lɪ-/ *n.* ビリケン《座って微笑をたたえた福の神の像; マスコットとして珍重される》. 〖(1914) ← BILLY + *-ken* (⇨ -kin)〗

bíll·ing /-lɪŋ/ *n.* **1** (ビラやポスターに載せられる役者の)番付け, その順位: get top ～ 番付けで首位に載る. **2** 《米》(ポスターなどによる)宣伝, 興行広告: advance ～ 前宣伝. **3** 《米》(広告会社などの一定期間内の)総広告量; 取扱い高. **4** 請求書作製[発送]. ***give** a person **tóp** [**stár**] **billing*** 人にトップスターの座を与える. 〖(1875): ⇨ bill¹〗

Bil·lings /bílɪŋz/ *n.* ビリングズ《米国 Montana 州南部の Yellowstone 川に臨む都市》.

Bil·lings /bílɪŋz/, **Josh** *n.* Henry Wheeler SHAW の筆名.

bil·lings·gate /bílɪŋzgèɪt/ *n.* 野卑な言葉, 悪口(雑言), 悪態. 〖(1652) Billingsgate で使われる乱暴な言葉から〗

Bil·lings·gate /bílɪŋzgèɪt/ *n.* ビリングズゲイト《London の Thames 川岸にあった最大の魚市場; Dogs 島へ移転 (1982)》.

Bíllings mèthod *n.* ビリングズ法《自然避妊法の一種; 排卵の時点を確認するために子宮頸粘液の色と粘性を検査する; ovulation method, mucus method ともいう》.

bil·lion /bíljən | -ljən, -liən/ *n.* (*pl.* ～, ～**s**) **1** 10 億, 10^9; 《英古》1 兆, 10^{12} (⇨ million 表). ★ 今は《米》《英》とも 10 億に用いられる. **2** [しばしば *pl.*] 非常に大きな数. — *adj.* billion の. 〖(1690) □ F ～ ← BI-¹ + (MI)LLION: cf. trillion, quadrillion〗

bil·lion·aire /bìljənέə, ←——́ | bìljənέə(r), -liə-/ *n.* 億万長者 (cf. millionaire). 〖(1860) ← BILLION + (MILLION)AIRE〗

bil·lion·air·ess /bìljənέ(ə)rɪ̀s | -nέər-/ *n.* 女性の億万長者.

bíllion elèctron vòlt *n.* 《米》【物理】十億電子ボルト《記号 BeV, Bev; 工学では正式な単位としては GeV を用いる》.

bil·lionth /bíljənθ, bíjənθ | -liənθ, -ljənθ/ *adj.* **1** 10 億番目の. **2** 10 億分の一の: a ～ part. — *n.* **1** [the ～] 10 億番目. **2** 10 億分の一. 〖(1778): ⇨ -th¹〗

Bil·li·ton /bɪ̀líːtɑ(ː)n | bɪlíːtɔn/ *n.* ビリトン(島)《ジャワ海 Borneo 島と Sumatra 島の間にあるインドネシアの島; 面積 4,833 km²; Belitong, Belitung /-tɔŋ/ ともいう》.

bil·lon /bílən/ *n.* **1** 銀[金]の貨幣用合金《小銭用の等級の低い合格で, 通例銀と銅を成分とし, 表面に銀メッキをしただけのもある》. **2** (そのような合金から造った)貨幣. 〖(1727) □ (O)F ～ 'bronze or copper money, 《原義》ingot' ← *bille*: ⇨ billet²〗

bil·low /bílou | -ləu/ *n.* **1 a** 《文語》(大海の)大波, 巨浪 (⇨ wave SYN). **b** [the ～(s)] 《詩》海 (sea). **2** 大波のように起伏するもの; 大量の渦巻くもの: ～*s* of smoke 渦巻く煙. — *vi.* **1** 大波が起伏する, 渦巻く: a ～*ing* sea. **2** 〈煙・雲などが〉(大波のように)うねる, 渦巻く. **3** (風を受けた帆のように)膨らむ, 膨れる, 膨張する 〈*out*〉. — *vt.* 膨らませる, 逆巻かせる, 渦巻かせる. 〖(1552) □ ON *bylgja* billow < Gmc **bulʒjōn* ← IE **bhelgh-* to swell〗

bil·low·y /bíloui | -ləui/ *adj.* (-low·i·er; -i·est) **1** 大波の打つ, 巨浪の: the ～ deep 浪打つ海原. **2** 大浪[巨浪]のような, 渦巻く, 山なす: ～ flames 渦巻く火炎.

bíl·low·i·ness *n.* 〖(*c*1615): ⇨ ↑, -y⁴〗

bíll·pòst·er *n.* **1** (広告の)ビラ張り人. **2** (広告の)ビラ, ポスター (poster). **bíll·pòst·ing** *n.* 〖(1864): ⇨ bill¹〗

bíll·stìck·er *n.* = billposter 1. 〖1774〗

bil·ly¹ /bíli/ *n.* (森林居住者たちの用いる)ブリキ製の湯沸かし. ***bóil the billy*** 《豪口語》 (1) 茶を入れる[沸かす]. (2) 休憩する. 〖(1839) □ Austral. 《現地語》*billa* water〗

bil·ly² /bíli/ *n.* **1** 《米》 **a** 短い棍棒 (cudgel). **b** (巡査の)警棒. **2** 《口語》= billy goat. **3** 《英》紡毛用粗紡機. 〖(1795) ← ? BILLY〗

bil·ly³ /bíli/ *n.* 《スコット》= billie. 〖*c*1505〗

Bil·ly /bíli/ *n.* ビリー: **1** 男性名. **2** 女性名. 〖(dim.) ← BILL〗

bílly·bòy *n.* 《英口語》ビリーボイ(船)《河川・沿岸用の船首の切り立ったケッチ (ketch) 型またはスループ (sloop) 型帆装のリーボード (lee board) 付平底帆船》. 〖(1855)? ← BILLY + BOY〗

bílly·brèad *n.* 《NZ》(キャンプなどで) billy¹ で焼いたパン.

bílly·càn *n.* = billy¹. 〖(1885) ← Austral. 《現地語》*billa* water + can²〗

bílly·càrt *n.* 《豪・NZ》(子供の遊び用の) 箱車. 〖(1923): cf. *billy goat* (そのような車を山羊に引かせた)〗

bílly clùb *n.* 重い棍棒; (警官の)警棒. 〖(1949): ⇨ billy²〗

bílly·còck *n.* 《英古》山高帽《低い円形クラウンのフェルト帽一般を指す; billycock hat ともいう; cf. bowler², derby hat》. 〖(1721) ← ? *William Coke* (Thomas William Coke, Earl of Leicester の甥; この型の帽子を最初にかぶったといわれる)〗

bílly gòat *n.* [特に, 小児語として] 《口語》雄やぎ (male goat) (cf. nanny goat). 〖(1861) ← Billy: cf. nanny〗

bil·ly-oh /bíliòu | -əu/ *n.* (*also* **billy-o** /～/) ★ 次の成句で: ***like bílly-oh*** 《英口語》激しく, 猛烈に; 大量に: It was raining *like* ～. 雨が土砂降りだった. 〖(1885) ← ? BILLY (婉曲的に devil の意) + OH〗

Bílly the Kíd *n.* ビリー ザ キッド (1859–81; 米国の半ば伝説化された西部の無法者, ピストルの名手; 本名 William H. Bonney /bάː(ː)ni | bɔ́ni/).

bi·lo·bate /bàɪlóubeɪt | -ləu-/ *adj.* 【植物】〈葉が〉二裂の, 二裂片のある: a ～ leaf (イチョウなどの)二裂葉. 〖(1794): ⇨ bi-¹〗

bi·lo·bat·ed /bàɪlóubeɪtɪ̀d | -ləubeɪt-/ *adj.* 【植物】= bilobate. 〖1770〗

bi·lobed /báɪlóubd | -ləubd⁻/ *adj.* 【植物】= bilobate. 〖1756〗

bi·lo·ca·tion /bàɪloukéɪʃən | -lə(u)-/ *n.* 同時に 2 か所に存在する状態[能力]. 〖(1858) ← BI-¹ + LOCATION *n.*〗

bi·loc·u·lar /bàɪlά(ː)kjulə | -lɔ́kjulə(r)⁻/ *adj.* 【生物】〈心臓など〉二室に分かれた, 二室の, 二房の. 〖(1783) ← bi-¹ + LOCULAR *adj.*〗

bi·loc·u·late /bàɪlά(ː)kjulɪ̀t, -lèɪt | -lɔ́k-⁻/ *adj.* 【生物】= bilocular. 〖1874〗

Bi·lox·i¹ /bɪ̀lάksi, -lά(ː)k- | -lʌ́k-, -lɔ́k-/ *n.* ビロクシー《米国 Mississippi 州南東部のメキシコ湾に臨む都市》. ★ 現地の発音は /bɪ̀lʌ́ksi/.

Bi·lox·i² /bɪ̀lάksi, -lά(ː)k- | -lʌ́k-, -lɔ́k-/ *n.* (*pl.* ～, ～**s**) **1 a** [the ～(s)] ビロクシー族《Mississippi 下流に住む Sioux 族の一種族》. **b** ビロクシー族の人. **2** ビロクシー語《今日は死語》.

bil·sted /bílsted/ *n.* 【植物】= sweet gum 1. 〖?〗

bil·tong /bíltɔ(ː)ŋ, -tɑ(ː)ŋ | bíltɔŋ/ *n.* 《南ア》細く切って干した肉. 〖(1815) □ Afrik. ～ ← Du. *bil* rump + *tong* tongue (その原料及び形から)〗

bil·um /bíləm/ *n.* 《パプアニューギニア》樹皮を細長く切って編んだバッグ.

bim /bím/ *n.* 《米俗》女 (woman); (特に)身持ちの悪い女, 売春婦. 〖(1925) 《略》← BIMBO〗

Bim /bím/ *n.* 《口語》(西インド諸島) Barbados 島人《愛称》. 〖1852〗

BIM 《略》British Institute of Management イギリス経営管理協会.

bi·ma /bíːmə/ *n.* = bimah.

bi·mac·u·late /bàɪmǽkjulɪ̀t⁻/ *adj.* 【動物】2 つの斑点をもった. 〖(1769) ← BI-¹ + L *maculātus* spotted〗

bi·mah /bíːmə/ *n.* 【ユダヤ教】= almemar. 〖□ Yid. *bime*: ⇨ bema〗

Bim·a·na /bímənə, baɪméɪ-/ *n. pl.* 【動物】二手類《四肢のうち前肢が手の用をする動物, すなわち人類》. 〖(1839) ← NL ～ ← F *bimane* (↓)〗

bim·a·nal /bímənl, bàɪméɪ-⁻/ *adj.* 【動物】手が 2 つある, 二手類の. 〖(1859) ← F *bimane* (↓): ⇨ -al¹〗

bi·mane /báɪmeɪn/ *adj., n.* 【動物】二手類 (Bimana) (の動物). 〖(1835) □ F ～ ← BI-¹ + *-mane* (< L *manus* hand): ⇨ manual〗

bim·a·nous /bímənəs, bàɪméɪ-⁻/ *adj.* 【動物】= bimanal. 〖1832〗

bi·man·u·al /bàɪmǽnjuəl, -njul⁻/ *adj.* 両手でする, 両手を必要とする; 【医学】両手を使う, 双合[双手]の. **～·ly** *adv.* 〖(*c*1889) ← BI-¹ + MANUAL〗

bim·bette /bímbɛt/ *n.* 《俗》頭がからっぽの女の子. 〖(1919) □ It. ～ 'child, baby': cf. bambino〗

bim·bo /bímbou | -bəu/ *n.* (*pl.* ～**s**, ～**es**) 《俗》[軽蔑的に] **1** 器量はいいが頭がからっぽの女の子. **2** ばかなやつ, まぬけ. 〖(1919) □ It. ～ 'child, baby': cf. bambino〗

bi·me·di·a /bàɪmíːdiə | -diə⁻/ *adj.* 2 種のマスメディアに関わる, バイメディアの《特にラジオとテレビの両方に関係する》: ～ journalism.

bi·mes·ter /bàɪméstə | -tə(r)/ *n.* 2 か月間. 〖□ L *bimestris* of two months ← BI-¹ + *mensis* month: cf. semester〗

bi·mes·tri·al /bàɪméstriəl⁻/ *adj.* **1** 2 か月ごとの《bimonthly のほうがふつう》. **2** 2 か月継続の. **～·ly** *adv.* 〖(1846) ← L *bimestris* (↑) + -AL¹〗

bi·met·al /báɪmɛ̀tl | -tl⁻/ *n.* 【機械】バイメタル《膨張率の異なる 2 種の金属薄板を張合わせたもので, 温度の変化による湾曲の相違を温度計・温度調節装置などに利用する》. — *adj.* = bimetallic. 〖(1924) ← BI-¹ + METAL〗

bi·me·tal·lic /bàɪmɪ̀tǽlɪk | -mɪ̀-, -mɛ-, -mə-⁻/ *adj.* **1** 2 種の金属から成る, バイメタルの. **2** 複本位制の (cf. monometallic). 〖(1876) □ F *bimétallique*〗 **3** 【印刷】バイメタル(平版)の: ⇨ bimetallic plate. — *n.* 【機械】= bimetal.

bimetállic pláte *n.* 【印刷】バイメタル(平板)《2 異種金属を重ね, その親水性・親油性を利用した多層平板》.

bimetállic stríp *n.* 【電気】バイメタル板 (bimetal). 〖1930〗

bi·met·al·lism /bàɪmɛ́tlɪzm, -tl- | -təlɪzm, -tl-/ *n.* 【経済】複本位制[主義] (cf. monometallism). 〖(1876) □ F *bimétallisme*: ⇨ ↑, -ism〗

bi·mét·al·list /-tlɪ̀st, -tl- | -təlɪst, -tl-/ *n.* 複本位制主義者[論者]. **bi·mèt·al·lís·tic** /-tlístɪk, -tl- | -təl-, -tl-⁻/ *adj.* 〖(1879) □ ?F *bimétalliste*: ⇨ ↑, -ist〗

bi·mil·le·nar·y /bàɪmílənèri, -mɪ̀lénəri | -mɪ̀lénəri/ *n.* **1** 二千年の期間. **2** 二千年記念(祭). — *adj.* 二千年(記念)の. 〖(1850): ⇨ bi-¹, millenary〗

bi·mil·len·ni·al /bàɪmɪ̀léniəl/ *n.* = bimillenary.

〘⇨ ↓, millennial〙
bi·mil·len·ni·um /bàɪmɪlɛ́niəm/ n. =bimillenary. 〘← NL ～: ⇨ bi-¹, millenium〙
bi·mod·al /bàɪmóʊdḷ | -mə́ʊdḷ˘/ adj.〘統計〙〈分布などが〉二つのモード (mode) のある. **bi·mo·dal·i·ty** /bàɪmoʊdǽləṭi | -mə(ʊ)dǽlɪ̈ti/ n. 〘(1903) ← BI-¹＋MODAL〙
bimódal distribútion n.〘統計〙双峰分布《度数分布のうちで最頻度数が二つあるもの》.
bi·mod·ule /bàɪmɑ́(ː)dʒuːl | -mɔ́djuːl, -dʒuːl/ n.〘数学〙両側加群《その要素の左側からも右側からも係数をかけることができるような加群》.
bi·mo·lec·u·lar /bàɪməlɛ́kjʊlə, -moʊ- | -mə(ʊ)lɛ́kjʊlə(r), -mɔ-˘/ adj.〘化学〙2 分子の, 2 個の分子を含む. **～·ly** adv. 〘(1899) ← BI-¹＋MOLECULAR〙
bi·month·ly /bàɪmʌ́nθli˘/ adj. **1** 2 か月に 1 回の, 2 か月ごとの, 隔月の. **2** (まれ) 月 2 回の, 半月ごとの. ★ 1 の意味と混同しやすいので避ける傾向にある (cf. semimonthly). ― adv. **1** 2 か月に 1 度, 2 か月ごとに. **2** (まれ) 月に 2 回, 半月ごとに. ― n. 隔月刊誌[出版物]. 〘(1846) ← BI-¹＋MONTHLY〙
bi·morph /báɪmɔəf | -mɔːf/ n.〘電子工学〙バイモルフ《振動を電気信号に変換する素子でロッシェル塩 (Rochelle salt) などの結晶を 2 枚重ねて作ったもの; bimorph cell ともいう》. 〘(1932) ← BI-¹＋-MORPH〙
bi·mor·phe·mic /bàɪmɔəfíːmɪk | -mɔː-˘/ adj.〘言語〙〈語が〉二つの形態素から成る《cars (car＋-s), miner (mine＋-er) のような語》. 〘(1942) ← BI-¹＋MORPHEMIC〙
bi·mo·tor /báɪmòʊṭə | -məʊtə(r)˘/ n.〘航空〙双発機.
bi·mo·tored /bàɪmóʊṭəd | -mə́ʊtəd˘/ adj.〘航空〙双発の.
bin /bín/ n. **1 a** (木製または鉄製でふた付きの)大箱, 大入れ物《穀物・石炭などを入れるもの; cf. coalbin》. **b** (煉瓦・石などで仕切って作った)穀物[石炭]置場. **c** =dustbin, rubbish bin. **d** (英) (地下室内の仕切りをした)ワイン貯蔵棚; 瓶入りのワイン. **e** =bread bin. **2** (英) (ホップを摘み入れる)ズック袋. **3** (豪) 羊毛入れ. **4** [the ～] =loony bin. ― vt. (**binned; bin·ning**) **1** 箱[入れ物]に入れる; (特に)〈瓶詰めのワインを〉貯蔵棚に置く. **2** くずかごなどに捨てる. 〘((OE)) (c1387-95) binn(e) manger ← Celt. *benna (cf. Welsh ben cart) ∥ ML benna / F banne / G Benne body of a cart〙
bin- /bàɪn/ pref. (母音の前にくるときの) bi-¹ の異形: binoxide. 〘cf. L bīnī two apiece〙
bi·na /bíːnə/ n. =vina¹. 〘(変形) ← VINA¹〙
bi·nal /báɪnḷ/ adj. 二倍の, 二重の (double). 〘(1658) □ ML bīnālis ← L bīnī (↓): ⇨ -al¹〙
bi·na·ry /báɪn(ə)ri, -nɛri | -n(ə)ri/ adj. **1** 二つを含む, 二元の; 双体の, 二連の. **2** (諾否の一方を選ぶような)二者択一(性)の. **3**〘数学〙**a** 二進法の; 二進記数法の; 二値の. **b** 二変数の. **4**〘電算〙〈データが〉バイナリーの《可読文字以外の任意の二進コードを含む》. **5 a**〘化学〙〈化合物など〉二成分から成る. **b**〘冶金〙〈合金が〉二成分から成る. **6**〘音楽〙**a** 二部形式の. **b** 偶数[2]拍子の. **7**〘言語〙二項から成る: ～ branching 二項枝分かれ. **8** (英)〘教育〙(中等教育機関で)グラマースクール系と実用的なセカンダリーモダンスクール系の二つが併存している. ― n. **1** 二元体, 二連体. **2**〘天文〙=binary star. **3 a**〘電算〙=binary notation. **b**〘数学〙=binary number. **c**〘電算〙バイナリーデータ. **4** =binary weapon. 〘(a1398) □ LL bīnārius consisting of two ← bīnī two apiece: ⇨ -ary〙
bínary céll n.〘電算〙二値素子《二つの安定状態をもち, 最小単位の情報を保持できる素子》.
bínary círcuit n.〘電子工学〙二進回路.
bínary códe n.〘電算〙二進符号《二進法 (binary notation) を用いた符号》.
bínary-còded décimal n. 二進化十進数《二進数を用いて十進数の各桁を表したもの; 略 BCD》.
bínary cómpound n.〘化学〙二元化合物《二元素[成分]から成る化合物》. 〘1833〙
bínary dígit n. **1**〘数学〙二進法に用いる数字, 二進数字《一般に 0 と 1; bigit, binit ともいう》. **2**〘電算〙=bit⁴ 1. 〘1946〙
bínary físsion n.〘生物〙二分裂《無性生殖の一つで, 1 個の母体が新しいほぼ相等の 2 個の娘個体に分かれる現象; cf. multiple fission》. 〘1897〙
bínary fórm n.〘音楽〙(楽曲構成の)二部形式. 〘1875〙
bínary méasure n.〘音楽〙二拍子系拍子《強拍と弱拍が交互に現れる 2/2, 2/4, 4/4 などの拍子》. 〘1609〙
bínary nómenclature n.〘生物〙二命名法.
bínary notátion n.〘電算〙二進法《2 を基数とする数の表記法》.
bínary númber n.〘数学〙二進数《二進法で表された数》. 〘1766〙
bínary opposítion n.〘音声〙二項対立《無声対有声のように, 一項が他項にはない音声的特徴をもつか, compactness (集約性)対 diffuseness (拡散性)のように, 両極的対立をなす関係》.
bínary scále n.〘数学〙二進法. 〘1823〙
bínary stár n.〘天文〙連星(系)《共通の重心の周囲を公転する 2 星; cf. visual binary, spectroscopic binary, eclipsing variable, double star 2》. 〘c1847〙
bínary sỳstem n. **1**〘天文〙連星系《dyadic system ともいう》. **2**〘物理・化学〙二成分系, 二元系《dyadic system ともいう》. **3**〘電算〙=binary notation. 〘1802〙
bínary thèory n.〘化学〙二元説《化合物が正反対の成分の結びつきでできるという説; dualism, dualistic theory ともいう; cf. unitary theory》. 〘1863〙
bínary trée n.〘電算〙二分木, バイナリーツリー《樹形図で, 各分岐点(ノード)が 2 つにしか分岐しないもの; 二分木の各ノードにデータを割り当てたデータ構造はデータ検索に応用される》.
bínary wéapon n. バイナリー兵器《強力な神経ガスなど二成分系の化学兵器》.
bi·nate /báɪneɪt/ adj.〘植物〙〈葉が〉一対の, 対生の, 双生の, 双出の: ～ leaves 双生葉. **～·ly** adv. 〘(1807) ← NL bīnātus ← L bīnī: ⇨ binal, -ate²〙
bi·na·tion·al /bàɪnǽʃnəl, -ʃənḷ˘/ adj. 二つの国民の[に属する], 二つの国籍[民族]から成る[を含む]; 二国の[から成る]: a ～ school 二国籍学校 / an Arab-Jewish ～ state アラブ人とユダヤ人の二民族国家 / a ～ conference 二国間会議. 〘(1888) ← BI-¹＋NATIONAL〙
bin·au·ral /bàɪnɔ́ːrəl, bɪn-˘/ adj. **1** 両方の耳の, 両耳を使う, 両耳用の: a ～ stethoscope 双耳聴診器. **2** 〈レコード・ラジオ放送など〉バイノーラル方式の, 双聴覚の (cf. monaural, stereophonic): a ～ broadcast. **～·ly** adv. 〘(1861) ← BI-¹＋AURAL¹〙
bín-bàg n. (英) (ごみ入れの中に入れる)ポリ袋, ビンバッグ.
bind /báɪnd/ v. (**bound** /báʊnd/; **bound,** (古) **bound·en** /báʊndən/, (古) **bound·ed**) ― vt. **1** (綱・ひもなどで)縛る, くくる, 結びつける, 束ねる, 留める, つなぐ (⇨ tie SYN): ～ a person's legs 人の脚を縛る / ～ sheaves 穀物を束ねる / ～ a person *down* [*up*] 人を(ひもで)縛りあげる / ～ one's hair *up* 頭髪を束ねる / ～ things fast [together] 物をきつく[一緒に]くくる / ～ something *on with* rope ロープで物を縛りつける / ～ old letters *into* a bundle 古い手紙を束にする / ～ a prisoner *to* a tree 捕虜を木に縛りつける / ～ a person *with* chains [*in* irons] 人を鎖[枷(かせ)]で縛りつける / be *bound* hand and foot 手足をくくられる; (手も足も出ないように)束縛される / be *bound* by a spell 呪文(じゅもん)に縛られる (cf. spellbound). **2 a** 〔…に〕〈帯・バンドなどを〉巻きつける (encircle)〔*about, around, on*〕: ～ a belt *about* [*around*] one's waist 腰の回りに帯[バンド]を巻く. **b** 〔リボン・ハンカチなどで〕巻く, くるむ (swathe)〔*with, in*〕: ～ (*up*) a package *with* tape [a ribbon] 包みをテープ[リボン]でくくる. **c** [しばしば ～ *up* として] 〈傷口などに〉包帯する; 〈傷口を〉〔包帯などで〕巻く〔*with*〕: ～ *up* a wound (*with* a bandage). **3 a** [しばしば受身で] 〈人〉に〈…する〉義務を負わせる (oblige)〈*to do*〉; 〈人を〉〈ある場所・状態に〉束縛する; 〘法律〙拘束する (restrain)〔*in, to*〕(cf. BIND *over*, bound¹ adj. 2): The court *bound* him to pay the debt. 裁判所は彼に借金の支払いを命じた / Everyone *is bound to* obey the laws. だれでも法律を守る義務がある / *be bound* by duty 義務に束縛される / *be bound* by affection 愛情にほだされる / *be bound in* gratitude 恩義にからまれる / be in duty [honor] *bound to* do …すべき義務[義理]がある / ～ a person *to* secrecy 人に秘密を誓わせる / She *bound* me to my promise. 私に約束を誓わせた. **b** [～ *oneself* で] 束縛される, 拘束される; 誓う, 請け合う: ～ *oneself by* an agreement [*in marriage*] 協約に縛られる[結婚して身を固める] / He *bound himself* to pay the money. 金を払うと固く約束した. **4** 〈契約・取引などを〉確約する, 結ぶ (ratify): ～ a contract. **5** (契約をして)年季奉公に入れる (indenture): ～ a boy *as* an apprentice 少年を徒弟として年季奉公に出す / be *bound out to* a carpenter 大工へ奉公に出される / be *bound* apprentice *to* a tailor 洋服屋へ徒弟に出される. **6** (愛情・義務などで)結びつける, 団結させる: We are *bound to* each other by a close friendship. 互いに堅い友情で結ばれている (cf. 3 a) / Sharing a favorite story ～*s* a family *together*. 皆が同じ物語が好きだと家族がまとまる. **7** 〈衣服・じゅうたんなど〉に(保護・補強・装飾の目的で)縁取りをする, 縁をつける; 〈靴〉の縁〔を…で〕…の縁[へり]を飾る[保護する]〔*with*〕: ～ (the edge of) a carpet (ほぐれないように)じゅうたんのへりをまつる / ～ cuffs *with* leather 袖口のへりを皮で縁取りする. **8** 〈本・原稿などを〉とじる, 製本する; 〈本を〉装丁する: ～ a book *in* cloth [leather] 本を布[革]で装丁する / ～ *up* two books *into* one 2 巻の本を 1 巻に製本し直す. **9** 〈両端などを〉結び合わせる, 止める (connect): ～ the ends of a scarf. **10 a** 〈氷雪などが〉閉ざす, 固まらせる: Frost ～*s* the earth. 霜が土地を氷結させる. **b** 〔セメントなどで〕固める〔*with*〕: ～ gravel (*together*) *with* cement セメントで砂利を固める. **c** (料理で)(…を混ぜて)…にねばり気を与える, 〈材料を〉つなぐ, 固める, 塊にする〔*with*〕. **d**〘化学〙化合させる〔*to*〕. **11** 〈食物・薬が〉〈腸を〉秘結させる (cf. binding adj. 3): ～ the bowels 便秘させる. **12** 〈衣服などが〉〈人を〉締めつける: This coat ～*s* me in the shoulders. この上衣は肩が窮屈だ. **13**〘論理〙〈自由変項[数]を〉量化詞の添加により束縛変項[数]に変える (cf. bound¹ 10). **14** (英俗) 退屈させる (bore): ～ a person stiff 人をうんざりするほど退屈させる.
― vi. **1** 縛る, 束ねる. **2** 〈約束などが〉拘束力がある: an agreement that ～*s* 拘束力のある協定. **3 a** 〈土砂・雪などが〉結合する, 固まる (cohere). **b** (料理で)〈材料が〉固まる, つながる. **c**〘化学〙化合する〔*to*〕. **4** 〈車輪・ドリルなどが〉(粘着して)動かなくなる; 〈ドアなどが〉(さびついて)開かなくなる. **5** 製本される: The new impression is ～*ing*. 新刷は今製本中です. **6** 〈衣服などが〉きつい, 窮屈である, きちきちになる. **7** (俗) やたらに不平[苦情]を言う. **8**〘鷹狩〙〈鷹が〉空中で獲物をしっかりと捕える.
bind dówn (1) ⇨ vt. 1. (2) [しばしば受身で] 束縛する, 制限する. ***bind óff*** (1) (編物で縁を作るために)〈編目を〉抜かす. (2) 縛って〈血行などを〉止める. ***bind a person óver*** (1)〘法律〙〔…に〕(出頭するよう)〈人〉に法的義務を負わせる〔*to*〕/〈*to do*〉: He was *bound over to* (appear in) court. 法廷に出頭するよう固く申し渡された. (2)〘法律〙〈人〉に(一定期間)治安を乱さぬ[行動を慎む]よう法によって誓約させる: The accused was *bound over* (*to* keep the peace) *for* three months. (法廷で)被告人は 3 か月の謹慎を誓約させられた. (3) ⇨ vt. 5. ***I'll be bòund.*** (口語) 請け合うよ, きっとだ: They will do it, *I'll be bound*. 彼らはそれをするだろう, 私が請け合う.
― n. **1** 縛る[くくる]物, ひも, 糸, 綱. **2** 縛ること[箇所]; 束縛状態. **3** =bine. **4** (口語) **a** 困難な状態[立場], 窮地. **b** [しばしば a bit of a ～ として] 嫌なこと[もの] (nuisance), 退屈な物[仕事, 人]. **5** (スコット) (飲酒の)限界: I'm at my ～. もうこれ以上は飲めぬ. **6**〘鷹狩〙鷹が獲物をしっかり捕えること. **7**〘地質〙(炭層間の)硬化粘土. **8**〘音楽〙結合線, 帯線 (tie)《同じ高さの 2 個以上の音符を結ぶ弧線; 一つの音として演奏される》. **9**〘チェス〙相手の動きを封じる駒の位置. **10**〘フェンシング〙バインド《相手の剣に圧力を加えて目標からずらせるような突き》.
in a bínd (口語) 困って, 難渋して, 面倒な事態になって.
〘OE bindan to bind < Gmc *bendan (G binden) ← IE *bhendh- to bind〙
bind·er /báɪndə | -də(r)/ n. **1 a** 縛る[くくる]人. **b** 製本屋[職人, 師, 工] (bookbinder). **2 a** 縛る[くくる]もの; 糸, ひも《fillet, cord, rope など》. **b** 包帯. **c** 帯封. **d** バインダー, とじ込表紙. **e** 葉巻の中身をくるむたばこの葉. **f**〘医学〙バンド《胸部・腹部などのバンド, 例えば妊婦の腹帯など》. **3 a** (刈取機の)結束部, (麦を刈り取って束にするまでの操作をする)刈取り結束機, バインダー (cf. combine²). **b** (ミシンの)へり取器. **4 a** (料理の)つなぎ《小麦粉・片栗粉・卵など》. **b**〘木工〙接合材, つなぎ材. **c**〘造船〙(溶接棒・被覆などの)固着剤. **d**〘建築〙小梁(こばり), 大梁《床などを支える》. **e**〘石工〙つなぎ, 接合; 控え石. **f**〘冶金〙(石・砂利などを固める)膠結(こうけつ)剤, 接合剤《タール・セメントなど》. **5** (方言・NZ口語) 十分な食事. **6** (英俗) (閉店後の)最後の一杯. **7** (英俗) うんざりさせる人[もの, こと]. **8** [pl.] (俗) ブレーキ: hit *the* ～*s* ブレーキを踏む. **9**〘法律〙不動産購入のための手付金(受領書). **10**〘保険〙仮引受証. **11**〘絵画〙展色剤. **12**〘文法〙(体系文法で)拘束節を導く語《従属接続詞・関係代名詞など; cf. linker》. 〘OE bindere: ⇨ ↑, -er¹〙
bínder cóurse n.〘土木〙(舗装の)結合層.
bínder's bòard n. 製本用板紙.
bínder's clòth n. =book cloth.
bínder's tìtle n. 製本者[師]書名[標題]《再製本で, 製本師によって図書の平や背に示された書名; cf. cover title》.
bínder [bínder's] twìne n. バインダー[結束機]用麻ひも[細引(ほそびき)].
bind·er·y /báɪndəri, -dri/ n. 製本所, 製本室. 〘(1810) □ Du. binderij: ⇨ binder, -ery〙
bind·heim·ite /bínthaɪmàɪt/ n.〘鉱物〙含水安鉛鉱 ($Pb_2Sb_2O_6(O, OH, H_2O)$)《鉛の含水アンチモニー酸塩》. 〘□ G Bindheimit ← J. J. Bindheim (1750-1825: ドイツの化学者): ⇨ -ite¹〙
bin·di /bíndi/ n. ビンディー《インド人の女性が額の中央につける点》.
bin·di-eye /bíndiàɪ/ n. (豪)〘植物〙とげ状の冠毛のある実をつけるキク科カロティス属 (Calotis) の多年草[一年草]数種の総称. 〘1911〙
bind·ing /báɪndɪŋ/ adj. **1 a** 拘束力のある, 義務的な (obligatory): a (legally) ～ agreement (法的に)履行すべき協定 / the regulation ～ (*up*)*on* everybody 全員に拘束力のある規則 / A promise given under force is not ～. 強制による約束には拘束力がない. **b** 障害を生じる, 邪魔な. **2** 縛る, くくる, 結束用の; 接合する, つなぎの: ～ arrangements 結束装置 / ～ material 結合剤, 膠結剤(こうけつざい). **3** 〈食べ物・薬が〉便秘させる. **4** (英俗) 退屈な, 厄介な (tedious); 不平ばかり言う. ― n. **1 a** 縛ること, 緊縛. **b** 縛る物, 束ねる物. **2** 製本, 装丁, とじ, (本の)表装: library ～ 図書館用製本 / a book *in* leather ～ 革装の本 / ⇨ quarter [half, full] binding. **3** (衣類・じゅうたん・毛布などの)縁[へり]取り材料. **4** (料理で)つなぎ (binder). **5**〘スキー〙ビンディング《スキー靴をスキーに固定する留具一式》. **6**〘化学〙化合. **～·ly** adv. **～·ness** n. 〘((?c1200)): ⇨ ↑, -ing¹·²〙
bínding ènergy n.〘物理・化学〙結合[分離]エネルギー《分子・原子・原子核などをその構成要素に分割するのに必要な最小のエネルギー; 質量欠損と等しい》. 〘1932〙
bínding pòst n. ルーズリーフ式ノートの紙葉をとめる爪.
bínding ràfter n.〘建築〙棰(たるき)つなぎ《棰同士をつなぐための材》. 〘1842〙
bínding stràke n.〘造船〙**1** 平張り《木造船の舷側厚板のすぐ下に張る厚板》. **2** 特に厚い外板. **3** ハッチの側に張る厚い甲板 (bolt strake ともいう).
bin·dle /bíndḷ | -dl/ n. (米俗) **1** 衣類などを入れた包み, (特に, 浮浪者の持って歩く)携帯用寝具 (bedroll). **2** (モルヒネ・コカインなどの)一包 (package). 〘(1900) (変形) ← ? BUNDLE〙
bindle stiff [màn] n. (米俗) (bindle を持って歩く)移動労務者[浮浪者]. 〘1901〙
bínd·wèed n.〘植物〙**a** ヒルガオ《ヒルガオ科サンシキヒルガオ属 (Convolvulus) の植物の総称; セイヨウヒルガオ (C. arvensis) など; convolvulus ともいう》. **b** その他のつる性雑草《ツルソバカズラなど》. 〘1548〙
bínd·wòod n. (スコット・北英) =ivy 1 a. 〘1790〙
bine /báɪn/ n. **1** (植物の)つる; (特に)ホップのつる: ～ and vine. **2**〘植物〙**a** =bindweed. **b** =woodbine 1 〘(1727) (変形) ← BIND (方言) 'vine, woodbine'〙.
bín·ènd n. (箱から出して)残った何本かのワイン《おもに安売り用にまわす》. 〘1968〙

B

Bi·net /bɪnéɪ | bíːneɪ; *F.* binɛ/**, Alfred** *n.* ビネー《1857–1911; フランスの心理学者; ビネー式知能検査法の考案者》.

Binét-Si·món tèst [scàle] /-simɔ̃ː(n)-, -mɔ́ːn-, -móʊn- | -sáɪmən-; *F.* -simɔ̃-/ *n.* [the ～]《心理》ビネー(シモン)式知能検査《児童などの知能検査法の一種; Binet('s) test [scale] ともいう》. 〘(1910) ← *A. Binet* (↑) & *Théodore Simon* (1873–1961: フランスの心理学者)〙

bin·ful /bínfʊ̀l/ *n.* (*pl.* **～, ～s**) 大箱いっぱいのもの.

bing /bíŋ/ *n.* 《英方言》山積み (heap), 堆積 (pile)《特に炭坑内のボタ山》. 〘(*c*1300) □ ON *bingr*〙

Bíng chèrry /bíŋ-/ *n.* 《植物》ビング種のチェリー《深紅色で甘い; 米国産》.

binge /bíndʒ/ *n.* 《口語》**1 a** どんちゃん騒ぎ, 酒宴. **b** 過度の熱中, 大騒ぎ: a shopping ～. **2** パーティー (party). ── *vi.* 《口語》(飲み食いして)どんちゃん騒ぎをする; ばか食いする. 〘(1854) ← (方言) ～ 'to soak (a wooden vessel)' ← ?〙

bin·gee /bíndʒi/ *n.* =bingy.

Bing·en /bíŋən; *G.* bíŋən/ *n.* ビンゲン《ドイツ Rhineland-Palatinate 州の Rhine 河畔の観光商業都市; この辺に有名なラインの渦巻きがある》.

bin·gey /bíndʒi/ *n.* =bingy.

Bing·ham /bíŋəm/**, George Caleb** *n.* ビンガム《1811–79; 米国の画家; 肖像画・風景画で知られる》.

Bing·ham·ton /bíŋəmtən/ *n.* ビンガムトン《米国 New York 州中南部の Susquehanna 河畔の都市》. 〘← *William Bingham* (1752–1804: 町の発展に尽力したこの地方の大地主)〙

bin·ghi /bíŋgaɪ/ *n.* 《豪俗》[しばしば軽蔑的に] アボ (Aborigine). 〘1933〙

bin·gle¹ /bíŋgl̩/ *n.* 《俗》《野球》安打. 〘(変形) ? ← SINGLE〙

bin·gle² /bíŋgl̩/ *n.* (bob と shingle との中間の) 刈上げ断髪. 〘(1925)《混成》← B(OB)¹＋(SH)INGLE¹〙

bin·gle³ /bíŋgl̩/ *n.* 《豪口語》**1** 争い. **2** (車・サーフボードなどの)衝突.

bin·go /bíŋgoʊ | -gəʊ/ *n.* (*pl.* **～s**) [時に B-] ビンゴ《lotto の一種; 5×5 の 25 枠に 1 から 75 の数字が記されていて, 読み上げられた数字が縦, 横, または斜めに 5 つ並んだものが勝つ; ⇨ lotto; cf. jackpot 1 a》. ── *int.* **1** ビンゴ《ビンゴゲームの勝者の叫び声》. **2** わあーい, 当たり, やったぞ《思いがけない喜びなどを示す歓声》. 〘(1925): 擬音語?〙

bin·gy /bíndʒi/ *n.* 《豪俗》胃 (stomach), 腹 (belly). 〘(1859) ← Austral.《現地語》〙

Binh Dinh /bìndín; *Viet.* ˀbiŋˀdiŋ/ *n.* ビンディン《An Nhon の旧名》.

Bi·ni /bɪníː | bɪ-/ *n.* (*pl.* **～, ～s**) =Edo. 〘⇨ Benin〙

bi·nit /báɪnɪt | -nɪt/ *n.* 《数学》=binary digit 1. 〘(1953)《短縮》〙

Bin·jiang /*Chin.* pīntɕiāŋ/ *n.* 濱江(ビンチャン)《中国東北部黒竜江省の旧県名, 現在はハルビン (Harbin) 市に属する》.

bin La·den /bɪnláːdn̩, -dn | -dɪn; *Arab.* bɪnláː-dɪn/**, O·sa·ma** /ɑ(ː)sáːmə | ɒ-; *Arab.* usáːma/ *n.* ビンラディン《1957– ; サウジアラビア生まれのイスラム原理主義活動家; 世界イスラム戦線 (International Islamic Front) の創設に参加; 数々の反米テロ活動に関与したとされている; cf. al-Qaeda》.

bín lìner *n.* (ごみ箱の中などに敷く)ポリ袋. 〘1976〙

bín·màn *n.* (*pl.* **-mèn**)《英》ごみ収集人[係] (dustman). 〘1883〙

bin·na·cle /bínəkl̩/ *n.* 《海事》羅針儀箱, コンパス架台《磁気コンパスとそれを照らすランプなどを入れた架台で, 舵輪の前にある》. 〘(1622)《変形》← (15C) *bitakil* □ OSp. *bitácora* ∥ Port. *bitacola* □ L *habitāculum* habitation ← *habitāre* to inhabit: ⇨ habit¹〙

Bin·nig /bínɪk, -nɪç; *G.* bínɪç/**, Gerd** /gέɐt/ (**Karl**) ビニヒ《1947– ; ドイツの物理学者; 同僚の H. Rohrer と走査型トンネル顕微鏡を開発; ノーベル物理学賞を共同受賞 (1986)》.

bin·o·cle¹ /bínəkl̩ | bínə-/ *n.* =binocular. 〘(1696) □ F ～ ← L *oculus* eye: ⇨ bin-〙

bi·nocle² /báɪnʌkl̩/ *n.* 《古》《トランプ》バイナクル《2 人で遊ぶピノクルの古い名称》. 〘← BI-¹＋(PI)NOCHLE〙

bi·nocs /bənɑ́(ː)ks | bɪnɔ́ks/ *n. pl.* 双眼鏡. 〘《短縮》← BINOCULAR〙

bi·noc·u·lar /baɪnɑ́(ː)kjʊlə, bɪ- | -nɔ́kjʊlə(r)/ *adj.* 両眼用の: a ～ telescope [microscope] 双眼望遠鏡[顕微鏡] / ⇨ binocular vision. ── /bənɑ́(ː)kjʊlə, baɪ- | -nɔ́kjʊlə(r)/ *n.* [しばしば *pl.* で単数または複数扱い] 双眼鏡, 双眼望遠鏡《特に field glasses, opera glasses をいう》; 双眼顕微鏡《prism bi-noculars ともいう》: a 5-power ～ 倍率 5 倍の双眼鏡 / a pair of ～*s* 双眼鏡 1 個.

bi·noc·u·lar·i·ty /baɪnɑ̀(ː)kjʊlǽrəṭi, bɪ- | -nɔ̀kjʊlǽrɪti/ *n.* **～·ly** *adv.* 〘(1713) □ F *binoculaire* ∥ ← *bīnī* two each＋*oculus* eye: ⇨ -ar¹〙

binócular dispárity *n.* 《生理》視野不均衡《このために物が立体的に見える》.

binócular fúsion *n.* 《眼科》=fusion 5.

binócular rívalry *n.* 《心理》視野闘争《左右眼に提示された刺激が同時ではなくて交互に知覚される現象; retinal rivalry ともいう》.

binócular vísion *n.* 《眼科》両眼視.

bi·no·men /baɪnóʊmən | -nə́ʊmen/ *n.* (*pl.* **bi·nom·i·na** /-nɑ́(ː)mənə | -nɔ́mɪ-/)《生物》(種 (species) を指す) 二名式名称, 二連名. 〘← NL ～ ← BI-¹＋L *nōmen* 'NAME'〙

bi·no·mi·al /baɪnóʊmiəl | -nə́ʊ-/ *adj.* **1** 《数学》二項の, 二項式の. **2** 《生物》二名法の《動植物の学名で, 属名と種名の二つの名称から成る; cf. monomial, trinomial》. ── *n.* **1** 《数学》二項式. **2** 《生物》**a** 二名法 (binomial nomenclature). **b** 二名法による名称. **3** 《言語》同じ形態類の 2 語から成る表現《good and bad, great or small, heaven and earth, man and woman など》. **～·ly** *adv.* 〘(1557) ← NL *binomialis* ← ML *binōmius* having two names (変形) ← L *binōminis*: ⇨ bi-¹, nomen＋-AL¹〙

binómial coefficient *n.* 《数学》二項係数. 〘1889〙

binómial distribútion *n.* 《統計》二項分布《確率分布 (probability distribution) の一類型; 独立の試行を何回か繰り返したときの, ある事象が起こる回数の確率分布; Bernoulli distribution ともいう》. 〘1911〙

binómial equátion *n.* 《数学》二項方程式. 〘1814〙

binómial expánsion *n.* 《数学》二項展開. 〘1848〙

binómial expériment *n.* 《統計》二項測定 (cf. Bernoulli trials).

binómial nómenclature *n.* 《生物》二名法《生物の各種がそれの属している属 (genus) の名と種 (species) の名とで示される方式; 例: *Panthera leo* (ライオン) / *Felis catus* (ネコ)》. 〘1880〙

binómial séries *n.* 《数学》二項級数. 〘1796〙

binómial sỳstem *n.* 《生物》=binomial nomenclature. 〘1881〙

binómial théorem *n.* 《数学》二項定理《$(a+b)^n$ という形の式の展開を与える定理》. 〘1755〙

binomina *n.* binomen の複数形.

bi·nom·i·nal /baɪnɑ́(ː)mənl̩ | -nɔ́mɪ-/《生物》*adj.* =binomial. ── *n.* 二名法による名称 (binomial). 〘(1880) ← L *binōminis* ← *bi-* two＋*nōmin-* name＋-AL¹〙

bi·nor·mal /baɪnɔ́əməl, -ml̩ | -nɔ́ː-/ *n.* 《数学》従法線, 陪法線《曲線上の一点で接触する平面に垂直でかつその点を通る直線》. 〘(1848) ← BI-¹＋NORMAL〙

bi·nov·u·lar /bɪnɑ́(ː)vjʊlə, -nóʊv- | -nɔ́vjʊlə(r), -nə́ʊv-/ *adj.* 《医学》=biovular. 〘(1900) ← BIN-＋OVULAR〙

bin·ox·a·late /baɪnɑ́(ː)ksəlèɪt | -nɔ́ksəlèɪt, -lɪt/ *n.* 《化学》重蓚酸(じゅうしゅうさん)塩, 酸性蓚酸塩. 〘(1808): ⇨ bi-¹〙

bin·ox·ide /baɪnɑ́ksaɪd, bɪn-, -sɪd | baɪnɔ́ksaɪd, bɪn-/ *n.* 《化学》=dioxide. 〘(*c*1860) ← BIN-＋OXIDE〙

bins /bínz/ *n. pl.* 《英俗》**1** 眼鏡 (binoculars から); 目玉 (eyes). **2** ヘッドホン; ハイファイスピーカー (speakers). 〘(*a*1981)《略》← BINOCULARS〙

bint /bínt/ *n.* 《英俗》[通例軽蔑的に] 娘; 女 (woman); ガールフレンド. 〘(1855) □ Arab. ～ 'daughter'〙

bin·tu·rong /bɪntúᵊrɔ(ː)ŋ, -rɑ(ː)ŋ | bíntʊrɒŋ/ *n.* 《動物》ビントロング, クマネコ, クマジャコウネコ (*Arctictis binturong*)《アジア南東部産で樹上にすみ, 長い尾はわずかに巻きつくことができる; bearcat ともいう; cf. civet cat 1》. 〘(1822) □ Malay ～〙

bi·nu·cle·ar /baɪnúːkliə, -njúː- | -njúːkliə(r)/ *adj.* 《生物》〈細胞など〉核を二つもつ. 〘1880〙

bi·nu·cle·ate /baɪnúːkliɪt, -njúː-, -klièɪt | -njúː-kliɪt/ *adj.* =binuclear. 〘1881〙

bi·nu·cle·at·ed /baɪnúːklièɪṭɪd, -njúː- | -njúː-/ *adj.* =binuclear.

Bin·yon /bínjən/**, (Robert) Laurence** *n.* ビニヤン《1869–1943; 英国の詩人・美術史家; 大英博物館東洋部長 (1913–32); 1929 年来日; *Lyric Poems* (1894), *Landscape in English Art and Poetry* (1930)》.

bi·o /báɪoʊ | -əʊ/ *n.* (*pl.* **～s**)《口語》=biography, autobiography. ── *adj.* 《口語》=biographical. 〘(1947)《略》〙

bi·o- /báɪoʊ | báɪəʊ/ **1**「生命 (life), 生物 (living things)」の意の連結形: *biology*. **2**「人生 (human life), 経歴 (career)」の意の連結形: *biography*. ★(1) 母音の前では通例 bi- になる. (2) 古くは主として自然科学で用いられたが, 今日では用法が拡大され一般化し, 社会的な文脈でも使用される. 〘← Gk *bíos* life〙

bìo·accumulátion *n.* 毒物の生体間蓄積. **bìo·accúmulate** *vi.* **bìo·accúmulative** *adj.*

bìo·acóustics *n.* 生物音響学. 〘1957〙

bìo·áctive *adj.* 生体[生物]に影響[作用]する. **bìo·actívity** *n.* 〘1965〙

bìo·aerátion *n.* 空気接触法《空気を混ぜて酸化させる下水浄化処理》.

bìo·aeronáutics *n.* [単数扱い] 天然資源・生物資源の発見・開発・保護などに利用する航空術.

bi·o·as·say /bàɪoʊǽseɪ, -æséɪ, -əs- | bàɪə(ʊ)əséɪ, -æs-, -ǽseɪ/《生物》*n.* 生物検定, 生物学的定量, バイオアッセイ. ── /-æséɪ, -əs-, -ǽseɪ | -əséɪ, -æs-/ *vt.* 生物検定にかける. 〘(1912) ← *bio(logical) assay*〙

bìo·astronáutics *n.* [単数扱い] 宇宙生理学《宇宙旅行の際に生物が受ける影響を研究する学問; cf. space medicine》. **bìo·astronáutical** *adj.* 〘(1957): ⇨ bio-〙

bìo·availabílity *n.* 《生化学》生物学的利用能《薬物や栄養素などが生体内に吸収されて利用される度合い》. 〘1971〙

bìo·bibliógraphy *n.* 《図書館》伝記付き書誌. 〘1959〙

Bí·o-Bí·o /bìːoʊbíːoʊ | -əʊbíːəʊ; *Am.Sp.* bioβío/ *n.* [the ～] ビオビオ(川)《チリ中部の川; Andes 山脈に発し Concepción で太平洋に注ぐ (390 km)》.

bìo·cátalyst *n.* 《生化学》生(体)触媒《酵素のこと》. **bìo·catalýtic** *adj.*

bi·oc·el·late /baɪɑ́səlèɪt, -lɪt | -ɔ́sɪ-/ *adj.* **1** 《動物》(特徴として) 2 個の小眼(複眼でなく単眼)をもつ. **2** 《植物》2 個の小眼点をもつ. 〘(1847) ← BI-¹＋OCELLATE〙

bìo·cenólogy *n.* 生物群集学《生物群集の生態学》. 〘(1931) ← BIO-＋COENO-＋-LOGY〙

bi·o·ce·no·sis /bàɪoʊsɪnóʊsɪs, bàɪə- | bàɪə(ʊ)sɪnə́ʊsɪs, -siːnə́ʊsɪs/ *n.* (*pl.* **-no·ses** /-sìːz/)《生物》生物共同体, 生物群集 (biotic community)《ある地域の動物・植物・微生物など, 互いに関連をもって生活する生物の総称》. 〘(1883) ← NL ～ ← BIO-＋Gk *koínōsis* sharing: ⇨ coeno-〙

bi·o·ce·not·ic /bàɪoʊsɪnɑ́(ː)ṭɪk | -ə(ʊ)sɪnɔ́t-, -siː-/ *adj.* 《生物》生物共同体の, 生物群集の. 〘(1927): ⇨ ↑, -otic¹〙

bìo·céntrism *n.* 生物中心主義《人間の権利や必要が他の生物のそれに優先するわけではないという考え方》. **bìo·céntric** *adj.* **bìo·céntrist** *n.*

bìo·chémic *adj.* =biochemical.

bi·o·chem·i·cal /bàɪoʊkémɪkəl, bàɪə-, -kl̩ | bàɪə(ʊ)kémɪ-/ *adj.* 生化学の; 生化学的な, 生物体の化学反応に関する[で作られる]. ── *n.* 生化学物質. **～·ly** *adv.* 〘(1851): ⇨ bio-: cf. G *biochemisch*〙

bíochemical óxygen demànd *n.* 生化学的酸素要求量《水質の汚濁度を知る一つの指標; biological oxygen demand ともいう; 略 BOD》. 〘*c*1927〙

bìo·chémist *n.* 生化学者. 〘1897〙

bi·o·chem·is·try /bàɪoʊkémɪstri, bàɪə- | bàɪə(ʊ)-/ *n.* 生化学, 生物化学 (cf. biophysics). 〘(1881): ⇨ bio-: cf. G *Biochemie*〙

bío·chìp *n.* 生物化学素子, バイオチップ《蛋白質などの生体物質に情報処理を行わせる仮説上の素子》. 〘(1981) ← BIO-＋CHIP¹〙

bi·o·ci·dal /bàɪəsáɪdl̩ | bàɪə(ʊ)sáɪdl̩/ *adj.* 生物を殺す性質のある. 〘(1949) ← BIOCIDE↓＋-AL¹〙

bi·o·cide /báɪəsàɪd | báɪə(ʊ)-/ *n.* **1** 生物の殺傷 (cf. ecocide). **2** 生物(体)を殺す物質 (pesticide)《殺虫剤・除草剤など》. 〘(1947) ← BIO-＋-CIDE〙

bío·clàst *n.* 《地学》生砕物(せいさいぶつ)《堆積岩中の貝殻骨などの破片》. **bìo·clástic** *adj.* 〘← BIO-＋CLAST〙

bío·clèan *adj.* (バクテリアなどの)有害な生物が(ほとんど)ついていない. 〘← BIO-＋CLEAN〙

bìo·climátic *adj.* 生物と気候との関係の[に関する]; 生物気候学の. 〘1918〙

bìo·climatólogy *n.* **1** 生物気候学, 生気候学《気候・風土の生物に及ぼす影響の研究; 特に, 気象病と季節病とを合わせて医学に関係した分野をいう》. **2** 生物と気候との相互関係. 〘1922〙

bìo·coenólogy *n.* =biocenology. 〘1957〙

bi·o·coe·no·sis /bàɪoʊsɪnóʊsɪs | bàɪə(ʊ)sɪnə́ʊsɪs, -siː-/ *n.* (*pl.* **-no·ses** /-siːz/)《生物》=biocenosis.

bi·o·coe·not·ic /bàɪoʊsɪnɑ́(ː)ṭɪk | bàɪə(ʊ)sɪnɔ́t-, -siː-/ *adj.* 《生物》=biocenotic. 〘1927〙

bìo·cólloid *n.* 《生化学》生体コロイド. 〘1917〙

bìo·compátible *adj.* (拒絶反応を起こさずに)生態組織や生物体と共存できる. **bìo·compatibílity** *n.*

bìo·compúter *n.* バイオコンピューター: **1** 人間の頭脳に匹敵する性能をもつ第 6 世代コンピューター. **2** 人間の頭脳, 人間.

bìo·contról *n.* 《生態》=biological control.

bìo·convérsion *n.* 生物(学的)変換《廃棄物などの有機物を発酵させてメタンに変換するなど》. 〘1960〙

bìo·cybernétics *n.* [単数扱い]《生物》バイオサイバネティクス《生物体の自動制御機能を研究する学問分野》. **bìo·cybernétic** *adj.*

bío·cỳcle *n.* 《生態》生物サイクル《生物圏 (biosphere) の下位区分・陸地・海岸など》.

bío·dàta *n.* 《米》経歴, 履歴書 (curriculum vitae). 〘1968〙

bìo·degrádable *adj.* 生物分解性のある《合成洗剤などが細菌の作用によって分解され, 無害な物質になりうる》: ～ wastes. **bìo·degràdabílity** *n.* 〘(1961) ← BIO-＋DEGRAD(E)＋-ABLE〙

bìo·degradátion *n.* 《生化学》生物による分解. 〘1960〙

bìo·degráde *vi.* 《生化学》(細菌の作用により)生物分解を起こす.

bío·dìesel *n.* バイオディーゼル《ディーゼル油の代用となるバイオ燃料; 特にダイズ油などの植物油から製した代用ディーゼル油》.

bìo·divérsity *n.* 生物(学的)多様性《様々な生物種の共存状態》. 〘(1986) ← BIO-＋DIVERSITY〙

bío·dòt *n.* バイオドット《皮膚に張り付けられ体温に反応する小型装置; ストレスの程度などを調べる》.

bìo·dynámics *n.* 生物動力学《生物の活発な生命現象を扱う学問; cf. biostatics》. **bìo·dynámic** *adj.* **bìo·dynámical** *adj.* 生物動力学の[的な]. 〘1874〙

bìo·ecólogist *n.* 生物生態学者.

bìo·ecólogy *n.* 生物生態学《動植物と環境との相互関係および相互作用を扱う》. **bìo·ecológic** *adj.* **bìo·ecológical** *adj.* **bìo·ecológically** *adv.* 〘1923〙

bìo·eléctric *adj.* 生体電気の, 動植物の電気現象に関する. 〘1918〙

bìo·eléctrical *adj.* =bioelectric. 〘1962〙

bìo·elèctrícity *n.* 生物[生体]電気. 〘1949〙

bìo·elèctro·génesis *n.* 生体による電気発生. 〘← BIO-＋ELECTRO-＋-GENESIS〙

bìo·electrónics *n.* 生体電子工学. **bìo·electrónic** *adj.* **bìo·electrónically** *adv.*

bìo·energétics *n.* [単数扱い]《生化学》生物エネル

ギー論《生体におけるエネルギーの転換を扱う》. **bìo·energétic** *adj.* 〘1912〙
bìo·engineér *n.* 生物[生体]工学の専門家. 〘1960〙
bìo·engineéring *n.* 生物[生体]工学《工学の生物学・医学的応用分野; 義肢などの製造技術も指す; biomedical engineering ともいう》. 〘*c*1954〙
bìo·environméntal *adj.* 生物の環境に関する.
bìo·equívalence *n.* (*also.* **bìo·equívalency**) 〘薬学〙生体内利用率の等価性《ある薬品を同量含む製剤間でその効力や生物学的利用能が等しいこと》. **bìo-equívalent** *adj.*
bìo·éthics *n.* (臓器移植等に関連する)生命倫理(学). **bìo·éthical** *adj.* 〘1971〙
bìo·féedback *n.* 〘医学〙生物フィードバック《生体が血圧・呼吸など特定の精神・身体状態を維持できるようにするため, 視聴覚その他の刺激を与えること》. 〘1970〙
bìo·flávonoid *n.* 〘生化学〙生(体)フラボン類《自然にある(生体内)フラボンやクマリン誘導体, citrin, rutin, esculin など; vitamin P ともいう; 毛細血管の脆弱さを減じ, 赤血球の透過性を調節する》. 〘(1952) ← BIO-+FLAVONOID〙
bìo·fóul·ing *n.* 生物付着《パイプなど水中の機械部位の表面にバクテリア・フジツボなどが付着すること; 腐食や機能低下の原因となる》.
bío·fòg *n.* 人・動物が冷たい空気の中で息を吐くときに生じる蒸気に似た霧. 〘← BIO-+FOG[1]〙
bío·fùel *n.* 生物(有機体)燃料, バイオ燃料《バイオマス (biomass) に由来する木材・メタンガス・アルコールなど》.
bi·og /báɪɑ(ː)g | -ɔg/ *n.* 《口語》=biography. 〘(1942)《略》〙
biog 《略》biographer; biographical; biography.
bío·gàs *n.* 生物ガス《有機腐敗物から発生する(メタン)ガス; 燃料用》. 〘(1974) ← BIO-+GAS〙
bi·o·gen /báɪədʒən/ *n.* 〘生物・生化学〙活素, ビオゲン《細胞などの組織を構成する仮想的蛋白質分子で, 生命現象の基と考えられたもの》. 〘(1882) □ G *Biogen*: ⇨ bio-, -gen〙
bìo·génesis *n.* 〘生物〙 **1** 生物発生; 生物発生説, 続生説《生物は生物からのみ発生するという説; cf. abiogenesis, germ theory 1》. **2** =biosynthesis. **bìo·genétic, bìo·genétical** *adj.* **bìo·genétically** *adv.* 〘(1870) ← BIO-+-GENESIS〙
bi·o·gen·ic /bàɪoʊdʒénɪk | bàɪə(ʊ)-⁻/ *adj.* **1** (発酵のように)生物の活動の結果として生じる. **2** (食物・水・睡眠などのように)生きるに必要な, 生存に不可欠な. **bìo·genìc·i·ty** /-dʒənísəṭi | -sɪ̣ti/ *n.* 〘(1904) ← BIOGENY+-IC[1]〙
bi·og·e·nous /baɪá(ː)dʒənəs | -ɔ́dʒɪ̣-/ *adj.* **1** 生物に起源する. **2** =biogenic.
bi·og·e·ny /baɪá(ː)dʒəni | -ɔ́dʒɪ̣-/ *n.* =biogenesis. 〘(1870) ← BIO-+-GENY〙
bìo·geo·ce·nóse /-sɪ̣núoʊz, -nóʊs | -sɪnə́ʊz, -nə́ʊs/ *n.* 〘生態〙=ecosystem.
bìo·geo·ce·nó·sis /-sɪ̣nóʊsɪ̣s | -sɪnə́ʊsɪs, -siː-/ *n.* (*pl.* **-no·ses** /-siːz/) 〘生態〙=ecosystem. 〘← NL ~: ⇨ bio-, geo-, coeno-, -sis〙
bìo·geo·chémical cýcle *n.* 生物地球化学的循環. 〘1956〙
bìo·geo·chémistry *n.* 生物地球化学《地球の化学的組成や元素の分布および移動などを生物の生理・生態との関係において研究する》. 〘(1938) ← BIO-+GEOCHEMISTRY〙
bìo·geo·coe·nó·sis /-sɪ̣nóʊsɪ̣s | -sɪnə́ʊsɪs, -siː-/ *n.* (*pl.* **-no·ses** /-siːz/) 〘生態〙=ecosystem. **bìo·geo·coe·nót·ic** /-sɪ̣ná(ː)ṭɪk | -sɪnɔ́t-, -siː-⁻/ *adj.* 〘⇨ biocenosis, geo-〙
bìo·geógraphy *n.* 〘生態〙生物地理学《生物の地理的分布を研究する》. **bìo·geográphic** *adj.* **bìo·geográphical** *adj.* **bìo·geográphically** *adv.* 〘(1895) ← BIO-+GEOGRAPHY〙
bi·og·ra·phee /baɪɑ̀(ː)grəfíː | -ɔ̀g-/ *n.* 伝記を書かれる人, 伝記にされた人. 〘(1841) ← BIOGRAPH(Y)+-EE[1]〙
bi·og·ra·pher /baɪá(ː)grəfə | -ɔ́grəfə(r)/ *n.* 伝記作家, 伝記の著者. 〘(1715) ← BIOGRAPH(Y)+-ER[1]〙
bi·o·graph·ic /bàɪəgrǽfɪk | bàɪə(ʊ)-⁻/ *adj.* =biographical. 〘*c*1794〙
bi·o·graph·i·cal /bàɪəgrǽfɪ̣kəl, -kḷ | bàɪə(ʊ)-grǽfɪ-⁻/ *adj.* 伝記の; 伝記体の, 列伝体の: a ~ dictionary 人名辞典 / a ~ sketch 略伝. **~·ly** *adv.* 〘(1738) ← BIOGRAPHIC ↑, -AL[1]〙
bi·og·ra·phize /baɪá(ː)grəfàɪz | -ɔ́g-/ *vt., vi.* (…の)伝記を書く. 〘(1800) ← BIOGRAPHY+-IZE〙
bi·og·ra·phy /baɪá(ː)grəfi | -ɔ́g-/ *n.* **1 a** 伝記, 一代記. **b** (動物などの)生活史. **c** (建物・貨幣などの)来歴, 歴史. **2** 伝記文学. **— *vt.*** …の伝記を書く. 〘(1661) ← NL *biographia* ∥ LGk *biographía*: ⇨ bio-, -graphy〙
bío·hàzard *n.* **1** バイオハザード, 生物学的災害[危険]《生物学的研究過程で用いられたり生み出されたりする病原体などが人やその生活環境に害を与えること》. **2** 生物学的危険物質. **— *adj.*** バイオハザード(の予防)に関する. **bìo·házardous** *adj.* 〘(1967) ← BIO-+HAZARD〙
bio·herm /báɪoʊhə̀ːm | -ə(ʊ)hə̀ːm/ *n.* 〘地質〙 **1** バイオハーム, 塊状生礁《異質の岩石で取り囲まれたサンゴなどの生物起源の地層; cf. biostrome》. **2** サンゴ礁 (coral reef). 〘1928〙
bioi *n.* bios の複数形.
bìo·instrumentátion *n.* (宇宙飛行士などの生理上のデータを記録し送信する)生物計器; その使用.
Bi·o·ko /bióʊkoʊ | -ə́ʊkəʊ/ *n.* ビオコ(島)《アフリカ中西部 Guinea 湾内にある島で, 赤道ギニア共和国の一部をなす; 同国の首都 Malabo がある; 面積 2,017 km²; 旧名 Fernando Po (–1973), Macías Nguema Biyogo (1973–79)》.
biol 《略》biological; biologist; biology.
bi·o·log·ic /bàɪəlá(ː)dʒɪk | bàɪəlɔ́dʒ-⁻/ *adj., n.* =biological. 〘1864〙
bi·o·log·i·cal /bàɪəlá(ː)dʒɪ̣kəl, -kḷ | bàɪəlɔ́dʒɪ-⁻/ *adj.* **1** 生物学上の, 生物学的な; 生態学の: ~ chemistry=biochemistry / a ~ father [mother] 生物学上の父親[母親], 実の父[母]. **2** 応用生物学に用いる[で作った]: a ~ preparation 応用生物学的製剤. **3** 〈合成洗剤が〉酵素を含む. **4** 細菌を用いた: a ~ weapon 細菌兵器 / ⇨ biological warfare. **— *n.*** [通例 *pl.*] 〘生物・薬学〙生化学的薬剤, 生物製剤《血清・ワクチンなど》. 〘(1859) ← BIOLOGY+-ICAL〙
biológical accumulátion *n.* =bioaccumulation.
biológical ássay *n.* 〘生物〙=bioassay.
biológical clóck *n.* 生物時計《外界の諸要素の周期性に関係なく存在する有機体の生理的活動の生来の周期性; そのような周期性を生みだすと推定される生物学的な仕組み; cf. body clock, circadian》. 〘1955〙
biológical contról *n.* 〘生物〙生物的防除《天敵を利用して害虫[害獣]を退治すること》. 〘1923〙
biológical divérsity *n.* =biodiversity.
biológical engineéring *n.* 生物工学 (bionics) (略 BE).
biológical envíronment *n.* 〘社会学〙生物学的環境《人間の生活に影響を与える野生の動植物などの生物学的因子》.
biológical hálf-life *n.* 生物学的半減期 (biologic half-life).
bì·o·lóg·i·cal·ly *adv.* 生物学上(は), 生物学的に.
biológical magnificátion *n.* 〘生物〙生物的濃縮《食物連鎖の過程において体内で分解しにくい物質が濃縮されて残ること; cf. biological purification》.
biológical óxygen demànd *n.* 生物学的酸素要求量 (⇨ biochemical oxygen demand). 〘1945〙
biológical párent *n.* 生みの親, 実の親.
biológical purificátion *n.* 〘生物〙自浄作用.
biológical ráce *n.* 〘生物〙生態品種《形態的に同一種と認められるものの中で, 生態的に異なる品種》.
biológical shíeld *n.* 生体遮蔽《人体を放射線から守るために原子炉の周囲に設置される厚いコンクリートの壁》.
biológical sociólogy *n.* =biosociology.
biológical spécies *n.* 〘生物〙生物学的種.
biológical thérapy *n.* =biotherapy.
biológical wárfare *n.* 生物戦(争), 細菌戦《微生物を用いて人畜を殺害する戦争行為; 米国では薬品を用いて植物を枯死させる場合もいう; 略 BW》. 〘1946〙
biológical wéapon *n.* 生物兵器.
biológic hálf-life *n.* (生理的排出などによる放射能の)生物学的半減期.
bi·ol·o·gism /baɪá(ː)lədʒɪzm | -ɔ́l-/ *n.* 生物学主義《生物の様式や生体の機構に関する概念が人間経験の全部門に適用できるとする》. **bi·ol·o·gís·tic** /baɪɑ̀(ː)lə-dʒístɪk | -ɔ̀l-⁻/ *adj.* 〘(1852): ⇨ biology, -ism〙
bi·ól·o·gist /-dʒɪ̣st | -dʒɪst/ *n.* 生物学者, 生物研究家. 〘(1813): ⇨ ↓, -ist〙
bi·ol·o·gy /baɪá(ː)lədʒi | -ɔ́l-/ *n.* **1** 生物学. **2** (一地域の)動物・植物相. **3** (ある生物の)生活史, 生活現象. **4** 生物学の論文. 〘(1813) □ F *biologie* ∥ G *Biologie*: ⇨ bio-, -logy〙
bìo·luminéscence *n.* **1** (ホタル・キノコ・深海魚などの)生物発光. **2** 生物発光の光. **bìo·luminéscent** *adj.* 〘(1916) ← BIO-+LUMINESCENCE〙
bi·ol·y·sis /baɪá(ː)ləsɪ̣s | -ɔ́lɪ̣sɪs/ *n.* 〘生物〙(微生物などによる)生物分解, 死 (death). 〘(1897) ← NL ~: ⇨ bio-, -lysis〙
bi·o·lyt·ic /bàɪəlíṭɪk | -tɪk⁻/ *adj.* 〘生物〙死の. 〘↑, -lytic〙
bìo·magnétics *n. pl.* [単数扱い] 生体磁気学. **bìo·magnétic** *adj.*
bìo·mágnetism *n.* =animal magnetism.
bìo·màss *n.* **1** 〘生態〙生物量《ある地域内の生物の現存量》. **2** バイオマス《エネルギー源としての生物資源, 特に植物体》. 〘(1934) ← BIO-+MASS[1]〙
bìo·matérial *n.* 〘医学・歯科〙生体組織に触れる部位の補綴(ほてつ)に用いる(のに適する)物質. 〘(1966) ← BIO-+MATERIAL〙
bìo·mathematícian *n.* 生物数学者《コンピューターなどを使って生物の機能や特徴を数学的に解析する専門家》.
bìo·mathemátics *n.* [単数扱い] 生物数学《生物に数学を応用する学問》. 〘(1923) ← BIO-+MATHEMATICS〙
bi·ome /báɪoʊm | -əʊm/ *n.* 〘生態〙生物群系, バイオーム《主として気候条件によって区分された生活帯に存在する生物の群集の単位; cf. formation 7》. 〘(1916) ← BIO-+-OME〙
bìo·mechánics *n.* 生物的(特に筋肉の)活動の力学的基礎; 生体力学《生体の活動の力学的基礎を扱う生物学の一分野》. **bìo·mechánical** *adj.* 〘(1924) ← BIO-+MECHANICS〙
bìo·médical *adj.* 生物医学の[に関する]; 生物医学的な: ~ engineering=bioengineering. 〘(1955) ← BIO-+MEDICAL〙
bìo·médicine *n.* 生物医学《特に, 宇宙旅行で人が環境の変化にどの程度耐えうるかを生物学的・医学的に研究する分野》. 〘(1947) ← BIO-+MEDICINE〙
bío·mèteorólogy *n.* 〘生物〙生物環境学, 生気象学《生物と気象の関係を扱う》. **bìo·meteorológical** *adj.* **bìo·meteorólogist** *n.* 〘(1946) ← BIO-+METEOROLOGY〙
bi·om·e·ter /baɪá(ː)məṭə | -ɔ́mɪ̣tə(r)/ *n.* バイオメーター, 生物計: **a** 生物の種類・密度・反応などを通して, 生物の分布や行動を測定すること. **b** その指標とする生物. 〘(1865) ← BIO-+-METER[1]〙
bi·o·met·ric /bàɪoʊmétrɪk | bàɪə(ʊ)-⁻/ *adj.* 生物測定(学[法])の. **bì·o·mét·ri·cal·ly** *adv.* 〘(1901) ← BIO-+METRIC〙
bì·o·mét·ri·cal /-trɪ̣kəl, -kḷ | -trɪ-/ *adj.* =biometric. 〘1902〙
bìo·metrícian *n.* 生物測定学者, 生物統計学者. 〘(1901) ← BIO-+METRICIAN〙
bi·o·met·rics /bàɪoʊmétrɪks | bàɪə(ʊ)-/ *n.* [単数扱い] 生物測定学, 生物統計学; (人間の)寿命測定(法) 《biometry ともいう》. 〘⇨ ↓, -ics〙
bi·om·e·try /baɪá(ː)mətri | -ɔ́mɪ̣-/ *n.* =biometrics. 〘(1831) ← BIO-+-METRY〙
bìo·mimétic *adj.* 〘生化学〙生体模倣の《生化学的プロセスを模倣した合成法の》.
bìo·mólecule *n.* 〘生物〙生体分子《生体内で作られる有機化合物》. 〘(1901) ← BIO-+MOLECULE〙
bío·mòrph *n.* ビオモルフ《生物体を表現した装飾的形態》. **bìo·mór·phic** /-fɪk⁻/ *adj.* 〘(1895) ← BIO-+-MORPH〙
bi·o·mor·phism /bàɪoʊmɔ́əfɪzm, bàɪə- | -ə(ʊ)mɔ́ː-/ *n.* 生物形態観, ビオモルフィズム《特に, 原始・抽象美術で特定の生体を描写していないのに見る人にそのイメージを起こさせること》. 〘← BIO-+-MORPHISM〙
Bi·on /báɪɑ(ː)n, -ən | -ən, -ɔn/ *n.* ビオーン《紀元前 100 年ごろのギリシャの田園詩人; *Epitaphios Adonidos*「アドニス哀歌」(17 の断片が現存)》.
bi·on·ic /baɪá(ː)nɪk | -ɔ́n-/ *adj.* **1** 生物工学(的)の. **2 a** (SF で)〈身体(の部位)が〉(電子工学的な機械をはめ込んで)機能を強化された. **b** 超人的な力[能力]をもつ. **bi·ón·i·cal·ly** *adv.* 〘(1901) ← BIO-+(ELECTRO)NIC〙
bi·on·ics /baɪá(ː)nɪks | -ɔ́n-/ *n.* [単数扱い] **1** 生体工学, 生物工学, バイオニクス《生物の機能を調べ, それを工学に取り入れ活用することを目的とする学問; cf. cybernetics》. **2** (電子装置などを応用した)義肢などの使用[技術].
bi·on·i·cist /baɪá(ː)nɪ̣sɪ̣st | -ɔ́nɪsɪst/ *n.* 〘(1959) ← BIO-+(ELECTRO)NICS〙
bi·o·nom·ic /bàɪəná(ː)mɪk | bàɪə(ʊ)nɔ́m-⁻/ *adj.* 生態学的な. **bì·o·nóm·i·cal·ly** *adv.* 〘(1899) □ F *bionomique*: ⇨ bionomy, -ic[1]〙
bì·o·nóm·i·cal /-mɪ̣kəl, -kḷ | -mɪ-⁻/ *adj.* =bionomic. 〘1902〙
bi·o·nom·ics /bàɪəná(ː)mɪks | bàɪə(ʊ)nɔ́m-/ *n.* [単数扱い] 生活史学, 生態学 (ecology). 〘(1888): ⇨ bionomic, -ics〙
bi·on·o·mist /baɪá(ː)nəmɪ̣st | -ɔ́nəmɪst/ *n.* 生態学者 (ecologist).
bi·on·o·my /baɪá(ː)nəmi | -ɔ́n-/ *n.* **1** =physiology. **2** =ecology. 〘← BIO-+(ECO)NOMY〙
-bi·ont /baɪɑ(ː)nt | -ɔnt/「(ある特殊な)生き方をする生物」の意の名詞連結形: haplo*biont*. 〘□ ? G ~ (変形) ← Gk *biount-*, *biôn* (pres.p.) ← *bioûn* to live〙
bìo·orgánic *adj.* 生物有機化学的な.
bìo·phília *n.* 生物自己保存能, 生命愛. 〘1968〙
bi·oph·i·lous /baɪá(ː)fələs | -ɔ́fɪ̣-/ *adj.* 〘植物〙寄生体の (parasitic). 〘← BIO-+-PHILOUS〙
bi·o·phore /báɪəfɔə | báɪə(ʊ)fɔː(r)/ *n.* 〘生物〙ビオフォア《生命の担い手として仮定された粒子》. 〘(1893) □ G *Biophor*: ⇨ bio-, -phore〙
bìo·phýsical *adj.* 生物物理学の[に関する]; 生物物理学的な. **bìo·phýsically** *adv.*
bìo·phýsics *n.* [単数扱い] 生物物理学《物理学的な方法を用いて研究される生物学の一分野; cf. biochemistry》. **bìo·phýsicist** *n.* 〘(1892) ← BIO-+PHYSICS〙
bío·pìc *n.* 《口語》伝記映画. 〘(1951) ← BIO(GRAPHICAL)+PIC[1]〙
bío·plàsm *n.* 〘生物〙生命物質, ビオプラスマ. **bìo·plásmic** *adj.* 〘(1872) ← BIO-+Gk PLASMA〙
bìo·poiésis *n.* 〘生物〙(進化論的にみた)無生物からの生命発生. 〘(1953) ← BIO-+POIESIS〙
bìo·pólymer *n.* 〘生化学〙生物高分子物質《蛋白質, DNA などの生体内にある重合体物質》. 〘(1961) ← BIO-+POLYMER〙
bìo·próspecting *n.* 生物探査, バイオプロスペクティング《医薬品などの有用成分を求めて動植物を探査すること》. **bìo·próspector** *n.* 〘(1990s) ← bio(diversity) *prospecting*〙
bi·op·sy /báɪɑ(ː)psi | báɪɒpsi, ―⌐―/ *n.* 〘医学〙(実験・診断などのための)生検(法), バイオプシー (cf. needle biopsy); 生体組織の一部切除. **— *vt.*** 〈生体組織など〉に生検を行う. **bi·op·tic** /baɪá(ː)ptɪk | -ɔ́p-/ *adj.* 〘(1895) □ F *biopsie*: ⇨ bio-, -opsy〙
bìo·psýchic *adj.* 〘心理〙生物現象と心理現象が関係し合う, 生物心理学的な.
bìo·psychólogy *n.* 生物心理学.
bìo·reáctor *n.* バイオリアクター《バイオテクノロジーの応用装置で, 固定化酵素や微生物を利用して物質の分解・合成・化学変換などを行う》.
bìo·région *n.* 〘生物〙自然の生態的群集を構成する地域[場所]. **bìo·régional** *adj.* 〘1978〙
bìo·régionalism *n.* バイオリージョナリズム《人間の活動は政治的国境ではなく, 生態学的・地理学的境界によっ

B

て束縛されるべきであるとする考え方)． **bìo·régionalist** *n.* 〘1983〙

bìo·remediátion *n.* 生物的環境浄化, バイオレメディエーション《微生物によって汚染物質を分解し, 環境を修復する技術》. 〘1989〙

bío·rhỳthm *n.* 〘生理〙生体[生物]リズム, バイオリズム《有機体の活動における周期的変化; cf. alpha rhythm; circadian rhythm》. **bìo·rhýthmic** *adj.* **bìo·rhýthmically** *adv.* 〘(1960) ← BIO-＋RHYTHM〙

bìo·rhýthmics *n.* [単数扱い] バイオリズム学[研究]. 〘(1969) ← BIO-＋RHYTHMICS〙

bíorhythm úpset *n.* 〘生理〙生体リズムの乱れ《体内時計 (body clock) が狂うこと》. 〘1968〙

bi·os /báɪɑ(ː)s | -ɔs/ *n.* (*pl.* **bi·oi** /-ɔɪ/, **～·es**) 〘生化学〙ビオス《イースト菌に含まれる動物生育因子; inositol と biotin の複合体》. 〘(1907) □ F ～ □ Gk *bíos* life〙

BIOS /báɪɑ(ː)s | -ɔs/ *n.* 〘電算〙バイオス《コンピューターの基本的入出力(キーボードやメモリーなど)のシステム; マザーボードにチップの形で搭載されている》. 〘(頭字語) ← *B(asic) I(nput) O(utput) S(ystem)*〙

bìo·sáfety *n.* 生物学的研究における安全性 (cf. genetic engineering). 〘(1977) ← BIO-＋SAFETY〙

bìo·sátellite *n.* 生物衛星《宇宙空間において生物が受ける影響を調査するため, 動植物を乗せるように設計された人工衛星》. 〘(1958) ← BIO-＋SATELLITE〙

bìo·scíence *n.* **1** 生物学 (biology). **2** 生命科学 (life science). **bìo·scientífic** *adj.* **bìo·scíentist** *n.* 〘(1941) ← BIO-＋SCIENCE〙

bi·o·scope /báɪəskòʊp | -skə̀ʊp/ *n.* **1** (20 世紀初めごろに使われた初期の)映写機. **2** 《南ア》映画; 映画館. 〘(1812) ← BIO-＋-SCOPE: TELESCOPE にならった造語〙

bi·os·co·py /baɪɑ́(ː)skəpi | -ɔ́s-/ *n.* 〘医学〙生死鑑定, 生活反応検査. 〘← BIO-＋-SCOPY〙

bìo·sénsor *n.* 〘電子工学〙バイオセンサー《熱などの物理的刺激に敏感で宇宙飛行士などの生活状況についての情報を得る検知器》. 〘(1962) ← BIO-＋SENSOR〙

-bi·o·sis /baɪóʊsɪs, bi- | -əʊsɪs/ *n.* (*pl.* **-bi·o·ses** /-siːz/)「(特定の)生き方, 生活様式 (mode of life)」の意の名詞連結形: sym*biosis*. 〘← NL ～ ← Gk *bíōsis*: ⇨ bio-, -osis〙

bìo·sócial *adj.* 生物社会的な, 生物と社会の相互作用に関する. 〘(1897) ← BIO-＋SOCIAL〙

bìo·sociológical *adj.* ＝biosocial. 〘1936〙

bìo·sociólogy *n.* 生物(学的)社会学《生物社会の科学; biological sociology ともいう》. 〘(1901) ← BIO-＋SOCIOLOGY〙

bio·sólids *n. pl.* バイオ固形物, バイオソリッド《下水汚物をリサイクル処理した有機物; 特に 肥料》.

bìo·speleólogy *n.* 洞穴生物学《洞穴にすむ生物の生物学的研究》. 〘(1947) □ F *biospéléologie*: ⇨ bio-, speleology〙

bi·o·sphere /báɪəsfɪə | báɪə(ʊ)sfɪə^(r)/ *n.* **1** 生物圏, 生活圏《地球上で生物が生活している[生活可能な]地域の全体》. **2** 生活圏の全生物およびその環境. **bìo·sphéric** *adj.* 〘(1899) □ G *Biosphäre*: ⇨ bio-, sphere〙

bìo·státic *adj.* 生体の構造と機能との関係に関する, 生体静力学的な. **bìo·státically** *adv.*

bìo·státical *adj.* ＝biostatic.

bìo·státics *n.* [単数扱い] 生物静力学《生物の構造を機能との関連で研究する生物学の一分野; cf. biodynamics》. 〘(1874) ← BIO-＋STATICS〙

bìo·statístics *n.* 生物統計学《生物学, 特に変異に関する統計的研究》. 〘(1950) ← BIO-＋STATISTICS〙

bìo·stratígraphy *n.* 生層位学《化石によって地層を分帯し, 結果を地域間で対比して相対的な地質年代を決めることを主目的とする地質学の一分野》. **bìo·stratigráphic** *adj.*

bi·o·strome /báɪoʊstròʊm | -ə(ʊ)strə̀ʊm/ *n.* 〘地質〙バイオストローム《生物化石から成る薄い岩層》. 〘(1932) ← BIO-＋STROME〙

bìo·sýnthesis *n.* (*pl.* **-theses**) 生合成, 生体内化学的物質合成. **bìo·synthétic** *adj.* **bìo·synthétically** *adv.* 〘(1930) ← NL ～: ⇨ bio-, synthesis〙

bìo·systemátic *adj.* 種分類学の.

bìo·systemátics *n.* ＝biosystematy. 〘1945〙

bi·o·sys·tem·a·ty /bàɪoʊsɪstémәṭi, bàɪə- | -ə(ʊ)sɪstémәti/ *n.* 種分類学, 生分類学《交雑による雑種が稔性をもつか否かで, 種を分類する考え方に立つ分類学》. **bìo·sýstematist** *n.* 〘← BIO-＋Gk *sústemat-*, *sústēma* 'SYSTEM' ＋-Y[1]〙

bi·o·ta /baɪóʊṭə | -ə́ʊtə/ *n.* 〘生態〙生物相《ある地域に産する生物の種類全部》. 〘(1901) ← NL ～ ← Gk *biotḗ* way of life ← *bíos* life〙

bi·o·tech /báɪoʊtèk | -əʊ-/ *n.* ＝biotechnology. 〘1974〙

bìo·téchnics *n.* **1** 人間の必要や目的に応じて生物を管理適応させること. **2** 生物工芸学《意匠や工学の問題に自然の形態を適用すること》. 〘(1925) ← BIO-＋TECHNICS〙

bi·o·tech·nol·o·gy /bàɪoʊteknɑ́(ː)lәdʒi, bàɪə- | bàɪə(ʊ)teknɔ́l-/ *n.* **1** バイオテクノロジー, 生物[生命]工学《遺伝子組み換えや細胞融合などの技術》. **2** 《米》人間工学 (ergonomics). **bi·o·tech·no·log·i·cal** /-tèknәlɑ́(ː)dʒɪkәl, -kl | -lɔ́dʒɪ-⁻/ *adj.* **bìo·technológically** *adv.* **bìo·technólogist** *n.* 〘(1941) ← BIO-＋TECHNOLOGY〙

bi·o·tec·ture /báɪoʊtèktʃə | -əʊtèktʃə^(r)/ *n.* バイオテクチャー《建築設計の不可欠な要素として生きた植物を取り込んだ建築》. 〘(1989) ← BIO-＋(ARCHI)TECTURE〙

bìo·telémetry *n.* バイオテレメトリー《動物に小型通信機をつけ発信される電波で動物の行動を探る; ecotelemetry ともいう》. **bìo·telemétric** *adj.* 〘(1963) ← BIO-＋TELEMETRY〙

bìo·térrorism *n.* バイオテロ(行為), 生物テロ《人に感染する病原菌や毒素を利用するテロ》.

bìo·thérapy *n.* 生物学的療法《生菌・動植物の産出物などを用いる療法》. 〘← BIO-＋THERAPY〙

bi·ot·ic /baɪɑ́(ː)ṭɪk | -ɔ́t-/ *adj.* **1** 生命の[に関する]. **2** 生物の; 生体の活動に起因する (cf. edaphic). 〘(1600)》(1868) □ Gk *biōtikós* ← *bíos* life: ⇨ -ic[1]〙

-bi·ot·ic /baɪɑ́(ː)ṭɪk | -ɔ́t-/ 次の意味を表す形容詞連結形: **1**「生命に関係のある」: anti*biotic*. **2**「(ある)生き方をする」: aero*biotic*. 〘← NL *-bioticus* ← Gk *biōtikós* (↑)〙

bi·ót·i·cal /-ṭɪkәl, -kl | -tɪ-/ *adj.* ＝biotic.

biótic commúnity *n.* 〘生態〙生物共同体, 生物群集.

biótic índex *n.* 〘生態〙生物指標《ある地域内の植物の数や動物の種類などの変化を示す; 汚染の影響を知る手掛かりとなる》.

biótic poténtial *n.* 〘生物〙生物繁栄能力, 増殖ポテンシャル. 〘1935〙

bi·o·tin /báɪәṭɪn | báɪә(ʊ)tɪn/ *n.* 〘生化学〙ビオチン ($C_{10}H_{16}N_2O_3S$)《ビタミン B 複合体の一つ; 結晶体の酸でビタミン H; coenzyme R ともいう; cf. avidin, bios》. 〘(1936) □ G *Biotin* ← Gk *biot-*, *bíos* life＋-IN[2]〙

bi·o·tite /báɪәtàɪt/ *n.* 〘鉱物〙黒雲母 ($K_2(Mg, Fe, Al)_6(Si, Al)_8O_{20}(OH)_4$. **bi·o·tit·ic** /bàɪәtíṭɪk | -tɪk⁻/ *adj.* 〘(1862) □ G *Biotit* ← *Jean B. Biot* (1774–1862: フランスの物理学者): ⇨ -ite[1]〙

bi·o·tope /báɪәtòʊp | -ә(ʊ)tә̀ʊp/ *n.* 〘生態〙ビオトープ, 小生活圏《生活圏の地域的な基本単位》. 〘(1927) □ G *Biotop* ← BIO-＋Gk *tópos* place: ⇨ topic〙

bìo·tóxin *n.* 生体毒素.

bìo·transformátion *n.* (ある化合物から異なる化合物への)生体内変化. 〘(1955) ← BIO-＋TRANSFORMATION〙

bi·o·tron /báɪәtrɑ̀(ː)n | -trɔ̀n/ *n.* バイオトロン《ある種の環境的要素が生体に及ぼす影響を研究するための気候調節装置》. 〘← BIO-＋-TRON〙

bi·o·troph /báɪoʊtròʊf | -ә(ʊ)trә̀ʊf/ *n.* 寄生植物, (特に)キノコ.

Bíot-Sa·várt làw /bíːoʊsәvɑ́ә- | bíːәʊsәvɑ́ː-; F. bjosavaːʁ-/ *n.* 〘電磁気〙ビオ サバールの法則《電流の作る磁界を表す法則》. 〘← *Jean B. Biot* (⇨ biotite)＋*Félix Savart* (1791–1841: フランスの物理学者)〙

bìo·tur·bá·tion /-tәːbéɪʃәn | -tɜː-/ *n.* 〘地学・生物〙生物擾乱(じょうらん), バイオターベーション《生物活動によって堆積構造が乱される現象; 浅海の未固結堆積物によくみられる》. **bìo·tur·bá·ted** /-tәːbéɪṭɪd | -tɜːbéɪtɪd⁻/ *adj.*

bi·o·type /báɪәtàɪp/ *n.* 〘生物〙**1** 生物型《同一種であるが異なる地方にすむために形態が異なるもの》. **2** 共通の生物型をもつ個体群. **bi·o·typ·ic** /bàɪәtípɪk⁻/ *adj.* 〘(1906) ← BIO-＋TYPE: cf. G *Biotypus*〙

bìo·typólogy *n.* 〘生物〙生物類型学《生物型 (biotype) の研究》. 〘↑, -logy〙

bi·ov·u·lar /baɪɑ́(ː)vjʊlә, -óʊv- | -ɔ́vjʊlә^(r), -ә́ʊv-⁻/ *adj.* 〘医学〙二卵生の; 二卵生双生児 (fraternal twins) (に特有)の (cf. monovular).

bìo·wárfare *n.* 生物戦争, 細菌戦.

bi·pack /báɪpæ̀k/ *n.* 〘写真〙バイパック《感色性の異なる二種のフィルムの膜面と膜面とを重ね合わせたカラーフィルム; 一回の露光により二色分解をなし, この陰画からカラー写真などを製作する; cf. tripack》. 〘(1924) ← BI-[1]＋PACK[1]〙

bì·paréntal *adj.* 両親の, 両親から引き出された. **～·ly** *adv.* 〘(1901) ← BI-[1]＋PARENTAL〙

bì·paríetal *adj.* 〘解剖〙二頭頂骨の, 二頭頂隆起の: the ～ diameter 大横径. 〘(1857) ← BI-[1]＋PARIETAL〙

bip·a·rous /bípәrәs/ *adj.* **1** 〘動物〙1 回に 2 子を産む. **2** 〘植物〙2 個を有する, 二枝[二輪]を生じる, 二生の. 〘(1731) ← BI-[1]＋-PAROUS〙

bi·par·ti·san /bàɪpɑ́әṭɪzәn, -zn, -sәn, -sn, -zæn | bàɪpɑ̀ːtɪzǽn, ⁻⁻⁻⁻⁻/ *adj.* 2 党[派]を代表する, 2 党[派]の(成員から成る); 二大政党提携の, 超党派的な: ～ diplomacy 超党派的外交. **～·ism** /-nɪzm/ *n.* 〘(1909) ← BI-[1]＋PARTISAN〙

Bipártisan Fóreign pólicy *n.* 超党派外交政策《特に, 1942–50 年頃にかけて米国大統領 F. D. Roosevelt と共和党上院議員 A. H. Vandenberg が共同してとった対外政策をいう》.

bipártisan·shìp *n.* 超党派的提携関係; (特に)政策協定締結. 〘(1950) ← BIPARTISAN, -SHIP〙

bi·par·tite /bàɪpɑ́әtaɪt | -pɑ́ː-⁻/ *adj.* **1 a** 二つの部分の[から成る]. **b** 〘法律〙〈契約書など〉2 通作成された (cf. tripartite 3): a ～ contract 2 通作った契約書. **2** 両者が分けもつ, 協同の (joint): a ～ pact 相互協定. **3** 〘植物〙〈葉が〉二深裂の (cf. tripartite 4): a ～ leaf 二裂葉. **～·ly** *adv.* 〘(1506) □ L *bipartitus* (p.p.) ← *bipartīre* to divide into two ← BI-[1]＋*partīre* to divide (← *pars* 'share, PART')〙

bi·par·ti·tion /bàɪpɑәtíʃәn, -pә- | -pɑː-, -pә-/ *n.* **1** 2 通作成. **2** 〘植物〙二深裂. 〘(1652) ← L *bipartitus* (↑)＋-ION〙

bi·par·ti·zan /bàɪpɑ́әṭɪzәn, -zn, -zæn | bàɪpɑːtɪzǽn, ⁻⁻⁻⁻⁻/ *adj.* ＝bipartisan.

bi·par·ty /bàɪpɑ̀әṭi | -pɑ̀ːti/ *adj.* 2 党[2 派]から成る. 〘(1898) ← BI-[1]＋PARTY〙

bi·pec·ti·nate /bàɪpéktәnèɪt | -tɪ-/ *adj.* 〘動物〙〈ある種のガの触角がくしの歯状の縁をした. 〘⇨ bi-[1]〙

bi·ped /báɪpèd/ *adj.* 2 足の (two-footed). **— *n.*** **1** 二足動物《人・鳥など》: a feathered ～ 鳥. **2** (四足動物の)一対の二本足. 〘(1646) □ F *bipède* ∥ L *biped-*, *bipēs* ← BI-[1]＋*ped-*, *pēs* 'FOOT'〙

bi·ped·al /bàɪpédḷ | -píːdḷ, -pédḷ⁻/ *adj.* **1** ＝biped. **2** 二足動物の. **bi·pe·dal·i·ty** /bàɪpɪdǽlәṭi | -piːdǽlɪti/ *n.* 〘(?1440) ← BI-[1]＋PEDAL〙

bi·pet·al·ous /bàɪpéṭәlәs | -tә-⁻/ *adj.* 〘植物〙二つの花弁をもつ.

bì·phásic *adj.* 二相の, 二つの相を有する. 〘(1909) ← BI-[1]＋PHASIC〙

bì·phényl *n.* 〘化学〙ビフェニル ($C_6H_5C_6H_5$)《二つのフェニル基から成る白色の結晶化合物; diphenyl ともいう; おもに熱媒体, 染料の原料用》. 〘(*c*1923) ← BI-[1]＋PHENYL〙

bi·pin·nar·i·a /bàɪpɪnέәriә | -pɪnέәr-/ *n.* ビピンナリア《ヒトデ類の浮遊性幼生》. 〘← NL ～ ← BI-[1]＋L *pinna* feather＋-ARIA[1]: ⇨ pinna〙

bi·pin·nate /bàɪpíneɪt, -nɪt⁻/ *adj.* 〘植物〙二回羽状の, 再羽状裂の: a ～ compound leaf 二回羽状複葉. **～·ly** *adv.* 〘(1794) ← NL *bipinnātus* ← BI-[1]＋PINNATE〙

bi·plane /báɪplèɪn/ *n.* 〘航空〙複葉(飛行)機 (cf. monoplane). 〘(1874) ← BI-[1]＋PLANE[4]〙

bi·pod /báɪpɑ(ː)d | -pɔd/ *n.* (自動小銃などを載せる)二脚架. 〘(1922) ← BI-[1]＋-POD[1]: cf. tripod〙

bi·po·lar /bàɪpóʊlә | -pә́ʊlә^(r)⁻/ *adj.* **1** (陰・陽, 正・負)二極ある, 二極式の: a ～ dynamo. **2** (北・南)両極地の[にある]. **3** 相反する二つの面[考え, 性質など]をもった: ～ world (自由・共産の)両極世界. **4** 〘動物〙双極性の《神経細胞が突起を 2 本もっている》. **5** 〘電子工学〙バイポーラの《P 型 N 型の両半導体を用いたことにいう》: a ～ transistor バイポーラトランジスター《一種類の半導体を用いた MOS トランジスターに対する語》. 〘(1810): ⇨ bi-[1]〙

bi·po·lar·i·ty /bàɪpoʊlǽrәṭi, -pә-, -lér- | -pә(ʊ)lǽrɪti/ *n.* 二極性. 〘(1865) ← BIPOLAR ↑, -ITY〙

bi·po·lar·ize /bàɪpóʊlәràɪz | -pә́ʊ-/ *vt.* …に二極性を与える. **bi·po·lar·i·za·tion** /bàɪpòʊlәrɪzéɪʃәn | -pә̀ʊlәraɪ-, -rɪ-/ *n.*

bipólar mànic-depréssive disòrder *n.* 〘精神医学〙双極性躁鬱(そううつ)障害《躁状態と鬱状態の双方を繰り返す; bipolar syndrome ともいう; cf. manic-depressive》.

bì·potentiálity *n.* 両性能力.

bi·prism /báɪprɪzm/ *n.* 〘物理〙複プリズム《180° に近い頂角をもつプリズム; Fresnel biprism ともいう》. 〘(1884) ← BI-[1]＋PRISM〙

bi·pro·pel·lant /bàɪprәpélәnt/ *n.* 〘宇宙〙二液性推進薬《液状酸化剤と液体燃料との二液より成る推薬; cf. monopropellant》. 〘(1947) ← BI-[1]＋PROPELLANT〙

bì·pýramid *n.* 〘結晶〙再錐体 (dipyramid). 〘(1897) ← BI-[1]＋PYRAMID〙

bi·quad·rate /bàɪkwɑ́(ː)drɪt, -dreɪt | -kwɔ́dr-/ *n.* 〘数学〙四乗したもの, 四乗冪(べき), 四累乗. 〘(1706) ← BI-[1]＋QUADRATE〙

bi·quad·rat·ic /bàɪkwɑ(ː)drǽṭɪk | -kwɔdrǽt-, -kwә-⁻/ 〘数学〙*adj.* 四次[四乗冪(べき)]の: a ～ root 四乗根. **— *n.*** **1** 四乗冪. **2** 四次方程式. 〘(1661) ← BI-[1]＋QUADRATIC〙

biquadrátic equátion *n.* 〘数学〙四次方程式《quartic equation ともいう》. 〘1668〙

bi·quar·ter·ly /bàɪkwɔ́әṭәli, -kwɔ́ː- | -kwɔ́ːtә-⁻/ *adj.* 3 か月 [4 半期]に 2 回(発行)の. 〘(1884) ← BI-[1]＋QUARTERLY〙

bi·qui·na·ry /bàɪkwáɪnәri, -kwín-⁻/ *adj.* 〘数学〙二五(にご)進法の《一定の規約に従って二進法と五進法を混用していることにいう》. 〘(1946) ← BI-[1]＋QUINARY〙

BIR 《略》Board of Inland Revenue.

bi·ra·cial /bàɪréɪʃәl, -ʃl⁻/ *adj.* 二つの人種(特に, 白人と黒人)から成る, 二人種[民族]の. **～·ism** /-lɪzm/ *n.* **～·ly** *adv.* 〘(1922) ← BI-[1]＋RACIAL〙

bi·ra·di·al /bàɪréɪdiәl⁻/ *adj.* 〘生物〙二放射相称の, 二輻(ふく)相称の《左右相称でかつ左右の両半部はそれぞれ放射状の排列をしたことにいう》: ～ symmetry 二放射相称, 二輻相称. 〘(*c*1909) ← BI-[1]＋RADIAL〙

bi·rad·i·cal /bàɪrǽdɪkәl, -kl | -dɪ-/ *n.* 〘化学〙二端遊離基.

bi·ra·mose /bàɪréɪmoʊs, -rәmóʊs | -réɪmәʊs, -rәmә́ʊs⁻/ *adj.* ＝biramous. 〘1877〙

bi·ra·mous /bàɪréɪmәs⁻/ *adj.* 二つに分岐している, 二枝形の, 二またより成る《たとえば甲殻類の脚など》. 〘(1877) ← BI-[1]＋RAMOUS〙

birch /bә́ːtʃ | bә́ːtʃ/ *n.* **1 a** 〘植物〙カンバ《カバノキ科シラカンバ属 (*Betula*) の各種の植物の総称; paper birch, silver birch, white birch, yellow birch など》. **b** カンバ材《birchwood ともいう》. **2** [the ～] カンバの枝むち《昔, カンバの枝を束ねて作り, 学童などの体罰に使った; birch rod ともいう》. **— *adj.*** カンバの, カンバの木製の (birchen): a ～ board [wood] カンバの木の板[森]. **— *vt.*** カンバの枝むちで打つ. 〘OE *bi(e)rċe* < Gmc **berkjōn* (G *Birke*) ← IE **bherәg-* 'to shine: BRIGHT'〙

bírch·bàrk *n.* **1** アメリカシラカンバ (*Betula papyrifera*) の皮《カヌーなどを作るのに用いる》. **2** 《米》アメリカシラカンバで造ったカヌー. 〘(1643) ← BIRCH＋BARK[2]〙

bírch bèer *n.* 《米》バーチビヤ《カンバの皮のエキスを含み炭酸を加えるか発酵させて作る清涼飲料; cf. beer 2》. 〘1883〙

birch·en /bә́ːtʃәn | bә́ːtʃ-/ *adj.* 〘植物〙カンバ (birch) の;

カンバの木でできた: ~ forests. 〖(?1440): ⇨ -en²〗

Birch·er /bə́ːtʃə | bə́ːtʃə(r/ *n.* ジョンバーチ協会の会員[支持者], 極右反共主義者. 〖(1961) ← *John Birch Society*: 1958 年 R. Welch, Jr. (1899–1985) により設立された米国の極右団体, 1945 年中国共産党員に殺された米空軍将校 John Birch にちなむ〗

Birch·ism /bə́ːtʃɪzm | bə́ːtʃ-/ *n.* (米国の)極右反共主義, 超保守主義, バーチ主義. **Bírch·ist** /-tʃɪst | -tʃɪst/ *n.* 〖⇨ Bircher, -ism〗

Birch·ite /bə́ːtʃaɪt | bə́ːtʃ-/ *n.* =Bircher.

birch pàrtridge *n.* 《カナダ》=ruffed grouse.

birch ròd *n.* =birch 2.

bírch·wòod *n.* **1** =birch 1 b. **2** カンバの森.

bird /bə́ːd | bə́ːd/ *n.* **1** 鳥: flying ~*s* / sing like a ~ 陽気に歌う / a flock [flight] of ~*s* 一群の[飛んで行く]鳥 / (as) free as a ~ (空飛ぶ)鳥のように自由で / Every ~ likes its own nest the best. 《諺》どの鳥でも自分の巣を最も好む (cf.「住めば都」). **2 a** 狩猟鳥 (game bird); (特に)イワシャコ (partridge). **b** (トラップ射撃の標的にする)クレー (clay pigeon). **3** [修飾語を伴って] **a** [通例戯言的にまたはいくぶんもったいぶって用いて] 《口語》人, やつ (fellow): a queer [odd] ~ 妙なやつ / a clever ~ (ずる)賢いやつ / ⇨ early bird, jailbird, old bird. **b** [しばしば反語的に] 《米俗》とても利口な人: a perfect ~ 申し分ない人. **c** 《米俗》変人, 奇人. **d** 《米俗》熱狂者, (…の)ファン, …狂 (enthusiast): a ~ about music 音楽狂. **4** 《英俗》娘, (特に)魅力的な女(の子) (cf. dolly bird); ガールフレンド: a smashing ~ 美しい娘 / my ~ かわいい子. 《cf. ME *birde* 'BURD'》 **5** 《俗》**a** 飛行機; ヘリ(コプター); 誘導弾, ロケット, ミサイル. **b** 人工衛星 (satellite); 宇宙船 (spacecraft). **6** (バドミントンの)羽根 (shuttlecock). **7** 《英俗》禁固刑の判決; 刑期; 刑務所: do ~ 刑に服す / in ~ 禁固刑に処せられて, 投獄されて. **8** [the ~] **a** 《口語》(観客・聴衆の立てる)あざけりの声, やじ: give [flip] a person *the* ~ 人にやじを浴びせる; 人にひじ鉄を食わす / get *the* (big) ~ やじられる, やじり倒される; ひじ鉄を食う. **b** 《口語》解雇, くび: give a person *the* ~ 人を首にする / get *the* ~ 首になる. **c** 《米卑》中指を立てほかの 4 本の指を曲げた手を外側に向けるしぐさ《Fuck you. の意の卑猥な軽蔑を表す》.

a bird in the búsh 予想の利益, 不確実なもの. ***a bird in the hánd*** 現実の利益, 確実なもの. ★ 上の成句と共に次の諺に由来する: A ~ *in the hand* is worth two *in the bush*. 《諺》捕えている一羽の鳥はまだやぶの中にいる二羽の価値がある,「あすの百よりきょうの五十」. 《1581》 ***a bird of one's ówn mind* [*bráin*]** 自分自身の考え. ***A líttle bird tóld me* (*that* ...).** 《口語》(…だと)ある人から聞いた《秘密などの出所を明らかにしない言い方; cf. *Eccles.* 10: 20》. ***birds of a féather*** 同じ羽毛の鳥; (一般に悪い意味で)同類の人, 同じ穴のむじな: *Birds of a feather* flock together. 《諺》同じ羽毛の鳥はおのずから一所に集まる,「類は友を呼ぶ」《1599》. ***éat like a bírd*** ついばむほどしか食べない, 極めて小食である. ***kill twó bìrds with óne stóne*** 一石二鳥を獲る, 一挙両得する. 《1656》 ***like a bírd*** (1) 容易に, ためらわずに. (2) (進むときなど)勢いよく, さっと; 快調に. 《1825》 ***màke a* (*déad*) *bírd of*** 《豪》…を確保する. **(*strictly*) *for the bírds*** 《口語》つまらない, 軽蔑すべき, 価値のない (worthless): That movie is *for the* ~*s*. あの映画はつまらんよ. 《1951》 ***the bírds and the bées*** 《口語》(子供に説明するような)性教育の基礎的な事柄 (cf. *a* FACT *of life* (2)). ***the bírd in one's bósom*** 良心; 内心. ***The bírd is* [*has*] *flówn*.** 《口語》相手は逃げてしまった《捕えようとしていた人または捕まっていた人[囚人]が逃げた》.

Bird of Fréedom [時に b- of f-; the —] 自由の鳥《米国国章のハクトウワシ (bald eagle) を指す》. 《1848》

bird of ill ómen (1) 不吉な鳥. (2) 不吉なことを言う人, 不運をもたらす人.

bird of Jóve [the —] ユーピテルの鳥《ワシ》. 《1667》

bird of Júno [the —] ユーノーの鳥《クジャク》. 《1733》

bird of Minérva [the —] ミネルヴァの鳥《フクロウ》.

bird of níght [the —] 夜の鳥《フクロウ》.

bird of páradise (1) 《鳥類》フウチョウ, (俗に)極楽鳥《ニューギニア・インドネシアに生息するフウチョウ科の鳥の総称; オオフウチョウ (*Paradisaea apoda*), ベニフウチョウ (*P. rubra*), コフウチョウ (*P. minor*) など 40 数種いる》. 《(1606) この鳥が美しい羽をもち, また脚がなく絶えず空を飛んでいるという伝説から》 (2) [the B- of P-] 《天文》ふうちょう(風鳥)座 (⇨ Apus). (3) 《植物》=bird-of-paradise.

bird of pássage (1) 渡り鳥, 候鳥. (2) 《口語》渡り者, 旅がらす, 風来坊. 《1728》

bird of péace [the —] 平和の鳥《ハト》.

bird of préy (タカ・ワシ・フクロウなどのような)猛禽. 《*a*1398》

bird of Wáshington [the —] =American eagle. 《1868》

bird of wónder [the —] 不思議な鳥, 不死鳥 (phoenix) 《Arabian bird ともいう》. 《1612–13》

— *vi.* 鳥を撃つ, 鳥を捕える; 野鳥を観察する.

〖(1419) 《音位転換》← ME *brid* < OE *brid*(*d*) young bird ← ?〗

Bird /bə́ːd | bə́ːd/ *n.* Charlie Parker の愛称.

Bird /bə́ːd | bə́ːd/, **Larry** *n.* バード (1956– ; 米国のバスケットボール選手).

bírd·bànding *n.* 《米》鳥類標識法の一種《鳥類の移動状況調査のため脚に標識となる脚輪をつけて放つ》. 〖(1912): ⇨ band¹〗

bírd·bàth *n.* (小鳥用)水盤, つくばい《小鳥が水浴したり水を飲んだりするため庭などに設ける水盤》. 〖(1895) ← BIRD+BATH¹〗

bírd·bòlt *n.* 《古》鳥矢《鳥を射るための先端の丸い矢; 突き刺さらない》. 〖1440〗

bírd·bràin *n.* 《口語・軽蔑》うすのろ, ばか; そわそわした人 (scatterbrain). 〖(1943) ← BIRD+BRAIN〗

bírd·bràined *adj.* 《口語・軽蔑》軽率な, 愚かな.

bírd brèeder's lúng *n.* 《医学》=bird fancier's lung.

bírd·càge *n.* **1** 鳥かご (cf. aviary). **2** 鳥かごのようなもの[に似たもの]. **3 a** 《英俗》捕虜収容所. **b** 《米俗》独房 (prison cell). **4** 《豪》《競馬》出走前に馬の下見をする場所. **5** 《豪口語》中古車の販売所. 〖(1490) ← BIRD+CAGE〗

bírdcage clòck *n.* 《時計》=lantern clock. 〖1952〗

bírd·càll *n.* **1** 鳥の(仲間を呼ぶ)声. **2** 鳥のまね声. **3** (鳥寄せの)鳥笛, 呼び子. 〖(*c*1625) ← BIRD+CALL〗

bírd·càtcher *n.* 捕鳥者[器]. 〖(1580) ← BIRD+CATCHER〗

bírd chèrry *n.* 《植物》=European bird cherry. 〖1597〗

bírd còlonel *n.* 《米軍俗》(中佐 (lieutenant colonel) と区別して)大佐 (cf. chicken colonel). 〖(*c*1947) 記章のワシにちなんで〗

bírd-dòg 《米口語》*vi.* 鳥猟犬をつとめる; 厳重に監視する. — *vt.* 捜し出す; …のあとをつけて探偵する, くまなく捜索する; 綿密に調べる. 〖(1943)〗↓〗

bírd dòg *n.* 《米》 **1** 鳥猟犬. **2** 《口語》 **a** 捜(し出)す人. **b** 勧誘員 (canvasser). **c** タレントスカウト, (特に, 選手の)スカウト. **d** 情報の聞き込み人. **e** 他人のデートの相手 (date) を横取りする人. 〖1888〗

bírd-dògging *n.* 《米口語》 **1** 厳重に監視すること; あとをつけて探偵すること. **2** (パーティーなどで)他人のデートの相手の横取り. 〖*c*1941〗

bírd-èating spíder *n.* 《動物》トリクイグモ (bird spider).

bírd·er /bə́ːdə | bə́ːdə(r/ *n.* **1** 鳥類捕獲人. **2** 《口語》野鳥観察者 (bird-watcher). 〖(1481–90): ⇨ bird, -er¹〗

bírd·èye *n.* 《植物》北米産のトウダイグサ科の多年草 (*Caperonia castanaefolia*) 《Mexican weed ともいう》. 〖その花の中心が目に似ているところから〗

bírd-éyed *adj.* **1 a** 鳥のような目をもった. **b** 鳥目模様のある. **2** 〈馬が〉驚きやすい. 〖(1564) ← BIRDEYE+-ED〗

bírd-fàncier *n.* **1** 愛鳥家. **2** (鳥の飼育・売買などをする)鳥屋. 〖(1773) ← BIRD+FANCIER〗

bírd fàncier's lúng *n.* 《医学》愛鳥家肺, 鳥飼育者肺, 鳥飼病《鳥の羽や糞などの微粒子を吸入することに起因するアレルギー性肺胞炎; bird breeder's lung ともいう》.

bírd fèeder *n.* (野鳥を寄せるための)給餌装置.

bírd-fòot *n.* (*pl.* ~*s*) 《植物》=bird's-foot.

bírd gràss *n.* 《植物》 **1** =knotgrass 1. **2** オオスズメノカタビラ, コイチゴツナギ (*Poa trivialis*) 《北米の温帯地方で芝生を作るために植えるイネ科の植物; rough bluegrass ともいう》.

bírd·hòuse *n.* 《米》 **1** (家の形をした)巣箱. **2** (小鳥を見せる)鳥の家, 小鳥小屋. 〖(1870) ← BIRD+HOUSE〗

bird·ie /bə́ːdi | bə́ːdi/ *n.* **1** 《小児語》小鳥さん (little bird), 鳥さん (bird): Watch the ~! 小鳥さんを見て(はい, こちらを見て)《写真を撮るときの言葉》. **2** 《ゴルフ》バーディー《そのホールのパー (par) より 1 打少ない打数; cf. eagle 6》. — *vt.* (~**d**, ~**·ing**) 《ゴルフ》〈ホールを〉バーディーであがる. 〖(1792) ← BIRD+-IE〗

Bird·ie /bə́ːdi | bə́ːdi/ *n.* バーディー: **1** 男性名. **2** 女性名. 〖↑〗

bírdie·bàck *n.* =birdyback.

bírd·ing /-dɪŋ | -dɪŋ/ *n.* =bird-watching. 〖1569〗

bírd·lìke *adj.* 小鳥のような; 〈動きなど〉(小鳥のように)すばやい, 軽快な; 〈つくりなど〉かよわい, もろい.

bírd·lìme *n.* **1** 鳥もち. **2** 陥れるもの. **3** 鳥の糞. — *vt.* 鳥もちで捕える; …に鳥もちを塗る. 〖(*a*1425): ⇨ bird, lime〗

bírd lòuse *n.* 《昆虫》ハジラミ《鳥に寄生する食毛目 (Mallophaga) の昆虫の総称》. 〖1826〗

bírd·man /-mæ̀n, -mən/ *n.* (*pl.* **-men** /-mèn, -mən/) **1 a** 鳥類研究者[学者] (ornithologist). **b** 鳥を捕る人 (fowler). **c** 剝製(はくせい)師. **d** 鳥を飼う人, 鳥の世話をする人. **2** 《口語》鳥人, 飛行家 (aviator). 〖(1697) ← BIRD+MAN〗

bírd-nèst *n.* 《海事》=crow's nest 1.

bírd-nèsting *n.* =bird's-nesting.

bírd obsèrvatory *n.* 鳥類[野鳥]観測所《野鳥の調査, 特に脚環づけが行われる場所[建物]》.

bírd-of-páradise *n.* (*pl.* **birds-**) 《植物》ゴクラクチョウカ, ゴクラクバナ, ストレリッチア (*Strelitzia reginae*) 《アフリカ南部原産のバショウ科の多年草; 観賞用に温室で栽培, その花は鳥の飛ぶ姿に似ている》. 〖*c*1884〗

bírd-of-páradise bùsh *n.* 《植物》ジリエホウオウボク, ホウオウボクモドキ (*Poinciana gilliesii*) 《南米産マメ科の小高木; 大形の黄色い蝶形花が咲く》.

bírd-of-páradise flòwer *n.* 《植物》=bird-of-paradise.

bírd pèpper *n.* 《植物》 **1** 野性のトウガラシ《トウガラシ (*Capsium frutescens*), キダチトウガラシ (*C. frutescens* subsp. *baccatum*) などの原種とされる; cf. red pepper》. **2** トウガラシの実. 〖1696〗

bírd-rìnging *n.* 《英》鳥の脚環づけ (《米》birdbanding). **bírd-rìnger** *n.*

bírd sànctuary *n.* (自然環境における)野鳥の聖域《保護・禁猟区域》. 〖1887〗

bírd's bèak *n.* 《建築》鳥嘴(ちょうし)《鳥の頭やくちばしを彫った繰形》. 〖1862〗

bírd·sèed *n.* (飼鳥に与える)つぶえ. 〖(1840) ← BIRD+SEED〗

bírd's-eye /bə́ːdzàɪ | bə́ːdz-/ *adj.* **1 a** 鳥瞰(ちょうかん)的な: a ~ photograph 鳥瞰写真 / ⇨ bird's-eye view. **b** 概観的な. **2** 鳥目模様の, 鳥目模様の斑点(はんてん)のある: ~ silk, handkerchiefs, etc. **3** サトウカエデ材 (bird's-eye maple) で作った. — *n.* **1** 《植物》鮮やかな色の小さな花をつける植物の総称《セイヨウユキワリソウ (bird's-eye primrose), 《英》カラフトヒヨクソウ (germander speedwell), アキザキフクジュソウ (pheasant's eye), ミヤコグサ (bird's-foot trefoil), ヒメフウロ (herb Robert) など》. **2 a** 織物地に鳥目模様の斑点のある織柄. **b** 鳥目模様の織物. 〖1597〗

Birds·eye /bə́ːdzàɪ | bə́ːdz-/, **Clarence** *n.* バーズアイ (1886–1956; 米国の発明家; 食品の急速冷凍法を開発した).

Bírds Èye *n.* 《商標》バーズアイ《米国製の冷凍食品; cf. Birdseye》.

bírd's-èye máple *n.* **1** サトウカエデ材《波状の木目に暗黒色の円形の斑点のあるサトウカエデ (sugar maple) の木材》. **2** 《米俗》(特に性的魅力のある白人と黒人との)混血少女. 〖1793〗

bírd's-èye prímrose *n.* 《植物》セイヨウユキワリソウ (*Primula farinosa*) 《高山性のサクラソウの一種》.

bírd's-èye spéedwell *n.* 《米》《植物》=germander speedwell.

bírd's-èye víew *n.* 鳥瞰(ちょうかん)図, 全景; 概観, 大要 (cf. worm's-eye view): a ~ of the city その都市の鳥瞰図[全景] / a ~ of modern history 近代史の概観. 〖1762–71〗

bírd's-fòot *n.* (*pl.* ~*s*) 《植物》鳥の足に似た形の葉や果実をもつ植物の総称; (特に)鳥の爪状のさやをつけるマメ科ツノウマゴヤシ属 (*Ornithopus*) の牧草《bird-foot ともいう》. 〖1578〗

bírd's-fòot férn *n.* 《植物》 **1** 熱帯アメリカ産のシダ (*Adiantopsis radiata*). **2** 北米太平洋海岸産イヌウラジロシダ属のシダ (*Pellaea mucronata*) (cf. rock brake).

bírd's-fòot tréfoil *n.* 《植物》 **1** マメ科ミヤコグサ属の植物の総称; (特に)ミヤコグサ (*Lotus corniculatus*) 《今は米国では家畜の飼料などとして広く栽培される; bacon-and-eggs ともいう》. **2** ミヤコグサに似た植物の総称. 〖1833〗

bírd's-fòot víolet *n.* 《植物》中心部に目のような黄色の斑点のある大きな淡青の花をつけるスミレの一種 (*Viola pedata*) 《米国 Wisconsin 州の州花》. 〖1839〗

bírd shòt *n.* 鳥猟に用いる小散弾.

bírd·skìing *n.* (翼をつけて)空中に浮き上がる水上スキー.

bírd's-mòuth *n.* 《建築》切り欠き《たるき下端の軒桁(のきげた)のための欠込(かきこ)み》. **~·ing** *n.* 〖1823〗

bírd's-nèst *vi.* 鳥の巣探しをする《鳥の巣を探して卵・ひなを取ること》: go ~*ing* 鳥の巣探しに行く. — *n.* 《植物》イチヤクソウ科の葉緑体をもたない腐生植物; (特に)シャクジョウソウ[錫杖草] (*Monotropa hypopitys*) 《北半球の温帯地域産; シャクジョウソウ属; yellow bird's-nest ともいう》. **~·er** *n.* **~·ing** *n.* 〖(1856)〗↓〗

bírd's nèst *n.* **1** 鳥の巣. **2** (料理用の)燕窩(えんか), 燕巣(えんそう) (edible bird's nest). **3** 《俗》(釣り糸の)もつれ. **4** 《植物》鳥の巣に似た形の植物の総称; (特に)野生のニンジン (⇨ wild carrot). **5** 《海事》=crow's nest 1. 〖1373〗

bírd's-nèst férn *n.* 《植物》シマオオタニワタリ (*Asplenium nidus*) 《東南アジアからオーストラリアにかけて産する着生シダで観葉植物》. 〖1858〗

bírd's-nèst fúngus *n.* 《植物》チャダイゴケ科 (*Nidulariaceae*) の菌類.

bírd's-nèst órchid [órchis] *n.* 《植物》サカネラン (*Neottia nidusavis*). 〖1883〗

bírd's-nèst sòup *n.* ツバメの巣のスープ《ツバメの粘液質の巣から作る中国料理》. 〖1871〗

bírd·sòng *n.* 鳥の鳴き声; 鳥のさえずり. 〖(1896) ← BIRD+SONG〗

bírd spìder *n.* 《動物》トリクイグモ, オオツチグモ (*Aviculariidae*) 《小鳥を捕食する大形のクモ》. 〖1826〗

bírd strìke *n.* 航空機の鳥(の群)との衝突. 〖1962〗

bírd tàble *n.* (庭などにおく)野鳥のえさ台. 〖1905〗

bírd tùrd *n.* 《米俗》くだらんやつ; ばかなこと.

bírd-vòiced trée fròg *n.* 《動物》米国南部産のアマガエル科の鳥のような鳴き声を出すカエルの一種 (*Hyla avivoca*).

bírd wàlk *n.* (野鳥の生態を観察する)探鳥行; (特に)野鳥観察会.

bírd-wàtch *vi.* 探鳥する, (特に, 趣味として)野鳥の生態を観察・研究する. 〖(1948)《逆成》↓〗

bírd-wàtcher *n.* 野鳥観察者, 野鳥生態研究家. 〖(1905) ← BIRD+WATCHER〗

bírd-wàtching *n.* 野鳥観察, バードウォッチング.

Bírd Wèek *n.* 野鳥愛護週間.

bírd·wìng *n.* 《昆虫》トリバネチョウ《Australasia 熱帯地方に生息する目立った模様の大形の蝶; bird-winged butterfly ともいう; *Ornithoptera* 属の数種が含まれ, その中の Queen Alexandra's birdwing は世界最大の蝶》. 〖(1933): cf. *bird-winged butterfly* (1882)〗

bírd-wìtted *adj.* うわついた (flighty). 〖1605〗

bírd·wòman *n.* 《口語》女性飛行家 (aviatress).

bird·y /bə́ːdi | bə́ːdi/ *adj.* (**more** ~, **most** ~; **bird·i·er**, **-i·est**) **1** 鳥のような. **2** 〈土地が〉鳥の多い, (特に)猟鳥のたくさんいる. **3** 〈猟犬が〉鳥探しのうまい. 〖⇨ -y¹〗

bírdy·bàck *n.* バーディーバック方式の輸送《航空機による貨物トレーラーでの物資輸送; cf. fishyback, piggy-

B

back). 〘← BIRD＋(PIGG)YBACK〙

bi·rec·tan·gu·lar /bàɪrɛktǽŋgjʊlə | -lə^(r)-/ *adj.* 〘数学〙二つの直角をもった.

bi·re·frin·gence /bàɪrɪfríndʒəns/ *n.* 〘光学〙複屈折 (⇨ double refraction). **bì·re·frín·gent** /-dʒənt/ *adj.* 〘(1898): cf. F. *biréfringence*〙

bi·reme /báɪriːm | ⁻⁻, ⁻⁻/ *n.* (古代ギリシャ・ローマの)二段オールのガレー船 (galley) (cf. trireme). 〘(1600) ◻ L *birēmis* ← BI-¹＋*rēmus* oar〙

Bi·ren·dra Bir Bik·ram Shah Dev /bɪréndrɑːbíəbíkræmʃɑ́ːdév | -bíə-/ *n.* ビレンドラ ビル ビクラム シャー デブ (1945–2001; ネパールの国王 (1972–2001)).

bi·ret·ta /bərétə | -tə/ *n.* 〘カトリック〙ビレッタ《聖職者の用いる四角形の帽子; pope は白, cardinal は緋色, bishop は紫, その他は黒と, 位階によって色が違う; berretta ともいう; cf. galero, zucchetto》. 〘(1598) ◻ It. *berretta* ∥ Sp. *birreta* ◻ Prov. *bereta* cap(dim.) ← LL *birrus* hooded cloak ← celt.〙

Bir·git·ta /bɪəgítə | bɪəgítə; *Swed.* bɪrgǐtːa/, Saint *n.* ⇨ Brigid.

bi·ri /bíəri | bíəri/ *n.* (インド) ＝beedi.

bir·i·a·ni /bɪriɑ́ːni/ *n.* 〘料理〙ビリヤーニ《ライス・肉・魚などをスパイスで味付けしたインド料理》.

birk /bíək, bə́ːk | bíək, bə́ːk/ *n.* (スコット・イングランド北部) ＝birch 1.

Birk·beck /bə́ːkbɛk | bə́ːk-/, **George** *n.* バークベック (1776–1841; 英国の内科医・教育改革家).

birk·en /bə́ːkən | bə́ːk-/ *adj.* (スコット) ＝birchen. 〘1675〙

Bir·ken·au /bə́ːkənàʊ |bə́ː-/ *n.* ビルケナウ《ポーランド南部に建設された第二次大戦中のナチの絶滅収容所; ガス室・死体倉庫・死体焼却炉などがあった; Auschwitz II とも呼ばれる》.

Bir·ken·head /bə̀ːkənhéd, ⁻⁻⁻ | bə̀ːkənhéd, ⁻⁻⁻/ *n.* バーケンヘッド《イングランド北西部, Wirral 半島の海港, Liverpool の対岸で Mersey 川に臨む》. 〘earlyME *Birkened* (原義) headland overgrown with birch: ⇨ birchen, head〙

Bir·ken·head /bə̀ːkənhéd, ⁻⁻⁻ | bə̀ːkənhéd, ⁻⁻⁻/, 1st Earl of *n.* バーケンヘッド (1872–1930; 英国の法律家・大法官; 本名 Frederick Edwin Smith).

Bir·ken·stocks /bə́ːkənstɑ̀(ː)ks | bə́ːkənstɔ̀ks/ *n.* 〘商標〙ビルケンストック《ドイツ製の平底の革製サンダル; 足を痛めないデザインで定評がある》.

bir·kie /bə́ːki, bíə-, bə́ː-/ *n.* (スコット) **1** 陽気で断定的な人, でしゃばり. **2** 男, やつ (fellow). **3** 愚かな気取り屋. 〘(1724) ← ?: cf. ON *berkja* 'to BARK¹, boast'〙

birl¹ /bə́ːl | bə́ːl/ *vt.* (スコット) **1** 回転させる; 〈浮いている丸太を〉(その上に乗って)ぐるぐる回転させる. **2** 〈硬貨を〉回す. — *vi.* **1** くるくる回転しながら進む. **2** (米) (丸太回し競争で)丸太回しをする (cf. birling). **~·er** *n.* 〘(1724) (混成) ? ← BIRR¹＋WHIRL〙

birl² /bə́ːl, bíəl | bə́ːl, bíəl/ *v.* (*also* **birle** /~/) (スコット) — *vt.* 〈酒を〉つぐ; 〈人〉に酒を強いる. — *vi.* 一緒に酒を飲む, 飲み騒ぐ. **~·er** *n.* 〘OE *byrelian*: cf. OE *byrele* cup bearer〙

bírl·ing /-lɪŋ/ *n.* ＝logrolling 2. 〘⇨ birl¹〙

bir·linn /bə́ːlɪn, bíəl- | bə́ːlɪn, bíəl-/ *n.* (スコットランドの Hebrides 諸島で用いられる) 大きなこぎ舟, はしけ. 〘(1595) ◻ Sc.-Gael. ~, *bierlinn* ◻ ? ON *byrthingr* merchant ship〙

Bir·man /bə́ːmən | bə́ː-/ *n.* 〘動物〙バーマン《ミャンマー産の長毛の猫; 被毛がシャム猫に近い》.

Bir·ming·ham¹ /bə́ːmɪŋəm | bə́ː-/ バーミンガム《イングランド中部の都市; London に次ぐ大都市で同国最大の工業中心地, また輸送・サービス産業も盛ん》. 〘OE *Bermingehām* (原義) 'village of the people of Beornmund (人名)': ⇨ -ing³, home: cf. brummagem〙

Bir·ming·ham² /bə́ːmɪŋhæ̀m | bə́ː-/ *n.* バーミングハム《米国 Alabama 州中部の工業都市; 豊かな石炭層・鉱床で知られる》.

Bír·nam Wóod /bə́ːnəm- | bə́ː-/ *n.* バーナムの森 (Shakespeare 作の *Macbeth* に出る森の名; cf. taint *vi.* 2).

Bi·ro /báɪroʊ | báɪ(ə)rəʊ; *Hung.* bíro:/ *n.* (*pl.* **~s**) (英) 〘商標〙バイロウ《ボールペンの商品名》. — *vt.* [b-] ボールペンで書く. 〘(1947) ↓〙

Bi·ró /báɪroʊ | báɪ(ə)rəʊ/, **Lász·ló** *n.* ビロー (1900–85; ハンガリー生まれのアルゼンチンのジャーナリスト・発明家; ボールペンの考案者).

Bir·o·bi·dzhan /bɪ̀roʊbɪdʒɑ́ːn, -dʒǽn | -rə(ʊ)bɪdʒɑ́ːn; *Russ.* bʲɪrəbʲɪdʒǽn/ *n.* (*also* **Bir·o·bi·jan** /~/) ビロビジャン: **1** ロシア連邦 Khabarovsk 西方の都市; ユダヤ自治州 (Jewish Autonomous Region) の州都. **2** 同州の別称.

bi·ro·ta /bəróʊ(ː)tə | bɪrɔ́tə/ *n.* ビロタ《通例 3 頭のらばが引く古代ローマの二輪馬車》. 〘◻ L ~ (名詞用法) ← *birotus* two-wheeled ← *rota* wheel: ⇨ bi-¹〙

birr¹ /bə́ː | bə́ː^(r)/ (米・スコット) *n.* **1 a** 力; (特に)風の力. **b** 攻撃の勢い; 突撃. **c** 推進力 (impetus). **d** 精力, 元気 (vigor). **2** (紡ぎ車などの)びゅーという回転音 (whirring sound). — *vi.* びゅーという音を出しながら動く; びゅーという音を出す. 〘(*a*1325) *bir(r)* ◻ ON *byrr* favoring wind: cf. OE *byre* strong wind. — vi.: (擬音語)?〙

birr² /bə́ː, bíə | bə́ː, bíə^(r)/ *n.* (*pl.* **~, ~s**) **1** ビル《エチオピアの通貨単位; 1976 年に dollar を改称; ＝100 cents》. **2** ビル貨. 〘◻ Amharic〙

Bir·rell /bírəl/, **Augustine** *n.* ビレル (1850–1933; 英国の政治家・随筆家・評伝家; *Obiter Dicta*「折に触れて」(1884)).

bir·rus /bírəs/ *n.* (*pl.* **bir·ri** /bíriː, -raɪ/) ビルス《古代ローマ人や中世の下層階級の人々が用いた, 通例フード付きのケープ[外衣]》. 〘◻ LL ~: ⇨ biretta〙

birse /bíəs, bə́ːs | bíəs, bə́ːs/ *n.* (スコット) **1** 剛毛 (bristle); 剛毛の束, あごひげや身体の短い毛. **2** [the ~] 怒り: set up *the* ~ 怒る. 〘OE *byrst* 'BRISTLE'〙

birth /bə́ːθ | bə́ːθ/ *n.* **1 a** 出生, 誕生 (cf. natal): ⇨ new birth / the happy ~ of a son / the date [day] of one's ~ 生年月日 / at ~ 生まれたときに[は] / a ~ unto righteousness 正道への生まれ変わり. **b** 出産, 分娩(ﾍﾞﾝ): She had a difficult [an easy] ~ *with* her first child. 第 1 子は難産[安産]だった / He was present at the ~ of his daughter. 彼は娘が生まれるときに立ち会った. **2** 生まれ, 氏, 素姓(ｽｼﾞｮｳ), 家系 (lineage); (よい)家柄, 門地: a man of American ~ 米国生まれの男 / ⇨ *by* BIRTH (1) / He behaved as became his ~. 自分の生まれにふさわしいふるまいをした / a man of noble ~ 高貴な家柄の人 / a man of good [humble, mean] ~ 生まれのよい[卑しい]人 / a man of ~ and breeding 氏もあり育ちもよい人, 生まれもよく教育もある人 / a man without ~ 家柄のない人 / *Birth* is much, but breeding is more. (諺)「氏より育ち」/ A woman of no ~ may marry into the purple. ⇨ purple 3 b. **3** 生まれながらの才能, 天性, 天稟(ﾃﾝﾋﾟﾝ): ⇨ *by* BIRTH (2). **4** (事物の)起源, 出現 (origin): the ~ of a republic [an idea]. **5** (古) 生まれたもの, 子供, (動物の)子; 所産, 結果 (offspring): a monstrous ~ 奇形児.

by birth (1) 生まれは: be German [English] *by* ~ 生まれはドイツ人[英国人]だ. (2) 生まれながらの: a musician *by* ~ 生まれながらの音楽家 / a foe *by* ~ to …に対し生まれながらの敵. ***from (one's) birth*** 生まれたときから. ***give birth to*** (1) 〈子〉を産む, 分娩する (bear). (2) 〈事が〉…を生み出す, …の原因となる, …を発足させる.

— *vt.* **1** (まれ) **a** 生む, 出産する. **b** 出産を手伝う. **2** (米) 〈事が〉…を生み出す, 誕生させる (produce).

— *vi.* (まれ) 子を産む.

〘(?*a*1200) *birth(e)* ◻ ON *byrð* < Gmc *(ʒa)burðiz (Goth. *gabaúrþs*: cf. OE *ġebyrd* birth) ← *ʒa- 'Y-'＋*bur-, *ber- 'to BEAR¹': ⇨ -TH²〙

birth canàl *n.* 産道.

birth certificate *n.* 出生証明書《日本の戸籍抄本に相当する》. 〘1900〙

birth contròl *n.* 産児制限, 受胎調節; 避妊 (cf. family planning, Planned Parenthood). 〘1914〙

bírth-contròl pìll *n.* (女性用)経口避妊薬《単に the pill, the Pill ともいう》.

birth·dàte *n.* (人の)生年月日; (会などの)誕生した日.

birth·day /bə́ːθdèɪ | bə́ːθ-, -di/ *n.* **1** 誕生日《誕生した日またはその記念日》; 誕生日のお祝い: celebrate a person's ~ 誕生日を祝う / on one's ~ 誕生日に / a ~ present [gift] 誕生祝いの贈物 / a ~ party バースデーパーティー, 誕生会 / Happy ~ (*to you*)! お誕生日おめでとう. **2** (物の)起源日, 初めの日. **3** 創立記念日のお祝い[お祭り]. 〘(*c*1384): cf. OE *ġebyrddæġ*〙

birthday bòok *n.* 誕生日覚え帳《親類や友人の名を誕生日の項に書き入れておく》. 〘1859〙

bírthday càke *n.* バースデーケーキ, 誕生日のケーキ.

bírthday càrd *n.* (誕生祝いに送る)バースデーカード.

Bírthday Hónours *n. pl.* (英) 国王誕生日に行われる叙爵・叙勲 (cf. New-Year honours, honours list). 〘1886〙

bírthday sùit *n.* **1** (英国で)国王誕生日に着る式服. **2** (口語・戯言) 生まれたままの着物, 素肌, 裸 (nakedness). ★ 通例次の句で: in one's ~ 裸で. 〘1753〙

birth dèfect *n.* 〘医学〙先天的欠損症.

birth·dom *n.* (Shak) 生得権, 相続権 (birthright). 〘1606〙

birth·ing *n.* 出産, (特に)自然分娩. 〘(1901) ← BIRTH＋-ING¹〙

bírthing chàir *n.* 分娩椅子《これに座って分娩する》.

bírthing pòol *n.* 出産プール《その中で出産するための大型浴槽》.

bírthing ròom *n.* (米) (病院などの)自然分娩室《夫などが立ち会える家庭的な雰囲気をもった部屋》. 〘1978〙

birth·màrk *n.* **1** (生まれつきの)あざ, 母斑(ﾎﾞﾊﾝ) (nevus) 《通例褐色または暗赤色》. **2** 特徴, 特質. — *vt.* [通例受身で] …にあざをつける. 〘(1580) ← BIRTH＋MARK¹〙

birth mòther *n.* (養母に対して) 実母, 生みの母.

birth·nìght *n.* 誕生(記念)日の夜; (特に, もと君主の出生のための)誕生祝賀. 〘(1628) ← BIRTH＋NIGHT〙

birth pàng *n.* (米) **1** [通例 *pl.*] (出産の折の)陣痛 (labor pains). **2** [*pl.*] (大きな社会的変化に伴う)混乱と苦しみ, 生みの苦しみ. 〘(*c*1887) ← BIRTH＋PANG〙

birth pàrent *n.* 生みの親.

birth pìll *n.* 経口避妊薬, ピル.

birth·place /bə́ːθplèɪs | bə́ːθ-/ *n.* (人の)出生地; (物事の)発祥地, 源. 〘(1607–08) ← BIRTH＋PLACE〙

birth·rate /bə́ːθrèɪt | bə́ːθ-/ *n.* (人口に対する)出生率《通例千分比で示される》. 〘(1859) ← BIRTH＋RATE〙

birth·rìght *n.* **1** 生まれながらにもっている権利, 生得権《憲法の保障する財産権や市民的自由など》. **2** 長子の家督相続権: sell one's ~ for a mess of pottage 一わんの羹(ｱﾂﾓﾉ)のために家督権を売る《一時的利得を得るために永久的利益を売る; cf. *Gen.* 25: 29–34》. **3** 父からの世襲財産 (patrimony). 〘(1535): Tyndale の造語〙

birth·ròom *n.* (英) ＝birthing room.

birth·ròot *n.* 〘植物〙ユリ科エンレイソウ属 (*Trillium*) の植物の総称; (特に) *T. erectum* 《その根は先住アメリカ人により安産の薬として用いられた》. 〘1822〙

bírth sìgn *n.* 〘占星〙誕生宮《人が誕生したとき太陽が通過している十二宮の星座》.

birth·stòne *n.* 誕生石. 〘(1907) ← BIRTH＋STONE〙

月にちなんだ宝石

1 月	garnet	7 月	ruby
2 月	amethyst	8 月	sardonyx
3 月	bloodstone	9 月	sapphire
4 月	diamond	10 月	opal
5 月	emerald	11 月	topaz
6 月	pearl	12 月	turquoise

★ 20 世紀からは, 3 月に aquamarine, 6 月に alexandrite, moonstone, 8 月に peridot, 10 月に tourmaline, 12 月に zircon も用いられるようになった.

曜日にちなんだ宝石

日曜日	topaz and diamond
月曜日	pearl and (rock) crystal
火曜日	ruby and emerald
水曜日	amethyst and lodestone
木曜日	sapphire and carnelian
金曜日	emerald and cat's-eye
土曜日	turquoise and diamond

birth·stòol *n.* (以前用いられた)分娩用の腰掛け. 〘(1627) ← BIRTH＋STOOL〙

birth tràuma *n.* 〘心理〙出産外傷《出産は新生児にとっては深刻な心理ショックの体験であり, 不安の源泉になるという精神分析の概念》. 〘(1929) ← BIRTH＋TRAUMA〙

birth·wèight *n.* 出生[生下]時体重.

birth·wòrt *n.* 〘植物〙 **1** ウマノスズクサ属 (*Aristolochia*) の植物の総称; (特に) *A. clematitis* 《ヨーロッパ原産の植物で安産の薬と言われる》. **2** ＝birthroot. 〘(1551) ← BIRTH＋WORT〙

Birt·wis·tle /bə́ːtwɪsl | bə́ːt-/, Sir **Harrison** *n.* バートウィッスル (1934–　; 英国の作曲家; 歌劇 *Punch and Judy* (1967)).

bir·ya·ni /bɪriɑ́ːni/ *n.* ＝biriani.

bis /bís/ *adv.* **1** 二度, 二回 (twice) 《ある数字・言葉などがある場所に二度現れてくることを示す》. **2** 〘音楽〙繰り返して (again) 《楽譜の指示またはアンコールの要求として; cf. encore》. 〘(1819) ◻ F & It. ~ ◻ L ~ 'twice, again': cf. bi-¹〙

bis. (略) bissextile.

BIS (略) Bank for International Settlements 国際決済銀行; British Information Services 英国情報部.

bis- /bɪs/ *pref.* (c, s および母音の前にくるときの) bi-¹ の異形: *bissextile*.

Bi·sa·yan /bəsáɪ(j)ən/ *n.* (*pl.* **~, ~s**) **1 a** [the ~(s)] ビサヤ族《フィリピン原住民中最も人口の多いマライ人種に属する一種族》. **b** ビサヤ族の人. **2** ビサヤ語. — *adj.* ビサヤ族[語]の. 〘(1951) ← Bisayan *Bisayâ*＋-AN¹〙

Bi·sa·yas /*Sp.* bisájas/ *n.* ビサヤ諸島 (Visayan Islands のスペイン語名).

Bis·cay /bískeɪ, -ki/, **the Bay of** *n.* ビスケー湾《フランス西部とスペイン北部との間の大西洋の一部をなす大湾; 波が荒いことで知られている》.

Bis·ca·ya /bɪskáɪə/ *n.* ＝Vizcaya.

bis·cot·ti /bɪskɑ́(ː)ti | -kɔ́ti/ *n. pl.* (米) (イタリア風の)クッキー, ビスコット.

bis·cuit /bískɪt | -kɪt/ *n.* (*pl.* **~s, ~**) **1 a** (英) ビスケット (cracker, cookie の総称). **b** ＝dog biscuit. **2** (米) ＝scone 1 b. **3** ビスケット色, 薄茶色, きつね色 (light brown). **4** 締焼き陶磁器類《焼成されているが釉(ﾕｳ)のかかっていない陶磁器; biscuit ware, bisque ともいう》. **5 a** レコードにプレスされる前のプラスチック塊 (preform ともいう). **b** (俗) レコード. ***take the biscuit*** ⇨ take *v.* 成句. — *adj.* ビスケット色をした. 〘(16C) ◻ F *biscuit* ∞ (*a*1338) *bisquite* ◻ OF *bescuit* < ML *biscoctum twice baked ← *bis* twice＋*coctus* ((p.p.) ← *coquere* 'to COOK')〙

bíscuit bèetle *n.* 〘昆虫〙＝drugstore beetle.

bíscuit-fìred *adj.* 〈陶磁器が〉締焼きされた (bisque-fired ともいう).

bíscuit wàre *n.* ＝biscuit 4. 〘1782〙

bise /bíːz; *F.* biːz/ *n.* 寒風; (特に, 春になってスイスや北イタリア, 南フランス地方に吹く)乾燥した冷たい北または北東の風. 〘(*c*1300) ◻ OF ~ ◻ Frank. *bīsa* (G *Bise*)〙

bi·sect *v.* /báɪsɛkt, ⁻⁻ | ⁻⁻, ⁻⁻/ — *vt.* **1** 折半する, 両断する, 二分する. **2** 〘数学〙二等分する. **3** [通例 p.p. 形で]〘郵趣〙〈切手を〉半分に切る: the ~*ed* copy of a stamp 切手の半片, バイセクト. — *vi.* 〈道路などが〉二つに分かれる; 交差する. — /báɪsɛkt/ *n.* **1** 〘郵趣〙バイセクト, 半切切手《切手不足その他緊急のとき切手を切って (通例 ½) 使われたもの; 半分ならもとの額面の ½ にみなされる使い方が普通》. **2** 〘植物〙バイセクト《地上, 地下にわたり層別に植物を調査して図表を作ること》. 〘(1646) ← BI-¹＋-SECT〙

bi·sec·tion /baɪsékʃən, ⁻⁻⁻/ *n.* 折半, 両断, 二分; 二等分(法). **~·al** /-ʃnəl, -ʃənl/ *adj.* **~·al·ly** *adv.* 〘(1656) ← BISECT＋-TION〙

bi·sec·tor /bàɪséktə, ⁻⁻⁻ | bàɪséktə^(r), ⁻⁻⁻/ *n.* 〘数学〙(線分・角などの)二等分線[面]. 〘(1864) ← BISECT＋-OR²〙

bi·sec·trix /baɪséktrɪks/ *n.* (*pl.* **bi·sec·tri·ces** /bàɪsɛktráɪsiːz/) **1** 〘結晶〙二等分線《二軸(性)結晶の二本の光軸の間の角を二等分する線》: ⇨ acute bisectrix, obtuse bisectrix. **2** 〘数学〙＝bisector. 〘(1854) ← BISEC(TOR)＋-TRIX〙

bi·seg·ment /baɪségmənt/ *n.* (線分を)二等分した線分. 〘(1847) ← BI-¹＋SEGMENT〙

bi·sel·li·um /baɪséliəm/ *n.* (*pl.* **-li·a** /-liə/) (古代ロー

マの) 2 人用の名誉席. 〖□ L ～ ← BI-¹+*sellium* (← *sella* seat)〗

bi·se·ri·al /bàɪsíᵊriəl | -síər-⁻/ *adj.* 〘生物〙二系列相関の. **～·ly** *adv.* 〖(1839) ← BI-¹+SERIAL〗

bi·se·ri·ate /bàɪsíᵊrièɪt, -riɪ̈t | -síər-/ *adj.* 〈花弁などが〉二列に並んだ, 輪が二つの.

bi·ser·rate /bàɪséreɪt, -rɪ̈t/ *adj.* **1** 〘植物〙二重鋸歯状の. **2** 〘昆虫〙〈触角が〉両側に鋸歯を有する. 〖(1835) ← BI-¹+SERRATE〗

bi·sex·u·al /bàɪsékʃuəl, -ʃʊl | -ʃuəl, -ʃʊl, -sjuəl, -sjʊl⁻/ *adj.* **1** 〘生物〙両性の, 両性的な; 雌雄両性器官を備えている (cf. unisexual 1): a ～ flower 〘植物〙両性花. **2** 〘精神分析〙 **a** 両性素質の《人間の本性として両性の素質をもつことにいう》. **b** 両性交の《両性に性欲を感じる, または両性の心性をもつことにいう》. **— *n.*** **1** 〘生物〙両性体. **2** 〘精神分析〙両性に性欲を感じる人, 両性感応者. **～·ly** *adv.* 〖(1824) ← BI-¹+SEXUAL〗

bi·sex·u·al·i·ty /bàɪsèkʃuǽləṭi | -ʃuǽlɪ̈ti, -sju-/ *n.* 〘精神分析〙両性素質; 両性交《(米) では bisexualism ともいう》. 〖(1859) ← BISEXUAL+-ITY〗

bish¹ /bíʃ/ *n.* 《英俗》間違い, 誤り, へま (mistake). 〖(1937) ← ?〗

bish² /bíʃ/ *vt.* 《豪俗》投げる. 〖(*c*1940): 擬音語〗

Bish·kek /bɪʃkék/ *n.* ビシュケク《キルギス共和国の首都》.

Bi·sho /bíːʃoʊ | -ʃəʊ/ *n.* ビショ《南アフリカ共和国南部 Eastern Cape 州の町・州都; 旧 Ciskei の首都》.

bish·op /bíʃəp/ *n.* **1** 《プロテスタント・モルモン教の》監督; 《英国国教会・聖公会・東方正教会などの》主教; 《カトリックの》司教: the Bishop of London ロンドン主教《St. Paul's Cathedral に主教座を有し London を管轄する; cf. SEE² of London》. **2** ＝suffragan bishop 2. **3** 精神上の監督者, 監視者. **4** 〘チェス〙ビショップ《bishop の帽子形で将棋の角に相当する駒》. **5** ビショップ《ポートワインをベースにオレンジ・チョウジ・砂糖を加えて温めた飲物》. **6** 〘鳥類〙アフリカ産のキンランチョウ類の鳥の総称《雄は緋[黄]と黒の美しい色をしている》. **— *vt.*** **1** bishop に任命する. **2** 《英方言》〈ミルクなどを〉(料理中に)焦げつかせる. 〖OE *biscop* □ VL **biscopus*＝LL *episcopus* □ Gk *epískopos* overseer ← *epí* upon+*skopós* watcher (cf. scope¹)〗

Bish·op /bíʃəp/, **Elizabeth** *n.* ビショップ《1911–79; 米国の詩人; Pulitzer 賞 (1955)》.

Bishop, Sir **Henry** (**Rowley**) *n.* ビショップ《1786–1855; 英国の作曲家; *Home, Sweet Home* (1823)》.

Bísh·op Áuck·land /bíʃəpɔ́ːklənd, -ɑ́ːk- | -ɔ́ːk-/ *n.* ビショップオークランド《イングランド Durham 州中部の都市; Durham の南西 16 km》. 〖late OE *Alclit* 《原義》'the rock on the CLYDE¹': 今の形は ON *aukland* additional land との連想, *Bishop* は Durham 主教館の所在地であるのによる〗

bíshop bìrd *n.* 〘鳥類〙＝bishop 6. 〖1884〗

bíshop in pár·ti·bus in·fi·dé·li·um /-ɪnpɑ́ːəṭɪ̈bəsɪnfɪ̈déɪliəm | -pɑ́ːtɪ̈bəsɪnfɪ̈díːl-/ *n.* 〘カトリック〙＝titular bishop. 〖← ML (*episcopus* bishop) *in partibus infidēlium* in infidel parts〗

bish·op·ric /bíʃəprɪk, -rɪ̀k/ *n.* **1** bishop の職. **2** 司教[主教, 監督]区 (diocese). **3** bishop の邸宅. **4** 〘モルモン教〙監督会《監督と 2 人の副監督から成るワード部 (ward) の管理機関》. 〖OE *biscoprīce* ← *biscop* 'BISHOP'+*rīce* realm〗

Bíshops' Bíble *n.* [the ～] 主教[監督]聖書《Great Bible の改訂版; Matthew Parker の下に bishops が翻訳に当たり 1568 年出版; Authorized Version の底本となった》. 〖1835〗

bíshop's-càp *n.* (*pl.* **bishops'-caps**) 〘植物〙 **1** チャルメルソウ (⇨ miterwort 1). **2** ＝star cactus. 〖(1839) 種子のさやの形から〗

bíshop's cóurt *n.* **1** 〘カトリック〙司教区裁判所. **2** 〘プロテスタント〙宗務局. **3** 〘東方正教会〙主教区裁判所.

bíshop sléeve *n.* (手首の所がたっぷりと広い袖《ギャザーを寄せて絞ったものとフレアーのものがある》. 〖(1829) 1846〗

bíshop's léngth *n.* カンバス[画布]の大きさで 58×94 インチ大: half ～ 56×44 インチ. 〖*c*1870〗

bíshop's mítre *n.* 〘昆虫〙ウズラカメムシ (*Aelia acuminata*) 《カメムシ科 (*Pentaomidae*) の昆虫; イネ科の植物につく害虫》.

Bíshop's ríng /bíʃəps-/ *n.* ビショップ氏環《火山の爆発・原爆実験などによるちりのため太陽の周辺に現れる赤褐色の光環》. 〖← *Sereno E. Bishop* (1827–1909: ハワイの宣教師; 火山爆発におけるこの現象を初めて解明した)〗

bíshop súffragan *n.* ＝suffragan bishop.

bíshop's wèed *n.* (*also* **bíshop·wèed**) ＝goutweed. 〖1861〗

bis hor. 《略》〘処方〙*L.* bis horis (＝every two hours).

bìs·hydròxy·cóumarin /bìs-/ *n.* 〘薬学〙ビスヒドロキシクマリン (⇨ dicoumarin). 〖← BI-¹+HYDROXY-+COUMARIN〗

bis in d. 《略》〘処方〙*L.* bis in dies (＝twice a day).

bis in 7 d. 《略》〘処方〙*L.* bis in septem dies (＝twice in seven days).

Bi·si·tun /bìːsɪ̈túːn | -sɪ-/ *n.* ビシトゥン《イラン西部の村; ペルシャ語・エラム語・バビロニア語を楔形文字で刻した断崖の所在地; 旧名 Behistun》.

bisk /bísk/ *n.* ＝bisque¹. 〖1647〗

Bisk /bísk, bíːsk/ *n.* ＝Biysk.

Bis·kra /bískrə, -krɑː/ *n.* ビスクラ《アルジェリア北東部, Sahara 砂漠中のオアシスの都市, 行政中心地》.

Bis·la·ma /bɪslɑ́ːmə/ *n.* ビスラマ語《バヌアツ (Vanuatu) の国語; 原地メラネシア語のピジン変種》.

Bis·ley /bízli/ *n.* ビズリー《英国 Surrey 州 Bisley にある National Rifle Association の射的場; そこで行われる射的競技会》.

Bis·marck /bízmaək | -mɑːk/ *n.* ビズマーク《米国 North Dakota 州の州都; Mississippi 河畔にある》. 〖↓: 多くのドイツ人が鉄道債券を所有したことに敬意を表しての命名〗

Bis·marck /bízmaək | bízmɑːk; G. bísmaʁk/, Prince **Otto Edward Leopold von** *n.* ビスマルク《1815–98; プロイセン・ドイツの政治家, プロイセン首相 (1862–90), ドイツ帝国の初代宰相 (1871–90); その強硬政策のために鉄血宰相 (Iron Chancellor) と呼ばれた. 正式の姓は Bismarck-Schönhausen /-ʃøːnháuzn̩/; cf. BLOOD and iron》.

Bísmarck Archipélago *n.* [the ～] ビズマーク諸島《New Guinea 島北東方の諸島で Admiralty Islands, New Britain, New Ireland, Lavongai およびその隣接諸島を含む; もとオーストラリアの国連信託統治下にあったが現在はパプアニューギニアの一部; 主都 Rabaul; 面積 49,658 km²》.

bísmarck brówn, B- B- *n.* 〘化学〙ビスマルクブラウン《アゾ染料に属する塩基性染料; 毛・綿・ジュート・革などを褐色に染める》. 〖(1885) 《部分訳》← G *Bismarckbraun*: ⇨ O. E. L. von BISMARCK〗

Bísmarck hérring *n.* ビスマルクヘリング《酢・ワイン・香辛料などに漬け, 冷やして生のタマネギ・レモンなどを添えたニシンの切り身》. 〖(1931) 《部分訳》← G *Bismarckhering*: ⇨ O. E. L. von BISMARCK〗

Bis·marck·i·an /bɪzmɑ́əkiən | -mɑ́ː-/ *adj.* ビスマルクの; ビスマルク的な, ビスマルクのように攻撃的な. 〖(1878) ← *O. E. L. von* BISMARCK: ⇨ -ian〗

Bísmarck Séa *n.* [the ～] ビズマーク海《New Guinea 北東海岸と Bismarck 諸島の間に広がる海; 1943 年連合国空軍がここで日本艦隊を撃滅した》.

bis·mil·lah /bɪsmílə/ *int.* 神かけて《イスラム教徒の誓言》. 〖(1813) □ Arab. *bi-smi-llāh* in the name of God〗

bis·mut- /bízmət/ (母音の前にくるときの) bismuto- の異形.

bis·muth /bízməθ/ *n.* 〘化学〙ビスマス, 蒼鉛(そうえん)《金属元素の一つ; 記号 Bi, 原子番号 83, 原子量 208.9804》.

bis·muth·al /bízməθəl, -θl̩/ *adj.* 〖(1668) ← NL *bisemutum* (ラテン語化) ← G *Wismut* ← ? *Wiesen* (ドイツの Erzgebrige 山脈中の川の名) ∥ *Wiese* meadow+*mut* claim〗

bísmuth chrómate *n.* 〘化学〙クロム酸ビスマス ($Bi_2O_3 \cdot 2CrO_3$) 《橙色無定形の粉末; 顔料とする》.

bísmuth glánce *n.* ＝bismuthinite. 〖1839〗

bis·muth·ic /bɪzmʌ́θɪk, -mjúːθ- | -mjúːθ-, -mʌ́θ-/ *adj.* 〘化学〙ビスマス[蒼鉛(そうえん)]の, ビスマスを含んだ《特に, 5 価の化合物について用いる》. 〖(1799) ← BISMUTH+-IC¹〗

bis·muth·ine /bízməθìːn/ *n.* **1** 〘化学〙ビスムチン (BiR_3) 《ビスマスとアルキル基 (R) との化合物》. **2** ＝bismuthinite. 〖□ F ～: ⇨ bismuth, -ine³〗

bis·muth·in·ite /bízməθɪ̈nàɪt | bɪzmʌ́θɪ-/ *n.* 〘鉱物〙輝ビスマス鉱, 硫蒼鉛(そうえん)鉱 (Bi_2S_3). 〖⇨ ↑, -ite¹〗

bis·muth·ous /bízməθəs/ *adj.* 〘化学〙第一蒼鉛(そうえん)の. 〖(1881) ← BISMUTH+-OUS〗

bísmuth óxide *n.* 〘化学〙酸化ビスマス[蒼鉛(そうえん)]《普通は三酸化ビスマス (Bi_2O_3) を指す》.

bísmuth oxychlóride *n.* 〘化学〙オキシ塩化ビスマス, 塩化ビスムチル (BiOCl).

bísmuth subcárbonate *n.* 〘化学〙次炭酸ビスマス.

bísmuth subnítrate *n.* 〘化学〙次硝酸ビスマス.

bis·muth·yl /bízməθìl/ *n.* 〘化学〙ビスムチル《BiO で表される 1 価の基》.

bis·mut·ite /bízmətàɪt/ *n.* 〘鉱物〙泡蒼鉛(そうえん) ($(BiO)_2CO_3$) 《白色または黄色の塩基性炭酸蒼鉛》. 〖□ G *Bismutit*: ⇨ ↓, -ite¹〗

bis·mu·to- /bízməṭoʊ | -təʊ/「ビスマス (bismuth)」の意の連結形. ★ 母音の前では通例 bismut- になる. 〖← NL *bisemutum* 'BISMUTH'〗

bis·na·ga /bɪsnɑ́ːgə/ *n.* 〘植物〙米国南西部産のフェロカクタス属 (*Ferocactus*)・タマサボテン属 (*Echinocactus*) など強刺類のサボテンの総称《特に *F. peninsulae* (California 半島産)》. 〖□ Sp. *biznaga* 《変形: *biznaga* parsnip の影響?》← *vitznauac* □ Nahuatl *huitznahuac* surrounded by thorns〗

bi·so·ci·a·tion /bàɪsoʊʃiéɪʃən, -sousi- | -səu-/ *n.* 〘文学・美術〙異縁連想《一つの観念または物体が, 普通は関係がないと思われている二つの場に, 同時に連想されること》. 〖← BI-¹+(AS)SOCIATION〗

bi·son /báɪsən, -sn̩, -zən, -zn̩ | -sən, -sn̩/ *n.* (*pl.* ～) 〘動物〙バイソン《偶蹄類ウシ科バイソン属 (*Bison*) の動物の総称; アメリカバイソン (American bison), ヨーロッパバイソン (European bison, wisent) の 2 種がある; 体の前半に長毛が生え, 肩が盛り上がり, 後半が低い》. ★ 《米》ではその俗称として buffalo が用いられる. 〖(1611) □ F ～ ∥ L *bisōn* ← Gmc **wisund-* (OE *wesend*)〗

bi·son·tine /báɪsəntàɪn, -sn̩-, -zən- | -sən-/ *adj.* バイソンの[に関する]. 〖(1885) □ L *bisontinus*〗

bi·sphénoid *n.* 〘結晶〙＝disphenoid.

bis·phe·nol A /bɪsfìːnɔ(ː)léɪ | -nɒl-/ *n.* 〘化学〙ビスフェノール A《エポキシ樹脂, ポリカーボネート樹脂などの製造に使用される合成有機化合物》.

bisque¹ /bísk/ *n.* ビスク: **1** 主に海老・蟹などの甲殻類を用いた濃いスープ. **2** 砕いたマコロン (macaroon) や木の実を入れたアイスクリーム. 〖(1647) □ F ～ 'crayfish soup' ← ?〗

bisque² /bísk/ *n.* **1** ＝biscuit 4. **2** かば色, 黄褐色. **— *adj.*** 黄褐色の. 〖(1664) 《変形》← BISCUIT〗

bisque³ /bísk/ *n.* ビスク《テニス・ゴルフ・クロッケーなどで弱者に与えられる 1 点または 1 ストロークのハンディキャップなど》. 〖(1656) □ F ～ ← ?〗

B

bísque-fìred *adj.* ＝biscuit-fired.

Bis·quick /bískwɪk/ *n.* 〘商標〙ビスクイック《米国 General Mills 社製の小麦粉ミックス; パンケーキ・ワッフル・ビスケットの材料》.

Bis·sá·gos Íslands /bɪsɑ́ːgəs-/ *n. pl.* [the ～] ＝Bijagos Archipelago.

Bis·sau /bɪsáu | ─⁻─, ⁻─/ *n.* (*also* **Bis·são** /～/) ビサウ《アフリカ西部ギニアビサウの首都・海港》.

bis·sex·tile /baɪséksti̬l, bɪ̈-, -tɪ̈ | bɪséksta ɪl/ *adj.* 閏(うるう)の, 閏年の: a ～ day 閏日 (2 月 29 日) / a ～ year 閏年. **— *n.*** 《まれ》(ユリウス暦または グレゴリオ暦の)閏年 (leap year). 〖(1581) □ LL *bi(s)sextilis* (*annus*) '(year) of the BISSEXTUS': ⇨ -ile¹〗

bis·sex·tus /baɪsékstəs, bɪ̈- | bɪ-/ *n.* 2 月 29 日; 閏(うるう)日. 〖□ LL *bissextus* (*diēs*) intercalary (day) ← BI-¹+*sextus* the sixth: ユリウス暦では閏年に 3 月 1 日の 6 日前の日, つまり 2 月 24 日を繰り返したことから〗

bis·son /bísən/ *adj.* 《Shak》半盲の (purblind), 盲目の (blind), 目をくらませる (blinding). 〖OE *bisene* ← ?〗

bis·so·na·ta /bɪ̀sənɑ́ːṭə, -néɪ- | -tə/ *n.* ビソナタ《目のあらい僧服用手織り黒生地》. 〖← ?〗

bist /(弱) bɪ̈st | bɪst; (強) bíst/ *v.* 《イングランド南西部》be の第二人称単数現在形.

bì·stáble *adj.* 〘電子工学〙〈バルブ・トランジスターの回路など〉双安定の, 安定状態が二つある (cf. astable 2, monostable). 〖(1949): ⇨ bi-¹, stable¹〗

bí·stàte *adj.* 《米》両州の, 二つの州に関係のある: a ～ agency. 〖(1928) ← BI-¹+STATE〗

bis·ter /bístə | -tə^r/ *n.* **1** ビスタ《すすから抽出した褐色の顔料; 水彩・ペン画・油絵の下絵などに用いる》. **2** ビスタ色《黄色がかった褐色から暗褐色までの色》. 〖(1727–51) □ F *bistre* ← ?〗

bís·tered *adj.* **1** ビスタで着色した, ビスタ色の. **2** 黒ずんだ, 浅黒い (swarthy).

Bis·to /bístoʊ | -təʊ/ *n.* 〘商標〙ビスト《英国 RHM Foods 製の肉汁粉末 (gravy powder)》.

bis·tort /bístɔət, ─⁻ | bístɔːt/ *n.* 〘植物〙タデ属 (*Polygonum*) の植物数種の総称; 《特に》イブキトラノオ (*P. bistorta*), またP. *bistordoides*《その根は収斂(しゅうれん)剤に用いる; snakeroot, snakeweed, Easter-ledges ともいう》. 〖(1578) □ F *bistorte* ∥ ML *bistorta* twice twisted ← BI-¹+L *tortus* ((p.p.) ← *torquēre* to twist)〗

bis·tou·ry /bístəri | bístəri, -tri/ *n.* 柳葉刀《外科用の細長いメス》. 〖((1490)) (1748) □ OF *bistorie* (F *bistouri*) dagger ← ?〗

bis·tre /bístə | -tə^r/ *n.* 《英》＝bister.

bis·tro /bíːstroʊ, bís- | -trəʊ; F. bistʁo/ *n.* (*pl.* ～**s**) **1** (小さなまたは目立たないヨーロッパの)酒場, レストラン. **2** **a** (小さなしばしば本道から離れた)居酒屋, バー, 飲み屋: a ～ crawler はしごをする人. **b** ナイトクラブ. **bis·tro·ic** /biːstróuɪk, bɪs- | -tráu-/ *adj.* 〖(1922) □ F ～ ← ? (cf. F *bistouille* cheap wine)〗

bi·sul·cate /baɪsʌ́lkeɪt/ *adj.* **1** 溝が二つある, 二重溝の. **2** 〘動物〙ひづめが割れた, 〈ひづめが〉二裂の, 双蹄(そうてい)の (cloven-footed), 分趾蹄の. 〖(1833) ← BI-¹+SULCATE〗

bi·sul·fate /bàɪsʌ́lfeɪt | -feɪt, -fɪ̈t/ *n.* 〘化学〙硫酸水素塩, (俗称)重硫酸塩 (hydrogen sulfate). 〖(*c*1846) ← BI-¹+SULFATE〗

bi·sul·fide /bàɪsʌ́lfaɪd/ *n.* 〘化学〙二硫化物 (disulfide) 《慣用的には carbon bisulfide を意味することが多い》. 〖(1863) ← BI-¹+SULFIDE〗

bi·sul·fite /bàɪsʌ́lfaɪt/ *n.* 〘化学〙亜硫酸水素塩, 重亜硫酸塩 (hydrogen sulphite). 〖(*c*1846) ← BI-¹+SULFITE〗

bi·sul·phate /bàɪsʌ́lfeɪt | -feɪt, -fɪ̈t/ *n.* 〘化学〙＝bisulfate.

bi·sul·phide /bàɪsʌ́lfaɪd/ *n.* ＝bisulfide.

bi·sul·phite /bàɪsʌ́lfaɪt/ *n.* ＝bisulfite.

Bi·su·tun /bìːsutúːn/ *n.* ＝Bisitun.

bi·sym·met·ric /bàɪsɪ̈métrɪk⁻/ *adj.* 〘植物〙＝bisymmetrical.

bi·sym·met·ri·cal /bàɪsɪ̈métrɪ̈kəl, -kl̩ | -ɪk-⁻/ *adj.* 〘植物〙互いに直角を成す二つの相称[対称]面をもつ. **～·ly** *adv.*

bi·sym·me·try /bàɪsímətri | -mɪ̈tri/ *n.* 〘植物〙バイシンメトリー《互いに直角を成す二つの相称[対称]面をもつこと; cf. symmetry 3》.

bit¹ *v.* bite の過去形・過去分詞.

bit² /bít/ *n.* **1** **a** 小部分, 小片, 細片, 破片 (small piece): a ～ of paper 一片の紙 / a ～ of chalk (小さな)チョーク 1 本 / a few ～s of wood 二, 三本の木切れ / ～s of glass ガラスの破片. **b** わずか, 少しばかり (small quantity): a ～ of land [money] 少しばかりの土地[お金] / a ～ of humor いささかのユーモア / a little ～ of hope ほんのわずかな希望 / learn a ～ of Russian [反語的にも] ロシア語を少々かじる (cf. *a* BIT *of a* ... (3)) / He has not a ～ of common sense. 常識が少しもない (cf. *not a* BIT). **c** [助数詞的に] 《口語》1 個, 一つ (piece): a ～ of advice [news] 一つの忠告[ニュース] / a ～ of (good) luck 一つの幸運, いささか幸運な出来事 / a nice ～ of information ちょっと耳よりな話. **d** [a ～ として; 副詞的に] 《口語》少しだけ, ちょっと, やや (a little): *a* ～ difficult 少し難しい / *a* ～ too large ちょっと大きすぎる / My cold is *a* ～ better. 風邪の具合はややいい / I'd like it *a* ～ smaller. そ

れはもう少し小さいのがいい / It's *a* ～ further than I thought. 考えていたより少し遠い / We were *a* ～ bored. ちょっと退屈した. **2 a** 少量の食物 (morsel); (特に)おいしい物少々: dainty ～*s* うまい物, 美味 / eat (up) every ～ 残さず全部平らげる / I'd like a ～ to eat. 食べ物が欲しい / Can I have a ～ more of the cake? ケーキをもう少しいただいてもいいですか. **b** [通例 *pl.*] 食べ物の残り (leavings). **3 a** わずかの時間, しばらく(の間) (short time): after a ～ しばらくして / for a ～ ちょっとの間 / in a ～ すぐに / Wait a ～. ちょっと待ってて. **b** ちょっとの距離 (short distance): Move up a ～, please. すみませんがちょっと詰めて下さい. **4 a** (文学作品中の)一節, 挿話 (incident). **b** [通例 *pl.*] (大衆雑誌の)豆記事 (tidbit). **c** 小景, (風景画の)小品. **5** 《口語》 **a** (劇や映画の中の)場面, シーン; (ナイトクラブなどで上演する)お定まりの寸劇 (sketch). **b** (劇や映画の)端役 (bit part) 《ちょっとしたせりふがしゃべれる; cf. walk-on》: play ～*s* いろいろな端役に出る. **6 a** [*pl.*] 《米口語》 $12^1/_2$ セント (★ 2 の倍数に伴ってのみ用いられる): two [four] ～*s* 25 [50] セント(貨). **b** 《英》(小さい)銀貨, 銅貨: a sixpenny ～ (昔の) 6 ペンス銀貨. **c** スペイン語系アメリカの 1 レアル (real) 貨 《オランダ領西インドおよびその近隣諸島を含めて米国に以前流通したコインの俗称; 1 ビットは $12^1/_2$ セント; 8 レアル銀貨を $^1/_2$ ないし $^1/_4$ に中心から切った「切銀」に加刻印した》. **d** [a ～ として] 《俗》(少しの)金: have *a* ～ on a race 競馬に金を(少し)賭ける. **7** [修飾語を伴って] 《口語》 **a** 型にはまったやり方, お定まり(の手順): the (whole) progressive ～ お決まりの進歩派ぶり / the whole ～ お決まりのこと[もの]全部 / do the critic ～ 例によって批評家ぶる. **b** お決まりの格好[風体]: the bouffant ～ いつものだぶだぶのスタイル. **8** 《俗》(若い)女, あま (cf. piece 12). 《《略》← *a bit of muslin* [*fluff*, etc.]》 **9** 《俗》懲役刑; 刑期. **10** 《スコット》 **a** 場所, 地点. **b** ちょうどよい[きわどい]時.

a bit at a time 一度に少しずつ: do *a* ～ *at a time* 小刻みにやる. ***a bit múch* [*thíck*]** 《口語》〈物事が〉ひどすぎて, あんまりな. ***a bit of a*** ... 《口語》(1) (ほんの)小さな, ちっぽけな (small); ちょっとした: *a* ～ *of a* cold [headache] 風邪[頭痛]ぎみ / *a* ～ *of an* argument ちょっとした言葉のやり取り. (2) 幾分か..., やや... (rather): *a* ～ *of a* coward ちょっと臆病な方 / It came as *a* ～ *of a* shock. ちょっとショックだった. (3) [反語的に] 相当な, 大した..., 大変な...: That was *a* ～ *of a* job. かなりの大仕事だった. 《c1771》 ***a bit of blóod*** 《口語》勇み立った馬; 純血種の馬, サラブレッド. 《1787》 ***a bit of crúmpet* [*flúff, skírt, stúff, táil*]** 《英俗》性的魅力に満ちた女性. 《1828》 ***a bit of wórk*** [軽蔑的に] 人, やつ: *a* nasty ～ *of work* いやなやつ. ***a bit on the side*** 《口語》不倫, 浮気: With such a lovely wife, what does he want *a* ～ *on the side* for? あんなきれいな奥さんがいるのに, なぜ浮気をしたのか. 《c1960》 ***a góod* [*fáir*] *bít*** 《口語》(1) かなりの間, 相当長い間 (cf. *n.* 3 a). (2) [副詞的に] ずっと, かなり: He's *a good* ～ older than I. 私よりだいぶ年上だ / I have *a good* ～ of money. 私はかなりお金を持っている. ***a líttle bít*** 《口語》わずかに, やや, 少し. ***a* (*líttle*) *bit of áll right*** 《英口語》とてもいい[立派な]もの, すばらしいもの 《人・物・事》; (特に)とてもいい女, セクシーな女. 《1898》 ***a nice bit* (*of* ...)** 《口語》かなりたくさん(の...) (cf. *n.* 1 c): have *a nice* ～ *of* money 金がたんまりある. ***bit by bit*** 少しずつ, 次第に, 徐々に. 《1849》 ***bits and pieces* [*báts, bóbs*]** 《口語》半端, 残り物; 小物類; 身の回り品, 持物; あれこれの家事[雑用]. 《1896》 ***bits of*** みすぼらしい, ちっぽけな: ～*s* of children. ***by bíts*** =BIT *by bit*: bite *by* small ～*s* 少しずつかじる. ***dó one's bít*** 《英》自分の役割を果たす, 本分を尽くす; 応分の寄付[奉仕]をする: I've *done my* ～ to help. 応分の援助をした. 《1889》 ***évery bít*** どの点から見ても, 全く: He is *every* ～ a scholar. どこからどこまで学者だ / This is *every* ～ as good as that. これは全くあれと同じくらいよい. 《1719》 ***fáll to bíts*** ばらばらになる. ***give a person a bit of one's mínd*** 人に遠慮なく言う. **(*just*) *thát little bít*** ... [比較級などに付して] ほんのわずかだけ... 《わずかでも重要な違いが生じる場合に用いる》. ***nòt a* [*óne líttle*] *bít*** 《口語》少しも...でない (not at all): She is *not a* ～ better. (具合は)ちっとも良くない / I don't care *a* ～. ちっともかまいません / The book was *not a* ～ of use to me. その本は私にはちっとも役に立たなかった / I'm *not the least* ～ angry. 全然怒ってなんかいない (★ not a bit を強調した言い方). 《1675》 ***Nòt a bít of it.*** [相手の言葉または前言を強く否定して] それどころか(その反対); [礼を言われて] どうしまして (★ not at all より丁寧さが欠ける言い方). 《1911》 ***quite a bit*** 《口語》(1) かなりたくさん 〔*of*〕: *quite a* ～ *of* money [time]. (2) [副詞的に] かなり, 相当に: travel *quite a* ～. ***tàke a bit of dóing*** 《口語》(...するのは)なかなか骨が折れる: It will *take a* ～ *of doing*. それはなかなか手間がかかるだろう / His name *takes a* ～ *of* remembering. 彼の名はなかなか覚えにくい. ***táke ... to bits*** ...をばらばらにする. ***thrilled to bits*** 《口語》すごく興奮して[喜んで]. ***to bits*** 粉々に, ばらばらに: come [go] *to* ～*s* 粉々になる, ばらばらになる; 散々に粉砕される / pull [tear] a thing (all) *to* ～*s* 物をばらばらに壊す[ずたずたに引き裂く].

〖OE *bita* morsel, (原義) portion bitten off < Gmc **bitōn* (G *Bissen*) ← **bit-*, **bitan* (↑)〗

bit³ /bít/ *n.* **1 a** (道具類の)刺したり切ったりする先端; (錐の)穂先; (はんだ)こての先, (かんなの)刃; おのの刃. **b** [*pl.*] (やっとこなどの)はさむ部分. **2** (鍵の先の切込みのある)かかり. **3** パイプ[葉巻]の口にくわえる部分. **4** 〖馬具〗はみ 《馬の口にかませ, その両端の環 (rings) に手綱 (reins) をつける馬勒(ろく) (bridle) の一部分》: take the ～ 〈馬が〉(口を開いて)はみを受ける. **5** 拘束物, 抑制するもの.

cháfe at the bit 遅くていらいらする, 早く進もうとする. ***chámp* (*at*) *the bít*** (1) 〈馬が〉(何度も)はみをかむ. (2) いら立つ, いらいらする. ***dráw bít*** ⇨ draw 成句. ***òff the bit*** 手綱をゆるめて, 馬をゆっくり歩かせて. 《1958》 ***on the bit*** 手綱を引き締めて, 馬を急がせて; 〈馬が〉騎手の手の内にある. 《1928》 ***tàke* [*gèt, hàve*] *the bit between* [*in*] *the* [*one's*] *téeth*** (1) 〈馬が〉はみを歯でくわえて制御を拒む, あばれる. (2) 〈人が〉手におえない, 反抗する; 我を通す. 《1600》 (3) 決然として事に当たる, 対処する. ***ùp to the bit*** 手綱の許す限り全速力で. 《1859》

— *vt.* (**bit·ted**; **bit·ting**) **1** 〈馬〉に(くつわの)はみをふくませる. **2** 〈馬を〉はみにならす. **3** 抑制する, 拘束する (restrain): *Bit* a young man and ride him on the curb. 《諺》若者を御するには手綱を締めてかかれ 《抑制を忘れるな》. **4** 〈鍵〉にかかりをつける.

〖OE *bite* action of biting, bite < Gmc **bitiz* (G *Biss*) ← **bitan* 'to BITE'〗

bit⁴ /bít/ *n.* **1** 〖電算〗ビット 《情報伝達の最小単位; 二進数の 0 か 1, 二者択一問題に対するイエスかノーに対応する情報量; cf. kilobit, gigabit, megabit, terabit》. **2** 〖電子工学〗ビット信号 《ビット情報に対応する電気パルス・磁化状態など》: a ～ error ビット誤り / ～ synchronization ビット同期. 〖《1948》 《略》 ← *b*(*inary dig*)*it*〗

bit⁵ /bít/ *adj.* 《スコット》小さい: a ～ laddie 小さい男の子. 〖《転用》 ↑〗

bi·tártrate *n.* 〖化学〗酸性酒石酸塩, 重酒石酸塩 (hydrogen tartrate). 〖《1879》 ← BI-¹+TARTRATE〗

bít·bràce *n.* =brace 7. 〖⇨ bit³〗

bitch /bítʃ/ *n.* **1** 雌犬; (オオカミ・キツネなどの)雌 (cf. dog): a ～ fox [wolf] 雌ギツネ[オオカミ]. **2** 《俗》 **a** [軽蔑的に] 女 (woman), (特に)みだらな女, 売女(ばいた): ⇨ SON¹ of a bitch. **b** 意地の悪い女; 不実な女. **3** (アラスカ・カナダで用いられる)旧式のランプ. **4** 《口語》小言, 不平 (complaint). **5** 《俗》いやなこと, 不快なこと, 難しいこと, 厄介なもの: This job is a ～. この仕事はうんざりする.

— *vi.* 《口語》 **1** 意地悪をする. **2** 不平を言う (complain). **—** *vt.* 《口語》 **1** ...に意地悪をする. **2** 台なしにする, しくじる (spoil) 〈*up*〉. 《《1823》 《変形》 ← BOTCH¹》 **3** ...の不平を言う. **4** だます, ぺてんにかける (cheat).

〖OE *bicce* ← ? ON: cf. ON *bikkja*〗

bitch·en /bítʃən/ *adj., adv.* =bitchin'.

bitch·er·y /bítʃəri/ *n.* **1** 雌犬のようなふるまい, みだらな女[意地悪女]のような行為. **2** 意地悪, 悪意 (malice); 報復, 復讐. 〖《1532》: ⇨ ↑, -ery〗

bítches' wíne *n.* 《英古俗》シャンパン.

bítch gòddess *n.* [女神を擬人化して] 《俗》物質的[世俗的]成功, 出世. 〖1906〗

bitch·in' /bítʃɪn/ (*also* **bitch·ing** /bítʃɪn, -tʃɪŋ/) 《米俗》 *adj.* すごい, すばらしい, 最高の. ***Yóu gùys bitchin'?*** やあやあ どうした, 元気にしてる? **—** *adv.* えらく, とても, すごく. 〖《1928》 ← ? BITCH (v.)+-ING¹〗

bitch·y /bítʃi/ *adj.* (**bitch·i·er**; **-i·est**) **1** 《口語》雌犬のような, みだらな, 肉感的な; 意地悪な, 怒りっぽい; 横柄な. **2** 〈雄犬が〉雌のような, 雌に似た (effeminate). **bitch·i·ly** /-tʃɪli/ *adv.* **bitch·i·ness** /-tʃinɪs/ *n.* 〖《1928》 ← BITCH+-Y⁴〗

bite /báɪt/ *v.* (**bit** /bít/; **bit·ten** /bítn/, **bit**) **—** *vt.* **1 a** (歯またはあごなどで)かむ, かみつく, 食いつく; かみ切る 〈*off*〉: ～ the bread パンをかじる / ～ the bait 〈魚が〉餌(えさ)に食いつく / ⇨ *bite one's* LIP(*s*), *bite one's* NAILS, *bite one's* TONGUE / ～ (*off* a piece of) an apple りんごをかじり(取)る / ～ a rope *through* 縄をかみ切る / ～ a thread *in* two 糸を 2 本にかみ切る / ～ a person *on* [*in*] the leg [the arm] 〈犬などが〉人の足[腕]にかみつく. **b** 〈蛇などが〉かむ. **c** 〈蚊・のみなどが〉刺す, 食う (sting): be *bitten* by a flea, mosquito, etc. **2 a** 〈寒さなどが〉...にしみる (penetrate); 〈霜などが〉傷(いた)める (injure): a cold wind that ～*s* the cheeks ほおを切るような寒風 / The frost *bit* my ears. 耳が凍傷にかかった (cf. frostbitten). **b** 〈こしょうなどが〉刺激する (burn): Pepper ～*s* the tongue. こしょうはなめると舌がひりひりする. **c** 〈酸などが〉〈金属を〉腐食する (corrode); 〖エッチング〗〈銅板を〉酸で腐食させる (cf. BITE *in*). **3 a** 〈刃物などが〉...に切り込む: The sword *bit* him to the bone. 刀が骨まで達した. **b** 〈歯車・車輪などが〉...と(しっかり)かみ合う. **c** 〈ねじが〉...にきく. **d** 〈やすり・のこぎりなどが〉...にかかる. **e** 〈万力などが〉締めつける. **f** 〈錨(いかり)・手錠などが〉...に食い込む. **g** 〈シャベルなどがすくい取る. **4** [受身で] 熱中させる, 夢中にさせる: He *was* completely *bitten by* a lust for power [*with* photomania]. 権力欲の鬼[写真狂い]になっていた. **5** [通例受身で] 《古》だます (take in): I *got* badly *bitten* in the project. その計画でまんまと一杯食わされた / Once *bit*, twice shy. ⇨ once *adv.* 2 a / The biter (is) *bit*(*ten*). ⇨ biter *n.* 2. **6** 《口語》煩わす, 悩ます (worry); 興奮させる (excite): What's *biting* you? 何を心配[興奮]してるんだい. **7** 《豪俗》〈金などを〉...にねだる, ...から借りる 〔*for*〕.

— *vi.* **1 a** かむ, かみつく, 食いつく (snap): a dog that ～*s* 人にかみつく犬 / The fish *bit at* the bait. 魚は餌(えさ)に食いついてきた / He *bit into* a large muffin. 大きなマフィンにぱくついた. **b** 〈蚊・のみなどが〉刺す, 食う. **2 a** 〈こしょうなどが〉ひりひり刺激する: This mustard doesn't ～ much. このからしはあまりきかない. **b** 〈酸などが〉腐食する: Acids ～ *into* metals. 酸は金属を腐食する. **3 a** 〈刀・やすり・のこぎりなどが〉切れる: This saw ～*s* well. このごのこはよく引ける. **b** 〈歯車などが〉かみ合う. **c** 〈ねじ・ブレーキなどが〉きく; 〈錨などが〉かかる. **d** 〈車輪などが〉(しっかり)接地する, かむ (grip): The wheels have *bitten into* the snow. 車輪は雪道をしっかりかんだ. **e** 〈ひもなどが〉食い込む 〔*into*〕. **4 a** 〈魚が〉餌(えさ)につく, 当たる, 食う: The fish just aren't *biting* today. 今日は魚は全く当たりがない[食って来ない]. **b** 〈人が〉申し出に飛びつく, その手に乗る, うまくだまされる: I offered it, but he would not ～. その話を持ち込んだが彼は飛びついて来ようとしなかった. **5** 〔人に〕食ってかかる, 当たり散らす, がみがみ言う (carp) 〔*at*〕: They are always *biting at* each other. いつも悪態をつきあっている. **6** 〈諷刺・後悔の念などが〉〔...を〕刺す 〔*into*〕; 〈政策などが〉(一部の人に)効果をもつ[示す], こたえる: The anti-inflation strategy is starting to ～. インフレ抑制政策が効果を発揮し始めている. **7** (なぞなぞ・質問などで)負けを認める: I'll ～, what is it? こりゃ参ったね, 一体何なんだい.

bite awáy かみ切る. ***bite báck*** (1) かみつき返す. (2) 《出かかった》言葉などを〉(唇をぐっとかんで)危うく抑える; 〈あくびを〉かみ殺す. ***bite in*** 〖エッチング〗〈図案などを〉酸で銅板に腐食させる. ***bíte a person's nóse òff*** =bite *a person's* HEAD *off*. ***bíte óff*** (1) ⇨ *vt.* 1 a. (2) ラジオ番組から〈音楽などを〉はずす[取る]; 〈番組を〉短くする. ***bite óff mòre than one can chéw*** 《口語》柄にもない[手に余るような]仕事をやろうとする. 《1878》 ***bíte on*** ...をしっかりととらえる; ...をよく考える, ...に取り組む: have something to ～ *on* 食いつける[理解すべき, 取り組むべき]ものがある / There is plenty to ～ *on* in his criticism. 彼の批評には取るべき点が多くある. ***bíte* (*on*) *the búllet*** ⇨ bullet 成句. ***bíte the dúst* [*gróund*]** (1) 地上に打ち倒(さ)れる; (倒れて)死ぬ, 負傷する; 殺される; (特に)戦死する. (2) 落馬する. (3) 屈辱を受ける. (4) 大敗する. (5) 失敗する. (6) 〈機械などが〉だめになる. 《1697》 ***bíte the hánd that féeds* one** ⇨ hand *n.* 成句.

— *n.* **1** かむこと, 食いつくこと: eat it up at one ～ それを一口で食べてしまう / ⇨ His BARK¹ is worse than his ～. **2 a** かみ傷, 刺し傷; 凍傷 (frostbite): a dog's [mosquito's] ～. **b** (傷などの)激しい痛み: the ～ of a wound. **c** (酸類の金属板に及ぼす)腐食作用. **3 a** (りんごなどの)一かじり, (食物の)一口, 少量: a ～ of bread 一口のパン / take a ～ out of an apple りんごを一口かじる / I haven't had a ～ (to eat) all day. 一日中物を一口も食べていない. **b** 《口語》軽食 (snack), (即席の)食事: have [get] a ～ at the clubhouse クラブハウスで軽く食事をする. **c** (情報などの)少量. **4 a** (寒さなどの)肌を刺す冷たさ; (食物などの)からみ, 刺激性 (pungency): the keen ～ of the wind / whisky with a ～ in it 舌にぴりっとくるウイスキー. **b** (文体・警句・冗談などの)刺すような力, 辛辣(しんらつ)さ: The ～ of his joke was sharp. 彼のジョークは痛烈だった / Put some more ～ into your interviews. インタビューではもう少し切り込みなさい. **5 a** (魚が)餌(え)につくこと, 食い, 当たり: without getting a single ～ 一度も当たりがなくて. **b** 申し出に飛びつく[誘惑に乗る, うまく引っかかる]こと. **6 a** (機械の部品などの)かみ合い, 食い込み, かかり, つかみ; (歯車などの)かみ合う力; (道具などの)切断力: a screw with a good ～ かみ合いのよいねじ. **b** チャック (chuck) の歯のギザギザ, ヤスリのギザギザ. **7** 《口語》(全体から)差引かれる分[額] (cut): a tax ～ from one's paycheck 給料から税金として引かれる分. **8** 《古》詐欺, ぺてん; ぺてん師. **9** 〖歯科〗咬合(こうごう), かみ合わせ (occlusion). **10** 釣り針の先から湾曲部までの長さ (⇨ fishhook 挿絵).

at a bíte ひとかみで. **(*a*) *bíte and* (*a*) *súp*** ちょっとした飲食物: without ～ *and sup* 飲まず食わずで. ***hàve* [*gèt, màke*] *twó bítes* [*anóther bíte*] *at* [*of*] *a chérry*** ぐずぐずする, つまらないことにこだわる. ***pút the bíte on*** 《米・豪俗》...から金を借りる; ...に借金を頼む; ...から金をゆする, せびる. 《1933》 ***tàke a bíte at*** ...にかみつく.

〖OE *bītan* < Gmc **bītan* (G *beissen*) ← IE **bheid-* to split (L *findere* to cleave)〗

bíte·plàte *n.* 〖歯科〗咬口床 《プラスチックとワイヤーによる歯列矯正器》.

bít·er /-tə | -tə(r)/ *n.* **1 a** かむ人[もの]. **b** かみつく犬, 食いつく獣: The dog was a terrible ～. すごく人にかみつく犬だった / Great barkers are no ～*s*. ⇨ barker¹ 1. **c** すぐ餌(え)につく魚. **2** 《廃》だます人, ぺてん師 (sharper). ★ 今は次の句にだけ用いられる: The ～ (is) bit(ten). かたりがかたられる 《だまそうとしてかえって一杯食わされる》 (cf. bite *vt.* 5). 〖《c1300》: ⇨ ↑, -er¹〗

bi·térnate *adj.* 〖植物〗二回三出の 《三出葉のそれぞれがさらに 3 つの小葉に分かれた》.

bíte-size *adj.* (*also* **bíte-sìzed**) 一口で食べられる大きさの; 非常に小さい: a ～ sandwich 一口大のサンドイッチ.

bíte·wìng *n.* 〖歯科〗(同時に上下歯冠を示す)咬翼 X 線フィルム. 〖《1938》 ← BITE+WING〗

bít gàuge *n.* 〖木工〗ビットゲージ 《予定の深さに到達すると錐(きり)の先が止まる装置》.

bi·the·ism /báɪθiːɪzm, ˌ-ˌ-ˌ-/ *n.* (善神と悪神などの)二つの神の存在を信じること. 〖《1884》 ← BI-¹+THEISM〗

Bi·thyn·i·a /bɪθíniə | baɪθín-, bɪ-/ *n.* ビチュニア 《小アジア北西部, 黒海沿岸にあった古代の王国》.

bit·ing /báɪtɪŋ | -tɪŋ/ *adj.* **1** かむ, かみつく, 食いつく. **2 a** 〈寒風など〉肌を刺すような, 厳しい (nipping): a ～ frost, hail, wind, etc. **b** [副詞的に] 身を切るように: a ～ cold day 厳寒の日. **3 a** 〈食物など〉ひりひりする, 刺激性の (pungent); 腐食性の (caustic). **b** 〈皮肉など〉鋭い (sharp), 痛烈な, 骨を刺すような (⇨ incisive SYN): a ～ sarcasm, irony, jest, remark, etc. / He has a ～ tongue. 辛辣(しんらつ)な皮肉屋である. **～·ly** *adv.* **～·ness** *n.* 〖《a1325》 ← BITE+-ING²〗

bíting hóusefly *n.* 〖昆虫〗サシバエ (⇨ stable fly).

bíting lòuse *n.* 〖昆虫〗=bird louse. 〖1896〗

bíting mídge *n.* 〖昆虫〗ヌカカ 《人・哺乳類・鳥などの血を吸うヌカカ科 (*Ceratopogonidae*) の小昆虫の総称; punkie ともいう; cf. gnat 1》. 〖1945〗

bít-màp *n.* 〖電算〗ビットマップ 《画像をディスプレー上のピクセルの行列[マトリックス]によって表し, さらにそれをメモリー上のビットの対応する組合わせで表現したもの; そのような画像表現方式》.

Bi·to·la /bíːtoulə, -tlə | -təulə; *Macedonian* bítola/ *n.* ビトラ《マケドニア南端の都市; セルビアクロアチア語名 Bitolj, トルコ語名 Monastir /monástir/》.

Bi·tolj /bíːtoul(jə), -tɔɪ | -təuljə; *Serb./Croat.* bȉtoʎ/ *n.* ビトイ《Bitola のセルビアクロアチア語名》.

bi·ton·al /bàɪtóunl | -tə́u-/ *adj.* 〘音楽〙複調性の, 二つの調による. 〘(1927) ← BI-¹＋TONAL〙

bi·to·nal·i·ty /bàɪtounǽləti | -tə(u)nǽlɪti/ *n.* 〘音楽〙複調性. 〘(1927) ← BI-¹＋TONALITY〙

bít pàrt *n.* (劇・映画などの)端役 (bit² 5 b).

bít plàyer *n.* 端役を演ずる役者, 二流役者, エキストラ (cf. bit² 5 b).

bít ràte *n.* 〘電算〙ビット伝送速度.

Bit·rex /bítreks/ *n.* 〘商標〙ビトレックス《洗剤などに不快な味を加えるために添加される, 苦味のある合成有機化合物》.

bít ròle *n.* ＝bit part.

bit·ser /bítsə | -tsə(r/ *n.* 《豪・NZ口語》＝bitzer.

bít slìce *adj.* 〘電算〙(中央処理装置 (CPU) において)ビットスライスの《処理速度向上のために 2 ないし 4 ビット数のチップを複数個並列に接続する方式の》.

bít·stòck *n.* (まわし錐の)まわし柄 (brace). 〘(c1887): ⇨ bit³〙

bít stòp *n.* 〘木工〙＝bit gauge.

bít strèam *n.* 〘電算〙ビットストリーム《バイト単位などでなくビット単位で送られるデータ》.

bit·sy /bítsi/ *adj.* 《口語》ちっちゃな. 〘(1905)? ← *bits* (pl.) ← BIT² // 《変形》← BITTY〙

bitt /bít/ 〘海事〙*n.* **1** 係柱(ᵏᵉⁱᶜʰᵘ)《甲板のふちに立てた 1 本または 2 本の鉄または木の太く短く強い柱; いかり綱やもやい綱を巻きつけて留める》. **2** ＝bollard 1. **— *vt.*** 〈綱・錨索などを〉係柱を巻きつける: ⇨ ROUSE¹ *and bitt*. 〘(1593) ← ?LG (LG & Du. *beting*): cf. ON *biti* beam〙

bitten /bítn/ *v.* bite の過去分詞.

bit·ter /bítə | -tə(r/ *adj.* (~·er, ~·est; more ~, most ~) **1 a** 苦い: a ~ taste 苦い味 / (as) ~ as aloes [wormwood] (アロエ[ニガヨモギ]のように)ひどく苦い / This medicine tastes ~. この薬は苦い / ⇨ *swallow a bitter* PILL¹. **b** 〈ビールが〉苦味の強い (↔ mild). **2** 痛烈な, 辛辣(ˢʰⁱⁿʳᵃᵗˢᵘ)な (harsh): a ~ complaint 手厳しい苦情 / ~ criticism 酷評 / ~ irony 痛烈な皮肉 / with a ~ tongue 毒舌をもって[た]. **3** むごい, 無情な (relentless): the ~ truth 冷酷な真実. **4** つらい, 苦痛な, 悲痛な (distressing): a ~ disappointment 苦い失望 / ~ discipline 厳しい訓練 / ~ grief 悲痛 / a ~ sorrow つらい悲しみ / ~ tears 悲痛の涙 / know from ~ experience 苦い経験から習る. **5** 〈寒さ・風など〉身を切るような, 刺すように寒い (piercing): a ~ wind, winter, etc. / ~ weather [cold] 骨身を刺すような寒い天気[寒さ]. **6 a** (相手に)激しい敵意を示す, 恨みを抱く, 憎い: a ~ enemy / ~ hatred 激しい憎しみ / a ~ quarrel 激しい争い / a ~ battle 激戦. **b** 苦々しい〈気持ち〉, (ひどく)不機嫌な; 世をすねた; つらく当たる, 邪険な (harsh) 〔*against, to*〕; 〈ある事を〉根にもっている, 怒っている (resentful) 〔*about*〕: Why is he so ~? なぜあんなに苦虫をかみつぶしたような顔をしているのか / He was ~ *against* her. 彼女につらく当たった / He is [feels] ~ *about* the loss. その損失を腹にすえかねている.
to the bitter énd ⇨ bitter end¹.
— *adv.* ひどく, 大いに, 非常に (bitterly). ★特に次の句で: ~ cold 身を切るように寒い (cf. Shak., *Hamlet* 1. 1. 8).
— *n.* **1** 苦味; 苦いもの: take the ~ with the sweet 人世の苦も楽も甘受する / taste the sweets and ~s of life 人生の甘苦をなめる (cf. sweet 2). **2** 《英》ビター (bitter beer) (一杯): a pint [half a pint] of ~. **3** [*pl.*] ビターズ, 苦味酒《苦味のある草や根・実などを浸して味をつけたアルコール飲料で, 食欲増進剤・強壮剤・カクテルの味付けなどに用いられる》: gin and ~s 《米》＝pink gin / ⇨ angostura bitters. **4** [*pl.*] 〘薬学〙 **a** 苦味チンキ《リンドウ・クァシア (quassia) などで苦味をつけたアルコール性の水薬で健胃剤》. **b** 苦味薬《キニーネ・リンドウ・クァシアなど》.
— *vt.* 苦くする, …に苦味をつける.
〘adj.: OE *biter* < Gmc **bitraz* ← *bītan 'to BITE'. — adv.: OE *bitere*. — v.: OE *biterian* ← (adj.)〙

Bit·ter /bítə | -tə(r/ *n.* ＝Bitter Lakes.

bítter álmond *n.* 〘植物〙ビターアーモンド, 苦扁桃 (*Prunus communis* var. *amara*)《仁の苦いアーモンドで食用にはならない; 薬油を採る; cf. sweet almond》; ビターアーモンドの仁. 〘1632〙

bítter álmond òil *n.* 〘化学〙 **1** ＝almond oil 2. **2** ＝benzaldehyde.

bítter áloes *n.* [単数扱い] アロエ汁 (aloes).

bítter ápple *n.* ＝colocynth 1 b. 〘1865〙

bítter·bàrk *n.* 〘植物〙北米南部産のアカネ科の植物 (*Pinckneya pubens*) の樹皮《マラリアの特効薬とされた; Georgia bark ともいう》. 〘(1884) ← BITTER＋BARK²〙

bítter béer *n.* 《英》ビター(ビール)《ホップで強い苦味をつけた生ビール; 単に bitter ともいう》. 〘1850〙

bítter·brùsh *n.* 〘植物〙(北米西部の乾燥した地帯に産する)枝の多い銀白色のバラ科の低木 (*Purshia tridentata*)《三つの鋸歯(ᵏʸᵒˢʰⁱ)状の葉と黄色の 5 弁花をつける》. 〘(1910) ← BITTER＋BRUSH²〙

bítter cassáva *n.* 〘植物〙ニガカッサバ《根から tapioca を作る; ⇨ cassava 1》.

bítter·crèss *n.* 〘植物〙アブラナ科タネツケバナ属の総称; (特に)ヨーロッパ産のタガラシ (*Cardamine hirsuta*) (hairy bittercress), 米国産の *C. bulbosa* (cf. lady's smock). 〘c1890〙

bítter dógbane *n.* 〘植物〙北米産のキョウチクトウ科の植物 (*Apocynum androsaemifolium*)《根が苦く, 薬用; spreading dogbane ともいう》.

bítter énd¹ *n.* [the ~] 最後; 死. ★次の句で用いる: to [until] *the* ~ (不快なこと・困難などにかかわらず)最後の最後まで, とことんまで; 死ぬまで. 〘(1849) ← *bitter end*² // ← BITTER (adj.)〙

bítter ènd² *n.* 〘海事〙 **1** (係柱 (bitt) に巻き取った綱の)末端部分. **2** 錨綱の船内の係柱に留めてある部分より内側の部分. 〘(c1862) ← *bitter* (⇨ bitt, -er¹)〙

bítter-énd·er *n.* 《口語》あくまで屈しない人, 最後まで主張を曲げない人. 〘(1850) ↑〙

bítter-énd·ism /-éndɪzm/ *n.* 《口語》最後まで主張を曲げない(強硬な)態度. 〘(1918) ← (↑), -ISM〙

bítter gréens *n. pl.* 《米》苦味のあるサラダ用青菜類《エンダイブ・チコリー・ホウレンソウなど》.

bítter hérb *n.* **1** 〘植物〙シマセンブリ (*Erythraea centaurium*)《地中海地方原産のリンドウ科の一, 二年草で, 全草が苦く, 花のついた草を乾して胃腸薬とする》. **2** 〘植物〙＝turtlehead. **3** 苦菜(ⁿⁱᵍᵃⁿᵃ)《ユダヤ人が Seder の祝に Exodus 以前の苦難を記念して食べる西洋わさびを主にしたサラダ; cf. *Exod.* 12: 8》.

bít·ter·ish /-tərɪʃ | -tə-/ *adj.* ほろ苦い, ちょっと苦味のある. 〘(1605) ← BITTER＋-ISH¹〙

bítter láke *n.* (普通の塩水湖にみられる)硫酸塩およびアルカリ性炭酸塩を含んだ湖. 〘1882〙

Bítter Lákes *n. pl.* [the ~] ビター湖《エジプト北東部にあり, Suez 運河の一部をなす Great Bitter Lake と Little Bitter Lake の二つの湖》. 〘1843〙

bítter lémon *n.* ビターレモン《レモンジュースと炭酸キニーネ水とで作られる飲み物; カクテル用》.

bit·ter·ling /bítəlɪŋ | -tə-/ *n.* 〘魚類〙 **1** ヨーロッパタナゴ (*Rhodeus sericeus*)《コイ科の淡水魚で, ヨーロッパからアジア北部にかけて広く分布; 苦味がある》. **2** コイ科タナゴ亜科の魚類の総称. 〘(1880) □ G *Bitterling* ← *bitter* (< OHG *bittar* 'BITTER')＋-LING¹〙

bítterling tèst *n.* 〘医学〙バラタナゴ妊娠試験(法)《雌の日本産バラタナゴ (Japanese bitterling) を入れた水の中に妊婦の尿を入れ, 魚の産卵管が著しく膨出すれば陽性》.

bít·ter·ly *adv.* **1** 苦く. **2** 激しく, ひどく; 痛烈に, 厳しく, つらく, 敵意に満ちて, 残酷に: cry [weep] ~ さめざめと泣く, 悲痛の涙を流す / regret ~ 痛恨する / speak ~ 苦々しげに言う, 毒々しい口をきく / be ~ disappointed ひどく[痛く]がっかりする. **3** 身を切るように: ~ cold. 〘lateOE *biterlīce*: ⇨ bitter, -ly¹〙

bit·tern¹ /bítən | -tə(ː)n/ *n.* (*pl.* ~**s**, ~) 〘鳥類〙サンカノゴイ《アシの生えた沼地にすむサンカノゴイ属 (*Botaurus*) のサギの総称; 米国産の *B. lentiginosus* (American bittern), サンカノゴイ (*B. stellaris*) (European bittern) など》. 〘(?a1300) *bito(u)r* □ (O)F *butor* < VL **butitaurum* ← L *būtiō* bittern＋*taurus* ox: *-n* は *hern* 'HERON' の影響か〙

bit·tern² /bítən | -tə(ː)n/ *n.* 〘化学〙にがり《海水から塩を結晶させた後に残る》. 〘(1682) 《変形》? ← 《方言》*bittering* ← BITTER＋-ING¹〙

bít·ter·ness *n.* **1** 苦さ, 苦味. **2** 厳しさ, 苦しさ, つらさ, 悲痛; 苦々しさ, 痛恨; 恨み, 敵意; 辛辣(ˢʰⁱⁿʳᵃᵗˢᵘ)さ, 皮肉; 邪険: speak [answer] with ~ 苦々しげに語る[答える] / nurture a deep ~ toward …に対し深く恨みを抱く. 〘OE *biternes*: ⇨ bitter, -ness〙

bítter·nùt *n.* 〘植物〙 **1** クルミ科ヒッコリー属の薄殻の苦い小さな実を結ぶペカンの一種 (*Carya cordiformis*)《北米東部産; 材は硬く緻密(ᶜʰⁱᵐⁱᵗˢᵘ)で, 有用性が高い; swamp hickory ともいう》. **2** 1 の実. 〘(1810) ← BITTER＋NUT〙

bítter órange *n.* 〘植物〙＝sour orange.

bítter pít *n.* 〘植物〙(リンゴ・ナシなどの)苦痘病《果実に褐色の斑点を生ずる》.

bítter prìnciple *n.* 〘植物〙苦味質《植物体の中にある苦味成分; 主に精油成分》.

bítter·ròot *n.* 〘植物〙 **1** 北米西部産のピンクの美しい花が咲くスベリヒユ科の多年草の一種 (*Lewisia rediviva*)《根は苦くインディアンが薬用に用いた; 米国 Montana 州の州花》. 〘(1838) ← BITTER＋ROOT〙 **2** ＝dogbane.

Bít·ter·root Ránge /bítərùːt-, -rʊt- | -tə-/ *n.* [the ~] ビタールート山脈《Rocky 山脈中の一支脈で Idaho 州と Montana 州との境界をなす》.

bítter rót *n.* 〘植物病理〙リンゴの炭疽(ᵗᵃⁿˢᵒ)病《リンゴの炭疽病菌 (*Glomerella cingulata*) によるリンゴ・ブドウなどの果実の病気; ripe rot ともいう》.

bit·ter·sweet /bítəswìːt | -tə-⁻/ *adj.* **1 a** 苦くて甘みのある, ほろ苦い, 苦いが甘い, ほろ苦い味. **b** 楽しくもあり苦しくもある. **2** 《米》〈チョコレートなど〉砂糖をほとんど加えていない: ~ chocolate.
— /⁻⁻⁻/ *n.* **1 a** (舌に)苦みの残る甘み, 苦い後味のする甘み, ほろ苦い味. **b** 苦しみのまじった喜び[楽しみ]: the ~s of daily life 日々の生活で経験する苦しくもまた楽しい事. **2** 〘植物〙 **a** ヒヨドリジョウゴの類のつる性の毒草 (*Solanum dulcamara*)《北半球に広く分布し, ドルカマリンを含んでいて薬用にする; woody nightshade ともいう》. **b** ニシキギ科ツルウメモドキの類のつる植物 (*Celastrus scandens*). **c** (ほろ苦い味の)りんご.
~·ly *adv.* **~·ness** *n.* 〘(a1393) ← BITTER＋SWEET〙

bítter·wèed *n.* 〘植物〙苦みを含んだ雑草の総称《ブタクサ (ragweed)・ヒメムカシヨモギ (horseweed)・ダンゴギク (sneezeweed) など》. 〘(1819) ← BITTER＋WEED〙

bítter·wòod *n.* 〘植物〙ニガキ《ニガキ科ニガキ属 (*Picrasma*) の数種の木; 東南アジア・西インド諸島に産する; cf. quassia》.

bítter·wòrt *n.* 〘植物〙リンドウ (gentian).

bit·ti·ness /bítinɪ̀s | -ti-/ *n.* 《英口語》小間切れ(状態).

bit·tock /bítək | -tək/ *n.* 《スコット》わずか (a little bit). 〘(1802) ← BIT²＋-OCK〙

bit·ty /bíti | -ti/ *adj.* (**more** ~, **most** ~; **bit·ti·er, -ti·est**) **1** 《英口語》断片的な (scrappy); まとまりのない. **2** 《米口語》＝bitsy (cf. itty-bitty): a little ~ girl. **3** (液体中に)沈殿物などのある. 〘(1892) ← BIT²＋-Y⁴〙

Bit·u·mas·tic /bɪtjumǽstɪk/ *n.* 〘商標〙ビチュマスティック《さび止め用塗料》.

bi·tu·men /bɪtúːmən, baɪ-, -tjúː- | bítʃumɪn, -mèn/ *n.* **1** 〘地質〙ビチューメン, 瀝青(ʳᵉᵏⁱˢᵉⁱ) (naphtha, petroleum, asphalt などを含む). **2 a** 画面上塗液《アスファルトと乾性油とを混ぜて作る》. **b** [the ~] 《豪》アスファルト道路; [B-] 《豪》北部州のダーウィンとアリススプリングズ間の道路. **3** ビチューム色《暗褐色》. 〘(a1464) □ L *bitūmin-*, *bitūmen* ← Celt. (Welsh *bedw* birch)〙

bi·tu·mi·nif·er·ous /bɪtùːmənɪ́f(ə)rəs, baɪ-, -tjùː- | bɪtjùːmɪ-⁻/ *adj.* 瀝青(ʳᵉᵏⁱˢᵉⁱ)を産する. 〘(1799): ⇨ ↑, -ferous〙

bi·tu·mi·nize /bɪtúːmənàɪz, baɪ-, -tjúː- | bɪtjúːmɪ-, bítʃumɪ-/ *vt.* 瀝青(ʳᵉᵏⁱˢᵉⁱ)化する; 瀝青で処理する; …にアスファルトを混ぜる. **bi·tu·mi·ni·za·tion** /bɪtuːmənɪzéɪʃən, baɪ-, -tjùː- | bɪtjùːmɪnaɪ-, -nɪ-/ *n.* 〘(1751) ← L *bitumin-*＋-IZE〙

bi·tu·mi·noid /bɪtúːmənɔ̀ɪd, baɪ-, -tjúː- | bɪtjúːmɪ-/ *adj.* 瀝青のような. 〘(1878) ← L *bitumin-* 'BITUMEN': ⇨ -oid〙

bi·tu·mi·nous /bɪtúːmənəs, baɪ-, -tjúː- | bɪtjúːmɪ-/ *adj.* **1 a** 瀝青の; 瀝青質の. **b** 瀝青を含む. **2** 瀝青炭の[に関する]. 〘(1620) □ F *bitumineux* // L *bitūminōsus*: ⇨ bitumen, -ous〙

bitúminous cóal *n.* 瀝青炭, 軟炭 (soft coal)《燃えるときに猛烈に煙が出る》. 〘1827〙

bít·wìse *adj., adv.* 〘電算〙ビットに関する[関して], ビットごとの[に]. 〘← BIT⁵＋-WISE〙

bitz·er /bítsə | -tsə(r/ *n.* 《豪口語》 **1** 寄せ集めの部品で作った物[装置]. **2** 雑種犬. 〘← 《短縮》*bits* and pieces〙

-bi·um /biəm/ (*pl.* **-bi·a** /biə/) 〘生物〙「(ある)生態をもつ生体[群]」の意の名詞連結形. 〘← NL ~ (neut.) ← *-bius*〙

bì·uníque *adj.* 二方向唯一性の《対応する二つの組が互いに 1 対 1 の対応をする関係にある》.

bi·u·ret /bàɪjurét | -ju(ə)r-/ *n.* 〘化学〙ビウレット ($NH_2CONHCONH_2$)《尿素を加熱して製する白色の結晶; allophanamide ともいう》. 〘(1869) ← BI-¹＋-URET〙

biurét reàction *n.* 〘化学〙ビウレット反応《アルカリ性にした蛋白質溶液に硫酸銅溶液を加えると液が赤紫色になる反応》. 〘1883〙

-bi·us /biəs/ 〘動物〙「(ある)生態をもつもの」の意の名詞連結形. 〘← NL ~ having certain mode of life ← Gk *bios* life〙

bi·va·lence /bàɪvéɪləns, ⁻⁻⁻ | ⁻⁻⁻/ *n.* **1** 〘化学〙二原子価, 二価を有すること. **2** 〘哲学・論理〙二価性《意味のある言明の真理値は真か偽のいずれかであるということ; cf. many-valued logic》. 〘(1889) 《なぞり》← G *Zweiwertigkeit*〙

bi·va·len·cy /bàɪvéɪlənsi, ⁻⁻⁻⁻ | ⁻⁻⁻⁻/ *n.* 〘化学〙＝bivalence. 〘1880〙

bi·va·lent /bàɪvéɪlənt⁻/ *adj.* **1** 二価の (divalent). **2** 〘生物〙二価(染色体)の, 双価の: a ~ chromosome 二価染色体. **3** 〘言語〙二価の《二項述語のこと》. **— *n.*** 〘生物〙二価染色体. 〘(1869) 《なぞり》← G *zweiwertig*〙

bi·valve /báɪvæ̀lv/ *n.* 〘貝類〙二枚貝《ハマグリ・カキなど》. **— *adj.*** **1** 〘貝類〙二枚貝の, 貝殻が二枚ある (cf. univalve). **2** 〘植物〙〈果皮が〉両弁の, 二弁のある. 〘(1661) ← BI-¹＋VALVE〙

bì·válved *adj.* ＝bivalve. 〘1755〙

bi·val·vu·lar /bàɪvǽlvjulə | -lə(r⁻/ *adj.* ＝bivalve. 〘1677〙

bi·vane /báɪvèɪn/ *n.* 両面風見《風の縦横両方向の変化を指示するもの》. 〘← BI-¹＋VANE〙

bì·váriate *adj.* 〘数学・統計〙二変数[量]の: a ~ correlation 二変数[量]相関. 〘(1920) ← BI-¹＋VARIATE〙

bi·vol·tine /bàɪvóultiːn, -tn | -vɔ́ultiːn, -tɪn⁻/ *adj.* 〘生態〙〈昆虫, (特に)カイコが〉二化生の. 〘(1874) □ F *bivoltin* ← bi-¹＋It. *volta* time＋-INE¹〙

biv·ou·ac /bívuæ̀k, bívwæk/ *n.* **1** 露営, 宿営, 野営, ビバーク. **2** 露営[宿営]地. **— *vi.*** (**-ou·acked; -ou·ack·ing; -ou·acks, ~s**) 露営[宿営]する; 野宿する, ビバークする. 〘(1702) □ F ~, 《古形》*bivac* □ ? Swiss-G *Beiwacht* 《原義》extra watch: ⇨ by¹, watch〙

bívouac shèet *n.* 〘登山〙ビバーク用テント (⇨ Zdarsky tent).

biv·vy /bívi/ *n.* (*also* **biv·y** /⁻/) 《俗》仮の避難所[宿所]; 小さなテント. 〘(1916) 《短縮》← BIVOUAC〙

bi·week·ly /bàɪwíːkli⁻/ *adj.* **1** 〈刊行物が〉隔週の, 2 週に一度の (every two weeks). **2** 《まれ》週 2 回の ★ 1 の意味と混同しやすいので避ける傾向にある (cf. semiweekly; ⇨ bi-¹ 5 ★). **— *adv.*** **1** 隔週に. **2** 《まれ》週 2 回. **— *n.*** **1** 隔週出版物, 隔週刊誌. **2** 《まれ》週 2 回の刊行物, セミウィークリー (semiweekly). 〘(1832) ← BI-¹＋WEEKLY〙

bi·year·ly /bàɪjíəli | -jíə-, -jɔ̀ː-⁻/ *adv., adj.* **1** 2 年に 1 回(の), 1 年おき(に). **2** 《まれ》年に 2 回(の). ★ 1 の意味と混同しやすいので避ける傾向にある. (cf. semiyearly, semiannual(ly), biannual(ly)). 〘(1879) ← BI-¹＋YEARLY〙

Biysk /bísk, bíːsk; *Russ.* bʲijsk/ *n.* ビースク《ロシア連邦中部, Altay 地方東部の工業都市; Bisk, Biisk ともいう》.

biz /bíz/ *n.* 《口語》(特に芸能などの)業界 (business): the

B

music ～ / Good ～! でかした. 〘(1862)《短縮》〙

bi·zarre /bɨ̯záə | -zá:ʳ; *F.* bizaːʀ/ *adj.* 奇妙な, 異様な; 奇怪な, 怪奇な (⇨ fantastic SYN); 一風変わった, 風変わりな (eccentric)《特に興味を引く, 面白おかしいという意味をもつ》. ── *n.*〘植物〙風変わりな線模様のある花. **～·ly** *adv.* **～·ness** *n.* 〘(*a*1648) ▭ F ～《原義》handsome, brave ▭ It. *bizzarro* angry ▭ ? Basque *bizarra* beard〙

bi·zar·re·rie /bɨ̯zɑ̀:rərí: | -zá:rəri; *F.* bizaʀəʀi/ *n.* (*pl.* ～**s** /～z; *F.* ～/) 異様, 怪奇; 異様[奇怪]なもの. 〘(1741–70) ▭ F ～: ⇨ ↑, -ery〙

bi·zazz /bɨ̯zǽz/ *n.*, *adj.* =pizzazz.

Bi·zer·te /bɨ̯zɜ́:ṭi, bɪzɛ́ət | bɪzɜ́:tə; *F.* bizɛʀt/ *n.* (*also* **Bi·zer·ta** /bɨ̯zɜ́:ṭə | bɪzɜ́:tə/) ビゼルト《チュニジア最北部, 地中海に面した海港》.

Bi·zet /bi:zéɪ | ⌐–; *F.* bizɛ, **Georges** *n.* ビゼー《1838–75; フランスの作曲家; *Carmen*《歌劇, 1875》, *L'Arlésienne*「アルルの女」《組曲, 1872》》.

bì·zónal *adj.* 二国共同統治地区の[に共通な]. 〘(1946) ← BI-¹＋ZONAL〙

bí·zòne *n.* 二国共同統治地区, (特に)二強国によって統治される地区. 〘《逆成》↑〙

biz·zazz /bɪzǽz, bə- | bɪ-/ *n.*, *adj.* =pizzazz.

biz·zy /bízi/ *n.*《英俗》警官.

bj《記号》Benin《URL ドメイン名》.

BJ《略》Bachelor of Journalism.

Bjerk·nes /bjɛ́əknɛɪs | bjɛ́ək-/, **Jakob** (**Aall Bonnevie**) *n.* ビヤークネス《1897–1975; ノルウェー生まれの米国の気象学者; 父 Vilhelm Bjerknes (1862–1951) と共にサイクロンの理論を完成し, 天気予報の基礎を築いた》.

Björn·son /bjɔ́:nsən, bjɜ́:n-, -sn̩ | bjɔ́:n-, bjɜ́:n-; *Norw.* bjø:nsɔn/, **Björn·stjer·ne** /bjø:ŋstjɛ̀rnə/ *n.* ビョルンソン《1832–1910; ノルウェーの小説家・劇作家・詩人; Nobel 文学賞 (1903); *En Fallit*「破産」《戯曲, 1875》, *Arne*「アルネ」《小説, 1858》》.

bk《略》backwardation; balk; bank; bark; barrack; black; block; book; break; brook.

Bk《記号》〘化学〙berkelium.

BK《略》〘野球〙balk(s).

bkcy《略》bankruptcy.

bkg《略》banking; booking; bookkeeping; breakage.

bkgd《略》background.

bklr.《略》〘活字〙black letter.

B-K oscillàtion *n.*〘電気〙=Barkhausen-Kurz oscillation.

bkpt《略》bankrupt.

bks, Bks.《略》barracks; books.

bkt《略》basket(s); bracket.

bkts.《略》baskets.

BL《略》Bachelor of Law; Bachelor of Letters; Bachelor of Literature; barrister-at-law; baseline; bats left; bill lodged; bill of lading; black letter; boatswain lieutenant; breaking load; breath-length; breech-loader; breech-loading; British Legion; British Leyland; British Library.

bl.《略》bale(s); barrel(s); black; block; blue.

B/L, b/l, b.l.《略》〘貿易〙(*pl.* **Bs/L, bs/l, bs.l.**) bill of lading.

blaa /blá:/ *n.* =blah.

blab /blǽb/ *v.* (**blabbed**; **blab·bing**)《口語》── *vi.* くだらないおしゃべりをする, 秘密などを漏らしてしまう. ── *vt.* 〈秘密などを〉ぺらぺらしゃべってしまう 〈*out*〉. ── *n.* **1** くだらぬおしゃべり. **2**《まれ》=blabber². **bláb·bing** *n.*, *adj.* **blab·by** /blǽbi/ *adj.* 〘(1292) *blabbe* (n.)《擬音語》?: cf. blabber¹ / ON *blabbra* to babble〙

blab·ber¹ /blǽbə | -bəʳ/ *vi.* =blab. ── *vt.* 軽率に言う 〈*out*〉. ── *n.*《口語》つまらない話. 〘(?c1343) *blabere(n)* to speak indistinctly ← Gmc **blab-*《擬音語》?〙

bláb·ber² /-bə | -bəʳ/ *n.* =blabbermouth. 〘*a*1475〙

blábber·mòuth *n.*《口語》おしゃべりする人; (余計なことを)ぺらぺらしゃべる人. 〘(1936): ⇨ ↑, mouth〙

black /blǽk/ *adj.* (～·**er**; ～·**est**) **1** 黒い, 黒色の. **2** 〈手・布切れなど〉(ほこりや泥で)よごれた, 真っ黒な (dirty): After the game their uniforms were ～ (with dirt). 試合のあとでユニホームは(泥で)真っ黒になっていた. **3 a** 〈空・雲・深い水など〉黒ずんだ, どす黒い: ～ darkness 真っ暗闇 / a ～ night 闇夜. **b** 〈コーヒーが〉牛乳[クリーム, (時に)砂糖]を入れない (cf. white 5 a, café noir): ～ coffee / drink one's coffee ～ コーヒーをブラックで飲む. **4 a** 黒衣の, 黒装束の: a ～ monk, knight, etc. **b** 黒衣をまとう集団の, ファシストの: ⇨ Blackshirt. **5 a** 髪の毛の黒い; 皮膚の黒い, 薄黒い (dark-skinned). **b** [しばしば B-] 黒人の, 黒人に関する. ★「黒人の」の意では本来皮膚の色を直接に表現し軽蔑の含みを伴うので Negro や colored を用いたが, 最近では黒人はこの語の方を好んで用いる傾向がある (cf. Negro ★): ～ races 黒色人種 / ～ literature 黒人文学 / Toni Morrison, the first American ～ woman writer to win the Nobel Prize 米国黒人女性作家として初めてノーベル賞を受けたトニ モリソン / ⇨ black belt¹ 1, black man. **c** (19 世紀の奴隷制度問題に関連して)黒人支持の: a ～ abolitionist. **6 a** 〈前途・形勢など〉暗然たる, 光明のない, 暗澹(あんたん)たる (gloomy, bleak, bad): a ～ future 暗い将来 / one of the ～*est* days of a person's life 一生で一番暗い日 / ～ despair 暗澹たる絶望 / Things look ～ for him. 彼にとって形勢が険悪だ. **b** 災いを及ぼす, 不吉な (sinister); 大きな不幸をこうむった: ～ words 不吉な言葉 / a ～ augury 凶兆 / ⇨ Black Friday 2. **c** 〈ユーモアなど〉悲劇的なことや不条理な現実を劇や作品の中でコミックに描き出す: ⇨ black comedy, black humor. **d** 悪魔[魔法]に関連する: ⇨ black art, black magic. **7** 〈表情など〉すごい, むっとした, 険悪な (sullen, angry): ～ looks 険悪な顔つき / a ～ rage ものすごい怒り / ～ in the face (with rage) (怒りで)顔を紫色にして, 血相を変えて / He looks as ～ as thunder. 雷様のようにこわい顔をしている. **8 a** 腹黒い, 大それた, 凶悪な, 極悪な (wicked): ～ cruelty ものすごい残虐 / a ～ heart, soul, etc. 腹黒(い人) / ～ ingratitude よくよくの恩知らず / crimes of the ～*est* dye 最も凶悪な犯罪 / ⇨ PAINT *black*. **b** 故意の, たくらんだ: ⇨ black lie. **c** よくない, 非難される, 不名誉な: a ～ shame いまわしい恥辱 / ⇨ black mark. **9**《口語》生粋の, 全くの (out-and-out): a ～ villain 札つきの悪人. **10** 闇(値)の, 闇値で売買[取引]する: ～ rice 闇米 / The ～ economy can thrive even in a recession. 闇市場の経済は不景気でも栄える / ⇨ black market, black marketeer. **11**《英》スト破り (blackleg) によって行われる; (ストライキ中に)組合の禁じている, 〈仕事など〉行ってはならない, 〈荷など〉扱ってはならない, ボイコットすべきである (cf. *vt.* 3): declare the work ～ 仕事をボイコットする. **12** (地図などで)廃墟[旧跡]となっている《地図で黒の印をつけられるところから》 **13** 〘鋼鉄〙が溶鉄炉の中にあって完成していない, 粗鋼の. **14** 〘軍事〙(特別戦時情報機関の行う)裏面工作の (cf. white 19). **15** 〘印刷〙=bold-faced 2. **16** 〈商売が〉黒字の (↔ red). **17** (宣伝で)敵国(民)の士気低下をねらった. **18** 〈スキーの滑降路が〉上級者用の, 急な.

(as) bláck as ébony [*cóal, ínk, níght, pítch, your hát, the áce of spádes*] 真っ黒で. 〘(1303)〙 ***bláck and blúe*** ⇨ black-and-blue. ***gò bláck*** 〈光景などが〉意識から消える. ***nòt so [as] bláck as one is páinted*** ⇨ PAINT *black*. 〘(1596)〙

── *n.* **1** 黒, 黒色: *Black is* beautiful. 黒こそ美しきもの《黒人の皮膚の色に対する劣等感からの解放と人種的意識に目覚めさせる黒人指導者たちの合言葉》. **2** 黒絵具, 黒インキ, 黒色染料, 墨. **3 a** 黒衣, 喪服; 黒装束: be in ～ 黒衣[喪服]を着ている / wear ～ 黒衣をまとう, 喪服を着る. 日英比較 日本の葬式では黒服が普通だが《米》ではそうではない. **b** [通例 *pl.*] (裁判官など公式の場で着用する)黒服; (教会や葬式に用いる)黒い垂れ幕. **4** [時に B-] 黒人 (cf. *adj.* 5 b, *n.* 1); オーストラリア先住民 (aborigine) (cf. red¹ 4). **5** 黒色の動物《馬・牛など》. **6 a** 黒い部分; 黒色斑点, 黒いしみ, すすのついた跡[よごれ]. **b** [通例 *pl.*] 油煙: ⇨ lampblack 1. **7** [the ～] (商売の)黒字 (cf. red¹ 7): be [stay] in (*the*) ～ 〈商売が〉黒字である, もうかっている / get into *the* ～ 黒字になる. **8 a** (チェス・チェッカーなどの)濃色(通例黒色)の駒(をもった競技者). **b** (snooker などの) 黒い玉. **c** (ルーレットなどの)黒. **d** (アーチェリーの)標的上の黒い輪(3 点). **9** (麦・かぶらなどの)黒穂病菌, 黒菌. **10** 真っ暗闇, 暗黒. **11** 〘印刷〙=boldface.

bláck or whíte 白か黒か; 中間はない, 第三の道はない, はっきりしている. 〘(1612)〙 ***gét a bláck***《英軍俗》大みそをつける, 黒星を取る. ***pùt úp a bláck***《英口語》とんでもない間違いをする, ぼかをやる. 軽はずみなことをする. 〘(1941)〙 ***próve that bláck is whíte＝tálk bláck into whíte*** 黒を白と言いくるめる. ***swéar bláck is whíte*** 黒を白と言ってはばからない.

bláck and tán (1) [しばしば B- and T-] 黒人擁護運動党員《政治における白人と黒人の比例代表制を主張して対黒人協力を唱えた米国南部の共和党の一派; cf. lily-white》. (2) [B- and T-] 1919–21 年にアイルランドに派遣されて Sinn Féin の反乱鎮圧に当たった約 6,000 名の英国警備隊(の一員)《カーキ服に黒色の帽子を着けていたことから》(3) 毛色が黒と褐色の犬. 〘(1850)〙

bláck and whíte (cf. black-and-white) (1) (黒インクのみで描いた)ペン画, 墨絵; 〘印刷〙線画《白黒だけで濃淡のない絵》. (2) (白紙に黒インキでの)印刷(物), 筆写, 書き物: put [have] something down in ～ *and white* 文書[印刷物]にしておく / want something (down) in ～ *and white* 何か文書に[印刷]したものが欲しい. (3) 白黒テレビの画像; 白黒写真; 白黒やグレーのような中間色《写真・映画などにいう》. (4) 極度に単純化した形: in ～ *and white* 白か黒か[善か悪か]と単純に割り切って.

── *vt.* **1 a** 黒くする; よごす (soil). **b** なぐって〈目〉の回りに黒あざをつける: ～ a person's eye. **2** (靴墨で)磨く; 〈ストーブなどに黒磨きをかける: ～ shoes 靴を磨く. **3** 《英・豪》(非労働組合員を雇うことに反対して, またはストライキ中の他の労働者に同情の意を示して)ボイコットする; 〈貨物などを〉扱うべきでないと言う (cf. *adj.* 11). **4** =blacken *vt.* 2. **5** 〘映画・演劇〙(黒人役を演ずるため)黒くメーキャップする 〈*up*〉(cf. blackface 1). ── *vi.* **1** 黒くなる; 〈空が〉暗くなる 〈*over*〉. **2**《英》ボイコットする. **3** 〘映画・演劇〙顔を黒くメーキャップする 〈*up*〉.

bláck dówn 〘海事〙〈索具〉にタールを塗って黒くする.

bláck óut (*vt.*) (1) 〈記事の一部などを〉黒インキで塗りつぶす. (2) 真っ暗にする: A sudden storm ～*ed out* the town. 突然のあらしで町は真っ暗になった. (3) (空襲に備えて)〈明りを〉消す; (明りが漏れないように)〈家・窓などを〉暗くする, 灯火管制する. (4) 同じ波長を使って〈ラジオ送信を〉妨害する, 妨信する (jam). (5) (戦争中など)〈ニュース〉の報道管制を実施する; …のテレビ放送を禁じる. (6) 〈人〉の意識を(一時的に)失わせる. (7) 〈事件などの記憶を失う, 〈嫌なことを〉すっかり忘れる: He ～*ed out* his university. 大学時代のことをすっかり忘れた. (*vi.*) (1) (空襲に備えて)明りを消す; 灯火管制をする. (2) 舞台を真っ暗にする; 〈明りが〉消える, 〈場面などが〉暗くなる. (3) 〈送信などが〉妨害される. (4) (一時的に)意識を失う. (5) 〘航空医学〙(急激な横転や急降下から抜け出るときに, 下向きの加速度が増し脳が貧血して瞬時)暗黒視になる, 視覚[意識]を失う (cf. black out *vi.* (4), red out *vi.* (1)).

〘*adj.*, *n.*: OE *blæc* ＜ Gmc **blakaz* (OS *blac* ink / OHG *blah-*, *blach-*) ← IE **bhleg-* ← **bhel-* to shine, flash, burn: cf. blue. ── *v.*: (?c1200) ← adj.〙

Black /blǽk/, **Cilla** *n.* ブラック《1943– ; 英国 Liverpool 出身の歌手・タレント; テレビ番組 'Blind Date' の司会者》.

Black, Hugo (**La Fayette**) *n.* ブラック《1886–1971; 米国の法学者; 最高裁判所陪席裁判官 (1937–71)》.

Black, Joseph *n.* ブラック《1728–99; スコットランドの化学者; 炭酸ガスを再発見し, 潜熱の理論を展開した》.

bláck acácia *n.*〘植物〙=locust 3 a.

bláck·àcre *n.*〘法律〙(whiteacre と区別して) ある仮定の土地《以前法律書に例示として用いられた任意名》. 〘1628〙

bláck África *n.* ブラックアフリカ《アフリカ大陸, 特に Sahara 以南の黒人が優勢な部分》. 〘1938〙

bláck álder *n.*〘植物〙**1** 北米産モチノキの類の低木 (*Ilex verticillata*)《winterberry ともいう》. **2** ヨーロッパ産のハンノキの一種 (*Alnus glutinosa*). 〘1805〙

black·a·moor /blǽkəmʊ̀ə | -mɔ̀:ʳ, -mʊ̀əʳ/ *n.* [軽蔑的に] **1**《文語》黒人, (特に)アフリカ黒人 (Negro); 奴隷または召使いとして使われる小さい黒人の男の子. **2** 色の黒い人. 〘(1580)《変形》← 《古形》*black More* (← MOOR): *-a-* の起源は不明 (cf. black-a-vised)〙

bláck-and-blúe *adj.* (打たれて)青黒くなった, 打撲傷を受けた; (打たれて)痛み, 苦痛を感じる: beat a person ～ 人を青黒いあざのできるほどぶんなぐる. 〘*c*1325〙

bláck-and-tán *adj.* **1** 黒と褐色のぶちの. **2** [しばしば Black-and-Tan]《米》(政治における)黒人と白人比例代表制を主張する (cf. lily-white 3). **3** 〈バーなど〉黒人・白人両方が行く. ── *n.* **1** 黒人・白人の両方が行くナイトクラブ. **2** =BLACK and tan (1). **3** porter あるいは stout と ale を混ぜた飲み物. 〘1850〙

bláck-and-tán cóonhound *n.* ブラックアンドタンクーンハウンド《毛色が黒と褐色の, あらいぐま狩り用に訓練されたイヌ》. 〘1948〙

bláck-and-tán térrier *n.* =Manchester terrier.

black-and-white /blǽkən(d)(h)wáɪt⁻/ *adj.* **1** 黒と白との. **2** 書き物にした, 印刷(物)にした. **3 a** 単色印刷の, 一色刷りの, 白黒の; 白黒描き[ペン画]の. **b** 〘テレビ・写真〙白黒の (monochrome). **4** 〈判断など〉白か黒かと割り切った, 善と悪[右と左]を截然と区別する: a ～ judgment. 〘1612〙

Bláck Ángus *n.* =Aberdeen Angus. 〘1948〙

bláck ánt *n.*〘昆虫〙黒アリ《人家の中や周囲に見られる黒っぽい色のアリの総称; 特にトビイロケアリ (*Lasius niger*)》.

bláck ántimony *n.*〘化学〙**1** 黒色アンチモン《アンチモン同素体の一つ》. **2** 黒色三硫化アンチモン (Sb_2S_3)《医薬などに用いるため, 特に黒色粉末としたもの; 輝安鉱と同一成分》.

bláck·àrm *n.*〘植物病理〙角斑病《茎や枝に黒く細長い病斑が認められる綿の胴枯れ病》. 〘(1907) ← BLACK＋ARM〙

bláck árt *n.* [(the) ～] (悪い目的に用いる)魔法, 魔術, 妖術; 黒魔術; (奇術で)読心術. 〘(*c*1590)《なぞり》← ? LG *swarte Kunst*, G *schwarze Kunst*: cf. necromancy〙

black-a-viced /blǽkəvàɪst/ =black-a-vised.

black-a-vised /blǽkəvàɪst, -vàɪzd/ *adj.*《古語》色の黒い, 顔色の黒い. 〘(*c*1758) ← BLACK＋F *à vis* as to face＋-ED〙

bláck-bàcked gúll *n.*〘鳥類〙背と翼の表が黒い白カモメの類の総称《オオカモメ (*Larus marinus*), ニシセグロカモメ (*L. fuscus*) など》.

bláck·bàck flóunder *n.*〘魚類〙=winter flounder.

bláck-bág *adj.* (容疑者や敵の諜報員などを捕えるために行う)連邦捜査員などによる不法侵入の. 〘1973〙

bláck·báll *vt.* **1** (投票で投票箱に)黒球を投じて…の参加[加入]を拒む, 黒球を投じて…に反対する. **2** 社会的に排斥する, のけ者にする. ── *n.* **1** (投票で反対を意味する)黒球; 反対投票. **2** 《NZ》丸い形をした白黒のお菓子の一種. 〘(1770) ← BLACK＋BALL¹〙

bláck·bàll·er *n.* 反対投票者. 〘(1869) ← BLACKBALL＋-ER¹〙

bláck bambóo *n.*〘植物〙クロチク (*Phyllostachys nigra*)《マダケの変種で, 茎が黒紫色》.

bláck bán *n.*《豪》(労働組合による特定の国, 製品に対する)ボイコット. ── *vt.* 〈労働組合が〉〈特定の国, 製品を〉ボイコットする.

bláck-bànded súnfish *n.*〘魚類〙北米産クロマス科の魚の一種 (*Mesogonistius chaetodon*).

bláck bass /-bǽs/ *n.*〘魚類〙ブラックバス《北米原産サンフィッシュ科 *Micropterus* 属の魚の総称; 釣の対象魚; オオクチバス (largemouth (black) bass) など》. 〘1815〙

bláck béan *n.*〘植物〙**1** =Moreton Bay chestnut; その種子[木材]. **2** =hyacinth bean. **3** インゲン属 (*Phaseolus*) の仲間数種の黒いマメ《南米で食用にする》. 〘1792〙

bláck béan àphid *n.* 豆類につく小さな黒いアブラムシ (*Aphis fabae*)《bean aphid ともいう》.

bláck béar *n.*〘動物〙**1** アメリカクロクマ (American black bear) (*Ursus* [*Euarctos*] *americanus*)《grizzly bear よりかなり小さく隔年に子供を生む; brown bear より小さく比較的おとなしい》. **2** ヒマラヤグマ (Asiatic black bear (*Selenarctos* [*Ursus*] *thibetanus*))《身体は黒く, 胸の所に V 字形の模様を有する》. 〘1781〙

Bláck·bèard *n.* 黒鬚(ひげ)《北大西洋を荒した英国の海賊 Edward Teach (?–1718) のあだ名》.

bláck béast *n.* =bête noire. 〖(1926)《なぞり》← F *bête noire*〗
Bláck Béauty *n.* ブラックビューティー《Anna Sewell 作の同名の小説 (1877) の主人公である馬》.
bláck·bèetle *n.* 《英》〖昆虫〗=oriental cockroach.
bláck·bèllied plóver *n.* 〖鳥類〗ダイゼン (*Squatarola squatarola*)《冬期は背の羽毛が灰色になる大形のチドリ; gray plover, bottlehead, stone plover ともいう》.
bláck·bèlly rósefish *n.* 〖魚類〗ユメカサゴ (*Helicolenus dactylopterus*)《大西洋産》.
bláck bèlt[1] *n.* [the ～]《米》**1** (黒人が群居している都市の)黒人地帯《New York の Harlem など》. **2** (米国 Alabama, Mississippi 両州の) 黒土帯, 沃土地帯《綿花栽培地域》. 〖1870〗
bláck bélt[2] *n.* (柔道・空手の)黒帯; 有段者. 〖(1954)《なぞり》← Jpn. 黒帯〗
black·ber·ry /blǽkbèri | -b(ə)ri/ *n.* **1** 〖植物〗クロイチゴ《バラ科キイチゴ属 (*Rubus*) の植物の総称》; (特に)セイヨウヤブイチゴ (bramble)《茎にはとげがあり甘酸っぱい黒色の実を多産する》. **2** クロイチゴの実: (as) plentiful as *blackberries* うんざりするほどたくさんある, 数限りない (Shak., *1 Hen. IV* 2. 4. 267). **— *vi.*** [通例 ～*ing* 形で] (野生の)クロイチゴ狩りをする: go ～*ing* クロイチゴを摘みに行く. 〖lateOE *blæcberie*〗
bláckberry lìly *n.* 〖植物〗ヒオウギ (*Belamcanda chinensis*)《中国産のアヤメ科の多年草, 赤い斑点のあるオレンジ色の花をつけ, blackberry のような黒い実がなる; 観賞用; leopard flower ともいう》.
bláck bíle *n.* 〖古生理〗黒胆汁《腎臓・脾臓から分泌する憂鬱な気分の原因となすものと信じられた体液; ⇨ humor 5》. 〖(1797)《なぞり》← L *atra bīlis*《なぞり》? ← Gk *mélaina kholḗ*〗
bláck-bìlled cúckoo *n.* 〖鳥類〗クロハシカッコウ (*Coccyzus erythrophthalmus*)《北米産の目の回りが赤く, くちばしが黒いカッコウ》.
bláck-billed mágpie *n.* 〖鳥類〗カササギ (*Pica pica*)《ユーラシア大陸および北米産》.
bláck bíndweed *n.* 〖植物〗**1** ソバカズラ (*Polygonum convolvulus*)《ヨーロッパ原産タデ科のつる性雑草; 葉はハート形をし, 三角形の黒いさやをつける》. **2** =black bryony.
bláck·bìrd *n.* **1** 〖鳥類〗クロドリの総称《雄は黒色でくちばしが黄色, 雌は茶色》: **a** クロウタドリ (*Turdus merula*)《ヨーロッパ産のくちばしと目のふちの黄色いツグミ科の鳴鳥》. **b** 米国産ムクドリモドキ科ハゴロモガラス属 (*Agelaius*) の鳥の総称《ハゴロモガラス (redwing blackbird) など》. **2** (特に, オーストラリアの)誘拐され奴隷として売られたカナカ (Kanaka) 人. **— *vi.*** [通例 ～*ing* 形で] (特に, オーストラリアで)奴隷にするためカナカ人を誘拐する(のを業とする). **— *vt.*** 〈カナカ人を〉誘拐する. 〖(c1350): ⇨ BLACK, BIRD〗
bláck·bìrd·er *n.* **1** カナカ人を誘拐して奴隷とする(のを業とする)人. **2** それに用いられる船. 〖(1880) ← BLACKBIRD＋-ER[1]〗
bláck blízzard *n.* (米国の乾燥地帯の)ダストストーム, 土砂あらし.
bláck·board /blǽkbɔ̀əd | -bɔ̀ːd/ *n.* 黒板. 〖(1823) ← BLACK＋BOARD〗
bláckboard júngle *n.* **1** 紛争[不穏]状態の続いている学校, 暴力教室. **2** 学校の紛争[不穏]状態. 〖(1954) ← *The Blackboard Jungle* (1954) より; 米国の作家 Ed MacBain (1926–) が本命の Evan Hunter 名義で書いた, New York の実業学校の非行少年を扱った小説で 1955 年映画化〗
bláck·bódy *n.* 〖物理〗黒体《すべての波長の電磁波を完全に吸収する理想的物体; full radiator ともいう》. 〖(1710) ← BLACK＋BODY〗
bláckbòdy radiátion *n.* 〖物理〗黒体放射《一定の温度の黒体から放出される熱放射; Planckian radiation ともいう》. 〖1919〗
bláck bòok *n.* **1** 要注意人物[前科者]名簿帳, えんま帳《blacklist を書き込んだ帳面》: ⇨ little black book. **2** [B- B-] 黒書《米国連邦捜査局 (FBI) 発行のソ連スパイ活動調書》. ***be in a person's bláck bòoks*** ⇨ book 成句. 〖(1479) ← BLACK (adj.) 8 c〗
bláck bóttom *n.* 《米》**1 a** 黒色土壌の低地帯. **b** (南部の町で)黒人の住む低地帯, 黒人街. **2** [しばしば B- B-] ブラックボトム《1926–28 年に流行したロッキングステップで踊る黒人の尻振りダンス》. **— *vi.*** ブラックボトムを踊る. 〖1915〗
bláck bóurse *n.* 闇相場. 〖⇨ bourse〗
bláck bóx *n.* **1 a** ブラックボックス《航空機などに搭載した, 独立して取り付け・取り外し可能な電子回路装置》. **b** フライトレコーダー (flight recorder). **2** 〖システム工学〗ブラックボックス《入力・出力の関係のみを問題にしその構成を特定しない系の要素》. 〖1945〗
bláck·bòy *n.* 《豪》**1** =blackfellow. **2** =grass tree 1. 〖1635〗
bláck bránt *n.* 〖鳥類〗コクガン (*Branta bernicla*).
bláck bréad *n.* 黒パン《主にライ麦パン》. 〖1863〗
bláck-brówed *adj.* **1** まゆ毛の濃い. **2** 陰気な顔をした, こわい顔をした (gloomy). 〖(1595–96) ← BLACK＋BROWED〗
bláck brýony *n.* 〖植物〗ヨーロッパ産のヤマノイモ科のつる草 (*Tamus communis*)《毒をもった赤い実をつけるが若芽は野菜に利用される; black bindweed ともいう》.
bláck·búck *n.* 〖動物〗ブラックバック, インドレイヨウ (*Antilope cervicapra*)《インド産の中形のレイヨウで, 雄は体色が黒っぽく角は長くねじれ腹部および目の周囲が白い; 雌は角をもたず黄褐色をしている》. 〖1888〗
bláck búffalo *n.* 〖魚類〗北米の南部 Mississippi 川流域に生息するサッカー科の食用魚 (*Ictiobus niger*)《rooter ともいう》.
bláck búlgar *n.* 〖植物〗ゴムタケ (*Bulgaria inquinans*)《柄のないカップ状の黒いキノコ; 北半球の温帯産; ナラ類の倒木に生える》.
bláck bún *n.* 《スコット》ブラックバン《パイ生地などで包んだ, こってりした黒っぽいフルーツケーキ; 新年に食べる》. 〖1898〗
Black·burn /blǽkbə(ː)n | -bə(ː)n; 現地ではまた blǽg-/ *n.* ブラックバーン《イングランド北西部 Preston 東方の綿織物工業都市》. 〖OE *Blacheburne*: ⇨ black, burn[2]〗
Black·burn /blǽkbə(ː)n | -bə(ː)n/, **Mount** *n.* ブラックバーン山《アラスカ南東部, Wrangell 山脈中の高峰 (4,996 m)》.
black·burn·i·an, B- /blækbə́ːniən | -bə́ː-/ *n.* 〖鳥類〗北米産アメリカムシクイの一種 (*Dendroicafusca*)《雄は頭部からのどにかけて橙と黒色; blackburnian warbler ともいう》. 〖(1783) ← *Mrs. Hugh Blackburn* (18 世紀の英国婦人): ⇨ -ian〗
bláck·bùtt *n.* オーストラリア産のユーカリ属の木 (*Eucalyptus piluloris*)《材質が堅く幹の下部の樹皮が黒ずんでいる》. 〖1847〗
bláck bútter *n.* =beurre noir. 〖1808〗
bláck cálla *n.* 〖植物〗ブラックカラー (*Arum palaestinum*)《イスラエル・ヨルダン産のサトイモ科の多年生観賞植物; カラーに似るが, 黒褐色の苞(ほう)をつける》.
Bláck Cányon *n.* [the ～] ブラックキャニオン《米国 Arizona 州と Nevada 州の間の Colorado 川の峡谷; Hoover Dam の所在地》.
bláck·càp *n.* **1** 〖鳥類〗頭部の黒い鳴鳥の総称: **a** ズグロムシクイ (*Sylvia atricapilla*)《茶色味をおびた灰色の鳴鳥で, 雄は頭部が黒い》. **b** 《米》=black-capped chickadee. **2** 〖植物〗**a** 《米》クロミキイチゴ (black raspberry). **b** スッポンタケ (*Phallus impudicus*)《スッポンタケ科のキノコ; 黒い帽子状の傘がある》. 〖1678〗
bláck cáp *n.* 《英》(昔死刑宣告や儀式の際, 英国高等裁判所の判事のかぶった)黒ビロード帽子.
bláck cápitalism *n.* 《米》黒人資本主義《黒人企業家による私的企業の所有と経営》.
bláck-cápped *adj.* 〖鳥類〗〈鳥が〉黒い頭頂の. 〖(1781) ← BLACKCAP (↑), -ED〗
bláck-capped chíckadee *n.* 〖鳥類〗アメリカコガラ (*Parus atricapillus*)《頭頂と喉が黒い北米北部および東部産のシジュウカラ科の小鳥; cf. willow tit》.
Bláck Cárib *n.* ブラックカリブ《黒人とカリブ人を先祖とし, アラワク語を用い, 今は主としてホンジュラス・グアテマラのカリブ海沿岸に住む住民》.
bláck cárpet bèetle *n.* 〖昆虫〗ヒメカツオブシムシ (*Attagenus piceus*).
bláck cáttle *n.* 肉牛, 乳用牛《スコットランドおよびウェールズ種の肉牛; 色は黒とは限らない》.
bláck cáucus *n.* [しばしば B- C-] (議会などにおける)黒人市民権運動家グループ. 〖1967〗
Bláck Cayúga *n.* 〖鳥類〗=Cayuga duck. 〖*Cayuga*: 米国 New York 州の郡および湖の名〗
bláck cháff *n.* 〖植物病理〗(麦の)褐条病 (*Xanthomonas translucens undulosa* 細菌による麦の病気; もみがらに黒いしまが出る).
Bláck Chámber *n.* ブラックチェンバー《政府の暗号の仕事, 特に暗号解読に従事している部局》. 〖《なぞり》← F *chambre noire*〗
bláck chérry *n.* 〖植物〗**1** =sweet cherry. **2** 北米産のウワミズザクラの一種 (*Prunus serotina*).
bláck chóler *n.* 〖古生理〗=black bile.
bláck cóal *n.* 黒炭, 瀝青(れきせい)炭 (bituminous coal).
bláck·còat *n.* **1** [しばしば軽蔑的に] (黒衣をまとう)聖職者, 牧師 (cf. Black Friar, Black Monk). **2** 《英》=blackcoat worker. 〖1627〗
bláck-cóated *adj.* **1** 黒服を着た. **2** 《英》(商工業従事者ではない)事務・専門職の, 月給取りの (white-collar): a ～ worker. 〖(1871): ⇨ ↑, -ed〗
bláckcoat wórker *n.* 《英》(黒っぽい服を着る)事務・専門職従事者, 月給取り《農民・商工業従事者に対し会社員・公務員など》.
bláck·còck *n.* 〖鳥類〗クロライチョウ (black grouse); (特に)クロライチョウの雄 (cf. grayhen). 〖1427〗
bláck códe, B- C- *n.* (米国で, 南北戦争直後の南部諸州で黒人の権利を制限するために作った)黒人抑制法. 〖(1840)《なぞり》← F *Code Noir*〗 ← *Black Code*《なぞり》
bláck cóhosh *n.* 〖植物〗米国東部産キンポウゲ科サラシナショウマ属の植物 (*Cimicifuga racemosa*)《薬用》. 〖(1828) *cohosh*: ← N-Am.-Ind. (Algonquian)〗
bláck cómedy *n.* ブラックコメディー《ブラックユーモア (black humor) を用いる喜劇》. 〖1963〗
bláck cónsciousness *n.* 《南ア》(黒人差別政策と戦っていくという)黒人としての(政治的)自覚, 黒人意識. 〖1976〗
bláck cópper *n.* 〖冶金〗粗銅《銅の溶錬炉で直接還元されてできた粗銅》.
bláck cósmos *n.* 〖植物〗メキシコ産の暗紫紅色の花が咲くコスモスの類の多年草 (*Cosmos atrosanguineus*).
Bláck Còuntry *n.* [the ～] ブラック カントリー《イングランド中部の Birmingham を中心とする大工業地帯》. 〖1834〗
bláck cráppie *n.* 〖魚類〗米国東部産のクラッピー (crappie) の一種 (*Pomoxis nigromaculatus*)《食用, また釣りの対象となる; strawberry bass ともいう》. 〖*c*1827〗
bláck cròp *n.* (麦作に対して)豆類作 (cf. white crop).
bláck·cúrrant *n.* 〖植物〗クロフサスグリ (*Ribes nigrum*)《赤と白の花が咲き, 黒く甘い食用になる実をつけるユキノシタ科の低木; ビタミン C が豊富でジャムやゼリーの原料とされる》. 〖1629〗
Bláck Cúrrent *n.* [the ～] =Black Stream.
bláck·dàmp *n.* 〖鉱山〗(炭坑内の非爆発性)窒息ガス (chokedamp)《鉱山の爆発の結果生じる; cf. firedamp 1》. 〖1836〗
Bláck Déath, b- d- *n.* [the ～] (14 世紀にアジア・ヨーロッパに大流行した)黒死病, ペスト (cf. plague 1 b). 〖(1758)《なぞり》← G *der schwarze Tod*〗
bláck díamond *n.* 〖鉱物〗**1 a** 黒ダイヤ (⇨ carbonado[1]). **b** [*pl.*] 石炭. **2** 黒褐色の赤鉄鉱. 〖1763〗
bláck disèase *n.* 〖獣医〗*Clostridium novyi* または *C. oedematiens* によって起こる悪性水腫の一種《特に, 肝蛭症に二次感染した場合の伝染性壊死性肝炎》. 〖1911〗
bláck dóg *n.* [the ～] 《口語》憂鬱症, 気鬱 (melancholy): be under *the* ～ ふさいで[すねて]いる. 〖1826〗
bláck dráft *n.* 〖薬学〗複方センナ《センナ葉 (senna), マンナ (manna)・瀉利(しゃり)塩などの混合浸剤; 緩下剤》.
bláck dróp *n.* 〖天文〗黒滴《水星・金星が太陽面経過に際し, 太陽縁に内接した瞬間に見える黒水滴状の外観》. 〖1869〗
bláck dúck *n.* 〖鳥類〗羽毛の黒い各種のカモの総称《アメリカガモ (*Anas rubripes*), クビワキンクロ (ring-necked duck), キンクロハジロ (tufted duck), クロガモ (black scoter) など》. 〖1637〗
black dur·gon /-də́ːgən | -də́ː-/ *n.* 〖魚類〗ソロイモンガラ (*Melichthys niger*)《熱帯海域産の体色の黒いモンガラカワハギ科ソロイモンガラ属の魚》.
bláck éarth *n.* 〖土壌〗=chernozem. 〖1842〗
bláck ecónomy *n.* ブラックエコノミー, 闇経済《内職や非合法経済活動などによる税務申告されない収入, および企業・個人の隠し所得が形成する経済》. 〖1969〗
black·en /blǽkən/ *vt.* **1 a** 黒くする; 暗くする (darken): ～ one's face. **b** 黒く塗って消す ⟨*out*⟩. **2** 〈人格・評判などを〉汚す (defame), 悪く言う: ～ a person's character [name]. **— *vi.*** 黒くなる; 暗くなる. **～·er** *n.* 〖(?*c*1200) *blakne*(*n*): ⇨ black, -en[1]〗
Bláck Énglish *n.* (米国の)黒人英語《黒人の用いる米国の一方言; Afro-Americanese ともいう》. 〖1969〗
Bláck Énglish Vernácular *n.* =Black English.
bláck·en·ing /-k(ə)nɪŋ/ *n.* =blacking. 〖(?*c*1400) ← BLACKEN＋-ING[1]〗
bláck·er *n.* **1** 黒くする人, 革を黒く染める職人. **2** 靴墨を塗る人, 靴磨き (bootblack). 〖(1632): ⇨ -er[1]〗
Black·ett /blǽkɪt/, **P**(**atrick**) **M**(**aynard**) **S**(**tuart**) *n.* ブラケット (1897–1974; 英国の物理学者; Nobel 物理学賞 (1948); 宇宙線・素粒子・大陸移動説等で有名; 称号 Baron Blackett).
bláck éye *n.* **1** (打たれてできた)目のまわりの青あざ: give a person a ～ 人をなぐって目のまわりにあざをつくらせる / get a ～ 目のまわりにあざができる. 日英比較 日本語では「黒い目」というが, 英語では通例 brown eye(s) という. **2** 《口語》**a** 敗北, 挫折. **b** 恥, 不名誉 (discredit): give a ～ to the cause of peace 平和運動の信用を落とす. **3** 虹彩(こうさい)の真っ黒な目. 〖1604〗
bláck-èyed *adj.* **1** 目の黒い. **2** 目のまわりが黒あざになった. 〖(1598): ⇨ ↑, -ed〗
bláck-eyed péa [béan] *n.* 〖植物〗ササゲ (cowpea). 〖1728〗
bláck-eyed Súsan *n.* 〖植物〗**1 a** 北米中・東部産キク科オオハンゴンソウ属の二年草 (*Rudbeckia hirta*)《米国 Maryland 州の州花; yellow daisy ともいう》. **b** 米国南部産アラゲハンゴンソウ (*R. serotina*). **2** ヤハズカズラ《南米産キツネノゴマ科の蔓草; 観賞用》. 〖1891〗
bláck-èye péa *n.* 〖植物〗=black-eyed pea.
bláck·fàce *n.* **1 a** (コメディアンなどの)黒人の扮装[メーキャップ]: in ～. **b** 黒人に扮(ふん)した俳優; (特に)ミンストレルショーの芸人[コメディアン] (minstrel): a ～ (minstrel) show=minstrel show. **c** 焼きコルクを用いたメーキャップ用の化粧品. **2** [B-] ブラックフェイス《スコットランド原産で毛が粗く顔の黒い, 山地で飼育される一品種の肉用緬羊》. **3** 〖印刷〗(活字の)ブラックフェース (boldface). 〖1869〗
bláck-fáced *adj.* **1** 顔の黒い; 陰気な顔をした. **2** 〖印刷〗〈活字が〉ブラックフェースの (bold-faced). 〖(1592–93): ⇨ ↑, -ed〗
Bláckfeet *n.* Blackfoot の複数形.
bláck·fèllow *n.* 《主に軽蔑または古》オーストラリア先住民. 〖1738〗
bláckfellow's brèad *n.* 〖植物〗オーストラリア産サルノコシカケ科の大型菌核 (*Polyporus mylittae*)《先住民は食用にする》. 〖1925〗
bláck féver *n.* 〖医学〗黒熱病 (kala azar).
bláck-fìgure *adj.* (ギリシャ古物で)黒絵の《画像を黒く表した陶器の装飾についていう; cf. red-figure》. 〖1891〗
bláck-fígured *adj.* =black-figure. 〖1858〗
bláck·fìn *n.* 〖魚類〗**1** (北米五大湖産)サケ科コレゴナス属の一種 (*Coregonus nigripinnis*)《食用魚として珍重される; blackfin cisco ともいう》. **2** (西インド諸島の)フエダイ科の魚 (*Lutjanus buccanella*).
bláck·fìre *n.* 〖植物病理〗角点病菌 (*Pseudomonas angulata*) によるタバコの病気《葉に黒い斑点ができる》.
bláck·fìsh *n.* **1** 〖魚類〗各種の黒色の魚類の総称: **a** 産卵後のサケ. **b** クロメダイ (*Centrolophus niger*)《ヨーロッパの大西洋岸に生息するクロメダイ科の魚》. **c** =tautog. **d** 米国 Alaska 州やシベリア地方にいるマッドシノー科[ウシヅラ科]の小さな淡水魚 (*Dallia pectoralis*)《Alaska blackfish ともいう》. **2** 〖動物〗ゴンドウクジラ《ゴ

ンドウクジラ属 (*Globicephala*) のイルカに似た黒いクジラの総称); (特に)シオゴトウ (*G. scammoni*). 〚1688〛

bláck-flág *vt.* 〘自動車レース〙〈運転者〉にただちにピットに入るよう黒旗を振って合図する. 〚1963〛

B

bláck flág *n.* **1** [the ～] 海賊旗 (通例黒地に白く頭蓋骨とその下に X 字形に組合わせた 2 本の人骨を染め抜いた旗; cf. Jolly Roger, SKULL[1] and crossbones). **2** [the ～] (死刑執行の終わった合図の)黒旗. **3** 黒旗, 黒地の旗. 〚1593〛

bláck·flỳ *n.* 〘昆虫〙 黒色のアブラムシ (bean aphid).

bláck flỳ *n.* 〘昆虫〙 **1** ブユ, (俗に)ブヨ, ブト (ブユ科 *Simulium* 属の黒色または暗褐色の昆虫の総称; 刺されるとひどく痛がゆい; ウマブユ (*S. equinum*), *S. meridionale* など; buffalo gnat ともいう; 幼虫は普通清流にすむ; cf. gnat 1). **2** 柑橘類に大害を与える黒色の小昆虫の総称 (ミカンノトゲコナジラミ (*Aleurocanthus spiniferus*) など). 〚1608〛

Black·foot /blǽkfʊ̀t/ *n.* (*pl.* **-feet** /-fìːt/, ～) **1 a** [the Blackfeet, the ～] ブラックフット (アメリカインディアンの Blackfoot, Piegan, Blood という相互に緊密な関係にある 3 部族の連合隊; 白人の入植者達に力を合わせて立ち向かった; 彼等のモカシン (moccasin) が黒く染めてあったためにこう呼ばれたという). **b** ブラックフット族の人. **2** ブラックフット語 (カナダの Saskatchewan 州, Alberta 州, 米国の Montana 州などの Algonquian 語). — *adj.* ブラックフット族[語]の. 〚(1794) (なぞり) ← Algonquian *Siksika*〛

bláck-fòoted álbatross *n.* 〘鳥類〙 クロアシアホウドリ (*Diamedea nigripes*) (足・脚は黒く, くちばしも黒ずんで全体が黒みがかっている太平洋産海鳥). 〚1839〛

bláck-footed férret *n.* 〘動物〙 クロアシイタチ (*Mustela nigripes*) (米国の草原にすむイタチの一種). 〚1846〛

Bláck Fórest *n.* [the ～] シュバルツバルト, 黒い森 (ドイツ南西部の森林地帯; ドイツ語名 Schwarzwald).

Bláck Fòrest cáke [gatéau] *n.* 〘菓子〙 シュバルツベルダー キルシュトルテ (チョコレートケーキと生クリームを交互に重ね, サクランボのリキュールをふりかけ, さらにサクランボを載せたドイツのスポンジケーキ).

bláck fóx *n.* **1 a** 〘動物〙 黒ギツネ (アカギツネ (red fox) の一色相で尾端の白色部をのぞき, 全身黒色). **b** 黒ギツネの毛皮 (稀少性により珍重されたこともある). **2** ＝silver fox. 〚1602〛

bláck-frámed *adj.* 黒枠つきの, 黒ぶちの.

Bláck Franciscan *n.* 黒衣のフランシスコ会修道士 (フランシスコ会の三つの独立組織の一つ; cf. capuchin 1). 〔他のフランシスコ会士の修道服が褐色なのに対して黒衣を着用したことから〕

Bláck Fríar *n.* 〘カトリック〙 **1** ドミニコ会(修道)士 (⇨ Dominican Order; cf. Black Monk, blackcoat 1). **2** [the ～s] ドミニコ修道会. 〚(*c*1500): 着用した黒衣にちなむ〛

Bláck Fríday *n.* **1** ＝Good Friday. (この日聖職者は黒衣を着ることから). **2** 不吉の金曜日 (金曜日はキリストの処刑の日で, 不吉なことが多いといわれる): **a** (英国では特に) 1745 年 12 月 6 日 (Young Pretender が Derby に到着したという知らせが London にもたらされた), 1866 年 5 月 17 日(金融大恐慌が始まった), 1921 年 4 月 15 日(ゼネストが取り消された; 英国労働運動にとっての Black Friday) などの金曜日. **b** (米国では特に) 1869 年 9 月 24 日(金融恐慌が始まった)の金曜日.

bláck fróst *n.* 黒霜 (水蒸気が少ないため霜を生じないで植物の葉・芽などが凍結し黒くなる; cf. white frost, hoarfrost). 〚1851〛

bláck gàme *n.* 〘鳥類〙 ＝black grouse. 〚1678〛

bláck gáng *n.* 〘海事〙 火夫, 機関員. 〚(1918) いつも煤で黒くなっていることから〛

bláck ghétto *n.* 黒人細民街, 黒人ゲットー.

bláck góld *n.* (米口語) **a** 石油 (oil). **b** ゴム (rubber). 〚1910〛

bláck góods *n.* (英) (通例黒い仕上げの)黒物家電製品 (テレビ・ステレオ装置など; cf. brown goods, white goods).

bláck grám *n.* 〘植物〙 ＝urd.

bláck gráss *n.* 〘植物〙 イネ科スズメノテッポウ属の一年草 (*Alopecurus myosuroides*) (ヨーロッパやアジアの耕作地などに生える). 〚1782〛

bláck gróuse *n.* 〘鳥類〙 クロライチョウ (*Lyrurus tetrix*) (アジア西部・ヨーロッパ産の大型のライチョウ; blackcock ともいう; cf. grayhen). 〚1678〛

black·guard /blǽgɑəd, -gəd, blǽkgɑəd | blǽgɑːd, -gəd/ *n.* **1** ならず者, ごろつき, 悪党 (⇨ knave SYN); 口ぎたない人. **2** [集合的] 〘廃〙 (貴族の家などの)炊事場下男. — *vt.* …にげす口をきく, 悪態をつく (revile), 下郎呼ばわりする. — *vi.* げすのような振舞いをする. — *adj.* ＝blackguardly. 〚(1532) ← BLACK＋GUARD〛

bláck·guard·ìsm /-dìzm/ *n.* 無頼漢の所業, 悪党ぶり; (特に)下品な言葉づかい, 悪口雑言 (ruffianism). 〚(1785) ← BLACKGUARD＋-ISM〛

bláck·guard·ly *adj.* ならずもの; (特に)言葉が下品な, 口ぎたない. 〚(1847) ← BLACKGUARD＋-LY[2]〛 — *adv.* ごろつきのように. 〚(1827) ← BLACKGUARD＋-LY[1]〛

bláck guíllemot *n.* 〘鳥類〙 ハジロウミバト (*Cepphus grylle*) (夏は身体が黒く, 冬はほぼ白色).

bláck gúm *n.* 〘植物〙 ヌマミズキ (*Nyssa sylvatica*) (北米産オオギリ科の植物の総称; ヌマミズキ (cotton gum), ツーペロ (tupelo gum) など). 〚1709〛

Bláck Hámburg *n.* 〘園芸〙 ブラックハンブルグ (中北部ヨーロッパ産の黒ブドウで多くは温室栽培される).

Bláck Hánd *n.* **1** [the ～] 黒手団: **a** シシリー島出身の米国人の秘密犯罪結社; 1870 年代に結成され, 20 世紀初頭に New York で暗躍した. **b** セルビアの国家主義結社; 1914 年に解散. **2** 秘密犯罪結社. 〚(1898) (なぞり) ← It. *Mano Nera* & Sp. *Mano Negra*: 強迫状に黒い手のしるしを使ったことから〛

Black Hánd·er *n.* 黒手団員.

bláck háw *n.* 〘植物〙 **1** 北米産スイカズラ科ガマズミ属の植物 (*Viburnum prunifolium*) (sweet haw, stagbush ともいう). **2** ＝sheepberry 1.

Bláck Hàwk *n.* ブラックホーク (1767–1838; アメリカインディアン Sauk 族の族長).

bláck·hèad *n.* **1** (上部が黒い)にきび (comedo). **2** 〘方言〙〘鳥類〙 頭の黒い鳥の総称; (特に)スズガモ (scaup duck). **3** 〘獣医〙 黒頭病 (原虫 (*Histomonas meleagridis*) によって起こる鳥類(特に七面鳥)の伝染病; 主に腸や肝臓が冒される). 〚1658〛

bláck-headed gúll *n.* 〘鳥類〙 ユリカモメ (laughing gull). 〚1870〛

bláckhead Pérsian, B- P- *n.* ブラックヘッドペルシャン (アフリカの一品種の羊; 頭と首が黒く体は白い; cf. dorper).

bláck·hèart *n.* **1** 〘園芸〙 ブラックハート (果肉と皮が黒ずんでいるハート群のオウトウ (heart cherry)). **2** 〘植物〙 ＝whortleberry 1. **3** 〘植物病理〙 心(しん)腐れ (野菜・果物の中心部が黒く変色する病気). 〚1707〛

bláck-héarted *adj.* 腹黒い, 悪意のある, 邪悪な. **～·ly** *adv.*

bláck héat *n.* 黒熱 (電気抵抗の低い電熱線を用いて出す赤熱しない熱源). 〚1910〛

Bláck Hílls *n. pl.* [the ～] ブラックヒルズ (米国 South Dakota 州西部および Wyoming 州北東部の山岳群; 米大統領の巨大な彫刻で有名な Mount Rushmore がある; 最高峰 Harney Peak (2,207 m)). 〚(なぞり) ← Sioux: その頂上付近が松の木でおおわれているところから〛

bláck hóle *n.* **1** 〘天文〙 ブラックホール (ある質量以上の恒星が, その進化の最終段階で爆発し, その残りが著しく収縮し, その結果超高密度・超強重力をもち, 自己の光さえ外界に出せないような天体; collapsar ともいう; cf. ergosphere, Schwarzschild radius, white hole 2). **2** 〘口語〙 ものが跡形もなく消えてしまうところ; ものを取り込むばかりで何も出てこない状況. 〚1758〛

Bláck Hóle *n.* **1** [the ～] ブラックホール (インド Calcutta の約 6 m 四方の小獄房; 1756 年 6 月 20 日の夜, 146 人の英国人捕虜がこの中に閉じ込められ, 大部分が窒息死をとげ, 翌朝になって生き残っていた者はわずか 23 人だけだったという; cf. Siraj-ud-Daula). **2** [b- h-] 獄舎, 監禁所; (特に, 軍隊の)営倉.

bláck hórehound *n.* 〘植物〙 ヨーロッパの荒地に生えるシソ科バロタ属の植物 (*Ballota nigra*) (悪臭がある).

bláck hóuse *n.* ブラックハウス (スコットランドの伝統的な平屋家屋; 芝土, またはモルタルなしの石で造られていて, 屋根は芝または草ぶき; 今では主に Outer Hebrides に残る).

bláck húckleberry *n.* 〘植物〙 コケモモに似た北米東部産ツツジ科の小さな低木 (*Gayleussacia baccata*) (黒い実は甘く食用).

bláck húmor *n.* ブラックユーモア (現代社会の非情・残酷・不条理を表現するため, 病的またはグロテスクな状況を導入して醸し出すユーモア). **～·ist** *n.* 〚1964〛

bláck íce *n.* (道路[地表]の色と変わらなく見える)黒い氷 (車の運転に危険). 〚1829〛

black·ie /blǽki/ *n.* 黒ん坊; 黒い動物(鳥など). 〚⇨ -ie〛

bláck informátion *n.* (銀行などが, 信用評価がマイナス[要注意]の個人について保有する)黒の信用情報.

bláck·ing *n.* **1 a** 黒くするもの. **b** (ストーブなどに塗る)黒色塗料. **2** (黒い)靴墨. ★ 今は shoe polish のほうが普通. **3** (労働組合員による)就労ボイコット (cf. black *vt.*). 〚(?*a*1425) ← BLACK＋-ING[1]〛

bláck·ish /-kɪʃ/ *adj.* やや黒い, 黒みを帯びている, 黒みがかった. **～·ly** *adv.* 〚(*a*1450) ← BLACK＋-ISH[1]〛

Bláck Ísle *n.* [the ～] ブラックアイル (スコットランド北部 Inverness 市の北方にある半島).

bláck·jàck *n.* **1** (米・カナダ口語) 黒皮で包んだ短い棍棒 (頭部には重い金属を入れ柄はしなやかなもの). **2** (もと外側にコールタールを塗った革製の)ビールジョッキ (jug) (cf. jack[2] 1). **3** (海賊船の)黒旗, 海賊旗. **4** 〘植物〙 米国東部に産する樹皮の黒いカシの一種 (*Quercus marilandica*) (blackjack [jack] oak ともいう; cf. bluejack). **5** 〘鉱物〙 閃(せん)亜鉛鉱 (sphalerite の英国鉱山家による通称). **6** (米) 〘トランプ〙 **a** ＝twenty-one 1. **b** ＝natural *n.* 5 a. **c** ブラックジャック (特に一般家庭で行われる twenty-one で, 誰でも親になれる方式のもの). **d** スペードのエース. **7** (南ア) 警察官. — *vt.* **1** 小棍棒でなぐる. **2** 脅迫する, 強制する. 〚(1513) ← BLACK＋JACK[1,2]〛

Bláck Jéw *n.* 黒いユダヤ人 (Falasha のこと).

bláck kíte *n.* 〘鳥類〙 トビ (*Milvus migrans*) (アジア・ヨーロッパ・アフリカに多くすみ, 死肉を食う).

bláck knìght *n.* **1** [the B- K-] 黒い騎士, 黒の騎士 (Esplandian の異称). **2** 〘経済〙 黒い騎士 (敵対的な会社乗っ取りを画策する個人会社; cf. white knight). 〚1982〛

bláck knót *n.* 〘植物病理〙 黒こぶ病 (西洋スモモ・サクランボの木に生じる菌 (*Dibotryon morbosa*) による病気). 〚1851〛

bláck lády *n.* 〘トランプ〙 **1** スペードのクイーン. **2** ブラックレディー (ハートゲーム (hearts) の一種で, マイナスカードとしてスペードの Q (−13 点)が加わるもの).

bláck lánd *n.* **1** (米国 Texas 州の広い地域に見られるねばねばした)黒色土壌. **2** [*pl.*] 黒色土壌地帯. 〚1803〛

bláck lárch *n.* 〘植物〙 ＝tamarack 1 a.

bláck·lèad /-lèd/ *n.* 黒鉛, 石墨 (⇨ graphite). — *vt.* …に黒鉛[石墨]を塗る. 〚1583〛

bláck·lèg *n.* **1** (口語) (トランプ・競馬などの)職業的詐欺師, いかさま渡世のやから (swindler). **2** (英) **a** 労働組合に反対する労働者, 労働組合(の政策)に反対してその切り崩しをする労働者. **b** スト破り. **3** 〘獣医〙 黒脚症, 気腫疽(きしゅそ) (気腫疽菌 (*Clostridium feseri*) によって起こる牛・羊の伝染病で, 肩端・あご下・首側その他体表の一部が腫(は)れることが多い; black quarter, quarter evil, symptomatic anthrax ともいう). **4** 〘植物病理〙 **a** 根朽ち病 (糸状菌 (*Phoma lingam*) によって起こるキャベツなどの病気; 根に黒い斑点を生じる). **b** 黒脚(くろあし)病 (*Erwinia atroseptica* 菌によって起こるジャガイモの病気; 茎の基部に黒い斑点を生じる). — *v.* (**black·legged; -leg·ging**) — *vi.* (英) スト破りをやる. — *vt.* (英) **1** 〈ストライキ中の労働者〉を裏切って(スト破りとして)働く. **2** 〈ストライキ・組合を〉支持しない, …に力を貸さない. **3** 〈人・主義などを〉裏切る, 欺く, 惑わす. 〚(*a*1722) ← BLACK＋LEG〛

black lémur *n.* 〘動物〙 クロキツネザル (⇨ macaco 1).

black léopard *n.* 〘動物〙 黒ヒョウ.

bláck-létter *adj.* [限定的] ブラックレター (black letter) の; ブラックレター印刷の (cf. red-letter 1).

bláck létter *n.* 〘活字〙 ブラックレター, ドイツ字体 (初期活版印刷時代にヨーロッパで多く使われた活字書体; ドイツで近年まで亀の子文字[ひげ文字] (Fraktur) の名で使われていた活字書体はその一変種; 英国では今日まれに装飾的に用いる; Old English, (英) では Gothic ともいう). 〚1640–44〛

bláck-lètter dáy *n.* 不幸な日, 厄日 (cf. red-letter day). 〚1757〛

bláck lével *n.* 〘電子工学〙 黒レベル (テレビなどの送像される画像の真黒な部分に相当する映像信号の電位). 〚1936〛

bláck líe *n.* 悪意のあるうそ (cf. white lie).

bláck líght *n.* 黒光, ブラックライト (紫外線や赤外線の不可視光線; 通例, 紫外線をいう). 〚1927〛

bláck-líght tràp *n.* 黒光昆虫捕獲器 (黒光を利用して昆虫を集めて捕える器具). 〚1961〛

bláck líp *n.* 〘貝類〙 クロチョウガイ (*Pinctada margaritifera*).

bláck líquor *n.* 黒液 (パルプをアルカリ法で製造する際にできる黒色の廃液).

bláck·lìst *n.* **1** 要注意人物名簿, ブラックリスト, 黒表 (cf. black book 1): be *on* the [a person's] ～ ブラックリストに載っている, にらまれている. **2** (戦時輸出入禁止品目の記入してある)禁止品目表. **3** 〘商業〙 (破産人・支払不能者など取引に危険な人の名を記載してある)黒表. **4** 〘労働〙 (組合その他の活動を理由に雇用を拒否すべきものとして経営者間で回覧される)要注意人物名簿. — *vt.* …の名をブラックリスト[黒表]に載せる. **～·er** *n.* **～·ing** *n.* 〚(*c*1619) ← BLACK (adj.) 8 c〛

bláck lócust *n.* 〘植物〙 ニセアカシア (*Robinia pseudoacacia*) (北米東部原産マメ科の高木; フジに似た白い花を房状につける; 街路樹や護岸などに植える; false acacia ともいう). 〚1787〛

bláck lúng *n.* 〘病理〙 鉱山病 (鉱夫などが絶えず炭粉を吸込んで起こす塵(じん)肺症 (pneumoconiosis) の一種; cf. brown lung disease). 〚1837〛

bláck·ly *adv.* 黒く, 暗く, 暗黒に; 陰鬱に, 暗澹と; 怒って; ものすごく, 邪悪に, 脅迫的に. 〚(1563) ← BLACK＋-LY[1]〛

bláck mágic *n.* (悪霊・悪魔などの助けをかりて悪事を行う)魔術, 黒魔術, 妖術, 呪術 (cf. white magic, natural magic). 〚(*c*1380): cf. F *magic noire*〛

black·mail /blǽkmèɪl/ *n.* **1 a** 恐喝, ゆすり: levy ～ on a person 人をゆする. **b** ゆすられた[強要された]金品. **c** (16 世紀から 17 世紀の初期にわたって英国北部・スコットランド南部で保護を名目に)山賊が良民に強要した金品. **2** 脅し. — *vt.* **1** 〈人を〉ゆする, 〈人を〉おどして〔金を〕しぼり取る 〔*for*〕 (⇨ threaten SYN): ～ a person *for* huge sums 人をゆすって大金を取ろうとする. **2** おどして〔あることを〕させる[言わせる] 〔*into*〕: He ～*ed* me *into* giving money [information]. 私をゆすって金をしぼり取った[情報をむりやりしゃべらせた]. 〚(1552) ← BLACK＋(廃) *mail* rent, tribute (< OE *māl*＝ON *māl* agreement)〛

bláck·mail·er *n.* ゆすりを働く者, 恐喝者[犯].

bláck mámba *n.* 〘動物〙 ブラックマンバ (*Dendroaspis polylepis*) (アフリカ東部・南部産のコブラ科の猛毒ヘビ).

bláck màn *n.* **1** 黒人 (Negro). **2** (口語・方言) 悪魔 (evil spirit); (子供をおどすための)お化け (bogy). 〚1594〛

bláck máple *n.* **1** 〘植物〙 クロカエデ (*Acer nigrum*) (北米産のサトウカエデの一種, 樹皮が黒く葉も濃緑色). **2** クロカエデ材.

bláck márgate *n.* 〘魚類〙 ＝pompon[2].

Bláck Ma·rí·a /-mərάɪə/ *n.* **1** (英口語) 囚人護送車 ((米) patrol wagon). **2** 〘トランプ〙 ブラックマリア (⇨ heart 7 d). 〚1847〛

bláck márk *n.* (行状・履歴などの)汚点, 黒星. 〚1845〛

bláck-márket *vi.* 闇(取引)をする. — *vt.* 闇市場で売る. 〚1943〛

bláck márket *n.* 闇取引; 闇市場. 〚1931〛

bláck-marketéer *vi.* 闇取引をする, 闇市場で売る[商売する].

bláck marketéer [márketer] *n.* 闇商人, 闇屋. 〚1942〛

bláck márketing *n.* 闇取引(をすること). 〚1943〛

bláck márlin *n.* 〘魚類〙クロカジキ (*Makaira mazara*) 《マカジキ科の魚》.

black marlin

Bláck Máss, b- m- *n.* **1** 《口語》黒衣のミサ《司祭が黒衣を着る死者のためのミサ》. **2** [B- M-] 黒ミサ, 悪魔のミサ(の戯文)《特に, 19 世紀末の悪魔崇拝者がミサを茶化して行ったという; cf. Satanism 1》. 〘1893〙

bláck méasles *n. pl.* [しばしば単数扱い]〘病理〙黒色麻疹, 出血性麻疹〘重症型〙.

bláck médic [médick] *n.* 〘植物〙コメツブウマゴヤシ (*Medicago lupulina*) 《ヨーロッパ原産のマメ科の牧草》.

bláck métal *n.* 〘音楽〙ブラックメタル《ヘビーメタル (heavy metal) 系のロックで, 歌詞は悪魔や超自然を扱う》.

bláck míca *n.* 〘鉱物〙黒雲母 (biotite).

bláck móld *n.* 〘植物〙クロカビ《食物等に生じる黒色のカビ》; 《特に, パンに生じる》クロカビ (*Rhizopus nigricans*).

bláck mólly [mollienísia] *n.* 〘魚類〙スフェノップス (*Poecilia sphenops*) 《小型の観賞用熱帯魚》.

Bláck Mónday *n.* **1** [the ~] 暗黒の月曜日, ブラックマンデー《1987 年 10 月 19 日月曜日, New York 証券取引所で株価が暴落し, 世界的株式不況の口火を切った日 (時に 1929 年 10 月 28 日月曜日)を指す; Bloody Monday, Meltdown Monday ともいう》. **2** 《古》= Easter Monday. **3** 《英学生俗》《休暇明け直後の》登校日 (cf. blue Monday, Saint Monday).

bláck móney *n.* 《米俗》黒い金(かね)《出所が不明朗なため税申告しない所得》. 〘1469〙

Bláck Mónk, b- m- *n.* (黒衣の)ベネディクト会(修道)士 (Benedictine) (cf. Black Friar, blackcoat 1). 〘*c*1300〙

Black·more /blǽkmɔə | -mɔː(r)/, **Richard Doddridge** /dɑ́(ː)drɪdʒ | dɔ́drɪdʒ/ *n.* ブラックモア (1825–1900; 英国の小説家・詩人; *Lorna Doone* (1869)).

Bláck Móuntains *n. pl.* **1** [the ~] ブラック山脈《米国 North Carolina 州西部の山脈, アパラチア山脈 (Appalachian) の一部; 最高峰 Mt. Mitchell (2,037 m)》. **2** ブラック山地《ウェールズ南部の Gwent 東部にある連山; 最高峰 Waun Fach (811 m)》.

Black·mun /blǽkmən/, **Harry Andrew** *n.* ブラックマン (1908–99; 米国の法学者; 最高裁判所陪席判事 (1970–94)).

Black·mur /blǽkmə | -mə(r)/, **R(ichard) P(almer)** *n.* ブラックマー (1904–65; 米国の詩人・批評家; *Language as Gesture* (1952)).

Black Muséum *n.* [the ~] 《ロンドン警視庁に保管されている》犯罪関係陳列品. 〘1877〙

Bláck Múslim *n.* ブラックムスリム団員《黒人国家の建設を主張する米国の戦闘的な黒人イスラム教徒の団体の一員; Wallace Farad /fǽrəd/ によって 1931 年創設; 単に Muslim ともいう; 正式名は Nation of Islam》. 〘1960〙

bláck mústard *n.* 〘植物〙クロガラシ (*Brassica nigra*) 《ヨーロッパ原産のカラシナの仲間で北米でも栽培; 西洋芥子(がらし) (mustard) の原料; cf. leaf mustard》.

bláck nátionalism *n.* 《米》黒人国家主義. 〘1962〙

bláck nátionalist *n.* 《米》黒人国家主義者《白人から独立して黒人だけの政府の樹立を唱える戦闘的な一派の黒人》. 〘1963〙

black·ness /blǽknɪ̀s/ *n.* **1** 黒さ, 黒; 暗黒: the ~ of the night. **2** 険悪; 陰鬱. **3** 凶悪, 腹黒さ, 陰険 (wickedness): the ~ of men's heart. **4 a** 黒人であること. **b** =negritude 1, 2. **5** =black humor. 〘(*a*1325): ⇨ black, -ness〙

bláck níghtshade *n.* 〘植物〙イヌホオズキ (*Solanum nigrum*) 《ナス科の有毒植物; 小さな白い花をつけ, 黒い実がなる》.

bláck óak *n.* 〘植物〙黒ずんだ樹皮と葉を有する北米産のカシ類の総称 (*Quercus velutina* など); その材.

bláck óil *n.* 黒色の油の総称; 《特に》潤滑油. 〘1874〙

bláck ópal *n.* ブラックオパール, 黒蛋白石.

black·out /blǽkàʊt/ *n.* **1 a** 《空襲などに備えての》灯火管制; 消灯 (cf. dimout, brownout 1): ~ curtains 灯火管制用暗幕. **b** 《ある地域の》停電. **2** 〘演劇〙 **a** 舞台暗転. **b** 暗転で終わる小喜劇, 寸劇 (blackout skit ともいう). **3 a** 〘航空医学〙ブラックアウト, 黒くらみ《急降下などの際, 操縦士の陥る一時的視覚[意識]喪失; cf. grayout》. **b** 記憶喪失, 忘却. **c** 《一時的な》意識喪失, 機能停止: an intellectual ~. **d** 抹殺, 削除. **4** 《戦時などの》ニュースの公表禁止措置, 報道管制: a news ~=a ~ of news. **5 a** 〘ラジオ・テレビ〙放送中に急に電波が切れて音や画面が消えること (cf. dead spot 2). **b** 《ストライキ・検閲などによる》放送中止. **6** 〘宇宙〙ブラックアウト《宇宙船の大気圏突入時に, 地上との交信が一時途絶えること》. 〘(1913) ← *black out* (⇨ black (v.) 成句)〙

bláckout skit *n.* 〘演劇〙=blackout 2 b.

bláck óx *n.* 〘民間伝承〙黒牛 (Pluto など地獄の神々に捧げられたことから, 不幸・老齢などの象徴): have the ~ tread on one's foot 苦労をする; 年を取る / The ~ has trod on his foot. 《諺》不幸が訪れた; 老いの身となった.

Bláck Pánther *n.* 黒豹(ひょう)党員, ブラックパンサー《米国の戦闘的な黒人団体の一員; 単に Panther ともいう; 略 BP》. 〘1965〙

Bláck Pánther Pàrty *n.* 黒豹党《黒人解放のため 1966 年米国 California 州で組織された急進的団体》.

Bláck Páper *n.* 《英》黒書《現在の政治・慣習・制度を批判する一連の文書; 特に, 進歩的教育を批判しているもの; cf. White Paper》. 〘1969〙

bláck pártridge *n.* 〘鳥類〙クビワシャコ (*Francolinus francolinus*) 《中国南部に生息するキジ科シャコ属の鳥; cf. francolin》.

bláck pàtch *n.* 〘植物病理〙黒斑病《正体不明の菌によって起こるアカツメクサの病気》.

bláck pépper *n.* **1** 〘植物〙コショウ (*Piper nigrum*). **2** 黒こしょう《未熟のコショウの実を乾燥させ殻ごと乾燥させたもの; その粉末; 単に pepper ともいう; cf. white pepper》. 〘12C〙

bláck píne *n.* 〘植物〙=matai.

bláck pít *n.* 〘植物病理〙黒あばた病 (*Erwinia citrimaculans* 菌によるレモンの皮の黒斑病).

Bláck Plágue *n.* [the ~] =Great Plague.

bláck plàte *n.* 〘金属加工〙黒板(くろいた), ブラックシート《冷間圧延したままの板; メッキ板を区別する時に用いる; black sheet ともいう》. 〘1858〙

bláck pòint *n.* 〘植物病理〙《麦その他の穀類の》黒星病.

bláck·pòll *n.* 〘鳥類〙=blackpoll warbler. 〘1783〙

bláck·pòll wárbler *n.* 〘鳥類〙ズグロアメリカムシクイ (*Dendroica striata*) 《北米産のアメリカムシクイ科の鳥の一種; 羽が生えそろうと雄の頭の先が黒くなる; 単に blackpoll ともいう》.

Black·pool /blǽkpuːl/ *n.* ブラックプール《イングランド北西部 Preston の西 24 km のアイルランド海に臨む海港で海岸保養地》. 〘泥炭質の POOL[1] があったことから〙

Bláck Pópe *n.* イエズス会の総会長の俗称. 〘(1873) その修道会士が黒い僧服を着用したこと及び法王 Pius 九世当時のその総会長の誇った権勢から〙

bláck póplar *n.* 〘植物〙 **1** クロポプラ, クロヤマナラシ (*Populus nigra*) 《ヨーロッパ産のポプラの一種》. **2** 北米産ポプラの一種 (*Populus heterophylla*); その材.

bláck pówder *n.* 黒色火薬《硝石・硫黄・木炭で作った火薬》. 〘*c*1909〙

bláck pówer, B- P- *n.* ブラックパワー《米国およびオーストラリアの戦闘的な黒人市民権運動により 1966 年主張されたスローガン; 政治的・経済的権力を獲得するため黒人有権者のブロック投票や独立の政党結成などを唱える; cf. Brown Power, Red Power, flower power》. 〘1966〙

Bláck Prínce *n.* [the ~] 黒太子《英国王 Edward 三世の王子 Edward (1330–76) の通称; 父王に従って百年戦争で活躍し, Crécy の戦いに勝利を収めた》. 〘(1563): 俗にその着用した黒いよろいからとされる〙

bláck pùdding *n.* 《英》黒プディング (blood sausage). 〘1568〙

bláck quárter *n.* 〘獣医〙=blackleg 3. 〘1834〙

bláck rácer *n.* 〘動物〙クロナメラ (*Coluber constrictor*) 《米国東部産の無毒ヘビ》. 〘1849〙

Bláck Rádio *n.* 偽装謀略放送《心理戦で相手側から放送されたかのように偽って行うラジオ放送》. 〘1962〙

bláck ráspberry *n.* 〘植物〙クロミキイチゴ (*Rubus occidentalis*) 《北米産の黒い実のなるキイチゴ; 食用になる; blackcap ともいう》. 〘*c*1782〙

bláck rát *n.* 〘動物〙クマネズミ (*Rattus rattus*) 《アジア南部原産のイエネズミの一種; ドブネズミより尾および耳が長い》.

bláck rént *n.* 〘古英法〙黒地代《穀物・家畜・下級の金属貨幣(銀の白に対して黒と呼ばれた)などによって支払われた地代; cf. white rent》.

bláck rhinóceros *n.* 〘動物〙クロサイ (*Diceros bicornis*) 《アフリカに生息するクロサイ属の二本の角のある動物》. 〘1850〙

bláck ríng *n.* 〘植物病理〙黒輪病《ウイルスによるキャベツ・トマトの病気で, 葉に黒い輪ができる》.

Bláck Ród *n.* **1** 《英国の》黒杖官内官, 黒杖式部官 (gentleman usher の最高位で, 黒杖を手にする; Gentleman Usher of the Black Rod の略). **2** 黒杖官《英国上院の守衛長で, 議会の開会または閉会の際に, 黒杖を手に下院議長を先導し, 下院議員を上院に召集することを主な役目とする; cf. SERGEANT at arms》. 〘1607〙

bláck rót *n.* 〘植物病理〙黒腐病, 腐敗病 (*Pseudomonas campestris* 菌などによって野菜や果実に起きる病気). 〘1849〙

bláck rúff *n.* 〘魚類〙=blackfish 1 b.

bláck rúst *n.* 〘植物病理〙黒さび[しぶ]病《麦類黒銹病菌 (*Puccinia graminis*) によって麦などに起きる病気; cf. blight 1》. 〘1790〙

bláck ságe *n.* 〘植物〙米国 California 産シソ科の多年草 (*Audibertia stachyoides*) 《香気がある》.

bláck sálsify *n.* 〘植物〙=scorzonera.

bláck sáltwort *n.* 〘植物〙ウミミドリ (sea milkwort).

bláck sánd *n.* 〘地質〙黒砂《特にオーストラリア・ニュージーランドの砂金または砂白金を含む砂》. 〘1778〙

Bláck Sásh *n.* 《南ア》ブラックサッシュ《人権擁護・反アパルトヘイトの女性団体》. 〘1957〙

bláck scóter *n.* 〘鳥類〙クロガモ (*Melanitta nigra*).

Bláck Séa *n.* [the ~] 黒海《ヨーロッパ南東部の海; ロシア・ウクライナ・トルコ・ルーマニア・ブルガリア・グルジアに囲まれ, Bosporus 海峡によって Marmara 海とつながる; 面積 423,000 km², 最深部 2,200 m; Euxine Sea ともいう; 古名 Pontus Euxinus》.

bláck séa bàss /-bæ̀s/ *n.* 〘魚類〙 **1** 米国大西洋沿岸に生息するスズキ科の食用魚 (*Centropristes striatus*) (sea bass ともいう). **2** =giant bass.

bláck selénium *n.* 〘化学〙黒色セレン《セレンの同素体の一つで, 黒色で無定形な粉末》.

bláck shánk *n.* 〘植物病理〙タバコ疫病《タバコ疫病菌 (*Phytophthora parasitica nicotianae*) による病気》.

bláck shéep *n.* **1** 《白色種の羊の中に現れる》黒羊. **2** 《家族や団体の面目をつぶすような》変わり種, もて余し者, 厄介者: There is a ~ in every flock. 《諺》どこにも厄介者はいるもの. 〘1792〙

bláck shéet *n.* 〘金属加工〙=black plate. 〘1895〙

Bláck·shìrt *n.* **1** 黒シャツ隊員《第二次世界大戦前または大戦中のイタリアのファシスト党員 (Fascist) や Hitler の親衛隊員など; cf. Brownshirt》. **2** 《制服に黒シャツを用いる》ファッショ団体の人. 〘(1922) 《なぞり》← It. *camicia nera*〙

bláck skímmer *n.* 〘鳥類〙クロアジサシモドキ (*Rhynchops nigra*) 《北米東海岸に広く分布する黒と白のアジサシの一種》.

bláck slóe *n.* 〘植物〙=blackthorn 1.

black·smith /blǽksmɪ̀θ/ *n.* **1** 鍛冶屋, 鍛造工 (cf. whitesmith). **2** 蹄鉄工, 装蹄師, 馬蹄工 (farrier). **3** 〘魚類〙米国太平洋沿岸に生息するスズメダイ科の食用魚 (*Chromis punctipinnis*). 〘(1474) *blak(e)smyth*: ⇨ black, smith: 黒色の鉄を扱うことにちなむ (cf. whitesmith)〙

bláck·smìth·ing *n.* 鍛冶屋業[職]. 〘(1830) ← BLACKSMITH＋-ING[1]〙

blácksmith shòp *n.* 《米》鍛冶屋の仕事場, 鍛造工場. 〘1795〙

blácksmith's shòp *n.* 《英》=blacksmith shop.

blácksmith wélding *n.* 〘金属加工〙鍛接 (hammer welding).

bláck smóker *n.* 〘地学〙ブラックスモーカー《超高温の海底温泉が黒煙状に噴出する, 煙突状の噴出口》. 〘1980〙

bláck·snàke *n.* 《米》革を編んで先が葉の形になった大むち (blacksnake whip ともいう).

bláck snàke *n.* 〘動物〙黒ヘビの総称; 《特に》北米産無毒のクロナメラ (*Coluber constrictor*). 〘1634〙

bláck snákeroot *n.* 〘植物〙 **1** 北米産キンポウゲ科サラシナショウマ属の背の高い多年草 (*Cimicifuga racemosa*). **2** 北米産ユリ科の多年草 (*Zigadenus densus*). **3** セリ科 *Sanicula* 属の植物の総称.

bláck snápper *n.* 〘魚類〙黒い色をした海魚の総称 (schoolmaster など).

bláck spíritual *n.* 黒人霊歌 (Negro spiritual).

bláck spót[1] *n.* 〘植物病理〙黒点病の総称《バクテリアや真菌植物が原因でバラの葉などに黒い斑点ができる》. 〘1889〙

bláck spòt[2] *n.* 《英》物騒な場所; 《特に, 道路の》危険箇所. 〘1889〙

bláck sprúce *n.* 〘植物〙 **1 a** クロトウヒ (*Picea mariana*) 《北米産エゾマツの一種; swamp spruce ともいう》. **b** クロトウヒ材. **2** =Douglas fir.

bláck squáll *n.* 〘気象〙黒雲疾風(はやて), ブラックスコール《黒雲を伴うスコール; cf. white squall》.

bláck squírrel *n.* 〘動物〙キツネリス《北米産の大型のリス fox squirrel の体色が黒色のもの》.

bláck stém *n.* 〘植物病理〙茎が黒くなる植物の病気: **a** 豆類黒斑病菌 (*Ascochyta imperfecta*) によるアルファルファの病気. **b** 甘藍根朽病菌 (*Phoma lingam*) によるキャベツやカリフラワーの病気.

Black·stone /blǽkstoʊn, -stən, -stṇ | -stəʊn, -stən, -stṇ/, **Sir William** *n.* ブラックストーン (1723–80; 英国の判事・法律学者; 4 冊から成る *Commentaries on the Laws of England* (1765–69) は英米法に多大な影響を与えた).

Bláck Stóne *n.* [the ~] 〘イスラム教〙黒い聖石《Kaaba 神殿の壁にはめ込まれているイスラム教徒の巡礼者が口づけする聖なる石》.

bláck stórk *n.* 〘鳥類〙ナベコウ (*Ciconia nigra*) 《羽毛は黒く光沢を帯び, 腹部だけ白い; cf. white stork》.

bláck·stràp *n.* **1** ブラックストラップ《糖蜜とラムの混合酒》. **2** 地中海産の普通の赤ぶどう酒. **3** 廃糖蜜《粗糖製造の最終の段階で残った糖蜜; 主に家畜の飼料の混合物や工業用アルコールの原料に用いる; blackstrap molasses ともいう》. 〘1785〙

Bláck Stréam *n.* [the ~] 黒潮, 日本海流 (Black Current, Japan Current ともいう).

bláck stúdies *n. pl.* 《米国》黒人研究《黒人の文化や歴史などの研究; Afro-American studies ともいう》. 〘1968〙

bláck stúmp *n.* 《豪》文明の果て; 遠い[未開の]地方, 文化果つるところ: this side of the ~ この社会のどこかに. ***beyond the bláck stúmp*** はるか奥地へ. 〘1954〙

bláck súcker *n.* 〘魚類〙=hog sucker.

bláck súmac *n.* 〘植物〙=dwarf sumac.

bláck swán *n.* 〘鳥類〙コクチョウ (*Cygnus atratus*) 《オーストラリア産; 毛は黒いが翼の先が白くてくちばしが赤い》.

bláck·tàil *n.* 〘動物〙=black-tailed deer. 〘1661〙

bláck-tàiled déer *n.* 〘動物〙オグロジカ (*Odocoileus columbianus*) 《北米太平洋沿岸地方産》. 〘1806〙

bláck-tailed gúll *n.* 〘鳥類〙ウミネコ (*Larus crassirostris*).

bláck téa *n.* 紅茶《単に tea ともいう; cf. green tea》. ⇨ tea [日英比較]; color [日英比較]. 〘1789〙

bláck térn *n.* 〘鳥類〙ハシグロクロハラアジサシ (*Chlidonias niger*) 《カモメ科の鳥で暗灰色または黒色の羽毛を有する》.

bláck theólogy *n.* 黒人の(ための)神学《黒人解放を

B

B

徹底させようとする神学)．〚1969〛
bláck·thòrn *n.* **1** 〖植物〗ヨーロッパ産サクラ属のリンボクの一種 (*Prunus spinosa*)《材質は堅く，小さい白い花をつける; その実 (sloe) は酸っぱい; black sloe ともいう》．**2** リンボクのステッキ[棒]．**3** 〖植物〗北米産のサンザシの一種 (*Crataegus tomentosa*)．**4** 〖植物〗=pear haw.〚(*c*1395) *blakthorn*: ⇨ black, thorn〛
blackthorn wínter *n.* 《英》リンボクの花の咲く春の寒気の頃．〚1789〛
bláck-tíe *adj.* (タキシードに)黒の蝶ネクタイをした; 略式夜会服の着用を必要とする: a ～ party.〚1933〛
bláck tíe *n.* **1** (男子の略式夜会服と共に着用する)黒の蝶ネクタイ (cf. white tie).**2** (男子の)略式夜会服《タキシードに黒の蝶ネクタイ》．〚1856〛
bláck·tòngue *n.* 〖獣医〗黒舌症《舌に黒色の潰瘍を生じる犬の病気; 人のペラグラ (pellagra) に当たる》．〚1834〛
bláck·tòp 《米・カナダ》 *n.* **1** (道路などの舗装に使う)瀝青(れきせい)質物質《通例アスファルト》．**2** それで舗装された路面．〚1931〛 ── *adj.* 〈道路など〉瀝青質物質で舗装された．── *vt.* (**black·topped; -top·ping**) 瀝青質物質で舗装する．
bláck·tràcker *n.* 《豪》犯人・迷子捜索に警察が使う先住民．〚1867〛
bláck tréacle *n.* 《英》糖蜜(とうみつ) (treacle).
bláck túrnstone *n.* 〖鳥類〗クロキョウジョシギ (*Arenaria melanocephala*)《北米太平洋沿岸に生息するキョウジョシギの一種》．
bláck vélvet *n.* **1** ブラックベルベット《シャンパンまたはリンゴ酒とスタウトを半々に入れたカクテル; cf. velvet 6》．**2** [しばしば集合的]《豪口語》肌の黒い先住民の娘[女]．〚1929〛
Bláck Vólta *n.* [the ～] ⇨ Volta.
bláck vómit *n.* **1** 〖病理〗黒色吐物《血液の混じった吐物で黄熱病などの徴候; cf. coffee-ground vomit》．**2** 黒い吐物を吐くこと．〚1749〛
bláck vúlture *n.* 〖鳥類〗 **1** クロコンドル (*Coragyps atratus*)《新世界産》．**2** クロハゲワシ (*Aegypius monachus*)《旧世界産》．
Bláck·wall hìtch /blǽkwɔːl-/ *n.* ブラックウォール結索《綱をかぎ (hook) に掛けて引っ張ると締まり，ゆるめると解けるようになった結び目》．〚(*c*1862) ← *Blackwall* (London 東部にある造船所の名)〛
bláck wálnut *n.* **1** 〖植物〗クログルミ (*Juglans nigra*)《北米東部産》．**2** クログルミの実[材]．〚1612〛
bláck·wàsh *vt.* 暴露する，明るみに出す．〚(*c*1770): cf. whitewash (v.) 2〛
Bláck Wátch *n.* [the ～] Royal Highlanders の俗称．〚(1822) その軍服の紺と暗緑色の黒っぽいタータンにちなむ〛
bláck·wàter féver *n.* 〖病理〗黒水熱《熱帯熱マラリアで尿が黒くなる; 単に blackwater ともいう》．〚1884〛
bláck wáttle *n.* 〖植物〗オーストラリア産のアカシアの類の高木数種の総称; (特に) *Acacia mollissima*《樹皮は黒褐色; cf. green wattle, silver wattle》．
bláck·wèed *n.* 〖植物〗ブタクサ (ragweed).
Black·well /blǽkwεl, -wəl/, **Antoinette Louisa** *n.* ブラックウェル《1825–1921; 米国の社会運動家; 旧姓 Brown; 米国で女性として初めて正式の牧師となった》．
Blackwell, Elizabeth *n.* ブラックウェル《1821–1910; 米国の最初の女性医学博士; 女性教育運動のパイオニア》．
Bláck·wells Ísland /blǽkwεlz-, -wəlz-/ *n.* ブラックウェルズ島 (Welfare Island の旧名)．
bláck whále *n.* 〖動物〗=sperm whale.
bláck wídow *n.* 〖動物〗クロゴケグモ(黒後家蜘蛛) (*Latrodectus mactans*)《熱帯アメリカ産の猛毒をもつ黒いクモ; 腹部に赤い部分がある》．〚1915〛
bláck·wòod *n.* 〖植物〗アカシア メラノキシロン (*Acacia melanoxylon*)《豪州産のマメ科の木; 黒褐色の良材となる》．〚1631〛
Black·wood /blǽkwʊd/ *n.* 〖トランプ〗=Blackwood convention.
Bláckwood convéntion *n.* 〖トランプ〗(ブリッジで)ビッド (bid) 上の定まりごとの一つ《スラム (slam) ビッドを試みる際，それに先立って，4 あるいは 5 のノートランプ (notrump) をビッドしてパートナーにエースあるいはキングの数を答えさせる取り決め》．〚(1938) ← *Easley F. Blackwood* (これを考案した米国人)〛
bláck·wòrk *n.* 〖刺繍〗ブラックワーク《白い[淡い色の]布に黒い糸で刺した刺繍》．
black·y /blǽki/ *n.* =blackie.
blad·der /blǽdə | -də^r/ *n.* **1** 〖解剖・動物〗 **a** 袋状組織: the urinary ～ 膀胱(ぼうこう) / the gall ～ 胆嚢(のう)．**b** [the ～] 膀胱 (urinary bladder). ★ ラテン語系形容詞: vesical. **2** 〖病理〗水ぶくれ，火ぶくれ，水疱 (blister). **3** 〖植物〗(海草などの)気胞，浮嚢．**4** 〖動物〗浮袋 (air bladder). **5** (各種の)袋; (フットボール用の)空気袋; (水泳の)浮袋: a ～ of lard ラード袋; 《俗》太っちょ (fat person). **6** 膨らんだもの; (茶番などで，相手役をなぐるのに使う)棍棒状に膨らました袋．**7** 《俗》もったいぶったうぬぼれ屋．***prick a* [*the*] *bládder*** ⇨ prick v. 成句．
～·like *adj.* 〚OE *blǣddre, blǣdre* < Gmc **blēðr(i)ōn* ← IE **bhlē-* 'to BLOW¹': cf. blast〛
bládder càmpion *n.* 〖植物〗ナデシコ科マンテマ属 (*Silene vulgaris*) の植物の総称; (特に)シラタマソウ (*S. latifolia, S. cucubalus*). 〚1817〛
bládder contròl *n.* 排尿のコントロール: a ～ problem 排尿障害．
bládder fèrn *n.* 〖植物〗ナヨシダ属 (*Cystopteris*) のシダ類の総称《嚢(のう)状の包膜をもつ》．〚1828〛
bládder kèlp *n.* 〖植物〗ホンダワラなど気胞のある海藻の総称．〚1835〛
bládder két·mi·a /-kétmiə/ *n.* 〖植物〗ギンセンカ (*Hibiscus trionum*)《アオイ科のハイビスカスの一種; 観賞用》．〚← NL *ketmia*〛
bládder·nòse *n.* 〖動物〗ズキンアザラシ (*Cystophora cristata*)《北半球産，雄の成獣にはおどかすとき膨らます鼻袋がある; hooded seal, hood ともいう》．
bládder·nùt *n.* 〖植物〗 **1** ミツバウツギ《ミツバウツギ属 (*Staphylea*) の植物の総称》; (特に)北米産の *S. pinnata*. **2** ミツバウツギの膀胱(ぼうこう)状の蒴(さく)．〚1578〛 ── *adj.* ミツバウツギ科の双子葉低木の．
bládder·pòd *n.* 〖植物〗 **1** ロベリアソウ (Indian tobacco). **2** 膨らんだ莢果(きょうか)をつける植物の総称《地中海地方産の黄色い花が咲く多年草 (*Vesicaria utriculata*) など》．
bládder sènna *n.* 〖植物〗ボウコウマメ (*Coutea arborescens*)《地中海周辺原産》．
bládder snàil *n.* 〖貝類〗サカマキガイ (*Physa acuta*) やヒダリマキガイ (*P. fontinalis*) などヨーロッパ原産の淡水貝の総称《日本に広くすみ，汚水域に多い》．
bládder wòrm *n.* **1** 嚢(のう)虫《サナダムシの嚢状の幼虫》．**2** 〖病理〗膀胱(ぼうこう)を冒す寄生虫．〚1858〛
bládder·wòrt *n.* 〖植物〗タヌキモ《淡水中に生える食虫植物で; タヌキモ属 (*Utricularia*) の植物の総称; 昆虫を捕え消化する小さな嚢を有する》．〚1815〛 ── *adj.* タヌキモ科の双子葉植物の．
bládder·wràck *n.* 〖植物〗ヒバマタ科の海藻 (*Fucus vesiculosus*)《ケルプ灰を作るのに，また肥料として用いる》．〚1810〛
blad·der·y /blǽdəri | -də-/ *adj.* 気胞のある; (膀胱(ぼうこう)状に)膨らんだ．〚(1794) ← BLADDER＋-Y¹〛
blade /bléɪd/ *n.* **1 a** (草，特にイネ科植物の)葉 (leaf): a ～ of grass. **b** (葉柄に対して)葉身，葉片．**2 a** (小刀・刀などの)刃，刀身; [the ～] 刀．**b** 安全かみそりの刃．**c** アイススケートの刃，ブレード．**3 a** (オール・櫂(かい)の)水かき．**b** (プロペラ・スクリュー・タービンなどの)羽根: the ～*s* of a fan. **c** (ブルドーザー・除雪機などの器具・道具の)平たい[凹状の]部分，ブレード: the ～ of a shovel. **4** (舌・骨の)扁平部分，扁平な骨，肩甲骨 (shoulder blade). **5 a** 《古・戯言》威勢のいい男，抜け目のない男，切れ者: a knowing ～ 抜け目のない人．**b** 《古・詩》剣士 (swordsman). **c** 《詩》剣．**d** 女 (woman). **6** 《豪》羊毛刈り用手ばさみ．**7** 〖音声〗舌端《舌尖 (point) の直後および周囲の舌の縁》．***in the bláde*** 葉が出たばかりで，(まだ穂の出ない)葉のうちに．〚1584〛
── *adj.* 〖音声〗〈子音が〉舌端(音)の．
── *vt.* **1** …に blade をつける．**2** (ブレードを備えたブルドーザーなどで)〈砂利などを〉地均(なら)しする．**3** 《スコット》〈野菜などの〉の葉を摘む．── *vi.* **1** 〈植物が〉芽を出す．**2** (ブルドーザーなどで)地均しする．
〚OE *blæd* leaf < Gmc **blaðam* (G *Blatt*) ← IE **bhel-* to bloom: cf. blow²〛
bláde àngle *n.* 〖航空〗(プロペラの)羽根(取付け)角．
bláde·bòne *n.* 肩甲骨 (shoulder blade).〚*a*1678〛
blád·ed /-dɪ̣d | -dɪ̣d/ *adj.* **1** [通例複合語の第 2 構成素として] (…の)刃のある，(…の)羽根のある: a two-*bladed* razor / a four-*bladed* screw. **2** 〖結晶〗薄くて平らな形の，刃形の．〚(1578) ← BLADE＋-ED〛
bláde fàce *n.* 〖航空・海事〗=driving face.
bláde gràder *n.* =grader 3.
bláde hàrrow *n.* =acme harrow.
bláde sèction *n.* 〖航空〗(プロペラ)羽根断面．
bláde-shèaring *n.* 《NZ》大ばさみを用いた羊毛の刈取り．**bláde shèarer** *n.*
bláde slàp *n.* ヘリコプターの回転翼が出す規則的な音．
bláde·smìth *n.* 刀鍛冶; 刃物師．〚?*a*1400〛
blae /bléɪ/ *adj.* 《スコット》 **1** 〈皮膚が〉(打身などで)鉛色の (livid)，青味を帯びた黒[灰]色の．**2** 荒涼とした，寂しい．**3** 〈天候が〉日の射さない; 薄暗い．〚(?*a*1200) *blo*, 《北部方言》 *bla* ◻ ON *blār* blackish blue: cf. blue〛
blae·ber·ry /bléɪbèri | -b(ə)ri/ *n.* 《英》〖植物〗=bilberry. 〚(*a*1400) *bloberi*: ⇨ ↑, berry〛
blaes /bléz, bléɪz/ *n.* 《スコット》粘土や泥板岩を固めたもの《青味を帯びた黒(灰)色または赤味を帯びていて，運動競技場の表面に用いられる》．
blag¹ /blǽg/ *n.* 《英俗》強盗．〚(1885) ← ?〛
blag² /blǽg/ *vt.* (**blagged; blag·ging**) 《英俗》こけおどしでだます (bluff); 威嚇する，虚勢を張る．〚1933〛
Bla·go·vesh·chensk /blàːgəvéʃ(t)ʃɛnsk; *Russ.* bləgəvʲéʃʃʲinsk/ *n.* ブラゴベシチェンスク《ロシア連邦，シベリヤ南東部の Amur 川に沿う都市》．
blague /bláːg; *F.* blag/ *n.* (*pl.* **～s** /～z; *F.* ～/) 冗談，だぼら; ごまかし (hoax). **blágu·er** /-gə | -gə^r/ *n.* 〚(1837) ◻ F ～ ← ? LG (cf. Du. *balg* animal's skin)〛
bla·gueur /blaːgə́ː | -gə́ː^r; *F.* blagœːʁ/ *n.* ほら吹き．〚(1883) ◻ F ～ (↑)〛
blah /bláː/ *n.* 《口語》 **1** たわごと (nonsense)，はったり: *Blah!* ばかばかしい，くだらない．**2** [the ～s] 《米》不機嫌，不満感; ゆううつ．(cf. blues, blasé) … ***bláh, bláh, bláh*** 《口語》…とか何とか《重要ではない部分を言う代わりに用いる》．***gò bláh, bláh*** むだ口をたたく．── *vi.* たわごとを言う; 面白くないことを話す．── *adj.* 《米》つまらない，面白くない; 少し気分が悪い．〚(1918): 擬声語〛
blah-blah /bláːblàː/ *n.* 《口語》=blah.
blain /bléɪn/ *n.* **1** 〖病理〗膿疱(のうほう)，水疱，まめ．**2** (馬の)舌疽(ぜっそ)．〚OE *blegen* < Gmc **blajinōn* ← IE **bhlei-* 'to blow, swell' ← **bhel-* 'to BLOW¹'〛
Blaine /bléɪn/ *n.* ブレーン《男性名》．〚← Ir.Gael. *blian* thin one〛
Blaine, James G(**il·les·pie**) /gɪléspi/ *n.* ブレーン《1830–93; 米国の政治家》．
Blair /bléə | bléə^r/ *n.* ブレア《男性名》．〚← Ir. Gael. *blar* from the plain〛
Blair, Eric *n.* ⇨ Orwell.
Blair, Lionel *n.* ブレア《1934–　; カナダ生まれの英国のダンサー・振付師; テレビタレントとしても活躍》．
Blair, Tony *n.* ブレア《1953–　; 英国の政治家; 労働党党主 (1994–　)，首相 (1997–　); 本名 Anthony Charles Lynton Blair》．
Bláir Hòuse /bléə- | bléə-/ *n.* ブレアハウス《White House 近くにある米大統領迎賓館》．
Blaise /bléɪz; *F.* blεːz/ *n.* ブレーズ《男性名; 異形 Blase, Blaze》．〚◻ F *Blase* ← ? L *Blaesus* (ローマの家名)《原義》stammering〛
Blake /bléɪk/ *n.* ブレーク《男性名》．〚← OE *blāc* fair-haired and fair complexioned (cf. bleak²) / OE *blæc* 'dark, BLACK'〛
Blake, Nicholas *n.* ブレーク《C. Day Lewis の推理小説家としての筆名》．
Blake /bléɪk/, **Peter** *n.* ブレーク《1932–　; 英国の pop art の画家》．
Blake, Robert *n.* ブレーク《1599–1657; 英国の海将; 第一次蘭英戦争 (1st Dutch War)，清教徒革命において議会党員派として活躍》．
Blake, William *n.* ブレーク《1757–1827; 英国の詩人・画家・神秘思想家; 自らの神秘的な詩に絵や版画を添えた; *Songs of Innocence* (1789), *Songs of Experience* (1794), *Jerusalem* (1820)》．**Blák·ean** /bléɪkiən/ *adj.*
Bla·key /bléɪki/ *n.* 《英》〖商標〗ブレイキー《靴底に付ける保護金具》．
Bla·key /bléɪki/, **Art** *n.* ブレーキー《1919–90; 米国のジャズ音楽家; イスラム名 Abdullah Ibn Buhaina》．
blam /blǽm/ *int.* ばーん《銃声や爆発の音》．── *n.* 銃声，爆発音．
blam·a·ble /bléɪməbl̩/ *adj.* 非難すべき，とがのある (culpable). **blám·a·bly** *adv.* **～·ness** *n.* 〚(*a*1387) ← BLAM(E)＋-ABLE〛
blame /bléɪm/ *vt.* **1** とがめる，非難する，しかる，…に小言を言う (censure): ～ a person *for* his negligence 人の怠慢を責める / I don't ～ you *for* doing that. 君がそうしたからといって悪いとは言わない / She may fire you, and I wouldn't ～ her if she did. 彼女は君を首にするかもしれないが，それも無理はないと思うよ / have only oneself to ～ 責めを負うのは自分しかない，悪いのは当の本人ばかり / Bad workmen ～ their tools. 《諺》へたな職人は道具に難癖をつける，「へたの道具調べ」．**2 a** 〔罪過を〕…の責任にする，…に負わせる〔*for*〕: ～ the weather *for* a poor crop 不作を天候のせいにする / Nobody can ～ you *for* the failure. だれもその失策を君の責任にすることはできない．**b** 《口語》〈罪過(の責任)を〉〔…に〕帰する，〔…の〕せいにする〔*on, on to*〕: ～ a failure *on* (*to*) a person 過失を人のせいにする / We cannot ～ the accident *upon* the weather. 事故を天候のせいにすることはできない．★ blame on という用法は誤りとする説もあるがこの用法は 150 年以上の歴史がある．**3** [命令文で] 《米俗・方言》のろう《軽いののしりを表す; damn の婉曲語》: *Blame* it! くそいまいましい / *Blame* this fly! いまいましいこのハエめ / *Blame* me if I do [don't.] =(I'm) ～*d* if I do [don't]. する[しないでおく]ものか．
be to bláme 責めを負うべきである; 〈人・物事が〉悪い〔*for*〕: Who *is to* ～ *for* the disaster? その災難はだれの罪か / Garlic *was to* ～ *for* my sickness. 気分が悪くなったのはにんにくのせいだ．〚*a*1250〛
── *n.* **1** 非難，とがめ (censure): incur great [get a lot of] ～ *for* …のために大きな非難を招く / Much was said *in* ～ *of* him. 彼は随分非難された．**2 a** 〔失態の〕責任 (responsibility)〔*for*〕: bear [take] the ～ *for* …の責めを負う / lay [put, cast, place] the ～ (*for* …) *on* a person 人に(…の)責めを負わせる，人に(…の)罪を着せる / lay the ～ at another's door 罪を他人に負わせる / Where does the ～ lie *for* the defeat? 敗北の責任はどこにあるのか / It is small ～ *to* you that the plan has miscarried. 計画が失敗したのは君の責任ではない．**b** 《古》過ち，罪．
── *adj.*, *adv.* 《米俗・方言》=blamed.
blám·er *n.* 〚v.: (?*a*1200) ◻ OF *bla(s)mer* (F *blâmer*) < VL **blastēmāre* =LL *blasphēmāre* 'to BLASPHEME'. ── n.: (?*c*1200) ◻ OF *bla(s)me* (F *blâme*) ← *bla(s)mer* (v.)〛
blame·a·ble /bléɪməbl̩/ *adj.* =blamable.
blamed 《米俗・方言》 *adj.* いまいましい，けしからん，いやな．★ damned の婉曲語: a ～ fool 大ばか野郎 / This ～ window won't open. このいまいましい窓め，開きゃしねえ．── *adv.* いまいましいほど，いやに，ひどく: ～ hot どうにもこうにも暑い．〚(1833) ← BLAME＋-ED〛
blame·ful /bléɪmfəl, -fl̩/ *adj.* **1** 非難さるべき，過失のある，不都合な (blameworthy). **2** 《古》非難する，批判的な (faultfinding). **～·ly** *adv.* **～·ness** *n.* 〚(*c*1390): ⇨ blame, -ful¹〛
bláme·less *adj.* 非難するところのない，何の罪[とが]もない，やましくない (⇨ innocent SYN): lead a ～ life 清廉潔白な生活を送る / I am ～ in this matter. この件ではやましいところはない．**～·ly** *adv.* **～·ness** *n.* 〚(*c*1378) ← BLAME＋-LESS〛
bláme·wòrthy *adj.* 責めらるべき，不都合な，非難すべき，とがむべき．**bláme·wòrth·i·ness** *n.* 〚?*c*1375〛
Blanc /bláː(ŋ), bláːŋ; *F.* blɑ̃/, **Cape** *n.* ブラン岬: **1** チュニジア北部の岬《アフリカの最北端》．**2** モーリタニアの大西洋に突き出た岬．

Blanc /blɑ́ː(ŋ), blɑ́ːŋ; *F.* blɑ̃/, **(Jean Joseph Charles) Louis** *n.* ブラン《1811–82; スペイン生まれのフランスの社会主義者・歴史家》.

Blanc /blǽŋk/, **Melvin Jerome** ブランク《1908–89; 米国の声優; Bugs Bunny などの声を担当》.

Blanc, Mont *n.* ⇨ Mont Blanc[1].

Blan·ca /blǽŋkə/ *n.* ブランカ《女性名》. 〖⇨ Blanche〗

Blán·ca Péak /blǽŋkə-/ *n.* ブランカ山《米国 Colorado 州南部の山; Sangre de Cristo 山脈の最高峰 (4,364 m)》. 〖*Blanca*: ◻ Sp. *blanca* white (with snow)〗

blanc de blancs /blɑ́ːŋkdəblɑ́ːŋk | blɑ́ː(n)dəblɑ́ː(ŋ), blɑ́ːndəblɑ́ːŋ; *F.* blɑ̃dblɑ̃/ *n.* ブラン ド ブラン《白ぶどうのみから造った白ワイン, 特にシャンパンを指す》. 〖((1952)) ◻ F ~ 《原義》white of whites〗

blanc fixe /blǽŋkfíːks, blɑ́ː(ŋ)fíːks, blɑ́ːŋ-; *F.* blɑ̃fiks/ *n.* 〖化学〗人造硫酸バリウム《紙・ゴム・リノリウムなどに用いる白色顔料》. 〖((1866)) ◻ F ~ 《原義》fixed white: ⇨ blank, fix〗

blanch /blǽntʃ | blɑ́ːntʃ/ *vt.* **1 a** 色抜きして白くする, 白くさらす, 漂白する (bleach). **b** 〖冶金〗〈銀を〉(酸で)磨く; 〈鉄などに〉スズメッキをする. **c** 〖農業〗(日光をさえぎって)〈ミツバ・ネギなどの植物を〉軟白する: ~ celery, lettuce, etc. **2** (熱湯につけ次に冷水に入れて)〈果実などの〉甘皮を取る, あくを抜く, 湯がく; (ゆでたあとで冷水に)さらす, 霜降りにする: ~ almonds, macaroni, etc. **3** 〈年齢が〉〈髪を〉白くする; 〈病気・恐怖などが〉〈顔を〉青白くする: Fear ~*ed* her face. 恐怖で顔面蒼白になった. **4** よく見せかける, …の外見をとりつくろう 〈*over*〉. — *vi.* **1** 白くなる. **2** 〈人が〉(心配・寒さなどで)青白く[真っ青に]なる 〔*with*〕; 〔…に〕しりごみする 〔*at*〕: ~ *with* shame, fear, etc. **~·er** *n.* 〖((a1398)) *blaunche(n)* ◻ (O)F *blanchir* ← *blanc* 'white, BLANK'〗

Blan·chard /blɑ̃ː(n)ʃɑ́ːə, blɑːn- | blɑ́ː(n)ʃɑː(r), blɑ́ːn-; *F.* blɑ̃ʃaːʁ/, **Jean-Pierre-François** *n.* ブランシャール《1753–1809; フランスの軽気球搭乗者; 落下傘を発明 (1785), 軽気球による最初の英仏海峡横断飛行に成功 (1785)》.

Blanche /blǽntʃ | blɑ́ːntʃ/ *n.* ブランチ《女性名; 異形 Bianca, Blanca, Blanch》. 〖◻ F ~ ← *blanche* (fem.) ← *blanc* (↓)〗

blanc·mange /bləmɑ́ː(ː)ndʒ, -mɑ́ː(n)ʒ, -mɑ́ːnʒ | bləmɔ́nʒ, -mɔ́ndʒ/ *n.* ブラマンジュ《コーンスターチ・牛乳・砂糖などで作った冷たいゼリー状のデザート》. 〖((c1378)) *blan(k)manger* ◻ OF *blancmanger* ← *blanc* 'white, BLANK'+*manger* food, to eat〗

blan·co /blǽŋkou | -kəu/ 〖軍事〗 *n.* (特に英国陸軍で, ベルトまたは他の装具に塗る)白色塗料. — *vt.* 白色塗料を塗る. 〖《商標名》← F *blanc* white〗

bland /blǽnd/ *adj.* (~·er, ~·est; more ~, most ~) **1** 魅力のない, 味気ない, 気の抜けた, 面白くない, 退屈な (dull): a ~ movie. **2** 〈たばこ・食物などが〉味のない, 刺激がない; 口当たりのいい, 柔らかい, 甘口の (mild). **3** 平然とした, 無関心な: make a ~ confession of guilt 平然と罪の告白をする. **4** 〈人・行動・態度などが〉もの柔らかな, 柔和な, 温和な, 人当たりのよい (agreeable), 快い (pleasant): a ~ smile / a sweetly ~ voice さわやかな声. **5** 〈気候など〉温和な (mild), 快い (balmy): a ~ breeze. — *v.* [次の成句で]: **blánd óut** 《口語》(*vi.*) 鈍る, なまる《特に年齢と共に》; 特色を失う, 味気なくなる. (*vt.*) 鈍らせる, なまらせる; 特色を失わせる, 味気なくする. 〖((1596)) (1661) ◻ L *blandus* smooth-tongued〗

Blánd-Ál·li·son Àct /blǽndǽləsən-, -sn- | -ǽlɪ̀-/ *n.* [the ~] (米国の)ブランドアリソン法《政府が銀を毎月購入して法定通貨としての銀貨も鋳造すべきとして議会に上程, 1878 年に可決された法案》. 〖← *R. P. Bland* (1835–99: 米国の下院議員), *W. B. Allison* (1829–1908: 米国の上院議員)〗

blan·dan·der /blændǽndə | -də(r)/ *vt.* 《英口語》〈人を〉甘言でつって説得する (cajole).

blan·dish /blǽndɪʃ/ *vt.* …に甘言を使う, こびへつらう. — *vi.* お世辞を使う, こびる. **~·er** *n.* **~·ing·ly** *adv.* 〖((c1300)) *blaundishe(n)* ◻ OF *blandiss-*, *blandir* < L *blandīrī* to flatter ← *blandus*: ⇨ bland, -ish[2]〗

blán·dish·ment *n.* **1** こび, へつらい (flattery). **2** [通例 *pl.*] 甘言, 手管. 〖((1591)): ⇨ ↑, -ment〗

blánd·ly *adv.* 個性なく; 穏やかに.

blánd·ness *n.* 面白味のなさ; 薄味; もの柔らかさ.

blank /blǽŋk/ *adj.* (~·er, ~·est; more ~, most ~) **1 a** 白紙の; 〈用紙など〉書き入れのない, 空白の (⇨ empty SYN): a ~ space [page, sheet of paper] 空白[白紙ページ, 白紙] (cf. sheet[1] 2 a) / Fill in all the ~ spaces. すべての空欄に記入しなさい / a ~ ballot 白地投票紙 / a ~ map 白地図 / a ~ form 書込用紙 / ⇨ blankbook. **b** 〖商業〗〈手形など〉白地式の, 無記名の: ⇨ blank check, blank endorsement. **2** 〈場所などが〉からの, がらんとした (empty), 何もない, 空虚な (void): the ~ spaces between houses 家と家の間の空地 / a ~ desert 空漠たる砂漠. **3 a** 〈壁など〉装飾がない; あるべきものを欠いた: a ~ wall (入口も窓も装飾もない)のっぺりした壁 / a ~ window [arch] めくら窓[アーチ]《窓[アーチ]の形をした外壁》/ a ~ piece of film 何も写っていないフィルム / ~ tape 何も録音されていないテープ / My memory is perfectly [has gone] ~ on the subject. その問題については私の記憶は全くからっぽだ. **b** 〈鍵が〉刻みのない: a ~ key (未完成で)刻みのない鍵. **4** 〈生活など〉空虚な, からっぽの; 空漠とした, 無味乾燥な, 何事もない; 成果のない, むなしい: a ~ existence [day] 空虚な生活[一日] / ~ efforts むなしい努力. **5 a** 〈顔など〉ぼんやりした, ぽかんとした (vacant); 生気[表情]のない; 〔表情などの〕ない 〔*of*〕: a ~ face 無表情な顔 / a ~ expression 生気のない表情 / a ~ look ぽかんとした顔つき / look ~ ぽかんとしている / a ~ stare うつろな目つき / a face ~ *of* all expression 全く表情のない顔. **b** 当惑して物が言えない, 黙りこんだ (speechless): He was ~ *with* amazement. 彼は驚きのあまり物が言えなかった. **6** 全くの, 純然たる (sheer): in ~ amazement [despair] 全く仰天[絶望]して / a look of ~ stupidity 全く間の抜けた表情 / a ~ denial 完全な否認. **7 a** [日付・場所などの明示を避けて] 某…, ○○: the ~ place 某所 / the ~ regiment ○○連隊. **b** 《俗》いまいましい, ばかばかしい: You ~ idiot! 大ばか者め. ★ 婉曲な言葉で, しばしば '—' と記すこともある. この場合 blank, blankety, blanked, 《英俗》blanky などと読み, '——' は blank blank, blankety blank(ety) などと読む (cf. *n.* 4 b). **8** 《古》無色の; 白い (white); 青白い (pale).

gò blánk 〈スクリーンなど〉(映像・文字が消えて)真っ白になる. ***one's mínd gòes blánk*** 人の頭がからっぽになる, 思い出せなくなる, 考えられなくなる.

— *n.* **1 a** 白紙. **b** (書込書式の)空欄, (未記入の)申込用紙, 白地書式: Fill in all the ~*s*. すべての空欄に記入しなさい / an application ~ (未記入の)申込用紙 / a telegraph ~ (電報)発信紙, 頼信紙 / an order ~ 注文用紙. **c** (本の)白ページ, 白紙紙葉. **d** 白紙委任状. **2** 空所, あき, 余白, 余地: leave ~*s* 余白を残す / a ~ in the forest 林間の空地. **3 a** 空虚, 空白 (emptiness): a ~ in one's memory 記憶の中の空白 / My mind was a complete ~. 私の心は全くのからっぽであった[何も思い出せなかった] / Her son's death has made a great ~ in her life. 息子が死んで彼女の生活にぽっかり穴があいた. **b** (実質を伴わない)形, 無: amount to ~ 皆無になる. **c** 空包 (blank cartridge): fire ~*s* 空砲を放つ (⇨ 成句). **d** 空(から)くじ: draw a ~ 空くじを引く (⇨ 成句). **4 a** 空白を示すダッシュ《明示しない名称などの代わりに用いる》: Mr. ——=Mr. *Blank Blank* 何某氏. **b** 《俗》冒瀆語などの代用語, 伏せ字 (cf. blankety-blank *n.*): He's an incorrigible ~. 奴は直しようのない××(ばか)だ. ★ しばしば '—' と記されることもある: Let 'em go to —! ××(地獄)へ落ちてしまえ. 《冒瀆語・誓言・禁忌語などの代わりに記される '—' を blank を読むことから》 **5** (隙間・穴をふさぐ)栓, 板. **6** (貨幣・鍵などの)未完成品, 半加工品: ~*s* for coins 貨幣刻印を押す前の金属片 / a belt ~ バックルなどを付ける前のベルト. **7** 標的の白色部[中心部]; 標的, 目的 (target). **8** 〖英議会〗議案中のイタリックで示した箇所《未決の部分》. **9** 〖ドミノ〗ブランク《どちらかまたは両方が白の牌》. **10** 《米口語》〖野球〗ゼロ, 零点. **11** 《古》〖詩学〗= blank verse.

dráw a blánk (1) ⇨ 3 d. (2) 《口語》(求めていたものが)手にはいらない, 失敗する (fail); (あることが)思い出せない, 度忘れする (cf. DRAW *blank*). ((1825)) ***fire blánks*** 《俗》(男が生殖能力がないため)妊娠させずに性交する. ***in blánk*** 白地のままで: make out a check *in* ~ 白地式小切手を発行する.

— *vt.* **1** 空(から)にする, 空白にする. **2 a** 削除する, 消す 〈*out*〉: ~ a line. **b** 見えないように覆う 〈*out*〉. **c** 〈感情・記憶などを〉(意識的に)忘れる 〈*out*〉. **3** 〈語間・行間を〉広げる, あける 〈*out*〉. **4 a** (略した語・文の代わりに)ダッシュ(記号)で示す (cf. *n.* 4 a). **b** 《俗》のろう (damn の婉曲語; cf. *n.* 4 b): *Blank* him! 畜生め / *Blank* it! くそいまいましい / I'm ~*ed* if I'll tell a lie. 金輪際うそなんかつくものか. **5** 〈隙間・穴を〉ふさぐ 〈*off*〉. **6** 《米口語》〈相手方〉に得点を与えない, 〈相手チームを〉零敗させる: The Athletics [Our pitcher] ~*ed* the Yankees. アスレティックス[わがチームの投手]がヤンキースを完封した. **7** 〖機械〗(抜き型で鉄板などから)打ち抜く 〈*out*〉. **8** 〖電子工学〗(有害な信号などが目につかないように)消す. **9** 《英口語》無視する, 冷遇する (ignore, cut): Sharon's been ~*ing* me all week: what have I done wrong? シャロンのやつ一週間ずっとおれのこと無視していやがる. おれ何か悪いことしたかな.

— *vi.* **1** 〈音楽・映画の画面などが〉次第に消えてゆく (fade) 〈*out*〉. **2** 〈人が〉意識を失う, 〈頭が〉ぼんやりする 〈*out*〉.

〖((c1250)) ◻ (O)F *blanc* white ◻ VL **blancus* ◻ Gmc **blaŋkaz* white, shining (G *blank* bright, shining) ← IE **bhel-* to shine〗

blánk·bòok *n.* **1** (ノート・スケッチブックのような)白紙の帳面. **2** 《米》白紙[未記入]の帳簿[つづり]. 〖1713〗

blánk cártridge *n.* (実弾の入っていない)空包《単に blank ともいう; cf. ball cartridge》. 〖1826〗

blánk chéck *n.* **1** (金額未記入の)白地式小切手. **2** 自由行動(権) (free hand); 白紙委任 (carte blanche): give a person a ~ いくらでも人に支払いを引き受ける; 人に自由行動を許す. 〖1884〗

blanked *adj.* 《俗》=blank 7 b.

blánk endórsement *n.* 白地裏書, 無記名式裏書《endorsement in blank ともいう》.

Blan·kers-Koen /blǽŋkəzkúːn | blǽŋkəz-/, **Fanny** ブランカーズクーン《1918– ; オランダの女子運動選手; 1948 年のロンドンオリンピック短距離競技で 4 つの金メダルを獲得》.

blan·ket /blǽŋkɪ̀t/ *n.* **1 a** 毛布, ブランケット: a wool(en) ~ / an electric ~ / ⇨ wet blanket / toss a person in a ~ 人を(いじめるために)毛布に載せて投げ上げる[胴上げする]. **b** (馬などの)覆い. **c** 《米・カナダ》アメリカインディアンの上衣. **d** 断熱用巻き布[物]. **2 a** 一面に覆うもの: a ~ of snow [mist] 一面の雪[霧] / a ~ of silence 重苦しい沈黙[静寂]. **b** (広い地域に落とされる)多量の爆弾: ⇨ blanket bombing. **3** 〖印刷〗 **a** ゴムブランケット, ブランケット《オフセット印刷機で, 版面から紙面に印刷する時に転写の仲介をするゴム布》. **b** ゴム胴《オフセット印刷機の胴の一つで, 表面にゴムブランケットが巻きつけられている》. **4** 〖原子力〗ブランケット《原子炉の炉心のまわりに置かれた燃料親物質の層》.

bórn on the wróng síde of the blánket ⇨ side 成句.

— *adj.* [限定的] 全体に共通の, 包括的な, 総括的な: a ~ ban 全面禁止 / a ~ wage increase 一律賃上げ / ~ cover(age) 一括報道 / a ~ bill [clause] 包括的議案[条項] / a ~ price 共通価格 / ~ insurance 包括保険 / a ~ visa (寄港地で税関の発行する)包括査証 / a ~ arrest 一斉検挙.

— *vt.* **1 a** 毛布で覆う. **b** (毛布で覆うように)一面に覆う: the ground ~*ed with* snow 一面に雪で覆われた地面 / the poverty and misery that ~*s* half the world's inhabitants 全人類の半数を覆う不幸な貧困. **2 a** 〈火などを〉(毛布状のもので覆って)消す: bags of sand to ~ the flame 炎を消すための砂袋. **b** 〈事件などを〉もみ消す, ぼやかす. **c** 〈電波などを〉妨害する 〈*out*〉: ~ a radio signal by powerful interference 無線信号を強力な妨害で消してしまう. **3 a** 《米》〈運賃・法などが〉…にも一様に適用される: legislation ~*ing* subversive acts 破壊行為を全般にも適用される法令 / The fare increase ~*s* all regions. 運賃の値上げはすべての区域に適用される. **b** 一括する, 含ませる 〔*in, into*〕: be ~*ed into* the group. **4** 《古》〈新入生などを〉(いじめるために)毛布に載せて胴上げする. **5** 〖海事〗〈帆船が〉〈他の帆船の〉風上に出て風をさえぎる.

~·lìke *adj.* 〖((c1300)) ◻ OF *blanquet* white woollen stuff for garments (dim.) ← *blanc* white: ⇨ blank, -et〗

blánket àrea *n.* 〖ラジオ・テレビ〗ブランケットエリア《放送局周辺でその局の電波が強く他局の受信が妨害される地域》.

blánket bàth *n.* ブランケット バス《寝たきりの人の身体を洗ってやること》.

blánket bòg *n.* 〖地理〗ブランケット型泥炭地《冷涼湿潤気候の比較的平坦な地域を広くおおいつくす, 強酸性で貧栄養の泥炭地》.

blánket bòmbing *n.* =carpet bombing.

blánket chèst *n.* 《米》毛布箱《毛布・寝具などを入れる底の深い上げぶた付きの箱形の入れ物; 底部に引出しを備える場合もある》.

blánket còat *n.* 《米》ブランケットコート (mackinaw).

blánket fìnish *n.* 〖陸上競技〗〈多くの競走者が〉一団となってゴールすること. 〖1934〗

blánket·flòwer *n.* 〖植物〗テンニンギク《テンニンギク属 (*Gaillardia*) の植物の総称》; その花 (cf. Indian blanket 2). 〖1879〗

blánket Índian *n.* (毛布を着て)種族の風習や習慣を守っているアメリカインディアン; 文明の影響を受けていないアメリカインディアン.

blán·ket·ing /-ṭɪŋ | -tɪŋ/ *n.* **1** 毛布(用生地). **2** 〖通信〗掩蔽(えんぺい)《強力な電波による受信妨害》. 〖((1577)) ← BLANKET+-ING[1]〗

blánket mórtgage *n.* 《米》浮動担保, 企業担保《社債を担保するために企業の現在および将来の一切の財産を包括的に担保の目的とする制度; 《英》では floating charge という》.

blánket pólicy *n.* 〖保険〗(二つ以上の建物や動産を一括して担保する)包括保険証券[契約].

blánket ràte mèthod *n.* 〖会計〗総括配賦法.

blánket ròll *n.* **1** 〖軍事〗巻き毛布《肩に掛けて携帯するために毛布・防水布などを巻いて輪にしたもの; cf. bedroll》. **2** ブランケットロール《水平軸だけに回転するようにさいころを投げるクラップス (craps) でのいんちき》. 〖1891〗

blánket shèet *n.* 《米》大型新聞紙《tabloid 版の新聞紙のサイズと区別して大型のもの》.

blánket-stìtch *vt., vi.* 〖服飾〗ブランケットステッチでかがる[縫う].

blánket stìtch *n.* 〖服飾〗ブランケットステッチ《カットワーク・ボタン穴・縁飾り仕上げなどに使う基本的なかがり方・縫い方; buttonhole stitch よりも目の広いもの》. 〖1880〗

blánket wèed *n.* 〖植物〗**1** アオミドロ《アオミドロ属 (*Spirogyra*) の糸状の緑藻; 淡水産》. **2** シオグサ《シオグサ属 (*Cladophora*) の糸状の緑藻; 波打ち際の岩上に束状で群生する》.

blan·ket·y[1] /blǽŋkɪ̀ṭi | -ti/ *adj.* 毛布のような. 〖((1872)) ← BLANKET+-Y[4]〗

blan·ke·ty[2] /blǽŋkɪ̀ṭi | -ti/ *adj., adv.* 《俗》=blankety-blank. 〖↓〗

blánkety-blánk 《俗》 *adj.* =blank *adj.* 7 b. — *adv.* べらぼうに. — *n.* ばか(野郎) (fool) (cf. blank *n.* 4 b). 〖《加重》← BLANK〗

blánk·ie /blǽŋki/ *n.* 《米口語》子供の毛布; 安心毛布 (security blanket).

blánk·ing *n.* 〖電子工学〗帰線消去《ブラウン管の電子ビーム掃引の帰りに不要な線が画面に現れないように不動作状態にすること》.

blánking plàte *n.* (開口部・隙間の)覆い板.

blánk·ly *adv.* **1** ぼんやり[ぽかんと]して (vacantly). **2** むきだしに(言う), きっぱり(述べるなど) (flatly) (cf. point-blank 1). **3** 全く, 完全に, 純然と (totally). 〖((1863)) ← BLANK+-LY[1]〗

blánk·ness *n.* 空白; うつろ.

blánk tést *n.* 〖化学〗空試験, 盲験《分析の際に試薬などから混入する不純物などによる誤差を除くために, 試料を加えないで実際の分析操作と全く同一条件で試みること》.

blánk vérse *n.* 〖詩学〗(通例 5 脚弱強調の)無韻詩, ブランク ヴァース《英詩では 16 世紀半ばに Surrey により初めて用いられたが, その後最も一般的な詩型として劇詩・叙事詩・物語詩に用いられている; cf. RHYMED verse, pentameter》. 〖1588〗

blánk wáll *n.* **1** ⇨ blank *adj.* 3 a. **2** 行き止まり, 障害: run into [run up against, come up against] a ~ 行き詰まる.

blank·y /blǽŋki/ *adj.* **1** 《口語》空白が多い. **2** 《英俗》=blank *adj.* 7 b. 〘← BLANK＋-Y¹〙

B

blan·quette /blɑ̃ː(ŋ)két, blɑːŋ- | blɔŋ-, blæŋ-, blɑ̃ː(ŋ)-, blɑːŋ-; *F.* blɑ̃kɛt/ *n.* ブランケット《子牛・鶏・子羊などの肉をホワイトソースで煮込んだ料理; blanquette de veau ともいう; cf. fricassee》. 〘《1727》□ F ~: cf. blanket〙

blan·qui·llo /blɑːŋkíː(j)oʊ | -(j)əʊ; *Am.Sp.* blaŋkíjo/ *n.* 〘魚類〙アマダイ科の食用魚《tilefish など》. 〘□ Sp. ~ (dim.) ← *blanco* 'white, BLANK'〙

Blan·tyre /blǽntaɪə | -taɪə/ *n.* ブランタイア《マラウィ南部の都市; 商業および産業の中心; 1956 年に Blantyre と Limbe /límbeɪ/ が合併》.

blare /bléə | bléə^(r)/ *vi.* **1** 〈らっぱ・ラジオなどが〉鳴り響く 〈*out*〉. **2** 〈光がまばゆく輝く. **3** 《方言》〈牛が〉(長く声を引っ張って)鳴く. ― *vt.* **1 a** 高々と[うるさく]鳴らす. **b** 大声で[荒々しく]言う, わめく 〈*out*〉. **2** まばゆく照らす. **3** はでに書き立てる. ― *n.* **1** (らっぱ・ラジオなどの)高く鳴る音, 耳ざわりな響き. **2** まばゆい光彩. **3** はでな誇示, けばけばしさ. 〘《c1390》 *blere(n)* □ MDu. *blēren* 《擬音語》?〙

blar·ney /blάːni | blάː-/ *n.* **1** お世辞, おべっか. **2** 無意味なおしゃべり; たわごと (nonsense). ― *vi.* おべっかを使う. ― *vt.* 〈人〉にお世辞を言う; 甘言で口説く, 口車に乗せる. 〘《1796》: cf. Blarney stone〙

Blar·ney /blάːni | blάː-/ *n.* ブラーニー《アイルランド共和国南部, Cork 州の町》.

Blárney stòne *n.* [the ~] ブラーニー石《アイルランド Cork 近くの Blarney Castle 城内にある石; これに接吻するとお世辞がうまくなるとの言伝えがある》.

Blas·co I·bá·ñez /blάːskoʊiːvάːnjeɪs | -skəʊ-; *Sp.* bláskoiβáɲeθ/, **Vicente** *n.* ブラスコ イバニェス《1867–1928; スペインの小説家; 反君主制活動のため 30 回投獄された; *Los cuatro jinetes del Apocalipsis* (英訳 *The Four Horsemen of the Apocalypse*) (1916)》.

Blase /bléɪz/ *n.* ブレーズ《男性名》. 〘⇨ Blaise〙

bla·sé /blɑːzéɪ, ⌐―― | blάːzeɪ, ―⌐; *F.* blɑze/ *adj.* **1** (珍しくもなくて)無関心な; 飽満した; 歓楽に飽きた. **2** 世慣れた, 物事をわきまえた. 〘《1819》 F ~ (p.p.) ← *blaser* to pall ← Du. *blasen* to blow: ⇨ BLAST〙

blas·pheme /blæsfíːm, ―⌐ | blæsfíːm, blɑːs-/ *vi.* (神または神聖なものについて)不敬の言葉を吐く, 罰当たりの口をきく: ~ *against* God 神を冒瀆(ぼうとく)する. ― *vt.* **1** 〈神や神聖なものを〉冒瀆する: ~ the name of God みだりに神の名を言う. **2** 〈人〉の悪口を言う, 悪く言う; …に悪態をつく (abuse). **blás·phem·er** *n.* 〘《1340》 *blasfeme(n)* □ OF *blasfemer* □ LL *blasphēmāre* □ Gk *blasphēmeîn* to speak profanely (cf. *blásphēmos* evil-speaking) ← *blas-* false＋*phēme* speech ← *phánai* to speak (cf. fame): BLAME と二重語〙

blas·phe·mous /blǽsfəməs | blǽsf¹məs, blάːs-/ *adj.* 〈人・言葉・絵など〉神をないがしろにする(ような), 不敬な, 冒瀆(ぼうとく)的な (profane); 悪口を言う. **~·ly** *adv.* **~·ness** *n.* 〘《a1415》 *blasfemous* □ OF *blasphemeus* ∥ LL *blasphēmus* □ Gk *blásphēmos* (↑): ⇨ -ous〙

blas·phe·my /blǽsfəmi | blǽsf¹-, blάːs-/ *n.* **1** 冒瀆(ぼうとく), 瀆神(とくしん) (profanity): ~ against God 神に対する冒瀆. **2** 悪口雑言(ぞうごん), 悪態; 罰当たりの言葉, 不謹慎な行為. **3** 〘ユダヤ教〙神の名をのろい汚すこと; 禁じられた四字の神の名 (Tetragrammaton) を口にすること. **4** 〘神学〙神の善性を侮辱する行為《大罪とみなされる》. 〘《?a1200》 *blasfemie* □ OF *blasfemie* ∥ LL *blasphēmia* □ Gk *blasphēmíā* slander: ⇨ blaspheme, -y¹〙

SYN 冒瀆: **blasphemy** 神を故意にあざける言葉や行為《最も意味の強い語》: *blasphemy* against God 神に対する冒瀆. **profanity** 神や神聖な物に対する不敬の言葉《格式ばった語》: He uttered a string of *profanities.* ばちあたりな言葉を吐きちらした. **cursing** 怒りや憎しみの対象に向かって不敬の言葉や呪いの言葉を吐くこと: He is given to *cursing.* ののしる癖がある. **swearing** 社会的に受け入れられない汚い言葉を使うこと: habitual *swearing* 習慣的に汚い言葉を使うこと.
ANT adoration, reverence.

blast /blǽst | blάːst/ *n.* **1 a** 一陣の風, 突風: a ~ of wind / a ~ of sand 砂嵐. **b** 突風の影響, 突風に伴うもの. **2 a** (口・ふいご・溶鉱炉などの)送風, 衝風, 強い一吹き: the ~ of a furnace. **b** (らっぱ・笛などの)一吹き, 吹奏: sound [blow] a ~. **c** (せき・深呼吸などの)吐く息. **d** (笑いなどの)突発 (outburst): a ~ of laughter どっという笑い. **3 a** (らっぱ・笛の)音: blow [sound] a ~ on a horn [trumpet, whistle]. **b** (車の)警笛; (船の)警笛. **4 a** 爆破. **b** (爆破に用いる)発破(はっぱ), (一回分の)発破薬. **c** 爆破の影響, 爆風. **5 a** (毒気・悪評などの)ほとばしり: Her latest book sustained a ~ of criticism. 彼女の最新作は酷評を浴びた. **b** 《口語》激しい叱責, 「雷」. **6** (機関車などの煙突の通気をよくするために送る)排気噴射. **7 a** (植物を枯らす)毒気; (植物の)胴枯れ病, 葉枯れ病. **b** 害毒, 災い. **8** 活動, 作用 (activity): ⇨ *full* BLAST (2). **9** 《米口語》すごく楽しい時; (特に, 乱痴気騒ぎの)パーティー: have a ~. **10** 《米俗》〘野球〙 **a** (ライナー性の)痛打, 強打. **b** ホームラン (home run).
a blást from the pást 《口語》昔はやったもの, 懐かしいもの. ***at a* [*óne*] *blást*** 一吹きに. (*at* [*in*]) ***fúll blást*** (1) 〈衝風炉が〉盛んに吹いて. (2) 《口語》盛んに活動して, 全力をあげて; 全速力で: run *full* ~ 全力で走る. 《1839》 ***be in* [*òut of*] *blást*** 〈溶鉱炉が〉吹いている[送風が止まっている].
― *vt.* **1 a** 〈らっぱ・ふいごなどを〉吹く (blow). **b** 〈高い音などを〉(突風のように)出す (blare) 〈*out*〉: The radio ~*ed out* the top five hits. ラジオはヒットソングの上位 5 曲を流した. **2 a** 〈岩石などに〉発破(はっぱ)をかける, 爆発させる (blow up). **b** 爆発させて取り除く 〈*away*〉. **c** (発破をかけて)作る[切り開く] 〈*out*〉: ~ a tunnel. **d** 〈爆発が〉吹き飛ばす 〈*off*〉: The explosion ~*ed* the top *off.* 爆発でふたが吹き飛んだ / The explosion ~*ed* the safe open. 爆発で金庫が開いてしまった. **3 a** (風の作用で)害する. **b** 〈霜などが〉枯らす, 害する (wither). **4 a** 〈名誉などを〉損なう, 〈計画などを〉くじく, 台なしにする (ruin): ~ one's character, honor, career, happiness, hopes, etc. **b** 〈事が〉…の偽りであることを示す, 信用を傷つける. **c** 《口語》決定的に打ち負かす, こっぴどくやっつける. **5** 《口語》[前に (May) God を略した婉曲なのろいの文で] のろう, ののしる (cf. blasted 3 a): *Blast* (it)! こん畜生; えいくそ / *Blast* you! この野郎, くたばっちめえ. **6** 《口語》激しく攻撃する; 痛烈にこきおろす: The critics have ~*ed* her latest book. 批評家たちは彼女の最新作を激しくこきおろした. **7** 《俗》〈人を〉撃つ, 射殺する (shoot) 〈*down*〉: Don't move or I'll ~ your head *off.* 動くと頭を撃ち抜くぞ. **8** 〈ロケットなどを〉発射する, 打ち上げる (cf. BLAST *off* (*vi.*)). **9** 《米俗》〘野球〙〈ボールを〉強打する: ~ a homer over a fence 柵越えにホームランをかっ飛ばす. ― *vi.* **1** 大きな音[声]を出す. **2** 爆発させる; 爆破作業をする. **3** 《口語》[…を]激しく攻撃する 〈*away*〉 〔*at*〕. **4** 《俗》撃つ (shoot). **5** しなびる, 枯れる, だめになる. **6** 《俗》マリファナを吸う. **7** 〘ゴルフ〙(サンドトラップ (sand trap) に入った)ボールを強く打ち出す 〈*out*〉. **8** 〘電子工学〙ブラストする《過大入力により音のひずみが起こる》.
blást óff (*vt.*) (1) ⇨ *vt.* 2 d. (2) ⇨ *vt.* 7. ― (*vi.*) (1) 〈ロケットなどが〉発進する, 離昇する; 打ち上げられる, 発射される (cf. blast-off). (2) 〈宇宙飛行士が〉宇宙へ飛び立つ. ***blást one's wáy*** (1) 爆破して[銃を撃って]進む 〔*into, through*〕; 突進する: They ~*ed* their *way* out of trouble with dynamite. ダイナマイトを爆発させて窮地から抜け出した. (2) 激しく蹴って進む.
〘n.: OE *blǣst* blow < Gmc **blēstaz* ← IE **bhlē-* 'to BLOW¹'. ― v.: (?a1300) ← (n.)〙

blast- /blæst/ (母音の前にくるときの) blasto- の異形.

-blast /⌐―(―)blæst/ 〘生物〙「胚 (embryo), 芽 (sprout, germ)」などの意の名詞連結形 (cf. blasto-): ecto*blast*. 〘← NL *-blastus* ← Gk *blastós* bud〙

blást cèll *n.* 〘解剖〙芽細胞.

blást·ed *adj.* **1** しなびた, 枯れた (blighted), 霜害を受けている: a ~ woodland, heath, etc. **2** 爆発[雷, 突風など]にやられた: a ~ tree, etc. **3** 《口語》 **a** のろわれた, ひどい《しばしば damned の婉曲語》: a ~ nuisance いまいましい厄介物. **b** [副詞的に] ひどく: I'm ~ hungry. 腹がぺこぺこだ. 〘《1552》← BLAST＋-ED〙

blas·te·ma /blæstíːmə/ *n.* (*pl.* **~s, ~·ta** /~tə | ~tə/) 〘生物〙芽体, 芽株. **blas·té·mal** /-məl/ *adj.* **blas·te·mat·ic** /blæst¹mǽtɪk | -tɪk⌐/ *adj.* **blas·te·mic** /blæstíːmɪk, -tém-/ *adj.* 〘《c1823》← NL ~ ← Gk *blástēma* ← *blastós* sprout: cf. -eme〙

blást·er *n.* **1** 発破(はっぱ)工. **2** 〘ゴルフ〙ブラスター《ヘッド上部が大きく底部がまるいクラブ》. 〘《1575》← BLAST＋-ER¹〙

blást fùrnace *n.* 〘冶金〙溶鉱炉, 高炉 (cf. shaft furnace). 〘1706〙

blást-fùrnace cemént *n.* 高炉セメント《普通の Portland cement と溶鉱炉から出る slag を混ぜて造る》.

blást fùrnace slág *n.* (銑鉄(せんてつ)製造の際できる)高炉滓(さい), 高炉スラッグ. 〘1877〙

blást hèater *n.* 〘機械〙送風加熱器.

blást hòle *n.* 発破薬を詰めた穴.

-blas·tic /⌐―(―)blǽstɪk/ 〘生物〙「…な胚の, …な芽の」の意の形容詞連結形: hetero*blastic* / mono*blastic*. 〘← -BLAST＋-IC¹〙

blas·tie /blǽsti/ *n.* 《スコット》一寸法師, こびと (dwarf), 小さく醜い生物. 〘《1787》←? BLAST (*vt.* 3 b, 5)＋-IE〙

blást·ing *n.* **1** 爆破, 発破(はっぱ). **2** (霜・毒気などが草木を)枯らすこと, 残害, 害毒. **3** 〘通信〙過負荷による音のひずみ. 〘《c1450》← BLAST (v.)＋-ING¹〙

blásting càp *n.* (爆破用)雷管.

blásting fùse *n.* 〘鉱山〙(爆薬などに点火するための)導火線.

blásting gèlatin *n.* 〘化学〙ブラスチング[爆発性]ゼラチン, 松ダイナマイト《現用ダイナマイト中, ニトログリセリン含有量の最も多い (93%) 強力な膠質ダイナマイトの一種; cf. gelatin dynamite》. 〘1883〙

blásting pòwder *n.* (爆破用)黒色火薬.

blást injèction *n.* 〘機械〙=air injection (cf. solid injection).

blást làmp *n.* =blowtorch. 〘*a*1884〙

blást màin *n.* 〘機械〙送風主管.

blást·ment *n.* **1** =blasting. **2** 害毒 (blast, blight). 〘《1600–1》← BLAST＋-MENT〙

blas·to- /blǽstoʊ | -təʊ/ 〘生物〙「胚 (embryo), 芽 (sprout, germ)」の意の連結形: *blasto*cyst. 〘← Gk *blastós* bud〙

blas·to·coel /blǽstəsìːl | -tə(ʊ)-/ *n.* (*also* **blas·to·coele** /~/, **blas·to·cele** /~/) 〘生物〙割腔, 卵割腔, 胞胚腔(ほうはいこう)《多細胞動物の発生初期に胞胚内に生じる腔所; cleavage cavity, segmentation cavity ともいう》. **blas·to·coel·ic** /blæstəsíːlɪk | -tə(ʊ)-⌐/ *adj.* 〘《1877》: ⇨ ↑, -coele〙

blásto·cỳst *n.* 〘生物〙 **1** 胚盤胞(はいばんほう). **2** =germinal vesicle. 〘《c1881》← BLASTO-＋-CYST〙

blásto·dèrm *n.* 〘生物〙胚盤葉, 胞胚(ほうはい)壁. **blàsto·dérmic** *adj.* **blàsto·dermátic** *adj.* 〘《c1843》← BLASTO-＋-DERM〙

blástodèrmic vésicle *n.* 〘生物〙=blastocyst 1. 〘*c*1860〙

blas·to·disc /blǽstədɪsk | -tə(ʊ)-/ *n.* (*also* **blas·to·disk** /~/) 〘生物〙胚盤《鳥類・爬虫類・軟骨魚類などの卵で, 原形質が多く, 卵黄の少ない部域; 後に胚の形成に関与する; germinal disc ともいう》. 〘《c1881》← BLASTO-＋DISC〙

blást-òff *n.* **1** (ロケットまたは誘導ミサイルの)発進, 離昇; 発射, 打ち上げ (cf. BLAST *off* (*vi*)). **2** 発射時刻, 打ち上げ時刻. 〘1951〙

blàsto·génesis *n.* **1** 〘植物〙出芽増殖《胞子によらず出芽 (budding) による増殖》. **2** 〘生物〙遺伝質発生《遺伝質は生殖質によって遺伝するという学説; cf. pangenesis》. **3** 〘生物〙胞胚(ほうはい)形成. **blàsto·génic, blàsto·genétic** *adj.* 〘《1889》← BLASTO-＋GENESIS〙

blas·to·ma /blæstóʊmə | -tə́ʊ-/ *n.* (*pl.* **~s, ~·ta** /~tə | ~tə/) 〘病理〙芽(細胞)腫, 芽球腫. 〘← BLASTO-＋-OMA〙

blas·to·mere /blǽstəmɪə | -tə(ʊ)mɪə^(r)/ *n.* 〘生物〙割球, 卵割球. **blas·to·mer·ic** /blæstəmérɪk | -tə(ʊ)-⌐/ *adj.* 〘《1877》← BLASTO-＋-MERE〙

blas·to·my·cete /blæstəmáɪsiːt, ⌐――⌐― | -tə(ʊ)-/ *n.* 〘植物〙不完全酵母菌綱の酵母菌《出芽により無性的にのみ増殖する酵母; 体の一部は菌糸状を成すことがある; イースト菌と同類の菌で, 病気を引き起こす》. 〘↓〙

Blas·to·my·ce·tes /blæstəmaɪsíːtiːz | -tə(ʊ)-/ *n. pl.* 〘植物〙不完全酵母菌綱. 〘← BLASTO-＋Gk *múkētes* ((pl.) ← *múkēs* fungus): ⇨ -mycete〙

blas·to·my·co·sis /blæstəmaɪkóʊs¹s | -tə(ʊ)maɪkə́ʊsɪs/ *n.* 〘病理〙ブラストミセス症, 分芽菌症. **blas·to·my·cot·ic** /blæstəmaɪkά(ː)tɪk | -kɔ́t-⌐/ *adj.* 〘《1900》: ⇨ ↑, -osis〙

blas·to·pore /blǽstəpɔ̀ə | -tə(ʊ)pɔ̀ː^(r)/ *n.* 〘生物〙原口. **blas·to·po·ral** /blæstəpɔ́ːrəl | -tə(ʊ)-⌐/ *adj.* **blas·to·por·ic** /blæstəpɔ́ːrɪk | -tə(ʊ)-⌐/ *adj.* 〘《1880》← BLASTO-＋PORE〙

blas·to·sphere /blǽstəsfɪə | -tə(ʊ)sfɪə^(r)/ *n.* 〘生物〙 **1** =blastula. **2** =blastocyst 1. **blas·to·spher·ic** /blæstəsfí°rɪk, -sfér- | -tə(ʊ)sfér-⌐/ *adj.*

blas·to·style /blǽstəstàɪl | -tə(ʊ)-/ *n.* 〘動物〙子茎《クラゲの生殖管中央の棒状の部分》. 〘《1877》← BLASTO-＋STYLE¹〙

blást pìpe *n.* 〘機械〙送風管. 〘*c*1865〙

blas·tu·la /blǽstʃʊlə | -tjʊ-/ *n.* (*pl.* **~s, -tu·lae** /-lìː/) 〘生物〙胞胚(ほうはい) (cf. gastrula). **blás·tu·lar** /-lə | -lə^(r)/ *adj.* **blas·tu·la·tion** /blæstʃʊléɪʃən | -tjʊ-/ *n.* 〘《1877》← NL ~ (dim.) ← Gk *blastós* bud〙

blást wàve *n.* 爆風(の波). 〘1939〙

blat /blǽt/ *v.* (**blat·ted; blat·ting**) ― *vi.* **1** 〈羊・子牛が〉鳴く (bleat). **2** 《米・カナダ口語》〈人が〉騒々しく[衝動的に]しゃべる. ― *vt.* 《米・カナダ口語》 **1** べちゃくちゃ述べ立てる (blab) 〈*out*〉. **2** 〈かん高い音を〉出す. ― *n.* **1** 羊[子牛]の(ような)鳴声. **2** 騒々しい音. 〘《1846》《変形》← BLEAT〙

bla·tan·cy /bléɪtənsi, -tn- | -tən-, -tn-/ *n.* **1** 騒々しさ; あくどさ, ずうずうしさ. **2** 下品などなり声; あくどいもの, ずうずうしいこと. 〘《1610》: ⇨ ↓, -ANCY〙

bla·tant /bléɪtənt, -tnt | -tənt, -tnt/ *adj.* **1** いやに騒々しい, やかましくどなる, 〈声が〉下品に高い: a ~ manner of speaking 下品に騒々しいものの言い方. **2** はなはだしい, あくどい, 出過ぎた, ずうずうしい (obtrusive); けばけばしい (showy); 見えすいた (obvious): ~ fraud ずうずうしい詐欺 / a ~ lie 見えすいたうそ. **3** 《詩》〈やぎなど〉めーと鳴く (bleating): ~ herds. **~·ly** *adv.* 〘《1596》← *Blatant Beast* (E. Spenser, *Faerie Queene,* V, 12:37 に出てくる百の舌と一本の毒牙を持つ怪物) ← *blatant* 《変形》? ← 《スコット》 *blatand* (pres.p.) ← *blate* 'BLEAT' ∥ ← L *blaterāre* to babble 《擬音語》: E. Spenser の造語〙

blate /bléɪt/ *adj.* 《スコット》 **1** 臆病な, 恥ずかしがり屋の (bashful). **2** 遅い, 鈍い (dull). 〘《15C》: cf. OE *blāt* pale〙

blath·er /blǽðə | -ðə^(r)/ *n.* **1** たわごと, 空談. **2** 騒ぎ, 騒動 (ado). ― *vi.* べちゃくちゃしゃべる, (くだらないことを)ぺらぺらしゃべり散らす, 管(くだ)を巻く 〔*about*〕. **~·er** *n.* 〘《1524》□ ON *blaðra* to talk nonsense ← *blaðr* nonsense〙

blath·er·skite /blǽðəskàɪt | -ðə-/ *n.* **1** おしゃべりの人, ほら吹き. **2** たわごと. 〘《c1650》《変形》← 《古》 *bletherskate* ← BLATHER＋? SKATE²: cf. skate³: スコットランド古謡 *Maggie Lauder* に出る〙

blat·ter /blǽtə | -tə^(r)/ *vi.* **1** 《米方言》早口でうるさくしゃべる, うるさく早口をたたく (prattle). **2** 《スコット》ばたばたたたく. 〘《a1555》□ L *blaterāre* to talk idly: cf. blatant〙

blau·bok /bláʊbὰ(ː)k | -bɔ̀k/ *n.* (*pl.* **~, ~s**) 〘動物〙ブローボック (*Hippotragus leucophaeus*) 《1800 年以後絶滅したアフリカ南部産の青色の毛の小レイヨウ; blue buck ともいう》. 〘□ Afrik. 《古形》 *blauwbok* blue buck ← Du. *blaauwbok* ← *blaauw* 'BLUE'＋*bok* 'goat, BUCK'〙

Blau·e Rei·ter /bláʊəráɪtə | -tə^(r); *G.* bláʊəʀáɪtɐ/, **Der** *n.* 「青騎士」派《Brücke 派に続くドイツ表現主義の芸術運動 (1911–14); Kandinsky と Marc によって Munich で結成され, のち Klee も参加; Blue Rider ともいう》. 〘□ G ~ 'blue riders'〙

Bla·vat·sky /bləvǽtski, -vá:-; *Russ.* blavátskʲij/, **Elena Pe·trov·na** /pʲitróvnə/ *n.* ブラヴァツキー《1831–91; ロシアの女性神智学者; *Isis Unveiled* (1877); 通称 Madame Blavatsky》.

blaw /blɔ́:, blá: | blɔ́:/ *n.*, *v.* (**~ed; blawn** /blɔ́:n, blá:n | blɔ́:n/)《スコット》=blow[1].

blax·ploi·ta·tion /blæ̀ksplɔɪtéɪʃən/ *n.* 黒人搾取, ブラックスプロイテーション: **a** 映画・出版物でステレオタイプな黒人像を煽情的に利用すること. **b** 特に 1970 年代前半に製作された一群の黒人向け娯楽映画《特にアクション映画》. 〘(1972) ← BLACK＋EXPLOITATION〙

Blay·don /bléɪdn̩/ *n.* ブレイドン《イングランド北東部, Newcastle-upon-Tyne の西にある工業都市》.

blaze[1] /bléɪz/ *n.* **1** (明るく燃え上がる比較的大きい)炎, 火炎: The house was soon *in a* ~. 家はたちまち火炎に包まれた / The fire sprang *into a* ~. 火はぱっと燃え上がった. **2** 明るくきらめく光, 光輝; 燃えるような色彩, 強い輝き: the ~ *of* noon 白昼の輝き / a ~ *of* jewels 宝石の輝き / The poppies made a ~ *of* color in the garden. ケシの花は庭で燃え立つような色で咲いていた / The garden was in a ~ of color. 庭は燃えるような色に輝いていた / a ~ *of* fame 赫々たる名声 / in a ~ *of* publicity ぱっと宣伝されて. **3** 〔感情などの〕かっと燃え立つこと, 激発 (outburst) 〔*of*〕: in a ~ *of* anger かっと腹を立てて / in a ~ *of* passion [temper] 烈火のように怒って. **4** 《俗》 **a** [*pl.*] 地獄 (hell, devil などの婉曲語): Go to ~*s!* この罰当たりめ, 畜生, くたばっちめえ / (as) drunk as ~*s* べろんべろんに酔っ払って. **b** [the (blue) ~*s*; 疑問詞の強意語として] 一体全体: What [Who] *the (blue)* ~*s* do you mean? 一体全体何[だれ]のことだ (cf. deuce[2] 1 c, dickens, devil 7 b, hell 5 b). **c** [Old Blazes]《古》悪魔 (Satan).
like (blúe) blázes《俗》激しく, 猛烈に: They ran away *like* ~*s*. 脱兎(だっと)のごとく逃げ去った. (1845)
— *vi.* **1** 〈火が〉明るく燃える, 炎を上げる (glare). **2** あかあかと輝く, きらめく (gleam): Lights were *blazing* in every window.=Every window was *blazing* with lights. どの窓も灯火がこうこうと輝いていた / The room ~*d with* flowers. 部屋は花で燃え立つようだった / The sun ~*d down on* us. 太陽がぎらぎらと頭上を照りつけた. **3** 〈人・目などが〉(怒りなどで)燃える, かっとなる〔*with*〕: He ~*d with* fury.=His fury ~*ed forth*. 彼は激怒した. **4** 《詩》異彩を放つ. — *vt.* **1** はっきりと示す, 鮮やかに表す. **2** 《まれ》 **a** 燃やす, 焼く. **b** 輝かす, 光らせる. ***bláze awáy*** (1) (銃などを)ばんばん[続けざまに]発射する: ~ *away at* a rabbit. (2) (仕事を)どんどんやる, 猛烈に働く: *Blaze away!* それやれ, どんどんやれ / ~ *away at* one's work 仕事をばりばりやる. (3) 早口に[興奮して]話す, 盛んに議論する, まくし立てる: ~ *away about* ideals 理想について熱心に議論する. ***bláze óut*** (1) ぱっと燃える, 炎を上げる; ぱっと輝く[きらめく]. (2) 激怒する, かっとなる. (3) 〈興奮などが〉収まる. ***bláze úp*** (1) ぱっと燃え上がる[上がらせる]. (2) 〈人・感情が〉燃え上がる.
〘n.: OE *blæse, blase* torch, fire < Gmc **blasōn* (MHG *blas* torch) ← IE **bhel-* to shine (⇨ bald). — v.: (?*a*1200) *blase(n)* ← (n.)〙

SYN 炎: **blaze** 比較的大きな非常に明るく熱い炎: The whole room was lighted by the *blaze* in the fireplace. 部屋全体が暖炉の炎に照らしだされていた. **flame** ろうそくの炎のように舌状にゆらめく炎: The dying fire suddenly burst into *flame*. 消えかかっていた火が突然めらめらと燃え上がった. **flicker** ちらちらする, 特に消えかかっている炎: the last *flicker* of the candle ろうそくの炎の最後のゆらめき. **flare** 暗がりにぱっと燃え上がるゆらゆらする光. **glow** 炎や煙もなく燃えるものの柔らかい光: the *glow* of the coal in the fire 暖炉の中の石炭の真っ赤な輝き. **glare** まぶしいほどにぎらぎらする強い不快な光: the *glare* of summer sun 夏の太陽のまぶしい光. ⇨ flash.

---

blaze[2] /bléɪz/ *vt.* **1** [しばしば受身で]〈ニュースなどを〉(目立つ形で)広く知らせる, 触れ広める, 〈ゴシップなどを〉言い触らす 〈*abroad, forth, about*〉: ~ the news *abroad* ニュースを報ずる. **2** 《廃》(らっぱなどで)吹き出す. 〘(*c*1380) *blase(n)* ◻ ? MDu. *blāsen* to blow) < Gmc **blēsan* (G *blasen* / ON *blāsa* to blow) ← IE **bhel-* 'to BLOW[1]': cf. blazon〙

blaze[3] /bléɪz/ *n.* **1** (牛馬の顔面の)白ぶち, 流れ星, 「ほし」, 大流星鼻梁大白; 頭髪の白[灰色]の筋. **2** (切り倒す木・道標・境界などの目印に)樹皮をはぎ取ってつけた白いあと, 木印(きじるし).
— *vt.* **1** 〈樹木〉の皮をはいで白い目印をつける, 木印をつける: ~ a tree. **2** 樹木に白いあとをつけて〈道を〉示す.
bláze a [the] tráil [wáy, páth] (1) (森林などで)木印をつける; あとの人のために道を開く. (2) 〔…の〕先達となる, 〔…に〕先鞭をつける〔*in*〕. (1750)
〘(1639) ◻ ? ON *blesi* white star on a horse's forehead // MDu. *blesse* (Du. *bles*) ← Gmc **blasaz* shining, white ← IE **bhel-*: ⇨ blaze[1]〙

Blaze /bléɪz/ *n.* ブレーズ《男性名》. 〘⇨ Blaise〙

blaz·er[1] /bléɪzə | -zə^(r)/ *n.* **1** ブレザー(コート)《テーラーカラーとパッチポケットがついているスポーツジャケット; 運動選手・学生を初め一般に着用される》. **2** 《米》注意を引く人[もの]. **3** 《米・カナダ》(野外などで用いる)小さな料理器具. 〘(*a*1635) 'anything which blazes or shines' ← BLAZE[1] (v.)＋-ER[1]: もと鮮やかな縦縞柄で作ったことから〙

bláz·er[2] *n.* (道しるべのために樹皮をはいで)白い目印をつけておく人. 〘← BLAZE[3] (v.)＋-ER[1]〙

bláz·ing *adj.* **1 a** 〈火・建物など〉赤々と燃え(ている)る; 〈太陽が〉ぎらぎらと照りつける. **b** [副詞的] 焼けるように: a ~ hot day. **2** きらきら輝く, 派手な色彩の: ~ eyes / ~ harness 燦然(さんぜん)と輝く馬具 / a ~ waistcoat 派手なチョッキ. **3** (感情的に)激しい (passionate): ~ anger / a ~ row 激しい口げんか. **4** 明白な, 紛れもない: a ~ lie, indiscretion, etc. **5** 《狩猟》〈狐の遺臭が〉強烈な (cf. cold 5 b, burning 3): a ~ scent. **~·ly** *adv.* 〘(*c*1450) ← BLAZE[1]＋-ING[2]〙

blázing stár *n.* **1** 《米》《植物》はでな花の房をつける植物の総称《ユリ科の *Chamaelirium luteum* やソクシンラン (colicroot), キク科の *Lacinaria squarrosa* やリアトリス (button snakeroot) など》. **2** 《古》彗星 (comet); 衆目を集める人[もの], 賞賛の的となる人[もの]. 〘1460〙

bla·zon /bléɪzən, -zn̩/ *n.* **1** 紋章 (coat of arms); 盾の紋地 (escutcheon). **2** /《英》ではまた blǽzn̩/ 紋章説明. **3** (美点・功名・手柄などの)記述, 解説; (特に)見せびらかし, 宣揚, 誇示. — *vt.* **1** /《英》ではまた blǽzn̩/ …に紋章図説明を加える. **2 a** 〈紋章などを〉色彩で描く; きらびやかに描く. **b** (言葉で)巧みに描く[描写する]. **c** 飾る, …に光彩を添える: a room ~*ed with* flowers 花で飾られた部屋. **3** 見せびらかす, 誇示する (display). **4** 言い触らす, 言い広める, 公表する: ~ an event *abroad* [*forth, out*] 事件を世間に触れ知らせる. 《BLAZE[2] との混同による》
~·ing *n.* 〘(1278) *blasoun* shield, coat of arms ◻ (O)F *blason* ← ?〙

blá·zon·er /-z(ə)nə, -znə | -z(ə)nə^(r), -zn̩-/ *n.* 紋章(解説)に通じた人, 紋章専門家. 〘(1586): ⇨ ↑, -er[1]〙

blá·zon·ment *n.* **1** 紋章記述. **2** 公表. 〘(1876): ⇨ -ment〙

bla·zon·ry /bléɪzənri, -zn̩-/ *n.* **1 a** /《英》ではまた blǽzn̩-/ 紋章記述. **b** 紋章(の総称). **2 a** 美しい色どり; 巧みな描写. **b** 盛観, 美観: the ~ of the heavens 大空の美観. 〘(1622): ⇨ -ry〙

bld 《略》blond; blood; bold; boldface.

bldg 《略》building.

Bldg. E. 《略》Building Engineer.

bldr. 《略》builder.

-ble /bl̩/ *suf.* -able, -ible の異形: dissolu*ble*.

bleach /blí:tʃ/ *vt.* **1** (日光・漂白剤などで)漂白する, 白くする. **2** 《古》(恐怖などで)青白くさせる. **3** 《写真》〈ネガ・プリント・像などを〉ブリーチする, 漂白する《銀画像を酸化して消失させる》. — *vi.* **1** (さらされて)白くなる: the bones ~*ing* on the battlefield 戦場で白くさらされている骨. **2** 〈顔色が〉蒼白になる. — *n.* **1** 漂白剤, ブリーチ. **2** 漂白度. **3** 漂白, 漂白法. **4** 《写真》漂白液《銀画像を酸化して消失させる, または色素画像を消失させる液》. **~·a·ble** /-əbl/ *adj.* 〘OE *blǣcan* to make pale < Gmc **blaikjan* ← **blaikaz* shining, white, pale ← IE **bhel-* to shine: cf. bald〙

bleached *adj.* 漂白された; (風雨にさらされて)白くなった: ~ cotton さらし木綿 / ~ bones 野ざらしの白骨 / a ~ skull されこうべ, 野ざらし. 〘(?*c*1380): ⇨ -ed〙

bléach·er *n.* **1 a** 漂白者, 漂布業者. **b** 漂布器《大おけ・タンクなど》. **c** 漂白剤. **2 a** 《米》[通例 *pl.*; 単数または複数扱い] 無蓋観覧席, 野外席, 青空スタンド. **b** [*pl.*] 無蓋観覧席の観客[見物人]たち. 《日にさらされて色がさめていることから》 〘(1550): ⇨ -er[1]〙

bleach·er·ite /blí:tʃəràɪt/ *n.* 《米》無蓋観覧席[外野席]の観客[見物人]. 〘(1896): ⇨ ↑, -ite[1]〙

bleach·er·y /blí:tʃ(ə)ri/ *n.* 漂白工場. 〘(1714) ← BLEACH＋-ERY〙

bléach·ing *n.* **1** 漂白(法). **2** [形容詞的に] 漂白の(ための): a ~ agent 漂白剤. 〘(1552): ⇨ -ing[1]〙

bléaching pòwder *n.* さらし粉; 消毒薬《chlorinated lime, chloride of lime ともいう》.

bleak[1] /blí:k/ *n.* (*pl.* **~s,** ~) 《魚類》ヨーロッパ産コイ科の銀色の淡水魚 (*Alburnus alburnus*)《流れの緩やかな川にすむ; うろこの光る成分が模造真珠の原料となる》. 〘(*c*1450) ◻ ? ON *bleikja* ← *bleikr* (↓)〙

bleak[2] /blí:k/ *adj.* (**~·er; ~·est**) **1** 〈場所・地域など〉木の生えていない, 吹きさらしの: a ~ hillside 吹きさらしの山腹. **2** 〈天候・風など〉寒い, 身を刺すような: a ~ wind 寒風. **3** 〈景色・部屋など〉寒々とした, 荒涼たる, 寂しい (dreary); 飾ったところのない, 簡素な (austere): a ~ view 荒涼たる眺め / a ~ apartment わびしいアパートの部屋. **4** 〈環境・見込みなど〉厳しい, わびしい, 陰気な (cheerless): a ~ outlook 厳しい見通し. **5** 〈人・教養など〉温かみに欠ける, 冷たい. **~·ish** /~ɪʃ/ *adj.* **~·ly** *adv.* **~·ness** *n.* 〘(*c*1300) (1574) *bleik, bleke* ◻ ? ON *bleikr* pale < Gmc **blaikaz* (OE *blāc* pale): cf. bleach〙

blear /blíə | blíə^(r)/ *adj.* **1** 〈目が〉(涙などで)かすんだ, (炎症などで)ただれた: a ~ eye. **2** 《まれ》かすかな, ぼうっとした (dim). **3** 《まれ》=bleary. — *n.* かすみ, もうろう.
— *vt.* **1 a** 〈目を〉かすませる. **b** 〈頭を〉ぼんやりさせる. **2** 〈表面を〉曇らせる; 〈輪郭を〉ぼんやりさせる (blur). **3** 《古》〈目を〉欺く (deceive). ★ 通例次の句で: ~ the eyes of …の目を欺く. — *vi.* ぼんやりと眺める.
〘v.: (?*a*1325) *blere(n)* ← *blere* (adj.). — adj.: (*c*1378) *blere* ← ?〙

bleared *adj.* かすんだ, ぼんやりした. 〘(?*c*1390): ⇨ ↑, -ed〙

bléar-èyed *adj.* **1** (老齢または目覚め直後のため)目の曇った, 目のかすんだ (dim-sighted). **2** 物わかりの悪い, 鈍い (dull). 〘*c*1384〙

blear·y /blí(ə)ri | blíəri/ *adj.* (**more ~, most ~ ; blear·i·er, -i·est**) **1** 〈目が〉(疲れ・眠気・涙などで)かすんだ, ぼうっとした; 《眺めなど》ぼんやりした. **2** 疲れ切った (worn-out). **bléar·i·ly** /-rəli | -rɪ̀li/ *adv.* **blé·ar·i·ness** *n.* 〘(*c*1385) ← BLEAR (adj.)＋-Y[4]〙

bléary-èyed *adj.* =blear-eyed. 〘1927〙

bleat /blí:t/ *vi.* **1 a** 〈羊・やぎ・子牛が〉(震え声で)めーと鳴く. **b** 〈動物・人が〉羊のような鳴き声を出す; くんくんいう (whimper). **2 a** 弱々しい声で話す, 愚痴る. **b** べらべらしゃべる. — *vt.* 羊のような声で言う; べちゃくちゃと[愚痴っぽく]言う (prate) 〈*out*〉: ~ a complaint めそめそと不平を言う. — *n.* **1** 羊などの(ような)鳴き声. **2 a** (めそめそした)泣き言. **b** ばかげたおしゃべり, たわごと (blather).

bléat·ing /-tɪŋ | -tɪŋ/ *n.*, *adj.* 〘OE *blǣtan* ← Gmc **blēt-* ← IE **bhlē-* to howl《擬音語》〙

bléat·er /-tə | -tə^(r)/ *n.* めーと鳴く羊[やぎ, 子牛]. 〘(1567): ⇨ ↑, -er[1]〙

bleb /bléb/ *n.* **1** (小さな)水ばれ, 水疱. **2** (水・ガラス中の)泡, 気泡 (bubble). **bleb·by** /blébi/ *adj.* 〘(1607)《擬音語》?〙

bleed /blí:d/ *v.* (**bled** /bléd/) — *vi.* **1 a** 〈人・動物・体・傷などが〉血が出る, 出血する: He was ~*ing from* the nose.=His nose was ~*ing*. 彼は鼻血を出していた / ~ *to* death 出血して死ぬ. **b** (戦争などで)血を流す, 傷つく; 死ぬ: ~ *for* one's country [a righteous cause] 国[正義]のために血を流す. **2 a** 〈ガス・液体などが〉流れ出る; 〈液汁などがしみ出る. **b** 〈植物が〉樹液を出す: A vine ~*s* when it is cut. つるは切ると樹液を出す. **c** 〈染料・顔料などが〉にじみ出る, にじむ (run). **3** 〈心が〉ひどく痛む; 〈人が〉血の出る思いをする, ひどく心を痛める: My heart ~*s at* the sight.=The sight makes my heart ~. その光景に私の心は痛む / My heart ~*s for* you. 《皮肉》それはお気の毒さま / They *bled for* their dead heroes. 彼らは死んだ英雄たちのために悲痛な涙を流した. **4 a** 金を払う, 金を与える. **b** 《口語》(ゆすられたり吹っ掛けられたりして)法外な金を搾り取られる[払わされる]: ~ *for* a shabby hotel room うす汚い部屋に法外なホテル代を支払わされる. **5** 《製本》〈本が〉(印刷されている部分まで)裁ち切られる. **6** 《印刷》〈挿絵などが〉(ページから)はみ出す, (裁ち切りのために)はみ出して印刷される 〈*on, off*〉. **7** 元気・活力をなくす.
— *vt.* **1** (昔の外科手術で)〈患者など〉の血を採る, 放血[瀉血]する: ~ a patient. **2** …から[血・樹液を]出す, 流出させる〔*of*〕. **3 a** …から〔空気などを〕排出させる〔*of*〕: ~ a tire *of* excess air タイヤから余分の空気を取り除く. **b** 〈液体・気体を〉(バルブなどを通して)流れ出させる, 漏らす. **4** 《口語》…から金を搾る; …から〔ある額を〕搾り取る〔*for*〕: They *bled* him (*for* $10,000). 連中は彼から (1 万ドルの)金をゆすり取った. **5** 《製本》〈本・挿絵などを〉裁ち切る. **6** 《印刷》〈挿絵などを〉(ページから)はみ出させる. **7** 元気・活力を奪う.
bléed whíte [***drý***] 《口語》…から国力[財産]を絞り尽くす; 〈人〉から絞れるだけ絞り取る《white は畜殺者が子牛の肉を白くするため血を絞ることから》: He was *bled* ~. とことんまで金を絞り取られた. (1926)
— *n.* **1** (特に血友病患者の)出血. **2** 《製本》 **a** 裁ち切り《挿絵などが紙面いっぱいになるように仕上げ裁ちすること》. **b** (印刷してある部分まで裁ち込んだ)裁ち切りページ. **3** 《印刷》 **a** (ページのへりまではみ出した)裁ち切り挿絵; 裁ち切り挿絵のあるページ. **b** ブリード, 泣き出し《印刷インクの顔料が溶けてにじみ出ること》.
— *adj.* 裁ち切り[裁ち落とし]にした.
〘OE *blēdan* (v.) < Gmc **blōdjan* ← **blōđam* 'BLOOD'〙

bléed·er /-də | -də^(r)/ *n.* **1** 出血性の人, 出血性素因者, 血友病(患)者 (hemophiliac). **2** (患者から)血を採る人; 放血医 (phlebotomist). **3 a** 《米口語》人の金を搾り取る人, ゆすり. **b** 《俗》寄生虫, 居候 (parasite), ごろつき, ならず者 (rascal). **c** [しばしば修飾語を伴って; 軽蔑または親愛をこめて] 悪者, ばか者, いたずら者; 《英俗》(特に, 不愉快な)やつ: a poor [little] ~ 哀れな[かわいい]やつ / You robbing ~! この盗人(ぬすっと)野郎め. **d** [a ~ of a … として]《英俗》ひどくいやな: *a* ~ *of a* snowstorm 全くいやな吹雪. **4** 《電気》ブリーダー抵抗器, 電圧分割器《電圧調整のために使う抵抗器》. **5** 《機械》抽気口, 通気口《抽気のための穴》, 吹出し弁. **6** 《俗》《野球》当たりそこねの内野安打. 〘(*c*1450): ⇨ ↑, -er[1]〙

bléeder resìstor *n.* 《電気》=bleeder 4.

bléeder's disèase *n.* 血友病《俗称》.

bléeder túrbine *n.* 《機械》抽気タービン.

bléed·ing /-dɪŋ | -dɪŋ/ *n.* **1** 出血: a lot of ~ from the nose 鼻からの多量の出血. **2** (昔の外科手術での)放血 (bloodletting). **3** 《機械》抽気《蒸気を膨張の中途から抽出すること》. **4** 《土木》ブリージング, 浮き水, 浸出《コンクリート打込み後に水が分離して上部へ湧き出ること》. **5** 《染色》ブリージング《染色された色がにじみ出すこと》. **6** 《言語》奪取《2 規則の間で一方を適用すると他方の適用が阻止されること》: a ~ rule (⇨ feeding *n.* 4). — *adj.* **1** 出血する: a ~ wound. **2** 苦しい, つらい感情を伴った, 同情を誘うような. **3** [限定的]《英俗》ひどい, とてつもない《bloody の婉曲語》: a ~ error, idiot, etc. — *adv.* 《英俗》ひどく (bloody): Don't be so ~ sanctimonious. そんなにやけに信心ぶるなよ. 〘(?*a*1200) *bledinge; bledinde*: ⇨ bleed, -ing[1, 2]〙

bléeding héart *n.* **1** 《植物》ケシ科コマクサ属 (*Dicentra*) の植物の総称; (特に)ケマンソウ (*D. spectabilis*)《北米産で観賞用; 普通, 赤またはピンクのハート形の花をつける》. **2** =bleeding-heart pigeon. **3** 《口語》(社会問題などで)弱い立場の人(たち)に大げさに同情[関心]を示す人. 〘1691〙

bléeding-hèart pígeon [**dóve**] *n.* 《鳥類》ヒムネバト《フィリピン産の *Gallicolumba* 属のハト; 胸の一部が傷ついたように赤い》.

bléed vàlve [**nìpple**] *n.* 《機械》=bleeder 5.

bleep /blí:p/ *n.* **1** (電子機器などから出る)ピッという信号音. **2** 《英》ポケットベル (beeper). **3** 《テレビ・ラジオ》(不穏当な言葉などを消すための)ピーという電子音. — *vi.* 〈電子機器などが〉ピーピー音を出す. — *vt.* **1** 〈人を〉ポ

ケットベルで呼ぶ. **2** 〖テレビ・ラジオ〗〈不穏当な言葉などを〉ピーという電子音で消す〈*out*〉. 〖((1953)) ((擬音語))〗

bléep·er *n.* =bleep 2.

B

blel·lum /bléləm/ *n.* ((スコット古)) 怠惰で話し好きな人. 〖((1790)) ((混成)) ← Sc. *ble(ber)* to babble＋(SKE)LLUM〗

blem·ish /blémɪʃ/ *n.* **1** (表面の)しみ, よごれ (stain) (⇨ defect¹ SYN). **2** きず (flaw), 欠点 (defect); 汚点 (taint): without ～ 完全な[に] / lead a life free from any ～ 少しの汚れもない清らかな生活を送る. ― *vt.* 〈美・完全さなどを〉傷つける, 損なう, 害する; (道徳的に)汚す (tarnish): ～ beauty, a person's character, etc. / ～ a person's good name 人の評判を汚す / a ～*ed* reputation 傷つけられた名声. 〖v.: ((?a1350)) *blemisshe(n)* □ OF *blemiss-, ble(s)mir* to make pale < Gmc **blasaz* shining, white. ― n.: ((1526)) ← (v.)〗

blém·ished /-ʃt/ *adj.* しみのついた.

blench¹ /bléntʃ/ *vi.* 〈人が〉ひるむ, たじろぐ, あとずさりする 〔*from*〕 (⇨ recoil SYN). ― *vt.* **1** ((古)) 避ける, よける (avoid). **2** ((廃)) 挫折させる, …の裏をかく. 〖OE *blenċan* to deceive < Gmc **blaŋkjan* to cause to blink ← IE **bhel-* to shine: ⇨ bald〗

blench² /bléntʃ/ *vt.* 白くする; 真っ青にする. ― *vi.* 白くなる; 真っ青になる. 〖((1813)) ((変形)) ← BLANCH〗

blend /blénd/ *v.* (～**ed**, ((文語)) **blent** /blént/)
― *vt.* **1** 〈異なった物を〉混ぜ合わせ(て調和のとれたものを作)る, 混合する, 混ぜる (⇨ mix SYN): ～ a brown paint *with* a red paint 褐色のえのぐに赤いえのぐを混ぜる / The diverse elements in his character were strangely ～*ed*. 彼の性格には様々の要素が不思議に混じり合っていた. **2** (種類や品質の異なった物を混合して)〈茶・たばこ・酒などを〉調製する: 'How to *Blend* Coffee'「コーヒーのブレンド法」((本の題名)) / Our teas are carefully ～*ed*. 当店の紅茶は吟味して調整されております. **3** 〈毛皮〉の毛先を染料で染めて黒くする. ― *vi.* **1 a** 混じり合う; 〈色などが〉(境界がわからないほどに)溶け合う: Sea and sky seemed to ～. =The sky seemed to ～ *with* the sea. 海と空とが一体のように見えた / The colors ～*ed into* one. 色が一つに融合した / Oil and water will not ～. 油と水とは混ざらない. **b** 〈言語などが〉混交[混成]する. **2** 〔…と〕調和する 〔*with*〕: That hat does not ～ *with* your shoes. その帽子は靴とは合わないね.
blénd in 混ざる[ぜる], 混合する; 調和する[させる]: ～ *in* a new building *with* its surroundings 新しい建物(のデザイン)を環境に調和させる.
― *n.* **1** (色・音・感情などの)混じり合い, 混合: a ～ of pity and terror / the ～ of sky blue *into* sea blue 空の青と海の青の融合. **2 a** (種類の違った茶・たばこ・酒などの)混合, ブレンド, 混合種: a new ～ of coffee / tea of our own ～ 当店自慢のブレンド紅茶 / This coffee is a ～ of Java and Jamaica. このコーヒーはジャワとジャマイカのブレンドです. **b** 混紡: a ～ of 80% nylon 20% cotton ナイロン 80%, 綿 20% の混紡. **3** 〖言語〗混成語 ((例: *flush* ← *fl*ash＋g*ush* or bl*ush* / *smog* ← *sm*oke＋f*og* / *brunch* ← *br*eakfast＋l*unch*; blend-word, portmanteau word ともいう); cf. hybrid 4; ⇨ blending 2).
〖((a1325)) *blende(n)* □ ON *blend-* (pres.stem), *blanda* to mix < Gmc **blandan* (OE *blandan*) ← IE **bhel-* to shine (⇨ bald): cf. blind〗

Blen·da /bléndə/ *n.* ブレンダ ((女性名)). 〖← Swed. *blenden* to dazzle: cf. Blanche〗

blende /blénd/ *n.* 〖鉱物〗閃(ˢᵉⁿ)亜鉛鉱 (sphalerite); 硫化亜鉛 (zinc sulphide). 〖((1683)) □ G *Blende* ← *blenden* to blind, deceive:「光の強い」の意, または「鉛の鉱石に似て非なる」の意〗

blénd·ed *adj.* 〈茶・たばこ・酒など〉混合した, ブレンドした; 〈織物が〉混紡の: ～ coffee ブレンドコーヒー / ～ fabric 混紡. 〖((1621)) ← BLEND＋-ED〗

blénded fámily *n.* 混合家族 ((再婚などのため, 夫婦と以前の結婚によって生まれた子供たちとから構成される家族)).

blénded whískey *n.* ブレンドウイスキー ((2 種以上の原酒を混ぜて造る; cf. straight whiskey)). 〖1940〗

blénd·er *n.* **1** 混合する人. **2 a** 混合する機械. **b** ((米)) (果物・野菜用などの)ミキサー (((英)) liquidizer). 日英比較 日本語の「ジューサー」や「ミキサー」に相当するものが *blender*. 英語の mixer は, 電動式の攪拌器や泡立て器に相当する. 〖((c1798)) ← BLEND＋-ER¹〗

blénd·ing *n.* **1 a** 混合, 融合, 配合, 調合(法). **b** 混合物, 融合物. **2** 〖言語〗(語・句・文の)混成, 混交 (contamination) ((例えば god-bye が good night などと混じて good-bye となり, these things と this kind of things が混じて these kind of things を生じ, no sooner … than と hardly … when が混じて no sooner … when または hardly … than ができ, I am friendly with him. と He and I are friends. が混じて I am friends with him. が生じるなど; cf. hybridism 2, portmanteau word)). 〖((1795)) ← BLEND＋-ING¹〗

blénding inhéritance *n.* 〖生物〗融合遺伝 ((両親の形質が混じって子に現れる遺伝; これは現在否定されている)). 〖1922〗

blénd-wòrd *n.* 〖言語〗=blend 3.

Blen·heim¹ /blénəm/ *n.* ブリントハイム ((ドイツ南西部 Bavaria 州 Danube 河畔の村; 英将 Duke of Marlborough がフランス軍に大勝した地 (1704); ドイツ語名 Blindheim /blɪ́nthaɪm/)).

Blen·heim² /blénəm/ *n.* ブレニム ((短い鼻と赤い斑点のある白い毛のスパニエル; Blenheim spaniel ともいう)). 〖((1839)) ← *Blenheim Palace* (Oxfordshire 州の Woodstock にある Duke of Marlborough の邸宅の名): ↑〗

Blénheim Órange *n.* 〖園芸〗ブレニムオレンジ ((英国のリンゴ品種の名; 黄色で赤いすじが入る; 単に Blenheim ともいう)). 〖1879〗

Blénheim Pálace *n.* ブレナム宮殿 ((イングランド Oxford の近くにある大邸宅 (country house); Blenheim における戦勝を記念して Marlborough 公のために建てられた; Winston Churchill ゆかりの地でもある)).

blen·ni·oid /bléniɔ̀ɪd/ *adj.* 〖魚類〗ギンポ亜目の. ― *n.* ギンポ亜目の魚の総称. 〖((1865)): ⇨ blenny, -oid〗

blen·ny /bléni/ *n.* (*pl.* **blen·nies,** ～) 〖魚類〗イソギンポ科の魚数種の総称 ((とがったひれを持ち, 浅瀬の岩礁の周りに生息する)). 〖((1774)) □ L *blennius* □ Gk *blénnos* name of a fish ← *blénna* slime〗

blent *v.* ((文語)) blend の過去形・過去分詞.

ble·o·my·cin /blìːəmáɪsn̩, -sn̩ | -sɪn/ *n.* 〖薬学〗ブレオマイシン ((土壌菌から採る抗生物質で, 皮膚癌・舌癌・肺癌治療に用いる)). 〖((1970)) ((恣意的変形)) ← PHLEOMYCIN〗

bleph·ar- /bléfər/ (母音の前にくるときの) blepharo- の異形.

bleph·a·ri·tis /blèfəráɪtəs | -tɪs/ *n.* (*pl.* **-a·rit·i·des** /-rítədìːz | -tɪ-/) 〖病理〗眼瞼(ᵍᵃⁿᵏᵉⁿ)炎. **bleph·a·rit·ic** /blèfərítɪk | -tɪk⁺/ *adj.* 〖⇨ ↓, -itis〗

bleph·a·ro- /bléfəroʊ | -rəʊ/「まぶた (eyelid); まつげ, 細毛, 繊毛 (cilium)」の意の連結形. ★ 母音の前では通例 blephar- になる. 〖← NL ～ ← Gk *blépharon* eyelid〗

bleph·a·ro·plast /bléfəroʊplæ̀st | -rə(ʊ)-/ *n.* 〖生物〗生毛体, 毛基体. 〖((1897)) ← BLEPHARO-＋-PLAST〗

bleph·a·ro·plas·ty /bléfərəplæ̀sti/ *n.* 〖医学〗眼瞼形成(術). 〖((1897)) ← BLEPHARO-＋-PLASTY〗

bleph·a·ro·spasm /bléfəroʊspæ̀zm | -rə(ʊ)-/ *n.* 〖医学〗眼瞼痙攣(ᵏᵉⁱʳᵉⁿ). 〖((1872)) ← NL *blepharospasmus*: ⇨ blepharo-, spasm〗

Blé·riot /blèrióʊ, ⁻⁻⁻ | blériəʊ; *F.* bleʀjo/, **Louis** *n.* ブレリオ ((1872–1936; フランスの飛行機技師・飛行家; 自ら設計した 25 馬力の単葉機で初めてイギリス海峡を横断 (1909))).

bles·bok /blésbɑ̀(ː)k | -bɔ̀k/ *n.* (*pl.* ～, ～**s**) 〖動物〗ブレスボック (*Damaliscus dorcas* subsp. *phillipsi*) ((アフリカ南部産のレイヨウで, bontebok の亜種; bontebok に似るが, 身体は赤味がかった茶色で目の間に白色の帯がある)). 〖((1824)) □ Afrik. ～ ← Du. *bles* 'BLAZE²'＋*bok* 'goat, BUCK'〗

bles·buck /blésbʌ̀k/ *n.* (*pl.* ～**s,** ～) 〖動物〗=blesbok. 〖1879〗

bless /blés/ *vt.* (～**ed** /～t/, **blest** /blést/) **1** …への神の恵みを祈る, …のために祈る, 祝福する: At the close of the service the priest ～*ed* the people [congregation]. 礼拝式の終わりに司祭は会衆の上に神の加護を祈った / *Bless* them that curse you. 汝らを責むる者のために祈れ (*Matt.* 5:44). (((なぞり)) ← L *benedīcere*: cf. benediction) **2** [しばしば受身で] **a** 〈神が〉…に至福を授ける, 恵みを垂れる, 祝福する (cf. curse); (天恵として)…に〔…を〕恵む, 授ける (favor)〔*with*〕: God ～ you! あなたの上に神のみ恵みがあらんことを (cf. *vt.* 6) / God ～*ed him with* good health [a daughter]. 神は彼に健康を恵んだ[一人の娘を授けた] / Our country is not ～*ed with* natural resources. わが国は天然資源に恵まれていない / He is ～*ed with* eloquence [a pleasing disposition]. 彼は雄弁に恵まれている[人好きのする性質をもっている] / I am ～*ed with* a poor digestion. ((反語)) 胃が弱くて往生しています. ((BLISS との連想による)) **b** 〔…を授けて〕〈人を〉幸せにする〔*in*〕: He is greatly ～*ed in* his children [marriage]. 彼はよい子供に恵まれて[よい結婚をして]大いに幸せだ. **3 a** (宗教的儀式を行って)清める, 聖別する (consecrate): ～ the elements at Holy Communion 聖餐式でパンとぶどう酒を清める. **b** 神聖にする, 神聖であると宣する. **4 a** …の上に十字を切る: ～ a child 十字を切って子供を祝福する. **b** [～ *oneself* で] (額から胸にかけて十字を切って)自らを祝福する, 自分の幸福を喜ぶ, まあよかったと思う; (God bless me! などと言って)驚く, 腹を立てる, 悔やむ (cf. 6 b). **5 a** 〈神を〉あがめる (praise), 賛美する (glorify): *Bless* the Lord, O my soul. わが霊魂(ᵗᵃᵐᵃˢʰⁱⁱ)よエホバをほめまつれ (*Ps.* 103:1). **b** 〈運勢の星・幸運・人などに〉感謝する: ～ one's (lucky) stars (よい星の下に生まれたと)天祐(ᵗᵉⁿʸᵘ)を感謝する / ～ one's luck 身の幸運を感謝する / ～ a person *for* his kindness 人の親切を心から感謝する / Let me ～ my prudence. ((戯言)) われながら思慮深かったわい. **c** ((反語)) のtherefore (curse): How I ～*ed him for* disturbing my sleep! 眠りを妨げたので彼を(心の中で)のろってやった. **6** ((口語)) **a** [感嘆の表現を成して (cf. *vt.* 7)]: *Bless* him [her, them]!=*Bless* his heart [her heart, their hearts]! かわいいね, まあまあ, 感心感心 ((愛情・好意・いたわりなどを表す)) / (God) ～ me!=(Lord) ～ my soul!=*Bless* my heart!=*Bless* your heart alive!=Well, I'm [I'll be] ～*ed* [*blest*]! おやおや, しまった, これはこれは, とんでもない ((驚き・立腹・喜びなどを表す)) / (God) ～ you! おやまあ; まあかわいそうに; (人の好意に対し)どうもありがとう; (くしゃみをした人に)お大事に ((くしゃみは不吉なものとされていたことから; cf. gesundheit)); (人と別れる時に)ごきげんよう (cf. *vt.* 2 a) / ⇨ *God bless the* MARK¹! **b** [反語的にのろしり・驚きの表現として] 絶対に…することはない, …だったら驚きだ. ★ 通例 *if* 節とともに, 主語は一人称, 動詞は現在または未来時制: (*I'm*) ～*ed* [*blest*] if I know. (そんなこと)私が知るものか / *I'll be* ～*ed if* I don't agree! 絶対に同意するよ / If it isn't Auntie Phoebe! Well, *I'm* ～*ed*! フィービ叔母さんじゃないか. こいつは驚いた! **7** [しばしば ～ *oneself* で] ((古)) 〈通例, 神が〉〔…から〕守る (protect)〔*from*〕: God ～ me *from* all evils! 神よ諸々(ᵐᵒʳᵒᵐᵒʳᵒ)の悪より我を守らせ給(ᵗᵃᵐᵃ)え ((★ この表現から現在の *vt.* 6 a の表現法が発達した)) / He ～*ed himself from* the creditors. やっと借金取りの手から逃(ⁿᵒᵍᵃ)れた. 〖OE *blēdsian, blētsian* to consecrate (with the blood of sacrifice) < Gmc **blōðisōjan* ← **blōđam* 'BLOOD'〗

bless·ed /blésɪ̈d/ *adj.* **1** [しばしば B-] 清められた, 神聖な, 聖なる (holy): the ～ angels 聖なる天使たち / the ～ (ones) 天上の諸聖人 / the ～ land 天国 / my father of ～ memory 今は亡(ⁿᵃ)き我が父. **2** 祝福を受けた, 恵まれた, 幸福な, 幸運な (blissful, fortunate): ～ ignorance 幸福(ᵏᵒᵘᶠᵘᵏᵘ)なる無知,「知らぬが仏」/ What I wouldn't give for some ～ peace and quiet! 幸福な平和と平穏を得られたら何をあげてもいいくらいだ / the land of the ～ 楽土, 天国 / the Islands of the Blessed ⇨ island 成句 / *Blessed* are the poor in spirit. ⇨ poor 1 b / It is more ～ to give than to receive. 与うるは受くるよりも幸福(ˢᵃⁱʷᵃⁱ)なり (*Acts* 20:35). **3** ありがたい, 楽しい, 喜ばしい (joyful): ⇨ blessed event / those ～ days 楽しかりしあの頃. **4** [しばしば単なる強意語として] ((反語)) のろわれた, 罰当たりの, 忌むべき, いまいましい ((damned, cursed などの婉曲語)): every ～ cent 一文残らず, 持ち[有り]金全部 / the whole ～ lot 全部そっくり / Not a ～ soul turned up. ただの一人も来なかった / You haven't done a ～ thing to help—not one ～ thing. ちっとも助けてくれなかったな—ほんのちょっとも / What a ～ nuisance! なんてうるせえんだ, 本当に厄介な奴だ(など). **5** [B-] 〖カトリック〗(尊称として)福者 … (cf. beatify 2): (The) *Blessed* Pius X 福者ピオ十世. **6** 〈植物が〉治癒力のある.
― *n.* [the ～; 複数扱い] 福者 ((列福 (beatification) された者; また一般に天国の祝福にあずかっている者を指すこともある)).
～·ly *adv.* 〖lateOE *(ġe)blētsod, (ġe)blēdsed* (p.p.) ← *blētsian* (↑)〗

blessed evént *n.* ((戯言)) おめでた, 出産; 新生児.

bléss·ed·ness *n.* 神のみ恵みの深いこと (⇨ happiness SYN); 幸福の身, 幸運, 多幸, よろこび (felicity): single ～ ((戯言)) (気楽な)独身生活 (Shak., *Mids N D* 1. 1. 78) / enjoy perpetual ～ 永遠の幸福を受ける. 〖((a1325)): ⇨ -ness〗

Bléssed Sácrament *n.* [the ～] **1** (主にカトリックの)聖餐式. **2** 聖体 (⇨ sacrament 2 b).

bléssed Sáints *n. pl.* [the ～] 天上の諸聖人; 極楽往生を遂げた人々, 死者たち.

blessed thístle *n.* 〖植物〗 **1** サントリソウ (*Cnicus benedictus*) ((地中海地方から小アジア原産のアザミに似たキク科一年草; 中世には重要な薬用植物とされた)). **2** オオアザミ (milk thistle). 〖1578〗

Bléssed Trínity *n.* [the ～] 〖聖〗三位一体 (⇨ Trinity 1).

Bléssed Vírgin Máry *n.* [the ～] 処女[童貞]聖マリア, 聖母マリア (Virgin Mary) ((略 BVM)).

blessed wórd *n.* (長いつづりで何となく)ありがたい[神秘的な]言葉 (cf. Mesopotamia 3); (スローガンなどの曖昧で)仰々しい[大げさな]言葉. 〖1910〗

bless·ing /blésɪŋ/ *n.* **1 a** 祝福 (benediction) (cf. curse); (牧師が唱える)祝禱, 祝福の言葉: give the ～ 〈牧師が〉祝福をする. **b** (食前・食後の)感謝の祈り: ask a ～ 食前[食後]の祈りをする. **2** (神・自然から)授かる幸福, 恩恵, 天恵, たまもの; 幸せ, ありがたいこと[もの]: an unappropriated ～ ((戯言)) 未婚の女 / by [with] the ～ of God 神のみ恵みにより / invoke a ～ upon a person 人に恵みを授けたまえと祈る / appreciate the ～*s* of civilization 文明の恩恵に感謝する / What a ～! 何とありがたいことか / It is a ～ that you were not there. 君があそこにいなかったのは天祐だ. **3** 認可, 承認, 賛成 (approval): the president's ～. **4** ((米中部)) 叱責(ˢʰⁱˢᵉᵏⁱ), 小言 (rebuke): give [get] a real ～ (out) うんとしかる[しかられる]. **5** ((古・反語)) ののしり (curse).
a bléssing in disguise ⇨ in DISGUISE. ((1746)) ***cóunt one's bléssings*** (不平を言うより)自分が恵まれていることを思い起こす. ***give one's bléssing to*** …を承認する. ***with*** [***withòut***] ***a person's bléssing***=***with*** [***withòut***] ***the bléssing of a person*** 人の承認を得て[得ないで].
〖OE *blēdsung, blētsung*: ⇨ bless, -ing¹〗

blest /blést/ *v.* bless の過去形・過去分詞. ― *adj.* ((詩)) =blessed.

blet /blét/ *n.* 熟れすぎた果実の腐敗.

bleth·er /bléðə | -ðə⁽ʳ⁾/ *v., n.* ((英)) =blather.

bleth·er·skate /bléðəskèɪt | -ðə-/ *n.* =blatherskite.

BLEU 〖航空〗blind landing experiment unit.

bléu chèese /blúː-; *F.* blø-/ *n.* =blue cheese.

blew /blúː/ *v.* blow¹, blow³ の過去形. 〖OE *blēow*〗

blew·it, blew·itt /blúːɪ̈t | -ɪt/ *n.* =blewits.

blew·its /blúːɪ̈ts | -ɪts/ *n.* 〖植物〗食用にするハラタケの一種 (*Tricholoma personatum*). 〖((1830)) ((変形)) ← ? BLUE〗

blg. ((略)) building.

Bli·da /blíːdə; *F.* blida/ *n.* ブリダ ((アフリカ北部 Algeria 北部の都市)).

Bligh /bláɪ/, **William** *n.* ブライ ((1754–1817; 英国の海軍士官; 反乱事件 (1789) で有名な Bounty 号の艦長)).

blight /bláɪt/ *n.* **1 a** 〖植物病理〗胴枯れ病, 虫害 ((菌や虫により植物の葉などが急激に冒される致命的な種々の病気の総称; cf. mildew 1, black rust)). **b** 胴枯れ病[虫害]を起こす菌; (特に)害虫. **2** (士気・希望などを)くじくもの, (希望などに投げる)暗い影: His death was the ～ *upon* our work. 彼が死んだので我々の仕事はすっかりだめになった / The misfortune cast a ～ *over* [came like a ～ *to*] the family. その不幸は一家に暗い影を投じた. **3 a** 破壊[阻害]するもの, 損なうもの: Slums are a ～ *on* a city. スラム街は都市の美観を損なう / This marriage was a ～ in her happiness. この結婚で彼女の幸福も台なしになった. **b** 損なわれた状態, (都市などの老朽化して)汚くて見苦しくなった状態. **4** 《英》〘昆虫〙アブラムシ (aphid); (特に) ＝woolly apple aphid. **— *vt.*** **1** 〈植物を〉害する, 枯らす (wither). **2** 〈希望・前途・楽しみなどを〉妨げる, くじく, 損なう (ruin). **— *vi.*** 枯れる, しおれる. 〖《1611》← ? *blēht* ← OE *blǣcþu*: cf. bleach〗

blíght·ed /-tɪ̆d | -tɪ̆d/ *adj.* **1** 病害を受けた, 胴枯れした: a ～ tree. **2** 損なわれた, くじかれた, 傷つけられた: a ～ prospect 暗い前途. **3** 汚くて見苦しくなった: a ～ area (都市の)老朽地域. **4** 《俗》＝blasted 3 a. 〖《1644》: ⇨ -ed〗

blíght·er /-tə | -tə(r)/ *n.* **1** 害を与える人[もの]. **2** 《英俗》**a** 下等な男, ひどいやつ. **b** [修飾語を伴って] 男, やつ (fellow): a poor ～ 哀れなやつ / You lucky ～! この幸せ者め. 〖《1822》← BLIGHT＋-ER[1]〗

blíght·ing /-tɪŋ | -tɪŋ/ *adj.* **1** 胴枯れ病を起こす. **2** 士気[希望]をくじくような. **～·ly** *adv.* 〖《1796》← BLIGHT＋-ING[2]〗

bligh·ty[1] /bláɪti | -ti/ 《英軍俗》 *n.* **1** [しばしば B-] 母国, 英本国 (England) 《もと外地勤務の兵士が用いた》: go back to ～. **2** 兵士を帰国させる負傷[休暇]: get one's ～ (負傷して)本国に送還される. **— *adj.*** [限定的] 本国帰還の[を必要とする]: accept ～ leave 帰国休暇の許可を受ける / a ～ one 本国送還を必要とする程度の負傷. 〖《1915》▭ Hindi *bilāyatī, wilāyatī* foreign, (esp.) European ▭ Arab. *wilāyat* province〗

bligh·ty[2] /bláɪti | -ti/ *n.* 〘鳥類〙メジロ (silvereye).

bli·mey /bláɪmi/ *int.* 《英俗》しまった, 畜生, ひゃー, とんでもない《主にロンドン子が用いる軽いののしりの表現》. 〖《1889》(略) ← *Gorblimy* // (変形) ← *blind* [*blame*] *me!*〗

blimp /blímp/ *n.* **1** **a** 軟式小型飛行船. **b** 《口語》飛行船 (dirigible). **2** 《米俗》太っちょ. **3** [B-] 《英口語》＝Colonel Blimp. **4** 《口語》〘映画〙《カメラの音がマイクにはいるのを防ぐための》防音カバー. 〖《1916》← ?〗

blimp·ish /blímpɪʃ/ *adj.* [しばしば B-] 《口語》Colonel Blimp のような; 太って頑固な, 反進歩主義の, 手ごわそうな, 手ごわい. **～·ly** *adv.* **～·ness** *n.* **blím·per·y** /blímpəri/ *n.* 〖《1938》: ⇨ ↑, -ish[1]〗

bli·my /bláɪmi/ *int.* ＝blimey.

blin /blín; *Russ.* blʲín/ *n.* **1** (*pl.* **blin·i, blin·y** /blíni, blíːni; *Russ.* blʲiní/, **blin·is** /～z/, ～s) ＝blintze. **2** 《スコット》＝blind. 〖《1889》▭ Russ. ～ 'pancake'〗

blind /bláɪnd/ *adj.* (～**·er**, ～**·est**; **more** ～, **most** ～) **1** **a** 盲目の, 目の不自由な: a ～ man [woman] / (as) ～ as a bat [beetle, mole, stone] 全然目が見えない / ～ *in* one eye [《文語》*of an eye*] 片方の目が不自由で / go [become] ～ 失明する / (There's) none so ～ as those who will not see. 《諺》見ようとしない者ほど盲目なものはない, 「心ここにあらざれば見れども見えず」. **b** [the ～; 名詞的に; 複数扱い] 目の不自由な人たち: In the kingdom of *the* ～, the one-eyed man is king. 《諺》盲人の国では片目は王様, 「鳥なき里のこうもり」/ *the* ～ leading *the* ～ 盲人の手引きをする盲人 《共にどぶに落ちるので危険至極; cf. *Matt.* 15:14》. **c** (一時的に)目が見えない: eyes ～ *with* tears 涙で曇って見えない目. **2** 盲人の(ための), 盲人用の: ～ education 盲人教育 / a ～ home ＝a home for the ～ 盲人ホーム. **3** 〈欠点・美点・利害などを〉見る目がない, 気がつかない 〔*to*〕: be ～ *to* one's own interests [the beauties of nature] 自己の利害[自然の美]に対して盲目である / be ～ *to* a person's faults 人の欠点がわからない / be ～ *to* all arguments いくら理屈を述べてもわからない. **4** **a** (理性によらず)盲目的な, やみくもの, 見境のない: a ～ guess 当てずっぽう / ～ chance 全くの偶然 / ～ forces 盲目的に働く力 / ～ obedience 盲従 / *with* ～ fury 猛烈に怒って / in one's ～ hurry やたらに急いだため, あわてた拍子に / be ～ *with* anger [love] 怒って前後の見境もつかない[恋に目がくらんでいる] / Love is ～. 《諺》恋は盲目. **b** 〈行為など〉(予備知識もなく)無計画な, 行き当たりばったりの: a ～ trip / a ～ purchase 衝動買い. **c** 〘トランプ〙手の内を見ないでなされた: a ～ lead 当てずっぽうに行う打出し. **5** **a** 意識のない: a ～ stupor 全くの人事不省. **b** 《俗》泥酔した, 前後不覚の (⇨ drunk SYN): ～ to the world 酔っ払って前後不覚になって. 《(略) ← *blind drunk*》 **6** **a** わかりにくい, 理解できない: a ～ passage in a book 書中の難解な箇所. **b** 〈字が〉判読しにくい; (特に) 〈郵便物が〉宛名がわからない: ～ writing 判読しにくい書き物 / ⇨ blind letter. **7** **a** 〈道路・交差点など〉(ドライバーなどに)見通しがきかない, 盲点となる: a ～ corner, turning, etc. **b** 〈物が〉隠れた, 表面に見えないように造られた: ⇨ blind ditch, blind stitch. **8** **a** 〈塀など〉出口のない, 窓のない (blank): a ～ door (開閉できない)形だけの戸 / a ～ arcade＝arcature 2 / a ～ window [arch, wall] ＝a blank window [arch, wall] ⇨ blank 3 a. **b** 〈垣根など〉向こうが見えない, 密生した: a ～ hedge ぎっしりつまった生垣(いけ). **9** **a** 〈通りなど〉一方がふさがっている, 行き止まりの: ⇨ blind alley. **b** 〈リベット・締め[留め]具が〉奥で広がって抜けないように造られた, はめ込むと抜くことができない: a ～ fastener ブラインドファスナー. **10** [not a ～ (bit of) …で] 《口語》…など一つも(ない) (a single): be *not a* ～ *bit of* use 全然役に立たない / There's *not a* ～ thing you can do. 君のできることなど一つもありゃしない / It doesn't make *a* ～ *bit of* difference. 全然問題にならない. **11** **a** 光彩のない; 磨いてない. **b** 《古》暗い (dark). **c** 《廃》明かりのついていない; 明かりを隠した: a ～ candle. **12** 〘園芸〙花・果実がつかない: a ～ bud 花が咲かない芽, 盲芽 / a ～ bulb (花が咲かず)葉だけ出る球根. **13** 〘航空〙無視界の, 計器のみによる: ⇨ blind flight [flying], blind landing. **14** 〘製本〙〈タイトル・デザインなど〉(本の背や表紙に)空(から)押しされた, 空押しの. ★ 通例, 複合語の形で用いる: *blind*-tooled. **15** 〘料理〙〈パイ皮が〉詰め物なしで焼かれた.

(as) blind as a bát* [*béetle, móle, stóne*]** (1) ⇨ *adj.* 1 a. (2) 先が見えない; 物事がわからない, 判断力がない. 《1588》 ***gò blínd (1) ⇨ *adj.* 1 a. (2) 〘トランプ〙(ポーカーで)不見転(みずてん)でいく《札を配る前に賭けの金を出す; cf. *n.* 7》. ***túrn a blind éye*** 見て見ぬふりをする 〔*to*〕.

— *adv.* **1** 盲目的に. **2** **a** ひどく; 向こう見ずに. **b** 《口語》意識を失うほど: be [get] ～ drunk ぐでんぐでんに酔っている (cf. *n.* 4). **3** 予備知識なしに, 無計画に: buy a thing ～ 衝動買いをする. **4** 〘航空〙無視界で, 計器のみによって (cf. contact *adv.*): fly ～ 計器飛行[無視界飛行]をする.

báke blind 豆やパン皮などを入れて形がくずれないようにパイの外皮を焼く. ***gó it blínd***＝***gò blínd on it*** やみくもにやる, あと先の考えもなくやる.

— *vt.* **1** 盲目にする, …の視力を奪う; 一時的に…の目を見えなくする (make blind, dazzle): The sunlight ～*ed* him [his eyes]. 日の光に目がくらんだ. **2** **a** 暗くする (darken); …の光輝を奪う (outshine): trees ～*ing* a room 部屋を暗くする木立. **b** (おおい)隠す (conceal): The cloud ～*ed* the moon *from* my view. 雲が出て月が見えなくなった. **3** **a** …の目をくらませる, 分別[判断]を失わせる, 盲目的にする; 惑わす: Love ～*ed* her. 恋のため彼女は分別を失った / His prejudice ～*ed* him *to* the facts. 偏見にとらわれて彼はその事実を見落とした. **b** [～ *oneself* で] 〔…に〕目をつぶる, 〔…を〕見て見ないふりをする 〔*to*〕. **4** 称賛・畏怖の念で満たす; 圧倒する. **5** (隙間をふさぐために) 〈新しい舗装道路の〉表面に砂や砂利をまく: ～ a road. **6** 《卑》のろう: (God) ～ me! 畜生, しまった, ひゃー (cf. blimey). **7** 〘製本〙〈本の表紙などに〉空押しする, 〈タイトル・デザインなどを〉空押しする 〈*in*〉. **— *vi.*** **1** 《英俗》(自動車を)向こう見ずに飛ばす. **2** 悪態をつく. ★ 次の句で EFF *and blind*.

— *n.* **1** **a** 覆い隠す物. **b** ブラインド, 日覆い, すだれ, 目覆い板, よろい戸 (《米》(window) shade): ⇨ Venetian blinds / draw [pull down] the ～(*s*) 窓のブラインドを閉める[下ろす]. **c** 馬の目隠し皮 (blinker). **d** 《英》(店の窓などの外につける)日除け (awning). **2** 《米・カナダ》(狩猟のための)隠れ場所 (《英》hide). **3** **a** 人の目をくらますもの; ごまかし, 策略, 口実 (pretext, front): It is only a ～ *for* drug traffic. それはただ麻薬密売の隠れみのに過ぎない. **b** おとり, 身代わり (decoy). **4** 《口語》(ぐでんぐでんに酔っ払う)酒宴 (blinder): go on a ～ 飲み騒ぐ. (← (adj.) 5 b) **5** 〘軍事〙**a** ＝blindage. **b** 不発弾. **6** 《米》〘鉄道〙＝blind baggage car. **7** 〘トランプ〙**a** (ポーカーで)不見転(みずてん)で出す賭けの金 (cf. ante 1, *go* BLIND ⇨ *adj.* 成句); それを出す人. **b** ＝widow 3. **8** 〘製本〙(筋車 (fillet) などを使った手動による)空押し (blind blocking [tooling]). **9** 〘自動車〙ブラインド 《過冷を防ぐためにラジエーターの前につける覆い》.

〖adj.: OE ～ < Gmc **blendaz* (G *blind*) (原義) dazzling ← IE **bhlendh-* ← **bhel-* to shine (cf. blend). — v.: (?a1200) *blinde(n)* ← *blind* (adj.) ∞ *blende(n)* < OE *blendan* < Gmc **blandjan* (G *blenden*)〗

blind advertísement *n.* 《米》(広告主の名を出さない)匿名広告 (blind ad ともいう). 〖1842〗

blind·age /bláɪndɪdʒ/ *n.* 〘軍事〙**1** (前進陣地などの塹壕(ざんごう)内での)防弾壁; 盲障, 遮楯(しゃじゅん). **2** (しばしば寝台やその他の設備のある大きな深い)地下壕, 掩蔽(えんぺい)部. 〖《1812》▭ F ～ ← *blinder* to screen ▭ G *blenden* to blind: ⇨ -age〗

blínd álley *n.* **1** 袋小路, 行き止まり. **2** 《口語》行き詰まり, 見込みのない局面[職業など]. 〖1583〗

blínd área *n.* 〘建築〙＝dry area.

blínd bággage *n.* 《米》〘鉄道〙＝blind baggage car.

blínd bággage càr *n.* 《米》〘鉄道〙(機関車のすぐ後に連結する)手荷物車《前方に抜ける通路[ドア]がない》.

blínd blócking *n.* 〘製本〙＝blind 8.

blínd bómbing *n.* 〘軍事〙(目に見えない目標に対する)盲(目)爆撃, 無差別爆撃. 〖1940〗

blínd cárbon *n.* ブラインドコピー《第三者に発送された旨の表示がない手紙の写し; blind carbon copy ともいう; cf. bcc》.

blínd cóal *n.* 無煙炭 (anthracite).

blínd dáte *n.* 《口語》**1** ブラインドデート《第三者の紹介による面識のない男女のデート; cf. date[1] 3 a》: meet a person on a ～. **2** ブラインドデートをする人(の一方). 〖1925〗

blínd dítch *n.* 隠し水路《石をゆる詰めにした水路》.

blínd dòor *n.* **1** ドアの型に造った壁の凹み. **2** 鎧戸(よろいど).

blínd éel *n.* 〘動物〙＝amphiuma.

blínd·er *n.* **1** **a** 目をくらます人[もの]. **b** 《英口語》(目をくらませるような)見事な[困難な]こと; (特に, ラグビー・クリケットの)超美技. **2** [通例 *pl.*] 《米・英北部》〘馬具〙＝blinker 2 a. **3** [*pl.*] 視覚[識別]を妨げるもの, 判断の邪魔になるもの. **4** 《英俗》(ぐでんぐでんに酔っ払う)酒宴. ★ 主に次の句で: go [be] on a ～ 飲み騒ぐ. 〖《1587》← BLIND＋-ER[1]〗

blínd·fish *n.* 〘魚類〙**1** 北米・南米・アフリカなどの洞窟中にすむ眼が著しく退化した魚類の総称 《特に米国 Kentucky 州の Mammoth Cave の水中にすむアンブリオプシス科の魚 (*Amblyopsis spelaea*) は有名》. **2** 眼が退化した深海魚の総称. 〖1843〗

blínd flíght [**flýing**] *n.* 〘航空〙＝instrument flight.

blínd flóor *n.* 下張り床 (subfloor).

blind·fold /bláɪn(d)fòuld | -fəuld/ *vt.* **1** …に目隠しする, 〈目を〉覆い隠す. **2** …の目をくらます; 迷わせる, 欺く. **— *n.*** **1** 目隠し布. **2** 目をくらませるもの, 人を欺く手段. **— *adj.*** **1** 目隠しされた; 目隠しでする: ～ chess 目隠しチェス《対局者が盤面を見ずに対戦する》. **2** 目をくらまされた; やみくもな, 向こう見ずの (rash): a ～ fury むかっ腹. **— *adv.*** **1** 目隠しされて[して]: know one's way ～ 目隠ししたままでも道がわかる(くらいよく知っている) / can do it ～ 《口語》(慣れているから目隠しされていても)楽にそれができる. **2** やみくもに, 向こう見ずに (recklessly): act ～ やみくもに行動する. 〖《1526》(変形) ← (?a1200) *blindfelle(n)* to strike blind < OE *ġeblindfellian* (⇨ blind, fell[2]): *blindfelled* (p.p.) が FOLD[1] と混合されたもの〗

blind·fòld·ed *adj., adv.* **1** 目隠しした[て]. **2** 目をくらまされた[て], 迷わされた[て]. **～·ly** *adv.* **～·ness** *n.* 〖《1579》: ⇨ ↑, -ed〗

Blínd Fréddie [**Fréddy**] *n.* 《豪口語》この上もない無能者《想像上の人物》. ★ 主に次の句で: ***Blínd Fréddie could sèe thát!*** あの馬鹿者でもそのくらいわかるだろうよ.

blínd gód *n.* 盲目の神 《Eros または Cupid のこと》.

blínd gút *n.* 盲腸 (cecum). 〖15C〗

blínd héader *n.* 〘石工〙**1** (内壁に小口(こぐち)だけ見せたれんが積み. **2** 半ますれんが 《小口だけを見せる長さが半分のれんが》.

blínd hóokey *n.* 〘トランプ〙底札めくり 《banker and broker の一種》. 〖1862〗

blínd·ing *adj.* **1** 目をくらます(ような); 判断力を失わせる(ほどの): a ～ snowstorm 目も開けていられないほどの猛吹雪 / ～ tears 目を曇らせる涙 / ～ passions 分別を失わせるような激情. **2** 《俗》いまいましい (blasted). **— *n.*** **1** (隙間をふさぐために)新しい舗装道路の表面に砂や砂利をまくこと; その砂や砂利. **2** 〘土木〙沈床 (mattress). **～·ly** *adv.* 〖《a1349》← BLIND＋-ING[1,2]〗

blínd lánding *n.* 〘航空〙盲目着陸 (⇨ instrument landing). 〖1930〗

blínd létter *n.* 宛名不明の手紙 《宛名が不正確・不完全かまたは判読できない手紙》.

blínd·ly *adv.* **1** 盲目的に, 手探りで; わけもわからずに, 向こう見ずに, むやみに. **2** 行き止まりで, 袋小路になって. 〖*blindliċe*: ⇨ -LY[1]〗

blínd·man /-mən/ *n.* (*pl.* **-men** /-mən, -mèn/) **1** 盲人. **2** 《英》＝blind-reader. 〖?lateOE *blīndmon*〗

blínd·man's búff [**blúff**] /bláɪn(d)mænz-/ *n.* (目隠しした子がほかの子を捕まえて名を当てる)目隠し遊び, 鬼ごっこ. 〖《1590》← *buff* (略) ← BUFFET[2]〗

blíndmàn's hóliday *n.* 《古》夕暮, たそがれ時. 〖1599〗

blínd·ness /bláɪn(d)nɪ̆s/ *n.* **1** 盲目, 失明, 視覚消失(症): ⇨ color blindness, night blindness. **2** 無知; やみくも, 向こう見ず, 無鉄砲, 無分別. 〖*blindnes(s)*〗

blínd píg *n.* 《米口語》＝blind tiger. 〖1887〗

blínd póol *n.* 〘経営〙委任企業連合《数社で企業連合を組織し, その運営を特定の人に無条件で委ね, 他は単にその利益配分を受けるだけのもの》.

blínd-rèader *n.* 《英》(郵便局の)宛名判読係. 〖《1883》: ⇨ blind letter〗

blínd sálamander *n.* 〘動物〙メクラサンショウウオ 《北米の洞窟や深い井戸にすむ盲目のアメリカサンショウウオ科のサンショウウオ類》.

blínd séed *n.* 〘植物病理〙種子退化病 《牧草のライグラスに菌核病菌科の *Phialea temulenta* が寄生して起こす病気; 種子が軟化萎縮して消失する》.

blínd shéll *n.* **1** 不発弾. **2** 〘貝類〙ミジンギリギリツツガイ科の貝類の総称. 〖1864〗

blínd shútter *n.* 〘写真〙膜式シャッター 《スプリング仕掛けで, 開口部を有する黒膜がレンズの前をすみやかに通過するもの; cf. focal-plane shutter》.

blínd síde *n.* **1** **a** (片目の人の)見えない片方の目. **b** 見えない側, 無防備の側, 弱点. **2** 〘ラグビー〙ブラインドサイド 《スクラムの位置から見てタッチラインまでの競技場の余地の狭い方》. 〖1606〗

blínd·sìght *n.* 盲視 《光源や他の視覚的刺激に正確に反応する盲人の能力》.

blínd snáke *n.* 〘動物〙**1** メクラヘビ 《熱帯地方に生息するメクラヘビ科のヘビ; worm snake ともいう》. **2** ホソメクラヘビ (slender blind snake).

blínd spót *n.* **1** 〘解剖〙(目の網膜の)盲点 (⇨ eye 挿絵). **2** 盲点, 見落としている点; 盲点となる方向; よく理解の及ばない領域. **3** 〘通信〙盲点, (テレビ・ラジオの)難視聴地域 《受信状態の悪い地域; cf. dead spot 1》. **4** 〘劇場〙見え[聞こえ]にくい箇所. 〖1864〗

blínd stággers *n. pl.* [単数または複数扱い] **1** 〘獣医〙＝stagger 4 a. **2** **a** よろめきを伴うめまい. **b** 泥酔. 〖1784〗

blínd-stàmp *vt.* 〘製本〙空押しする.

blínd-stàmped *adj.* 〘製本〙空押しをした. 〖1931〗

blínd stàmping *n.* 〘製本〙空押し 《本の表紙の刻印に色を使わない方法》. 〖1910〗

blínd·stìtch *vt.* …に奥まつりをする.

blínd stítch *n.* 奥まつり 《表も裏も糸目が見えないまつり方》. 〖*a*1884〗

blínd·stòry *n.* 窓なしの階; 教会堂の明かり取り窓の層 (clerestory) の下の窓のない階層 (cf. triforium). 〖《*c*1520》: ⇨ story[2]〗

blínd tíger *n.* 《米口語》酒類密売所, もぐり酒場 (blind pig). 〖1857〗

blínd-tòol *vt.* 〘製本〙(筋車 (fillet) などを使って, 手で)空押しする (cf. blind-stamp).

blínd tòoling *n.* 〘製本〙空押し (blind). 〖1818〗

B

blind trúst *n.* (公職にある個人の株式・不動産などの)白紙委任《職権私用の批判を避けるため》. 〚1969〛

blínd·wòrm *n.* 〘動物〙 **1** アシナシトカゲ (*Anguis fragilis*)《ヨーロッパ産; slowworm ともいう》. **2** ヌメアシナシイモリ (*Icthyophis glutinosus*)《マライ諸島産の無足両生類; 雌は卵を体に巻いて保護する》. 〚(?c1475): その目が小さいことから〛

blini, blinis *n.* blin の複数形.

blink /blíŋk/ *vi.* **1** まばたきする, 目をしばたたく, 目をぱちくりさせる (⇨ wink SYN): The sudden light made him ~. 急に光を当てられて彼は目をぱちくりさせた. **2 a** 〔…を〕まばたきして見る, まぶしそうに見る〔*at*〕: ~ *at* a burning fire 赤々と燃える火を目を細くして見る. **b** 〔…を〕驚きの目で見る, 〔…に〕びっくり仰天する〔*at*〕: ~ *at* the unexpected turn of events 思いがけない事の成り行きに驚く. **3** 〔…を〕見て見ぬふりをする, 見のがす, 黙認する〔*at*〕: ~ *at* another's fault 人の過ちを大目に見る. ★ この意味では wink (at) のほうが普通. **4** 〈灯火・星などが〉ぴかぴか光る, 明滅する; ぼんやり光る: lights ~*ing* on and off 点滅する光. **5** 《廃》ちらと見る (glance).
— *vt.* **1 a** 〈目を〉しばたたく, まばたきさせる, まぶしがらせる: ~ one's sleepy eyes 眠い目をしばたたく / do not ~ an eye *at* …に対してまゆ一つ動かさない《一向に驚かない》/ The sun ~*ed* her eyes. 陽の光で彼女はまぶしがった.
b (まばたきして)〈涙・異物・眠気などを〉取り除く: ~ *away* [*back*] one's tears まばたきして涙を隠す. **2** [しばしば否定文に用いて]〈事実を〉(あえて)直視しない, 無視する (ignore): We can*not* ~ [There is *no* ~*ing*] the fact that …という事実に目をつぶるわけにはいかない. **3** 〈光を〉明滅させる. **4** 《スコット・アイル》…に魔法をかける.
befòre one *could blínk* またたく間に.
— *n.* **1** またたき, まばたき; 一瞬時: in a [the] ~ of an eye 瞬時に. **2** (光などの)またたき, きらめき, ちらつき (gleam): a ~ of light きらめく光. **3** 《スコット》ちらと見ること, 一目 (glance). **4** 〘気象〙 **a** 雪原[氷原]に太陽光線が反射して地平線付近の空が白みがかって見えること (cf. iceblink). **b** 海が氷結していないため反射光線がなく地平線付近の空が黒く見えること (cf. water sky).
on the blínk 《口語》〈機械・胃の具合など〉調子が狂って; 〈店など〉左前で; 〈人が〉調子がよくない. 〚1901〛
〚(c1303) *blinke(n), blenken* 《変形》← ME *blenche(n)* 'BLENCH¹': cf. Du. & G *blinken* to shine, glance〛

blink·ard /blíŋkəd | -kəd/ *n.* 《古》 **1** 常に目をしばたたく人, 目を細くして見る人. **2** 物わかりの悪い人, 愚鈍な人. 〚(c1510) ⇨ ↑, -ard〛

blink·er /blíŋkə | -kə^(r)/ *n.* **1** まばたきする人; 《古》色目を使う女. **2** 《英》[通例 *pl.*] **a** 〘馬具〙ブリンカー, 目隠し革, 遮眼帯; (競走馬用の)遮眼革付頭巾 (blinker hood ともいう; ⇨ blinder): be [run] in ~*s* (目隠し革をかけた馬のように)周囲の形勢がわからずにいる[走る]. **b** ちりよけめがね (goggles). **c** =blinder 3. **3** 《俗》目. **4** 《米》 **a** (鉄道信号などの)点滅光; 点滅信号灯 (blinker light ともいう). **b** (自動車の)方向指示灯 (《英》winker) (⇨ car 挿絵). — *vt.* **1** …に目隠し革をかける. **2** …の視野を狭くする, …の目をくらます. 〚(1636) ← BLINK+-ER¹〛

blínk·ered *adj.* **1** 〈馬が〉目隠し革をかけた. **2** 〈人が〉(目隠し革をかけた馬のように)視野の狭い. 〚(1867): ⇨ ↑, -ed〛

blínk·ing *adj.* **1** またたきする, またたく; ちらちらする, 明滅する. **2** 見て見ぬふりをする, 黙認する. **3** 《英俗》いまいましい, 全くの: a ~ fool 大ばかもの / a ~ nuisance まったくもって厄介なこと. — *adv.* 《英俗》=bloody. **~·ly** *adv.* 〚(1568) ← BLINK+-ING²〛

blinks /blíŋks/ *n.* [単数扱い] 〘植物〙ヌマハコベ (*Montia fontana*)《スベリヒユ科の草; 小さい白い花をつける》. 〚(1835) ← BLINK: その花の姿の形容から〛

blin·tze /blíntsə/ *n.* (*also* **blintz** /blínts/) 〘菓子〙ブリンツ《チーズや果物などを巻き込んだ薄焼きパンケーキ》. 〚(1903) □ Yid. *blintse* □ Russ. *blinets* (dim.) ← *blin* pancake〛

bliny *n.* blin の複数形.

blip /blíp/ *n.* **1** 〘通信〙(レーダーなどのスクリーン上の)ブリップ《物体の位置を示す信号映像[輝点]》. **2** 短いぱりぱり[かりかり, ぱちん]という音; (テレビで不穏当な言葉などをビデオテープから消した結果生じる)音声の中断. **3 a** (値段・インフレなどの)急激な短期的上昇[下落]. **b** (一時的な)常軌逸脱. — *v.* (**blipped; blip·ping**) — *vt.* **1** ぽんとたたく, 打つ. **2** 〈不穏当な言葉などを〉ビデオテープから消す. — *vi.* ぱりぱり[かりかり, ぱちん]という. 〚(1894) 擬音語〛

bliss /blís/ *n.* **1** 天上の喜び, (聖人の受ける)天の幸い; 天上, 天国 (paradise). **2 a** 無上の喜び, この上ない楽しさ (⇨ pleasure SYN): Ignorance is ~. ⇨ ignorance 1. **b** 満足, 幸福 (⇨ happiness SYN): domestic ~ 家庭の幸福. **3** 《古》喜びを与えるもの, 幸福をもたらす原因.
blíss óut 《俗》(*vi.*) (幻覚誘発薬などにより)恍惚となる. (*vt.*) 恍惚とさせる.
〚OE *bliss, bliþs* < Gmc **bliþsjō* ← **bliþiz* 'BLITHE'〛

Bliss /blís/ *n.* ブリス: **1** 女性名. **2** 男性名. 〚↑〛

Bliss /blís/, Sir **Arthur** *n.* ブリス《1891–1975; 英国の作曲家》.

bliss·ful /blísfəl, -fl/ *adj.* **1** 天福[喜び]に満ちた, この上もなく幸せな[うれしい]: a ~ bride [couple]. **2** (現実に気づかないで)満足している: ~ ignorance 知らぬが仏.
~·ly /-fəli/ *adv.* **~·ness** *n.* 〚?lateOE *blisful*: ⇨ -ful¹〛

blíss·less *adj.* 天福を受けていない; 不幸せな. 〚(1580) ← BLISS+-LESS〛

blíss·òut *n.* 《米俗》恍惚, 陶酔, 高ぶり.

blis·ter /blístə | -tə^(r)/ *n.* **1** (皮膚の)水ぶくれ, 火ぶくれ, まめ, 水疱(すいほう): get ~*s* on one's hand 手にまめができる. **2 a** (ペンキ・ニスなどの塗装面の)あぶく. **b** あぶく, 泡, 気泡《グラスなどに生ずる》. **c** (アルコール水準器中の)動く泡. **3** 《俗》[軽蔑的] やつ, (特に)いやなやつ. **4** 《英俗》呼び出し, 召集状 (summons). **5** 〘写真〙かえるはだ《感光画膜上に時々現れる水ぶくれ》; (写真のネガなどにできる)あわ. **6** 〘医学〙発疱(はっぽう)剤 (blister plaster など). **7** 〘植物病理〙マツノコブ病菌 (*Cronartium quercuum*) により枝がこぶ状に膨れたり, 菌 (*Taphrina bullata*) によりナシの葉に不正形の腫物ができる等の病変. **8** 〘航空〙ブリスター《飛行機の胴体の外側へ張り出した部分; 通例砲座となる; cf. bulge 5》. **9** 《口語》〘海事〙=bulge 6 a. **10** 〘通信〙ブリスター, レードーム (radome). **11** 《NZ俗》非難 (rebuke). **12** 《豪俗》(裁判所への)呼び出し状.
— *vt.* **1 a** …に水[火]ぶくれを生じさせる. **b** 〈日光などが〉〈ペンキに〉あぶくをつくる. **2** (皮膚がはれるほど)激しく打つ. **3 a** (皮肉・毒舌などで)〈人を〉傷つける, …に毒づく, くさらせる. **b** 《俗》のろう: *Blister* 'im! 畜生め. — *vi.* **1** 水[火]ぶくれを生じる. **2** 水[火]ぶくれになる.
〚(a1325) □ ? OF *blestre* clod, boil ← ? On // □ MDu. *bluyster* swelling, blister ← IE **bhlei-* to blow, swell: cf. ON *blāstr* a swelling〛

blíster bèetle *n.* 〘昆虫〙ツチハンミョウ《ツチハンミョウ科の甲虫の総称; ヨーロッパミドリゲンセイ (Spanish fly) など; 乾燥させ粉末にして皮膚に発疱剤として用いる》. 〚1816〛

blíster còpper *n.* 〘冶金〙粗銅(鈹(かわ)(matte) を精錬したもの, 純度 98.5–99.5%; 銅の精錬の過程で得られる). 〚1861〛

blís·tered *adj.* **1** 火[水]ぶくれの; まめのできた. **2** 〈衣装など〉ふくらんだ. 〚1563〛

blíster flỳ *n.* 〘昆虫〙=blister beetle. 〚1585〛

blíster gàs *n.* 〘軍事〙発疱[糜爛(びらん)]性ガス《人体の組織を焼けただらせまた火ぶくれを生じさせる毒ガス》. 〚1936〛

blis·ter·ing /-tərɪŋ, -trɪŋ/ *adj.* **1** 水疱[火ぶくれ]を生じさせる(ような); 焼けつくような: a ~ sun 灼熱の太陽. **2 a** 〈批評など〉痛烈な, 辛辣な: a ~ tongue 毒舌. **b** 激烈な, 激しい: a ~ assault 猛攻撃. **c** 〈速度など〉猛烈に速い: at a ~ speed 猛烈なスピードで. **3** 〈問題が〉緊急を要する, 即刻解決しなければならない. **4** 《俗》いまいましい, ひどい (blamed). — *adv.* 猛烈に, ひどく. **~·ly** *adv.* 〚(1562) ← BLISTER+-ING²〛

blíster pàck *n.* =bubble pack. 〚1955〛

blíster plàster *n.* 〘医学〙発疱膏(はっぽうこう) (blister). 〚1796〛

blíster rùst *n.* 〘植物病理〙サビ病菌の一種のマツノコブ病菌 (*Cronartium quercuum*) によるマツのこぶ病. 〚1916〛

blíster stèel *n.* 〘冶金〙浸炭鋼, 炭滲(たんしん)鋼.

blis·ter·y /blístəri, -tri/ *adj.* 水疱のある, 火ぶくれだらけの. 〚(1743) ← BLISTER+-Y⁴〛

BLit 《略》*L.* Baccalaureus Litterarum (=Bachelor of Letters [Literature]).

blithe /bláɪð, bláɪθ | bláɪð/ *adj.* (**blith·er; -est**) **1** 《詩》愉快な, 楽しそうな, 快活な, 陽気な (gay): ~ Spirit (Shelley, *To a Skylark*). **2** 軽率な, 考えのない, 不注意な (heedless). **~·ly** *adv.* **~·ness** 〚OE *bliþe* happy, merry < Gmc **bliþiz* 《原義》mild, gentle ← ?: cf. bliss〛

Blithe /bláɪð, bláɪθ | bláɪð/ *n.* ブライス, ブライズ《女性名》. 〚⇨ Blythe〛

blith·er /blíðə | -ðə^(r)/ 《口語》*vi.* たわいもないことをべちゃくちゃしゃべる. — *n.* たわいもないこと, くだらないこと. 〚(1866) 《変形》← BLETHER, BLATHER〛

blíth·er·ing /-ð(ə)rɪŋ/ *adj.* 《口語》 **1** たわいもないことをしゃべる. **2** 愚かな; 見下げ果てた: a ~ idiot 底ぬけのどあほう. 〚(1889): ⇨ ↑, -ing²〛

blithe·some /bláɪðsəm, bláɪθ- | bláɪð-/ *adj.* 《文語》楽しそうな, 快活な, 陽気な (merry). **~·ly** *adv.* **~·ness** *n.* 〚(1724) ← BLITHE+-SOME〛

BLitt 《略》*L.* Baccalaureus Litterarum (=Bachelor of Letters [Literature]).

blitz /blíts/ *n.* **1** 〘軍事〙 **a** =blitzkrieg 1. **b** 電撃的襲撃, 急襲; 猛爆. **c** [しばしば the B-] 電撃的空襲《特に, 1940 年から 1941 年にかけてのドイツ空軍によるイギリスの都市攻撃をいう》. **2** 速くて激しい攻撃[攻勢, 全力投入]: an advertising ~ 電撃的な宣伝活動 / have a ~ on the kitchen 台所をさっさと片付ける. **3** 〘アメフト〙ブリッツ《クォーター[パッサー]にラッシュしてつぶすこと; red dog ともいう》. — *adj.* [限定的] 電撃的な: ~ tactics 電撃作戦 / a ~ sale (客を殺到させるような)廉価販売. — *vt.* **1** [通例 p.p. 形で] **a** 〈地区・都市などを〉(電撃的に)襲う, 急襲する; (電撃的に)空襲[猛爆]する: ~*ed* areas, cities, etc. **b** (抜き打ち的に)やっつける. **2** 〘アメフト〙 **a** ボールを投げる瞬間〈パッサーを〉タックルする. **b** 〈防御ラインの直後に控えている選手など〉に電撃攻撃をかける. — *vi.* 〘アメフト〙ボールを投げる瞬間パッサーをタックルする. **~·er** *n.* 〚(1939) 《略》← G BLITZKRIEG〛

blitz·krieg /blítskrìːg; G. blítskʁiːk/ *n.* **1** 〘軍事〙電撃戦; (特に)電撃的集中攻撃《空軍の大編隊と地上機械化部隊との緊密な協力により敵空軍基地・軍需工場・通信交通網・産業地帯などを電撃的に破壊する奇襲攻撃; 1939 年秋ナチの指揮するドイツ軍がポーランド軍に対して初めてこの作戦を用いた; cf. sitzkrieg》. **2** 電撃的襲撃[攻勢]. — *adj.* [限定的] 電撃的な. — *vt.* (電撃的に)急襲[猛攻]する. 〚(1939) □ G *Blitzkrieg* ← *Blitz* (↑) +*Krieg* war〛

Blix·en /blíksən, -sn/, Baroness **Karen** *n.* ブリクセン《Isak Dinesen の本名》.

bliz·zard /blízəd | -zəd/ *n.* **1** ブリザード, 大吹雪, 暴風雪. **2 a** 大吹雪に似た現象. **b** (物事の)突発; 殺到: the ~ of mail on New Year's Day 元旦に手紙が殺到すること. **3** 《古》一斉射撃. **blíz·zard·y** /-di | -di/ *adj.* 〚(1829) ← ? 《方言》*bliz* violent blow (cf. G *Blitz* lightning)+-ARD〛

blk 《略》black; blank; block; bulk.

BLL 《略》*L.* Baccalaureus Legum (=Bachelor of Laws).

BL La·cér·tae òbject /bíːèlləsə́ːtiː- | -sə́ːtiː-/ *n.* 〘天文〙とかげ座 BL 型天体《電波や光が時間変動を示すクエーサーに似たコンパクトな天体で, スペクトルに明瞭な輝線・吸収線を示さないもの》. 〚(1970): 最初にこの種の天体がとかげ座 (Lacerta) に発見された (1929) ため〛

BLM 《略》Bureau of Land Management.

bloak /blóuk | bláuk/ *n.* =bloke.

bloat¹ /blóut | bláut/ *adj.* =bloated 1. — *vt.* **1** 〈食物が〉〈人(の腸)〉にガスを起こさせる. **2** 膨れ上がらせる (inflate). **3** 〈人を〉うぬぼれさせる: ~ *up* a person *with* praise 人をほめて慢心させる. — *vi.* 膨れ上がる; 慢心する. — *n.* **1** ふくれ. **2** 膨れる[膨れ上がった]人[もの]. **3** 《米俗》うぬぼれた人, 傲慢な人; 卑劣なやつ. **4** 《俗》飲んだくれ, 大酒飲み (drunkard). **5** 〘獣医〙鼓脹症《青草などを食い過ぎて第一胃にガスがたまる消化不良の一種で牛や羊に多発する》. 〚(c1300)) (1638–48) *blot* puffy □ ON *blautr* soaked, soft ← ? IE **bhleu-* to swell〛

bloat² /blóut | bláut/ *vt.* 〈ニシンなどを〉(軽く塩をして)燻製にする: ~*ed* herring. 〚(1611) ← *blaot* 《廃》soft with moisture〛

bloat·ed /blóuṭɪd | bláutɪd/ *adj.* **1** 太り過ぎた, むくんだ: a ~ body, face, etc. / a dog ~ *with* overeating 食い過ぎて太りすぎた犬. **2** 膨れ上がった, 大き過ぎて効率の悪い: a ~ budget. **3** (うぬぼれ・富などで)慢心した, 威張った (puffed-up): a ~ profiteer 高慢ちきな不当利得者 / be ~ *with* pride 慢心しきっている. 〚(1664) ← BLOAT¹+-ED〛

blóat·er¹ /-ṭə | -tə^(r)/ *n.* ブローター《丸ごと軽く塩をして燻製にしたにしん[さば]; cf. kipper¹ 2》. 〚(1832) ← BLOAT² (v.)+-ER¹〛

bloa·ter² /blóuṭə | bláutə^(r)/ *n.* 〘魚類〙北米五大湖に産するサケ科の魚 (*Coregonus hoyi*) (cf. cisco). 〚(1896) ← BLOAT¹ (v.)+-ER¹〛

blob /blɑ́(ː)b | blɔ́b/ *n.* **1 a** (どろどろした液の小さな)粒, しずく: a ~ of jelly. **b** (色のついた)しみ, 小斑点. **c** ぼんやりした(特に大きな)形のもの. **2** (吹奏楽器の)調子はずれの[間違った]音. **3** 《英口語》〘クリケット〙 **a** (打者の)零点 (zero). **b** へま, しくじり. — *vt.* しみをつける (blot).
blóbbed *adj.* **blob·by** /blɑ́(ː)bi | blɔ́bi/ *adj.* 〚(1429) 《擬音語》?: cf. bleb〛

bloc /blɑ́(ː)k | blɔ́k/ *n.* **1** (政治・経済上の特殊利益助長の目的で提携した国家・団体などの)団, 圏, ブロック: the farmers' ~ 農民ブロック / the dollar ~ ドルブロック. **2** 《米》(党派の)議員連合《ある特別な利益のために所属の政党を超越して提携し投票する議員連》: the Farm ~ in Congress 議会の農業地区選出議員連合, 「米(こめ)議員」. — *adj.* [限定的] ブロックの: ~ economy ブロック経済. 〚(1903) □ F ~ 'BLOCK'〛

Bloch /blɑ́(ː)k | blɔ́k; G. blɔ́x/, **Ernest** *n.* ブロッホ《1880–1959; スイス生まれの米国の作曲家; ユダヤを主題にした作品で知られている》.

Bloch, Felix *n.* ブロッホ《1905–83; スイス生まれの米国の物理学者; Nobel 物理学賞 (1952)》.

Bloch, Konrad Emil *n.* ブロッホ《1912–　; ドイツ生まれの米国の生化学者; Nobel 医学生理学賞 (1964)》.

block /blɑ́(ː)k | blɔ́k/ *n.* **1 a** (通例平らな面をもった大きい木・石などの)固まり, ブロック; 〘建築〙組積ユニット: a ~ of ice 氷の固まり / a ~ of wood (所定の目的に合わせて作った)木切 / a ~ of stone (石切場で採れたままの)荒材.
b (おもちゃの)積み木 (building block, 《英》brick): play with ~*s* 積み木で遊ぶ. **c** (セメントなどで作った建築用の)ブロック: concrete ~*s* コンクリートブロック.
2 a (物を切ったり載せたりする)台木, 台盤. **b** まな板, 肉切り台. **c** まき割り台. **d** 乗馬台. **e** せり売り台; せり (auction): go [come, be brought] to the ~ 〈物が〉競売に付される. **f** 断頭台: die on the ~ 断頭台の露と消える, 斬首(ざんしゅ)にあう. **g** 造船台. **h** (靴磨きの)足台. **i** かつら (wig) を載せる台: ⇨ barber's block.
3 a (都市の碁盤目形の)一仕切り, 一区画, 街区, ブロック; 《米》ブロックの一辺(の距離), 一丁: an office ~ オフィス街 / a store occupying an entire ~ 一街区を全部占めている商店 / I went for a walk around the ~. その区画のまわりを散歩した / Walk one ~ east. 東の方へ 1 ブロック歩いて行きなさい / two ~*s* away 2 ブロック先に / I live on this ~. この街区の通りに住んでいる. **b** 《英》(多くの住居・商店などに仕切られた)一棟(むね)のビルディング: ~ dwellers / a ~ of flats 一棟のアパート (cf. apartment house) / an office ~ オフィスビル (an office building) / live in a council ~ 公営住宅に住む. **c** 《豪》(政府が初期の移民に提供した)土地一区画; 広大な土地. **d** 《豪口語》[通例 the ~] (都市の)遊歩道路, 繁華街, 目抜きの大通り: do *the* ~ 遊歩道を散歩する, 繁華街をぶらつく. **e** =bloc.
4 a (書簡紙のように一方をのりづけにした)用紙の一とじ, はぎ取り帳 (writing pad). **b** (色々な物の)一組, 一まとめ: a ~ of tickets 一つづりの切符 / a ~ of seats in a theater 劇場の座席の 1 ブロック / ⇨ *in the* BLOCK. **c** (有価証券の)取引単位: a ~ of shares (単一取引で一括して売られる)大量(の株など). **d** 〘郵趣〙ブロック《縦と横が共に 2 枚以上つながっている切手の状態》.
5 a 障害(物), 邪魔物 (obstruction) (⇨ obstacle SYN). **b** (水道管などの中に)詰まった物. **c** 〘機械〙(シリンダー)ブロック《cylinder block ともいう》.

6 〘スポーツ〙ブロック《相手の行動妨害》.
7 a 〘鉄道〙閉塞(へいそく)《ある区間に一列車または一車両がはいっている間は他の列車または車両がはいらないようにすること》: ⇨ block system. b 閉塞状態; 閉塞物《混雑して動けない諸車など》: a traffic ～ 交通麻痺 / a ～ on a railroad 鉄道不通.
8 a 〘病理〙(神経・体の部分などの)ブロック, 遮断: ⇨ nerve block, heart block. b 〘精神医学〙思考途絶, 阻害: have a mental [emotional] ～ *about* driving (事故などに遭ってから)運転がうまくできない.
9 《口語》〘英議会〙(議案に対する)反対声明 (cf. *vt.* 4).
10 (木または金属のケースに入れた)滑車 (cf. pulley): a single [double] ～ 単[複]滑車.

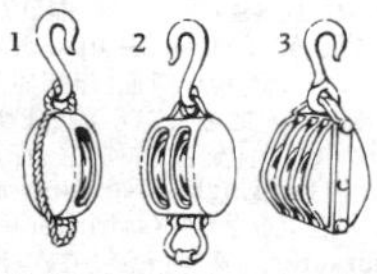

block 10
1 single block
2 double block
3 triple block

11 a 帽子型 (hat-block)《帽子の形を作るための型》. b 《古》型 (style): a hat of the newest ～ 最新型の帽子.
12 a 木片にたとえられるもの《人または体の一部など》. b 《俗》(人の)頭, 首 (head): ⇨ *knock a person's* BLOCK *off*. c でくのぼう, 鈍物, のろま (blockhead). d 冷酷な人, 不人情な人.
13 〘地質〙(断層間の)地塊: the ～ movement 地塊運動.
14 a 〘競技〙(競走の)スターティングブロック. b 〘クリケット〙ブロック《打手がバットを休めているまたは球を打ち止める場所, 打球点》.
15 〘印刷〙a 版 (plate), 版木, 印材; 版台《鉛版などを活字と同じ高さに据え付けるための台》. b ブロック, 文字ベタ, 埋め込み《字下がりなしに行頭・行末をそろえて組んだ 2 行ないしそれ以上の行》.
16 〘製本〙(表紙に型押しするための)金版(かなばん).
17 〘電算〙ブロック《ソフトウエア・ハードウエアなどの一まとまりの部分からなる全体の構成要素》.
18 〘ガラス製造〙a りん《吹きざおの先につけた融解ガラスに形をつけるための木または金属のコップ状器具》. b カッターの頭; カッター; ブロック.
19 〘鷹狩〙低い止まり木.
20 (バレーシューズの)堅いつま先.
21 《NZ》(免許制で狩猟者に利用させる)叢林(そうりん)地帯
22 《豪》木材の伐採競争で木材の基部にとりつける丸太.
a chip òff* [*of*] *the óld blóck ⇨ chip[1] 成句. ***cút blócks with a rázor*** (かみそりで丸太を切るように)荒仕事に利器を使う, もったいないことをする, 英才をくだらないことに使う. (1774) ***have béen aròund the blóck*** (***a fèw tìmes***) 《米口語》(いろいろと)経験している. ***in the blóck*** 一まとめにして, 全体として, 総括的に (cf. en bloc). ***knóck a person's blóck òff*** 《俗》ぶんなぐる; むち打つ. (1928) ***láy* [*pùt*] *one's héad* [*néck*] *on the blóck*** (評判を落とすような)危険を冒す. ***lóse* [*dò* (*ín*)] *one's blóck*** 《豪口語》興奮する, 怒る. (1913) ***òff one's blóck*** (＝*off one's head*) 《俗》怒って; 気が変になって (insane). ***on the blóck*** 《米》せり売り台で, せり売りに出されて: go *on the* ～ 《米》競売になる.
blóck and táckle [fáll(s)] 複滑車, 絞轆(こうろく)《滑車とそれに通した綱を合わせた巻き上げ装置》. (1838)
— *adj.* [限定的] 1 引っくるめた; 大量に一括して扱われる: a ～ sum / a ～ grant (英国大蔵省から大学に毎年出される)包括的補助金 / ⇨ block booking. 2 (圧縮するなどして)塊状にした: ～ coal [salt]. 3 ブロックレターの, 木版字体の. 4 (主に商用文で)行頭をそろえた, 左ぎめの: the ～ style [form] (手紙の行頭をそろえて書く)ブロック式, 左ぎめ式.
— *vt.* 1 a 〈通路・管などを〉ふさぐ (obstruct) 〈*up*〉: The roads were ～*ed with* crowds of people. 道という道は群衆のためにふさがれた / (Road) Blocked! [掲示] 通行止め / The pipe [My nose] is ～*ed up*. パイプ[鼻]が詰まってしまった. b …の進行[行動, 遂行など]を妨げる, 邪魔する (check): the tall building ～*ing* the sun 日照を妨げる高いビル / What's ～*ing* the plan? 計画の邪魔をするものは何か / The fire engines were ～*ed* by traffic congestion. 消防自動車は交通が渋滞して動きがとれなかった. c 視界から見えなくする. d 《古》＝blockade 1. 2 a 〘スポーツ〙(体で)〈相手またはその動きを〉妨害する, ブロックする. b 〘クリケット〙〈球を〉(三柱門 (wicket) の直前で)バットに当てて打ち止める. c 〘アメフト〙〈相手〉に手を使わず, 体で当たりボールキャリアーを進める. d 〘ボクシング〙〈相手のパンチを〉手でよける. ★ 通例反則にならない場合をいう. 3 〘医学〙(麻酔などによって)〈神経刺激の伝達や疼痛などを〉遮断する, ブロックする. 4 〘口語〙〘英議会〙(特に, 反対予告を出して)〈議案〉の通過を妨害する (cf. *n.* 9). 5 [主に p. p. 形で]〘金融〙〈通貨などを〉封鎖する (cf. freeze *vt.* 2): ～*ed* currency [assets] 封鎖貨幣[資産]. 6 a ブロックにする. b …にブロックをはめる. c 台で支える 〈*up*〉. 7 a 〈帽子・洋服などの〉型取りをする (shape): ～ a hat, sweater, etc. b …の図取りをする 〈*in*〉; 〈計画などの〉概略を立てる (sketch) 〈*out, in*〉: ～ *in* human figures (絵に)人物を配置してみる / ～ *out* a plan of action 行動計画のおおよそを決める. 8 〘製本〙a 〈本の表紙〉に型押しする. b (熱などで)〈紙を〉粘着[接着]させる. 9 〘印刷〙〈2 行以上の行を〉文字ベタで組む[にする], 埋め込みで組む[にする]. 10 〘演劇〙(舞台での)〈俳優の動き・照明などを〉演出する; (背景・道具などの位置を決めて)〈舞台・場面を〉演出する 〈*out*〉: ～ (*out*) the moves [stage]. 11 〘鉄道〙〈列車を〉閉塞(へいそく)(方)式で運行させる (cf. block system).
— *vi.* 1 (各種のスポーツで)相手を妨害する(ように行動する). 2 神経障害にかかる[を示す].
blóck ín (1) 建築用ブロックで囲む. (2) 閉じ込める. (3) 〈窓・戸口などを〉ふさぐ. (4) ⇨ *vt.* 7 b. ***blóck óff*** (1) 〈道路・交通などを〉ふさぐ, 遮断する. (2) 《米口語》止める, やめさせる (stop). ***blóck óut*** (1) 〈光などを〉閉め出す. (2) 〈景色などを〉見えなくする. (3) 〈地域を〉街区に分ける. (4) ⇨ *vt.* 7 b. (5) ⇨ *vt.* 10. (6) 〘写真・印刷〙〈ネガなどの一部を〉(写ったり印刷されたりしないように)不透明な塗料などでおおう. ***blóck a person's wáy*** 人が通れないように立ちふさがる.
〘(*c*1390) *blok*(*ke*) □ (O)F *bloc* □ MDu. *blok* // OHG *bloh* (G *Block*): cog. G *Block*〙

block·ade /blɑ(ː)kéɪd | blɔk-/ *n.* 1 (港・海岸などの武力による)封鎖, 閉塞(へいそく); (警察の非常線などによる)道路封鎖; 通信[経済]封鎖: break [enforce] a ～ 封鎖を破って入港する[を強行する] / lift [raise] the ～ 封鎖を解く / run the ～ (こっそり)封鎖線をくぐって出入りする (cf. blockade-runner) / impose an economic ～ 経済封鎖をする / ⇨ paper blockade. 2 《米》(進行・交通などの)妨害, 障害, 交通遮断; 雪などに閉じこめられること: the ～ of traffic by snow 雪による交通遮断. 3 〘生理〙(生理的機能の)遮断.
— *vt.* 1 封鎖する, 閉塞する, 閉鎖する: ～ a port, harbor, etc. / a ～*d* port 封鎖された港 / a *blockading* expedition 閉塞隊. 2 《米》a 〈道路・鉄道などを〉遮断する, 妨害する. b 〈通行・視界などを〉遮(さえぎ)る.
〘n.: (1693) ← BLOCK (v.)＋-ADE: AMBUSCADE, BARRICADE からの類推. — v.: (*c*1680) ← (n.)〙
block·ád·er /-ḍə | -dəʳ/ *n.* 封鎖者, 閉塞(へいそく)者; 閉塞船 (blockship). 〘(1849) ← : ⇨ ↑, -er[1]〙
blockáde-rùnner *n.* 封鎖 (blockade) を破る[破ろうと企てる][船][人], 密航船[者], 封鎖破り.
blockáde-rùnning *n.* 〘1863〙
block·age /blɑ́(ː)kɪdʒ | blɔ́k-/ *n.* 1 a 妨害, 阻害. b 妨害物. 2 〘心理〙阻止現象《本人の気づかない心理的要因による行為・思考・知覚の一時的な中絶》. 〘(1874) → BLOCK＋-AGE〙
blóck assocìation *n.* (居住ブロックごとのような小規模の)町内会.
blóck bàll *n.* 〘野球〙ブロックボール《試合中に競技者以外の人がつかんだり投げたり触れたりした障害球》. 〘1891〙
blóck·bòard *n.* 〘建築〙積層材心合板《心材に木目が横方向の集成材を用いた合板》. 〘1932〙
blóck bòok *n.* 〘製本〙木版本, 整版本. 〘1727–51〙
blóck bóoking *n.* ブロックブッキング《映画の会社系統別による一括配給契約》. **blóck-bóok** *vt., vi.* 〘1925〙
blóck bràke *n.* 〘機械〙ブロックブレーキ《木片・金属片を車輪に押しつけて制動する摩擦ブレーキ》.
blóck·bùst *vt.* 《米口語》〈白人の家屋所有者〉に blockbusting を行う.
block·bust·er /blɑ́(ː)kbʌ̀stə | blɔ́kbʌ̀stəʳ/ *n.* 《口語》 1 (一街区を全滅させるような, 航空機から投下する数トンの)大型高性能爆弾, 超大型爆弾. 2 強い影響力を与える人[本, 映画など], 人気のある人[もの]: The novel was a real ～. その小説は実に よく読まれた / a ～ film 大ヒット映画. 3 《米》blockbusting をする投機家. 〘(1942) ← BLOCK＋BUSTER〙
block·bust·ing /blɑ́(ː)kbʌ̀stɪŋ | blɔ́k-/ *n.* 《米口語》ブロックバスティング《近所に黒人などの少数民族が入ってきたと言い触らして白人に不安の種をまいて家屋を安値で売らせること》. — *adj.* 《口語》〈本・映画などとても人気のある. 〘(1954) ← BLOCK＋BUST[1]＋-ING[1]〙
blóck càpital *n.* ブロックキャピタル《筆記体に対して, 活字体の大文字》: in ～*s*. 〘1902〙
blóck chàin *n.* 〘機械〙ブロックチェーン, ブロック鎖《2 枚の板の間にブロックをはさみ, これらをピンで連結して作った鎖》. 〘1896〙
blóck clùb *n.* 《米》(住民が組織する)地区自警団.
blóck coeffìcient *n.* 〘造船〙方形係数《船の排水容積と水面下の容積を包む直方体の容積との比; 船がやせ型か肥満型かを示す係数》. 〘1901〙
blóck cùtter *n.* 版木屋, 木版師. 〘1859〙
blóck diagram *n.* 1 〘地質〙ブロックダイヤグラム《地殻を直方体に切り, 斜上方より見た状態を平面的に図示したもの》. 2 (ラジオ受信機などの)構成図. 〘1924〙
blóck·er *n.* 1 a 型を作り出す工具; (特に)鍛造型板. b (台木の上で)型を作る人. 2 《英俗》山高帽 (bowler hat). 3 〘アメフト〙(ボールキャリアーを進めるために)相手に体当たりする者. 4 〘生理〙遮断薬[因子]. 〘(1407) ← BLOCK＋-ER[1]〙
blóck grànt *n.* 《米》(連邦政府から州または地方行政府に支給される)定額交付金[助成金]. 〘1900〙
blóck·hèad *n.* でくのぼう, のろま, ばかもの. 〘1549〙
blóck hèater *n.* ＝storage heater. 〘1958〙
blóck·hòle *n.* 〘クリケット〙ブロックホール (＝block 14 b).
blóck·hòuse *n.* 1 角材で建てられた家, ブロックハウス. 2 〘軍事〙a (昔の丸太造りで四面から射撃できるように二階に張り出した)防塞(ぼうさい). b (鉄やコンクリートで造り, 大砲などを備えた)小要塞, トーチカ. 3 (ロケット発射基地にある高熱・突風・放射能の危険から守る)堅固な鉄筋コンクリートの建物[ドーム]. 〘(1512) □ (M)Du. *blokhuis* 《原義》house blocking a passage: ⇨ block, house〙
blóck·ing *n.* 1 〘木工〙飼物(かいもの)《部材同士を結合したり, 部材間の隙間を埋めるために挿入される木片》. 2 〘心理〙ブロッキング, 阻止現象 (blockage). 3 〘演劇〙(舞台での)俳優の位置・動きなどの演出; (背景・道具・照明などの位置を決める)舞台[場面]演出. 4 〘鉄道〙閉塞(へいそく)方式による信号. 〘(1637) ← BLOCK＋-ING[1]〙
blócking capàcitor *n.* 〘電気〙阻止蓄電器[コンデンサー]《直流分電流を流さないようにする目的で回路に入れるコンデンサー》.
blócking condénser *n.* 〘電気〙＝blocking capacitor.
blócking làyer *n.* 〘物理〙＝barrier layer.
blócking óscillator *n.* 〘電気〙間欠発振器.
block·ish /-kɪʃ/ *adj.* 1 木塊のような. 2 愚鈍[ばか]な (stupid). **～·ly** *adv.* **～·ness** *n.* 〘(1548) ← BLOCK＋-ISH[1]〙
Blóck Ísland /blɑ́(ː)k- | blɔ́k-/ *n.* ブロック島《米国 Rhode Island 州の島, Judith /dʒúːdɪθ | -dɪθ/ 岬南方 14 km; 避暑地》. 〘← *Adriaen Block* (17 世紀のオランダの探検家)〙
blóck làva *n.* 〘地質〙塊状溶岩. 〘1914〙
blóck lètter *n.* 1 〘印刷〙ブロックレター, 木版字(体)《ひげ飾りのない文字》. 2 《英》(筆記体に対し)活字体《通例大文字》. This is a sample of block letter. 〘1908〙
blóck lìne *n.* 数個の滑車を通る綱[鎖].
blóck mást *n.* 〘海事〙(低い)滑車付きマスト《マストの先端に滑車がついていて, これで大三角帆 (lateen sail) の帆桁を上げられるようになっている》.
blóck mòdel *n.* 〘海事〙ブロックモデル《船体模型の一種》. 〘1901〙
blóck mòuntain *n.* 〘地質〙地塊山地. 〘1896〙
blóck pàrty *n.* 《米》ブロックパーティー《交通を遮断した街路などで街区 (block) の住民が催す野外パーティー; 時には慈善・宗教的機関に寄付を募る》. 〘1941〙
blóck plàn *n.* 1 略図. 2 〘製図〙ブロックプラン《建物の立地条件・配置を示すための単純化された建物の平面図》. 〘1909〙
blóck plàne *n.* 木口用かんな《板の端を横に削るための小鉋(こがんな)》. 〘*a*1884〙
blóck pólymer *n.* 〘化学〙ブロックポリマー《2 種の低重合体が結合してできた高分子物質》.
blóck prìnt *n.* 〘印刷〙(木版画・木版本などの)ブロックプリント, 木版印刷物. — *vt.* 1 〈本などを〉木版刷りにする, 木版で刷る. 2 ブロックレターで書く.
blóck prìnting *n.* 木版印刷(術), 木版刷; 版木捺染(なっせん)(法). 〘1816〙
blóck relèase *n.* 《英》社員研修制度《英国やヨーロッパで, 数週間大学で学ばせるため, 社員の職務を一時免除する制度》. 〘1958〙
blóck sèction *n.* 〘鉄道〙閉塞(へいそく)区間《一列車だけの通過に限定する区間; cf. block system》.
blóck·shìp *n.* (川や航路を使用不能にするため沈める)閉塞船. 〘1801〙
blóck sìgnal *n.* 〘鉄道〙閉塞(へいそく)信号機. 〘1882〙
blóck stàtion *n.* 〘鉄道〙閉塞信号場.
blóck sỳstem *n.* 〘鉄道〙閉塞(方)式《衝突回避のため一区間に一列車だけ通す方法; cf. block section, staff system》. 〘1864〙
blóck tín *n.* 錫(すず)地金, 型錫. 〘1870〙
blóck vòte *n.* 《英》〘政治〙ブロック投票《特に労働組合の大会などで, 代議員の投票がその代表する人々の数に応じた影響力をもつ投票方法》. 〘1901〙
block·y /blɑ́(ː)ki | blɔ́ki/ *adj.* (**block·i·er**; **-i·est**) 1 ずんぐりした, どっしりした, がっちりした. 2 a かたまりから成る. b 〘写真〙濃淡のむらがある. 〘(1879) ← BLOCK＋-Y[4]〙
Bloc Qué·be·cois /blɑ́(ː)keɪbɛkwɑ́ː | blɔ́k-; *F.* blɔkkebɛkwa/ *n.* 《カナダ》ケベック連合《Quebec 州の分離独立を主張する政党》.
blóc vòte *n.* 〘政治〙＝block vote.
blodge /blɑ́(ː)dʒ | blɔ́dʒ/ *n.* ＝splotch. 〘(1930): cf. blotch, splodge〙
Blod·wen /blɑ́(ː)dwɪn, -wɛn | blɔ́d-; *Welsh* blodwen/ *n.* ブラッドウェン《女性名》. ★ ウェールズに多い. 〘□ Welsh ～ ← *blodyn* flower＋(*g*)*wen* white〙
Bloem·fon·tein /blúːmfɑ(ː)ntèɪn | -fɔn-, -fɔn-; *Afrik.* blúmfɔntein/ *n.* ブルームフォンテイン《南アフリカ共和国中部の都市で, 最高裁判所があり同国の司法上の首都; Free State の州都》.
Blois /blwɑ́ː; *F.* blwa/ *n.* ブロワ《フランス中部, Loire 河畔の都市, Loir-et-Cher 県の県都; 13 世紀の古城がある》.
Blok /blɔ́(ː)k, blɑ́(ː)k | blɔ́k; *Russ.* blók/, **Aleksandr Aleksandrovich** *n.* ブローク《1880–1921; ロシアの象徴派詩人; *The Unknown Woman* (1906)》.
bloke /blóuk | bláuk/ *n.* 《英》1 《口語》やつ, 男 (guy); やぼったい男, のろま: an old ～ 老いぼれ. ★ 目上の人に用いる時はなれなれしい気持ちで, 自分自身に用いる時はやや[わざと]自嘲を込めて用いる. 2 [the ～] 《海軍俗》(自分の乗っている軍艦の)艦長, 「うちのおやじ」. 〘(1851) ← ? Shelta: cf. Gypsy & Hind. *loke* man〙
bloke·ish /blóukɪʃ | bláu-/ *adj.* 《英口語》〈人・言動が〉普通の男性的な《車好き・サッカー好きなどといったごく一般的な男の特質を示す》. **～·ness** *n.* 〘(1957): ⇨ ↑, -ish: cf. laddish〙
bloke·y /blóuki | bláu-/ *adj.* 《口語》＝blokeish.
blok·ish /blóukɪʃ | bláu-/ *adj.* ＝blokeish.
blond /blɑ́(ː)nd | blɔ́nd/ (*also* **blonde** /～/) *adj.* 1 〈毛髪が〉薄いとび色の, 金髪の; 〈皮膚が〉色白で血色のいい; 〈人が〉白肌で金髪碧眼の, 金髪の, ブロンドの (cf. brunet 2, dark 2, fair[1] 5): a ～ girl. ★ 元来 blonde は文法上女性の形容詞, blond は男性の形容詞; 今では blond を男女に用いてよいが, 《英》では一般に blonde を用いることが多い. 2 〈家具の木材が〉(漂白した)明るい色調の. — *n.* 1 ブロンドの男性. ★ 女性は blonde が使われる. 2 ブロンド

色．3 =blonde lace. **~·ish** /-dɪʃ/ *adj.* **~-ness** *n.* 〖(1481) □ (O)F *blond*, (fem.) *blonde* < ML *blondum* yellow ← ? Gmc *blend-, *bland- to shine ← IE *bhel- to shine (⇨ bald): cf. OE *blonden-feax* grey-haired〗

blónde láce *n.* ブロンドレース《もとは生糸の色であったが，今は多く白または黒く染めたフランス製絹レース》．〖(1771) ← F *blonde* blond, blonde lace (↑)〗

blon·die /blɑ́(ː)ndi | blɔ́n-/ *n.* 《口語》 **1** 金髪の女． **2** [B-]「ブロンディー」《米国の新聞連載ホームコメディー漫画，及びその主人公である金髪のチャーミングな主婦; Chic Young 作》．〖← BLOND (n.)＋-IE〗

Blon·din /blɑ(ː)ndǽ(ŋ), -dǽŋ | blɔ́ndɪn; *F.* blɔ̃dɛ̃/, **Charles** *n.* ブロンダン，ブロンディン《1824–97; フランス人の綱渡り師; 本名 Jean-Francois Gravelet; Niagara の滝の上を，目隠ししたり竹馬に乗ったりして渡った》．

blon·dine /blɑ(ː)ndíːn | blɔn-/ *n.* 《米》 **1** 髪をブロンド色にする漂白剤[液]． **2** 髪をブロンド色に漂白した女．〖(1888) ← BLOND (adj.)＋-INE[3]〗

blood /blʌ́d/ *n.* **1 a** 血，血液: the circulation of the ~ 血液の循環 / cough up ~ 咳をして血を吐き出す / *Blood* donors sometimes give ~ regularly. 献血者の中には定期的に献血する人がいる． ★ ギリシャ語系形容詞: haemal. **b** (下等動物の)体液． **c** (植物の)樹液; (果物などの血のような)赤い汁 (cf. blood orange). **2** (活素としての)血; 活素; 生命: give one's ~ for one's country 祖国のために命を捧げる． **3** (体中にみなぎる感情の媒体としての)血，血潮，血気，激情 (passion); 気質 (temperament); 《廃》肉欲: bad ~ 怒り，嫌悪 / a man of hot ~ 熱情の人 / ⇨ *in cold* BLOOD / freeze [chill, curdle] a person's ~ =make a person's ~ freeze [chill, curdle] 人をぞっとさせる / get [have] one's [a person's] ~ up 激高する[させる] / His ~ was up. 激怒した，けんか腰だった; (仕事などに)闘志満々だった / The scene made my ~ turn hot. その光景を見て血は沸き返った / ⇨ bad blood. **4 a** (家系などの特徴を示すものとしての)血，血筋，血統 (lineage)，血縁，血族: be related [joined] by ~ 血族関係がある / ties of ~ 血縁 / a man of noble [royal] ~ 貴[王]族 / fresh [new] ~ (古い血統などに取り入れられた)新しい血 (cf. 5 a) / ⇨ full blood, half blood, whole blood / Madness runs in the ~. 狂気は血統 / He has courage in his ~.=Courage is in his ~. 勇気は親譲り / *Blood* is thicker than water. 《諺》血は水よりも濃い《他人より血族の者に一層情が湧く》/ *Blood* will tell. 血は争えないものだ． **b** 生まれ (birth); よい血筋，門閥; 高貴な血統，名門; [the ~] 皇族，王家 (blood royal): a prince [princess] of *the* ~ 王子[王女]，親王[内親王]． **c** 純血，良血: a bit of ~ 純血種(の馬)，サラブレッド / ⇨ blood horse. **5 a** [通例修飾語を伴って; 集合的] 人々，(特に)若者たち; (特に革新的な)人々，考え: ⇨ young blood / fresh [new] ~ 新進気鋭の人々 (cf. 4 a). **b** 《英; まれ; 俗; 戯言》血気盛んな人，威勢のいい男; (特に)粋な若者，だて者，道楽者 (dandy): a (dashing) young ~ 威勢のいい若者 / All the ~*s* in the neighborhood were at the party. 近所の血気盛んな若者たちが皆パーティーに出ていた． **c** 《俗》黒人の若者 (young black man); 黒人仲間． **6** (流す)血，流血 (bloodshed); 殺人[傷害](の罪) (murder); 犠牲: a man of ~ 冷血漢; 人殺し / hands stained with ~ 血に汚れた手，殺人犯 / deeds of ~ 殺人行為 / to the last drop of one's ~ 自分に血の通っている間は，あくまで / hounds [journalists] baying for ~ 血[いけにえ]を求める猟犬[報道関係者] / Can we get rid of the dictator without shedding [spilling] ~? 流血を見ないで独裁者を追い払うことができるだろうか． **7** [通例 *pl.*] 《英》煽情的な三文小説．《(略) ← *blood-and-thunder story*》 **8** [B-] Blackfoot Indians の氏族の人． **9** 《廃》4 体液の 1 つ (⇨ humor).

be after a person's blóod =*out for a person's* BLOOD. ***corrúpt in blóod*** (反逆罪・重罪のために)血統の汚れた (⇨ CORRUPTION of blood). ***cúrdle the*** [*a person's*] ***blóod*** ぞっとさせる，肝を冷えさせる．(1602) ***dráw blóod*** (1) 血を流させる; 血を採る． (2) 人の感情を傷つける，怒らせる． ***dráw first blóod*** (1) 《ボクシング》(相手に)最初に血を出させる． (2) 《スポーツ》先制点を挙げる． (3) (相手に対して)まず優位を占める． ***gèt blóod from*** [***òut of***] ***a stóne*** 無情な人間から哀れみを得る，欲張りに金を出させる《不可能なこと; cf. stone 1 a》．(1889) ***Gód's blóod!*** 《古》畜生，あっ，しまった，全く，まあ．(*a*1541) ***háve a person's blóod on one's hánds*** [***héad***] 人の死[不幸]に責任がある (cf. *Josh.* 2:19). ***in blóod*** 《廃》〈動物が〉活力[元気，生気]のある．(1594–95) ***in cóld*** [***cóol***] ***blóod*** 冷酷に，冷然として，平気で (cf. cold-blooded) (*a*1608): murder a person *in cold* ~ 平然と人を殺す． ***in hót*** [***wárm***] ***blóod*** いきり立って，かっとして． ***lèt blóod*** 《医学》(1) 放血[瀉血(しゃ)]する，刺胳(らく)する (bleed) (cf. bloodletting). (2) 《古》〈人〉の血を採る: He was *let* ~. 彼は血を採られた．(OE) ***màke a person's blóod bòil*** [***rùn cóld***] 人を激怒させる[ぞっとさせる]． ***òut for*** (*a person's*) ***blóod*** 人をやっつけようと狙って． ***òut of blóod*** 《廃》〈動物が〉生気[元気]なく．(1781) ***restóre a person in blóod*** (本人または祖先が喪失した)称号[継承権など]を回復させる． ***smélI*** [***scént***] ***blóod*** 《俗》敵を血祭にあげられると興奮する，攻撃[行動]にかかろうとする: *Smelling* ~, the journalists asked the minister if she would be sacked. 手ぐすねひいた報道関係者たちは大臣に首にされるのかと尋ねた． ***spill the blóod of*** …を殺す，…の血を流す． ***stír the*** [*a person's*] ***blóod*** (人を)興奮させる，血沸き肉おどる心地にする． ***súck the blóod of*** (1) 〈人〉の血[生気]を吸い取る． (2) 〈人〉から金を搾り上げる． ***swéat blóod*** (1) 血の汗を流す[流して働く]，大変な苦労をする (cf. *Luke* 22:44). (1911) (2) ひどく心配する，やきもきする．(1924) ***táste blóod*** (1) 〈猟犬・野獣などが〉血の味を覚える． (2) 〈人が〉(何か楽しいことを)初めて経験する，味をしめる．

blóod and íron 鉄血政策《プロイセンの首相 Bismarck が 1862 年に行った演説の中の言葉; 強硬な武力政策のこと; blood and iron policy ともいう》．《(1869) (なぞり) ← G *Blut and Eisen*》

blóod and sóil 血と土地《ナチスの人種主義的な農業政策・植民政策のスローガン; 例えば 1933 年の世襲農地法にみられる》．《(1940) (なぞり) ← G *Blut und Boden*》

blóod and thúnder (三文小説や大衆劇などにあるような)メロドラマや流血ざた．(1857)

— *vt.* **1 a** 《狩猟》〈猟犬〉に(狩りに慣れさせるため)血を味わわせる (cf. flesh *vt.* 2 a). **b** 〈兵を〉流血[戦闘]に慣らす． **c** 〈人〉に新しい体験をさせる，手ほどきをする． **d** 〈新しい武器を〉戦場で用いる，ためしに使う． **2** 《英》《狩猟》〈初めて狐狩りをする人〉に血塗式を行う (cf. blooding 1 b). **3** 《古》《医学》放血する． **4** 《古》血で汚す．

〖OE *blōd* < Gmc **blōđam* (G *Blut*) ← ? IE **bhel-* 'to BLOW[2], BLOOM[1]'〗

blóod albùmin *n.* 《生化学》血清アルブミン《血清蛋白の一種; 電気泳動での移動度が最も高い》．

blóod àlley *n.* 赤い縞のある上等のビー玉．〖1854〗

blóod-and-gúts *adj.* 《口語》乱闘[暴力]にあふれた．

blóod-and-thúnder *adj.* 《口語》〈劇・小説など〉暴力や流血ざたの; 煽情的な，低俗な (sensational) (cf. BLOOD and thunder): ~ stories, books, etc. 〖1857〗

blóod bànk *n.* **1** 血液銀行《輸血用血液貯蔵供給機関》． **2** (血液銀行の)貯蔵血液[血漿(しょう)]．〖1938〗

blóod·bàth *n.* 血の粛清，大量殺戮 (massacre) (cf. bath[1] 2). 〖1837〗

blóod-bòltered *adj.* 《Shak》血のこびりついた《特に髪などに》．〖1606〗

blóod bòosting *n.* =blood doping.

blóod-bòrne *adj.* 〈病気・病原体が〉血液によって運ばれる，血行性の: ~ metastasis 血行性転移．

blóod bróther *n.* **1** 血のつながった[血を分けた]兄弟． **2** (血を混ぜ合ったりなどして誓い合った)兄弟，兄弟分，血盟者． **3** 切っても切れないもの，強く結びついているもの． **4** 《米俗》仲間の黒人． **~·hòod** *n.* 〖1890〗

blóod cèll [**còrpuscle**] *n.* 血球: red [white] ~*s* 赤[白]血球．〖1846〗

blóod còunt *n.* **1** (血液一定量中の白・赤血球の)血球計算[算定]，血算． **2** (血液一定量中の)血球数 (cf. hemacytometer). 〖1900〗

blóod·cùrdler *n.* 血も凍る[ぞっとさせる]ような話[記事，本など]．〖1889〗

blóod·cùrdling *adj.* 血も凍るような，ぞっとさせる(ような): a ~ experience ぞっとする体験． **~·ly** *adv.* 〖(1904) ← BLOOD＋CURDLE＋-ING[2]〗

blóod donation *n.* 献血，供血．

blóod dònor *n.* (輸血用血液の)給血者．〖1921〗

blóod dòping *n.* 血液ドーピング《競技者が競技に先立って自分自身のあるいは家族の血液を注射すること; 赤血球を増加させることによって血液の酸素供給能力を高めるのが目的》．

blóod-dròp ém·lets /-ɛ́mlɪ̀ts/ *n.* [単数扱い] 《植物》ニシキミゾホオズキ (*Mimulus luteus*) 《ゴマノハグサ科の草木; 赤い斑点のある黄色い花を咲かせる》．

blóod·ed /-dɪ̀d | -dɪ̀d/ *adj.* **1** 〈馬・家畜など〉純血種の，良血統の: a ~ horse 純血種の馬，良血馬． **2** [複合語の第 2 構成素として] (…の)血[気質]をもっている: warm-*blooded* animals 温血動物．〖(*c*1300) (1805) ← BLOOD＋-ED〗

blóod fèud *n.* 血讐(しゅう)《殺人による復讐を繰り返す 2 族間の反目; cf. blood revenge, vendetta》．〖1858〗

blóod·fin *n.* 《魚類》南米原産のカラシン科 (*Characidae*) の銀色の体に赤いひれをもつ小魚の一種 (*Aphyocharax rubripinnis*) 《観賞魚》．

blóod·flòwer *n.* 《植物》 **1** トウワタ (*Asclepias curassavica*) 《熱帯地方産の橙紅色の花が咲く多年草》． **2** アフリカ南部原産ヒガンバナ科の園芸植物 (*Haemanthus katherinae*).

blóod flùke *n.* 《動物》(脊椎動物の血管にすむ)住血吸虫 (⇨ schistosome). 〖1872〗

blóod gìll /-gɪ̀l/ *n.* 《動物》血液鰓(さい)《水生昆虫の呼吸補助器官とみなされるもの》．

blóod glùe *n.* 血液糊(のり)《家畜類の血液中のアルブミンの接着性を利用した糊; 合板製造に用いられた》．

blóod gròup *n.* 血液型《blood type ともいう》．〖1916〗

blóod gròuping *n.* 血液型判定[検査]．〖1916〗

blóod·guìlt *n.* (戦争などに際しての)殺人の罪，流血の罪．〖1593〗

blóod·guìlty *adj.* 人を殺した，人殺しの罪のある，殺人犯の． **blóod·guìltiness** *n.*

blóod hèat *n.* 血温《健康な人間の平温はセ氏約 37 度，カ氏約 98 度; 日本人は約 36.5 度》．〖1812〗

blóod hòrse *n.* **1** 純血種の馬． **2** サラブレッド，良血馬．〖1794〗

blóod·hòund *n.* **1** ブラッドハウンド《嗅覚が鋭敏で，もと猟獣の跡をつけたり，警察の捜査に用いた英国産の大形のイヌ; 赤または，黒の光沢のある滑らかな毛皮をもつ; cf. sleuthhound》． **2** 《口語》巧妙な追跡者，刑事，「いぬ」．〖(?*c*1300): ⇨ hound〗

blood·ied /blʌ́dɪd | -did/ *adj.* 血まみれの．

blóod·i·ly /-dɪ̀li, -dli | -dɪ̀li, -dli/ *adv.* **1** 血を流して，血まみれに． **2** 残虐に．〖(1565) ← BLOODY＋-LY[1]〗

blóod·i·ness *n.* **1** 流血の惨状，血まみれ． **2** 残虐，悲惨．〖(1591) ← BLOODY＋-NESS〗

blóod·ing /-dɪŋ | -dɪŋ/ *n.* **1 a** 《狩猟》猟犬に初めて血を味わわせること． **b** 《英》《狐狩》血塗式《初めて狐狩をする人が最初に殺された狐の血を塗りつけられる略式の儀式》． **2** 《口語》若者に初めて大胆な仕事をさせること．〖(1597) ← BLOOD＋-ING[1]〗

blóod ìsland *n.* 《動物》血島(とう)《脊椎動物の発生において赤芽細胞およびそれに関係する血管を形成する細胞集団》．

blóod knòt *n.* 《釣》筒形結び《釣糸などの結び方の一つ》．〖(1901): もと縄を笞として使ったとき血を流させるために結んだ結び目から〗

blóod·less *adj.* **1 a** 血のない，無血の． **b** 血の気のない，青ざめた (pale): ~ lips, cheeks, etc. **2 a** 血を流さない: ~ surgery 無血[非観血]手術《輸血をせずに行われる手術》． **b** 血を見ない，流血の惨事のない: a ~ victory [revolution] 無血勝利[革命] / the *Bloodless* Revolution=the English Revolution. **3** 熱情[元気，生気]のない，活気の乏しい (spiritless): a ~ young man / a ~ character. **4 a** 血も涙もない，冷血の，冷ややかな，非情な (inhuman): a ~ heart / ~ charity 情のこもらない[機械的にする]慈善． **~·ly** *adv.* **~·ness** *n.* 〖(?*c*1200): ⇨ -less〗

blóod·lètting *n.* **1** 《外科》(心臓麻痺などの際に用いられる)瀉血(しゃ)，放血 (phlebotomy). **2** (2 族間の争い・ボクシングなどでの)流血． **3** (人や資源の)消耗．〖(?*a*1200): ⇨ let[1]〗

blóod lèvel *n.* 《医学》血中濃度．

blóod·lìne *n.* 血統，家系; (特に，家畜の)直系．〖(1909) ← BLOOD＋LINE[2]〗

blóod·lùst *n.* 流血[殺戮]への欲望．〖1848〗

blóod màrk *n.* 血の跡，血痕．

blóod mèal *n.* 血粉《飼料や肥料になる》．

blóod·mo·bìle /-moʊbìːl, -mə- | -mə(ʊ)-/ *n.* 《米》 **1** 移動採血車[血液銀行]《献血者から血液を採る器具を装備した自動車》． **2** 緊急輸血用の血液を運ぶ自動車[飛行機など]．〖(1948) ← BLOOD＋(AUTO)MOBILE〗

blóod mòney *n.* **1 a** 他人の幸福[名声など]と引き換えに得られた金． **b** 死罪犯引渡し報償金《死刑となる罪人を官憲に引き渡した時受ける金》． **2 a** 殺人賠償金《近親を殺された人が殺人者またはその家族から代償として受ける慰謝料》． **b** 殺人謝礼金《殺人を依頼された人が受け取る金》． **c** (特に殺人犯に関する)通報報奨金． **d** 復讐から身を守るために出す金．〖1535〗

blóod òrange *n.* 《園芸》ブラッド オレンジ，チミカン (*Citrus cinensis* for. *sanguinea*) 《アマダイダイ (sweet orange) の品種群の一つ; 果面や果肉にアントシアニン色素による赤色が生じる; 地中海沿岸に多く栽培される》．〖1855〗

blóod pìcture *n.* 《医学》血液像，ヘモグラム (hemogram). 〖1881〗

blóod plàsma *n.* 血漿(しょう) (cf. blood serum). 〖1907〗

blóod plàtelet *n.* 《解剖》血小板 (thrombocyte，単に platelet ともいう)．〖1898〗

blóod pòisoning [**pòison**] *n.* 《病理》 **1** 敗血症 (septicemia). **2** 毒血症 (toxemia). 〖1863〗

blóod prèssure *n.* 《医学》血圧: ⇨ high blood pressure, low blood pressure. ***ráise a person's blóod prèssure*** (1) 人の血圧を上げる． (2) 人を激怒させる．〖1874〗

blóod pùdding *n.* =blood sausage. 〖1583〗

blóod pùrge *n.* 血の粛清《ナチスドイツで行われたような，政党または政府による反対派の殺害》．〖1935〗

blóod·réd *adj.* **1** 血のように赤い． **2** 血染めの．〖OE *blōdrēad*〗

blóod réd *n.* 血赤色．

blóod relàtion *n.* 血族の者．〖1709〗

blóod relàtionship *n.* 血縁 (consanguinity). 〖1837〗

blóod rélative *n.* =blood relation. 〖1863〗

blóod revénge *n.* 血族による復讐[仇討ち] (cf. blood feud). 〖1855〗

blóod·ròot *n.* 《植物》 **1 a** 北米産の赤根のケシ科サンギナリア属の植物 (*Sanguinaria canadensis*) 《red puccoon ともいう》． **b** サンギナリア属の植物の総称《赤い根茎は乾燥して薬用とする》． **2** 《英》=tormentil. 〖(1578) ← BLOOD＋ROOT〗

blóod róyal *n.* [the ~] 王家，王[皇]族 (royal family): peers of *the* ~ 王族上院議員．

blóod sàusage *n.* 《米・カナダ》ブラッドソーセージ《豚の血とスエット (suet) などでつくった黒ずんだソーセージ; black [blood] pudding ともいう》．〖1868〗

blóod sèrum *n.* 血清《血漿からフィブリン (fibrin) を除いたもの; 単に serum ともいう》．〖*c*1909〗

blood·shed /blʌ́dʃɛ̀d/ *n.* 流血; 流血の惨事，殺害，惨殺，虐殺: revenge for ~ 仇討ち．〖(*c*1410): ⇨ shed[2]〗

blóod·shèdding *n.* =bloodshed. 〖(?*a*1200): ⇨ ↑, -ing[1]〗

blóod·shòt *adj.* **1** 〈目が〉充血している，血走った，血まなこの: one's ~ eyes / see things ~ 〈目が〉殺気を帯びて[殺気立って]いる． **2** 興奮した，激しい (tense). 〖((1552)) (*a*1618) 《略》← 《方言》 *bloodshotten*: blood, shotten, shot[3]〗

blóod spàvin *n.* 《獣医》飛節内腫，慢性奇形飛節炎《飛節内面の骨瘤; 主に馬に発生するが，まれに牛にもみられる》．

blóod spòrt *n.* 流血を伴う〔血を見る〕スポーツ《狩猟・闘牛など》．〖1895〗

blóod·stàin *n.* 血の跡, 血痕. 〘1820〙
blóod·stàined *adj.* **1** 〈物が〉血痕のついた, 血まみれの, 血染めの. **2** 〈人が〉人殺しをした, 殺人犯の. 〘(1596–97): ⇨ ↑, -ed〙
blóod·stòck *n.* [集合的] (特に, 競馬用の)サラブレッド, 純血種の馬 (thoroughbred horses). 〘(1830) ← BLOOD+STOCK[1]〙
bloodstock industry *n.* 競走馬の育成業.
blóod·stòne *n.* 〘鉱物〙 **1** 血玉髄, 血石 (heliotrope) 《緑石英または緑玉髄に赤い斑のはいった準宝石; ⇨ birthstone》. **2** =hematite. 〘1551〙
blood·stream /blʌ́dstrìːm/ *n.* **1** (体内の)血流. **2** (血流のような)重要な役割を演じる物; (活力の)主流, 本流. 〘?*a*1200〙
blóod substitute *n.* 〘医学〙 代用血液.
blóod·sùcker *n.* **1** 吸血動物; (特に)ヒル (leech), 蚊. **2** 《口語》(人の物を搾り取る)強欲非道な人, 吸血鬼. **3** 食客, 居候 (sponger). **blóod·sùcking** *adj.* 〘*a*1387〙
blóod sùgar *n.* **1 a** 血糖《血液中のブドウ糖》. **b** 血糖の量[濃度]. **2** 血糖量の測定. 〘1918〙
blóod-tèst *vt.* …に血液検査を施す.
blóod tèst *n.* 血液検査. 〘1912〙
blóod·thìrsty *adj.* 血に飢えている, 血[殺生]を好む; 殺気立った, 殺伐な (murderous), 残虐な (ferocious). **blóod·thìrstily** *adv.* **blóod·thìrstiness** *n.* 〘1535〙
blóod transfùsion *n.* 輸血(法) 《単に transfusion ともいう》. 〘1879〙
blóod-tỳpe *vt.* 〈人〉の血液型を判定する.
blóod tỳpe *n.* =blood group. 〘1932〙
blóod tỳping *n.* =blood grouping. 〘1926〙
blóod vèngeance *n.* =blood revenge.
blóod vèssel *n.* 血管: burst a ~ (興奮したりして)血管を破裂させる; 《口語》 非常に興奮する[怒る]. 〘1694〙
blóod·wàgon *n.* 《英俗》 救急車. 〘1922〙
blóod-wárm *adj.* 血温の[に温められた], なま温かい (lukewarm). 〘1577〙
blóod·wòod *n.* 〘植物〙 オーストラリア産の赤い樹液を出すユーカリ属の木 (*Eucalyptus corymbosa* など). 〘(1724) ← BLOOD+WOOD[1]〙
blóod·wòrm *n.* **1** (魚釣用の)ミミズ. **2** 〘昆虫〙 アカボウフラ, アカムシ (双翅(そうし)目ユスリカ (midge) の赤い幼虫). 〘1741〙
blóod·wòrt *n.* 〘植物〙 **1** 根に赤い汁液をもつ熱帯性のハエモドルム科 (*Haemodoraceae*) の植物の総称. **2** 根や葉が赤い植物の総称 (ギシギシ (dock), bloodroot など). — *adj.* (植物が)ハエモドルム科の. 〘(*a*1300) ← BLOOD+WORT〙
blood·y /blʌ́di | -di/ *adj.* (**blood·i·er**; **-i·est**) **1 a** 血の[から成る, を含む]: ⇨ bloody sweat. **b** 血のような, 血液性の; 血の色の. **2 a** 出血している (bleeding), 血(液)の混ざった: a ~ steak / a ~ nose / ~ sputum [stool] 血痰(たん)[便] / The government has gotten another ~ nose at the hands of the media. 政府はまたもメディアの手によって顔面に一撃を食らった. **b** 血に汚れた, 血まみれの: a ~ sword. **3 a** 血なまぐさい, 血を流す, 流血を伴う, 血みどろの: a ~ battle [fight]. **b** 流血を暗示する; 殺伐な, 残虐な, むごたらしい (cruel): a ~ sight むごたらしい光景 / a ~ deed 残虐行為 / a ~ soldier 残虐な兵隊 / ~ work 虐殺. **4 a** 《英卑》 ひどい, いまわしい (damned) 《★ しばしば単なる強意語として用いられる, またはばかってしばしば b—(d)y と伏せ字にする; cf. bally, blooming 3》: a ~ shame 赤っ恥 / a ~ liar 大うそつき / a ~ genius ど偉い天才 / not a ~ one ただの一つも…ない / Mind your own ~ business! てめえの頭のハエでも追え / What ~ good will thinking do? 考えてどうなるというのか. **b** よくない, 不愉快な, いやな (objectionable).
blóody but unbówed 痛手を負ったが屈服しないで, へこたれないで, 悠然と.
— *n.* 《英俗》 不愉快な[いやな]やつ.
— *adv.* 《英卑》 ひどく, べらぼうに (cf. *adj.* 4 a ★): ~ awful [cold] とてもひどい[寒い] / absolutely ~ marvelous 全くべらぼうに素晴らしい / be ~ drunk ぐでんぐでんに酔っている / Not ~ likely! そんなことは断固じて(し)ない, 心配ご無用 (Shaw, *Pygmalion*) / You can ~ well lend me a hand! 手を貸すのはひどくたやすいことじゃないか.
blóody wéll 絶対に, 確実に (certainly).
— *vt.* **1** …から血を流す; 血で汚す, 血まみれにする: Their noses were *bloodied* in their fight. けんかで彼らの鼻は血で汚れていた. **2** 真っ赤に紅葉させる.
〘OE *blōdig*: ⇨ blood, -y[1]〙
Blóody Assízes *n. pl.* [the ~] 〘英史〙 血の審判 《1685 年に首席裁判官 George Jeffreys によってなされた一連の巡回裁判; Monmouth 公の反乱に加わり James 二世に抗した者に残酷な刑罰が加えられた》.
blóody bárk *n.* 〘植物〙 オーストラリア原産マメ科の紫色の花が咲くつる植物 (*Lonchocarpus blackii*).
blóody·bònes *n. pl.* [単数または複数扱い] 《古》 妖怪, お化け (specter) ★ 次の句で: ⇨ RAWHEAD *and bloodybones*. 〘(*c*1550) ← BLOODY+BONES (pl.)〙
blóody fingers *n.* (*pl.* ~) 〘植物〙 =foxglove.
blóody flúx *n.* 《古》 赤痢 (dysentery). 〘1473〙
blóody hánd *n.* 〘紋章〙 赤い手 (Ulster の紋章で, 英国の准男爵の記章; cf. red hand of Ulster).
Blóody Máry *n.* (*pl.* ~s) **1** 血[流血(好き)]のメアリー 《Mary 一世のあだ名; 新教徒を迫害したため》. **2** [しばしば b- m-] ブラディマリー 《ウオツカとトマトジュースで作ったカクテル》. 〘(1956) ← ? 1: 赤い色から〙
blóody-mínded *adj.* 《英》 **1** 殺伐な, 残忍な (bloodthirsty). **2** 《英口語》 邪魔だてする, つむじ曲がりの (pig-headed). **~·ness** *n.* 〘1584〙
blóody-nòsed béetle *n.* 〘昆虫〙 ハムシ科 (*Chrysomelidae*) の甲虫 (*Timarcha tenebricosa*) 《危険を感じたときに赤い血を発散する》. 〘1880〙
blóody shírt *n.* [the ~] 《米》 **1** (復讐を象徴する)血染めのシャツ. **2** 敵意をあおるもの: wave the ~ 《米政治》 党派的な敵愾(がい)心をあおる. 〘1874〙
Blóody Súnday *n.* 血の日曜日: **1** 1905 年 1 月 22 日; この日 St. Petersburg で労働者が政治犯の釈放などを要求して請願運動に立ちあがったが, これに軍隊が発砲して多数の死傷者を出し, ロシア第一次革命の発端となった; ⇨ Russian Revolution》. **2** 1887 年 11 月 13 日 Trafalgar 広場で行われたデモを警察が武力で鎮圧した事件. **3** 1972 年 1 月 30 日北アイルランドの英国兵士がデモ隊に発砲した事件.
blóody swèat *n.* 〘病理〙 =hematidrosis.
bloo·ey /blúːi/ *adj.* (*also* **bloo·ie** /~/) 《米俗》 うまくはたらかない, 混乱している: go ~ 狂う, 故障する, 調子が悪くなる. 〘(1920) ← ?〙
bloom[1] /blúːm/ *n.* **1 a** (観賞用植物の)花: small pretty ~*s*. **b** [集合的] (一植物・一シーズンの)花 (flowers): the spring ~ / The orange has an excellent ~. オレンジが立派な花をつけている. **c** 開花状態[期], 花盛り: come into ~ 咲き出す / be in [out of] ~ 咲いて[散って]いる / burst into ~ 〈花が〉ぱっと咲く / The roses are in [have come into] full ~. ばらは満開だ[になった]. **2** [the ~] (健康・美などの)真っ盛り (prime), 最盛期: in *the* (full) ~ of youth 若い盛りに[で]. **3 a** (若さや健康を示すほおの)ばら色, 輝き, 健康色, (健康的な)つや: There was a fresh ~ on her cheek(s). 彼女のほおは生き生きした健康色に輝いていた. **b** (織物などの)光沢, 輝き: silk with a fine ~. **c** 表面の艶(つや), 光沢. **4 a** (新鋳貨幣の)粉状の表面. **b** (ぶどうなどの果実やカーネーションなどの葉の表面に生じる)白い蠟(ろう)状の粉[被覆], 果粉: the ~ on grapes. **c** (ワニスなどを塗った表面の)曇り (chill ともいう). **d** (チョコレートの表面に生じる)白色の斑点状の粉. **5** (湖・海などでの)プランクトンの異常発生 《赤潮の原因となる》. **6** (ワインの独特な)香り, 芳香, ブーケ (bouquet). **7** 〘鉱物〙 華(か) 《亜鉛・コバルトなどを含む鉱物の表面をおおって二次的にできる鉱物》: cobalt ~ コバルト華. **8** 〘テレビ〙 (被写体からの強い反射による)輝き.
tàke the blóom òff …の美観[清新の趣]を殺(そ)ぐ, …をつまらぬものにする.
— *vi.* **1 a** (花が)咲く, 開花する (blossom): These plants ~ in summer. これらの植物は夏に花をつける. **b** 植物が繁茂する. **2** 〈物事が〉(活動力の)真っ盛りである, 栄える, 時めく (flourish). **3 a** 〈人が〉(花のように)美しくなる, きれいである, 健康そうである: ~ *with* health 〈女性が〉健康な色つやをしている. **b** 〈ほおなどが〉赤らむ, 健康色に輝く. **4 a** はなやかに輝く, 赤く輝く, 照り映える. **b** 思いがけなく[驚くほどの量で]現れる. **5** 〈河・海などが〉(プランクトンが異常発生して)茶色に[赤く]なる. — *vt.* **1 a** …に色つやを与える, はなやかにする. **b** 栄えさせる, 繁栄させる. **2** 〈光沢のあるものを〉曇らせる. **3** 《廃》 開花させる, 〈花を〉咲かせる. **4** 《英》 〘光学〙 〈レンズを〉ブルーミングする (⇨ blooming *n.*).
〘(?*c*1200) *blom(e)* ◻ ON *blōm* flower, *blōmi* prosperity, (pl.) flowers < Gmc **blōmon*, **blōmōn* ← IE **bhel-* to thrive, bloom: cf. blossom, bloom[2], blow[3]〙

SYN 花: **bloom** ばら・チューリップ・菊など, 主に観賞するための花: The roses are in *bloom*. ばらが咲いている. **blossom** りんご・みかんなど, 特に実を結ぶ花: The apple trees are in *blossom*. りんごの花が咲いている. **flower** *bloom* と *blossom* を包括する上位語: wild *flowers* 野生の花.

bloom[2] /blúːm/ 〘冶金〙 *n.* ブルーム, 塊鉄, 鋼片. — *vt.* 〈攪錬(かくれん)した鉄を〉ブルームにする (⇨ puddling 3). 〘OE *blōma* lump of metal ← ? Gmc **blō-* (↑)〙
bloom·a·ry /blúːməri/ *n.* =bloomery.
bloomed *adj.* 〘写真・光学〙 (レンズが)コーティングした 《coated ともいう》.
bloom·er[1] /blúːmə | -mə(r)/ *n.* **1** 花が咲く植物: an early ~ 早咲きの花. **2 a** 若い盛りの人. **b** 技術・能力などを十分発揮する(若)人. 〘(1730–36) ← BLOOM[1] (v.)+-ER[1]〙
bloo·mer[2] /blúːmə | -mə(r)/ *n.* **1** [*pl.*] **a** ブルーマー 《女性がスポーツに用いたズボンの一種; ひざの上または下にゴムを入れて絞ったもの》. **b** 《口語》 (同様の型の)パンツ 《主に女児用下着》. **2** 〘歴史〙 ブルーマー服 《短いスカートの下に, 足首にギャザーを寄せてたっぷりしたズボンをはき, 上衣とつばの広い帽子を組み合わせた婦人服; rational dress ともいう》: a ~ girl (1910 年ごろの)ブルーマー服を着用した勇ましい魅力的な女の子. 〘(1851) ← 考案者 A. J. Bloomer の名から〙
bloom·er[3] /blúːmə | -mə(r)/ *n.* 《英口語》 ばからしい誤り, しくじり, 大失策, どじ: make [pull] a ~ どじを踏む, しくじる. 〘(1889) 《短縮》 ← *blooming error*〙
bloo·mer[4] /blúːmə | -mə(r)/ *n.* 《英》 ブルーマー 《上部に割れ目のある中型サイズのパン》. 〘1937〙
Bloo·mer /blúːmə | -mə(r)/, **Amelia Jenks** *n.* ブルーマー 《1818–94; 米国の社会改革家・女権拡張論者; cf. bloomer[2]》.
bloom·er·y /blúːməri/ *n.* 分塊炉, 分塊工場. 〘(1584–85) ← BLOOM[2]+-ERY〙
Bloom·field /blúːmfìːld/ *n.* ブルームフィールド: **1** Michigan 州南東, Detroit 郊外の郡区. **2** New Jersey 州北東, Newark 郊外の都市.
Bloom·field /blúːmfìːld/, **Leonard** *n.* ブルームフィールド (1887–1949; 米国の言語学者で, その構造主義的な研究法が後に影響をおよぼした; *Language* (1933)).
Bloom·field·i·an /bluːmfíːldiən/ *adj.* ブルームフィールド学派の, 構造言語学的な. — *n.* ブルームフィールド学派の言語学者. 〘(1946) ← (LEONARD) BLOOMFIELD+-IAN〙
bloom·ing /blúːmɪŋ/ *adj.* **1** 花の咲いた, 花盛りの (flowering). **2 a** 若い盛りの, 花のような: She looks ~. 花のようにきれいだ. **b** 栄えている, 隆盛の (flourishing): a ~ business. **3** 《英口語》 いまいましい, 途方もない, 全くの 《★ しばしば単なる強意語として用いられる; この用法のため英国では a ~ girl [youth] のような言い方はすたれてきた》: a ~ busybody 仕様のないおせっかい / a ~ idiot この上なしのまぬけ / every ~ person 猫も杓子(しゃくし)も. 〘(1882) 《婉曲的変形》? ← BLOODY〙 — *adv.* 《英口語》 =bloody. — *n.* 〘光学〙 ブルーミング: **a** ガラス・レンズの表面が変質し, 屈折率の小さい薄膜が生じて干渉効果により光の反射率が減少する現象. **b** レンズ表面にレンズ材質より屈折率の小さい物質(主に金属フッ化物)を適当な厚さに真空蒸着する処理; 干渉効果により反射率を減少させる. **~·ly** *adv.* **~·ness** *n.* 〘(*c*1375) ← BLOOM[1]+-ING[1, 2]〙
Bloo·ming·dale's /blúːmɪŋdèɪlz/ *n.* 〘商標〙 ブルーミングデールズ 《New York 市のデパート》.
blóoming mìll *n.* 〘冶金〙 分塊圧延機; 分塊圧延工場. 〘1884〙
blóoming òil *n.* 紙やすり用の油.
Bloom·ing·ton /blúːmɪŋtən/ *n.* ブルーミントン: **1** 米国 Indiana 州中南部の都市; Indiana 大学所在地. **2** 米国 Illinois 州中部の都市. **3** 米国 Minnesota 州東部の都市. 〘⇨ blooming, -ton〙
blóom·less *adj.* 花のない, 花をつけない. 〘(1593) ← BLOOM[1]+-LESS〙
Blooms·bu·ri·an /bluːmzbjʊ́ᵊriən | -bjʊ́ər-/ *n.* Bloomsbury の住人; (特に) Bloomsbury Group の人. 〘(1902) ← BLOOMSBURY ↓ +-IAN〙
Blooms·bu·ry /blúːmzb(ə)ri, -bèri | -b(ə)ri/ *n.* **1** ブルームズベリー 《London 中央部 Camden 区の一地区; British Museum, London 大学や多くの出版社などがあり, 昔は上流住宅地; cf. Bloomsbury Group》. **2** = Bloomsbury Group. — *adj.* **1** ブルームズベリーグループの. **2** ブルームズベリーグループを模倣した; 知的な, 知識人ぶる. 〘ME *Blemondisberi* ← *Blemund* (家族名)+ *-beri* manor house (⇨ borough)〙
Blóomsbury Gròup *n.* [the ~] ブルームズベリーグループ 《20 世紀前半の London で重きを成した Virginia Woolf, L. Strachey, E. M. Forster, J. M. Keynes などを含む芸術家・インテリ・文学者の一派; G. E. Moore の哲学の影響を受けている; 多くは Bloomsbury に住んだ》. 〘1954〙
bloom·y /blúːmi/ *adj.* (**more** ~, **most** ~; **bloom·i·er**, **-i·est**) **1** 花で覆われた, 満開の. **2** 〈果実など〉粉を吹いている. **3** 《古》 はつらつとした青春の美にあふれた. 〘(1593) ← BLOOM+-Y[4]〙
bloop[1] /blúːp/ *n.* **1** 不快な雑音; (特に, 光束が音の再生装置を通過する際, フィルムの重ね継ぎや重さの違いなどによって生ずる)ひゅーひゅーという音. **2** (フィルムの重ね継ぎをする際に継いだ部分に当てる)雑音防止用マスク. — *vi.* 《口語》 〈受信機が〉ひゅーひゅーいう (howl). — *vt.* …の雑音を止める. **~·ing** *n.* 〘(1926): 擬音語〙
bloop[2] /blúːp/ 《米俗》 〘野球〙 *vt.* 内野をやっと越す〈ヒット性のフライを〉あげる. — *adj.* 〈ボールが〉内野をやっと越すフライの. 〘(1947) ← ? BLOOP[1]〙
blóop·er *n.* 《口語》 **1** 不快な雑音; (特に, 受信アンテナから輻射を起こして付近の受信機に生じる)ひゅーひゅーいう音. **2** 《米口語》 大きな間違い (blunder); (特に, 公的にまたは政治的に困る)大失策: make [pull] a ~ 失敗をやらかす. **3** 〘野球〙 **a** 逆回転をつけた高い山なりの投球 《looper ともいう》. **b** テキサスヒット 《内野をやっと越すゆるいフライ; Texas leaguer ともいう》. 〘(1926) ← BLOOP[1]+-ER[1]〙
blos·som /blɑ́(ː)səm | blɔ́s-/ *n.* **1 a** (特に, 果樹の)花 (⇨ bloom[1] SYN): cherry ~*s* 桜の花. **b** [集合的] (一本の木についた)全部の花: a shower of ~ 花吹雪. **c** 開花状態[期], 花盛り: come into ~ 花が咲き出す / be in ~ 花が咲いている / The apple trees are now in full ~. りんごの木は花盛りだ. **2** 少壮(期), (発展の)初期.
— *vi.* **1 a** 〈植物が〉花を開く. **b** 〈場所が〉花で一杯になる. **c** 〈パラシュート・傘などが〉開く 〈*out*〉. **2** 栄える, 発展する; 発達して(…と)なる 〈*out*〉 〔*into*〕: His genius ~*ed* early. 彼の天才は若い時に開花した / The village ~*ed* (*out*) *into* a town. その村は発展して町になった / He will ~ (*out*) *as* [*into*] a statesman. やがて立派な政治家になるだろう. **3** 一変する; 快活になる 〈*out*〉: She ~*ed out* in her new job. 新しい仕事について活発になった.
~·ing *n., adj.* **~·less** *adj.* 〘*n.*: OE *blōstm*, *blōs(t)ma* < Gmc **blōstmōn* ← *blō-*: ⇨ bloom[1, 2]. — *v.*: OE *blostmian* ← (*n.*)〙
Blos·som /blɑ́(ː)səm | blɔ́s-/ *n.* ブロッサム 《女性名》. 〘↑〙
blóssom bùd *n.* 〘植物〙 花芽; (特に, 果樹の)花芽 (flower bud) (cf. leaf bud, fruit bud, mixed bud).
blos·som·y /blɑ́(ː)səmi | blɔ́s-/ *adj.* 花の多い, 花で覆われた, 花盛りの; 花のような. 〘(*c*1380) *blosmy*: ⇨ blossom, -y[4]〙
blot[1] /blɑ́(ː)t | blɔ́t/ *n.* **1** (紙の上のインキなどの)汚れ, しみ (stain): an ink ~. **2 a** 美観などを損なうもの: a ~ *on* the landscape 風景の目ざわり; 目ざわりなもの[人]. **b** (人格・名声などの)きず, 汚点; 汚辱, 汚名: a ~ *on* one's

B

B

character 人格の汚点. 3 《古》(文字などの)なすり消し, 塗抹(とまつ), 抹消 (erasure).
a (dárk) blót on [in] the escútcheon (1) 家門の名折れ. (2) 名折れ, 汚名. 《1697》
— *v.* (**blot·ted; blot·ting**) — *vt.* **1** …にしみをつける, (インキ・墨などで)汚す (stain): ~ paper [one's desk] / ⇨ *blot one's* COPYBOOK. **2 a** (吸取紙などで)吸い取って書き物を乾かす (cf. blotting paper); 〈インクなどを〉吸い取る, 〈汚れを〉ぬぐい取る (remove) 〈*up*〉: ~ one's letter (インクを吸い取るため)手紙に吸取紙を当てる / ~ (*up*) the ink / ~ *up* the gravy on the floor 床にこぼれた肉汁をふき取る. **b** 〈名前・思い出などを〉抹殺する: memories ~*ted* from one's mind 心からすっかり忘れられた思い出. **3** 《廃》**a** 〈人格・名声・美しさなどを〉傷つける, 害する (impair); 汚す (disgrace). **b** 中傷する, 誹謗(ひぼう)する. **4** 《廃》〈紙などに〉書き散らす; ぬたくる (daub). — *vi.* 〈インキ・紙などが〉にじむ; 〈ペンが〉紙をにじませる: This paper ~*s* easily. この紙はにじみやすい.
blót óut (1) 〈文字などを〉(なすり)消す (erase). (2) 〈景色などを〉見えなくする, 覆い隠す (conceal): The smog ~*ted out* the sun. スモッグで太陽が見えなくなった. (3) 〈都市などを〉すっかり破壊する (destroy). (4) 〈敵などを〉皆殺しにする. (5) 〈思い出などを〉完全にぬぐいさる. (6) 〈罪過を〉帳消しにする: This good deed ~*ted out* all his sins. この立派な行為で彼の罪はすべて消滅した.
〖(1373) ← ? ON (cf. Icel. *blettr* stain) // ▭ OF *blotre* clod ▭ ? Gmc〗

blot² /blá(:)t | blɔ́t/ *n.* **1** (backgammon で) 危険にさらされているこま. **2** 《古》(暴露された)弱点.
hít a blót (1) (backgammon で) point に一つだけ残されたこまを捕える. (2) 弱点を突く.
〖(1598) ▭ ? Du. *bloot* naked < Gmc **blautaz*〗

blotch /blá(:)tʃ | blɔ́tʃ/ *n.* **1** (皮膚の)できもの, 腫物. **2 a** (インキなどの)大きなしみ, 汚れ (stain). **b** きず, 汚点 (blemish). — *vt.* [通例 p.p. 形で] **1** できものだらけにする. **2** 汚す, しみだらけにする (blot). — *vi.* 〈ペンが〉むらに書ける; 〈インクが〉むらになる. — *adj.* 〖紡織〗ブロッチ捺染の: ⇨ blotch printing. 〖(1604) 《混成》? ← BLOT¹ + BOTCH²〗

blotched *adj.* しみのついた. 〖(1604): ⇨ ↑, -ed〗

blótch prìnting *n.* 〖紡織〗ブロッチ捺染《織物[生地]捺染の一種》.

blotch·y /blá(:)tʃi | blɔ́tʃi/ *adj.* (**blotch·i·er; -i·est**) **1** できもののある. **2** しみだらけの. **blótch·i·ly** /-tʃɪli | -tʃɪ-/ *adv.* **blótch·i·ness** /-tʃinɪ̀s/ *n.* 〖(1824–29) ← BLOTCH + -Y¹〗

blót·less *adj.* **1** 汚れ[しみ]のない. **2** きず[汚点]のない. 〖(1592) ← BLOT¹ + -LESS〗

blot·ter /blá(:)tə | blɔ́tə(r)/ *n.* **1** (特に, 台の上に取り付けた)吸取紙, 吸取紙ばさみ. **2** 《米》**a** (本台帳に載せるまでの)控え帳, 取引控え帳. **b** (警察の)逮捕記録簿 (police blotter ともいう). **3** 《俗》酔っ払い (drunk). **4** 〖機械〗ブロッター《研削砥石などを軸にとりつける際に, 締付けナットにより過大な力がかかることを防ぐため, 中間にはさむフェルトなど圧縮され易い物質の円板》. 〖(1591) ← BLOT¹ + -ER¹〗

blot·tesque /blɑ(:)tésk | blɔt-/ *adj.* 〖絵画〗絵の具をたっぷりつけて塗った, なぐり描きの. 〖(1856) ← BLOT¹ + -ESQUE: cf. grotesque〗

blót·ting bòok /-tɪŋ- | -tɪŋ-/ *n.* 吸取紙帳, 吸取紙つづり. 〖1598〗

blótting pàd *n.* (隅がゴムのりづけされたりしていて, 必要に応じて切り放せる)吸取紙つづり. 〖1857〗

blótting pàper *n.* 吸取紙 (cf. blotter 1). 〖1465〗

blot·to /blá(:)tou | blɔ́təu/ *adj.* 《俗》**1** へべれけに酔った (⇨ drunk SYN). **2** 混乱した, 意識のない. 〖(1917) ← ? BLOT¹ (v.)〗

blouse /bláus | bláuz/ *n.* **1** (婦人や子供の着る)ブラウス《ゆるいシャツ型の上衣》. **2** (礼装および通常軍装の)上衣. **3** 仕事着, 労働服《英国の労働者, フランス・ロシアの農夫や画工などの用いる, ひざまでのたっぷりしたスモック》. — *vi.* **1** 〈織物・衣服が〉ブラウジングする《ブラウスにバンドを締めたようにゆったりと膨らむ》. **2** 垂れ下がる (droop). — *vt.* 〈衣服の身頃などを〉(ブラウスのように)たっぷりさせる. 〖(1828) ▭ F ~ 'workman's smock' ← ?: cf. Prov. (*lano*) *blouso* short (wool)〗

blous·on /bláusɑ(:)n, blú:-, -zɑ(:)n | blú:zɔn; *F.* bluzɔ̃/ *n.* ブルゾン《裾に紐やベルトが付いてやや膨らみのある婦人用上衣》. — *adj.* ブルゾン(スタイル)の: a ~ dress. 〖(1904) ▭ F ~ ← *blouse* (↑)〗

blous·y /bláusi | -zi/ *adj.* (**blous·i·er; -i·est**) = blowzy.

blo·vi·ate /blóuvièɪt | bláu-/ *vi.* 長々と大げさに話す.
blo·vi·a·tion /blòuviéɪʃən/ *n.*

blow¹ /blóu | bláu/ *v.* (**blew** /blú:/; **blown** /blóun | bláun/, *vt.* 14 では ~**ed**) — *vi.* **1** [しばしば it を主語として]〈風が〉吹く: The wind is ~*ing* gently (through the leaves). 風が(木の葉の間を)そよそよ吹いている / *It* is ~*ing* hard. 風がひどく吹いている / There was a strong wind ~*ing from* the west. 西から強い風が吹いていた / The wind is ~*ing* north. 風は北へ吹いている / *It* is ~*ing up* for rain. この風では雨になりそうだ / *It* is ~*ing* a gale. 疾風が吹いている / ⇨ BLOW *great guns.*
2 a (風に)吹かれて飛ぶ[散る], はためく: The papers *blew off* (the desk). 書類が(机から)吹き飛んだ / The dust *blew in through* the cracks. 砂ぼこりが隙間から舞い込んだ / The flags *blew* in the wind. 旗は風にはためいた. **b** [形容詞または過去分詞を補語として] 風に吹かれて(ある状態)になる: The door has ~*n* open [shut]. 戸が風に吹かれて開いた[閉まった].
3 a 息を吹く; 〔…に〕息を吹きかける 〔*on*〕: ~ *on* a trumpet [whistle] トランペット[ホイッスル]を鳴らす / ~ *on* one's hands (温めるために)手にはーはー息を吹きかける / Don't ~ *on* your soup [tea]. スープ[紅茶]を吹いて冷ましてはいけない《無作法とされる》. **b** 〈扇風機が〉風を出す; 〈ふいごなどが〉風を吹く. **c** 〈天然ガス・石油が〉吹き出す. **d** 〈鯨などが〉潮を吹く.
4 はーはーあえぐ (pant): puff and ~ ふうふういう[あえぐ] / ~ short 〈馬が〉息切れしてあえぐ / This slope makes me ~. この坂には息が切れる.
5 a 〈汽車・汽船・審判などが〉汽笛[警笛]を鳴らす (whistle): ~ *for* the crossing 〈列車が〉踏切で警笛を鳴らす / The referee *blew for* [to indicate] half-time. 審判がハーフタイムのホイッスルを吹いた. **b** 〈角笛・オルガン・笛・らっぱなどが〉鳴る: The siren ~*s* at noon. サイレンが正午に鳴る. **c** 〈馬などが〉鼻を鳴らす (snort). **d** 〈風や嵐が〉うなる, ピューピューいう. **e** 《口語》ジャズを演奏する.
6 a 《米口語・豪口語・スコット》自慢する (boast): Don't ~ *about* it. そんなに自慢ばかりするな. **b** 《口語》腹を立てる; どなりつける (fulminate): ~ *at* a person 人をしかりつける.
7 a 爆発する: The chemical plant has ~*n up.* 化学工場が爆発した. **b** 〈タイヤが〉パンクする. **c** 〈缶詰の缶が〉膨れる, 破裂する. **d** 〈ヒューズが〉飛ぶ; 〈電球・真空管が〉切れる; 《俗》〈エンジンが〉(使いすぎて)止まる: The lights went out because a fuse *blew.* ヒューズが切れて明かりが消えた. **e** 〈チーズなどが〉(異常発酵のため)膨れる.
8 〈馬・ラバなどが〉息を入れるために止まる[休む]: let a horse ~ 馬に一息入れさせる.
9 《口語》〔町などに〕ひょっこりやって来る; 〔部屋などに〕どやどやと入って来る 〔*into*〕 (cf. BLOW *in* (2)): ~ *into* town [a room].
10 《俗》急に立ち去る, そそくさと逃げる: Sorry to say goodbye, but I've really got to ~. さようならするのは残念だけれど, 本当に帰らないといけないんだ. **11** [命令形で]《俗》いまいましい (cf. *vt.* 14). **12** 《廃》〈はえが〉卵を産む. **13** 《卑・俗》フェラチオをする. **14** 《口語》(せりふなどを)忘れる, とちる.
— *vt.* **1 a** 吹き動かす[飛ばす], …に吹きつける: The wind *blew* the leaves *in.* 風で木の葉が舞い込んできた / I had my hat ~*n off.* 帽子を吹き飛ばされた / ~ the dust *off* (a book) ふっと(本の)ほこりを吹き払う / The strong wind almost *blew* me *over.* 強風にあぶなく吹き倒されそうになった / The wind *blew* the door open [shut]. 風が吹いてドアが開いて[閉まって]しまった / The boat was ~*n* ashore [off its course]. 船は風に吹かれて浜へ乗り上げた[針路をはずれた] / What good wind ~*s* you here? 《口語》どういう風の吹きまわしでやって来たんだい. **b** 〈風が(吹いて)〉…に〈利益(など)を〉もたらす: It is an ill wind that ~*s* nobody (any) good. ⇨ wind¹ 1.
2 a 〈笛・らっぱなどを〉吹く, 吹奏する; 〔らっぱなどで〕〈音・曲などを〉吹く, 〈汽笛・警笛などを〉鳴らす 〔*on, with*〕: ~ a horn [whistle] 〈狩人が〉角笛[口笛]を吹く; 〈ドライバーが〉警笛を鳴らす / The train whistle *blew* three blasts. 列車が汽笛を3回鳴らした. **b** 〈攻撃・退却などの〉合図を吹く: ~ an assault [a retreat]. **c** 〈猟犬〉に角笛で合図する. **d** 《俗》〈楽器〉でジャズを演奏する; 〈ジャズを〉演奏する.
3 a 〈扇風機が〉〈風を〉出す, 送る; 〈ふいごが〉〈空気を〉送り出す; 〈人が〉〈息を〉吹きかける, 〈キスを〉投げる: ~ (him) a kiss [kisses] (彼に)投げキスをする / The fan was ~*ing* cool air. 扇風機が涼しい風を吹き送っていた. **b** 〈火を〉ふうふう吹く; 〈ふいご〉に送風する; 〈たばこの煙を〉ふかす; …に息を吹く: ~ the bellows ふいごを吹く / ~ (*up*) the fire (ふいごなどで)火を吹いて(よく)起こす / ~ smoke from one's pipe パイプをくゆらせる / ~ one's curry and rice カレーライスを吹いて冷ます / He *blew* it dry. 吹いて乾かした.
4 a 吹いて出す: ~ an egg (殻に二つ穴を空けて)卵を吹いて中身を出す. **b** 〈鼻を〉かむ: ~ one's nose (into [on] one's handkerchief) (ハンカチで)鼻をかむ.
5 [時に up を伴って] 吹いて膨らませる (inflate), 吹いて作る: ~ (*up*) a balloon 風船を膨らませる / ~ bubbles しゃぼん玉を吹く / ~ glass ガラスを吹く (cf. glassblower) / ~ a smoke ring たばこの煙で輪を作る / The wind has ~*n* hollows on the hillside. 風で山腹に風穴(かざあな)ができている.
6 a 言い触らす: ~ a rumor *about* [*abroad*] うわさを広める. **b** 《俗》〈人を〉密告する; 〈秘密などを〉明かす: ⇨ *blow the* GAFF¹.
7 a 爆破する; 〈ふた・栓などを〉破裂させる; 〈タイヤを〉パンクさせる; 〈ヒューズを〉飛ばす; 《俗》〈エンジンなどを〉(使いすぎで)動かなくさせる: ~ a safe 爆破して金庫に穴を開ける / ~ *in* the entrance 入口を爆破する / ~ (*up*) railroad *with* dynamite ダイナマイトで鉄道を爆破する / be ~*n to* atoms [bits] 粉砕される / be ~*n* to blazes [glory] 《口語》爆発で死ぬ / ~ a person from (the mouth of) a gun 〈人を〉砲口に縛りつけて銃殺する《反逆者などに対して行った昔の即決裁判法》/ The lights went out because you *blew* a fuse. ヒューズを飛ばしたので明かりが消えた. **b** 爆破して[撃って]〈穴を〉空ける: I'll ~ a hole through you. 土手っ腹に風穴(かざあな)を空けるぞ.
8 〈ボールを〉力一杯[猛スピードで]投げる.
9 a 〈馬などを〉息切れさせる: The horse is badly ~*n.* 馬はひどく息切れしている. **b** 〈馬など〉に一息入れさせる 〈*out*〉.
10 〈ハエが〉…に卵を産みつける: ~ fruit.
11 《俗》**a** 〈金を〉惜しげなく使う, 濫費する (squander, lose): ~ 100 dollars at cards / ~ one's pay *on* the horses 競馬に給料をはたく. **b** 《米》…に〔…を〕派手におごってやる 〔*to*〕: I'll ~ you [myself] *to* champagne. シャンパンをおごってやろう[でも奮発するか].
12 《俗》〈好機・計画などを〉だめにする, 台なしにする: ~ a chance, project, etc. / You had everything going for you, but you really *blew* it, baby! すべて君に都合よく行っていたのに, 全くぶちこわしてしまったね, 君は.
13 《俗》…から急に立ち去る, そそくさと逃げる.
14 [p.p. は ~ed] 《俗》ののしる (curse, damn)《驚き・苛立ち・怒りなどを表す》: *Blow* the expense! 費用なんか構うもんか《どんどん使え》/ *Blow* it! = *Blow* me tight! これは驚きだ, ばかばかしい, どうにでもなれ / I'm ~*ed* if … = I'll be ~*ed* if … だったら首をやる, 断じて…はしない / Well, I'm ~*ed!* いやはやこれは驚きだ.
15 《卑・俗》…にフェラチオをする.
16 《廃》ほめちぎる, 慢心させる (puff up).
17 《米俗》(麻薬などを)吸う.
18 〖チェッカー〗= huff 2.
blów abóut* [*aróund*]** 吹き散らす[散る], 〈髪などを〉吹き乱す. ***blów a fúse* [*gásket*]** ⇨ BLOW *one's top.* ***blów apárt 《米俗》(ばらばらになるほど)打ちのめす. ***blów awáy*** (*vt.*) (1) 吹き払う[散らす], 〈爆弾などが〉〈体の一部を〉吹き飛ばす: The wind *blew* the leaves *away.* 風で葉っぱが散ってしまった / The leaves have all *blown away.* 葉は散ってしまった. (2) 《米俗》〈人を〉射殺する. (3) 《米口語》〈相手(チーム)などを〉こっぴどくやっつける. (4) 《米口語》〈演技・映画・本などが〉感動させる; びっくりさせる; 打ちのめす. — (*vi.*) 吹き飛ぶ. ***blów báck*** 〈ガスなどが〉逆に吹き出す. ***blów bý*** 先に行く, 追い越す. ***blòw cóld*** 《俗》関心のないそぶりをする, 冷たくあしらう. ***blów one's cóol*** ⇨ cool *n.* 成句. ***blów a person's cóver*** 人の正体[隠れ場所]をばらす. ***blów dówn*** (*vt.*) 吹き倒す; 吹き落とす; 〈ボイラー(の蒸気)を〉排出する. — (*vi.*) 吹かれて倒れる[落ちる]. ***blów gréat gúns* (*and smáll árms*)** [通例 it を主語として] 風が吹きすさぶ, すさまじく吹く. ***blów hígh, blów lów*** 《米》どんなことがあっても, 何事があろう[起ころう]とも. 《1774》 ***blów hót and cóld*** ⇨ hot *adj.* 成句. ***blów ín*** (*vi.*) (1) 〈油田が〉石油[ガス]を噴出する. (2) 《米口語》ひょっこりやって来る[現れる, 立ち寄る] 〔*from*〕 (cf. *vi.* 9). — (*vt.*) (1) ⇨ *vt.* 1. (2) 〈溶鉱炉を〉(送風して)運転させる (cf. BLOW *out vt.* (3)). ***blów it*** 《米俗》しくじる, (機会を)ふいにする. ***Blów it óut your éar!*** 《俗》何を抜かすか, 行っちまえ, くそ食らえ, ふざけるな《怒り・侮蔑の表現》. ***blów óff*** (*vi.*) (1) ⇨ *vi.* 2 a. (2) 〈エンジンなどが〉蒸気を放出する: The engine is ~*ing off.* 機関車が蒸気を吹き出している. (3) 《俗》不平を言う (complain), うっぷんを晴らす 〔*at*〕: ~ *off about* one's boss 上役のことをこぼす. (4) 《俗》率直に言う. (5) 《英俗》おならをする. — (*vt.*) (1) ⇨ *vt.* 1. (2) 〈ボイラー〉から水[湯]を抜く; 〈蒸気・水などを〉放出する, 吹き出す: ~ *off* a boiler 水[湯]を抜いてボイラーを空にする / ~ *off* steam ⇨ steam *n.* 3 b. (3) 《口語》〈余分な精力を〉発散させる, 〈怒りを〉爆発させる, しゃべりまくって〈うっぷんを〉晴らす. (4) 《米口語》〈…を〉無視する; ないがしろにする. (5) 《米俗》〈…を〉取りやめにする, さぼる; 〈試験を〉わざとしくじる. ***blów on*** (人の)名誉などを傷つける. ***blów óut*** (*vt.*) (1) 〈明かりを〉吹き消す: ~ *out* a candle. (2) [通例 ~ *itself* で] 〈風・吹雪・ハリケーンなどが〉吹き尽くす, 吹きやむ: The gale *blew itself out.* 風は(吹くだけ吹いて)吹きやんだ. (3) 〈溶鉱炉を〉(送風を止めて)休止させる (cf. BLOW *in vt.* (2)). (4) 膨らませる: ~ *out* one's cheeks. (5) 〈たばこの煙などを〉吹いて出す: ~ smoke *out* through one's nostrils 鼻から煙を出す. (6) (送風して)〈パイプなどを〉掃除する; (送風して)〈中の物・詰まった物を〉押し出す: ~ the dirt *out* (*of* a pipe) (パイプから)ごみを吹き出す. (7) 爆発させる; 〈タイヤなどを〉パンクさせる; 〈ヒューズなどを〉飛ばす; 〈パソコンなどを〉停止させる; 〈アーク灯などを〉消す, 〈電球などを〉切らす; 〈栓・バルブ・パッキングなどを〉破裂させる. (8) 《俗》〈頭を〉撃ち抜く; 殺す: ~ one's brains *out* 頭を撃ち抜いて自殺する. (9) ⇨ *vt.* 9 b. (10) 《俗》キャンセルする, 取りやめる; 〈約束などを〉破る, すっぽかす. (11) 《米口語》(楽に)負かす. (12) 《米俗》〈金を〉浪費する. — (*vi.*) (1) 〈明かりが〉ふっと[急に]消える. (2) 〈油田・ガス田が〉抑え切れないほど石油[ガス]を噴出する. (3) 〈カーテンなどが〉(風で)膨らむ. (4) 爆発する; 〈タイヤなどが〉パンクする; 〈ヒューズなどが〉飛ぶ; 〈アーク灯などが〉消える; 〈電球などが〉切れる; 〈栓・バルブ・パッキングなどが〉破裂する. ***blów óver*** (*vt.*) (1) 吹き倒す (cf. *vt.* 1). (2) びっくりさせる. — (*vi.*) (1) 吹かれて倒れる. (2) 〈雨雲などが〉消散する; 〈暴風などが〉吹きやむ, 静まる. (3) 〈危機・不幸・風説などが〉無事に去る, 立ち消えになる, 〈スキャンダルなどが〉忘れられる. ***blów one's ówn hórn*** [《英》***trúmpet***] ほらを吹く, 自分のことを吹聴する, 手前みそを並べる, 自画自賛する. ***blów the cóals* [*fíre*]** 《古》争いを煽動する. 《1581》 ***blów one's tóp*** [《米・カナダ》***stáck, líd, córk***] 《口語》(1) (我を忘れて)かっとなる, かんしゃくを起こす. (2) 気が狂う. 《1928》 ***blów úp*** (*vt.*) (1) 爆破する (cf. *vt.* 7 a): ~ *up* a bridge. (2) 〈名声・信用などを〉失わす; 〈…の正当[真実, 重要]性を〉損なう; 〈企てなどを〉つぶす: The case was ~*n up* by the facts. その件は事実の提示によって信憑(しんぴょう)性が減じた. (3) 《口語》うんとしかる, しかりとばす: ~ him *up for* it そのことで彼の油をしぼる. (4) (空気を入れて)〈風船・タイヤなどを〉膨らませる (inflate) (cf. *vt.* 5): ~ *up* a tire. (5) 〈人を〉慢心[うぬぼれ]させる: be ~*n up with* pride 得意満面である. (6) 〈才能・評判・事件・話などを〉誇張する (exaggerate), 〈製品などを〉誇大に宣伝する (tout): ~ *up* an incident out of all proportion ささいな出来事を針小棒大に言う. (7) [it を主語として] 〈嵐などを〉起こす: *It's* ~*ing up* a storm. 暴風になりそうだ. (8) 《口語》〈写真・ネガなどを〉引き伸ばす (enlarge), 〈画面サイズを〉拡大する 〔*by, to*〕. (9) 《古》〈不和・憎しみ・怒りなどを〉起こさせる (arouse). — (*vi.*) (1) 炸裂(さくれつ)する, 破裂する, 爆発する (explode) (cf. *vi.* 7 a); 〈町などが〉(爆発で)破壊される (2) 〈名声・経歴などが〉台なしになる; 〈企て・事が〉だめになる (collapse); 〈人が〉

(緊張して)失敗する (fail); 投球の調子が突然乱れる: ～ *up* in one's lines 〈俳優が〉せりふを間違える (cf. *blow one's* LINES) / His plans for a big party *blew up* in his face. 大パーティーを開く計画が見事に失敗して面目が丸つぶれになった. (3) 《口語》腹を立てる, かんしゃくを起こす: ～ *up at* him. (4) 〈風船・タイヤなどが〉膨らむ (swell). (5) 〈事態が〉(異常なまでに)発展する. (6) [しばしば it を主語として]〈暴風などが〉起こる, 吹き募る (cf. *vi.* 1): A storm *blew up*. 嵐になってきた / It began to ～ *up* cold. 風がだんだん冷たくなってきた. (7) 〈議論・悶着・紛争・危機などが〉突然(不気味に)起こる: Trouble *blew up* over nothing. なんでもないことでごたごたが起こった / I'll be a bit late. Something's ～*n up* at the office. 少し遅れるよ. 会社で問題が起きてね. (8) 《数学》〈関数が〉無限大になる. ***blów thróugh*** 《豪口語》(特に責任を回避するために)すぐその場を立ち去る (cf. *vi.* 10). ***blów upòn*** (1) 〈文章などを〉古臭くする, つまらなくする. (2) 〈名誉・信用などを〉けがす, 傷つける. (3) …を密告する, 裏切る: if you ～ *upon* me もし俺を密告したら.

— *n.* **1** 一吹き, 一陣の風; (特に)暴風, 強風, ハリケーン. **2 a** (息の)一吹き: with a ～ ふっと息を吹きかけて. **b** (楽器などの)吹奏; 吹く音: give a ～ *on* a whistle ホイッスルを鳴らす / have a ～ *at* a trumpet トランペットを吹く. **c** 鼻をかむこと: Give your nose a good ～. 鼻をよくかみなさい. **3** (鯨の)潮吹き. **4 a** 《米・豪口語》自慢, ほら (boast). **b** 《米俗》ほら吹き (boaster). **5 a** 《口語》しばらくの休息, 小休止. **b** 馬の一休み. **6** (蒸気機関車のバルブ・シリンダーなどからの)蒸気の漏れ. **7** 《俗》どんちゃん騒ぎ, にぎやかなパーティー (blowout). **8** 〖化学〗(水性ガス製造工程中の)送風, ブロー. **9** 〖冶金・鉱山〗**a** (溶鉱炉への)送風; 送風の時間; その間に精錬される鋼鉄の量. **b** (鉱山の)天井の崩壊. **10** 〖ジャズ〗《俗》=jam session. **11 a** 《英俗》=cannabis 2. **b** 《米俗》=cocaine. ***hàve [gó for] a blów*** 《口語》新鮮な空気を吸いに外に出る, 散歩をする.

〖OE *blāwan* to blow < Gmc **blēan* (G *blähen* to blow up, swell) ← IE **bhlē-* to blow, swell (L *flāre* 'to blow, INFLATE'): cf. blast〗

blow² /blóu | bláu/ *n.* **1** (こぶし・平手・棒などでの)強打, 打撲, 殴打 (knock): ～ after [upon] ～ 連打 / rain ～*s* on げんこの雨を降らせる / a ～ with the hand 平手[こぶし]の一打ち / a ～ from [with] a sword 刀の一打ち / a ～ with a hammer=a hammer ～ ハンマーの一打 / be at ～*s* なぐり合い[格闘]している / deal a person a ～ between the eyes 眉間(みけん)に一撃を加える / deal a person's authority a ～ 人の権威に鉄槌を下す / exchange [trade] ～*s* (with …) (…と)なぐり合いをする / give a ～ to …に一撃を加える, 打撃を与える / strike a ～ (at …) (…に)一撃を加える / strike the first ～ 先に手を出す, 先手を打つ / The first ～ is half the battle. 《諺》最初の一撃で勝負は半ば決まる,「先手は万手, 先んずれば人を制す」. **2** 大きな(通例突然の)不幸 (misfortune), 精神的打撃; 災難 (disaster): a ～ from heaven 青天の霹靂(へきれき) / a ～ *to* one's hopes / Losing you is a great [quite a] ～ *to* me. あなたを失うことは私には大きな打撃である / What a ～! 何たる災難 / The final ～ came [fell] after the cabinet meeting. 閣議の後に最後の一撃がやってきた. **3** 力強い[突然の]行為[努力], 突撃: ⇨ *at one* BLOW. **4** 《米俗》〖野球〗安打. **5** 《豪》(羊毛の刈り込みでの)はさみの一入れ.

at óne [a (síngle)] blów 一撃の下に; 一挙に, たちまち. (1590–01) ***còme [fáll] to blóws*** 〔…のことで〕なぐり合いになる, けんかを始める〔*over*〕. ***gèt a blów in*** 《口語》(1) うまく一撃を加える. (2) 〈議論などで〉痛い所を突く. ***strike a blów for [agàinst]*** …に加勢[反抗]する: *strike a* ～ *for* peace 平和のために尽力する. (1790) ***with óne [a single] blów*** =*at one* BLOW. ***without stríking a blów*** 労せずして.

〖(*a*1460) 《北部方言》*blou* ← ? BLOW¹ (v.) // ? (M)Du. *blouwen* / G *bläuen* to beat〗

SYN 打撃: **blow** 平手・こぶしまたは武器による強い打撃: He got a *blow* on the head. 頭に一撃をくらった. **punch** こぶしによる素早く強烈な打撃: I gave him a *punch* in the eye 目に一発かませてやった. **slap** 平手で特に顔を鋭く打つこと: She gave him a *slap* across the face. 顔に平手打ちをくわした. **smack** 《口語》特に子供を平手でぴしゃりとたたくこと: a *smack* on the bottoms おしりをひっぱたくこと. **cuff** 《口語》平手で特に頭を通例軽く親しみをこめてたたくこと: a *cuff* on the head こつんと頭をぶつこと. **box** 《口語》特に罰として耳のところを平手またはこぶしで打つこと: He gave the boy a *box* on the ears for being cheeky. 彼は生意気だといってその男の子の耳のあたりをひっぱたいた. **rap, knock** 指の関節でこつこつたたくこと: She heard a *rap* [*knock*] at the window. 窓をノックする音を聞いた.

---

blow³ /blóu | bláu/ *v.* (**blew** /blúː/; **blown** /blóun | bláun/) — *vi.* 《文語》花が咲く, 開花する (blossom). — *vt.* 《古》…に花を咲かせる. — *n.* **1** 《詩》**a** 開花: make a fine ～ 見事な花を咲かせる. **b** 開花状態 (bloom). ★ 主に次の句で: in (full) ～ 満開で. **2** [集合的] 花 (blossoms). **3** 真っ盛り (bloom). 〖OE *blōwan* to blossom < Gmc **blō(j)an* (G *blühen* to bloom) ← IE **bhel-* to bloom, thrive (L *flōrēre* to bloom): cf. bloom¹〗

Blow /blóu | bláu/, **John** *n.* ブロー (1649–1708; イングランドの作曲家・オルガン奏者).

blów·bàck *n.* **1** (縮写したものの) 拡大複写; (秘密情報部員が外国で流したデマの) 本国への逆輸入. **2** (砲撃時の)後方へのガス漏れ; 吹き戻し, ブローバック (ガス圧が銃の遊底を後退させる方式). 〖(1975) ← *blow back* (⇨ blow¹ (v.) 成句)〗

blów·bàll *n.* 〖植物〗**1** 絮球(じょきゅう) (タンポポなどの絮(わた)のついた頭). **2** 絮球をつける植物. 〖(1578): ⇨ blow¹〗

blów·bỳ *n.* **1** (内燃機関の)ブローバイ, 吹き漏れ (燃焼ガスがピストンとシリンダーのすき間等を通って流出する現象). **2** ブローバイをシリンダーに戻すため(内燃機関の)クランク室に取り付ける装置. — *adj.* 吹き漏れ(装置)の. 〖1926〗

blów-by-blów *adj.* [限定的]《口語》極めて詳細な: a ～ account of the debate. — *n.* **1** 極めて詳細な説明. **2** 〈ボクシング試合の解説が〉(選手の一挙一動を説明して)非常に詳細な. 〖(1933): ⇨ blow²〗

blów·càse *n.* 〖化学〗ブローケース (⇨ acid egg). 〖⇨ blow¹〗

blów còck *n.* (ボイラーの)排気コック. 〖1885〗

blów·dòwn *n.* **1** (風などによる)倒木. **2** (原子炉の冷却パイプの)破裂. 〖1978〗

blów-drìed *adj.* **1** 髪をヘアドライヤーで整えた. **2** 身なりは整っているがうさんくさい[薄っぺらな感じの].

blów-drỳ *vt.* 〈髪を〉ヘアドライヤーで整髪する, ブローする. — *n.* ヘアドライヤーによる整髪. 〖1966〗

blów-drỳer *n.* ヘアドライヤー.

blów·er *n.* **1 a** 吹く人. **b** ガラス吹き手 (glass blower). **c** (溶鉱炉などの)現場主任. **2 a** 吹くもの. **b** 送風機, 送風装置. **c** 《俗》(内燃機関の)過給機. **3** 《口語》ほら吹き **4 a** 《英口語》電話: get on the ～ to her 彼女に電話をする. **b** 《俗》=speaking tube. **5** 〖魚類〗=blowfish. **6** 《英口語》鯨. **7** 〖鉱山〗ガスの噴出. 〖OE *blāwere*: ⇨ blow¹〗

blów·fìsh *n.* 〖魚類〗体を膨らます魚 (puffer) (フグなど). 〖1893〗

blów·flỳ *n.* 〖昆虫〗クロバエ科とニクバエ科のハエの総称 (クロバエ・ギンバエ・ニクバエ・シマバエなど衛生上の害虫を多く含む; 腐りかけの肉・糞などに卵を生む; cf. fly² 1); (特に)ホホアカクロバエ (*Calliphora vicina*) (bluebottle ともいう). 〖1812〗

blówfly strìke *n.* 〖獣医〗クロバエ幼虫感染症 (ハエが羊の毛の中に産卵しその幼虫が羊を冒す病気). 〖1933〗

blów gàs *n.* 〖化学〗ブローガス, 排出ガス (水性ガス発生炉において送風中に発生するガス).

blów·gùn *n.* **1** 吹矢筒 (blowpipe). **2** 噴霧器. 〖1864〗

blów·hàrd *n., adj.* 《米口語》ほら吹き(の). 〖(1857) ← BLOW¹+HARD (adv.)〗

blów·hòle *n.* **1** (鯨などの)噴気孔 (spiracle). **2** (地下室などの)空気穴, 通風孔. **3** (鯨・アザラシなどが呼吸をしにくる)氷の中の穴. **4** 〖冶金〗ブローホール (金属が凝固する際, 溶けていたガスが放出されてできる小さい穴). **5** (潮が吹上げる)海岸の岩の割れ目. **6 a** (トンネルなどで煙や空気を出す)通気孔. **b** 《NZ》噴気孔 (火山地域にみられる, ガスや蒸気を出す孔). 〖1691〗

blow·ie /blóui | bláui/ *n.* 《豪口語》=blowfly.

blów-ìn *n.* 《豪口語》歓迎できない新参者[よそ者]. 〖cf. *blow in* (vi.) (2) (⇨ blow¹)〗

blów·ing *n.* **1** (空気や蒸気の)噴出する音. **2** 吹き込み成形 (溶けたガラス・プラスチックなどを型の内側に圧縮空気で押しつけて中空の容器を作ること; blow molding ともいう). **3** 《米口語・豪口語》自慢(話). 〖OE: ⇨ blow¹, -ing¹〗

blówing àgent *n.* 〖化学〗膨張剤, 発泡剤.

blówing càt *n.* 《米俗》ジャズミュージシャン.

blówing ìron *n.* (ガラス器製造に用いる)吹きざお (blowpipe).

blów·ìron *n.* =blowing iron.

blów jòb *n* (*also* **blów·jòb**) 《卑・俗》フェラチオ (fellatio). 〖1956〗

blów·làmp *n.* 《英》=blowtorch.

blów·mo·bìle /-moubìːl, -mə- | -mə(u)-/ *n.* 《米》(飛行機用プロペラで推進する)雪上用自動橇(そり), プロペラ式スノーモービル. 〖← BLOW¹+(SNOW)MOBILE〗

blów mòld *n.* 胴型, 吹き型 (ガラス種子(たね)を型に入れて成形する時に用いる型).

blów mòlding *n.* =blowing 2.

blown¹ /blóun | bláun/ *v.* blow¹ の過去分詞. — *adj.* **1 a** 膨れた (inflated). **b** 〖獣医〗〈動物が〉胃がガスで膨れた, 鼓脹症の. **c** 〈缶詰の缶が〉(中身が傷んで)膨れた, 型がくずれた. **2** 風に吹かれた[吹き送られてきた]: ～ clouds 風に動く雲 / ～ dust 吹きたまった砂ぼこり. **3** 息切れした (out of breath); 疲れ(切っ)た (exhausted). **4** 吹いて作った: ～ glass 吹製ガラス器. **5** 〈食物が〉いたんだ, 腐敗した (spoiled). **6** ハエが卵を産みつけた (fly-blown). **7** 爆発で吹っ飛んだ (blown-up): a ～ chemical plant. **8** 誇張された (exaggerated): ～ nonsense. 〖OE *blāwen* (p.p.)〗

blown² /blóun | bláun/ *v.* blow³ の過去分詞. — *adj.* **1** 〈花が〉開いた, 咲いた (open). **2** 〈場所・植物が〉花で覆われた, 花盛りの (flowery); 咲き終えた: full*blown* roses 満開のバラ. 〖OE *blōwen* (p.p.)〗

blówn fláp *n.* 〖航空〗吹出しフラップ.

blówn-in-the-bóttle *adj.* 本物の, 疑う余地のない, 確かな (genuine). 〖⇨ blow²〗

blówn-mólded *adj.* 〈ガラス製品が〉吹込み成形の, 吹いて作られた.

blówn óil *n.* 吹込み油, 吹入れ油 (空気を吹込んで酸化を起こさせ粘稠(ねんちゅう)にした油で, ペンキ・ワニスなどの乾性油として用いる; oxidized oil ともいう).

blówn-úp *adj.* **1** 爆破された, 壊された. **2** 〈写真など〉引き伸ばされた. **3** 慢心した, 威張った.

blów·òff *n.* **1** (蒸気・水などの)吹出し, 噴出. **2** 噴出装置, 吹出し管: a ～ cock [valve] 吹出しコック[弁]. **3** 頂点, 絶頂 (climax). **4** 《俗》ほら吹き (braggart).

blów·òut *n.* **1** (タイヤなどの)破裂, パンク (rupture); 破裂孔. **2** (空気・蒸気などの)噴出. **3** [通例単数形で] 《英口語》(どんちゃん騒ぎの)大饗応(きょうおう), 大ごちそう; 《米口語》豪華なパーティー. **4 a** (ヒューズが)飛ぶこと, 溶解(状態). **b** (溶鉱炉の)吹止め. **5** 《米口語》(選挙・スポーツの)楽勝. **6** (風で砂の間にできる)くぼみ, 穴. **7** 《米》(自然の圧力のために油井に起こる制御不能の)油[ガス]の噴出[漏れ, あふれ]. **8** 《英方言・米》けんか (quarrel). **9** 〖航空〗=flameout. 〖1824〗

blów·pìpe *n.* **1** (化学分析などに用いる)吹管(すいかん), トーチ: ～ analysis 吹管分析. **2** (ガラス器製造に用いる)吹きざお. **3** (アメリカインディアンなどの)吹矢筒 (blowgun). **4** =blowtorch. **5** 〖医学〗吹管. 〖1685〗

blows·y /bláuzi/ *adj.* =blowzy.

blów·tòrch *n.* 《米・カナダ》(鉛管工の用いる)小型発炎装置, ブローランプ, トーチランプ (blowlamp, blast lamp). 〖1897〗

blów·tùbe *n.* **1** 吹矢筒 (blowgun). **2** (ガラス器製造に用いる)吹きざお (blowpipe). 〖1871〗

blów·ùp *n.* **1** 《口語》**a** (写真の)引伸ばし (enlargement); 引伸ばし写真. **b** 〖映画〗画面サイズの拡大 (16 mm 映画を 35 mm 映画にする). **2** [通例単数形で] 《口語》むかっ腹, 激怒. **3** 《口語》叱責, 非難 (blowing up ともいう). **4** 爆発, 爆破 (explosion). 〖1807〗

blów-wáve *vt.* ドライヤーで乾かしながら整髪する.

blów wàve *n.* ドライヤーで乾かしながら整髪すること; ブローでまとめたヘアスタイル.

blow·y /blóui | bláui/ *adj.* (**blow·i·er; -i·est**) **1** 風の強い, 風の吹く (windy). **2** 風力で飛びやすい, 風の影響を受けやすい. 〖(1830): ⇨ blow¹ (n.), -y⁴〗

blowze /bláuz/ *n.* **1** 太った赤ら顔の女性, 乱れた髪の女性. **2** 《廃》乞食女.

blowzed /bláuzd/ *adj.* =blowzy.

blowz·y /bláuzi/ *adj.* (**blowz·i·er; -i·est**) **1** 〈人, (特に)女性が〉(下品な)赤ら顔の, 太って血色のよい; だらしのない. **2 a** 〈部屋などが〉だらしのない, ほったらかしにした. **b** 〈頭髪が〉ぼうぼうとした. **3** 〈計画・作品など〉周到な配慮に欠けた, 荒削りの. **blówz·i·ly** /-zəli | -zḷi/ *adv.* **blówz·i·ness** *n.* 〖(*c*1770) ← *blowze* (方言) beggar's wench (← ?)+-y⁴〗

bls. 《略》bales; barrels.

BLS 《略》Bachelor of Liberal Studies; Bachelor of Library Science; Bureau of Labor Statistics (米国の)労働統計局.

BLT 《略》bacon, lettuce, and tomato sandwich. 〖1952〗

blub /blʌ́b/ 《英口語》*vi.* (**blubbed; blub·bing**) おいおい泣く. — *n.* おいおい泣くこと. 〖(1559) 《略》↓〗

blub·ber¹ /blʌ́bə | -bə^(r)/ *n.* 泣くこと (weeping); 泣き声: be in a ～ しくしく[おいおい]泣いている. — *vi.* 〈顔をゆがめて〉おいおい泣く (⇨ cry SYN). — *vt.* **1** 泣きながら言う (sob) 〈*out*〉. **2** 〈顔などを〉泣き汚す, 泣きはらす. — *adj.* 泣きはらした, 泣きぬれた. **～·er** *n.* 〖(?*c*1380) *blober, bluber* (n.) & *blubre(n)* (v.): 《擬音語》? (cf. LG *blubbern* to bubble)〗

blub·ber² /blʌ́bə | -bə^(r)/ *adj.* [通例複合語で] 〈唇・頬(ほお)など〉厚ぼったい, 突き出た (protruding). 〖(1667) 《変形》← ME *blaber(-lipped)* thick(-lipped): 今の形は↑と連想〗

blub·ber³ /blʌ́bə | -bə^(r)/ *n.* **1** (鯨などの)脂皮, 脂肪, あぶら身. **2** 《口語》(人体などの)過剰な脂肪. 〖(1664): cf. blubber²〗

blúbber·hèad *n.* 《俗》ばか者 (blockhead). 〖← blubber²〗

blúb·ber·ing /-b(ə)rɪŋ/ *adj.* おいおい泣いている. — *n.* おいおい泣くこと. **～·ly** *adv.* 〖(?*a*1400): ⇨ ing²〗

blub·ber·y /blʌ́b(ə)ri/ *adj.* **1** (鯨などの)脂肪の(多い); 脂肪に似た. **2** 〈人が〉太った (fat). **3** =blubber². 〖(1791): ⇨ blubber²·³, -y⁴〗

blu·cher /blúːtʃə, -kə | blúːkə^(r), -tʃə^(r)/ *n.* 《古》外羽根式の靴, ブルーチャー (舌革と爪革とが一枚革になって腰革が爪革に重なっている靴; cf. Balmoral 2). 〖(1831) ↓〗

Blü·cher /blúːkə | -kə^(r), -tʃə^(r); *G.* blʏ́çɐ/, **Geb·hard Le·be·recht** /gέphaʁt léːbəʁɛçt/ **von** *n.* ブリュヒャー (1742–1819; プロイセンの陸軍元帥; フランス軍を相手に戦い Waterloo の戦い (1815) で Wellington 指揮下の英軍を助けて連合軍の勝利を決定的にした).

bludge /blʌ́dʒ/ *n.* 《豪俗》簡単な仕事, 楽な仕事; ぶらぶらしている期間. — *vi.* **1** 《俗》売春を斡旋する. **2** 《豪俗》責任を回避する, 逃れる; (仕事を)ずるける, ぶらぶらする. **3** [しばしば on を伴って]〈人〉にたかる[せびる]. **4** 〈人に仕事などを〉押しつける. — *vt.* 《豪俗》…に乗じる, 利用する; …につけこむ, だます. 〖(1919) 《逆成》← BLUDGER: cf. bludgeon〗

bludg·eon /blʌ́dʒən/ *n.* **1 a** (先に重みを付けた)短い棍棒. **b** 攻撃[おどし]に使われるもの. **2** (言葉による)攻撃, 批判; 攻撃手段. — *vt.* **1** 棍棒で(激しく数回)打つ, 打ち倒す; おどす, やり込める: ～ a person to death. **2** 〈人〉に強制的に(しつこくせがんで)〔ある行動を〕とらせる[やめさせる]〔*into; out of*〕: ～ a person *into* doing something. **3** 〈人〉にたかる, せびる. 〖(1730) 《変形》← ?: cf. OF *bougeon* (dim.) ← *bouge* club〗

bludg·eon·eer /blʌ̀dʒəníə | -níə^(r)/ *n.* =bludgeoner. 〖(1852): ⇨ -eer〗

blúdg·eon·er *n.* 棍棒で打つ人. 〖1842〗

blúdg·er *n.* **1** 《俗》=bludgeoner. **2** 《俗》売春の手引をする男, 売春婦のひも (pimp). **3** 《豪俗》居候, 食客,

B

腰ぎんちゃく (parasite); のらくら者, 仕事をさぼる人 (loafer). **4** 部下に無能と思われている上司. 〘(1856)《短縮》← *bludgeoner*〙

blue /blúː/ *adj.* (**blu·er, blu·est; more ~, most ~**) **1** 青い; 藍(あい)色の, 紺色の, 空色の: the ~ sea [ocean, sky] / a ~ flame [dress] / ⇨ blue bag / ⇨ blue pencil / (as) ~ as a sapphire / When the candle burns ~, the devil is in the room. 《諺》ろうそくが青く燃えるときは悪魔が部屋にいる. 日英比較 古来の日本には, 青と緑を区別する習慣がなかったため, 草木につく形容詞「青々とした」や,「青葉」「青菜」「青汁」, 信号機の色の「青」, 比喩的意味の「青」二才などのように, 日本語の「青」は英語の green に相当するものを含み, 意味領域が広い. **2 a** [限定的]《口語》陰気な, 憂鬱(ゆう)な, ふさいでいる: a ~ day 憂鬱な日 / feel ~ 気がふさぐ / look ~ ふさいでいる; 気分が悪そうだ; 〈形勢が〉悪い. 日英比較 日本語の「青」は「青空」「青葉」「青海原」, 音は違うが若いという意味の「青春」など明るいニュアンスを持つ語である. それに対して英語の *blue* は陰鬱(いん)なニュアンスの語である. ⇨ blues. **b** 〈事態が〉望みのない: a ~ look-out 悲観的な見通し, 暗澹(たん)とした前途 / ⇨ blue Monday **c** 《米俗》酒に酔った. **3 a** 《口語》猥褻(わい)な, 下品な (obscene): ~ jokes きわどい冗談 / ⇨ blue film / tell ~ stories 猥談をする. 《売春婦が青色の服を着ていたことから?》 **b** 不敬な, 冒瀆的な: ~ language 冒瀆的なことば / ⇨ *make* [*turn*] *the air* BLUE. **4 a** 〈皮膚が〉(寒さ·打身·恐怖などで)青白い, 土気色になって: go ~ 青くなる / ~ *from* [*with*] cold 寒さで青くなって / ⇨ BLUE *in the face*. **b** 青みがかった, 薄青く染まった: ~ milk. **c** 〈動物の毛皮が〉青みがかった灰色の, 青灰色の: ⇨ blue point. **5** [強意語に用いて] 極度の (extreme): a ~ fear [funk]《口語》極度の恐怖. **6** 青衣の, 青組の: a ~ young girl / the ~ team. **7** 固苦しい, 厳格な (puritanical): a ~ student 固苦しい学生 / ⇨ blue laws. **8** [通例軽蔑的に]《古》〈女性が〉学問のある, インテリの (cf. bluestocking). **9** 《米》(南北戦争の)北軍の (cf. *n.* 4 b). **10** 《英口語》保守党に属する, 保守党の (Tory). **11** 〘音楽〙〈歌が〉ブルース調の (cf. blues 1): a ~ song. **12** 《まれ》〈家柄などが〉貴族の, 高貴な. **13** 《スキーの斜面が》初心者用の.

blúe in the fáce 《口語》(顔が青くなるほど)疲労[緊張, 激怒]して, 疲労[緊張, 激怒]でへとへとになって: till one is ~ *in the face* 精根尽きはてるまで. ***by áll that's blúe*** 《口語》断然, 確かに. ***crý* [*scréam, shóut*] *blúe múrder*** ⇨ murder 成句. ***líke blúe múrder*** ⇨ murder 成句. ***máke* [*túrn*] *the áir blúe*** 《米口語》さんざん悪態をつく, ひどくののしる. ***ónce in a blúe móon*** ⇨ moon 成句. ***till áll is blúe*** 徹底的に, とことんまで: drink [fight] *till all is* ~ とことん飲む[戦う]. 《原義》船が港を出て青い海に消えるまで》

— *n.* **1** 青, 藍(あい), 紺: pale ~ 薄青 / dark ~ (Oxford 大学および Harrow School, またはその選手を表す)暗青色, 紺色 / light ~ (Cambridge 大学および Eton College, またはその選手を表す)淡青色, 浅葱(あさぎ)色. **2 a** 青色絵の具, 藍色染料; (洗濯の仕上げなどに用いる)青み(付け) (bluing). **b** 青色の生地. **c** 青色の服《警官·病院の傷病兵など》: be dressed in ~ 青い服を着ている. **d** ブルーリボン, 最優秀[最高名誉]賞 (blue ribbon). **e** 青いもの. **3** [the ~] **a** 青海. **b** 青空. **c** 遥(はる)かかなた, 遠く離れた土地: disappear into *the* ~ 雲隠れする. **d** (特に, 第二次大戦時の北アフリカの)砂漠. **4 a** (党派色としての)青; 《英口語》《英国》保守党員 (Tory). **b** 《米》(南北戦争当時の)北軍の紺服; (その紺服を着た)北軍(の兵士) (cf. blue-belly 2): (the) ~ and (the) gray (南北戦争の)北軍と南軍. **5** [しばしば B-] **a** (Oxford, Cambridge 両大学で対校競技に出場した選手に与えられる)青章: win [get] one's ~ (対校試合出場)選手になる. **b** 青章を付けた対校試合出場選手: be a rowing ~ ボートレースの対校試合出場選手である. **6** [the B-]〘英史〙(17 世紀に英国の艦隊が Blue, Red, White に分かれていたときの)青色艦隊 (Blue Squadron). **7** [the Blues] =blues 4. **8** 《古》=bluestocking. **9** [*pl.*] ⇨ blues. **10** =blue cheese. **11** 《豪俗》**a** 呼び出し (summons). **b** けんか, 口論 (quarrel). **c** 失錯, へま (blunder). **12** 〘昆虫〙シジミチョウ《シジミチョウ科 (*Lycaenidae*) に属する青い羽のチョウの総称》. **13** 《米》〘トランプ〙=blue chip 1. **14** 《俗》警官. **15** 〘アーチェリー〙(標的の)青い輪. **16** 〘玉突〙青い玉. **17** 《豪口語》赤毛の人. **18** 《豪口語》まじめな人, 頼りになる人.

(like) a bólt from* [*óut of*] *the blúe ⇨ bolt[1] 成句. ***óut of the blúe*** だしぬけに, 思いがけなく (unexpectedly) (cf. *a* BOLT[1] *from the blue*): The announcement came *out of the* ~. その知らせは出し抜けだった. 《1910》 ***the mén* [*géntlemen, bóys*] *in blúe*** (1) 警官. (2) 水兵. (3) (南北戦争当時の)北軍.

— *v.* (~·ing, blu·ing) — *vt.* **1** 青色にする[染める]; 〈洗濯物〉に青みを付ける. **2** 《英俗》〈金銭を〉濫費する, ばか使いする (squander). — *vi.* 青色になる.

~·ly *adv.* 〘(1203) bleu, blou(e) □ (O)F bleu < VL *blāvu(m) ∥ □ (Frank.) *blāo (cf. OHG blāo) < Gmc *blēwaz (OE blāw / MDu. blaeuw / ON blár blue) ← IE *bhlēwo- ← *bhel- to shine, burn (L flāvus yellow / GK phalós white).: cf. black〙

blue alért *n.* 青(防空)警報, 警戒警報第二段階《敵機または暴風の接近に対するもの; 第一段階の黄警報に次ぐもので, 敵機に対しては完全灯火管制が実施される; cf. alert 1》, (同警報の)発令; 合図.

blúe asbéstos *n.* 〘鉱物〙青石綿 (crocidolite).

blúe áshes *n. pl.* [通例単数扱い]〘顔料〙=azurite blue.

blúe bàby *n.* 〘医学〙(先天的心臓疾患による)青色児《動脈と静脈の血液が混ざり合ってしまう; cf. cyanosis》. 〘*c*1899〙

blúe·bàck *n.* 背の色が青い各種の魚[鳥]; (特に)= blueback salmon.

blúe·bàck sálmon *n.* 〘魚類〙ベニマス (sockeye). 〘1881〙

blúe bág *n.* 《英》**1** (青い織物で作ったバリスター (barrister) が用いる)書類かばん. **2** (青み剤 (bluing) の入った)洗濯用の小袋. 〘1809〙

blúe·bèard *n.* 〘植物〙**1** ダンギク, ランギク (*Caryopteris incana*)《アジア原産の秋に青い花が咲く多年草; blue spirea ともいう》. **2** 青い萼筒(がくとう)が美しいサルビアの一種 (*Salvia horminum*). 〘(1822): その花の形から〙

Blúe·bèard *n.* **1** 青鬚(あおひげ)《ヨーロッパ各地に昔から伝わる物語の主人公のあだ名で, フランスの Perrault 作, *Contes du Temps* (1697) では, 6 度も妻を迎えては次々と殺しその死体を密室に隠しておいたが, 7 度目の妻にその秘密を発見され, 彼女の兄弟たちに殺された; cf. Fatima[3]》. **2** 結婚しては次々と妻を殺す無情·残忍な男, 残酷で変態的な夫. **3** 何度も妻をかえた男. 〘(1822)《なぞり》← F *Barbe-bleue*〙

blúe·bèat *n.* ブルービート《1960 年代に西インド諸島ジャマイカで流行したポピュラー音楽; レゲエ (reggae) の先駆; ska ともいう》. 〘1968〙

blúe·bèll *n.* 〘植物〙つり鐘形の青い花をつける種々の植物の総称: **1** キキョウ科ホタルブクロ属 (*Campanula*) またはユリ科ツルボ属 (*Scilla*) の草本の総称; 《主にスコット》= harebell 1《bluebells-of-Scotland, Scottish bluebell ともいう》. **2 a** =wood hyacinth《English bluebell ともいう》. **b** =grape hyacinth. **3** (ニュージーランド産の)ヒナギキョウ (*Wahlenbergia gracilis*). 〘1578〙

Blúe Bèll *n.* 〘商標〙ブルーベル《米国 Blue Bell 社製の労働着·ジーンズなど》.

blúe-bèlly *n.* **1** ヤンキー (Yankee). **2** 紺服を着た兵士 (cf. blue *n.* 4 b, blues 4).

blúe bélt *n.* (柔道·空手の)青帯(の人). 〘《なぞり》← Jpn.〙

blue·ber·ry /blúːbèri, -b(ə)ri | -b(ə)ri, -bèri/ *n.* **1** 〘植物〙ブルーベリー《北米産のコケモモ属 (*Vaccinium*) の各種の低木または高木の総称; クロマメノキ (*V. myrtillus*) など》. **2** ブルーベリーの実《藍(あい)色または藍黒色で, 食用; 小さな種子がある; cf. huckleberry》: ~ pie ブルーベリーパイ. 〘1709〙

blúeberry róot *n.* 〘植物〙=blue cohosh.

blúe bíce *n.* 〘顔料〙=azurite blue.

blúe·bìll *n.* 《米》〘鳥類〙アメリカ産のくちばしの青いカモの総称《スズカモ (scaup duck), ヒドリガモ (widgeon), アカオタテガモ (ruddy duck) など》. 〘1813〙

blúe bílly *n.* 《NZ口語》〘鳥類〙=dove prion.

blúe·bìrd *n.* 〘鳥類〙**1** ブルーバード《米国産ツグミ亜科 *Sialia* 属の青い羽の鳴鳥の総称; cf. mountain bluebird》; (特に)米国産ルリツグミ (*S. sialis*). **2** =fairy blue-bird. 〘1688〙

Blúe Bírd *n.* **1** [The ~]「青い鳥」《幸福の追求を象徴した Maeterlinck の詩劇 (1909)》. **2** [the ~] 幸福のシンボル. **3** [the ~s]《米》ブルーバード《Camp Fire 団の最年少グループの団員; 6–8 歳》.

blúe-bláck *adj.* 暗青色の, 濃い藍(あい)色の. 〘1853〙

blúe bláck *n.* **1** 暗青色, 濃い藍(あい)色. **2** 暗青色染料[顔料]. 〘1823〙

blue blood *n.* (*also* **blue·blood**) **1** /⌐–⌐/ 貴族の生まれ, 名門の出 (noble birth). **2** /⌐–⌐/ [the ~]《口語》貴族 (aristocrat). 〘(1834)《なぞり》← Sp. *sangre azul*: もとスペインで, 皮膚が黒いムーア人の血の混じらない意から〙

blúe-blóoded *adj.* 貴族出の, 名門から出た. 〘1853〙

blúe·blòssom *n.* 〘植物〙米国西部産のクロウメモドキ科ソリチャ属のとげのある常緑低木の一種 (*Ceanothus thyrsiflorus*)《blue brush ともいう》.

blúe·bònnet *n.* **1 a** ブルーボンネット(帽) (tam-o'-shanter に似た大きな円形の平らな縁無し帽; もとスコットランドで用いられ, ブルーのウール地製). **b** ブルーボンネット(帽)をかぶった人; 《古》(特に軽蔑的に)スコットランド人 (Scot). **2** 〘植物〙**a** 《スコット》ヤグルマギク (cornflower). **b** マメ科ハウチワマメ属 (*Lupinus*) の数種の植物の総称; (特に)青花のルピナス (*L. subcarnosus*)《米国 Texas 州の州花》. 〘1682〙

Blúe Bónnet *n.* 〘商標〙ブルーボンネット《米国製のマーガリン》.

blúe bòok *n.* (*also* **blue·book**) **1** 《英》[しばしば B-B-] 青書《政府発行の(詳細な)報告書; cf. white book》. **2** 《米口語》紳士録. **3** 《米》**a** (大学の記述式試験答案用)青表紙のノート. **b** 大学の試験. **4** 《カナダ》政府収支決算の年報. 〘1633〙

blúe·bòttle *n.* **1** 〘昆虫〙=bluebottle fly. **2** 《英》紺色制服の人; 《英俗》(特に)警察官. **3** 〘植物〙**a** ヤグルマギク (⇨ cornflower 1 b). **b** ホタルブクロ属 (*Campanula*) およびツルボ属 (*Scilla*) など青い花の咲く各種の植物. **4** 《豪·南ア口語》〘動物〙カツオノエボシ (Portuguese man-of-war). 〘1551〙

blúebottle flý *n.* 〘昆虫〙キンバエ《双翅目クロバエ科 *Calliphora* 属のハエの総称; オオクロバエ (*C. vomitoria*) など多くの種類があり腐敗物·死体などに集まる》. 〘*c*1720〙

blúe bòx *n.* ブルーボックス: **1** 長距離通話を無料化する違法の装置. 《1975》 **2** リサイクル用品収集用の青いプラスチック製の箱.

blúe-brìck univérsity *n.* 《英口語》伝統と名声に輝く大学, 特に, Cambridge 大学と Oxford 大学 (cf. redbrick university, civic university).

blúe brùsh *n.* 〘植物〙=blueblossom.

blúe bùck *n.* 〘動物〙=blaubok.

blúe·càp *n.* =bluebonnet 1 b. 〘1596–97〙

blúe càt *n.* 〘魚類〙北米 Mississippi 川に生息するヘラナマズ科の淡水魚 (*Ictalurus furcatus*)《大型で体重 100 ポンドを超えるものがある》. 〘1835〙

blúe chéer *n.* 《米俗》LSD.

blúe chèese *n.* ブルーチーズ《牛乳または羊乳から造る青かびの縞入りのチーズ; Stilton, Roquefort, Gorgonzola, Danish Blue が代表的; 《豪》blue vein ともいう》. 〘(1925)《なぞり》← F *fromage bleu*〙

blue-chip /blúːtʃìp/ *adj.* **1** 〘証券〙〈株式が〉優良な, 確実な (cf. gilt-edged 2). **2** 《口語》優れた, 価値ある, 一流の, 卓抜な: a ~ business. 〘1904〙

blúe chìp *n.* **1** 〘トランプ〙(ポーカーで)青チップ, 10 点符 (cf. chip[1] 5 a). **2** 〘証券〙優良株. **3** 優良事業[企業]. **4** 優れたもの, 一流品. 〘1904〙

blúe-chìpper *n.* 《米俗》一流の[優秀な]人[組織], 一流品, 一級品. 〘↑〙

blúe·còat *n.* **1** 紺色制服の人 (cf. blue *n.* 4 b, blues 4): **a** (英国では昔の公費による)被救助者, 陸海軍の兵士(など). **b** (米国では, 19 世紀の)陸軍兵士, (特に南北戦争時代の)北軍の兵士. **2** 《米》巡査. **3** 青色の上着《昔, 英国で召使いなど身分の低い者が着た》. 〘1589–90〙

blúecoat bóy [**gírl**] *n.* (英国の)慈善学校の生徒, (特に) London の Bluecoat School すなわち Christ's Hospital 校の男子[女子]生徒. 〘1665〙

blúe·còat·ed *adj.* 紺色制服を着た. 〘1691〙

blúecoat schóol *n.* **1** 慈善学校. **2** [B- S-] = Christ's Hospital.

blue cód *n.* 〘魚類〙アオダラ, ブルーコッド (*Parapercis colias*)《緑青色のトラギス科の食用魚; ニュージーランド Chatham Islands の南極海寄りに生息する; その燻製が美味; rock cod, rawaru, pakirikiri, patutuki ともいう》.

blue cóhosh *n.* 〘植物〙ルイヨウボタン (*Caulophyllum thalictroides*)《米国東部およびアジア産メギ科の青色の大きな実を結ぶ多年草; 根を薬用にする; blueberry root, papooseroot, squawroot ともいう》. 〘1821〙

blue-collar /blúːkáː(ː)lə | -kɔ́lə[r]/ *adj.* ブルーカラーの, 現場労働者[工員, 鉱夫(など)]の; 筋肉[肉体]労働者の (cf. white-collar): ~ jobs 肉体労働. 〘(1946) 仕事で着用する青色のシャツから〙

blúe-cóllar wórker *n.* ブルーカラー(労働者), 筋肉[肉体]労働者 (cf. WHITE-COLLAR worker); 現場労働者《炭坑·建設·港湾·工場などの筋肉労働者》. 〘1950〙

blúe còmb *n.* 〘獣医〙紫藍(しらん)病《とさかのチアノーゼ·産卵低下·食欲欠乏·下痢を特徴とする鶏·七面鳥などの病気; *Reovirus orbivirus* によるウイルス説が有力; blue comb disease ともいう》. 〘(1941) とさかの色があせることから〙

blue córal *n.* 〘動物〙アオサンゴ (*Heliopora coerulea*)《インド洋·南太平洋に分布するアオサンゴ属の青い骨格のサンゴ》.

blue cráb *n.* 〘動物〙北米大西洋やメキシコ湾沿岸産のガザミに似たワタリガニ科の大きなカニ (*Callinectes sapidus*)《脱皮直後の甲羅の軟らかなものを soft-shell crab といい, 食用とする》. 〘1883〙

blue cráne *n.* 〘鳥類〙**1** ハゴロモヅル (*Anthropoides paradisea*)《南アフリカ産の青灰色の大型のツル; 南アフリカの国鳥》. **2** =great blue heron.

Blúe Cróss *n.* 《米》ブルークロス《営利を目的としない団体健康保険組合で, 主に被傭(よう)者とその扶養家族を対象とし加入者に対して入院費の全額または大部分を負担する; cf. Blue Shield》.

blúe cùrls *n.* (*pl.* ~)〘植物〙**1** 青色(時に桃色·白色)の花をつけるシソ科 *Trichostema* 属の植物の総称《特に, 米国東部の *T. dichotomum*, California 州産の *T. lanceolatum* など》. **2** =self-heal. 〘1817〙

blúe dáhlia *n.* (青いダリアのように)不可能なもの, 得られないもの, 極めて珍しいもの.

blúe dáisy *n.* 〘植物〙ルリヒナギク (*Felicia amelloides*)《アフリカ南部原産のキクの一種; 観賞用》. 〘1597〙

Blúe Dánube *n.* [the ~]「美しく青きドナウ」《Johan Strauss (子)作曲のワルツ (1867)》.

blue dévils *n. pl.* [単数扱い] **1** 気のふさぎ, 憂鬱(ゆう)《憂鬱症にかかると青い魔物が見えるという》. **2** 〘病理〙振顫(せん)譫妄(せんもう)(症) (delirium tremens). **3** [B- D-] フランス陸軍の山岳[山地]部隊 (Chasseurs Alpins) のあだ名 (cf. chasseur 1). 〘1616〙

blue dógwood *n.* 〘植物〙北米東部産の白い花と青い実をつけるミズキ属の低木 (*Cornus alternifolia*)《材は工芸用; pagoda dogwood ともいう》.

blue dúck *n.* 〘鳥類〙アオヤマガモ (*Hymenolaimus malacorhynchos*)《カモ科アオヤマガモ属の鳥; ニュージーランド産で青鉛色の羽毛をもつ》.

Blue Énsign *n.* 〘英海軍〙(青地の)予備艦旗, 海軍予備隊旗.

blúe-èyed *adj.* **1** 目の青い, 青い目の. **2** 《英口語》あどけない〈顔をした〉; 《軽蔑》(特に)お気に入りの (cf. white-headed 3). 〘1610〙

blúe-eyed bábies *n.* (*pl.* ~)〘植物〙=bluets.

blúe-eyed bóy *n.* 《英口語》(雇い主や勢力家の)お気に入り(の男の子), 秘蔵っ子《《米口語》では fair-haired boy という》. 〘1924〙

blúe-eyed gráss *n.* 〘植物〙ニワゼキショウ《アヤメ科ニワゼキショウ属 (*Sisyrinchium*) の植物の総称で主に北米産; 花は小さく青い星形》. 〘1784〙

blúe-eyed Máry *n.* 〘植物〙=Chinese houses.

blúe-eyed sóul *n.* 《口語》〘音楽〙ブルー アイド ソウル《白人によって作曲され歌われる, ブルースをもとにしたソウルミュージック》.

blúe fálse índigo *n.* 〘植物〙ムラサキセンダイハギ

(*Baptisia australis*)《米国東部産マメ科の多年草》.
Blue·fields /blú(ː)fiːldz/ *n.* ブルーフィールズ《ニカラグア南東部の港市》.
blúe film *n.* ポルノ映画, ブルーフィルム. 日英比較 日本語の「ピンク映画」はこの語に相当する. ⇨ pink 日英比較
blúe·fìn *n.* 〘魚類〙 **1** 北米 Superior 湖の深いところに生息するサケ科コレゴナス属の淡水魚 (*Coregonus nigripinnis cyanopterus*). **2** クロマグロ, ホンマグロ (*Thunnus thynnus*)《温帯および熱帯の海に広く生息し, 日本近海に来遊するマグロ類中では最も多い; 体長 3 m になる; bluefin tuna ともいう》. 〘cf. *bluefin tuna* (1922)〙
blúe·fìsh *n.* 〘魚類〙 **1** 米国大西洋岸産のムツの類の食用魚 (*Pomatomus saltatrix*)《tailor, tailorfish ともいう》. **2** 青い色の魚の総称 (blues ともいう). 〘c1622〙
blúe flàg *n.* 〘植物〙 北米産アヤメの一種 (*Iris versicolor*)《poison flag, blue lily ともいう》. 〘1784〙
blúe flówer *n.* [the ~] 青い花《特に, 19 世紀ドイツロマン主義の漠とした神秘的な憧憬の象徴》. 〘(なぞり) ← G *blaue Blume*: Novalis の詩的小説 *Heinrich von Ofterdingen* (1802) 中の詩に出てくる象徴〙
blúe flú *n.* (特に警官の)病気を理由とした非公式ストライキ (sick-out). 〘1968〙
blúe flýer *n.* 〘動物〙 アカカンガルーの雌 (blue doe)《色と足の速さからこの名で呼ぶ》.
blúe fóx *n.* 〘動物〙 **1** 青ギツネ《ホッキョクギツネ (arctic fox) の青色型; 毛皮として珍重される》. **2** 青ギツネの毛皮. 〘1863〙
blúe fúnk *n.* 《俗》 ひどい恐怖, 気おくれ.
blúe gàm *n.* 〘植物〙 =bastard mahogany.
blúe·gill /-gɪ̀l/ *n.* 〘魚類〙 ブルーギル (*Lepomis macrochirus*)《北米東南部原産サンフィッシュ科の淡水魚; 鰓蓋(えらぶた)の後縁に青く光る斑点がある; 食用・釣り魚; bluegill sunfish, bluemouth sunfish ともいう》. 〘1881〙
blúe góose *n.* 〘鳥類〙 アオハクガン (*Anser caerulescens*)《北米産の頭部の辺りが白く全体が青灰色をした野性のガン》.
blúe gráma *n.* 〘植物〙 米国西部・南西部産イネ科の牧草 (*Bouteloua gracilis*).
blúe·gràss *n.* 《米》 **1** 〘植物〙 イチゴツナギ《イチゴツナギ属 (*Poa*) の草の総称; 特に, 牧草として優れている; ナガハグサ (Kentucky bluegrass)・コイチゴツナギ (wire grass) など》. **2** ブルーグラス《米国南部から発生したギター・バンジョー・フィドル (fiddle) などで演奏されるテンポの早いカントリー音楽; cf. country-and-western》. 〘← *the Blue Grass Boys* (演奏グループの名) ← *Bluegrass State* (Kentucky 州の俗称)〙 **3** [the B-] =Bluegrass Region. 〘(1751): 茎の青みがかった緑色から〙
Blúegrass Règion [Còuntry] *n.* [the ~] ブルーグラス地帯《bluegrass の繁茂する米国 Kentucky 州中部地方》. 〘1863〙
Blúegrass Stàte *n.* [the ~] 米国 Kentucky 州の俗称. 〘1886〙
blúe-grày gnátcatcher *n.* 〘鳥類〙 米国東部産の昆虫を捕食する小形の鳥 (*Polioptila caerulea*).
blúe-gréen *n., adj.* 青緑色(の). 〘1855〙
blúe-grèen álga *n.* 〘植物〙 藍藻(らんそう)門の藻の総称 (*Cyanophyceae*). 〘1899〙
blúe gróper *n.* 〘魚類〙 (ウエスタン)ブルーグローパー (groper)《豪州産のベラ科の大型魚》.
blúe grósbeak *n.* 〘鳥類〙 ルリイカル (*Guiraca caerulea*)《雄は濃い青色で, 翼に栗色の 2 本の縞がある米国産の鳴鳥》.
blúe gróund *n.* 〘鉱物〙 =kimberlite.
blúe gróuse *n.* 〘鳥類〙 北米西部産の灰色でまだらの *Dendragapus* 属のライチョウの総称; (特に)アオライチョウ (*D. obscurus*) (dusky grouse).
Blúe Guíde *n.* ブルーガイド《英国の旅行案内叢書; 1918 年創刊; cf. Michelin》. 〘1918〙
blúe·gùm *n.* 〘植物〙 オーストラリア産フトモモ科ユーカリ属 (*Eucalyptus*) の芳香性の植物の総称で, 薬効のある油を含む; (特に)ユーカリノキ (*E. globulus*)《現在米国 California 州で栽培されている; cf. eucalyptus, red gum》. 〘1799〙
blúe hàwk *n.* 〘鳥類〙 =hen harrier.
blúe·hèad *n.* 〘魚類〙 ブルーヘッド (*Thalassoma bifasciatum*)《主として大西洋熱帯域に生息するベラ科の魚; 雄の頭は青く, 体は緑色》.
blúe·hèarts *n.* (*pl.* ~) 〘植物〙 北米産ゴマノハグサ科の紫色の花をつける多年草 (*Buchnera americana*).
blúe héat *n.* 〘冶金〙 青熱《鉄鋼を熱し表面に青色酸化皮膜を生じる温度, 約 250°C; cf. temper color》.
blúe héaven *n.* 《俗》 **1** アモバルビタール (amobarbital) 剤《青い錠剤または青いカプセル入りの中枢神経系抑制薬》. **2** =LSD.
blúe héeler *n.* 《豪》 ブルーヒーラー《豪州産の牧羊犬; 家畜のかかとにかみついて従わせる; heeler ともいう》. 〘1946〙
blúe hélmet *n.* (国連の)国際休戦監視部隊の一員. 〘(1965) 青色のヘルメットをかぶっていることから〙
Blúe Hèn's Chíckens *n. pl.* 米国 Delaware 州の住民のあだ名《単に Blue Hen ともいう; cf. Blue Hen State》. 〘(1830) ← *blue hen* (よい闘鶏を生むと信じられためんどり): 米国独立戦争時の Delaware の連隊のあだ名から?〙
Blúe Hèn Stàte *n.* [the ~] 米国 Delaware 州の俗称. 〘(1867) ↑〙
blúe héron *n.* 〘鳥類〙 青みがかった(灰色の)サギ (heron) の総称 (cf. great blue heron, little blue heron). 〘c1730〙
blúe húckleberry *n.* 〘植物〙 =dangleberry.
blúe íce *n.* ブルーアイス《飛行機から排出され, 地上に青い氷となって落ちる廃水》.
blue·ing /blúːɪŋ/ *n.* =bluing.
blue·ish /blúːɪʃ/ *adj.* =bluish.
blúe·jàck *n.* 〘植物〙 米国南部産のカシ(の木) (*Quercus incana*) (turkey oak ともいう; cf. blackjack 4).
blúe·jàcket *n.* (特に, 海兵隊員と区別して)水兵. 〘1830〙
blúe jásmine *n.* 〘植物〙 ブルージャスミン (*Clematis crispa*)《米国南部産の青紫色の花が咲くキンポウゲ科テッセンの一種》.
blúe jày *n.* 〘鳥類〙 アオカケス (*Cyanocitta cristata*)《米国東部およびカナダ産; 明るい青色の羽毛をもつ》. 〘1709〙
blúe jèans *n. pl.* (*also* **blue·jeans**) ブルージーンズ《一般に青色のデニム (denim) 製の作業ズボンやオーバーオール》. 〘1843〙
blúe jèt *n.* 〘気象〙 ブルージェット《激しい雷雨の上空の大気中に時として観測される, つかの間の円錐形の青光り》.
blúe jòhn *n.* 〘鉱物〙 むらさきほたる石《英国 Derbyshire 州産で, 各種の装飾品, 花瓶などを作るのに用いる》. 〘(1672) ← BLUE+JOHN[1] (人名)〙
blúe kìte *n.* 〘鳥類〙 =hen harrier.
blúe làws *n. pl.* 《米史》 **1** 厳格な法律《18 世紀米国の New England で採用されたといわれる極めて厳格な清教主義の法典に由来する法律; cf. blue *adj.* 6》. **2** 日曜日に仕事・取引・娯楽などを禁じる法律. 〘1781〙
blúe lías *n.* 〘鉱物〙 =Lias 2.
blúe líght *n.* **1** (信号用)青花火. **2** [軽蔑的に] 米国連邦党 (the Federalist party) で 1812 年の戦争に激しく反対した派の一員《米国連邦党員が裏切って青い灯火で英国側に合図をしたという噂から》. 〘1805〙
blúe lìly *n.* 〘植物〙 =blue flag.
blúe líly-tùrf *n.* 〘植物〙 ヤブラン (*Liriope muscari*)《淡紫色の花が咲くユリ科の多年草》.
blúe lìne *n.* 〘アイスホッケー〙 ブルーライン《リンクを三等分する青色の区分線; zone line ともいう》. 〘1937〙
blúe lìps *n.* (*pl.* ~) 〘植物〙 =Chinese houses.
Blúe Líz *n.* 《米俗》 護送車, (警察の)巡察車 (cf. Black Maria).
blúe lobélia *n.* 〘植物〙 =great lobelia.
blúe mán *n.* 《米俗》 制服警官.
Blúe Mántle *n.* 《英》 英国紋章院の 4 人の紋章官補の一人. 〘1616〙
blúe márlin *n.* 〘魚類〙 ニシクロカジキ (*Makaira nigricans*)《大西洋の暖海に広く分布する大型のマカジキ》.
blúe máss *n.* 〘薬学〙 **1** 青塊, 水銀錬剤《水銀をグリセリンや蜂蜜などで練ったもの; mercury mass, mass of mercury ともいう》. **2** =blue pill 1 a.
blúe mélilot *n.* 〘植物〙 レイリョウコウ (*Trigonella coerulea*)《地中海地方産のマメ科の一年草; 白地に青の線条のある花が咲き, これから採れる香料はチーズやパンなどに風味を加える; sweet trefoil ともいう》.
blúe mérle *n.* ⇨ merle[2].
blúe métal *n.* (道路のマカダム舗装用の) bluestone の砕石. 〘1808〙
blúe móld *n.* **1** 〘植物〙 アオカビ《パン・果物などに生じる淡青色から緑色の *Penicillium* 属のカビの総称; cf. green mold》. **2** 〘植物病理〙 *Peronospora tabacina* 菌によって生ずるタバコの苗木の病気《葉の裏側に黄色がかった斑点や青みがかった灰色のかびができる》. 〘1664〙
blúe Mónday *n.* 《米口語》 (休日明けの)憂鬱(ゆううつ)な月曜日 (cf. Black Monday). 〘(1801): cf. G *der blaue Montag* / Du. *blauwe moanday*〙
blúe móon *n.* 《口語》 非常な長期間. ***ónce in a blúe móon*** ごくまれに, めったに…しない. 〘1821〙
Blúe Móuntain *n.* ブルーマウンテン《ジャマイカコーヒーの一種; Blue Mountain coffee ともいう》. 〘1922〙
Blúe Móuntains *n. pl.* [the ~] ブルー山脈: **1** 《米国 Oregon 州北東部から Washington 州南東部に広がる山岳地帯; 最高峰 Rock Creek Butte (2,773 m)》. **2** 西インド諸島, ジャマイカ東部の山脈; その斜面はブルーマウンテンコーヒーの栽培地. **3** オーストラリア南東部, New South Wales 東部の高原で, Great Dividing Range の一部.
blúe·mòuth súnfish *n.* 〘魚類〙 =bluegill.
blúe móvie *n.* =blue film.
blúe múd *n.* 海の沈澱物, 沈泥《有機物と鉄硫化物のために青みを帯びている》. 〘1876〙
blúe mússel *n.* 〘貝類〙 ムラサキイガイ, ムールガイ (*Mytilus edulis*)《ヨーロッパ原産で世界の暖海に広がる》.
blúe·ness *n.* 青いこと, 青さ.
Blúe Níle *n.* [the ~] 青ナイル (⇨ Nile 1).
blúe nórther *n.* 寒い北風《米国 Kansas, Oklahoma, Texas 地方に吹く》. 〘この風が吹くときの雲の色から〙
blúe·nòse *n.* 《米口語》 **1** (度を超した)清教徒的な人. **2** [しばしば B-] カナダ沿海州の住人のあだ名; (特に) Nova Scotia 州の住民のあだ名. **3** 《俗》 〘海事〙 Nova Scotia 州の帆船(の船員). 〘1 (1903): ← BLUE (adj.) 6. — 2 (1837–40): Nova Scotia 州の寒冷な気候にちなむ?〙
blúe nòte *n.* 〘ジャズ〙 ブルーノート《ブルース特有の旋法で, ハ長調でいえば半音下げられた第 3 度(E♭) または第 7 度(B♭) を指す》. 〘(1919) ← BLUE (adj.) 11〙
Blúe Nún *n.* 〘商標〙 ブルーナン《ドイツの Rheinhessen (ライン川左岸)地域で英国向けに製造される甘口の白ワイン; 廉価で人気がある》.
blúe óintment *n.* 水銀軟膏《毛じらみの駆除薬》.
blúe páges *n. pl.* [しばしば B- P-] 《口語》 (電話帳の)官公庁の部 (cf. Yellow Pages).
blúe palmétto *n.* 〘植物〙 ハリヤシ (*Rhapidophyllum hystri*)《北米南部原産ヤシ科のつる植物; ヤマアラシのようなとげがある》.
blúe pàper *n.* 青写真用感光紙.
blúe-péncil *vt.* **1** (編集などのとき, 訂正・削除のために)青を入れる (cf. red-pencil). **2** 〈検閲官が〉〈原稿などを〉削除する, 検閲する. **~·ler** *n.* 〘1888〙
blúe péncil *n.* **1** (編集者が訂正・削除などに用いる)青鉛筆. **2** (出版物などの)削除, 訂正, 検閲. 〘1888〙
blúe péter, B- P- *n.* [the ~] 〘海事〙 出帆旗《国際信号旗の P; 青地の真ん中に白い方形のある旗; この旗の意味は「本船まさに出港せんとす, 総員帰船せよ」》. 〘(1709) ← ? *blue repeater* (英国の信号旗の一種) // PETER (人名)〙
blúe phlóx *n.* 〘植物〙 =wild blue phlox.
blúe píke *n.* 〘魚類〙 **1** ブルーパイク (*Stizostedion vitreum glaucum*)《北米五大湖産の魚; pike perch の一種; cf. walleye 5》. **2** =muskellunge. 〘1842〙
blúe píll *n.* **1** 〘薬学〙 **a** 青汞(せいこう) [水銀]丸薬《下剤など; mercury mass ともいう》. **b** =blue mass 1. **2** 《米俗》 銃弾, 弾丸 (bullet). 〘1794–1824〙
blúe plàte *n.* 《米》 **1** (各種料理を一皿に盛れる仕切りつきの)ランチ皿《もとは青い模様がついていた》. **2** (メインコースが)ランチ皿に盛られた肉と野菜から成る定食料理《メニューでは一項目になっている》. — *adj.* メインコース (たとえば肉と野菜) が一つのメニュー項目として供される特別価格の: a ~ lunch. 〘1926〙
blúe-plàte spécial *n.* 《米》 安い定食料理《もとは仕切りのある青い模様のついた皿に載せた》. 〘1952〙
blúe·pòint *n.* 《米》 〘貝類〙 アメリカガキ, バージニアガキ《生食用の小型の牡蠣(かき)の一種》. 〘(1789) ← *Blue Point* (Long Island の岬の名): その沖が特産地〙
blúe pòint *n.* 〘動物〙 ブルーポイント《青みを帯びた体で四肢・耳・尾などの先端が濃い青灰色のシャムネコ》. 〘c1945〙
blúe póinter *n.* 〘魚類〙 **1** 《豪》 (大物として漁夫が狙う)アオザメ (*Isuropsis mako*) (bonito shark). **2** ホオジロザメ (great white shark)《大きくて獰猛(どうもう)な人食いザメ》. 〘1882〙
blúe pówder *n.* 〘冶金〙 ブルーパウダー《亜鉛と酸化亜鉛からなる粉末; 亜鉛を作る時の副産物》.
blue·print /blúːprɪnt/ *n.* **1** (詳細な)計画, 青写真, ブループリント (⇨ plan SYN): a ~ *for* victory 勝利に至るプラン. **2** 青写真 (cyanotype), (建築・機械の)設計図. — *vt.* **1** (綿密に)計画する (plan). **2** 青写真にとる. **~·er** *n.* 〘1886〙
blúe·prìnt·ing *n.* 青写真(法). 〘1825〙
blúe rácer *n.* 〘動物〙 ブルーレーサー (*Coluber constrictor flaviventris*)《米国中部産の細長く動きの速いクロヘビ》. 〘1886〙
blúe ríband [ríbband] *n.* =blue ribbon.
blúe-ríbbon *adj.* 《口語》 優れた, 一流の, より抜きの, 精選された (first-rate): a ~ salmon. 〘1926〙
blúe ríbbon *n.* **1** ガーター勲章 (the Garter) の絹の青リボン (cf. red ribbon 1); ガーター勲爵士. **2** (品評会などでの)最高の名誉[賞], ブルーリボン賞. **3** 青リボン記章《禁酒会員章》. **4** [the B- R-] 〘海事〙 ブルーリボン《New York と Southampton の間の北大西洋を最も速い平均時速で横断した船がマストに掲げて記録を誇る青色長大のリボン; 《英》 Blue Riband [Ribband] ともいう》. 〘1651〙
blúe-ríbbon júry *n.* 《米》 〘法律〙 特別陪審 (special jury)《重大刑事事件に召集される陪審で, 特に学識経験者の中から選ぶ》.
Blúe Ríder *n.* [the ~] =Blaue Reiter.
Blúe Rídge Móuntains *n. pl.* [the ~] ブルーリッジ山脈《米国 Virginia 州の北端から南西に走り Georgia 州の北部に至るアパラチア山脈の一支脈; 単に Blue Ridge ともいう》.
blúe rínse *n.* **1** ブルーリンス《白髪をブルーに染めるリンス》. **2** 白髪を青く染めた老婦人《身ぎれいにして社会活動をする富裕層の婦人を含意》. **blúe-rínsed** *adj.* 〘1964〙
blúe-róan *adj., n.* 黒に白の混じったあし毛の(馬, 犬など). 〘1687〙
blúe róck *n.* 〘鳥類〙 =rock pigeon.
blúe róckfish *n.* 〘魚類〙 北米太平洋沿岸に生息するカサゴ類の食用魚 (*Sebastodes mystinus*).
Blúe Ród *n.* 《英》 聖ミカエル・聖ジョージ勲位 (Order of St. Michael and St. George) の公務員《Gentleman Usher of the Blue Rod の略; ⇨ Black Rod》.
blúe rúnner *n.* 〘魚類〙 西大西洋の暖海に生息するアジ科カイワリ属の食用魚 (*Caranx fusus*).
blues /blúːz/ *n. pl.* **1** [単数または複数扱い] 〘音楽〙 ブルース《20 世紀初頭の米国黒人の歌で blue notes をもつ独特の音楽; ジャズに決定的な影響を与えた; cf. blue *adj.* 11》: a ~ singer / sing a ~ / ⇨ RHYTHM and blues. **2** [the ~; 時に単数扱い] 《口語》 気のふさぎ, 憂鬱(ゆううつ)症: a fit of *the* ~ 鬱の発作 / be in *the* ~ 元気がない / have [get] *the* ~ 気がふさぐ, 気分がすぐれない. **3** 《米国海軍の》紺の制服. **4** [the B-] 英国近衛(このえ)騎兵隊 (⇨ Blues and Royals)《制服の色から》. **5** [単数扱い] 〘魚類〙 =bluefish 2. ***sing the blúes*** 《米俗》 ふさいでいる, 元気がない. 〘(1741) (pl.) ← BLUE: cf. blue devils〙
blúe ságe *n.* 〘植物〙 =sagebrush.
Blúes and Róyals *n. pl.* [the ~] 《英》 ブルーズアンドロイヤルズ《1969 年 Royal Horse Guards (愛称 Blues') と Royal Dragoons (Royals') が合併してできた近衛騎兵連隊; Life Guards と共に Household Cavalry を構成する》.
blúe schíst *n.* 〘岩石〙 青色片岩(へんがん), 藍閃石(らんせんせき)片岩《高圧で比較的低温の下で生成された変成岩》.
blúe shárk *n.* 〘魚類〙 ヨシキリザメ (*Prionace glauca*)

B

《全長 6 m 位に達し人を襲う狂暴なサメ》. 〖*c*1672〗
blúe shéep *n.* 〘動物〙＝bharal.
Blúe Shíeld *n.* 《米》ブルー シールド《営利を目的としない医療保険組合の呼称; cf. Blue Cross》.
blúe shíft *n.* 〘天文〙青色偏移《恒星スペクトルのスペクトル線が地球スペクトルのスペクトル線の波長に比較して青の方にずれること; Doppler 効果によると考えられている; cf. red shift》. 〖1951〗
blúe shìrt *n.* (あるグループ・党などに忠誠を誓うしるしとして)青服を着ている人; (特に, 専門の)消防士. 〖1933〗
blúe shórtness *n.* 〘金属加工〙青熱脆性(ぜい), 青熱脆(もろ)さ《鋼が 200–300°C で硬く, 脆くなること》.
blúe-ský *adj.* 《口語》 **1** 〈有価証券など〉価値のない (worthless); 不安定な, 保証のない. **2** 足が地についていない; 空想的な (fanciful), 非実際的な (impractical): a ～ idea. 〖《1895》空には何もないことから〗
blúe ský *n.* **1** 青空. **2** 《口語》いんちき証券.
blúe-ský làw *n.* 《米口語》〘法律〙青空法《不正証券販売取締り法; いんちき会社に大衆が投資することのないように保護するための米国の法律》. 〖《1912》: 当時の法律家がこのような不良業者を「青空を資本化する (capitalize the blue skies)」と弾劾したことから〗
blúes·man /-mən/ *n.* (*pl.* **-men** /-mən, -mèn/) ブルース(音楽)歌手[奏者]. 〖1966〗
blúe sóap *n.* 《南ア》ブルーソープ《動物の脂肪や野菜の灰汁から造った石鹸》.
blúe spiréa *n.* 〘植物〙＝bluebeard 1.
blúe sprúce *n.* 〘植物〙＝Colorado spruce. 〖1884〗
Blúe Squádron *n.* [the ～]〘英史〙青色艦隊 (⇨ blue *n.* 6).
blúe stéllar óbject *n.* 〘天文〙青色天体《ほとんど電波を出さない青色の天体》.
blúe·stém *n.* 〘植物〙ヒメアブラススキ (*Andropogon furcatus*)《米国西部産のイネ科のススキに似た丈の高い草》.
blúe stém *n.* 〘植物病理〙(半身)萎凋(いちょう)病《カビの一種 *Verticillium alboatrum* が寄生しその葉が青黒く変色し萎縮するイチゴ類の病気》. 〖*c*1862〗
blúe·stòcking *n.* [通例軽蔑的] 文学趣味[学問好き]の女性, インテリ女性, 才女. **～·ìsm** /-ɪ̀zm/ *n.* 〖《*a*1683》← *Bluestocking Society* (18 世紀中ごろの London の社交婦人を中心とした文芸談話会): 男性会員の Benjamin Stillingfleet (1702–71) などが黒絹の代わりに青色の毛の靴下をはいたことから〗
blúe·stòne *n.* **1** 〘化学〙硫酸銅, 胆礬(たんばん) (copper sulfate). **2** 〘岩石〙 **a** (建築用)青石. **b** 《米》(青みがかった建築用)粘土質砂岩. **c** 《豪》(建築用・工業用)玄武石 (basalt). 〖1651〗
blúe stréak *n.* **1** 《口語》電光, 電光のように速いもの[人]: like a ～ 電光石火のように. **2** 《米口語》果てしのない言葉の流れ: talk a ～ 果てしなくしゃべる. 〖1830〗
blúe súccory *n.* 〘植物〙ルリニガナ (*Catananche coerulea*)《地中海地方原産の青色の頭状花をつけるキクの一種; cupid's dart ともいう》.
blues·y /blúːzi/ *adj.* ブルース(音楽)的な[調の]. 〖《1946》← BLUES, -Y[4]〗
blu·et /blúːɪ̀t | blúːɪt, blúɪt/ *n.* 〘植物〙青い花の咲く種々の植物の総称; 《英方言》ヤグルマギク (cornflower). **2** [*pl.*] ⇨ bluets. 〖《1727》□ F *bleuet*, ～: ⇨ blue, -et〗
blúe·thròat *n.* 〘鳥類〙オガワコマドリ (*Erithacus svecicus*)《のどの青いツグミ亜科の鳴鳥》. 〖1873〗
blúe·tìck *n.* ブルーティック《アライグマや狐狩りに用いられる足の速い米国産の猟犬》. 〖1945〗
blúe tít *n.* (*also* **blúe·tìt**)〘鳥類〙アオガラ (*Parus caeruleus*)《アジア・ヨーロッパ産のシジュウカラ属の小鳥でとさか・羽・尾が青い》. 〖1845〗
blúe·tòngue *n.* **1** 〘獣医〙青舌病《アフリカ南部の家畜(羊・牛など)の病気で, ウイルスによって口・舌の充血と浮腫(しゅ)が起こる》. **2** 〘動物〙アオジタトカゲ (*Tiliqua scincoides*)《オーストラリア産の舌が青いトカゲ》. **3** 《豪俗》羊牧場などで働く雑役夫. 〖《1863》《なぞり》← Afrik. *bloutong*〗
blúe-tòngued lízard *n.* 〘動物〙＝bluetongue 2.
Blue·tooth /blúːtùːθ/ *n.* 〘電算〙ブルートゥース《携帯情報機器向けの無線通信規格》.
blu·ets /blúːɪ̀ts | -ɪts/ *n.* (*pl.* ～)〘植物〙トキワナズナ (*Houstonia caerulea*)《北米産のアカネ科トキワナズナ属の植物; innocence, Quaker-ladies ともいう》.
blúe véin *n.* 《豪》＝blue cheese.
blúe vérditer *n.* **1** 〘鉱物〙＝azurite. **2** 〘化学〙岩紺青(こんじょう), 藍緑青(らんろくしょう)《炭酸銅を含む水酸化銅より成る青色顔料》.
blúe vérvain *n.* 〘植物〙米国東部産クマツヅラ属の青い花が咲く多年草 (*Verbena hastata*).
blúe-vín·ney /-víni/ *n.* (*also* **blue-vin·ny** /～/)(英国 Dorsetshire 州原産の)ブルーチーズ. 〖《1863》← ? *blue veiny*: 青いかびの縞がついていることからか〗
blúe vítriol *n.* 〘化学〙胆礬(たんばん), 硫酸銅の五水和物 ($CuSO_4·5H_2O$) の慣用名〘正式名 copper sulfate; cf. chalcanthite〙. 〖1728〗
blúe wáter *n.* 青海原, 外洋 (open sea). 〖1582〗
blúe·wèed *n.* **1** ヨーロッパ産ムラサキ科シャゼンムラサキ属の美しい青い花をつける二年草 (*Echium vulgare*)《薬用; viper's bugloss ともいう》. **2** ＝chicory 1. **3** 米国南西部産の青緑または灰緑色の葉をつける多年生植物 (*Helianthus ciliaris*).
blúe whále *n.* 〘動物〙シロナガスクジラ (*Sibbaldus musculus*). (⇨ sulphur-bottom). 〖1851〗
blúe-wìnged téal *n.* 〘鳥類〙ミカヅキシマアジ (*Anas discors*)《北米産の小ガモ; cf. teal 1》.

blúe·wòod *n.* 〘植物〙米国 Texas 州西部やメキシコ北部に産するクロウメモドキ科のとげのある低木 (*Condalia obovata*).
blúe wóod àster *n.* 〘植物〙北米産の青い花が咲くキク科シオン属の多年草 (*Aster cordifolius*).
blue·y /blúːi/ *n.* 《豪口語》 **1** **a** (放浪者 (swagman) などの)手回り品の包み《もと青い毛布で包んだことから》: ⇨ HUMP (*one's* [*the*]) *bluey*. **b** (青い)毛布. **2** 布地の粗い外被. **3** 《口語》(青色の)呼び出し状 (summons). **4** オーストラリア産の牛追いの青い犬. **5** 〘動物〙オーストラリア産の青いトカゲ (lizard) の総称. **6** 《豪口語》赤毛の人 (redhead). ── *adj.* ＝bluish. 〖《1802》: ⇨ blue, -y[2]〗
bluff[1] /blʌ́f/ *n.* **1** 空威張り, 虚勢, こけおどし, はったり: run a ～ *on* ... 《米》...にはったりをかける. **2** 《米》＝bluffer. **3** 〘トランプ〙(ポーカーで)はったり.
cáll the [*a person's*] *blúff* (1) 手の内を見すかして化けの皮をはがす. (2) 《口語》(相手が空威張りと見て)やれるものならやってみろと挑戦する[開き直る]. 《1896》
── *vt.* **1** **a** はったりやおどしで(ある行動を)やめさせる〔*out of*〕: ～ a person *out of* participating 人をおどして手を引かせる. **b** はったりやおどしをかけてだまして(ある行動を)取らせる〔*into*〕: I was ～*ed into* supposing he is honest. 私はだまされて彼が正直者だと思い込んだ. **c** [～ one's way] だまして逃(のが)れる〔*out of, through, past*〕: He ～*ed his way out* (*of* the tight corner). うまくたぶらかして(危ない所を)乗り切った. **2** ...のふりをする (feign): ～ indifference 無関心を装う. **3** 〘トランプ〙(ポーカーで)思い切って高く賭(か)けて[はったりをかけて]〈相手を〉下ろす〈*out*〉.
── *vi.* **1** はったりをかける; 空威張りする. **2** 《西アフリカ》見栄をはる; 着飾る. *blúff it óut* 《口語》うまくごまかして窮地を脱する.
〖《1674–91》□ Du. *bluffen* to boast, brag〗
bluff[2] /blʌ́f/ *n.* **1** **a** (川の浸食などによってできる)断崖, 切り立った岬 (cliff). **b** 船首の膨らんでいる部分. **2** 《米北部》大草原の木立ち, 林, やぶ, 茂み (grove). ── *adj.* (～·er; ～·est) **1** **a** 〈海岸など〉絶壁の, 断崖の, 切り立った. **b** 〈船首部が〉広くずんぐりしている. **2** **a** 〈人・態度が〉粗野な, 不作法な (rough); 無愛想な, むっつりとした (surly) (⇨ blunt SYN). **b** 率直な, 飾り気のない (frank); (そっけないが)心のこもった. **～·ly** *adv.* **～·ness** *n.* 〖《1627》□ ? Du. *blaf* (廃) flat〗
blúff·er *n.* 虚勢を張る人, はったりをかける人. 〖《1888》: ⇨ ↑, -er[1]〗
bluff·y /blʌ́fi/ *adj.* (**more** ～, **most** ～; **bluff·i·er, -i·est**) **1** 絶壁のある, 険しい (steep). **2** 《西アフリカ》〈顔色が〉いきいきとした, さえた. 〖《1844》: ⇨ bluff[2], -y 4〗
blu·ing /blúːɪŋ/ *n.* (黄ばんだ洗濯物を白く見せるための)青み剤, 青み付け. 〖《1669》← BLUE＋-ING[1]〗
blu·ish /blúːɪʃ/ *adj.* 青みを帯びた, 青っぽい: ～ green 青緑色. **～·ness** *n.* 〖《*a*1398》: ⇨ -ish[1]〗
Blum /blúːm; *F.* blum/, **Léon** *n.* ブルム《1872–1950; フランスの社会主義政治家・批評家; 人民戦線内閣の首相 (1936–37, '38, '46–47); *Stendhal et le Beylisme*「スタンダールとベーリスム」(1914, '30)》.
Blu·men·bach /blúːmənbɑ̀ːk, -bɑ̀ːx; *G.* blúːmənbax/, **Johann Friedrich** *n.* ブルーメンバハ《1752–1840; ドイツの動物学者・人類学者; 近代人類学を確立した; 人類を Caucasian, Mongolian, Ethiopian, American, Malayan に分類した》.
Blun·den /blʌ́ndən/, **Edmund Charles** *n.* ブランデン《1896–1974; 英国の詩人・批評家; 東京帝国大学講師 (1924–27); 文化使節として来日 (1948–50); *Undertones of War* (1928), *Collected Poems* (1930)》.
blun·der /blʌ́ndə | -də[r]/ *n.* (非難すべき)ばかげた誤り, 手ぬかり, しくじり (⇨ error SYN); うっかりしゃべること: minor ～*s* in a translation 訳文中の小さな誤り / make [commit] a colossal [fateful] ～ とてつもない[致命的な]間違いをする. ── *vi.* **1** へまをやる, 失敗する: ～ *in* answering へまな返事をする / He has ～*ed* again. またへまをやった. **2** まごまごする, まごまごして歩く; まごついてぶつかる[つまずく]: ～ *about* in the dark 暗闇でまごまごする / ～ *against* a person まごついて人と鉢合わせする / ～ *into* a wrong room うっかり違う部屋に入ってしまう. **3** 〔...を〕ひょっこり見つける〔*on, upon*〕: ～ *on* [*upon*] a clue / ～ *on* [*upon*] a solution 思いがけず手掛りをつかむ. ── *vt.* **1** 〈仕事などを〉やり損なう: ～ a business 商売をとちる. **2** 考えなしにしゃべる; へまな言い方で言う〈*out*〉: ～ *out* a secret うっかり秘密をしゃべる / ～ *out* an apology しどろもどろに弁解する. **3** へまなことをして失う, うっかりむだにしてしまう〈*away*〉: ～ *away* one's chances うかうかして好機を逸する. **～·ful** /blʌ́ndəfəl, -fl | -də-/ *adj.* 〖《*a*1349》*blondere*(*n*) □ ? ON *blunda* to shut the eyes〗
blun·der·buss /blʌ́ndəbʌ̀s | -də-/ *n.* **1** 《古》らっぱ銃《17–18 世紀ごろの銃口がらっぱ状に開いて発射弾を分散させる筒先の太い銃》. **2** 《口語》へまをやる人; どじ, とんま. 〖《1654》《変形》□ Du. *donderbus* ← *donder* 'THUNDER'＋*bus* gun, 《原義》box[1]: 通俗語源で blunder と連想〗
blún·der·er /-d(ə)rə | -rə[r]/ *n.* ばかな間違い[へま]をする人, そこつ者. 〖《*c*1440》: ⇨ -er[1]〗
blún·der·ing /-d(ə)rɪŋ, -drɪŋ/ *adj.* へまな, まごまごする, まごつき屋の. **～·ly** *adv.* 〖《*a*1387》: ⇨ -ing[2]〗
blunge /blʌ́ndʒ/ *vt.* 〈粘土などに〉水を混ぜて泥漿(でいしょう)にする; 〈窯業原料を〉水中で攪拌して懸濁させる. 〖《*c*1830》《混成》? ← BLEND＋PLUNGE〗
blúng·er *n.* ブランジャー《粘土や他の原料を混合して泥漿(でいしょう)を作るための機械》. 〖《*c*1830》: ⇨ -er[1]〗
blunt /blʌ́nt/ *adj.* (～·er; ～·est) **1** 〈人・態度・言葉などが〉ぶっきらぼうな, 率直な (abrupt); きっぱりとした; 〈事実などが〉ありのままの: a ～ reply 木で鼻をくくったような返事 / The ～ fact is that ... あからさまな事実として.... **2** 〈刃・先・角度が〉鈍い; 〈刃物・鉛筆など〉刃[先]のない, とがっていない, なまくらの (dull): a ～ point, knife, pencil, etc. / a ～ instrument 鈍器. **3** 〈理解・感情など〉鈍感な, 神経の鈍い, うとい. **4** 《古》無骨な, 粗野な (rude). ── *vt.* **1** 〈感覚・頭脳など〉の働きを鈍くする, 勘を鈍らせる (deaden). **2** ...の効果をなくする, 効き目をなくする (weaken): ～ an attack. **3** 〈刃・先などを〉鈍くする, 鈍らせる (dull): ～ (the edge of) a knife / Time ～*s* the edge of sorrow. 時がたてば悲しみも薄らぐ. ── *vi.* 〈刃・先などが〉鈍くなる.
── *n.* **1** 太くて短いもの; 短い太矢; 太く短い葉巻き(のようなもの). **2** 《古俗》現なま (cash). **～·ly** *adv.* **～·ness** *n.* 〖《?*c*1200》← ?: cf. ON *blundr* dozing, *blunda* (⇨ blunder)〗

SYN **1** 鈍い: ⇨ dull. **2** ぶっきらぼうな: **blunt** 〈人や言葉が〉丁寧にしようとも不快な事実を隠そうともせず, 率直にずけずけものを言う: He thinks that *blunt* speech proves his honesty. 彼はぶっきらぼうな言い方は正直の証拠だと考えている. **bluff** 〈人や態度が〉粗野で陽気で率直な《誠実さと人のよさがあるので, 不快感を与えない》: Everyone liked the *bluff* policeman. だれもがその武骨な警官を好いた. **brusque** 〈言葉や行為が〉ぶっきらぼうでやや無礼な: a *brusque* refusal そっけない拒絶. **curt** 〈人や態度が〉無礼になるほどそっけない: a *curt* reply そっけない返事. **gruff** 〈言葉や動作が〉がさつで無愛想な: a *gruff* greeting 無愛想なあいさつ.

Blunt /blʌ́nt/, **Anthony Frederick** *n.* ブラント《1907–1983; 英国の美術史家; 1979 年旧ソ連のスパイであることが発覚し, ナイト爵を剥奪された》.
blúnt fíle *n.* ずんどうやすり《断面の大きさが根本から先まで同一のやすり》.
blur /blə́ː | blə́ː[r]/ *n.* **1** **a** ぼうっと見えるもの; かすんだ状態, くもり: become a ～ *in* one's memory 〈事件などが〉記憶のかなたにかすむ / The page was simply a ～ *to* her sleepy eyes. 紙面は彼女の眠い目にはただぼうっとかすんで見えた / My mind was [became] just a ～. 私の記憶はぼやっとしていた[ぼやっとなった]. **b** 〘写真〙ぶれ, ぼけ, 不鮮明(なところ). **2** **a** にじんだ跡, にじみ; ぶれ, しみ, 汚点 (blot). **b** 道徳的欠点, 汚名. **3** (不明確な)ぶーんという音 (indistinct hum): a ～ of human voices ぼんやり聞こえる人声.
── *vt.* (**blurred; blur·ring**) **1** **a** 〈光景などを〉ぼんやりとさせる: Haze ～*red* the horizon. もやで地平線がぼんやりした. **b** 〘写真〙ぶれさせる, ぼけさせる. **2** **a** 〈目を〉曇らせる, おぼろにかすませる (dim): Tears ～*red* her eyes. 涙で目がかすんだ. **b** 〈感覚などを〉鈍らせる, 〈知覚を〉失わせる; 〈人を〉ぼうっとさせる: ～ a person's senses. **3** **a** 〈書き物などを〉汚す, にじませる: ～ a page *with* ink ページをインクで汚す / The printing is somewhat ～*red*. 印刷がちょっとぼやけている. **b** 〈名声などを〉汚す, 傷つける. ── *vi.* **1** **a** ぼんやりする. **b** 〘写真〙ぶれる, ぼける. **2** 〈目が〉かすむ. **3** 汚す, 汚れをつける. *blúr óut* ぼんやりさせる, おぼろにする; (記憶から)消す.
blúr·ring·ly *adv.* 〖《1548》← ?: cf. blear〗
blurb /blə́ːb | blə́ːb/ *n.* (新刊書などのカバー (jacket) に刷込む)誇大広告, 推薦文; 宣伝文句: a TV ～ テレビの(誇大)広告. ── *vt.* 〔...であると〕誇大に宣伝する〔*as*〕: The book is ～*ed as* the best of the year. その本は本年度の最高傑作であると大げさに広告されている. ── *vi.* 自賛的[宣伝的]な調子で話す. 〖《1914》← *Miss Blinda Blurb* (米国のユーモア作家 Gelett Burgess (1866–1951) が 1907 年自著のカバーに描いたグラマー美人につけた名)〗
blúr círcle *n.* 〘光学〙＝CIRCLE of confusion.
blurred *adj.* **1** ぼやけた; ぼんやりとかすんだ (dimmed): a ～ snapshot. **2** (インクなどで)汚れた, にじんだ.
blur·red·ly /blə́ːr̩dli | blə́ːr̩d-/ *adv.* **blúr·red·ness** *n.* 〖《1553》← BLUR＋-ED〗
blur·ry /blə́ːri | blə́ːri/ *adj.* ＝blurred. **blur·ri·ly** /blə́ːrəli | blə́ːr̩li/ *adv.* **blúr·ri·ness** *n.* 〖《1884》: ⇨ -y4〗
blurt /blə́ːt | blə́ːt/ *vt.* **1** 出し抜けに言い出す; 考えなしにしゃべる, 口を滑らせて言う〈*out*〉: ～ *out* a secret うっかり秘密をしゃべる / ～ *out* a confused statement 出し抜けに訳のわからないことを口走る. ── *vi.* 《Shak》(軽蔑して)鼻を鳴らす. ── *n.* 出し抜けに言うこと, 考えなしにしゃべること. **～·er** /-tə | -tə[r]/ *n.* 〖《1573》: 擬音語 ?〗
blush /blʌ́ʃ/ *vi.* **1** (恥ずかしさ・困惑・内気・罪の意識のために)顔を赤らめる, 赤面する: ～ *at* one's words 失言で赤面する / ～ *for* shame 恥ずかしくて赤面する / ～ *with* [*for*] joy [pleasure] 喜びで紅潮する / ～ to the roots of one's hair 耳の付け根まで真っ赤になる / ～ up to the temples [ears] 耳まで真っ赤になる / ～ like a tomato トマトのように真っ赤になる / "You're absolutely wonderful!" "Don't make me ～!"「君は全くすばらしいよ」「よせよ, 顔が赤くなるじゃないか」. **2** **a** 恥じる, 恥じ入る: I ～ *for* you. 君には恥ずかしくなるよ. **b** [補語を伴って] 恥ずかしくて...になる: ～ crimson [pink, red, scarlet] 恥ずかしくて真っ赤になる. **c** [*to do* を伴って] 〈...して〉恥ずかしい, 恥じ入る: I ～ *to* own that ... 恥ずかしながら実は... / I ～ *to* think of such conduct. そのような行為は思っても恥ずかしい. **3** **a** 〈つぼみ・花などが〉赤らむ. **b** 〈空・場所などが〉ばら色になる: a garden ～*ing with* roses バラが咲いて赤く染まった庭園. **4** 〈ニス・ラッカーなどの塗面が〉(湿気のために)曇る, 濁る, かぶる, さえない色になる. ── *vt.* **1** 赤くする; 赤く染める (redden). **2** 《古》赤面して示す: ～ one's mistake.
── *n.* **1** (恥ずかしさ・困惑・内気・罪の意識のために)顔を赤らめること, 赤面: put a person to the ～ ＝bring a ～

to a person's cheeks 人を赤面させる, 人の面目を失わせる / spare [save] a person's ～*es*《英》人を赤面させないようにする, 人の面目を失わせないようにする / Spare my ～*es*. そうおだててくれるな. **2** (ばらなどの)赤らみ; (ほおなどの)紅潮; (光線・空などの)紅(くれない) (flush): at the ～ of dawn 暁の空が赤らむ時に. **3** ちらっと見ること, 一目 (glance). ★ 今は次の句にのみ用いる: at [on] (the) first ～《文語》一見して, 一見したところでは. **4** (ニス・ラッカーなどの)塗面のかぶり. 〘OE *blyscan* to glow red ← Gmc **blisk-* ← IE **bhel-* to shine: ⇨ blue〙

SYN 赤面する: **blush** 〈特に女性が〉恥ずかしさ・当惑などで顔を赤くする: She *blushed* for shame. 恥ずかしさで顔を赤らめた. **flush** 怒り・熱病・暑さなどで赤くなる[する]: His face *flushed* red. 彼の顔は真っ赤になった.

blúsh·er *n.* **1** 頬紅(ほおべに). **2** (恥ずかしさ・困惑のために)顔をすぐ赤くする人, 恥ずかしがり[はにかみ]屋. **3**〘植物〙ガンタケ, イロガワリテングダケ (*Amanita rubescens*)《blushing mushroom ともいう》. 〘(1665): ⇨ ↑, -er¹〙

blush·ful /blʌ́ʃfəl, -fl/ *adj.* **1** 赤面する, はにかむ, 恥ずかしがる; 赤面させる, 恥ずかしがらせる. **2** 赤い, 赤らんだ. **～·ly** *adv.* **～·ness** *n.* 〘(1611): ⇨ -ful¹〙

blúsh·ing *adj.* **1** 赤らんでいる: ～ roses. **2** 顔を赤らめる, はにかむ: a ～ bride. **～·ly** *adv.* 〘(1595): ⇨ -ing²〙

blúshing múshroom *n.*〘植物〙=blusher 3.

blúsh·less *adj.* 恥知らずの, 鉄面皮の. 〘1566〙

blúsh wíne *n.* ブラッシュ ワイン《赤ワインを造るぶどうを使い, 辛口の白ワインのように造るもので, 色はピンクがかっている》. 〘1984〙

blus·ter /blʌ́stə | -tə(r)/ *vi.* **1** 〈人が〉(大声で)威張り散らす, どなりつける, おどかす (hector) 〔*at*〕. **2 a** 〈風などが〉吹きまくる, 吹きすさぶ. **b** 〈波などが〉立ち騒ぐ, たけり狂う (rage). — *vt.* **1** どなる, どなって言う 〈*out*〉: ～ *out* threats おどし文句をどなる / ～ *out* orders どなって命令を発する. **2** おどして[どなって]〔ある状態に〕陥らせる 〔*into*〕: ～ a person *into* obedience どなって人を従わせる / ～ oneself *into* anger かっとする. **3** [～ one's way で] ものすごい勢いで進む 〔*out of, through*〕: A typhoon ～*ed its way* across the city. 台風が猛烈な勢いで市を吹き抜けた. — *n.* **1** どなりつけ, こけおどし; 空威張り. **2** 吹きすさぶ風, (波の)騒ぎ, 騒々しさ. 〘(*a*1376) *blustere(n)* (擬音語) ?: cf. ON *blāstr* a blowing / LG *blüstern* to flutter〙

blús·ter·er /-tərə | -rə(r)/ *n.* 大声で叫ぶ人, どなりつける人, 威張り散らす人. 〘(1609): ⇨ ↑, -er¹〙

blús·ter·ing /-tərɪŋ, -trɪŋ/ *adj.* **1** 吹きすさぶ, 荒れ狂う. **2** どなりちらす (⇨ noisy SYN); 空威張りの. **～·ly** *adv.* 〘(1513): ⇨ -ing²〙

blus·ter·ous /blʌ́stərəs, -trəs/ *adj.* =blustering. **～·ly** *adv.* 〘1548〙

blus·ter·y /blʌ́stəri, -tri/ *adj.* =blustering. 〘1739〙

Blvd, blvd《略》Boulevard; boulevard.

-bly /bli/ *suf.* -ble で終わる形容詞に対応する副詞を造る: dissolu*bly*.

B-lỳmphocyte *n.*〘免疫〙B リンパ球《骨髄に生じ, 抗体を作るリンパ球の一種; B-cell ともいう; cf. T-lymphocyte》. 〘1971〙

Blyth /bláɪð/ *n.* ブライス《イングランド北部, Northumberland 州南東の北海に面する港》.

Blythe /bláɪð/ *n.* ブライズ《女性名》. 〘← OE *blīþe* 'BLITHE'〙

Bly·ton /bláɪtn/, **Enid (Mary)** *n.* ブライトン《1897–1968; 英国の児童文学作家・詩人; 英国の子供たちに最も読まれた作家の一人; *Noddy, Famous Five* シリーズなど》.

BM《略》*L.* Baccalaureus Medicinae (=Bachelor of Medicine); *L.* Baccalaureus Musicae (=Bachelor of Music); bandmaster; basal metabolism; *L.* Beātae Memoriae (=of blessed memory);〘議会〙before midnight;〘測量〙bench mark; bending moment; binding margin; bishop and martyr; bowel movement; Brigade Major; British Medal; British Monomark; British Museum; Bronze Medalist; Bureau of Mines.

B/M《略》〘会計〙bill of material.

bm.《略》beam.

b.m.《略》*L.* bene merenti (=to the well-deserving); black mare; board measure; bowel movement.

BMA《略》British Manufacturers' Association; British Medical Association.

BMC《略》British Medical Council.

BME《略》Bachelor of Mechanical Engineering; Bachelor of Mining Engineering; Bachelor of Music Education.

BMEWS /bíːmjúːz/《略》〘米軍〙Ballistic Missile Early Warning System 弾道ミサイル早期警戒[警報]組織.

BMI《略》Broadcast Music Incorporated.

BMJ《略》British Medical Journal.

BMOC《略》《米俗》big man on campus.

B-mòvie *n.* B 級映画《主要映画と併映された安上がりの娯楽映画; 1940 年代から 50 年代にかけ特に Hollywood で作られた映画にいう》.

BMR《略》〘生理〙basal metabolic rate.

BMS《略》Bachelor of Marine Science.

BMT《略》Bachelor of Medical Technology; basic military training; basic motion time 基礎動作時間; British Mean Time.

BMus /bíːmʌ́z/《略》*L.* Baccalaureus Musicae (=Bachelor of Music).

BMV《略》*L.* Beāta Maria Virgō 聖母マリア (Blessed Mary the Virgin).

BMW /bíːèmdʌ́bljuː; *G.* beːɛmvéː/ *n.*〘商標〙ビーエムダブリュー《ドイツ BMW 社製の乗用車・オートバイ》. 〘*G.* *B*(*ayerishe*) *M*(*otoren*) *W*(*erke*)〙

BMX /bíːèméks/《略》bicycle motocross.

bn《略》battalion; beacon; been; billion; born.

bn《記号》Brunei《URL ドメイン名》.

Bn《略》Baron; Battalion.

BN《略》Bachelor of Nursing; bank note; Bureau of Narcotics.

BNA《略》*L.* Basle Nomina Anatomica バーゼル解剖学名 (Basle anatomical nomenclature)《1895 年; 臨床方面では今日でも広く用いる》; British North America.

B'nai B'rith /bənéɪbəríθ/ *n.* ブネイブリス《ユダヤ人の友愛共済組合; 1843 年ニューヨークで設立; 教育・社会的地位などの向上を目的とした組織》. 〘□ ModHeb. *bne vrít* < Heb. *bᵉnē bᵉrīth* sons of the covenant〙

BNC《略》Brasenose College, Oxford.

BNDD《略》Bureau of Narcotics and Dangerous Drugs 麻薬危険薬局.

BNF《略》British National Formulary.

BNFL《略》British Nuclear Fuels Limited.

BNL《略》Brookhaven National Laboratory ブルックヘブン国立研究所《米国 New York 州にある原子核物理学研究所》.

bnm《略》〘フリーメーソン〙before new moon 新月の前に (cf. bfm).

BNOC /bíːnɑ(ː)k | -nɔk/《略》British National Oil Corporation.

BNP《略》British National Party.

Bnss.《略》Baroness.

BNS《略》〘海事〙Bachelor of Naval Sciences 商船学士.

bo¹ /bóʊ | bə́ʊ/ *int., n.* **1** =boo¹. **2** ばー《子供が相手を驚かせる場合などに使う叫び声》. 〘(*c*1430) 擬音語 (cf. boo¹)〙

bo² /bóʊ | bə́ʊ/ *n.* (*pl.* ～**es**)《米俗》浮浪者 (tramp). 〘《略》← ? HOBO〙

bo³ /bóʊ | bə́ʊ/ *n.* (*pl.* ～**s**)《米俗》[親しい呼び掛け] (おい)相棒, 兄弟 (mate). 〘(1825) ← ?: cf. boy, bozo, hobo〙

bo《記号》Bolivia《URL ドメイン名》.

BO《略》Bachelor of Oratory; Board of Ordnance;《口語》body odor;〘劇場〙box office.

b/o〘会計〙brought over 繰越し;〘株式〙buyer's option 買い選択.

b.o.《略》back order;〘鉄道俗〙bad order 破損車; blackout; box office; branch office;〘海軍〙broker's order 船舶仲立人指図(さしず)書;〘株式〙buyer's option 買い選択.

bo·a /bóʊə | bə́ʊə/ *n.* **1**〘動物〙**a** ボア《中南米・西インド諸島に生息する無害のニシキヘビ科ボア属 (*Boa*) のヘビの総称; エメラルドボア (*B. canina*), キノボリボア (*B. hartulana*) などを含む》. **b** 獲物を巻き殺す大型のヘビ《ボア (boa constrictor), アナコンダ (anaconda), ニシキヘビ (python) など; cf. constrictor 1 c》. **2** ボア《羽毛や毛皮またはチュール (tulle) レースなどで作った柔らかい襟巻き》. 〘(*a*1398) □ L ～ 'large serpent' ← ?〙

bo·ab /bóʊæb | bə́ʊ-/ *n.*《豪》〘植物〙=baobab.

Bo·ab·dil /bòʊəbdíːl | bə̀ʊ-; *Sp.* boaβðíl/ *n.* ボアブディル《?–1533; 1492 年 Granada がキリスト教勢力の手に落ちたときのナスル朝最後の君主, Muhammed XI のスペイン語名; 本名 Abū 'Abd Allāh Muhammad; 通称 El Chico》.

BOAC《略》British Overseas Airways Corporation 英国海外航空公社《現在は BA》.

bóa constrictor *n.*〘動物〙**1** ボア (*Constrictor constrictor*)《熱帯アメリカ産の大ヘビで獲物を締め殺してから食う習性がある》. **2** ニシキヘビに似た大ヘビ《南米産アナコンダ (anaconda) など》. 〘1809〙

Bo·ad·i·ce·a /bòʊədɪsíːə | bə̀ʊədɪ-/ *n.* =Boudicca.

boak /bóʊk | bə́ʊk/《スコット》*v., n.* =boke.

Boal /bwáːl, bjuːl; *Port.* buáɫ/ *n.*〘植物〙=Bual.

Bo·a·ner·ges /bòʊənə́ːdʒiːz | bə̀ʊənə́ː-/ *n. pl.* **1** [複数扱い]〘新約聖書〙ボアネルゲ《「雷の子ら」の意; キリストがゼベダイ (Zebedee) の二子ヤコブ (James) とヨハネ (John) に与えた名; cf. *Mark* 3:17》. **2** [単数扱い] 大音声の熱弁家, 熱弁説教師. 〘(*c*1384) □ LL ～ □ Gk *Boanergés* ← ? Heb. *bᵉnē régheš* sons of tumult (?)〙

boar /bɔ́ə | bɔ́ː(r)/ *n.* (*pl.* ～**s**, ～) **1 a**〘動物〙イノシシ (*Sus scrofa*)《wild boar ともいう》: a ～'s head イノシシの頭《めでたいときのごちそう; パブ (pub) の名前によくある》. **b** イノシシの肉. **2 a** (去勢しない)雄豚 (⇨ pig¹ SYN). **b** テンジクネズミ (guinea pig) などの雄. 〘OE *bār* < (Gmc) **bairaz* (G《方言》*Bär*) ← ?〙

board /bɔ́əd | bɔ́ːd/ *n.* **1 a** (通例長方形の)平板. **b** 掲示板, ボード;《米》証券の相場を示す掲示板: a bulletin [《英》notice] ～ 掲示板 / an electronic bulletin ～ (パソコン通信の)電子掲示板 / ⇨ blackboard. **c**《口語》配電盤. **d** 台板; 棚(たな): an ironing ～ アイロン台 / a diving ～ 飛び込み台 / ⇨ sideboard. **e** =surfboard. **f**〘バスケットボール〙=backboard 3. **g**〘電子工学〙=printed circuit board. **h**〘体操〙=springboard. **i**〘スカッシュ〙コートの壁に 19 インチの高さで引かれた線《それ以上の高さで返球しなければならない》. **j**〘電算〙ボード (=expansion card). **2 a** [しばしば複合語の第 2 構成素として] (遊戯の)盤: ⇨ chessboard, checkerboard. **b**〘トランプ〙(1) (duplicate bridge で)ボード《4 人に配られた一勝負分の手をそのまま収めて, 順送りに次のテーブルへ回していくのに使う板状の容器》; ボードに収められた手, それによる勝負, その結果[得点]. (2) (stud poker で)表を向けたすべてのプレーヤーの手札. (3) (bridge で)表を向けたダミー (dummy) の手札. **3** (薄く細長くひきわった)板《専門的には厚さ 2 インチ以下で幅で 4–12 インチが標準》: a floor ～ 床板 / a ～ fence 板塀(いたべい). **4 a** 板紙, ボール紙《紙質が硬く, こしのある厚めの紙の総称》. **b** 製本用板紙, 板紙《図書の表紙に用いる板紙》: cloth ～*s* クロース装 / bound in ～*s* 厚表紙の. **5 a** 評議員会, 重役会, 委員会, 試験[面接]委員会; [集合的] 評議員, 役員, 試験[面接]委員: a ～ of directors 役員会, 理事会, 取締役会, 重役会 / a ～ of governors 理事会 / a ～ of estimate (New York 市などの)予算委員会 / on an advisory ～ 諮問委員会で / a ～ of examiners [elections]《米》試験[選挙管理]委員会. **b**《古》会議の卓 (council table); 会議 (council). **c** (行政組織の)庁, 院, 局, 部, 委員会. **d**《米》(仲買人・保険業者などの)協会 (league). **e** [しばしば *pl.*] 試験委員会の試験: pass one's ～*s*. **6 a** 食事, 賄い: ⇨ BED *and board* / ～ and lodging 賄い付き下宿 / full ～ (食事が)三食つき / get (a) room and ～ for 700 dollars a week (ホテルに) 1 週間 700 ドルで食事付きの部屋をとる / give good ～ 賄いがいい. **b**《古》食卓 (table): a groaning ～ ごちそうが山盛りの食卓 / sit at the ～ 食卓につく / I dined at his hospitable ～. 彼のところで大変ごちそうになった. **7** [the ～s] **a**《古》舞台 (stage); 俳優業: go on *the* ～*s* (俳優になって)舞台にのぼる / walk *the* ～*s* =TREAD *the boards*. **b**〘アイスホッケー〙ボード《リンクの周囲の板の囲い》. **c** 木製の競技コース. **8**《米口語》証券[商品]取引所: ⇨ Big Board. **9**《豪》羊の毛を刈り取るための小屋, 小屋内の羊毛刈取り所; 刈ろうとされている羊; 羊の毛を刈り取る人. **10**《廃》縁 (edge), 境界 (border). **11**〘海事〙**a** 舷側(げんそく), 舷; 船内 (cf. aboard 2, overboard 1): over (the) ～ 舷側を越えて海中へ. **b** 同一の間開きで帆走した区間 (tack). **c** 針路より横にはずれた方向. **12**〘鉄道〙信号標識. **13**《NZ》(屠畜場の)床.

above bóard 公明(正大)に[な] (cf. aboveboard): open and *above* ～ 正直で率直な. 《1620》 ***across the bóard*** (cf. across-the-board) (1) 全面的に[な], 一律で[の]. (2)《米》〘競馬〙《賭が》1 着・2 着・3 着の全部にわたって. 《1945》 ***bóard and [on, by] bóard***《古》〘海事〙〈両船が〉(互いに近く)相並んで. 《*c*1450》 ***by the bóard*** 舷外に, 舷側を越えて, 船から海中へ. 《1630》 ***cóme on bóard*** 帰船[帰艦]する. ***fáll on bóard of*** (1)〘海事〙〈他船〉と衝突する; (海戦などで)〈ある船〉とからみ合う. (2) 〈人など〉を攻撃する. 《1655》 ***gó by the bóard*** (1) 〈習慣・思想などが〉失われる, 見捨てられる, 忘れられる. (2) 〈計画などが〉全く失敗する. (3) 〈マストなどが〉折れて船外に落ちる. 《1856》 ***hóld the bóards*** 〈劇が〉引き続き上演される (hold the stage). ***láy a ship on bóard*** (切込み戦の目的で他船に)船を横付けにする. ***màke a bóard***〘海事〙帆船が風上へ切り上げて航走する. ***màke a good bóard***〘海事〙(いっぱい開きの)船が風上に順調に進む. ***màke a hálf bóard***〘海事〙半ば停止状態になるまで船首を風上に向けて進み始める. ***màke shórt bóards***〘海事〙しばしば間切る. 《1772–84》 ***on bóard*** (1) 船上に, 船内に; (飛行)機上に; 車中に: go [get, come] *on* ～ 船[列車, バス, 飛行機]に乗る / have *on* ～ 〈船が〉積んでいる / take *on* ～ 積み込む, 乗船させる. (2) [群前置詞として]〈船〉の中へ[に];〈列車・バス〉の中へ: *on* ～ a ship [train] 乗船[乗車]して / get *on* ～ a car [plane] 車[飛行機]に乗る. (3)《俗》〘野球〙出塁して (on base). (4)《俗》〈酒が〉飲みほされて. 《1688》 ***on the bóards*** (1) (話題として)取り上げられて, 討議[設計]されて. (2) 俳優となって (cf. *n.* 7 a). ***on éven bóard with*** (1) …と舷を並べて, …に横付けして. (2) …と同等の条件で; …にぴたりと, …と仲よく. 《1630》 ***rún on bóard of*** =fall on BOARD of. ***swéep the bóard*** ⇨ sweep 成句. ***táke on bóard***《英》(1) ⇨ *on* BOARD (1). (2) 〈新しい考え, 理論などを〉受け入れる; 〈仕事, 問題を〉引き受ける; We have to *take on* ～ the fact that our country is in decline. 我が国が衰退期にある事実を受け入れないといけない. 《1908》

Bóard of Ádmiralty [the —] (英国の)海軍本部委員会 (⇨ LORD (Commissioner) of Admiralty).

bóard of commíssioners (米国の多くの州に設けてある通例 3–7 人から成る)郡行政委員会.

Bóard of Commíssioners of the Tréasury [the —]《英》国家財政委員会 (⇨ Treasury Board).

bóard of Cústoms and Éxcise [the —] (英国の)関税消費税庁.

bóard of educátion (略 B of E) (1)《米》教育委員会. (2) [the B- of E-]《英》教育院《文部省の前身; 1944–64 年は Ministry of Education, 1964 年以後は Department of Education and Science という》: the President of *the Board of Education* 教育院総裁《現在の文部大臣に相当する》.

Bóard of Guárdians [the —]《英》(救貧法 (poor laws) による)救貧委員会《主に教区単位に設置されていたが, 救貧法の廃止に伴って 1930 年廃止》.

bóard of héalth (州や都市の)衛生局, 衛生課 (略 B of H). 《1796》

Bóard of Ínland Révenue [the —] (英国の)内国歳入庁.

Bóard of Review [the —] (映画などの)検閲局.

bóard of tráde (1)《米》(地方)実業家連盟, 商業会議所 (cf. CHAMBER of commerce). (2) [the B- of T-] (英国の)商務省 (略 B of T; 1970 年に Department of Trade and Industry (通商産業省)に吸収; 通商の監督と輸出の振興を扱う). (3) (穀物・コーヒーなどの)商品取引所. 《1780》

B

Bóard of Tráde ùnit [the —] 《英》商工(電力)単位《1 kilowatt-hour に相当する電力の法定単位; 略 BTU》. 《1913》
— *vt.* **1** 〈船・飛行機・列車・車〉に乗り込む, 乗る: ~ a bus, plane, ship, train, etc. **2 a** 〈人〉に食事を賄う, 賄い付きで下宿させる: ~ a student *for* £300 a week 週300ポンドで学生の食事を賄う[学生を下宿させる]. **b** 〈ペットを〉餌つきで預る. **c** (他家などに)預ける, 下宿させる: ~ one's son in town. **3** …に板を張る; 板でふさぐ[囲う] 〈*up*〉: ~ the floor / ~ *up* a shop [window] 店[窓]に板を打ちつけて閉鎖する. **4** [通例受身で] 〈候補者を〉選考委員会に呼び出す: I am to *be* ~*ed* today. 私は今日面接を受けることになっている. **5** 〖アイスホッケー〗〈相手を〉ボードチェック (board check) する. **6** 《古》 **a** 〖海事〗(攻撃または乗船のために)〈船〉の舷側に迫る; 〈船〉に乗り込んで攻撃する. **b** …に(近づいて)言葉をかける (accost).
— *vi.* **1** (飛行機・船などに)乗る; [進行形で] 〈飛行機・船などが〉乗客を搭乗[乗船]させる: Flight 102 bound for Tokyo is now ~*ing* at Gate 4. 東京行102便は4番ゲートで搭乗の手続きをとっております. **2** 下宿する, 寄宿する; 食事を取る: ~ *at* a hotel 食事はホテルでする / ~ *at* one's uncle's [*with* a certain family] おじのもとに[ある家に]下宿する. **3** 〈船が〉(風に向かって)ジグザグ形に進む, 間切る (tack). **4** 〖アイスホッケー〗ボードチェックする (board check) する.
bóard óut (1) 〈子供・ペットなどを〉よそに預けて(留守中)面倒をみてもらう; 寄宿舎(など)に預ける (cf. *vt.* 2 c). (2) よそで食事をとる; (軍隊などで)〈病人〉に外食を許す.
***bóard róund* [*aróund*]** 《米》〈田舎の先生などが〉次々に生徒の家庭に下宿して回る.
〖OE *bord* plank < Gmc **burðam* (G *Bord* board / ON *borð*) & **borðaz* (Du. *boord* border / ON *borð*) ← IE **bherdh-* to cut: ⇨ bore²〗

bóard-and-bátten *n.* 〖木工〗目板羽目(めいたばめ)《板 (board) を張り, その継ぎ目に外側から目板 (batten) を打つ板壁》. 《1902》
bóard-and-shíngle *n.* 《カリブ》柿板(こけらいた)の屋根と板壁の小さな農家の住まい.
bóard bridge *n.* 〖トランプ〗=duplicate bridge.
bóard chèck *n.* 〖アイスホッケー〗ボードチェック《相手の選手をボード (board) に衝突させるようなボディーチェック (body check) による反則》. 《1936》
bóard·ed /-dɪ̣d | -dɪ̣d/ *adj.* 〈床・屋根など〉板張りの; 〈窓・商店など〉板でふさいだ[閉鎖した].
bóard·er /-də | -də(r)/ *n.* **1 a** (賄い付きの)下宿人. **b** 《英》(通学生に対して)寄宿生, 寮生 (cf. day boy 1). **c** 《米》親元を離れ, 報酬を受けて世話をする人や団体に面倒をみてもらう子供. **2** (攻撃のため)敵船に乗り移る兵. **3** 預けたペット; 預け馬 (cf. board *vt.* 2 b). 《(1530) ← BOARD(v.)+-ER¹》
bóard fòot *n.* ボードフット《12×12×1インチ板の体積; 米国での木材測定の単位; 略 bd. ft.; cf. cord 4》. 《1896》
bóard gàme *n.* 盤上でする遊び[ゲーム], ボードゲーム《チェッカーやチェス》. 《1934》
bóard·ing /-dɪŋ | -dɪŋ/ *n.* **1** (船・汽車・飛行機・バスなどに)乗ること, 乗船, 乗車, 搭乗; [修飾語として]: ⇨ boarding pass. **2** (賄い付き)下宿, 寄宿. **3 a** 板張り, 板囲い. **b** [集合的] 板 (boards). **4** 獣皮の自然な銀面 (grain) を出すためのなめしの一工程. 《(?1440): ⇨ -ing¹》
bóarding brìdge *n.* (航空機の)搭乗橋. 《1878》
bóarding càrd *n.* (航空機に乗る前に渡される)搭乗券. 《1958》
bóarding·hòuse *n.* (*also* **bóarding hòuse**) (通例賄い付きの)下宿屋; 寄宿舎. 《1728》
bóardinghouse réach *n.* 《米口語》(食卓で遠くにあるものを, 人に頼まず)自分で手を伸ばして取ること.
bóarding jòist *n.* 根太(ねだ)《床板を釘付けするための根太》.
bóarding kènnel *n.* (飼主の留守中の) 飼犬預り所.
bóarding lìst *n.* 乗客[乗船]名簿.
bóarding òfficer *n.* 船内臨検士官[税関吏]; 訪問吏《入港する軍艦を訪問して必要な情報を提供する士官》. 《1881》
bóarding-óut *n.* **1** 外食すること. **2** 《英》〖社会福祉〗(地方自治体が孤児や捨て子を孤児院に収容しないで)他家へ預けること: the ~ system 里子制度 (cf. placing-out). 《1863》
bóarding pàss *n.* (飛行機の)搭乗券. 《1969》
bóarding ràmp *n.* 乗客や貨物を積み込むための駐機場.
bóarding schòol *n.* 全寮制[寄宿]学校 (cf. day school). 《1677》
bóarding stàble *n.* 《米》貸しうまや (livery stable). 《1903》
bóard·lìke *adj.* 板のような; 硬直した.
bóard·man /-mən, -mæ̀n/ *n.* (*pl.* **-men** /-mən, -mèn/) **1 a** 板[盤]を使って仕事をする人. **b** 〖映画〗照明用の配電盤係. **c** サンドイッチマン. **2** 《米》証券取引所の社員. **3** 委員, 重役, 評議員. 《1884》
bóardman·shìp *n.* 委員[重役, 評議員]の職[任務, 資格].
bóard méasure *n.* ボードフット (board foot) を単位とする木材の体積測定法 (略 b.m.)《1980 ボードフィートが1スタンダードに相当》. 《1656》
bóard·room /bɔ́ədrùːm, -rʊ̀m | bɔ́ːd-/ *n.* **1** (重役・理事の)会議室. **2** 《米》(証券業者の店にある)顧客接待室《相場を表示する掲示板がある》; 証券取引所の売買立会場. 《1836》
bóard rùle *n.* 体積定規(じょうぎ)《棒に目盛がしてあって, 板の体積を測定するのに用いる》.
bóard·sàiling *n.* =windsurfing. **bóard-sàilor** *n.*
bóard schòol *n.* (もと英国の学務委員会 (school board) の管理した)公立小学校《1902年に委員会が廃止され county council school と改称》. 《1740》
bóard sìde *n.* 材木の幅の広い面.
bóards·man·shìp *n.* =boardmanship.
bóard wáges *n. pl.* **1** (住込み使用人への報酬の一部としての)食事付き宿泊. **2** (通勤の使用人などに給する)食事[食事宿泊]手当, 食費. 《1539》
bóard·wàlk *n.* 《米・カナダ》板張りの歩道; (通例板張りの歩道でできた)海岸などの遊歩道 (promenade). 《1872》
bóar·fish *n.* (*pl.* ~; ~·**es**) 〖魚類〗イノシシのように口の部分の突き出たひれに硬いとげのある魚の総称; (特に)ヨーロッパ産ヒシダイ科の魚 (*Capros aper*). 《1836》
bóar·hòund *n.* もとイノシシ狩りに用いた猟犬《Great Dane など》.
boar·ish /bɔ́ːrɪʃ/ *adj.* 雄豚[猪]の(ような); 残忍な (cruel); 肉欲的な (sensual). **~·ly** *adv.* **~·ness** *n.* 《(1550): ⇨ -ish¹》
bóar's hèad *n.* 〖紋章〗イノシシの頭《イングランド, スコットランドを通じて多く見られる; 両者に図形的な相違がある》.
boart /bɔ́ət | bɔ́ːt/ *n.* =bort.
Bo·as /bóuæz, -əz | bə́uæz; G. bóːas/, **Franz** *n.* ボアズ《1858–1942; ドイツ生まれの米国の人類学者; 北米インディアンの文化人類学的研究で貢献》.
boast¹ /bóust | bə́ust/ *vi.* **1** 自慢する, 誇る: without wishing [wanting] to ~ 自慢したいわけではないが / ~ *of* [*about*] one's talent [skill] 才能[腕前]を鼻にかける / He ~*ed of* [*about*] having passed the examination. その試験に合格したことを自慢した / That's nothing to ~ *of* [*about*]. 別に自慢するほどのことではない / He often ~*s to* us *about* his rich uncle. 我々によく金持のおじさんの自慢話をする. **2** 《古》大いに喜ぶ (exult). — *vt.* **1 a** [しばしば *that*-clause を伴って]自慢する: He ~*s that* he can ride. 馬に乗れるのが大得意だ / Despite his (much-) ~*ed* skill, he couldn't do it. 自慢していた腕前にもかかわらず, 彼にそれはできなかった. **b** [~ *oneself* で]自慢げに公言する: He ~*s himself* (to be) the best tennis player. テニスが一番うまいと鼻高々だ. **2** 誇りとしてもつ, 誇りとする; 《戯言》もつ (have): Many Cambridge colleges ~ [can ~] beautiful gardens. ケンブリッジの学寮には(自慢の[誇るに足る])美しい庭園が多い / The newspaper ~*s* the largest circulation in the nation. その新聞は全国一の発行部数を誇っている / His room ~*ed* only a wobbly chair. 彼の部屋にはぐらぐらの椅子が一つあるだけだった.
be bóasted of as …として自慢される: The Victorian Age *is* often ~*ed of as* an age of progress. ビクトリア朝時代はしばしば進歩の時代として誇られる.
— *n.* **1** 誇り, ほら, 自慢 (brag): an idle ~ から自慢 / make a ~ of …を誇る. **2** 誇り[得意]とする事[物], 自慢の種: It is their ~ that …というのが彼らの自慢だ / This rose is his ~. このバラは彼の自慢のものです.
〖v.: 《(?c1350)》 *boste(n)* □ ? AF **boster* (v.) ← ? Gmc — n.: 《(1265)》 □ AF *bost* ← ? Gmc〗

SYN 自慢する: **boast** 《悪い意味で》自分の業績や能力などについて大きな誇りと満足をもって話す: He *boasted* of his own prowess at fishing. 釣りの腕前を自慢した. **brag** 《悪い意味で》(自分自身・持ち物などについて)大げさに自慢する (*boast* よりも見せびらかしが大きい): He's always *bragging* about his new car. 自分の新車のことをいつも自慢している. **vaunt** 《文語》=*boast*. **crow** 《口語》《悪い意味で》自分の成功などを勝ち誇って自慢する: The winning team *crowed* over its victory. 勝ったチームは勝利を勝ち誇った.
ANT depreciate, belittle.

boast² /bóust | bə́ust/ *vt.* 〖石工・彫刻〗〈石などを〉(荒削り用のみで)荒削り[荒彫り]する. 《(1823) ← ?》
boast³ /bóust | bə́ust/ *n.* 〖スカッシュ〗ボースト《ボールが前面の壁に当たる前に側面の壁に打つストローク》. — *vt.* 〈ボールを〉側面に打つ.
bóast·er¹ *n.* 自慢家, ほら吹き (braggart). 《(c1280) ← BOAST¹+-ER¹》
bóast·er² *n.* 荒削り用のみ (drove chisel). 《(1876) ← BOAST²+-ER¹》
boast·ful /bóustfəl, -fl | bə́ust-/ *adj.* 高慢な; 大げさな; ほらを吹く; 〔…を〕自慢する 〔*of, about*〕: be ~ *of* [*about*] … を自慢する[威張る]. **~·ly** *adv.* **~·ness** *n.* 《(c1303) ← BOAST¹+-FUL¹》
bóast·ing¹ *n.* 自慢(すること), 誇示, 高慢. — *adj.* 自慢する. **~·ly** *adv.* 《(a1333): ⇨ boast¹, -ing¹·²》
bóast·ing² *n.* 〖石工・彫刻〗荒彫り. 《(1823): ⇨ boast², -ing¹》
boat /bóut | bə́ut/ *n.* **1** 小舟, ボート, モーターボート, ヨット, 帆船, 漁船 (⇨ ship **SYN**); (汽船や軍艦が積載した)汽艇 (ship's boat): launch [lower] the ~*s* ボートを(水面に)下ろす / win by a ~'s length 一艇身の差で勝つ.
日英比較 日本語の「ボート」は1の語義にしか使われない.
2 a 《口語》客船 (passenger ship), 汽船 (steamship) (★ 特に陸にいる者が用いる言葉): go by ~ [in a ~] 船で行く / take a ~ (for) (…行きに)乗船する. **b** [しばしば複合語の第2構成素として] 船: ⇨ ferryboat, houseboat, lifeboat, motorboat, rowboat, rowing boat, sailboat, sailing boat, steamboat. **c** 潜水艦 (submarine). **3 a** (ソース・カレーなどを入れる)舟形容器: ⇨ gravy boat, sauceboat. **b** 〖教会〗香炉, 香入れ (censer).
(áll) in the sáme bóat (好ましくない)境遇[運命, 危険など]を共にして, みんな同じ苦しい立場に (cf. *in the same* BOX¹). 《1845》 ***búrn one's bóats* (*behínd one*)** ⇨ burn¹ 成句. ***háve an óar in évery mán's bóat*** ⇨ oar 成句. ***míss the bóat*** ⇨ miss¹ 成句. ***púsh the bóat óut*** 《英口語》〔パーティーや食事などに〕お金を奮発して楽しむ[祝う]〔*for*〕. 《1937》 ***róck the bóat*** 《口語》(1) 動揺[波瀾(はらん)]を起こす, 波風を立てる. (2) 現体制に挑戦する. 《1931》 ***rów in óne* [*the sáme*] *bóat*** 同じ事業に従事する, 同じ運命[境遇]にある, 主義[党]を同じくする 〔*with*〕. ***táke to the bóats*** (1) (沈む本船から)ボートに乗り移る. (2) 着手していることからあわてて手を引く.
— *vi.* ボートに乗って遊ぶ, ボートを漕ぐ (cf. boating): ~ down the river ボートで川を下る / go ~*ing* ボート漕ぎに行く, 船遊びに行く. — *vt.* **1** 船で運ぶ. **2 a** 船の中に置く (cf. ship *vt.* 2): *Boat* the oars! [号令]櫂(かい)収め. **b** 〈釣った魚を〉船にたぐる[引き上げる]. **3** [~ it として] 船で行く, ボートを漕ぐ.
〖OE *bāt* small open vessel < Gmc **baitaz* 《原義》? dugout canoe or split planking (ON *beit*) ← IE **bheid-* to split: ⇨ bite〗
boat·a·ble /bóuṭəbl̩ | bə́ut-/ *adj.* 〈川など〉舟でさかのぼることができる, 航行できる; 舟で運べる. 《(1683): ⇨ -able》
boat·age /bóuṭɪdʒ | bə́ut-/ *n.* **1** 舟賃, はしけ料. **2** (船に搭載されている)ボート全部の(人員の)総収容能力. **3** 舟による輸送[運搬]. 《(1611): ⇨ -age》
bóat·bìll *n.* 〖鳥類〗 **1** ヒロハシサギ (*Cochlearius cochlearius*)《中南米産の嘴(くちばし)が小舟を逆さにしたような形のヒロハシサギ科の鳥; boat-billed heron ともいう》. **2** = broadbill 1. 《1776》
bóat·bùg *n.* 〖昆虫〗 **1** ミズムシ《ミズムシ科の水生昆虫の総称》. **2** =back swimmer.
bóat·bùilder *n.* (boat を造る)船大工. 《1679》
bóat·clòak *n.* 長く黒い海軍のマント. 《1773》
bóat dèck *n.* 〖海事〗ボート甲板《救命ボートを搭載した最上層の甲板》. 《1927》
bóat drìll *n.* 〖海事〗(乗員・船客の避難に備えて船上で行う)救命ボート訓練. 《1906》
boa·tel /boutél | bəu-/ *n.* **1** ボーテル《ボート所有者や船客用の水際のモーテル; cf. aquatel》. **2** ホテルの設備のある船. 《(1957) 《混成》 ← BOAT+(HOT)EL》
bóat·er /-ṭə | -tə(r)/ *n.* **1** 船遊びをする人. **2** 《英》ボーター(帽): **a** まっすぐなひさしにリボンのついたてっぺんの平らな紳士用麦わら帽子. **b** それに似た婦人帽. 《初め船遊びなどでかぶったことから》 《(1605) ← BOAT (v.)+-ER¹》
bóat fàll *n.* [*pl.*] 〖海事〗ボートフォール《ダビット (davits) からのボートの上げ下ろしに用いるロープ》.
bóat flỳ *n.* 〖昆虫〗=boatbug.
boat·ful /bóutfʊ̀l | bə́ut-/ *n.* 小舟一杯分の数[量]. 《1652》
bóat·hòok *n.* つめ[かぎ]ざお《桟橋や他船にボートを引き寄せたり離したりする時に用いる先端にフックの付いた細長い棒》. 《1611》
bóat·hòuse *n.* ボートハウス: **a** ボートやその付属品を入れておく川や湖のほとりの倉庫. **b** ボート所有者や同好の人が社交またはクラブ用に用いる舟小屋. 《1722》
boat·ie /bóuṭi | bə́uti/ *n.* 《豪》船遊びを楽しむ人, ボートの愛好者. 《⇨ -ie》
bóat·ing /bóuṭɪŋ | -tɪŋ/ *n.* **1** 小舟に乗って行くこと, ボート漕ぎ, 船遊び: be fond of ~. **2** [形容詞的に] ボート漕ぎ(用)の, 船遊びの: ~ fun 船遊びの楽しみ / a ~ man ボート選手 / a ~ party 船遊びの一行. 《(1610): ⇨ -ing¹》
boa·tique /boutíːk | bəu-/ *n.* 船上デパート, 商品見本船. 《《混成》 ← BOAT+(BOUT)IQUE》
bóat·lòad *n.* 船一杯分の船荷[乗員]; (一船の)積載量: a ~ *of* corn. 《1680》
bóat·man /-mən, -mæ̀n | -mən/ *n.* (*pl.* **-men** /-mən, -mèn | -mən/) **1** ボートの漕ぎ手. **2** 船頭, 船子. **3** 貸しボート屋の主人. **4** 〖昆虫〗=boatbug 1. 《1374》
bóatman·shìp *n.* 舟を漕ぐ腕前, 漕艇(そうてい)術《boatsmanship ともいう》. 《1812》
bóat nèck *n.* ボートネック《横に長く前後に浅い, ゆるやかな曲線をもつ船底型のネックライン; bateau neck [neckline] ともいう》. **bóat·nècked** *adj.* 《1960》
bóat pèople *n.* ボートピープル《東南アジア, 特にベトナム戦争終結後の南ベトナムから小舟で脱出した漂流難民》. 《(1848) 1977》
bóat ràce *n.* 《英》 **1 a** (1日一組だけ行われる)ボートレース; (特に, シェル (shell)・ヨット・モーターボートなどによる)ボート競漕. **b** [*pl.*] ボート競漕会 (regatta). **2** [the B-R-] (Thames 川上 Putney と Mortlake の間の) Oxford, Cambridge 大学対抗ボートレース《London の春の年中行事の一つ》. 《1791》
bóats·man /-mən/ *n.* (*pl.* **-men** /-mən/) =boatman. **~·shìp** *n.* 《(1549): cf. craftsman》
bóat spìke *n.* =barge spike.
boat·swain /bóusən, -sn̩, bóutswèɪn | bə́usən, -sn̩, bə́utswèɪn/ *n.* (商船の)甲板長; (軍艦の)掌帆(兵曹)長《艦上の准士官で, 甲板作業に従事する水兵を指揮監督する; bo's'n, bosun ともいう》: a chief ~ 〖米海軍〗掌帆長(特務士官) / a commissioned ~ 〖英海軍〗掌帆長《特務士官》. 〖lateOE *bātswegen* boatman: ⇨ boat, swain〗
bóatswain bìrd *n.* 〖鳥類〗=tropic bird.
bóatswain's càll *n.* =boatswain's pipe.
bóatswain's chàir *n.* ボースンチェア《船やビルの外側に上からロープでつるした作業用の腰掛板》. 《1894》

bóatswain's màte *n.* 〘海事〙(商船の)甲板次長; 〘米海軍〙(軍艦の)掌帆兵曹 (下士官で, 掌帆長 (boatswain) を補佐する). 〘1652〙

bóatswain's pìpe *n.* ボースン呼笛 (甲板長が合図するときに用いる調子の高い呼笛).

bóat·tàil *n.* 〘宇宙〙(ミサイルの)ボートテール (空気抵抗を減少させるために後端部を絞ってある形). 〘1868〙

bóat-tàiled gráckle *n.* 〘鳥類〙オナガクロムクドリモドキ (*Cassidix mexicanus*) (米国南部から南米北部に生息する大きなムクドリ).

bóat tràin *n.* (船便と接続する)臨港列車. 〘1884〙

bóat trùck *n.* 〘劇場〙引枠 (⇨ scenery wagon).

bóat·wright *n.* 船大工.

boat·y /bóuṭi | bə́uti/ *adj.* (口語) ボート好きの, 漕艇(そうてい)に凝った. 〘(1886): ⇨ -y⁴〙

bóat·yàrd *n.* (小型船やヨットなどの)造船[修理]所. 〘1805〙

Bo·a Vis·ta /bòuəvístə; *Braz.* boávista/ *n.* ボア ビスタ (Rio Branco 川上流にあるブラジル北部の都市).

Bo·az /bóuæz | bə́ʊ-/ *n.* 〘聖書〙ボアズ (ルツ (Ruth) の夫; Naomi の親族で David の祖先の一人; cf. *Ruth* 4:13). 〘⇨ Heb. *bō̆'az* (原義) ? liveliness, strength〙

bob¹ /bá(ː)b | bɔ́b/ *v.* (**bobbed; bob·bing**) — *vi.* **1** 急に上下に(ひょいひょい)動く[振れる, はねる]: The leaf was ~*bing* around [up and down] in the wind [water]. 木の葉が風に吹かれて[水中で]ぐるぐる[上下に]揺れ動いていた. **2** ひょいと頭を下げる, お辞儀する: ~ *at* [*to*] a person / The boxer ~*bed* and waved to avoid the opponent's punches. ボクサーは頭をひょいと下げたり左右に動かしたりして相手のパンチをかわした. **3** 〈逃亡者・嫌な奴などが〉(また)ひょっこり現れる; 〈問題などが〉ひょいと出される 〈*up*〉: He ~*bed up* in London. ひょっこり(また)ロンドンに姿を現した / That question often ~*s up*. その質問はよく出される. **4 a** ぴょこぴょこ動く, あちこち歩き回る 〈*around*〉: ~ *around* town 町をあちこち歩き回る. **b** さっと(急に)動く: come ~*bing into* a room 部屋に飛び込んで来る. **c** 突然見えなくなる 〈*under, below*〉. **5** (ハロウィーンやクリスマスでの子供の遊戯で)((糸につるしたり水に浮かべたりした)果物(特にリンゴ)などを)口にくわえようとする 〈*for*〉: ~ *for* an apple, a cherry, etc. — *vt.* **1** ぐいと引く, ひょいひょい動かす: ~ one's head (*up* and *down*) 頭を(上下に)ひょいと動かす. **2** ひょいと動かして示す: ~ a greeting 頭をひょいと動かして挨拶する / ~ a curtsy ひょいとひざを曲げてお辞儀する.

bób ón (俗) いらいらしながら〈不愉快な事を〉待つ. (1925)

bób úp (1) ⇨ *vi.* 3. (2) ひょいと現れる[浮いて来る]. (3) 〈人が〉ひょいと立ち上がる: ~ *up* again (like a cork) 〈失敗したり弱っていた人などが〉元気よく立ち上がる, 勢いを盛り返す.

— *n.* **1** ひょいと上下に動くこと, ぐいと引くこと[動作] (jerk): a ~ of the head 頭をひょいと動かすこと. **2** (ひょいと頭をかがめる)お辞儀 (curtsy): She gave him a quick ~. ちょこっと挨拶した. **3** 〘スコット〙ダンス. ***on the bób*** (米口語) ひょこひょこ動き回って. 〘(c1390) *bobben* ← (擬音語) ?〙

bob² /bá(ː)b | bɔ́b/ *n.* (*pl.* ~) (英口語) (旧貨幣制度で)シリング (shilling) (現在の 5 ペンス); (現在の貨幣制度で) 5 ペンス: ten ~. 〘(1789) ← ? Bob〙

bob³ /bá(ː)b | bɔ́b/ *n.* **1** (振り子・首飾り・はかり・下げ振り測鉛線・凧(たこ)の尾などの)おもり, 玉. **2 a** (下部をカールにした女性や子供の)ショートヘア; ショートカット, ボブ; 結び髪; 巻き毛 (curl): wear one's hair in a ~ 髪をショートカットにしている. **b** =bob wig. **c** (犬・馬の)切り尾 (docked tail). **3** =cherry-bob. **4** (口語) 小さな取るに足らぬもの (trifle). **5 a** (英方言) ふさ, 束 (bunch). **b** 〘スコット〙小さな花束. **6** 〘詩学〙ボッブ詩行 (stanza の終わりに置く折返し (refrain) で通例 2 音節の短行): ~ (and) wheel stanza (中世英詩に多く用いられた)ボッブホイール連 (bob とそれに続く通例 4 行の付属部 wheel からなり, wheel の末行は bob の行と押韻する). **7** 〘釣〙 **a** うき (float). **b** じゅずご, ずずご餌 (虫やぼろを糸の先にくくり付けたものでウナギなどを釣るえさ). **c** =bobfloat.

— *v.* (**bobbed; bob·bing**) — *vt.* **1** 〈馬や犬の毛・尻尾などを〉切る (dock): ~ *off* a dog's tail (犬の尾を)断尾する. **2** 〈髪を〉ショートヘアにする: have [wear] one's hair ~*bed* 髪をショートカットにしてもらう[している].

— *vi.* 〘釣〙じゅずごで魚[ウナギ]を釣る.

〘(?c1390) *bobbe* bunch, cluster ← ? Celt. (Ir.-Gael. *baban* tuft)〙

bob⁴ /bá(ː)b | bɔ́b/ *n.* (英口語) =bobby¹.

bob⁵ /bá(ː)b | bɔ́b/ *n.* **1** =bobsled. **2** =bob skate. **3** =skibob. — *v.* (**bobbed; bob·bing**) — *vt.* 〈材木などを〉ボブスレーで運ぶ. — *vi.* **1** ボブスレーで遊ぶ. **2** ボブスレーで材木(など)を運ぶ. 〘(逆成) ← BOBSLED〙

bob⁶ /bá(ː)b | bɔ́b/ *n.* (硬いフェルトまたは皮製の)つや出し車, 回転式つや出し器, バフ車 (buffing wheel). — *vt.* (**bobbed; bob·bing**) つや出し車で磨く.

bob⁷ /bá(ː)b | bɔ́b/ *n.* **1** (古) ノック, 軽打 (tap). **2** 〘鳴鐘法〙一組の鐘の順を変えて幾つかを鳴らす法, 変打法; 一組の転調: ~ minor [major] 六鐘[八鐘]変打法 / ~ royal [maximus] 十鐘[十二鐘]変打法. — *vt.* (**bobbed; bob·bing**) ノックする, 軽く打つ (tap). 〘(?a1325) *bobbe(n)* ← ?〙

bob⁸ /bá(ː)b | bɔ́b/ (廃) *vt., vi.* (**bobbed; bob·bing**) **1** あざける, ばかにする (jibe). **2** だます (cheat), 欺く, 欺いて取る. — *n.* あざけり; いたずら. 〘(c1330) *bobbe(n)* to strike, fool ◻ OF *bober* to mock ← *bobe* deceit ← ?〙

Bob /bá(ː)b | bɔ́b/ *n.* ボブ (男性名). ***(and) Bób's your úncle*** [通例 if, when などに導かれる節を伴って] (英口語) (…しても[しておれば]あとは)大丈夫だ, 万事オーケーだ: *If he remembers your name, ~'s your uncle.* 彼が君の名前を覚えてくれていればあとは大丈夫だ (「ボブおじさんがついているぞ」という意の強意陳述から). (1937)

〘(dim.) ← Robert〙

Bo·ba·dil·la /bòubədíː(l)jə | bə̀ʊ-; *Sp.* boβaðíʎa/, **Francisco de** *n.* ボバディーヤ (?–1502; スペインの西インド諸島総督; Columbus を捕縛してスペインに送還した (1500)).

bób àpple *n.* 水に浮かべたリンゴを口でくわえて取る遊戯 (cf. bob¹ *vi.* 5): enjoy ~. 〘1681〙

bóbbed *adj.* **1** 〈女性・頭髪など〉ショートヘアの, ショートカットにした, ボブの: ~ hair / a ~ girl. **2** 〈馬・犬の尾など〉切り尾の, 断尾した, 断ち切った: a ~ tail. 〘(1658): ⇨ bob³〙

bob·be·jaan /bá(ː)bəjàːn | bɔ́b-/ *n.* (南ア) 〘動物〙ヒヒ (baboon).

bóbbejaan spànner *n.* (南ア) 自在スパナ (monkey wrench).

bób·ber¹ *n.* **1** ひょいと動くもの[人]. **2** 〘釣〙 **a** うき (float). **b** =bobfly. 〘(1542) ← BOB¹·³〙

bob·ber² /bá(ː)bə | bɔ́bə^(r)/ *n.* ボブスレーに乗る人, ボブスレー競技の選手. 〘(1904) ← BOB⁵〙

bob·ber·y /bá(ː)b(ə)ri | bɔ́bəri/ *n.* **1** (口語) 大騒ぎ: raise a ~ 大騒ぎを引き起こす. **2** (インドでジャッカル (jackal) などを狩るときの)寄せ集めの騒々しい猟犬(群). — *adj.* **1** (口語) 騒がしい, 興奮しやすい. **2** 〈猟犬が〉寄せ集めの: a ~ pack 寄せ集めの騒々しい猟犬群. 〘(1803) ◻ Anglo-Ind. ~ ◻ Hindi *bāp re* (原義) O father!〙

Bob·bie /bá(ː)bi | bɔ́bi/ *n.* ボビー: **1** 男性名. **2** 女性名. 〘1: (dim.) ← Robert. 2: (dim.) ← Roberta〙

bob·bin /bá(ː)bɪ̀n | bɔ́bɪn/ *n.* **1** (紡織機械・ミシンなどに用いる筒形の)糸巻き, ボビン. **2** 〘電気〙 **a** (コイルを巻く)巻き枠, ボビン. **b** コイル. **3** (古風な戸の掛け金を上げるときに引くひもの先についている)木製の玉. **4** (もと婦人服の仕立屋がひも飾り (piping) に用いた)細い組みひも. 〘(1530) ◻ F *bobine, babine* < ? OF *balbine* (変形) ← *baubier, balbeier* to stutter ← *baube* (adj.) stuttering < L *balbum*: ⇨ BABBLE〙

bob·bi·net /bá(ː)bɪ̀nèt | bɔ́bɪnèt/ *n.* ボビネット (六角形の網目をもった木綿または絹の機械織りレース; ドレス・カーテンなどに用いる). 〘(1814) ← BOBBIN+NET¹〙

bób·bing *n.* 〘レーダー〙ボビング (レーダー反射波が不規則に受信されること). 〘← BOB¹〙

bóbbin làce *n.* ボビンレース (needlepoint lace と異なり針の代わりにボビンを使うレースで, クッションの台に下絵を取付けピンを打ちながらボビンを使用して糸をかけてゆくもの).

bob·bish /bá(ː)bɪʃ | bɔ́b-/ *adj.* (英俗) 元気がいい, 活発な (hearty); 上機嫌の. 〘(1780) ← BOB¹ (v.)+-ISH¹〙

bob·ble /bá(ː)bḷ | bɔ́bḷ/ *vi.* **1** (上下に)ひょいひょい動く. **2** (米口語) **a** へまをやる. **b** 〘野球〙ハンブルする. — *vt.* (米口語) 〘野球〙〈ボールを〉ハンブルする (fumble). — *n.* **1** ひょいひょいと動く[揺れる, はねる]こと. **2** (米口語) **a** へま, 失策 (blunder). **b** 〘野球〙ハンブル. **3 a** (テーブル掛けや帽子などの飾りに用いる)球状の房. **b** (ぶら下がった)玉や房. 〘(1812) (freq.) ← BOB¹〙

bóbble hàt *n.* (英) =stocking cap.

bob·by¹ /bá(ː)bi | bɔ́bi/ *n.* **1** (英口語) 巡査 (policeman). 〘(1844) *Bobby* (dim.) ← *Robert Peel*: cf. Bob, peeler¹〙

bob·by² /bá(ː)bi | bɔ́bi/ *n.* =bobby calf.

Bob·by /bá(ː)bi | bɔ́bi/ *n.* ボビー: **1** 男性名. **2** 女性名. 〘1: (dim.) ← Robert. 2: (dim.) ← Roberta〙

bóbby càlf *n.* (英・豪) 生後すぐに畜殺される子牛. 〘(1928) *bobby*: (dim.) ← (英方言) *bob young calf* ← ?Bob〙

bóbby-dàzzler *n.* (英方言) 目を見はらせるような[すばらしい]もの[人]; きらびやかな衣装をつけた人; (特に)魅力的な少女. 〘(1866) cf. bobby-soxer〙

bóbby pìn *n.* (米・カナダ・豪) ボビーピン (hairgrip, kirby grip) (特に, ショートヘア用のヘアピン). 〘(1932) ← ? BOB³〙

bóbby sòcks *n. pl.* (*also* **bobby sox** /-sὰ(ː)ks | -sɔ̀ks/) (口語) ボビーソックス (特に 1940 年代の米国の少女がはいた足首までのソックス). 〘(1943) ← ? BOB³〙

bóbby-sòx·er /-sὰ(ː)ksə | -sɔ̀ksə^(r)/ *n.* (*also* **bóbby-sòck·er** /-sὰ(ː)kə | -sɔ̀kə^(r)/) (米口語) [通例軽蔑的] bobby socks をはく年ごろ(十代)の少女 (映画スター・歌手などにあこがれる娘; 特に 1940 年代の米国). 〘(1944): ⇨ ↑, -er¹〙

bób·càt *n.* (*pl.* ~**s**, ~) 〘動物〙ボブキャット, アカオオヤマネコ (*Felis rufus*) (赤い毛皮で黒いまだらがある; ⇨ bay lynx). 〘(1888) ← BOB³+CAT: その短い尾にちなむ〙

bób chèrry *n.* 水に浮かべたさくらんぼを口でくわえて取る遊戯 (cf. bob¹ *vi.* 5): play ~. 〘1714〙

bo·beche /boubéʃ, -béɪʃ | bə(ʊ)-; *F.* bɔbɛʃ/ *n.* (流れたろうがたまるように燭台のソケットに取り付けられた)受け皿, ろうそく差し. 〘(c1897) ◻ F *bobèche* ← ?〙

Bob·ette /bɑ(ː)bét | bɔ-/ *n.* ボベット (女性名). 〘(fem.) ← Bob〙

bób·flòat *n.* 〘釣〙コルクに羽をつき刺して作る小さな浮き.

bób·flỳ *n.* 〘釣〙枝針にして付けた毛針, ドロッパーフライ. 〘(1832) ⇨ bob³〙

bob·let /bá(ː)blɪ̀t | bɔ́b-/ *n.* 2 人用のボブスレー. 〘(1914): ⇨ bob⁵〙

Bo·bo-Diou·las·so /bóuboudjulǽsou | bə́ubəu-djuléæsəu/ *n.* ボボディウラッソ (西アフリカのブルキナファソ (Burkina-Faso) 共和国西部の都市).

bob·ol /bá̈bɔːl, -bɑːl | -bɔːl/ (カリブ) *n.* 上司と共謀して行う公金詐欺. — *vi.* 上司と共謀して公金詐欺をはたらく.

bob·o·link /bá(ː)bəlɪ̀ŋk | bɔ́b-/ *n.* 〘鳥類〙コメクイドリ (*Dolichonyx oryzivorus*) (北米産のムクドリモドキ科の鳴鳥; ricebird, reedbird, ortolan ともいう). 〘(1774) ← *Bob (o') Lincoln* (鳥の鳴き声の擬音語): cf. cuckoo〙

bo·bo·tie /bʊbúṭi | -ti/ *n.* 〘料理〙ブブチ (カレーで味つけしたミンスミートに香りのよいカスタードを載せたアフリカ南部の料理). 〘(1870) ◻ Afrik.〙

bob·owl·er /bá(ː)baulə | bɔ́baulə^(r)/ *n.* (英方言) 大きな蛾.

Bo·bruisk /bəbrúːɪsk | bɔb-/ *n.* (*also* **Bo·bru·ysk** /~/) ボブルイスク (ベラルーシ共和国中東部, Berezina 川に臨む都市; 第二次大戦の戦場; Babruysk とも綴る).

bób skàte *n.* ボブスケート (2 個の平行したすべり金の付いたスケート). 〘⇨ bob⁵〙

bób·slèd *n.* **1** ボブスレー (長い乗り座の前後に 2 対のすべり (runners) を付けた, かじ付きのそり; 木材運搬用, 坂道[雪の斜面]をすべり下りる遊び用, 冬季オリンピックの種目でもある競技用などの種類がある). **2 a** 二連ぞり, 継ぎぞり (以前の, 二つのそり (sleds) を前後につなぎ合わせたもの). **b** 二連ぞりのうちの一つのそり. — *vi.* (**-sled·ded; -sled·ding**) ボブスレーに乗る. **bób·slèdder** *n.* **bób·slèdding** *n.* 〘(1839) ← BOB³+SLED〙

bób·slèigh *n., v.* (米・カナダ) =bobsled. 〘1888〙

bób·stày *n.* 〘海事〙ボブステー, 斜檣(しょう)控え (船首材の水切りから第一斜檣の先端に至る鋼または鎖). 〘(1758) ← ? BOB¹+STAY³〙

bob·sy-die /bá(ː)bzidàɪ | bɔ́b-/ *n.* (NZ口語) 大騒ぎ, 大混乱, 口論: play [kick up] ~ 大騒ぎを起こす.

bób·tàil *adj.* **1** 生まれつき尾のない, 非常に短い切り尾の. **2 a** 端を短く切り詰めた. **b** 短縮した (shortened). **3** 〘トランプ〙 **a** (ポーカーで)両面待ちの (ある数字のカードが前か後かに 1 枚入れば straight ができる状態; cf. inside straight). **b** 一枚待ちの (同種の札があと 1 枚入れば flush ができる状態). — *n.* **1 a** (馬・犬の)切り尾; 切り尾の[断尾した]馬[犬]. **b** =Old English sheepdog. **2** 短くした[切り詰めた]もの. **3** (まれ) やくざ者 (cur): ⇨ RAGTAG *and bobtail*. **4** (米俗) 兵役からの免職 (bobtail discharge ともいう). — *vt.* **1** …の尾を短く切る (dock). **2** 切り詰める. 〘(1544) ← BOB³+TAIL¹〙

bób·tàiled *adj.* =bobtail. 〘1640〙

bób vèal *n.* (米) 生後すぐ畜殺される子牛または胎児の肉. 〘(1855) ← (方言) *bob* young calf〙

bób·wèight *n.* 〘機械〙釣合いおもり. 〘← ? BOB³〙

bób·whìte *n.* 〘鳥類〙コリンウズラ (*Colinus virginianus*) (北米産コリンウズラ属のウズラ; 猟鳥; quail, partridge ともいう). 〘(1819): 擬音語〙

bób wìg *n.* (英国の宮廷で用いられる)短く刈り込んだ巻き毛のかつら (⇨ wig 挿絵). 〘(1685): ⇨ bob³〙

bób-wíre *n.* (米口語) 有刺鉄線 (barbed wire). 〘(1929) (通俗語源: BOB³ と連想) ← *barbed wire*〙

BOC (略) British Oxygen Company.

bo·cac·ci·o /bəkáːtʃiòu, -tʃou | bɔkáːtʃiəu, bə-, -kǽtʃ-/ *n.* (*pl.* ~**s**) 〘魚類〙米国太平洋岸に多いカサゴ類の食用魚 (*Sebastodes paucispinis*) (cf. rockfish). 〘(c1890) ◻ Am.-Sp. ~ ← Sp. *bocacha* big mouth ← *boca* month < L *buccam* cheek: *G. Boccaccio* にかけた造語か〙

bo·cage /bouká:ʒ | bə-; *F.* bɔka:ʒ/ *n.* **1** 〘美術〙(陶磁器類の装飾に用いる)森林[田園]風景画. **2** (フランス北部にみられる)低木・野原・果樹園などが混在する田園. 〘(1644) ◻ F ~ < OF *boscage*: ⇨ boscage〙

Bo·ca Ra·ton /bóukərətóun | báukərətáun/ *n.* ボカラトン (米国 Florida 州南西部, Fort Lauderdale 近くの都市).

Boc·cac·ci·o /boukáːtʃiòu, -tʃou | bɔkáːtʃiəu, bə-, -kǽtʃ-; *It.* bokkáttʃo/, **Giovanni** /dʒovánni/ *n.* ボッカッチオ (1313–75; イタリアの作家・詩人; *Il Decameron* (英訳 *The Decameron*) (1353)).

boc·ce /bá(ː)tʃi | bɔ́tʃi; *It.* bɔ́ttʃe/ *n.* =boccie.

Boc·che·ri·ni /bὰ(ː)kəríːni, bòuk- | bɔ̀kə-; *It.* bokkeríːni/, **Luigi** *n.* ボッケリーニ (1743–1805; イタリアの作曲家・チェロ奏者で室内楽の作曲が多い).

boc·cie /bá(ː)tʃi | bɔ́tʃi; *It.* bɔ́ttʃe/ *n.* (*also* **boc·ci** /~/) ボッチ (イタリアのローンボウリング (lawn bowling) の一種). 〘(1926) ◻ It. *bocce* (pl.) ← *boccia* ball〙

Boc·cio·ni /bɔ̀(ː)tʃióuni, bὰ(ː)t- | bɔ̀tʃiə́uni; *It.* bottʃóːni/, **Umberto** /umbérto/ *n.* ボッチョーニ (1882–1916; イタリアの画家・彫刻家; 未来派 (futurism) の理論家).

Boche, b- /bá(ː)ʃ, bɔ́(ː)ʃ | bɔ́ʃ/ *n.* (*pl.* ~**s**, ~), *adj.* (俗・軽蔑) (特に, 第一次大戦で)ドイツ兵(の); ドイツ人(の); [the ~; 複数扱い] (敵としての)ドイツ兵(の集団). 〘(1914) ◻ F ~ (俗) bad lot, German ← ? (*tête de*) *boche* blockhead=*caboche* head: cf. cabbage¹〙

Bo·chum /bóukəm | bə́u-; *G.* bóːxum/ *n.* ボフム (ドイツ西部 North Rhine-Westphalia 州, Ruhr 河畔の工業都市).

bock /bá(ː)k | bɔ́k/ *n.* **1 a** (米・カナダ) ボック(ビール) (ドイツ産の強い黒ビール; 通例初春に販売されるように秋に醸造し冬に熟成させる; bock beer ともいう). **b** (フランスで) 低アルコールのビール. **2** 一杯のビール. 〘(1856) ◻ F ~ ◻ G *Bock* (略) ← *Bockbier* ← *Eimbockbier* (廃) 'beer of *Eimbock* (ドイツの原産地名) (=*Einbecker Bier*)'〙

bock·ey /bá(ː)ki | bɔ́ki/ *n.* (米方言) ひょうたん (gourd) で作った器. 〘(1860) ◻ Du. *bakje* (dim.) ← *bak* trough, tray〙

bock·ing /bá(ː)kɪŋ | bɔ́k-/ *n.* (床張り用などの)粗織りラシャ. 〘(1759) ← *Bocking* (英国 Essex 州の村で, その有名な産地)〙

Böck·lin /bɔ́klɪ̀n, bék- | bɔ́klɪn; *G.* bœ́kliːn/, **Arnold** *n.* ベクリン (1827–1901; 暗い風景や神話的主題の幻

想的な画風で知られるスイスの画家).
bo·cor /boʊkɔ́ə | bə(ʊ)kɔ́ː/ *n.* 《米》ブードゥー教 (voodooism) の魔術師. 〖◻ Haitian Creole ～〗
bod /bɑ́(ː)d | bɔ́d/ *n.* 《英口語》人, 仲間. 〖《1788》← ? BODY〗
BOD 《略》 biochemical oxygen demand; biological oxygen demand.
bo·dach /bóʊdɑːx | bə́ʊ-/ 《スコ·アイル》 *n.* **1** 田舎者, (無骨な)老人, けちんぼ. **2** おばけ, 小鬼 (goblin). 〖《1732》← Gael. & Ir. ～ 'old man, rustic' ← ?〗
bo·da·cious /boʊdéɪʃəs | bəʊ-/ *adj.* 《米南部·中部》 **1** 完全な, 全くの. **2** 顕著な, 著しい. **～·ly** *adv.* 〖《1845》《混成》← BO(LD)+(AU)DACIOUS〗
bod·dhi·satt·va /bòʊdɪsǽtvə, -sɑ́ːt- | bəʊdɪsǽtvə/ *n.* 〖仏教〗=bodhisattva.
bode¹ /bóʊd | bə́ʊd/ *vt.* **1** [しばしば二重目的語を伴って]〈物·事が〉…の前兆となる[を示す]: The crow's cry ～*s* rain. からすが鳴くのは雨の前兆だ《俗説》/ This ～*s* you no good. これでは君にろくなことはあるまい. **2** 《古》予言する (predict). **— *vi.*** [～ well [ill] として]〈物·事が〉吉兆[凶兆]を示す: That ～*s well* [*ill*] *for* you. それは君にとって良い[良くない]徴候だ. 〖OE *bodian* to announce, foretell ← *boda* messenger < Gmc **buðōn* ← IE **bheudh-* to be aware: ⇨ bid¹〗
bode² *v.* bide の過去形. 〖OE *bād*〗
bode·ful /bóʊdfəl, -fl | bə́ʊd-/ *adj.* 前兆を示している; 凶兆である, 不吉の. 〖《1813》←《廃》*bode* omen < OE (*ge*)*bod* < Gmc **ʒaboðom* ← IE **bheudh-* (↑): ⇨ -ful¹〗
bo·de·ga /boʊdéɪgə | bə(ʊ)déɪ-, -díː-; *Sp.* boðéɣa/ *n.* (*pl.* **～s** /～z; *Sp.* ～s/) **1** 小さな食料品雑貨店. ★ 特に, スペイン語系米国人の間でいう. **2** 食料品雑貨店兼ワイン店; ワイン店 (wineshop). **3 a** (地下の)ワイン貯蔵室. **b** (地上の)ワイン倉庫. 〖《1846》◻ Sp. ～ < L *apothēcam* storehouse ◻ Gk *apothḗkē* store: cf. apothecary〗
bóde·ment *n.* 前兆 (omen), 兆候; 予言 (prophecy). 〖《1601–2》← BODE¹+-MENT〗
Bo·den See /*G.* bóːdn̩zèː/ *n.* (*also* **Bo·den·see** /～/) ボーデン湖 (Constance 湖のドイツ語名).
Bó·de's láw /bóʊdəz- | bə́ʊdəz-; *G.* bóːdəs-/ *n.* 〖天文〗ボーデの法則《水星と海王星を除く惑星の太陽からの距離が一つの級数で近似的に表せるという経験法則》. 〖← *Johann Ehlert Bode* (1747–1826: ドイツの天文学者)〗
bodge /bɑ́(ː)dʒ | bɔ́dʒ/ *n.*, *vt.*, *vi.* **1** 《口語》=botch¹. **2** =budge¹. 〖変形〗
bodg·er /bɑ́(ː)dʒə | bɔ́dʒə(r)/ *adj.* 《豪口語》下等な, 無価値の. 〖《1945》← ? *bodge* (↑)〗
bodg·ie /bɑ́(ː)dʒi | bɔ́dʒi/ *n.* 《豪口語》(特に 1950 年代の手に負えない(粗野な))十代の男の子; 非行少年, 不良. 〖《1952》← ? BODGER+-IE〗
Bodh Ga·ya /bɑ́(ː)dgəjɑ́ː | bɔ́d-/ *n.* =Buddh Gaya.
bo·dhi /bóʊdi | bə́ʊdi/ *n.* 〖仏教〗菩提(ぼだい), 悟りの境地. 〖◻ Skt ～ 'perfect knowledge' ← *bodhati* he wakes〗
Bo·dhi·dhar·ma /bòʊdɪdɑ́ːmə | bə̀ʊdɪdɑ́ː-/ *n.* 菩提達磨(ぼだいだるま) (? –?530; インドの仏教哲学者, 中国禅宗の始祖; 通称達磨大師).
Bo·dhi·satt·va, b- /bòʊdɪsǽtvə, -sɑ́ːt- | bɔ̀di-, bə̀ʊ-/ *n.* 〖仏教〗(大乗仏教での)菩薩(ぼさつ) (Boddhisattva ともいう). 〖《1828》◻ Skt ～ ← *bodhi* perfect knowledge+*sattva* being, essence: ⇨ Buddha, sattva〗
bodh·ran /bɔ́ːrɑːn, baʊrɑ́ːn/ *n.* ボズラン《アイルランドやスコットランドの民謡に使われる片側だけ皮を張ったドラム》. 〖《1972》← Ir. *bodhrān*〗
bod·ice /bɑ́(ː)dɪ̣s | bɔ́dɪs/ *n.* **1** ボディス: **a** 婦人服前後身ごろ (cf. waist 3 a); その部分に付ける婦人下着. **b** 胴にぴったり合わせバストからウエストにかけて幅広のレース編みで作ったもの. **2** 《古》鯨骨で支えるコルセットに似た下着 (stays). 〖《1566–67》《変形》← *bodies* (pl.) ← BODY (2 c)〗
bódice rìpper *n.* 《口語·軽蔑》(通俗的な)歴史ロマン小説《セックスや暴力を特徴とする》. 〖《1980》〗
bód·ied *adj.* [通例複合語の第 2 構成素として] **1** 体[胴体, 肉体]のある; 体が…の: strong-*bodied* 頑健な体をした / an able-*bodied* man 強壮な人; 熟練家. **2** 実体のある;〈酒などが〉こくのある: ⇨ full-*bodied*. 〖《*c*1449》: ⇨ -ed 2〗
bód·i·less *adj.* **1** 体[胴体]のない. **2** 実体のない, 無形の. 〖《*a*1398》: ⇨ body, -less〗
bód·i·ly /-dəli, -dḷi | -dəli, -dḷi/ *adj.* **1** 身体[肉体]上の; (精神的に対して)肉体的の (cf. ghostly, mental¹, spiritual): ～ comfort, suffering, weakness, etc. / ～ exercise 身体の運動, 体操 / ～ fear 身体に危害が及ぶかもしれないという恐れ / ～ punishment 体罰 / ～ organs 身体の器官, 臓器 / He was charged with Grievous *Bodily* Harm (GBH). 《英》重大な身体傷害罪で起訴された. **2** 具体[有形]の (corporeal): I could sense her ～ presence in the room. 彼女が実際に部屋の中にいることを感じとれた. **3** 《Shak》実際の (real). **— *adv.*** **1** 肉体の形で; 有形[具体]的に; 自身で (in person). **2** そっくりそのまま, まるごと: carry a house ～ 家をそっくり運ぶ / The police threw the protesters ～ out of the court room. 警官は抗議する人たちを法廷から一斉に追い出した. 〖《*a*1325》: ⇨ body, -ly²〗

SYN 肉体的な: **bodily** 心や精神と区別して, 人体に関する: *bodily* functions 肉体の機能 / *bodily* harm 身体への危害. **physical** =*bodily* (ただし, *bodily* よりも生理学的な含蓄が少ない): *physical* education 体育 / *physical* strength 体力. **corporeal** 物質的に見た肉体の (↔ spiritual) 《格式ばった語》: *corporeal* nourishment 身体の滋養物. **corporal** 身体に加えられた: *corporal* punishment 体罰.
ANT mental, psychic, spiritual.

bód·ing /-dɪŋ | -dɪŋ/ *adj.* 前兆の[となる]; 悪い前兆の, 気味の悪い, 不吉な (ominous): ～ care 何となく凶事のありそうな不安の念. **— *n.*** 前兆 (omen); (特に)凶兆. **～·ly** *adv.* 〖OE *bodung* ← *bodian* 'to BODE¹'〗
bod·kin /bɑ́(ː)dkɪ̣n | bɔ́dkɪn/ *n.* **1** ひも通し針《レースやリボンを通すための針》. **2** (裁縫·手芸用の)目打ち, 千枚通し. **3** (短剣のような形の)飾りのついたヘアピン. **4** 《英古》二人の間に押し込められた人: sit [ride] ～ (左右から押してくる)二人の間に挟まって座る[乗って行く]. **5** 〖印刷〗(組版の活字を押し上げたりするのに使う)錐(きり), 千枚通し. **6** 《廃》短剣 (dagger). 〖《?*c*1300》*boidekin* dagger ← ? Celt.: cf. Welsh *bidog* dagger〗
Bod·lei·an /bɑ́(ː)dliən, bɑ(ː)dlíː- | bɔ́dli-, bɔdlíː-/ *adj.* **1** Sir Thomas Bodley の. **2** Bodleian Library の. **— *n.*** /bɑdlíːən | bɔdlíːən, -líən/ *n.* [the ～] = Bodleian Library. 〖《1710》← *Thomas Bodley*+-IAN〗
Bódleian Líbrary *n.* [the ～] ボドレー図書館 (17 世紀に Sir Thomas Bodley が再興した Oxford 大学の世界屈指の大図書館; 単に the Bodleian, 《口語》the Bodley ともいう).
Bod·ley /bɑ́(ː)dli | bɔ́d-/ *n.* [the ～] 《口語》=Bodleian Library.
Bod·ley /bɑ́(ː)dli | bɔ́d-/, Sir **Thomas** *n.* ボドレー (1545–1613; 英国の外交官で学者; Oxford 大学の荒廃した図書館の再建に尽くした; cf. Bodleian Library).
Bod·min /bɑ́(ː)dmɪ̣n | bɔ́dmɪn/ *n.* ボドミン《イングランド南西部; Cornwall 州の町》.
Bo·do /bóʊdoʊ | bə́ʊdəʊ/ *n.* (*pl.* ～, ～s) **1 a** [the ～(s)] ボド族《インド Assam 州, Brahmaputra 川北岸に住む》. **b** ボド族の人. **2** ボド語《チベットビルマ語系》.
Bo·do·ni /bədóʊni | -də́ʊ-; *It.* bodóːni/ *n.* 〖印刷〗ボドニ《モダンフェースの活字書体の一つで, イタリアの印刷業者 Bodoni が意匠した》; ボドニ版[本]. 〖《1880》← *Giambattista Bodoni* (1740–1813)〗
Bo·drum /bɑ́(ː)drəm | bɔ́drəm; *Turk.* bódrum/ *n.* ボドルム《トルコ南西部, ボドルム半島 (～ Peninsula) の南側, エーゲ海の Kos 島に向き合う海港; 古代名 Halicarnassus》.
bod·y /bɑ́(ː)di | bɔ́di/ *n.* **1 a** (人間·動物の)体, 身体, 肉体: the human ～ 人体 / the strength of the ～ 体力 / bend the ～ 身をかがめる / You just want me for my ～. あなたが私に求めるのは私の体だけなのよ / absent in ～, but present in spirit 身はあらざれど霊はあり (*1 Cor.* 5:3) / while we are yet in the ～ まだこの世に生きている間に / cover [protect] a person with one's ～ 身をもって人をかばう[守る] / the whole ～ 全身; 全体, 総体 / ⇨ *an* HEIR *of the* [*a person's*] *body*. ★ ラテン語系形容詞: corporeal. 日英比較 日本語ではスタイルのよい女性を指して「ナイス·バディー」などというが, 英語では女性の容姿は figure. (例) She has a perfect [curvaceous] figure. **b** 死体, 死骸 (corpse): (Dead) *Bodies* were dug out. 死体が発掘された / the ～ of an animal 動物の死体. **c** 〖法律〗人, 身柄(みがら). **2 a** (人間·動物の手·足·首を除いた)胴体 (trunk): wounded in the ～. **b** 木の幹. **c** (衣類の)胴部; ボディス (bodice). **3 a** 組織体, 法人団体 (corporation): a learned ～ 学会 / an advisory ～ 顧問団 / a diplomatic ～ 外交団 / a governing ～ 行政[管理]機関, (団体の)本部, 幹部 / a legislative ～ 立法部, 議会. **b** (軍隊などの)本隊, 主力; (団体などの)大多数, 大部分: the main ～ 本隊, 主力 / the ～ of the population 人口の大部分. **4 a** (物の付加的な部分に対し)主要部. **b** (車·船·飛行機の)本体, 胴体, ボディー: the ～ of a ship 船体 / the ～ of an airplane 機体 / the ～ of a car 車体 / The car suffered some ～ damage. 車は車体に損傷を受けた. **c** (手紙·演説などの前置や結尾の挨拶などを除いた)本文; (法律の)主文. **d** (建築物の)主要部分; (教会の)内陣 (nave). **e** (楽器の)共鳴部. **f** (弾丸·砲弾の)弾体. **g** (円柱の)柱身. **5** [通例 a ～ of の形で] **a** 一団, 群, 大勢, 多数: *a* large ～ *of* children 大勢の子供の一隊 / large *bodies* of the unemployed 失業者の大群 / *a* ～ *of* facts [evidence, opinion] 一連の事実[証拠, 意見] / *a* ～ *of* laws 法典. **b** かたまり (mass): *a* large ～ *of* water 大水域《海·湖など》. **6** 〖物理〗物体, …体; 天体: a solid ～ 固体 / a gaseous ～ 気体 / a liquid ～ 液体 / an elastic ～ 弾性体 / a heavenly ～ 天体. **7 a** 《口語》人 (person): a decent honest ～ 正しい正直な人 / a good sort of ～ 好人物. **b** 《米俗》性的魅力のある[スタイルのよい]女性. **8 a** (ワインなどの)こく《密度のある濃い味わい》: wine with good ～ こくのあるワイン. **b** (作品·芸術品·音色などの)こく, 実質 (substance), 密度 (density): a novel with little ～ 内容のない小説. **c** (油·グリースなどの)粘性 (viscosity). **d** (絵の具·染料などの)顔料 (pigment). **e** (ペンキなどの)被覆力, 不透明度. **9** =bodysuit. **10** 〖数学〗立体: a regular ～ 正面体. **11** [the ～ (of Christ)] 〖神学〗 **a** (キリストの体を代表する)聖餐のパン; 〖カトリック〗聖体. **b** (キリストをその頭と考えて)教会. **12** 〖窯業〗 **a** 素地土(きじつち) 《陶磁器や耐火物が成型できるように調整された原料の混練物》. **b** 素地《上薬部分と区別して, 陶磁器の内側の部分》. **13** 〖印刷〗(活字の)ボディー, 軸 (shank, stem ともいう).
bódy and bréeches 《米口語》全く, すっかり, ぞっこん (wholly). ***bódy and sóul*** (1) 肉体と精神: give ～ *and soul* to the work その仕事に心身をゆだねる[打ち込む] / keep ～ *and soul* together ようやく生きている. (2) [同格語句として, または副詞的に] 身も心も, 全身全霊を打ち込んで; すっかり: I love you ～ *and soul*. 心から愛しています. (3) 《米俗》[one's ～ and soul として] 恋人 (lover). 〖《1753》〗 ***fúrl in a bódy*** ⇨ furl 成句. ***in a*** [***óne***] ***bódy*** 一団となって, 一同そろって: act *in a* ～ 一体となって行動する. 〖《1677》〗 ***in bódy*** 自身で, 親しく (personally). ***in bódy and mínd*** 身心ともに. ***òver my déad bódy*** ⇨ dead *adj.* 成句. ***séll one's bódy*** 《文語》体を売る, 売春をする.
— *adj.* [限定的] **1** 身体[肉体]上の (bodily). **2** (本·手紙·演説·法文·論文などの)本文の, 主文に関する.
— *vt.* **1** 具体化する. **2** 体現する,〈観念を〉具現する (embody); 象(かた)る, 表象する (typify) 〈*forth*〉. **3** 〈油〉の粘性を高める.
〖n.: OE *bodiġ* 《原義》cask ← Gmc **bot-* container (OHG *potah*) ← ?. — v.: 《*c*1449》← (n.)〗

SYN 身体: **body** 動物, 特に人間の全肉体 (↔ mind, soul): A sound mind in a sound *body*. 《諺》健全な身体に健全な精神(をもつことが望ましい). **corpse** 特に人間の死体. **carcass** 通例動物の死体; 軽蔑的にあるいはふざけて, 生死にかかわらず人間の身体. **remains** *corpse* と同義であるが, 格式ばった語. **cadaver** 特に医学の研究用に供される人間の死体.
ANT mind, soul, spirit.

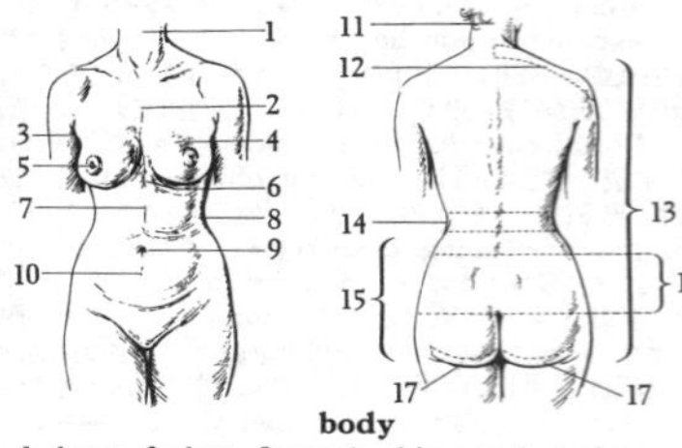

body
1 throat 2 chest 3 armpit 4 breast 5 nipple 6 pit 7 stomach 8 flank 9 navel 10 abdomen 11 neck 12 shoulder 13 back 14 waist 15 loins 16 hip 17 buttocks

bódy àrmor *n.* (軍人や警官の着用する)防弾チョッキ.
bódy àrt *n.* ボディーアート《飾りたてるなどして人体そのものを美術の材料とする芸術の一様式; 写真などで記録することが多い》. **bódy àrtist** *n.* 〖《1971》〗
bódy bàg *n.* 遺体袋《大きな合成樹脂またはゴムびき布の袋で戦場での遺体などを運ぶのに使われる》. 〖《1885》〗
bódy blòw [**pùnch**] *n.* **1** 〖ボクシング〗ボディーブロー《首下から腰までに入る強打》. **2** 大きな挫折, 大敗北. 〖《1792》〗
bódy bòard *n.* ボディーボード《腹ばいになって波乗りするための板》. **bódy bòarder** *n.* **bódy bòarding** *n.*
bódy brùsh *n.* ボディーブラシ, 毛ブラシ《馬などの手入れに用いる硬いブラシ》.
bódy·build *n.* (特徴のある)体格, 体質. 〖《1923》〗
bódy·builder *n.* **1 a** ボディービルをする人[用具]. **b** 滋養食. **2** 車体製作者. 〖《1890》〗
bódy·bùilding *n.* ボディービル. 〖《1904》〗
bódy bùrden *n.* (放射性物質·公害物質などが吸収されて)体内に蓄積された分(ぶん).
bódy càvity *n.* 〖解剖·動物〗体腔(こう). 〖《1875》〗
bódy-cèntered *adj.* 〖結晶〗体心の《単位胞の各頂点のほかに中心にも格子点のある結晶空間格子にいう; cf. face-centered》. 〖《1921》〗
bódy·chèck 〖アイスホッケー·レスリング〗 *n.* ボディーチェック《体による相手選手の阻止; cf. check¹ 12》. 日英比較 空港などで行う「ボディーチェック」は和製英語, 英語では body search. **— *vt.*** 体で〈相手選手を〉阻止する. **— *vi.*** ボディーチェックする. 〖《1892》〗
bódy clòck *n.* (生物の)体内時計《肉体的·精神的機能を日常の生活に合わせて調節すると考えられる体の仕組み; cf. biological clock, circadian rhythm》. 〖《1968》〗
bódy clòthes *n. pl.* 着物, (特に)下着 (underclothes). 〖《1706》〗
bódy còlor *n.* **1** (宝石など光を吸収する物質の)実体色 (cf. surface color). **2 a** (絵の具·ペンキなどに不透明さを与える)濃厚顔料, 体質顔料. **b** ペンキの不透明な(下)塗り. **3** (装飾の色と区別して, 家などの)本体の色. 〖《1784》〗
bódy córporate *n.* (*pl.* **bodies c-**) 〖法律〗法人. 〖《1461》〗
bódy còunt *n.* **1 a** 〖軍事〗敵の戦死者の数[合計], 敵の死者の勘定 (cf. kill rate). **b** (事故などによる)死者の合計. **2** 人数. 〖《1967》〗
bódy dòuble *n.* (ヌードシーンでの)代役.
bódy Ènglish, b- e- *n.* 《米口語》〖スポーツ〗ボディーイングリッシュ《球を打ったり投げたりしたあとで, 狙った目的箇所に飛ぶよう念じてそこに向かって体を曲げる本能的しぐさ》. 〖《1908》cf. English (n.) 4〗
bódy flùid *n.* 〖生理〗体液.
bódy fòunder *n.* 〖獣医〗=founder³.
bódy·guard /bɑ́(ː)digɑ̀əd | bɔ́digɑ̀ːd/ *n.* **1** [集合的] 護衛隊, 親衛隊; (警官隊などの)護衛 (escort); お付きの人(人) (retinue). **2** 護衛兵, 護衛者, ボディーガード, 用心棒. **—*vt.*, *vi.*** ボディーガードを務める, 護衛する. 〖《1735》《なぞり》← F *garde du corps*〗

bódy hèat *n.* =animal heat.
bódy ìmage *n.* 〘心理〙身体像《自分の身体の全部あるいは一部分についてもつ心像》. 〘1934〙
bódy lànguage *n.* 〘言語〙ボディーランゲージ《身振り・手振りなどによる伝達》. 〘1926〙
bódy·lìne 〘クリケット〙 *adj.* 打者の体をねらって投げられた速球の. ── *n.* =bodyline bowling. 〘1933〙
bódy·line bòwling *n.* 〘クリケット〙(おどかすための)打者めがけての速球《単に bodyline ともいう》.
bódy lòuse *n.* 〘昆虫〙キモノジラミ (*Pediculus humanus humanus*)《ヒトジラミのうち衣服につき人体から吸血するもの》. 〘1575〙
bódy máss índex *n.* 体容積指数《体重(キロ数)を身長(メートル数)の 2 乗で割った肥満度指標; 22 が標準》.
bódy mechànics *n.* (女性のための)組織的体操《特に均斉・持久力・身のこなしを発達させるために考案されたもの》. 〘*c*1970〙
bódy-mìke *vt.* 〈人〉にボディーマイクをつける.
bódy mìke *n.* 《米》ボディーマイク《通例えりなど首の回りにつける小型ワイヤレスマイク》.
bódy òdor *n.* 体臭; (特に)わきが《俗に BO と略す》. 〘1933〙
bódy pàint *n.* 体に塗る化粧品[絵の具].
bódy pàper *n.* 〘製紙〙厚紙《コーティングなどの加工を施す前の紙の総称; base paper, body stock, raw stock ともいう》.
bódy pèw *n.* (家族などが座る)教会団体席.
bódy pìercing *n.* ボディーピアス《舌・へそなどのピアス》.
bódy pìgment *n.* 塗料の基礎顔料.
bódy plàn *n.* 〘造船〙正面線図, 横断線図《一定の間隔に分けた各船体横断面の輪郭を首尾方向に投影させた曲線図; cf. half-breadth plan, sheer plan》. 〘*c*1850〙
bódy pólitic *n.* (*pl.* **bodies p-**) **1** 政治的統一体[団体], 国家 (State). **2** 《古》法人 (corporation). 〘1528〙
bódy pòpping *n.* ボディポッピング《ロボットのような動きが特徴のディスコダンス》. **bódy pòpper** *n.* 〘1984〙
bódy pòst *n.* 〘造船〙=sternpost.
bódy prèss *n.* 〘レスリング〙ボディープレス《ホールドの一つで, 体重を用いておおむけになった相手を押さえつけること》.
bódy reléase *n.* 〘写真〙カメラの本体にあるレリーズ《body shutter release ともいう》.
bódy rùb *n.* 全身マッサージ(用ローション).
bódy scànner *n.* 〘医学〙ボディースキャナー《X 線コンピューター断層撮影 (CT) 装置など》. 〘1975〙
bódy scrùb *n.* ボディースクラブ《肌の老廃物を粒子でこすり落とすクレンジング化粧品》.
bódy sèarch *n.* (麻薬・武器などを調べる)ボディーチェック: The prisoner was subject to a ～. 捕虜は身体検査をされた. 日英比較「ボディーチェック」は和製英語.
bódy sèrvant *n.* 従者 (valet). 〘1760〙
bódy·shèll *n.* (自動車の) 車体外殻, ボディーシェル. 〘1976〙
bódy shìrt *n.* ボディーシャツ《股下に留め具のついた体にぴったりしたブラウス・シャツなど》. 〘1967〙
bódy shòp *n.* 車体工場《車体を製作・修理する》. 〘1954〙
bódy shútter relèase *n.* 〘写真〙=body release.
bódy·sìde *n.* (車両の)側面, ボディーサイド.
bódy sìze *n.* 〘活字〙深さ (point size).
bódy slàm *n.* 〘プロレスリング〙ボディースラム《相手を持ち上げて仰向けにマットに投げ下ろす技》.
bódy·snàtcher *n.* 死体泥棒《昔, 墓をあばいて死体を盗みそれを解剖者に売った者》. 〘1812〙
bódy·snàtching *n.* 死体窃盗《墓をあばいて死体を盗むこと》. 〘1863〙
bódy sprày *n.* ボディースプレー《体に吹きかける香水類》.
bódy stálk *n.* 〘解剖・動物〙腹茎, 腹柄.
bódy stòck *n.* 〘製紙〙=body paper.
bódy stòcking *n.* ボディーストッキング《身ごろから足先までつながっている身体にぴったりした通例ナイロン製の下着》. 〘1965〙
bódy·sùit *n.* ボディースーツ (body shirt). 〘1970〙
bódy·sùrf *vi.* (サーフボードを用いないで)胸と腹で波に乗る. **～·er** *n.* **～·ing** *n.* 〘1943〙
bódy swèrve *n.* **1** (サッカーなどで)相手をかわしながら進むこと. **2** 《スコット》いやなことを避けて通ること, 回避. **bódy-swèrve** *vt.*
bódy tàlk *n.* 《口語》=body language.
bódy tèxt *n.* [通例 the ～] テキスト本体[本文]《印刷テキストの, 標題や脚注を除いた部分》.
bódy tràck *n.* 〘鉄道〙操車用線路, 並列線, 群線.
bódy tỳpe *n.* 〘活字〙(著書・論文・新聞などの)本文活字, ボディータイプ (cf. display type). 〘1898〙
bódy vàrnish *n.* ボディーワニス《上塗り用の上質のワニス》.
bódy wàll *n.* 〘解剖・動物〙体壁《体腔 (body cavity) を包む外胚葉・中胚葉から成る表層》. 〘1888〙
bódy wàrmer *n.* 通例キルティングをした袖(そ)のない防寒用の胴着.
bódy wàve *n.* 〘地震〙実体波《地球内部を通り抜ける地震波; cf. surface wave》.
bódy·wèar *n.* ボディーウェア《伸縮性のある軽量の生地で作られた衣類; レオタードやボディースーツなど》.
bódy·wòrk *n.* (*also* **bódy wòrk**) **1** 車体. **2 a** 車体製造. **b** 車体修理. 〘1908〙
bódy wràp *n.* ボディーラップ《美容効果のある成分を体に塗りその上を湿布状にラップする痩身術》.
Boeh·me /bə́ːmə, béɪ- | bɜ́ː-; *G.* bǿːmə/, **Jakob** *n.* =Böhme.

boehm·ite /béɪmaɪt, bóʊm- | bɜ́ːm-/ *n.* 〘鉱物〙ベーマイト《アルミニウムの水酸化物で斜方晶系に属する鉱物 (AlO(OH)); ボーキサイトの主成分》. 〘《*c*1929》□ G *Böhmit* ← *J. Böhm* (現代ドイツの鉱物学者): ⇨ -ite¹〙
Boe·ing /bóʊɪŋ | bə́ʊ-/ *n.* ボーイング社 (The ～ Co.)《米国の航空機メーカー; 1996 年 McDonnell Douglas Corp. と合併し民間航空機, 軍用機の両面で世界最大のメーカーとなる; 本社は Seattle》.
Boe·o·tia /biόʊʃə, -ʃiə | biə́ʊ-/ *n.* ボイオティア《ギリシャ中部 Athens 北西方の 10 の都市国家から成る一地方; 前 6 世紀ごろの Thebes を盟主とするボイオティアの都市国家同盟 (the Boeotian League); Voiotia の現代ギリシャ語の翻字》. 〘《1786》□ Gk *Boiōtía*〙
Boe·o·tian /biόʊʃən, -ʃiən | biə́ʊ-/ *adj.* **1** (古代ギリシャの)ボイオティアの; ボイオティア人の. **2** のろまな, 愚かな (dull). ── *n.* **1** ボイオティア人. **2** 古代ギリシャのボイオティア方言. **3 a** 文学芸術に無理解な人. **b** [しばしば b-] 愚鈍な人. 〘《1598》← L *Boeōtia* □ Gk *Boiōtía* (↑): ⇨ -ian〙
Boeótian Léague *n.* [the ～] ボイオティア同盟《前 6 世紀ごろ Thebes を盟主として成立したが, ペルシャ戦争 (480–479 B.C.) のとき, Thebes がペルシャを支援したため, 同盟の指導権を失った》.
boep /búːp/ *n.* 《南ア口語》太鼓[ほてい]腹(の人). 〘← *Afrik. boepens* paunch〙
Boer /bɔ́ə, bʊ́ə | bə́ʊə^(r), bɔ́ː^(r), bʊ́ə^(r)/ *n.* ボーア[ブール]人《オランダ系の南アフリカ移住者(の子孫)で, 主に Cape Colony, Orange Free State, Transvaal などに定住した; 今は通例 Afrikaner という》. ── *adj.* ボーア[ブール]人の. 〘《1824》□ Du. ～ 'peasant': cf. boor〙
boer·bull /bʊ́əbʊl | bʊ́ə-/ *n.* 《南ア》ボーアブル《主に番犬として使われるマスティフとアフリカ産の犬との雑種犬》.
boe·re·mu·siek /bʊ́ᵊrəmjùːzɪk | bʊ́ərə-/ *n.* 《南ア》アフリカーナの文化に基づいた軽音楽. 〘1952〙
boe·re·wors /bʊ́ᵊrəvɔ̀əs | bʊ́ərəvɔ̀ːs/ *n.* 《南ア》ブーラボース《香辛料で味つけした挽(ひ)き肉で作る自家製のソーセージ》. 〘1948〙
bóer gòat *n.* 《南ア》丈夫な南アフリカ原産のヤギ.
boer·perd /bʊ́əpɛ̀ət | bʊ́əpɛ̀ət/ *n.* (*pl.* **-per·de** /-pɛ̀ədə | -pɛ̀ədə/) 《南ア》特に強壮な馬《しばしば palomino 種》. 〘□ Afrik. ～ ← *boer* indigenous, Afrikaner (⇨ boer)＋*perd* (□ Du. *paard* horse)〙
Bóer Wàr *n.* [the ～] ボーア[ブール]戦争《(1) 英国とトランスバール (Transvaal) およびオレンジ自由国 (Orange Free State) との戦争 (1899–1902); South African War ともいう. (2) ボーア人が独立を回復しようとした英国との戦争 (1880–1881)》. 〘1899〙
Bo·e·thi·us /boʊíːθiəs | bəʊ-/, **A·ni·ci·us Man·li·us Sev·e·ri·nus** /əníʃiəs mǽnliəs sèvəráɪnəs/ *n.* ボエチウス《480?–524; ローマの哲学者・政治家; 反逆罪で投獄された; 獄中で書かれたその著 *De Consolatione Philosophiae* (英訳 *The Consolation of Philosophy*) はその一部が Alfred the Great によって訳された》.
boeuf /búf, bʌ́f, bóʊf | bɜ́ːf; *F.* bœf/ *n.* (*pl.* **～s**) 〘料理〙牛, 牛肉, ブフ (beef). 〘《1907》《1936》□ F ～: ⇨ beef〙
boeuf bour·gui·gnon /bə́ːfbʊ̀əgiːnjɔ̃ː(ŋ), -njɔ́ːŋ | -bʊəg-, -bɔːg-; *F.* bœfbuʁgiɲɔ̃/ *F. n.* 〘料理〙ブッフブルギニョン《角切りの牛肉・タマネギ・マッシュルームなどを赤ワインで煮込んだフランス料理; boeuf à la bourguignonne ともいう》. 〘《1960》□ F ～ 'beef of Burgundy'〙
BOF 《略》basic oxygen furnace; beginning of file.
B of E 《略》Bank of England; Board of Education.
boff /bɑ́(ː)f | bɔ́f/ *n.* 《米俗》**1** (聴衆・観客の)大笑い, 爆笑: get the ～ 人を笑わせる; 聴衆に受ける. **2 a** 大受けの芝居[映画など], 大当たり. **b** 爆笑を狙ったせりふ[ギャグ]. **3** 一撃, パンチ. **4** 《卑》性交, セックス. ── *vt.*, *vi.* (…を)ひっぱたく; ひどい目に遭わせる; 《卑》(女性と)性交する. 〘《1946》← ? *b(ox) off(ice)*: cf. buffoon〙
bof·fin /bɑ́(ː)fɪn | bɔ́f-/ *n.* 《英俗》(軍事産業・航空産業の)科学研究員, 専門技術者. 〘《1941》?〙
bof·fo /bɑ́(ː)foʊ | bɔ́fəʊ/ *adj.* 《米俗》(主にショービジネスで)大受けの, 大当たりの. ── *n.* (*pl.* **～s**) 《俗》=boff. 〘《1949》← BOFF＋-O〙
bof·fo·la /bɑ(ː)fóʊlə | -fə́ʊ-/ *n.* 《俗》=boff. 〘《1946》← BOFF: cf. -ole²〙
B of H 《略》Band of Hope Union; Board of Health.
Bó·fors gùn /bóʊfɔəz-, -fɔəs- | bə́ʊfəz-/ *n.* 〘軍事〙ボフォース高射砲《第二次大戦時に多くの国で用いられた自動高射機関砲; 口径 40 mm, 発射能力 1 分間 120 発; 単に Bofors ともいう》. 〘《1939》← *Bofors* (Sweden の Örebro にあった軍需工場)〙
B. of T. 《略》《英》Board of Trade.
bog /bɑ́(ː)g, bɔ́(ː)g | bɔ́g/ *n.* **1** 沼地, 湿地 (swamp), 泥沼 (quagmire); 湿原. **2** 進歩・改善などを阻害したり遅らせたりするもの[場所]. **3** 《英口語》屋外便所, 便所; 《豪俗》排便.
── *v.* (**bogged; bog·ging**) ── *vi.* 泥沼に沈む; 〈事態・人などが〉動きが取れなくなる 〈*down*〉: The car ～*ged down* in the mud. 車は泥にはまって動けなくなった.
── *vt.* [通例 p.p. 形で] 泥沼に沈める; 妨げる, 遅滞させる (impede) 〈*down*〉: He *got* ～*ged down in* [*by*] difficulties. 窮地に陥って動きが取れなくなった / The negotiations have *been* ～*ged down over* that issue. 交渉はその問題で停滞したままになっている. ***bóg ín*** 《豪口語》(1) 張りきって仕事に取りかかる. (2) がつがつ食べる. (3) くつろいでいる. ***bóg óff*** [通例命令形で] 《英俗》立ち去る. ***bóg úp*** 《俗》〈物事を〉混乱させる, 台なしにする.
〘《1327》□ Gael. & Ir. *bogach* ← *bog* soft ← Celt. **buggo-* Hexible ← IE **bheng-* to bend〙

bo·gan¹ /bóʊgən | bə́ʊ-/ *n.* =pokelogan.
bo·gan² /bóʊgən | bə́ʊ-/ *n.* 《豪俗》退屈な[だめな]やつ, ばか者.
Bo·gar·de /bóʊgɑəd | bə́ʊgɑːd/, Sir **Dirk** *n.* ボガード《1921–99; 英国の映画俳優・脚本家》.
Bo·gart /bóʊgɑət | bə́ʊgɑːt/, **Humphrey** (**De Forest** /dɪ̥fɔ́(ː)rɪ̥st, -fɑ́(ː)r- | -fɔ́r-/) ボガート《1899–1957; 米国の映画俳優; 愛称 Bogey; *Casablanca* (1942) などに出演》.
bóg árum *n.* 〘植物〙=calla.
bóg ásphodel *n.* 〘植物〙キンコウカ《ユリ科キンコウカ属 (*Narthecium*) の植物の総称; 沼地に生育し花は小さいが黄色で美しい; (特に)ヨーロッパ産 *N. ossifragum*, 米国産 *N. americanum* の 2 種がある》. 〘1857〙
Bo·ğaz·köy /bòʊgɑːzkɔ́ɪ, bòʊgɑːz- | bə̀ʊ-; *Turk.* boɑ́zkøj/ *n.* ボガズキョイ《トルコ中部の村; 古代 Hittite 王国の首都があった場所》.
bóg·bèan *n.* 〘植物〙ミツガシワ (⇨ buckbean). 〘1794〙
bog·ber·ry /bɑ́(ː)gbèri, bɔ́(ː)g-, -b(ə)ri | bɔ́gb(ə)ri/ *n.* 《英》〘植物〙ツルコケモモ (cranberry). 〘1760〙
bóg bútter *n.* 《まれ》〘地質〙ボッグバター《アイルランドの泥炭地に産するバター状の鉱脂》. 〘1863〙
bóg còtton *n.* 〘植物〙=cotton grass.
bóg dèal *n.* (泥炭地に)埋もれていて発見された松材. 〘1857〙
bo·gey¹ /bóʊgi | bə́ʊ-/ *n.* **1** /《米》bóʊgi, bʊ́gi, búːgi/ (人につきまとう)怖い[嫌な]もの; (いわれのない)恐怖の原因: lay [put] the ～ to rest 窮状を打開する, 問題をおさめる. **2** /《米》ではまた bʊ́gi, búːgi/ お化け, 悪鬼 (goblin); [Old B-] 悪魔. **3** 〘ゴルフ〙ボギー: **a** そのホールのパー (par) より一打多い打数: ⇨ double bogey, triple bogey. **b** 《英》平均的プレーヤーに要求される基準打数《通例 par よりも多い》. **4** 《口語》鼻くそ. **5** 《俗》警官, 刑事, デカ. **6** (競技で目標とされる)演技の標準数値. **7** 《軍俗》国籍不明[敵国]の航空機, ボギー (cf. skunk 5). ── *vt.* 〘ゴルフ〙〈ホールを〉ボギーであがる. 〘《1836–40》《変形》← BOGLE. 3: 《1892》← *Colonel Bogey*:「手強い難敵」の意から; 当時の流行歌 'The Bogey Man' にちなむ〙
bo·gey² /bóʊgi | bə́ʊ-/ 《豪俗》*n.* 海水浴; 入浴. ── *vi.* 海水浴[入浴]する. 〘← Austral. (現地語)〙
bo·gey³ /bóʊgi | bə́ʊ-/ *n.* =bogie¹.
bógey hòle *n.* 《豪》(自然にできた水泳のできる)流れのよどみ.
bo·gey·man /bóʊgimæ̀n, bʊ́g- | bə́ʊg-/ *n.* (*pl.* **-men** /-mèn/) **1** (子供をおどかすために使った)怪物, 妖怪, お化け. **2** 恐ろしい人[もの]. 〘*c*1890〙
bog·gard /bɑ́(ː)gəd | bɔ́gəd/ *n.* (*also* **bog·gart** /-gət | -gət/) 《北英方言》**1** お化け (bogey). **2** かかし (scarecrow). 〘《1570》《古形》*buggard* ← BUG¹＋-ARD〙
bóg gàrden *n.* 湿性植物(庭)園.
bog·gle¹ /bɑ́(ː)gl̩ | bɔ́gl̩/ *vi.* **1** ぎょっとする, (驚いて)飛びのく 〔*at, over*〕: The mind ～*s* (*at* the idea). (そんなこと)とても考えられない. **2 a** 〈人が〉ためらう; 異議を唱える 〔*at, about*〕. **b** 逃げ口上を使う, ごまかす 〔*at, about*〕. **3** 不手際をする, へまをする (bungle). ── *vt.* **1 a** 驚かす, びっくりさせる (startle): ～ the [a person's] mind 〈物事が〉とても考えられない[信じられない] (cf. mind-boggling). **b** 《英方言》当惑させる, 面くらわせる (embarrass). **2** 〈物事を〉不手際にやる. ── *n.* **1** 驚いて飛び立つこと. **2** ためらい, しりごみ, 躊躇(ちゅうちょ). **3** 《口語》しくじり, 失敗, 不手際. 〘《1598》《変形》← BOGLE: (原義) to see a bogle?〙
bog·gle² /bɑ́(ː)gl̩ | bɔ́gl̩/ *n.* 《英方言》=bogle.
bóg·gler *n.* 《Shak》気まぐれな人. 〘1606–07〙
bog·gy /bɑ́(ː)gi, bɔ́(ː)gi | bɔ́gi/ *adj.* (**bog·gi·er; -gi·est**) 沼地の, 泥地の, 泥の深い (swampy); 沼沢の多い. **bóg·gi·ness** *n.* 〘《1586》← BOG (n.)＋-Y⁴〙
bóg·hòle *n.* 湿地にできた穴[窪地].
bo·gie¹ /bóʊgi | bə́ʊ-/ *n.* **1** 《英》低い丈夫な荷車. **2** 《英》〘鉄道〙ボギー, 転向台車; ボギー車《小型な台車で, 石炭や鉱石を運ぶために使われる》. **3** (戦車の)無限軌道内輪, ボギー車輪. **4** 六輪トラックの 4 個の駆動後輪. **5** 《スコット》木箱などで作る子供用の手製のレーシングカート (soapbox). 〘《*c*1817》← ?〙
bo·gie² /bóʊgi | bə́ʊ-/ *n.*, *vt.* =bogey¹.
bógie èngine *n.* 〘鉄道〙ボギー[転向]式機関車. 〘1843〙
bóg-Ìrish *n.* 《軽蔑》アイルランドの田舎者(のアクセント).
bóg ìron òre *n.* 〘鉱物〙沼鉄鉱《沼沢地に産する多孔質の褐鉄鉱; bog iron, swamp ore ともいう》. 〘1789〙
bóg·lànd *n.* 湿地, 湿原, 沼沢地.
bo·gle /bóʊgl̩ | bə́ʊ-/ *n.* 《英方言》**1** お化け, 幽霊 (goblin); こわいもの (bugbear). **2** かかし. 〘《*c*1505》《スコット・北部方言》*bogil(l)* 《変形》← BUG¹〙
bóg·màn *n.* (*pl.* **-mèn**) 〘考古〙ボッグマン《泥炭地で発見された古代人の遺体》.
bóg mòss *n.* 〘植物〙ミズゴケ《ミズゴケ属 (*Sphagnum*) のコケの総称》. 〘1785〙
bóg mỳrtle *n.* 〘植物〙**1** =sweet gale. **2** ミツガシワ (⇨ buckbean). 〘1884〙
Bog·nor Re·gis /bɑ́(ː)gnəríːdʒɪ̥s, bɔ́(ː)g- | bɔ́gnəríːdʒɪs/ *n.* ボグナリージス《イングランド West Sussex 州南部, イギリス海峡に臨む保養地. 〘← *Bognor* < OE *Bucganora* ← *Bucge* (女性名)＋*ōra* shore〙
bóg òak *n.* (泥炭地に)埋もれ木となったナラの材 (cf. bogwood). 〘1813〙
Bo·go·mil /bɑ́(ː)gəmɪl | bɔ́g-; *Russ.* bəgamʲíl/ *n.* **1** ボゴミール《10 世紀ブルガリアの異端的聖職者》. **2** (*also* **Bo·go·mile** /-màɪl/) [*pl.*] ボゴミール教徒, ボゴミール派

B

《10–11 世紀にブルガリアに起こったキリスト教の二元論的分派で, 父なる神が悪魔 (Satan) とキリストとを生んだと説く》. 〖《1841》□ Russ. ～ ← *Rogomilŭ*: cf. Russ. *Bog* God & *milost'* grace〗

bo·gong /bóʊgɔ(:)ŋ, -gɑ(:)ŋ | bə́ʊgɒŋ/ *n.* 《豪》〖昆虫〗オーストラリア産ヤガ科のガ (*Agrotis infusa*) 《以前練り粉にして先住民が食用とした; bogong moth ともいう》. 〖← *Mount Bogong* (オーストラリア Victoria 州第一の高山)〗

Bo·gor /bóʊgɔə | bə́ʊgɔ:ʳ/ *n.* ボゴール《インドネシア Java 島西部の都市; もとオランダ領東インド総督府の夏期所在地; 有名な植物園がある; オランダ語旧名 Buitenzorg》.

bóg òrchid *n.* 〖植物〗ヤチラン (*Malaxis paludosa*) 《北半球の亜寒帯の湿原に見られるラン; 高層湿原のミズゴケに混じって生える》.

Bo·go·tá /bòʊgətɑ́:, -tɔ́:, ←ー← | bɒ̀gə(ʊ)tɑ́:, bəʊg-; *Am.Sp.* boγotá/ *n.* ボゴタ《南米コロンビア中部高原にある同国の首都; 公式名 Santa Fé de Bogota》.

bóg ròll *n.* 《英俗》トイレットペーパー.

bóg ròsemary *n.* 〖植物〗ヒメシャクナゲ《ヒメシャクナゲ属 (*Andromeda*) の低木の総称; (特に)ヒメシャクナゲ (*A. polifolia*)》(moorwort ともいう).

bóg rùsh *n.* 〖植物〗ノグサ属の一種 (*Shoenus nigricans*) 《カヤツリグサ科の草》. 〖1760〗

bóg spàvin *n.* 〖獣医〗(馬の)飛節腫脹. 〖1631〗

bóg-stàndard *adj.* 《英口語》(改良点のない)規格品の.

bóg stràwberry *n.* 〖植物〗＝marsh cinquefoil.

bóg·tròtter *n.* **1** 沼沢地方の住人. **2** [軽蔑的に] アイルランド人. 〖1682〗

bóg-ùp *n.* 《俗》混乱(状態): make a ～ of …をめちゃくちゃ[台なし]にしてしまう.

bo·gus /bóʊgəs | bə́ʊ-/ *adj.* にせの, いんちきの (⇨ false SYN): a ～ note にせ札 / a ～ concern いんちき会社, 幽霊会社. **～·ly** *adv.* **～·ness** *n.* 〖《1825》← ? BOGLE: もと俗語で「にせ金造りの装置」が原義〗

bóg vìolet *n.* 〖植物〗ムシトリスミレ (*Pinguicula vulgaris*) (cf. butterwort).

bóg·wòod *n.* (泥炭地の)埋もれ木《材は黒褐色で, 光沢があり装飾に用いる》.

bo·gy¹ /bóʊgi | bə́ʊ-/ *n.* ＝bogey¹.

bo·gy² /bóʊgi | bə́ʊ-/ *n.* ＝bogie¹.

bo·gy·man /bóʊgimæ̀n, bʊ́g- | bə́ʊg-/ *n.* (*pl.* **-men** /-mèn/) ＝bogeyman.

boh /bóʊ | bə́ʊ/ *int.*, *n.* ＝boo¹.

Boh /bóʊ | bə́ʊ/ *n.* 《インド》匪賊(ひぞく)の親玉. 〖《1888》□ Burmese *bō*〗

Bo Hai /bòʊhái | bə̀ʊ-; *Chin.* póxǎi/ *n.* 渤海(ぼっかい)《中国東北部, 山東半島北側の黄海の湾; 旧名 the Gulf of Chihli》.

Bo·hea, b- /boʊhí: | bəʊ-/ *n.* ボヒー茶《中国産の紅茶の一種で, 18 世紀ごろは最上種とされたが, 今では劣等種》; (一般に)紅茶 (black tea). 〖《1701》□ Chin. 《方言》*Bu-i*＝*Wuyi*「武夷」(産地である山の名)〗

Bo·he·mi·a /boʊhí:miə | bə(ʊ)-/ *n.* **1** ボヘミア《チェコ西部の地方, もとはオーストリア領; チェコ語名 Čechy; 主都は Prague》. **2** (自由奔放な)ボヘミアンの住む地区; ボヘミア的[自由奔放]な社交界. 〖ME *B(o)eme* □ OF *Boheme* < L *Boiohaemum* Lome of the Boii (ケルトの部族名)〗

Bo·he·mi·an /boʊhí:miən | bə(ʊ)-/ *adj.* **1 a** ボヘミア (Bohemia)の; ボヘミア人の; ボヘミア[チェコ]語の. **b** ボヘミア製の. **2** [b-] **a** (ジプシーのように)放浪的な (vagabond). **b** (ボヘミア人のように)伝統にとらわれない, 自由奔放な: a ～ life (習俗を無視した)自由奔放な生活.
— *n.* **1** ボヘミア人. **2** ボヘミア語, チェコ語. **3** [b-] ボヘミアン, 自由奔放な生活をする文人[芸術家]. **4** ＝Gypsy¹ (Bohemia からきたと想像されたことから).
〖《1597》← BOHEMIA＋-AN¹: cf. F *Bohémien* gypsy ← Celt. *Boii* (ケルトの部族名)〗

Bohémian Bréthren *n. pl.* [the ～] ボヘミア兄弟団《John Huss の流れをくみ, 15 世紀に結成されたフス派 (Hussite) の一派; 1722 年にモラビア教会 (Moravian Church) として再組織された; Unitas Fratrum ともいう》. 〖*c*1862〗

Bohémian Fórest *n.* [the ～] ボヘミアの森《チェコ南西部とドイツ南東部との間の国境上の森林に覆われた山脈; 最高峰 Mt. Arber /ɑ́əbə | ɑ́:bəʳ; *G.* árbɐ/ (1,457 m); ドイツ語名 Böhmerwald /bǿ:mɐvàlt/》.

Bohémian gárnet *n.* ＝pyrope.

Bohémian glàss *n.* ボヘミアンガラス《チェコ製ガラスの一般名で, 特にテーブルウェアと化学容器に用いる》. 〖1854〗

Bo·hé·mi·an·ism /-nìzm/ *n.* (伝統風俗にとらわれない)奔放主義, 放浪的[浪人]気質; 自由で気ままな生活. 〖《1861》: ⇨ -ism〗

Bohémian rúby *n.* 〖鉱物〗ボヘミアルビー《紅水晶のこと; 宝石》. 〖《なぞり》← G *böhmischer Rubin*〗

Bohémian wáxwing *n.* ＝waxwing.

Böhm /bǿ:m; *G.* bǿ:m/, **Karl** *n.* ベーム《1894–1981; オーストリアの指揮者》.

Böh·me /bǿ:mə, béɪ- | bǿ:-; *G.* bǿ:mə/ (*also* **Böhm** /bǿ:m, béɪm | bǿ:m; *G* bǿ:m/), **Jakob** *n.* ベーメ《1575–1624; ドイツの神秘(主義的)思想家》.

Böh·mer·wald /*G.* bǿ:mɐvalt/ *n.* ベーマーワルト (Bohemian Forest のドイツ語名).

Böhm flute /ー́ー/ *n.* 〖音楽〗ベームフルート《鍵で音調を調節する現代のフルート; 発明者 Theobald Böhm (1794–1881) にちなむ》.

Bohn /bóʊn | bə́ʊn/, **Henry George** *n.* ボウン《1796–1884; 英国の出版業者; *Antiquarian Library* を出版 (1847)》.

bo·ho /bóʊhoʊ | bə́ʊhəʊ/ *n.* 《口》ボヘミアン, 変わり者. — *adj.* ボヘミア的な (bohemian), だらしない. 〖《短縮・変形》← BOHEMIAN (n.)〗

Bo·hol /boʊhɔ́:l | bə(ʊ)hɔ́l/ *n.* ボホル(島)《フィリピン諸島中央部の島; 面積 3,864 km²》.

Bohr /bɔ́ə | bɔ́:ʳ; *Dan.* bó:ˀr/, **Niels (Henrik David)** *n.* ボーア《1885–1962; デンマークの物理学者; 近代量子力学・原子核物理学の構築に大きな貢献をした; Nobel 物理学賞 (1922)》.

Bóhr àtom *n.* [the ～] 〖物理〗ボーア原子《N. Bohr の提唱した原子構造論における原子(の模型)》. 〖《1923》↑〗

boh·ri·um /bɔ́:riəm/ *n.* 〖化学〗ボーリウム《ビスマス 209 にクロミウム 54 イオンを照射してつくられた人工放射性元素; 記号 Bh, 原子番号 107; 1981 年にドイツ Darmstadt のグループが発見, 94 年に IUPAC が提案した名称》. 〖《1994》: ↑, -IUM〗

Bóhr màgneton *n.* [the ～] 〖物理〗ボーア磁子《磁気モーメントを表す量子力学的単位; electronic Bohr magneton ともいう》. 〖《1923》↑〗

Bóhr thèory *n.* [the ～] 〖物理〗ボーア理論《N. Bohr の原子構造論》. 〖1922〗

bo·hunk /bóʊhʌŋk | bə́ʊ-/ *n.* 《米俗》**1** [しばしば軽蔑的に] ヨーロッパ東部または東南部出身の未熟練移民労働者《特に, チェコ人・ハンガリー人・スロバキア人・クロアチア人など》. **2 a** ごろつき, あばれ者. **b** やつ, 人 (fellow). 〖《1903》← ? Bo(HEMIAN)＋HUNG(ARIAN): cf. hunky²〗

Bo·iar·do /bɔɪɑ́ədoʊ, boʊjɑ́ə- | bɔɪɑ́:dəʊ, bəʊjɑ́:-; *It.* bojárdo/, **Matteo Maria** /mattéo:marí:a/ *n.* ボイアルド《1441?–94; イタリアの詩人; *Orlando Innamorato*「恋するオルランド」(未完)》.

bo·id /bóʊɪd | bə́ʊɪd/ *n.* 〖動物〗ボア科 (*Boidae*) のヘビの総称.

Boi·el·dieu /bɔ̀ɪɛldjə́:, -djú:; *F.* bɔjɛldjø/, **François-Adrien** *n.* ボイエルデュー《1775–1834; フランスの作曲家》.

boil¹ /bɔ́ɪl/ *vi.* **1 a** 〈液体が〉沸騰する; 〈やかんなどの容器(の中身)が〉沸騰点に達する; 沸く: ～ fast, gently, slowly, etc. / ⇨ *keep the* POT¹ *boiling* / A watched pot is long in ～*ing*. ⇨ pot¹ n. 1 a / Water ～*s* at 100°C. 水はセ氏 100 度で沸騰する / She carelessly let the kettle ～ dry. うっかりやかんを空焚(からだ)きしてしまった. **b** 〈食物が〉煮える, ゆだる: The meat [potato] is ～*ing*. 肉[じゃがいも]が煮えている. **c** (調理法などで)煮る, 煮立てる, ゆでる: put the fish on to ～ 魚を煮始める / *Boil* for three minutes and then (left) simmer. 3 分間煮立てて, そのあとゆっくりと煮る. **2 a** 〈海・波などが〉(沸き立つように)荒れ狂う: the ～*ing* sea 沸き立つような海. **b** 〈ごみ・煙などが〉(沸き上がるように)舞い上がる 〈*up*〉. **c** 〈湯・水などが〉湧き出る, 噴出する. **3** 〈血・感情が〉煮え返る; 〈人が〉激昂(げっこう)する 〈*over*〉: That makes my blood [me] ～. それには血が煮えくり返る / He was ～*ing* (*over*) *with* rage [indignation]. 怒り[憤り]ではらわたが煮えくり返る思いだった. **4 a** 〈群衆などが〉突き進む (rush): They ～*ed out of* the doorway. 彼らはなだれを打って戸口から出て行った. **b** 〈魚が〉(えさを求めて)水面にさっと浮かび出て来る. — *vt.* **1 a** 〈液体を〉沸かす; 〈容器(の中身)を〉沸騰させる; 〈衣類などを〉煮沸する: ～ water 湯を沸かす / ～ clothes 衣類を煮沸(消毒)する / ～ the billy ⇨ billy¹ / ⇨ *boil the* POT. **b** [しばしば間接目的語または目的補語を伴って] 〈食物を〉煮る, ゆでる: ～ fish [meat, vegetables] 魚[肉, 野菜]を煮る / She ～*ed* me an egg.＝She ～*ed* an egg for me. 卵をゆでてくれた / I like my eggs ～*ed* hard [soft]. 卵は固くゆでたのが[半熟なのが]好きだ / She can't ～ an egg. 彼女は簡単な料理もできない. **2** 〈石鹸などを〉煮て作る; 〈砂糖・塩などを〉〔…から〕煮詰めてとる〔*out of*〕: ～ salt *out of* sea water 海水を煮詰めて塩をとる.

bóil awáy (*vi.*) (1) 沸騰して蒸発する; 沸騰し続ける. (2) 〈熱意・興奮などが〉さめる. — (*vt.*) 沸騰させて蒸発させる; 〈アルコールなどを〉煮たてとばす.
bóil dówn (*vt.*) (1) 煮詰める. (2) 要約する (abridge) 〔*into, to*〕: ～ *down* a report (*to* three hundred words) 報告を (300 語に)要約する. — (*vi.*) (1) 煮詰まる; 〈食材が〉ゆだちすぎてちぢむ. (2) 〈状況・問題・議論などが〉要約される: It all ～*s down to* this. せんじ詰めると次のようになる. (3) 〔…に〕等しい, 〔…も〕同然である (amount) 〔*to*〕: His answer ～*s down to* a refusal. 彼の答えは詰まるところ拒絶も同然だ. 《1845》 ***bóil óff*** (*vi.*) 沸騰して消える. — (*vt.*) (1) 沸騰してはずす: The kettle's ～*ing its* head *off*. やかんの湯が沸き立ってふたが取れそうだ. (2) 煮て〈絹を〉練る; 煮て〈のりなどを〉除く. ***bóil óut*** ＝BOIL *off*.
bóil óver (1) 〈液体・煮物・容器が〉煮えこぼれる. (2) ⇨ *vi.* 3. (3) 〈事態・争いなどが〉危急を告げる; 爆発して〔ある状態に〕陥る〔*in, into*〕: The quarrel ～*ed over in* [*into*] an exchange of blows. 口論が高じてなぐり合いになった.
bóil the billy ⇨ billy¹ 成句. ***bóil úp*** (1) 煮え立つ; 煮立てて作る. (2) 〈溶岩・噴煙などが〉噴出する (cf. *vi.* 2 b). (3) 《口語》〈論議・紛争・危機などが〉起こりかけている: Both sides are ～*ing up* for a confrontation. 両者は対立へと向かいつつある. (4) 《米・豪口語》衣類を煮沸(消毒)[洗濯]する. (5) 《カナダ・豪》お茶を入れる[立てる] (make tea). 《1839》
— *n.* **1** 沸騰(点); 煮沸: be *on* [*at*] the ～ 沸騰している / bring [come] to the [《米》a] ～ 沸騰させる[し出す]; 《比喩的》クライマックスに到達させる[達する] / give a ～ 煮る, ゆでる. **2 a** (早瀬などの)うず, 泡立つ水. **b** (えさをやるときなどに魚が作る水面の)うず, 波紋.
òff the bóil 《英》(1) 沸騰しなくなって: take … *off the* ～ (火から離して)…を沸騰しないようにする. (2) 〈行動・活動などへの〉意欲[熱意]が〉さめて; 緊張がうすれて: She won the first set but went *off the* ～ and lost the second. 第 1 セットは取ったが, 気力を失って第 2 セットは負けてしまった. ***on the bóil*** 《英》(1) 〈水・やかんなどが〉沸騰して. (2) 〈状況・感情などが〉最高潮で: keep their interest *on the* ～ 彼らの関心を最高に保っておく.

boil·a·ble /bɔ́ɪləbl/ *adj.* 〖《?*a*1300》 *boille(n)* □ AF *boiller*＝OF *boillir* (F *bouillir*) < L *bullīre* ← *bulla* a bubble ← IE **beu-* (↑): cf. ebullition〗

SYN 煮て調理する: **boil** 沸騰した湯で煮る: *boiled* eggs ゆで玉子; 比喩的には, 激昂する: I was *boiling* with rage. 怒りで胸の内が煮えくり返っていた. **seethe** ＝*boil*; 比喩的には, 怒り・不安・興奮で騒然としている: The country was *seething* with discontent. その国は不満で騒然としていた. **simmer** 沸騰点ぎりぎりでぐつぐつ煮る[煮える]; 比喩的には, 激怒などをほとんど抑えきれなくなっている: *simmer* vegetables 野菜をぐつぐつ煮る / I was *simmering* with laughter. 今にもぷっと吹き出しそうだった. **stew** ふたをしたなべでとろ火で煮る[煮える]; 比喩的には, 《口語》自業自得で苦しむ: *stew* apples りんごをとろとろ煮る / Let him *stew* for a bit. 自業自得だ, しばらく苦しませておけ.

boil² /bɔ́ɪl/ *n.* 〖病理〗ねぶと, おでき (furuncle). 〖OE *bȳl(e)* (今の形は↑の影響) < (WGmc) **būlja* (G *Beule*) ← ? IE **b(h)eu-* to swell〗

bóil·dòwn *n.* 要約, 圧縮. 〖← *boil down* (⇨ boil¹ (v.) 成句)〗

Boi·leau-Des·pré·aux /bwɑ́:loʊdèɪpreɪóʊ | -ləʊdèɪpreɪə́ʊ; *F.* bwalodepʀeo/, **Nicolas** *n.* ボワローデプレオ《1636–1711; フランスの批評家・詩人; *L'Art poétique* (英訳 *The Art of Poetry*) (1674); 単に Boileau ともいう》.

boiled *adj.* **1** 煮た, ゆでた; 煮沸した: ～ rice 飯 / ～ water さ湯 / ～ clothes 煮沸(消毒)した衣類 / soft-*boiled* eggs 半熟の卵. **2** かんかんに怒った. **3** 《俗》(ぐでんぐでんに)酔った: be ～ to the ears (耳まで)すっかり酔っている / ⇨ *like* [*as*] *a boiled* OWL. 〖《*a*1475》← BOIL¹＋-ED〗

bóiled dínner *n.* 〖料理〗野菜を添えた塩漬け肉の煮込み《肉はゆで煮し, じゃがいも・キャベツ・かぶ・にんじんなどは別にゆがいて添え, マスタードなどで食べる; New England boiled dinner ともいう》. 〖1805〗

bóiled-òff sílk *n.* 練り絹《精練した絹布》.

bóiled óil *n.* ボイル油《煮沸して乾性を増した油; 塗料の原料油》. 〖1858〗

bóiled shírt *n.* 《米口語》**1** ボイルドシャツ《胸部を固くのりづけした礼装用白ワイシャツ》: (as) stiff as a ～ 四角ばって. **2** 堅苦しいやつ[態度]. 〖1853〗

bóiled swéet *n.* 《英》＝hard candy.

boil·er /bɔ́ɪlə | -ləʳ/ *n.* **1 a** 煮沸器, 湯わかし, かま, なべ(など). **b** 《英》洗濯物煮沸用金属桶. **c** 《英》(ストーブに付属した)湯わかし. **2** ボイラー, 汽缶 (⇨ locomotive 挿絵): ⇨ watertube boiler. **3** 煮物に適する食物《鳥肉・野菜など》: These vegetables are good ～*s*. この野菜は煮物によい. **4** 煮沸係《人》. **5** (白波の立つ)暗礁. 〖《*c*1540》← BOIL¹＋-ER¹〗

bóiler còmpound *n.* 清缶剤, ボイラー清浄剤.

bóiler dèck *n.* 《米》ボイラーデッキ《汽船でボイラー[汽缶]のすぐ上の甲板》. 〖1840〗

bóiler hórsepower *n.* 〖機械〗ボイラー馬力《ボイラーの蒸発能力を表す単位で, 相当蒸発量 15.65 kg/h を 1 ボイラー馬力という》.

bóiler insùrance *n.* 〖保険〗汽缶[ボイラー]保険 (cf. engineering insurance).

bóiler ìron *n.* ボイラー板 (boilerplate).

bóiler·màker *n.* **1** 製缶工, ボイラー製造人《ボイラーその他の金属製品の製造・修理に従事する作業員》. **2** 《米口語》ビール割りウイスキー, ビールをチェーサー (chaser) にして飲むウイスキー. **3** 《英俗》ハーフアンドハーフ《生ビールと黒ビールを半分ずつ混ぜたビール》. 〖1865〗

bóiler·plàte *n.* **1** ボイラー板《ボイラー用などの厚さ ¹/₄–¹/₂ インチの圧延鋼板》. **2** 〖週刊新聞に用いる紙型から〗《米口語》共通[配給, 型通りの]記事. **3** (スペースクラフトの)試験用実物大型模型. **4** ＝boilermaker 2. 〖1860〗

bóiler ròom *n.* **1** ボイラー室, 汽缶室. **2** 《俗》(電話による)もぐり証券ブローカーの部屋[営業所]; から相場店 (bucket shop). 〖1903〗

bóiler scàle *n.* (ボイラーの中にできる)湯あか.

bóiler shòp *n.* ボイラー(製造[修理])工場; ボイラー室 (boiler room).

bóiler sùit *n.* 《英》＝coverall.

bóiler tùbe *n.* 〖機械〗ボイラー管.

boil·ie /bɔ́ɪli/ *n.* ボイリ《鯉(こい)釣り用の, 香りを付けた球形の釣り餌》.

bóil-in-bàg *adj.* レトルト包装(食品)の《合成樹脂の袋に入った調理済みの冷凍食品などについていう》.

boil·ing /bɔ́ɪlɪŋ/ *n.* 沸騰, 煮沸; 煮方: cook by ～ / a skillful ～ 上手な煮方. ***the whóle bóiling*** 《俗》全員, 全部, 全体: sell *the whole* ～ 一切合財(いっさいがっさい)を売り払う. 〖1837〗 — *adj.* **1** 煮え[沸き]立っている: ～ water 沸き立つ湯, 煮え湯, 熱湯. **2** 沸き返るように荒れ狂う: ～ waves [waters] 沸き立つ波浪. **3** ゆだるように暑い: a ～ sun かんかん照りの太陽[日射し]. **4** 〈人が〉煮えくり返るほど怒って: ～ *with* indignation 怒り心頭に発して(いる).
5 [副詞的に] 猛烈に (very, boilingly): ～ hot とてつもなく暑い / ～ mad かんかんに怒った. **～·ly** *adv.* 〖《*c*1330》: ⇨ boil¹, -ing²〗

bóiling póint *n.* [the ～] **1** 〖物理〗沸騰点, 沸点《水の場合は 1 気圧の下で 100°C; cf. freezing point, melting point》. **2 a** (怒りなどの)爆発点; 激怒; 興奮: at the ～ ひどく腹を立てて / reach (the) ～ 我慢の限界に達する. **b** 決断の時, 重大な転機. 〖1773〗

bóiling stòne *n.* 沸騰石, 沸石《沸騰する液体の突出 (bumping) を防ぐために入れる陶器などの小片》.
bóiling-wáter reàctor *n.* 〘原子力〙沸騰水型原子炉《冷却・減速材に水を用い, 炉心で水を沸騰させる型の原子炉; 略 BWR》.
bóil·òff *n.* **1 a** (液体酸素などの)蒸発. **b** 《俗》〘宇宙〙沸騰点を超えたためにロケットから酸化剤や燃料が蒸発して漏れること. **2** (絹などの)精練工程. 〘1956〙
bóil·òver *n.* **1** 煮えこぼれ; 煮こぼし. **2** 《豪》(競馬などで)意外な結果.
bóil-ùp *n.* **1** (衣類の)洗濯, 煮沸(消毒). **2** 《カナダ・豪》 **a** お茶を入れること. **b** 《豪俗》口論, けんか (row). 〘1728〙
boing /bɔ́ɪŋ/ *int.* ビヨーン《ばねなどがはずむ音》.
boink /bɔ́ɪŋk/ *vi., vt.* 《米俗》…とセックスする.
bois brû·lé /bwɑ́ːbruːléɪ; *F.* bwabʀyle/ *n.* (*pl.* **~s** /~(z); *F.* ~/) 《カナダ》先住民と(特に, フランス系の)白人との間の混血カナダ人. 〘(1805) □ Canad.-F ~ 《原義》burnt wood〙
bois d'arc /bóʊdɑ̀ək | bə́ʊdɑ̀ːk/ *n.* (*pl.* **~s** /~/, ~) 〘植物〙=Osage orange. 〘(1805) □ F ~ 'wood of bow'〙
Bóis de Boulógne /bwɑ́ːdə- | -də-; *F.* bwadbulɔɲ/ *n.* [the ~] ブーローニュの森《フランス Paris 西方郊外, Seine 川の北岸にある大公園; Auteuil と Longchamp の競馬場がある; 単に the Bois ともいう》. 〘□ F ~ 'Wood of Boulogne(-sur-Seine)'〙
bois de rose /bwɑ́ːdəróʊz | -dərə́ʊz; *F.* bwadʀoːz/ *n.* (*pl.* **~s** /~ɪz; *F.* ~/, ~) **1** 南米 Guiana 産のクスノキ科の樹木 *Aniba panurensis* などの黄色の木材. **2** 赤黄色. 〘□ F ~ 《原義》rose wood〙
bóis de róse òil *n.* 〘化学〙ボアドローズ油《クスノキ科に属する木材の水蒸気蒸留で得られる無色から黄色の精油; バラ・ラベンダー様の香気をもち, 香料として重要; rosewood oil ともいう》.
bois de vache /bwɑ́ːdəvǽʃ | -dəvɑ́ːʃ/ *n.* (18–19 世紀にカナダ人や米国の毛皮捕獲者が燃料用とした)野牛の乾燥ふん. 〘□ Canad. -F ~ 《原義》cow's wood〙
Boi·se /bɔ́ɪzi, -si/ ★ 現地語は /-si/ *n.* ボイシ《米国 Idaho 州南西部の都市で同州の州都, 昔の Oregon Trail の交易地の跡に建設された; Boise City ともいう》. 〘← F *boisé* wooded〙
boi·se·rie /bwɑ̀ːzəríː; *F.* bwazʀi/ *n.* (室内壁用の)鏡板(かがみいた). 〘(1832) □ F ~〙
Bois-le-Duc /*F.* bwaldyk/ *n.* ボワルデュック《's Hertogenbosch のフランス語名》.
bois·ter·ous /bɔ́ɪstərəs, -trəs/ *adj.* **1 a** 〈行為・言葉・人など〉荒々しい, 乱暴な. **b** (陽気に)騒々しい, ばか騒ぎする (⇨ noisy SYN): ~ laughter. **2** 〈風・海・天候など〉荒れ狂う, 大荒れの (violent): a ~ wind, sea, etc. **3 a** 《廃》荒い, 激しい, 獰猛な; 強靭(きょうじん)な. **b** かさばった, ばかに大きい. **~·ly** *adv.* **~·ness** *n.* 〘(?*a*1300) *boistrious* rough 《混成》? ← ME *boistous* (□ OF *boisteus* limping, rough)+*boistres* (《変形》← *boistous*)〙
boîte /bwɑ́ːt; *F.* bwat/ *n.* ナイトクラブ (nightclub) (*boîte de nuit* /-dənwíː; *F.* -dənɥi/ ともいう). 〘(1922) □ F ~ 'box'〙
Bo·i·to /bɔ́ːɪtòʊ | -təʊ; *It.* bɔ́ːito/, **Ar·ri·go** /ɑríːgo/ *n.* ボイートウ (1842–1918; イタリアのオペラ作曲家).
Bo·jar·do /boʊɑ́ədoʊ, boʊjɑ́ə- | bɔɪɑ́ːdəʊ, bəʊjɑ́ː-; *It.* bojárdo/ *n.* =Boiardo.
Boj·er /bɔ́ɪə | bɔ́ɪə(r); *Norw.* bɔ́iər/, **Johan** *n.* ボイエル (1872–1959; ノルウェーの小説家; *Den siste viking*「最後のバイキング」(1921)).
Bok /bɑ́(ː)k | bɔ́k/, **Edward William** *n.* ボク (1863–1930; オランダ生まれの米国の雑誌編集者・著述家・慈善家; 30 年間 *The Ladies' Home Journal* を編集し, 近代的雑誌編集に多くの新分野を開拓した; *The Americanization of Edward Bok* (1920)).
Bo·kas·sa /bəkǽsə/, **Jean-Bédel** *n.* ボカッサ (1921–96; 中央アフリカ共和国の大統領 (1966–76); 同国に帝政を敷き皇帝 (Bokassa I) (1976–79) となるが失脚).
bok choy /bɑ̀(ː)ktʃɔ́ɪ | bɔ̀k-/ *n.* 〘植物〙パクチョイ, タイサイ(体菜) (*Brassica chinensis*) 《アブラナ科の中国野菜》. 〘(1938) □ Canton.〙
boke /bóʊk | bə́ʊk/ *vi., vt.* 吐く, 吐き気を催す. — *n.* 吐くこと, むかつき.
Bók glòbule /bɑ́(ː)k- | bɔ́k-/ *n.* 〘天文〙ボーク胞子《明るい星雲を背景に小さな円形に見える暗黒星雲; 単に globule ともいう》.
Bo·kha·ra /boʊkɑ́ːrə, buː-, -kǽrə, -xɑ́ːrə | bəʊ-, buː-/ *n.* =Bukhara.
bok·kem /bɑ́(ː)kəm | bɔ́k-/ *n.* 《南ア》塩漬けの干し魚. 〘□ Afrik. ~ □ Du.〙
bok·ma·kie·rie /bɑ̀(ː)kməkíəri | bɔ̀kməkíəri/ *n.* 〘鳥類〙キノドミドリヤブモズ (*Telephorus zeylonus*) 《アフリカ南部産のモズ》. 〘(1834) □ Afrik. 《擬音語》〙
Bok·mål /búkmɔːl, -mɑːl | búkmɔːl; *Norw.* búːkmɔːl/ *n.* 〘言語〙ブークモール《2 種類あるノルウェーの公用語のうちデンマーク語の文語を改良したもの; Oslo を中心に発達した都市語に基づく; Riksmål ともいう; cf. Nynorsk》. 〘(1931) □ Norw. ~ ← *bok* 'BOOK'+*mål* language: cf. mail[3]〙
bo·ko /bóʊkoʊ | bə́ʊkəʊ/ *n.* (*pl.* **~s**) 《英俗》鼻 (nose). 〘(1859) ← ?〙
Boks·burg /bɑ́(ː)ksbəːg | bɔ́ksbəːg/ *n.* ボクスブルグ《南アフリカ共和国 Gauteng 州南部, Johannesburg の東にある町; 金生産地》.
bol. 《略》bolus.

Bol. 《略》Bolivia; Bolivian.
bo·la /bóʊlə | bə́ʊ-/ *n.* (*pl.* **~s, ~es**) ボーラ《端に二つ以上の鉄または石のおもりの付いた投げ縄; 南米の先住民が動物の脚に投げつけからませて捕える》. 〘(1818) □ Sp. *bola* ball < L *bullam* bubble, round object〙
Bo·land /bóəlaːnt/ *n.* ブアラント《南アフリカ共和国の Western Cape 地方の南西部にある高地》.
Bo·lán Páss /boʊlɑ́ːn- | bəʊ-/ *n.* [the ~] ボラン峠《パキスタン Baluchistan 地方北東部の山道, 長さ 97 km》.
bo·lar /bóʊlə | bə́ʊlə(r)/ *adj.* 〘地質〙膠灰(こうかい)粘土の. 〘(1676) ← BOLE[2]+-AR[1]〙
bo·las /bóʊləs, -lɑːs | bə́ʊ-; *Sp.* bólas/ *n.* (*pl.* ~, **~·es**) =bola. 〘(1826) □ Sp. ~ (pl.) ← *bola*: ⇨ bola〙
bóla tìe *n.* =bolo tie.
bold /bóʊɫd | bə́ʊɫd/ *adj.* (**~·er**; **~·est**) **1 a** 〈人・態度など〉大胆な, 勇猛な, 胆力の据わった (intrepid): a ~ explorer 恐れを知らぬ探検家 / a ~ bad man 胆力の据わった悪人 (cf. Shak., *Hen VIII* 2. 2. 44) / (as) ~ as a lion (ライオンのように)とても大胆な / ⇨ *put a bold* FACE *on* / present [put on] a ~ front ⇨ front *n.* 6 / make ~ [make *so* ~ *as*] *to* do 大胆にも…する, はばからずに…する / If I may be *so* ~ *as to* put forward my opinion あえて[失礼ながら]意見を述べさせていただけるなら / The gang has become ~*er* in their crimes. そのギャング団はしだいに不敵な犯行を重ねるようになってきた / *It was* ~ *of you to* contradict your boss.=You were ~ to contradict your boss. 上役に反対するとは君も豪胆だ. **b** 〈事が〉勇気を必要とする; 大胆であることを示す: a ~ exploration 命知らずの探険 / a ~ plan 大胆な計画 / a ~ opinion 思い切った意見. **2** ずぶとい, ずうずうしい (shameless), 厚かましい (impudent), 出しゃばりの (forward): a ~ retort ふてぶてしい口答え. **3 a** 〈輪郭など〉際立った, 目立つ; 〈線・文字など〉肉太の: the ~ outline of a mountain くっきりした山の輪郭 / in ~ relief くっきりと浮き上がって / ~ lines 目立って太い線 / ~ handwriting 肉太の書体 / in ~ strokes 筆太に. **b** 〘印刷〙=bold-faced 2. **4** 慣習にとらわれない, 型にはまらない, 自由な, 奔放な, 大胆な (daring): a ~ design 自由奔放なデザイン / a ~ philosopher 枠にはまらない哲学者. **5** 〈想像力・筆勢・描写など〉力強い, 豪放な, 奔放な: ~ imagination 奔放な想像力 / a ~ description 力強い描写 / write a ~ hand 豪放な字を書く / wield a ~ brush 豪快な絵を描く. **6** そばだつ, 険しい (steep): a ~ cliff [promontory] 切り立った絶壁[岬] **7 a** 〈風・炎など〉激しい, 猛烈な. **b** 〈酒が〉匂いの強い, 頭にくる. **c** 〈穀物が〉実った. **d** 〈体が〉丸々太った. **8** 《廃》自信[確信]に満ちた (confident). **9** 〘海事〙船が接岸[航行]できる深さがある: ~ waters 接岸[航行]可能水域.
màke bóld with … 大胆にも…に手をつける, …を勝手に使う《★ この意味では make free with のほうが普通》.
— *n.* 〘印刷〙=boldface.
〘OE *b(e)ald* < Gmc **balþaz* (G *bald* soon) < IE **bholtos* ← **bhel-* to blow, swell: ⇨ ball[1]〙

SYN **1** 勇敢な: ⇨ brave. **2** 厚かましい: **bold** 《悪い意味で》〈人や行動が〉恥じらいや尊敬の念がなくずうずうしい: He is as *bold* as brass. 鉄面皮だ. **brazen** 慎みがなく恥知らずな: a *brazen* liar ずうずうしいうそつき. **forward** 厚かましく出しゃばりな: a *forward* young woman 若い出しゃばり女. **presumptuous** 《悪い意味で》〈人や行動が〉自信過剰のあまり不遜(ふそん)な態度を示す: It would be *presumptuous* of him to take success for granted. 当然成功すると思い込むなんて僭越だ.
ANT modest.

bóld·fàce 〘印刷〙 *n.* ボールドフェース《肉太の活字書体; ボールドフェース印刷; fullface ともいう; cf. lightface, weight 11》. — *vt.* 《原稿》にボールドフェースで組むように指示する. 〘1692〙
bóld-fàced *adj.* **1** 厚かましい, ずうずうしい. **2** 〘印刷〙〈活字が〉ボールドフェースの; 〈文字・語など〉肉太の, ボールドフェース組みの (cf. lightfaced). 〘(1589–90): ⇨ ↑, -ed[2]〙
bóld·ly *adv.* **1** 大胆に, 思い切って; 図太く, 厚かましく: act ~. **2** 際立って, くっきりと: stand out ~ from [against] a background 背景からくっきりと際立って見える. 〘OE *b(e)aldlīce*: ⇨ bold, -ly[1]〙
bóld·ness *n.* **1** 大胆さ, 押しの強さ, ずぶとさ: with great ~ 大胆至極に, なんとも厚かましく / He had *the* ~ *to* ask for more money. 厚かましくもももっと金をくれと言った. **2** 目立つ[際立つ]こと. **3** (筆勢などの)力, 豪放, 奔放. **4** 切り立っていること. 〘(*a*1338): ⇨ bold, -ness〙
bol·do /bɑ́(ː)ɫdoʊ | bɔ́ɫdəʊ/ *n.* (*pl.* **~s**) 〘植物〙ボルドー (*Peumus boldus*) 《チリ原産モニミア科の常緑小高木; 葉は薬用, 実は食用になる》. 〘(1717) □ Am.-Sp. ~ □ Araucanian *boldu*〙
bole[1] /bóʊɫ | bə́ʊɫ/ *n.* **1** (木の)幹, 樹身 (trunk) 《特に, 商品として売れる部分をいう》. **2** 《まれ》円筒形のもの: ~*s* of stone. 〘(?*c*1300) □ ON *bolr, bulr* trunk of a tree〙
bole[2] /bóʊɫ | bə́ʊɫ/ *n.* 〘地質〙膠灰(こうかい)粘土. 〘(*a*1300) □ OF ~ □ LL *bōlus* lump, clod: cf. bolus〙
bo·lec·tion /boʊlékʃən | bə(ʊ)-/ *n.* 〘建築〙《羽目板の継ぎ目や框(かまち)の周囲を覆う》浮き出し(縁形) (bolection molding ともいう). 〘(1708) ← ?〙
bo·le·ro /bəléəroʊ | bəléərəʊ, bɒ-, -líər-/ *n.* (*pl.* **~s**) **1** ボレロ《通例 3/4 拍子の軽快なスペイン舞踊》; ボレロの音楽. **2** /《英》bɔ́lərəʊ/ ボレロ: **a** スペインの男性が着用するウエスト丈の短いジャケット. **b** 女性がブラウスなどの上に着る短いジャケット[上衣]. 〘(1787) □ Sp. ~ ← ? *bola* ball: cf. bola〙

bo·lete /boʊlíːt, bə- | bə(ʊ)-/ *n.* 〘植物〙=boletus.
bo·le·tus /boʊlíːṭəs, bə- | bə(ʊ)líːt-/ *n.* (*pl.* **~·es, -le·ti** /-taɪ/) 〘植物〙イグチ《イグチ科イグチ[ヤマドリタケ]属 (*Boletus*) のキノコの総称》. 〘(1601) □ L ~ □ Gk *bōlítēs* mushroom, fungus ← *bôlos* 'BOLUS'〙
Bol·eyn /búlɪ̀n, bulín, -líːn | bəlín, bʊ-, bəʊ-, -líːn, búlɪn/, **Anne** *n.* ブリン (1507–36; イングランド王 Henry 八世の二番目の王妃, Elizabeth 一世の母; 最初の王妃 Catherine of Aragon の待女をしているときに王の目に留まり, 王と彼女との結婚問題が英国の宗教改革の発端となった; のちに不貞の罪で断頭台で処刑された).
bo·lide /bóʊlaɪd, -lɪ̀d | bə́ʊlaɪd, -lɪd/ *n.* 〘天文〙火球《光度の強い流星で時に爆発し, あるいは隕石となって地上に落ちるものもある; fireball ともいう》. 〘(1852) □ F ~ □ L *bolid-, bolis* large meteor □ Gk *bolís* missile ← *bállein* to throw〙
Bol·ing·broke /bɑ́(ː)lɪŋbrʊ̀k, bóʊl- | bɔ́l-, bʊ́l-/, 1st Viscount *n.* ボリングブルック (1678–1751; 英国の政治家・文筆家; トーリー党の指導者となるが, Queen Anne の死後失脚してフランスに逃れた; Henry St. John /síndʒən/ の称号).
bol·i·var /boʊlíːvaə, bɑ́(ː)lɪ̀və | bɔlíːvɑː(r), bɔ́lɪ̀və(r); *Am. Sp.* bolíβar/ *n.* (*pl.* **~s, bo·li·va·res** /boʊlìːvéreɪs, bòʊlɪ̀vɑ́ːrɛs | bɔ̀lɪ̀vɑ́ːreɪz; *Am. Sp.* bolibáres/) **1** ボリバル《ベネズエラの通貨単位; =100 centimos; 記号 B》. **2** 1 ボリバル銀貨. 〘(*c*1895) □ Am.-Sp. *bolívar* ← *Simón Bolívar*〙
Bo·lí·var /bəlíːvaə, bɑ́(ː)lɪ̀vɑ̀ə | bɔ́lɪ̀və(r), -vɑ̀ː(r); *Am. Sp.* bolíβar/, **Cer·ro** /sérou | -rəʊ/ *n.* セロボリバル《ベネズエラ東部の山 (615 m); 鉄鉱石を産出, 旧名 La Parida》.
Bolívar, Pi·co /píːkoʊ | -kəʊ/ *n.* ボリバル(山)《ベネズエラ西部にある同国の最高峰 (5,007 m)》.
Bo·lí·var /bəlíːvaə, bɑ́(ː)lɪ̀və | bɔ́lɪ̀vɑ̀ː(r), bəlíːvɑː(r); *Am.Sp.* bolíβar/, **Si·món** /simón/ *n.* ボリバル (1783–1830; ベネズエラ生まれの政治家・将軍; 南米植民地をスペインの支配から解放しコロンビア (1819) とボリビア (1825) の二共和国を創設した; Bolivia の国名は彼の名にちなむ; 栄誉称号 the Liberator).
bolivares *n.* bolivar の複数形.
bo·liv·i·a /bəlíviə, boʊ- | bəlíviə, bɒ-/ *n.* ボリビア《一種の柔らかい毛織布》. 〘↓: Bolivia 産のアルパカ毛を用いていることから〙
Bo·liv·i·a /bəlíviə, boʊ- | bəlí-, bɒ-; *Am.Sp.* bolíβja/ *n.* ボリビア《南米中部の共和国; 面積 1,098,581 km^2, 憲法上の首都は Sucre, 政府所在地は La Paz; 公式名 the Republic of Bolivia ボリビア共和国》. 〘← *Simón Bolívar*+-IA[1]〙
Bo·liv·i·an /bəlíviən, boʊ- | bə-, bɒ-/ *adj.* ボリビア(人)の. — *n.* ボリビア人. 〘(1835): ⇨ ↑, -an[1]〙
bo·li·vi·a·no /bəlɪ̀viɑ́ːnoʊ, boʊ- | bə(ʊ)lɪ̀viɑ́ːnəʊ, bɒl-; *Am.Sp.* boliβjáno/ *n.* (*pl.* **~s** /~z; *Sp.* ~s/) **1** ボリビアの旧通貨単位; 1868 年に発行の旧ボリビアノ金貨は半エスクド (escudo) に相当; 1963 年 peso (boliviano) に変更). **2** 1 ボリビアノ貨幣[紙幣]. 〘(1872) □ Am.-Sp. ~ ← BOLIVIA+-*ano* '-AN[1]'〙
bol·ix /bɑ́(ː)lɪ̀ks | bɔ́lɪks/ *vt.* =bollix.
boll /bóʊl | bə́ʊl, bɔ́l/ *n.* **1** (綿・亜麻などの円形の)さや (pod). **2** ボール《スコットランド・イングランド北部で用いられる容積単位 (=2–6 bushels); スコットランドでは重量単位 (=140 pounds) としても用いられる》. 〘(1213) □ ON *bolli*: cog. OE *bolla* 'BOWL[1]'〙
Böll /bɔ́ːl, bóʊl | bɔ́ːl; *G.* bœl/, **Heinrich (Theodor)** *n.* ベル (1917–85; ドイツの小説家; Nobel 文学賞 (1972); *Billard um halb zehn*「九時半の玉突き」(1959)).
Bol·land·ist /bɑ́(ː)ləndɪ̀st | bɔ́ləndɪst/ *n.* 〘カトリック〙ボランディスト《イエズス会の Acta Sanctorum (聖人伝集) の編者のこと; この作業を始めた Jean Bolland にちなむ》. 〘1751〙
bol·lard /bɑ́(ː)ləd | bɔ́lɑːd, -ləd/ *n.* 〘海事〙 **1** 双係柱, 係船柱, ボラード《波止場・桟橋などに立てた 1 本または 2 本の鉄または木の太く短く強い柱; もやい綱を巻きつけて船を係留する》. **2** =bitt 1. **3** 《英》保護柱《道路の安全地帯の杭》. 〘(1307–08) ← ? BOLE[1]: ⇨ -ard〙
bóllard tìmber *n.* 〘海事〙=knighthead.
bol·len /bóʊlən | bə́ʊ-/ *adj.* ふくらんだ (swollen). 〘(*a*1200) (p.p.) ← *bolle(n)* to swell □ ON *bolgna*〙
bol·lix /bɑ́(ː)lɪ̀ks | bɔ́lɪks/ 《俗》 *vt.* **1** 混乱させる, 台なしにする 〈*up*〉. **2** やり損なう, 仕損じる, …に失敗する 〈*up*〉. — *n.* **1** 混乱; ごった混ぜ. **2** [複数扱い] 《米卑》=bollock[2]. 〘(1937) 《転訛》← *bollocks, ballocks* testicles (pl.) ← *bollock, ballock* < OE *beallucc*: ⇨ ball[1]〙
bol·lock[1] /bɑ́(ː)lək | bɔ́l-/ *n.* 〘海事〙=bullock block. 〘(1889) 短縮〙
bol·lock[2] /bɑ́(ː)lək | bɔ́l-/ 《英卑》 *n.* [*pl.*] **1** 睾丸, きんたま. **2** 混乱, めちゃくちゃ. — *int.* [~s で] ばかな (nonsense), うそ! ***Bóllocks to yòu [thàt, it]!*** やなこった, おことわりだ; あほな, うそこけ! — *vt.* 台なしにする, めちゃくちゃにする 〈*up*〉; どやしつける. 〘(1919) 《異形》← *ballock* (⇨ BALLOCKS)〙
bol·lock·ing /bɑ́(ː)ləkɪŋ | bɔ́l-/ *n.* 《英俗》こっぴどくしかること, きつい叱責, どやしつけること, 大目玉: get a ~ しかられる / give a ~ しかりつける. 〘(1978) ↑〙
bóllock-nàked *adj.* 《英卑》(男が)まっ裸の, すっぽんぽんの, ふるちんの.
bol·lock·y /bɑ́(ː)ləki | bɔ́l-/ *adj.* 《豪俗》まっ裸の: stark ~. 〘(1952): ← BOLLOCK[2]+-Y[4]〙
bóll wéevil *n.* **1** 〘昆虫〙ワタミハナゾウムシ (*Anthonomus grandis*) 《中米原産の鞘翅(しょうし)目ゾウムシ科の小甲虫; 綿の種子に食い入る害虫; cotton-boll weevil ともい

B

う). **2** 《米俗》(共和党に同調して投票する)南部の民主党の保守派.

B

bóll·wòrm *n.* 〔昆虫〕 **1** 鱗翅(ﾘﾝｼ)目ヤガ科オオタバコガ (*Heliothis armigera*) の幼虫《綿のさやを食べる害虫; corn earworm ともいう》. **2** =pink bollworm. 〖1847〗

bo·lo[1] /bóulou | bə́uləu/ *n.* (*pl.* ~**s**) ボロ《フィリピンでジャングルの枝やつるを伐採するのに使う重い片刃の大型ナイフ》. 〖(*c*1900) ☐ Sp. ~ ← (現地語)〗

bo·lo[2] /bóulou | bə́uləu/ *n.* 《米軍俗》 (*pl.* ~**s**) **1** 射撃術の最低基準に達しない兵士. **2** へなちょこ[うすのろ]兵士. — *vi.* 射撃術の最低基準に達しない. 〖(1917) ← *Paul Bolo* (第一次大戦中にドイツのためにスパイ活動をしたフランス人の名; 1918 年に銃殺刑に処された)〗

bo·lo[3] /bóulou | bə́uləu/ *n.* 《米》〔ボクシング〕アッパーカット《bolo punch ともいう》. 〖(1950): cf. bolo[1]〗

bo·lo·gna /bəlóuni | -lə́u-/ *n.* 《米》 **1** ボローニャソーセージ《子牛肉・豚肉などで作った大型のソーセージ; bologna sausage ともいう》. **2** 《俗》 =baloney 1. 〖(1596) 《略》 ← *Bologna sausage*〗

Bo·lo·gna /bəlóunjə, -lá(ː)n- | -lə́un-, bɔ-, -lɔ́n-; *It.* bolóɲɲa/ *n.* ボローニャ《イタリア北部の都市; 中世・ルネサンスの文教の中心地, 現在は商工業都市; 旧名 Bononia》. 〖☐ It. ~ ☐ L *Bononia*〗

Bo·lo·gnan /bəlóunjən | -lə́un-, -lɔ́n-/ *adj.*, *n.* = Bolognese.

Bo·lo·gnese /bòulənjíːz, -n(j)íːs | bɔ̀ləníːz⁻/ *adj.* **1** ボローニャ (Bologna) の, ボローニャ人の. **2** 〔美術〕(16 世紀後半に発達した)ボローニャ画派 (Bolognese school) (風)の. — *n.* (*pl.* ~) **1** ボローニャ人. **2** [the ~] ボローニャ地方. 〖(1756) ☐ It. ~ ← *Bologna*: ⇨ -ese〗

bo·lo·graph /bóuləgræ̀f | bə́uləgrɑ̀ːf, -græf/ *n.* 〔物理〕ボロメーター (bolometer) により得られる記録. **bo·lo·graph·ic** /bòuləgrǽfɪk | bə̀u-⁻/ *adj.* 〖(1903) ← Gk *bolḗ* (↓)+-o-+-GRAPH〗

bo·lom·e·ter /boulámətə, bə- | bə(u)lɔ́mɪtə(r)/ *n.* 〔物理〕ボロメーター《微少輻射エネルギー測定用の抵抗温度計》. **bo·lo·met·ric** /bòuləmétrɪk | bə̀u-⁻/ *adj.* **bò·lo·mét·ri·cal·ly** *adv.* 〖(1881) ← Gk *bolḗ* stroke, blow, ray (← *bállein* to throw)+-o-+-METER[1]〗

bo·lo·ney /bəlóuni | -lə́u-/ *n.* 《俗》 **1** =baloney. **2** 《米》 =bologna 1. 〖(1907) 《変形》 ← BOLOGNA〗

bólo pùnch *n.* 〔ボクシング〕 =bolo[3].

bólo tìe *n.* ボロタイ《すべり金のついたひも状のネクタイ》. 〖(1964) 《変形》 ← *bola tie*: ⇨ bola〗

Bol·she·vik /bóulʃəvìk, bá(ː)l-, bɔ́(ː)l- | bɔ́lʃɪ-; *Russ.* bəlʲʃɨvʲík/ *n.* (*pl.* ~**s**, **Bol·she·vi·ki** /bòulʃəvíki, bɑ̀(ː)l-, bɔ̀(ː)l-, -víːki | bɔ̀lʃɪ-; *Russ.* bəlʲʃɨvʲkʲí/) **1 a** ボルシェビキ《ロシア社会民主労働党中の多数派 (Bolsheviki) の人; ↔ Menshevik》. **b** [the Bolsheviki] ボルシェビキ《多数派, 過激派; ロシア社会民主労働党の急進派で 1917 年の革命を経て Comintern すなわち第三インターナショナル (the Third International) を組織し, 1918 年以来 the Communist Party (共産党)と称した; cf. Menshevik 2》. **2** (1917 年の革命以後の)ロシア共産党員. **3** (旧ソ連邦外の)共産党員. **4** 《軽蔑》[時に b-] 過激主義者. — *adj.* ボルシェビキの, 多数派の; [時に b-] 過激派[主義]の: go ~ 赤化[過激化]する. 〖(1917) ☐ Russ. *bol'shevik* ← *bol'she* more (comp.) ← *bol'shoĭ* great, big (← IE **bel-* strong)+-*evik* one that is〗

Bol·she·vism /bóulʃəvìzm, bá(ː)l-, bɔ́(ː)l- | bɔ́lʃɪ-; *Russ.* bəlʲʃɨvʲízm/ *n.* **1** ボルシェビキ (Bolsheviki) の主張[主義](cf. Marxism-Leninism, Menshevism). **2** 《軽蔑》[時に b-] 過激主義, 過激思想. 〖(1917) ☐ Russ. *bol'shevizm*〗

Ból·she·vist /-vɪst | -vɪst/ *n.* **1** ロシア社会民主党多数[過激]派党員 (Bolshevik). **2** [時に b-] 過激主義者. — *adj.* =Bolshevistic. 〖(1917) ☐ Russ. *bol'shevist*〗

Bol·she·vis·tic, b- /bòulʃəvístɪk, bɑ̀(ː)l-, bɔ̀(ː)l- | bɔ̀lʃɪ-⁻/ *adj.* 過激主義(者)の. 〖(1920): ⇨ ↑, -ic[1]〗

Bol·she·vize, b- /bóulʃəvàɪz, bá(ː)l-, bɔ́(ː)l- | bɔ́lʃɪ-/ *vt.* 過激主義化する, 〈国を〉赤化する. — *vi.* 過激な行動をする. **Bol·she·vi·za·tion** /bòulʃəvəzéɪʃən, bɑ̀(ː)l-, bɔ̀(ː)l- | bɔ̀lʃɪvaɪ-, -vɪ-/ *n.* 〖(1919) ← BOLSHEV(IK)+-IZE〗

Bol·shie /bóulʃi, bá(ː)l-, bɔ́(ː)l- | bɔ́l-/ (*also* **Bol·shy** /~/) 《俗》 *n.* =Bolshevik 4. — *adj.* **1** [時に b-] = Bolshevistic. **2** [通例 b-] 左翼の; 頑強に反抗する. 〖1918〗

Ból·shoi Bállet /bóulʃɔɪ-, bá(ː)l- | bɔ́lʃɔɪ-; *Russ.* balʲʃój-/ *n.* [the ~] ボリショイバレエ団《Moscow の Bolshoi 劇場所属のバレエ団; 創立 1776 年》.

bol·son /boulsóun | bəulsə́un; *Sp.* bolsón/ *n.* (*pl.* ~**s**, **bol·so·nes** /-sóunɪs | -sə́u-; *Sp.* bolsónes/) 〔地理〕乾燥盆地, (大規模な)風食盆地, (米国南部やメキシコの)ボルソン《その底部は砂漠になっており, 通例プラーヤ (playa) がある》. 〖(1838) ☐ Sp. ~ (aug.) ← *bolsa* < L *bursam* 'PURSE'〗

bol·ster /bóulstə | bə́ulstə(r)/ *vt.* **1 a** 補強する; 拡大する, 増進する. **b** 〈学説・運動などを〉支持する, 支援する (support), 〈名声・信望などを〉支える (prop), 〈迷信・偏見などを〉助長する 〈*up*〉: ~ *up* a despotism 独裁政治に肩入れする / ~ *up* a theory *with* a person's authority 学説を人の権威で支える. **c** 〈勇気・元気などを〉つける, 〈人を〉元気づける 〈*up*〉: ~ *up* a person / ~ *up* one's spirits 元気をつける. **2** 〈病人などを枕で支える, …に枕を当てる 〈*up*〉. — *n.* **1** 長枕《通例, 枕か敷布の下に置く》. **2 a** (枕のように柔らかく)重さを支える[摩損を防ぐ]もの; 枕, 当て物, 受けクッション. **b** (車両の)受け台. **3 a** 柄の近くのナイフの刃の部分; (ポケットナイフの)柄の金属製の端. **b** (れんがを切断に用いる, 特に刃先の広い)たがね. **4** 〔石工〕仮枠支持材《仮枠の肋材をつなぐ材木》. **5** 〔建築〕肘木(ﾋｼﾞｷ)《柱と梁(ﾊﾘ)の間に置かれる短い水平材》. **6** 〔海事〕ボルスタ, 当て木, 当て枕《索具 (rigging) の上端をマストへ留めるなどのとき, 摩損を防ぐために当てる当て木》. **~·er** /-stərə | -rə(r)/ *n.* 〖OE ~ < Gmc **bulχstram* (G *Polster*) ← IE **bhelgh-* to swell: cf. belly〗

bolster
1 bolster
2 pillow

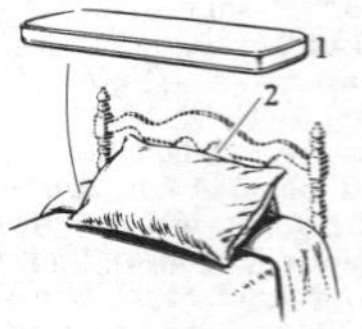

bólster plàte *n.* ボルスタープレート《鉄道客車に用いるボギー台車と車体とを連結する梁(ﾊﾘ)》.

bolt[1] /bóult | bə́ult/ *n.* **1** ボルト, 締め[ねじ]釘(ｸｷﾞ)《一方をナットで締めて二つの物を連結するねじ付きの棒; cf. nut 2》. **2 a** (戸・門などの戸締まりに使う)かんぬき, 桟, さし錠, さし金. **b** (錠前の鍵で飛び出したり引っ込んだりする)舌. **3 a** 電光, 稲妻, 雷 (thunderbolt): ⇨ *like a* BOLT *from* [*out of*] *the blue*. **b** (crossbow または catapult で射る)太矢 (cf. flight arrow): ⇨ *shoot one's* BOLT. **4 a** (織物の)一反, 一巻き《通例 40 yds.》: several ~*s* of cloth. **b** (壁紙の)一巻き《通例 16 yds.》. **5 a** かけ出し; 脱走, 逃亡, 高飛び: do a ~ =make a ~ for it [the exit] 《口語》すばやく逃げ出す, 逃亡する. **b** (会合からの)抜け出し. **c** 《米》脱党. **6** (水などの)噴出, 射出: a ~ of water 水の噴射. **7** (銃の)遊底《後装銃[砲]の銃尾[砲尾]を閉じ, 薬室に銃弾[砲弾]を装填(ｿｳﾃﾝ)する滑走棒; cf. bolt-action》. **8 a** 後に小さく切られる材木. **b** 短く切られた丸太の一切れ[一片]. **9** [通例 *pl.*] 《廃》鎖, 枷(ｶｾ) (shackles). **10** 〔製本〕袋小口, ボルト《本・雑誌の折丁の小口が袋状のもの》. **11** =expansion bolt.

(*líke*) *a bólt from* [*òut of*] *the blúe* 青天の霹靂(ﾍｷﾚｷ)(のように) (cf. *out of a clear* SKY): His failure was *a* ~ *from the blue* for me. よもや彼が失敗するとは私は思わなかった / The announcement came *like a* ~ *from the blue*. その発表は全く寝耳に水だった. (1837) ***shóot one's* (*lást*) *bólt*** (最後の)太矢を射放つ; 努力する, 力を出し尽くす: I've *shot my* ~.=My ~ *is shot*. 矢は放ってしまった《できることをすべてやった, もう力が出ない, 今さら手は引けない》/ A fool's ~ *is* soon *shot*. ⇨ fool[1] 1 a. (*a*1225)

— *vt.* **1** ボルトで留める: ~ the handle *on* (*to* the drawer) 取っ手をボルトで(引き出しに)固定する / ~ the lid of a box *down* 箱のふたをボルトでしっかりと締める. **2** 〈ドアなどにさし錠をさして締める: ~ the door (*up*) / ~ a person *in* [*out*] (戸にさし錠をさして)人を閉じこめる[締め出す]. **3** 〈飲食物を〉鵜呑みにする, 大急ぎで食べる[飲む] 〈*down*〉: ~ (*down*) a sandwich, one's breakfast, a cup of tea, etc. **4** 《米》脱退する; 〈党の支持を拒む: ~ one's party. **5** うっかり[軽はずみに]しゃべる, 口走る 〈*out*〉. **6** 〈壁紙・織物を〉巻く, (巻いて)反物にする, 一巻きにする. **7** 《古》〈矢などを〉射る, 放つ (discharge). **8** 〔狐狩〕〈犬が狐などを穴[隠れ場]から外へ出す, 追い出す.

— *vi.* **1 a** (驚いたり怒ったりして)突然体を動かす: ~ *up* [*upright*] in bed (ぎょっとして)ベッドの中で起き上がる. **b** 急に飛び出す[駆け出す]; 〈馬が〉暴れて駆け出す, 逃走する: ~ *away* [*off, out*] 飛んで逃げ去る / ~ *into* [*out of*] a room 部屋に駆け込む[から飛び出す]. **c** 〈狐などが〉穴から逃げる. **2** 大急ぎで食べる[飲む], 鵜呑みにする. **3 a** 〈人が〉逃亡する, 出奔する, 駆け落ちする: ~ with the master's money 主人の金を持ち逃げする. **b** 《米》脱退する, 脱党する. **4** 〈ドアなどが〉ボルトで締まる. **5** 〈野菜などが〉抽薹(ﾁｭｳﾀﾞｲ)する《早熟の種[早咲きの花]を作る》.

— *adv.* **1** [通例 ~ upright として] まっすぐに (very straight): sit [stand] ~ upright. **2** 《古》出し抜けに, 迅速に (suddenly).

〖OE ~ 'arrow' Gmc **bultaz* (G *Bolzen*) ← IE **bheld-* to knock, strike〗

bolt[2] /bóult | bə́ult/ *vt.* **1** (ふるいで)〈粉などを〉ふるい分ける (sift): ⇨ *bolt to the* BRAN. **2** 《古》吟味する, 精査する (investigate). 〖(?*c*1200) *bulte*(*n*) ☐ OF *buleter* (F *bluter*) ← ? Gmc (cf. MHG *biuteln* to sift / MDu. *biutelen*)〗

Bolt /bóult | bə́ult/, **Robert** (**Ox·ton**) /ɑ́(ː)kstən | ɔ́ks-/ *n.* ボールト (1924–95; 英国の劇作家・脚本家).

bólt-àction *adj.* 〈銃など〉手で操作する遊底 (bolt) を備えた, ボルトアクションの (cf. automatic): a ~ rifle ボルトアクションライフル. 〖1896〗

bólt àction *n.* 手で操作する遊底 (bolt) を備えた銃《bolt-action gun ともいう; cf. automatic rifle》. 〖1871〗

bol·tel /bóultəl | bə́ul-/ *n.* 〔建築〕 **1** 饅頭繰形《普通 ³/₄ 円の断面をもつ飾りのない凸面の繰形》. **2** 簇柱(ｿｳﾁｭｳ)[束ね柱]の柱身の一つ. 〖(1434) *boutel* ← ? BOLT[1]+-EL[1]〗

bólt·er[1] /-tə | -tə(r)/ *n.* **1** 逸走する馬. **2** 《古》 **a** 脱走者, 脱獄囚. **b** 《米》(反対党の候補者・政策を支持する)脱党者, 党議不服者. **c** 《豪・NZ口語》試合[競走]で本命でない人[もの]; 穴場. 〖(1699) ← BOLT[1] (v.)〗

bólt·er[2] /-tə | -tə(r)/ *n.* ふるい (sieve); ふるいに使う布; ふるい分け機械. 〖(*c*1440) *bulter*: ⇨ bolt[2], -er[1]〗

bólt hàndle *n.* (小銃の)槓桿(ｺｳｶﾝ).

bólt hèad *n.* **1** ボルトの頭, ボルト頭部. **2** 〔化学〕(昔用いた首の長い卵形の)フラスコ (matrass). 〖*c*1475〗

bólt-hòle *n.* **1** (狐などの)逃げ込み穴, 抜け穴, 抜け道, 逃げ道. **2** 安全な隠れ場所, (現実からの)逃避場. 〖1691〗

bólt·ing *n.* 〔登山〕埋め込みボルトの使用[打ち込み].

bólting clòth *n.* 〔紡織〕篩絹(ﾌﾙｲｷﾞﾇ)《均一な網の目を作った織物[生地]; 製粉その他に使う》. 〖1452〗

Bol·ton /bóultən, -tn̩ | bə́ul-/ *n.* ボールトン《イングランド北西部 Manchester 州の北西にある都市; 綿紡績・航空機製造・製革業の中心地》. 〖OE *Bōþltūn* ← *bōþl*, *bold* house: ⇨ -ton〗

bólt-òn *adj.* 〈機器など〉ボルト止めの. 〖1963〗

bol·to·ni·a /boultóuniə | bəultə́u-/ *n.* 〔植物〕アメリカギク《キク科アメリカギク属 (*Boltonia*) の植物の総称; アメリカギク (*B. asteroides*) など》. 〖← NL ~ ← *James Bolton* (*d.* 1795: 英国の植物学者): ⇨ -ia[1]〗

bólt-óperated *adj.* 〈火器が〉遊底で操作される.

bólt·ròpe *n.* **1** 〔海事〕(帆の)縁索(ﾍﾘﾂﾞﾅ), ボルトロープ《帆の縁を丈夫にするために付ける索》. **2** 上質の[強い]ロープ. 〖1626〗

bólt stràke *n.* 〔造船〕 =binding strake 3.

Boltz·mann /bóultsmən | bə́ults-; *G.* bɔ́ltsman/, **Ludwig** *n.* ボルツマン (1844–1906; オーストリアの理論物理学者).

Bóltzmann [Bóltzmann's] cònstant *n.* 〔物理〕ボルツマン定数 (1.380622×10^{-23}JK^{-1}). 〖(1915) ← *Ludwig Boltzmann*〗

Bóltzmann distribùtion *n.* 〔物理〕ボルツマン分布 (=Maxwell-Boltzmann distribution).

bo·lus /bóuləs | bə́u-/ *n.* **1 a** (牛馬などに飲ませる)大粒の丸薬 (ball). **b** 薬物の全量を一度に投与すること (略 bol.). **2** (かみくだかれた食物のような)円い小塊. **3** 〔地質〕膠灰(ｺｳｶｲ)粘土 (bole). 〖(1562) ☐ LL *bōlus* ☐ Gk *bōlos* lump〗

Bol·za·no /boultsáːnou, boulzáː- | bəultsáːnəu, -záː-; *It.* boltsáːno/ *n.* ボルツァーノ《イタリア北東部, Trentino-Alto Adige 自治州の都市; ドイツ語名 Bozen》.

Bol·zá·no-Wéierstrass thèorem /boult-sáːnou-, -záː- | bəltsáːnəu-, -tsáː-; *G.* bɔltsáːno-/ *n.* [the ~] 〔数学〕ボルツァーノワイエルシュトラースの定理《有界な無限閉集合は少なくとも一つ集積点をもつという定理》. 〖← *Bernhard Bolzano* (1781–1848: オーストリアの数学者・神学者)+*Karl Theodor Weierstrass*〗

Bol·yai /bóuljaɪ, bɔ́ː- | bə́u-, bɔ́ː-; *Hung.* bójɒi/, **János** *n.* ボヤイ (1802–60; ハンガリーの数学者; 非ユークリッド幾何学 (Lobachevski's geometry) の樹立に貢献).

bo·ma /bóumə | bə́u-/ *n.* 〔アフリカ東部〕 **1 a** 防壁. **b** 猟師の隠れ場所. **2 a** (警察・軍隊の)歩哨(ﾎｼｮｳ)の詰め所. **b** 治安判事事務所. 〖(1878) ☐ Swahili ~〗

Bo·ma /bóumə | bə́u-/ *n.* ボーマ《コンゴ民主共和国西部 Congo 川に臨む港湾都市》.

Bo·marc /bóumaək | bə́umaːk/ *n.* 〔軍事〕ボマーク《米軍の地対空ミサイルの一種》.

bomb /bá(ː)m | bɔ́m/ *n.* **1 a** 爆弾, 投下爆弾; 砲弾: an incendiary ~ 焼夷(ｼｮｳｲ)弾 / a dynamite ~ (発破用の)ダイナマイト弾 / a flying ~ 飛行爆弾 / drop a ~ 爆弾を落とす; 度肝を抜く / a ~ hoax 爆破のいたずら電話 / a ~ scare 爆弾騒ぎ / ⇨ aerial bomb, atomic bomb, hydrogen bomb. **b** [the ~, the B-; 集合的] (政治的に見た)原子[水素]爆弾, 核兵器. **2 a** (消火液・殺虫剤などの)高圧噴霧容器: ⇨ aerosol bomb. **b** (高圧ガスを入れた)ボンベ. **c** (放射性物質の)運搬[貯蔵]用鉛容器: ⇨ cobalt-60 bomb. **3 a** 《米口語》(特に演劇・映画などの)大失敗 (fiasco); 《英口語》大成功. **b** (爆弾のような)驚くべき出来事, (特に)不愉快な大事件 (cf. bombshell 1). **4** 《英口語》多額の金, 一財産 (fortune): spend [cost] a ~ 大金を使う[がかかる] / make [earn] a ~ 大もうけする. **5** 《豪俗》おんぼろ車 (old car). **6** 《俗》麻薬たばこ. **7** 〔地質〕火山弾《火口から放出された丸みを帯びた溶岩塊》. **8** 〔ジャズ〕ドラマーが即く突然のアクセント. **9** 《米俗》 **a** 〔アメフト〕高く長いパス. **b** 〔野球〕長打, ホームラン; 三振, ストラックアウト. **c** 〔バスケットボール〕ロングシュート.

gó (*líke*) *a bómb* 《英口語》 (1) 〈車・馬が〉猛スピードで進む. (2) 〈商品がよく売れる; 〈物事が〉大いに成功する (cf. *n.* 3 a). (1962) *gó dówn* (*líke*) *a bómb* 《英口語》大好評を得る, 大いに受ける. (1963)

— *vt.* **1 a** 爆撃する: ~ a fortress, city, etc. **b** …に爆弾を投げつける, …を爆破する. **2** 〈相手を〉完敗させる, 決定的に打ち負かす. **3** 《米》〔野球〕〈ボールを〉長打する.

— *vi.* **1 a** 爆弾を投下する; 爆弾を爆発させる. **b** [~ one's way として] 爆撃しながら前進する. **2** 《俗》惨(ﾐｼﾞ)めに失敗する; (特に)〈演劇などが〉全然受けない 〈*out*〉: She ~*ed* in the movies. 映画界に入ったが成功しなかった. **3** 《口語》突っ走る, 疾走する 〈*along, down, up*, etc.〉.

bómb óut (*vt.*) (1) 〈工業地帯・都市などを〉(操業[居住]不能にするほど)徹底的に爆撃する, 猛爆する. (2) 空襲で〈家族などを〉追い出す, 焼け出させる (cf. bombed-out). (*vi.*) ⇨ *vi.* 2. (1916) *bómb úp* 〈飛行機〉に爆弾を積み込む; 〈飛行機が〉爆弾を積む. (1939)

〖(1588) ☐ F *bombe* ☐ Sp. & It. *bomba* ← ? L *bombus* loud noise ☐ Gk *bómbos* booming ← IE **bamb-* (擬音語)〗

Bom·ba·ca·ce·ae /bɑ̀(ː)mbəkéɪsiìː | bɔ̀m-/ *n. pl.* 〔植物〕パンヤ科. 〖← NL ~: ⇨ bombax, -aceae〗 **bòm·ba·cá·ceous** /-ʃəs⁻/ *adj.*

bom·bard /bɑ(ː)mbáəd, bʌm- | bɔmbáːd/ *vt.* **1** 〈人〉に〔花束などを〕投げつける, 〔不平などを〕浴びせる; 〈人を〉〔質問・請願などで〕攻める, 責める 〔*with*〕: ~ a person

with questions 人を質問攻めにする. **2** 砲撃する, 爆撃する (⇨ attack SYN). **3** 〘物理〙〈原子などに〉粒子などで衝撃を与える. **4** 〘電気〙射突する.
— /bá(ː)mbaəd | bɔ́mbɑːd/ *n.* **1** 射石砲《中世の木製で石製の弾丸を打ち出した》. **2** 《廃》(英国 16–17 世紀の)皮製水差し[大コップ]. **3** 《廃》=bomb ketch.
〖(*a*1393) ◻ (O)F *bombarde* cannon ← ? L *bombus* loud noise: ⇨ bomb, -ard〗

bom·barde /bɑ(ː)mbáəd, ⸗⸗ | bɔmbáːd, ⸗⸗; *F.* bɔ̃baʁd/ *n.* 〘音楽〙ボンバルド《オルガンの低律のリードストップの一つ》.

bom·bárd·er /-dəʳ | -dəʳ/ *n.* **1** (昔の射石砲の)砲手. **2** =bombardier. 〖(1583): ⇨ -er¹〗

bom·bar·dier /bɑ̀(ː)mbədíə, -bə- | bɔ̀mbədíəʳ⸗, ⸗⸗⸗/ *n.* **1** 《米》(爆撃機の)爆撃手. **2** (英国の)砲兵下士官. **3** 《古》砲兵, 砲手. 〖(1560) ◻ F ～: ⇨ bombard, -ier¹〗

Bòm·bar·díer *n.* 《カナダ》〘商標〙ボンバーディア《駆動のため後部にキャタピラー, 方向操作のため前部にスキーを装備した雪上車; カナダの発明家・実業家の Armand Bombardier にちなむ》.

bombardíer bèetle *n.* 〘昆虫〙(俗に)へっぴり虫《ホソクビゴミムシ属 (*Brachinus*) やミイデラゴミムシ属 (*Pherosophus*) など, 敵に襲われると腹端から破裂音と共に分泌物を出すゴミムシ類の総称》. 〖1802〗

bom·bárd·ment *n.* **1** 砲撃; 爆撃. **2** (質問・要求・請願・不平・批難などで)責め立てる[責め立てられる]こと [*of*]: the ～ *of* questions from the press 記者団からの質問の雨. **3** 〘物理〙衝撃, ボンバード. **4** 〘電気〙射突. 〖(1702): ⇨ -ment〗

bom·bar·don /bá(ː)mbədn̩, bɑ(ː)mbáə- | bɔ́mbə-, bɔmbá-/ *n.* 〘音楽〙**1** ボンバルドン《テューバ (tuba) に似た大型の低音金管楽器》. **2** (オルガンの)ボンバルドン音栓. **3** 低音域のショーム (shawm). 〖(1856) ◻ It. *bombardone* (加重) ← *bombardo*: ⇨ bombard〗

bom·ba·sine /bɑ̀(ː)mbəzíːn, -síːn | bɔ́mbəziːn, -siːn, ⸗⸗⸗/ *n.* =bombazine.

bom·bast /bá(ː)mbæst | bɔ́m-/ *n.* **1** 大げさ[誇大]な言葉, 大言壮語. **2** 《廃》(パッド (pad) 用の柔らかい)詰め綿, 入れ綿. **—** *adj.* 《古》=bombastic. **～·er** *n.* 〖(1568) (変形) ← *bombace* 《廃》◻ OF ＜ LL *bombācem, bombax* cotton=L *bombyx* silkworm, silk ◻ Gk *bómbux*: *-t* は添音 (cf. against)〗

bom·bas·tic /bɑ(ː)mbǽstɪk | bɔm-/ *adj.* (*also* **bom·bás·ti·cal** /-tɪ̆kəl, -kl̩ | -tɪ-/) 〈言葉など〉大げさな, 誇大な; 〈人が〉(よく)大言壮語する. **bom·bás·ti·cal·ly** *adv.* 〖(1704): ⇨ ↑, -ic¹〗

SYN 大げさな: **bombastic** 〈人や言葉が〉大げさで内容がない: His *bombastic* words signify nothing. 彼の大げさな言葉は何の意味もない. **grandiloquent** 《軽蔑》〈人や言葉が〉不必要に難しい単語を使用する《格式ばった語》: the *grandiloquent* boast of weak men 弱い男どもの大言壮語. **flowery** 〈言葉が〉美辞麗句の多い: the *flowery* style of her letters 彼女の手紙の美文調. **euphuistic** 〈言葉や文章が〉極端に技巧的で思想を犠牲にして効果をねらうような: an *euphuistic* writer 美辞麗句を並べる作家. **turgid** 《悪い意味で》〈文体が〉仰々しく意味が分かりにくい: His *turgid* style lacks genuine feeling. 彼の仰々しい文体は真情に欠ける. **ANT** pithy.

---

bom·bax /bá(ː)mbæks | bɔ́m-/ *n.* 〘植物〙キワタ《パンヤ科キワタ属 (*Bombax*) の高木または低木の総称; インド原産のキワタ (*B. malabaricum*) など; 種子に生える綿毛を kapok という; cf. ceiba》. 〖(1398) ◻ ML ～: ⇨ bombast〗

bómbax cótton [flóss] *n.* (bombax から採れる)木綿(もめん).

Bom·bay /bɑ̀(ː)mbéɪ | bɔm-⸗/ *n.* **1** ボンベイ《インド Maharashtra 州の州都, 同名の島上にあってアラビア海に臨む貿易港, インド共和国最大の商工業中心地; 公式名 Mumbai》. **2** ボンベイ(州)《インド西部の旧州, もとインド三大管区の一つ; 今は Gujarat, Maharashtra の 2 州に分かれている》. 〖◻ Hind. *Bambai* ← ? (cf. Port. *boa bahia* good harbour)〗

Bómbay dúck *n.* **1** 〘魚類〙テナガミズテング (⇨ bummalo). **2** 《インド》ボンベーダック《テナガミズテングの塩漬けにした干肉; インドカレーの添え物とされる》.

Bómbay míx *n.* 〘料理〙ボンベイミックス《豆粉を練って揚げたもの・レンズ豆・ピーナツからなるスパイスの利いたインドのスナック》.

bom·ba·zine /bɑ̀(ː)mbəzíːn | bɔ́mbəziːn, ⸗⸗⸗/ *n.* ボンバジーン《経糸(たて)に絹, 緯糸(よこ)にウーステッドを用いた一種の綾織り; もと黒く染めたものを喪服に用いた; bombasine, bombazeen ともいう》. 〖(1555) ◻ F *bombasin* ◻ ML *bombacinum*=L *bombȳcinum* silk fabric ← ◻ Gk *bombúkinos* ← *bómbux*: ⇨ bombast〗

bómb bày *n.* 爆弾倉《爆撃機などの胴体内部の爆弾搭載用の隔室; cf. bay² 2 c》. 〖1918〗

bómb calorìmeter *n.* 〘化学〙ボンベ熱量計《物質の燃焼熱を測定する》. 〖1902〗

bómb dispòsal *n.* 不発弾の処理《信管・起爆装置を取り除いて安全化すること, もしくは(移動させた上での)起爆処理》: a ～ unit 不発弾処理部隊. 〖1940〗

bombe /bá(ː)m, bɔ̃ː(m)b, bɔ́ːmb | bɔ́m, bɔ́mb; *F.* bɔ̃ːb/ *F. n.* (*pl.* ～**s** /～z; *F.* ～/) ボンブ《砲弾状の型にアイスクリーム生地を詰めて冷やし固めた氷菓子 (bombe glacée); その流し型》. 〖(1892) ◻ F ～ 'BOMB'〗

bom·bé /bɑ(ː)mbéɪ, bɔ̃ː(m)-, bɔːm- | bɔ̃ː(m)-, bɔːm-; *F.* bɔ̃be/ *adj.* 〈家具が〉前面や側面が丸く張り出している (cf. swell front): a ～ desk. 〖(1904) ◻ F ～ 'rounded like a bomb' (p.p.) ← *bomber* to swell out〗

bombed /bá(ː)md | bɔ́md/ *adj.* 《俗》(アルコールまたは麻薬で)酔った. ***bómbed òut of one's mínd [skúll]*** すっかり酔って; 恍惚(こう)状態になった. 〖1959〗

bómbed-óut *adj.* 〈工業地帯・都市など〉(操業[居住]不能になるほど)徹底的に爆撃された, 猛爆された; 空襲で追い[焼け]出された (cf. BOMB *out*): ～ families. 〖1940〗

bomb·er /bá(ː)mə | bɔ́məʳ/ *n.* **1** 爆撃機: ⇨ dive bomber, heavy bomber. **2 a** 爆弾投下者, 爆撃手, 擲弾(てき)手. **b** 爆破犯人. **3** 《俗》**a** マリファナ, 麻薬たばこ. **b** =barbiturate 2. **4** 《海軍俗》ポラリス潜水艦 (Polaris submarine) 〖(1915): ⇨ -er¹〗

bómber jàcket *n.* ボマージャケット《腰と袖口に伸縮性を持たせた革製のジャンパー; 第二次大戦の爆撃機隊員の上着に似せたもの》. 〖1952〗

bómb-hàppy *adj.* 《口語》爆弾ノイローゼにかかっている, 戦闘神経症の (shell-shocked). 〖1943〗

bom·bic /bá(ː)mbɪk | bɔ́m-/ *adj.* かいこ (silkworm) の. 〖(1816) ← L *bombyx* silk(-worm) ◻ Gk *bómbux*: ⇨ -ic¹〗

bom·bi·late /bá(ː)mbəlèɪt | bɔ́mbɪ̆-/ *vi.* =bombinate. 〖← ML *bombilātus* (p.p.) ← *bombilāre*=L *bombitāre* to buzz ← *bombus*: ⇨ bomb〗

bom·bi·lla /bɑ(ː)mbíːjə | bɔmbíː(j)ə, -bílə; *Am.Sp.* bombíja/ *n.* ボンビヤ《マテ茶を飲むのに使うパイプ》. 〖(1866) (dim.) ← Sp. *bomba*〗

bom·bi·nate /bá(ː)mbənèɪt | bɔ́mbɪ̆-/ *vi.* 〈ハチ・ハエなどが〉ぶんぶんいう. **bom·bi·na·tion** /bɑ̀(ː)mbənéɪʃən | bɔ̀mbɪ̆-/ *n.* 〖(1880) ← L *bombinātus* ← *bombināre*=*bombilāre* (↑)〗

bómb·ing /-mɪŋ/ *n.* **1** 爆弾投下, 爆撃: a ～ plane 爆撃機 (bomber) / ⇨ dive bombing. **2** 爆弾を投げつけること; 爆破; 爆破事件. 〖(1691): ⇨ -ing¹〗

bómbing rùn *n.* 〘軍事〙=bomb run.

bómb kètch *n.* (18 世紀以前の)臼砲を積んだ攻撃用の 2 本マストのケッチ型帆船. 〖1693〗

bomb·let /bá(ː)mlɪ̆t | bɔ́m-/ *n.* 小型爆弾. 〖(1937): ⇨ -let〗

bómb lòad *n.* 〘軍事〙(1 機に積み込む)爆弾搭載量. 〖1921〗

bom·bo·ra /bɑ(ː)mbɔ́ːrə | bɔm-/ *n.* 《豪》危険なさんご暗礁; さんご暗礁上の危険な潮流. 〖(1933) ◻ (現地語) ～〗

bómb·pròof *adj.* **1** 防弾の, 耐弾の, 耐爆の: a ～ shelter 耐爆シェルター[避難所], 防空壕. **2** 《米》戦争の危険に身をさらしていない. **—** *n.* **1** (防弾装置を施した)防空壕. **2** 戦争の危険に身をさらすのを避ける人. **—** *vt.* 防弾にする. 〖1702〗

bómb ràck *n.* (飛行機の)爆弾懸吊(けんちょう)装置架, 爆弾架. 〖1917〗

bómb rùn *n.* 〘軍事〙爆撃航程《爆撃機が目標を視認または電子機器によって確認してから爆弾を投下するまでの間の飛行経路で, この間は普通定常状態で飛ぶ; bombing run ともいう》. 〖1941〗

bomb·shell /bá(ː)mʃèl | bɔ́m-/ *n.* **1** 爆弾, 砲弾 (shell): drop a ～ 爆弾を投下する; 爆弾宣言[発言]をする (cf. bomb *n.* 3 b) / like a ～ 爆弾のように, 爆弾的に, 突発的に, 突然. **2** あっと驚くような行為, 寝耳に水の出来事; 突発事件. **3** センセーションを起こす人: a blond ～ 金髪の肉体美人. ***explóde a bómbshell*** 爆弾宣言[発言]をする. 〖1708〗

bómb shèlter *n.* 空襲[爆撃]避難所, 防空壕.

bómb·sight *n.* (飛行機の)爆撃照準器. 〖1917〗

bómb·sìte *n.* 空爆によって破壊された地区[残骸]. 〖1945〗

bómb squàd *n.* (警察の)爆弾処理班.

bómb thrèat *n.* 《米》爆破予告, 爆弾をしかけたという脅迫.

bom·by·cid /bá(ː)mbəsɪ̆d, -sɪd | bɔ́mbɪsɪd/ *adj., n.* 〘昆虫〙カイコガ科の(ガ). 〖↓〗

Bom·byc·i·dae /bɑ(ː)mbísədiː | bɔmbísɪ-/ *n. pl.* 〘昆虫〙(双翅目)カイコガ科. 〖← NL ～ ← L *bombyx* silkworm (⇨ bombast)+-IDAE〗

bo·moh /bóumou | báuməu/ *n.* (マライの)まじない師 (medicine man). 〖◻ Malayan ～〗

Bo·mu /bóumuː | báu-/ *n.* [the ～] ボム(川)《アフリカ大陸中央部, コンゴ民主共和国と中央アフリカ共和国の国境をなす川, 下流は Ubangi 川となる; 全長 805 km; Mbomou ともいう》.

bon /bɔ́ː(ŋ), bɔ́(ː)ŋ; *F.* bɔ̃/ *F. adj.* よい: ⇨ bon ami, bon jour, bon mot, bon vivant, bon voyage. 〖(*a*1670) ◻ (O)F ～ 'good': ⇨ boon²〗

Bon[1] /bɔ́(ː)n, bá(ː)n | bɔ́n, bɔ́ːn/ *n.* 盆《Feast of Lanterns ともいう》. 〖◻ Jpn.〗

Bon[2] /bɔ́(ː)n, bá(ː)n | bɔ́n, bɔ́ːn/ *n.* ボン教《仏教伝来以来のチベットの物活論的宗教; cf. Bonpa》. 〖◻ Tibetan *bön*〗

Bon[3] /bá(ː)n, bɔ́(ː)ŋ | bɔ́n; *F.* bɔ̃/, **Cape** *n.* ボン岬《チュニジア北東部, ボン半島 (Cape Bon Peninsula) の先端にある岬; Ras el Tib ともいう》.

Bo·na /bóunə | báu-/, **Mount** *n.* ボーナ山《アラスカ南部の Wrangell 山地に位置する (5,007 m)》.

bo·na·ci /bòunəsíː | bàu-/ *n.* 〘魚類〙大西洋の暖海にすむスズキ目ハタ科ヤスリハタ属の大形食用魚 (*Mycteroperca bonaci*). 〖◻ Am.-Sp. *bonasí*〗

Bo·na De·a /bóunədíːə, -déɪə | báu-/ *n.* 〘ローマ神話〙ボナデア《古代ローマの貞節と受胎の女神; Faunus の娘, 姉妹または妻とされるところから Fauna とも呼ばれる》. 〖◻ L ～ 《原義》good goddess〗

bo·na fi·de /bóunəfáɪdi, -deɪ, -fàɪd | báunəfáɪdi, -fíːdeɪ/ *adv.* 誠意[善意]をもって; 真実に (cf. mala fide). **—** *adj.* **1** 善意の[による], 誠実な (sincere): a ～ offer 真意に基づく申し出. **2** 真正な, 本物の: a ～ Rubens. **—** /bóːnəfàɪd/ *n.* 《アイル口語》ボーナファイド《通常の営業時間以降も営業を許可された, 旅行者向けパブ》. 〖adv.: (1542–43) ◻ L *bona fidē* in good faith (abl.) ← *bona fidēs* (↓). — adj.: (1788): cf. bonus, faith〗

bo·na fi·des /bóunəfáɪdiːz, -deɪz | báunəfáɪdiːz, -fíːdeɪz/ *L. n. pl.* **1** [単数扱い] 〘法律〙善意, 正直, 誠意 (cf. mala fides). **2** [複数扱い] (正当性・合法性を証明する)公式文書, 証明書. 〖(1798) ◻ L *bona fidēs* good faith〗

Bon·aire /bənéə | bɔnéəʳ; *Du.* bonéːr/ *n.* ボネール《西インド諸島南部, ベネズエラ北西岸沖のオランダ領 Antilles の島》.

bon a·mi /bɔ̃ːnæmíː | bɔ̃n-; *F.* bɔnami/ *F. n.* (*pl.* **bons amis** /bɔ̃ː(n)zæmíː, bɔ̃ːn-; *F.* bɔ̃zami/) よい友だち(男); ボーイフレンド, 恋人 (lover) (cf. bonne amie). 〖◻ F ～ 'good (man-)friend, lover'〗

bo·nan·za /bənǽnzə/ *n.* **1** (富鉱帯を掘り当てたような)大当たり, 幸運, (農事の)当たり年; 大もうけ(のもと): strike a ～ 大当たりをとる / a business ～ 事業の大当たり. **2** 多大: win a ～ *of* support 多大な支持を得る. **3** 〘鉱山〙富鉱帯. ***in bonánza*** (1) 〈鉱山が〉(富鉱帯で)大当たりをして. (2) 大当たりで, うけに入って. **—** *adj.* 大成功の; 大当たりの: a ～ year 当たり年. 〖(1844) ◻ Am.-Sp. ～ 'rich lode' ◻ Sp. ～ 'fair weather, prosperity' ＜ VL **bonacia* (L *bonus* good の影響による変形) ← L *malacia* calm at sea ◻ Gk *malakiā* softness ← *malakós* soft〗

bonánza fàrm *n.* 《米》(もと西部などで)大収益をあげる(大)農場. **～·er** *n.* 〖1883〗

Bo·na·parte /bóunəpɑ̀ət | báunəpɑ̀ːt; *F.* bɔnapaʁt/ *n.* ボナパルト《Napoleon 一世と兄弟の出た Corsica 島の一家; イタリア語名 Buonaparte》.

Bonaparte, Charles Louis Napoléon *n.* ⇨ Napoleon III.

Bonaparte, Jérôme *n.* ボナパルト《1784–1860; Westphalia 王 (1807–13), Napoleon 一世の弟》.

Bonaparte, Joseph *n.* ボナパルト《1768–1844; Naples 王およびスペイン王 (1808–13), Napoleon 一世の兄》.

Bonaparte, Louis *n.* ボナパルト《1778–1846; オランダ王 (1806–10), Napoleon 一世の弟, Napoleon 三世の父》.

Bonaparte, Lucien *n.* ボナパルト《1775–1840; Canino /kaníːno/ 公, Napoleon 一世の弟》.

Bonaparte, Napoléon *n.* **1** ⇨ Napoleon I. **2** ⇨ Napoleon II.

Bó·na·pàrt·ism /-tɪzm̩/ *n.* **1** ボナパルティズム《ボナパルト家の政治方式; 特に Napoleon 三世の軍事専制的な政治方式》. **2** ナポレオンの政策支持. **3** 均衡する階級間の対立を利用する独裁的政治方式. 〖(1815) ◻ F *bonapartisme* ← *Napoléon Bonaparte* & *Charles Louis Napoléon Bonaparte*: ⇨ -ism〗

Bó·na·pàrt·ist /-tɪ̆st | -tɪst/ *n., adj.* ナポレオンの政策支持者(の). 〖(1815) ◻ F *bonapartiste*: ⇨ ↑, -ist〗

bon ap·pé·tit /bɔ̀(ː)næpetíː; *F.* bɔnapeti/ *F. int.* うんと召し上がれ. 〖(1860) ◻ F ～ '(I wish you) a good appetite'〗

Bon·ar /bá(ː)nə, bóun- | bɔ́nəʳ, báun-/ *n.* ボナー《男性名》. 〖← OF *bonaire* kind〗

bo·na-ro·ba /bòunəróubə | bàunəráu-/ *n.* 《Shak》娼婦. 〖(1597) ◻ It. *buonaroba* ← *buona* good＋*roba* 'ROBE, stuff'〗

bo·na va·can·ti·a /bóunəvəkǽntiə | báunəvəkǽnt-/ *n.* 〘法律〙無主物 (vacant goods)《所有者のない動産; 時には不動産も含まれる》. 〖(1756) ◻ L ～ 《原義》vacant (＝ownerless) goods〗

Bo·na·ven·tu·ra /bɑ̀(ː)nəvəntúᵊrə, -tjúᵊrə | bɔ̀nəventjúᵊrə; *It.* bonaventúːra/ *n.* (*also* **Bon·a·ven·ture** /bá(ː)nəvèntʃə, ⸗⸗⸗⸗ | bɔ́nəvèntʃəʳ, ⸗⸗⸗⸗/), **Saint** *n.* 聖ボナベントゥーラ《1221–74; イタリアの聖人で中世最大のスコラ哲学者; 通称 the Seraphic Doctor; 本名 Giovanni di Fidanza /fidántsa/》.

bon·a·ven·ture /bɑ̀(ː)nəvéntʃə, ⸗⸗⸗⸗ | bɔ́nəvèntʃəʳ, ⸗⸗⸗⸗/ *n.* 〘海事〙ボナベンチャー《前から 3 番目に普通あるミズンマストのさらに後方に昔設置したマスト; それに張られる大三角帆》. 〖(*c*1500) ◻ It. *buonaventura* good luck ← *buona* good＋*ventura* luck: cf. adventure〗

bon·bon /bá(ː)nbɑ̀(ː)n | bɔ́nbɔ̀n, bɔ́m-; *F.* bɔ̃bɔ̃/ *n.* (*pl.* ～**s** /～z; *F.* ～/) **a** ボンボン《果物の砂糖漬け, 木の実などを, フォンダン (fondant) やチョコレートでくるんだキャンディーの一種》. **b** (広義には)糖菓, キャンディー. **c** クラッカー (cracker). 〖(1796) ◻ F ～ 'good-good' (加重) ← BON ＜ L *bonum* 'BONUS'〗

bon·bon·nière /bɑ̀(ː)nbəníə | bɔ̀nbɔnjéəʳ; *F.* bɔ̃bɔnjɛːʁ/ *n.* (*pl.* ～**s** /～z; *F.* ～/) **1** ボンボン入れ[皿]. **2** 菓子屋. 〖(1818) ◻ F ～ 'candy holder': ⇨ ↑〗

bonce /bá(ː)ns | bɔ́ns/ *n.* 《英》**1** 《俗》頭 (head). **2** 大型のおはじき石 (marble); それを用いて遊ぶ子供の遊戯. 〖(1862) ← ?〗

bond[1] /bá(ː)nd | bɔ́nd/ *n.* **1** 結束; (愛情・興味などの)きずな, 縁 (tie): a ～ of union 団結 / a spiritual ～ 精神的結束 / the ～(*s*) of affection 愛情のきずな / the ～(*s*) of brotherhood [fellowship, wedlock] 兄弟[友, 結婚]のちぎり / break the marriage ～ 結婚のちぎりを断つ. **2 a** (債務)証書, 証文, 契約書: His word is as

B

good as his ～. 彼の約束は証文も同じ《絶対確かだ》. **b** 公債証書, 債券, 社債: a consolidated [war] ～ 整理[戦時]公債 / a national ～ 国債 / ⇨ public bond, treasury bond / call a ～ 公債償還の通告をする. **c** =bond paper. **3 a** 縛るもの, 結ぶもの, つなぐもの《ひも・縄・帯・バンドなど》. **b** [通例 *pl.*] かせ (fetters); 《古》拘束, 束縛; 禁錮(きんこ): in ～*s* 縛られて, 禁錮されて / the ～*s* of destiny 運命のきずな / break the ～*s* of convention 因襲の束縛を断ち切る. **4 a** 接着(状態). **b** 接着するもの, 接着剤《にかわ・はんだ・ボンドなど》. **c** 〖建築・石工〗つなぎ, 接合材, 粘結剤 (binder); (石・れんがなどの)積み方, つなぎ方. **5** 約定, 契約, 盟約 (covenant): break [sever] a ～ 契約を破棄する / enter into a ～ *with* … と契約を結ぶ. **6 a** 保証[保釈]金: be released on $10,000 ～ 1 万ドルの保釈金で釈放される. **b** 保証人 (surety): be ～ *for* a person＝go a person's ～ 人の保証に立つ. **7** 《米》〖保険〗ボンド, 保証《使用人などに入れさせる債務保証契約》. **8** 〖化学〗 **a** 結合: ⇨ chemical bond, double bond, triple bond. **b** 価標《原子価の表記としての線 (line) または点 (dot)》. **9 a** 〖税関〗保税倉庫留置: in [out of] ～ 保税倉庫にはいって[から出して] / take out of ～〈商品を〉保税倉庫から出す. **b** 《米》=bonded whiskey. **10** (電気抵抗を少なくするため鉄道レールなどの継ぎ目に設ける)接続, 導体, (レール)ボンド.

bóttled in bónd 《米》〈ウイスキーが〉無課税のまま 4 年間以上保税倉庫に貯蔵された後, 政府の監督下に標準強度で瓶詰めにされた (cf. bonded whiskey).
give bónd (*to dó* …) (…するという)保証[約定]を与える, 誓約する.

― *vt.* **1** 結ぶ; 接着する; (きずななどで)〈人を〉結びつける. **2** 〈れんが・石などを〉組積みする, つなぐ. **3** 〈輸入品を〉保税倉庫に預ける. **4 a** 担保に入れる, 抵当に置く (mortgage). **b** 債券を発行して…の支払を保証する, 〈借入金を〉債券に振り替える. **5** 《米》 **a** 〈使用人などに対して保証する[保証金を積む]. **b** 〈使用人などを〉保証契約に入れさせる (cf. *n.* 7). **6** 〖化学〗(化合物中で)〈原子を〉結合する. **7** 〖電気〗〈鉄道レールなどに〉接続導体を取り付ける.

― *vi.* **1** 親密なきずなを結ぶ. **2** 接着する 〈*together*〉; つながる.

～·a·ble /～əbl/ *adj.* 〖(1126)《異形》: ⇨ band¹〗

bond² /bá(ː)nd | bɔ́nd/ 《廃》 *adj.* 奴隷の; とらわれの.
― *n.* 奴隷, 農奴. 〖lateOE *bonda* householder □ ON *bōndi* dweller, householder, servant《短縮》← *bōandi* (pres.p.) ← *bōa* to dwell ← Gmc **bōwan*: cf. husband〗

bond³ *n.* 《南ア》ボンド《アフリカーナ人の同盟[組合]》.

Bond /bá(ː)nd | bɔ́nd/, **James** *n.* ボンド《英国の作家 Ian Fleming の一連のスパイ小説 (1954–64) およびその映画化 (1962–) の主人公; 英国の諜報部員で, 007 と呼ばれる》.

Bond /bá(ː)nd | bɔ́nd/, **(Thomas) Edward** *n.* ボンド (1934– ; 英国の劇作家; London の労働者階級の家に生まれ, 社会への不満に根差した作風を示す; *Saved* (1965)).

bond·age /bá(ː)ndɪdʒ | bɔ́nd-/ *n.* **1 a** (行動の自由の)束縛, 屈従 (subjugation). **b** とらわれの身, 奴隷の身分 (⇨ servitude SYN): be kept in ～ とらわれの身[奴隷]となっている / go into ～ 身を売る. **c** 〔情欲などに〕とらわれること, 〔…の〕奴隷であること 〔*to, of*〕: the ～ *of* vice, sin, etc. / a man in ～ *to* alcohol アルコールにとりつかれた男. **2** (SMプレイで)縛り, 緊縛. **3** 隷農[農奴]の境遇, 賤役(せんえき) (serfdom). **4** 〖古英法〗隷農[農奴]的土地保有(権). 〖(*c*1303) □ AF // Anglo- L *bondagium* ← ME *bonde* serf: ⇨ bond², -age〗

bónd còurse *n.* 〖石工〗(組積(そせき)造の)結合層, 組積層.

bónd dìscount *n.* 〖簿記〗社債発行差金.

bónd·ed *adj.* **1** 公債[債券]によって保証された; 担保付きの, 保証付きの: ⇨ bonded debt. **2** 《米》〈使用人などが〉保証がついている (cf. bond¹ *n.* 7, *vt.* 5). **3** 保税倉庫留置の; 保税品の: ～ goods [merchandise] 保税貨物. **4** ひもなどで結んで; 接着剤で張り合わせた. 〖(1609): ⇨ bond¹, -ed 2〗

bónded débt *n.* 〖会計〗(社債・長期借入金などの)固定負債《funded debt ともいう》.

bónded wárehouse [《英》 **stóre**] *n.* 保税倉庫. 〖1846〗

bónded whískey *n.* 《米》倉庫留めウイスキー《瓶詰め前に 4 年以上政府の監督下で保税倉庫で熟成されたストレートウイスキー》.

bónd·er *n.* **1** bond する人[もの]. **2** 〖石工〗=bondstone. 〖(1845): ⇨ bond¹, -er¹〗

bond·er·ize /bá(ː)ndəràɪz | bɔ́n-/ *vt.* 〖金属加工〗〈鋼鉄に〉ボンデライズ処理をする《耐食性を良くするため, 金属表面にリン酸塩皮膜をつける表面処理方法をする》. 〖(1938)《逆成》← *Bonderized*《商標》〗

Bond·field /bá(ː)ndfiːld | bɔ́nd-/, **Margaret Grace** *n.* ボンドフィールド (1873–1953; 英国の社会運動家; 下院議員, 英国最初の女性大臣として労働大臣 (1929–31)).

bónd hèader *n.* 〖石工〗=bondstone.

bónd·hòlder *n.* 債券[公債]所有者. 〖1823〗

bónd·hòlding *n., adj.* 債券[公債]所持(の). 〖1868〗

bon·di /bá(ː)ndaɪ | bɔ́n-/ *n.* 《豪》(オーストラリア先住民の)重い棍棒. 〖(1844) ← ? Austral.《現地語》〗

Bon·di /bá(ː)ndi | bɔ́n-/, Sir **Herman** *n.* ボンディ (1919– ; オーストリア生まれの英国の数学者・宇宙論学者; 定常宇宙論を提唱).

Bón·di Béach /bá(ː)ndaɪ- | bɔ́n-/ *n.* ボンダイビーチ《オーストラリア南東部 Sydney 南東郊外にある海岸; サーフィンで有名》.

bon·dieu·se·rie /boʊndjùːzəríː | bɔndjɜ́ːz(ə)ri; *F.* bɔ̃djøzʁi/ *n.* (教会の安物の)祭具, 礼拝用品. 〖F *bon* good＋*Dieu* God〗

bónd·ing *n.* **1** (家族・友人などの人間同士の)きずな(の形成) (cf. pair bond). **2** 〖電気〗結合, 接合, 接続. 〖(1677): ⇨ bond¹, -ing¹〗

bónding sỳstem *n.* 〖航空〗アース装置《機体構造の各部を導電性の接地片で連結して電位差が生じないようにすること; 火災防止のために行う》.

bónd ìssue còst *n.* 〖簿記〗社債発行費.

bónd·màid *n.* **1** 女の奴隷. **2** 無給の女中. 〖1526〗

bónd·man /-mən/ *n.* (*pl.* **-men** /-mən, -mɛ̀n/) **1** (男の)奴隷. **2** 無給の使用人. **3** 〖古英法〗隷農, 農奴 (serf). 〖*c*1250〗

bónd pàper *n.* ボンド紙《債券などに用いられる特別上等用紙》. 〖*a*1877〗

bónd páyable a/c /-éɪsíː/ ★ a/c の発音は account と読むこともある. *n.* 〖簿記〗社債勘定.

Bonds /bá(ː)ndz | bɔ́ndz/, **Barry** *n.* ボンズ (1964– ; 米国の野球選手; シーズン最多本塁打記録 73 本を記録 (2001)).

bónd sèrvant *n.* 奴隷 (slave); 無給の使用人. 〖*c*1443〗

bónd·slàve *n.* 奴隷. 〖1561〗

bónds·man¹ /bá(ː)ndzmən | bɔ́ndz-/ *n.* (*pl.* **-men** /-mən, -mɛ̀n/) =bondman. 〖ME: ⇨ bond², -s², man¹: cf. craftsman, etc.〗

bónds·man² /-mən/ *n.* (*pl.* **-men** /-mən, -mɛ̀n/) 《米》〖法律〗(債務証書の)保証人 (surety); (保釈の)保証人. 〖(1713) ← BOND¹＋-s²＋MAN¹〗

bónd·stòne *n.* 〖石工〗控え石, つなぎ石《石積みの壁の強度を増すため石の最長の辺を壁の厚さの方向に置いたもの》. 〖*c*1845〗

Bónd Strèet *n.* ボンド街《London にある高級商店街》.

bónds·wòman¹ *n.* =bondwoman. 〖(1611): ⇨ bondsman¹〗

bónds·wòman² *n.* 《米》〖法律〗女性保証人 (cf. bondsman²). 〖1611〗

bon·duc /bá(ː)ndʌk | bɔ́n-/ *n.* 〖植物〗 **1** シロツブ (*Caesalpinia bonduc*)《熱帯産マメ科ジャケツイバラ属の木; 種子で首飾りなど装飾品を作る; Molucca bean ともいう》. **2** =Kentucky coffee tree. 〖(1696) □ F ～ □ Arab. *búnduq* hazelnut □ Pers. *bundūq*〗

bónd·wàshing *n.* 債券清浄《脱税目的などで行う違法な証券操作》.

bónd·wòman *n.* **1** 女奴隷 (female slave). **2** 無給で働かされる女性. 〖*a*1387〗

bone¹ /bóʊn | bə́ʊn/ *n.* **1 a** [集合的にも用いて] 骨: dry ～*s* 枯れた骨; (精神によって息吹きが与えられる)ありのままの事実 (cf. *Ezek.* 37: 4) / large of ～ 骨太の / a horse with plenty of ～ 骨格のよい馬 / (as) dry as a ～ (骨のように)かさかさに乾燥した (cf. bone-dry) / Hard words break no ～*s*. 《諺》言葉がきついだけならけがはない. **b** 骨質: made of ～ 骨で作った, 骨製の. ★ ラテン語系形容詞: osseous; ギリシャ語系形容詞: osteal. **2** [*pl.*] **a** 骨格 (skeleton); 身体 (body): one's ～*s* 自分の身体 / one's old ～*s* 老骨, 老軀(ろうく) / keep one's ～*s* green 若さを保つ / ⇨ *feel* [*know*] *in one's* BONES, (*live to*) *make old* BONES, *a* BAG¹ *of bones*, SKIN *and bone*(*s*). **b** 遺骸, 死骸, しかばね (corpse): His ～*s* were laid to rest in Westminster Abbey. 遺骸はウェストミンスター寺院に葬られた. **c** やせた人. **3** [*pl.*] 骨格に当たるもの; 主要部, (小説・劇などの)骨組: present only the bare ～*s* of an argument 議論の要点だけを述べる. **4 a** 骨で作ったもの, 骨製品. **b** [*pl.*] 《口語》(骨・象牙などで作った)さい, さいころ (dice): roll the ～*s* (クラップス (craps) で)さいころを転がす, さいころを振る. **c** 《俗》ドミノ牌 (domino). **d** [*pl.*] (カスタネット (castanets) に類する)骨または木製の拍子木 (clappers). **e** [*pl.*] ボーンズ《黒人の打楽器》. **5 a** 骨に類するもの. **b** 象牙(ぞうげ) (ivory). **c** 鯨のひげ (whalebone). **d** (コルセット・ペチコートなどの)骨. **e** コルセット (stay). **f** (傘の)骨. **6 a** 肉のついた骨: throw a ～ to a dog 犬に骨を投げ与える / boiled chicken ～*s* 煮出した鶏の骨 / fish ～*s* / off [on] the ～ (肉料理で)骨をはずして[付けて]. **b** なだめる[機嫌をとる]ために与えるもの. **7** [*pl.*; 単数扱い; しばしば B-] (minstrel show の端にいて)ボーンズ (bones) を鳴らす座員《Mr. Bones ともいう; cf. tambo》. **8** 《米俗》ドル (dollar). **9** [*pl.*] 《口語》医者. **10** =bone white. **11** 《豪》のろいの骨《先住民が病気や死をもたらすための呪文(じゅもん)を唱えるときに用いる》: point the ～ (at …) (人に)骨を向けてのろう. **12** 《卑》(勃起した)ペニス.

a bóne of contèntion 争いのもと, 不和の種, 争点.
be bóne of one's bóne わが骨の骨である; 同族である; 密接な間柄にある (*Gen.* 2: 23) (cf. be flesh of one's flesh ⇨ flesh 1). ***bréd in the bóne*** ⇨ breed 成句. ***cárry*** [***háve***] ***a bóne in her téeth*** [***móuth***] 〖海事〗〈船が〉へさきに白波を立てて進む. (1627) ***cást*** (***in***) ***a bóne betwèen*** …の間に不和を起こさせる. (*a*1562) ***féel*** [***knów***] ***in one's bónes*** 直観する, 直覚する; (直観的に)確信する 〈*that*〉. (1855) ***hàve a bóne in one's lég*** [***thróat***] 足[のど]に骨を立てている《行けない[言えない]ときの言い訳》. (1542) ***hàve a bóne to pìck with*** …に苦情[不平, 文句]を言うことがある. (1565) ***in the bóne*** ＝*to the* BONE (1). (***live to***) ***màke òld bónes*** [通例否定構文で] 長生きする. (1872) ***màke nó bónes abòut*** [***of***] 〈嫌なことを〉文句を言わずにやる, …(すること)にこだわらない, 躊躇(ちゅうちょ)しない; 〈普通の人がためらうことを〉平気でやる, 正々堂々とやる. (1571) ***néar*** [***clóse to***] ***the bóne*** (1) けちで. (2) ひどく金に困って, 一文なしで: live very *near the* ～. (3) 下品で, きわどい. (4) 痛いところを突いて, 図星をさして. (1933) ***Nó bónes bróken!*** 大したことはないよ, 大丈夫だ. ***thrów a bóne*** 相手をなだめるために譲歩する. ***to the bóne*** (1) 骨髄までも: chilled [frozen] *to the* ～ 骨の髄まで冷え切って / penetrate *to the* ～ (骨に達するまで)ぐさりと刺す. (2) 最低限度まで; 完全に: cut *to the* ～ 〈費用などを〉ぎりぎりに切り詰める / wear oneself *to the* ～ (働き過ぎたりして)消耗する, 疲れきる[果てる]. (*a*1325) ***withóut mòre bónes*** それ以上こだわら[ためらわ]ずに. (1589) ***wórk one's fíngers*** [***onesèlf***] ***to the bóne*** 身を粉にして[骨身を惜しまず]働く. (1853)

― *vt.* **1** 〈鶏・魚などの〉骨を抜く[取る] (debone): ～ a fish, chicken, etc. **2** 〈胸衣・傘などに〉骨[鯨のひげ]を入れる: ～ a corset コルセットに鯨のひげを入れて張らせる. **3** (肥料として)…に骨粉をまく[入れる]. **4** 《英俗》盗む (steal). **5** 〖測量〗視準する《片目で見通す》. **6** 《米俗》〈男性が〉…と性交する.

― *vi.* 《口語》 **1** がつがつ勉強する, 詰め込む (cram) 〈*up*〉: ～ *up on* a subject 学科を詰め込む / ～ *up for* an exam 試験のためにがり勉する / ～ *through* college 猛烈に[こつこつ]勉強して大学を出る. **2** 腕を磨き直す, 記憶を新たにする 〈*up*〉: ～ *up on* the guitar (公演のために)ギターを練習する / ～ *up on* one's French フランス語に磨きをかける.

― *adv.* 全く, 完全に (completely): ～ idle ひどい怠け者で, きわめて怠惰で. (cf. bone-dry; *to the* BONE) 〖OE *bān* bone < Gmc **bainam* (G *Bein* leg) ← ?〗

bone² /bóʊn | bə́ʊn/ *n.* =trombone.

Bone /bóʊn | bə́ʊn/, Sir **Muirhead** *n.* ボーン (1876–1953; スコットランドのエッチング作家・画家).

Bône /bóʊn | bə́ʊn; *F.* boːn/ *n.* ボーヌ (Annaba の旧名).

bóne·àche *n.* 骨痛. 〖*a*1398〗

bóne àsh *n.* 骨灰, 骨土《リンおよび窒素肥料・宝石磨き・灰皿 (cupel) に用いる; 合成品もある》. 〖1622〗

bóne bèd *n.* 〖地質〗骨片に富む地層.

bóne blàck *n.* (*also* **bóne·blàck**) 骨炭《骨を蒸焼にしたもので脱色吸収剤・顔料用》. 〖1815〗

bóne·brèaker *n.* 〖鳥類〗フルマカモメ・ハゲワシ・ミサゴなどの大形の肉食および魚食の鳥の総称. 〖1598〗

bóne cèll *n.* 〖生物〗骨細胞 (osteoblast). 〖*a*1847〗

bóne chàr *n.* =bone black.

bóne-chìlling *adj.* **1** たいへん寒い. **2** 血も凍るような, 恐ろしい.

bóne chína *n.* ボーンチャイナ, 骨灰磁器《骨灰と白陶土を入れて作った透光性磁器》. 〖*c*1895〗

bóne condùction *n.* 〖生理〗骨導, 骨伝導《音波の頭蓋骨経由による内耳への伝導作用; cf. air conduction》.

boned *adj.* **1** 骨を抜き取った: a ～ fish. **2** 鯨のひげなどを入れた: a ～ corset. **3** 骨粉の肥料を施した: ～ land. **4** [複合語の第 2 構成素として] 骨が…の: strong-*boned* 骨が頑丈な / a big-*boned* person 骨太の人. 〖(*c*1300) (i)*boned*: ⇨ bone¹, -ed 2〗

bóne-drý *adj.* **1** (骨のように)からからに乾燥した (cf. (as) dry as a BONE¹). **2** 《米口語》絶対禁酒の (teetotal); 酒を出さない: The party was ～. **3** 〖窯業〗〈粘土・素地土が〉十分に乾燥した. 〖*a*1825〗

bóne dùst *n.* =bonemeal.

bóne èarth *n.* =bone ash.

bóne fàt *n.* 〖化学〗骨脂《動物の骨髄から得る脂肪; ろうそく・安石鹸・潤滑油などに用いる》. 〖1873〗

bóne·fìsh *n.* (*pl.* ～, ～·**es**) 《米》〖魚類〗 **a** 暖海産のソトイワシ科のうろこが銀色の食用魚の総称; (特に)ソトイワシ (*Albula vulpes*)《重さ 10 ポンド (4.5 kg) に達するものもある; banana fish ともいう》. **b** カライワシ (ladyfish). 〖1734〗

bóne·hèad *n.* 《俗》ばか者, 間抜け (blockhead): a ～ play 〖野球〗ボーンヘッド, まずいプレー. 〖1908〗

bóne·héaded *adj.* 《俗》間抜けな. 〖1903〗

bóne hòuse *n.* 《俗》棺桶; 納骨堂.

bóne-ídle *adj.* 非常に怠けた, きわめて怠惰な.

bóne-lázy *adj.* =bone-idle.

bóne·less *adj.* **1** 骨のない, 骨なしの; 骨を抜いた. **2** 力強さに欠ける, 〈文章など〉締りのない. 〖lateOE *bānlēas*: ⇨ bone¹, -less〗

bóne manùre *n.* 骨粉肥料. 〖1921〗

bóne màrrow *n.* 骨髄: to the ～ 骨の髄まで. 〖1908〗

bóne-màrrow trànsplant *n.* 〖外科〗骨髄移植.

bóne·mèal *n.* 骨粉《肥料または家畜の飼料》. 〖1850〗

bóne òil *n.* 〖化学〗骨油《骨脂 (bone fat) から液状油だけを分離したもの; 洗羊液 (sheep dip) として用いる; animal oil, Dippel's oil ともいう》.

bóne òrchard *n.* 《俗》墓地.

bóne pórcelain *n.* =bone china.

bon·er /bóʊnə | bə́ʊnə^(r)/ *n.* **1** 《米俗》 **a** ばかげた誤り, 大失策, どじ (⇨ error SYN): pull a ～ へまをやる, どじを踏む. **b** (学生の)珍答案 (cf. howler 3). **c** 〖野球〗ボーンヘッド, まずいプレー (bonehead play). **2** 《米俗》勃起(したペニス). **3** 《NZ》(缶詰やソーセージなどにしか使えない)劣等食肉動物. **4** (衣服の)骨張り工. 〖(*c*1899): ⇨ bone¹, -er¹〗

bóne-sèeking *adj.* 〖医学〗〈放射性物質など〉向骨性の, 骨親和性の《体内で骨に蓄積することにいう》. 〖1947〗

bóne·sèt *n.* 〖植物〗北米産のヒヨドリバナ属 (*Eupatorium*) の数種の植物の総称《フジバカマ (*E. perfoliatum*)

など; 以前薬草として用いられた; agueweed, thoroughwort ともいう》. 〚1670〛

bóne·sètter *n.* (通例医師の免許をもたない)接骨医. 〚(*c*1470): ⇨ bone¹, setter〛

bóne·sètting *n.* 骨接, 接骨(術). 〚1591〛

bóne·shàker *n.* 《俗》がたがたの[旧式な]乗物《ゴムタイヤなしの自転車・馬車・自動車など》. 〚1874〛

bóne spàvin *n.* 〖獣医〗=spavin.

bóne-tíred *adj.* 《米口語》ひどく疲れて.

bóne tùrquoise *n.* 〖地質〗骨トルコ石 (⇨ odontolite).

bóne-wéary *adj.* =bone-tired.

bóne whíte *n.* 骨白色, ボーンホワイト《灰色がかった白など》.

bon·ey /bóuni | báu-/ *adj.* (**bon·i·er; -i·est**) =bony.

Bo·ney /bóuni | báu-/ *n.* 《古》Napoleon の軽蔑的呼称. 〚← *Bonaparte*: ⇨ -y²〛

bóne·yàrd *n.* **1** (動物の)骨捨て場; 廃馬の捨て場. **2 a** 《口語》廃棄処分とすべき船・飛行機・自動車などの置場[捨場]. **b** 《俗》墓場 (cemetery). **3** 〖ドミノ〗山牌(ﾔﾏ), 積み札《各競技者が牌を取ってから残っている牌; stock ともいう》. 〚1854〛

bon·fire /bá(:)nfàɪə | bɔ́nfàɪə^(r)/ *n.* **1** たき火, ごみ焼き(など): build a ~ at a picnic 遠足でたき火をする / make a ~ of rubbish ごみを焼き捨てる. **2** (宗教的祭事・祝典・合図などのために野天でたく)大かがり火. **3** 《米俗》たばこ, (特に)たばこの吸殻. 〚(*a*1415): ⇨ bone¹, fire: cf. F *feu d'os*〛

Bónfire Nìght *n.* 《英》ボンファイヤー ナイト, たき火の夜《11 月 5 日に Guy Fawkes の人形を燃やす祭り; cf. guy¹ 2 a》.

bong¹ /bá(:)ŋ, bɔ́(:)ŋ | bɔ́ŋ/ 《米》*n.* ごーん, ぼーん《鐘やどらの音》. — *vi.* ごーん[ぼーん]と鳴る. — *vt.* ごーん[ぼーん]と鳴らす. 〚(1860)《擬音語》〛

bong² /bá(:)ŋ, bɔ́(:)ŋ | bɔ́ŋ/ *n.* 《俗》マリファナ用水パイプ; そのひと吸い. 〚1971〛

bong³ /bá(:)ŋ, bɔ́(:)ŋ | bɔ́ŋ/ *n.* 〖登山〗ボン(ボン)《大型のハーケン》.

bon·go¹ /bá(:)ŋgou, bɔ́(:)ŋ- | bɔ́ŋgəu/ *n.* (*pl.* ~, ~**s**) 〖動物〗ボンゴ (*Boocercus* [*Taurotragus*] *eurycerus*)《アフリカ産の大型レイヨウ; 赤みがかった栗色に白い縞がある》. 〚(1861)□ Afr. 《現地語》~〛

bóngo² *n.* (*pl.* ~**s**, ~**es**) ボンゴ《ラテンアメリカ音楽に用いる小型のドラム; 2 個を連結して膝にはさみ指で叩く》.

bón·go·ist /-gɪst | -ɪst/ *n.* 〚(1920)□ Am.-Sp. *bongó* ← ?〛

bóngo³ *n.* (*pl.* ~**s**) 頭のけが.

Bon·go /bá(:)ŋgou, bɔ́(:)ŋ- | bɔ́ŋgəu/, **Omar** *n.* ボンゴ《1935–　; ガボンの政治家; 大統領 (1967–　); 本名 Albert Bernard Bongo》.

bóngo drùm *n.* =bongo².

bon·grace /bá(:)ngreɪs | bɔ́n-/ *n.* 《古》ボングレイス(帽)《ひさし付きの帽子 (hat) またはボンネット》. 〚(1530)□ F *bonne-grace*: ⇨ bon, grace〛

bon gré, mal gré /bɔ̃:(ŋ)gréɪmɑ:lgréɪ, bɔ:ŋ-; F. bɔ̃gʀemalgʀe/ *adv.* いやがおうでも, いやおうなしに (willy-nilly). 〚1818〛

bon·ham /bá(:)nəm | bɔ́n-/ *n.* 《アイル》小豚. 〚(1880)□ Ir. 《方言》← *banbh* pig〛

Bon·heur /bɑ(:)nə́:(r) | bɔnə́:^(r); F. bɔnœ:ʀ/, **Rosa** *n.* ボヌール《1822–99; フランスの女性動物画家; 本名 Marie Rosalie Bonheur》.

bon·heur du jour /bɔnə́:du:ʒúə, -dju:- | bɔnə́:dju:ʒúə^(r); F. bɔnœʀdyʒu:ʀ/ *n.* (*pl.* **bon·heurs du jour** /~/) (上に飾り棚を取り付けた貴婦人用の)小机, 物書き用テーブル. 〚(1878)□ F ~ 《原義》happiness of the day: 当時 (18–19 世紀)フランスで大流行したことから〛

Bon·hoef·fer /bá(:)nhə:fə, -hɛfə | bɔ́nhə:fə^(r); G. bó:nhœfɐ, bɔ́n-/, **Dietrich** *n.* ボーンヘファー《1906–45; ドイツのルター派神学者; ナチスに処刑された》.

bon·ho·mie /bà(:)nəmí:, bòun-, ∸–∸ | bɔ́nɔmi, -nə-, -mì:; F. bɔnɔmi/ *n.* (*also* **bon·hom·mie** /~/) 人のよさ, 親しみ深い[愛想のよい]態度, 温容. 〚(1779)□ F ~ 'good nature' ← *bon homme* good-natured man ← BON + *homme* man: ⇨ -ie, -y²〛

bon·ho·mous /bá(:)nəməs | bɔ́n-/ *adj.* 人のよい, 気だてのよい, 心の穏やかな. **~·ly** *adv.* 〚(1905): ⇨ ↑, -ous〛

bon·i·a·to /bà(:)niá:tou | bɔ̀niá:təu/ *n.* (中身の白い)サツマイモ (sweet potato). 〚Sp〛

bon·i·face /bá(:)nəfɪ̀s, -fèɪs | bɔ́nɪ̀fèɪs, -fæs/ *n.* [時に B-] (好人物で陽気な)ホテル[ナイトクラブ, 食堂]の主人. 〚(1803) *Boniface* (↓): George Farquhar 作の *The Beaux' Stratagem* (1707) に登場する好人物で陽気な宿屋の亭主の名〛

Bon·i·face /bá(:)nəfɪ̀s, -fèɪs | bɔ́nɪ̀fèɪs, -fæs/ *n.* ボニフェイス《男性名》. 〚□ L *Bonifācius, Bonifātius* ← *bonifātus* lucky, fortunate ← BONUS + *fātum* 'FATE'〛

Boniface, Saint *n.* ボニファティウス, ボニファス《680?–755?; ドイツで伝道した英国の聖職者,「ドイツ人の使徒」(The Apostle of Germany) と呼ばれる, 祝日 6 月 5 日; 本名 Wynfrith /wínfrɪθ | -frɪθ/》.

Boniface VIII *n.* ボニファティウス[ボニファチオ]八世《1235?–1303; イタリアの宣教師; 教皇 (1294–1303); 本名 Benedetto Caetani /bènedétto kaetá:ni/》.

bón·ing *n.* **1** 骨抜き, 除骨. **2** [集合的] (コルセットなどの)衣類に入れて張らせる骨《鯨のひげやはがねなど》.

bóning knìfe (魚や肉の)骨取り用小型ナイフ.

Bon·ing·ton /bá(:)nɪŋtən | bɔ́n-/, **Chris**(**tian John Storey**) *n.* ボニントン《1934–　; 英国の登山家; Everest 登山隊を率いて南西壁の初登頂に成功した (1975)》.

Bonington, Richard Parkes *n.* ボニントン《1801–28; 英国の風景画家》.

Bó·nin Íslands /bóunɪ̀n- | báunɪn-/ *n. pl.* [the ~] ボニン諸島《小笠原諸島の英語名》. 〚*bonin*: 《転訛》← ? Jpn. 無人(ﾑﾆﾝ)〛

bon·ism /bá(:)nɪzm | bɔ́n-/ *n.* 《古》(現世を善と見る)善世説 (cf. malism). 〚(1893) ← L *bon*(*us*) good + -ISM〛

bo·ni·ta /bəní:ṭə | -tə/ *n.* (*pl.* ~**s**, ~) 〖魚類〗=bonito.

Bo·ni·ta /bəní:ṭə | -tə/ *n.* ボニータ《女性名》. 〚← L *bonitās* goodness ← *bonus* (↓)〛

bo·ni·to /bəní:ṭou, -tə | -təu/ *n.* (*pl.* ~**s**, ~) 〖魚類〗 **1** カツオ (*Katsuwonus pelamis*) (oceanic bonito ともいう; cf. victorfish): dried ~ かつおぶし. **2** ハガツオ《ハガツオ属 (*Sarda*) の魚類の総称; Atlantic bonito など》. 〚(*c*1565)□ Sp. ~ 《原義》the fine one ← ? L *bonus* good〛

boníto shàrk *n.* 〖魚類〗アオザメ (*Isurus glaucus*)《日本中部以南, 太平洋などに生息する; 全長 5 m に達し, 人間も襲う》.

bon jour /bɔ̃:(n)ʒúə, bɔ:n- | -ʒúə^(r); F. bɔ̃ʒu:ʀ/ *F. int.* 今日は (Good day!), おはよう (Good morning!). 〚(*a*1577)□ F ~ '(I wish you a) good day'〛

bonk /bá(:)ŋk, bɔ́(:)ŋk | bɔ́ŋk/ 《俗》*vt.* **1** 〈頭を〉ばん[ごつん]とたたく[打つ]. **2** 《英》…と性交する. — *vi.* **1** ばん[ごつん]と音をたてる. **2** 《英》性交する. — *n.* **1** ばん[ごつん]という音; 一撃. **2** 性交. 〚(1931)《擬音語》〛

bonk·bust·er /bá(:)ŋkbʌstə, bɔ́(:)ŋk- | bɔ́ŋkbʌstə^(r)/ *n.* ボンクバスター(小説)《登場人物間の性的な出会いが頻繁に描かれる大衆小説》. 〚← BONK + ? (BLOCK)BUSTER〛

bon·kers /bá(:)ŋkəz, bɔ́(:)ŋk- | bɔ́ŋkəz/ *adj.* 《俗》気の狂った, いかれた (mad); 夢中で (crazy): go ~ over ...に夢中になる. 〚(1948) ← ?〛

bon mar·ché /bɔ̃:(m)mɑəʃéɪ, bɔ̀:m- | -mɑ:-; F. bɔ̃maʀʃe/ *F. n.* (*pl.* **bons mar·chés** /~/) 格安物, 掘出し物 (bargain). 〚□ F ~ 《原義》good market〛

bon mot /bɔ̃́:(m)móu, bɔ́:m- | -məu; F. bɔ̃mo/ *n.* (*pl.* **bons mots** /~(z); F. ~/, ~**s**) うまい[気のきいた]言葉[冗談], 名言, 名文句. 〚(*c*1730)□ ~ 'good word'〛

Bonn /bá(:)n, bɔ́(:)n | bɔ́n; G. bɔ́n/ *n.* ボン《ドイツの, Rhine 河畔の都市; 西ドイツの首都 (1949–90); 統一ドイツの首都 (1990–99)》. 〚□ L *Bonna* □ ? Celt. *bona* city, cifadel〛

Bon·nard /bɔ(:)nɑ́ə, bɑ(:)n- | bɔnɑ́:^(r); F. bɔna:ʀ/, **Pierre** *n.* ボナール《1867–1947; フランスの画家; 温和な都会的描写を特色とする》.

Bon·naz, b- /bənǽz/ *n.* ミシン刺繍. 〚← *J. Bonnaz* (19 世紀フランスの発明家)〛

bonne /bɔ́(:)n, bá(:)n | bɔ́n; F. bɔn/ *F. n.* (*pl.* ~**s** /~z; F. ~/) フランス人のお手伝い, 子守り(女). 〚(*a*1529)□ F ~ (fem.) ← BON〛

bonne a·mie /bɔ́(:)nəmí: | bɔ́n-; F. bɔnami/ *F. n.* (*pl.* **bonnes a·mies** /bɔ́nzəmí:; F. bɔnzami/) よい友(女); ガールフレンド, 恋人. 〚□ F ~ (fem.) ← BON AMI〛

bonne bouche /bɔ́(:)nbú:ʃ | bɔ́n-; F. bɔnbuʃ/ *n.* (*pl.* **bonnes bouches** /~; F. ~/, ~**s**) **1** 美味 (titbit), (特に食事の最後の)珍味《茶菓・果物など》. **2** (最後の予期しない)楽しみ, (思わぬ)喜び (treat). 〚(1762)□ F ~ 《原義》good mouth(ful)〛

bonne femme /bɔ́(:)nfǽm | bɔ́n-; F. bɔnfam/ *adj.* [名詞の後に置いて] 家庭料理風に料理した: Dover sole ~. 〚(1824)□ F (*à la*) *bonne femme* in the manner of a good housewife〛

bonne foi /bɔ́(:)nfwɑ́: | bɔ́n-; F. bɔnfwa/ *n.* 信義, 誠実 (sincerity). 〚□ F ~ 'good faith'〛

bonne for·tune /bɔ́(:)nfɔətú:n, -tjú:n | -fɔ:tjú:n; F. bɔnfɔʀtyn/ *n.* (*pl.* **bonnes fortunes** /~/) **1** 幸運, たなぼた. **2** [*pl.*] (女性からの)色よい返事, (男の自慢の種となる)婦人からの贈物; 密通. 〚(1823)□ F ~ 《原義》good fortune〛

bonne nuit /bɔ́(:)nnwí: | bɔ́n-; F. bɔnnyi/ *F. int.* おやすみなさい. 〚□ F ~ '(I wish you a) good night'〛

bon·ner /bá(:)nə | bɔ́nə^(r)/ *n.* 《英学生語》=bonfire. 〚(1898): ⇨ bon(fire), -er¹〛

bon·net /bá(:)nɪ̀t | bɔ́n-/ *n.* **1** 《英》(自動車の)ボンネット (《米》hood) (⇨ car 挿絵). **2 a** ボンネット《つばのあるものもないものもあり, 前額を出して後頭部へかぶり, ひもをあごの下で結ぶ婦人・子供用帽子》. **b** 《スコット》(男子用のウール地の縫い目のないふちなし帽子 (Scotch cap). **c** (羽で飾ったアメリカインディアンの)戦闘帽. **3 a** (取りはずしのできる各種機械部分の)覆い. **b** (通風をよくするための炉の上部に設けた)ひさし. **c** (煙突の)集風器, 煙突帽 (cowl). **d** (バルブ・消火栓・通風管などの)覆い[カバー]. **e** (機関車煙筒の)火の粉止め (spark arrester). **4** 《英俗》(ばくち・競売場などの)共謀者, ぐる, さくら, おとり (decoy). **5** 〖海事〗(より多く風をはらむように帆の下部に取り付けた)縦帆の付加部. **6** (セミクジラなどの)鼻先の突起部. ***have a bée in one's bónnet*** ⇨ bee¹ 成句. — *vt.* **1** 〈人〉に帽子[覆い]をかぶせる. **2** 〈人〉の帽子をつぶして目に押しかぶせる. — *vi.* 脱帽して敬意を表す. 〚(1375) *bonet* □ OF *bonet* hat, fabric for hats (F *bonnet*) (短縮) ← *chapel de bonet* hat made of 'bonet' < ML *bonetum* ← ? Gmc (Frank.) (cf. MHG *bonit* bonnet)〛

bónnet gòurd *n.* =dishcloth gourd.

bónnet·hèad *n.* 〖魚類〗ウチワシュモクザメ (*Sphyrna tiburo*)《暖海にすむシュモクザメの一種; bonnethead shark, bonnet shark, shovelhead (shark) ともいう》.

bonne·tière /bɔ(:)ntjέə | bɔntjέə^(r); F. bɔntjɛ:ʀ/ *n.* (*pl.* ~**s** /~z; F. ~/) ボンティエール《18 世紀フランスの Normandy および Brittany 地方特有の丈が高く狭い衣装だんす; ボンネットを入れるだけの奥行があった》. 〚□ F ~ 《原義》hosier〛

bónnet láird *n.* (スコットランドの)小地主《大地主の hat に対して bonnet をかぶる》. 〚1816〛

bónnet macàque *n.* 〖動物〗=bonnet monkey.

bónnet mònkey *n.* 〖動物〗ボンネットモンキー (*Macaca radiata*)《インド・セイロンなどに生息するマカック属の頭に房状の毛のあるサル》.

bónnet·mòuth *n.* 〖魚類〗ボンネットマウス (*Inermia vittata*)《西大西洋の熱帯域に生息するハチビキ科 (*Emmelichthyidae*) の小形のほっそりした魚; 口は伸出可能で, 長いとげ状の背びれをもつ》.

bon·net rouge /bɔ(:)néɪrú:ʒ | bɔ-; F. bɔnɛʀu:ʒ/ *n.* (*pl.* **bon·nets rouges** /~; F. ~/, ~**s**) **1** (フランス革命当時過激派のかぶった)赤い自由帽. **2** 《まれ》過激派共和党員, 革命党員; 過激主義者 (radical). 〚□ F ~ 《原義》red cap〛

bónnet shàrk *n.* 〖魚類〗=bonnethead.

bónnet tòp *n.* ボンネットトップ《17 世紀後期から 18 世紀初期の衣装だんすなどの中断アーチ状の頂上, 破風》.

Bón·ne·ville Sált Flàts /bá(:)nəvɪ̀l- | bɔ́n-/ *n.* ボンヌビル塩原《米国 Utah 州の Great Salt Lake 砂漠西部の地域》.

Bon·ney /bá(:)ni | bɔ́ni/, **William H.** *n.* ⇨ Billy the Kid.

bon·nie /bá(:)ni | bɔ́ni/ *adj.* (**bon·ni·er; -ni·est**) 《スコット・北英方言》=bonny.

Bon·nie /bá(:)ni | bɔ́ni/ *n.* ボニー《女性名; 異形 Bonny》. 〚← BONNY〛

Bónnie Prìnce Chárlie *n.* すてきなチャーリー殿下《英国の王位僭称者 Charles Edward Stuart の愛称》.

bon·ny /bá(:)ni | bɔ́ni/ *adj.* (**bon·ni·er; -ni·est**) **1** 《スコット・北英方言》 **a** 〈人が〉きれいな, (健康的ではつらつとしていて)魅力的な, 感じがいい: a ~ lass. **b** 〈場所が〉(静かで田園的で)気持ちがいい, 穏やかな. **2 a** 《英》健康な; ふくよかな, 太った. **b** 《古》愉快な, 陽気な. **c** 《廃》強大な. **3** [時に反語的に] 《英》すてきな, すばらしい. **bón·ni·ly** /-nɪ̀li | -nɪli/ *adv.* **bón·ni·ness** *n.* 〚(*a*1529) *boni* ← ? (O)F *bon* good: ⇨ -y²〛

Bon·ny /bá(:)ni | bɔ́ni/ *n.* ボニー《女性名》. 〚《変形》← BONNIE〛

Bon·ny /bá(:)ni | bɔ́ni/, **Bight of** *n.* ボニー湾《アフリカ西部, ギニア湾最深部の支湾; 旧名 Bight of Biafra》.

bon·ny·clab·ber /bá(:)niklæ̀bə | bɔ́niklæ̀bə^(r)/ *n.* **1** 《米北部・中部》凝固して酸っぱくなった牛乳. **2** =cottage cheese. 〚(1616)□ Ir. *bainne clabair* ← *bainne* milk + *clabair* thick sour milk (← *claba* thick)〛

bon·o·bo /bá(:)nəbòu | bɔ́nəbəu/ *n.* 〖動物〗ボノボ, ピグミーチンパンジー (*Pan paniscus*) (=pygmy chimpanzee)《Congo 川南部に生息; 人間に最も近い動物とされる》. 〚(1954)□ Afr. ~ 《現地語》〛

Bon·pa /bounpá:, -pɔ́: | bəun-/ *n.* ボン教の信者. 〚□ Tibetan ~: ⇨ Bon²〛

bon·sai /bɑ(:)nsáɪ, boun-, ∸– | bɔ́nsaɪ, báun-/ *n.* (*pl.* ~) 盆栽. 〚(1900)□ Jpn.〛

bon·sel·a /bɑ(:)nsélə | bɔn-/ *n.* (*also* **bon·sel·la, ban·sel·a** /~/) 《南ア》心づけ; ちょっとした贈り物; 景品, おまけ. 〚(1901)□ Zulu *bansela, umbanselo* a small gift〛

bonsoir /bɔ̃́:(n)swɑ́ə, bɔ́:n- | -swɑ́:^(r); F. bɔ̃swa:ʀ/ *F. int.* 今晩は; さよなら, おやすみなさい. 〚□ F ~ '(I wish you a) good evening'〛

bon·spiel /bá(:)nspì:l | bɔ́n-/ *n.* 《スコット》(通例クラブ間の)カーリング (curling) の試合[トーナメント]. 〚(*c*1565) ← ? LG: cf. Du. *bondspel*〛

bon·te·bok /bá(:)nṭɪ̀bɑ̀(:)k | bɔ́ntɪbʌ̀k/ *n.* (*also* **bon·te·buck** /-bʌ̀k/) (*pl.* ~, ~**s**) 〖動物〗ボンテボック (*Damaliscus dorcas dorcas*)《アフリカ南部産の大形レイヨウ; 体の色は赤栗色で顔と尻の部分が白い》. 〚(1776)□ S.Afr.Du. ~ 'pied buck'〛

Bon·temps /bɑ(:)ntá:m | bɔn-/, **Arna** (**Wendell**) *n.* ボンターム《1902–73; 米国の黒人作家; 黒人の生活や差別との闘いを描いた》.

bon ton /bɔ̃́:(n)tɔ̃́:(ŋ), bɔ́:ntɔ́:ŋ, bá(:)ntá(:)n | bɔ̃́:(n)-tɔ̃́:(ŋ), bɔ́:ntɔ́:ŋ; F. bɔ̃tɔ̃/ *n.* (*pl.* ~**s**) **1** 上品で洗練されていること, 優美; よいしつけ, 行儀のよさ. **2** 上流社会. 〚(1747)□ F ~ 《原義》good tone〛

bo·nus /bóunəs | báu-/ *n.* **1 a** ボーナス, 賞与; 慰労金. 日英比較 日本のボーナスのように夏・冬に定期的に全正社員に支払われるのとは違い, 臨時手当で, 勤務成績などで額も異なり, 全員に支払われるわけではない. また, 額も一般には日本よりずっと少ない. **b** (野球選手などの契約サインに対する)俸給割増金, 契約金: a ~ baby (大リーグで)契約金をもらって勧誘される新人選手, 期待のルーキー. **c** 《米》復員軍人支給金: a soldier's ~ 軍人恩給. **2** 特別サービス, おまけ; 予期しない贈物. **3 a** (株などの)特別配当金, 割増金. **b** 助成金, 奨励金, 報奨物資. **c** (貸付けなどに対する)謝礼金, 割戻し金. **d** 《英》〖保険〗利益配当金 (《米》dividend). **4** 〖証券〗 **a** 《米》ボーナス株 (bonus stock). **b** 《英》準備金の資本組入れによる株式の無償交付発行. **5** 〖トランプ〗(ブリッジで)ボーナス, 報償点《特定の手段または成果に対して与えられる余分の点; cf. premium 8》. **6** 《英俗》賄賂, 鼻薬. 〚(1773)□ L ~ 'good' < OL *dvenos* ← IE **dwenos* useful ← **deu-* to do〛

bónus dívidend *n.* 特別配当.

bónus gòods *n. pl.* 報奨物資.

bónus issue *n.* 《英》〖証券〗無償新株《持ち株数に比例して配分される; scrip issue ともいう》.

bónus plàn *n.* =bonus wage system.
bónus stòck *n.* 《米》【証券】ボーナス株《会社に助力した者に報酬として与えられる株式; また, 優先株や社債の購入者に与えられることもある》.
bónus wáge sỳstem *n.* 報奨賃金支払い制度《一定の標準量を超える仕事を達成した労働者に奨励的な特別賃金を支払う制度》.
bon vi·vant /bɑ́(ː)nviːvɑ́ːnt, bɔ̃ː(ŋ)viːvɑ̃ː(ŋ), bɔ́ːŋ-, -vɑ́(ː)ŋ | bɔ̃ː(ŋ)viːvɑ̃ː(ŋ), bɔ́ːŋviːvɑ́ːŋ; *F.* bɔ̃vivɑ̃/ *n.* (*pl.* **bons vi·vants** /〜/, 〜**s** /〜/) 美食家, 食通 (gourmet); ぜいたくに生活する人 (high liver). 〖(*a*1695) □ F 〜 (原義) good liver ← *bon* good＋*vivant* ((pres.p.) ← *vivre* to live)〗
bon vi·veur /bɑ́(ː)nviːvə́ː, bɔ̃ː(ŋ)-, bɔ́ːŋ- | bɔ̃ː(ŋ)viːvə́ː, bɔ́ːŋ-; *F.* bɔ̃vivœːʁ/ *n.* ぜいたくな暮らしをする人, 遊び人. 〖(1865) □ F 〜 'good liver'〗
bon vo·yage /bɑ́(ː)nvwaɪɑ́ːʒ, bɔ̃ː(ŋ)-, bɔ́ːŋ-, -vɔɪjɑ́ːʒ | bɔ̃ː(ŋ)vɔɪjɑ́ːʒ, bɔ̃ː(ŋ)-, -vwaɪɑ́ːʒ; *F.* bɔ̃vwajaːʒ/ *n.* つつがない[楽しい]旅: wish a person 〜. ― *int.* 道中ご無事に, ではごきげんよう《長途の旅の幸(さち)を祈る言葉[別れの挨拶]》. 〖(1494) *bon vyage* □ OF *bon veiage* (F *bon voyage*) 'good journey': cf. voyage〗
bon·xie /bɑ́(ː)ŋksi | bɔ́ŋk-/ *n.* 【鳥類】=skua.
bon·y /bóuni | bə́u-/ *adj.* (**bon·i·er**; **-i·est**) **1** 骨ばった; やせこけた (thin): a 〜 face. **2** 骨の多い: a 〜 piece of fish. **3 a** 骨の[から成る, で作られた]. **b** 骨質の; 骨のような, (骨のように)堅い: a 〜 growth 骨質の成長物. **4** 骨のがっちりした (big-boned): a 〜 horse, arm, etc. / a tall 〜 man 背が高く骨太の人. **5** 《米》〈石炭が〉粘板岩または泥板岩を多量に含む. **bón·i·ness** *n.* 〖(*a*1398): ⇨ bone¹, -y⁴〗
bóny·fìsh *n.* 【魚類】=teleost. 〖*c*1890〗
bóny lábyrinth *n.* 【解剖・動物】骨(性)迷路《内耳の骨性部分; 膜迷路 (membranous labyrinth) を含む》.
bóny·tàil *n.* 【魚類】米国 California, Nevada, Utah 3 州の川のみにすむ小魚 (*Gila elegans*).
bonze /bɑ́(ː)nz | bɔ́nz/ *n.* (特に中国・日本の)仏教の僧, 坊主 (Buddhist priest). 〖(1588) □ F 〜 // Port. *bonzo* □ ? Jpn. *bōzu* (坊主) □ OChin. *fan-sêng*〗
bon·zer /bɑ́(ː)nzə | bɔ́nzə^(r)/ *adj.* 《豪・NZ俗》りっぱな, すてきな, 一級の (excellent). ― *n.* すばらしいもの, とびきりのもの. 〖(1904) (変形) ? ← BONANZA〗
Bon·zo /bɑ́(ː)nzou | bɔ́nzəu/ *n.* ボンゾ《典型的な犬の名前とされる》. 〖1927〗
boo¹ /búː/ *int.* ぶー《不快・不満・軽蔑を表す》. ― *n.* (*pl.* 〜**s**) ぶーという発声: before you can say 〜 あっという間に / ⇨ *can't say boo to a* GOOSE. ― *vi.* 「ぶー」という. ― *vt.* 〈演説者・発表者などを〉「ぶー」といってあざける, けなす, やじる: 〜 a speaker *off* a platform 講演者をやじって演壇から退場させる. 〖(1801) (擬音語): 牛などの鳴き声から: cf. ME *boue(n)* (of a boar) to grunt〗
boo² /búː/ *n.* 《米俗》マリファナ (marijuana). 〖(1959) ← ?〗
boo·ay /búːaɪ/ *n.* 《NZ口語》へんぴな農村地帯. ***ùp the bóoay*** 全く迷って, 全然まちがって. (1959) 〖(1955) ← ? *Puhoi* (ニュージーランドの地名)〗
boob¹ /búːb/ *n.* 《俗》 **1** ばか, 間抜け (dunce); 野暮な人, 俗物 (boor). **2** 《英》誤り, へま, 大きなまちがい (blunder). ― *vi.* へま[大失敗]をする. ― *vt.* ばかにする; だます, かつぐ (dupe). 〖(1909) (略) ← BOOBY¹〗
boob² /búːb/ *n.* 《俗》=booby². 〖(略)〗
boo·bi·al·la /bùːbiǽlə, -ɑ́ːlə/ *n.* 《豪》【植物】 **1** = golden wattle. **2** ハマジンチョウ科ハマジンチョウ属 (*Myoporum*) の各種の高木[低木]; (特に) *M. insulare*. 〖(1832) □ Austral. *bubiala* (現地語)〗
bóo-bird /búː-/ *n.* 《米俗》やじを飛ばす観客.
bóob jòb *n.* 《俗》豊胸手術.
boo·boi·sie /bùːbwɑːzíː/ *n.* [the 〜; 集合的] 《米俗》間抜けぞろい, 馬鹿者族. 〖(1922) ← BOOB¹＋(BOURGE)OISIE〗
boo-boo /búːbùː/ *n.* (*pl.* 〜**s**) **1** 《俗》ばかげた誤り, とんでもない間違い (blunder): pull a 〜 へまをやらかす. **2** 《方言・幼児語》軽傷, かすり傷. 〖(1953) (加重) ← BOOB¹: cf. boohoo〗
bóo·book òwl /búːbʊk-, -buːk-/ *n.* 《豪》【鳥類】ニュージーランドアオバズク (*Ninox novaeseelandiae*)《ニュージーランドに生息するフクロウ科アオバズク属の鳥; 単に boobook ともいう》. 〖1801〗
bóob tràp *n.* 《米俗》ナイトクラブ.
bóob tùbe *n.* **1** [the 〜] 《米俗》テレビ (television). **2** ブーブチューブ《体にぴったりついて, 袖・肩ひものない女性用上衣》. 〖(1966) ← BOOB¹: テレビ好きは愚か者との考えから〗
boo·by¹ /búːbi/ *n.* **1** 間抜け, のろま, ばか (dunce), 無骨者. **2** びり[最下位]の競技者. **3** 【鳥類】 **a** カツオドリ《熱帯の海にすむカツオドリ属 (*Sula*) の鳥の総称》. **b** アメリカのカモ数種の総称; (特に)アカオタテガモ (ruddy duck). 〖(1599–1603) (変形) ← Sp. *bobo* fool < L *balbum* a stuttering〗
boob·y² /búbi, búːbi | búːbi/ *n.* 《俗》乳房, おっぱい (breast). 〖(1934) (変形) ← BUBBY²〗
bóo·by gànnet /búːbi-/ *n.* 【鳥類】=booby¹ 3 a.
bóo·by hàtch /búːbi-/ *n.* **1** 【海事】 **a** (木製の)えぼし形艙口覆い. **b** 上甲板から下甲板へ通じる小さな昇降口. **2** 《米俗》精神病院. **3** 《米俗》刑務所 (jail); 艦内営倉 (brig). 〖(1840) ← BOOBY¹ 3 a＋HATCH¹: 船上でカツオドリが好んで休息するところから〗
boo·by·ish /búːbiɪʃ/ *adj.* 少し間抜け[のろま]な. 〖(1778): ⇨ booby¹, -ish¹〗
bóo·by prìze /búːbi-/ *n.* **1** びり[最下位]賞, ブービー賞《競争でびりの者に冗談半分に与える》. 日英比較 日本でいうブービー賞は最下位から 2 番目. **2** 著しい欠点の自認. 〖1889〗
bóo·by-tràp /búːbi-/ *vt.* …に間抜け落とし[思いがけないわな, 仕掛け爆弾など]を仕掛ける. 〖1943〗
bóo·by tràp /búːbi-/ *n.* **1** 仕掛け爆弾[地雷], 偽装爆発物[爆弾]. **2** 間抜け落とし[だまし]《半開きのドアの上に物を載せておき, 開ける人の頭上に落ちる仕掛けや通路に物を置いてつまずかせるなどのいたずら》. 〖1850〗
boo·dle /búːdl̩/ 《米俗》 *n.* **1 a** にせ金; 賄賂 (bribe); 不正利得. **b** たくさんの物, (特に)大金. **c** 盗品; 分捕品 (booty). **2** [軽蔑的に] 全体, 一団, 一群 (lot): the whole (kit and) 〜 全部 (cf. caboodle). **3** 【トランプ】 =Michigan 2. ― *vi.* 贈賄する; 収賄する. 〖(1625) □ Du. *boedel* the whole of one's possessions < Gmc **bōðlam*: cf. caboodle〗
bóodle càrd *n.* 【トランプ】ブードル《Michigan などのゲームで, チップを賭けるために場に表向きに並べておく余分なカード》.
bóo·dler /-dl̩ə, -dlə | -dl̩ə^(r), -dlə^(r)/ *n.* 《米俗》収賄者. 〖(1872): ⇨ -er¹〗
bóof·hèad /búf-/ *n.* 《豪俗》 **1** 馬鹿, まぬけ. **2** 頭の大きい人[動物]. 〖(1941) ← ? BUFFLEHEAD〗
boo·ga·loo /bùːgəlúː/ 《米》 *n.* 【ダンス】ブーガルー《2 拍子のリズムにのって, 小刻みにすり足で左右に旋回したり肩や腰を回転させながら踊るダンス》. ― *vi.* ブーガルーを踊る. 〖← ?: cf. gallop, boogie-woogie〗
boog·er /búgə, búː- | búːgə^(r), búg-/ *n.* =boogeyman. 〖(1866) (変形) ← 《方言》 *boggart* specter, hobgoblin: cf. boggard〗
bóoger·màn /-mæ̀n, -mən/ *n.* (*pl.* **-men** /-mèn, -mən/) =boogeyman.
boo·gey·man /búgimæ̀n, búːg- | búːg-, búg-/ *n.* (*pl.* **-men** /-mèn, -mən/) 《方言》お化け, 怪物; こわいおじさん (bogeyman) 《子供をおどすときに用いる語》: Be good or the 〜 will get you. おとなしくしないとこわいおじさんに連れて行かれますよ. 〖(*c*1850) (変形) ← *bogyman*: ⇨ bogy¹〗
boog·ie /búgi, búː- | búːgi, búgi/ *n.* **1** 《米俗》[軽蔑的に] ニグロ, 黒人. **2** =boogie-woogie. **3** 《卑》梅毒. ― *vi.* **1** ブギに合わせて踊る; ディスコで踊る. **2** 《卑》性交する. 〖(1923) (変形) ← ? BOGY¹〗
bóogie bòard *n.* 小型のサーフボード.
boog·ie-woog·ie /búgiwúgi, búːgiwúːgi | búːgiwúːgi, búgiwúgi, ⌐ー⌐ー/ *n.* 【音楽】ブギウギ《ピアノによるブルース (blues) の演奏スタイルの一つ; 左手にベースリズム, 右手で旋律を繰り返し変奏する; 1930 年代に流行し, big band 用にも編曲された》. **2** 《俗》ディスコ音楽. 〖(1928) ← ? W-Afr.: 押韻加重形?〗
bóo gràss *n.* 《米俗》マリファナ, はっぱ (boo).
booh /búː/ *int., n.* =boo¹.
boo·hai /buːhάɪ/ *n.* =booay.
boo·hoo /bùːhúː/ *vi.* 泣きわめく(まねをする). ― *n.* (*pl.* 〜**s**) 大声で泣く(まねをする)こと. 〖(*c*1525) (擬音語): cf. boo¹〗
boo·jum /búːdʒəm/ *n.* ブージャム《Lewis Carroll の詩 *The Hunting of the Snark* (1876) に登場する架空の危険な生き物》. 〖(1876): Lewis Carroll の恣意的造語〗
book /bʊ́k/ *n.* **1 a** 本, 書物, 書籍, 図書, 単行本; 著書, 著作; 著述: a best-seller, the 〜 of the hour 今評判の本 / Please open your 〜**s** at [《米》to] page ten. / the *Book of Books*＝the Good *Book*＝God's 〜 聖書 (Bible). 日英比較 日本語の「本」は広い意味では雑誌を含むが, 英語では *book* と magazine (雑誌)とは明確に区別する. 日本語には「単行本」という表現があり, 雑誌その他と区別するために使われるが, その直訳に当たるような英語はなく, 英語では通例単に *book* でよい.「単行本」という日本語は *book* という英語の説明的訳語といってよい. **b** 《口語》雑誌 (magazine): Red *Book* レッドブック《米国の女性月刊誌》. **c** 教訓[知識]の源泉, 書, 本: the 〜 of nature 自然という書物 / ⇨ closed book, open book, sealed book. **2** (切符・小切手・マッチなどの)とじ込み帳: a 〜 of stamps＝a stamp 〜 切手の一つづり / a 〜 of tickets＝a ticket 〜 回数券 1 冊 / a 〜 of matches＝a match*book* 紙マッチ一つづり. **3 a** 帳面, 帳: ⇨ bankbook, notebook. **b** [*pl.*] 帳簿, 会計帳簿 (accounting books): examine the 〜**s** 帳簿を検査する / keep 〜**s** 帳簿をつける (cf. bookkeeping) / The 〜**s** show a slight loss [profit]. 帳簿面ではいくらかの損失[利益]になっている. **4** 巻, 編《1 冊で 1 巻の場合が多いが 1 冊がいくつかの books に分かれている場合もある》: *Book* I 第一巻[編] / *Paradise Lost* consists of twelve 〜**s**.「失楽園」は全巻 12 編から成っている. **5 a** [*pl.*] 名簿, 名列 (list): ⇨ *on the* BOOKS / take a person's name off the 〜**s** 人を除名する. **b** [the 〜] 《英口語》電話帳: His name is not in [on] *the* [our] 〜. 彼の名は電話帳に出ていない. **6 a** (歌劇の楽譜と区別して)歌詞, 台本 (libretto). **b** (芝居・映画などの)台本 (script): ⇨ BOOK of (the) words. **c** (楽団・演奏家の)レパートリー, 演奏曲目. **7** [the B-] 聖書 (the Bible): swear on *the Book* 聖書に手を置いて誓う. **8** [the 〜] 規範, 規則: by [according to] *the* 〜 規則通りに[に従って] (cf. 成句). **9** [the 〜] (被告人に対する)全罪状: ⇨ throw the BOOK (of rules) at …, get the BOOK. **10** (たばこの葉などの)一束. **11** 《俗》著作屋, 編集屋; 書籍製造人. **12** 【スポーツ】相手チームに関する資料[情報]. **13** 【競馬】 **a** (賭屋の)賭帳. **b** 《豪口語》賭屋 (bookmaker); 賭業 (bookmaking). **14** 【トランプ】 **a** (ホイスト・ブリッジで)獲得規定トリック (trick) 数《6 組; それを越えた分から得点の対象となる》. **b** (ブリッジで)ブック《あと 1 組取れば相手のコントラクト (contract) が破れるという状態》. **15** (生糸・タバコの葉などの)一山, 一束.
accórding to my bóok 私の考えでは (cf. *n.* 8). ***àt one's bóoks*** 勉強中で[している]. ***be with bóok*** 《英俗》著述中である. ***bring a person to bóok*** (1) 〈人を〉責める, …に弁明を求める; 罰する, …に報いを受けさせる. (2) 〈問題などを〉調査する. (1804) ***by*** [***accórding to***] (***the***) ***bóok*** 典拠があって[のままを]; 正式に (formally); 正確に; 切り口上で (cf. *n.* 8): speak [talk] *by the* 〜 典拠によって[正確に]物を言う. (1595–96) ***clóse the bóoks*** (1) (決算をするために)帳簿を締め切る. (2) 取引を中止する. (3) 〔募集などを〕締め切る, 終わらせる〔*on*〕. ***fit one's*** [***a person's***] ***bóok*** =suit *one's* [*a person's*] BOOK. ***gét*** [***dó***] ***the bóok*** 《米俗》最大限の罰を受ける (cf. 9). ***cóme to the bóok*** 《口語》陪審員を務める前に宣誓する. ***cóok the bóok*** 《口語》帳簿を改ざんする[ごまかす]. ***hít the*** [***one's***] ***bóoks*** 猛烈に勉強する. ***hóld bóok*** (芝居の)プロンプター (prompter) をする. ***in a person's bád*** [***bláck***] ***bóoks*** 人に嫌われて, 人の不興を買って (cf. black book 1). (1861) ***in a person's bóok*** 《口語》…の判断[意見]では. ★ in my book で用いることが多い. (1964) ***in bóok fòrm*** 本の形で, 出版されて. ***in a person's góod*** [***bád***] ***bóoks*** 人の気に入られて[に嫌われて]. (1839) ***in the bóok(s)*** 《口語》知られている, 記録されている, 存在する: know every trick *in the* 〜 ありとあらゆる策略を心得ている. ***kéep the bóoks*** 帳簿をつけている. ***kiss the bóok*** ⇨ kiss 成句. ***lìke a bóok*** (1) 正確に, 詳しく; 几帳面に, 注意深く (carefully): read *like a* 〜 正確に読む / speak [talk] *like a* 〜 詳しく[正確に]話す; 改まった口調[切り口上]で話す; 物知り顔に話す. (2) 十分に, すっかり, 徹底的に (thoroughly): read a peson *like a* [*an open*] 〜 人の性格[考え, 気持, 動機]などをすっかり読み取る. (3) ちゅうちょせずに, ためらわずに. ***màke*** [***kèep***] ***bóok***＝《米》***màke*** [***kèep***] (***a***) ***bóok*** (1) (競馬で)〈賭屋が〉賭金を集める, 賭元をする. (2) 〔…に〕賭ける〔*on*〕. (3) 《米》〔…を〕保証する〔*on*〕: You can *make* 〜 *on* it that …ということとは絶対間違いない. ***nót in the bóok*** 許可されていない, 禁じられた. ***óff the bóok*** 本を見ないで, そらで. ***óne for the bóoks*** [《米》***bóok***] 《口語》特筆すべき行為[出来事]; 注目に価する演技[演奏など]; 驚くべき[予期しない]こと. ***on the bóoks*** 記録[名簿]に載って, 会員名簿に載って, 会員で. ***ópen the bóoks for*** …の申込みを受け付ける. ***súit one's*** [***a person's***] ***bóok*** 《英》意にかなう, 希望に添う (book は賭帳の意). (1851) ***táke a léaf òut of a person's bóok*** ⇨ leaf 成句. ***thrów the bóok*** (***of rules***) ***at*** (1) 〈警察・判事などが〉〈被告人をあらゆる罪状のかどにより告発する (cf. 9). (2) 〈人を〉厳しく罰する; 〈人を〉(頭から)決めつける. (1932) ***withòut*** (***one's***) ***bóok*** 暗記で; 出典がなく, 典拠なしで: speak *without one's* 〜 暗記で[典拠なしで]物を言う. (*a*1569) ***wríte the bóok*** [通例過去形で] よく知っている〔*on*〕, 詳しい; 先駆者となる.
bóok of accóunt 【会計】勘定帳簿.
Bóok of Chánges =I Ching.
Bóok of Cómmon Órder [the 〜] 「共同礼拝規定書」: **a** John Knox によって 1556 年に作製され, 宗教改革から 1645 年までスコットランド教会で用いられた祈禱書. **b** 広くスコットランド教会の総会で認められた祈禱書.
Bóok of Cómmon Práyer [the ―] (英国国教会または同系統教会の)祈禱書《教会の儀式の文句や聖書からの抜粋を収めた書で, 1549年に Cranmer が出版, その後度々改訂された; 通例 the Prayer Book という》.
bóok of fáte [the ―] 「運命の書」《人の未来が記されているという; Philip. 4: 3》. (1549)
Bóok of Hóurs [the ―] 【カトリック】聖務日課(祈禱)書.
Bóok of Kélls [the ―] ケルズ写本《800 年ごろ作られたラテン語福音書などのアイルランド様式彩飾写本》.
bóok of lífe [the ―] 生命(いのち)の書(ふみ)《神に救われて天国にはいる人々の記録; *Rev.* 3: 5》: His name is written in *the* 〜 *of life*. 彼の名は生命の書に記されている《死んでから天国へ行く運命になっている》. (*a*1340)
Bóok of Mórmon [the ―] モルモン経(きょう)《アメリカ大陸の古代人が与えられた預言で, 金の板に記されたものを 4 世紀の預言者 Mormon が抄録した; Joseph Smith によって翻訳され, 1830 年に出版された; モルモン教で聖書に並ぶ経典とみなされる》.
Bóok of Ódes [the ―] 「詩経」《孔子が編んだと伝えられる古代中国民謡・古謡集; 「五経」の一つ》.
bóok of oríginal [**oríginating, príme**] **éntry** 【簿記】原始簿, 第一次記入簿.
bóok of réference =reference book 1.
Bóok of the Déad [the ―] 死者の書《古代エジプト人がパピルスに書いて, 死者に副葬した葬礼呪文文書》. 〖(1853) (なぞり) ← G *Totenbuch*〗
bóok of the [**a**] **fílm** [the 〜] 映画(の台本)を本にした書物; 映画の原作となった書物. (1929)
bóok of the mónth [the 〜] 月間最優秀書. (1933)
bóok of (**the**) **wórds** (1) (歌劇・芝居の)台本 (cf. *n.* 6 a, b). (2) 《口語》書かれた[印刷された]一連の規則. (1885)
― *adj.* [限定的] **1** 本[書籍]の[に関する]. **2** 本から得た, (特に)机上の: a 〜 knowledge of the moon 本から得た月の知識 / ⇨ book learning. **3** 形式張った, 堅苦しい. **4** 帳簿上の; 会計簿上の.
― *vt.* **1 a** 〈室・座席・切符などを〉取っておく, 予約する (reserve): 〜 a seat, ticket, etc. / 〜 a room *for* a person *at* the Savoy Hotel＝〜 a person a room at the Savoy Hotel サボイホテルに部屋を予約してやる / I have a table for two 〜*ed for* 8 o'clock in the name of Suzuki. 8 時に二人用の席を鈴木の名で予約している. **b** 〈座席などの予約者〉の名を記入する; …に切符[予約券]を発行する: You are 〜*ed for* the third of March [*on*

Flight 44, *to* sail on Tuesday]. ご予約は3月3日[44便, 火曜の出港]になっております. **c** [受身で]〈ホテル・劇場・汽船などが〉予約で満席になっている, 〈人が〉(約束に追われて)全然暇がない〈*up*〉: The performance *is* ~*ed up*. その公演は満員になりました / The flight *was* ~*ed* solid. その飛行機は予約で満席だった / Sorry, but we *are* fully ~*ed* [(*all*) ~*ed up*]. すみません, 前売券は全部売切れました[部屋は全部予約済みになっております(など)] / I *am* ~*ed up for* the whole week. 1週間全部ふさがっている. **2 a** 書物[名簿]に載せる, 記入する, 記帳する, 登録する (record): ~ a new order 新しい注文を記帳する. **b** 〈人を〉〔…のかどで〕警察の記録に記入する〔*for*〕: He was ~*ed for* illegal possession of firearms. 彼は銃砲不法所持のかどで警察の記録に載せられた. **c** 《英》〚スポーツ〛(サッカーなどで)〈審判が〉〈反則をした選手の〉名前[回数]を記録する: The referee ~*ed* him for fighting during play. プレー中の乱闘行為のため審判は彼の名前を記録した. **3 a** 〈乗車券・乗船券・航空券などを〉買う: ~ a ticket *through to* Rome ローマまでの通し切符を買う / ~ one's passage *to* London ロンドンまでの乗船[航空]券を買う. **b** [~*oneself* で] 乗車券などを買う: I ~*ed myself in at* Victoria Station *for* Paris. ビクトリア駅でパリまでの切符を買った. **4 a** 〈芸能人・劇団・楽団・講演者などの〉の公演[講演]を予定[契約]する: The company [actress] is ~*ed for* a month *at* the Old Vic. その劇団[女優]はオールドビック座で1か月公演することになっている. **b** 予定する (schedule): ~ a meeting / ~ a person *for* dinner 人を晩餐に(客として)予定する. **c** 〈荷物〉の運送を託す: The baggage is ~*ed for* New York. 手荷物はニューヨークまでの託送になっている. **5** (競馬で)胴元として〈賭金を〉受取る.

― *vi.* **1** 座席[部屋, 切符など]を予約する: ~ through a travel agent 旅行業者を通じて予約する / ~ in advance to avoid disappointment 謝絶されないように前もって予約する / Do we need to ~? 予約が必要ですか. **2** 《英》切符を買う: ~ *through to* Paris パリまでの通し切符を買う / ~ *for* an opera オペラの切符を申し込む.

book in (*vt.*) (1) 〈ホテルなどで〉〈到着客〉の名前を宿泊簿に記帳する. (2) 〈ホテルに〉…の予約をとる〔*at*〕: He was ~*ed in* for two days *at* the Savoy Hotel. サボイホテルに2泊の予定で彼の予約がとってあった. ― (*vi.*) (1) 《英》〈ホテルなどに着いて〉〈客が〉宿泊簿に記帳する (register). (2) (会社などで)出社して出勤簿に記名する. ***book into*** 〈ホテルの〉予約をとる. ***book off*** (会社などで)出勤簿に記名して退社する. ***book out*** 《英》(1) 〈ホテルなどから〉勘定を払って出る. (2) 〈本・物品などを〉署名して借り出す. (3) = BOOK *off*. ***book up*** 〈飛行機の座席やホテルの部屋を〉予約する.

~·ful /-fʊ̀l/ *n.* **~·less** *adj.* **~·like** *adj.*

〖OE bōc, (pl.) bēc book, documents < Gmc *bōks 《原義》beech staff on which runes are carved (G *Buch*), (pl.) *bōkiz ← IE* *bhāgo* 'BEECH': 複数形 *bēc* は **beech* (cf. beech) となるはずであるが, -(e)s 複数形との類推により ME *bokes* > *books* となった〗

book·a·ble /bʊ́kəbl̩/ *adj.* 《英》 **1** 予約できる: All seats ~. 全席予約制. **2** (サッカー・ラグビーなどの反則で審判が選手の)名前[回数]を記録するほど重大な. 〖(1903): ⇨ ↑, -able〗

bóok accòunt *n.* **1** 〚会計〛交互計算勘定《同一の取引先に対する債権・債務を相殺する勘定; open account, current account ともいう》. **2** 〚銀行〛当座勘定 (current account). 〖cf. *book accompt* (1672)〗

bóok àgent *n.* 《米》書籍外交員, 本屋のセールスマン. 〖1830〗

bóok·bìnder *n.* 製本屋, 製本師, 製本工. 〖1251〗

bóok·bìndery *n.* 製本所. 〖1815〗

bóok·bìnding *n.* 製本, (書籍)装丁; 製本術[業]. 〖1771〗

bóok bùrning *n.* 焚書(ふんしょ)《言論弾圧の手段として著作物などを焚(や)いたりすること》. 〖1892〗

bóok càrd *n.* 〚図書館〛ブックカード《図書館で館外貸出し資料に代わって保管しておく記録カード》.

bóok·case /bʊ́kkèɪs/ *n.* **1** 本箱, 書棚, 書架. **2** 本の外箱 (slipcase). 〖1726〗

bóok clòth *n.* 製本用クロス. 〖1891〗

bóok clùb *n.* **1 a** 読書会, 読書サークル; 書籍共同購読会. **b** 愛書家クラブ, 図書愛好会《《英》では book society ともいう》. **2** ブッククラブ《会員に一定期間ごとに, 選定した新刊図書を市価より安く配布する組織》. 〖1792〗

bóok còde *n.* 書籍暗号《一般の書籍を code book 代わりに用い, そのページ数と行数で対応する解読内容を示す方式の暗号》.

bóok concèrn *n.* 《米》図書関連企業[会社]《図書の印刷・出版関係の会社》. 〖1786〗

bóok còver *n.* (本の)表紙 (cf. jacket 4). 日英比較 日本語の「ブックカバー」は和製英語. ただし本が破損しないように付ける覆いを英語では *book cover* ということはあるが, 英米の書店ではサービスで本にカバーをかける習慣はない. ⇨ cover 日英比較 〖1845〗

bóok crèdit *n.* 〚会計〛帳簿上の貸勘定, 売掛金. 〖1844〗

bóok dèbt *n.* 〚会計〛帳簿上の借勘定, 買掛金. 〖1689〗

bóoked *adj.* **1** 記帳された, 記入された. **2 a** 契約された. **b** 《英》〈切符が〉予約された, 売られた. **3** 予定に組まれた: ~ trains 定時の列車 / He is ~ *for* the doctor. 医者に予約してある. 〖(c1390): ⇨ -ed〗

bóoked-úp *adj.* 《英》全部予約済みの, 前売り売切れの.

bóok·ènd *n.* [通例 *pl.*] ブックエンド, 本立て. 〖1907〗

book·er /bʊ́kə | -kə^(r)/ *n.* = booking agent. 〖(1864): ⇨ -er[1]〗

Bóok·er Príze /bʊ́kə- | -kə-/ *n.* [the ~] ブッカー賞《英連邦の作家の最も優れた英語の長編小説に毎年与えられる賞; 1969年設定》.

bóok·fàir *n.* 図書(見本)市. 〖1863〗

bóok fàrmer *n.* 農学書などの指示に従って農作する人. 〖1825〗

bóok fàrming *n.* 農学書などの指示に従った農作. 〖1823〗

bóok gìll /-gɪ̀l/ *n.* 〚動物〛書鰓(しょさい)《カブトガニなどの剣尾類の鰓(えら); 100-150枚の葉状突起が書物のページのように積み重なっている》. 〖1897〗

bóok hànd *n.* 写字生書体《印刷が一般化されなかったころ, 原稿を転写して公に保管しておくために用いられた書体》. 〖1885〗

bóok·hòlder *n.* **1** 本を支えるもの, 書見台 (bookrest). **2** 《英》(芝居の)プロンプター (prompter). 〖1585〗

bóok hùnter *n.* 本をあさる人, 猟書家. 〖cf. book hunt (1880)〗

book·ie /bʊ́ki/ *n.* 《口語》〚競馬〛= bookmaker 1. 〖(1885): ⇨ -ie〗

book·ing /bʊ́kɪŋ/ *n.* **1** 座席[部屋, 切符など]の予約 (reservation): a theater ~ 劇場の予約 / block [capacity] ~ 団体[貸切]予約 / *Booking* begins tomorrow. 予約受付は明日より. **2** (俳優の)出演契約: have ~*s for* several performances 幾つもの公演に出演契約をしている. **3** 帳簿記入, 記帳登録. **4** 〈サッカー・ラグビー選手の反則を〉審判が記録すること. 〖((1643)) (1868): ⇨ -ing[1]〗

bóoking àgent *n.* (ホテル・乗車券の)予約係, (劇場などの)予約席係; (出演者の)出演契約係.

bóoking clèrk *n.* 《英》**1** 切符発売係, 出札係. **2** (ホテルなどの)客室予約係. 〖1836-37〗

bóoking hàll *n.* 《英》(駅の)出札所のあるホール[部屋].

bóoking òffice *n.* 《英》**1** (駅の)出札所, 切符発売所. **2** プレイガイド. 〖1836-37〗

bóok ìnventory *n.* 〚商業〛帳簿棚卸し《帳簿記録によって確定された棚卸高》.

book·ish /bʊ́kɪʃ/ *adj.* **1** 本好きの, 書物[学問]に凝った: a ~ person 学究的な人. **2** (実生活から得た知識でなく)書物の上の, 実際的でない, 机上の: a ~ way of thinking (現実に即していない)机上の考え方. **3** 書物(上)の[に関する]; 読書の: ~ interests 読書趣味. **4** 書籍口調の, 文語的な, 堅苦しい (formal); 衒学(げんがく)的な, 学者臭い (pedantic): a ~ speech / ~ English 堅苦しい英語. **~·ly** *adv.* **~·ness** *n.* 〖(1567): ⇨ -ish[1]〗

bóok jàcket *n.* (本の)カバー, ジャケット (⇨ jacket 4 a). ⇨ cover 日英比較. 〖1928〗

bóok·kèeper *n.* 簿記係, 帳簿係: a ~'s desk 簿記机. 〖1555〗

bóok·kèeping *n.* 簿記 (cf. book 3 b): ~ by single entry = single-entry ~ 単式簿記 / ~ by double entry = double-entry ~ 複式簿記. 〖1689〗

bóok làbel *n.* (bookplate より小型で簡略な)蔵書票. 〖1880〗

bóok·lànd *n.* (英国の)勅許保有地《7-8世紀頃から現れた勅許 (charter) によって地代を納めて所有した土地; 相続が認められ, 封土の起源の一つになったが, ノルマン征服後消滅した; cf. folkland》. 〖OE *bōcland*〗

bóok-lèarn·ed /-lə̀ːnɪ̀d | -lə̀ːn-/ *adj.* (実際的経験からではなく)書物で学んだ. 〖c1450〗

bóok lèarning *n.* **1** 書物からの知識; (実際的経験に対する)机上の学問. **2** 正規の教育, 学校教育. 〖1589〗

book·let /bʊ́klɪ̀t/ *n.* **1** (通例紙表紙の)小冊子, パンフレット (pamphlet). **2** = stamp booklet. 〖(1859): ⇨ -let〗

bóoklet pàne *n.* 〚郵趣〛= pane[1] 5 b.

bóok·lìft *n.* 〚図書館〛ブックリフト《図書運搬用の小型エレベーター》.

bóok lìst *n.* 書籍一覧表《体系的なものの場合が多い》. 〖1937〗

bóok·lòre *n.* = book learning. 〖OE *bōclār*: ⇨ book, lore[1]〗

bóok·lòuse *n.* 〚昆虫〛コナムシ, コナチャタテムシ, カツブシチャタテ (*Liposcelis divinatorius*)《嚙虫目コナチャタテ科の昆虫; 古書・標本などに害を与える》. 〖1867〗

bóok·lòver *n.* 本好き, 愛書家 (bibliophile).

bóok lùng *n.* 〚動物〛書肺《クモ・サソリ類の呼吸器; 書物のページのような多数の葉片から成っている》. 〖1879〗

book·maker /bʊ́kmèɪkə | -kə^(r)/ *n.* **1** 〚競馬〛ブックメーカー, 私設馬券業者, 賭屋, 賭元, 胴元, 呑み屋 (cf. bookie, handbook 3 a). **2 a** (物としての)図書製作[製造]者, 本作り屋《印刷・製本業者など》. **b** 編集屋《もっぱら他人の著作から本を編集する人》. 〖a1425〗

bóok·màking *n.* **1** 〚競馬〛ブックメーキング, 私設馬券屋, 賭業. **2 a** (物としての)図書制作, 本作り(業). **b** (軽蔑的な意味の)本作り, 図書作り. 〖1487〗

bóok·man /-mən, -mæ̀n/ *n.* (*pl.* **-men** /-mən, -mɛ̀n/) **1** 読書人, 文人; 学者 (scholar). **2** 《口語》本屋, 出版社[業者]; 製本屋; 本のセールスマン. 〖1279〗

bóok·màrk *n.* (本の)しおり. 〖1838〗

bóok màrk *n.* 〚図書館〛図書記号 (book number). 〖1880〗

bóok·màrker *n.* = bookmark.

bóok·màtch *vt.* 〚木工〛〈合板〉の木目を対称にする, 木目が対称になるようにはぐ. 〖(1942) 木目の対称の様が本の見開きに似ていることから〗

bóok màtch *n.* マッチブック (matchbook) のマッチ, 二つ折り紙マッチ. 〖1939〗

bóok·màte *n.* 学友. 〖1594-5〗

bóok·mo·bìle /-moubìːl, -mə- | -mə(ʊ)-/ *n.* 《米》ブックモビル, 移動図書館, 自動車図書館. 〖(1926) ← BOOK + (AUTO)MOBILE〗

bóok mùslin *n.* **1** (製本用)モスリン. **2** (もと婦人服に用いた)薄地白モスリン. 〖1759〗

bóok nòtice *n.* (新聞・雑誌の)新刊書案内[批評].

bóok nùmber *n.* 図書記号, 図書番号《図書館で同一分類の本を書架に並べるためにつける固有の番号》.

bóok·òath *n.* 聖書にかけて誓った誓い. 〖1530〗

bóok pàge *n.* **1** 本のページ. **2** (新聞・雑誌などの)書評の載っているページ, 書評欄. 〖1930〗

bóok·plàte *n.* **1** 蔵書票《所有者の氏名・紋章・標語などを図案の中に配した小票で, 表(おもて)見返しの内側に張り付ける; ex libris ともいう; cf. book label》. **2** ブックプレート《蔵書票を印刷するための版面》. 〖1791〗

bóok pòst *n.* 《英》書籍郵便《特別料金で書籍を送る郵便制度; 今はこの名は廃止されたが, 制度そのものは printed paper post の中に存続している》. 〖1861〗

bóok·ràck *n.* **1** 書架, 本立て. **2** 書見台. 〖1885〗

bóok ràte *n.* 《米》書籍郵便料金.

bóok·rèst *n.* 書見台, 本台. 〖1866〗

bóok revìew *n.* **1** 書評. **2** (新聞・雑誌などの)書評欄; 書評誌. 〖1861〗

bóok revìewer *n.* 書評家. 〖1898〗

bóok revìewing *n.* 書評. 〖1873〗

bóok scòrpion *n.* 〚動物〛カニムシ類の総称《体長2-5 mmで大きなはさみをもつ; 落葉や石の下, 樹皮の下, 鳥の巣などにすみ小昆虫などを食べる; pseudoscorpion ともいう》.

book·seller /bʊ́ksèlə | -lə^(r)/ *n.* 書籍販売人, 本屋; 書籍店主: a ~'s 《英》本屋, 書店. 〖1527〗

bóok·sèlling *n.* 書籍販売, 書籍商[業]. 〖1530〗

book·shelf /bʊ́kʃɛ̀lf/ *n.* 本棚, 書棚. 〖1818〗

book·shop /bʊ́kʃɑ̀(ː)p | -ʃɔ̀p/ *n.* 《英》書店, 本屋 (《米》bookstore). 〖1862〗

bóok·sìgning *n.* 著者[作者]サイン会.

bóok·slìde *n.* 《英》(自在)書架.

bóok socìety *n.* 《英》= book club 1 b

bóok·stàck *n.* (図書館の)書架. 〖1900〗

bóok·stàll *n.* **1** (戸外の)本の屋台店, 書籍売店. **2** 《英》(駅などの)新聞雑誌類売店 (newsstand). 〖1800〗

bóok·stànd *n.* **1** = bookrack. **2** = bookstall 1.

book·store /bʊ́kstɔ̀ə | -stɔ̀ː^(r)/ *n.* 《米》書店, 本屋 (《英》book shop). 〖1763〗

bóok suppòrt *n.* = bookend.

book·sy /bʊ́ksi/ *adj.* 《口語》わざと知的ぶる, 教養あるように見せかける. 〖(1934) ← *books* (pl.) + -Y[4]〗

bóok·tèller *n.* (録音用に本を音読する)朗読者.

bóok tòken *n.* 《英》図書券. 〖1932〗

bóok tròugh *n.* V 型陳列台《V 型の書籍展示棚》. 〖1907〗

bóok trùck *n.* **1** ブックトラック《図書館内で書籍の移動に使う2段か3段の棚になっている小型運搬車》. **2** = bookmobile.

bóok vàlue *n.* 〚会計〛帳簿価格, 簿価 (略 b.v.) (cf. market price): **a** 企業の株式の金額をその企業の帳簿の金額から計算した価格. **b** 会社資産の帳簿上に記載された純額. **c** 株の価値[価格]. 〖1899〗

bóok wàgon *n.* = bookmobile.

bóok-wìng *n.* 《英》〚劇場〛舞台わきの袖(そで)《びょうぶのように折りたたみできる》.

bóok wòrd *n.* (発音などのよくわからない)書物から学んだ語. 〖1851〗

bóok·wòrk *n.* **1** (学校の教科として実験・実習に対して)書籍[教科書]による研究 (cf. practical work). **2 a** 学業 (schoolwork). **b** = paperwork. **3** 〚印刷〛(新聞・雑誌または端物印刷と区別して)書籍印刷 (cf. job work 2). 〖1848〗

bóok·wòrm *n.* **1** 〚昆虫〛シミ, 本虫《書物を食う昆虫; フルホンシバンムシ (*Gastrallus immarginatus*) など》. **2** 本好き, 愛書家, 読書狂, 勉強家, 「本の虫」. 〖1592〗

bóok wràpper *n.* = jacket 4 a.

bool /búːl/ 《スコット》*n.* **1** ボーリング用ボール; ビー玉. **2** ビー玉遊び. ― *vi.* ボーリングをする. 〖1826〗

Boole /búːl/, **George** *n.* ブール (1815-64; 英国の数学者・論理学者).

Bool·e·an /búːliən/ *adj.* ブールの数学[論理]体系に関する, ブール代数的な: a ~ expression 〚数学〛ブール式[表現] / a ~ function 〚数学〛ブール関数. 〖(1851) ← G. *Boole* (↑): ⇨ -an[1]〗

Bóolean álgebra *n.* 〚論理・数学〛ブール代数《集合算を抽象化して得られる代数系; コンピューターに用いられている》. 〖1889〗

Bóolean operátion *n.* 〚電算〛論理演算, ブール演算.

Bóolean óperator *n.* 〚電算〛論理演算子 (and, or, not).

Bóolean ríng *n.* 〚数学〛ブール環《どの要素 x も xx = x を満たす単位元をもつ環; cf. sigma-ring》. 〖1936〗

Bóole's inequálity *n.* 〚数学〛ブールの不等式《幾つかの事象の少なくとも一つが起こる確率は, 各事象が起こる確率の総和を超えないという定理》.

Bool·i·an /búːliən/ *adj.* = Boolean.

boom[1] /búːm/ *n.* **1 a** (商売などの)にわか景気, 好況, ブーム (cf. slump 1 b); (新興都市などの)急発展: a wartime ~ 戦時景気 / a building [land, tourist] ~ 建築[土地, 観光]ブーム / create a ~ ブームを起こす / ~ and [or] bust = boom-and-bust. 日英比較「一時的流行」の意味では *boom* よりも fad, vogue のほうが普通. **b** (価格の)急騰: a ~ *in* real estate = a real-estate ~ 不動産価格の急騰. **c** (候補者などの)大人気. **d** (新製品などの)盛んな広告[宣伝]. **e** (人口の)急増. **2 a** どーんと鳴

B

る音，とどろき《遠雷の音·砲声·波の音·太鼓の音など》: the ~ of the big drums, guns, waves, etc. **b** (サギ類の)鳴き声; (蜜蜂や甲虫の)ぶーんというなり (droning). **c** =sonic boom.
— *adj.* [限定的]《口語》急騰した, 急激に発展した, にわか景気のついた: ~ prices 急騰した物価 / ⇨ boom town.
— *vi.* **1 a** 〈商売が〉急に景気づく: Every market [Business] is ~*ing*. どの市場も大変な景気だ[商売繁盛だ]. **b** 〈都市が〉急に発展する. **c** 〈人·物が〉人気が湧く: His books are ~*ing* now. 彼の本が今ブームになっている / She is just ~*ing* as a singer. 歌手として目下売出し中だ. **2 a** 〈大砲·雷などが〉とどろく; 〈大砲·雷のような音を出す, どーんと鳴る. **b** 〈波が〉どどーっと響く. **c** 〈鳥などが〉ぶーんとうつろな声を発する[鳴く]. **d** 〈ハチ·甲虫などが〉ぶんぶんうなる. **3 a** ぶーんとうなりを立てて突進する. **b** 〈人が〉ぶらぶらさまよう. **4** 〈川が〉急に増水する. — *vt.* **1 a** 〈新製品などを〉(広告などで)景気づける, …の人気をあおる: ~ a new article. **b** 〈主義·主張などを〉はでに宣伝する; 〈候補者を〉かつぐ: He was ~*ed for* senator. 彼は上院議員にかつぎ上げられた. **2 a** ごーんと鳴って報じる 〈*out*〉: Big Ben ~*ed out* three. ビッグベンが鳴って3時を報じた. **b** 太く響く声で述べる, 朗々と唱える 〈*out, forth*〉: ~ *out* a poem 詩を朗誦する / "Get off my land," he ~*ed*.「おれの土地から出ていけ」と彼はどなった.
〖(*a*1376) *bombe(n)* to hum《擬音語》〗

boom² /búːm/ *n.* **1** 〖海事〗ブーム《帆のすそを張る円材; ⇨ yacht 挿絵》: ⇨ jibboom. **2** 〖航空〗**a** 張り出し支柱, ブーム《飛行機の水平尾翼を胴体に固定し支える; tail boom ともいう》. **b** (自由に伸縮する)空中給油用パイプ (cf. probe 7, drogue 4 b). **c** =chord² 2. **3 a** (板材の流出を防ぐための)流木止め; それで封じ込まれた材木. **b** (川の流れを遅くするためまたは流木を一定の方向に誘導するように設けられた)防材. **c** (船の航行を遮断するための川や港口に置く)防材. **d** (港口·河川の)防材区域. **4** 〖機械〗ブーム《デリックの主柱の根部から突出した棒》. **5** 〖ラジオ·テレビ·映画〗マイク[カメラ]ブーム《マイク·カメラの自在つり下げ装置; 通例車輪がついている》.
lówer the bóom 《米口語》(…を)非難する, 罰する, 厳しく取り締まる 〔*on*〕: They *lowered the* ~ *on* congressional junketing. 国会議員の公費旅行を厳しく非難した.
— *vt.* **1** 〖海事〗ブームで〈帆(のすそ)を〉張る 〈*off, out*〉. **2** 〈川などに〉流木止め[防材]を置く; 流木止めを置いて〈材木を〉封じ込める. **3** (デリックなどで)つり上げる, 運ぶ, 操縦する; 処理する. — *vi.* 全速力で航行する 〈*along*〉; 勢いよく動く.
〖n.: (*c*1645) □ Du. ~ 'tree, pole, BEAM'. — v.: (1627) □ Du. *bomen* ← (n.)〗

boom³ /búːm/ *n.* 《南ア俗》大麻 (cannabis). 〖(1946) □ Afr. ~ 'tree'〗

bóom-and-búst *n.* 《口語》(不景気の後の)にわか景気とこれに続く不景気(の一時期), 一時的活況《boom and bust, boom or bust ともいう》. 〖1943〗

bóom·bòx *n.* 《俗》大型ポータブルラジオ; ステレオラジカセ. 〖1981〗

bóom càrpet *n.* 〖航空〗ブームカーペット, 航空機騒音地帯《飛行機が超音速で飛ぶときの衝撃波の影響を受ける地域》.

bóom cìty *n.* =boom town.

boom·er /búːmə | -mə(r)/ *n.* **1** 《米口語》景気をあおる人. **2** 《米口語》**a** 新興の土地などに押しかける人. **b** 渡り労働者. **3** 大波. **4** 《豪》(成長した雄の)カンガルー (giant kangaroo). **5** 〖動物〗=mountain beaver. **6** 《豪俗》とてつもなく大きなもの, 並外れた[傑出した]もの. **7** ベビーブームに生まれた人[世代] (baby boomer). 〖(1830) ← BOOM¹〗

boo·mer·ang /búːməræ̀ŋ/ *n.* **1** ブーメラン《オーストラリア先住民の用いる飛び道具; 木片を少し曲げたものでこれを巧みに投げると曲線を描いて飛行した末に投げた人の所に戻って来る》. **2** 発言者にそのまま帰ってくる議論·悪口·攻撃など; やぶへび. **3** 〖cf. boom² (n.) 5〗〖劇場〗**a** (高さを自由に変えられる)舞台背景画を描く人のための移動台. **b** (高さが自由になる)舞台照明器具を支える移動台[腕木]. — *vi.* **1** ブーメランを投げる. **2** 投げた人の所へ戻る; 〈計画·策略などが〉(当人にとって)やぶへびになる, 身から出た錆になる 〈*off, on*〉〔*on, against*〕. 〖((*c*1790)) (1825) ← Austral. 《現地語》〗

Bóomer Stàte *n.* [the ~] 米国 Oklahoma 州の俗称.

bóom·ing *adj.* (~·er; ~·est) **1 a** どーん[ぶーん]と鳴る[響く]. **b** 〈声が〉朗々とした. **2** 大人気の, にわか景気の, 急発展の, 暴騰する: ~ prices 暴騰する物価 / ~ business にわか景気 / a ~ tourist resort ブームにわく観光地. 〖(1626): ⇨ boom¹, -ing²〗

boom·kin /búːmkɪn | -kɪn/ *n.* 〖海事〗=bumpkin².

boom·let /búːmlɪt/ *n.* (株式市場の)小活況. 〖(1880): ⇨ boom¹, -let〗

bóom-or-búst *n.* =boom-and-bust.

bóom shòt *n.* 〖映画·テレビ〗ブームショット《行動半径の大きいカメラブームを用いカメラを床全体に操作して写す場面》.

boom·slang /búːmslɑ̀ːŋ, -slæ̀ŋ/ *n.* (*pl.* **-slang·e** /~ə/, **~s**) 〖動物〗ブームスラン (*Dispholidus typus*)《アフリカ南部に生息する 2 m 位あるナミヘビ科の毒ヘビ; 樹上生》. 〖(1793) □ Afrik. ~ ← *boom* tree + *slang* snake: ⇨ boom³, sling¹〗

boom·ster /búːmstə | -tə(r)/ *n.* 《米口語》景気をあおる人 (boomer). 〖(1879) ← BOOM¹ + -STER〗

bóom tòwn *n.* (金(きん)や石油などの発見でにわかに発展した)新興都市. 〖1896〗

boom·y /búːmi/ *adj.* **1** 〈商売など〉にわか景気の. **2** 〖音響〗低音をきかせた. 〖(1888): ⇨ boom¹ (n.), -y¹ 4〗

boon¹ /búːn/ *n.* **1** 賜物, 恵み, 恩恵, 利益 (benefit): prove a great ~ *to* mankind 人類にとって大恩恵となる. **2** 《古》頼み, 願いごと (request): ask a ~ of a person 人に頼みごとをする. 〖lateOE *bone* □ ON *bōn* 《異形》← *bœn* < Gmc *boniz ← IE *bhā- to speak: cf. bene〗

boon² /búːn/ *adj.* **1** 人のいい, 愉快な. ★今は次の句で: a ~ companion 愉快な遊び[飲み]仲間. **2** 《古》〈自然など〉優しい (benign), 恵み深い (bounteous). 〖((*c*1380)) (*a*1612) *bon* □ OF < L *bonum* good〗

boon³ /búːn/ *n.* ブーン《繊維を採った後の大麻·亜麻の木質部》. 〖(*c*1384) *bune* < ? OE *bune* reed, drinking cup: cf. bun¹〗

boon·docks /búːndɑ(ː)ks | -dɔks/ *n. pl.* [通例 the ~]《米口語》**1** ジャングル, 森, 沼地. **2** 山の多い奥地 (backwoods); へんぴな田舎, 僻地: out in *the* ~ 片田舎で. 〖(*c*1909) □ Tagalog *bundók* mountain〗

boon·dog·gle /búːndɑ̀(ː)gḷ, -dɔ̀(ː)gḷ | -dɔ̀gḷ/ 《米》*n.* **1** (ボーイスカウトが首や帽子の回りに付ける)革の編みひも. **2** (帯·ナイフのさや·おのの柄などに革や木で作った)手細工品. **3** 《口語》役にも立たない[むだな]仕事, くだらないこと; 浪費. — *vi.* **1** 手細工品作りをする. **2** 《口語》くだらない仕事をする, むだなことに金と暇を費やす. **bóon·dòg·gler** /-glə, -glə | -glə(r), -glə(r)/ *n.* 〖(1929): 米国 New York 州の少年団長 Robert H. Link の造語〗

Boone /búːn/, **Daniel** *n.* ブーン (1734–1820; 米国の辺境開拓者; 特に Kentucky 開拓で知られる).

boong /búːŋ/ *n.* 《豪俗》[軽蔑的に] **1** オーストラリア[ニューギニア]の先住民 (Aborigine). **2** 有色人, 黒人. 〖(1929) ← Austral. 《現地語》〗

boon·ga·ry /búːŋgəri/ *n.* 〖動物〗カオグロキノボリカンガルー (*Dendrolagus lumholtzi*)《オーストラリア Queensland 州の森林にすむカンガルーの一種; cf. tree kangaroo》. 〖(1889) □ Austral. 《現地語》*bangaray*〗

boon·ies /búːniz/ *n. pl.* [the ~]《米口語》=boondocks 2. 〖(1956)《短縮》← BOONDOCKS: ⇨ -ie〗

boor /búə | búə(r), bɔ́ː(r)/ *n.* **1 a** 小百姓 (peasant). **b** (オランダ·ドイツ·ロシアなどの)小作農民 (peasant). **2 a** (粗野な)田舎者 (rustic). **b** 無教育で下品な男, やぼな男. **3** [B-] ボーア人 (Boer). 〖(1551) □ Du. *boer* peasant ∥ LG *Buur, Buer* peasant < (W Gmc) *ʒibūr: cf. OE *gebūr* peasant, dweller: cf. Boer, neighbor〗

boor·ish /bú(ə)rɪʃ | búər-, bɔ́ːr-/ *adj.* **1** 百姓らしい, 田舎者特有の: ~ coarseness, simplicity, etc. **2** 粗野な, 無作法な, がさつな, やぼな (rustic): ~ manners, taste, etc. **~·ly** *adv.* **~·ness** *n.* 〖(1562): ⇨ ↑, -ish¹〗

boose /búːs/ *n.* 《英方言》=stall 2 a. 〖(1440): cf. OE *bōsig* cow stall〗

boost /búːst/ *vt.* **1** 《口語》〈生産量などを〉増加する, 増強する; 〈値段などを〉つり上げる; 〈士気などを〉高める: ~ car production 車を増産する / ~ prices / ~ morale. **2** 《口語》宣伝する, 広告する; 〈候補者などを〉後押し[尻押し]する, 後援する: ~ the new fashions 新しい流行の宣伝をする / ~ a person *for* the presidency 人を大統領候補にかつぎあげる / ~ a person *into* a good position 人を推奨していい地位に就かせる. **3** 《口語》後ろ[下]から上へ押す, 〈木登りする人などを〉押し上げる (⇨ lift¹ SYN): ~ a person *over* a fence 人を押し上げて塀を越させる. **4** 《俗》盗む, (特に)万引きする (shoplift). **5 a** 〖電気〗〈回路·電池などの〉電圧を高める, 昇圧する. **b** 〖電子工学〗増幅する (amplify). **c** 〈流体〉の圧力を高める. **d** (内燃機関に)加圧する. — *n.* 《口語》**1** (生産量などの)増加, 増強; (値段の)つり上げ: give a ~ to production [morale] 生産量[士気]を高める / a fare ~ (電車·バスなどの)料金値上げ / a pay ~ =a ~ *in* pay 給料のアップ. **2** 押し上げ, 後押し, 尻押し. **3 a** 宣伝, 広告; 尻押し, 後援: give a person a ~ 人を尻押し[後援]する. **b** 助け[元気づけ]になるもの[行為]. **4** (内燃機関の)加圧. 〖(1815)《混成》? ← BOOM¹ + HOIST¹〗

boost·er /búːstə | -tə(r)/ *n.* **1 a** 景気づけるもの; 〈自信·士気などを〉高めるもの. **b** 《口語》尻押しする人; 後援者. **2** 〖宇宙〗ブースター《補助推進ロケット》. **3** 〖医学〗**a** (薬の)効能促進剤, ブースター; (特に, 免疫剤の)二度目の予防注射, 補助注射, ブースター注射, 追加抗原刺激. **b** 共力薬 (synergist). **4** 〖電気〗昇圧機, ブースター. **5** 〖電子工学〗増幅器, ブースター. **6** 〖鉄道〗補助機関車. **7** 〖機械〗(真空[輸送]パイプなどに挿入される)補助ポンプ. **8** 〖軍事〗(火薬の爆発を確実にするための, 高性能の)補助装薬. **9** =supercharger. **10** 《俗》泥棒 (thief), (特に)万引き (shoplifter). 〖(1890): ⇨ ↑, -er¹〗

bóoster càbles *n. pl.* =jumper cables.

bóoster dòse [injèction] *n.* 〖医学〗=booster 3 a.

bóost·er·ìsm /-tərìzm/ *n.* 《米》都市[観光地]振興主義, 推賞宣伝. 〖(*c*1913): ⇨ -ism〗

bóoster lìne *n.* 消火用補助ホース.

bóoster ròcket *n.* 〖宇宙〗ブースターロケット《飛行体を加速して離昇を助けるロケットで, その推力がなくなったときに切り離されることが多い》.

bóoster sèat [《米》chàir, 《英》cùshion] *n.* 補助座席《子供用に高くするため椅子の上に載せる》.

bóoster shòt *n.* 〖医学〗=booster 3 a.

bóoster stàtion *n.* 〖放送〗(親局の送信波を増幅し再送信する)ブースター局. 〖1959〗

bóost·ing chàrge *n.* 〖電気〗(蓄電池の)急速充電.

boot¹ /búːt/ *n.* **1** [通例 *pl.*] **a** (足首から腰までのいろいろの長さの革またはゴム製の)長靴, ブーツ; ゴム長(靴): a pair of ~*s* / elastic-sided ~*s* 深ゴム靴 / high ~*s* 長靴; ゴムの長靴 / jack [Wellington] ~*s* 大長靴 / ⇨ hip boot, riding boot / pull on [off] one's ~*s* 靴をはく[脱ぐ] / stand … feet in one's ~*s* 靴をはいたままで身長…フィートある. **b** 《英》(足首の上までくる)深靴; ゴムのオーバーシューズ. **c** [~s] ⇨ boots. **2 a** 《英》(自動車後部の)荷物入れ, トランク (《米》trunk) (⇨ car 挿絵). **b** (コンバーティブル型の自動車の)折り畳み屋根が収まる部分; そのカバー. **c** (昔の乗合馬車の)荷物入れ《元来は御者台》. **3 a** 〈脚·脚様の物を包み保護する〉覆い. **b** (馬の脚·ひづめを覆う)馬靴. **c** (鶏などの)脛(すね)と足指に生えた羽毛. **d** (リードオルガンの)舌 (reed) がはいっている箱. **e** 自動車タイヤの厚い保護内張り. **f** (乗物の)運転手防護カバー. **4** 靴形刑具《昔スコットランドなどで用いた鉄靴; これを罪人にはかせて足と脚がつぶれるまで締めつけた拷問器具》. **5** 長靴形の(革製の)ジョッキ. **6 a** (靴をはいた足で)けること, けり (kick): get a ~ けとばされる / give a person a ~ (up the backside) 人(のお尻)をけとばす. **b** [the ~]《俗》解雇 (dismissal): get *the* ~ 首になる / give a person *the* ~ 人を首にする. **c** 《口語》喜び, (特に, 一時の)楽しみ, 大変なおもしろさ (thrill): get a ~ out of a party パーティーで大いに楽しむ. **7 a** 《米俗》(海軍·海兵隊·沿岸警備隊の)新兵, 初年兵. **b** 新兵訓練課程: ⇨ boot camp. **8** 〖航空〗(航空機の主翼または尾翼の表面の除氷のためにつける)ゴム気嚢[管] (cf. deicer). **9** 《米口語》〖野球〗ファンブル (fumble). **10** 《英》〖劇場〗せり上げ (slote). **11** 〖電算〗(コンピューターの)起動, 立ち上げ, ブート《bootstrap 2 に由来する表現》. **12** 《英俗》見苦しいやつ: an old ~. **13** (警察が駐車違反車の車輪に取り付ける)車輪固定具, 足かせ (clamp, Denver boot).
(as) tóugh as óld bóots 《英口語》(1) 〈肉などが〉とても固い. (2) 〈人が〉我慢強い; 頑健な: She may look delicate, but she's *(as) tough as old* ~*s*. 彼女はか弱そうに見えるかもしれないがとても丈夫だ. (1870) ***bét one's bóots*** ⇨ bet¹ 成句. ***bóots and áll*** 《豪口語》一意専心に, 懸命に. (1947) ***díe with one's bóots òn*** ⇨ die¹ 成句. ***hàve one's héart in one's bóots*** ⇨ heart 成句. ***lìck a pèrson's bóots*** ⇨ lick 成句. ***lìke óld bóots*** 《俗》ひどく, 激しく, 全く. (1865) ***pút the bóot in*** = ***pút [sínk] ín the bóot*** 《英俗》(1) (負けて)倒れているのをひどくける. (2) (困っている相手を)さらに痛めつける. (3) 苛酷な処置をとる. (1916) ***quáke [sháke] in one's bóots*** ひどくこわがる, びくびくする. ***the bóot on the óther fóot*** はき違え; おかど違い, 見当違い: *The* ~ is *on the other foot* now. 今では全く見当違いだ, 事実はまるで反対だ. 立場が逆になった, 責任は向こうにある. (1854) ***tòo bíg for one's bóots*** ⇨ big¹ 成句. ***wípe one's bóots on*** …にこの上ない侮辱を加える.
bóot(s) and sáddle(s) (騎兵の乗馬訓練[整列]の)召集らっぱ. 〖《変形》? ← F *boute-selle!* 《原義》but saddle!〗
— *vt.* **1** 〖電算〗〈コンピューターを〉起動する, 立ち上げる (bootstrap). **2 a** (靴ばきのままで)ける, けとばす (kick): ~ a person *out* 人を戸外へけとばす. **b** 《俗》追い出す, 放逐する; 解雇する (dismiss) 〈*out*〉: be ~*ed out* (*of* office [school]) (職[学校]から)追い出される. **3 a** …に靴[ブーツ]をはかせる (cf. booted 1). **b** [~ it として] 歩く. **4** 靴(形刑具)で拷問する. **5** 《米口語》〖野球〗〈ゴロを〉つかみ損なう, ファンブルする, 失策する: ~ a ball. **6** 〖アメフト〗(強く)キックする (kick). **7** 《俗》(出走馬に)騎乗する.
— *vi.* **1** 〖電算〗〈コンピューターが〉起動する, 立ち上がる. **2** 靴[ブーツ]をはく.
〖(*c*1300) *bote* □ ON *bōti* ∥ OF (F *botte*) ← ? Gmc〗

boot² /búːt/ *n.* **1** 救助, 救済; 救済してくれる人[もの]. **2** 《方言》おまけ. **3** 《廃》利益 (advantage) (cf. bootless): It is no ~. 何の役にも立たない. ***to bóot*** その上に, おまけに (besides, in addition).
— *vi.* 《古》[it を主語として] 利する, 役立つ: *It* ~*s* not to complain. 不平を言ってもしようがない. — *vt.* 《廃》役立つ: What ~*s it* to cry? 泣き叫んで何になるか. 〖OE *bōt* remedy < Gmc *bōtō (G *Busse*) ← IE *bhad- good: cf. better¹, best〗

boot³ /búːt/ *n.* 《古》戦利品, 分捕品, 略奪物 (booty). 〖(1590–91) BOOTY¹ との連想による BOOT² の特別用法〗

Boot /búːt/, **Jesse** *n.* ブート (1850–1931; 英国の薬学者·実業家).

bóot·blàck *n.* =shoeblack. 〖1817〗

bóot·bòy *n.* 《英》靴磨きの少年. 〖1860〗

bóot càmp *n.* 《米口語》(海軍·海兵隊·沿岸警備隊の)新兵訓練所[キャンプ] (cf. boot¹ *n.* 7). 〖*c*1942〗

bóot·ed /-tɪd | -tɪd/ *adj.* **1** 靴をはいた. **2** 〖鳥類〗(脛骨に)羽毛の生えた. ***bóoted and spúrred*** (1) 長靴をはき拍車を付けて《乗馬の用意を整えて》. (2) (旅行などのために)きちんと(身)支度をして. 〖(1552): ⇨ boot¹, -ed 2〗

boo·tee, boo·tie /buːtíː, búːti | búːtiː, ―⌒/ *n.* [通例 *pl.*] **1** ブーティー《婦人·子供用の, 特にくるぶしまでの, 短いブーツ》. **2** ブーティー, 毛糸靴《毛糸編みの幼児靴》. 〖(1799): ⇨ boot¹, -ee²〗

bóot·er /-tə | -tə(r)/ *n.* 靴でける人; (特に)サッカー選手.

boot·er·y /búːtəri | -təri/ *n.* 《米》靴屋, 靴店. 〖(1920): ⇨ boot¹, -ery〗

Bo·ö·tes /bouóutiːz | bəuə́u-/ *n.* 〖天文〗うしかい(牛飼い)座《一等星 Arcturus を含む北天の星座; the Herdsman ともいう》. 〖(1656) □ L *Boōtēs* □ Gk *boṓtēs* ox-driver ← *boûs* ox〗

bóot-fàced *adj.* 《口語》厳しい表情の (grim-faced), 悲しい顔つきをした (sad-faced); 無表情な. 〖(1958) ← ? *have a sea boot face* 《俗》look gloomy (1925)〗

booth /búːθ | búːð, búːθ/ *n.* (*pl.* **~s** /búːðz, búːθs/) **1 a** 仕切り席; (レストラン·喫茶店などの)ボックス(席). **b** 電話ボックス (telephone booth). **c** (語学練習室の)ブー

ス. **d** 投票用紙記入所 (polling booth). **2** (市場・祭礼などの)売店, 露天, 屋台店, ブース; 模擬店. **3 a** 仮小屋, 小屋掛け, 差掛け小屋. **b** (選挙のときの)仮設投票所. **4** (周囲から仕事のじゃまをされないように)囲いをした場所; (特に)放送室, 撮影室, 映写室(など). 〖(?c1200) *bōth* □ ON **bōð* ← *būa* to dwell (cf. bower[1]): cog. G *Bude*〗

Booth /búːθ | búːð, búːθ/, **Bal·ling·ton** /bǽlɪŋtən/ *n.* ブース (1859–1940; William Booth の子; 父と意見が合わず VOLUNTEERS of America を創始 (1896)).

Booth, Edwin Thomas *n.* ブース (1833–93; 英国人の俳優 Junius Brutus Booth (1796–1852) を父とする米国の俳優, J. W. Booth の兄).

Booth, Evangeline Cory *n.* ブース (1865–1950; William Booth の娘, 救世軍大将).

Booth, John Wilkes *n.* ブース (1838–65; 米国の俳優, E. T. Booth の弟で Abraham Lincoln の暗殺者).

Booth, Junius Brutus *n.* ブース (1796–1852; 英国生まれの米国の俳優).

Booth, William *n.* ブース (1829–1912; 英国の宣教師, 救世軍 (Salvation Army) 大将で, その創設者 (1865); 通称 General Booth).

Booth, William Bram·well /brǽmwɛl, -wəl/ *n.* ブース (1856–1929; 救世軍大将, William Booth の長男で, その後継者).

Boo·thi·a /buːθíə/, **the Gulf of** *n.* ブーシア湾 (カナダ北部, Boothia 半島と Baffin 島との間の湾).

Bóothia Península *n.* [the ~] ブーシア半島 (カナダ北部の北極圏内の半島; 北米大陸の最北端で, もと北磁極の所在地; 単に Boothia ともいう). 〖← *Sir Felix Booth* (1831 年の北磁極発見隊の後援者): ⇨ -ia[1]〗

bóot hìll *n.* (米西部) ブーツヒル (銃の撃ち合いで殺された者たちが埋葬される墓地). 〖(1901): ブーツを着けたまま死んだ者が多いと考えられたため〗

bóot hòok *n.* ブーツフック (柄をつけた L 字型のかぎ; これを乗馬用長靴のつまみ革に通して引っぱってはく). 〖1808〗

bóot-hòse *n.* ひざ上までの長靴のように足を覆う靴下. 〖1588〗

bootie *n.* =bootee.

bóot·jàck *n.* **1** (長靴用)靴脱ぎ器 (靴のかかとがはまる V 字形の切り込みがある). **2** (家具などにつけた V 字形の)靴脱ぎ用切り込み[刻み目]. 〖*a*1841〗

bóot·làce *n.* 長靴用靴ひも; (英) 靴ひも (shoelace). ***by one's bóotlaces*** 独力で, 自前で. 〖*c*1887〗

bóotlace fùngus *n.* 〖植物〗 =honey mushroom.

bóotlace tìe *n.* (英) ブーツレースタイ (1950 年代に流行した細いネクタイ).

bóotlace wòrm *n.* 〖動物〗 ヨーロッパ沿岸産のひも形動物門の黒褐色のヒモムシの一種 (*Lineus longissimus*) (体長が 13 m 以上にもなる).

bóot làst *n.* ブーツ用靴型. 〖1611〗

Boo·tle /búːtḷ | -tḷ/ *n.* ブートル (イングランド北西部 Liverpool 北郊の Mersey 河口に臨む港町). 〖OE *Boltelai* ← *bōtl* dwelling〗

boot·leg /búːtlɛ̀g/ *adj.* [限定的] **1** (俗) **a** 密造された, 密売される, 密輸入された; 密造[密売, 密輸入]の. **b** 不法の, 無許可の; 秘密の (clandestine). **2** 〖アメフト〗 ブートレッグプレー (bootleg play) の. — *v.* (**boot-legged; -leg·ging**) — *vt.* (俗) **1** 〈酒を〉密売[密造, 密輸]する. **2** 不法に製造[売買]する. — *vi.* **1** (俗) 酒類などを密売[密造]する. **2** 〖アメフト〗 ブートレッグプレーをする. — *n.* **1** (長靴の)すねの部分. **2** (俗) **a** (禁酒時代の)密造酒, 密売酒, 密輸入酒. **b** 禁制品 (illicit goods). **c** (レコード・CD などの)海賊盤. **3** 〖アメフト〗 =bootleg play. 〖(1634): n. 1 が原義: 他は密造酒を bootleg に隠したことから〗

bóot·lèg·ger *n.* (俗) (禁酒法時代の)酒類秘密取引者; 酒類密売[密輸, 密造]者. 〖1889〗

bóot·lèg·ging *n.* (俗) 酒類密売[密輸, 密造]. 〖1903〗

bóotleg plày *n.* 〖アメフト〗 ブートレッグプレー (quarterback が味方にボールを渡すふりをしてそのままボールを背後に隠し持って走るプレー).

bóot·less *adj.* (文語) 無益な, むだな: a ~ effort むだ骨. **~·ly** *adv.* **~·ness** *n.* 〖OE *bōtlēas*: ⇨ boot[2], -less〗

bóot·lìck *vt., vi.* へつらう, おもねる (toady). — *n.* (米口語) =bootlicker. 〖(1845) ← *lick a person's boots* (⇨ lick (v.) 成句)〗

bóot·lìcker *n.* おべっか使い, 追従(ついしょう)者 (⇨ parasite SYN). 〖1846–47〗

bóot·lìcking *n.* (口語) ごますり, おべっかを使うこと. — *adj.* ごますりの.

bóot·màker *n.* 靴屋, 靴製造職人. 〖1630〗

boots /búːts/ *n. pl.* [単数扱い] (英) (旅館の)靴磨き (客の靴を磨いたりその他雑用をする使用人). 〖(*a*1798) (pl.) ← BOOT[1]〗

bóot sàle *n.* (英) 不要品持ち寄りセール; がらくた市 (参加者が販売する品を車のトランクに積んで持ち寄る; car-boot sale ともいう).

bóot-scòot·ing *n.* =line dancing.

bóot·stràp *n.* **1** (編上げ靴の)つまみ革. **2** 〖電算〗 ブートストラップ (コンピューターにまず簡単な命令群が与えられ, それが逐次プログラムなどを読み込んでいく方式; また, 起動時に最初に主記憶装置に読み込まれ, OS などを読み込む役割を果たす小さなプログラムを指す). **3** 〖電子工学〗 ブートストラップ回路 (直線掃引用定電流充電回路). ***púll*** [***líft, ráise***] ***onesèlf*** (***úp***) ***by one's*** (***ówn***) ***bóot-straps*** (口語) (困難な情況の中を)自力で進む[向上する]. (1936) — *adj.* [限定的] **1** 独立独行の, 独力の. **2** 〖電算〗 ブートストラップ方式の (cf. *n.* 2): a ~ operation. — *vt.* **1** [~ *oneself* で] 自分の努力で(…に)達する 〔*into*〕; 独力で(…から)脱する 〔*out of*〕. **2** 〖電算〗 **a** 〈プログラムを〉ブートストラップで入れる. **b** =boot[1] 1. 〖(1891) ← BOOT[1]+STRAP (n.)〗

bóot tàg *n.* (英) (編上げ靴の)つまみ革 (bootstrap).

bóot tòp *n.* **1 a** 長靴の上部[上端]. **b** (もと, 長靴の上部につけた)レースのひだ飾り (ruffle). **2** 〖海事〗 =boot topping 2. 〖1768〗

bóot tòpping *n.* 〖海事〗 **1** 水線部 (満載喫水線と軽荷喫水線との間の船体外面). **2** 水線塗料 (船体の腐食や貝殻・海草などの付着を防ぐために水線部に塗る塗料; boot top ともいう). 〖1767〗

bóot tràining *n.* (口語) (海軍・海兵隊などの)新兵訓練(期間).

bóot trèe *n.* **1** 靴保存型, 靴型 (靴の型がくずれないように靴の中へ入れる). **2** =bootjack 1. 〖1766〗

boo·ty[1] /búːṭi | -ti/ *n.* **1 a** 略奪品, 強奪品 (⇨ spoil SYN); 獲物. **b** (国際法で, 陸上の)分捕品, 戦利品 (plunder) (cf. prize[4]). **2** (事業などの)利得, もうけ (profit), 賞金. ***pláy bóoty*** 仲間とぐるになって悪事を働く. 〖(1474) *bottyne* □ (O)F *butin* // MLG *būte* exchange, distribution ← ?: 今の形は BOOT[2] の影響〗

boot·y[2] /búːṭi | -ti/ *n.* (米口語) (人の)尻. 〖← BOOT[1]+-Y[2]〗

boo-word /búːwə̀ːd | -wə̀ːd/ *n.* (理不尽なほど)恐怖心をあおる言葉.

booze /búːz/ (口語) *vi.* 大酒を飲む. — *n.* **1** 酒宴, 飲み騒ぎ: have a ~ 酒盛りをする. **2** 酒, (特に)強い酒: a bottle of ~ / go on [hit] the ~ 酒を飲む / on the ~ (よく)大酒を飲んで. 〖(?*a*1325) *bouse(n)* □ MDu. *būsen* to drink (to excess)〗

boozed *adj.* (口語) 酔っぱらって 〈*up*〉. 〖(1850): ⇨ ↑, -ed 2〗

bóoze·hòund *n.* (米口語) 大酒飲み, のんべえ.

bóoze kìng *n.* (豪口語) 大酒飲み.

bóoz·er *n.* **1** (口語) 大酒飲み. **2** (英俗) 飲み屋, パブ (pub). 〖(*a*1819): ⇨ -er[1]〗

booz·er·oo /bùːzərúː/ *n.* (NZ) 飲めや歌えの乱痴気騒ぎ. 〖(1943) ← BOOZE+-EROO〗

bóoze-ùp *n.* (英俗) どんちゃん騒ぎ, 酒盛り.

booz·i·ness /búːzinɪ̀s/ *n.* (口語) 酒びたり.

booz·y /búːzi/ *adj.* (**booz·i·er, -i·est; more ~, most ~**) (口語) **1** 大酒飲みの. **2** 酔っ払った. **bóoz·i·ly** /-zɪ̀li/ *adv.* 〖(*a*1529): ⇨ booze, -y[4]〗

bop[1] /bɑ́(ː)p | bɔ́p/ *n.* 〖音楽〗 **1** バップ (1940 年代に New York 市で発達したジャズの革新的スタイル; bebop ともいう). **2** (口語) (ポピュラー音楽で踊る自由な)ダンス (特にディスコなどでの). — *vi.* (**bopped, bop·ping**) **1** (口語) (ディスコなどで自由に)踊る. **2** (俗) さっさと立ち去る 〈*off*〉. 〖(1947) (略) ← BEBOP〗

bop[2] /bɑ́(ː)p | bɔ́p/ *v.* (**bopped; bop·ping**) (俗) — *vt.* (こぶしや棍棒で)打つ, たたく, なぐる (strike). — *vi.* (米) 戦う, 打ち合う (fight). — *n.* こぶし[棍棒]で打つこと, 殴打 (blow). 〖(1887) (変形) ← BOB[5]〗

BOP (略) 〖化学〗 basic oxygen process.

BOPD (略) barrels of oil per day.

bo·peep /bòupíːp | bə̀u-/ *n.* **1** (英) 「いないいないばあ」 (peekaboo) (隠れていて Bo! と言って急に顔を出し幼児をあやす): play ~ 「いないいないばー」をする; 〈政治家などが〉変幻自在の行動をする, 正体をつかませない. **2** (豪口語) 見る[のぞく]こと: have a ~ ちょっと見る. 〖(1528) ← BO[1]+PEEP[1]〗

Bo·phu·tha·tswa·na /bòupuːṭətswɑ́ːnə | bə̀pu-tə-/ *n.* ボプタツワナ (南アフリカ共和国北部の一群の飛び地からなっていた Bantustan; 主都 Mmabatho; 1977 年南ア政府が独立を承認したが, 国際的に認知されることなく 94 年南ア共和国に再統合).

Bopp /bɑ́(ː)p | bɔ́p; G. bɔ́p/, **Franz** *n.* ボップ (1791–1867; ドイツの言語学者; 印欧比較言語学の創始者の一人).

bop·per /bɑ́(ː)pə | bɔ́pə(r)/ *n.* **1 a** バップ (bop) 奏者[歌手], バップを得意とする音楽家. **b** バップのファン (bebopper, boppist, bopster ともいう). **2** (俗) =teenybopper. 〖(略) ← BEBOPPER〗

bóp·pist /-pɪ̀st | -pɪst/ *n.* =bopper 1.

bop·ster /bɑ́(ː)pstə | bɔ́pstə(r)/ *n.* =bopper 1.

BOQ (略) 〖米軍〗 bachelor officers' quarters; base officers' quarters.

bor /bɔ́ə | bɔ́ː(r)/ *n.* [通例呼び掛けに用いて] (英方言) 隣人 (neighbor), 友だち (friend). 〖(1677) (変形) ? ← BOOR〗

bor. (略) boron; borough.

bor- /bɔːr/ (母音の前にくるときの) boro- の異形.

bo·ra[1], **B-** /bɔ́ːrə/ *n.* ボラ (アドリア海北岸の北または北東の乾燥した冷たい季節風). 〖(1864) □ It. (方言) ～ ＜ L *boream, boreās* 'nort wind, BOREAS'〗

bo·ra[2] /bɔ́ːrə/ *n.* (豪) オーストラリア先住民の男子の成人式. 〖(1851) □ Austral. *bōr, būr* circle (現地語)〗

Bo·ra Bo·ra /bɔ́ːrəbɔ́ːrə; F. bɔʀabɔʀa/ *n.* ボラボラ島 (南太平洋のフランス領 Society 諸島の島).

boraces *n.* borax[1] の複数形.

bo·rac·ic /bərǽsɪk, bɔː- | bə-, bɔ-/ *adj.* 〖化学〗 =boric. 〖1801〗

borácic ácid *n.* (俗用) =boric acid. 〖1801〗

bo·ra·cite /bɔ́ːrəsàɪt/ *n.* 〖鉱物〗 方ホウ鉱, 方ホウ石 ($Mg_3B_7O_{13}Cl$). 〖(1810) □ G *Borazit*: ⇨ borax[1], -ite[1]〗

bor·age /bɔ́(ː)rɪdʒ, bɑ́(ː)r- | bɔ́ːr-/ *n.* 〖植物〗 ルリヂサ (*Borago officinalis*) (ヨーロッパ産ムラサキ科の植物; 蜜源植物であり, また混合飲料 claret cup の香味料やサラダなどに用いる). 〖(*a*1300) □ OF *bourage* (F *bourrache*) □ ML *bor(r)āgō* □ Arab. *'abū 'araq* (原義) father of sweat〗

Bo·rag·i·na·ce·ae /bərædʒənéɪsiìː | -dʒɪ-/ *n. pl.* 〖植物〗 ムラサキ科. **bo·ràg·i·ná·ceous** /-ʃəs⁻/ *adj.* 〖← NL ~ ← *Borāgin-, Borāgō* (属名: ⇨ borage)+-ACEAE〗

Bó·rah Péak /bɔ́ːrə-/ *n.* ボーラ山 (米国 Idaho 州中東部 Lost River 山脈の山; 同州の最高峰 (3859 m)).

bor·ak /bɔ́ːrək/ *n.* (豪俗) たわ言, 冷やかしの言葉, 嘲笑. ★ 通例次の句で: poke (the) ~ at …をからかう. 〖(1845) ← Austral. (現地語)〗

bor·al /bɔ́ːræl, -rəl/ *n.* 〖化学〗 ボーラル (炭化ホウ素とアルミニウムをサンドイッチ状に合わせアルミニウムで被覆したもので, 中性子の遮蔽(しゃへい)材として用いる). 〖← BORO-+AL(UMINUM)〗

Bo·ran /bərǽn/ *n.* 〖動物〗 ボラン (東アフリカ原産の牛; コブウシ[ゼブ]に似た品種). 〖(1935) (現地語)〗

bo·rane /bɔ́ːreɪn/ *n.* 〖化学〗 ボラン (水素化ホウ素の総称; ロケット用などの高エネルギー燃料). 〖(1916) ← BORO-+-ANE[2]〗

Bo·rås /buróus | -rɔ́s; *Swed.* burǒːs/ *n.* ボロース (スウェーデン南西の紡績工業都市).

bo·rás·sus pàlm /bərǽsəs-/ *n.* 〖植物〗 オウギヤシ (=palmyra). 〖1798〗

bo·rate /bɔ́ːreɪt, -rɪ̀t/ *n.* 〖化学〗 ホウ酸塩[エステル]. — /-reɪt/ *vt.* ホウ酸塩[ホウ酸, ホウ砂]で処理する. 〖(1816) ← BORO-+-ATE[1]〗

bó·rat·ed /-ṭɪ̀d | -tɪ̀d/ *adj.* ホウ砂 (borax) [ホウ酸塩 (borate)] を混ぜた. 〖(*c*1901): ⇨ ↑, -ed〗

bo·rax[1] /bɔ́ːræks, -rəks | -ræks/ *n.* (*pl.* **~·es, bo·ra·ces** /-rəsìːz/) 〖化学〗 ホウ砂, ホウ酸ナトリウム ($Na_2B_4O_7·10H_2O$). 〖(16C) □ ML ~ □ Arab. *bawraq* □ Pers. *būrah* ∞ (1387–95) *boras* □ OF〗

bo·rax[2] /bɔ́ːræks, -rəks | -ræks/ (俗) *n.* 安ピカ商品; (特に)見かけ倒しの安物家具. — *adj.* **1** 〈家具など〉安物の. **2** 安物家具の. 〖(1932): ホウ酸石鹸業者が安家具を景品としてつけたことから〗

bo·rax[3] /bɔ́ːræks, -rəks | -ræks/ *n.* =borak.

bórax bèad *n.* 〖化学〗 ホウ砂球 (⇨ bead 8).

bórax bèad tèst *n.* 〖化学〗 ホウ砂球試験 (⇨ bead 8).

bórax pentahýdrate *n.* 〖化学〗 ホウ砂の五水和物 ($Na_2B_4O_7·5H_2O$) (除草剤).

bo·ra·zine /bɔ́ːrəziːn/ *n.* 〖化学〗 ボラジン ($B_3N_3H_6$) (無色の液体). 〖← BORO-+AZO-+-INE〗

bo·ra·zon /bɔ́ːrəzɑ̀(ː)n | -zɔ̀n/ *n.* 〖商標〗 ボラゾン (ダイヤモンドより硬く耐熱性のよい立方晶系閃亜鉛鉱型構造の窒化ホウ素; 研磨剤として用いる). 〖(1957) ← BORO-+AZO-+-ON[1]〗

bor·bo·ryg·mus /bɔ̀əbərígməs | bɔ̀ː-/ *n.* (*pl.* **-ryg-mi** /-maɪ/) 〖生理〗 腹鳴 (腸管内のガスが移動するときに発する音). **bòr·bo·rýg·mic** /-mɪk⁻/ *adj.* 〖(1719) ← NL ~ ← Gk *borborugmós* ← *borborúzein* to rumble (擬音語)〗

bord /bɔ́əd | bɔ́ːd/ *n.* (英) 〖鉱山〗 房, 室 (stall, room) (鉱柱 (pillar) の間に切り開かれた採掘場). 〖(1839) (変形) ← BOARD: 石炭の搬出を容易にするため坑道の道床に板を敷いたことから〗

bórd-and-píllar *adj.* (英) 〖鉱山〗 柱房法の (⇨ room-and-pillar). 〖1854〗

Bor·deaux /bɔədóu | bɔːdə́u; F. bɔʀdo/ *n.* (*pl.* ~) **1** ボルドー (フランス南西部の海港で Gironde 県の県都; Garonne 川に臨み, 周辺は有名なワインの産地). **2** ボルドー(ワイン) (フランス Bordeaux 地方産のワイン; 赤は特に claret という; 白は甘口には Sauterne, 辛口には Graves がある). **3** 〖園芸〗 =Bordeaux mixture. 〖*c*1570〗

Bordéaux mìxture, b- m- *n.* 〖園芸〗 ボルドー液 (石灰乳に硫酸銅を加えた農薬). 〖(1892) (なぞり) ← F *bouillie bordelaise*〗

bor·del /bɔ́ədḷ | bɔ́ːdḷ/ *n.* (古) 売春宿 (bordello). 〖(*c*1305) *bordel* □ OF ~ (dim.) ← *borde* cottage □ Frank. **borda* ← **bord*: ⇨ border〗

bor·de·laise /bɔ̀ədəléɪz, -dl- | bɔ̀ːdəl-, -dl-; F. bɔʀdəlɛːz/ *n.* [しばしば B-] 〖料理〗 ボルドレーズ(ソース) (Bordeaux 産ワインとシャロット(冬ネギ)で風味をつけたブラウンソース; bordelaise sauce ともいう). 〖□F ~ (fem.) ← *bordelais* of Bordeaux〗

bor·del·lo /bɔədélou | bɔːdéləu/ *n.* (*pl.* **~s**) (古) 売春宿 (brothel). 〖(1593) □ It. ~ □ OF *bordel*: ⇨ bordel〗

Bor·den /bɔ́ədṇ | bɔ́ː-/, **Lizzie** (**Andrew**) *n.* ボーデン (1860–1927; 1892 年 Massachusetts 州で両親を斧で殺害した罪に問われ, 無罪となった米国人女性).

Borden, Sir **Robert** (**Laird**) *n.* ボーデン (1854–1937; カナダの政治家; 保守党党主 (1901–20), 首相 (1911–20)).

bor·der /bɔ́ədə | bɔ́ːdə(r)/ *n.* **1 a** 境, 境界; 国境 (frontier); (米) 辺境; [*pl.*] 国境地帯: a ~ army 国境警備軍 / ~ disputes 境界[国境]紛争 / ~ problems 境界問題 / the Swiss-Italian ~ スイスとイタリアの国境 / over the ~ 国境を越えて / on the ~s of …の境界[国境]に近く, …に隣接して / within [out of] ~s 国境[領域]内[外]に. **b** [the ~] (特に, Rio Grande 川沿いの) 米国とメキシコとの国境. **c** [the B-; しばしば *pl.*] イングランドとスコットランドとの国境地方 (cf. march[2] 1 b, Borders Region). **d** [the ~] 北アイルランドとアイルランド共和国との国境. **e** 南アフリカ共和国 Cape Province にある East London 周辺の地域. **f** =border line. **2 a** へり, 縁, 端: the ~ of a field, forest, river, lake, etc. **b** (印刷面の周

B

囲を囲む)飾り縁, 輪郭罫, 花形線; (黒枠などの)枠. **c** 〘電算〙(セルや表の外縁の)罫線. **3** (婦人服・じゅうたん・家具などの装飾的な)へり取り, 飾り縁; (かごの上部の)へり, 縁: decorate the neck with a lace ～ えりにレースのへり飾りをつける. **4** (庭園・芝生・歩道などの)縁取り花壇: a garden with a ～ of pretty flowers きれいな花[花壇]で縁取った庭園. **5** 〘劇場〙 **a** [通例 *pl.*] ボーダー, 一文字 (舞台天井の照明・大道具の上部などを隠すための短いカーテン). **b** =borderlight.

on the bórder of (1) …の辺(境)に (cf. *n.* 1 a). (2) …のきわに, ほとんど…しようとして. 〘1552〙

— *vt.* **1** …に隣接する; …の境[境界]をなす, 境界をつける (bound): a road ～*ing* the river 川に沿った道 / The school ～*s* the park on the north. 学校は北側で公園に接している / The lawn was ～*ed by* [*with*] trees. 芝生のへりには木が植えてあった. **2** …に(縁(飾り)を)つける 〔*with*〕: ～ a handkerchief *with* lace ハンカチにレースの縁取りをする. **—** *vi.* **1** 〔…に〕接する 〔*on, upon*〕: Our garden ～*s on* the lake. うちの庭は湖に接している. **2** 〔…に〕近似する (verge) 〔*on, upon*〕: ～ *on* the miraculous ほとんど奇跡といってよい / a state ～*ing on* hysteria ヒステリーに近い状態 / His confidence ～*s upon* [*on*] brashness. 彼の自信は厚かましさに近い.

〘(?c1350) *bordure* □ OF ← *border* to border ← *bord* edge □ Frank. **bord* < Gmc **borðaz* 'BOARD': ⇨ -ure: BORDURE と二重語〙

SYN **1** へり, 縁: **border** 特定の物の縁で, しばしば装飾的な目的を持つもの: a yellow handkerchief with a blue *border* ブルーの縁の付いた黄色いハンカチ. **edge** 固体・面などの中心から最も遠い部分: the *edge* of a cliff [table, forest] 崖[テーブル, 森]の端. **verge** 道路・花壇などの通例芝生や花に覆われた縁: walk along the grass *verge* 道の芝生に覆われた縁を歩く. ★ 比喩的には, on the *verge* of「〈状態・行動〉の間際で」の形式で使われる: He is on the *verge* of ruin. 破滅に瀕している. **rim** ほぼ円形の物の縁・へり: the *rim* of a cup 茶わんの縁. **brim** カップ・グラスなどの上端の縁; 帽子のつば: fill the glass up to the *brim* コップになみなみと満たす. **brink** がけなどの上部の縁: the *brink* of a precipice がけっ縁.
2 境界: ⇨ boundary.

Bor·der /bɔ́ədə | bɔ́:də(r/, **Allan** (**Robert**) *n.* ボーダー (1955– ; オーストラリアのプロのクリケット選手; 世界選手権大会での総出場数と総得点数で世界記録をつくった).

Bórder còllie *n.* ボーダーコリー (英国産の中形牧羊犬; 産地の England と Scotland の境界地にちなむ). 〘1941〙

bor·de·reau /bɔ̀ədəróu | bɔ̀:dəráu; *F.* bɔʁdəʁo/ *F. n.* (*pl.* **-de·reaux** /～(z); *F.* ～/) (勘定などの)明細書, (記録の)目録 (memorandum). 〘(c1858) □ F ～ ← *bord* (↑)〙

bór·dered *adj.* **1** 縁取った; (特に)〈葉が〉(形・色などで)際立った縁をしてる. **2** 〘紋章〙 =fimbriated 2. 〘(?a1400): ⇨ -ed 2〙

bórdered pít *n.* 〘植物〙 有縁膜孔, 重縁膜孔, 有縁孔紋 (入口より奥が広く円錐形の内腔を有し, 表面から見ると二重の輪郭をなすような膜孔; cf. simple pit). 〘1882〙

bór·der·er /-dərə | -dərə(r/ *n.* **1** 国境地方の住人; 辺境地の住人; (特に)イングランドとスコットランド国境地方の住人. **2** 縁取りをする人. **3** 《古》 近くに住んでいる人, 隣人. 〘(1494): ⇨ border, -er¹〙

bór·der·ing /-dərɪŋ, -drɪŋ | -dərɪŋ, -drɪŋ/ *n.* **1** 縁取り(材料). **2** 〘造園〙 (芝生や花壇のへりなどを区切る)縁取り (edging). 〘(1530): ⇨ -ing¹〙

bórder·lànd *n.* **1 a** 国境地方, 境界地. **b** 紛争地. **c** 奥地, 僻地(へき). **2** [the ～] どっちつかずの境界線[領域]: *the* ～ of consciousness 意識の周辺, 夢うつつの境 / *the* ～ *between* science and philosophy 科学と哲学との境界領域. **—** *adj.* [限定的] =borderline. 〘1813〙

Bórder Léicester *n.* ボーダーレスター (英国 Scotland と England の境界地方原産の羊; レスター (Leicester) とチェビオット (Cheviot) の交配による; 肉用種で, 光沢のある長毛をもつ). 〘1873〙

bórder·less *adj.* **1** へり[縁]のない. **2** 境界のない. **3** 縁飾りのない. 〘(1611): ⇨ -less〙

bórder·lìght *n.* 〘劇場〙 ボーダーライト (舞台上方に樋(とい)形に電球を並べ, 舞台照明の主体になるもの).

bór·der·line /bɔ́ədəlàɪn | bɔ́:də-/ *adj.* [限定的] **1** 〈場所が〉国境線上にある, 国境近くの. **2 a** 〈問題など〉境界線上の, どっちつかずの, 議論の余地のある (debatable); 標準的とは言えない: ⇨ borderline case. **b** 〈言葉など〉きわどい, 卑猥に近い; 狂気に近い: a ～ joke きわどい冗談. 〘1907〙

bórder lìne *n.* 境界線, 国境線 〈*between*〉. 〘1869〙

borderline càse *n.* **1** どっちつかずの場合[事件]. **2** 〘心理〙 境界例 (精神遅滞と正常の間, 精神分裂病と神経症の間にあたるケース). 〘1907〙

bórder·lìn·er *n.* =borderline case.

bórder pèn *n.* 縁飾り用絵筆[ペン].

bórder plànt *n.* 〘造園〙 縁に植える植物.

bórder rìder [**prìcker**] *n.* 《英》 (もと)イングランドとスコットランド国境地方に出没した馬賊 (cf. mosstrooper). 〘1820〙

bórder sèrvice *n.* 国境警備勤務. 〘1707〙

Bór·ders Règion /bɔ́ədəz- | bɔ́:dəz-/ *n. pl.* [the ～] ボーダーズ州 (英国スコットランド南東部のイングランドに接する地域・旧州 (1975–96); 州都 Newtown St. Boswells).

Bórder Stàtes *n. pl.* [the ～] **1** 〘米史〙 境界州 (南部の奴隷制度採用諸州のうち, 北部の自由州に接し, 脱退よりは妥協に傾いていた Delaware, Maryland, Virginia, Kentucky, Missouri 諸州; 以上のほか North Carolina, West Virginia, Tennessee, Arkansas を含めることもある). **2** 《米》 カナダに接している諸州 (Montana, North Dakota など). **3** (フィンランド・ポーランド・エストニア・ラトビア・リトアニアなどのように)強国に接している国; (特に)二強国間にはさまれた小国. 〘1842〙

Bórder térrier, B- T- *n.* ボーダーテリア (英国 Cheviot Hills の両側の地方原産の小形のイヌ). 〘1894〙

Bor·det /bɔədéɪ | bɔ:-; *F.* bɔʁdɛ/, **Jules** (**-Jean-Bap·tiste-Vincent**) *n.* ボルデ (1870–1961; ベルギーの細菌学者; Nobel 医学生理学賞 (1919)).

bor·dure /bɔ́ədʒə, -dʒə | bɔ́:djʊə(r, -djə(r; *F.* bɔʁdy:ʁ/ *n.* 〘紋章〙 盾の周囲を一定の幅で縁取りした図形 (紋章作図に多用される図形の一つで, 次男あるいは三男が父の紋章を bordure で囲み, cadency mark とするなど用途が広い). 〘(?c1350) □ OF ～: BORDER と二重語〙

bór·dured *adj.* 〘紋章〙 =fimbriated 2. 〘1610〙

bore¹ *v.* bear¹ の過去形.

bore² /bɔ́ə | bɔ́:(r/ *vt.* うんざりさせる, 退屈させる, 弱らせる (weary): be ～*d to* death [tears] ほとほと退屈する / ～ a person *by* [*with*] one's rigmarole くだらない長話をして人をうんざりさせる. **—** *n.* うんざりさせる人[事], 鼻につく事; 退屈な仕事: He is a dreadful ～. 彼にはほとほとうんざりだ / The movie was a perfect ～. 映画は全く退屈だった. 〘(1766) ← ?〙

bore³ /bɔ́ə | bɔ́:(r/ *vt.* **1** (錐(きり)などで)〈穴を〉あける; …に穴をあける: ～ a hole *in* [*into, through*] a board 板に穴をあける / ～ a plank [wall] 板[壁]に穴をあける / The plank had been ～*d through.* 板には穴があけられていた. **2 a** 〈井戸・トンネルなどを〉くり抜く, 掘り抜く: ～ a tunnel *through* a mountain 山にトンネルを掘り抜く. **b** 〘機械〙 〈穴を〉中ぐりする. **3 a** 〘競馬〙 〈馬が〉(鼻先を突き出して)〈他の馬を押しのける, はじく, 押圧する. **b** [～ one's way として] くぐり抜けて[じりじりと押しのけて]進む: Moles ～ *their way* under our gardens. もぐらが庭に穴を掘って回る. **—** *vi.* **1** (錐などで)穴をあける: ～ *into* a tree 木に穴をあける / ～ *for* water [oil, coal] 水[石油, 石炭]を試掘する. **2 a** 穴があく[うがたれる]: This wood ～*s* easily. この木は簡単に穴があけられる. **b** 〘機械〙 中ぐりする. **3** 穴のあくほど見つめる: a *boring* stare 注視, 刮目(かつもく). **4** 骨折って[押し分けて]行く, じりじり進む: ～ *in* くぐり抜けて中へ入る / ～ *through* the crowd 人混みの中を押し分けて行く. **5** 〘競馬〙 〈馬が〉鼻先を突き出す, 〈馬首が〉突き出る, 斜行する: ～ *in* [*out*] 内側[外側]に斜行する.

bóre from wíthin (1) (目的を達成するために)人にうまく取り入る. (2) (組合などを)内部から切り崩す.

— *n.* **1** 錐で作った穴; 丸く掘った穴; 試掘孔. **2** (パイプ・チューブなどの)穴; 銃腔, 砲腔, 腔中 (銃身・砲身の内部). **3** 穴の大きさ; 口径 (caliber); (シリンダーの)内径, ボア. **4** (錐などのような)穴あけ器, 穿孔(せんこう)機. **5** 《豪》 (乾燥地の)掘り抜き井戸, 被圧井戸 (水脈まで掘り下げ水圧によって噴出させる井戸).

〘OE *borian* to pierce < Gmc **borōn* (G *bohren*) ← **boraz* ← IE **bher-* to cut (L *forāre* to pierce)〙

bore⁴ /bɔ́ə | bɔ́:(r/ *n.* 〘海洋〙 海嘯(かいしょう), 潮津波, ボア, 段波 (浅い所で高潮が衝突するとき, または三角口状に開いた河口に高潮が押し寄せたときに見られる高い波で, 中国の銭塘(せんとう)江, 南米の Amazon 川, 北米の Fundy 湾などで著しい; 英国では Severn, Trent, Humber 川などに見られ, eagre と呼ばれる). 〘(?a1300) □ ON *bāra* wave, (原義) that which is borne: cf. bear¹〙

bo·re·al /bɔ́:riəl | bɔ́:r-/ *adj.* **1** 北の, 北方の (northern). **2** 北風の. **3** [ときに B-] ボレアス (Boreas) の. **4** [通例 B-] 〘生態〙 〈動植物が〉亜寒帯の, 北方針葉樹林帯の: the *Boreal* Zone 北帯. **5** [通例 B-] 〘地質〙 ボレアル期の (北ヨーロッパで後氷期の第 2 気候期; Preboreal 期と Atlantic 期の間で, 約 9000–7500 年前の冷温・乾燥期). 〘(c1450) □ (O)F *boréal* // LL *boreālis* of north wind ← L *boreas* north wind: cf. Boreas〙

bóreal chíckadee *n.* 〘鳥類〙 カナダガラ (*Parus hudsonicus*) (カナダや Alaska の針葉樹林にすむシジュウカラ科の小鳥).

borealis ⇨ aurora borealis, Corona Borealis. 〘1790〙

Bo·re·as /bɔ́:riəs, -riəs | bɔ́riæ̀s, bɔ́:r-, -riəs/ *n.* **1** 〘ギリシャ神話〙 ボレアス (北風の神). **2** 《詩》 北風, 朔風(さくふう). 〘(c1380) □ L *Boreās* □ Gk *boréās* north wind〙

bore·cole /bɔ́əkoul | bɔ́:kəʊl/ *n.* 〘植物〙 ケール, ハゴロモカンラン (kale). 〘(1712) □ Du. *boerenkool* ← *boer* 'BOOR' + *kool* cole〙

bored /bɔ́əd | bɔ́:d/ *adj.* うんざり[退屈]した: a ～ expression うんざりした表情 / She soon got ～ with her new boyfriend. 彼女はすぐに新しいボーイフレンドに飽きてしまった. ***be bóred to téars*** [***óut of one's mínd***] ひどく退屈した. 〘(1823) ← BORE² + -ED〙

-bored /bɔ̀əd | bɔ̀:d/「〈銃が〉…口径の」の意の形容詞連結形. 〘⇨ bore³, -ed〙

bóre·dom /-dəm | -dəm/ *n.* **1** 倦怠, 退屈: relieve ～ 退屈を紛らす. **2** 退屈な事柄. 〘(1852): bore² (n.), -dom〙

bo·ree /bɔ́:ri:/ *n.* 《豪》 〘植物〙 =myall. 〘(1845): (現地語)〙

bo·reen /bɔːrí:n | bər-/ *n.* 《アイル》 田舎の小道[細道]. 〘1836〙

bóre·hòle *n.* 〘鉱山〙 試錐孔 (ボーリングした穴); (特に)鑿井(さくせい), 井戸 (well). 〘1708〙

bor·er /bɔ́:rə | bɔ́:rə(r/ *n.* **1** 穴をあける人. **2** 穴あけ器, 錐(きり), たがね. **3** 〘昆虫〙 穿孔(せんこう)虫 (幼虫が草木の皮・陰・幹・根などに穴をあけて害を与える昆虫の総称). **4** 〘貝類〙 **a** フナクイムシ (shipworm). **b** 石灰岩に穴をあける二枚貝軟体動物の総称 (*Saxicava* 属, *Lithophaga* 属など). **c** =drill¹ 5 a. **5** 〘魚類〙 他の魚に穴をあけて肉を食う魚の総称 (hagfish など). **6** 〘動物〙 海中の木材に穴をあける小形甲殻類キクイムシ科 *Limnoria* 属の動物の総称. **7** 〘競馬〙 鼻先を突き出す馬, 他の馬を押しのける馬, 斜行する馬. 〘(1327): ⇨ bore³, -er¹〙

bóre·scòpe *n.* ボアスコープ, 内腔鏡 (鏡やプリズムを使った, 円筒内部を検査する装置). 〘1941〙

bóre·sìght *vt.* **1** 〈銃・砲〉の銃腔[砲腔]視線検査をする, 照準規正をする, 腔中検査をする (銃腔[砲腔]軸と銃[砲]の照準線とを平行にする[一点に集める]). **2** 銃腔[砲腔]軸を通して〈標的〉に狙いをつける; 〈標的を〉正確に狙う. **—** *n.* 銃腔[砲腔]視線検査具, 照準規正器, 腔中検査具 (銃腔[砲腔]に取り付けて銃腔[砲腔]軸を照準点に合わせるための器具).

bore·some /bɔ́əsəm | bɔ́:-/ *adj.* 退屈な, おもしろくない, うんざりする (dull). **～·ly** *adv.* 〘(1868): ⇨ bore², -some〙

Borg /bɔ́əg | bɔ́:g; *Swed.* bɔrj/, **Björn** /bjœ:ŋ/ *n.* ボルグ (1956– ; スウェーデンのプロテニス選手; 全英テニス選手権 5 連覇 (1976–80)).

Bor·ger·hout /bɔ́əxəhàut | bɔ́:xə-/ *n.* ボルヘルホウト (ベルギー北部, Antwerp 近郊の都市).

Bor·ges /bɔ́əheɪs, -hɛs | bɔ́:gɛs, -xɛs; *Am.Sp.* bɔ́rhes/, **Jor·ge** /hɔ́rhe/ **Luis** *n.* ボルヘス (1899–1986; アルゼンチンの詩人・小説家・批評家; *Ficciones*「伝奇集」(短編集, 1944)).

Bor·ghe·se /bɔəgéɪzeɪ | bɔ:-; *It.* borgé:ze/ *n.* ボルゲーゼ (イタリア Siena 出身の名家; 16–19 世紀初めにかけ政界・社交界などに重きをなした).

Borg·hild /bɔ́əghɪld/ *n.* 〘北欧伝説〙 ボルグヒルド (*Volsunga Saga* で Sigmund の最初の妻; Sinfiotli を毒殺して弟の仇討ちをした). 〘□ ON *Borghildr*〙

Bor·gia /bɔ́ədʒə, -dʒɑ:, -ʒə | bɔ́:dʒiə, -dʒɑ:, -ʒiə, -ʒə; *It.* bɔ́rdʒa/ *n.* [the ～] ボルジア家 (スペイン出身のイタリアの家系; 15–16 世紀に権勢を振るった; スペイン語形 Borjas /bɔ́rxas/). **Bór·gian** /-dʒən, -ʒən/ *adj.*

Borgia, Ce·sa·re /tʃé:zare/ *n.* ボルジア (1476–1507; イタリアの枢機卿・軍人・政治家; 教皇 Alexander VI の息子; 権謀術数で有名, Machiavelli の *The Prince* のモデル).

Borgia, Lu·cre·zia /lukréttsja/ *n.* ボルジア (1480–1519; Rodrigo の娘で Cesare の妹; 学芸の擁護者).

Borgia, Ro·dri·go /rodrí:go/ *n.* ボルジア (Alexander VI の本名).

Bor·glum /bɔ́əgləm | bɔ́:-/, **Gut·zon** /gʌ́tsən, -tsn̩/ *n.* ボーグラム (1867–1941; 米国の彫刻家・画家; Rushmore 山に巨大な彫像を作った; 本名 John Gutzon de la Mothe Borglum /-déləmə(:)t- | -mɔt-/).

Borgne /bɔ́ən | bɔ́:n/, **Lake** *n.* レークボーン (米国 Louisiana 州南東部 Mississippi 海峡の入江).

bo·ric /bɔ́:rɪk | bɔ́:r-, bɔ́r-/ *adj.* 〘化学〙 ホウ素 (boron) の; ホウ素を含む. ★ 特に酸素との化合物について用いる. 〘(1869) ← BOR(ON) + -IC¹: cf. F *borique* ← BORO- + -*ique* '-IC¹'〙

bóric ácid *n.* 〘化学〙 ホウ酸 (通例, オルトホウ酸 (H_3BO_3) を指すが, メタホウ酸 (HBO_2), 四ホウ酸 ($H_2B_4O_7$) を含めた一般名の場合もある). 〘1869〙

bóric óintment *n.* 〘薬剤〙 ホウ酸軟膏(なんこう).

bo·ride /bɔ́:raɪd/ *n.* 〘化学〙 ホウ化物. 〘(1863) ← BORO- + -IDE²〙

bor·ing¹ /bɔ́:rɪŋ/ *adj.* 退屈な, うんざりする (tedious): a ～ teacher, story, etc. **～·ly** *adv.* **～·ness** *n.* 〘(1840): ⇨ bore², -ing²〙

bor·ing² /bɔ́:rɪŋ/ *n.* **1** 穴ぐり, 中ぐり; 穿孔(せんこう)(作業); 〘採鉱〙 ボーリング: a ～ *for* oil 石油の試掘. **2 a** (錐(きり)・ボーリングなどであけた)穴. **b** (パイプ・チューブなどの)穴. **3** [通例 *pl.*] 錐[もみ]くず, 中ぐりくず. **4** 〘地質〙 =boring core. **5** [形容詞的に] 穴あけ[ボーリング]用の. 〘(1440): ⇨ bore³, -ing¹〙

bóring bàr *n.* 〘機械〙 中ぐり棒. 〘1845〙

bóring bìt *n.* 〘機械〙 中ぐりビット. 〘1845〙

bóring còre *n.* 〘地質〙 (ボーリングによって掘り採られた)円筒形の地質の試料 (単に boring ともいう).

bóring machìne *n.* 〘機械〙 中ぐり盤, ボーリング機械.

bóring mìll *n.* 〘機械〙 中ぐり機, ボーリングミル (大型の金属ブロックに大きな穴をあける機械). 〘1833〙

bóring spònge *n.* 〘動物〙 穿孔(せんこう)海綿 (貝殻に穴をあけるセンコウカイメン科 (Clionidae) のカイメンの総称).

bóring tòol *n.* 〘機械〙 穿孔(せんこう)器, 中ぐりバイト.

Bor·is /bɔ́:rɪ̀s | bɔ́rɪs; *Russ.* barʲís; *G.* bó:rɪs/ *n.* ボリス (男性名). 〘□ Russ. ～ (原義) fight〙

Bor·is III /bɔ́:rɪ̀s | bɔ́rɪs; *Bulg.* borís/ *n.* ボリス三世 (1894–1943; ブルガリア皇帝 (1918–43)).

bork /bɔ́ək | bɔ́:k/ *vt.* [しばしば B-] 〈公人・候補者などを〉(特にメディアを通じて)批判にさらす, 攻撃する; 《米俗》 (思想や私生活上の問題などが喧伝されたために)〈人〉の公職への任命を拒否する. 〘(c1985) ← *Robert Bork* (1927–2012): 米国の裁判官, その見解の極端な片寄りから最高裁への就任を拒否された〙

Bor·laug /bɔ́əlɔ:g | bɔ́:-/, **Norman Ernest** *n.* ボーローグ (1914– ; 米国の農学者; 小麦の改良で知られる; Nobel 平和賞 (1970)).

bor·lót·ti bèan /bɔəlɑ́(:)ti- | bɔ:lɔ́ti-/ *n.* ボーロッティ豆 (インゲンマメの一種; 生では小斑のあるピンク色がかった茶色, 調理後は茶色; ヨーロッパ南部・東アフリカ・台湾に産す

る). 〖← It. *borlotti* (pl.) ← *borlotto* kidney bean〗
Bor·mann /bɔ́ːəmæn, -mən | bɔ́ː-; G. bɔ́ːɐman/, **Martin** *n.* ボルマン《1900–45?; ナチスドイツの政治家; ヒットラーの側近》.
born /bɔ́ːən | bɔ́ːn/ *v.* bear¹ の過去分詞 (cf. bear¹ *vt.* 7 a ★): He was ~ and bred in London. ロンドンで生まれてロンドンで育った (cf. BORN *and bred* ⇨ *adj.* 成句) / be ~ *into* a rich family 金持ちの家に生まれる / be ~ *of* poor parents 貧しい両親のもとに生まれる / be ~ poor 貧乏に生まれる / be ~ *to* sorrows [wealth] 悲運[金持ち]に生まれつく / be ~ *to* be hanged やがては絞首台で死ぬ運命を背負って生まれる / He was ~ a poet. 詩人に生まれついた / A baby girl was ~ *to* them. 女の子が彼らの間に生まれた / Confidence is ~ *of* knowledge. 知識があれば自信が生まれる.
be bórn agáin 生まれ変わる, 更生する (cf. born-again). 《c1384》 ***be nót bòrn yésterday*** 昨日今日生まれたばかりの青二才ではない, やすやすとだまされない. ***bórn of wóman*** = ***of wóman bórn*** ⇨ woman 成句.
— *adj.* **1** 生まれながらの, 先天的な, 天性の; 全くの: a ~ fool [liar] 生まれながらの大ばか者[うそつき] / one's ~ grace 生得の気品 / He was a ~ poet [a poet ~]. 生まれながらの詩人だった / ⇨ *to the* MANNER¹ *born*. **2** [複合語の第 2 構成素として] (…に[で])生まれた, (…の)身分として生まれた, …生まれの: an American-*born* lady 米国生まれの婦人 / the eldest-*born* child 長子 / a nobly-*born* man 高い身分に生まれた人 / poor-*born* children 貧乏に生まれた子供たち / a recently *born* idea 近ごろ生まれ出た思想 / a country-*born* lad 田舎生まれの若者 / ⇨ firstborn.
bórn and bréd = ***bréd and bórn*** [名詞の後に置いて] 生粋の: He is a Cockney ~ *and bred*. 生え抜き[生粋]のロンドン子だ. 《a1340》 ***in áll one's bórn dáys*** [疑問・否定文に用いて] 《口語》 生まれてから今まで, 生涯にいまだかつて. ***There's óne bórn èvery mínute.*** いつでも簡単にだまされる人がいるものだ.
〖OE (*ge*)*boren* (p.p.)〗
Born /bɔ́ːən | bɔ́ːn; G. bɔ́ʁn/, **Max** *n.* ボルン《1882–1970; ドイツ生まれの英国の理論物理学者; Nobel 物理学賞 (1954)》.
bórn-agáin *adj.* [限定的] **1** 〈特にキリスト教徒が〉生まれ変わった, 信仰を新たにした: a ~ Christian 霊的に生まれ変わったキリスト教徒. **2** 〈信念・関心などを〉よみがえらせた, 回復した. **3** 熱心な: with all the fervor of a ~ environmentalist いかにも環境保護主義に帰依したらしく熱心に. 《1961》
bor·nane /bɔ́ːəneɪn | bɔ́ː-/ *n.* 〘化学〙 ボルナン (⇨ camphane). 〖← BORN(EOL) + -ANE²〗
borne /bɔ́ːən | bɔ́ːn/ *v.* bear¹ の過去分詞. ★「生む」という意味の場合の用法については ⇨ bear¹ *vt.* 7 a ★. 〖⇨ born〗
-borne /bɔ̀ːən | bɔ̀ːn/ *adj.* [複合語の第 2 構成素として] …によって運ばれる: wind*borne*.
bor·né /bɔəːnéɪ | bɔː-; F. bɔʁne/ *adj.* 視野の狭い, 偏狭な. 〖《1795》 □ F ~ (p.p.) ← *borner* to limit: cf. bound⁴〗
Bor·ne·an /bɔ́ːəniən | bɔ́ːn-/ *adj.* ボルネオ (Borneo) の; ボルネオ人の. — *n.* ボルネオ人. 〖《1812》: ⇨ ↓, -an¹〗
Bor·ne·o /bɔ́ːəniòʊ | bɔ́ːniəʊ/ *n.* ボルネオ(島)《Malay 諸島中にある世界で 3 番目に大きい島; 南部の Kalimantan はインドネシア, 北部の Sabah, Sarawak はマレーシアに属し, 北部の Brunei は独立国; 面積 755,000 km²》.
Bórneo cámphor *n.* 〘化学〙 ボルネオ樟脳《Malay 諸島などのリュウノウ (*Dryobalanops aromatica*) から採る樟脳に似た芳香物質; Malay camphor, Sumatra camphor ともいう; cf. borneol》. 《1876》
bor·ne·ol /bɔ́ːəniɔ̀(ː)l | bɔ́ːniɒ̀l/ *n.* 〘化学〙 ボルネオール, 竜脳 ($C_{10}H_{17}OH$)《精油の中に発見され, 特に香料として用いられる; bornyl alcohol, camphol ともいう; cf. Borneo camphor》. 〖《1876》 ← *Borneo* (*camphor*) + -OL¹〗
Born·holm /bɔ́ːənhoʊ(l)m | bɔ́ːnhəum, -həlm; Dan. bɔ̀nhɔ́lʔm/ *n.* ボルンホルム(島)《スウェーデン南方のバルト海中のデンマーク領の島; 面積 588 km²》.
Bórnholm disèase *n.* 〘病理〙 ボルンホルム病, 流行性胸膜痛症 (epidemic pleurodynia). 《1933》
born·ite /bɔ́ːənaɪt | bɔ́ː-/ *n.* 〘鉱物〙 斑(はん)銅鉱 (Cu_5FeS_4). 〖《c1847》 □ G *Bornit* ← *Dr. Ignatius von Born* (1742–91: オーストリアの鉱物学者): ⇨ -ite¹〗
Bor·nu /bɔ́ənuː/ *n.* ボルヌ《アフリカ中西部の旧イスラム教王国 (11–19 世紀), Chad 湖の南と西にわたる地方で, 現在その大部分はナイジェリアの一州; 優良な馬の産地》.
bór·nyl ácetate /bɔ́ːənɪl-, -nɪ̀- | bɔ́ː-/ *n.* 〘化学〙 酢酸ボルニル ($C_{10}H_{17}OCOCH_3$)《無色の液体; 樟脳様の香気があり, 香料として用いる》. 〖*bornyl*: ← BORN(EOL) + -YL〗
bórnyl álcohol *n.* 〘化学〙 = borneol.
bo·ro- /bɔ́ːroʊ | -rəʊ/「ホウ素 (boron)」の意の連結形: *boro*silicate. ★ 母音の前では通例 bor- になる. 〖← BORON〗
Bo·ro·bu·dur /bɔ̀(ː)roʊbʊdʊ́ə, bɑ̀(ː)r- | bɔ̀rə(ʊ)bʊdʊ́ə(r)/ *n.* ボロブドゥール《インドネシアの Java 島中部にある 8 世紀建造の仏教遺跡》.
Bo·ro·din /bɔ́(ː)rədʒn, bɑ́(ː)r-, bɔ̀(ː)rədíːn, bɑ̀(ː)r- | bɔ́rədɪn; Russ. bərɐdʲín/, **Aleksandr** (**Por·fi·re·vich** /parfʲírʲjɪvʲɪtʃ/) *n.* ボロディン《1834–87; ロシアの作曲家, 化学者; *Prince Igor* (歌劇), *In the Steppes of Central Asia* (交響詩, 1880)》.
Borodin, Mikhail Mar·ko·vich /márkəvʲɪtʃ/ *n.* ボロディン《1884–1953; 旧ソ連の外交官, 中国国民党の政治顧問 (1923–27)》.
Bo·ro·di·no /bɔ̀(ː)rədíːnoʊ, bɑ̀(ː)r- | bɔ̀rədíːnəʊ; Russ. bərədʲinó/ *n.* ボロディノ《ロシア連邦西部, Moscow の西方 124 km にある村; この地の戦闘で Napoleon 一世はロシアの Kutuzov を破り, Moscow への入洛を容易にした (1812)》.
bòro·fluóric ácid *n.* 〘化学〙 = fluoboric acid.
bòro·flúoride *n.* 〘化学〙 = fluoborate.
bòro·glýceride *n.* 〘化学〙 ホウ酸グリセリン.
bòro·hýdride *n.* 〘化学〙 ホウ水素化物 (BH_4^- を含む化合物). 《1940》
bo·ron /bɔ́ːrɑ(ː)n | bɔ́ːrɒn/ *n.* 〘化学〙 ホウ素《非金属元素の一つ; 記号 B, 原子番号 5, 原子量 10.81》. 〖《1812》 ← BOR(AX¹) + -ON¹〗
bóron cárbide *n.* 〘化学・鉱物〙 炭化ホウ素 (B_4C)《黒い結晶状の非常に堅い固体で化学的にも安定; 研磨剤などに用いる》. 《c1909》
bóron hýdride *n.* 〘化学〙 水素化ホウ素《ボリン (BH_3), ジボラン (B_2H_6), テトラボラン (B_4O_{10}) などの総称》. 《1879》
bo·ro·ni·a /bəróʊniə | -rəʊ-/ *n.* 〘植物〙 ボローニア《オーストラリア産ミカン科ボローニア属 (*Boronia*) の香り高い花をつける常緑低木; 観賞用》. 〖《1852》 ← *Francesco Borone* (1769–94: イタリアの植物学者): ⇨ -ia¹〗
bo·ron·ic /bɔːrɑ́(ː)nɪk | bɔːrɒ́n-/ *n.* 〘化学〙 ホウ素の.
bóron nítride *n.* 〘化学〙 窒化ホウ素《耐火用電気絶縁材・研磨材として用いる; cf. borazon》.
bòro·sílicate *n.* 〘化学〙 ホウケイ酸塩[エステル]. 《1817》
borosílicate glàss *n.* ホウケイ酸ガラス《ホウ酸とケイ酸を主成分とするガラスで, 理化学用・電気用・耐熱ガラス器の製造に用いる》. 《1933》
bóro·silìcic ácid *n.* 〘化学〙 ホウケイ酸類. 〖← BORO- + SILICO- + -IC¹〗
bor·ough /bɔ́ːroʊ, -rə | bʌ́rə/ *n.* **1 a** (米国の Connecticut, Pennsylvania, New Jersey, Minnesota 州の) 自治町村. **b** (New York 市の) 行政区《Manhattan, The Bronx, Brooklyn, Queens, Staten Island の 5 区; 各区長を president という》. **c** (米国 Alaska 州の) 郡 (county). **d** 《NZ》 自治町村. **2 a** (英国の) 自治都市, 特権都市 (municipal borough)《勅許状によって自治の特権を与えられた都市で, 格式は city に次ぐ; ほぼ米国の city に当たる》: a ~ council (自治都市の)市会. **b** (英国の)選挙区としての市, 都市選挙区 (parliamentary borough): buy [own] a ~ 《古》 選挙区を買収[所有]する (cf. pocket borough, rotten borough). **c** (Greater London の) 自治区. **3** (中世の城塞に囲まれた)城市《特別の義務と権限をもち, のちに自治都市に発展する》.
〖OE *burg, burh* fortified place < Gmc **burʒs* (Du. *burg* / G *Burg*) ← **berʒan* to protect ← IE **bhergh-* high: ⇨ force¹〗
bórough-Énglish *n.* 〘英法〙 (1925 年まで, 幾つかの自治都市で行われた)末男子[女子]相続制[習慣法] (cf. ultimogeniture). 〖《1327》 □ AF (*tenure en*) *Burgh Engloys* (tenure in) English borough〗
bor·rel·i·a /bərélia, -ríːl-/ *n.* 〘細菌〙 ボレリア菌《*Borrelia* 属の螺旋状の微生物; 回帰熱の病原体となる》. 〖← NL ~ ← *Amédée Borrel* (1867–1936: フランスの細菌学者) + -IA¹〗
Bor·ro·mi·ni /bɔ̀(ː)roʊmíːni, bɑ̀(ː)r- | bɔ̀rə(ʊ)-; It. borromíːni/, **Francesco** *n.* ボッロミーニ《1599–1667; イタリアのバロック建築家》.
bor·row /bɑ́(ː)roʊ, bɔ́(ː)r- | bɔ́rəʊ/ *vt.* **1** 〈金銭・本など移動可能なものを〉(返すことの了解で一時的に)借りる, 借用する, 借り受ける (cf. lend 1): ~ money at high interest [on credit] 高利[信用]で金を借りる / ~ a thing *from* [《古》 *of*] a person 人から物を借りる (★ 前置詞は from が一般的; of は格式張り, off は口語的) / The reference books may be ~*ed* for one week only. 参考図書の借出しは 1 週間のみ / May I ~ your lawn mower? 芝刈機をお借りしてもいいですか. 日英比較 (1) 日本語では, 備え付けで移動できないものでも「借りる」と言うが, この場合英語では use を用いる. (例: May I use your bathroom? トイレをお借りしたいのですが) (2) 日本語では「借りる」は有料・無料のいずれにも使う. たしかに「賃借りする」という表現はあるが, とくに厳密に区別をするときの第二義的な用語で, 普通はレンタカーなども「借りる」でよい. しかし, 英語では有料・無料を厳密に区別し, 無料の場合は *borrow*, 有料の場合はいくつかの語が使われるが, もっとも一般的な語は rent, 短期間の借用は hire, 土地・大型機械などの比較的高額で大きなものを借りるのは lease という. なお, これらの有料で借りる場合の語は原則として貸し, 借りの方向性が定まっておらず, 「貸す」意味にも用いられる. したがって, その区別を明確にする必要のある場合には「貸す」意味の場合には out をつけて, rent out, hire out (とくに《英》), lease out という. ⇨ lend 日英比較.
2 〈他人の文句・思想, 他国の風習などを〉無断で借りる, 取り入れる: They ~*ed* his theory. 彼の理論を採用した / Rome ~*ed* many ideas *from* Greece. ローマはギリシャから多くの思想を摂取した.
3 〘言語〙 〈他の言語から〉借用[借入]する 〈*from*〉 (cf. loanword): The word *influenza* was ~*ed from* Italian. 「influenza (インフルエンザ)」という語はイタリア語から借入されたものだ. **4** 〘数学〙 (引き算で)一けた上から借りる[降ろす]. **5** 〘土木〙 土取場 (borrow pit) から〈土を〉取る. **6** 《方言》 貸す, 貸与する (lend).
— *vi.* **1** 借りる, 借金する (cf. lend): ~ *from* a bank 銀行から金を借りる / He neither lends nor ~*s*. 人に貸しもしなければ人から借りもしない / *Borrowing* makes sorrowing. 《諺》 借金は苦労のもと. **2** 〘ゴルフ〙 (グリーンの傾斜・起伏などを計算に入れて)カップの右または左に向けてパットする.
bórrow tróuble 余計な心配[取越し苦労]をする; 悲観的になる.
— *n.* **1** 〘ゴルフ〙 ボロー《ボールがグリーンの傾斜のために直進せず左右にそれること》. **2** 《Shak》 借用 (borrowing).
〖OE *borgian* < Gmc **burʒēn* ← **burʒ-* pledge ← IE **bhergh-* to hide: ⇨ bury〗
Bor·row /bɑ́(ː)roʊ, bɔ́(ː)r- | bɔ́rəʊ/, **George** (**Henry**) *n.* ボロー《1803–81; 英国の作家; Romany 語と文学の研究家・旅行家; *The Bible in Spain* (1843), *Lavengro* (1851), *The Romany Rye* (1857)》.
bór·rowed *adj.* **1** 借りた, 借用の. **2** 他から取った[取り入れた]. 〖《c1440》: ⇨ -ed 2〗
bórrowed líght *n.* **1** 間接に受けた光, 間接光. **2** 内窓《間接光を入れる窓》. 《1657》
bórrowed plúmes [plúmage] *n.* 借り着, 借り物, 他人に借りた知識[信望, 手柄など]: in ~ 借り着で, 借り物で; 他人の信望[手柄]を我が物顔に, 受け売りの知識で. 〖Aesop 物語中のクジャクの羽根をつけた小ガラス (jackdaw) の話から〗
bórrowed tíme *n.* 思いがけなく延長された時間; 限られた時間. ★ 主に次の句で: live on ~ (死んだはずのところを)命拾いして生きている. 《1898》
bórrowed wórd *n.* 〘言語〙 = loanword.
bor·row·er /bɑ́(ː)roʊə, bɔ́(ː)r- | bɔ́rəʊə(r)/ *n.* 借りる人, 借り手, 借用人: Neither a ~ nor a lender be. 借り手にも貸し手にもなるな (Shak., *Hamlet* 1. 3. 75). 〖《a1415》: ⇨ -er¹〗
bórrower's càrd *n.* 〘図書館〙 = library card.
bor·row·ing /bɑ́(ː)roʊɪŋ, bɔ́(ː)r- | bɔ́rəʊ-/ *n.* **1** 借用; 借入; 借金: *Borrowing* dulls the edge of husbandry. 借金は倹約の刃を鈍くする《借金をすると倹約するのがばからしくなる; Shak., *Hamlet* 1. 3. 77》. **2 a** 借用したもの. **b** 〘言語〙 借用; 借用語(句). 〖《c1250》: ⇨ borrow, -ing¹〗
bórrowing pòwers *n. pl.* (企業の内規による)借入限度額, 借入力.
bórrow pìt *n.* 〘土木〙 土取場《埋立てや盛土などのため土を取る場所》. 《1893》
Bors /bɔ́ːəs, bɔ́ːəz | bɔ́ːs, bɔ́ːz/ *n.* 〘アーサー王伝説〙 ボース: **1** 円卓の騎士; Lancelot の甥で, Holy Grail を見ることを許される 3 人の騎士の一人; Sir Bors de Ganis ともいう. **2** ゴールの王; アーサーが王位についたとき援助した.
Bor·sa·li·no /bɔ̀ːəsəlíːnoʊ | bɔ̀ːsəlíːnəʊ/ *n.* 〘商標〙 ボルサリーノ《広縁の柔らかいフェルト製の男子帽; Borsalino hat ともいう》. 〖《c1915》: その製造者名〗
borsch /bɔ́ːəʃ | bɔ́ːʃ; Russ. bórʃʲtʃʲ/ *n.* 〘料理〙 ボルシチ《赤いビートを用いたロシア式シチュー; サワークリーム (sour cream) を加えて熱いまま, または冷やして供する》. 〖《1829》 □ Russ. *borshch* 《原義》 cow parsnip〗
bórsch bèlt *n.* [しばしば B- B-] 《米口語》 = borsch circuit; 《米俗》 ボルシチベルト《ロシア人[ロシアからの移民]の居住地区》. 〖⇨ borsch circuit〗
bórsch cìrcuit *n.* [the ~; しばしば B- C-] ボルシチサーキット《米国 New York 州の Catskill 山脈にあるユダヤ人避暑地のリゾートホテルと連携する劇場とナイトクラブの系列》. 〖《1938》: ⇨ ↑, circuit (n.) 6 a〗
borscht /bɔ́ːəʃt | bɔ́ːʃt/ *n.* = borsch.
bórscht bèlt *n.* = borsch belt.
bórscht cìrcuit *n.* [the ~] = borsch circuit.
borsh /bɔ́ːəʃ | bɔ́ːʃ/ *n.* = borsch.
borshch /bɔ́ːəʃtʃ | bɔ́ːʃtʃ/ *n.* = borsch.
borsht /bɔ́ːəʃt | bɔ́ːʃt/ *n.* = borsch.
bor·sic /bɔ́ːəsɪk | bɔ́ː-/ *n.* 〘航空〙 ボルシック《ホウ素繊維と炭化珪素を合成して作った強くて軽い物質; 航空機の材料》. 〖← bor(on fiber) + SI(LICON) C(ARBIDE)〗
bor·stal, B- /bɔ́ːəstl | bɔ́ː-/ *n.* (英国の)非行少年再教育施設 (borstal institution)《1982 年に Criminal Justice Act が成立して以降は, 正式には youth custody centres と呼ばれる; cf. Borstal system》. 〖《1907》 ← BORSTAL SYSTEM〗
bórstal institùtion, B- i- *n.* = borstal.
Bórstal sỳstem *n.* [the ~] (英国の)ボースタル式非行少年再教育制度《16 歳から 21 歳までの少年犯罪者を borstal に収容し, 監督指導を与える》. 〖《1907》 ← *Borstal Prison* (英国 Kent 州 Rochester 市近傍の Borstal 村にある刑務所, 1902 年にこの方法が初めて実施された所)〗
bort /bɔ́ːət | bɔ́ːt/ *n.* **1 a** (産業用の)粗悪ダイヤモンド《表面が荒く放射状または複雑な結晶形をしている》. **b** [集合的に] (玉を削るのに用いる)ダイヤくず. **2** 〘鉱物〙 = carbonado¹. **~·y** *adj.* 〖《1622》 □ ? Du. *boort* □ OF *bo(u)rt* bastard〗
bortsch /bɔ́ːəʃ | bɔ́ːʃ/ *n.* = borsch.
bortz /bɔ́ːəts | bɔ́ːts/ *n.* = bort 1.
Bo·ru·jerd /bɔ̀ːrədʒéəd | -dʒéəd/ *n.* ボルージェルド《イラン西部の都市》.
bor·zoi, B- /bɔ́ːəzɔɪ | bɔ́ːzɔɪ, ―⌐; Russ. barzój/ *n.* ボルゾイ《ロシア産の狼狩り用の大型のイヌ; Russian wolfhound ともいう》. 〖《1887》 □ Russ. *borzyĭ* 《原義》 swift〗
Bo·san·quet /bóʊzənkèt, -zn̩-, -kɪ̀t | bə́ʊzənkèt, -zn̩-, -kɪt/, **Bernard** *n.* ボーザンケット《1848–1923; 英国のヘーゲル派の哲学者》.
Bosc /bɑ́(ː)sk | bɔ́sk/ *n.* 〘植物〙 ボスク《米国産の薄茶色で甘い冬ナシ; Bosc pear ともいう》.
bos·cage /bɑ́(ː)skɪdʒ | bɔ́s-/ *n.* **1** 森, やぶ (thicket). **2** 森林風景. 〖《?c1350》 boskage □ OF ~ (F *bocage*) ← *bosc* thicket ← ? Gmc: ⇨ -age: cf. bosk〗
Bos·caw·en /bɑ(ː)skóʊən, bɑ́(ː)skoʊ- | bɒskɔ́ːən, -kɔ́ː-, bɔ́skwɪn/, **Edward** *n.* ボスコーエン《1711–61; 英

国の海将; 通称 Old Dreadnought).

bosch /bá(ː)ʃ, bɔ́(ː)ʃ | bɔ́ʃ/ *n.* 《南ア》叢林(そうりん) (bush). 〖(1786) □ Afrik. ~ 'wood'〗

Bosch /bá(ː)ʃ, bɔ́(ː)ʃ | bɔ́ʃ; *G.* bɔ́ʃ/, **Carl** *n.* ボッシュ《1874–1940; ドイツの化学者; アンモニア合成の工業化に成功; Nobel 化学賞 (1931)》.

Bosch /bá(ː)ʃ, bɔ́(ː)ʃ | bɔ́ʃ; *Du.* bɔ́s/, **Hi·e·ro·ny·mus** /hìːəróːniːmœs/ *n.* ボス《1450?–1516; オランダの画家; 本名 Hieronymus van A(e)ken /áːkə/》.

Bosch /bá(ː)ʃ, bɔ́(ː)ʃ | bɔ́ʃ; *Am.Sp.* bós/, **Juan** *n.* ボス《1909– ; ドミニカ共和国の作家・政治家; 大統領 (1963)》.

bosch·bok /bá(ː)ʃbɑ̀(ː)k | bɔ́ʃbʌ̀k/ *n.* (*pl.* ~, ~s)〘動物〙=bushbuck. 〖(1786) □ Afrik. 《廃》 ~ ← *bosch* wood (⇨ bush¹)+*bok* 'BUCK¹'〗

Bosche /bá(ː)ʃ, bɔ́(ː)ʃ | bɔ́ʃ/ *n.* (*pl.* ~s, ~) =Boche.

Bósch pròcess *n.* 〘化学〙ボッシュ法《Carl Bosch が発明した空中窒素固定法》.

bosch·vark /bá(ː)ʃvaək, bá(ː)s- | bɔ́ʃvaːk/ *n.* 〘動物〙カワイノシシ (⇨ bushpig). 〖(1786) □ Afrik. 《廃》 ~ 'wood pig': cf. boschbok, aardvark〗

Bos·co /bá(ː)skoʊ | bɔ́skəʊ; *It.* bósko/, **Saint Gio·vanni Mel·chior** /melkjɔ́ːr/ *n.* ボスコ《1815–88; イタリアのカトリック司祭; 貧しい青少年の教育活動に献身し, サレジオ会 (the Salesian Order) を創設; Don Bosco /dombósko/ ともいう》.

Bose /bóʊs, bɔ́(ː)s, bɔ́(ː)ʃ | báʊs, báʊz/, **Sir Ja·ga·dis Chan·dra** /dʒʌ̀gədíːs tʃʌ́ndrə/ *n.* ボース《1858–1937; インドの物理学者・植物生理学者; Bose Research Institute の創設者》.

Bose, Satyendra Nath /sətjéndrə náːθ/ *n.* ボース《1894–1974; インドの物理学者; Bose-Einstein statistics の考案者》.

Bose, Sub·has Chan·dra /ʃubáːʃ tʃʌ́ndrə/ *n.* ボース《1897–1945; インド独立運動の指導者; 台北で飛行機事故のため死亡》.

Bóse-Éinstein statìstics *n.* 〘物理〙ボースアインシュタイン統計《整数 (0, 1, 2…) のスピンをもつ粒子の従う統計; 同一粒子が同じ(量子力学的)状態に何個でも存在しうる; cf. boson, Fermi-Dirac statistics, quantum statistics》. 〖(1928) ← *S. N. Bose*+*Albert Einstein*〗

Bóse statìstics *n.* 〘物理〙=Bose-Einstein statistics.

bo·sey /bóʊzi | báʊ-/ *n.* 《豪》〘クリケット〙=bosie.

bosh¹ /bá(ː)ʃ | bɔ́ʃ/ 《口語》*n.* たわごと, ナンセンス; ばか話: talk ~ ばかばかしい[くだらない]ことをしゃべる. — *int.* ばかばかしい, ばかな, ばか言え (Humbug!). 〖(1834) □ Turk. ~ 'empty'〗

bosh² /bá(ː)ʃ | bɔ́ʃ/ *n.* **1** 〘冶金〙溶鉱炉のシャフト (shaft) の下方傾斜部, 朝顔. **2** (熱した金属の)冷却槽. **3** (銅精錬の際に容器の表面に付着する)シリカ質析出物. **4** 《南ウェールズ》台所の流し; 洗面台. 〖(1679) □? G 《方言》*Bosch* grass-covered slope〗

bosh·boch /bá(ː)ʃbɑ̀(ː)k | bɔ́ʃbʌ̀k/ *n.* 〘動物〙=bushbuck 2.

bósh shòt *n.* 《英口語》失敗する[だめな]企て. 〖cf. *boss shot* (1890)〗

bo·sie /bóʊzi | báʊ-/ *n.* 《豪》〘クリケット〙=googly². 〖(1909) ← *Bosi* (dim.) ← *B. J. T. Bosanquet* (1877–1936: 英国のクリケット選手)〗

bosk /bá(ː)sk | bɔ́sk/ *n.* 《古・詩》小さな森, 茂み. 〖(?c1250) *bosk, busk* (変形) ← BUSH¹〗

bos·kage /bá(ː)skɪdʒ | bɔ́s-/ *n.* =boscage.

bos·ker /bá(ː)skə | bɔ́skə^(r)/ *adj.* 《豪口語》すばらしい (excellent) 《流行遅れの語》. 〖(1905) □ Austral. & N.Z. 《俗語》← ?: cf. bonzer〗

bos·ket /bá(ː)skɪt | bɔ́skɪt/ *n.* 《古》低木の茂み, やぶ (thicket). 〖(1737) □ F *bosquet* □ It. *boschetto* (dim.) ← *bosco* wood: ⇨ bush¹〗

Bós·kop màn /bá(ː)skɑ(ː)p- | bɔ́skɔp-/ *n.* 〘人類学〙ボスコップ人《南アフリカの中石器時代の人間; 現代ブッシュマンおよびコイコイの祖先と考えられている; cf. Rhodesian man》. 〖(1915) ← *Boskop* (南アフリカ共和国 Transvaal 州の村で, その人骨が発掘された所)〗

bos·kop·oid /bá(ː)skɑ(ː)pɔ̀ɪd | bɔ́skɔp-/ *adj.* Boskop man の[に似た]. 〖(1959) ← BOSKOP (MAN)+-OID〗

Bos·kov·sky /bɔ(ː)skɔ́(ː)fski | bɔskɔ́f-; *G.* bɔskɔ́fski/, **Wil·li** /víli/ *n.* ボスコフスキー《1909–91; オーストリアのバイオリニスト・指揮者; ウィーン・フィルのニューイヤーコンサートにおける J. Strauss のワルツの指揮で有名》.

bosk·y /bá(ː)ski | bɔ́ski/ *adj.* (**bosk·i·er, -i·est; more ~, most ~**) 《文語》**1** 〈土地が〉樹木の茂った; やぶから成る (bushy). **2** 森のような, 陰のある[多い]. 〖(1593) ← BOSK+-Y⁴: cf. boscage〗

bo's'n /bóʊsən, -sn̩ | báʊ-/ *n.* (*also* **bos'n** /~/) =boatswain.

Bos·ni·a /bá(ː)zniə | bɔ́z-/ *n.* ボスニア《ヨーロッパ南部, Balkan 半島西部の地域; 旧トルコ領 (1463–1878), オーストリアハンガリー帝国領 (1878–1918), 今は Bosnia and Herzegovina の一部》.

Bósnia and Herzegovína *n.* (*also* **Bósnia-Herzegovína**) ボスニア ヘルツェゴビナ《ヨーロッパ南部, Balkan 半島西部の共和国; 面積 51,129 km², 首都 Sarajevo》.

Bos·ni·an /bá(ː)zniən | bɔ́z-/ *adj.* ボスニア(人・語)の. — *n.* ボスニア人; ボスニア語. 〖(1788): ⇨ -an¹〗

bos·om /búzəm, búːz- | búz-/ *n.* **1 a** 胸 (breast); 胸と両腕で囲まれた空間, 胸元: press a person to one's ~ 人を胸に抱き締める / put a baby to the ~ 赤ん坊に乳を飲ませる. **b** [通例 *pl.*] (女性の)乳房 (⇨ breast SYN). **2 a** (女性の衣類の)胸部. **b** シャツの胸 (shirtfront). **c** 衣服の胸部の内側, ふところ: put a letter into one's ~ 手紙を懐に入れる. **3 a** (心情・愛情の中心としての)胸, 胸中(の思い) (heart): the wife of one's ~ 最愛の妻, 愛妻 / keep in one's ~ 胸に秘めておく / speak one's ~ 胸中を語る / come home to one's ~ 胸にこたえる / take a person [woman] to one's ~ 人を腹心の友にする[女をめとる]. **b** 愛情[保護]のある所, 身内同士, 内輪 (inner circle): in the ~ of one's family 家族の愛情に囲まれて, 一家だんらんで / in the ~ of the Church 教会に守られて. **c** 奥まった所, 内部, (山の)ふところ (interior): in the ~ of the earth 地球の内部に / in the ~ of a mountain 山奥に. **4** (大海・湖・川・土地などの)表面: on the ~ of the ocean 大海に浮かんで. **5** 〘造船〙=root¹ 12.

in Ábraham's bósom ⇨ Abraham's bosom 成句.

— *adj.* [限定的] **1** 胸の, 胸部の. **2** 親しい, 愛する, 胸に秘めた: a person's ~ friend 親友 / They are ~ buddies. 心を許しあえる友人同士だ.

— *vt.* 《古》**1** 胸に抱き締める, 抱擁する. **2** 胸に秘める, 隠す.

〖OE *bōsm* < (WGmc) **bōsmaz* (G *Busen*) ← ? IE **beu-* to swell〗

bósom bàr *n.* 〘造船〙覆山形材《山形材の継手部を覆う形に用いる短い山形材》.

bósom chùm *n.* 《俗》シラミ, ネズミ.

bós·omed *adj.* **1** 胸に秘めた. **2** [通例複合語の第 2 構成素として] (…の)胸(部)の: large-*bosomed*. 〖(1603): ⇨ -ed 2〗

bósom plàte *n.* 〘造船〙胸材継ぎ手《2 つの山形材を継ぐとき, その内側に当てる短い山形材》.

bos·om·y /búzəmi, búːz- | búz-/ *adj.* **1 a** 〈女性が〉胸の豊かな (cf. busty). **b** 〈写真・本のカバーなど〉胸の豊かな女性を写した[載せた]. **2** 〈丘など〉上[外]に膨れた. 〖(1611): ⇨ -y⁴〗

bos·on /bóʊsɑ(ː)n, bóʊz- | báʊsɒn, báʊz-/ *n.* 〘物理〙ボソン, ボース粒子《光子・パイ中間子・アルファ粒子のようにボースアインシュタイン統計に従う, スピンが整数の粒子; cf. fermion》. **~·ic** *adj.* 〖(1947) ← *S. N. Bose* (1894–1974: インドの物理学者): ⇨ -on²〗

Bos·pho·rus /bá(ː)sf(ə)rəs, bá(ː)sp(ə)- | bɔ́sf(ə)-, bɔ́sp(ə)-/ *n.* =Bosporus.

Bos·po·ran /bá(ː)sp(ə)rən | bɔ́sp-/ *adj.* ボスポラス海峡 (Bosporus) の. 〖(⇨ Bosporus, -an¹)〗

Bos·po·ran·ic /bɑ̀(ː)spərǽnɪk | bɔ̀s-/ *adj.* =Bosporan.

Bos·po·ri·an /bɑ(ː)spɔ́ːriən | bɔs-/ *adj.* =Bosporan.

Bos·po·rus /bá(ː)sp(ə)rəs | bɔ́s-/ *n.* [the ~] ボスポラス海峡《トルコのイスタンブールを貫いて黒海と Marmara 海とを結ぶ海峡; Dardanelles と共に同国のヨーロッパ側とアジア側を分け, 古代にはヨーロッパとアジアの境をなすとみなされた; 長さ 30 km》. 〖□ L ~ □ Gk *Bósporos* (通俗語源) ← *boós* of an ox+*póros* ford〗

bos·que /bá(ː)sk | bɔ́sk/ *n.* 《米南西部》=bosk. 〖□ Sp. ~: cf. bush¹〗

bos·quet /bá(ː)skɪt | bɔ́s-/ *n.* =bosket. 〖*c*1737〗

boss¹ /bɔ́(ː)s, bá(ː)s | bɔ́s/ *n.* **1** 《口語》(直属の)上司; (労働者の)親方, ボス, かしら; 社長, 所長, 学長, 監督, 主任(など): a ~ over [of] the board 《豪》羊毛刈取り所の監督. 日英比較 日本語の「ボス」のような悪い意味は含まない. **2** [通例 the ~] 《口語》ボス的役割をする人, 支配者: She is the ~ in the house. 彼女は家の実権を握っている / be one's own ~ 人に雇われていない, 自営業である, 思うようにやれる. **3** 《米》(政界などの)首領, 親玉, 大立物: a political [labor] ~ 政界[労働界]の大立物. — *adj.* [限定的] **1** 《口語》ボスである, 首領である (chief): a ~ printer 印刷所主任. **2** 〘もと黒人英語〙《米俗》一流の, すてきな (first-rate): a ~ cook, shoemaker, etc.

— *vt.* 《口語》**1** …の親方[ボス]になる; (親玉となって)指揮[監督]する (control): ~ the crew 乗組員の長である / ⇨ *boss the* SHOW. **2** [~ it として] ボスとなる, 親分風を吹かす. — *vi.* 《口語》**1** ボスとなる. **2** 威張り散らす, 偉そうにする. ***bóss a person abóut [aróund]*** 人をこき使う. 〖(1806) □ Du. *baas* master ← ?〗

boss² /bɔ́(ː)s, bá(ː)s | bɔ́s/ *n.* **1 a** (象牙・金属などの平らな面に彫った, または打ち出した装飾的な)突起, いぼ, 飾り鋲. **b** (盾の)心, 盾心《盾の中央につけた金属製の鋲》. **2** 〘建築〙**a** (教会などの天井のリブ (rib) の交差点に付ける)盛上げ装飾, 浮き上げ彫り (⇨ Gothic 挿絵). **b** 荒削りをしてあとで彫刻するためにはめ込まれた石. **3** 〘製本〙(保護と装飾をかねて本の表紙の角などに付ける)飾り金具, 飾り鋲, 浮出し飾り. **4** 〘生物〙突起. **5** 〘地質〙岩株《比較的小形の深成岩体》. **6** 〘機械〙ボス《ハンドル・車輪などで軸のはまる穴の縁の肉厚になっている補強部》. **7** 〘海事〙**a** ボス, 軸孔《推進器軸が船外に出るところ》. **b** ボス《推進器翼の基部》. — *vt.* **1** [通例 p.p. 形で] 浮上げ彫りで装飾する, …にいぼ飾りをつける; 飾り金具で飾る. **2** = emboss. 〖(*a*1325) *bos* □ OF *boce* (F *bosse*) protuberance < VL **bokja*, **botja* (It. *bozza* a swelling): cf. botch²〗

boss³ /bɔ́(ː)s, bá(ː)s | bɔ́s/ 《英俗》*n.* 見当違い, やり損ない, へま (bungle): make a ~ of …をやり損なう / ⇨ boss shot. — *vt.* しくじる, 当て損なう, やり損なう (miss). 〖(1860) ← ?: cf. boss-eyed〗

boss⁴ /bɔ́(ː)s, bá(ː)s | bɔ́s/ *n.* (れんが積み作業のとき, 吊るして用いる木製の)モルタル入れ. 〖(1542) □ ? MDu. *bosse* (Du. *bus*) 'BOX¹'〗

boss⁵ /bɔ́(ː)s, bá(ː)s | bɔ́s/ *n.* 《米口語》[主に呼び掛けに用いて] 牛 (cow); 小牛 (calf). 〖(1790) ← 《方言》*buss* half-grown calf ← ?: cf. L *bōs* ox, cow〗

boss⁶ /bɔ́(ː)s, bá(ː)s | bɔ́s/ *adj.* 《スコット》うつろな (hollow), からっぽの (empty); 貧困な (destitute). 〖(1513) ← ?: cf. boss²·⁴〗

BOSS /bɔ́(ː)s, bá(ː)s | bɔ́s/ *n.* 《南ア》国家秘密情報局《1978 年に National Intelligence Service に改名》. 〖(1969) 《頭字語》← *B(ureau) o(f) S(tate) S(ecurity)*〗

boss·age /bá(ː)sɪdʒ | bɔ́s-/ *n.* 〘石工〙積彫石, 切出し野面《あとで彫刻して仕上げるため, 粗く突出して積まれる石》. 〖(1730–36) □ F ~: ⇨ boss², -age〗

bos·sa no·va /bá(ː)sənóʊvə, bá(ː)sə- | bɔ́sənáʊ-; *Braz.* bɔ́sanɔ́va/ *n.* **1** 〘音楽〙ボサノバ《ブラジルの民俗音楽サンバにジャズが影響を与えてできた音楽》. **2** ボサノバの踊り. 〖(1962) □ Port. ~ ← *bossa* tendency+*nova* ((fem. sing.) ← *novo* 'NEW' < L *novum* new)〗

bóss·bòy *n.* 《南ア》(炭坑労働者などを監督する)黒人の現場主任. 〖1906〗

bóss-cóck·y *n.* 《豪俗》**1** 労働者を雇い自分も働く農場主. **2** (特に威張っている)権力者. 〖(1898) ← BOSS¹+COCKY²〗

bóss·dom /-dəm/ *n.* **1** 政界のボス[首領]であること. **2** ボスの勢力[影響]力; ボスによる政治支配. 〖(1888) ← BOSS¹+-DOM〗

bossed *adj.* =embossed. 〖1536〗

bos·set /bɔ́(ː)sɪ̬t, bá(ː)s- | bɔ́s-/ *n.* 若いシカの未発達の角. 〖(1859) □ F *bossette* (dim.) ← *bosse* BOSS²〗

bóss-èyed *adj.* 《英口語》**1** 片目の. **2** やぶにらみの. **3** 一方にかたよった. 〖(1860) ← ? boss³: cf. 《廃》*boss-backed* hump-backed〗

Bós·sier Cíty /bóʊʒə- | báʊʒə-/ *n.* ボージャーシティー《米国 Louisiana 州北西部, Red River 沿岸の都市》.

bóss·ing *n.* ボシング《金属をつちでたたいて表面に合うようにすること》. 〖(1440): ⇨ boss², -ing¹〗

bóss·ism /-ɪzm/ *n.* 《米》親分制度, ボス的支配; ボスの政党操縦, ボス政治. 〖(1881): ⇨ boss¹, -ism〗

bóss màn *n.* =boss¹ 3.

bóss plàte *n.* 〘造船〙ボス外板《推進器の軸孔 (boss) の回りに付いている外板》.

bóss shòt *n.* 《英方言・俗》射損じ (bad shot); やり損ない, し損じ: make [have] a ~ at …を射[やり]損なう. 〖(1890): cf. boss³〗

Bos·suet /bɔ(ː)swéɪ | bɔs-; *F.* bɔsɥɛ/, **Jacques Bé·nigne** /benjɲ/ *n.* ボシュエ《1627–1704; フランスの聖職者・雄弁家, Meaux /mo/ の司教 (1681–1704); 諸名家哀悼の説教 *Oraisons funèbres* で著名》.

boss·y¹ /bɔ́(ː)si, bá(ː)si | bɔ́si/ *adj.* (**boss·i·er, -i·est; more ~, most ~**) 《口語》ボスらしい; 親分風を吹かせる, 威張り散らす. **bóss·i·ly** *adv.* **bóss·i·ness** *n.* 〖(1882): ⇨ boss¹, -y⁴〗

boss·y² /bɔ́(ː)si, bá(ː)si | bɔ́si/ *adj.* (**boss·i·er, -i·est; more ~, most ~**) **1** =embossed. **2** (家具が)飾り鋲のついた. **3 a** 膨らんだ, 丸くなった. **b** 〈犬が〉肩肉の発達した. 〖(1543): ⇨ boss², -y⁴〗

boss·y³ /bɔ́(ː)si, bá(ː)si | bɔ́si/ *n.* [主に愛称] 《米口語》牛 (cow), 小牛 (calf). 〖(1844): ⇨ boss⁵, -y²〗

bóssy·bòots *n.* 《英口語》いばりちらす人. 〖← BOSSY¹+BOOTS〗

bos·thoon /bá(ː)sduːn, bɔ́(ː)s- | bɔ́s-/ *n.* 《アイル》粗野な男, 無骨な男 (boor). 〖(1833) □ Ir. *bastūn* spiritless fellow〗

Bos·ton¹ /bɔ́(ː)stən, bá(ː)s- | bɔ́s-/ *n.* ボストン: **1** 米国 Massachusetts 州の州都, New England 最大の都市で, 主要貿易港; 1630 年清教徒により建設された米国最古の文化都市で今でも文化中心地; 俗称 the Puritan City, the Bean Town. **2** イングランド Lincolnshire 州南西部の港市. 〖OE *Bōtuluestān* 《原義》'stone of *Botwulf* (7 世紀半ごろ (East Anglia に修道院を建立した聖者)': 1 は英本土の地名に因んだ命名〗

Bos·ton², b- /bɔ́(ː)stən, bá(ː)s- | bɔ́s-/ *n.* **1** ボストンワルツ《米国に起源をもつ社交ダンスのスローワルツ》. **2** 〘トランプ〙ボストン《2 組のカードを用い, 4 人でする whist の変種》. 〖1: (1879) ← *Boston dip* (*walts*). 2: (1800) □ F ~ ← BOSTON¹〗

Bos·ton³ /bɔ́(ː)stən, bá(ː)s- | bɔ́s-/ *n.* 〘商標〙ボストン《米国 Hunt Manufacturing 社製の事務用品; 同社は美術工芸材料の大手でもある》.

Bóston árm *n.* 〘医学〙米国 Boston で開発された義手.

Bóston bàg *n.* ボストンバッグ. 〖1922〗

Bóston báked béans *n.* 〘料理〙ボストン風ベイクトビーンズ《米国 Boston の名物料理; インゲンマメと塩漬け豚肉を煮込んで糖蜜・赤砂糖で味つけする》. 〖1853〗

Bóston Báy *n.* ボストン湾《米国の Boston 港を含む Massachusetts 湾の一部》.

Bóston brówn bréad *n.* =brown bread 2.

Bóston búll *n.* =Boston terrier.

Bóston búll térrier *n.* =Boston terrier.

Bóston bútt *n.* (豚の)肩肉 (⇨ pork 挿絵).

Bóston Cómmon *n.* [(the) ~] ボストンコモン(公園)《米国 Boston の中心にある公園; 昔の共有地》.

Bóston cràb *n.* 〘プロレスリング〙ボストンクラブ, 逆えび固め《相手の両足[片足]を取ってうつぶせにし背中に圧力を加えるホールド》. 〖1961〗

Bóston créam píe *n.* 《米》ボストンクリームパイ《クリームまたはカスタードを詰めた二枚重ねのスポンジケーキ; 上部に糖衣をかける》. 〖1908〗

Bos·to·nese /bɔ̀(ː)stəníːz, bɑ̀(ː)s-, -níːs | bɔ̀stəníːz/ *n.* **1** [集合的] ボストン市民. **2** ボストン市民の言語[習慣]. — *adj.* ボストン(市民)の. 〖(1785): ⇨ -ese〗

Bóston férn *n.* 〘園芸〙ボストンタマシダ (*Nephrolepis exaltata* var. *bostoniensis*) 《米国でできたタマシダの園芸変種; 下垂性の葉は大形, 暗緑色で長さ 1 m 位になる》. 〖*c*1900〗

B

Bóston Glóbe *n.* [the ~]「ボストングローブ」《米国 Boston 市で発行されている朝刊紙; 特に New England 地方で読者が多い》.

Bos·to·ni·an /bɔ(:)stóuniən, bɑ(:)s- | bɔstóu-/ *adj.* ボストン(市民)の. — *n.* ボストン市民. 〖《1682》: ⇨ -ian〗

Bóston ívy *n.* 〖植物〗ツタ (*Parthenocissus tricuspidata*) 《Japanese ivy ともいう; cf. Virginia creeper》. 〖*c*1900〗

Bóston léttuce *n.* 〖植物〗ボストンレタス《バターヘッド型レタスの一品種で, 内部が黄色味を帯びる; サラダ菜の一種》.

Bóston Mássacre *n.* [the ~] 〖米史〗ボストン虐殺事件《1770 年 3 月 5 日に起こった Boston 市民の暴動で, 英国兵による市民 5 人の殺害事件; 独立革命の導火線となった事件の一つ》.

Bóston Póps *n.* [the ~] ボストンポップス管弦楽団《1930 年 Arthur Fiedler (1894–1979) が常任指揮者となってから米国内や国外で有名となる; 正式名 Boston Pops Orchestra》.

Bóston rócker *n.* ボストン型ロッキングチェア《Windsor chair の変形で, 湾曲した座板がある》. 〖1856〗

Bóston Téa Pàrty *n.* [the ~] 〖米史〗ボストンティーパーティー, ボストン茶会事件《英国政府の茶に対する課税に反対して, ボストン市民が 1773 年 12 月 16 日インディアンの姿で湾内停泊中の英船に乗り込み, 船内の茶を海に投げ捨てた事件》.

Bóston térrier *n.* ボストンテリア《英国のブルドッグと英国の白いテリアとにより米国で作られた白の模様のあるまだら, または黒に白の模様のある小形犬; Boston bull (terrier) ともいう》. 〖1894〗

bos·toon /bɑ(:)stúːn | bɔs-/ *n.* =bosthoon.

bo·sun /bóusən, -sn | bóu-/ *n.* (*also* **bo'·sun** /~/) =boatswain. 〖《1868》: 発音を写した短縮形〗

Bos·well /bɑ́(:)zwəl, -wɛl | bɔ́z-/ *n.* (自分の崇拝する同時代の有名な人物の伝記を書くために一身を捧げるボズウェル流の)忠実な伝記作家. 〖↓〗

Bos·well /bɑ́(:)zwəl, -wɛl | bɔ́z-/, **James** *n.* ボズウェル《1740–95; スコットランドの法律家, 英国の文豪 Samuel Johnson の崇拝者・伝記作者; *The Life of Samuel Johnson* (1791)》.

Bos·well·i·an /bɑ(:)zwéliən | bɔz-/ *adj.* ボズウェル (Boswell) らしい, ボズウェル流の. — *n.* ボズウェルの研究[崇拝]者. 〖《1825》: ⇨ ↑, -ian〗

bos·well·ize, B- /bɑ́(:)zwəlàɪz, -wɛ̀l- | bɔ́z-/ *vi., vt.* ボズウェル (Boswell) 流に書く, 細大もらさずに叙述する. 〖《1837》: ⇨ -ize〗

Bós·worth Fíeld /bɑ́(:)zwə(:)θ- | bɔ́zwə(:)θ-/ *n.* ボズワースフィールド《イングランド中部, Leicestershire 州にある古戦場; Leicester 市の南西郊外に位置する; 1485 年にこの地で Richard 三世は後の Henry 七世 (Tudor 王家の祖) と対戦して戦死し, Wars of the Roses が終わった》. 〖← *Bosworth* ← OE *Boseworde* 《原義》'homestead of *Bōsa* (人名)'〗

bot[1] /bɑ́(:)t | bɔ́t/ *n.* 〖昆虫〗ウマバエ (botfly) の幼虫, タケノコムシ《特に, 馬の胃に寄生する; cf. bots 1》. 〖《*a*1475》 ← ? LG (cf. Du. *bot*)〗

bot[2] /bɑ́(:)t | bɔ́t/ *n.* 〖英口語〗お尻. 〖《1922》《略》← BOTTOM〗

bot[3] /bɑ́(:)t | bɔ́t/ 〖豪口語〗*vt.* ねだる, 無心する. — *vi.* (…に)たかる (cadge) 〔*on*〕. — *n.* たかり (cadger). ***on the bót (for* …)** (…を)せがんで, たかって. 〖《1916》(転用) ← BOT[1]〗

bot[4] /bɑ́(:)t | bɔ́t/ *n.* **1** (SF で) ロボット. **2** 〖電算〗ボット: **a** ネットワーク上でのゲームやチャットで, プログラムが表示する人物. **b** [しばしば複合語の第 2 構成素として] = agent: shop*bot*, buy*bot*.

BoT, BOT 《略》《英》Board of Trade.

bot. 《略》botanical; botanist; botany; bottle; bottom; bought.

BOTAC 《略》《英》British Overseas Trade Advisory Council.

botan. 《略》botanical.

bo·tan·ic /bətǽnɪk | bə-, bɔ-/ *adj., n.* =botanical. 〖《1656》 ▭ F *botanique* ∥ LL *botanicus* ▭ Gk *botanikós* ← *botánē* herb: ⇨ -ic[1]〗

bo·tan·i·ca /bətǽnɪkə/ *n.* ボタニカ《魔除けや薬草などを売る店》. 〖《1969》 ▭ Am.-Sp. ~ (↑)〗

bo·tan·i·cal /bətǽnɪkəl, -kl | bətǽnɪ-, bɔ-/ *adj.* **1 a** 植物の[に関する]. **b** 植物学の[に関する], 植物学上の. **2** 植物から採った: ~ drugs 植物性薬品. **3** (園芸種でなく)植物の生来の (species) (cf. horticultural): a ~ lily. — *n.* 〖薬学〗植物性薬品《草根木皮の類》. **~·ly** *adv.* 〖《1658》: ⇨ ↑, -al[1]〗

botánic [botánical] gárden *n.* 植物園. 〖1785〗

bot·a·nist /bɑ́(:)tənɪst, -tn-, -tn- | bɔ́tənɪst, -tn-/ *n.* 植物学者, 植物研究者. 〖《*a*1682》 ▭ F *botaniste*: ⇨ botanic, -ist〗

bot·a·nize /bɑ́(:)tənàɪz, -tn- | bɔ́tən-, -tn-/ *vi.* (植物学の研究のために)植物を採集する; 植物の実地研究をする. — *vt.* 植物学的に踏査する. **bót·a·nìz·er** *n.* 〖《1767》 ← NL *botanizāre* ← Gk *botanízein* to gather plants〗

bót·a·nìzing *n.* 〖植物〗植物生態研究《自然の生息地での植物研究》.

bot·a·ny[1] /bɑ́(:)təni, -tni, -tni | bɔ́təni, -tni/ *n.* **1** 植物学: geographical ~ =phytogeography / morphological ~ 植物形態学 / special ~ 植物学各論 / structural ~ 植物組織学 / systematic ~ 植物分類学. **2 a** (一地方の)植物(全体): the ~ of North America 北米の植物. **b** 植物の生態: the ~ of deciduous trees 落葉樹の生態. **3 a** 植物学の論文[研究]. **b** 植物学の特定の体系[組織]. 〖《1696》 ← BOTANIC: -y は ASTRONOMY などとの類推による〗

bot·a·ny[2] /bɑ́(:)təni, -tni, -tni | bɔ́təni, -tni/ *n.* ボタニーウール《もとオーストラリア Botany Bay 産の極上メリノ羊毛》. 〖《1882》 ← *Botany Bay*〗

Bótany Báy *n.* **1** ボタニー湾《オーストラリア南東部 New South Wales 州のタスマン海 (the Tasman Sea) 沿いの湾; 1770 年 Captain Cook が発見; 沿岸は一時英国の犯罪者植民地; cf. Port Jackson》. **2** 《古》犯罪隔離[収容]所. 〖《1812》 発見当時 (1770) 多種類の植物が採取されたことから Captain Cook が命名〗

Bótany wóol, b- w- *n.* =botany[2]. 〖1883〗

Bótany yárn *n.* オーストラリア産極上梳毛(そ)糸. 〖1882〗

bo·tar·go /bətɑ́ːgou | -tɑ́ːgəu/ *n.* ボラ・マグロの卵を塩漬け・乾燥させたもの; からすみ. 〖《1598》 ▭ It. ~ ▭ MArab. *buṭārkhah* salted fish roe ▭ Coptic *outarakhon* ← *ou-* (indef. art.)＋Grk *taríkhion* pickle〗

BOTB 《略》British Overseas Trade Board.

botch[1] /bɑ́(:)tʃ | bɔ́tʃ/ *n.* **1 a** 不手際[へた]な仕事[細工, 繕い] (bungle): make a ~ of …をやり損なう. **b** (乱雑な)寄せ集め (hodgepodge). **2** 見苦しい継ぎはぎ, みっともない継ぎ当て; 欠点, きず (defect). — *vt.* **1** やり損なう, 台なしにする (spoil) 〈*up*〉: ~ *up* everything, a plan, a job, etc. **2** へたに繕う, 見苦しく修繕する. **3** なんとか寄せ集めて作る: ~ data *together* to produce a report 資料を寄せ集めて報告書をでっち上げる. — *vi.* 見苦しい継ぎはぎをする; やり損なう. 〖v.: 《*c*1384》 *boche(n)* ▭ ? MDu. *butsen* to patch. — n.: 《1606》 ← (v.)〗

botch[2] /bɑ́(:)tʃ | bɔ́tʃ/ *n.* 《廃・英方言》**1** (炎症のため)熱をもったはれもの, おでき (boil), 潰瘍 (ulcer). **2** 発疹(しん), 吹き出物. 〖《*c*1330》 *bocche* hump, ulcer ▭ ONF *boche* (異形) ← OF *boce* 'BOSS[2]'〗

bótch·er *n.* へたな職人. 〖《1440》: ⇨ botch[1], -er[1]〗

botch·er·y /bɑ́(:)tʃ(ə)ri | bɔ́tʃ-/ *n.* **1** 不手際, 不細工; でき損ない. **2** 見苦しい継ぎはぎ, へたな修繕[繕い]. 〖《1608》: ⇨ botch[1], -ery〗

bótch·wòrk *n.* 不細工[ぞんざい]な仕事[作品].

botch·y[1] /bɑ́(:)tʃi | bɔ́tʃi/ *adj.* (**botch·i·er, -i·est; more ~, most ~**) 不手際な, へたな, やり損なった. **bótch·i·ly** /-tʃəli | -tʃɪ̀li/ *adv.* **bótch·i·ness** *n.* 〖《1879》: ⇨ botch[1], -y[4]〗

botch·y[2] /bɑ́(:)tʃi | bɔ́tʃi/ *adj.* (**botch·i·er, -i·est; more ~, most ~**) 《廃・英方言》できものだらけの. 〖《*a*1398》: ⇨ botch[2], -y[4]〗

bo·tel /boutél | bə(u)-/ *n.* =boatel. 〖《1956》《混成》← BO(AT)＋(MO)TEL〗

bót·flỳ *n.* 〖昆虫〗ウマバエ (*Gasterophilus intestinalis*) 《ウマバエ科の昆虫》; (しばしば幼虫が人畜の体に寄生する)ヒツジバエ (sheep botfly), ウシバエ (common cattle grub) (など) (cf. horse botfly, human botfly). 〖《1819》← BOT[1]＋FLY[2]〗

both /bóuθ | báuθ/ *adj.* 二つともの, 双方の, 両方の, 両…: *Both* yours and mine are here. 君のも私のも両方ともここにある / ~ his parents 彼の両親とも / ⇨ *have it both* WAYS / *Both* (the) brothers are doctors. 兄弟は二人とも医者だ (★ *Both* of the brothers … のほうが口語的: ⇨ *pron.*) / You can do it ~ ways. それはどちらのやり方でもやれる / It was the happiest time of ~ their lives. 彼ら二人の生涯で最も楽しい時であった / I do not want ~ books. 本は両方(は)いらない. ★ この文は部分否定のほか全部否定も意味し, あいまい. 次のようにすればあいまいさはなくなる. I don't want either book. I want neither book. (全部否定). I want one of the books(, not both). (部分否定).
— *pron.* **1** 両方(とも), 二つながら, 両者: *Both* are absent. 両方とも欠席です / I like *both* of them. その二つとも好きだ / *Both* of the brothers are honest. 兄弟は二人とも正直者だ (★ 形式ばった言い方では *Both* brothers … のほうが好まれる) / We ~ went. 私たち二人とも行った / They are ~ present. 彼らは二人とも出席している / They were ladies ~. 二人とも淑女でした / *Both* are not dead. 両方とも死んだわけではない《死んでいるのは一人だけ》.
2 [the ~ of … として] 《口語》=both of … 《非標準的な言い方》: *the* ~ *of* us 私たち二人とも.
— *conj.* [相関的に ~ … and … として] …も…も(二つながら), いずれも; …のみならずまた (cf. neither … nor …): *Both* brother *and* sister are teachers. 兄も妹も先生をしている / He is ~ a scholar *and* (a) poet. 学者であると同時に詩人でもある / It is ~ good *and* cheap. それは良い上に安い / He worked ~ by day *and* by night. 昼夜を分かたず働いた / They came ~ by land *and* by sea. = They came by ~ land *and* sea. 陸路からも海路からもやってきた / She could ~ sing *and* dance. 歌も踊りもどちらもできた. ★ (1) まれに *both* God *and* man *and* beast のように二つ以上のものを並べる場合もある. この場合は both を省くのが普通. (2) It is good for him *and* me *both*. のように both を後置するのは正しくない.
〖《*a*1131》 *bāþe, bōþe* ▭ ON *báðir* < Gmc **bai, *bōs, *ba* (G *beide*) ← IE **ambhō* both (L *ambō* / Gk *ámphō*): *-th* は起源的に定冠詞〗

Bo·tha /bóutə, búə- | báutə, búə-; *Afrik.* búəta/, **Louis** *n.* ボタ《1862–1919; 南アフリカ連邦の将軍・政治家; 初代首相 (1910–19)》.

Bo·tha, P(ieter) W(illem) *n.* ボタ《1916–　; 南アフリカ共和国の政治家; 首相 (1978–84), 大統領 (1984–89)》.

Both·am /bóuθəm | báu-/, **Ian (Terence)** *n.* ボサム《1955–　; 英国のクリケット選手》.

Bo·the /bóutə | báutə; G bóːtə/, **Wal·ther** /vɑ́ltɐ/ *n.* ボーテ《1891–1957; ドイツの物理学者; Nobel 物理学賞 (1954)》.

both·er /bɑ́(:)ðə | bɔ́ðə[r]/ *vt.* **1** …に面倒をかける, うるさがらせる, いやがらせる, 悩ます (worry) (⇨ annoy SYN): ~ one's head [brains] (*about* …) (…のことで)頭を悩ます, くよくよする / Don't ~ yourself *about* me. 私のことはお構いなく / ~ a person *for* money 人にうるさく金を貸せという / ~ a person *with* trifles つまらないことで人に迷惑をかける / ~ oneself *about* trifles つまらないことを思い煩う / He has been ~*ed with* a persistent cold. しつこい風邪で悩んでいる / Stop ~*ing* me! 邪魔しないでくれ / I'm sorry to ~ you, but … ご面倒ですが… / I can't [couldn't] be ~*ed* to see [seeing] anyone now. 今はだれに会うのもごめんだ《あとにしてもらいたい》/ My stomach is ~*ing* me. 胃(の調子)が悪い / Would it ~ you if he smoked? 彼がたばこを吸ったらご迷惑ですか. **2** 困らせる, ろうばいさせる (bewilder): That doesn't ~ me, it's quite simple. 平気だよ, わけないことさ. **3** 〖英口語〗[軽いののしりに用いて] のろう (confound) (cf. *int.*): Oh, ~ it! ちぇっ, うるさい; いまいましい; いやになっちまう / *Bother* the flies! このはえめ.
— *vi.* **1** 苦にする, 思い悩む, くよくよする, 心配する: Don't ~ *about* it. そんなことは心配するな / I haven't the time to ~ *with* such things. そんな事にかまけている暇なんかない / Please don't ~. I can do it myself. どうぞお構いなく. 自分でできますから. **2** [否定構文で; *doing* または *to* do を伴って] わざわざ…する: Don't ~ waiting for me. 待っていてくれなくてもいいよ / He didn't ~ *to* reply. 答えようともしなかった / Don't ~ *to* knock. ノックは無用.
— *n.* **1 a** 厄介, 面倒 (worry); 面倒な事態: put a person to a lot of ~ 人に大変な厄介[手数]をかける / He doesn't want to go to all that ~. そんな面倒なことはしたがらない / I had a lot of ~ finding his house. 彼の家を探すのにずいぶん苦労した / He's in a spot of ~ (*with* them) *about* it. 〖英口語〗それで(彼らと)少々厄介なことになっている. **b** 悩みの種; 厄介な物[事], 迷惑な人: What a ~! なんて面倒なんだ / I find this work a great ~. この仕事はなかなか面倒くさい / These shirts are a (real) ~ to iron. これらのシャツにアイロンをかけるのは(ほんとに)面倒だ / He is quite a ~ *to* me. 私にはまったくもって厄介な奴だ. **2 a** (つまらないことでの)騒ぎ (fuss); いざこざ (dispute): What is all this ~ *about*? この騒ぎはいったいどうしたのだ. **b** =bovver.
— *int.* 〖英口語〗[軽いののしりとして] うるさい, いまいましい (cf. botheration): Oh, ~! ああうるさい.
〖《1718》 *bodder* ▭ ? Ir. *buaidhrim* I bother ∥ ← ? Ir. 《変形》← POTHER〗

both·er·a·tion /bɑ̀(:)ðəréɪʃən | bɔ̀ðə-/ 《口語》*n.* **1** 煩わしさ (annoyance), じれったいこと (vexation). **2** 煩わしい事. — *int.* [軽いののしりに用いて] うるさい, いまいましい (cf. bother): Oh, ~! ちぇっ, いまいましい. 〖《1797》: ⇨ ↑, -ation〗

both·er·some /bɑ́(:)ðəsəm | bɔ́ðə-/ *adj.* 煩わしい, 厄介な, うるさい (troublesome). 〖《1834》: ⇨ -some[1]〗

bóth-hánded *adj.* 両手ききの, 両手を使う. 〖*a*1637〗

both·ie /bɑ́(:)θi, bóu- | bɔ́θi/ *n.* =bothy.

Both·ni·a /bɑ́(:)θniə | bɔ́θ-/, **the Gulf of** *n.* ボスニア湾《バルト海北部, スウェーデンとフィンランドとの間の湾; 冬期結氷する; 長さ 725 km》.

Both·ni·an /bɑ́(:)θniən | bɔ́θ-/ *adj.* ボスニア湾地方[付近]の, ボスニア(湾地方)の住民(特有)の. — *n.* ボスニア(湾地方)の住民.

Both·nic /bɑ́(:)θnɪk | bɔ́θ-/ *adj.* =Bothnian.

bothr- /bɑ(:)θr | bɔθr/ (母音の前にくるときの) bothro- の異形.

both·ri- /bɑ́(:)θri | bɔ́θ-/ (母音の前にくるときの) bothrio- の異形.

bothria *n.* bothrium の複数形.

bo·thrid·i·um /bouθrídiəm | bə(u)θrídi-/ *n.* (*pl.* **-i·a** /-diə/, **~s**) 〖動物〗吸溝《条虫類の頭節から出ている葉状・耳状などの筋肉の突起で, 固着器官の一つ》. 〖← NL ~: ⇨ bothro-, -idium〗

both·ri·o- /bɑ́(:)θriou | bɔ́θriəu/ 〖動物〗「吸溝, 吸窩(きゅうか) (bothrium)」の意の連結形. ★ 母音の前では通例 bothri- になる. 〖← NL ~ ← BOTHRIUM〗

both·ri·um /bɑ́(:)θriəm | bɔ́θ-/ *n.* (*pl.* **-ri·a** /-riə/, **~s**) 〖動物〗吸溝, 吸窩(きゅうか) 《条虫類の頭節にある溝状の構造で, 固着器官の一つ》. 〖← NL ~ ← Gk *bóthrion* (dim.) ← *bóthros* pit, trench〗

both·ro- /bɑ́(:)θrou | bɔ́θrəu/「吸溝, 吸窩 (bothrium)」の意の連結形. ★ 母音の前では通例 bothr- になる. 〖← NL ~ ← BOTHRIUM〗

bóth-síded *adj.* 両面のある; 両方をきく: a ~ policy 両面政策. 〖1879〗

Both·well /bɑ́(:)θwəl, bɑ́(:)ð-, -wɛl | bɔ́θ-, bɔ́ð-/, 4th **Earl of** *n.* ボズウェル《1535–78; スコットランドの貴族で女王 Mary Stuart の 3 人目の夫; Darnley を殺害したといわれる; 本名 James Hepburn》.

both·y /bɑ́(:)θi, bóu- | bɔ́θi/ *n.* 《スコット》小屋; (農夫・狩猟者などを泊める)合宿所; 山小屋. 〖《1771》← ? BOOTH ∥ ← ? Ir. Gael. *bothag bothan* (dim.) ← *both* hut〗

bóthy bállad *n.* 《スコット》(特に農場労働者が歌う)民謡, 農民バラッド.

boto *n.* =boutu.

bot·o·née /bɑ̀(:)tənéɪ | bɔ̀tə-/ *adj.* (*also* **bot·on·née** /~/, **bot·on·ny** /bɑ́(:)təni | bɔ́t-/, **bot·o·ny** /bɑ́(:)təni | bɔ́t-/) 〖紋章〗〈十字架が〉三葉[クローバー]状の, こぶ付きの. 〖《1572》 ▭ OF *botoné* (F *boutonné*) covered with buds: cf. button〗

B

bó trèe /bóʊ- | báʊ-/ *n.* 〘植物〙インドボダイジュ, テンジクボダイジュ (*Ficus religiosa*)《釈迦(しゃか)がこの木の下で成道したというので, 神聖視されている; peepul, pipal ともいう》. 〖(1862)《部分訳》← Singhalese *bogaha* ← *bo* (cf. Skt *bodhi* enlightenment (菩提) ← IE **bheudh-* to be aware: ⇨ Buddha)+*gaha* tree〗

bot·ry·oid /bá(ː)triɔ̀ɪd | bɔ́tr-/ *adj.* =botryoidal. 〖1747〗

bot·ry·oi·dal /bà(ː)triɔ́ɪdḷ | bɔ̀triɔ́ɪdḷ⁻/ *adj.* 〈鉱物・植物の部分が〉ぶどうの房状の. 〖(1816) ← Gk *botruoeidḗs* ← *bótrus* cluster of grapes: ⇨ -al¹〗

bot·ry·o·my·co·sis /bà(ː)trioʊmaɪkóʊsɪs | bɔ̀triə(ʊ)maɪkə́ʊsɪs/ *n.* 〘病理〙ボトリオセミス症《馬ブドウ球菌が原因で起こる家畜, 人などの化膿性肉芽腫性感染症》.
bot·ry·o·my·cot·ic /bà(ː)trioʊmaɪká(ː)tɪk | bɔ̀triə(ʊ)maɪkɔ́t-⁻/ *adj.* 〖← NL ～ ← Gk *bótrus* (↑)+MYCOSIS〗

bot·ry·ose /bá(ː)triòʊs | bɔ́triə̀ʊs/ *adj.* **1** =botryoidal. **2** 〘植物〙総状花序の. 〖(1880) ← Gk *bótrus* (↓): ⇨ -OSE¹〗

bo·try·tis /boʊtráɪtɪs | bə(ʊ)tráɪtɪs/ *n.* **1** 〘細菌〙ボトリチス《糸状菌類ハイイロカビ属 (*Botrytis*) の微生物; ぶどうの房状の分生胞子をもち, ボトリチス病 (Botrytis disease) の原因になる》. **2** =Botrytis disease. **bo·trý·tised** *adj.* 〖(1900) ← NL ～《変形》← Gk *bótrus* cluster of grapes〗

Botrýtis disèase *n.* 〘植物病理〙ボトリチス病《ハイイロカビ属 (*Botrytis*) の菌類による植物の腐敗病》.

bots /bá(ː)ts | bɔ́ts/ *n. pl.* [the ～; 時に単数扱い] **1** 〘獣医〙ウマバエ幼虫症, ボッツ症《ウマバエの幼虫 (bot) が牛や馬の胃に寄生して起こる病気》. **2** 《方言》腹痛 (colic). 〖(1523) (pl.) ← BOT¹〗

Bot·sa·ris /bá(ː)tsərɪ̀ːs | bɔ́ts-/, **Mar·kos** /máəkɔ(ː)s | máːkɒs/ *n.* =Marco BOZZARI.

Bot·swa·na /bɑ(ː)tswáːnə | bɔ-; *Tswana* bʊtswaːna/ *n.* ボツワナ《アフリカ南部にある英連邦内の共和国; もと英国保護領で Bechuanaland といったが, 1966 年独立; 面積 569,580 km², 首都 Gaborone; 公式名 the Republic of Botswana ボツワナ共和国》.

bott¹ /bá(ː)t | bɔ́t/ *n.* =bot¹.

bott² /bá(ː)t | bɔ́t/ *n.* =bot².

bott³ /bá(ː)t | bɔ́t/ *n.* キューポラ[溶銑炉]を閉めるための栓[取っ手, にぎり]. 〖(*a*1877)《変形》← ? BAT¹〗

bott 《略》bottle.

botte /bá(ː)t | bɔ́t; *F.* bɔt/ *n.* 〘フェンシング〙突き.

bot·te·ga /boʊtéɪgə, bə- | bə(ʊ)-; *It.* bottéːga/ *n.* (*pl.* ～**s**, **-te·ghe** /-gi, -geɪ; *It.* -ge/) 工房, ボッテーガ《助手・門人も制作に参加する大美術家の仕事場》. 〖(1900) ◻ It. ～ 'small shop, studio' < L *apothēcam* repository: cf. apothecary〗

Bot·ti·cel·li /bà(ː)tɪtʃéli | bɔ̀tɪ-; *It.* bottitʃélli/, **Sandro** /sándro/ *n.* ボッティチェッリ (1445–1510; イタリアルネサンスの代表的画家; 代表作は *Primavera* (1477–78) や *The Birth of Venus* (*c*1485) など; もと Alessandro di Mariano dei Filipepi /dei filipéːpi/).

bot·tine /bɑtíːn, bɑ(ː)- | bɔ-/ *n.* [通例 *pl.*] ボティーン《婦人・子供用の軽い長靴》. 〖(1513) ◻ F ～: ⇨ boot¹, -ine⁵〗

bot·tle¹ /bá(ː)tḷ | bɔ́tḷ/ *n.* **1 a** 瓶《通例ガラス・プラスチック製の口細の液体容器で, 上に栓またはふたがあり, 取っ手のないもの; cf. jar¹, jug¹》: an ink ～ インク瓶 / a nursing [baby's] ～ 哺乳瓶 / wine in ～*s* and in barrels 瓶詰めと樽入りのぶどう酒 / buy [sell] wine by the ～ ぶどう酒を瓶で買う[売る]. **b** 哺乳瓶. **c** 《古》(水・酒などを入れる口の緒まる)革袋: a goatskin ～. **2** 一瓶(の量), (瓶)一本, ボトル (bottleful)《約 1 quart 入り; cf. magnum 1》: drink a whole ～ ボトルを一本空ける. **3** [通例 the ～] **a** (哺乳瓶で与える)育児用ミルク: bring up a child on *the* ～ 子供をミルクで育てる (cf. bottle-fed). **b** 酒 (liquor); 飲酒: be fond of *the* ～ 酒が好きだ / talk merrily over a [*the*] ～ 酒を飲みながら陽気に話す / drown one's sorrows in a [*the*] ～ 悲しみを酒に紛らす / take to *the* ～ 酒をたしなむようになる; 酒におぼれる / be on *the* ～ 酒におぼれる, 酒びたりである / bring one's own [(英) a] ～ (パーティーに)酒を持ち込む. **4** 《英俗》勇気, 自信; 度胸, 肝っ玉: lose one's ～ 勇気をなくす, おじけづく / Have you got the ～ to do it? やる度胸があるか / have a lot of ～ 肝っ玉が据わっている. **5 a** (ガス)ボンベ. **b** 湯たんぽ (hot-water bottle). **c** =magnetic bottle. **d** 《英口語》熱電子管 (thermionic tube). **6** 《英俗》大道芸人 (busker) が集める金, 上がり. **7** 《英海軍俗》譴責(けんせき), 訓戒 (reprimand). ***cráck a bóttle*** びんを空ける; 酒を飲む. ***hít the bóttle*** 《俗》(1) 大酒を飲む. (2) 酔っ払う. (1942) ***nò bóttle*** 《俗》役に立たない, 無用な[に].
— *vt.* **1 a** 〈酒などを〉瓶に詰める, 瓶詰めする: ～ milk [wine]. **b** 《英》〈果実などを〉ジャムにして瓶に詰めて保存する: ～ fruit. **c** 〈ガスを〉ボンベに詰める. **2** 《英俗》〈犯人などを〉捕らえる (nab). **3** 《英海軍俗》譴責(けんせき)する, 訓戒する (admonish). **4** 《俗》こわれた瓶で刺す. — *vi.* 《英俗》〈大道芸人が〉金を集める.
bóttle óff 〈酒を〉樽から瓶に詰め替える. ***bóttle óut*** 《英俗》勇気をなくす, おじけづく, しり込みする: He ～*d out* at the last minute. 最後の最後になっておじけづいた. ***bóttle úp*** (1) 〈感情などを〉抑える (restrain). (2) 瓶に密封する. (3) 〈物事を〉隠蔽する (conceal). (4) 〈敵軍などを〉閉じ込める; 〈交通などを〉封鎖する.
〖(*c*1380) *botel* ◻ OF *botele* (F *bouteille*) < ML *butticulam* flask (dim.) ← LL *buttis* cask: ⇨ butt²〗

bot·tle² /bá(ː)tḷ | bɔ́tḷ/ *n.* 《英方言》(乾草・わらの)束 (bundle). ***lóok for a néedle in a bóttle of háy*** 《古》=*look for a* NEEDLE *in a haystack*. 〖(1327) *botel* ◻ OF (dim.) ← *botte* bundle ◻ MLG & MDu. *bote* bundle of flax ← ? Gmc **but-* ← IE **bhau-* to strike〗

bóttle àche *n.* 《俗》二日酔い, 宿酔.

bóttle àge *n.* (ワインの)瓶の中での熟成時間, ボトルエイジ.

bóttle bàby *n.* 人工栄養児. 〖1893〗

bóttle bànk *n.* (再生するための)空き瓶回収所. 〖1963〗

bóttle blónde [blónd] *adj.* [軽蔑的に]〈女性の髪が〉ブロンドに染めた(ように見える): ～ hair. — *n.* 髪をブロンドに染めた女性.

bóttle·brùsh *n.* **1** 瓶を洗うブラシ. **2** 〘植物〙**a** オーストラリア産テンニンカ科ブラシノキ属 (*Callistemon*) の植物の総称《ハナマキ・ブラシノキ・マキバブラシノキなどがあり, 枝に密に咲く花のおしべが瓶洗いのブラシに似る》. **b** バンクシア (Australian honeysuckle). 〖1713〗

bóttle càp *n.* (コルクが裏についた, 瓶の)王冠 (crown).

bóttle clùb *n.* 《米口語》ボトルクラブ《自分の酒を預けておき, 法定時間外にも飲める会員制クラブ》. 〖1943〗

bót·tled *adj.* **1** 瓶詰めの, 瓶入りの (cf. draft): ～ beer [wine] / ⇨ *bottled in* BOND¹. **2** 閉じ込められた, 抑圧された, 鬱積した (pent-up). **3** 《俗》酔っ払った. — *n.* =bottled gas. 〖(1592–93): ⇨ bottle¹, -ed 2〗

bóttled gás *n.* **1** (持ち運びできる容器に入った)圧縮ガス, ボンベ入りガス《プロパンガスなど; 単に bottled ともいう》. **2** =liquefied petroleum gas. 〖1930〗

bóttle-fèd *adj.* ミルクで育てた, 人工栄養の (cf. breastfed). 〖1907〗

bóttle-fèed *vt.* 〈赤ん坊などを〉ミルク[人工栄養]で育てる (cf. breastfeed). 〖*c*1865〗

bóttle-fèed·ing *n.* ミルク[人工栄養]による育児. 〖*c*1865〗

bóttle fèrn *n.* 〘植物〙ナヨシダ (fragile fern).

bot·tle·ful /bá(ː)tḷfʊ̀l | bɔ́tḷ-/ *n.* 瓶一杯(の量). 〖*c*1865〗

bóttle gàs *n.* =bottled gas.

bóttle gèntian *n.* 〘植物〙=closed gentian.

bóttle glàss *n.* 瓶ガラス《暗緑色の安物のガラス》. 〖1626〗

bóttle gòurd *n.* 〘植物〙ヒョウタン (*Lagenaria siceraria*). 〖*c*1828〗

bóttle gréen *n.*, *adj.* 暗緑色(の) (deep green). 〖1804〗

bóttle·hèad *n.* (*pl.* ～, ～**s**) 〘鳥類〙=black-bellied plover.

bóttle·hòlder *n.* **1** 瓶を支える装置[台]. **2** 《口語》**a** (ボクサーの)付添人, セコンド. **b** 助勢者, 後援者. 〖1753〗

bóttle ìmp *n.* **1** 瓶の中に閉じ込められた伝説の小鬼. **2** (水を入れた細い瓶の中で浮いたり沈んだりする)もぐり人形, 浮沈子 (Cartesian devil). 〖1822〗

bóttle jàck *n.* 〘機械〙**a** とっくりジャッキ《外形がとっくりに似ているねじジャッキ》. **b** 《NZ》ボトルジャッキ《重い物を持ち上げる大型ジャッキ》. 〖1845〗

bóttle·nèck *n.* **1 a** 狭い入口, 狭い通路. **b** 狭い道. **c** 交通麻痺の箇所. **2** (事の進行を阻む)隘路(あいろ); (生産・事業などの)障害, ネック: an industrial ～ 生産の隘路 / An oil shortage is a ～. 石油不足が隘路だ. ⇨ neck 日英比較. **3** 〘音楽〙ボトルネック《金属棒や円筒状の物で弦をこすり, グリッサンドの効果を出すギター奏法; 元来は瓶の首の部分を利用した; slide guitar ともいう》. — *adj.* [限定的] **1** 〈通りなどが〉狭い (narrow). **2** 進行を妨害するような. **3** 〘音楽〙ボトルネック奏法の. — *vt.* …の進行を妨げる. — *vi.* **1** 隘路[障害]となる. **2** 進行が妨げられる. **3** 狭くなる. 〖1896〗

bóttle·nòse *n.* 〘動物〙**a** =bottle-nosed dolphin. **b** =bottle-nosed whale.

bóttle nòse *n.* とくり鼻; (大酒飲みの)大きい赤鼻 (cf. grog blossom). 〖1547〗

bóttle-nòsed *adj.* 〈人が〉とくり鼻の; (大酒飲みなどで)鼻が赤らんで膨れた. 〖1568〗

bóttle-nòsed dólphin [pórpoise] *n.* 〘動物〙バンドウイルカ《バンドウイルカ属 (*Tursiops*) のイルカの総称》; (特に)タイセイヨウバンドウイルカ (*T. truncatus*)《しばしば水族館などに飼われ曲芸をする; bottlenose (dolphin) ともいう》. 〖1807〗

bóttlenose dólphin *n.* 〘動物〙=bottle-nosed dolphin.

bóttle-nosed whále *n.* 〘動物〙**1** オオギハクジラ (beaked whale)・ゴンドウクジラ (blackfish) など小さなクジラの総称. **2** キタトックリクジラ (bottlenose whale).

bóttlenose whále *n.* 〘動物〙トックリクジラ《アカボウクジラ科トックリクジラ属 (*Hyperoodon*) の変異に富む体色の, 口先が細く前頭部が丸くふくらんだ中形のクジラ; キタトックリクジラ (*H. ampullatus*), ミナミトックリクジラ (*H. planifrons*) の 2 種ある》.

bot·tle-o /bá(ː)tḷòʊ | bɔ́tḷə̀ʊ/ *n.* (*pl.* ～**s**) (*also* **bottle-oh** /～/) 《豪口語》空き瓶回収人. 〖(1906) ← BOTTLE¹+-o〗

bóttle òpener *n.* (ビール瓶などの)栓抜き. 〖1931〗

bóttle pàrty *n.* **1** (各自が持参する)酒持ち寄りパーティー. **2** =bottle club. 〖1926〗

bot·tler¹ /bá(ː)tḷə, -tlə | bɔ́tḷə(r, -tlə(r/ *n.* (酒などを)瓶に詰める人[機械, 会社]. 〖((*c*1415)) (1878): ⇨ bottle¹, -er¹〗

bot·tler² /bá(ː)tlə | bɔ́tlə(r/ *n.*, *adj.* 《豪口語》すばらしい(人・もの). 〖(1890): ⇨ bottle¹ (n.), -er¹ // 《転訛》← BONZER〗

bóttle·scrèw *n.* 《英》〘機械〙引締めねじ, ボトルスクリュー (turnbuckle). 〖1702〗

bóttle shòp [stòre] *n.* 《豪・NZ》酒類販売店 (off-license), (ホテルの)酒類販売コーナー. 〖1929〗

bóttle tàn *n.* 《米口語》(実際に肌を焼かない)日焼け風メーク.

bóttle trèe *n.* 〘植物〙アオギリ科ピンポンノキ[ゴウシュウアオギリ]属 (*Sterculia*) の木の総称《幹が瓶の形をしている》. 〖1846〗

bóttle tùrning *n.* ボトルターニング《17 世紀後期の椅子やテーブルの脚に見られる瓶型の装飾的な細工; オランダに由来する》.

bóttle-wàsher *n.* **1** 瓶洗い係[機械]. **2** 《英口語》下回りの小者, 下働き (factotum). ***chíef [héad] cóok and bóttle-wàsher*** 何から何まで取り仕切っている人, '社長兼小使'. 〖1837〗

bót·tling /-tḷɪŋ, -tl- | -tḷ-, -tl-/ *n.* (飲料などを)瓶詰めにすること. 〖(1594): ⇨ bottle¹, -ing¹〗

bot·tom /bá(ː)təm | bɔ́t-/ *n.* **1 a** (上部・頂部に対して)下[最低]の部分. **b** (山の)ふもと, (階段の)下: at the ～ of the hill [the stairs] 山のふもと[階段の下]に. **c** (地位・身分の)最下層; 最下位, びり (↔ top); どん底: start life at the ～ (of the ladder [pile, heap]) 人生をどん底から始める / fall to the ～ of misery 不幸のどん底に落ちる / be at the ～ of Fortune's wheel 不運のどん底に落ちている / be at the ～ of the class [league] クラス[リーグ]で最下位である. **d** (木の)根元: the ～ of a tree. **e** (靴の)底 (↔ uppers). **f** (食卓などの)末席 (↔ top): sit at the ～ of the table 食卓の末席に座る. **g** 《鉱山》最下層の作業場.
2 (井戸・水などの)底; 水底, 海底, 川底: at the ～ of the sea, lake, river, etc. / go (down) to the ～ (of the sea) 海底に沈む / ⇨ *send to the* BOTTOM, SMELL *the bottom*.
3 a 底, 底部, 底面 (underside): the ～ of a cup, bucket, etc. / a false ～ 上げ底, 偽底; (物を隠す)二重底. **b** 《口語》おしり, 臀部(でんぶ) (buttocks): fall on one's ～ しりもちをつく. **c** (椅子の)座部 (seat): This chair needs a new ～. この椅子は座部を張り替えなければならない.
4 (道・入江・湾・庭などの)奥; (街路の)行詰まり (end): the ～ of the street 通りの先端 / at the ～ of the garden 庭の奥[隅]に.
5 [通例 *pl.*] **a** ボトム《スカート・ズボンなど下半身につける衣服》. **b** (ツーピースになった服の)下半分; (特に)パジャマのズボン. **6** 〘野球〙**a** (回の)裏 (↔ top). **b** [集合的] 下位打順《7, 8, 9 番》; 下位打者. **7 a** 〘海事〙(水線下の)船殻, 船底. **b** 〘海運〙船腹; 船舶 (ship); (特に)貨物船: in foreign ～*s* 外国船で / the scarcity of Japanese ～*s* 日本の船舶不足. **8 a** 根底, 土台, 基礎 (foundation); 真相 (reality); 本当の意味: ⇨ *get to the* BOTTOM *of*. **b** 心底; 奥底: from the ～ of one's heart 衷心から / at the ～ of one's heart 心の奥底で, 内心は. **9 a** (奥に潜む)底力; (特に, 馬・犬の)耐久力, 根気. **b** 重要性, 影響力. **10** [通例 *pl.*] 〘地理〙(川沿いの)低地, くぼ地 (bottom land), 流域, 谷 (valley). **11** [通例 *pl.*] (石油を精製する際など蒸留器に残った)かす, おり (lees). **12** 〘染色〙(染色する前に施す)下染め, 基礎彩色 (bottoming). **13 a** 〘印刷〙=tail 15 a. **b** 〘製本〙=foot 13. **14** 〘トランプ〙**a** (ブリッジ競技会などでの)最低得点, どんじり. **b** 底札《積み札の一番下のカード》. **15** =bottom gear. **16** 〘玉突〙ボトム《突き玉の中心に当たること》. **17** 《Shak》(巻いた)糸の玉.
at (the) bóttom (1) 根本は; 心底は, 本当は (really): a good man *at* ～ 根はよい人間 / The problem is really simple *at* ～. その問題は根本的には実に簡単だ. (2) どん底に; 奥に潜んで. (1711) ***at the bóttom of*** (1) ⇨ 1 b. (2) ⇨ 1 f. (3) ⇨ 1 c. (4) ⇨ 2. (5) ⇨ 4. (6) …の原因で: She [Money] was *at the* ～ *of* the affair. 彼女[お金]が事件の底に潜んでいた, 事件の主因だった. (1773) ***Bóttoms úp!*** 《口語》乾杯, ぐっと飲み干せ: *Bottoms up*, gentlemen. 皆さん, 乾杯を. (1917) ***bóttom úp [úpward]*** 底を上に向けて, さかさまに. ***from the bóttom úp*** 始めから(やり直して), 完全に. ***gét to the bóttom of*** …の意味[理由]を探り当てる, 真相を究明する; …を解く (unravel), 解決する (solve). (1773) ***gó to the bóttom*** (1) 沈む, 海のもくずとなる. (2) 探究する. (OE) ***hít bóttom*** =*touch* BOTTOM (2), (3). ***hóld bóttom*** 〘海事〙〈いかりが〉錨地(びょうち)に固定する. ***knóck the bóttom óut of*** 〈議論・証拠・計画など〉を根底から覆す, 無効[無益]にする. (1875) ***on her ówn bóttom*** 〘海事〙〈交易船・漁船が〉負債のない. ***réach the bóttom*** 〘商業〙底入れする. ***scrápe the bóttom of the bárrel*** ⇨ barrel 成句. ***sénd to the bóttom*** 〈船などを〉沈める. ***stánd on one's ówn bóttom*** 独立[自営]する. ***The bóttom fálls [dróps] óut of*** …. …(の基盤)が崩れる; …が不幸[不愉快]なものになる: *The* ～ *fell out of* the wheat market. 小麦相場が値崩れした[下がった]. ***the bóttom of the héap*** ⇨ heap 成句. ***to the bóttom*** (1) 底まで: drain the glass *to the* ～ グラスを飲み干す. (2) 根底まで, 徹底的に: *to the* ～ of one's heart 心の底まで, 真に / sift *to the* ～ 徹底的に調べあげる. (1651) ***tóuch (róck) bóttom*** (1) 〈足が〉底につく. (2) (不幸・貧困の)どん底に落ちる. (3) 〈物価が〉底をつく: Prices have *touched* (*rock*) ～. (4) 〈疑いなどが〉動かぬ事実に落ち着く. (5) 〘海事〙〈船が〉触礁する, 海底で船底をこする. (1886)
— *adj.* [限定的] **1** 底の[にある]; 最下の, 最低の (lowest) (↔ top); 最後の: the ～ rock 底岩 / a ～ shelf, row, etc. / a ～ line 一番下の行[線] (cf. bottom line) / the ～ stair [step] 階段の最下段 / the ～ rung ⇨ rung¹

2 / ~ prices 底値, 最低値段 / in the ~ half [third] of the class クラスで下位半分[上・中・下の内びりの一団]に[で] / in the ~ half of the ninth inning 9 回裏に / ⇨ bottom dollar. **2** 根本的な (fundamental): the ~ cause 根本原因 / the ~ facts 《米》根本的事実. **3** 水底にすむ: a ~ fish. **4** [叙述的] 最下位の (↔ top): They were [came] ~ of the class [league]. クラス[リーグ]で最下位だった[になった].
— *vt.* **1** …に底を付ける, 座部を付ける: ~ a chair, saucepan, shoe, etc. **2** 〈動機・計画・議論などの〉根底を探る, 真相を究める (fathom): ~ a mystery, a person's plans, etc. **3** 〈理論・議論などを〉〈…に〉基づかせる (base)〔*on, upon*〕: ~ one's arguments *on* facts 議論を事実に基づかせる / His theory is ~*ed upon* mere assumptions. 彼の理論は単なる仮説を根拠とするにすぎない. **4** 〈潜水艦を〉海底につける. **5** 《豪》〈鉱脈などに達するまで〉掘る. **6** 〖電子工学〗〈トランジスターを〉飽和させる《インプットを増やしてもアウトプットに変化を生じない》. **7** 《Shak》〈糸を〉巻きとる. — *vi.* **1** 基づく, 根拠を置く〔*on, upon*〕. **2 a** 底に突き当たる, 海底に達する. **b** 《豪》〈鉱脈などに〉達する. **3 a** 〈車が〉スプリングが完全に圧縮されるほど沈みこむ. **b** 〈車が〉走っているときに腹をする.
bóttom óut (1) 〈相場・景気などが〉底をつく, 底値に達する. (2) 〈物価などが〉安定する (level off).
~ed *adj.* **~·er** *n.* 〖OE *botm* < Gmc **buþmaz*, **buþnaz* (G *Boden* ground / ON *botn* bottom (of the sea, a ship)) ← IE **bhudh-* bottom, base (L *fundus* 'FUND')〗
Bot·tom /bɑ́(ː)təm | bɔ́t-/, **Nick** *n.* ボトム《Shakespeare 作 *Midsummer Night's Dream* 中の人物; Athens の織屋で滑稽粗放な言行で有名》.
bóttom bòard *n.* **1** ミツバチの巣箱の底[床]. **2** [*pl.*] 〈ボートの〉敷板. 〖1881〗
bóttom dèaler *n.* 〖トランプ〗下抜き師《一組のカード (deck) を上から配ると見せかけて底から配るいかさま師》.
bóttom dóg *n.* ＝underdog.
bóttom dóllar *n.* [one's ~] 《口語》最後の 1 ドル; なけなしの金: ⇨ BET *one's bottom dollar*. 〖1857〗
bóttom dráwer *n.* 《英》＝hope chest. 〖(1886) 最下段の引き出しを結婚用に使ったことから〗
-bót·tomed *adj.* [複合語の第 2 構成素として] 底[しり]が…の: flat-*bottomed* 底が平らな.
bóttom énd *n.* ＝big end.
bóttom-fèeder *n.* **1** 海底にすむ魚, 底魚(そこうお). **2** 《軽蔑》人にたかって生きる者, 寄生虫のような人間.
bóttom fermentátion *n.* 下面発酵《発酵槽の底に酵母が沈澱している状態でのラガービールやぶどう酒の醸造; cf. top fermentation》.
bóttom géar *n.* 《英》〈自動車などの〉最低速ギヤ, ローギヤ (low gear) (↔ top gear). ***in bóttom géar*** ＝in LOW GEAR. 〖1923〗
bóttom gràss *n.* くぼ地や低地に生えるイネ科の草. 〖1592〗
bóttom hèat *n.* 〖園芸〗ボトムヒート《根付きなどの促進のため, 温室・温床などの下部に設けた人工熱源》. 〖1882〗
bóttom hòuse *n.* 《カリブ》**1** 〈高床住宅の〉床下. **2** 床下の召使い部屋.
bót·tom·ing *n.* **1** 靴の底付け(作業). **2** 〈道路舗装の〉路盤用材《砂利・砕石など》. **3** 〖染色〗下染め. 〖(1526): ⇨ -ing¹〗
bóttom·lànd *n.* 《米》低地, 〈特に〉川沿いの低地. 〖1728〗
bóttom·less *adj.* **1** 底のない; 〈椅子が〉座部の付かない: a ~ chair, kettle, etc. **2** 底なしの, 非常に深い; 測り知れない, 際限のない: a ~ abyss, depth, etc. / the ~ pit 地獄 (*Rev.* 9: 1) / ~ ignorance 底の知れない無知 / a ~ mystery 限りない神秘. **3** 根拠のない: ~ arguments. **4 a** ヌードの: a ~ dancer. **b** ヌードを売り物にする: a ~ bar, nightclub, etc. **~·ly** *adv.* **~·ness** *n.* 〖(?c1380) *botmeless*〗
Bot·tom·ley /bɑ́(ː)təmli | bɔ́təm-/, **Gordon** *n.* ボトムリー (1874–1948; 英国の詩人・劇作家).
bóttom-lìne *vt.* …に結論を出す, 決着をつける; 収支[決算]を出す. — *adj.* **1** ぎりぎりの, 正味の. **2** 損得だけを問題にする, 実利的な. 〖↓〗
bóttom líne *n.* **1** 最終結果[決定](など); 重大局面. **2** 要点, 核心; 主要な長所. **3** (決算書の)最後の行; 決算の数字[結果]. ***The bóttom líne is that ....*** 要するに…だ. 〖1837〗
bóttom·mòst *adj.* **1 a** 一番下の[奥まった]. **b** どん底の, 最低の. **c** 最も深い. **2** 最も基本的な. 〖1861〗
bóttom róund *n.* (牛の)もも肉 (round) の外側の部分 (cf. top round). 〖1923〗
bot·tom·ry /bɑ́(ː)təmri | bɔ́təm-/ *n.* 〖海商〗船舶抵当貸借, 冒険貸借《船主が船を抵当に入れて航海資金を借りること; 船が沈没すれば返金を免れる; cf. respondentia》. — *vt.* 〈船を〉冒険貸借によって抵当に入れる (pledge). 〖(1622) □ Du. *bodemerij* ← *bodem* bottom, ship: ⇨ -ry〗
bóttom sáwyer *n.* 下びき人《上下二人で大のこぎりで材木をひく場合木びき穴 (sawpit) の中でひく人; pit sawyer ともいう; ↔ top sawyer》.
bóttom·sèt béd *n.* 〖地質〗底置層《三角洲の基底部; 前置層の前方に堆積した泥やシルトの層》. 〖1905〗
bóttom-úp *adj.* **1** ボトムアップ式の《個々の事例から始めて一般原則を導き出そうとする》. **2** 序列的でない, 〈社会・組織などの〉下層から上への (cf. top-down): ~ management 下から上への経営管理.
bóttom-úp procèssing *n.* 〖電算〗ボトムアップ プロセッシング《入力する情報を次々に分析して後の処理が前の処理に影響を与えないような処理法》.
bóttom yèast *n.* 〖醸造〗下層酵母, 下面酵母, 底面酵母《ぶどう酒やラガービール (lager) の醸造の際に沈澱する酵母; sediment yeast ともいう》. 〖1910〗
Bot·trop /bɑ́(ː)trɑ(ː)p | bɔ́trɔp; G. bɔ́tʁɔp/ *n.* ボトロップ《ドイツ西部, Ruhr 地方にある North Rhine-Westphalia 州の工業都市》.
bot·ty /bɑ́(ː)ṭi | bɔ́ti/ *n.* 《口語》＝buttock 1. 〖1874〗
bot·u·lin /bɑ́(ː)tʃʊlɪn | bɔ́tjʊlɪn, -tʃʊ-/ *n.* ボツリヌス毒素, ボツリン《ボツリヌス中毒を起こす毒素》. 〖(1900): ⇨ botulinus, -in〗
bot·u·li·num /bɑ̀(ː)tʃʊláɪnəm | bɔ̀tjʊ-, -tʃʊ-/ *n.* 〖細菌〗＝botulinus. 〖1902〗
botulínum [botulínus] tóxin *n.* ボツリヌス菌毒素 (botulin).
bot·u·li·nus /bɑ̀(ː)tʃʊláɪnəs | bɔ̀tjʊ-, -tʃʊ-/ *n.* 〖細菌〗ボツリヌス菌 (*Clostridium botulinus*) 《ボツリヌス中毒の毒素原》. **bòt·u·lí·nal** *adj.* 〖(1900) ← NL ~ ← L *botulus* sausage: ⇨ -ine¹〗
bot·u·lism /bɑ́(ː)tʃʊlɪzm | bɔ́tjʊ-, -tʃʊ-/ *n.* 〖病理〗ボツリスム, ボツリヌス中毒, 腸詰中毒. 〖(1887) □ G *Botulismus* ← L *botulus* (↑): ⇨ -ism〗
Bot·vin·nik /bɑ́(ː)tvɪnɪk | bɔ́t-; *Russ.* batvʲínʲnʲik/, **Mikhail Moi·seye·vich** /mojséivitʃ; *Russ.* məisʲéjivʲitʃ/ *n.* ボトビニク (1911–95; ロシアのチェスプレーヤー).
Boua·ké /bwɑ́ːkeɪ; F. bwake/ *n.* ブワケ《アフリカのコートジボワール (Côte d'Ivoire) 中南部の商業都市》.
bou·bou¹ /búːbuː/ *n.* ブーブー《マリ・セネガルなどアフリカ諸国の布を巻きつけたような長い服》. 〖1961?〗
boubou² *n.* 〖鳥類〗＝boubou shrike.
bóubou shríke *n.* 〖鳥類〗ヤブモズ《アフリカ産モズ科ヤブモズ属 (*Laniarius*) の主に背面の黒いモズ数種の総称; 雄と雌の鈴のような二重唱で知られる; 単に boubou ともいう; スズゴエヤブモズ (*L. aethiopicus*), セグロヤブモズ (*L. ferrugineus*) など》.
bouche /búːʃ/ *n.* 〖甲冑〗ブーシュ《中世の盾の縁につけた刻み目あるいは丸い穴, そこから剣や槍を突き出す》. 〖(c1440) □ (O)F ~ (原義) mouth < L *buccam* cheek: cf. buccal〗
bou·chée /buːʃéɪ | ––́; F. buʃe/ *n.* ブーシェ: **a** 一口大のパイに肉や魚のクリーム煮を詰めた料理. **b** ジャムなどを詰めた小型のパイ菓子. **c** チョコレートでくるんだ一口菓子. 〖(1846) □ F ~ (原義) mouthful ← *bouche* (↑)〗
Bou·cher /buːʃéɪ | ––́; F. buʃe/, **François** *n.* ブーシェ (1703–70; フランスロココの代表的画家).
Bouches-du-Rhône /búːʃduróun, -djuː- | -djuːróun; F. buʃdyʁoːn/ *n.* ブーシュデュローヌ(県)《フランス南部の地中海に臨む県; 面積 5,248 km², 県都 Marseilles》.
bou·chon /buːʃɑ́(ː)n, -ʃɔ́ː(ŋ), -ʃɔ̃ː(ŋ) | búːʃɔn, -ʃɔ̃ː(ŋ), -ʃɔːŋ; F bʊʃɔ̃/ *n.* **1** 〖時計〗穴金, ブション, ブッシュ (bush) 《地板の枘穴(ほぞあな)に詰められる金属製の短い管または栓》. **2** 〖軍事〗手榴弾など擲弾(てきだん)類の起爆装置. 〖(1884) □ (O)F ~ ← *bouche* sheaf〗
Bou·ci·cault /búːsɪkòʊ, -kɔ̀ːlt, -kɑ̀ːlt | búːsɪkòʊ, –́––/, **Di·on** /dáɪən | dáɪən, -ɔn/ *n.* ブーシコー (1822?–90; 米国で活躍したアイルランドの劇作家・俳優; 本名 Dionysius Lardner Boursiquot).
bou·clé /buːkléɪ, ––́; F. bukle/ *adj.* (*also* **bou·cle** /~/) わなより糸[ふし毛糸]を用いて織った. — *n.* **1** わなより糸, ふし毛糸《この糸で織ったり編んだりしたものにはざらざらの面が生じる》. **2** わなより糸を使った織物, ふし織. 〖(1886) □ F ~ 'buckled'〗
bou·clée /buːkléɪ; F. bukle/ *n.* 〖玉突〗人差し指を曲げその指先を親指の第 2 関節に添えて作ったキューを支える輪.
Bou·dic·ca /buːdíkə | búːdɪ-, báʊ-/ *n.* ブーディカ (?–A.D. 62; Briton 人の一部族 Iceni の女王; ローマ人の横暴を憤りローマ総督 (governor) に反旗を翻して London に攻め入り, 焼土と化したが (61 年), 総督軍に敗れ, 捕らえられて服毒自殺した; 後代の文芸作品の主題となった; Boadicea ともいう).
bou·din /buːdǽn, -dǽ(ŋ), -dǽŋ; F. budɛ̃/ F. *n.* (*pl.* ~**s** /~z; F. ~/) **1** ブラッドソーセージ (blood sausage). **2** 調味したひき肉をソーセージの形にまとめた料理. 〖(1845) □ F ~ 'black pudding, sausage'〗
Bou·din /buːdǽ(ŋ), -dǽŋ; F. budɛ̃/, **Eugène** *n.* ブーダン (1824–98; フランスの画家; 印象派の先駆者).
bou·din blanc /buːdǽ(m)blɑ́ː(ŋ), budǽmblɑ́ːŋ, ––́–́; F. budɛ̃blɑ̃/ *n.* 白いブーダン《子牛や鶏などの色の薄い肉を材料にして血を入れないで作った boudin》. 〖cf. *white boudin* (1967)〗
bou·din noir /––́nwɑ́ə, ––́ | -nwɑ́ː(r; F. -nwaʁ/ *n.* 黒いブーダン《豚肉に豚の血を混ぜ香料をたくさん入れて作ったソーセージ》. 〖□ F ~: cf. F *noir* black < L *nigrum*〗
bou·doir /búːdwɑə, búd- | búːdwɑː(r, -wɔː(r; F. budwaːʁ/ *n.* (*pl.* ~**s** /~z; F. ~/) 〈上流〉婦人の私室[寝室] (cf. bower¹ 2). 〖(1777) □ F ~ ← *bouder* to pout, sulk (擬音語)〗
bóudoir grànd *n.* 家庭用グランドピアノ《長さ 150 cm 程度; cf. baby grand, concert grand》.
bouf·fan·cy /buːfǽnsi/ *n.* スカートや袖にふっくらした感じを出すこと. 〖⇨ ↓, -cy〗
bouf·fant /buːfɑ́ːnt, ––́ | búːfɑ̃ː(ŋ), -fɑːŋ; F. bufɑ̃/ *adj.* 〈髪など〉ふっくらした; 〈袖・スカートが〉たっぷり膨らんだ: a ~ skirt. — *n.* ふっくらしたヘアスタイル. 〖(1869) □ F ~ (pres.p.) ← *bouffer* to swell (擬音語)〗
bouffe /búːf; F. buf/ *n.* (*pl.* ~**s** /~s; F. ~/) 滑稽喜歌劇 (opéra bouffe). 〖□ F ~ 'buffoon' □ It. *buffa* (fem.) ← *buffo* comic (逆成) ← *buffone* clown〗
bou·gain·vil·laea /bùːgənvíliə, bòʊg-, -ljə | bùː-, bàʊ-/ *n.* 〖植物〗＝bougainvillea. 〖1866〗
Bou·gain·ville /búːgənvɪl, bóʊ- | búː-; F. bugɛ̃vil/ ★ オーストラリアで /báʊ-/ と発音する. *n.* ブーゲンビル(島)《南太平洋 Solomon 諸島中の最大島; 第二次大戦における日米軍の激戦地; ⇨ Solomon Islands》. 〖↓〗
Bou·gain·ville /búːgənvɪl, -gǽ(n)vìːl, -gæn- | búːgənvɪl; F. bugɛ̃vil/, **Louis Antoine de** *n.* ブーゲンビル (1729–1811; フランスの航海者, フランス最初の世界周航者 (1766–69)).
bou·gain·vil·le·a /bùːgənvíliə, bòʊg-, -ljə | bùː-, bàʊ-/ *n.* 〖植物〗ブーゲンビリア《南米産オシロイバナ科イカダカズラ属 (*Bougainvillaea*) の植物の総称; 美しい赤やオレンジ色の大花苞(かほう)がある》. 〖(1866) ← NL ~: ⇨ ↑, -a¹〗
bou·get /búːdʒɪt | -dʒɪt/ *n.* 〖紋章〗＝water bouget 2. 〖(?a1425) □ (O)F *bougette*: ⇨ budget〗
bough /báʊ/ *n.* **1** (木の)大枝 (⇨ branch SYN). **2** 《古》絞首台 (gallows). **~·less** *adj.* 〖OE *bōg*, *bōh* shoulder, bough < Gmc **bōʒaz* (LG *boog*) ← IE **bhāghú-* elbow: cf. bow²〗
boughed *adj.* 大枝のある[ついた]. 〖(c1330): ⇨ ↑, -ed 2〗
bóugh·pòt *n.* **1** (大型)花瓶 (vase). **2** 《英方言》花束 (bouquet). 〖1583〗
bought /bɔ́ːt, bɑ́ːt | bɔ́ːt/ *v.* buy の過去形・過去分詞. — *adj.* (手製でなく)店で買った, 既製の. 〖OE (*ge*)*boht* (p.p.)〗
bóught déal *n.* 〖証券〗買取引受《一人の株式仲買人が新株の全部の引受人となり発行会社と協定した価格でそれを分配すること》.
bought·en /bɔ́ːtn, bɑ́ː- | bɔ́ː-/ *adj.* 《方言》＝bought. 〖(1793) ⇨ ↑, -en³〗
bou·gie /búːʒiː, -dʒiː; F. buʒi/ *n.* **1** ろうそく. **2** 〖医学〗**a** ブジー, 消息子《計測・拡張などの目的で尿道などの管状部に挿入する棒状ないし管状の器具》. **b** 座薬 (suppository). 〖(1754–64) □ F ~ (原義) wax candle ← *Bugie* (アルジェリアの町, ここから初めてヨーロッパに wax 製のろうそくが輸出された)〗
Bou·gue·reau /bùːgəróʊ | -róʊ; F. bugʁo/, **A·dolphe Wil·liam** /wiljam/ *n.* ブーグロー (1825–1905; フランスの画家; 神話を題材にした甘美な絵で有名).
bouil·la·baisse /bùːjəbéɪs, -béɪz, ––́–́ | bùːjəbés, bwìː-, -béɪs, ––́–́; F. bujabɛs/ *n.* 〖料理〗ブイヤベース《数種の魚肉・貝類を用い, にんにく・サフランで風味をつけた煮込み料理; フランス南部, 特に Marseilles の名物料理》. 〖(1855) □ F ~ □ Prov. *bouiabaisso* (原義) boils and settles〗
bouil·li /buːjíː; F. buji/ *n.* ゆで肉《特に, bouillon を作ったあとの肉》. 〖(1664) □ F ~ ← (p.p.) ← *bouillir* (↓)〗
bouil·lon /búː(l)jɑ(ː)n, bʊ́(l)-, bʊ́ljən | búːjɔ̃ː(ŋ), bwíː-, -jɔːŋ, -jɔn; F. bujɔ̃/ *n.* (*pl.* ~**s** /~z; F. ~/) **1 a** ブイヨン《牛肉で取っただし汁》. **b** ブイヨンスープ《ブイヨンをもとにして作った澄ましスープ》. **2** 〖生化学〗肉汁, ブイヨン《獣・魚肉の浸出物で, 細菌などの培養液を作るのに用いる》. 〖(1656) □ F ~ 'strong broth' ← *bouillir* 'to BOIL¹'〗
bóuillon cùbe *n.* (立方体または直方体の)固形ブイヨン. 〖c1922〗
bóuillon cùp *n.* (取っ手のあるやや小型の)ブイヨンスープ用カップ (cf. soup cup).
bóuillon spòon *n.* ブイヨンスプーン《スープスプーンよりもやや小さく, 先端のすくう部分が丸い》.
bouil·lótte làmp /buːjɑ́(ː)t- | -jɔ́t-; F. bujɔt-/ *n.* (ブロンズまたは真鍮の縁に 2–4 本のろうそく立てを備えた 18 世紀フランスの)ゲーム用テーブルランプ. 〖↓〗
bouillótte táble *n.* 18 世紀のフランスで流行した小型のゲーム用丸テーブル. 〖*bouillotte*: □ F ~ 'an old French card game' ← *bouillir* 'to BOIL¹'〗
boul. 《略》boulevard.
Bou·laï·da /buːlíːdə | -də; F. bulida/, **El** /ɛl/; F. ɛl/ *n.* ＝Blida.
Bou·lan·ger /bùːlɑ̃ː(n)ʒéɪ, -lɑːn-; F. bulɑ̃ʒe/, **Georges Ernest Jean Marie** *n.* ブーランジェ (1837–91; フランスの将軍・政治家; クーデターを企てたことで告訴され, ベルギーに逃れて自殺した).
Boulanger, Na·dia /nadja/ *n.* ブーランジェ (1887–1979; フランスの作曲家・教育者).
bou·lan·ge·rie /bùːlɑ̃ː(n)ʒríː, -lɑːn-; F. bulɑ̃ʒri/ *n.* パン製造所, パン屋. 〖□ F ~ ← *boulanger* baker〗
bou·lan·ger·ite /buːlǽndʒəràɪt/ *n.* 〖鉱物〗ブーランジェ鉱 ($Pb_5Sb_4S_{11}$). 〖(1868) □ G *Boulangerit* ← C. L. *Boulanger* (1810–49; フランスの鉱山技師): ⇨ -ite¹〗
boul·der /bóʊldə | bə́ʊldə(r/ *n.* **1** (風雨などで削られて丸くなった)丸石, (道路や建築用に使われる)玉石(たまいし): a ~ pavement [wall] 丸石舗道[壁]. **2** 〖地質〗巨礫(きょれき)《径 256 mm 以上のもの; cf. cobble¹ 3, pebble 1 b, granule 5》. **~ed** *adj.* 〖(1421) 《略》← (c1300) *bulder ston* roaring stone ← ON: cf. Swed. 《方言》*bullersten* rumbling stone〗
Boul·der /bóʊldə | bə́ʊldə(r/ *n.* ボールダー《米国 Colorado 州北部の都市; 宇宙研究所がある》. 〖↑: この付近の川に大石が多いことから〗
Bóulder Cányon *n.* [the ~] ボールダー峡谷《米国 Arizona 州と Nevada 州の州境に沿った Colorado 川の峡谷; 現在は Mead 湖に沈む》.
bóulder clày *n.* 〖地質〗氷成粘土 (cf. till⁴). 〖1859〗
Bóulder Dám *n.* [the ~] ボールダーダム《Hoover Dam の旧名》.

B

bóulder-drìft *n.*〘地質〙氷河堆積物.〚1876〛

bóul·der·ing /-dərɪŋ, drɪŋ/ *n.* **1** 丸石でできた舗装路. **2**〘登山〙ボールダリング《訓練またはスポーツとしての大岩登り》.〚(1880): ⇨ -ing¹〛

bóulder ràspberry *n.*〘植物〙米国 Rocky 山脈に自生するキイチゴ属の暗紫色の実がなる低木 (*Rubus deliciosus*).

boul·der·y /bóʊldəri, -dri | bə́ʊl-/ *adj.* 丸石[玉石(たま)]の(ある).〚(1859): ⇨ -y⁴〛

boule¹ /búːl; *F.* bul/ *n.*〘遊戯〙**1**〔*pl.*〕ローンボーリング (bowls) に似たフランスの球戯. **2** ルーレットに似た賭博ゲーム.〚(1911) □ F ～《原義》ball: ⇨ bowl²〛

boule² /búːl/ *n.* ＝boulle.

boule³ /búːl; *F.* bul/ *n.* (*pl.* ～**s** /～z; *F.* ～/)〘鉱物〙ブール《ベルヌイ炉 (Verneuil furnace) で人工的に造られるルビー・サファイアなどのセイヨウナシ型の原石; 宝石に用いる》.〚(1918) □ F ～《原義》ball: ⇨ bowl²〛

Bou·le /búːli, buːléɪ | búːleɪ, báu-, -liː/ *n.* [the ～] **1** (ギリシャの)議会; 国会, 下院. **2** [しばしば b-] (古代ギリシャの)立法会議.〚(1846) □ Gk *boulḗ* senate〛

bou·le·vard /búləvɑ̀ːəd, búːlə- | búːl̩vɑ̀ːd, búːl-vɑː(r; *F.* bulvaːʁ/ *n.* **1** (都市内外の)広い並木街路[遊歩道]. **2**《米》大通り. **3**《カナダ》**a** 歩道と車道の境界の細い芝地. **b** 中央分離帯.〚(1769) □ F ～ □ G *Bollwerk* 'BULWARK'〛

bou·le·var·dier /bʊ̀lvɑədjéɪ, bùːl-, -diə | buːlvɑ́ː-dièɪ, bùːl̩-; *F.* bulvaʁdje/ *n.* (*pl.* ～**s** /～z; *F.* ～/) Paris の boulevard のカフェーなどをぶらつく人; 遊び人 (man-about-town).〚(1879) □ F ～: ⇨ ↑, -ier¹〛

boule·verse·ment /bùːlvɛəsmɑ́ː(ŋ), -mɑ́ːŋ | -vɛəs-; *F.* bulvɛʁsəmɑ̃/ *F. n.* (*pl.* ～**s** /～z; *F.* ～/) **1** 転覆 (reversal). **2** 混乱 (confusion).〚(1782) □ F ～ ← *bouleverser* overturn ← *boule* ball (⇨ bowl²)＋*verser* to overturn〛

bóule·wòrk *n.* ＝boulle.

Bou·lez /buːléz; *F.* bulɛːz/, **Pierre** *n.* ブーレーズ (1925– ; フランスの作曲家・指揮者).

-bou·li·a /búːliə/ ＝-bulia.

-bou·lic /búːlɪk/ ＝-bulic.

boulle /búːl; *F.* bul/ *n.* **1** ブール象眼《家具にはめこまれるべっこう・青貝・真鍮・金銀などの象眼細工》. **2** ブール象眼を施した家具. **—** *adj.* [限定的] ブール象眼の[を施した].〚(1823) ← *André-Charles Boulle* (1642–1732: Louis 十四世時代のフランスの家具師)〛

bóulle·wòrk *n.* ＝boulle.

Bou·logne /buːlóʊn, -lɔ́ɪn | bʊlɔ́ɪn, bə-, -lə́ʊn; *F.* bulɔɲ/ *n.* ブーローニュ《フランス北部イギリス海峡に臨む港市; 別名 Boulogne-sur-Mer /bulɔɲsyrmɛːr/》.

Boulogne Bil·lan·court /–́ bìːjɑ̃ː(ŋ)kúə, -jɑːŋ- | -kúə(r; *F.* bulɔɲbijɑ̃kuːʁ/ *n.* ブーローニュ ビヤンクール《フランス北部 Seine 河畔の Paris に近い工業・住宅都市; 別名 Boulogne-sur-Seine /bulɔɲsysɛn/》.

boult /bóʊlt | bə́ʊlt/ *v.*《廃》＝bolt².

Boult /bóʊlt | bə́ʊlt/, **Sir Adrian** (**Cedric**) *n.* ボウルト (1889–1983; 英国の指揮者; BBC 交響楽団の初代指揮者 (1930–50)).

boul·ter /bóʊltə | bə́ʊltə(r/ *n.* はえなわ《多くの釣りばりを付けた強く長い底釣り用釣糸》.〚(1602) ← ?〛

Boul·ton /bóʊltən, -tn | bə́ʊl-/, **Matthew** *n.* ボールトン (1728–1809; 英国の技術者; 銀刻印師の父のもとに生まれ, James Watt と共に蒸気機関を完成させ (1774), また硬貨鋳造機を改良した).

Boul·war·ism /búːlwɔːrɪzm/ *n.*〘労働〙ブルワリズム《組合要求に対して会社側が独自の調査研究に基づいて最終回答し, 反証的な情報が提出されぬ限り変更しない, という会社側が一方的にリードする団体交渉の一方式》.〚← *Lemuel Boulware* (1950 年代に米国 General Electric 社の労働関係担当主任を務めた): ⇨ -ism〛

Bou·mé·dienne /búːmədjɛ̀n, -dièn | bùːmeɪ-djɛ́n/, **Hou·a·ri** /wɑri/ *n.* ブーメディエン (1927–78; アルジェリアの政治家・軍人; クーデターで Ben Bella を倒して大統領 (1965–78); 本名 Mohammed Boukharouba).

bounce¹ /báʊns, báʊnts/ *vi.* **1** 〈ボールなどが〉はね返る (⇨ bound³ SYN); 弾む, バウンドする (rebound): ～ *back* はね返る / ～ *off* the sidewalk [*out of* one's glove] 歩道からはね返る[はね返ってグローブから飛び出す]. **2 a** はね回る, 跳びはねるようにして歩く 〈*about*〉; 弾みながら進む[転がる, 走る]: The bus ～*d along* the country road. バスは田舎の道をがたごとと走って行った. **b** 〈人などが〉はね上がる, 跳び上がる (jump) 〈*up*〉; 飛びのく 〈*off*〉: ～ *out of* one's chair 椅子から飛びのく. **3 a** 《口語》〈小切手などが〉不払いになって戻ってくる. **b** 〈電子メールが〉(送信者に)返ってくる. **4** 荒々しく出る[行く] 〈*out*〉; あわただしく来る[飛び込む] 〈*in*〉: ～ *into* [*out of*] a room 部屋へ飛び込む[から飛び出す]. **5** 《英》大ぼらを吹く (brag), 威張り散らす (bluster). **6** 《廃》大きい音を立てる; 強く打つ. **7** 〘野球〙内野ゴロを打つ. **—** *vt.* **1** はねさせる, 弾ませる: ～ a ball ボールをバウンドさせる; まりつきをする / ～ a baby (*up* and *down*) on one's knee(s) ひざの上で子供を(ぴょんぴょん)はねさせる. **2** 《口語》〈意見などを〉出して反応をみる, ぶつける 〔*off*〕: They ～*d* a lot of ideas *off* each other before making a decision. 決定する前に互いにいろいろ考えを出し合った. **3** 《俗》(銀行が残高不足のために)〈小切手を〉戻す; (不渡りになる)〈小切手を〉振り出す. **4** 《英口語》**a** どなりつける, しかりつける (scold): be ～*d for* one's carelessness 不注意で大目玉を食う. **b** 〈人をおどして無理やりに(ある行動を)とらせる 〔*into*〕; 〈人〉から(物を)おどし取る 〔*out of*〕: ～ a person *into* doing something 人をおどしてあることをさせる / ～ a person *out of* something おどして人からある物を巻き上げる. **5** 《俗》**a** 追い出す (eject): ～ troublemakers *out of* a nightclub うるさい連中をナイトクラブからほうり出す. **b** 首にする (dismiss). **6** 《廃》打つ; ぶつける. ***bóunce báck*** (1) (敗北・病気・打撃などから)すぐ立ち直る; 〈景気・株価などが〉持ち直す. (2) ⇨ *vi.* 1.

— *n.* **1** 弾み, はね返り, バウンド (bound); はね返る力, 弾力: catch the ball on the first ～ ワンバウンドでボールを取る / The ball has lost its ～. ボールが弾まなくなった. **2 a** はね上がり, 跳び上がり (spring): give a (high) ～ 〈ボールが〉(高く)はね上がる / rise with a ～ はね起きる. **b** 〘航空〙(飛行機の着陸時の)はね上がり. **3** 《口語》活気, いきいきしていること; 回復力, 気力 (verve): full of ～ 活気にあふれて / He has plenty of ～. 元気いっぱいだ. **4** 《英》ほら, 空威張り, こけおどし: on the ～ 空威張りして. **5** [the ～] 《米俗》追い出すこと; 解雇 (dismissal): give [get] *the* ～ 首にする[なる]. **6** 《口語》(ジャズなどの)うきうきするようなリズム. **7** [the ～] 《豪》(フットボールの各クォーターまたは得点後の)試合の開始[再開]. **8** 《廃》強打. **9** 《廃》ばんという大きな音.

— *adv.* 一飛びで, ぽんと; いきなり: come ～ against …にいきなりぶつかる.

〚(?*a*1200) *bonche*(*n*) to thump □ ? LG *bunsen* to beat: cf. Du. *bonzen* to thwack〛

bounce² /báʊns/ *n.*〘魚類〙大西洋産トラザメ科のサメの一種 (*Scyliorhinus stellaris*).〚(*a*1709) ↑の転用か〛

bounce·a·ble /báʊnsəbl/ *adj.*《英》いやに威張る, けんか好きな.〚(*c*1830): ⇨ bounce¹, -able〛

bóunce·bàck *n.* 反響 (echo, reflection).

bóunced flásh *n.*〘写真〙バウンストフラッシュ《被写体を間接的に照明するため, 天井や壁などに反射させたフラッシュ》.〚↓〛

bóunce flàsh *n.*〘写真〙バウンスフラッシュ《bounced flash を生み出すように設計されたフラッシュランプ》.〚1952〛

bóunc·er *n.* **1** はね飛ぶ人[もの]: a good ～ よく弾むもの. **2** (その種類の中で)とても大きな人[もの], どえらいもの: That child is a ～. どえらい大きな子だ. **3** 《英口語》大ぼら, 大うそ; ほら吹き, うそつき (liar). **4** 《口語》(ホテル・劇場・料理店などの)用心棒. **5** 《俗》不渡り小切手. **6** 〘野球〙内野ゴロ. **7** 〘クリケット〙＝bumper¹ 6. **8** 《俗》(貨物列車の)車掌室.〚(1762): ⇨ bounce¹, -er¹〛

bounc·ing /báʊnsɪŋ, -tsɪŋ/ *adj.* **1** 見るからに元気のいい; たくましい, 活発な: a ～ girl おてんば娘 / a ～ baby 元気な赤ん坊 / a ～ disposition 快活な性質. **2** よく弾む[バウンドする]; はね飛ぶ. **3** 巨大な; 巨額の, 法外な: a ～ sum 巨大な金額 / a ～ lie 大うそ. **～·ly** *adv.*〚(*c*1563): ⇨ bounce¹, -ing²〛

bóuncing Bét [**Béss**] *n.*〘植物〙シャボンソウ (*Saponaria officinalis*)《ヨーロッパ産ナデシコ科の多年草; 米国でも広く栽培され, ピンクまたは白色の花をつけ, 葉は洗剤に用いられる; soapwort ともいう》.〚*c*1818〛

bóuncing crádle *n.* 周りがはっきり見えるような角度で赤ん坊が寝られるゆりかご.

bounc·y /báʊnsi, -tsi/ *adj.* (**bounc·i·er**; **-i·est**) **1** 弾む, 跳び上がるような; 活気のある. **2** 〈椅子など〉弾力ある, 軽快な. **bóunc·i·ly** /-s̩li/ *adv.* **bóunc·i·ness** *n.*〚(*c*1921): ⇨ bounce¹, -y⁴〛

bóuncy cástle *n.* (大型の)エアクッション製遊具《子供が入って跳び跳ねて遊ぶ》.

bound¹ /báʊnd/ *v.* bind の過去形・過去分詞. **—** *adj.* **1 a** 縛られた: a ～ prisoner. **b** 束縛を受けた, 拘束された: ～ by convention 因習にとらわれた / be ～ to a person by strong ties of affection ある人と強い愛情のきずなで結ばれている. **c** (年季奉公の)契約をしてある, 年季奉公に出ている (apprenticed): a ～ boy [girl] 年季奉公の少年[少女]. **2** [叙述的] **a** 〈…する〉義務がある (obliged) 〈*to do*〉: feel (in honor [duty]) ～ *to* do (名誉にかけて[義務上])…せざるをえないと思う / You are not ～ to do it, you know. 無理にしなくてもいいんだよ / I'm ～ to say [admit] I'm not best pleased with these arrangements. ひとこと言っておきたいのだが, この取決めには心底から満足しているのではない. **b** 確かに〈…する〉はずで (certain) 〈*to do*〉: He is ～ *to* win [succeed, fail]. 必ず勝つ[成功する, 失敗する] / It is ～ *to* happen. それはきっと起こる / It is ～ to be. 《前の文の内容を受けて》そのはずだ, 当然だ. **3** 《口語》必ず〈…する〉決心で (determined): a team ～ *on* winning 必勝を誓ったチーム / He is ～ *to* go. 彼は行く決心である. **4** 装丁した, 製本した, とじた; 〔…で〕覆われた, …表紙の, …装の 〔*in*〕: a ～ volume 合綴(がっとじ)本, とじ付け本, 装丁本 / ～ in cloth [morocco]＝cloth-[morocco-]*bound* 布とじ[モロッコ皮装]の / ⇨ quarter-[half-, full-, whole-] bound. **5** [複合語の第 2 構成素として] (…に)拘束された[て], 閉ざされた, 支配された: snow-*bound* 雪に閉ざされた / The lake was ice-*bound*. 湖には一面に氷が張り詰めていた / duty-*bound* 義務がある / the time-*bound* world 時間の支配する世界. **6** 便秘している (constipated). **7** 〘数学〙〈ベクトルが〉大きさと方向とともに始点も定まっている (cf. free 20): a ～ vector 束縛ベクトル. **8** 〘物理・化学〙結合した, 化合した (cf. free 16 a): ～ water 結合水. **9** 〘言語〙**a** 拘束形の (cf. free 18): ⇨ bound form. **b** 依存する, 制限された (↔ free): Some rules are context-*bound*; others, context-free. いくつかの規則は文脈依存的であり, いくつかは文脈自由である. **10** 〘論理〙束縛の, 束縛された《式中の変項[数]が量化詞により量的限定を受けている場合をいう; cf. free 22, closed 12》: a ～ variable 束縛変項[数].

bóund úp in (1) …に夢中で, 余念がない: He *is bound up in* his new book. 新しい本の執筆に没頭している. (2) …と離れられない, …に深入りして.〚1611〛 ***bóund úp with*** …と利害を同じくして; …と切っても切れない関係で: The present *is* (intimately) *bound up with* the past. 現在は過去と密接に結ばれている.〚1841〛 ***I'll be bóund.*** ⇨ bind *v.* 成句.

〚(?1348)《尾音消失》← BOUNDEN〛

bound² /báʊnd/ *adj.* **1** 〈船・列車・飛行機など〉〔…へ〕出発し(ようとし)ている, …行きで[の]; 〈人が〉〔…へ〕行くところで, 〔…へ行く〕途上にある 〔*for, to*〕: This ship is ～ *for* New York.＝This is a New York-*bound* ship.＝This ship is New York-*bound*. この船はニューヨーク行きです / a ship ～ *on* a voyage 航海の途に上るばかりの船 / a train ～ *from* London *to* Paris ロンドン発パリ行きの列車 / homeward ～ 本国向けで[の], 帰航中で[の] (cf. homeward-bound) / outward ～ 外国行きで[の] (cf. outward-bound) / Where are you ～ *for*? どこに行くところですか / We are ～ *for* the supermarket. スーパーマーケットに行くところです / They were ～ *on* a journey [an adventure]. 彼らは旅行[冒険]の途にあった / a north-*bound* highway [train] 北に向かう幹線道路[北行きの列車] / college-*bound* 大学進学を目指す / ～ *for* stardom スターへの道を進んでいる. **2** 《古》用意[準備]ができて (ready).〚(?*c*1200) *boun* ready □ ON *būinn* (p.p.) ← *būa* to get ready (cf. busk²): *-d* は BOUND¹ との連想〛

bound³ /báʊnd/ *vi.* **1** はね飛ぶ, ぴょいぴょい跳んで行く; 跳び上がる (leap); 〈波・胸などが〉躍る: ～ *about* [*around*] はね回る / ～ *away* [*forward*] (at full speed) (全速力で)飛び去る / ～ *upon* [*on*] the prey 〈ライオンなどが〉獲物に飛びかかる / ～ *into* fame 一躍有名になる / Production ～*ed ahead*. 生産が跳躍的に伸びた / My heart ～*ed with* expectation. 私の胸は期待に弾んだ. **2** 〈ボールなどが〉弾む, はね返る (rebound), バウンドする (bounce): The ball ～*ed back* from the fence. **—** *vt.* 〈ボールなどを〉弾ませる, はね返らせる, バウンドさせる.

— *n.* **1** はね飛び, はね上がり (leap); (心の)躍動: a ～ forward 躍進 / at a (single) ～＝with [in] one ～ ただ一飛びで, 一躍して / by leaps and ～*s* ⇨ leap 成句 / run up the stairs in two or three ～*s* 階段の段を飛ばし, 2, 3 歩で駆け上がる / a ～ of the heart《詩》心の躍動. **2** (ボールの)弾み, はね返り, バウンド (bounce): hit a ball on the ～ ボールが弾んだところを打つ / catch a ball on the first ～ ワンバウンドでボールを取る.

〚(*a*1553) □ F *bondir* to leap, 《原義》to echo < VL **bombitīre*＝LL *bombitāre* to hum ← L *bombus* deep hollow sound: cf. bomb〛

SYN 弾む: **bound** [方向の副詞句を伴って]〈人や動物がうれしさ・興奮・恐怖のために飛ぶように走る: The dog came *bounding* toward me. 犬は私の方へ飛んできた. **bounce** 〈人が〉足早にはねるように歩く; 〈ボールなどが〉はね上がる: He *bounced* into the room. ぽんと部屋へ飛び込んできた / The ball *bounced* over the fence. ボールははねてフェンスを越えた. **rebound** 〈ボールなどが硬い物に当たってはね返る: The ball *rebounded* off the wall and hit him. ボールが壁に当たってはね返り, 彼に当たった.

---

bound⁴ /báʊnd/ *n.* **1** [通例 *pl.*] 限界, 際限, 範囲, 領域 (limits): an ambition without ～*s* 際限のない野心 / a realm beyond the ～*s* of human knowledge 人知で計り[知り]えない世界 / break ～*s* 範囲[常軌]を逸脱する / go [be] outside [beyond] the ～ of decency 礼儀の埒(らち)を超える[超えている], 非礼[不謹慎]にわたる[わたっている] / keep [remain, stay] within ～*s* 制限内に留まる, 度を超さない / speak within ～*s* 控え目に話す / It's just about within the ～*s* of possibility. ほぼ可能性の範囲内だ / put [set] ～*s* to …に制限を置く, 限界を設ける, …を制限する / His ambition knows no ～*s*. 彼の野心には限りがない / Your anger must be kept within ～*s*. 怒りはほどほどに抑えたほうがよい. **2 a** [通例 *pl.*] (内側から見た)境界線, 境界. **b** [*pl.*] 境界線付近[境界線内]の領土: metes and ～*s* ⇨ mete¹. **3** [*pl.*] (人の)立入り許可区域[外出区域]の限界 (limits): ⇨ *out of* BOUNDS (2). **4** 〘数学〙(上または下の)界: ⇨ greatest lower bound, least upper bound, lower bound, upper bound.

béat the bóunds (1) 〘英国国教会〙教区の教会を検分する. (2) 慎重に調査して確かめる.《キリスト昇天祭 (Ascension Day) に教区の子供たちが行列を作って柳の枝で教区の境界を打って歩いた故事から》 ***in bóunds*** (1) 立入り許可(区域)の 〔*to*〕. (2) 〘スポーツ〙定められた競技区域の内側で. ***òut of áll bóunds*** 法外な[に], 過度な[に]. ***òut of bóunds*** (1) 〘スポーツ〙定められた競技区域を超えて《バスケット・バレーボールではボールがコート外に出ること, ゴルフではコース外のプレー禁止地域についていう; 略 OB》. (2) 立入り禁止(区域)の (《米》off limits) 〔*to*〕: *Out of* ～*s* to unauthorized personnel 許可を受けていない方は立入り禁止 / They've put the reactor *out of* ～*s*. 原子炉内は立入り禁止とした. (3) (話題・番組・酒などが)〔…に〕禁じられて 〔*to, for*〕. (4) (言語などが)無礼で.〚*c*1805〛

— *vt.* **1 a** [主に受身で] …に境界をつける: England *is* ～*ed* on the north *by* Scotland. イングランドは北はスコットランドと境を接している. **b** …の境界となる: mountains ～*ing* a country 国の境界をなす山脈. **2** 制限する: ～ one's desires by reason 理性によって欲望を抑える. **3** 《米》〈生徒などが〉〈国・州などの〉境界(を接する国・州)の名を言う[挙げる]: ～ one's state.

— *vi.* 《古》〔…に〕境している, 境を接する 〔*on, with*〕.

～·er *n.*〚(?*a*1200) □ AF *bounde*＝OF *bun*(*n*)*e*, *bonde* (F *borne*) limit < ML *bodinam* ← ? Celt.: cf. bourn²〛

bound·a·ry /báʊndəri, -dri/ *n.* **1 a** 境界, 界; 境界線: the ～ of an estate [a parish] 地所[教区]の境界 / draw a (strict) ～ between x and y x と y との間に(厳重

な)境界を画する. **b** 《豪》羊・牛の牧畜場の境界. **2** 限界, 分野 (limit): the *boundaries* of human knowledge 人知の限界. **3** 〘クリケット〙(球場の)境界線; 境界線に達する打撃《地面に着かない (no bound) で越えれば 6 点, 地面に着いて達すれば 4 点》. **4** 〘数学〙 **a** 境界《位相空間の部分集合の境界点全体から成る集合》. **b** 境界《複体の鎖から作られる一次元低い鎖》. **c** 境界輪体《複体の鎖で, 他の鎖の境界になっているもの》. 〖《1626》(変形) ← (方言) *bounder*: ⇨ bound⁴ (v.), -er¹: LIMITARY にならった変形〗

SYN 境界: **boundary** 二つの区域を隔てる境界(線): A river forms the *boundary* between the two towns. 川が二つの町の境界となっている. **border** 二つの国や地域の境界線(に沿う地域): the *border* between England and Scotland イングランドとスコットランドの境界地方. **frontier** 《英》=*border*. **confines** ある区域を取り巻く境界《格式ばった語》: within the *confines* of the city その都市の内部で / beyond the *confines* of human knowledge 人知の範囲を越えて.

Bóundary Commìssion *n.* 《英》選挙区境界検討委員会《人口の変化に応じて選挙区の境界線の変更を提案する》.

bóundary condìtion *n.* **1** 〘物理〙境界条件《ある空間で生起する現象を論じるときに, その空間の境界で与えられている条件》. **2** 〘数学〙境界条件《微分方程式の解が境界で満たすべき条件》.

bóundary làyer *n.* 〘物理〙境界[限界]層《(空気のような)流体が(飛行機のような)物体の回りを流れるときできる物体表面の渦(ᵘ)の薄層; friction layer ともいう》. 〖1921〗

bóundary làyer contròl *n.* 〘物理〙境界層制御《流れの剥離を防ぎ, または流体の摩擦抵抗を低減するために境界層の流れを制御すること》.

bóundary lìght *n.* (飛行場の離着陸区域を示す)境界灯. 〖1949〗

bóundary lìne *n.* **1** 境界線. **2** 〘紋章〙=partition line. 〖1705〗

bóundary rìder *n.* 《豪》(柵の修理などのための)牧場巡視人. 〖1865〗

bóundary ùmpire *n.* 〘豪式フットボール〙線審.

bóundary vàlue pròblem *n.* 〘数学〙境界値問題《微分方程式で与えられた境界条件を満たす解を求める問題》.

bóund báse *n.* 〘言語〙=bound root.

bóund chárge *n.* 〘電気〙束縛電荷, 拘束電荷.

bóund·ed¹ *adj.* **1** 限界のある, 制限された. **2** 〘数学〙 **a** 《関数・数列が》有界の《関数の値や数列の項の絶対値が一定数を超えない》. **b** 《関数の変動 (variation) が》有界の《関数の変動が無限大でない》: a function of ~ variation 有界変動関数. 〖《1600》: ⇨ bound⁴, -ed〗

bounded² *v.* 《古》bind の過去分詞.

bóunded nóun *n.* 〘文法〙有限名詞《常に冠詞や制限的修飾語句を必要とする名詞; 例えば英語の単数形の可算名詞》.

bound·en /báundən/ *v.* 《古》bind の過去分詞. — *adj.* **1** 《文語》義務的な, 本務的な (obligatory): one's ~ duty (必ずしなければならない)本務, 義務. **2** 《古》恩義を受けて (obliged): I am ~ *to* him *for* my success. 私の成功は彼のおかげである. 〖OE *bunden* (p.p.): cf. bound¹〗

bóund·er *n.* **1** 《英古口語》[しばしば軽蔑的に] 騒々しい野卑な男, 無作法者 (cad), (下等な)成り上がり. **2** 〘野球〙バウンドの大きいゴロ. **3** 跳んだりはねたりする人[動物]. 〖《1505》: ⇨ bound³, -er¹〗

bóund·er·ish /-dərɪʃ, -drɪʃ/ *adj.* 無作法者らしい[のような]. **~·ly** *adv.* **~·ness** *n.* 〖《1928》: ⇨ -ish¹〗

bóund fóot *n.* (昔の中国の女性の)纏足(ᵗᵉⁿ).

bóund fórm *n.* 〘言語〙拘束形式《独立できず常に他の語の一部として用いられる形; 例: looked の -ed, *un*kind の un- など; cf. free form 1》.

bóund·less *adj.* 限りのない, 果てしのない; 無限の: the ~ ocean 果てしのない大海 / ~ energy 無限の精力. **~·ly** *adv.* **~·ness** *n.* 〖《1592》: ⇨ bound⁴, -less〗

bóund mórpheme *n.* 〘言語〙拘束形態素《独立できず常に他の一部として用いられる形態素; 接辞 (affix), 拘束語根 (bound root) など》. 〖1957〗

bóund róot *n.* 〘言語〙拘束語根《語根でありながら独立して用いられないもの; *receive* の -ceive, ad*mit* の -mit など; bound base ともいう》.

bóund váriable *n.* 〘論理〙束縛変項[数]《不定の対象を指示する自由変項[数] *x*, *y*, *z*, …等が, 「すべての」や「存在する」を意味する全称および存在量化詞で束縛され, 指示範囲が限定されたもの; 例えば「すべての *x* は自然数である」「*x* を満足させる値が存在する」のような場合の *x*; cf. free variable》.

bóund wáter *n.* 〘生物〙結合水《細胞内で蛋白質などに強く結合している水》.

boun·te·ous /báuntiəs | -tiəs/ *adj.* 《文語・詩》 **1** 《人・性質など》慈悲深い, 気前のよい, 物惜しみしない (beneficent): a man of ~ nature 気前のよい性質の人. **2** 《物が》たっぷりとある, 豊富な (plentiful): a ~ harvest 豊かな収穫. **~·ly** *adv.* **~·ness** *n.* 〖《16C》← BOUNT(Y)+-EOUS ∞ 《c1385》*bountevous* ← OF *bontif* benevolent ← *bonté*〗

bóun·tied *adj.* (政府の)補助金のついた; 報奨金の与えられる. 〖《1788》: ⇨ -ed 2〗

boun·ti·ful /báuntɪfəl, -fl | -tɪ-/ *adj.* **1** 《人が》惜しみなく与える, 気前のいい (generous): a ~ giver 気前のいい人 / ⇨ Lady Bountiful. **2** 《物が》たくさんある, 豊富な, たっぷりの (abundant): a ~ supply of food 食料の十分な供給. **~·ly** *adv.* **~·ness** *n.* 〖《1508》: ⇨ ↓, -ful¹〗

boun·ty /báunti | -ti/ *n.* **1** 惜しみなく与える心, 恵み深さ, 博愛 (generosity): the overflowing ~ of Nature 自然の惜しみなき恩恵. **2** 寛大に与えられた物, 恵まれた物, 賜物, 賜金: The hospital is supported by the ~ of one man. 病院は一個人の篤志によって維持されている / live on the ~ of …の補助を受けて生活する / ⇨ King's bounty, Queen Anne's Bounty. **3 a** (害獣退治・犯人逮捕などに対する)報奨金, 賞金 (gratuity). **b** (入隊勧誘の)特別手当. **c** (産業などに対する政府の)補助金, 奨励金, 助成金 (subsidy): the ~ *on* exports 輸出補助金 / the ~ *for* manufacture 生産奨励金. **4** 産出, (特に)作物の収穫 (yield). **~·less** *adj.* 〖《c1275》 *bounte* ◻ (O)F *bonté* < L *bonitātem* goodness ← *bonus* good: ⇨ boon², -ty²〗

Boun·ty /báunti | -ti/ *n.* [the ~] バウンティ号《英国軍艦; 船長 William Bligh; 1789 年 Tahiti と西インド諸島の間で科学調査中に乗組員が反乱を起こした》.

bóunty hùnter *n.* 賞金目当てに犯人や害獣などを追いかける人 (cf. bounty 3 a). 〖1930〗

bóunty jùmper *n.* 《米》米国南北戦争当時入隊奨励金をもらうと間もなく脱走した兵士. 〖1875〗

bou·quet /boukéɪ, bu:- | bukéɪ, bəu-, bú:keɪ; *F.* bukɛ/ *n.* **1** 花束 (cf. nosegay). **2 a** (ぶどう酒・ブランデーなどの独特な)芳香, 香り, ブーケ (cf. aroma 1 b). **b** (演奏・演技・作品などの)特別にすぐれた性質, 芸術的香り. **3** お世辞, ほめ言葉 (compliment): throw ~*s at* …をほめる, …にお世辞を言う / The new play got ~*s* from the critics. 新しい劇は批評家から賛辞を得た. **4** 打ち上げられた花火の大きな群れ. 〖《1716–18》◻ F ~ 'bunch, clump of trees' ← ONF *bosquet* little wood (OF *boschet*) (dim.) ← OF *bosc* wood ∥ ML *boscum*=L *buxum* wood, bush: cf. boscage, bosket, bush¹〗

bouquét gar·ní /-gɑəní: | -gɑ:-; *F.* -gaʁni/ *n.* (*pl.* **bouquets garnis** /~/) 〘料理〙ブーケガルニ《パセリ・タイム・ベイリーフなどの香草を束ねたものでスープやシチューの香り付けに用いる》. 〖《1852》◻ F ~ 'garnished bouquet'〗

bou·que·tin /bú:kətɪn | -tɪn; *F.* buktɛ̃/ *n.* 《英》〘動物〙=ibex. 〖《1783》◻ F ~ ◻ G *Steinbock* (原義) stone-he-goat: cf. buck¹〗

bouquét lárkspur *n.* 〘植物〙=Siberian larkspur.

Bour·ba·ki /bùəbɑ:kí: | bùə-; *F.* buʁbaki/, **Nicholas** *n.* ブルバキ《フランスの数学者集団の筆名; 1935 年以降数学全部門を体系的に整理したシリーズを出版》.

bour·bon /bə́:bən | bə́:-, búə-/ *n.* **1** =bourbon whiskey. **2** バーボン(ウイスキー)一杯. 〖《1846》《略》← *bourbon whiskey*〗

Bour·bon¹ /búəbən, bə́ə- | búəbən, bɔ́:-, -bɔn; *F.* buʁbɔ̃/ *n.* **1** [the ~s] ブルボン家《フランス王朝 (1589–1792, 1814–30) の名; その傍系であるスペインなどの王家》. **2** ブルボン家の人. **3** 《米》頑固な保守主義者, (特に)南部民主党の極端な反動主義者. 〖1600〗

Bour·bon² /búəbən, bə́ə- | búəbən, bɔ́:-, -bɔn; *F.* buʁbɔ̃/ *n.* 〘園芸〙=Bourbon rose.

Bourbon, Duc Charles de *n.* ブルボン《1490–1527; フランスの将軍》.

Bóur·bon bíscuit /bə́:bən- | bɔ́:bən-, búə-, -bɔn-/ *n.* ブルボンビスケット《中にチョコレートクリームの入ったビスケット》. 〖1932〗

Bour·bon·ism, b- /búəbənìzm, bə́ə- | búəbə-, bɔ́:-, -bɔn-/ *n.* **1** ブルボン王朝的政治組織の支持. **2** 《米》(政治上の)極端な保守主義. 〖《1884》← BOURBON¹+-ISM〗

Bóur·bon·ist /-nɪst | -nɪst/ *n.* 《まれ》 **1** ブルボン王朝的政治組織の支持者. **2** =Bourbon¹ 3. 〖《1820》← BOURBON¹+-IST〗

Bour·bon·nais /bùəbounéɪ | bùəbəu-; *F.* buʁbɔnɛ/ *n.* ブールボネー《フランス中部 Burgundy の西方の旧地方; Bourbon 王家の発祥地; 中心都市 Moulins》.

Bóur·bon ròse /búəbən-, bə́ə- | búəbən-, bɔ́:-, -bɔn-/ *n.* 〘園芸〙ブルボン系バラ《チャイナ系およびダマスク系バラの自然雑種に由来し, 四季咲; 単に Bourbon ともいう》. 〖《1829》*Bourbon*: *isle Bourbon* (現在 Réunion と呼ばれるインド洋 Madagascar 島東方に位置する仏領の小島; この品種の原産地)〗

bóur·bon whìskey /bə́:bən- | bɔ́:-, búə-/ *n.* バーボンウイスキー《51% 以上のトウモロコシとライ麦に大麦の麦芽を原料に発酵させ, パテントスチル (patent still) で蒸留して造る米国産のウイスキー; 単に bourbon ともいう; cf. Scotch whisky》. 〖《1846》*bourbon*: ← *Bourbon* (米国 Kentucky 州の郡で, このウイスキーの発祥地)〗

Bour·delle /buədɛ́l | buə-; *F* buʁdɛl/, **(Émile-) Antoine** *n.* ブールデル《1861–1929; フランスの彫刻家; Rodin の協力者》.

bour·don /búədn, bə́ə- | bɔ́:dn, búə-/ *n.* **1** (長く持続するうなるような)低音 (drone). **2** (bagpipe や hurdy-gurdy などの) 最低音管[弦]; (パイプオルガンの)ブルドン音栓. 〖《(?c1300)》《1861》◻ (O)F ~ 'bagpipe drone' < ML *burdōnem* drone (擬音語)?〗

Bóur·don gàuge /búədn-, bə́ə- | búə-, bɔ́:-; *F.* buʁdɔ̃-/ *n.* 〘化学〙ブルドンゲージ, ブルドン圧力計《ブルドン管を用いた二次圧力計》. 〖《1864》← *Eugène Bourdon* (1808–84; フランスの水力工学者)〗

Bóurdon tùbe *n.* 〘化学〙ブルドン管《弾力のある薄い金属で作った扁平断面円弧状の中空管; 管内の圧力増加に伴って断面が円形に近づき, まっすぐになろうとするので, 圧力計に利用される》. 〖《1886》↑〗

bourg /búəg, búə | búəg; *F.* bu:ʁ/ *n.* **1** 都市, 町. **2** 城下町. **3** (フランスの)市(ᵢ)を開く町. 〖《?c1450》◻ (O)F ~ ∥ LL *burgus* ← Gmc (Frank) **burȝs* town: cf. borough〗

B

bour·geois¹ /búəʒwɑ:, ─⌐ | búəʒwɑ:, bɔ́:-, ─⌐; *F.* buʁʒwa/ *n.* (*pl.* ~) **1 a** 中産階級の市民. **b** (地主・農民・俸給生活者に対し, 町の)実業家, 商人 (shopkeeper). **2** 《軽蔑》 **a** (体裁にこだわる無教養で俗物の)中産階級の人, (上品優雅なところがない)物質本位の無教養者 (Philistine). **b** (共産[社会]主義者のいう)資本家, プロレタリアの搾取者. **3** 有産者, ブルジョア《資本主義社会の支配階級の構成員; cf. proletarian》. 日英比較 日本語で俗にいうような「金持ち」という意味は, 英語の *bourgeois* にはない. — *adj.* **1** ブルジョアの, 中産階級の. **2** 《軽蔑》 **a** 中産市民的な, ブルジョア根性の, 無教養で俗物の, 凡庸で事なかれ主義の (Philistine). **b** 資本主義の, 共産主義的でない. **3** 《フランス産ワインが》最上の次の品質の. 〖《adj.: 1564–65; n.: *a*1674》◻ (O)F ~ ← OF *burgeis* (n.): ⇨ burgess〗

bour·geois² /bə(:)dʒɔ́ɪs | bə:-/ *n.* 〘活字〙ブルジョア《活字の大きさの古い呼称; 9 アメリカンポイント相当; cf. type 3 ★》. 〖活字の大きさが中位なのにちなむ; 一説ではフランスの活字製造者の名から〗

Bour·geois /buəʒwɑ́:, ─⌐ | buəʒwɑ́:, bɔ:-, ─⌐; *F.* buʁʒwa/, **Léon Victor Auguste** *n.* ブルジョア《1851–1925; フランスの政治家; 首相 (1895–96), 社会連帯主義 (solidarism) を提唱し, 国際連盟設立に尽力し初代議長; Nobel 平和賞 (1920)》.

bour·geoise /búəʒwɑ:z, ─⌐ | búəʒwɑ:z, bɔ́:-, ─⌐; *F.* buʁʒwa:z/ *n.* 中産階級の女性. 〖《1794》◻ F ~ (fem.) ← BOURGEOIS¹〗

bour·geoi·sie /bùəʒwɑ:zí: | bùəʒwɑ:zí:, bɔ̀:-; *F.* buʁʒwazi/ *n.* (*pl.* ~) [the ~; 集合的] **1** (労働者・勤労階級に対立する)ブルジョア階級, 資本家[有産]階級 (cf. proletariat). **2 a** 中産者層. **b** (フランスの, 昔の富裕)市民階層. 〖《1707》◻ F ~: ⇨ bourgeois¹〗

bour·geoi·si·fi·ca·tion /buəʒwɑ̀:zəfɪ̀kéɪʃən | buəʒwɑ̀:zɪ̀fɪ-, bɔ:-/ *n.* 中産階級化すること. 〖《1937》: ⇨ -fication〗

bour·geói·si·fied *adj.* 中産階級化した. 〖《1930》: ⇨ ↓, -ed 2〗

bour·geoi·si·fy /buəʒwɑ́:zəfàɪ | buəʒwɑ́:zɪ̀-, bɔ:-/ *vt.* 中産階級化する. 〖《1938》← BOURGEOIS+-I-+-FY〗

bour·geon /bə́:dʒən | bɔ́:-/ *n.*, *v.* =burgeon.

Bourges /búəʒ | búəʒ; *F.* buʁʒ/ *n.* ブールジュ《フランス中部の都市》.

Bour·get /buəʒéɪ | buə-; *F.* buʁʒɛ/, **(Charles Joseph) Paul** *n.* ブールジェ《1852–1935; フランスの小説家・批評家; *Le Disciple*「弟子」(1889)》.

Bour·gogne /*F.* buʁgɔɲ/ *n.* ブルゴーニュ《Burgundy¹ のフランス語名》.

Bour·gui·ba /buəgí:bə | buə-; *F.* buʁgiba/, **Habib (ibn A·li)** /hæbìbbɪná:li; *F.* abibbinali/ *n.* ブルギバ《1903–2000; チュニジアの政治家; 独立運動の指導者で, 初代首相 (1956–57), 大統領 (1957–87)》.

Bour·gui·gnónne sàuce /bùəgi:njɔ̃(:)ŋ-, -njɔ́:ŋ- | bùə-; *F.* buʁgiɲɔn-/ *n.* =Burgundy² 2. 〖《c1919》*Bourguignonne*: ◻ F ~ (fem.) of Burgundy〗

Bourke-White /bə́:k(h)wáɪt | bɔ́:k-/, **Margaret** *n.* バークホワイト《1906–71; 米国の女性の写真家; Erskine Caldwell 夫人》.

bour·kha /bə́:kə | bɔ́:-/ *n.* =burka¹.

Bour·ki·na-Fas·so /buəkí:nəfá:sou, bə:- | bə:kí:-nəfǽsəu/ *n.* =Burkina Faso.

Bour·land /búələnd | búə-/, **Delphus David, Jr.** *n.* ブアランド《1928–2000; 米国の意味論学者》.

bourn¹ /bɔ́ən, búən | bɔ́:n, búən/ *n.* (*also* **bourne** /~/) 細流, 小川 (brook). 〖《?c1175》《変形》← BURN²〗

bourn² /bɔ́ən, búən | bɔ́:n, búən/ *n.* (*also* **bourne** /~/) 《古》 **1** 限界, 境界: the undiscover'd country from whose ~ no traveller returns その国境よりだれ一人旅人が戻って来ぬ未知の国 (Shak., *Hamlet* 3. 1. 79–80). **2** 目的(地), 到達点. 〖《1523》◻ (O)F *borne* < *bodne* limit, bound: ⇨ bound⁴〗

Bourne /bɔ́ən, búən, bə́:n | bɔ́:n, búən, bɔ́:n/, **Randolph (Sil·li·man)** /sílɪmən | -lɪ-/ *n.* ボーン《1886–1918; 米国の評論家; *Youth and Life* (1913)》.

Bourne·mouth /bɔ́ənməθ | bɔ́:n-/ *n.* ボーンマス《イングランド南部の都市; イギリス海峡に面する保養地》. 〖ME (*la*) *Bournemowþe* 'the MOUTH of the BURN²'〗

bour·non·ite /bɔ́ənənàɪt | bɔ́:-/ *n.* 〘鉱物〙車骨鉱 ($PbCuSbS_3$)《斜方晶系, アンチモン・鉛・銅の鉱石》. 〖《1805》← *Count J. L. de Bournon* (1751–1825; その発見者であるフランスの鉱物学者)+-ITE¹〗

bour·rée /buréɪ | bú(ə)reɪ; *F.* buʁe/ *n.* (*pl.* ~**s** /~z/; *F.* ~/) **1 a** ブーレ《17 世紀フランスに起こった 2 拍子で上拍をもつ速い踊り》. **b** ブーレの音楽. **2** 〘バレエ〙パドブーレ (pas de bourrée). 〖《1706》◻ F ~ ← *bourrer* to beat〗

bour·ride /burí:d; *F.* buʁid/ *n.* 〘料理〙ブーリッド《アイオリ (aioli) でとろみをつけた魚と野菜のシチュー; パンに載せて食べる》. 〖《c1919》◻ F ~〗

bourse /búəs, bɔ́əs | búəs, bɔ́:s; *F.* buʁs/ *n.* **1** (証券や商品の)取引所; [B-] (ヨーロッパ, 特に Paris の) 証券取引所: on the ~ 取引所で. **2** 古銭[切手]の販売. 〖《1597》◻ F ~ 'purse, exchange' < LL *bursam*: cf. bursa〗

Bour·sin /bʊəsǽ(ŋ), -sǽŋ | bʊə-, bɔː-; *F.* buʀsɛ̃/ *n.* 〘商標〙ブルサン《フランス産クリームチーズ》.

bour·tree /búətrìː | búə-/ *n.* 《英》〘植物〙セイヨウニワトコ (*Sambucus nigra*)《ヨーロッパ・アジア産; 昔は染料や民間薬として珍重された; European elder とも, またその白い花の強い臭気のため stinking elder ともいう》. 〖《*c*1440》? ← ME *bour* 'BOWER' // 《スコット》*bour, boor* arbor〗

bouse¹ /búːz, báuz/ *n., v.* 《古》 =booze.

bouse² /báuz/ *vt., vi.* [通例 taut と共に用いて]〘海事〙テークル (tackle) で引っ張る; 引きあげてぴんと張って留める. 〖《1593》← ?〗

bou·sou·ki /buzúːki, bə-/ *n.* (*pl.* **-ki·a** /-kiə/, ~**s**) = bouzouki.

bou·stro·phe·don /bùːstrəfíːdɑ(ː)n, bàu-, -dn̩ | bàustrəfíːdn̩, -dɔn/ *n., adj.* 犂耕(りこう)体(書式)(の)《一行を右から書けば次行は左から右にという風に交互に逆の方向に書いていく古代の書式》. 〖《1783》← Gk *boustrophēdón* (adv.) ← *boûs* ox (⇨ cow¹)+-*strophēdón* (← *stréphein* to turn): 牛が畑を耕すときの歩き方にちなむ〗

bout /báut/ *n.* **1** (病気の)発している間, 発作 (fit): have [recover from] a long ~ of illness 長患いをする[が治る] / He had frequent ~*s* of coughing. しばしばせきの発作が起こった. **2** (始めと終わりがはっきりしている, 活動などの)一続き(の間), 一回, ひとしきり…すること, 一仕事 (spell): a ~ of fighting, drinking, etc. / a ~ of work 一仕事 / ⇨ drinking bout / She's just had a ~ of dish washing. 皿洗いの仕事を済ませたところだ. **3** (ボクシング・レスリングなどの)一勝負, 一試合: a boxing ~=a ~ *at* boxing ボクシングの試合 / win the first ~ 第一戦に勝つ / have a ~ *with* the gloves ボクシングを一番やる / a ~ *with* the enemy 敵との一会戦. **4** 《英方言》(畑を)往復すること, 行き来すること《草刈り・刈り入れなど》. ***this [that] bóut*** 《古》今度[その時]は. 〖《*a*1541》《変形》← 《廃》*bought* bend < OE **buht* ← Gmc **buχta-* LG *bucht* bight: 'bout (← ABOUT) と連想〗

bou·tade /buːtɑ́ːd; *F.* butad/ *n.* (感情の)爆発; 突発(的行動) (outbreak). 〖《1614》□ F ∽ OF *boutée* ← *bouter* to thrust〗

bou·tell /bóuṭḷ | báutḷ/ *n.* 〘建築〙 =boltel.

bou·tique /buːtíːk; *F.* butik/ *n.* **1** ブティック《婦人用の既製服・アクセサリーなどを売る小さな洋品店・デパートなどの売場》. **2** (投資や広告などを扱う)小規模の専門会社. — *adj.* 少数の顧客に良質の製品や業務を提供する. 〖《1767》□ F ~ □ OProv. *botica* □ Gk *apothḗkē* warehouse: cf. apothecary, bottega〗

bou·ti·quier /bùːtikjéɪ | -ti-; *F.* butikje/ *n.* ブティックの経営者. 〖□ F ~: ⇨ ↑, -ier²〗

bou·ton /búːtɑ(ː)n | -tɔn/ *n.* 〘解剖〙神経繊維末端, ボタン. 〖《*c*1950》□ F ~ 'BUTTON'〗

bou·ton·niere /bùːtəníə, -njéə | butɔniéə^(r), bùːtənjéə^(r); *F.* butɔnjɛːʀ/ *n.* (*pl.* ~**s** /~z; *F.* ~/) ボタン穴の挿し花. 〖《*c*1867》□ F *boutonnière* buttoner, buttonhole ← *bouton* 'BUTTON': cf. -eer〗

Bou·tros-Gha·li /búːtrousgɑ́ːli | -trɔs-/, **Boutros** *n.* ブトロスガリ《1922– ; エジプトの外交官; 国連事務総長 (1992–96)》.

bouts-ri·més /bùːriːméɪ(z); *F.* buʀime/ *n. pl.* 〘詩学〙**1** 題韻, 題韻詩《与えられた韻に合わせて作った詩》. **2** (題韻として与えられた)押韻語(の表). 〖《1711》□ F ~ 'rhymed endings'〗

bou·tu /bóutuː | báu-/ *n.* 〘動物〙アマゾン(カワ)イルカ (*Inia geoffrensis*)《Amazon 川, Orinoco 川に生息する; Amazon dolphin, boto ともいう》.

bou·var·di·a /buːvɑ́ədiə | -vɑ́ː-/ *n.* 〘植物〙熱帯アメリカ産アカネ科ブバルディア属 (*Bouvardia*) の植物の総称; (特に)園芸種として栽培される赤や白の花の数種. 〖《1846》← NL ~ ← *Charles Bouvard* (1572–1658: フランスの医者): ⇨ -ia¹〗

Bóu·vet Ìsland /búːveɪ-/ *n.* ブーヴェ島《喜望峰の南南西約 2400 km の南大西洋に位置するノルウェー領の無人島; 1739 年フランス人 Jean-Baptiste-Charles Bouvet de Lozier (1705–86) が発見》.

Bou·vier des Flan·dres /buːvjéɪdeɪflɑ́ːn(dr(ə), -flɑ́ːn-; *F.* buvjedeflɑ̃ːdʀ/ *n.* (*pl.* **Bouviers des F-** /~/) ブービエデフランドル《ベルギー原産の大型作業犬; bouvier ともいう》. 〖《1929》□ F ~ 'cowherd of Flanders'〗

bou·zou·ki /buzúːki, bə-; *Mod.Gk.* (m)buzúci/ *n.* (*pl.* ~**s**, **-ki·a** /-kiə/) ブズーキ《マンドリンに似たギリシャの弦楽器; 民族舞踊・歌の伴奏に用いられる》. 〖《1952》□ ModGk *mpouzoúki* ← Turk. *bozuk* large〗

bo·va·rism /bóuvərìzm̩ | báu-/ *n.* 自己過大評価, うぬぼれ. 〖《1929》□ F *bovarysme* ← *Madame Bovary* (Flaubert 作の同名の小説の主人公)〗

bó·va·rist /-rɪ̀st | -rɪst/ *n.* 自己を過大評価する人, うぬぼれ屋. **bo·va·ris·tic** /bòuvərístɪk | bàu-⁻/ *adj.* 〖⇨ ↑, -ist〗

bo·vate /bóuveɪt | báu-/ *n.* ボベート《英国の昔の地積の単位; hide ないし ploughland の 1/8 で, 10–18 acres に相当; oxgang ともいう》. 〖《1688》□ ML *bovāta* ← L *bov-, bōs* ox: ⇨ -ate¹〗

Bo·vet /bouvéɪ | bəu-; *F.* bɔve, *It.* bovɛ́/, **Daniel** *n.* ボベ《1907–92; スイス生まれのイタリアの薬理学者; Nobel 医学生理学賞 (1957)》.

bo·vi- /bóuvə | báuvɪ/「牛」の意の連結形. 〖□ L ~, *bōs* ox: ⇨ cow¹〗

bo·vine /bóuvaɪn, -viːn | báu-/ *adj.* **1** 〘動物〙ウシ属 (*Bos*) の; 牛のような. **2** のっそりした, 鈍重な (stolid). — *n.* 〘動物〙ウシ属またはそれに近いウシ科の動物. **~·ly** *adv.* **bo·vin·i·ty** /bouvínəṭi | bə(u)vínɪ̀ti/ *n.* 〖《1817》□ LL *bovīnus* ← L *bōs* ox: ⇨ -ine¹〗

bóvine éxtract *n.* 《米俗》牛エキス, 牛乳.

bóvine grówth hòrmone *n.* 〘獣医〙 =bovine somatotropin (略 BGH).

bóvine somatotrópin *n.* 〘獣医〙ウシ成長ホルモン《牛の成長と牛乳生産を調節する; 略 BST》.

bóvine spóngiform encephalópathy *n.* 〘獣医〙牛スポンジ様脳症, ウシ海綿状脳症《脳組織がスポンジのようになる成牛の神経性疾患; 行動・姿勢に異常をきたし, 死に至る; 餌に含まれる感染性蛋白質 prion が原因とされている; mad cow disease ともいう; 略 BSE》. 〖1987〗

bóvine trichomoníasis *n.* 〘獣医〙 =trichomoniasis b.

Bov·ril /bɑ́(ː)vrɪ̀l | bɔ́v-/ *n.* **1** 〘商標〙ボブリル《牛肉エキス (beef essence) の商品名》. **2** 《豪俗》ナンセンス, ばかげたこと. **3** [しばしば b-]《英戯言》売春宿 (brothel). 〖《1889》← L *bōs* ox+-*vril* (cf. L *virilis* 'VIRILE')〗

bov·ri·lize /bɑ́vrəlàɪz | bɔ́vrɪ̀-/ *vt.* 《英》圧縮する, 要約する (condense). 〖《1901》: ⇨ ↑, -ize〗

bov·ver /bɑ́(ː)və | bɔ́və^(r)/ 《英俗》*n.* (非行少年・ちんぴらなどの)街頭でけんか[けんか]. — *vi.* 街頭でけんかする. 〖《1969》《変形》← ? BOTHER (n.)〗

bóvver bòots *n. pl.* 《英俗》(けんかのときに有利なように非行少年・ちんぴらなどが履く)底にびょうを打ちつま先に鋼をつけた靴. 〖1969〗

bóvver bòy *n.* 《英俗》ちんぴら, 非行少年; 《俗》トラブル処理屋. 〖1970〗

bow¹ /báu/ *vi.* **1** (挨拶・敬意・服従・礼拝などのために)腰をかがめる, 頭を下げる, おじぎする, 会釈する 〈*down*〉: ⇨ bowing acquaintance / ~ *back to* a person 人に返礼する / ~ *down* low 深く頭を下げる / ~ *down before* an idol 偶像にぬかずく[を崇拝する]. 日英比較 欧米には人との単なる挨拶にお辞儀をする習慣はない. *bow* の動作は深い尊敬(たとえば国王の前や演技者や演奏者が聴衆に対してなど)あるいは崇拝, 絶対服従を表す重々しい動作である. したがって比喩的にも屈服の意となる. **2** かぶとを脱ぐ, 屈服する (submit) (⇨ yield SYN): ~ *to* the inevitable 避けられない運命に屈服する / ~ *to* nobody [no one] in …の点ではだれにも負けない / I ~ *to* your decision. ご決定に潔く服します / We shall not ~ *down to* this disgrace. こんな恥辱を受けて黙ってはいられない. **3** (古) かがむ, 曲がる, たわむ (bend). — *vt.* **1** (挨拶・敬意・服従・礼拝などのために)〈ひざ・腰をかがめる, 〈頭・首を〉下げる, 垂れる (bend): ~ one's head in prayer 頭を垂れて祈る / ~ the knee *to* [*before*] … ⇨ knee 成句 / ~ the neck *to* a tyrant 暴君に屈する. **2 a** 〈謝意・同意などを〉おじぎをして[うなずいて]示す: ~ one's assent 頭を下げて同意の意を示す / ~ one's thanks *to* a person 人におじぎをして謝意を表する. **b** 会釈して案内する: ~ a guest *in* [*out*] 会釈して客を迎え入れる[送り出す] / We were ~*ed into* [*out of*] the room. 会釈を受けて部屋に入った[部屋から出た]. **c** [~ one*self* で]〈家臣・召使などが〉おじぎをして出る[引き下がる]〈*out*〉. **3 a** [しばしば受身で]〈重荷などが〉(…の体を)曲げる, たわませる; …の気力をくじく〈*down*〉: He *is* ~*ed with* age. 老齢のために腰が曲がっている / She *was* ~*ed* (*down*) *with* [*by*] care. 気苦労でめいっていた. **b** (屈して)〈意志などを〉曲げる, 従わせる. **4** 曲げる, ゆがめる (curve): ~*ed* money ⇨ money 1 / The wind has ~*ed* the trees along the shore. 風が海岸の樹木をたわめている / trees ~*ed* with [beneath] the weight of snow 雪の重みでたわんだ木々.

bów and scrápe (1) おじぎをしながら片足を後ろに引く, 丁寧におじぎ[会釈]をする. (2) (目上の人に)ぺこぺこする. 《1646》 ***bów óut*** (1) ⇨ *vt.* 2 b, c. (2) (一礼して)退場する. (3) (正式に)引退[辞任]する. (4) (競技などで)退場[棄権]する.

— *n.* おじぎ, 会釈, あいさつ: a deep [slight] ~ 丁寧なおじぎ[簡単な会釈] / a ~ and a scrape おじぎしながら片足を後ろへ引くおじぎ / make a ~ おじぎをする, 会釈する / return a ~ 会釈を返す, 答礼する.

máke one's bów (1) 入場する. (2) お目見えする, デビューする, 〈本などが〉初めて世に出る. (3) 〈政治家・俳優などが〉引退する (retire). ***tàke a [one's] bów*** (1) 紹介[喝采]に対し答礼する(ために前に進み出る[立ち上がる]). (2) [しばしば名前の前後に添えて; 主に新聞で] 称賛に値する, ほめられてよい.

〖OE *būgan* to bend < Gmc **beuȝan* (G *biegen*) ← IE **bheug-* to swell, bend (L *fugere* to flee / Gk *pheúgein*)〗

bow² /báu/ *n.* 〘海事〙**1** [しばしば *pl.*] 船首部, 船首, 艦首, へさき, おもて; (飛行艇の)艇首 (↔ stern). **2** =bow oar. ***a shót acròss a person's bóws*** 《口語》警告 (warning). ***bów(s) ón*** 〈船が〉船首を(目的物に)向けて, まっしぐらに. ***bóws únder*** 〈船が〉船首[へさき]に波をかぶって, 思うように進まないで; 〈人が〉面食らって. ***on the bów*** 〈物標などが〉船の前方に《船首より左右それぞれ 45 度以内に》: *on the* starboard [port] ~ 右[左]前方に. 〖《1342》*boue* □ LG *Boog* < Gmc **bōȝuz*: cf. Dan. *boug* / bough〗

bow³ /bóu | báu/ *n.* **1 a** 弓: a ~ and arrow 弓矢 / bend [draw] a ~ 弓を引く / string a ~ 弓に弦を張る. **b** [時に集合的] 弓の射手, 弓術家. **2** (リボンなどの)蝶結び, 蝶形リボン; 蝶ネクタイ (bow tie): a ~ of ribbon 蝶形リボン / a double ~ もろわな結び / a single ~ 片わな結び. **3** (バイオリンなどの)弓 (⇨ violin 挿絵); 弓の一引き: draw a good ~ 弓をうまく使う. **4 a** 弓形のもの. **b** 弓状(部), 湾曲(部). **c** 〘馬具〙 =saddlebow. **d** 虹(にじ) (rainbow). **e** 《米》(眼鏡の)縁, 枠, フレーム (frame); (眼鏡の)つる (cf. sidepiece 2). **f** 《廃・方言》牛の軛(くびき) (oxbow). **5** =bow window 1. **6 a** (やかん・桶などの)つる, (はさみなどの)半円形の柄. **b** 鍵のにぎりの部分. **c** (時計の)鎖などをはめ込む枠. **7** 〘建築〙(半径の大きい曲線を描くのに用いる弓形に曲げておける)弓定規. **8** 〘紡織〙弧形度《布目曲がりの度合い》.

dráw a bów at a vénture 当て推量で言う, 当てずっぽうで言う (cf. *I. Kings* 22: 34). ***dráw [bénd] the [a] lóng bów*** 大ぼらを吹く, 大げさに言う. 《1824》 ***hàve twó stríngs [anóther stríng] to one's bów*** ⇨ string 成句.

— *adj.* [限定的] 弓のように曲がった, 弓なりの.

— *vt.* **1** 弓のように[弓状に]曲げる (curve). **2** 〈弦楽器を〉弓で弾く. — *vi.* **1** 弓なりに曲がる. **2** 弦楽器を弓で弾く.

〖OE *boga* < Gmc **buȝōn* (G *Bogen*) ← **beuȝan* 'to BOW¹'〗

bow³ 1 a
1 tip
2 nock
3 upper limb
4 sight
5 grip
6 lower limb
7 string
8 serving
9 nocking point

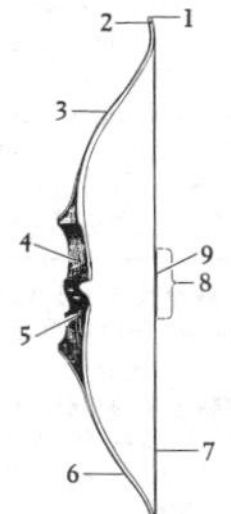

Bow /bóu | báu/ *n.* [the ~] ボー(川)《カナダ Banff 国立公園に源を発し, Alberta 州南西部を流れる川 (507 km)》.

Bow /bóu | báu/, **Clara** *n.* ボウ《1905–65; 米国の女優; セックスアピールで知られ It Girl といわれた》.

bów·àrm /bóu- | báu-/ *n.* **1** 弓手(ゆんで)《右利きの人の場合は左腕》. **2** 楽器の弓を持つ手 (cf. bow hand). 〖1860〗

bów·bàck /bóu- | báu-/ *adj.* せむしの. 〖cf. *bow-backed* 《1470》〗

Bów béllś /bóu- | báu-/ *n. pl.* ボウの鐘《London の中心にある Bow Church の鐘; この鐘の聞こえる所で生まれた者が生粋のロンドン子 (Cockney) とされた》: born within (the) sound of ~ ロンドンの旧市内 (the City) で生まれた, 生粋のロンドン子で. 〖《1593》← *Bow Church* (Cheapside にある St. Mary-le-Bow 教会の別称)〗

bów·bòy *n.* キューピッド. 〖1595–96〗

bów chàser /báu-/ *n.* (軍艦の)船首砲, 追撃砲 (cf. chaser¹ 3, stern chaser). 〖1836〗

bów collèctor /bóu- | báu-/ *n.* 〘鉄道〙(電車の屋根の上の)弓形集電器 (cf. skate).

bów còmpass /bóu- | báu-/ *n.* 〘製図〙スプリングコンパス, ばねコンパス, 小円規《bow-spring compass ともいう》. 〖1796〗

Bów·den càble [wìre] /bóudn̩-, báu- | báu-, báu-/ *n.* (hand brake などの) ボーデン索《可撓(かとう)管の中に索を通し押し引きに使用する》. 〖← *E. M. Bowden* (19 世紀英国の発明家)〗

Bow·ditch /báudɪtʃ/, **Nathaniel** *n.* バウディッチ《1773–1838; 米国の数学者・天文学者・航海家》.

bów divìder /bóu- | báu-/ *n.* 〘製図〙ばねディバイダー.

Bowd·ler /bóudlə, báud- | báudlə^(r)/, **Thomas** *n.* バウドラー《1754–1825; スコットランドの医師; Shakespeare の原作から道徳上いかがわしいと思われるところを遠慮なく削除訂正して *The Family Shakespeare* (10 vols, 1818) を出版した; cf. bowdlerism, bowdlerize》.

bowd·ler·ism /bóudlərìzm̩, báud- | báud-/ *n.* バウドラー流の削除訂正《書物の中の不穏当[野卑]と思われる箇所を Bowdler 流にむやみに削除訂正すること》. 〖《1869》: ⇨ ↑, ism〗

bowd·ler·ize /bóudləràɪz, báud- | báud-/ *vt.* …の著作物の不穏当[野卑]と思われる箇所を削除訂正する; …の文句を勝手に削除改訂する. **bówd·ler·iz·er** *n.*

bowd·ler·i·za·tion /bòudlərɪzéɪʃən, bàud- | bàudləraɪ-, -rɪ-/ *n.* 〖《1836》: ⇨ ↑, -ize〗

bówd·ler·ìzed *adj.* 《軽蔑》不穏当な部分を削除訂正した.

bów drìll /bóu- | báu-/ *n.* 弓錐(ゆみぎり)《一種の舞い錐》. 〖1865〗

bowed¹ /báud/ *adj.* **1** (重みなどで)曲がった: ~ shoulders. **2** 〈頭・首など〉下げた, 垂れた: with a ~ head 頭(こうべ)を垂れて. **~·ness** *n.* 〖《*c*1384》: ⇨ bow¹, -ed〗

bowed² /bóud | báud/ *adj.* 弓のように曲がった, 弓形の (curved). 〖《1425》: ⇨ bow³, -ed 2〗

bow·el /báuəl, báuḷ/ *n.* **1** [医学用語を除いて通例 *pl.*] 腸《全体》, はらわた: the large [small] ~ 大[小]腸 / bind the ~*s* 下痢を止める / loosen [move, 《英》empty, open] the ~*s* 通じをつける / have loose ~*s* 下痢する《★ 今は have diarrhea と言うほうが普通》/ keep one's ~*s* open 規則正しく便通がある / My ~*s* do not move.=I can't move my ~*s*. 通じがない / My ~*s* are open. 通じがある. **2** [*pl.*] (大地の)内部; (特に)深い[遠い]部分: deep in the ~*s* of the earth 地中深く. **3** [*pl.*]《古》同情・哀れみ・勇気の宿る場所, 情け, 愛情, 勇気: the ~*s* of mercy [compassion] 慈悲[同情]心 / mine own ~*s* わが(身体の一部ともいうべき)愛する者 (*Philem.* 12) / He has no ~*s*. 情けを知らない. **4** 《廃》子供, 子孫. — *vt.* (**bow·eled, bow·elled; -el·ing, -el·ling**) …のはらわたを取る. **~·less** *adj.* 〖《?*a*1300》*bouel* □ OF *bo(u)el* bowel (F *boyau*) < L *botellum* (dim.) ← *botulus* sausage ← IE **gʷet-* intestine〗

Bow·ell /bóuəl | bə́u-/, Sir **Mackenzie** *n.* ボーエル (1823–1917; 英国生まれのカナダの保守党政治家; 首相 (1894–96)).

bówel mòvement [mòtion] *n.* **1** 便通 (★ 婉曲に BM と略す); 排便 (defecation). **2** 排泄物, 糞便 (excrement).

Bow·en /bóuᵻn | bə́uɪn/, **Elizabeth** (**Dorothea Cole**) *n.* ボウエン (1899–1973; アイルランド生まれの英国の女流小説家; *The Death of the Heart* (1938), *The Heat of the Day* (1949)).

bow·en·ite /bóuənàɪt | bə́uɪ-/ *n.* 〘岩石〙 ボーエン岩 (半透明の蛇紋岩の一種). 〘(1850) ← *G. T. Bowen* (19 世紀の米国の鉱物学者)+-ITE¹〙

Bów·en's disèase /bóuᵻnz- | bə́uɪnz-/ *n.* 〘病理〙 ボーエン病 (皮膚および粘膜にできる扁平上皮癌(がん)・前癌性皮膚炎). 〘← *John T. Bowen* (1857–1940: 米国の皮膚病学者)〙

bow·er¹ /báuə | báuə(r/ *n.* **1** 木陰の休憩所 (arbor), 木陰, あずまや, 亭(ちん) (summerhouse). **2** 《文語》(中世の邸宅・城の)女性の私室, 深窓; 閨房(けいぼう) (boudoir). **3** 《詩》住みか (abode); (うるさい世間から逃れた)田舎家, 隠れ家 (retreat). — *vt.* こんもりと覆う, 木陰に隠す (embower). 〘OE *būr* chamber, woman's quarters, cottage < Gmc **būraz*, **būram* (G *Bauer* birdcage) ← **bōwwan* to dwell ← IE **bheuə-* 'to BE': ⇨ build〙

bow·er² /báuə | báuə(r/ *n.* 腰をかがめる人, 頭を下げる人, おじぎ[会釈]する人; 屈服者. 〘(1580): ⇨ bow¹〙

bow·er³ /báuə | báuə(r/ *n.* 〘海事〙 **1** 主錨(しゅびょう) (船首両舷にあって, 錨泊に常用する大錨; bower anchor ともいう): ⇨ best bower, small bower. **2** =bower-cable. 〘(1652): ⇨ bow²〙

bow·er⁴ /báuə | báuə(r/ *n.* 〘トランプ〙 (euchre で, 切札およびそれと同色の)ジャック. ★ 切札のジャックを right bower といい, それと同色の他のジャックを left bower という; またジョーカー (joker) はしばしば best bower と呼ばれる. 〘(1830) ⊏ G *Bauer* peasant: ⇨ boor〙

bow·er⁵ /bóuə | bə́uə(r/ *n.* (楽器の)弓を使う人, (バイオリンなどの)奏者. 〘(?*a*1300): ⇨ bow³, -er¹〙

bówer ànchor /báuə- | báuə-/ *n.* 〘海事〙 主錨 (bower).

bówer·bìrd /báuə- | báuə-/ *n.* **1** 〘鳥類〙 ニワシドリ (ニューギニア・オーストラリアに分布するニワシドリ科の鳥の総称). **2** 《豪口語》くだらない物を集める人. 〘(1845) ← BOWER¹ (n.) 2: 雄が雌をひきつけるためにきれいな巣を作ることから〙

bówer-càble /báuə- | báuə-/ *n.* 〘海事〙 (主錨(しゅびょう)の)錨鎖, 錨索 (chain cable). 〘1748〙

bówer·màiden /báuə- | báuə-/ *n.* 《古》侍女, 腰元 (lady's maid). 〘*c*1308〙

bówer plànt /báuə- | báuə-/ *n.* 〘植物〙 ソケイノウゼン, ナンテンソケイ (*Pandorea jasminoides*) (オーストラリア産ノウゼンカズラ科のつる性常緑低木, 白色で喉部が淡紅色の花が咲き, 鉢植にする).

bow·er·y¹ /báu(ə)ri | báuəri/ *adj.* **1** 木陰の(休み場の)多い, 木陰のある, 木の葉の茂った (shady). **2** あずまやのある. — *n.* =bower¹. 〘(1704): ⇨ bower¹, -y 4〙

bow·er·y² /báu(ə)ri | báuəri/ *n.* **1** (昔 New York, アフリカ南部などにあった)オランダ移民農場. **2 a** [the B-] バワリー通り[街] (New York 市 Manhattan 区にある大通りおよびその周辺地域; もと安飲食店・安興行場・安旅館などがあった). **b** 《米》安酒場や浮浪者の多い通り[地域]. 〘(1650) ⊏ Du. *bouwerij* farm ← *bouwen* to cultivate〙

bów·fìn /bóu- | bə́u-/ *n.* 〘魚類〙 北米産淡水魚の一種 (*Amia calva*) (原始的な硬骨魚類の一つとされている). 〘(1845) ← BOW³+FIN¹〙

bów·frònt /bóu- | bə́u-/ *adj.* **1** 〈戸棚など〉(水平方向に)弓状に張り出した, ボウフロントの. **2** 〘建築〙〈家が〉弓形張出し窓 (bow window) のある. 〘1925〙

bów frònt /bóu- | bə́u-/ *n.* =swell front.

bów-frònt·ed *adj.* =bowfront 1.

bów·gràce /báu-/ *n.* 〘海事〙 船首防氷物 (流氷による破損を避けるため船首につけるロープなどで作った枕状の緩衝物). 〘(混成)? ← BOW²+(廃) (*bon*)*grace* broad-brimmed hat, sunshade (⊏ F *bonnegrace*: ⇨ bon, grace)〙

bów hànd /bóu- | bə́u-/ *n.* **1** 弓手(ゆんで) (右利きの人の場合は左手; cf. sword-hand). ★ 主に次の句で: on the ～ 的をはずれて. **2** 楽器の弓を持つ手 (cf. bow-arm). 〘1588〙

bów·hèad /bóu- | bə́u-/ *n.* 〘動物〙 =Greenland whale. 〘(1887) ← BOW³+HEAD〙

bów·hùnt /bóu- | bə́u-/ *vt., vi.* 弓(矢)で狩る.
　bów·hùnt·er *n.*
　bów·hùnt·ing *n.* 弓矢による狩猟.

Bow·ie /bóui | bə́ui/, **David** *n.* ボウイ (1947–　; 英国のロック歌手・作詞作曲家・俳優; 本名 David Jones).

Bowie, James *n.* ボウイ (1796–1836; 米国の開拓者; メキシコからの分離独立を企てたテキサス革命の英雄で Alamo のとりでで戦死; 別名 Jim Bowie).

bów·ie knìfe /bóui-, búːi- | bə́ui-, búːi-/ *n.* ボウイナイフ (米国で作られるさや付きの片刃猟刀; 単に bowie ともいう). 〘(1836) ↑: このナイフを考案した米国の開拓者〙

Bów·ie Stàte /bóui-, búːi- | bə́ui-, búːi-/ *n.* [the ～] 米国 Arkansas 州の俗称.

bow·ing /bóuɪŋ | bə́u-/ *n.* 〘音楽〙 (楽器の)弓を使うこと, 運弓法, ボーイング; (弓を用いての)楽句の演奏法[指示記号]. 〘(1838): ⇨ bow³, -ing¹〙

bów·ing acquàintance /báuɪŋ-/ *n.* **1** 会釈をかわす程度の面識(の人): have a ～ *with* …とはちょっとした知り合いである. **2** ちょっとした[皮相な]知識.

bów ìnstrument /bóu- | bə́u-/ *n.* 《英》(バイオリンなどのように)弓を用いる擦弦楽器. 〘1672〙

bów·knòt /bóu- | bə́u-/ *n.* 引き解き結び, 蝶結び, リボン結び. 〘(1547) ← BOW³+KNOT¹〙

bowl¹ /bóul | bə́ul/ *n.* **1 a** どんぶり, 深い鉢, わん, ボール (通例 basin より丸みを帯び, cup より大きい円形の中空の容器): a rice ～ ご飯茶わん / ⇨ punch bowl 1, salad bowl, sugar bowl. **b** (鉢・わんの)一杯, (鉢・わんの)内容物, 中身: a ～ of rice ご飯一杯. **2** [the ～] **a** 《古》飲器, 大杯 (goblet): *the* flowing ～ あふれる大杯. **b** 《文語》酒; 飲酒, 酒宴: *the* cheerful ～ 陽気な酒宴 / over *the* ～ 酒を飲みながら. **3 a** (ボール状に)丸くくぼんだ部分. **b** (さじの)くぼみ (hollow). **c** (パイプの)火皿. **d** (洋式の)便器. **e** (はかりの)皿. **f** 洗面台 (washbowl). **4 a** (鉢状の)土地のくぼみ, くぼんだ地域. **b** (くぼんだ土地を利用した)円形劇場 (amphitheater): ⇨ Hollywood Bowl. **5 a** (鉢形にくぼんだ)競技場, (特に)野外円形競技場, スタジアム: ⇨ Orange Bowl, Rose Bowl. **b** 《米》(特別招待チームによる)シーズン後のアメリカンフットボール試合 (bowl game ともいう). **6** 〘活字〙 球 (B, Q などの文字の丸みの部分). **～·like** *adj.* 〘OE *bolla* < Gmc **bullōn* (Du. *bol*) ← IE **bhel-* to swell, blow: ⇨ ball¹, bull¹〙

bowl² /bóul | bə́ul/ *n.* **1** [*pl.*; 単数扱い] **a** =lawn bowling. **b** 《英》=skittle 1. **c** =ninepin 1. **d** 《米》=tenpin 1. **e** 《スコット》ビー玉遊び (marbles). **2** (lawn bowling に用いる) 偏重の木球; (skittles などで用いる)木球, 玉. **3** (球戯での)投球. **4** 〘機械〙 ころ, ローラー. — *vi.* **1 a** bowling [skittles] をする: go ～*ing*. **b** (ボウリングなどで)球を転がす. **2** 〘クリケット〙 投球する. **3** (球の転がるように)するすると滑っていく, 〈馬車などが〉滑らかに走る 〈*along*〉: The car ～*ed along* (the road). 車は(道を)滑るように走って行った / He ～*ed up* in his new car. 新車に乗ってするするとやってきた. — *vt.* **1** 〈球を〉転がす. **2** 〘クリケット〙 **a** 〈ボールを〉投げる (野球と違って, ひじの屈伸を使わずに腕を伸ばしたまま投げる). **b** (ボールを三柱門 (wicket) に当ててベイル (bail(s)) を落として)〈打者を〉アウトにする 〈*out*〉: be ～*ed out* for a duck 得点なしでアウトになる. **3 a** …に打ち当たる, 倒す: The force of the wind almost ～*ed* him *off* his feet. 彼は風の強さに足をとられそうになった. **4** 〘ボウリング〙〈点数・得点を〉得る, 挙げる.
　bówl dówn (1) 〘クリケット〙 ボールを〈三柱門〉に当ててベイルを落とす. (2) 《英俗》打ち倒す, やっつける. ***bówl óff*** 〘クリケット〙〈三柱門のベイルを〉打ち落とす. ***bówl óut*** (1) ⇨ *vt.* 2 b. (2) 《英俗》=BOWL *down* (2). ***bówl óver*** (1) ひっくり返す: He was ～*ed over*. ひっくり返された[返った]. (2) 《口語》〈人を〉狼狽させる, びっくりさせる (upset): I was completely ～*ed over* by the news. その知らせで気が転倒してしまった. (1867)
　〘(?*a*1400) *boule* ball ⊏ (O)F < L *bullam* bubble: cf. bull²〙

bowl·der /bóuldə | bə́uldə(r/ *n.* =boulder.

bów·lèg /bóu- | bə́u-/ *n.* [通例 *pl.*] 〘病理〙 (両ひざが離れる)内反膝(しつ), O 脚, わに足, がにまた (bandy legs ともいう). 〘(1842): ⇨ bow³〙

bów·légged /-lég(ᵻ)d, -légd˜/ *adj.* 〘病理〙 内反膝(しつ)の, がにまたの. 〘1552〙

bowl·er¹ /bóulə | bə́ulə(r/ *n.* **1** 〘ボウリング〙 球を転がす人, ボウラー. **2** 〘クリケット〙 投球者, 投手 (⇨ cricket¹ 挿絵): a fast ～ 速球投手. 〘(*c*1500): ⇨ bowl², -er¹〙

bow·ler² /bóulə | bə́ulə(r/ *n.* 《英》 山高帽子 (billycock, 《米》 derby (hat)) (兵役に対比される市民生活の象徴). 〘(1861) ← *John Bowler* (1850 年ごろこの帽子を作った London の帽子屋)〙

bow·ler³ /báulə | -lə(r/ *n.* 《ダブリン方言》 犬.

bówler-hát *vt.* (**-hat·ted; -hat·ting**) 《英俗》 除隊させる.

bówler hát *n.* =bowler². ***gét one's bówler hát*** 《英俗》 除隊になる.

Bowles /bóulz | bə́ulz/, **Paul** (**Frederic**) *n.* ボウルズ (1910–99; 米国の小説家・作曲家; *The Sheltering Sky* (1949)).

bowl·ful /bóulfʊ̀l | bə́ul-/ *n.* (*pl.* ～**s**, **bowls·ful**) どんぶり[鉢, わん]の一杯, 大杯一杯 〔*of*〕: a ～ *of* water, wine, etc. 〘(1611): ⇨ bowl¹, -ful²〙

bówl gàme *n.* 〘アメフト〙 =bowl¹ 5 b.

bów·like *adj.* 弓のような, 弓状の. 〘1611〙

bow·line /bóulᵻn | bə́ulɪn/ *n.* 〘海事〙 **1** はらみ綱, ボウライン (詰め開きのとき, 帆の風上側のへりを引っ張って風をはらむように帆を開くための綱). **2** もやい結び, ボウライン (綱の結び方の一種). ***on a bówline*** (帆を)詰め開きにして. ***on an éasy bówline*** 帆に十分風をはらむ程度の詰め開きにして.
　〘(*a*1338) ⊏ MLG *bōline*: ⇨ bow², line²〙

bów lìne /báu-/ *n.* 〘海事〙 **1** バウライン (船体中心線に平行な垂直面で等分に切断した船体前半部の横断図面; cf. buttock line). **2** (岸壁へ係船する際)船首から斜前方へ出す係船索.

bówline knòt *n.* 〘海事〙 =bowline 2.

bowl·ing /bóulɪŋ | bə́ul-/ *n.* **1 a** (bowls, tenpins など)球を転がしてする球戯, ボウリング (cf. lawn bowling). **b** その競技. [日英比較] 日本でいう「ボウリング」は bowls と区別して 《英》 tenpins, 《英》 tenpin bowling ともいう. **2** 〘クリケット〙 投球(法), 投球振り. 〘(*c*1500): ⇨ bowl², -ing¹〙

bówling àlley *n.* **1** (ボウリング場の木製の細長い)レーン, アレー. **2** (skittles, ninepins, tenpins などの)ボウリング場, 球戯場. 〘1555〙

bówling anàlysis *n.* 〘クリケット〙 投手の記録 (オーバー・点を与えないオーバー (maiden over) の数, 相手に与えた点数, 奪った三柱門 (wicket) の数など).

bówling àverage *n.* 〘クリケット〙 投手が打者側に与えた点数[ラン]をその投手が直接または間接にアウトにした打者の数で割った値.

bówling bàll *n.* ボウリングの球.

bówling crèase *n.* 〘クリケット〙 投手線 (⇨ cricket¹ 挿絵). 〘1755〙

bówling grèen *n.* lawn bowling の球戯場. 〘1646〙

Bówl·ing Gréen /bóulɪŋ- | bə́u-/ *n.* ボウリング グリーン (米国 Kentucky 州南部の都市).

bówling rìnk *n.* ローンボウリング場 (rink).

bowls /bóulz | bə́ulz/ *n.* **1** 《英》 ボウルズ (lawn bowling). **2** =bowling 1.

bow·man¹ /bóumən | bə́u-/ *n.* (*pl.* **-men** /-mən, -mèn/) 《古》弓の射手, 弓術家 (archer). 〘(1279): ⇨ bow³〙

bow·man² /báumən/ *n.* (*pl.* **-men** /-mən, -mèn/) (ボートの)艇首のこぎ手, おもて手(で), バウ (bow oar). 〘(1829) ← BOW²+-MAN〙

Bów·man's cápsule /bóumənz- | bə́u-/ *n.* 〘解剖〙 ボーマン嚢(のう), 糸球体嚢 (腎臓の糸球体を包む袋). 〘(*c*1860) ← *Sir William Bowman* (1816–92: 英国の医師)〙

bów·man's róot /bóumənz- | bə́u-/ *n.* 〘植物〙 **1** =Culver's root. **2** =flowering spurge. **3** =Indian physic 1. 〘(通俗語源) ← *beaumont root* ← *Beaumont* (人名)〙

bów-nècked /bóu- | bə́u-/ *adj.* 《英》 蝶ネクタイをした. 〘1858〙

bów nèt /bóu- | bə́u-/ *n.* **1** (エビを捕る)細枝編みのかご. **2** (鳥を捕る)弓状の木に取り付けた網[ネット]. 〘OE〙

bów òar /báu-/ *n.* (ボートの)艇首; 艇首のこぎ手. 〘1851〙

bów pèn /bóu- | bə́u-/ *n.* からす口用スプリングコンパス. 〘1869〙

bów pèncil /bóu- | bə́u-/ *n.* 鉛筆用スプリングコンパス.

Bow·ra /báurə | báu(ə)rə/, Sir (**Cecil**) **Maurice** *n.* バウラ (1898–1971; 英国の古典文学者; *From Virgil to Milton* (1945), *The Romantic Imagination* (1950)).

bów rùdder /báu-/ *n.* [通例 *pl.*] 〘海事〙 (潜水艦・海底電線敷設船などの)船首舵.

bów sàw /bóu- | bə́u-/ *n.* 弓のこ. 〘1677〙

bowse¹ /báuz, búːz/ *n., v.* 《古》 =booze.

bowse² /báuz/ *v.* 〘海事〙 =bouse².

bows·er /báuzə, -sə | -zə(r, -sə(r/ *n.* **1** 《豪》 石油ポンプ, (特に)ガソリンスタンドのガソリン補給ポンプ. **2** (飛行場で航空機の給油に用いられる)軽タンク車, 給油車. 〘(1921): cf. Bowser boat〙

Bóws·er bòat /báuzə-, -sə- | -zə-, -sə-/ *n.* 〘商標〙 バウザーボート (水上飛行機に燃料を補給するためのタンクを備えた小型船).

bów shòck /báu-/ *n.* **1** 〘天文〙 バウショック (太陽風と惑星磁場の相互作用による惑星間空間に起こる衝撃波). **2** 先端衝撃波 (超音速で飛ぶロケットや飛行機の機首や翼の前縁に生じる衝撃波). 〘1950〙

bów·shòt /bóu- | bə́u-/ *n.* (弓の)射程, 矢の届く距離, 矢ごろ (約 300 メートル): within (a) ～ of the school 学校から近い所に. 〘?*a*1300〙

bow·sie /báuziː/ *n.* 《アイル》 品のないうるさい人.

bow·sprit /báusprɪt, bóu- | bə́u-, báu-/ *n.* 〘海事〙 バウスプリット, やりだし, 第一斜檣(しょう) (前檣の支索の根本を結びつける, 帆船の船首から斜めに突き出たマストのような円材). 〘(1296) *bouspret* ⊏ (M)LG *bōgsprēt* ∥ MDu. *boechspriet*: ⇨ bow², sprit〙

Bów Strèet /bóu- | bə́u-/ *n.* **1** ボウ通り (London の Covent Garden に近い街路; 中央警察裁判所 (metropolitan magistrates' court) がある). **2** ロンドン中央警察裁判所の通称. 〘1812〙

Bów Strèet rúnner [ófficer] *n.* (1749 年から 1829 年にかけての London の警察裁判所所属の) 逮捕係, 警吏 (今日の刑事巡査の前身で, 総数 8 名; 小説家 Henry Fielding が治安判事として Bow Street に事務所を開き, 彼らを養成したのに始まる; cf. robin redbreast 2). 〘1812〙

bów·strìng /bóu- | bə́u-/ *n.* **1** 弓のつる: (as) taut as a ～ 弓のつるのように張りつめて. **2** 弦楽器の弓の毛. **3** (トルコなどの)絞首用綱. — *vt.* (～**ed**, **bow·strung**) 絞殺する. 〘(*a*1398): ⇨ bow³〙

bówstring hèmp *n.* **1** 〘植物〙 チトセラン (アジア・アフリカの熱帯地方産ユリ科チトセラン属 (*Sansevieria*) の植物の総称; 葉から強い繊維を採る; 観賞用にも栽培される). **2** チトセランの葉から採る繊維. 〘*c*1858〙

bow·tel /bóutḷ | bə́utḷ/ *n.* (*also* **bow·tell** /～/) 〘建築〙 =boltel.

bów thrùster /báu-/ *n.* 〘海事〙 (舵の欠点を補って船首を回頭するための)船首の横方向プロペラ, 船首推進機.

bów tíe /bóu- | bə́u-/ *n.* **1** 蝶ネクタイ. **2** 《まれ》(蝶ネクタイの形をした)ロールパン. 〘1897〙

bów wàve /báu-/ *n.* **1** 〘海事〙 船首波. **2** 〘物理〙 =shock wave 1. **3** 〘天文〙 =bow shock. 〘1877〙

bów wèight /bóu- | bə́u-/ *n.* 〘アーチェリー〙 弓を引くのに要する強さ (ポンド重量で表す).

bów wíndow /bóu- | bə́u-/ *n.* **1** (通例弓形の)張出し窓, 出窓 (cf. bay window 1). **2** 《英口語》太鼓腹. 〘1753〙

bów-wíndowed *adj.* **1** (弓形)張出し窓の付いた[ある]. **2** 《英口語》太鼓腹の. 〘(1868): ⇨ ↑, -ed 2〙

bow·wow /báuwáu/ *int.* わんわん, やーいやーい (犬・やじ

の声). ── /ˊ-ˊ-/ *n.* 1 わんわん《犬のほえ声》. 2《小児語》わんわん (dog). 3 わめきたてる騒ぎ; かみつくような態度, 傲慢(ごう), 独りよがり (arrogance). 4 [*pl.*]《口語・戯言》破滅, 没落 (ruin): go to the ~s 落ちぶれる. 5《俗》フランクフルトソーセージ; [*pl.*] 足. ── /ˊ-ˊ-/ *vi.* わんわんほえる. 〖(1576): 擬音語〗

bówwow thèory *n.* [the ~]【言語】わんわん言語起源説《人間の言語は擬音から発達したという言語起源説; cf. dingdong theory; pooh-pooh theory》. 〖1864〗

bow·yang /bóujæŋ | bə́u-/ *n.* [通例 *pl.*]《豪口語》(ズボンの折り返しを引きずらないようにするために)ひざの下で留めるようにした結びひも. 〖(1893)《転訛》← 《方言》*bowyyanks* leather leggings〗

bow·yer /bóujə | bə́ujə(r)/ *n.* 1 弓師, 弓屋. 2《詩》射手, 弓術家 (archer). 〖(?a1300): ⇨ bow[3], -yer〗

box[1] /bá(ː)ks | bɔ́ks/ *n.* 1 箱《通例ふた (lid) つきの長方形または円筒形の非液体物を入れる容器》: a lunch ~ 弁当箱 / a money ~ 貯金箱 / a jewel(ry) ~ 宝石箱 / a little ~ of a place 箱のようにちっぽけな所《家または部屋》/ ⇨ hatbox, matchbox, toolbox. 2 一箱(の分量) (boxful): a ~ of matches [chocolates] マッチ[チョコレート]一箱 / three ~es of pencils 鉛筆3箱 / buy oranges by the ~ オレンジを箱で買う. 3【印刷】a 囲み記事, はこもの, コラム, ボックス《雑誌などで線や花形字などで囲んだ部分に書かれた文》: check the ~ next to the right answer 正解の隣の欄にチェックの印をつける. b (囲み記事の周りの)囲み罫, 囲み線. 4 a (劇場などの)仕切り席, ボックス席, 特等席, さじき, 升 (cf. box seat 2): the royal ~ ロイヤルボックス, 貴賓席. b (法廷の)陪審席 (jury box); 証人席 (witness box). c (食堂・喫茶店などの)ボックス席. d =box stall. 5 a 郵便受け;《米》箱形ポスト; 私書箱 (post-office box). b (新聞社にある, 広告に対する)返信受入れ箱: Write (to) *Box* 4158 for details. 詳細は(新聞社気付)ボックス番号 4158 あてにお問い合わせ下さい. c (機械などの)保護[収納]ケース, 囲い. d (上げ下げ窓の)分銅箱 (box frame). e【印刷】(活字ケースの)仕切り小間, ボックス《活字盤の一仕切り》: a ~ of type 活字ボックス. 6 a【野球】ボックス《打者・捕手・1[3]塁のコーチの定位置》; 投手の立つ場所 (mound): knock out of the ~ ⇨ KNOCK *out* (7). b (アイスホッケーなどの)ペナルティーボックス (penalty box). c (サッカーなどの)ペナルティーエリア. 7 a 箱型のもの; 収納箱. b《英》旅行用トランク (trunk): live out of a ~ ⇨ live[1] 成句. c《英》(寄宿学校の生徒が)遊び道具などを入れておく箱 (playbox). d《口語》=icebox. e《俗》棺 (coffin). f《俗》ギター, バンジョー, バイオリン. g《口語》レコードプレーヤー, ラジオ, ラジカセ. h《口語》[the ~] テレビ(受像機) (cf. tube 5): appear on *the* ~ テレビに出る / turn on [off] *the* ~ テレビをつける[切る]. 8 a 番小屋, 詰所 (sentry box); 信号所 (signal box); 交番. b《英》(銃猟者などの)小屋, 狩小屋 (cf. shooting box, hunting box). c =sinkbox. d《英》公衆電話ボックス (telephone box). e 告解室 (confessional). 9 箱に入れた贈り物; 贈り物 (gift): ⇨ Christmas box. 10 [the ~] a 金を入れた箱; 献金箱 (money box) (cf. strongbox). b《英》(献金)箱の中の金. c《英》資金《(助け合い)友愛協会の基金. 11 a 箱枠になっているもの, フレーム (frame). b 砂箱. c (馬車の)御者台 (box seat)《その下が箱になっている》. d (荷車の板で囲われた)荷を載せる部分. 12 苦しい立場, 苦境 (fix): ⇨ *in a* (*tight*) BOX. 13《卑》女性の外陰部[性器] (vulva). 14【農業】a (樹液を採るために幹につけた)へこみ. b (灌漑で)いくつかの溝に水を分ける装置. 15【皮革】a ボックス《もみによる銀面に四角な模様をもつ革》. b =box calf. 16【トランプ】(faro で) 札箱《1組のトランプを入れておき, そこから1枚1枚出して配るための箱; dealing box ともいう》. 17 a【英空軍】密集隊形で飛ぶ飛行機群. b【英陸軍】堅固な陣地に囲まれた地域[地帯]. 18【クリケット】下腹部を保護するため選手がつける軽い防御物. 19《NZ》(炭坑内で使う)石炭運搬車. 20《豪・NZ》羊などの群れが混ざり合ってしまうこと.

be a bóx of bírds《豪俗》とてもいい気分で, すごく幸せで. ***in a* (*tíght*) *bóx***《口語》全く困って, 動きがとれないで, 途方に暮れて. ***in the sáme bóx***《口語》同じ(困った)状態[立場]にいる (cf. (*all*) *in the same* BOAT). ***in the wróng bóx***《口語》所を間違えて; 困った事をしでかして. (***óne***) ***òut of the bóx***《豪口語》すばらしい人[もの]. ***òut of one's bóx*** (1)《英俗》酔っぱらって. (2)《俗》おつむがいかれて. ***thínk outside the bóx***《米口語》(旧套を脱して)新しい考え方をする.

bóx and néedle【海事】羅針儀 (compass). 《1696》

── *vt.* 1 a 箱に入れる, 箱詰めにする; (狭い所に)詰め込む, 閉じ込める〈*in, up*〉: ~ toys / ~ *up* a person in a small room / feel ~*ed in* 行動を束縛され[閉じ込められ]ているように感じる (⇨ boxed). b〈庭・敵などを〉囲む, 取り囲む〈*in, up, out*〉. c〈文章を〉枠で囲む, 囲み記事にする. 2 a …に箱を取り付ける. b 箱の形にする. 3《英》…にクリスマスの贈り物 (Christmas box) を与える. 4 (樹液を採るために)〈木に〉へこみをつける. 5〈馬を〉うまやの仕切りの中に入れる. 6 a (容器などで)〈ペンキ・ワニスなどを〉(一方から他方, 他方から一方へと移しながら)混合する. b《豪》〈別にしておくべき羊を〉混ぜる〈*up*〉. c 混同する, 間違える, いっしょくたにする, 混乱に陥れる〈*up*〉. 7 (あらしの)周囲を(観測のために)箱形に飛び回る. 8【建築】(間柱(まばしら)を板で覆うなど)木摺(きずり)[板張り]などで囲む[はめ込む]〈*out, up*〉. 9【英・スコット法】〈書類を〉裁判所に提出する. 10【海事】=boxhaul.

bóx abóut【海事】しばしば方向を変えて航行する. ***bóx in*** (1) ⇨ *vt.* 1. (2)〈他の走者〉の進路をふさぐ. (3)【印刷】〈文章などを〉枠で囲む. ***bóx óff*** (1) 仕切る. (2) (分けて)別々のところに入れる. (3)【海事】下手(しもて)小回しをする (boxhaul). ***bóx óut***《バスケットボール》リバウンドを取らせないようにブロックする. ***bóx the bóx***《アイル俗》果樹園で盗みを働く.

〖OE *box* box tree, receptacle made of boxwood □ LL *buxis*=L *pyxis* □ Gk *puxís* ← *púxos* box tree〗

box[2] /bá(ː)ks | bɔ́ks/ *n.* (平手やこぶしの)一撃, (耳またはほおの上の)張り手 (slap) (⇨ blow[2] SYN): give a person a ~ on the ear(s) 横っ面を張る[なぐる]. ── *vi.* ボクシングをする. ── *vt.* 1〈人〉とボクシングをする, こぶしで打ち合う (spar): ~ it *out*《まれ》勝負のつくまでボクシングをする[なぐり合う] (cf. FIGHT *out* (1)). 2〈人の耳を〉平手[こぶし]で打つ: ~ the [a person's] ears 横っ面を張る[なぐる].

bóx cléver《英俗》頭を使う, 抜け目なくふるまう. ***bóx ón***《英口語》戦い[争い]続ける; 熱心にやり続ける.

〖(?c1300) *box*(*e*) (n.), *boxe*(*n*) (v.) ← ?: *box*《廃》cupping glass (瀉血(しゃけつ)用の吸角子)の転用か〗

box[3] /bá(ː)ks | bɔ́ks/ *n.*【植物】1 a (*pl.* ~, ~·es) ツゲ《ツゲ属 (*Buxus*) の常緑樹の総称》; (特に)クサツゲ (*B. sempervirens*). b ツゲ材 (boxwood). 2《豪》(ツゲに似た)ユーカリ属 (*Eucalyptus*), *Tristania* 属, *Murraya* 属などの植物の総称. 〖OE *box* □ L *buxus* □ Gk *púxos* box-tree ← ?〗

box[4] /bá(ː)ks | bɔ́ks/ *vt.* [次の句で] ***bóx the cómpass*** ⇨ compass 成句. 〖(1753) □ Sp. *bojar*, (古形) *boxar* to sail round □ MLG *bōgen* to bend〗

Box and Cox /bá(ː)ksənká(ː)ks, -sn̩- | bɔ́ksənkɔ́ks, -sn̩-/ *n.* 二人交代で一人前の役[仕事]をする人たち; 同時に同一の場所に居合わせることのない二人. ── *adv., adj.* 代わる代わるに[の], すれ違いに[の]. ── *vi.* 二人交代でする. 〖(1881): お互いに知らずに同じ部屋を借りた, 昼夜交互に勤務する Box と Cox という二人の男を扱った J. M. Morton 作の一幕喜劇 (1847) から〗

bóx-and-whísker plòt *n.*【統計】箱ひげ図 (⇨ box plot).

bóx·bàll *n.* ボックスボール《地面にコートをかいて二人でボールを打ち合うピンポン式のゲーム》.

bóx barràge *n.*【軍事】(敵の脱出・増援を防ぐため敵陣の三方を包囲するような)阻止(弾幕)射撃; 対空交差射撃[十字砲火].

bóx bèam *n.*【機械】=box girder.

bóx bèd *n.* 1 箱寝台《周囲を箱形に囲った寝台》. 2 (壁などに)折りたたむことができる寝台, 箱寝台. 〖1801〗

box·ber·ry /bá(ː)ksbèri, -b(ə)ri | bɔ́ksb(ə)ri/ *n.*【植物】1 =wintergreen 1. 2 =twinberry 1. 〖⇨ box[3]〗

bóx·bòard *n.* (ボール箱の材料となる)固いボール紙. 〖1841〗

bóx càlf *n.*【皮革】ボックスカーフ《クロームなめしの高級子牛革》. 〖1904〗

bóx cámera *n.* ボックスカメラ《機構の簡単な箱形カメラ》. 〖1842〗

bóx cànyon *n.*《米西部》崖の切り立った平底の深い峡谷. 〖1873〗

bóx·càr *n.* 1《米》【鉄道】有蓋貨車 (《英》box wagon, goods wagon). 2《俗》大型貨物機[爆撃機]. 3 a [*pl.*; 単数扱い] (クラップス (craps) で1回目の振りで) 2個とも6のさいの目が出ること《負けになる》; そのさいの目. b 大きな足; でかい靴. 〖1856〗

bóx chronómeter *n.*【海事】木箱に入ってジンバル (gimbals) に支えられたクロノメーター. 〖1875〗

bóx clòth *n.* 黄茶色厚地メルトンラシャ《box coat 1 の生地》. 〖1748〗

bóx còat *n.* 1 (御者の着る)厚ラシャ外套. 〖cf. box[1] (n.) 11 c〗 2 ボックスコート《丈は普通のコートより短く肩がやや角肩のゆったりしたもの》. 〖箱のような感じがあることにちなむ〗 〖1822〗

bóx còrnice *n.*【木工】断面が箱形の蛇腹.

bóx còupling *n.*【機械】筒形継手《円筒形の部品をかぶせ, 打込みキーを用いる軸継手の一種》.

bóx cùlvert *n.*【土木】ボックスカルバート, 函渠(かんきょ)《断面が箱形をした暗渠》.

bóx dràin *n.* 箱形下水溝[排水溝].

boxed /bá(ː)kst | bɔ́kst/ *adj.* 1 箱入りの, 箱売りの. 2《米俗》酔った〈*up*〉; 刑務所に入れられた〈*up*〉; 死んだ.

bóxed ín《俗》身動きできなくて, 何もできなくて.

bóx èlder *n.*【植物】ネグンドカエデ, トネリコバノカエデ (*Acer negundo*)《北米産カエデの一種; 生長が速いので木陰樹として植えられる》. 〖1787〗

box·en /bá(ː)ksən, -sn̩ | bɔ́ks-/ *adj.*《古》ツゲ材の. 〖(1566): ⇨ box[3], -en[2]〗

box·er[1] /bá(ː)ksə | bɔ́ksə(r)/ *n.* ボクサー, 拳闘選手. 〖(1742): ⇨ box[2], -er[1]〗

box·er[2] /bá(ː)ksə | bɔ́ksə(r)/ *n.*《豪》山高帽 (derby hat). 〖(1877): ⇨ ? box[1], -er[1]〗

box·er[3], B- /bá(ː)ksə | bɔ́ksə(r)/ *n.* ボクサー《ドイツでブルドッグとテリアの系統から作出した犬》. 〖(c1904) □ G *Boxer* □ E BOXER[1]: その闘争癖にちなむ〗

box·er[4] /bá(ː)ksə | bɔ́ksə(r)/ *n.* 1 箱を作る人; 箱詰め人. 2 箱作り[詰め]機械. 〖(1871): ⇨ box[1], -er[1]〗

Box·er /bá(ː)ksə | bɔ́ksə(r)/ *n.* 1 [the ~s] 義和団 (Yi Ho Tuan)《日清戦争後中国に起こった排外結社》: the ~ Rebellion 義和団の乱, 北清事変 (1900). 2 義和団員. 〖(1899) ← BOXER[1]: この団員は「義和拳」という拳法を武器にしたことから〗

box·er·cise /bá(ː)ksəsàɪz | bɔ́ksə-/ *n.*【商標】ボクササイズ《ボクシングのトレーニングを取り入れたフィットネス運動法》. 〖(c1985)《混成》← BOXER[1]+(EXER)CISE〗

bóxer shòrts *n. pl.* ボクサーパンツ《ウエストバンドのついたゆったりとした男子用パンツ; 初めボクサーが着用したショートパンツ》. 〖1944〗

bóx·fìsh *n.*【魚類】ハコフグ《熱帯海洋産の色鮮やかな小形のハコフグ科の総称; trunkfish ともいう》. 〖1839–47〗

bóx fràme *n.* 1 (上げ下げ窓の分銅が上下する)分銅箱 (window box), 分銅箱付き窓枠. 2【建築】壁式構造《壁体や床が平面全体として荷重を支える構造》. 〖*a*1877〗

box·ful /bá(ː)ksfʊ̀l | bɔ́ks-/ *n.* 箱一杯: a ~ of books. 〖(1848): ⇨ box[1], -ful[2]〗

bóx gìrder *n.*【機械】箱形げた《鋼板を溶接して断面を箱形に作った梁(はり); box beam ともいう》. 〖1865〗

Bóx·grove màn /bá(ː)ksgròuv- | bɔ́ksgrəuv-/ *n.* ボックスグローブ人《イングランド南東部 Chichester の近くの地 Boxgrove で 1993 年と 95 年に発見された化石人類; ヨーロッパ最古の人類とされる》.

bóx·hàul *vt.*【海事】〈横帆船 (square-rigger) を〉下手(しもて)小回しにする《船首を風下に落としてその場で回頭する》. 〖(1769) ← BOX[1] (v.)+HAUL〗

bóx·hèad *n.*【印刷】(罫線で囲まれた)囲み見出し. 〖1909〗

bóx·hòlder *n.* 1 (劇場・オペラハウス・競馬場などに)升席をもっている人. 2 私書箱を借りている人. 3 (個人の)郵便受けをもっている人.

bóx hùckleberry *n.*【植物】米国南東部産のツツジ科の白色または淡紅色の花が咲く常緑低木 (*Gaylussacia brachycera*).

bóx·ing[1] *n.* ボクシング, 拳闘 (⇨ weight 表): a ~ match ボクシングの試合 / a ~ ring ボクシングのリング. 〖(1711) ← BOX[2] (v.)〗

bóx·ing[2] *n.* 1 箱荷造り, 箱詰め(作業). 2 箱材料, 製函材. 3 (箱状の)覆い, 外枠; 戸袋. 4《英》Christmas box を与えること. 〖(1519): ⇨ box[1], -ing[1]〗

Bóxing Dày *n.* (英国(スコットランドを除く)と旧英国領の一部における)クリスマスの贈り物日《クリスマス翌日; この日に郵便配達人や使用人などに祝儀のクリスマスの贈り物 (Christmas box) を与える; cf. bank holiday 2》. 〖(1833) ⇨ boxing[2] 4〗

bóxing glòve *n.* ボクシング[拳闘用]グラブ. 〖1875〗

bóxing wèights *n. pl.* ボクサーの体重による階級 (⇨ weight 表).

bóx ìron *n.* 箱形アイロン《胴の中に焼き鉄や燃えた木炭を入れる; cf. sadiron》. 〖1746〗

bóx jèllyfish *n.*【魚類】立方クラゲ類 (*Cubomedusae*) の有毒クラゲの総称《特に *Chironex* 属を指す;《豪》では sea wasp という》.

bóx júnction *n.* 1【電気】接続箱《ケーブルの継手を納める鋳鉄などの非磁性材料でできた箱》. 2《英》ボックスジャンクション《交差路で黄色の格子じまに塗られた停車禁止の区画》. 〖1966〗

bóx kèel *n.*【海事】ボックスキール《中に脚荷を入れる箱形の竜骨》.

bóx·kèeper *n.* (劇場の)特等仕切り席[ボックス席]係. 〖1680〗

bóx kìte *n.* 1 箱だこ《箱形の紙だこ; よく気象上の実験・観測などに用いられた》. 2 (初期の)箱だこ式複葉機《box-kite aeroplane ともいう》. 〖1897〗

bóx lèvel *n.*【土木】円形水準器, 丸形水準器《上部が球形ガラスの円筒形の水準器; circular level ともいう》.

bóx·lìke *adj.* 箱(の形)に似た.

bóx lòbby *n.* ボックス席付属廊下.

bóx lúnch *n.*《米》(仕出し屋などで作るサンドイッチ・果物などを箱に入れた)箱弁当. 〖1950〗

bóx nàil *n.* (箱を作るときに用いる)釘, びょう.

bóx nùmber *n.* 1 (郵便の)私書箱番号. 2 (新聞社の)広告返信受入れ箱番号《新聞広告に対する返信の宛先に使われる番号で広告中に示される; cf. box[1] 5 b》. 〖1923〗

bóx nùt *n.*【機械】袋ナット《一端の閉じている帽子形ナット; cap nut ともいう》.

bóx-òffice *adj.*〈興行物など〉大人気を呼ぶような; 俗受けのする: a ~ comedy / a ~ hit [success] / ~ takings =box office 2 / ~ value 興行価値. 〖(1907) ↓〗

bóx òffice *n.* 1 (劇場などの)切符売場. 2 (興行物の)上がり, 切符売上げ (receipts). 3《口語》(芝居などの)大当たり興行, 客を引きつける力のある芸人[もの]; 人気を高めるもの: The play will be good ~. その芝居は当たるだろう. 〖(1786) ← BOX[1] (n.) 4 a〗

bóx·òut *n.*【印刷】囲み欄.

bóx pèw *n.* (背の高い仕切りで)箱形に囲まれた教会座席.

bóx plèat [plàit] *n.* ボックスプリーツ, 箱ひだ《2本のひだの折山がつき合うように折られたひだの一種》. 〖1883〗

bóx plòt *n.*【統計】箱型図《データの分布を示す長方形; 上下両端の線を最大値, 最小値とし, 間に中央値を表す線と4分位数を表す2本の線を平行に描く; box-and-whisker plot ともいう》.

bóx·ròom *n.*《英》(家の中の)トランク・スーツケースなどをしまっておく小部屋, 納戸(なんど).

bóx scéne *n.*《英》【劇場】=box set 2.

bóx scòre *n.* 1【野球・バスケットボール】ボックススコア《試合に出た両チームの全選手名とポジションおよび各選手の打撃・守備ぶりを略語で示した表; cf. line score》. 2 概要 (summary). 〖(1913) 新聞の特定の枠 (cf. box[1] (n.) 3 a) に掲載されていることから〗

bóx séat *n.* 1 (馬車の)御者台 (cf. box[1] 11 c). 2 (劇場・競技場などの)さじき (box) の席[腰掛け]. ***in the bóx séat***《豪》いちばんいい場所[地位, 立場]にいて. 〖1838〗

bóx sét *n.* 1 (CD・本などの)箱入り全集. 2【劇場】一部屋の三面の壁と天井を表現する舞台 (《英》box scene). 〖1889〗

bóx shìfter *n.*《口語》(特に電化製品などの)商品取次

屋《修理などのアフターサービスはしない》.
bóx sìll *n.* 〘建築〙(普通の土台に対して)箱土台.
bóx sócial *n.* 《米》(教会などで手作りの box lunch を競り売りする)資金調達パーティー. 〘1928〙
bóx spànner *n.* 〘機械〙=box wrench.
bóx sprìng *n.* ボックススプリング《寝台用のらせん状スプリング》. **bóx-sprìng** *adj.* 〘1895〙
bóx stàir *n.* 〘建築〙(両側に側桁(ぎた) (close string) のついている)屋内階段. 〘1901〙
bóx stàll *n.* 《米》(一頭の家畜が自由に動き回れるようにしたうまやや牛舎の)大きな四角の仕切り. 〘1885〙
bóx stàple *n.* (門柱・戸柱の)かんぬきの受け穴[口]. 〘*a*1877〙
bóx stèp *n.* 〘ダンス〙ボックスステップ《足を四角形に動かすステップの基本》.
bóx stòre *n.* (段ボール箱に入れたまま商品を陳列する)ディスカウントストア《基本的食品雑貨類の限られた品目を販売する小売店》.
bóx strètcher *n.* ボックスストレッチャー《椅子などの脚に使われる箱形の貫(ぬき)》.
bóx sùpper *n.* =box social.
bóx·thòrn *n.* 〘植物〙=matrimony vine. 〘(1678): ⇨ box³〙
bóx·tòp *n.* 箱のふた; (食料品の)包装用の箱に張られる証票. 〘1937〙
bóx tòrtoise *n.* 〘動物〙=box turtle.
bóx·trèe *n.* 〘植物〙ツゲ (box). 〘OE *boxtrēow*〙
bóx tùrtle *n.* 〘動物〙ハコガメ《陸上に生息するカメ類のうち, 甲にちょうつがいをもち, 前後の開口部を閉じられるカメの総称》. 〘*c*1804〙
bóx·ty (brèad) /bá(:)ksti(-) | bɔ́ks-/ *n.* ボックスティ《すりおろした生のジャガイモと小麦粉で作った一種のパン; もとはアイルランドのもの》.
bóx·ùp *n.* **1** 《豪》いろいろな羊の群れの混ざり合い. **2** 混乱 (confusion). 〘⇨ box¹ (vt.) 6 b〙
bóx wàgon *n.* 《英》〘鉄道〙=boxcar 1.
bóx wàllah *n.* 《インド》**1** 《口語》(先住民の)行商人 (peddlar) (cf. wallah). **2** 《俗》白人の商人. 〘(*a*1847) ▭ Hindi *bakswālā*: ⇨ box¹, wallah〙
bóx·wòod *n.* **1** ツゲ材. **2** 〘植物〙ツゲ (box). 〘1652〙
bóx wrènch *n.* 〘機械〙ボックスレンチ, 箱スパナー (box spanner).
box·y /bá(:)ksi | bɔ́ksi/ *adj.* (**box·i·er, -i·est; more ~, most ~**) **1** [通例軽蔑的に]〈自動車・建物など〉(形が)箱のような; 箱に似た. **2** 〈上着など〉ボックス型でだぶだぶした. **3** 〈再生音など〉(音質に)丸みがない, 高音も低音も正確に出ない. **bóx·i·ness** *n.* 〘(*a*1861): ⇨ box¹, -y 4〙
boy /bɔ́ɪ/ *n.* **1 a** 男の子, 男児 (↔ girl); (おとなに対して, 成熟しきっていない)少年, 若者, 青年 (cf. youth, man¹ 1 b) 《通例 17–18 歳までをいう》: a mere ~ ほんの子供 / *Boys* will be ~*s*. 《諺》男の子はやっぱり男の子だ《例えば, いたずらは仕方がない》/ Don't send a ~ to do a man's job! 大人の仕事をするのに子供を使うな. **b** 《口語》[ほめことばとして] (年齢に関係なく)男: a nice [good] old ~ 愉快な男, いいやつ / quite a ~ 立派な男 / That's the ~. それでこそ男だ《激励・賞賛の言葉》/ ⇨ old boy. **c** [the ~s として] (一家の)男[息子]たち; 男仲間, 同僚, (友愛会 (fraternity) などの)会員, (泥棒・詐欺師などの)仲間 (cf. girl 1 e); 《口語》(政治家の)追随者たち, 取巻き連中: *the* ~*s* uptown 親分たち, 町の有力者たち / go out with *the* ~*s* 仲間たちと出かける / just one of *the* ~*s* 単なる仲間の一人, ごく普通の男 / *the* ~*s* at the office 会社の連中 / jobs for *the* ~*s* ⇨ job¹ 成句. **d** [年齢に関係なく親しい人に対する呼び掛けにも用いて] 君, あなた; やつ, 連中: Come here, my ~! おい[ねえ]君, ここへおいで《犬にも用いる》. **e** 男生徒, 男子学生: the head ~ of the school 《英》首席の男子生徒 / a college ~ (男の)大学生. **f** [形容詞的に] 男の子の, 少年の, 若者の: a ~ child 男の子 / a ~ wonder 神童, 天才少年. **2** [しばしば a person's ~ として年齢に関係なく] 《口語》**a** 息子 (son): my ~. **b** いい人, 恋人 (beau). **3 a** (若い)給仕, ボーイ (bellhop): a messenger ~ 使い走りの小僧 / ⇨ office boy / a ~ in buttons ⇨ button 成句. **b** 《米俗》(年齢に関係なく外で働く)召使; (特に)ポーター, エレベーターボーイ. **c** [しばしば軽蔑的に] (東洋などで)召使, ボーイ (cf. garçon): Another whiskey, ~! おい, ウイスキーもう一杯. **d** 《米軽蔑》黒人の男. **4** [*pl.*] 軍人, 警官 (policemen): the ~*s* in blue (南北戦争での)北軍の兵士. **5** 《米》ある土地生まれの人: He's a local ~. 土地の人間だ. **6** [the ~] 《古俗》シャンパン(酒) (champagne).《遊猟のとき若い従者 (boy) に冷やしたぶどう酒を持ち歩かせたことから》**7** 〘海軍〙少年水兵, 見習水兵. **8** 《豪俗》騎手 (jockey).
— *int.* [しばしば oh を伴って] 《口語》やあ, しめしめ; 本当に; 無論; おや, へえーっ《歓喜・驚き・落胆を表す》: *Boy* oh ~! うわあ, これはこれは, いやはや.
— *vi.* 《Shak》〈少年が〉女役を演じる.
〘(?*c*1225) *boie* 《原義》male servant, slave 《頭音消失》? ← AF **abuié, *embuié* (p.p.) ← OF *embuier* to fetter < L **imboiāre* ← *im-* 'ɪɴ-²'+*boiae* (pl.) fetters (▭ ? Gk *boeîai* (*doraí*) ox (hides) ← *boûs* ox): cf. MDu. *boye* (< *bode* messenger) / OE *Bōia* (男子名)〙
bóy-and-gírl *adj.* 〈恋など〉少年と少女の, 幼い (juvenile) (cf. boy-meets-girl). 〘1841〙
bo·yar /boujáːr, bɔ́ɪə | bɔ́ɪəʳ, bɔ́ɪjɑːʳ/ *n.* (*also* **bo·yard** /boujáːəd, bɔ́ɪəd | bɔ́ɪəd, bɔ́ɪjɑːd/) **1** (皇族に次ぐ位と特権を有していたロシアの)大貴族《Peter 大帝の改革によって廃止された》. **2** (1945 年農地改革前のルーマニアの)特権地主階級の者. 〘(1591) ▭ Russ. *boyarin* lord〙
Boyce /bɔ́ɪs/ *n.* ボイス《男性名》. 〘← OF *bois* forest〙
Boyce /bɔ́ɪs/, **William** *n.* ボイス《1710–79; 英国の作曲家; 教会音楽作曲者として有名》.
boy·chik /bɔ́ɪtʃɪk/ *n.* (*also* **boy·chick** /~/) 《口語》男の子, 少年, 青年. 〘1951〙
boy·cott /bɔ́ɪkɑ(:)t | -kɔt, -kət/ *vt.* **1** 〈個人・商会・国・会などを〉ボイコットする, 同盟排斥する, …に対し不買同盟を結ぶ: ~ a shop 共同してある商店から買わない / ~ a landowner 地主を同盟排斥する / ~ the Security Council 安全保障理事会をボイコットする. **2** 〈商品などを〉(共同して)買わ[売ら]ない, 使用しない: ~ the firm's products その会社の製品をボイコットする. — *n.* ボイコット, 不買同盟, 共同排斥 (cf. buyers' strike): a trade [commercial] ~ 不買同盟 / a consumers' ~ 消費者不買同盟 / declare a ~ of [*against*] a shop 商店に対しボイコットを宣言する / put under a ~ ボイコットする. **~·er** /-tə | -təʳ/ *n.* **~·ing** /-tɪŋ | -tɪŋ/ *n.* 〘(1880) ← *Captain Boycott* (1832–97: Norfolk 生まれの退役軍人; アイルランドで土地差配人を務めたが, 1880 年夏のアイルランド土地同盟の際初めてこの合法戦術によって苦しめられた)〙
Boy·cott /bɔ́ɪkɑ(:)t | -kɔt, -kət/, **Geoffrey** *n.* ボイコット《1940– ; 英国のクリケット選手》.
bóy-crázy *adj.* 〈女の子が〉男の子とつきあいたがる, 男の子に夢中な. 〘1923〙
Boyd /bɔ́ɪd/ *n.* ボイド《男性名; ブロンドの子によくつけられる》. 〘▭ Ir.-Gael. *buidhe* yellow〙
Boyd /bɔ́ɪd/, **Arthur (Merric Bloomfield)** *n.* ボイド《1920–99; オーストラリアの画家・彫刻家・陶芸家》.
Boyd, Martin (a'Beckett) *n.* ボイド《1893–1972; オーストラリアの小説家》.
Boyd Orr /bɔ̀ɪdɔ́ə | -ɔ́ːʳ/, **John** *n.* ボイドオア《1880–1971; スコットランドの農学者・栄養学者; 国連食糧農業機関 (FAO) 事務局長 (1946–47); Nobel 平和賞 (1949); 称号 1st Baron Boyd Orr》.
Boy·er /bɔɪéɪ | bwáɪeɪ; *F.* bwaje/, **Charles** *n.* ボワイエ《1897–1978; フランス生まれの米国の映画俳優》.
Boy·er /bɔ́ɪə | bɔ́ɪəʳ/, **Paul** *n.* ボイヤー《1918– ; 米国の生化学者; Nobel 化学賞 (1997)》.
boy·friend /bɔ́ɪfrènd/ *n.* **1** ボーイフレンド, (特定の)男性の恋人 (cf. girlfriend). **2** (情事の)相手の男性, 愛人. **3** (男性のつきあう)男友だち. 〘1896〙
Boyg /bɔ́ɪg/ *n.* (絶望・一般の無関心・無知など)目に見えぬ敵[障害, 問題]. 〘▭ Norw. *bøig* bugbear〙
boy·hood /bɔ́ɪhʊ̀d/ *n.* **1** 少年時代, 少年期《puberty に達するまで; cf. manhood 2》. **2** [集合的] 少年たち, 少年社会. 〘(*a*1745): ⇨ -hood〙
boy·ish /bɔ́ɪɪʃ/ *adj.* **1** 少年らしい, 若々しく快活な; 子供じみた, 幼稚な, おとなげない. **2** 〈女性が〉男の子みたいな. **~·ly** *adv.* **~·ness** *n.* 〘(1548): ⇨ -ish¹〙
boy·la /bɔ́ɪlə/ *n.* 《豪》祈禱師, 妖術師, 魔術師 (sorcerer). 〘(1865) ← Austral. 《現地語》〙
Boyle /bɔ́ɪl/, **Kay** *n.* ボイル《1902–92; 米国の女流小説家・詩人; *Plagued by the Nightingale* (1931)》.
Boyle, Robert *n.* ボイル《1627–91; 英国の化学者・物理学者, ボイルの法則 (Boyle's law) の発見者》.
Bóyle's láw *n.* 〘物理化学〙ボイルの法則《一定温度では気体の圧力と体積とは互いに反比例するという法則; Boyle が 1660 年に実験的に発見したもの》. 〘*c*1860〙
bóy-mèets-gírl *adj.* 〈恋愛物語など〉月並みな (cf. boy-and-girl).
Boyne /bɔ́ɪn/ *n.* [the ~] ボイン(川)《アイルランド東部の川 (110 km), この付近で William 三世が James 二世を破った (1690)》. 〘▭ Gael. *bo fhionn* white cow〙
boy·o /bɔ́ɪoʊ | -əʊ/ *n.* (*pl.* **~s**) 《アイル》少年, 若者, 青年 (boy). 〘(1870) ← ʙᴏʏ+-o〙
Bo·yó·ma Fálls /bɔɪóʊmə- | -əʊmə-/ *n. pl.* [the ~] ボヨマ滝《コンゴ民主共和国北東部, Congo 川上流にあり 7 つの滝から成る; 全長約 90 km, 落差合計 60 m; 旧名 Stanley Falls》.
bóy ràcer *n.* 《英口》暴走ボーイ《自分の車を飾りたてたり改造したりして乱暴に乗りまわす若者》.
Bóy's Báseball *n.* [the ~] 《米》ボーイズベースボール《13–14 歳の少年野球連盟; 旧称 Pony League; cf. Little League》.
Bóy's Brigàde *n.* 《英》少年隊《1883 年創設; 規律と自尊心の育成を目的とする》.
bóy scòut *n.* **1** Boy Scouts の団員《11–17 歳; 米国のボーイスカウトは初級 (tenderfoot), 2 級 (second class), 1 級 (first class), star scout, life scout, eagle scout と進級する》. **2** [the Boy Scouts; 単数または複数扱い] ボーイスカウト団《善良な市民を育成する目的で英国では 1908 年, 米国では 1910 年に創設; cf. girl scout 2, girl guide 2》. **3** 《米俗》きまじめな人, 理想主義者; おせっかい, 世話好きな人. 〘1909〙
boy·sen·ber·ry /bɔ́ɪzənbèri, -sən-, -zn-, -sn- | -b(ə)ri/ *n.* 〘園芸〙ボイゼンベリー《blackberry, raspberry, loganberry などの交配新種》. 〘(1935) ← *Rudolph Boysen* (この新種を作り出した米国人)〙
bóy's lóve *n.* 《英》〘植物〙=southernwood.
Bóy's Ówn *adj.* (冒険物語の主人公のように)勇敢な.
Bóys Tówn *n.* 少年の町《1917 年 Father Flanagan が少年孤児などを収容・教育するために, 米国 Nebraska 州 Omaha 市の西 18 km の地に設立した施設; 1936 年に地方自治体の村として認められ, 少年の中から村長が選ばれるなどして自治が行われている》.
bóy tòy *n.* **1** (年上の女性の)若い愛人, 若いつばめ. **2** (セックスの対象として見られる)若い女性, セックスシンボル.
bóy wónder *n.* (異常に知能[技能]のすぐれた) 天才少年; [B- W-] 驚異の少年, ボーイワンダー《米国の漫画の主人公 Batman のアシスタント Robin の異称》.
Boz /bá(:)z | bɔ́z/ *n.* ボズ《Charles Dickens の初期の筆名》. ★ Dickens 自身は /bóʊz/ と発音していたといわれる.
Boz·caa·da /*Turk.* bozdʒáada/ *n.* ボズジャーダ《Tenedos のトルコ語名》.
Boze·man /bóʊzmən | báʊz-/ *n.* ボーズマン《米国 Montana 州南西部にある都市》.
Bo·zen /*G.* bóːtsn̩/ *n.* ボーツェン《Bolzano のドイツ語名》.
bo·zo /bóʊzoʊ | báʊzəʊ/ *n.* (*pl.* **~s**) 《米俗》やつ, 男; (特に)ばかなやつ. 〘(1920) ← ? Sp. ~ 'down growing on a youth's cheeks'〙
Boz·zar·i /boʊzǽri, -záːr- | bəʊzǽri, -záːr-/, **Marco** *n.* ボザリス《1788?–1823; ギリシャの愛国者, 独立戦争の英雄; ギリシャ語名 Markos Botzaris》.
boz·zet·to /bɑtsétoʊ, -zét- | -təʊ; *It.* bottsétto/ *It. n.* (*pl.* **boz·zet·ti** /-tiː; *It.* -ti/) 〘彫刻〙大作のための試作的小品. 〘(1935) ▭ It. ~ (dim.) ← *bozzo* rough stone 《変形》← *bozza* swelling〙
bp 《略》〘金融〙basis point.
Bp 《略》Bishop.
b/p 《略》bill of parcels; blueprint.
B/P, BP, b.p. /bíːpíː/ 《略》〘金融〙bills payable 支払手形 (cf. B/R); 〘金融〙bill of parcels 積荷明細書.
bp. 《略》baptized; birthplace; bishop.
b.p., bp 《略》below proof 標準強度以下; boiling point; *L.* bonum pūblicum (=public good).
BP 《略》Bachelor of Pharmacy; Bachelor of Philosophy; back projection; 〘地質・考古〙before the present; Black Panther; 〘医学〙blood pressure; British Patent; British Petroleum; British Pharmacopoeia 英国薬局方; British Public.
BPAS 《略》British Pregnancy Advisory Service.
BPC 《略》British Pharmaceutical Codex.
BPd 《略》*L.* Baccalaureus Paedagogiae (=Bachelor of Pedagogy).
BPD, b.p.d. 《略》barrels per day.
BPe 《略》*L.* Baccalaureus Paedagogiae (=Bachelor of Pedagogy).
BPE 《略》Bachelor of Petroleum Engineering; 《米》Bachelor of Physical Education.
BPh 《略》Bachelor of Philosophy.
BPH 《略》Bachelor of Public Health; 〘医学〙benign prostatic hyperplasia [hypertrophy] 良性前立腺肥大.
BPharm 《略》Bachelor of Pharmacy.
BPhil /bíːfɪ́l/ 《略》*L.* Baccalaureus Philosophiae (=Bachelor of Philosophy).
bpi 《略》〘電算〙bits per inch; bytes per inch.
B̄-pìcture /bíː-/ *n.* (制作費をかけないワンパターンの)B 級映画. 〘*c*1937〙
bpl. 《略》birthplace.
BPO 《略》British Post Office.
BPOE 《略》Benevolent and Protective Order of Elks エルクス共済組合《米国で 1867 年創立された俳優・文人の団体; 今は社交慈善団体》.
B̄ pòwer supplỳ *n.* 〘電子工学〙B 電源《真空管の陽極電源; B supply ともいう; cf. A power supply, C power supply》.
BPR 《略》〘経営〙business process reengineering.
bps 《略》〘電算〙bits per second.
b.pt. 《略》〘物理〙boiling point.
BPW 《略》Board of Public Works; Business and Professional Women's Clubs.
Bq 《記号》〘物理〙becquerel(s).
BQ 《略》*L.* Bene quiescat (=May he [she] rest in peace.).
br 《記号》Brazil《URL ドメイン名》.
Br 《記号》〘化学〙bromine.
Br 《略》〘キリスト教〙Brother.
BR 《略》*L.* Bancus Rēgīnae (=Queen's Bench); *L.* Bancus Rēgis (=King's Bench); bats right; bedroom(s); 〘自動車国籍表示〙Brazil; British Rail《もと British Railways》.
B/R, b.r. /bíːáə | -áːʳ/ 《略》Bill of Rights; 〘金融〙bills receivable 受取手形 (cf. B/P); 〘金融〙bank rate.
br. 《略》bearing; 〘軍事〙bombardier; branch; brand; brass; bridge; brief; 〘海事〙brig; bronze; brother; brown; bugler.
Br. 《略》Britain; British.
b.r. 《略》〘経済〙bank rate; block release; 〘原子力〙breeder reactor.
bra /brάː/ *n.* 《口語》ブラジャー, ブラ (brassière). 〘(1936)《短縮》〙
braai /bráɪ/ 《南ア》*vt.* 直火で肉を焼く. — *n.* =braaivleis. 〘(1959) ↓〙
braai·vleis /bráɪflèɪs/ *n.* 《南ア》バーベキュー (barbecue) パーティー. 〘(1939) ← Afrik. *braaivleisaand* ← *braai* grill+*vleis* 'meat, ғʟᴇsʜ'+*aand* evening〙
braa·ta /bráːtə | -tə/ *n.* (*also* **~s** /~s/) 《カリブ》(客が食料を買ってくれたときの)おまけ.
Bra·ban·çonne /bræ̀bɑ̃ː(n)sɔ́(ː)n, -bɑːn-, -sɔ́ːŋ; *F.* bʁabɑ̃sɔn/, **La** /lɑː; *F.* la/ *n.* ラブラバンソンヌ《ベルギーの国歌; François van Campenhout (1779–1848) 作曲 (1830)》.
Bra·bant /brǽbənt, brəbǽnt | brəbǽnt, brǽbənt; *F.* bʁabɑ̃, *Du.* bráːbɑnt/ *n.* **1** ブラバント《ヨーロッパ西部の旧公国; 今は南部はベルギー領, 北部はオランダ領》. **2** ブラバント(州)《ベルギー中部の州; 面積 3,284 km², 州都 Brussels》.
Brab·a·zon of Ta·ra /brǽbəzù(:)nəvtáːrə |

-zən-/, Baron *n.* ⇨ Moore-Brabazon.

brab·ble /brǽbl/ *vi.* (つまらないことで)騒がしく口論する. — *n.* 騒がしい口論. **bráb·bler** *n.* 〖(c1500) □? Du. *brabbelen* to stammer〗

B

Brab·ham /brǽbəm/, Sir **John Arthur** *n.* ブラバム《1926– ; オーストラリアのカーレーサー・カーデザイナー》.

brac·cate /brǽkeɪt/ *adj.* 〖鳥類〗全部が羽毛で覆われた脚をした. 〖(1847) □ L *brāc(c)ātus* wearing breeches ← *brac(c)ae* trousers: ⇨ -ate²〗

brace /bréɪs/ *vt.* **1 a** [~ oneself で]〈身・気を〉引き締める, 元気を出す〈*up*〉: ~ *oneself up for* a task 緊張して仕事にかかる / *Brace yourselves for* [*to* hear] some pretty bad news. とても悪い知らせがあるから覚悟して聞きなさい. **b**〈足などを〉ふんばる;〈神経などを〉緊張させる: ~ one's feet *against* the crowd 群衆に押されないように体に力を入れてふんばる / ~ one's energies 気を引き締める, 奮起する, 元気を出す. **c** ぐっと締める, ぴんと張る, 引き締める;〈弓〉に弦を張る;〈太鼓〉の皮を締める. **d**〈空気・気候・酒などが〉元気づける〈*up*〉: A shower will ~ you *up*. シャワーを浴びればしゃんとなるよ. **2 a** …に支柱をする, 支える; ズボンつりで支える〈*up*〉: ~ a shed *with* timbers 小屋を柱で支える. **b** 補強する (reinforce). **c**〖建築〗…に筋違(すじかい)を入れる. **3** 中括弧でくくる; 結合する, つなぐ. **4 a** (質問や要求などをもって)〈人を〉待ち構える. **b** 質問攻めにする. **5**《古》ぎゅっと締めくくる, 縛る (bind). **6**〖海事〗転桁索(てんこうさく)で〈帆を〉回す〈*about, around*〉. **7**《米俗》…に金をせびる.

— *vi.* **1** 緊張する, 元気を出す; 酒で元気をつける; 元気をつけるために一杯やる〈*up*〉: They ~*ed up for* the bad news. 気を引き締めて悪い知らせを聞いた. **2**《口語》〖軍事〗(直立不動の)気をつけの姿勢をする.

bráce ín〖海事〗(横帆において風上の帆綱 (brace) を引いて)〈帆桁(ほげた)〉をもっと横方向へ回す.

— *n.* **1** [単数または複数扱い] (犬・うさぎ・猟鳥の)つがい (⇨ pair¹ SYN); (ピストルの)一対; (悪人の)二人組: a ~ of ducks / several ~ of partridges 数つがいのシャコ. **2 a** 手首[前腕]の保護帯, 副木; 腕甲 (bracer). **b**《廃》(手の)よろい (armor). **3**〖医学〗(整形外科用の)支持器; [しばしば *pl.*]〖歯科〗歯列矯正器. **4 a** 物を締め合わせるもの. **b** 締め金, 留め金 (clasp), かすがい (clamp). **c** (太鼓を締める)革ひも, 締め糸. **5**《英》**a** [*pl.*] ズボンつり (《米》suspenders): a pair of ~*s* ズボンつり一組 / trousers and ~*s* ズボンつりのついたズボン / (wear both) belt and ~*s* ベルトとズボンつり(の両方を着ける). **b** (馬車の車体をばねにつるす)つり革. **6 a** (倒れないようにする)斜柱 (stay), しんばり, 突っ張り, 支柱. **b**〖建築〗方杖(ほうづえ) (angle brace); 筋違(すじかい) (strut); 火打(ひうち). **7** (錐(きり))などの)曲げ柄, ブレース (hand brace): ⇨ BRACE and bit. **8 a** 張り, 緊張力 (tension). **b** 士気を高めるもの. **9 a** ブレース, こうもり, 中括弧 ({, }, ⌒) (cf. bracket 2). **b** =square bracket. **10**〖音楽〗ブレース《二つ以上の同時に演奏される五線譜をつなぐ連結括弧; accolade ともいう》. **11**〖海事〗転桁索(てんこうさく)《帆桁を回す綱》, 帆綱: ⇨ SQUARE *by the lifts and braces*. **12**《口語》〖軍事〗(直立不動の)気をつけの姿勢.

in a bráce of shákes すぐに, 瞬く間に: It'll be ready *in a ~ of shakes*. すぐに準備できます. (1841) ***splice the máinbráce*** ⇨ mainbrace. ***táke a bráce***《米口語》元気を出す, 気を取り直す, 立ち直る (brace up).

bráce and bít 繰り子錐(きり), クランクボール《曲がり柄付ドリル》.

〖v.: (?c1350) □ OF *bracier* to embrace ← *brace* (n.). — n.: ((1313–14)) (c1353) 'strap, armor for the arms' □ OF *brace* (F *brasse*) < L *bracchia* (pl.) ← *brac(c)hium* arm □ Gk *brakhíōn*〗

bráced árch *n.*〖土木〗ブレーストアーチ《骨組がトラスから成る》.

bráced fráme *n.*〖建築〗筋違(すじかい)入り構造.

bráce gàme *n.*〖トランプ〗**1** (faro 賭博で)いかさま, いんちき《親と得点記録係との間の不正な取決め》. **2**《米俗》いかさま賭博.

bráce jàck *n.*〖劇場〗人形立て《舞台装置を後ろから支える三角形の木材; 単に jack ともいう》.

brace·let /bréɪslɪ̀t/ *n.* **1 a** 腕輪, ブレスレット《手首または腕にはめる; cf. bangle 1》. **b** (時計の)金属製バンド. **2** [*pl.*]《戯言・口語》手かせ, 手錠 (hand cuffs). **3** 弓籠手(ゆごて); (よろいの)腕甲. **4**〖手相〗=rascette. **~·ed** /-tɪ̀d | -tɪ̀d/ *adj.* 〖(1437) □ (O)F ~ (dim.) ← *bracel* armlet < L *bracchiāle* (neut. adj.) thing for the arm: ⇨ brace, -let〗

brác·er¹ /bréɪsə | -sə(r)/ *n.* **1** 支えるもの[人], 締めるもの, 締めひも, 張り綱, 帯 (band). **2**《口語》**a** 強壮剤. **b** 刺激性飲料; (特に)アルコール性飲料, 酒. 〖(1579): ⇨ -er¹〗

bracer² *n.* (フェンシングなどで用いる)籠手(こて); (アーチェリーで用いる)腕甲. 〖(1350–51) □ OF *brasseüre* (F *brassard*) ← *bras* arm < L *brac(c)hium*: ⇨ brace, -ure〗

bra·ce·ro /brɑːséroʊ | -rəʊ; *Am.Sp.* braséro/ *n.* (*pl.* ~**s** /~z; *Sp.* ~s/) (米国に季節労働者として入国する)メキシコ人労務者 (cf. wetback). 〖(1920) □ Sp. ~ 'laborer' ← *brazo* arm < L *brac(c)hium* (↑)〗

bráce ròot *n.*〖植物〗=prop root.

bráce tàble *n.*〖木工〗筋違(すじかい)早見表《二等辺三角形の斜辺の長さを見る計算表; 筋違の長さを出すため》.

brach /brǽtʃ/ *n.* (*also* **brach·et** /-tʃɪ̀t | -tʃɪt/)《古》猟犬の雌 (bitch hound). 〖(?c1390)《逆成》← OF *braches* (pl.) ← *brachet* (dim.) ← Prov. *brac* □ OHG *brakko* scenting hound: cf. L *fragrāre*: ⇨ fragrant〗

brach·i- /brǽki/ (母音の前にくるときの) brachio- の異形.

brachia *n.* brachium の複数形.

bra·chi·al /bréɪkiəl, brǽk-/〖動物・解剖〗*adj.* **1** 腕の, 上腕の. **2** 腕に似た. — *n.* 腕の部分, 上腕. 〖(1578) □ L *brachiālis*: ⇨ bracelet, -al¹〗

bráchial ártery *n.*〖解剖〗上腕動脈.

brach·i·al·gi·a /brækiǽldʒiə, -dʒə/ *n.*〖病理〗上腕神経痛. 〖← L *brac(c)hium* arm (⇨ brace)+-ALGIA〗

bra·chi·ate /bréɪkièɪt, brǽk-, -kiɪ̀t/ *adj.* **1**〖植物〗交互対枝に側方に枝を広げた. **2**〖動物〗腕のある, 上腕のある. — *vi.*〖動物〗〈猿が〉両腕で(木の枝に)ぶら下がり, 体を振りながら交互に腕を動かして進む, 腕渡りをする. 〖(1835) □ L *brachiatus* ← *brac(c)hium* (↑): ⇨ -ate²〗

bra·chi·a·tion /brèɪkiéɪʃən, bræk-/ *n.*〖動物〗腕渡り. 〖(1899): ⇨ ↑, -ion〗

brá·chi·a·tor /-tə | -tə(r)/ *n.* (テナガザルのように)手足を使って進む動物. 〖(1899): ⇨ -or²〗

bra·chif·er·ous /brəkɪ́f(ə)rəs/ *adj.*〖動物〗腕のある, 有手の. 〖(1877) ← L *brachi-*+-FEROUS〗

brach·i·o- /brǽkioʊ | -kiəʊ/「腕」の意の連結形: *brachio*pod. ★ 母音の前では通例 brachi- になる. 〖← NL ~ ← L *brac(c)hium* & Gk *brakhíōn* arm〗

brach·i·o·lar·i·a /brækioʊlέ(ə)riə | -ə(ʊ)lέər-/ *n.* (*pl.* **-i·ae** /-riìː/)〖動物〗ブラキオラリア《ある種のヒトデで, ビピンナリア (bipinnaria) 幼生の後期に現れる幼生》. 〖← NL ~ ← *brachiola* (← BRACHIO-+-*ola* (fem. suf.))+-ARIA¹〗

brach·i·o·pod /brǽkiəpɑ̀(ː)d | -pɒ̀d/〖動物〗*n.* 腕足綱の動物《生きている化石 (living fossil) といわれるシャミセンガイ属 (*Lingula*) の貝やホウズキチョウチン (lamp shell) など; cf. bryozoan》. — *adj.* =brachiopodous. 〖(1836) ↓〗

Brach·i·op·o·da /brækiɑ́(ː)pədə | -ɒ́pədə/ *n. pl.*〖動物〗腕足綱. 〖← BRACHIO-+-PODA〗

brach·i·op·o·dous /brækiɑ́(ː)pədəs | -ɒ́p-ˈ/ *adj.*〖動物〗腕足綱の. 〖(1836) ← BRACHIO-+-PODOUS〗

brach·i·o·sau·rus /brækiousɔ́ːrəs | -kiə(ʊ)-/ *n.*〖古生物〗ブラキオサウラス《ジュラ紀後期の竜脚亜目 *Brachiosaurus* 属の草食恐竜の総称; 前肢が後肢より長く, 水底を歩行し頭部を水上に現す; 地球上に生息した最大の動物; 体長約 34 m, 体重 78 トン; cf. sauropod》. 〖(1903) ← NL ~: ⇨ brachio-, -saurus〗

bra·chis·to·chrone /brəkɪ́stəkròʊn, brə- | -krəʊn/ *n.*〖数学〗最短降下線, 最速降下線《物体が摩擦も抵抗もなく重力によって最短時間に通る 2 点間の曲線; サイクロイドになる》. 〖(*a*1774) □ F ~ ← Gk *brákhistos* shortest+*khrónos* time〗

bra·chi·um /bréɪkiəm/ *n.* (*pl.* **-i·a** /-kiə/)〖解剖・動物〗**1 a** 上腕, 上膊(じょうはく). **b** (鳥の翼など)上肢に当たるもの. **2** (ヒトデなど無脊椎動物の)腕に似た部分. 〖(1731) □ L *brac(c)hium* arm: ⇨ brace〗

brach·y- /brǽkɪ, -ki/「短い; 短くて幅の広い」の意の連結形: *brachy*cephalous, *brachy*urous. 〖← Gk *brakhús* short〗

brach·y·ce·phal·ic /brækɪsɪ̀fǽlɪk | -sɪ̀-, -kɛ-, -kɪ-ˈ/ *adj.*〖人類学〗短頭の《頭示数が 81.0–85.4 である; cf. dolichocephalic, orthocephalic, mesocephalic》. ★ brachycephalic は生体の場合に用い, 骨の場合には brachycranic を用いる. — *n.* 短頭の人. 〖(1849–52) ← BRACHY-+-CEPHALIC〗

brach·y·ceph·al·ism /brækɪséfəlɪ̀zm | -séf-, -kéf-/ *n.*〖人類学〗=brachycephaly. 〖1880〗

brach·y·ceph·a·li·za·tion /brækɪsèfəlɪ̀zéɪʃən | -sèfəlaɪ-, -kèf-, -lɪ-/ *n.*〖人類学〗短頭化傾向.

brach·y·ceph·a·lous /brækɪséfələs | -séf-, -kéf-ˈ/ *adj.*〖人類学〗=brachycephalic. 〖1872〗

brach·y·ceph·a·ly /brækɪséfəli | -séf-, -kéf-/ *n.* **1**〖人類学〗短頭. **2**〖病理〗短頭症. 〖(1863) ← BRACHY-+-CEPHALY〗

bra·chyc·er·ous /brækɪ́sərəs, brə-/ *adj.*〖昆虫〗触角の短い, 短角の. 〖← BRACHY-+-CERA+-OUS〗

bràchy·cránial *adj.*〖人類学〗=brachycranic.

brach·y·cra·nic /-kréɪnɪkˈ/ *adj.*〖人類学〗短頭蓋(ずがい)の《頭蓋示数が 81.0–85.4 である; cf. dolichocranic》. ★ ⇨ brachycephalic. 〖← BRACHY-+CRANIO-+-IC¹〗

brách·y·crà·ny /-krèɪni/ *n.*〖人類学〗短頭蓋(ずがい).

bràchy·dac·tyl·i·a /-dæktɪ́liə/ *n.*〖病理〗=brachydactyly.

bràchy·dac·týl·ic /-dæktɪ́lɪkˈ/ *adj.*〖病理〗短指[趾]症の.

bràchy·dác·tyl·ism /-dǽktəlɪ̀zm | -tɪ̀-/ *n.*〖病理〗=brachydactyly.

bràchy·dác·ty·ly /-dǽktəli | -tɪ-/ *n.*〖病理〗短指[趾]症. **bràchy·dác·ty·lous** /-dǽktələs | -tɪ̀-ˈ/ *adj.* 〖(1906) ← BRACHY-+DACTYL-+-Y¹〗

brach·y·dome /brǽkɪ̀dòʊm | -kɪdəʊm/ *n.*〖結晶〗短軸庇面(ひめん)《短軸に平行な庇面; cf. clinodome, macrodome, orthodome》.

bra·chyl·o·gy /brækɪ́lədʒi/ *n.* **1**〖文法〗簡約法, (特に)要語省略《構文上の語句の省略; 例: This is as good or better than that. (この場合の as good は as good as とあるべきもの) / The tower stands west of the city. (これは to the west の省略)》. **2** 簡潔表現; (表現の)簡潔さ.

bra·chyl·o·gous /brækɪ́ləgəs/ *adj.* 〖(1623) □ Gk *brakhulogía* brevity in speech: ⇨ brachy-, -logy〗

bra·chy·od·ont /brǽkiədɑ̀(ː)nt | -dɒnt/ *adj.* (哺乳類が)歯冠の短い. 〖(1883) ← BRACHY-+-ODONT〗

bra·chyp·ter·ous /brækɪ́ptərəs/ *adj.* **1**〖鳥類〗短翼の. **2**〖昆虫〗短翅の. 〖(*c*1847) ← BRACHY-+-PTEROUS〗

bràchy·sclé·re·id /-sklɪ́(ə)riɪ̀d | -sklɪ́əriɪd/ *n.*〖植物〗石細胞《髄・皮部などに存在する球状多面体の厚膜細胞; stone cell ともいう》. 〖← BRACHY-+SCLERE(NCHYMA)+-ID³〗

bràchy·stó·ma·tous /-stóʊmətəs, -stɑ́(ː)m- | -stə́ʊmətəs, -stɒ́m-ˈ/ *adj.*〖昆虫〗口先[口吻]の短い. 〖← BRACHY-+STOMATO-+-OUS〗

Brach·y·u·ra /brækijúᵊrə | -júərə/ *n. pl.*〖動物〗短尾亜目《カニ類》. 〖← NL ~ ← BRACHY-+-*ura* tailed (⇨ uro-², -a²)〗

brach·y·u·ral /brækijúᵊrəl | -júər-ˈ/ *adj.*〖動物〗短尾亜目の.

brach·y·u·ran /brækijúᵊrən | -júər-ˈ/〖動物〗*adj.* 短尾亜目の. — *n.* 短尾亜目の動物《カニ類》.

brach·y·u·rous /brækijúᵊrəs | -júər-ˈ/ *adj.*〖動物〗(カニのように)短尾の (cf. macrurous). 〖(1828) ← NL *brachyura*: ⇨ -ous〗

brac·ing /bréɪsɪŋ/ *adj.*〈空気・風・気候など〉元気づける, 体を引き締めるような, 気持ちをさわやかにする (invigorating): a ~ air, breeze, wind, climate, etc. — *n.* **1 a** 筋違(すじかい) (brace), 引っ張り控え. **b** [集合的] 支柱. **c** [形容詞的に] 張り[支柱]用の: a ~ cable〖航空〗張り綱 / a ~ strut〖航空〗支柱 / a ~ wire〖航空〗張り線. **2** 元気づけ, 刺激: He needs ~. 彼を力づけてやらなければ. **~·ly** *adv.* **~·ness** *n.* 〖(1536): ⇨ -ing¹〗

bra·cio·la /brɑːtʃióʊlə, -tʃóʊ- | -tʃiə́ʊ-, -tʃə́ʊ-; *It.* bratʃɔ́ːla/ *n.*〖料理〗ブラチョラ《肉・野菜などに巻いた薄切り(牛)肉; ワインに浸して調理する》. 〖c1945〗

brack /brǽk/ *n.*《アイル》ブラック《ドライフルーツ入りの丸パン[ケーキ]》. 〖(1855)《略》← BARNBRACK〗

brack·en /brǽkən/ *n.* **1**〖植物〗ワラビ (*Pteridium aquilinum*). **2** シダのやぶ[茂み]. 〖(?*a*1300) *brake(n)* fern □ ? ON **brakni*: cf. brake³〗

brack·et /brǽkɪ̀t | -kɪt/ *n.* **1 a** (表の中で)同一の括弧の中に入る部分. **b** 同類として区分されるグループ[人々]: the upper age ~ 高齢者層 / the 8 to 15 age ~ 8 歳から 15 歳のグループ. **c** (課税所得額による)階層区分, …層: the high [low] income ~ 高[低]額所得者階層. **2 a** ブラケット, 角括弧, 大括弧 ([,])《square bracket ともいう》. **b** 山パーレン, 山形 (〈, 〉)《angle bracket, broken bracket, pointed bracket ともいう》. **c**《英》パーレン, 括弧 ((,))《parenthesis, round bracket ともいう》. **d** ブレース, 中括弧 ({, })《curly bracket, brace ともいう》. ★ いずれの場合も単数では括弧の組の一方を指すので, 複数形で用いることが多い. **3**〖建築〗(棚や軒などを支える)腕木, 持送り, ブラケット (cf. corbel, ancon, console). **4** (腕木で支えた)張出し棚(だな), 張出しランプ受け, 張出しガス灯[電灯]. **5**〖海事〗**a** 肘材, 肘板, 腕木. **b** 梁枝《直角に交わる鉄骨をつなぎ合わせるためにその内角に当てる三角形, または斜めに当てる鉄板》. **6** [*pl.*]〖数学〗**a** 括弧. **b**《俗用》括線 (vinculum). **7**〖活字〗(セリフ (serif) の)支え《セリフと幹縦線 (stem) との間の曲線部分》. **8**〖植物〗サルノコシカケ《木の幹や木材に bracket fungus によって生ずる棚状の笠; conk ともいう》. **9**〖スケート〗=bracket turn. **10**〖砲術〗夾叉(きょうさ), 夾差距離《目標に命中させるための手段として, まず目標の前後または左右に試射したときの弾着相互間の距離》.

— *vt.* **1 a**〈同類・同等者の名前などを〉一括する, 同類として分類する[扱う]: ~ A *with* [and] B A を B の同類として分類する / The two names are ~*ed* (*together*) *for* first prize. 1 等入選者として二人の名が一緒に挙げられている. **b** (挿入句的な[疑わしい]ものとして)括弧に入れて扱う; 考慮から除く, 無視する〈*off*〉. **2** …に括弧を[腕木, 棚受けなど]を付ける. **3** (角)括弧でくくる, (角)括弧に入れる. **4**〈見積もり・範囲などの〉限界[幅]を確定する. **5**〖砲術〗夾叉(きょうさ)(射撃)する (straddle): ~ a target 目標を夾叉する.

〖(1580)《古形》*brag(g)et* □ F *braguette* (dim.) ← *brague* a kind of mortise □ Prov. *braga* < L *brācam* (*brācae* (pl.) breeches) □ Gaul. **brāka*: ⇨ -et〗

brácket crèep *n.*《口語》〖経済〗所得階層の漸昇《名目賃金が増加するために税率の高い課税区分にはいっていくこと; インフレなどの場合には実質収入の減少となることもある》. 〖1980〗

bráck·et·ed /-tɪ̀d | -tɪ̀d/ *adj.* **1** 括弧に入れた. **2** ひとまとめにした. **3**〖活字〗〈セリフ (serif) が〉支え付きの. 〖(*c*1865): ⇨ -ed 2〗

brácket fòot *n.* (18 世紀の英国や米国で流行した, 家具の)持送り式の脚.

brácket fùngus *n.*〖植物〗木の枝や幹から棚状に成長する多肉質の担子菌《サルノコシカケ類が多い》.

bráck·et·ing /-tɪŋ | -tɪŋ/ *n.* [集合的]〖建築〗腕木, 持送り, ブラケット. 〖(*c*1823): ⇨ -ing¹〗

brácketing adjùstment *n.*〖軍事〗夾叉(きょうさ)法: **1** 野砲の射撃を修正して目標に命中させるため, 遠近左右の弾着を試み, 次第にその距離を縮めることによって射撃諸元を決定する方法. **2** 飛行機が S 字旋回して正しくコースにのること.

brácket sàw *n.*〖木工〗回り挽(び)き.

Bráck·ett sèries /brǽkɪ̀t- | -kɪt-/ *n.*〖物理〗ブラケット系列《水素原子スペクトルの一つの系列》. 〖(1930) ← *F. S. Brackett* (1896–1974: 米国の物理学者)〗

brácket tùrn *n.*〖スケート〗ブラケットターン《スクールフィギュアの図形の一つ; 中括弧形 ({) の旋回》.

brack·ish /brǽkɪʃ/ *adj.* **1**〈水が〉ちょっと塩気のある, (海水ほど塩辛くないが)塩気があって飲めない: ~ water (半)塩水. **2 a** まずい (unpalatable). **b** 嫌な, 不愉快な (distasteful). **~·ness** *n.* 〖(1538) ←《廃》*brack* salty (□ Du. *brak* briny): ⇨ -ish¹〗

Brack·nell /brǽknəl, -nl/ *n.* ブラックネル《イングランド

南部ロンドンの西方郊外にある町).

brac·o·nid /brǽkənɪ̀d | -nɪd/ 〘昆虫〙 *n.* コマユバチ《コマユバチ科のハチの総称》. — *adj.* コマユバチ(科)の. 〘《1893》↓〙

Bra·con·i·dae /brəkɑ́(ː)nədiː | -kɔ́nɪ-/ *n. pl.* 〘昆虫〙(膜翅目)コマユバチ科. 〘← NL ～ ← *Bracon* (属名: ← Gk *brakhús* short)+-IDAE〙

bract /brǽkt/ *n.* 〘植物〙包葉, 苞(ほう). **～·ed** *adj.* **～·less** *adj.* 〘《1770》← NL *bractea* ← L *brattea* thin metal plate〙

brac·te·al /brǽktiəl/ *adj.* 〘植物〙包葉の. 〘《1770》← L *bractea* (↑)+-AL[1]〙

brac·te·ate /brǽktiɪ̀t, -tièɪt/ *adj.* 〘植物〙包葉のある. — *n.* **1** 〘造幣〙(薄い)片面鋳造の銀貨《浮彫りの極印で打刻し, その片面に極印どおりのデザインを透刻したもの; 12世紀の初めドイツに始まり, 14世紀後半まで行われた》. **2** 〘考古〙装飾のついた貴金属の皿. 〘《1845》□ ML *bracteātus* covered with thin plates: ⇨ bract, -ate[2]〙

brac·te·o·late /brǽktiəlèɪt, -lɪ̀t/ *adj.* 〘植物〙小包葉のある. 〘《1830》← NL *bracteolātus* ← L *bracteola* (↓): ⇨ -ate[2]〙

brac·te·ole /brǽktiòʊl | -əʊl/ *n.* 〘植物〙小包葉. 〘《*c*1828》□ L *bracteola* small bract (dim.) ← *bractea*: cf. bract〙

brac·te·ose /brǽktiòʊs | -əʊs/ *adj.* 〘植物〙包葉のある. 〘《1880》← NL *bractea* (⇨ bract)+-OSE[1]〙

bract·let /brǽktlɪt, -lət/ *n.* 〘植物〙=bracteole.

bráct·scàle *n.* 〘植物〙包鱗(ほうりん)《ハマアカザの一種の鱗片状の小葉》.

brad /brǽd/ *n.* (頭がないかまたは小さい)坊主釘, 貝折れ釘. — *vt.* (**brad·ded; brad·ding**) 貝折れ釘で留める. 〘《?*c*1200》*brod* sprout, spike □ ON *broddr* spike: cog. OE *brord* point〙

Brad /brǽd/ *n.* ブラッド《男性名》. 〘(dim.) ← BRADFORD[2], BRADLEY ∥ BRADY〙

brád·àwl *n.* 〘木工〙(先が平のみの形の)小ぎり《brad を打ち込むための穴をあける》. 〘《1823》〙

Brad·bur·y /brǽdbəri, -b(ə)ri | -b(ə)ri/ *n.* 〘英古〙(1914–28 発行の) 1 ポンド紙幣. 〘《1914》: 大蔵大臣 Sir *John S. Bradbury* (1872–1950) の署名のあるところから〙

Brad·bur·y /brǽdbəri, -b(ə)ri | -b(ə)ri/, **Malcolm** (**Stanley**) *n.* ブラッドベリー《1932–2000; 英国の小説家・批評家; *The History Man* (1975), *Cuts* (1988)》.

Bradbury, Ray (**Douglas**) *n.* ブラッドベリー《1920–2012; 米国の SF 作家; *Fahrenheit 451* (1953)》.

Brad·dock /brǽdək/, **Edward** *n.* ブラドック《1695–1755; 英国の将軍, 米国駐留軍司令官になり, フランス・インディアン連合軍と戦って戦死》.

Brád·en·ham hám /brǽdənəm-, -dn̩- | -dən-, -dn̩-/ *n.* 〘商標〙ブラデナムハム《黒っぽい色の甘塩のハム》.

Brad·ford[1] /brǽdfəd | -fəd/ *n.* ブラッドフォード《イングランド北部 Leeds の西の工業都市》. 〘OE *Brādeforde*: ⇨ broad, ford〙

Brad·ford[2] /brǽdfəd | -fəd/ *n.* ブラッドフォード《男性名》. 〘↑〙

Brad·ford, Gamaliel *n.* ブラッドフォード《1863–1932; 米国の伝記作家》.

Bradford, William *n.* ブラッドフォード: **1** (1590–1657) Pilgrim Fathers の一人で Plymouth 植民地の第二代の総督. **2** (1663–1752) 米国の印刷業者.

Brádford sỳstem *n.* 〘紡績〙ブラッドフォードシステム《梳毛(そもう)糸用の長い繊維を扱う紡績法》. 〘← BRADFORD[1]〙

Brad·laugh /brǽdlɔː, -lɑː | -lɔː/, **Charles** *n.* ブラッドロー《1833–91; 英国の自由思想家 (freethinker)・社会・政治改良家》.

Brad·ley /brǽdli/ *n.* ブラッドリー《男性名》. 〘OE *brādlēah* broad meadow: ⇨ broad, lea[1]〙

Brad·ley /brǽdli/, **A**(**ndrew**) **C**(**ecil**) *n.* ブラッドリー《1851–1935; 英国の文芸批評家・Oxford の詩学教授; *Shakespearean Tragedy* (1904)》.

Bradley, Francis Herbert *n.* ブラッドリー《1846–1924; 英国の哲学者; A. C. Bradley の兄; *Appearance and Reality* (1893)》.

Bradley, Henry *n.* ブラッドリー《1845–1923; 英国の英語学者・辞書編集者; *The Oxford English Dictionary* 編者の一人; *The Making of English* (1904)》.

Bradley, James *n.* ブラッドリー《1693–1762; 英国の天文学者; 光行差・地軸の章動を発見》.

Bradley, Omar Nelson *n.* ブラッドリー《1893–1981; 米国の将軍; 統合参謀本部議長 (1949–1953)》.

Brad·man /brǽdmən/, Sir **Don**(**ald George**) *n.* ブラッドマン《1908–2001; オーストラリアのクリケット選手; 史上最も偉大な打者の一人》.

bra·doon /brədúːn/ *n.* =bridoon.

Brad·shaw /brǽdʃɔː, -ʃɑː | -ʃɔː/ *n.* 全英鉄道時刻表《Bradshaw's Railway Guide の略称; 1839 年以来定期的に発行されたが 1961 年廃刊; cf. ABC 3》. 〘《1847》← *George Bradshaw* (1801–53: 1839 年初めてこれを発行した印刷者)〙

brad·sot /brǽdsət/ *n.* 〘獣医〙=braxy.

Brad·street /brǽdstriːt/, **Anne** *n.* ブラッドストリート《1612?–72; 英国生まれの米国の詩人; *The Tenth Muse* (1650); 旧姓 Dudley》.

brad·y- /brǽdɪ̀, -di | -dɪ, -di/「遅い, 緩慢な (slow); 短い (short)」の意の連結形: *brady*cardia. 〘← Gk *bradús* slow〙

Bra·dy /bréɪdi | -di/ *n.* ブレイディ《男性名》. 〘□ Ir. -Gael. *bradach* spirited one ∥ OE *brādīg* 'BROAD island'〙

Bra·dy /bréɪdi | -di/, **Mathew B.** *n.* ブレイディ《1823?–96; 米国の写真家; 南北戦争の写真で知られる》.

bràdy·auxésis *n.* 〘生物〙劣成長《全体に比べて部分の成長が遅いこと; cf. tachyauxesis》. **bràdy·auxétic** *adj.*

Brády Búnch /-bʌ́ntʃ/ *n.* [The ～]「愉快なブレイディー一家」《米国のテレビホームドラマ (1969–74); しばしばよい家庭の代名詞として使われる》.

bràdy·cárdia *n.* 〘病理〙徐脈 (cf. trachycardia). **bràdy·cárdiac** *adj.* 〘《1890》← BRADY-+Gk *kardía* heart〙

bràdy·kinésia *n.* 〘病理〙動作緩慢(症)《特にパーキンソン病 (Parkinson's disease) の症状として》. 〘⇨ brady-, -kinesia〙

bràdy·kínin *n.* 〘生化学〙ブラディキニン ($C_{50}H_{73}N_{15}O_{11}$)《ポリペプチドの一種で, 血管を拡張させ血圧降下・平滑筋収縮などの作用を示す; cf. neurokinin》. 〘《1949》〙

brad·y·la·li·a /brædɪ̀léɪliə | -dɪ-/ *n.* 〘病理〙言語緩慢, 遅語(症). 〘← BRADY-+-LALIA〙

brády·sèism *n.* 〘地球物理〙緩慢地動《緩慢な地殻の上昇・下降》. 〘《1896》〙

brad·y·tel·y /brǽdɪ̀tèli | -dɪ-/ *n.* 〘生物〙緩進化 (cf. tachytely). **brad·y·tel·ic** /brædɪ̀télɪk | -dɪ-ˈ-/ *adj.* 〘← BRADY-+-*tely* (《変形》← Gk *telós* end)〙

brae /bréɪ/ *n.* 《スコット》 **1** (丘の)中腹, 山腹 (hillside); (丘の)斜面 (slope), (川の)堤の斜面, 土手 (bank). **2** [しばしば *pl.*] 丘陵地帯. 〘《*a*1250》*bro* □ ON *brā* brow, river bank: cog. OE *brǣw* brow〙

Brae·burn /bréɪbəːn | -bɜːn/ *n.* 〘植物〙ブレイバーン種のリンゴ《果肉がひきしまったニュージーランド産生食用リンゴ》.

brae·heid /breɪhíːd/ *n.* 《スコット》(丘などの)頂上. 〘← *brae* (↑)+*heid* 《スコット》'HEAD'〙

Brae·mar /brèɪmάə | -mάː(r)/ *n.* ブレーマー《スコットランド北東部 Grampian 山中の村;Aberdeen の西方に位置する; 近くに王室所有の Balmoral 城があり, 毎年 Royal Braemar Gathering が開かれて Highland Games が行われる》.

brag /brǽg/ *v.* (**bragged; brag·ging**) — *vi.* 自慢する, 自慢して言う, 誇る 〔*of, about*〕(⇨ boast[1] **SYN**): ～ *of* one's success 成功を自慢する / He ～*ged of* what he had done. 自分のやったことを自慢した / He is always ～*ging about* his family. いつも家族の自慢をしている. — *vt.* …と言って自慢する; …と大げさに言う, 言いたてる; 〈新聞などが〉書きたてる 〈*that*〉: He ～*ged that* he had a rich uncle. 彼は金持ちのおじがあると自慢した. ***be nóthing to brág abòut*** 《口語》あまりよくない, 大したことはない.

— *n.* **1** 自慢, ほら, 誇り (boast); 《口語》自慢話, 自慢の物: a foolish ～ / make ～ of …を自慢する. **2** 自慢する人, ほら吹き (boaster). **3** 〘トランプ〙ブラッグ《ポーカーに似た古い遊び》.

— *adj.* (**brag·ger; -gest**) **1** 《米》すばらしい (first-rate): a ～ crop すばらしい収穫. **2** 《古》 **a** 自慢する, ほらを吹く. **b** 元気のいい.

～·ging *n., adj.* **～·ging·ly** *adv.* 〘adj.: 《*c*1325》← ? Celt. *brāca* trousers — v.: 《*c*1378》*brage(n)* ← (adj.): cf. OF *braguer* to flaunt〙

Bra·ga /brάːgə/; *Port.* brάγɐ/ *n.* ブラガ《ポルトガル北部の都市; ローマ時代の Lusitania の中心; ポルトガルの宗教の中心地の一つ; 古名 Bracara Augusta》.

Bra·gan·za /brəgǽnzə/ *n.* (*also* **Bra·gan·ça** /brəgǽnsə; *Port.* brɐɣɐ̃sɐ/) **1** ブラガンサ《ポルトガル北東部, スペインとの国境付近にある市; Bragança 公家の居城が残る》. **2** ブラガンサ(家)《ポルトガルの王家 (1640–1910) と傍系のブラジルの王家 (1822–89) の名》.

Bra·ge /brάːgə/ *n.* 〘北欧神話〙=Bragi.

Bragg /brǽg/, **Brax·ton** /brǽkstən, -tn̩/ *n.* ブラッグ《1817–76; 米国南北戦争における南軍の将軍》.

Bragg, Sir **William Henry** *n.* ブラッグ《1862–1942; 英国の物理学者; Sir Lawrence Bragg の父; Nobel 物理学賞 (1915)》.

Bragg, Sir (**William**) **Lawrence** *n.* ブラッグ《1890–1971; 英国の物理学者; Sir William Henry Bragg の子; Nobel 物理学賞 (1915); ⇨ Bragg's law》.

brag·ga·do·ci·o /brægədóʊsiòʊ, -ʃi-, -ʃoʊ, -tʃi- | -dəʊtʃiəʊ, -ʃi-/ *n.* (*pl.* ～**s**) **1** から自慢, ほら, 大ぼら, だぼら. **2** 自慢屋, ほら吹き(の人). 〘《1590》← *Braggadochio* (E. Spenser 作 *Faerie Queene* に出てくる自慢屋の名) ← BRAGGART+It. *-occio* (aug. suf.)〙

brag·gart /brǽgət | -gət, -gɑːt/ *n.* 自慢屋, ほら吹き. — *adj.* 自慢する, ほらを吹く. 〘《*a*1577》□ F 《廃》*bragard* boastful ←《廃》*braguer* to boast: cf. brag〙

brág·gart·ism /-tɪzm/ *n.* 自慢, 大ぼら, 豪語. 〘《1594》: ⇨ ↑, -ism〙

brág·ger *n.* **1** 自慢屋, ほら吹き. **2** 〘トランプ〙 **a** (brag で)クラブのジャックまたはダイヤの 9《ペアーを作る際の万能札 (wild card) となる》. **b** (brag で) 最初に賭ける人. 〘《*a*1376》: ⇨ -er[1]〙

Brágg's làw /brǽgz-/ *n.* 〘物理・結晶〙ブラッグの法則《X 線結晶学の基本的法則》. 〘《1913》← *Sir W. H. Bragg & Sir W. L. Bragg*〙

brag·gy /brǽgi/ *adj.* 高慢な, うぬぼれた.

Bra·gi /brάːgi/ *n.* 〘北欧神話〙ブラギ《詩の神で, Odin の子; Brage ともいう》. 〘□ ON ～〙

Bra·he /brάː(h)ə, -hi; *Dan.* brάːə/, **Ty·cho** /týgo/ *n.* ブラーエ《1546–1601; デンマークの天文学者》.

Brah·ma[1] /brάːmə/ *n.* 〘バラモン教〙 **1** ブラフマン, 梵(ぼん)《ウパニシャッド哲学で, 世界の根本原理の意》. **2** ブラフマー, 梵天《ブラフマンを神格化したもの; ヒンズー教ではヴィシュヌ (Vishnu), シヴァ神 (Siva) とともに三大神の一つとされ, 創造をつかさどる; cf. Trimurti》. 〘《1690》□ Skt *brahman* (neut.) worship & *Brahmā* (masc.) the chief god of Hindu religion ← IE **bhergh-* high〙

Brahma[1] 2

Brah·ma[2] /bréɪmə, brάː- | brάːmə, bréɪ-/ *n.* ブラマ《インド原産で脚にも羽毛があり翼や尾が短い一品種の大形の肉用ニワトリ》. 〘← *Brahmaputra*: この川の沿岸に原産地があったことから〙

Brah·ma[3] /bréɪmə, brάːmə/ *n.* =Brahman[2].

brah·ma·char·ya /brὰːmətʃάːrɪə/ *n.* 〘ヒンズー教〙学生期《アーシュラマ (ashrama) の第一期; 梵行(ぼんぎょう)期とも訳される); 独身学生期(の修業者)》. 〘《1920》□ Skt *brahmacārya*〙

Brah·man[1] /brάːmən/ *n.* (*pl.* ～**s**) **1** ブラーマン, バラモン(婆羅門)《インドの最高位のカースト, およびそれに属する人(司祭者, 僧侶); Brahmin ともいう; cf. caste 1》. **2** 〘バラモン教〙=Brahma[1] 1. 〘《?*a*1300》*Bragman* □ LL *Brachmānae* □ Skt *Brāhmaṇa* 《原義》having to do with prayer ← *brahman* prayer: ⇨ Brahma[1]〙

Brah·man[2] /brάːmən, bréɪm-/ *n.* ブラーマン《米国南部産の一品種のウシ; インドのコブウシ (zebu) を品種改良したもの》. 〘↑〙

Brah·ma·na /brάːmənə/ *n.* 〘バラモン教〙「ブラーフマナ」, 梵書(ぼんしょ) (⇨ Veda). 〘□ Skt *brāhmaṇa*: ⇨ Brahman[1]〙

Brah·ma·ni /brάːməni/ *n.* (*also* **Brah·ma·nee** /～/) バラモンの女性. 〘□ Skt *brāhmaṇī*〙

Brah·man·ic /brɑːmǽnɪk/ *adj.* バラモンの.

Brah·mán·i·cal /-nɪ̀kəl, -kl̩ | -nɪ-/ *adj.* =Brahmanic.

Brah·man·ism /brάːmənɪzm/ *n.* バラモン教《古代インドの経典ベーダ (the Vedas) を中心とする正統派ヒンズー教徒の宗教的・社会的組織》. 〘《1816》: ⇨ Brahman[1], -ism〙

Bráh·man·ist /-nɪ̀st | -nɪst/ *n.* バラモン教徒[僧]. 〘↑〙

Brah·ma·ny /brάːməni/ *adj.* バラモンの.

Bráhmany búll *n.* 《インド》聖牛《背にこぶのある白牛で, 殺すことを禁じられている》.

Bráhmany bútter *n.* 《インド》ギー (ghee).

Brah·ma·poo·tra /brὰːməpúːtrə, -pjúː- | -púː-/ *n.* =Brahma[2]. 〘《1851》↓〙

Brah·ma·pu·tra /brὰːməpúːtrə; *Hindi* brəhmpʊtr/ *n.* **1** [the ～] ブラフマプトラ(川)《Tibet 南西部に発しインド北東部を流れる川; バングラデシュで Ganges 川に合流して, Bengal 湾に注ぐ (2,900 km)》. **2** =Brahma[2].

Bráhma Vihára *n.* 〘仏教〙僧院, 寺院.

Brah·mi /brάːmi/ *n.* ブラーフミー文字, 梵字(ぼんじ)《セム系と推定される古代インドのアルファベット》. 〘《1895》□ Skt *brāhmī*〙

Brah·min[1] /brάːmɪ̀n | -mɪn/ *n.* (*pl.* ～, ～**s**) **1** =Brahman[1]. **2** 《米》[通例軽蔑的に] 教養の高い[学問のある]人; (特に, New England の名門出身の保守的なまたは排他的で高慢な)知識人, インテリ[知的]貴族: Boston ～s. **Brah·min·ic** /brɑːmínɪk/ *adj.* **Brah·mín·i·cal** *adj.* 〘《18C》《転訛》← BRAHMAN[1]〙

Brah·min[2] /bréɪmɪ̀n, brάː- | -mɪn/ *n.* =Brahman[2]. 〘《1481》《変形》← BRAHMAN[2]〙

Brah·min·ism /brάːmɪ̀nɪzm | -mɪ-/ *n.* **1** =Brahmanism. **2** 《米》[通例軽蔑的に] 知識人的精神[態度, 習慣など]; インテリ風. 〘《1816》: ⇨ Brahmin[1], -ism〙

Bráh·min·ist /-nɪ̀st | -nɪst/ *n.* =Brahmanist. 〘《1816》〙

Bráh·mi·ny kíte /brάːmɪ̀ni- | -mɪ-/ *n.* 〘鳥類〙シロガシラトビ (*Haliastur indus*)《インドから Solomon 諸島にかけて分布するトビの一種; 頭部と胸は白色; インドで神聖な鳥とされる》. 〘*Brahminy*: ← BRAHMIN[1]〙

Brahms /brάːmz; G. bʁaːms/, **Johannes** *n.* ブラームス《1833–97; ドイツの作曲家》. **Bráhms·i·an** /-ziən/ *adj.*

Bráhms and Lí̀szt *adj.* 《英口語》酔っぱらった (drunk).

Bra·hu·i /brɑːhúːi/ *n.* **1** ブラーフーイ語《パキスタンで話されるドラビダ語族の一つ》. **2** (*pl.* ～, ～**s**) ブラーフーイ語を話す種族の人. 〘《1816》〙

braid[1] /bréɪd/ *n.* **1 a** ブレード, 組みひも, 平ひも, 打ちひも, さなだひも《服飾やレース模様などに多く使用される》: an elastic ～ ゴム入り平ひも / a straw ～ 麦わらさなだ. **b** (階級を示すために制服などにつける)モール: a gold ～ 金モール. **c** [集合的]《俗》(海軍の)高級将校 (cf. brass 6, BRASS and braid). **2** 編んだ髪, 編んだお下げ髪: a ～ of hair 長く編んだ髪 / wear one's hair in ～s 髪を三つ編みにしている. **3** (服飾用または髪の毛を結わえる)ひも, リボン(など). — *vt.* **1 a** 〈ひも・髪・麦わらなどを〉編む (plait); 〈髪を結わえる, お下げ髪にする: ～ one's hair 髪を編む. **b** 〈ロープ・じゅうたんなどを〉編んでつくる: ～ a mat むしろを編む. **2** 組みひも[モール]で飾る[縁取る]. **3** 混ぜる, 交える: ～ fact *with* fiction 事実に虚構を加える. 〘OE *breġdan* to twist, plait < Gmc **brezðan* ← ? IE **bherək-* to shine, glitter (Gk *phorkós* white)〙

braid[2] /bréɪd/ *adj.* 《スコット》露骨な. ― *adv.* 露骨に, 率直に. 〖《1602–03》: ⇨ broad〗

braid[3] /bréɪd/ *vt.* 《廃》非難する (upbraid). 〖《*c*1390》 *breide(n)*: (頭音消失)? ← *abreide(n)* < OE *ābreġdan*: cf. upbraid〗

bráid·ed /-dɪ̀d | -dɪ̀d/ *adj.* **1** 組み製の, 〈3 本以上のひも・より糸を〉編んだ: ～ hair 編んだ髪 / a ～ cord (丸形の)組みひも / a ～ wire 〖電気〗編組(ᵃᵏ)線. **2** 〈川が〉(流路が)網状に交錯する, 網状流の. 〖《1494》: ⇨ braid[1], -ed[2]〗

bráid·er /-də | -də(r)/ *n.* 編む[組む]人[物]; 組みひも機. 〖ME〗

bráid·ing /-dɪŋ | -dɪŋ/ *n.* **1** [集合的] 組みひも, 打ちひも. **2** モール刺繍: gold ～ 金モール刺繍. **3** 〖電気〗編組(ᵃᵏ)《柔らかい導線を作るため, 細い銅線などを袋編みにすること》. 〖《*c*1440》: ⇨ braid[1], -ing[1]〗

Braid·ism /bréɪdɪzm/ *n.* 《まれ》ブレイド氏催眠術原理; 催眠術 (hypnotism). 〖《1882》← *James Braid* (1795–1860: 初めて催眠術を学術的に説明したスコットランド生まれの英国の医師)〗

brail /bréɪl/ *n.* **1** 〖海事〗絞り綱. **2** [通例 *pl.*] 〖鷹狩〗(鷹の翼を縛る)柔らかい革ひも. **3** 〖漁業〗まき網から魚を船に取り込むすくい網. ― *vt.* **1** 〖海事〗絞り綱で〈縦帆を〉絞る 〈*up*〉. **2** 〈鷹の翼を〉革ひもで縛る. **3** 〈魚などを〉網から船倉へ運ぶ[移す]. 〖《?*a*1400》□ OF *brai(e)l* < ML *brācāle* belt ← *brāca*: ⇨ bracket〗

Brǎ·i·la /brəíːlə; *Rum.* brəíla/ *n.* ブライラ《ルーマニア東部, Danube 川に臨む都市で, 同国第 2 の港》.

Braille, b- /bréɪl; *F.* bʁaj/ *n.* (盲人用の)ブライユ式点字法, (ブライユ)点字: *Braille* music 点字楽譜. ― *vt.* ブライユ点字で書く[印刷する]. 〖《1853》↓〗

Braille /bréɪl; *F.* bʁaj/, **Louis** *n.* ブライユ《1809–52; フランスの発明家・音楽家; 3 歳の時に失明し, 後に盲人用の点字を考案した》.

bráille slàte [tàblet] *n.* ＝slate[1] 4.

Bráille·writer *n.* (ブライユ式)点字ライター, 点字タイプライター. 〖1942〗

brain /bréɪn/ *n.* **1** 〖解剖〗 **a** [時に *pl.*] 脳, 脳髄 (encephalon); (特に)大脳: water on the ～ 脳水腫 / dash [knock] out a person's ～*s* 脳天を打ち砕く. **b** (無脊椎動物の)脳に相当する神経中枢. **2** [しばしば *pl.*] (知的活動の中心としての)頭, 脳, 頭脳; 知力, 理解力 (⇨ mind SYN): a clear [muddled] ～ 明晰な[濁った]頭脳 / a powerful [weak] ～ 知力のたくましい[弱い]頭脳 / have good ～*s* [a fine ～] いい頭をしている, 頭がいい / have no ～*s* 頭[知恵]がない / have plenty of ～*s* 頭がいい / (over)tax one's ～ 頭を使いすぎる / read a person's ～ 人の考えを読みとる / use one's ～(*s*) 頭を働かす / scramble one's ～*s* 頭を混乱させる / The news made his ～ reel. そのニュースは彼をびっくりさせた. **3** 《口語》 **a** [通例 the ～s] (集団活動の)組織者, 知的指導者, 最高立案者 (minds, planner), ブレーン: call in *the* best ～*s* 広く人材を集める / He was *the* ～*s* of the group [behind the robbery]. そのグループ[強盗団]の指導者だった. **b** すぐれた頭脳の持ち主, 秀才. **c** 《口語》ずるさ, 抜け目のなさ (shrewdness). **4** (ミサイルなどの)頭脳部門, (コンピューターなどの)中枢部: an electronic ～.
béat** one's **bráins** (**òut**)* 脳みそ[知恵]を絞る, 一生懸命に考える; 一生懸命にやる, 全力を尽くす〔*about, for*〕/〈*to* do〉. 《1577》 ***blów** a person's **bráins óut 銃で頭を打ち抜く. ***cúdgel** one's **bráin(s)*** 脳みそ[知恵]を絞る, 一生懸命に考える; 一生懸命にやる, 全力を尽くす〔*about, for*〕/〈*to* do〉(cf. Shak., *Hamlet* 5. 1. 63). 《1600–1》 ***hàve** one's **bráins on ice*** 《俗》冷静にしている. ***háve** [**hàve gót**] **on the bráin*** 《口語》…のことがいつも頭から離れない, …に取りつかれている. 《1869》 ***píck** a person's **bráins*** 人の知恵を借りる. 《1838》 ***ráck** [**púzzle**] one's **bráins*** ＝*cudgel one's* BRAIN(*s*). ***túrn** a person's **bráin*** ＝*turn a person's* HEAD.
― *vt.* **1** 《俗》…の頭をぶんなぐる. **2** …の脳を打ち砕く; 脳みそをたたきつぶして殺す. **3** 《Shak》…を考えつく.
〖OE *brægen* < Gmc **braȝnam* (Du. *brein*) ← IE **mreghmo-* brain (Gk *brégma* the front part of the head)〗

brain
1 cerebrum
2 pituitary gland
3 medulla
4 spinal cord
5 cerebellum
6 pineal body
7 thalamus

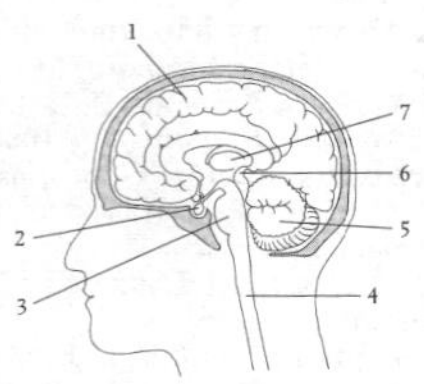

Brain /bréɪn/, **Dennis** *n.* ブレイン《1921–57; 英国のホルン奏者・オルガン奏者》.

bráin·bòx *n.* 《俗》 **1** 頭蓋(ᶻᵘ)骨 (skull). **2** 頭のいい人, 秀才.

bráin bòx *n.* 電算機, コンピューター. 〖1966〗

bráin càndy *n.* 《米口語》〖テレビ〗(頭を使わないで見られる)軽い娯楽番組.

bráin·càse *n.* ＝brainpan.

bráin cèll *n.* 〖解剖〗脳細胞.

brain·child /bréɪntʃàɪld/ *n.* (*pl.* **-chil·dren** /-tʃɪ̀ldrən/) 《口語》 **1** 頭脳の所産, 考え, 計画; 創作品, 発明品. **2** 着想のいい人, アイデアマン. 〖1881〗

bráin còral *n.* 〖動物〗ノウサンゴ (*Platygyra lamellina*). 〖1709–11〗

bráin dàmage *n.* 〖病理〗脳傷害[外傷, 損傷]. 〖1951〗

bráin-dàmaged *adj.* 脳傷害を受けた. 〖1954〗

bráin-dèad *adj.* **1** 〖病理〗脳死(状態)の. **2** 《口語》愚かな (stupid). 〖1976〗

bráin dèath *n.* 〖病理〗脳死 (cerebral death). 〖1964〗

bráin-dràin 《口語》 *vt.* 〈優秀な学者・技術者を〉海外へ流出させる. ― *vi.* 〈優秀な学者・技術者が〉海外へ流出する.

bráin dràin *n.* 《口語》(優秀な学者・技術者の)海外への流出, 頭脳流出: the ～ of the Russian scientists *to* the United States. 〖1963〗

bráin dràiner *n.* 《口語》海外へ流出した優秀な学者[技術者], 「流出頭脳」.

Braine /bréɪn/, **John** *n.* ブレイン《1922–86; 英国の小説家; *Room at the Top* (1957)》.

brained *adj.* [通例複合語の第 2 構成素として] (…の)頭脳をした: big-*brained*. 〖《1440》: ⇨ -ed 2〗

bráin fàg *n.* 〖病理〗精神疲労 (mental exhaustion). 〖1851〗

bráin fèver *n.* 〖病理〗脳(脊髄)炎. 〖1833〗

bráin-fèver bìrd *n.* 〖鳥類〗チャバラカッコウ (*Cuculus varius*)《インドに生息するホトトギス科カッコウ属の鳥; 不快な声でよく鳴く》. 〖1885〗

bráin fòod *n.* 《米》頭を良くする食べ物《特に魚》.

bráin fùngus *n.* 〖植物〗 **1** コガネニカワタケ (*Tremella mesenterica*)《ユーラシア・北米産シロキクラゲ科の, 枯木に生じる黄色いゼラチン質のキノコ; yellow brain fungus ともいう》. **2** ＝cauliflower fungus.

bráin hòrmone *n.* 〖生化学〗(昆虫の脳から分泌される)脳ホルモン. 〖1957〗

brai·ni·ac /bréɪniæ̀k/ *n.* 《米口語》非常に頭のいい[知的な]人間, 頭脳人間《漫画の「スーパーマン」に登場する超知的異星人の名より》. 〖《*c*1955》《混成》← BRAIN＋(MAN)IAC〗

brain·ish /bréɪnɪʃ/ *adj.* 《古》〈気質・言動など〉性急な, 衝動的な (impetuous). 〖《1530》← BRAIN＋-ISH[1]〗

bráin·less *adj.* 知恵の足りない, 愚かな (stupid). **～·ly** *adv.* **～·ness** *n.* 〖《1434》: ⇨ -less〗

bráin·pàn *n.* 《口語》頭蓋(ᶻᵘ) (skull). 〖*a*1349〗

bráin-pìck·er *n.* brain-picking をする人. 〖1810〗

bráin-pìck·ing *n.* 他人の知恵を借りること. 〖1954〗

bráin·pòwer *n.* **1** 能力, 知力. **2** [集合的] 知識人たち, 頭脳のすぐれた人々, 頭脳集団, 参謀団. 〖1878〗

bráin sànd *n.* 〖病理〗脳砂 (cf. sand 9). 〖1857〗

bráin scàn *n.* 〖医学〗脳走査写真, ブレーンスキャン.

bráin·sìck *adj.* 頭が変になっている, 気がふれている (crazy). **～·ly** *adv.* **～·ness** *n.* 〖*c*1422〗

bráin stèaler *n.* 《米俗》(他人の文章などを)無断で使用する人 (plagiarist).

bráin stèm *n.* 〖解剖〗脳幹《間脳・中脳・橋および延髄からなり, 呼吸・心拍など生命維持に必要な機能をつかさどる》. 〖1879〗

bráin·stòrm *n.* **1** 《米口語》 **a** 突然の名案, ひらめき, 霊感 (cf. brain wave): have a ～ 名案がひらめく. **b** 突拍子もない考え. **2** (激情による突然の)精神錯乱: have a ～ 《英口語》頭がぼーっとする, ぼんやりする. **3** 《米》＝brainstorming. ― *vi.* 《米》(会議で)ブレーンストーミングをする. ― *vt.* 〈問題を〉ブレーンストーミングにかける. **～·er** *n.* 〖*c*1894〗

bráin·stòrm·ing *n.* 《米》ブレーンストーミング《会議などで各人が自由にアイデアを出し合って行う問題解決》. 〖1955〗

bráins trùst *n.* [集合的] 《英》 **1** [the B- T-] (聴取者からの質問に即座に答える BBC 番組の) 専門家グループ《有名人がはいっており, 1960 年代の初めまで好評であったが, 今はこの番組はない》. **2** ＝brain trust 2. 〖cf. brain trust〗

bráins trùster *n.* 《英》＝brain truster.

bráin sùrgeon *n.* 脳外科医.

bráin sùrgery *n.* 脳外科.

bráin táblet *n.* 《米西部俗》巻きたばこ (cigarette).

bráin·tèaser *n.* 解くのに頭を絞らなくてはならないもの, 難問, 難題; パズル. 〖1923〗

bráin-trùst *vt.* 《米》…の専門顧問を務める.

bráin trùst *n.* [集合的] 《米》 **1** [the B- T-] 頭脳委員会, ブレーントラスト《米国の大統領 F. D. Roosevelt が 1933 年政権をとった際, 要職につけて政治・経済に関する意見を随時聞けるように諮(ᵃᵏ)った学者・専門家グループ》. **2** 専門委員会[顧問団]. 〖《1910》: はじめ *Newsweek* 誌で用いられ一般化した〗

bráin trùster *n.* 《米》頭脳委員会の一員.

bráin twìster *n.* ＝brainteaser.

bráin·wàsh *vt.* 洗脳する; 洗脳[説得]して〔ある行動を〕とらせる〔*into*〕. ― *n.* 洗脳 (brainwashing). **～·er** *n.* 〖《1955》《逆成》↓〗

bráin·wàshing *n.* **1** 洗脳《短期間に旧思想を追放して思想の転向を強制すること; 特に, 共産圏において採用された意識改造の心理学的技法; cf. menticide》. **2** (宣伝・売り込みなどによる)説得: ～ by TV commercials テレビ・コマーシャルによる洗脳. 〖《1950》《なぞり》← Chin. *hsi nao* (洗脳)〗

bráin wàve *n.* **1** [*pl.*] 〖生理〗脳波 (electroencephalogram); 脳波電流 (cf. alpha rhythm, beta rhythm, delta rhythm). **2** 《口語》突然の名案, ひらめき, 霊感 (《米》brainstorm). 〖1869〗

bráin wòrk *n.* **1** 頭脳[精神]労働, 頭のいる仕事. **2** 頭脳の働き. 〖1845〗

bráin·wòrker *n.* 頭脳[精神]労働者. 〖1878〗

brain·y /bréɪni/ *adj.* (**brain·i·er**; **-i·est**) 《口語》頭のいい, 頭の切れる, 聡明な, 理知的な. **bráin·i·ly** *adv.*

bráin·i·ness *n.* 〖(《15C》) 《1845》: ⇨ -y 4〗

braird /bréəd | bréəd/ 《英》 *n.* 芽生え, 新芽 (fresh shoot). ― *vi.* 芽が萌(ᵐᵉ)え出る, 新芽が出る (sprout). 〖《*c*1450》← ? OE *brerd* edge, border: cf. brad〗

braise /bréɪz/ *vt.* 〖料理〗〈肉・野菜を〉(油で軽くいため液体を少量加え密閉したなべに入れて)弱火で煮込む; 蒸し煮にする. 〖《1797》□ F *braiser* to stew ← *braise* glowing charcoal ← Gmc: cf. brazil〗

braised /bréɪzd/ *adj.* (肉や野菜が)蒸し煮にした.

bráis·ing stèak *n.* ブレージングステーキ《とろ火で長時間煮込む必要のある牛肉》.

brak[1] /brǽk/ *adj.* 《南ア》〈水が〉塩気のある, 〈土が〉アルカリ性の. ― *n.* (水が)塩気のあること, (土が)アルカリ性であること.

brak[2] *n.* 《南ア》雑種の犬. 〖《1951》□ Afrik. ～ □ Du. 'setter'〗

brake[1] /bréɪk/ *n.* **1** [しばしば *pl.*] ブレーキ, 制動機, 制動装置; 輪止め (⇨ bicycle 挿絵; cf. drum brake, disc brake, hydraulic brake, air brake, hand brake): apply [put on] the ～(*s*) ブレーキをかける / take off the ～(*s*) ブレーキを放す[ゆるめる] / jam on the ～*s* ⇨ JAM[1] *on*. **2** 進行[活動]の妨げとなるもの, ブレーキとなるもの: put the [a] ～(*s*) *on* an inflationary tendency インフレ傾向にブレーキをかける / The snow acted [served] as a ～ *upon* their march. 雪のため彼らの行進が遅れた. **3** (機械を作動させる)取っ手; (ポンプなどの)長い取っ手. **4** ＝brakeman 2. **5** ＝brake van. **6** ＝shooting brake. **7** 板金を曲げ加工する機械. **8** (rack に類する昔の) 拷問道具の一種. ― *vt.* **1 a** …にブレーキ[制動]をかける, …のブレーキを操作する: ～ a car. **b** 〈物事〉に歯止め[ブレーキ]をかける, 阻止する (curb). **2** …にブレーキ[制動装置]を装備する. ― *vi.* **1** 〈人が〉ブレーキをかける; 〈車などが〉ブレーキで止まる[速度が落ちる]: ～ hard 急ブレーキをかける. **2** 巻上げエンジンを操作する. 〖《1772–82》《転用》? ↑〗

brake[2] /bréɪk/ *n.* 〖植物〗 **1** ワラビ (*Pteridium aquilinum*) (bracken) (cf. rock brake). **2** イノモトソウ属 (*Pteris*) のシダの総称. 〖《*a*1325》《短縮》← BRACKEN〗

brake[3] /bréɪk/ *n.* やぶ, (低木などの)茂み (thicket). 〖《1563》□ MLG *brake*: *cf.* OE **bracu* (cf. *fearnbraca* beds of fern) 《原義》 brokenwood: cf. break[1]〗

brake[4] /bréɪk/ *n.* **1** 麻打ち機. **2** 柳の皮をはぎ取る(はさみに似た)道具. **3** (パン屋の)原料こね機. **4** 砕土機 (brake harrow). ― *vt.* 〈麻などを〉(麻打ち機で)砕く, 砕いて繊維を取る. 〖《1350》□ MLG *brake* // MDu. *braeke* (Du. *braak*) flax-brake ← *breken* 'to BREAK[1]'〗

brake[5] /bréɪk/ *v.* 《古》break[1] の過去形 (cf. broke). 〖OE *bræc*〗

brake[6] /bréɪk/ *n.* ＝break[2].

brake·age /bréɪkɪdʒ/ *n.* **1** 制動作用; 制動能力. **2** [集合的] 制動装置. 〖《1864》← BRAKE[1]＋-AGE〗

bráke bànd *n.* 〖機械〗ブレーキ帯, 制動帯.

bráke bèam *n.* 〖機械〗ブレーキ梁(ʰᵃʳⁱ).

bráke blòck *n.* 〖機械〗ブレーキ片.

bráke càliper *n.* (自動車・自転車の)ブレーキキャリパー (⇨ caliper 3).

bráke chùte *n.* ＝brake parachute.

bráke cỳlinder *n.* 〖機械〗ブレーキシリンダー《空気[油圧]ブレーキのブレーキ片に制動力を与えるための空気[油液]シリンダー》. 〖*a*1877〗

bráke dìsc *n.* 〖機械〗ブレーキディスク.

bráke drùm *n.* 〖機械〗ブレーキドラム, ブレーキ胴《ブレーキ装置の圧力が直接かかる金属製の円筒; cf. brake shoe》. 〖1896〗

bráke-fàde *n.* ブレーキフェイド《使いすぎてオーバーヒートによりブレーキがきかなくなること》.

bráke fèrn *n.* 〖植物〗＝brake[2]. 〖⇨ brake[2]〗

bráke flùid *n.* ブレーキ液《油圧ブレーキのブレーキ力の伝達媒体に用いられる油液》. 〖1931〗

bráke gèar *n.* (自動車・列車などの)制動装置. 〖1908〗

bráke hàndle *n.* (ブレーキを操作する)ブレーキハンドル. 〖1902〗

bráke hàrrow *n.* ＝brake[4] 4.

bráke hórsepower *n.* 〖機械〗ブレーキ馬力《摩擦検力器で測定した純馬力; 略 bhp》. 〖1927〗

bráke·less *adj.* ブレーキのない. 〖《1880》: ⇨ brake[1], -less〗

bráke·lìght *n.* (自動車の)ブレーキ灯《ブレーキをかけたときに点灯する赤色のテールランプ》.

bráke lìning *n.* 〖機械〗ブレーキライニング, ブレーキ裏張り《ブレーキに摩擦を生じさせるために石綿などで作る》. 〖1921〗

bráke·man /-mən/ *n.* (*pl.* **-men** /-mən, -mèn/) **1** 《米》(列車の)制動手, ブレーキ係; (客車の)車掌助手. **2** (ボブスレーの最後尾に乗る)ブレーキ係. 〖1833〗

bráke pàd *n.* ブレーキパッド《ディスクブレーキのディスクに押しつけられるパッド》.

bráke pàrachute *n.* ブレーキパラシュート《飛行機などの後部につけて着陸後の制動を助ける; brake chute, parachute brake, parabrake ともいう》. 〖1942〗

bráke pèdal *n.* 〖自動車〗ブレーキペダル.

bráke pìpe *n.* 〖鉄道〗ブレーキ管, 制動管《列車を貫通して通っている空気ブレーキ用の主管; train line, trainpipe ともいう》. 〖1886〗

brák·er[1] *n.* 〖造船〗覆面 (mask). 〖← BRAKE[1]＋-ER[1]〗

brák·er[2] *n.* ＝brake[4] 1. 〖← BRAKE[4]＋-ER[1]〗

bráke shòe *n.* 〖機械〗ブレーキ片, 制動沓(ᵏᵘᵗˢᵘ). 〖1874〗

brákes·man /-mən/ *n.* (*pl.* **-men** /-mən, -mèn/) 《英》 **1** 〖鉱山〗(立坑坑口での)ウインチ操作係. **2** ＝brakeman. 〖《1851》← BRAKE[1]＋-s[2]＋MAN[1]〗

bráke sprìng *n.* 〘時計〙(ぜんまいの末端に取り付けられた)スリッピングアタッチメント《巻きすぎるとそれが内周に沿って滑り, ぜんまいを破損から防ぐ; safety spring, slip spring, sliding attachment ともいう》.

bráke vàn *n.* 《英》〘鉄道〙緩急車, 制動車《ブレーキを操作する装置のある車両》. 〘1885〙

bráke whèel *n.* 制動機操縦輪. 〘1873〙

brak·ie /bréɪki/ *n.* 《米俗》=brakeman.

brák·ing dìstance *n.* 制動距離《ブレーキをかけ乗物が停止するまでの距離》.

Brak·pan /brǽkpæn/ *n.* ブラクパン《南アフリカ共和国 Gauteng 州の都市; 金採掘の中心地》.

brak·y /bréɪki/ *adj.* (**brak·i·er**; **-i·est**) **1** 羊歯(しだ)の多い. **2** 茂みの多い. 〘(1636) 1: ← BRAKE[2]. 2: ← BRAKE[3]: ⇨ -y[4]〙

brá·less *adj.* ブラジャーをつけない, ノーブラの. 〘(1962): ⇨ bra, -less〙

Bram /brǽm/ *n.* ブラーム《男性名》. ★オランダ移民が米国にもらたした名. 〘□ Du. ～ ← ABRAHAM〙

Br. Am. 《略》British America.

Bra·ma /brɑ́:mə/ *n.* (*also* **Bram** /brɑ́:m/) = Brahma[1].

Bra·mah /brɑ́:mə, brǽmə/, **Joseph** *n.* ブラマ(1748–1814; 英国の発明家; パブで使用されるビール機械・安全錠(1788 年特許)・紙幣印刷機(1806)など多くの発明品がある; 船舶の運行にスクリュープロペラを応用することを最初に提唱した).

Brámah lóck *n.* ブラマ錠《鍵の前後方向の運動によって作動する》. 〘(1836) ↑〙

Bra·man·te /brəmɑ́:nti:, -teɪ; *It.* bramánte/, **Do·na·to** (**d'A·gno·lo**) /donáːto (dáɲɲolo)/ *n.* ブラマンテ(1444–1514; イタリアルネサンスの建築家; Michelangelo の競争相手として有名).

bram·ble /brǽmbl̩/ *n.* 〘植物〙 **1** バラ科キイチゴ属 (*Rubus*) の植物の総称; (特に)《英》クロイチゴ (blackberry) (cf. stone bramble): ～ jelly. **2** イバラ, 野バラ (wild rose). — *vi.* 《英》クロイチゴ摘みをする. 〘late OE *brǣmbel, brǣmel* ← *brōm* 'BROOM': ⇨ -le[1]〙

brámble shàrk *n.* 〘魚類〙キクザメ (*Echinorhinus brucus*)《ツノザメ科の背に無数のとげのあるどっしりしたサメ; 世界の温・熱帯域産》.

bram·bling /brǽmblɪŋ/ *n.* 〘鳥類〙アトリ (*Fringilla montifringilla*)《ヨーロッパ・アジア産のスズメ科のズアオアトリ (chaffinch) に近い小鳥; mountain finch ともいう; ⇨ finch》. 〘(1570) ← ? BRAMBLE＋-ING[3] 2〙

bram·bly /brǽmbli, -bli/ *adj.* (**bram·bli·er**; **-bli·est**) **1** イバラの生い茂った; イバラのような. **2** とげの多い (thorny). 〘(1581): ⇨ -y[4]〙

Bra·min /brɑ́:mɪ̀n | -mɪn/ *n.* =Brahmin[1].

Bram·ley /brǽmli/ *n.* 〘園芸〙ブラムリー《英国の料理用リンゴの品種名; 大形で緑色; Bramley('s) seedling ともいう》. 〘(1900) ← *M. Bramley* (19 世紀の英国の肉屋): その庭で初めてこのリンゴが育ったといわれる〙

Bramp·ton /brǽm(p)tən/ *n.* ブランプトン《カナダ Ontario 州南東部, Toronto の近くにある都市》.

Brámp·ton stóck /brǽm(p)tən-/ *n.* 〘園芸〙ブランプトンストック (*Matthiola incana* var. *autumnalis*)《アラセイトウ (stock gillyflower) の園芸品種》. 〘← *Brompton* (London 郊外の地名)〙

bran /brǽn/ *n.* ぬか, ふすま; もみがら.
bólt to the brán こまかに吟味する, 十分に詮索する.
〘(*a*1325) □ OF *bran, bren* ← ? Celt.〙

Bran /brǽn/ *n.* **1** ブラン《男性名; ウェールズおよびスコットランドの高地に多い》. **2** 〘ケルト伝説〙ブラン《ウェールズの神話的英雄で, 海神 Lir の息子といわれる》. 〘← Ir. *bran* raven〙

Bran·agh /brǽnə/, **Kenneth** *n.* ブラナー(1960–　; 英国の俳優・演出家; 1986 年に Renaissance Theatre Company を設立).

branch /brǽntʃ | brɑ́:ntʃ/ *n.* **1** 枝 (cf. bough, twig[1], sprig, shoot[1]; stock[1], trunk): The highest ～ is not the safest perch. 《諺》一番高い枝が一番安全な留まり木ではない,「喬木(きょうぼく)風強し」「出る杭(くい)は打たれる」. **2** 支店, 分店, 出店; 分館; 支部, 支局, 出張所 (branch office). **3** 部門, 分課, 分科 (subdivision): a ～ of learning [knowledge] 学問の一部門 / a ～ of (the) government 政府の一部門 / a ～ of study 一学科. **4** 分家 (branch family): He comes from another ～ of the family. 一族の別の分家の出身だ. **5 a** 枝に分かれたもの, 分枝 (offshoot): the ～*es* of an antler 鹿の角の枝. **b** わき道; 支線 (branch line). **c** 支流; 《米南部・中部》小流, 細流: a ～ of the Mississippi ミシシッピ川の支流. **d** (山の)支脈, 支系. **6** (消防士の使う)ホースの口. **7** =branch water. **8** 〘言語〙(言語分類の)語派 (group). **9** 〘電算〙分岐《コンピューターのプログラムの流れを変更すること; jump ともいう》. **10** 〘海事〙限定水域パイロット[水先案内人]免許証[許可証]. **11** 〘数学〙枝, 分枝《たとえば双曲線のように, 曲線が幾つかの部分に分離しているとき, そのおのおのの部分》. **12** 〘物理〙(放射性核種の)分岐.
róot and bránch ⇨ root[1] *n.* 成句.
— *vi.* **1** 〈川・道・尾根などが〉分岐する (fork)〈*off, away*〉; 分岐して(…に)なる〔*into*〕: ～ *off* to the left 左に分岐する / a lane that ～*es off from* the main road 本道から分岐した小道. **2** 〈木が〉枝を出す, 枝を広げる, 枝に分かれる〈*forth, out*〉. **3** 〔…から〕自然に生じる〔*from*〕. **4** 〘電算〙分岐する (⇨ jump *vi.* 10). — *vt.* **1** 〈枝・部門などに〉分ける〔*into*〕. **2** …に花や枝葉の模様を刺繍する.
bránch óff (1) ⇨ *vi.* 1. (2) 〈人・心・車などが〉(…から)わき道に入る, わきにそれる. ***bránch óut*** (1) 〈人・会社が〉事業を拡張する, 関心の範囲を広げる; 〈事業などが〉拡大される; 非常に活発になる: ～ *out into* textiles 繊維の方面にも商売の手を広げる. (2) ⇨ *vi.* 2. (3) 〈話が〉枝葉にはいる, 多岐にわたる.
～·less *adj.* **～·like** *adj.* 〘(*c*1300) □ (O)F *branche* < LL *brancam* paw ← ?〙

SYN 枝: **branch** 大小を問わず木の枝《一般的な語》: The *branches* waved in the breeze. 木の枝が風にそよいだ. **bough** 大きな枝で, 通例花・果実が付いたもの: those *boughs* of flowering plums 花の咲いているあのプラムの大枝. **limb** 《文語》木の(大きな)枝: The wind broke a whole *limb* from the tree. 風で大枝が一つまるごともぎ取られた. **shoot** 若くて伸び切っていない枝: the fresh *shoots* of the oak 樫の木の若枝. **twig** 木ややぶの主な枝から伸びている小さく細い枝: Some birds build nests from *twigs*. 鳥の中には小枝で巣を作るものがいる. **spray** 特に木や草の花の付いている小さい枝: a *spray* of apple blossoms りんごの花の小枝. **sprig** 低木や草から手折った葉の付いている小枝《飾りまたは料理に用いる》: a *sprig* of thyme 葉の付いたタイムの小枝.

-branch /brǽŋk/ 〘動物〙「えら (gill), えら状の器官をもつ」の意の名詞・形容詞連結形: lamelli*branch*.

bránch circuit *n.* 〘電気〙分岐回路.

bránch cùt *n.* 〘数学〙分岐線法《複素多価関数を一価関数にして考察する方法》.

branched *adj.* **1** 枝のある; 分岐した. **2** 枝や花の刺繍をした. 〘(*a*1375): ⇨ -ed 2〙

bránched cháin *n.* 〘化学〙枝分かれ鎖《枝分かれした炭素鎖; cf. straight chain》. 〘1903〙

bránch gàp *n.* 〘植物〙枝隙(しげき)《茎から枝にいく維管束が分かれたあとにできる空隙》.

bran·chi- /brǽŋki/ (母音の前にくるときの) branchio- の異形.

bran·chi·a /brǽŋkiə/ *n.* (*pl.* **-chi·ae** /-kiì:/) 〘動物〙えら (gill). 〘(1674) □ L ～ (sing.) □ Gk *brágkhia* gills: ⇨ branchio-〙

bran·chi·al /brǽŋkiəl/ *adj.* えらの(ような). 〘(1801) ← BRANCHI-＋-AL[1]〙

bránchial árch *n.* 〘動物〙鰓弓(さいきゅう), 鰓弧, えら弓《脊椎動物の個体発生で, 尾芽期あるいはそれに相当するころ, 咽頭に現れる鰓孔(さいこう)の間にある軟骨; gill arch ともいう》. 〘1875〙

bránchial cléft *n.* 〘動物〙鰓孔, 鰓裂, えら穴 (gill slit ともいう).

bránchial gróove *n.* 〘生物〙鰓溝(さいこう).

bránchial héart *n.* 〘動物〙えら心臓《イカ・タコなど頭足類のえらの基部にある膨大部で, えらの中に静脈血を送り込む》. 〘1836〙

bran·chi·ate /brǽŋkiə̀t, -kièɪt/ *adj.* えらのある. 〘(1870) ← BRANCHI-＋-ATE[2]〙

bran·chif·er·ous /bræŋkíf(ə)rəs/ *adj.* えらを生じる, えらのある. 〘(1854) ← NL *branchifer*＋-OUS〙

bran·chi·form /brǽŋkəfɔ̀ːm | -kɪ̀fɔ̀:m/ *adj.* えら状の. 〘(1845) ← BRANCHI-＋-FORM〙

bránch·ing *n.* **1** 分岐, 分枝. **2** 〘物理〙(放射性核種の)分岐崩壊. — *adj.* 枝を出した, 分岐した. 〘(*c*1384): ⇨ -ing[2]〙

bránching fàctor *n.* 〘生化学〙分枝因子《多糖類の分枝 (1–6 結合)をする酵素を含むもの》.

bránching fràction *n.* 〘物理〙比分岐《ある分岐に伴って崩壊する原子核の崩壊する核種の総数に対する比率》.

bránch instrùction *n.* 〘電算〙分岐命令《プログラムの流れを分岐させる命令》.

branch·i·o- /brǽŋkiou | -kiəu/ 「えら (gill)」の意の連結形. ★母音の前では通例 branchi- になる. 〘← L *branchiae* gills □ Gk *brágkhia*: cf. Gk *brógkhos* tracheal artery〙

bran·chi·op·neus·tic /brǽŋkia(:)pnú:stɪk, -kiəp-, -njú:s- | -ɔpnjú:s-ˊ/ *adj.* 〘昆虫〙《水生昆虫の幼生が》えら呼吸の.

bran·chi·o·pod /brǽŋkiəpɑ̀(:)d | -pɔd/ 〘動物〙 *n.* 甲殻綱鰓脚(さいきゃく)亜綱の水生無脊椎動物《身体は細長く甲殻に覆われ, 遊泳・捕食・呼吸用の葉状付属肢をもつ; ミジンコなど》. — *adj.* =branchiopodous. 〘(1826) ← NL *branchiopoda* ← BRANCHIO-＋-POD[1]〙

Bran·chi·op·o·da /brǽŋkiá(:)pədə | -ɔ́p-/ *n. pl.* 〘動物〙鰓脚亜綱. 〘← NL ～: ⇨ branchio-, -poda〙

bran·chi·op·o·dan /brǽŋkiá(:)pədən, -dn | -ɔ́pədən, -dnˊ/ *adj.* 〘動物〙=branchiopodous.

bran·chi·op·o·dous /brǽŋkiá(:)pədəs | -ɔ́pədəsˊ/ *adj.* 〘動物〙鰓脚亜綱の. 〘(1836) ← BRANCHIO-＋-PODOUS〙

bran·chi·os·te·gal /brǽŋkiá(:)stɪ̀gəl, -gl | -ɔ́stɪ-ˊ/ 〘魚類〙 *n.* 鰓皮幅(さいひふく)《硬骨魚の鰓蓋(さいがい)に続く膜に並ぶ骨; branchiostegal ray ともいう》. — *adj.* 鰓皮幅の[に関する]. 〘(1749) ← BRANCHIO-＋STEGO-＋-AL[1]〙

bran·chi·os·te·gous /brǽŋkiá(:)stəgəs | -ɔ́stɪ-ˊ/ *adj.* 〘魚類〙 **1** =branchiostegal. **2** 鰓蓋のある. 〘(1769) ← BRANCHIO-＋STEGO-＋-OUS〙

branch·let /brǽntʃlɪ̀t | brɑ́:ntʃ-/ *n.* (末端につく)小枝. 〘(*a*1449): ⇨ -let〙

bránch lìne *n.* 〘鉄道〙支線, (分)岐線 (cf. main line 1). 〘1846〙

bránch nòde *n.* 分岐節点.

bránch òffice *n.* =branch 2 (cf. head office). 〘1885〙

bránch òfficer *n.* 《英》〘海軍〙(1949 年以後の)准尉.

bránch pòint *n.* **1** 〘電気〙分岐点, 引出し点. **2** 〘数学〙分岐点《曲線が分岐する点, リーマン面が分岐する点》. 〘1878〙

bránch tràce *n.* 〘植物〙枝跡《茎から分かれて枝にはいる維管束; cf. leaf trace》.

bránch wàter *n.* 《米》 **1** 小川(など)の水, (川からの)引き水. **2** 《米南部》(ウイスキーなどを割る)普通の水, プレーンウォーター (branch ともいう). 〘1835〙

branch·y /brǽntʃi | brɑ́:ntʃi/ *adj.* (**branch·i·er**; **-i·est**) 枝の多い; 枝になった; 枝に覆われた: a ～ bower 枝がからみ合ってできた木陰のあずまや. 〘(*c*1384): ⇨ -y[4]〙

Bran·cu·şi /brǽnkú:si; *Rum.* brənkúʃj/, **Con·stan·tin** /kɔnstantín/ *n.* ブランクーシ(1876–1957; ルーマニアの抽象彫刻家).

brand /brǽnd/ *n.* **1 a** 銘柄, ブランド; 商標, …印(じるし); (商標付きの)品質, 品種 (kind): the Boyd ～ ボイド印《ボイド社の製品またはボイドという名の付いた製品》/ cigars of the best ～*s* 最上等の(各種の)葉巻 / a famous ～ of wine 有名なブランドのワイン. 日英比較 (1) 日本語の「ブランド」物のように高価な贅沢品という意味はない. (2) make と比べて, 小さくあまり高価でない品物について用いられる傾向にある. **b** (特別な)種類 (variety): a [a person's] ～ of nonsense 一種[ある人]特有のたわごと / the American ～ of human right アメリカ式の人権意識. **2 a** (品質・内容・製造所・所有者などを示すために家畜・商品などに付けた)焼印, 焼判. **b** 《米》同じ焼印をつけた[同じ農場の]家畜群. **3** (昔, 罪人や奴隷に押した)焼印, 焼鉄の跡; 烙印, 汚名 (stigma): the ～ of villainy 罪人の極印(ごくいん) / the ～ of Cain カインの烙印《殺人の罪; cf. *Gen.* 4:15》/ the ～ of poverty 貧乏の烙印. **4** 燃え木, 燃えさし; 燃え火. **5** 焼印を押す道具, 焼きごて. **6** 《古・詩》たいまつ (torch). **7** 《詩・古》 **a** 刀の刃. **b** 刀, 剣 (sword). **8** 〘植物病理〙(葉を焼いたような症状を呈する)さび病《サビ菌 (*Puccinia arenariae*) が引き起こす》.
a bránd (plúcked [sáved, snátched]) from the búrning [the fíre] 危ないところを救われた人[物]; 改宗者 (cf. *Zech.* 3:2). 〘*c*1384〙
— *vt.* **1** [目的補語を伴って]〈人などを〉…と決めつける; …に(…の)極印を押す〔*as*〕: They have ～*ed* him (*as*) an impostor. 彼に詐欺師の烙印を押した. **2** …に〔汚名を〕着せる, 〔汚名で〕汚す (stigmatize)〔*with*〕: a name ～*ed with* infamy 醜行で汚された名声. **3** 〈嫌な経験が〉〈心〉に痕跡を残す; 〔記憶に〕〈事実・出来事などを〉焼きつける, 〔心に〕刻みつける (impress)〔*on, upon*〕: The war has ～*ed* an unforgettable lesson *on* [*upon*] our minds. 戦争は我々の心に忘れることのできない教訓を焼きつけた. **4 a** 〈家畜・罪人〉に焼印を押す: ～ a criminal / ～ cattle. **b** …に商標を付ける.
～·a·ble /-dəbl̩/ *adj.* 〘OE ～ 'fire, (詩) sword' < Gmc **brandaz* (G *Brand* / ON *brandr* flame, swordblade) ← **bran-, *bren-* 'to BURN[1]'〙

Brand /brǽnd/ *n.* ブランド《男性名》. 〘← ON *brandr* 'sword, BRAND'〙

bran·dade /brɑ̃:(n)dɑ́:d, brɑ:n-; *F.* bʁɑ̃dad/ *n.* 〘料理〙ブランダード《魚, 特に干ダラにオリーブ油・香味料などを加え, すってクルトン状にしたもの; クルトンに塗って食べる》. 〘(1825) □ F ～ □ Prov. *brandado* (原義) thing which has been shaken〙

bránd blòtter *n.* 《米俗》(焼印を消して家畜を盗む)家畜泥棒. 〘1910〙

bránd·ed *adj.* [限定的] (所有者を示す)焼印を押された; 有名商標[ブランド]のついた, ブランドものの. 〘(1652): ⇨ -ed 2〙

Bran·deis /brǽndaɪs, -daɪz/, **Louis Dem·bitz** /démbɪts/ *n.* ブランダイス(1856–1941; 米国の弁護士・裁判官, 最高裁判事 (1916–39)).

Bran·den·burg /brǽndənbə̀:g, -dn- | -bə̀:g; *G.* bʁándn̩bʊʁk/ *n.* **1** ブランデンブルク(州)《ドイツ北東部の州; もとプロイセンの一地方で, 東ドイツ時代には Potsdam, Cottbus, Frankfurt の地方に分割されていた; 面積 26,940 km², 州都 Potsdam》. **2** ブランデンブルク《同州の Havel 河畔の都市; Brandenburg an der Havel /an dɐ há:fəl/ ともいう》.

Brándenburg Gáte *n.* [the ～] ブランデンブルク門《ドイツの Berlin にある凱旋門》. 〘(部分訳) ← G *Brandenburger Tor*〙

bránd·er *n.* 焼印を押す人[器具]. 〘(1860): ⇨ -er[1]〙

Bran·des /brɑ́:ndəs; *Dan.* bʁándəs/, **Georg Mor·ris** /mɔ́ris/ *n.* ブランデス(1842–1927; デンマークの文芸批評家; *Main Currents of Nineteenth Century Literature* (1872–90); 旧姓 Cohen).

brán·died *adj.* ブランデーに浸した[を入れた, で風味を付けた]: ～ cherries ブランデーに漬けたさくらんぼ. 〘(1833): ⇨ brandy, -ed 2〙

bránd ímage *n.* (顧客が抱く)ブランドイメージ. 〘1958〙

bránd·ing ìron *n.* 焼金, 焼きごて. 〘*c*1440〙

bránd iron *n.* **1** =branding iron. **2** 《方言》鉄灸(てっきゅう) (gridiron); (炉の)薪載せ台 (andiron); 五徳(ごとく) (trivet). 〘OE *brandiren*〙

bran·dish /brǽndɪʃ/ *vt.* **1** 〈刀剣・棍棒・むちなどを〉(勝ち誇って[おどすように, これみよがしに])打ち振る, 振り回す, 〈槍を〉しごく, 振るう (flourish). **2** 見せびらかす. — *n.* (刀剣・むちなどを)(おどすように, 傲然(ごうぜん)と)振り回すこと.
～·er *n.* 〘(*c*1340) *brandische(n)* □ (O)F *brandiss-* (stem) ← *brandir* to wave a sword ← *brand* sword □ Gmc **brandaz* 'BRAND': ⇨ -ish[2]〙

bránd lèader *n.* 〘商業〙(特定分野の)売上げトップの商品.

brand·ling /brǽndlɪŋ/ *n.* **1** 〘動物〙シマミミズ (*Eisenia foetida, Helodrilus foetidus*)《堆肥の中にいる; 釣

餌に用いる; tiger worm ともいう). **2** 〖魚類〗サケの稚魚 (parr). 〖(1651) ← BRAND＋-LING¹: 真っ赤なしまにちなむ〗

B

bránd lòyalty *n.* 商標忠誠(度), ブランドロイヤルティー《特定ブランドに対する消費者の選好の度合い; 反復購入や同一ブランドの他商品の購入が尺度》: ～ among shoppers.

bránd-nàme *adj.* (有名な)商標名のついた, (名の通った)メーカーの: a ～ item メーカー品. 〖1958〗

bránd nàme *n.* 商標名 (trade name), ブランド名; 有名な商標名. 〖1922〗

brand-new /brǽn(d)núː, -njúː | -njúː˝/ *adj.* 真新しい; (最近)手に入れた[できた]ばかりの. 〖(*c*1570)《原義》as if fresh from the furnace〗

Bran·do /brǽndoʊ | -dəʊ/, **Marlon** *n.* ブランド《1924–2004; 米国の映画俳優》.

Bran·don¹ /brǽndən/ *n.* ブランドン: **1** カナダ中南部の州 Manitoba 南西部, Assiniboine 州南岸の都市. **2** 米国 Florida 州中西部の村; Tampa 郊外.

Bran·don² /brǽndən/ *n.* ブランドン《男性名》. 〖← OE *brōmdūn*《原義》broom hill: ⇨ broom, down³: 地名に由来する家族名から〗

bran·dreth /brǽndrɪ̀θ/ *n.* (*also* **bran·drith** /-drɪ̀θ | -drɪθ/) 五徳(ごとく) (iron trivet); (樽や乾草などをかける)三脚うま; 井戸の周囲の柵(さく). 〖(1360) □ ON *brandreið* fire-grate ← *brandr* 'BRAND'＋*reið* wagon (← *rīða* 'to RIDE'): cf. OE *brandrād*〗

Brands Hatch /brǽndzhǽtʃ/ *n.* ブランズハッチ《イングランド南東部 Kent 州西部にある自動車レースサーキット》.

Brandt /brǽnt, brάːnt | brǽnt; *G.* bʁant/, **Wil·ly** /víli/ *n.* ブラント《1913–92; ドイツの政治家; 社会民主党党首 (1964–87); 首相 (1969–74); Nobel 平和賞 (1971); 本名 Karl Herbert Frahm /frάːm/》.

Brandt /brǽnt/, **'Bill'** *n.* ブラント《1904–83; 英国の写真家; 本名 William Brandt》.

Bránd X́ *n.* 銘柄 X《ある品物の引立て役にされる匿名の競合品》.

bran·dy /brǽndi/ *n.* **1** ブランデー《果汁を発酵させて造る酒 (wine) をさらに蒸留した酒; ぶどう酒から造った上等のブランデーとして cognac, armagnac, 果実酒から造ったものとして calvados, kirsch, quetsch, slivovitz などがある》. **2** ブランデー一杯: (a) ～ and water 水で割ったブランデー(一杯). — *vt.* **1** …にブランデーを混ぜる[で香味を付ける]; ブランデーに漬ける. **2** 〈人〉にブランデーを与える[出す]; ブランデーで元気づける. 〖(1657)《略》←《古》*brandy-wine* □ Du. *brandewijn* burnt wine ← *branden* 'to BURN¹, distill'＋*wijn* 'WINE'〗

brándy Alexánder *n.* ＝alexander.

brándy-and-sóda *n.* ブランデーソーダ《炭酸水で割ったブランデー; B and S と略す》. 〖1871〗

brándy·bàll *n.* 《英》ブランデーボンボン《ブランデーで香りづけしたキャンディー》. 〖1825〗

brándy bòttle *n.* 〖植物〗＝yellow water lily.

brándy bùtter *n.* ＝hard sauce.

brándy glàss *n.* ＝balloon glass.

brándy mìnt *n.* 〖植物〗＝peppermint 1.

brándy snàp *n.* ブランデースナップ《ブランデーの香味をつけたしょうが入りクッキー; 円筒形に巻いて中にホップクリームを詰める》.

Bran·dy·wine /brǽndiwàɪn/ *n.* [the ～] ブランディワイン川《米国 Pennsylvania 州南東部および Delaware 州北部の小川; G. Washington の米軍が Howe 将軍の率いる英軍に敗れた (1777)》. 〖初期の開拓者 *Andrew Brandwine* にちなむ?〗

brán·flàkes *n. pl.* ブランフレーク《ふすま入りのコーンフレーク》.

bran·i·gan /brǽnɪ̀gən | -nɪ-/ *n.* ＝brannigan.

branks /brǽŋks/ *n. pl.* (昔, 英国で口やかましい女性に罰として顔にかぶせたさるぐつわ付きで鉄製の)くつわ ((scold's) bridle ともいう). 〖(1595)《変形》← ? *bernaks* (pl.) ← ME *bernak* bridle □ OF *bernac*: ⇨ barnacle¹〗

brank·ur·sine /brǽŋkə́ːsɪ̀n, -sn̩ | -kə́ːsɪn/ *n.* 〖植物〗＝bear's-breech. 〖1551〗

bran·le /brɑ̃ː(n)l, brάːnl̩; *F.* brɑ̃ːl/ *n.* **1** ブランル《16–17 世紀フランスの宮廷舞踊; 歌を伴う活発な輪舞》. **2** ブランル舞曲. 〖(1581) □ F ～ ← *branler* to shake ← *brandir* 'to BRANDISH'〗

brán másh *n.* ブランマッシュ《ふすまを熱湯で混ぜた馬の飼料; 便通を促す》. 〖1838〗

bran-new /brǽnnúː, -njúː | -njúː/ *adj.* ＝brand-new. 〖1714〗

bran·ni·gan /brǽnɪ̀gən | -nɪ-/ *n.* 《米俗》**1** 意見の相違; 荒々しい口論 (brawl). **2** 酒盛, ばか[浮かれ]騒ぎ (drinking spree): on a ～ どんちゃん騒ぎをして. 〖(1927) ← ? *Brannigan* (人名)《原義》descendant of a raven ← OIr. *bran* raven: cf. Bran〗

bran·ny /brǽni/ *adj.* (**bran·ni·er**; **-ni·est**) ぬか[ふすま]のような, ぬか[ふすま]の入った. 〖(?1415): ⇨ bran, -y⁴〗

brán píe *n.* (宝捜しの)福おけ《ふすまをおけに盛ってその中に景品を隠しておき, 子供につかみ取りさせるもの; cf. grab bag 1》. 〖⇨ pie²〗

Bran·son /brǽnsən, -sn̩/, **Richard (Charles Nicholas)** *n.* ブランソン《1950– ; 英国の実業家; 多国籍企業 Virgin Group を築いた; また熱気球での初の大西洋 (1987), 太平洋 (1991) 横断に成功》.

Bran·stock /brάːnstɑ̀(ː)k | -stɔ̀k/ *n.* 〖北欧伝説〗(*Volsunga Saga* で) Volsung の家のオークの木《旅人に化けた Odin がその木に剣 Gram を突き刺すが, それを Sigmund だけが抜き取ることができる》. 〖← ON *brandr* sword＋*stokkr* 'STOCK¹'〗

brant¹ /brǽnt/ *n.* (*pl.* ～, ～s) 《米》〖鳥類〗コクガン (*Branta bernicla*)《ガンカモ科の鳥; 北極地方で繁殖し南へ渡る; 《英》brent (goose)》. 〖(1544)《変形》← BRAND: その焦げたような色から?〗

brant² /brǽnt/ *adj.* 《英》急勾配の, 切り立った, 険しい. 〖OE *brant*: cog. ON *brattr*〗

Brant /brǽnt | brάːnt/, **Joseph** *n.* ブラント《1742–1807; 米国独立戦争のとき英軍に加担して米植民軍と戦った Mohawk 族長; Mohawk 語名 Thayendanegea /θəjɛ̀ndənéɪdʒiə/》.

Brant·ford /brǽntfəd | -fəd/ *n.* ブラントフォード《カナダ中部, Ontario 州南東部の都市》.

bránt góose *n.* 〖鳥類〗＝brant¹. 〖(1597): cf. G *Brandgans*〗

Bran·ting /brǽntɪŋ | -tɪŋ; *Swed.* brăntɪŋ/, **Karl Hjal·mar** /kάːljάlmar/ *n.* ブランティング《1860–1925; スウェーデンの政治家; 首相 (1920, 21–23, 24–25); Nobel 平和賞 (1921)》.

brán tùb *n.* 《英》＝bran pie. 〖1858〗

Bran·wen /brǽnwen/ *n.* ブランウェン《男性名》. 〖□ Welsh ～《原義》beautiful raven: cf. Bran〗

Braque /brάːk, brǽk; *F.* bʁak/, **Georges** *n.* ブラック《1882–1963; フランスの画家, Picasso と共に立体派の先駆者》.

brash¹ /brǽʃ/ *adj.* (～**·er**; ～**·est**) **1 a** 傲慢(ごうまん)な, 横柄な, 生意気な (saucy). **b** 押しの強い, 断定的な (assertive). **2** 《口語》性急な, 軽率な; 怒りっぽい. **3** 〈木材が〉折れやすい, もろい (brittle): ～ wood. (← BRASH²) **4** 荒い, がさつな (rough); 鈍感な, 感受性の鈍い (insensitive); へまな, 機転のきかない (tactless). **5** 〈音など〉不快な, 耳ざわりな. **6** 《米》活発な, 敏活な. **7** けばけばしい (flashy). **～·ly** *adv.* **～·ness** *n.* 〖(1566)《混成》? ← BREAK¹＋RASH¹〗

brash² /brǽʃ/ *n.* **1 a** (岩石の)破片. **b** (風や海流で海岸に寄せられた)砕氷 (brash ice ともいう). **c** (植木の手入れなどで出る)枝くず. **2** 《英方言》おくび (eructation). **3** 《スコット》にわか雨 (shower). **4** 《スコット・英方言》**a** 強襲, 攻撃. **b** (病気の)発作. **5** 〖医学〗＝heartburn. 〖(*c*1400) □ ? (O)F *brèche* breach: cf. OE *broc*〗

brash³ /brǽʃ/ *vt.* 〈木〉の低い枝を除去する. 〖(1950): cf. brush¹〗

brash·y¹ /brǽʃi/ *adj.* (**brash·i·er**; **-i·est**) **1** ばらばらの; くずの. **2** 〈木材が〉もろい, 折れやすい (brash). 〖(1566)《混成》? ← BR(EAK)¹＋(CR)ASH¹, (R)ASH¹: ⇨ -y⁴〗

brash·y² /brǽʃi/ *adj.* (**brash·i·er**; **-i·est**) 《スコット》にわか雨の多い (showery). 〖(1805): ⇨ brash² 3, -y⁴〗

bra·sier /bréɪʒə | bréɪziə⁽ʳ⁾, -ʒə⁽ʳ⁾/ *n.* ＝brazier¹˒².

bra·sil /brəzíl/ *n.* ＝brazil.

Bra·sil /*Braz.* brazíw/ *n.* Brazil のブラジル語名.

bra·sil·e·in /brəzíliɪ̀n | -liɪn/ *n.* 〖化学〗＝brazilein.

Bra·sí·lia /brəzíljə | -ljə, -liə; *Braz.* brazília/ *n.* ブラジリア《ブラジル中東部にある首都・連邦直轄地; 1960 年に Rio de Janeiro より遷都; 面積 5,814 km²》.

bras·i·lin /brǽzəlɪ̀n | -zɪ̀lɪn/ *n.* 〖化学〗＝brazilin.

brá·slìp *n.* 《米俗》ブラジャー付きスリップ. 〖(1968) ← BRA＋SLIP¹〗

Bra·şov /brάːʃɔ(ː)v, ―⌐ | brǽʃɔv; *Rum.* braʃóv/ *n.* ブラショフ《ルーマニア中部, Transylvania の都市; 産業及びウィンタースポーツの中心地; 旧名 Stalin (1950–60); ドイツ語名 Kronstadt, ハンガリー語名 Brassó》.

brass /brǽs | brάːs/ *n.* **1** 真鍮(しんちゅう), 黄銅(おうどう)《銅を 50 % 以上含む銅と亜鉛との合金; 昔は銅とスズ・亜鉛またはその他の卑金属との合金の総称》. **2** [集合的] **a** 金管楽器, ブラス《trumpet や horn の類》. **b** [the ～es] (管弦楽団の)金管楽器部 (cf. reed¹ 3 c, wind¹ 13). **3 a** [しばしば *pl.*] (中世の英国・フランス・ドイツなどで, 死者の肖像・紋章などを刻み教会の壁や敷石にはめ込んだ)真鍮[ラッテン (latten)] 記念牌(はい), ブラース (monumental brass): ⇨ brass-rubbing. **b** [通例 *pl.*] 真鍮製飾り, 真鍮製品《戸のノブ・燭台・装飾馬具 (horse brass) など》. **4** [集合的に用いて] (発砲済みの)空の薬莢. **5** 《口語》鉄面皮, ずうずうしさ (impudence) (cf. brassy *adj.* 2): have the ～ to do ずうずうしくも…する. **6** [the (top, big) ～; 集合的] 《口語》(陸軍・空軍の)高級将校(連) (cf. braid¹ 1 c); 高級官僚, 高官連; (会社などの)トップ, (財界の)大物たち, お偉方 (brass hats): *the* medical ～ 医学界の大家連. **7** 真鍮色, 黄銅色. **8** 《英口語》金 (money); 現金 (cash): plenty of ～. **9** 《俗》売春婦. **10** 〖機械〗軸受金. **11** 〖製本〗金版(かなばん)《製本で箔押しに使う凸版》. ***(as) bóld as bráss*** とても厚かましい[く], 実にずうずうしい[く]; とても大胆な[に], いやに自信満々で[と]. (1789) ***a sóunding bráss or a tinkling cýmbal*** ほら吹き (braggart) (cf. *1 Cor.* 13:1). ***dóuble in bráss*** 《米俗》(1) 〈楽士が本職とするもの以外に他の(金管)楽器を奏することができる (cf. double *vi.* 3 b). (2) 本職[専門]のかたわら他の仕事をする, 兼任する; 兼用される: The teacher *doubled in* ～ *as* librarian. その先生は司書を兼任した. **bráss and bráid** [集合的] 《米俗》(陸海空軍の)将校; (特に)高級将校(連) (cf. 6).

— *adj.* **1** 真鍮(製)の; 真鍮色の: a ～ bar [pipe] 真鍮棒[管] / a ～ foil 真鍮箔 / a ～ sheet 真鍮薄板 / a ～ wire 真鍮線 / a ～ sky 黄銅色の空 / ⇨ brass farthing. **2 a** 金管楽器の. **b** 響き渡る (resonant).

— *vt.* **1** …に真鍮をきせる. **2** 《英俗》〈金を〉支払う (pay) 〈*up*〉. — *vi.* 《英俗》金を支払う 〈*up*〉.

brássed óff ＝browned-off. ***bráss óff*** 《英俗》うんざり[いらいら]させる.

〖lateOE *bræs* ← ? Sem. (cf. L *ferrum* iron): cf. OFris. *bras-* copper / MLG *bras-* metal〗

bras·sage /brǽsɪdʒ, brǽsάːʒ | brǽsɪdʒ; *F.* bʁasaːʒ/ *n.* 貨幣の含有金属の原価と額面の差額《昔はこれを造幣官が収受した》. 〖(1806) □ F ～ ← *brasser* to stir (welded metal) ← L *bracē* white corn ← Celt.〗

bras·sard /brǽsɑəd, brəsάəd | brǽsɑːd, ―⌐/ *n.* (*also* **bras·sart** /brǽsɑət, brəsάət | brǽsɑːt, ―⌐/) **1** (憲兵・審判員などが左腕に巻く)腕章. **2** 〖甲冑〗腕甲(わんこう)《腕を保護するよろいの一部》. 〖(1830) □ F ～ ← *bras* arm < L *brāchium*: ⇨ -ard〗

bráss bálls *n. pl.* 《米俗》ずうずうしさ, ずぶとさ, 度胸: have the ～to do …するきもったまがある.

bráss bánd *n.* ブラスバンド《金管楽器と打楽器より成る》. 〖1834〗

bráss béd *n.* ブラスベッド《頭と足の側に真鍮製の柵のある高級ベッド》.

bráss·bóund *adj.* **1** 〈トランク・たんすなど〉真鍮(しんちゅう)・ブロンズなどで補強した[飾った], たわまなくした枠[補強材]のついた: a ～ trunk. **2 a** 因習的な, 頑固な, 妥協しない, 硬直した; 厳格な, 融通のきかない (inflexible): a ～ set of rules. **b** 厚かましい, 生意気な (brazen): a man of ～ nerve. 〖1867〗

bráss·bóund·er *n.* 《英海軍俗》海軍少尉候補生 (midshipman); 商船実習生 (cadet). 〖(1890) 制服の金色のへり取 (binding) にちなむ〗

bráss-cóllar *adj.* 《米》いつも(ある政党)の公認候補者全部に投票する. 〖1951〗

bras·se·rie /bræ̀səríː | brǽs(ə)ri/ *n.* (*pl.* ～**s** /～z/) ブラッセリー: **1** 通例フランス料理を出す小規模で肩のこらないレストラン; 食事も出すバー. **2** 小規模の安食堂. 〖(1864) □ F ～ 'brewery': ⇨ brassage, -ery〗

brass·ey /brǽsi | brάːsi/ *n.* 〖ゴルフ〗＝brassie.

Bras·sey /brǽsi/, **Thomas** *n.* ブラッシー《1805–70; 英国の技術者; 鉄道工事を請け負い, 世界各地で建設事業を行った》.

bráss fárthing *n.* 《英口語》びた一文, わずか, 少し (cf. farthing 2). 〖1642〗

bráss hát *n.* 《英口語》**1** 「金ぴか帽」,「べた金」, 高級将校, 将官, 将星. **2** 高級官僚, 高官; (会社などの)トップ, (財界の)大物. 〖(1893) 帽子の金モールから; cf. tin hat〗

bras·si·ca /brǽsɪ̀kə | -sɪ-/ *n.* 〖植物〗**1** [B-] アブラナ属《アブラナ科の一属》. **2** アブラナ属の植物の総称《カブ (turnip), カラシナ (mustard), キャベツ (cabbage) など》. 〖(1832) ← NL ～ ← L ～ 'cabbage'〗

Bras·si·ca·ce·ae /bræ̀səkéɪsiiː | bræ̀sɪ-/ *n. pl.* 〖植物〗アブラナ科. **bràs·si·cá·ceous** /-ʃəs˝/ *adj.* 〖← NL ～: ⇨ ↑, -aceae〗

brass·ie /brǽsi | brάːsi/ *n.* 〖ゴルフ〗ブラッシー《真鍮(しんちゅう)板を底にかぶせた, ドライバーよりもフェースの浅いクラブの一つ; フェアウェーからロングショットをねらうときに用いる; number two wood ともいう》. 〖← BRASS＋-IE〗

bras·sière /brəzíə | brǽziə⁽ʳ⁾, -siə⁽ʳ⁾/ *n.* (下着・水着などの)ブラジャー (bra). 〖(1911) □ F ～ 'little camisole' ← *bras* arm < L *brachium*: ⇨ brace〗

bráss·i·ly /-sɪ̀li/ *adv.* **1** 真鍮(しんちゅう)のように. **2** 厚かましくも, 鉄面皮にも. 〖(1889): ⇨ brassy, -ly¹〗

bras·sin /brǽsɪ̀n | -sɪn/ *n.* 〖植物〗ブラシン《植物細胞の分裂・伸長・拡大を促進する植物ホルモンの一種》. 〖← NL *Brassica* (⇨ brassica)＋-IN²: アブラナの花粉から抽出されたのにちなむ〗

bráss·i·ness *n.* **1** 真鍮(しんちゅう)質; 真鍮色. **2** 鉄面皮, 厚かましさ. 〖(1731): ⇨ brassy, -ness〗

bráss ínstrument *n.* **1** 金管楽器《ホルン・トランペットなど》. **2** [the ～s] **a** 金管楽器類. **b** (オーケストラの)金管楽器部. 〖1854〗

bráss knúckles *n. pl.* [単数または複数扱い] 《米》＝knuckleduster. 〖1855〗

bráss-mónkey *adj.* 《英俗》ひどく寒い: ～ weather.

bráss mónkey *n.* [次の成句で]: ***cóld enòugh to fréeze the bálls off a bráss mónkey*** 《英・豪 卑》きんたまが縮み上がる寒さだ. 〖(*c*1875) ← *brass monkey* (昔真鍮製の砲弾貯蔵用のラックで極寒時に収縮して弾を射出したことから)か〗

bráss néck [**nérve**] *n.* 《英》ずうずうしさ, 厚かましさ; 大胆さ.

Bras·só /*Hung.* brɒʃʃoː/ *n.* ブロッショー《Braşov のハンガリー語名》.

bráss pláte *n.* 真鍮(しんちゅう)板; (ドア・門などにつけた)真鍮製の標札[看板]. 〖1655〗

bráss rágs *n. pl.* 《英》(船で使う)真鍮磨きのぼろきれ, ウエス. ***párt bráss rágs*** 《英俗》〈親友同士が〉仲たがいする; 〔…と〕絶交する, けんかする 〔*with*〕《親しい仲の水兵たちは真鍮磨きのぼろきれを共用することから》. 〖1898〗

bráss ríng *n.* [the ～] 《米》**1** 成功のチャンス. **2** 富, 成功, 高い地位.

bráss-rùbbing *n.* 墓像を拓本に取ること, 墓像の拓本 (cf. brass 3 a). 〖1888〗

bráss tácks *n. pl.* 《口語》肝心の要点, 核心, (直接関係のある)実際問題. ★ 主に次の成句で: ***gèt*** [***còme***] ***dówn to bráss tácks*** 《口語》(つまらない話などはやめて)本題に入る, 要点[実際問題]を取り上げる. 〖1897〗

bráss-vísaged *adj.* 面の皮の厚い, 鉄面皮の.

bráss·wàre *n.* 真鍮(しんちゅう)製器具.

bráss-wínd /-wínd/ *adj.* 金管楽器の.

bráss wínd /-wínd/ *n.* **1 a** 金管楽器 (cf. wind instrument). **b** [集合的] 金管楽器類. **2** [the ～s] (オーケストラの)金管楽器部 (the brasses).

brass·y /brǽsi | brάːsi/ *adj.* (**brass·i·er**; **-i·est**) **1 a** (真鍮をたたいたような)嫌な金属音の. **b** 騒々しい, やかましい (noisy). **2** 厚かましい, 鉄面皮の (brazen) (cf. brass

B

n. 5). 3 〈趣味など〉真鍮を連想させるような〉安っぽい, 俗悪で低級な, 低劣な; 見掛け倒しの, 虚飾的な (pretentious). 4 真鍮(しんちゅう)製の; 真鍮で覆った. 5 真鍮質[性]の. 6 真鍮色の. — n. 《ゴルフ》=brassie. 〖(1576): ⇨ brass, -y[4]〗

brat[1] /brǽt/ n. 《口語》[通例軽蔑的・戯言的に] ちび, (行儀の悪い, 手におえない)小僧, (うるさい)がき. 〖(c1505) (転用)? ← ↓: cf. girl〗

brat[2] /brǽt/ n. 1 《英方言》 a 衣服 (clothing). b 目の粗い外衣. c エプロン, 仕事着. 2 《スコット》(沸かした牛乳やかゆなどの上にできる)薄皮 (scum). 〖OE *bratt* cloak ◻ OIr. *bratt* (Gael. *brat* cloak, rag)〗

bra·ti·na /brətíːnə/ n. (酒宴で睦(むつ)みの杯として用いられた)古代ロシアの大酒杯. 〖◻ Russ. ～ ← *brat* 'BROTHER'〗

Bra·ti·sla·va /brӕtəsláːvə, bràː- | brӕtɪs-; *Czech.* brátʲislava/ n. ブラチスラバ《スロバキア共和国南部, Danube 川に沿う港湾都市; 同国の首都; ハンガリーの旧首都 (1541–1784); ドイツ語名 Pressburg, ハンガリー語名 Pozsony》.

brat·pack /brǽtpӕk/ n. 1 若くして成功した演奏家, 作家など. 2 うぬぼれが強く無作法な連中, (特に)若者たち. **～·er** n. 〖← BRAT[1]+PACK[1]〗

Bratsk /bráːtsk | brǽtsk; *Russ.* brátsk/ n. ブラーツク《ロシア連邦中東部, Angara 川に臨む都市; 水力発電所がある》.

Brat·tain /brǽtn̩/, **Walter Houser** n. ブラッテン《1902–87; 米国の物理学者; Nobel 物理学賞 (1956)》.

brat·tice /brǽtɪs, -tɪʃ | -tɪs/ n. 1 a (通気のため坑道に設ける)仕切り. b (機械類を囲む)板張り. 2 木造胸檣(きょうしょう)《中世の城館に設けられた木造の一時的防御塔や胸壁》. 3 (鉱山の仕切りに使われる)麻布, 黄麻(こうま)布. — vt. …に仕切り[張出し]を作る ⟨*up*⟩. 〖(c1300) *bretage* parapet ◻ AF *breteske*=OF *bretesche* (F *bretèche*) ◻ ML (*turris*) *brittisca* British (tower) ◻ ? OE *brittisc* 'BRITISH, i.e. foreign': cf. G *Brettboard*〗

brat·tish /brǽtɪʃ | -tɪʃ/ adj. ちびの, がきのような. 〖(1879): ⇨ brat[1], -ish[1]〗

brat·tish·ing /brǽtɪʃɪŋ | -tɪʃ-/ n. 《建築》(ゴシック様式の間仕切りやパラペットの頂部にある装飾的な)透かし彫り. 〖(1593) (転訛) ← *bratticing*: ⇨ brattice〗

brat·tle /brǽtl̩ | -tl/ n., vi. がたがた[がちゃがちゃ, がらがら, ばたばた]する音(を出す). 〖(c1500) (擬音語)〗

brat·ty /brǽti | -ti/ adj. (**brat·ti·er**; **-ti·est**) =brattish. **brát·ti·ness** n. 〖1961〗

brat·wurst /bráːtwəːst, brǽt-, -vʊəst | brǽtwəːst, bráːt-; *G.* bʁáːtvʊʁst/ n. ブラートヴルスト《生のポークソーセージ; ゆがくか炒めて食べる》. 〖(c1888) ◻ G ～ ← *braten* to roast+*Wurst* sausage〗

Brau·del /broudél | brəʊ-; *F.* bʁodɛl/, **Fernand Paul** n. ブローデル《1902–85; フランスの歴史家》.

Brau·haus /bráuhàus; *G.* bʁáuhaus/ *G.* n. (*pl.* **-häu·ser** /-hɔ̀ɪzə | -zə^(r); *G.* -hɔ̀ʏzɐ/) 居酒屋 (tavern); (ビール)醸造所 (brewery). 〖◻ G *Bräuhaus* ← *Bräu* beer, brewery+*Haus* 'HOUSE'〗

Braun /brɔ́ːn, bráːn | brɔ́ːn; *G.* bʁaun/ n. 《商標》ブラウン《ドイツの電気製品メーカー Braun AG 製の小型電気製品; 特に電気かみそりが知られる》.

Braun /bráun; *G.* bʁaun/, **Eva** n. ブラウン《1910–45; Adolf Hitler の愛人; 二人が自殺する直前に結婚 (1945)》.

Braun, Karl Ferdinand n. ブラウン《1850–1918; ドイツの物理学者; 初めて陰極線管を作った; 無線電信の発明に貢献; Nobel 物理学賞 (1909); cf. Braun tube》.

Braun, Wern·her /vέənhɚ/ **von** n. ブラウン《1912–77; ドイツ生まれの米国のロケット工学者; 第二次大戦中に V-2 号を開発し (1932–45), 連合国軍に投降 (1945) し, 戦後は渡米してロケット・人工衛星の研究・開発にあたり, 米国初の人工衛星打ち上げに成功 (1958)》.

braun·ite /bráunaɪt/ n. 《鉱物》ブラウン鉱, 褐マンガン鉱 ($3Mn_2O_3 \cdot MnSiO_3$)《酸化マンガンと珪酸塩から成りマンガンの原料》. 〖(1839) ← A. E. Braun (1809–56; ドイツの考古学者・医師): ⇨ -ite[1]〗

Braun·schweig /*G.* bʁáunʃvaɪk/ n. ブラウンシュワイク《Brunswick のドイツ語名》.

braun·schwei·ger /bráunʃwàɪgə, -ʃvàɪ- | -gə^(r); *G.* bʁáunʃvàɪgɐ/ n. ブラウンシュワイクソーセージ《燻製のレバーソーセージ》. 〖(1934) ◻ G *Braunschweiger* (*Wurst*) Brunswick (sausage)〗

Bráun tùbe n. 《電子工学》ブラウン管 (⇨ cathode-ray tube). 〖← K. F. Braun (考案者)〗

Brau·ti·gan /brɔ́ːtɪgən, bráː- | bráutɪ-, brɔ́ː-/, **Richard** n. ブローティガン《1933–84; 米国の小説家; *Trout Fishing in America* (1967)》.

bra·va /bráːvaː, ⸗⸗ | braːváː, ⸗⸗; *It.* bráːva/ *int.* ブラーバー《女性に対して用いる称賛の言葉》. 〖(1803) ◻ It. ～ (fem.) ← *bravo* 'BRAVO[1]'〗

bra·va·do /brəváːdou | -dəu/ n. (*pl.* ～**es**, ～**s**) 虚勢, 強がり, (向こう見ずの)勇み肌, から威張り: with ～ 虚勢を張って. — vi. 虚勢を張る. 〖(c1580) ◻ Sp. *bravada* ◻ It. *bravata* ← *bravo* 'BRAVE'〗

Brá·vais láttice /brǽveɪ-, brəvéɪ-, brӕ-; *F.* bʁavɛ-/ n. 《結晶・物理化学》ブラベ格子《1850 年に A. Bravais によって提出された 14 種の空間格子 (space lattice) の総称》. 〖← *Auguste Bravais* (1811–63: これを発見したフランスの物理学者)〗

brave /bréɪv/ adj. (**brav·er**; **brav·est**) 1 勇敢な, 勇ましい, 雄々しい; 勇壮活発な, りりしい: a ～ man, deed, etc. / (as) ～ as a lion (ライオンのように)雄々しい / It is ～ of you to run such a risk. そんな危険を冒すなんて君も勇気があるね. 2 《文語》華やかな, はでな, すばらしく見事な: a ～ show 華麗な外観 / a ～ start 華やかな門出 / in one's ～ dress 大胆な衣服を着て. 3 《文語》すぐれた, 立派な (excellent): O ～ new world おおすばらしき新世界 (Shak., *Tempest* 5. 1. 183). — vt. 1 〈困難などに〉勇敢に当たる, 立ち向かう (encounter), 〈危険や死を〉ものともしない (⇨ dare SYN): ～ one's misfortunes [adversary] 不幸[敵]と勇敢に戦う / ～ a person's wrath 人の怒りに立ち向かう / ～ the inhospitable desert 苛酷な砂漠をものともせずに進む / ～ danger [death] 危険[死]を冒す / ～ it *out* (非難, 困難などに)敢然と[堂々と, 平気で]立ち向かう[対処する]. 2 《廃》〈衣装などを〉華やかにする, 飾り立てる (adorn). — vi. 《古》自慢する (boast), 虚勢を張る (bluff). — n. 1 [the ～] 武勇の士, 勇士 (warrior): a party of Apache ～*s* アパッチ族の勇士の一隊 / None but the ～ deserves the fair. ⇨ none[1] *pron.* 1. 2 (勇敢な)アメリカインディアンの戦士. 3 《古》強がり, 虚勢, から威張り (bravado). 4 《廃》暴漢 (bully); 刺客 (assassin). **bráv·er** n. **～·ness** n. 〖(1485) ◻ (O)F ～ ◻ It. & Sp. *bravo* brave, bold, fine < ? VL **brabu(m)*=L *barbarus* 'BARBAROUS'〗

SYN 勇敢な: **brave** 〈人が〉危険や苦痛に恐れずに立ち向かっていく: A *brave* girl rushed into the burning house to save the baby. 勇敢な少女が赤ん坊を救い出そうと燃えている家の中に飛び込んでいった. **courageous** *brave* とほぼ同義だが, 恐怖を抑える精神力, 確固とした信念のあることを示す: a *courageous* soldier [action] 勇敢な兵士[行為]. **fearless** 大胆で何物も恐れない: a *fearless* trapeze artist 恐れを知らないぶらんこ曲芸師. **audacious** 〈人や行動が〉無鉄砲に大胆な: an *audacious* scheme 大胆不敵な企て. **valiant** 〈人や行動が〉崇高なまでに勇敢な《格式ばった語》: a *valiant* hero 雄々しい英雄. **intrepid** 《古風・通例戯言》新しい[未知の]ものに直面したときに絶対に恐怖心を抱かない: *intrepid* explorers 恐れを知らぬ探検家たち. **plucky** 《よい意味で・口語》不利な立場にありながら勇敢に戦うことができる: a *plucky* prize fighter 負けじ魂のあるプロボクサー. **dauntless** 困難な状況下で勇気がくじけない: *dauntless* determination 不屈の決意.
ANT cowardly, craven.

bráve·ly adv. 1 勇敢に, 勇ましく, 雄々しく. 2 《文語》華やかに (gaily), 立派に, 景気よく. 〖(c1505): ⇨ -ly[1]〗

bráve néw wórld n. 1 見事な新世界 (cf. Shak., *Tempest* 5. 1. 183). 2 《皮肉》(特に第二次世界大戦後の)福祉社会. 〖((1611)) (1933) A. Huxley 作の諷刺小説 (1932) の題名から: ⇨ brave adj. 3〗

brav·er·y /bréɪv(ə)ri/ n. 1 勇気, 勇敢, 雄々しさ, 勇壮 (braveness). 2 華美, 華麗; 華やか[はで]な色; 美装, 美服 (finery). 3 《古》虚勢 (bravado). 〖(1548) ◻ F *braverie* ∥ It. *braveria*: ⇨ brave, -ery〗

bráve wést winds n. *pl.* [the ～] 《海事》南半球の海洋で南緯 40–50 度の間で吹く強い西または北西の風. 〖1883〗

bravi[1] n. bravo[2] の複数形.

bra·vi[2] /bráːviː, ⸗⸗ | ⸗⸗, ⸗⸗; *It* bráːvi/ *int.* ブラボー《団体に対して用いる称賛の言葉》. — n. bravo[1] の複数形. 〖◻ It. ～ (pl.) ← *bravo* 'BRAVO[1]'〗

bra·vis·si·mo /braːvísɪmòu | -sɪməu; *It.* bravíssimo/ *int.* でかした, いいぞ, うまいぞ. 〖(1761) ◻ It. (supel.) ← *bravo*〗

bra·vo[1] /bráːvou, ⸗⸗ | braːváu, ⸗⸗; *It.* bráːvo/ *int.* ブラボー, うまいぞ, でかした《称賛の言葉》. ★ イタリア語法として *bravo* は男性に, 女性形の *brava* は女性に, 複数形 *bravi* は団体に対して用いることがある. — n. (*pl.* ～**s**, **bra·vi** /bráːviː, ⸗⸗ | ⸗⸗, ⸗⸗; *It.* bráːvi/) 喝采(かっさい)の叫び. — vt. 〈人〉に「でかした, うまいぞ」と叫ぶ, 「ブラボー」と喝采する; …に喝采する. 〖(1761) ◻ It. ～ 'fine, splendid': ⇨ brave〗

bra·vo[2] /bráːvou | -vəu; *It.* bráːvo/ n. (*pl.* ～**s**, ～**es**, **bra·vi** /-viː; *It.* -vi/) 壮士, 凶漢, 暴漢 (desperado), 刺客 (assassin). 〖(1597) ◻ It. ～: ⇨ brave〗

Bra·vo /bráːvou | -vəu/ n. 《通信》ブラボー《文字 b を表す通信コード》. 〖1952〗

bra·vu·ra /brəv(j)ʊ́ᵊrə | -v(j)ʊ́ərə, -vjɔ́ːrə; *It.* bravúːra/ n. (*pl.* ～**s**, **-vu·re** /-reɪ; *It.* -re/) 1 《音楽》はつらつとした華やかな演奏. 2 華麗な楽節[楽曲]. 3 大胆[華麗]な妙技. — adj. 《音楽》〈声楽曲など〉華麗な. 〖(1757) ◻ It. ～ 'spirit, bravery': ⇨ ↑, -ure〗

braw /brɔ́ː, bráː | brɔ́ː/ adj. (～**er**; ～**est**) 《スコット》1 美装した; 立派な, きれいな. 2 よい, 魅力的な. — adv. 非常に (very). — n. [pl.] 晴れ着. **～·ly** adv. 〖(1563) (転訛) ← BRAVE〗

brawl[1] /brɔ́ːl, bráːl | brɔ́ːl/ n. 1 荒々しい口論, 争論, 騒々しいけんか (squabble), (街上の)けんか騒ぎ (⇨ quarrel SYN). 2 騒々しい音, 騒音, 喧騒 (clamor). 3 《米俗》 a (ダンス)パーティー. b 飲み会, 酒宴. — vi. 1 (やかましく・荒々しく)口論する, けんかする; どなり立てる, 騒ぎ立てる. 2 〈激流などが〉ごうごうと流れる. — vt. 〈命令などを〉大きな(しゃがれ)声でがなり立てる ⟨*out*⟩. **～·er** /-lə | -lə^(r)/ n. 〖(1375) *braule(n)* ◻ MLG *brallen* (擬音語)〗

brawl[2] /brɔ́ːl, bráːl | brɔ́ːl/ n. =branle. 〖(1521) ← ? F *branle* 'BRANLE'〗

bráwl·ing /-lɪŋ/ n. 騒々しい口論, けんか騒ぎ. — adj. 1 騒々しくけんか好きな. 2 〈激流・ハリケーンなど〉ごうごうと流れる[吹き荒れる]. 3 とても活発な. **～·ly** adv. 〖(c1378): ⇨ -ing[1]〗

brawl·y /brɔ́ːli, bráː- | brɔ́ː-/ adj. (**brawl·i·er**; **-i·est**) 1 =brawling 1. 2 けんか騒ぎ[争論]が(よく)起こる. 〖(1940): ⇨ brawl[1], -ly[2]〗

brawn /brɔ́ːn, bráːn | brɔ́ːn/ n. 1 (腕または脚の)たくましい筋肉. 2 筋力, 腕力, 体力: The work requires brain as well as ～. その仕事には体力だけでなく頭も必要だ. 3 《英》 a 雄豚の調理した肉. b =headcheese. 〖(a1325) ◻ AF *braun* pig meat, muscle=OF *braon* piece of flesh ← Gmc **brēdōn* ← IE *bhreu-* to boil (cf. G *Braten* roast meat)〗

bráwn dràin n. (労働者・運動競技者などの)海外流出. 〖cf. brain drain〗

brawn·y /brɔ́ːni, bráː- | brɔ́ː-/ adj. (**brawn·i·er**; **-i·est**) 1 筋骨たくましい, 屈強の: one's ～ arms. 2 〈皮膚など〉硬くなった (callous). **bráwn·i·ly** /-nəli, -nl̩i | -nɪli, -nli/ adv. **bráwn·i·ness** n. 〖(a1400): ⇨ brawn, -y[4]〗

Bráx·ton Hícks contráctions /brǽkstən-híks-/ n. *pl.* 《医学》ブラクストンヒックス収縮《妊娠期における子宮の間欠的収縮》. 〖(c1915) ← *John Braxton Hicks* (1823–97: 英国の婦人科医)〗

brax·y /brǽksi/ n. 《獣医》羊炭疽《悪性水腫菌 (*Clostridium septicum*) によって起こる羊の悪性水腫の一種; 高熱, 昏睡, 第 4 胃の炎症などの症状を呈する》. 〖← ? OE *brǣcsēoc* epileptic, lunatic ← *brǣc* catarrh + *sēoc* 'SICK[1]': もと形容詞の名詞用法?〗

bray[1] /bréɪ/ n. 1 ロバなどの鳴き声. 2 (ロバの鳴き声のような, 往来などの)騒々しい耳ざわりな音. — vi. 1 〈ロバなどが〉鳴く. 2 やかましい声で叫ぶ[わめく], ロバの鳴き声のような笑い声をたてる. — vt. 〈楽団などが〉耳ざわりに演奏する; 〈人が〉やかましい声でがなり立てる ⟨*out*⟩. 〖(?a1300) *brai(t)* ◻ OF *brait* ← *braire* to cry out, bray < VL **bragere* to whinny ← ? > Celt. **brag-* to cry ← ? IE **bhreg-* to cry〗

bray[2] /bréɪ/ vt. 1 a (臼で)細かくする, すりつぶす, つき砕く (pound). b 〈悲しみなどが〉〈人を〉消耗させる. 2 《印刷》〈インクを〉(まんべんなく)薄く延ばす. 3 《英方言》激しくたたく[なぐる, 打つ]. 〖(c1384) *braie(n)* ◻ AF *braier*=OF *breier* (F *broyer*) to crush ◻ Gmc **brekan* 'to BREAK[1]'〗

Bray /bréɪ/ n. ブレイ《イングランド南部 Windsor 北西の村 (⇨ VICAR of Bray)》. 〖OE *Brai* ← *brēg* brow (of a hill)〗

bray·er[1] /bréɪə | -ə^(r)/ n. ロバのような声を出すもの, ロバ (ass). 〖(1598): ⇨ bray[1], -er[1]〗

bray·er[2] /bréɪə | -ə^(r)/ n. 《印刷》(校正刷りをとるための)手刷りローラー, インクローラー. 〖(1688): ⇨ bray[2], -er[1]〗

bra·yer·a /brəjérə, bréɪərə/ n. 《薬学》ブラエラ《エチオピア産のバラ科の樹木 *Hagenia abyssinica* の花を乾燥させたもの; 駆虫剤》. 〖(1875) ← NL ～ ← *Brayer* (19 世紀フランスの医師)〗

Bráy·ton cýcle /bréɪtn̩-/ n. 《機械》ブレイトンサイクル《2 組の断熱変化と等圧変化から構成される熱サイクル》. 〖← *Brayton* (19 世紀米国の発明家)〗

Braz. (略) Brazil; Brazilian.

bra·za /bráːsaː, -θaː; *Sp.* bráθa, *Am.Sp.* brása/ n. (*pl.* ～**s** /～z; *Sp.* ～s/) ブラサ《スペイン語圏内の長さの単位; 両腕を広げた長さ; スペインでは 5.48 ft. (1.67 m), アルゼンチンでは 5.68 ft. (1.73 m)》. 〖◻ Sp. ～ ← *brazo* arm < L *brā(c)chium*: ⇨ brace〗

braze[1] /bréɪz/ vt. 1 真鍮(しんちゅう)で造る. 2 …に真鍮をかぶせる, 真鍮で飾る. 3 《古》(真鍮のように)堅くする. 〖((OE)) (a1400) ← BRASS: cf. glass—glaze〗

braze[2] /bréɪz/ vt. 鑞(ろう)付けする, 鑞接する (solder)《2 金属片を熱して真鍮鑞または銀鑞で接ぐ》. — n. 鑞付箇所. **bráz·er** n. 〖(1581) ◻ F *braser* to solder ← OF *breze*: ⇨ brazil〗

bra·zen /bréɪzən, -zn̩/ adj. 1 鉄面皮な, 厚かましい, ずうずうしい (impudent) (cf. brass n. 5) (⇨ bold SYN): ～ effrontery. 2 〈音・声が〉(真鍮を打ったような)いやな金属音の, やかましい: a ～ voice がんがんいう声. 3 真鍮製の: a ～ image of Buddha 真鍮製の仏像, 金仏. 4 (磨いた)真鍮色の.
brázen láw of wáges [the —] 《経済》賃金鉄則 (⇨ IRON law of wages).
— vt. 1 〈事態〉に大胆[冷静]に対処する. 2 a 〈非難などに〉ずうずうしく対決する ⟨*out, through*⟩: ～ *out* a situation, an accusation, a scandal, etc. / ～ one's way *out* 大胆にふるまって窮境を脱する. b [～ it *out* として] ずうずうしく[鉄面皮で]押し通す, どこまでもしらを切る.
～·ly adv. **～·ness** n. 〖OE *brǣsen*: ⇨ brass, -en[2]〗

brázen áge n. [the ～] =Bronze Age 2.

brázen-fáced adj. 鉄面皮な, 厚かましい, ずうずうしい (impudent): ～ assertions. **brázen-fàc·ed·ly** /-sɪ̬dli, -stli/ adv. 〖1571〗

bra·zier[1] /bréɪʒə | bréɪziə^(r), -ʒə^(r)/ n. 1 (かご状の鉄の枠の中で木炭[石炭]を燃やす携帯用)火ばち. 2 (簡単な焼き網のついた)こんろ. 〖(1690) ◻ F ～ *brasier* ← *braise* hot coals: ⇨ brazil〗

bra·zier[2] /bréɪʒə | bréɪziə^(r), -ʒə^(r)/ n. 真鍮(しんちゅう)細工師. 〖(1307): ⇨ brass, -ier〗

bra·zier·y /bréɪʒ(ə)ri | -ziəri, -ʒ(ə)ri/ n. 真鍮細工; 真鍮細工場. 〖(1795): ⇨ brazier[1], -y[1]〗

bra·zil /brəzíl/ n. 1 ブラジルスオウ (*Caesalpinia echinata*) 材《赤色の染料を採るマメ科の植物; 高級家具用; ブラジルの国名はこの木材にちなむ; brazilwood ともいう》. 2 (ブラジルスオウ材から採った)赤色染料. 3 スオウ (*Caesalpinia sappan*) 材《東インド原産の材質の堅い染料材》: (as) hard as ～ 非常にかたい. 4 =Brazil nut 2. 〖(c1325) *brasile* ◻ OF *brésil* red-dye wood ← *brese* (F *braise*) live coals ← ? Gmc (Frank) **brasa*: cf. braise: その色にちなむ〗

B

Bra·zil /brəzíl/ *n.* **1** ブラジル《南米の共和国; 面積 8,511,965 km², 首都 Brasília; 公式名 the Federative Republic of Brazil ブラジル連邦共和国; ブラジル語名 Brasil》. **2** [*pl.*] ブラジルコーヒー《全世界の供給の半分以上を占める》. 〘□ Sp. *Brasil*《略》← *tierra de brasil* brazilwood land: ↑〙

Brazil. 《略》Brazilian.

bra·zil·e·in /brəzíliɪ̀n | -lɪɪn/ *n.* 〘化学〙ブラジレイン ($C_{16}H_{12}O_5$)《brazilin を酸化して得られる, 水に不溶性の赤い結晶状の固体; 主に染料用》. 〘← BRAZIL(IN)+-*ein*《変形》← -IN²〙

Bra·zil·ian /brəzíljən | -liən, -ljən/ *adj.* **1** ブラジル(人)の. **2** 〘生物〙ブラジル亜区の. **—** *n.* **1** ブラジル人. **2** =Brazilian Portuguese. 〘(1607): ⇨ -an¹〙

Brazílian émerald *n.* 〘鉱物〙透明で緑白の電気石《本物のエメラルドではない》.

Brazílian guáva *n.* 〘植物〙ブラジルバンジロウ (*Psidium guineense*)《南米産のフトモモ科の高木, バンジロウ (guava) に似た実をつける果樹》.

bra·zil·ian·ite /brəzíljənàɪt | -liə-, -ljə-/ *n.* 〘鉱物〙ブラジリアナイト ($NaAl_3(PO_4)_2(OH)_4$)《ナトリウムとアルミニウムの塩基性燐酸塩鉱物》. 〘(1818) ← *Brazilian*+-ITE¹: ブラジルで発見されたことにちなむ〙

Brazílian mórning glòry *n.* 〘植物〙ブラジルアサガオ (*Ipomoea setosa*)《ブラジル産ヒルガオ科の多年生つる植物; 淡紅色の花が咲き, つるは硬い紫色の毛で覆われる》.

Brazílian pépper trèe *n.* 〘植物〙サンショウモドキ, アカツユ, ブラジルコショウボク (*Schinus terebinthifolius*)《ブラジル原産のウルシ科の常緑低木; 実はクリスマスの飾りとして用いる; Christmasberry tree ともいう》.

Brazílian péridot *n.* 〘鉱物〙黄緑色の橄欖(かんらん)石《宝石に用いる》.

Brazílian Portuguése *n.* ブラジルポルトガル語《ブラジルで用いられるポルトガル語》.

Brazílian rósewood *n.* 〘植物〙ブラジルシタン (*Dalbergia nigra*)《ブラジル産マメ科の高木; 材に黒じまがある; caviuna wood, palisander ともいう》.

Brazílian rúby *n.* 〘鉱物〙ばら色のスピネル[尖晶石]《本物のルビーではない》.

Brazílian sápphire *n.* 〘鉱物〙青色の電気石《本物のサファイアではない》.

braz·i·lin /brǽzəlɪ̀n | -zɪlɪn/ *n.* 〘化学〙ブラジリン ($C_{16}H_{14}O_5$)《スオウから採った無色の結晶; アルカリ性溶液は赤色染料及び指示薬として用いられる》. 〘(1863) ← BRAZIL+-IN²: cf. F *brésiline*〙

bra·zil·ite /brəzílaɪt/ *n.* 〘鉱物〙=baddeleyite. 〘(1893) ← BRAZIL+-ITE¹: ブラジルで発見されたのにちなむ〙

Brazíl nùt *n.* **1** 〘植物〙ブラジルナット (*Bertholletia excelsa*)《南米産のサガリバナ科 (*Lecythidaceae*) の高木》. **2** ブラジルナット(の実)《木質の堅い殻の中にある種皮が暗褐色で果肉の白い三角に近い形の実; 種子の仁は食用になる; cream nut ともいう》. 〘1830〙

brazíl·wòod *n.* =brazil 1. 〘1559〙

bráz·ing *n.* 〘金属加工〙**1** 鑞(ろう)付け《低融点の金属・合金を溶かして2つ以上の金属・合金を接合する方法》. **2** =soldering. 〘(1551): ⇨ braze², -ing¹〙

brázing mètal *n.* [the ~] 〘金属加工〙金属鑞《鑞付けに用いる低融点の金属で, 真鍮(しんちゅう)鑞, 銀鑞, 鉄鑞, はんだなどがある》.

Braz·os /brǽzəs/ *n.* [the ~] ブラゾス(川)《米国 Texas 州中央部から南東部に流れ Mexico 湾に注ぐ (1,529 km)》.

Braz·za·ville /brǽzəvɪ̀l, brɑ́ːz-; *F.* bʀazavil/ *n.* ブラザビル《コンゴ共和国 (the Republic of the Congo) 南部の Congo 川に臨む港市で, 同国の首都; 旧フランス領赤道アフリカ (1910–58) の主都》. 〘← *Pierre Brazza* (1852–1905: フランスの探検家): ⇨ vill〙

BRCS 《略》British Red Cross Society.

BRE 《略》Bachelor of Religious Education; Building Research Establishment.

breach /bríːtʃ/ *n.* **1 a** (法律・慣例・道徳・約束などを)破ること, 違反, 不履行, 違犯, 侵害, 侵犯 (violation): a ~ of the law 法律違反, 違法 / a ~ of duty 背任, 職務怠慢 / a ~ of etiquette 非礼, 無作法 / a ~ of privacy プライバシーの侵害 / a custom more honour'd in the ~ than the observance 守るよりは破った方がましな習慣 (Shak., *Hamlet* 1. 4. 15–6). **b** 《口語》=BREACH of promise. **2 a** 仲たがい, 絶交 (rupture): a ~ *between* the two countries 二国間の不和 / heal the ~ 仲直りさせる. **b** 中断, 中絶; ひび, 割れ目. **c** 大きな違い, 開き (difference). **3** (城壁・堤防・防御線などの)破れ口, 突破口; 破損した場所[箇所]: make a ~ in a wall 壁に穴をあける. **4** (鯨が)水面上に飛び上がること. **5** 《古》砕け波, 寄せ波 (surf): a clean ~ (船の)甲板にある物を全部さらっていく波 / a clear ~ 甲板を飛び越える波. **6** 《廃》裂傷, きず (wound).

fill the bréach =*step into the* BREACH. ***in bréach of*** …に違反して: They were fired for being *in* ~ *of* the fire safety regulations. 防火安全条令違反で解雇された. ***stánd in the bréach*** (城壁の突破口に立つように)攻撃の矢面に立つ; (骨の折れる仕事などを引き受けて)奮闘する. 《1611》 ***stép* [*thrów onesèlf*] *into the bréach*** (緊急のときに)救いの手を差しのべる, 代役[代理]を務める.

bréach of clóse 〘法律〙(土地への)不法立入り.

bréach of cónfidence 秘密を漏らすこと.

bréach of cóntract 契約違反, 違約. 《1833》

bréach of fáith 背信, 裏切り. 《1636》

bréach of príson 〘法律〙=prison breach.

bréach of prívilege 特権濫用《国会議員の特権を濫用すること》. 《1650》

bréach of prómise 〘法律〙違約; 《やや古》(特に)婚約不履行[破棄]: a ~ *of promise* case 婚約不履行事件. 《1590》

bréach of the péace 〘法律〙治安妨害《暴動・騒乱》.

bréach of trúst (1) 〘法律〙(受託者の)信託義務違反. (2) 《口語》背信(行為), 背任.

— *vt.* **1** 〈約束・法律などを〉破る, …に違反する. **2** …に破れ目[穴]を作る. **3** 〈城壁・防御線などを〉破る, 突破する. **—** *vi.* 〈鯨が〉水面上に飛び出る.

〘(*c*1237) *breche* □ (O)F *brèche*=Prov. *breca* □ OHG *brehha* ← *brehhan* 'to BREAK¹' ∞ ME *briche* < OE *bryce* fracture: cf. OE *brecan* 'to BREAK¹'〙

bread /bréd/ *n.* **1 a** パン (cf. roll B 2 a, loaf¹ 1): a slice [loaf] of ~ パン一切れ[一塊] / ⇨ white bread, black bread, brown bread. **b** 聖餐[聖体]のパン: ~ and wine 聖餐のパンとぶどう酒; 聖餐式, 聖体拝領. **c** パンに似た物《beebread など》. **2 a** (日常の)主食物, 糧(かて): one's daily ~ 日々のパン[糧] (cf. *Matt.* 6:11) / ~ and water パンと水だけの(粗末な)食事 / beg one's ~ 食を請う, こじきをする. 日英比較 欧米には日本の主食と副食という考え方がないのでパンを主食ということはできないが, 毎日食べる食物で, 常食の代表である. しかも, 昔の貧しい時代にはパンが食事に占める割合は現代よりも大きかったであろうから, 食物の代表として「糧(かて)」の意になったと考えられる. このことは語源的にも立証できる. ⇨〘語源〙. **b** 生計: earn one's (daily) ~ (by the sweat of one's brow [《古》face]) (額に汗して)パンを得る, (労働で)生計を立てる (cf. *Gen.* 3:19) / Man [One] cannot live by ~ alone. 《諺》人はパンだけで生きることはできない (cf. *Deut.* 8:3, *Matt.* 4:4) / be out of ~ 《古》仕事にあぶれる. **3** 《俗》金 (money).

bread and bútter (1) 〔単数扱い〕バターを塗ったパン (cf. bread and scrape ⇨ scrape *n.* 4). (2) 《口語》生計(の資); 収入を得るための決まりきった仕事 (cf. bread-and-butter 1): quarrel with one's ~ *and butter* (腹立ちまぎれに)自分の職を捨てる, 生計の道を絶つようなまねをする. (3) =BREAD-AND-BUTTER letter. 《1738》 ***bréad and chéese*** チーズ付きのパン; 至極簡単な食事, 粗食; 生活の途. 《1589》 ***bréad and círcuses*** パンとサーカス《食べ物と娯楽; 大衆の心を支配する手段; 潜在的な不満をそらすための姑息な手段》. 〘(1914)《なぞり》← L *pānis et circēnsēs*: Juvenal, *Satires* X. 79–80 の中の語句から〙 ***bréad and mílk*** (温めた)牛乳に浸したパン. 《1785》 ***bréad and póint*** ⇨ point 成句. ***bréad and sált*** (歓待の象徴としての)パンと塩. 《1575》 ***bréad and scrápe*** ⇨ scrape *n.* 3. ***bréad and wíne*** ⇨ *n.* 1 b. ***bréad búttered on bóth sídes*** (1) 両面にバターを付けたパン. (2) いかにも気楽な身の上, 安楽な境遇. 《1837》 ***bréak bréad*** (1) 聖餐式に連なる, パンをちぎる (*Acts* 20:7). (2) 〔人と〕食事を共にする, 〔人に〕ごちそうになる 〔*with*〕: I have never *broken* ~ *with* them. あの人たちと会食した[にごちそうになった]ことはない. (*a*1250) ***cást one's bréad upòn the wáters*** 報酬を当てにしないでよいことをする, 陰徳を施す (cf. *Eccl.* 11:1). ***éat the bréad of afflíction* [*humiliátion, sórrow*]** 苦しい[屈辱の, 悲しい]生活をする (cf. *Deut.* 16:3; *Ps.* 127:2). 《1388》 ***éat the bréad of ídleness*** =***éat the ídle bréad*** のらくら遊んで暮らす, 徒食する (cf. *Prov.* 31:27). 《1611》 ***in bád bréad*** 《古》 (1) 困窮して. (2) 〔人の〕不興をかって 〔*with*〕. 《1778》 ***in góod bréad*** 《古》よい暮らしをして, 立派な地位にあって. 《1763》 ***knów which síde one's bréad is búttered (òn)*** 自分の利害関係にさとい. 《1562》 ***táke the bréad òut of a person's móuth*** (1) (競争などによって)人から生計の道を奪う. (2) 人が正に楽しもうとしているものを奪う. 《1708》 ***the bréad of lífe*** 命の糧, 精神的な糧 (cf. *John* 6:35).

— *vt.* **1** …にパン粉を付ける: ⇨ breaded. **2** 〈人〉にパンを与える.

〘OE *brēad* morsel (of food), bread < Gmc **brauðam* (cooked) food, (leavened) bread (Du. *brood* / G *Brot*) ← IE **bh(e)reu-* to boil, bubble (L *fervēre* to boil): cf. barm, breath, brew, burn¹〙

bread-and-butter /brédṇbʌ́tə | -tə(r)/ *adj.* 〔限定的〕《口語》**1 a** 生計の[に関する]; 〈仕事など〉生計[生活]のための; もうけ主義の: a ~ issue [question] (国民の)生活上の問題. **b** 〈教育など〉実際的な; 世俗的な. **c** 〈人・物事が〉(収入源として)当てになる, 確実な. **d** お決まりの, 日日の. **2** 〈手紙が〉歓待の礼に出される: a ~ letter [note] ごちそう[もてなし]に対する礼状 (cf. Collins). **3** 《英》食い気盛りの; まだ子供っぽい: a ~ miss まだ食い気一方の小娘[女学生]. 〘*a*1625〙

bréad-and-bútter plàte *n.* (直径 14–5 センチの)パン皿 (butter plate).

bréad-and-bùtter púdding *n.* ブレッドアンドバタープディング《薄切りのパンを干しブドウと砂糖を入れた卵・牛乳につけて焼き上げたもの》.

bréad·bàsket *n.* **1** パンかご. **2** 穀倉(地帯). **3** 《俗》胃袋 (stomach). **4** 《俗》(中にいくつかの小型爆弾を含む)大型爆弾. 〘1552〙

bréad bìn *n.* 《英》=breadbox.

bréad·bòard *n.* **1** パンこね台; パン切り台. **2** 〘電気〙(実験用の)電気[電子]回路盤《通例, 携帯可能で, 回路の変更が容易にできる》. **—** *vt.* …の実験用電気[電子]回路盤を作る. 〘1857〙

bréad·bòard·ing *n.* 〘電気〙回路盤上の実験.

bréad·bòx *n.* パン類貯蔵箱.

bréad-chìpper *n.* 《Shak》パンの耳を切る人 (under-butter).

bréad còrn *n.* パン用穀物《麦類・とうもろこしなど》. 〘1362〙

bread·crumb /brédkrʌ̀m/ *n.* **1** パンの柔らかい部分 (cf. crust 1 a). **2** [通例 *pl.*] パンくず, パン粉. 〘1769〙

bréad·crùmb *vt.* …にパン粉を付ける. 〘1846〙

bread·ed /brédɪd | -dɪd/ *adj.* パン粉をまぶした: a ~ veal cutlet (パン粉をまぶして揚げた)子牛カツ.

bréad·frùit *n.* **1** 〘植物〙パンノキ (*Artocarpus communis, A. altilis*)《Malaya 原産クワ科の果樹; breadfruit tree ともいう》. **2** パンノキの果実《丸く, 通常は種なしの果実; 澱粉質で焼いて主食とする; パンのような味がする》. 〘1697〙

bréad·kìnd *n.* 《カリブ》パンの類《パンのような粘着性のある食べ物; さつまいも・やまのいもなど》.

bréad knìfe *n.* (ぎざぎざの歯のある)パン切りナイフ, ブレッドナイフ. 〘1833〙

bréad·less *adj.* パンのない; 食物のない. 〘(*c*1378): ⇨ -less〙

bréad·lìne *n.* **1** 《米》パン[食料]の施しを受ける窮民[失業者]の列. **2** 《英》生活補助を受ける収入レベル, 貧困レベル: be [live] on [below] the ~ 生活扶助を受けている; やっと食べるだけである, 極めて貧しい. 〘1900〙

bréad mòld *n.* 〘植物〙パンカビ (*Rhizopus stolonifer*)《パンに生えるかび; cf. black mold》. 〘1914〙

bréad·nùt *n.* 中米, 西インド諸島産クワ科の植物 *Brosimum alicastrum* の実《特に西インド諸島ではあぶって粉にしてパンを作る; ramon ともいう》. 〘1756〙

bréad pàlm *n.* 〘植物〙=bread tree 1.

bréad púdding *n.* ブレッドプディング《パンを切って牛乳にひたし, 卵と砂糖・ドライフルーツ・スパイスを混ぜて焼いた菓子》.

bréad rìot *n.* パン騒動《食料不足のときにパンを求めて起こる騒動》.

bréad·ròot *n.* 北米中部産マメ科オランダビユ属の植物 (*Psoralea esculenta*) の根《澱粉を含み, 食用となる; prairie turnip》. 〘1841〙

bréad sàuce *n.* ブレッドソース《牛乳・バター・香辛料などにパン粉を加えて作った濃いソース; 特に鶏肉に添える》. 〘1747〙

bréad·stìck *n.* 細い棒状のかりかりのパン. 〘1909〙

bréad·stùff *n.* [通例 *pl.*] **1** パンの原料《粉末状, 粗挽き, 粒状の穀類》. **2** (色々な種類・形の)パン. 〘1793〙

breadth /brédθ, brétθ/ *n.* **1** 横幅, 幅 (width) (cf. length): ten feet in ~ 幅は 10 フィート / miss by a hair's ~ きわどい[間一髪の]ところでそれる[はずれる]. **2 a** (見識などの)広さ (broadness), (度量などの)大きさ (largeness); ゆとり, 寛容 (generosity) (cf. broad-minded): a ~ of view [understanding] 見解[理解]の広さ, 広い見解[理解] / a ~ of mind 心のゆとり[大きさ] / a ~ of sympathy 同情の広さ. **b** (土地・水面などの)広がり, 広さ (extent). **3** 《古》(織物などの)一定の幅, 一幅 (width). **4** 〘芸術〙(不要な細部を略すことによって得られる)雄大な感じ. **5** 〘論理〙外延 (denotation). 〘(*a*1425) ←《廃》*brede* (< OE *brǣdu* < Gmc **braiðjōn* ← **braiðaz* 'BROAD') +-TH²: LENGTH との類推による〙

bréadth extréme *n.* (*pl.* **breadths e-**) 〘造船〙(船の)最大幅員, 全幅.

bréadth mólded *n.* (*pl.* **breadths m-**) 〘海事〙= molded breadth.

bréadth·wàys *adv., adj.* 横に[の]. 〘(1677): ⇨ -ways〙

bréadth·wìse *adv., adj.* =breadthways.

bréad trèe *n.* 〘植物〙**1** アフリカ熱帯を中心に分布するソテツ科オニソテツ属 (*Encephalartos*) の木《幹から食用の澱粉が採れる》. **2** =breadfruit 1.

bréad·wìnner *n.* **1** (生計を支える)一家の稼ぎ手. **2** 生計を稼ぐ手段[技術], 家業 (means of livelihood).

bréad·wìnning *n., adj.* 〘1818〙

break¹ /bréɪk/ *v.* (**broke** /bróuk | bráuk/, 《古》**brake** /bréɪk/; **bro·ken** /bróukən | bráu-/, 《古》**broke**)

— *vt.* **1 a** (激しく打ったり力を加えたりして, 二つ以上の部分または細片に)壊す, 割る, 砕く (smash): ~ a cup *in* two [*in pieces*] 茶碗を二つに[粉々に]割る / ⇨ *break the* ICE. 日英比較 この語の基本的な意味は強い力で二つ以上の部分に分けることである. その点で日本語の「壊す」よりもずっと意味領域が広く, コロケーションの範囲も大きい. 日本語では「ガラス」は「割る」,「ひも」は「切る」,「枝」は「折る」,「パン」は「ちぎる」,「皮膚」は「すりむく」などとそれぞれ異なった動詞を用いるが, *break* は以上のすべてにあてはまる. また, 比喩的意味でも日本語では「法律, 約束, 記録」は「破る」,「足並」は「乱す」,「包み」は「こじあける」などというが, これらのすべてにも *break* を適用できる. *break* の類義語はいろいろあるが, それらの中でも *break* がもっとも基本的, 日常的で意味領域が広い. ⇨ SYN. **b** (荒っぽく)引きちぎる, 引き裂く; 折る: ~ a branch *from* [*off*] a tree 木から枝を折り取る / ~ the handle *off* 柄をもぎ取る / ~ a stick 棒を折る / ~ one's pencil 鉛筆(の芯)を折る / ⇨ *break* BREAD. **c** (粉々にしたりして)役に立たなくする, 壊す: ~ a clock (落としたりして)時計を壊す / ~ a window 窓を壊す / ~ a lock [door, case, safe] 錠[戸, 箱, 金庫]を破壊する. **d** 〈骨を〉折る; 〈体の一部〉の骨を折る: ~ a bone / ~ one's leg / ⇨ *break a* LEG, *break a person's* BACK¹ / ⇨ *break one's* NECK¹, *break the* NECK¹ *of*. **e** …の関節をはずす, 脱臼する (dislocate). **f** 〈皮膚を〉切る, 傷つける; 〈体の一部〉の皮膚を切る[傷つける]: ~ the skin 皮膚を傷つける / ~ a person's head 人の頭をけがさせる. **g** 〈岩などを〉〈波を〉砕く (shatter). **h** 〈血管を〉破裂させる: ~ an artery 動脈を破裂させる. **i** 〈土地〉の表面を切って掘り起こす, 〈土地を〉耕す: ~ the soil / ⇨ *break* GROUND¹. **2 a** 押し[こじ]あける; 〈穴・通り道など〉切り開く: ~ a

package (open) 包をあける / ～ a hole in a wall 壁に穴をあける / ～ a way [path] 道を切り開く / ～ a passage through a crowd 人込みの中を通り抜ける / The chicken broke its way out of the egg. ひよこは卵を割って出て来た.
b 無理に押し通る: ～ a fence. **c** 〈束縛などを〉破って出る, 脱する; 〈隠れ場・やぶなど〉から飛び出す: ～ prison [jail] 脱獄する / ～ cover [covert] やぶ[潜伏所]から飛び出す / ⇨ *break* SHIP. **d** 〘法律〙…に押し入る, 不法侵入する. ★〘法律〙以外は《古》: ～ a house 家宅へ侵入する (cf. housebreaking).
3 a 〈法律・規則・契約・誓い・慣習などを〉破る, 犯す (violate): ～ a law [an agreement, a treaty] 法律[協定, 条約]を破る / ～ one's [a] promise [word] 約束を破る / ～ an appointment 予約をすっぽかす / ～ faith *with* …に対して信義を破る, …を裏切る / ～ the Sabbath 安息日のおきてを破る. **b** 〈遺言を〉(法的に)無効にする. **c** 〈ストライキを〉破る: ～ a strike スト破りをする, 出し抜いて就業する.
4 a 〈行き詰まりなどを〉打破する, 終わらせる 〈*off, up*〉: ～ a deadlock [tie]. **b** 〈平和・沈黙・単調・気分・魔力などを〉破る, 乱す (interrupt): ～ the peace 平和[治安]を乱す / ～ the monotony 単調を破る / ～ (a) silence 沈黙を破る / ～ gloom ゆううつな気分を散じる / ～ a person's rest [sleep] 人の休息[眠り]を妨げる / ～ a spell 魔法を破る / a voice *broken* with sobs 泣きじゃくりのために乱れた声. **c** 〈足並・列などを〉乱す: ～ step 歩調を乱す / ～ ranks with one's comrades 同志との隊列を乱す / ～ the enemy's line 敵の戦線を破る[乱す].
5 a 中絶[中断, 遮断(しゃだん)]する, 切る (discontinue): ～ (*off*) diplomatic relations with …と外交関係を絶つ / ～ one's journey 旅行を中断する, 途中下車する / ～ the thread of an argument 議論の筋[脈絡]を切る[絶つ] / Rail communication is *broken*. 鉄道が不通になった. **b** 〘電気〙〈回路・電流を〉絶つ[遮断する]: ～ an electric current 電流を絶つ (cf. circuit breaker). **c** 〘電算〙〈プログラムを〉デバッグ (debug) のため実行を中断させる.
6 a 〈習慣などを〉やめる, 断つ (discontinue) 〈*off*〉: ～ a long-standing tradition 古くからある伝統を絶つ / ～ (*off*) a habit. **b** 〈人〉に〔癖などを〕やめさせる 〔*of*〕: ～ a person *of* a habit 人の癖を直す[矯正する]. **c** (途中を飛ばして) 別のページに続ける.
7 a 〈人・人の生涯を〉破滅させる (ruin): ～ a person's career / be completely *broken* by the failure その失敗で全く破滅する. **b** 破産させる (bankrupt): ⇨ *break the* BANK[1]. **c** 〘軍事〙解職する (dismiss, cashier), 降格させる (demote): ～ an officer 将校を解任する[兵卒に引き下げる].
8 a 〈抵抗などを〉抑える, 弱める; 〈敵を〉打ち破る (destroy) 〈*down*〉: ～ a rebellion 暴動を鎮圧する / ～ the enemy / ～ the competition 競争相手に勝つ / ～ a drug(s) ring 麻薬組織をつぶす. **b** 〈人の気力[健康, 体力]を消耗させる[そぐ] 〈*down, up*〉; 〈気力を〉くじく 〈*down*〉: ～ a person's spirit [health] 人の気力[健康]をくじく[健康をそこなう] / He was *broken up* by his wife's death. 妻の死で気落ちしてしまった / ⇨ *break a person's* HEART.
9 〈風力・落下・打撃などの力を〉阻む, 弱める (cf. windbreak): There was nothing to ～ the force of the wind. 風力をさえぎるものは何もなかった / The bushes *broke* his fall. (落ちるとき)やぶがあったので落ち方がひどくなかった.
10 a 〈心・悪い知らせなどを〉打ち明ける; 〈秘密などを〉漏らす, ほのめかす; 口に出して言う; 〘新聞〙〈ニュース・話などを〉発表する, 公にする: ～ news gently to a person (びっくりさせないように)そっと人に伝える / The newspaper *broke* the story on its front page. 新聞はその記事を一面に載せた. **b** 〈冗談を〉言う (crack).
11 a 〈記録などを〉破る (exceed): ～ the record for the high jump 高跳びの記録を破る. **b** …の記録を上回る: ～ 90 in golf ゴルフで 90 を切る.
12 a 〈事件・問題などを〉解決する (solve): ～ a criminal case 刑事事件を解決する. **b** 〈暗号などを〉解読する, 解く (decipher) 〈*down*〉: ～ a code.
13 a 〈一組の器物・本などを〉分ける, ばら(ばら)にする 〈*up*〉, ばらにして売る: ～ a set. **b** 〈貨幣を〉くずす (change): ～ a dollar bill into quarters 1ドル札を25セント硬貨にくずす. **c** (小単位に)分割する (divide) 〈*up, down*〉.
14 〈魚などが〉〈水面上に〉飛び上がる, 浮上する: ～ cloud 〈飛行機が〉雲間から出現する, 雲間を通過する / ⇨ *break* WATER.
15 〈証言などの虚偽[欺瞞(ぎまん)]性を明らかにする (disprove) 〈*down*〉: ～ an alibi アリバイを崩す.
16 〈株式・相場などを〉急落させる.
17 a 〈動物を〉ならす, おとなしくする (train) (⇨ BREAK *in* (*vt.*) (1)): ～ a horse (to harness [the rein]) 馬を(馬具[手綱(たづな)]に)慣らす. **b** 慣れさせる (accustom).
18 a 〈鎖などを〉ゆるめる (loosen). **b** 〈テントを〉取りはずす, たたむ, 壊す (cf. strike *vt.* 16 c): ～ camp キャンプをたたむ; 野営を片付けて去る.
19 〈営業活動・企画などを〉(鳴り物入りで派手に)開始する, 展開する.
20 (弾丸をこめるため)〈猟銃・空気銃などを〉二つに折る: ～ a shotgun.
21 a 〘球技〙〈投球を〉カーブさせる; 〘テニス〙相手のサービスゲームを破る, ブレークする: ～ (a person's) service. **b** 〘クリケット〙〈打者が〉〈三柱門〉のベイル (bail(s)) を(誤って)落とす (cf. HIT *wicket*): ～ the wicket. **c** 〘クリケット〙= turn 6 c.
22 〘ボクシング〙…にブレークを命じる, クリンチをやめさせる.
23 〘玉突〙〈ラック (rack) した玉を〉初キューで突く.
24 〘音声〙〈母音〉の割れ (breaking) を起こす, 割る.
25 〘海事〙〈帆・旗を〉(たたんだまま揚げて)上でぱっと広げる.
26 〘化学〙軟化させる: ～ water 硬水を軟化させる.
— *vi.* **1 a** 壊れる, 割れる, 砕ける: ～ *in* [*into*] fragments 粉々に割れる / things that ～ easily 壊れやすい物 / The ice will ～. その氷は割れる, 乗ったらもつまい. **b** 破れる (burst); 〈はれものが〉つぶれる; 破水する: The dam has *broken!* ダムが決壊したぞ / The boil *broke* and discharged pus. はれものがつぶれて膿(うみ)が出た / Her water [〘英〙waters] *broke*. 彼女は破水した. **c** ちぎれる, (ぷつりと)切れる, (ぽっきり)折れる (split): ～ short ぽっきり折れる / The rope [line] has *broken*. 綱[線]が切れた. **d** 〈波が〉砕ける: waves ～*ing* against [on] the rocks 岩に砕ける波.
2 a 押し進む, 押し通る; 貫く (penetrate): ～ *through* resistance [a crowd] 抵抗[群衆]の中を押し進む / ～ *through* a wall 壁を破って入る. **b** 〔束縛などから〕破って出る, 脱出する, 逃れる 〔*from, out of*〕: ～ *out of* jail 脱獄する / ～ free [loose] (*from*) (…から)逃れる, 逃げ出す, 脱出する. **c** 〔…に向かって〕突進する (dash) 〔*for*〕: ～ *for* the goal.
3 a 壊れる, 故障する, 動かなくなる: The radio *broke*. ラジオが故障した. **b** 〈商人などが〉破産する; 〈信用・名誉などが〉落ちる: The bank *broke*. 銀行がつぶれた.
4 a 途切れる, 中断する: The line ～*s* (*off*) at the fifth generation. 血統は5代目で断絶している / We *broke* (*off*) for tea [for five minutes]. 仕事を中断してお茶にした[5分間休んだ] / At this point the manuscript ～*s off*. ここで写本は中断している. **b** 〔…と〕関係を断つ, 絶交する 〔*with*〕; 〈夫婦が〉別れる 〈*off, up*〉: ～ *with* one's family 家族と縁を切る / ～ *with* a long-standing tradition 古くからある伝統を絶つ. **c** 〔…の〕邪魔をする, 〔話などを〕さえぎる 〔*into*〕: ～ *into* a conversation 会話の中に入り込む / ～ *into* a person's leisure 人のくつろいでいるところを邪魔する. **d** 〔別のページに〕続ける, 飛ぶ 〔*to*〕. **e** 切り離される. **f** 〘電気〙〈回路が〉絶たれる. **g** 〘電算〙〈プログラムが〉デバッグ (debug) のため実行を中断する.
5 a 〈隊・列・陣形などが〉乱れる, 崩れる, 算を乱す: The enemy *broke* before them. 敵軍は彼らの勢いに抗しえないで崩れた. **b** 〈体質・健康などが〉衰える, 弱る, 〈気力などが〉くじける: His health *broke*. 健康が衰えた. **c** 〈心臓が〉破裂するほどの思いをする: My heart is ready [about] to ～. 断腸の思いだ / My heart is ～*ing*. 胸が張り裂けるほど悲しい / my ～*ing* heart.
6 a 〈笑い声・事件・あらしなどが〉突然起こる, 発生する, 〈怒りが〉発する 〈*out, forth*〉: A gasp *broke* from him. 彼は突然あえぐようにして言った / A charming smile *broke over* her face. にっこりと魅力のある笑顔になった / Laughter *broke out* among the students. 学生の間で笑い声が起こった / A fire *broke out* in my neighborhood. 近所で火事があった / A furious storm *broke* over the city. 猛烈なあらしがその都市を襲った. **b** [通例副詞(句)を伴って]《口語》〈物事が〉起こる: Things were ～*ing* badly. 事態は不調だった. **c** 突然見えてくる[現れる]: ～ *upon* the scene その場に突然現れる / The scene *broke on* his sight. 突然その光景が見えてきた / The news *broke on* an unsuspecting populace. その知らせは疑っていない住民にはだしぬけ[唐突]だった. **d** 〈日が〉明るくなる, 夜明けになる (dawn): Day is beginning to ～. 夜が明け始めた (cf. daybreak). **e** 〈芽・つぼみが〉芽ぐむ, ほころびる 〈*forth, out*〉: The buds are ～*ing forth* in pink. つぼみが薄桃色にほころびかけている.
7 急に〔…の状態に〕なる 〈*out*〉〔*into*〕: ～ *into* a run どっと駆け出す / ～ (*out*) *into* a loud laugh どっと笑い出す / ～ *into* tears [weeping] わっと泣き出す / His face *broke into* a smile. にっこりと笑顔になった.
8 a 〈雲・霧・闇などが〉切れる, 散る, 消散する (disperse); 〈霜が〉解ける (dissolve). **b** 〈続いた天候が〉(急に)変わる, 一変する (change): The fine (spell of) weather *broke*. 好天気が崩れた / The drought began to ～. 日照り続きの天気が変わり始めた. **c** 《米中部》終わる.
9 a 〈男の子の声が〉変わる (crack, change), 声変わりする: His voice began to ～. 声変わりし始めた. **b** 〈声などが〉途切れる, 変わる, 涙声になる. **c** 〘音楽〙〈声・吹奏楽器が〉声域[音域]が変わる.
10 a 分類[分析]される 〈*up, down*〉: This problem ～*s up into* three parts. この問題は3つの部分に分類できる. **b** 折りたためる, 二つに折れる. **c** 〈クリームなどが〉分離する.
11 a 〈魚・鯨などが〉水面上に飛び上がる; 〈潜水艦が〉水面に浮上する. **b** 水面から出る: The atoll ～*s* at low tide. その環礁は引き潮のとき水面に現れる.
12 〈株式・相場などが〉急落する.
13 a 〈話などが〉急に広まる, 広く知られる. **b** 〘新聞・放送〙〈ニュースが〉手に入る, 公表される. **c** 《廃》〈人に伝える, しゃべる (speak) 〔*with, to*〕: ～ *with* thee of Arthur's death お前にアーサーの死を伝える.
14 a 〘野球〙〈ボールが〉曲がる, カーブする. **b** 〘テニス〙(相手のサービスゲームを)ブレークする. **c** 〘クリケット〙〈投球されたボールが〉地面に接した後方向を変える.
15 〘ボクシング・レスリング〙〈ボクサー・レスラーが〉クリンチを解く, 分かれる 〈*away*〉: *Break!* ブレーク《レフェリーの命令》.
16 〘音声〙〈母音が〉割れ (breaking) を起こす, 割れる, 分裂する.
17 〘生物〙変種を生じる.
18 〘玉突〙初キューを突く 〈*off*〉.
19 〘競馬〙**a** 起点[出発点]を出る, 飛び出す. **b** (配当金計算で)端数を切り捨てる.
20 〈馬が〉一定の歩調で走らない《canter で走るべきところ trotting になったりするなど》.
21 《米口語》うまくいく, 成功する; 〈困難を〉突破する[切り抜ける].
bréak awáy (*vi.*) (1) 〔…から〕(突然)離れる; 逃走[脱走]する, (つかんでいる人などから)逃げる (escape) 〔*from*〕; (レースで)集団から抜け出す 〔*from*〕; 〘スポーツ〙敵のゴールへ突進する: ～ (*away*) *from* the past 過去から逃れる[との関係を断つ]. (2) 〈地域が〉分離独立する; 〈政党などから〉離党[脱退]する 〔*from*〕; 〔主題・考えなどから〕はずれる, 離脱する 〔*from*〕. (3) 〔習慣などを〕急にやめる 〔*from*〕. (4) 〈雲などが〉四散[消散]する. (5) 晴れ上がる (clear up). (6) **a** (競走で)集団から抜け出す; (フットボールなどで)急に反撃に出る, 速攻に移る (cf. breakaway 7). **b** 〘競馬〙合図前にスタートを切る. (7) ⇨ *vi.* 15. — (*vt.*) 取り壊す.
bréak báck (1) 元の状態に(急に)戻る. (2) 急に逆方向に走る. (3) 〘クリケット〙〈ボールが〉(打者の外側から)曲がって飛び込む. ***bréak bréad*** ⇨ bread *n.* 成句.
bréak dówn (*vt.*) (1) 〔…に〕分解する, 分析する (analyze); 〈仕事・計画などを〉小分けして理解[処理]する 〔*for*〕; 〔…に〕分類する (classify) 〔*into*〕. (2) 〈壁・戸などを〉破壊する, 取り壊す; 押し[たたき]つぶす: The police *broke* the door *down*. 警察はドアを破った. (3) 〈障害・反対・偏見などを〉打破する, 取り除く, 無効にする. ⇨ *vt.* 8. (4) ⇨ *vt.* 13 c. (5) ⇨ *vt.* 15. — (*vi.*) (1) 〈機械・乗物・通信網などが〉壊れる, 故障する. (2) 〈計画・交渉などが〉(途中で)つぶれる, 〈関係・結婚などが〉だめになる, あとが続かなくなる. (3) 〔…に〕分解[分類]される 〔*into*〕. (4) (悲嘆のあまり)泣き崩れる; 失声する. (5) 折れる, 説得に応じる. (6) 〈健康・力などが〉衰える, 弱る; 〈人が〉(過労などで)倒れる, 参ってしまう. (7) 崩れる (give way). (8) 停電する.
bréak éven (1) (商売・賭け事などで)損得なしに[五分五分に, タイに]なる. (2) (勝負などで)引き分けになる. 《1914》
bréak *one's* ***héad agáinst***＝***bréak*** *one's* ***téeth on*** … の難関にぶつかる, 壁にぶつかる. ***bréak ín*** (*vt.*) (1) 〈人〉を〔新しい仕事・職場に〕慣れさせる 〔*to*〕; 〈馬・機械などを〉慣らす, 慣らし運転をする; 〈靴を〉履き慣らす; 〈たばこのパイプを〉使い慣らす. (2) 〈子供を〉仕込む, しつける (train) 〔*to, as*〕. (3) 〈戸を〉壊して押し入る: The police *broke in* the door. 警官たちは戸を壊して中に入った. (4) 《豪》〈新しい土地を〉開墾する. — (*vi.*) (1) 押し入る, 〈コンピューターなどに〉侵入する. (2) 〔…に〕割り込む, 差出口する, 〔…を〕邪魔する; 〔…に〕(突然)現れる 〔*on, upon, with*〕: Adversity *broke in upon* him. 不幸が突然彼の前に現れた / His voice *broke in upon* my thoughts. 私が考え事をしているところへ彼の声が突然入ってきた. (3) 活動[勤め]を始める; 経験を積む, 慣れる: I'm ～*ing in* as assistant editor. 編集助手として経験を積んでいる. (4) 〈靴が〉(慣れて)履きやすくなる. ***bréak ínto*** (1) …にだしぬけに入る; …に押し入る, 〈コンピューターなどに〉侵入する, 踏み込む, 乱入する. (2) ⇨ *vi.* 7. (3) ⇨ *vi.* 4 c. (4) 《口語》〈職業・活動など〉につく, 進出する: He *broke into* the movies. 映画界に入った. (5) 〈予備の物資〉を消費する, 使う; 〈非常用物資・貯金に〉(不本意ながら)手をつける. (6) 〈新しい瓶・缶などを〉あけて飲む[食べる]. (7) 〈話などに〉割って入る. (8) 〈高額紙幣を〉出して(安い物を)買う. (9) 〈仕事などが〉…に食い込む. ***bréak it dówn*** 《豪口語》(1) (好ましくないことを)やめる, よす (stop it). (2) 信じない, ばかなことをやめる: *Break it down!* やめろ, よせ; ばかも休み休み言え. ***bréak it úp*** [通例命令文で]《口語》けんかをやめる: OK, boys, ～ *it up*, now: no more fighting! さあ, もうやめなさい, けんかはもう終わりだ. ***bréak lóose*** ⇨ loose *adj.* 成句.
bréak (***néw***) ***gróund*** ⇨ ground[1] *n.* 成句. ***bréak óff*** (*vt.*) (1) ⇨ *vt.* 1 b. (2) ⇨ *vt.* 4 a. (3) ⇨ 5 a. (4) ⇨ *vt.* 6 a. — (*vi.*) (1) 〈枝などが〉折れて取れる. (2) (話・行為などを)急にやめる, 中止する〔*from*〕; 〈話し合いなどが〉決裂する. (3) ⇨ *vi.* 4 a. (4) よそよそしくなる; ⇨ *vi.* 4 b. ***bréak ópen*** (1) ⇨ *vt.* 2 a. (2) 《米》持ち出す, 出してくる (bring forward). ***bréak óut*** (*vi.*) (1) ⇨ *vi.* 6 a, 6 e. (2) 抜け出る, 脱出する 〔*of, from*〕. (3) 〈吹出物が〉急に出る, 発疹(はっしん)する; 〈人・皮膚などが〉〈吹出物・汗などで〉覆われる 〔*in, into, with*〕: ～ *out in* a rash [a sweat] あせもがいっぱいできる[ぐっしょり汗をかく]. (4) ⇨ *vi.* 7. (5) [現在分詞を伴って] 急に…し出す: ～ *out* crying [laughing] 急に泣き[笑い]出す. (6) 不意に叫び出す: ～ *out with* oaths at …をののしり出す. — (*vt.*) (1) 使うために〈銃・テントなどを〉出す[用意する]. (2) 〈揚げた旗を〉広げる (release): ～ *out* a flag. (3) 《口語》〈容器など〉から中身を取り出す; 〈品物を〉取り出す; 〈飲食物〉の用意をする (prepare): ～ *out* a bottle of whisky ウイスキー1本を取り出す / ～ *out* the coffee コーヒーの準備をする. (4) 〔決まった手順などから〕抜け出る; 〔悪循環から〕脱却する; 生き方を変える 〔*of*〕. (5) 〈データーの一部を〉抜き出す. (6) 〈…を〉不意に叫ぶ. (7) 〘海事〙〈船艙(せんそう)〉から積荷を出す: ～ *out* the hold 船艙を開いて荷揚げに着手する, 揚げ荷役を始める. (8) 〘海事〙起き錨にする《錨をあげるとき, 錨鎖(びょうさ)を巻きあげて錨を海底から離す》. ***bréak óver*** (1) 〘電気〙ブレークオーバーする (⇨ breakover 2). (2) 〈波が〉ぶつかって…の上を越える. (3) 〈喝采などが〉〈人〉に浴びせられる. ***bréak shéer*** ⇨ sheer[2] *n.* 3. ***bréak shórt*** (***óff***) ぽきりと折れる; 中断する. ***bréak the báck of*** ⇨ back[1] *n.* 成句. ***bréak the bánk*** ⇨ bank[2] *n.* 成句. ***bréak the íce*** ⇨ ice *n.* 成句. ***bréak the mó(u)ld*** 型を破る, 変化させる. ***bréak thróugh*** (1) 〈壁などを〉突破する. (2) (努力の末に)大きく前進する, 大発見をする: After years of research she finally *broke through* and discovered a cure. 長年の研究の結果彼女はついに治療薬を発見した. (3) 〈日光などが〉差し込む. (4) 〈特徴・感情などが〉見えてくる. (5) 〔…に〕到達する; 連絡する 〔*to*〕: How can I ever ～ *through* to you? いったいどうすれば連絡できるのか. ***bréak thróugh …*** (1) ⇨ *vi.* 2 a. (2) 〈内気さ・差別・文化の違いなどを〉乗り越える, うまく対処する. (3) 〈数量が〉…を突破する. (4) 〈謎など〉を解明する. (5) 〈日光が〉…ごしに差し込む. ***bréak úp*** (*vt.*) (1) 〈船などを〉解体する, ばらばらにする. (2) 〈会合などを〉解散する, 終

わらせる; 〈けんかを〉やめさせる; 〈会話などを〉中止する, 中断する: ～ *up* a meeting. (3) ⇨ *vt.* 4 a. (4) ⇨ *vt.* 8 b. (5) ⇨ *vt.* 13 a, c. (6) 〈単純な色彩などに〉別な色などを加えて目ざましくする; 〈…が～日の〉区切りとなり気分転換となる. (7) 《米》大笑いさせる, 吹き出させる: That joke really *broke* me *up!* その冗談にはほんとに吹き出してしまった. (8) 〈病気を〉治す (cure). ―(*vi.*) (1) ばらばらになる〔*into*〕. (2) 〈会合などが〉解散する; 〈群衆などが〉分かれる (disperse); 《英》〈学校が〉休暇になる〔*for*〕: The meeting *broke up* at half past three. 会は3時半に散会した / When does your school ～ *up for* the summer? いつ夏休みになるのか. (3) ⇨ *vi.* 4 b. (4) 〈企業などが〉分割される. (5) 〈霜が〉解ける. (6) 〈天候が〉くずれる. (7) 《米》爆笑する: I really *broke up* (laughing) when I heard that joke. その冗談を聞いたときにはほんとに吹き出してしまった. (8) 《口語》(精神的・肉体的に)参ってしまう. (9) ⇨ *vi.* 10 a. (10) 〘ラグビー〙スクラムを解く. ***bréak with*** (1) ⇨ *vi.* 4 b. (2) ⇨ *vi.* 13 c. ***máke or bréak*** ⇨ make[1] *v.* 成句.

― *n.* **1 a** 破壊, 破損, 破れ. **b** 大樽 (hogshead) に穴をあけること. **2** 壊れ目, 裂け目, 切れ目 (rent): a ～ in a gas pipe ガス管の割れ目 / a ～ in the clouds 雲の切れ目. **3 a** (連続したものの)中断; 途切れ (pause): a ～ in conversation / a ～ in the rainy season 雨期[梅雨時]の晴れ間 / without a ～ 切れ目なしに, 続けて. **b** (仕事などの中間の)休憩, 小憩 (brief rest) (cf. coffee break, tea break); 《英》(授業間の)休み[遊び]時間 (cf. recess): take [have] a ～ for tea 仕事を中断してお茶にする. **c** 〘ラジオ・テレビ〙(局名明示などのための)番組の短い中断: ⇨ station break. **d** (スポーツ競技の)合間. **4 a** (交際・友情などの)断絶 (rupture): a ～ between two families [friends] / make the ～ (長い間つきあってきた人・物と)決別する. **b** (伝統などからの)決別, 断絶: make a clean ～ with the past 過去ときっぱり縁を切る. **c** 〘電気〙切り, 断線, (回路の)遮断(しゃだん). **5 a** 脱走 (escape); 突進〔*for*〕: a ～ *for* freedom 自由を求めての脱走 / make a ～ (for it) 逃げ出す / a jail ～ 脱獄. **b** 〘法律〙不法侵入. **6 a** 開始, 始まり; 夜明け (dawn): at ～ of day 夜明けに. **b** 〘競馬〙出発, スタート. **7 a** 折れ目; 変わり目, 分岐点: a ～ *in* one's life 人生の変わり目. **b** (方向の)急転回; (馬の歩調などの)急変. **c** (証券価格の)急激な下落. **8** 《口語》機会, チャンス; 運; (特に)幸運; 厚遇: a bad ～ 運の悪さ, 不運 / get a (good [lucky]) ～=get the ～*s* 幸運に恵まれる, (運が)つく. **9 a** 《口語》(社交上の)失態, 失策, へま, 失言 (slip). **b** 神経衰弱, ノイローゼ (breakdown). **10 a** (野球などの)カーブ, 曲球. **b** 〘テニス〙サービスブレーク (service break, break of serve [service]). **c** 〘クリケット〙投げられたボールが地面に接してから方向を変えること. **d** 〘バスケットボール〙=fast break. **11 a** 〘ボクシング・レスリング〙(試合中に組み合った選手に対してレフェリーが発する)「ブレーク」の命令. **b** 〘ボウリング〙ブレーク《ストライクやスペアの続いた後のオープンフレーム》. **12** (自転車ロードレースで)選手の一団から抜け出して他を引き離すこと; または抜け出した選手. **13** 〘造船〙船楼端《船首楼の後端, 船尾楼の前端および船橋楼の前後端》. **14** 〘音楽〙**a** (声域の)変わり目, (音の)変換点. **b** 思春期の声変わり. **c** (ジャズ音楽における)即興風のカデンツァ. **d** (ポップスにおける)楽器だけの楽節. **15** 〘生物〙突然変異 (sport). **16** 〘新聞〙スペースの都合で通例最下欄で他へ移すため記事が中断されるところ. **17** 〘玉突〙**a** 突き始め, 初キュー. **b** 連続の得点: make a ～ of 80 連続 80 点を得る. **c** 初キューを打つ権利. **18** 〘釣〙(魚の跳躍のための水面の)波紋. **19** 〘詩学〙(行中または行末の)休止 (pause, caesura). **20** 〘印刷〙**a** 句切り, 段落. **b** [*pl.*] 省略符(号) (⇨ suspension periods). **c** =break line. **d** (活字鋳造の際にできる)ぜい片. **21** 〘鉱業〙断層 (fault). **22** (市民ラジオで)利用者が無線回路にアクセスすること.

a bréak in the wéather (悪天候中の)わずかな晴天, 天候の変化. ***gíve a person a bréak*** (1) 人に(もう)一度やらせてみる; 人を大目に見る; 人に手を貸す, 助け船を出す: *Give* him *a* ～: he needs a job. もう一度やらせてやってくれ, 仕事が必要なのだ. (2) [Give me a ～ として] 《口語》やめてくれ, たくさんだ; うそ[ばかなこと]も休み休みに言え: *Give* me *a* ～: stop pestering me. いいかげんにしてくれ. これ以上困らせないでくれ. ***bréak and énter*** =BREAKING and entering.

〚OE *brecan* < Gmc **brekan* (Du. *breken* / G *brechen*) ← IE **bhreg-* to break (L *frangere* to break)〛

SYN 壊す: **break** 衝撃を与えてばらばらにする《最も一般的な語》: The hooligans *broke* the shop windows. フーリガンたちはショーウィンドーを割った. **smash** がちゃんと騒々しい音を立てて打ち砕く: The vase was *smashed* to pieces. 花瓶は粉々に打ち砕かれた. **crush** 外部から圧力を加えて原形をとどめないほど粉砕する: He *crushed* an egg in one hand. 片手で卵を握りつぶした. **shatter** 突然に激しくこっぱみじんにする[なる]: I *shattered* the vase when I dropped it on the floor. 花瓶をがちゃんと床に落として粉々にした. **crack** ひびを入れる: The dish was *cracked*, not broken. 皿は割れたのではなく, ひびが入っていた. **fracture** 〈堅いもの, 特に骨を〉砕く, 折る《格式ばった語》: He *fractured* his leg. 足の骨を折った. **splinter** 〈木・骨などが〉細長く鋭い断片に裂ける: The tree was *splintered* by the thunderbolt. 木は落雷のために裂けた.

break[2] /bréɪk/ *n.* **1** 幼馬調教車《御者台があって車体のない車》. **2** 四輪の大型遊覧馬車. **3** 《英》=station wagon. 〘(1831) 《転用》? ← 《廃》*brake* cage, framework ← ?: cf. break[1] (vt.) 17 a〛

break·a·ble /bréɪkəbl/ *adj.* 壊すことができる; 壊れやすい, 崩れやすい, もろい (⇨ fragile SYN). ― *n. pl.* 破損しやすい品物, 割れ物. **bréak·a·bly** *adv.* **～·ness** *n.* 〘(1570): ⇨ break[1], -able〛

break·age /bréɪkɪdʒ/ *n.* **1** 壊すこと; 破損, 壊れ. **2 a** [通例 *pl.*] 破損物[品]. **b** 破損箇所[部分]. **3** 〘商業〙破損高; 破損見越し高; 破損賠償高: allow for ～ 破損を見越し差し引く. **4** 〘海事〙**a** 荷隙(にすき)《船倉内の積荷余地》. **b** 積荷破損. **5** 〘競馬〙(配当金計算における)端数切捨て; 端数切捨金, (これによる主催者側の)利益金. 〘(1813): ⇨ break[1], -age〛

break·away /bréɪkəwèɪ/ *adj.* [限定的] **1** 〈団体などの一部が〉分離する, 脱退した: a ～ faction 分派. **2** 《米》〈舞台装置・小道具など〉壊れる[破れる]ようにして[作って]ある (cf. *n.* 4): a ～ chair, dress, etc. ― *n.* **1** 分離, 切断. **2 a** (仲間からの)離脱, 造反; (主義などからの)転向; (伝統からの)逸脱, 遊離: make a ～ *from* .... **b** 逸走, 脱走, 解放. **c** =break[1] *n.* 12. **3** 《豪》**a** (家畜の群れなどが)先を争って走り出すこと. **b** 群れから離れた動物. **4** 《米》(劇場などで, けんかの場面などに使う)簡単に壊れる[破れる]小道具[家具] (など) (cf. *adj.* 2). **5** 《米》〘スポーツ〙早すぎるスタート, フライング. **6** 〘ボクシング〙(インファイト後の)ブレーク. **7 a** 〘ラグビー〙(ボールを持ってする敵のゴールへの)突進. **b** 〘フットボール・ホッケー・バスケットボール〙ディフェンスの位置から急に反撃に出ること. **8** 〘航空〙(空気の流れの)剥離: a ～ of flow. 〘(1881) ← *break away* (⇨ break[1] (v.) 成句)〛

bréak·bòne fèver *n.* 〘病理〙デング熱 (⇨ dengue). 〘*c*1860〛

bréak-bùlk *adj.* 小口分けした《船倉内全部またはコンテナ内部の一まとめの荷物を分けて小口に別々のものとした; cf. *break* BULK[1]》. 〘1622〛

bréak cròp *n.* 〘農業〙区切り作物《連続して栽培されている穀物に区切りをつける作物》. 〘1967〛

bréak dàncing *n.* ブレークダンス《米国都市部の黒人たちが路上で行っていたアクロバティックなダンスで, 1980 年代に流行した》. **bréak-dànce** *vi.* **bréak dàncer** *n.* 〘1982〛

break·down /bréɪkdàʊn/ *n.* **1** (交渉などの)決裂, 分裂; (事業などの)崩壊, 倒産 (downfall); (機械・列車などの)破損, 故障; 破壊: a ～ of negotiations 交渉の決裂. **2** (過労などで)倒れる[参る]こと (collapse), (肉体的・精神的)虚脱, 衰弱: ⇨ nervous breakdown. **3 a** 分類 (classification). **b** (特に計算書などの)内訳; (わかりやすくした)説明. **4** 《米》(騒々しく動きの激しい)民俗舞踊. **5** 〘化学〙分解(作用) (decomposition); 分析 (analysis): a ～ product. **6** 〘電気〙絶縁破壊《ガス封入管内において2本の電極間に電気が流れること》. 〘(1832) ← *break down* (⇨ break[1] (v.) 成句)〛

bréakdown gàng *n.* 《英》〘鉄道〙救難[応急]作業隊 (《米》wrecking crew). 〘1863〛

bréakdown lights *n. pl.* 〘海事〙=not-under-command lights.

bréakdown lòrry [trùck, vàn] *n.* 《英》救難車, レッカー車 (《米》tow truck). 〘1933〛

bréakdown vòltage *n.* 〘電気〙破壊電圧《絶縁物に電圧を加えて絶縁が破壊されたときの電圧》. 〘1915〛

break·er[1] /bréɪkə | -kə(r)/ *n.* **1** (海岸や暗礁などに当たって砕ける大きな)砕け波, 波浪, 白波 (⇨ wave SYN). **2 a** 壊す[破る]人, 破砕者: a ～ of promise. **b** (自動車などの)解体処理会社. **3 a** 破砕機, 砕岩機, 破岩機. **b** 〘電気〙=circuit breaker. **c** 〘紡織〙亜麻(あま)・大麻・黄麻の木質部を破砕する機械, 砕茎機. **d** (開墾地用の)すき. **4** (動物を仕込む)調練者: a horse ～ 馬の調練師. **5** 〘自動車〙ブレーカー《タイヤのカーカス (carcass) の上に付けて外部からの衝撃を緩和する補強帯》. **6** 市民ラジオの利用者《あるチャンネルに割り込んで交信を求める人》.

Bréakers ahéad! (1) 〘海事〙本船の針路上に波浪が見えます《暗礁を暗示するような特殊な波が見えたときの合図》. (2) 前途に危険がある.

〘? lateOE: ⇨ break[1], -er[1]〛

break·er[2] /bréɪkə | -kə(r)/ *n.* 〘海事〙(小舟に乗せる飲料水用の小さな)水樽. 〘(1833) 《転訛》← Sp. *bareca* 《変形》← *barrica* cask〛

bréaker càrd *n.* 〘紡織〙荒梳(あらすき)カード.

bréak-éven 〘会計〙*adj.* 生産費と売上額が同額の; 損得なしの, とんとんの: a ～ rent. ― *n.* =break-even point. 〘1938〛

bréak-éven chàrt *n.* 〘会計〙損益分岐図表.

bréak-éven pòint *n.* 〘会計〙損益分岐点《収益が費用と同額となり損得なしになる点; 略 BEP》.

bréak·fàll *n.* (柔道などで危険を避ける)倒れ方, 受け身. 〘1906〛

break·fast /brékfəst/ *n.* **1** 朝食: at ～ 朝食の時に; 朝食を食べて / have ～ at seven 7時に朝飯を食べる / watch ～ TV 朝食時のテレビ番組を見る (cf. breakfast television). **2 a** (時間に関係なく)その日最初の食事; (時間に関係なく)軽食のような簡単な)食事. **b** =wedding breakfast. **3** (西インド諸島の)昼食. ***háve [éat] a person for bréakfast*** 《口語》(けんか・議論・商売などで)人を簡単に打ち負かす, なんなくやり込める.

― *vi.* 朝飯を食べる: ～ *on* …で朝食を済ます. ― *vt.* 〈人に〉朝食を供する.

～·less *adj.* **～·er** *n.* 〘(1463) ← ME *to breken faste* to put an end to fasting: ⇨ break[1], fast[2]〛

bréakfast cèreal *n.* =breakfast food (cf. cereal 1).

bréakfast cùp *n.* モーニングカップ《朝食用の大型コーヒー[紅茶]茶碗》. 〘1762〛

bréakfast fòod *n.* 朝食用のインスタント食品《オートミール・コーンフレークスなどの加工食料品》. 〘1898〛

bréakfast nòok *n.* (台所の一角の)軽食用コーナー.

bréakfast télevision *n.* 《英》朝のテレビ番組.

bréak fèeding *n.* 《NZ》牧草地を可動性の通電柵で区切って家畜に草を食べさせること.

bréak·frònt *adj.* 〈たんす・本箱など〉中央部が前に張り出している. ― *n.* 左右の面より中央部が前に張り出したたんす[本箱など]. 〘1928〛

break-in /bréɪkɪ̀n/ *n.* **1** (家への, 特に賊の)侵入; 押入り, 割込み. **2** 試行, 試演, 試運転, 使い慣らし. ― *adj.* 慣らしの, ためしの, 試運転の. 〘1856〛

break·ing *n.* **1** 破壊: a ～ test 〘機械〙破壊試験. **2** 〘電気〙断線. **3** 〘音声〙割れ, 分裂 (単母音の二重母音化; 次にくる子音の影響を受けて単母音が half > healf, were > weore のように二重母音に変じることで, 古英語に多い; cf. broken vowel). 〘(1871) 《なぞり》← G *Brechung*〛

bréaking and éntering [éntry] 〘法律〙=housebreaking 1. 〘1797〛

〘OE *brecunge*: ⇨ -ing[1]〛

bréaking bàll [pìtch] *n.* 〘野球〙変化球《特にカーブ・スライダー》.

bréaking càrt *n.* (馬の)調教用の馬車.

bréaking lòad *n.* 〘機械〙破壊荷重, 破断荷重《物体が外力によって破壊されるときの荷重》.

bréaking pòint *n.* **1** 〘機械〙破壊点《膨張・圧力への抵抗の限界点》. **2 a** (事態が)持ちこたえられる[忍耐できる]限度. **b** 危機的状況. 〘1899〛

bréaking strèngth [strèss] *n.* 〘機械〙破壊強さ, 破壊応力《物体が外力によって破壊されるときの応力》. 〘1902〛

bréak lìne *n.* 〘印刷〙(段落の最後の行がごく短い)行末あきの行, ブレークライン.

bréak·nèck *adj.* [限定的] (首の骨を折りそうな)危険極まる; 猛スピードの; 非常に急な: at ～ speed 〈車が〉猛スピードで / a ～ climb 急な上り坂. 〘1562〛

bréak·òff *n.* 急に止まる[やめる]こと; (交渉などの)決裂. 〘1804〛

bréak·òut *n.* **1** 囲みを破って出ること, 包囲突破 (cf. breakthrough 2), 脱獄. **2** 発疹, 吹出物. **3** 井戸掘削道具を分離すること[取りはずすこと]. 〘1820〛

bréak·òver *n.* **1** (新聞・雑誌掲載の記事で)他のページに続く部分 (cf. jump *n.* 12). **2** 〘電気〙ブレークオーバー《半導体がある電圧を超えると急に導通状態となること》.

bréak·pòint *n.* **1** (ある経過の中での)中断点. **2** 〘テニス〙ブレークポイント《相手のサービスゲームを破る決めのポイント》; (その)決めたポイント. **3** 〘電算〙ブレークポイント《プログラムのチェックのためにある特定の条件や命令を入れておき, 割込みなど他のプログラムなどの実行が行われる場所》. 〘1878〛

bréak-pròmise *n.* 《Shak》約束を破る人. 〘1599〛

Break·spear /bréɪkspɪə | -spɪə(r)/, **Nicholas** *n.* ブレークスピアー《ローマ教皇 Adrian 四世の本名》.

break·through /bréɪkθrùː/ *n.* **1** (科学などの)顕著な進歩, 大躍進: make a ～ in …に大きな前進を見せる. **2 a** (妨害・難関などの)突破. **b** 〘軍事〙(敵陣地の)完全突破, 大規模な突破; 突破口の形成 (cf. breakout 1). **3** 《米》(物価・評価などの)急騰: a ～ in steel prices. 〘1918〛

breákthrough bléeding *n.* 〘医学〙破綻出血《正常な日数を超えて持続する月経出血》.

bréak tìme *n.* 《英》(学校の)休み時間 (《米》recess).

break·up /bréɪkʌ̀p/ *n.* **1** (夫婦・友人などの)別離; 仲たがい, 絶交, 絶縁: the ～ of marriage 結婚解消. **2** 解体, 破裂 (disruption); 破壊, 崩壊, 壊滅 (destruction). **3** 分割, 分散 (division). **4 a** (学期末休暇にはいるときの)解散. **b** 散会 (dispersal). **5** (カナダ・アラスカなどで)早春に川や港の氷が溶けること; 氷が溶けて船舶の航行が可能になった日. 〘1794〛

bréak·vòw *n.* 《Shak》誓いを破る人. 〘1594–96〛

bréak·wàll *n.* =《米》breakwater 1.

bréak·wàter *n.* **1** 防波堤 (mole), 波よけ. **2** =groin 4. 〘1721〛

bréak·wìnd /-wɪ̀nd/ *n.* 《英》防風林, 防風設備 (windbreak). 〘1823〛

bream[1] /bríːm/ *n.* (*pl.* ～, ～**s**) 〘魚類〙**1** ブリーム (*Abramis brama*) 《ヨーロッパ産の偏平なコイ科ブリーム属の淡水魚; うろこは光によって変化し, 模造真珠の塗料になる》. **2** タイ科のタイに似た海魚の総称 (cf. sea bream). **3** =bluegill. **4** =silver bream. 〘(*c*1387–95) *breme* □ OF *bre(s)me* (F *brème*) ← Gmc (Frank.) **braχsima* ← IE **bherək-* to shine: cf. G *Brassen*〛

bream[2] /bríːm/ *vt.* 《古》〘海事〙〈船の底〉の付着物を(焼いて)かき取る. 〘(1626) ← ? LG: cf. Du. *brem* broom, furze〛

Bream /bríːm/, **Julian** *n.* ブリーム (1933–　; 英国のギター・リュート奏者).

breast /brést/ *n.* **1 a** 乳房(の一方), 乳: give the ～ to a child 子供に乳を与える / a child *at* the ～ 乳飲み子 / rear a child *at* the ～ 子供を母乳で育てる / take [suck] the ～ 〈赤ん坊が〉乳を飲む[しゃぶる]. **b** はぐくむもの, 育成の元[母胎]. **2 a** 胸部, 胸 (chest): clap a person to one's ～ 人を抱きしめる / plunge a knife into a person's ～ ナイフを人の胸部に突き刺す. **b** (衣類の)胸部: the ～ of a coat. **c** (鳥・子羊・子牛などの骨つきの)胸の部分, 胸肉 (⇨ mutton[1] 挿絵): chicken ～*s* 鶏の胸肉. **3** 胸のうち, 胸中, 心情, 思い (heart): a troubled ～ 騒ぐ胸の中, 思い悩む心 / have a feeling heart in one's ～ 胸に優しい心をもつ. **4 a** 胸状部. **b** (山・丘の)中腹: the ～ of a hill 丘腹. **c** (手すりなどの)けた腹. **d** (器物の)側

面. **e** (煙突などによる)壁面から突出した部分 (cf. chimney breast). **5** 〘鉱山〙 **a** あご面. **b** 採掘場, 切場 (きりば) (⇨ room 5). **6** 〘冶金〙湯だまり.
béat one's bréast (胸をたたいて)怒り[悲しみ, 罪悪感など]を大げさに外に表す[示す]. *màke a cléan bréast of* 〈秘密・罪などを〉残らず打ち明ける, 洗いざらい白状する. 《1752》 *táke to one's bréast* 〈孤児などを〉引き取る[受ける], 世話する.
— *vt.* **1** …に胸を突き出す[向ける]; 胸に受ける; …に(向かって)突き進む: ~ the waves 波をついて進む / The runner ~*ed* the tape. 走者はテープを切った[ゴールした]. **2** …に雄々しく対抗する[立ち向かう], 物ともしない: ~ the storm of popular anger 民衆の怒りに雄々しく立ち向かう. **3** 《英》(ぐんぐん)〈坂を〉上る (climb). **4** …と並んで行く.
— *vi.* **1** 突き進む. **2** (人に話しかけるために)近づく.
bréast ín 〘海事〙(船首からボースンチェアなどを外舷に下ろしたとき船側から離れるのでこれを)縛って船側へ引き寄せる. *bréast óff* 〘海事〙(1) 岸壁を平行に離して船を係留する. (2) 〈船が〉岸壁と平行のまま離れる.
〖OE *brēost* < Gmc *breustam (原義) swelling (G *Brust*) ← IE *bhreus- to swell (OIr. *brū* abdomen, womb, bosom)〗

SYN 胸: **breast** 《文語》感情の宿る所としての胸; 一般語としては, 女性の一方の乳房: She held her son to her *breast*. 息子を胸に抱き締めた / a girl with small *breasts* 乳房の小さい少女. **heart** 心臓のある場所としての胸: He pressed her to his *heart*. 彼女を胸に抱き締めた. **chest** 人体の前部の肩から腹までの部分: a pain in the *chest* 胸部の痛み. **bosom** 《文語》人の *chest*, 特に女性の両方の乳房: She has a large *bosom*. 大きな乳房をしている. **bust** 女性の両方の乳房 《服飾・美人コンテストなどの用語》: *bust* size バストのサイズ. **thorax** 〘解剖・動物〙胸部.

bréast·band *n.* **1** 〘馬具〙胸帯 (breast collar). **2** 〘海事〙胸部支え帯 《船側から体を乗り出して水深を測定する水夫が落ち込まぬように胸のあたりを支えている帯》. 〖1837〗
bréast·bèam *n.* **1** 〘海事〙船楼端ビーム. **2** 〘紡織〙ブレストビーム 《織機の最前部の梁(はり)》. 《1790》
bréast-bèating *n.* (怒り・悲しみなどを大げさに外に表す[示す]こと. 〖1940〗
bréast·bòne *n.* 〘解剖・動物〙胸骨 (sternum) の一般語 (⇨ skeleton 挿絵). 〖OE *brēostbān*: ⇨ breast, bone[1]〗
bréast càncer *n.* 乳癌(がん).
bréast còllar *n.* 〘馬具〙胸帯. 〖1801〗
bréast-déep *adj., adv.* 胸まで深い[深く], 胸まで届く. 〖1593–94〗
bréast drìll *n.* 胸当て錐(きり) 《胸当てに胸を当てて力を加えながらもむドリル》. 〖1865〗
bréast·ed *adj.* [通例複合語の第 2 構成素として] (…の)胸をした: red-*breasted* / wide-*breasted*. 〖c1314〗: ⇨ -ed 2〗
Breas·ted /bréstɪ̀d/, **James Henry** *n.* ブレステッド 《1865–1935; 米国の考古学者・エジプト学者》.
breast-fed /brés(t)fèd/ *adj.* 母乳で育てた (cf. bottle-fed): a ~ baby 母乳で育てた赤ん坊. 〖1903〗
breast·feed /brés(t)fìːd/ *vt.* (-**fed**) 〈赤ん坊を〉母乳で育てる (cf. bottle-feed); 授乳する. 〖1903〗
bréast-fèed·ing /-dɪŋ | -dɪŋ/ *n.* 母乳を与えること; 母乳栄養. 〖1904〗
bréast hàrness *n.* 〘馬具〙鞅(むながい), 胸当て 《首輪なしで胸帯 (breastband) でつないだ馬具》.
bréast-hìgh *adj., adv.* 胸の高さまで(達する). 〖1580〗
bréast-hìgh scént *n.* 〘狩猟〙猟犬が頭をあげて走るほど強い獣の遺臭.
bréast·hòok *n.* 〘海事〙 **1** ブレストフック, 船首肘板 (ちゅうはん) 《船首補強のための水平におく V 形のブラケット》. **2** 船尾肘板 (crutch ともいう). 〖1748〗
bréast ìmplant *n.* (豊胸手術のため)胸に入れるシリコン, 胸部インプラント.
bréast·ing *n.* ブレスティング 《靴のかかとの土踏まずに続く側面を覆う皮; ⇨ shoe 挿絵》. 〖(1817)〗: ⇨ -ing[1]〗
bréast-knòt *n.* ブレストノット 《えりに付けるちょう結びの優雅なボウ (bow) で, 大抵華やかな色彩のリボンを用いる; 18 世紀ごろ盛んに用いられ, 当時はドレスの胸に付けた》. 〖1716〗
bréast-lìne *n.* 〘海事〙ブレストライン, 正横方向係索 《船首尾線とほぼ直角に張られる係船索》.
bréast mìlk *n.* 母乳. 〖1650〗
bréast·pìece *n.* =breastplate 3 a.
bréast·pìn *n.* **1** 《米》(婦人用の衣服の前で留める)胸の飾りピン, ブローチ (brooch). **2** ネクタイピン (tiepin). 〖1825〗
bréast·plàte *n.* **1 a** 〘甲冑〙胸甲, 胸当て (⇨ armor 挿絵). **b** 〘馬具〙=breast harness. **2** (亀の)胸板, 腹甲, 羽目板. **3** 〘ユダヤ教〙 **a** (祭司長が胸に下げるイスラエルの部族の象徴である 12 の宝石で飾った四角い)胸当て (breastpiece ともいう). **b** Torah の巻物につるす銀製の飾り板. **4** 《米》(アメリカインディアンなどが装飾として胸につける金属製の)胸飾り. **5** 棺の銘板. 〖1358〗
bréast·plòw *n.* (耕作用の)胸当てプラウ. 〖1726〗
bréast pòcket *n.* 胸のポケット. 〖1772〗
bréast pùmp *n.* (乳の張る人が用いるらっぱ状の)搾乳器. 〖1861〗
bréast·ràil *n.* **1** 〘海事〙船楼端手すり 《船首楼や船尾[後甲板]の手すり》. **2** バルコニー[らんかん]の手すり.
bréast ròll *n.* 〘紡織〙=breastbeam 2.
bréast shèll *n.* (授乳期の女性の乳首にかぶせる)母乳受けパッド, ブレストシェル.
bréast·stròke *n.* 〘水泳〙ブレスト, 平泳ぎ. — *vi.* 平泳ぎで泳ぐ. **bréast·stròk·er** *n.* 〖1867〗
breast·sum·mer /brés(t)sʌ̀mə, brésəmə | -mə(r)/ *n.* 〘建築〙大まぐさ. 〖(1611) ← BREAST+SUMMER[2]〗
bréast wàll *n.* 胸壁 (cf. retaining wall).
bréast·wèed *n.* 〘植物〙=lizard's-tail. 〖乳房の炎症の治療に用いられるところから〗
bréast whèel *n.* 前掛水車 (cf. OVERSHOT wheel). 〖1759〗
bréast·wòod *n.* (柵(さく)に仕立てた果樹の主枝から生じる)分かれ枝. 〖1882〗
bréast·wòrk *n.* **1** 〘軍事〙胸牆(しょう), 胸壁, 胸土 《土・石・土嚢(のう)を胸の高さまで盛り[積み]上げた仮設の防御壁; parapet ともいう》. **2** 〘海事〙=breastrail 1. 〖1642〗
breath /bréθ/ *n.* **1 a** 息, 気息, 呼吸 (respiration): get one's ~ (back [again]) 再び楽に息ができるようになる / have bad [foul] ~ 息が臭い, 口臭がある / He has a smell of garlic on his ~. 彼の息はにんにくのにおいがする / be short of ~ 息切れがする / lose one's ~ 息を切らす / ⇨ *draw* BREATH, *take* BREATH, *out of* BREATH / pant [gasp] for ~ 息切れしてあえぐ / recover [regain] ~ 呼吸を回復する / with bated ~ (恐怖・期待などで)息を殺して. **b** (寒い朝など白く見える)息, 呼気. **c** 生命(力), 活力 (vitality): as long as I have ~ =while there is ~ in me 命のある限り. **2 a** 一息; 一息の間, しばらくの間, 瞬間 (instant): ⇨ *at a* BREATH. **b** 一息入れる時間, 休息 (respite). **3** [しばしば a ~ of (fresh) air として] (風の)そよぎ; (新鮮な)戸外の空気; すがすがしい人[もの], 新風: go out for *a ~ of fresh air* 新鮮な空気にあたりに出る / There is not *a ~ of air* (stirring) here. ここにはそよとの風もない / She brought *a ~ of fresh air* to our company. 彼女はわが社にさわやかな新風を送り込んだ. **4** [通例否定構文で] かすかな音[声], ささやき (whisper); ささいな言葉; ささいな事 (trifle): About it there is *no* ~ of scandal [*not a* ~ of suspicion, *not* the slightest ~ of suspicion]. それに関しては醜聞は全然聞かない[疑惑の「ぎ」の字もない]. **5 a** ほのかな香り (whiff): the sweet ~ of lilies ほのかなユリの香気. **b** かすかなしるし[兆候]: a ~ of spring 春の息吹き. **6** 〘音声〙(母音や子音に伴う)息, 無声 《声帯が離れているため声を伴わない状態; cf. voice 7》. **7** 《廃》煙 (smoke); 蒸気 (vapor).
(áll) in the sáme bréath 一斉に, 同時に, 直ちに, 矢継ぎ早に: He says yes and no *in the same* ~. うんと言ったかと思うとすぐいやと言う / ⇨ *be mentioned in the same* BREATH. 《1867》 *at a bréath* 一息に, 一気に. *belòw one's bréath* =*under one's* BREATH. *be méntioned in the sáme bréath* [通例否定構文で] 〔…と〕比べられる, 匹敵できる 〔*with*〕: It *is not to be mentioned in the same* ~ *with* this. これとは比べものにならないほど劣る, これとは同日の談ではない. *cátch one's bréath* (1) 一息つく; 一休みする. (2) (驚き・恐怖などで)息をのむ, はっとする. (3) あえぐ, 息を切らす (pant). 《cf. *hold one's breath* 《1719》》 *dráw bréath* 息をする[吸う, つく]; 一息入れる: *draw* (one's) ~ 息をする; 生きている / *draw* a long ~ ため息をつく / *draw* a deep ~ of clean air きれいな空気を胸いっぱいに吸う / *draw* one's first ~ 初めて呼吸をする (この世に生まれ出る) / She was the most wonderful woman that ever *drew* ~! この世で最もすばらしい女性だった / *draw* one's last [dying] ~ 息を引き取る, 死ぬ. 《c1534》 *gásp for bréath* (1) 息苦しくてあえぐ (cf. 1 a). (2) あまりのことにびっくりする. *hàve nó bréath lèft* (運動のあとなどで)息が苦しい. *hóld one's bréath* (少しの間)息を止める; 息を凝らす, かたずをのむ. *in a bréath* =*at a* BREATH. *in òne bréath* (1) =*at a* BREATH. (2) =(all) *in the same* BREATH. *in the véry nèxt bréath* すぐに, 間を置かず: First he says yes, and then *in the very next* ~ he says no! うんと言ったかと思うと, その舌の根も乾かないうちにいやと言うんだ. *kéep one's bréath to cóol one's pórridge* (余計なことを言わずに)黙っている, 話を控える. 《1842》 *knóck the bréath òut of* 〈人〉をあっと驚かせる. *òut of bréath* 息を切らして, 息切れして: get [be] *out of* ~ 息が切れ[ている] / put a person *out of* ~ 人を息切れさせる / run oneself *out of* ~ 走って息を切らす. 《1592–94》 *sáve [spáre] one's bréath* (言ってもむだなので)黙っている. 《1694》 *spénd one's bréath* =WASTE *one's breath*. *tàke bréath* 息をする[つく]; 一息入れる (pause): *take* a long [deep] ~ 深く[ほっと]息をつく; 深呼吸する. 《1581》 *táke a person's bréath awày* (驚き・喜びなどで)人をものも言えないほどあぜんと[びっくり]させる, あっと言わせる (cf. breathtaking 1 b): The sight *took my* ~ *away*. その光景にはっと息をのんだ. 《1864》 *the bréath of lífe* [*one's nóstrils*] 貴重なもの, 必要欠くべからざるもの (cf. *Gen.* 2:7; 7:22). 《c1384》 *to the lást bréath* 息を引き取るまで, 死ぬまで. 《1717》 *ùnder one's bréath* ひそひそと, 声をひそめて: speak *under one's* ~ 声をひそめて[ひそひそと, 小声で]話す. 《1832》 *wáste one's bréath* ⇨ waste *v.* 成句. *with one's* [*the*] *lást* [*dýing*] *bréath* (1) 息を引き取るときに, 臨終に. (2) 最後まで, 飽くまで.
〖OE *brǣþ* odor, exhalation < Gmc *brēþaz warm air, steam (G *Brodem* exhalation) ← IE *bh(e)reu-: ⇨ bread〗
breath·a·ble /bríːðəbl̩/ *adj.* **1** 呼吸に適している. **2** 空気を通す. **~·ness** *n.* **brèath·a·bíl·i·ty** /-ðəbíləti | -lɪ̀ti/ *n.* 〖(1731): ⇨ -able〗
breath·a·lyse /bréθəlàɪz, -θl- / 《英》 *vt.* 〈自動車運転者〉に(通例, 酒気検知器で)呼気検査をする (breath-test ともいう). — *vi.* 呼気検査を受ける. 〖(1967) (逆成) ← BREATHALYZER〗
Bréath·a·lỳs·er *n.* =Breathalyzer.
Breath·a·lyz·er /bréθəlàɪzə, -θl- | -zə(r)/ *n.* 〘商標〙ブレサライザー 《酒気検知器; 自動車運転者の呼気中のアルコール濃度を検出する; cf. drunkometer》. 〖(1960) ← BREATH+(AN)ALYZE+-ER[1]〗

B

breathe /bríːð/ *vi.* **1 a** 息をする, 呼吸する (respire): ~ hard [heavily] 息づかいが荒い / ~ *in* 息を吸い込む / ~ *out* 息を吐き出す / ~ *on* the lenses レンズに息を吹きかける / ~ into a balloon 風船に息を吹き込む. **b** 生きている (live): all that ~(s) 生きとし生けるもの / He is still *breathing*. まだ生きている[息がある]. **c** 活力をもち続ける. **2** 一息つく, 休息する (rest): Let's ~ for a moment. ちょっと一息つこうじゃないか. **3** 〈精神などが〉息づく, 発現する: the spirit that ~*s* through his work 彼の作品に息づいている精神. **4** 言葉を発する. **5** 〈ぶどう酒・生地・花などが〉新しい空気に当てられる. **6** 《古・詩》 **a** 〈風が〉かすかに吹く, そよぐ. **b** 〈香りなどが〉漂う. **7** 〘機械〙 **a** 〈内燃機関が〉空気を消費する, 吸入する. **b** 〈容器, 空気室などの内気圧を〉外気圧と等しくする. **8** 《廃》発散する; においを出す (smell). — *vt.* **1** 呼吸する, 吸う: ~ foul [fresh] air よごれた[新鮮な]空気を吸う / ~ (*in*) the scent of flowers 花の香りを胸いっぱいに吸い込む / ~ one's last (breath) 息を引き取る, 死ぬ (cf. last[1] *n.* 2). **2 a** 〈空気などを〉吐き出す, 〈香りなどを〉発散する (exhale) 〈*out*〉: You'll have to ~ a little more air into the balloon. 風船にもう少し息を吹き込まないといけない / monsters that ~ (*out*) fire 火を吐く怪物 / He ~*d* (*out*) whiskey fumes (in my face). (私の顔に)ウイスキー臭い息を吹きかけた / The flowers were *breathing forth* fragrance. 花が芳香を放っていた. **b** 〈精神・性質などを〉表す, 示す (show), ただよわせる: Her manners ~ innocence. 彼女の態度にあどけないところがある / a painting that fairly ~*s* (*forth*) the spirit of the Renaissance まさにルネサンスの息吹きを放っているような絵. **3** 〈生命などを〉〔…に〕吹き込む (infuse) 〔*in, into*〕: ~ new life *into* a person [conversation] 人に新しい活力をよみがえらせる[座談に新しい活気を与える]. **4 a** 小声で言う, ささやく (whisper); 〈言葉を〉漏らす; 〈ため息などを〉つく: ~ a prayer 小声で祈りの言葉を唱える / ~ words of love 愛の言葉をささやく / You mustn't ~ a word [syllable] *about* [*of*] it. そのことについては一言も漏らしてはならない / We all ~*d* a sigh of relief. みんなほっと安堵の息をついた. **b** 激しく言う (cry out): ~ *out* [*forth*] threats おどし文句をがなり立てる. **5 a** …に息をつがせる, 休ませる: ~ a horse. **b** [~ *oneself* または受身で] 一息入れる, 休む. **6 a** 運動させる (exercise): ~ a dog 犬を運動させる. **b** 息切れさせる, 疲れさせる (exhaust). **7** 〘音声〙無声音を発する, 無声化する.
As I líve and bréathe (…)*!* 《口語》全く驚いたことに (…). *bréathe agáin* [(*mòre*) *éasily, éasy, fréely*] (緊張・心配・危険などがなくなって)ほっと(安心)する, 生き返った思いをする. 《1594–96》 *bréathe dòwn a person's néck* ⇨ neck *n.* 成句. *bréathe ín* (*vt.*) (1) ⇨ *vt.* 1. (2) 〈相手の言葉を〉よく注意して[興味をもって]聞く. (*vi.*) ⇨ *vi.* 1 a. *bréathe of* 《古・詩》…の香りがする: The wind ~*d of* spring. 風は春の香りを漂わせていた. *bréathe one's lást* 死ぬ[終わりになる, 負ける]. 《1590–91》 *bréathe* (*up*)*on* (1) …に息を吹きかける. (2) 〈名声・名誉などを〉汚す (tarnish). 《1594》
〖(?a1200) *brethe(n)*: ⇨ breath, -en[1]〗
breathed /bréθt, bríːðd/ *adj.* **1** [複合語の第 2 構成素として] (…の)息をしている: long-*breathed* 息が長く続く, 長広舌をふるう. **2** 〘音声〙無声(音)の, 息の (voiceless). 〖(1430): ⇨ ↑, -ed 2〗
breath·er /bríːðə | -ðə(r)/ *n.* **1** 《口語》息をつくだけの間, 一息, 一休み (pause): have [take] a ~ 一休みする, 一息つく. **2 a** (特定の仕方で)呼吸する人[動物]; 生息者, 生き物: a heavy [mouth] ~ 荒い息づかいの[口で息をする]人. **b** 息を吹き込む人. **3** 《口語》息切れさせるもの; (息切れするような)激しい運動. **4** (気密機械の覆いの)息抜き(管) 《内・外の気圧を等しくするために内燃機関のクランクケースなどに設けられる管; breather pipe ともいう》. **5** (呼吸が困難な状態の者への)空気[酸素]供給装置. **6** (部屋・容器・カバーなどの)通気[換気]孔. 〖(c1384): ⇨ breathe, -er[1]〗
bréather pìpe *n.* =breather 4.
bréath frèshener *n.* =breath mint.
bréath gròup *n.* 〘音声〙呼気段落 《一息に発声する音群; cf. sense group》. 〖1877〗
breath·ing /bríːðɪŋ/ *n.* **1 a** 呼吸, 息づかい (respiration): deep ~ 深い息づかい, 深呼吸. **b** [形容詞的に] 呼吸する(ための), 呼吸の: ~ exercise (体操の)呼吸運動 / ~ apparatus 呼吸器. **2 a** 一呼吸(の間), 瞬間: in a ~ 一瞬の間に. **b** 息をつくこと, 休息, 休止 (pause). **3** =breather 2. **4** (空気・香気などの)浮動, 微動, 漂い; 微風. **5** 口に出すこと, (秘密などを)漏らすこと. **6** (霊気などを)吹き込むこと; 霊感 (inspiration). **7** 熱望 (aspiration) 〔*after*〕; 願望 (longing) 〔*for*〕. **8** 〘音声〙気息音 [h]; (その有無を示す)気音符 《語頭母音に気息音がある場合の rough breathing (ʽ) と, ない場合の smooth breathing (ʼ) の 2 つがある》.
— *adj.* **1** 呼吸している. **2** 〈絵画・彫像など〉息づくような; 生きているような, 躍如たる (lifelike).
〖(c1378): ⇨ breathe, -ing[1]〗
bréathing capàcity *n.* 肺活量 (vital capacity).
bréathing hòle *n.* **1** (たるなどの)息抜き穴, 空気穴. **2** (昆虫などの)呼吸孔, (鯨などの)噴水孔 (spiracle), (アザラシなどの)呼吸孔. 〖1580〗
bréathing màrk *n.* 〘音楽〙呼吸記号 《楽譜上で歌手・管楽器奏者が呼吸する箇所を示す記号, ʼ または ∨ など》.

B

bréathing plàce [ròom] *n.* **1** (唱歌や朗読の)息つぎ場所; (詩の)中間休止 (caesura). **2** (空気のよい)保養地. 〖*c*1384〗

bréathing pòre *n.* 〖生物〗気孔 (stoma). 〖1836〗

bréathing spàce *n.* **1** =breathing time. **2** 息つく場所, 憩いの場. 〖1650〗

bréathing tìme [spèll] *n.* 息つく暇, 休息時間; 考える暇. 〖1590〗

breath·less /bréθlǝs/ *adj.* **1** 息切れした; あえいでいる: laugh oneself ～ 笑いすぎて息が苦しくなる. **2** 息切れさせる, 息もつけない(ほどの): at (a) ～ speed 息もつかせぬ速力で / in ～ haste 大急ぎで. **3** (不安・興奮などで)息もつけなくなるような, 張りつめた, 息を殺した, かたずをのんだ〔*with*〕: ～ listeners 息を殺して聴き入っている人々 / ～ anxiety 息もつけない不安[心配] / with ～ interest=～ *with* interest (どうなるかと)はらはらして, 一心不乱に / hold [keep] a person ～ 人にかたずをのませる / be ～ *with* expectation かたずをのんで待ち設ける. **4** そよとの風もない, (蒸し暑く)むっとする: a ～ day. **5** 息をしていない, 息の絶えた; 死んだ (dead): a ～ corpse.
～·ly *adv.* **～·ness** *n.* 〖(*a*1398): ⇨ -less〗

bréath mìnt *n.* [通例複数形で] (口臭消しの)ミントキャンディー.

breath·tak·ing /bréθtèɪkɪŋ/ *adj.* **1 a** はらはらさせる, スリルに満ちた: a ～ car race はらはらするような自動車レース. **b** あっと言わせる(ような) (astonishing): a ～ beauty あっと驚くような美人. **2** 息もつけないほどの: a ～ pain. **～·ly** *adv.* 〖1880〗

bréath-tèst *vt.* =breathalyse.

bréath tèst *n.* 《英》(飲酒の有無を調べる)呼気検査.

breath·y /bréθi/ *adj.* (**breath·i·er**; **-i·est**) **1** 気息の交じる, 息がもれる. **2** 〈歌声が〉響きのない. **bréath·i·ly** *adv.* **bréath·i·ness** *n.* 〖(1528): ⇨ -y¹〗

brec·ci·a /brétʃiə, brétʃə/ *n.* 〖地質〗角礫(かくれき)岩, 角蛮岩 (cf. microbreccia). 〖(1774) □ It. ～ 'gravel of broken walls' ← Gmc (OHG *brecha* ← *brechan* 'to BREAK¹')〗

brec·ci·ate /brétʃièɪt/ *vt.* **1** 〈岩を〉砕く. **2** …に角礫岩を形成させる, 角礫岩化する. **bréc·ci·àt·ed** *adj.* 〖(1772): ⇨ ↑, -ate³〗

brec·ci·a·tion /brètʃiéɪʃən/ *n.* 〖地質〗角礫化作用. 〖(1873): ⇨ -ATION〗

Brecht /brékt, bréxt; G. bréçt/, **Ber·tolt** /béʁtɔlt/ *n.* ブレヒト (1898–1956; ドイツの劇作家・詩人; *Die Dreigroschenoper* (1928; 英訳 *The Threepenny Opera*, 1933), *Mutter Courage und ihre Kinder*「肝っ玉母さんと子供達」(1941)).

Brecht·i·an /bréktiən, bréxt-/ *adj.* ブレヒト (Brecht) (流)の. — *n.* ブレヒト信奉者. 〖(1935): ⇨ ↑, -an¹〗

Breck. 《略》Brecknockshire.

Breck·in·ridge /brékənrɪdʒ | -kɪn-/, **John Cabell** *n.* ブレッキンリッジ (1821–75; 米国の政治家; 副大統領 (1857–61), 南北戦争の際の南部連邦の将軍・陸軍大臣).

Breck·nock /bréknɑ(:)k, -nək | -nɔk, -nək/ *n.* =Brecon.

Breck·nock·shire /bréknɑ(:)kʃə, -nək-, -ʃɪə | -nɔkʃə(r, -nək-, -ʃɪə(r/ *n.* =Breconshire. 〖← Welsh *Brychan* (5 世紀ごろのケルト族の王の名)+-iog (領地名語尾): ⇨ -shire〗

Brec·on /brékən/ *n.* **1** =Breconshire. **2** ブレコン《ウェールズ南東部 Powys 州の都市, 旧 Breconshire 州の州都; 繊維・皮革産業が盛ん》.

Brécon Béa·cons /-bíːkənz/ *n.* ブレコンビーコンズ《ウェールズ Powys 州南部にある 2 つの大山塊; 1957 年 Brecon Beacons 国立公園に指定; 面積 1,340 km²》.

Brec·on·shire /brékənʃə, -ʃɪə | -ʃə(r, -ʃɪə(r/ *n.* ブレコンシャー《ウェールズ南東部の旧州; 面積 1,344 km², 州都 Brecon; Brecknockshire ともいった; 1974 年に Powys 州の一部となった; 同州の半分以上を Brecon Beacons 国立公園が占める》. 〖← *Brecon* □ Welsh *Brychan*: ⇨ Brecknockshire〗

bred /bréd/ *v.* breed の過去形・過去分詞. — *adj.* [複合語の第 2 構成素として] 育ちが…である: ill-*bred* 育ち[しつけ]の悪い / city-*bred* 都会育ち / pure*bred* 純血種の. 〖OE *brēdde* (pret.) & (*ge*)*brēd*(*d*) (p.p.)〗

Bre·da /bréɪdə | bréːdə, bréɪ-; *Du.* bredáː, brə-/ *n.* ブレダ《オランダ南部 North Brabant 州の都市; 市場町および産業の中心地; 城と大聖堂がある; 英国王 Charles 二世の亡命地》.

brede /bríːd | -di/ *n.* 《古》=braid¹.

bre·die /bríːdi | -di/ *n.* ブレディー《アフリカ南部のマトンと野菜入りのスープ》. 〖(1815) □ Afrik. ← Malagasy〗

bréd-in-the-bóne *adj.* 《米》持って生まれた, 生まれつきの. 〖15C〗

bréd óut *adj.* **1** 退化した. **2** 〖動物〗(交雑により, 劣性遺伝子がホモ (homozygous) になり)退化した.

bree /bríː/ *n.* 《スコット》〖料理〗(物を煮た)煮汁, (肉などの)汁, スープ (broth). 〖OE *brīw* pottage < Gmc **brī-waz* (Du. *brij* / G *Brei*)〗

breech /bríːtʃ/ *n.* **1** (人体の)しり, 臀部 (buttocks), 尾部, 下部. ★ 産科以外では《古》. **2 a** (銃砲の)砲尾, 銃尾, 尾筒部; 閉鎖機《装填後の火砲の砲身の後端を閉鎖する装置》. **b** 滑車の底部. **3** [*pl.*] ⇨ breeches. **4** 〖海事〗ブリーチ《肘 (knee) の外側の部分; cf. throat 5》. **5** 〖産科〗=breech delivery. — *vt.* **1** 〈銃砲〉に銃尾[砲尾]を付ける. **2** /brítʃ/《古・方言》〈男の子〉に半ズボン (breeches) をはかせる. **3** /brítʃ, bríːtʃ/《古》…のしりをむちで打つ. 〖OE *brēċ* (pl.) ← *brōc* < Gmc **brōks* (G《廃》*Bruch*): cf. L *brācae* (pl.) breeches ← ?〗

bréech bàby *n.* 〖産科〗逆子(さかご).

bréech bìrth *n.* 〖産科〗逆産, 逆子.

bréech·blòck *n.* (砲の)閉鎖機本体, 尾栓《閉鎖機 (breech) の主要部で, 砲尾を閉鎖する開閉装置》; (銃の閉鎖機の)螺体(らたい). 〖1881〗

bréech·clòth *n.* =breechclout.

bréech·clòut *n.* 腰布 (loincloth). 〖1757〗

bréech delìvery *n.* 〖産科〗骨盤位[臀位]分娩. 〖1882〗

breeched *adj.* **1** /bríːtʃt/ 砲尾[銃尾]の付いた. **2** /brítʃt/《古・方言》半ズボン (breeches) をはいた. 〖(*c*1550): ⇨ -ed 2〗

breech·es /brítʃɪ̀z, bríːtʃ-/ *n. pl.* **1** (ひざ丈まである)ズボン, 半ズボン (cf. knee breeches, riding breeches): a pair of ～ 半ズボン 1 着. **2** =JODHPURS. **3** 《口語》ズボン (trousers). ***tòo bíg for one's bréeches*** ⇨ big¹ 成句. ***wéar the bréeches*** ⇨ wear¹ 成句. 〖?*a*1200〗

Bréeches Bíble *n.* [the ～] Geneva Bible の俗称《*Gen.* 3: 7 でアダムとイブがいちじくの葉で作った breeches (A.V. では aprons) で前を隠したとあることから》. 〖1835〗

bréeches bùoy /brítʃɪ̀z-, brítʃ- | brítʃ-, bríːtʃ-/ *n.* 〖海事〗(ズック製)ズボン型救命浮具《救助船と遭難船の間に張った綱に掛けて人を空中輸送して救助するためのもの》. 〖1880〗

breeches buoy

bréeches pàrt *n.* 〖演劇〗(女優の演じる)男役, 少年役. 〖1779〗

bréeches pìpe *n.* 二叉管.

bréeches ròle *n.* 〖演劇〗=breeches part.

breech·ing /brítʃɪŋ, bríːtʃ- | brítʃ-, bríːtʃ-/ *n.* **1** (馬の)しり帯. **2** (ボイラーと煙突とを結ぶ)煙管. **3** 羊・野羊・犬の臀部(でんぶ)や後足に生えた短い剛毛. **4** 《廃》しりのむち打ち. **5** 〖海軍〗駐退索《もと, 砲尾の環に通して砲身を舷側(げんそく)につなぎ発砲の際砲の後退を防いだり, 荒天に際して砲身を固定するのに用いた》. **6** 砲尾部, 銃尾部. 〖(1515–24): ⇨ ing¹〗

breech·less /brítʃlǝs, bríːtʃ-/ *adj.* **1** 半ズボン (breeches) をはいていない. **2** 〈男の子が〉まだ(半)ズボンをはかない. **3** /bríːtʃlǝs/ 後身[銃尾]のない. 〖(?*a*1400): ⇨ -less〗

bréech·lòader *n.* 後装銃[砲], 元込め銃[砲]《銃[砲]身の後部から弾薬を装填する式のもの; cf. muzzleloader》. 〖1858〗

bréech-lòading *adj.* 〈銃砲が〉後装(式)の, 元込めの (cf. muzzle-loading): a ～ gun 後装銃[砲]. 〖1858〗

breed /bríːd/ *v.* (**bred** /bréd/) — *vt.* **1 a** 〈牛・羊などを〉繁殖させる (propagate), 飼育する (⇨ raise SYN): ～ horses, cattle, dogs, etc. **b** 〈牛・馬などを〉(…と)掛け合わせる, 交配させる (mate)〔*to, with*〕. **c** 妊娠させる. **d** 〖園芸〗〈新品種を〉作り出す; 〖畜産〗〈品種を〉改良する. **2** 〈好ましくない物事を〉(引き)起こす, 生じる (produce): Speeding ～*s* accidents. スピードを出しすぎると事故を生む / Poverty ～*s* strife. 《諺》貧困は争いのもと,「夫婦げんかも無いから起こる」. **3** 〈土地などが〉生み出す, …の発生源となる: Swamps ～ mosquitoes. 沼地は蚊の繁殖所となる / Northern countries ～ a race of hardy men. 北国からは強健な種族が出る. **4 a** [しばしば目的補語, 目的語＋*to* do を伴って] 〈人を〉養育する (bring up), 教育する (train): be *bred in* (the lap of) luxury ぜいたくに育つ / be *bred for* the church 牧師に(なるように)育てられる / children *bred on* comics 漫画を見て育った子供たち / He was *bred* (*up*) *to* the law. 法律を仕込まれた / He was *bred* (*to* be) a gentleman. 紳士になるように教育を受けた / be *bred to* rule 為政者となるよう育てられる, 帝王学の教育を受ける. **b** 〈行儀などを〉(子供などに)教え込む (inculcate)〔*into*〕: ～ good manners *into* one's children 子供たちに行儀作法を仕込む. **5** 〈動物が〉〈子を〉生む; 〈鳥が〉〈卵を〉かえす. **6** 〖原子力〗(増殖炉で)〈分裂性物質を〉増殖する (⇨ breeding 5).
— *vi.* **1 a** 〈動物が〉子を生む, 繁殖する: Most birds ～ in the spring. 鳥は大抵春にひなをかえす[繁殖する] / ～ like rabbits [flies] 《軽蔑》〈人が〉やたらと子を生む. **b** 〈好ましくない物事が〉生じる: Crime ～*s* in slums. 犯罪は貧民街で生まれる. **2** (…の)種を採る〔*from*〕: ～ *from* a mare of good stock 良馬の種を採る. **3** 妊娠している, 子を宿している.
bórn and bréd=***bréd and bórn*** ⇨ born *adj.* 成句. ***bréd in the bóne*** 〈性質が〉根深く植えつけられて, 親譲りの (cf. bred-in-the-bone): What is *bred in the bone* will never come out of the flesh. 《諺》生来の性分は抜けないものである, 天性は抜き難し. ***bréed in*** (***and in***) 同種繁殖する; 常に近親と結婚する. 〖1819〗 ***bréed óut*** 品種改良によって〈特定の性質を〉除去する. 〖1599〗 ***bréed óut and óut*** 異種繁殖する; 常に近親以外と結婚する. ***bréed trúe to týpe*** 〈雑種が〉類型に固定する《常に同一特質の子を産む》. ***bréed úp*** 育てる, 養育する, 教育する, 養成する (cf. *vt.* 4 a).
— *n.* **1** 〖生物〗種属, 種, 血統 (stock); 品種: a large ～ of dog=a ～ of large dog 大形犬の品種 / a new ～ of sheep 羊の新種 / shepherds of the best ～ 最良種のシェパード / this happy ～ (of men) この幸福な種族《英国人のこと; Shak., *Richard II* 2. 1. 45》. **2** 種類 (kind): men of the same ～. **3** 《カナダ・米西部》《軽蔑》(白人とアメリカインディアンとの間の)混血児 (half-breed). 〖OE *brēdan* to cherish < Gmc **brōðjan* (G *brüten*) ← **brōð-* 'BROOD'〗

bréed-bàte *n.* 《Shak》もめごとを起こす人. 〖1597〗

breed·er /bríːdə | -də(r/ *n.* **1 a** 繁殖者, 家畜の飼育者, ブリーダー: a dog ～ / a horse ～. **b** 品種改良家, 育種家. **2** 繁殖する動物: a slow [rapid] ～ 繁殖の遅い[速い]動物. **3** 繁殖のために飼育している動物[栽培している植物], 種畜. **4 a** 張本人, 発起人. **b** (不満などの)もと, 種, 原因. **5** 〖原子力〗=breeder reactor. 〖(1531): ⇨ breed, -er¹〗

bréeder reàctor *n.* 〖原子力〗増殖(型原子)炉《連鎖反応に消費される以上に核分裂物質を造り出す炉; 単に breeder ともいう; cf. fast breeder, converter reactor》. 〖1949〗

bréed·ing /-dɪŋ | -dɪŋ/ *n.* **1** (種の)繁殖, 生殖: ～ in the line 同種異系の繁殖 / the season of ～=the ～ season 繁殖期. **2** 飼育, 育成, 保育; 育種; 品種改良: a ～ pond 養魚池 / the ～ of horses and cattle. **3** 《文語》養育, 育て方 (nurture), しつけ, 訓育, 教育 (training): receive one's ～ *for* the army 軍隊教育を受ける. **4** 育ち, 教養, りっぱな行儀作法: a man of fine ～ 育ちのいい人, りっぱな教養のある人 / a sign of ～ よい育ちの証拠. **5** 〖原子力〗増殖(作用)《連鎖反応に用いられる元素が消費される量以上に核燃料物質を造り出す作用; cf. breeder reactor》. 〖(*a*1325): ⇨ -ing¹〗

bréeding gròund *n.* **1** 繁殖地. **2** (悪・病気・思想などの)温床, 培養地. 〖1856〗

bréeding paràlysis *n.* 〖獣医〗=dourine.

bréeding plùmage *n.* 〖鳥類〗=nuptial plumage.

bréeding ràtio *n.* 〖原子力〗増殖比《増殖炉で新しく生み出された燃料の消費された燃料に対する比》.

Bréed's Hìll /bríːdz-/ *n.* ⇨ Bunker Hill.

breeks /bríːks, bríks/ *n. pl.* 《スコット》=breeches. 〖1552〗

breen /bríːn/ *n., adj.* 褐色がかった緑(の). — *adv.* 褐色がかった緑に. 〖《混成》← BR(OWN)+(GR)EEN〗

breenge /bríːndʒ/ *vi.* 《スコット》飛び出す, 突進する. — *n.* 突進.

bréeng·er *n.* 《スコット中西部方言》せっかち[性急]な人. 〖↑〗

breest /bríːst/ *n.* 《スコット》=breast.

breeze¹ /bríːz/ *n.* **1 a** 微風, そよ風: There was not much of a ～ blowing. そよとの風もなかった. **b** 海陸風《昼は海から夜は陸から吹く風》. **c** 〖気象・海事〗軟風 (gentle wind)《風速毎秒 1.7–13.9 m の風; ⇨ wind scale》. **2** 《口語》容易にできること[仕事], 朝飯前のこと (cinch): like a ～ たやすく / The test was a ～. 試験はたやすかった / That problem was a ～ *for* him (to solve). 彼にはその問題(を解くの)は朝飯前だった. **3** 《英俗》**a** 騒ぎ, けんか,「波風」, ごたごた (row): kick up a ～ 騒ぎを起こす, 波風を立てる. **b** 風聞, うわさ (whisper).
háve [***gèt***] ***the bréeze ùp*** =have [get] the WIND¹ up. ***hít*** [***splít, táke***] ***the bréeze*** 《俗》立ち去る (depart). 〖1910〗 ***in a bréeze*** 《米口語》容易に (easily): The horse won *in a* ～. 馬は楽勝した. ***pút the bréeze ùp*** =*put the* WIND¹ *up*. ***shóot the bréeze*** 《米口語》(1) おしゃべりする, だべる, 油を売る (chat). (2) ばか話をする; 大言壮語する.
— *vi.* **1** [通例 it を主語として] そよそよ吹く; 吹き始める; 風が勢いづく: ～ *up* 〈風が〉吹き始める, 強くなる. **2** 《口語》**a** 元気よく[楽々と, 意気揚々と]進む〈*along*〉; 威勢よく[さっと, すっと]入ってくる〈*in*〉; つかつかと近寄る〈*up*〉: They ～*d into* [*out of*] the room. 部屋へどやどやと入ってきた[からどっと出て行った] / We ～*d* to victory. 楽々と優勝した. **b** 《口語》〔…に〕ざっと目を通す; 〔…を〕難なくやってのける〔*through*〕: ～ *through* a book, task, etc. **c** さっさと去る〈*out, off*〉. ***bréeze ín*** 《口語》(1) ⇨ *vi.* 2 a. (2) 楽勝する.
～·lìke *adj.* 〖(1565–89) □ ? OSp. & Port. *briza* northeast wind ← ?〗

breeze² /bríːz/ *n.* 《英》**1** 石炭くず, 粉炭; 粉コークス. **2** 燃え殻, 灰. 〖(1762) □ F *braise* cinders, live coals: cf. braise, brazier²〗

breeze³ /bríːz/ *n.* 《古または方言》〖昆虫〗ウシアブ (gadfly): have a ～ in one's breech じっとしていられずにはね回る. 〖OE *brīosa* gadfly ← ?〗

bréeze blòck *n.* 《英》〖建築〗=cinder block. 〖(1923) ← BREEZE²〗

bréeze cóncrete *n.* (石炭殻またはコークス灰を骨材としている)軽量コンクリート.

bréeze·less *adj.* 風のない, 静かな (calm). 〖(*a*1763): ⇨ breeze¹, -less〗

bréeze·wày *n.* (屋根付きの, 時に両サイドを覆われた)渡り廊下; (特に, 家と車庫の間の)屋根付き通路. 〖(1931) ← BREEZE¹+WAY¹〗

breez·y /bríːzi/ *adj.* (**breez·i·er**; **-i·est**) **1 a** 〈人・態度など〉元気のいい, 快活な, 陽気な, はしゃいだ (cheerful). **b** 無造作な, どこ吹く風の. **c** 〈会話など〉中身のない, 軽い. **2** 〈天候が〉微風のある, 風のそよぐ; 〈場所が〉風のそよ吹く, 風通しのいい: a ～ spot, place, terrace, etc. **bréez·i·ly** /-zəli/ *adv.* **bréez·i·ness** *n.* 〖(1718): ⇨ breeze¹, -y¹〗

Bre·genz /bréɪgɛnts; G. bʁéːgɛnts/ *n.* ブレゲンツ《オーストリア西端部, Constance 湖畔の観光都市; Vorarlberg 州の州都》.

breg·ma /brɛ́gmə/ *n.* (*pl.* ～·ta /～ṭə | ～tə/)〘人類学·解剖〙ブレグマ《冠状縫合と矢状縫合との交差点; 乳児の場合は大泉門にあたる》. **breg·mat·ic** /brɛgmǽṭɪk | -tɪk/ *adj.* 〖(1578) ◻ Gk *brégma* front part of the head: ⇨ brain〗

Bre·guét háirspring /brəgéɪ-; *F.* bʁəgɛ/ *n.*〘時計〙ブルゲーひげぜんまい《ひげぜんまいの外端を折り曲げて先端の保持位置をぜんまいの中心に近づけ, てんぷの振幅変動による周期誤差を少なくするように工夫したもの》. 〖(1881) ← *A. L. Bréguet* (1747–1823: フランスの時計製作者)〗

bre·hon, B- /bríːhɑ(ː)n | -hɒn/ *n.* (古代アイルランドの)裁判官《裁きはするがその決定を強制する権限はもたない; しばしば世襲であった》. 〖(*a*1581) ◻ Ir. *breathamh* < OIr. *brithem* judge〗

brei¹ /bráɪ/ *n.*〘細菌·生理〙ブライ《組織を懸濁液状にしたもの; 生理学実験用, またウイルスの培養基用》. 〖(1935) ◻ G ～ 'pap': cf. bree〗

brei² /bréɪ/ *vi.* (**breid; brei·ing**)《南アフ口語》(特に Afrikaans で) 口蓋垂音の [ʁ] を用いて話す《brey ともつづる; cf. burr¹ 7》. 〖(1955)(変形) ← Afr. *bry* ← Du. *brijen* ← *brouwen* speak thickly〗

breid /bríːd/ *n.*《スコット》=bread.

breinge /bríːndʒ/ *vi., n.* =breenge.

breist /bríːst/ *n.*《スコット》=breast.

Breiz /braɪz/ *n.* ブライズ《Brittany のブルターニュ語名》.

brek·ker /brékə | -kə^(r)/ *n.*《英大学俗》朝食. 〖(1889) ← BREAK(FAST)+-ER¹〗

brek·ky /bréki/ *n.* (*also* **brek·kie**)《主に豪·NZ 俗》=breakfast. 〖(1904)《俗語》← BREAK(FAST)+-Y²〗

Brel /brɛ́l; *F.* bʁɛl/, **Jacques** *n.* ブレル (1929–78; ベルギー生まれの作曲家·歌手; Paris で活躍).

bre·loque /brəlóuk | -lɔ́uk; *F.* bʁəlɔk/ *n.* (時計の鎖やリボンなどに付ける)小飾物 (trinket)《印章·磁石など》. 〖(1856) ◻ F ～《擬音語》〗

Bre·men /brémən, bréɪ- | bréɪ-, brém-; *G.* bʁéːmən/ *n.* **1** ブレーメン(州)《ドイツ北西部, Bremen 市とその外港 Bremerhaven を中心とする州; 面積 404 km²》. **2** ブレーメン《同州の州都, Weser 川に臨む貿易港で商業都市; 造船·鉄鋼産業が盛ん; ハンザ同盟の有力都市; 現在でもハンザ都市と称する》. **3** ブレーメン《Weser, Elbe 両川の下流域にはさまれた旧公国》.

Brémen gréen *n.* =malachite green 2.

Bre·mer·ha·ven /brémərhàːvən, brèɪməhɑ́ːvən | bréɪməhɑ̀ː-; *G.* bʁeːməháːfən/ *n.* ブレーマーハーフェン《ドイツ北西部 Bremen 州の Weser 河口にある海港; Bremen 市の外港》.

brems·strah·lung /brémʃtrɑ̀ːləŋ | -lʊŋ; *G.* bʁɛ́mʃtʁaːlʊŋ/ *n.*〘物理〙制動放射, 制動輻射《原子核による強い電場の中を荷電粒子が通過するときに, 大きな加速度を受けてその運動エネルギーの一部を輻射の形で放出するもの》. 〖(1939) ◻ G ～ 'braking radiation' ← *Bremse* brake+*Strahlung* radiation〗

brem·sung /brémzʊŋ; *G.* bʁɛ́mzʊŋ/ *n.*〘物理〙(制動輻射 (bremsstrahlung) を出す)制動. 〖◻ G ～ ← bremsen to decelerate ← *Bremse* (↑): ⇨ -ing¹〗

Bren /brén/ *n.*〘軍事〙ブレン機関銃《空冷式の軽機関銃の一種で, 第二次世界大戦中, 英軍や英連邦軍兵士が使用; 口径 7.62 mm; Bren gun ともいう》: a ～ (gun) carrier ブレン機関銃搭載の偵察用装甲自動車. 〖(1937) ← *Br(no)* (これが初めて製造されたチェコの市)+*En(field)* (組立てが完成された英国の町)〗

Bren·da /bréndə/ *n.* ブレンダ《女性名》. 〖(fem.) ← BRAND, BRENDAN〗

Bren·dan¹ /bréndən, -dn/ *n.* ブレンダン《男性名; アイルランドに多い》. 〖◻ Ir. *Brenainn* ← ? OIr. *brēn* stinking+*find* hair〗

Bren·dan² /bréndən, -dn/, Saint *n.* 聖ブレンダン, 聖ブレンダーヌス (484[486]?–578; アイルランド Galway 州の Clonfert の聖者; 地上の楽園を求めて種々の冒険の旅に出, ついにこれを捜しあてたと伝えられ, これが中世の伝説 Navigatio Sancti Brendani (聖ブレンダーヌス航海記)のもととなり, ひいてはアメリカ大陸の発見にもつながった; クリスマスの夜 寂しい岩山で Judas と遭遇した話が有名; 祝日は 5 月 16 日).

Bren·del /bréndl; *G.* bʁɛ́ndl/, **Alfred** *n.* ブレンデル (1931–　; チェコ生まれのオーストリアのピアニスト).

Bren·nan /brénən/, **Christopher John** *n.* ブレナン (1870–1932; オーストラリアの詩人·古典学者; Mallarmé の信奉者でオーストラリア詩におけるフランス象徴主義の唱道者).

Brennan, William J(oseph), Jr. *n.* ブレナン (1906–97; 米国の弁護士·裁判官; 最高裁判事 (1956–90)).

Brén·ner Páss /brénə- | -nə-; *G.* bʁɛ́nɐ/ *n.* [the ～] ブレンナー峠《イタリア Bolzano と オーストリア Innsbruck を結ぶ国境にある Alps で最も低い山道で, 古来交通の要路; 高さ 1,371 m》.

brent /brént/ *n.*《英》〘鳥類〙=brant¹. 〖1570〗

Brent¹ /brént/ *n.* ブレント《London 北西部の自治区》. 〖OE *Brægente* ◻ Celt. **Brigantia* the high or holy〗

Brent² /brént/ *n.* ブレント《男性名》. 〖← OE *brant* steep〗

Bren·ta·no /brɛntɑ́ːnou | -nəu; *G.* bʁɛntáːno/, **Cle·mens (Maria)** *n.* ブレンターノ (1778–1842; ドイツの詩人·小説家·劇作家; Achim von Arnim と共におとぎ話や民謡を収集·編纂).

Brentano, Franz *n.* ブレンターノ (1838–1917; ドイツの哲学者·心理学者; Clemens Brentano の甥; *Psychologie vom empirischen Standpunkt*「経験的観点からの心理学」(1874)).

Brentano, Ludwig Joseph *n.* ブレンターノ (1844–1931; ドイツの経済学者·社会政策学者·平和主義者; Franz Brentano の弟; 通称 Lujo /lúːjo/ Brentano).

Brent·ford /bréntfəd | -fəd/ *n.* ブレントフォード《London の Hounslow 区の一部; 1016 年に Edmond Ironside が Canute の the Danes を打ち破った古戦場であり, また清教徒革命初期の 1642 年 11 月 Rupert (Prince) が議会軍を破った古戦場》. 〖OE *Breguntford*: ⇨ Brent¹, ford〗

brént góose *n.*《英》〘鳥類〙=brant¹. 〖1570〗

Brent·wood /bréntwʊd/ *n.* ブレントウッド: **1** イングランド南東部, London 近くの Essex 南西にある住宅街. **2** 米国 New York 州 Long Island の町.

brer /brɝ́ː, bréə | brɜ́ː^(r), bréə^(r)/ *n.* (*also* **br'er** /～/)《米南部·黒人方言》=brother《*Uncle Remus* などの黒人動物寓話に用いられる》: *Brer* Fox キツネどん. 〖(*c*1800)《短縮》〗

Brér Rábbit *n.* ウサギどん《米国南部の黒人民話 Uncle Remus 物語に登場する主人公のウサギ》.

Bre·scia /bréʃə, bréɪʃə; *It.* bréːʃʃa/ *n.* ブレッシャ《イタリア北部 Lombardy 地方の Alps 山麓にある都市; 古名 Brixia》.

Bres·lau /brézlau, brés-; *G.* bʁéslau/ *n.* ブレスラウ《Wrocław のドイツ語名》.

Bres·son /brɛsɔ́ː(ŋ), -sɔ́ːŋ | ⌐–; *F.* bʁɛsɔ̃/, **Robert** *n.* ブレッソン (1907–99; フランスの映画監督).

bres·sum·mer /brésəmə | -mə^(r)/ *n.*〘建築〙=breastsummer.

Brest¹ /brést; *F.* bʁɛst/ *n.* ブレスト《フランス北西部 Brittany 地方, Finistère 県の大西洋に臨む海港; 海軍基地がある; 第二次世界大戦中, ドイツ軍の潜水艦基地があり激しい爆撃をうけた》.

Brest² /brést/ *n.* ブレスト《ベラルーシ共和国南西部の Bug 川に臨む都市; 旧ポーランド領 (1795 年までと 1921–45), ブレストリトフスク条約 (Treaty of Brest Litovsk) 締結地 (1918); 旧名 Brest Litovsk (1921 年まで); ポーランド語名 Brześć nad Bugiem /bʒɛ̃ɕtɕ nad búgjɛm/》.

Brest Li·tovsk /bréstlɪ̀tɔ́(ː)fsk, -tɑ́(ː)f- | -lɪtɔ́fsk/ *n.* ブレストリトフスク (Brest² の旧名): ⇨ TREATY of Brest Litovsk.

Bre·tagne /*F.* bʁətaɲ/ *n.* ブルターニュ《Brittany のフランス語名》.

bre·telle /brətél; *F.* bʁətɛl/ *n.* 肩つり《サスペンダーのような肩つりで, ヨーロッパ民族衣装ではよく刺繍が施されている》. 〖(1857) ◻ F ～ ◻ OHG *brittil* 'rein, BRIDLE'〗

bre·tes·sé /brɛ̀ṭəséɪ | -tə-; *F.* bʁətese/ *adj.*〘紋章〙⟨fess が⟩上下が凹凸になった (cf. embattled² 2). 〖(1572) ◻ F ～ ← OF *bretesche* 'BRATTICE'〗

breth·ren /bréðrən/ *n.* **1 a** brother の特殊複数形 (⇨ brother 4). **b** (宗派·会派などの)仲間たち, 同輩たち. **2** [B-]〘キリスト教〙兄弟団《主としてドイツの Pietism に由来する諸教派; 特にダンカー派 (Dunkers) をいう》. 〖lateOE *brebren* ← *bræþre* ← *brōþor* 'BROTHER': ⇨ -en⁴〗

Bret·on /brétn, -tən | -tn, -tən/ *n.* **1** ブルターニュ (Brittany) 人《特にブルトン語を話す人》. **2** ブルトン語《ケルト語派》. **3** [時に b-] ブレトン《ブルターニュの民族がかぶっていた, つばが上にそっている婦人用の帽子》. — *adj.* **1** ブルターニュ(人)の. **2** ブルトン語の. 〖(?*a*1300) ◻ (O)F ～: ⇨ Briton〗

Bre·ton /brətɔ́ː(ŋ), -tɔ́ːŋ; *F.* bʁətɔ̃/, **André** *n.* ブルトン (1896–1966; フランスの詩人·小説家·美術批評家; 初め医学を学んだが, Freud の精神分析と Marxism を融合しシュールレアリズム (surrealism) を創始).

Breton, Jules Adolphe *n.* ブルトン (1827–1906; フランスの風俗画家).

Brett /brét/ *n.* ブレット《男性名》. 〖◻ Celt. ～ 'BRITON'〗

Bret·ta /bréṭə | -tə/ *n.* ブレッタ《女性名》. 〖(fem.) ← BRETT〗

Brét·ton Wóods Cònference /brétṇwúdz-, -tən- | -tn-, -tən-/ *n.* [the ～] ブレトンウッズ会議《1944 年 7 月米国 New Hampshire 州の Bretton Woods で, 連合国 44 か国が参加して開かれた国際通貨金融政策会議; 国際通貨基金 (IMF) と国際復興開発銀行 (IBRD) の設立を決定した; この協定を Bretton Woods Agreement という》.

Bret·wal·da /brɛtwɔ́ːldə, -wɑ́ːl- | brɛtwɔ́ːldə, -wɔ́l-, ⌐––⌐/ *n.*〘英史〙ブリトン王《アングロサクソン時代初期に heptarchy 諸王中最有力者が名乗ったイングランド王の名称; 普通は Ethelbert ら 7 人の王について用いられたとされる》. 〖OE ～ ← *Brettas* (⇨ British)+*wealdan* to rule (cf. wield)〗

Breu·er /brɔ́ɪə | -ə^(r); *G.* bʁɔ́ʏɐ/, **Josef** *n.* ブロイアー (1842–1925; オーストリアの医師·精神分析学者; 催眠術で精神病患者を治療).

Breu·er /brɔ́ɪə | -ə^(r)/, **Marcel Laj·os** /lɔ́ɪɔ(ː)ʃ | -ɔʃ/ *n.* ブロイアー (1902–81; ハンガリー生まれの米国の建築家·家具デザイナー; 合板や金属パイプを用いた家具を開発).

Bréuer chàir *n.* ブロイアーチェアー《座部と背もたれが藤製の, クローム合金製のパイプ椅子》.

Breu·ghel /brúːgəl, brɔ́ɪ-, -gl | brɔ́ɪ-, brɜ́ː-, brúː-; *Du.* brǿːɣəl/ *n.* =Brueghel.

Breuil /brɜ́ːi; *F.* bʁœj/, **Henri-Édouard-Prosper** *n.* ブルイユ (1877–1961; フランスの考古学者; Altamira 洞窟の調査をはじめ, ヨーロッパ·アフリカ·中国の旧石器時代の研究で有名; 通称 Abbé Breuil).

brev.《略》〘軍事〙brevet; *F.* breveté (=patent); brevetted; *It.* brevetto (=patent); brevier.

bre·va /bréɪvɑː; *It.* bréːva/ *n.* イタリアの Como 湖に日中吹き上げてくる谷風. 〖◻ It. ～: cf. breeze¹〗

breve /bríːv, brév | bríːv/ *n.* **1**〘音声〙短音記号 (˘)《英語では ă, ĕ, ĭ, ŏ, ŭ のように母音字の上に置いてそれぞれ短母音の /æ/, /ɛ/, /ɪ/, /ɑ(ː)| ɔ/, /ʌ/ を示す; cf. diacritical mark, macron, short *adj.* 10》. **2**《英》〘音楽〙2 全音符 (《米》double whole note). **3**〘詩学〙(母音または音節の上につける)弱[短]音節記号 (˘, ×). **4 a**〘法律〙令状 (writ). **b**《古》勅令, 勅旨 (royal mandate). **c**《古》=brief *n.* 5. 〖(*a*1325) ◻ ML *bref, breve* short: ⇨ brief〗

bre·vet /brəvét, brévɪt | brévɪt/ *n.* 君主[政府]から与えられる特権を授ける文書; (特に, 軍人のそれに見合うだけの給与や手当てのない)名誉進級[昇進](辞令)《英軍では補職を伴うが, 米軍では職務は前官のときのまま; cf. brigadier》: a ～ colonel 名誉進級の大佐 / a ～ rank 名誉階級. — *vt.* (**-vet·ted, ～-ed; -vet·ting, ～-ing**) 名誉進級[昇進]させる. 〖(*a*1376) ◻ AF ～=OF *brievet* (dim.) ← *br(i)ef* official document: ⇨ brief, -et〗

bre·vet·cy /brəvétsi, brévɪtsi | brévɪtsi/ *n.* 名誉昇進の位階; 名誉階級. 〖(1846): ⇨ ↑, -cy〗

brev·i- /brévɪ | -vɪ/「短い (short)」の意の連結形: *brevi*foliate. 〖← L *brevis* short: ⇨ brief〗

bre·vi·ar·y /bríːvièri, brév- | bréviəri, bríːv-/ *n.* **1** [しばしば B-]〘カトリック〙**a** 聖務日課書; 日読祈禱書. **b** =divine office. **2** (カトリック教会以外の教会で使う)日読祈禱書. **3** 要約, 抄, 抄本. 〖((*c*1400)) (1611) ◻ (O)F *bréviaire* // L *breviārium* summary ← *brevis* (↑): ⇨ -ary〗

bre·vier /brəvíə | brɪvíə^(r)/ *n.*〘活字〙ブレビア《活字の大きさの古い呼称; 8 アメリカンポイント相当; ⇨ type 3 ★》. 〖(1598) ◻ Du. ～ ◻ L *breviārium* 'BREVIARY': もと breviary の印刷にこの活字を用いたことによる〗

brev·i·ros·trate /brèvɪrɑ́(ː)streɪt | -vɪrɔ́s-⌐/ *adj.*〘鳥類〙くちばしの短い. 〖← BREVI-+ROSTRATE〗

brev·i·ty /brévəṭi | -vɪti/ *n.* **1** 短時, (期間の)短さ: the ～ of human life つかの間の人生. **2** (表現の)簡潔, 簡約: epigrammatic [laconic] ～ 警句的[寸鉄的]簡潔 / for ～ 簡潔のために, 略して / *Brevity* is the soul of wit. 簡潔は分別[機知]の精髄, 言は簡を尊ぶ (Shak., *Hamlet* 2. 2. 90). 〖(*c*1485) ◻ AF *breveté*=(O)F *brièveté* ← *br(i)ef*: ⇨ brief, -ity〗

brew /brúː/ *vt.* **1** ⟨お茶·コーヒーなどを⟩入れる (make). **2** ⟨ビールなどを⟩醸造する (cf. distill 4). ★この語は主にモルト·ホップの発酵をもとに造るビールやエールに用いる: ～ beer (*from* barley). **3 a** ⟨悪事·謀反などを⟩企てる, たくらむ (contrive) ⟨*up*⟩: ～ mischief 悪事をもくろむ. **b** ⟨混乱·波乱などを⟩起こす (bring about). — *vi.* **1**《英》⟨お茶などが⟩水[湯]に浸されて成分を出す, 用意される. **2 a** (ビールなどの)醸造をする. **b** ⟨ビールが⟩醸造され(ている): Beer is ～*ing*. **3** [通例進行形で] **a** ⟨よくない事が⟩計画される, 熟してくる: There *is* trouble ～*ing*. ごたごたが起ころうとしている. **b** ⟨暴風などが⟩来そうである, 恐れがある (threaten): A storm *is* ～*ing*. あらしが起こりかけている. ***bréw úp***《英·NZ 口語》(戸外の作業中などに)お茶[コーヒー]を入れる (cf. brew-up).
— *n.* **1 a** お茶[コーヒー](一杯): the first [a poor] ～ of tea お茶の出花[まずいお茶]. **b** お茶などの量. **2 a** (ビールなどの)醸造(法). **b** ビール(一杯). **c** (一回の)醸造高. **d** (ビールの)品質, 造り: a good ～. **e** 醸造の時期: last year's ～. **3 a** 混合飲料(など) (concoction). **b** 奇妙な[えたいの知れない]混合物: ⇨ witches' brew / Her vision of a new society was a pretty heady ～ for most of us. 彼女の新社会像は我々の多くにはかなり強烈なごたまぜだった. **4** (悪計·あらしなどの)発生.
〖OE *brēowan* < Gmc **brewwan* (G *brauen*) ← IE **bh(e)reu-* to boil, burn (L *fervēre* be boiling / Gk *br(o)ûtos* beer): cf. bread〗

brew·age /brúːɪdʒ/ *n.* **1** (モルト·ホップによる)醸造酒, ビール. **2** 醸造過程[法]. 〖(1542): ⇨ ↑, -age〗

brew·er /brúːə | brúːə^(r)/ *n.* **1** (ビール)醸造者, 醸造業者. **2** コーヒ[茶など]を入れる道具[容器]. 〖(*c*1250): ⇨ -er¹〗

Bréwer bláckbird /brúːə- | brúːə-/ *n.*〘鳥類〙クロムクドリモドキ (*Euphagus cyanocephalus*)《北米西部産ムクドリモドキ科の鳥; Brewer's blackbird ともいう》. 〖← *Thomas M. Brewer* (1814–80: 米国の鳥類学者)〗

bréwer's dróop *n.*《英戯言》酒の飲みすぎによる勃起不能.

bréwer's gráins *n. pl.* ビールかす《豚の飼料》. 〖1846〗

Bréwer's móle *n.*〘動物〙=hairytail mole. 〖⇨ Brewer blackbird〗

bréwers' yéast *n.* **1** ビール酵母《しばしば医薬·食料用; また多種のビタミン B 複合体を作る原料になる》; (特に)醸造用の酵母菌 (*Saccharomyces cerevisiae*). **2** 醸造の副産物として採れる酵母. 〖1871〗

brew·er·y /brúːəri/ *n.* ビール醸造所. 〖(1658) ◻ Du. *brouwerij*〗

bréw·hòuse *n.* **1** =brewery. **2**《英》台所. 〖(1378–79) *breuhous*〗

brew·ing /brúːɪŋ/ *n.* **1 a** (ビール)醸造. **b** (一回の)醸造量[高]. **2 a** (悪計などの)兆し, 醸成. **b**〘海事〙あらしの前触れ, 黒雲 (black clouds). 〖(1647): ⇨ -ing¹〗

brew·is /brúːz, brúːɪs | brúːɪs/ *n.*《北英·米·カナダ方言》**1** 肉汁. **2** 肉汁に浸したパン. 〖(*c*1300) *broues* ◻ OF *broez* (pl.) ← *broet* (dim.) ← *breu* < VL *brōdu(m)* ◻ Gmc (Frank.) **brupam* 'BROTH'+-ET〗

bréw·màster *n.*《米》(ビールの)醸造責任者.

bréw pùb *n.* 自家製ビールを出すパブ.

brew·ski /brúːski/ *n.*《米俗》ビール《brewskie, brewsky ともつづる》.

B

brew·ster /brúːstə | -stə⁽ʳ⁾/ *n.* 《英方言》＝brewer 1.〖《?*a*1325》: ⇨ brew, -ster〗

Brew·ster /brúːstə | -stə⁽ʳ⁾/, **Sir David** *n.* ブルースター《1781–1868; スコットランドの物理学者・哲学者; 光学および偏光 (polarized light) の研究, 万華鏡の発明, 分光器の改良で知られる》.

Brewster, William *n.* ブルースター《1567–1644; 英国生まれの植民者, Plymouth 植民地における Pilgrims の指導者》.

Bréwster àngle *n.* 〘光学〙ブルースターの角[偏光角]《物質に自然光を入射したとき, 反射光あるいは透過光の偏光度が最大になる入射角; Brewster's angle, polarizing angle ともいう; cf. Brewster's law》.〖《1950》← *Sir David Brewster*: cf. *Brewsterian angle* 《1932》〗

Bréwster sèssions *n. pl.* 《英》(治安判事による)酒類販売免許証発行の特別開廷期 (2 月 1 日–14 日).

Bréwster's láw *n.* 〘光学〙ブルースターの法則《屈折率の異なる透明な 2 媒質の境界面に光が入射するとき, 屈折率で定まる特定の入射角で入射面に平行な電気ベクトルをもつ光の反射率が零になる現象; cf. Brewster angle》.〖《1882》← *Sir David Brewster*〗

bréw-ùp *n.* 《英口語》お茶[コーヒー]を入れること; そのための小休止 (cf. BREW *up*): have a ～ お茶を入れる.〖1944〗

brey /bréɪ/ *vi.* ＝brei².

Brezh·nev /bréʒnef; *Russ.* brʲéʒnʲif/ *n.* ブレジネフ《Naberezhnye Chelny の旧名》.

Brezh·nev /bréʒnef; *Russ.* brʲéʒnʲif/, **Leonid Ilyich** *n.* ブレジネフ《1906–82; ソ連の政治家, 共産党書記長 (1964–82), 最高会議幹部会議長(国家元首) (1960–64, 1977–82)》.

Brezhnév Dóctrine *n.* [the ～] ブレジネフドクトリン《共産主義の防衛のためソ連は他のワルシャワ条約機構加盟国に干渉する権利をもつという主張; 1968 年チェコスロバキア事件以後主張された》.〖1968〗

BRG 〘自動車国籍表示〙Guyana.

Bri·an /bráɪən/ *n.* ブライアン《男性名; アイルランドに多い》.〖← ? Ir. **bre* hill // *brigh* strength〗

Bri·an /bráɪən/, **Havergal** *n.* ブライアン《1876–1972; 英国の作曲家; 32 曲の交響曲を作曲》.

Bri·an Bo·ru /bráɪənbərúː/ *n.* ブライアン ボルー《941?–1014; アイルランド王 (1002–14); Dane 人と戦って勝利を収めたが, Clontarf の戦いで戦死, 以後アイルランドにおける Dane 人の勢力は衰退し, 後世民族的英雄と仰がれた; アイルランド語名 Brian Boramha [Boraimhe] /bəróʊ, -rúː | -ráʊ, -rúː/》.

Bri·and /briɑ́ː(ŋ), -ɑ́ːŋ; *F.* bʁiɑ̃/, **A·ris·tide** /aʁistid/ *n.* ブリアン《1862–1932; フランスの社会主義政治家・法律家; 首相となること 11 回; Nobel 平和賞 (1926); ⇨ Kellogg-Briand Pact》.

Briansk *n.* ＝Bryansk.

bri·ar¹ /bráɪə | bráɪə⁽ʳ⁾/ *n.* ＝brier¹.

bri·ar² /bráɪə | bráɪə⁽ʳ⁾/ *n.* **1** 〘植物〙＝brier² 1. **2** ブライヤの(根で作った)パイプ《briar pipe ともいう》.〖《1882》: ⇨ brier²〗

bri·ard /briɑ́ə(d) | -ɑ́ː⁽ʳ, -ɑ́ːd; *F.* bʁiaːʁ/ *n.* ブリアード《フランス原産のイヌ; 元来牧羊犬として飼育された》.〖《*c*1929》□ F ～ ← *Brie* (フランス北東部の地名)＋-ARD〗

Bri·ar·e·an /braɪéᵊriən | -éər-/ *adj.* 巨人ブリアレオス (Briareus) の(ように手や頭の多い).〖《1599》: ⇨ ↓, -an¹〗

Bri·ar·e·us /braɪéᵊriəs | -éər-/ *n.* 〘ギリシャ神話〙ブリアレオス《手が 100, 頭が 50 あったという巨人の一人で, タイタン族との戦いではゼウスとオリュンポスの神々に味方した》.〖《1591》□ L ～ □ Gk *Briáreōs* ← *briarós* strong〗

bríar·ròot *n.* ＝brierroot.

bríar·wòod *n.* ＝brierroot.

bri·ar·y /bráɪəri/ *adj.* ＝briery.

brib·a·ble /bráɪbəbl̩/ *adj.* 賄賂のきく, 買収できる.
brìb·a·bíl·i·ty /-bəbíləṭi | -lɪ̣ti/ *n.* 〖《1829》: ⇨ ↓, -able〗

bribe /bráɪb/ *n.* **1** 賄賂(ᵂᶦᶦ): take [accept] a ～ 賄賂を取る, 収賄する / give [offer] a ～ 賄賂を贈る, 贈賄する. **2** (あることを行わせるための)誘惑物, おとり, えさ. ── *vt.* **1** 買収する, 抱き込む; 賄賂で…させる ‹*to do*› / [‹*into*›: ～ a person to do something 人に賄賂を使ってあることをさせる / ～ a person *into* silence 賄賂で人に口止めする. **2** [～ one*self* または ～ one's way として] 賄賂を使って(目的に)進む: ～ *one's way* onto the committee 買収して委員になる. ── *vi.* 賄賂を使う[贈る], 贈賄する.〖《*c*1390》□ OF *briber, brimber* to beg ← *bribe* large lump of bread (given to a beggar), alms ← ?〗

bribe·a·ble /bráɪbəbl̩/ *adj.* ＝bribable.

brib·ee /braɪbíː/ *n.* 収賄者.〖《1858》: ⇨ -ee¹〗

bríb·er *n.* 贈賄者.〖《*c*1378》□ AF *bribour*: ⇨ -er¹〗

brib·er·y /bráɪb(ə)ri/ *n.* 賄賂(ᵂᶦᶦ)の授受, 汚職, 贈[収]賄, 賄賂による買収: a ～ case 贈[収]賄事件 / commit a ～ 贈[収]賄する.〖《*a*1387》□ OF *briberie*: ⇨ bribe, -ery〗

bric-a-brac /bríkəbræ̀k/ *n.* [集合的] (こまごました装飾的な)古物, (たいして価値のない)装飾的骨董品, がらくた: bits of ～.〖《1840》□ F *bric-à-brac* ← *à bric et à brac* by hook or by crook〗

Brice /bráɪs/ *n.* ブライス《男性名》.〖← Celt.: cf. Welsh *brys* quick one〗

bricht /bríkt, bríxt/ *adj.* 《スコット》＝bright.

brick /brík/ *n.* **1** (集合的にまたは一個の)れんが; (コンクリート製など他の材料による)れんが状ブロック; (舗装用の)石板状れんが: a fire ～ 耐火れんが / a dressed ～ 化粧れんが / ⇨ Flemish brick / (as) dry [hard] as a ～ まるで乾ききった[固い] / bake [burn, make] ～*s* れんがを焼く / lay ～*s* れんがを積む. **2 a** れんが状の塊 (brick cheese, brick tea など): a ～ of ice cream. **b** 《英》(おもちゃの)積み木 (block): a box of ～*s* 積み木一箱. **3** 《口語》(頼りがいのある)いい人, 気前のよい人: He's a regular ～. 実にいい男だ / You've been a ～ through this whole ugly mess. いやな事態の中にあって君はずっと頼りになった. **4** (壁などの厚さを測る単位として)れんがの大きさ《米国では通例 $2^1/_4 \times 3^3/_4 \times 8$ インチ》. **5** ＝brick red. **6** 《米俗》(堅く梱包(ᶜᵒⁿᵖᵒ)された)マリファナ 1 キロ.
brícks and mórtar (特に資産としての)建物, 家; [集合的] 住宅: Put your money into ～*s and mortar!* お金は建物に投資しておきなさいよ. ***dróp a brícк*** 《口語》まずい事を言う, しくじる. 《1923》 ***háve* [*wéar*] *a bríck in one's hát*** 《俗》酔っぱらっている. 《1847》 ***hit the brícks*** 《米俗》ストライキをする. ***like a bríck＝like brícks*** 《口語》(1) 快く, 気持ちよく, 活発に, 早速. (2) ＝*like a ton of* BRICKS. 《1836》 ***like a cát on hót brícks*** ⇨ cat 成句. ***like a tón* [*lóad*] *of brícks*** 《口語》猛烈な勢いで, 猛烈に (vigorously), 厳しく (severely): come down on a person *like a ton of* ～*s* 人を激しくしかる. 《1929》 ***màke brícks withòut stráw*** 必要な材料[資金]なしでものを作る; 不可能なことを試みる (cf. *Exod.* 5:7). 《1658》
── *adj.* **1** れんがの; れんが製[造り]の: ～ pavement れんが舗装 / The wall is ～, not stone. 壁はれんが製であって石造りではない / ⇨ brick wall. **2** ＝brick-red.
── *vt.* **1 a** …にれんがを敷く, れんがで覆う ‹*over*›: ～ *over* a well 井戸をれんがで覆う. **b** れんがでふさぐ[囲う] ‹*up, in*›: ～ *in* a garden 庭をれんがで囲う / ～ *up* a window 窓をれんがでふさぐ. **c** れんがで建てる. **2** …にれんが造りの外観を与える.
〖《1416–17》*brike* □ MDu. *bricke* ← ?: cf. (O)F *brique* broken piece〗

Brick /brík/ *n.* ブリック《米国 New Jersey 州東部の郡区》.

bríck·bàt *n.* **1** 憎まれ口, 痛い批評: throw a ～ at a person 人に鋭い批評を浴びせる. **2 a** れんがの破片, (特に)れんがの半片. **b** (飛び道具としての)れんがのつぶて.〖《1563–87》: cf. bat¹ (n. 5)〗

bríck-bùilt *adj.* ‹建物がれんが造りの.

bríck chéese *n.* (米国産の半硬質の)れんが形チーズ.〖cf. *brick bat-cheese* 《1784》〗

bríck cláy *n.* れんが用粘土《建築用のれんがを造るのに用いる》.〖1837〗

bríck·èarth *n.* れんが用粘土《特にイングランド南部の肥えた沖積土》.〖1667〗

bríck·fìeld *n.* 《英》＝brickyard.

bríck·fìeld·er *n.* 《豪》(オーストラリア南部で)内陸から吹く熱い乾いた北風 (cf. buster 4).〖1843〗

bríck gùm *n.* 《俗》アヘン.

brick·ie /bríki/ *n.* 《英口語》＝bricklayer.〖⇨ -ie〗

bríck·kìln *n.* れんが焼きがま.〖1442〗

bríck·làyer *n.* れんが職人, れんが工.〖1443–44〗

bríck·làying *n.* **1** れんが積み. **2** れんが職[業].〖1484〗

brick·le /bríkl̩/ *adj.* 《古・方言》もろい, 壊れやすい (brittle).〖《?*a*1200》*brokel* ＜ OE *-brucol* (cf. *onbrucol* rugged / *scipbrucol* causing shipwreck) ← *brecan* 'to BREAK¹'〗

bríck·màker *n.* れんが製造人.〖1465〗

bríck·màking *n.* れんが製造.〖1703〗

bríck·màson *n.* ＝bricklayer.

bríck nòg [**nògging**] *n.* 木骨れんが積み.〖1825〗

bríck-réd *adj.* 赤れんが色の.〖1843〗

bríck réd *n.* 赤れんが色.〖1810〗

bríck tèa *n.* 磚茶(ᵗᵃⁿᶜʰᵃ)《紅茶または緑茶のくずを蒸してれんがのように圧搾したもの; シベリア・モンゴル・チベット地方で用いる》.〖1827〗

bríck venéer *n.* 《豪》外壁を薄いれんが積みで覆った木造の建物.〖1935〗

bríck wáll *n.* **1** れんが壁[塀]. **2** 越えられない障壁[障害]: see through a ～ ⇨ wall¹ 成句.〖*a*1447〗

bríck·wòrk *n.* れんが積み(工事), れんが造りの家[壁, 構造物].〖1580〗

bríck·wòrks *n. pl.* [単数扱い] れんが工場.〖1703〗

brick·y¹ /bríki/ *adj.* (**more** ～, **most** ～; **brick·i·er, -i·est**) **1** れんがで造った. **2** れんがのような.〖《1596》: ⇨ -y¹〗

brick·y² /bríki/ *n.* ＝brickie.〖《1880》: ⇨ -y²〗

bríck·yàrd *n.* れんが製造場, れんが工場[貯蔵所, 販売所].〖1731〗

bri·co·lage /brìːkoʊlɑ́ːʒ, brìk- | brìkə(ʊ)-, ←́ ─ ─́; *F.* bʁikɔlaːʒ/ *n.* **1** ブリコラージュ《ありあわせの物を利用して作ること》. **2** ありあわせ[雑多な]物の利用.〖《1966》□ F ← *bricoler* to putter about〗

bri·cole /brɪkóʊl | -kɔ́ʊl; *F.* bʁikɔl/ *n.* **1 a** (コートテニスで)球の間接打ち. **b** 間接攻撃, 不意打ち. **2** 〘玉突〙ワンクッション取り. **3** (古代・中世の)投石器, 石弓. **4** 大砲を引くために兵士が身につけた装備.〖《1525》□ F ～ □ Prov. *bricola* catapult ← ? Gmc〗

bri·co·leur /brìːkoʊlɚ́ː, brìk- | brìkə(ʊ)lɜ́ː⁽ʳ⁾; *F.* bʁikɔlœːʁ/ *n.* ブリコラージュ (bricolage) をする人.〖《1974》□ F ～ ← *brioler* to do odd jobs: cf. bricolage〗

brid·al /bráɪdl̩ | -dl̩/ *adj.* **1** 花嫁の, 新婦の: a ～ wreath, veil, etc. / a ～ shower 《米》花嫁へのお祝品贈呈パーティー. **2** 婚礼の, 新婚の: the ～ bells, banquet, bed, chorus, etc. / a ～ march 結婚行進曲. ── *n.* 《古》**1** 婚礼, 結婚式. **2** 結婚の祝宴. **～·ly** *adv.*〖lateOE *brȳdealu* bride ale ← *brȳd* 'BRIDE¹'＋*ealo* 'ALE (feast)': adj. は -AL¹ との連想による〗

brídal règistry *n.* 《米》結婚祝い登録表《結婚を控えた人が欲しいもののリストをデパートなどに預けておき, 知人がそれを見て口裏を合わせ重複しないよう贈り物を買う》.

brídal suíte *n.* (ホテルの)新婚カップル用の部屋.〖1925〗

Bri·dal·veil /bráɪdl̩vèɪl | -dl̩-/ *n.* [the ～] ブライダルベール《米国 California 州の Yosemite 国立公園にある滝; 高さ 189 m》.〖滝を花嫁の veil に見立てたもの〗

brídal wrèath *n.* 〘植物〙**1** シジミバナ (*Spiraea prunifolia*)《バラ科シモツケ属の低木; 春に白い小形の花が房状に咲く》. **2** フランコア (⇨ maiden's-wreath). **3** 西インド諸島産クマツヅラ科ヤモメカズラ属のつる草の一種 (*Petrea kohautiana*).〖1889〗

bride¹ /bráɪd/ *n.* **1** 花嫁, 新婦 (cf. bridegroom): the ～ elect ⇨ elect *adj.* 2 / lead one's ～ to the altar ‹男が›結婚する / Happy is the ～ on whom the sun shines. 《諺》婚礼に日の照る花嫁は幸先(ᶜᵃᶜᶦ)がよい. **2** 《英俗》少女, 女性; (特に)ガールフレンド. ── *v.* 《Shak》★ 次の句で: ～ it 花嫁を演じる.〖OE *brȳd* ＜ Gmc **brūðiz* (G *Braut*) ← ?〗

bride² /bráɪd/ *n.* 〘服飾〙**1** (刺繍や編み物で作る)輪[棒型, 結び目]. **2** レースのデザインをつなぐ細い縦や横の糸. **3** (ボンネットの)飾りあごひも.〖《?*a*1300》□ (O)F ～ 'bridle, string tie' ← Gmc: cf. bridle〗

Bride /bráɪd/ *n.* ブライド《女性名; スコットランドに多い》.〖《短縮》← BRIDGET〗

Bride, Saint *n.* ⇨ Saint BRIGID.

bríde·càke *n.* ＝wedding cake.

bríde·chàmber *n.* 《古》結婚の床のある部屋.〖1579〗

bride·groom /bráɪdgrùːm, -grʊ̀m/ *n.* 花婿, 新郎 (cf. bride¹ 1).〖《1526》← BRIDE¹＋GROOM ∽ OE *brȳdguma* ← *brȳd* 'BRIDE¹'＋*guma* man (← IE **dhghem-*earth: ⇨ human)〗

bríde prìce [**wèalth**] *n.* 婚資《文明の影響が加わる以前の社会で, 花嫁に対する花婿の権利を確立するために花婿またはその家族から花嫁の家族に贈られる金または品物; 結納に当たる》.〖1876〗

brídes·màid *n.* **1** 新婦[花嫁]の付添人《若い未婚の女性; cf. best man, groomsman, MAID of honor (1), MATRON of honor》: She was ～ at my wedding. 彼女は私の結婚式で付添いを務めた. **2** 脇役, 引き立て役.
be álways the brídesmaid and néver the bríde いつも花嫁の付添いで自分は結婚できない; 《比喩》注目を一身に浴びることなく, 望みのものも手に入らない.〖《1794》← BRIDE¹＋-s²＋MAID ∽ 《廃》*bridemaid*〗

brídes·man /-mən/ *n.* (*pl.* **-men** /-mən, -mèn/) ＝best man.〖1808〗

bríde-to-bé *n.* (*pl.* **brides-**) もうすぐ花嫁になる人, 結婚間近の女性.

bride·well /bráɪdwɛl, -wəl/ *n.* 《古》(特に軽罪に対する)刑務所, 留置場, 懲治監.〖《1552》← *Bridewell* (St. Bride's Well の近くにあったもと London の懲治監: 昔の仮宮殿のあと)〗

bridge¹ /brídʒ/ *n.* **1** 橋; 陸橋: ⇨ floating bridge, bascule bridge, suspension bridge / build a ～ *across* [*over*] a river 川に橋を架ける / Much [A lot of] water has flowed under the ～ (since then). (あのとき以来)いろいろな事が起こった (cf. water 成句) / Don't cross your ～*s* until you come [get] to them. 《諺》取越し苦労をするな. **2 a** 橋状の物. **b** 鼻柱, 鼻梁(ᵇⁱʳʸᵒ); 骨橋. **c** (眼鏡の)ブリッジ, 橋梁部《鼻柱に当たる部分; ⇨ glasses 挿絵》. **d** (弦楽器の弦を支える)こま (⇨ violin 挿絵). **e** (玉突き用の)キュー架, (指で作る)ブリッジ. **3** 関係[接触, 移行]に役立つもの; 橋渡し, 仲立ち, 仲介物: serve as a ～ *between* …の橋渡しとなる / build ～*s between* 橋渡しをする, わたりをつける. **4** (艦船の)船橋, 艦橋, ブリッジ《船長・艦長の指揮する場所》. **5** 〘鉄道〙鉄道信号[装置架線]橋《線路をまたいだ橋で, その上に信号機が建てられている》. **6 a** 〘電気〙ブリッジ, 電橋, 橋絡 (bridge circuit): an A.C. ～ 交流ブリッジ / ⇨ Wheatstone bridge, Schering bridge. **b** 〘電算〙(2 つの LAN を接続する) ブリッジ《router と異なり, 経路には関知しない》. **7** 〘歯科〙ブリッジ, 架工義歯. **8** 〘ラジオ・テレビ〙(2 つの番組・場面の)橋渡しをする音楽[効果音など]. **9** 〘音楽〙ブリッジ, 経過部《2 つのテーマを橋渡しする部分; ポピュラーソングのリフレインの部分は 32 小節で A-A-B-A であり B の部分の 8 小節を指す; release ともいう》. **10** 〘劇場〙**a** (背景などを描くためまたは照明の仕込みに用いる)上げ下げできるつり橋, ブリッジ. **b** 《英》せり(出し). **11** 〘演劇・文学〙ブリッジ《劇・文学作品で重要な場面間のわたり; つなぎとなる部分》. **12** 〘レスリング〙ブリッジ. **13** 〘建築〙ブリッジ《建築現場で落下物から下の交通を守るために設けられるひさし状の覆い》. **14** 〘冶金〙ブリッジ, 仕切り壁《炉やボイラー内部の燃料を入れる仕切り》. **15** 〘化学〙ブリッジ《炭化水素や金属錯塩などで, 橋形に結合する原子または基》.
a bridge of ásses ＝pons asinorum. ***a bridge of góld*** (敗軍の)容易な退却路[逃げ道]; 困難からの容易な切抜け道, 難局打開策 (golden bridge). 《cf. *a bridge of silver* 《1579》》 ***búrn one's brídges* (*behind* one)** ⇨ burn¹ 成句. ***wáter ùnder the brídge*** ⇨ water 成句.

brídge of bóats 舟橋(ᶠᵘⁿᵃʰᵃˢʰⁱ). 《1688》

Brídge of Síghs [the ─] ため息橋, 嘆きの橋: (1) Venice にある 16 世紀に架けられた橋; 囚人が総督 (doge) の法廷からこの橋を渡って刑務所へ引かれて行った; これにちなんで New York 市の Tombs 刑務所に通じる橋など諸国諸所に同名の橋がある. (2) 《古》(London の) Waterloo Bridge の異名《もとこの橋から投身する者が多かったことから). (3) (Cambridge 大学の) St. John's (College) Bridge の異名.
— *vt.* **1** 〈空間・間隙を〉埋める,〈離れたものを〉つなぐ,仲直りさせる 〈*over*〉: ～ a gap ⇨ gap *n.* 2. **2** 〈川などに〉橋を架ける,架橋する;橋を架けて〈道を〉造る: ～ (*over*) a river. **3 a** 〈困難を〉(一時でも)切り抜け(させ)る 〈*over*〉: ～ *over* (a person's) difficulties. **b** 〈人に〉(困難を)切り抜けさせる 〈*over*〉: ～ a person *over* (for a while). **4** 〘電気〙橋絡する. **—** *vi.* 〘レスリング〙ブリッジをする.
～·less *adj.* 〘OE *bryċġ* < Gmc **bruʒjō* (G *Brücke*) ← IE **bhrū-* beam, log-road〙

bridge[2] /bríʤ/ *n.* 〘トランプ〙ブリッジ (4 人がテーブルを囲み,向かい合った者同士がペアを組んで遊ぶゲーム;各自 13 枚の手札を 1 枚ずつ場に出し,獲得するトリック (trick) の数を競う;競り (bid) で切札を決めることと,プレー中一人が必ずダミー (dummy) として手札を卓上に開くことが特徴; cf. auction bridge, contract bridge, duplicate bridge, rubber bridge): play ～. 〘(1843) (古形) *biritch* ← ? Russ. *birich* herald: 現在の語形は↑の影響〙

Bridge /bríʤ/, **Frank** *n.* ブリッジ (1879–1941; 英国の作曲家・指揮者・室内楽奏者; 室内楽ですぐれた作品を残した).

bridge·a·ble /bríʤəbl/ *adj.* 架橋できる. 〘(1865): ⇨ bridge[1], -able〙

bridge·bòard *n.* 《米》〘建築〙側桁(がわ), 簓(ささら)桁 (階段板を受けるために段形に刻んだ桁; cut string ともいう). 〘1876〙

bridge·buìlder *n.* 調停者, 橋渡し人 (敵対する人・組織などの間の意見の食い違いの解決に努力する人).

bridge-building *n.* 橋をかけること, 架橋, 橋渡し; (外国との)橋渡し (米国国務省でよく用いる用語). 〘(1772) 1967〙

bridge cìrcuit *n.* 〘電気〙 =bridge[1] 6.

bridge cràne *n.* 〘機械〙橋形クレーン.

bridged bónd *n.* 〘化学〙橋かけ結合 (例えば 2 本の鎖状炭素結合などを橋を架ける形で結びつけるもの).

bridge dèck *n.* 〘海事〙船橋楼甲板.

bridge·hèad *n.* **1** 〘軍事〙橋頭堡(きょうとうほ): **a** 渡河(とか)作戦で上陸部隊の第一波が設けた対岸の陣地で, 味方の渡河の援護や, 以後の作戦を推進するための基地となる; 同様の目的で海岸などに設けたもの (cf. airhead 1, beachhead 1). **b** 橋の末端付近のアーチ (特に敵に近い橋の末端を援護するために強化した部分). **c** (敵地に設けた)前進基地. **2** 橋の末端付近. 〘(1812) (なぞり) ← F *tête de pont* head of bridge〙

bridge hòuse *n.* 〘海事〙船橋甲板室, 船橋楼 (頂部が船橋になっている甲板上の構造物). 〘1375〙

bridge làmp *n.* (調節できる腕木のついた)床上ランプ.

bridge lòan *n.* =bridging loan.

bridge pàssage *n.* 〘演劇・文学〙 =bridge[1] 11.

bridge pìece *n.* 〘海事〙(船尾骨材の)頂材, アーチ (船尾材が複雑な形に構成されている上部の水平部分).

Bridge·port /bríʤpɔːət | -pɔːt/ *n.* ブリッジポート (米国 Connecticut 州南西部, Long Island Sound に臨む海港で工業都市). 〘∞ *Newfield*: 近くにはじめて跳ね橋ができたのにちなんで改称〙

bridge rèctifier *n.* 〘電気〙ブリッジ整流器.

bridge ròll *n.* 《英》柔らかい小型のロールパン.

Bridg·es /bríʤɪz/, **Harry** (**Alfred Renton Bryant**) *n.* ブリッジズ (1901–90; オーストラリア生まれの米国の労働運動指導者).

Bridges, Robert (**Seymour**) *n.* ブリッジズ (1844–1930; 英国の桂冠詩人 (1913–30); *Shorter Poems* (1873–93), *The Testament of Beauty* (1929)).

Brídg·es Créek /bríʤɪz-/ *n.* ブリッジズクリーク (米国 Virginia 州東部 Potomac 川に臨む土地; George Washington の出生地, 1923 年国有記念物に指定; 今は Wakefield と呼ぶ).

bridge sèat *n.* 〘土木〙橋座 (橋げたの支承面).

bridge sìgn *n.* 〘海事〙船橋位置の印 (船が岸壁に係留されるとき, 船橋の位置すべき場所を示す印).

Bridg·et /bríʤɪt/ *n.* ブリジェット (女性名; 愛称形 Biddy, Bridie; 異形 Bride, Brigid, Brigit). 〘□ OF *Brigitte* (F *Brigette*) □ Ir. & Gael. *Brigit, Brighid* < OIr. *Brigid* (古代ケルトの女神) < Celt. **Brigenti* (原義) the high one〙

Bridget, Saint *n.* ⇨ Saint Bʀɪɢɪᴅ.

bridge tàble *n.* =card table.

bridge tòwer *n.* 橋塔.

Bridge·town /bríʤtàʊn/ *n.* ブリッジタウン (バルバドス (Barbados) 南西部の海港で同国の首都).

bridge tràin *n.* 〘軍事〙架橋段列, 架橋縦列; 架橋材料中隊 (架橋作業によって第一線部隊を支援する; cf. train[1] 12 b).

bridge wàrd *n.* 橋番. 〘OE *bryċġweard*〙

bridge whìst *n.* 〘トランプ〙ブリッジホイスト (whist から auction bridge への過度期, 19 世紀末に流行したゲーム).

bridge·wòrk *n.* **1** 架橋工事, 架橋工事業. **2** 〘歯科〙架工義歯, ブリッジ技工. 〘1883〙

brídg·ing *n.* **1** 架橋. **2** 〘建築〙 **a** 振れ止め (梁(はり)や根太を固定させる材木). **b** (溝などの板の膨らみ出すのを防ぐ)突っ張り (strut). **3 a** 〘電気〙橋絡. **b** 〘電算〙ブリッジング (LAN 間を bridge でつなぐこと). **4** 〘登山〙チムニー (chimney) を登る技法 (左手・足を片側に, 右手・足を反対側に押しつけて登る). 〘(1839): ⇨ bridge[1], -ing[1]〙

brídging lòan *n.* つなぎ融資 (長期融資や抵当貸しが決まるまでの短期融資). 〘1967〙

Bridg·man /bríʤmən/, **Percy Williams** *n.* ブリッジマン (1882–1961; 米国の物理学者; Nobel 物理学賞 (1946)).

bri·die /bráɪdi | -di/ *n.* 《スコット・北英》肉とタマネギ入りの半円[三角]形パイ. 〘← ?: cf. (廃) bridis pie〙

Brid·ie /bráɪdi | -di/ *n.* ブライディー (女性名). 〘(dim.) ← Bʀɪᴅɢᴇᴛ〙

bri·dle /bráɪdl | -dl/ *n.* **1** 馬勒(ばろく), 頭絡(とうらく) (馬具の一部で, 頭に着けるおもがい・くつわ・手綱(たづな)の総称; cf. harness 1). **2 a** 拘束物, 抑制, 束縛; (…の)ブレーキとなるもの 〈*to*〉: put a ～ *on* the tongue 口止めをする. **b** =branks. **3** 〘機械〙添え金, (機械の 2 部分を接合したり, それらの運動を抑制するための)添え物. **4** 〘時計〙(ぜんまいの外端を香箱 (barrel) の壁に取り付けるための)添え板. **5** 〘海事〙係留索 (船を係留浮標につなぐときに用いる短い太綱); 短小索 (大綱を他物に取り付けるのに用いる). **6** 〘解剖〙繋帯(けいたい); 小帯 (frenum). **7** 〘電気〙縁つなぎ: ⇨ bridle ring. **8** Y 字型引き綱 (両端を目的物に結びつけ, その中央部を引っ張る綱[ロープ, 鎖]).
give a hórse the brídle 馬の手綱をゆるめる, 馬を自由に活動させる. ***gò wéll úp to*** *one's* ***brídle*** 〈馬が〉手綱に慣れ命令によく従って進む. ***láy the brídle on*** *a hórse's* ***néck*** =*give a horse the* ʙʀɪᴅʟᴇ.
— *vt.* **1** …に馬勒[頭絡]をつける. **2** 〈情欲・欲望・野心などを〉抑制する, 制御する; 〈言葉などを〉慎む: ～ one's passions, desires, ambitions, etc. / *Bridle* your tongue. 言葉を慎みなさい.
— *vi.* **1 a** 〈馬が〉(手綱を引き締められたときのように)あごを引いて頭を立てる. **b** 〈馬が〉(手綱を引かれて)命令通りに動く. **2** 〈特に, 女性が〉(憤り・誇り・抗議などを表すために, あごを引いて頭をもたげて)つんとする, そり返る 〈*up*〉: ～ *up* with anger むっとしてそり返る / She ～*d up at* his words. 彼の言葉につんとした.
～·less *adj.* 〘OE *brīdel*, **brigdel* < Gmc **brezðilaz* ← IE **bherək-* to glitter: cf. braid[1], -le[1]〙

brídle brìdge *n.* 馬橋 (馬は通れるが車は通れない狭い橋). 〘1882〙

brídle hànd *n.* 手綱(たづな)を取る手 (左手). 〘1580〙

brídle jòint *n.* 〘木工〙かみ合わせ留め (斜めに交わる材を継ぐときに用いる仕口(しぐち)の一種).

brídle pàth *n.* 乗馬道 (馬の通る道で馬車や荷車は通れない; bridle road [track, trail, way] ともいう). 〘1811〙

brí·dler /-dlə, -lə | -dlə[(r)], -lə[(r)]/ *n.* 拘束[制御, 抑制]するもの. 〘(1563–87): ⇨ -er[1]〙

brídle rèin *n.* 〘馬具〙手綱, 勒索(ろくさく). 〘*c*1384〙

brídle rìng *n.* 〘電気〙縁つなぎリング.

brídle ròad [**tràck**] *n.* =bridle path.

brídle·wày *n.* =bridle path.

brídle·wìse *adj.* 《米》〈馬が〉(はみを引かなくても手綱(たづな)が首に触れただけで)反応の早い, 慣らされた, 御しやすい. 〘(1840): ⇨ -wise〙

Brid·ling·ton /brídlɪŋtən/ *n.* ブリドリングトン (イングランド北東部 Humber 河口の北方に位置する都市で, 北海に臨む海港). 〘OE *Bretlinton* ← *Beorhtel* (人名) + -ɪɴɢ[3] + -ᴛᴏɴ〙

bri·doon /brɪdúːn | brɪ-/ *n.* (軍馬の)轡勒(ひろく), 小勒(しょうろく) (普通の馬勒 (bridle) に添えて用いる). 〘(1753) □ F *bridon* ← *bride* 'ʙʀɪᴅᴇ[2]' ← Gmc (Frank.): ⇨ -oon〙

brie /bríː/ *n.* =bree.

Brie /bríː/ *n.* ブリー(チーズ) (Camembert に似ているがもっとマイルドな, なめらかで柔らかい白色のチーズ; Brie cheese ともいう). 〘(1876) ← *Brie* (フランスの原産地名)〙

brief /bríːf/ *adj.* (～·**er**; ～·**est**) **1** 短時間の, 暫時の; 短命の (short, short-lived): a ～ life はかない[つかの間の]人生 / ～ hopes (やがて砕ける)はかない希望. **2 a** 手短な, 簡単な, 簡潔な (concise): a ～ report 短い報告 / to be ～ 簡単に言えば, 要するに / be ～ and to the point 言うことが簡にして要を得ている. **b** そっけない, ぶっきらぼうな (abrupt). **3** (丈などが)短い: a ～ bikini.
— *vt.* **1** …に前もって手短に情報を与える, 要点をかいつまんで話す[告げる]: He ～*ed* me *on* it. それについて私にざっと話してくれた / be well [badly] ～*ed* about …について十分[不十分]な報告を聞いている. **2** 要約する; …の抜粋[要領書]を作る. **3** 〘軍事〙…に要旨を説明する, (最後の)要領教示をする (cf. briefing 2, debrief). **4** 《英》〘法律〙〈バリスター (barrister) に〉(事件の要領書を渡して)事件の内容を教える; 〈バリスターに〉(訴訟事件を)依頼する, 雇っておく.
— *n.* **1** [通例 *pl.*] ブリーフ (男子または女子用の短いパンツ). 日英比較 日本語の「ブリーフ」と違い男子用とは限らない. **2 a** (権限・任務などを規定する)指示(内容), 訓令 (cf. remit): My ～ is to find out who did this. 私の務めはだれがこれをしたか見つけることである / stick to one's ～ 《英》指示されたことだけをする / Don't go beyond your ～. 指示された以上のことはするな. **b** 要領書; (要領だけをまとめた)報告書. **c** 〘法律〙 =ʙʀɪᴇꜰ of title. **d** (新聞などの)短い記事. **3** 〘法律〙 **a** 訴訟事件摘要書, 準備書面 (米国では弁護士が法廷に提出する弁論の要旨; 英国ではソリシター (solicitor) が調整してバリスター (barrister) に提供するもので, バリスターはそれによって法廷で弁護する) (⇨ summary SYN). **b** 同上の書類を入れるフォルダー. **c** 訴訟事件: take a ～ 〈バリスターが〉訴訟事件を引き受ける / have plenty of ～*s* 〈バリスターが〉依頼を受けた事件が多い (cf. briefless) / ⇨ watching brief. **d** 《英俗》ソリシターまたはバリスター, 法律家. **4** 《英》〘劇場〙無料入場券 (pass). **5** (ローマ教皇の)小勅書, 教書, 親書, 書簡 (breve) (教皇の認印 (signet ring) を押し近代の文字で書かれたもの, bull ほど重要性をもたない).
hóld a bríef for (1) …のために訴訟事件の弁護依頼を受けている. (2) [通例否定構文で] …を弁護する(義務がある), 支持する: *hold no* ～ *for* …を支持するつもりがない. 《1888》 ***in bríef*** 手短に(言えば), 要するに (cf. F *en bref*). 《1423》

bríef of títle 〘法律〙財産贈与や譲渡に関する書類の要領書.

～·ness 〘adj.: (?*a*1200) *bref* □ (O)F *br(i)ef* < L *brevem*, *brevis* short ← IE **mreghu-* short: cf. merry: cf. brevity. — *n.*: (*a*1325) *bref* □ AF = OF *br(i)ef* // LL *breve* summary (neut.) ← L *brevis*〙

SYN 短い: **brief** 時間的に短い; 〈言葉や文章が〉簡潔な: a *brief* interview 短時間の会見 / a *brief* description 簡潔な記述. **short** 時間的に短い (しばしば不完全・省略を暗示する); 長さが短い: a *short* vacation 短い休暇 / a *short* man 背の低い男. **ANT** long, prolonged.

bríef bàg *n.* **1** ブリーフバッグ (短い旅行用の書類と衣類入れのブリーフケース). **2** 《英》バリスター (barrister) の折りかばん (赤または青で準備書面 (brief) を入れるのに用いる). 〘1848〙

brief·case /bríːfkèɪs/ *n.* ブリーフケース, (書類を入れる革製などの)折りかばん, 書類かばん. 〘(1917) ← ʙʀɪᴇꜰ (n.) + ᴄᴀsᴇ[2]〙

bríef·er *n.* 事実関係の説明者. 〘⇨ brief (v.), -er[1]〙

brief·ing /bríːfɪŋ/ *n.* **1** (記者・高官などに対する)事実関係の説明, 注意; 説明内容; 説明会: at a ～ 説明会で / give the President a ～ *on* …に関して大統領に説明する. **2** 要旨説明, 要領教示, 概況説明, ブリーフィング (ある作戦行動開始前に簡潔に状況説明または任務内容指令を与えること). 〘(1910): ⇨ -ing[1]〙

bríef·less *adj.* 〈バリスターが〉(ソリシター (solicitor) からの)訴訟書類の依頼のこない; 訴訟依頼人のない: a ～ barrister はやらないバリスター. 〘(1824): cf. brief (n.)〙

brief·ly /bríːfli/ *adv.* **1** 短時間, しばらくの間, 一時的に. **2 a** 手短に(言えば), 簡潔に (concisely): to put [putting] it ～ 簡単に言えば / She spoke ～ and to the point. 簡潔にしかもポイントを突いて話した. **b** 余談ながら, ついでながら. 〘(*a*1325): ⇨ -ly[1]〙

Bri·enz /briénts; G. bʀiːɛnts/, **Lake** *n.* ブリエンツ湖 (スイス Bern 州南東部の湖; 面積 30 km²).

bri·er[1] /bráɪə | bráɪə[(r)]/ *n.* **1** イバラ, 野バラ, イバラなどとげのある植物のやぶ (cf. sweetbrier): ～*s* and brambles イバラのやぶ. **2** (とげだらけの)イバラの枝. 〘OE *brēr* ← ?〙

bri·er[2] /bráɪə | bráɪə[(r)]/ *n.* **1** 〘植物〙ブライヤ (*Erica arborea*) (地中海地方に産するツツジ科の植物; 木質(もくしつ)の堅い根はパイプを作るのに最適とされる; tree heath ともいう; cf. briar[2], brierroot). **2** ブライヤ(のパイプ) (briar). 〘(1868) (古形) *bruyer* □ (O)F *bruyère* heath, broom < VL **brūcaria(m)* ← LL *brūcus* heath plant ← Celt.〙

brier·ròot *n.* **1 a** ブライヤ (brier) の根 (パイプの材料となる). **b** (その他の)パイプ材. **2** ブライヤ製パイプ. 〘1869〙

brier róse *n.* 〘植物〙 =dog rose.

brier·wòod *n.* =brierroot.

bri·er·y /bráɪəri/ *adj.* イバラ[野バラ]の茂った. 〘(1549): ⇨ briar[1], -y[4]〙

brig[1] /bríg/ *n.* 〘海事〙ブリッグ (前後 2 本のマストに数枚の横帆を備えた帆船; cf. brigantine[1]). 〘(1712) (略) ← ʙʀɪɢᴀɴᴛɪɴᴇ[1]〙

brig[2] /bríg/ *n.* **1** 〘米海軍〙(艦船内の)監禁室. **2** 《俗》刑務所 (prison). 〘(1852) ← ?〙

brig[3] /bríg/ *n.*, *v.* (**brigged**; **brig·ging**) 《北米方言・スコット》 =bridge[1].

Brig. 《略》Brigade; Brigadier.

bri·gade /brɪgéɪd/ *n.* **1 a** 〘軍事〙旅団 (⇨ army 3): a mixed ～ 混成旅団. **b** (軍隊式に編成した)団体, 組, 隊. **c** =fire brigade. **d** =bucket brigade. **2 a** 《しばしば軽蔑》(ある特徴・信念などを持った)連中, 集団: an anti-smoking ～ 喫煙反対グループ. **b** 料理助手の一団. **3** (初期北米の毛皮交易で, trapper のために編成された)物資輸送隊. **—** *vt.* 旅団に編成する; 組に編成する. 〘(1637) □ (O)F ～ □ It. *brigata* troop ← *brigare* to fight ← *briga* strife ← ? Celt. (cf. OIr. *brīg* strength, virtue): ⇨ -ade〙

brigáde májor *n.* 〘英陸軍〙旅団副官 (通例少佐). 〘1810〙

brig·a·dier /brìgədíə | -díə[(r)]/ *n.* **1** 〘英陸軍・英海兵隊〙准将, 代将, 旅団長 (少将 (major general) と大佐 (colonel) の中間の位で, 旅団長に任命された者のその任期中の階位; 少将待遇; cf. brevet). ★ もと brigadier general といったが, 第一次戦後 colonel commandant と改称し, その後さらに brigadier と改めた. **2** 《口語》〘米陸軍・空軍・海兵隊〙 =brigadier general. **3** 救世軍の士官 (少佐と中佐の間の階級). **4** 〘歴史〙Napoleon 一世軍の下士官. 〘(1678) □ F ～: ⇨ brigade, -ier[2]〙

brígadier géneral *n.* **1** 〘米陸軍・空軍・海兵隊〙准将, 代将 (少将 (major general) と大佐 (colonel) との中間の階位; cf. brigadier; 略 Brig. Gen.). **2** 〘英陸軍〙旅団長の旧称. 〘1690〙

brig·a·low /brígəlòʊ | -ləʊ/ *n.* 《豪》〘植物〙マメ科アカシア属 (*Acasia*) の木の総称. 〘(1847): 原住民語〙

brig·and /brígənd/ *n.* 略奪团員, 略奪者; 山賊 (bandit): a band of mounted ～*s* 馬賊の一隊. 〘(*a*1387) *brigaunt* light-armed soldier □ (O)F *brigand* □ It. *brigante* ← *brigare* to fight: ⇨ brigade〙

brig·and·age /brígəndɪʤ/ *n.* 山賊行為; 略奪, 強奪. 〘(1600) □ F ～: ⇨ -age〙

brig·an·dine /brígəndìːn, -dàɪn/ *n.* 〘甲冑〙(裏面に小札を鋲留めした)布製の胴甲. 〘(1456) ～ □ (O)F ～ (F *brigantin*): ⇨ brigantine[1]〙

B

brig·and·ish /-dɪʃ/ *adj.* 山賊のような. 〖(1877): ⇨ -ish[1]〗

brig·and·ism /-dìzm/ *n.* =brigandage. 〖1865〗

brig·and·ry /brígəndri/ *n.* =brigandage. 〖1909〗

brig·an·tine[1] /brígəntì:n, -tàɪn/ *n.* ブリガンティーン《前檣(ぜんしょう)には数枚の横帆を, 後檣には上下 2 枚の縦帆を備えた二檣帆船; cf. brig[1]》. 〖(1463) □ (O)F *brigantin* □ It. *brigantino* (原義) fighting or piratical vessel: ⇨ brigand, -ine[1]〗

brigantine[1]

brig·an·tine[2] /brígəntì:n, -tàɪn/ *n.* 〖甲冑〗=brigandine.

Brig. Gen. 《略》Brigadier General.

Briggs /brígz/, **Henry** *n.* ブリッグズ《1561–1630; 英国の数学者; 常用対数表を作成》.

Brig·house /bríghaʊs/ *n.* ブリッグハウス《イングランド中北部 Leeds 南西にある町》.

Brig·house /bríghaʊs/, **Harold** *n.* ブリッグハウス《1882–1958; 英国の劇作家・小説家; *Hobson's Choice* (1915)》.

bright /bráɪt/ *adj.* (~·er; ~·est) **1 a** 〈色の〉冴(さ)えた, 鮮やかな, 鮮明な (brilliant): a ~ red 鮮紅色 / ~ colors 鮮やかな色彩 / ~ flowers 色の鮮やかな花. **b** 〈液体など〉澄んだ, 透明な (clear): ~ water. **c** 〈音色が〉澄んだ, 冴えた, 鋭い (sharp). **2** (きらりと)光る; (ぱっと)明るい; (きらきら)輝く (shining), 磨き上げた (polished): ~ coins, diamonds, silver, stars / a ~ fire, flash, light, sun, sword / ~ finish 光沢仕上げ / (as) ~ as a button [new pin, sixpence] ぴかぴかの / The garden is ~ *with* sunshine. 庭には明るく日光が降り注いでいる. **3 a** 〈天気・大気・日などが〉うららかな, 晴朗な: rainy weather with ~ intervals 時々晴れ間がのぞく雨模様の天気 / The day was ~ and clear. その日は明るく晴れていた. **b** 〈目元が〉ぱっちりとした; 〈顔が〉(希望・喜びなどに)輝いた, 晴れやかな (*with*): ~ eyes / a ~ face / a ~ smile 晴れやかな微笑. **4 a** 〈子供など〉利口な, 利発な: ~ and clever 極めて利発な / (as) ~ as a button 頭の回転が速い / the ~*est* boy in the class クラスで一番できる子 / It was ~ of her to see the solution.=She was ~ enough to see the solution. 解決策を見つけるとは頭がよかった. **b** 〈言葉・考えなど〉気のきいた, うまい (clever): a ~ idea うまい考え / ~ comments 気のきいた評言 / not too [very] ~ 《口語》分別のある[利口な]ことではない / I've had enough of your ~ ideas! 君の名[迷]案はもうたくさんだ. **5** (態度が)朗らかな; (性質など)晴れ晴れとした, 快活な; 元気な (vivacious): ~ and happy children 元気で楽しそうな子供たち / Everybody was ~ and lively at the party. パーティーではみんなが明るく快活だった. **6 a** 〈将来・事態など〉明るい, 好都合の, 有望な, 前兆のよい (favorable): ~ prospects 明るい前途 / look on [at] the ~ side (of things) 物事の明るい面を見る, 物事を楽観する / not too [very] ~ 〈将来などが〉あまり希望のもてない. **b** 栄えある, 光栄ある (glorious): a ~ reputation 輝かしい名声 / a ~ period 輝かしい時代. **7** 〈船の見張りなど〉油断のない (alert). ***bright in the éye*** 《口語》ほろ酔いかげんで. ***on the bright side of*** (1) ⇨ adj 6 a. (2) =*on the right* SIDE *of* (1).

— *adv.* (~·er; ~·est) =brightly. ★ 主に次のいい方で: The moon shone ~. 月が明るく輝いていた. ***bright and éarly*** (十分余裕をみて)朝早く: That morning we got up ~ *and early* to go fishing. その朝は釣りに行くためにだいぶ早めに起きた. 《1837》

— *n.* **1** [*pl.*] 《米》 **a** (自動車の)前照灯, 前灯, ヘッドライト (headlight) (cf. parking light). **b** =high beam; high beam の前照灯 (cf. dimmer 2 c). **2** (直接煙に当てず)熱風で乾燥させた淡色のパイプたばこ. **3** 先端の剛毛が短く四角になった画筆. **4** 《廃》輝き, 光明, 光輝 (splendor).

〖adj.: OE *bryht, beorht* bright < Gmc **berχtaz* ← IE **bherəg-* to shine; bright, white (Welsh *berth* beautiful / Skt *bhrājate* it shines). — adv.: OE *beorhte* ← (adj.)〗

SYN **1 輝く: bright** 多量の光を発散[反射]する《最も一般的な語》: a *bright* star 輝く星 / a *bright* day 晴れ渡った日. **radiant** 太陽のように光を放射する《比喩的にも》: the *radiant* morning sun 燦然(さんぜん)と光り輝く朝日 / a *radiant* face 輝かしい顔. **shining** 絶えず不変に光っている: the *shining* sun 輝く太陽. **brilliant** 強烈に輝く: the *brilliant* sunlight まばゆく輝く日光. **luminous** 特に暗がりの中で光を発する: *luminous* paint 発光塗料. **lustrous** 光を反射して柔らかく輝いている: *lustrous* hair 光沢のある髪. **ANT** dark, dull, dim.
2 利口な: ⇨ intelligent.

Bright /bráɪt/, **John** *n.* ブライト《1811–89; 英国の雄弁家・自由主義的政治家・経済学者, 自由貿易を唱え Richard Cobden と共に Manchester school の指導者として Anti-Corn-Law-League を率いた (1838–46); 中流階級の擁護者》.

bright cóal *n.* 〖地質〗輝炭《黒色で光沢が強く灰分の少ない石炭; cf. splint coal》.

bright·en /bráɪtn/ *vt.* **1 a** 〈気分を〉晴れやかに[朗らかに]する. **b** 〈座を〉楽しくする. **c** 〈前途などを〉明るくする: ~ (*up*) one's prospects 前途を明るくする. **2 a** 光らせる, 輝かす, 磨く. **b** …に光輝[光栄]を添える. — *vi.* **1 a** 〈顔などが〉晴れる, 〈人が〉元気を出す 〈*up*〉: His face ~*ed up*. 彼の顔は晴れ晴れとなった / *Brighten up!* 元気を出せ. **b** 〈座が〉陽気になる 〈*up*〉: The party ~*ed up* when she arrived. 彼女が到着するや一座はぱっと華やいだ. **c** 〈将来・展望などが〉明るく[有望に]なる. **2** 〈月などが〉輝いてくる, 〈空・天気などが〉明るくなる 〈*up*〉. **~·er** /-tnə, -tṇə | -tnə[r], -tṇ-/ *n.* 〖OE (*ġe*)*bierhtan*: ⇨ bright, -en[1]〗

bright-éyed *adj.* **1** 〈若者など〉目元の涼しい, 純情そうな. **2** 熱心な, はつらつとした. ***bright-éyed and búshy-táiled*** 《口語》元気いっぱいの, 活力のみなぎった, やる気満々の. (1953) 〖1881〗

bright-fáced *adj.* 利口そうな顔をした. 〖1850〗

bright-field *adj.* 〈顕微鏡など〉明視野の (cf. dark-field).

bright field *n.* (顕微鏡の)明視野.

bright·ish /-tɪʃ | -tɪʃ/ *adj.* やや明るい. 〖(1577): ⇨ -ish[1]〗

bright-light dìstrict *n.* =bright lights.

bright lights *n. pl.* [the ~] (都市の)歓楽地[街]; 都会の華やかさ. 〖1922〗

bright-line spéctrum *n.* 〖物理〗輝線スペクトル《発光線スペクトル》. 〖1890〗

bright·ly /bráɪtli/ *adv.* **1** 鮮やかに, りっぱに (splendidly). **2** 輝いて, 光って, 光輝を放って; 明るく, 明らかに, あかあかと: The sun is shining ~. 太陽はきらきらと輝いている / The fire burned ~. 火は赤々と燃えた / She smiled ~ at us. にこやかにほほえんだ. **3** 利口に, 賢く. 〖lateOE *beorhtlīċe*: ⇨ bright, -ly[1]〗

bright nébula *n.* 〖天文〗輝星雲《輝星に照らされて輝く星雲》.

bright·ness /bráɪtnɪs/ *n.* **1** 鮮明, 鮮やかさ; 清澄さ. **2** 輝くさま, 輝き, 明るさ; 光明, 光彩, 光輝 (luster). **3** 明敏, 利発 (cleverness). **4** 快活, 陽気. **5** 〖天文〗(天体の)輝度, 明るさ. **6** 〖光学〗 **a** 明るさ《肉眼による明暗の感覚》. **b** (光源の)輝度 (luminance). **7** 〖心理〗明るさ(の視覚). **8** 〖物理〗=luminosity 5. 〖OE *beorhtnes*: ⇨ bright, -ness〗

Brigh·ton /bráɪtn/ *n.* ブライトン: **1** イングランド南東部の都市; イギリス海峡に臨む英国最大の海水浴場; 商業の中心地. **2** オーストラリア南東部の Melbourne に近い都市. 〖OE *Bristelmestūne* (原義) 'village of *Beorhthelm* (人名: ⇨ bright, helm[2])': ⇨ -ton〗

Bright's disèase /bráɪts-/ *n.* 〖病理〗ブライト病《蛋白尿を伴う腎疾患の旧称; ほぼ現在の腎炎に当たる》. 〖(1831) ← *Richard Bright* (1789–1858: 英国の内科医)〗

bright spárk *n.* [しばしば皮肉] 《英口語》(陽気で)頭のいい人, お利口さん.

bright spécimen *n.* 《英俗》ばかなやつ.

bright stóck *n.* 〖化学〗ブライトストック《高粘度の潤滑油》.

bright wóol *n.* Mississippi 川以東産の羊毛 (cf. territory wool).

bright·wòrk *n.* **1** (機械や船の磨かれて)光る金具[部分]. **2** 〖海事〗(ペンキを塗らずに磨いて)ワニス仕上げをしてある木造部分《手すりなど》. 〖1841〗

bright yóung thíng *n.* 輝ける若者《ファッショナブルで活気に満ちた若者; 元来は 1920 年代の富裕で, 流行を追いかけ, 無軌道な行動をする若者を指した》.

Brig·id /brídʒɪ̀d, brí:ɪ̀d | brídʒɪd/ *n.* ブリジッド《女性名》. 〖(変形) ← BRIDGET〗

Brig·id /brídʒɪ̀d, brí:ɪ̀d | brídʒɪd/, **Saint** *n.* ブリジッド: **1** (453?–?523) アイルランドの女子修道院[会]長; アイルランドの守護聖人で, the Mary of the Gael といわれる; 祝日 2 月 1 日; Saint Bride, Saint Bridget ともいう. **2** (1303?–73) スウェーデンの修道女・幻想家; スウェーデンの守護聖人; 祝日 10 月 8 日; Saint Birgitta ともいう.

Brig·it /brídʒɪ̀t | -dʒɪt/ *n.* **1** ブリジット《女性名》. **2** 〖アイルランド神話〗ブリジット《火・知恵・農業などの女神》. 〖(変形) ← BRIDGET〗

brig-rigged *adj.* 〖海事〗ブリッグ式帆装の. 〖1796〗

brig·sàil /-sèɪl, (海) -sl/ *n.* 〖海事〗ブリッグスル《ブリッグ型またはスノー型帆船のメインマストに張るガフスル》.

brill[1] /bríl/ *adj.* 《英口語》すごくいい, すばらしい, すごい. 〖(1981) 《略》← BRILLIANT〗

brill[2] /bríl/ *n.* (*pl.* ~, ~s) 〖魚類〗ヨーロッパ産ダルマガレイ科 (*Bothidae*) ヒラメ類の食用魚の一種 (*Scophthalmus rhombus*) 《turbot に似ているが身体の突起がない》. 〖(1481–90) □ ? (O)Corn. *brilli* (pl.) mackerel〗

Brill /bríl/, **A**(**braham**) **A**(**rden**) *n.* ブリル《1874–1948; オーストリア生まれの米国の精神分析学者》.

bril·lan·te /brɪlá:nṭi | brɪlá:nti; *It.* brillánte/ *adj.* 〖音楽〗華やかな, 輝かしい. 〖□ It. ~ 'BRILLIANT'〗

Bril·lat-Sa·va·rin /bri:já:sævəræ̃(ŋ), -rǽŋ; *F.* bʀijasavaʀɛ̃/, **Anthelme** *n.* ブリヤサバラン《1755–1826; フランスの政治家・食通・料理研究家》.

bril·liance /bríljəns/ *n.* **1** 縦横の才気, 天才的な輝き, 非常な明敏さ: a linguist of great ~ すばらしくすぐれた言語学者. **2** 輝き, 光輝, 光明, 光彩, 光沢 (luster); (色の)鮮明, 明るさ (brightness): shine out with great ~ 燦然(さんぜん)と輝く. **3** 壮麗 (splendor); 壮大 (magnificence). **4** 《俗用》〖光学〗明るさ, 輝度 (luminance). 〖(1755) ← BRILLI(ANT)+-ANCE〗

bril·lian·cy /bríljənsi/ *n.* =brilliance.

bril·liant /bríljənt/ *adj.* **1 a** 目ざましい, 異彩を放つ, 才気縦横の (⇨ intelligent SYN): ~ talents / a ~ idea / a ~ mind 天才的な頭脳(の人) / a ~ talker 才気縦横の話し手 / a ~ scientist 才気あふれる科学者 / He is ~ *at* anything. 彼はどんなことにもすばらしい才がある. **b** 華麗な, 立派な, 華々しい, あっぱれな, 見事な (splendid): a ~ achievement [career] すばらしい偉業[経歴] / a ~ record あっぱれな記録. **2** 〈宝石・日光など〉(きらきらと)光る, ぴかぴか光る, 光り輝く, 目もあやな, 光沢のある (very bright) (⇨ bright SYN): ~ jewels, sunshine, etc. **3** =brilliant-cut. **4** 〖音楽〗輝かしい, 華やかな. — *n.* **1** ブリリアントカットの宝石《特に, ダイヤモンド》. **2** 〖活字〗ブリリアント《活字の大きさの古い呼称; $3^1/_2$ アメリカンポイント相当; ⇨ type 3 ★》. **~·ness** *n.* 〖(1681) □ F *brillant* (pres.p.) ← *briller* to shine □ It. *brillare* ← ? *brillo* < L *bēryllum* 'BERYL': ⇨ -ant〗

brilliant-cùt *adj.* 〈宝石が〉ブリリアントカットの. 〖1933〗

brilliant cùt *n.* 〖宝石〗ブリリアントカット《ダイヤモンドなどが光をよく分散して輝きを放つように多角に仕上げる研磨法; 18–104 面体まであり, 58 面体が一般的》. 〖1953〗

brilliant gréen, B- G- *n.* 〖化学〗ブリリアントグリーン《塩基性トリフェニルメタン緑色染料》.

bril·lian·tine /bríljəntì:n | ⌐—⌐, —⌐—/ *n.* **1** ブリリャンティン《頭髪用つや出し水油》. **2** 《米》ブリリャンティン布《アルパカに似て光沢があるが, さらに上質の毛織物》. 〖(1873) □ F ~: ⇨ brilliant, -ine[3]〗

bril·liant·ly *adv.* **1** きらきらと, あかあかと, さんさんと, 光り輝いて. **2** 水際だって, 鮮やかに, 見事に. 〖(1813): ⇨ -ly[1]〗

Bril·lo pàd /brílou- | -ləʊ-/ *n.* **1** 〖商標〗ブリロ《洗剤をしみ込ませたスティールウール製のたわし; 単に Brillo ともいう》. **2** [b-] 《口語》ブリロに似たもの, 縮れ毛.

Bril·louin zòne /brì:juwǽ(ŋ)-, -wǽŋ-; *F.* bʀijwɛ̃-/ *n.* 〖物理〗ブリュアン帯, ブリルアンゾーン《金属内電子の運動量空間において, 電子のもつエネルギーが不連続な面で分けられた領域のこと》. 〖← *Léon Brillouin* (1889–1969: フランスの物理学者)〗

Bríll's disèase /brílz-/ *n.* 〖病理〗ブリル病《発疹チフスの再発型; 前の感染のときほど激烈でない; Brill-Zinsser disease ともいう》. 〖← *N. E. Brill* (1859–1925: 米国の医師)〗

brim[1] /brím/ *n.* **1** (コップ・皿・盆などくぼみのある器物の内側の)縁 (⇨ border SYN): full to the ~ 縁いっぱいに(あふれるばかり) / fill a vessel up to the ~ 縁までなみなみと満たす. **2** (帽子の)つば, 縁 (rim). **3 a** 自然の窪地[低地]. **b** 《古》川縁, 水際, 岸 (shore): the ~ of a river, lake, etc. — *v.* (**brimmed; brim·ming**) — *vi.* **1 a** 〔自信・活気・涙などで〕あふれそうになる 〔*with*〕: He was ~*ming over with* health and spirits. 元気ではち切れそうだった. **b** 〈容器などが〉縁までいっぱいである[になる]; あふれ出る 〈*over*〉. **2** 〔…に〕いっぱいになる 〔*in*〕: Tears ~*med in* her eyes. 彼女の両目に涙がいっぱいにあふれていた. — *vt.* …にあふれるばかり注ぐ: ~ a glass (*with* wine). 〖(?a1200) *brimme* ← ?: cf. OE *brim* sea / ON *brim* surf, *barmr* edge〗

brim[2] /brím/ *n.* 《米南部・豪》=bream[1].

brim·ful /brímfʊ́l, ⌐—⌐/ *adj.* (*also* **brim·full** /~/) 縁までいっぱいの; 〔…で〕あふれるばかりの 〔*of, with*〕: a ~ cup 満杯 / her ~ eyes 涙でいっぱいになった両目 / a glass ~ *of* wine ワインをなみなみと注いだコップ / The book is ~ *of* interest. その本は興味津々(しんしん)だ. **~·ness** *n.* 〖(1530): ⇨ brim[1], -ful〗

brím·ful·ly /-fəli, -fʊ̀li/ *adv.* 縁いっぱいに, あふれるほど, なみなみと. 〖(1854): ⇨ ↑, -ly[1]〗

brím·less *adj.* 縁のない; 〈帽子が〉つばのない. 〖(1165): brim[1], -less〗

brimmed *adj.* [しばしば複合語の第 2 構成素として] (…の)縁[つば]のある: a broad-*brimmed* hat. 〖(1606): ⇨ brim[1], -ed[2]〗

brím·mer *n.* なみなみと注いだコップ[杯]; 満杯. 〖(1652): ⇨ brim[1], -er[1]〗

brím·ming *adj.* あふれるばかりの: a ~ cup of tea / a ~ stream 満々と水をたたえた流れ / her eyes ~ *with* tears 涙をいっぱいに浮かべた彼女の目 / a ~ future 洋々たる前途. **~·ly** *adv.* 〖(1667): ⇨ brim[1], -ly[2]〗

brim·stone /brímstòun | -stəʊn, -stən/ *n.* **1 a** 土硫黄(どいおう)《天然産の硫黄鉱石》. **b** 《古》硫黄 (sulfur). **2** 地獄の火, 業火 (hellfire): ⇨ FIRE *and brimstone*. **3** 《古》がみがみ女 (virago). **4** 〖昆虫〗ヤマキチョウ (*Gonepteryx rhamni*) 《シロチョウ科の黄色のチョウ; 日本からヨーロッパまで分布する; brimstone butterfly ともいう》. **b** =brimstone moth. 〖lateOE *brin stān* ← *brinnen* 'to BURN[1]'+*stān* 'STONE'〗

brímstone móth *n.* 〖昆虫〗 **a** 緑がかった黄色のガ (*Rumia crataegata*). **b** シャクガ科の鮮やかな黄色の小さなガ (*Opisthograptis luteolata*). 〖1859〗

brim·ston·y /brímstòuni | -stəʊ-, -stə-/ *adj.* **1** 硫黄(いおう)質の; 硫黄色の, 硫黄臭い. **2** 悪魔的な. 〖(c1384): ⇨ brimstone, -y[4]〗

brind·ed /bríndɪ̀d/ *adj.* 《古》=brindled. 〖(1430) *brended* ← *brend* brown colour (n.) ← (p.p.) ← *brennen* 'to BURN[1]' (cf. BRAND): cf. ON *brǫndóttr* brindled〗

Brin·di·si /bríndəzi, -si; *It.* bríndizi/ *n.* ブリンディジ《イタリア南東部アドリア海に臨む港市; 古代ローマ時代には重要な軍港; 中世には十字軍の拠点; ラテン語古名 Brundisium》.

brin·dle /bríndḷ/ *n.* **1** まだら色, ぶち, とらふ. **2** ぶち[まだら色]の動物《特に, 犬》. — *adj.* =brindled. 〖(1676) (変形) ← BRINDED〗

brín·dled *adj.* 〈動物が〉(茶色または灰色の地に)しま[ぶち]のある, とら毛の: a ～ cat. 〘《(1678)》《変形》← BRINDED〙

bríndled gnú *n.* 〘動物〙シロヒゲヌー (*Connochaetes taurinus*) 《アフリカに生息するウシ科ヌー属の動物: ⇨ gnu 挿絵》.

Brind·ley /bríndli/, **James** *n.* ブリンドリー《1716–72; 英国の技師; 英国最初の運河 the Bridgewater Canal を建設した (1759–61)》.

brine /bráɪn/ *n.* **1 a** 塩水 (salt water); 漬物用塩水. **b** 〘化学〙ブライン, 塩性溶液. **2** [the ～] 《文語》海水 (sea water), 海 (the sea): *the* foaming ～ 荒海. **3** 《廃》涙 (tears). — *vt.* 塩水につける[浸す].

brín·er *n.* 〘OE *brīne* salt liquor ← ?〙

Bri·néll hárdness /brɪ̀nél-; *Swed.* brɪnéːl-/ *n.* 〘冶金〙ブリネル(金属)硬度《金属の硬度を表示する方式; cf. Rockwell hardness, Vickers hardness test》. 〘《(1915)》← *J. A. Brinell* (1849–1925: スウェーデンの技師)〙

Brinéll machìne *n.* 〘冶金〙ブリネル金属硬度測定器.

Brinéll nùmber *n.* 〘冶金〙ブリネル(金属)硬度数《金属表面に鋼球を押し当ててそのへこみ具合で硬度を測定する; 鋼球の重さ (kg) とへこみの面積 (mm^2) の比率で表される》. 〘1915〙

Brinéll tèst *n.* 〘冶金〙ブリネル硬度試験 (cf. Brinell hardness, Brinell number). 〘1915〙

bríne pàn *n.* 塩がま; (塩田の)製塩坑. 〘*c*1682〙

bríne pìt *n.* 塩坑; 塩水井戸, 塩水泉. 〘1593–94〙

bríne pùmp *n.* 〘機械〙ブラインポンプ《冷凍装置のブラインを冷却して循環させるためのポンプ》.

bríne shrìmp *n.* 〘動物〙ブラインシュリンプ (*Artemia salina*) 《ホウネンエビモドキ科の塩水湖や沼にすむ小形の甲殻類 (branchiopod) で, 熱帯魚などのえさにする; sea monkey ともいう》. 〘1836〙

bring /bríŋ/ *v.* (**brought** /brɔ́ːt, brɑ́ːt | brɔ́ːt/)
— *vt.* **1 a** [しばしば二重目的語または目的語＋前置詞付きの句・副詞を伴って]〈物を〉持ってくる,〈人・犬などを〉連れてくる, 伴ってくる (cf. take 2, fetch¹ 1); (相手のところへ)持って[連れて, 伴って]行く: I have *brought* (you) some flowers. (君に)花を持ってきたよ / *Bring* one *for* me. 私にも一つ持ってきてくれ / *Bring* it *to* me. ＝*Bring* it me. 《英》＝*Bring* me it. それを私の所へ持ってきてくれ / He *brought* her *back* [*along to* the party]. 彼女を連れて帰ってきた[パーティーに連れてきた] / *Bring* him *in* [*here*, *home*] *with* you. 一緒に中[ここ, 家]へ連れてきなさい / Pilate *brought* Jesus *out before* the people. ピラトはイエスを民衆の前へ連れ出した / Thursday *brought* us another letter from our client. 木曜日には依頼人からまた手紙が来た / ～ oneself 何も持たずに来る, 手ぶらで来る.
[日英比較] 日本語では物については「持ってくる」を, 人・動物については「連れてくる」を使うが, 英語の *bring* にはその区別はない. **b** [目的語＋副詞・前置詞付きの句を伴って]〈人を〉〈ある場所へ〉導く (cf. 2 b) (take, get): This road will ～ you *there*. この道を行くとそこへ行けるでしょう / A few minutes' walk *brought* me *to* the place. 数分歩くとその場所へ出た. **c** 《方言》〈人を〉送り届ける (escort): May I ～ you *home*? お宅まで送って行きましょうか.
2 a [しばしば二重目的語または目的語＋副詞・前置詞付きの句を伴って] 来させる, もたらす, 招来する;〈群衆などを〉引き寄せる (attract): Winter ～*s* snow. 冬になると雪が降る / His efforts *brought* him good luck [nothing but trouble]. 努力の結果運が開けた[面倒が増えただけだった] / What ～*s* [has *brought*] you *here*? 君は何の用事があってここへ来たのか / The brandy *brought* a little color *back into* his face. ブランデーを飲んだので彼の顔に少し赤みが戻った / You have *brought* it *on* yourself. それは君が自分で招いたのだ / The pain *brought* tears *to* his eyes. 痛くて涙が出た / The screams *brought* a crowd. 金切り声に群衆が集まった / The chorus *brought* the audience *to* its feet. 合唱を聞いて聴衆は総立ちになった. **b** [目的語＋前置詞付きの句を伴って]〈人・物事を〉〈ある状態などに〉もってくる, 至らせる (cf. 1 b): ～ a matter *to* a close [an end, a conclusion] 事を終わらせる / ～ one's car *to* a stop 車を止める / be *brought to* a queer [pretty] pass 変なこと[羽目]になる / ～ a person *to* his senses 人を正気[本心]に立ち返らせる / ～ a person *to* himself 人を(はっと)我に返らせる / ～ … *into* being [play] …を生み出す[活動させる] / This will ～ you (*to*) grief [*into* debt]. この事のために君は憂き目を見る[借金にはまり込む]ことだろう / He *brought* them safely *out of* danger. 一同を無事に危険な状態から救い出した.
3 a [目的語＋*doing* を伴って]〈人に〉〈…するように〉仕向ける (force): A telegram *brought* him hurry*ing* home. 電報が来て彼は急いで帰国した. **b** [目的語＋*to* do を伴って; しばしば ～ *oneself* で]〈人を〉〈…する〉気にさせる (induce): I wish I could ～ you *to* see my point. 私が主張する点をわかってもらえたらいいのだが / I cannot ～ *myself to* speak about it. どうもそのことは話す気になれない / The incident *brought* him *to see* the error of his ways. その出来事で自分のやり方の間違いに気づいた.
4 [時に間接目的語を伴って]〈物事が〉〈収入・利益などを〉もたらす (fetch);〈ある値〉に売れる (sell for): My car *brought* a good price. うちの車はよい値で売れた / How much did your crop ～ last year? 去年の収穫でいくらの収益をあげましたか.
5 〘法律〙〈訴訟などを〉提起する, 起こす (start);〈議論・議案などを〉提出する (adduce);〈証拠を〉提示する (advance): ～ an action [an accusation, a charge, 《米》charges] *against* a person 人を訴える / ～ a dispute *before* a court 争い事を裁判所に提訴する.
— *vi.* 《米中部》産出する (yield).

bring abóut (1)〈事を〉生じさせる, 引き起こす; 成し遂げる (accomplish, cause): ～ *about* a war / ～ *about* a great advance in knowledge 大いに知識の進歩をもたらす / ～ *about* great changes. (2) 〘海事〙…の向きを変える (reverse): ～ a ship *about* 船の向きを変える.
bring alóng (1) 連れて[持って]くる (cf. *vt.* 1 a)〔*to*〕. (2)〈生徒・選手・営業などを〉向上させる;〈作物などを〉発育[生長]させる.
bring aróund (1)〈人を〉正気づかせる;〈人の〉病気を回復させる;〈人の〉機嫌を直す: The smelling salts *brought* him *around*. かぎ薬で気がついた. (2) 説得する, 納得させる (persuade);〔自説などに〕引き入れる (convert, bring over)〔*to*〕: ～ a person *around to* one's way of thinking 人を自分の考え方に同調させる. (3)〈話・議論を〉転換させる (divert, turn): ～ a conversation *around* (*to* one's favorite subject) 話を(自分の好きな話題に)転じる. (4) 連れて訪れる[くる];〈飲食物などを〉持ってくる. (5) ＝BRING *about* (2).
bring awáy (1)〈思い出・印象などを〉持ち帰る. (2)〔…から物を〕持ってくる, 離す〔*from*〕.
bring báck (1)〈物事が〉思い起こさせる; (現実に)引き戻す: That ～*s* the whole story *back to* me. それで話が全部思い出せる. (2) 連れて帰る (cf. *vt.* 1 a); 呼び戻す. (3)〈制度などを〉元へ戻す (restore);〈状況などを〉復活させる;〈人を〉復職[復帰]させる: ～ *back* conscription [the draft] 徴兵制度を復活させる. (4)〈借りた物を〉返す, 戻す;〈買った物を〉引き取ってもらう: Don't forget to ～ it *back*. 忘れずに返してくれよ. (5) 買って[入手して]帰る: Will you please ～ me *back* some ink? (ついでに)インクを買ってきてくれませんか. (6) 回復させる: ～ a person *back to* health [life] 人の健康を回復させる[人を生き返らせる].
bring befóre (1)〈人を〉出頭させる (cf. *vt.* 1 a). (2)〈問題などを〉…に提起する.
bring dówn (1) 下[階下]に連れてくる, おろす. (2)〈人を〉倒す. (3)〈人・政府などを〉倒す, 滅ぼす, 破滅させる;〈敵機などを〉撃墜する;〈鳥を〉射落とす;〈獲物を〉仕留める;〈荷物などを〉下ろす. (4)〈熱・失業率・物価などを〉下げる;〈人に〉〔…まで〕値段をまけさせる〔*to*〕. (5)〈記録などを〉〔…まで〕もってくる, 続ける〔*to*〕: ～ the historical record *down to* modern times 歴史の記録を現代のところまで載せる. (6)〈げんこつ・道具などを〉振り降ろす;〈災い・罰などを〉〈人の身の上に〉下す, もたらす〔*on*, *upon*〕: ～ *down* one's fist *on* a table げんこつでテーブルをどんとたたく / ～ *down* ruin *on* [*upon*] a person 人に破滅をもたらす / ～ *down* a person's wrath *on* one's head 人の怒りを招く. (7) 〘数学〙〈数を〉下ろす. (8) 〘簿記〙〈計数を〉繰り越す. (9) 《俗》〈人の〉高慢の鼻をくじく (deflate); …の元気をなくさせる, 意気消沈させる (depress). (10) 《米》〈物事を〉公表する. (11) [通例受身] (麻薬使用をやめさせて)急に落ち込ませる[ふさぎ込ませる]. (12) 〘ラグビー〙〈相手〉にタックルする; 〘サッカー〙タックルして[反則で]〈相手を〉倒す.
bring dówn the hóuse ⇨ house 成句.
bring a person dówn to éarth ⇨ earth 成句.
bring fórth (1)〈芽などを〉出す,〈果実を〉結ぶ,〈作物を〉産する;〈子を〉産む: April showers ～ *forth* May flowers. 《諺》卯月(うづき)の驟雨(しゅうう)は皐月(さつき)の花を咲かせる. (2)〈物を〉取り出す. (3) 《文語・戯言》〈案・論などを〉提出する;〈証拠などを〉引合いに出す: ～ it *forth* for a person's consideration それに人の考慮を促す. (4)〈抗議などを〉招く, 生じさせる (cause).
bring fórward (1)〈会など〉(の日取り)を繰り上げる;〈時計などを〉進める: ～ a party *forward from* … *to* — パーティーを…から—へ繰り上げる. (2)〈案・論などを〉持ち出す, 提出する;〈論拠などを〉引合いに出す (adduce): ～ *forward* an issue at a meeting ある件を会で議題とする. (3) 〘簿記〙〈計数を〉(次葉[次期]へ)繰り越す. (4)〈秘書などが〉〈手紙・文書などを〉ある(将来の)時点で処理するために持ち出す(ように記録する) (略 B/F, b/f).
bring hóme ⇨ home *adv.* 成句.
bring ín (1)〈物を〉持ち込む (cf. *vt.* 1 a);〈収穫・作物を〉取り入れる;〈制度・法・政策などを〉導入する,〈風習・品物などを〉紹介[移入, 輸入]する (introduce);〈話題を〉持ち出す;〈助力・助成を〉(外部から)受ける. (2)〈人が〉〈給与を〉稼ぐ (earn); [しばしば間接目的語を伴って]〈職業・投資・不動産などが〉〈利益・収入などを〉生じる, もたらす (yield): His job ～*s* (him) *in* a big salary. 彼の仕事は給料がいい. (3) (パートナー・顧問などとして)仲間に加える,〈専門家を〉雇う;〈計画・改善・提案などに〉参加させる〔*on*〕: ～ *in* an expert to advise on … …について助言を得るために専門家を加える / ～ the locals *in on* a development plan 開発計画に地元住民を参加させる / I don't want the police *brought in*. 警察に介入してほしくない. (4)〈訴訟・議案などを〉提出する;〈陪審員が〉〈人の〉評決を答申する (report): ～ *in* a bill [verdict] / ～ a person *in* guilty [innocent, not guilty] 人に有罪[無罪]の評決を下す. (5) 《米》〈油井を〉掘り当てる,〈油井〉から盛んに湧出させる. (6) 《英》〈警官が〉警察へ連行する, 逮捕する. (7) 〘野球〙〈走者を〉(安打を放って)本塁へ生還させる. (8) 〘トランプ〙(ブリッジで)〈スーツ (suit) を〉走らせる《エスタブリッシュ (establish) した長いスーツを活用していくつもトリック (trick) を稼ぐ》. (9)〈人・企業を〉引き寄せる[つける]: The new play is ～*ing in* big audience. 新しい芝居は多くの観客を集めている.
bring … ìnto — (1)〈…の要素を〉—につけ加える. (2)〈…を〉話・議論に加える. (3) ⇨ *vt.* 2 b.
bring lów ⇨ low¹ *adj.* 成句.
bring … óff — …を—から離す[外す, はがす].
bring óff (1) (期待に反して・困難を克服して)見事にやってのける[成就する] (achieve);〈事を〉生じさせる: ～ *off* a success [an agreement] 成功を収める[協定を成立させる] / He *brought* it *off*. 見事にそれをやりおおせた. (2) (難破船などから)救い出す (rescue, take off): ～ *off* the crew [passengers] 乗組員[乗客]を救出する. (3) 《卑》…をオルガスムスに導く, いかせる.
bring ón [upón] (1)〈病気・痛みなどを〉起こす, 招く (cause);〈問題・戦争などを〉引き起こす: Reading in (a) poor light ～*s on* [*upon*] a headache. 薄暗い所で読書をすると頭痛が起こる. (2) 持ってくる: ～ *on* a dessert. (3) (舞台に引き出して)紹介する (introduce): ～ *on* a guest speaker. (4) ＝BRING *along* (2). (5)〈人を〉〔学科などで〕上達させる〔*in*〕. (6) 《俗卑》性的に興奮させる[刺激する]. (7) 〘クリケット〙投球させる.
bring … on 〈問題・不名誉などを〉—にもたらす.
bring óut (1) 持ち出す, 連れ出す (cf. *vt.* 1 a);〔舞台に〕登場させる〔*on*〕. (2)〈俳優・歌手などを〉世に出す; 《英》〈娘を〉社交界に出す;〈書籍・雑誌を〉出版する (publish);〈劇を〉上演する (produce);〈新製品を〉市場へ出す (introduce). (3)〈色彩・美しさ・細部などを〉際立たせる;〈味を〉引き立たす;〈意味・真相・欠点などを〉明らかにする;〈性質・才能などを〉引き出す;〈天分を〉発揮させる;〈花を〉開かせる: Adversity *brought out* the best [worst] in him. 災難に遭って彼の一番良い[悪い]面が出た / The sunlight ～*s out* the color of her hair. 日光の下で見れば彼女の髪の色がはっきりわかる. (4)〈言葉を〉口に出す, 言う;〈真相などを〉言わせる〔*of*〕. (5)〈はにかみ屋を〉はにかまないようにさせる〔*of*〕,〈客などを〉打ち解けさせる. (6) 《英》〈労働者〉にストライキをさせる. (7) 《英》〈人・肌・顔など〉に〔湿疹・汗などを〕生じさせる〔*in*〕: Heat ～*s* him *out in* a rash. 暑くなるとあせもができる. (8)〈同性愛者が〉カミングアウトするのを助ける.
bring óver (1) 連れて[持って]くる; 呼び寄せる〔*from*, *to*〕: It was *brought over from* China. それは中国から伝来した. (2) …の意見を変えさせる, 味方に引き入れる,〔別の考えなどに〕改めさせる (convert, bring about)〔*to*〕: ～ a person *over to* one's opinion [side] 人を自分の意見に同調させる[自分の側に引き入れる]. (3) 引き渡す: ～ it *over to* the other side.
bring róund ＝BRING *around*.
bring thróugh (1)〈病人に〉〈病気を〉切り抜けさせる, 助ける. (2)〈…に〉〈困難・危機・戦争などを〉切り抜けさせる. (3) 通す, 入れる, 案内する: You can ～ the next candidate *through* (to me) now. 次の志願者を通して下さい.
bring … thróugh — (1)〈病人に〉〈病気を〉切り抜けさせる, 助ける: ～ a patient *through* (a serious illness). (2) …に困難・危機・戦争などを切り抜けさせる: Cool heads *brought* us *through* (the crisis). 冷静な頭があったから(危機を)乗り切れたのだ.
bring tó (*vt.*) (1) 正気づかせる: ～ a person *to*. (2) 〘海事〙(帆と舵により風上に向け)〈船を〉止める, 停船させる;〈船の〉速度を緩める. (*vi.*) 〘海事〙〈船が〉止まる, 投錨(とうびょう)する, 停泊する.
bring … to — (1)〈金額を〉…にする: ～ your bill *to* $15. (2)〈知識・経験などを〉—に利用する, 向ける. (3) ⇨ *vt.* 2 a, b.
bring to béar on [upón] (1) …に〈銃砲などを〉向ける (cf. bear¹ *vi.* 5 b); …に〈圧力などを〉加える. (2) …に〈精力などを〉集中する: ～ all one's energies *to bear on* its accomplishment その完成に全力を集中する. (3) …に〈知識などを〉生かす[発揮する]: ～ knowledge *to bear on* the problem 問題解決に知識を生かす.
bring to bóok ⇨ book *n.* 成句.
bring togéther (1) 引き合わせる;〈男女を〉(結び)合わせる; 和解させる. (2) 集める, 招集する. (3)〈物を〉くっつける, 結びつける.
bring to páss ⇨ pass¹ *n.* 成句.
bring únder 鎮圧[抑制]する (subdue): ～ rioters [a rebellion] *under* 暴徒[反乱]を鎮圧する.
bring … ùnder — (1) …を—(の部類)に入れる: All three topics can be *brought under* a single heading. これら3つの論題は単一の項目のもとにまとめられる. (2) …を—の配下におく.
bring úp (*vt.*) (1) [しばしば受身で] 育てる, しつける〔*as*〕(⇨ raise SYN): ～ *up* one's children *to* be honest 子供を正直な人間になるように育てる / He is well [badly] *brought up*. 彼は育ちがよい[悪い] / He was *brought up on* Mother Goose. マザーグースの童謡を聞いて育った. (2)〈問題・議案などを〉持ち出す (introduce); (候補として)挙げる〔*for*〕;〈証拠・昔のことなどを〉(…に不利なものとして)持ち出す, 挙げる: ～ a subject *up* / ～ *up* evidence *against* a person 人に不利な証拠を示す (cf. BRING *up against* (1)). (3)〔ある標準まで〕引き上げる, 向上させる〔*to*〕: ～ *up to* standard. (4) 《口語》急に止まらせる: ～ *up* a car with a jerk 車をがたんと急停車させる / The noise *brought* him *up* (short [sharp(ly)]). 物音を耳にして彼は(思わず)足を止めた. (5) 《英口語》吐く, もどす (vomit). (6)〈人を〉出頭させる〔*before*〕, 告発する; 《英口語》〔…のことで〕厳しくしかる〔*for*〕: be *brought up* on a charge [《米》charges] of … のかどで訴えられる. (7) 〘軍事〙〈兵力・物資などを〉前線へ送り込む. (8) 〘海事〙(投錨して)〈船を〉止める; 停泊させる. (9) コンピューターの画面に表示させる. —(*vi.*) (1) 不意に止まる. (2) 《古》〘海事〙〈船が〉停泊する: ～ *up at* a port.
bring úp agàinst (1) [しばしば受身で]〈物事が〉〈人を〉〈困難・強敵などに〉直面させる: He *was brought up against* an obstacle. 思わぬ障害にぶつかった. (2) ⇨ BRING *up* (2).
bring úp the réar ⇨ rear¹ 成句.
〘OE *bringan* < Gmc **brengan* (Du. *brengen* / G *bringen* / Goth. *briggan*) ← IE **bhrenk-* 'to bring

(Welsh *he-brwng* to bring, send / Corn. *he-brency* to lead) ← **bher-* 'to carry, BEAR[1]'〗

SYN 別な場所へ移動する: **bring** 〈人や物を〉別な場所から話し手のいる地点へ連れて[持って]行く. **take** 〈人や物を〉話し手のいる地点から別な場所へ連れて[持って]行く: I *took* my son to the doctor and *brought* him home after the treatment. 息子を医者へ連れて行き手当てをしてもらって連れて帰った. **fetch** 別な場所まで行って〈人や物を〉連れて[取って]来る: Please *fetch* me my hat from the next room. 隣の部屋へ行って帽子を取って来て下さい. **carry** 〈人や物を〉自らまたは車などで現在の場所から別な場所へ運ぶ: Please *carry* the suitcase upstairs. このスーツケースを二階へ運んで下さい. ⇨ carry.
ANT withdraw, remove.

bríng-and-búy *adj., n.* 《英》 不要品を持ち寄って売買する方式の(バザー): ～ sale 持寄り売買バザー《各自持ち寄った品を仲間同士で売買して売上金を慈善などに用いる》. 〖1932〗

bríng·dòwn *n.* がっかりさせるもの, 意気消沈[失望, 落胆]させること. 〖← *bring down* (⇨ bring 成句)〗

bríng·er *n.* 持ってくる人, 持参人, もたらす人. 〖(*a*1325): ⇨ -er[1]〗

bríng·ing-úp *n.* (子供の)教育, しつけ, 養育. 〖1526〗

brin·ish /bráınıʃ/ *adj.* 塩味を帯びた, しょっぱい. 〖(1580) ← BRIN(E)＋-ISH[1]〗

brin·jal /brínʤəl, -ʤl/ *n.* 《インド・アフリカ》 ナスの実 (eggplant). 〖(1611) □ Port. *bringella* □ Arab. *bādhinjān* ← Pers. *bādhingān* □ Skt *vātiṅgaṇa-*〗

brink /bríŋk/ *n.* **1** 間際, 瀬戸際 (verge): at the ～ of tears 今にも泣きだしそうで / on the ～ of eternity [death, the grave] 死の瀬戸際に臨んで / be on the ～ of destruction [ruin] 破滅に瀕している / be on [at] the ～ of war 開戦寸前の状態である / be on the ～ of doing 今にも…しようとしている / stand shivering on the ～ いざという際になって震えて[決心がつきかねて]いる. **2 a** (絶壁・崖などの危険な)縁, 崖っぷち (⇨ border **SYN**): the ～ of a cliff 崖っぷち. **b** 最高地点, 頂上. **c** 川岸, 水辺 (margin): the ～ of a river. 〖(?*c*1225) □ ON **brekka* steep hill ＜ Gmc **breŋkōn* ← ?: cf. Dan. & MLG *brink* edge〗

Brink /bríŋk/, **André** *n.* ブリンク (1935–　; 南アフリカの小説家・劇作家; アフリカーンス語で書かれた彼の最初の小説 *Looking on Darkness* (1973) で国際的に認められたが, 南アフリカ政府によって発禁にされた).

brink·man·ship /bríŋkmənʃìp/ *n.* 瀬戸際政策《特に国際問題で脅しをかけてくる相手, 手ごわい敵などから譲歩を引き出すために危険状態を推し進める政策》. 〖(1956) ← BRINK＋(STATES)MANSHIP: 米国国務長官 J. F. Dulles の 1956 年 *Life* 誌でのインタビューから生まれた言葉〗

brinks·man·ship /bríŋksmənʃìp/ *n.* ＝brinkmanship.

brin·ny /bríni/ *n.* 《豪・小児語》 (投石用の)石. 〖(1948): 原住民語?〗

Brin·ton /bríntən, -tn | -tən/, **Daniel Garrison** *n.* ブリントン (1837–99; 米国の人類学者; アメリカインディアンの言語・神話を研究した).

brin·y /bráıni/ *adj.* (**brin·i·er; -i·est**) **1** 塩水の, 塩水質の; 海水の: the ～ deep 海. **2** 塩辛い: a ～ taste. — *n.* [the ～] 《口語》 海水; 海: take a dip in *the* ～ ちょっと一浴び海水浴をする. **brín·i·ness** *n.* 〖(1590) ← BRINE＋-Y[4]〗

Bri-Ny·lon /bràınáılɑ(ː)n | -lɔn/ *n.* 〖商標〗 ブライナイロン《英国製のナイロン製品》.

bri·o /bríːoʊ | -əʊ; *It.* bríːo/ *n.* (*pl.* **～s**) 充満, 生気, 活気 (vivacity). 〖(1734) □ It. ～ □ Sp. *brio* // Prov. *briu* □ Celt. **brīgos* vigor〗

bri·oche /briόʊʃ, -ά(ː)ʃ | -ɔ́ʃ, -ə́ʊʃ; *F.* bʀiɔʃ/ *n.* ブリオッシュ《卵とバターを入れたっぷり入れた甘くて軽いパンの一種; 時に干しブドウを入れることもある》. 〖(1826) □ F ～ ← *broyer* to knead〗

bri·o·lette /brìːoʊlét, brìː ə(ʊ)-; *F.* bʀiɔlɛt/ *n.* 〖宝石〗 ブリオレット《表面全体に三角形や長菱形の切子面 (facet) をつけた涙滴状のダイヤモンド》. 〖(1865) □ F ～ ← *brillant* 'BRILLIANT'〗

bri·o·ny /bráıəni/ *n.* (*pl.* **-nies**) ＝bryony.

bri·quette /brıkét/ *n.* (*also* **bri·quet**) **1** 煉炭; たどん: a charcoal ～. **2** (型に入れて作った)ブロック, 大きな塊. — *vt.* 〈粉炭などを〉型に入れて大きな塊にする. 〖(1883) □ F ～ ← *brique* 'BRICK'＋-ETTE〗

bris /brís/ *n.* 〖ユダヤ教〗 ＝Berith.

bri·sa /bríːsə; *Sp.* brísa/ *Sp. n.* **1** (カリブ海および南米北東岸で)(北)東の貿易風. **2** (フィリピンで)北東のモンスーン. 〖□ Sp. ～, *briza*: ⇨ breeze[1]〗

bri·sance /brɪ̈zɑ́ː(n)s, -zɑ́ːns; *F.* bʀizɑ̃ːs/ *n.* (高性能火薬の)爆発力. **bri·sant** /brɪ̈zɑ́ːnt, -zɑ́ːnt; *F.* bʀizɑ̃/ *adj.* 〖(1915) □ F ～ ← *brisant* (pres.p.) ← *briser*: ⇨ brisé〗

Bris·bane /brízbən, -beın, (現地では) -bən/ *n.* ブリズベーン《オーストラリア東部の海港で, 州第一の貿易港; Queensland 州の州都》.

Bris·bane /brízbeın, -bən/, **Arthur** *n.* ブリズベーン (1864–1936; 米国のジャーナリスト).

Bris·bane /brízbən, -beın/, Sir **Thomas Makdougall** *n.* ブリズベーン (1773–1860; 英国の軍人・天文学者; オーストラリアの New South Wales 州総督 (1821–25)).

bri·sé /briːzéı; *F.* bʀize/ *n.* (*pl.* **～s** /～z; *F.* ～/) 〖バレエ〗 ブリゼ《片足で跳び上がり両脚を空中で打ち両足で降りるステップ》. 〖(1786) □ F ～ (p.p.) ← *briser* to break ＜ OF *brisier* ← Celt.〗

brise-bise /bríːzbìːz; *F.* bʀizbiz/ *n.* (窓の下半分を覆う)半窓掛け. 〖(1912) □ F ～《原義》 wind breaker ← *briser* (↑)＋*bise* north wind〗

Bri·se·is /braısíːɪ̈s | -ıs/ *n.* 〖ギリシャ神話〗 ブリーセーイス《*Iliad* でギリシャ軍に捕えられた美女; 初め Achilles に与えられたが, あとで Agamemnon が彼女を奪い, それがこの二大勇士の不和のもとになり, 彼らの争いが Troy 戦争の戦局を左右した》. 〖□ L ～ □ Gk *Brīsēís*〗

brise-so·leil /bríːzsoʊléı | -sə(ʊ)-; *F.* bʀizsɔlɛj/ *n.* 〖建築〗 ブリーズソレイユ《日よけのために窓の外部に水平あるいは垂直に板状の部材を取り付けたもの》. 〖(1944) □ F ～ ← *brise(-bise)* 'BRISE-BISE'＋*soleil* sun〗

Bri·sing·a·men /bríːsıŋɑːmèn, brìːsiːgɑ́ːmən/ *n.* 〖北欧伝説〗 ブリーシンガメン《女神 Freya がしていた魔法の首飾り》. 〖□ ON *Brīsinga men* 'neckring of Brísingar (首飾りを作った小人たち)'〗

brisk /brísk/ *adj.* (**～·er; ～·est**) **1 a** 〈人・態度など〉きびきびした, はきはきした, 活発な, 元気のいい (lively) (⇨ agile, lively **SYN**): a ～ old man 元気のいい老人 / at a ～ pace きびきびした足取りで / (as) ～ as a bee ミツバチのように活発な. **b** (口調など)鋭い, 辛辣(しんらつ)な (sharp). **2** 〈商売が〉繁盛している: Trade is ～. 商売が繁盛している. **3** 〈日・空気などがすがすがしい, せいせいする, 心地よい; 〈風が〉(被害を与えない程度に)強い: a ～ day (身の引き締まるような)気持ちのいい日 / ～ weather (小気味のいい)爽快な天気 / a ～ wind (害を与えないほどの)強い風. **4 a** 〈飲料が〉盛んに泡立つ, 発泡性の (sparkling); 気の抜けていない: ～ cider [beer] 泡立つりんご酒[ビール]. **b** 風味のよい, ぴりっとした (tangy): a ～ taste / ～ tea よい風味の紅茶. **5** 《廃》 こぎれいな, しゃれた (smart). — *vt.* 活発にする, 〈歩調などを〉速める, 〈盛んに〉活躍させる, 引き立たせる 〈*up*〉. — *vi.* 活発になる, 活気づく, 勇み立つ 〈*up*〉.
～·ness *n.* 〖(1560) 《変形》 ← ? F *brusque* 'BRUSQUE'〗

brisk·en /brískən/ *vi., vt.* 活気づく[づける]. 〖(1799): ⇨ ↑, -en[1]〗

bris·ket /brískɪ̈t | -kıt/ *n.* **1 a** (動物の)胸部. **b** (牛の)胸部の肉, ブリスケ (⇨ beef 挿絵). **2** 《英方言》 (人間の)胸 (chest). 〖(1338) *brusket* □ AF **brusket* ＝OF *bruschet* (F *bréchet*) □ ? ON *brjōsk* (Norw. & Dan. *brusk* gristle): ⇨ -et〗

brísk·ly *adv.* 活発に, きびきびと, 元気よく: walk ～ along. 〖(1665): ⇨ -ly[1]〗

brís·ky *adj.* ＝brisk. 〖(1595–6): ⇨ brisk, -y[4]〗

bris·ling /brízlıŋ, brís-/ *n.* (*pl.* **～, ～s**) 〖魚類〗 北欧産のイワシに似た小さなニシン (*Sprattus sprattus*) 《sprat ともいう》. 〖(1868) □ Norw. 《方言》 ～ ← LG *bretling* 《原義》 the broad one ← *bret* broad＋-LING[1]〗

bris·tle /brísl/ *n.* **1** (人の)短く刈り込んだあごひげ. **2** (ブラシなどに用いる)豚毛の代用品《プラスチック・針金など》. **3 a** (動物の)剛毛, 荒毛; (特に, 豚の首と背の)針毛《ブラシ製造に用いる》: swine ～*s* 豚毛 / set up one's [a person's] ～*s* 毛を逆立てて怒る[怒らせる]; 激怒する[させる], 気色ばむ[ませる]. **b** (植物の)剛毛. — *vi.* **1** 《剛毛・毛髪が》直立する, 逆立つ 〈*up*〉: My hair ～*d* at that scream. その叫び声を聞いて総毛立った. **2 a** 〈動物が〉毛を逆立てる, 毛を逆立てて怒る 〈*up*〉: The hog ～*d up*. 豚は(怒って)毛を逆立てた. **b** 〈人が〉憤然として怒る, 気色ばむ 〈*up*〉: He ～*d up* in anger.＝He ～*d with* anger. 怒ってけんか腰になった. **3 a** 〈場所などが〉〈建物などで〉いっぱいである, 充満している 〔*with*〕: a harbor *bristling with* masts マストが林立している港 / The town of Oxford ～*s with* spires. オックスフォードの町には尖塔がいっぱい立っている. **b** 〈事業・書物・演説などが〉〈障害・誤植・引用句などで〉充満する 〔*with*〕: Her talk ～*s with* imagery. 彼女の話は文彩が豊かである. **4** 活発[興奮状態]になる. — *vt.* **1** …に剛毛[針毛]を付ける[植える]. **2** 〈毛・羽毛・とさかなどを〉逆立てる 〈*up*〉. **3** 〈勇気などを〉奮い起こす, かき立てる (ruffle) 〈*up*〉. **～·like** *adj.* 〖(?*a*1300) *bristel* ← OE *byrst* bristle ＜ Gmc **brusti-* ← IE **bhar-* projection, bristle, point: ⇨ -le[1]〗

brístle·bìrd *n.* 〖鳥類〗 ヒゲムシクイ《オーストラリア産ヒゲムシクイ属 (*Dasyornis*) の鳥類の総称; 特にズアカヒゲムシクイ (*D. broadbenti*)》. 〖1827〗

brístle·còne fír *n.* 〖植物〗 ＝Santa Lucia fir.

brístle·còne píne *n.* 〖植物〗 イガゴヨウマツ《北米西部の亜高山帯に生えるマツの一種 (*Pinus aristata*); 剛毛状のとげをもった球果をつける; 長寿の樹木で, 樹齢 4000 年以上のものがある》. 〖1894〗

brís·tled *adj.* **1** 剛毛[針毛]のある[多い]. **2** 〈毛・羽毛など〉逆立っている, 直立している. 〖(?*a*1300): ⇨ -ed 2〗

brístle férn *n.* 〖植物〗 マメゴケシダ《主に熱帯産のコケシノブ科マメゴケシダ属 (*Trichomanes*) の着生シダの総称; 葉は楕状で前葉体は糸状》.

brístle gràss *n.* 〖植物〗 イネ科エノコログサ属 (*Setaria*) の総称《エノコログサ (*S. viridis*) など》. 〖1841〗

brístle·mòuth *n.* (*pl.* **～, ～s**) 〖魚類〗 ヨコエソ科の小形深海魚の総称《鋭く細い歯がある》.

brístle·tàil *n.* **1** 〖昆虫〗 シミ《本や引出しの隅などにいる総尾目 (*Thysanura*) または双尾目 (*Diplura*)の羽のない昆虫の総称》. **2** 〖鳥類〗 ＝ruddy duck. 〖(1706) 尾の形から〗

brístle-thìghed cúrlew *n.* 〖鳥類〗 ハリモモチュウシャクシギ (*Numenius tahitiensis*) 《Alaska 西部で繁殖し Polynesia で冬を過ごす大型のシギ》.

brístle wòrm *n.* 〖動物〗 ＝polychaete.

bris·tling /brísIıŋ, -slıŋ/ *n.* 〖魚類〗 ＝brisling.

bris·tly /brísli, -lì/ *adj.* **1** 剛毛質の; 剛毛のような; 剛毛の多い. **2** 剛毛のように密生している. **3** 〈動物が〉毛を逆立てて怒りやすい; 〈人が〉怒りっぽくて扱いにくい. 〖(*a*1425): ⇨ bristle, -ly[2]〗

brístly lócust *n.* 〖植物〗 ハナエンジュ (*Robinia hispida*) 《北米東部産マメ科ニセアカシアの一種; rose locust ともいう》.

brístly sarsaparílla *n.* 〖植物〗 トゲサルサ (*Aralia hispida*) 《アメリカ産の黒い実のなるウコギ科タラノキ属の多年草》.

bris·tol /brístl/ *n.* ブリストル(紙)《名刺・カード用などの上質厚紙》. 〖(1809) ← BRISTOL 1〗

Bris·tol /brístl/ *n.* ブリストル: **1** イングランド南西部, Avon 川河口に近い商工業都市. **2** 米国 Pennsylvania 州東南部にあって Delaware 川に臨む郡区, Philadelphia の郊外. **3** 米国 Connecticut 州中部の都市, かつて時計製造で知られた. 〖OE *Brycġstōw* 《原義》 bridge-site: ⇨ bridge[1], stow[1]〗

Brístol Báy *n.* ブリストル湾《米国 Alaska 州南西部, Alaska 半島北方の Bering 海の入江》.

Brístol bòard *n.* ＝bristol.

Brístol-brìck *n.* ブリストルれんが《ケイ酸質のれんがで, 刃物を研ぐのに用いる》.

Brístol Chánnel *n.* [the ～] ブリストル海峡《ウェールズ南部とイングランド南西部との間の大西洋の入江; Severn 川河口の延長上にある; 長さ 136 km, 幅 8–69 km》.

Brístol Créam *n.* 〖商標〗 ブリストルクリーム《英国 Bristol の Harvey's 社製のこくのあるシェリー酒》. 〖1886〗

Brístol-díamond *n.* 〖鉱物〗 ブリストルダイヤモンド《イングランド Bristol 付近産の水晶》. 〖1596〗

Brístol fàshion *adj.* [叙述的] [しばしば shipshape and ～ として] きちんとして, よく整頓して: It was all *shipshape and* ～. 〖(1823) 昔イングランド Bristol 港の設備がよく整っていたことから〗

Brístol Mílk *n.* 〖商標〗 ブリストルミルク《英国 Bristol の Harvey's 社製の甘口シェリー酒》. 〖1644〗

bris·tols /brístḷz/ *n. pl.* [しばしば B-] 《英俗》 おっぱい, 「ボイン」(breasts). 〖(1961) 《略》 ← *Bristol Cities*: *titties* (⇨ titty[2]) の押韻俗語〗

Bris·tow /brístoʊ | -təʊ/ *n.* ブリストー《男性名》. 〖ME *Bristo(u)* ← OE *Brycġstow* 'BRISTOL'〗

bri·sure /brɪ̈ʒʊ́ə | -z(j)ʊ́ə[r]; *F.* bʀizyːʀ/ *n.* 〖紋章〗 ＝difference 8. 〖(1623) □ F ～ 'crack' ← OF *brisier* to break〗

brit /brít/ *n.* (*pl.* **～**) **1** 魚やクジラのえさになる海産小動物. **2** 小イワシ, 小ニシン. 〖(1602) ← Corn. *brȳthel* mackerel, 《原義》 speckled〗

Brit[1] /brít/ 《口語》 *adj.* 英国の. — *n.* 英国人. 〖(1901) 《略》 ← BRITISH〗

Brit[2] /b(ə)ríθ, -rít/ *n.* 〖ユダヤ教〗 ＝Berith.

Brit. 《略》 Britain; Britannia; *L.* Britannica (＝of Britain); British; Briton.

Brit·ain /brítn/ *n.* **1** ＝Great Britain. **2** ＝Britannia[1] 1. 〖(*a*1200) *Britaine* □ OF *Bretaigne* (F *Bretagne*) ＜ L *Brit(t)ānniam* (↓): cf. Briton〗

Bri·tan·nia[1] /brɪ̈tǽnjə, -niə | -niə, -njə/ *n.* **1** ブリタニア《古代ローマの属州であった Great Britain 島(特に, その南部地方)のローマ名》. **2** ＝British Empire. **3** 《文語》 ＝Great Britain. **4** 《詩》 ブリタニア《Great Britain または British Empire を象徴する女性擬人的名称で, その冑(かぶと)・盾・三叉のほこを帯びた戦士像は貨幣面などに用いられる》. **5** [b-] 〖冶金〗 ＝britannia metal. **6** ブリタニア金貨《1987 年に初めて発行された 22 金の金貨; 100 ポンド, 50 ポンド, 25 ポンド, 10 ポンドの 4 種》. 〖OE *Bryttania* □ L *Brittānia* ← *Brit(t)anni* Britons ← *Britto* 'BRITON': cf. Gk *Brettanía*〗

Bri·tan·nia[2] /brɪ̈tǽnjə, -niə | -niə, -njə/ *n.* ブリタンア《女性名》. 〖↑〗

británnia mètal *n.* 〖冶金〗 ブリタニアメタル《スズ・アンチモニー・銅および少量の亜鉛・鉛・ビスマスから成る銀に似た合金でベアリングや装飾品に用いられる; 単に britannia ともいう》. 〖1817〗

Británnia sìlver *n.* 〖冶金〗 ブリタニアシルバー《純度約 96% の銀; cf. sterling 3》.

Bri·tan·nic /brɪ̈tǽnık/ *adj.* **1** ブリテンの, 英国の (British). ★ 主に政治・外交上の言葉として次の句で: His [Her] ～ Majesty 英国国王[女王]陛下 (略 HBM). **2** ＝Brythonic. — *n.* ＝Brythonic. 〖(1641) □ L *Britannicus*: ⇨ Britannia[1], -ic[1]〗

britch·es /brítʃɪ̈z/ *n. pl.* 《口語》 ＝breeches.

Brith, b- /brít/ *n.* 〖ユダヤ教〗 ＝Berith.

Brith Mi·lah /bríθmíːlɑː, brít-/ *n.* (ユダヤ人の)割礼式 (cf. Berith Milah). 〖(1902) □ Heb. *b[e]rith milāh* covenant of the circumcision〗

Brit·i·cism /brítəsìzm | -tɪ̈-/ *n.* 《米》 英国(人)特有の習慣, 英本国特有の語[語句, 表現], 英国語法《elevator に対する lift など; cf. Americanism 1》. 〖(1868) ← BRITI(SH)＋-*c*-＋-ISM〗

Brit·ish /brítıʃ | -tıʃ/ *adj.* **1 a** [通例政治的意味で用いて] ブリテンの, 英国の; 英国人の, 英国英語の. ★ 一般には English の方が多く用いられる: a ～ subject 英国民. **b** 《米》 イングランドの. **2** ブリトン族 (the Britons) の. — *n.* **1** [the ～; 集合的] 英国人, 英国民 (the British people). **2** 古代ブリトン[ウェールズ]語《アングロ・サクソン民族の侵入以前ブリテン島南部で用いられていたケルト語》. **3** ＝British English. ***The bést of Brítish (lúck)***. 《英》 [しばしば皮肉] (まあ)しっかりやりたまえ《特に見込みのないときに》.

Brítish Bóard of Fílm Classificátion [the —] 英国映画等級指定委員会《1912 年設立の民間組織; 1985 年までの名称は British Board of Film Censors; 略 BBFC;

以前は A, AA, U, X などがあったが, 現在の等級付けは以下の通り: U (universal 一般向け), PG (parental guidance 児童は保護者の同体が望ましい), 12 (12 歳以上向け), 15 (15 歳以上向け), 18 (18 歳 以上向け), R18 (restricted 18: 18 歳未満お断りで, 配給先制限あり)).
Brítish Únion of Fáscists [the —] イギリスファシスト連合 (Sir Oswald Mosley が 1932 年設立).
∼·ness *n.* 〖OE *Brittisc* ← *Bret* 'a BRITON' (pl. *Brettas*) ← Celt.: ⇨ -ish¹〗

Brítish Acádemy *n.* [the ∼] 英国学士院 (人文科学の研究・発達を目的として 1901 年に創立された; 略 BA).
Brítish Áerospace *n.* ブリティッシュ エアロスペース(社) (英国国営の航空機・宇宙関連機器メーカー; 略 BAe).
Brítish Américа *n.* =British North America.
Brítish Antárctic Térritory *n.* [the ∼] 英領南極地域 (南大西洋の英領植民地; 1962 年に樹立され, South Shetland, South Orkney 両諸島および南極の Graham Land より成る; その一部はアルゼンチン・チリ両国が領有を主張し, 現在領有権は凍結されている; cf. South Shetland Islands, South Orkney Islands).
Brítish àn·ti·léw·is·ite /-æ̀ntaɪlúːəsàɪt, -tɪ- | -tɪlúːɪ-, -ljúːɪ-/ *n.* 〖化学〗 =dimercaprol.
Brítish Associátion *n.* [the ∼] 英国学術協会 (科学の進歩・発達を目的とする学会; 1831 年創立; 正式名 the British Association for the Advancement of Science).
Brítish Bróadcasting Corporátion *n.* [the ∼] イギリス放送協会 (英国の公営放送; 1927 年設立; 略 BBC; もと Company).
Brítish Cameróons *n.* [the ∼] ⇨ Cameroons.
Brítish Colúmbia *n.* ブリティッシュ コロンビア (カナダ西部太平洋岸の州; 山地が多く広大な森林があり, 鉱物資源に富み重要な漁場がある; 面積 948,596 km², 州都 Victoria; 略 BC). **Brítish Colúmbian** *n., adj.*
Brítish Cómmonwealth of Nátions *n.* [the ∼] 英連邦, イギリス連邦 (the Commonwealth (of Nations) の旧名; 19 世紀後半以降の自治領 (dominion) の成立や植民地独立運動の激化に伴い, 第一次大戦以後 British Empire に代わって用いられるようになり, 1926 年の帝国会議で正式に定められた; the British Commonwealth ともいう; ⇨ COMMONWEALTH of Nations). 〖(1919): J. C. Smuts の造語〗
Brítish Cóuncil *n.* [the ∼] ブリティッシュカウンシル (1934 年設立の英国文化の海外紹介・英語の普及などを目的とする, 英国政府後援の機関).
Brítish disèase *n.* 英国病 (特に 1970 年代から 80 年代にかけての英国経済・産業の体質的弱点; 新規事業への投資の消極性・労働者のプロ意識の希薄さなど). 〖1971〗
Brítish dóllar *n.* 英国ドル (もと英国の特定の領土で用いられた通貨).
Brítish Èast África *n.* 英領東アフリカ (アフリカ東部の旧英国保護領; Kenya, Tanganyika, Uganda, Zanzibar の総称; 今は独立してケニア, タンザニア, ウガンダとなる).
Brítish Émpire *n.* [the ∼] 大英帝国 (大植民地国家であったころの英本国およびその植民地・属領・自治領の俗称; 第一次大戦後は British Commonwealth of Nations の同意語として使われたが, 現在ではほとんど廃語): ⇨ ORDER of the British Empire. 〖1604〗
Brítish Énglish *n.* 英国英語, イギリス英語 (イギリス諸島 (the British Isles), 特に Great Britain 島で用いられる英語; cf. American English). 〖1869〗
Brít·ish·er *n.* 《米》 **1** (イギリス諸島 (British Isles) に住む)英国人. **2** 一英国国民. 〖(1829) ← BRITISH＋-ER¹: FOREIGNER からの類推で造られた米語?〗
Brítish Expedítionary Fórce *n.* [the ∼] 英国海外派遣軍 (元来 1906 年に編成され, 1914 年 8 月 Gen. French の指揮下にフランスに送られた正規軍; 1940 年, 第二次大戦時にもフランスに送られ, Dunkirk で敗れたが, 後半期には活躍した; 略 BEF).
Brítish gállon *n.* 《英》 =imperial gallon.
Brítish Guiána *n.* 英領ギアナ (南米北東部の旧英国直轄植民地; 1966 年に独立, ガイアナ (Guyana) となる).
Brítish gúm *n.* 〖化学〗 =dextrin.
Brítish Hondúras *n.* 英領ホンジュラス (⇨ Belize).
Brítish Índia *n.* 英領インド (英領であったインドの 17 州; 1947 年インド・パキスタンの独立で解消; 現在のインド, パキスタン, バングラデシュ; 略 BI).
Brítish Índian Ócean Térritory *n.* [the ∼] 英領インド洋植民地 (Chagos 諸島から成る; 面積 59 km², 主都 Diego Garcia; 1976 年までは Aldabra, Farquhar, Desroches の各島群も含まれたが, 今では Seychelles 共和国に属する).
Brítish Ísles *n. pl.* [the ∼] イギリス諸島 (Great Britain, Ireland, Isle of Man, Orkney, Shetland Islands, Channel Islands および隣接する島々; 面積 345,029 km²). 〖1621〗
Brit·ish·ism /brítɪʃìzm | -tɪ-/ *n.* =Briticism.
Brítish Ísrael *n., adj.* =Anglo-Israelite.
Brítish-Ísraelite *n., adj.* =Anglo-Israelite.
Brítish Légion *n.* [the ∼] 英国在郷軍人会 (第一次・第二次大戦およびその後の戦争の出征軍人の保護援助を目的とする; 1921 年結成; cf. American Legion).
Brítish Líbrary *n.* [the ∼] 英国図書館 (British Museum の図書館部門を中心として, 1973 年に発足した英国最大の国立図書館; 参考部 (Reference Division), 貸出し部 (Lending Division), 文献目録部 (Biographic Service Division) の 3 部門から成る).
Brítish Líons *n. pl.* [the ∼] ブリティッシュライオンズ (Rugby Union の全英代表チーム).
Brítish Líst *n.* (英国鳥類学協会作成の)英国鳥類目録.
Brítish Maláya *n.* 英領マラヤ (以前英国の植民地であった Malay 半島・Malay 諸島の総括的名称; 現在はマレーシアの一部).
Brítish Muséum *n.* [the ∼] 大英博物館 (London にある英国最大の博物館; 創立 1753 年; 世界有数の古代遺物の蒐集品を所蔵し, その図書館部門は米国の the Library of Congress と共に世界的に有名であったが, 1973 年に図書館部門は分離し, British Library となる).
Brítish Nátional Fórmulary *n.* ⇨ National Formulary.
Brítish Nátional Pàrty *n.* [the ∼] 英国国民党 (人種差別を支持し移民の受入れに強く反対する極右の政党; 1980 年代に国民戦線 (National Front) から離脱してできた; 略 BNP).
Brítish Nèw Guínea *n.* 英領ニューギニア (パプアニューギニア南部の旧名).
Brítish Nòrth Américа *n.* 英領北アメリカ (カナダ自治領と Newfoundland (今はカナダの一州)の旧名).
Brítish Nòrth Bórneo *n.* 英領北ボルネオ (Borneo 島北部の旧英国直轄植民地; 今は独立してマレーシアの一州 Sabah となる).
Brítish Ópen *n.* [the ∼] 全英オープン (ゴルフの世界四大トーナメントの一つ; the Open ともいう).
Brítish Petróleum *n.* ブリティッシュペトロリアム(社) (英国の国際石油資本; 1998 年米国の Amoco と合併; 正式名 The British Petroleum Co., plc; 略 BP).
Brítish Ráil *n.* 英国国有鉄道 (British Railways の旧名; 略 BR; cf. Railtrack).
Brítish Sígn Lànguage *n.* 英国サインランゲージ (英国・オーストラリア・ニュージーランドなどで使用される手話言語; 略 BSL).
Brítish Sólomon Íslands *n. pl.* [the ∼] ⇨ Solomon Islands.
Brítish Somáliland *n.* 英領ソマリランド (アフリカ東部の Aden 湾に臨む旧英国保護領 (1884–1960); 今はソマリア (Somalia) の一部).
Brítish stándard *n.* (British Standards Institution が定める) 英国規格, 英国標準[工業]規格.
Brítish Stándards Institùtion *n.* [the ∼] 英国規格協会 (1901 年設立; 略 BSI).
Brítish Stándards Màrk *n.* 英国規格マーク (BS Mark ともいう; ⇨ Kitemark).
Brítish Stándard Tìme *n.* 英国標準時 (Greenwich Time より 1 時間早く西ヨーロッパ標準時と一致する; 1968 年 2 月より実施したが, 1971 年 10 月 GMT に復帰; 略 BST; ⇨ standard time 1). 〖1967〗
Brítish Súmmer Tìme *n.* 英国夏時間 (3 月末から 10 月末まで Greenwich Time より 1 時間早めた時間; 略 BST; ⇨ summer time; cf. daylight-saving time). 〖1930〗
Brítish Télecom *n.* 英国電信電話会社, ブリティッシュテレコム (British Telecommunications の略称; 英国最大の電信電話会社; もと逓信公社の一部であったが, 1984 年に民営化; 略 BT).
Brítish thérmal ùnit *n.* 英熱量単位 (ヤード・ポンド単位系の熱量の単位で, 1 ポンドの水をカ氏 1 度だけ温めるのに要する熱量; =252 cal.; 略 BTU, Btu, btu, BThu; cf. therm). 〖1876〗
Brítish Tógoland *n.* ⇨ Togoland.
Brítish Vírgin Íslands *n. pl.* [the ∼] 英領バージン諸島 (西インド諸島北東部の Virgin Islands 中の東部を占める 36 の島から成る; 面積 154 km², 主都 Road Town).
Brítish wárm *n.* 《英》 (英国陸軍将校の着る厚地でダブルの)軍用短外套 (第一次大戦で英国将校が初めて用いた). 〖1901〗
Brítish Wèst África *n.* 英領西アフリカ (西アフリカに散在した旧英国植民地・保護領・委任統治領の総称; 現在のナイジェリア, シエラレオネ, ガンビアなどを含む一帯).
Brítish Wèst Índies *n. pl.* [the ∼] 英領西インド諸島 (Bahama 諸島, Jamaica, Caymans, British Virgin Islands, Barbados, Trinidad, Tobago, Leeward および Windward 諸島; 大部分は 1958 年 Federation of West Indies (西インド諸島連邦)として独立し, のちにジャマイカ, トリニダードトバゴ, バルバドス, バハマはそれぞれ単一の共和国となる).
Brit. Mus. 《略》 British Museum.
Brit·o- /brítou | -təu/「ブリテン人と…の (of the Britons and …); 英国と…の (British and …)」の意の連結形: *Brito*-Japanese 英国と日本との, 英日の. 〖← L *Brito* (↓)〗
Brit·on /brítn̩/ *n.* **1** 大ブリテン人, 英国人 (Englishman): ⇨ North Briton. **2** (古代の)ブリトン人 (ローマの侵入当時, Great Britain 島の南部に住んでいたケルト人). 〖(?*a*1200) *Britoun* □ (O)F *Breton* □ L *Brittōnem*, (nom.) *Britto*, *Brito* □ Celt. **Britto*〗
Brit·pop /brítpɑ̀p | -pɔ̀p/ *n.* ブリットポップ (1990 年代中期の英国人グループによるポップミュージックで, 特に 1960 年代のビートルズなどのグループからの影響を強く感じさせるもの). 〖(1995) ← BRIT(ISH)＋POP²〗
brits·ka /brítskə; *Pol.* brítʃka/ *n.* ブリツカ馬車 (昔のロシア式四輪幌馬車; 前の座席は後ろ向き). 〖(1832) □ Pol. *bryczka* (dim.) ← *bryka* freight wagon: cf. barouche〗
britt /brít/ *n.* =brit.
Britt. 《略》 〖造幣〗 *L.* Brit(t)anniārum (=of all the Britains).
Brit·ta·ny /brítəni, -tni | -təni, -tn̩i/ *n.* ブリタニー, ブルターニュ (イギリス海峡と Biscay 湾との間のフランス北西部の半島, 旧公国; Anglo-Saxon 族の侵入を逃れた Britain 島の Celt 人が渡って来た; フランス語名 Bretagne; 面積 27,208 km²).
Bríttany spániel *n.* ブリタニースパニエル (フランス原産の猟犬; スパニエルとポインターとの交配種). 〖1967〗

B

Brit·ten /brítn̩/, **(Edward) Benjamin** *n.* ブリテン (1913–76; 英国の作曲家・ピアニスト・指揮者; 歌劇 *Peter Grimes* (1945), *Billy Budd* (1951), *War Requiem* (1962); 称号 Baron Britten).
brit·tle /brítl̩ | -tl̩/ *adj.* **1 a** (堅いが弾力性がないために)壊れ[砕け]やすい, もろい (⇨ fragile SYN): ∼ clay, glass, etc. / (as) ∼ as an eggshell 非常にもろい. **b** 〈金属・合金が〉展性[延性]が非常に低い. **2** 壊れ[破壊され]やすい; 移ろいやすい, はかない (transitory); 不確実な, 当てにならない: a ∼ promise 当てにならない約束 / ∼ honor はかない名誉. **3** 情味のない, 冷たい (cold); そっけない: a ∼ laugh / a ∼ reply. **4** 〈音など〉鋭い, 金属的な (sharp). **5** 扱いにくい, 傷つきやすい, 過敏な (sensitive): a ∼ personality. **6** 《俗》 〖野球〗 〈選手が〉故障を起こしがちの.
— *n.* 糖菓の一種 (砂糖を煮溶かして, キャラメル状にし, ナッツを加えて平たく固めたもの): almond [peanut] ∼.
— *vi.* 壊れやすくなる, 崩れる.
∼·ly /brítl̩li, -tli | -tl̩li, -tli/ *adv.* **brit·tly** /brítl̩i, -tli | -tl̩i, -tli/ *adv.* **∼·ness** *n.* 〖(?*a*1325) *britel*, *brutel*, *brotel* ← OE *bryt-* (cf. OE *brytsen* fragment, *ġebryttan* to break in pieces) < Gmc **brut-* ← **breutan* ← IE **bhreu-* to cut: ⇨ -le²〗
bríttle-bóne disèase *n.* 〖病理〗 =osteoporosis.
bríttle·bùsh *n.* 〖植物〗 米国南西部および隣接するメキシコの砂漠地方に生えるキク科 *Encelia* 属の植物の総称; (特に) *E. farinosa* (小形のヒマワリに似た黄花をつける).
bríttle férn *n.* 〖植物〗 =fragile fern.
bríttle frácture *n.* 〖金属〗 脆性(ぜい)破壊.
bríttle·stàr *n.* 〖動物〗 クモヒトデ (蛇尾綱に属する棘皮(きょく)動物の総称; cf. basket star). 〖1843〗
Brit·ton /brítn̩/, **Nathaniel Lord** *n.* ブリトン (1859–1934; 米国の植物学者).
Brit·ton·ic /brɪtɑ́(ː)nɪk | -tɔ́n-/ *adj.* =Brythonic.
Britt. Reg. 《略》 〖造幣〗 *L.* Brit(t)anniārum Rēgīna (=Queen of Britain).
Brit·vic /brítvɪk/ *n.* 〖商標〗 ブリトビック (英国製清涼飲料; 名称はもとのメーカー名 British Vitamin Products を縮めたもの).
britz·ka /brítskə; *Pol.* brítʃka/ *n.* (*also* **britz·ska** /∼/) =britska.
Brix /bríks/ *adj.* ブリックス比重計の. — *n.* =Brix scale. 〖1897〗
Bríx scàle *n.* ブリックス比重計 (ある温度下である容量の溶液中にある砂糖の密度を測る液体比重計). 〖(1897) ← A. F. W. *Brix* (1798–1890: ドイツの発明家)〗
Brix·ton /bríkstən/ *n.* ブリクストン (ロンドン南部の黒人の多い区域; 1981, 85 年に暴動が起こった).
brl 《略》 barrel.
BRN 〖自動車国籍表示〗 Bahrain.
Br·no /bɔ́ːnou | bɔ́ːnəu, brənɔ́u; *Czech* br̩nɔ/ *n.* ブルノ (チェコ南東部の都市; 旧 Moravia 州の州都; 機械工業・交通・通信の中心地; ドイツ語名 Brünn).
bro, Bro /bróu | bráu/ *n.* (*pl.* ∼s) 《米口語》 =brother 1, 3.
bro., Bro. 《略》 brother (⇨ Bros.).
broach¹ /bróutʃ | bráutʃ/ *n.* **1 a** 先のとがったもの[道具, 部分など]. **b** 焼き串, 金串. **c** (燭台のろうそくをさす)釘. **d** (錠前の中の)かぎ受け棒. **2** 〖建築〗 ブローチ (四角い塔の上に設けられる八角錐の尖塔 (spire) の四隅を覆う部分で, ピラミッドを縦に半分にした形; cf. broach spire). **3 a** ブローチ (穴ぐりに使用する工具). **b** (たるの)穴あけ錐(きり). **4** =brooch. **5** 〖石工〗 (一列に間隔を密にドリルで穴をあけて)石材を切断すること.
— *vt.* **1** 〈控えていた話題などを〉切り出す, 持ち出す (⇨ utter¹ SYN); 〈新説などを〉提唱する, 発議する (moot): ∼ a subject *with* [*to*] a person 人に問題を持ち出す. **2 a** (穴ぐり器で)〈穴を〉仕上げる. **b** 〈たるなど〉の口をあける; 口をあけてくみ出す: ∼ a barrel of cider / ∼ cider. **c** (使い始めるために)あける: ∼ a shipment. **3** 《廃》 刺す, 突き刺す (stab). — *vi.* 〈鯨などが〉水面に躍り出る, 〈潜水艦などが〉浮上する.
〖n.: (?*a*1200) □ (O)F *broche* < VL **brocca(m)* spike ← L *brocc(h)us* having prominent teeth ← Celt. — v.: (*a*1338) □ (O)F *broch(i)er* ← *broche* (n.): cf. brooch〗
broach² /bróutʃ | bráutʃ/ 〖海事〗 *vi.* 〈船が〉急に方向を転じ風波を横から受けるようになる 〈*to*〉: ∼ *to* in the rough sea. — *vt.* 〈船を〉急に方向を転じさせ風波を横から受けるようにする. 〖(1705) 《転用》? ↑〗
bróach·er *n.* 口を切る人, 発議者, 提唱者. 〖(1587) ← BROACH¹＋-ER¹〗
bróach·ing machìne *n.* 〖機械〗 ブローチ盤 (ブローチで穴を仕上げる機械). 〖1846〗
bróach spìre *n.* 〖建築〗 ブローチ尖塔 (broach¹ 2 をもった尖塔). 〖1848〗
broad /brɔ́ːd, brɑ́ːd | brɔ́ːd/ *adj.* (∼·er; ∼·est) (cf. wide) **1 a** 幅の広い, 広い (↔ narrow): ∼ shoulders 広い肩幅 / a ∼ street 広い街路 / He is ∼ *in the* shoulder(s) [chest]. 肩幅[胸幅]が広い. **b** [数字の後に用いて] 幅が…の: The road is five meters ∼. 道路は幅 5 メーターである.
2 a 〈場所など〉広々とした, 広大な (extensive): ∼ lands 広大な土地 / a ∼ expanse of water 一面の水. **b** 〈心・教養・思想・見解など〉広い, とらわれない, 寛容な (liberal);

B

包容力の大きい, 範囲の広い (comprehensive): a ~ mind 広大な心 / ~ views 広い見解 / ~ culture 広い教養 / a person of ~ outlook [experience] 視野[経験]の広い人 / get ~ support 広範囲の支持を得る. **3** 大まかな, 大ざっぱな; 適用範囲の広い, 一般的な, 広い (general): a ~ outline 大体の輪郭, 大要 / in a ~ way 大体において, 大まかに言えば / in the ~*est* sense 最も広い意味において / a ~ rule 一般的規準. **4 a** 〈光など〉広く注がれた, 満ちあふれた: in ~ daylight 真っ昼間に, 白昼に (cf. daylight 3). **b** 〈事実など〉明白な, 紛(まぎ)う方なき (manifest, unmistakable): a ~ distinction 明白な区別 / ~ facts 明白な事実. **5 a** 〈態度・行為など〉あけすけな, 露骨な, 無遠慮な (outspoken): ~ words 露骨な言葉 / a ~ stare [grin] 不遠慮な凝視[いかにもうれしそうな笑い]. **b** 下卑た, みだらな (coarse): a ~ joke [story] みだらな冗談[話]. **6** 〈言語などが〉著しく際立った, 国なまり丸出しの (countrified): a ~ dialect [accent] 丸出しの方言[なまり] / ⇨ broad Scots. **7** 〘音声〙 **a** 〈a の文字が〉[ɑː] で発音される《特に, *ask*, pl*a*nt などにおいて [æ] と [ɑː] と 2 通りの発音がある場合に言う; cf. flat¹ 14 a》. **b** 〈音声表記が〉簡略の《音素の別しか示さない; cf. narrow 6 a》: (a) ~ transcription 簡略表記(法). **8** 〘図書館〙〈分類法が〉簡略な (cf. close² A 6). **9** [しばしば B-] 〘英国国教会〙 広教会派的な, 自由な《儀式や教理の細かい点に気をつかわない》: ⇨ Broad Church. **10** 〘造幣〙〈硬貨が〉径が大きく薄い. **11** 〘海事〙〈帆船の針路が〉舷側[ほぼ横正面]から風を受ける. **12** 〘紡織〙 **a** 〈織物が〉広幅の《30 インチより幅広の》. **b** 〈羊毛が〉繊維がまっすぐで弾力がない. **13** 〘証券〙〈株式・債券市場が〉底が深い. **14** 〘保険〙 複数の危険を担保する.

as bróad as it is lóng*＝*as lóng as it is bróad 五十歩百歩で, どちらにしても同じことで. 〚(1687)〛

— *n.* **1** (手・足・背中などの)広い部分, 足の裏, たなごころ (cf. small): the ~ of the back 背中. **2 a** [通例 the Broads] (イングランド東部 Norfolk, Suffolk 地方で川が広くなってできた)湖, 沼: *the* (Norfolk) *Broads* (イングランド東部の)湖沼地方《互いに連絡した大小 40–50 の湖沼から成り, 釣り・鳥の観察・ヨット遊びなどの行楽地; cf. bayou》. **b** 《イーストアングリア方言》 浅い湖. **3** 《米俗》 [軽蔑的に] **a** 女, あま (woman). **b** 浮気女; 売春婦. 《(転訛)? ← BAWD》 **4** [*pl.*] 《俗》 トランプ札 (playing cards). **5** ＝ broadpiece.

— *adv.* **1** 十分に, 広く (broadly). ★ 今は主に次の句で: ~ off / ~ awake すっかり目を覚まして[ぱっちり目を開けて]いる. **2** なまって: speak ~ 田舎言葉丸出しで話す.

~·ness *n.* 〚OE *brād* Gmc **braidaz* (G *breit* / ON *breiðr* / Goth. *braiþs*) ← ?: cf. breadth〛

SYN 広い: **broad** 一方の側から他方への距離が大きい: a *broad* river 広い川 / a *broad*-shouldered man 肩幅の広い男. **wide** 特に長さや高さと比較して幅が広い《*broad* よりも会話で多く使われる》: a *wide* bed 幅の広いベッド / a *wide* gate 広い門. **ANT** narrow.

B́-ròad *n.* 《英》 2 級道路.

bróad·àcre *adj.* 《豪》 大規模農業の土地の: ~ farming 大規模農業.

bróad árrow *n.* **1** 太やじりのついた矢. **2** 太やじり印《英国で軍需品・官有物に付ける印; もと囚人服にもついていた》. **3** 〘紋章〙 やじり (cf. pheon 1). 〚*c*1378〛

bróad·àx *n.* (*also* **bróad·àxe**) **1** まさかり. **2** (中世の)戦闘用大おの. 〚1352〛

bróad·bànd *adj.* 〘通信〙 広(周波数)帯域の《より多くの情報を伝えられる》: a ~ radio antenna. 〚(1629) 1956〛

bróad-bàsed *adj.* ＝broadly-based.

bróad bèan *n.* **1** ソラマメやカラスノエンドウの種子 《fava bean, horsebean ともいう》. **2** 〘植物〙 **a** ソラマメ (*Vicia faba*) 《マメ科ソラマメ属の植物; ヨーロッパで食用・家畜の飼料用に広く栽培される》. **b** カラスノエンドウ (*Vicia sativa*) 《common vetch ともいう》. 〚1783〛

bróad·bìll *n.* **1** 〘鳥類〙 ヒロハシ《スズメ目ヒロハシ科 (*Eurylaimidae*) の鳥の総称; アフリカ・熱帯アジア産で, 鮮やかな色をし, くちばしは平たく幅広い; boatbill ともいう》. **2** 《米》 くちばしの幅広い鳥《スズガモ・ハシビロガモなど》. **3** 《米》〘魚類〙 メカジキ (swordfish). 〚1634〛

bróad-bìlled róller *n.* 〘鳥類〙 ブッポウソウ (*Eurystomus orientalis*) 《日本・中国からスリランカ・オーストラリアにかけて生息するブッポウソウ科の鳥; dollar bird ともいう》.

bróad·brìm *n.* **1** (クエーカー教徒などのかぶった)つば広帽子. **2** [B-] 《米口語》 クエーカー教徒 (Quaker). 〚1749〛

bróad-brímmed *adj.* 広ぶちの, つば広の: a ~ hat つば広帽子. 〚(1688): ⇨ -ed 2〛

bróad·brów *n.* 《口語》 興味[趣味]の広い人 (cf. highbrow). 〚1927〛

bróad·brùsh *adj.* 大まかな, 大ざっぱな, 大体の: ~ plans 大まかな計画. 〚1967〛

broad·cast /brɔ́ːdkæ̀st, brɑ́ːd- | brɔ́ːdkɑ̀ːst/ *n.* **1** (ラジオ・テレビの)放送; 放送番組; (一区切りの)放送時間. **2** (種子の)ばらまき. — *vt.* (~, ~·ed) **1** (ラジオ・テレビで)〈ニュース・音楽などを〉放送する: ~ the news, a concert, etc. **2** 〈種子などを〉(特に手で)方々にばらまく, まき散らす. **3** 吹聴する: ~ gossip うわさ話を触れ回る. **4** 《口語》〈次の攻撃などを〉うっかり敵などにもらす. — *vi.* **1** (ラジオ・テレビで)放送する; 放送番組に出る[で話す]: ~ *over* the radio. **2** 方々にばらまく; 吹聴する. — *adj.* [限定的] **1** 〈番組など〉(ラジオ・テレビで)放送される[された]; (テレビ・ラジオ)放送の: today's ~ programs 本日の放送番組 / ~ time 放送時間. **2** 〈種子など〉方々にばらまかれた, 散布された: a ~ sowing of seed 種子のばらまき. **3** (あらゆる方面に)広まっている: ~ discontent 一般に広がっている不平. — *adv.* **1** (ラジオ・テレビなど)広範囲の地域に達するように. **2** 方々に散らばるように, ばらまきにして: scatter ~ 広くまき散らす / sow ~ ばらまきにする / seed sown ~ ばらまきにした種子. 〚(1767) ← BROAD (adv.)＋CAST (p.p.)〛

broad·cast·er /brɔ́ːdkæ̀stə, brɑ́ːd- | brɔ́ːdkɑ̀ːstə(r/ *n.* **1** (ラジオ・テレビの)放送者[会社]; キャスター; 放送機器. **2** (種子の)ばらまき器, (ばらまき式)種まき器. 〚(1922): ↑, -er¹〛

broad·cast·ing /brɔ́ːdkæ̀stɪŋ, brɑ́ːd- | brɔ́ːdkɑ̀ːst-/ *n.* **1** (ラジオ・テレビの)放送: radio [television] ~ ラジオ[テレビ]放送 / a ~ station 放送局. **2** (仕事・職業・事業としての)ラジオ・テレビ: work in ~ 放送[ラジオ, テレビ]の仕事をする. 〚(1922): ⇨ -ing¹〛

Bróad Chúrch *n.* [the ~] 広教会派, ブロード チャーチ《19 世紀後半に起こった英国国教会内の自由主義的な一派; 儀式や教義に対して寛大な態度をとる; cf. High Church》. — *adj.* (*also* **Bróad-Chúrch**) 広教会派の. 〚1850〛

Bróad Chúrchman *n.* 広教会派の人. 〚1870〛

bróad·clòth *n.* **1** 広幅生地[織物]. **2** 《英》 (ローラーにかけてつや出しした)上質黒ラシャ《主に男子用服地で幅 137 または 226 cm》. **3** ブロード: cotton [rayon] ~ 綿[人絹]ブロード《ポプリンまがいの広幅ワイシャツ・ドレス地》. 〚*c*1412〛

broad·en /brɔ́ːdn̩, brɑ́ː- | brɔ́ː-/ *vi.* 広くなる, 広がる 〈*out*〉: The stream ~*s* (*out*) *into* a river here. 流れはここで広くなって川になる. — *vt.* [比喩的にも用いて] 広くする, 広げる (widen): ~ a street / Travel ~*s* the mind. 旅は心[視野]を広める. 〚(1726): ⇨ -en¹〛

bróad-gáge *adj.* ＝broad-gauge.

bróad gáge *n.* ＝broad gauge.

bróad-gàuge *adj.* **1** 《口語》 心の広い (liberal). **2** 〘鉄道〙 広軌の: a ~ railroad. 〚1858〛

bróad gàuge *n.* 〘鉄道〙 広軌 (cf. gauge 3). 〚1844〛

bróad-gáuged *adj.* 〘鉄道〙 ＝broad-gauge 2.

bróad gláss *n.* 窓ガラス (window glass). 〚1679〛

bróad hátchet *n.* 幅広の刃の手斧(ちょうな).

bróad·hèad *n.* 太やじり(のついた矢). 〚1865〛

bróad·hòrn *n.* 《米》 川舟 (ark) 《昔米国で市場へ出す産物運搬用として使われた》. 〚船首の屋根の上に大きなかいを 2 本置いた形から〛

bróad irrigátion *n.* 下水を土壌の浄化作用により処分する灌漑法.

bróad·ish /-dɪʃ | -dɪʃ/ *adj.* やや広い. 〚(1793): ⇨ -ish¹〛

bróad jùmp 《米》 *n.* 〘陸上競技〙 幅跳び(競技)《《英》 long jump》《standing broad jump, running broad jump など》. — *vi.* 幅跳びをする. 〚1872〛

bróad jùmp·er *n.* 《米》 幅跳びをする人, 幅跳び選手.

bróad·lèaf *n.* (*pl.* **-leaves**) **1** (葉巻用の)広葉たばこ. **2** 《NZ》 葉の広いミズキ科の木. — *adj.* ＝broad-leaved. 〚1756〛

bróad-léafed *adj.* ＝broad-leaved.

bróad-léaved *adj.* **1** 〘植物〙 広葉の. **2** 〘林業〙〈木が〉落葉性だが堅材の. 〚1552〛

bróad-lèaved máple *n.* 〘植物〙 ヒロハノカエデ (⇨ paperbark maple).

bróad léft *n.* 〘政治〙 幅広い左派《右派に対抗するためにゆるやかに連合した左派グループ》.

bróad·lòom *adj.* 〈じゅうたんが〉広幅の(織機で織られた); 一色で幅広に織った. — *n.* ＝broadloom carpet. 〚1925〛

bróadloom cárpet *n.* 広幅じゅうたん《縫い合わせる必要のないように幅広に織ったもの》. 〚1925〛

broad·ly /brɔ́ːdli, brɑ́ːd- | brɔ́ːd-/ *adv.* **1 a** 大まかに, 概括的に言えば: ~ speaking 大ざっぱに言えば, 概して. **b** [語法指示などで] 俗に. **2** 幅広く; 広範囲に, あまねく. **3** 明白に. **4 a** 露骨に, 無遠慮に, 大っぴらに. **b** 下品に. **5** 地方なまりのある発音で, 方言で. 〚(1580): ⇨ -ly¹〛

bróadly-básed *adj.* 多様なものを基盤にする, 幅広い, 多面的な.

bróad-mínded *adj.* **1** (宗教・政治などについて)心の広い, 偏見のない. **2** 度量の大きい, 寛大な (liberal). **3** (他人の性行動やポルノなどに)過度のショックを受けない. **~·ly** *adv.* **~·ness** *n.* 〚1599〛

bróad móney *n.* 《英》 広義の通貨, ブロードマネー《通貨供給量 (money supply) の M3 の通称; cf. narrow money》. 〚1979〛

Broad·moor /brɔ́ːdmʊə, brɑ́ːd-, -mɔə | brɔ́ːdmɔː(r, -mʊə(r/ *n.* ブロードムア(病院)《イングランド南部, Berkshire 州にある精神病院; 精神障害をもつ犯罪者を収容治療する》. 〚1868〛

bróad pénnant [péndant] *n.* 〘海軍〙 代将旗, 司令官旗; (商船隊先任船長・ヨット協会会長などの)燕尾旗. 〚1716〛

bróad·pìece *n.* ブロード金貨《James 一世, Charles 一世および共和制時代に槌で打って造った 20 シリング金貨》. 〚1678〛

bróad réach *n.* 〘海事〙 (ほぼ)真横[真横前, 真横後]に風を受けての帆走.

bróad·scàle *adj.* 広範囲の, 幅広い. 〚1939〛

bróad Scóts [Scótch] *n.* スコットランド低地方の(なまりのひどい)英語.

bróad séal *n.* 国璽(こくじ)《政府の官印》. 〚1536〛

bróad·shèet *n.* **1** 38×61 cm の新聞紙 (cf. tabloid 1 a). **2** 《米古・英》 片面刷りの大判紙《ポスターなど》. **3** ＝broadside 4 c. 〚1705〛

bróad·sìde *n.* **1** 〘海事〙 舷側(げんそく), 船舷(せんげん), 船の横正面《船の水面上左または右の側面》. **2 a** [集合的] 〘海軍〙 片舷(へんげん)全体砲, 舷側砲《昔の軍艦で左舷または右舷に出ている砲の全部》. **b** 〘海軍〙 片舷斉発(せいはつ), 舷側砲の一斉射撃《片舷砲全部の同時発射》. **c** 《口語》 悪口の一斉射撃, 激しい非難. **3** (家などの)広い側面[表面]. **4 a** ＝broadsheet 2. **b** (郵送用などの)二つ折りの印刷物; 《古》 片面刷りの印刷物. **c** ブロードサイド(バラッド) 《主に 16–18 世紀のイングランドで, 時の話題などをテーマにした ballad 形式の俗謡; 片面刷りの大判紙に印刷して街頭で歌い(または)呼び売りした》. **5** 〘映画・テレビ〙 (セット全体を照明する)大型のフラッドライト (floodlight).

***bróadside on* [*to*]** 〘海事〙 舷側を…にまともに向けて, 船を横向きにして (cf. END¹ *on*).

— *adj.* [限定的] 舷側に向けられた[置かれた]: a ~ attack / a ~ fire 片舷[舷側]砲火.

— *adv.* **1** 〈船が〉(ある方向に)舷側を(まともに)向けて 〔*to*〕. **2** 広い方の側を〔…に〕向けて 〔*to*〕. **3** 〈車などが〉側面に: A dump truck rammed my car ~. ダンプカーが私の車のどてっぱらに突っ込んできた. **4** 一斉に, 広範に; 見境なく, 無差別に (at random).

— *vi.* **1** 〘海事〙〈船が〉舷側の方向へ移動する. **2** 〘海軍〙 (片舷備砲で)舷側一斉射撃をする. 〚1575〛

bróadside bállad *n.* ＝broadside 4 c.

bróad sílk *n.* (リボンなどの細幅物に対して)広幅絹. 〚1723〛

bróad-spéctrum *adj.* 〘薬学〙 広域(抗菌)スペクトルの《抗生物質が広範囲の微生物に対して抗菌効果のある, 幅広い効能のある》. 〚1952〛

Broad·stairs /brɔ́ːdstɛəz, brɑ́ːd- | brɔ́ːdstɛəz/ *n.* ブロードステアズ《イングランド南東部 Kent 州北東部の町; 海岸保養地》.

bróad·swòrd *n.* (突き刺すよりも切りつける)広刃の刀, 段平(だんびら). 〚(OE) *c*1565〛

bróad·tàil *n.* **1 a** 〘動物〙 カラクル羊 (karakul). **b** ＝fat-tailed sheep. **2** ブロードテール《カラクル羊の子または早産児[胎児]の毛皮; 波紋絹に似たのっぺりした波状の高価な毛皮》. 〚1892〛

bróad túning *n.* 〘ラジオ・テレビ〙 鈍同調 (flat tuning).

bróad·wày *adv.* ＝broadwise. — *n.* 幅広い道, 大通り. 〚1593〛

Broad·way /brɔ́ːdweɪ, brɑ́ːd- | brɔ́ːd-/ *n.* **1** ブロードウェー(通り)《New York 市 Manhattan の南端から発し, New York 州の州都 Albany に至る約 150 マイルに及ぶ大通り》. **2** (特に New York 市 Times Square 付近の商業劇場[演劇]の中心地としての)ブロードウェー(街)《俗に the Great White Way ともいう; cf. off Broadway》: go to ~ (地方回りから)ひのき舞台に上がる. — *adj.* [限定的] **1 a** 〈劇など〉ブロードウェー向きの; ブロードウェー上演の. **b** ブロードウェーで活躍[活動]する: ~ stars. **c** ブロードウェーによく行く: a ~ goer. **2** けばけばしい, はでな. 〚(1835) 《なぞり》 ← Du. *Breed Wegh*〛

Broad·way·ite /brɔ́ːdweɪàɪt, brɑ́ːd- | brɔ́ːd-/ *n.* Broadway で活躍[活動]している人.

bróad·wàys *adv.* ＝broadwise.

bróad·wìfe *n.* (*pl.* **-wives**) 〘米史〙 (夫が別の主人に所有されていた)女奴隷. 〚← (A)BROAD＋WIFE〛

bróad-winged háwk *n.* 〘鳥類〙 ハネビロノスリ (*Buteo platypterus*) 《背部が暗褐色で, 胸・腹部は白と茶のしまになっている米国に生息するノスリ》.

bróad·wìse *adv.* 横に, 側面を向けて. — *adj.* 横なりの. 〚(1693): ⇨ -wise〛

Brob·ding·nag /brɑ́(ː)bdɪŋnæ̀g | brɔ́b-/ *n.* ブロブディンナグ《Swift 作の *Gulliver's Travels* 第 2 部の巨人国の名称; 誤って Brobdignag /brɑ́(ː)bdɪgnæg | brɔ́b-/ ともいう; cf. Lilliput 1》. 〚(1727): Swift の造語〛

Brob·ding·nag·i·an /brɑ̀(ː)bdɪŋnǽgiən | brɔ̀b-⁻/ *adj.* 巨人国式の, 巨大な (gigantic). — *n.* **1** 巨人国の住民. **2** 巨大な男. 〚(1728): ⇨ ↑, -ian〛

Bro·ca /bróʊkə | brə́ʊ-; *F.* bʀɔka/, **Paul** *n.* ブローカ (1824–80; フランスの外科医・人類学者; 脳の言語中枢を発見).

bro·cade /broʊkéɪd | brə(ʊ)-/ *n.* **1** 錦(にしき), 金襴(きんらん); 紋織り《綾地[朱子地]に種々の絵ぬきで多彩な模様を浮織りさせた紋織物》: gold [silver] ~ 金[銀]襴. **2** [形容詞的に用いて] 錦の, 金襴の; 紋織りの. — *vt.* **1** 紋織りにする. **2** 金銀糸で飾る. 〚(1563–99) ◻ Sp. & *Port. brocado* ◻ It. *broccato* ← *brocco* twisted thread ← L *brocc(h)us*: ⇨ broach¹, -ade〛

bro·cád·ed /-dɪ̣d | -dɪd/ *adj.* **1** 錦織りの, 錦模様の; 紋織りの. **2** 金襴の衣装をまとった; 豪華な装いをした. 〚(1656): ⇨ ↑, -ed 2〛

Bró·ca's convolútion [gýrus, àrea] /bróʊkəz- | brə́ʊ-; *F.* bʀɔka-/ *n.* 〘解剖〙 (大脳の)ブロカ回[島, 領, 野(や)] 《ブロカ中枢 (Broca's center) すなわち運動性言語中枢がある》. 〚(1877) 《なぞり》 ← F *circonvolution de Broca*〛

broc·a·telle /brɑ̀(ː)kətél | brɔ̀k-/ *n.* (*also* **broc·a·tel** /~/) **1** 浮織錦(にしき), 浮織紋朱子(しゅす). **2** (イタリア・スペイン・フランス産などの)色紋入り大理石. 〚(1669) ◻ F ◻ It. *broccatello* (dim.) ← *broccato* sprout: ⇨ brocade〛

broc·co·li /brɑ́(ː)k(ə)li | brɔ́kə-/ *n.* 〘園芸〙 **1** ブロッコリー, メハナヤサイ, ミドリハナヤサイ (*Brassica oleracea* var. *italica*) 《緑色のつぼみと花弁は食用; sprouting broccoli, Italian broccoli ともいう; 花頭はなく茎が食用になる種類もある》. **2** ゴタチハナヤサイ《ハナヤサイ (cauliflower) の晩生

種). 〘(1699) □ It. ~ (pl.) ← *broccolo* sprout ← *brocco*: ⇨ brocade〙

broch /brɑ́(ː)k, brɑ́(ː)x | brɔ́k, brɔ́x/ *n.* 〖考古〗ブロッホ《Orkney, Shetland 諸島やその隣接するスコットランド本土に残存する紀元前 3-2 世紀の円形の石造建築; 二重の防御壁に囲まれ, 砦の役目を果たした》. 〘(1654)《変形》← BURGH〙

Broch /brɑ́(ː)k, bróuk | brɔ́k; G. bʀɔ́x/, **Hermann** *n.* ブロッホ《1886-1951; オーストリアの作家; *Der Tod des Vergil*「ウェルギリウスの死」(1945)》.

bro·chant·ite /brouʃǽntaɪt | brə(u)-/ *n.* 〖鉱物〗水胆礬(すいたんばん), ブロシャン銅鉱 ($Cu_4SO_4(OH)_6$)《斜方晶系エメラルド色の銅鉱》. 〘(1865) ← A. J. F. M. *Brochant de Villiers* (1773-1840: フランスの鉱物学者)＋-ITE¹〙

broche /bróuʃ | brɔ́ʃ, bróuʃ; F. bʀɔʃ/ *n.* (*pl.* **broch·es** /-ʃɪ̀z; F. ~/) ＝brochette: ⇨ à la broche. 〘□ F ~ 'BROACH¹'〙

bro·ché /brouʃéɪ | brə(u)-; F. bʀɔʃe/ *adj.* 縫取り紋織りの, 錦(にしき)織りの. — *n.* (絹または交織の)紋織り, 錦織. 〘(*a*1877) □ F ~ (p.p.) ← *brocher* to brocade, sew ← *broche* (↓)〙

bro·chette /brouʃét | brə(u)-; F. bʀɔʃɛt/ *n.* (*pl.* ~**s** /-ʃéts; F. ~/) **1** 小串(こぐし), 焼き串 (skewer, spit): en ~ 小串に刺して / ⇨ à la brochette. **2** 小串で焼く物[肉]. 〘(1483) □ F ~ (dim.) ← *broche* spit: ⇨ broach¹〙

bro·chure /brouʃúə | bráuʃə^(r), -ʃuə^(r); F. bʀɔʃyːʀ/ *n.* (*pl.* ~**s** /~z; F. ~/) (業務案内などの)パンフレット, 小冊子 (pamphlet); 仮とじ本; そのような形で出版された論文. ⇨ pamphlet 日英比較. 〘(1748) □ F ~ ← *brocher* to sew (a book): ⇨ broché〙

brock /brɑ́(ː)k | brɔ́k/ *n.* **1** 〖動物〗[通例物語の中で呼び掛けに用いて] アナグマ (badger)《しばしば stinking brock として用いる》. **2** 《英方言》[軽蔑的に] (鼻持ちならぬ)やつ, 卑劣漢 (cf. skunk 3). 〘lateOE *broc* badger ← Celt. (Ir. & Gael. *broc*)〙

brock·age /brɑ́(ː)kɪdʒ | brɔ́k-/ *n.* (硬貨鋳造中にできた)欠陥硬貨. 〘(1879) ← (方言) *brock* broken piece (< ME *brok* < OE (*ge*)*broc* affliction, disease, fragment)＋-AGE〙

Brock·en /brɑ́(ː)kən | brɔ́k-; G. bʀɔ́kn̩/ *n.* [the ~] ブロッケン《ドイツ中北部の山, Harz 山脈中の最高峰 (1,142 m); ⇨ Walpurgis Night》.

Brócken spécter [bów] *n.* [the ~] 〖気象〗ブロッケン怪物, ブロッケンの妖怪《山頂の霧や雲に映る観察者自身の巨大な影; 時に頭部を中心に虹のような光輪が見られる》. 〘(1924) 初めドイツの Brocken 山上で観測・報告されたことから〙

brock·et /brɑ́(ː)kɪ̀t | brɔ́kɪt/ *n.* **1** 〖動物〗マザマジカ《熱帯アメリカ産の沼辺にすむマザマジカ属 (*Mazama*) の小鹿の総称; 角は短く, 枝がない》. **2** 2 歳の雄のアカシカ《角は 1 本角で, 枝分かれしていない; cf. pricket 2》. 〘(*c*1410) □ AF **broquet* ← *broque* tine of an antler《異形》← OF *broche*: ⇨ broach¹, -et〙

Brock·house /brɑ́(ː)khaus | brɔ́k-/, **Bertram Neville** *n.* ブロックハウス《1918-2003; カナダの物理学者; Nobel 物理学賞 (1994)》.

Brock·ton /brɑ́(ː)ktən | brɔ́k-/ *n.* ブロックトン《米国 Massachusetts 州東部, Boston 市の近くの都市》. 〘← *Sir Isaac Brock* (1769-1812: 英国の将軍, カナダ副総督)＋-TON: もとカナダの地名〙

broc·o·li /brɑ́(ː)kəli | brɔ́kə-/ *n.* 〖園芸〗＝broccoli.

Bro·cót escàpement /brəkóu-, bróukou- | brə(u)káu-, bráukau-; F. bʀɔko-/ *n.* 〖時計〗ブロコ脱進機《ピンパレー脱進機の一種で, 昔大型時計に使われた》. 〘← *Achille Brocot* (1817-78: フランスの時計師)〙

Brocót suspènsion *n.* 〖時計〗(長さが調節できる)振り子さおべら. 〘↑〙

brod·dle /brɑ́(ː)dḷ | brɔ́dḷ/ *vt.* 《ヨークシャー方言》突く, 突き通す. 〘← (スコット) *brod* goad; to prick: ⇨ -le³〙

bro·der·er /bróudərə | bráudərə^(r)/ *n.* **1** 《古》＝embroiderer. **2** [通例 B-] (London の livery company) 縫取り師同業組合員. 〘1386〙

bro·de·rie an·glaise /broudrìːɑ̃ː(ŋ)gléɪz, -ɑːŋ- | bráudəri-, -dri-; F. bʀɔdʀiɑ̃glɛːz/ *n.* **1** イギリス刺繍《目打ちやはさみで穴をあけ, そこをかがって模様を作っていく刺繍の一種》. **2** イギリス刺繍をした織物. 〘(1852) □ F ~ 'English embroidery'〙

bro·die /bróudi | bráudi/ *n.* 《米俗》**1** (高所からの)飛び降り自殺, (特に, 橋からの)投身自殺: do a ~. **2** 大失敗[失策] (flop): pull a ~ 大へまをやる. 〘← *Steve Brodie* (19 世紀末 Brooklyn Bridge から East River に飛び込んだと自称した新聞売りの少年)〙

Bro·die /bróudi | bráudi/ *n.* ブローディー《男性名》. 〘← Ir.-Gael. *broth* ditch〙

Brod·sky /brɑ́(ː)dski | brɔ́d-; Russ. brótskʲij/, **Joseph** *n.* ブロツキー《1940-96; ロシア生まれで米国に亡命した詩人; Nobel 文学賞 (1987)》.

Broe·der /brúːdə | -də^(r); Afrik. brudər/ *n.* 《南ア》ブルーダーボント (Broederbond) の一員.

Broe·der·bond /brúːdəbɑ̀(ː)nt | -dəbɔ̀nd; Afrik. brudərbɔnt/ *n.* 《南ア》ブルーダーボント《南アフリカ共和国生まれの白人民族主義者の政治的秘密結社, 1918 年創設》; (いかがわしい目的の)秘密組織. 〘(1972) □ Afrik. ~ ← Du. *broeder* 'BROTHER'＋*bond* 'BOND¹'〙

brog /brɑ́(ː)g | brɔ́g, brɔ́ːg/ *n.* 《スコット》＝bradawl. 〘1808〙

bro·gan /bróugən | bráu-/ *n.* ブローガン(シューズ)《丈夫な締めひものついた足首までの高さの粗革製の労働靴; brogan shoe ともいう》. 〘(1835) □ Ir. ~ (dim.) ← *brōg* 'BROGUE²'〙

brog·ger·ite /brɑ́gəràɪt/ *n.* 〖鉱物〗ブレッガー石《閃ウラン鉱の一種》. 〘(1884) ← W. C. *Brögger* (1851-1940: これを発見したノルウェーの鉱物学者): ⇨ -ite¹〙

Broglie /brɔ́ɪ | bráugli; F. bʀɔj/, **Louis Victor de** *n.* ドブロイ《1892-1987; フランスの物理学者; 粒子が波動の性質をもつことを予言した; Nobel 物理学賞 (1929); 称号 Prince [のちに 7th Duc] de Broglie》.

Broglie, Maurice de *n.* ドブロイ《1875-1960; フランスの物理学者; Louis Victor de Broglie の兄; X 線を研究; 称号 6th Duc de Broglie》.

brogue¹ /bróug | bráug/ *n.* **1** [the ~] (英語を発音する場合の)アイルランドなまり. **2** 丸出しの方言[なまり]. 〘(1689)《転用》? ← BROGUE²: cf. He has a brogue on his tongue.「舌の上に重い靴をのせたみたい」の意から) // ← Ir.-Gael. *barrog* grip〙

brogue² /bróug | bráug/ *n.* **1** [通例 *pl.*] ブローグ(シューズ): **a** もとアイルランド人やスコットランド高地人が履いた粗革製の頑丈な靴. **b** 鋲を打った重い靴. **c** 爪先や腰革に穴飾りのついた短靴. **2** [*pl.*] 《廃》ズボン. 〘(1586) □ Gael. & Ir. *brōg* shoe □ ? ON *brōk* leg covering: cf. breech〙

brogue³ /bróug | bráug/ *n.* 《スコット》いたずら, 悪ふざけ. 〘← ?〙

broi·der /brɔ́ɪdə | -də^(r)/ *vt.* 《古》＝embroider. 〘(*c*1353)《変形》← OF *bro(u)der*, *brosder* to stitch ← Gmc (cf. OE *brord* point)〙

broi·der·y /brɔ́ɪdəri, -dri/ *n.* 《古》＝embroidery.

broil¹ /brɔ́ɪl/ *vt.* **1** 《米》〈肉などを〉あぶり焼きにする, あぶる (grill): ~*ed* chicken. **2** 〈太陽が〉…に照りつける, 〈炎熱が〉…に(焼けつくように)暑く感じさせる (scorch). — *vi.* **1** 〈肉が〉焼ける, あぶれる. **2** 〈人が〉(焼けつくように)暑く感じる: We ~*ed* in the hot sun. 暑い日差しに焼けるようだった. **3** かんかんに怒る, やきもきする, じりじりさでかっかする, いらいらする. — *n.* **1** (肉を)あぶり焼く[あぶる]こと (broiling). **2** あぶり焼きにしたもの, 焼肉. **3** 炎熱. 〘(*c*1350) □ OF *broiller*, *bruiller* (F *brûler*) to burn < VL **brustulāre* ← ? Gmc **brun-*, **bren-* 'to BURN¹'＋L *ūstulāre* to scorch (← *ūrere* to burn)〙

broil² /brɔ́ɪl/ 《古》*n.* 闘争, 大げんか; 騒動 (tumult). — *vi.* けんかする, 口論する (brawl). 〘(1402) □ AF *broiller*＝(O)F *brouiller* to mix, confuse ← OF *bro(u)* broth □ Gmc **broþam* 'BROTH': cf. brewis〙

bróil·er¹ /-lə | -lə^(r)/ *n.* **1** (肉を)あぶる人, 焼き手. **2** 《米》肉をあぶり焼くための器具 (grill, gridiron, grate など). **3** ブロイラー《焼肉用の若鶏; cf. fryer 3》. **4** 《口語》酷暑[炎天]の日 (scorcher). 〘(1301) *broilour*: ⇨ broil¹, -er¹〙

bróil·er² /-lə | -lə^(r)/ *n.* けんか好き, 大騒ぎを起こす人. 〘(*a*1660) ← BROIL²＋-ER¹〙

bróiler chìcken *n.* 食用若鶏, ブロイラー.

bróiler hòuse *n.* ブロイラー用の鶏舎. 〘1959〙

bróil·ing /-lɪŋ/ *adj.* **1 a** (暑さが)焼けつくような: a ~ day / ~ weather / The sun was simply ~. 太陽はまさに焼けつくようだった. **b** [副詞的に] 焼けつくように: It's ~ hot. 焼けつくような暑さだ. **2** 〈肉が〉焼ける, 焼かれる. 〘(1555): -ing²〙

bróil·ing·ly *adv.* 焼けつくように. 〘(1885): ⇨ ↑, -ly¹〙

bro·kage /bróukɪdʒ | bráu-/ *n.* 《古》＝brokerage. 〘(*c*1299) □ AF *brocage*: ⇨ broker, -age〙

broke /bróuk | bráuk/ *v.* break¹ の過去形・《古》過去分詞 (cf. brake⁵). — *vi.* 《Shak》売買する, 取引する. — *adj.* **1** [叙述的] 《口語》文無しで, 破産して (bankrupt): go ~ 文無しになる, 破産する / be clean [dead, flat] ~ 無一文である / ⇨ stone-[stony-]broke. **2** 《方言》＝broken. ***gó for bróke*** 《米俗》不確実な事業[賭博]に賭ける; 文無しになるまでやる, 全力を出しきる, 死ぬ気でがんばり通す. — *n.* **1** 〖製紙〗(製紙工程で出る販売に適さなくなった)損紙. **2** [*pl.*] (羊の首や腹部から刈り取った)粗悪毛. 〘ME *brok*: p.p. との類推形〙

bro·ken /bróukən | bráu-/ *v.* break¹ の過去分詞. — *adj.* **1** 粉々に壊れた, 砕けた: a ~ cup 割れた茶碗 / ~ coal 割りぐり炭 / ~ tea 粉茶. **2 a** 折れた: 〈手足など(骨)が〉折れた (fractured): a ~ leg 折れた脚 / die of a ~ neck 首の骨を折って死ぬ / ⇨ broken reed. **b** (皮膚を)いためた, けがをした: a ~ head (なぐられて)けがをした頭. **c** 〈機械が〉故障した: a ~ clock. **d** 《廃》〈布など〉破れた, 裂けた. **3 a** 切れ切れの, 断続的な: ~ sleep 途切れがちな睡眠 / ~ service 中断している[途中で切れている]勤務(年限) / ~ time (中断されて)つぶれた就業時間 (cf. 8). **b** 〈土地など〉起伏のある, でこぼこの (uneven): ~ ground [country] でこぼこの土地[地方] / a ~ surface でこぼこのある表面. **c** 〈天候など〉定まらない, 不安定な: ~ water (浅瀬などに)立ち騒ぐ波, 徒波(あだなみ) / ~ weather 定まらない[不順な]天候. **4** 〈約束・誓いなど〉破られた, 破棄された (violated): a ~ promise [vow]. **5 a** 破産した (bankrupt): ~ fortunes 破産. **b** つぶれた; 〈家庭が〉崩壊した, 欠損のある: a ~ marriage 破れた結婚(生活) / a ~ family 離散家族 / ⇨ broken home. **c** 《口語》格下げになった, 降職させられた. **d** (病気・老齢・悲嘆などのために)衰弱した; 落胆した, (気持ちが)打ちひしがれた, くじけた: a ~ man / a ~ spirit くじけた気力 / ⇨ broken heart 1 / He is ~ *in* health. 健康がすぐれない. **e** 〈隊列など〉混乱した. **f** 《スコット》無法者の, ならず者の. **6 a** (特に, 外国人が)不完全にしゃべる[書く], 文法に反した, ブロークンな: ~ English 怪しげな[でたらめな]英語. **b** 途切れ途切れに言う, 支離滅裂な: utter a few ~ words 途切れ途切れに二言三言いう. **7 a** 〈道が〉急に曲がる, ジグザグの: a ~ course ジグザグ道[コース]. **b** 〈光が〉(プリズムなどで)屈折された: a ~ ray 屈折光線. **8 a** 半端な, はしたの, 端数の (fractional): a ~ set 半端な一組 / ~ sizes ふぞろいのサイズ / ~ money 小銭, はした金 / a ~ number 端数, 分数 / ~ time 半端な時間, 余暇 (cf. 3 a). **b** 《古》食べ[飲み]残しの: ~ meat [bread, victuals] 食べ残しの肉[パン, 食物], 残飯 / ~ beer 飲み残しのビール. **c** 〖製紙・印刷〗〈紙の束が〉不完全な《500 ないし 1,000 枚以下の》: a ~ ream (紙の) 1 連弱. **9** 〈馬など〉ならされた (trained): a well-*broken* horse よく調教された馬 / ~ *to* the saddle 鞍によくなれた / ⇨ housebroken. **10** 〈城壁・防御線などが〉破られた. **11** 〖植物病理〗〈花が〉ウイルスに冒されて不規則な形をした. **12** 〈色が〉灰色を混ぜてくすんだ. **13** 〖音声〗〈母音が〉割れた: ⇨ broken vowel. **~·ly** *adv.* **~·ness** *n.* 〘OE (*ge*)*brocen* (p.p.)〙

bróken brácket *n.* 山形 (⇨ bracket 2 b).

bróken chórd *n.* 〖音楽〗分散和音《和音を構成する音が同時ではなく別々に鳴らされるもの; cf. arpeggio》.

bróken clóuds *n. pl.* 〖気象〗曇りがち, 断続雲《空に雲が 50% から 90% あるとき; 記号 ◑》.

bróken cólor *n.* 〖絵画〗(絵の具の色の点で画面をつくる)点描画法.

bróken cónsort *n.* 〖音楽〗ブロークンコンソート《異種楽器混成による室内楽的アンサンブル; cf. consort *n.* 3 c》.

bróken cóuplet *n.* 〖詩学〗＝open couplet.

broken-down /bróukəndáun | bráu-ˊ-/ *adj.* **1** 〈機械など〉故障した, 動かない; 壊れた, 老朽化した: a ~ car / ~ furniture. **2 a** 〈人・動物など〉健康をそこねた, 老いぼれた, 衰弱した; (力・気力など)衰えた, くじけた. **b** 〈馬が〉疲れて[弱って]動けない. **3** たたき壊された, 打ち砕かれた, 崩れ落ちた. 〘1817〙

bróken field *n.* 〖アメフト〗ブロークンフィールド《守備側のスクリメージラインの後方にバックスプレーヤーがとびとびに守っていること》. **bróken-field** *adj.* 〘1923〙

bróken héart *n.* **1** 失意, 失恋: die of ~ 悲嘆のあまり[失恋で]死ぬ. **2** 〖病理〗心臓破裂. 〘1535〙

bróken·héarted *adj.* (悲嘆・絶望のため)心を打ち砕かれた, 失恋の, 悲嘆に暮れた, 断腸の思いの (cf. heartbroken). **~·ly** *adv.* **~·ness** *n.* 〘1526〙

Bróken Híll *n.* ブロークンヒル: **1** オーストラリア南東部, New South Wales 州西部の都市; 鉛・銀・亜鉛の鉱山業の中心地. **2** Kabwe の旧名.

bróken hóme *n.* 〖社会学〗欠損家族《死亡・別居などによって両親または片親の欠けた家族》. 〘*a*1846〙

bróken-ín *adj.* **1** 〈衣服など〉着慣らした. **2** 〈馬など〉飼いならした. 〘1837〙

bróken líne *n.* **1** 破線 (---) (cf. dotted line 1). **2** 〖数学〗折れ線, 屈曲線. **3** (道路の)車線境界線《車線と車線との間の破線》. 〘1937〙

bróken lót *n.* 《米口語》〖証券〗端株(はかぶ)《標準的な取引単位に満たない量 (100 株未満)の株式》.

bróken-móuthed /-máuðd, -máuθtˊ/ *adj.* 〈羊が〉(老いて)歯が抜けた. 〘1750〙

bróken músic *n.* 《廃》協奏曲; 多声合唱音楽 (part music). 〘1599〙

bróken réed *n.* 折れた葦(あし)《いざというとき頼りにならない人・物; cf. *Matt.* 12:20, *Isa.* 36:6, 42:3, 2 *Kings* 18:21》.

bróken ríb *n.* 離婚した女性.

bróken stówage *n.* 〖海事〗ブロークンストウェージ《貨物間・貨物と甲板裏の間などに隙間の生じる積み方》.

bróken vówel *n.* 〖音声〗割れた[分裂した]母音 (cf. breaking 3).

bróken wind /-wɪ́nd/ *n.* 〖獣医〗息労(そくろう), (馬の)喘息(ぜんそく), 肺気腫(しゅ) (heaves). 〘1753〙

bróken-wínded /-wɪ́ndɪ̀d/ *adj.* 〖獣医〗息労の, (馬などが過労または病気のため)息切れしている, 呼吸のせわしい; 喘息の. 〘1523〙

bro·ker /bróukə | bráukə^(r)/ *n.* **1** 証券ブローカー《他人の委託により手数料を受けて証券売買の代行または仲立ちを行う者》: a street [curbstone] ~ 《米》場外ブローカー / a ~ house 証券ブローカー業務を行う商社. **2 a** 仲介商, 仲立人, 周旋屋 (middleman). **b** (結婚の)仲介者, 仲人 (marriage broker ともいう). **3** 《英》**a** 古物商; 質屋 (pawnbroker). **b** (差押え物件などの)評価販売人. — *vt.* 《米》仲介[周旋]する; 《米》黒幕[権力者]としてまとめる[牛耳る]. — *vi.* ブローカー業務を行う. **~·ship** *n.* 〘(1355) *brokour* □ AF *brocour* broacher of casks, retailer of wine // □ ? ONF *broceor* to broach＝OF *brochier* 'to BROACH¹'〙

bro·ker·age /bróuk(ə)rɪdʒ | bráu-/ *n.* **1** 仲介業, 仲立業, 周旋業, 証券ブローカー業務: a ~ house [firm] 証券ブローカー業務を行う商社. **2** 仲介手数料, 仲立料, 口銭, 周旋料, 証券ブローカー手数料. 〘(1466): ⇨ ↑, -age〙

bróker-déaler *n.* ブローカーディーラー《株式の仲買と自己売買をする業者》.

bróker's lóan *n.* (銀行の証券[株式]仲買人への)貸付金.

bro·king /bróukɪŋ | bráu-/ *n.* 仲介業, 仲買業: a ~ business 仲介業. — *adj.* 仲買(業)の. 〘(1569) ← 《廃》**broke* to act as broker or go-between《逆成》← BROKER〙

brol·ga /brɑ́(ː)lgə | brɔ́l-/ *n.* 〖鳥類〗ゴウシュウヅル (*Grus rubicunda*)《オーストラリアに生息する大形のツルの一種; 羽毛は灰色で, 頭部は赤と緑, らっぱのような鳴き声を発し, つがいでいることが多い; Australian crane, native companion ともいう》. 〘(1896) ← Austral. (現地語)〙

brol·ly /brɑ́(ː)li | brɔ́li/ *n.* **1** 《英口語》こうもり傘. **2** 《英俗》パラシュート, 落下傘 (parachute). 〘(1874)《短縮・転訛》← UMBRELLA〙

B

brom- /broʊm | brəʊm/ (母音の前にくるときの) bromo- の異形.

bro·mal /bróʊmæl, -məl, -ml̩ | bróʊ-/ *n.* 〘化学・薬学〙ブロマール (Br_3CCHO) ((アルコールに臭素を作用して得る黄色がかった油状液; 鎮痛剤・催眠剤として用いられる)). 〘(1875) ← BROMO-＋AL(COHOL)〙

bro·mate /bróʊmeɪt | bróʊ-/ 〘化学〙 *n.* 臭素酸塩. — *vt.* =brominate. 〘(*a*1836) ← BROMO-＋-ATE[1,3]〙

Brom·berg /brá(ː)mbəːg | brɔ́mbəːg; G. bʁɔ́mbɛʁk/ *n.* ブロンベルク (Bydgoszcz のドイツ語名).

brome /bróʊm | brə́ʊm/ *n.* 〘植物〙=bromegrass.

bróme·gràss *n.* 〘植物〙イネ科スズメノチャヒキ属 (*Bromus*) の植物の総称 ((牧草や乾草に用いる; 多数の緑色の小穂から成る穂をつける; 単に brome ともいう; cf. cheat grass); (特に)コスズメノチャヒキ (awnless bromegrass). 〘(1759–91) ← L *bromus* ◻ (Gk *brómos* a kind of oats)＋GRASS〙

bro·me·lain /bróʊməlɪ̀n, -leɪn | bróʊməlɪn, -leɪn/ *n.* 〘生化学〙ブロメライン ((パイナップル果汁に含まれる蛋白質分解酵素; 肉を軟らかくするのに用いたりする; bromelin (ブロメリン)ともいう)). 〘← NL *bromelia* (⇨ Bromeliaceae)＋-IN[2]〙

bro·me·li·a /broʊmíːliə | brə(ʊ)-/ *n.* 〘植物〙=bromeliad. 〘(1822) ← NL ～ (↓)〙

Bro·me·li·a·ce·ae /broʊmìːliéɪsiiː | brə(ʊ)-/ *n. pl.* 〘植物〙パイナップル科. **bro·mè·li·á·ceous** /-ʃəs/ *adj.* 〘← NL ～ ← *Bromelia* (属名: ← O. *Bromelius* (1639–1705: スウェーデンの植物学者＋-IA[2])＋-ACEAE〙

bro·me·li·ad /broʊmíːliæ̀d | brə(ʊ)-/ *n.* 〘植物〙パイナップル科の植物の総称 ((通例硬い葉と穂状の花序が美しい, 熱帯アメリカ産の観賞植物; パイナップル, サルオガセモドキ (Florida moss) など)). 〘(1866) ← NL *bromelia* (↑)＋-AD[1]〙

bro·me·lin /bróʊməlɪ̀n | bróʊməlɪn/ *n.* 〘生化学〙=bromelain.

brom·e·o·sin /broʊmíːəsɪ̀n | brə(ʊ)míːəsɪn/ *n.* 〘化学〙ブロムエオシン (⇨ eosin 1). 〘← BROMO-＋EOSIN〙

Brom·field /brá(ː)mfiːld | brɔ́m-/, **Louis** *n.* ブロムフィールド (1896–1956; 米国の小説家; *Early Autumn* (1926), *The Rains Came* (1937)).

brom·hi·dro·sis /brò͡ʊm(h)ɪdróʊsɪ̀s | brə̀ʊm(h)ɪdrə́ʊsɪs/ *n.* 〘病理〙=bromidrosis.

bro·mic /bróʊmɪk | bróʊ-/ *adj.* 〘化学〙(五価の)臭素を含む, 臭素酸の. 〘(1828) ← BROMINE＋-IC[1]〙

brómic ácid *n.* 〘化学〙臭素酸 ($HBrO_3$). 〘1828〙

bro·mide /bróʊmaɪd | bróʊ-/ *n.* **1 a** 〘化学〙臭化物; (特に)臭化カリ ((写真用・神経鎮静剤用): ⇨ potassium bromide, silver bromide. **b** 〘薬学〙(鎮静剤としての)臭化カリ. **c** 〘写真〙ブロマイドプリント[陽画] (bromide print). 日英比較 ブロマイド (*bromide* を加工して作った俳優などのはがき大の肖像写真) は和製英語. **2** 〘俗〙 **a** 陳腐平凡な話, 月並みな考え. **b** 陳腐で頭の古い人間, 平凡で退屈な人. 〘(1836) ← BROMO-＋-IDE: 2 は bromide の鎮静剤としての効能にちなむ〙

brómide pàper *n.* 〘写真〙ブロマイド(印画)紙, 臭素紙 ((通例少量の沃化銀を含む臭化銀を塗った高感度印画紙)). 〘1885〙

bro·mid·ic /broʊmídɪk | brəʊmíd-/ *adj.* **1** 臭化物中毒の. **2** 〘俗〙月並みな, 平凡な, 古臭い (trite). 〘(1906) ← BROMIDE＋-IC[1]〙

bro·mi·dro·sis /bròʊmɪdróʊsɪ̀s | brə̀ʊmɪdrə́ʊsɪs/ *n.* 〘病理〙臭汗症. 〘(1866) ← BROMO-＋(H)IDROSIS〙

bro·min·ate /bróʊmɪnèɪt | brə́ʊmɪ-/ *vt.* 〘化学〙臭素で処理する, 臭素と化合させる. **bro·mi·na·tion** /bròʊmɪnéɪʃən | brə̀ʊmɪ-/ *n.* 〘(1873) ← BROMINE＋-ATE[3]〙

bro·mine /bróʊmiːn, -mɪn | brə́ʊmiːn, -mɪn/ *n.* 〘化学〙臭素, ブロム ((ハロゲン元素の一つ; 記号 Br, 原子番号 35, 原子量 79.904)). 〘(1827) ← Gk *brômos* stink＋-INE[3]〙

brómine pentaflúoride *n.* 〘化学〙五フッ化臭素 (BrF_5) ((極めて反応性に富む無色の液体)).

brómine wàter *n.* 〘化学〙臭素水.

bro·mism /bróʊmɪzm | bróʊ-/ *n.* (*also* 〘米〙 **bro·min·ism** /bróʊmɪnɪ̀zm | brə́ʊmɪn-/) 〘病理〙(慢性)臭素[ブロム]中毒. 〘(1867) ← BROM(INE)＋-ISM〙

bro·mize /bróʊmaɪz | bróʊ-/ *vt.* 〈写真乾板を〉臭素[臭化物]で処理する. 〘(1853) ← BROM(INE)＋-IZE〙

Brom·ley[1] /brá(ː)mli | brɔ́m-, brʌ́m-/ *n.* ブロムリー (London 南東部の自治区; 主に住宅地). 〘OE *Brōmlēah* (原義) LEA[1] where BROOMS grew〙

Brom·ley[2] /brá(ː)mli | brɔ́m-, brʌ́m-/ *n.* ブロムリー (男性名). 〘↑〙

bro·mo, B- /bróʊmoʊ | brə́ʊməʊ/ *n.* 〘薬学〙ブロモ (頭痛薬・鎮静剤). 〘(1923) ↓〙

bro·mo- /bróʊmoʊ | brə́ʊməʊ/ 〘化学〙「臭素[ブロム] (bromine) を含む」の意の連結形: *bromo*methane (= methyl bromide). ★ 母音の前では通例 brom- になる. 〘← BROMINE〙

bro·mo·crip·tine /bròʊmoʊkríptiːn | brə̀ʊməʊ-/ *n.* (*also* **bromocryptine**) 〘薬学〙ブロモクリプチン ($C_{32}H_{40}BrN_5O_5$) ((プロラクチンの分泌過剰を抑制する)). 〘(1976) (略) ← *bromoergocriptine*: ⇨ bromo-, ergo-[3], crypt, -ine[3]〙

bro·mo·form /bróʊməfɔ̀ːm | brə́ʊmə(ʊ)fɔ̀ːm/ *n.* 〘化学〙ブロモホルム ($CHBr_3$) ((クロロホルムに似たにおいがある無色の重い液体; 鉱物分析・有機合成中間体製造などに用いる)). 〘(1838) ← BROMO-＋(CHLORO)FORM〙

bro·moil /bróʊmɔɪl | bróʊ-/ *n.* 〘写真〙ブロモイル (bromoil process で作った印画). 〘(1909) ← BROMO-＋OIL〙

brómoil pròcess *n.* 〘写真〙ブロモイル法 ((通常の銀写真画の銀を油絵の具に変える印画法)). 〘1909〙

bro·mom·e·try /broʊmá(ː)mətri | brəʊmɔ́mɪ̀tri/ *n.* 〘化学〙臭素滴定 ((臭素酸カリウム溶液を用いる滴定法)). 〘← BROMO-＋-METRY〙

brómo·phènol blúe *n.* 〘化学〙ブロモフェノールブルー ($C_{19}H_{10}Br_4O_5S$) ((酸塩基指示薬)). 〘1916〙

Bró·mo Séltzer /bróʊmoʊ- | brə́ʊməʊ-/ *n.* (*also* **Bró·mo-Séltzer, bró·mo·séltzer**) 〘商標〙ブロモセルツァー ((頭痛薬 bromo の商品名)). 〘(1920) ← BROM(IDE)＋-O＋SELTZER〙

bròmo·úracil *n.* 〘生化学〙臭化ウラシル ((核酸生成の際のチミンの代謝阻害をする物質)). 〘(1960) ← BROMO-＋URACIL〙

Brómp·ton cócktail [mìxture] /brá(ː)m(p)tən- | brɔ́m(p)-, brʌ́m(p)-/ *n.* 〘薬学〙ブロンプトン合剤 ((鎮痛用合剤; 主に末期癌患者に用いる)).

Broms·grove /brá(ː)mzgroʊv | brɔ́mzgrəʊv/ *n.* ブロムズグローヴ ((イングランド中西部 Hereford and Worcester 州北東部の市場町)).

bro·my·rite /bróʊməràɪt | brə́ʊmɪ-/ *n.* 〘鉱物〙臭銀鉱. 〘(1854) ← BROMO-＋(ARG)YRO-＋-ITE[1]〙

bronc /brá(ː)ŋk | brɔ́ŋk/ *n.* 〘米口語〙=bronco.

bronch- /brα(ː)ŋk | brɔŋk/ (母音の前にくるときの) broncho- の異形.

bronchi *n.* bronchus の複数形.

bron·chi- /brá(ː)ŋki | brɔ́ŋ-/ (母音の前にくるときの) bronchio- の異形.

bronchia *n.* bronchium の複数形.

bron·chi·al /brá(ː)ŋkiəl | brɔ́ŋ-/ *adj.* 〘解剖〙気管支の: ～ asthma 気管支喘息(ぜん). **～·ly** *adv.* 〘(*a*1735) ← NL *bronchiālis*: ⇨ bronchium, -al[1]〙

brónchial pneumónia *n.* 〘病理〙=bronchopneumonia.

brónchial trèe *n.* 〘医学〙気管支樹 ((気管支が肺内部で分岐を重ねてできた樹状構造)).

brónchial tùbe *n.* [通例 *pl.*] 〘解剖〙気管支 ((2 本に分かれ, その先は樹枝状に分かれて肺胞に達する; ⇨ respiratory system 挿絵)). 〘1847〙

bron·chi·ec·ta·sis /brὰ(ː)ŋkiéktəsɪ̀s | brɔ̀ŋkiéktəsɪs/ *n.* 〘病理〙気管支拡張症. 〘(1860) ← NL ～ ← BRONCHIO-＋Gk *éktasis* extension〙

bron·chi·o- /brá(ː)ŋkioʊ | brɔ́ŋkiəʊ/ 〘解剖〙「気管支 (bronchia)」の意の連結形. ★ 母音の前では通例 bronchi- になる. 〘⇨ bronchium〙

bron·chi·ole /brá(ː)ŋkiòʊl | brɔ́ŋkiə̀ʊl/ *n.* 〘解剖〙細気管支. **bron·chi·o·lar** /brὰ(ː)ŋkióʊlə | brɔ̀ŋkiə́ʊlə[r]/ *adj.* 〘(1860) ← BRONCHIO-＋-OLE[2]〙

bron·chit·ic /brα(ː)ŋkíṭɪk, brα(ː)ŋ- | brɔŋkít-, brɔn-/ 〘病理〙 *adj.* 気管支炎性の. — *n.* 気管支炎患者. 〘(1836): ⇨ ↓, -ic[1]〙

bron·chi·tis /brα(ː)ŋkáɪṭɪ̀s | brɔŋkáɪtɪs/ *n.* (*pl.* **bron·chit·i·des** /-kíṭədìːz | -tɪ-/) 〘病理〙気管支炎. 〘(1808) ← NL ～: ⇨ bronchio-, -itis[1]〙

bronchítis kèttle *n.* 〘医学〙気管支炎やかん ((室内の空気湿度を高めるために用いられた)). 〘1886〙

bron·chi·um /brá(ː)ŋkiəm | brɔ́ŋ-/ *n.* (*pl.* **-chi·a** /-kiə/) 〘解剖〙気管支 (bronchus の分枝). 〘(1674) ◻ LL ～ ◻ Gk *brónkhion* ← brónkhos 'BRONCHUS'〙

bron·cho /brá(ː)ŋkoʊ | brɔ́ŋkəʊ/ *n.* (*pl.* ～s) = bronco.

bron·cho- /brá(ː)ŋkoʊ | brɔ́ŋkəʊ/ 〘解剖〙「気管支の (bronchial)」の意の連結形. ★ 母音の前では通例 bronch- になる. 〘⇨ bronchus〙

bróncho·bùster *n.* =broncobuster.

bron·cho·cele /brá(ː)ŋkoʊsìːl | brɔ́ŋkə(ʊ)-/ *n.* 〘病理〙 **1** 甲状腺腫 (goiter). **2** 気管支肥大(症). 〘(1657) ← BRONCHO-＋-CELE〙

brònch·dilátor *n.* 〘薬学〙気管支拡張薬. — *adj.* 気管支拡張(性)の. 〘(1903) ← BRONCHO-＋DILATOR〙

bròncho·génic *adj.* 〘生理・病理〙気管支原性の. 〘(1927) ← BRONCHO-＋-GENIC[1]〙

bron·chog·ra·phy /brα(ː)ŋká(ː)grəfi | brɔŋkɔ́g-/ *n.* 〘医学〙気管支造影(法). 〘← BRONCHO-＋-GRAPHY〙 **bròncho·gráphic** *adj.*

bròncho·pneumónia *n.* 〘病理〙気管支肺炎 (bronchial pneumonia, lobular pneumonia ともいう; cf. lobar pneumonia). 〘1858〙

bron·cho·scope /brá(ː)ŋkəskòʊp | brɔ́ŋkəskə̀ʊp/ *n.* 〘医学〙気管支鏡. — *vt.* 気管支鏡で検査する. **bron·cho·scop·ic** /brὰ(ː)ŋkəská(ː)pɪk | brɔ̀ŋkəskɔ́p-/ *adj.* **bròn·cho·scóp·i·cal·ly** *adv.* 〘(1899) ← BRONCHO-＋-SCOPE〙

bron·chos·co·py /brα(ː)ŋká(ː)skəpi | brɔŋkɔ́s-/ *n.* 〘医学〙気管支鏡(検査)法. **bron·chós·co·pist** /-pɪ̀st | -pɪst/ *n.* 〘(1908): ⇨ ↑, -scopy〙

bróncho·spàsm *n.* 〘病理〙気管支痙攣(けいれん). 〘1901〙

bron·chot·o·my /brα(ː)ŋká(ː)ṭəmi | brɔŋkɔ́t-/ *n.* 〘医学〙気管切開(術). 〘(1706) ← BRONCHO-＋-TOMY〙

bron·chus /brá(ː)ŋkəs | brɔ́ŋ-/ *n.* (*pl.* **bron·chi** /brá(ː)ŋkaɪ, -kiː | brɔ́ŋ-/) 〘解剖〙気管支. 〘(1706) ◻ LL ～ ← Gk *brónkhos* windpipe ← IE *$^*g^wer$ə- to swallow〙

bron·co /brá(ː)ŋkoʊ | brɔ́ŋkəʊ/ *n.* (*pl.* ～s) ブロンコ ((北米西部平原産の小形の(半)野生馬; cf. mustang 1)). 〘(1850) ◻ Sp. ～ 'rough, wild'〙

brónco·bùster *n.* 〘米口語〙ブロンコ (bronco) [野生馬]をならすカウボーイ. **brónco·bùst·ing** *n.* 〘1887〙

Bro·now·ski /brənáʊfski | -nɔ́f-/, **Jacob** *n.* ブロノウスキー (1908–74; ポーランド生まれの英国の科学者・文筆家; *The Common Sense of Science* (1951) や 1970 年代のテレビドキュメンタリーシリーズ *The Ascent of Man* (1973) で科学の啓蒙活動を行った).

Bron·son /brá(ː)nsən, -sn̩ | brɔ́n-/ *n.* ブロンソン (男性名). 〘← OE *Brontiston* (原義) village of *Brant* (人名: cf. Brent[2]): ⇨ -s[2] 3, -ton〙

bront- /brα(ː)nt, brα(ː)nṭ | brɔnt/ (母音の前にくるときの) bronto- の異形.

Bron·të /brá(ː)nteɪ, -ṭi | brɔ́nteɪ, -ti/, **Anne** *n.* ブロンテ (1820–49; 英国の小説家・詩人; Charlotte と Emily の妹; *Agnes Grey* (1847); 筆名 Acton Bell).

Brontë, Charlotte *n.* ブロンテ (1816–55; 英国の小説家・詩人; Emily と Anne の姉; *Jane Eyre* (1847); 筆名 Currer Bell).

Brontë, Emily (Jane) *n.* ブロンテ (1818–48; 英国の小説家・詩人; Charlotte の妹で Anne の姉; *Wuthering Heights* (1847); 筆名 Ellis Bell).

bron·to- /brá(ː)nṭoʊ | brɔ́ntəʊ/「雷 (thunder)」の意の連結形. ★ 母音の前では通例 bront- になる. 〘← Gk *brontḗ* thunder〙

bron·to·saur /brá(ː)nṭəsɔ̀ə | brɔ́ntəsɔ̀ː[r]/ *n.* 〘古生物〙ブロントサウルス, 雷竜 ((アメリカのジュラ紀の *Apatosaurus* 属の恐竜の一種; 体長 20 m, 首と尾が長い草食爬虫類; thunder lizard ともいう)). 〘(1879) ← BRONTO-＋-SAUR〙

bron·to·sau·ri·an /brὰ(ː)nṭəsɔ́ːriən | brɔ̀ntə-/ *adj.* **1** ブロントサウルスの. **2** 時代遅れで不格好な, 古くて役に立たない. 〘(1909): ⇨ ↑, -ian〙

bron·to·sau·rus /brὰ(ː)nṭəsɔ́ːrəs | brɔ̀ntə-/ *n.* 〘古生物〙=brontosaur. 〘(1879) ← BRONTO-＋-SAURUS〙

Bron·wen /brá(ː)nwen | brɔ́n-/ *n.* ブロンウェン (女性名; ウェールズに多い). 〘← OWelsh *brongwen* white-breasted〙

Bronx /brá(ː)ŋ(k)s | brɔ́ŋ(k)s/ *n.* **1** [(The) ～, (the) ～] ブロンクス (米国 New York 市の北部の区; 主に住宅地区; 面積 106 km²). **2** 〘米〙ブロンクス ((ジン・ベルモット・オレンジジュースを混ぜたカクテルの一種)). 〘(1906) ← *the Broncks*: 17 世紀の開拓者 *Jonas Bronck* にちなむ〙

Brónx chéer *n.* 〘米俗〙舌を両唇にはさんで震動させる野卑なあざけり[やじ] (raspberry). 〘(1929) ← *The Bronx* (この土地にある the National Theater の観衆が始めた) ∥ ← Sp. *brazo* or (方言) *branca* shout of approval〙

bronze /brá(ː)nz | brɔ́nz/ *n.* **1** 〘冶金〙 **a** ブロンズ, 青銅, 唐金 (銅とスズの合金). **b** 銅と各種の金属との合金: aluminum ～ アルミ青銅 / manganese ～ マンガン青銅 / ⇨ silicon bronze. **2 a** 青銅製品 (銅像・メダルなど). **b** =bronze medal. **c** (ローマ帝国時代の)銅硬貨. **3** 黄色がかった褐色, ブロンズ色. — *adj.* [限定的] **1** 青銅(製)の; 青銅器の: a ～ bar 青銅棒 / a ～ statue 銅像 / ～ ware 青銅器. **2** ブロンズ色の. — *vt.* **1 a** ブロンズ色にする, …に青銅光沢をつける; 〈表面を〉青銅まがいにする. **b** 〈日光が〉〈皮膚を〉褐色[赤銅色]にする (tan) (cf. bronzed). **2** 〘古〙〈人を〉無情[鉄面皮]にする. — *vi.* **1** ブロンズ色になる, 青銅光沢がつく. **2** 〈皮膚が〉日に焼ける, 褐色になる. 〘(1617) ◻ F ～ ◻ It. *bronzo, bronzino* ◻ ? Pers. *birinj, pirinj* copper〙

Brónze Àge *n.* [the ～] **1** 〘考古〙青銅器時代 ((およそ 4500 B.C. の中東に始まり, ブリテンではおよそ 2000–500 B.C. の間続いた青銅製の利器・道具の使用を特色とする時代; Stone Age の後, Iron Age の前)). **2** [時に b- a-] 〘ギリシャ神話〙青銅時代 ((人代 4 期中の第 3 期で, 戦争や暴力の時代; golden age と silver age に続き iron age の前; brazen age ともいう)). 〘1865〙

brónzed *adj.* **1** 青銅風にした; ブロンズ色の. **2** (日に焼けて)褐色の (tanned): ～ cheeks. 〘(1748): ⇨ -ed 2〙

brónzed gráckle *n.* 〘鳥類〙オオクロムクドリモドキ (purple grackle) の一亜種 (*Quiscalus quiscula* var. *versicolor*) ((羽毛が青銅色のムクドリモドキ科の鳥)).

brónze diabétes *n.* 〘病理〙青銅色糖尿病 (⇨ hemochromatosis). 〘cf. *Bronzed diabetes* (1898)〙

brónze médal *n.* (青)銅メダル ((通例 3 等賞)). 〘1852〙

brónze médalist *n.* 銅メダル獲得者.

brónze pówder *n.* 〘化学〙ブロンズ粉 ((銅・アルミニウムなどの粉末で顔料に用いる)). 〘1846〙

bronz·er /brá(ː)nzə | brɔ́nzə[r]/ *n.* 肌を日焼けしたように見せる化粧クリーム ((主に男性用)). 〘(1865) ← BRONZE (v.)＋-ER[1]〙

brónze·smìth *n.* 青銅細工師. 〘1841〙

Brónze Stár Mèdal *n.* 〘米陸軍〙青銅星章, ブロンズスター(勲章) ((空中戦闘以外の作戦行動における功績に対して授与される; 単に Bronze Star ともいう)). 〘1944〙

brónze·wìng *n.* 〘鳥類〙ニジバト(虹鳩) ((翼に金属光沢斑のある属 (*Phaps*) のオーストラリアに生息する各種のハト; ニジハバト (*P. chalcoptera*), クマドリバト (*P. histrionica*) など; bronzewinged pigeon ともいう)). 〘1832〙

brónze yéllow *n.* 黄色がかったブロンズ色.

brónz·ing *n.* 〘染色〙かぶり ((染料などが上付きして色のさえない状態)). 〘(1758): ⇨ -ing[1]〙

brónzing flúid [lìquid] *n.* 〘化学〙ブロンズ液 ((青銅粉末, 特にアルミニウム青銅粉末を酒精ワニスなどの溶剤に溶かしたもの)). 〘1875〙

Bron·zi·no /brα(ː)ndzíːnoʊ | brɔndzíːnəʊ; *It.* brondzí:no/, **Il** /il/ *n.* イル ブロンジーノ《1503–72; Florence のマニエリスムの画家; 本名 Agnolo /áŋŋolo/ di Cosimo》.

bronz·ite /brá(ː)nzaɪt | brɔ́n-/ *n.* 〖鉱物〗古銅輝石. 〖《1816》□ G *Bronzit*: ⇨ bronze, -ite¹〗

bronz·y /brá(ː)nzi | brɔ́n-/ *adj.* (**bronz·i·er**; **-i·est**) **1** 青銅質の[のような]; 青銅まがいの. **2** ブロンズ色の. 〖《1862》: ⇨ bronze, -y⁴〗

broo¹ /brúː/ *n.* (*pl.* **~s**)《スコット》肉汁, 汁. 〖《?a1350》*bro* □ OF *bro, breu* broth: cf. brewis〗

broo² *n.*《スコット口語》生活保護局. ***on the bróo*** 失業手当申請中の.

brooch /bróʊtʃ, brúːtʃ | bráʊtʃ/ *n.* **1** ブローチ, 飾り留針. **2** (スコットランドの軍人の)えり下飾り. **3**《廃》宝石の装飾品《ネックレス・帽子飾りなど》. **—** *vt.* **1** …にブローチをつける. **2** ブローチで留める. 〖《?a1200》□ (O)F *broche*: ⇨ broach¹〗

brood /brúːd/ *n.* **1** [集合的; 単数または複数扱い] **a** 一かえりのひなどり; (動物の)一腹の子 (cf. litter 3): a ~ of chickens 一かえりのひな. **b** [通例軽蔑・戯言的に] (一家の)子供たち (offspring): a widow with a ~ of daughters ぞろぞろとたくさんの娘をかかえた後家さん. **c** ハチの幼虫. **2 a** 種族, 種類, 品種 (breed). **b** [通例軽蔑的に] 群れ, たくさん (swarm). ***sít on bróod***《古》巣ごもる; 沈思[黙考]する (ponder).

— *adj.* [限定的] 増殖のために飼ってある, 卵をかかえる: a ~ hen 卵を抱いて[巣ごもって]いるめんどり.

— *vi.* **1** 〈人が〉熟考する; (ふさいで[不機嫌に])じっと考え込む, 気に病む 〔*on, over, about*〕 (⇨ ponder SYN): ~ *over* one's misfortunes. **2** 〈雲・夕闇・静寂などが〉そっと下りる, 立ち込める (hang low); 〈悩みなどが〉覆いかぶさる 〔*on, over*〕. **3** 〈鳥が〉卵を抱く, 巣につく; ひなを抱く.

— *vt.* **1** 〈物事を〉じっと考え込む; 〈考えなどを〉心に抱く. **2** 〈卵・ひなどを〉かかえる, 抱く (incubate); 孵化(ふか)する. 〖OE *brōd* ← Gmc **brōð-*《原義》act of warming (G *Brut*) ← IE **bh(e)reu-* to boil (⇨ brew): cf. breed〗

bróod bìtch *n.* 繁殖用の雌犬.

bróod bùd *n.* 〖植物〗**1** =bulbil. **2** 粉芽 (⇨ soredium).

bróod còmb *n.* 〖動物〗蜂児巣板(ほうじそうばん)《ミツバチの幼虫の養育に用いられる巣板の一部》.

bróod·er /-də | -də^(r)/ *n.* **1** (ひな・子豚などの)保育箱, 人工孵化(ふか)器. **2** 卵を抱いているめんどり. **3** 思案する人, 黙考者. 〖《1599》: ⇨ -er¹〗

brood·ing /brúːdɪŋ | -dɪŋ/ *adj.* **1** 卵を抱いている, 巣についている. **2** 思案する, 考え込む. **~·ly** *adv.* 〖《1646》: ⇨ -ing²〗

bróod·màre *n.* 子を産ませるために飼う牝馬. 〖1792〗

bróod pàrasitism *n.* (カッコウなどの)托卵.

bróod pòuch *n.* 〖動物〗**1** (ある種のカエル・魚の)卵嚢. **2** (有袋類の)育児嚢 (marsupium). 〖1869〗

brood·y /brúːdi | -di/ *adj.* (**brood·i·er**; **-i·est**) **1** 〈人が〉考え込む; むっつりした (moody). **2 a** 〈鳥が〉巣につきたがる: a ~ hen. **b**《口語》〈女性が〉自分の子供を欲しがる. **3**《古》繁殖性の, 多産の. **—** *n.* 巣につきたがっているめんどり. **bróod·i·ness** *n.* **bróod·i·ly** /-dəli, -dɪli | -dʒli, -dɪli/ *adv.* 〖OE *brōdig*: ⇨ -y⁴〗

brook¹ /brʊ́k/ *n.* 小川 (small stream), 谷川. 〖OE *brōc* stream < ? (WGmc) **brokaz* (G *Bruch* marsh) ← ?: cf. break¹〗

brook² /brʊ́k/ *vt.* **1** [通例, 否定・疑問・条件文で]《文語》許す, 我慢する, 耐える: It ~s *no* delay. それは少しの猶予も許さない / A great man can*not* ~ a rival. 両雄は並び立たない. **2**《古》用いる, 利用する. **~·a·ble** /-kəbl/ *adj.* 〖OE *brūcan* to make use of, enjoy < Gmc **brūkan* (G *brauchen* to use) ← IE **bhrūg-* to enjoy (L *fruī* to enjoy)〗

Brook /brʊ́k/, **Peter** (**Stephen Paul**) *n.* ブルック《1925–　; 英国の演出家; *King Lear* (1962), *A Midsummer Night's Dream* (1970) などの実験的な演出で有名》.

Brooke /brʊ́k/, Sir **Alan Francis** *n.* ⇨ (1st Viscount) Alanbrooke.

Brooke, Sir James *n.* ブルック《1803–68; 英国の軍人, 英領ボルネオの Sarawak 国の初代首長 (raja) (1841–63)》.

Brooke, Rupert (**Chaw·ner** /tʃɔ́ːnə | -nə^(r)/) *n.* ブルック《1887–1915; 第一次大戦にまつわる戦争詩で有名な英国の詩人; *Collected Poems* (1918)》.

Brooke, Stop·ford A(**ugustus**) /stá(ː)pfəd | stɔ́pfəd/ *n.* ブルック《1832–1916; アイルランド生まれの英国の牧師・英文学者; *A Primer of English Literature* (1876)》.

Bróoke Bónd *n.* 〖商標〗ブルックボンド《英国の紅茶製造会社, 同社製の紅茶》.

Bróok Fárm /brʊ́k-/ *n.* ブルック農場《米国 Massachusetts 州東部の町 (現在は Boston 市の一部) West Roxbury /rá(ː)ksbɛri, -b(ə)ri | rɔ́ksb(ə)ri/ における超絶主義者 (transcendentalist) の共産主義的実験農場 (1841–47); George Ripley が指導者で C. A. Dana, Nathaniel Hawthorne なども参加したが, 不成功に終わった》.

brook·ie /brʊ́ki/ *n.* 〖魚類〗=brook trout 1.

Bróok·ings Institútion /brʊ́kɪŋz-/ *n.* [the ~] ブルッキングズ研究所《米国 Washington, D.C. にある民間研究機関; 政治・経済・外交問題などを取り扱う》.

brook·ite /brʊ́kaɪt/ *n.* 〖鉱物〗板(ばん)チタン石 (TiO_2)《茶, 赤または黒色》. 〖《1825》← *H. J. Brooke* (1771–1857: 英国の鉱物学者): ⇨ -ite¹〗

Brook·lands /brʊ́kləndz/ *n.* ブルックランズ(サーキット)《英国イングランド Surrey 州 Weybridge の近くにあった世界最初の自動車レース用サーキット (1907–37)》.

brook·let /brʊ́klɪt/ *n.* 小さい流れ, 小川. 〖《1813》← BROOK¹+-LET〗

brook·lime /brʊ́klaɪm/ *n.* 〖植物〗ゴマノハグサ科クワガタソウ属 (*Veronica*) の(半)水生植物数種の総称《*V. beccabunga* やエゾノカワヂシャ (*V. americana*) など》. 〖《1551》《変形》← 《廃》*brooklem, brok(e)-lemke* ← BROOK¹+*lem(e)ke* speedwell (< OE *hleomoce*)〗

Brook·line /brʊ́klaɪn/ *n.* ブルックライン《米国 Massachusetts 州東部, Boston 市の近くの都市; J. F. Kennedy の生地》. 〖← BROOK¹+LINE²: この土地の境界を 2 本の小川が流れていたことから〗

Brook·lyn¹ /brʊ́klɪn | -lɪn/ *n.* ブルックリン《米国 New York 市の一区で Long Island の南西部; 面積 185 km²》. 〖← Du. *Bruijkleen Colonie*: オランダの Utrecht 近くの村の名から〗

Brook·lyn² /brʊ́klɪn | -lɪn/ *n.* 〖ボウリング〗ブルックリン《利き腕の反対側から headpin にボールを当てる当て方》. 〖↑: Brooklyn が East River をはさんで Manhattan 島の対岸にあることから〗

Bróoklyn Brídge *n.* [the ~] ブルックリン橋《米国 New York 市 East River にかかり Manhattan と Brooklyn の両区を結ぶつり橋; 1869–83 年建造; 長さ 486 m》.

Brook·lyn·ese /brʊ̀klɪníːz, -níːs | brʊ̀klɪníːz/ *n.* (New York 市の) Brooklyn (区)の住民のなまり[話し言葉]《bird の母音に [əɪ] を用い, bottle における [t] の代わりに声門閉鎖音の [ʔ] を用いたり, [θ], [ð] の代わりに [t], [d] を用いたりするなど》. 〖《1939》← BROOKLYN¹+-ESE〗

Brook·lyn·ite /brʊ́klɪnaɪt | -lɪ-/ *n.* (New York 市の) Brooklyn (区)の住民. 〖⇨ -ite¹〗

Bróoklyn Párk *n.* ブルックリンパーク《米国 Minnesota 州南東部, Minneapolis の北西の町》.

Brook·ner /brʊ́knə | -nə^(r)/, **Anita** *n.* ブルックナー《1928–　; 英国の作家・美術史家; *Hotel du Lac* (小説 1984)》.

Brooks /brʊ́ks/ *n.* ブルックス《男性名》. 〖ME: 《原義》descendant of a dweller at the brook: ⇨ brook¹, -s² 3〗

Brooks /brʊ́ks/, **Cle·anth** /kliǽnθ/, **Jr.** *n.* ブルックス《1906–94; 米国の 'New Criticism' 派の批評家; *The Well-Wrought Urn* (1947)》.

Brooks, Gwen·do·lyn /gwéndəlɪn, -dl- | -dəlɪn, -dl-/ (**Elizabeth**) *n.* ブルックス《1917–2000; 米国の詩人; *Annie Allen* (1949); この作品で黒人女性として最初に Pulitzer 賞を受賞した》.

Brooks, Mel *n.* ブルックス《1926–　; 米国の喜劇映画俳優・監督・脚本家》.

Brooks, Phillips *n.* ブルックス《1835–93; 米国聖公会の主教で有名な説教者》.

Brooks, Van Wyck /vænwáɪk/ *n.* ブルックス《1886–1963; 米国の批評家; *America's Coming-of-Age* (1915); *Makers and Finders* (5 vols., 1936–52)》.

Bróoks Bróthers /brʊ́ks-/ *n.* ブルックス ブラザーズ《米国 New York 市の Madison Avenue にある主に男性用の服専門店; 150 年以上の歴史をもつ》.

Bróoks Ránge *n.* [the ~] ブルックス山脈《米国 Alaska 州北部の山脈; 最高峰 Mt. Michelson (2,816 m); Yukon 川と北極海との間の分水嶺(れい)》.

bróok tròut *n.* 〖魚類〗**1** カワマス, ブルックトラウト (*Salvelinus fontinalis*)《北米東部原産の背部に虫食い状の斑紋のあるサケ科イワナ属の淡水魚; speckled trout, squaretail, brookie ともいう》. **2** 河川型の brown trout. 〖1836〗

bróok·wèed *n.* 〖植物〗湿地帯に生えるサクラソウ科ヤチハコベ属 (*Samolus*) の植物《ヨーロッパ産 *S. valerandi* や米国産の *S. floribundus* など; water pimpernel ともいう》. 〖1861〗

broom /brúːm, brʊ́m/ *n.* **1** ほうき, 草ぼうき, 枝ぼうき: a man with the ~ ほうきをもった男性; 改革者 / a new ~ 新しいほうき; 大いに旧弊一掃に努める新任者 (★ 次の諺から: A new ~ sweeps clean. 新任者は仕事振りがよい[旧弊の一掃に熱心だ]; cf.「今参り二十日」). **2** 〖植物〗エニシダ《マメ科のエニシダ属 (*Cytisus*), ヒトツバエニシダ属 (*Genista*) などユーラシア大陸の低木の総称; 枝は細長く, 葉は小さく, 黄色い花が咲く; besom ともいう》. **3** 〖染色〗= dyer's broom. ***móps and bróoms*** ⇨ mop¹ 成句.

— *vt.* **1** ほうきで掃く, 掃除する (sweep). **2** 〈コンクリートの表面などを〉ほうきで仕上げる. **3** 〈杭・釘などの〉頭をたたいてつぶす. **4** (機械で)〈丸木などの〉端をすり切らす, 裂く. 〖OE *brōm* broom plant ← Gmc **brēma-* prickly shrubs (G *Brombeere* hip²) ← IE **bherem-* point; to project: cf. bramble, prim¹〗

bróom·bàll *n.* 〖スポーツ〗ブルームボール《スケートを履かずにほうきとサッカーボールで行うアイスホッケーの変種》. **~·er** *n.* 〖1933〗

bróom·bròom *n.*《幼児》ぶーぶー《自動車》.

bróom·còrn *n.* 〖植物〗ブルームコーン, ホウキモロコシ (*Sorghum vulgare* var. *technicum*)《モロコシ (common sorghum) の変種で, その穂をほうきにする》. 〖1782〗

bróom cỳpress *n.* 〖植物〗ホウキギ (*Kochia scoparia*)《秋に燃えるように紅葉する; burning bush ともいう》. 〖cf. *mock cyress* 《1797》〗

Broome /brúːm, brʊ́m/ *n.* ブルーム《オーストラリア北西部, Western Australia 州北部の海岸に面した町; 19 世紀以来真珠産業が盛ん》.

Broome /brúːm, brʊ́m/, **David** *n.* ブルーム《1940–　; 英国の障害飛越馬術の名手》.

bróom·hèad *n.*《俗》ばか者.

broom·ie /brúːmi, brʊ́mi/ *n.*《豪口語》(羊毛刈り小屋の)清掃人 (sweepo). 〖《1933》: ⇨ -ie〗

bróom pìne *n.* 〖植物〗=longleaf pine.

bróom·ràpe 〖植物〗*n.* **1** ハマウツボ科の寄生植物の総称 (*Aphyllon fasciculatum, A. uniforum* など; エニシダ (broom) などの根に寄生し, 葉はなく, 茶色がかった小さな花をつける). **2** ギンリョウソウモドキ (⇨ Indian pipe). **—** *adj.* ハマウツボ科の. 〖《1578》《なぞり》← ML *rapum genistae* broom tuber〗

bróom·stìck *n.* ほうきの柄. ★ 魔女 (witch) はこれにまたがって空を飛ぶといわれた. ***márry over* [*júmp*] *the bróomstick*** (ほうきの柄を跳び越えることによって)結婚式のまねごとをする, 手軽に結婚する; 結婚式を挙げずに同棲する, 内縁関係を結ぶ. 〖《1824》cf.《スコット》*broomstick* prostitute / F *rôtir le balai* to lead a dissolute life, 《原義》to roast the broomstick〗 〖1683〗

broom·y /brúːmi, brʊ́mi/ *adj.* (**broom·i·er**; **-i·est**) エニシダ (broom) の生い茂る. 〖《1649》: ⇨ -y⁴〗

Broon·zy /brúːnzi/, **William Lee Con·ley** /ká(ː)nli | kɔ́n-/ *n.* ブルーンジー《1893–1958; 米国のブルースシンガー・ギタリスト; 通称 Big Bill》.

Bros., bros. /brʌ́ðəz | -ðəz/《略》Brothers, brothers: Jones *Bros.* & Co. ジョーンズ兄弟商会. ★ 滑稽に /brá(ː)s, brá(ː)z, brɔ́(ː)s, brɔ́(ː)z | brɔ́s, brɔ́z/ と発音されることもある. 〖*a*1666〗

brose /bróʊz | bráʊz/ *n.*《スコット》ブローズ《オートミールや豆に熱湯か熱い牛乳や肉汁などをかけて作る即席のかゆ》: water ~ 湯かけブローズ / ⇨ Athole brose. 〖《1515》《スコット》~ < ME *broys* □ OF *broez*: ⇨ brewis〗

Bros·sard /brɔ(ː)sáə, -sáəd | brɔsáː^(r), -sáːd/ *n.* ブロサール《カナダ Quebec 州南西部の町; Montreal 郊外の住宅地区》.

bros·y /bróʊzi | bráʊ-/ *adj.*《スコット》brose を食べた[て汚れた]. 〖《1789》: ⇨ -y⁴〗

broth /brɔ́(ː)θ, brá(ː)θ | brɔ́θ/ *n.* **1** (だし汁をベースに米・大麦・野菜などを加えて作った)澄んだスープ. **2** (肉・魚・野菜などを水から煮た)だし汁: Too many cooks spoil the ~. ⇨ cook *n.* 1. **3** 〖生物〗(細菌の)流体培養基. ***a bróth of a bóy***《アイル》元気な少年, 快男児. 〖1822〗 〖OE *broþ* < Gmc **broþam* (OHG *brod*) ← IE **bh(e)reu-* to boil: cf. brew, brewis〗

broth·el /brá(ː)θəl, brɔ́(ː)θ-, -θl | brɔ́θ-/ *n.* **1** 売春宿 (bawdy house). **2**《豪口語》きたならしい[むさくるしい]所. **3**《廃》売春婦. 〖《*a*1376》'worthless person, prostitute' ← OE *broþen* ruined (p.p.) ← *brēoþan* to destroy, go to ruin < ? Gmc **briuþan* to be broken up ← IE **bhreu-* to cut (cf. brittle): 今の意味は brothel-house から〗

bróthel crèepers *n. pl.*《英口語》底に厚いクレープゴムを張った男性用靴《通例スエード革製》. 〖1954〗

broth·er /brʌ́ðə | -ðə^(r)/ *n.* (*pl.* **~s**, 4 では通例 **brethren** /bréðrɪn/) **1** 兄または弟, 兄弟 (cf. sister); 《俗に》異父[母]兄[弟], 義兄[弟] (brother-in-law): ~*s* and sisters / my elder [younger] ~ 私の兄[弟] / one's big [little] ~ 兄[弟] / one's youngest ~ 末弟 / a full [whole] ~ 同父母兄弟 / a half ~ 異父[母]兄[弟] (cf. brother-german) / the ~*s* Grimm グリム兄弟 / ~*s* uterine = UTERINE brothers. ★「…兄弟商会」の場合には Bros. と略す: Smith *Bros.* & *Co.* スミス兄弟商会.

日英比較 (1) 英語には, 日本語の「兄」「弟」のような長幼の順を区別するーの言い方はない. したがって, 通常は上下の区別をつけない. ただし必要のある場合には例のようにいう. ⇨ sister. (2)「実兄」を one's blood *brother* とはいわない. 英語では one's *brother* で実兄であり, 義兄は one's *brother*-in-law という.

2 a 男の親戚の人《おじ, おい, いとこなど; cf. kinsman》. **b** [しばしば男女の区別なく用いて] 兄弟のような人, 兄弟分, 親友 (close friend). **c** 同市民, 同国人 (fellow countryman), 人間同士 (fellowman): a man and a ~ 対等の人間《特に, 黒人奴隷について いった句》. **d** 仲間, 同僚; 同じ境遇にある人 (fellowman) (cf. knight *n.* 7): a ~ of the angle 釣り仲間 / a ~ of the brush 画家; ペンキ屋 / a ~ of the quill 著述家 / a ~ of the whip 御者 / a ~ in misfortune 不幸を共にする人 / They may seem different, but they're ~*s* under the skin. 彼らは違っているように見えるかもしれないが, 心はつながっている. **3 a** [しばしば名前を知らない男性に対するくだけた呼び掛けに用いて]《口語》仲間; やつ (fellow): Don't do it, ~. おい君それをやっちゃいかん. **b**《米黒人》黒人の仲間; 黒人. **4** (*pl.* 通例 **brethren**) **a** [しばしば固有名詞とともに用いて] 同信の友, 同一教会員, 信者仲間, 同一教団員; (プロテスタントの福音教会派の)牧師: *Brother* Thomas / *brethren* in Christ キリスト教の信者仲間. **b** 同一組合員, 同業者(など); 《米》(男子大学生)友愛会会員: professional *brethren* (医師・弁護士などの)同業者 / a band of ~*s* (利害関係を共にする)一団体 / a ~ doctor 同業の医師 / ~ officers 同僚将校 / ⇨ Elder Brother, Elder Brethren. **5** 〖カトリック〗**a** 聖職につかない修道僧, 平修道士 (cf. sister 4 a): ⇨ lay brother. **b** [B-] (特に, 教育・医療事業に従事する)単式誓願修道会 (congregation) の僧: ⇨ Christian Brothers.

Bréthren of the Frée Spírit [the —] 自由心霊派《主として 13 世紀以降の中世ヨーロッパの種々な形態の熱狂的神秘主義的セクトの呼称; 教会的権威からの独立や霊の自由を主張した》. 〖1860〗

Bróthers of the Chrístian Schóols [the —] 〖カトリック〗⇨ Christian Brothers.

Bróthers [**Bréthren**] **of the Cómmon Life** [the —] 共住生活兄弟会《1380 年ごろ Gerhard Groot によってオランダで創設された聖職者と信徒の修道団体; 1700 年ごろまで続いた》.

— *int.*《口語》ひどい《失望・不快・嫌悪・驚きを表す》: Oh, ~! おおすごい, わあ驚いた. ★ Oh, sister! とは言わない. 〖OE *brōþor* < Gmc **brōþar* (G *Bruder*) ← IE *bhrāter- brother (L frāter (cf. fraternal) / Gk phrā́tēr): ⇨ brethren〗

brόther-gérman *n.* (*pl.* **brothers-**) 同父母兄弟 (full brother) (cf. half brother). 〖((1340)) ((部分訳)) ← (O)F *frère germain*: ⇨ ↑, german〗

broth·er·hood /brʌ́ðəhʊ̀d | -ðə-/ *n.* **1 a** 兄弟であること; 兄弟の間柄, 兄弟の縁(えん). **b** 兄弟に似た間柄[よしみ], 友好 (fellowship): universal ～ 四海同胞(関係). **c** (人はみな)同胞愛をもつべきだとする信念. **2 a** [単数または複数扱い] (共同の目的で団結した)同業組合 (association); 友愛団体 (fraternity). **b** 宗教団体 (order): a monastic ～. **c** ((米)) (特に, 鉄道員の)労働組合 (labor union). **3** [the ～; 集合的] 同業者, 団体[組合]員, 労組: *the* legal ～ 弁護士[法曹]団. 〖((?c1300)) ((変形)) ← ME *brotherhede* ((変形)) ← OE *brōþorrǣden* ← BROTHER＋*rǣden* condition (⇨ kindred): ⇨ -hood〗

brόther-in-árms *n.* (*pl.* **brothers-**) 親しい仲間, 親友; (特に)戦友.

brother-in-law /brʌ́ðərɪnlɔ̀ː, -lɑ̀ː | -ðə(r)ɪnlɔ̀ː/ *n.* (*pl.* **brothers-**) 義理の兄弟, 義兄[弟] (cf. sister-in-law): **a** 配偶者の兄弟. **b** 姉[妹]の夫. **c** 配偶者の姉[妹]の夫. 〖((?a1300)): ⇨ -in-law〗

Brόther Jόnathan *n.* ((英)) [集合的] 米国政府; 米国民; [愛称として] (典型的な)米国人. ★ 今は Uncle Sam の方が普通; cf. John Bull. 〖((1776)) ← JONATHAN[1]: 英国からの米国入植者に旧約聖書起源の名をもっている者が多かったことから?〗

brόther·less *adj.* 兄弟のない. 〖((c1410)): ⇨ -less〗

brόth·er·ly *adj.* **1** 兄弟の, 兄弟らしい (fraternal): ～ affection 兄弟(の)愛 (*Rom.* 10:12). **2** 兄弟同様の, 愛情のこもった, 親身の: ～ kindness / in a most ～ manner とても親身に. ── *adv.* 兄弟のように, 兄弟らしく; 親密に, 親身に. **brόth·er·li·ness** *n.* 〖lateOE *brōþorlić*: ⇨ -ly[2]〗

brot·u·la /brɑ́(ː)tʃʊlə | brɔ́tjʊ-/ *n.* 〖魚類〗(スズキ目)イタチウオ科の魚の総称. 〖← NL ～ ← Am.Sp. *brótula* ((原義)) little bud〗

Bro·tu·li·dae /broʊtúːlədìː, -tjúː- | brə(ʊ)tjúːlɪ-/ *n. pl.* 〖魚類〗イタチウオ科. 〖← NL ～: ⇨ ↑, -idae〗

Brough /brʌ́f/, **Louise** *n.* ブラッフ ((1923– ; 米国のテニス選手; 1948, 50 の両年 Wimbledon の 3 種目を制覇)).

brough·am /brúːəm, brúːm, bróʊəm | brúːəm, brúːm/ *n.* **1** ブルーム型馬車 ((1 頭立てで 2 人または 4 人乗り四輪箱馬車; 御者台は外にあって屋根がない)). **2** (初期の)ブルーム型自動車 ((運転台が外にあって運転台には屋根のない箱型自動車)). **3** (特に電気で走る初期の)クーペ型自動車. 〖((1851)) ← *Lord Brougham* (1778–1868: この型の馬車を最初に用いたスコットランド出身の英国の政治家・法律家)〗

brought /brɔ́ːt, brɑ́ːt | brɔ́ːt/ *vt.* bring の過去形・過去分詞. 〖OE *brohte* (pret.) & *broht* (p.p.)〗

brough·ta /brɔ́ːṭə, brɑ́ː- | brɔ́ːtə/ *n.* (*also* **-tas** /-ṭəs | -təs/) 〖カリブ〗 ＝braata.

brou·ha·ha /brúːhɑːhɑ̀ː/ *n.* **1** 騒々しさ; 騒ぎ, 騒動; いざこざ, 事件. **2** (法外な)評判, 大騒ぎ, 熱狂 (sensation): the ～ *over* his new novel 新作の小説に対する大評判. 〖((1890)) ▭ F ～ ← ? Heb. *bārūkh habbā'* blessed be he who enters (*Ps.* 118:26): synagogue でしばしば用いられたため〗

Broun /brúːn/, **(Matthew) Heywood (Campbell)** *n.* ブルーン ((1888–1939; 米国のジャーナリスト・作家; 米国新聞組合の初代会長)).

Brou·wer /bráʊ(w)ə | -(w)ə(r)/, **Adriaen** *n.* ブラウエル ((1606?–38; フランドルの画家; Frans Hals に師事, のちに Rubens の影響をうけた; 農民風俗画で知られる)).

Bróu·wer fixed-póint thèorem /bráʊə- | bráʊə-; *Du.* brɔ́uwər-/ *n.* 〖数学〗ブローウェルの不動点定理 ((円板をそれ自身に写す連続写像には少なくとも一つの不動点があるという定理)). 〖← *L. E. J. Brouwer* (1881–1966: オランダの数学者・哲学者)〗

brow[1] /bráʊ/ *n.* **1 a** [通例 *pl.*] 眉, 眉毛 (eyebrows): knit [crease, wrinkle] one's ～*s* 眉をひそめる, 額にしわを寄せる, 顔をしかめる / raise one's ～*s* (驚き・疑い・非難などを表して)眉をあげる / in the sweat of one's ～ 額に汗して (⇨ bread *n.* 2 b). **b** 〖解剖〗眉の隆起部. **2 a** 前額, 額 (forehead). **b** ((口語)) 知的水準 (cf. highbrow). **3 a** (額のように突き出した)崖, 崖はな, 崖っぷち; 山の端(は), 坂の頂上: the ～ of a cliff / a house on the ～ of a hill 山の端に建つ家. **b** ((北英方言)) 急(な)坂, 急な丘. **4** 顔, 表情, 顔つき (countenance): a furrowed ～. **5** 〖鉱山〗立坑の最上部. 〖OE *brū* < Gmc **brūs* (ON *brūn*) ← IE **bhru-* eyebrow (Gk *ophrûs*)〗

brow[2] /bráʊ/ *n.* **1** 舷窓のひさし. **2** (船から波止場などに掛けた)道板, 歩み板 (gangplank). 〖((1867)) ▭ ? Swed. *bru* < ON *brū* bridge ← ?〗

bro·wal·li·a /broʊwéɪliə, brəwɑ́ː- | brə(ʊ)-/ *n.* 〖植物〗ナス科ルリマガリバナ属 (*Browallia*) の総称 ((青・紫または白い花をつける)). 〖((1782)) ← NL ～ ← *J. Browallius* (1707–1755: スウェーデンの神学者・博物学者): ⇨ -ia〗

brόw àntler *n.* 雄鹿の角の第一の枝. 〖1647〗

brόw·bànd *n.* 〖馬具〗額革 ((頭絡の一部で, 頬革と項革の接合部を結ぶ)). 〖1844〗

brόw·bèat *vt.* (～; **-beat·en**) **1** こわい顔をして[威圧的な言葉で]決めつける, おどしつける (bully). **2 a** 威圧して〔あることを〕させる〔*into*〕: ～ a person *into* accepting a proposal 人に威圧的に提案を承諾させる. **b** 威圧して〔あることを〕やめさせる〔*out of*〕. **～·er** *n.* 〖1581〗

brόw·bèaten *adj.* おびえた.

Brow·der /bráʊdə | -də(r)/, **Earl (Russell)** *n.* ブラウダー ((1891–1973; 米国共産党党首 (1930–45))).

browed *adj.* [通例, 複合語の第 2 構成素として] (…の)額のある[まゆをした]: black-*browed*. 〖((a1460)): ⇨ -ed 2〗

brown /bráʊn/ *adj.* (**～·er**; **～·est**) **1 a** 褐色の, 茶色の, とび色の, きつね色の: done ～ こんがり焼けて / ～ shoes 茶色の靴. **b** 日焼けした (very tan): How ～ you are! / go [get] ～ in the sun 日焼けする. **c** 〈人・人種が〉褐色の皮膚をもつ, 皮膚が茶色の: a ～ race 褐色人種. **d** 〈動物が〉褐色の(毛[羽]をした). **2** ((詩・文語)) **a** 薄暗い, 黒ずんだ (dark). **b** 陰気な (gloomy). **c** 一途な (serious). **3** 〈リンネル・綿布・紙など〉さらしてない, 漂白していない; 〈穀物が〉ふすまを除かない, 無漂白の (⇨ brown bread 1). **4** [B-] (ドイツの)ナチ(ズム)の (Nazi). ((ナチの突撃隊員の制服の色から: cf. Brownshirt)) ***dò brόwn*** ((英俗)) (1) ＝*vt.* 1 b. (2) ＝*do up* BROWN. ***dó úp brόwn*** (1) ((米俗・英古俗)) 〈物事を〉完全[徹底的]にやる. (2) ((俗)) 〈人を〉まんまとだます.

── *n.* **1** 褐色, 茶色, とび色, きつね色: dark ～ 暗褐色, こげ茶 / red ～ 赤褐色, 栗色 / yellowish ～ 黄褐色. **2** 褐色の絵の具, 褐色の染料. **3 a** 褐色の物. **b** (snooker などの)褐色の玉. **c** 褐色のチョウ[毛針] ((meadow brown など)). **d** 褐色の布・着物. **e** 褐色肌[体色]の人[動物]; 白人と黒人の混血児 (mulatto). **4** ((英俗)) 銅貨 (copper coin). **5** [the ～] ((英)) 飛んでいる猟鳥の群れ: shoot into *the* ～ (of them) 鳥の群れの中へ発砲する; 群衆に無差別に発砲する. **6** 黒鹿毛(くろかげ) ((馬の毛色の一つ; 全身がほぼ黒い毛並みなので, 暗鹿毛 (dark bay) や青毛 (black) と区別しにくいが, 口や鼻の周囲, ひばら, 四肢の内側に薄い茶褐色部分がある)). **7 a** ＝brown ale. **b** ＝brown sherry.

── *vt.* **1 a** 〈日光が肌を〉焼く; 褐色にする; くすんだ色にする, 黒ずませる. **b** (料理で)きつね色にする[焼く, あぶる, フライにする, ソテーにする, 炒める], こんがりと焼く: ～ bits of meat in oil 肉片を油でこんがりと焼く. **2** ((英)) 〈鳥の群れ・群衆〉に無差別に発砲する, 乱射する.

── *vi.* (日に焼けて)黒くなる; 褐色になる; (料理で)きつね色に焼ける.

brόwn óff [通例受身で] ((英俗)) うんざり[くさくさ, いらいら]させる〔*with*〕 (cf. browned-off).

brόwn óut (1) 警戒灯火管制をする (cf. brownout, BLACK *out* (*vi.*) (1), (*vt.*) (3)). (2) (節電・空襲のため)電灯を薄暗くする[一部消す].

～·ness *n.* 〖OE *brūn* < Gmc **brūnaz* (G *braun*) ← IE **bher-* bright, brown (Skt *babhrūs* reddish-brown): cf. bear[2]〗

Brown /bráʊn/ *n.* ブラウン ((英米で普通の家族名; 男性名)): astonish the ～*s* 偏見のある隣人にショックを与える / ～, Jones, and Robinson ありふれた人たち ((中流階級の人々; cf. TOM, *Dick, and Harry*)). 〖OE ((原義)) brown-haired[-skinned]: ↑〗

Brown /bráʊn/, Sir **Arthur Whit·ten** /(h)wítn/ *n.* ブラウン ((1886–1948; 英国の飛行家; J. W. Alcock と共に初の大西洋無着陸横断飛行に成功 (1919))).

Brown, Charles Brock·den /brɑ́(ː)kdən | brɔ́k-/ *n.* ブラウン ((1771–1810; 文学を職業にした最初の米国小説家; *Wieland* (1798))).

Brown, Ford Madox /mǽdək | -dɒk/ *n.* ブラウン ((1821–93; 英国の歴史画家; Pre-Raphaelite 派と親しむ)).

Brown, George (Alfred) *n.* ブラウン ((1914–85; 英国の政治家; 労働党副委員長 (1960–70); 外相 (1966–68); 称号 Baron George-Brown)).

Brown, George Mac·kay /məkéɪ, -káɪ/ *n.* ブラウン ((1921–96; スコットランドの作家; Orkney に生まれ, 同地方に取材した詩・小説を発表)).

Brown, Herbert Charles *n.* ブラウン ((1912– ; 英国生まれの米国の化学者; Nobel 化学賞 (1979))).

Brown, James *n.* ブラウン ((1928– ; 米国の黒人ソウルシンガーソングライター; 人種差別に反対する政治活動でも著名)).

Brown, John *n.* ブラウン ((1800–1859; 米国の急進的奴隷廃止論者; Virginia 州の Harpers Ferry の兵器廠(しょう)を襲ったが, 捕えられて絞首刑になった)).

Brown, John Mason *n.* ブラウン ((1900–69; 米国の演劇評論家)).

Brown, Lancelot *n.* ブラウン ((1715–83; 英国の造園家; 英国式風景庭園の技法の確立者; 通称 'Capability Brown')).

Brown, Michael (Stuart) *n.* ブラウン ((1941– ; 米国の医学者; Nobel 医学生理学賞 (1985))).

Brown, Robert *n.* ブラウン ((1773–1858; スコットランドの植物学者; cf. Brownian movement)).

Brown, Thomas *n.* ブラウン ((1778–1820; スコットランドの哲学者)).

brόwn ále *n.* ((英)) ブラウンエール ((甘口の濃い茶色のビール; パブ (pub) の代表的な飲み物)). 〖1776〗

brόwn álga *n.* 〖植物〗(冷たい海に生える)褐藻(かっそう)植物綱の海藻 (brown seaweed ともいう). 〖1899〗

brόwn-bág ((米口語)) *vt.* **1** (茶色の紙袋に入れて)〈弁当を〉持参する. **2** (酒類禁制のクラブやレストランに)〈酒類を〉持ち込む. ── *vi.* **1** 茶色の紙袋に入れて弁当を持参する. **2** (酒類禁制のクラブやレストランに)酒類を持ち込む. ***brόwn-bàg it*** ((米口語)) 弁当持参で行く. **brόwn bág·ger** *n.* **brὸwn bág·ging** *n.* 〖1959〗

brόwn bág *n.* ((米口語)) (茶色の紙袋などに入れた)弁当.

brόwn béar *n.* 〖動物〗ヒグマ (*Ursus arctos*) ((アラスカ・北ユーラシアの温帯性の森林に生息する大型のクマ; cf. grizzly bear, Kodiak bear)). 〖1805〗

brόwn bélt *n.* (柔道・空手の)茶帯(の人) ((black belt の次位)). 〖((1937)) ((なぞり)) ← Jpn.〗

brόwn bént *n.* 〖植物〗＝dog bent. 〖((1861)) その花穂の色から〗

Brόwn Beréts *n.* **1** (米国で政治力や経済的機会を求める)メキシコ系米人協会. **2** その会員のかぶるベレー帽. 〖GREEN BERETS (*n.*) 2 からの類推〗

brόwn Béss *n.* 火打ち石銃 ((18 世紀に英国兵が用いた)). 〖((1785)) ← BROWN＋BESS: その銃床の色にちなむ〗

brόwn Bétty, b- b- *n.* りんごのプディング ((りんごとパン粉・赤砂糖・バター・香料などで作る)). 〖1864〗

brόwn bόmber *n.* ((豪口語)) (New South Wales 州の)駐車違反取締り警官. 〖((1958)): 制服の色 (brown) とおんぼろ車 (bomb) からか: cf. Louis, Joe〗

brόwn bréad *n.* 黒パン: **1** 主にふすまを取らない麦粉で作ったもの (cf. black bread). **2** とうもろこし粉とライ麦の粉を原料として糖蜜で味をつけた茶褐色の蒸しパンの一種. 〖c1390〗

brόwn búllhead *n.* 〖魚類〗ブラウン ブルヘッド (*Ictalurus nebulosus*) ((北米東部産ナマズ目イクタルルス科の暗褐色の淡水魚の一種; horned pout, hornpout ともいう)).

brόwn cánker *n.* 〖植物病理〗(バラ)腐乱病, 枝枯れ病 ((縁に紫色の病巣ができる)).

brόwn chína màrk mόth *n.* メイガ科のガ (*Nymphula nymphaeata*) ((優美なガで, その幼虫は水中に生息し, しばしば水草に害を与える)).

brόwn cόal *n.* 〖地質〗褐炭 (lignite). 〖1828〗

brόwn cόat *n.* 〖建築〗中塗り ((左官工事などで下塗りと仕上塗りとの中間の塗り)).

brόwn créeper *n.* 〖鳥類〗＝creeper 7.

brόwn dwárf *n.* 〖天文〗褐色矮星(わいせい) ((原子核反応を始めるには小さすぎる冷たく暗い天体; 宇宙に存在すると予想される暗黒物質)). 〖1978〗

Browne /bráʊn/, **Charles Far·rar** /fǽrə, féːrə | fǽrə(r)/ *n.* ブラウン ((1834–67; 米国のユーモア作家; *Artemus Ward: His Book* (1862); 筆名 Artemus Ward /ɑ́əṭəməs wɔ́əd | ɑ́ːtɪməs wɔ́ːd/)).

Browne, Robert *n.* ブラウン ((1550?–1633; イングランドの宗教家・分離主義者 (separatist); 組合教会派 (congregationalism) の思想上の祖 (cf. Brownism[1]))).

Browne, Sir **Thomas** *n.* ブラウン ((1605–82; 英国の医師・著述家; *Religio Medici*「医師の信仰」(1643), *Hydriotaphia, or Urn-Burial*「壺葬論」(1658))).

brόwn éarth *n.* 褐色森林土 ((湿潤温帯地域の落葉樹林下に生成する土壌; 黒い肥沃な地層を成す)). 〖1932〗

Brόwne chárging sỳstem *n.* [the ～] 〖図書館〗ブラウン式貸出法 ((図書館資料の貸出方法の一つ; ブックカードと袋状の貸出券を図書館が保管しておく; cf. Newark charging system)). 〖← *Nina E. Browne* (米国の司書; 1895 年にこの方法を提案)〗

brόwned-óff *adj.* ((英俗)) うんざり[くさくさ, いらいら]して; がっかりして. **～·ness** *n.* 〖((1938)) ← *brown off* (⇨ brown (v.) 成句)〗

brόwn-èyed Súsan *n.* 〖植物〗キク科オオハンゴンソウ属 (*Rudbeckia*) の植物の総称; (特に)北米東部産の *R. hirta*. 〖1896〗

brόwn fát *n.* 〖生理〗(肩甲骨の間や首の回りなどにある)褐色脂肪(組織) ((人や(冬眠)動物の体内の体温維持組織)). 〖1951〗

brόwn·fìeld *adj.* 商工業地域の ((特にさら地になっていて再開発を待つ状態の場合)).

brόwn fόrest sὸil *n.* 〖土壌〗褐色森林土壌.

brόwn Geόrge *n.* (陶器製で)茶色の大型水差し. 〖1688〗

brόwn gὸods *n. pl.* (褐色の)家電用品, 褐色物 ((テレビ・ラジオ・ビデオなど; cf. white goods)). 〖1976〗

brόwn háre *n.* 〖動物〗ヤブノウサギ (*Lepus europaeus*) ((ユーラシアでよく見られるノウサギ)).

brόwn héart *n.* 〖植物病理〗褐色芯枯れ病.

brόwn hématite *n.* 〖鉱物〗＝limonite.

brόwn hόlland *n.* 〖繊維〗未漂白のホランド ((麻[綿]の粗い布)), ブラウンホランド. 〖1852〗

brόwn hόuse mòth *n.* ナミチャイロガ (house moth).

brόwn hyéna *n.* 〖動物〗カッショクハイエナ (*Hyaena brunnea*) (strandwolf) ((アフリカ南部に生息する暗灰色のハイエナ; 生息数が減少しつつあり, 現在は保護されている)).

Brόwn·i·an mόvement [mόtion] /bráʊniən-/ *n.* [the ～] 〖物理〗ブラウン運動 ((液体[気体]中で固体微粒子がする急速な不規則運動; 熱運動をしている溶媒分子が固体微粒子に不規則に衝突するために生じる)). 〖((1871)) ← *Robert Brown* (1827 年ごろにこの現象を発見)〗

brown·ie /bráʊni/ *n.* **1 a** ((米)) ブラウニー ((木の実のはいった小型で平たく四角い)チョコレートケーキ). **b** ((豪)) (赤砂糖を入れた)干ぶどう入りパン. **2** [通例 B-] ブラウニー: **a** ((英)) Girl Guides の幼少団員 ((原則として 7–9 歳; cf. guide 5 b, wolf cub 2)). **b** ((米)) Girl Scouts の幼少団員 ((6–8 歳)). ((その制服の色から)) **3** 〖スコット伝説〗ブラウニー ((夜間に現れてひそかに掃除・打穀など農家の仕事をしてくれると伝えられた茶色の小妖精; cf. fairy 1)). **4** ((口語)) 〖魚類〗＝brown trout. 〖((1500)) ← BROWN＋-IE〗

Brown·ie /bráʊni/ *n.* 〖商標〗ブローニー ((米国 Eastman Kodak 社製の廉価カメラ)).

Brόwnie Guìde *n.* ＝brownie 2.

Brόwnie Guìder *n.* ((英)) ブラウニー指導員 ((Brownie Guide の成人指導員; 旧称 Brown Owl)).

Brόwnie pòint *n.* Brownie Guide がほうびとしてもらう得点; [時に b- p-] ((米)) (上役の機嫌を取って得た(と思われる))甘い勤務評定. 〖((1962)) ← BROWNIE 2 b: Girl Scouts の幼少団員の評価法にちなむ〗

Brόwnie scόut *n.* ＝brownie 2.

brówn·ing *n.* **1** 褐変. **2** 褐色着色, (壁の)褐色下塗り. **3** 褐色着色料《色や味をつけるのに用いる焼砂糖など》. 〖(1769): ⇨ -ing¹〗

Brow·ning /bráunɪŋ/ *n.* 〖商標〗ブローニング《Browning 社製の自動ピストルの総称》. 〖(1905) ← *John M. Browning* (1855–1926: 米国の発明家)〗

Brow·ning /bráunɪŋ/, **Elizabeth Bar·rett** /bǽrɪ̀t/ *n.* ブラウニング《(1806–61; 英国の女流詩人, R. Browning の妻; *Aurora Leigh* (1857)》.

Browning, Robert *n.* ブラウニング《(1812–89; 英国 Victoria 朝の代表的詩人の一人, E. B. Browning の夫; *Men and Women* (1855); *The Ring and the Book* (1868–69)》.

Brówning automátic rífle *n.* ブローニング自動小銃[ライフル銃]《口径 0.30 インチ; 略 BAR》. 〖1920〗

Brówning machíne gùn *n.* ブローニング機関銃《第二次大戦および朝鮮戦争で用いられた口径 0.30–0.50 インチの空冷[水冷]式機関銃》. 〖1918〗

brówn·ish /-nɪʃ/ *adj.* やや褐色を帯びた, 茶色がかった. 〖(c1425): ⇨ -ish¹〗

Brówn·ism¹ /bráunɪzm/ *n.* 〖キリスト教〗ブラウン主義《英国清教徒の説教者 Robert Browne (1550?–1633) の唱えた主義で, 教会とはキリストにおいて結ばれた個々の会衆 (congregation) であって, キリストのみが教会の主であるとする; cf. congregationalism 2》. 〖(1617): ⇨ Robert Browne, -ism〗

Brown·ism² /bráunɪzm/ *n.* =Brunonism.

Brówn·ist¹ /-nɪ̀st | -nɪst/ *n.* **1** ブラウン主義 (Brownism) 者. **2** [*pl.*] 会衆派《のちに congregationalist と呼ばれる》. 〖(1583): ⇨ Robert Browne, -ist〗

Brówn·ist² /-nɪ̀st | -nɪst/ *n.* =Brunonian.

brówn jób *n.* 〖英軍俗〗**1** (陸軍の)兵士. **2** [the ~; 集合的] 陸軍 (the Army). 〖1943〗

brówn lúng disèase *n.* 〖病理〗褐肺病《紡績工場で働く人が冒される病気; cf. black lung》. 〖(1969) その制服の色から〗

brown·mil·ler·ite /bráunmìlərὰɪt/ *n.* 〖鉱物〗ブラウンミレライト ($2CaO \cdot (Al, Fe)_2O_3$)《セメントの重要成分; 自然界にも稀に産する》. 〖□ G *Brownmillerit* ← L. T. *Brownmiller* (1905– : 米国の化学者): ⇨ -ite¹〗

brówn-nóse 《米俗》*vi., vt.* (人の)機嫌をとる, (人に)こびへつらう. — *n.* へつらい者, おべっか使い (toady). 〖(1939) 尻の穴に鼻を突っ込むのをいとわないほどにおべっかを使うの意から〗

brówn-nós·er *n.* =brownnose.

brówn·òut *n.* 《米》**1** (空襲)警戒灯火管制 (cf. blackout 1). **2 a** (節電のための都市の広告などの)電灯節約; 節電. **b** (節電などのための)電圧低下(期間). 〖1942〗

brówn ówl *n.* **1** 黄褐色のフクロウ. **2** [*also* B- O-] 《英》Brownie Guider の旧名. 〖1767〗

brówn páper *n.* (包装用の)褐色紙. 〖1542〗

brówn pátch *n.* 〖植物病理〗ブラウンパッチ (*Pellicularia filamentosa* 菌によって起こる芝生などの病気).

brówn pélican *n.* 〖鳥類〗カッショクペリカン (*Pelicanus occidentalis*)《アメリカ大西洋岸のカリブ海に生息する》. 〖1823〗

brówn pówder *n.* 褐色火薬.

Brówn Pówer *n.* ブラウンパワー《メキシコ系米国人が Black Power, Red Power をまねて作ったスローガン》.

brówn·prìnt *n.* 〖写真〗ブラウンプリント《感光性鉄塩と銀塩を使用して褐色像を得る初期の写真印画法》.

brówn rát *n.* 〖動物〗ドブネズミ, シチロウネズミ (*Rattus norvegicus*)《アジア中央部原産, 現在では世界中に分布する厄介な家ネズミの一種; Norway rat ともいう》. 〖1826〗

brówn récluse spìder *n.* 〖動物〗イトグモ類のクモの総称; (特に)イトグモ (*Loxosceles reclusa*)《頭胸部にバイオリン型の模様をもつ毒グモ》. 〖(1964) ← *recluse* ← ? NL *reclusa* ← LL *reclūsus* shut up: 暗い隅に潜んでいることから〗

brówn ríce *n.* 玄米. 〖1916〗

brówn rót *n.* 〖植物病理〗褐色菌核病: **a** 菌核病菌属 (*Sclerotinia*) の菌によりリンゴ・モモ・ミザクラなどが冒されてかびが生えたようになる病気. **b** 不完全糸状菌の *Stysanus stemonitis* によるジャガイモの病気. 〖1894〗

brówn sàuce *n.* 〖料理〗ブラウンソース《炒めた香味野菜・茶色のルー (roux)・牛肉のだし汁で作る基本ソースの一つ; espagnole (sauce) ともいう》. 〖1723〗

brówn séaweed *n.* 〖植物〗=brown alga.

brówn shérry *n.* 《英》甘口のシェリー. 〖1849〗

Brówn·shìrt, b- *n.* Hitler の突撃隊 (Sturmabteilung) の隊員; 茶シャツ党員, ナチ党員; ファシスト (cf. Blackshirt). 〖(1932)《なぞり》← G *Braunhemd*: その制服の色から〗

brówn sílver-lìne *n.* 〖昆虫〗⇨ silver-line.

brówn snáke *n.* 《豪》〖動物〗コブラモドキ《コブラ科コブラモドキ属 (*Pseudonanja*) の毒ヘビ》. 〖1896〗

brówn spót *n.* 〖植物病理〗褐斑病《トウモロコシの斑点病菌 (*Physoderma zeaemaydis*) によるトウモロコシの病気; 葉と茎が冒される》.

brówn-státe *adj.* 〈リンネル・レース生地など〉染めてない.

brówn stém ròt *n.* 〖植物病理〗不完全糸状菌 *Cephalosporium gregatum* による大豆の葉の病気.

brówn·stòne 《米》*n.* **1** 褐色砂岩《建築材料として広く用いる》. **2** 褐色砂岩を(正面に)用いた家《20 世紀の初めごろ米国東部の都市で裕福な人たちが住んだ; brownstone front ともいう》. — *adj.* [限定的]《古》富裕階級の[に属する]: a ~ district. 〖1858〗

brówn stúdy *n.* (ぼんやり)思いふけること: be in a ~ (ぼんやり)考え込んで[物思いにふけって]いる. 〖(1532) ← BROWN (adj.) 2 b〗

brówn súgar *n.* **1** 赤砂糖. **2** (糖蜜を加えた)精製白糖. **3** 《米俗》東南アジア産の粒状低品質ヘロイン. 〖1704〗

Browns·ville /bráunzvɪl, -vl | -vɪl/ *n.* ブラウンズビル《米国 Texas 州南部, Rio Grande 河口左岸の港湾都市》.

Brówn Swíss *n.* ブラウンスイス《スイス原産の乳肉役兼用の牛の一品種; 米国では乳用種に改良》. 〖1902〗

brówn-tàil móth *n.* 〖昆虫〗シロバネドクガ (*Nygmia phaesorrhoea*)《ヨーロッパ原産ドクガ科の白いガの一種; 尾端に茶色の毛の束がある; 有毒でその幼虫は樹木に大害を与える; browntail ともいう; cf. tussock moth》. 〖1782〗

brówn thrásher *n.* 〖鳥類〗チャイロツグミモドキ (*Toxostoma rufum*)《モノマネドリ (mocking bird) に似た米国東部産ツグミモドキ属の鳴鳥》. 〖*a*1847〗

brówn·tòp *n.* 〖植物〗イネ科ヌカボ属 (*Agrostis capillaris* または *Agrostis tenuis*) の数種の草本. 〖1891〗

brówn tróut *n.* 〖魚類〗ブラウントラウト (*Salmo trutta*)《ヨーロッパ北部原産で北米にも伝えられた体側に朱赤色の斑点のあるサケ科ニジマス属の淡水魚; cf. sea trout 1》. 〖1886〗

Brówn Univérsity *n.* ブラウン大学《米国 Rhode Island 州 Providence にある 1764 年創立の私立大学; Ivy League の一つ》.

Brówn vs Bóard of Educátion of Topéka *n.* ブラウン対トピーカ教育委員会事件《米国で公立学校での黒人差別を禁止する契機となった事件; この件での合衆国最高裁判所の判決 (1954 年 5 月 17 日) が一連の黒人差別撤廃の法改正の流れを作った; Brown vs Board ともいう》.

brówn·wàre *n.* **1** 素地に着色剤を加えて褐色にした陶磁器. **2** 褐色釉をかけた陶磁器. **3** 褐色の原料を用いて造られた炻器(せっき). 〖1836〗

brow·ny /bráuni/ *adj.* (**brow·ni·er; -ni·est**) = brownish. 〖1582〗

browse /bráuz/ *vi.* **1** (店などで)漫然と商品を見る[調べる], 冷やかす. **2** 〈人が〉(本などを)漫然と[気ままに]読む, (書店などで)あちこち本を拾い[立ち]読みする: ~ *in* the pages of a book 本をあちこち拾い読みする / ~ *through* [*among*] books (書斎などで)本を拾い読みする / ~ *around* the second-hand bookshops 古本屋を見て回る. **3** 〈牛・鹿などが〉〔若葉などを〕食う (feed)〔*on*〕: ~ *on* the leaves and shoots. **4** (牧場などで)草を食う (graze). — *vt.* **1 a** 〔…を求めて〕(書棚などを)あさる; 〈本などを〉拾い読みする〔*for*〕: ~ the shelves *for* some novels. **b** 〖電算〗〈ファイルなどを〉(ディスプレー上で)読む, 閲覧する, ブラウズする; (データベース管理システムにおいて)〈データを〉見る; (オブジェクト志向言語において)〈データ構造を〉調べる. **2** 〈若芽などを〉食う, かじり[食い]とる (crop); 〈牧場などの草を〉自由に食べる (graze): ~ leaves *away* [*off*]. **3** 〈牛を〉放牧する, …に(自由に)食べさせる (feed): ~ cattle *on* twigs 牛に小枝を食わせる. — *n.* **1** 本の拾い読み, ざっと目を通すこと: at first ~ 最初ざっと目を通しただけでは. **2** (牛・鹿などの食物としての)若葉, 若枝, 新芽. **3** 若葉などを食べること: be at ~ 若葉を食べている / cattle at ~ 若葉を食べている(放牧の)牛. **4** 〖電算〗ブラウズ《情報検索システムでデータベースの内容などを閲覧すること》. 〖v.: (1440) □ OF **brouser* ← *brouz* (pl.) ← *broust* young sprout, young shoot ← Gmc: cf. OS *brustian* to sprout〗

bróws·er *n.* **1 a** (店などで)商品を漫然と眺める人; 拾い読みする人. **b** 〖電算〗閲覧ソフト, ブラウザー (Web browser)《インターネットの WWW を閲覧するためのソフトウェア》. **2** 若葉を食う牛[鹿]. 〖(1550): ⇨ ↑, -er¹〗

bróws·ing ròom *n.* 〖図書館〗ブラウジングルーム, 自由閲覧室[読書室].

Broz /brɔ́uz | bráuz; *SCr.* brɔ̂ːz/, **Jo·sip** /jɔ́sip/ *n.* ブローズ《Tito の本名》.

brrr, brr /bə́ː | bə́ː(r)/ ★ 実際の音は両唇を震わす両唇ふるえ音 (〖B〗で表す). *int.* ぶるぶるっ《寒さ・恐れを示す》.

BRS 《略》British Road Services.

brt. for. 《略》〖簿記〗brought forward 繰越し.

BRU 《略》〖自動車国籍表示〗Brunei.

Bru·beck /brúːbɛk/, **David Warren** *n.* ブルーベック《(1920–2012; 米国のジャズピアニスト・作曲家・指揮者; Milhand, Schönberg について作曲を学んだ; 愛称 Dave)》.

bru·bru /brúːbruː/ *n.* 〖鳥類〗=boubou².

Bruce /brúːs/ *n.* ブルース: **1** 男性名; スコットランドに多い. **2** 《英戯言》オーストラリア人男性. 〖← *de Bruce* (原義)? muddy heath: 地名由来の, ノルマンの家族名〗

Bruce, Sir David *n.* ブルース《(1855–1931; オーストラリア出身の英国の医師・細菌学者)》.

Bruce, James *n.* ブルース: **1** (1730–94) スコットランドの探検家; Blue Nile の水源を発見 (1770). **2** (1811–63) 英国の政治家・外交官; 広東におけるアロー号事件のときに特派使節として中国に赴き天津条約 (1858), 北京条約 (1860) を締結; 称号 8th Earl of Elgin.

Bruce, Len·ny /léni/ *n.* ブルース《(1925–66; 米国のコメディアン)》.

Bruce, Robert (the) *n.* =Robert I 1.

Bruce, Stanley Melbourne *n.* ブルース《(1883–1967; オーストラリアの政治家; 首相 (1923–29); 称号 1st Viscount Bruce of Melbourne)》.

Brúce ánchor *n.* 〖商標〗ブルースアンカー《3 つのフックがシャベル状になった一体型の丈夫な錨》.

bru·cel·la /bruːsélə/ *n.* (*pl.* **-cel·lae** /-liː/, **~s**) 〖細菌〗ブルセラ菌 (*Brucella* 属の好気性菌; cf. brucellosis). 〖(1930) ← NL ~ ← *Sir David Bruce*: ⇨ -ella〗

bru·cel·lo·sis /brùːsəlóusɪ̀s | -sə̀láusɪs/ *n.* (*pl.* **-lo·ses** /-siːz/) **1** 〖病理〗ブルセラ症《ブルセラ菌 (brucella) の感染による熱病の一種; Malta fever, undulant fever ともいう》. **2** 〖獣医〗ブルセラ病 (⇨ contagious abortion). 〖(1930): ⇨ ↑, -osis〗

Bruch /brúk; *G.* brʊ́x/, **Max** *n.* ブルッフ《(1838–1920; ドイツの作曲家・指揮者)》.

bruc·ine /brúːsiːn, -sɪ̀n | -siːn, -sɪn/ *n.* 〖薬学・化学〗ブルシン ($C_{23}H_{26}N_2O_4$)《マチン (nux vomica) から採る有毒のアルカロイド; その作用はストリキニーネに似ているが, それほど強くない; 主にアルコールの変性に用いる》. 〖(1823) □ ? F ~ ← NL *Brucea* (ブルシンがあると誤解された低木の属名) ← *James Bruce*: ⇨ -ine³〗

bruc·ite /brúːsaɪt/ *n.* 〖鉱物〗水滑石, ブルーサイト ($Mg(OH)_2$). 〖(1868) ← *Archibald Bruce* (1777–1818: 米国の鉱物学者): ⇨ -ite¹〗

Brü·cke /brúkə, brɪ́kə; *G.* brʏ́kə/, **Die** *G. n.* ブリュッケ, 「橋」派《Dresden で結成されたドイツ表現主義画家のグループ (1905–13); cf. Blaue Reiter》. 〖□ G ~ 'the bridge'〗

Bruck·ner /brúknə | -nə(r); *G.* brʊ́knɐ/, **Anton** *n.* ブルックナー《(1824–96; オーストリアの作曲家・オルガニスト; 交響曲・ミサ曲が有名)》.

Brue·ghel /brúːgəl, brɔ́ɪ-, -gl | brɔ́ɪ-, brə́ː-, brúː-; *Du.* brǿːɣəl/ (*also* **Brue·gel** /~/), **Pieter** *n.* ブリューゲル《(1525?–69; フランドルの風俗・風景画家; 大ピーテルまたは大ブリューゲルと呼ばれた; 小ピーテルまたは小ブリューゲルと呼ばれたその子 Pieter (1564–1638) およびビロードのブリューゲルと呼ばれた Jan (1568–1625) も画家で, 前者は地獄の絵, 後者は静物画・風景画で知られる)》.

Bruges /brúːʒ; *F.* bʀyːʒ/ *n.* ブリュージュ《Brugge のフランス語名》.

Brug·ge /brúgə, brʌ́gə; *Du.* brýxə/ *n.* ブルッヘ《ベルギー北西部の都市; West Flanders 州の州都; 海港 Zeebrugge と運河で連結されている; 工業・観光都市; 中世には毛織物業が発達; フランス語名 Bruges》.

Brug·mann /brúːkmaːn; *G.* brʊ́ːkman/, **Karl** *n.* ブルークマン《(1849–1919; ドイツのギリシャ語学者で neogrammarian (青年文法家) の中心になり, 印欧語の比較研究の基礎を築いた)》.

Bru·in /brúːɪ̀n | brúːɪn/ *n.* **1** ブルーイン, 熊君, 熊公《*Reynard the Fox* などの中世動物寓話[寓意詩]に出てくる熊の名》. **2** [b-] 熊, 赤熊 (bear); (童話などに登場する)熊君. 〖(1481) □ (M)Du. ~ 'BROWN'〗

bruise /brúːz/ *n.* **1** 打撲傷, 打身; 傷跡 (cf. cut 1 a): a ~ *on* the arm. **2 a** (植物・果物などの)つぶれ傷, あたり. **b** (金属・木材などに打ってできた)へこみ (dint). **c** (表面の)すり傷, かき傷. **3** (心の)傷. — *vt.* **1** (皮膚を破らないで)〈体の組織を〉傷つける, (あざができるほど)打つ, …に打傷をつける (contuse): ~ a person's arm. **2** 〈植物・果物などに傷をつける; 〈金属・木材を〉(打って)へこませる (dint), つぶす (batter). **3** 〈感情などを〉傷つける: ~ a friend's feelings 友人の感情を害する. **4** 〈薬・食物を〉(乳鉢・乳棒などで)すりつぶす, つぶす, つき砕く (pound). **5** 《古》不具にする (disable). — *vi.* **1** あざ[傷跡]がつく: A peach ~s easily. **2** (感情的に)傷つく. **3** 傷をつける.

bruise along 《英俗》(狩猟で)むやみに乗り回す. 〖1865〗

〖(?a1200) *brise(n)*《混成》← OE *brȳsan* to crush (< Gmc **brūsjan* ← IE **bhreus-* to break)+OF *br(u)isier* (F *briser*) to break (← ?)〗

brúised *adj.* **1** 打撲傷のある; (果物が)傷んだ: ~ fruit. **2** (感情などが)傷ついた.

brúis·er *n.* **1** 《俗》(プロ)ボクサー (boxer). **2** 《口語》(ボクサーのように)筋骨たくましい人, 乱暴者. 〖(1586): ⇨ ↑, -er¹〗

brúis·ing /brúːzɪŋ/ *adj.* 熾烈な, 過酷な.

bruit /brúːt/ *n.* **1** 〖医学〗聴診器に聞こえる異常音, 心雑音. **2** 《古》**a** 風説 (rumour); (特に, よい)評判. **b** 騒ぎ (noise). — *vt.* [通例受身で]《文語》言い触らす, 〈うわさを〉伝える (spread)〈*abroad, about, around*〉: The report *was* ~*ed about* [*abroad*]. その評判はあたりに広まった. 〖(c1400) □ (O)F ~ ← *bruire* to make a noise < VL **brūgere* ← L *rugīre* to roar: cf. bray¹〗

Bru·le /bruːléɪ, ←/ *n.* (*also* **Bru·lé** /~/) (*pl.* **~, ~s**) **1** ブルレイ族(の一人)《Dakota 族に属する北米先住民の一部族》. **2** [時に b-] =bois brûlé. 〖□ Canad. F ~ ← F *brulé* (p.p.): ↓〗

bru·lé /bruːléɪ, ←/ *n.* **1** (米国北西部太平洋沿岸の)火事で焼けた森林区域, 焼失森林. **2** 《カナダ》岩で覆われた土地, 裸地, 雑木の生えた土地. 〖□ Canad. F ~ ← F *brulé* (p.p.) ← *bruler* to burn ← ?〗

Brum /brʌ́m/ *n.* 《英口語》=Birmingham¹.

Bru·maire /bruːméə | -méə(r); *F.* bʀymɛːʀ/ *n.* 霧月《フランス革命暦の第 2 月; ⇨ Revolutionary calendar》. 〖(1803) □ F ~ ← *brume* 'BRUME': cf. -ary〗

bru·mal /brúːməl, -ml/ *adj.* 《古》冬の[に起こる], 冬のような. 〖(1513) □ L *brūmālis* ← *brūma* winter: ⇨ brume, -al¹〗

brum·by /brʌ́mbi/ *n.* (*also* **brum·bie** /~/) 《豪》荒馬, (乗り慣らされていない)野馬. 〖(1880) ← ?〗

brume /brúːm/ *n.* 《詩》霧, もや (mist). 〖(1808) □ F ~ 'fog' □ Prov. *bruma* < L *brūmam* shortest day (in the winter), winter ← *brevis* short: ⇨ brief〗

brum·ma·gem /brʌ́mədʒəm/ 《口語》*n.* **1** [B-; 時に軽蔑的に] (イングランドの) Birmingham の俗称. **2** (イングランドの)バーミンガム製品; まがい物, 安ぴか物, 偽造貨幣, にせ金. — *adj.* 安ぴかの, 見かけ倒しの, 安っぽい; にせの, まがいの (counterfeit). 〖(1637)《転訛》← BIRMINGHAM: 昔, この町でにせ金や安ぴか物がよく作られたことから〗

Brummell *n.* ⇨ Beau Brummell.

Brum·mie, b- /brʌ́mi/ *n.* (*also* **Brum·my, b-** /～/) 《英口語》(イングランドの) Birmingham 人[方言]. ― *adj.* バーミンガム(から)の. 〘(1941) (dim.) ← BRUM-MAGEM〙

bru·mous /brúːməs/ *adj.* 霧の深い (foggy); 冬の, 冬のような (wintry). 〘(1850) ← BRUME＋-OUS〙

Bru·na /brúːnə/, **Dick** /dík/ *n.* ブルーナ (1927– ; オランダの絵本作家; うさぎの Miffy の作者).

brunch /brʌ́ntʃ/ 《口語》*n.* 朝食兼昼食, (昼食兼用の)遅い朝食, ブランチ. ★ 米国では通例週末にしばしば社交的な催しとして行われる. ― *vi.* 朝食兼昼食を取る. 〘(1896) ← BR(EAKFAST)＋(L)UNCH〙

brúnch còat *n.* (女性の)短い部屋着, 家庭着. 〘1942〙

brúnch·er *n.* ブランチを食べる者.

Brun·dage /brʌ́ndɪdʒ/, **Avery** *n.* ブランデージ (1887–1975; 米国の建築[ホテル]業者; 国際オリンピック委員会 (IOC) 会長 (1952–72)).

Brun·dis·i·um /brʌndíziəm/ *n.* ブルンディジウム (Brindisi のラテン語の古名).

Brundt·land /brúntlænd/, **Gro Harlem** *n.* ブルントラント (1939– ; ノルウェーの医師・政治家; 労働党党首 (1981–92); 同国初の女性首相 (1981, 86–89, 90–96)).

Bru·nei /bruːnáɪ | brúːnaɪ, brunáɪ; *Indon.* brúnai/ *n.* ブルネイ (Borneo 島北西部の英連邦内の立憲君主国; 1984 年独立; 面積 5,765 km², 首都 Bandar Seri Begawan; 公式名 Negara Brunei Darussalam ブルネイダルサラーム国). **～·an** *adj., n.*

Bru·nel /bruːnél/, **Is·am·bard** /ízəmbɑ̀ːd, -zm- | -bɑ̀ːd/ **Kingdom** *n.* ブルネル (1806–59; 英国の土木・造船技師).

Brunel, Sir **Marc Isambard** *n.* ブルネル (1769–1849; フランス生まれの英国の土木技師; I. K. Brunel の父).

Bru·nel·la /bruːnélə/ *n.* ブルーネラ (女性名). 〘← OF *brunelle* brown-haired one〙

Bru·nel·les·chi /brùːnəléski, -nl-; *It.* brunelléski/, **Filippo** *n.* (*also* **Bru·nel·les·co** /-léskoʊ | -kəʊ; *It.* -sko/) ブルネッレスキ (1377?–1446; イタリアの Florence のルネサンス建築家; フィレンツェ大聖堂のドーム, サンロレンツォ教会を建築).

bru·net /bruːnét/ *n.* ブルネット[黒みがかった皮膚・目・髪]の男性. ― *adj.* **1** 〈皮膚・目・頭髪が黒みがかった (dark), 褐色の (brown). **2** 〈人が〉ブルネットの (cf. blond 1, fair¹ 5, dark 2). ★ 女性形は brunette であるが, 日常語としては dark が用いられる. 〘(*c*1535) ☐ F ～ (dim.) ← *brun* 'BROWN'〙

Brune·tière /brùːnətjéə | -tjéə(r; *F.* bʁyntjɛːʁ/, **Ferdinand** *n.* ブリュンヌティエール (1849–1906; フランスの文学史家・批評家).

bru·nette /bruːnét; *F.* bʁynɛt/ *n.* ブルネットの[濃い褐色の髪をした]女性. ― *adj.* ＝brunet. 〘(1712) ☐ F ～ (fem.) ← BRUNET: ⇨ -ette〙

brung /brʌ́ŋ/ *v.* bring の過去形・過去分詞 (非標準的な形).

Brun·hild /brúːnhɪlt, brún-, -hɪld; *G.* bʁúːnhɪlt, bʁún-/ *n.* **1** 〖ニーベルンゲン物語〗 ブルーンヒルト (アイスランドの伝説的女王; Gunther 王の妻で, 北欧伝説の Brynhild と同一視される; cf. Siegfried). **2** 〖北欧伝説〗＝Brynhild. 〘☐ G ～ (原義) fighter in armor ← OHG *brunna* armor＋*hilti* fight: cf. ON *Brynhildr*〙

Brun·hil·da /brunhíldə/ *n.* ブルンヒルダ (女性名). 〘↑〙

Brun·hil·de /brunhíldə, ⌐⌐⌐/ *n.* 〖ニーベルンゲン物語〗＝Brunhild 1. 〘☐ G ～ (fem.) ← BRUNHILD〙

Brü·ning /brúːnɪŋ; *G.* bʁýːnɪŋ/, **Heinrich** *n.* ブリューニング (1885–1970; ドイツの政治家; 首相 (1930–32)).

bru·ni·zem /brúːnəzèm | -nɪ-/ *n.* (米国 Iowa 州一帯に広がる大草原の黒褐色土. 〘(1953) ← *brunni-* (← F *brun* 'BROWN')＋Russ. (*cherno*)*zem* (black) earth〙

Brünn /*G.* bʁʏn/ *n.* ブリュン (Brno のドイツ語名).

Brun·ner /brúnə | -nə(r; *G.* bʁʊ́nɐ/, **Emil** *n.* ブルンナー (1889–1966; スイスのプロテスタント神学者, 弁証法神学 (dialectical theology) の指導者; *The Theology of Crisis* (1929)).

Brünn·hil·de /brunhíldə, ⌐⌐⌐; *G.* bʁʏnhíldə/ *n.* **1** ブリュンヒルデ (Wagner の楽劇 *Der Ring des Nibelungen* の女主人公; Valkyrie の一人; cf. Siegfried). **2** 〖ニーベルンゲン物語〗＝Brunhild 1. 〘cf. Brunhilde〙

Bru·no /brúːnoʊ | -nəʊ; *It.* brúːno, *G.* bʁúːno/ *n.* ブルーノ (男性名). 〘☐ It. & G ～ ← OHG *brun* 'BROWN'〙

Bru·no /brúːnoʊ | -nəʊ/, Saint *n.* ブルーノ (1030?–1101; ドイツのカトリックの聖職者; カルトジオ修道会 (Carthusian Order) の創設者; Bruno of Cologne ともいう).

Bru·no /brúːnoʊ | -nəʊ/, **Giordano** /dʒordáːno/ *n.* ブルーノ (1548–1600; イタリアの哲学者・聖職者; 汎神論的モナド論を唱え, 異端者として焚刑に処された).

Bru·no·ni·an /bruːnóʊniən | -nə́ʊ-/ *adj., n.* ブラウン医学説 (Brunonism) の(支持者). 〘(1799) ← NL *Bruno* (Brown のラテン語形)＋-IAN〙

Bru·no·nism /brúːnoʊnɪzm | -nəʊ-/ *n.* ブラウン医学説 (スコットランド人 John Brown (1735–88) がすべての病気は外的刺激の過不足によると説いた古い医学説; Brownism ともいう).

Bruns·wick /brʌ́nzwɪk/ *n.* ブラウンシュヴァイク (ドイツ語名 Braunschweig): **1** ドイツ中部の旧公国 (1635–1918) [旧州 (1918–46)]; 現在は Lower Saxony 州の一部. **2** ドイツ中北部 Lower Saxony 州の都市; もと同州の州都; 商工業の中心地; 修復された中世の建築物が多い. 〘(1480) ☐ LG *Brunswik* ← *Brūn* 'BRUNO' (その創設者の名)＋*wik* 'WICK³'〙

brúnswick blàck, B- b- *n.* 黒ワニスの一種. 〘(なぞり) ← G *Braunschweiger Schwarz*〙

brúnswick grèen, B- g- *n.* ＝chrome green. 〘(なぞり) ← G *Braunschweiger Grün*〙

Brúnswick líne *n.* [the ～] ブランズウィック系, ハノーバー王家 (House of Hanover) (英国 George 一世以来の王統).

Brúnswick stéw *n.* 《米南部》ブランズウィックシチュー (本来はりす・うさぎの肉と野菜を用いたシチュー; 鶏肉を用いることもある). 〘(1856): 米国 Virginia 州の *Brunswick* にちなむ〙

brunt /brʌ́nt/ *n.* **1** (攻撃の)矛先, 主力: bear [take] the ～ of an attack [danger, criticism] 攻撃[危険, 非難]の矢面に立つ. **2** 《廃》猛攻撃; 突発. 〘(?*c*1380) ← ?: cf. ON *bruna* to rush〙

Bru·sa /bruːsáː, brúːsə/ *n.* ブルーサ (Bursa の旧名).

brus·chet·ta /bruskétə | -tə; *It.* bruskétta/ *n.* 〖料理〗 ブルスケッタ (オリーブ油を塗ったイタリアのガーリックトースト). 〘☐ It. ～〙

brush¹ /brʌ́ʃ/ *n.* **1 a** はけ, ブラシ: a floor ～ 床ブラシ / ⇨ clothes brush, scrub(bing) brush, shaving brush. **b** 毛筆, 画筆: be worthy of an artist's ～ 絵に描きたいほど[絵のように]美しい. **c** (ドラムやシンバルをこする)ブラシ. **2 a** ブラシ[はけ]をかけること: with a ～ 一はけで / give one's clothes a good ～ 服に十分にブラシをかける / give it another ～ もう一度磨きをかける, 一層念入りにやる. **b** [the [one's] ～] 画法, 画風, 画道 (cf. pen¹ 2): *the* ～ of Turner ターナーの画法 / a picture from *the* same ～ 同じ画家の絵. **3 a** すれ合い, かすり (light touch): get a ～ *from* the wheel 車輪に触れる / I felt a ～ *against* my leg when the cat went by. 猫が通り過ぎるとき足に触れるのを感じた / ⇨ brush burn. **b** 小競り合い, 小衝突 (skirmish); ちょっとしたいざこざ, 小論議: have a ～ *with* the enemy [law] 敵と小競り合いを演じる[いささか法律に触れる]. **4 a** (狐・りす・犬などの)ふさふさした尾 (狩猟家がトロフィーとして保存する). **b** (帽子の)羽根飾り, 房飾り. **5** 《米・方言》疾走, 疾駆; 激しい競走; スピード競技. **6** 《米俗》＝brush-off. **7** 〖電気〗 **a** (モーターなどの)ブラシ: a carbon ～ 炭素ブラシ. **b** ＝brush discharge. **8** 〖物理〗 (二軸の結晶を顕微鏡で見たとき観察される)黒いブラシ形の影 (二つの偏光線の干渉によって起こる).

at a brúsh 一払いで; 一挙に. ***at* [*after*] *the first brúsh*** 最初の出会いで[の後で]. ***páint with a bróad brùsh*** 大ざっぱに描写[説明]する. ***tárred with the sáme brúsh*** ⇨ tar¹ *v.* 成句.

― *adj.* [限定的] ブラシのような: a ～ moustache.

― *vt.* **1 a** …にブラシをかける, ブラシで磨く: ～ one's clothes, hair, teeth, etc. / ～ a floor clean 床をブラシできれいに磨く. **b** 〈ペンキなどを〉ブラシで塗る. **c** (ブラシなどで)…に(…を)塗る 〈*with*〉: The boughs were ～*ed with* crimson. どの枝もはけで掃いたように一面に赤く色づいていた. **2 a** (ブラシなどで)軽く払いのける: ～ *away* tears with one's sleeve 袖で涙を払う / ～ *back* one's unruly hair 乱れた髪をブラシでなでつける / ～ the dust *off* (shelves) (棚から)ほこりを払いのける / ～ the snowflakes *from* one's coat 上着の雪を払い落とす / ～ *out* a seat 座席のほこりを払いのける. **b** 無造作にはねつける 〈*aside, away*〉: ～ *aside* objections [criticism] 反対[批判]を無視する / We can't ～ it *away* like this! (その問題は)こんな風に簡単には扱えない. **3 a** かする, …とすれ[触れ]合う: They ～*ed* each other in passing. 通りすがりにかすかに触れ合った. **b** [～ one's way として] (すれ合いながら)押し進む. ― *vi.* **1 a** かする, すれ合う: The branches ～*ed against* the window. 枝が窓にすれ合っていた. **b** かすって[すれすれに, 触れて](さっと)通る: ～ (*up*) *against* a person 人にぶつかるようにしてすれ違う / He ～*ed by* [*past*] me. そばをかすするようにしてさっと通り過ぎた. **2** 〈馬が〉(走るとき)足をすり合わせて傷つく.

brúsh dówn (1) …のほこりをブラシで払い落とす: ～ *down* one's coat. (2) 《口語》〈子供・生徒などを〉しかる, 叱責する. ***brúsh óff*** (1) 〈忠告・提案などを〉軽視[無視]する (reject); 〈人を〉(そっけなく)はねつける, 無視する; 首にする (cf. brush-off): She ～*ed* him *off* at the dance. ダンスパーティーで彼女は彼に目もくれなかった. (2) ⇨ *vt.* 2 a. ***brúsh óver*** (1) …に軽く塗る. (2) 引き立たせる. (3) 早く軽く耕す. (4) 軽く扱う. ***brúsh úp*** (1) …の勉強をやり直す, …の技術[知識]に磨きをかける (polish up): ～ *up* one's English [Shakespeare] (忘れかけた)英語[シェークスピア]を改めてやり直す. (2) …に(ブラシで)磨きをかける (cf. brushup): ～ *up* a house 家を磨いてきれいにする / ～ *up* brass candlesticks 真鍮(しんちゅう)のろうそく立てを磨いてきれいにする / ～ oneself *up* きちんと身づくろいをする. ***brúsh úp agàinst*** (1) …に軽く接触する (cf. *vi.* 1 b). (2) 〈困難などに遭遇する. ***brúsh úp on*** …の記憶をよみがえらせる, …をやり直して磨きをかける: ～ *up* a bit *on* one's chess [French] (しばらくやらなかった)チェスの腕[フランス語の勉強]をちょっと磨き[やり]直す.

〘n.: (*a*1378) ☐ (O)F *brosse* scrub, bushes < VL **bruscia* ← ? L *bruscum* excrescence on the maple. — 5,6: ← (?*a*1400) *brushe(n)* to rush ☐ OF *brosser* to go through a brushwood ← *brosse*〙

brush² /brʌ́ʃ/ *n.* **1** しば, そだ (brushwood). **2 a** やぶ, 雑木林. **b** やぶで覆われた地域; [the ～] 《米》未開拓地 (backwoods); 人口がまばらな森林地帯. **c** 《豪》茂ったやぶ; 密林. 〘(*a* 1338) *brushe* ☐ OF *broche, brosse* (↑)〙

brush³ /brʌ́ʃ/ *n.* (*pl.* ～**s**, ～) 《豪俗》[しばしば軽蔑的に] **1** 女の子, 若い女性. **2** [the ～; 集合的] 女ども (women). 〘(1941) ← ?〙

brush·a·bil·i·ty /brʌ̀ʃəbíləṭi | -lɪ̀ti/ *n.* ブラシのかけやすさ. 〘(1936): ⇨ -ability〙

brúsh·bàck *n.* 〖野球〗 (打者をのけぞらせるような)体すれすれの速球. 〘1954〙

brúsh bòrder *n.* 〖解剖〗 刷子縁 (類上皮細胞の原形質膜の微小絨毛; cf. microvillus). 〘1903〙

brúsh bùrn *n.* 擦り傷 (ロープなどの急激な摩擦による傷).

brúsh cùt *n.* 《米》(頭髪の)短い刈り方. 〘1945〙

brúsh dìscharge *n.* 〖電気〗 ブラシ放電 (コロナ放電 (corona discharge) の一種). 〘1849〙

brushed *adj.* 〈(毛)織物・革が〉はけをかけた, 起毛した, けば立て加工の. 〘(*c*1460): ⇨ brush¹, -ed 2〙

brúshed alúminium *n.* 〖金属加工〗 つや消しアルミニウム.

brúsh bàr [guàrd] *n.* 〖自動車〗 ブラッシュガード (衝突による損傷を防ぐために取り付ける金属製の格子).

brúsh-fìre *adj.* 小規模な, 局地の: a ～ war. 〘1954〙

brúsh fìre *n.* **1** (大森林の火災と区別しての)やぶ[雑木林]の火事. **2** (突然起こる)小規模な戦闘, 小競り合い, 紛争. 〘1850〙

brúsh fòoted bútterfly *n.* 〖昆虫〗 ヒョウモンチョウ科・ジャノメチョウ科など前肢が退化してブラシ状になっているチョウの総称.

brúsh hàrrow *n.* 丈夫な木の枝で作った覆土用のまぐわ.

brúsh hòok *n.* やぶ刈りがま (bush hook).

brúsh·ing *adj.* **1** かする, かすって通る. **2** 突進する, 速い (brisk): a ～ gallop 疾駆. ― *n.* **1** ブラシ[はけ]をかけること. **2** [*pl.*] 掃き集めた[落とした]物. 〘(*c*1460): ⇨ -ing¹,²〙

brúsh·lànd *n.* 《米》やぶで覆われた地域. 〘1853〙

brúsh·less *adj.* **1** ブラシのない. **2** 〈シェービングクリームが〉ブラシの要らない. 〘(1838): ⇨ -less〙

brúsh-òff *n.* [しばしば the ～] そっけない拒絶[解雇]: give an applicant *the* ～ 申込者をけんもほろろに拒絶する / get *the* ～ 肘鉄を食う, 冷たくあしらわれる. 〘1941〙

brúsh ràbbit *n.* 〖動物〗 シバウサギ (*Sylvilagus bachmani*) (アメリカの西海岸に生息する小形のウサギ; 体長 30–38 cm, 体色は茶色で, 尾の下は白色).

brúsh·stròke *n.* はけ[筆]づかい.

brúsh-tàiled phalánger *n.* 《豪》〖動物〗 ＝tuan².

brúsh·tàil (póssum) *n.* 〖動物〗 フクロギツネ (*Trichosurus*) (尾が長い毛でおおわれるオーストラリア産クスクス科フクロギツネ属 3 種の総称; 特にフクロギツネ (*T. vulpecula*)).

brúsh tùrkey *n.* 〖鳥類〗 ツカツクリ (megapode); (特に)ヤブツカツクリ (*Alectura lathami*) (ニューギニア, オーストラリア産ヤブツカツクリ属の, 全体がほとんど黒色で裸出した赤い皮膚の頭部をもつ大形の鳥; 森林の奥に塚[巣]を造る). 〘1847〙

brúsh·ùp *n.* **1** (忘れかけた学科・学問などの)再勉強, 復習; (鈍った技術・腕などの)磨き直し, さび落とし: a ～ *on* French / a special ～ course 特別復習コース. **2** 《英》磨き; 身づくろい: have a wash and ～ (運動の後などで)体を洗って身づくろいをする. 〘1897〙

brúsh-wèeder *n.* 回転ブラシ除草機 (農機具).

brúsh whèel *n.* ブラシ車 (掃除または磨くためのもの). 〘1875〙

brúsh wòlf *n.* 《米》〖動物〗 コヨーテ.

brúsh·wòod *n.* **1** 折った小枝, しば, そだ. **2** 低木の茂み, 茂ったやぶ. 〘*a*1338〙

brúsh·wòrk *n.* **1** 絵画 (painting). **2** 筆扱い, 筆致, ブラシュワーク; 画法, 画風: Renoir's ～. 〘1868〙

brush·y¹ /brʌ́ʃi/ *adj.* (**brush·i·er**; **-i·est**) はけのような, もじゃもじゃの, 毛深い (bushy): a ～ tail ふさふさした尾. **brúsh·i·ness¹** *n.* 〘(1673): ⇨ brush¹＋-y⁴〙

brush·y² /brʌ́ʃi/ *adj.* (**brush·i·er**; **-i·est**) やぶの多い, やぶの茂った. **brúsh·i·ness²** *n.* 〘(1658): ⇨ brush²＋-y⁴〙

brusk /brʌ́sk | brúːsk, brúsk, brʌ́sk/ *adj.* (～·**er**; ～·**est**) ＝brusque.

brusque /brʌ́sk | brúːsk, brúsk, brʌ́sk; *F.* bʁysk/ *adj.* (**brusqu·er**; **-est**) 〈言葉・態度などが〉ぶっきらぼう[無愛想]な, そっけない, 木で鼻をくくったような, 荒っぽい (⇨ blunt SYN): a ～ manner [welcome] そっけない態度[迎え方]. **～·ly** *adv.* **～·ness** *n.* 〘(1601) ☐ F ～ ☐ It. *brusco* rude, sharp < VL **bruscum* (混成) ← L *ruscum* butcher's broom＋VL **brūcus* heather〙

brus·que·rie /brʌ̀skərí: | brúːskəri, brús-, brʌ́s-; *F.* bʁyskəʁi/ *n.* そっけなさ, ぞんざい, 無愛想. 〘(1752) ☐ F ～: ⇨ ↑, -ery〙

brus·sels /brʌ́səlz, -slz/ *n.* [時に B-] 《英口語》＝Brussels sprout 2.

Brus·sels /brʌ́səlz, -slz/ *n.* ブリュッセル (ベルギー中部にある同国の首都; NATO, EU 本部がある; フラマン語名 Brussel /brʏ́səl/, フランス語名 Bruxelles).

Brússels cárpet *n.* ブリュッセルじゅうたん. 〘1799〙

Brússels classificátion *n.* [the～] 〖図書館〗 ブリュッセル分類法 (⇨ Universal Decimal Classification).

Brússels gríffon *n.* ブラッセルグリフォン (ベルギー種の愛玩(あいがん)犬; 鼻が上向きになっている; 単に griffon ともいう). 〘1904〙

Brússels láce *n.* ブリュッセルレース: **1** 花模様のついた手編みレース. **2** 機械編みのネットの上に別に作ったデザイ

ンをアップリケするレース. 〖1748〗

Brús·sels spróut, b- s- /brʌ́səl(z)-, -sl̩(z)-/ *n.* (*also* **Brús·sel spróut** /brʌ́səl-, -sl̩-/) [通例 *pl.*] **1** 〘植物〙メキャベツ, コモチカンラン (*Brassica oleracea* var. *gemmifera*). **2** 芽キャベツ《メキャベツの直立した茎にたくさんつく球状の芽体; 食用に供する》. 〖1796〗

brut /brúːt; *F.* bʀyt/ *F. adj.* 〈シャンパンが〉最も辛口の, ブリュットの《糖量 1.5% 以下のものにいう》. 〖(1891) □ F ~ 'raw' □ L *brūtus*: ⇨ brute¹〗

Brut¹ /brúːt/ *n.* ブルート: **1** 一群のトロイ人を引きつれて渡来しイングランドを建国したといわれる伝説上の人物 (Brutus). **2** Brut の物語から始まる英国中世の伝説的年代記の総称. 〖(?*a*1300) □ MWelsh *brut* (Welsh *brud* chronicle) // □ ML *Brutus* (Aeneas の曾孫)〗

Brut² /brúːt/ *n.* 〘商標〙ブルート《米国の男性用化粧品》.

bru·tal /brúːtl̩ | -tl/ *adj.* **1 a** 残酷な, 野蛮な (⇨ cruel SYN); 野卑な, 粗暴な (coarse); むちゃな, 不合理な (irrational): ~ treatment 残忍な取扱い. **b** 〈真理・事実など〉(不快なほどに)正しい, 紛れもない, 厳しい: the ~ truth. **c** 〈言葉など〉荒々しい, 直進的な, 激しい. **d** 〈気候など〉耐えられないほど厳しい, とてもいやな. **2** 肉欲的な (sensual). **3** 《古》(人間に対して)獣の; 獣的な, 獣のような, 獣性の, 畜生のような; ~ nature 獣性. **~·ly** *adv.* 〖(*c*1450) □ LL *brūtālis*: ⇨ brute¹, -al¹〗

bru·tal·ism /brúːtəlìzm, -tl̩- | -təl-, -tl-/ *n.* **1** 獣性, 残忍. **2** 〘建築〙ブルータリズム《1950 年代に英国に起きた大胆率直な表現を主張する建築運動; 近代建築のスタイルを破る配管の露出・打放しコンクリート壁など》. 〖(1803): ⇨ ↑, -ism〗

brú·tal·ist /-təlɪ̀st, -tl̩- | -təlɪst, -tl-/ 〘建築〙*n., adj.* ブルータリズムの(建築家). 〖(1934) ← BRUTAL(ISM)+-IST〗

bru·tal·i·ty /bruːtǽləti | bruːtǽlɪ̀ti, brʊ-/ *n.* **1** 野蛮, 残忍, 無慈悲; 獣性. **2** 蛮行, 残虐行為. 〖(1549): ⇨ -ity〗

bru·tal·ize /brúːtəlàɪz, -tl̩- | -təl-, -tl-/ *vt.* **1 a** 残忍[無情]にする. **b** 獣的にする, …に人間性を失わせる (dehumanize). **2** …に残忍な取扱い[仕打ち]をする. — *vi.* 獣的になる. **bru·tal·i·za·tion** /brùːtəlɪ̀zéɪʃən, -tl̩- | -təlaɪ-, -lɪ-, -tl-/ *n.* 〖(*a*1704): ⇨ -ize〗

brute¹ /brúːt/ *n.* **1 a** 獣[畜生]のような人, 人でなし; 粗野な人: a heartless ~ 人非人 / He is a ~ *to* his servants. 使用人に鬼のような主人だ / that ~ of a husband あの人でなしの亭主. **b** 《口語》いやな人, 嫌われ者. **c** [呼び掛け]《口語》ちくしょう: You too, you ~! おまえもか, こんちくしょう (Et tu, Brute に掛けたもの; ⇨ Marcus Junius BRUTUS). **2 a** (人間と区別して)動物, 獣 (beast), 畜生 (cf. Christian¹ 3). **b** [the ~s] 獣類, 畜生. **3** [the ~] (人間の中に潜む)獣性; 獣欲 (lust). — *adj.* [限定的] **1 a** 狂暴な, 野蛮な (brutal): ~ courage 蛮勇 / ~ force むき出しの力, 荒々しい力; 《比喩》力ずくの方法《工夫をこらさない計算手法など》. / by ~ strength 力任せに. **b** 粗野な, 獣的な, 肉欲的な (carnal). **2** 無感覚の, 無生物の, 盲目的な (blind); 理性[知力]の及んでいない: ~ matter 無生物 / the ~ powers of nature 盲目的な自然力. **3** ありのままの, 手を加えてない: the ~ fact (まだ説明のつかない)生(なま)の事実. **4** 理性のない, 動物的な: a ~ beast 理性のない獣 / the ~ creation 獣類, 畜生 / a ~ impulse 動物的衝動. **~·ly** *adv.* **~·ness** *n.* **~·hòod** *n.* 〖(*a*1425) □ OF *brut(e)* □ L *brūtus* heavy, stupid〗

brute² /brúːt/ *vt.* 〘宝石〙〈ダイヤモンドを〉他のダイヤモンド(のかけら)で磨いて形を整える, ブルーティングする. 〖(1903) 《逆成》← BRUTING〗

bru·ti·fy /brúːtəfàɪ | -tɪ-/ *v.* =brutalize.

brut·ing /brúːtɪŋ | -tɪŋ/ *n.* 〘宝石〙ブルーティング《ダイヤモンドを他のダイヤモンドで磨いて形を整えること》. 〖(1903) 《変形》← F *brutage* ← *brut* (⇨ brute²): ⇨ -age〗

brut·ish /brúːtɪʃ | -tɪʃ/ *adj.* **1** 動物[獣類]の; けだもののような. **2** 野蛮な; 獣的な; 粗野な (gross). **3** 鈍感な. **4** 残酷な. **~·ly** *adv.* **~·ness** *n.* 〖(1494) ← BRUTE¹+-ISH¹〗

Bru·ton /brúːtn̩/, **John (Gerard)** *n.* ブルートン (1947– ; アイルランドの政治家; 統一アイルランド党の党首; 首相 (1994–97)).

Brut·ti·um /brʌ́tiəm | -ti-/ *n.* ブルッティウム《Calabria 1 の古代名》. 〖□ L ~〗

bru·tum ful·men /brúːtəmfʌ́lmən, -fúl- | -təm-/ *L. n.* こけおどし (empty threat). 〖(1603) □ L *brūtum fulmen* senseless thunderbolt〗

Bru·tus /brúːtəs | -təs/ *n.* **1** 《英》ブルータス《後ろはぎざぎざで前は額にかぶさったかつら; フランス革命時代に流行した》. 〖(1798) ← *Brutus wig*: M. J. Brutus にちなんでフランス人が呼んだことから〗 **2** =Brut¹ 1.

Bru·tus /brúːtəs | -təs/, **Lucius Junius** *n.* ブルートゥス, ブルータス《紀元前 6 世紀のローマの政治家; 専制君主 Tarquin を追放して共和制の基礎を築く》.

Brutus, Marcus Junius *n.* ブルートゥス, ブルータス (85?–42 B.C.; ローマの政治家・軍人で Julius Caesar 暗殺に加わった; Antony, Octavian と戦い, 敗れて自殺). ★ 有名な Et tu, *Brute* (=And thou too, Brutus) の Brute は Brutus の呼格.

Brux·elles /*F.* bʀysɛl/ *n.* ブリュッセル《Brussels のフランス語名》.

brux·ism /brʌ́ksɪzm/ *n.* 〘医学〙(睡眠中または緊張したときの)歯ぎしり, ブラッキシズム. 〖(1940) ← Gk *brúkhein* to gnash the teeth: ⇨ -ism〗

bry- /braɪ/ (母音の前にくるときの) bryo- の異形.

Bry·an¹ /bráɪən/ *n.* ブライアン《米国 Texas 州中東部, Houston の北西にある都市; 化学工業が盛ん》.

Bry·an² /bráɪən/ *n.* ブライアン《男性名》. 〖《変形》← BRIAN〗

Bry·an /bráɪən/, **William Jen·nings** /dʒénɪŋz/ *n.* ブライアン (1860–1925; 米国の法律家・政治家).

Bry·ansk /briɑ́ːnsk; *Russ.* brʲánsk/ *n.* ブリャンスク《ロシア連邦 Moscow 南西部の都市; Moscow と Kiev との間の鉄道の結節点》.

Bry·ant /bráɪənt/ *n.* ブライアント《男性名》. 〖《変形》← BRIAN〗

Bry·ant /bráɪənt/, **William Cullen** *n.* ブライアント (1794–1878; 米国の詩人・ジャーナリスト; *Poems* (1821)).

Bryce /bráɪs/ *n.* ブライス《男性名》. 〖《変形》← BRICE〗

Bryce /bráɪs/, **James** *n.* ブライス (1838–1922; アイルランド生まれの英国の歴史家・法学者・政治家・外交官; 称号 1st Viscount Bryce).

Brýce Cányon Nátional Párk *n.* ブライスキャニオン国立公園《米国 Utah 州南西部の国立公園; 浸食による奇岩怪石に富む; 1928 年指定; 面積 146 km²》.

Bryl·creem /brɪ́lkriːm/ *n.* 〘商標〙ブリルクリーム《英国製の男性用ヘアクリーム》.

Bryn·hild /brɪ́nhɪld/ *n.* 〘北欧伝説〙ブリュンヒルド (*Volsunga Saga* で戦いの乙女 (Valkyries) の一人: Sigurd と婚約するが, 彼は Grimhild に忘れ薬を飲まされてそれを忘れ, 彼女は Gunnar と結婚させられる; Gunnar に Sigurd を殺させるが, 彼女も Sigurd を載せた燃え立つ薪の中に身を投じて死ぬ; *Nibelungenlied* の Brunhild と同一視される). 〖cf. Brunhild〗

Bryn·ner /brɪ́nə | -nə/, **Yul** /júːl/ *n.* ブリンナー (1915–85; サハリン (Sakhalin) 生まれの米国の映画俳優; 坊主頭が有名; *The King and I* (1956)).

bry·o- /bráɪoʊ | bráɪəʊ/「苔(こけ) (moss)」の意の連結形. ★ 母音の前では通例 bry- になる. 〖← *bryon* moss □ Gk *brúon*〗

bry·o·log·i·cal /bràɪəlɑ́(ː)dʒɪ̀kəl, -kl̩ | -lɔ́dʒɪ-ˊ/ *adj.* 蘚苔(せんたい)学の. 〖← BRYOLOGY+-ICAL〗

bry·ól·o·gist /-dʒɪ̀st | -dʒɪst/ *n.* 蘚苔学者. 〖(1830): ⇨ ↓, -ist〗

bry·ol·o·gy /braɪɑ́(ː)lədʒi | -ɔ́l-/ *n.* 蘚苔学. 〖(*c*1859) ← BRYO-+-LOGY〗

bry·o·ny /bráɪəni/ *n.* **1** 〘植物〙ブリオニア《ヨーロッパ・アフリカ北部に産するウリ科のつる植物》; (特に)シロブリオニア (*Bryonia alba*), ブリオニア (*B. dioica*) (white bryony ともいう). **2** [しばしば *pl.*] ブリオニアの干した根《下剤に用いる》. 〖lateOE *bryonia* □ L *bryonia* □ Gk *bruōnía* ← *brúein* to swell〗

Bry·oph·y·ta /braɪɑ́(ː)fətə | -ɔ́fɪtə/ *n. pl.* 〘植物〙蘚苔門. 〖← NL ~ ← BRYO-+-*phyta* ((pl.) ← Gk *phúton* plant)〗

bry·o·phyte /bráɪəfàɪt/ *n.* 〘植物〙蘚苔(せんたい)門の植物《柄と葉を有するが, 維管束組織と根を欠き, 胞子で繁殖する; liverwort, moss など》. **bry·o·phyt·ic** /bràɪəfɪ́tɪk | -tɪkˊ/ *adj.* 〖(1878) ↑〗

Bry·o·zo·a /bràɪəzóʊə | -zə́ʊə/ *n. pl.* 〘動物〙(触手動物門)コケムシ綱. 〖(1847–49) ← NL ~: ⇨ bryo-, -zoa〗

bry·o·zo·an /bràɪəzóʊən | -zə́ʊ-ˊ/ *adj., n.* コケムシ綱の(動物) (sea mat)《水中の石や植物に苔(こけ)のように付着する》. 〖(1864): ⇨ ↑, -an¹〗

Bryth·on /brɪ́θɑ(ː)n, -θən | -θən/ *n.* **1** ブリソン人《昔 Great Britain 島南西部の Wales や Cornwall などに住んだケルト族で, Briton 人の一派に属する人》. **2** ケルト系のブリトン語を話す人. 〖(1884) □ Welsh ~ ← Celt. **Britto* 'BRITON'〗

Bry·thon·ic /brɪ̀θɑ́(ː)nɪk | -θɔ́n-/ *adj.* ブリソン人の; ブリトン語群の. — *n.* ブリトン語(群)《ケルト語派 (Celtic) の一分派で, Welsh, Cornish, Breton を含む; cf. Goidelic》. 〖(1884): ⇨ ↑, -ic¹〗

brz. 《略》bronze.

Brześć nad Bu·giem /*Pol.* bʒɛ́ɕtɕnadbúg'ɛm/ *n.* ブジェシチ ナド ブギェム (Brest² のポーランド語名).

Brze·zi·nka /bʒɛzíŋka/ *n.* ブジェジンカ (Birkenau のポーランド語名).

bs 《記号》Bahamas (URL ドメイン名).

BS 《略》*L.* Baccalaureus Scientiae (=Bachelor of Science); Bachelor of Surgery; British Standard(s); 〘自動車国籍表示〙Bahamas.

B$ 《記号》〘貨幣〙Bahama dollar(s).

B/s 《略》bags; bales.

B/S., BS, b/s, b.s. 《略》〘会計〙balance sheet; 〘商業〙bill of sale 売上証, つけ; 《卑》bullshit.

b.s. 《略》back stage.

BSA 《略》Bachelor of Science in Agriculture; Bachelor of Scientific Agriculture; Bibliographical Society of America アメリカ書誌学会; Birmingham Small Arms (Company); Boy Scouts of America; British South Africa.

BSAA 《略》Bachelor of Science in Applied Arts; 〘航空〙British South American Airways.

BSAE 《略》Bachelor of Science in Aeronautical Engineering; Bachelor of Science in Agricultural Engineering; Bachelor of Science in Architectural Engineering.

BSAg 《略》Bachelor of Science in Agriculture.

BSArch 《略》Bachelor of Science in Architecture.

BSB 《略》Bachelor of Science in Business.

BSc 《略》*L.* Baccalaureus Scientiae (=Bachelor of Science).

BSC 《略》Bachelor of Science in Commerce; British Steel Corporation 英国鉄鋼公社 (1967 年設立); British Sugar Corporation; 《英》Broadcasting Standards Council 放送基準審議会.

BSCh 《略》Bachelor of Science in Chemistry.

B̸-schòol /bíː-/ *n.* 《口語》=business school.

B̸-scòpe *n.* 〘電気〙B スコープ, B 表示《レーダーの表示方法の一種で, 横軸に方位, 縦軸に距離をとったもの; cf. H-scope》.

BSE /bíːèsíː/ 《略》Bachelor of Science in Education; bovine spongiform encephalopathy.

BSEc 《略》Bachelor of Science in Economics.

BSEcon 《略》Bachelor of Science in Economics.

BSEd 《略》Bachelor of Science in Education.

BSEE 《略》Bachelor of Science in Elementary Education.

B̸-sètting *n.* 〘写真〙シャッター制御装置が解除になるまでシャッターが開いたままになるセット方式.

BSFor 《略》Bachelor of Science in Forestry.

BSFS 《略》Bachelor of Science in Foreign Service.

BSGDG, b.s.g.d.g. 《略》〘商業〙*F.* Breveté sans garantie du gouvernement 仮特許 (Patented without government guarantee).

bsh. 《略》bushel(s).

BSI 《略》British Standards Institution 英国規格協会; Building Societies Institute.

B̸-sìde *n.* (*also* **B̸ sìde**) (レコードの) B 面 (flip side).

B-size *adj.* B 判の《紙の寸法の規格; ANSI 規格では 11×17 インチ[タブロイド版]大; cf. A sizes》.

BSJA 《略》British Show Jumping Association.

bskt 《略》basket.

BSL 《略》Bachelor of Sacred Literature; Bachelor of Science in Languages; Bachelor of Science in Law; Bachelor of Science in Linguistics; Blue Star Line (船会社); boatswain sublieutenant; Botanical Society of London ロンドン植物学会; British Sign Language.

Bs/L 《略》bills of lading.

BSM 《略》Battery Sergeant-Major; branch sales manager; Bronze Star Medal.

B̸S Màrk *n.* =British Standards Mark.

bsmt, B- 《略》basement.

BSN 《略》Bachelor of Science in Nursing.

B̸ Spécial *n.* B 特殊警察隊員《1970 年までの北アイルランドの, 主にプロテスタント勢力による臨時警察部隊の隊員》.

BSS 《略》British Standards Sizes; British Standards Specification.

BSSc, B Soc Sc 《略》Bachelor of Social Science.

BST /bíːèstíː/ 《略》Bering standard time; 〘生化学〙bovine somatotropin; British Standard Time; British Summer Time.

B̸-stàge résin *n.* 〘化学〙B 樹脂 (⇨ resitol).

BSU 《略》《米》Black Students Union.

B̸ supplỳ *n.* 〘電子工学〙=B power supply.

bt 《略》baronet; beat; boat; bolt; bought; brevet.

bt 《記号》Bhutan (URL ドメイン名).

Bt 《略》Baronet; Benefit; Brevet.

BT 《略》*L.* Baccalaureus Theologiae (=Bachelor of Theology); 〘海洋〙bathythermograph; 〘海運〙berth terms 定期航路条件《定期航路における荷役賃その他についての用船契約の条件》; British Telecom.

BTA 《略》[the ~] British Tourist Authority 英国政府観光庁.

BTh 《略》*L.* Baccalaureus Theologiae (=Bachelor of Theology).

B.th.u., BThU, BThu 《略》British thermal unit(s).

btl. 《略》bottle.

btm 《略》bottom (婉曲) 臀部(でんぶ).

btn 《略》baton; button.

BtoB /bíːtùːbíː/ 《略》business-to-business 企業間の (BZB とも表記する).

btry, bty 《略》battery.

Btu, btu, BTU 《略》British thermal unit(s).

BTU 《略》《英》Board of Trade Unit.

BTW, btw 《略》(電子メールなどで) by the way.

bu., bu 《略》bureau; buried (at) …に埋葬; bushel(s).

Bu. 《略》Bureau.

b.u. 《略》base unit.

BUA 《略》〘航空〙British United Airways.

Bual /bwɑ́ːl, buɑ́ːl; *Port.* buáɫ/ *n.* ブアル《マデイラワイン用ぶどうの一品種; それから造ったこくのある甘口ワイン; Boal ともいう》. 〖(1882) □ Port. *boal*〗

BUAV 《略》British Union for the Abolition of Vivisection 英国生体実験廃止協会.

bub¹ /bʌ́b/ *n.* **1** [主に少年・若者に対する呼び掛けに用いて]《米口語》あんちゃん, 若いの, おい. ★ 相手に対して優越感を含意する. **2** 《豪俗》赤んぼ. 〖(1839) 《短縮》← BUBBY¹: cf. sis〗

bub² /bʌ́b/ *n.* [通例 *pl.*] =bubby².

bu·bal /bjúːbəl, -bl̩/ *n.* (*also* **bu·bale** /~/) 〘動物〙=bubalis.

bubales *n.* bubalis の複数形.

bu·ba·line /bjúːbəlàɪn, -lɪ̀n | -làɪn, -lɪn/ *adj.* 〘動物〙キタハーテビースト (bubalis) の(ような). 〖(1827): ⇨ ↓, -ine¹〗

bu·ba·lis /bjúːbəlɪ̀s | -lɪs/ *n.* (*pl.* **bu·ba·les** /-lìːz/) 〘動物〙キタハーテビースト (*Alcelaphus buselaphus*)《アフリカ北部産の大きなレイヨウの一種; 今ではほとんど絶滅している》. 〖(*a*1398) *bubal* □ L *būbalus* □ Gk *boúbalos* (アフリカ産の antelope)〗

Bu·bas·tis /bjuːbǽstɪ̀s | -bǽstɪs/ *n.* ブバスティス: **1** Nile デルタの Zagazig 付近にあった古代エジプト都市. **2** 同市の地方神《頭部が猫またはライオンの女神で, Bast ともいう》.

B

bub·ba /bʌ́bə/ *n.* 《米俗》=brother《愛称・呼び掛けとして用いる》; 南部の無教養な白人男性, (ステレオタイプ化された) 南部白人. 〖(late 20th c.)《転訛》← BROTHER〗

bub·ble /bʌ́bl̩/ *n.* **1 a** (液体中の)泡, あぶく: soap ~s. **b** (ガラスなどの中の)泡. **c** 泡立ち, 気泡. **d** (空気中の)シャボン玉: blow (soap) ~s シャボン玉を吹く; 空論にふける / prick [burst] a [the] ~ ⇨ prick *v.* 成句. **e** (漫画の)吹き出し (speech bubble). **f** 《スコット》鼻汁, 「鼻からちょうちん」. **2 a** 泡みたいな(実体・確実性のない)もの, 泡沫(ほうまつ): a ~ company 泡沫会社. **b** 詐欺, いんちき (fraud): The ~ has burst. 詐欺がばれた《化けの皮がはげた》/ ⇨ South Sea Bubble. **3 a** 半球状または半円筒状の物, (テニスコート・プールなどを覆う透明の)ドーム構造物. **b** =bubble car. **c** 《米口語》自動車 (motorcar). **d** 〘航空〙=bubble canopy. **e** =bubble skirt. **4 a** (水などの)ぶくぶく煮えたぎること: at the ~. **b** ぶくぶく《泡立ちの音》. **5** 〘電算〙(磁気)バブル, 泡磁区 (magnetic bubble): ⇨ bubble memory.

be on the búbble 《米》難しい立場にいる.

búbble and squéak 《英》バブルンドスクィーク《じゃがいもやキャベツなどの野菜を肉とともにいためた料理; 今日では肉を入れないことが多い; 料理を作るときに出る音から》. 《1785》

— *vi.* **1** 泡立つ, 泡になって出る ⟨*out, up*⟩; 沸騰する (effervesce). **2** ぶくぶく音を立てる; ⟨泉などが⟩湧く; ⟨水などが⟩さらさら流れる (gurgle). **3** 〔喜びなどに〕満ちあふれる, からから笑う, 興奮する〔*with*〕: ~ *with* laughter 笑いさざめく[はしゃぐ]. **4** 快活に話す, 生き生きと動く. — *vt.* **1** 泡立たせる. **2** ⟨言葉を⟩興奮して発する. **3** ⟨赤ん坊⟩におくび[げっぷ]を出させる. **4** 《古》欺く, だます (cheat)〔*into*〕.

búbble óver (1) 泡立ちあふれる, 沸きこぼれる. (2) ⟨興奮・喜びなどが⟩沸き立つ. (3) ⟨人が⟩〔喜び・怒り・興奮などで〕あふれんばかりである, からから笑う, 興奮する〔*with*〕: ~ *over with* joy [fun] 喜んで[愉快に]笑いさざめく.
〖(*c*1325) *bobel*《擬音語》: cf. Du. *bobbel* bladder, bubble: cf. burble〗

SYN 泡: **bubble** あぶくの一つ一つを指す; またあぶくのようにはかないものの意味で比喩的に用いられることが多い: A big *bubble* formed and soon burst. 大きな泡ができたがすぐ消えた. **foam** 液体の表面の白っぽい泡のかたまり《次の *froth* と交換して用いることがあるが, *foam* の方が上品な感じを与える》: the *foam* on the sea 海の表面の白い泡. **froth** ビールなどの表面の泡《白くなくてもよい》: the *froth* on a glass of beer ビールのグラスの泡. **lather** ひげそりの際の石鹸などの泡: work up a *lather* with a sponge スポンジで石鹸の泡を立てる.

búbble bàth *n.* **1** (表面に泡を立たせる溶剤などを入れる)泡風呂. **2** 泡立て溶剤[結晶体, 粉末]. 〖1949〗

búbble cànopy *n.* 〘航空〙(飛行機の)水滴型風防 (cf. canopy 4).

búbble càp *n.* 〘化学〙バブルキャップ, 泡鐘《精留塔において蒸気を泡状に分散させるために用いる鐘形の帽子》.

búbble càr *n.* バブルトップの車 (bubble top)《通例三輪の小型自動車; 単に bubble ともいう》. 〖1957〗

búbble chàmber *n.* 〘物理〙泡箱(あわばこ)《過熱状態の液体中の泡の生成によって荷電粒子の飛跡を観測する装置; 米国の物理学者 D. A. Glaser の発明; cf. cloud chamber》. 〖1953〗

búbble dànce *n.* 《米》バブルダンス《風船を裸体につけて踊る煽情的な女性のソロダンス; cf. fan dance》.

búbble dàncer *n.* 《米》(キャバレーなどの)バブルダンサー (cf. fan dancer). 〖1936〗

búbble flòat *n.* 〘釣〙玉浮き《中空の球状の浮き》.

búbble·gùm *n.* **1** 風船ガム. **2** 〘音楽〙バブルガム《ローティーンにうける単調な歌詞のロック; bubble gum music ともいう》. 〖1937〗

búbble·hèad *n.* 《米俗》ばか, まぬけ, 脳なし《特に女性》.

búb·ble-jèt *n.* 〘電算〙バブルジェットプリンター《インクジェット式プリンターの一種; 熱を用いてインクを噴出する; bubblejet printer ともいう》.

búbble lìft *n.* 《口語》キャビンリフト《キャビンがつり下っているスキーリフト》.

búbble mèmory *n.* 〘電算〙(磁気)バブルメモリー《磁気バブルを利用したメモリー; cf. bubble *n.* 5》. 〖1969〗

búbble nèst *n.* (ある種の魚が作る)泡《その中に産卵する》.

búbble pàck *n.* (中の物が透けて見える)プラスチックの包み, パック (blister pack).

búb·bler /-blə, -bl̩ə | -blə^r, -bl̩-/ *n.* **1** 〘魚類〙=freshwater drum. **2** 飲用噴水 (drinking fountain), 噴水用飲み口. **3** 〘化学〙バブラー《液体中を細かい気泡として気体を通過させる装置》. 〖(1720): ⇨ bubble, -er[1]〗

búbble shèll *n.* 〘貝類〙 **1** ナツメガイ《ナツメガイ属 (*Bulla*) の貝類の総称; ナツメガイ (*B. vernicosa*) など》. **2** 薄い殻をもった巻貝の総称. 〖1854〗

búbble skìrt *n.* バブルスカート《ふわっと丸みをもたせた短いスカート; 単に bubble ともいう》.

búbble·tòp *n.* (*also* **búbble-tòp**) **1** ドーム形の透明な屋根《プール・中庭などの》. **2** バブルトップ《自動車の透明なドーム形屋根; 特に, 防弾装置を施しパレードなどで高官の乗る車に用いる》; バブルトップ車.

búbble tòwer *n.* 〘化学〙精留塔《蒸留釜に付属して精留 (rectification) を行わせる塔状の装置》.

búbble tùbe *n.* 気泡管《気泡と液体を入れたガラス管の水準器》. 〖1888〗

búbble wràp *n.* (われもの梱包用などの)発泡ビニールシート, バブルラップ.

búb·bling /-blɪŋ, -bl̩-/ *adj.* (ぶくぶくと)泡立つ, 沸く. **~·ly** *adv.* 〖(1583): ⇨ -ing[2]〗

búb·bly /-bli, -bli/ *adj.* (**bub·bli·er; -bli·est**) **1** ⟨人が⟩陽気にはしゃぐ, 元気のいい. **2** 泡の多い, 泡だらけの; 泡立つ. **3** 泡に似た, 泡状の. — *n.* 《俗》シャンパン; 発泡性ワイン: a bottle of (the) ~. 〖(1599): ⇨ -ly[2]〗

búbbly-jóck /-dʒɑ̀(ː)k | -dʒɔ̀k/ *n.* 《スコット》雄の七面鳥 (turkey cock). 〖(1814) ← BUBBLY + JOCK[2]〗

bub·by[1] /bʌ́bi/ *n.* [主に親愛を込めた呼び掛けに用いて]《米口語》兄弟, 相棒. 〖(1848–60)《変形》← BROTHER〗

bub·by[2] /bʌ́bi/ *n.* 《俗》(女の)乳房, 「ボイン」(breast)《特に, 豊満なものについていう》. 〖(1686) ← ? *bub*: 赤ん坊の叫び, また乳を吸うときの音からか: ⇨ -y[2]: cf. G《方言》*Bübbi* teat〗

búbby cìrcus *n.* 《俗》トップレスショー.

Bu·be /búːbeɪ/ *n.* (*also* **Bu·bi** /búːbi/) (*pl.* ~, ~s) **1 a** [the ~(s)] ブーベ族《西アフリカ西部 Biafra 湾にある Bioko 島の Bantu 語を用いる先住民》. **b** ブーベ族の人. **2** ブーベ語《Bantu 諸語の一つ》. 〖□ *Bantu*: 現地語〗

Bu·ber /búːbə | -bə^r; G. búːbɐ/, **Martin** *n.* ブーバー《1878–1965; オーストリア生まれのユダヤ人の哲学者・神学者; *Ich und Du*「我と汝」(1923)》.

bu·bing·a /buːbíŋ(g)ə/ *n.* **1** 〘植物〙熱帯西アフリカ産のマメ科の高木の総称; (特に) *Didelotia africana*. **2** (それから得られる)堅くて赤色を帯びた家具用材. 〖← Bantu〗

bu·bo /b(j)úːboʊ | -bəʊ/ *n.* (*pl.* ~**es**) 〘病理〙横痃(おうげん), 横根(よこね), 便毒. 〖(*a*1398) □ ML *būbō(n-)* □ Gk *boubṓn* groin〗

Bu·bo·na /bjuːbóʊnə | -bə́ʊ-/ *n.* ブーボーナ《古代ローマの女神; 牛の守護神》. 〖□ L *Būbōna* ← *bōs* ox〗

bu·bon·ic /b(j)uːbɑ́(ː)nɪk | -bɔ́n-/ *adj.* 〘病理〙横痃(おうげん)の[を伴う]. 〖(1871) ← ML *-būbō(n-)* 'BUBO' + -IC[1]〗

bubónic plágue *n.* 〘病理〙(鼠径(そけい))腺ペスト《普通のペスト》. 〖1885〗

bu·bon·o·cele /b(j)uːbɑ́(ː)nəsìːl | -bɔ́n-/ *n.* 〘病理〙鼠径ヘルニア. 〖(1615) ← ML *būbōn-* (⇨ bubo) + -o- + -CELE[1]〗

bu·bu /búːbuː/ *n.* =boubou[1].

Bu·ca·ra·man·ga /bùːkərəmɑ́ːŋgə | bukærə-mǽŋ-; *Am.Sp.* bukaɾamáŋga/ *n.* ブカラマンガ《南米コロンビア共和国中北部, オリエンタル山脈中の都市; コーヒー・タバコ・綿の栽培中心地》.

bu·ca·ti·ni /bùːkətíːni; *It.* bukatíːni/ *n. pl.* ブカティーニ《穴のあいた細長いパスタ》. 〖It.〗

buc·cal /bʌ́kəl, -kl̩/ *adj.* **1** 〘解剖〙頬(ほお)の; 頬側(きょうそく)の; 口の: the ~ cavity 口腔. **2** 〘歯科〙頬面の (cf. lingual 1 b). 〖(1605) ← L *bucca* cheek, mouth cavity ← ? IE **b(h)eu-* to swell (cf. boil[1, 2]): ⇨ -al[1]〗

buc·ca·neer /bʌ̀kəníə | -níə^r/ *n.* **1 a** 17–18 世紀にカリブ海で西インド諸島のスペイン領沿岸や商船を襲った海賊. **b** 海賊 (pirate). **2** (政界・実業界の)山師, いんちき師 (adventurer). — *vi.* 海賊を働く.
~·ish /bʌ̀kəníərɪʃ | -níər-/ *adj.* 〖(1661) □ F *boucanier*《原義》hunter of wild oxen ← *boucan* frame for smoking and roasting meat〗

bùc·ca·néer·ing /-níərɪŋ | -níər-/ *adj.* (特にビジネスで)投機的な, リスクが多くて冒険的な.

buc·ci·na·tor /bʌ́ksənèɪtə | -sl̩nèɪtə^r/ *n.* 〘解剖〙頬筋(きょうきん)《頬の筋肉》. **buc·ci·na·to·ry** /bʌ́ksənətɔ̀ːri, -nèɪtəri | -nèɪtəri/ *adj.* 〖(1671) □ L ~ 'trumpeter' ← *buccināre* to blow the trumpet ← *bucca* cheek: ⇨ buccal〗

buc·co- /bʌ́koʊ | -kəʊ/「頬(ほお)と…との」の意の連結形. 〖← L *bucca*: ⇨ buccal〗

bùcco·língual *adj.* 〘解剖〙頬と舌の[に関する]; 頬舌(きょうぜつ)(側)の.

Bu·cel·las /b(j)uːséləs/ *n.* ブセラス(ワイン)《ポルトガル産の白ワイン》. 〖(1836) □ Port. ~ (ポルトガルの Lisbon 近辺の原産地)〗

bu·cen·taur[1] /bjuːséntɔːə | -tɔː^r/ *n.* 牛身ケンタウロス《半身は雄牛で半身は人間の姿をした怪物; cf. centaur 1》. 〖← Gk *boûs* ox + *kéntauros* 'CENTAUR'〗

bu·cen·taur[2] /bjuːséntɔːə | -tɔː^r/ *n.* ベニス総督 (doge) 公式座乗船 (state barge)《毎年昇天祭の日に, この船に乗って指輪を海中に投じて Venice とアドリア海との結婚の儀式 (marriage of the Adriatic) を行った》. 〖(1612) □ F *bucentaure*《↑との連想による変形》← It. *bucentoro* ←《方言》**bucio int'oro* barge in gold〗

Bu·ceph·a·lus /bjuːséfələs/ *n.* **1** ブーケファロス《Alexander 大王の軍馬の名》. **2** [b-] (*pl.* ~**·es, -a·li** /-làɪ/)《古》[しばしば皮肉に] 勇ましい馬, 駻馬(かんば); 乗用馬. 〖(1601) □ Gk *bouképhalos* ← *boûs* ox + *kephalḗ* head〗

Buch·an /bʌ́kən, -xən/, **Alexander** *n.* バカン, バハン《1829–1907; スコットランドの気象学者》.

Buchan, Sir John *n.* バカン《1875–1940; スコットランドの小説家・歴史家・政治家; カナダ総督 (1935–40); *The Thirty-Nine Steps* (小説, 1915), *Montrose* (伝記, 1913, '28); 称号 1st Baron Tweedsmuir》.

Bu·chan·an /bjuːkǽnən, bə-/, **James** *n.* ビューカナン《1791–1868; 米国の政治家; 第 15 代大統領 (1857–61)》.

Buchanan, James M(cGill) *n.* ブキャナン《1919–2013; 米国の経済学者; Nobel 経済学賞 (1986)》.

Bu·chan·an, Robert (Williams) ★ スコットランドでは普通 /bə-/ と発音する. *n.* ブキャナン《1841–1901; スコットランド生まれの英国の小説家・詩人; ラファエロ前派に対する攻撃で知られる》.

Bu·cha·rest /búːkərèst, bjúː- | ⏑⏑⏑, ⏑⏑⏑/ *n.* ブカレスト, ブクレシュティ《ルーマニア南東部にある同国の首都; ルーマニア語名 București》.

Buch·en·wald /búːkənwɔ̀ːld, -wɑ̀ːlt | -vælt; G. búːxn̩valt/ *n.* ブーヘンヴァルト《ドイツ Thuringia 州中部 Weimar 近くの村; 虐待暴行で有名なナチの強制収容所があった (1937–45)》.

buch·ite /búːkaɪt/ *n.* 〘岩石〙ブッカイト《高熱変成岩の一種》. 〖□ G *Buchit* ← Baron Christian L. von Buch (1774–1853: ドイツの鉱物学者): ⇨ -ite[1]〗

Buch·man /búkmən, bʌ́k-/, **Frank (Nathan Daniel)** *n.* ブックマン《1878–1961; 米国のプロテスタント牧師; 道徳再武装運動 (Moral Re-Armament Movement) の提唱者》.

Búch·man·ìsm /-nɪzm/ *n.* ブックマン運動[主義]《F. Buchman が創始した宗教運動で, 初代教会のような純粋な信仰を主張する; この運動は英国では Oxford Group Movement, 米国では Moral Re-Armament [MRA] Movement となった》. 〖(1928): ⇨ ↑, -ism〗

Buch·man·ite /búkmənàɪt, bʌ́k-/ *n., adj.* ブックマン主義者(の). 〖(1928): ⇨ -ite[1]〗

Buch·ner /búknə, búːk- | -nə^r; G. búːxnɐ/, **Eduard** *n.* ブーフナー《1860–1917; ドイツの化学者; アルコール発酵が酵母菌のもつ酵素によることを実証; Nobel 化学賞 (1907)》.

Büch·ner /búknə, b(j)úːk- | -nə^r; G. býːçnɐ/, **Georg** *n.* ビューヒナー《1813–37; ドイツの詩人・劇作家; 表現主義の先駆と目される》.

Büch·ner funnel /búknə-⏑⏑, b(j)úːk- | -nə-; G. býːçnɐ-/ *n.* 〘化学〙ビューヒナー漏斗《小穴の多数あいた濾過(ろか)板を中に入れた磁製の漏斗で, 濾紙を敷いて吸引濾過する》. 〖← *Ernst Büchner* (19 世紀ドイツの化学者)〗

bu·chu /búːkuː/ *n.* **1** 〘植物〙ブッコノキ (*Barosma betulina*)《南アフリカ産のミカン科の低木》. **2** ブッコノキの乾燥葉《医薬・ブランデー香料》. 〖(1731) □ Afrik. *boegoe*《現地語》〗

Buch·wald /bʌ́kwɔːld, -wɑːld | -wɔːld/, **Art** *n.* バックウォルド《1925– ; 米国のコラムニスト; 皮肉のきいたユーモラスな語り口で人気がある; Pulitzer 賞 (1982)》.

buck[1] /bʌ́k/ *n.* (*pl.* ~**s**; **2** では ~**s**, ~) **1** 《米口語・豪口語》ドル (dollar): big ~s 大金 / be in the ~s 資金がたんまりある / make a ~ ひともうけする / make a fast [quick] ~ (不正に)さっとひともうけする / ⇨ fast buck / like a million ~s ⇨ like a MILLION dollars. 《(略) ← ? BUCKSKIN: アメリカインディアンとの交換の単位として用いられたことから》 **2 a** [しばしば複合語の第 2 構成素として]《南ア》アフリカ南部産のレイヨウ (antelope): ⇨ bushbuck, springbuck. **b** 雄鹿 (stag) (cf. deer, hind[1]). **c** (トナカイ・レイヨウ・ウサギ・ヒツジ・ヤギ・ネズミ・カンガルーなどの)雄 (↔ doe). **d** 《米》雄羊 (ram). **3 a** 《米口語》元気な若者: Old ~! おい君. **b** [しばしば軽蔑的に]《米俗》男性[若造]のインディアン[黒人]. **c** 《英古》粋なしゃれ男, 威勢のいいだて者 (dandy). **4 a** バックスキン《鹿の皮からつくったスエード革》. **b** バックスキン製品. **5** 《(略) ← SAWBUCK》 **a** 支える物. **b** (のこぎりの)引台, 木びき台. **c** (体操用の)跳馬. **d** 仕切り[隔壁]用の戸の木の枠組.
— *adj.* [限定的] **1** 雄の: a ~ rabbit [shad] 雄のうさぎ[にしん]. **b** 《米俗》⟨インディアン・黒人などが⟩男の (male): a ~ Indian, Negro, etc. / ⇨ buck party. **2** 《米俗》最下級の: ⇨ buck private, buck sergeant.
— *vt.* ⟨木などを⟩のこぎりでひく, ひき割る.
〖ME *bukke*《混成》← OE **bucc* male deer (< Gmc **bukkaz* (G *Bock*) + OE *bucca* he-goat (< Gmc **bukkōn*): いずれも IE **bhūgo-* male animal にさかのぼる)〗

buck[2] /bʌ́k/ *vi.* **1** ⟨馬・ろばが⟩(急に背を曲げて)跳ね上がる; 跳ねて乗り手や積み荷を振り落とそうとする ⟨*off*⟩. **2** 《口語》**a** ⟨山羊などが⟩(頭を下げて)突く, 〔…に〕頭[角]で突きを入れる (butt)〔*at, against*〕. **b** 頑固に抵抗する, 強く反対する; 〔…に〕挑む, 挑戦する〔*at, against*〕: ~ *at* improvements 改善に反対する / ~ *against* fate 運命に挑む. **3** 《米口語》⟨車が⟩急に[がくんと]動く; ⟨エンジンなどが⟩がくがく動く. **4** 《米俗》〔昇進・有利な地位などを〕得ようとして躍起になる〔*for*〕. — *vt.* **1 a** ⟨馬などが⟩⟨乗り手などを⟩振り落とそうとする ⟨*off*⟩ (cf. buckjump): ~ *off* a person ⟨馬が⟩人を跳ね落とす. **b** (機械装置などで)⟨重い物などを⟩動かす, 積む. **c** ⟨他の人へ⟩渡す, 回す〔*to, on to*〕. **2** 《米》**a** 《口語》…に頑固に抵抗する, 強く反対する: ~ the system 体制に強く反対する. **b** (ラグビー・アメフトなどで頭を下げて)⟨敵陣に⟩突入する; ⟨障害物などを⟩ものともせずに突き進む. **c** 《古》⟨山羊などが⟩(頭を下げて)突く (butt). **3** …に対して一か八かやってみる; ⟨金を⟩賭ける. **4** ⟨リベット・鋲を⟩打つときに工具を当てがって支える ⟨*up*⟩.

búck úp 《口語》(*vt.*) (1) 励ます, 元気づける (cf. bucked *adj.* 1). (2) 改善する; 活発にする, 景気づける: ~ one's ideas *up* もっと利口になる[抜け目なくする]. (3) 《米》スマートにする, 着飾らせる (dress up). (4) ⇨ *vt.* 4. (5) ⟨人を⟩急がせる. (*vi.*) (1) 元気を出す (cheer up); 気力を回復する. (2) [命令形で]《英口語》急ぐ.
— *n.* **1** (馬などが乗り手などを振り落とそうとして背を曲げ前足を立て頭を下げて)急に跳ね上がること; 跳ね上がる力. **2** 《豪俗》試み, 企て: give it a ~ =have a ~ *at* it やってみる, ためす.
~·er *n.* 〖(1350): BUCK[1] の特別用法〗

buck[3] /bʌ́k/ *n.* **1** 〘トランプ〙(ポーカーで)次の親 (dealer) を示す印の小片; (ギャンブルで)点数などを忘れないための印. **2** [the ~]《口語》責任: The ~ stops here [with me]. (当てがわれた仕事の)責任は自分で果たす[他へ回さない]《Truman 大統領のモットーから》.

páss the búck 《口語》〔…に〕責任[罪]を転嫁する〔*to*〕(cf. buck passer, buck-passing). 《1912》

〖(1865)《略》? ← BUCKHORN: ポーカーで鹿の角の柄の付いたナイフを次の親の前においたことから〗

buck[4] /bʌ́k/ *adv.*《米中部・南部》全く, すっかり (stark). ★ 通例次の句で: ～ naked 丸裸の. 〖(1928) ← ?〗

buck[5] /bʌ́k/ *n.*《英》ウナギを取るかご, 筌(うえ). 〖(1694) ← ?〗

buck[6] /bʌ́k/《英俗》*n.* 話, おしゃべり (talk); (特に)自慢, ほら. — *vi.* しゃべる (chat); (特に)自慢する〔*about*〕. 〖(1880) □ Hindi *bak*〗

buck[7] /bʌ́k/ *n.*《英方言》(荷車・荷馬車の)車体 (cf. buckboard). 〖(1592) ←《廃》*bouk* belly < OE *būc* pitcher: ⇨ bucket〗

buck[8] /bʌ́k/ *n.*《古・方言》**1** 洗濯用灰汁(あく) (lye), アルカリ溶液. **2** (1で洗う)汚れた衣服の山. 〖(1530) ← ? *buck* to seep in lye, wash clothes〗

Buck /bʌ́k/, **Pearl** *n.* バック (1892–1973; 米国の女流小説家; Nobel 文学賞 (1938); *The Good Earth* (1931); 旧姓 Sydenstricker /sáɪdn̩strɪkə | -kə(r)/).

buck.《略》buckram.

búck-and-wíng *n.*《米》(黒人のダンスとアイルランド系のクロックダンスの入り混じった)複雑な速いタップダンス (buck dance ともいう). 〖1895〗

buck·a·roo /bʌ̀kərúː, ⏤⏤⏤/ *n.* (*pl.* ～**s**)《米西部》カウボーイ, 牛飼い (cowboy). 〖(1827)《変形》←《廃》*bakhara* Sp. *vaquero* ← *vaca* cow < L *vaccam*〗

buck·ay·ro /bəkɛ́ərou | -kɛ́ərəu/ *n.* (*pl.* ～**s**) = buckaroo.

búck bàsket *n.* = clothes basket. 〖(1897) ←《方言》*buck* clothes washed together ← ME *bouken* to soak in lye (cog. MHG buchen)〗

búck·bèan *n.*《植物》ミツガシワ (*Menyanthes trifoliata*)《水辺に生えるリンドウ科の植物; 白またはピンクの花が多数咲く; bogbean, bog myrtle, marsh trefoil ともいう》. 〖(1578)《なぞり》← Du. *boksboon* goat's bean〗

búck·bòard *n.*《米》弾力性のある板を車体にした長い四輪馬車. 〖(1839) ← BUCK[7] + BOARD (n.)〗

búck·brùsh *n.*《植物》ヒツジ・シカなどが食べる北米産の植物の総称: **a** クロウメモドキ科ソリチャ属 (*Ceanothus*) の数種の植物の総称《*C. sanguineus* (northern buckbush), *C. cuneatus* (common buckbush) など》. **b** = buttonbush. 〖(1874) ← BUCK[1]〗

búck·bùsh *n.* 低木, 灌木 (bush).

búck càrt *n.* 二輪荷馬車.

búck dànce *n.* = buck-and-wing.

bucked /bʌ́kt/ *adj.*《英》**1**《口語》元気づけられて, 大得意な (elated): He was very ～ *by* [*about*] his success. 成功に大いに気をよくした. **2**《俗》疲れた, くたびれた. 〖(1907): ⇨ buck[2], -ed 2〗

buck·een /bʌkíːn/ *n.*《アイル》どことなく見すぼらしいだて男, 金持ちや貴族の格好をしたがる貧乏青年. 〖(1793) ← BUCK[1] (n.) 3 c + *-een* (dim suf.)〗

búck·er *n.* **1** (乗り手を振り落とす癖のある)跳ね馬. **2**《俗》昇進・有利な地位などを得ようとして躍起になる人 (cf. buck[2] *vi.* 4). **3**《米俗》= buckaroo. 〖(1884) ← BUCK[2]〗

buck·e·roo /bʌ̀kərúː, ⏤⏤⏤/ *n.* (*pl.* ～**s**) = buckaroo.

buck·et /bʌ́kɪt | -kɪt/ *n.* **1** バケツ, 手おけ (pail); つるべ: a drop in the ～ バケツの中の一滴 (cf.「大海の一滴」) / a fire ～ 消火用バケツ. **2 a** バケツ一杯(の量) (bucketful); (予期しないほどの)多量: a ～ of water バケツ一杯の水 / by the ～ バケツで量るほど / drink a ～ 大酒を飲む / The rain came down in ～*s*. 大雨が降った. **b** [*pl.*; 副詞的に]《口語》多量に: rain ～*s* 大雨が降る / weep ～*s* 大泣きする. **3 a** バケツに似た物. **b** (水車の)水受け. **c** (浚渫(しゅんせつ)機などの)汲子(くみこ), バケット. **d** (ポンプの)汲子, くみづば. **e** バケットコンベヤーの容器, バケット. **f** (タービンの)軸車の羽根. **g**《豪》アイスクリームの容器. **4** むち差し, (機銃の)銃床受け, (槍の)石突き受け, 受筒(じゅとう), 義足受け (leather socket)《いずれも革製》. **5** = bucket seat. **6**《俗》尻 (buttocks). **7**《ボウリング》バケット《2, 4, 5, 8 ピンか 3, 5, 6, 9 ピンが残ること》. **8**《電算》バケット《ファイル内のある単位の block》. ***give the búcket***《俗》お払い箱にする, 解雇する. (1863) ***kick the búcket***《俗》死ぬ, 往生する. 〖(1785) ← *bucket* '屠殺した豚などをつるしておく梁(はり)' □ OF *buquet* balance〗
— *vt.* **1** 〈水を〉バケツでくむ[運ぶ, 注ぐ]〈*up, out*〉. **2 a** 〈車などを〉乱暴に[急いで]運転する. **b**《英口語》〈馬を〉乱暴に駆けさせる. **3**《米俗》だます (cheat); 〈客の注文を〉のむ, もぐりで引き受ける. **4**《豪口語》非難する, 侮辱する.
— *vi.* **1** バケツを使う. **2 a** 〈車などが〉速く進む, がくがく走る. **b**《英口語》馬を乱暴に飛ばす, むちゃに駆けさせる. **3**《英》《ボートレース》あわてて急ピッチでこぐ. **4**《米俗》もぐり仲買をやる, のみ屋をやる (cf. bucket shop). **5** [時に it を主語にして]《英口語》〈雨が〉どしゃぶりに降る〈*down*〉: It ～*ed* down with rain. = The rain ～*ed* down.
búcket abóut《英》〈嵐の中の船などが〉激しく揺れる. (1879) 〖(1208) *boket* □ AF *buket* pail, tub ← ? OE *būc* belly, pitcher ← Gmc **būkaz* (G *Bauch* belly) ← IE **b(h)eu-* to swell (cf. buccal): ⇨ -et〗

búcket brigàde *n.* **1** (消火のための)バケツリレーの隊列. **2** (非常事態に)助け合う人たちの列. 〖1911〗

búcket chàin *n.*《英》= bucket brigade 1.

búcket convèyor *n.*《機械》バケットコンベヤー, バケット運搬機《コンベヤー用ローラーチェーンにバケットを取り付けたもの》.

búcket drèdge [**drèdger**] *n.* バケット浚渫(しゅんせつ)機. 〖1907〗

buck·et·eer /bʌ̀kɪtíə, ⏤⏤⏤ | bʌ̀kɪtíə(r), -kə-/ *n.* = bucketer.

búcket èlevator *n.*《機械》バケットエレベーター《環状の鎖にバケットを取り付け上下の車輪の間を運転し, 鉱石などを運搬する機械》. 〖1903〗

búck·et·er /-tə | -tə(r)/ *n.* 空(くう)相場師, もぐり仲買人. 〖← *bucket* (*shop*) + -ER〗

buck·et·ful /bʌ́kɪtfʊ̀l | -kɪt-/ *n.* (*pl.* ～**s**, **buck·ets·ful**) バケツ一杯(の量); 《口語》多量: a ～ of water / sell [produce] by the ～ 多量に売る[生産する]. 〖(*a*1563): ⇨ -ful[2]〗

búck·et·ing /-tɪŋ | -tɪŋ/ *n.* (証券・商品などの取引における)のみ行為《ブローカーが顧客から取引所での売買の委託注文を受け, それを執行しないのに執行したことにして, 事実上顧客を相手に投機すること》. 〖(1598): ⇨ -ing[1]〗

búcket làdder *n.*《機械》バケットラダー《循環する鎖に取り付けた一連のバケット》. 〖1877〗

búcket-lòads *n. pl.*《口語》多量, どっさり〔*of*〕.

búcket pùmp *n.*《機械》バケット[汲み上げ]ポンプ.

búcket séat *n.* バケットシート《自動車や飛行機のしばしば前へ折り畳みのできる丸みをもたせた背のある一人用シート[座席]; 単に bucket ともいう》. 〖1908〗

búcket shòp *n.* **1** (証券・商品などの取引における)のみ屋《のみ行為 (bucketing) を行う仲買店》. **2**《米俗》下等な酒場, 飲み屋. **3**《英》だふ屋, (航空券を大量に買い入れて安売りする)もぐりの旅行代理店. 〖(1875) 少量の酒の売買にバケツ・水差しなどが使用されたことから 2 の語義が生じ, そこで小規模な投機的取引が行われていたことから 1 の語義が生じた〗

búcket tràding *n.*《証券》不誠実取引; 空(から)取引; のみ行為《ブローカーが顧客よりも自分に有利なように行う取引》.

búcket·whèel *n.* バケットホイール《旋回輪の周囲に一連のバケットが設けられた回転式コンベヤーで, 掘削や浚渫(しゅんせつ)などに用いる》.

buck·eye /bʌ́kàɪ/ *n.* **1**《植物》トチノキ: **a** トチノキ属の植物 (*Aesculus glabra*)《Ohio 州の州木; Ohio buckeye ともいう》. **b** = horse chestnut 2. **2** トチノキの実. **3** [B-]《口語》米国 Ohio 州人の俗称. **4 a** (売るためだけの)芸術的価値の低い作品, 安っぽい絵. **b** デザインの貧弱なはでな広告. **5**《昆虫》アメリカタテハモドキ (*Precis lavinia*)《褐色の羽に赤い眼点のあるタテハモドキの類のチョウ》. — *adj.*《米》〈色などが〉はでな, 通俗的な; 〈音など〉大きな, 騒々しい, がむしゃらの (slapdash). 〖(1763) ← BUCK[1] + EYE: 種子の形から〗

Búckeye Stàte *n.* [the ～] 米国 Ohio 州の俗称. 〖1894〗

búck fèver *n.*《米口語》**1** (獲物が近づいて来たときに)猟の初心者が感じる興奮. **2** 新しい経験の前に感じる興奮[緊張] (cf. stage fright). 〖1841〗

búck géneral *n.*《米俗》(米陸軍の)准将.

búck gràss *n.*《植物》ヒカゲノカズラ (⇨ lycopodium 1). 〖← BUCK[1]〗

búck·hòrn *n.* **1** 鹿の角《ナイフの柄などの材料》. **2**《植物》葉が鹿の角に似た数種の植物の総称《ヘラオオバコ (*Plantago lanceolata*), ヤマドリゼンマイ (cinnamon fern), ヒカゲノカズラ (buck grass) など; buck's horn plantain ともいう》. 〖1447–48〗

búck·hòund *n.* バックハウンド《鹿狩り用の猟犬》. 〖1449〗

Búck Hóuse *n.*《戯言》= Buckingham Palace.

buck·ie /bʌ́ki/ *n.*《スコット》**1** = whelk[1]. **2** 元気な[騒がしい]人; つむじ曲がり. 〖*c*1505 ← ?〗

Buck·ing·ham /bʌ́kɪŋəm, -kɪŋhæ̀m | -kɪŋəm/ *n.* バッキンガム: **1** イングランド Buckinghamshire 北西部の町. **2** カナダ Quebec 州南部 Ottawa の北東の市; 木材パルプの生産地. **3** = Buckinghamshire. 〖⇨ Buckinghamshire〗

Buck·ing·ham /bʌ́kɪŋəm, -kɪŋhæ̀m | -kɪŋəm/, 1st Duke of *n.* バッキンガム (1592–1628; 英国の廷臣・政治家; James 一世, Charles 一世の側近として権力をふるったが, 後暗殺された; 本名 George Villiers).

Buckingham, 2nd Duke of *n.* バッキンガム (1628–87; 英国の廷臣・政治家・作家; 1st Duke of Buckingham の子, Charles 二世に仕え, Cabal の一員になった; 本名 George Villiers; *The Rehearsal* (上演 1671)).

Búckingham Pálace *n.* バッキンガム宮殿 (London の St. James's Park の西端にある英国王の宮殿; 1703 年 John Sheffield (1st Duke of Buckingham and Normandy) (1648–1721) が建て, 1761 年 George 三世が購入して宮殿にし, 1821–36 年間に John Nash が建て直し, 20 世紀初頭に部分的改築が施された; 戯言的に Buck House ともいう).

Buck·ing·ham·shire /bʌ́kɪŋəmʃə, -kɪŋhæ̀m-, -ʃɪə | -kɪŋəmʃə(r), -ʃɪə(r)/ *n.* バッキンガムシャー《イングランド中南部, Thames 川北岸に位置する内陸州; 面積 1,878 km², 州都 Aylesbury》. 〖OE *Buccingaham(m)scīr* ← *Bucca* (人名: cf. buck[1], home): ⇨ -shire〗

búck·ish /bʌ́kɪʃ/ *adj.* **1** 雄鹿のような, 元気いっぱいの; 性急な, 衝動的な. **2**《古》だて者の, しゃれる, めかした. **～·ly** *adv.* **～·ness** *n.* 〖(*c*1422): ⇨ -ish[1]〗

Búck Ísland Réef Nátional Mónument /bʌ́k-/ *n.* バックアイランドリーフ国定記念物《西インド諸島北東部, 米国領 Virgin 諸島に属する St. Croix 島近くの保護地域; 島を囲むサンゴ礁で知られる》.

búck·jùmp《豪》*n.* (馬などの乗り手を振り落とそうとする)跳ね上がり (⇨ buck[2] 1). — *vi.* = buck[2] *vi.* 1. — *vt.* = buck[2] *vt.* 1 a. 〖1861〗

búck·jùmp·er *n.*《豪》跳ね馬 (bucker). 〖1848〗

búck·jùmp·ing *n.* 暴れ馬[荒馬]乗り《乗り手を振り落とそうとする跳ね馬の上に 8 秒の間乗り続けようとするロデオの種目》.

búck knèe *n.* [通例 *pl.*]《獣医》(馬などの)内側に曲がっているひざ (calf knee). 〖← BUCK[2]〗

Buck·land /bʌ́klənd/, **Francis Trevelyan** *n.* バックランド (1826–80; 英国の外科医・博物学者; William Buckland の息子).

Buckland, William *n.* バックランド (1784–1856; 英国の地質学者; Francis Trevelyan Buckland の父).

buck·le /bʌ́kl̩/ *n.* **1** (バンド・ベルトなどの)バックル, 尾錠. **2** バックル《ドレスや婦人靴などに付ける装飾的な締め金》. **3** (板金・のこぎりなどの)ゆがみ, ねじれ (bulge). **4**《古》巻き縮れ(の毛).
— *vt.* **1** バックルで留める[締める]〈*on, up*〉: ～ (*up*) one's belt / ～ *on* the armor よろいを着ける. **2** (熱や圧力を加えて)曲げる, ねじる, 縮ませる (curl); つぶす. **3** [～ *oneself* で]〔行動の用意をする, 〔仕事に〕身を入れる〔*to*〕: ～ *oneself to* …に奮励して当たる. — *vi.* **1** 〈靴・バンドなどが〉バックルで締まる; 〈剣などが〉バックルで留まる〈*on*〉. **2** 〈物が〉曲がる, ゆがむ, 縮れる〈*up*〉. **3** つぶれる, くずれる〈*up*〉. **4**《口語》〔仕事などに〕本気で取りかかる, 身を入れる〈*down*〉〔*to*〕: ～ *down to* work [writing a book] 身を入れて仕事[本の執筆]を始める. **5** 〈人が〉屈従する, 譲歩する, 応じる〈*under*〉. **6**《廃》つかみ合う, 争う (contend)〔*with*〕.
búckle a person ín 人をシートベルトに固定する. ***búckle úp***《米口語》(乗り物の中で)シートベルトを締める (=《英口語》belt up).
〖(?c1300) *bokel* □ (O)F *boucle* buckle, boss of a shield < L *buccŭlam* cheek strap (dim.) ← *bucca* cheek, mouth: ⇨ buccal〗

Buck·le /bʌ́kl̩/, **Henry Thomas** *n.* バックル (1821–62; 英国の歴史家; *The History of Civilization in England* (1857–61)).

búck·led *adj.* バックル (buckle) の付いた[付きの]. 〖(1394): ⇨ -ed 2〗

búckled pláte *n.*《土木》= buckle plate.

búckle pláte *n.*《土木》バックルプレート, 凹鈑《橋床に用いる中央がくぼんだ鋼板》. 〖1866〗

buck·ler /bʌ́klə | -lə(r)/ *n.* **1** (左手に持つ小型の)円盾(たて). **2** 防護物 (protector); 防護 (protection). **3** (船の)錨鎖孔(びょうさこう)のふた (hawseblock). **4**《植物》= shield fern. ***take úp the búcklers*** 盾をとって試合に(名乗って)出る; 戦う. (1649)
— *vt.* …の盾となる; 防護する (defend).
〖(?*a*1300) □ OF *bocler* (F *bouclier*) shield: ⇨ buckle, -er[1] 2〗

búckler fèrn *n.*《植物》= shield fern.

Buck·ley /bʌ́kli/ *n.* バックリー (男性名). 〖← OE *bucclēah* buck-deer meadow: ⇨ buck[1], lea[1]〗

Buck·ley's /bʌ́kliz/ *n.* = Buckley's chance [hope].

Búckley's chánce [**hópe**] *n.*《豪口語》ほとんど望みがないこと, 絶望. 〖← ?: 一説では 1803 年に脱獄し, 32 年間オーストラリア先住民の間で生活していた Buckley という男の名から〗

buck·ling[1] /bʌ́klɪŋ/ *n.* 燻製(くんせい)ニシン. 〖(1909) □ G *Bückling* bloater □ MDu. *buckine* ← *bok* he-goat: その強いにおいから〗

buck·ling[2] /bʌ́klɪŋ/ *n.*《力学》座屈《棒の軸方向に力を加えたとき, 力と直角方向に湾曲し遂には破壊する現象》. 〖(1625): ⇨ -ing[1]〗

buck·min·ster·ful·ler·ene /bʌ̀kmɪnstəfʊ́lərìːn | -stə-/ *n.*《化学》バックミンスターフラーレン (cf. fullerene). 〖(1988) ← *R. B. Fuller*〗

búck mòth *n.*《昆虫》ヤママユガ科のガの一種 (*Hemileuca maia*).

buck·o /bʌ́kou | -kəu/ *n.* (*pl.* ～**es**) **1**《海事俗》いばりちらす奴[高級船員]. **2** [主に親しい間での呼び掛けに用いて]《アイル》若者, 男, 仲間. — *adj.*《海事俗》いばりちらす. 〖(1883): ⇨ buck[1], -o〗

búck pàrty *n.*《米俗》男性だけのパーティー (stag party) (cf. bull dance). 〖⇨ buck[1] (adj.)〗

búck pàsser *n.*《口語》(いつも)責任転嫁をする人[やつ]. 〖(1920) ← *pass the buck* (⇨ buck[3] 成句)〗

búck-pàssing *n., adj.*《口語》責任転嫁(をする). 〖1933〗

búck prívate *n.*《米俗》**1** 最下級兵, 二等兵 (private のすぐ下の階級で正式名は private (recruit)), 初年兵, 新兵. **2** (米空軍の一人乗り)小型ヘリコプター. 〖(1918): ⇨ buck[1] (adj.)〗

buck·ra /bʌ́krə/ *n.*《米南部》**1** [通例軽蔑的に] 白人《黒人が用いる》. **2** 主人, だんな (boss). 〖(1794): □ Surinam *bakra* master: cf. Efik *mbākara* master〗

búck rábbit *n.*《英》= buck rarebit.

buck·ram /bʌ́krəm/ *n.* **1** バックラム《のり・にかわなどで固めた亜麻布; 洋服の襟しんや製本などに用いる》(cf. stiffener 2 b). **2**《古》几帳面, 固苦しさ, 極端な厳格.
mén in búckram = ***búckram mèn*** 空想上の[架空の]人物《Shak., *1 Henry IV* 2. 4. 213 で Falstaff が架空の *men in buckram* に襲われたと言ったことから》. — *adj.* **1** バックラム製の. **2 a** 見かけ倒しの. **b**《古》堅苦しい.
— *vt.* **1** バックラムで強化する. **2**《古》…に見かけ倒しの威容を与える.
〖(1222) *bokeram* □ AF *bukeram* = OF *boquerant* (F *bougran*) □ OProv. *bocaran* ← ? *Bukhara* (布の輸出されたトルキスタンの地名)〗

búck rárebit *n.*《英》落とし卵を上にのせたチーズトースト (cf. Welsh rabbit). 〖(1927) ← BUCK[1]〗

Bucks /bʌ́ks/《略》Buckinghamshire.

búck sàil *n.*《アフリカ》カンバス《特に, buckwagon を覆うのに使う》. 〖(1882)《部分訳》← Afrik. *bokseil* ← *bok* beam of a wagon + *seil* sail〗

búck·sàw *n.* (両手でひく)大枠のこぎり. 〖(1856) ← BUCK[1] (n.) 5〗

búck sérgeant *n.* 《米俗》(最下級の)軍曹, 三等軍曹. 〖(1955): ⇨ buck[1] (adj.)〗

búck's fízz, B- F- *n.* バックスフィズ《オレンジジュースとシャンパンまたは発泡性白ワインのカクテル》. 〖(1930) ← *Buck's Club* (ロンドンのクラブの名)〗

buck·shee /bʌ́kʃiː, ←ˊ/ 《英俗》 *adj., adv.* ただの[で], 無料の[で] (gratis); 特別の (extra): a ~ ration 特別給食. — *n.* **1** 特別手当; (特に)特別給食. **2** 意外なもうけ物. 〖(*c*1760) 《転訛》 ← BAKSHEESH〗

búck·shòt *n.* (*pl.* ~, ~s) 鹿玉《狩猟用の大粒の散弾》. 〖1447–48〗

búck·skìn *n.* **1 a** (黄色の柔らかな)鹿皮, バックスキン (cf. doeskin). **b** 羊・山羊・小牛の丈夫な黄色のもみ皮. **2 a** [*pl.*] 鹿皮の半ズボン[ズーツなど]. **b** [通例 *pl.*] 鹿皮の靴. **3 a** [B-] (鹿皮の服を着ていた)独立戦争当時の米国兵の俗称 (cf. Yankee). **b** [しばしば B-] 鹿皮の服を着た(特に, 米国の奥地の)人. **4** 《米》鹿皮色の馬, 河原毛[薄茶色]の馬. **5 a** =buckskin cloth. **b** 表がなめらかで裏にけばの付いたのり付けした綿布. **6** 《俗》コンドーム, スキン. — *adj.* **1** 鹿皮の. **2** 鹿皮色の, 灰色がかった黄色をした. 〖1306〗

búckskin clòth *n.* 皮まがいの織物. 〖1968〗

búck slìp *n.* (確認・認可も同じ紙を使用する)簡易文書[メモ]. 〖← ? BUCK[6]〗

búck's pàrty [nìght] *n.* 《豪》 =stag party.

búck·tàil *n.* 〘釣〙鹿の尾の毛で作った毛針. 〖1911〗

buck·thorn /bʌ́kθɔːn | -θɔːn/ *n.* 〘植物〙 **1** クロウメモドキ《クロウメモドキ属 (*Rhamnus*) の各種の植物の総称; common buckthorn など; 昔はその実を下剤として用いたり, その皮 (buckthorn bark) を薬品として用いた; cf. cascara buckthorn, sea buckthorn》. **2** 米国南部産のアカテツ科 *Bumelia* 属の低木または高木 (false buckthorn ともいう). 〖(1578) 《なぞり》 ← NL *cervi spina* stag's thorn〗

búckthorn fàmily *n.* 〘植物〙クロウメモドキ科 (Rhamnaceae).

búck·tóoth *n.* (特に, 上前歯の)そっ歯, 出っ歯. 〖(1753) ← BUCK[1]〗

búck-tóothed *adj.* そっ歯の(ある). 〖1863〗

búck·wàgon *n.* **1** =buckboard. **2** 《南アフリカで》車の上に張り出す枠をつけた大きな頑丈な荷馬車. 〖(1864) 《部分訳》 ← Afrik. *bokwa* (⇨ buck sail) + *wa* wagon〗

búck·whèat *n.* **1** 〘植物〙ソバ (*Fagopyrum esculentum, F. tataricum*). **2 a** ソバの実. **b** そば粉《家畜の飼料用, または主に cereal やパンケーキとして食用にする》. **3** 《米》 =buckwheat cake. 〖(1548) 《部分訳》 ← Du. *boekweit* buckwheat, 《原義》 beech wheat (実の形から) ← *boek* 'BEECH' + *weit* 'WHEAT'〗

búckwheat càke *n.* 《米》そば粉のパンケーキ. 〖1882〗

búckwheat flòur *n.* =buckwheat 2 b.

búck·y·bàll /bʌ́ki-/ *n.* 〘化学〙バッキーボール《fullerene を構成する球状分子》. 〖(1985): *bucky* ← (R.) *Buck(minster Fuller)* + -Y[2]〗

bu·col·ic /bjuːkɑ́(ː)lɪk | -kɔ́l-/ *adj.* **1** 田園生活の, 田舎風の, ひなびた. **2** 牧羊者の, 羊飼いの; 牧羊生活の, 牧歌的な (pastoral). — *n.* **1** 〔cf. L *Būcolica*〕[通例 *pl.*] 牧歌, 田園詩 (eclogue): the *Bucolics*「牧歌」(10 編からなる, 古代ローマの詩人 Virgil の作; *Eclogues* ともいう). **2** 《古》牧羊者 (shepherd); 田舎の人 (rustic).

~·ly *adv.* 〖(1531) □ L *būcolicus* □ Gk *boukolikós* pastoral ← *boukólos* herdsman ← *boûs* ox (← IE *$^*g^wou$- cow[1]) + *kólos* keeper (← IE *$^*k^wel$- to revolve: ⇨ cow[1], -ic[1])〗

bu·cól·i·cal /-lɪ̀kəl, -kl̩ | -lɪ-/ *adj.* =bucolic. **~·ly** *adv.*

Bu·co·vi·na /bùːkəvíːnə; *Rum.* bukovína/ *n.* = Bukovina.

bu·crane /bjuːkréɪn/ *n.* =bucranium.

bu·cra·ni·um /bjuːkréɪniəm/ *n.* (*pl.* **-ni·a** /-niə | -niə, -njə/) ブクラニア《古典主義建築のフリーズ (frieze) にしばしば施される牛の頭蓋骨の装飾》. 〖(1854) □ F *bucrane* ∥ □ L *būcrānium* □ Gk *boukránion* ← *boûs* ox + *kraníon* 'GRANIUM'〗

Bu·cu·reş·ti /*Rum.* bukuréʃtj/ *n.* ブクレシュティ《Bucharest のルーマニア語名》.

bud[1] /bʌ́d/ *n.* **1 a** (植物の)芽: ⇨ blossom bud, flower bud, leaf bud, mixed bud / an accessory [axillary] ~ 副腋(ふくえき)芽 / a lateral [terminal] ~ 側[頂]芽 / put forth [shoot out, send out] ~s 芽を出す / come into ~ 芽をふき始める. **b** [しばしば複合語の第 2 構成素として] (花の)つぼみ; ほころびかけた花: ⇨ rosebud / bursting ~s ほころびようとしているつぼみ. **2 a** 子供, 小娘. **b** 《米》社交界に出たての娘 (debutante). **c** 未成物, 未熟物. **3** つぼみの状態, 未発達の段階. **4** 〘動物〙芽体 (gemma). **5** 〘解剖〙芽状突起, (特に)乳頭 (nipple): a tactile ~ 触覚乳頭 / ⇨ gustatory bud. **6** 形が芽に似たもの: a cotton-wool ~. ***in búd*** 芽ぐんで, 芽を出して, 出芽して, つぼみを持って(いる): The trees [flowers] are *in* ~. 木々[花]は芽ぐんで[ほころんで]いる. ***in the búd*** 未熟の, 未成の: a scientist *in the* ~ 科学者の卵. ***nip in the búd*** (1) 〈陰謀などを〉未然に防ぐ, つぼみのうちに摘み取る: The scheme had been *nipped in the* ~. その計画は出鼻をくじかれた. (2) 〈植物を〉つぼみのうちに摘む; 二葉のうちに摘む. (1606–07)

Búd of Califórnia 〘商標〙バッドオブカリフォルニア《米国 Castle Cooke Foods 製の野菜; セロリ・カリフラワー・レタスなど》.

— *v.* (**bud·ded; bud·ding**) — *vi.* **1** 芽を出す, つぼみを持つ, 出芽する 〈*out*〉. **2** 伸び始める, 発達し出す (cf. budding): ~ *into* womanhood 〈少女が〉成熟した女性になりかける[始める]. **3** 発達の初期にある. **4** 〘動物〙芽体を出す. — *vt.* **1** 発芽させる, …に芽[つぼみ]をもたせる, 芽ぐませる 〈*out*〉. **2** 芽から〈葉を〉出す. **3** 〘園芸〙芽接ぎする, 〈芽を〉接ぐ (cf. graft[1] 2): ~ a rose. ***búd óff*** (1) 〘動物〙芽体となって〔母体から〕分離する 〔*from*〕. (2) 〔…から分離して〕新組織[団体]を作る 〔*from*〕. 〖(*a*1398) *budde* ← ?: cf. OF *boter* to push forth □ Gmc ← *$^*bautan$ 'to BEAT'〗

bud[2] /bʌ́d/ *n.* [しばしば親しい呼び掛けに用いて] 《米口語》兄弟 (brother), 仲間 (mate). 〖(1851) 《略》 ← BUDDY〗

Bud /bʌ́d/ *n.* =Budweiser.

Bu·da·pest /búːdəpèst, bjúːdə-, búdə- | bjùːdəpést, bùː-ˊ/; *Hung.* búdɒpɛʃt/ *n.* ブダペスト《ハンガリーの首都; Danube 川に沿う西岸の Buda /búdə/ と東岸の Pest /pɛ́ʃt/ 両市の併合によって誕生した (1873)》.

Budd /bʌ́d/ *n.* バッド《男性名; 愛称形 Buddie, Buddy; 異形 Bud /~/》. 〖← OE *boda* herald, angel ∥ (dim.) ← RICHARD[1]〗

búd·ded /-dɪ̀d | -dɪ̀d/ *adj.* **1** 芽ぐんだ, 出芽した; つぼみを持った, 芽ぐんでいる. **2** 芽接ぎした. 〖(1552): ⇨ bud[1], -ed 2〗

búd·der /-də | -də(r)/ *n.* 〘園芸〙芽接ぎする人.

Bud·dha /búːdə, búdə | búdə; *Hindi* bʊddʰ/ *n.* 〘仏教〙 **1 a** [(the) ~] 釈迦牟尼(しゃかむに) (Sakyamuni) の尊称, 釈尊 (⇨ Gautama). **b** 仏陀(ぶっだ), 仏, 覚者. **2** 仏陀像. 〖(1681) □ Skt *buddha* wise, enlightened (p.p.) ← *bodhati* he awakes ← IE *$^*bheudh$- to be aware〗

Búddha·hòod *n.* 〘仏教〙仏陀[覚者]の状態, 悟りの境地. 〖(1837): ⇨ ↑, -hood〗

Búddha's-hánd *n.* 〘植物〙ブシュカン(仏手柑), オオマルブシュカン《インド・ヒマラヤ地方原産のミカンの類で, シトロン (*Citrus medica*) の変種とされる; 果実の先が十数個に裂けて指を束ねたようになっているので, fingered citron ともいわれる》.

búddha stìck, B- *n.* 《俗》マリファナタバコ.

Buddh [Buddha] Ga·ya /búdgəjáː/ *n.* ブダガヤ(仏陀伽耶)《インド北東部の Bihar 州中部, Gaya の南方にある村で, 悉達多(しったるた)が悟りを開いた所; 聖地》. 〖1681〗

bud·dhi /búːdi, búdi | búdi/ *n.* 〘ヒンズー教・仏教〙正覚(しょうがく), 霊的覚醒; 統覚器官. 〖□ Skt ~ 'understanding' ← *bodhati*: ⇨ Buddha〗

Bud·dhism /búːdɪzm, búd- | búd-/ *n.* 仏陀の教え, 仏教, 仏法, 仏道. 〖(1801): ⇨ -ism〗

Búd·dhist /búːdɪst, búd- | búdɪst/ *n.* 仏教家, 仏教徒, 仏教信者. — *adj.* 仏陀の; 仏教の; 仏教徒の: a ~ temple 寺. 〖(1801): ⇨ -ist〗

Búddhist Cróss *n.* [the ~] 卍(まんじ), 鉤(かぎ)十字.

Bud·dhis·tic /buːdístɪk, bud- | bud-/ *adj.* =Buddhist. **Bud·dhís·ti·cal** *adj.* **Bud·dhís·ti·cal·ly** *adv.* 〖1841〗

Bud·dhol·o·gy /buːdɑ́(ː)lədʒi, bu- | budɔ́l-/ *n.* 〘仏教〙仏教哲学. 〖← BUDDHA + -O- + -LOGY〗

bud·dhu /bʊ́duː/ *n.* 《インド口語》ばか, とんま. 〖← Hindi *buddhū*〗

Bud·die /bʌ́di | -di/ *n.* バディー《男性名》. 〖(dim.) ← BUDD〗

bud·ding /bʌ́dɪŋ | -dɪŋ/ *adj.* **1** 出芽しつつある; 発育期の: ~ hedges [roses] 芽を出しかけた生け垣[バラ] / a ~ beauty うら若い美少女, つぼみ. **2** 現れ出した; 新進の: a ~ lawyer [poet] 今売出し中の弁護士[少壮詩人]. — *n.* **1** 〘植物〙出芽; 出芽法, 芽生法《無性生殖の一種》. **2** 〘園芸〙芽接ぎ (cf. grafting 1). 〖(1398): ⇨ bud[1], -ing[1,2]〗

bud·dle /bʌ́dl̩, búdl̩ | -dl̩/ 〘採鉱〙 *n.* 洗鉱槽(そう); (鉱石の)淘汰盤(とうたばん). — *vt.* 洗鉱槽で洗う. 〖(1531–32) ← ?〗

bud·dle·ia /bʌ́dliə, bʌdlíːə | bʌ́dliə/ *n.* 〘植物〙フジウツギ《フジウツギ属 (*Buddleia*) の植物の総称; butterfly bush ともいう》. 〖(1791) ← NL ~ ← *Adam Buddle* (d. 1715: 英国の植物学者): ⇨ -ia[1]〗

bud·dy /bʌ́di | -di/ 《口語》 *n.* **1 a** 仲間, 相棒 (mate): a war ~ 戦友. ★ 今は少し小都会的で古風な感じがする. **b** 二人組制 (buddy system) の相棒. **2** [男子や少年に対する呼び掛けに用いて] 君, おい, 若いの. ★ 親愛をこめて用いる場合もあるが, それより脅迫として用いられることが多い. **3** エイズ患者のボランティアの介助者. — *vi.* **1** 親しくなる 〈*up*〉: ~ *up with* a person 人と親しくなる. **2** エイズ患者介助のボランティア活動をする. 〖(1850) 《変形》 ← BROTHER〗

Bud·dy /bʌ́di | -di/ *n.* バディ《男性名》. 〖(dim.) ← BUDD〗

búddy-búddy *adj.* 《口語》親しい, 仲のよい, なれなれしい, 人づきあいのよい. — *n.* **1** 親友. **2** 《米俗》敵, いやなやつ. **3** なれなれしいやつ. — *vi.* 大の仲よしである; なれなれしくなる, 取り入る. 〖(1951): ⇨ buddy〗

búddy fìlm [mòvie, pìcture] *n.* (二人の)男の友情を扱った映画.

búddy sỳstem *n.* 二人組制《軍隊や子供の野外活動・レクリエーションなどで事故防止や助け合いのための二人一組方式》. 〖1942〗

Bu·den·ny /buːdjɔ́(ː)ni, -déni | -djɔ́ni, -déni; *Russ.* budʲónnij/, **Se·myon** /sʲimʲón/ **Mikhaylovich** *n.* ブジョンヌイ (1883–1973; ソ連の軍人, 元帥 (1935)).

búd gàll *n.* (フシダニ (gall mite) が原因で)つぼみにできる瘿瘤(えいりゅう).

budge[1] /bʌ́dʒ/ [通例否定・疑問・条件文で] *vi.* **1** 自分の意見[立場]を変える; 屈服する (yield). **2** (ちょっと)動く, 身動きする: *If* you dare ~, you are a dead man. ちょっとでも動こうものなら命はないぞ. — *vt.* **1** …に意見[立場, 決心など]を変えさせる, 考え直させる. **2** (ちょっと)動かす: I cannot ~ it. ちっとも動かせない. **búdg·er** *n.* 〖(1590) □ (O)F *bouger* to move < VL *$^*bullicāre$ ← L *bullīre* 'to BOIL[1]'〗

budge[2] /bʌ́dʒ/ *n.* (通例小羊の)毛皮《防寒服の裏地などにする》. — *adj.* **1** budge 製の. **2** 《古》もったいぶった, 大げさな (pompous). 〖(1303) *bouge* □ ? AF *bogé* =OF *bougé*: ⇨ bulge〗

Budge /bʌ́dʒ/, **Don(ald)** *n.* バッジ (1915–2000; 米国のテニス選手; 1938 年史上初の四大大会制覇をなし遂げた).

bud·ger·ee /bʌ́dʒərìː/ *adj.* 《豪口語》すばらしい, すぐれた. 〖(1793) □ Austral. (現地語) *boodgeri* good〗

bud·ger·i·gar /bʌ́dʒ(ə)rigàə, bʌ̀dʒərígaː | -gàː(r)/ *n.* (*also* **bud·ger·ee·gah** /-gàː/) 〘鳥類〙セキセイインコ (*Melopsittacus undulatus*)《オーストラリア産 shell parrakeet [parrot] ともいう; cf. grass parrakeet》. 〖(1840) □ Austral. (現地語) ~ 'good cockatoo' (↑)〗

bud·get /bʌ́dʒɪt | -dʒɪt/ *n.* **1 a** (家庭などの)予算(額), 運営費; 家計, 生活費: a minimum monthly ~ *for* a family of five 5 人家族にとっての 1 か月の最少限の生活費 / make a ~ *for* …の予算を立てる. **b** (国家などの)予算案; 予算(額); [the B-] 《英》大蔵大臣が下院に提出する予算案: open [introduce] the ~ (政府の)予算案を議会に提出する. **2** 限られた蓄え[供給]: a ~ of money [one's good will]. **3** 《古》(物の)集まり, 集合 (collection), 一束 (bundle): a ~ of letters 手紙一束 / a ~ of news 諸々の報道[ニュース]. ★ 以上の最後の例の意味から新聞名に用いられる: the Literary *Budget*. **4** 《廃》小袋, 財布.

on a (tight) búdget 限られた予算で[の]: travelers *on a* ~ 限られた予算の旅行者. (1959) ***on [òver] búdget*** 予算通り[超過で]. ***within [ùnder, belòw] búdget*** 予算内で[の].

— *adj.* [限定的] 予算にみあった, 安あがりの, 安い; 限られた予算しかない[で生活する], つましい: a ~ traveler つましい旅行者 / a ~ edition 廉価版.

— *vi.* 〔時期・事業の〕予算を立てる[組む] 〔*for*〕: ~ *for* the coming year 来年の予算を立てる. — *vt.* **1** 〈資金・時間などを〉割り当てる, …の使い方の予定を立てる. **2** …の資金を予算に計上する: ~ a new car. **3** …に予算内で行動させる: ~*ed* shoppers.

〖(?*a*1425) □ OF *bougette* (dim.) ← *bouge* leather bag < L *bulgam*: ⇨ bulge, -et〗

búdget accòunt *n.* (百貨店)月賦クレジット; (銀行の)自動支払い口座. 〖1969〗

bud·get·ar·y /bʌ́dʒɪ̀tèri | -təri, -tri/ *adj.* 予算(上)の[に関する]. 〖(1879): ⇨ -ary〗

búdgetary contról *n.* (企業経営での)予算統制, 予算管理.

bud·ge·teer /bʌ̀dʒɪtíə, -dʒə- | -tíə(r)/ *n.* **1** 予算委員, 予算編成者. **2** 予算に縛られている人. 〖(*a*1845): ⇨ -eer〗

búd·get·er /-tə | -tə(r)/ *n.* =budgeteer.

búdget plàn *n.* =installment plan.

búdget squèeze *n.* 《米俗》財政困難.

bud·gie /bʌ́dʒi/ *n.* 《口語》〘鳥類〙 =budgerigar. 〖(1935) 《短縮》 ← BUDGERIGAR〗

búd·gràft *vt.* 〘園芸〙〈植物を〉芽接ぎする《台木に接ぐ》. — *n.* 芽接ぎで育てられる植物.

bud·let /bʌ́dlɪ̀t/ *n.* 幼芽, 小芽, 小つぼみ; 副芽. 〖(*a*1864): ⇨ bud[1], -let〗

búd mutàtion *n.* 〘園芸〙芽条突然変異, 枝変わり.

búd scàle *n.* 〘植物〙(芽・つぼみを保護する)芽鱗(がりん), 苞(ほう) (scale). 〖1880〗

búd spòrt *n.* 〘園芸〙枝変わり, 芽条変異. 〖1900〗

búd stìck *n.* 〘園芸〙芽接ぎ用若枝.

búd variàtion *n.* 〘園芸〙枝変わり.

búd vàse *n.* (一輪ざしの)花瓶.

Bud·weis /*G.* bʊ́tvaɪs/ *n.* ブトヴァイス《České Budějovice のドイツ語名》.

Bud·wei·ser /bʌ́dwaɪzə | -zə(r)/ *n.* 〘商標〙バドワイザー《米国 Anheuser-Busch 社製のビール》.

búd·wòod *n.* 〘園芸〙芽接ぎに適した芽のある若枝.

búd·wòrm *n.* 植物の芽を食う毛虫[青虫]. 〖1849〗

Bu·ell /bjúːəl/, **Don Carlos** *n.* ビューエル (1818–98; 米国の軍人; 南北戦争当時の北軍の将軍).

Bue·na /bjúːnə/ *n.* ビューナ《女性名》. 〖□ Sp. ~ 《原義》 good, fair〗

Bué·na Párk /bwéɪnə-, bjuːéɪ-/ *n.* ブエナパーク《米国 California 州南西部, Los Angeles 近郊の都市》.

bue·nas no·ches /bwéɪnəsnóutʃes | -náu-; *Sp.* bwénasnótʃes/ *Sp. int.* おやすみなさい. 〖□ Sp. ~ 'good night'〗

bue·nas tar·des /bwéɪnəstɑ́ədes | -tɑ́ː-; *Sp.* bwénastárðes/ *Sp. int.* 今日は. 〖□ Sp. ~ 'good afternoon'〗

Bue·na·ven·tu·ra /bwèɪnəbɛntúᵊrə, bwèn-, -tjúᵊrə | -tjúərə; *Am.Sp.* bwenaβentúra/ *n.* ブエナベンチュラ《コロンビア西部, 太平洋岸の港市で, 同国第 2 の商港》.

Bue·na Vis·ta /bwéɪnə víːstə; *Sp.* bwénaβísta/ *n.* ブエナビスタ《メキシコ北東部 Saltillo 近くの村; 米メキシコ戦争でメキシコが敗北した古戦場 (1847)》. 〖□ Sp. ~ 《原義》 good view〗

bue·no /bwéɪnou | -nəu; *Sp.* bwéno/ *Sp. int.* けっこう (good), よろしい, 承知した (all right). 〖□ Sp. ~ 'good'〗

Bue·nos Ai·res /bwèɪnəséᵊriːz, -nous-, bòunəs-,

-áɪr- | bwènəsáɪ(ə)rɛz, -nəs-, -zέər-, -ri:z; *Sp.* bwénosáires/ *n.* **1** ブエノスアイレス《アルゼンチンの首都・海港・工業都市, Río de la Plata 川に臨む》. **2** ブエノスアイレス(州)《アルゼンチン東部の州; 面積 310,102 km², 州都 La Plata》. 〖□ Sp. ～《原義》good airs〗
Buènos Áires, Lake *n.* ブエノスアイレス湖《チリ南東部とアルゼンチン南西部にまたがる湖; 面積 2,240 km²》.
bue·nos di·as /bwéɪnə(ː)sdíːɑːs | -nɒs-; *Sp.* bwénosðías/ *Sp. int.* 今日は; おはよう (good morning). 〖□ Sp. ～ 'good day'〗
Búer·ger's disèase /bə́ːgəz- | bɜ́ːgəz-/ *n.* 〖医学〗バージャー病《閉塞性血栓血管炎》. 〖← Leo Buerger (1879–1943: 米国の医師)〗
BUF 《略》British Union of Fascists.
buff[1] /bʌ́f/ *n.* **1** (印画紙の色の)淡黄色; 鈍い黄赤色, バフ. **2** 〖口語〗**a** ファン, …狂, …通: a baseball [computer] ～. **b** 火事場(見物の)マニア. **3** 〖口語〗(人間の)素肌(ᵗᵃ): be stripped to the ～ 真っ裸になる《通例腰まで》/ (all) in the ～ 素肌で, 丸裸で. **4** (野牛・牛・鹿などの皮を精製した)淡黄色のもみ革; 銀面 (grain) をビロード状にした油なめしの牛革. **5** バフ, モップ《レンズ・金属などをふく[研磨する]柔らかい布》; (皮を張った研磨用の)とぎ棒 (⇨ buff stick); とぎ車 (⇨ buff wheel). **6** 〖口語〗水牛, 野牛 (buffalo). **7 a** 皮服, (皮の)軍服 (buffcoat)《17 世紀に英国の軍人の着た, もみ革製の半袖の上衣》. **b** 〖そのえり章とそで章の色から〗[the Buffs]《英》東ケント (East Kent) 連隊.
— *adj.* **1** 淡黄色の. **2** もみ革で作った.
— *vt.* **1 a** 〈金属を〉もみ革で磨く, 革砥(ᵏᵃʷᵃᵗᵒ)でとぐ 〈*up*〉 (⇨ polish SYN). **b** 〈爪・靴・床などを〉磨く (polish) 〈*up*〉. **2** 〈革〉の銀面をサンドペーパー・軽石などですり落とす; 〖製靴〗起毛する《靴の甲革の表面を軽く毛羽立てる》. **3** 鈍い黄赤色に染める.
búff·a·ble /-fəbl/ *adj.* 〖(1552) ←? F *buffle* buffalo □ It. *buffalo*: ⇨ buffalo〗
buff[2] /bʌ́f/ *vt.* …の衝撃を緩和する, 打力を弱める. — *vi.* 緩衝器として役立つ; 衝撃を和らげる. 〖ME *buffe(n)* to stutter《擬音語》?: cf. OF *bofer, bufer*〗
buff[3] /bʌ́f/ *n.* 《方言》殴打 (blow), 平手打ち (slap): a ～ on the head / ⇨ blindman's buff. — *vt.* 《スコット》打つ (blow). — *adj.* 《古》断固とした, 毅然たる. ★ 主に次の句で: stand ～ 毅然たる態度をとる, ひるまない. 〖(?c1425)《逆成》← BUFFET[2]〗
buf·fa /búːfə, -fɑː | búf-; *It.* búffa/ *n.* (*pl.* **buf·fe** /-feɪ; *It.* -fe/) **1** (オペラの)喜劇役の女性歌手. **2** = opera buffa. 〖□ It. ～: ⇨ buffo〗
buf·fa·lo /bʌ́fəlòʊ, -fl- | -fələʊ, -fl-/ *n.* (*pl.* ～, ～**es**, ～**s**) **1** 〖動物〗**a** スイギュウ (water buffalo). **b** アフリカスイギュウ (Cape buffalo). **c** 《俗用》アメリカバイソン (American bison). **d** ＝anoa. **2** ＝buffalo robe. **3** 〖魚類〗＝buffalofish. **4** 〖軍俗〗水陸両用タンク (amphibious tank). **5** (タップダンスの)ダブルステップ. **6** [B-]《英》Royal Antediluvian Order of Buffaloes (1822 年に創設された社交慈善組織)の会員.
— *vt.* 《米俗》**1** 困らせる, 面食らわせる, ごまかす (baffle). **2** (虚勢を張って)おどす (overawe); おどして…させる 〔*into*〕. 〖(1562) □ Port. 《廃》*búfalo* < LL *būfalum* = L *būbalus* □ Gk *boúbalos* antelope, buffalo ←? *boûs* ox〗

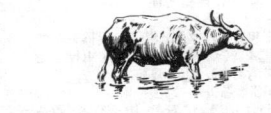

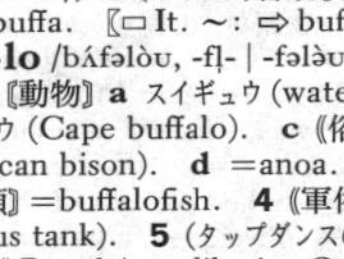

buffalo 1 a

Buf·fa·lo /bʌ́fəlòʊ, -fl- | -fələʊ, -fl-/ *n.* バッファロー《米国 New York 州西部の港市, Erie 湖畔にある》. 〖← *Buffalo Creek*: 先住民のインディアンの(酋長の)名, または F *beau fleuve* beautiful river の転訛〗
búffalo bèetle *n.* 〖昆虫〗ヒメマルカツオブシムシ (carpet beetle) の幼虫《毛皮や毛織物に害を与える》.
búffalo bèrry *n.* **1** 〖植物〗米国およびカナダ産グミ科の植物《*Shepherdia argentea* または *S. canadensis*; Canada buffalo berry, soapberry ともいう》. **2** その赤い食べられる果実. 〖1805〗
Búffalo Bíll *n.* William Frederick CODY のあだ名.
búffalo bìrd *n.* 〖鳥類〗**1** ＝oxpecker. **2** ＝cowbird.
búffalo bùg *n.* 〖昆虫〗＝carpet beetle.
búffalo bùr *n.* 〖植物〗＝sandbur 1.
búffalo cárpet bèetle *n.* 〖昆虫〗＝carpet beetle.
Búffalo chícken wìngs *n. pl.* 〖料理〗＝buffalo wings.
búffalo chìps *n. pl.* **1** (燃料としての)乾燥した野牛の糞. **2** 厚切りのフライドポテト. 〖1840〗
búffalo cùrrant *n.* 〖植物〗米国西部産の黄色い花と黒い実をつけるスグリの一種 (*Ribes odoratum*)《果実は食用》. 〖野牛の多い地域に産することから〗
búffalo dànce *n.* 《米》野牛踊り《もと Plains Indians の野牛狩りに出かける前の儀式的な踊り》.
búffalo·fìsh *n.* 〖魚類〗米国 Mississippi 川上流に産するコイ目サッカー科イクチオブス属 (*Ictiobus*) の魚の総称 (bigmouth buffalo, black buffalo, smallmouth buffalo の 3 種が知られ, コイに似ている; いずれも重要な食用魚). 〖1774〗
búffalo gnàt *n.* 〖昆虫〗＝black fly 1.
búffalo gràss *n.* 〖植物〗**1** 米国中部平原に生えるイネ科の牧草の一種 (*Buchloë dactyloides*). **2** ＝grama. **3** 《豪》＝St. Augustine grass. 〖1784〗
Búffalo Índian *n.* ＝Plains Indian.
búffalo mòth *n.* 〖昆虫〗毛織物を食害する昆虫 (carpet beetle) の幼虫の総称.
búffalo ròbe *n.* 《米》アメリカバイソンの毛皮のひざ掛け. 〖1804〗
búffalo thòrn *n.* 〖植物〗熱帯アフリカ産のナツメ属の一種 (*Ziziphus mucronata*)《対になったとげがあり, 1 本はまっすぐで, 1 本は曲がっている》.
búffalo wèaver *n.* 〖鳥類〗ウシ[オニ]ハタオリ (*Bubalornis, Dinemellia*)《アフリカ産》.
búffalo wìngs *n. pl.* 〖料理〗バッファローウィング《鶏の手羽先の揚げ物; スパイスソースで食べる; Buffalo 市から広まった》.
búff·còat *n.* **1 a** ＝buff[1] 7 a. **b** 《古》軍人, 兵隊 (soldier). **2** 〖生理〗＝buffy coat.
buffe[1] /bʌ́f/ *n.* 〖甲冑〗バフ《顔面の下部およびのどを防護する burgonet の面頬(ᵐᵉⁿᵖᵒ)》. 〖(1598)《変形》←《廃》*buffie* ← It. *buffa* blowhole of a helmet ＋-IE〗
buffe[2] *n.* buffa の複数形. 〖□ It. ～〗
buffed /bʌ́ft/ *adj.* 《俗》(肉体的に)かっこいい. 〖(p.p.) ← BUFF[1]〗
búffed léather *n.* 銀面をサンドペーパーですり落とした革.
búffed-óut *adj.* 《米俗》＝buffed.
buff·er[1] /bʌ́fə | -fə^(r)/ *n.* **1 a** 緩衝装置. **b** 《英》＝bumper[1] 2 b. **2 a** 緩和[緩衝]物. **b** ＝buffer state. **3 a** (いざというときの)準備金, 留保金. **b** (他人のために)盾となる人. **4** 〖化学〗**a** 緩衝剤. **b** ＝buffer solution. **5** 〖生態〗緩衝動物《ある種の動物を常食とする肉食動物がそれ以外に例外的に, 捕食する他種の動物; これにより常食とされる動物の被害が緩衝される》. **6** 〖電子工学〗緩衝[バッファ]回路《連続する二つの回路間の主として出力側から入力側への干渉を阻止するために挿入する回路(素子)》. **7** 〖電算〗バッファ記憶装置, バッファー《情報が異なった装置間で転送されるとき, 一時的にデータを記憶する中間装置; buffer memory ともいう》.
hít [*rún ìnto*] *the búffers*《英口語》〈議論・計画などが〉困難にぶつかる, 不首尾に終わる.
— *vt.* **1** 〈衝撃などを〉和らげる, 緩衝する, …の害を減らす, 緩和する. **2** (衝撃などから)保護する, かばう, かくまう. **3** 〖化学〗緩衝剤で処理する; 〈アスピリンに〉制酸剤を調合する. **4** 〖電算〗〈データを〉バッファーに入れる. 〖(1835) ←? BUFF[2]＋-ER[1]〗
buff·er[2] /bʌ́fə | -fə^(r)/ *n.* **1 a** (つや出し研磨用の)バフ盤; とぎ棒 (⇨ buff stick), バフ車 (⇨ buff wheel). **b** (マニキュア用の)爪磨き. **2** とぎ師, バフ[磨き]工. 〖(1854) ← BUFF[1]〗
buff·er[3] /bʌ́fə | -fə^(r)/ *n.* 《英俗》**1 a** 無能な男. **b** [しばしば old ～ として] やつ (fellow): an *old* ～ 老いぼれ, じいさん. **2** 《英海軍俗》掌帆次長 (chief boatswain's mate). 〖(1688)《転用》←? ME *buffere* stammerer ← *buffen* to stammer《擬音語》〗
búffer àmplifier *n.* 〖電子工学〗緩衝増幅器《出力回路の影響が入力回路へ及ぶのを防ぐために使用される増幅器》. 〖1933〗
Buf·fer·in /bʌ́fərɪ̀n | -rɪn/ *n.* 〖商標〗バファリン《米国 Bristol-Myers 製の鎮痛・解熱剤》.
búffer mèmory *n.* 〖電算〗緩衝記憶装置, バッファメモリー (⇨ buffer[1] 7).
búffer solùtion *n.* 〖化学〗緩衝液, 緩衝溶液, 緩衝混合液《緩衝作用をもつ溶液で, 通例弱酸とその塩, または弱塩基とその塩との混合溶液》. 〖1921〗
búffer stàte *n.* 緩衝国《二大国の間に介在して衝突を緩和する役目をする中立の小国》. 〖1883〗
búffer stòck *n.* 〖経済〗緩衝在庫《価格の安定を図るため国際協定により買付けまたは放出される物資》. 〖1935〗
búffer stòp *n.* 《英》〖鉄道〗車止め. 〖1878〗
búffer zòne *n.* 緩衝地帯. 〖1908〗
buf·fet[1] /bəféɪ, buː- | bʊ́feɪ, bʌ́f-; *F.* byfɛ/ *n.* **1 a** (パーティーや食堂の)軽食用テーブル[カウンター]. **b** (テーブルやカウンターの上の)軽食, スナック《客は(立ったまま)自由に取って食べる》. **c** セルフサービス式(の食事), 立食 (buffet meal). **2 a** セルフサービスの食堂[レストラン]. **b** 《英》(列車と駅構内などのカウンター式)軽食堂, ビュッフェ, スナックバー. **c** ＝buffet car. **3** /《英》bʊ́fɪt, -fət/ (食器用の)食器棚 (sideboard). **4** /bʌ́fɪt/《北英方言》低いスツール; (椅子代用の)厚いクッション. **5** [限定的]〈食事・食堂・パーティーなど〉セルフサービス[ビュッフェ]式の, 立食(式)の: a ～ lunch(eon), party, supper. 〖(1432) (1718) □ F ～《原義》chair, table < OF *bufet* stool ←?〗
buf·fet[2] /bʌ́fɪ̀t | -fɪt/ *n.* **1** (風波・運命などによる連続的な)虐待, もまれること: the ～*s* of fate 打ち続く不幸, 辛酸 / the world's ～*s* 世間にもまれる苦しみ. **2** (手やこぶしによる連続的な)打撃, 殴打, 平手打ち (slap). **3** 〖航空〗バフェット, バフェティング《上流に起こる流れの剝離が原因の航空機の機体に起こる強い震動》.
— *vt.* **1** 〈波・運命・世間が〉〈人・船などを〉続けざまに痛めつける; 左右に打ちつける, もむ 〈*about*〉: be ～*ed about* (運命などに)もてあそばれる. **2** (手やこぶしで続けざまに)打つ (beat). **3 a** 〈人が〉〈波・運命などと〉戦う. **b** [～ one's way として] 戦いながら進む: ～ *one's way through* the waves 波を押し分けて進む.
— *vi.* **1** 奮闘して進む 〈*along*〉. **2** 〔…と〕(手やこぶしで)戦う (contend) 〔*with*〕. **3** 〈飛行機が〉震動する. 〖(?a1200) □ OF ～ (dim.) ← *buffe* blow《擬音語》〗
Buf·fet /buːféɪ; *F.* byfɛ/, **Bernard** *n.* ビュッフェ (1928–99; フランスの画家・版画家).
buffet car /--⏑ | ⏑--/ *n.* 《英》〖鉄道〗簡易食堂車, ビュッフェカー. 〖1887〗
buf·fet·ing /bʌ́fɪ̀tɪŋ | -fɪt-/ *n.* **1** 打つこと; (続けざまの)打撃. **2** 〖航空〗＝buffet[2] *n.* 3. 〖(c1240): ⇨ buffet[2], -ing[1]〗
buffi *n.* buffo の複数形.
búff·ing whèel *n.* ＝buff wheel.
buf·fle·head /bʌ́flhèd/ *n.* **1** 〖鳥類〗ヒメハジロ (*Bucephala albeola*)《北米産の小形の潜水ガモ; 雄には柔らかい冠毛があり, 頭を非常に大きく見せる》. **2** 《方言》ばか者, あほう. 〖(1659) ←《廃》*buffle* (□ F *buffle*: ⇨ buffalo) ＋HEAD〗
buf·fo /búːfoʊ | bʊ́fəʊ; *It.* búffo/ *It. n.* (*pl.* ～**s**, **buf·fi** /-fiː; *It.* -fi/) **1** (イタリア歌劇の)道化役者; (特に)喜歌劇歌手[俳優]《通例バス歌手》. **2** 道化役のバス歌手 (buffo bass ともいう). — *adj.* **1** 滑稽な. **2** 喜劇的な; 喜歌劇の. 〖(1764) □ It. ～ 'ridiculous' ← *buffare*: ⇨ buffoon〗
Buf·fon /bʌ́fɔ̃ː(ŋ), bjuː-, -fɔ́ːŋ; *F.* byfɔ̃/, **Comte Georges Louis Lec·lerc** /ləklέːr/ **de** *n.* ビュフォン (1707–88; フランスの博物学者;「文は人なり」('le style est l'homme même') と言ったことで有名).
Buffón's néedle pròblem *n.* 〖数学〗ビュフォンの針の問題《一定の間隔で平行線を引いた紙の上に一定の長さの針を投げたとき, それが平行線の一つに交わる確率を求める問題》. 〖↑〗
buf·foon /bəfúːn, bʌ-/ *n.* **1** 道化 (clown); おどけ者: play the ～ 滑稽を演じる, おどける. **2** 粗野[無教養]な人. — *vi.* おどける. — *vt.* 茶化す, あざ笑う. 〖(1549) □ F *bouffon* □ It. *buffone* jester ← *buffare* to blow, puff: 頰を膨らませておどけたしぐさをすることから:《擬音語》: ⇨ -oon〗
buf·foon·er·y /bəfúːn(ə)ri, bʌ-/ *n.* 道化, おどけ; 低級でやぼな行動. 〖(1621): ⇨ ↑, -ery〗
buf·fóon·ish /-nɪʃ/ *adj.* 道化の, おどけた. 〖(1672): ⇨ -ish[1]〗
búff stìck *n.* (四角な棒になめし革を張った研磨用の)とぎ棒. 〖1881〗
búff-tìp móth /bʌ́ftɪp-/ *n.* シャチホコガ科のガ (*Phalera bucephala*)《ヨーロッパ産の大形のガ》.
búff tòp *n.* 〖宝石〗バフトップ《頂部を丸く下部を切子面にするカットの型》.
búff whèel *n.* とぎ車, バフ車《革を張った車で金属研磨用》. 〖cf. *buffing wheel* (1889)〗
buff·y /bʌ́fi/ *adj.* (**more** ～, **most** ～; **buff·i·er, -i·est**) **1** もみ革 (buff) のような. **2** 淡黄色の. **3** 《俗》酔っ払った (intoxicated). 〖(1842): ⇨ buff[1], -y 4: 3 (1858–9) は別語源か〗
búffy còat *n.* 〖生理〗軟膜, バッフィコート《血液を放置したとき, 沈降した赤血球層の表面にできる白血球・血小板の薄い膜》. 〖1800〗
bu·fo·ten·ine /bjùːfətέniːn, -nɪ̀n | -niːn, -nɪn/ *n.* 〖生化学・薬学〗ブフォテニン ($C_{12}H_{16}N_2O$)《ヒキガエルの皮脂から誘導される有毒アルカロイド; 血圧上昇作用がある》. 〖(1902) ← L *būfō* (↑)＋-*ten*- (語義不明)＋-INE[3]〗
bug[1] /bʌ́g/ *n.* **1 a** 〖昆虫〗半翅(ʰᵃⁿˢʰⁱ)目, 特に異翅亜目の昆虫の総称 (assassin bug, chinch bug, wheel bug など). **b** 《口語》(一般に)昆虫, 虫《クモやダニなど, はう虫を含む》. **c** トコジラミ, ナンキンムシ (bedbug). **d** アタマジラミ (head louse). **e** ゴキブリ (cockroach). **2** 《口語》**a** (病気を起こす)微生物, 病原菌 (germ); それによって生ずる病気. **b** [*pl.*] 細菌学; 生物学. **3** [しばしば *pl.*]《口語》(機械の)故障, (計画などの思いがけない)欠陥 (defect); (コンピュータープログラムの)誤り, バグ: a ～ in a television set. **4 a** 《口語》隠し[盗聴用]マイク. **b** 《米俗》非常警報装置, 防犯ベル. **5** 《口語》**a** (一時的に)夢中になること; 道楽 (hobby): get the fishing ～ 魚釣りに夢中になる / a boy bitten by the photography ～ 写真熱にとりつかれた少年. **b** [修飾語を伴って] 熱狂家 (enthusiast): a golf [movie] ～ ゴルフ[映画]狂. **6** 《米俗》小型自動車. **7 a** 《古》偉ぶる人, 傲慢(ᵍᵒᵘᵐᵃⁿ)な人. **b** 社会的地位の高い人: a big ～ 大物, 高官. **c** 《米学生俗》娘, 女の子. **8 a** 星印(*) (asterisk). **b** 〖競馬〗見習い騎手に与えられる 5 ポンド減量のハンディキャップ.《競馬予定表に星印で示されることから》 **9** 〖通信〗高速の電鍵(ᵈᵉⁿᵏᵉⁿ). **10** 《俗》〖トランプ〗(ポーカーで)ジョーカー (joker)《ace としてまたは straight や flush を作る際の鬼札 (wild card) として使うときに限る》. **11** 《俗》〖印刷〗ユニオンショップマーク《ユニオンショップで製造されたことを示すラベル》. **12** 〖釣〗大きな昆虫に似た擬似餌. **13** 《廃》お化け (hobgoblin), 幽霊 (bogey).
gò [*be*] *búgs*《米俗》気が狂う[狂っている]. ***pùt a búg in a person's éar*** 人にちょっとヒントを与える, それとなく知らせる.
— *v.* (**bugged; bug·ging**) — *vt.* **1 a** 《口語》…に隠し[盗聴]マイクを備える; …を隠し[盗聴]マイクで盗聴する. **b** 《米俗》盗難警報器[防犯ベル]を備える. **2** 《口語》**a** 当惑させる, 悩ます (annoy, bother). **b** …に腹を立てさせる, いら立たせる. **3** 〈植物〉の害虫を除く, 除虫する. — *vi.* (植物から)虫を除く, 除虫する. ***búg óff***《米俗》(人の邪魔をしないで)立ち去る, 行ってしまう. ***búg óut***《米俗》急いで逃げる; 退却する (cf. bugout).
〖(c1395) *bugge* scarecrow ←?: cf. Welsh *bwg(an)* ghost, hobgoblin / OE (*scearn-*)*budda* dung-beetle〗
bug[2] /bʌ́g/ *v.* (**bugged; bug·ging**) — *vt.* 〈驚きなどで〉〈目を〉見張る, 大きく開く 〈*with*〉. — *vi.* 〈目が〉(驚きなどで)大きく開く, きょとんとする 〈*out*〉. 〖(1877)《変形》←? BULGE: ↑と連想〗
bug[3] /bʌ́g/ *vt.* big[2] の過去・過去分詞形.
Bug /búːg; *Pol.* búk, *Ukr.* búɦ/ *n.* [the ～] ブク(川): **1** ポーランド東部とウクライナとの境界をなす川; 北西に流れて Vistula 川に合流 (831 km); Western Bug ともいう. **2** ウクライナ南西部の川; 南東に流れて Dnieper 河口と

黒海に注ぐ (806 km); Southern Bug ともいう.

bug·a·boo /bʌ́gəbùː/ *n.* (*pl.* **~s**) **1** お化け, 化け物 (bogey). **2** (根拠のない)心配の種; (脅しなどに用いる)迷信; 恐ろしい[いやな]もの. 〖(1740) ← BUG¹+-*a*- (無意味な連結辞)+BOO¹: cf. blackamoor〗

Bu·ga·ev /buːgάːɛf, -ɛv; *Russ.* bugájɪf/, **Boris Nikolayevich** *n.* ⇨ Andrey BELY.

Bu·gan·da /bjuːgǽndə, buː-/ *n.* ブガンダ《ウガンダの一州; 17–19 世紀は, 強力な Bantu 族の王国》.

búg·bàne *n.* 〘植物〙 キンポウゲ科サラシナショウマ属 (*Cimicifuga*) の植物の総称; (特にヨーロッパの) *C. foetida* 《その花は昆虫を寄せ付けないという; cf. black cohosh》. 〖1804〗

búg·bèar *n.* **1** (悪い子などを食べてしまうという)化け物, お化け. **2** (いわれのない)恐怖(のもと), 怖いもの: the ~ of war 戦争の恐れ[脅威]. **3** 邪魔になる物, 難点. 〖(1580) ← BUG¹+BEAR²〗

búg bòy *n.* 《米俗》見習い騎手.

búg·èye *n.* バグアイ《米国 Chesapeake 湾でカキ漁に用いた三角帆つきの平底の小舟》. 〖1881〗

búg-èyed *adj.* **1** 出目の (pop-eyed): a ~ monster (SF の) 大目玉の宇宙人[怪物], ベム (BEM). **2** 《俗》(驚いて)目を丸くした[むいた]. 〖1922〗

bug·ger /bʌ́gə, bʊ́gə | bʌ́gə$^{(r)}$/ *n.* **1** 《英口語》 **a** 下等な男, 見下げ果てたやつ. **b** [しばしばユーモア・愛情をこめて] やつ (fellow); 子供, がき (kid). **2 a** 《英口語》とても厄介[いや]なもの[仕事]. **b** =damn 2. **3 a** 《英卑》男色者, おかま, ホモ (sodomite). **b** 〘法律〙 獣姦(じゅうかん)者. ***búgger áll*** =bugger-all. ***plày silly búggers*** 《英俗》ばかなまね[困ったこと]をする.

— *vt.* **1** 《英口語》だめにする 〈*up*〉: That *~ed* it all. それですっかりおじゃんになった. **2** [命令形で間投詞的にののしり・怒りに用いて]: *Bugger* it! くそ, 畜生 (cf. damn 1 b) / *Bugger* him [the cost]! あんなやつ[費用なんぞ]知ったことか. **3** 《英口語》[受身で] へとへとに疲れさせる (exhaust): I'm *~ed*. へとへとだ. **4** 《卑》…と男色を行う. **—** *vi.* **1** 《英口語》=damn *vi.* 2. **2** 《卑》男色を行う.

búgger abóut* [*aróund*]** 《英口語》(*vi.*) (1) ぶらぶら[ぼやぼや]する. (2) 〔…を〕いじる, 〔…と〕ふざける〔*with*〕. (3) 〔…で〕悩ます〔*with*〕. (4) ばたばた忙しくする. (*vt.*) 〈人〉に迷惑をかける, 困らせる; 〈人を〉不当に扱う. 《1929》 ***Búgger me! ひえー驚いた. ***búgger óff*** [しばしば命令形で] 《英口語》(立ち)去る, ずらかる: *Bugger off!* 《1923》 ***búgger úp*** 《英口語》〈物事を〉へたにやる, しくじる; だめにする. 《1923》 ***I'll be búggered!*** 《英口語》こいつは驚いた; しまった. ***I'll be búggered if*** 《英口語》絶対に…しない[でない]: *I'll be ~ed if* I go. だれが行くものか. 〖(1340) *bougre* ▭ MDu. *bugger* ▭ (O)F *bougre* < ML *Bulgarum* a Bulgarian, a heretic, sodomite: 11 世紀ブルガリアで種々の異端の教えが行われていたので恐ろしい罪悪は何でも彼らのせいにされたという〗

búgger-áll *n.* 《英口語》皆無 (nothing): get ~ 何も得られない: You know ~? 君は何も知らないのか(困ったもんだ). 〖1937〗

búg·gered *adj.* 《英卑》**1** へとへとに疲れて. **2** ひどく驚いた: Well, I'm ~. これは驚いた. **3** だめになった.

bug·ger·y /bʌ́g(ə)ri, bʊ́-/ *n.* **1 a** 《卑》男色. **b** 〘法律〙 =sodomy. **2** 《英口語》=hell. 〖(*a*1338) ▭ MDu. *buggerie*: ⇨ bugger, -ery〗

Búg·gins's tùrn /bʌ́gɪnzɪ̀z-/ *n.* 《英口語》業績よりも年功などによる(順ぐり)昇進[任命](制), 年功序列制. 〖(1901) ← *Buggins* (漠然と不特定の人を表す)〗

bug·gy¹ /bʌ́gi/ *n.* **1 a** 砂浜用自動車 (beach buggy). **b** 乳母車 (baby buggy). **c** =moon buggy. **d** 《俗》自動車, ぽんこつ. **2** 1 頭立ての軽装馬車《英国・インドでは 2 輪, 米国・カナダでは 4 輪》. **3** (炭鉱内の)石炭運搬車. **4** 《米俗》(貨物列車最後尾の)乗務員車 (caboose); (時に)展望車. 〖(1773) ← ?〗

bug·gy² /bʌ́gi/ *adj.* (**bug·gi·er; -gi·est**) **1 a** 《米》虫がいている, 虫の湧いた. **b** 南京虫がついている[の湧いた]. **2** 《米俗》 **a** 気が触れた; 夢中で (crazy). **b** ばかな, 間抜けた. 〖(1714): ⇨ bug¹, -y 4〗

búg·hòuse *n.* 《米俗》 **1** 精神病院. **2** 《軽蔑》映画館, 劇場 (theater). **—** *adj.* 《米俗》気が狂った (crazy); ばかげた: a ~ fable ばかげた話[こと]. 〖(1895): ⇨ bug¹ (n.) 5〗

Búghouse Squáre /bʌ́ghaʊs-/ *n.* 《米》(New York の Union Square, Los Angeles の Pershing Square などのように)大都市で政治・宗教などについて通行人に演説する公園[街路の四つ角].

búg hùnter *n.* 《口語》昆虫採集家, 昆虫学者 (entomologist). 〖1796〗

búg hùnting *n.* 《口語》昆虫採集. 〖1855〗

búg jùice *n.* 《俗》安ウイスキー, 安リキュール. 〖1869〗

búg kìller *n.* 殺虫剤, 防虫剤.

bu·gle¹ /bjúːgl/ *n.* **1** (軍隊の)らっぱ: blow [sound] a ~ らっぱを吹く. **2** (狩猟用の)角笛. **3** ビューグル《ピストンの装置のあるらっぱ; 吹奏楽隊で使用するが, 管弦楽ではあまり用いない》. **—** *vi.* **1** らっぱを吹く. **2** 〈大鹿などが〉(発情期に特有の)長い鳴き声を出す, さかり声を発する. **—** *vt.* らっぱを吹いて鳴らす[呼ぶ, 集める]. 〖(?*a*1300) ▭ OF ~ 'horn, buffalo' < L *būculum* (dim.) ← *bōs* ox: cf. OF *bugler* to low, blow the horn〗

bu·gle² /bjúːgl/ *n.* [通例 *pl.*] ガラス[プラスチック]の管状ビーズ《婦人服の装飾などに用いる》. **—** *adj.* [限定的] **1** 管状ビーズのような. **2** 管状ビーズで飾った. **bú·gled** *adj.* 〖(1579) ← ? BUGLE¹〗

bu·gle³ /bjúːgl/ *n.* 〘植物〙 シソ科キランソウ属 (*Ajuga*) の植物の総称; (特に) *A. reptans* (bugleweed ともいう). 〖(*a*1300) ▭ OF ~ < LL *bugulam* (植物の一種)〗

búgle càll *n.* 召集らっぱ(の合図), 号音.

búgle hòrn *n.* 角笛; らっぱ (bugle). 〖?*a*1300〗

bú·gler /-glə | -lə$^{(r)}$/ *n.* らっぱ手, らっぱ吹き. 〖(1840): ⇨ bugle¹, -er¹〗

bu·glet /bjúːglɪ̀t/ *n.* 小らっぱ《自転車用など》. 〖(*a*1803): ⇨ bugle¹, -et〗

búgle·wèed *n.* 〘植物〙 **1** シソ科シロネ属 (*Lycopus*) の植物の総称; (特に) *L. virginicus* 《麻酔性・収斂(しゅうれん)性の薬草》. **2** =bugle³. 〖(1818) ← BUGLE³〗

bu·gloss /bjúːglɑ(ː)s, -glɔ(ː)s | -glɒs/ *n.* **1** 〘植物〙 ムラサキ科のウシノシタグサの一種 (*Anchusa officinalis*) 《薬草; alkanet ともいう》. **2** ムラサキ科エキウム属 (*Lycopsis, Echium*) の植物の総称; a viper's ~ =blueweed 1. 〖(*a*1400) ▭ (O)F *buglosse* // L *būglōssus* ▭ Gk *boúglōssos* ox-tongued ← *boûs* ox+*glôssa* tongue〗

bu·gong /búːgɑ(ː)ŋ, -gɑ(ː)ŋ | -gɒŋ/ *n.* 〘昆虫〙 =bogong.

bug·òut *n.* **1** 《軍俗》戦線離脱(者), 敵前逃亡(兵), 逃亡(兵). **2** 《俗》仕事をずるける[サボる]人. 〖(*c*1950) ← *bug out* (⇨ bug¹ (v.) 成句)〗

búg ràke *n.* 《英俗》シラミ掻き, くし (comb).

Búgs Búnny *n.* バグスバニー《米国のアニメなどに登場するウサギ》.

búg·sèed *n.* 〘植物〙 カワラヒジキ (*Corispermum hyssopifolium*) 《アカザ科の一年生草本》; カワラヒジキ属 (*Corispermum*) の植物の総称.

bug·shah /búgʃɑː, bʌ́g-/ *n.* (*pl.* ~, **~s**) =buqsha.

búg sprày *n.* 《口語》虫よけスプレー.

búg zàpper *n.* 《米》虫[蚊]取り装置《特別な明かりで虫をおびき寄せて殺す》.

buhl /búːl/ *n.* 《米》=boulle.

búhl·wòrk *n.* =boulle.

buhr /bə́ː | bə́ː$^{(r)}$/ *n.* **1** =buhrstone. **2** (銅版彫刻などの)粗い削りぶち, ぎざぎざ. 〖(1721) 《変形》← BURR¹〗

búhr·stòne *n.* **1** 〘鉱物〙 (以前は砥石に用いた)ケイ石. **2** ケイ石の臼石 (millstone). 〖1690〗

bui·bui /bùɪbúɪ/ *n.* ブイブイ《アフリカ東海岸で, イスラム教徒の女性がショールとして用いる黒い布》.

Bu·ick /bjúːɪk/ *n.* 〘商標〙 ビュイック《米国製の高級乗用車》. 〖← *David D. Buick* (1855–1929: 米国の自動車製作者)〗

build /bɪ́ld/ *v.* (**built** /bɪ́lt/, 《古》**~·ed**) **—** *vt.* **1 a** 建てる, 建築する (erect); 築造する, 建造する, 建設する (construct) (⇨ make SYN): ~ a bridge, church, city, road, railroad, tower, ship, vehicle, etc. / ~ a bridge *across* the bay 湾に橋をかける / ~ a security camera *onto* the wall 壁に防犯カメラを取り付ける / ~ a factory (*up*)*on* a firm foundation 頑丈な基礎の上に工場を建てる / ~ a new wing (*on*)*to* a house 家に新しい棟を増築する / The school is *built of* brick. その学校はれんが造りである / ~ a bridge of [out of] ferro-concrete 鉄筋コンクリート橋を造る (cf. *vt.* 3 a) / He *built* a new house *for* them. =He *built* them a new house. 彼らに新しい家を建ててやった. **b** 〈機械・エンジンなどを〉組み立てる (construct); 〈鳥が〉巣を〉作る; 〈火を〉起こす (make); 〈衣服を〉仕立てる (tailor); 〈料理を〉作る (cook up); 〈書物などを〉著す (produce): ~ a nest *out of* twigs 〈鳥が〉小枝を集めて巣を作る / ~ a fire 火をおこす. **c** 《方言》〈巻きたばこを〉巻く (roll).

2 a 〈国家・社会などを〉建設する, 築く (found); 〈富・名声・事業などを〉築き上げる 〈*up*〉; 〈親善・理解などを〉もたらす, 高める (develop): ~ (*up*) a fortune [reputation] 財産[名声]を築く / ~ one's character 品性を陶冶(とうや)する / ~ a society without poverty 貧困のない社会を築く / ~ oneself an alibi 自分にアリバイを作る. **b** 〈希望・議論・判断などを〉〔…に〕基づかせる (base) 〔*on, upon*〕: a relationship *built on* trust 信頼関係 / ~ one's hopes *on* promises 約束を当てにして希望を抱く / ~ an argument *upon* facts 事実の上に議論を組み立てる.

3 a 〈材料・素材を〉〔完成品に〕組み立てる, 仕上げる (form) 〔*into*〕: ~ panels *into* a large wall パネルを張って大きな壁を造る (cf. *vt.* 1 a) / ~ arguments *into* a new theory 議論を積み重ねて新しい理論を生み出す / ~ *up* a girl *into* a leading actress 少女を大女優に育て上げる / Better to ~ boys than to mend men. 大人を矯正(きょうせい)するよりは少年の人格形成を《少年の非行防止の標語》. **b** 〔…に〕〈条項・但し書きなどを〉付記する; 〈物を〉作り付けにする 〔*into*〕: ~ a clause *into* a contract 契約(書)に一項を加える / ~ a safe *into* the wall 壁に金庫を作り付けにする. **4** [受身で] (体・性質などが)できている: He is heavily [slimly] *built*. 体ががっちり[ほっそり]できている / I'm not *built* that way. 《口語》自分はそんな風にはできていない[そんな柄[性格]ではない].

5 増やす, 大きくする; (…の地位を)高める (cf. BUILD *up* (*vt.*) (1), (3)). **6 a** 〘トランプ〙 数・印などに従って(同位札や続き番号札のそろい (set) を〉作る; (特に, casino でその合計が手札の 1 枚の数字と同じになるように) 〈場札の 2 枚を〉組み合わせて取る. **b** 文字を組み合わせて〈単語を〉作る.

— *vi.* **1 a** 建築[建造]する; 家を建てる; 〈鳥が〉巣を作る; 建築[建設]業に従事する: ~ *in* wood / ~ *on* a vacant lot 空き地に建てる. **b** [通例進行形で] 建築[建造]される: The ship *is* ~*ing*. 《まれ》船は建造中だ (cf. be¹ *auxil. v.* 1) =The ship *is being built*. **2** 〔…をもとに〕計画[体系など]を作り上げる; 〈成功などを〉発展の土台にする; 〈前の記録を〉更新する 〔*on, upon*〕: The team is ~*ing on* previous records. そのチームは前の記録を参考にして作戦を練っている. **3** 〔…を〕頼りにする, 〔…に〕頼る (rely) 〔*on, upon*〕: ~ *on* a person's promise 人の約束を当てにする / I'll ~ *on* your support. 君の支援を頼りにしてるよ. **4** 〈物事が〉強度[興味]を増す; 〈風が〉強くなる; 〈行列が〉できてくる; 〈試合・物語などが〉盛り上がる: The story ~*s up to* a moving climax. その物語は感動的なクライマックスに向かって次第に盛り上がっていく. **5** 〘トランプ〙 (ソリテールなどで)手札を場に出す.

build … aròund — 〈作品などを〉〈事実・情報などを〉もとに作り上げる.

build dówn 〈交通量が〉減る, 減少する.

build ín (1) 〈用材を〉組み入れる, さし込む. (2) 〈家具などを〉作り付けにする (cf. built-in). (3) 〈土地を〉〈家・壁などで〉建て込める, 囲い込む: The fields are now entirely *built in*. その原っぱは今ではすっかり家が建て込んでいる. (4) 〈考え・情報などを〉盛り込む.

build … ìnto — (1) 〈家具などを〉—に作りつけにする. (2) 〈方針・システムなどを〉—に組み込む; 〈人を〉〈組織の中心〉に据(す)える. (3) ⇨ *vt.* 3. a. (4) ⇨ *vt.* 3 b.

build ón 建て増しをする.

build óut 〈…を〉建て増しする.

build óver [通例受身で] 〈場所を〉〈家などで〉建て込ませる.

build róund 建物で囲む.

build úp (*vt.*) (1) 〈人・国・企業などの〉評判を高める, 名声を築く; 〈富・名声・人格・事業などを〉築き上げる, 確立する (establish): ~ *up* a firm from scratch 零から立派な会社を作り上げる. (2) 〈緊張・抵抗などを〉強める; 〈電圧を〉上げる; 〈速度・音量を〉増す: ~ *up* resistance to the Establishment 既成体制に対して反対を強める. (3) 〈預金・資金などを〉徐々に増やす (accumulate): ~ *up* a bank account by saving regularly 定期的に貯金して銀行預金を増やす / ~ *up* sales by advertising 宣伝して売り上げを伸ばす. (4) 〈健康・体力などを〉増進する (improve); (…の体格・筋肉などを)強くする, 鍛え上げる; 〈人・チームなどの〉気力[士気]を高める, 激励する: We must ~ ourselves *up* for the winter. 冬に備えて体を鍛えなければならない. (5) 《口語》〈新製品・新人などを〉(大げさに)宣伝する, 売り込む (advertise); 〈人を〉ほめそやす 〈*as*〉: Don't ~ me *up* too much. あまりおだてないでくれよ. (6) 〘軍事〙 〈作戦に必要な兵力を〉集める, 集結する. (7) 〈破損した家などを〉建て直す, 改築[改造]する (rebuild): ~ *up* a broken wall. (8) 〈入口・窓などを〉〈建物で〉ふさぐ; [通例受身で] 〈場所を〉建て込ませる: an area that *is built up* 建て込んだ区域. (9) 開発する. — (*vi.*) (1) 徐々に形成される; 〈雲が〉出てくる. (2) 〈圧力・緊張・抵抗などが〉強まる 〔*between*〕; 〈電圧が〉上がる; 〈速度・音量が〉増す 〔*to*〕. (3) 蓄積する, たまる (accumulate): His books *built up into* a fine library. 彼の書物は積もり積もって立派な文庫になった. (4) 〈交通が〉渋滞してくる; 〈行列などが〉(邪魔になるほど)長くなる. (5) 〈物語などが〉盛り上がる (cf. *vi.* 4). (6) 〘軍事〙 〈兵力が〉結集してくる. ***build úp to*** (時期・出来事に対して)徐々に備える: ~ *up to* Christmas クリスマスに備えて準備する / He was ~*ing up to* something. 彼は何か切り出そうとしていた.

— *n.* **1 a** 造り, 構造 (make): vessels of the same ~ 同じ構造の船. **b** 体格 (physique): a person of sturdy [muscular, powerful] ~ がっちりした[筋肉質の, 力強い]体格の人 / They are of about the same ~. 彼らは体格がほとんど同じだ. **2** (興味の)盛り上げ, 盛り上がり: give ~ to …を盛り上げる. **3** 〘石工〙 縦目地(たてめじ), 縦目地方向の石材の長さ. 〖lateOE *byldan* ← *bold* dwelling 《異形》← *botl* < Gmc **bŭðlam* ← **bōwwan* to dwell〗

build·a·ble /bɪ́ldəbl/ *adj.* 建築可能な. 〖(1927): ⇨ ↑, -able〗

búild-dòwn *n.* 〘軍事〙 ビルドダウン《新しい兵器を一つ導入するたびに旧型兵器をいくつか廃棄する方式で軍拡競走に歯止めをかけようとする考え方》. 〖1983〗

build·ed *v.* 《古》build の過去形・過去分詞.

build·er /bɪ́ldə | -də$^{(r)}$/ *n.* **1** 建築者; 建築業者; 建造者, 建設者: an Empire ~ 大帝国の建設者《大英帝国の建設に貢献した軍人・政治家・植民者・貿易業者など》/ ⇨ master builder. **2** [しばしば複合語の第 2 構成素として] 増大[増進]させるもの: a health ~ 保健剤, 健康増進剤[法]. **3** 石鹸混和剤, ビルダー《洗浄効果を増すために石鹸・洗剤に添加するリン酸ナトリウム・硫酸ナトリウム・脂肪酸アミドなど》. 〖(*c*1280): ⇨ -er¹〗

búilder's knòt *n.* 〘海事〙 =clove hitch.

búilders' mèrchant 《英》建材会社; 建築[建設]資材業者.

búilder's rísk insùrance *n.* 〘海上保険〙 建造保険.

build·ing /bɪ́ldɪŋ/ *n.* **1 a** 建築物, 建物, 建造物, 家屋, ビル(ディング): a public ~ 公共建築 / the main ~ 主建築物, 母屋(おもや) (cf. annex). **b** 〘法律〙 (別個の住居としての)家屋の一部 (apartment). **2** 建築(術, 業), 建造(方法), 造営, 普請: ~ materials 建築材料[資材] / a ~ contractor 建築請負人[施工業者] / the art of ~ 建築術 / in course of ~ 建築[造]中の[で].

building and lóan association =《米》SAVINGS and loan association. 〖(*c*1300): ⇨ -ing¹〗

SYN 建物: **building** 家・ホテル・工場など屋根と壁をもった建造物《最も一般的な語》: a school *building* 学校の建物. **edifice** 宮殿や教会のように大きくて壮麗な建物《格式ばった語》: a holy *edifice* of stone 石造りの神聖な建築物. **structure** 多くの部分から成る建造物《設計・建築材料などを強調する》: a ten-story *structure* 10 階建ての建物.

búilding àrea *n.* 建築面積, 建坪.

búilding bèrth *n.* 〘造船〙 =building slip.

búilding blòck *n.* **1** 建築用ブロック. **2** (おもちゃ

の)積み木 (cf. block 1 b). **3** 基礎的構成要素, 成分. 〖1846〗

buílding còde *n.* 建築法規.

buílding lèase *n.* 建設用地の賃貸借; その期間《通常 99 年》. 〖1858〗

buílding lìne *n.* 〘建築〙建築線《街路に面して建物をそれ以上前に出してはならない線》. 〖1885〗

buílding lòt *n.* 《米》分譲地《subdivision の 1 区画》. 〖1701〗

buílding pàper *n.* 〘建築〙防水紙《壁・屋根・床などの中に用いる防水用の紙》. 〖1873〗

buílding sìckness *n.* =sick building syndrome.

buílding sìte *n.* 建築敷地 (lot); (工事をしている)現場 (field). 〖1871〗

buílding slìp *n.* 〘造船〙船台《その上で船を建造するための傾斜台; building berth ともいう》. 〖1846〗

buílding socìety *n.* 《英》住宅金融組合《《米》の savings and loan association に相当; 1986 年の法改正で銀行業務も可能になり, 中には会社組織になったものもある》. 〖1848〗

buílding tràdes *n.pl.* 建設業, 建設諸職《大工職・れんが職・鉛管職など建設関係の各種の職業を含む》.

buíld-òn *adj.* 〈建物・机など〉組み足し式の《既存のものに新しい部分をいくらでも継ぎ足していける方式のものにいう》.

build·up /bíldʌ̀p/ *n.* **1** (体力などの)増強, 強化. **2** (原料などの)蓄積, 積み重ね. **3** (目標達成のための用意周到な)準備, 予備工作: start the ~ to the event そのイベントの準備を始める. **4** (新人・製品などの売り出し前の)宣伝, (大げさな)前宣伝, 売り込み, 景気づけ: give a person a ~ 宣伝で人の評判を高める. **5** (劇の内容を盛りあげる)筋; (小説や演説などでクライマックスに達するための)展開. **6** 圧力[潜在力]強化. **7** 励まし, 激励: He needed a ~. 励ましが必要だった. **8** 〘軍事〙(兵力)増強, (所定の)編成装備の充足, (兵力・資材の)集積, 集結. 〖1926〗

built /bílt/ *v.* build の過去形・過去分詞. — *adj.* **1** 組み合わせ造りの; 組み立ての: a ~ mast 組み立て帆柱《数材から成る帆柱》. **2** [通例複合語の第 2 構成素として] (…で)造られた, (…に)造られた: a British-*built* steamer 英国製の汽船 / a well-*built* house よくできた家. 〖1570〗

búilt cáne *n.* 〘釣〙=split cane.

built-in /bíltín˘/ *adj.* **1** 〈書棚など〉作り付けの (cf. BUILD *in* (2)): ~ furniture. **2** 〈性質など〉本来的[本質的]に備わった (inherent), 生来の; 〈偏見など〉根深い: her ~ dislike of serpents. — *n.* 《米・カナダ》作り付けの家具[器具, 装置]. 〖1898〗

búilt-in nózzle *n.* 〘宇宙〙埋め込み型ノズル.

búilt-in stábilizer *n.* 〘財政〙自動安定装置《景気の変動効果を和らげる財政の仕組み》.

búilt-úp *adj.* **1** 組み立てた, 組み立ての: a ~ gun, girder, etc. **2** 〈区域など〉建て込んだ (cf. BUILD *up* (*vt.*) (8)): a ~ area. **3** 〈靴など〉(かかとを)高く[厚く]した: ~ shoes. 〖1829〗

búilt-up mást *n.* 〘海事〙=made mast.

buird·ly /búədli | bɪ́əd-/ *adj.* 《スコット》がっちりした, 頑健な (well-built). 〖(1773) 《変形》← ? BURLY〗

Buis·son /bwi:sɔ̃:(ŋ), -sɔ́:ŋ; *F.* bɥisɔ̃/, **Ferdinand Edouard** *n.* ビュイソン《1841–1932; フランスの教育家; Nobel 平和賞 (1927)》.

Bui·ten·zorg /báɪtṇzɔ̀əg | -zɔ̀:g; *Du.* bœ́itənzɔrx/ *n.* ボイテンゾルク《Bogor のオランダ語旧名》.

Bui·to·ni /bju:tóuni, bwi:- | -tə́u-; *It.* buitó:ni/ *n.* 〘商標〙ブイトーニ《イタリア Buitoni 社製のパスタ類; スパゲッティ・マカロニなど》.

Bu·jum·bu·ra /bù:dʒəmbúᵊrə | -búərə/ *n.* ブジュンブラ《アフリカ中部, ブルンジの Tanganyika 湖北西岸の都市で, 同国の首都; 旧名 Usumbura /ù:səmbúᵊrə | -zəm-búərə/》.

Bú·ka Ísland /bú:kə-/ *n.* ブカ島《南太平洋 Solomon 諸島北端の島で, Bougainville 島の北にある; パプアニューギニア領; 面積 490 km²》.

Bu·ka·vu /bu:ká:vu:/ *n.* ブカブ《コンゴ民主共和国東部の, Kivu 湖南西岸の商工業都市》.

bukh /búk/ *n.*, *vi.* =buck⁶.

Bu·kha·ra /bu:ká:rə, -kǽrə, -xá:rə/ *n.* ブハラ: **1** ウズベキスタン共和国の一地方《もとこの地に強大なイスラム教ブハラ汗国があり, 1920 年ソ連の領地となり現在のウズベキスタン, タジキスタン, トルクメニスタンに分割された》. **2** ウズベキスタン共和国ブハラ州の州都. **3** (ブハラ(地方)で作られる)敷物 (rug), カーペット《Bukhara rug ともいう》. 〖▭ Turk. *Buchara* ← Skt *vihāra* Buddhist temple〗

Bu·kha·rin /bu:ká:rṇ, -xá:r- | -rɪn; *Russ.* buxárʲin/, **Nikolay Ivanovich** *n.* ブハーリン《1888–1938; ソ連の政治家; Lenin 没後の共産党の理論的指導者; 1938 年 Stalin に反対したため処刑された》.

Bu·kho·ro /bu:kɔ́rou | -rəu/ *n.* ブホロ《Bukhara のウズベキスタン語名》.

bu·ko /búkou | -kəu/ *n.* 《フィリピン》ココナッツ片を混ぜた氷菓子.

Bu·ko·vi·na /bù:kəví:nə; *Rum.* bukoví:na, *Ukr.* bukovína/ *n.* ブコビナ《ルーマニア北東部およびウクライナ共和国南西部にまたがる地方; もとオーストリア領》.

Bul /bú:l/ *n.* ブール《バビロン捕囚前の古代ヘブライ暦で第 8 月; 後の Heshvan に相当》. 〖▭ Heb. *būl*〗

bul. 《略》bulletin.

Bu·la·wa·yo /bùləwéɪou, bù:-, -wáɪ- | -wéɪəu/ *n.* ブラワヨ《ジンバブエ南西部の都市》.

bulb /bʌ́lb/ *n.* **1 a** 球根状の物, 球状部. **b** (電灯・温度計などの)球; 白熱電球; 真空管 (electron tube): an electric ~ 電球 / the ~ of a thermometer 寒暖計の水銀[アルコール]球 / the ~ of a hair 毛根 / the ~ of the urethra 尿道球. **2 a** 〘植物〙(ユリ・タマネギ・チューリップなどの)鱗茎 (cf. corm, tuber¹, rhizome): a lily ~ ゆり根. **b** 《俗用》球根. **c** 球根植物. **3** 〘解剖〙**a** 眼球《the bulb of the eye ともいう》. **b** 延髄《the bulb of the spinal cord [brain] ともいう》. **c** 十二指腸球(部) (duodenal bulb). **4** 〘海事〙船底先端の球形の膨らみ. **5** 〘建築〙球山形鋼[材]の先端の丸い突起. **6** 《もとシャッターの調整のため空気入りバルブを使ったことから》〘写真〙バルブ《シャッターボタンを押している間だけシャッターが開き, 放すと閉じるカメラの機構; 略 B》. — *vi.* **1** 鱗茎[球根]をなす: ~ *up* 〈キャベツなどが〉結球する. **2** 丸く膨らむ. **~·ness** *adj.* 〖(?1440) ▭ L *bulbus* ▭ Gk *bolbós* onion ← ?〗

bulb- /bʌlb/ (母音の前にくるときの) bulbo- の異形.

bul·ba·ceous /bʌlbéɪʃəs/ *adj.* =bulbous.

búlb àngle *n.* 〘金属加工〙リブ付き山形鋼[材]《断面の末端が球状にふくらんだ L 形の鋼[材]》.

bulb·ar /bʌ́lbə, -bɑə | -bə^(r)/ *adj.* **1** 鱗茎[球根]の; 球状の; 球性の. **2** 〘解剖〙延髄の. 〖(1878): ⇨ -ar¹〗

búlb bàr *n.* しゃくし形棒《一端が膨らんだ鉄または鋼鉄の棒》.

bulbed *adj.* 球根状の (bulbous). 〖(1597): ⇨ -ed 2〗

bul·bel /bʌ́lbəl, -bèl/ *n.* 〘植物〙=bulbil.

búlb fìber *n.* 〘園芸〙球根用泥炭繊維《ピートとカキ殻・炭を混合したもので, 特にコンテナに球根などを植える際に用いる》.

búlb flỳ *n.* 〘昆虫〙ハナアブ科のアブ (hover fly)《幼虫は球根にすむ害虫》, (特に)スイセンハナアブ (*Merodon equestris*).

bulb·if·er·ous /bʌlbíf(ə)rəs/ *adj.* 鱗茎[球根]を生じる. 〖(1807) ← NL *bulbifer* ← *bulbus*+*-fer*: ⇨ -ferous〗

bulb·i·form /bʌ́lbəfɔ̀əm | -bɪ̀fɔ̀:m/ *adj.* 球根状の. 〖(1847–49) ← NL *bulbiformis*〗

bul·bil /bʌ́lbɪ̀l, -bɪl/ *n.* 〘植物〙**1** むかご, 鱗芽, 球芽《ヤマノイモやユリなどの葉腋(ようえき)にある無性芽; これで繁殖する》. **2** 球根の総称. 〖(1831) ← NL *bulbillus* (dim.) ← L *bulbus* 'BULB'〗

búlb kèel *n.* 〘海事〙球状竜骨. 〖1893〗

bulb·let /bʌ́lblɪ̀t/ *n.* 〘植物〙=bulbil.

búlb mìte *n.* 〘動物〙ネダニ (*Rhizaglyphus eclinops*)《ユリなどの球根にトンネル状の穴を掘る》.

bul·bo- /bʌ́lbou | -bəu/「鱗茎, 球形物; 球[延髄]と…との」の意の連結形. 〖← L *bulbus*: ⇨ bulb〗

bùlbo·uréthral *adj.* 〘解剖・動物〙尿道球部の. 〖(1839–48): ⇨ urethral〗

bulbouréthral glànd *n.* 〘解剖〙=Cowper's gland.

bul·bous /bʌ́lbəs/ *adj.* **1** 鱗茎[球根]のある; 球根から生じる: a ~ plant 鱗茎[球根]植物. **2** 球根状の: a ~ nose だんご鼻 (⇨ nose 挿絵). **~·ly** *adv.* 〖(1578) ▭ L *bulbōsus*: ⇨ bulb, -ous〗

búlbous bów /-báu/ *n.* 〘海事〙球状船首.

búlbous búttercup [crówfoot] *n.* 〘植物〙セイヨウキンポウゲ (*Ranunculus bulbosus*)《北米産のキンポウゲで, 根は球根, 花は黄色》.

búlb plàte *n.* 球板《一方の端を厚くした金属板》.

bul·bul /búlbul/ *n.* **1** 〘鳥類〙**a** ブルブル《ペルシャの詩に多く出てくる鳴き声の美しい鳥; 東方の nightingale といわれる》. **b** ヒヨドリ《アジア・アフリカ産のヒヨドリ科の鳴鳥の総称; コノハドリ属 (*Chloropsis*) の鳥など; 茶の羽毛と, 多くはとさかをもつ》. **2** 美しい声の歌い手, 美しい詩を書く人. 〖(1665) ▭ Pers. ~ ▭ Arab. ~: 《擬音語》〗

Bul·finch /búlfɪntʃ/, **Charles** *n.* ブルフィンチ《1763–1844; 米国の建築家》.

Bulfinch, Thomas *n.* ブルフィンチ《1796–1867; 米国の著述家; 神話・伝説などの読み物で有名; C. Bulfinch の子; *The Age of Fable* (1855)》.

Bulg. 《略》Bulgaria; Bulgarian.

Bul·ga·kov /bulgá:kɔ(:)f, -kɔ(:)v | -kɔf; *Russ.* bulgákəf/, **Mikhail (A·fa·na·sye·vich** /afanásʲjivʲitʃ/**)** *n.* ブルガコフ《1891–1940; ロシアの小説家・劇作家》.

Bul·ga·nin /bulgǽnṇ, -gá:n- | -nɪn; *Russ.* bulgánjin/, **Nikolay Aleksandrovich** *n.* ブルガーニン《1895–1975; ソ連の元帥・政治家; 首相 (1955–58); 反共産党グループを組織しフルシチョフによって解任される》.

bul·gar /bʌ́lgə, búl-, -gɑə | -gə^(r)/ *n.* =bulgur.

Bul·gar /bʌ́lgə, búl-, -gɑə | -gə^(r), -gɑ:^(r)/ *n.*, *adj.* = Bulgarian.

Bul·gar·i·a /bʌlgéᵊriə, bul- | -géər-/ *n.* ブルガリア《ヨーロッパ南東部の黒海に臨む共和国; 面積 110,912 km², 首都 Sofia; 公式名 the Republic of Bulgaria ブルガリア共和国》. 〖▭ ML ~ ← *Bulgarī* Bulgarians, 《原義》men from the *Bolg* (=Volga): 6 世紀頃まで Volga 河流域に住んでいたことから〗

Bul·gar·i·an /bʌlgéᵊriən, bul- | -géər-/ *adj.* ブルガリアの, ブルガリア人[語]の. — *n.* **1** ブルガリア人. **2** ブルガリア語《南スラブ語の一方言》: ⇨ Old Bulgarian. 〖(1555): ⇨ ↑, -an¹〗

bulge /bʌ́ldʒ/ *n.* **1 a** (たるなどの)胴 (bilge). **b** (外側の)膨らみ, 出っぱり (⇨ projection SYN). **2 a** (価格などの)膨張, 小競(こぜ)り上がり. **b** (数・量・出生率などの)一時的増加; [the ~] 《英》(第一次および第二次大戦後の出生率上昇による)学童数の急増. **c** (水中の魚の摂餌行動によってできる)小さなうねり, 波紋. **3** [the ~] 《口語》利点, 優位 (advantage); 《米口語》利益の幅, 利ざや. ★ 主に次の句で: get [have] *the* ~ on …にまさる, …より優勢である, …を負かす. **4** 〘軍事〙(戦線・陣地の)突角[突出]部, 膨張部 (salient): ⇨ BATTLE of the Bulge. **5** 〘航空〙バルジ《高翼の飛行機で主脚の収納などのために設ける胴体からの張り出し; cf. blister 8》. **6** 〘海事〙**a** バルジ《軍艦の外側の魚雷防御用の膨れた部分; blister ともいう》. **b** 《まれ》(船底の)湾曲部 (bilge).
— *vi.* **1 a** 膨れ出る 〈*out*〉; 〔…で〕充満している 〔*with*〕: *bulging* eyes 出目 / His pocket ~*d with* an apple. 彼のポケットはりんごで膨れていた. **b** 〈構造物が〉(圧力で)外側へ曲がる. **2** 《米口語》あわただしく走り出る, 飛び込む 〔*in, into*〕. **3** 《古》〘海事〙=bilge *vi.* 1. — *vt.* 〔…で〕膨らます 〔*with*〕. ***be búlging at the séams*** はち切れそうに[あふれるばかりに]いっぱいである.

búlg·ing *adj.* **búlg·ing·ly** *adv.* 〖(?c1200) ▭ OF *boulge*, (OF) *bouge* < L *bulgam* bag ← Celt. **bolg-* ← IE **bhelgh-* to swell: cf. bilge〗

búlge bràcket *n.* バルジブラケット《Wall Street の主要な投資銀行 (investment bank) グループ; 協定により互いに業務を分担している》.

bulg·er /bʌ́ldʒə | -dʒə^(r)/ *n.* 〘ゴルフ〙バルジャー《打球面が凸面の木製のクラブ; 今はあまり用いられない》. 〖(c1830) (1889): ⇨ bulge, -er¹〗

bul·gur /bʌ́lgə, búl- | búlgə^(r); *Turk.* bulgur/ *n.* ブルグア《半ゆでにし, 砕いて乾燥させた小麦; トルコ地方の常食になる; bulgur wheat ともいう》. 〖(1926) ▭ Turk. ~〗

bulg·y /bʌ́ldʒi/ *adj.* (**bulg·i·er**; **-i·est**) 膨らんだ; 張り出した. **búlg·i·ness** *n.* 〖(1848): ⇨ -y⁴〗

-bu·li·a /bjú:liə/「(…のような)意志 (will)」の意の名詞連結形. 〖← NL ~ ← Gk *-boulia* ← *boulḗ* will+-IA¹〗

-bu·lic /bjú:lɪk/「(…のような)意志の」の意の形容詞連結形. 〖⇨ ↑, -ic¹〗

bu·lim·a·rex·i·a /b(j)u:lì:mərέksiə, -lìm- | b(j)u:-, bu-/ *n.* 〘病理〙過食拒食症《病的飢餓と食欲不振を交互に繰り返す精神障害; cf. anorexia nervosa》. 〖(1976) 《混成》BULIM(IA)+A(NO)REXIA〗

bu·lim·i·a /b(j)u:lí:miə, -lím- | b(j)u:-, bu-/ *n.* **1** 〘病理〙病的飢餓, 過食(症)《精神障害の際に多くみられる; ⇨ bulimia nervosa》. **2** 渇望, 欲望 (voracity). **bu·lím·i·àc** *adj.* 〖(1598) ← NL ~ ← Gk *boulimía* excessive hunger ← *boûs* ox+*līmós* hunger (← IE **leia-* to waste away)〗

bulímia ner·vó·sa /-nəvóusə | -nəvə́u-/ *n.* 〘病理〙神経性食欲亢進[過食](症).

bu·lim·ic /b(j)u:lí:mɪk, -lím- | b(j)u:-, bu-/ *adj.* 過食症の; がつがつした (voracious). 〖(1977): ⇨ bulimia, -ic¹〗

bu·li·my /bjú:ləmi | -lɪ-/ *n.* =bulimia. 〖(17C) ← NL *bulimia* (⇨ bulimia) ∽ (*a*1398) *bolisme* ▭ OF ∥ ML *bolismus* ← L *būlimus* ▭ Gk *boulimós*=*boulimía*〗

bulk¹ /bʌ́lk/ *n.* **1** 大きさ (size), 容積 (volume), かさ (mass); (特に)大きいこと, 巨大さ, かさばっていること: a ship of great ~ 大きな船 / a price for the ~ 総括値段 / The sheer ~ of the man! 何とその男のでっかいこと / It is of enormous ~. すばらしく大きい / It is of no great [not much] ~. 決して[そう]大きくはない. **2** 大きい[かさばった]もの, 巨大な体[形, 人, 動物]: lower one's ~ into a chair 巨体を椅子に沈める. **3** [the ~ of として] 大部分, 大半: *The* ~ *of* the work is finished. 仕事は大半は終わっている. ★ しばしば「大きい」の意味の形容詞を伴う: *the* great ~ *of* the export(s) [army, spectators] 輸出品[軍隊, 観客]の大部分. **4 a** (生物の)体, 身体 (body). **b** 本体, 車体. **5** =bulkage. **6** 《古》力 (power). **7** 〘製本〙束(つか)《表紙を除いた本の中身の厚さ》. **8** 〘製紙〙**a** 嵩(かさ)《一定の圧力下での一定枚紙の厚さ》. **b** 嵩, 嵩の厚味《紙 1 枚の, 重さに対する厚さ》. **9** 〘海事〙**a** ばら積み貨物 (bulk cargo). **b** 《古》(船の)積荷.
bréak búlk 〘海事〙積荷を動かす[下ろし始める]; 一まとめの荷を分けて下ろす, 部分荷揚げする (cf. break-bulk). ***by búlk*** (1) (はかりを用いないで)目分量で. (2) 積み荷のままで. ***in búlk*** (1) 大口に, 大量に: sell *in* ~ (船荷を船倉に積み込んだまま)まとめて売る; (大口に)卸し売りにする. (2) 〈穀類など〉(包装・荷造りしないまま)ばらで; 〈貨物が〉ばら荷の: grain *in* ~ ばら積みの穀物 / load *in* ~ (貨物を)ばらで積み込む.
— *adj.* [限定的] **1** 荷造りしていない, ばら荷の: ~ cargoes. **2** 大口の, 大量の; 全部の (total): ⇨ bulk buying. **3** 〘物理〙バルクの: **a** 巨視的な. **b** 三次元的な嵩のある.
— *vi.* **1** 塊になる. **2** [補語を伴って] **a** かさむ, かさ張る (swell) 〈*up*〉: ~ large [small] かさ張る[小さくなる]. **b** 大きく見える; 重大になる 〈*up*〉; 幅がきく (cf. loom): ~ large in one's eyes 大きく[重要に]見える / The weather ~*s* large in our plans. 我々の計画では天候が重大問題だ. **3** 〈紙・厚紙などが〉…の嵩がある[になる], …の厚さがある[になる]. — *vt.* **1 a** かさばらせる 〈*out, up*〉. **b** 〈本・織り糸などを〉大きく[厚く]見せる 〈*out, up*〉. **2 a** 塊にする. **b** 〈魚・たばこなどを〉山と積む 〈*down*〉. **3 a** 集める (gather), 〈2 個以上の積送り品を〉一つにまとめる. **b** 混ぜる (mix). **4** 〈船荷〉の容積を評価する[確かめる] 〈*down*〉. 〖ME *bulk*, *bolk(e)*, 1: (*a*1350) ▭ ON *bulki* cargo, 3: 《変形》← ? †*bouk* < OE *būcbelly* ← Gmc **būkaz* (← IE **bhel-* to swell), 2: 《転用》← 1 & 3.〗

SYN 容積: **bulk** 大きな容積: an elephant of great *bulk* すごく図体の大きな象. **mass** 同種の物の不特定の大きな数量: a *mass* of spectators 多数の観客 / a *mass* of snow 多量の雪. **volume** 流動[変動]する大きな量: a large *volume* of mail 山のような郵便物.

B

B

bulk² /bʌ́lk/ n. 《古》〘建築〙建築の張り出し部分, (商店の前の)張り出し売場, 張り出し台 (stall).
〘《c1400》□ ? ON *bolkr* partition, low wall〙

bulk·age /bʌ́lkɪdʒ/ n. 食物中の消化しにくい繊維質《腸に吸収されないまま残っていて腸の蠕動(ぜんどう)運動を助ける; cf. bulk cathartic》; 〘医学〙腸拡張性食物. 〘← BULK¹＋-AGE〙

búlk búying n. 大量買い付け; (通例一人の外国人バイヤーによる)生産全量買い占め. 〘1932〙

búlk càrrier n. (石炭・穀物など)ばら荷の輸送船 (bulker ともいう). 〘1909〙

búlk cathártic n. 膨張性便通薬[下剤].

bulk·er /bʌ́lkə | -kə(r)/ n. =bulk carrier.

bulk·head /bʌ́lkhèd, bʌ́lkɛd | bʌ́lkhèd/ n. **1 a** (船内を仕切る)隔壁. **b** (航空機・列車内における同様の)隔壁. **c** (自動車の機関と車室を仕切る)隔壁. **d** 〘鉱山〙(坑内の)隔壁, 遮断壁. **e** 〘土木〙隔壁(工作物). **2** 〘建築〙**a** 《英》bulk² をおおう屋根; =bulk². **b** 《米》(地下室へ通じる)階段のはね上げ戸. **c** 《米》屋上出入口《階段の頭やその他の口をおおう張り出し屋根》.
— vt. 隔壁で仕切る ⟨*off*⟩. 〘《1496》← BULK²＋HEAD〙

búlkhead dèck n. 〘海事〙隔壁甲板《すべての水密隔壁が達している最上甲板》.

búlk·ing n. 〘土木〙バルキング《掘削した土などが体積を増大させること》. 〘《1599》: ⇨ bulk¹, -ing¹〙

bulk-mail /bʌ́lkmèɪl/ vt. 局払い割引郵便 (bulk mail) で送る.

búlk máil n. 〘郵便〙局払い割引郵便《多数の同一印刷物を各宛先に安く郵送する郵便》.

búlk mòdulus n. 〘物理〙体積弾性率, 体積弾性係数. 〘1908〙

búlk prodúction n. 《米》大量生産.

búlk púrchasing n. =bulk buying.

búlk ràte n. (大口郵便の)割引き料金.

bulk·y /bʌ́lki/ adj. (**bulk·i·er**; **-i·est**) **1 a** かさのある, 大きい: a ~ book 分厚い本. **b** 重さの割りに大きな, かさばった: a ~ knit sweater ニットのバルキーセーター. **c** 《婉曲》⟨体が⟩肥満した. **2** (大き過ぎて)もて余すような, 扱いにくい (unwieldy). **búlk·i·ly** /-kɪli/ adv. **búlk·i·ness** n. 〘《c1450》: ⇨ bulk¹, -y¹〙

bull¹ /bʊ́l/ n. **1 a** (去勢してない成熟した)雄牛 (cf. bullock, ox 1) (★ ラテン語系形容詞: taurine): a ~ of a man 雄牛のような男. 日英比較 日本語では(去勢していない)雄牛は獰猛(どうもう)な動物の代表とはなっていないが, 欧米では *bull* は獰猛な動物の代表である. それはスペインなどの bullfight のことを考えてもわかる. **b** (スイギュウ・ヤギュウなどのウシ属またはゾウ・クジラ・アザラシ・セイウチ・ワニ・オオジカなどの成熟した)雄 (cf. cow¹ 2 a): a whale ~=a ~ whale 雄クジラ. **2 a** (頑丈な体格・大きさ・ほえ声・攻撃などの点で)雄牛のような人[もの]. **b** 雄ゾウ (elephant). **3** 〘証券〙(相場の上昇を予想しての)強気の買方, 強気筋 (↔ bear). **4** 《米俗》機関車. **5** 《米俗》警官, 刑事, でか. **6 a** =bull's-eye 1, 2, 7, 8. **b** =bulldog, bullterrier. **c** =bulldike. 《略》 **7** [the B-] **a** 〘天文〙おうし(牡牛)座 (⇨ Taurus 1). **b** 〘占星〙おうし(牡牛)座, 金牛宮 (⇨ Taurus 2). **8** 《口語》〘トランプ〙(向こう見ずな賭けやビッドをする)強気のプレイヤー (↔ bear).
a búll in a chína shòp 《口語》(瀬戸物店で暴れる牛のように)他人に迷惑をかけても平気な人; とても不器用な人. 《1841》 ***a búll of Báshan*** 丈夫で血色のいい男性. ***líke a búll at a (fíve-barred) gáte*** 《口語》猛烈に. 《1896》 ***mílk the búll*** ⇨ milk v. 成句. ***shóot the búll*** 《米・カナダ俗》**a** 無駄話をする. **b** 自慢する, ほらを吹く. ***táke the búll by the hórns*** 《雄牛の角をむずと捕まえるように》勇敢に難局に当たる (cf. *have a* WOLF *by the ears*). 《1711》
búll of the bóg 〘鳥類〙=bittern¹.
— adj. [限定的] **1** 雄の (male): a ~ whale, elephant, moose, etc. / a ~ calf 雄の子牛; のろま, ばか者. **2** 雄牛の[に関する]; 雄牛のような, 大きい, 太い: a ~ head, neck, voice, etc (cf. bullhead, bullneck). **3** 〘証券〙強気の, 相場が上昇傾向の (cf. bullish 1 a): a ~ market 強気市場 (↔ bear² 3).
— vi. **1 a** 押し進む, 突進する (push ahead). **b** 乱暴にふるまう. **2 a** 〘証券〙(高値を見込んで)買いあおる. **b** ⟨株式・相場などが⟩上向く, つり上がる. **3** 《俗》⟨雌牛が⟩発情している, さかる. — vt. **1** ⟨人を⟩乱暴に扱う, …に乱暴を加える. **2** 《米》⟨案・要求などを⟩ごり押しする〔*through*〕. **b** [~ one's way として] 押し進む: ~ *one's way* through a crowd 人中を押し進む. **c** 《俗》⟨人⟩におどし[はったり]をかける (bluff). **3** 〘証券〙…の値をつり上げようとする. **4** 〘海事〙⟨船が⟩⟨浮標⟩にぶつかる.
〘OE *bula* □ ON *boli* < Gmc **bullōn* (Du. *bul*) ← IE **bhel-* to swell (L *follis* a pair of bellows / Gk *phallós* 'PHALLUS'): cf. bowl¹〙

bull² /bʊ́l/ n. **1 a** (神聖ローマ皇帝などの)勅書 (edict) (cf. Golden Bull). **b** (権威的な)断言, 言明 (dictum). **2** 〘カトリック〙**a** (ローマ教皇の)大勅書, 教書《教皇印 (bulla) が押してある公式のもの; cf. brief 5》. **b** =bulla 1. 〘《c1300》□ (O)F *bulle* □ L *bulla* boss or knob (of wax, etc.), bubble, (ML) seal ← IE **b(h)en-* to swell: cf. bowl²〙

bull³ /bʊ́l/ n. 前後の意味の滑稽な矛盾, とんちんかんでおかしい話. ★ アイルランド人はしばしば矛盾した滑稽を平気で言うというので, そういう表現を特に Irish bull ともいう《例: It is impossible that I should have been in two places at once, unless I were a bird. まさか同時に 2 箇所に居たなんてことがあるもんか, 鳥じゃあるまいし; cf. Goldwynism, malapropism》. 〘《1630》← ? ME *boule* lie □ OF *boule* < L *bullam* bubble (↑)〙

bull⁴ /bʊ́l/ n. **1** 《口語》うそっぱち, でたらめ (bullshit); たわごと (nonsense): shoot [throw] the ~ ほらを吹く; むだ口をきく. **2** 《俗》型にはまった(くだらない)仕事[儀礼]; 厳し過ぎる軍紀[規律, 仕事], 《英俗》くそまじめに磨く[働く]こと. **3** 《米》大失策. — vi. 《俗》**1** ほらを吹く, 法螺を飛ばす. **2** まごまごする. — vt. **1** 《俗》(ほらを吹いて)⟨人⟩を煙(けむ)に巻く. **2** 《英俗》念入りに磨く. 〘《1609》《略》? ← BULLSHIT〙

bull⁵ /bʊ́l/ n. 空になった酒だるに水を注いで作った飲物. 〘《1830》← ? 《廃》*bull* bubble □ (O)F *bulle* < L *bullam*〙

bull⁶ /bʊ́l/ n. 〘遊戯〙デッキ輪投げ (⇨ deck QUOITS) に似たゲーム《数字を記した傾斜した板にお手玉状のものを投げる》. 〘《1864》← ?〙

bull. 《略》bulletin.

Bull /bʊ́l/, **John** n. ブル: **1** ⇨ John Bull. **2** (1562?–1628) 英国の鍵盤楽器奏者・作曲家.

bul·la /bʊ́lə/ n. (pl. **bul·lae** /-liː, -laɪ/) **1** 〘カトリック〙ローマ教皇印《片面に聖ペテロと聖パウロ像, 他面に現教皇の名がある》. **2** 〘病理〙ブラ, 気腫性[肺胞内]囊胞(のうほう); 気泡; 水疱(すいほう) (vesicle). **3** 〘動物〙骨胞, 胞器《動物体の骨に見られる水泡状の突起》. **4 a** (古代ローマ人が首から下げた金属または革製の)魔除け入れの丸い小箱. **b** (古代ローマの服装・建築に用いられた)丸い装身具[装飾品]. 〘《1847》□ L ~ 'bubble': cf. bull²〙

bul·lace /bʊ́ləs/ n. **1** 〘園芸〙**a** [the Bullaces] ビュレース群《欧亜系スモモの一種インシチチアスモモ (*Prunus insititia*) に属する園芸品種群の一つ; ダムソン群に類似; cf. damson 2 b》. **b** [B-] ビュレース《欧亜系スモモの品種 Damson の異名》; その実. **2 a** 〘植物〙=balata 2. **b** =muscadine 1 (bullace grape ともいう). 〘《a1325》*bolas* □ (O)F *beloce* sloe ← ? Celt.〙

bullae n. bulla の複数形.

búll ànt n. 〘昆虫〙=bulldog ant.

bul·lar·i·um /bʊlɛ́əriəm | -lɛər-/ n. (pl. **-lar·i·a** /-riə/) 大勅書集《教皇の大勅書や重要な教皇勅書を集録したもの》. 〘《a1674》□ ML *bullārium* ← L *bulla*: ⇨ bull², -ary〙

búll-at-a-gáte adj. 直接的な[真っ向うからの]攻撃をする. 〘《1896》← (*like a*) *bull at a gate*〙

bul·late /bʊ́leɪt/ adj. **1** 〘解剖・生物〙ブラ (bulla) のある, 囊胞(のうほう)のある, 水疱(すいほう)様の突起のある, 水疱様に突起した[膨れた]. **2** 〘植物〙しわのある. 〘《1819》□ L *bullātus* having bubbles: ⇨ bulla, -ate²〙

búll·bàiting n. 牛攻め, 牛いじめ《犬をけしかけて雄牛をいじめる見世物; 英国で昔行われた娯楽; cf. badger baiting》. 〘1580〙

búll·bàr n. ブルバー《衝突による破損防止のために自動車の前部に取り付ける金属製格子; 装飾品としても用いる》. 〘《1994》: ⇨ BULL¹, BAR¹〙

búll·bàt n. 《米方言》〘鳥類〙=nighthawk 1 a. 〘《1838》飛んでいるときの鳴き声から〙

búll báy n. 〘植物〙タイサンボク (evergreen magnolia).

búll blòck n. 〘金属加工〙ブルブロック《針金を細くするために, 穴のあいた型 (die) を通して針金を引き抜きながらドラムに巻き取る機械》.

búll·bòat n. 《米》牛皮舟, 皮舟《木製の枠に野牛またはワピチ (wapiti) の皮を張ったもので, もと Plains Indians が使用した》. 〘1837〙

búll·brìer n. 〘植物〙北米産のユリ科サルトリイバラ属の植物 (*Smilax rotundifolia*).

búll chàin n. 〘林業〙(材木を製材所へ引っ張っていくために使われる鉤(かぎ)のついた)重い鎖 (cf. jack ladder 2 a).

búll·dàgger n. 《米俗》(同性愛で)男役をする女性 (butch). 〘《変形》← ? BULLDIKE〙

búll dànce n. 《米俗》男性だけの舞踏会 (cf. buck party). 〘1855〙

búll·dìke n. 《米俗》(女性間の同性愛で骨太で男のような)男役をする女性《単に bull, dike ともいう》. 〘1926〙

búll·dòg n. **1** ブルドッグ《英国原産のイヌ》. **2 a** (勇猛で粘り強い)ブルドッグみたいな人, 頑固一点張りの人. **b** 執行吏. **3** 《英》(Oxford, Cambridge 大学の)学生監付きの巡視《学生の監督に当たる》. **4 a** ずんぐりしたピストル《特に, 口径が大きく銃身の短いもの》. **b** 太くて短いパイプ (bulldog pipe). **5** 〘冶金〙(パドル炉 (puddle furnace) からの)からみ, スラッグ. **6 a** =bulldog clip. **b** =bulldog edition. **7** 〘昆虫〙=bulldog ant.
— adj. [限定的] ブルドッグの(ような), 勇猛で粘り強い: ~ tenacity ブルドッグのような粘り強さ / the ~ breed ブルドッグ型の人種《英国人の異称》. — vt. (**-dogged**; **-dog·ging**) **1 a** 《米》(ブルドッグのように)攻撃する. **b** 《米西部》⟨特に, 鹿や子牛を⟩角を捕まえて倒す. **2** 《米俗》(誇張やうそで)売り込む. **~·ger** n. 〘《c1500》← BULL¹＋DOG: もと bullbaiting 用に特に育てられた〙

búlldog ànt n. 〘豪〙〘昆虫〙ハリアリ亜科 *Myrmecia* 属の強力な針をもつ大型のアリの総称. 〘1853〙

búlldog bàt n. 〘動物〙ウオクイコウモリ (*Noctilio leporinus*)《メキシコ中南米産; mastiff bat ともいう》.

búlldog bònd n. 〘証券〙ブルドッグボンド《英国の債券市場において, 国際機関や外国の政府・企業がポンド建てで発行する債券》.

búlldog clìp n. 強力な紙ばさみ《2 枚の T 字型金属製板ばさみと円筒形のバネから成る》.

búlldog edítion n. 《米》(新聞の)早朝版《通例前夜に発行される》. 〘1926〙

búlldog pòint n. 《米口語》(他より)有利な点.

bull·doze /bʊ́ldòʊz | -dəʊz/ vt. **1** ⟨土地を⟩ブルドーザーでならす; ⟨土などを⟩ブルドーザーで取り除く. **2 a** ⟨案などを⟩強引に押し通す. **b** [~ one's way として] 無理やりに通る, 押し通る〔*through*〕. **3** 《口語》おどしつける, 脅迫する (intimidate): ~ a person *into* buy*ing* something 人をおどして物を買わせる. **4** 激しくむち打つ. — vi. **1** ブルドーザーを使用する. **2** 《口語》脅迫する (bully). 〘《1876》《原義》to give a dose of the whip fit for a bull ← *bull* (*whip*)＋*doze* (《変形》← 《方言》DOSE)〙

bull·doz·er /bʊ́ldòʊzə | -dəʊzə(r)/ n. **1 a** ブルドーザー. **b** ブルドーザー前部にあるブレード. **2** 《口語》**a** 威嚇者. **b** 威嚇用具《ピストルなど》. **c** (ブルドーザーのような)強引なもの[考え, やり方など]. 〘《1876》: ⇨ ↑, -er¹〙

búll·dùst n. 《豪》**1** 細かいほこり. **2** 《俗》ばかげたこと (nonsense). 〘1943〙

búll·dỳke n. =bulldike.

búll·dỳker n. 《米俗》=bulldike.

bul·ler /bʊ́lə | -lə(r)/ n. 《英口語》=bulldog 3. 〘《1906》← BULL(DOG)＋-ER¹〙

Bul·ler /bʊ́lə, bʌ́lə | -lə(r)/, Sir **Red·vers** /rɛ́dvəz | -vəz/ **Henry** n. ブラー《1839–1908; 英国の将軍; Boer War で英国派遣軍総司令官に任ぜられたが, 作戦の失敗から解任された》.

bul·let /bʊ́lɪt/ n. **1 a** (拳銃・銃などの)弾丸, 銃弾, 小銃弾, 弾(たま): take a ~ in the shoulder 肩に弾丸を食らう / Every ~ has its billet. ⇨ billet¹ 4. **b** 弾薬筒, 薬包 (cartridge). **2 a** 弾丸状のもの, (形・威力が)弾丸に似たもの. **b** 小球. **c** (釣りの)重り (plumb). **d** 非常に速い正確な投球. **e** [*pl.*] 《俗》豆 (beans), えんどう (peas). **3** 《米俗》〘トランプ〙エース(の札). **4** 《米政治》全部同一政党の候補者に投ぜられた連記投票. **5** 〘印刷〙(広告などで注意を引くためにつける)黒丸.
bíte (on) the búllet (苦しい・嫌なときに)ひるまない, 毅然としている《戦場で手術する間, 麻酔薬がないため弾丸を噛んで苦痛をこらえたことから》. 《1891》 ***gét the búllet*** 《英口語》(時に通告なしに)首になる. 《1841》 ***gíve a person the búllet*** 《英口語》人を首にする. 《1960》 ***swéat búllets*** [通例進行形で] 《米口語》ひどく汗をかく; 大変心配する[驚く].
— vi. 速く動く[進む].
〘《1557》□ F *boulette* (dim.) ← *boule* ball < L *bullam* knob: ⇨ bulla, -et〙

búllet·hèad n. **1** (弾丸型の)丸い頭(の人). **2** 《口語》頑固者, つむじ曲がり. **búllet-héaded** adj. 〘1690〙

bul·le·tin /bʊ́lətn̩, -tən | -lɪtɪn/ n. **1 a** (新聞・ラジオ・テレビの)ニュース速報, 臨時ニュース (cf. flash¹ 4 a, news bulletin). **b** 戦況報告. **2 a** 告示, 掲示; 報告, 公報. **b** (学会の)定期報告, 会報, 紀要. **c** (会社などの)社報. **3** (医師が発表する著名な患者の)病状報告, 容体書. — vt. (告示・報告・会報で)知らせる. 〘《1645》□ F ~ □ It. *bulletino* (dim.) ← *bulletta* (dim.) ← *bulla* edict: ⇨ bull²〙

búlletin bòard n. **1** 《米》(学校などの)掲示板《《英》notice-board》. **2** 〘電算〙電子掲示板《メッセージの交換をネットワーク上で行うシステム》. 〘1831〙

búllet pòint n. (文書で黒丸印などを付けて列挙された)論点, ポイント.

búllet·pròof adj. **1** 弾丸の通らない, 防弾の. **2** 変更[修正]を許さない, すきのない. — vt. 弾丸の通らないようにする, 防弾にする, …に防弾装置を施す. 〘1856〙

búllet tràin n. **1** 弾丸列車. **2** (日本の)新幹線. 〘1966〙

búllet trèe n. 〘植物〙バラタノキ (bully tree). 〘cf. *bully tree* (1657)〙

búllet·wòod n. **1** バラタノキ材. **2** 〘植物〙バラタノキ (bully tree). 〘《通俗語源》← Am.-Sp. BALATA〙

búll fíddle n. 《米口語》コントラバス (contrabass). 〘1880〙

búll fíddler n. 《米口語》コントラバス奏者. 〘1957〙

búll·fìght n. (スペイン・ラテンアメリカなどで行われる)闘牛(技) (cf. bullring 1). 〘1788〙

búll·fìghter n. 闘牛士; (特に) =torero. 〘1846〙

búll·fìghting n. 闘牛 (bullfight). 〘1753〙

búll·fìnch¹ n. 〘鳥類〙**1** ヨーロッパウソ (*Pyrrhula pyrrhula*)《かごに飼う鳥として珍重され, いろいろな鳴き声をまねる鳴鳥》. **2** ヨーロッパウソに似た小鳥の総称. 〘《1570》← BULL¹＋FINCH: 首が太いことから?〙

bull·finch² /bʊ́lfɪntʃ/ n. (騎馬の狩猟隊が乗り越せない)高い生け垣《側に溝がある》. 〘《1832》《転訛》← ? *bull-fence*〙

búll flòat n. (道路の舗装コンクリートなどの)仕上げをする機械.

búll·fròg n. 〘動物〙カエル (frog); (特に)ウシガエル, (俗に)食用ガエル (*Rana catesbeiana*). 〘《1698》体が大きいこととその鳴き声から〙

búll gèar n. 〘機械〙=bull wheel.

búll gùn n. 標的用重速ライフル銃, (重い銃身の)標的射撃用[射撃練習用]ライフル銃.

búll·hèad n. **1** 〘魚類〙(ナマズ・カジカなど)硬い骨で覆われた頭の大きい魚類の総称: **a** =cabezone. **b** 北米産ナマズ目イクタルルス科イクタルルス属 (*Ictalurus*) の数種の魚の総称. **2** 頑固な人, つむじ曲がり; ばか者. **3** 《米古》5 セント貨《貨幣に刻まれた buffalo の像から》. **4** 〘鳥類〙ムナグロ (golden plover). 〘*c*1450〙

búll·héaded adj. **1** 頑固な, 強情な, がむしゃらの; 愚かな (stupid). **2** 雄牛のような大きな頭をもった. **~·ly** adv. **~·ness** n. 〘1818〙

búll hèader n. 〘建築〙隅丸れんが.

búllhead ráil n. 〘鉄道〙牛頭レール《断面の上下が対称形になっている》.

búll·hòrn n. 《米》(アンプとマイクロホンを内臓した)携帯用拡声器, メガホン《《英》loud-hailer》; (軍艦の)拡声器. 〘1942〙

búll hùss n. 〘魚類〙=huss.

B

Bul·li /búlaɪ/ *n.* 《豪》クリケットのピッチ (pitch) などに用いる土の一種. 〖(1904) オーストラリア Sydney 付近の地名から〗

Bul·lins /búlɪ̀nz | -lɪnz/, **Ed** *n.* ブリンズ (1935– ; 米国の劇作家・小説家; *In the Wine Time* (1968)).

bul·lion /búljən | -ljən, -liən/ *n.* **1 a** 金[銀]塊; (金・銀の)延べ棒, インゴット,「なまこ」: gold [silver] ～ 金[銀]塊. **b** 金属の塊. **2** 金銀糸などで作ったレースやコード; それで作ったブレードやフリンジ《僧服や軍服の飾りに使われた; bullion fringe ともいう》. **— *adj.*** 純金[銀](製)の. 〖(1335)《原義》molten metal ◻ AF ～ 'mint' =(O)F *bouillon* a boiling ← *bouillir* to boil < L *bullire*: OF *billon* debased metal との混同も考えられる〗

búl·lion·ìsm /-nìzm/ *n.* 重金[硬貨]主義《一国の富は金銀量に依存するとの思想》.

búl·lion·ist /-nɪ̀st | -nɪst/ *n.* 重金主義者, 金銀通貨論者. 〖(1811): ⇨ -ist〗

búllion knót *n.* 〖服飾〗ブリオンノット, ブリオンステッチ《針に糸を数回巻いて針を引き抜き, 裏へ抜いて小さなこぶを作っていく刺繍の装飾ステッチ》.

búllion pòint *n.* 〖経済〗=gold point 1.

búll·ish /búlɪʃ/ *adj.* **1 a** 〖証券〗強気の, 相場が上昇傾向の (↔ bearish): a ～ factor 強気材料 / a ～ market 強気の買いが優勢な[相場が上昇傾向の]市場, 強気市場. **b** 楽観的な (optimistic). **2** 頑固な, 強情な (obstinate); 愚かな (stupid). **3** 雄牛のような. **～·ly** *adv.* **～·ness** *n.* 〖(1566): ⇨ bull[1], -ish[1]〗

búll kèlp *n.* (太平洋・南氷洋に分布する)茶色の大型海藻の総称. 〖*c*1929〗

búll màrket *n.* 〖証券〗上げ相場, 強気市場 (↔ bear market).

búll mástiff *n.* ブルマスティフ《もと猟場の番犬として mastiff と bulldog を交配して作出された英国産の作業犬》. 〖1871〗

Búll Móose *n.* **1** ブルムース《Theodore Roosevelt が 1912 年組織した革新党 (Bull Moose Party) の党員; 革新党びいきの人》. **2** その紋章《雄のアメリカヘラジカ (bull moose)》. 〖(1912) Theodore Roosevelt が「雄ヘラジカのように元気だ」と言ったところから革新党のシンボルになった〗

Búll Móos·er /-múːsə | -sə(r)/ *n.* =Bull Moose.

búll·nèck *n.* **1** ずんぐりした首, 猪首(いくび). **2** 牛の首の皮. **3** 〖鳥類〗アメリカ産ノガモの総称《オオホシハジロ (canvasback), アカオタテガモ (ruddy duck), クビワキンクロ (ring-necked duck) など》. 〖1830〗

búll·nècked *adj.* (雄牛のように)首のずんぐりした, 猪首の (thick-necked). 〖?*a*1400〗

búll·nòse *n.* **1** 平削り器 (かんなの一種). **2** 《古》〖獣医〗豚の鼻曲がり《豚の鼻の慢性の病気で鼻の形態の変わったもの》. **3** 〖建築〗=bull's-nose. **— *adj.*** [限定的]〖建築〗=bull-nosed. 〖1858〗

búll-nòsed *adj.* 〖建築〗端[先端]が丸くなった: a ～ brick 隅丸れんが. 〖1904〗

búll-nosed bów /-báu/ *n.* 〖海事〗球状船首.

búllnose tóol *n.* 〖機械〗大荒削りバイト.

bul·lock /búlək/ *n.* **1** (4 歳以下の)若い雄牛. **2** 去勢牛 (cf. bull[1] 1, ox 1, steer[2]). **— *vi.*** 《豪》(雄牛のように)猛烈に働く. **— *vt.*** [～ one's way として] 猛烈な勢いで進む. 〖OE *bulluc* young calf (dim.) ← *bula* 'BULL[1]': ⇨ -ock〗

búllock blòck *n.* 〖海事〗ボロック《大型帆船のトップスルの帆桁(ほげた) (topsail yard) の中央に取り付けられた topsail tie (topsail yard の重量をその中央で支える鎖) の通るマスト側の滑車》.

búllock-càrt *n.* 去勢牛の引く荷車, 荷牛車. 〖1858〗

Búl·lock óriole /búlək-/ *n.* 〖鳥類〗北米西部産の黒と黄のアメリカムクドリ属の鳴鳥 (*Icterus bullockii*). 〖← *William Bullock* (19 世紀初頭の英国の博物学者)〗

búllock's-hèart *n.* 〖植物〗ギュウシンリ (⇨ custard apple 1 a).

Búllock's óriole *n.* 〖鳥類〗=Bullock oriole.

bul·lock·y /búləki/ *adj.* **1** 去勢牛に似た. **2** 牛追いの. **— *n.*** 《豪》**1** (荷車を引く一連 (team) の)去勢牛を追う人; 牛追い (cowboy). **2** (牛追いの使うような)乱暴な言葉. 〖(1881): ⇨ -y[4]〗

bul·lous /búləs/ *adj.* 〖病理〗水疱[嚢胞(のうほう)]性の. 〖(1833) ← BULLA+-OUS〗

búll·pèn *n.* 《米》**1** 牛の囲い場. **2** 《口語》(犯人または容疑者を入れる)留置場. **3** 《口語》(木材切り出し場などの)宿泊所, 飯場. **4** 《米俗》(事務所などの)予備の人にあてられた部屋. **5** 〖野球〗**a** ブルペン《試合中に救援投手がウォームアップをする場所》. **b** [集合的] 救援投手, リリーフピッチャー. 〖1809〗

búll pìne *n.* 《米》〖植物〗=ponderosa pine.

búll pòint *n.* 《英口語》(アド)バンテージ (advantage), 得点, 利点. 〖1900〗

búll·pòut *n.* (*pl.* ～, ～s) 〖魚類〗米国産ナマズ目イクタルルス科の魚 (bullhead); (特に)=brown bullhead. 〖1823〗

búll-pùncher *n.* 《豪》牛追い, カウボーイ.

búll·pùp *n.* ブルドッグの子. 〖1883〗

búll rìding *n.* 《米》(ロデオの)雄牛乗り.

búll·rìng *n.* **1** 闘牛場 (cf. bullfight). **2** 《俗》練兵場. 〖1416〗

búll-ròarer *n.* うなり板《板にひもを通したもので, 振り回すと牛のうなり声に似た音を生じる; 特に, オーストラリアなどの先住民が宗教儀式に用い, また英国の田舎では子供のおもちゃとして用いる》. 〖1881〗

búll ròpe *n.* 〖海事〗ブルロープ《一つ目滑車 (bull's-eye) を通る強索》. 〖1882〗

Búll Rún *n.* [the ～] ブルラン(川)《米国 Virginia 州北東部の川; 南北戦争当時の北軍敗北の戦跡 (1861, 1862) がある》.

bull·rush /búlrʌ̀ʃ/ *n.* =bulrush.

búll sèssion *n.* **1** 《米口語》少人数の(特に, 男子による)ざっくばらんな話し合い[討議]; 雑談. **2** 《英軍俗》掃除や靴磨きなどに励むこと; 決まりきった仕事. 〖(1920) ← BULL[4]〗

bull's-eye /búlzàɪ/ *n.* **1** 的(まと)の中心点《通例金色》; 金星, 金的: hit the [make a] ～ 的の中心を射る[に当たる]《比喩的にも用いる》. **2 a** 的の中心を射た矢[弾丸], 正中; 命中, 的中. **b** 《口語》的を射た発言[行為]; 急所, 要点 (crux). **3 a** 半球レンズ, 目玉レンズ《集光器として用いられる》. **b** (半球レンズ付きの)手さげランプ, 目玉ランプ. **4** (舷側・屋階・壁などの明かり採りまたは換気のための)円窓 (bull's-eye window ともいう). **5** (丸い硬いはっか入り糖菓の)鉄砲玉, あめ玉. **6** 〖海事〗一つ目環《滑車》. **7** 〖ガラス製造〗クラウン法ガラス円板. **8** 〖軍事〗**a** (標的中央の)黒点, 中心円. **b** (工場地帯・敵陣などの)爆撃目標. **9** 《古》〖気象〗**a** 台風の目. **b** 台風[嵐]の前兆の飛雲. **c** (南アフリカ共和国沖合での)突風, はやて, スコール (bull's-eye squall ともいう). 〖(1769): cf. F *œil de bœuf* eye of bull〗

búll shàrk *n.* 〖魚類〗西大西洋の暖海にすむメジロザメ属のサメ (*Carcharhinus leucas*).

búll·shìne *n.* 《米俗》たわごと, ばかげたこと.

búll·shìt *n.* **1** 《口語》たわごと, うそ, でたらめ, いんちき (humbug): a load of ～ おおうそ, おおぼら / a ～ artist 《米俗》名うてのうそつき; いんちき芸術家 / a ～ excuse うその言い訳. **2** 《軍俗》〈教練・清掃・銃器磨きなどを〉熱中してやること. **— *vt.*, *vi.*** (～; **-shit·ting**) 《口語》(…に)うそをつく, たわごとを言う. **— *int.*** ばかな, うそをつけ《不信・不同意を表す; cf. horseshit》. **búll·shìt·ter** *n.* 〖(*c*1915) ← BULL[1]+SHIT〗

búll·shòt *n.* ブルショット《ビーフブイヨンとウォッカのカクテル》. 〖1964〗

búll snàke *n.* 〖動物〗ブルスネーク (*Pituophis melanoleucus*)《米国東部産の獲物を締めつけて殺す白黒まだらの体長 1 m 位になる大蛇; 野ネズミ・リスなどの天敵; gopher snake ともいう》. 〖1784〗

búll's-nòse *n.* 〖建築〗丸みをつけた壁などの出隅(でずみ). 〖1842〗

búll's wóol *n.* 《豪口語》たわごと (nonsense). 〖1850〗

búll·térrier *n.* ブルテリア《ブルドッグと白のイングリッシュテリアなどとの, また後にはスパニッシュポインターとの交配により作り出したイヌ Staffordshire terrier ともいう》. 〖(1848) ← BULL(DOG)+TERRIER[1]〗

búll thìstle *n.* 〖植物〗**1** ヨーロッパ産アザミの一種 (*Cirsium lanceolatum*)《米国でも雑草として広く生え, ピンクや紫色の頭状花をつけ, 葉にはとげがある》. **2** 北米産のアザミの一種 (*C. vulgare*). 〖1863〗

búll tòngue *n.* 《米》**1** (綿花栽培に用いる)重いすき (bull-tongue plow ともいう). **2** 一枚のシャベルの付いたすき. 〖1831〗

búll tròut *n.* 〖魚類〗**1** 《英》=sea trout; (特に)大きく成長し年数を経た sea trout. **2** 《カナダ》オショロコマ (Dolly Varden). 〖1653〗

búll·whàck 《米西部》*n.* (柄の短い頑丈な長い)牛追いむち. **— *vt.*, *vi.*** 牛追いむちで(牛を)追う. 〖(1869)《逆成》↓〗

búll·whàcker *n.* 《米西部》**1** (西部開拓時代の)牛車[大型荷馬車]の馭者. **2** =bullwhack. 〖1858〗

búll whèel *n.* 〖機械〗(機械の中で最も大きく強い)主要推進ギア[車輪] (bull gear ともいう). 〖1883〗

búll·whìp 《米》*n.* (牛を追うための)生皮製の長いむち. **— *vt.*** 長いむちで打つ. 〖1852〗

búll·wòrk *n.* 《米》つらい肉体労働[力仕事].

bul·ly[1] /búli/ *n.* **1** 威張り散らす人, 暴漢, ごろつき; (学校の)暴れ者, 弱い者いじめ, がき大将: play [act] the ～ 弱い者いじめをする, 威張り散らす. **2 a** 用心棒. **b** 《古》売春婦を取り持つ男, 売春宿の主人,「ぽん引き」. **3** 《英方言》仲間, 同僚. **4** 《古》**a** 恋人, 愛人, いい人. **b** お人好し, いいやつ. **— *vt.*** **1** …に対して弱い者いじめをする, 〈弱者を〉いじめる (⇨ bait[1] SYN). **2 a** おどして[いじめて]〔…を〕させる〔*into*〕: ～ a person *into* doing something 人をおどしてあることをやらせる / ～ the press *into* quiescence 新聞をおどして沈黙させる. **b** おどして[いじめて]〔…を〕止めさせる〔*out of*〕: ～ a person *out of* doing something 人をおどしてあることを止めさせる. **— *vi.*** 弱い者いじめをする, 威張り散らす. **— *adj.*** 《口語》**1** りっぱな, すてきな, すばらしい (splendid): a ～ idea. **2 a** 〈人が〉威勢のいい (dashing), 快活な (jovial). **b** [(my) ～ boy として; 親しみをこめた呼び掛けに用いて] おい君. **— *int.*** 《口語》うまい, 見事, すてき. ★ 相手にねたみ・軽蔑の気持ちがあるときに皮肉として用いる; 本心からほめるときには good for you; well done を用いる: *Bully for* you [him, her, them]! うまいもんだ, やるなあ, 結構な身分だこと. 〖(1538)《変形》? ← (M)Du. *boele* lover, brother ◻ ? MHG *buole* lover: cf. G *Buhle* lover: 今の意味は BULL[1] の影響〗

bul·ly[2] /búli/ *n.* =bully beef. 〖(1753) ◻ ? F (*bœuf*) *bouilli* boiled (beef) (p.p.) ← *bouillir* to boil: ⇨ bullion〗

bul·ly[3] /búli/ 〖ホッケー〗*n.* ブリー, 試合開始《ストライキングサークル内で防御側に反則のあったときなどにボールをインプレイする方法; 《英》では bully-off ともいう》. **— *vi.*** ゲームを開始する〈*off*〉. 〖(1865) ← ?〗

bul·ly[4] /búli/ *n.* (NZ 口語)〖魚類〗=cockabully.

búlly bèef *n.* 缶詰[塩漬け]牛肉, コンビーフ. 〖1884〗

búlly·bòy *n.* 用心棒, ごろつき, (特に, 政党の機関などに雇われた)暴力団員, 政治ごろ. 〖1925〗

búlly-òff *n.* 《英》〖ホッケー〗=bully[3].

búlly púlpit *n.* 《米》(目的達成のための)公職の権威, (地位を利用した)自己宣伝の機会.

bul·ly·rag /búliræ̀g/ *vt.* 《口語》**1** おどす (intimidate). **2** (特に, あくどい冗談などで)いじめる, どなりつける; 悩ます. 〖(1760) ← ? BULLY[1]+RAG[2]〗

búlly trèe *n.* 〖植物〗バラタノキ (*Manilkala bidentata*)《熱帯アメリカ産のアカテツ科の植物で, バラタゴムを採る; bullet tree ともいう; cf. balata》. 〖(1657) ← *bully* (変形) ← BALATA〗

buln-buln /búlənbùlən/ *n.* 《豪》〖鳥類〗=lyrebird. 〖擬音語〗

Bü·low /bjúːlou | -ləu; G. býːloː/, **Prince Bernhard von** *n.* ビューロー (1849–1929; ドイツの宰相 (1900–09)).

bul·rush /búlrʌʃ/ *n.* **1** 〖植物〗**a** 水辺や沼に生えるホタルイ属 (*Scirpus*) の植物の総称; 《英》(特に) *S. lacustris*. **b** 《英》ガマ属 (*Typha*) の植物 (*T. latifolia* または *T. angustifolia*). **c** 米国に産するイグサ属の植物 (*Juncus effusus*)《むしろ・椅子の座などの材料》. **2** 〖聖書〗紙草, あし《実際はパピルス (papyrus); cf. *Exod.* 2:3, *Isa.* 18:2》. ***séek a knót in a búlrush*** =seek a knot in a RUSH[2]. 〖(?*a*1425) ← *bull* large (⇨ bull[1] adj. 2.: cf. bullfrog) +RUSH[2]〗

búlrush míllet *n.* 〖植物〗アジアや中東に広く生育するイネ科チカラシバ属のヒエの一種 (*Pennisetum typhoideum*).

bul·ter /bʌ́ltə | -tə(r)/ *n.* =boulter.

Bult·mann /búltmaːn; G. búltman/, **Rudolf (Karl)** *n.* ブルトマン (1884–1976; ドイツのプロテスタント神学者; 新約聖書の非神話化による実存論的解釈を提唱).

bul·wark /búlwə(ː)k, bʌ́l- | -wə(ː)k/ *n.* **1 a** 土塁, 砦, 堡塁(ほうるい). **b** 防波堤 (breakwater). **2** (国・主義などの)防護物, 防壁 (protection); 防護者 (protector): the ～ *of* the throne 王室の藩屏(はんぺい) / the ～*s of* the State 国家の干城(かんじょう) / a ～ *of* public liberty 社会的自由の守り / Law is the ～ *of* civilization. 法律は文明の擁護者. **3** [通例 *pl.*] 〖海事〗ブルワーク, 舷墻(げんしょう), 手すり板《上甲板の舷側に続く波よけ用の低い壁》. **— *vt.*** **1** …に塁壁をめぐらす, 砦で固める. **2** 防御[擁護]する, 防備する (protect). 〖(?*c*1416) *bulwerk* ◻ ? MDu. *bolwerk*: cf. G *Bollwerk*《原義》bole (=tree trunk) work: ⇨ bole[1], work〗

búlwark plàting *n.* 〖海事〗ブルワーク板《上甲板の縁にある手すり板》.

Bulwer-Lytton *n.* ⇨ Lytton.

bum[1] /bʌ́m/ *n.* 《米・カナダ口語》**1** 怠け者, のらくら男 (idler); ルンペン, 浮浪人 (loafer) (⇨ vagrant SYN): a ～ on the plush 金持ちの怠け者; 無責任な人. **2 a** (家庭や仕事を顧みず)スポーツ(など)に凝る人: a golf ～ / a beach ～ 海辺で遊びほうける人. **b** 無能な人, (特に)無能選手. **3** 飲み騒ぎ, 放蕩 (debauch). ***give* [*get*] *the bum's rush*** ⇨ bum's rush 成句. ***on a búm*** 飲み騒ぎして. ***on the búm*** (1) 〈人が〉浮浪して, のらくらして: go *on the* ～ 浮浪[寄食]生活をする, 世間の厄介者となる. (2) 〈機械などが〉故障して, 具合が悪くて, 乱れて. 〖1895〗 **— *v.*** (**bummed; bum·ming**) 《米口語》**— *vi.*** **1** (働ける身でありながら)何もしないで施しを乞う, のらくら寄食する. **2** のらくら暮らす, ぶらぶら(放浪)する, 浮浪生活をする (loaf) 〈*around, about*〉. **— *vt.*** **1 a** 〈(返さないでいいような)物を〉借りる, もらう, たかる (cadge): ～ a ride ただで乗せてもらう / Can I ～ a cigarette (*off* you)? たばこを 1 本もらえるかい / He ～*med* a light *from* [*off*] me. 私から火を借りた. **b** 〈人〉に(物を)(貸して)くれと言う (beg) 〔*for*〕: He ～*med* me *for* tissue. 私にティッシュをくれと言った. **2** 〈列車などに〉切符なしに乗る, 無賃乗車する: ～ a train. **3** [～ one's way として] ヒッチハイクをする. ***búm alóng*** 《俗》(通例, 車で)(道路を)ぶらぶら進む. ***búm óut*** 《米口語》〈人を〉がっかりさせる, いらいらさせる. **— *adj.*** (**bum·mer; bum·mest**) [限定的]《口語》**1** 安っぽい, つまらない, 値打ちのない, 粗悪な (inferior). **2** とてもいやな (disagreeable). **3** (けがなどで)使えなくなった, 不具の (disabled): a ～ leg. **4** 偽りの, まぎらわしい (false). 〖(1863)《逆成》← BUMMER[1]: — *adj.* (1859)〗

bum[2] /bʌ́m/ *n.* 《英》**1** 《俗》尻 (buttocks). **2** =bumbailiff. ***pùt* [*gèt*] *búms on séats*** 《英口語》(コンサートなどに)観客[入場者]を集める. **— *vt.*** 《英俗》肛門性交[アナルセックス]する. 〖(*a*1387) *bom* ← ? *botem* 'BOTTOM': cf. bump[1] / Du. 《俗》*boem* (← *bodem* bottom)〗

bum[3] /bʌ́m/ *vi.* (**bummed; bum·ming**) 《英方言》〈蜂などが〉ぶんぶんうなる (drone). **— *n.*** ぶんぶんいう音. 〖(*c*1450)《擬音語》: cf. bumble[2]〗

búm·bàg *n.* 《英》=fanny pack.

búm·báiliff *n.* 《英・軽蔑》執達吏, 執行吏 (bailiff). 〖(1601–2) ← BUM[2]+BAILIFF: 債務者の尻につきまとうところから〗

bum·bee /bʌ́mbiː/ *n.* 《スコット》=bumblebee.

bum·ber·shoot /bʌ́mbəʃùːt | -bə-/ *n.* 《米口語》=umbrella. 〖(1896) ← *bumber* (← UMBRELLA)+ *-shoot* (← PARACHUTE)〗

bum·ble[1] /bʌ́mbl̩/ *vi.* **1** へまをやる, 失敗する, でたらめなやり方をする (blunder): ～ about on the computer でたらめにコンピューターを操作する. **2** つまずく, よろめく (stumble). **3** もぐもぐ言う, とりとめなく話す 〈*on*〉. **— *vt.*** やり損なう (botch). **— *n.*** 大しくじり, 大失敗 (blunder). **búm·bler** /-blə, -bl̩ə | -blə(r), -bl̩ə(r)/ *n.* 〖(1532)《混成》? ← BUNGLE+STUMBLE〗

bum·ble[2] /bʌ́mbl̩/ *vi.* **1** 〈蜂などが〉ぶんぶんいう (buzz).

2 低い音を立てる (rumble). 〘(c1395) ME *bomble(n)* (freq.) ← *bombe(n)* to boom, buzz《擬音語》〙

bum·ble[3] /bʌ́mbl/ *n.* 《英》もったいぶる小役人; (特に)教区吏員 (beadle). 〘(1856) Dickens 作の小説 *Oliver Twist* の中に出てくる威張った教区吏員の名から〙

búmble·bèe *n.* 〘昆虫〙マルハナバチ《温帯に生息するマルハナバチ属 (*Bombus*) のハチの総称; 羽音が大きい; humble-bee ともいう》. 〘(1530) ← BUMBLE[2]+BEE[1]〙

bumblebee
(*B. lapidarius*)

Búmble Bèe *n.* 〘商標〙バンブルビー《米国 Bumble Bee Seafoods 製の海産物食品; 特にマグロ肉の缶詰》.

búmblebee fìsh *n.* 〘魚類〙バンブルビーフィッシュ (*Brachygobius doriae*)《マラヤ地方産の小型の美しいハゼ科の一種; 観賞用になる》.

búm·ble·dom /-dəm/ *n.* 1 小役人社会. 2 (小役人らしい)尊大振り, うるさい小役人根性. 〘(1856): ⇨ bumble[3], -dom〙

búmble·fòot *n.* 趾瘤(しりゅう)病《鶏の足の裏がはれる病気》. 〘1854〙

búmble·pùppy *n.* 1 〘トランプ〙へぼホイスト《ルールもろくに知らないでする下手な whist》. 2 ボールを棒につるしてラケットで打ち合う遊戯《ボールをつるしたひもを棒に全部巻きつけるのが目的》; その棒. 〘(1801) ← BUMBLE[1]+PUPPY〙

búm·bling[1] /-blɪŋ, -bl̩-/ *adj.* 1 a 〈人が〉へまをやる, 無器用な. b 〈弁士が〉(どもったりつまったりして)効果が上がらない, ぱっとしない. 2 〈政策など〉非能率的な, 効果のない, でたらめな, 間違いだらけの. — *n.* (間の抜けたぶざまな)間違い, しくじり, 失敗. **~·ly** *adv.* 〘(1533): ⇨ bumble[1], -ing[1]〙

búm·bling[2] /-blɪŋ, -bl̩-/ *adj.* いやにもったいぶる, 威張りちらす.

bum·bo /bʌ́mbou | -bəu/ *n.* (*pl.* ~s) 冷たいラム[ジン]パンチ《ラム(酒)またはジンに水・香料・甘味などを加えたもの》. 〘(1748) ▭ ? It. *bombo* drink《小児語》〙

búm·bòat /bʌ́m-/ *n.* 〘海事〙物売り船《停泊中の船に飲食物や雑貨類を売って回る小舟》. 〘(1671) ← Du. *bom* box for fish in a boat, fishing boat+BOAT〙

búmbòat·man /-mən/ *n.* (*pl.* **-men** /-mən, -mèn/) bumboat の船頭. 〘1714〙

búm bòy *n.* 《俗》ホモの相手, 稚児, おかま, かげま.

bumf /bʌ́mf/ *n.* 《英口語》1 [集合的; 通例軽蔑的に] a つまらぬ広告類. b (退屈な)書類, 役所の書類. 2 トイレットペーパー. 〘(1889) ← 《廃》*bum-fodder* ← BUM[2]〙

búm·flùff *n.* 《英口》(少年の)うすく生えた[生やした]初めてのひげ, 'うぶ毛'. 〘⇨ BUM[2], FLUFF〙

búm·frèezer *n.* 《俗》Eton 校の制服の上着; 短いジャケット.

bum·fuz·zle /bʌmfʌ́zl/ *vt.* 《米方言》…の心を混乱させる, まごつかせる, 途方に暮れさせる. 〘《変形》← 《方言》*dumfoozle*《変形》← ? DUMFOUND〙

Bu·mi /búːmi/ *n.* (*pl.* ~s) =Bumiputra.

bu·mi·pu·tra /bùːmɪpúːtrə, ⸗⸗⸗⸗ | -mɪ-/ *n.* (*pl.* ~) (マレーシアで中国人と区別して)本土人, マレー人.

bù·mi·pù·tra·i·zá·tion *n.* 〘▭ Malay《現地語》'son of the soil'〙

bum·kin /bʌ́mkɪn | -kɪn/ *n.* 〘海事〙=bumpkin[2].

bum·ma·lo /bʌ́məlòu | -lə̀u/ *n.* (*pl.* ~s, ~) (*also* **bum·ma·low** /~/) 〘魚類〙テナガミズテング (*Harpodon nehereus*)《インド近海産ハダカイワシ目ミズテング科のトカゲに似た頭をもつ魚; その干した肉は薬味をつけてカレー料理に用いる; Bombay duck ともいう》. 〘(1673)《転訛》← Marathi *bombil(ā)*〙

bum·ma·ree /bʌ́mərìː | ⸗⸗⸗, ⸗⸗⸗/ *n.* 《英》1 (もと London の) Billingsgate 魚市場の仲買人. 2 (もと London の) Smithfield 肉市場の認定かつぎ人夫. 〘(1707) ▭ ? F *bonne marée* good sea fish: 呼び声から〙

bum·mer[1] /bʌ́mə | -mə(r)/ *n.* 1 《口語》怠け者, のらくら者 (loafer). 2 劣っている人[物]. 〘(1855)《転訛》← ? G *Bummler* tramp ← *bummeln* to loaf about〙

bum·mer[2] /bʌ́mə | -mə(r)/ *n.* 《口語》1 品質の悪い麻薬による幻覚的経験, (特に) LSD による恐ろしい経験 (bad trip). 2 不愉快な体験; いやな出来事; 失望させるもの (disappointment). 〘(1967): ⇨ bum[1] (adj.), -er[1]〙

bump[1] /bʌ́mp/ *vi.* 1 a 〈壁・障害などに〉ぶつかる (collide) 〔*against, into, on*〕: ~ *against* a wall 壁に突き当たる / ~ *against* each other 衝突する / ~ *into* a man 人に突き当たる. b ばたん[どしん]と落ちる 〈*down*〉. 2 a 〈車が〉がたがた揺れて通る: ~ *along* (the road) (道を)がたがた通る. b 〈航空機が〉(突風によって)動揺する. 3 〈液体が〉突沸する. 4 《俗》腹[尻]を急に前に突き出して挑発的に踊る: ~ and grind ⇨ *n.* 6. 5 〘クリケット〙〈投球が〉急に高く飛び上がる.

bump alóng 《口語》とぎれとぎれに[ぎくしゃくしながら](なんとか)進む. ***bump ínto*** (1) ⇨ *vi.* 1 a. (2) 《口語》思いがけず〈人〉と会う, …にばったり出会う: I ~*ed into* an old friend. 旧友にばったり会った. 〘1886〙 ***bump óff*** (1) ⇨ *vt.* 1 c. (2) 《口語》やっつけてしまう, 殺す, ばらす (cf. bump-off). 〘1910〙

— *vt.* 1 a 〔…に〕どんと打ち当てる[突き当てる], どんとぶつける; 打ちつけてけがする 〔*against, on*〕: ~ one's head *against* a wall 頭を壁にどしんとぶつける. b …にぶつかる: The car ~*ed* the light pole. 車はその街灯にぶつかった. c ぶつかって落とす 〈*off*〉: ~ a vase *off* (the table). 2 《米》a ぶつかってほうり出す: The passengers were ~*ed out of* their seats by the derailment. 脱線で乗客たちは座席から放り出された. b (地位を利用して)〈地位・職などから〉〈人〉を押しのける, 〈人〉に取って代わる (displace) 〔*from*〕. c (地位を利用したり, 緊急の必要のために)〈人〉から飛行機の座席を奪う: I was ~*ed from* the flight. その便からはずされた. d 解雇する. e (投票で)否決する. 3 《口語》〈物価・賃金・賭け金などを〉つり上げる 〈*up*〉: ~ *up* prices [salaries]. 4 〈板金などに〉(凸凹をなくすために)圧力を加える, 押しつける. 5 〘ボートレース〙〈前のボートに〉追突する. 6 〘クリケット〙〈球を〉急に高く飛び上がるように投げる. 7 《英》〈子供などを〉手足を持って空中に上下させる.

— *adv.* ばたんと, どんと; 突然に; 激しく: come [go] ~ against the post どんと柱に突き当たる / It came ~ on the floor. 床の上にどしんと落ちた. ***things that gò búmp in the níght*** 《戯言》夜中にどすんと音をたてるもの, あやしい物音.

— *n.* 1 a 突き当てること, 衝撃, 衝突; 《口語》(車の)軽い衝突事故. b ばたん, どすん《衝撃・衝突の音》: with a ~ どんと, どしんと. 2 a 打ちばれ, こぶ (swelling). b (道路などの)一部隆起. c (胸の)隆起; 《英戯言》(妊娠で)突き出たおなか. 3 a (頭蓋の)突起, 頭相《骨相学上ある種の才能を示すという》: feel a person's ~*s* 人の頭相を触ってみる; 人の才能を打診する. b 才能, 能力, 感覚, 勘: one's ~ of locality 場所に対する感覚, 土地勘, 方角の勘. 4 a 〘航空〙突風, バンプ; 突風による機体の動揺. b エアポケット (airpocket). c [通例 *pl.*] 《俗》航空機の乱暴な着陸. 5 《米俗》a (地位・身分などの)昇進, 昇級; 昇給, 賃上げ. b 降等, 降職 (demotion). 6 《俗》バンプ《腹や腰を急に前に突き出す挑発的な踊り方: cf. grind 5》: ~*s* and grinds ストリップダンサーの腰を突き出したり回したりする動作. 7 〘ボートレース〙追突(しての勝利)《後艇の艇首が前方の相手艇尾を突くこと; cf. bumping race》. 8 [*pl.*] 〈子供などを〉手足を持って空中に上下させること. 9 〘トランプ〙(ポーカーで)…より多く賭ける.

like a búmp on a lóg 《米口語》なまけて, 何もしないで, のんびりと.

〘(1566)《擬音語》: cf. bounce[1], chump[1]〙

bump[2] /bʌ́mp/ *n.* サンカノゴイ (bittern) の鳴き声. — *vi.* 〈サンカノゴイが〉鳴く. 〘擬音語〙

búmp bàll *n.* 〘クリケット〙打者席近くの地面に強くあたってはね上がった小飛球. 〘1870〙

bump·er[1] /bʌ́mpə | -pə(r)/ *n.* 1 突き当たる人[もの]. 2 a (自動車などの)緩衝器, バンパー (⇨ car 挿絵). b 《米》(列車の)緩衝器 (《英》buffer). c 〘鉄道〙=bumping post. 3 れんがを手でこねてつくる人. 4 〘鋳造〙砂つき機《砂を一定の形に打ち固める機械》. 5 《英口語》=bumping race. 6 〘クリケット〙急に高く飛び上がるように投げた球. 〘(1839): ⇨ bump[1], -er[1]〙

bum·per[2] /bʌ́mpə | -pə(r)/ *n.* 1 (乾杯のときなどに)いっぱいについだ杯, 満杯. 2 a 《口語》並はずれて大きい[豊富な, 見事な]もの; 豊作, 豊漁. b 《米俗》(興行の)札止め, 大入り満員. 3 〘魚類〙米国南部・西インド諸島産のアジ科の魚の一種 (*Chloroscombrus chrysurus*). 4 〘トランプ〙(whist で獲得可能な)最高点 (8 点). — *adj.* [限定的] 《口語》非常に大きな; 非常に見事な[豊富な]: a ~ year [crop, harvest] 豊年[作]. — *vt.* 1 〈酒などを〉なみなみと注ぐ. 2 (乾杯で)〈満たした杯を〉飲みほす. — *vi.* 乾杯する. 〘(1676) ← BUMP[1]《廃》to bulge+-ER[1]〙

bum·per[3] /bʌ́mpə | -pə(r)/ *n.* 《豪口語》巻きたばこの吸い残り. 〘(1916) ← BU(TT)[3]+(STU)MP+-ER[1]〙

búmper càr *n.* バンパーカー《遊園地での乗り物遊び用の小さな電気自動車; 一定の囲い地内で運転し, しばしば他の車とぶつけ合って遊ぶ; cf. Dodgem》. 〘1949〙

búmper guàrd *n.* 《米》バンパーガード (《英》overrider)《自動車の衝突時に, バンパーがかみ合うのを防ぐためのバンパー上の付加物》.

búmper pàd *n.* [通例 *pl.*] 《米》(ベビーベッドの)クッション.

búmper stìcker *n.* (自動車の)バンパーに張る(宣伝用)ステッカー. 〘1967〙

búmper-to-búmper *adj., adv.* 〈車が〉じゅずつなぎの[で], 渋滞して(いる): a ~ traffic jam ぎっしり詰まった車の渋滞の列. 〘1951〙

bumph /bʌ́mf/ *n.* =bumf.

búmping pòst *n.* 〘鉄道〙(軌道終点の)車止め. 〘*a*1877〙

búmping ràce *n.* (Oxford, Cambridge などの大学の)バンピング[追突]レース《狭い川で各ボートが別々に出発し, 一定の距離を過ぎてから先のボートに艇首を追突させて勝つボートレース》. 〘1871〙

bump·kin[1] /bʌ́m(p)kɪn | -kɪn/ *n.* [特に country ~ として] 野暮な田舎者. **~·ish** *adj.* **~·ly** *adj.* 〘(1570) ▭ Du. *bommekijn* little barrel: ⇨ -kin〙

bump·kin[2] /bʌ́m(p)kɪn | -kɪn/ *n.* 〘海事〙帆すそ張り出し棒《帆のすそを張り出すために船内から突き出した短円材》; 索具用張り出し棒. 〘(1632) ▭ Du. *boomken* little tree (dim.) ← *boom* 'BOOM[2]': ⇨ -kin〙

búmp-òff *n.* 《俗》殺人, 殺し (cf. BUMP[1] *off*).

búmp rùn *n.* 〘スキー〙こぶ斜面.

búmp stárt 《英》*n.* (自動車エンジンの)押しがけ.

búmp-stárt *vt.* 押しがけする.

búmp sùpper *n.* 《英》(Oxford, Cambridge 大学で)バンピングレース (bumping race) の祝勝晩餐会.

bump·tious /bʌ́m(p)ʃəs/ *adj.* 傲慢な, 威張った (arrogant), 生意気な; 出しゃばる (self-assertive). **~·ly** *adv.* **~·ness** *n.* 〘(1803) ← BUMP[1]+-TIOUS: FACETIOUS になった造語〙

bump·y /bʌ́mpi/ *adj.* (**bump·i·er; -i·est**) 1 〈地面などが〉でこぼこの(ある) (⇨ rough SYN): a ~ road (車をがたつかせるような)でこぼこの道路. 2 a 〈車・進行などが〉がたびし揺れる (jolting): a ~ ride がたびしの乗り物旅行. b 〈音楽・詩など〉調子が一様でない: ~ dance music. 3 〈人生など〉困難が往々生じる, 浮き沈みのある. 4 〘航空〙突風の多い, 悪気流のある. **búmp·i·ly** /-pɪli/ *adv.* **búmp·i·ness** *n.* 〘(1865): ⇨ bump[1], -y[4]〙

búm ráp *n.* 《米俗》いわれのない有罪判決, 冤罪(えんざい), ぬれぎぬ, (たくらまれた)虚構の罪.

búm-rùsh *vt.* 《米俗》つまみ出す, たたき出す. 〘(1987) ← *bum's rush* (1922): ⇨ bum[1]〙

búm's rúsh *n.* [the ~]《俗》1 追い出し; 免職,「首」. 2 強制, 強引. ***gét the búm's rúsh*** 《米俗》(1) 追い[つまみ]出される. (2) 強引に迫られる. ***give a person the búm's rúsh*** 《俗》(1) 〈人を〉追い[つまみ]出す. (2) 〈人〉にごり押し[強制]しようとする. 〘(1922): 一流レストランなど高級な所で, うさんくさい者を追い払うときの仕草から〙

búm stéer *n.* 《米俗》(わざと誤り伝えた)情報, 虚報, デマ: give a person a ~ 人にわざと間違って教える.

búm-sùcker *n.* 《英俗》おべっか使い.

búm-sùcking *n.* 《英俗》おべっかを使うこと.

búm·wàd *n.* 《俗》トイレットペーパー.

bun[1] /bʌ́n/ *n.* 1 《米》(ハンバーガー用)丸パン, ロールパン: hamburger [hot dog] ~*s*. 2 a バン《菓子パンの一種; 通例甘みを加え, 香辛料や干しぶどうなどを入れる》: ⇨ hot cross bun. b 《英北部》菓子の総称. c 〘スコット〙black bun. 3 (女性が頭の後ろに結う)束髪: wear one's hair *in* a ~ 髪を束髪に結っている. 4 [通例 *pl.*] 《米・豪俗》尻.

a bún in the óven 《戯言》お腹の中の子供: have *a* ~ *in the oven* 妊娠している. 〘1951〙 ***dó one's bún*** 《NZ 俗》かんしゃくを起こす, かっとなる. ***táke the bún*** ⇨ take 成句.

〘(1371) *bunne* ▭ ? OF *bugne* (F《方言》*bugne*) boil, fritter ← ? Celt.〙

bun[2] /bʌ́n/ *n.* 《方言》1 ウサギ[リス]の尾. 2 リス, ウサギ (cf. bunny 1). 〘(*c*1538) ▭ ? Sc.-Gael. ~ 'root, stump'〙

bun[3] /bʌ́n/ *n.* 《米俗》酔い, 酩酊(めいてい). ***háve [gét, tíe] a bún òn*** 《俗》酔っ払っている[酔っ払う]. 〘(1901) ←〘スコット〙*bung*《略》← *bung-full* filled to the bung〙

Bu·na /b(j)úːnə; G. búːna/ *n.* 1 〘商標〙ブナ《ブタジエン (butadiene) を重合して作る各種合成ゴムの商品名》. 2 [b-] ブナに類したゴム. 〘▭ G ~ ← BU(TADIENE)+NA(TRIUM)〙

Bun·bur·y[1] /bʌ́nb(ə)ri/ *n.* どこかを訪ねたり責任逃れをするための架空の(人物に会うという)口実. — *vi.* (架空の口実で)楽しげに[見物に]出かける. 〘O. Wilde 作の喜劇 *The Importance of Being Earnest* (1895) に使われた架空の人物の名から〙

Bun·bur·y[2] /bʌ́nb(ə)ri/ *n.* バンベリー《オーストラリア Western Australia 州 Perth 南部の港町; 硬材・石炭・鉱石・肉・果物を輸出》.

bunce /bʌ́ns/ *n.* 《英口語》予期していなかった利益, 思わぬもうけもの; 僥倖(ぎょうこう). 〘《転訛》? ← BONUS〙

bunch /bʌ́ntʃ/ *n.* 1 a 《口語》(人の)集まり, 群れ, 仲間; 一味 (gang): a ~ of boys, teachers, etc. b (花・鍵・書類などの)束 (lot) (⇨ bundle SYN); 《米口語》(同一物から成る)群れ (group): a ~ of flowers, feathers, keys, etc. / a big ~ of automobiles / a ~ of cattle, horses, etc. / a ~ of orders 一連の命令 / a ~ of papers 一束の書類 / a ~ of fives ⇨ five 9 a. c (果物などの)房 (cluster): a ~ of grapes, bananas, currants, etc. / Grapes grow in ~*es*. ぶどうは房になってできる. d [*pl.*] 《英》後頭部で左右二つに分けて束ねた髪型: wear one's hair in ~*es*. 2 《廃》こぶ, 隆起 (lump): a ~ on the face 顔のこぶ.

a búnch of ... 《米口語》たくさんの, 多量の; いくつかの: *a* ~ *of* questions [garbage] たくさんの質問[ごみ]. ***the bést [píck] of the búnch*** えり抜き[ぴか一]の人[物]: She is *the best of the* ~. 彼女は群中随一だ. ***Thánks a búnch.*** 《戯言》それはどうもどうも《全然ありがたく思っていないときの表現》.

— *vt.* 1 a 束ねる, (集めて)束にする 〈*up, together*〉. b 〈人・乗り物・家畜などを〉一団に集める 〈*up, together*〉. 2 〈服・スカートなどに〉ひだ[プリーツ]をつける[寄せる]. 3 〈女性〉に花束を贈る. 4 〘野球〙〈安打を〉集中する: ~ hits. — *vi.* 1 一団になる, 寄り集まる 〈*up*〉. 2 〈服・スカートなどが〉ひだになる 〈*up*〉.

〘(*c*1350) *bonche* ▭ ? OF(Walloon) *bouge* ▭ Flem. *boudje* (dim.) ← *bond* bundle〙

búnch-bácked *adj.* 《廃》せむしの (humpbacked). 〘1519〙

búnch·ber·ry /-bèri | -b(ə)ri/ *n.* 1 〘植物〙ゴゼンタチバナ (*Cornus canadensis*)《北半球の高山植物で, 鮮紅色の実が束になってつく》. 2 ゴゼンタチバナの実. 〘1845〙

Bunche /bʌ́ntʃ/, **Ralph Johnson** *n.* バンチ (1904–71; 米国の黒人政治学者; 国連事務次長 (1967–71); Nobel 平和賞 (1950)).

bunched ŕ *n.* 〘音声〙もり上がり舌の r《中舌面が口蓋面に向かってもり上がる; 米音の *red* の /r/ や *murmur* の母音 /ɚː/, /ɚ/ の多くがこれ; cf. retroflex vowel, hooked schwa》.

bunch·er /bʌ́ntʃə | -tʃə(r)/ *n.* 1 葉巻きを巻く人[機械]. 2 〘電子工学〙集群電極, 集群器《クライストロン (klystron) 中の共鳴腔; これで電子波を集群する》. 〘(1881): ⇨ -er[1]〙

búncher rèsonator *n.*〘電子工学〙密度変調共振器 (⇨ klystron).

búnch èvergreen *n.*〘植物〙マンネンスギ (⇨ lycopodium 1).

búnch·flòwer *n.*〘植物〙アメリカシライトソウ (*Melanthium virginicum*)《米国東部産ユリ科の白花が穂状につく多年草》.〘1818〙

búnch·gràss *n.*〘植物〙バンチグラス《葉が房状にかたまって生えるイネ科の草の総称》; 《特に》*Andropogon scoparius* (北米産のウシクワ属の牧草).〘1837〙

búnch·ing *n.*〘電子工学〙集群《一様な流れを濃淡のはっきりした流れに変えること》.

búnch lìght *n.* (照明の)束光.

búnch pìnk *n.*〘植物〙=sweet william.

bunch·y /bʌ́ntʃi/ *adj.* (**bunch·i·er**; **-i·est**) **1** 房のある, 房状の, 束になった. **2** こぶ状の. **búnch·i·ly** /-tʃɪ̀li/ *adv.* **búnch·i·ness** *n.*〘(*a*1398): ⇨ -y⁴〙

bun·co /bʌ́ŋkou | -kəu/ 《米口語》*n.* (*pl.* **~s**) **1** (不案内の者をだまして金を巻き上げる)詐欺, ぺてん. **2** とうしろ(藤四郎)だまし《トランプなどで相手の無知や未熟に乗じて金を巻き上げること, またそのゲーム》: a ~ man いかさま勝負師. — *vt.* 詐欺にかける, だます, かもにする (swindle).〘(1872) □ Am.-Sp. *banca* bench, bank in gambling □ It. *banca* 'BANK¹'〙

bun·combe /bʌ́ŋkəm/ *n.* 《米》=bunkum.

búnco stèerer *n.* 《米口語》いかさま師; (特にその)さくら.〘1875〙

bund /bʌ́nd/ *n.* 《インド·極東》**1** (インドなどの海岸や河岸の)築堤 (embankment); 堤防 (dike); 埠頭, 岸壁 (quay). **2** (中国·日本·韓国·タイなどの港市の)海岸通り, 沿岸道路, バンド. — *vt.* (インドなどで)…に堤防を築く (embank).〘(1813) □ Hindi *band* ← Pers.〙

Bund, b- *n.* (*pl.* **~s, Bün·de** /bʏ́ndə; G. bʏ́ndə/) **1** /bʊ́nd, bʌ́nd, bʊ́nt; G. bʊ́nt/ ブント, 親独協会《1936 年米国でドイツ系米人の間に組織された親ナチ党団体 German-American Bund の略称》. **2** [b-] 同盟, 連盟 (alliance); 《特に》政治団体. **3** (1897 年ロシアで組織された)ユダヤ人社会民主主義労働者協会. **4** (1867–71 年の)北ドイツ連邦. **~·ist** /-dɪ̀st | -dɪst/ *n.*〘(1810) □ G ~ 'federation'〙

Bun·da·berg /bʌ́ndəbə̀ːg | -bɜ̀ːg/ *n.* バンダバーグ《オーストラリア Queensland 州南東部の市; 製糖業の中心地》.

Bun·del·khand /bʌ̀ndɪ́lkʌ̀nd, -xʌ̀nd/ *n.* バンデルカンド《インド中部の地方; Madhya Pradesh 州の一部》.

bun·der /bʌ́ndə | -də(r)/ *n.* (インドなどの)岸壁; 荷揚げ場; 港.〘(1673) □ Hindi *bandar* ← Pers.〙

búnder bòat *n.* (インドなどの)港内[沿岸]勤務船.〘1825〙

Bun·des·bank /bʊ́ndəzbæ̀ŋk, bʌ́n-; G. bʊ́ndəsbaŋk/ *n.* ドイツ連邦銀行《ドイツの中央銀行》.

Bun·des·rat /bʊ́ndəsrɑ̀ːt; G. bʊ́ndəsʀaːt/ *n.* (*also* **Bun·des·rath** /~/) [the ~] **1** ドイツの連邦参議院. **2** オーストリアの連邦議会. **3** スイスの連邦議会.〘(1872) □ G ~ ← *Bundes* ((gen.) ← BUND)+*Rat, Rath* council〙

Bun·des·tag /bʊ́ndəstɑ̀ːg, -tɑ̀ːk; G. bʊ́ndəstaːk/ *n.* [the ~] ドイツの連邦議会.〘(1879) □ G ~ ← *Bundes* (↑)+*Tag* legislative assembly (cf. *tagen* to hold an assembly)〙

bundh /bʌ́nd/ *n.* =bandh.

bun·dle /bʌ́ndl/ *n.* **1** (くくった物の)束; 巻いた物, (多くの物をまとめた)包み (package): a ~ of clothes, rags, etc. / a ~ of hay, straw, etc. / a ~ of letters, books, etc. / a blanket made into a ~ 巻いた毛布. **2** (さまざまな物の)塊, 組, 一団 (group, lot, bunch), 大量: a ~ of follies いろんなばかげたこと / the worst scoundrel in the ~ 一味のうち最大の悪党. ★ 人に用いる場合軽蔑的となることが多い. **3** 《口語》大金: cost a ~ ずいぶんお金がかかる / She made a ~ on the deal. 彼女はその取引で大もうけした. **4** 《俗》十代の若者たちの乱闘. **5**〘植物·解剖〙束; (心臓の刺激伝導系の)脚. **6**〘言語〙等語線 (isoglosses) の束 (cf. Benrath line). **7**〘紡織〙バンドル《反物の単位》. ***a búndle of chárms*** 《米俗》魅力的な女性. ***a búndle of jóy*** 《口語》(生後まもない)赤ん坊. ***a búndle of nérves*** 《口語》非常に神経質な人. ***be a búndle of láughs* [*fún, jóy*]** 《口語》面白い人[こと]だ《しばしば皮肉に全然面白くないときに用いる》. ***dróp** one's **búndle*** 《豪俗》希望を失う, 屈服する, 手を上げる. ***gó* [*dó*] *a* [*the*] *búndle on*** [通例否定文で] 《英口語》〈物が〉大好きだ: I don't go a ~ *on* this tea. この手のお茶はあまり好きではありません.〘1942〙

búndle of His /-hɪ́s/〘解剖〙(心臓の)ヒス束.〘《なぞり》← G *Hissches Bündel* ← *Wilhelm His* (1863–1934: ドイツの解剖学者)〙

— *vt.* **1** (特に結んで)束にする, 束ねる, くくる; 包みにする, 包む 〈*up*〉. **2** 〈ソフトウェア製品などを〉バンドルする, 同梱する. **3** ごっちゃに投げ込む, ほうり込む, ほうり出す (throw) 〈*in, away*〉: ~ clothes *into* a drawer 衣服をまるめて引き出しにほうり込む. **4** さっさと行かせる, 追い出す 〈*off, out, away*〉; さっさと送り込む〔*into*〕: She ~*d* her son *off* to school. 彼女は息子をさっさと学校へ送り出した / ~ a person *into* a car 人をさっさと車に乗り込ませる. — *vi.* **1** 荷物をまとめる; さっさと支度する. **2** さっさと行く, さっさと出て行く 〈*off, out, away*〉; さっさと入る〔*into*〕: ~ *into* a car さっさと車に乗り込む. **3** 着衣のまま同じ寝床に寝る (⇨ bundling). ***búndle úp*** (*vt.*) (1) ⇨ *vt.* 1. (2) 暖かく着物にくるむ: ~ *oneself up in* a blanket [warm coat] 毛布[温かいコート]に暖かくくるまる. (*vi.*) 暖かく着物にくるまる.

bun·dler /-dlə, -dlə | -dlə(r), -dlə(r)/ *n.*〘(*c*1331) □ MDu. *bondel* ← Gmc **bund-* ← *bendan* 'to BIND': cog. G *Bündel*: cf. OE *byndele* a binding together: ⇨ bind〙

SYN 包み: **bundle** 運搬·収納のためにいくつかの物を束ねたもの《大きさ·密度は問わない》: a *bundle* of firewood 一束のたきぎ. **bunch** 通例同種類のものをきちんと束ねたもの: a *bunch* of keys 鍵の束. **parcel** 《英》携帯·郵送のために紙に包んで結わえたもの: send a *parcel* by post 小包を郵送する. **package** 《米》=*parcel*. **pack** 主に背負って運ぶためにひとまとめにしたいくつかの物: a peddler's *pack* 行商人の荷. **packet** 主に商品を小さな箱に詰めたもの《《米》ではまた *pack* ともいう》: a *packet* [*pack*] of cigarettes [envelopes, tea] 1 箱のたばこ[封筒, 紅茶].

---

búndle bùggy *n.* 《米》(二輪で折りたたみ式の)ショッピングカート.

búndle shèath *n.*〘植物〙維管束鞘(しょう).〘1882〙

bún·dling /-dlɪŋ, -dl-/ *n.* (Wales や New England で)婚約中の男女が着衣のまま同じ寝床に寝た昔の習慣.〘(1650): ⇨ -ing¹〙

bun·do·bust /bʌ́ndəbʌ̀st/ *n.* 《インド》(細目の)準備, 取り決め (arrangement): make a good ~ 十分準備を調える.〘(1776) □ Hindi *band-o-bast* (原義) tying and binding ← Pers.〙

bundt, B- /bʊ́nt/ *n.* **1** 側面に溝のはいったドーナツ状のケーキ焼き皿 (bundt pan [mold] ともいう). **2** =Bundt cake.〘商標名〙

Búndt càke, b- c- *n.* ブントケーキ《ドーナツ状のケーキ》.

bun·du /bʊ́nduː/ *n.* 《南ア俗》(町から遠く離れた人の住まない)荒地帯.〘(1939) ← ?: cf. Shona *bundo* grasslands〙

búndu bàshing *n.* 《ジンバブウェ俗》草原暮らし(の旅).〘(1972) ↑〙

búnd·wàll *n.* 流出防止壁《原油·精製油を貯蔵するタンクの周囲を囲みタンクもれから守る》.〘⇨ bund〙

bun·dy /bʌ́ndi/ *n.* 《豪》タイムレコーダー. — *vi.* タイムレコーダーを押す 〈*on, off*〉.〘(1912): 商標名〙

bún·fìght *n.* 《英俗》**1** お茶の会 (tea party). **2** (皮肉) 公式行事. **3** 食事が供されるくだけた集会.〘(1928): ⇨ bun¹〙

bún fòot *n.* バンフット《扁平なボールのような型をした家具の脚; cf. melon foot, ball foot》.〘1904〙

bung¹ /bʌ́ŋ/ *n.* **1 a** (bunghole の)栓, たる口 (stopper). **b** =bunghole. **2** 酒類醸造家; 居酒屋の主人. **3** (屠殺獣の)盲腸[肛門]. — *vt.* **1** …に栓をする[さし込む], 〈穴を〉ぴったりふさぐ (stop) 〈*up*〉. **2** 《英俗》〈石などを〉投げつける (hurl); 投げ入れる[込む] 〈*in*〉. **3** 《俗》**a** やっつける, 打ちのめす. **b** [しばしば受身で] (傷つけて)はれ上がらせる 〈*up, down*〉: His eyes *were* ~*ed up*. 目がはれ上がっていた. ***búng óff*** 《学生語》逃げ出す (bunk). ***búng úp*** (1) ⇨ *vt.* 1. (2) ⇨ *vt.* 3 b. (3) [しばしば受身で] 大破させる, …に損傷を与える (damage).〘(1440) □ MDu. *bonghe* ← ? L *puncta* hole (p.p.) ← *pungere* to prick, punch〙

bung² /bʌ́ŋ/ *adj.* 《豪俗》死んで; 破産して; だめになって. ★ 通例次の句で: go ~ 死ぬ; 破産する; だめになる.〘(1847) ← Austral. (現地語)〙

bung³ /bʌ́ŋ/ *n.* 《英俗》うそ, 偽り (lie). ★ 次の句で: tell a ~.〘(1882) ← ?〙

bung⁴ /bʌ́ŋ/ 《英俗》*n.* 心付け, チップ; 賄賂. — *vt.* チップを与える, 賄賂を贈る.〘(1958) ← ?〙

bung⁵ /bʌ́ŋ/ *n.* 《廃》**1** 財布 (purse). **2** すり (pickpocket).〘(1567) ← ?: cf. OE *þung* purse〙

bung·a·loid /bʌ́ŋgəlɔ̀ɪd/ *adj.* 《軽蔑》〈建物が〉バンガロー式住宅の; 〈街区が〉バンガロー式住宅の目立つ.〘(1927): ⇨ ↓, -oid〙

bun·ga·low /bʌ́ŋgəlòu | -ləu/ *n.* **1** バンガロー式住宅《屋根の傾斜のゆるい一階または一階半建ての建築で, 通例一方にベランダが付いている》. 日英比較 英語にはキャンプ用の貸し小屋の意味はない. 日本語でいうキャンプ用の「バンガロー」は cabin. **2** バンガロー《インドなどに見られる広いベランダをめぐらせた草ぶきまたはかわらぶきの簡単な木造平屋の建物》.〘(1676) □ Gujarati *bangalo* □ Hindi *baṅglā* belonging to Bengal〙

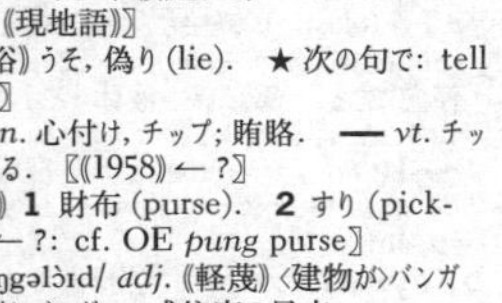

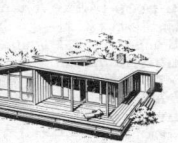

bungalow 1

bùn·ga·ro·tóxin /bʌ̀ŋgərou- | -rə(u)-/ *n.*〘生化学〙ブンガロトキシン《アマガサヘビ属のヘビ毒に含まれる神経毒》.〘(*c*1965) ← NL *Bungarus* (属名)+-TOXIN〙

Bun·gay /bʌ́ŋgi/ *n.* 《英古·方言》地獄 (hell): Go to ~ (with you)! くたばってしまえ.〘← *Bungay* (イングランド Suffolk 州の地名) < OE *Buningaeġ* ← *Buna* (人名): -ing³, island: この地の旧領主 Bigods 家の名を By God などと連想したため?〙

bun·gee /bʌ́ndʒi, -dʒiː/ *n.* **1** =bungee cord. **2**〘航空〙バンジー: **a** 航空機の操縦系統に使用されるばねの一種で, 操縦感覚の改良に使われる. **b** 艦載機の繋止に使用される緩衝ゴムひも.〘(*c*1930) ← ?〙

búngee còrd *n.* バンジーコード《荷物を荷台に固定したりするのに用いるゴムロープ; 両端にフックが付いているのが一般的》.

búngee jùmping *n.* バンジージャンプ《弾力性のある丈夫なひもを足首に結び付けて高い崖や橋の上から飛び降りる遊び》.

bung·er /bʌ́ŋə | -ŋə(r)/ *n.* 《豪俗》花火 (firework).〘(1929) ← ? BUNG¹+-ER¹〙

búng-fúll *adj.* いっぱいに詰まった, ぎっしりいっぱいの.

búng·hòle *n.* **1** (たるの)口, 注ぎ口. **2** 《卑》=anus.〘(1571) ← BUNG¹+HOLE〙

bun·gle /bʌ́ŋgl/ *vt.* へたにやる, しくじる, やり損なう, だめにする: ~ a job. — *vi.* へまをやる (botch). — *n.* へま, しくじり, やり損ない, 失錯, 不手際: make a ~ of …をめちゃくちゃにする, だめにする.〘(1530) ← ? Scand.: cf. Swed. (方言) *bangla*〙

bún·gler /-glə, -glə | -glə(r), -glə(r)/ *n.* へまをやる人, へまな職人, 不器用者.〘(1533): ⇨ ↑, -er¹〙

bun·gle·some /bʌ́ŋglsəm/ *adj.* 《米》へまな, 厄介な.〘(1889): ⇨ -some¹〙

bún·gling /-glɪŋ, -gl-/ *n.* へま[拙劣]な細工, 失策. — *adj.* へまな, 不細工な, 無器用な. **~·ly** *adv.*〘(1589): ⇨ -ing²〙

bun·gy /bʌ́ŋgi/ *n.* 《インド》(特に Bombay の)掃除人夫 (sweeper).〘(1823) □ Hindi *bhaṅgī*〙

Bu·nin /búːnɪ̀n | -nɪn; *Russ.* búnʲin/, **Ivan Alekseyevich** *n.* ブーニン (1870–1953; 晩年をフランスで暮らしたロシアの詩人·小説家; Nobel 文学賞 (1933); *The Village* (1910)).

Bunin, Stanislav /*Russ.* stənʲisláf/ *n.* ブーニン (1966– ; Moscow 生まれのピアニスト; ショパンコンクール優勝 (1985)).

bun·ion /bʌ́njən/ *n.*〘病理〙バニオン, 腱膜瘤, 親指滑液嚢腫(のう), 底豆《足, 特に親指の内側の腫大症; 母趾球の滑液包の腫脹》: a ~ plaster 底豆用膏薬.〘(*a*1718) □ ? OF *bugne* (F *bigne*) a swelling on the head ← ? Gmc (cf. MHG *bunge* lump)〙

bunk¹ /bʌ́ŋk/ *n.* **1 a** (船·列車·営舎などの)壁に作り付けの寝台, 寝棚 (berth). **b** 《口語》寝台; (特に)狭い簡易寝台. **2** 《米》(トランクなどに渡した)横木. **3** そり, 車, 運搬車. **4** (家畜用の)かいばおけ. — *vi.* 《口語》**1** (船などの)寝台[寝棚]に寝る; 寝る 〈*down*〉: ~ *down* on the floor 床の上にごろ寝する. **2** 泊まる: ~ *with* an uncle for the night おじの所で一泊する. — *vt.* 〈人〉に寝る場所を与える.〘(1758) (略) ← BUNKER〙

bunk² /bʌ́ŋk/ 《英口語》*n.* (通例不審な状況からの)逃亡 (flight): do a ~ 逐電する, ずらかる. — *vi.* 逃げ出す; 欠席する, サボる 〈*off*〉: ~ across the sea 海を渡って逃げる. — *vt.* **1** 〈授業などを〉欠席する, サボる. **2** 《まれ》退学させる, 放校にする.
búnk it 逃げ出す, 〈授業などを〉サボる.〘(*c*1870) ← ? BUNK¹〙

bunk³ /bʌ́ŋk/ 《口語》*n.* ばかばかしいでたらめ, たわごと, だぼら (humbug): History is ~. 歴史はでたらめ《Henry Ford の有名な放言》. — *vt.* …にでたらめを言う, だます (fool).〘(1900) (略) ← BUNKUM〙

búnk bèd *n.* (取りはずしのできるはしご付きの)二段ベッド(の一段).

búnk càr *n.*〘鉄道〙=camp car.

bun·ker /bʌ́ŋkə | -kə(r)/ *n.* **1**〘軍事〙掩蓋(えんがい)陣地《人員·火器などを防護する半地下式の鉄筋コンクリート製構築物で, 銃眼つき》; 掩蔽壕(えんぺいごう)《丸太または土嚢(どのう)で補強したもの》. **2 a** (固定した)大箱, (石炭などを入れる)大容器; 石炭箱; 燃料庫: ⇨ coalbunker / ~ capacity 燃料庫容量. **b** [*pl.*] =bunker coal. **3 a**〘ゴルフ〙バンカー《コースの障害として設けられた砂·盛り土などの区域; cf. sand trap 2》. **b** 砂穴. **c** 障害物 (obstacle).
— *vt.* **1** [通例受身で] **a**〘ゴルフ〙〈ボールを〉バンカーに打ち込む; 〈人が〉ボールをバンカーに打ち込んで(困って)いる: *be* badly ~*ed* バンカーに打ち込んで難儀する. **b** 《口語》窮地に陥らせる, 難局に巻き込む. **2** 〈船〉に自船用の燃料を積み込む; 燃料庫に〈石炭·石油を〉積み入れる; 〈ばら荷などを〉(船から)倉庫に運び込む.〘(*a*1758) (変形) ← 《スコット》*bonker* (変形) ← BANKER³〙

Bun·ker /bʌ́ŋkə | -kə(r)/, **Archie** *n.* バンカー《米国のテレビドラマの登場人物; 愛国的で自己主張の強い人の代名詞として使われる》.

bun·ker·age /bʌ́ŋk(ə)rɪdʒ/ *n.*〘海事〙(船の)燃料補給; 燃料庫.

búnker bùster *n.* [時に B- B-]〘米空軍〙バンカーバスター《地下塹壕[施設]破壊爆弾; 制式名 GBU-28; 地表に着弾しても爆発せず, そのまま地下数十メートルまで突き進んでから爆発する; 重さ約 2.2 トン, レーザー誘導》.

búnker còal *n.* (運炭船の)自船用炭.〘1885〙

búnker fùel *n.* バンカー油《船用ボイラーの燃料油》.

Bún·ker Híll /bʌ́ŋkə- | -kə-/ *n.* バンカーヒル《米国 Massachusetts 州 Charlestown にある丘; 独立戦争における最初の大戦闘が隣接の Breed's Hill で行われた (1775)》.

búnker òil *n.* **1** =bunker fuel. **2** (燃料以外に用いられる機械用)重油.

búnk·hòuse *n.* 《米·カナダ》(鉱夫·木こりなどの)小屋, 合宿所; 建設宿舎, 飯場(はんば).〘1876〙

bunk·ie /bʌ́ŋki/ *n.* 《俗》=bunkmate.

búnk·màte *n.* 《米》(兵舎の)宿泊室を共にする人; 隣りの寝棚の人.

bun·ko /bʌ́ŋkou/ *n.* (*pl.* **~s**), *vt.* =bunco.

bun·kum /bʌ́ŋkəm/ *n.* **1** (選挙区の人を喜ばせるような)人気取り演説: pass a measure for ~ おみやげ案を通過させる, 選挙民を喜ばす. **2** 《口語》場当たりの話 (claptrap); くだらない[ふまじめな]話, たわいないこと (humbug): talk ~.〘(1828) ← *Buncombe* (米国 North Carolina 州の地名): 同地方選出代議士 Felix Walker が第 16 国

会 (1819–21) で選挙区民の人気つなぎのため無用の演説 (a speech for Buncombe) をしたことから〗

búnk-ùp *n.* **1** 《英口語》持ち[押し]上げること: give a person a ～ 人を(後ろから)持ち上げてやる. **2** 《英俗》性交. 〖1919〗

B

bunn /bʌ́n/ *n.* ＝bun¹.

bun·nia /bʌ́njə/ *n.* 《インド》商人 (banyan). 〖(1794) □ Hindi *baniyā*: cf. banyan〗

bun·ny /bʌ́ni/ *n.* **1 a** 《小児語》うさぎ, うさちゃん (rabbit) 《bunny rabbit ともいう》. **b** 《口語》うさぎの毛皮: wear ～. **c** 《米》りす. **2** 〖米国のナイトクラブ Playboy Club のホステスから〗バニーガール (bunny girl) 《レオタード風の衣装に, うさぎに似せた長耳と丸い尾を付けているウエートレス》. **3** 《俗》**a** かわいらしい女の子, かわいこちゃん. **b** (シーズンの時だけ)行楽地などをうろつく女の子: a beach ～. **4** 《卑》(レスビアンのための)売春婦; (ホモのための)男娼(だんしょう). **5** 《豪俗》ばか, まぬけ. ***quick like a búnny*** 《米俗》すばやく, 脱兎のごとく.
— *adj.* 〖スキー〗初心者用の: ～ slope 《米》初心者用のゲレンデ.
〖(1606): ⇨ bun², -y²〗

Bun·ny /bʌ́ni/ *n.* バニー: **1** 男性名. **2** 女性名. 〖1: ← ?. 2: (dim.) ← BERNICE〗

búnny chòw *n.* 《南ア》バニーチャウ《パンを半分に切ってくり抜き, 野菜[肉]カレーを詰めた持ち帰り食品》.

búnny gìrl *n.* ＝bunny 2.

búnny-hòp *n.* **1** (しゃがんだ姿勢で跳ぶ)うさぎ跳び, かえる跳び. **2** バニーホップ《ペダルの上に立ってジャンプして自転車を前に動かすこと》. — *vi.* うさぎ跳びで前進する; バニーホップをする. — *vt.* 《乗り物を》ぐいと前に動かす; 《障害物を》バニーホップで越える.

búnny hùg *n.* **1** バニーハグ《20 世紀初頭米国に流行したラグタイム曲に合わせてしっかり抱き合って踊る社交ダンス》. **2** バニーハグの音楽. 〖1912〗

búnny hùgger *n.* 〖軽蔑的に〗《口語》動物好き; 自然保護論者 (conservationist).

bu·no·dont /bjúːnədɑ̀(ː)nt | -dɔ̀nt/ *adj.* 丘状歯の《ブタ・カバなどの尖っていない臼歯についていう; cf. lophodont》. 〖(1874) ← Gk *bounós* mound＋-ODONT〗

bún pènny *n.* バン[束髪]ペニー《英国で 1860–94 年の間に鋳造されたペニー貨; 髪を束髪に結った Queen Victoria の肖像が刻されている》.

Bun·ra·ku, b- /bʊnrɑ́ːkuː/ *n.* 文楽. 〖(1920) □ Jpn.〗

buns /bʌ́nz/ *n. pl.* 《俗》(人間の)尻. 〖cf. bun²〗

Bun·sen /bʌ́nsən, -sn/ *n.* ＝Bunsen burner.

Bun·sen /bʌ́nsən, -sn; *G.* bʊ́nzn/, **Robert Wilhelm** *n.* ブンゼン (1811–99; ドイツの化学者, ブンゼン灯 (Bunsen burner) を発明).

Búnsen báttery *n.* ブンゼン電池 《Bunsen's battery ともいう》. 〖(1879) ↑〗

Búnsen búrner [lámp] *n.* ブンゼンバーナー《化学実験などに用いるバーナー》. 〖1870〗

bunt¹ /bʌ́nt/ *vt.* **1** 《やぎ・子牛が》頭[角]で突く, 押す (butt). **2** 〖野球〗《ボールを》バントする. — *vi.* **1** 《やぎ・子牛が》頭[角]で突く. **2** 〖野球〗バントする: ～ foul バントしてファウルになる. **3** 〖航空〗バントをする. — *n.* **1** 頭や角の突撃, 頭(ず)突き, 頭(ず)押し. **2** 〖野球〗バント; バントしたボール. **3** 〖航空〗バント《曲技飛行の一種; 逆宙返り 180°, 続いて 180° 横転を行う》. **～·er** /-tə | -tə(r)/ *n.* 〖(1584) 《鼻音化変形》← BUTT⁴〗

bunt² /bʌ́nt/ *n.* **1** (きんちゃく網[旋網]の)袋網部, 魚捕り部; これに似た物. **2** 〖海事〗帆腹《横帆の風をはらんで膨らむ部分; 帆桁にたたみ納めた帆の場合は中央部のやや膨らんだ部分》. ***fúrl in the búnt*** ⇨ furl 成句.
〖(c1582) □ ? LG *Bunt* bundle: cf. Swed. *bunt* bundle〗

bunt³ /bʌ́nt/ *n.* 〖植物病理〗(小麦の)黒穂病 (smut). 〖(1601) ← ?〗

bun·tal /bʌ́ntl̩ | -tl/ *n.* フィリピンのタリポットヤシ (talipot) の葉から採れる繊維《帽子などを作る材料》. 〖(1910) □ Tagalog *buntál*〗

Bun·ter /bʌ́ntə | -tə(r)/, **Billy** *n.* バンター《Frank Richards 作の子供向け物語の主人公; public school の生徒で, 太って大食で眼鏡をかけている》.

bun·ting¹ /bʌ́ntɪŋ | -tɪŋ/ *n.* **1** 旗・幔幕(まんまく)用布地, 旗布(はたぬの). **2** 〖集合的〗**a** (祝祭日などに街路・建物・船舶などを飾る)垂れ布[紙]. **b** (国旗の色を配した)旗類, 幔幕. 〖(1711) ← ? 《方言》*bunt* < ME *bonten* to sift // □ G *bunt* parti-colored〗

bun·ting² /bʌ́ntɪŋ | -tɪŋ/ *n.* 《米》**1** (幼児用のフードのついた外出用の)おくるみ《bunting bag ともいう》. **2** 幼児用の衣類に用いる起毛した柔らかい布地. 〖(1922) 《転用》? ← BUNTING² // BUNNY〗

bun·ting³ /bʌ́ntɪŋ | -tɪŋ/ *n.* 〖鳥類〗ホオジロ科ホオジロ属 (*Emberiza*), ルリノジコ属 (*Passerina*), ユキホオジロ属 (*Plectrophenax*) などの小鳥の総称. 〖(?a1300) *b(o)unting* ← ?: cf. robin¹〗

Bun·ting /bʌ́ntɪŋ | -tɪŋ/, **Basil** *n.* バンティング (1900–85; 英国の詩人; Ezra Pound に師事したが, 一方で英詩の伝統に結びつく面もあった; *Briggflatts* (1966)).

bunt·line /bʌ́ntlàɪn, -lɪ̀n | -lɪn, -làɪn/ *n.* 〖海事〗バントライン, 絞帆索《横帆のすそに取り付けた綱で, これを上に引いて帆すそをつり上げて帆桁の上に畳む》. 〖(1627) ← BUNT²〗

bun·ton /bʌ́ntn̩/ *n.* 〖鉱山〗＝divider 5. 〖《変形》← 《方言》*bunting* piece of squared timber ← *bunt* (← BUTT¹)＋-ING¹ 2〗

Bun·ty /bʌ́nti | -ti/ *n.* バンティ《男性名》. 〖(1839) ← *bunty* bumpy, short and stout: 子羊のペット名か〗

Bu·ñuel /búːnjuèl, ⌐⌐⌐; *Sp.* buɲwél/, **Luis** *n.* ブニュエル (1900–83; スペインの映画監督).

bun·ya bun·ya /bʌ́njəbʌ́njə/ *n.* 〖植物〗ヒロハノナンヨウスギ (*Araucaria bidwillii*)《オーストラリア原産の常緑針葉樹; 球果は大きくその種子を先住民は主食にする; 単に bunya ともいう》. 〖(1843) ← Austral. 《現地語》〗

Bun·yan /bʌ́njən/, **John** *n.* バニヤン (1628–88; 英国の説教師・作家; *The Pilgrim's Progress* (1678)).

Bunyan, Paul *n.* ⇨ Paul Bunyan.

Bun·yan·esque /bʌ̀njənɛ́sk⁻/ *adj.* **1** John Bunyan 作の寓意物語的な. **2 a** Paul Bunyan の物語に出てくるような. **b** 《人・仕事など》途方もなく大きい. 〖(1888): ⇨ -esque〗

búnya pìne *n.* 〖植物〗＝bunya bunya.

bun·yip /bʌ́njɪp/ *n.* 《豪》**1** オーストラリア奥地の沼沢に住むといわれる伝説上の怪物. **2** 《古》ぺてん師, 詐欺師 (impostor). 〖(1845) □ Austral. 《現地語》*banib*〗

buo·na not·te /bwóʊnɑːnɑ́(ː)teɪ, -nɔ́(ː)t- | -unɑː-nɔ́t-; *It.* bwɔnanɔ́tte/ *It. int.* お休みなさい. 〖□ It. ～ 'good night'〗

Buo·na·par·te /*It.* bwɔnapárte/ *n.* Bonaparte のイタリア語名.

Buo·nar·ro·ti /*It.* bwɔnarrɔ́ːti/ *n.* ⇨ Michelangelo.

buo·na se·ra /bwóʊnɑːseɪrɑ́ː | bwɔ́ʊ-; *It.* bwɔnasé:ra/ *It. int.* こんばんは; さようなら. 〖□ It. ～ 'good evening'〗

buon gior·no /bwóʊndʒɔ́ənoʊ | bwɔ́ʊndʒɔ́ːnəʊ; *It.* bwondʒórno/ *It. int.* おはよう; こんにちは; さようなら. 〖□ It. ～ 'good day'〗

bu·oy /búːi, bɔ́ɪ | bɔ́ɪ/ *n.* 〖海事〗**1** 浮標, ブイ《時に灯火・笛・鐘などが付いている》: ⇨ anchor buoy, mooring buoy. **2** 救命ブイ (life buoy). — *vt.* **1 a** (精神的に)支持する; 激励する; (…の沈んだ心を)浮き立たせる 〈*up*〉: We were ～*ed* (*up*) *by* [*with*] good news. 吉報でとても元気づけられた[浮き立った]. **b** 活気づける, 成長させる 〈*up*〉. **2** (ブイを付けて)浮かす, 浮かべておく 〈*up*〉. **3** …に浮標を付ける, 設標する; 《岩・水路などを》浮標で(その位置を)示す[仕切る] 〈*out, off*〉: ～ an anchor / ～ *off* a channel. — *vi.* 浮く, 浮かぶ, 浮き上がる 〈*up*〉. 〖(1296) *boi(e)* □ MDu. *boeie* buoy □ OF *boie* < L *boiam* fetter, (pl.) *boiae* □ Gk *boeîai (dorai)* straps of ox-leather ← *boûs* ox〗

bu·oy·age /búːɪdʒ, bɔ́ɪɪdʒ | bɔ́ɪɪdʒ/ *n.* 〖海事〗**1** 浮標設置, 設標. **2** 〖集合的〗浮標 (buoys). **3** 浮標式《浮標に関する規定・統制》. **4** 係船浮標使用料. 〖(1855): ⇨ ↑, -age〗

buoy·an·cy /bɔ́ɪənsi, búːjən- | bɔ́ɪən-/ *n.* (*also* **buoy·ance** /bɔ́ɪəns, búːjəns | bɔ́ɪəns/) **1** 浮力; 〖航空〗静浮力: ⇨ CENTER of buoyancy. **2** (流体の)浮揚性[力]《物を浮かせる力》: a ～ chamber (魚雷の)浮き室. **3** (気質などの)軽快, 楽天性; (打撃を受けても)すぐ起き上がる気力, 元気の回復力, 弾力性. **4** 〖商業〗(相場・価格などが)高水準を維持していること, 騰貴[上昇]傾向. 〖(1713) ← BUOYANT＋-CY〗

búoyancy bàgs *n. pl.* ＝flotation bags.

búoyancy tànk *n.* 〖海事〗浮力タンク《救命艇などの内部につけて, 浸水しても沈まないような浮力をもたせる水密容器》.

buoy·ant /bɔ́ɪənt, búːjənt | bɔ́ɪənt/ *adj.* **1** 弾力(性)のある (elastic); 軽快な, 快活な (cheerful), 楽天的な (hopeful): in a ～ mood. **2** 《相場・価格が》騰貴[上昇]傾向にある. **3** 《気体・液体など》浮揚性の; 《物体など》浮力のある; 浮きやすい, 浮かんでいる: a ～ mine 浮遊機雷.
～·ly *adv.* **～·ness** *n.* 〖(1578) □ ? Sp. *boyante* ← *boyar* to float ← *boya* □ OF *boie* 'BUOY': ⇨ -ant〗

búoyant fórce *n.* 〖物理〗浮力.

búoy bòat *n.* (捕鯨で)捕えた鯨を引く船.

BUPA /búːpə, bjúː-/ 《略》British United Provident Association.

Bu·pho·ni·a /bjuːfóʊniə | -fəʊ-/ *n.* 〖時に複数扱い〗＝Dipolia. 〖□ Gk *bouphonía* ← *boûs* ox〗

bup·pie /bʌ́pi/ *n.* (*also* **bup·py** /～/) 《北米》黒人のヤッピー.

bu·pres·tid /bjuːprɛ́stɪ̣d | -tɪd/ 〖昆虫〗*n.* タマムシ《タマムシ科の甲虫の総称》. — *adj.* タマムシ(科)の. 〖↓〗

Bu·pres·ti·dae /bjuːprɛ́stədiː | -tɪ-/ *n. pl.* 〖昆虫〗(鞘翅目)タマムシ科. 〖← NL ～ ← *Buprestis* (属名: ← L *būprestis* □ Gk *boúprēstis* oxburner)＋-IDAE〗

buq·sha /búkʃɑː, bʌ́k-/ *n.* (*pl.* ～, ～**s**) ブクシャ《イエメンアラブ共和国の旧通貨単位; cf. fils² 1 c》. 〖□ Arab. *búqšaʰ*〗

bur¹ /bə́ː | bə́ː(r)/ *n.* **1 a** (クリ・ゴボウなどの実にある)いが: stick like a ～ くっついたら容易に離れない. **b** (いがのようにくっつく)厄介者, 厄介な物. **2** いがのある実をつける雑草. **3** 〖歯科〗バー《歯の穴を掘るのに用いる縦みぞ付きポイント》. **4** ＝burr¹. — *vt.* (**burred; bur·ring**) **1** …のいがを除く. **2** ＝burr¹ *vt.* 1. 〖(?a1300) *burre* ← ON: cf. Dan. *burre*〗

bur² /bə́ː | bə́ː(r)/ *n.* ＝burr².

bur. 《略》bureau; buried.

Bur. 《略》Bureau; Burma; Burmese.

BUR 《略》〖自動車国籍表示〗Burma.

bu·ran /buráːn; *Russ.* burán/ *n.* (シベリアなどの草原地方の暴風《冬は猛吹雪と寒気, 夏は砂あらしを伴う; bura /buráː/ ともいう》; それに似た猛吹雪[砂あらし]. 〖(1886) □ Russ. ～ ← Turk.〗

Bu·ray·dah /buráɪdə | -də/ *n.* (*also* **Bu·rai·da** /～/) ブライダ《サウジアラビア中部のオアシス町》.

burb /bə́ːb | bə́ːb/ *n.* [the ～s] 《米口語》＝suburb 1 b.

Bur·bage /bə́ːbɪdʒ | bə́ː-/, **Richard** *n.* バーベッジ (1567?–1619; 英国の俳優; Shakespeare の同僚).

Bur·bank /bə́ːbæŋk | bə́ː-/ *n.* バーバンク《米国 California 州南部, Los Angeles 郊外の都市》. 〖← *Dr. D. Burbank* (この都市計画立案者の一人)〗

Bur·bank /bə́ːbæŋk | bə́ː-/, **Luther** *n.* バーバンク (1849–1926; 米国の植物改良家).

Bur·ber·ry /bə́ːbɛri, -b(ə)ri | bə́ːb(ə)ri/ *n.* 〖商標〗バーバリー《通例ギャバジンに防水加工を施した布地, およびその生地製のコートなどの商品名》. 〖(1903) ← *Burberrys* (その製造元の英国の会社名)〗

bur·ble /bə́ːbl̩ | bə́ː-/ *vi.* **1** 《川などが》ぶくぶくいう, さらさらと音を立てて流れる (bubble). **2** 《人が》(興奮して)べちゃくちゃしゃべる 〈*on, away*〉; ぶつぶついう; くっくっ笑う: ～ *with* rage, mirth, etc. **3** 〖航空〗《気流が》(乱流・渦流となって)剥離する. — *vt.* べちゃくちゃと言う, まくし立てる 〈*away, on*〉. — *n.* **1** ぶくぶくいう音. **2** ぶつぶついうこと; くっくっ笑うこと. **3** 興奮してまくしたてること. **4** 〖航空〗流れの剥離 (cf. separation 7). **búr·bler** /-blə, -bl̩ə | -blə(r), -bl-/ *n.* **búr·bly** /-bli/ *adj.* 〖(c1303) *burble(n)* 《擬音語》: cf. bubble, gurgle〗

búrble pòint *n.* 〖航空〗剥離迎角 (cf. burble *n.* 4). 〖1918〗

búr·bling pòint *n.* 〖航空〗＝burble point.

bur·bot /bə́ːbət | bə́ː-/ *n.* (*pl.* ～, ～**s**) 〖魚類〗カワメンタイ (*Lota lota*)《アジア・ヨーロッパ・北米に分布するタラ科の淡水魚; あごの下にひげが一本ある》. 〖(1314–15) □ (O)F *bourbotte* ← *bourbe* mud ← Gaul. **borva*- ← IE **bh(e)reu*- to boil〗

Burch·field /bə́ːtʃfiːld/, **Charles Ephraim** バーチフィールド (1893–1967; 米国の画家; 風景や都市部の水彩画で知られる).

Burck·hardt /bə́ːkhɑət | bə́ːkhɑːt; *G.* bʊ́ʁkhaʁt/, **Jacob** *n.* ブルクハルト (1818–97; スイスの美術史家・文化史家; *Die Kultur der Renaissance in Italien*「イタリアルネサンスの文化」(1860)).

búr clòver *n.* 〖植物〗ウマゴヤシ《とげのある莢果(きょうか)を生じるマメ科ウマゴヤシ属 (*Medicago*) の数種の植物の総称》; (特に)ウマゴヤシ (*M. denticulata*).

burd /bə́ːd | bə́ːd/ *n.* 《スコット》淑女 (lady); 少女, 乙女. 〖(?a1200) *birde* lady, maiden 《音位転換》← OE *brȳd* 'BRIDE¹': cf. OE *byrde* well-born〗

bur·den¹ /bə́ːdn̩ | bə́ː-/ *n.* **1** 荷; (特に)重い荷物. **2** (義務・責任などの)重荷, (課税などの)負担 (obligation); (重荷となって)苦しめるもの, 心配, 苦しみ; 難渋 (cf. onerous): carry [bear] a ～ of responsibilities 重い責任を負う / a (heavy) ～ of grief, sorrow, sin, etc. / He is a ～ *to* [*on*] his family. 彼は家族の厄介者[重荷]だ. **3 a** 荷物を運ぶこと: a ship [vessel] of ～ 荷船; 商船 / ⇨ BEAST of burden. **b** 〖海事〗(船の)積荷の重量; 積載量[力] (tonnage): a ship of a hundred tons ～ 100 トン積みの船. **4** 〖会計〗製造間接費 (overhead), 総間接費《素価 (prime costs) に負担させる製造間接費・販売費および一般管理費》. **5** 〖鉱山〗**a** ＝overburden 2. **b** 被覆岩《有用鉱物の上を覆っている無価値の岩石や土砂; 発破で吹き飛ばす》.
the búrden and héat of the dáy 一日の労苦と暑さ; 辛い仕事 (cf. *Matt.* 20: 12; in the heat of the day ⇨ heat *n.* 1 a): bear [stand] *the* ～ *and heat of the day* つらい仕事にたえる[を全部(引き受けて)やる].
búrden of próof [the —] 〖法律〗挙証責任, 立証責任: *The* ～ *of proof* rests with [is upon] him. 立証責任は彼にあり. 〖(1593) 《なぞり》← L *onus probāndi*〗
— *vt.* **1** [しばしば受身または ～ one*self* でときに *up* を伴って] …に(荷を)負わせる; …に(重荷となるものを)負わせる[負担させる] 〔*with*〕: ～ an animal *with* a load 動物に荷を負わせる / ～ people *with* heavy taxes 人に重税を課する / He ～*ed himself with* a heavy bag. 重い袋をかかえていた / He *was* ～*ed with* debt. 彼は借金を背負っていた. **2** 〔心配などで〕悩ます, 苦しめる 〔*with*〕: Don't ～ me *with* a long account. 長話で悩ませないでくれ.
〖(12C) *birden* 《変形》← OE *byrþen* load < (Gmc) **burþinjō* ← IE **bher*- 'to BEAR¹': ⇨ -en⁶〗

SYN 荷物: **burden** 運搬に困難な重い荷物《格式ばった語》: bear a heavy *burden* 重い荷物を担う. **load** 運搬されている(重い)荷物《最も一般的な語》: a heavy *load* 重い荷物. **cargo** 船や飛行機で運ぶ貨物: a *cargo* of cotton 綿の積み荷. **freight** 船・列車・トラック・飛行機などで輸送される貨物: The steamer is disgorging her *freight*. 汽船は荷を降ろしている. **shipment** 海上・陸路・空路で輸送される貨物: a large *shipment* of potatoes 大量のじゃがいもの荷. **consignment** 買主に託送された商品: a *consignment* of bananas 託送されたバナナの荷. **lading** 積み荷, 船荷: a bill of *lading* 船荷証券.

---

bur·den² /bə́ːdn̩ | bə́ː-/ *n.* **1** (歌の)折り返し句, 畳句, リフレーン; (踊りの)はやし歌, 連れ歌の句: like the ～ of a song 繰り返し繰り返し. **2** [the ～] (反復して説かれる)要旨, 主旨; テーマ: *the* ～ of one's plea 申し立ての要旨. **3** 《古》(音楽)バス伴奏(部). **4** ＝bourdon. 〖(1593–94) 《変形》← BOURDON: ↑と連想された〗

búr·dened *adj.* 〖海事〗《船舶が》避航義務のある, 先行権のある他船に水路を譲らねばならない (cf. privileged 3). 〖(1592–93): ⇨ burden¹, -ed 2〗

bur·den·some /bə́ːdn̩səm | bə́ː-/ *adj.* 《文語》運びにくい; (耐え難い)負担となる, 重苦しい, わずらわしい, 厄介な (⇨ troublesome SYN): a ～ task. **～·ly** *adv.* **～·ness** *n.* 〖(1578): ⇨ burden¹, -some¹〗

bur·dock /bə́ːdɑ(ː)k | bə́ːdɔk/ *n.* 〖植物〗**1** ゴボウ《ゴボ

ウ属 (*Arctium*) の各種の植物の総称; その実にはいが (bur) があって, 衣服にくっつく; 英米では食用にしない); (特に)ゴボウ (*A. lappa*). **2** =cocklebur 1. 〘(1597) ← BUR¹+DOCK⁴〙

bu·re /búreɪ | búreɪ, bjúər-/ *n.* フィジー (Fiji) 風のバンガロー. 〘1843〙

bu·reau /bjúᵊroʊ, bjúːr- | bjúərəʊ, bjɔ́ːr-, bjʊ(ə)róʊ; *F.* byʀo/ *n.* (*pl.* ~**s**, **bu·reaux** /~(z); *F.* ~/) **1 a** (行政組織の)局, 部: ⇨ Weather Bureau. **b** (関係資料や情報を収集・提供するための)事務[編集]局; 事務室[所]: an employment ~ 職業紹介所 / a ~ of information = information bureau / the Universities *Bureau* 《英》大学連盟事務局 / the Japan Travel *Bureau* 日本交通公社. **2** 《英》 **a** (引き出し付きの)書き物机, 事務机. **b** (下部は引き出し, 上部は開くと机に変わる)ふた付き事務机. **3** 《米》(通例, 鏡付きの寝室用)たんす (cf. CHEST of drawers, dresser¹ 1).

búreau de chánge /-dəʃɑ́ː(n)ʒ, -ʃɑ́ːndʒ | -də-; *F.* byʀodʃɑ̃ːʒ/ 両替所, 外貨交換所.

Búreau of Cústoms [the —] (米国財務省の)関税局.

Búreau of the Cénsus [the —] (米国商務省の)国勢調査局[部] (10 年ごとに米国の人口調査を行う).

Búreau of the Mínt [the —] (米国財務省の)造幣局.

Búreau of the Prínting [the —] (米国財務省の)印刷局.

Nátional Búreau of Stándards [the —] (米国商務省の)標準局, 基準部 《度量衡・材料の強度・成分の含有量などの検定を行う》.

〘(1699) □ F ~ 'desk, office' < OF *burel* cloth-covered table, 《原義》coarse woolen cloth ← ? *buire* dark-brown < VL **būirum* dark red ← L *burrus* fiery red □ Gk *purrhós* red ← *pûr* fire〙

bu·reauc·ra·cy /bjʊᵊrɑ́(ː)krəsi | bjʊ(ə)rɔ́k-, bjɔːr-/ *n.* **1 a** 官僚制; 官僚政治. **b** 官僚主義; 官僚的形式主義. **2 a** [the ~] 官僚社会. **b** [集合的] 官僚; (会社などの組織で)官僚的な人たち. 〘(1818) □ F *bureaucratie*: ⇨ ↑, -cracy〙

bu·reau·crat /bjúᵊrəkræt | bjúər-, bjɔ́ːr-/ *n.* **1** 官吏, 役人 《特に, 理知的判断ができないで, いたずらに官僚式に事務を執る人》. **2** 官僚主義の人, 官僚政治家. ★《米》ではこの語は特別の場合を除いて常に軽蔑的に用いられる. 〘(1842) □ F *bureaucrate*: ⇨ bureau, -crat〙

bu·reau·crat·ese /bjʊ̀ᵊrəkrætíːz, -tíːs | bjʊ̀ərə-krætíːz/ *n.* (抽象的・専門的・迂言的表現を随所に含む)お役所ことば, 官僚語法. 〘(1949): ⇨ ↑, -ese〙

bu·reau·crat·ic /bjʊ̀ᵊrəkrǽtɪk | bjʊ̀ərəkrǽt-, bjɔ̀ːr-⁻/ *adj.* 官僚的な, 官僚気質の; (官僚的)形式主義の, お役所的な. **bù·reau·crát·i·cal·ly** *adv.* 〘(1836) □ F *bureaucratique*: ⇨ ↑, -ic¹〙

bu·reau·crat·ism /bjúᵊrəkrætɪzm, bjʊᵊrɑ́(ː)k- | bjʊ(ə)rɔ́kræt-, bjɔːr-, bjúərək-, bjɔ́ːr-/ *n.* 官僚主義[制度]. 〘(1880): ⇨ -ism〙

bu·reauc·ra·tize /bjʊᵊrɑ́(ː)krətàɪz | bjʊ(ə)rɔ́k-, bjɔːr-/ *vt.* 官僚的にする, 官僚化する. — *vi.* 官僚的になる. **bu·reau·cra·ti·za·tion** /bjʊᵊrɑ̀(ː)krətɪ-zéɪʃən | bjʊ(ə)rɔ̀krətaɪ-, bjɔːr-, -tɪ-/ *n.* 〘(1892): ⇨ -ize〙

Bureau Véritas *n.* [the ~] =veritas 2.

bureaux *n.* bureau の複数形.

bu·re·lage /bʊ̀ərəlɑ́ːʒ | bʊ̀ər-; *F.* byʀlaːʒ/ *n.* 《郵趣》(変造や偽造を防ぐための郵便切手地紋模様または裏側の模様となる線[点]から成る)網模様. 〘□ F ~ ← *burèle* barrulet 《逆成》← *burelé*: ⇨ ↓, -age〙

bu·re·lé /bʊ̀ᵊrəléɪ | bʊ̀ər-⁻; *F.* byʀle/ *adj.* 網模様 (burelage) のある: ~ paper. 〘□ F ~ (↓)〙

bu·rel·ly /b(j)úᵊrəli | b(j)úər-/ *adj.* (*also* **bu·re·ly** /~/) 《紋章》=barry. 〘□ OF *burelé* ← *burel*: ⇨ bureau〙

bu·rette /bjʊrét | bjʊ(ə)r-; *F.* byʀɛt/ *n.* (*also* 《米》 **bu·ret** /~/) ビュレット 《化学実験用の精密な目盛り付きガラス管; 下部に滴下のための小口と活栓とがあり, 液体の体積を量る》. 〘(1836) □ F ~ (dim.) ← *buire* bottle, vase〙

bur·fi /bə́ːfiː | bɔ́ː-/ *n.* バルフィー 《牛乳の固形分・砂糖から作るインドの菓子; 正方形または菱形に切られ, カルダモンやナッツで風味をつけることが多い》.

burg /bə́ːg | bɔ́ːg/ *n.* **1** 《古》(昔の)城市 (fortified town). **2** 《米口語》都市 (city), 町 (town). 〘(1753) □ LL *burgus* ∥ ← ME *burgh* < OE *burg* fortified place < Gmc **burʒs*. 2: □ G *Burg*: cf. borough〙

-burg /bəːg | bɔːg/ [地名の第 2 構成素として]「市, 町」の意を表す名詞連結形: Parkersburg, Johannesburg. 〘⇨ burgh, borough〙

bur·gage /bə́ːgɪdʒ | bɔ́ːg-/ *n.* **1** 《古》《英法》(一定の賃料を払って国王[領主]から許された)自治邑(ゆう)土地保有態様 《例えば borough-English のような特殊な慣習法が適用された; cf. socage》. **2** 《古》《スコット法》(警護(けいご) (watching and warding) 奉仕の代償として与えられた)国王直轄自治邑土地保有態様 (cf. feu). 〘(1285) □ ML *burgāgium* township ← LL *burgus* 'BOROUGH': ⇨ -age〙

Bur·gas /bʊəgɑ́ːs | bʊə-; *Bulg.* burgás/ *n.* ブルガス 《ブルガリア東南部の海港; 黒海のブルガス湾 (Gulf of Burgas) に臨む》.

bur·gee /bə́ːdʒiː, ⁻⁻ | bɔ́ːdʒiː, ⁻⁻/ *n.* 《海事》 **1** (ヨットなどの)長い三角形または先が燕尾(えんび)の旗. **2** エンジンの炉で用いる粉炭. 〘(1750) □ F 《方言》 *bourgeais* owner of a vessel < OF *burgeis*: cf. burgess〙

Bur·gen·land /bə́ːgənlæ̀nd, búəgənlɑ̀ːnt | bɔ́ːgən-lænd, búəgənlɑ̀ːnt; *G.* búʁgn̩lant/ *n.* ブルゲンラント (州) 《ハンガリーに隣接するオーストリア南東部の州; 面積 3,965 km², 州都 Eisenstadt》.

bur·geon /bə́ːdʒən | bɔ́ː-/ *vi.* **1** 芽を出す, 芽ぐむ, もえ出る 〈*forth, out*〉. **2** 伸びてゆく, 急に生長[成長, 発展]する: ~ *into* substantial warfare 実質的戦争に発展する. — *vt.* 発芽させる (sprout) 〈*forth, out*〉. — *n.* 芽 (bud), 新芽 (shoot). 〘(?*a*1300) *burjoun* □ OF *burjon* (F *bourgeon*) ← LL *burra* wool ← ?〙

búr·geon·ing *adj.* 伸びてゆく, 急に発展する: the ~ suburbs / his ~ talent 彼の伸びゆく才能. 〘(*c*1384): ⇨ ↑, -ing²〙

burg·er /bə́ːgə | bɔ́ːgə(r)/ *n.* **1** 《米口語》=hamburger. **2** [通例複合語の第 2 構成素として] **a** ロールパンの中に(…を)(焼い[揚げ]て)入れたサンドイッチ: cheese*burger*, egg*burger*, pork*burger*, steak*burger*. **b** パンの上に(…を)載せたサンドイッチ: pizza*burger*. 〘(1939) ← HAMBURGER¹〙

Bur·ger /bə́ːgə | bɔ́ːgə(r)/, **Warren E(arl)** *n.* バーガー 《1907–95; 米国の法律学者; 最高裁判所長官 (1969–86)》.

Bür·ger /búəgə, bíə- | búəgə(r), bíə-; *G.* býʁgɐ/, **Gottfried August** *n.* ビュルガー 《1747–94; ドイツの抒情詩人; バラッド *Lenore* (1773) で知られる》.

búrger bùn *n.* ハンバーガーバン 《ハンバーガー用の平たい軟らかなパン》.

Búrger King *n.* 《商標》バーガーキング 《米国の大手ハンバーガーチェーン店; そのブランド》.

bur·gess /bə́ːdʒɪ̀s, -dʒes | bɔ́ː-/ *n.* **1** (米国の独立戦争前の) Virginia や Maryland の植民地議会 (House of Burgesses) 議員 (cf. delegate 2). **2** (英国の昔の自治市または大学選出の)代議士. **3** 《英》(自治都市 (borough) の)市民, 自由民, 公民 (citizen). 〘(?*a*1200) *burgeis* bourgeois □ OF < VL **burgensis* citizen ← LL *burgus* fortified place: cf. bourg, bourgeois〙

Bur·gess /bə́ːdʒɪ̀s, -dʒes | bɔ́ː-/ *n.* バージェス 《男性名》. 〘↑〙

Bur·gess /bə́ːdʒɪ̀s, -dʒes | bɔ́ː-/, **Anthony** *n.* バージェス 《1917–93; 英国の小説家・批評家; *A Clockwork Orange* (1962); 本名 John Burgess Wilson》.

Burgess, (Frank) Gelett *n.* バージェス 《1866–1951; 米国のユーモア作家・イラストレーター》.

Burgess, Guy *n.* バージェス 《1911–63; 英国のスパイ; 1951 年 Donald Maclean と共に旧ソ連へ逃亡》.

Burgess, Thornton Waldo *n.* バージェス 《1874–1965; 米国の児童文学者》.

Búrgess Shàle *n.* バージェス頁岩 《カナダ ブリティッシュコロンビア州のロッキー山脈に露出している堆積岩の層; カンブリア紀(約 5 億年前)の海産無脊椎動物の化石がよく保存されている》.

burgh /bə́ːroʊ, bə́ːrə, bə́ːg | bʌ́g, bʌ́rə/ *n.* **1** 都市, 町; (特に, スコットランドの)自治都市 《1975 年の地方自治再編まで勅許状により特権を与えられた都市》. **2** 《古》自治都市 (borough). **~·al** /bə́ːgəl, -gl̩ | bɔ́ː-/ *adj.* 〘OE *burg* fortified place, castle ← Gmc **burʒs*: BOROUGH のスコットランド語形〙

-burgh /bəːrə, b(ə)rə, bəːg | b(ə)rə, bəːg/ -burg の異形: Edinburgh, Pittsburgh.

burgh·er /bə́ːgə | bɔ́ːgə(r)/ *n.* **1** 中世都市の商業従事者. **2** 公民, 市民 (citizen); (今は主に)中産階級の市民. **3** 《古》(特にヨーロッパ大陸の)自治都市の市民. **4** [通例 B-] **a** 《南ア》ボーア人共和国の市民. **b** スリランカ (Sri Lanka) のオランダ[ポルトガル]系入植者の子孫. 〘(1568) □ Du. ~ ∥ G *Bürger*: cf. borough〙

Burgh·ley /bə́ːli | bɔ́ː-/, 1st Baron *n.* バーリー 《1520–98; イングランドの政治家, Elizabeth 一世に 40 年間仕え, 中道政策を堅持して近代英国の基礎を築かせた最大の功臣; 国務大臣 (1558–72), 大蔵大臣 (1572–98); 本名 William Cecil》.

bur·ghul /bəgúːl | bəː-/ *n.* =bulgur.

bur·glar /bə́ːglə | bɔ́ːglə(r)/ *n.* 住居侵入者, 押し込み, 強盗 (cf. burglary, housebreaker 1) (⇨ robber SYN). 〘(1541) □ AF *burgler*=Anglo-L *burglātor* 《変形》? ← ML *burgātor* town thief ← LL *burgus*: ⇨ burgess〙

búrglar alàrm *n.* 盗難警報器, 防犯ベル. 〘1840〙

bur·glar·i·ous /bəgléᵊriəs | bəːgléər-/ *adj.* **1** 住居侵入(犯)の(ような): a ~ entry 住居侵入. **2** 住居侵入(犯)の目的に適した. **~·ly** *adv.* 〘(1769) ← BURGLARY+-OUS〙

bur·glar·ize /bə́ːgləràɪz | bɔ́ː-/ *vt., vi.* 《米口語》=burgle. 〘(1871): ⇨ -ize〙

búrglar·pròof *adj.* 盗難よけの: a ~ door, lock, etc. 〘1856〙

bur·gla·ry /bə́ːgləri | bɔ́ː-/ *n.* 《英刑法》(窃盗・傷害・強姦などを目的とする)住居侵入(罪), 押し込み, 強盗(行為) 《《英法》では以前は「夜間」の行為に用いた; cf. housebreaking 1; ⇨ theft SYN》: commit ~ 住居侵入をする. 〘(1523) □ AF *burglarie* ∥ Anglo-L *burgaria*: ⇨ burglar, -y¹〙

búrglary insùrance *n.* 盗難保険.

bur·gle /bə́ːgl̩ | bɔ́ː-/ 《口語》 *vt.* 〈家・人などに〉住居侵入を働く; 〈他人の家〉に押し入って強奪する (rifle): ~ a house 家に押し入る / ~ a safe 金庫を破る / I've been ~*d.* 住居に侵入された. — *vi.* 住居侵入を働く. 〘(1870) 《逆成》← BURGLAR〙

bur·go·mas·ter /bə́ːgəmæ̀stə | bɔ́ːgə(ʊ)mɑ̀ːstə(r)/ *n.* **1** (オランダ・ベルギー・オーストリア・ドイツ・Flanders 地方の)市長 《英国の mayor に当たる》. **2** シロカモメ (glaucous gull) の俗称. 〘(1592) 《部分訳》← Du. *burgemeester* ← *burg* town+*meester* master〙

bur·go·net /bə́ːgənɪ̀t, bə́ːgənét | bɔ́ːgənèt/ *n.* 《廃》(16–17 世紀ごろの) **a** 鉄製軽装かぶと. **b** 面頬(めんぽお) (buffe) が付いているかぶと 《顔を露出しないでまわすことができるようにのど当て (gorget) と接合している》. 〘(1563–87) □ OF *bourguignotte* ← *Bourgogne* Burgundy: ⇨ -et〙

bur·goo /bə́ːguː, ⁻⁻ | bɔ́ːguː, ⁻⁻/ *n.* (*pl.* ~**s**) **1** 《海事俗》(船乗りの食べる)オートミール (porridge). **2** 堅パンと糖蜜を一緒に調理したもの. **3** 《米南部方言》 **a** 肉や野菜・香辛料などで作った濃いスープ. **b** このスープが出されるピクニック[野外パーティー]. 〘(1700) ← ? Arab. & Turk. *búrghul* □ Pers. *bulgūr* bruised food〙

Bur·gos /búəgɑ(ː)s, -goʊs | búəgɒs; *Sp.* búrɣos/ *n.* ブルゴス 《スペイン北部の都市; 有名なゴシック大寺院がある》.

Bur·goyne /bəːgɔ́ɪn, ⁻⁻ | bɔ́ːgɔɪn, ⁻⁻/, **John** *n.* バーゴイン 《1722–92; 米国独立戦争における英国の将軍; Saratoga の戦いで 1777 年独立軍に降伏した》.

búr gràss *n.* 《植物》=sandbur 2.

bur·grave /bə́ːgrèɪv | bɔ́ː-/ *n.* [しばしば B-] **1** (12–13 世紀ドイツの)神聖ローマ帝国下の都市の裁判権をもつ軍事長官. **2** (ドイツの昔の)城市やその近隣を世襲により支配する貴族. 〘(1550) □ G *Burggraf*: ⇨ borough, Graf〙

Bur·gun·di·an /bə(ː)gʌ́ndiən | bə(ː)-/ *adj.* ブルゴーニュ (Burgundy) の, ブルゴーニュ人の. — *n.* **1** ブルグント族 《5 世紀にゴール地方に侵入して王国を築いたゲルマン部族》. **2** ブルゴーニュ人. 〘(1578): ⇨ ↓, -an¹〙

Bur·gun·dy¹ /bə́ːgəndi | bɔ́ː-/ *n.* ブルゴーニュ 《フランス東部の Saône 川西岸の地方; 昔は王国・公国で, 最盛期には Low Countries, Franche-Comté などを含み, 13 世紀以降 Arles 王国と呼ばれた; フランス語名 Bourgogne》.

Frée Cóunty of Búrgundy =Franche-Comté.

〘□ ML *Burgundia* ← LL *Burgundiōnēs* □ Gmc (Frank) **burg-und-jan* 《原義》highlanders〙

Bur·gun·dy², b- /bə́ːgəndi | bɔ́ː-/ *n.* **1 a** ブルゴーニュ(ワイン) 《フランス Dijon に接する Burgundy 地方産のテーブルワイン (table wine) として飲用される赤白両種のワイン; Bordeaux より香味・こくともに強い》. **b** ブルゴーニュワインに類似した赤ワイン. **2** ブルゴーニュソース (Burgundy sauce) 《赤ワインとエスパニオールソースとを混ぜて作る》. **3** ブルゴーニュワインの赤色, 赤茶褐色; 暗紅色. — *adj.* 赤茶褐色の: ~ brick walls. 〘(1672) ↑〙

burh·el /bə́ːrəl | bʌ́r-/ *n.* 《動物》=bharal. 〘(1838) □ Hindi *bharal*〙

bur·i·al /bériəl/ *n.* **1** 埋葬(式) (cf. funeral): ~ at sea [on shore] 水[陸]葬 / buried with the ~ of an ass 《聖書》「ろばを埋めるがごとく埋められ」, 埋葬でなく屑山に捨てられる (*Jer.* 22: 19). **2** 墓地, 墓. 〘ME *biriel, buriel* 《逆成》← *biriels, buriels* < OE *byrġels* burying place ← Gmc **burʒ-* (⇨ BURY)+**-ils, *-isli* (⇨ -LE¹)〙

búrial càse *n.* 《米》(埋葬用の)棺 《金属または木製で, 通例装飾を施し裏をつけた長方形の箱; cf. casket 2》. 〘1851〙

búrial gròund *n.* (古代民族などの)墓地, 埋葬地 (⇨ churchyard SYN).

búrial mòund *n.* 塚; 埋葬塚. 〘1854〙

búrial plàce *n.* =burial ground.

búrial sèrvice *n.* 埋葬式; (特に, 英国国教会の祈禱書中に定められている)埋葬式(祈禱)文. 〘1726〙

búrial socìety *n.* 死亡[埋葬]保険組合 《葬式費用の給付を目的とした保険組合》. 〘1812〙

Bu·riat /bʊrjɑ́ːt, bʊ̀ᵊriɑ́ːt | bʊ̀(ə)riɑ́ːt, bʊ(ə)rjɑ́ːt; *Russ.* burʲátʲ/ *n.* (*pl.* ~, ~**s**) =Buryat.

Bú·ri·dan's áss /bjúᵊrɪ̀dənz-, -dnz- | bjúərɪ̀dnz-, -dænz-/ *n.* ビュリダンのろば 《一頭のろばから等距離の所に等質等量の干し草を置けば, ろばはどちらを先に食べようかと迷い続け, ついに餓死するに至るという詭弁的な論理で 14 世紀の学徒間で大いに議論された》. 〘← *Jean Buridan* (この説を述べたと誤り伝えられた 14 世紀フランスの哲学者)〙

bur·i·er /bériə | bériə(r)/ *n.* 埋葬者; 埋葬具. 〘lateOE *byrġere*: ⇨ bury, -er¹〙

bu·rin /bjúᵊrɪ̀n, bə́ːr- | bjúərɪn/ *n.* **1 a** (銅版彫刻用)彫刻刀, ビュラン (graver) (cf. drypoint 1). **b** 《まれ》(大理石彫刻用の)たがね. **c** 彫刻の作風[様式]. **2** (西ヨーロッパの旧石器時代およびシベリアの中石器時代の遺跡に主として見られる)たがねのような先端をもった石器, 彫刻刀形石器. 〘(1662) □ F ~ (=It. *burino*) ← Gmc (Frank.) **borōn* boring tool: cf. bore¹〙

bú·rin·ist /-rɪ̀nɪ̀st | -rɪnɪst/ *n.* (銅版)彫刻師. 〘(1796): ⇨ ↑, -ist〙

burk /bə́ːk | bɔ́ːk/ *n.* =berk.

Burk /bə́ːk | bɔ́ːk/, **Martha Jane** *n.* ⇨ Calamity Jane.

bur·ka¹ /búəkə | búə-/ *n.* (*also* **bur·kha** /~/) ブルカ 《頭からすっぽり覆う外衣で, ベールがついて目だけ見せている; イスラム教徒の女性が人前で着用する》. 〘(1836) □ Hindi *burqa'* □ Arab. *búrqu'*〙

bur·ka² /búəkə | búə-; *Russ.* búrkə/ *n.* (ロシア人が着る)フェルト製の外套[マント], ブルカ. 〘(1898) □ Russ. ~ ← *buryi* dark brown〙

burke¹ /bə́ːk | bɔ́ːk/ *vt.* **1** (解剖用に売るため死体をいためないように)〈人を〉扼殺[絞殺]する. **2 a** 〈議案・調査などを〉握りつぶす, うやむやに葬る, 〈風説などを〉もみ消す (suppress). **b** 〈問題点などを〉無視する, 避ける. **~·er** *n.* 〘(1829) ← *William Burke*〙

burke² /bə́ːk | bɔ́ːk/ *n.* 《俗》=berk.

Burke /bə́ːk | bɔ́ːk/ *n.* 《口語》=Burke's Peerage. 〘1848〙

Burke /bə́ːk | bɔ́ːk/, **Edmund** *n.* バーク 《1729–97; アイルランド生まれの英国 Whig 党の政治家・保守主義思想家・弁論家; アメリカ植民地の寛大な扱いを提唱; *Thoughts on the Causes of the Present Discontents*

B

B

(1770), *Reflections on the Revolution in France* (1790)). **Búr·ke·an, Búr·ki·an** /-kiən/ *adj.*

Burke, Kenneth (**Du·va** /du:véɪ/) *n.* バーク《1897–1993; 米国の批評家; *A Grammar of Motives* (1945)》.

Burke, Martha Jane *n.* ⇨ Calamity Jane.

Burke, Robert O'Hara *n.* バーク《1820–61; アイルランドの探検家; オーストラリア大陸を南北に初めて横断した探検隊のリーダー (1860–61)》.

Burke, William *n.* バーク《1792–1829; アイルランド出身の猟奇殺人者; William Hare と共に解剖用の死体を売るため 15 人を殺害し, 絞首刑になった》.

Búrke's Péerage *n.* バーク貴族年鑑《アイルランドの系図学者 John Burke (1787–1848) が 1826 年に創刊した; Burke ともいう; cf. Debrett》.

burkha *n.* ⇨ burka[1].

Bur·ki·na Fa·so /bʊəkí:nəfɑ́:soʊ, bəː- | bəːkí:nə-fǽsəʊ/ *n.* ブルキナファソ《アフリカ西部 Guinea 湾の北方にある共和国; 1895 年以降フランス領; 1960 年に Upper Volta として独立; 1984 年に改称; 首都 Ouagadougou》.

Bur·ki·nan /bʊəkí:nən, bəː- | bəː-/ *n.* ブルキナファソ (Burkina Faso) 人. — *adj.* ブルキナファソ(人)の.

Búr·kitt's lymphóma /bə́ːkɨts- | bə́ːkɪts-/ *n.* 『病理』バーキットリンパ腫《アフリカ中部の子供に多い悪性リンパ腫》. 〖(1963) ← *Dennis Burkitt* (この病気を 1957 年に確認した英国の医師)〗

burl[1] /bə́ːl | bə́ːl/ *n.* **1** (糸・毛布などの)節玉. **2** (樹木の)節こぶ《大きなものは薄く切って化粧板にする; cf. burl-wood veneer》. — *vt.* 〈毛布などの〉節玉[織りむら]を取って仕上げる. **~·er** /-lə | -lə(r)/ *n.* 〖(1440) □ OF *bourle* flock of wool < LL *burram* wool〗

burl[2] /bə́ːl | bə́ːl/ *n.* **1** 《スコット・豪口語》試み, テスト. ★ 主に次の句で: give it a ~ やってみる. **2** 《豪口語》車で出かけること. 〖(1876) ← ?: cf. birl[1]〗

Burl /bə́ːl | bə́ːl/ *n.* バール《男性名》. 〖ME *Byrle* ← OE *byrele* cup-bearer, steward ← *beran* 'to BEAR[1]'〗

burl. 《略》burlesque.

bur·la·de·ro /bùələdéˀroʊ, bəː- | bùələdéərəʊ, bəː-; *Sp.* burlaðéro/ *n.* (*pl.* ~s) ブルラデロ《闘牛士が危険になったとき避難できるように闘牛場の塀に沿って設けられた木の楯形の保護物》. 〖(1938) □ Sp. ~ ← *burlar* to make fun of ← *burla* joke ← ?〗

bur·lap /bə́ːlæp | bə́ː-/ *n.* **1** 黄麻布, バーラップ (gunny)《袋・包装用のあらい平織りの黄麻・大麻などの麻布》. **2** この布に似た軽い布《室内装飾や衣料に用いられる》. — *vt.* バーラップで覆う. 〖(*c*1695)《古形》*borelap* ← ? ME *burel* coarse cloth (□ OF: ⇨ bureau)＋LAP[1]〗

burled *adj.* 〈毛布など〉節玉のついた; 〈樹木など〉こぶのある. 〖(1451): ⇨ burl[1], -ed 2〗

Bur·leigh /bə́ːli | bə́ː-/ *n.* バーリー《男性名》. 〖《変形》← BURLEY〗

Burleigh, 1st Baron *n.* ＝1st Baron BURGHLEY.

bur·lesque /bəːlésk, bə- | bəː-/ *adj.* **1 a** 滑稽に作り替えた, 戯作的な: a ~ acting 道化所作. **b** 《米》バーレスクの: a ~ show [theater]. **2** 《古》ふざけた, おどけの. — *n.* **1** 『文学・芸術』バーレスク《真面目な事柄や作品を戯画化した滑稽な作品; ⇨ caricature SYN》. **2** (人の言動などの)滑稽な物まね[所作]. **3** 笑劇, 茶番劇. **4** (*also* **bur·lesk** /~/)《米・カナダ》バーレスク《19 世紀末から 20 世紀初期に行われた滑稽な寸劇・漫才・歌・ヌードダンスからなる黒人楽団ショーの終わりの部分》; (しばしばストリップショーを呼び物にする)バラエティー《いずれも禁止された》. — *vt.* ばかばかしく滑稽に演じる[作り替える], 茶番化する, 茶化す, 戯画化する: ~ a person's way of talking 人の話し振りを滑稽にまねる. — *vi.* 戯画化する, 茶化す. **~·ly** *adv.* **bur·lésqu·er** *n.* 〖(1656) □ F ~ □ It. *burlesco* ← *burla* mockery ← ?: ⇨ -esque〗

bur·let·ta /bəːlétə, bə- | bəːlétə; *It.* burlétta/ *n.* 『演劇』**1** (小規模の)喜歌劇. **2** (18 世紀後半英国で盛んだった, 全部歌から成る)喜歌劇. 〖(1748) □ It. ~ (dim.) ← *burla* fun (↑)〗

bur·ley[1], **B-** /bə́ːli | bə́ː-/ *n.* バーレー《薄葉たばこの一種; 赤白の 2 種類あり, 米国 Kentucky 州や Ohio 州南部などで栽培され, 主として巻きたばこに用いられるが, かみたばこ・パイプ用の混合たばこの原料ともなる》. 〖(1881) ← ? *Burley* (栽培者の名)〗

bur·ley[2] /bə́ːli | bə́ː-/ *n.* 《米口語》＝burlesque 4. 〖← BURL(ESQUE)＋-EY〗

Bur·ley /bə́ːli | bə́ː-/ *n.* バーリー《男性名》. 〖OE *burg(e)lēah* 'LEA[1]' by a 'BURG': 地名に由来する〗

Bur·lin·game /bə́ːlɪŋgeɪm | bə́ːlɪn-/, **Anson** *n.* バーリンゲーム《1820–70; 米国の外交官》.

Bur·ling·ton /bə́ːlɪŋtən | bə́ː-/ *n.* バーリントン: **1** 米国 Vermont 州 Champlain 湖畔の州最大の都市. **2** カナダ南部 Hamilton 北東の Ontario 湖に臨む都市.

Búrlington Hóuse *n.* バーリントンハウス《London の Piccadilly 通りにある建物; 新旧 2 館あり旧館は王立美術院 (Royal Academy of Arts), 新館は各種の学会 (British Academy, British Association, Royal Society (1967 年まで), Geological Society, Chemical Society, Linnean Society) の本部》.

búrl·wòod venéer *n.* 樹木のふしこぶ (burl) を薄く切って作った化粧板. 〖cf. *burlwood* ⇨ burl[1], wood[1]〗

bur·ly /bə́ːli | bə́ː-/ *adj.* (**bur·li·er, -li·est; more ~, most ~**) **1** 体の大きな, たくましい, 頑丈な (sturdy): a ~ bodyguard. **2** 単刀直入の; ぶっきらぼうな (bluff). — *n.* 《米俗》頑丈な体格の人; 浮浪者. **búr·li·ly** /-lɪli | -lɪ/ *adv.* **búr·li·ness** *n.* 〖(*a*1250) *borlich* < ? OE **būrlīc* handsome, fit for the bower ← *būr* 'BOWER[1]': ⇨ -ly[1]〗

Bur·ma /bə́ːmə | bə́ː-/ *n.* ビルマ《Myanmar の旧名》.

Bur·man /bə́ːmən | bə́ː-/ *n.* (*pl.* ~s) ビルマ人; (特に)モンゴル系ビルマ人. — *adj.* ＝Burmese. 〖1800〗

búr màrigold *n.* 『植物』タウコギ, センダングサ《キク科タウコギ属 (*Bidens*) の植物の総称; キンバイタウコギ (*B. aurea*) など; cf. sticktight》. 〖1818〗

Búrma Róad *n.* [the ~] ビルマルート《ミャンマーの Lashio から中国雲南省昆明 (Kunming) に至る第二次大戦の戦略的道路; 後に重慶まで延びた》.

Bur·mese /bəːmí:z, -mí:s | bəːmí:z˝/ *adj.* ビルマの; ビルマ人[語]の. — *n.* (*pl.* ~) **1** ビルマ人. **2** ビルマ語. **3** ＝Burmese cat. 〖(1823): ⇨ -ese〗

Búrmese cát *n.* バーミーズ《米国原産; シャムネコに似ているが, 色がさらに濃く目はオレンジ色; シャムネコとペルシャネコの雑種との説がある》. 〖1939〗

Búrmese jáde *n.* 『鉱物』硬玉, ひすい《宝石に用いる》.

burn[1] /bə́ːn | bə́ːn/ *v.* (**~ed, burnt** /bə́ːnt | bə́ːnt/) ★《米》では burned, 《英》では burnt を多く用いる傾向がある. — *vi.* **1** [しばしば形容詞を補語として] **a** 〈火・燃料・物などが〉燃える, 焼ける: ~ inwardly くすぶる / ~ bright(ly) 赤々と燃える / ~ blue [red, white] 青い[赤い, 白い]火を発して燃える / ~ with a bright flame 鮮やかな炎を上げて燃える / Damp wood will not ~. 湿った木はなかなか燃えない / The fire has ~*ed* low. 火力が衰えてきた / Many people ~*ed* to death in the fire. その火事で多くの人が焼死した / The house ~*ed* to ashes [cinders, the ground]. その家は灰塵に帰した[全焼した]. **b** 〈暖炉・ストーブ(に火)が〉赤々と燃える: The stove is ~*ing* bright(ly). ストーブ(に火)が赤々と燃えている.

2 a [しばしば形容詞を補語として] 〈肉・パンなどが〉焦げる, 焦げつく: ~ brown 茶色に焦げる / ~ dry 〈煮物などが〉焦げつく / The bacon has ~*ed* (black). ベーコンが(真っ黒に)焦げてしまった / There's a smell of ~*ing*. 焦げ臭いぞ; きな臭いよ (cf. *vt.* 2 a). **b** 〈肌・人が〉日に焼ける: She [Her skin] ~*s* easily. 彼女[彼女の肌]はすぐ日焼けする. **c** 〈道路・地面などが〉(日に照らされて)熱い, 焼ける: The sands ~*ed* under [in] the summer sun. 砂浜は夏の日ざしを受けて焼けつくように熱かった.

3 a 〈灯火が〉輝く, 照る: The lights ~*ed* bright(ly) all night. 明かりは一晩中(明るく)ついていた. **b** 〈窓などが〉(日に)映える: windows ~*ing* in the rising sun 朝日を受けて明るく輝く窓. **c** 〈草花が〉燃えるように咲く.

4 a 〈顔・頭などが〉燃えるように感じる[熱い]; ほてる, かっとなる; 〈傷口が〉熱くうずく: ~ *with* fever 〈頭が〉熱があって燃えるように熱い / I [My cheeks] ~*ed with* shame. 恥ずかしくてほおがほてった / My ears are ~*ing*! 耳がほてっている; 「くしゃみが出る」《どこかでうわさされているらしい》. **b** 〈人が〉〔愛憎・怒り・焦燥の念などに〕燃える〔*with*〕: ~ *with* love 恋の炎を燃やす / ~ *with* passion 怒ってかっとなる / She is ~*ing with* curiosity. 好奇心に燃えている. **c** しきりに〔…を〕求める〔*for*〕; しきりに…したがる (yearn)〈*to* do〉: He was ~*ing to* tell the truth. 本当のことが言いたくてむずむずしていた. **d** 〈愛憎・怒り・情熱などが〉燃える: Anger ~*ed* within him. 腹の中が怒りで煮えくり返った.

5 焼けるような感じを与える; 〈飲食物・薬品などが〉ひりひり[ぴりぴり]する: The iodine ~*ed* a lot. ヨードチンキのしみたことといったら / The wound ~*ed*. 傷がひりひりした. **6** 〈言葉・印象・光景などが〉〔心・記憶などに〕焼きつく〔*into*〕: His words ~*ed into* my heart. 彼の言葉が私の心に焼きついた. **7** かんかんに怒る; まったくうんざりする: His remark made her ~. 彼の言葉を聞いて彼女はひどく怒った[実に愛想が尽きた]. **8 a** 焼き殺される; (特に)火刑に処される《★ この意味では be burned の方が普通; cf. *vt.* 6 a》. **b** 《米俗》電気椅子で処刑される. **9 a** 『遊戯』(鬼が, 隠した物または当て物の答えに近づいたときに)今一息だ, 「火がついた」, 「くさいぞ」: Now you're ~*ing*! さあ, お蔵に火がついたぞ. **b** 真実に迫る. **10** 『化学』燃焼する; 〈酸が〉〈金属を〉腐食する〔*into*〕. **11 a** 『天文』〈水素などが〉燃焼する《核融合して光熱を出す》. **b** 『原子物理』〈核物質が〉燃焼する《核分裂してエネルギーを放出する》. **12** 〈ロケットのエンジンが〉噴射する. **13** 『電算』〈データを〉焼く《レーザーによって CD-R などの媒体に書き込む》.

— *vt.* **1 a** 燃やす, 焼く, たく: ~ rubbish がらくたを焼く / We'll be ~*ing* oil this winter. 今年の冬は石油をたこう / This stove ~*s* gas. このストーブはガスを燃料とする / This engine ~*s* a lot of gasoline. このエンジンはガソリンを多く食う / The house was ~*ed* to ashes [cinders, the ground]. その家は全焼した. **b** 〈ろうそく・ランプなどを〉ともす. **c** 〈香を〉たく.

2 [しばしば形容詞を目的補語として] **a** 焼き焦がす (scorch): ~ a carpet (たばこを落としたりして)じゅうたんを焦がす / ~ toast [bacon] black [*to a crisp*] トースト[ベーコン]を真っ黒[かりかり]に焦がす / This soup is ~*ed*. このスープは焦げ臭い. **b** 〈日光が〉日焼けさせる (sunburn); 〈草木を〉しなびさせる; 〈地面を〉干上がらせる: The grass has been ~*ed* brown by the sun. 草は日光で褐色に焼けている.

3 a [しばしば ~ *oneself* または受身で] (火で)やけどさせる (cf. scald[1] 1 a): ~ one's fingers on a hot stove あかあかと燃えているストーブで指にやけどする / get ~*ed* on the leg 足にやけどする / He ~*ed himself* badly. 大やけどをした / ~ one's mouth eating something hot 何か熱いものを食べて口にやけどする. **b** 『外科』焼灼(しょうしゃく)する (cauterize).

4 a 〈焼印・銘などを〉〔…に〕焼き付ける (brand)〔*into, on*〕; 〈穴を〉焼き抜く: ~ a hole in one's coat 上着に焼け穴をこしらえる / ⇨ *burn a* HOLE *in one's pocket*. **b** 〈思い出・信念などを〉〔心・記憶・人などに〕焼き付ける〔*in, into*〕: He had it ~*ed into* his mind. ＝It ~*ed* itself *into* his mind. それを肝に銘じておいた. **c** [~ *one's way* として] 〈言葉などが〉〈心などに〉焼きつく〔*into*〕.

5 a (れんが・炭などを作るために)〈粘土・木などを〉焼く, 焼き固める〔*into*〕: ~ wood *into* charcoal 木を焼いて炭を作る. **b** 〈れんが・炭・陶器・石灰などを〉焼いて作る, 焼く: ~ charcoal 炭を焼く. **6 a** 焼き殺す; 火刑に処する: ~ a person to death 人を焼き殺す[火刑に処する] / be ~*ed* alive [at the stake] 火あぶりにされる. **b** 《米俗》電気椅子で処刑する (electrocute). **7** 〈飲食物・薬品などが〉…に焼けるような感じを与え, ひりひりさせる: Mustard ~*s* the tongue. からしは舌をひりひりさせる. **8** 〈精力などを〉むだに使う, 浪費する (squander). **9** [しばしば受身で]《口語》**a** (まんまと)だます, (うまく)かつぐ (cheat): He *was* ~*ed on* the deal. その取引でまんまと一杯食わされた. **b** (リスクのある取引で)損をする, 焦げつかせる: get ~*ed*. **10** 『化学』燃焼させる. **11** 『冶金』炎で酸化させる; 焼き継ぎする. **12** 『生理』〈体内の脂肪などを〉エネルギーに変換する. **13** 『原子力』〈ウランなどの〉核エネルギーを利用する (cf. burnup 2); 〈核燃料を〉燃焼[核分裂]させる. **14** 〈ロケットのエンジンを〉噴射させる. **15** 『トランプ』**a** 《俗》(底札を見られない用心に)〈カードを〉1 枚表向きにして底 (bottom) にまわす. **b** 《英》〈不要なカードを〉捨てる, 交換する.

búrn awáy (*vi.*) (1) 〈火・火事が〉燃え続ける; 〈燃料などが〉燃え尽きる, 燃えてしまう, 焼け落ちる. (2) 〈もやなどが〉消散する. —(*vt.*) 焼き払う, 焼き落とす, 燃えて取り除く. *búrn one's bóats* [*brídges, shíps*] (*behínd* one) 背水の陣を敷く, 捨て身でかかる. (1886) *búrn dówn* (*vt.*) 〈建物などを〉すっかり燃やしてしまう: The whole village was ~*ed down*. 村は火災で全滅した[焼き尽くされた]. —(*vi.*) (1) 〈建物が〉全焼する: The house ~*ed down*. 家は全焼した. (2) 〈火力が〉衰える, 下火になる (burn low). *búrn ín* (1) 〈印象などを〉焼きつける (cf. *vt.* 4 b); 〈銘などを〉焼きつける: ~ it *in on* one's brain それを脳裏に焼きつける. (2) 『写真』〈印画の一部を〉焼き込む (cf. dodge *vt.* 4). *búrn óff* (*vt.*) (1) (開墾などのため)〈切り株・土地などを〉焼き払う. (2) (運動などで)〈エネルギー・カロリー・脂肪を〉消費する. (3) 熱して〈ペンキ・ニスなどを〉除く. (4) 〈日光が〉〈雲・霧などを〉消散させる. (5) (油田で不要なガスを燃やして)取り除く. (6) 〈体の脂肪などを〉運動して燃やす. —(*vi.*) (1) 燃え尽きる; 〈アルコール分などが〉燃えてとぶ. (2) [しばしば it を主語として] 雲[霧など]が晴れ上がる. *búrn óut* (*vt.*) (1) 〈建物などを〉焼き尽くす; 燃え切らせる: The fire ~*ed* itself *out*. 火事[火]は焼き尽きた. (2) [時に ~ *oneself out* として] (過労や不節制で)精力を使い果たす, へばる, あごを出す: I'm afraid he's going to ~ *himself out*. 彼は働きすぎて体を壊しはしまいかと心配だ. (3) [通例受身で] 焼け出す: He *was* ~*ed out* (of house and home). (家を)焼け出された. (4) 『機械・電気』〈モーター・コイル・ヒューズなどを〉焼き切る. —(*vi.*) (1) 燃え切る. (2) 〈熱意・精力などが〉燃え尽きる, 冷める; 〈怒りなどが〉収まる; 〈病気・問題などが〉終息に向かう: a promising writer who ~*ed out* in her forties 40 歳台で燃え尽きた前途有望な作家. (3) 〈土壌などが〉やせる. (4) 『機械・電気』〈モーターなどが〉焼き切れる, 〈電球などが〉切れる. (5) 〈ロケットなどが〉燃料を使い切る. *búrn the éarth* [*wínd*] 《米俗》全速力で行く[走る]. (1891) *búrn the mídnight óil* ⇨ oil 成句. *búrn úp* (*vt.*) (1) 焼き尽くす[払う]: ~ *up* trash [papers] くず[書類]を焼却する. (2) 《米口語》〈人を〉怒らせる, いらいらさせる; しかりつける (infuriate): His rudeness ~*ed* them *up*. 彼の無礼な態度に皆がじりじりした[怒った]. (3) 《口語》〈車などが〉〈道路を〉全速力でぶっ飛ばす: ~ *up* the road [miles]. (4) 《口語》〈ガソリンなどを〉消費する; 〈金を〉浪費する. (5) 〈カロリーなどを〉運動して使う. (6) 〈相手を〉簡単に負かす. —(*vi.*) (1) ぱっと燃え上がる. (2) 燃え尽きる: His papers ~*ed up* last night. 彼の書類は昨夜焼失した. (3) 《米口語》〈人が〉かっと怒る, ひどくいらいらする. (4) 〈車が〉〈道路を〉ぶっ飛ばす. (5) 火の勢いが増す: The fire ~*ed up*. (6) [通例進行形で] 高熱が出る, とても暑がる. *háve sómething to búrn* (焼いて捨てたいくらい)たくさん[あり余るほど]もっている: *have* money *to* ~ 掃いて捨てるほど金をもっている / He *has* time *to* ~. 時間があり余っている.

— *n.* **1 a** やけど, 火傷, 熱傷《火・熱・薬品・電気・放射能などによるもの》: a ~ on one's hand 手のやけど. ★ やけどは程度によって次の 4 段階に分類される: first-degree burn (第 1 度熱傷), second-degree burn (第 2 度熱傷), third-degree burn (第 3 度熱傷), fourth-degree burn (第 4 度熱傷). **b** 日焼け (sunburn). **c** (激しい運動中の)〈筋肉が〉焼けるような[ひりひりする]感じ. **2** 焼け焦げ, 焼け跡: a ~ on one's dress 服の焼け焦げ. **3** 《米・豪》**a** (耕作・開拓のための)土地・森林の焼却. **b** 土地[森林]を焼却して作った畑地[開拓地]. **4** (れんが・陶器などの)製造, 焼成. **5** [slow ~ として]《口語》込み上げる怒り[いらいら]: do a *slow* ~ 徐々に激しい怒りを示す / A *slow* ~ began inside me. だんだん腹が立って[いらいらして]きた. **6** 《俗》(巻き)たばこ: have a ~ (巻き)たばこを吸う. **7 a** 《俗》自動車レース. **b** 《豪俗》自動車をとばすこと. ★ 特に次の句で: go for a ~. **8** 『宇宙』ロケットエンジンが主に軌道修正のため燃焼噴射すること.

〖(i) (強変化) OE *birnan, beornan* to be on fire《音位転換》← Gmc **brennan* (OHG & Goth. *brinnan* / ON *brinna*) ← IE **g^wher-* to heat, warm. (ii) (弱変化) OE *bærnan* to set on fire《音位転換》← Gmc **brannjan* (G *brennen* / ON *brenna* / Goth. *brannjan*) ← IE **g^wher-*: つづりは中西部方言形か ME *burnen* to burnish の影響〗

SYN やけどさせる: **burn** 火・熱・酸によって傷害を与える(最も一般的な語): He *burned* his hand on the hot iron. 熱いアイロンで手にやけどをした. **scorch** 表面的に焼け焦がす: She *scorched* his shirt in ironing it. アイロン掛けでシャツを焦がした. **singe** 〈布・毛などを〉軽く焦がす: I got my hair *singed* by the bonfire. たき火で髪の毛を焦がした. **sear** 強火でさっと焼く: *sear* the meat over a high flame 強火で肉を焼く.

burn² /bə́ːn | bə́ːn/ *n.* 《北英・スコット》小川 (brook) (cf. bourn¹). 〖OE *burne, burna* (G *Born*) 《音位転換》← Gmc **brunnon, *brunnaz* (G *Brunnen* spring) ← IE **bh(e)reu-* (↓)〗

burn·a·ble /bə́ːnəbl | bə́ːn-/ *adj.* 燃えやすい, 可燃性の, 燃焼性の. — *n.* 可燃物《がらくた・ごみなどの廃物》. 〖《1611》: ⇨ burn¹, -able〗

búrnable póison *n.* 〖原子力〗可燃毒(物質).

Bur·na·by /bə́ːnəbi | bə́ː-/ *n.* バーナビー《カナダ British Columbia 州 Vancouver 郊外の都市》.

búrn ártist *n.* 《米俗》 **1** (信用)詐欺師. **2** にせの[品質のよくない]麻薬を売る人.

búrn-bág *vt.* 〈機密文書を〉機密書類焼却袋に入れる.

búrn bàg *n.* 焼却廃棄すべき機密文書を入れる袋.

burned /bə́ːnd | bə́ːnd/ *adj.* **1** 焼けた, 焦げた; やけどした. **2** 《俗》麻薬密買でだまされた. **3** 《まれ》麻薬密売人[常用者]と密告された. ***be* [*gèt*] *búrned*** (1) 感情的に傷つく. (2) 《俗》大金を失う[損する]. 〖← (p.p.) ← BURN¹ (vt.) 9〗

búrned cláy *n.* 煆焼(かしょう)粘土《粘土・れんが土などあるいはそれらで造られた器物を 700°C 以上で焼いたもの》.

búrned féed *n.* 《豪》焼けたあとに生える若草.

burned-out /bə́ːndáut | bə́ːnd-ˊ/ *adj.* **1** 焼き尽くした; 焼け出された. **2** 〈モーター・電球など〉焼き切れた. **3** 〈熱意など〉燃え尽きた; 〈人が〉精力など使い果たした, 疲れ切った. **4** 〖写真〗〈ネガ・印画など〉露出過度の, 露出過度でディテールのなくなった. 〖1837〗

búrned plàster *n.* 焼き石膏.

Burne-Jones /bə́ːndʒóunz | bə́ːndʒə́unz/, Sir **Edward** (**Coley**) *n.* バーンジョーンズ《1833–98; 英国の画家; ラファエル前派 (Pre-Raphaelite) の一人》.

burn·er /bə́ːnə | bə́ːnə^(r)/ *n.* **1** 燃焼器; 焼却炉; 《石油ランプ・ガス灯の》火口, バーナー, 《ジェットエンジンの》燃焼室: ⇨ gas burner. **2** [修飾語を伴って] 焼く人: a brick ~ れんが製造人 / a charcoal ~ 炭焼(人). 〖《?1383》: ⇨ burn¹, -er¹〗

bur·net /bə́ːnɪt, bəːnét | bə́ːnɪt/ *n.* **1** 〖植物〗ワレモコウ《バラ科ワレモコウ属 (*Sanguisorba*) の植物の総称; 時にサラダに用いられる紫がかった緑の花と葉をつけるサラダバーネット (salad burnet) など》. **2** 〖昆虫〗=burnet moth. 〖《a1300》□ OF *burnete, brunete* (dim.) ← *brun* brown: ⇨ brunet〗

Bur·net /bə(ː)nét, bə́ːnɪt | bə́ːnɪt/, Sir (**Frank**) **Mac·far·lane** /məkfáələn | -fáː-/ *n.* バーネット《1899–1985; オーストラリアの医学者・免疫学者; Nobel 医学生理学賞 (1960)》.

Burnet, Thomas *n.* バーネット《1635–1715; 英国の聖職者; 科学と宗教の一致融合を試みる; *Sacred Theory of the Earth* (1680–89)》.

búrnet mòth *n.* 〖昆虫〗ムツモンベニモンマダラ (*Zygaena filipendula*)《マダラガ科のガ; 驚くと体節から有毒な液を出す》. 〖1842〗

búrnet ròse *n.* 〖植物〗=Scotch rose.

búrnet sáxifrage *n.* 〖植物〗ピンピネラ サクシフラガ (*Pinpinella saxifraga*)《白[ピンク]の花をつけるヨーロッパ産セリ科ミツバグサ属植物の一種》. 〖1668〗

Bur·nett /bə(ː)nét, bə́ːnɪt | bə(ː)nét, bə́ːnɪt/, **Frances** (**Eliza**) **Hodgson** *n.* バーネット《1849–1924; 英国生まれの米国の小説家; *Little Lord Fauntleroy* (1886)》.

Bur·ney /bə́ːni | bə́ː-/, **Charles** *n.* バーニー《1726–1814; 英国の作曲家・音楽史家; *A General History of Music* (1776–89); Fanny Burney の父》.

Burney, Fanny *or* **Frances** *n.* バーニー《1752–1840; 英国の小説家・日記作家; *Evelina* (1778), *Cecilia* (1782); 結婚して Madame d'Arblay》.

Búrn·ham scàle /bə́ːnəm- | bə́ː-/ *n.* 《英》バーナム給与表《公費補助を受けている, 大学以外の教育機関の教師用の全国的給与表; 1924 年に始まり定期的に改正される》. 〖《1921》← *H. L. W. Levy-Lawson, 1st Viscount Burnham* (1862–1933: この給与表の採用を勧告した委員会の長)〗

búrn-ìn *n.* 〖電算〗バーンイン: **1** 新しいコンピューターを出荷する前に一定時間連続稼働させてメモリーチップなどに欠陥がないことを確認すること. **2** =ghosting. 〖1966〗

burn·ing /bə́ːnɪŋ | bə́ːn-/ *adj.* **1** 燃えて[焼けて]いる, 燃焼中の. **2 a** 燃える[焼ける]ような, 非常に熱い: a ~ fever 燃えるような高熱 / a ~ sensation (舌・のどなどの)焼けるような感じ, 灼熱感. **b** [副詞的に] 焼けるように: be ~ hot 焼けるように熱い. **3** 〈熱・感情など〉激烈な, 強烈な (intense); 熱意に燃える (⇨ passionate SYN): a ~ thirst 激しい渇き / ~ wrath 激怒 / ~ zeal 燃えるような熱心さ / a ~ scent 〖狩猟〗強烈な遺臭 (cf. blazing 5). **4** 〈問題など〉白熱している, 重大な (important), 焦眉の (urgent): a ~ question 盛んに論議されている問題, やかましい問題 / a ~ issue 焦眉の問題. **5** 〈色彩・光など〉非常に明るい, 鮮やかな. **6** 〈不愉快なこと・恥辱など〉目立つ, 不面目な, 言語道断な (scandalous): a ~ disgrace [shame] 不面目な醜態[恥辱]. — *n.* **1** 燃焼. **2** 火あぶり(の刑). **3 a** 〖窯業〗(れんが・陶器などの)製造, 焼成. **b** 〖化学〗燃焼, 焼成, 焼け. **4** 《廃》炎症; (特に)性病. **~·ly** *adv.* 〖lateOE *birnende*: ⇨ -ing²〗

búrning búsh *n.* 〖植物〗 **1** =wahoo¹ 1. **2** =fraxinella. **3** =broom cypress. 〖《1785》: cf. *Exod.* 3: 2〗

búrning ghát *n.* ヒンズー教徒が遺体を焼く川端の階段 (ghat) 上の平地. 〖1877〗

búrning glàss *n.* 天日採りレンズ《凸(とつ)レンズ》. 〖1570〗

búrning-ín *n.* 〖写真〗焼き込み (cf. BURN¹ *in* (2)).

búrning móuntain *n.* 火山 (volcano). 〖OE〗

búrning òil *n.* 燃料油; 《特に》=kerosene.

búrning pòint *n.* [the ~] 〖化学〗=fire point.

bur·nish /bə́ːnɪʃ | bə́ː-/ *vt.* **1** 〈金属などを〉磨く, 研ぐ (⇨ polish SYN); …のつやを出す; ぴかぴかにする. **2** 〖印刷〗〈網版に〉つやべらがけをする《網点の頂を押しつぶして調子を濃くする》. **3** 〖歯科〗圧接研磨する. — *vi.* **1** ぴかぴかになる, 光沢が出る. **2** 磨きがきく: This metal ~*es* well. この金属は磨けばよく光る. — *n.* つや, 光沢, 光り (polish). **~·a·ble** *adj.* 〖《c1330》 *burnische(n)* □ OF *burniss-* (stem) ← *burnir* to make brown ← *brun* brown: ⇨ brunet, -ish²〗

búr·nished *adj.* 磨いた; ぴかぴか光る, 光沢のある: a ~ mirror, shield, etc. 〖《c1325》: ⇨ ↑, -ed 2〗

búrnished bráss *n.* 〖昆虫〗ヨーロッパ産のヤガ科 *Diachrisia* 属の数種のガ《翅に金属光沢があり, 緑色や金色などの斑点が付いている; *D. chrysitis* など》.

búrnished góld *n.* **1** 光沢のある金色《暗いオレンジがかった黄色から強い黄色がかった褐色までの色》. **2** 〖顔料〗金とスズの懸濁液《ガラス・陶磁器を赤色に着色するために用いられる; 白金や銀を混ぜて種々色を変える》. 〖1413〗

búr·nish·er *n.* **1** 磨く人. **2** 磨くもの, 《象牙・鋼鉄などで造った歯科用などの》研磨器, バーニッシャー. 〖《1450》: ⇨ -er¹〗

Burn·ley /bə́ːnli | bə́ːn-/ *n.* バーンリー《イングランド Lancashire 州東部の都市; 鉄工業, 綿織物業地》. 〖ME *Burnlaia* 《原義》lea on the river *Brun* (← *brūn* 'BROWN'): ⇨ lea¹〗

búrn-òff *n.* 焼き払い; 草木を焼き払って土地を開くこと. 〖1861〗

bur·nous /bə(ː)núːs | bəː-/ *n.* (*also* **bur·nouse**, 《米》 **bur·noose** /~/) **1** (1 枚のウール地から成る)フード付きマント型外衣《アラビア人・ムーア人などが防砂・防熱のために用いる》. **2** それに似た女性用コート. 〖《1695》□ F ~ □ Arab. *búrnus* □ Gk *bírros* large cloak with a hood □ ? L **birrus*〗

búrn·òut *n.* **1** 強力な火, 破壊力の大きな火事. **2** 〈心身を〉(仕事・ストレスなどにより)使い尽くすこと, 枯渇, 燃え尽き. **3** 〖宇宙〗(ロケットエンジンの)燃焼終了. **4** 〖電気〗焼き切れ, 焼損《過電流による温度上昇のために電気器具が焼損じること》. 〖1940〗

búrnout sỳndrome *n.* 〖医学〗燃え尽き症候群.

Burns /bə́ːnz | bə́ːnz/, **George** *n.* バーンズ《1896–1996; 米国の喜劇俳優; 妻 Gracie Allen と組んでラジオ・テレビ・映画に出演; 本名 Nathan Birnbaum》.

Burns, Robert *n.* バーンズ《1759–96; スコットランドの抒情詩人で, ほとんどの恋愛詩・自然詩・諷刺詩をスコットランド低地方言 (Lallans) を用いて作った; *Auld Lang Syne, Tam o' Shanter* が有名》.

Burn·side /bə́ːnsaɪd | bə́ːn-/, **Ambrose E**(**verett**) *n.* バーンサイド《1824–81; 米国南北戦争における北軍の将軍》.

burn·sides, B- /bə́ːnsàɪdz | bə́ːn-/ *n. pl.* 《米》バーンサイドひげ《ほおひげと口ひげを続け, あごはそっておく; cf. sideburns》. 〖《1875》 ↑: そのひげにちなむ〗

burnt /bə́ːnt | bə́ːnt/ *v.* burn¹ の過去形・過去分詞. — *adj.* **1** 燃焼した, 焼いた; 焦げた: ~ clay [plaster] 焼粘土[石膏] / a ~ taste 焦げた味 / taste ~ 焦げた味がする. **2** やけどした: A ~ child dreads the fire. 《諺》やけどした子供は火を恐れる (cf. 「羹(あつもの)に懲りて膾(なます)を吹く」). **3** 〈色が〉(普通より)濃い; 〈絵の具など〉焼いて深みを増した: ~ orange, rose, etc. 〖《c1384》 *brunt*〗

búrnt álmond *n.* [通例 *pl.*] アーモンド糖菓《焦がした砂糖で固めたアーモンド》. 〖1850〗

búrnt álum *n.* 焼き明礬(みょうばん) (dried alum). 〖1661〗

búrnt-córk *vt.* 〈顔・手などを〉焼きコルクで化粧する. 〖1885〗

búrnt córk *n.* 焼きコルク《それを練ったり粉にしたものは眉毛をかいたり, 俳優が黒人に扮するときなどの化粧に用いる》: a ~ artist 黒人に扮する白人の芸人. 〖c1800〗

búrnt líme *n.* 〖化学〗生石灰 (calcium oxide).

búrnt ócher *n.* 焼黄土《赤色系絵の具》, 紅殻(べにがら).

búrnt óffering *n.* **1** 燔祭(はんさい)のいけにえ《獣を殺して祭壇の上で焼いて神に捧げるいけにえ》. **2** 《戯言》焦げた食べ物. 〖c1384〗

búrnt-óut *adj.* **1** =burned-out. **2** 〈ハンセン病患者が治癒した: a ~ case ハンセン病治癒患者[症例].

búrnt sácrifice *n.* =burnt offering.

búrnt shále *n.* 〖岩石〗バーントシェール, 炭質頁岩(けつがん)《放置されていると自然に酸化してできる; 時に道路などに利用される》.

búrnt siénna *n.* **1** バーントシエナ, 代赭(たいしゃ)《raw sienna を焼いて作った赤褐色の顔料》. **2** 赤褐色, 茶色がかった橙色, 代赭色. 〖1844〗

búrnt-tìp órchid *n.* 〖植物〗オルキス ウスツラタ (*Orchis ustulata*)《ラン科の多年草; 円錐状総状花序の先端部が赤褐色》.

búrnt úmber *n.* **1** バーント[焼き]アンバー《umber を焼いて作った赤褐色の顔料》. **2** 赤褐色, 焦げ茶色.

búrn·ùp *n.* **1** 《英俗》(暴走族の)オートバイによる暴走[競走]. **2** 〖原子力〗(核燃料の)燃焼度, バーンアップ《核燃料が再処理までに燃焼(エネルギーを発生)した割合》.

burn·y /bə́ːni | bə́ː-/ *adj.* 《口語》燃えて(いる). 〖⇨ -y⁴〗

búr òak *n.* 〖植物〗北米中部・東部産の葉が白っぽいナラの一種 (*Quercus macrocarpa*)《長いいがに包まれた卵形のどんぐりがなり, また良質の木材がとれる》. 〖cf. bur¹〗

bu·roo /bərúː, brúː/ *n.* (*pl.* ~s) 《スコット・アイル》 **1** (政府の)失業保険給付事務機関. **2** その失業保険: *on the* ~ 失業保険の給付を受けて.

burp /bə́ːp | bə́ːp/ 《俗》 *n.* げっぷ, おくび (belch). — *vi.* げっぷをする. — *vt.* (授乳後, 背中をたたいたりさすったりして)〈赤ん坊〉にげっぷをさせる. 〖《1932》擬音語〗

bur·pee /bə́ːpiː | bə́ː-/ *n.* バーピー《立った姿勢から始め, 次にスクワット スラスト (squat thrust) を 1 回やって再び立ち上がる運動》. 〖《c1935》《略》 *Burpee test* ← *Royal H. Burpee* (b. 1897: 米国の心理学者)〗

búrp gùn *n.* 《米軍俗》=machine pistol. 〖《1944》その発射音から〗

burr¹ /bə́ː | bə́ː^(r)/ *n.* **1 a** (いがのように)くっつくもの: a ~ in the throat のどにつかえるように思える物; 声のしわがれ. **b** 取巻き, 子分 (hanger-on). **2** (銅版彫刻などの)粗い彫り縁[削り目, 刻み目], ぎざぎざ, まくれ, ばり, かえり (buhr ともいう). **3** (縦溝のある)穴ぐり器 (reamer). **4** (特に, 樹木の)ふし, こぶ (burl). **5 a** (リベットを作り上げる前にはめ込む)座金(ざがね). **b** リベットを打つときできるまくれ. **c** (板金から打ち抜いた)丸金. **6** ぶーん[ぎしぎし, ひゅーひゅー, ごーごー]いう音: the ~ of clogs, grasshoppers, etc. **7 a** 〖音声〗口蓋垂ふるえ[顫動(せんどう)]音 [ʀ]; 舌先ふるえ[顫動]音 [r]: ⇨ Northumbrian burr. **b** 荒いなまりの発音. **8** =bur¹. — *vt.* **1 a** …にぎざぎざを付ける. **b** …からぎざぎざ[ばり]を取り除く. **2** 〖音声〗口蓋垂ふるえ[顫動]音の [ʀ] に発音する: ~ one's r's. — *vi.* **1** 不明瞭な[なまった]発音をする. **2** ぶーん[ぎしぎし, ひゅーひゅー]という音を立てる. **~·er** /bə́ːrə | bə́ːrə^(r)/ *n.* 〖《c1530》: ⇨ bur¹〗

burr² /bə́ː | bə́ː^(r)/ *n.* **1** =buhrstone. **2** (フランスの Paris 盆地第三紀層中にある一種の)ケイ石, 粗砥(あらと). 〖↑: 表面がざらざらしていることから〗

Burr /bə́ː | bə́ː^(r)/, **Aaron** *n.* バー《1756–1836; 米国の政治家; 副大統領 (1801–05)》.

bur·ra /bə́ːrə | bʌ́rə/ *adj.* 《インド》尊, 大 (great): ~ sahib 大だんなさま / *Burra* Din クリスマス《din はヒンディー語で 日 (day) の意》. 〖← Hindi. *baṛā* big, important〗

Bur·ra /bə́ːrə | bʌ́rə/, **Edward** (**John**) *n.* バラ《1905–76; 英国の画家; colorist として知られ, 異国的背景に人物を配したシュールレアリスティックな水彩画を制作した》.

bur·ra·mys /bə́ːrəmɪs | bʌ́rəmɪs/ *n.* 〖動物〗チビヤマポッサム, ブーラミス (*Burramys parvus*)《オーストラリア産のネズミに似た小型の有袋類; 希少種》.

bur·ra·wang /bə́ːrəwæ̀ŋ | bʌ́r-/ *n.* 〖植物〗オーストラリア産ソテツ科 *Macrozamia* 属の植物の総称; 《特に》ネジレオニザミア (*M. spiralis*); その堅果《先住民が食用とする》. 〖《1826》← *Mt. Burrawang* (オーストラリアの New South Wales にある山)〗

bur·ra·wong /bə́ːrəwɔ̀(ː)ŋ, -wɑ̀(ː)ŋ | bʌ́rəwɔ̀ŋ/ *n.* 〖植物〗=burrawang.

búrr cèll *n.* 〖病理〗有棘(ゆうきょく)赤血球, いが状赤血球《ある種の溶血性貧血の際に見られる》.

búr rèed *n.* 〖植物〗ミクリ《ミクリ科ミクリ属 (*Sparganium*) の植物の総称; ガマに似て水沢地に生じ, いがのある実をつける》. 〖《1597》: cf. bur¹〗

Bur·ren /bə́ːrən | bʌ́r-/ *n.* [the ~] バレン《アイルランド西部 Clare 県北西部の氷河カルスト台地; 野生の花, 洞穴, ドルメン (dolmen) で知られる》.

búrr·fìsh *n.* 〖魚類〗=porcupine fish. 〖cf. burr¹〗

burrh·el /bə́ːrəl | bʌ́r-/ *n.* 〖動物〗=bharal.

búrr·ing machìne /bə́ːrɪŋ- | bə́ːr-/ *n.* 粗面削器.

bur·ri·to /bəríːṭou, bu- | -təu; *Am.Sp.* buríto/ *n.* 〖料理〗(*pl.* ~s) ブリート《肉・チーズなどをトルティーヤ (tortilla) で包んで焼いたメキシコの料理》. 〖1934〗

bur·ro /bə́ːrou, búr- | bʌ́rəu, búr-/ *n.* (*pl.* ~s) 《米南西部》ろば (donkey)《荷物運搬用に使われているもの》. 〖《1800》□ Sp. ~ ← *burrico* small shaggy horse < L *burricum*〗

búrr òak *n.* 〖植物〗=bur oak.

Bur·roughs /bə́ːrouz | bʌ́rəuz/, **Edgar Rice** *n.* バローズ《1875–1950; 米国の冒険小説家; Tarzan 物で知られる》.

Burroughs, John *n.* バローズ《1837–1921; 米国の博物学者・随筆家; Whitman などとの交友で知られる》.

Burroughs, William (**Seward**) *n.* バローズ《1914–97; 米国の小説家; *The Naked Lunch* (1959)》.

bur·row /bə́ːrou | bʌ́r-/ *n.* **1** (ウサギ・キツネ・モグラなどの掘った)穴. **2** その穴に似た隠れ場[逃れ場]. — *vi.* **1 a** (土中を掘りながら)進む 〈*through*〉. **b** 穴(のような所)に住む; 穴[地下]に潜る, 潜伏する. **2** (土中などに)穴を掘る 〔*in*〕. **3** すり寄る (snuggle): She ~*ed against* his back for warmth. 体が温まるように彼の背に寄り添った. **4 a** 〔本などを〕探し求める 〔*for*〕: ~ in the library *for* a book 図書館で本を探す. **b** 〔大部の書籍などを〕調べる 〔*into*〕: ~ *into* archives 古文書の調査に没頭する. — *vt.* **1 a** 〈土地・地面など〉に穴を掘る. **b** 〈穴・通路を〉掘る. **2** [しばしば ~ *oneself* で] (穴などに)〈身を〉隠す. **3** [~ one's way [passage] として] 穴を掘って[掘るようにして]進む; (穴を掘るようにして)押し進む: He ~*ed his way through* the crowd. 人込みの中をくぐるようにして進んだ. **4** すり寄せる (snuggle): ~ one's head *into* a person's shoulder 肩に頭をすり寄せる. 〖《?a1200》 *burgh*: cf. borough 'fortified or inhabited place'〗

búr·row·er *n.* 穴を掘る動物; (特に)穴を掘ってそこにすむ動物《ウサギ・キツネ・モグラなど》. 〖《1854》: ⇨ ↑, -er¹〗

búrrow·ing ówl *n.* 〖鳥類〗アナホリフクロウ (*Speotyto cunicularia*)《地中に穴を掘ってすむ南米・北米の草原地帯に産するフクロウの一種》. 〖1842〗

búrr·stòne *n.* =buhrstone.

bur·ru·wang /bə́ːrəwæ̀ŋ | bʌ́r-/ *n.* 〖植物〗=burrawang.

B

bur·ry /bə́:ri | bə́:ri/ *adj.* (**bur·ri·er**; **-ri·est**) **1 a** いがのある[多い]. **b** いがのような; とげのある, ちくちくする (prickly): ~ wool. **2** 〈発話が〉口蓋垂ふるえ[顫動(せんどう)]音が特徴的に用いられる. 〘(1468): ⇨ burr¹, -y¹〙

bur·sa /bə́:sə | bə́:-/ *n.* (*pl.* **~s**, **bur·sae** /-si:/) **1** 〖動物〗 **a** 包, 嚢(のう) (sac). **b** =bursa copulatrix. **2** 〖解剖〗滑液包[嚢]. **3** (中世の大学の)学生寮, 寄宿舎. **búr·sal** /-səl, -sl/ *adj.* 〘(1803) □ ML ~ 'bag' □ Gk *búrsa* hide: cf. purse, burse〙

Bur·sa /buəsá:, bə́:sə | buəsá:; *Turk.* búrsa/ *n.* ブルサ《トルコ北西部の都市; 古代 Bithynia の王都; 14 世紀の Ottoman 帝国の首都; 旧名 Brusa》.

búrsa cop·u·lá·trix /-kɑ̀(:)pjuléɪtrɪks | -kɔ̀p-/ *n.* 〖動物〗交尾嚢(のう), 交接嚢. 〘← NL ~ ← BURSA＋*copulatrix* of copulation (⇨ copulate)〙

bursae *n.* bursa の複数形.

Bûr Sa'id /búəsɑ:í:d | búə-/ *n.* =Port Said.

búrsa of Fa·brí·cius /-fæbríʃəs/ *n.* 〖鳥類〗ファブリキウス嚢《総排出腔の内側の腸壁が胚期にふくらんでできた小嚢》. 〘← *Johann C. Fabricius* (1745–1808: デンマークの昆虫学者)〙

bur·sar /bə́:sə, -sɑə | bə́:sə^r/ *n.* **1** (大学・修道院の)会計係, 出納係 (treasurer). **2** (スコットランド・ニュージーランドの大学などの)給費生, 奨学生. **3** (中世の)大学生. 〘1: (1587) □ ML *bursārius* ← L *bursa* '(leather) bag': ⇨ bursa. — 2: (1567) □ F *boursier* ← *bourse* 'wallet': ⇨ burse〙

bur·sar·i·al /bəːséəriəl | bəːséər-/ *adj.* **1** 会計係[課]の. **2** 給費の. 〘(1862): ⇨ ↑, -ial〙

búr·sar·shìp *n.* =bursary 2.

bur·sa·ry /bə́:s(ə)ri | bə́:-/ *n.* **1** 《英》(大学・修道院の)会計係[課](の部屋). **2** (特にスコットランド・ニュージーランドの大学などの)給費基金, 奨学金 (scholarship). 〘(1538) □ ML *bursāria*: ⇨ bursar, -y¹〙

Bur·schen·schaft /búəʃənʃɑ̀:ft | búə-; *G.* bʊ́ʁʃn̩ʃaft/ *n.* (*pl.* **-schaf·ten** /-ʃɑ:ftən; *G.* -ʃàftn̩/) (ドイツの大学の)学生協会《本来の目的は修養的・愛国的なものであったが, 今ではもっぱら社交機関》. 〘□ G ~ ← *Bursch* student, 《原義》living on the same purse ← L *bursa* 'PURSE'〙

burse /bə́:s | bə́:s/ *n.* **1** ケース, 物入れ, 小袋. **2** (スコットランドの大学で)給費基金, 奨学金 (bursary). **3** 〖カトリック〗ブルサ, 聖布嚢(のう)《聖体布 (corporal) を入れるもの》. **4** 《廃》株式取引所 (bourse). 〘(1553) □ F *bourse* wallet < L *bursam* □ Gk *búrsa* hide: cf. bursa, bourse〙

búr·sèed *n.* 〖植物〗ムラサキ科ノムラサキ属の植物 (*Lappula echinata*)《その実にいがあって, 衣服にくっつく; cf. stickseed》.

Bur·ser·a·ce·ae /bə̀:sərésiì: | bə̀:-/ *n. pl.* 〖植物〗(双子葉植物ムクロジ目)カンラン科. **bùr·ser·á·ceous** /-ʃəs⁻/ *adj.* 〘← NL ~ ← *Bursera* (属名: ← *Joachim Burser* (1593–1649: ドイツの植物学者))＋-ACEAE〙

bur·si·form /bə́:səfɔ̀əm | bə́:sɪ̀fɔ̀:m/ *adj.* 〖解剖・動物〗袋の形をした, 袋[嚢(のう)]状の (saccate). 〘(1836) ← ML *bursa* (⇨ bursa)＋-I-＋-FORM〙

bur·si·tis /bəːsáɪtɪs | bəːsáɪtɪs/ *n.* 〖病理〗滑液包[嚢]炎. 〘(1857) ← NL ~ ← ML *bursa* (↑)＋-ITIS〙

Burs·lem /bə́:zləm | bə́:z-/ *n.* バースレム《イングランド中西部の町; 1910 年に Stoke-on-Trent の一部となった; ⇨ Five Towns》. 〘ME *Borewardeslyme* < OE *Barcardeslim* ← *Burgheard* (人名)＋*lyme* (川名: cf. Welsh *llif* flood)〙

burst /bə́:st | bə́:st/ *v.* (~, 《古・方言》~·ed) **— *vi.*** **1 a** 〈爆弾・ボイラー・瓶などが〉破裂する, 粉々に飛び散る, 爆発する: The balloon ~ with a bang. 風船がばーんと破裂した / Stop eating or you will ~. 食べるのをやめないと腹がはち切れるぞ. **b** 〈おでき・みずぶくれなどが〉破れる: The boil ~ and exuded pus. おできがつぶれてうみが出た. **c** 〈ダムなどが〉決壊する. **d** 〈ロープなどが〉張り裂ける, はち切れる: The rope ~ *in* two. ロープがぷつんと 2 つに切れた. **2 a** 〈戸・窓・錠などが〉急に[ぱっと, 壊れて]開く: The door ~ open. 戸がぱっと開いた. **b** 〈タイヤが〉破裂[パースト]する. **c** 〈豆のさやなどが〉はじける. **d** 〈つぼみが〉ほころびる: The buds are ~*ing* on the cherry tree. 桜のつぼみがほころびかけている. **e** 〈花火などが〉ぱっと開く. **3 a** 急に飛び出る[入り込む], 襲う; 勢いよく出る, 噴出する 〈*out*〉: ~ *into* [*out of*] a room 部屋に躍り込む[部屋から飛び出す] / A cry ~ *from* her lips. 突然彼女の口から悲鳴が上がった / They ~ *upon* the enemy. 突然敵陣に侵入した / The car ~ *away*. その車は急に走り去った / The police ~ *in*. 警察がさっと踏み込んだ / He ~ *out of* [free *from*] the chains. 束縛を破って自由になった / The water ~ (*out*) *through* the chinks. 小さな割れ目から水が噴き出てきた. **b** 突然現れる: The blazing sun ~ *through* (the clouds). 突然燃えるような太陽が(雲間から)現れた / ~*into* sight [view] 急に姿を現す. **c** 突然〔視野・耳に〕入る 〔*on, upon, onto*〕: A new scene ~ *upon* our sight. 突然新しい光景が我々の目に入ってきた / A deafening explosion ~ *upon* their ears. 耳をつんざく爆発音が突然彼らの耳を襲った. **d** 〈戦争・病気・火事などが〉突然起こる, 突発する 〈*out*〉. **4 a** 〈胸が〉張り裂けんばかりである: My heart is ready [about] to ~. 胸が張り裂けんばかりの思いだ. **b** [通例 ~*ing* の形で]〔…で〕(張り裂けんばかりに)充満する, いっぱいになる 〔*with*〕: be ~*ing with* health [happiness] 健康[幸福]ではち切れんばかりである / be ready [about] to ~ *with* anger [a secret] 怒りを爆発させたくて[秘密を打ち明けたくて]うずうずしている / The hall was ~*ing with* people. ホールは人であふれんばかりだった / be full to ~*ing* はち切れそうにいっぱいで; 満腹で. **c** [通例 ~*ing* の形で]〈…したくて〉うずうずしている 〈*to* do〉: I *am* ~*ing to* tell him the news. 彼にそのことを知らせたくてたまらない. **5 a** [*doing* を伴って] 突然…し出す 〈*out*〉: ~ *out* laughing [crying] どっと笑い出す[わっと泣き出す]. **b** 突然〔ある状態に〕なる, 急に〔ある行動を〕始める 〈*out*〉 〔*into*〕: ~ (*out*) *into* blossom [leaf] 急に咲き出す[芽吹く] / ~ (*out*) *into* flame(s) ぱっと燃え上がる / ~ (*out*) *into* song [speech] 急に歌い[しゃべり]出す / ~ (*out*) *into* laughter どっと笑い出す / ~ *into* rebellion 突然謀反を起こす / ~ *into* tears [loud weeping] わっと泣き出す / He ~ (*out*) *into* angry words. かっとなってどなりちらした.

— *vt.* **1** 破裂させる, 爆破する: ~ a balloon, bubble, tire, dam, pipe, etc. / ~ a blood vessel ⇨ blood vessel. **2 a** 押し破る, 破り開く[切る]: ~ a chain 鎖を引きちぎる / ⇨ *burst one's* BUTTONs / ~ a door open＝~ open a door ドアをぱっと突き破って開ける / The river has ~ its banks. 川の水が堤防を押し破った. **b** 破って〈穴などを〉あける: ~ a hole *through* the wall 壁に穴をぶちあける. **c** [~ one's way として] 破って通る, 押し分けて進む: He ~ *his way through* the crowd. 人込みの中をかき分けて進んだ. **3** 〈束縛・拘束などを〉破る, 断ち切る; 〈陰謀などを〉打ち壊す: ~ one's restraints 抑制を断つ / ~ a conspiracy 陰謀をくじく / The prisoner ~ his bonds. その囚人は束縛を破って脱走した. **4** [~ one*self* で] (食べ過ぎ・過労のために)身体を害する. **5** 《英俗》〈金を〉(どんちゃん騒ぎをして)じゃんじゃん使う.

búrst awáy 《詩》突然[一目散に]逃げ出す. ***búrst fórth*** (1) にわかに現れる. (2) (やぶなどから)飛び出す. (3) 〈花などが〉ぱっと開く. (4) 〈怒り・叫び声などが〉どっと起こる. (5) 〈流行病・火災などが〉突発する; 〈嵐などが〉突然起こる. (6) 〈涙・血などが〉どっと出る, 噴出する. (7) 突然始める (cf. *vi.* 5): ~ *forth in* song [*into* apologies] 急に歌い[弁解を]始める. ***búrst ín*** (1) 〈ドアなど〉内側に激しく開く[開ける]. (2) 突入[侵入]する, 暴れ込む (cf. *vi.* 3 a): He ~ *in* (*up*)*on* me with the news. 知らせを持って私の所へ飛び込んできた. (3) 〔話などを〕急にさえぎる〔*on*〕; …と言って話を妨げる: ~ *in* (*up*)*on* a conversation [discussion] 会話[議論]に突然口をはさむ / "Mind your own business," he ~ *in* angrily. 「余計なお世話だ」と急に怒った口調で言葉をはさんだ. ***búrst óut*** (1) ⇨ 3 a, d, 5 a, b. (2) 突然叫ぶ, 急に気色ばんで言う (exclaim): He ~ *out*, "Stop complaining." 「ぐちはやめろ」と突然どなった. (3) 突発的に起こる. ***búrst óut of*** …がはち切れるほど大きくなる[太る]: The child is ~*ing out of* his clothes. あの子は洋服がはち切れるほど太っている. ***búrst úp*** (1) 破裂する, 爆発する. (2) 破滅する, 破産する, 倒産する.

— *n.* **1 a** 破裂, 炸裂, 爆発: ⇨ airburst. **b** 破裂箇所, 裂け穴 (breach): a ~ in the embankment 堤防の決壊箇所. **2 a** 激発, 突発 (outbreak); 噴出: a ~ of applause どっと起こる喝采(かっさい) / a ~ of blood ほとばしる血潮 / a ~ of thunder [gunfire] 雷[銃声]のとどろき / a renewed ~ of inflation インフレの再燃 / in a ~ of flame 突然[ぱっと]燃え上がって / in a ~ of anger 憤然として / with a ~ of speed 急に速力を出して / with a ~ of laughter どっと笑って. **b** 一奮発, 一気 (spurt); (馬の)一駆け: at a [one] ~ 一挙に, 一奮発して, 一気呵成(かせい)に / work in intermittent ~*s* 時々思い出したように勢いよく働く / put on a final ~ (of speed) ラストスパートをかける. **3** 突然眼界に開ける光景: a ~ of mountain and plain 突然展開する山野の景色. **4** 《英俗》飲み騒ぎ (spree): go on the ~ どんちゃん騒ぎをする. **5** 〖軍事〗 **a** (銃砲の集中射撃; (機関銃などの引金の一引きによって連続的に発射される)一連射, 連続発射. **b** 爆煙《高射砲弾の炸裂に伴う煙のかたまり》. **6** 〖物理〗 **a** バースト《宇宙線によって一時に多数のイオンが作られる現象》. **b** バースト《シンクロトロンなどの高エネルギー加速器によって一度に加速されるビーム》.
〘v.: OE *berstan* < Gmc **brestan* (G *bersten* / ON *bresta*) ← IE **bhres-* to break: cf. bruise. — n.: (1611) ← (v.): cf. OE *byrst* injury〙

búrst·er *n.* **1 a** 破壊する人, 爆発させる人. **b** (仕事として)ハンマーで石をたたき割る人. **2 a** 破壊する物, 爆発物. **b** 〖軍事〗(化学戦用の弾丸・爆弾・機雷などを爆発させその薬剤を飛散させる)炸薬筒(さくやくとう). **c** 〖軍事〗= bursting charge. **3** =buster 4. 〘(1611): ⇨ ↑, -er¹〙

búrst·ing *adj.* **1** (喜びなどに)あふれる. **2** 熱望する. **3** 《口語》小便がしたくて仕方ない. 〘(1667): ⇨ -ing²〙

búrsting chàrge *n.* 〖軍事〗炸薬(さくやく)《弾丸・爆弾・機雷などを爆発させ破片効果・破壊効果などを生み出す》. 〘1858〙

búrsting hèart *n.* 〖植物〗=strawberry bush 1.

búrsting pòint *n.* [the ~] 自制心がきかなくなる時点, 堪忍袋の緒が切れるとき. 〘1902〙

búrsting strèngth *n.* **1** 破裂強度《物質が圧力を加えられ, それに耐えうる限界》. **2** 破裂に要する圧力.

búr·stòne *n.* =buhrstone. 〘(1690): ⇨ burr², stone〙

búrst·pròof *adj.* 〈ドアの錠が〉破壊的打撃に耐える.

búrst-ùp *n.* (組織の)解体, 解散; (会社の)破産, 倒産.

burst·y /bə́:sti | bə́:-/ *adj.* **1** 《口語》間をおいて突発的に起こる. **2** 〖通信〗バースト的な《データ伝送が一様でなく, 間をおいてまとめて大量に送られる》; バースト伝送の. **búrst·i·ness** *n.*

Burt /bə́:t | bə́:t/ *n.* バート《男性名》. 〘(dim.) ← ALBERT, BURTON, HERBERT: cf. Bert〙

Burt /bə́:t | bə́:t/, **Sir Cyril** (**Lodowic**) *n.* バート《1883–1971; 英国の心理学者》.

bur·then¹ /bə́:ðən | bə́:-/ *n.*, *vt.* 《古》=burden¹.

bur·then² /bə́:ðən | bə́:-/ *n.* =burden².

bur·then·some /bə́:ðənsəm | bə́:-/ *adj.* 《古》=burdensome.

bur·ton /bə́:tn̩ | bə́:-/ *n.* 〖海事〗軽滑車装置 (tackle): ⇨ Spanish burton. 〘(1704) 《変形》? ← BRETON〙

Bur·ton¹ /bə́:tn̩ | bə́:-/ *n.* バートン《男性名》. 〘← OE *Burhtūn* village by a burg, fortified manor: ⇨ burg, -ton: 地名に由来する家族名から〙

Bur·ton², **b-** /bə́:tn̩ | bə́:-/ *n.* 《英》バートン (Burton-on-Trent 産の強いエール; cf. Bass).
gó for a búrton [***Búrton***] 《英俗》〈飛行士が〉戦死する; 〈人・物が〉行方不明になる, なくなる, 死ぬ; 〈物が〉破壊される, だめになる. (1941)

Burton, Harold Hitz /híts/ *n.* バートン《1888–1964; 米国の法律家; 最高裁判所陪席判事 (1945–58)》.

Burton, Richard *n.* バートン《1925–84; 英国の舞台・映画俳優》.

Burton, Sir Richard (**Francis**) *n.* バートン《1821–90; 英国の探検旅行家・東洋学者; *The Arabian Nights' Entertainments* (1885–88) の翻訳者》.

Burton, Robert *n.* バートン《1577–1640; 英国の聖職者・学者・著述家; *The Anatomy of Melancholy* (1621); 筆名 Democritus Junior》.

Búrton-on-Trént *n.* バートン オン トレント《イングランド中部, Staffordshire 州東部の都市; Trent 川の左岸にあり, 醸造業の中心地; Burton-upon-Trent ともいう》. 〘ME *Burton super Trente* ← OE *Byrtun* (← *byrh* ((gen.) ← *burg* 'BOROUGH')＋*tūn* '-TON')＋*Trent* (原義) trespasser, i.e., a river liable to floods〙

Bu·ru /bú:ru:/ *n.* ブル《インドネシア Moluccas 諸島西部, Ceram 島の西の島》.

Bu·run·di /burúndi, bə-/ *n.* ブルンジ《アフリカ中東部の共和国; もと国連ベルギー信託統治領 Ruanda-Urundi の一部であったが, 1962 年独立; 面積 27,834 km², 首都 Bujumbura; 公式名 the Republic of Burundi ブルンジ共和国》.

Bu·run·di·an /burúndiən, bə-/ *adj.* ブルンジ(人)の. **— *n.*** ブルンジ人.

Bu·ru·shas·ki /bù^ərəʃá:ski | bùər-/ *n.* ブルシャスキ語《Kashmir 北西部地方で使用される; 系統不明》.

búr·wèed *n.* 〖植物〗いがのある実を生じる雑草の総称《オナモミ (cocklebur), ゴボウ (burdock) など》. 〘1783〙

bur·y /béri/ *vt.* **1 a** 葬る, 埋葬する (inter); 〈聖職者が〉〈死者〉の埋葬式を行う: be dead and *buried* 地下に眠る / be *buried* at sea 水葬される / Where is he [the body] *buried*? 彼[遺体]はどこに埋葬されているのか. **b** 〈肉親など〉と死別する: ~ one's wife 妻と死別する / He *buried* his children. 彼は子供に先立たれた. **2 a** 〔地中に〕埋める, 埋蔵する; 〔砂・灰・雪などの中に〕いける 〔*in*〕: ~ treasure *in* the ground / ~ coals *in* ashes 石炭を灰にいける / be *buried* alive 生き埋めにされる; 世間から忘れられる, 世に埋もれる. **b** (覆い)隠す: ~ one's face *in* one's hands 両手で顔を覆う / ~ oneself [be *buried*] *in* the country 田舎に埋もれる[引きこもる] / The letter was *buried under* the papers. その手紙は書類の下に埋もれていた. **c** [通例受身で]〈事実・過失などを〉覆い隠す, 目立たなくする, 埋もれさせる. **3** 〔…に〕突っ込む 〔*in, into*〕: ~ a dagger *in* a person's heart 人の胸に短剣を突き刺す / ~ one's hands *in* one's pockets 両手をポケットに突っ込む. **4 a** [受身または ~ one*self* で]〔思いなどに〕ふける, 没頭する 〔*in*〕: *be buried in* thought [grief] 思い[悲しみ]に沈む / ~ *oneself in* one's work [studies] 仕事[研究]に没頭する. **b** 忘れる, 葬ってしまう: ~ strife 闘争を捨てる / ~ a bitter memory つらい思い出を忘れる / ~ one's differences 不和を忘れる[水に流す]. **5** 〖トランプ〗〈見えたカードなどを〉積札の下の方に入れて(しばらく)使えなくする. **6** 負かす, やっつける, 制圧する: We're going to ~ the opposition next time. 次回は相手をやっつけてやる.
〘OE *byrġan* < Gmc **burʒjan* ← **burʒ-*, **berʒ-* ← IE **bhergh-* to hide, protect: cf. OE *beorg* burial place & *burgen* grave〙

SYN **1** 埋葬する: **bury** 〈死体を〉墓[海]に葬る《一般的な語》: He was *buried* yesterday. 彼は昨日埋葬された. **inter** *bury* と同義であるが, 格式ばった語: Washington was *interred* at Vermont. ワシントンはバーモントに葬られた. **inhume** 〈死者を〉土葬にする《格式ばった語》: *inhume* the dead 死者を埋葬する. **entomb** 〈人や動物を〉墓に入れる《格式ばった語》: Henry VI was *entombed* at Windsor. ヘンリー 6 世はウィンザーに葬られた.
2 隠す: ⇨ hide¹.

Bur·y /béri/ *n.* ベリー《イングランド北西部 Manchester の北北東にある町; 昔は織物の中心地》.

Bu·ryat /burjá:t, bù^əriá:t | bùəriá:t, -ǽt/ *n.* (*pl.* ~, ~**s**) **1 a** [the ~(s)] ブリヤート族《Baikal 湖付近に住むモンゴル族》. **b** ブリヤート族の人. **2** ブリヤート語. **— *adj.*** ブリヤート族の; ブリヤート語の.

Bur·yat·ia /burjá:tiə, bùriá:- | bùəriá:tiə, -ǽt-/ *n.* =Buryat Republic.

Buryát Repúblic *n.* [the ~] ブリヤート共和国《ロシア連邦東部, Yablonovy 山脈と Baikal 湖とに囲まれた自治共和国; 面積 351,300 km², 首都 Ulan-Ude》.

Bur·yat·skay·a /burjɑ:tskáɪə, bù^əriɑ:t- | bù(ə)riɑ:t, -ǽt-; *Russ.* burʲátskəjə/ *n.* ブリアットスカヤ《Buryat Republic の旧名》.

búr·y·ing *n.* **1** 埋葬 (burial), 葬式 (funeral). **2** [形容詞的に] 埋葬用の. **3** 埋設. 〘(*c*1280): ⇨ -ing¹〙

búrying bèetle *n.* 〖昆虫〗シデムシ, (俗に)埋葬虫《死

肉の中へ卵を産み地中に埋めるモンシデムシ属 (*Necrophorus*), *Silpha* 属などの甲虫の総称; 雌は若い幼虫を哺育する; carrion [sexton] beetle ともいう》.

búrying gròund [lòt, plàce] *n.* 埋葬地[所], 墓地. 〖*c*1380〗

Bur·y St. Ed·munds /bérisəɪntédməndz | -s(ə)nt-, -sṇt-/ *n.* ベリーセントエドマンズ《イングランド Suffolk 州の市(ʃ)の立つ都市, 旧 West Suffolk の州都; ベネディクト派の大寺院があった(今は廃墟)》. 〖*Bury*: < lateOE *Byriġ* (dat.) ← *burg* 'BOROUGH'〗

bus /bʌ́s/ *n.* (*pl.* **bus·es, bus·ses**) **1** バス, 乗合自動車 (motorbus) (cf. coach, charabanc): by ～ ＝on a ～ バスで. ★ 20 世紀の初めまで 'bus が用いられた. **2** 《口語》 **a** 自動車 (motor car). **b** 飛行機 (airplane), エアバス. **c** オートバイ (motorcycle). **d** (小型の)手押し車 (hand truck). **3** (食堂で使う通例四輪の)手押し車, ワゴン. **4** 低い移動式書類整理箱[棚]. **5** 〖電算〗 バス, 母線《各種のデータ源・データ利用装置に接続される共通線》. **6** 〖電気〗 母線《2 個以上の供給回路を共通に接続する線; busbar, bus conductor ともいう》. **7** 〖宇宙〗 (ロケット・ミサイルの)段 (stage).

miss the bús ⇨ miss¹ 成句.

— *v.* (**bussed, bused; bus·sing, bus·ing; bus·ses, bus·es**) — *vt.* **1** [～ it として] バスで行く[旅行する]. **2** 《米》 バスで運ぶ; 《米》 (特に, 人種差別をなくすため)〈児童を〉(他の地区の学校へ)バス通学させる: ～ children to school / the political issue of ～*sing* バス通学に関する政治的問題. **3** 手押し車で〈皿を〉運ぶ. — *vi.* **1** バスで行く[旅行する]. **2** 〖食堂でワゴン (⇨ bus (n.) 3) を使って皿を運ぶことから〗《米口語》 食堂給仕係の助手 (busboy) の仕事をする.

〖(1832) 《略》 ← OMNIBUS〗

bus. 《略》 bushel(s); business.

bús·bàr *n.* 〖電気〗 ＝bus 6.

bús·bòy *n.* 《米・カナダ》 (男性の)食堂給仕係の助手《食卓の片付けや皿洗いなどをする》. 〖(1913) ← BUS (n.) 3＋BOY〗

bus·by /bʌ́zbi/ *n.* **1** 《英》 バズビー帽, 毛皮製高帽《英国軽騎兵または近衛兵の礼装帽》. **2** ＝bearskin 2 b. 〖(1764) ←? *Busby* (地名または人名)〗

busby 1

Bus·by /bʌ́zbi/, **Sir Mathew** *n.* バズビー《1909–94; 英国のサッカー監督; 1945 年に Manchester United の監督に就任, 強力で人気抜群の名門チームに育て上げた; 通称 Matt》.

Bus·ca·gli·a /bʌskɑ́ːliə, -ljə/, **Leo** *n.* バスカーリア《1924–98; 米国の哲学者・童話作家; *The Fall of Freddie the Leaf* (1983)》.

Busch /bʊ́ʃ/ *n.* 〖商標〗 ブッシュ《米国 Anheuser-Busch 社製のビール》.

Busch /bʊ́ʃ; G. bʊ́ʃ/, **Adolf** *n.* ブッシュ《1891–1952; ドイツ生まれのスイスのバイオリニスト》.

bús condùctor *n.* **1** バスの車掌. **2** 〖電気〗 ＝bus 6.

bús dèpot *n.* 《米》 ＝bus station.

bu·se·ra /buséra/ *n.* ブセラ: **1** 雑穀で造ったウガンダの酒《蜂蜜を混ぜることもある》. **2** 雑穀で作った雑炊.

bús gìrl *n.* 《米》 (女性の)食堂給仕係の助手. 〖cf. busboy〗

bush¹ /bʊ́ʃ/ *n.* **1 a** (1 本の)低木, 灌木 (shrub). **b** (数本集まって 1 本のように見える)低木の茂み. **c** [しばしば the ～] やぶ, 叢林; 低木[叢林]地帯. **2 a** [the ～] 未開墾地, 奥地; 田舎; (特に, オーストラリア・アフリカ・カナダなどの)森林地帯, (住人のまばらな)僻地(ᵛᵏ): live in *the* ～ 奥地に住む / take to *the* ～ 〈囚人などが〉山奥に逃走する; 匪賊(ᵛᵏ)になる (cf. bushranger 2). **b** [the ～es] 《米俗》 (都市に対して)農村地帯, 田舎. **c** 《カナダ》 農場の樹木栽培用地. **3 a** (毛などの)もじゃもじゃの一塊, もじゃもじゃ毛[頭]. **b** 《俗》 あごひげ (beard). **c** 〖狩猟〗 狐の尾. **d** 《卑》 陰毛; (女性の)陰毛部分; 女性. **4 a** 《古》 セイヨウキヅタ (ivy) の枝《昔, 酒屋や酒場の外にかけられた看板》. **b** 看板, 広告 (advertising): Good wine needs no ～. 《諺》 良酒には看板はいらない (cf. Shak., *As Y L*, 'Epilogue'). **c** 《廃》 酒屋 (tavern). **5** 《略》 ← *bush league*》 《俗》 〖野球〗 ＝minor league.

béat abòut [《米》 ***aròund***] ***the búsh*** (1) 遠回しに言う, 探りを入れる, 要点に触れない. (2) やぶのまわりをたたいて獲物を駆り立てる. (1520) ***béat the búshes*** (1) やぶをたたいて鳥獣を追い出す; 縁の下の力持ちをする. (2) (心当たりを捜した後に)ありそうなところをしらみつぶしに捜す 〔*for*〕. ***gò búsh*** 《豪》 (1) 〈人が〉都会から田舎へ逃れる, 人のいないところへ逃げる. (2) 〈動物が〉野性的になる, 狂暴になる. (1908)

— *vi.* 低木のようになる[広がる] 〈*out*〉. — *vt.* **1** 〈植物を〉低木で覆う[囲む, 飾る]. **2** [～ it として] 《豪》 森林地帯[奥地]に住む[キャンプする]. **3** 《口語》 疲れ切らせる.

— *adj.* **1** 《アフリカ西部》 田舎の, 粗野な. **2** 《俗》 素人っぽい, ちゃちな.

〖(*c*1250) *buss(h)e* < ? OE **bysc* bush, thicket ← Gmc **busk-* (G *Busch*) ← ?〗

bush² /bʊ́ʃ/ *n.* **1** 〖機械〗 ブッシュ, 軸受け筒《磨滅を防ぐため穴の内側にはめ込む金属筒》. **2** ＝bushing 1, 2 b. — *vt.* 〖機械〗 …にブッシュを付ける, 〈穴〉に金属を着せる. 〖(1566) □ MDu. *busse* (Du. *bus*) bush of a wheel □ LL *buxis* 'BOX³'〗

bush. 《略》 bushel(s).

Bush /bʊ́ʃ/, **George** (**Herbert Walker**) *n.* ブッシュ《1924– ; 米国の政治家; 第 41 代大統領 (1989–93); 共和党》.

Bush, George (**Walker**) ブッシュ《1946– ; 米国の政治家; 前者の子; 第 43 代大統領 (2001–); 共和党》.

Bush, Van·ne·var /vəníːvɑə, -və | -vɑː(ʳ, -və(ʳ/ *n.* ブッシュ《1890–1974; 米国の電気工学者》.

búsh·bàby *n.* 〖動物〗 ガラゴ (⇨ galago). 〖1901〗

búsh bàllad *n.* オーストラリアの未開地での生活を歌ったバラッド調の詩. 〖1895〗

búsh·bàshing *n.* 《豪俗》 やぶをかき分けながら進むこと. 〖1852〗

búsh bàsil *n.* 〖植物〗 ブッシュバジル (*Ocimum minimum*) 《シソ科メボウキ属の一年草》. 〖1597〗

búsh bèan *n.* 〖園芸〗 ツルナシインゲンマメ (*Phaseolus vulgaris* var. *humilis*) 《インゲンマメ (kidney bean) の矮性種》. 〖1821〗

búsh·bèater *n.* (俳優・野球選手などを)スカウトする人. 〖← *beat the bushes* (⇨ bush¹ (n.) 成句)〗

búsh bòy *n.* ＝bushman.

búsh·bùck *n.* (*pl.* ～, ～**s**) 〖動物〗 **1** ブッシュバック (*Tragelaphus scriptus*) 《背に長毛がたてがみのように生え, 約 20 cm の角があるアフリカ産の中形のレイヨウ; cf. harnessed antelope》. **2** ブッシュバック亜科のレイヨウ類の総称 (boschbok ともいう). 〖1852〗

búsh canàry *n.* 〖鳥類〗 **a** キイロモフアムシクイ (*Mohoua ochrocephala*) 《ニュージーランド産の頭と胸が黄色い小鳥》. **b** ニュージーランドムシクイ (*Finschia novaeseelandiae*) 《額と頭頂は赤褐色; ニュージーランド南東産; brown creeper ともいう》.

búsh càrpenter *n.* 《豪・NZ》 ぞんざいで未熟な労働者, 無骨な大工, たたき大工.

búsh càt *n.* 〖動物〗 **1** サーバル(キャット) (serval). **2** リビアネコ (⇨ Kaffir cat).

búsh·chàt *n.* 〖鳥類〗 ノビタキ属 (*Saxicola*) の数種の鳥の総称《ノビタキ (stonechat) に近縁のアジア産の小鳥》.

búsh clòver *n.* 〖植物〗 マメ科ハギ属 (*Lespedeza*) の植物の総称. 〖1818〗

búsh·cràft *n.* 《豪》 未開地[僻地(ᵛᵏ)]住まいの知識[技術]. 〖1883〗

búsh crànberry *n.* 〖植物〗 ＝cranberry bush.

búsh crìcket *n.* 〖昆虫〗 キリギリス《キリギリス科 (Tettigoniidae)》.

búsh dòg *n.* 〖動物〗 ヤブイヌ (*Speothus venaticus*) 《南米北部産》. 〖1883〗

bushed *adj.* **1** やぶに覆われた, 低木がはびこった. **2** 《豪》 **a** 低木地帯で迷った: get ～. **b** 当惑した, 驚きあきれた. **3** 《口語》 疲れきった. 〖(14C): ⇨ bush¹, -ed 2〗

bush·el¹ /bʊ́ʃəl, -ʃɫ/ *n.* **1** ブッシェル《ヤード・ポンド法における体積の単位; ＝4 pecks; 略 bu.》: **a** 《米》 乾量の単位; 2,150.42 立方インチ, 35.238 リットル (Winchester bushel ともいう). **b** 《英》 乾量および液量の単位; 2,219.36 立方インチ, 36.37 リットル (imperial bushel ともいう). **2** ブッシェルます. **3** ブッシェル重量《各種の穀類・豆類・果物・芋類などの 1 ブッシェルの重量単位; 米国では 60 ポンド, 27.22 kg; 英国では 62 ポンド, 28.12 kg》. **4** 《米口語》 多量, 多数, たくさん (a large quantity): ～*s* of cards たくさんのカード.

hìde one's líght [***cándle***] ***ùnder a búshel*** (謙遜して)自分の才能を隠す, 謙虚[控えめ]にふるまう (cf. *Matt.* 5: 15). ***méasure anóther's córn by one's ówn búshel*** ⇨ corn 成句.

〖(*c*1330) *bussel* □ OF *boissiel* (F *boisseau*) ← *boisse* one sixth of a bushel □ VL **bostia* handful ← Gaul. **bosta*〗

bush·el² /bʊ́ʃəl, -ʃɫ/ *v.* (**bush·eled, -elled; -el·ing, -el·ling**) 《米》 — *vt.* 〈紳士服を〉修理する (repair), 作り替える, 仕立て直す (alter). — *vi.* 紳士服の修理[仕立て直し]をする. 〖(1864) □ ? G *bosseln* to patch: cf. beat¹〗

bush·el·age /bʊ́ʃəlɪdʒ/ *n.* ブッシェル量. 〖(1818): ⇨ -age〗

búshel·bàsket *n.* ブッシェル(容量の)かご.

bush·el·er /-ʃ(ə)lə | -lə(ʳ/ *n.* (*also* **bush·el·ler** /～/) (紳士服の)仕立て直し屋. 〖(1847) □ ? G *Bossler*: ⇨ bushel², -er¹〗

bush·el·ful /bʊ́ʃəlfʊ̀l, -ʃɫ-/ *n.* **1** ブッシェルます一杯分の量 〈*of*〉. **2** 多量, 多数. 〖(*c*1449): ⇨ -ful²〗

búshel·man /-mən/ *n.* (*pl.* **-men** /-mən, -mèn/) ＝busheler.

búsh·er *n.* ＝bush leaguer.

búsh fàllow *n.* 〖農業〗 灌木[叢林]休閑耕作《山林・原野を伐り払って耕作し, その後しばらく休耕して土地の地力を回復させるのを繰り返す農法; 東南アジア・西アフリカなどの湿気の多い地方で行われる》.

búsh·fìghter *n.* 森林[叢林地]で戦う人, ゲリラ兵. 〖1760〗

búsh·fìghting *n.* 森林[叢林地]戦, ゲリラ戦《木・岩など地形・地物を巧みに利用する小規模な戦闘》. 〖1760〗

búsh·fìre *n.* 《豪》 (低木地帯の急速に広がっていく)叢林[森林]火事. 〖1832〗

búsh·flỳ *n.* 〖昆虫〗 オーストラリア産の小形のイエバエ (*Musca vetustissima*) 《クロバエ科 (Calliphoridae) のハエ》. 〖1934〗

búsh frùit *n.* 低木の食べられる小さな実《特に, スグリ (currant), キイチゴ (raspberry), グースベリー (gooseberry) など》.

búsh gràss *n.* 〖植物〗 ヤマアワ (*Calamagrostis epigeios*) 《ヨーロッパ・アジア・北米に広く分布するイネ科ノガリヤス属のアシに似た草》.

bush·ham·mer /bʊ́ʃhæ̀mə | -mə(ʳ/ *n.* びしゃん《石材表面仕上げ用の面にぼつぼつのある槌(ᵗ); 「びしゃん」は 'bushhammer' の発音の転訛》. — *vt.* 〈石の表面をびしゃんで平滑にする. 〖(1884) □ G *Bosshammer* ← 《廃》 *bossen* to beat: cf. hammer〗

búsh hàrrow *n.* ＝brush harrow.

búsh hàt *n.* ブッシュハット《オーストラリア陸軍のつばの広い制帽》. 〖← BUSH¹〗

búsh·hèn *n.* 〖鳥類〗 バンクイナ (*Amaurornis olivaceus*) 《オーストラリア北東部, New Guinea などの植生の繁茂した湿地帯にすむ》. 〖1939〗

búsh hòneysuckle *n.* 〖植物〗 **1** アメリカタニウツギ (*Diervilla lonicera*) 《米国北東部の香りのよい黄色い花が咲くスイカズラ科の低木; gravelweed ともいう》. **2** ＝Tartarian honeysuckle.

búsh hòok *n.* ＝brush hook.

búsh hòuse *n.* 《豪》 やぶの中の小屋; 庭の小屋. 〖1834〗

búsh hùckleberry *n.* 〖植物〗 米国東部産のツツジ科コケモモの類の落葉低木 (*Gaylussacia dumosa*) 《黒い無味淡白な実がなる》.

Bu·shi·do, b- /bʊ́ʃɪdòʊ, búːʃ- | bʊʃíːdəʊ, bʊ̀ʃɪdə́ʊ/ *n.* 武士道. 〖(1898) □ Jpn.〗

bush·ie /bʊ́ʃi/ *n., adj.* ＝bushy.

búsh·i·ly /-ʃəli/ *adv.* **1** やぶのように. **2** 〈髪が〉くしゃくしゃして. 〖1857〗

búsh·ing *n.* 《米・カナダ》 **1** 〖電気〗 ブッシング, 套管(ᵗᵏ). **2** 〖機械〗 **a** ブッシュ, 入れ子, 軸受け筒. **b** はと目, (穴の内側にかぶせる)輪金. 〖(*c*1420): cf. bush²〗

Bu·shire /buːʃíə | b(j)uːʃáɪə(ʳ, -ʃíə(ʳ/ *n.* ブシール《イラン南西部のペルシャ湾に臨む港市; ペルシャ名 Bushehr》.

búsh jàcket *n.* ブッシュジャケット《アフリカなどの森林地帯で使われる腰まである長い綿のジャケット; 4 個のパッチポケットとベルト付き; bush coat ともいう》. 〖1939〗

búsh·lànd *n.* (未開拓の)森林地帯. 〖1827〗

búsh làwyer *n.* **1** 〖植物〗 ＝New Zealand bramble. **2** 《豪》 法律を知っているふりをする人.

búsh-lèague *adj.* 《俗》 **1** 〖野球〗 minor league に属する. **2** 二流の, 並の, 未熟な.

búsh lèague *n.* 《俗》 〖野球〗 ＝minor league.

búsh lèaguer *n.* 《俗》 **1** 〖野球〗 ＝minor leaguer. **2** 二流どころ.

búsh·lìne *n.* 《カナダ》 北部森林地帯を飛ぶ定期航空路.

búsh·lìne *n.* 《NZ》 叢林限界《高山で森林が成立できる限界線》.

búsh lòt *n.* 《カナダ》 森林地帯.

búsh·man /-mən/ *n.* (*pl.* **-men** /-mən, -mèn/) **1** ＝woodsman. **2** 《豪》 (男性の)森林地帯[奥地]居住者[耕作者, 開拓者, 旅行者]; 田舎者 (rustic) (cf. townsman 1). 〖(1785) ← BUSH¹〗

Bush·man /bʊ́ʃmən/ *n.* (*pl.* **-men** /-mən, -mèn/) **1 a** [the Bushman] ブッシュマン族《アフリカ南部の Kalahari 砂漠やその付近に住む背の低い狩猟民族; cf. Negrillo》. **b** ブッシュマン族の人. **2** ブッシュマン語. **3** [b-] 《豪》 未開地の居住者《未開地生活に必要な技能を身につけている》. 〖(1785) 《なぞり》 ← Afrik. 《廃》 *boschjesman* man of the bush ← *boschje* ((dim.) ← *bosch* 'BUSH¹') ＋*man* 'MAN'〗

búshman·shìp *n.* ＝bushcraft.

búshman's síinglet *n.* 《NZ》 木材伐採者の着用する袖なしの分厚い黒色の毛織アンダーシャツ.

búsh·màster *n.* 〖動物〗 ブッシュマスター (*Lachesis mutus*) 《熱帯アメリカ産の巨大な毒ヘビ》. 〖1826〗

búsh mèdicine *n.* 《カリブ》 薬草・種子・樹皮などによる民間療法薬.

Bush·mills /bʊ́ʃmɪlz/ *n.* 〖商標〗 ブッシュミルズ《アイルランド産のウイスキー》.

Bush·nell /bʊ́ʃnɫ, -nel | -nɫ/ *n.* 〖商標〗 ブッシュネル《米国 Bushnell Optical 社製の光学器械・写真用品》.

Bush·nell /bʊ́ʃnɫ, -nel | -nɫ/, **David** *n.* ブッシュネル《1742–1824; 米国の発明家; 米国独立戦争に使われた原始的な潜水艦 "Bushnell's Turtle" の製造者》.

búsh nùrse *n.* 《豪》 **1** 遠隔地で活動するために待機している看護人. **2** 資格のない素人の看護人.

Bu·shon·go /buːʃɑ́(ː)ŋgoʊ | -ʃɔ́ŋgəʊ/ *n.* (*pl.* ～, ～**s**) ＝Kuba.

búsh òyster *n.* 《豪婉曲》 (食用としての)牛の睾丸. 〖1971〗

búsh paròle *n.* 《俗》 脱獄.

búsh pèa *n.* 〖植物〗 北米南東部産マメ科センダイハギ属の草 (*Thermopsis mollis*).

búsh·pìg *n.* 〖動物〗 カワイノシシ, ヤブイノシシ (*Potamochoerus porcus*) 《アフリカ南部および東部産; boschvark, river hog ともいう》. 〖1840〗

búsh pìlot *n.* **1** 《米》 (定期航空路以外の)辺境を飛ぶ飛行士. **2** 地上からの航法援助を受けずに飛ぶことに慣れた飛行士. 〖1936〗

búsh plàne *n.* 《カナダ》 bush pilot の操縦する軽飛行機《雪上・氷上着陸用のそりを備えていることもある》.

búsh pòppy *n.* 〖植物〗 ＝tree poppy.

búsh·rànger *n.* **1** 《米》 森林地帯に住む[を歩き回る, に潜伏する]人. **2** 《豪》 (昔, 奥地に逃走した脱獄囚の)匪

賊(ぞく), 山賊 (cf. bush¹ 2 a). 〖1801〗
búsh ròse *n.* 〘園芸〙株バラ, 木バラ, ブッシュローズ《樹形で分類した叢生種のバラの一群; cf. climbing rose》.
búsh shìrt *n.* =bush jacket.
búsh shrìke *n.* 〘鳥類〙 **1** ヤブモズ (*Chlorophoneus nigrifrons*)《アフリカ産》. **2** アリドリ (antbird)《熱帯アメリカ産》.
búsh sìckness *n.* 〘獣医〙(ニュージーランドなどの牧草地で)コバルトの不足で生ずる家畜の病気. **búsh-sick** *adj.*
búsh tèa *n.* **1** 〘植物〙アフリカ南部のマメ科の低木 (*Cyclopia subternata* または *Aspalathus cedarbergensis*)《両種ともその枝や葉は乾かして, せんじ薬にする》. **2** (1 の乾かした葉から作る)飲み物, 飲料 (beverage).
búsh tèlegraph *n.* **1** ジャングルの住人が用いる伝達手段《太鼓・火・走者など》. **2** 《豪俗》(悪人たちが警察の計画・動きなどを伝える)情報伝達網, 秘密伝達組織 (grapevine). **3** (情報・うわさなどの)急速な伝達 (cf. grapevine telegraph); うわさ, 口コミ.
búsh·tìt *n.* 〘鳥類〙米大陸産エナガ科ヤブガラ属 (*Psaltriparus*) の小鳥の総称; (特に)ヤブガラ (*P. minimus*). 〖1889〗
búsh tràm *n.* 《NZ》(人や木材運搬用の)森林鉄道.
búsh trèfoil *n.* 〘植物〙 =tick trefoil.
bush·veld /búʃfɛ̀lt, -vɛ̀lt/ *n.* **1** 叢林地帯. **2** [the ～; しばしば B-] 南アフリカ共和国 Transvaal 中部の低木がまばらに生えた草原地帯 (veld) (Lowveld ともいう). 〖(1879)《部分訳》← Afrik.《廃》*boschveld*: ⇨ bosch, veld〗
búsh vètch *n.* 〘植物〙イブキノエンドウ (*Vicia sepium*) (crow pea ともいう).
bush·wa /búʃwɑː, -wɔː/ *n.* (*also* **bush·wah** /～/)《米俗》ばかげたこと, たわごと. 〖(1920)《変形》← BULLSHIT〗
búsh·wàlk *vi.* 《豪・NZ》低木[叢林]地帯をハイキングする. **～·er** *n.* 〖1846〗
búsh wàrbler *n.* 〘鳥類〙 **1** ウグイス《日本・フィリピンなどに分布するヒタキ科ウグイス属 (*Cettia*) の鳴鳥の総称; ヨーロッパウグイス (*C. cetti*) など》. **2** オーストラリア産センニョムシクイ属 (*Gerygone*) の鳴鳥の総称.
búsh·whàck *vi.* **1** 《米・カナダ》やぶを切り開く, やぶを切り開いて進む; (川岸の)やぶを引っ張りながら船を進める. **2** 《米・カナダ》叢林地にすむ[隠れる]; (やぶの中で)待ち伏せて襲う, (やぶを利用して)奇襲する. **3** 《米・カナダ・豪》やぶの中を歩き回る; 僻地生活をする. **4** 《NZ》叢林地帯で木材伐採に従事する. **— *vt.*** **1** やぶを引っ張りながら〈船を〉進める. **2** 《米・カナダ》待ち伏せして襲う. 〖(1837)《逆成》↓〗
búsh·whàcked *adj.* 疲れきった (exhausted). 〖(1960): ⇨ bush, whack, -ed〗
búsh·whàcker *n.* **1** 《米・カナダ・豪》森林[叢林]地帯を歩き回る人; 叢林地の住人. **2 a** (南北戦争時代の南部同盟の)奇襲兵, ゲリラ兵. **b** 《米》ゲリラ兵 (guerrilla). **3** 《豪俗》粗野な人, 田舎者. **4** 《NZ》木材伐採業従事者. **5** (やぶを切り開く)なたがま (bill). 〖1809〗
búsh·whàcking *n.* 《米》 **1** (馬またはボートによる)叢林[森林]地帯の旅行. **2** ゲリラ(作)戦. 〖1826〗
búsh wrèn *n.* 〘鳥類〙ヤブサザイ (*Xenicus longipes*)《ニュージーランド産》.
bush·y /búʃi/ *adj.* (**bush·i·er**; **-i·est**) **1** 毛深い, 毛のふさふさとした: ～ eyebrows. **2** 低木の生い茂る, やぶの多い: a ～ bank, cliff, etc. **— *n.*** 《豪口語》 **1** 森林地の住民 (bushman) (cf. townsman 1). **2** やぼな[粗野な]人. **búsh·i·ness** *n.* 〖(*c*1384): ⇨ -y¹〗
búshy·tàiled *adj.* =bright-eyed.
bús·i·ly /-zəli, -zli, -zli/ *adv.* 忙しく, せっせと; にぎやかに, うるさく. 〖(?*a*1200): ⇨ -ly 1〗
busi·ness /bíznəs/ *n.* **1** 実業, 商業, 職業, 家業: the retail [wholesale] ～ 小売[卸売]業 / the banking [insurance] ～ 銀行[保険]業 / He preferred ～ to law. 弁護士よりも実業を選んだ / What (line of) ～ is he in? あの人の商売は何ですか / He is in the printing ～. 彼は印刷関係の仕事をしている / That is not (in) my line of ～. それは私には畑違いだ / go into ～ 実業界に入る / in [out of] ～ 実業について[廃業して] (cf. 2) / put a person in [out of] ～ 人を実業につかせる[廃業させる] / Are you here on ～ (or pleasure)? こちらにはお仕事ですか(それとも遊びですか) / set up in ～ 商売を始める, 実業界で身を立てる.
2 商取引; 商売 (traffic), 売買, 営業; 商況: a place of ～ 営業所, 事務所 / *Business* is brisk [dull]. 商売[商況]は活発である[鈍い] / out of ～ 破産して; 〈雑誌など〉廃刊になって (cf. 1) / There is no ～ doing. 商売[取引]が少しもない / *Business* as usual. 営業は平常通り; 事は支障なく運ぶだろう / *Business* is ～. 商売は商売だ《寛容とか感情などは禁物; 勘定は勘定》/ do a stroke of ～ 一もうけする / A good stroke of ～! 大当たりだ, うまくやったね / be (connected) in ～ with … と取引関係がある / come away from ～ 事務を離れる, 仕事をやめて事務所から帰って来る / carry on ～ over coffee [lunch] コーヒーを飲み[食事をし]ながら取引をする / do ～ 商売をする / do ～ *with* …と取引する / It's a pleasure doing ～ with you. あなたと取引できることは喜びです / do good ～繁盛する / do (a) great ～ 大きな商売をする.
3 事務, 実務, 執務, 業務 (work): a matter of ～ 事務上の事 / be experienced in ～ 実務の経験がある / hours of ～ =business hours 営業時間 / a man [woman] of ～ 事務家, 実務家; 実業家 (cf. businessman) / one's man [woman] of ～ 代弁人, 代理人, 法律顧問, 顧問弁護士 / at ～ 執務中で, 店に出て, 出勤して / go to ～ (店や会社に)出勤する.
4 店, 店舗, 会社, 商社, 商会 (firm, company); 営業の権利, 事業, のれん (custom): build up a ～ 店を設ける, 商会を作り上げる / open [set up] a ～ 開業する / close a ～ 店をたたむ, 廃業する / He has a ～ in Tokyo. 彼は東京に店を持っている / He has sold his ～ and retired. 彼は店[権利, のれん]を売って引退した / a small family ～ 小家業.
5 a (しなければならない)仕事, 本務 (⇨ work SYN); 職分, 務め, 本分 (duty); 活動領域: attend to ～ 仕事に励む / *Business* before pleasure. 《諺》遊ぶよりまず仕事《遊ぶのは仕事のあと》/ Everybody's ～ is nobody's ～. 《諺》みんながしなければならない本分は結局だれの本分でもない《共同責任は無責任に終わる》/ The ～ of an opposition is to oppose. 反対党の任務は反対することにある / ⇨ *go about one's* BUSINESS / Mind your own ～. ⇨ mind *vt.* 3 b / mind one's own ～ 《口語》いつもやっているようにする, 悪いことをしない《それにもかかわらず嫌なことが起こるときに用いる》. **b** [しばしば否定構文で]《口語》かかわり合いのある事, 干渉する権利 (concern): That's my ～. それは私の仕事《他人の関する事ではない》/ It's my ～ to check progress. 進捗(しんちょく)状況を調べるのが私の務めです / That's *no* ～ of yours [*none* of your ～]. =What ～ is that of yours? それは君の知った事ではない / He had *no* ～ *doing* [*to* do] that. 彼にはそんな事をする権利がなかった. **6** 用務, 用向き, 所用, 用事, 用件; 議事日程 (agenda): public ～ 公用 / commercial ～ 商用 / What is your ～ here? ご用は何ですか / on ～ 用事で / No admittance except on ～. [掲示] 関係者以外立ち入り禁止 / the ～ of the day [meeting] 当日[会合]の議事[打合わせ事項], 日程 / proceed to [take up] ～ 議事日程に入る / Any other ～? 何かほかの事項は. **7** [しばしば軽蔑的に] **a** [しばしば a ～] 事(柄); 事件 (affair); 成り行き; 《口語》《漠然と》物, 代物, 仕組み (device). ★ この意味では通例強勢を置いて発音しない: *a* poor ～ つまらないこと / *a* very one-sided ～ ひどく一方に偏ったこと / *an* awkward ～ 扱いにくいこと, 厄介な事件 / *a* ～ of cogs and springs 歯車とばねで作った代物《おもちゃなど》/ It is *a* strange [queer] ～. それは妙なことだ / It's *a* bad ～ altogether. それは全くひどいことだ / Life is *a* sorry ～. 人生は情けないものだ / I am sick of the whole ～. 何もかもがすっかり嫌になった / This whole inflation ～ makes me sick! このインフレってやつはむかつくぜ. **b** [a ～]《口語》厄介(なこと) (trouble): What *a* ～ it is! ほんとに厄介なことだ. **8** [the ～]《米俗》 **a** 最大限の努力: give a tryout *the* ～ 予備テストに最善の努力をする. **b** ひどい目; 手荒な扱い, 罰; 殺害; 叱責: ⇨ *get the* BUSINESS, *give a person the* BUSINESS. **c** 裏切り (double cross). **9** 《古》活動; 多忙 (busyness). **10** 〘演劇〙(せりふに対して)しぐさ, 所作(しょさ) (stage business): comic ～ 滑稽なしぐさ. **11** 《俗》売春. **12** 《婉曲》排便, 用足し.
bring hóme to mèn's búsiness and bósoms 〈物・事を〉人々の生活や心に深くしみ込ませる. ***cóme hóme to mèn's búsiness and bósoms*** 〈物・事が〉人々の生活や心に深くしみ込む (F. Bacon, *Essays*, 'Dedication'). ***cóme [gét] (dówn) to búsiness*** 仕事につく, 要件に取りかかる. ***dó one's búsiness*** 《口語》大便をする, 用を足す (defecate); 〈ペットなどが〉大便をする: The puppy has *done its* ～ on our new carpet. 子犬が新しいカーペットの上に便をした. ***dó a person's búsiness*＝*dó the búsiness for a person*** 《口語》人をやっつける[殺す]: That will *do his* ～. これでやつも参ってしまうだろう. ***dó the búsiness*** 《口語》必要なことをする, 適当な処置をする. ***gèt dówn to búsiness*** 本気で仕事にかかる; 本論にかかる. 《1889》 ***gèt the búsiness*** 《米俗》(1) ひどい目に遭う[遭わされる]; 罰を食う; 殺される. (2) ひどく叱られる. ***give a person the búsiness*** 《米俗》(1) 人をひどい目に遭わす; 人を罰する; 殺す. (2) 人を叱りつける. (3) 人を裏切る. ***gò abóut one's búsiness*** (1) (自分の)仕事に取りかかる; 仕事をしに出かける. (2) 立ち去る, 行ってしまう (go away): *Go about your* ～! あっちへ行ってしまえ. 《1687》 ***Góod búsiness!*** でかした. ***in búsiness*** (1) 商売をして, 実業に従事して. (2) 活動を始められるようになって. ***in the búsiness of*** (1) …に従事して. (2) …のつもりで: She is *in the* ～ *of* spotting new talent. 彼女は新しいタレントを見出す仕事に従事している. ***knów one's ówn búsiness*** 自分のすべき事をちゃんと心得ている, 余計な手出しをしない. ***like nóbody's bùsiness*** 《口語》猛烈に, すばらしく, とても, ひどく: She can cook *like nobody's* ～. 彼女の料理の腕はすばらしい. 《1938》 ***màke a gréat búsiness of it*** 大いに持て余す. ***máke it one's búsiness to dó*** 自ら進んで…する, 早速[必ず]…する. 《1642》 ***méan búsiness*** 《口語》(冗談でなく)本気である. 《1857》 ***sénd a person abóut his búsiness*** 〈人を〉追い出す, 追い払う, 解雇する; 余計な事をするなと〈人を〉叱る. ***tálk búsiness*** 《米口語》まじめな話をする.
— *adj.* [限定的] **1** 商業[実業]上の, 商売[営業]上の: a ～ letter, report, trip, etc. / ⇨ business day / ～ circles 実業界 / politicians wooing ～ interests 商売上での利益を求める政治家. **2** 商業に適する, 通商の: a ～ district (都市計画などの)商業地域.
〖(*a*1333) *bisinesse*: ⇨ busy, -ness〗

SYN **1** 職業: ⇨ occupation. **2** 商売: **business** 特に職業として売買事務: go into *business* 実業界に入る. **trade** 大規模で具体的な商取引: Japan's *trade* with America 日本のアメリカとの貿易. **commerce** *trade* とほぼ同義であるがやや意味が広い: foreign *commerce* 海外貿易. **industry** 商品の大規模な製造: Agriculture is an important *industry*. 農業は重要な産業である.

---

búsiness addrèss *n.* 勤務先の住所 (cf. home address).
búsiness administràtion *n.* **1** 経営学 (cf. MBA). **2** 〘経営〙経営管理; 経営管理学. 〖1911〗
búsiness àgent *n.* **1** 《英》代理店. **2** (資本家に対する)労働組合交渉員. 〖1849〗
búsiness càr *n.* 〘鉄道〙(鉄道役職員専用の)職用車.
búsiness càrd *n.* 業務用名刺 (《英》trade card) (cf. visiting card). 〖1840〗
búsiness cènter *n.* =business quarters.
búsiness clàss *n.* ビジネスクラス《旅客機の座席の等級で first class のすぐ下の等級; executive class ともいう》.
búsiness còllege *n.* =business school 1.
búsiness commùnity *n.* [the ～] 実業界.
búsiness cỳcle *n.* 《米・カナダ》〘経済〙景気循環 (《英》trade cycle). 〖1919〗
búsiness dày *n.* 《米》平日, 仕事日, 就業日 (working day).
búsiness dòuble *n.* 〘トランプ〙 =penalty double.
búsiness económics *n.* 企業経済学.
búsiness educàtion *n.* 実務教育.
búsiness ènd *n.* [the ～]《口語》(道具などの)使う方[機能が果たされる方]の端: *the* ～ of a tin tack 鋲(びょう)の先 / *the* ～ of a sword 刀の先[刃]. 〖1878〗
búsiness Ènglish *n.* ビジネス英語, 商業英語.
búsiness èntity *n.* 〘会計〙企業実体《企業の所有主から独立したそれ自体権利義務をもつ社会的・経済的実体; accounting entity ともいう》.
búsiness ènvelope *n.* =business size envelope.
Búsiness Expánsion Schème *n.* 《英》事業拡大計画《小規模な新規事業にかかる経費に対する税の優遇制度》.
búsiness frìend *n.* 《婉曲・戯言》顧客 (customer).
búsiness hòurs *n. pl.* 勤務[営業]時間 (hours of business ともいう). 〖1839〗
búsiness interrúption insùrance *n.* 〘保険〙事業[経営]中断保険《営業利益保険》.
búsiness jèt *n.* 小型自家用ジェット機.
búsiness lífe insùrance *n.* 《まれ》〘保険〙事業生命保険《企業が契約者となってその企業の重要人物を被保険者とする生命保険; cf. keyman insurance》.
busi·ness·like /bíznəslàɪk/ *adj.* **1** 事務的な, 実際的な; 能率的な (efficient), てきぱきした (methodical): in a ～ way 事務的に, てきぱきと / a ～ attitude 事務的な態度. 日英比較 「冷たい」という含みは必ずしもない. **2** 有能だが熱意や想像力を欠いた. **3** まじめな; 意図的な. 〖(1791): ⇨ -like〗
búsiness lùnch *n.* ビジネスランチ《商談をしながらとる昼食》.
búsiness machìne *n.* 事務機(械).
busi·ness·man /bíznəsmæ̀n, -mən/ *n.* (*pl.* **-men** /-mɛ̀n, -mən/) **1** (男性の)実業家, 経営者. 日英比較 日本語で言う「ビジネスマン」のような一般の会社員・事務員 (英語の office worker にあたる)の意味はなく, 経営者や管理職の実業家をいう. **2** 実務家: a good ～ 実務に長じた人. **3** 金銭感覚の鋭い人. 〖1826〗
búsiness mànagement *n.* 〘経営〙 =business administration.
búsiness mànager *n.* (企業の)業務[営業]管理者. 〖1852〗
búsinessman's bóunce *n.* 《戯言》単純なリズムで快活なテンポのダンス音楽.
búsinessman's hóliday *n.* =busman's holiday.
búsiness òffice *n.* 営業所, 事務所[室].
búsiness pàper *n.* =commercial paper.
búsiness pàrk *n.* (オフィス・工場などの)企業施設が集中する地区.
búsiness pèople *n. pl.* 実業家.
búsiness·pèrson *n.* =businessman, businesswoman《性差別を避けた語; cf. -person》. 〖1974〗
búsinessperson's rísk *n.* 〘商業〙(将来性や税金対策などを目的に買われる)危険率のかなり高い投資対象[株式].
búsiness plàn *n.* 事業[経営]計画.
búsiness prócess reengineèring [redesìgn] *n.* 〘経営〙ビジネスプロセスリエンジニアリング[リデザイン]《顧客満足の向上のため, 特にコンピューターの力を利用できるよう会社の組織などを再編成すること; 略 BPR》.
búsiness quàrters *n. pl.* ビジネス街, 繁華街.
búsiness replỳ càrd *n.* 〘郵便〙 **1** (宛名が刷り込まれた料金受取人払いの)返信はがき. **2** =double postal card.
búsiness replỳ ènvelope *n.* 〘郵便〙(宛名が刷り込まれた料金受取人払いの)返信封筒.
búsiness replỳ màil *n.* 〘郵便〙(宛名が刷り込まれた料金受取人払いの)返信郵便(物).
búsiness schòol *n.* 《米》 **1** 実業学校《事務および経営の実務訓練をする学校》. **2** 経営学大学院: Harvard *Business School* ハーバード大学経営学大学院. 〖1916〗
búsiness síze ènvelope *n.* 商業用封筒《9½×4⅛インチの大きさの封筒; business envelope ともいう》.
búsiness stùdies *n. pl.* 経営などの実務研究[訓練].
búsiness sùit *n.* 《米》ビジネススーツ (《英》lounge suit)《フォーマルでない日常の背広上下》. 〖1870〗
búsiness únionism *n.* 〘労働〙現実的労働組合主義《資本主義体制を支持しながら組合員の賃金・労働条件の改善を追求する米国の実際的労働運動理論》.
busi·ness·wom·an /bíznəswùmən/ *n.* (*pl.* **-wom·en** /-wìmɪn | -mɪn/) **1** (女性の)実業家; 経営者.

2 実務家. 3 金銭感覚の鋭い人. (cf. businessperson) 〖1844〗

bus·ing /bʌ́sɪŋ/ *n.* 《米》(特に, 人種差別をなくす目的で)児童を他の地区の学校へバスで通学させること. 〖(1888): ⇨ -ing¹〗

busk¹ /bʌ́sk/ *n.* **1** (コルセットの)胸部の張り骨 《鯨のひげ・薄い木片または金属片など》. **2** 《廃・方言》コルセット (corset). 〖(1592) ◻ F *busc* ◻ It. *busco* stick ← ? Gmc **busk-*: cf. bush¹〗

busk² /bʌ́sk/ 《英方言》 *vt.* **1** 用意する, 支度する (prepare). **2** 飾る (adorn). — *vi.* 用意する; (特に)急ぐ: *Busk* (ye). さあ急いで. 〖(?*a*1300) *buske*(*n*) to get oneself ready ◻ ON *būask* (refl.) ← *būa* to make ready＋*-sk* (← *sik* self) (refl. pron.)〗

busk³ /bʌ́sk/ *vi.* 《英》〈旅芸人が〉(街路やパブで)演奏や演技をして祝儀をもらう: ～ *to* a theatre queue. 〖(1665) ← ?〗

búsk·er *n.* 《英》(街路など人の集まったところで祝儀目当てに芸をして見せる)旅芸人, 大道芸人. 〖(1857): ⇨ ↑, -er¹〗

bus·kin /bʌ́skɪn | -kɪn/ *n.* **1** [通例 *pl.*] **a** バスキン 《ギリシャ・ローマの悲劇役者が履いた短靴; cf. cothurnus 1》. **b** 厚底の半長(編上げ)靴 (half boot). **2** [the ～] 《詩・文語》悲劇 (tragedy). **3 a** [*pl.*] 司教がミサで履く金の筋の入ったストッキング. **b** 司教の履くサンダル. ***pùt ón the búskins*** (1) 悲劇を書く. (2) (俳優として)悲劇を演じる. (1860) 〖(1503) ◻ ? OF *bouzequin* 《異形》← *brousequin* (F *brodequin*) ← ?〗

bús·kined *adj.* **1** 半長靴を履いた. **2** 悲劇の, 悲劇的な (tragic), 悲劇向きの. **3** (口調など)品位のある, 高尚な. 〖(1595–96): ↑, -ed 2〗

busky /bʌ́ski/ *adj.* 《古・詩》＝bosky.

bús làne *n.* 《英》(道路の)バス専用[優先]車線.

bús lìne *n.* **1** バス路線. **2** バス会社.

bús·lòad *n.* **1** バスいっぱいの乗客: a ～ of passengers. **2** バスの最大収容量[能力]. 〖1888〗

bús·man /-mən, -mæ̀n/ *n.* (*pl.* **-men** /-mən, -mɛ̀n/) (男性の)バスの運転手. 〖1851〗

búsman's hóliday *n.* 《口語》(運転手がドライブに出かけるような)平常の仕事と同じようなことをして過ごす休日: take a ～. 〖1893〗

Bu·so·ni /buzóuni, bju:- | b(j)u:zóu-, -sóu-; *It.* buzó:ni/, **Fer·ruc·cio** (**Ben·ve·nu·to**) /ferrúttʃo benvenú:to/ *n.* ブゾーニ (1866–1924; イタリアのピアニスト・作曲家).

bús pàss *n.* バス割引[無料]乗車券.

bús·pèrson *n.* 《米口語》(レストランの)給仕係の助手.

Bus·ra /bʌ́srə/ *n.* (*also* **Bus·rah** /～/) ＝Basra.

buss¹ /bʌ́s/ **1** 《米口語》キス. **2** 《英古・方言》(音を立ててふざけ半分にする)キス (smack). — *vt.* **1** 《米口語》…にキスする. **2** 《英古・方言》〈浮気女などに〉キスする. — *vi.* 《米口語・英古・方言》キスする. 〖(1570) 《擬音語》? ∥ ◻ ? Welsh & Gael. *bus* kiss〗

buss² /bʌ́s/ *n.* (昔, 特にニシン漁に用いられた)横帆船. 〖(1330) *busse* ◻ OF ← ?: cf. ON *buza*〗

Buss /bʌ́s/, **Frances Mary** *n.* バス (1827–94; 英国の女性高等教育の先駆者; North London Collegiate School for Ladies を創設した).

Bus·se /búsə; *G.* búsə/, **Carl** *n.* ブッセ (1872–1918; ドイツの詩人).

bus·ser /bʌ́sə | -sə^(r)/ *n.* 《米》(レストランの)給仕の助手.

bús sèrvice *n.* バスの便.

bus·ses /bʌ́sɪz/ *n. pl.* ＝buses.

bús shèlter *n.* 雨よけ付きのバス停留所. 〖1945〗

bus·sing /bʌ́sɪŋ/ *n.* ＝busing.

bús stàtion *n.* バス発着所, バスターミナル. 〖1952〗

bús stòp *n.* (*also* **bús-stòp**) バス停(留所). 〖1916〗

bust¹ /bʌ́st/ *vt.* (～·**ed**, ～) **1** 《口語》**a** 破裂させる, 爆発させる (burst) 〈*up*〉. **b** 〈腕を〉折る, くじく. **2** 《俗》**a** (現行犯で)逮捕する (arrest). **b** 〈警察が〉急襲する (raid), 家宅捜索する. **3** 《口語》**a** 〈物事を〉だめにする, ぶち壊す: ～ a watch. **b** 〈事業・会社などを〉破産[破滅]させる (bankrupt) 〈*up*〉. **c** 《米・カナダ》〈将校・下士官などを〉〔兵卒などに〕階級を下げる, 降等する (demote) 〔*to*〕: get ～*ed* 兵卒に下げられる. **4** 《米・カナダ》〈特に, 野生の馬を〉ならす (tame). **5** 《米》(こぶしで)打つ, 殴る (hit). **6** 《米》〈企業合同 (trust)を〉小会社に分ける. — *vi.* **1** 《口語》破裂する, 爆発する (burst) 〈*up*〉. **2** 《口語》〈事業・会社などが〉破産[破滅]する, つぶれる 〈*up*〉. **3** 『トランプ』**a** (blackjack などで)どぼんになる (overdraw) 《21 を超えてしまう》. **b** (ポーカーで)狙いすぎてだめになる 《1 枚のカードのために straight や flush ができない》.
búst óut 《米俗》(*vi.*) 落第する; 退学する. (*vt.*) 落第させる; 退学させる. ***búst úp*** (*vi.*) けんか別れする, 《俗》離婚する. (*vt.*) 〈会などを〉強引に解散させる. ***…or búst*** 絶対…に行くぞ[…をやり遂げるぞ], 万難を排して….
— *n.* **1** 《口語》破裂, 爆発. **2** 《口語》**a** 失敗, 大しくじり; 失敗者, だめな人間. **b** 《米・カナダ》失敗, 破産 (bankruptcy). **c** (軍隊での)降等. **3** (急激な)不景気, 不況 (cf. boom¹ 1 a). **4** 《口語》酒宴, 飲み騒ぎ (spree): have a ～ / go on the ～ 飲み騒ぐ[どんちゃん騒ぎに出かける]. **5** 《口語》(げんこでの)殴りつけ: He got a ～ *on* the head. 頭を殴られた. **6** 《俗》**a** 逮捕. **b** (警察の)急襲, 手入れ (raid). **7** 『トランプ』くず手, やくざ手 《無能な手》.
— *adj.* 《口語》**1** 破産[破滅]した: go ～ 破産する. **2** 壊れた, つぶれた. 〖(1764) 《変形》← BURST〗

bust² /bʌ́st/ *n.* **1** (彫塑・絵画の)胸像, 半身像: make [do] a ～ of Beethoven ベートーベンの胸像を作る. **2 a** (特に, 女性の)胸部, バスト (breasts) (⇨ breast SYN). **b** (女性の)バストの寸法, 胸囲. 〖(1645) ◻ F *buste* ◻ It. *busto* ＜ ? L *bustum* bust, tomb (胸像が墓石の上に建てられたことから)〗

Bus·ta·man·te /bùstəmɑ́:nteɪ | bʌ̀stəmǽnti; *Am. Sp.* bustamánte/, Sir **William Alexander** *n.* ブスタマンテ (1884–1977; ジャマイカの政治家; 独立運動の指導者; 首相 (1962–67)).

Bustamánte y Sir·vén /-i:sɪəvén | -sɪə-; *Am. Sp.* -isiɾβén/, **Antonio Sánchez de** *n.* ブスタマンテ イ シルベン (1865–1951; キューバの法学者; 国際法に関する Bustamante 法典の起草者).

bus·tard /bʌ́stəd | -təd/ *n.* 『鳥類』ノガン 《ヨーロッパ・オーストラリアおよびアフリカ産ノガン科の鳥の総称; great bustard など》. 〖(*c*1460) ◻ AF **bustarde* 《混成》← OF *bistarde*＋*oustarde* (F *outarde*) (共に L *avis tarda* 《原義》slow bird から): ただしこの鳥は実際には非常に速い〗

bústard quàil *n.* 『鳥類』＝button quail.

búst·ed *adj.* 《俗》＝bust¹.

bus·tee /bʌ́sti:/ *n.* 《インド》掘っ建て小屋の町, スラム街 (busti, basti ともいう). 〖(1883) ◻ Hindi *bustī* ← *basrā* to dwell〗

bust·er /bʌ́stə | -tə^(r)/ *n.* **1 a** [修飾語を伴って] 破壊[退治]する人[物]: crime ～*s* 犯罪撲滅に努める人たち; 検察陣 / ⇨ blockbuster. **b** すき (plow). **2** 《米俗》**a** すばらしいもの, 並はずれた[巨大な]もの. **b** よくできる人; 非常に丈夫な子. **3** 《米・カナダ俗》**a** 飲み騒ぎ (spree). **b** 騒ぐ人 (roisterer). **4 a** 《豪》海から吹く冷たく激しい南風 (southerly buster, burster) (cf. brickfielder). **b** 猛烈な大風. **5** 《米・カナダ》＝broncobuster. **6** 《米口語》＝trustbuster. **7** [しばしば B-; 男性に対して親しみまたは軽蔑を込めた呼び掛け] 《米・カナダ俗》おい, 坊や, おいこら: Hey, ～, go away. おいこら, あっちへ行け. **8** 《俗》(地面を揺るがすような)ひどい墜落: a brain ～ 脳天逆落とし, ブレーンバスター 《プロレスの技》. 〖(1839) 《変形》← BURSTER〗

-bust·er /bʌ̀stə | -tə^(r)/ 《俗》「…を破壊[無能, 不適格に]する人[物]」の意の複合語の構成要素: budget*buster*. 〖↑〗

bus·ti /bʌ́sti/ *n.* ＝bustee.

bus·tic /bʌ́stɪk/ *n.* 『植物』米国 Florida 州南部および西インド諸島産のアカテツ科の材の堅い樹木 (*Dipholis salicifolia*). 〖← ?〗

bus·ti·er /bù:stiéɪ, bʌ̀s- | bʌ́stiə, bús-, -tiə; *F.* bystje/ *n.* ビュスチエ 《ブラウスとして着用する袖なしでストラップレスのぴったりした女性用トップ; もとはストラップレスのロングブラジャー》. 〖(1979) ◻ F ～ ← *buste* 'BUST²'〗

bus·tle¹ /bʌ́sl/ *vi.* **1 a** せかせか動き回る, せわしく働く 〈*about, around*〉. **b** (ばたばた)急ぐ, せっせとやる 〈*up*〉: Tell him to ～ *up*. 急げと彼に言え / She ～*d into* the dining room. せかせかと食堂に入ってきた. **2** 〈場所などが〉(活気・群衆などで)あふれる, 満ちている 〔*with*〕: The streets are *bustling with* life [cars]. 通りには活気[車]があふれている. — *vt.* かきたてる (stir up); せきたてる (hurry): She ～*d* her children *off to* school. 彼女は子供たちをせきたてて学校へ送り出した. — *n.* せかせか動き回ること, せわしげな活動; ざわめき: be *in* a ～ せわしく働いている; ざわめいている, 雑踏している. 〖(*a*1376) *bustlen* 《擬音語》: cf. hustle, rustle: ⇨ -le³〗

bus·tle² /bʌ́sl/ *n.* (女性の)腰当て, バッスル 《腰の後ろにつけたパッドや枠で, 1870 年代にスカートの後ろを膨らませるために使用した; cf. cushion 1 f》. 〖(1786) ◻ ? G *Büschel* pad〗

bústle pipe *n.* 『冶金』(溶鉱炉で羽口(はぐち)で熱風を吹き込む)環状パイプ.

bús·tler /-slə, -lə | -lə^(r), -lə^(r)/ *n.* 空騒ぎする人. 〖(*a*1680): ⇨ -er¹〗

bús·tling /-slɪŋ, -lɪŋ/ *adj.* 忙しそうな; 騒がしい, ざわめいた, 雑踏した. **～·ly** *adv.* 〖(1597): ⇨ -ing²〗

búst-ùp *n.* 《俗》**1 a** 破裂, 破滅; 破産. **b** 解体, 解散. **2** 《英》(騒々しい)けんか; けんか別れ. **3** (結婚・友情などの)解消. **4** 大祝賀パーティー; (特に)騒がしい宴会. 〖(1846): cf. bust¹〗

bust·y /bʌ́sti/ *adj.* (**bust·i·er, -i·est;** more ～, most ～) 《口語》胸のふくよかな. 〖(1944): ⇨ bust², -y⁴〗

bu·sul·fan /bju:sʌ́lfən/ *n.* (*also* **bu·sul·phan** /～/) 『化学』ブスルファン, ブサルファン ($CH_3SO_3(CH_2)_4SO_3CH_3$) 《白色結晶は粉末; 白血病の治療に用いられる》. 〖(1958) 《混成》← BU(T)ANE＋SULF(ONYL)〗

bu·suu·ti /bu:sú:ti | -ti/ *n.* ブスーティ 《ウガンダの女性が着る袖が短くえりぐりの四角な長い服》.

bús·wày *n.* バス優先路, バス専用車線.

bus·y /bízi/ *adj.* (**bus·i·er; -i·est**) **1 a** 〈人が〉忙しい, 多忙な (occupied); せっせと働く: a ～ merchant / (as) ～ as a bee せっせと仕事に精を出して / people ～ *about* trifles つまらない事にあくせくする人たち / be ～ *on* one's book 著述[読書]に忙しい / be ～ *with* [*at, over*] one's work 仕事で忙しい / We are now at our *busiest*. (商店など)今が一番忙しい(時期だ) / My children always keep me ～. 子供の世話でいつも忙しい / I'm trying to keep (myself) ～. いつも忙しくするようにしている / I'm ～ (with) pack*ing*. 荷造りで忙しい / Most of us when not ～ work*ing* are ～ play*ing*. 我々は大抵仕事で忙しくないときは遊びで忙しいものだ (Maugham) / Are you too ～ to see me? お忙しくてお会いできませんか. **b** 〈物が〉せわしく動いている: a ～ hammer せわしく動くハンマー / ～ hands しょっちゅう動いている手 / have a ～ tongue おしゃべりである. **2 a** 〈日・生活・時間などが〉活気に満ちた, 忙しい (active): a ～ day / lead a ～ life 忙しい生活を送る. **b** 〈通り・店・町などが〉活況を呈する, にぎやかな, 繁華な (bustling): a ～ station [marketplace] 雑踏する駅[市場] / a ～ street [town] にぎやかな通り[町] / The stores are ～ on weekends. 商店は週末は忙しい[混む]. **3** 《米・カナダ》〈電話[部屋]が〉話し[使用]中で (engaged): I found the telephone ～. 電話をかけたら話し中だった / The line is ～. お話し中です 《交換手が言う言葉》/ ⇨ busy signal [tone]. **4** せっかいな, 差し出がましい (officious) (cf. busybody): be ～ *in* other people's affairs 他人の事に世話を焼く. **5** 〈意匠・図案などが〉いやに凝った, くどすぎる (fussy); 〈装飾・絵などが〉細かすぎる: a ～ design ごてごてしたデザイン / a ～ pattern for a skirt スカートにはくどすぎる模様.
gèt búsy (1) 《口語》仕事に取りかかる, 働きだす. (2) 《米俗》性交する.
— *n.* [通例 the busies] 《英俗》刑事, 探偵,「でか」(detective, police officer).
— *vt.* [しばしば ～ *oneself* で] 忙しくさせる; 忙しく働かせる, 従事させる (occupy) 〔*with, in, at, about*〕: be *busied with* one's official duties 公務で忙しい / ～ *oneself about* world affairs [*with* a puzzle] 俗事に追われて[パズルを解くのに]忙しい / She *busied herself* (*with*) tidying up the table. 食卓を片付けるのに忙しく立ち働いた.
— *vi.* 忙しくする.
〖adj.: OE *bysiġ* active ← ?: cog. Du. *bezie* / LG *besig*. — v.: OE *byśġian* ← *bysiġ* (adj.)〗

SYN 忙しい: **busy**「忙しい」の意の最も一般的な語: Sorry, I'm too *busy* to come. 悪いけど忙しくて行けないよ. **engaged** 特定の仕事を一所懸命やっている: She's *engaged* in writing letters. 彼女はせっせと手紙を書いている. **occupied** 特定の仕事で忙しい: He's *occupied* in writing a novel, I hear. 彼は小説を書くのに忙しいらしいよ. **engrossed** 特定の仕事を一所懸命楽しげにやっている: He was *engrossed* in the novel. 彼はその小説に夢中になっていた. **ANT** idle, lazy, unoccupied.

búsy bée *n.* 非常な働き手, 働き者.

búsy·bòdy *n.* おせっかいな人, 世話焼き. **～·ing** *n.* 〖1526〗

Búsy Lízzie, b- l- *n.* 『植物』＝garden balsam. 〖1956〗

bús·y·ness *n.* **1** 忙しさ, 多忙, 繁忙 (cf. business 9). **2** 無意味な活動[行動]. **3** 人のおせっかい. 〖(1849): ⇨ -ness〗

búsy sìgnal *n.* 《米・カナダ》『電話』話中(はなしちゅう)信号 (「話し中」を示す信号).

búsy tòne *n.* 『電話』話中(はなしちゅう)音 (「話し中」を示す信号音).

búsy-tóngued *adj.* おしゃべりの.

búsy·wòrk *n.* (一見役に立ちそうだが実は)時間つぶしの作業, 無駄な仕事. 〖1910〗

but¹ /(弱) bət; (強) bʌ́t/ *conj.* **1** [等位接続詞として] **a** しかし, けれども, (…である)が. ★ 反対・対立を示す最も普通な接続詞 (cf. however, but [and] YET, still¹, nevertheless); 時に意味が弱まって, 単に前とは別個の事実を導入するのに用いる: He is poor ～ honest. 貧乏だけれども正直だ / They all went ～ I didn't. 皆行ったが私は行かなかった / Indeed it may be so, ～ it is not so always. なるほどそうかもしれないがいつもそうとは限らない / All men are mortal, ～ Socrates is a man. 人はすべて死すべきものである, ところでソクラテスは人である / *But* now to our next question. ところで次の問題に進むとして. **b** [前に否定語のある場合] (…ではなく)て: It is *not* Henry's pen, ～ Tom's. それはヘンリーのペンではなくてトムのだ / *Not that* I loved Caesar less, ～ *that* I loved Rome more. わたしのシーザーを愛することが薄かったためではなくローマを愛することが厚かったためである (Shak., *Caesar* 3. 2. 23). **c** 《口語》[間投詞的表現のあとに抑制・修正・理由などの意を暗示して, または驚きを示したり強調する語句を導いて]: Heavens! ～ it's raining! やれやれ, 雨になっちゃった / Excuse me, sir, ～ am I speaking to Mr. Smith? 失礼ですがスミスさんでしょうか / *But* how lovely! (それにしても)全くきれいだなあ / It must be done always, ～ always. いつだって, いつだって, しなければならないことだ / I know nothing, ～ nothing, of these local affairs of bygone years. 昔の土地のこうした出来事など知らないったら本当に知らないんです.
2 [従位接続詞として副詞節を導いて] **a** [否定語のあとに] …となくないでは, …しないでは: You can'*t* move ～ the dog is after you. あなたが一歩でも動けば犬は必ず追いかけて行くよ / Justice was *never* done ～ someone complained. 不平を言う者が出ないで正義が行われたことはない (公平に裁いても必ず不平を言う者が出てくる) / It *never* rains ～ it pours. ⇨ rain *vi.* 1 / I *never* go to New York ～ (*that*) I remember her. ニューヨークに行くと必ず彼女を思い出す. **b** [時に ～ *that* とし, 否定語＋so または such と相関的に用いて] …でないというほどに (that … not): No man [woman] is *so* old ～ *that* he [she] can learn. だれでも年は取っても学べないことはない / He is *not such* a fool ～ he can tell that. それくらいのことがわからないほどのばかではない. **c** 《古》[～ *that* として] …ということがなければ: She would have fallen ～ *that* he caught her. 彼がつかまえなかったら彼女は倒れるところだった. **d** 《古》[時に ～ *that* として] …でなければ (unless): Nothing would do ～ (*that*) I should come in. どうしても私がはいらなければ済まぬ / It shall go hard ～ I will catch him. どんなことになっても私はやつを捕らえてみせる. **e** 《古》[no＋比較級のあとに] ＝than: The sun *no sooner* shall the mountains touch, *But* we will ship him hence. 日が山の端に触るやいなやこの者を船で送り出そう (Shak., *Hamlet* 4. 1. 29–30).
3 a …以外には (other than): *No one* ～ I [me] knew it. 私以外にはだれもそれを知るものがなかった / *None* ～ the brave deserves the fair. ⇨ none¹ *pron.* 1 / They are *all* gone

B

〜 I [me]. (⇨ *prep.* 語法 (1)) / You can't get it *anywhere* 〜 here. ここ以外のどこでもそれは手にはいらない. **b** [〜 *that* として] …ということを除いて (except that): I ask *nothing* from you 〜 *that* you (should) give it back to me. 私の要求はただ君にそれを返してもらいたいということだけだ / There is nothing for it 〜 you should apologize. あなたが謝る以外しょうがない. 〖《転用》← (prep.)〗

4 [従位接続詞として名詞節を導いて] **a** [しばしば 〜 *that* とし, 否定文または疑問文での動詞などのあとに] …でないことを[は] (that … not): It can*not* be 〜 Nature has some direction. 大自然に何か目的がないはずはない / *Who* knows 〜 *that* it may be so? あるいはそうかもしれない《だれにもそうでないとは言い切れない》/ *Nobody* can be sure 〜 *that* she is right. だれも彼女が正しくないと断言できるものはない / There is *no* [*No*] fear 〜 *that* he will recover. 回復しないのではないかなどと思うな《大丈夫回復する》. ★ この用法の but that の代わりに, 《口語・方言》では but what が用いられることがある: Who knew 〜 *what* he might yet be lurking in the neighborhood? 彼がまだこの辺に潜んでいないとはだれも言えなかった. **b** [主として否定的意味を含む語 doubt, deny, question などの否定形に続き, しばしば 〜 *that* として] =that: I do*n't deny* 〜 *that* you are correct. 君が間違っているなどとは言いはしない / She didn't *doubt* 〜 *that* he would do it for her. 彼がそれをしてくれるものと信じて疑わなかった / There is *no doubt* [*question*] 〜 (*that*) all will come right. 何もかもいいようになることには間違いない / It is ten [Ten] to one 〜 the police will get him. まず大丈夫, 警察が彼をつかまえてくれるだろう.

áll bùt ⇨ all *pron.* 成句. ***bùt for*** ... (1) …がなかったなら (if it were not [had not been] for): *But for* you, I could not do that. あなたがいなければ私にはそれはできなかろう / *But for* your help, I would have failed. 君が助けてくれなかったら, 私は失敗したところだろう / ⇨ *but for the* GRACE *of God*. (2) …を別にすれば (except for …). ***bùt thén*** (***agáin***) とはいえ(その場合), しかしその反面[同時に]: I like television, 〜 *then again* I could do without it. テレビは好きだが, といってそれなしでいられないわけでない. ***nót bùt what*** [《口語・方言》*that*] …しないというのではないけれど, けれどもやはり, とはいうものの…: *Not* 〜 *what* he believed it himself. といって彼自身それを信じていなかったというのではない / I cannot do it; *not* 〜 *what* a stronger man might. 私にはできない, 私より強い人にもできないというわけではないが.

— *pron.* [否定の不定代名詞または no＋名詞を先行詞とする関係代名詞として] =who [that] … not: There was *no* one 〜 knew it. それを知らない者はなかった / *Nobody* 〜 has his fault. 欠点のない者はない (Shak., *Merry W* 1. 4. 15) (★ nobody の前に There is が補われる). 〖← (conj.) 2 c〗

— *prep.* **1** …を除いて, …のほかには (cf. *conj.* 3) (⇨ except[1] SYN): next 〜 one 一つおいて隣 / the last 〜 one [two] 最後から 2 [3] 番目 / It is nothing (else) 〜 a joke. ほんの冗談にすぎない / I'd like anything 〜 that. それだけは嫌だ / What is he 〜 a student? たかが学生ではないか.

語法 (1) 次のように "but＋(代)名詞" が文尾にくる場合, 今日では, but のあとに主格 (I) よりも目的格 (me) を用いる方が普通 (cf. *conj.* 3 a): They are all gone 〜 me. 私のほか皆行ってしまった. (2) but の目的語として to 不定詞や原形不定詞が用いられることがある: Nothing remains 〜 *to* die. 死ぬよりほかにはどんな手段も残っていない / I'll do anything 〜 apologize. 絶対に謝らない / She does nothing 〜 *cry*. 彼女はただ泣くばかりだ / What could he do 〜 *die*? 死ぬ以外にどうすることができただろうか / cannot 〜 *do* ⇨ can[1] 6 / ⇨ *cannot* CHOOSE *but* (*do*).

---

2 《スコット》 **a** …なしに, …を欠いて. **b** …の範囲外に.

áll bùt ⇨ all *pron.* 成句.

— *adv.* **1** 《文語》ただ(…だけ), ほんの…だけ (merely); たった, つい (just): There is 〜 one chance left. ただ一度だけ機会が残っている / He called 〜 (《英》the) once. ただ一度だけ訪ねて来た (★ He *never* called 〜 (《英》the) once. とすれば but は *conj.* 3 a の用法となるが, 今は一般には非標準的とみなされる) / I saw him 〜 a moment ago. 今しがた彼を見た / He is 〜 a child. まだほんの子供だ / She spoke 〜 in jest [jestingly]. ほんの冗談に言っただけだった / 〜 too =*only* TOO (1). **2** [強意副詞として] 全く, 本当に, ただただ (quite); 《米俗》断然, しかも (definitely): It is 〜 natural that …とは至極当然なことである / Get there 〜 fast! そこへさっさと行くんだ. **3** 《方言・豪》でも (though, however): It's a snowy day; not so cold, 〜. 雪降りだが, でもそんなに寒くない / It's good quality. Expensive, 〜. 品質は上等だが高い. **4** 《スコット》外側に[へ], 屋外で[へ].

— /bʌ́t/ *n.* [通例 *pl.*] 異議, 条件 (objection) (⇨ *vt.* ★) [特に次の句で]: ifs and 〜*s* 条件と異議; あれこれ要らぬ議論[疑念] / There are no [No] 〜*s about* it. 《口語》それには何の疑点もない; それをしない理由はない.

— /bʌ́t/ *vt.* …に異議を申し出る,「しかし」と…に言う. ★ *n.* の用法の but とともに臨時語として次のように用いる: *But* me no 〜*s*.「しかし, しかし」の連発はごめんだよ《もと Mrs. Centlivre, *The Busie Body* (1708) から》.

〖OE *b(e)ūtan* (adv., prep. & conj.) outside, without < (WGmc) **biūtana* ← **be*, **bi* 「BY[1]」+**ūtana* (← **ūt*- 'OUT'): もとは副詞および前置詞, 後に接続詞に発展した〗

SYN しかし: **but** 対立・対照を示す最も一般的な語: He is rich *but* not happy. 金持ちだが, 幸福ではない. **however** (今述べたことは真ではあるが)にもかかわらず《やや格式ばった語》: I hate concerts; I shall go to this one, *however*. コンサートは嫌いだ, でもこれには行く. **yet** (前言にもかかわらず)次のような驚くべきことがある: This story is strange *yet* true. この話は不思議だが, 本当なのだ. **still** (前言にもかかわらず)次のことも真である: The pain was bad, *still* he did not complain. 痛みはひどかったが, それでも不平を言わなかった. **nevertheless** (今言ったことは認めるが)次のことも強調せざるをえない: There was no news; *nevertheless* she went on hoping. 何の知らせもなかったが, それでも希望を捨てなかった.

---

but[2] /bʌ́t/ 《スコット》 *n.* (通例, 二間の田舎家 (cottage) の) 外の方の間, 台所《もとは台所が入口だった; いま一つの部屋は ben》: a 〜 and ben 二間の田舎家.

— *adv., adj.* 外の方の部屋に[の], 台所に[の]: 〜 and ben (家の)入口の間と[から]奥の間に[から]; 家中に / go 〜 台所へ行く. ***líve bút and bén with*** *a person* 人と(廊下を隔てて)向かい合った部屋に住む.

— *prep.* 〈家〉の外の方の部屋へ; …の外へ (outside). 〖(1724) ← BUT[1] (adv.) 《廃》outside〗

but[3] /bʌ́t/ *n.* 〖魚類〗=butt[5].

but- /bju:t/ (母音の前にくるときの) buto- の異形.

bu·ta·caine /bjú:təkèɪn | -tə-/ *n.* 〖薬学〗ブタカイン ($NH_2C_6H_4COO(CH_2)_3NH(C_4H_9)_2$) 《硫酸塩として局所麻酔に用いる》. 〖← BUTA(NE)+(CO)CAINE〗

bu·ta·di·ene /bjù:tədáɪi:n, ーーーー | -tə-/ *n.* 〖化学〗ブタジエン (CH_2=CHCH=CH_2) 《可燃性の無色のガス状炭化水素で, ブナ (Buna) 製造に用いる》: 〜 rubber ブタジエンゴム《合成ゴムの一種》. 〖(1900) ← BUTA(NE)+DI-[1]+-ENE〗

bu·tane /bjú:teɪn, ーー/ *n.* 〖化学〗ブタン (C_4H_{10}) 《無色の可燃性のガス状炭化水素》. 〖(1875) ← BUTO-+-ANE[2]〗

bu·tane·di·ol /bjù:teɪndaɪɔ̀(:)l | -ɔ̀l/ *n.* 〖化学〗ブタンジオール ($C_4H_8(OH)_2$) 《四つの異性体がある; butylene glycol ともいう》. 〖← BUTANE+DI-[1]+-OL[1]〗

bú·ta·no·ic ácid /bjú:tənòʊɪk-, -tn̩- | -tənəʊ-, -tn̩-/ *n.* 〖化学〗=butyric acid 《IUPAC の命名法規則による名称》. 〖*butanoic*: ← BUTANE+-O-+-IC[1]〗

bu·ta·nol /bjú:tənɔ̀(:)l | -nɔ̀l, -tn̩-/ *n.* 〖化学〗ブタノール (⇨ butyl alcohol). 〖(1894) ← BUTANE+-OL[1]〗

bu·tan·o·lide /bju:tǽnəlàɪd, -l̩d | -làɪd, -lɪd/ *n.* 〖化学〗ブタノライド (⇨ butyrolactone). 〖⇨ ↑, -ide[2]〗

bu·ta·none /bjú:tənòʊn, -tn̩- | -tənəʊn, -tn̩-/ *n.* 〖化学〗ブタノン (⇨ methyl ethyl ketone). 〖(1905) ← BUTANE+-ONE〗

bu·tat /bu:tú:t/ *n.* =butut.

Bu·ta·zol·i·din /bjù:təzɑ́(:)l̩dn̩, -dn | -tə́zɒlɪdɪn/ *n.* 〖商標〗ブタゾリジン《phenylbutazone の商品名》.

butch[1] /bʊ́tʃ/ *n.* 《俗》**1** 頑丈な男性, タフガイ. **2** (同性愛で)男役をする女性, 男役のレズ (cf. femme 2). **3** 《米》=butch haircut. — *adj.* 《俗》**1** 《軽蔑》〈女性が〉男っぽい; 〈男性が〉男らしさを強調した. **2** (同性愛で)男役をする. 〖(1902) ←? *Butch* (乱暴な男の子につけるあだ名) ←? BUTCHER〗

butch[2] /bʊ́tʃ/ *vt.* 《方言》**1** やり損なう, だめにする, 滅ぼす (ruin). **2** 畜殺する, 惨殺する (slaughter). 〖《逆成》← BUTCHER〗

butch·er /bʊ́tʃə | -tʃə[r]/ *n.* **1** 屠畜業者, 屠畜人. **2** 肉屋(の主人): a 〜 shop=a 〜's 《英》肉屋(の店) / ⇨ pork butcher. **3 a** 無差別な人殺し, 虐殺[惨殺]者. **b** 多くの人を死刑にする裁判官; 多数の部下を戦死させる将軍. **c** (やたらと血を流させる)へたな外科医. **4** へぼ職人 (botcher). **5** 《米口語》(列車や劇場内でキャンディー・たばこ・新聞などを売る)売り子 (vendor): a candy [news] 〜 キャンディー[新聞]売り.

hàve [***tàke***] ***a bùtcher's*** 《英俗》一目見る 〔*at*〕. ***the bútcher, the báker, the cándlestick-màker*** さまざまな職業の人々.

— *vt.* **1** 〈動物を〉(食肉用に)屠(ほふ)る, 屠畜する. **2** 〈手当たり次第に人を〉虐殺[惨殺]する (⇨ kill[1] SYN). **3** ぶち壊しにしてしまう, 台なしにする (botch): 〜 a job 仕事をめちゃくちゃにする.

〖(?a1300) *bocher* ◻ AF *bo(u)cher*=OF *bouchier* (F *boucher*) one who slaughters bucks ← *bo(u)c* (F *bouc*) he-goat: ⇨ buck[1], -er[1]〗

bútcher-bìrd *n.* 〖鳥類〗**1** モズ《モズ科モズ属 (*Lanius*) の小鳥の総称》; (特に)オオモズ (*L. excubitor*) 《ヨーロッパ・アジア・アメリカに分布する》. **2** モズガラス《オーストラリア産フエガラス科モズガラス属 (*Cracticus*) の大きな捕食性の鳥の総称; ノドグロモズガラス (*C. nigrogularis*) など》. 〖(1668) えさを枝の先やとげに突き刺しておく習慣から〗

bútcher blòck *n.* ブッチャーブロック《カエデやオークなどの細長い板を接着して作った寄せ木版; カウンターやテーブルなどに使われる》. **bútcher-blòck** *adj.* 〖cf. *butchers'-blocks* (1842)〗

bútcher-bòot *n.* (上部の折り返しのない)長靴. 〖1861〗

bútch·er·er /-tʃ(ə)rə | -tʃ(ə)rə[r]/ *n.* 屠畜者. 〖(1646): ⇨ -er[1]〗

bútcher knìfe *n.* (肉屋の使う長さ通例 6–8 インチの)肉切り包丁. 〖1714〗

bútcher lìnen *n.* **1** ブッチャーリネン《もと肉屋が前掛けに用いた強い厚手の平織りの亜麻布》. **2** レーヨンや綿でそれに似せて織った服地.

bútch·er·ly *adv.* **1** 屠畜人のような[らしい]. **2** 殺生な, 残酷な (brutal). **3** 不器用な, へたな. 〖(1513): ⇨ -ly[2]〗

bútcher pàper *n.* 《米》肉用の包装紙.

bútcher's bròom *n.* 〖植物〗ナギイカダ (*Ruscus aculeatus*) 《ユリ科の植物で, かつて肉屋が肉切台の掃除に用いた》. 〖1562〗

bútcher's hóok *n.* 《英押韻俗》ひと目 (a look). 〖1936〗

bútcher shòp *n.* 肉屋, 肉屋の仕事場. 〖1533〗

bútcher('s) mèat *n.* (魚肉・鳥肉・猟肉・ベーコンなどに対し)獣肉. 〖1632〗

butch·er·y /bʊ́tʃ(ə)ri/ *n.* **1** 無用の殺生, 虐殺 (⇨ slaughter SYN). **2** 食肉処理(業); 屠畜業, 肉屋: 〜 trade [business] 食肉処理業. **3** 《英》屠場(とじょう), 屠畜場 (slaughterhouse). **4** へま, 仕損じの結果 (botch). 〖(1340) ◻ (O)F *boucherie*: ⇨ -y[1]〗

bútch háircut *n.* 《米》(crew cut に近い)頭髪の短い刈り; 女性の短髪刈り.

butch·y /bʊ́tʃi/ *adj.* =butch[1].

bute /bjú:t/ *n.* 《米俗》=phenylbutazone. 〖《略》〗

Bute /bjú:t/ *n.* ビュート: **1** スコットランド南西部の旧州; Firth of Clyde 内の Bute, Arran その他の小島から成る; 面積 565 km², 州都 Rothesay /rɑ́θsi, -seɪ | rɒ́θsɪ, -seɪ/; Buteshire ともいう. **2** スコットランド Firth of Clyde にある島; 面積 122 km². 〖lateOE *Bot* ◻? Gael. *bot* hut, bothy: cf. Dan & Swed. *bod*〗

Bute /bjú:t/, **John Stuart** *n.* ビュート (1713–92; 英国の Tory 党の政治家; 首相 (1762–63); 称号 3rd Earl of Bute).

Bu·te·nandt /bú:tənɑ̀:nt, -tn̩- | -tən-, -tn̩-; G. bú:tənant/, **Adolf** (**Friedrich**) **Johann** *n.* ブーテナント (1903–95; ドイツの化学者; Nobel 化学賞 (1939)).

bu·tene /bjú:ti:n/ *n.* 〖化学〗ブテン (C_4H_8) (butylene). 〖(1885) ← BUT(YL)+-ENE〗

bú·tene·di·ò·ic ácid /-daɪòʊɪk- | -əʊɪk-/ *n.* 〖化学〗ブテン二酸《無色のカルボキシル酸の結晶; trans-butenedioic acid [fumaric acid] と cis-butenedioic acid [maleic acid] の 2 つの異性体がある》.

bu·te·o /bjú:tiòʊ | -tiəʊ/ *n.* (*pl.* 〜**s**) 〖鳥類〗ノスリ《ワシタカ科ノスリ属 (*Buteo*) の鳥の総称; ノスリ (*B. buteo*), オオノスリ (*B. hemilasius*), ケアシノスリ (*B. lagopus*) など》. 〖(1940) ◻ L *būteō*〗

bu·te·o·nine /bjú:tiənàɪn | -ti-/ *adj., n.* 〖鳥類〗ノスリ属 (*Buteo*) の(鳥). 〖(1865) ← NL *Būteīn-*, *Būteō* (属名: ↑)+-INE[1]〗

Bute·shire /bjú:tʃə, -ʃɪə | -ʃə[r], -ʃɪə[r]/ *n.* =Bute 1.

Bu·tey·ko /butéɪkoʊ | -kəʊ/ *adj.* ブーテイコー法の《喘息(ぜんそく)を軽減するための呼吸法》. 〖← *Konstantin Buteyko* (ロシアの生理学者)〗

Bu·the·le·zi /bù:təléɪzi | -tə-; *Zulu* butelé:zi/, **Mangosuthu** (**Gatsha**) *n.* ブテレジ (1928– ; 南アフリカ共和国の Zulu 族の指導者・政治家).

but·le /bʌ́tl̩ | -tl/ *vi.* 《口語》butler を務める.

but·ler /bʌ́tlə | -lə[r]/ *n.* **1** (食堂・酒類貯蔵室・食器などを管理する)執事, 食堂支配人, 使用人頭 (head servant) (cf. housekeeper 1). **2** (昔の英国の)宮内省酒類管理官. 〖(c1250) *boteler* ◻ AF *buteler*=OF *bouteillier* cup-bearer ← *bo(u)teille* 'BOTTLE[1]'+-ER[1]: ⇨ bottle[1], -er[1]〗

But·ler /bʌ́tlə | -lə[r]/, **Benjamin Franklin** *n.* バトラー (1818–93; 米国の政治家; 南北戦争当時の北軍の将軍).

Butler, Joseph *n.* バトラー (1692–1752; 英国の神学者・著述家).

Butler, Josephine Elizabeth *n.* バトラー (1828–1906; 英国の女性社会改革家).

Butler, Nicholas Murray *n.* バトラー (1862–1947; 米国の教育者; Columbia 大学総長 (1902–45); Nobel 平和賞 (1931)).

Butler, Reg(**inald Cotterell**) *n.* バトラー (1913–81; 英国の彫刻家).

Butler, R(**ichard**) **A**(**usten**) *n.* バトラー (1902–82; 英国の政治家; 保守党内閣の主要ポストを歴任).

Butler, Samuel *n.* バトラー: **1** (1612–80) 英国の詩人・諷刺作家; *Hudibras* (1663–78). **2** (1835–1902) 英国の小説家; *Erewhon* (1872), *The Way of All Flesh* (1903).

bútler's pàntry *n.* 食器室, 配膳室《台所と食堂の中間にあって, 食器が置いてある; cf. pantry》. 〖1816〗

but·ler·y /bʌ́tləri/ *n.* **1** =butler's pantry. **2** 《まれ》=buttery[2]. 〖(c1300) ◻ OF *bouteillerie*: ⇨ butler, -ery〗

But·lins /bʌ́tl̩nz/ *n.* 《英》バトリンセンター (Billy Butlin が創設した休暇センター; 海辺の近くにありさまざまな娯楽施設がある).

bu·to- /bjú:toʊ | -təʊ/ 〖化学〗「C_4 (four carbon atoms)」の意の連結形. ★ 母音の前では通例 but- になる. 〖← NL 〜 ← BUTYRIC: ⇨ -o-〗

Bu·tor /bju:tɔ́ə | -tɔ́:[r]; F. bytɔ:ʁ/, **Michel Marie François** *n.* ビュトール (1926– ; フランスの小説家・著述家; nouveau roman の代表者; *La Modification*「変容」(1957)).

bu·tox·yl /bju:tɑ́(:)ksl̩ | -tɒ́ksɪl/ *n.* 〖化学〗ブトキシル《原子団 $CH_3(CH_2)_3O$– を意味する》. 〖《混成》← BUTYL+OXY-〗

butt[1] /bʌ́t/ *n.* **1 a** 《米》(獣肉の)尻, 尻肉. **b** 《方言・俗》尻 (buttocks): get off one's 〜 (仕事をするために)腰を上げる / work [play] one's 〜 off 一生懸命やる / sit on one's 〜 ぶらぶらする. **2 a** (武器・道具などの)太い[持つ]方の端, 太端(ふとはし). **b** (銃の)台尻, 床尾. **c** (槍の)石突き. **d** (釣り竿の)手元, 竿尻: give a fish the 〜 (釣りで, 魚がはりにかかったとき)竿尻をてこにして魚を強く引く. **3 a**

(ろうそくの)使いさし. **b** (紙巻きたばこ・葉巻の)吸い殻: a cigarette ~. **c** 《米俗》紙巻きたばこ (cigarette). **d** 《俗》残片, 残部. **4** 樹木[葉柄]の根元; (丸太の)元口(もとくち) (butt cut). **5** バット《獣皮の肩部と腹部を除いた部分; ベルトや靴底に用いる; cf. bend[2] 2》. **6** ＝butt hinge. **7** ＝butt joint. **8** 〘釣〙毛針の胴部 (body) 後方部. — *vt.* 〈紙巻きたばこを〉もみ[踏み]消す. 〘(c1400) *butte* 《短縮》? ← BUTTOCK: cf. ON *būtr* log〙

butt[2] /bʌ́t/ *n.* **1 a** (ワイン・ビールなどを入れる)大樽 (large cask). **b** 樽 (barrel). **2** バット《液量の単位; 英国では 108–140 gallons, 米国では 126 gallons》. 〘(1385) □ AF *but*＝OF *bo(u)t* (F *botte*) < LL *butta, buttis* vessel, cask: cf. bottle[1]〙

butt[3] /bʌ́t/ *n.* **1** 安土(あづち) (mound)《射的場の的をかける盛土》. **2 a** 標的 (targets)《監視員の入る穴・その前方の土壁などをも含む》. **b** [通例 the ~s] 射的場 (shooting-range): *the* rifle ~*s* ライフル射撃場. **3** 鳥を撃つために茂みに隠してまたは地に穴を掘って設けられた台. **4** (あざけり・諷刺・批評などの)的, 対象 (object); 嘲笑の的: the ~ *of* ridicule 物笑いの種 / make a ~ *of* a person 人をあざけりの的にする. **5** 《古》目標 (goal); 限界 (limit).
bútts and bóunds 〘法律〙(土地の)境界線 (metes and bounds).
— *vi.* 端[突出部]が〔…に〕接する〔*on, onto, against*〕; 〔…に〕隣接する〔*to*〕. — *vt.* **1** …の端に接する; (二つの端を重ねずに)接合[密着]する. **2** 〈丸太などの〉端を削る[四角に切りそろえる].
〘n.: (1345–46) *but(te)* □ (O)F *but* aim, end ← ? Gmc. — v.: (1315) □ OF *bouter* to adjoin ← *bo(u)t* (n.): cf. butt[4]〙

butt[4] /bʌ́t/ *vt.* **1** 〈獣が〉頭[角]で突く[押す]; 〈人に〉頭などを突き当てる: ~ a person *in* the stomach 人の腹に頭突きを食らわす. **2** …にぶつかる: ~ a wall. — *vi.* **1 a** 〈獣が〉〔…に〕頭[角]を突き当てる, 〔…を〕頭[角]で突く〔*at, against*〕; 〔…に〕突き当たる, ぶつかる〔*against, into*〕. **b** 〈人が〉〔…に〕不意に出くわす〔*against, into*〕. **2** 〈屋根などが〉〔…に〕突出する (project)〔*on, against*〕. **3** 〈歯車の歯が〉かみ合わずにぶつかり合う.
***bútt in* [*into*]** 《口語》(人の話に)くちばしを入れる (interrupt); (物事に)干渉する, 邪魔する (interfere): ~ *in on* [*to*] a conversation＝~ *into* a conversation 会話の邪魔をする / Who asked you to ~ *in*? 余計な口出しはやめろ. ***bútt óut* (*of*)** 《口語》(…に対して)口を出さない, おせっかいをやめる: Please ~ *out of* our talk. どうか我々の話に口を出さないで下さい.
— *n.* **1** (激しい)頭突き: give a person a ~ in the stomach 人の腹に頭突きを食らわす / get one's ~ in ⇨ BUTT in. **2** 〘フェンシング〙突き.
— *adv.* **1** 頭押しで. **2** 非常な勢いで: come (full) ~ against …に激しくぶつかる / run ~ into …の中にまっしぐらに飛び込む.
〘(?c1200) *butte(n)* □ AF *buter*＝OF *bo(u)ter* to thrust, strike □ Gmc **bautan* (ON *bauta*) ← IE **bhau-* to strike〙

butt[5] /bʌ́t/ *n.* 〘魚類〙ヒラメ・カレイの類の魚 (flatfish); (特に)オヒョウ, カラスガレイ (halibut). 〘(c1300) □ MLG *but* // MDu. *botte*〙

Butt /bʌ́t/, Dame **Clara** *n.* バット (1872–1936; 英国のコントラルト歌手).

bútt chìsel *n.* 短のみ《戸や戸枠に金物をつけるときに用いる刃身の短いのみ》.

bútt cùt *n.* 《米》(丸太の)元口(もとくち)《切り株のすぐ上の丸太の部分》. 〘1830〙

butte /bjúːt/ *n.* 《米西部・カナダ》ビュート《米国西部乾燥地域の平原に孤立する周囲の切り立った丘; 頂上に浸食されにくい硬い岩石がある》. 〘(1805) □ F ~: cf. butt[3]〙

Butte /bjúːt/ *n.* ビュート《米国 Montana 州南西部の都市; 大鉱業中心地》. 〘この付近に *butte* (↑) が多いことから〙

bútt ènd *n.* **1** ＝butt[1] 2. **2** 残部, 残片 (butt): the ~ of a cigarette 紙巻きたばこの吸い殻. **3** 《カナダ》〘ホッケー〙スティックの柄で相手の体を突くこと. 〘(1580): cf. butt[1]〙

but·ter[1] /bʌ́ṭə | -tə(r)/ *n.* **1** バター: artificial [natural] ~ 人造[天然]バター / clarified ~ (料理用に)溶かして上澄みを取ったバター / salted [unsalted] ~ 有塩[無塩]バター / melted ~ 溶かしバター. **2 a** バターに似たもの; パンに塗るもの (spread): ⇨ apple butter, peanut butter. **b** バター状の物質: ⇨ cocoa butter. **c** 各種の金属塩化物(の歴史的な名称): ~ of antimony＝antimony ~ アンチモンバター / ~ of zinc 塩化亜鉛. **3** 《口語》へつらい, おべっか (adulation): lay on the ~ おべっかを言う.
lóok as if* [*thóugh*] *bútter would nòt mélt in* one's *móuth 虫も殺さないような顔つきをしている, 猫をかぶっている. 〘1530〙
— *vt.* **1 a** 〈パンなどに〉バターを塗る: ~ bread, a frying pan / hot ~*ed* popcorn できたてのバター味のポップコーン. **b** 〈卵などを〉バターでいためる; …にバターで味を付ける. **2** [通例 ~ up として] 〈人に〉へつらう, おべっかを言う (flatter). **3** 〈れんがなどに〉液状接着剤(モルタルなど)を塗る; バタリングする; 〈突合わせ溶接する部分に〉溶接金属をかぶせる.
~·less *adj.* **~·like** *adj.* 〘OE *butere* ← (WGmc) (Du. *boter* / G *Butter*) □ L *būtȳrum* □ Gk *boútūron* ← *boûs* ox, cow＋*tūrós* cheese: cf. bovine, tyro-〙

bútt·er[2] /-ṭə | -tə(r)/ *n.* 頭[角]で突くもの[獣]. 〘(1474): ⇨ butt[4], -er[1]〙

bútter-and-égg màn *n.* 《米俗》(田舎から大都会に出てきたときにもてようとしてバーやキャバレーなどで)金をやたら[むやみ]に使う人; 富裕な投資者. 〘1926〙

bútter-and-éggs *n.* (*pl.* ~) 〘植物〙濃淡二種の黄色い花をつける植物の総称《英国ではラッパズイセン (daffodil) などの変種, 米国ではホソバウンラン (toadflax) など》. 〘1776〙

bútter·bàll *n.* **1** 球状にした食卓用のバター, バターボール. **2** 《口語》丸々と太った人, 丸ぽちゃの若い女性[子供]. **3** 《米》〘鳥類〙＝bufflehead 1. 〘1813〙

bútter bèan *n.* 〘植物〙 **1** ＝wax bean. **2** ＝lima bean. **3** ＝sieva bean. 〘1819〙

bútter bòat *n.* (小さい)舟形ソース[グレービー]入れ. 〘1787〙

bútter·bùmp *n.* 《英方言》〘鳥類〙サンカノゴイ (*Botaurus stellaris*). 〘(1671) ← *butter* 《変形》← BITTERN[1]〙

bútter·bùr *n.* 〘植物〙フキ属 (*Petasites*) の植物の総称; (特に) *P. vulgaris* 《赤紫の花をつけ, その大きい葉は butter を包むのに用いられたという; sweet coltsfoot ともいう》. 〘1548〙

bútter·bùsh *n.* 〘植物〙トベラ属 (*Pittosporum*) の植物の総称; (特に) ＝poisonberry tree. 〘1885〙

bútter càke *n.* 《米》バターケーキ《バターなどの油脂を用いた生地で作ったケーキ; cf. sponge cake》. 〘1747〙

bútter càp *n.* 〘植物〙エセオリミキ (*Collybia butyracea*) 《ユーラシア・北米の樹林で見られるキシメジ科モリノカレバタケ属の赤褐色のキノコ》.

bútter chìp *n.* バター用の銘々皿.

bútter clàm *n.* 〘貝類〙北米太平洋岸のマルスダレガイ科ウチムラサキ属の大形食用貝 2 種 (*Saxidomus nuttallii, S. giganteus*) の総称 《Washington clam ともいう》. 〘1936〙

bútter còokie *n.* バタークッキー《バター・小麦粉・砂糖を主原料としたさっくりしたクッキー》.

bútter-còoler *n.* (食卓用)バター冷蔵容器. 〘1790〙

bútter·crèam *n.* バタークリーム《バターと砂糖を練り合わせたもので, 菓子に用いる》. 〘1937〙

but·ter·cup /bʌ́ṭəkʌ̀p | -tə-/ *n.* 〘植物〙キンポウゲ (*Ranunculus acris*) 《春に黄色の花が咲く有毒の多年草; goldcup, kingcup ともいう》. — *adj.* キンポウゲ科の. 〘(1512) (1777) 黄色い cup 状の花にちなむ〙

buttercup

búttercup squàsh *n.* 〘野菜〙バターカップ《セイヨウカボチャ (*Cucurbita maxima*) の小型の一品種; 皮色は 通例 暗緑色, 果肉はオレンジ色で甘い》.

bútter dìsh *n.* (卓上用)バター入れ. 〘1572〙

bútter·fàt *n.* 乳脂肪. 〘1889〙

bútterfat chèque *n.* [the ~] 《NZ》酪農の年間総現金収入.

But·ter·field /bʌ́ṭəfiːld | -tə-/, **William** *n.* バターフィールド (1814–1900; 英国のゴシックリバイバルの建築家).

bútter·fìngered *adj.* 《口語》物をよく取り落とす, よくボールを受け損なう; 不注意な, 不器用な. 〘1615〙

bútter·fìngers *n.* (*pl.* ~) 《口語》物をよく取り落とす不器用な[不注意な]人; (よくボールを受け損なう)へまなクリケット[野球]選手. 〘(1837) 《逆成》↑〙

bútter·fìsh *n.* 〘魚類〙うろこにぬめりのあるイボダイ科およびスズキ亜目の魚の総称: **a** バターフィッシュ (*Peprilus triacanthus*) 《イボダイ科の卵形の平たい食用魚; 米国大西洋岸沖に生息する; dollarfish, harvest fish ともいう》. **b** ＝gunnel[2]. **c** ＝coney 4. 〘1674〙

but·ter·fly /bʌ́ṭəflàɪ | -tə-/ *n.* **1** 〘昆虫〙チョウ《鱗翅目中のセセリチョウ上科とアゲハチョウ上科の種類の昆虫の総称; cf. moth》. **2** 〘水泳〙バタフライ《butterfly stroke, butterfly dolphin, dolphin butterfly ともいう》. **3** [*pl.*] 《口語》(緊張・不安な期待による)神経質なおじけ, 気後れ, 不安による動悸(どうき): have [get] *butterflies* in the [one's] stomach [tummy] (何かを行う前に)不安でどきどきする, おじけづく. **4 a** (チョウのようにあちこち飛び回る)移り気な人, 尻の軽い人, (特に)気まぐれな女性. **b** (女性の)おしゃれ, 見えっぱり. **5 a** butterfly table の折りたたみ板を支える蝶形の持送り. **b** 〘機械〙＝butterfly valve. **6** 〘木工〙＝butterfly wedge. **7** 〘彫刻〙補強材としてつける X 形の支柱. **8** 〘映画〙(光を放散させるために用いられる)紗(しゃ)で覆った枠.
bréak* [*crúsh*] *a bútterfly on the whéel ⇨ wheel 成句.
— *adj.* [限定的] **1 a** チョウの(ような)形をした, 蝶形の. **b** 〈肉などが〉(チョウの翅のように)切り開かれた. **2** 〘水泳〙バタフライの.
— *vt.* 〈肉などを〉(チョウの翅のように)切り開く: a *butterflied* steak.
〘OE *buttorflēoge*: ⇨ butter[1], fly[2]: cog. G 《方言》*Butterfliege*: 魔女がチョウの姿をしてバターやミルクを盗むという迷信から?〙

bútterfly bàndage *n.* 蝶形ばんそうこう《縫合の必要のない程度の細い切り傷に用いる》.

bútterfly bòmb *n.* 〘軍事〙蝶形爆弾, バタフライ爆弾《落下中 2 枚の羽の動きで信管を発火準備状態にする小型の人員殺傷爆弾》.

bútterfly bùsh *n.* 〘植物〙 **1** フジウツギ属 (*Buddleia*), クサギ属 (*Clerodendron*), リンドウ属 (*Gentiana*), ジンチョウゲ属 (*Daphne*) などの植物の総称. **2** アフリカ東部産クサギ属の植物の一種 (*Clerodendron myricoides*). 〘(1924) その花にチョウが集まることから〙

bútterfly càke *n.* 《英》バタフライケーキ《小さなスポンジケーキで, 上部を切り取って半分にし, それをチョウの翅に見えるようにバタークリームで側面に付けたもの》.

bútterfly càse *n.* 《米俗》気違い.

bútterfly chàir *n.* バタフライチェア《鋼管[鋼棒]のフレームで帆布を支持した休息用のラウンジチェアの一種》. 〘(1953) 帆布がチョウの翅に似ていることから〙

bútterfly cìrcuit *n.* 〘電子工学〙蝶形回路《チョウの翅の形をした可変同調器をもつ発振回路》.

bútterfly dìve *n.* 〘水泳〙バタフライ飛込み.

bútterfly dólphin *n.* 〘水泳〙＝butterfly 2.

bútterfly effèct *n.* バタフライ効果《カオス (chaos) 理論で用いられる術語; 初期の小さな変化が後に重要な変化をもたらすこと; ある所でチョウのはばたきが原因で他の場所であらしが生ずるという考え方》.

bút·ter·flỳer *n.* 〘水泳〙バタフライ(泳法)選手. 〘1967〙

bútterfly fìsh *n.* 〘魚類〙 **1** チョウチョウウオ《広いひれをもったチョウチョウウオ科の魚の総称》. **2** メガネギンポ (*Blennius ocellaris*) 《ヨーロッパ産イソギンポ属の魚》. 〘1740〙

bútterfly flòwer *n.* 〘植物〙 **1** コチョウソウ《チリ原産のナス科コチョウソウ属 (*Schizanthus*) の植物の総称; 観賞用に栽培される種もある》. **2** マメ科ハカマカズラ属の低木 (*Bauhinia monandra*) 《フランス領ギアナ産》.

bútterfly kìss *n.* バタフライキス《ウインクしてまつげが相手のほおに当たること; 特に子供に対する愛情表現》.

bútterfly knìfe *n.* バタフライナイフ《長く幅の広い折りたたみナイフ》.

bútterfly nèt *n.* 捕虫網.

bútterfly nùt *n.* ＝wing nut.

bútterfly òrchid *n.* 〘植物〙 **1** ヨーロッパ原産のラン科ツレサギソウ属 (*Platanthera*) の植物で, 特に次の 2 種を指す; *P. bifolia, P. chlorantha.* **2** ベネズエラ原産ラン科スズメラン属の植物 (*Oncidium papilio*). **3** 北米産ラン科サギソウ属 (*Habeuaria*) の植物の総称.

bútterfly òscillator *n.* 〘電気〙蝶形発振器《蝶形回路を用いた可変周波数発振器》.

bútterfly pèa *n.* 〘植物〙米国東部産マメ科チョウマメ属 (*Clitoria*) とチョウマメモドキ属 (*Centrosema*) の植物の総称《米国東南部および中央部産のすべすべした茎のつる植物; *Clitoria mariana* など》.

bútterfly rày *n.* 〘魚類〙短尾でひれの広いアカエイ, (特に)オーストラリア産のツバクロエイの一種 (*Gymnura tentaculata*). 〘1931〙

bútterfly stròke *n.* 〘水泳〙＝butterfly 2.

bútterfly tàble *n.* バタフライテーブル《不用のときは両そでが蝶番(ちょうつがい)で下にぶら下がるようになっている長円形テーブル; cf. Pembroke table, gateleg table》.

bútterfly tùlip *n.* 〘植物〙チョウユリ (⇨ mariposa lily).

bútterfly vàlve *n.* 〘機械〙蝶形弁. 〘1846〙

bútterfly wèdge *n.* 〘木工〙ちぎり《二つの材の接合部に挿入する蝶形の小片》.

bútterfly wèed *n.* 〘植物〙 **1** ヤナギトウワタ (*Asclepias tuberosa*) 《トウワタ科トウワタ属の植物; 黄橙色の美しい花が咲く; orange milkweed, pleurisy root, swallowwort ともいう》. **2** アカバナ科ヤマモモソウ属の植物 (*Gaura coccinea*). 〘1816〙

bútterfly wìndow *n.* (自動車の前部側面にあって通風のために開閉できる)三角窓.

bútter·hèad léttuce *n.* 〘植物〙バターヘッドレタス《葉が柔らかくバターの風味があり, 結球がゆるくて頭部が完全に抱合しないレタス; 単に butterhead ともいう》.

bútter ìcing *n.* ＝buttercream.

but·ter·ine /bʌ́ṭəriːn, -rɪ̀n | bʌ́təriːn, -rɪn/ *n.* オレオマーガリン (oleomargarine) 《一部を牛乳から作った人造バター》. 〘(1874) 《混成》← BUTTER[1]＋(MARGAR)INE〙

but·ter·is /bʌ́ṭərɪ̀s, -trɪ̀s | -tərɪs, -trɪs/ *n.* (蹄鉄工の用いる)ひずめ削り具, 削蹄具. 〘(1573) 《変形》← ME *butour* □ (O)F *b(o)utoir* ← *bouter* 'to BUTT[4]'〙

bútter knìfe *n.* バターナイフ. 〘1850〙

But·ter·maid /bʌ́ṭəmèɪd | -tə-/ *n.* 〘商標〙バターメイド《米国製の食パン》.

But·ter·mere /bʌ́ṭəmɪə | -təmɪə(r)/ *n.* バターミア(湖)《イングランド北西部, Cumbria 州の Lake District にある湖》.

bútter·mìlk *n.* バターミルク: **a** バター用の乳脂肪をとったあとの液体. **b** それに似た, 牛乳をベースにした乳酸飲料[食品]. 〘a1500〙

bútter mùslin *n.* 《英》＝cheesecloth.

bútter·nùt *n.* **1** 〘植物〙 **a** バターグルミ (*Juglans cinerea*) 《北米産のクルミ科の木; white walnut ともいう》. **b** バターグルミ《食用の実または用材》. **c** バターグルミの木の皮・エキス《古くは通じ薬として用いた》. **2** ＝souari nut. **3 a** (バターグルミエキスで褐色に染めた)厚手コットンの布地. **b** [*pl.*] その布地製の外衣《ズボン・オーバーオールなど》. **4** 薄黄褐色(染料). **5** 〘米史〙 **a** (南北戦争当時の)南部兵. **b** 北部の南部支持者 (Copperhead) 《南軍ユニフォーム(の色)から》. **6** 《NZ》＝butternut pumpkin. 〘1741〙

bútternut púmpkin *n.* 《豪・NZ》カボチャの一種(食用).

bútternut squásh *n.* 〘植物〙バターナッツ《カボチャ (*Cucurbita moschata*) の一品種; 成熟果で用いられ, 表面はなめらか, 果肉はきめが細かく黄色》. 〘1945〙

bútter pàper *n.* バターを包むろう紙.

bútter pàt *n.* **1** (食卓用に装飾的に形作った)バターの塊 (cf. pat[1] 4). **2** ＝butter chip.

bútter pèar *n.* **1** =avocado. **2** 《まれ》【園芸】=beurré.
bútter plàte *n.* **1** =butter dish. **2** =bread-and-butter plate.
bútter prìnt *n.* バターの塊に飾りの形を押すための木型; バターに押した木型の模様. 〚1616〛
bútter sàuce *n.* 【料理】バターソース《溶かしたバターを水でのばし調味して小麦粉や卵黄でとろみをつけたソース; 他のソースのベースとなる》.
but·ter·scotch /bʌ́təskɑ̀(ː)tʃ | -təskɔ̀tʃ/ *n.* **1** バタースコッチ, バターボール《主に赤砂糖・バターで作った固い飴》; その風味(の調味料). **2** バタースコッチの味のする淡褐色のシロップ. **3** 黄褐色. — *adj.* 〈プディング・ソースなど〉バタースコッチの風味のある. 〚(1855) ← BUTTER^1+? SCOTCH: スコットランドで初めて作られたことから?〛
bútter sprèader *n.* =butter knife.
bútter trèe *n.* 【植物】種子からバター状物質が得られる樹木の総称《シアバターノキ (shea tree), インドバターノキ (*Madhuca butyracea*), シエラレオネバターノキ (Sierra Leone butter tree), 熱帯アフリカ産の *Combretum butyrosum* など》. 〚1830〛
bútter·wèed *n.* 【植物】(北米産の)黄色い花をつける各種の野草; (特に)サワギク属のノボロギク (*Senecio vulgaris*), キオン (*S. nemorensis*), サワギク (*S. nikoensis*) など. 〚1845〛
bútter·wòrt *n.* 【植物】ムシトリスミレ《ムシトリスミレ属 (*Pinguicula*) の植物の総称》; (特に)ムシトリスミレ (bog violet). 〚1597〛
but·ter·y^1 /bʌ́təri, bʌ́tri | -təri, -tri/ *adj.* **1 a** バターのような. **b** バターの入った[を塗った]. **2** 《口語》ばかにへつらう, おせじたらたらの (flattering). **bút·ter·i·ness** *n.* 〚(*a*1398): ⇨ butter^1, -y^1〛
but·ter·y^2 /bʌ́təri, bʌ́tri | -təri, -tri/ *n.* **1 a** 酒貯蔵室. **b** 《方言》食料貯蔵室 (pantry)《家庭の酒類や食料品を貯蔵する部屋》. **2** 《英》(英国の大学で, 学生に食料や飲料を供給する)食料室. 〚(*c*1384) *boteri(e)* ◻ AF *boterie* ← ? *but* 'BUTT^2': ⇨ -ery: BUTTER^1 とは無関係〛
bútter yèllow *n.* **1** 【染色】=oil yellow 2. **2** 緑がかった鮮黄色《jasmine yellow ともいう; cf. jasmine 3》. 〚1909〛
búttery hátch *n.* (食料室と食堂との間の)食品の受け渡し口, サービス口.
bútt hìnge *n.* 背出し蝶番(ちょうつがい)《取り付けたときナックル (knuckle) だけが外に見える普通の蝶番; cf. flap 1 g》. 〚1815〛
bútt·hòle *n.* 《米卑》**1** しりの穴, けつ. **2** 嫌なやつ.
but·tie /bʌ́ti | -ti/ *n.* 《北イングランド》=butty^2.
butt·in·ski /bʌtínski/ *n.* (*also* **butt·in·sky** /~/) 《米俗》余計なおせっかいをする人. 〚(1902) ← *butt in* (⇨ butt^4 (v.) 成句)+*sky* (スラブ語系の人名によくみられる語尾)〛
bútt jòint *n.* 【建築】突付け, 突合わせ継手(つぎて)《横材を重ねないで, 頭と頭とを単に突き合わせた接合法; cf. butt weld, lap joint》. 〚(1823): cf. butt^3〛
but·tle /bʌ́tl/ *vi.* 《米・戯》butler をする 〈*for*〉. 〚(1867) 《逆成》← BUTLER〛
butt·leg·ging /bʌ́tlègɪŋ/ *n.* 《米》巻きたばこの密輸入[売買]. **-lèg·ger** *n.* 〚← BUTT^1+(BOOT)LEGGING〛
bútt lòg *n.* =butt cut.
bútt náked *adj.* 《米俗》全裸の, すっぽんぽんの.
but·tock /bʌ́tək | -tɔk/ *n.* **1** [通例 *pl.*] 【解剖】(人間の)尻, 臀部(でんぶ) (rump) (⇨ leg 挿絵), (牛など哺乳類の)尻. ★ ギリシャ語系形容詞: gluteal. **2 a** (水線上の, 膨らんだ)船尾. **b** 【造船】船尾曲線図 (buttock line ともいう). **3** 《英》【レスリング】背負い投げ (cf. cross-buttock). — *vt.* …に背負い投げをかける. 〚(*a*1300) *buttok* ← ? OE *buttuc* end, ridge (dim.) ← **butt* (cf. OE *bytt* small piece of land): ⇨ -ock〛
búttock lìne *n.* 【造船】=buttock 2 b.
but·ton /bʌ́tn/ *n.* **1** ボタン. **2 a** (ベル・機械などの)押しボタン. **b** ボタンのようなもの. **c** (折り襟などに付ける)記章, バッジ. **3** [*pl.*; 単数扱い] 《英》(ホテル・クラブなどの)給仕, ボーイ (bellhop)《制服にたくさんの金ボタンが付いていることから; cf. *a boy in* BUTTONS》. **4 a** (戸・窓などの)締め[留め]具, 締め金具 (turn button ともいう). **b** 鋲(びょう), リベット. **c** [*pl.*]《口語》知力 (wits): not have all one's ~*s* 頭が弱い / He has all his ~*s* (on). 全くしっかりしている. **5** ガラガラヘビの尾の先端部《尾の端を取り巻く骨質輪》. **6** 《口語》[通例否定構文で] 無価値なもの, わずか(なもの): *not* worth a ~ 少しの価値もない / I *don't* care a ~. 少しもかまわない. **7** 【植物】**a** 芽, つぼみ (bud). **b** (まだかさを開かない)小さなキノコ (cf. flap 1 k). **8** 《米俗》【ボクシング】あごの先 (point of the chin): hit a person on the ~ あごの先を打つ. **9** 【フェンシング】(危険防止のため剣先につける)先皮, 皮たんぽ. **10** 【ボート】オールの柄 (loom) の回りにオール受けから滑らないように巻きつける皮. **11** 【冶金】(融解後るつぼの底に残る)金属粒. **12** =crown 8 c.
a bóy in búttons 《英》(金ボタンの制服を着た)給仕. ***(as) bright as a bútton*** 頭の回転が速い. ***búrst one's búttons*** (食べ過ぎまたは活躍のしすぎで)ボタンがはち切れる. ***hàve a bútton lóose [míssing]*** =***be a bútton shórt*** 《口語》少々(知恵が)足りない. ***hóld [táke] a person by the bútton*** 〈気のない人を〉引き留めて長話をする (cf. buttonhold). ***on the bútton*** 《口語》時間どおりに, 正確に (on the dot): at six o'clock *on the* ~ 6 時きっかりに / Her answer was (right) *on the* ~. 彼女の答えは(まさに)的を射ていた. ***préss bútton A [B]*** 《古》(昔の英国の公衆電話で)コインを入れて電話をかけ, 相手が出たときにボタン A を押して通話する[通じなかったときにボタン B を押してコインを取り戻す]. 〚(1934)〛 ***púsh a person's búttons*** (嫌がることを言ったりしたりして)怒らせる. ***púsh [préss, tóuch] the bútton*** (1) (ベルなどの)ボタンを押す. (2) 《口語》単純な方法で一連の事件を誘発する; (大事件の)糸口を作る, 口火を切る. 〚(1860)〛
— *vt.* **1 a** 〈衣服などに〉ボタンをかける, ボタンで留める 〈*up*〉: ~ one's coat *up* to the chin 上着[オーバー]のあごのところまでボタンをすっかり留める (↔ unbutton). **b** 〈ボタンを〉掛ける. **c** 〈服〉にボタンを付ける. **2** 《口語》[しばしば命令形で] 〈口などを〉固く閉じる[させる] 〈*up*〉: ~ a person's mouth 黙らせる / ~ (*up*) one's lip(s) [face] 《米》黙っている. **3** 【フェンシング】…に剣先の先皮で触れる.
— *vi.* **1** 〈衣服に〉ボタンがかかる[ついている], ボタンで留まる 〈*up*〉: My collar won't ~. カラーのボタンがかからない / This dress ~*s* down the back [front]. このドレスは後ろ[前]にボタンがついている. **2** 芽[つぼみ]が出る.
bútton ínto [ín] ボタンをかけて〈ポケットなど〉にしまい込む. ***Bútton it!*** 黙れ, しゃべるな. ***bútton úp*** (*vt.*) (1) ⇨ *vt.* 1. (2) 〈人〉にボタンをかけて服を着せる; 〈物を〉ポケットにボタンをかけてしまい込む. (3) ⇨ *vt.* 2. (4) 《口語》(防御のため)〈戦車・潜水艦などを〉堅く閉ざす, 締め切る. (5) 《口語》〈命令・任務などを〉遂行する, 〈仕事などを〉うまく成し遂げる. (6) 《口語》〈協定・取引などを〉最終的なものにする. (*vi.*) (1) ⇨ *vi.* 1. (2) [通例命令形で] 《俗》静かにしている, 黙る.
~·er *n.* **~·lìke** *adj.* 〚(1286) *botoun* ◻ (O)F *bouton* ← *bouter* to thrust: ⇨ butt^4〛
bútton·bàck *n.* [形容詞的に] ボタンバック《いすのキルティングの背もたれで, 縫い目をボタンで隠しているもの》.
bútton·bàll *n.* 【植物】球形の実がなる植物の総称: **a** 《米・カナダ》アメリカスズカケノキ (sycamore). **b** =buttonbush. **c** =plane tree. 〚1821〛
bútton bòot *n.* 《英》ボタン留め深靴[ブーツ]. 〚1883〛
bútton·bùsh *n.* 【植物】アメリカヤマタマガサ (*Cephalanthus occidentalis*)《北米産アカネ科の低木で, 観賞用に栽培》. 〚1754〛
bútton chrysánthemum *n.* 【植物】庭などに植える多くの小花をつけるキクの類の植物.
bútton dày *n.* 《豪》ボタンの日《街頭募金をする日; 寄付者にはボタンを付けてあげる; flag day ともいう; cf. tag day》.
bútton-dòwn *adj.* **1** 〈シャツ襟が〉ボタンで留められるようになった, ボタンダウンの; 〈シャツが〉ボタンダウン式の襟の付いた, ボタンダウンの. **2** 《米》優雅な, 上品な (urbane), もの柔らかな (suave). **3** =buttoned-down. 〚1934〛
bútton èar *n.* (犬の)ボタン耳《耳のへりが前方に折りたたまり, その先端が頭蓋にぴったりくっついて耳の穴をふさぎ, かつ目の方に向いている耳》. 〚1883〛
búttoned-dówn *adj.* 〈服装・態度など〉型にはまった, 新味のない.
búttoned-úp *adj.* 《口語》固く口を閉じた, 無口な (uncommunicative); 自分の気持ちをうまく言えない. 〚1936〛
bútton gràss *n.* 【植物】**1** =tall oat grass. **2** ボタングラス《オーストラリア産イネ科タツノツメガヤ属 (*Dactyloctenium*) の草本; 牧草にもされる》.
bútton·hòld *vt.* (**-held**) 《古》=buttonhole^2. 〚(1834) 《逆成》← *buttonholder* buttonholer ← BUTTON+HOLDER〛
but·ton·hole^1 /bʌ́tṇhòul | -həul/ *n.* **1** ボタンホール. **2** ちょぼ口 (small mouth). **3** 《英》折り襟のボタンホールの挿し花 (boutonniere). **4** 【外科】ボタン穴状小切開. — *vt.* **1** …の(ボタン)穴かがりをする. **2** …にボタンホールをあける. **3** 【外科】…にボタン穴状小切開をする. 〚1561〛
but·ton·hole^2 /bʌ́tṇhòul | -həul/ *vt.* 〈気乗りしない相手を〉(上衣のボタンをつかまえるようにして)引き留めて長話をする. 〚(1862) 《変形》← BUTTONHOLD〛
bútton·hòl·er /-lə | -lə(r)/ *n.* **1** ボタン穴かがりをする人. **2** (気乗りのしない)人を引き留めて長話をする人. 〚(1883): ⇨ buttonhole^1, -er^1〛
búttonhole stìtch *n.* 【服飾】(ボタンの)穴かがり, ボタンホールステッチ《間隔のつまった blanket stitch, または糸をかけたところに結び目ができるステッチ》. 〚1885〛
bútton·hòok *n.* **1** ボタンかけ《以前手袋・靴などのボタンをはめるときに用いた鉤(かぎ)形の器具》. **2** 【アメフト】ボタンホック《パスレシーバーが急に鉤形に曲がる攻撃プレー》. — *vi.* ボタンをかける. 〚1870〛
bútton·less *adj.* ボタンのない[取れた]. 〚(1655): ⇨ -less〛
bútton màn *n.* 《米俗》(地下暴力団などの男性の)下級幹部, 下っ端組員, 三下《soldier とも呼ばれる》. 〚(1966) ← *button boy* page, errand boy (給仕の服のボタンにちなむ)〛
bútton·mòld *n.* (*also* **bútton·mòuld**) くるみボタンの台《骨・木・金属などの円板でその上に布や革をかぶせてボタンにする》. 〚1621〛
bútton múshroom *n.* 菌傘の開かない小さい若いマッシュルーム, ツクリタケ《普通にマッシュルームと呼ばれる栽培キノコ》.
bútton-ón *adj.* ボタンつきの, ボタンで留める.
bútton ònion *n.* 完全に成育しない前に採取されて漬物や料理の添え物として用いられる小タマネギ.
bútton quàil *n.* 【鳥類】ミフウズラ《ヨーロッパ・アジア・アフリカに広く分布しているミフウズラ科の鳥の総称; hemipode ともいう》. 〚1885〛
But·tons /bʌ́tṇz/ *n.* バトンズ《クリスマスなどに行われるおとぎ芝居 (pantomime) の Cinderella に登場する人物で, 主人公の友達役》. 〚(1848): 上着についているボタンの多さから〛
bútton shòe *n.* ボタン留め短靴.
bútton snákeroot *n.* 【植物】**1** リアトリス《茎頂に赤紫色の花穂をつけるキク科ユリアザミ属 (*Liatris*) の多年草の総称; cf. gayfeather》. **2** セリ科ヒゴタイサイコ属 (*Eryngium*) の植物の総称; (特に)ナガハエリンジューム (*E. aquaticum*)《米国南部産の棘(とげ)のある多年草》. 〚1775〛
bútton spìder *n.* 【動物】(アフリカ産の)クロゴケグモ (black widow) の亜種《数種あり, 危険なものもある》.
bútton stìck *n.* (軍服の)ボタン磨きの棒《金属または木製で, ボタンを磨くとき, 服が汚れないようにボタンだけ頭を出す穴があけてある》. 〚1890〛
bútton-thròugh *adj.*, *n.* ボタンが前で上から下までついている(婦人服). 〚1920〛
bútton tòw *n.* (一人乗りの)スキーリフト《つり下がったポールの下が円盤上の板になっている; そのポールを足にはさんで乗る》.
bútton trèe *n.* 【植物】**1** シクンシ科の熱帯植物の一種 (*Conocarpus erecta*). **2** =buttonwood 1. 〚1725〛
bútton·wòod *n.* 【植物】**1** アメリカスズカケノキ (*Platanus occidentalis*)《北米産; 巨木で材は良質; ボタンのような球形の実がぶら下がる; buttonball, button tree, sycamore, American plane ともいう》. **2** =button tree 1. 〚1674〛
but·ton·y /bʌ́tṇi, -tni/ *adj.* **1** ボタンのような. **2** ボタンのたくさん付いている. 〚(1597): ⇨ -y^4〛
bútt plàte *n.* (銃の)床尾板《通例金属》.
bútt resìstance wélding *n.* 【金属加工】突合わせ抵抗溶接《抵抗溶接を利用する溶接法》.
but·tress /bʌ́trɪs/ *n.* **1** 【建築】控え壁, バットレス, 扶壁: ⇨ flying buttress. **2** 支持者[物], 支えとなるもの (support): the ~ of a throne [the Constitution] 王位[憲法]の擁護者 / the ~ of popular opinion 一般世論の支持. **3 a** 控え壁状の物. **b** バットレス《険しくせりあがる岩稜》. **c** (馬の)ひづめのかかと側の角質突出部. **d** 樹幹の広く張った基部. — *vt.* **1** 支持する (support) 〈*up*〉: ~ *up* an argument. **2** 【建築】〈建物を〉控え壁[扶壁]で支える, 補強する, 隠す. **~ed** *adj.* **~·less** *adj.* **~·lìke** *adj.* 〚(*c*1330) *boteras(s)e* ◻ OF *bouterez* flying buttress ← *bouter* to thrust, abut: ⇨ butt^4〛

buttresses 1
1 flying buttresses
2 buttresses

búttress ròot *n.* 【植物】(インドゴムノキ・マングローブなどの)板根(ばんこん)《幹から地上に突き出ている》. 〚1914〛
búttress thrèad *n.* 【機械】のこ歯ねじ. 〚1887〛
but·try /bʌ́tri/ *n.* =buttery^2.
bútt sèam wélding *n.* 【金属加工】突合わせシーム溶接《突き合わせた部分を円板電極で縫い合わせるように溶接する方法》.
bútt shàft *n.* (矢じりの付いていない)射的用の矢. 〚1588〛
bútt·stòck *n.* 銃床. 〚1909〛
bútt stràp *n.* 【機械】目板, 継目板. 〚1869〛
bútt-wèld *vt.* 突合わせ溶接をする. **~·ing** *n.*
bútt wèld *n.* 【金属加工】突合わせ溶接, 突合わせ鍛接《接合する二つの金属端を互いに突き合わせて溶接または鍛接する方法; cf. butt joint, seam welding》. 〚1864〛
but·ty^1 /bʌ́ti | -ti/ *n.* **1** (労働者の)監督, 組頭, 親方 (foreman). **2** (炭鉱の)採炭請負人 (middleman). **3** 《英口語》働き仲間, 相棒 (partner). 〚(1790) ← ?: cf. booty〛
but·ty^2 /bʌ́ti | -ti/ *n.* 《英方言》**1** (一切れの)バターを塗ったパン. **2** サンドイッチ. 〚(1855) ← BUTT(ER)^1+-Y^2〛
bútty-gàng *n.* 《英》[単数・複数扱い] 昔一括して一度に払われる賃金の総額 (lump sum) を分配し合った労働者の一団. 〚1881〛
Bu·tu·an /butúːɑːn/ *n.* ブトゥアン《フィリピン, Mindanao 島北東部の都市; Magellan がスペインのフィリピン領有を宣言した地 (1521)》.
Bu·tung /búːtuŋ/ *n.* ブートン(島)《インドネシア, Celebes 島東南方の島; 面積 4,400 km^2》.
bu·tut /butúːt/ *n.* (*pl.* ~, ~**s**) **1** ブトゥート《ガンビアの通貨単位; =$^1/_{100}$ dalasi》. **2** 1 ブトゥート硬貨. 〚(1972) 現地語〛
bu·tyl /bjúːtḷ, -tɪl | -taɪl, -tɪl/ *n.* 【化学】**1** ブチル基 (C_4H_9). **2** ブチル(ラバー)《ガス不浸透性合成ゴムの商品名; Butyl rubber ともいう; cf. Buna》. — *adj.* ブチル基を含む. 〚(1868–77) ← BUTO-+-YL〛
bútyl ácetate *n.* 【化学】酢酸ブチル.
bútyl álcohol *n.* 【化学】ブチルアルコール (C_4H_9OH)《四つの異性体がある》. 〚1869〛
bútyl áldehyde *n.* 【化学】=butyraldehyde.
bu·tyl·ate /bjúːtəlèɪt, -tḷ- | -tɪl-, -tḷ-/ *vt.* 【化学】〈化合物〉にブチル基を導入する. **bu·tyl·a·tion** /bjùːtəléɪʃən, -tḷ- | -tɪl-, -tḷ-/ *n.* 〚⇨ butyl, -ate^3〛
bú·tyl·at·ed hỳdroxy·tóluene /-tḷd- | -tḷd-/ *n.* 【化学】ブチレーテッドハイドロキシトルエン ($CH_3C_6H_2(OH)(C(CH_3)_3)_2$)《合成酸化防止剤の一つ》. 〚1950〛
bu·tyl·ene /bjúːtəlìːn, -tḷ- | -tɪl-, -tḷ-/ *n.* 【化学】ブチレ

ン (C_4H_8)《三つの異性体がある》. 〖《1877》← BUTYL ＋ -ENE〗

bútylene glýcol n. 〘化学〙ブチレングリコール (⇨ butanediol).

bútyl rùbber n. ブチルラバー (⇨ butyl 2). 〖1940〗

Bu·tyn /bjúːtn̩, -tɪn | -tɪn/ n. 〘商標〙ブチン《butacaine の商品名》.

bu·tyne /bjúːtaɪn/ n. 〘化学〙ブチン (C_4H_6)《アセチレン列炭化水素の一つで次の二つの異性体がある》: **a** 1-ブチン ($CH\equiv CCH_2CH_3$)《凝縮しやすい気体; ethylacetylene ともいう》. **b** 2-ブチン ($CH_3C{=}CCH_3$)《揮発性の液体; dimethylacetylene ともいう》. 〖《1935》← BUTO-＋-INE³〗

bu·tyr- /bjúːṭər | -tɪ̆r/《母音の前にくるときの》butyro- の異形.

bu·tyr·a·ceous /bjùːṭəréɪʃəs | -tɪ̆-⁻/ adj. バター性の, バターに似た; バター(状物質)を含んだ[生じる]. 〖《1668》← L *būtyrum* 'BUTTER¹': ⇨ -aceous〗

bu·tyr·al /bjúːṭəræ̀l, -rəl | -tɪ̆-/ n. 〘化学〙ブチラール樹脂, ポリビニルブチラール《ポリビニルアルコールにブチルアルデヒドを反応させて作られる樹脂; 塗料·接着剤·安全ガラスなどに用いられる》. 〖← BUTYRO-＋-AL¹〗

bu·tyr·al·de·hyde /bjùːṭərǽldəhàɪd | -tɪ̆rǽld-/ n. 〘化学〙ブチルアルデヒド ($CH_3(CH_2)_2CHO$). 〖《1885》← BUTYRO-＋ALDEHYDE〗

bu·tyr·ate /bjúːṭərèɪt | -tɪ̆-/ n. 〘化学〙酪酸塩, 酪酸エステル. 〖《1873》← BUTYRO-＋-ATE¹〗

bu·tyr·ic /bjuːtírɪk/ adj. 〘化学〙酪酸の, 酪酸から誘導した. 〖《1826》▭ F *butyrique* ← L *būtyrum* 'BUTTER¹': ⇨ -ic¹〗

butýric ácid n. 〘化学〙酪酸, ブチル酸 (C_3H_7COOH)《二つの異性体がある》. 〖1826〗

bu·tyr·in /bjúːṭərɪn | -tɪ̆rɪn/ n. 〘化学〙ブチリン ($(C_3H_7COO)C_3H_5$)《バターの中にある無色の液体, グリセリンと酪酸とのエステル》. 〖《1826》← L *būtyrum* 'BUTTER¹' ＋-IN²〗

bu·ty·ro- /bjúːṭəroʊ | -tɪ̆rəʊ/ 〘化学〙「酪酸の (butyric)」の意の連結形. ★ 通例母音の前では butyr- になる. 〖← NL ～ ← BUTYRIC〗

bùtyro·láctone n. 〘化学〙ブチロラクトン ($C_4H_6O_2$)《無色の液体, 樹脂の溶剤; butanolide ともいう》.

bu·tyr·yl /bjúːṭərɪ̀l | -tɪ̆-/ n. 〘化学〙ブチリル《酪酸から誘導される 1 価の酸基 $CH_3CH_2CH_2CO$–》. 〖1853〗

Bux·a·ce·ae /bʌkséɪsiìː/ n. 〘植物〙《双子葉植物ムクロジ目》ツゲ科. **bux·á·ceous** /-ʃəs/ adj. 〖← NL ～ ← *Buxus* (属名: ⇨ box³)＋-ACEAE〗

bux·om /bʌ́ksəm/ adj. **1 a** 〈女性が〉丸ぽちゃ[小太り]で美しい, 肉付きがよくて色つやのよい, はち切れそうな肉体美をもった. **b** 〈女性が〉豊かな胸をした, 豊満な胸の (full-bosomed) (⇨ fat¹ SYN). **2 a** 《廃》曲がりやすい (flexible), しなやかな, 柔軟な (pliant). **b** 《古》従順な (obedient). **3** 《古》陽気な, 快活な (blithe). **～·ly** adv. **～·ness** n. 〖《?lateOE》《原義》pliable ← OE *būgan* to bend: cf. G *biegsam*: ⇨ bow¹, -some¹〗

Bux·te·hu·de /bùkstəhúːdə | -də; G. bʊkstəhúːdə/, **Dietrich** n. ブクステフーデ《1637–1707; デンマーク生まれのオルガン奏者·作曲家; 1668 年よりドイツに居住し, Bach や Handel に影響を及ぼした》.

Bux·ton /bʌ́kstən/ n. バクストン《イングランド中部, Derbyshire 州西部丘陵地方の中心都市; 鉱泉があり保養地》. 〖ME *Bucstones* logan stone ← **būgstān* bowing stone: ⇨ bow¹, stone〗

buy /báɪ/ v. (**bought** /bɔ́ːt, báːt | bɔ́ːt/) — vt. **1 a** [しばしば間接目的語を伴って] 買う, 購入する (cf. sell¹): ～ a thing cheap 物を安く買う / ～ an article *for* cash [*on* credit] 品物を現金[クレジット, 掛け]で買う / ～ it *for* $10 それを 10 ドルで買う / ～ it *for* [*at*] a low price 安い値段で買う / ～ a thing *at* a store [*from* a person, 《俗》*off* a person] 物を店で[人から]買う / ～ a ticket *from* a vending machine 自動販売機で切符を買う / ～ oneself a new dictionary 自分用に新しい辞書を購入する / He *bought* me a watch [a watch *for* me]. 私に時計を買ってくれた. **b** [通例間接目的語を伴って] おごる (stand): I'll ～ you a drink. 君に一杯おごろう. **2** [しばしば間接目的語を伴って] 〈金銭が〉買うのに役立つ, あがなえる: Money cannot ～ happiness. 金で幸福は買えない / The pound ～s less than it used to. ポンドには昔ほどの購買力がない / The money didn't ～ him popularity. 金を使ったけれども人気が出なかった / $25 will ～ you this dictionary. 25 ドルでこの辞書が買える. **3** (犠牲を払って)獲得する, あがなう: ～ a person's patronage *with* flattery おべっかを使って人の愛顧を得る / ～ fame *with* one's life 命を犠牲にして名を得る / The victory was dearly *bought*. この勝利は高い犠牲を払って獲得された. **4 a** [～ one's way として] 金を使って進む: He *bought his way into* college. 裏口入学した / ～ *one's way out of* a contract 金を支払って契約をおりる. **b** 買収する, 抱き込む (bribe) 〈*over*〉: ～ (*over*) a witness [public official] 証人[公務員]を買収する. **5** 〈人を〉雇う (hire), …と契約する: ～ a player 〈球団などが〉選手と契約を結ぶ / I'll ～ me [myself] a lawyer. 《口語》弁護士を依頼しようと思う. **6** 《口語》 **a** 〈他人の意見などを〉信じる (believe), 受け入れる (accept); …にだまされる: I won't ～ that. それはいただけないよ, そんな話には乗せられないよ. **b** 〈罰などとして〉こうむる, 受ける. **7** 〘神学〙〈主にキリストが人〉(の罪)をあがなう (redeem). **8** 《口語》〘トランプ〙〈予備札などから〉〈札を引いてくる: I *bought* a king. キングを引いた. — vi. 物を買う, 買い物をする; 買手である, 買手となる.

búy báck 買い戻す. ***búy ín*** (vt.) (1) 《英·豪》大量に買い込む[買い付ける], 仕入れる: ～ *in* canned goods 缶詰を買い込む. (2) (付け値が安くて)〈売り主が〉〈競売品を〉買い戻す, 自己落札する. (3) 〘証券〙〈証券を〉買埋める; 〈契約を履行しない顧客など〉に対して買埋めをする (cf. buy-in). — (vi.) (1) 会社の株を買う, 株主になる; 〘証券〙買埋めをする. (2) 《俗》金を使って会員になる[地位を得る]. 《1622》 ***búy ínto*** (1) …の株を買い込む, 株主になる: ～ *into* a company 会社の株を買う. (2) 《俗》金を使って…に足場を築く: ～ *into* a club 金の力でクラブ員になる. (3) 〈…の考え方に賛成する, 納得する; 〈うわさ·うそなど〉を信じる. (4) 《豪》〈議論·けんかなどに〉巻き込まれる. ***búy it*** (1) (なぞ·質問が解けないで)降参する, 投げだす, 手を引く: I'll ～ *it*. 参った, 教えてくれ; (ちょっと信じがたいが)まあそういうことだろう[その考えに賛成する]. (2) 負傷する; 殺される, 死ぬ. ***búy óff*** (1) 金を与えて〈脅迫者などを〉追い払う, 金の力で〈警察などに〉手を引かせる, 買収する; 金を与えて〈要求·介入などを〉退ける; お金で〈子供などの〉歓心を買う 〔*with*〕. (2) 免除金を出して〈人を〉軍務などから解放してやる. 《1629》 ***búy óut*** (1) 〈事業などを〉買い取る, 買収する; …から株[権利など]を買い占める《しばしば経営権などを取得するために》: ～ *out* small stockholders 小株主から株を買い上げる. (2) …の全商品を買い切る (cf. sell out ⇨ sell¹ 成句): ～ *out* a store 商店の在庫品を全部買い占める. (3) 《英·豪》＝BUY *off* (2). 《1297》 ***búy óver*** (賄賂(わいろ)で)買収する, 抱き込む (cf. vt. 4). 《1848》 ***búy the fárm*** 《米俗》死ぬ. ***búy úp*** (1) 買い占める, 買い切る: ～ *up* all the goods 品物を買い占める. (2) 買いあさる, 買いまくる. (3) (株を買ったりして)〈会社などを〉買収する. 《1533–34》

— n. **1** 買入れ, 購買. **2** 《口語》[修飾語を伴って] **a** 買った[買う]もの, 買物 (purchase): a good [bad] ～ よい[つまらない]買物 / the best ～ 掘出し物. **b** 格安品, 掘出し物 (bargain): It's a real ～. それは本当に掘出し物だ. 〖ME *bie(n)* < OE *byċġan* < Gmc **buʒjan* (OS *buggian* / Goth. *bugjan*) ← ?〗

SYN 買う: **buy** 〈日用品などやその他高価な物などを〉買う《一般的な語》: *buy* a loaf of bread [a new hat] 食パンひと塊[新しい帽子]を買う《*purchase* は普通使わない》. **purchase** *buy* の上品語で, 〈高価な物を交渉して購入する《格式ばった語》: *purchase* the land 土地を購入する《*buy* も使用可能》.

---

buy·a·ble /báɪəbl̩/ adj. 買うことのできる. 〖《1483》: ↑, -able〗

búy·bàck n. **1** 買戻し. **2** バイバック《生産者が生産物を一部買い戻す取決め》. **3** 株式の買戻し. — adj. 買戻しの. 〖1974〗

búy bòat n. 《米》船舶の漁獲物を海上で買い市場へ運ぶ船.

buy·er /báɪə | báɪə(r)/ n. **1** 買手, 買方, 買主, 購買[入]者 (purchaser): a ～*s'* association 購買組合. **2** (デパート·工場などの)仕入係, バイヤー, 購買担当(者), 買付け人. 〖《?a1200》: ⇨ -er¹〗

búyers' [búyer's] màrket n. 〘経済〙買手市場《供給過剰のため売手が競争して値を下げ, 買方にとって有利な市場; ↔ sellers' market》. 〖1926〗

búyers' strìke n. (値下げ要求の)消費者不買同盟 (cf. boycott).

búy-in n. 《米》〘証券〙買埋め: **a** 証券を買ったブローカーが所定の期限までに証券の引渡しを受けない場合, 別途にその証券を買入れて売手側との決着をつける手続き; 損失が生じれば売手側が負担する. **b** ブローカーが契約に反した顧客に対して同様の買入れ処置をとること.

búy·ing n. 買付け, 購買, 仕入れ: ～ and selling 売買 / a ～ agent 購買代理人 / a ～ commission 買入れ手数料 / the ～ public 一般消費者. **búying-ìn and sélling-òut** 競売買. 〖《?a1200》: ⇨ -ing¹〗

búying pòwer n. 購買力.

buy·out /báɪàʊt/ n. (一製品の全在庫の)買い占め; (企業の)買収. 〖1971〗

Búys-Bal·lót's làw /báɪsbəlɑ̀(ː)ts-, bɔ́ɪs- | -lɔ́ts-; Du. bœ́ysbɑlɔ̀t-/ n. 〘気象〙バイスバロットの法則《観測者が風を背にした場合, 低気圧の中心は北半球では左に南半球では右にあるということ》. 〖← *C. H. D. Buys Ballot* (1817–90: オランダの気象学者)〗

Bu·zău /buzóu | -záu; Rom. buzə́u/ n. ブザウ《ルーマニア南東部 Bucharest の北東にある都市, 油田地帯の中心地》.

buz·ka·shi /buzkáːʃi/ n. ブズカシ《死んだヤギ[子牛]を馬に乗って奪い合うアフガニスタンの国技》. 〖《1956》〗

buzz¹ /bʌ́z/ vi. **1** 〈ハチ·機械などが〉ぶんぶんうなる; ぶんぶん飛ぶ 〈*about, around, over, in, out*〉: My ears are ～*ing*. ＝There's a ～*ing* (noise) in my ears. 耳鳴りがする. **2 a** 《口語》せわしく動き回る 〈*about, along, around*〉. **b** 《英口語》急いで行く (go); 直ちに去る (leave) 〈*off, away, along*〉: ～ *in* さっと入ってくる / *Buzz off!* 《英》さっさと行ってしまえ. **3** 〈人が〉がやがや言う, うわさする; 〈場所が〉(活気などで)ざわめく; 〔うわさなどが〕ささやかれる, 言い触らされる 〔*with*〕: The place ～*ed with* excitement. その場所は興奮でざわめいた. **4** 〈頭や心が〉とりつかれている: Her head is ～*ing* with wild fancies [new ideas]. 彼女の頭には妄想[新しい考え]がとりついて離れない. **5 a** 《俗》電話をかける: ～ *off* 電話を切る. **b** ブザーで〈人を〉呼ぶ 〔*for*〕.
— vt. **1** …にぶんぶん音をさせる: A wasp flew about ～*ing* its wings. スズメバチはぶんぶん羽ばたきして飛んだ. **2** がやがや言い伝える, 〈うわさを〉言い触らす, ささやいて伝える; 口々に発する: ～ applause 口々に称賛する. **3 a** 〈人〉にブザーで合図する, 〈信号を〉送る. **b** …に電話をかける: ～ a person (*to* come). **4** 《英口語》ひゅっと[力を入れて]投げる (fling). **5** 〘航空〙 **a** 〈飛行機·ヘリコプターが〉…の上をすれすれに飛ぶ, 〈他の航空機〉のすぐ近くを飛んで威嚇する: ～ the housetops 屋根の上をすれすれに飛ぶ. **b** 低空飛行して合図[歓迎]する. **6** 〘音声〙有声すー音で発音する.
— n. **1** (ハチ·機械などの)ぶんぶんいう音, うなり (humming). **2** ざわめき, 騒音; 雑踏, 混乱 (ferment): a confused ～ of voices. **3** 風説, 風聞, うわさ (rumor). **4** 《口語》 **a** ブザーによる合図[信号]; (特に)電話の呼び出しの音. **b** 電話(の呼び出し): I'll give him a ～. 彼に電話をかけよう. **5** 〘音声〙有声すー音 (〘z〙; cf. hiss 2). **6** 《俗》 **a** (麻薬の作用による)快感. **b** 興奮, 熱狂: I did it for the ～. 心地よくなるためにした / I got a ～ out of it. それで興奮した.
〖《a1398》 *busse(n)* 《擬音語》〗

buzz² /bʌ́z/ vt. 《英》〈酒びんを〉飲み尽くす, 空にする (finish). ★ そうした人が次のびんを開ける役. 〖《1785》← ?〗

buzz³ /bʌ́z/ n. **1** 《英方言》いが (bur). **2** 毛のふさふさしたマス釣り用の毛針. 〖《1612》《変形》← ? *burrs* (pl.) ← BUR¹〗

buz·zard¹ /bʌ́zəd | -zəd/ n. **1** 〘鳥類〙 **a** 《英》ノスリ (*Buteo buteo*)《ワシタカ科ノスリ属の鳥》. **b** 米国産コンドルの総称《特に turkey vulture》. **c** ＝honey buzzard. **d** ＝condor¹ 1. **2** 《俗》[しばしば old ～で; 軽蔑的に] 強欲者, 卑劣漢; ろくでなし, まぬけ: You *old* ～! このおいぼれ[強欲]めが. 〖《1272》▭ (O)F *busard* ← L *būteo* falcon ← IE **beu-* 《擬音語》〗

buz·zard² /bʌ́zəd | -zəd/ n. 《英方言》〘昆虫〙ぶんぶん飛び回る昆虫の総称《コフキコガネ (cockchafer), センチコガネ (dorbeetle) など》. 〖《1654》← BUZZ¹＋-ARD〗

Búz·zards Báy /bʌ́zədz- | -zədz-/ n. バザーズ湾《米国 Massachusetts 州南東部 Cod 岬基部南岸の大西洋の入江》.

búzz bòmb n. 《口語》〘軍事〙ブンブン爆弾, 爆鳴弾《第二次大戦末期にドイツ軍が英国に向けて発射した無人飛行機型爆弾 V-1 のあだ名》. 〖《1944》飛行中のパルスジェットエンジンの騒音から〗

búzz bòx n. 《英俗》自動車. 〖1920〗

búzz-crùsher n. 《米口語》＝killjoy.

búzz·cùt n. 《米俗》坊主刈り.

buzzed adj. 《俗》酔った.

buzz·er /bʌ́zə | -zə(r)/ n. **1 a** ブザー《電磁的に鉄片を震動させて音を発する装置》. **b** 《口語》玄関のベル, ブザー (doorbell). **2** ぶんぶん鳴る[鳴らす]もの; 汽笛, 警笛, サイレン. **3** 〘軍〙信号手 (signaller); [*pl.*] 信号部隊. **4** 《NZ》かんな盤. 〖《1600–01》: ⇨ buzz¹, -er¹〗

búzz·ing adj., n. ぶんぶん[がやがや](いう). **～·ly** adv. 〖《a1398》: ⇨ buzz¹, -ing¹〗

búzz phràse n. 《米俗》(素人を感心させるような) 専門的言い回し; 今はやりの言い方 (buzzword).

búzz sàw n. 《米·カナダ》＝circular saw. 〖1858〗

búzz·tràck n. 〘映画〙(映画複製装置のテストに用いる) 特殊音帯付きフィルム.

búzz wàgon n. ＝buzz box.

búzz·wìg n. buzz wig をかぶる人; 身分のある人, 偉い人 (bigwig). 〖《1854》← BUZZ³＋WIG〗

búzz wìg n. 毛のふさふさした大かつら. 〖1816〗

búzz·wòrd n. (実業家·役人·技術家などの間で素人を感心させるために使う, あまり意味がないが)もったいぶった感じの語句[専門語]. 〖1946〗

BV 《略》L. Beāta Virgō (＝Blessed Virgin); L. bene vale (＝farewell); British viscount.

b.v. 《略》〘処方〙L. balneum vapōrōsum [vapōris] (＝vapor bath); 〘電気〙balanced voltage 平衡電圧; L. bene vale (＝farewell); 〘会計〙book value.

B.V. n. James THOMSON の筆名.

BVA 《略》British Veterinary Association.

BVD /bíːvìːdíː/ n. 〘商標〙BVD《男性用下着》; [～s] 《米俗》男性用下着. 〖《1893》《頭字語》← B(*radley*), V(*oorhies, and*) D(*ay*): メーカーの名. 通俗語源で *babies' ventilated diapers* の省略と誤解された〗

BVM 《略》L. Beāta Virgō Maria (＝Blessed Virgin Mary).

BVMS, BVM & S 《略》Bachelor of Veterinary Medicine and Surgery.

BVSc 《略》Bachelor of Veterinary Science.

bvt 《略》brevet; breveted.

bw 《記号》Botswana《URL ドメイン名》.

BW 《略》bacteriological warfare; biological warfare; black and white; Board of Works, Greater London 大ロンドン建設局; bonded warehouse; bread and water; British Waterways; Business Week.

B/W 《略》〘写真·テレビ〙black and white.

bwa·na /bwáːnə/ n. 《アフリカ東部》[しばしば呼び掛けに用いて] 主人, だんな (master, sir); 親方 (boss). 〖《1878》▭ Swahili ～ ▭ Arab. *abūnā* our father〗

BWG 《略》Birmingham wire gauge バーミンガム線径ゲージ《電線など針金の直径を表示する番号; 英国で制定された》.

BWI 《略》British West Indies; 《米》Baltimore-Washington International Airport.

BWR 《略》〘原子力〙boiling water reactor.

BWTA 《略》British Women's Temperance Association 英国女性矯風会.

bx 《略》box.

BX 《略》base exchange.

BX càble /bíːéks-/ n. 〘電気〙ビーエックスケーブル《柔らかい金属管に入っている数本の被覆電線》.

by¹ /(強) báɪ; (弱) bɪ̆/ prep. **1** 〈媒介·手段〉によって, …で (by means of) (cf. with 10); [*doing* を伴って] …することによって: pay *by* check [credit card] 小切手[クレジット

カード]で払う / perish *by* the sword ⇨ perish *vi.* 1 / teach *by* example 例示して教える / He gained his purpose *by* (using) flattery. おべっかを使って目的を達した / an engine driven *by* electricity [atomic power] 電気[原子力]で駆動されるエンジン[機関] / *by* this means この手段によって / *by* skill 熟練で / *by* mail 郵便で / *by* return mail 折返し返信で / *by* steamer 汽船で / I will go *by* the 10:30 train. 10 時半の汽車で行きます / travel *by* rail [bus, ship] 鉄道[バス, 船]で旅行する / He had no light to read *by*. 読むのに明かりがなかった / take a town *by* force 力ずくで町を占拠する / be taken *by* surprise 不意打ちを食う / He lives *by* (writing) poetry. 詩を書いて生活している / an arch supported *by* massive pillars 太い柱で支えられているアーチ / hang on *by* one's hands 両手でぶら下がる / The new peace hangs *by* a very slender thread. このたびの平和はひどく細い糸一本でつるされている《極めて危うい状態である》/ begin [end] *by* do*ing* 初めに[最後に]…する / We learn *by* listen*ing*. よく聞くことで身につく.

2 [位置] **a** …のそばに[で], …のかたわらに (beside); …の近傍に; …の手元に: *by* the wayside / *by* the side of … のそばに / a house *by* the river 川のそばの家 / a cottage *by* the roadside 路傍の田舎家 / stand *by* the gate 門のそばに立つ / Sit *by* me. 私のそばにお座り / I haven't got it *by* me. それは今私の手元にない / He keeps all the letters *by* him. 彼はその手紙を全部手元に保存している. **b** …の地域で: They commanded both *by* sea and *by* land. 彼らは陸海ともに支配していた.

3 [通過・経路] **a** …のそばを, …を過ぎて (past): He drove *by* the church. 教会のそばを車で通って行った / He didn't notice me as he passed *by* me. 私とすれ違ったとき私に気づかなかった. **b** 〈道〉を通って (along): go *by* the nearest road 一番近い道を通って行く / I came *by* the highway. 幹線道路を通って来た. ★ この場合の by は時に省略される: We came back (*by*) the same way. 同じ道を帰った. **c** …を通過して (by way of): He entered the house *by* the back door. 裏の入口からその家に入った / travel *by* land [sea, water] 陸[海]上を旅行する / return *by* air 空路帰国する / travel *by* (*way of*) Siberia シベリア経由で旅行する.

4 [主に come に伴って] …の近くに, …のすぐそばへ: *Come* close *by* me, and tell me what is the matter. もっとそばへ来て訳を話してくれ.

5 a 《米》〈他人の家〉に立ち寄って: call [drop, come, go, stop] *by* a person's house (ついでに)人の所に立ち寄る / He came *by* my house [here] for a chat. おしゃべりに私の家へ[ここに]立ち寄った. **b** 《方言》…の家に[へ]: I am going *by* my uncle for a few days. 2, 3 日ほどおじさんとこへ行くつもりだ.

6 [時の経過] …のうちに, …の間は (during): *by* day 昼間 / *by* night 夜間 / *by* night and *by* day 昼夜兼行で / They went home *by* daylight. 明るいうちに帰った.

7 [期限] 〈ある時〉までに(は) (not later than); 〈ある期間が切れる〉までには, 〈今〉ごろはもう… (cf. till¹ 1): *by* the evening 夕方までに / *by* the end of this month [the year] 今月末[年末]までに / *by* the time (that) this letter reaches you この手紙がお手元に届くころまでには / *by* this [that] (time) この[その]ときはすでに / *by* this time last [next] week 先週[来週]の今ごろまでに / *by* tomorrow [next week] 明日[来週]までには / I will be here *by* five o'clock. 5 時までにここへ来ます / He should have been here *by* now. 今ごろはもう彼はここへ来ていていいはずだ.

8 [動作の対象となる身体などの部分を示して] …によって, (…の)…を: lead a person *by* the hand 人の手を引いて行く / He pulled me *by* the coat [nose]. 私の上着[鼻]を引っ張った / He grabbed me *by* the arm. 彼は私の腕を捕えた.

9 〈名前・標示など〉で: He goes *by* the name of Smith. スミスという名で通っている / I recognized him *by* his voice. 声で彼だとわかった / The gentle mind is known *by* gentle deeds. 優しい心は優しい行為でわかる / What do you mean *by* that? それはどういう意味ですか / *By* mood we understand grammatical forms expressing the speaker's attitudes towards the contents of the sentence. 法とは文の内容に対する話者の心的態度を表す文法形式のことである.

10 a 〈仲介者〉によって; 〈親としての男[女]〉から生まれた: The president will be present either in person or *by* a deputy. 社長自身または代理人が出席するだろう / ⇨ *by* proxy (⇨ proxy 2) / *by* the hands of …の手を借りて / She had a son *by* her ex-husband. 先夫の息子が一人いた / She was his eldest daughter *by* his ex-wife. 先妻との間に生まれた長女であった. **b** 〘畜産・競馬〙〈馬など〉…を父にもつ (sired by) (cf. out of 11): Justice *by* Rob Roy (*out of* Silver Trumpet) ロブロイを父に(シルバートランペットを母に)もつジャスティス.

11 〈行為者〉によって: This scarf was designed *by* her. このスカーフは彼女のデザインによるものです / be made [built, founded, discovered] *by* … …によって作られる[建てられる, 創設される, 発見される] / a novel *by* Scott スコットの(書いた)小説.

12 〈原因〉のために: be destroyed *by* fire 火事で焼き尽くされる / *by* reason of …の理由で.

13 a 〈命令・規則・規準など〉に従って: five o'clock *by* my watch 私の時計では 5 時 / judge a person *by* appearances [*a person's* looks] 人を外見で判断する / judging *by* the accounts of … …の話から判断すれば / work *by* rule 規則に従って働く / ⇨ *by* BOOK, *by* HEART, *by* ROTE¹, *by* your LEAVE². **b** 〈度量・単位など〉に従って, …を単位にして: sell *by* retail [wholesale] 小売[卸売]をする / sell *by* the meter 1 メートルいくらで売る / take [subscribe to] the newspaper *by* the month 月決めで新聞をとる / cheaper *by* the dozen ダース単位なら安い / *by* the liter 1 リットルいくらで / *by* the hour 1 時間いくらで / *by* thousands 幾千も, 幾千となく / They may be counted *by* hundreds. 百をもって数えられる, 幾百となくいる / They gave us apples *by* the basketful. リンゴをかごでくれた. **c** …から判断すれば: *by* what I have heard of his character 彼の人物について聞いたところによれば / We shall have rain *by* the look(s) of the sky. この空模様ではひと雨来そうだ. **d** 〈名前〉にちなんで (after).

14 [反復・連続] 〈幾つ〉ずつ; …に続いて (after): drop *by* drop 一滴ずつ, ぽたりぽたりと / bit *by* bit 少しずつ / little *by* little 少しずつ / step *by* step 一歩一歩 / piece *by* piece 一片ずつ / *by* inches 1 インチずつ / *by* stages 段階を追って / *by* halves 中途半端に / *by* turns 代わる代わる, 交代に / *by* twos and threes 三々五々 / one *by* one 一つ一つ, 一人ずつ / It was getting colder minute *by* minute [*by* the minute]. 刻々寒くなっていった / The snow fell flake *by* flake. 雪がひらひらと落ちてきた.

15 a [程度・度合い] 〈幾ら〉だけ, …の程度まで, …の差で: too many *by* one 一つだけ多すぎて / *by* a long way はるかに / reduce *by* half [a third, two-thirds] 半分[$^1/_3$, $^2/_3$]だけ減らす / miss *by* a minute [second] 1 分[秒]だけ遅れる, ほんのちょっとで間に合わない / be short *by* 2 feet＝be 2 feet short 2 フィートだけ短い / win *by* a boat's length [*by* a head] 1 艇身の差[馬首だけの差]で勝つ / He is taller than I [me] *by* a head. 彼は私より頭一つだけ大きい. **b** [乗除・寸法に用いて] …で: multiply [divide] 8 *by* 2 8 に 2 を掛ける [8 を 2 で割る] / a room 12 ft. *by* 15 (ft.) (幅)12 フィート(長さ) 15 フィートの部屋 / a lake sixteen miles long *by* three wide 長さ 16 マイル幅 3 マイルの湖 / The carpet is three yards *by* three and a half (＝3 yds × 3.5 yds). カーペットは幅 3 ヤード長さ 3.5 ヤードです / I want a piece of wood five feet *by* two feet *by* three inches. 長さ 5 フィート幅 2 フィート厚さ 3 インチの木材が欲しい.

16 [関係] …に関して言えば, …の点では, …は (in respect of): cousins *by* blood 血のつながったいとこ / a Frenchman *by* birth 生まれはフランス人 / a grocer *by* trade 商売は食品雑貨商 / Jones *by* name 名前はジョーンズ / I know him *by* name. (交際はないが)彼の名前は知っている / He just knows me *by* sight. ただ顔だけは知っている / It's O.K. [all right] *by* me. 《口語》私はオーケーだ / cautious *by* instinct [upbringing] 本能的に[育ちから]用心深い / ⇨ *by* NATURE.

17 [do, act, deal に伴って] …に対して (toward): *do* one's duty *by* one's parents [friends] 両親[友人]に対して本分を尽くす / He *did* well *by* me. 私によくしてくれた / Do (to others) as you would be *done by*. 人にしてもらいたいようにしてやれ, 己の欲するところをこれを他人に施せ (cf. golden rule 1).

18 [誓言・祈願] 〈神〉の名において, …に誓って, …かけて (in the name of); 〈神様〉も照覧あれ: swear *by* (Almighty) God that …ということを神かけて誓う / *By* Heaven I'll know his thoughts. 誓ってやつの考えを見抜いてやるぞ / *By* Heaven [Heavens]! これはこれは, いや驚いた.

19 (羅針盤 (compass) の 16 方位から) 1 点 (one point: 11°15′) だけ…の方に寄って: North *by* East 北微東 / Northeast *by* North 北東微北.

by itsélf ⇨ itself 成句. ***by mé*** ⇨ me¹ 成句. ***by onesélf*** ⇨ oneself 成句. ***bý the bý*** [***býe***] 時に, ちなみに, ついでだが (incidentally): *By the by(e)*, I forgot to tell you the latest news. それはそうと最新の話をするのを忘れていた.

— /báɪ/ *n.* (*pl.* **byes**) ＝bye².

— /báɪ/ *adv.* **1** [位置] そばに, かたわらに (at hand); 付近に, あたりに, 近傍に: He lives close [near] *by*. すぐそばに住んでいる / sit *by* そばに座る / when no one is *by* だれもそばにいないとき / He happened to be *by*. たまたまそばに居合わせた / ⇨ STAND *by* (2). **2** [運動] そばを, かたわらを, 近傍を, 過ぎて: go *by* on the other side 向こう側を通って行く / pass *by* かたわらを通る, 通り過ぎる / A car drove *by*. 自動車が走り過ぎた / A bird flew *by*. 鳥が飛んでいった / I saw a man pass *by*. 男の人が通りかかるのを見た / The procession has gone *by*. 行列が通り過ぎた / All that is [has] gone *by*. それは皆過ぎ去ったことだ / Time goes *by*. 時は過ぎ行く / in days gone *by* 過ぎ去った昔に / Wealth and fame have passed me *by*. 富も名声も私を(見向きもしないで)素通りしてしまった. **3** かたわらに, わきへ (aside); 蓄えて: ⇨ LAY² *by*, PUT¹ *by*, SET *by*. **4** 《スコット・北英》 **a** [時に with を伴って] 〈事を〉終わって; 〈時が〉過ぎ去って: The burying was *by*. 埋葬は終わった / The days of happiness are *by with*. 幸せの日々は過ぎ去った. **b** [特に be by with it として] 〈人が〉おしまいで (done for), 死んで: You'*re by with it*. 君はもうおしまいだ. **5** 《米》他人の家に[へ]: call [come, drop, go, stop] *by* (ついでに)人の家に立ち寄る, 訪問する.

bý and bý (1) やがて, 今に, そのうち: *By and by* he discovered a light in the distance. やがて遠方に灯が見えた. (2) 《廃》直ちに, すぐに (immediately) (cf. *Luke* 21:9). ***bý and lárge*** (1) 〘海事〙〈帆走中の船が〉風に向かったり離れたりして. (2) 全般にわたって: take [consider] the matter *by and large*. (3) 大体において, 概して (in general): *By and large*, it is the best of its kind. 大体においてそれはその種のものの中で一番よい. 《1669》

— /báɪ/ *adj.* 従属的な, 副次的な; 横の; 本道をそれた. ★ 通例 by- の形で複合語を造る (⇨ by- *pref.*).

〘OE *bī*, *be* at, near < Gmc **bi* (G *bei*) < IE **bhi* 《略》 ← **ambhi* (L *ambi-* 'AMBI-' / Gk *amphi* 'AMPHI-')〙

by² /báɪ/ *int.* ＝bye¹.

by 《略》〘地質〙 billion years 10 億年 (cf. my).

by 《記号》 Belarus 《URL ドメイン名》.

by- /báɪ/ *pref.* **1** 「付随的, 副次的」の意: *by*product / *by*-effect / *by*-altar. **2** 「そばに, 横の」の意: *by*stander / *by*passer 通行人 / *by*-glance 横目, わき目. **3** 「本道をそれた」の意: *by*path / *by*-passage わき道. **4** 「内密の, 間接の」の意: *by*-motive 間接の動機 / *by*-conference 秘密会議. 〘← BY¹〙

bý-àltar *n.* 副祭壇.

bý-and-bý *n.* [the ～] (あまり遠くない)未来 (future): in *the* sweet ～ やがて楽しい日が来ると. 〘《1526》← BY¹ (prep.) 14〙

By·att /báɪət/, **A**(**ntonia**) **S**(**usan**) *n.* バイアット 《1936– ; 英国の小説家・批評家》.

bý-bìdder *n.* (競売で景気値段をつけて値段をつり上げるのに雇われる)空競り人, (競売の)「さくら」(capper) (cf. reserve price). 〘1863〙

bý-bìdding *n.* (競売の)さくら行為. 〘1880〙

Byb·los /bíbləs/ *n.* ビブロス 《レバノン Beirut の近くにあった古代 Phoenicia の港市; パピルス交易の主要港; その遺跡は部分的に発掘調査されている; 現在名 Jubayl》.

bý-blòw *n.* **1** そばづえ, 偶然の災難. **2** 《古》庶子, 私生児. 〘1594〙

by-by¹ /bàɪbáɪ, ⌐⌐/ *int.* ＝bye-bye¹.

by-by² /báɪbàɪ/ *n.* ＝bye-bye².

by-by³ /báɪbàɪ/ *adv.* ＝bye-bye³.

bý·càtch *n.* 雑魚.

byde /báɪd/ *vi.*, *vt.* 《スコット》 ＝bide.

Byd·goszcz /bídgɑ(ː)ʃtʃ, -gɑ(ː)ʃtʃ | -gɔʃt, -gɔʃtʃ; *Pol.* bídgɔʃtʃ/ *n.* ビドゴシチ 《ポーランド北西部の工業都市; ドイツ語名 Bromberg》.

bye¹ /báɪ/ *int.* [しばしば ～ now で] さよなら. 〘《1709》《略》← GOODBYE〙

bye² /báɪ/ *n.* **1** 〘スポーツ〙トーナメントの試合で組合わせ上不戦勝になる位置, 不戦勝: draw a ～ 不戦勝を(くじで)引く / run a ～ 不戦勝を得る. **2** 〘ゴルフ〙マッチプレーの勝負が決定して残っているホール. **3** 〘クリケット〙バイ 《ボールが打者 (batsman) とウィケットキーパー (wicketkeeper) とを通り越した場合の得点; cf. leg bye》. **4** 付随[二次]的なもの. ***bý the býe*** ⇨ by¹ *prep.* 成句.

— *adj.* ＝by¹. 〘《1746》《変形》← BY¹ (ADV.)〙

bye- /báɪ/ *pref.* by- 1 の異形: *bye*law.

býe-blòw *n.* ＝by-blow 2.

bye-bye¹ /bàɪbáɪ, ⌐⌐/ *int.* 《小児語・口語》 さよなら, バイバイ (goodbye). 〘《1709》《加重》← BYE¹〙

bye-bye² /báɪbàɪ/ *n.* 《小児語》 ねんね (sleep): go to ～*s* ねんねする / go ～ ねんねする. 〘《?c1425》 *bi bi* (int.) ← ?: cf. ON *bī bī* & *bīum bīum*〙

bye-bye³ /báɪbàɪ/ *adv.* 《小児語》外へ, 出かけて. ★ 主に次の成句で: ***gò býe-bye*** 《小児語》出かける, 外へ出る. 〘《1917》《転用》?: ↑〙

býe-elèction *n.* ＝by-election. 〘1880〙

bý-effèct *n.* 付帯効力[効果], 副次[波及]効果, 思わぬ効果.

býe·làw *n.* ＝bylaw.

bý-elèction *n.* (英下院, 米国会・州議会の)補欠選挙 (cf. general election). 〘1880〙

býe·lìne *n.* 〘サッカー〙 ＝goal line 2.

Bye·lo·rus·sia /bjèloʊrʌ́ʃə, bèl-, -rúːsiə | -lə(ʊ)-/ *n.* ＝Belorussia.

Bye·lo·rus·sian /bjèloʊrʌ́ʃən, bèl- | -lə(ʊ)-⌐/ *n.*, *adj.* ＝Belorussian.

bý-ènd *n.* 本道からそれた目的; (特に)内密の利己本位な目的, 私心, 私意. 〘*c*1610〙

bý-fòrm *n.* (語などの)副次形式 《ある語形などに対応するが頻度などで劣る形式》. 〘1887〙

by·gone /báɪgɔ̀(ː)n, -gɑ̀(ː)n | -gɔ̀n/ 《文語》 *adj.* 過ぎ去った, 既往の, 過去の; すたれた (out-of-date): ～ days 過ぎし日, 昔日. — *n.* **1** [通例 *pl.*] 過ぎ去った事; (特に)過去の悲しみ[痛手, 過ちなど]; 過去: Let ～*s* be ～*s*. 過去は過去として水に流そう, 過去は問うな. **2** 過去の人[物]; (特に)古道具 《今では使われなくなった家庭用具・農具など》. 〘《1424》: cf. (*days*) *gone by* (⇨ GO¹ *by*)〙

bý-jòb *n.* 副業.

byke /báɪk/ *n.* 《スコット》 ＝bike¹.

bý·làne *n.* わき道, 抜け道, 横町. 〘1587〙

bý·làw *n.* **1** (会社・協会など団体の)内規; (法人の)定款: the ～*s* of a club クラブの内規. **2** 〘《16C》: BY- 1 と連想〙 付則, 細則. **3** 《英》(地方自治体の)条例 (ordinance). 〘《1283》 *bilaue* 《変形》← ME *birlawe* □ ON **bȳjarlagu* ← *bȳjar* ((gen.) ← *bȳr* town ← Gmc **buwi-* ← IE **bheuə-* 'to BE') + **lagu* 'LAW¹': cf. Derby, etc.〙

bý·lìne *n.* **1** 新聞・雑誌の署名入り記事の記者名を示す行 《通例見出しの次の行に by … の形で記入する》; その署名(入り)記事 (cf. byliner). **2** 2 次的な系列; 副次的な仕事, 副業 (sideline). **3** 〘サッカー〙 ＝goal line 2. **4** 〘ラグビー〙 ＝touchline 1. — *vt.* 署名入りで〈記事を〉書く. 〘1916〙

bý·lìner *n.* 署名(入り)記事を書く記者 (cf. byline 1). 〘《1944》: ⇨ ↑, -er¹〙

bý·nàme *n.* **1** 副名, 家名, 姓 (surname). **2** あだ名. 〘*c*1380〙

Byng /bíŋ/, **George** *n.* ビング 《1663–1733; 英国の海軍大将; Messina 沖でスペイン艦隊を破った (1717); 別称 1st Viscount Torrington》.

Byng, John *n.* ビング 《1704–57; 英国の海軍軍人; George の四男; Minorca 島救援に失敗して処刑された》.

Byng, Julian Hedworth George *n.* ビング 《1862–1935; 第一次世界大戦時の英国の将軍・カナダ総督 (1921

–26); 称号 Viscount Byng of Vimy).

BYO, b.y.o. /bíːwàióʊ | -óʊ/ *n.* (豪・NZ) 酒類持ち込み可のレストラン (酒類販売免許はもっていない). 〔← (略) *b(ring) y(our) o(wn booze [bottle])*〕

BYOB, b.y.o.b. /bíːwàiòʊbíː | -əʊ-/ (略) bring your own beer [booze, bottle] (非公式な案内状で)酒持参のこと.

byo·bu /bjóʊbuː, bióʊ- | bjə́ʊ-, biə́ʊ-/ *n.* (*pl.* ～) 屏風(びょうぶ). 〔□ Jpn.〕

byp. (略) bypass.

by·pass /báɪpæ̀s | -pɑ̀ːs/ *n.* **1** (都会地などの, 特に交通量の多い部分を避けて街道の 2 点を接続する)自動車用迂回路, バイパス. **2** (ガス・水道などの)側管, 補助管. **3** 〔電気〕バイパス, 側路 (cf. shunt¹ 5). **4** 〔医学〕バイパス, 副行路, 側副路: a ～ operation バイパス(形成)手術. — *vt.* **1 a** 〈規約などを〉無視する (ignore). **b** 〈問題などを〉回避する (evade). **2** バイパス手術をする. **3** 〈都市などを〉迂回する, 周回する: a new road ～*ing* the town その町を迂回する新道路. **4** 〈液体・ガスなどを〉側管に通す. **5** …に側管[バイパス]を付ける. **6** 飛び越えて進む; 出し抜く (circumvent). 〔(1848) ← BY¹ (adj.)〕

býpass capàcitor *n.* 〔電気〕バイパスコンデンサー, 側路蓄電器 (ある側路内に直流は通さず, 交流だけを通すために挿入するコンデンサー).

býpass condènser *n.* 〔電気〕=bypass capacitor. 〔1931〕

býpass èngine *n.* 〔航空〕=turbofan engine.

býpass-jèt *n.* 〔航空〕=turbofan engine.

býpass ràtio *n.* 〔航空〕(ターボファンエンジンの)バイパス比 (燃焼室を通過する空気量と噴出する空気量の比率).

býpass vàlve *n.* (ガス・水道などの)バイパス弁, 副制水弁.

bý·pàst *adj.* 過ぎ去った, 過去の (bygone). 〔1425〕

bý·pàth *n.* **1** 私道. **2** (特に田舎の滅多に使用されない)わき道, 間道 (byway): the ～*s* of history 歴史の傍流, 側面史. 〔?*a*1325〕

bý·plày *n.* **1** (本筋から離れた, しぐさだけの)わき芝居[演技]. 日英比較 バイプレイヤーは和製英語, 英語では supporting actor [actress, cast, player]. **2** (本筋を離れた)支流的出来事. 〔1812〕

bý·plòt *n.* (小説・戯曲の)わき筋. 〔1577–87〕

bý·pròduct *n.* 副産物, 副製品; (思いがけない)副次的結果. 〔1857〕

Byrd /bə́ːd | bə́ːd/ *n.* バード (男性名). 〔← OE *brid* 'BIRD'〕

Byrd, Richard E(velyn) *n.* バード (1888–1957; 米国海軍少将; 飛行家・極地探検家).

Byrd, William *n.* バード (1543?–1623; 英国の作曲家).

Býrd Lànd *n.* バードランド (南極大陸の一部, Ross 海岸の南東部地域; Richard E. Byrd 少将が 1929 年に発見; 米国が領有を主張している; 旧名 Marie Byrd Land).

byre /báɪə | báɪə⁽ʳ⁾/ *n.* (英) 牛小屋, 牛舎 (cow shed). 〔OE *bȳre* cattle stall < Gmc **būrjam* ← **bū-* to dwell: cf. bower¹〕

býre·man /-mən/ *n.* (*pl.* **-men** /-mən, -mèn/) (英) 牛飼い (cowman). 〔1814〕

Byrne /bə́ːn | bə́ːn/, **Donn** *n.* バーン (1889–1928; 米国の小説家 Brian Oswald Donn-Byrne の筆名; *Messer Marco Polo* (1921)).

Byrnes /bə́ːnz | bə́ːnz/, **James Francis** *n.* バーンズ (1879–1972; 米国の政治家・法律家, 国務長官 (1945–47)).

byr·nie /bə́ːni | bə́ː-/ *n.* 〔甲冑〕鎖かたびら (hauberk) (coat of mail の旧称). 〔(1375) (音位転換) ← ? ME *brinie* □ ON *brynia* < Gmc **brunjōn* ← ?〕

bý·ròad *n.* わき道 (side road); 間道. 〔1673〕

By·ron /báɪrən | baɪ(ə)r-/ *n.* バイロン (男性名). 〔(原義) 'cowman' ← OE (*æt*) *bȳrum* (at) the cow sheds (dat. pl.) ← *bȳre* 'shed, BYRE'〕

Byron, George Gordon *n.* バイロン (1788–1824; 英国ロマン派の詩人; *Childe Harold's Pilgrimage* (1812–18); *Don Juan* (1819–24); 称号 6th Baron Byron; 通称 Lord Byron).

By·ron·ic /baɪrɑ́(ː)nɪk | baɪ(ə)rɔ́n-/ *adj.* バイロン風の, バイロン的な (世俗の道徳を軽蔑し運命に抗する Byron その人, またはその詩風にいう). **By·rón·i·cal·ly** *adv.*

By·ron·ism /báɪrənɪzm/ *n.* 〔(1823): ⇨ ↑, -ic¹〕

byr·rus /bírəs/ *n.* (*pl.* **byr·ri** /-riː, -raɪ/) =birrus.

byssi *n.* byssus の複数形.

bys·si·no·sis /bìsənóʊsɪ̀s | -sɪnə́ʊsɪs/ *n.* (*pl.* **-no·ses** /-siːz/) 〔病理〕綿肺(症), 綿線維沈着(症) (綿花の微粒子などを吸い込むために起こる胸部疾患; mill fever ともいう). **bys·si·no·tic** /bìsənɑ́ʊtɪk | -sɪnə́ʊtɪk⁻/ *adj.* 〔(1881) ← NL ～ ← LL *bussinum* linen + -OSIS〕

bys·sus /bísəs/ *n.* (*pl.* ～**·es**, **bys·si** /-saɪ, -siː/) **1** (古代の人々が用いた)目の細かい亜麻布 (fine linen). **2** 〔動物〕足糸 (イガイなどが岩に付着するために出す糸状の分泌物). **3** (古) 〔植物〕(菌の)細糸, 菌糸の柄. **bys·sal** /bísəl, -sl/ *adj.* 〔(1398) □ L ～ □ Gk *bússos* fine linen ← Sem. (cf. Heb. *būṣ*) ∽ (?c1300) *bis* □ OF *bysse*〕

by·stand·er /báɪstæ̀ndə | -də⁽ʳ⁾/ *n.* 傍観者 (looker-on), 見物人, 局外者. 〔(*a*1619): cf. stand by, stander-by〕

bý·strèet *n.* 横町, 裏通り; (人目に触れない)裏道. 〔1672〕

bý-tàlk *n.* 余談; 雑談 (small talk).

byte /báɪt/ *n.* 〔電算〕バイト (記憶容量の単位となる一組のビット; 通例 8 ビット; cf. kilobyte, gigabyte, megabyte, terabyte): an 8-bit ～. 〔(1959) (恣意的造語) ← ? *b(inar)y (digi)t e(ight)*: cf. bit⁴, bite (n.)〕

bý-the-wáy *adj.* ついでの, なにげない: in a ～ fashion さりげなく. — *n.* ついでの言葉, 付言. 〔(1896) ← *by the way* (⇨ way¹ (n.) 成句)〕

bý-the-wìnd sáilor *n.* 〔動物〕カツオノカンムリ (*Velella velella*) (大西洋・地中海の海面に群生する腔腸動物; 帆状物の付いた円盤形の浮きを有する).

bý-tìme *n.* 余暇 (spare time).

By·tom /bíːtɔ(ː)m, bít- | -tɔm; *Pol.* bítɔm/ *n.* ビトム (ポーランド南西部の工業都市, 旧プロシャ・ドイツ領 (1742–1945); ドイツ語名 Beuthen /bɔ́ʏtn/).

by·town·ite /báɪtaʊnàɪt, ―⌐―/ *n.* 〔鉱物〕亜灰長石 (斜長石 (plagioclase) の一種). 〔← *Bytown* (Ottawa の旧名) + -ITE¹〕

bý·wàlk *n.* わき道, 小路, 私道. 〔1549〕

bý·wày *n.* **1** (田舎の)小道, 抜け道, わき道. **2** (研究などの)わき道; (人目に触れない)方面: a ～ of learning [literature] 学問[文学]のわき道, 人があまり研究していない学問[文学]の部門[領域].
the highways and býways ⇨ highway 成句.
〔(*a*1338): ⇨ by-, way¹〕

by·wo·ner /báɪvòʊnə, béɪ- | -vəʊnə⁽ʳ⁾/ *n.* 〔南ア〕**1** (他人の土地で働く)農場労働者. **2** 小作料を収穫物で納める小作人 (sharecropper). 〔(1886) □ Afrik. ～ ← *by* with + *woner* inhabitant〕

bý·wòrd *n.* **1 a** (人などの)物笑いの種 〔*of, to*〕: He became the ～ *of* [a ～ *to*] the town. 彼はその町の物笑いとなった. **b** [しばしば悪い意味で] (ある性質の)手本, 典型; 縮図 (epitome) 〔*for*〕: His name was a ～ *for* iniquity. 彼の名は悪の代名詞であった. **2 a** 言い古された言葉, 通り言葉, 諺. **b** 人が好んで口にする語句. **3** (ある型・種類・性質などを表す)通り言葉のようなもの; 決まり文句. **4** 形容辞; (特に)軽蔑的な形容辞, あだ名. 〔lateOE *bīwyrde* (なぞり) ← L *prōverbium* 'PROVERB': cf. by-〕

bý·wòrk *n.* 内職, 片手間仕事, 副業. 〔1587〕

bý-your-léave *n.* **1** 許可願い. ★ 特に次の成句で: without so much as a ～「失礼ですが」とも言わないで. **2** 許可願いをしなかったことのおわび. 〔1914〕

Byz. (略) Byzantine.

byz·ant /bíznt, bɪzǽnt, bə- | bíznt, bɪzǽnt/ *n.* = bezant.

By·zan·ti·an /bɪ̀zǽnṭiən, baɪ-, -ʃ(i)ən | -tiən, -ʃ(i)ən/ *adj.*, *n.* =Byzantine.

Byz·an·tine /bízəntìːn, -zn-, -tàɪn | bɪ̀zǽntaɪn, baɪ-/ *adj.* **1** ビザンティウム (Byzantium) の: the ～ historians 東ローマ帝国に住んでいた同国の歴史家・年代記編者たち (6–14 世紀のギリシャ人). **2** ビザンツ帝国[東ローマ帝国]の. **3** 〈建築・美術など〉ビザンチン様式[風]の. **4** 東方正教会 (Byzantine Church) の. **5** 迷宮[迷路]のように入り組んだ, もつれた: the ～ complexity. **6** 〔Justinian 以降のビザンツ帝国皇帝の権謀術数にちなむ〕権謀術数の, マキアベリ流の (Machiavellian). — *n.* ビザンティウムの人. 〔(1599) □ F *byzantin* // □ L *Bȳzantīnus* ← *Bȳzantium* 'BYZANTIUM': cf. bezant〕

Byzantine architecture *n.* [the ～] ビザンチン式建築 (5–6 世紀ごろから Byzantium を中心に興った建築様式; 正方形あるいはギリシャ十字形の平面, ドーム, 金地の華麗なモザイク, 大理石の張石などを特色とする; cf. St. Sophia).

Byzantine architecture

Býzantine chánt *n.* 〔音楽〕ビザンツ聖歌 (東方(正)教会の聖歌).

Býzantine Chúrch *n.* [the ～] 〔キリスト教〕ビザンチン教会, 東方(正)教会 (⇨ Orthodox Eastern Church).

Býzantine Émpire *n.* [the ～] ビザンチン[ビザンツ]帝国 (東ローマ帝国 (Eastern Roman Empire) の別名).

Býzantine ríte *n.* [the ～] 〔キリスト教〕ビザンチン式典礼 (Greek rite) (cf. Roman rite).

Býzantine schòol *n.* [the ～] 〔美術〕ビザンチン派 (Constantinople で栄え 14 世紀までイタリアなどで勢力のあった画派). 〔1848〕

Býzantine spéedwell *n.* 〔植物〕オオイヌフグリ (*Veronica persica*) (ゴマノハグサ科の雑草; 世界中に広がっている).

By·zan·tin·esque /bɪ̀zæ̀nṭɪnésk, baɪ- | -tɪ-⁻/ *adj.* 〈建築様式・画風が〉ビザンチン風の. 〔(1879): ⇨ -esque〕

Byz·an·tin·ism /bízəntìːnɪzm, -zn-, -tàɪn- | bɪ̀zǽntaɪnɪzm, baɪ-/ *n.* **1** ビザンチン主義, ビザンチン風の特色. **2** 〔キリスト教〕(宗教上の)国家至上権主義, 皇帝教皇主義. 〔(1855): ⇨ -ism〕

Býz·an·tìn·ist /-nɪ̀st | -nɪst/ *n.* ビザンチン文化の研究者. 〔(1892): ⇨ -ist〕

Byz·an·tin·ize /bízəntìːnaɪz, -zn-, -tàɪn- | bɪ̀zǽntaɪnàɪz, baɪ-/ *vt.* 〈建築などを〉ビザンチン式にする. 〔(1855): ⇨ -ize〕

By·zan·ti·um /bɪ̀zǽnṭiəm, baɪ-, -ʃ(i)əm | -tiəm, -ʃ(i)əm/ *n.* ビザンティウム (Bosporus 海峡の左岸にあって黒海の入口を制する要害の地で, 古代ギリシャの植民地; 330 年 Constantine 大帝はこの地をローマ帝国の国都と定め, Constantinople と呼んだ; 395 年帝国が二分して以来東ローマ帝国の首都となった; 今は Istanbul). 〔□ L *Bȳzantium* □ Gk *Buzántion* (原義) the close-pressed (city)〕

bz (記号) Belize (URL ドメイン名).

Bz (略) benzene.

BZ *n.* 〔米陸軍〕BZ ガス (吸うと身心共に無力化する). 〔米国陸軍の暗号名〕

C c

C, c /síː/ *n.* (*pl.* **C's, Cs, c's, cs** /～z/) **1** 英語アルファベットの第 3 字. ★ 通信コードは Charlie. **2** (活字・スタンプの) C または c 字. **3** [C] C 字形(のもの) (cf. cee): a *C* spring C 型ばね. **4** 文字 c が表す音: a hard *c* 硬音の c (cake, cock, cute, music などの /k/; ⇨ hard *adj.* 21) / a soft *c* 軟音の c (cent, city, nice などの /s/; ⇨ soft *adj.* 26). **5** (連続したものの)第 3 番目(のもの). **6** (ローマ数字の) 100: CVI＝106. **7** 〘音楽〙 **a** ハ音, (ドレミ唱法の)ド音 (ハ長調の第一音; イ短調の第三音). **b** ハ調: *C* major [minor] ハ長[短]調 (cf. key¹ 3 a). ⦅1593–94⦆ **8** [C] 〘電算〙 C (米国の Bell 研究所で開発されたシステム記述言語).
〚OE *C, c* ◻ L (Etruscan を経由) ◻ Gk *Γ, γ* (gámma) ◻ Phoenician 𐤂: cf. Heb. ג (gimel (原義) throwing-stick): ラテン語では本来 [k] [g] の両音を表した (cf. G¹, K, Q): ⇨ A ★〛
c (略) 〘宝石〙 carat; centi-; centimeter(s).
c, c., C. (略) cost; cubic.
c (記号) 〘光学〙 candle; 〘物理〙 charm; 〘化学〙 concentration; 〘気象〙 generally cloudy; 〘物理〙 velocity of light in vacuo 真空中の光速度; 〘数学〙 第 3 既知数[量] (cf. a, b; x, y, z).
C (略) Command Paper (＝Cmnd); 〘電気〙 coulomb.
C (記号) **1** (富裕度が第 3 位の) C 階層. **2** [時に c] 〘教育〙 **a** (学業成績の評語として)可 (fair, average) (優 (A), 良 (B) に次ぐ): a C *in* French. **b** (米) (学業成績の)平均. **3** (米俗) 百ドル(紙幣). **4** 〘数学〙 定数, 常数 (constant). **5** 〘化学〙 carbon. **6** 〘電気〙 capacitance. **7** 〘化学〙 heat capacity per mole 熱容量. **8** 〘電気〙 C (乾電池のサイズ; 単 2 に相当). **9** 〘物理〙 charge conjugation. **10** 靴幅を示すサイズ番号の一つ (B より広く D より狭い). **11** (ブラジャーの)カップサイズの一つ (B より大きく D より小さい). **12** (男子用パジャマのサイズの)大 (large). **13** 〘米軍〙 (貨物または兵員)輸送機 (cargo or transport plane) (後に数字を付けて輸送機の型を示す): *C*-130. **14** 〘音楽〙 4/4 拍子を表す拍子記号.
c. (略) calm; 〘歯科〙 canine; 〘野球〙 catcher; 〘クリケット〙 caught; cent(s); centavo; centesimo(s); 〘スポーツ〙 center; centime; *L.* centum (＝100); circa, circiter; circuit; *L.* circum (＝around); circumference; clockwise; cloudy; coefficient; cold (water); colt; *L.* contrā (＝against); 〘処方〙 *L.* cum (＝with); cup: current; 〘電算〙 cycle.
c., C. (略) calorie; canceled; 〘光学〙 candle; 〘電気〙 capacity; carton; case; 〘チェス〙 castle; 〘電気〙 cathode; central; century [centuries]; chairman; chapter; child, children; cobalt; cocain; codex; college; color; 〘物理〙 compliance; 〘薬学〙 congius; copy; copyright; corps; coupon; court.
C. (略) Canadian; Cape; Catholic; Celsius; Celtic; Centigrade; Commander; 〘詩学〙 common meter; 〘称号〙 Companion; Congress; (英) Conservative; 〘音楽〙 Contralto; Council; Count; 〘音楽〙 countertenor; County; 〘製本〙 crown.
C., c. (記号) hundredweight.
°C (記号) degree(s) Celsius [Centigrade].
C̄ (記号) (ローマ数字の) 100,000.
© (略) copyright (版権の発生年と所有者の名が後に続く).
c/- (記号) case; coupon; currency; (豪) care of.
¢ (記号) cent(s); 〘貨幣〙 cedi(s); 〘貨幣〙 colon(es).
₵ (記号) 〘音楽〙 2/2 拍子を表す拍子記号.
Ɔ (記号) (ローマ数字の) C の倒字から).
C++ *n.* 〘電算〙 C++ (C にオブジェクト指向を取り入れたプログラミング言語).
C 1 *n.* 下級管理職; 事務職員.
C 2 *n.* 熟練工; 職長.
C-1 *n.* 一人乗りカナダ式カヌー.
C-2 *n.* 二人乗りカナダ式カヌー.
C 3, C-3 /síːθríː/ *adj.* **1** 健康状態がよくない; 体格が劣った. **2** (口語) 三流の, 劣等な, 劣悪な, (third-rate): a C 3 concert 三流音楽会. 〚1918〛
C 4 (記号) 〘製本〙 crown quarto.
C 8 (記号) 〘製本〙 crown octavo.
ca (記号) Canada (URL ドメイン名).
Ca (略) Canticles.
Ca (記号) 〘化学〙 calcium.
CA (略) 〘米郵便〙 California (州); Central America; 〘薬学〙 chlormadinone (acetate); Coast Artillery; Confederate Army; Consumers' Association; Court of Appeal; 〘心理・教育〙 chronological age; 〘商業〙 current assets.
CA, c.a. (略) (英) chartered accountant; chief accountant; Church Army; Church Association 教会同盟, 教会協会 (1865 年に結成された英国国教会内の福音主義的な協会); 〘保険〙 claim agent 損害支払代理店; commercial agent; consular agent; controller of accounts; county alderman; crown agent.
C/A (略) capital account; 〘簿記〙 cash account; 〘商業〙 credit account; 〘銀行〙 current account.
ca. (略) 〘法律〙 case(s); 〘電気〙 cathode; centare; circa.
ca' /kɔ́ː, kɑ́ː/ (スコット) *vt.* **1** 〈動物などを〉呼び寄せる. **2** 〈動物・馬車などを〉叫びながら駆る. ― *vi.* **1** 呼ぶ. **2** 駆る. ― *n.* (動物などを駆りたてるための)呼び声. 〚(変形) ← CALL〛
CAA /síːèɪéɪ/ (略) Civil Aeronautics Administration (米国商務省の)民間航空管理局 (1940 年設立); (英・豪) Civil Aviation Authority; (米) Community Action Agency (地域行動計画を統合する)地域行動事務所; (英) Cost Accountants' Association.
Caa·ba /kɑ́ːbə | kɑ́ːbə, kɑ́ːəbə/ *n.* ＝Kaaba.
caa·tin·ga /kɑ́ːtɪŋgə | -tɪŋ-; *Braz.* kàatʃĩ́ga/ *n.* カーティンガ (ブラジル北東部の半乾燥地の植生で, とげをもつ低木と発育を阻害された木からなる). 〚◻ Port. ～ ← Tupi *caá* natural vegetation＋*tinga* white〛
cab¹ /kǽb/ *n.* **1** タクシー (taxicab): take a ～＝go by ～ タクシーに乗って行く / by ～＝in a ～ タクシーで. **2 a** (機関車の)運転室, 機関手室 (⇨ locomotive 挿絵). **b** (トラック・トレーラー・起重機などの屋根のある)運転手台, 運転台. **c** (エレベーターの)箱. ((略) ← CABIN) **3 a** (通例一頭立て二輪または四輪の)辻馬車. **b** ＝cabriolet 1. **c** ＝hansom. **d** 一頭立てまたは二頭立ての貸馬車. **4** ＝cabin 1 c.
first cáb òff the ránk (豪口語) 何かを真っ先に行う[利用する]人, 優先権をもつ人, 一番手.
― *v.* (口語) (**cabbed; cabbing**) *vi.* タクシー[辻馬車]に乗る[乗って行く]. ― *vt.* **1** [～ it として] タクシー[辻馬車]に乗る[乗って行く]. **2** タクシー[辻馬車]を運転する. 〚(1827) (略) ← CABRIOLET〛
cab² /kǽb/ (英学生俗) *n.* とらの巻 (crib), ひとり案内. ― *vi.* **1** とらの巻を使う. **2** ちょろまかす, 盗む (pilfer). 〚(略) ← CABBAGE²〛
cab³ /kǽb/ *n.* カブ (昔ヘブライ人が用いた量目の名; 約 2 liters にあたる; cf. 2 *Kings* 6: 25; kab ともいう). 〚(1535) ◻ Heb. *qabh* ← ?〛
cab⁴ /kǽb/ *n.* (口語) ギターアンプのスピーカーの入ったキャビネット. 〚(略) ← CABINET〛
CAB (略) (英) Citizens' Advice Bureau 市民相談所; (米) Civil Aeronautics Board 民間航空委員会.
cab., Cab. (略) cabinet.
ca·ba /kəbɑ́ː/ *n.* カバ (婦人用のハンドバッグ, または仕事用具を入れるかご). 〚(1833) ◻ F *cabas* ◻ Prov. ＜ VL **capācium* ← L *capāx* 'CAPACIOUS'〛
ca·bal /kəbɑ́ːl, -bǽl | kəbǽl, kæ-/ *n.* **1** [単数または複数扱い] **a** (権力者・政府などに反対する小人数の)陰謀団, (秘密)結社 (junto). **b** (作家・芸術家などの)徒党, 同人(グループ) (coterie). **2** (陰謀団の企む)陰謀, 策動. **3** [the C-] (英) (Charles 二世時代の) 政治顧問団, 外務委員会 (Committee for Foreign Affairs) (Clifford, Arlington, Buckingham, Ashley, Lauderdale の 5 人の委員の頭文字が偶然 CABAL となったことも手伝ってこう呼ばれた; 今日の内閣のもとを成す). ― *vi.* (**ca·balled; -bal·ling**) 徒党を組む; 陰謀を企てる, 策動する (plot) 〔*against*〕. **ca·bál·ler** /-lə | -lə(r)/ *n.* 〚(1614) ◻ F *cabale* ◻ ML *cab(b)ala* cabala ◻ Mish. Heb. *qabbālāh* receiving, tradition ← *qibbēl* to take, receive〛
ca·ba·la /kəbɑ́ːlə, kæ-/ *n.* **1** [しばしば C-] カバラ (ユダヤのラビたちが唱え, 特に中世後期やルネサンス時代の神学者たちの間に強く影響を与えた旧約聖書の伝統的神秘的解釈による密教的神知学). **2 a** 秘義, 秘教; 秘術. **b** 神秘信仰, オカルト的なこと (occultism). 〚(1521) ◻ ML *cabbala* tradition (↑): CABAL と二重語〛
ca·ba·let·ta /kæ̀bəlétə, kɑ̀ː- | -tə; *It.* kabalétta/ *It.* *n.* (*pl.* **～s, -lette** /-lɛt/) 〘音楽〙 カバレッタ (Rossini のオペラなどにみられる旋律も伴奏も同じリズムの短い歌; のちにはアリアや重唱の同一リズムで速いテンポの終結部を指す). 〚(1842) ◻ It. ～ (i) (dim.) ← *cabala* intrigue: cf. cabal // (ii) (変形) ? ← *coboletta* stanza (dim.) ← *cobola* couplet ◻ Prov. *cobla* ＜ L *cōpulam* bond: ⇨ copula〛
cab·a·lism /kǽbəlɪzm/ *n.* **1** [しばしば C-] カバラ主義 (カバラ (cabala) 解釈による神秘主義). **2** 神学的概念[解釈]の極端な伝統主義. **3** 難解・晦渋(かいじゅう)な語句の使用による韜晦(とうかい) (趣味).
ca·bal·ist¹ /kəbɑ́ːlɪst, -ǽl- | -bɑ́ːlɪst/ *n.* **1** [しばしば C-] カバラ (cabala) 主義者; カバラ学者[研究家]. **2** 秘義[秘教, 秘術, オカルト]に通じた人. 〚(c1533): ⇨ cabala, -ist〛
ca·bal·ist² /kəbǽlɪst, -bɑ́ː- | -bɑ́ːlɪst/ *n.* cabal の一員.
cab·a·lis·tic /kæ̀bəlístɪk/ *adj.* **1** カバラ (cabala) の[に関する, による]. **2** 神秘的な, 不可思議な. **càb·a·lís·ti·cal·ly** *adv.*
Cab·al·lé /kæ̀bɑːjéɪ, -ljéɪ | kæbáɪeɪ, kæ-; *Sp.* kaβaʎé, -jé/, **Montserrat** *n.* カバリェ (1933– ; スペインのソプラノ歌手).
ca·bal·le·ro /kæ̀bəljéᵊroʊ, -bəléᵊr- | -bəljéərəʊ; *Sp.* kaβaʎéro/ *n.* (*pl.* **～s**) **1** (スペインの)紳士; 騎士, キャバレロ (knight). **2** (米南西部) **a** 乗馬者. **b** 婦人の同伴者[付き添い]. **c** 婦人賛美[崇拝]者. 〚(1835) ◻ Sp. ～ ＜ LL *caballārium* horseman ← L *caballus* horse: ⇨ cavalier〛
ca·ba·llo /kəbáɪoʊ | -báɪəʊ; *Sp.* kaβáʎo/ *n.* (米南西部) 馬 (horse). 〚◻ Sp. ～ ＜ L *caballum* horse〛
ca·ban·a /kəbǽn(j)ə, -bɑ́ː- | -bɑ́ːnə/ *n.* (米) **1** 小屋; 宿泊小屋 (cabin). **2** (海浜・プールサイドなどにある)テント張りの小屋 (簡単な更衣所になる; 携帯用のものもある). 〚(1890) ◻ Sp. *cabaña* ＜ ML *capanna* hut: CABIN と二重語〛
cabána sèt *n.* カバナセット (ゆったりしたショーツに袖の短いジャケットの男性用ビーチウェア). 〚1967〛
Ca·ba·na·tuan /kɑ̀ːbənətwɑ́ːn/ *n.* カバナトゥアン (フィリピン北部, Luzon 島中南部の都市).
ca·bane /kəbǽn, -bɑ́ːn; *F.* kaban/ *n.* 〘航空〙 トラス, 骨組構造, つり柱 (パラソル型の飛行機で翼を胴体の上方に支える). 〚(1913) ◻ F ～ 'CABIN'〛
cab·a·ret /kæ̀bəréɪ, ⌐⌐⌐ | ⌐⌐⌐, ⌐⌐⌐/ *n.* **1** (キャバレー[ナイトクラブ, レストラン]の)余興, フロアショー (floor show). **2** キャバレー (フロアショーなどを提供するナイトクラブやレストラン). 日英比較 英語の場合, 夜, 食事をしながら音楽やショーを見るレストランまたはナイトクラブを意味し, ホステスのサービスで飲酒する日本語の「キャバレー」とは異なる. **3** (茶・コーヒーなどの用器一式を備えた)小テーブル[盆]. ― *vi.* キャバレーに行く[出入りする]. 〚(1632) ◻ F ← ◻ ? MDu. *cabret* ◻ ONF *camberette* small room ← *cambre* ＜ L *camera* 'CHAMBER'〛
cab·as·set /kæ̀bəsét; *F.* kabasɛ/ *n.* キャバセット (16 世紀後半から 17 世紀にかけて歩兵が用いた椎形(しいがた)のかぶと; Spanish morion ともいう). 〚(1622) ◻ F ～ (dim.) ← *cabas*: ⇨ caba, -et〛
cab·bage¹ /kǽbɪdʒ/ *n.* **1 a** キャベツ, カンラン, タマナ (*Brassica oleracea* var. *capitata*). **b** キャベツの結球. **c** cabbage palm の枝先につくキャベツ状の若芽 (食用にする). **2** (米俗) 紙幣, お札 (paper money). **3** (英口語) **a** のろま; 世間知らず. **b** (脳障害などで)自活できない人. **4** [my ～; 呼び掛けに用いて] ねえあなた (darling). ((なぞり) ← F (*mon*) *chou*) **5** 〘植物〙 ＝cabbage palmetto. 〚(1391) *caboche* ◻ (ON)F＝OF *caboce* head ← *ca-* (pejorative pref.)＋? *boce* (F *bosse* 'BOSS²') a swelling〛
cab·bage² /kǽbɪdʒ/ *vt.* **1** 〈仕立屋が〉〈服地の余りを〉ごまかす. **2** 盗む, ちょろまかす (pilfer). ― *n.* **1** (仕立屋が服を作る際に)ごまかした服地[端切れ]. **2** (英学生俗) ＝cab². 〚(1663) ← ? F (古) *cabasser* to steal ← *cabas* theft, (原義) basket〛
cábbage bùg *n.* 〘昆虫〙 ＝harlequin bug.
cábbage bùtterfly *n.* 〘昆虫〙 **1** モンシロチョウ (*Pieris rapae*) (日本からヨーロッパに至る欧亜大陸中北部に分布し, 北米・オーストラリアにも侵入し, 幼虫はキャベツその他の野菜の害虫になっている; small white ともいう). **2** オオモンシロチョウ (*P. brassicae*) (ヨーロッパ全域から中央アジア・ヒマラヤを経て, 中国南西部まで分布する; 幼虫はキャベツその他の野菜類の害虫; large white ともいう). 〚1816〛
cábbage·flỳ *n.* 〘昆虫〙 タマナバエ (cabbage maggot の成虫). 〚1882〛
Cábbage Gàrden *n.* (豪口語) ビクトリア州の俗称.
cábbage·hèad *n.* **1** キャベツの頭[結球]. **2** のろま, 間抜け. 〚1682〛
cábbage lèttuce *n.* 〘植物〙 タマヂシャ, タマレタス (丸みがかって平たい結球のキャベツに似たレタスの総称). 〚1562〛
cábbage-lòoking *adj.* (英口語) のろま[世間知らず]に見える: I'm not as [so] green as I'm ～. 私はこれでも外見[人が思う]ほどばか[ぼんやり]ではない.
cábbage lòoper *n.* 〘昆虫〙 イラクサキンウワバ (*Trichoplusia ni*) (鱗翅目ヤガ科の昆虫; 緑色で白条があるその幼虫はキャベツなどアブラナ科の野菜の害虫; イラクサ・マオなども食べる). 〚c1902〛
cábbage màggot *n.* 〘昆虫〙 双翅目ハナバエ科タマナバエの幼虫 (*Hylemya brassicae*) (キャベツその他アブラナ科の野菜の根や茎に食い入るウジで, ヒメイエバエに似た灰色のハエになる).
cábbage mòth *n.* 〘昆虫〙 ＝diamondback moth. 〚1848〛
cábbage pàlm *n.* 〘植物〙 若芽が食用となるヤシ類の総称 (キャベツヤシ (cabbage palmetto), セダカダイオウヤシ (*Roystonea oleracea*), オーストラリアビロウ (cabbage tree) など). 〚1772–84〛
cábbage palmètto *n.* 〘植物〙 キャベツヤシ (*Sabal*

palmetto)《西インド諸島原産; 葉を編んで工芸品を作る》. 〚1802〛

cábbage pàtch *n.* 《豪口語》=Cabbage Garden.

Cábbage Pàtch Kíds *n. pl.* 〖商標〗キャベツ畑人形《1980年代前半に米国で大流行した赤ん坊の縫いぐるみ人形;「赤ん坊はキャベツから生まれる」と子供に説明することがあることから; Cabbage Patch doll ともいう》.

cábbage ròll *n.* [通例 *pl.*]《米》《ライスとひき肉入りの》ロールキャベツ《トマトソースをかけて食べる》.

cábbage ròot flỳ *n.* 〖昆虫〗イエバエ科 (Muscidae) のハエ (*Erioischia brassicae*)《幼虫はキャベツの根や茎を食べる》.

cábbage ròse *n.* 〖植物〗セイヨウバラ (*Rosa centifolia*)《カフカス原産の八重咲きバラの一種; Provence rose ともいう》. 〚1795〛

cábbage·tòwn *n.* 《カナダ》スラム街 (slum).

cábbage trèe *n.* 〖植物〗 **1** オーストラリアビロウ (*Livistona australis*)《オーストラリア産ヤシ科ビロウ属の植物; 芽は食用, 幹は建材》. **2** 《NZ》ニオイシュロラン (ti). **3** = cabbage palmetto. 〚1725〛

cábbage whìte *n.* 〖昆虫〗=cabbage butterfly.

cábbage·wòrm *n.* 〖昆虫〗 **1** アオムシ《主としてキャベツなどアブラナ科の野菜を食害するモンシロチョウおよびオオモンシロチョウの幼虫》. **2** コナガ (cabbage moth) の幼虫. 〚1688〛

cábbage yèllows *n.* (*pl.* ～)〖植物病理〗キャベツ黄化病 (*Fusarium conglutinans* 菌によるキャベツの病気; 葉が黄変して萎縮する).

cab·ba·la /kəbɑ́ːlə | kəbɑ́ːlə, kæ-/ *n.* (*also* **cab·ba·lah** /～/) =cabala. 〚1521〛

cab·ba·lism /kǽbəlìzm/ *n.* =cabalism.

cab·ba·list /kǽbəlɪ̀st | -lɪst/ *n.* =cabalist[1].

cab·by /kǽbi/ *n.* (*also* **cab·bie** /～/)《口語》=cabdriver. 〚(1859) ← CAB[1]+-Y[2]〛

cáb·drìver *n.* **1** タクシーの運転手 (taxi driver). **2** 辻馬車の御者 (cabman). 〚1830〛

Cab·ell /kǽbəl, -bɪ̀l/, **James Branch** *n.* キャベル (1879–1958; 米国の小説家・評論家; *Jurgen* (1919)).

ca·ber /kéɪbə | -bə(r)/ *n.* **1** 《スコットランド高地で丸太投げ遊び (tossing the caber) に用いる松の若木の》丸太棒: toss [throw] the ～ 丸太投げ遊びをする. **2** 《スコット》たる木 (rafter). 〚(1505) □ Sc.-Gael. *cabar* pole □ VL **capriō* rafter ← L *capra* she-goat ← *caper* he-goat〛

Ca·ber·net /kæ̀bənéɪ | -bə-⁻; F. kabɛʀnɛ/ *n.* = Cabernet Sauvignon. 〚1833〛

Cáb·er·net Fránc *n.* [しばしば c- f-] カベルネフラン: **a** フランスの Loire 川流域とイタリア北東部で栽培されるワイン用黒ブドウの品種. **b** それで造るワイン. 〚(1833): *Cabernet* □ F ～〛

Cábernet Sau·vi·gnón, c- s- /-sòuviːnjóun | -sə̀uviːnjɔ̃ː(n), -njɔ́ŋ; F. -soviɲɔ̃/ *n.* カベルネソービニョン: **1** 主に赤ワインに使われるカベルネ種の中でも最高級のブドウの品種名. **2** 1 から造られるワイン; Bordeaux 産の赤ワインはしばしばこれに他の品種を加えて造られる; この他イタリアや米国 California 州など各地で生産される. 〚1911〛

cab·ette /kæbét/ *n.* 女性タクシー運転手. 〚← CAB[1]+-ETTE〛

Ca·be·za de Va·ca /kəbéɪzədəvɑ́ːkə | -də-; Sp. kaβéθaðeβáka/, **Al·var Nú·ñez** /álβaɾ núɲeθ/ *n.* カベサデバカ (1490?–?1557; 中南米各地を探険したスペイン人).

ca·be·zone /kǽbəzòun | -bɪ̀zə̀un/ *n.* (*also* **ca·be·zon** /～/) (*pl.* ～, ～**s**) 〖魚類〗カベゾン (*Scorpaenichthys marmoratus*)《北米太平洋産カジカ科の魚》. 〚□ Sp. *cabezón* (aug.) ← *cabeza* head □ L *caput*〛

CABG 《略》coronary artery bypass graft 冠状動脈バイパス移植(片).

ca·bil·do /kəbíldou | -dəu/ *n.* (*pl.* ～**s**)《米南西部》《大聖堂などの》参事会会議場 (chapter house);《旧スペイン植民地諸国の》町会; =town hall. 〚(1824) □ Sp. ～ ← LL *capitulum* chapter-house: cf. chapter〛

Ca·bi·mas /kəbíːməs, -mɑːs; Am.Sp. kaβímas/ *n.* カビマス《ベネズエラ北西部, Maracaibo 湖の北東岸にある都市》.

cab·in /kǽbɪ̀n | -bɪn/ *n.* **1 a** 《簡素な造りの平屋建ての》小屋 (hut)《植民地時代の北米の丸太小屋; 南部の農場労働者や召使の住んだ小屋》. **b** 《狩猟や魚釣りに休暇中に使われる》宿泊小屋. **c** 《旅行者用の》小さな一部屋;《特に》モーテルの一室. **2 a** 《船の》キャビン, 船室 (cf. cabin class): a ～ de luxe 特等船室. **b** 《軍艦の》艦長室, 士官室. **c** 《飛行機・宇宙船の》キャビン, 機室《乗員室・客室・貨物室など》. **d** 《車の》運転台[室]. **3** 《米》トレーラー(移動住宅)の居住部分[部屋]. **4** 《英》〖鉄道〗信号室, 信号所. 《《略》← *signal cabin*》 **5** 《廃》動物のすむ所. — *vi.* 小屋に住む; 小屋[狭い所]に閉じこもる. — *vt.* 小屋[狭い所]に閉じ込める (cf. cabined 2); 幽閉する (cramp).
〚(1346) *caban* □ (O)F *cabane* □ Prov. *cabana* < LL *capannam*: CABANA と二重語〛

cábin àltitude *n.* 〖航空〗機内高度《高高度を飛ぶ飛行機では機内の圧力を高めているが, 機内の圧力をそれに相当する高度で表したもの》.

cábin bòy *n.* キャビンボーイ《一等・特別二等船室の乗客および高級船員付きの給仕》. 〚1726〛

cábin càr *n.* 《米》=caboose 1 a. 〚1879〛

cábin-clàss *adj.*, *adv.* 《船室が》特別二等の[で]: travel ～.

cábin clàss *n.* 特別二等《客船の等級で saloon class と tourist class の中間級; もと first class の意に用いられた》. 〚1929〛

cábin còurt *n.* =motel.

cábin crèw *n.* 〖航空〗客室乗務員. 〚1954〛

cábin crùiser *n.* =cruiser 1 a. 〚1921〛

Ca·bin·da /kəbíndə/ *n.* カビンダ《アフリカ西海岸の Angola の飛び領土; 面積 7,270 km²》.

cábin dèck *n.* 〖海事〗船橋楼甲板《露天甲板よりも上にあり船橋楼にある甲板》.

cáb·ined *adj.* **1** キャビン[船室]を設けた; 小屋のある. **2** 狭苦しい所に閉じ込められた, 窮屈な, 狭い. 〚(1592): ⇨ ↑, -ed〛

cab·i·net /kǽb(ə)nɪ̀t | -b(ə)-, -bɪ-/ *n.* **1 a** 《台所用具・化粧用品・医薬品などを入れる棚付きの》キャビネットケース, 作り付けのたんす形の箱. **b** 《テレビ・ラジオ・レコードプレーヤーなどを入れる》キャビネット. **c** 《宝石その他貴重品を入れる》飾りだんす《通例美術的に造ったもの》. **d** 《美術品などを陳列する》ガラス戸付き飾り棚. **2 a** 《飾り棚に集めた》収集品. **b** 《鉱物・生物・貨幣などの》標本コレクション. **3 a** 《博物館などの連続している》小陳列室. **b** 特殊な用途の小屋[仕切り場];《特に》シャワー室. **c** 《古》《読書室などの》小屋, 私室, 個室. **4 a** [しばしば C-] 内閣: form a *Cabinet* 組閣する / ⇨ shadow cabinet. **b** [しばしば C-]《米》大統領顧問委員会《各省長官で構成される》; 知事[市長]の諮問委員会. **c** 《英》《内閣の》会議室, 閣議室;《特に》閣議. **d** 《学会・宗教団体などの》諮問委員会. **5** 〖写真〗 **a** キャビネ判《乾板の大きさ $6\frac{1}{2}\times4\frac{3}{4}$ インチ, 印画キャビネ判はこれより少し小さい; cf. carte de visite 1》.
日英比較 日本語の「キャビネ」という発音は写真用語として明治期にフランス語から移入された. **b** =cabinet photograph. **6** 〖印刷〗《活字ケースを入れる》キャビネット, ケースだんす. **7** 〖電気〗配電盤入れ. **8** 《廃》動物のすむ所[穴], 鳥の巣.
— *adj.* [限定的] **1** 飾りだんす[棚]に適した. **2** 小屋の. **3** 秘密の, 内密の. **4 a** 家具師に使用された[が作った]. **b** 家具製造用の[に適した]; キャビネット用の. **5** [しばしば C-]《英》内閣の: a *Cabinet* council 閣議;《古》内閣 / a *Cabinet* member [officer] 閣僚 / a *Cabinet* crisis 内閣の危機. **6** 《英》〖写真〗キャビネ判の: ⇨ cabinet photograph. **7** 〖製図〗キャビネ投象の: ～ projection キャビネ投象《斜投象図法の一種; 傾角 45°, 比率 $^1/_2$ の図法; cf. oblique 9, cavalier 3》. **8** 《ワインなどの修飾語として》より抜きの, 極上の, 逸品の, 珍品の.
〚(1549) □ F ～ (dim.) ← *cabane* 'CABIN': ⇨ -et〛

cábinet bèetle *n.* 〖昆虫〗=dermestid.

cábinet·màker *n.* **1** 家具師. **2** 内閣製造者, 組閣者. 〚1681〛

cábinet·màking *n.* **1** 家具制作, キャビネット製造業. **2** 組閣. 〚1813〛

cábinet mìnister *n.* [しばしば C- M-]《英国などの》閣僚. 〚1806〛

cábinet òrgan *n.* =reed organ. 〚1696〛

cábinet phòtograph *n.* 《英》キャビネ判写真.

cábinet piàno *n.* 小形竪(たて)型ピアノ. 〚1817〛

cábinet pùdding *n.* キャビネットプディング《パンやスポンジケーキのくずに卵・牛乳・乾燥果物などを加えて作るプディング; 熱いまま(フルーツ)ソースをかけて供する》. 〚1821〛

cábinet reshùffle *n.* 内閣改造.

cab·i·net·ry /kǽb(ə)nɪ̀tri | -b(ə)-, -bɪ-/ *n.* **1** =cabinetmaking 1. **2** =cabinetwork 2. 〚1926〛

cábinet wìne *n.* **1** キャビネットワイン《ワイン商が最高級品として選ぶドイツのラインワイン》. **2** 高級ワイン. 〚《なぞり》← G *Kabinettwein*〛

cábinet·wòrk *n.* **1** 家具制作. **2** [集合的] 指物細工《高級な家具・内装類; cf. millwork 2》. 〚1732〛

cábin fèver *n.* 《カナダ》遠隔地に一人または少人数で生活する倦怠から, または小さな密室に生活することから生じる神経過敏[情緒不安定]. 〚1918〛

cábin hòuse *n.* 〖海事〗《小型ヨットなどの甲板上に上半分を突出させている》甲板室 (cf. deckhouse).

cábin pàssenger *n.* 船室船客《専用の船室を使用する一等・特別二等船客》. 〚1760〛

ca·bi·o /kəbíːou | -əu/ *n.* 〖魚類〗=cobia.

ca·ble /kéɪbl/ *n.* **1 a** 《植物の繊維または針金をより合わせて作った》太綱(ふとづな), ケーブル, 大索(たいさく)《通例周囲 10 インチ以上のものをいう; cf. cablet, cord 1 a, rope》. **b** ケーブル状のもの. **2** 鋼索; 《電話・電力などの》ケーブル, 被覆電線. **3 a** 海底電線. **b** 海底電信, 海外電信 (cablegram): send a ～ =send a message by ～ (海底電信で)海外電報を打つ. **c** ケーブルテレビ (cable TV). **4** 〖海事〗 **a** 錨索(びょうさく), 錨綱(いかりづな); 錨鎖(びょうさ) (chain cable)《綱でなく鎖であっても cable と呼ばれる》: an anchor ～ 錨綱. **b** =cable length. **5** 〖建築〗綱形装飾《柱身の下部などに用いる縄形》. **6** 〖服飾〗=cable stitch.
***cút* (*the*) *cáble*(*s*)** 《俗》(1) 死ぬ. (2) 立ち去る. (3) 縁を切る.
— *vt.* **1** 大綱[ケーブル]で縛る. **2** …に海外電信で通信する, 海外電報を打つ. **3** 〖建築〗…に綱形装飾をつける.
— *vi.* **1** 海外電信で通信する. **2** 縄編みをする; 綱形模様をつける (cable-stitch).
〚(?a1200) □ (O)NF *câble*=OF *chable* (F *câble*) < LL *capulum* halter ← L *capere* to take, hold〛

Ca·ble /kéɪbl/, **George Washington** *n.* ケーブル (1844–1925; 米国の小説家; *Old Creole Days* (1879)).

cáble addrèss *n.* 〖通信〗《宛名の》電信略号, 海外電報宛名の記番号.

cáble càr *n.* ケーブルカー《鋼索鉄道およびその車両》.
日英比較 英語の *cable car* は,《米》では,「ロープウエー」(空中式)と「ケーブルカー」(軌道式・鋼索式)の両方を意味するが,《英》では, *cable car* は日本語の「ケーブルカーの車両」を指し,「ケーブルカー」という輸送方法は cable railway または funicular railway という. また, 日本語の「ロープウエー」は ropeway という. 日本語でも, 以前は,「ケーブルカー」は「ロープウエー」を含めて指した. 〚1887〛

cáble·càst *vt.* 有線テレビ (cable TV) で放送する. — *n.* 有線テレビ放送. **～·er** *n.* 〚← CABLE+(TELE)CAST〛

ca·ble·gram /kéɪblɡræ̀m/ *n.* 海底電信, 海外電報. 〚(1868) ← CABLE+-GRAM〛

cáble grìp *n.* 《ケーブルカーの》ケーブルつかみ. 〚1887〛

cáble-láid *adj.* 〖海事〗《綱が》九つ撚(よ)り(の 3 本の右撚りの索を 3 本左撚りにした; cf. plain-laid》: a ～ rope 九つ撚りの太綱《錨索(びょうさ)用》. 〚1723〛

cáble lèngth *n.* 〖海事〗鏈(れん)《距離の単位》. ★その長さの基準は統一されておらず, 通例 $^1/_{10}$ 海里とされる; これはメートル法で 185.2 m になる; 英海軍では 608 ft (≒185 m)(約 100 尋(ひろ))を使い, 米海軍では 120 尋すなわち 720 ft (≒219 m)を使っている; もとは錨綱(いかりづな) 1 本の長さ. 〚1555〛

cáble lìne *n.* 〖電気〗ケーブル線路 (cf. open line).

cáble mòlding *n.* 〖建築〗綱形装飾, 綱形繰形(くりかた). 〚1859〛

cáble ràilway *n.* 鋼索鉄道, ケーブル鉄道. 〚1887〛

cáble-rèady *adj.* 〈テレビ受像機・ビデオレコーダーが〉CATV 用コンバーター内蔵の, ケーブルテレビ対応型の.

cáble relèase *n.* 〖写真〗ケーブルレリーズ《針金を細い針金で筒状に包んだ柔軟性のシャッターレリーズ; antinous release ともいう》.

ca·blese /kèɪbəlíːz, -bl-, -líːs | -líːz/ *n.* 海外電信[電報]用語《省略・略字・組み合せ文字などを特徴とする; 例: quark (=question mark) など》. 〚(1952) ← CABLE+-ESE〛

cáble shìp *n.* ケーブル船《海底電線の敷設または修理を行う船》. 〚1885〛

cáble's lèngth *n.* 〖海事〗=cable length.

cáble-stàyed brìdge *n.* 斜張橋(しゃちょうきょう)《橋脚上に立てた塔から斜めに張ったケーブルで桁をつって支えた橋》.

cáble-stìtch *vi.* 縄編みをする; 綱形模様をつける.

cáble stìtch *n.* 〖服飾〗 **1** ケーブルステッチ《チェーンステッチ (chain stitch) に似た刺繍の刺し方の一種》. **2** 縄編み《縄目模様をつくる編み方》. 〚*c*1890〛

cáble stòpper *n.* 〖海事〗ケーブルストッパー《錨鎖を船に係止しておくためのストッパー》.

ca·blet /kéɪblɪ̀t/ *n.* 《周囲 10 インチ未満の》太綱 (cf. cable *n.* 1 a). 〚(1575–76) ← CABLE+-ET〛

cáble tànk *n.* 〖海事〗ケーブルタンク《海底ケーブルを収納するケーブル船内の大きな円筒形のタンク》.

cáble télevision *n.* =cable TV. 〚1965〛

cáble tòol *n.* 〖機械〗ケーブルツール《錐を綱の先端にとりつけて, 衝撃力により大地に深い穴を掘る機械》. 〚1881〛

cáble trànsfer *n.* 《米》〖金融〗《外国》電信為替(送金)(《英》telegraphic transfer).

cáble TV́ *n.* ケーブルテレビ (cf. community antenna television). 〚1966〛

cáble vàult *n.* 〖電気〗《地下ケーブルの接続・修理などを行うための》マンホール.

cáble·vìsion *n.* =cable TV. 〚1965〛

cáble·wày *n.* 索道, ケーブル: an aerial ～ 架空索道. 〚1899〛

cá·bling /-blɪŋ, -blɪŋ/ *n.* **1 a** ケーブルによる通信. **b** [集合的] 綱, ケーブル. **2** ケーブル布線. **3 a** 縄巻飾り, 綱形装飾, ケーブル装飾. **b** [集合的にも用いて] 綱形装飾[模様]に用いる綱. 〚(1753): ⇨ -ing[1]〛

cáb·man /-mən/ *n.* (*pl.* **-men** /-mən, -mèn/) = cabdriver. 〚1834〛

ca·bob /kəbɑ́(ː)b, kéɪbɑ(ː)b | kəbɔ́b/ *n.* =kabob. 〚1690〛

Cab·oc /kǽbək/ *n.* 濃厚なスコットランド産のクリームチーズ.

ca·boched /kəbɑ́(ː)ʃt | -bɔ́ʃt/ *adj.* =caboshed. 〚《異形》: ⇨ caboshed〛

cab·o·chon /kǽbəʃɑ̀(ː)n | -ʃɔn; F. kabɔʃɔ̃/ *n.* (*pl.* ～**s** /～z; F. ～/) **1** カボション《切子面ではなく頂部を丸く磨いた宝石》: en ～ カボション(風)の[に]. **2** 《18 世紀のロココ様式の家具に見られるような》カボション風の主題[意匠]《周囲に葉飾りをつけた球型[卵型]の彫刻装飾》. — *adv.* カボション(風)に: cut a stone ～. 〚(1578) □ F ～ ← *caboche* head: ⇨ cabbage[1]〛

ca·bo·clo, C- /kəbɔ́ːkluː, -bɑ́ː-, -bóu-, -klou | -bɔ́ː-kluː, -bə́u-, -kləu; Braz. kabóklu/ *n.* (*pl.* ～**s**)《先住インディオを先祖にもつ》ブラジル人; 白人との混血インディオ. 〚(1816)《現地語》〛

ca·bom·ba /kəbɑ́(ː)mbə | -bɔ́m-/ *n.* 〖植物〗カボンバ《スイレン科カボンバ属 (*Cabomba*) の水生植物の総称;《金魚鉢に入れる鑑賞用の》ハゴロモモ, フサジュンサイ,《俗に》金魚藻 (*C. caroliniana*) など》. 〚← NL ～ ← Sp. ～〛

ca·boo·dle /kəbúːdl̩/ *n.* [通例 the whole ～ として]《口語》全部, みんな (lot).
the whóle kít and cabóodle ⇨ kit[1] *n.* 成句.
〚(*a*1848) ← *ca-* (《変形》? ← KER-)+BOODLE〛

ca·boose /kəbúːs/ *n.* **1** 《米・カナダ》 **a** 《貨物列車の》後部の乗務員用車, 車掌車. **b** 後部についてくるもの, しんがりになるもの. **2 a** 《英》《商船の上甲板にある》調理室 (galley). **b** 戸外の料理用オーブン. **3** 《カナダ》 **a** 《材木伐採人などが使用する》移動式の小屋. **b** 《調理用レンジを備えた》快速船の船室. **4** 《米口語》=calaboose. 〚(1769) □ Du. *kabuis* □ MLG *kabūse* ← ?〛

Ca·bo·ra Bas·sa /kəbɔ́ːrəbǽsə/ *n.* カボラバッサ《モザンビーク北部 Zambezi 川にあるアフリカ南部最大のダムの所在地》.

ca·boshed /kəbɑ́(ː)ʃt | -bɔ́ʃt/ *adj.* 〖紋章〗《鹿・牛・山羊などの》頭だけが正面を向いた. 〚(1572) (p.p.) ← 《廃》 *caboche* to cut off the head of (a deer) close behind the horns □ (O)F *cabocher* ← *caboche* head: cf. cab-

C

bage¹〗
Cab·ot /kǽbət/, **John** *n.* キャボット《1450?–?98; イタリアの航海者; ヘンリー七世の勅命を得て英国船に乗り込んで探検に従事, 北米大陸に到達 (1497); イタリア語名 Giovanni Caboto /kabɔ́ːto/》.
Cabot, Sebastian *n.* キャボット《1476?–1557; John Cabot の子, 英国の航海探検家・地図製作者; 英国とスペインの宮廷に仕え, 南米東海岸 (1526–30) に到達し世界地図を作製 (1544)》.
cab·o·tage /kǽbətɑ̀ːʒ, -tɪdʒ | -tɑ̀ːʒ, -tɪdʒ/ *n.* **1** (国内の港間の)沿岸航海; 沿岸貿易 (coasting trade). **2** 〖航空〗 **a** (国外航空機に与えられる)国内交通[航空]権. **b** 国内航空営業. 〖(1831) □ F ~ ← *caboter* to coast ← ? 《廃》 *cabo* □ Sp. ~ 'CAPE²': ⇨ -age〗
ca·bo·tin /kɑ̀ːbɔːtǽŋ, kæ̀b-, -tǽŋ; F. kabɔtɛ̃/ *n.* 二流の俳優, 大根役者. 〖(1903) □ F ~ ← *caboter* (↑): 原義の「沿岸航海船」と「町から町へ渡り歩く旅役者」との連想からか〗
cáb·òver *n.* 〖自動車〗 キャブオーバー: **1** 運転台がエンジンの上にあるトラクターなどの車. **2** 運転台の上にボディーが張り出しているキャンピングカー.
Ca·bral /kəbrɑ́ːl; Port. kəβɾáɫ/, **Pedro Ál·va·res** /pédɾuáɫvəɾɨʃ/ *n.* カブラル《1467?–1520; ポルトガルの航海者; ブラジルをポルトガル領とした (1500)》.
cáb rànk *n.* 《英》 **1 a** タクシー乗り場 (taxi stand). **b** (客待ちの)タクシーの列. **2** 離陸待機中の飛行機の列. 〖1884〗
ca·bré /kɑːbréɪ, kæ-; F. kabʀe/ *adj.* 〖紋章〗 =forcene. 〖(1910) □ F ~ ← *cabrer* □ Sp. *cabra* (↓)〗
ca·bret·ta /kəbrétə | -tə/ *n.* 《米》 カブレッタ(レザー) 《南米産直毛羊の皮; 他の羊の皮よりも丈夫; 主に手袋や靴に使う》. — *adj.* カブレッタ(製)の. 〖(1926) ← Sp. & Port. *cabra* she-goat (< L *capram* she-goat)+It. *-etta* '-ETTE'〗
ca·bri·lla /kəbríː(j)ə, -bríːlə/ *n.* 〖魚類〗 西インド諸島海域に生息するスズキ科マハタ属 (*Epinephelus*) の食用魚の総称 (red hind など). 〖(1859) □ Sp. ~ 'prawn' (dim.) ← *cabra* goat (↑)〗
Ca·bri·llo /kəbríːjoʊ | -ríləʊ; *Am.Sp.* kaβríjo/, **Juan Rodriguez** *n.* カブリリョ《?–1543; ポルトガル生まれのスペインの探検家; メキシコ, California を探検》.
Cabríllo Nátional Mónument *n.* カブリリョ国定記念物《米国 California 州南西部, San Diego 湾に臨む Lama 岬にある史跡; 探検家 Juan Rodriguez Cabrillo が最初に認めた地 (1542)》.
Ca·bri·ni /kəbríːni; *It.* kabríːni/, Saint **Frances Xavier** *n.* カブリーニ《1850–1917; イタリア生まれの米国の修道女; 米国最初の聖人; 通称 Mother Cabrini》.
cab·ri·ole /kǽbrioʊl | -əʊl/ *n.* **1** (英国 Queen Anne の時代に特有な椅子・テーブル・キャビネットの)曲り脚《ねこあし・さぎあしなど》. **2** 〖バレエ〗 カブリオール《片足を別の足で打つ跳躍》. 〖(1781) □ F ~ 'leap' (↓)〗
cab·ri·o·let /kæ̀briəléɪ | kǽbriə(ʊ)lèɪ, ⌐⌐⌐⌐/ *n.* **1** キャブリオレー《一頭立て二輪二人座席の折りたたみ式幌付き馬車》. **2** キャブリオレー, コンバーティブルクーペ (convertible coupé) 《クーペ (coupé) 型ではあるが, 折りたたみ式の幌屋根が付いている自動車》. 〖(1763) □ F ~ (dim.) ← *cabriole* goat's leap, caper (車の軽快なことにちなんで) □ It. *capriola*: ⇨ capriole, -et〗
cáb sìgnal *n.* 〖鉄道〗 (閉塞信号等と連関した)機関手室内信号.
cáb·stànd *n.* **1** タクシー乗り場. **2** 辻馬車乗り場. 〖1848〗
cáb·tìre cáble *n.* 〖電気〗 キャブタイヤケーブル《屋外の移動機器への配電などに用いる厚手のゴム被覆のケーブル; rubber-sheathed cable ともいう》.
cac- /kæk/ (母音の前にくるときの) caco- の異形.
ca·ca /kɑ́ːkɑː/ *n.* (*also* **ca·ca** /⌐⌐/) 《小児語》 うんち.
ca·ca·na·pa /kɑ̀ːkənɑ́ːpə, kæ̀k-/ *n.* 〖植物〗 ルリキョウ (瑠璃鏡) (*Opuntia lindheimeri*) 《米国南部およびメキシコ産の大型のウチワサボテンの一種》. 〖□ Am.-Sp. ~〗
ca'can·ny /kɑːkǽni, kɔː- | -nɪ/ *vi.* **1** 《スコット》 用心深く進む; ゆっくり行く, 徐行する (⇨ ca', canny *adv.*). **2** 《英》 (仕事を引き延ばすために)ゆっくり仕事をする, 怠業する. — *n.* **1** 《英》 (労働者の争議手段としての)怠業. **2** 《スコット》 慎重さ. 〖(1822) ← CA'+CANNY〗
ca·ca·o /kəkáʊ, -kɑ́ːoʊ, -kéɪoʊ | kəkáʊ, -kɑ́ːəʊ, -kéɪəʊ/ *n.* (*pl.* ~s) **1** 〖植物〗 カカオ, ココアノキ (*Theobroma cacao*) 《熱帯アメリカ原産アオギリ科の常緑樹; cacao tree ともいう》. **2** カカオの実 《カカオのさや (pod) の中に入っている種子で, ココアとチョコレートの原料; cacao bean ともいう》. 〖(1555) □ Sp. ~ □ Nahuatl *cacauatl*: cf. cocoa¹〗
cacáo bùtter *n.* =cocoa butter.
cac·cia·to·re /kɑ̀ːtʃətɔ́ːri; *It.* kattʃatóːre/ *adj.* (*also* **cac·cia·to·ra** /-rə; *It.* -ra/, **cac·cia·to·ri** /-ri; *It.* -ri/) [名詞の後に置いて] カッチャトーレ, 猟師風の《鶏や野禽を香草や香辛料・トマト・タマネギ・ワインを加えて煮込んだ料理にいう》: veal [chicken] ~. 〖(1942) □ It. ~ 《原義》 hunter〗
-ca·ce /⌐kəsiː/ 「…病」の意の名詞連結形: arthrocace. 〖← Gk *kákē* badness ← *kakós* bad〗
Cá·ce·res /kɑ́ːsərèɪs | -s½-; *Sp.* káθeres/ *n.* カセレス《スペイン西部の都市; 1142–1229 年ムーア人により支配された》.
ca·cha·ca /kəʃɑ́ːsə; *Port.* kəʃásə/ *n.* (*also* **ca·cha·ça** /⌐⌐/) カシャーサ《ブラジルのラム酒》. 〖□ Port. *cachaça* rum〗
cach·a·lot /kǽʃəlɑ̀(ː)t, -lòʊ | -lɒ̀t/ *n.* 〖動物〗 マッコウクジラ (sperm whale). 〖(1747) □ F ~ □ Sp. ~ □ Port. *cacholotte* ← *cachola* head ← ?〗
cache /kǽʃ/ *n.* **1** (隠し場の)貯蔵物; 隠退蔵物. **2 a** 隠し場; (特に, 探検家などの糧食・器具・弾薬・宝物などの)隠し場所. **b** 安全な貯蔵所. **c** 〖電算〗 キャッシュ (=cache memory). **3** 〖昆虫〗 **a** 越冬窩(ᵃ)《ある種の昆虫が越冬のために土中に作る穴》. **b** 集団越冬群《越冬窩中で越冬中の昆虫の集団》.
màke a cáche of …を貯蔵する, しまっておく.
— *vt.* **1** 隠し場所に貯蔵する, 隠しておく, しまっておく (⇨ hide¹ SYN). **2** 〖電算〗 キャッシュする《cache memory に入れる》.
〖(1595) □ F ~ ← *cacher* to hide < VL **coacticāre* (freq.) ← L *coactāre* to constrain ← *cōgere* to drive together〗
ca·chec·tic /kəkéktɪk, kæ-/ *adj.* 〖病理〗 悪液質 (cachexia) の[にかかった]. 〖(1634) □ F *cachectique* ∥ L *cachecticus* □ Gk *kakhektikós* ← *kakós* bad+*kékhein* to have: ⇨ -ic¹〗
cachéctic féver *n.* 〖病理〗 =kala azar.
cáche mèmory *n.* 〖電算〗 キャッシュメモリー《CPU と主記憶またはディスクと主記憶の間に置かれる高速のバッファーメモリー》. 〖1979〗
cache·pot /kǽʃpɑ(ː)t, -poʊ | kǽʃpəʊ, ⌐⌐; F. kaʃpo/ *n.* 植木鉢を入れる装飾用の容器, 鉢カバー《通例陶器またはトール (tole) 製》. 〖(1872) □ F ~ ← *cacher* to hide +POT: ⇨ cache〗
cache-sexe /kǽʃsèks; F. kaʃsɛks/ *n.* (ヌードダンサーなどが使用する)前張り, バタフライ. 〖1926〗
ca·chet /kæʃéɪ | ⌐⌐, ⌐⌐; F. kaʃɛ/ *n.* (*pl.* ~s /~z; F. ~/) **1** (手紙・文書などが公式に承認されたことを示す)封印 (seal): ⇨ lettre de cachet. **2 a** 威信・尊敬・優秀などを示すもの[印]: as a ~ of nobility 高貴な生まれを示すものとして. **b** 威信 (prestige), 高い身分[名声]: a man of ~. **3** 〖医学〗 カシェ剤 (⇨ wafer 5). **4** 〖郵趣〗 カシェ《封筒または葉書に印刷・押印された記念用図案・文字; 初日カバー (first-day cover) によく使われる》. — *vt.* (封筒に)カシェを印刷する. 〖(*a*1639) □ F ~ 'signet' ← *cacher* to hide: ⇨ cache〗
ca·chex·i·a /kəkéksiə, kæ-/ *n.* 〖病理〗 悪液質, 悪態症《慢性病の進行による高度の不健康ないし衰弱状態》. **ca·chéx·ic** *adj.* 〖(1555) ← NL ~ ← Gk *kakhexia*: ⇨ cachectic〗
ca·chex·y /kəkéksi, kæ-, kǽkek-/ *n.* **1** (精神・見解などの)不健全状態. **2** 〖病理〗 =cachexia. 〖(1541) ↑〗
cach·in·nate /kǽkənèɪt | -k½-/ *vi.* (無遠慮に)大笑いする, ばか笑いする. **cach·in·na·to·ry** /kǽkənətɔ̀ːri | kǽk½nətəri, -tri, -nèɪ-/ *adj.* 〖(1824) ← L *cachinnātus* (p.p.) ← *cachinnāre* to burst out laughing 《擬音語》〗
cach·in·na·tion /kæ̀kənéɪʃən | -k½-/ *n.* **1** 大笑い, ばか笑い. **2** 〖精神医学〗 (精神分裂症に見られる)理由のない笑い, 高笑い. 〖(1623) □ L *cachinnātiō(n-)* ← ↑〗
cach·o·long /kǽʃəlɔ̀ː(ŋ), -lɔ̀ːŋ, -lɑ̀(ː)ŋ | -lɒŋ; F. kaʃɔlɔ̃/ *n.* 〖鉱物〗 美蛋白石, カショロン. 〖(1791) □ F ~ □ Kalmuck '*kaschtschilon* beautiful stone〗
ca·chou /kəʃúː, kə-, kæʃuː/ *n.* **1** 口中香錠, 口中薬. **2** 〖化学〗 =catechu 1. 〖(1577) □ F ~ □ Port. *cachu* □ Malay *kāchu* 'CATECHU'〗
ca·chu·cha /kətʃúːtʃə; *Sp.* katʃútʃa/ *n.* (*pl.* ~s /~z; *Sp.* ~s/) (*also* **ca·chu·ca** /kətʃúːkə/) カチューチャ《スペイン Andalusia 地方の bolero に似た ³/₄ 拍子の舞曲; その舞踏》. 〖(1840) □ Sp. ~ 'small boat' ← ? *cacho* saucepan < VL **cacculus* pot=L *caccabus* ← Sem.〗
ca·cique /kəsíːk | kæ-, kə-/ *n.* **1** (西インド諸島・中南米の)インディアンの首長. **2** (スペイン・ラテンアメリカの)政界のボス. **3** (フィリピンの)スペイン人[系]の大地主. **4** 〖鳥類〗 ツリスドリ《熱帯アメリカ産ムクドリモドキ科ツリスドリ属 (*Cacicus*) の鳥の総称》. 〖(1555) □ Sp. ~ 'chief' □ S-Am.-Ind. (Arawak) *kassequa*〗
ca·cíqu·ism /-kɪzm/ *n.* cacique による支配; ボス政治. 〖(1903): ⇨ ↑, -ism〗
cack /kǽk/ 《英俗》 *vi.* 糞をする. — *n.* **1** 排泄物. **2** がらくた. 〖(1436) ← L *cacāre*〗
cáck-hánded /kǽk-/ *adj.* 《英口語》 **1** 《軽蔑》 左利きの (left-handed). **2** 手先の不器用な (clumsy). 〖← 《方言》 *cack* excrement (← L *cacāre*)+HANDED〗
cack·le /kǽkl/ *vi.* **1** 〈雌鳥が〉(卵を産んだときのようにかん高く)こっこっ[がーがー]と鳴く. **2** きゃーきゃー笑う. **3** ぺちゃくちゃしゃべる. — *vt.* きゃーきゃー笑いながら言う. — *n.* **1** こっこっ[がーがー]という鳴き声. **2** かん高い笑い: break into a ~ かん高く笑い出す. **3** おしゃべり, むだ話. *cút the cáckle* (*and cóme to the hórses*) 《英俗》 無駄話を止める; 本論に入る: Let's *cut the* ~ *and come to the horses.* さあ要件に移ろう. 〖1889〗
cáck·ler /-klə, -klə | -klə(r), -klə(r)/ *n.* 〖(?*a*1200) *cakele(n)* □ ? MLG *kakelen* 《擬音語》: cf. gaggle〗
cack·y /kǽki/ *adj.* がらくたの, くだらない (rubbishy). 〖← CACK+-Y⁴〗
CACM 《略》 Central American Common Market 中米共同市場.
cac·o- /kǽkoʊ | -kəʊ/ 「悪い (bad); 病気にかかった (diseased)」の意の連結形: *cacophony*. ★ 母音の前では通例 cac- になる. 〖□ Gk *kako-* ← *kakós* bad, evil〗
cac·o·de·mon /kæ̀kədíːmən/ *n.* (*also* **cac·o·dae·mon** /⌐⌐/) **1** 悪鬼, 悪霊 (devil) (cf. eudaemon). **2** 悪意をもった人. **cac·o·de·mon·ic** /kæ̀kədiːmɑ́(ː)nɪk | -mɒ́n-⌐/ *adj.* 〖(1594) □ Gk *kakodaimōn*: ⇨ ↑, demon〗
cac·o·dyl /kǽkədɪl | -kə(ʊ)dàɪl, -dɪl/ 〖化学〗 *n.* **1** カコジル ($As_2(CH_3)_4$) 《無色・猛毒性・悪臭のある液体; tetramethyldiarsine ともいう》. **2** $As(CH_3)_2$ 基を有する化合物. — *adj.* カコジルの[を含む]. **cac·o·dyl·ic** /kæ̀kədɪ́lɪk | -kə(ʊ)-⌐/ *adj.* 〖(1850) ← Gk *kakṓdēs* ill-smelling (← CACO-+*-od-* (← *ózein* to smell))+-YL〗
cac·o·dyl·ate /kæ̀kədɪ́leɪt/ *n.* 〖化学〗 カコジル酸塩. 〖(1908): ⇨ ↑, -ate¹〗
cácodylic ácid *n.* 〖化学〗 カコジル酸 ($(CH_3)_2AsO$-OH) 《無色無臭の柱状晶, ナトリウム塩は医薬に用いる; dimethyl arsinic acid, alkargen ともいう》. 〖1850〗
cac·o·e·py /kǽkoʊèpi, kækóʊəpi | -kəʊèpi/ *n.* 発音不正. **cac·o·e·pís·tic** *adj.* 〖(1880) □ Gk *kakoépeia*: ⇨ caco-, epic〗
cac·o·e·thes /kæ̀koʊíːθiːz | -kəʊ-/ *n.* 抑え難い衝動[欲望], …狂 (mania). **càc·o·é·thic** *adj.* 〖(1563–87) □ L *cacoēthes* □ Gk *kakoḗthēs* ← CACO-+*êthos* habit〗
cacoëthes loq·uen·di /⌐⌐⌐⌐-loʊkwéndi, -daɪ | -ləʊk-/ *n.* 病的なおしゃべり, おしゃべり狂. 〖□ L *cacoēthes loquendī*〗
cacoëthes scri·ben·di /⌐⌐⌐⌐-skr½béndi, -dàɪ | -skrɪ-/ *n.* 抑え難い執筆欲《ローマ詩人 Juvenal から》. 〖□ L *cacoēthes scribendī*〗
cac·o·gen·es·is /kæ̀kədʒénəs½s | -n½sɪs/ *n.* 種族退化; 〖医学〗 発生[発育]異常. 〖(1880): ⇨ caco-, genesis〗
cac·o·gen·ic /kæ̀kədʒénɪk | -kə(ʊ)-⌐/ *adj.* 〖生物〗 =dysgenic. 〖1917〗
cac·o·gen·ics /kæ̀kədʒénɪks | -kə(ʊ)-/ *n.* [単数または複数扱い] 〖生物〗 **1** =dysgenics. **2** =cacogenesis. 〖(1920) ← CACO-+(EU)GENICS〗
ca·cog·ra·pher /kækɑ́(ː)grəfə, kə- | -kɒ́grəfə(r)/ *n.* **1** 悪筆家. **2** つづり字を間違える人. 〖(1880): ⇨ ↓, -er¹〗
ca·cog·ra·phy /kækɑ́(ː)grəfi, kə- | -kɒ́g-/ *n.* **1** 悪筆 (cf. calligraphy). **2** 誤記, つづり字違い (cf. orthography 1 a). **cac·o·graph·ic** /kæ̀kəgrǽfɪk | -kə(ʊ)-⌐/ *adj.* **càc·o·gráph·i·cal** *adj.* 〖(1580) ← CACO-+-GRAPHY〗
ca·col·o·gy /kækɑ́(ː)lədʒi, kə- | -kɒ́l-/ *n.* **1** 言葉の間違い, 言葉の誤用. **2** 発音の間違い. 〖(1623) ← CACO-+-LOGY: cf. F *cacologie*〗
cac·o·mis·tle /kǽkəmɪ̀sl/ *n.* **1** 〖動物〗 カコミスル (*Bassariscus astutus*) 《米国南西部・メキシコ産の細身長尾のアライグマ (raccoon) に似た肉食獣; bassarisk, ring-tailed cat ともいう》. **2** カコミスルの毛皮. 〖(1869) □ Mex.-Sp. ~, *cacomixtle* □ Nahuatl *tlacomiztli* ← *tlaco* half+*miztli* mountain lion〗
cac·o·mix·le /kǽkəmɪ̀(k)sl/ *n.* (*also* **ca·co·mixl** /⌐⌐/) =cacomistle.
ca·coon /kəkúːn, kə-/ *n.* 〖植物〗 熱帯アメリカ産ウリ科の植物 (*Fevillea cordifolia*) 《種子から油脂を採る》. 〖(1854) ← ? Afr. 《現地語》〗
cac·o·phon·ic /kæ̀kəfɑ́(ː)nɪk | -kə(ʊ)fɒ́n-⌐/ *adj.* 不快音の, 不協和音の. **càc·o·phón·i·cal·ly** *adv.* 〖(1847): ⇨ ↓, -ic¹〗
ca·coph·o·nous /kækɑ́(ː)fənəs, kæ- | -kɒ́f-/ *adj.* 音調の悪い (ill-sounding), 耳障りな; 不協和音の (discordant) (cf. harmonious 1, euphonious). **~·ly** *adv.* 〖(1797) ← Gk *kakóphōnos* (⇨ caco-, -phone)+-OUS〗
ca·coph·o·ny /kækɑ́(ː)fəni, kæ- | -kɒ́f-/ *n.* 耳障りな音, 特に不快な音調, 語呂の悪い音の連続 (cf. euphony); 不協和音 (discord) (cf. harmony 5). 〖(1656) □ F *cacophonie* ∥ ← NL *cacophonia* ← Gk *kakophōnía*: ⇨ caco-, -phony〗
ca·coth·e·line /kækɑ́(ː)θəliːn, kə-, -l½n | -kɒ́θɪliːn, -lɪn/ *n.* 〖化学〗 カコテリン《brucine のニトロ誘導体; 黄色の結晶》. 〖← LGk *kakóthelēs* malevolent (← CACO-+Gk *thélein* to wish)+-INE³〗
cacti *n.* cactus の複数形.
cac·toid /kǽktɔɪd/ *n.* サボテン状の, サボテンに似た. 〖(1878) ← CACTUS+-OID〗
cac·tus /kǽktəs/ *n.* (*pl.* ~·es, **cac·ti** /-taɪ/) 〖植物〗 サボテン《サボテン科の植物の総称》. 〖(1607) ← NL ~ □ L *cactos* □ Gk *káktos* kind of prickly plant〗
cáctus dàhlia *n.* 〖園芸〗 カクタス咲きダリア《ダリアの一種でサボテンの花に似た咲き方をする》. 〖1881〗
cáctus gerànium *n.* 〖植物〗 アフリカ南部産フウロソウ科ゼラニウムの一種 (*Pelargonium echinatum*) 《観賞用に栽培》.
cáctus wrèn *n.* 〖鳥類〗 サボテンミソサザイ (*Campylorhynchus brunneicapillus*) 《北米南西部産の耳障りな声で鳴く大形のミソサザイの一種》. 〖1869〗
ca·cu·mi·nal /kækjúːmənl, kə- | -m½-/ 〖音声〗 *adj.* =retroflex. — *n.* =retroflex. 〖(1862) ← L *cacūmin-*, *cacūmen* top, peak+-AL¹〗
Ca·cus /kéɪkəs/ *n.* 〖ギリシャ・ローマ神話〗 カークス《火を吐く怪物; Hercules の牛を盗んだため彼に殺される》. 〖□ L *Cācus*〗
cad /kǽd/ *n.* **1** 《英口語》 (女性に対して)非紳士的な男, 礼儀知らず. **2** 《英》 (学生と区別して)町人, 町の少年. 〖(1790) 《略》 ← CADDIE〗
CAD /kǽd/ *n.* キャド《計算機援用設計; コンピューターを使った設計・製図システム》. 〖《頭字語》 ← *c(omputer) a(ided) d(esign)*〗
cad. 《略》 〖音楽〗 cadenza.
c.a.d. 《略》 〖銀行〗 cash against documents 船積書類引換現金払.
ca·das·tral /kədǽstrəl/ *adj.* **1** 土地台帳の; 土地検分[測定]の; 地籍測定[検分]の. **2** 〖測量〗 〈地図・測量図

が境界線を示した，地籍図の．**～·ly** *adv.* 〖(1858) ▭ F ～: ⇨ cadastre, -al¹〗

cadástral màp *n.* 地籍図．

cadástral súrvey *n.* 地籍図測量，土地台帳測量．〖1861〗

cad·as·tra·tion /kæ̀dəstréɪʃən/ *n.* 土地検分[測定]; 地籍測定[検分]．

ca·das·tre /kədǽstə | -tə^(r)/ *n.* (*also* **ca·das·ter** /～/) 土地台帳．〖(1804) ▭ F ～ ▭ Prov. *cadastro* ▭ It. *catastro* (変形) ← (方言) *catastico* ▭ LGk *katástikhon* list, register ← *kata-* '**CATA-**'＋*stíkhos* line〗

ca·dav·er /kədǽvə, -dɑ́ːvə, -déɪvə | -déɪvə^(r), -dɑ́ːv-/ *n.* 〘医学〙(通例解剖用の人間または動物の)死体 (⇨ body **SYN**)．〖(*a*1398) ▭ L *cadāver* corpse ← *cadere* to fall〗

ca·dav·er·ic /kədǽv(ə)rɪk/ *adj.* 死体の[に関する]: ～ rigidity [stiffening] 死体硬直．〖(1835–36) ▭ F *cadavérique*: ⇨ ↑, -ic¹〗

ca·dav·er·ine /kədǽvəriːn, -v(ə)rən | -vəriːn, -v(ə)rɪn/ *n.* 〘生化学〙カダベリン ($N_2N(CH_2)_5NH_2$) (蛋白質の腐敗する際にできる無色のプトマイン)．〖(1887) ← **CADAVER**＋**-INE**³〗

ca·dav·er·ous /kədǽv(ə)rəs/ *adj.* **1** 死体の[に関する]; 死体のような[を思わせる]． **2 a** 〈顔色が〉死相の，青白い (pallid): a lean ～ face. **b** やせこけた，やつれ果てた (gaunt). **～·ly** *adv.* **～·ness** *n.* 〖(?*a*1425) ▭ F *cadavéreuse* ▭ L *cadāverōsus*: ⇨ cadaver, -ous〗

Cad·bu·ry /kǽdbəri | -b(ə)ri/ *n.* キャドベリー《英国 Cadbury Schweppes 社製のチョコレートなど》．

Cad·bu·ry /kǽdbəri | -b(ə)ri/, **George** *n.* キャドベリー《1839–1922; 英国の企業家・社会改革家》．

CAD/CAM /kǽdkæm/ *n.* 〘電算〙キャドカム，計算機援用設計・製造システム．〖(頭字語) ← *c*(*omputer-*)*a*(*ided*) *d*(*esign*) / *c*(*omputer-*)*a*(*ided*) *m*(*anufacturing*)〗

cad·dice¹ /kǽdɪs | -dɪs/ *n.* ＝caddis¹.

cad·dice² /kǽdɪs | -dɪs/ *n.* 〘昆虫〙＝caddisworm.

cad·die /kǽdi | -di/ *n.* **1** 〘ゴルフ〙**a** キャディー《クラブをかついだり球拾いをしたりする人》. **b** ＝caddie cart. **2** 使い走りや雑用をする人． **3** 《スコット》若者 (lad). — *vi.* (**cad·died; cad·dy·ing**) キャディーとして働く．〖(1634–46) 《スコット》 *cad*(*d*)*ie*, *caudie* errand boy ▭ F *cadet* '**CADET**¹'〗

cáddie bàg *n.* (ゴルフの)クラブ袋．

cáddie càrt [**càr**] *n.* 〘ゴルフ〙キャディーカート《クラブなどを運ぶ二輪車》．〖1961〗

cad·dis¹ /kǽdɪs | -dɪs/ *n.* **1** ウーステッドの糸; (特に，ガーター用の)ウーステッドのリボン[打ちひも]． **2** カディス《サージに似た織物; スコットランドで用いる》．〖(1286) (1530) ▭ (i) OProv. *cadarz* ← ? // (ii) (O)F *cadie* serge ▭ Prov. *caddis* ← ?〗

cad·dis² /kǽdɪs | -dɪs/ *n.* 〘昆虫〙＝caddisworm. 〖(1651) ← ? (廃) *cad* (変形) ← **COD**³: その幼虫のすんでいる管の形から〗

cáddis flỳ *n.* 〘昆虫〙トビケラ《毛翅(ﾓｳｼ)目に属する昆虫の総称; 外観はガに似ている》．〖1787〗

cad·dish /kǽdɪʃ | -dɪʃ/ *adj.* (女性に対して)非紳士的な，礼儀をわきまえない，野卑[低級]な (ungentlemanly). **～·ly** *adv.* **～·ness** *n.* 〖(1868) ← **CAD**＋**-ISH**¹〗

cáddis·wòrm *n.* 〘昆虫〙イサゴムシ《トビケラの幼虫; 水中で砂や落葉などを集め，筒状の巣にしてその中にすむ; 魚釣の餌にする; caddice, caddis, strawworm ともいう》．〖(1622): ⇨ caddis²〗

Cad·do /kǽdoʊ | -dəʊ/ *n.* (*pl.* ～, ～s) **1 a** [the ～(s)] カド一族《もと米国 Louisiana, Arkansas, および Texas 州東部などに住んでいた北米インディアンの種族; 今は Oklahoma 州に少数残存する》. **b** カド一族の人． **2** カドー語． — *adj.* ＝Caddoan. 〖(1805) (変形)? ▭ Caddo *Kädohädächo* (原義) real chiefs〗

Cad·do·an /kǽdoʊən | -dəʊ-/ *n.* カドー語族《北米インディアン Caddo 族その他の種族の言語で，North Dakota 州の Missouri 川上流地域，Nebraska 州の Platte 川の流域，Arkansas 州南西部，その他 Oklahoma, Texas, Louisiana 諸州の近接した地方に住むアメリカインディアンに用いられる諸語を含む》. — *adj.* カドー語の; カドー族の．〖⇨ ↑, -an¹〗

cad·dy¹ /kǽdi | -di/ *n.* **1** (小さい)茶入れ箱，茶筒 (tea caddy). **2** (ふだんよく使用するものを使用しないときに収納しておく)容器，入れ物． **3** 〘電算〙キャディー《ある種の CD-ROM ドライブなどでディスクを収めるプラスチックケース》．〖(1792) (変形) ← **CATTY**²〗

cad·dy² /kǽdi | -di/ *n.*, *vi.* ＝caddie.

cáddy spòon *n.* 《英》(茶筒から茶を量って取り出す)小さなスプーン，茶さじ．〖1927〗

cade¹ /kéɪd/ *n.* 〘植物〙ヨーロッパ産ヒノキ科ビャクシン属でセイヨウビャクシン (juniper) に似た植物 (*Juniperus oxycedrus*) (cade oil を得る)．〖(1575) ▭ F ～ ▭ OProv. ＜ ML *catanus*〗

cade² /kéɪd/ *adj.* **1** 〈家畜の子が〉親から離されて飼われた，手飼いの: a ～ lamb. **2** かわいがられた，甘やかされた．〖(?*c*1475) *cad* pet lamb ← ?〗

cade³ /kéɪd/ *n.* 《廃》ニシンの入ったたる．〖(1337) ▭ (O)F *cade* cask ▭ L *cadus*〗

Cade /kéɪd/, **Jack** *n.* ケード《?–1450; 英国の反乱軍指導者; Henry 六世の失政に対して反乱を起こし，謀反の罪で処刑された》．

-cade /kèɪd, kéɪd/「行列，行進」の意の名詞連結形: aqua*cade*, motor*cade*. 〖← (**CAVAL**)**CADE**〗

Cad·ell /kǽdḷ, kədél | kǽdḷ, kədél/ *n.* カデル《男性名》．〖▭ Welsh ～ ← *cad* battle＋*-ell* (adj. suf.)〗

ca·delle /kədél/ *n.* 〘昆虫〙コクヌスト (*Tenebroides mauritanicus*) 《鞘翅目コクヌスト科の甲虫で穀物の害虫とされる》．〖(1861) ▭ F ～ ▭ Prov. *cadello* ＜ L *catellam* (fem.) ← *catellus* little dog〗

ca·dence /kéɪdns/ *n.* **1 a** (言葉の)律動的な流れ，音の流れ. **b** (生活・出来事などの)流れ，リズム． **2** 〘詩学〙(詩の)律動，抑揚; (自由詩・詩的散文などの)リズム，調子 (rhythmic pattern). **3** (音楽・舞踏などの)整った拍子，リズム． **4 a** (文の終わりなどの)声の下げ調子. **b** (音声の)抑揚 (intonation). **5** 〘音楽〙終止形[法]《現代では楽章・楽句・楽曲の終止を表す和声進行の定型》: a complete ～ 完全終止 / an interrupted ～ 偽終止 / ⇨ perfect cadence. — *vt.* リズミカル[律動的]にする． — *vi.* 律動的に流れる[動く]．〖(*c*1380) ▭ (O)F ～ ▭ It. *cadenza* ▭ VL **cadentiam* ← L *cadentem* (pres. p.) ← *cadere* to fall: cf. cadenza, case¹〗

Ca·dence /kéɪdns/ *n.* ケイデンス《女性名》．〖↑〗

cá·denced *adj.* 韻律的な; 韻文になっている．〖(*a*1790): ⇨ ↑, -ed〗

ca·den·cy /kéɪdnsi/ *n.* **1** ＝cadence. **2 a** (長兄[長男]以外の)分家の血統. **b** 分家の地位[身分]． **3** 〘紋章〙ケイデンシー《同家系の紋章で親子・兄弟の紋章に違いのあること》. ★ 西洋の紋章は長男でも父の存命中は父と同じ紋章の使用は許されず，父の紋章に何らかの違いを示すマーク (cadency mark) を付ける; 次男以下は長男とも異なるおのおののマークを使用する．〖(1627) ← **CADENCE**＋**-Y**¹〗

cádency màrk *n.* 〘紋章〙⇨ cadency 3 ★.

ca·dent /kéɪdnt/ *adj.* **1 a** 下降韻律の (cf. falling rhythm). **b** リズム[律動]のある． **2** 《古》降下する: ～ tears 落ちる涙．〖(1586) ▭ L *cadentem*: ⇨ cadence〗

ca·den·tial /keɪdénʃəl, -ʃḷ/ *adj.* 〘音楽〙**1** 終止形[法]の． **2** カデンツァ (cadenza) の．〖(1880) ← L *cadentia* **CADENCE**＋**-AL**¹〗

ca·den·za /kədénzə; *It.* kadéntsa/ *n.* 〘音楽〙カデンツァ，カデンツ《オペラのアリアやコンチェルトにおいて終止の前に挿入される独奏[唱]者による無伴奏の技巧的で即興的な部分; コンチェルトでは普通第 1 および終楽章の終止の前に置かれる》．〖(1836) ▭ It. ～ '**CADENCE**': cf. G *Kadenz*〗

cáde òil *n.* 〘化学〙杜松油《cade¹ を乾留して得られる油質の液体で，石鹸・皮膚病薬などの原料》．〖1800〗

ca·det¹ /kədét/ *n.* **1 a** (陸海空軍・警察の)士官[幹部]候補生《英国では通例 Gentleman Cadet という; 米国では 1902 年以後は海軍では midshipman という》: a naval ～ 海軍士官候補生; (特に，1882–1902 までの)米国海軍兵学校生徒. **b** 士官学校の生徒. **c** 商船学校練習生. **d** (昔，良家の次男以下で将校になるために入隊した)将校見習い (cf. 3 a). **2 a** 《米》(職業の)練習生，見習い; (特に)教育実習生. **b** 《NZ》酪農場の見習い． **3 a** 次男以下の息子 (younger son); 弟 (younger brother). **b** 末息子，末弟. **c** 分家; 分家の人: a ～ family 分家． **4 a** 強い青色を帯びた褐色 (cadet blue). **b** 紫青色に青褐色が加わった色 (cadet gray). **5** 《米俗》売春婦の「ひも」; 売春手引人，ぽん引き (pimp)．〖(1610) ▭ F ～ ▭ Gascon *capdet* chief＝Prov. *capdel* ＜ VL **capitellum* (dim.) ← L *caput* head: cf. captain〗

ca·det² /kədét; *F.* kadɛ/ *F. adj.* [姓に付して用いて] 弟の方の (the younger) (cf. aîné): Coquelin ～ 弟のコクラン．〖▭ F ～ (↑)〗

Ca·det /kədét; *Russ.* kadʲét/ *n.* (帝政ロシアの)立憲民主党員，カデット．〖(1906) ▭ Russ. *Kadet* (sing.) ← *Kadety* (pl.) ← *ka-* (*Konstitutsionnyje* Constitutional の頭字の発音から)＋*De*(*mokra*)*ty*〗

cadét còrps *n.* (英国の小学校および中等学校で)軍事教練隊．〖1901〗

cadét·shìp *n.* cadet¹ の地位[身分]．〖(1831): ⇨ cadet¹, -ship〗

Ca·détte scòut /kədét-/ *n.* キャディットスカウト《ガールスカウトの 12 歳から 14 歳までの隊員》．〖← *Cadette* (1679) ← **CADET**¹＋**-ETTE**〗

cadge¹ /kǽdʒ/ *vt.* 《口語》**1** 〈物を〉乞う，もらう，ねだる，たかる: ～ a meal 食事をたかる / May I ～ a cigarette? たばこを 1 本くれないか． **2** 《英方言》持って歩く． — *vi.* たかる，こじきをする: ～ *on* a person *for* a meal 人に食事をたかる． — *n.* 《英口語》物乞い(する人); 乞食: be on the ～ 物乞いする．〖(1607) (逆成) ← **CADGER**〗

cadge² /kǽdʒ/ *n.* 〘鷹狩〙鷹をのせて運ぶ木枠．〖(1615) (変形)? ← **CAGE**〗

cadg·er /kǽdʒə | -dʒə^(r)/ *n.* **1** こじき; やくざ者，浮浪者． **2** 《スコット》運び人; (特に)行商人．〖(*c*1450) ← ? ME *caggen* to tie (← ? ON)＋**-ER**¹ // ← ME *cachen* to catch ＋**-ER**¹〗

cadg·y /kǽdʒi/ *adj.* 《スコット・英方言》**1** 陽気な． **2 a** 好色な，みだらな. **b** 〈動物が〉さかりがついた．〖(*a*1724) ← ?: cf. (方言) *kedge* / Du. *kaad*〗

ca·di /kɑ́ːdi, kéɪ- | -di/ *n.* 〘イスラム教〙＝qadi. 〖1590〗

Ca·dil·lac /kǽdəlæ̀k, -dḷ- | -dɪ̀l-, -dḷ-/ *n.* **1** 〘商標〙キャデラック《米国製高級乗用車; 現在は GM 社が製造》． **2** 《口語》同類のものの中で最高級品種．

Cad·il·lac /kǽdəlæ̀k, -dḷ- | -dɪ̀l-, -dḷ-; *F.* kadijak/, **Antoine de la Mothe** /də la mɔt/, **Sieur de** *n.* カディヤック《1658–1730; フランスの北米植民地総督; Detroit の建設者 (1701)》．

cad·i·nene /kǽdəniːn, -dn- | -dɪn/ *n.* 〘化学〙カジネン ($C_{15}H_{24}$) 《杜松油 (cade oil) その他の精油に含まれるセスキテルペン (sesquiterpene) 炭化水素の一つ; 無色油状の液体》．〖← *cadin-* (← NL *cadinus* 'of **CADE**¹')＋**-ENE**〗

Cá·diz /kədíz, kéɪdɪz | kǽdɪz; *Sp.* káðiθ/ *n.* カディス: **1** スペイン南西部大西洋岸の Cádiz 湾に臨む港市; 旧名 Gadir. **2** フィリピン中部の Negros 島北部の都市．

CADMAT /kǽdmæt/ *n.* 〘電算〙コンピューター援用設計・検査システム．〖(頭字語) ← *c*(*omputer-*)*a*(*ided*) *d*(*esign*), *m*(*anufacture*), *a*(*nd*) *t*(*est*)〗

Cad·me·an /kædmíːən, kǽdmi- | kǽdmi-, kæd-míː-/ *adj.* カドモス (Cadmus) の．〖(1603) ← L *Cadmēus* (▭ Gk *Kadmeíos* ← *Kádmos* '**CADMUS**')＋**-AN**¹〗

Cadméan víctory *n.* カドモス (Cadmus) (流)の勝利，大損失のすえ得た勝利 (cf. Pyrrhic victory). 〖(1603) (なぞり) ← Gk *Kadmeía níkē*〗

cad·mic /kǽdmɪk/ *adj.* 〘化学〙カドミウムの．〖(1873): ⇨ ↓, -ic¹〗

cad·mi·um /kǽdmiəm/ *n.* 〘化学〙カドミウム《亜鉛に似た金属元素の一つ; 原子炉の制御棒として使われる; 記号 Cd, 原子番号 48, 原子量 112.41》．〖(1822) ← NL ～ ← L *cadmia* (▭ Gk *kadmeía* (*gē*) '**CADMEAN** (earth)')＋**-IUM**: cf. calamine〗

cádmium brómide *n.* 〘化学〙臭化カドミウム ($CdBr_2$) 《無色鱗片状の結晶》．

cádmium céll *n.* カドミウム電池《陽極に水銀，陰極にカドミウムを用い，飽和硫酸カドミウムを電解質とする電池》．〖1908〗

cádmium chlóride *n.* 〘化学〙塩化カドミウム ($CdCl_2$) 《潮解性の白色結晶》．

cádmium gréen *n.* 〘顔料〙カドミウム緑《カドミウム黄とコバルト青(アルミン酸コバルト (II))を混合して作った緑色顔料》．〖1934〗

cádmium íodide *n.* 〘化学〙ヨウ化カドミウム (CdI_2) 《無色板状の結晶》．

cádmium órange *n.* 〘顔料〙カドミウムオレンジ《セレン化カドミウムを主成分とする顔料》．〖1895〗

cádmium réd *n.* 〘顔料〙カドミウム赤《硫化カドミウムとセレン化カドミウムから成る顔料》．〖1886〗

cádmium súlfate *n.* 〘化学〙硫酸カドミウム ($CdSO_4$) 《無色斜方晶系の柱状晶》．

cádmium súlfide *n.* 〘化学〙硫化カドミウム (CdS) 《薄黄色の水に溶けない粉末で，主に絵の具・インク・陶磁器の彩釉(ｻｲﾕｳ)などに使う》．〖*c*1893〗

cádmium yéllow *n.* 〘顔料〙カドミウム黄《硫化カドミウムを主成分とする黄色顔料》．〖1879〗

Cad·mus /kǽdməs/ *n.* 〘ギリシャ神話〙カドモス《Zeus に誘拐された Europa の後を追ってギリシャに来たフェニキアの王子; 彼が竜を退治してその歯を地にまくと，たちまち軍兵と変じ逆襲してきたので，彼は宝石を投じて軍兵たちがこれを争って同士討ちを始めたすきに乗じ，ようやく危難からのがれた; その時生き残った 5 人の勇士と共に彼は Thebes を創設したという; またアルファベットをギリシャに伝えたといわれている; cf. Cadmean victory, dragon's teeth 1)．〖▭ L ～ ▭ Gk *Kádmos* ← Sem.: (原義)? the man who came from the East〗

ca·dre /kǽdri, kɑ́ː-, -dreɪ | kɑ́ːdə^(r), kéɪ-, -drə; *F.* kɑːdʀ/ *n.* **1 a** (宗教・政治などの組織の)中心グループ，重要グループ，中核 (nucleus). **b** 中心グループ[幹部]の一員． **2** [通例 *pl.*] 〘軍事〙基幹人員，基幹要員《新部隊の編制・訓練の中核となる将校・下士官兵》． **3** (計画・カリキュラムなどの)骨格，骨組，概要 (framework)．〖(1830) ▭ F ～ 'frame(work)' ▭ It. *quadro* ＜ L *quadrum* square〗

ca·du·ce·us /kədúːsiəs, -djúː-, -ʃəs | -djúːsiəs, -dʒúː-/ *n.* (*pl.* **-ce·i** /-siàɪ, -ʃi-/) **1** 〘ギリシャ・ローマ神話〙へび杖《神々の使者 Hermes [Mercury] のしるしの杖; 2 匹のへびが巻きつき，頂きに二つの翼が付いている》． **2** caduceus 標識《医術の表象，また米軍軍医部隊 (Medical Corps) の記章》. **ca·dú·ce·an** /-siən, -ʃən | -sjən, -siən, -ʃiən/ *adj.* 〖(1588) ▭ L *cādūceus* herald's staff ▭ Doric-Gk *kārúkeion*＝Attic-Gk *kērúkeion* ← *kêrux* herald: cf. kerygma〗

ca·du·ci·ty /kədúːsəti, -djúː- | -djúːsɪti, -dʒúː-/ *n.* **1** はかなさ，滅びやすいこと． **2 a** 老齢による弱さ，老衰 (senility). **b** 老齢． **3** 〘法律〙脱落，喪失 (lapse). **4** 〘植物〙凋落(ﾁｮｳﾗｸ)性． **5** 〘動物〙脱落性．〖(1769) ▭ F *caducité* ← *caduc* ▭ L *cadūcus* (↓): ⇨ -ity〗

ca·du·cous /kədúːkəs, -djúː- | -djúː-, dʒúː-/ *adj.* **1** はかない，滅びやすい． **2** 失効した; 権利消滅した． **3** 〘植物〙〈葉など〉早期に落ちる，早落性の，凋落(ﾁｮｳﾗｸ)性の: a ～ calyx 散萼(ｻﾝｶﾞｸ)． **4** 〘動物〙脱落性の．〖(1808) ← L *cadūcus* falling, fleeting (← *cadere* to fall)＋**-OUS**〗

Cad·wal·la·der /kædwɑ́(ː)lədə | -wɔ́lədə^(r)/ *n.* キャドワラダー《男性名》．〖▭ Welsh *Cadwaladr* ← *cad* battle＋? (*g*)*waladr* arranger〗

CAE, Cae 《略》《豪》College of Advanced Education; computer-aided engineering.

caec- /siːk, siːs/ (母音の前にくるときの) caeco- の異形 (⇨ ceco-).

caeca *n.* caecum の複数形．

cae·cal /síːkəl, -kḷ/ *adj.* 〘解剖〙＝cecal. 〖1826〗

cae·ci- /síːsi, -sɪ/ caeco- の異形 (⇨ ceco-).

cae·cil·i·an /siːsíliən/ *n.* 〘動物〙アシナシイモリ科の両生動物《熱帯地方にいる足のない両生類》．〖(*c*1879) ← NL *Caecilia* (属名: ← L *caecilia* lizard)＋**-AN**¹〗

cae·ci·tis /siːsáɪtɪs | -tɪs/ *n.* 〘病理〙＝cecitis. 〖1866〗

cae·co- /síːkoʊ | -kəʊ/ ＝ceco-.

cae·cum /síːkəm/ *n.* (*pl.* **cae·ca** /-kə/) 《米》〘解剖〙＝cecum. 〖1721〗

Caed·mon /kǽdmən/ *n.* カドモン《7 世紀後半の英国の詩人; 夢のお告げによって初めて英語の宗教詩を書いたといわれる》. **Caed·mo·ni·an** /kædmóʊniən | -məʊ-/ *adj.*

Cae·li·an /síːliən/ *n.* [the ～] カエリウス丘《ローマの七丘 (Seven Hills) のうちの南東の丘》．〖← L *Caelius* (*Mōns*) Caelian hill＋**-IAN**〗

Cae·lum /síːləm/ *n.* 〘天文〙ちょうこくぐ(彫刻具)座《Columba と Eridanus の間にある南半球の星座; the Sculptor's Tool, the Graving Tool ともいう》. 〚◻L ~ 'engraving tool'〛

Caen /kɑ́ː(ŋ), kɑ́ːŋ; *F.* kɑ̃/ *n.* カーン《イギリス海峡に近い北フランスの港市, Calvados 県の県都》.

C

caen- /siːn, kaɪn | siːn/ (母音の前にくるときの) caeno- の異形 (⇨ ceno-¹).

cae·no- /síːnoʊ, káɪn- | síːnəʊ/ =ceno-¹.

càeno·génesis *n.* 〘生物〙=cenogenesis. **càe·no·genétic** *adj.* **càeno·genétically** *adv.* 〚1909〛

Cae·no·zo·ic /sìːnəzóʊɪk, sènə- | -nə(ʊ)zəʊ-⁻/ *adj.*, *n.* 〘地質〙=Cenozoic. 〚1863〛

Cáen stòne *n.* 〘岩石〙カーン石《建築に用いるクリーム色の石灰岩》. 〚(*a*1422) *Caen*: ← *Caen* (その生産地)〛

cae·o·ma /siːóʊmə, kaɪóʊ- | siːəʊ-/ *n.* 〘植物〙無被銹(しゅう)子器《周囲に子殻を欠いている銹子器》. 〚← NL ~ ← Gk *kaíein* to smelt+-OMA〛

Caer·dydd /*Welsh* kaɪrdíːð/ *n.* カイルディーズ《Cardiff のウェールズ語名》. 〚⇨ Cardiff〛

Caer·le·on /kɑəlíːən | kɑː-, kaɪ-/ *n.* カーリオン《ウェールズ南東部 Newport に隣接する町; 昔ローマ軍の駐屯地でその城塁があった; Arthur 王の宮廷のあった所ともいわれる》. 〚◻Welsh ~ ← L *castra legiōnis* the camp of the legion: cf. Welsh *caer* fort〛

Caern. 《略》Caernarvonshire.

Caer·nar·von /kɑənɑ́əvən | kənɑ́ː-; *Welsh* kaɪrárvɔn/ *n.* (*also* **Caer·nar·fon** /~/) カーナーボン《ウェールズ北西部 Gwynedd 州北西部の都市, 旧 Caernarvonshire 州の州都; ノルマンの古城 Caernarvon Castle (Prince of Wales 即位の地)がある》. 〚◻Welsh ~ ← *caer* fort+*yn* in+*Arfon* (Bangor から Yr Eifl に至る地域の旧ウェールズ名)〛

Caer·nar·von·shire /kɑənɑ́əvən-ʃə, -ʃɪə | kənɑ́ːvənʃə⁽ʳ, -ʃɪə⁽ʳ/ *n.* カーナーボンシャー《ウェールズ北西部の旧州, 現在は Gwynedd 州の一部; 面積 1,474 km²; 州都 Caernarvon》. 〚⇨ Caernarvon, -shire〛

Caerns. 《略》Caernarvonshire.

Caer·phil·ly /kɑəfíli | kɛəfíli, kə-/ *n.* ケアフィリーチーズ《白色のクリーム状の全乳のチーズ》. 〚(*c*1893) ← *Caerphilly* (ウェールズの地名: その生産地)〛

Caes. 《略》Caesar.

caes·al·pin·i·a /sèzælpíniə/ *adj.* 〘植物〙ジャケツイバラ科の[に属する].

Caes·al·pin·i·a·ce·ae /sèzælpɪniéɪsiː, sìːz-/ *n. pl.* 〘植物〙ジャケツイバラ科《マメ科の中の 1 亜科とすることもある》. **càes·al·pin·i·á·ceous** /-ʃəs⁻/ *adj.* 〚← NL ~ ← *Caesalpinia* (属名: ← *Andrea Caesalpino* (1519–1603: イタリアの植物学者)+-IA¹)+-ACEAE〛

Cae·sar¹ /síːzə | -zə⁽ʳ/ *n.* **1** ローマ皇帝《特に, Augustus Caesar より Hadrian までの皇帝の称号》. **2** [しばしば c-] **a** 皇帝, 帝王 (cf. kaiser, czar 1 a). **b** 独裁君主 (dictator), 暴君 (tyrant). **3** (神に対して)地上の君主; 統治権 (cf. *Matt.* 22:21). **4** 《俗》〘医学〙=Cesarean. 〚(*c*1375) *cesar* ◻L *Caesar* ← *Julius Caesar* ∽ OE *cāsere* ◻L *Caesar*: 通俗語源では ← L *caesa* (fem.) ← *caesus* (p.p.) ← *caedere* to cut: 4 は Julius Caesar が母の開腹手術によって生まれたという伝説から: cf. kaiser, czar〛

Cae·sar² /síːzə | -zə⁽ʳ/ *n.* シーザー《男性名》. 〚↑〛

Caesar /síːzə | -zə⁽ʳ/, **(Gaius) Julius** *n.* シーザー, カエサル《100–44 B.C.; ローマの将軍・政治家; 第 1 回三頭政治を組織しガリアを征服した (58–50 B.C.); Pompey を破り独裁者となったが, 間もなく Brutus らに殺された》: *Caesar's* wife must be above suspicion. シーザーの妻たるものはいやしくも疑いを受ける行いがあってはならない《シーザーが不義の疑いを受けた妻 Pompeia を離別したときの言葉》.

Cae·sa·re·a /sìːzəríːə/ *n.* **1** カエサレア《Haifa の南にある古代 Palestine の都市遺跡; 初代教会, 十字軍の時代にも重要な役割を果たした》. **2** ピリポカエサレア《Palestine 北部, Jordan 川水源近くの町; 古くからの聖地の一つ; 現在名 Kayseri》. 〚← L *Caesarēa* ← *Caesar Augustus* (Herod 大王がローマ皇帝にちなんで命名): ⇨ Caesar¹〛

Cae·sar·e·an /sɪzέ⁽ᵊ⁾riən | sɪzέəri-, siː-/ *adj.* **1** (ジュリアス)シーザーの; 帝王の. **2** 〘医学〙=Cesarean. — *n.* **1** 〘ローマ史〙シーザー党の人; 専制(政治)論者. **2** /sɜ̀-/ 〘医学〙=Cesarean. 〚(1528) ◻L *Caesariānus*: ⇨ Caesar¹, -ean〛

Caesárean séction [operátion], c- /sɜ̀-/ *n.* 〘医学〙=Cesarean. 〚1661〛

Caesaréa Phílippi *n.* カエサレアフィリッピ《シリア南西部 Hermon 山の南西麓にあったパレスティナの古代都市; Herod 大王が建造し, その子 Philip the Tetrarch が拡張した神殿がある》.

Cae·sar·i·an, c- /sɪzέ⁽ᵊ⁾riən | sɪzέəri-, siː-/ *adj.*, *n.* =Caesarean.

Cae·sar·ism /síːzərɪzm/ *n.* 帝王[皇帝]政治主義; 独裁君主制 (autocracy); 帝国主義 (imperialism). **Cae·sa·ris·tic** /sìːzərístɪk⁻/ *adj.* 〚(1857): ⇨ Caesar¹, -ism〛

Cáe·sar·ist /-rɜst | -rɪst/ *n.* 帝王[独裁]政治主義者. 〚(1875): ⇨ Caesar¹, -ist〛

Cáesar sàlad *n.* シーザーサラダ《レタス・クルトン・アンチョビーなどにオリーブ油・レモン汁・卵・粉チーズを加えて作ったサラダ》. 〚(1950) ← *Caesar's* (Mexico の Tijuana にあるレストランでこのサラダを考案した店)〛

cae·si·ous /síːziəs, káɪz- | síː-/ *adj.* 青みを帯びた色の. 〚(1835) ← L *caesius* (⇨ cesium)+-OUS〛

cae·si·um /síːziəm/ *n.* 〘化学〙=cesium. 〚1861〛

cáesium clóck *n.* =cesium clock.

caes·pi·tose /séspətòʊs | -pɪtəʊs/ *adj.* 〘植物〙 **1** 芝の(ような). **2** (芝のように)密生する (tufted). **~·ly** *adv.* 〚(1830) ← NL *caespitōsus* ← L *caespit-, caespes* turf: ⇨ -ose¹〛

cae·su·ra /sɪʒʊ́⁽ᵊ⁾rə, siː-, -ʒʊ́⁽ᵊ⁾rə | -zjʊ́ərə, -zjɔ́ːrə/ *n.* (*pl.* **~s, -su·rae** /-riː/) **1** 途切れ, 中断 (break). **2 a** 〘詩学〙行間休止《行の中間で意味の切れ目によって生じる休止; 通例 ‖ の符号で表す》. **b** 〘古典詩学〙休止《詩脚中の語の末尾, 時に詩脚の末尾における分切; 通例行の中間近くの特定場所に起こる》. **3** 〘音楽〙(楽節中の)切れ目, 中間休止. **cae·sú·ral** /-rəl/ *adj.* 〚(1556) ◻L *caesūra* 'a cutting' ← *caedere* to cut〛

Cae·ta·no /kaɪtɑ́ːnoʊ | -nəʊ; *Port.* kaitɐ́nu/, **Marce·lo** /məɾsélu/ *n.* カイタヌ (1906–80; ポルトガルの政治家, 首相 (1968–74)).

CAF, caf 《略》〘貿易〙*F.* Coût, Assurance, Fret 運賃保険料込値段 (CIF).

ca·fard /kɑːfɑ́ə | kæfɑ́ː⁽ʳ; *F.* kafaːʁ/ *F. n.* (熱帯地方の白人の)強度のゆううつ[無気力]. 〚(1539) ◻F ~ (原義) cockroach〛

ca·fé /kæféɪ, kə- | kǽfeɪ, kæféɪ; *F.* kafe/ *n.* (*also* **ca·fe** /~/) (*pl.* **~s** /~z; *F.* ~/) **1** 《英》 **a** コーヒー店 (coffeehouse). **b** (手軽な食事のできる)喫茶店. **2 a** 料理店 (restaurant). **b** (歩道に一部出ている)カフェテラス. 日英比較 「カフェテラス」は *café* と terrasse というフランス語をつなぎ合わせた和製フランス語. **3** 《米》 **a** 酒場 (bar). **b** キャバレー, ナイトクラブ, カフェ. **4** コーヒー (coffee). **5** 〘電算〙カフェ《ネットワーク上で chat できる場所》. 〚(1763) ◻F ~ 'coffee shop or room' ◻It. *caffè*: ⇨ coffee〛

CAFEA-ICC 《略》Commission on Asian and Far Eastern Affairs of the International Chamber of Commerce 国際商工会議所アジア極東委員会.

café à la crème /—⁻—⁻—⁻/ *n.* =café crème.

café au lait /kæféɪoʊléɪ | kǽfeɪəʊléɪ; *F.* kafeolε/ *F. n.* (*pl.* **cafés au lait** /kæféɪzoʊ- | -zəʊ-; *F.* kafezolε/) **1** カフェオーレ《コーヒーにほぼ等量のホットミルクを入れたもの》. **2** 淡褐色 (pale brown). 〚(1763) ◻F ~ 'coffee with milk'〛

café brû·lot /—⁻—bruːlóʊ | kǽfeɪbruːlə́ʊ; *F.* —— bʁylo/ *F. n.* (*pl.* **~s** /~z; *F.* ~/) カフェブリュロ《オレンジやレモンの皮・丁子(ちょうじ)・シナモン・砂糖などで調味し, ブランデーを加え火をつけて供する食後のコーヒー》. 〚◻Louisiana-F ~ 'burned brandy coffee'〛

café car /—⁻—⁻/ *n.* カフェカー《一部を食堂に一部を喫煙室・ラウンジなどに使用する鉄道車両》.

café chan·tant /—⁻ʃɑ̃ː(n)tɑ̃ː(ŋ), -ʃɑːntɑ́ːŋ; *F.* —— ʃɑ̃tɑ̃/ *n.* (*pl.* **~s, cafés chantants** /~/) 音楽ショーのあるカフェ (cf. cabaret). 〚(1854) ◻F ~ (原義) singing coffeehouse〛

café coronary /—⁻—⁻—⁻—/ *n.* 〘医学〙カフェコロナリー《食べ物がのどにつかえたときに起こる, 冠動脈血栓症に似た状態; しばしば心臓発作と間違えられる》.

café crème /—⁻—⁻/ *F. n.* **1** クリーム入りコーヒー (café à la crème ともいう). **2** 淡褐色 (suede). 〚(1936) ◻F ~ 'coffee with cream'〛

café curtain /—⁻—⁻/ *n.* (くだけたカントリー風の窓を飾る)カフェカーテン《窓の下部, 時に上部を覆う, または上下対(つい)で用いる, ポールに通した輪からさげた短いカーテン》.

café fil·tre /—⁻fiːltr(ə), -fiːl-; *F.* kafefiltʁ/ *F. n.* フィルターコーヒー《粉に挽いたコーヒー豆を熱湯を通してフィルターで漉(こ)したコーヒー》. 〚(1922) ◻F ~ 'filtered coffee'〛

café noir /—⁻nwɑ́ə | -nwɑ́ː⁽ʳ; *F.* kafenwaːʁ/ *F. n.* (*pl.* **cafés noirs** /~/) **1** ブラックコーヒー《牛乳やクリームを入れないコーヒー》. **2** 暗褐色. 〚(1841) ◻F ~ 'black coffee'〛

café society /—⁻—⁻—⁻—/ *n.* [集合的] 上流のレストランやナイトクラブに集まる常連たち. 〚1937〛

caf·e·te·ri·a /kæ̀fətí⁽ᵊ⁾riə | -fɜ̀tíər-/ *n.* カフェテリア《好みの食品を選べるセルフサービスの簡易食堂》: the school ~ 学生食堂. 〚(1839) ◻Mex.-Sp. ~ ← *café* 'COFFEE'〛

caf·e·tière /kæ̀fətíə | -fɜ̀tíɛə; *F.* kaftjeːʁ/ *n.* コーヒーポット; パーコレーター. 〚(1846) ◻F ~〛

caf·e·to·ri·um /kæ̀fətɔ́ːriəm | -fɜ̀-/ *n.* カフェトリアム《学校などでカフェテリアと講堂とを一緒にした大きな部屋》. 〚(1952) 《混成》← CAFE(TERIA+AUDI)TORIUM〛

caff /kǽf/ *n.* 《英俗》=café. 〚(1931) 《変形》← CAFÉ〛

caf·fé·ic ácid /kæfíːɪk-/ *n.* 〘化学〙コーヒー酸, カフェー酸 ($C_6H_3(OH)_2CH$: CHCOOH). 〚1853〛

caf·fein·at·ed /kǽfənèɪtɜ̀d | -fɜ̀nèɪt-/ *adj.* カフェインを含んだ. 〚⇨ ↓, -ate³〛

caf·feine /kæfíːn, —⁻ | kǽfiːn, -feɪn/ *n.* (*also* **caffe·in**) 〘化学〙カフェイン, 茶精 ($C_8H_{10}N_4O_2$) (コーヒー・茶などに含まれる植物性アルカロイド; 利尿剤・興奮剤; methyltheobromine, theine ともいう). **caf·féin·ic** /kæfíːnɪk, kæ̀fiːín-⁻/ *adj.* 〚(*c*1823) ◻F *caféine* ← *café* 'COFFEE': ⇨ -ine³〛

caf·fè lat·te /kæ̀feɪlɑ́ːteɪ, -lǽt-; *It.* kaffelátte/ *n.* カフェラテ《同量のホットミルクを入れたエスプレッソコーヒー》. 〚◻It ~: ⇨ coffee, lacto-〛

Caf·fer /kǽfə | -fə⁽ʳ/ *n.* =Kaffir 1, 2.

CAFOD /kǽfɒ(ː)d | -fɒd/ 《略》Catholic Fund for Overseas Development.

caf·tan /kǽftæn, -tən, kæftǽn | kǽftæn, kæftɑ́ːn/ *n.* **1** カフタン《中近東地方で着る足首までの丈に長袖のついた衣服で, サッシュを巻きつけて着用する; kaftan ともいう》. **2** カフタン風のシャツ[ドレス]. 〚(1591) ◻F *cafetan* ‖ Russ. *kaftan* ◻Turk. & Pers. *qaftān*〛

cáf·taned *adj.* カフタン (caftan) を着た. 〚(1863): ⇨ ↑, -ed 2〛

cag /kǽg/ *n.* 〘登山〙=cagoule.

Ca·ga·yan de O·ro /kɑ̀ːgəjɑ́ːndeɪɔ́ːroʊ | -ɔ́ːrəʊ/ *n.* カガヤン デ オロ《フィリピン, ミンダナオ島東部の都市》.

cage /kéɪdʒ/ *n.* **1** 鳥かご; (獣を入れる)おり. **2 a** 捕虜収容所. **b** 《古・文語》獄舎 (prison). **3 a** おり状のもの. **b** (エレベーターの)箱. **c** (銀行の)窓口. **d** (教会の中で仕切られた)礼拝堂. **4** 《米》(銃砲の)砲座, 砲架. **5** (薄地で作ったウエストラインのない)ワンピース《ぴったりしたアンダードレスやスリップの上に着る》. **6** 〘建築〙(外装されてない)骨組み, 鉄骨構造. **7** 〘野球〙 **a** バッティングケージ; (打撃練習用)移動バックネット. **b** 捕手用マスク. **8** 《口語》〘ホッケー〙ゴール. **9** 《口語》〘バスケットボール〙ゴールのバスケット. **10** 〘スポーツ〙屋内練習場 (field house); バスケットボールのコート. **11** 〘機械〙(ころがり軸受の)保持器《レースに挟まれた球やころが常に適当な間隔を保つようにする部品》. **12** 〘鉱山〙ケージ, (立坑の)巻揚げかご.

ráttle a person's cáge 《口語》人を怒らせる[びっくりさせる, いらだたせる].

— *vt.* **1** かごに入れる, おりに入れる; 閉じこめる ⟨*in*⟩: a ~*d* bird かごの鳥. **2** 《口語》〘スポーツ〙ケージ(ゴールに)⟨ボールを⟩シュートする. **3** 〘航空〙(航空機の)⟨ジャイロ計器を⟩不作動にする.

〚(?*a*1200) ◻(O)F ~ < L *caveam* hollowed place ← *cavus* hollow: cf. cave¹〛

Cage /kéɪdʒ/, **John Milton** *n.* ケージ (1912–92; 米国の前衛作曲家; *Imaginary Landscape No. 4* (1951)).

cáge anténna *n.* 〘通信〙かご形アンテナ.

cáge bìrd *n.* かごに入れて飼う小鳥. 〚1626〛

cage·ling /kéɪdʒlɪŋ/ *n.* かごの鳥. 〚(1859): ⇨ -ling¹〛

cág·er *n.* **1** 《米口語》バスケットボールの選手. **2** 〘鉱山〙ケージ係《立坑でケージの積荷の積み下ろしや人員乗降の世話をし, ケージ昇降の合図を立坑運転室に送ったりする作業員》. 〚(1889): ⇨ cage ↑, -er¹〛

cáge·ròtor mótor *n.* 〘電気〙かご形電動機《回転子が鉄心中にかご形の導体を埋め込んだ構造になっている普通の誘導電動機; cf. wound-rotor motor》.

ca·gey /kéɪdʒi/ *adj.* (**ca·gi·er; -gi·est**) 《口語》 **1** 用心深い, 抜け目のない. **2** 人前に出た[しゃべりた]がらない, 遠慮がちの. **cá·gi·ly** /-dʒɜ̀li/ *adv.* **~·ness** *n.* **cá·gi·ness** *n.* 〚(*c*1893) ← ?CADGY〛

cáge zóne mélting *n.* 〘冶金〙ケージ帯精製法《容器に入れた帯溶融法; cf. floating zone melting》.

cág-handed /kǽg-/ *adj.* 《方言》=cack-handed.

Ca·gle's /kéɪglz/ *n.* 〘商標〙ケーグルズ《米国の Cagle's 社製の鶏肉その他の食肉製品》.

Ca·glia·ri /kɑ́ːljəri | kæljɑ́ːrɪ, kæ̀liɑ́ː-; *It.* káʎʎari/ *n.* カリアリ《イタリアの Sardinia 島南端の港市》.

Ca·glia·ri /kɑ́ːljəri | kæliɑ́ː-, kǽljə-; *It.* káʎʎari/, **Paolo** *n.* カリアリ (Veronese の本名).

Ca·glios·tro /kæljɔ́ːstroʊ, kɑː- | kæljɔ́strəʊ; *It.* kaʎʎɔ́stro/, Count **Alessandro di** *n.* カリョストロ (1743–95; イタリアの名うての詐欺師; 本名 Giuseppe Balsamo /bálsamo/).

cag·mag /kǽgmæ̀g/ *n.* 《英方言》くだらんこと, たわごと. — *adj.* 粗雑になされた; いいかげんな. — *vi.* うわさ話をする, 無駄話をする. 〚(1771) (?現地語)〛

Cag·ney /kǽgni/, **James** *n.* キャグニー (1899–1986; 米国の映画俳優; ギャング役で活躍).

ca·goule /kəgúːl, kæ-/ *n.* カグール《薄くて軽いひざまでのアノラック; kagoul, kagoule ともいう; cf. parka 2》. 〚◻F ~〛

CAGS 《略》Certificate of Advanced Graduate Study.

ca·gy /kéɪdʒi/ *adj.* (**ca·gi·er; -gi·est**) =cagey.

Ca·han /kəhɑ́ːn, -hέn, kéɪhən/, **Abraham** *n.* カーハーン (1860–1951; 米国のユダヤ系小説家・編集者; *The Rise of David Levinsky* (1917)).

ca·hier /kɑːjéɪ, kaɪéɪ; *F.* kaje/ *n.* (*pl.* **~s** /~z; *F.* ~/) **1** 〘製本〙 **a** (仮綴じの小冊子用の)紙束, 折り. **b** 帳面, 練習帳; パンフレット, 小冊子; 分冊. **2** (議会などの)会報, 報告書, 議事録. **3** ペーパーバック, 紙表紙本. 〚(1789) ◻F ~ < OF *quaier* 'QUIRE¹': 昔原稿が四折りになっていたことから〛

Ca·hi·ta /kəhíːtə | -tə; *Am.Sp.* kaíta/ *n.* (*pl.* **~, ~s**) **1 a** [the ~(s)] カヒータ族《メキシコ北部に住む》. **b** カヒータ族の人. **2** カヒータ語. 〚◻Am.-Sp. ~ (原義) nothing〛

ca·hoot /kəhúːt/ *n.* [通例 *pl.*] 《口語》 **1** 共同 (partnership). **2** 共謀, 結託 (collusion).

gò cahóots 山分けする (go shares) 〔*with*〕. ***in cahóots*** (1) 共同して 〔*with*〕. (2) 共謀して, ぐるになって 〔*with*〕. 〚(1829) ◻? F *cahute* hut, cabin (変形)? ← *hutte* 'HUT'〛

ca·how /kəháʊ/ *n.* 〘鳥類〙バミューダシロハラミズナギドリ (*Pterodroma cahow*) (大西洋 Bermuda 諸島に生息するシロハラミズナギドリ属の海鳥; 絶滅しかけたが, 今はわずかが生息している). 〚(1615): 擬音語〛

CAI 《略》computer-assisted [-aided] instruction コンピューター利用による教授学習システム.

Cai·a·phas /káɪəfæ̀s, -fəs/ *n.* 〘聖書〙カヤパ《ユダヤの大祭司; キリストの死刑に大きな役割を演じた; cf. *Matt.* 26:3; *Luke* 3:2》.

Cáicos Íslands *n. pl.* ⇨ Turks and Caicos Islands.

ca·id /kɑːíːd, káɪd; *Sp.* kaí(ð)/ *n.* **1** カイド《北アフリカで, イスラム教徒の地方吏員, 地方判事, 地方裁判官, 税徴収官》. **2** ベルベル (Berber) 族の酋長. **3** =al-

caide. 〘⊏Sp. *caíd* ⊏ Arab. *qā'id*: cf. alcaide〙
cail·le·ach /kǽljəx, -ljəx/ *n.* 《スコット》老婦人. 〘(1814) ⊏ Gael. ～ 'old woman'〙
cai·man /kéɪmən, keɪmǽn/ *n.* (*pl.* ～s) 〖動物〗カイマン《中南米に生息するワニ科カイマン属 (*Caiman*) の小形のワニの総称; メガネカイマン (*C. crocodilus*), クチヒロカイマン (*C. latirostris*) など; cf. alligator 1 b, crocodile 1 b》. 〘(1577) ⊏ Sp. *caimán* ⊏ Carib. *acayman*〙
cáiman lìzard *n.* 〖動物〗カイマントカゲ (*Dracaena guyanensis*) 《南米産のカイマンに似たあごの丈夫なトカゲ》.
cai·mi·ti·llo /kàɪmətí:(j)oʊ | -mɪtí:(j)əʊ; *Am.Sp.* kaimitíjo/ *n.* 〖植物〗熱帯アメリカ産アカテツ科オーガストノキ属の常緑高木 (*Chrysophyllum oliviforme*) 《材質が黒くて堅い; satinleaf ともいう》. 〘⊏ Sp. ～ (dim.) ← *caimito* ⊏ Taino *caymito* star apple〙
cain /kéɪn/ *n.* 《スコット・アイル》物納地代《kain ともいう》. 〘(1251) ⊏ Celt. (OIr.) *cāin* law, payment prescribed by law〙
Cain /kéɪn/ *n.* **1** 〖聖書〗カイン《Adam と Eve の長男で嫉妬から弟 Abel を殺した; cf. *Gen.* 4》: the brand [mark] of ～ 殺人者の印(しるし) (cf. *Gen.* 4:15). **2** 兄弟殺し (fratricide); 人殺し (murderer).
ráise Cáin ⇨ raise 成句.
〘OE ～ ⊏ L ～ ⊏ Gk *Káin* ⊏ Heb. *Qayin* (通俗語源) created, creature: cf. *Gen.* 4:1〙
Cáin-còloured *adj.* 《Shak》カインの髪のような朱色の.
Caine /kéɪn/, Sir **Michael** *n.* ケイン《1933– ; 英国の映画俳優; コクニーなまりで知られる》.
Caine, Sir (**Thomas Henry**) **Hall** *n.* ケイン《1853–1931; 英国の小説家; *The Shadow of a Crime* (1885), *The Prodigal Son* (1904)》.
-caine /kèɪn, kéɪn/ 〖化学〗「合成アルカロイド麻酔薬」の意の名詞連結形: *procaine.* 〘⊏ G *-kain* ← *Kokain* 'COCAINE'〙
Cain·gang /káɪŋgæŋ; *Braz.* kə̃ĩgə̃gí/ *n.* (*pl.* ～, ～s) **1 a** [the ～(s)] カインギャング族《ブラジル南部沿岸のインディオの一種族》. **b** カインギャング族の人. **2** カインギャング語. 〘⊏ Port. ～ Caingangue ← Am.-Ind.〙
cai·no- /káɪnoʊ, kéɪ- | -nəʊ/ =ceno-¹.
Cai·no·zo·ic /kàɪnəzóʊɪk, kèɪ- | -nə(ʊ)zə́ʊ-ˊ/ 〖地質〗 *adj., n.* =Cenozoic.
ca·ïque /kɑːí:k, káɪk | kaɪí:k, kɑːí:k; *F.* kaik/ *n.* (*also* **ca·ique** /～/) カイーク: **a** Bosporus 海峡で用いられる細長い船首・船尾のとがった 2–10 本のオールを備えたボート. **b** (Levant 地方の) 帆船. 〘(1625) ⊏ F ～ ⊏ It. *caicco* ⊏ Turk. *kayik*〙
Ça i·ra /sɑ́:i:rɑ́:; *F.* saiʁa/ *n.* サイラ《1789 年秋に流行したフランスの革命歌; 折返しに Ça ira. (成功間違いなし)という歌詞を含む》. 〘⊏ F ～ 'it will go on'〙
caird /kέəd | kέəd/ *n.* 《スコット・古》**1** 渡りいかけ屋 (traveling tinker). **2** 放浪者, 浮浪者 (vagrant). 〘(1663) ⊏ Sc.-Gael. *ceard* tinker〙
Caird /kέəd | kέəd/, **Edward** *n.* ケアード《1835–1908; スコットランドの哲学者・神学者》.
Cáird Cóast /kέəd- | kέəd-/ *n.* [the ～] ケアード海岸《南極大陸, Weddell 海南東部海岸; Coats Land の一部; 現在は英国管轄地》.
cairn /kέən | kέən/ *n.* **1** ケルン《記念塚・道程標・墓標などとしてピラミッド形に積み上げた石塚》. **2** =cairn terrier. 〘(1535) 《スコット》 ～ ← (古形) *carn* ⊏ Gael. *carn* (gen. *cairn*) heap of stones: cf. OIr. & Welsh *carn*〙
cairned *adj.* ケルンのある. 〘(1859): ⇨ ↑, -ed 2〙
cairn·gorm /kέəŋgɔəm | kέəŋgɔ̀:m, kɛəŋ-, ˊ-ˊ-/ *n.* 〖鉱物〗煙水晶《cairngorm stone, smoky quartz ともいう》. 〘(1794) ← *Cairngorm* (スコットランドの北東部の山でその主産地) ← *Gael. carngorm* ← *carn* 'CAIRN'+*gorm* blue〙
Cáirngorm Móuntains *n. pl.* [the ～] ケアンゴーム山脈《スコットランドの北東部にある山脈; 最高峰 Ben Macdui (1,309 m); the Cairngorms ともいう》.
Cairns /kέənz | kέənz/ *n.* ケアンズ《オーストラリア, Queensland 州北東海岸の港市; 砂糖きびの精製工場で有名》.
cáirn térrier *n.* ケアンテリア《スコットランド原産の小形のテリア》. 〘(1910) cairn の中での猟に使われることから〙
Cai·ro¹ /káɪroʊ | káɪ(ə)rəʊ/ *n.* カイロ《エジプトの首都で Nile 河口に近い東岸にある; エジプト名 El Qahira /*Arab.* elqá:hiɾa/》 **Cái·rene** *adj., n.*
Cai·ro² /kéᵊroʊ | kέərəʊ/ *n.* ケアロ《米国 Illinois 州南部の都市で Mississippi 川と Ohio 川の合流点にある》.
Cáiro Declarátion *n.* [the ～] カイロ宣言《1943 年 12 月米国大統領 Franklin D. Roosevelt, 英国首相 Winston Churchill, および中華民国政府主席蔣介石がエジプトの Cairo で会合し対日戦争の終局的処理に関して協定した宣言》.
cais·son /kéɪsn̩, -sɑ(:)n | kéɪsɒn, -sn̩, kəsú:n/ ★ 英国の技術者は /kəsú:n/ と発音することが多い. *n.* **1** 〖軍事〗 **a** (もと)地雷箱. **b** 弾薬箱. **c** (砲兵隊用 2 輪の)弾薬車. **2** 〖土木〗(水中工事用)潜函(せんかん), ケーソン: a pneumatic ～ 空気潜函. **3** 〖海事〗 **a** (沈没船引き揚げのためにそばに沈め, それに結びつけて浮き上がらせる)浮き箱 (camel). **b** (ドック用の)浮きとびら. **4** 〖建築〗(格天井などの)格間(ごうま) (coffer). 〘(*c*1702) ⊏ F ～ ⊏ It. *cassone* (aug.) ← *cassa* < L *capsam* chest: ⇨ case², -oon〙
cáisson disèase *n.* 〖病理〗潜函(せんかん)病, 減圧病, ケーソン病《diver's palsy [paralysis], decompression sickness ともいう; cf. bend¹ n. 4, nitrogen narcosis》. 〘1873〙
Caith. 《略》Caithness.
Caith·ness /kéɪθnɛs, -nə̀s/ *n.* ケースネス《スコットランド北東部の旧州, 現在の Highland 州北部; 面積 1,777 km², 州都 Wick /wík/》. 〘OE *Kaðenessia, Catness* ⊏ ON *Catanes* (原義) 'the NESS of the tribe Cat' ← OGael. *Cataibh* (原義) among the cats (locative) ← *cat* 'CAT'〙
cai·tiff /kéɪtɪ̀f | -tɪf/ 《古・詩》 *n.* **1** 卑劣漢 (wretch), 卑怯者 (coward). **2** 哀れな者. — *adj.* 卑劣な, 卑怯な. 〘(*c*1300) *caitif* captive ⊏ ONF ～ =OF *chaitif* (F *chétif*) < VL **cactīvum* =L *captīvus* 'CAPTIVE'〙
Cai·us /kéɪəs, káɪ- | káɪ-/ *n.* =Gaius.
Cajal *n.* ⇨ Ramón y Cajal.
Ca·jan /kéɪdʒən/ *n.* **1** (米国 Alabama 州南西部と隣接する Mississippi 州に住む) 白人・インディアン・黒人の混血の人. **2** =Cajun. 〘(1868) (変形) ← ACADIAN〙
caj·e·put /kǽdʒəpət, -pʊ̀t/ *n.* **1** 〖植物〗カユプチ (*Melaleuca leucadendron*) 《Molucca 諸島産フトモモ科の常緑樹》. **2** 〖薬学〗カユプチ油《カユプチの葉を蒸留して採る; 鎮痛・発汗などの薬用になる》. 〘(1832) ⊏ Malay *kayuputeh* ← *kayu* wood+*puteh* white〙
caj·e·put·ene /kǽdʒəpətì:n/ *n.* 〖化学〗カヤプテン (⇨ dipentene). 〘(1863–72): ⇨ ↑, -ene〙
ca·jole /kədʒóʊl | -dʒə́ʊl/ *vt.* **1 a** (相手の当然の反対や不本意にもかかわらず)甘言をもって〈人を〉説得する; 〈人を〉おだてて…させる (⇨ coax¹ SYN): ～ a person *into* consent [consenting] 人をおだてて同意させる / ～ a person *out of* going 人をおだてて行くのをやめさせる / ～ a person *out of* something 言葉巧みに人をだまして物を巻き上げる. **b** 甘言をろうして〔人から〕〈物を〉取り上げる 〔*out of, from*〕: ～ something *out of* a person 言葉巧みに人から物を巻き上げる / He ～*d* the money *from* the child. うまく口車に乗せて子供から金を取り上げた. **2** 甘言でだます, いいくるめる. **～·ment** *n.* **ca·jól·er** /-lə | -lə(r)/ *n.* 〘(1645) ⊏ F *cajoler* to flatter, (原義) to chatter like a jay in a cage (混成) ← (O)F *cage* 'CAGE'+OF *gaioler* (← ONF *gaiole* cage < LL *caveolam* (dim.) ← L *cavea* 'CAGE'): *gaioler* からの変形は F *cage* の影響による〙
ca·jol·er·y /kədʒóʊləri, -lri | -dʒə́ʊ-/ *n.* 甘言, おだて, 口車, おべっか. 〘(1649) ⊏ F *cajolerie*: ⇨ ↑, -y⁵〙
ca·jól·ing /-lɪŋ/ *adj.* おだての, おべっかの: ～ smiles, ways, etc. 〘(1715): ⇨ -ing²〙
ca·jól·ing·ly *adv.* 言葉巧みに. 〘(1853): ⇨ ↑, -ly¹〙
Ca·jun /kéɪdʒən/ *n.* **1** ケージャン人《カナダ南東部の旧フランス植民地 Acadia から移住したフランス人の子孫である Louisiana 州の住民》. **2** ケージャン語《ケージャン人の話すフランス語方言》. — *adj.* ケージャン人の, ケージャン人に関する: ～ cooking [music] ケージャン料理[音楽]. 〘(1868) (変形) ← ACADIAN: cf. Injun〙
caj·u·put /kǽdʒəpət, -pʊ̀t/ *n.* =cajeput.
caj·u·put·ene /kǽdʒəpətì:n/ *n.* 〖化学〗=cajeputene.
cake /kéɪk/ *n.* **1** ケーキ《小麦粉・卵・牛乳・砂糖などの生地を丸い(時に四角い)塊に焼いた菓子》. ★ 物質そのものを指さす場合と, 一定型の菓子 1 個を指す場合がある (cf. fruit 1 a ★): be fond of ～ ケーキが好きである / ⇨ wedding cake, fancy cake / ⇨ LAND¹ o' [of] Cakes / You [One] cannot eat your [one's] ～ and have it (too). =You [One] cannot have your [one's] ～ and eat it (too). 《諺》菓子は食べたらなくなる, 両方いいことはできない. 日英比較 日本語の「ケーキ」よりも意味領域が広く, 菓子パン類や,「ホットケーキ」なども指す. また, *cake* は, 丸ごと一つのケーキを指し, 切り分けたものは a piece [slice] of *cake* という. なお,「デコレーションケーキ」は和製英語. 英語では具体的に birthday *cake*, wedding *cake* などという. 英米では日本のようにクリスマスにクリスマスケーキを食べる習慣はない. **2 a** 小麦粉の生地を薄く平たく焼いたもの: ⇨ hot cake. **b** 《スコット》薄く堅焼きのオートミールパン (oatcake). **c** マッシュポテトや魚や肉のミンチ肉などを平たく丸くまとめて焼いたもの: a fish ～ フィッシュボール. **3** 一定型に圧縮した塊: an oil ～ (油の)しめかす / a bean ～ 大豆かす / a ～ of soap 石鹸 1 個 / a ～ of ice 氷 1 個. **4 a** 堅い皮; 堅い沈澱物: a ～ formed in a pipe パイプにできたケーキ[カーボンの層]. **b** (衣服・毛皮などについて乾いた)泥の固まり. **5** [通例 the (national) ～ として] 《口語》(皆で分かち合うべきものの部分に対して)全体 (cf. pie¹ 3 c): give everybody an equal share of *the national* ～ 国の財産をみんな平等に分ける. **6** 〖紡織〗ケーク《ビスコースレーヨンの紡糸の際ポットの中にできる円筒形状の糸》.
a piece of cáke ⇨ piece 成句. ***a slice of the cáke*** ⇨ slice 成句. ***cákes and ále*** 《口語》(ケーキやビールなど)人生の楽しみ; にぎやかな宴会 (merrymaking); のんきな生活 (easy living) (cf. Shak., *Twel N* 2. 3. 116). (1601–2) ***My cáke is dóugh.*** 《口語》計画は失敗した (cf. Shak., *Shrew* 5. 1. 140). (練り粉のままで菓子になりそこねた意から) ***táke the cáke*** ⇨ take 成句.
— *vt.* 固める, 塊にする; 塊で覆う: shoes ～*d with* mud 泥の固まりついた靴 / mud ～*d* on the shoes 靴に固まりついた泥 / I removed the ～*d* sugar of the cup with my fingernail. つめでカップの底にこびりついた砂糖を取った.
— *vi.* 固まる, 固まりつく: Mud ～*s* as it dries. 泥は乾くと固まる / Snow ～*d* on her coat. 雪が彼女のコートに固まりついていた.
〘(?*c*1200) ← Scand. (cf. Icel. & Swed. *kaka* / Du. *koek* / G *Kuchen*)〙
Cáke Dày *n.* =hogmanay 1.
cáked bréast *n.* 〖病理〗ケーキ乳房, 鬱滞(うったい)性乳腺炎 (stagnation mastitis) 《乳汁が鬱積して起こる乳腺炎》.
cáke-èater *n.* 《俗》(安易と快楽を好む)柔弱なしゃれ男; お茶好きの男 (tea hound). 〘1922〙
cáke flòur *n.* (グルテン分の少ない)上質精選小麦粉.
cáke fòrk *n.* ケーキ用フォーク《一本の歯叉が他よりも幅広く小さなナイフのような形をしている》.
cáke·hòle *n.* 《英俗》口 (mouth). 〘1943〙
cáke màkeup *n.* 化粧用パンケーキ.
cáke pàn *n.* 《米》ケーキパン《ケーキの焼き型》.
cáke tìn *n.* 《英》**1** =cake pan. **2** ケーキ缶《ふた付きでケーキを保存する》.
cáke úrchin *n.* 〖動物〗**1** カシパン《sand dollar など》. **2** =keyhole urchin.
cáke·wàlk *n.* **1** ケークウォーク《アメリカ黒人間の余興で, 最も独特で優美な足取りで歩く者が賞品にケーキをもらう; 1900 年ごろ流行した》. **2** それから発達したケークウォークのダンス; ケークウォークの曲. **3** 《口語》簡単なこと, 容易な仕事. **4** 一方的な試合. — *vi.* ケークウォークを踊る; ケークウォークで[のような足取りで]歩く. **～·er** *n.* 〘1863〙
cak·ey /kéɪki/ *adj.* (**cak·i·er**; **-i·est**) ケーキ状の; 塊になる: ～ face powder 固形おしろい. 〘(1869): ⇨ cake ↑, -y⁴〙
cák·ing còal *n.* 〖地質〗粘結炭. 〘1810〙
cak·y /kéɪki/ *adj.* (**cak·i·er**; **-i·est**) =cakey. 〘*a*1556〙
cal 《略》(small) calorie(s).
Cal /kǽl/ *n.* キャル《男性名》. 〘(dim.) ← CALEB, CALVIN〙
Cal 《略》(large) calorie(s).
CAL 《略》China Airlines (記号 CI); /kǽl, sí:èɪél/ computer-aided[-assisted] learning コンピューター利用学習.
cal. 《略》calendar; caliber; 〖化学〗calomel.
Cal. 《略》Calendar; California; Calvin.
cal·a·ba·ci·lla /kæ̀ləbəsí:(j)ə; *Am.Sp.* kalaβasíja/ *n.* (米南西部) 〖植物〗=calabazilla.
cal·a·bar /kǽləbə | -bə(r)/ *n.* =calaber.
Cal·a·bar /kǽləbɑ̀ə, ˊ-ˊ-ˊ | kǽləbɑ̀:(r), ˊ-ˊ-ˊ/ *n.* カラバル《ナイジェリア南東部の港市; Cross River 州の州都》.
Cálabar bèan *n.* 〖植物〗カラバルマメ (*Physostigma venenosum*) 《熱帯アフリカ産マメ科のツル植物; その豆には猛毒のフィソスチグミン (physostigmine) を含む》. 〘(1876) *Calabar* (↑)〙
cal·a·bash /kǽləbæ̀ʃ/ *n.* **1** =gourd 1 b. **2 a** 〖植物〗熱帯アメリカ産ノウゼンカズラ科の高木 (*Crescentia cujete*) 《堅い果皮は水飲みその他の容器になる; calabash tree ともいう》. **b** その果実. **3 a** ひょうたん製品《酒入れ・パイプなど》. **b** (北米インディアンの用いる)キャラバッシュ[ひょうたん]製楽器《がらがら・太鼓など》. **4** 熱帯アフリカ産のバンレイシ科 (*Annonaceae*) の常緑高木 (*Mondora myristica*) 《芳香のある種子油がナツメグのように使われる; calabash nutmeg ともいう》. 〘(1596) ⊏ F *calebasse* ⊏ Sp. *calabaza* gourd ⊏ ? Arab. *qár'aʰ yábisaʰ* dry gourd〙
ca·lá·ba trèe /kəlá:bə-/ *n.* 〖植物〗西インド諸島産オトギリソウ科テリハボク属の常緑高木 (*Calophyllum antillanum*) 《Santa Maria tree ともいう》. 〘*calaba*: ⊏ Sp. ～ ← Carib〙
ca·la·ba·za /kæ̀ləbá:zə/ *n.* =calabash.
cal·a·ba·zi·lla /kæ̀ləbəzí:(j)ə/ *n.* (米南西部) 〖植物〗=prairie gourd. 〘⊏ Mex.-Sp. *calabacilla* ⊏ Sp. squirting cucumber (dim.) ← *calabaza*: ⇨ calabash〙
cal·a·ber /kǽləbə | -bə(r)/ *n.* **1** 茶色のイタリア Calabria 産リスの毛皮. **2** 灰色のシベリア産リスの毛皮. 〘(1365) ⊏ (O)F *calabre* ← *Calabria*〙
cal·a·boose /kǽləbù:s/ *n.* (米口語) 留置場, 刑務所. 〘(1792) ⊏ Sp. *calabozo* dungeon, cell〙
cal·a·bo·zo /kæ̀ləbóʊzoʊ, -zə | -báʊzəʊ/ *n.* (*also* **cal·a·bo·za** /-zə/) (米南西部) 刑務所. 〘⇨ calaboose〙
cal·a·bre·se /kæ̀ləbréɪzi, -si | kǽləbrì:s, -brì:z/ *n.* 〖園芸〗=broccoli 1. 〘(1930) ⊏ It. ～: ⇨ Calabria, -ese〙
Ca·la·bri·a /kəléɪbriə, -lá:- | -lǽbriə, -lá:-; *It.* kalá:brja/ *n.* カラブリア: **1** イタリア南西部の州; 面積 15,080 km²; 州都 Cantanzaro. **2** 古代イタリア南東端地方.
Ca·lá·bri·an *adj., n.*
ca·la·di·um /kəléɪdiəm | -di-/ *n.* 〖植物〗熱帯アメリカ産サトイモ科ハイモ属 (*Caladium*) の植物の総称; (特に)ニシキイモ (*C.bicolor*) 《縞模様の葉が美しい》. 〘(1845) ← NL ～ ← Malay *kélādy*+-IUM 3〙
Ca·lah /kéɪlə/ *n.* カラ《古代アッシリアの首都; Tigris 川に臨む; 現在のイラク Mosul の南東の Nimrud の地; 別称 Kalakh, Kalhu》.
Cal·ais /kæléɪ | kǽleɪ, -li; *F.* kalɛ, ka-/ *n.* **1** カレー《Dover 海峡に臨むフランス北部の港市》. **2** =Pas de Calais.
cal·a·lu /kǽləlù:/ *n.* (*also* **cal·a·loo** /～/) (カリブ) キャラルー《スープ・シチュー・サラダなどに使うサトイモ科の植物の葉》. 〘(1756) (現地語)〙
cal·am- /kǽləm/ (母音の前にくるときの) calamo- の異形.
cal·a·man·co /kæ̀ləmǽŋkoʊ | -kəʊ/ *n.* (*pl.* ～es) **1** キャラマンコラシャ《Flanders 産の光沢のある格子縞毛織物》. **2** この織維で作った衣服. 〘(1592) ⊏ Sp. *calama(n)co* ← ?: cf. LL *calamaucus* head-covering〙
cal·a·man·der /kǽləmæ̀ndə, ˊ-ˊ-ˊ- | -də(r)/ *n.* 〖植物〗コクタンの一種 (*Diospyros quaesita*) 《インド産カキノキ科の高木で材は堅く美しく高級家具材とする; coromandel ともいう》. 〘(1804) ⊏ ? Du. *kalamander-* (変形) ? ← *Coromandel* (インド南部の東海岸の地名)〙
cal·a·mar /kǽləmɑ̀ə | -mɑ̀:(r)/ *n.* 〖動物〗=squid 1.

C

cal·a·ma·res /kæ̀ləmɑ́ːreɪs/ *n.* =calamari.

cal·a·ma·ri /kæ̀ləmɑ́ːri; *It.* kalamáːri/ *n.* 食用になるイカ (squid)《イタリア料理で用いられる》. 〘(*c*1961) □ It. (pl.) (of) *calamaro* □ ML *calamarium* ink pot ← L *calamus*〙

cal·a·mar·y /kǽləmèri | -məri/ *n.* 〘動物〙スルメイカ, ジンドウイカ (squid). 〘(1567) □ L *calamārius* ← *calamus* pen: ⇨ calamus〙

calami *n.* calamus の複数形.

cal·a·mi- /kǽləmi-/ calamo- の異形 (⇨ -i-).

cal·a·mine /kǽləmàɪn, -mɪn | -màɪn/ *n.* **1 a** 〘薬学〙カラミン《酸化亜鉛と約 5% の酸化第二鉄から成る水に溶けないピンク色の粉末; 皮膚の炎症を治療するのに軟膏・ローションとして使う》. **b** =calamine lotion. **2** 《米》〘鉱物〙異極鉱, カラマイン (⇨ hemimorphite). **3** 《英》〘鉱物〙=smithsonite 1. 〘(?*c*1425) □ (O)F ~ □ ML *calamina* ← L *cadmia*: ⇨ cadmium〙

cálamine bràss *n.* 〘冶金〙カラミン黄銅《炭酸亜鉛と銅から作った昔の合金, 金の模造として使われた》.

cálamine lótion *n.* カーマイン[カラミン]ローション (calamine)《日焼け・かゆみ止め用》.

cal·a·mint /kǽləmɪ̀nt/ *n.* 〘植物〙ヨーロッパ産シソ科ハッカの類の植物 (*Satureja calamintha*)《basil thyme ともいう》. 〘(1373) □ (O)F *calament* □ ML *calamentum*=LL *calaminthe* □ Gk *kalamínthē* ← (*kalós* beautiful + *mínthē* mint)〙

cal·a·mite /kǽləmàɪt/ *n.* 〘地質〙蘆木(ろぼく)《古生代産の化石植物; トクサの類で高さ 30 m に達した》. 〘(1753) ← NL *Calamītēs* ← Gk *kalamítēs* reedlike: ⇨ calamus, -ite[1]〙

ca·lam·i·tous /kəlǽmətəs | -mɪ̀t-/ *adj.* **1** 災い[災難]をもたらす; 不幸な, いたましい, 悲惨な: a ~ year. **2** 《廃》災難に巻きこまれた. **~·ly** *adv.* **~·ness** *n.* 〘(1545) □ F *calamiteux* ∥ L *calamitōsus*: ⇨ ↓, -ous〙

ca·lam·i·ty /kəlǽməti | -mɪ̀ti/ *n.* **1** 不幸な出来事, 惨事. **2** (損失・大きな不幸をもたらす)災い, 災難 (⇨ disaster SYN); 悲運, 不幸; 惨禍: the ~ of war 戦禍. 〘(*c*1425) □ (O)F *calamité* □ L *calamitātem* (《短縮》? ← *incolumitās* safety): ⇨ -ty〙

calámity hòwler *n.* 《米口語》不吉な予言をする人. 〘1892〙

Calámity Jáne *n.* **1**「疫病神のジェーン」(1852?–1903; 米国 South Dakota 州の辺境を騎馬で活躍した女性の射撃の名手 Martha Jane Burk(e) のあだ名). **2** = calamity howler. 〘1876〙

cal·a·mo- /kǽləmoʊ | -məʊ/「蘆(あし); 蘆状の」の意の連結形. ★ 時に calami-, また母音の前では通例 calam- になる. 〘← NL ~ ← Gk *kalamo-* ← *kálamos* reed〙

cal·a·mon·din /kæ̀ləmɑ́(ː)ndɪ̀n | -mɔ́ndɪn/ *n.* **1** 〘植物〙カラマンディン (*Citrus mitis*)《フィリピン原産の柑橘(かんきつ)類の小木; calamondin orange ともいう》. **2** カラマンディンの実《ミカンに似た酸っぱい小果実》. 〘(*c*1928) □ Tagalog *kalamunding*〙

cal·a·mus /kǽləməs/ *n.* (*pl.* **-a·mi** /-màɪ/) **1 a** 〘植物〙ショウブ (⇨ sweet flag). **b** ショウブの根茎《薬用》. **2** 〘植物〙トウ(籐)《熱帯アジアに産するヤシ科トウ属 (*Calamus*) のツル植物の総称; 種類が非常に多い; その茎は各種の籐細工品の材料》. **3** (鳥の羽の)翮(かく) (⇨ quill 1 b). 〘(*c*1384) □ L ~ □ Gk *kálamos* reed < IE **koləmos* reed, grass〙

ca·lan·do /kɑːlɑ́ːndoʊ | -dəʊ; *It.* kalándo/ *adv., adj.* 〘音楽〙カランド, 漸次ゆるやかに弱く[い]. 〘□ It. ~ 'slackening' (ger.) ← *calare* to decrease < L *calāre* to slacken □ Gk *khalan*〙

ca·lán·dra làrk /kəlǽndrə-/ *n.* 〘鳥類〙クロエリコウテンシ (*Melanocorypha calandra*)《ヒバリ科; 他の鳥の鳴き声をまねるので飼鳥にもされる; 欧州産》. 〘(1599): *calandra* □ F *calandre*, It *calandra* □ ML *calandra* □ Gk *kálandros*〙

ca·lan·dri·a /kəlǽndriə/ *n.* **1** 〘機械〙カランドリア《垂直加熱管と下降管を有する蒸発がま》. **2** 〘原子力〙カランドリア《重水減速動力炉におけるれんたん型の外形をした重水タンク; れんたんの孔に相当する空間に燃料集合体と加圧冷却水のはいった圧力管が貫通している》. 〘(1929) □ Sp. ~ ← *calandra* (lark) ← LGk *kálandros*〙

ca·lash /kəlǽʃ/ *n.* **1 a** カラッシュ(馬車)《折りたたみ式の幌付き軽二輪馬車》. **b** =caléche 1. **2 a** カラッシュ(馬車)に用いた幌. **b** 幌型婦人帽子《18 世紀に流行した calash の幌のように折りたたみ用の骨のはいった帽子[フード]》. 〘(1666) □ F *calèche* □ G *Kalesche* □ Pol. *kolaska* ∥ Czech *koleska* ← OSlav. *kolo* wheel: cf. Gk *kúklos* circle〙

cal·a·the·a /kæ̀ləθíːə/ *n.* 〘植物〙熱帯アメリカ・アフリカ産クズウコン科カラテア属 (*Calathea*) の温室用観葉植物の総称《ヤバネシハイヒメバショウ (*C. insignis*) など》. 〘← NL ~ ← Gk *kálathos* (↓)〙

cal·a·thos /kǽləθɑ̀(ː)s, -θɔs | -θɔs, -θəs/ *n.* (*pl.* **-a·thi** /-θàɪ, -θìː/) (ギリシャ・ローマ古物で)朝顔形をした果物かご. 〘□ L *calathus* □ Gk *kálathos*〙

cal·a·thus /kǽləθəs/ *n.* (*pl.* **-a·thi** /-θàɪ, -θìː/) = calathos. 〘1753〙

cal·a·ver·ite /kæ̀ləvέ°raɪt | -vέər-/ *n.* 〘鉱物〙カラベライト ((Au, Ag)Te₂)《テルル金銀鉱》. 〘(1868) ← *Calaveras* (この石が初めて発見された米国 California 州の郡名): ⇨ -ite[1]〙

calc. 《略》calculate(d); calculating.

calc- /kælk/ (母音の前にくるときの) calco- の異形.

cal·cal·ka·line /kæ̀lkǽlkəlàɪn/ *adj.* 〘地学〙カルクアルカリの《岩石がカルシウムとアルカリ金属に比較的富んでいる》. 〘← CALCO- + ALKALINE〙

cálc-álkali ròck *n.* 〘岩石〙カルクアルカリ岩《Na_2O や K_2O が比較的少なく CaO に富む火成岩》.

cal·ca·ne·um /kælkéɪniəm/ *n.* (*pl.* **-ne·a** /-niə/) 〘解剖〙=calcaneus. 〘(1751) □ L *calcāneum* ← *calc-*, *calx* heel〙

cal·ca·ne·us /kælkéɪniəs/ *n.* (*pl.* **-ne·i** /-niàɪ/) **1** 〘解剖〙踵骨(しょうこつ) (heel bone). **2** (脊椎動物の)踵骨に当たる骨. **cal·cá·ne·al** /-niəl/ *adj.* **cal·cá·ne·an** *adj.* 〘(*c*1925) □ LL ~ (↑)〙

cal·car[1] /kǽlkɑə | -kɑː(r)/ *n.* (*pl.* **-car·i·a** /kælkέ°riə | -kέə-/) 〘動物〙けづめ (spur); けづめ状突起. 〘(1832) □ L ~ 'spur' ← *calc-*, *calx* heel〙

cal·car[2] /kǽlkɑə | -kɑː(r)/ *n.* (*pl.* **-car·i·a** /kælkέ(ə)riə | -kέəriə/) 〘ガラス製造〙溶融する前にフリット (frit) の原料を煅焼(たんしょう)するための窯. 〘(1662) □ It. *calcara* < LL *calcāria* limekiln ← L *calx* lime: ⇨ calcium〙

cal·ca·rate /kǽlkərèɪt/ *adj.* 〘動物〙けづめ[けづめ状突起]のある. 〘(1830): ⇨ calcar[1], -ate[2]〙

cal·car·e·ous /kælkέ°riəs | -kέər-/ *adj.* **1** 炭酸カルシウム[カルシウム, 石灰]の(のような, を含む); 石灰質の, 白亜質の (chalky): ~ earth 石灰質の土地. **2** 〘植物〙石灰質の土地で生育する: a ~ plant. **~·ly** *adv.* **~·ness** *n.* 〘(1792) ← L *calcārius* pertaining to lime: ⇨ calco-, -ary, -ous〙

calcáreous sínter *n.* 〘地質〙石灰華 (⇨ travertine).

calcáreous spár *n.* 〘鉱物〙方解石 (⇨ calcite). 〘1817〙

calcáreous túfa *n.* 〘地質〙石灰華《特に, 緻密(ちみつ)質なものにいう》. 〘1816〙

calcaria[1] *n.* calcar[1] の複数形.

calcaria[2] *n.* calcar[2] の複数形.

cal·ca·rif·er·ous /kæ̀lkəríf(ə)rəs⁻/ *adj.* 〘動物〙けづめのある, けづめ状の突起のある. 〘← CALCAR[1] + -FEROUS〙

cal·car·i·ous /kælkέ°riəs | -kέər-/ *adj.* =calcareous. 〘1677〙

calced /kǽlst/ *adj.* 〈修道会の修道士が〉靴をはいた (cf. discalced): a Carmelite ~ 靴をはいたカルメル会士. 〘(1884) (逆成) ← DISCALCED〙

cal·ced·o·ny /kælsédəni, -dni | -dəni, -dṇi/ *n.* 〘鉱物〙=chalcedony.

cal·ce·i·form /kǽlsiəfɔ̀əm | -fɔ̀ːm/ *adj.* 〘植物〙靴[スリッパ]に似た. 〘(1860) ← L *calceus* shoe + -FORM〙

cal·ce·o·lar·i·a /kæ̀lsiəlέ°riə | -lέər-/ *n.* 〘植物〙**1** [C-] カルセオラリア属《ゴマノハグサ科の一属》. **2** カルセオラリア, キンチャクソウ《南米原産のカルセオラリア属の観賞植物の総称; 赤や黄色の花の形がきんちゃくや靴[スリッパ]に似ているのでこの名がある; slipperwort ともいう》. 〘(1846) ← NL ~ ← L *calceolārius* shoemaker ← *calceolus* slipper (dim.) ← *calceus* shoe ← *calx* heel: ⇨ -aria[1]〙

cal·ce·o·late /kǽlsiəlèɪt/ *adj.* 〘植物〙=calceiform. **~·ly** *adv.* 〘1864〙

calces *n.* calx の複数形.

Cal·chas /kǽlkəs/ *n.* 〘ギリシャ伝説〙カルカス《トロイ戦争でギリシャ軍を助けた Apollo の予言者》. 〘□ L *Calchās* □ Gk *Kálkhas* ←?〙

cal·ci- /kǽlsi, -sɪ̀/ calco- の異形 (⇨ -i-).

cal·cic /kǽlsɪk/ *adj.* カルシウム[石灰]の[を含む]; 石灰質の. 〘(1871) ← CALCO- + -IC[1]〙

cal·ci·cole /kǽlsɪ̀kòʊl, -sə- | -sɪkəʊl/ 〘植物〙*n.* カルシコール《石灰質の土壌に生える植物; cf. calcifuge》. 〘(1882) □ F ~: ⇨ calco-, -cole〙

cal·cic·o·lous /kælsíkələs/ *adj.* 〘植物〙好石灰性の, 石灰質の土壌に生育する. 〘(1886): ⇨ ↑, -ous〙

cal·cif·er·ol /kælsífəròː(ː)l, -ròʊl | -rɔ̀l/ *n.* 〘生化学〙カルチフェロール (⇨ vitamin D_2). 〘(1931) ← CALCIF(EROUS) + (ERGOST)EROL〙

cal·cif·er·ous /kælsíf(ə)rəs/ *adj.* 〘化学〙カルシウム[炭酸カルシウム]を生じる[含む]. 〘(1799) ← CALCO- + -FEROUS〙

cal·cif·ic /kælsífɪk/ *adj.* 〘動物・解剖〙石灰化する[による]; 石灰性にする, 石灰を分泌する. 〘(1861): ⇨ ↑, -fic〙

cal·ci·fi·ca·tion /kæ̀lsəfɪ̀kéɪʃən | -sɪ̀fɪ-/ *n.* **1** 石灰化(作用). **2 a** 〘生理〙(組織内における)石灰化, 石灰沈着. **b** 〘解剖〙石灰質の形成. **3** 〘地質〙(植物化石などのように)石灰質がしみ込むこと. 〘(1849–52): ⇨ ↑, -ation〙

cal·ci·fuge /kǽlsəfjùːdʒ | -sɪ̀-/ 〘植物〙*n.* カルシフュージ《石灰質の土壌には生えない植物; cf. calcicole》. **cal·ci·fú·gal** *adj.* 〘(1909) ← CALCO- + -FUGE〙

cal·cif·u·gous /kælsífjʊgəs/ *adj.* 〘植物〙嫌石灰性の, 石灰質の乏しい土壌に生育する. 〘(1882): ⇨ ↑, -ous〙

cal·ci·fy /kǽlsəfàɪ | -sɪ̀-/ *vt.* **1** 炭酸カルシウムの沈積[分泌]によって硬化[石化]させる. **2** 〈政治的立場などを〉硬化させる, 非妥協的にする. — *vi.* **1** 炭酸カルシウムの沈積[分泌]によって硬化[石化]する. **2** 硬化する, 非妥協的になる. 〘(1836) ← CALCO- + -IFY〙

cal·ci·mine /kǽlsəmàɪn | -sɪ̀-/ *n.* カルシミン《壁・天井などに塗る白色または着色水性塗料》. — *vt.* 〈壁などに〉カルシミンを塗る. 〘(*c*1859) (変形) ← KALSOMINE: CALCIUM からの類推による変形〙

cal·ci·nate /kǽlsənèɪt | -sɪ̀-/ *vt.* =calcine. 〘(1559) (逆成) ↓〙

cal·ci·na·tion /kæ̀lsənéɪʃən | -sɪ̀-/ *n.* **1** 煅焼(たんしょう); (石灰)焼成. **2** 〘冶金〙煅焼, 焼鉱法. 〘(*a*1393) □ (O)F ~ ∥ ML *calcinātiō(n-)*: ⇨ calcine, -ation〙

cal·cin·a·to·ry /kælsínətɔ̀ːri | -təri, -tri/ *adj.* 煅焼するための. — *n.* 煅焼炉[器]. 〘(1611) □ ML *calcinātus* (p. p.) ← *calcināre* (↓): ⇨ -ory〙

cal·cine /kǽlsaɪn, ⁻⁻ | ⁻⁻/ *vt.* **1** 煅焼する《無機物質などを溶融温度以下で加熱して物理的・化学的性質を効果的にする》: ~*d* alum 焼き明礬(みょうばん) / ~*d* clay 煅焼粘土 / ~*d* lime 生石灰. **2** 〘冶金〙高温で酸化させる. — *vi.* **1** 焼けて酸化物になる. **2** 〘冶金〙高温で酸化する. — /⁻⁻/ *n.* カルサイン《焼鉱》. 〘(*c*1395) □ (O)F *calciner* □ ML *calcināre* to reduce to calx: ⇨ calco-〙

cal·cín·er *n.* **1** 石灰焼きの人. **2** 煅焼器 (burner). 〘(1708): ⇨ ↑, -er[1]〙

cal·ci·no·sis /kæ̀lsənóʊsɪ̀s | -sɪ̀nə́ʊsɪs/ *n.* (*pl.* **-no·ses** /-siːz/) 〘病理〙石灰(沈着)症. 〘(*c*1929) ← NL ~: ⇨ calco-, -osis〙

cal·ci·o- /kǽlsioʊ | -siəʊ/ [通例鉱物名に用いて]「カルシウム (calcium) 質」の意の連結形: *calcio*biotite 石灰黒雲母. 〘← CALCIUM〙

cal·ci·phile /kǽlsəfàɪl | -sɪ̀-/ *n.* 〘植物〙=calcicole. **cal·ci·phil·ic** /kæ̀lsəfílɪk | -sɪ̀-⁻/ *adj.* **cal·ciph·i·lous** /kælsífələs | -fɪ̀-/ *adj.* 〘1934〙

cal·ci·phobe /kǽlsəfòʊb | -sɪfəʊb/ *n.* 〘植物〙= calcifuge. **cal·ci·pho·bic** /kæ̀lsəfóʊbɪk | -sɪ̀fə́ʊ-⁻/ *adj.* **cal·ciph·o·bous** /kælsífəbəs/ *adj.*

cálci·spònge *n.* 〘動物〙石灰海綿綱の海綿.

cal·cite /kǽlsaɪt/ *n.* 〘鉱物〙方解石 ($CaCO_3$)《calcareous spar, calcspar ともいう》. **cal·cit·ic** /kælsítɪk | -tɪk/ *adj.* 〘(1849) ← CALCO- + -ITE[2]〙

cal·ci·to·nin /kæ̀lsətóʊnɪ̀n | -sɪ̀tə́ʊnɪn/ *n.* 〘生化学〙カルシトニン《血液中のカルシウム量を調節する甲状腺ホルモン; thyrocalcitonin ともいう》. 〘(1961) ← CALCO- + TON(IC) + -IN[2]〙

cal·ci·um /kǽlsiəm/ *n.* 〘化学〙カルシウム《金属元素の一つ; 記号 Ca, 原子番号 20, 原子量 40.08》. 〘(1808) ← NL ~: ⇨ calco-, -ium〙

cálcium ársenate *n.* 〘化学〙ヒ酸カルシウム ($Ca_3(AsO_4)_2$)《無色の化合物; 粉状・液状で殺虫剤》.

cálcium cárbide *n.* 〘化学〙(カルシウム)カーバイド, 炭化カルシウム (CaC_2)《カルシウムシアナミドの原料; 水と反応するとアセチレンを発生する》. 〘*c*1888〙

cálcium cárbonate *n.* 〘化学〙炭酸カルシウム, 炭酸石灰 ($CaCO_3$). 〘1873〙

cálcium chlóride *n.* 〘化学〙塩化カルシウム ($CaCl_2$)《無水物は吸湿剤として使用される》. 〘*c*1885〙

cálcium cyánamide *n.* 〘化学〙カルシウムシアナミド ($CaCN_2$)《肥料用石灰窒素の主成分》. 〘*c*1893〙

cálcium cýclamate *n.* 〘化学〙シクラミン酸カルシウム ($C_{12}H_{24}CaN_2O_6S_2$)《シクロヘキサンスルファミン酸のカルシウム塩; 甘味剤・低ナトリウム食に用いる; cf. sodium cyclamate》.

cálcium flúoride *n.* 〘化学〙フッ化カルシウム (CaF_2)《天然には蛍(ほたる)石として存在する》.

cálcium hydróxide *n.* 〘化学〙水酸化カルシウム, 消石灰 ($Ca(OH)_2$)《生石灰に水を加え消和させて作る》. 〘*c*1889〙

cálcium hypochlórite *n.* 〘化学〙次亜塩素酸カルシウム ($Ca(ClO)_2$)《high-test hypochlorite の主成分》. 〘*c*1889〙

cálcium láctate *n.* 〘化学〙乳酸カルシウム ($(CH_3CH(OH)COO)_2Ca \cdot 5H_2O$)《白色結晶; 医薬に用いる》.

cálcium lìght *n.* カルシウム光《石灰製の棒または球を酸水素炎に当てて作る強烈な光; もと limelight といって舞台の照明に用いた》. 〘1864〙

cálcium nítrate *n.* 〘化学〙硝酸カルシウム, 硝酸石灰 ($Ca(NO_3)_2$).

cálcium óxalate *n.* 〘化学〙蓚(しゅう)酸カルシウム (CaC_2O_4)《無色の結晶》. 〘1919〙

cálcium óxide *n.* 〘化学〙酸化カルシウム, 生石灰 (CaO)《炭酸カルシウムを煅焼(たんしょう)して作る》. 〘*c*1885〙

cálcium permánganate *n.* 〘化学〙過マンガン酸カルシウム ($Ca(MnO_4)_2 \cdot 4H_2O$)《消毒剤》.

cálcium phósphate *n.* 〘化学〙リン酸カルシウム, リン酸石灰 ($Ca_3(PO_4)_2$, $Ca(H_2PO_4)_2$, $CaHPO_4$ のいずれか). 〘1869〙

cálcium própionate *n.* 〘化学〙プロピオン酸カルシウム ($Ca(CH_3CH_2COO)_2$)《白色結晶》.

cálcium sílicate *n.* 〘化学〙ケイ酸カルシウム ($CaSiO_3$, Ca_2SiO_4, $3CaOSiO_2$ のいずれか; 中でも $CaSiO_3$; ポルトランドセメント (portland cement) の主要な成分). 〘*c*1888〙

cálcium súlfate *n.* 〘化学〙硫酸カルシウム ($CaSO_4$). 〘*c*1885〙

cálcium súlfide *n.* 〘化学〙硫化カルシウム (CaS).

cálcium superphósphate *n.* 〘化学〙過リン酸石灰《リン酸肥料として重要な $CaH_4(PO_4)_2$ と $CaSO_4$ が主成分; superphosphate of lime ともいう》.

cal·co- /kǽlkoʊ | -kəʊ/「カルシウム; カルシウム塩」の意の連結形. ★ 時に calci-, また母音の前では通例 calc- になる. 〘□ L ~ ← *calc-*, *calx* lime: ⇨ chalk〙

cal·crete /kǽlkriːt/ *n.* 〘地学〙カルクリート《海底に形成される石灰質の凝塊; ウラン鉱床としても注目される》. 〘(1902) ← CALCO- + (CON)CRETE〙

cálc-sìn·ter *n.* 〘地質〙石灰華 (⇨ travertine). 〘(1823) □ G *Kalksinter* lime slag: cf. calx, sinter〙

cálc·spàr *n.* 〘鉱物〙=calcite. 〘(1822) (部分訳) ← Swed. *kalkspat* ← *kalk* (⇨ calco-) + *spat* 'SPAR[3]'〙

cálc-tùfa [-tùff] *n.* 〘地質〙=calcareous tufa. 〘1822〙

cal·cu·la·ble /kǽlkjʊləbl̩/ *adj.* **1** 計算できる, 算出できる; 計算で確かめられる. **2** 予測できる (predictable); 信頼のできる (reliable). **~·ness** *n.* **cál·cu·la-**

bly *adv.* **càl·cu·la·bíl·i·ty** /-ləbíləṭi | -l₃ti/ *n.* 〘(*a*1734) ⇨ ↓, -able〙

cal·cu·late /kǽlkjʊlèɪt/ *vt.* **1** 数学を用いて確かめる, (数学的に)計算する, 算出する, 算定する: ~ the cost of furnishing a house at $10,000 家の家具取付費を1万ドルに見積もる. **2** (常識や経験によって)推定する, 評価する; 判断する: She ~*d* the risks carefully before acting. 行動する前に慎重にリスクを計算した. **3** …の意義を解明する, 理解する, 解釈する: ~ a person's expression. **4** [通例受身に用いて]〈…するように〉考慮する, もくろむ (intend), 適合させる (adapt) 〈*to do*〉 (⇨ calculated): The room is ~*d to* hold a hundred people. その部屋は100人はいれるように設計されている / The plan is ~*d to* attract young girls. その計画は若い娘たちを引き付けることをもくろんだものだ. **5** 《米口語》…と思う (suppose) 〈*that*〉: I ~ we're going to have thunder. 雷が鳴りそうだ. **6** 《米北部》〈…する〉つもりでいる (intend) 〈*to do*〉: He ~*s to* climb the mountain this summer. この夏あの山を登るつもりだ. — *vi.* **1 a** 計算する. **b** 予測する. **2** 〔…を〕当てにする, 当てこむ (rely) 〔*on*〕: ~ *on* fine weather 好天を当てにする / ~ *on* earning 500 dollars a month 月に500ドルの稼ぎを当てこんでいる. 〘(1570) ← L *calculātus* (p.p.) ← *calculāre* to reckon ← *calculus* stone: ⇨ calculus〙

SYN 計算する: **calculate** 数量を数学的に厳密に計算する: The scientists *calculated* when the commet will return. 科学者たちはその彗星がいつ戻るかを算定した. **compute** 具体的なデータを基に大がかりな計算を行う《専門的な語》: *compute* the period of the earth's revolution 地球の公転の周期を算定する. **reckon** 暗算でできるような比較的簡単な計算をする: *reckon* the number of apples りんごの数を数える. **estimate** 数量の概算を出す: *estimate* the value of a painting 絵の価値を見積もる.

cál·cu·làt·ed /-ṭ₃d | -t₃d/ *adj.* **1 a** 計算によって到達した, 算定した; 数学的に確かめられた[決定された]. **b** 成功・不成功の結果が推測されたあとに引き受ける[受け入れられた]; 予想された, 推定の. **2** 故意に[前もって]企てられた, もくろまれた, 計画的な: a ~ crime 計画的犯罪. **3** …しそうである (likely) 〈*to do*〉: a circumstance which is ~ *to* cause a riot 暴動の起こりそうな事態. **~·ly** *adv.* **~·ness** *n.* 〘(1722): ⇨ ↑, -ed〙

cálculated rísk *n.* 予想される危険[失敗]: take a ~ 考えたあげくの賭けに出る.

cál·cu·làt·ing /-ṭɪŋ | -tɪŋ/ *adj.* **1** 計算をする; 計算用の. **2 a** 打算的な; たくらみのある (scheming): a ~ politician [disposition] 打算的政治家[気質]. **b** 考えあっての (deliberate), 慎重な; 抜け目のない (shrewd). **~·ly** *adv.* 〘(1710): ⇨ ↑, -ing²〙

cálculating machìne *n.* 計算器《加減乗除など計算を行う装置》. 〘1832〙

cálculating tàble *n.* 計算表《対数表など》.

cal·cu·la·tion /kæ̀lkjʊléɪʃən/ *n.* **1 a** 計算, 算定: make a rapid ~ すばやく計算する / Her ~*s* are out by a small amount. 彼女の計算はわずかに違っている. **b** 計算結果[の答え]. **2** 見積り; 推定, 予測 (forecast). **3 a** 打算; ずるがしこさ, 抜け目なさ (shrewdness). **b** 熟慮, 深慮 (forethought); 慎重な計画. 〘(*a*1393) □ (O)F ~ ∥ LL *calculātiō(n-)*: ⇨ calculate, -ation〙

cal·cu·la·tive /kǽlkjʊlèɪṭɪv | -lət-, -lèɪt-/ *adj.* **1** 計算の[に関する]; 計算上の. **2** 打算的な; 勘定高い. **3** 計画的な. 〘(*c*1766): ⇨ calculate, -ative〙

cál·cu·là·tor /-ṭə | -tə^(r)/ *n.* **1 a** 計算者. **b** 計算機の操作者, オペレーター. **2** 計算器 (calculating machine): a desk [pocket] ~ 電卓. **3** 計算表, 算出表. 〘(*a*1425) □ L *calculātor*: ⇨ calculate, -or²〙

calculi *n.* calculus の複数形.

cal·cu·lous /kǽlkjʊləs/ *adj.* 〖病理〗結石のある[による]. 〘□ F *calculeux* ∥ L *calculōsus*: ⇨ ↓, -ous〙

cal·cu·lus /kǽlkjʊləs/ *n.* (*pl.* **-cu·li** /-làɪ/, **~·es**) **1** 〖病理〗結石, (膀胱(ぼうこう))結石・腎(じん)石・歯石などの)石 (stone): ⇨ renal calculus, urinary calculus. **2** 〖数学〗微分積分学, 微積分: ⇨ differential calculus, integral calculus. **3** 〖論理〗計算論法《代数学の記号や演算を用いて仮定から論じていく》. **4** 《古》計算.

cálculus of fínite dífferences 〖数学〗差分法.

cálculus of variátions 〖数学〗変分法. (1837)

〘(*a*1398)) (1672) □ L ~ 'pebble (used in reckoning)' (dim.) ← *calx* stone: ⇨ calco-〙

Cal·cut·ta /kælkʌ́ṭə | -tə/ *n.* **1** カルカッタ《インド北東部 West Bengal 州の州都でインド第一の大都市》. **2** 〖ゴルフ・トランプ〗カルカッタ賭博《ゴルフやブリッジのトーナメントで観客や関係者が有望な競技者に賭け, 勝てば競技者も賭金の割前を得る制度; 公式には認められていない; カルカッタでこの種の有名な賭博が行われたことから》 **Cal·cút·tan** /-ṭn | -tən, -tn/ *adj.*, *n.* 〘← Skt *Kāli-Kata* 《原義》? 'abode of KALI'〙

cal·dar·i·um /kældɛ́ᵊriəm | -dέər-/ *n.* (*pl.* **-i·a** /-riə/) (古代ローマの)温浴室 (cf. frigidarium, tepidarium). 〘(1753) □ L *caldārium* (neut.) ← *cal(i)dārius* warm ← *calidus* hot: ⇨ caldron〙

Cal·de·cott /kɔ́ːldəkɑ̀(ː)t, kɑ́ːl- | kɔ́ːld₃kɔt, kɔ́l-/, **Randolph** *n.* コールデコット《1846–86; 英国の挿絵画家; Beatrix Potter などに影響を与えた》.

Cáldecott Mèdal *n.* コールデコット賞《米国で毎年少年少女向きの最優秀絵本に与えられる賞》. 〘← *Randolph Caldecott*〙

Cal·der /kɔ́ːldə, kɑ́ːl- | kɔ́ːldə^(r), kɔ́l-/, **Alexander** *n.* コールダー《1898–1976; 米国の抽象派彫刻家; 1930年代に動く彫刻 (mobile) の発明をしたことで有名》.

Calder, Alexander Stirling *n.* コールダー《1870–1945; 米国の彫刻家; Alexander Calder の父》.

cal·de·ra /kældérə, kɔːl-, kɑːl-, -dɪ́ᵊrə | kældéərə, kɔ́ːldərə; *Sp.* kaldéɾa/ *n.* 〖地質〗カルデラ《火山の爆発または陥没によって生じる大規模な窪(くぼ)地》. 〘(1691) □ Sp. ~ < LL *caldāriam* warm bath (fem.) ← *cal(i)dus* hot〙

Cal·de·rón de la Bar·ca /kɑ̀ːldərɔ́ːndeɪləbɑ́ːkə, -róun- | kæ̀ldərɔ́ndeɪləbɑ́ː-; *Sp.* kalderón de la βárka/, **Pedro** *n.* カルデロン デ ラ バルカ《1600–81; スペインの劇作家; 宗教劇, 史劇, 喜劇, 悲劇に及ぶ多作の作家; *La Vida es Sueño*「人生は夢」(1635), *El Mágico prodigioso*「すばらしい魔術師」(1637)》.

cal·dron /kɔ́ːldrən, kɑ́ːl- | kɔ́ːl-, kɔ́l-/ *n.* **1** 大がま, 大なべ《魔女 (witch) が毒を作るときに使う》. **2** 沸騰している大がまのようなもの; 激しい動揺, 騒然たる状況, 攪乱(こうらん): a ~ of intense excitement 激しい興奮のるつぼ. 〘(*c*1300) *cauderon* □ AF & ONF *caudron*=OF *chauderon* (F *chaudron*) (dim.) ← *caudiere* cooking pot < LL *caldāria* (fem.) ← L *caldārium* hot bath ← *cal(i)dus* hot ← *calēre* to be hot ← IE **kel-* warm (Welsh *clyd* warm)〙

Cald·well /kɔ́ːldweł, kɑ́ːld-, -wəł | kɔ́ːldwəł, kɔ́ld-, -weł/, **Er·skine** (**Pres·ton**) *n.* コールドウェル《1903–87; 米国の小説家; *Tobacco Road* (1932)》.

ca·le·an /kæliɑ́ːn/ *n.* =kalian. 〘1739〙

Ca·leb /kéɪləb, -l₃b/ *n.* **1** ケーレブ《男性名》. ★ スコットランドと米国に多い. **2** 〖聖書〗カレブ《ヘブライ人の指導者; Moses によりスパイとして Canaan に送られた; cf. *Num.* 13:6》. 〘□ Heb. *Kālēbh* 《原義》 like a dog ← *kélebh* dog〙

ca·lèche /kəléʃ; *F.* kalɛʃ/ *n.* (*also* **ca·leche** /~/) (*pl.* **~s** /~ɪz, ~əz; *F.* ~/) **1** カレッシュ《カナダの Quebec で用いられる幌が前後に開く二輪馬車》. **2** =calash 1 a. **3** =calash 2 b. 〘(1666) □ F ~: ⇨ calash〙

Cal·e·do·ni·a /kæ̀lədóuniə, -njə | -l₃dəu-/ *n.* 《詩・文語》カレドニア《Scotland の古[雅]名; cf. Albion》. 〘□ L *Calēdonia* ← Celt.: cf. OIr. *caill* forest〙

Cal·e·do·ni·an /kæ̀lədóuniən | -l₃dəu-/ *adj.* **1** 《詩・文語》カレドニアの, (古代)スコットランドの. **2** 〖地質〗カレドニア変動[造山]の. — *n.* **1** カレドニア人; 《戯言》スコットランド人 (Scotsman). **2** 〖地質〗カレドニア変動[造山]. 〘(1611): ⇨ ↑, -an¹〙

Caledónian Canál *n.* [the ~] カレドニア運河《Lochy /lɑ́(ː)ki | lɔ́ki/ 湖, Oich /ɔ́ɪk/ 湖, Ness 湖を結びスコットランド北部 Highland 州を横断して大西洋から北海に通じる大運河; 全長 100 km》.

cal·e·fa·cient /kæ̀ləféɪʃənt | -l₃-/ 〖医学〗*adj.* 熱感を起こす. — *n.* 引熱薬《こしょうなど》. 〘(1661) □ L *calefacientem* (pres.p.) ← *calefacere* to make warm ← *calēre* to be warm＋*facere* to make (⇨ -facient)〙

cal·e·fac·tion /kæ̀ləfǽkʃən | -l₃-/ *n.* **1** 熱を起こすこと, 引熱. **2** 熱い[温かい]こと[状態], 温熱. **3** =thermal pollution. 〘(?*a*1425) □ ML *calefactiō(n-)* ← L *calefactus* (p.p.) ← *calefacere* (↑): ⇨ -faction〙

cal·e·fac·tive /kæ̀ləfǽktɪv | -l₃-/ *adj.* 温熱性の. 〘(1576) ← L *calefactus* (↑)＋-IVE〙

cal·e·fac·to·ry /kæ̀ləfǽktəri, tri | -l₃-/ *adj.* 熱を伝導する; 加温の. — *n.* (修道院の)暖房部屋, 休憩室. 〘*adj.*: (1711) □ LL *calefactōrius* having heating power: ⇨ -ory¹. — *n.*: (1536) □ ML *calefactōrium*〙

cal·e·fy /kǽləfàɪ | -l₃-/ *vt.* 暖める. — *vi.* 暖まる. 〘(1526) □ ML *caleficāre* ← L *calēre* to be hot: ⇨ -fy〙

ca·lem·bour /kæləmbúə | -lɑːmbúə^(r); *F.* kalɑ̃buːʁ/ *F. n.* (*pl.* **~s** /~z; *F.* ~/) 言葉のしゃれ. 〘(1830) □ F ~ ← ?: cf. F *bourde* falsehood〙

cal·en·dar /kǽl₃ndə | -də^(r)/ *n.* **1** 暦法, 暦: the solar [lunar] ~ 太陽[太陰]暦 / ⇨ Roman calendar, Gregorian calendar, Julian calendar, Jewish calendar, Revolutionary calendar. **2** こよみ, カレンダー《天文上の資料・祭日, 時に農事情報などがはいっている; cf. almanac》: a wall ~ 壁ごよみ, 掛けごよみ / a gardener's ~ 園芸ごよみ / ⇨ perpetual calendar. **3** 日程表, 年中行事表, 予定表 (list, schedule); 訴訟事件表, 法廷日程 (cf. cause list); 《米》(議会の)議事日程: the next case [bill] on the ~ 審議予定表にある次の事件[法案] / ⇨ Newgate Calendar. **4** 聖人名列. **5** 《英》(大学で出す)一覧, 要覧, 案内 (《米》catalog). **6** 《廃》手引き, 手本, 模範 (guide). — *adj.* [限定的] 通俗的なカレンダーにのっているような, (見た目は)きれいな: a ~ girl. — *vt.* **1 a** こよみ[日程表]に書き込む. **b** 聖人名列に加える. **2** 〈文書を〉(分類して日付と内容の摘要とを付けて)一覧表[目録]にする. 〘(?*a*1200) □ AF *calender*=OF *calendier* (F *calendrier*) □ L *calendārium* account book ← *calendae* 'CALENDS'〙

cálendar áge *n.* 〖心理・教育〗=chronological age.

cálendar àrt *n.* (カレンダーに使われるような)通俗的な絵.

cálendar clòck *n.* カレンダー[暦]時計《時刻のほかに月・日・曜日などを示す時計》. 〘1884〙

cálendar dáy *n.* 暦日《真夜中に始まり次の真夜中に終わる1日》. 〘1875〙

cálendar mónth *n.* **1** 暦月《January, February などの月; cf. lunar month, solar month》. **2** 1か月《ある月のある日から翌月の同じ日, または同じ日がなければ月末まで》: for a ~ 1か月間. 〘1788〙

cálendar wàtch *n.* カレンダー付きウォッチ《時刻のほかに月・日・曜日などを示す腕[懐中]時計》.

cálendar yéar *n.* **1** 暦年《1月1日から12月31日までの1年; cf. fiscal year》. **2** (一般に)1年間(の期間)《現行暦でいえば 365 日(うるう年は 366 日)など》. 〘*c*1909〙

cal·en·der¹ /kǽl₃ndə | -də^(r)/ *n.* **1** 〖機械〗カレンダー: **a** 紙・布などをつや出しするロール機械. **b** タイヤの製造過程で織物にゴムを注ぎ込む機械. **2** 《古》カレンダーをかける人. — *vt.* 〈紙・布などをカレンダー掛けする, (カレンダーにかけて)つや付けする. **~·er** /-dərə | -rə^(r)/ *n.* 〘(1513) □ F *calendre* □ ML *calendra*=L *cylindrus*: cf. cylinder〙

Cal·en·der, c-² /kǽl₃ndə | -də^(r)/ *n.* 〖イスラム教〗カランダル《イスラム教のスーフィ教派の托鉢(たくはつ)修道僧》. 〘(1634) □ Pers. *qalandar*〙

ca·len·dric /kəléndrɪk, kæ-/ *adj.* **1** 暦の[に関する], に用いられる]. **2** (暦に書かれるような)特別の日に起こる: ~ festivals. 〘(1878): ⇨ calendar, -ic〙

ca·lén·dri·cal /-dr₃kəl, -kl | -drɪ-/ *adj.* =calendric. 〘*c*1843〙

cal·ends /kǽl₃ndz, kéɪ-, -lendz/ *n. pl.* [the ~; 単数または複数扱い] (ローマ古暦の)月の第1日, ついたち (cf. nones 1) (kalends ともいう): ⇨ Greek calends. 〘(?*a*1200) □ (O)F *calendes* □ L *calendae, kalendae* (*pl.*) the first day of the month ← *calāre* to proclaim ← IE **kela-* to shout (Gk *kalein* to prolaim): 当時のついたちは一般に触れて知らされた: cf. OE *cālend* month〙

ca·len·du·la /kəlénʤʊlə | -djʊ-/ *n.* **1** 〖植物〗キンセンカ《キク科キンセンカ属 (*Calendula*) の植物の総称; キンセンカ (*C. officinalis*) など》. **2** 〖薬学〗キンセンカの小花を乾したもの《傷の治療薬に用いる》. 〘(1789) ← NL ~ (dim.) ← *calendae* (↑): ほとんど一年中花をつけているところから, また月経不順の薬として用いられたことから〙

cal·en·ture /kǽl₃nʧʊ̀ə, -ʧə | -ʧʊ̀ə^(r), -ʧʊə^(r), -ʧə^(r)/ *n.* **1** 〖病理〗**a** (軽症)熱帯地方熱《昔水夫が熱帯地方でこの病にかかると, 海を青野原と思って飛び込んだりしたという熱病》. **b** (酷熱による)日射病, 熱射病. **2** 熱情, 熱意. 〘(1593) □ F ~ □ Sp. *calentura* fever ← L *calentem* (pres.p.) ← *calēre* to be hot〙

ca·le·sa /kəléɪsə/ *n.* カレサ《フィリピンの2輪の幌馬車 (calash)》. 〘□ Sp. ~ □ F *calèche* 'CALASH'〙

ca·les·cence /kəlésəns, -sṇs/ *n.* 増温, 増熱. 〘(1846) ↓〙

ca·les·cent /kəlésənt, -sṇt/ *adj.* だんだん暑くなる, 温度を増してくる. 〘(1804) □ L *calēscentem* (pers.p.) ← *calēscere* to grow hot ← *calēre* to be hot〙

calf¹ /kǽf, kɑ́ːf | kɑ́ːf/ *n.* (*pl.* **calves** /kǽvz, kɑ́ːvz | kɑ́ːvz/, 3 では **~s**) **1** 子牛; (特に)雌の子牛《通例1歳以下》. ★ ラテン語系形容詞: vituline. **2** (ゾウ・カバ・サイ・クジラ・アザラシなどの)幼獣. **3** (製本用の)カーフ, 子牛革: bound in ~ 〈本が〉子牛革とじの. **4** (氷河や氷山からくずれて流れている)氷塊. **5** 《口語》愚か[無骨]な若者[少年]; うすのろ《愛情の表現としても用いる》.

in* [*with*] *cálf 〈雌牛が〉子を孕(はら)んでいる (pregnant): a cow *in* ~. ***kill the fátted cálf* (*for* …)** (…のために)大盤ぶるまいをする, 歓待の用意をする (cf. golden calf). 《父親が肥えた牛を殺して道楽息子 (prodigal son) の帰りを歓迎したというイエスの譬え話から; cf. *Luke* 15:27》

〘OE (Anglian) *cælf* (WS *ċealf*) < Gmc **kalbaz*- (Du. *kalf* / G *Kalb*)〙

calf² /kǽf, kɑ́ːf | kɑ́ːf/ *n.* (*pl.* **calves** /kǽvz | kɑ́ːvz/) こむら, ふくらはぎ (⇨ leg 挿絵). ★ ラテン語系形容詞: sural. 〘(*a*1325) □ ON *kālfi* ← ? Gmc **kalbaz*- (↑)〙

cálf·bòund *adj.* 〈本が〉カーフ装(丁)の: a ~ volume.

cálf diphthéria *n.* 〖獣医〗子牛の壊死桿菌症 (*Sphaerophorus necrophorus* 感染による子牛の嚥液性疾患).

cálf·ish /kǽfɪʃ, kɑ́ːf- | kɑ́ːf-/ *adj.* 子牛のような. 〘(1765): ⇨ calf¹, -ish¹〙

cálf knèe *n.* 〖獣医〗=buck knee. **cálf-knèed** *adj.*

cálf·lìke *adj.* 子牛のような. 〘(1611): ⇨ calf¹, -like〙

cálf lòve *n.* 《口語》幼な恋, (少年少女の)淡い初恋 (puppy love). 〘1823〙

cálf's-fòot jélly /kǽvz-, kǽfs-, kɑ́ːvz-, kɑ́ːfs- | kɑ́ːvz-, kɑ́ːfs-/ *n.* 子牛足ゼリー《ゼラチン質を含んだ子牛の足の煮出し汁を調味し, 冷やし固めた料理》. 〘1775〙

cálf·skìn *n.* **1** 子牛の皮. **2** 子牛革《子牛のなめし革; 高級革》. 〘15C〙

cálf's-tòngue mólding /kǽvz-, kǽfs-, kɑ́ːvz-, kɑ́ːfs- | kɑ́ːvz-, kɑ́ːfs-/ *n.* 〖建築〗牛舌模様.

Cal·ga·ry /kǽlg(ə)ri/ *n.* カルガリー《カナダ南西部 Alberta 州の都市》.

Cal·gon /kǽlgɑ(ː)n | -gɔn/ *n.* 〖商標〗カルゴン《硬水軟化剤》.

Cal·houn /kæłhúːn/, **John Caldwell** *n.* カルフーン《1782–1850; 米国の政治家; 副大統領 (1825–32)》.

Ca·li /kɑ́ːli; *Am.Sp.* káli/ *n.* カリ《コロンビア中西部の都市; Cali 川に面した Valle del Cauca 州の州都》.

cal·i- /kǽli/ calli- の異形.

Cal·i·ban /kǽləbæ̀n, -bən | -l₃-/ *n.* **1** キャリバン《Shakespeare 作 *The Tempest* に現れる半獣人で Prospero の下男》. **2** (キャリバンのような)醜悪で野蛮な男. 〘(1611) ← ? CANNIBAL (*n* と *l* の位置を入れ換えた変形)〙

cal·i·ber, 《英》**cal·i·bre** /kǽləbə | -l₃bə^(r)/ *n.* **1 a** (銃砲の)口径《通例インチを100分した小数の形で表す; 砲身の長さを表す単位としても用いる》: an automatic pistol of small ~ 小口径の自動拳銃 / a 32 ~ 32口径《口径 0.32 インチ》. **b** 弾径《弾丸の直径》. **2** 円筒の直径; (特に)円筒の内径. **3 a** (心の)度量, (知識の幅, 知的能力などの)力量, 才幹 (ability); (人物の)器量: a man of excellent [large, poor] ～ 立派な[度量の大きな, くだらない]人物 / a man of presidential ～ 大統領の器たる人物 / a mind of no ～ 狭量な心, 小人物. **b** (ものの)価値の度合; 品質, 等級 (quality): a book of this ～ この程度の本. **4** 〘時計〙キャリバー《時計メーカーがムーブメントにつける型名》. 〖((1567)) ◻F *calibre* ◻ It. *calibro* ◻ Arab. *qālib* mold, model ← ? Gk *kālopódion* shoemaker's last ← *kâlon* wood＋*poús* foot〗

C

cál·i·bered *adj.* 直径[口径, 内径]…の. 〖((1887)): ⇨ ↑, -ed 2〗

cal·i·brate /kǽləbrèɪt | -lɪ̀-/ *vt.* **1 a** 〈銃砲などの〉口径を測定する. **b** 〈温度計などの計器〉の目盛をつける[検査する, 修正する]: be ～*d* in degrees 度盛りしてある. **c** (原器からの偏差を決定して)〈計器を〉基準化する. **2** 〈火砲〉の弾道癖を決定する, (弾道癖に応じて)〈火砲〉の射距離を修正する《基準砲と比較して, ある特定火砲の射距離の誤差を修正する》. 〖((1864)) ← CALIBER＋-ATE³〗

cál·i·bràt·ed áirspeed /-tɪ̀d- | -tɪ̀d-/ *n.* 〘航空〙較正対気速度《操縦席の計器の指す対気速度 (IAS) に, 速度センサーの取り付け位置などの影響による誤差を補正したもの; 略 CAS》.

cál·i·bràt·er /-tə | -tə(r)/ *n.* 〘機械〙 ＝calibrator.

cal·i·bra·tion /kæ̀ləbréɪʃən | -lɪ̀-/ *n.* **1 a** (銃砲などの)口径測定. **b** 弾道癖(の決定) (cf. calibrate 2). **c** (目盛りの)目定め, 度盛り; 目盛り調べ, 検度, 較正. **2** [通例 *pl.*] 目盛り: ～*s* on a gauge. **3** 分類. 〖((*c*1859)): ⇨ ↑, -ation〗

cál·i·brà·tor /-tə | -tə(r)/ *n.* 〘機械〙 **1** カリブレーター《目盛り調べするもの》. **2** 内径測定器. 〖((1900)): ⇨ ↑, -or〗

calibre *n.* 《英》 ＝caliber.

calices *n.* calix の複数形.

ca·li·che /kəlíːtʃi; *Am.Sp.* kalítʃe/ *n.* 〘地質〙 **1** チリ硝石 (Chile saltpeter) を含む鉱層《チリ・ペルーなどに大鉱床として存在する》. **2** カリチェ《乾燥地帯の地表の砂や小石の間に炭酸カルシウムが凝固した物; 米国 Arizona 州などにある》. 〖((1858)) ◻ Am.-Sp. ～ ← Sp. *cal* lime: ⇨ calco-〗

cal·i·cle /kǽlɪkl | -lɪ-/ *n.* 〘生物〙小杯状部, 小杯状器官. 〖((1848)) ◻ L *caliculus* (dim.) ← *calix* cup: ⇨ calyx〗

cal·i·co /kǽlɪkòʊ | -kəʊ/ *n.* (*pl.* ～**es**, ～**s**) **1 a** 《米》サラサ《白い綿布に種々の模様を捺染(なっせん)したもの》. **b** 《英》キャラコ, 白かなきん. **c** 《廃》インド綿布. **2** 《米俗》女の子 (girl), 女 (woman). **3 a** (白黒)まだらの動物. **b** 《米》まだら馬 (piebald). **4** 〘魚類〙 **a** ＝black crappie. **b** キャリコリュウキン《体色は黒・赤・青・白などのまだらがあり, 透明鱗の部分のあるリュウキン》. **5** 〘植物病理〙サラサ病《タバコ・ジャガイモ・セロリなどの葉がウイルスに冒され斑紋を生じる病変》. ― *adj.* [限定的] **1** サラサ[キャラコ]製の. **2** 《米》サラサ模様の; まだらの, ぶちの (spotted): ～ paper (サラサ模様を印刷した)サラサ紙 / a ～ horse まだら馬. 〖(((1540)) (1578) *calicut, kalyko* ← *Calicut* (最初この布が英国に輸出された港))〗

cálico·bàck *n.* 〘昆虫〙 ＝harlequin bug.

cálico bàss *n.* 〘魚類〙 **1** ＝black crappie. **2** ＝kelp bass. 〖*c*1882〗

cálico bùg *n.* 〘昆虫〙 ＝harlequin bug.

cálico bùsh *n.* 〘植物〙カルミア, アメリカシャクナゲ (⇨ mountain laurel 1). 〖1814〗

cálico flòwer *n.* 〘植物〙 **1** ＝mountain laurel 1. **2** サラサバナ (*Aristolochia elegans*)《ブラジル原産の室内装飾用つる植物》.

cálico-prìnter *n.* サラサ捺染(なっせん)工. 〖1706〗

cálico prìnting *n.* サラサ捺染, サラサ染. 〖1753〗

ca·lic·u·lar /kəlíkjʊlə | -lə(r)/ *adj.* ＝calycular. 〖1658〗

Cal·i·cut /kǽlɪkət, -kʌ̀t/ *n.* カリカット《インド南西部 Kerala 州の港市; 1498 年 Vasco da Gama は新航路を発見してこの地に到着した; 公式名 Kozhikode》.

cal·id /kǽlɪd | -lɪd/ *adj.* 暖かい (warm). 〖((1599)) ← L *calidus* warm〗

cal·i·dar·i·um /kæ̀lədɛ́əriəm | -lɪdέə-/ *n.* (*pl.* **cal·i·dar·i·a** /-riə/) ローマの浴場(の一区画, 一部屋). 〖◻ L *cal(i)dārium*: ⇨ ↑, -arium〗

ca·lif /kéɪlɪf, kǽl-/ *n.* ＝caliph.

Calif. 《略》 California.

ca·lif·ate /kéɪlɪfèɪt, kǽl-, -fɪ̀t | kǽl-, kéɪl-/ *n.* ＝caliphate.

cal·i·font /kǽləfɑ̀(ː)nt | -lɪfɔ̀nt/ *n.* 《NZ》ガス湯沸かし器.

Cal·i·for·nia /kæ̀ləfɔ́ənjə, -niə | -lɪfɔ́ːnjə, -niə←/ *n.* カリフォルニア《米国西海岸の州 (⇨ United States of America 表)》. 〖◻ Sp. ～ (1535 年スペインの軍人 H. Cortez がこれを島と誤解して命名) ← ? *califa* 'CALIPH' or *Calahorra* (スペインの都市の名): cf. OF *Californe* (*Chanson de Roland* に出てくる空想の国の名)〗

Califórnia, the Gulf of *n.* カリフォルニア湾 (Lower California 半島の東の細長い湾, 全長 1,207 km).

Califórnia bárberry *n.* 〘植物〙 ＝Oregon grape.

Califórnia blúebell *n.* 〘植物〙米国西部の砂漠に生えるハゼリソウ属の 1 年草 (*Phacelia minor*).

Califórnia cóndor *n.* 〘鳥類〙カリフォルニアコンドル (*Gymnogyps californianus*)《米国 California 州にすみ, 現在生息数が少ない; ⇨ condor¹ 1 b》. 〖*c*1889〗

Califórnia Cúrrent *n.* [the ～] カリフォルニア海流《太平洋の北米西海岸沖を南東へ流れる寒流》.

Califórnia fán pàlm *n.* 〘植物〙オキナワシントンヤシ (⇨ Washington palm).

Califórnia fúchsia *n.* 〘植物〙カリフォルニアフクシア (⇨ fuchsia 1 b).

Califórnia góld férn *n.* 〘植物〙米国太平洋沿岸に自生するウラボシ科キンシダ属の常緑のシダ (*Pityrogramma triangularis*).

Califórnia gúll *n.* 〘鳥類〙カリフォルニアカモメ (*Larus californicus*)《米国西部産の害虫を食う大形のカモメ》.

Califórnia jób càse *n.* 〘印刷〙カリフォルニアジョブケース《スモールキャップ以外の文字・記号を収めた欧文の端物組みに適した活字ケース》.

Califórnia láurel *n.* **1** 〘植物〙カリフォルニアゲッケイジュ (*Umbellularia californica*)《米国西海岸産クスノキ科の月桂樹の一種; 葉には芳香があり, 花は黄緑色で繖(さん)形花序をなす; mountain laurel ともいう》. **2** カリフォルニアゲッケイジュの木材《堅くて重く薄茶色で家具用》. 〖1871〗

Califórnia líve óak /-láɪv-/ *n.* 〘植物〙常緑のカシの木の一種 (*Quercus agrifolia*)《米国西海岸産で, 葉は皮のように堅い; coast live oak ともいう》.

Cal·i·for·nian /kæ̀ləfɔ́ənjən, -niən | -lɪfɔ́ːniən, -njən←/ *adj.* (米国) California 州(人)の. ― *n.* California 州人. 〖((1785)): ⇨ ↑, -an¹〗

Califórnian Jáck *n.* 〘トランプ〙カリフォルニアンジャック《seven-up に似た米国のゲームで, 二人が 6 枚の手札で得点を競う》.

Califórnia nútmeg *n.* 〘植物〙米国 California 州産のカヤの一種 (*Torreya californica*)《イチイ科の針葉樹で樹皮は灰褐色, 実は紫色のしまのはいった薄緑色で卵形》.

Califórnia órange *n.* カリフォルニア産オレンジ; (特に)ネーブル (navel orange).

Califórnia pómpano *n.* 〘魚類〙米国太平洋沿海にすむイボダイ科の食用魚 (*Palometa simillima*).

Califórnia póppy *n.* 〘植物〙ハナビシソウ (*Eschscholtzia californica*). ★ 米国 California 州の州花. 〖1891〗

Califórnia prívet *n.* 〘植物〙オオバイボタ (*Ligustrum ovalifolium*)《日本原産のモクセイ科の低木; 米国では生垣に使う》.

Califórnia quáil *n.* 〘鳥類〙カンムリウズラ (*Lophortyx californica*). 〖1831〗

Califórnia réd fír *n.* 〘植物〙カリフォルニアモミ (*Abies magnifica*)《北米原産モミ属の針葉樹大高木》.

Califórnia róse *n.* 〘植物〙ヒルガオ (*Calystegia japonica*)《東アジア原産で米国に帰化; 花は小形でピンク色》.

Califórnia rósebay *n.* 〘植物〙 ＝pink rhododendron.

Califórnia sardíne *n.* 〘魚類〙北米西海岸産ニシン科の食用魚 (*Sardinops caerulea*).

Califórnia sóaproot *n.* 〘植物〙 ＝soap plant 1.

Califórnia Tokáy *n.* ＝Tokay 1 b.

Califórnia yéllowtail *n.* 〘魚類〙米国 California 州沿海産の体長 1 m 近くになるブリ属の食用魚 (*Seriola dorsalis*)《単に yellowtail ともいう》.

cal·i·for·ni·um /kæ̀ləfɔ́əniəm, -njəm | -lɪfɔ́ː-/ *n.* 〘化学〙カリフォルニウム《人工 α 放射性元素; 記号 Cf, 原子番号 98》. 〖((1950)) ← NL ～ ← (*Univ. of*) *California* (ここで発見されたことにちなむ): ⇨ -ium〗

ca·lig·i·nous /kəlídʒənəs | -dʒɪ-/ *adj.* 《古》はっきりしない, ぼんやりした, 暗い (dim, dark). **～·ly** *adv.* **～·ness** *n.* **ca·lig·i·nos·i·ty** /kəlìdʒənɑ́(ː)səti | -dʒɪnɔ́sɪti/ *n.* 〖((1548)) ◻(O)F *caligineux* ∥ L *cālīginōsus* dark ← *cālīgō* darkness: cf. Skt *kāla* black: ⇨ -ous〗

ca·li·go /kəlíːgoʊ, -láɪ- | -gəʊ/ *n.* (*pl.* ～**s**, ～**es**) 〘昆虫〙フクロチョウ《鱗翅(りんし)目フクロチョウ科フクロチョウ属 (*Caligo*) のチョウの総称; 後翅裏面の中央に大きな眼状紋があり, 一見フクロウに似せて小鳥を威嚇する; 中米と南米に限って生息し 10 余種ある》. 〖((1801)) ← NL ～ ← L *cālīgō* dimness of sight (↑)〗

ca·lig·ra·phy /kəlígrəfi, kæ-/ *n.* ＝calligraphy.

Ca·lig·u·la /kəlígjʊlə/ *n.* **1** カリグラ (12–41; ローマ皇帝 (37–41); Germanicus Caesar と Agrippina I の息子; 暴虐無道をもって知られている; 本名 Gaius Caesar). **2** 「カリギュラ」《この皇帝をテーマにした Camus の戯曲名》. 〖← It. *caliga* soldier's boot: 少年の頃軍隊で兵隊靴をはいていたのでつけられたあだ名〗

Cal·i·mere /kǽləmɪə | -lɪmɪə(r)/, **Point** *n.* カリメール岬《インド南東部, Palk 海峡に臨む岬》.

Cal·i·na·go /kæ̀lɪnɑ́ːgoʊ | -gəʊ/ *n.* カリナゴ語《西インド諸島の Lesser Antilles 諸島および中央アメリカで使用される Arawak 語の一つ》.

cal·i·pash /kǽləpæ̀ʃ | -lɪ-/ *n.* ウミガメ (turtle) の背肉《背甲下部の緑褐色の膠(にかわ)状物で, 珍味》. 〖((1689)) 《変形》? ← Sp. *carapacho* 'CARAPACE'〗

cal·i·pee /kǽləpìː | -lɪ-/ *n.* ウミガメの腹肉《腹甲内部の淡黄色の膠(にかわ)状物で, 珍味》. 〖((1657)) 《変形》? ← CALIPASH〗

cal·i·per /kǽləpə | -lɪpə(r)/ *n.* **1 a** [通例 *pl.* または a pair of ～*s*] カリパス, パス, 測径両脚器: inside [outside] ～*s* 内[外]径カリパス, 内[外]パス. **b** ＝caliper rule. **2** (紙・木などの)厚み. **3** 〘機械〙キャリパー《摩擦材料のついた 2 枚の板でブレーキ輪をはさみつけるもの》. **4** 〘医学〙 ＝caliper splint. ― *vt.* カリパスで計る. 〖((1588)) 《変形》 ← CALIBER〗

cáliper còmpass *n.* [通例 *pl.*] ＝caliper 1 a. 〖1588〗

cáliper gàuge *n.* **1** はさみ尺. **2** ＝vernier caliper.

cáliper rùle *n.* (木などの直径を計る)はさみ尺, パス (calipers) 付き物差し.

cáliper splint *n.* 〘医学〙(腰骨で体重を支えるための)金属製の補強具. 〖1886〗

cáliper squàre *n.* 〘機械〙はさみ尺《ノギスに似てそれより精度の低い長さ測定器》.

ca·liph /kéɪlɪf, kǽl-/ *n.* カリフ, ハリーファ《予言者 Muhammad の後継者の意でイスラム教徒の政治的・精神的首長, 教主》. **～·al** /～əl/ *adj.* 〖((*a*1393)) ◻(O)F *caliphe* ∥ ML *calīpha* ◻ Arab. *khalīfa*^h successor, vicar ← *khálafa* to succeed〗

ca·liph·ate /kéɪlɪfèɪt, kǽl-, -fɪ̀t | kǽl-, kéɪl-/ *n.* カリフ (caliph) の位[統治, 管区]《califate, kalifate ともいう》. 〖((1614)) ◻F *caliphat* ◻ ML *caliphātus*: ⇨ ↑, -ate¹〗

cál·i·sa·ya bárk /kæ̀ləsáɪə- | -lɪ-/ *n.* 〘植物〙南米産アカネ科キナノキ属の植物 *Cinchona calisaya* やボリビアキナノキ (*C. ledgeriana*) の皮, キナ皮《キニーネの原料; 単に calisaya ともいう》. 〖((1837)) *calisaya*: ◻ Sp. ～ ← ? *Calisaya* (その樹皮の薬性を教えた 17 世紀のインディアンの名)〗

Ca·lis·ta /kəlístə/ *n.* カリスタ《女性名》. 〖← Gk *kállista* (superl.) ← *kalós* beautiful〗

cal·is·then·ic /kæ̀ləsθénɪk | -lɪs-←/ *adj.* 美容[柔軟]体操の. 〖((1827)): ⇨ calli-, sthenic〗

càl·is·thén·i·cal /-nɪkəl, -kl | -nɪ-←/ *adj.* ＝calisthenic. 〖1837〗

cal·is·then·ics /kæ̀ləsθénɪks | -lɪs-/ *n.* **1** [単数扱い] 美容体操法. **2** [複数扱い] (主に女子の)美容体操, 柔軟体操. 〖((1827)): ⇨ calisthenic, -ics〗

cal·i·ver /kǽləvə | -lɪvə(r)/ *n.* カリヴァー銃《musket 銃と carbine 銃の間の大きさの火縄式銃; 16–17 世紀に使用された》. 〖((1568)) 《変形》 ← F *calibre* 'CALIBER'〗

ca·lix /kéɪlɪks, kǽl-/ *n.* (*pl.* **ca·li·ces** /kǽləsìːz | -lɪ-/) **1** 〘キリスト教〙 ＝chalice 2. **2** ＝calyx. 〖((1698)) ◻ L ～ 'cup': cf. chalice〗

calk¹ /kɔ́ːk, kɑ́ːk | kɔ́ːk/ *n.* **1** (蹄鉄(ていてつ)の)滑り止めのスパイク. **2** 《米》(靴に付ける)滑り止め釘, 底金. ― *vt.* **1** …に calk を付ける. **2** 〈馬が〉calk で〈脚を〉傷つける. 〖((1587)) 《逆成》? ← CALKIN〗

calk² /kɑ́ːk | kɔ́ːk/ *v., n.* ＝caulk².

cálk·er¹ *n.* ＝caulker.

calk·er² /kɔ́ːkə | -kə(r)/ *n.* 《スコット》 ＝calk¹ 1.

calk·in /kɔ́ːkɪn, kɑ́ː-, kǽlk- | kǽlkɪn, kɔ́ːk-/ *n.* ＝calk¹ 1. 〖((1447)) ◻ MDu. *calcoen* ◻ OF *calcain* heel ＜ L *calcāneum* ← *calx* heel〗

cálk·ing *n.* ＝caulking.

call /kɔ́ːl, kɑ́ːl | kɔ́ːl/ *vt.* **1 a** 大声で呼ぶ, …に呼び掛ける; 叫ぶ (shout) 〈*out*〉: ～ *out* a name / ～ last orders (酒場などで看板前に客たちに)もう注文はないかと大声で言う / I ～*ed* him, but he did not hear me. 彼に声を掛けたが聞こえなかった. **b** 読み上げる: ～ a list 表を読み上げる / ～ a roll 点呼する. **c** 大声で伝える[命令する]: ～ a halt 止まれ[やめ]と命令する. **d** 指令する: ～ a strike ストライキを指令する / ⇨ *call the* TUNE 成句.

2 [目的補語を伴って] **a** …と名づける, …と呼ぶ (name, term): I'm ～*ed* John. 私はジョンと申します / His parents ～ him John, but the boys ～ him Jack. 両親は彼をジョンと呼ぶが, 少年たちは彼をジャックと呼ぶ / What do you ～ a person who collects stamps? 切手を収集している人を何と呼びますか / I have few things I can ～ my own. 自分の物だと言えるものはほとんどない / ⇨ *call* (*a person*) (*bad*) NAMES. **b** …と考える (consider), 評する, 言う: I ～ that mean. それはけちくさいよ / Can we ～ it a success? これが成功と言えるか / What sort of behavior do you ～ that? あれはどういったふるまいと思いますか. **c** …とみなす, 見積もる: We ～*ed* it ten miles. 距離を 10 マイルと見積もった / How far is it ～*ed* to Forres? 《古》フォレスまでどのくらいあるか.

3 a 〈人〉に電話をかける 〈*up*〉: *Call* me (*up*) at ten. 10 時に電話してください / Don't ～ us: we'll ～ you. 電話しなくても, こちらからかけます / She ～*ed* me with a question about the contract. その契約についての質問があって私に電話をよこした. **b** 〈伝言を〉電話で伝える. **c** 〈相手〉に信号を送る 〈*up*〉: ～ *up* the flagship.

4 a 〈人を〉呼び集める, 呼び出す, 召喚する (summon): ～ a witness 証人を呼び出す / ～ spirits from the other world 精霊をあの世から呼び出す. **b** 〈人・車などを〉〔…に〕呼んで来る, 招く, 迎える 〔*to, into*〕: ～ the family *to* dinner 家族の人たちを夕食に呼ぶ / ～ a person *into* one's office 人を事務所に呼ぶ / ～ a person *down* to breakfast 人を朝食に降りてくるように呼ぶ / ～ a person *up* to the front of the hall 人を玄関の前へ呼び出す. **c** 喝采(かっさい)して〈俳優などを〉幕前へ呼び出す: The singer was ～*ed out* three times. 歌手は三度アンコールされた. **d** 〘電算〙〈関数・サブルーチンを〉呼び出す, コールする.

5 a 〈眠っている人を〉(呼び)起こす: *Call* me at 6 o'clock tomorrow morning. 明朝 6 時に起こしてください. **b** 〈人の注意を〉喚起する: ～ a person's attention to the traffic signal [lights] 人の注意を交通信号に向けさせる. **c** 思い起こさせる; 出現させる: ～ *to* mind the words of one's teacher 先生の言葉を思い出す / ～ into existence [being] 生む, 生み出す.

6 a 〈会を〉召集する (convoke): ～ a meeting / ～ an election 選挙を施行する. **b** 〈選挙を〉実施する. **c** 審議[裁判]にかける: ～ a case (to court) 事件を審議にかける.

7 a 〈人を〉〈職務・義務などに〉つかせる 〔*to*〕: ～ a person *to* (bear) arms [the colors] 人を軍隊に召集する / ～ a person to active duty 人を(予備役から)実戦任務につかせる / be ～*ed to the* Bar ⇨ bar¹ 7. **b** 〈神が〉〈人を〉〈聖職などに〉就かせる 〔*to*〕: God ～*ed* him *to* the ministry. 神は彼を聖職に召した.

8 a 《米俗》〈人を〉〔…のことで〕非難する, とがめる 〔*on*〕:

They ~*ed* him *on* his laziness. 怠惰だといって彼を非難した. **b** 《英方言》叱る.
9 《口語》前もって言い当てる, 予言する, 予想する: ~ the toss of a coin = ~ heads or tails (コインを投げて)表か裏か賭ける.
10 (鳴き声をまねて)〈猟鳥を〉おびき寄せる.
11 a 〈貸金〉の返済を要求する. **b** 《米》〈債券〉の繰上げ償還をする, 〈優先株〉の任意償還をする: ~ a bond.
12 《スコット》= ca'.
13 〖スポーツ〗 **a** (日没・雨などのために)〈試合を〉中止させる (cf. CALLED game). **b** 〈審判が〉宣する: ~ a runner safe [out] 走者にセーフ[アウト]を宣する. **c** 〈試合時間を〉一時中止する, タイムする: The umpire ~*ed* time while the field was cleared. フィールドが片付くまで審判は試合を一時中止した[タイムを宣した].
14 〖玉突〗(突くときに)〈どの球を〉(どのポケットに入れるかを)指定する.
15 〖トランプ〗〈相手〉にコールする (⇨ *n.* 11); 〈切札を〉宣言する.
16 〖クリケット〗 **a** 〈味方の打手〉にラン[得点]を試みても安全であると呼びかける. **b** 〈審判が〈投手〉に投げ方が不正であると注意する.
17 〖ダンス〗…にコールする 〈*off*〉 (cf. *n.* 13).
18 《豪》(競馬および他のスポーツ競技について)実況放送[解説]をする.
— *vi.* **1 a** (遠くでも聞こえるように)大声でしゃべる[呼び掛ける], 叫ぶ (shout): You ~*ed*, Sir? お呼びになりましたか / ~ *for* help 助けを求めて叫ぶ / ~ *to* a person to stop 人に止まれと叫ぶ. **b** 〈鳥獣が〉鳴く. **2** 電話をかける 〈*up*〉: I'll ~ again later. あとでまたおかけします / May I ask who is ~*ing*? (電話で)どちらさまでしょうか / I tried to ~ about our meeting, but you weren't in. 君に会議のことで電話したんだがいなかったんだよ | ⇨ CALL *in* (*vi.*) (2).
3 a ちょっと訪れる[立ち寄る] 〔*on, upon, at*〕: ~ *on* [*upon*] a friend 友人を訪ねる / ~ *at* a house 家に立ち寄る / ⇨ CALL *by*. **b** 〈列車・汽船などが〉途中停車[寄港]する 〔*at*〕: ~ *at* a port 寄港する / This train ~*s at* Bath only. この列車はバースにのみ停車する. **c** 〈人が〉(特に, 物を売りに)定期的に訪ねてくる: The newsboy ~*s* twice a day. 新聞配達人は1日2回やってくる. **4** 要求する (demand): ⇨ CALL *for*, CALL *on*. **5** 《スコット》= ca'.
6 〖トランプ〗コールする, コールという: **a** ある特定のカードを(出せと)要求する. **b** 手札の公開を要求する. **c** (ブリッジで)ビッド・ダブル・パスなどの意思表示をする. **d** (ポーカーで)相手と同じだけ賭け, ゲームに残る (cf. stay¹ *vi.* 7). **7** 〖劇場〗リハーサルの告示をする. **8** 〖ダンス〗コールする 〈*off*〉 (cf. *n.* 13).
be* [*féel*] *called to dó* [*to*]** 使命感で…する[…すべきとの使命感をもつ] (cf. *vt.* 7 a): He *was* [*felt*] ~*ed to* become a priest [*to* the priesthood]. 使命感で司祭になった[司祭になることを使命と感じた]. ***càll abóut (1) …のことで電話する (cf. *vt.* 3 a, *vi.* 2). (2) 《英》…の件で訪問する. ***càll after*** … 〈人を〉追いかけて呼ぶ; 後ろから声をかける. ***càll … àfter*** — —にちなんで…と呼ぶ: be ~*ed after* one's uncle おじの名をもらう. ***càll aróund*** (1) ちょっと訪ねる. (2) 《主に米》(情報を得ようと)色々な人に電話をかける 〔*about, to*〕. ***càll asíde*** 〈人を〉(内緒話のために)わきに呼び出す (cf. TAKE *aside*): I ~*ed* him *aside* and told him to shut up. 彼をわきに呼び出して, 黙っていろと言った. ***càll awáy*** [しばしば受身で] 呼んで行かせる[去らせる] (on business): He was ~*ed away* (on business) a few minutes ago. (仕事で) 2, 3 分前に呼ばれて行った / Business ~*ed* him *away*. 用事があってよそへ行った. ***càll báck*** (*vt.*) (1) 呼び返す; 召還する (recall). (2) 〈電話をかけてきた人〉にあとでかけ返す; (また)あとで電話する: I'll ~ you *back*. のちほどお電話します. (3) 〈体力などを〉回復させる. (4) 〈…を〉思い出させる. (5) 〈発言を〉撤回する. (6) 〈欠陥品などを〉回収する. — (*vi.*) (1) 電話をかけ返す. (2) 《主に英》またあとで訪れる. (3) 〖生物〗= THROW *back*. ***càll bý*** 《英口語》(途中で)〔…に〕立ち寄る 〔*at*〕: *call by at* the shops. ***càll dówn*** (*vi.*) (階下に)声をかける. — (*vt.*) (1) 〈天罰・天恵などを〉下したまえと祈る (invoke) 〔*on, upon*〕: ~ *down* the wrath of God *upon* a person [a person's head] 人[人の頭]に神の怒りが下るようにと祈る. (2) 《米口語》どなりつける, 叱る: He was ~*ed down* by his father for being lazy. 怠惰であることで父にしかられた. (3) 《米口語》けなす, 酷評する. (4) 《米口語》〈…に〉挑戦する. (5) 〈空爆などを〉命じる. ***càll for*** (1) …を要求する, 必要とする: ~ *for* a salary increase 賃上げを要求する / The situation ~*s for* cool judgment. この状況には冷静な判断が必要だ. (2) 《主に英・豪》〈物を〉取りに立ち寄る; 〈人を〉誘いに寄る: I'll ~ *for* you at 10. 10時にお迎えにまいります / To be left till ~*ed for*. (封筒の上書きで)留置き. (3) ⇨ *vi.* 1 a. (4) …を予報[予知]する. ***càll fórth*** 〈人に〉前へ出るように叫ぶ; 奮い起こす, 引き出す, 喚起する (call out): ~ *forth* a person's courage. ***càll a person fórward*** 人に前に進み出るように言う: Nominees were ~*ed forward* to speak to the audience. 指名された人は前に出て聴衆に話すようにと求められた. ***càll ín*** (*vt.*) (1) 〈金を〉集める, 〈借金を〉取り立てる (collect); …の支払い[返却]を要求する. (2) 〈通貨・不適格品・不要品などを〉回収する: ~ *in* all the unused ammunition 未使用弾薬を回収する. (3) (援助・助言を求めて)〈人を〉呼び入れる, 〈医者などを〉呼ぶ; 自宅に招く: ~ *in* a doctor. (4) 〈援助を求める: ~ *in* the police 警察の助けを求める. (5) 〈軍隊などを〉撤退させる. — (*vi.*) (1) 訪ねる, 立寄る 〔*at, for, on*〕; 寄港する 〔*at*〕: I ~*ed in on* him yesterday. 昨日彼の所に立寄った. (2) 〈職場・テレビ局など〉に電話を入れる (phone in) 〔*to*〕: He ~*ed in* to say he could not attend the meeting. 会に出席できないと電話を入れてきた. ***càll in dóubt* [*quéstion*]** (1) 〈陳述など〉に疑いをはさむ, 異議を唱える, 疑問とする, 疑う. (2) 裁く (cf. *Acts* 19: 40). ***càll in síck*** ⇨ sick¹ 成句. ***càll it a dáy*** ⇨ day 成句. ***càll it* (*áll*) *squáre*** ⇨ square *adj.* 成句. ***càll it quíts*** ⇨ quits 成句. ***càll óff*** (1) 呼んで行かせる (call away); 〈犬などに〉攻撃をやめさせる: Please ~ *off* the dog. 犬を呼んで向こうに行かせてください. (2) 〈注意を〉他に転じる, そらす (divert): His attention was ~*ed off* by a new customer. 新しい客が来て彼の注意がそらされた. (3) 〈約束などを〉取り消す, 撤回する; 〈計画を〉放棄する, 〈催しなどを〉中止する; 〈捜索を〉打ちきる: ~ *off* one's engagement 約束[婚約]を解消する / ~ *off* a strike ストライキを中止する / The baseball game was ~*ed off* because of rain. 野球試合は雨のために中止された. (4) 〈リストなどを〉順に読み上げる. ***càll on*** (1) ⇨ *vi.* 3 a. (2) 〈人〉に(…するように)求める, 要求する, 頼む 〔*for*〕 / 〈*to do*〉: ~ *on* a person *for* a speech 人に演説を頼む / ~ *on* a person *to* do something 人に何かをするように求める. (3) 〈神の名などを〉呼ぶ, 唱える (cf. invoke *vt.* 1): ~ *on the name of the Lord* 主の名を呼び求める. (4) (急場のために)…を使う[用いる]. ***càll óut*** (1) ⇨ *vt.* 1. (2) 〈軍隊・消防隊などを〉出動させる: ~ *out* the militia 民兵を出動させる. (3) 〈労働者を〉ストに駆り出す: The workers were ~*ed out* (on strike). 労働者をストに突入させる. (4) 誘い出す, 引き出す (call forth): ~ *out* new abilities 新たな才能を発揮する. (5) (困って)〈医者・修理人などを〉呼び出す: The doctor was ~*ed out* in the middle of night. 医者が真夜中に呼び出された. (6) 〈人〉に決闘をいどむ. (7) 〖野球〗〈審判が〉…にアウトを宣告する. — *vi.* (1) 〔…〕が必要である 〔*for*〕. (2) 《米》電話で出前を頼む 〔*for*〕. ***càll óver*** 〈名簿を〉読み上げる, 点呼する. ***càll róund*** ⇨ CALL *around* (1). ***càll a person to accóunt*** ⇨ account 成句. ***càll to órder*** ⇨ order *n.* ***càll to wítness*** ⇨ witness 成句. ***càll úp*** (*vi.*) (階上に)声をかける. — (*vt.*) (1) ⇨ *vt.* 3 a, c. (2) 〈議案を〉審議にかける, 上程する. (3) 思い起こす, 〈事が〉〈記憶などを〉呼び起こす: ~ *up* one's sorrows afresh 悲しみを新たにする. (4) 呼び起こす, 〈霊を〉呼び出す; 〈眠っている人を〉起こす: ~ *up* spirits. (5) 〖軍事〗[しばしば受身で] 〈人を〉(現役勤務に)召集する: ~ *up* a person *for* the army. (6) ナショナルチームなどに入れる. (7) 〖電算〗〈データ・プログラムを〉データから呼びだす, 検索する. (8) 〖通信〗〈特定の無線局〉に通信を送る. ***càll upòn*** = CALL *on*. ***whàt one càlls* = *whàt is càlled*** いわゆる: *what is* ~*ed* Engel's law いわゆるエンゲルの法則 / She is *what you* (might [could]) ~ a "pinup girl." 彼女はいわゆるピンナップガールだ.
— *n.* **1 a** 大声で呼ぶこと; 大声で呼ぶ声, 叫び: a ~ for help 助けを求める叫び / He turned at the ~ of his name. 彼は名前を呼ばれてふりむいた. **b** (鳥獣の)鳴き声, さえずり; (おびき寄せるための)鳥獣の鳴きまね. **c** (鳥獣の鳴き声などをまねて引きつける)呼び子; 呼び笛. **d** 《廃》おとりの鳥.
2 点呼, 出席[出勤]調べ.
3 a 召集, 招き: a ~ to appear before the manager 監督の前に集まるための召集. **b** 〔教授・牧師などへの〕就任要請, 招請; 招請状 〔*to*〕: accept a ~ *to* a university chair 大学教授就任の招請を受ける. **c** 《英》バリスターになること: a ~ *to* the bar バリスター資格免許(付与). **d** (神の)お召し (vocation); 天職, 使命: feel a ~ *to* the ministry 牧師として立つようにとの神のお召しを感じる.
4 a 呼び出し; (特に, 俳優などを舞台に)呼び出すこと (cf. curtain call): a ~ before the curtain カーテンコール / take a ~ 〈役者が〉歓呼にこたえる. **b** (ホテルでの)モーニングコールの注文: leave a ~ for 7:30 7時半に起こしてくれと頼んでおく. **c** (太鼓・笛などによる)召集の合図; (旗・灯火などによる)信号: a bugle ~. **d** (消防士などの)行動[警告]合図. **e** 〖電算〗(関数・サブルーチンの)呼び出し, コール.
5 電話をかけること, 通話: make [receive] a ~ 電話をかける[受ける] / give a person a ~ 人に電話をする / put a ~ through 電話をつなぐ / return a person's ~ 折り返し人に電話する / There have been two telephone ~*s*. 電話が2度ありました / Hold my ~*s*. 電話があってもつながないで(用件を聞いておいて)くれ.
6 a (短時間の公式の)訪問; 寄港: pay [make] a ~ on [upon] a person 人を訪問する / make a ~ at John's ジョンの家を訪ねる / receive a ~ 訪問を受ける / a place of ~ 寄港地, 立寄り地 / The ship will make a ~ at Yokohama. 船は横浜に寄港する. **b** (外交員などの)定期的な訪問: ⇨ HOUSE of call.
7 (特定の場所などの)誘惑, 魅力 (attraction, appeal): the ~ of the sea [the wild, the unknown] 海[荒野, 未知の事物]の魅惑.
8 a 要求, 需要: There are many ~*s on* my time. (あれこれ多忙で)時間を取られる / have many ~*s on* one's income いろいろなことのために収入を割かれる. **b** [主に否定・疑問文に用いて] 必要 (need, necessity): There's *no* ~ *for* you to worry. 君が心配することはない / You have *no* ~ to be here. 君はこんな所にいる必要はない / There's little [not much, no] ~ for typewriter ribbons these days. 最近タイプライターのリボンはほとんど[あまり, 全く]必要ない. **c** (株式の未払込代金の)払込請求: a ~ on shareholders. **d** (債券の)繰上げ償還, (優先株の)任意償還; (業者の客に対する)追加証拠金の請求. **e** (ある商品の)市場需要: Wheat has the ~. 小麦が最も需要がある.
9 生理的要求 (call of nature) 《大・小便のこと》: pay a ~ 《口語》[婉曲的に] トイレに行く
10 〖劇場〗 **a** (舞台監督助手による)リハーサルの告示[掲示]. **b** リハーサル (rehearsal).
11 〖トランプ〗コール: **a** ある特定の札の請求: a ~ for trumps 切札の請求. **b** 手札を見せよという宣言. **c** (ブリッジで)ビッド・パス・ダブル・リダブルなどの宣言の総称. **d** (ポーカーで)先行の競技者と同じだけ賭けてゲームに残ること.
12 〖証券〗コール, (株式)買付選択権 (call option) 《特定の基礎資産を一定期間中に所定の価格で買い付けることができる権利; cf. put¹ *n.* 3》.
13 〖ダンス〗コール 《スクエアダンスで次の隊形や踊り方を指示すること》.
14 〖スポーツ〗(審判による)判定, コール.
15 〖軍事〗(軍の)召集.
16 〖テニス〗(進行中のゲームの)スコア.
17 〖アメフト〗コール 《ゲーム中チームのオフェンスを指揮するためのプレーの選択》.
18 〖音楽〗コール 《民謡などで語るように一人で歌われる部分; 普通これに合唱がリフレイン風に応える》.
19 《豪・NZ》(競馬などの)実況放送.
20 《口語》決定, 決断, 見きわめ: Good ~! いい判断だ, よくやった.
21 《米俗》(麻薬の)効き始め, 快感.
a clóse cáll 《口語》= narrow escape. ***at a person's béck and cáll*** ⇨ beck¹ 成句. ***gét the* [*one's*] *cáll*** 《方言》(1) 死ぬ (die). (2) 死に瀕している. 《1884》 ***hàve first cáll on*** 〈品物・助力など〉に対する優先権がある, 優先的に入手[使用]できる: I *have first* ~ *on* my father's time. 父は誰よりも先に私に時間を割いてくれる. ***on cáll*** 要求[請求]次第 (on demand); すぐ手に入る, 待機して: money *on* ~ = call money / be *on* ~ 〈医者などが〉待機している / There is a nurse *on* ~ 24 hours a day. 一日24時間待機している看護婦がいる. ***within cáll*** 呼べば聞こえる所に, 近くに; 電話[無線]で連絡できる所に; 待機して: He stayed *within* ~ of his children. 彼は子供の近くにいた. 《1668》
cáll for márgin 〖証券〗証拠金請求 《証拠金の担保価値が低下した場合》.
cáll of náture = call *n.* 9.
cáll to quárters 〖軍事〗(消灯らっぱ 15 分前の)消灯用意らっぱ. 《← *call to quarters* (部署につかせる)》
cáll to the cólors 〖軍事〗軍旗掲揚[降下]式のらっぱ (cf. *call to the* COLORS).
〖*v.*: (?c1200) *calle*(*n*) (cf. lateOE (WS) *ċeallian* to shout) ▭ ON *kalla* to name, call < Gmc **kallōjan* (Du. *kallen* / OHG *kallōn* to talk) ← IE **gal-* to call, shout. — *n.*: (*a* 1325) ← (*v.*) // ▭ ON *kall* ← *kalla*〗

SYN 呼び寄せる: **call** 〈人〉に手紙や電話である場所へ来ることを要求する 《基本的な語》: I *called* a doctor. 医者を呼んだ. **invite** お客または参加者として〈人〉の出席を丁重に求める: They *invited* me to the party. そのパーティーに招かれた. **summon** 権威[権力]によって呼び出す: The principal *summoned* the boy to his office. 校長はその生徒を校長室に呼び出した. **cite** 〖法律〗法廷に出頭を命じる: He was *cited* to appear and testify. 出頭して証言するために召喚された. **convoke** 〈王や議会が審議・立法などのために〈議員などを〉召集する 《格式ばった語》: *convoke* Parliament 議会を召集する. **convene** 〈委員会などを〉招集する 《格式ばった語》: The president *convened* the committee. 会長は委員会を招集した.

cal·la /kǽlə/ *n.* 〖植物〗 **1** サトイモ科オランダカイウ属の植物の総称 《キバナカイウ (yellow calla) など》; (特に)カラー, オランダカイウ (*Zantedeschia aethiopica*) 《観賞用に栽培; 花は白・黄; calla lily ともいう》. **2** ヒメカイウ (*Calla palustris*) 《冷湿地に産するサトイモ科の植物; 緑白色の仏炎苞と鮮紅色の実をつける》. 〖(1805) ← NL ← Gk *kállaia* (*pl.*) wattle ← *kállaion* cock's comb ← ? *kállos* beauty〗
call·a·ble /kɔ́ːləbḷ, kɑ́ːl- | kɔ́ːl-/ *adj.* **1** 呼ぶことのできる. **2 a** 請求次第支払われる. **b** (債券の)繰上げ償還ができる, (優先株の)任意償還ができる. 〖(1826) ← (*v.*)〗
Cal·la·ghan /kǽləhæ̀n | -hən, -hæ̀n/, **(Leonard) James** *n.* キャラハン 《1912–　; 英国の労働党政治家; 首相 (1976–79)》.
cal·la·is /kǽleɪɪs/ *n.* 〖考古〗カライス, カレナイト 《西ヨーロッパ新石器時代後期(青銅器時代初期)の遺跡からビーズや装飾品として出土した緑色の石》. 〖(1878) ▭ L ~ ← Gk *kallaïs*〗
cáll alàrm *n.* 緊急呼び出し装置 《身体障害者や身寄りのない高齢者が監視センターに警報を送る装置》.
Cal·la·net·ics /kæ̀lənétɪks | -nét-/ *n.* 〖商標〗キャラネティクス 《小さな動きを繰り返して行うエクササイズ; 1980 年代後半に流行した》. 〖(c1975) ← *Callan Pinckney* (1939–　; 米国人でこの方法の考案者) + (ATHLE)T-ICS ?〗
cal·lant /kǽlənt, kɑ́ːl-/ *n.* (*also* **cal·lan** /-lən/) 《スコット・北英》若者 (lad, boy). 〖(c1592) ▭ Du. & LG *kalant* customer ▭ ONF *caland* = OF *chalant* (F *chaland*) ← *chaloir* to be warm < L *calēre*〗
Ca·llao /kɑːjáʊ, kə-; *Am.Sp.* kajáo/ *n.* カヤオ 《ペルー西部の港市; Lima 県の県都》.
Cal·las /kǽləs, kɑ́ː- | kǽləs, -læs; *Mod. Gk.* kálas/, **Maria (Men·e·ghi·ni** /mènəgíːni/**)** *n.* カラス 《1923–77; 米国生まれのギリシャのソプラノ歌手》.
cáll·bàck *n.* **1** (自動車など, 欠陥商品の改良のための)製品回収. **2** 〖労働〗 **a** 一時帰休 (lay-off) 後の職場復帰. **b** 正規の勤務時間後に職場に呼び戻すこと. 〖1936〗
cáll-bàck pày *n.* 〖労働〗特別基準外手当, 非常超過勤務手当 《勤務時間後呼び戻されて特別[非常]勤務をした

C

従業員が受ける報償金).
cáll bèll *n.* 呼びりん. 〖1872〗
cáll bìrd *n.* おとりの鳥 (decoy bird). 〖1773〗
cáll-bòard *n.* 1 (劇場で舞台稽古の告示に用いる)楽屋掲示板. 2 〖鉄道〗(乗務員当番などの)告知板. 〖1886〗
cáll bòx *n.* 1 《米》(交付窓口で請求によってのみ受け取ることのできる)一種の郵便私書箱. 2 《英》公衆電話ボックス (telephone booth). 3 (警察署・消防署を呼び出す)緊急電話(ボックス). 〖1885〗
cáll·bòy *n.* 1 (俳優に出番を伝える)舞台の呼び出し係. 2 《米》ホテルのボーイ (bellboy). 3 〖鉄道〗仮眠中の列車従業員の起こし係 (caller ともいう). 〖1794〗
cáll càrd *n.* 〖図書館〗=call slip.
cáll chánges *n. pl.* 〖鳴鐘術〗口頭の指示に合わせて行う転調鳴鐘. 〖1872〗
cáll-dày *n.* 《英》(法学院 (Inns of Court) の)バリスター (barrister) 資格免許式日 (cf. call-night). 〖1720〗
called *adj.* 1 召集された: a ~ session 臨時[特別]議会. 2 償還通知済の: a ~ bond 償還決定債券. 3 〖スポーツ〗試合中止を命じられた: a ~ game コールドゲーム (雨その他の理由で中止を宣告された試合; 勝敗はそれまでの得点で決める; cf. call *vt.* 13 a). 〖(1477): ⇨ -ed〗
cálled stríke *n.* 〖野球〗見のがしのストライク (バッターが見送って宣告されたストライク). 〖1887〗
cáll·er¹ /-lə | -lə(r)/ *n.* 1 a 電話をかける人. b 呼び出しをする人[物]. c (スクエアダンスで)呼びかけの指示をする人. d (ビンゴなどで)数を読み上げる人. 2 (短時間の)訪問者, 来訪者 (⇨ visitor SYN). 3 〖鉄道〗a (待合室などで)列車の発着を伝える係. b =callboy 3. 〖(1435): ⇨ -er¹〗
cal·ler² /kǽlə, kɑ́:lə | -lə(r)/ *adj.* 《スコット・北英》1 〈野菜・魚などが〉新鮮な (fresh). 2 涼しい (cool), さわやかな (fresh). 〖(c1375) *caloure* (変形) ← ? 《廃》*calver* fresh ← OE *calwer* curds ← Gmc *kal- 'COLD'〗
cáller ÌD *n.* 発信者番号通知サービス (受話器を取る前に, 電話をかけてきた人の番号が電話機に表示されて相手が特定できる電話サービス).
Ca·lles /kɑ́:jeɪs, káɪeɪs; *Am.Sp.* kájes/, **Plu·tar·co E·lí·as** /plutárko elías/ *n.* カイエス (1877–1945; メキシコの将軍・政治家, 反教会政策を実施; 大統領 (1924–28)).
cal·let /kǽlɪ̀t/ *n.* 《廃・方言》1 売春婦. 2 がみがみ女. 〖(c1500) ☐ ? (O)F *caillette* frivolous person ← *Caillete* (フランスの 16 世紀の道化役)〗
cáll-fìre *n.* 〖軍事〗要求射撃 (上陸軍の要求により地上の目標に対して行う艦砲の援護射撃).
cáll fórwarding *n.* 自動転送 (ある番号にかかってきた通話が, 自動的にあらかじめ指定された番号につながる電話サービス).
cáll girl *n.* (電話で呼び出す)売春婦, コールガール. 〖1940〗
cáll hòuse *n.* 《米口語》コールガールが使う[いる]家; 売春宿. 〖1929〗
cal·li- /kǽli, -lɪ̀/「美 (beauty); 美しい (beautiful)」の意の連結形: *calligraphy*. ★ 時に callo- となる. 〖☐ Gk *kalli-* ← *kállos* beauty〗
Cal·lic·ra·tes /kəlíkrətì:z/ *n.* 〖建築〗カリクラテス (紀元前 5 世紀ギリシャの建築家; Ictinus と共に Parthenon 神殿を設計).
cal·li·gram /kǽləgræ̀m | -lɪ̀-/ *n.* (*also* **cal·li·gramme** /~/) カリグラム: a 名前や単語を装飾的図模様にしたデザイン (cf. monogram). b 詩行の形がその主題に適した図案になるように配列した詩 (cf. concrete *n.* 4 a). 〖← CALLI-+-GRAM〗
cal·li·graph /kǽləgræ̀f | -lɪ̀grɑ̀:f, -græ̀f/ *vt.* 達筆で書く; 装飾書体[カリグラフィー]で描く. 〖(1884) (逆成) ← CALLIGRAPHER〗
cal·lig·ra·pha /kəlígrəfə, kæ-/ *n.* 〖昆虫〗キャリグラファ (ハムシ科 *Calligrapha* 属の甲虫の総称; 食葉性で害虫が多い; 北米から南米にかけて分布する; cf. elm calligrapha). 〖← NL ~: ⇨ calli-, -graph〗
cal·lig·ra·pher /kəlígrəfə, kæ- | -fə(r)/ *n.* 1 能書家, 書家. 2 筆者, 筆記者; 筆耕, 代書人. 〖(1753): ⇨ caligraph ↑, -er¹〗
cal·li·graph·ic /kæ̀ləgrǽfɪk | -lɪ̀-⁻/ *adj.* 1 書道の; 達筆の, 能筆の. 2 a 〈筆跡が〉装飾的な, 凝った. b 〈文書など〉装飾書体で書かれた. c 装飾書体で印刷された. 3 〖美術〗カリグラフィーの. **càl·li·gráph·i·cal·ly** *adv.* 〖(1774) ← Gk. *kalligraphikós*: ⇨ -ic¹〗
calligráphic displáy *n.* 〖電算〗描き出す線に沿って電子線を移動することによるディスプレイ装置 (cf. raster display).
cal·líg·ra·phist /-fɪ̀st | -fɪst/ *n.* =calligrapher. 〖1816〗
cal·lig·ra·phy /kəlígrəfi, kæ-/ *n.* 1 書道; 能筆, 能書 (cf. cacography 1). 2 筆跡, 書法. 3 装飾書法[体], 飾り文字. 4 〖美術〗カリグラフィー (古写本の文字のように特定のスタイルをもつ書法). 〖(1604) ← NL *calligraphia*: ⇨ calli-, -graphy〗
Cal·lim·a·chus /kəlíməkəs/ *n.* カリマコス (305?–? 240 B.C.; Cyrene 生まれで Alexandria で活躍した文献学者・詩人).
cáll-ìn *n., adj.* 《米》〖ラジオ・テレビ〗=phone-in. 〖1967〗
cáll·ing /-lɪŋ/ *n.* 1 呼ぶこと; 呼び; 呼ぶ声; 点呼: the ~ of a roll. 2 (行動・義務などに対する)強い衝動; 性向: the harmony between inner ~ and outer pressure 内的衝動と外的圧力との調和. 3 a 神のお召し, 召命 (divine summons); 天職, 職分 (cf. *1 Cor.* 7:20). b 職業, 家業 (⇨ occupation SYN): by ~ 職業は / betray one's ~ しっぽを出す, お里が知れる. 4 (雌ネコのさかりのときの)鳴き声; さかりの時期. 〖(a1250): ⇨ -ing¹〗
cálling càrd *n.* 1 《米》=visiting card. 2 《英》=phonecard 2. 〖1896〗
cálling cràb *n.* 〖動物〗シオマネキ (⇨ fiddler crab). 〖(1847) 招くような格好の大ばさみを有しているところから〗
cáll-in pày *n.* 〖労働〗1 =reporting pay. 2 超過勤務手当.
cal·li·o·pe /kəláɪəpi, kǽliòʊp | kəláɪəpi, kæ-/ *n.* 蒸気[汽笛]オルガン (鍵盤を用いて各種の汽笛を鳴らす). 〖(1858) ← CALLIOPE〗
Cal·li·o·pe /kəláɪəpi | kə-, kæ-/ *n.* 1 カリオペー (女性名). 2 〖ギリシャ神話〗カリオペー (弁舌と叙事詩を司る; cf. Muse 1). 〖☐ L ~ ☐ Gk *Kalliópē* (原義) beautiful voiced: ⇨ calli-, Gk *-óps* voice〗
cal·li·op·sis /kæ̀liɑ́(:)psɪ̀s | -ɔ́psɪs/ *n.* 〖植物〗=coreopsis. 〖← NL ~: ⇨ calli-, -opsis〗
cal·li·pash /kǽləpæ̀ʃ | -lɪ-/ *n.* =calipash.
cal·li·per /kǽləpə | -lɪpə(r)/ *n., vt.* =caliper.
Cal·líp·pic cýcle /kəlípɪk-/ *n.* 〖天文〗カリポス周期 (4 メトン周期 (Metonic cycle) で, 27,759 日). 〖*Callippic*: ← *Callipus* (☐ Gk *Kállippos* (c350 B.C. のギリシャの天文学者)) + -IC¹〗
cal·li·pyg·i·an /kæ̀ləpídʒiən, -dʒən | -lɪ̀pídʒiən⁻/ *adj.* 形のよい尻をした. 〖(a1800) ← Gk *kallipūgos* with pretty buttocks (特に Aphrodite の像について) (← CALLI-+*pūgē* rump)+-IAN〗
cal·li·py·gous /kæ̀ləpáɪgəs | -lɪ̀-⁻/ *adj.* =callipygian. 〖(1923): ⇨ ↑, -ous〗
cal·li·ste·mon /kæ̀ləstí:mən | -lɪ̀-/ *n.* 〖植物〗カリステモン, ブラシノキ (bottlebrush) (フトモモ科カリステモン属 (*Callistemon*) の低木). 〖(1814) ← NL ~ ← Gk *kállos* beauty (⇨ calli-)+*stēmōn* thread (cf. stamen)〗
cal·lis·then·ics /kæ̀ləsθénɪks | -lɪ̀s-/ *n.* =calisthenics.
Cal·lis·to /kəlístoʊ | -təʊ/ *n.* 1 〖ギリシャ神話〗カリストー (Artemis の侍女; Zeus と通じたかどで Hera に熊の姿に変えられのち大熊座となった). 2 〖天文〗カリストー (木星 (Jupiter) の第 4 衛星; cf. Galilean satellites). 〖☐ L ~ ☐ Gk *Kallistṓ* ← *kállistos* (superl.) ← *kalós* beautiful〗
cal·li·thump /kǽləθʌ̀mp | -lɪ̀-/ *n.* 1 《米口語》騒々しい行列, どんちゃん騒ぎのパレード. 2 《ニューイングランド》=shivaree. **cal·li·thump·i·an** /kæ̀ləθʌ́mpiən | -lɪ̀-⁻/ *adj.* 〖(1856) (逆成) ← *callithumpian* (変形) ← 《英方言》*gallithumpian* disturber of order at elections in 18th century ← *galli-* ((変形) ? ← GALLOWS) +THUMP+-IAN〗
cal·li·tri·chid /kæ̀lətráɪkɪ̀d | -lɪ̀tráɪkɪd/ *n.* 〖動物〗マーモセット科の動物 (マーモセット科の新世界ザルで, マーモセットとタマリンを含む). 〖(c1775) ← NL *callitrichidae* ← Gk *kallítrikhos* beautiful haired: cf. calli-〗
cáll lètters *n. pl.* 〖通信〗=call sign. 〖1913〗
cáll lòan *n.* 〖金融〗コールローン, コール貸付金 (貸主の要求があり次第返済するという条件付きの貸付けで, 銀行間でのみ行われる; day-to-day loan, demand loan ともいう). 〖1852〗
cáll màrk *n.* 〖図書館〗=call number.
cáll màrket *n.* 〖金融〗コール市場 (コールローンの市場).
cáll mèter *n.* (電話の)度数計.
cáll mòney *n.* 〖金融〗コールマネー, コール借入金 (コールローンを借手側から指す), コール用資金. 〖1885〗
cáll-nìght *n.* 《英》バリスター (barrister) 資格免許式当夜 (cf. call-day). 〖1883〗
cáll nòte *n.* 〖動物〗地鳴き (鳥や動物が仲間を呼ぶ呼び声). 〖1833〗
cáll nùmber *n.* 〖図書館〗請求記号 (分類記号と図書記号とからなり, 図書館での図書の所在を示す; call mark ともいう; cf. pressmark). 〖1876〗
cal·lo- /kǽloʊ | -ləʊ/ calli- の異形 (⇨ -o-).
cáll òffice *n.* 1 電話局. 2 《英》公衆電話ボックス (《米》pay station). 〖1885〗
cal·lop /kǽləp/ *n.* 〖魚類〗=golden perch. 〖(1921) ← 現地語?〗
cáll òption *n.* 《米》〖証券〗=call 12.
cal·lo·sal /kəlóʊsəl, kə-, -sl̩ | -ləʊ-/ *adj.* 〖解剖・動物〗脳梁の. 〖(1868) ← NL *callōsum* (← L ~ (neut.) ← *callōsus* 'CALLOUS')+-AL¹〗
callósal convolútion [gýrus] *n.* 〖解剖〗梁回, 帯回. 〖1868〗
cal·lose /kǽloʊs | -ləʊs/ *n.* 〖植物〗カロース, カローゼ (篩(ふるい)管 (sieve tube) のカルス板から発見された物質). 〖☐ L *callōsus* 'CALLOUS'〗
cal·los·i·ty /kəlɑ́(:)səṭi, kə- | -lɔ́sɪ̀ti/ *n.* 1 a (皮膚などの)硬化状態. b 無感覚; 冷淡. 2 〖植物〗硬点 (植物体の硬化した部分). 3 〖病理〗たこ, 胼胝(べんち) (callus). 〖(a1400) ☐ (O)F *callosité* hardening of the skin // L *callōsitātem* ← *callōsus* (↓): ⇨ -ity〗
cal·lous /kǽləs/ *adj.* 1 〈皮膚など〉固くなった, 硬化した; たこになった, 胼胝(べんち)(状)の: ~ hands. 2 (精神的に)無感覚[無神経]な; 同情心のない, 冷淡な: He is ~ *to* criticism. 批判されても平気だ. 3 〖解剖・動物〗脳梁の. — *n.* 〖生理・植物〗=callus. — *vt.* 固くする; 無感覚にする. — *vi.* 固くなる; 無感覚になる. **~·ly** *adv.* **~·ness** *n.* 〖(a1400) ☐ (O)F *calleux* // L *callōsus* hard-skinned ← *callus* hardened skin〗
cál·loused *adj.* たこができた (callous). 〖(1834): ⇨ -ed〗
cáll-òut *n.* 1 挿絵などで特定部分に注意を喚起する印 (文字や符号など). 2 [時に形容詞的に] 《英》(勤務時間外の)呼び出し, 出勤; 《英》(修理などの)出張.
cáll-òver *n.* 《英》1 点呼 (roll call). 2 (競馬などの胴元の集まりで)賭け金のリストを呼び上げること. 〖1887〗
cal·low /kǽloʊ | -ləʊ/ *adj.* 1 《まれ》〈鳥が〉羽毛のまだ生えない. 2 うぶな, 未熟な, 青二才の (raw, inexperienced): a ~ youth. 3 《アイル》〈牧草地が〉低湿地の, 沼地の. — *n.* 1 《アイル》低湿の牧草地. 2 〖昆虫〗不整成虫 (変態を終わったばかりで十分に色彩づけられていない成虫). **~·ly** *adv.* **~·ness** *n.* 〖(OE) (1580) *calu* bald, bare < Gmc *kalwaz (Du. *kaal* / G *kahl*) ☐ ? L *calvus* ← IE *gal- naked〗
Cal·lo·way /kǽləwèɪ/, **Cabell** *n.* キャロウェー (1907–94; 米国のジャズバンドリーダー・シンガー; スキャットで知られる).
cáll ràte *n.* 〖金融〗コール貸借金利率, コールレート.
cáll sìgn *n.* 〖通信〗呼出し符号[信号], コールサイン (無線局等の識別符号). 〖1919〗
cáll sìgnal *n.* 1 電話の呼出し音. 2 〖通信〗=call sign. 〖1884〗
cáll slìp *n.* 〖図書館〗スリップ貸出票, 閲覧票. 〖1881〗
cal·lu·na /kəlú:nə | -lɑ́:-, -ljú:-/ *n.* 〖植物〗ギョリュウモドキ (荒野に生えるツツジ科ギョリュウモドキ属 (*Calluna*) の植物の総称; ギョリュウモドキ (heather) など). 〖(1824) ← NL ~ ← Gk *kallunō* to beautify ← *kállos* beauty〗
cáll-ùp *n.* 1 (兵役の)召集(令): the age of ~ 召集年齢. 2 (特定期間内の)徴兵人員. 〖1940〗
cal·lus /kǽləs/ *n.* 1 〖生理〗皮膚硬結; 圧迫腫; たこ, 胼胝(べんち) (callosity); 仮骨. 2 〖植物〗(植物体が損傷を受けたときにできる)癒合(ゆごう)組織, 仮皮, カルス. — *vi.* callus を形成する. — *vt.* ...に callus を形成させる. 〖(1563) ☐ L ~ 'hardened skin'〗
cáll wàiting *n.* キャッチホン (通話中に他着信があったとき, 中断して第三者との通話を可能にする電話サービス).
calm /kɑ́:m, kɑ́:lm, kɔ́:(l)m | kɑ́:m/ *adj.* (~·er; ~·est) 1 〈天候・海など〉(あらしや荒々しい波がなく)穏やかな, 静かな: a ~ sea / ~ weather. 2 a 〈気質・態度・声など〉(激情・興奮・動揺がなく)平静な, 落ち着いた: a ~ face, voice, manner, person, etc. / keep ~ 平静を保つ. b 〈政界・社会状態など〉平穏な, 泰平な, 平和な: Things have become much ~*er* since. 事態は以後平穏になっている. 3 《口語》a 平気な, 平然とした: a ~ liar. b 虫のいい, ずうずうしい: It is rather [pretty] ~ *of* him to expect me to do so. 私にそうすることを期待するとは彼もなかなか虫のいい男だ.
— *vt.* 静める, 鎮静する, 落ち着かせる, 安んじる 〈*down*〉: ~ fears 恐怖心を静める / ~ an excited man 興奮した人をなだめる / ~ oneself (*down*) 心を落ち着ける, 安心する / ~ a potentially explosive situation 潜在的に危険な状況を鎮静する / exercise a ~*ing* influence 安心させてくれる[やる]. — *vi.* 〈海・気分・社会状態などが〉平穏になる, 静まる; 〈人が〉落ち着く 〈*down*〉.
— *n.* 1 (気分・社会状態などの)平静, 平穏, 泰平 (calmness): restore ~ 平静さを取り戻す. 2 無風状態, 凪(なぎ), 〖気象〗平穏, 静穏 (⇨ wind scale): a dead [flat] ~ 大凪 / the equatorial ~ 赤道無風帯 / the region of ~*s* 無風水域 / the ~ before the storm あらしの前の静けさ; 息詰まるような不気味な静けさ / After a storm comes a ~. 《諺》あらしのあとには凪が来る (嫌な事のあとにはきっと何かいい事がある).
〖(c1380) *calme* ☐ (O)It. *calma* (cf. F *calme*) < VL *calmam (変形) ← LL *cauma* heat ☐ Gk *kaûma* burning heat of the sun: VL の *-l-* は L *calēre* (=to be hot) からの連想: adj. は n. からの転用〗

SYN 静かな: **calm** 〈海・天候・心などが〉動揺が全くない: The sea was *calm*. 海は穏やかだった / a *calm* voice 穏やかな声. **tranquil** 本質的[恒久的]に平和で静穏な: a *tranquil* life in the country 田舎の平穏な生活. **serene** 〈態度・生活などが〉落ち着いた, 平静な: a ~ life 平静な生活. **placid** 興奮せず騒ぎ立てない (時に愚鈍を含意する): a man of *placid* temperament 落ち着いた気性の人. **peaceful** 不穏・混乱のない: a *peaceful* life 平和な生活. **ANT** stormy, agitated, excited.

calm·a·tive /kɑ́:(l)məṭɪv, kǽl- | kǽlmət-, kɑ́:m-/ 〖医学〗*adj.* 鎮静(作用)の(ある). — *n.* 鎮静剤 (sedative). 〖(1870): ⇨ -ative〗
cálm·ing·ly *adv.* 静める[落ち着かせる]ように. 〖(1908): ⇨ -ing², -ly¹〗
cálm·ly *adv.* 穏やかに; 静かに, 落ち着いて; 平然と. 〖(1597): ⇨ -ly¹〗
cálm·ness *n.* 静けさ; 平静, 冷静, 落着き: with ~ 落ち着いて; 平然と. 〖(1516): ⇨ -ness〗
cal·mod·u·lin /kælmɑ́(:)dʒʊlɪ̀n | -mɔ́djʊlɪn/ *n.* 〖生化学〗カルモデュリン (細胞に存在するカルシウム結合性蛋白質). 〖(1979) ← cal(cium)+modul(ate)+-IN²〗
cálm·y /-mi/ *adj.* (**calm·i·er, -i·est; more ~, most ~**) 《古》=calm. 〖1580〗
cal·o- /kǽloʊ | -ləʊ/ =callo-.
cal·o·mel /kǽləməl, -mɪ̀, -mèl | -lə(ʊ)mèl/ *n.* 〖化学〗甘汞(かんこう), 塩化第一水銀 (Hg_2Cl_2) (下剤・電極などに用いる; mercurous [mercury] chloride ともいう). 〖(1676) ← ? NL ~ ← CALLI-+Gk *mélās* black〗
cálomel elèctrode *n.* 〖物理化学〗カロメル電極, 甘汞(かんこう)電極 (水銀・甘汞・塩化カリウム溶液から成る電極).
cal·o·mor·phic /kæ̀ləmɔ́əfɪk | -lə(ʊ)mɔ́:-⁻/ *adj.* 〖土壌〗石灰質の (cf. halomorphic, hydromorphic): ~ soil 石灰質土壌. 〖← CAL(CIUM)+-O-+-MORPHIC〗
Ca·lo·o·can /kɑ̀:loʊóʊkɑ:n | -ɔ́ʊk-/ *n.* カルーカン (フィリピン北部, Luzon 島南西部の都市).

càlo·recéptor *n.* 〖生理・生物〗温熱受容器. 〖← L *calor* heat＋RECEPTOR〗

Cálor gás /kǽlə- | -lə-/ *n.* キャラーガス《家庭用の液化ブタンガス》: a ～ stove. 〖*Calor*: 《商標名》← L *calor* (↑)〗

cal·o·ri- /kǽləri, -rɪ/ 「熱 (heat)」の意の連結形: *calorimetry*. 〖↓〗

ca·lor·ic /kəlɔ́(ː)rɪk, -lá(ː)r-, kǽlər- | kəlɔ́r-, kǽlər-/ *n.* **1** 《古》熱 (heat). **2** 〖古物理〗熱素《その物の存在によって物に熱があると考えられた》. — *adj.* **1** 熱の[に関する]. **2** 〖機械〗〈機関が〉熱で運転される. **3** 〖生理〗カロリー[熱量] (calorie) の(ある)[に関する]: a 2,000 ～ diet. **ca·lór·i·cal·ly** *adv.* 〖《1792》□ F *calorique* ← L *calor* heat: ⇨ -ic[1]: cf. calorie〗

cal·o·ric·i·ty /kæ̀lərísəti | -sɪti/ *n.* 〖生物〗温熱力《動物体内で熱を生じ体温を保つ力》. 〖《1836–39》: ⇨ -ity〗

cal·o·rie /kǽl(ə)ri/ *n.* **1** 〖物理化学〗カロリー《熱量の単位》: **a** 1 g の水の温度を 1 気圧の下でセ氏 1 度高めるに要する熱量《略 cal; gram [small] calorie ともいう》. **b** [C-] 1 kg の水の温度をセ氏 1 度高めるに要する熱量《略 Cal; kilogram [large, great] calorie, kilocalorie ともいう》. **2** 〖生理〗**a** カロリー《キロカロリー (kilocalorie) に相当する食品の栄養価・新陳代謝の大きさなどを表す単位》. **b** 1 キロカロリーの熱量を産する食物の量. 〖《1863》□ F ～ ← L *calor* heat ← *calēre* to be hot〗

ca·lor·i·fa·cient /kəlɔ̀(ː)rəféɪʃənt, -là(ː)r-, kæ̀lərɪ- | kəlɔ̀rɪ-, kæ̀lərɪ-, -lɔ(ː)r-⁻/ *adj.* 〈食物が〉熱を生じる. 〖《1854》← CALORI-＋-FACIENT〗

cal·o·rif·ic /kæ̀lərífɪk | -lər-, -lɔ(r-⁻/ *adj.* 熱を生じる; 熱[カロリー]の[に関する]: ⇨ calorific value. **càl·o·ríf·i·cal·ly** *adv.* 〖《1682》□ F *calorifique* ∥ L *calōrificus* heat-producing: ⇨ calori-, -fic〗

ca·lor·i·fi·ca·tion /kəlɔ̀(ː)rəfɪkéɪʃən, -là(ː)r-, kæ̀lərɪ- | kəlɔ̀rɪfɪ-, kæ̀lərɪ-/ *n.* 〖生理〗《動物体内の》発熱, 熱発生. 〖《1836》□ F ～ ← L *calōrificāre*〗

calorific pówer *n.* 〖物理〗＝calorific value.

cal·o·rif·ics /kæ̀lərífɪks | -lər-, -lɔr-/ *n.* 熱学.

calorific válue *n.* 〖物理〗発熱量《一定量の燃料が完全燃焼したときに発生する熱量》. 〖1904〗

ca·lor·i·fi·er /kəlɔ́(ː)rəfàɪə, -lá(ː)r-, kǽlərɪ- | kəlɔ́rɪfàɪə(r, kǽlərɪ-/ *n.* 《蒸発を用いた》温水器, 液体加熱器. 〖《1881》← CALORI-＋-FY＋-ER[1]〗

cal·o·rim·e·ter /kæ̀lərímətə | -ɪtə(r/ *n.* カロリメーター, 熱量計. 〖《1794》← CALORI-＋-METER[1]〗

cal·or·i·met·ric /kæ̀lərɪmétrɪk, kəlɔ̀(ː)rə-, -là(ː)r- | kəlɔ̀rɪ-, kæ̀lərɪ-/ *adj.* 熱量測定の[に関する]; 熱量計の. 〖《1864》: ⇨ ↑, -ic[1]〗

càl·or·i·mét·ri·cal /-trɪkəl, -kl | -trɪ-/ *adj.* ＝calorimetric. **～·ly** *adv.* 〖1875〗

cal·o·rim·e·try /kæ̀lərímətri | -mɪ-/ *n.* 熱量測定(法). 〖《1858》← L *calōr(em)*＋Gk *-metria* measurement〗

cal·o·rize /kǽləràɪz/ *vt.* 〖冶金〗…にカロライジングを施す (⇨ calorizing). 〖← CALORI-＋-IZE〗

cál·o·rìz·ing *n.* 〖冶金〗カロライジング《溶けたアルミニウムにつける, 溶射する, 化学置換する等の方法で金属の表面にアルミニウム皮膜を作ること》. 〖《1930》: ⇨ ↑, -ing[1]〗

cal·o·ry /kǽl(ə)ri/ *n.* ＝calorie.

ca·lotte /kəlɑ́(ː)t | -lɔ́t/ *n.* **1 a** (*also* **ca·lot** /～/) 《まびさしや縁のない頭にぴったりした》キャップ《特にカトリック僧がかぶる; skullcap ともいう》. **b** ＝zucchetto. **2** 雪を頂いたドーム[山頂]. **3** 〖建築〗**a** 小さな円屋根. **b** 小ドームの内部, 円天井. **4** 〖動物〗帽子状の構造. 〖《c1632》□ F ～ □ Prov. *calota* ∥ It. *calotta* □ L *calautica* female hood〗

cal·o·type /kǽloutàɪp | -lə(ʊ)-/ *n.* **1** カロタイプ《ヨウ化銀を感光剤として用いる 19 世紀の写真術; W. H. F. Talbot が発明》. **2** カロタイプ写真. 〖《1841》← Gk *kalós* beautiful＋*túpos* type〗

cal·oy·er /kǽlɔɪə, kəlɔ́ɪə | kǽlɔɪə(r/ *n.* 《東方正教会の》聖職者, 修道士. 〖《1615》□ F ～ □ It. *caloiero* □ LGk *kalógēros* venerable, 《原義》having a beautiful old age ← *kalós* (⇨ calli-) ＋Gk *gêras* old age〗

calp /kǽlp/ *n.* 〖岩石〗カルプ《アイルランドに産する暗黒色シェール状の石灰岩》. 〖《1784》□ Ir. ～ 'black shale'〗

cal·pac /kǽlpæk, —⁻/ *n.* (*also* **cal·pack** /～/) カルパック帽《トルコ人やペルシャ人などがかぶる羊皮またはフェルトで作る黒色で山高の縁なし帽》. 〖《(1598)》《1813》□ Turk. *qalpāq*〗

Cal·pe /kǽlpi/ *n.* カルピ (⇨ the Rock of GIBRALTAR 1).

Cal·pur·ni·a /kælpə́ːniə | -pə́ː-/ *n.* カルパーニア《女性名》. 〖□ L ～〗

calque /kǽlk; *F.* kalk/ *n.* 〖言語〗翻訳借用(語句), なぞり 〔*of, on*〕(⇨ loan translation). 〖《1937》□ F ～ ← *calquer* to copy □ It. *calcare* to tread □ L *calcāre*: ⇨ caulk[2]〗

Cal·ta·nis·set·ta /kɑ̀ːtənɪsétə, kæ̀l- | -sétə; *It.* kaltanisétta/ *n.* カルタニセッタ《イタリア Sicily 島中部の都市; 硫黄鉱山がある》.

Cal·tech /kǽltek/ *n.* カリフォルニア工科大学 (the California Institute of Technology).

cal·trop /kǽltrəp, kɔ́ːl-, kɑ́ːl- | kǽltrəp, kɔ́ːl-, -trɔp/ *n.* (*also* **cal·trap** /～/, **cal·throp** /-θrəp/) **1** 鉄菱(てつびし), 鉄蒺(てっし), 撒菱(まきびし)《菱のような 4 本のとげの付いた鉄製障害物で, 地上にまいて敵騎兵・ゴムタイヤ付車両の進撃を防ぐのに用いた》. **2** 〖植物〗とげのある実をもつ各種の植物: **a** ハマビシ科ハマビシ属 (*Tribulus*) と *Kallstroemia* 属の植物. **b** ハマビシ (⇨ puncture vine). **c** ヒシ (water chestnut). — *adj.* ハマビシ科植物の. 〖《a1300》*calketrappe* (i) < OE *calcatrippe* □ ML *calcatrippa* ← L *calc-*, *calx* heel＋*trappa* 'TRAP[1]' ∥ (ii) □ AF *kalketrappe*＝OF *chauchetrape* (F *chausse-trape*) ← *chauchier* to tread (< L *calcāre*)＋*trappe* trap〗

cal·trops /kǽltrəps/ *n.* (*pl.* ～) 〖植物〗ヤグルマギクの一種 (*Centaurea calcitrapa*) 《ヨーロッパ原産でアメリカにも雑草として広く帰化; 紫花をつける》. 〖OE *coltetræppe*: ⇨ ↑〗

cal·u·met /kǽljumèt, -mɪt, kæ̀ljumét | kǽljumèt/ *n.* カルメット《アメリカインディアンの長い飾りきせる; 儀式などの場合に用い, 特に「和平のしるし」として互いに吸い合うので pipe of peace, peace pipe ともいう》: smoke the ～ together 和睦する. 〖《1698》□ Canad.-F ～＝F *chalumesu*＝LL *calamellus* (dim.) ← L *calamus* reed: ⇨ calamus〗

Cal·u·met /kǽljumèt, -mət, kæ̀ljumét | kǽljumèt/ *n.* カリュメット《米国 Chicago の南東, Michigan 湖岸に広がる, Illinois 州と Indiana 州にまたがる工業地帯; 主な都市は East Chicago, Gary, Hammond, Calumet City, Lancing》.

Cálumet Cíty *n.* カリュメットシティー《米国 Illinois 州北東部, Chicago 南部の都市》.

ca·lum·ni·ate /kəlʌ́mnièɪt/ *vt.* **1** 〈人を〉中傷する, そしる (slander). **2** 《中傷によって》〈人の〉名声を傷つける. **ca·lúm·ni·à·tor** /-tə | -tə(r/ *n.* **ca·lúm·ni·a·ble** /-niəbl/ *adj.* 〖《1554》← L *calumniātus* (p.p.) ← *calumniārī* to calumniate: ⇨ calumny, -ate[3]〗

ca·lum·ni·a·tion /kəlʌ̀mniéɪʃən/ *n.* 中傷(すること) (slander, calumny). 〖《1548》□ LL *calumniātiō(n-)*: ⇨ ↑, -ation〗

ca·lum·ni·a·to·ry /kəlʌ́mniətɔ̀ːri | -təri, -tri/ *adj.* ＝calumnious. 〖1625〗

ca·lum·ni·ous /kəlʌ́mniəs/ *adj.* 中傷的な (slanderous). **～·ly** *adv.* 〖《1490》□ (O)F *calomnieux* □ LL *calumniōsus*: ⇨ ↓, -ous〗

cal·um·ny /kǽləmni, -ljum- | -ləm-/ *n.* そしること, 誹謗(ひぼう)すること; 中傷 (slander), 口頭名誉棄損, 誹謗: This book is a ～ *against* [*on*] the loyalty to the king. この書物は王への忠誠を誹謗したものだ. 〖《1447》□ (O)F *calomnie* □ L *calumnia* intrigue, false accusation ← *calvī* to deceive ← IE **kel-* to deceive: ⇨ challenge〗

cal·u·tron /kǽljutrɑ̀(ː)n | -trɔ̀n/ *n.* 〖物理〗カルトロン《電磁方式による同位元素分離装置》. 〖《1945》← *Cal(ifornia) U(niversity)* (*cyclo*)*tron*〗

Cal·va·dos /kæ̀lvədóus, kɑ̀ːl-⁻ | kǽlvədɔ̀s; *F.* kalvadoːs/ *n.* **1** カルバドス(県)《フランス北部のイギリス海峡に臨む県; 面積 5,693 km², 県都 Caen》. **2** [時に c-] カルバドス《フランス Calvados 地方産のりんご酒のブランデー; cf. brandy 1》. 〖1906〗

Cálvados Réef *n.* カルバドス リーフ《フランス北部 Calvados 県の Normandy 海岸, Orne 河口に広がる砂洲; 第二次大戦末期, 連合軍が上陸した地》.

cal·var·i·a /kælvɛ́əriə | -véər-/ *n.* 〖解剖〗**1** calvarium の複数形. **2** (*pl.* ～s) ＝calvarium. 〖《a1398》□ L *calvāria* (↓)〗

cal·var·i·um /kælvɛ́əriəm | -véər-/ *n.* (*pl.* **-i·a** /-riə/) 〖解剖〗頭蓋(ずがい)冠. **cal·vár·i·al** /-riəl/ *adj.* **cal·vár·i·an** /-riən/ *adj.* 〖《(1398)》《1882》← NL ～ 《変形》← L *calvāria* (↓)〗

Cal·va·ry /kǽlv(ə)ri/ *n.* **1** カルバリ, 「されこうべ」《キリストはりつけの地; Jerusalem の近くの丘》. **2** [c-] キリストはりつけの像《通例野外に立っているものをいう》. 〖《1727–51》□ F *calvaire*〗 **3** [c-] 受難; 精神的苦悩, 試練 (ordeal). 〖lateOE *caluarie* □ L *calvāria* skull (cf. *calva* hairless scalp ← *calvus* bald) 《なぞり》← Gk *krānion* 《なぞり》← Aram. *gūlgūltā*＝Heb. *gulgōleth* 'GOLGOTHA': ⇨ -ary〗

Cálvary cròss *n.* 〖キリスト教〗カルバリクロス《3 層の段の上に設けた十字架; cross Calvary, cross of Calvary ともいう》. 〖1826〗

calve /kǽv, kɑ́ːv | kɑ́ːv/ *vi.* **1 a** 子牛を産む 〈*down*〉. **b** 子供をつくる[産む]. **2** 〈氷河・氷山が〉割れる, 分離する. — *vt.* **1** [通例 p.p. 形で] 〈子牛を〉産む 〈*down*〉. **2** 〈氷河・氷山が〉〈氷塊を〉分離する. 〖lateOE (Anglian) *calfian* ← *cælf* 'CALF[1]' (cf. WS *ċealfian* ← *ċealf*)〗

Cal·vert /kǽlvət | -vɑ(ː)t/, Sir **George** *n.* カルバート (1580?–1632; 英国の政治家; 米国 Maryland 植民地の設立者; 主都は彼の称号にちなんで Baltimore と名づけられた; 称号 1st Baron Baltimore).

Calvert, Leonard *n.* カルバート (1606–47; Sir George Calvert の子; Maryland 植民地の初代総督).

calves *n.* calf の複数形.

Cal·vin /kǽlvɪn | -vɪn/ *n.* カルビン《男性名》. 〖←? L *calvus* bald〗

Cal·vin /kǽlvɪn | -vɪn; *F.* kalvɛ̃/, **John** *n.* カルバン (1509–64; フランス生まれの神学者; スイスの Geneva で宗教改革を指導し, Protestantism を確立した; 本名 Jean Chauvin *or* Caulvin).

Cal·vin /kǽlvɪn | -vɪn/, **Melvin** *n.* カルビン (1911–97; 米国の化学者; Nobel 化学賞 (1961)).

Cál·vin·ìsm /-nìzm/ *n.* **1** 〖神学〗カルバン主義《John Calvin の説いた神学説で, 神の絶対性・聖書の権威・神意による人生の予定・長老による教会政治・信者の訓練などを強調した; cf. Arminianism》. **2** カルバン主義の支持[唱道]. **3** 清教主義 (puritanism). 〖《1570》□ F *calvinisme* ∥ ← NL *calvinismus* ← *John Calvin*〗

Cál·vin·ist /-nɪst | -nɪst/ *n.* カルバン主義を奉じる人, カルバン派の信者. — *adj.* ＝Calvinistic. 〖《1579》□ F *calviniste*: ⇨ ↑, -ist〗

Cal·vin·is·tic /kæ̀lvɪnístɪk | -vɪ-/ *adj.* カルバン主義[派]の. 〖《1820》: ⇨ ↑, -ic[1]〗

Càl·vin·ís·ti·cal /-tɪkəl, -kl | -tɪ-/ *adj.* ＝Calvinistic. **～·ly** *adv.* 〖1606〗

Cal·vi·no /kælvíːnou, kɑː- | -nəʊ; *It.* kalvíːno/, **I·ta·lo** /iːtalo/ *n.* カルヴィーノ (1923–85; イタリアの作家; 幻想的・実験的な作風で有名; *Il Visconte dimezzato* 「まっぷたつの子爵」(1952), *Se una notte d'inverno un viaggiatore* 「冬の夜ひとりの旅人が」(1979)).

cal·vi·ti·es /kælvíʃiìːz/ *n.* (*pl.* ～) 〖病理〗禿頭(とくとう), はげ. 〖□ L ～ 'baldness' ← *calvus* bald: cf. Skt *kulva* bald〗

cal·vus /kǽlvəs/ *adj.* 〖気象〗〈雲が〉頭部の積雲形がくずれて平たくなっている《積乱雲の一種》. 〖← NL ～ ← L (↑)〗

calx /kǽlks/ *n.* (*pl.* ～·**es**, **cal·ces** /kǽlsiːz/) 〖化学〗カルクス, 金属灰《金属または鉱物を焼いたあとのかす, すなわち酸化物を錬金術者が呼んだ言葉》. 〖《a1398》□ L ～ 'lime'〗

ca·lyc- /kéɪlək, kǽl-, -ləs | -lɪk, -lɪs/ 《母音の前にくるときの》calyco- の異形.

cal·y·ce·al /kæ̀ləsíːəl, kèɪ- | -lɪ-/ *adj.* 〖植物・動物〗calyx の[に関する].

calyces *n.* calyx の複数形.

ca·ly·ci- /kéɪləsi, -sɪ, kǽl- | -lɪ-/ calyco- の異形 (⇨ -i-).

ca·ly·ci·form /kəlísəfɔ̀ːm | -sɪfɔ̀ːm/ *adj.* 〖植物〗萼(がく)状の. 〖《1831》← CALYCO-＋-FORM〗

ca·lyc·i·nal /kəlísənl | -sɪ-/ *adj.* 〖植物〗＝calycine. 〖1831〗

ca·ly·cine /kéɪləsàɪn, kǽl- | -sɪn/ *adj.* 〖植物〗萼(がく) (calyx) の; 萼状の. 〖《1816》← CALYCO-＋-INE[1]〗

ca·ly·cle /kéɪlɪkl, kǽl- | -lɪ-/ *n.* **1** 〖植物〗＝epicalyx. **2** 〖生物〗＝calicle. 〖《1731》□ F *calicule* □ L *calyculus*: ⇨ calyx, -cle〗

cá·ly·cled *adj.* 〖植物〗萼(がく)のある. 〖《1794》: ⇨ -ed 2〗

ca·ly·co- /kéɪləkou, kǽl- | -lɪkəʊ/ 〖植物〗「萼(がく) (calyx)」の意の連結形. ★ 母音の前では通例 calyc- になる. 〖← NL ～ ← Gk *kaluko-* ← *kálux* 'CALYX'〗

ca·ly·coid /kéɪləkɔ̀ɪd, kǽl- | -lɪ-/ *adj.* 〖植物〗《形・色など》萼(がく)に似た. 〖← CALYCO-＋-OID〗

ca·lyc·u·lar /kəlíkjulə | -lə(r/ *adj.* 〖生物〗小杯状部 (calicle) の[に関する]. 〖《1658》: ⇨ ↓, -ar[1]〗

ca·lyc·u·late /kəlíkjulèɪt, -lɪt/ *adj.* 〖生物〗杯状組織を有する. 〖《1690》← L *calycul(us)*＋-ATE[2]〗

ca·lyc·u·lus /kəlíkjuləs/ *n.* (*pl.* **-u·li** /-làɪ, -lìː | -làɪ/) 〖生物〗＝calicle. 〖← NL ～ ← L ～: ⇨ calyx, -cule〗

Cal·y·don /kǽlədɑ̀(ː)n, -dn | -lɪdn/ *n.* カリュドン《古代ギリシャ Aetolia の都市》. **Cal·y·do·ni·an** /kæ̀lədóuniən | -lɪdə́ʊ-⁻/ *adj.*

Cálydonian bóar *n.* 〖ギリシャ伝説〗カリュドンの猪(いのしし)《Artemis が Calydon を攻めるために放ったという猛悪な猪》.

Cálydonian húnt *n.* 〖ギリシャ伝説〗カリュドンの猪(いのしし)狩《Calydonian boar を狩るために多数の勇士が参加し, Meleager がついにこれを殺した》.

ca·lyp·so[1] /kəlípsou | -səʊ/ *n.* (*pl.* ～s) 〖植物〗ホテイラン《北半球産ラン科ホテイラン属 (*Calypso*) の総称; 大きな唇弁のある可憐な花をつける; ホテイラン (fairy slipper) など》. 〖← NL ～: ⇨ Calypso〗

ca·lyp·so[2] /kəlípsou | -səʊ/ 〖音楽〗*n.* (*pl.* ～s, ～es) カリプソ《アフリカから来た奴隷の労働歌から発生した西インド諸島の民謡; そのダンス・リズムは 1956 年「バナナボートソング」によって世界的に流行した》. — *adj.* カリプソ風の. 〖《1934》←? CALYPSO〗

Ca·lyp·so /kəlípsou | -səʊ/ *n.* **1** カリプソー《女性名》. **2** 〖ギリシャ伝説〗カリュプソー《Odysseus を 7 年間 Ogygia 島に引き留めていた海の精 (nymph)》. 〖□ L ～ □ Gk *Kalupsṓ* ← *kalúptein* to cover〗

ca·lyp·so·ni·an /kəlɪpsóuniən, kæ̀lɪp- | -sə́ʊ-⁻/ *adj.* カリプソの[に関する, 風の]. — *n.* カリプソの作曲家[歌手]. 〖《1934》: ⇨ ↑, -ian〗

ca·lyp·tra /kəlíptrə/ *n.* 〖植物〗**1** カリプトラ, かさ, 蘚帽(せんぼう). **2** ＝root cap. **ca·lyp·trate** /kəlíptreɪt, -trɪt/ *adj.* 〖《1753》← NL ～ ← Gk *kalúptra* veil ← *kalúptein* to cover〗

ca·lyp·tri- /kəlíptri/ calyptro- の異形 (⇨ -i-).

ca·lyp·tro- /kəlíptrou | -trəʊ/ 〖植物〗「カリプトラ, 蘚帽(せんぼう) (calyptra)」の意の連結形. 〖← NL ～: ⇨ calyptra〗

ca·lyp·tro·gen /kəlíptrədʒən, -dʒèn/ *n.* 〖植物〗原根冠, 根冠形成層. 〖《1881》: ⇨ ↑, -gen〗

ca·lyx /kéɪlɪks, kǽl-/ *n.* (*pl.* ～·**es**, **ca·ly·ces** /kéɪləsìːz, kǽl- | -lɪ-/) **1** 〖植物〗萼(がく) (cf. corolla, perianth, sepal). **2** 〖解剖・動物〗杯, 杯状部. 〖《1693》□ L ～ □ Gk *kálux* calyx ← IE **kel-* cup (L *calix* / Gk *kúlix* cup): cf. chalice〗

cályx spràу *n.* 〖農業〗《花弁が落ちた直後から萼(がく)が閉じる前までにリンゴ・ナシなどの果樹にふりかける》殺虫噴霧液 (petal fall spray, shuck spray ともいう).

cályx tùbe *n.* 〖植物〗**1** 萼筒(がくとう)《合片萼の下部の筒状の部分》. **2** 花托筒 (⇨ hypanthium). 〖1870〗

cal·zone /kælzóuni, -zóun | -zə́ʊni, -zə́ʊn; *It.* kaltsóːne/ *n.* 〖料理〗カルツォーネ《チーズとハムを詰めて半円形に折り重ねたイタリアのパイ》. 〖《c1950》□ It ～, sg. of *calzoni* pants〗

cam[1] /kǽm/ *n.* 〖機械〗カム《求める運動の模様に合わせて周辺またはみぞを形づくり, これに接触する相手をそれにそって動かす機構部分; 自動機械に用いる》. 〖《1777》□ Du. or

C

LG *kam, kamm*《原義》'COMB[1]'〗
cam[2] /kǽm/ *adj.* =kam.
Cam /kǽm/ *n.* [the ～] カム(川)《イングランド東部 Cambridgeshire 州 Cambridge を貫流して Ouse 川に注ぐ川 (64 km)》. 〖《略》← CAMBRIDGE〗
Cam《略》Cambodia; Cameroon.
CAm《略》Central America.
CAM /kǽm/《略》**1**〘電算〙computer-aided manufacture [manufacturing] 計算機援用製造[製造システム]《CAD のデータに従って製造までを自動的に行う》. **2**〘植物〙crassulacean acid metabolism ベンケイソウ型酸代謝.
Cam.《略》〘軍事〙Camouflage; Cambridge.
Camacho, Manuel Ávila *n.* ⇨ Ávila Camacho.
Ca·ma·güey /kæ̀məgwéɪ; *Am.Sp.* kamaɣwéi/ *n.* カマーグエイ《Cuba 島中部の都市》.
ca·ma·ïeu /kà:mɑ:jə́:; *F.* kamajø/ *n.* (*pl.* **ca·ma·ïeux** /～/) **1** =monochrome 1. **2**《廃》=cameo. 〖《1596》□F ～ < OF *camaheus*: ⇨ cameo〗
ca·mail /kəméɪl/ *n.*〘甲冑〙(basinet の裾(すそ)に付いている)鎖鎧(くさりよろい). 〖《1670》□F ～ □ OProv. *capmalh* ← *cap* head (< L *caput*)+*malha* ring of mail (< L *maculam* spot, mesh: ⇨ mail[2])〗
cam·a·ra·de·rie /kæ̀mərá:dəri, kà:m-, -rǽd- | kæ̀mərá:dəri, -rǽd-, -dri; *F.* kamaʁadʁi/ *n.* 友情, 友愛. 〖《1840》□F ～ ← *camarade* 'COMRADE': ⇨ -ery〗
Ca·margue /kəmá:g | kæmá:g, kə-; *F.* kamaʁg/ *n.* [La ～] ラカマルグ《フランス南部 Rhône 川下流のデルタ地帯》.
ca·ma·ril·la /kæ̀mərílə, -rí:(j)ə | -rílə; *Sp.* kamaríja/ *n.* (*pl.* ～**s** /～z; *Sp.* ～s/) (権力者の非公式の)秘密顧問団; 徒党 (clique, cabal). 〖《1839》□Sp. ～ (dim.) ← *cámara* 'CHAMBER': cf. camera〗
Ca·ma·ro /kəmá:roʊ | -rəʊ/ *n.*〘商標〙カマロ《米国の乗用車, Chevrolet の一車種》.
cam·as /kǽməs/ *n.* (*also* **cam·ass** /～/, **cam·ash** /kǽmæʃ/)〘植物〙ヒナユリ (*Camassia quamash*)《北米西部地方産ユリ科カマシア属の黄花をつける植物; 先住民はこの球根を常食とする; 近縁の *C. esculenta* は観賞用などに栽培》: ⇨ death camas. 〖《1805》□N-Am.-Ind. (Chinook) ～ ← Nootka *chamas* sweet〗
ca·mau·ro /kəmáʊroʊ | -rəʊ/ *n.* (*pl.* ～**s**)〘カトリック〙カマウロ, 教皇用赤帽《もと教皇がかぶったアーミン (ermine) の毛で縁どられた深紅色のビロード帽》. 〖□It. ～ □? ML *camaurum*〗
Cam·ay /kæméɪ, ⌐⌐/ *n.*〘商標〙キャメイ《米国 The Procter & Gamble 社製の石鹸》.
Camb.《略》Cambodia; Cambridge.
Cam·bay /kæmbéɪ/ *n.* カンベイ《インド西部, Cambay 湾奥の町》.
Cambay, the Gulf of *n.* カンベイ湾《インド西岸のアラビア海の湾》.
cam·ber /kǽmbə | -bə(r)/ *n.* **1** (道路・梁材・床・甲板などの中高の)反(そ)り. **2**〘航空〙キャンバー, 矢高(やだか)《飛行機の翼型中心線のそり; 特に, その最大値; 通例翼弦長に対する百分率で表す》. **3**〘造船〙梁矢(ばりや)《船体の横断面に見る甲板面の中高》. **4**〘自動車〙キャンバー, 反り《前車輪の上方が外側に傾いていること; cf. dished 2 b》. **5**〘地質〙地層が風化過程で丘陵の頂から谷側へ傾くこと. **6**〘ゴルフ〙(アイアンの)裏底の反り. ― *vt.* **1** わずかに弓なりにする. **2**〈道路・甲板・梁材などに反りをつける. ― *vi.* 〈梁などが〉(中高に)反る. 〖《1618》□F *cambré*《方言》← OF *chambre* arched < L *camurum* bent inward ← ?〗
cámber àngle *n.*〘自動車〙キャンバー角, 反(そ)り角《前車輪中心面の鉛直面からの傾き角度》. 〖《1959》〗
cámber bèam *n.*〘建築〙起梁(むくりばり)《上方にわずかに反(そ)った梁》. 〖《1721》〗
cám·bered *adj.* 〈前車輪が〉上開きの. 〖《1627》: ⇨ ↑, -ed〗
Cam·ber·well /kǽmbəwèl, -wəl | -bə-/ *n.* キャンバーウェル《London 南部の旧自治区; 現在は Southwark の一部》. 〖《12C》*Cambrewelle, Camerwella* ← ? OE *cranburna, crammere* crane stream+ME *welle* 'WELL[2]'〗
Cámberwell bèauty *n.*〘昆虫〙=mourning cloak.
cambia *n.* cambium の複数形.
cam·bi·al /kǽmbiəl/ *adj.*〘植物〙形成層 (cambium) の[に関する], の機能をもつ]. 〖《1864》: ⇨ cambium, -al[1]〗
cam·bi·a·ta /kæ̀mbiá:tə | -tə; *It.* kambjá:ta/ *n.*〘音楽〙カンビアータ, 転過音, 変過音《本来協和音が来るべき位置にある不協和音; 非和声音の一種で, 跳躍進行して和声音に解決することが許されている》. 〖□It. ～ (fem.p.p.) ← *cambiare* (↓)〗
cam·bist /kǽmbɪst | -bɪst/ *n.*〘金融〙**1 a** 為替手形売買業者. **b** 為替相場専門家[銀行]. **2** 各国通貨・度量衡換算表. **cam·bist·ry** /-bɪstri | -bɪstri/ *n.* 〖《1809》□F *cambiste* changer □ It. *cambista* ← *cambiare* to change < LL *cambiāre* ← L *cambīre* 'to CHANGE'〗
cam·bi·um /kǽmbiəm/ *n.* (*pl.* ～**s**, **-bi·a** /-biə/)〘植物〙形成層. 〖《1643》□LL ～ 'exchange' ← *cambiāre* (↑)〗
Cam·bo·di·a /kæmbóʊdiə | -bə́ʊdiə/ *n.* カンボジア《インドシナ半島南西部の国, もとはフランス領インドシナ (French Indo-China) の一部であったが 1953 年 Kingdom of Cambodia として独立; 1970 年から 1975 年 Khmer (公式名 the Republic of Khmer クメール共和国), 1976 年 Democratic Kampuchea (民主カンボジア) となる; 1979 年 People's Republic of Kampuchea (カンボジア人民共和国)が成立し, 民主カンボジア連合政府 (1982 年成立)と二重統治; 1993 年より再び王国となった; 面積 181,035 km², 首都 Pnom Penh》.
Cam·bo·di·an /kæmbóʊdiən | -bə́ʊdi-/ *adj.* **1** カンボジアの[に関する]; カンボジア特有の. **2** カンボジア人[語]の. ― *n.* **1** カンボジア人, カンボジアの住民. **2** カンボジア語《公用語クメール語 (Khmer) をいう》. 〖《1770》: ⇨ -ian〗
cam·bo·gia /kæmbóʊdʒə | -bə́ʊ-, -dʒiə/ *n.*〘化学〙=gamboge 1.
cam·boose /kæmbú:s/ *n.*《カナダ》**1** 木材伐採人小屋. **2** (小屋の中の)暖炉. 〖□? Du. *kabuis, kombuis* □ MLG *kabūse* ← ?〗
Cam·borne-Red·ruth /kǽmbɔənrédru:θ | -bɔ:n-/ *n.* カンボーンレドルース《イングランド南西部, Cornwall 州の都市; 近隣の町を 1934 年に合併》.
Cam·brai /kɑ̃:(m)bréɪ, kɑ:m- | kɑ̃:(m)-, kɔm-; *F.* kɑ̃bʁɛ/ *n.* カンブレ《フランス北部の都市》.
cam·brel /kǽmbrəl/ *n.*《英方言》(肉屋の)肉つり棒 (gambrel). 〖《c1450》← ? Welsh *cam* crooked+*pren* wood // 《変形》? ← GAMBREL〗
Cam·bri·a /kǽmbriə/ *n.*《詩・文語》カンブリア《ウェールズ (Wales) の古[雅]名; cf. Albion》. 〖□ML ～《変形》← *Cumbria* □ Welsh *Cymry* Wales < OCelt. **Kombrogos* ← **kom-* together (cf. com-)+**mrog-* region: cf. Cymry〗
Cam·bri·an /kǽmbriən/ *adj.* **1**《詩・文語》カンブリアの, ウェールズの. **2**〘地質〙カンブリア紀[系]の: the ～ period [system] カンブリア紀[系]《古生代の最古期でオルドビス紀[系] (Ordovician period [system]) の前》. ― *n.* **1**《詩・文語》カンブリア人, ウェールズ人 (Welshman). **2** [the ～]〘地質〙カンブリア紀[系]. 〖《1656》: ⇨ ↑, -an[1]〗
Cámbrian Móuntains *n. pl.* [the ～] カンブリア山地《ウェールズを南北に走る山脈》.
cam·bric /kéɪmbrɪk, kǽm-/ *n.* キャンブリック, 上質かなきん (cotton cambric), (薄地の上等)亜麻布; 白麻ハンカチ. 〖《1530》□Flem. *Kamerijk* □F *Cambrai* (原産地名)〗
cámbric téa *n.*《米》キャンブリックティー《牛乳を湯で割り砂糖と時に少量の紅茶を入れた, 通例子供向きのお茶代わりの温かい飲み物》. 〖《1888》〗
Cam·bridge /kéɪmbrɪdʒ/ *n.* ケンブリッジ: **1** イングランド Cambridgeshire 州の州都; Cam 川に臨む大学町. **2** =Cambridge University. **3** =Cambridgeshire and Isle of Ely. **4** =Cambridgeshire 1. **5** 米国 Massachusetts 州東部の都市, Charles 川を隔てて Boston に対する; Harvard 大学, MIT の所在地. ★ ラテン語系形容詞: Cantabrigian. ― *adj.* **1** Cambridge の. **2** ケンブリッジ大学の[に関する]: a ～ man ケンブリッジ大学生[出身者]. 〖lateOE *Cantebrigie*《変形》← OE *Grantebryċġ(e)*《原義》bridge over the *Granta* (⇨ Celt.-Latin *gronna* bog: muddy river の意か): G → C の変化, *r* の脱落は Normans の発音の影響〗
Cámbridge blúe, c- b- *n.* **1** 淡青色 (light blue) (cf. Oxford blue). **2** 大学からケンブリッジ ブルーの制服を与えられた人; ケンブリッジ大学代表選手. 〖《1883》〗
Cámbridge Certíficate *n.* [the ～] ケンブリッジ英語検定(試験)《Cambridge 大学の試験委員会が実施する外国語としての英語の使用能力を測定する試験》.
Cámbridge Plátonism *n.*〘哲学〙ケンブリッジプラトン主義《Cambridge Platonist の思想》.
Cámbridge Plátonist *n.*〘哲学〙ケンブリッジプラトン派の人《プラトン哲学の伝統に立ち, 経験論とホッブス的唯物論に反対し, 科学と宗教との調和を求めた 17 世紀英国の一群のキリスト教的思想家の一人》.
Cámbridge schòol *n.* [the ～]〘哲学〙ケンブリッジ派《20 世紀初頭以来, イギリスヘーゲル派の観念論に反対して哲学的分析を強調した B. Russell, G. E. Moore, L. Wittgenstein らを中心とするグループ》.
Cam·bridge·shire /kéɪmbrɪdʒʃə, -ʃɪə | -brɪdʒʃə(r), -ʃɪə(r)/ *n.* ケンブリッジシャー: **1** イングランド東部の州; 1974 年に新設, 旧 Cambridgeshire and Isle of Ely および旧 Huntingdonshire and Peterborough より成る; 面積 3,412 km², 州都 Cambridge. **2** =Cambridgeshire and Isle of Ely. 〖《1840》〗
Cámbridgeshire and Ísle of Ély *n.* ケンブリッジシャー アンド アイル オブ イーリ《イングランド東部の旧州; 1974 年に Cambridgeshire 州の一部となる, 面積 2,151 km², 州都 Cambridge》.
Cámbridge Univérsity *n.* ケンブリッジ大学《英国 Cambridge 市にある大学; 1281 年創立; 現在 31 の college から成る》.
Cambs.《略》Cambridgeshire.
Cam·by·ses /kæmbáɪsi:z/ *n.* カンビセス《?–522 B.C.; Cyrus the Great の子でアケメネス朝 (Achaemenid) ペルシャの王 (530–522 B.C.)》.
cam·cord·er /kǽmkɔ̀ədə | -kɔ̀:də(r)/ *n.* カムコーダー, カメラ一体型 VTR《ビデオカメラとレコーダーとが一体になったもの》. 〖《1982》← CAM(ERA)+(RE)CORDER〗
Cam·den /kǽmdən/ *n.* キャムデン: **1** London 中央部, Thames 川北部の自治区; Hampstead, St. Pancras などの旧自治区から成る. **2** 米国 New Jersey 州南西部, Delaware 河畔の都市; Philadelphia の対岸. 〖2: ← *Charles Pratt, Earl of Camden* (1714–94: 英国の裁判官・法学者)〗
Cam·den /kǽmdən/, **William** *n.* キャムデン (1551–1623; 英国の考古家・歴史家; 全国を旅して故事を収集した; のち彼を記念して Camden Society が設立された (1838)).
came[1] /kéɪm/ *v.* come の過去形. 〖OE *c(u)ōm*〗
came[2] /kéɪm/ *n.*〘建築〙ケイム《格子窓やステンドグラスの窓ガラスを支えるのに用いる細長い溝のある鉛の桟(さん)》. 〖《1688》□ ? MDu. *kaam*: cf.《方言》*calm* a mold, frame〗
cam·el /kǽməl, -mɫ/ *n.* **1**〘動物〙ラクダ《ヒトコブラクダ (Arabian camel, dromedary), フタコブラクダ (Bactrian camel) など》. **2** らくだ色《淡黄茶色》. **3**〘海事〙**a** 浮箱《沈没船などを水中から引き上げたり舟橋などに用いる》. **b** (桟橋と船との間におく)浮き防舷(げん)材. **4** [C-]〘商標〙キャメル《米国 R. J. Reynolds Tabacco 社製の紙巻きたばこ》. ***swállow a cámel*** (小事にこだわって)大事を見過ごす (cf. *strain at a gnat* (⇨ gnat 成句)). ― *adj.* らくだ色の, 淡黄茶色の. 〖ME ～, *chamel* (OE *camel*) □ ONF *camel*=OF *chamel* (F *chameau*) □ L *camēlus* □ Gk *kámēlos* ← Sem. (Heb. *gāmāl* / Arab. *jámal*)〗
cámel·bàck *n.* **1** らくだの背: on ～ らくだに乗って. **2** (犬などの)やや隆起した背 (cf. swayback). **3** 前方が 1 階で後方が 2 階の家 (camelback house ともいう). **4** キャメルバック《タイヤ補修などに使用する一種の再生ゴム》. **5**〘鉄道〙蒸気機関車の一種 (camelback locomotive ともいう). ― *adj.* らくだのような背をした. ― *adv.* らくだに乗って. 〖《1860》〗
cámel bìrd *n.*〘鳥類〙ダチョウ (ostrich). 〖《1771》〗
cámel crìcket *n.*〘昆虫〙=cave cricket. 〖背が丸く突き出ているところから〗
cam·el·eer /kæ̀məlíə | -líə(r)/ *n.* **1** らくだ追い. **2** らくだ騎(乗)兵. 〖《1808》← CAMEL＋-EER〗
cámel gràss *n.*〘植物〙キャメルグラス (*Cymbopogon schoenanthus*)《アジア原産のイネ科の多年草で牧草とする; sweet rush ともいう》. 〖らくだの食料とするところから〗
cámel hàir *n.* (*also* **camel's hair**) **1 a** らくだの毛. **b** らくだの毛の代用品《りすの尾の毛など》. **2** らくだの毛または長い羊毛でゆるやかに織った毛織物《色は黄褐色》. 〖《1440》〗
cámel hày *n.*〘植物〙=camel grass.
ca·mel·ia /kəmí:ljə, -mél-, -liə/ *n.*〘植物〙=camellia.
ca·me·lid /kəmí:lɪd, kǽməl- | -lɪd/ *n.*〘動物〙ラクダ科の動物《ラクダ・ラマ・アルパカなど》. 〖《c1975》← NL *Camelidae*: ⇨ camel〗
ca·mel·lia /kəmí:ljə, -mél-, -liə/ *n.*〘植物〙ツバキ《ツバキ科ツバキ属 (*Camellia*) の常緑樹の総称; (特に)ツバキ (*C. japonica*), サザンカ (*C. sasanqua*) の園芸品種》. ★ 米国 Alabama 州の州花. 〖《1753》← NL ～ ← *Georg Josef Kamel* [*Camellus*] (1661–1706: カトリックの Jesuit 会の旅行家, 日本からロンドンに初めてこの植物を持ち帰ったといわれている)＋-IA[1]〗
ca·mel·o·pard /kəméləpɑ̀əd, kǽməloʊ- | kǽmɪlə(ʊ)pà:d, kəmél-/ *n.* **1**《古》キリン (giraffe). **2** [C-]〘天文〙=Camelopardalis. 〖《(a1398)》《1572》□ML *camēlopardus* ← L *camēlopardalis* □ Gk *kamēlopárdalis* giraffe: ⇨ camel, pard[1]〗
Ca·mel·o·par·da·lis /kəmèləpɑ́ədəlɪs, kæ̀məloʊ-, kæ̀mələ-, -dl- | kæ̀mɪlə(ʊ)pá:dəlɪs, kəmèl-/ *n.*〘天文〙きりん(麒麟)座《北天の星座; the Giraffe ともいう》. 〖← NL ～ (↑)〗
Ca·mel·o·par·dus /kəmèləpɑ́ədəs | -lə(ʊ)pá:-/ *n.*〘天文〙=Camelopardalis.
Cam·e·lot /kǽməlɑ̀(:)t | -mɪlɔ̀t/ *n.* **1**〘アーサー王伝説〙キャメロット《Arthur 王の宮廷のあった所; 一説には英国の Winchester だといわれる》. **2** 田園的幸福の時代[場所, 雰囲気]. **3** 華々しい行為が行われた場所[時代].
cam·el·ry /kǽməlri, -mɫ-/ *n.* [集合的]〘軍事〙らくだ部隊[騎兵隊]. 〖《1854》← CAMEL＋-RY〗
cámel's-hàir *adj.* らくだ毛製の: ～ yarn らくだ毛糸 / a ～ brush らくだ毛画筆《今では通例りすの尾の毛で作る》.
cámel's hàir *n.* =camel hair. 〖c1300〗
cámel spìder *n.*〘動物〙=sun spider.
cámel thòrn *n.* (*also* **cámel's thòrn**)〘植物〙**1** 南アフリカ産のアカシア属の木 (*Acacia giraffae*)《特に キリンなどがその若葉を食べる草原植物》. **2** アラビア砂漠のマメ科アルハギ属のトゲのある低木 (*Alhagi camelorum*)《マンナが採れる》. 〖《1607》〗
Cam·em·bert /kǽməmbèə | -bèə(r)/ *n.* カマンベール(チーズ)《中身が柔らかくてクリーム状で, 香りが強く味の濃厚なフランス産の白かびチーズ; Camembert cheese ともいう》. 〖《1878》← *Camembert* (フランス Normandy の原産地名)〗
Ca·me·nae /kəmí:ni:/ *n. pl.* (*sing.* **Ca·me·na** /-nə/)〘ローマ神話〙カメーナエ《予言をした森や泉の精 (nymphs); 後に詩人たちによってギリシャ神話の Muses とされた》. 〖□L *Camēnae* (pl.) ← *Camēna* Muse〗
cam·e·o /kǽmiòʊ | -miəʊ/ *n.* (*pl.* ～**s**) **1 a** カメオ《縞(しま)目を利用して浮彫りを施しためのう・こはく・貝殻など; cf. intaglio 1 b》. **b** カメオ細工. **2** (人物・場所・事件などを見事に浮き彫りにするような)珠玉の短篇(映画)[描写], 印象的な描写, 名場面, 見せ場, さわり. **3** (劇・映画・テレビで名優による)きらりと光る端役[わき役] (cameo role ともいう). ― *adj.* [限定的] **1** カメオの; カメオ風の. **2** 小型の, 小規模の. ― *vt.* カメオにする; カメオ風にする.

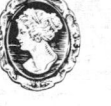

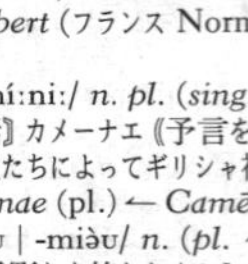

cameo 1

〖(1561)□ It. *cam(m)eo* ∽ (*a*1422) *cameu* □ OF *came* (*h*)*u* (F *camaïeu*) □ ? Arab. *qumā'il* (pl.) ← *qum'ūl* flower bed〗

cámeo glàss *n.* カメオガラス《ガラス器に数種の色の層を順次かぶせてこれをカメオ風に浮き彫りに彫って多彩な模様を出したもの》.〖1879〗

cámeo wàre *n.* カメオウェア《異なった色の素地土を重ねて焼いたジャスパーウェア (jasperware) に模様を浅浮き彫りに彫って模様を出したもの》.

cam·er·a /kǽm(ə)rə/ *n.* (*pl.* ~**s**, 2 では また **-er·ae** /-mərìː, -ràɪ/) **1 a** 写真機, カメラ: ⇨ reflex camera. **b**〖写真〗=camera obscura. **c** テレビカメラ. **2** 判事の私室. **3** [the C-] (ローマ教皇庁の)財務省.
in cámera (1) 秘密に, こっそりと (privately). (2)〖法律〗(裁判所の)非公開審理で, 判事の私室で. (← NL ~ 《原義》in chamber) ***òff cámera*** (1)〖映画・テレビ〗カメラに映らない所で(の) (cf. off-camera). (2) 私生活面で(の). ***on cámera***〖映画・テレビ〗カメラに映(っている)所で(の), カメラに映されて(いる); 生放送で(の) (cf. on-camera).
〖(1708)□ L ~ 'arch, vault, (ML) *chamber*' □ Gk *kamárā*: CHAMBER と二重語〗

cámera àngle *n.* (被写体に対する)カメラの角度, カメラアングル.〖1928〗

camerae *n.* camera 2 の複数形.

cámera-éye *n.* **1** カメラアイ, 写真眼《写真のように正確で公平な観察または報告する能力》. **2** カメラアイをもった人. (1930) **cámera-éyed** *adj.*〖(1935): ⇨ -ed〗

cámera gùn *n.*〖軍事〗カメラ銃, 写真銃《飛行機に装備し射撃結果を記録しておくため弾丸発射と同調して撮影する映画カメラ》.〖1918〗

cam·er·al /kǽm(ə)rəl/ *adj.* **1** 判事私室 (camera) の[に関する]. **2** 国家財政の (cameralistic).〖(1762)□ G *Kameral* □ ML *camerālis* ← *camera* 'governmental chamber': ⇨ camera, -al¹〗

cam·er·a·lism /kǽm(ə)rəlɪzm/ *n.*〖経済〗カメラリズム, 重商主義擁護政策《一国の経済力は王侯の富の蓄積によって高められることができるという理論》.〖(1909): ⇨ ↑, -ism〗

cám·er·a·list /-lɪ̣st | -lɪst/ *n.* (17-18 世紀ヨーロッパの)重商主義論者[官吏].〖(1909)□ G *Kameralist* ← NL *cameralista*: ⇨ cameral, -ist〗

cam·er·a·lis·tic /kæ̀m(ə)rəlístɪk⁻/ *adj.* **1** 国家財政 (public finance) の. **2** カメラリズム (cameralism) の.

cámera lú·ci·da /-lúːsɪ̣də | -də/ *n.*〖光学〗カメラルシダ, 写生器《プリズムを用い離れた二つの物体を重ねて見るための装置; 顕微鏡による像を写生するときに用いる》.〖(1668) ← NL ~ 'clear chamber'〗

cámera·màn /-mæ̀n, -mən/ *n.* (*pl.* **-men** /-mèn, -mən/) **1 a** (新聞の)写真班員, カメラマン. 日英比較 英語の *cameraman* には「写真家」(photographer) の意はない. **b** (映画・テレビの)撮影技師, カメラマン. **2** カメラ商.〖1908〗

cámera ob·scú·ra /-əbskjúᵊrə, -ɑ(ː)b- | -əbskjúərə, -ɔb-/ *n.*〖写真〗暗箱.〖((1668)) (1727-51) ← NL ~ 'dark chamber'〗

cámera·plàne *n.* 写真撮影用飛行機, 写真偵察機.

cámera-réady *adj.*〖印刷〗撮影するばかりに準備した, 完全版下の.〖1967〗

cámera-rèady cópy *n.*〖印刷〗(製版にまわすための)写真撮影用校了紙, 完全版下《mechanical ともいう》.〖1967〗

cámera rehéarsal *n.* (テレビ・映画の)試演, カメラリハーサル《実際の放送や撮影のときと同じ条件で行われる仕上げのけいこ; cf. dress rehearsal》.〖1959〗

cámera shàke *n.*〖写真〗カメラのぶれ.〖1940〗

cámera shòt *n.*〖写真・映画・テレビ〗カメラショット, カメラ画像《カメラの位置・角度・回転などによって得られるいろいろな画像や画面; cf. medium shot》.

cámera-shỳ *adj.* カメラが気になる; 写真ぎらいの.〖1922〗

cámera stýlo *n.*〖映画〗カメラ スティロ《ニューウェーブの監督が用いた個人的表現手段としてのカメラの使用》.

cámera tùbe *n.*〖電子工学〗撮像管 (⇨ image tube).

cámera·wòrk *n.*〖写真・映画・テレビ〗カメラワーク《カメラ使用(法, 技術)》.

cam·er·len·go /kæ̀məléŋgoʊ | -məléŋgəʊ/ *n.* (*pl.* ~**s**) (*also* **cam·er·lin·go** /-lɪ́ŋ-/)〖カトリック〗カメルレンゴ《教皇の財政官で, 教皇空位時の教皇代行者である枢機卿》.〖(1625)□ It. *camerlingo* □ ML *camarlengus* □ (Frank.) **kamerling*: ⇨ camera, -ling¹: cf. chamberlain〗

Cam·e·ron /kǽm(ə)rən/ *n.* カメロン, キャメロン《男性名》.〖← Sc.-Gael. *cam-shron* crooked nose〗

Cameron, Julia Margaret *n.* カメロン (1815-79; インド生まれの英国の写真家; 美術的な肖像写真術で先駆的な仕事をしたことで有名).

Cameron, Richard *n.* カメロン (1648-80; スコットランドの牧師; カメロン派 (Cameronians) の創始者).

Cam·er·o·ni·an /kæ̀məróʊniən | -rə́ʊ-/ *n.* **1**〖キリスト教〗カメロン派の人, 改革派長老派教会員《スコットランドの長老主義擁護のため誓約を結んだ, いわゆる盟約派 (Covenanters) の中の一派で, 特に Cameron の教会的・政治的教説を信奉する; 後に独自に改革派長老派教会 (Reformed Presbyterian (Church)) を結成する》. **2** カメロン隊の兵士《昔のスコットランド歩兵第 26 連隊で, 後にライフル銃隊第一大隊 (First Battalion of Scottish Rifles), 1968 年解散; もと改革派教徒から募兵したのでこの名がある》. — *adj.* カメロン派の.〖(1690) ↑〗

Cam·e·roon /kæ̀mərúːn, ⁻⁻⁻/ *n.* **1** カメルーン《アフリカ中西部の共和国, もと国連の フランス信託統治領 (French Cameroons), 1960 年独立し 1961 年英国信託統治領 (British Cameroons) の一部と合併; 面積 475,501 km², 首都 Yaoundé; 公式名 the Republic of Cameroon カメルーン共和国; フランス語名 Cameroun》. **2** カメルーン山《カメルーン西部にある活火山 (4,070 m)》.

Cam·e·roon·i·an /kæ̀mərúːniən⁻/ *adj.* カメルーン(人)の. — *n.* カメルーン人.〖⇨ ↑, -ian〗

Cam·e·roons /kæ̀mərúːnz, ⁻⁻⁻/ *n.* [単数扱い] カメルーンズ《アフリカ中西部の地方; 1884 年から 1919 年までドイツの植民地, 1919 年英仏の委任統治領に分割; British Cameroons は 1961 年北部は Nigeria と, 南部は Cameroon と合併; French Cameroons は 1960 年独立, 1961 年現在の Cameroon となる》.

Cam·e·roun /kæ̀mərúːn, ⁻⁻⁻; *F.* kamʁun/ *n.* **1** カムルーン《Cameroon のフランス語名》. **2** =French Cameroons; 独立後の French Cameroons (⇨ Cameroons).

Cam·e·roun·i·an /kæ̀mərúːniən⁻/ *adj.* カメルーン(人)の. — *n.* カメルーン人.〖⇨ ↑, -ian〗

cám fòllower *n.*〖機械〗カム従動子《カムの動きを直線的な変位に変える部分》.

Cam·ford /kǽmfəd | -fəd/ *n.*, *adj.* =Oxbridge.〖(1850)《混成》← CAM(BRIDGE)+(OX)FORD〗

cám gèar *n.*〖機械〗カムギア《シャフトが歯車の中心にない歯車》.

cam·i·knick·ers /kǽmɪ̣nìkəz | -mɪnìkəz/ *n. pl.*《英》キャミニッカー《女性用のショーツとキャミソールのつながった下着; camiknicks ともいう》.〖(1915) ← CAMI(SOLE)+KNICKERS〗

camiknickers

cam·i·knicks /kǽmɪ̣nìks | -mɪ-/ *n. pl.* =camiknickers.〖(1937) ← *cami-* (↑)+*knicks* (《略》← KNICKERS)〗

Ca·mil·la /kəmílə/ *n.* カミラ《女性名》.〖□ L ~ (fem.) ← *camillus* a noble youth serving in a temple □ Gk *Kamîlos*: Virgil の *Aeneid* 中の女傑名〗

Ca·mille /kəmíːl; *F.* kamij/ *n.* **1** カミール《女性名; 異形 Camile, Camila, Camilla》. **2** /*F.* kamij/ カミーユ《男性名》.〖□ F ~: ↑〗

ca·mi·no re·al /kəmíːnoʊreɪáːl | -nəʊ-; *Sp.* kamínoreál/ *Sp. n.* (*pl.* **ca·mi·nos re·a·les** /-noʊzreɪáːleɪs | -nəʊz-; *Sp.* -nosreáles/, ~**s**) 幹線道路, 主要道路.〖□ Sp. ~ 《原義》royal road〗

ca·mion /kɑːmjɔ̃ː(ŋ), -mjɔ́ːŋ; *F.* kamjɔ̃/ *n.* **1** (台の低い 4 輪の)荷車 (dray). **2** トラック (truck); バス (bus).〖(1885)□ F ~ ← ?〗

cam·i·sa·do /kæ̀məséɪdoʊ, -sáː- | -mɪséɪdəʊ, -sáː-/ *n.* (*pl.* ~**s**) (*also* **cam·i·sade** /kæ̀məséɪd, -sáːd | -mɪ-/) (古) 夜襲, 夜間攻撃.〖(1548)□ ? Sp.《廃》*camisada* ← *camisa* shirt: 昔夜襲の際に味方の目印のために鎧の上に白いシャツを着たことからか: ⇨ -ado: cf. chemise〗

ca·mise /kəmíːz, -míːs/ *n.* カミース《軽くてゆったりとした長袖のシャツ[チュニック]; 時に下着にもする》.〖(1812)□ Arab. *qamīṣ* □ LL *camisia*: ⇨ chemise〗

cam·i·sole /kǽməsòʊl | -mɪ̣sə̀ʊl/ *n.* **1 a** 《古》キャミソール, カミソール《肩ひも付き腰丈の女性用下着; レースなど装飾がある》. **b** キャミソールブラウス《ローネックラインで肩ひも付》. **2** 女性用の短い化粧着. **3** 拘束用長袖ジャケット (straitjacket). **4** (もと男性が着た)袖付きジャケット.〖(1795)□ F ~ □ OProv. *camisola* (dim.) ← *camisa* 'CHEMISE'〗

cam·la /kǽmlə/ *n.*〖植物〗シロバナフロックス (*Phlox nivalis*)《米国南東部原産ハナシノブ科の多年草; 観賞用》.〖← ?〗

cam·let /kǽmlɪ̣t/ *n.* **1**《古》**a** らくだ織《ラクダの毛またはアンゴラヤギの毛を用いた平織の中世アジアの紡毛織物》. **b** らくだ織で作った服. **2** 厚い防水布地.〖(16C)□ F *camelot* ∽ (1388) *chamelot* □ OF □ ? Arab. *khámlaʰ* ← *khaml* nap: フランス語形はこの布がラクダの毛で織られたとして, F *chameau* camel と連想したもの〗

Cam·maerts /káːmɑəts | -mɑːts; *F.* kamaʁts/, **Émile** (**Léon**) *n.* カマルツ (1878-1953; 英国に在住したベルギーの詩人).

cam·mock¹ /kǽmək/ *n.*〖植物〗=restharrow.〖OE *cammoc* ← ?〗

cam·mock² /kǽmək/ *n.* 《スコット》**1** 曲がったつえ; (特に)ホッケーのスティック. **2** (フィールド)ホッケー (field hockey).〖(*a*1425) *kamboc* □ ML *combuca* ← Celt.: cf. Welsh *camog* bent stick〗

cam·o /kǽmoʊ/ *adj.* まだら模様の, 迷彩模様の. — *n.* まだら[迷彩]模様の布[服].〖《短縮》← CAMOUFLAGE〗

Cam·o·ëns /kǽmoʊənz, kǽmoʊ- | kǽməʊənz, kəmə́ʊənz; *Port.* kɐmõĩʃ/, **Luis Vaz de** /luíʒvaʒðue/ *n.* カモンイス (1524-80; ポルトガルの詩人; *The Lusiads* (1572); ポルトガル語名 Camões).

ca·mo·gie /kɑːmóʊgi, kæ- | -mə́ʊ-/ *n.* 《アイル》カモーギー《12 人ずつの女性で行われる球技で hurling の一種》.

cam·o·mile /kǽməmìːl, -màɪl | -màɪl/ *n.*〖植物〗= chamomile.〖1373〗

cam·oo·di /kəmúːdi | -di/ *n.* 《カリブ》〖動物〗=anaconda 1.〖(1825): 現地語〗

Ca·mor·ra /kəmɔ́(ː)rə, -mɑ́(ː)rə | -mɔ́rə; *It.* kamɔ́rra/ *n.* **1** [the ~] カモラ党《1820 年ごろイタリアの Naples に起こった政治的・犯罪的秘密結社; cf. Mafia》. **2** [c-] (カモラに似た)秘密結社, 犯罪組織.〖(1865)□ It. ~ □ Sp. ~ 'dispute, quarrel'〗

C

Ca·mór·rism /-rɪzm/ *n.* カモラ党的秘密結社主義, カモラ主義.

Ca·mór·rist /-rɪ̣st | -rɪst/ *n.* **1** カモラ党員. **2** [c-] (カモラに似た)秘密結社の一員.〖(1863)□ It. *Camorrista*: ⇨ Camorra, -ist〗

Ca·mor·ris·ta /kɑ̀ːmɔ(ː)ríːstə, -mə- | -mɔr-; *It.* kamorrísta/ *n.* (*pl.* **Ca·mor·ris·ti** /-ti; *It.* -ti/) = Camorrist.〖1897〗

cam·ou·flage /kǽməflɑ̀ːʒ, -flɑ̀ːdʒ | -məflɑ̀ːʒ, -mʊ-; *F.* kamuflaːʒ/ *n.* **1 a**〖軍事〗偽装, 迷彩, カムフラージ. **b**〖動物〗擬態. **2** だまし, ごまかし (deception); 変装 (disguise). — *vt.* …にカムフラージ[偽装, 迷彩]を施す, 偽装で隠す; ごまかす: ~ guns *with* green leaves 緑の葉で大砲にカムフラージを施す / a ~*d* accident 偽装された事故. — *vi.* カムフラージする, 偽装する. **cám·ou·flàg·er** *n.* **cam·ou·flag·ic** /kæ̀məflǽdʒɪk, -flɑ́ːdʒ- | -mə-, -mʊ-⁻/ *adj.*〖(1917)□ F ~ ← *camoufler* to disguise □ It. *camuffare*: ⇨ -age: CAMOUFLET との連想によるものか〗

cam·ou·flage·a·ble /kǽməflɑ̀ːʒəbl̩, -flɑ̀ːdʒ- | -məflɑ̀ːʒ-, -mʊ-/ *adj.* カムフラージのできる, 偽装可能な.〖⇨ ↑, -able〗

cam·ou·flet /kæ̀məfléɪ; *F.* kamuflɛ/ *n.* **1 a** 盲爆, 地中爆発, 地下爆発《爆弾・地雷が地中で爆発しても地表を破壊せずに地中にガスと煙の空洞を残すもの》. **b** 盲爆孔《盲爆によってできた空洞》. **c** (盲爆孔を作る)爆弾[地雷]. **2** (敵の地雷用の坑道を爆破するための)対壕地雷.〖(1836)□ F ~《原義》whiff of smoke《変形》← ? MF *chault mouflet* hot face〗

cam·ou·fleur /kæ̀məflə́ː | -flə́ːʳ; *F.* kamuflœːʁ/ *n.*〖軍事〗偽装工作兵, 偽装員[係].〖← *camoufles* to disguise □ It. *camuffare* □ F ~〗

camp¹ /kǽmp/ *n.* **1 a** (軍隊などの仮住まいのための)幕営, 野営, 野営陣地; 宿営地; 駐屯[駐留]地(の営舎): a base ~ ベースキャンプ, 基地. **b** (山や海のレクリエーション用の)キャンプ(場): be in ~ キャンプ中である. **c**《米》(鉱夫・木こりなどの)飯場; 鉱山の集落, 鉱山町: a mining ~ 鉱山町. **d** (捕虜などの)収容所: ⇨ concentration camp. **e**《豪》家畜の休息[集合, 収容]場所: a cattle ~. **2** [集合的] **a** (野営の)テント: pitch [make] (a) ~ =set up ~ テントを張る. **b** テントに住む人たち, キャンプの一団, 野営隊, 出征軍. **3 a** (遊牧者・探検家・遊山者などの)野宿, キャンプ. **b** 兵役, 軍隊生活 (military life). **4 a** (主義・宗教などでつながる)同志, グループ; (主義・主張を推進・擁護する)陣営: in the same [enemy's] ~ 同じ[敵の]陣営に / have a foot in both ~*s* 両陣営に属する, 二またをかける / defend a conservative ~ 保守陣営を擁護する. **b** (イデオロギー上の)立場, 陣: change ~*s* 考えを変える / attack the rival ~ 相手側をやっつける. **5**《米》(在郷軍人会などの)分会, 支部. **6**《英》先史時代の要塞を築いた跡.
bréak [***stríke***] (***a***) ***cámp*** キャンプをたたむ; キャンプをたたんで去る.
— *vi.* **1** テントを張る, 野営を張る, 野営する, 野宿する; キャンプ生活をする ⟨*out*⟩: go ~*ing*. **2** 陣取る, 一つ所にがんばる: ~ in front of the Capitol 国会議事堂前に陣取る / ~ on the trail of …にしつこくついて行く / ~ down 腰を落ち着ける. **3**《口語》一時住まいする, 仮住まいする ⟨*out*⟩; 宿をとる, 宿泊する: ~ in a flat アパートに仮住まいする. **4**《豪》⟨家畜が⟩(休息のために)集まる. — *vt.* **1** ⟨軍隊などを⟩野営させる, 野宿させる; キャンプさせる. **2** …に仮住まいを提供する, 住まわせる.
〖(1525)□ (O)F ~ □ It. *campo* field < L *campum* flat space: cf. campus〗

camp² /kǽmp/《口語》*n.* **1** 同性愛の人, ホモ. **2** (同性愛者が示す)女っぽいしぐさ. **3 a** (滑稽なほど)わざとらしい[陳腐な, 不調和な]もの[振舞い, 気取り]: ⇨ high camp, low camp. **b** わざとらしい[陳腐な]ふるまいをする人. — *adj.* =campy. — *vi.* **1** 風変わりな[芝居がかった, 陳腐すぎる]ふるまい[話し方]をする ⟨*around*⟩; ふざけたことを言う[する]: Stop ~*ing!* ふざけるのはよせ. **2** 同性愛者である; ホモのようにふるまう. — *vt.* きざっぽく[芝居気たっぷりに, 陳腐すぎるように]演ずる ⟨*up*⟩: ~ the last act 最終幕を芝居気よろしく演ずる.〖(*c*1909) ← ?〗
cámp it úp《口語》(1) きざっぽく[芝居気たっぷりに]演技する. (2) 同性愛をひけらかす. (1959)
~·ness *n.*〖(1959) ← ?《方言》*camp* uncouth person《転用》? ← CAMP¹〗

Camp /kǽmp/, **Walter** (**Chauncey**) *n.* キャンプ (1859-1925; 米国のフットボールのコーチ; ラグビーと異なる新ルールを導入し, 現在のアメリカンフットボールの基礎を築いた).

c AMP《略》〖生化学〗cyclic AMP.

Cam·pa·gna /kæmpáːnjə, -njɑː | kæmpáːnjə; *It.* kampáɲɲa/ *n.* **1** [the ~] =Campagna di Roma. **2** [c-] 平原 (champaign).〖(1641)□ It. ~ □ L *Campānia* (地方の名) ← *campāneus* of an open country ← *campus*: cf. camp¹〗

Campágna di Róma /-diːróʊmə | -rə́ʊ-; *It.* -diróːma/ *n.* [the ~] カンパーニャ ディ ローマ《イタリアの Rome の周辺の平原》.

cam·paign /kæmpéɪn/ *n.* **1 a** (社会的・政治的目

C

的のために組織的に行われる)運動, キャンペーン: a political ～ 政治運動 / a welfare ～ 福祉運動 / go on [conduct] a ～ *against* alcohol 禁酒運動をする / engage in a ～ *for* funds 資金カンパをする, 基金募集運動をする. **b** 選挙戦, 選挙運動, 遊説(ﾕｳｾﾞｲ) (canvass): a ～ manager 選挙事務長 / a ～ biography 《米》(特に, 大統領選挙前に出す)候補者略歴 / carry on an election ～ 選挙運動をする. **2 a** 会戦, 戦役 《戦争の一つの明確な局面を形成する一連の計画的軍事作戦》(⇨ battle[1] SYN): the Waterloo ～ / on ～ 従軍して, 出征中で. **b** 《廃》(一期間の)野戦行動. **3** 〘冶金〙キャンペイン 《溶鉱炉でスタートから炉修理等で吹き止めするまでの一期間》. **4** 《廃》平原 (plain).
Campáign for Núclear Disármament [the ―] 《英》核兵器廃絶運動 《1958 年英国で設立された反核運動組織; 略 CND》.
― *vi.* 運動を起こす, 運動をする; 出征[従軍]する, 会戦に参加する: go ～*ing* 運動をする, 遊説する; 従軍する / ～ *for* the presidency 大統領選挙運動をする.
― *adj.* 簡単な携帯用家具の 《もと軍隊で使用した》.
〘(1628) □ F *campagne* open country □ It. *campagna* < LL *campāniam* 'CAMPAGNA'〙

campáign bùtton *n.* キャンペーンボタン[バッジ] 《候補者の名前・写真・スローガンなどを入れた円いプレート; 支持者が胸などに付ける》.

campáign chèst *n.* **1** ＝campaign fund. **2** (元来は従軍の際将校が用いた)持ち運びできる小型たんす.

cam·páign·er *n.* **1** 運動[キャンペーン, 選挙戦]に従事する人. **2** 従軍者; 老兵 (veteran): an old ～ 古つわ者, 老練な人. 〘(1771): ⇨ -er[1]〙

campáign fùnd *n.* 選挙運動資金.

campáign hàt *n.* (もと米陸軍兵・海兵隊員がかぶった)戦闘帽, 従軍帽 《縁が広く四つのくぼみがあるフェルト帽》.

campáign mèdal *n.* 〘軍事〙＝service medal.

campáign rìbbon *n.* 〘軍事〙従軍リボン[記章], 戦役記念リボン[章] 《細い線条または細長いリボンで, 従軍した戦役別に色分けされている》.

campáign tràil *n.* 選挙運動旅行, 遊説の旅.

Cam·pa·nia /kæmpéɪnjə, -niə; *It.* kampáːnja/ *n.* カンパニア(州) 《イタリア南部の州; 面積 13,595 km², 州都 Naples》.

cam·pa·ni·le /kæ̀mpəníːleɪ, kɑ̀ːm-, -li | kæ̀mpəníː-leɪ, -li; *It.* kampaníːle/ ★《米》では特にアメリカの建築物の場合は /-níːl/ と発音することもある. *n.* (*pl.* ～**s**, **-ni·li** /-liː/) 〘建築〙カンパニーレ, 鐘塔 (bell tower) 《聖堂とは別建築になっているものにいう; cf. belfry》. 〘(1640) □ It. ～ 'bell tower' ← *campana* bell < LL *campānam*〙

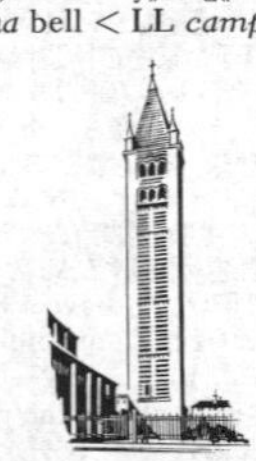

campanile

cam·pa·nol·o·ger /kæ̀mpənɑ́(ː)lədʒə | -nɔ́lədʒə(r)/ *n.* ＝campanologist. 〘1800〙

càm·pa·nól·o·gist /-dʒɪst | -dʒɪst/ *n.* 鐘術師; 鳴鐘家. 〘(1857): ⇨ ↓, -ist〙

cam·pa·nol·o·gy /kæ̀mpənɑ́(ː)lədʒi | -nɔ́l-/ *n.* **1** 鐘学 《鐘の鋳造術などの研究》. **2** 鳴鐘法[術] 《鐘の鳴らし方の技術; cf. change ringing》. **cam·pa·no·log·i·cal** /kæ̀mpənoʊlɑ́(ː)dʒɪkəl, -kl | -nə(ʊ)lɔ́dʒɪ-←/ *adj.* 〘(1677) ← NL *campānologia* ← LL *campāna* bell＋-LOGY〙

cam·pan·u·la /kæmpǽnjʊlə | kəm-, kæm-/ *n.* 〘植物〙カンパニュラ, ツリガネソウ 《キキョウ科ホタルブクロ属 (*Campanula*) の植物の総称; フウリンソウ (*C. medium*) など; cf. bellflower》. 〘(1664) ← NL ～ (dim.) ← LL *campāna* bell: ⇨ -ule〙

Cam·pan·u·la·ce·ae /kæmpæ̀njʊléɪsiiː/ *n. pl.* 〘植物〙キキョウ科. **cam·pàn·u·lá·ceous** /-ʃəs←/ *adj.* 〘← NL ～: ⇨ ↑, -aceae〙

cam·pan·u·late /kæmpǽnjʊlɪt, -leɪt/ *adj.* 〘生物〙鐘状の, 鐘形の. 〘(1628) ← CAMPANULA＋-ATE[2]〙

Cam·pa·ri /kæmpɑ́ːri; *It.* kampáːri/ *n.* 〘商標〙カンパリ 《食前酒として飲まれるイタリア産のビターズ; ソーダ水と混ぜてよく飲まれる》. 〘1923〙

cámp bèd *n.* (折り畳み式の小型の)キャンプ用寝台. 〘1690〙

Camp·bell /kǽmbəl, -bl/, **Alexander** *n.* キャンベル 《1788-1866; アイルランド生まれの米国の牧師; ディサイプル教会 (DISCIPLES of Christ) の創始者; cf. Campbellism, Campbellite》.

Campbell, Colin *n.* キャンベル 《1792-1863; 英国の将軍; インド軍司令官として Indian Mutiny を鎮圧; 称号 Baron Clyde》.

Campbell, Donald *n.* キャンベル 《1921-67; 英国のモーターボート選手; 世界記録(時速 444.71 km) 保持者》.

Campbell, Sir **Malcolm** *n.* キャンベル 《1885-1948; 英国のレーサー; Donald の父》.

Campbell, Mrs. **Patrick** *n.* キャンベル 《1865-1940; 英国の女優; 本名 Beatrice Stella Campbell (旧姓 Tanner); George Bernard Shaw は *Pygmalion* の Eliza の役柄を彼女のために書いた; Shakespeare 女優としても有名》.

Campbell, Robert *n.* Rob Roy の本名.

Campbell, Roy *n.* キャンベル 《1901-57; 南アフリカ共和国出身の英国の詩人; 諷刺的な詩が多い (1924)》.

Campbell, Thomas *n.* キャンベル 《1777-1844; 英国の詩人; *Hohenlinden, The Battle of the Baltic* などの war songs で有名》.

Camp·bell-Ban·ner·man /kǽmbəlbǽnəmən, -bl- | -nə-/, Sir **Henry** *n.* キャンベルバナマン 《1836-1908; 英国自由党の政治家; 首相 (1905-08)》.

Cámp·bell·ism /-bəl-, -bl-/ *n.* 〘キリスト教〙キャンベル主義 《浸礼 (immersion) の必要なキリスト再臨の切迫を説き, すべての信条を拒否する》. 〘← *Alexander Campbell*: ⇨ -ism〙

Camp·bell·ite /kǽmbəlàɪt, -bl-/ *n.* 〘キリスト教〙[しばしば軽蔑的に] キャンベル派の一員, ディサイプル教会 (DISCIPLES of Christ) 員. 〘(1830): ⇨ ↑, -ite[1]〙

Cámpbell Sóup Còmpany *n.* 〘商標〙キャンベルスープ社 《米国の加工食品メーカー; 同社製造の缶入り濃縮スープ・野菜ジュースなどは Campbell's の名で知られる》.

Cámpbell-Stókes recòrder *n.* キャンベルストークス日照計 《1 日あたりの日照時間を記録する道具》.

cámp càr *n.* 〘鉄道〙キャンプカー 《鉄道建設・保線要員用の宿泊施設を備えた車両; outfit car ともいう》.

cámp chàir *n.* (折り畳み式の)キャンプ用椅子. 〘1885〙

cámp·cràft *n.* キャンプ術, テント生活法. 〘*c*1893〙

Càmp Dávid *n.* キャンプ デービッド 《米国 Maryland 州の Catoctin 山脈にある大統領専用別荘》.

Cámp·den tàblet /kǽmdn-/ *n.* 〘化学〙カムデン錠剤 《ワイン製造用殺菌剤・果物用防腐剤として用いられるメタ重亜硫酸カリウムを含む》.

cámp-dràfting *n.* 《豪》家畜選別コンテスト 《特に品評会などで催される》.

cam·péa·chy wòod /kæmpíːtʃi-/ *n.* ＝logwood 1 a. 〘1686〙

Cam·pe·che /kæmpíːtʃi, -péɪtʃeɪ; *Am.Sp.* kampétʃe/ *n.* **1** カンペチェ(州) 《メキシコ南東部 Yucatán 半島にある州; 面積 56,115 km²》. **2** カンペチェ 《同州の州都で海港》.

Campeche, the Gulf [**Bay**] **of** *n.* カンペチェ湾 《Mexico 湾の南西部, メキシコ南東岸に沿う湾》.

cámp·er *n.* **1 a** キャンプをする人. **b** (子供向けの)サマーキャンプに参加する人. **2** キャンパー, キャンプ用自動車 《キャンプ用の設備のある自動車・トレーラーなど》(camper van). 日英比較 日本語のキャンピングカーは和製英語. それに当たる英語は, この語か trailer, 《英》caravan. 〘(1631) ← CAMP[1]＋-ER[1]〙

cám·per·nelle jònquil, C- j- /kǽmpənèl- | -pə-/ *n.* 〘植物〙キブサスイセン, カンランスイセン (*Narcissus odorus*) 《地中海沿岸原産ヒガンバナ科の植物》. 〘←? *Campernelle* (個人名)〙

cámper·ship *n.* 《米》キャンプ補助金 《少年・少女がサマーキャンプに参加できるようにする補助金》. 〘← CAMPER＋-SHIP〙

cámper vàn *n.* キャンプ用自動車 (camper).

cam·pe·si·no /kæ̀mpəsíːnoʊ | -nəʊ; *Am.Sp.* kampesíno/ *Sp. n.* (*pl.* ～**s**) (ラテンアメリカの)田舎の人; (特に, ラテンアメリカの先住民の)百姓 (peasant); 農夫 (farmer). 〘(1898) □ Sp. ～ ← *campo* country < L *campus* 'field, CAMP[1]'〙

cam·pes·tral /kæmpéstrəl/ *adj.* 《まれ》野原の, 原野の; 田舎の (rural). 〘(*a*1750) ← L *campestr-, campester* (← *campus* field)＋-AL[1]〙

cámp fèver *n.* 野営地に発生する熱病; (特に)発疹チフス (typhus). 〘1753〙

cámp·fìre *n.* **1** キャンプファイア 《野営[キャンプ]で燃すかがり火》. **2** キャンプファイアを中心とする集まり, キャンプファイアを囲む懇親会. 〘1675〙

Cámp Fìre *n.* [the ～] キャンプファイア 《少年少女の健全な人格形成を目的とした米国の組織; Camp Fire Girls, Inc. (1910 年創設)が母体になり, 75 年以来男子も団員とする》.

Cámp Fìre gìrl *n.* 《米》キャンプファイアガール 《7-18 歳, 特に 10-14 歳の Camp Fire 少女団員》. 〘1912〙

cámp fòllower *n.* **1 a** 非戦闘従軍者 《野営軍隊について行く商人・人夫・洗濯婦・売春婦など; cf. sutler》. **b** 移動売春婦. **2 a** (ある団体の)シンパ, 共鳴者 《非団体員で物質的な支援はしない人》. **b** 個人の利益のためにのみ政党または政治運動に加わる人[政治家]. 〘1810〙

cámp·gròund *n.* 《米》キャンプ場; 野営地. 〘1805〙

camph- /kæmf/ (母音の前にくるときの) campho- の異形.

cam·phane /kǽmfeɪn/ *n.* 〘化学〙カンファン ($C_{10}H_{18}$) 《脂環式炭化水素で白色結晶; bornane ともいう》. 〘(1895) ← CAMPHO-＋-ANE[2]〙

cam·phene[1] /kǽmfiːn/ *n.* 〘化学〙カンフェン ($C_{10}H_{16}$) 《モノテルペン炭化水素の一種; 針葉樹の精油として存在; 無色結晶》. 〘(1839-47) ← CAMPHO-＋-ENE〙

cam·phene[2] /kǽmfiːn/ *n.* 〘化学〙＝camphine.

cam·phine /kǽmfiːn/ *n.* 〘化学〙カンフィン 《テルペンとアルコールの混合物でかつて照明弾の材料として用いた》. 〘(1842) ← CAMPHO-＋-INE[3]〙

cam·phire /kǽmfaɪə | -faɪə(r)/ *n.* 〘植物〙シコウカ(指甲花) (⇨ henna). 〘(?*c*1425) *campher* (異形) ← CAMPHOR〙

cam·pho- /kǽmfoʊ | -fəʊ/「ショウノウ (camphor)」の意の連結形. ★ 母音の前では通例 camph- になる. 〘← NL *camphora* 'CAMPHOR'〙

cam·phol /kǽmfɔ(ː)l | -fɔl/ *n.* 〘化学〙カンフォール (⇨ borneol). 〘(1863-79) ← CAMPHO-＋-OL[1]〙

cam·phor /kǽmfə | -fə(r)/ *n.* 〘化学・薬学〙**1** ショウノウ, カンフル ($C_{10}H_{16}O$): an injection of ～＝a ～ injection カンフル注射. **2** ショウノウに類似した物質. 〘(1605) □ ML *camphora* □ Arab. *kāfūr* □ ? Malay *kāpūr* chalk ∽ (1313) *caumfre* □ AF〙

cam·pho·ra·ceous /kæ̀mfəréɪʃəs←/ *adj.* ショウノウの性質をもつ, ショウノウ特有の: a ～ odor. 〘(1845): ⇨ -aceous〙

cam·phor·ate /kǽmfərèɪt/ *vt.* …にショウノウを入れる, ショウノウで処理する. 〘(1641): ⇨ -ate[3]〙

cám·phor·àt·ed óil /-tɪd- | -tɪd-/ *n.* 〘薬学〙ショウノウ塗剤 《塗布薬として用いる》. 〘1811〙

cámphor bàll *n.* (虫除け用)ショウノウの玉 (cf. mothball). 〘1592〙

cam·phor·ic /kæmfɔ́(ː)rɪk, -fɑ́(ː)r- | -fɔ́r-/ *adj.* 〘化学〙ショウノウの[に関する, を含む, から採った]. 〘(1794): ⇨ -ic[1]〙

camphóric ácid *n.* 〘化学〙ショウノウ酸 ($C_8H_{14}(CH_3)_3(COOH)_2$) 《ショウノウの酸化で得られる》. 〘1794〙

cámphor ìce *n.* 〘薬学〙(パラフィン・ショウノウ・鯨蠟・ひまし油で作る)ショウノウ軟膏(ｺｳ). 〘1880〙

cámphor làurel *n.* 〘植物〙＝camphor tree. 〘1894〙

cámphor òil *n.* 〘化学〙ショウノウ油 《クスノキの水蒸気蒸留によって得られる油; ショウノウ 50%, その他 30 種以上の精油混合物; 香料の原料》. 〘1836〙

cámphor trèe *n.* 〘植物〙クスノキ (*Cinnamomum camphora*) 《樹脂からカンフルを採る》. 〘1607〙

cámphor·wòod *n.* クスノキ材 《高級家具用》. 〘1923〙

campi *n.* campus の複数形.

Cam·pi /kǽmpi, kɑ́ːmpi; *It.* kámpi/, **Giulio** *n.* カンピ 《1502-72; イタリアの画家・建築家; Cremona に画家のための学校を設立; Vincenzo Campi の兄》.

Campi, Vin·cen·zo /vintʃéntso/ *n.* カンピ 《1536-91; イタリアの画家; 兄の Giulio の設立した Cremona の学校に学ぶ》.

cam·pim·e·ter /kæmpímətə | -mɪtə(r)/ *n.* 〘眼科〙(中心)視野計. **cam·pi·met·ri·cal** /kæ̀mpəmétrɪkəl, -kl | -pɪmétrɪ-←/ *adj.* **cam·pim·e·try** /kæmpímətri | -mɪtri, -mə-/ *n.* 〘(1889) ← *campi-* (← L *campus* field)＋-METER[1]〙

Cam·pi·na Gran·de /kæmpíːnəgrǽndə, -di; *Braz.* kɐ̃pínagrɐ̃dʒi/ *n.* カンピナグランデ 《ブラジル北東部 Paraíba 州東部の都市》.

Cam·pi·nas /kæmpíːnəs; *Braz.* kɐ̃pínas/ *n.* カンピナス 《ブラジル南東部, São Paulo 州の都市》.

cámp·ing *n.* 野営; キャンプ[テント]生活. 〘(1572) ← CAMP[1]＋-ING[1]〙

cámping gàs *n.* 《英》(キャンプ用の)ガスボンベ.

cámping gròund *n.* ＝campsite. 〘1867〙

cam·pi·on /kǽmpiən/ *n.* 〘植物〙ナデシコ科センノウ属 (*Lychnis*) またはマンテマ属 (*Silene*) などの植物の総称. 〘(1576) (異形) ←? CHAMPION: 栄冠の花輪に用いたことから〙

Cam·pi·on /kǽmpiən/, **Edmund** *n.* キャンピオン 《1540-81; 英国のカトリック聖職者・殉教者》.

Campion, Thomas *n.* キャンピオン 《1567-1620; 英国の詩人・作曲家; *Books of Ayres* (4 vols., 1610-12)》.

campi santi *n.* campo santo の複数形.

cámp mèeting *n.* 〘キリスト教〙野外[テント]集会 《主にメソジスト派の人々の行う数日にわたる伝道集会; 米国で始められた》. 〘1803〙

cam·po /kǽmpoʊ, kɑ́ːm- | -pəʊ; *Braz.* kɐ̃pu/ *n.* (*pl.* ～**s**) (南米ブラジル高原北部の)乾燥性の大草原 (cf. savanna). 〘(1863) □ Port. or Sp. ～ < L *campum* field: cf. camp[1]〙

Cam·po·bas·so /kæ̀mpoʊbǽsoʊ | -pəʊbǽsəʊ; *It.* kampobásso/ *n.* カンポバッソ 《イタリア中部 Apennine 山脈の中の都市で, Molise 州の州都; ランゴバルド人が建設したと伝えられる; 中世の教会が残る》.

Cam·po·bel·lo /kæ̀mpəbéloʊ | -ləʊ/ *n.* カンポベロ 《カナダの島; Fundy 湾にあって New Brunswick の一部》.

cam·po·de·i·form /kæmpóʊdiəfɔ̀ːm | -pə́ʊdiɪ-fɔ̀ːm/ *adj.* 〘昆虫〙ナガトビムシ型の, ナガコムシ型の 《甲虫類の幼虫を大別するとナガトビムシ型とウジムシ型 (eruciform) とに分けられ, 前者にはオサムシ科・ハネカクシ科およびその近似群の幼虫が属する》. 〘(1888) ← NL ～ ← *Campodea* (← Gk *kámpē* caterpillar＋NL-*odea* '-ODE[1]')＋-I-＋-FORM〙

Cam·po·for·mi·do /kæ̀mpoʊfɔ́ːmədòʊ | -pə(ʊ)fɔ́ːmɪdəʊ; *It.* kampofɔ́rmido/ *n.* カンポフォルミド 《イタリア北東部, Friuli-Venezia Giulia 州の村; 1797 年フランスとオーストリアがナポレオン戦争の条約を結んだ地; 旧名 Campo Formio》.

Cam·po For·mi·o /kǽmpoʊfɔ́ːmiòʊ | -pəʊfɔ́ː-miəʊ; *It.* kampofɔ́rmjo/ *n.* カンポフォルミオ (Campoformido の旧名).

Cam·po Gran·de /kǽmpuːgrǽndə, -di; *Braz.* kɐ̃pugrɐ̃dʒi/ *n.* カンポグランデ 《ブラジル南西部, Mato Grosso do Sul 州の州都》.

cam·pong /kɑ́ːmpɔ(ː)ŋ, -pɑ(ː)ŋ, ―́― | kǽmpɔŋ, ―́―/ *n.* ＝kampong.

camp·o·ree /kæ̀mpəríː/ *n.* 《米》キャンポリー 《ボーイスカウトやガールスカウトの野営, 一般にスカウト技能を競う地方的な大会; cf. jamboree 3》. 〘(1927) ← CAMP[1]＋(JAMB)OREE〙

Cam·pos /kǽmpəs; *Braz.* kɐ̃pus/ *n.* カンポス 《ブラジル東部, Rio de Janeiro 州東部の Paraíba 川に臨む都市》.

cam·po san·to /kæ̀mpoʊsǽntoʊ, kɑ̀ːmpoʊsɑ́ːn- | kæ̀mpəʊsǽntəʊ, kɑ̀ːmpəʊsɑ́ːn-; *It.* kamposánto/ *It.*

n. (*pl.* **cam·pos san·tos** /-pous-, -tous, | -pəus-, -təus/, **cam·pi san·ti** /kǽmpi:sǽnti:, kɑ́:mpi:sɑ́:n-; *It.* kampisánti/) 共同墓地 (cemetery). 〖□ It. & Sp. ～ 'sacred field': cf. camp¹, saint〗

cámp-òut *n.* (グループによる)キャンプ[テント]生活, 野営.

cámp òven *n.* 《豪》(キャンプなどで用いる)三脚付き鉄製平なべ. 〖1846〗

cám prèss *n.* 〘機械〙カムプレス《カムを用いたプレス》.

cámp ròbber *n.* 〘鳥類〙＝Canada jay.

cámp·sìte *n.* キャンプ場[地], 野営地《camping site [ground] ともいう》. 〖1910〗

cámp·stòol *n.* (折り畳み式の床几(しょうぎ)型の)キャンプ用椅子, キャンプスツール. 〖1794〗

camp·to- /kǽm(p)tou | -təu/「曲がった (bent); 湾曲した (curved)」の意の連結形: *campto*drome. 〖← NL ～ ← Gk *kámptos* flexible〗

cámp·to·sàur /kǽmptə-/ *n.* 〘古生物〙カンプトサウルス《ジュラ紀後期の小型の二足恐竜》.

cam·pus /kǽmpəs/ *n.* (*pl.* ～·**es**, **cam·pi** /-paɪ, -pi:/) **1** (大学, その他学校の)構内, キャンパス《建物も含む全構内をいう》; (草地の)校庭: on (the) ～ 校庭[学内]で / off (the) ～ 学外で(の). **2** 大学, 学園; 分校. **3** 大学生活, 大学教育; 学問の世界. — *adj.* [限定的] 学内[キャンパス]での; 大学の, 学園の: a ～ dispute [riot] 学園紛争[騒動] / a ～ newspaper 学園[大学]新聞 / ～ activities [life] 学生活動[生活]. 〖(1774) □ L ～ 'field' < IE **kampos* corner, cove ← **kamp-* to bend (Gk *kampē* curved port): ⇨ camp¹〗

cámpus univérsity *n.* 《英》キャンパスユニバーシティー《売店やカフェを含めたすべての建物が一つの敷地内にある大学; cf. redbrick》.

camp·y /kǽmpi/ *adj.* (**camp·i·er**; **-i·est**) 《口語》 **1** 滑稽なほどわざとらしい[気取った, 陳腐な, 時代遅れな]. **2** 同性愛の (homosexual). **3** 〈男性が〉女っぽい, なよなよした. 〖(1959) ← CAMP²+-Y⁴〗

cam·py·lite /kǽmpəlàɪt | -pɪ-/ *n.* 〘鉱物〙黄色または褐色した緑鉛鉱の一種 ($Pb_5(AsO_4, PO_4)_3Cl$). 〖(1868) ← Gk *kampúlos* curved: ⇨ -ite¹〗

cam·py·lo·bac·ter /kǽmpɪ̀loubǽktə | -lə(ʊ)bǽktə^(r)/ *n.* 〘細菌〙カンピロバクター《家畜や人間に腸炎を引き起こす桿状バクテリア》. 〖(1964) ← NL ～ ← GK *kampylos* bent+NL *bacterium*〗

cam·py·lot·ro·pous /kæ̀mpəlɑ́(:)trəpəs | -pɪlɔ́trə-/ *adj.* 〘植物〙湾生の《胚珠が弓状に湾曲しているものについていう; cf. anatropous》: a ～ ovule 湾生胚珠. 〖(1835) ← Gk *kampúlos* (↑): ⇨ -tropous〗

CAMRA /kǽmrə/ *n.* カムラ《昔ながらのビール (real ale) の製造・販売を促進するために創設された英国のボランティア団体; draught beer を売るパブの援助も行っている》. 〖(1972) 《頭字語》← *Cam*(*paign for*) *R*(*eal*) *A*(*le*)〗

Cám Ránh Báy /kɑ́:mrɑ́:n-, kǽmrǽn- | kǽmrǽn-; *Viet.* ka:mræn-/ *n.* カムラン湾《ベトナム南東部にある南シナ海の入江; 天然の良港》.

cám·shàft *n.* 〘機械〙カム軸, カムシャフト. 〖*a*1877〗

Ca·mus /kæmú:, ka:-, kə- | kæ-; *F.* kamy/, **Albert** *n.* カミュ《1913–60; アルジェリア生まれのフランスの小説家・評論家・劇作家; Nobel 文学賞 (1957); *L'Étranger*「異邦人」(1942), *La Peste*「ペスト」(1947)》.

cám whèel *n.* 〘機械〙カム輪. 〖*c*1853〗

cam·wood /kǽmwʊ̀d/ *n.* 〘植物〙アフリカビャクダン (*Baphia nitida*)《西部アフリカ産マメ科の高木; 材は堅く, 赤色の染料を採る; African sandalwood ともいう》. 〖(1698) ← W-Afr. *k'am* camwood+WOOD¹〗

can¹ /(弱) kən, (/k, g/ の前ではまた) kəŋ; (強) kǽn/ *auxil. v.* (過去形 **could**; 否定形 **can·not**, **can not** /kǽnɑ̀(:)t, -nət, kənɑ́(:)t, kǽ(n)nɑ́(:)t | kǽnɔ̀t, -nət/, **can't** /kǽnt | kɑ́:nt/) ★ to のつかない不定詞と共に用い, 三人称単数現在の形にも s を付けない; 不定詞と分詞の形がないので be able to, being able to で補う; ⇨ could.
1 [能力] …しうる, …できる (be able to). **a** [一般動詞と共に]: He ～ speak English. / *Can* you read French? / I ～ ride a horse. 私は馬に乗れる / He ～'t drive a car. 彼は車の運転ができない / This car ～ hold five people. この車には5人乗れる / We ～'t go out: it's too cold. 外出できません, とても寒すぎます / I ～'t not go. 行かないわけにはいかない. 日英比較 日本語では相手に向かって「あなたは英語が話せますか」のように「…できるかどうか」を尋ねるのはごく普通の表現でそれほど失礼とは感じられないが, 英語では相手の学識, 教養, 能力などに関することで *Can* you …? ときくのは失礼とされる.「あなたは日本語が話せますか」は, したがって *Do you speak* Japanese? のように言うのがよい. つまり, 能力をきくのではなく, 現在時制の表す習慣的動作として, いつも話しているかどうかという事実を尋ねる形にするのである. これに対して, 日本語では「…できますか」に当たる言い方はごく一般的で, 表現の仕方は必ずしも「…できますか」とは限らず「あなた歌えますか」「自転車に乗れますか」などとなる. **b** [知覚動詞と共に]: I ～ see the moon. 月が見える / *Can* you hear that noise? あの物音が聞こえるか / I ～ remember it well. そのことはよく覚えている / I ～'t understand why they did it! 彼らがなぜそうしたのか理解できない. ★ I *can see* a bird. は状態を, I *see* a bird. は瞬間的な動作を表す.
2 a [可能性] ありうる: It ～ be had for nothing. ただで得られる / He ～ be lying. うそを言っていることもありうる / You ～ *not* eat your cake and have it (too). ⇨ cake 1 / You ～*not* be *too* careful. いくら注意しても注意し過ぎることはない[なお足りない] / I am as tired as (tired) ～ be. この上なく疲れている / He ～ be rude enough to do so. 彼ならそういう無礼もしかねない / Lightning ～ be dangerous. 稲妻は危険な場合がある / She ～ be very catty at times. 彼女は時々とても意地悪なことがある / How ～ we be [have been] so cruel? そんなひどいことがどうしてできようか / I ～ hardly leave you alone. 君をひとり残しておくわけにはいかない. **b** [自発性]: *Can* you pass the salt? 塩を回していただけませんか / I ～ do that for you. それをしてさしあげましょう.
3 《口語》 **a** [許可] …してもいい: You ～ go now. もう行ってもよろしい / *Can* I smoke here?—No, you ～*not*. ここではたばこを吸ってもいいでしょうか—いいえ, いけません / *Can* I see you tomorrow? 明日お目にかかれましょうか. **b** [軽い命令]: You ～ go with us. 一緒に来たらいい / John, you ～ be standing here, and Mike ～ enter through that door. ジョンはここに立っていたまえ, そしてマイクはそのドアから入って来たまえ. **c** [皮肉な, またはけんか口調の命令] …するがいい, …しろ: If you don't like it, you ～ lump it. たとえいやでも我慢するんだな / You ～ forget about your holiday. 休暇のことはあきらめるがいい / You ～ go to hell. くたばってしまえ.
4 [否定的推量] …のはずがない; [疑問的推量] …かしら: It ～*not* be true. そんなことは本当であるはずがない / Such beauty ～ *not* be! こんなに美しいものはあるはずがない / You ～'t be serious. 君は本気であるはずがない / She ～*not* have said so. そんなことを言ったはずがない / They ～'t (possibly) [《米》must not] have understood why I did it. なぜ私がそれをしたのか彼らはわからなかったはずがない. 《★ must not のこの用法はまれ》/ *Can* this be true? 一体これは本当かしら / *Can* he (really) have done so? 彼が果たしてそんなことをしたのかしら / What ～ that mean? それは一体どういう意味なのかしら / What ever ～ he be doing? 一体彼は何をしているのかしら.
5 [目的の副詞節で may の代わりに]: He works hard so (that) he ～ succeed. 成功できるように精勤している.
6 [文脈によってそれとわかる場合特に do, make, come, get などの本動詞を省いて]: I will do what I ～ (do). できるだけのことはしよう / Come as early as you ～ (come) なるべく早く来い. / I ～*not* away with it. 《古》それには我慢ができない / I ～*not* but do so. そうせざるを得ない / I ～ but do so. そうするほかはない, そうするだけのこと / I will help you all I ～.＝I'll do all I ～ to help you. できる限りお力添えします / How ～ you? 《口語》まあひどい.
Càn dó. 《口語》よろしい (All right). ***cánnot dó without dóing*** …しないで…することはない, …すれば必ず…する: You *cannot* read this book *without shedding* tears. この本は涙なしでは読めない ***can't séem to dó*** 《口語》…できそうに思えない: I ～'*t seem to* settle down to anything. 何にも手がつかないような気がする. ***Nó can dó.*** 《口語》だめだ.
— *vt., vi.* 《廃》知る, 知っている (know); 巧みである (have skill in).
〖OE *can*(*n*) (1st and 3rd pers.sing. pres.) ← *cunnan* < Gmc **kunnan* (G *können* to be able & *kennen* to know / Du. *kunnen*) ← IE **gnō-* to know (L *gnōscere* to know / Gk *gi-gnṓskein*): cf. could, ken¹, know〗

SYN …してもよい: **can** 主語の行動を妨げるものが外部の状況の中に存在しない: You *can* smoke in here. この部屋では喫煙してもいいです / *Can* I go for a swim?—No, you *can't*. 泳ぎに行ってもいい—いいえ, いけません. **may** 権威のある話し手が許可を与える: You *may* go now. もう帰っていいですよ. ★「許可」の *may* は尊大な感じを伴うので, 会話では「行動の自由」を表す *can* の方が多用される.

can² /kǽn/ *n.* **1** 《米》ブリキ缶, (缶詰の)缶 (《英》tin): a ～ of sardines / live out of ～*s* ⇨ live¹ 成句. 日英比較 日本語の「かん(缶)」よりも意味領域が広く, 缶詰の缶のほかに金属性で, 普通取っ手やふたが付いている円筒形のごみ入れ, 油缶, ペンキ入れのブリキ缶などをいう. **2 a** (液体を入れる通例取っ手と口の付いた)缶: a milk ～ / an oil ～ 油の缶; 油差し / a water ～ / a sprinkling ～ じょうろ. **b** 水飲みコップ. **3** 《米》缶詰; 缶1杯(の量): serve a ～ of peas えんどう豆の缶詰を出す / drink a ～ of beer 缶ビールを飲む. **4 a** (金属製の)筒《茶筒など》. **b** 《米》(大きな円筒型の)ごみ入れ, くず入れ (《英》bin): ⇨ ash can, garbage can. **c** (ガラスまたは陶器の果物・野菜を密封して保存しておく)つぼ. **5** 《米軍俗》 **a** 爆雷 (depth charge). **b** 駆逐艦. **6** 《米俗》刑務所 (jail). **7** 《米俗》便所 (toilet, bathroom): go to the ～. **8** 《米俗》尻(しり) (buttocks). **9** 《俗》1オンスのマリファナ. **10** 〘原子力〙(原子炉の)燃料(棒)を密封する金属製の容器; (燃料)被覆 (clad, cladding).
a cán of wórms 《口語》込み入った問題[事柄], もろもろの災いの源 (Pandora's box): open (up) *a* ～ *of worms* (わざわざ) 困難[面倒]な問題を引き起こす. ***cárry*** [***táke***] ***the cán*** (***bàck***) 《英口語》全責任を負う[負わされる]. 〖(1929) ***in the cán*** 《口語》《映画・ビデオテープが撮影を完了して公開を待つ. 〖(1930)〗
— *vt.* (**canned**; **can·ning**) **1** 缶詰にする, 瓶詰にする. **2** テープ[レコード]に録音[録画]する: ～ the music. **3** 《俗》やめる, よす: *Can* the talk! 黙りなさい / *Can* it! やめろ. **4** 《米俗》首にする; 退学させる: get ～*ned* 退学になる. **5** 〘原子力〙〈原子炉の燃料(棒)を〉金属製の容器で密封する; 〈燃料を〉被覆する. **6** 〘ゴルフ〙〈ボールを〉穴に打ち込む (hole).
〖OE *canne* jar < ? Gmc **kannōn* (Du. *kan* drinking vessel/G *Kanne*) ∥ □ LL *canna*〗

CAN 《略》customs assigned numbers.

can. 《略》canceled; cancellation; cannon; 〘音楽〙canon; canto.

Can. 《略》Canada; Canadian; Canon; Canonically; Canonry; Canto; Cantoris.

Ca·na /kéɪnə/ *n.* カナ《Palestine の北部 Galilee の村; キリストが最初の奇跡を行った所; cf. *John* 2: 1–11》.

Ca·naan /kéɪnən | kéɪnən, -niən/ *n.* **1** 〘聖書〙カナンの地《今のパレスチナの西部 Jordan 川と地中海の間の地方; 神がアブラハムに約束した土地; cf. *Gen.* 12: 5–7》. **2 a** (神が Abraham に約束したような) 理想郷. **b** 天国, 楽土 (heaven). ★ 英国のユダヤ人の発音は /kənéɪən/. 〖(1637) □ LL *Chanaan* □ Gk *Khanaán* □ Heb. *Kᵉnáʿan* 《原義》(the country exporting) red purple (wool): cf. Phoenicia〗

Ca·naan·ite /kéɪnənàɪt | kéɪnənàɪt, -niə-/ *n.* **1** 〘聖書〙(イスラエル人が来住する以前にカナンに住んでいた)カナン人 (cf. Amorite). **2 a** カナン語族《古代パレスチナやシリアで用いられたヘブル語・シリア語などのセム語族》. **b** カナン語《カナン人の用いるセム語》. — *adj.* **1** カナンの地の[に関する]. **2** カナン人[語]の[に関する]. ★ 英国のユダヤ人の発音は /kənéɪənàɪt/. **Ca·naan·it·ic** /kèɪnənítɪk | -tɪk^(←)/ *adj.* **Cá·naan·it·ish** /-tɪʃ | -tɪʃ/ *adj.* 〖(*c*1380) *canane* □ L *chananaeus*〗

Canad. 《略》Canadian.

Can·a·da /kǽnədə | -də/ *n.* カナダ《北米大陸北部にある英連邦内の独立国; 面積 9,976,139 km², 首都 Ottawa》. 〖□ F ～ □ Am.-Ind. *kanáda* village (これを地名と誤解したもの)〗

ca·ña·da /kənjɑ́:də, -njǽdə | -də; *Am.Sp.* kaɲáða/ *n.* 《米西部》**1** 小峡谷. **2** 小川. 〖(1850) □ Sp. ～ ← *caña* 'CANE¹'〗

Cánada bálsam *n.* 〘化学〙カナダ バルサム《カナダ産のバルサムモミ (balsam fir) から採る上質バルサム; レンズ接合・顕微鏡用プレパラートの作製用》. 〖1811〗

Cánada bárberry *n.* 〘植物〙＝American barberry.

Cánada blúegrass *n.* 〘植物〙＝wiregrass 2.

Cánada búffalo bèrry *n.* 〘植物〙カナダ産グミ科の buffalo berry の一種 (*Shepherdia canadensis*).

Cánada Dày *n.* ＝Dominion Day 1. 〖1950〗

Cánada Drý *n.* 〘商標〙カナダドライ《米国 Canada Dry 社製のジンジャーエール》.

Cánada góose *n.* 〘鳥類〙シジュウカラガン (*Branta canadensis*)《北アメリカ北部で繁殖し, 冬季日本に渡来する》. 〖1731〗

Cánada jáy *n.* 〘鳥類〙ハイイロカケス (*Perisoreus canadensis*)《人家やキャンプ場などから食物を盗む; camp robber, whiskey jack ともいう》.

Cánada líly *n.* 〘植物〙カナダユリ (⇨ meadow lily).

Cánada lýnx *n.* 〘動物〙カナダオオヤマネコ (*Lynx canadensis*)《耳の先に毛の房があり尾端黒色》. 〖1840〗

Cánada máyflower *n.* 〘植物〙カナダマイヅルソウ (*Maianthemum canadense*)《北米東部原産のユリ科の多年草; false lily of the valley ともいう》.

Cánada móonseed *n.* 〘植物〙カナダコウモリカズラ (*Menispermum canadense*)《北米東部産の白い花と黒い実をつけるツヅラフジ科のつる植物》.

Cánada thístle *n.* 〘植物〙エゾキツネアザミ (*Cirsium arvense*)《北半球に広く分布するアザミの一種; 北米に帰化》. 〖1799〗

can·a·der /kǽnədə | -də^(r)/ *n.* 《英》(カナダ式)カヌー (canoe). 〖(1893) ← CANAD(IAN)+-ER¹〗

Ca·na·di·an /kənéɪdiən, -djən | -diən, -djən/ *adj.* **1** カナダの[に関する, 産の]. **2** カナダ人の. **3** 〘生物〙カナダ地方区の《動物の地理分布で新北亜区の1区分; カナダの一部, アメリカ合衆国の北部などを含む地方にいう》. **4** 〘地質〙カナダ統の《北米の下部オルドビス系にいう》. — *n.* カナダ人. 〖(1568) □ F *canadien*: ⇨ -ian〗

Canádian bácon *n.* カナディアンベーコン《豚の腰肉から作る》. 〖*c*1934〗

Canádian canóe *n.* カナディアン カヌー《先がとがり両横がカーブした細長いボート》.

Canádian Clùb *n.* 〘商標〙カナディアンクラブ《カナダのウイスキー; 愛称は C.C.》.

Canádian Énglish *n.* カナダ英語.

Canádian Fálls *n. pl.* [the ～; 通例単数扱い] カナダ滝 (⇨ Niagara Falls).

Canádian fóotball *n.* カナディアンフットボール《1チーム12人で行うフットボール; アメリカンフットボールとラグビーに類似; rouge ともいう》. 〖1944〗

Canádian Frénch *n.* カナダフランス語《主として Quebec および Maritime Provinces でフランス系カナダ人の話すフランス語》. 〖1816〗

Canádian góose *n.* 〘鳥類〙＝Canada goose.

Ca·ná·di·an·ism /-nìzm/ *n.* **1** カナダ風(の慣習など); カナダ人気質. **2** カナダ特有の英語(の語法), カナダ英語. **3** カナダへの忠誠, カナダ第一主義; カナダ自慢. 〖(1875): ⇨ -ism〗

Ca·na·di·an·ize /kənéɪdiənàɪz, -djə- | -djə, -diə-/ *vt.* カナダ化する, カナダ風にする[変える]. 〖(1829): ⇨ -ize〗

Canádian Míst *n.* 〘商標〙カナディアンミスト《米国 Brown-Forman 社製のカナディアンウイスキー》.

Canádian póndweed *n.* 〘植物〙カナダモ (*Elodea canadensis*)《北米原産トチカガミ科の水草; 池などで水の酸素分量を増すために使われる》.

Canádian Ríver *n.* [the ～] カナディアン川《米国 New Mexico 州北東部の Rocky 山脈に発し Oklahoma 州東部で Arkansas 川に合流する (1,458 km)》.

Canádian Shíeld *n.* [the ～] カナダ楯状地《カナダ東部と米国北東部の, Hudson 湾を囲む先カンブリア紀の地層から成る地域; 金・銅・鉄・ニッケルなどの鉱床に富む; Laurentian Plateau [Highlands] ともいう》. 〖1925〗

C

Canádian-stỳle bácon *n.* ＝Canadian bacon.

Canádian whískey *n.* カナディアンウイスキー (rye whiskey).

Ca·na·di·en /kæ̀nədiǽ(ŋ), -ǽŋ | -di-; *F.* kanadjɛ̃/ *n.*, *adj.* (*fem.* **-di·enne** /-diɛ́n | -di-; *F.* -djɛn/) フランス系カナダ人(の). 〘(1832) □ F ～〙

ca·nai·gre /kənáɪgri/ *n.* 〘植物〙米国南西部・メキシコ北部産の根にタンニン (tannin) を含むタデ科ギシギシ属の多年草 (*Rumex hymenosepalus*). 〘(1878) □ Mex.-Sp. ～〙

ca·naille /kənáɪ, -néɪl | -néɪl, -náɪ; *F.* kanɑːj/ *n.* **1** 下層民, 愚民, 烏合(ごう)の衆 (rabble). **2** プロレタリア, 無産者 (proletarian). 〘(1661) □ F ～ □ It. *canaglia* pack of hounds ← *cane* dog < L *canis*〙

Ca·na·jan /kənéɪdʒən/ *n.* 《カナダ口語》カナダ英語 (Canadian English).

can·a·kin /kǽnɪ̀kɪn | -kɪn/ *n.* ＝cannikin.

ca·nal /kənǽl/ *n.* **1** 運河, 掘割: by ～ 運河によって / ⇨ Suez Canal, Panama Canal. **2** (陸地に深く入りこみ, 幅がほぼ一様の)狭い湾: Lynn *Canal*. **3** 〘解剖〙管, 導管 (duct): ⇨ auditory canal. **4** 〘歯科〙(歯)根管 《歯髄の通っている孔で, その歯根部分》. **5** 〘天文〙火星の運河 《表面の細長い黒線》. (□ ? It. *canale* channel) **6** 〘建築〙(イオニア柱式頭の渦巻き模様の)溝. **7** 〘動物〙巻貝の殻口にある細長い半管状突出 《外套膜の水管突起を保護する》. **8** 《廃》水路.
— *vt.* (**ca·nalled, -naled; -nal·ling, -nal·ing**) **1** …に運河を切り開く, 運河を設ける. **2** ＝canalize 2. 〘(?*a*1425) □ (O)F ～ □ L *canālis* water pipe ← *canna* reed: CHANNEL と二重語〙

canál·bòat *n.* 運河船 《通例平底の運河用の荷船》. 〘1842〙

canál-buìlt *adj.* 〈船が〉運河航行に適した(構造の).

ca·nál·er /-lə | -lə$^{(r)}$/ *n.* ＝canaller.

Ca·na·let·to /kæ̀nəlétou, -nl- | -təu; *It.* kanalétto/ *n.* カナレット (1697–1768; イタリアの画家・版画家; 本名 Giovanni Antonio Canal /kanál/).

can·a·lic·u·lar /kæ̀nəlíkjulə, -nl- | -lə$^{(r)}$⁻/ *adj.* 〘解剖・動物〙小管 (canaliculus) の[に関する, のある]. 〘(1878) ← NL *canāliculāris* ← L *canāliculus* (↓): ⇨ -ar¹〙

can·a·lic·u·late /kæ̀nəlíkjulɪ̀t, -lèɪt, -nl-/ *adj.* 〘植物〙(シュロの葉柄のように)溝のある. 〘(1828) ← L *canāliculus* little canal (dim.)＋-ATE²: ⇨ canal, -cule〙

can·a·lic·u·lat·ed /kæ̀nəlíkjulèɪtɪ̀d, -nl- | -tɪ̀d/ *adj.* 〘植物〙＝canaliculate. 〘1761〙

can·a·lic·u·lus /kæ̀nəlíkjuləs, -nl-/ *n.* (*pl.* **-u·li** /-làɪ/) 〘解剖・動物〙小管. 〘((1563)) (1854) □ L *canāliculus*: ⇨ canaliculate〙

can·al·i·za·tion /kæ̀nəlɪ̀zéɪʃən, -nl- | kæ̀nəlaɪ-, -lɪ-, -nl-/ *n.* **1** 運河開設; (河川の)運河化; 疏水(そすい)(法). **2 a** (水・ガス・電気などの)導管配送組織, 管系. **b** (ガス・水道の)配送, 供給. **3** 〘外科〙**a** 穿溝(せんこう) 《チューブを用いないで導管を作って排膿(のう)する方法》. **b** 新しい導管形成. **4** 〘生理〙促通, 伝導化; 疎通《血管が新生して血栓部分に血流を生じること》. **5** 〘心理〙(一般能力の特殊化発現[開通], 水路づけ《発現の機会を待っている一般的なエネルギーまたは動因が特殊な対象に向かいそれによる充足の傾向が固定していく過程; cf. cathexis 1》. 〘(1844) □ F *canalisation*: ⇨ ↓, -ation〙

can·al·ize /kǽnəlàɪz, -nl-/ *vt.* **1** …に運河を切り開く[開設する]; 〈河川を〉運河化する. **2** 〈感情など〉にはけ口を与える. **3** 水路に導く, 水路づけする; …に一定の方向を与える, 向ける. **4** 〘外科〙穿溝(せんこう)する. — *vi.* **1** 水路に流れる. **2** 〘外科〙新しい導管ができる. 〘(1855) □ F *canaliser*: ⇨ canal, -ize〙

ca·nál·ler /-lə | -lə$^{(r)}$/ *n.* **1** 運河作業員. **2** ＝canalboat. 〘(1864): ⇨ -er¹〙

canál rày *n.* 〘物理化学〙＝positive ray. 〘(1904) 《なぞり》← G *Kanalstrahl*〙

Canál Zòne *n.* [the ～] パナマ運河地帯 《Panama 運河の両岸各 5 マイル (＝8.1 km) の地帯で, 1979 年 10 月から米国・パナマ両国による運河委員会が管理, 1999 年にパナマに返還された: 面積 1,675 km²; Panama Canal Zone ともいう》.

Can·an·dai·gua /kæ̀nəndéɪgwə/ *n.* カナンデーグア 《米国 New York 州中西部, Canandaigua 湖北端岸の都市》.

ca·nán·ga òil /kənǽŋgə-/ *n.* カナンガ油 《イランイランノキ (ilang-ilang) の花を蒸留して作る香油; ジャワ島で産するものをいう; ilang-ilang oil より芳香が劣る》. 〘*cananga*: ← NL ～ ← Malay *kěnanga*〙

can·a·pé /kǽnəpi, -pèɪ | -pèɪ, -pi; *F.* kanape/ *n.* (*pl.* **～s** /～z; *F.* ～/) **1** カナッペ 《一口大の薄いパン[トースト, 揚げたパン]またはクラッカーの上にチーズ・肉・魚のペースト・アンチョビー (anchovy) などを載せたもの; 前菜などに多く用いる; cf. hors d'œuvre》. **2** カナッペ 《18 世紀にフランスで使われたソファー》. **3** 〘トランプ〙カナッペ 《ブリッジでビッディング (bidding) の一方式; biddable suit が 2 つあるとき, 短い(枚数の少ない)方から先にビッドする仕方》. 〘(1890) □ F ～ □ ML *canapēum*: ⇨ canopy〙

Ca·na·ra /kənáːrə, káːnə-/ *n.* ＝Kanara.

ca·nard /kənáəd, -náə | kǽnɑːd, -⸗⸗; *F.* kanaːʁ/ *n.* (*pl.* **～s** /～z; *F.* ～/) **1 a** (新聞などによる)作り話, 流言, 虚報; (特に)デマ (false rumor). **b** 根も葉もないうわさ. (F *vendre des canards à moitié* to cheat, 《原義》to half-sell ducks (つまり「売らない」の意)から) **2** (料理用の)カモ, 食用鴨. **3** 〘航空〙先尾翼機, エンテ[鴨(かも)]型機 《通常の飛行機の水平尾翼に相当する小翼を主翼の前方に備えた機体》; 先尾翼. 〘(*a*1850) □ F ～ 'duck' < OF *canart* drake ← *caner* to crackle (擬音語)〙

Ca·na·rese /kæ̀nəríːz, -ríːs | -ríːz⁻/ *n.* (*pl.* ～), *adj.* ＝Kanarese.

Ca·nar·ies /kənέ(ə)riz | -nέər-/ *n. pl.* [the ～] ＝Canary Islands.

Canáries Cúrrent *n.* [the ～] カナリア海流 《大西洋をスペイン沖から Canary 諸島方面へ流れる寒流》.

ca·nar·y /kənέ(ə)ri | -nέəri/ *n.* **1** 〘鳥類〙カナリア (*Serinus canarius*) 《canary bird ともいう》. **2** カナリア色 《やや緑色を帯びた黄色, または鮮黄色; canary yellow ともいう》. **3** 《古》カナリー(ワイン) 《Canary 諸島産の madeira に似た甘口の白ぶどう酒》. **4** カナリー 《16–17 世紀にはやった速くて活発なスペインダンス》. **5** 《俗》**a** かん高い歌い手, ソプラノ歌手, (特に)コロラチュラ (coloratura) の歌手. **b** ダンス楽団付きの女性歌手. **c** 密告者 (informer). **6** 《豪俗》囚人 (convict). **7** ＝canary bird 2. — *adj.* カナリア色の. — *vi.* 《廃》(カナリーダンスなどで)活発に踊る. 〘(1592) □ F *canari(e)* □ Sp. *canario* canary bird, 《原義》of the Canary Islands ← L *Canāria insula* isle of dogs ← *canis* dog (cf. hound): Canary 諸島の一島に産した巨大な犬にちなむという〙

Canáry banána *n.* 〘植物〙＝dwarf banana. 〘1951〙

canáry bìrd *n.* **1** 〘鳥類〙＝canary 1. **2 a** (鉱山の)ガス発見装置. **b** ガスマスク (gas mask). 〘1576〙

canárybird flòwer [vìne] *n.* 〘植物〙カナリアヅル (*Tropaeolum peregrinum*) 《カナリア色の花が咲くノウゼンハレン科の一年生つる植物; canary creeper ともいう》.

Canáry bróom *n.* 〘植物〙Canary 諸島原産の黄色い花が咲くマメ科エニシダ属の低木 (*Cytisus canariensis*) 《俗用として genista ともいう》.

canáry-còlored *adj.* カナリア色[鮮黄色]の.

canáry crèeper *n.* 〘植物〙＝canarybird flower.

canáry gràss *n.* 〘植物〙イネ科クサヨシ属 (*Phalaris*) の草の総称 《牧草のクサヨシ (*P. arundinacea*) など》; (特に)カナリアクサヨシ (*P. canariensis*) 《Canary 諸島に産する草本; その実は canary seed》. 〘1668〙

Ca·nár·y Íslands /kənέ(ə)ri- | -nέəri-/ *n. pl.* [the ～] カナリア諸島 《アフリカの北西岸沖にあるスペイン領の群島; 面積 7,273 km²; the Canaries ともいう》. 〘⇨ canary〙

canáry sèed *n.* カナリアシード 《カナリアクサヨシ (canary grass) の実; 鳥の餌にする; cf. birdseed》. 〘1597〙

Canáry Whárf *n.* カナリーウォーフ 《London 東部再開発地域 Docklands の一部; 英国で最も高い Canary Wharf Tower がある》.

canáry yéllow *n.* ＝canary 2. 〘*c*1865〙

ca·nas·ta /kənǽstə/ *n.* 〘トランプ〙カナスタ: **a** ラミーに似た南米起源のゲーム; 2–6 人(通常 4 人)が 2 組に分かれ, カード 2 組とジョーカー 4 枚の計 108 枚を使って同位札のメルド (meld) を作り合い, その得点を競う》. **b** (このゲームで)同位札 7 枚以上の揃い. 〘(1948) □ Sp. ～ 《原義》basket 《逆成》? ← *canastillo* wicker tray < LL *canistellum* (dim.) ← L *canistrum* basket: ↓〙

ca·nas·ter /kənǽstə | -tə$^{(r)}$/ *n.* (南米産の粗悪な)刻みたばこ. 〘(1827) □ ? □ Sp. *canastro* □ ML **canastrum* □ Gk *kánastron* 'wicker basket, CANISTER': 藺(い)で作ったかごに入れて輸出したことから〙

Ca·nav·er·al /kənǽv(ə)rəl/, **Cape** *n.* カナベラル岬 《米国 Florida 州東部の大西洋に面する砂地の岬; 米航空宇宙局 (NASA) の宇宙ロケット発射基地で, ケネディー宇宙センター (John F. Kennedy Space Center) がある; Cape Kennedy とも呼ばれた (1963–73)》.

Can·ber·ra /kǽnbərə, kǽm-, -b(ə)rə | -b(ə)rə/ *n.* キャンベラ 《オーストラリア南東部, Australian Capital Territory にある同国の首都》.

cán bùoy *n.* 〘海事〙カンブイ 《照明のない円筒形浮標; 水路の目印として使う》. 〘1626〙

canc. 《略》canceled; cancellation.

can·can /kǽnkæn; *F.* kɑ̃kɑ̃/ *n.* (*pl.* **～s** /～z; *F.* ～/) カンカン(踊り) 《ひだ飾りの付いたスカートの前を持ち上げ, 足を高くけり上げたり跳んだりするダンス; Paris で有名》. 〘(1848) □ F ～ 《小児語の転用》← ? *canard* duck: その踊りぶりから〙

cán-càrrier *n.* 《俗》(企業などで)責任をとる人, 責任者. 〘(*a*1611) ← *carry the can* (⇨ can² (n.) 成句)〙

can·cel /kǽnsəl, -nsḷ, -ntsḷ/ *v.* (**can·celed,** 《英》**-celled; -cel·ing,** 《英》**-cel·ling**) — *vt.* **1 a** 〈予約・注文などを〉取り消す, 無効にする, キャンセルする: ～ an order 注文を取り消す / ～ a subscription 予約講読を取り消す. **b** 〈切手・小切手・切符などに消印を押す; 〈郵便物〉の切手に消印を押す: ⇨ *cancel to* ORDER. **c** 〈切符〉にはさみを入れる. **d** 〈旅行・試合などを〉中止する: ～ a trip / ～ a baseball game / *Cancel* all my appointments for next Wednesday. 次の水曜日の約束をすべて取り消してください. **e** だめにする, 滅ぼす. **2** 相殺(そうさい)する, 帳消しにする, 釣り合わせる 〈*out*〉: His natural cheerfulness ～*ed out* his little misbehavior. 彼の持ち前の陽気さのため, ちょっとした無作法は帳消しになった / His bad points and his good points ～ each other out. 彼の良い点と悪い点が互いに帳消しになる. **3** (削除・抹消(まっしょう)のために)…に線を引く; 線を引いて消す, 棒引きにする, 抹殺(まっさつ)する, 削除する (⇨ erase SYN): ～ a word. **4 a** 〘印刷〙削る, 削除する; 〈文字などを〉(線で)消す: ⇨ CANCELED letter. **b** 〘製本〙《紙葉を》削除する, 切り取る. **5** 〘数学〙(分数の分母・分子, 方程式の左右の)共通の約数や項を約す, 消去する. **6** 《米》〘音楽〙(♯, ♭ などで半音変化した音を本位記号 ♮ で)元へ戻す.
— *vi.* **1** 相殺する, 釣り合う 〈*out*〉. **2** 〘数学〙約せる, 消える.
— *n.* **1 a** 抹消, 取消し; (契約の)解除. **b** (郵便の)消印, 消印の打ち抜き. **2** 相殺(そうさい). **3** [通例 *pl.* か a pair of ～s として] 切符ばさみ, 消印打ち抜き器: *a pair of* ～*s* (切符切り用)パンチ. **4** 〘印刷〙削除; 組直し. **5** 〘製本〙**a** 削除紙(葉); 削除ページ 《ページまたはその一部を削除して代わりの記事を入れたもの; cancelland, cancellandum ともいう》. **b** さしかえ紙(葉) 《刷り上がった本の中の訂正箇所とさしかえるために新たに印刷した紙葉・スリップなど; cancellans ともいう》. **c** 削除(した)白紙. **6** 《米》本位記号 (natural).
〘(1399) □ (O)F *canceller* □ L *cancellāre* to make like a lattice, cross out ← *cancellī* (pl.) lattice (dim.) ← *cancer* 《変形》← *carcer* prison〙

can·cel·a·ble /kǽnsələbḷ, -sḷ-/ *adj.* 解約できる. 〘(1675): ⇨ ↑, -able〙

can·ce·la·tion /kæ̀nsəléɪʃən, -sḷ- | -sḷ̀l-, -sḷ-/ *n.* ＝cancellation.

cáncel·bòt *n.* 〘インターネット〙キャンセルボット 《USENET で, 特定の個人の掲出した情報を追跡して削除するプログラム》. 〘(*c*1995) ← CANCEL＋BOT⁴〙

cán·celed *adj.* (線を引いて)消された, 取り消した, 消印のある, 消印で打ち抜いた: ～ checks, bills, etc. / a ～ letter 〘印刷〙消し文字 / ～ to order 〘郵趣〙注文済, オーダーキャンセル 《郵政当局が個人販売用に消印した切手; 略 CTO; 「オーダーキャンセル」は和製英語》. 〘(1539): ⇨ -ed〙

cán·cel·er /-s(ə)lə, -sḷə | -s(ə)lə$^{(r)}$, -sḷ-/ *n.* 消す物[人], 消印器. 〘(1611): ⇨ -er¹〙

can·cel·la·ble /kǽnsələbḷ, -sḷ-/ *adj.* ＝cancelable.

can·cel·land /kǽnsəlæ̀nd | -sḷ̀-/ *n.* 〘製本〙＝cancel 5 a. 〘(1929) ↓〙

can·cel·lan·dum /kæ̀nsəlǽndəm | -sḷ̀-/ *n.* (*pl.* **-lan·da** /-də/) 〘製本〙＝cancel 5 a. 〘(1923) □ LL ～ (neut.) ← *cancellandus* (gerundive) ← *cancellāre* 'to CANCEL'〙

can·cel·lans /kǽnsəlæ̀nz | -sḷ̀-/ *n.* (*pl.* **～·es, -cel·lan·ti·a** /kæ̀nsəlǽnʃiə | -sḷ̀-/) 〘製本〙＝cancel 5 b. 〘(1923) □ LL *cancellāns* (pres.p.) ← *cancellāre* 'to CANCEL'〙

can·cel·late /kǽnsəlɪ̀t, kǽnsəlèɪt | kǽnsélɪ̀t, kǽnsḷ̀lèɪt/ *adj.* **1** 〘生物〙四つ目格子状の, 網目状組織の. **2** 〘解剖〙〈骨が〉海綿状の, 多孔質の. 〘(1661) ← L *cancellātus* ((p.p.) ← *cancellāre*)＋-ATE²: ⇨ cancel〙

can·cel·lat·ed /kǽnsəlèɪtɪ̀d, -sḷ- | kǽnsḷ̀lèɪtɪ̀d/ *adj.* 〘生物・解剖〙＝cancellate. 〘1681〙

can·cel·la·tion /kæ̀nsəléɪʃən, -sḷ- | -sḷ̀l-, -sḷ-/ *n.* **1 a** 取消し, 抹消; 削除, 解除. **b** 中止. **c** (部屋・座席などの)予約取消し; 予約を取り消された部屋[座席など]. **2** 相殺(そうさい). **3** 消印, 消印の打抜き. **4** 〘保険〙解除, 解約. 〘(?*a*1425): ⇨ -ation〙

cancellátion làw *n.* 〘数学〙消約法則, 簡約法則.

cán·cel·ler /-s(ə)lə, -sḷə | -s(ə)lə$^{(r)}$, -sḷ-/ *n.* ＝canceler.

can·cel·li /kænsélaɪ, -liː/ *n. pl.* 〘建築〙内陣障壁, 聖堂内陣格子 《初期キリスト教時代の教会で, 内外陣を仕切る障壁》. 〘(1642) □ L *cancellī* grating (pl.) ← 'CANCELLUS'〙

can·cel·lous /kǽnséləs, kǽnsəl-, -sḷ- | kǽnsəl-, -sḷ-/ *adj.* 〘解剖〙〈骨が〉網状組織の, 海綿状の, 多孔質の (porous). 〘(1836–39) ← L *cancellī* lattice＋-OUS: cf. cancel〙

can·cel·lus /kænséləs/ *n.* cancelli の単数形. 〘□ L ～: ⇨ chancel〙

can·cer /kǽnsə, -tsə | -sə$^{(r)}$, -tsə$^{(r)}$/ *n.* **1** 〘病理〙**a** 癌(がん), 癌腫(しゅ) (carcinoma): ～ of the stomach＝gastric ～ 胃癌 / suffer from ～ 癌を患う. **b** 悪性腫瘍(しゅよう). **2** (道徳上・社会上の)害悪・弊害, 悪の根元: He is a ～ in the society. 彼は社会の癌だ. **3** [C-] 〘天文〙かに(蟹)座 《北天の星座; the Crab ともいう》: ⇨ TROPIC¹ of Cancer. **4** [C-] 〘占星〙**a** かに座, 巨蟹(きょかい)宮 《黄道 12 宮の第 4 宮; the Crab ともいう; cf. zodiac》. **b** かに座生まれの人. 〘(*c*1380) □ L ～ 'crab' (異化) ← **carcro-* ← IE **kar-* hard (Gk *karkínos* crab): 「癌」の意味はその付近の血管その他の組織を蟹の脚にたとえたもの; cf. canker〙

can·cer·ate /kǽnsərèɪt/ *vi.* 癌(がん)になる; 癌に発達する. 〘(1688) ← LL *cancerātus*＋-ATE³: ↑〙

can·cer·a·tion /kæ̀nsəréɪʃən/ *n.* 〘病理〙癌(がん)化, 癌発生. 〘(1731): ⇨ ↑, -ation〙

Can·cer·i·an /kænsέ(ə)riən, -síər- | -síər-, -séər-/ *n.* 〘占星〙かに座生まれの人. — *adj.* かに座生まれの. 〘(1911): ⇨ -ian〙

can·cer·i·za·tion /kæ̀nsərɪ̀zéɪʃən | -raɪ-, -rɪ-/ *n.* 〘病理〙＝canceration.

can·cer·ol·o·gist /kæ̀nsərá(ː)lədʒɪ̀st | -rɔ́lədʒɪst/ *n.* 癌腫(がんしゅ)学者. 〘← CANCER＋-OLOGY〙

can·cer·ol·o·gy /kæ̀nsərá(ː)lədʒi | -rɔ́l-/ *n.* 癌腫(がんしゅ)学.

can·cer·o·pho·bi·a /kæ̀nsəroufóubiə | -rə(u)fə́u-/ *n.* ＝cancerphobia.

can·cer·ous /kǽns(ə)rəs/ *adj.* **1** 癌(がん)の, 癌性の, 癌に関する[を作る]. **2** 癌にかかった: a ～ stomach. **3** 癌に似た, 癌のような. **～·ly** *adv.* **～·ness** *n.* 〘(1563): ⇨ -ous〙

can·cer·pho·bi·a /kæ̀nsəfóubiə | -səfə́u-/ *n.* 癌(がん)恐怖(症). 〘← CANCER＋-PHOBIA〙

cáncer·ròot *n.* 〘植物〙**1** ＝beechdrops 1. **2** ＝broomrape 1. **3** ＝squawroot 1. 〘1714〙

cáncer stìck *n.* 《口語・戯言》巻きたばこ (cigarette). 〘1959〙

can·cha /káːntʃɑː; *Sp.* kántʃa/ *n.* ハイアライ (jai alai) の

コート. 〖□ Sp. ～ □ Quechua ～〗

can·crid /kǽŋkrɨd | -krɪd/ *adj., n.* 〖動物〗イチョウガニ科の(カニ). 〖↓〗

can·crine /kǽŋkrɪn | -krɪn/ *adj.* 〖詩学〗逆さに読んでも同じの, 回文をなす (palindromic): a ～ line. 〖(1755) ← L *cancr-*, *cancer* crab＋-INE[1]〗

can·cri·nite /kǽŋkrənàɪt | -krɨ-/ *n.* 〖鉱物〗カンクリナイト, 灰かすみ石 ((Na₂, Ca)₄ (AlSiO₄)₆ CO₃·nH₂O) (ナトリウム・カルシウム・アルミニウムを含む珪酸塩・炭酸塩の鉱石). 〖(1844) ← *Cancrin* (ロシアの政治家): ⇨ -ite[1]〗

can·cri·zans /kǽŋkrɨzæ̀nz | -krɪ-/ *adj.* 〖音楽〗逆行の (ある主題を最後の音から冒頭の音に向かって模倣する). 〖(1782) □ ML ～ (pres.p.) ← *cancrizāre* to move backward ← LL *cancer* 'CANCER'〗

can·croid /kǽŋkrɔɪd/ *adj.* **1** 〖動物〗カニに似た, カニ状の. **2** 〖病理〗癌腫(ɕ)状の. ― *n.* 〖病理〗カンクロイド, 類癌, 表皮癌. 〖1: (1826) ← L *cancr-*, *cancer* crab＋-OID. 2: (1859) □ F *cancroïde*〗

Can·cún /kænkú:n; *Am.Sp.* kaŋkún/ *n.* カンクン (メキシコ南東部, Yucatán 半島にある Quintana Roo 州の北東岸沖にある島; 保養地).

Can·da·ce /kændéɪsi, kǽndɨs/ *n.* キャンデーシ, キャンダシー, キャンダス (女性名; 愛称形 Candy; 異形 Candice). ★ 米国に多い名. 〖□ Gk *Kandákē* (エチオピアの女王の称号)〗

c. & b. 〖略〗〖クリケット〗caught & bowled by 投手によってキャッチされて, アウトになる (投手が投げた球を打手が打って, それを投手にキャッチされる).

can·de·la /kændí:lə, -délə/ *n.* 〖光学〗カンデラ (1948 年の国際度量衡総会で決定された光度の SI 基本単位; 周波数 540×10¹² Hz の単色光源の, ある方向での放射強度が 1/683 W·sr⁻¹ であるときのその方向の光度; 記号 cd; new candle ともいう; cf. candle 3). 〖(1949) □ L *candēla* 'CANDLE'〗

candelabra *n.* **1** candelabrum の複数形. **2** [単数扱い] (*pl.* ～s) ＝candelabrum. 〖1815〗

candelábra trèe *n.* 〖植物〗枝付き燭台形の木 (熱帯アフリカ産のトウダイグサ科トウダイグサ属の木や南米産のパラナマツなど). 〖(1815): *candelabra* ← L *candelabrum* ← *candela*: candle〗

can·de·la·brum /kæ̀ndəlá:brəm | -dɨ-/ *n.* (*pl.* **-la·bra** /-brə/, ～s) 枝状の燭台 (種々の装飾を施した華麗な多灯架; cf. chandelier). 〖(1811) □ L *candēlābrum* candlestick ← *candēla* 'CANDLE'〗

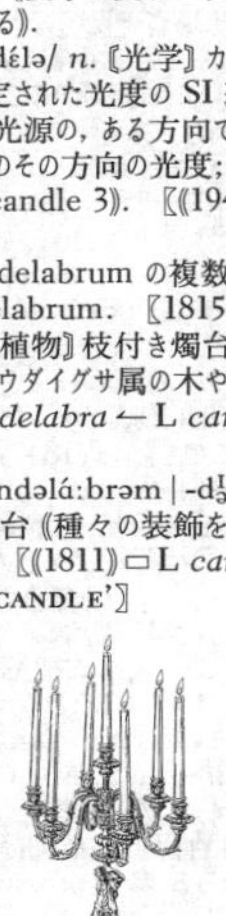

candelabrum

can·de·li·lla /kæ̀ndəlí:(j)ə; *Am.Sp.* kandelíja/ *n.* 〖植物〗キャンデリラ (*Euphorbia antisyphilitica*) (メキシコ北部・米国南西部産のトウダイグサ科の低木; 樹液から蠟 (candelilla wax) をとる; 工業油脂原料として重要). 〖(1909) □ Am.-Sp. ～ (dim.) ← Sp. *candela* < L *candēlam* 'CANDLE'〗

cándelilla wáx *n.* 〖化学〗カンデリラ蠟(ろう) (キャンデリラ (candelilla) の茎から採れた蠟, 各種つや出し剤に用い, かつてはレコードの製造などに用いられた). 〖1909〗

can·dent /kǽndənt/ *adj.* (通例高熱で)白熱した. 〖(1577) □ L *candentem* (pres.p.) ← *candēre* to shine〗

can·des·cence /kændésəns, -sṇs/ *n.* 白熱 (incandescence); 光り輝く白さ. 〖(c1864): ⇨ ↓, -ence〗

can·des·cent /kændésənt, -sṇt/ *adj.* (まれ) 白熱の, きらきらと輝く (dazzling). **～·ly** *adv.* 〖(1824) □ L *candēscentem* (pres.p.) ← *candēscere* to grow white ← *candēre* to shine ← IE **kand-* to shine (Gk *kándaros* glowing coal / Skt *candra* shining): ⇨ -escent〗

C & F, c & f 〖略〗〖貿易〗cost and freight.

C & G 〖略〗City and Guilds.

Can·di·a /kǽndiə/ *n.* **1** Iráklion のイタリア語名. **2** ＝Crete.

Can·dice /kǽndɨs/ *n.* ＝Candace.

can·did /kǽndɨd | -dɪd/ *adj.* **1 a** 包み隠しのない, 率直な, 気さくな, 正直な (⇨ frank[1] SYN); 誠実な, うそいつわりのない; 遠慮[忌憚]のない, 腹蔵のない: ～ accounts うそのない話 / in my ～ opinion 率直な意見を言わせてもらえば / to be quite ～ (with you) ありのままに[遠慮なく, 率直に, 打ち明けて]言えば, 何を隠そう実は…. **b** 歯に衣(きぬ)を着せぬ, 露骨な, ずけずけ言う: a ～ friend 友だち顔して不快な事実をあからさまに言って喜ぶ人 / ～ criticism 厳しい批判. **2** 打ち解けた; (写真などで)ポーズをとらない, 自然のままの: a ～ snapshot. **3** (古) 偏見[悪意]のない, 公平な: Give me a ～ hearing. (私心をさしはさまないで)公平に聞いて下さい. **4** (古) 白い: a ～ flame. **5** (古) 純潔な. ― *n.* ポーズをとってない[自然のままの]写真. **～·ness** *n.* 〖(1630) □ F *candide* ∥ L *candidus* glowing, honest ← *candēre* to glow: ⇨ candescent〗

can·di·da /kǽndɨdə | -dɪdə/ *n.* 〖細菌〗カンジダ (不完全菌類カンジダ属 (*Candida*) の微生物; カンジダ症 (candidiasis) を引き起こす). **cán·di·dal** /-dḷ | -dḷ/ *adj.* 〖(1939) ← NL ～ ← L ～ (fem. sing.) ← *candidus* (↑)〗

Can·di·da /kǽndɨdə | -dɪdə/ *n.* キャンディダ (女性名; 愛称形 Candy). 〖□ L ～ (↑)〗

can·di·da·cy /kǽndɨdəsi, kǽndɨdə- | kǽndɨdə-/ *n.* 立候補; 立候補者の資格[立場, 身分]: announce one's ～ for the presidency 大統領への立候補を表明する. 〖(1864): ⇨ ↓, -acy〗

can·di·date /kǽndɨdèɪt, kǽnɨ-, -dɨt | -dɨdèɪt, -dɨt/ *n.* **1** 候補者, 候補 〔*for*〕: a presidential ～ 大統領候補 / a ～ *for* mayor 市長候補 / an unsuccessful ～ 落選者 / stand as [be] a ～ for an election 選挙に立候補する / run a ～ *for* Parliament 国会議員の候補を立てる. **2** 志願者, 志望者 〔*for*〕: *a* ～ in an examination 受験志望者 / a ～ *for* membership 入会希望者 / offer oneself as a ～ *for* the post その地位に志願する. **3** 多分〔…に〕なりそうな〔…を〕得そうな]人[もの] 〔*for*〕: a ～ *for* fame [prison] 将来名をなす[刑務所へ入りそうな]人 / The film is a ～ *for* the Grand Prix. あの映画は多分グランプリものだ. **4** 学位取得候補学生 〔*for*〕: a Ph. D [doctorial] ～＝a ～ *for* the [a] Ph. D. 博士号取得候補学生. 〖(1600) □ L *candidātus* (aspirant) clad in white ← *candidus* white: 昔ローマで公職候補者が白衣 (white toga) をまとったことにちなむ: ⇨ candid, -ate[1]〗

cándidate·ship *n.* ＝candidacy. 〖1775〗

can·di·da·ture /kǽndɨdətʃʊə, kǽnɨ-, -tʃə | kǽndɨdətʃə^r, -dèɪtʃə^r/ *n.* (英) ＝candidacy. 〖1851〗

cándid cámera *n.* **1** (隠し撮り用の)小型速写カメラ. **2** 小型カメラ (miniature camera). **3** [C- C-]「どっきりカメラ」(米国のテレビ番組; 1940 年代末から断続的に放映). 〖1929〗

can·di·di·a·sis /kæ̀ndədáɪəsɨs | -dɨdáɪəsɪs/ *n.* (*pl.* **-a·ses** /-sì:z/) 〖病理〗カンジダ症 (cf. moniliasis, thrush[2] 1). 〖(1951) ← NL ～: ⇨ candida, -iasis〗

cán·did·ly *adv.* ざっくばらんに, 包み隠しなく, 率直に. 〖(1646): ⇨ -ly[1]〗

can·died /kǽndid/ *adj.* **1 a** 砂糖づけの, 砂糖煮の: ～ fruits. **b** 砂糖やシロップで透明になるまで煮た[焼いた]: ～ potatoes. **2** 砂糖状に結晶した. **3** 甘ったるい, べたべたした, 言葉巧みな, 口先のうまい: have a ～ tongue 口先がうまい / ～ words of praise 甘いほめ言葉. 〖(1600): ⇨ candy, -ed〗

Can·di·ote /kǽndiòʊt, -diət | -ɔʊt, -ət/ (*also* **Can·di·ot** /-diət, -diɑ̀(:)t | -diət, -diɒt/) *adj.* クレタ島の (Cretan). ― *n.* クレタ島人. 〖□ F ～ ← *Candie* Candia〗

can·di·ru /kæ̀ndərú: | -dɪ-/ *n.* 〖魚類〗カンディルー (*Vandellia cirrhosa*) (南米 Amazon 地方の淡水に生息する全長 5 cm ほどのナマズ; 哺乳類の体内に入り込み吸血寄生; ヒトに寄生する唯一の魚). 〖(1841) □ Tupi *candirú, candérú*〗

can·dle /kǽndḷ/ *n.* **1 a** ろうそく: a wax [tallow] ～ 蜜蠟(みつろう)[獣脂]ろうそく / a lighted ～ ともしたろうそく. 日英比較 日本の結婚式披露宴でよく行われる「キャンドルサービス」は和製英語. 欧米にそのような習慣はない. **b** ろうそく形のもの: ⇨ sulphur candle, Roman candle. **2** 光を出すもの, ともしび, 明かり; (特に)星: Night's ～*s* are burnt out. 夜のともしびは燃え尽きた, 星も消えた (Shak., *Romeo* 3. 5. 9). **3** 〖光学〗燭(しょく), 燭光 (灯火の光度の単位; 現在は光度の単位の俗称として用いられる; 1948 年に光度の単位カンデラ (candela) が採用される以前には光度の単位として一定の条件で燃焼する特定のろうそくの光度; 標準燭 (standard candle), 英・米・仏三国間の協定によって定められた国際燭 (international candle), 特定の条件で燃焼するペンタン灯の光度, 日本の燭等が用いられた, いずれもほぼ 1 カンデラに等しい).

búrn the cándle at bóth énds (口語) 張り切って無茶な生活をする. 〖1730–36〗 ***cánnot*** [***be nòt fit to***] ***hóld a cándle to*** *a person* (1) 人のために明かりを取る[助力する]ことすらできない. (2) (口語) …と比較にならない, …の足元にも及ばない: No boxer *can hold a* ～ *to* the champion. どのボクサーもチャンピオンには相手でない[比較にならない]. 〖1550〗 ***cúrse by béll, bóok, and cándle*** ⇨ bell[1] 成句. ***híde one's cándle ùnder a búshel*** ⇨ bushel[1] 成句. ***hóld a cándle to the dévil*** 悪人を助ける, 悪事に加担する. 〖(1599) 悪魔に灯明を供える意から〗 ***hóld a cándle to the sún*** むだ[余計]なことをする. ***nót wòrth the cándle*** (英口語) 〈仕事・企てなど〉割に合わない, 骨折り損のくたびれもうけ: The game [It] is *not worth the* ～. その仕事は割に合わない; 骨折り損のくたびれもうけ. 〖(1603) 〖原義〗賭金がろうそく代にもならない(もとろうそくの明かりでトランプなどの賭け事をしたことから): cf. F *Le jeu n'en vaut pas la chandelle*〗 ***séll by the ínch of*** [***by ínch of***] ***cándle*** ろうそく競売で売る. 〖(1652) 小さなろうそくが燃え切るのを合図に落札するというやり方で売ることから〗

― *vt.* 〈卵〉の良否を明かりに透かして調べる.

cán·dler /-dlə, -dḷə | -dlə^r, -dḷ-/ *n.* 〖OE *candel* □ L *candēla* tallow candle ← *candēre* to shine ← IE **kand-*: cf. candid〗

cándle·bèr·ry /-bèri | -b(ə)ri/ *n.* 〖植物〗**1 a** シロヤマモモ (⇨ wax myrtle). 〖(c1730) 南太平洋の原住民がその実をろうそくに用いることから〗 **b** シロヤマモモの実. **2** クワイノキ(の実) (candlenut).

cándleberry mýrtle *n.* 〖植物〗**1** ＝wax myrtle. **2** ヤチヤナギ (*Myrica gale*) (寒地の湿地に生えるヤマモモ科の小低木). 〖1761〗

cándle·fish *n.* 〖魚類〗ロウソクウオ (北太平洋産キュウリウオ科のワカサギに似た食用魚 (*Thaleichthys pacificus*); eulachon ともいう). 〖(1881) 脂肪に富み, 干した物をろうそくに用いることから〗

cándle-fóot *n.* (*pl.* **candle-feet**) 〖光学〗＝foot-candle. 〖1892〗

cándle·hòlder *n.* **1** ＝candlestick. **2** (Shak) ろうそくを持つ付添い人. 〖1595–96〗

cándle hóur *n.* 〖光学〗燭(しょく)時 (光度の時間積分の単位). 〖1650〗

cándle làrkspur *n.* 〖植物〗ヒエンソウの一種 (*Delphinium elatum*) (ヨーロッパから西アジアに分布する青い花が咲くキンポウゲ科ヒエンソウ属の多年草).

cándle·lìght *n.* **1** ろうそくの明かり. **2** 薄暗い人工照明. **3** (古) 灯ともしごろ, たそがれ, 夕方: at ～ たそがれ時に. 〖OE *candel leoht*〗

C

cándle·lìghter *n.* **1** ろうそくともし (ろうそくの火をつけたり消したりするのに用いる長い柄のついた教会用具). **2** (結婚式などの儀式に)ろうそくをつける人. 〖(15C): ⇨ -er[1]〗

cándle·lìghting *n.* ＝candlelight 3. 〖1605〗

cándle·lìt, -lìght·ed *adj.* 〈食事など〉ろうそくに照らされた.

cándle·màker *n.* ろうそくを作る人. 〖1611〗

Can·dle·mas /kǽndḷməs, -mæ̀s/ *n.* **1** 〖カトリック〗聖マリア御潔(きよ)めの祝日, 聖燭(しょく)節 (2 月 2 日; ろうそく行列を行って 1 年間に使うろうそくを祓(はら)い清めることからこの名がある; スコットランドでは四季支払い日の一つ; Candlemas Day, Purification (of the Virgin Mary) ともいう; cf. quarter day). **2** ＝Groundhog Day. 〖lateOE *Candelmæsse*: ⇨ candle, mass[1]〗

cándle·nùt *n.* 〖植物〗ククイノキ (*Aleurites moluccana*) (南洋産トウダイグサ科アブラギリ属の高木). 〖(1835–36): 原住民がその核果に糸を通してろうそくに用いることから〗

cándle·pìn *n.* (米) 〖スポーツ〗**1** キャンドルピン (十柱戯 (tenpins) に似たゲームで用いる両端が先細の円筒型のピン). **2** [*pl.*; 単数扱い] キャンドルピンで遊ぶボウリングの一種. 〖1901〗

cándle·pòwer *n.* (*pl.* ～) 〖光学〗＝luminous intensity. 〖1877〗

cándle snùff *n.* 燃えて黒くなったろうそくの芯(しん). 〖1552〗

cándle·snùffer *n.* **1** ろうそくの芯を切る道具. **2** (もと劇場での)ろうそく係(の従業員). 〖1552〗

cándle·stànd *n.* **1** キャンドルスタンド, ろうそく立て, 燭台 (candlestick つきの細長い三脚の鉄製の台). **2** 小型の木製のテーブル[スタンド].

cándle·stìck *n.* キャンドルスティック, 燭台, ろうそく立て (簡単なろうそく刺しのついたもの). 〖OE *candelsticca*〗

cándle trèe *n.* 〖植物〗シロヤマモモ (wax myrtle). 〖1691〗

cándle·wìck *n.* **1** ろうそくの芯(しん). **2** 太く柔らかい綿糸. **3** 〖植物〗ビロードモウズイカ (⇨ mullein). ― *adj.* 柔らかい綿糸の束を用いた布の. 〖lateOE *candle-weoca*: ⇨ wick[1]〗

cándle·wìcking *n.* キャンドルウィッキング (太くて柔らかい木綿の刺繍糸を用いた刺繍; ベッドカバー・テーブルクロス・枕カバーに使われる). 〖1939〗

cándle·wòod *n.* (たいまつにしたりろうそくの代わりに燃やす)各種の多脂植物・材木; (特に)＝ocotillo. 〖1712〗

cán-dó *adj.* (口語) やる気のある, 熱心な. **cán-dó·er** *n.* 〖1945〗

cán·dòck *n.* 〖植物〗**1** ヨーロッパ産の黄色い花のコウホネの一種 (*Nuphar luteum*). **2** ヨーロッパ産の白色スイレン (*Nymphaea alba*). **3** ＝spatterdock. **4** キバナハス (water chinquapin). 〖(1661) ← CAN[2]＋DOCK[4]〗

Can·dolle /kɑ:ndɔ́(:)l, -dɑ́(:)l | -dɔ́l; *F.* kɑ̃dɔl/, **Augustin-Pyrame de** *n.* カンドル (1778–1841; スイスの植物学者; 科学的方法による新しい植物分類を行った).

can·dom·blé /kændɑ(:)mbléɪ | -dɒm-; *Braz.* kɐ̃dõblɛ́/ *n.* カンドンブレ (アフリカ的要素とカトリック的要素を習合させたブラジルの憑依(ひょうい)宗教). 〖□ ? Brazilian Port. ～〗

can·dor, (英) **can·dour** /kǽndə, -dɔə | -də^r/ *n.* **1** 率直, 正直; 虚心坦懐(たんかい) (open-mindedness). **2** (古) 偏見のないこと, 公平無私 (impartiality). **3** (古) 白さ, 純白. **4** (廃) 純潔. **5** (古) 親切, 温情. 〖(a1398) □ L ～ 'whiteness' ← *candēre* to shine: cf. candid〗

CANDU /kǽndu:, ―⌐/ (略) Canadian Deuterium Uranium カナダ型重水炉.

C & W, C and W (略) country and western. 〖1953〗

can·dy /kǽndi/ *n.* **1** (米) **a** 砂糖菓子, 糖菓, キャンディー (sweetmeat, (英) sweets) (広くボンボン・ドロップ・キャラメル・チョコレート・ヌガーなど): a piece of ～ キャンディー 1 個. 日英比較 日本語で「キャンデー」と言うと,「飴」類に限られるが, (米) の candy は, 適用範囲が広く, 砂糖を固めた菓子を指す語であり,「飴」類のほかにチョコレートなども含まれる. なお, (英) では *candy* のかわりに sweets を用いる. また, 日本語の「アイスキャンデー」は和製英語. 英語では (米) Popsicle, (英) ice lolly. **b** キャンディー 1 個. **2 a** 結晶糖. **b** 氷砂糖; その一塊. **3** (俗) コカイン (cocaine). ― *vt.* **1** 砂糖漬けにする; 砂糖で煮る; …に砂糖をまぶす, 砂糖でくるむ: ～ fruits, ginger, etc. **2** 〈砂糖を〉(煮詰めて)結晶させる. **3** 甘くする, 快くする (cf. candied 3): ～ one's words. ― *vi.* **1** 結晶状になる. **2** 砂糖まぶしになる. 〖(1274) □ Anglo.-L & OF *candi* □ Arab. *qandī* sugar candy ← *qand* cane sugar: cf. Skt *khanda-* sugar lump〗

Can·dy /kǽndi/ *n.* キャンディー (女性名). 〖(dim.) ← CANDACE, CANDIDA〗

cándy àpple *n.* (米) **1** キャンディーアップル (リンゴを toffee などの砂糖菓子でコーティングしてスティックに刺したもの; toffee-apple ともいう). **2** キャンディーアップル(レッド) (光沢のある鮮やかな赤; candy-apple red ともいう).

cándy-àss *n.* (俗語) いくじなし, 弱虫, 腰抜け. **cán-**

dy·àssed adj.
cándy bàr n. 《米》キャンディーバー《ナッツやキャラメルなどを棒状にし, チョコレートでコーティングしたもの》.
cándy càne n. 《米》キャンディーケーン《紅白のしま模様のステッキ型のあめ》.
cándy flòss n. 《英》 1 綿菓子 (《米》 cotton candy). 2 見かけだけのもの; 浅薄な考え[計画など]. 〖1951〗
cándy gìrl n. 《米》菓子売り娘. 〖1855〗
cándy màn n. 《米俗》麻薬の売人 (pusher).
cándy pùll [pùlling] n. 《米》キャンディーを作るパーティー. 〖1887〗
cándy stòre n. 《米》菓子屋 (《英》 sweetshop). 〖1884〗
cándy strìpe n. 白地に赤などの縞(模様): a blouse with ~s. **cándy-strìped** adj. 〖キャンディーの模様に似ているところから〗
cándy strìper n. 《米口語》(病院で)看護助手をする若いボランティア. 〖(1963) 赤と白の縞の制服から〗
cándy·tùft n. 〖植物〗アブラナ科イベリス属 (*Iberis*) の観賞植物の総称 (*I. sempervirens, I. umbellata*, キャンデータフト, (俗に)マガリバナ (*I. amara*) など). 〖(1664) ← *Candy* (← *Candia*)+TUFT〗
cándy wédding n. キャンディー婚式《結婚3周年の記念式[日]; ⇨ wedding 4》.
cane¹ /kéɪn/ n. 1 a 多少しなり細長く伸びた茎. b (籐(とう)・竹・しゅろちく・砂糖きびなどの)茎. c キイチゴ・ブドウ・バラなどのまっすぐに伸びた新芽[若枝]. 2 a (椅子・かごなどの用材としての)籐(とう)類: ⇨ cane chair. b 籐づえ; (細身の)ステッキ (walking stick): walk *on* a ~. c むち (cf. ferule¹ 1); [the ~] むち打ちの刑: A few strokes of the ~ would do him good. 二つ三つむちをくれたほうが彼のためになろう. 3 a 〖植物〗米国南部産のメダケ属 (*Arundinaria*) の各種の植物の総称《背が高く竹に似る》. b サトウキビ (sugarcane). c モロコシ (sorghum); (特に)サトウモロコシ (sorgo). 4 〖ガラス製造〗細長いガラス棒[管].
— vt. 1 〈椅子などに〉籐(とう)を用いる; 〈椅子の座部などを〉籐で編む, 竹で作る: ~ (the seats of) chairs. 2 a 〈人を〉むち打つ, つえで打つ. b むち打って〈勉強などを〉〈…に〉教え込む 〔*into*〕: ~ a lesson *into* a boy 子供にむちを加えて学課を教える. 3 《英口語》負かす: We got well ~*d* in the match. その試合では完全に負かされた. **cán·er** n. 〖(*a*1398) ◻ OF ~ (F *canne*) < L *cannam* ◻ Gk *kánna* reed ← Sem. (Heb. *qānē^h* / Arab. *qanā^h*)〗
cane² /kéɪn/ n. 《方言》雌イタチ. 〖1789〗
Ca·ne·a /kəníːə/ n. カニア (Crete 島の主都で海港; ギリシャ語名 Khaniá).
cáne àpple n. 〖植物〗=strawberry tree 1.
cáne·bràke n. 籐(とう)やぶ, 竹やぶ. 〖(1769): ⇨ brake³〗
cánebrake ràttler [ràttlesnake] n. 〖動物〗ヨコシマガラガラヘビ (*Crotalus horridus atricaudatus*) 《米国南東部産の大形の毒ヘビ》.
cáne cháir n. 籐(とう)椅子. 〖1696〗
cáne gàll n. 〖植物病理〗*Agrobacterium rubi* 菌によるセイヨウヤブイチゴ (blackberry) の病気.
cáne gràss n. 〖豪〗〖植物〗イネ科ガゼクサ属 (*Eragrostis*) の茎の堅い数種の多年草《特に, 内陸部の湿地に生える *E. australasica*》. 〖1827〗
ca·nel·la /kənélə/ n. 〖植物〗白肉桂《西インド諸島産の樹木 (*Canella alba* または *C. winterana*) の樹皮; 香辛料または薬品に用いる; white cinnamon ともいう》. 〖(1693) ◻ ML ~ (dim.) ← L *canna* 'CANE¹'〗
can·e·phor /kǽnəfɔə | -nɪfɔː^(r)/ n. =canephore.
ca·neph·o·ra /kənéfərə/ n. (*pl.* **-o·rae** /-riː, -ràɪ/) =canephore.
can·e·phore /kǽnəfɔə | -nɪ̀fɔː^(r)/ n. 1 頭にかごをいただく娘《古代ギリシャで Bacchus 神などの祭礼に神器や供物を入れたかごを頭に載せて行列に加わった》. 2 〖建築〗頭にかごをいただく娘の像《caryatid や庭園装飾として用いる》. 〖◻ L *canēphoros, canēphora* ◻ Gk *kanēphóros* basket-bearing ← *káneon* basket of reed (cf. cane¹)+ *-phóros* (⇨ -phore)〗
canephori n. canephorus の複数形.
ca·neph·o·ros /kənéfərəs, -rɑ̀(ː)s | -rəs, -rɔ̀s/ n. (*pl.* **-o·roe** /-riː/) =canephore.
ca·neph·o·rus /kənéfərəs/ n. (*pl.* **-o·ri** /-ràɪ/) = canephore. 〖1880〗
cáne pìece n. (カリブ海地方の)サトウキビ畑《特に離れた場所にある小作人の畑》.
cáne ràt n. 〖動物〗アフリカタケネズミ (*Thryonomys swinderianus*) 《外形はネズミに似て体は剛毛で覆われたアフリカ産齧歯(げっし)類の動物; bamboo rat ともいう》. 〖(1876) サトウキビを常食とするところから〗
ca·nes·cent /kənésənt, -snt, kæ-/ adj. 1 白っぽくなる, 灰白色になる. 2 〖植物〗〈葉など〉灰白色の軟毛のある[で覆われた]. 〖(*c*1828) ◻ L *cānēscentem* (pres.p.) ← *cānēscere* to grow white ← *cānēre* to be gray or white ← *cānus* gray, white: ⇨ -escent〗
cáne sùgar n. 甘蔗(かんしょ)糖, 蔗糖. 〖1841〗
Ca·nes Ve·nat·i·ci /kéɪniːzvənǽtəsàɪ | -tɪ̀-/ n. 〖天文〗りょうけん(猟犬)座《北斗七星の南にある小さい星座; the Hunting Dogs ともいう》. 〖◻ L *Canēs Venātici* the hunting dogs〗
cáne tòad n. 〖動物〗オオヒキガエル (*Bufo marinus*) 《熱帯アメリカ原産(体長 10–24 cm); サトウキビ畑の害虫駆除の目的で世界各地に移入されたが, 繁殖しすぎてそれ自体有害生物化している; giant toad ともいう》.
cáne tràsh n. サトウキビの搾り殻 (bagasse). 〖1790〗
Ca·net·ti /kənéti | -ti/, **Elias** n. カネッティ (1905–94; ブルガリア生まれの英国の作家・思想家; 作品はドイツ語で発表; *Die Blendung*「眩暈」(1935); Nobel 文学賞 (1981)).
cáne·wàre n. 〖窯業〗薄い褐色の 18 世紀の英国炻器(せっき)《当時の製品は主に衛生器であったが, 19 世紀には台所用品も造られた》. 〖1878〗
cáne·wòrk n. (椅子などに用いられる)籐(とう)細工(品). 〖1858〗
Can·field /kǽnfiːld/ n. 〖トランプ〗キャンフィールド: a =Klondike¹ 2. b 13 枚の積み札と 4 枚の置き札をもとに数列を作っていく一人遊び (solitaire) の一種. 〖(1912) ← *Richard A. Canfield* (1855–1914: この遊び方を案出した New York のばくち打ち)〗
Canfield, Dorothy n. ⇨ Dorothy Canfield FISHER.
can·ful /kǽnfʊ̀l/ n. (*pl.* ~s, **cans·ful**) 缶 1 杯(の量). 〖(1701) ← CAN²+-FUL²〗
cangue /kǽŋ/ n. (*also* **cang** /~/) (もと中国などで用いた刑具の)首かせ《約 1 m 平方の四角な板で, 首につけた; cf. pillory 1, stock¹ 6 e》. 〖(1727) ◻ F ~ ◻? Port. *canga* yoke ←? Celt.〗
ca·níc·o·la féver /kəníkələ-/ n. 〖病理・獣医〗犬レプトスピラ病《リケッチア (rickettsia) による犬や人間の熱病の一種; 胃腸の炎症や黄疸(おうだん)を呈する; cf. canine leptospirosis》. 〖← NL *canicola* (1943): ← NL *canicola* dog-dweller ← L *canis* dog+*-cola* inhabitant (⇨ -colous)〗
Ca·nic·u·la /kəníkjʊlə/ n. 〖天文〗《まれ》てんろう(天狼)星, シリウス (Sirius) 《おおいぬ座を指すこともある》. 〖◻ L *Canīcula* (dim.) ← *canis* dog〗
ca·nic·u·lar /kəníkjʊlə | -lə^(r)/ adj. 1 天狼星[シリウス]の. 2 (天狼星が暁に昇る)真夏の; (夏の)土用の: ~ days 土用 (⇨ dog days). 〖(?lateOE) ◻ L *canīculāris*: ⇨ ↑, -ar¹〗
can·id /kǽnɪ̀d, kéɪn- | -nɪd/ n. 〖動物〗イヌ科の動物. 〖(1889) ↓〗
can·i·kin /kǽnɪ̀kɪ̀n | -kɪn/ n. =cannikin.
ca·nine /kéɪnaɪn, kǽn-/ adj. 1 犬の[に関する]; 犬のような; イヌ科の. 2 〖解剖・動物〗犬歯の[に関する]. — n. 1 〖動物〗イヌ科の動物《キツネ, タヌキ (raccoon dog), オオカミなどを含む》. 2 犬 (dog). 3 犬歯 (canine tooth) (⇨ tooth 挿絵). 〖(*a*1398) ◻ L *canīnus* ← *canis* dog: ⇨ -ine¹〗
cánine distémper n. 〖獣医〗(犬の)ジステンパー《ジステンパーウイルス感染による犬の病気》.
cánine leptospirósis n. 〖獣医〗犬レプトスピラ病《犬のレプトスピラ感染症で衰弱・食欲減退・発熱・渇き・体重減少・吐血・下痢を呈し死亡率が高い; Stuttgart disease ともいう; cf. canicola fever, leptospirosis》.
cánine mádness n. 〖病理〗狂犬病 (⇨ rabies). 〖1750〗
cánine tòoth n. 犬歯. 〖1607〗
cán·ing n. 1 つえで打つこと, むち打ち: give a person a ~ 人にむちを加える / He wants a sound ~. あの男はうんとむち打ってやる必要がある. 2 a (椅子を作るのに)籐(とう)を用いること. b 座部の編まれた籐. 3 《口語》ひどい負け, 惨敗. 〖(1715) ← CANE¹+-ING¹〗
can·ions /kǽnjənz/ n. *pl.* キャニオンズ《16–17 世紀に着用されたタイツ状の男性用脚衣》. 〖(1583) ◻ Sp. *cañones* (pl.) ← *cañón* (原義) tube ← *caña* reed: ⇨ cane¹〗
Cá·nis Májor /kéɪnɪ̀s-, kǽn- | -nɪs-/ n. 〖天文〗おおいぬ(大犬)座《Sirius を含む南天の星座; the Great Dog ともいう》.
Cá·nis Mínor n. 〖天文〗こいぬ(小犬)座《Orion の南東方にある北天の星座; 主星は Procyon; the Little Dog, the Lesser Dog ともいう》.
can·is·ter /kǽnɪ̀stə | -tə^(r)/ n. 1 a (茶・たばこ・コーヒーなどを入れる)小型の金属製容器; 小さな缶. b (映画のフィルムを入れる)平たく丸い金属容器. c 《古》(花・パン・果物などを入れる)小型のかご. 2 a 〖軍事〗(大砲から発射する)散弾 (canister shot ともいう; cf. case shot). b 〖軍事〗(防毒マスクの)吸収缶《毒ガスの中和剤を入れたガスマスクのフィルター装置》. c (催涙ガスなどの)円筒弾. 3 箱型電気掃除機. 〖(1678) ◻ L *canistrum* ◻ Gk *kánastron* wicker basket ← *kánna* reed: cf. cane¹〗
can·ker /kǽŋkə | -kə^(r)/ n. 1 〖病理〗(口の)潰瘍(かいよう), 口内炎《主に難治のものを呼んだ名称; 現在はあまり使用されない》. 2 〖獣医〗a (主に口やくちびるにできる)潰瘍(かいよう). b (馬の)馬蹄(てい)軟甲から始まってできるひづめの病気, 蹄瘡(そう). c 犬や猫の耳にできる炎症. 3 〖植物病理〗癌腫病, 根瘤(りゅう)病. 4 (癌のように)腐敗[頽廃]させるもの, 害毒を及ぼすもの, (心に食い入る)悩み. 5 《英方言》a さび (rust). b 緑青(ろくしょう) (verdigris). 6 《廃》〖昆虫〗= cankerworm. 7 《方言》〖植物〗=dog rose. 8 《廃》〖病理〗壊疽(えそ).
— vt. 1 canker にかからせる. 2 毒する (corrupt), 徐々に破壊する, むしばむ. 3 《廃》ただれさせる. — vi. 1 canker にかかる. 2 毒する, 腐敗する. 〖ME *cancre* ◻ ONF=(O)F *chancre* ◻ L *cancr-*, *cancer* gangrene, crab ∞ lateOE *cancer* ◻ L ~: ⇨ cancer〗
cán·kered adj. 《古》1 canker にかかった. 2 腐敗[堕落]した, 根性の腐った, たちの悪い. 3 気むずかしい, 意地の悪い. **~·ly** adv. **~·ness** n. 〖(*a*1398): ⇨ ↑, -ed〗
can·ker·ous /kǽŋk(ə)rəs/ adj. 1 canker にかかった; canker 性の. 2 精神を腐敗[腐食]させる. 3 〖植物病理〗癌腫(がんしゅ)病にかかった. 〖(1543): ⇨ -ous〗
cánker sòre n. 〖病理〗アフタ性口内炎. 〖*c*1909〗
cánker·wòrm n. 〖昆虫〗植物の蕾や葉を食い荒らす昆虫の幼虫《シャクガ科の *Alsophila pometaria* や *Poleacrita vernata* など》. 〖1530〗
can·na /kǽnə/ n. 〖植物〗カンナ《熱帯原産カンナ科カンナ属 (*Canna*) の観賞植物の総称; ダンドク(檀特) (*C. indica*) など; 特に *C. hybrida*》. — adj. カンナ属の. 〖(1664) ← NL ~ ← L ~ 'reed': cf. cane¹〗
can·na·bin /kǽnəbɪ̀n | -bɪn/ n. 〖薬学〗カンナビン《インド大麻から採る樹脂状のもの; 鎮静剤に用いる》. 〖(1871): ⇨ cannabis, -in²〗
can·na·bi·noid /kənǽbɪ̀nɔɪd | -bɪ-/ n. 〖化学〗カンナビノイド《大麻の化学成分の総称》. 〖(1967): ⇨ ↓, -oid〗
can·na·bi·nol /kənǽbɪ̀nɔ̀(ː)l, kǽnəb- | -bɪnɔ̀l/ n. 〖化学〗カンナビノール ($C_{21}H_{25}O(OH)$) 《生理学的に不活性のフェノール; マリファナの有効成分 THC の親化合物》. 〖(1896): ⇨ cannabin, -ol¹〗
can·na·bis /kǽnəbɪ̀s | -bɪs/ n. 〖植物〗1 アサ, 大麻 (Indian hemp). 2 カンナビス《大麻の乾燥した雌薬(しべ), 麻薬に用いる; cf. hashish, marihuana》. **can·na·bic** /kənǽbɪk, kæ-/ adj. 〖(1783) ← NL ~ ← L ~ 'hemp' ◻ Gk *kánnabis*〗
cánnabis résin n. 〖植物〗大麻樹脂《アサ(大麻)の雌株の花の部位から分泌される粘性物質》. 〖1896〗
Can·nae /kǽniː/ n. カンナエ《イタリア南東部にある村; ローマ軍が Hannibal に破れた地 (216 B.C.)》.
canned /kǽnd/ adj. 1 缶詰にした (《英》 tinned): ~ goods 缶詰類, 缶詰食料品 / ~ heat 固形アルコール. 2 《口語》録音された: ~ music レコード[テープ]音楽 / ~ laughter (効果音として)録音してあった笑い. 3 《俗》[叙述的] 酔っぱらった. 4 《米俗》a あらかじめ用意された: a ~ editorial. b 型通りの, 紋切型の, 陳腐な. 〖(1859) ← CAN²+-ED〗
cánnel còal /kǽnl-/ n. 〖地質〗燭(しょく)炭《油・ガスを多量に含む石炭の一種で, 強い炎を出して燃える; 単に cannel, ampelite ともいう》. 〖(1610) *cannel*: ←《北部方言》← ME *candel* 'CANDLE'〗
can·nel·lo·ni /kæ̀nəlóʊni, -nl- | -nl̩ə́ʊ-, -nel-; *It.* kannelló:ni/ n. *pl.* (*also* **can·ne·lo·ni** /~/) カネローニ《円筒形のパスタ (pasta), またそれを用いた料理; 通例四角形のパスタ生地に刻んだ肉や野菜を巻き込み, トマトソースやチーズをかけて焼く》. 〖(1845) ◻ It. ~ (pl.) ← *cannellone* (aug.) ← *cannello* tube (dim.) ← *canna* 'CANE¹'〗
can·ne·lure /kǽnəl(j)ʊ̀ə, -nl- | -l(j)ʊ̀ə^(r)/ n. 1 (小銃弾の薬莢(やっきょう)が食いこむための)薬莢圧入溝. 2 (抵抗を減らすため弾帯につけた)弾帯溝. 3 (徹甲弾の被甲を弾身に固定させる)被甲固定溝. 4 (抽筒子のはまる薬莢底部の)抽筒溝. 5 (水冷式機関銃の放熱筒の尾部が水もれしないようにパッキングするための)銃身環状溝. 〖(1755) ◻ F ~ (変形) ← OF *cannelature* ◻ It. 《廃》*cannellatura* ←? *cannello* small tube (↑)〗
cán·ner n. 1 缶詰業者; 缶詰工 (《英》 tinner). 2 《米》缶詰用動物《肉の品質が劣っていて缶詰にしかならないような動物》. 3 a =pressure cooker 1. b 缶[瓶]詰用の殺菌用なべ.
can·ner·y /kǽn(ə)ri/ n. 缶詰製造所. 〖(1870) ← CAN²+-ERY〗
Cannes /kǽn, kǽnz; *F.* kan/ n. カンヌ《フランス南東部, 地中海沿岸の保養地; 1946 年以来毎年国際映画祭が開かれる》.
can·ni·bal /kǽnəbəɫ, -bɫ | -nɪ̀-/ n. 1 食人慣習をもつ種族 (anthropophagite). 2 共食いする獣. 3 車や機械の部品を取りはずす人, 解体屋. — adj. 1 人肉を食べる慣習をもつ: a ~ race 食人族. 2 共食いする. **~·ly** adv. 〖(1553) ← NL *canibalis* ← Sp. *Caníbal* (can dog との連想による変形) ← *Caríbal* inhabitant of Carib Islands ← Arawakan *Caribe* Carib: Columbus の記録に初出; Carib 人は食人種であると誤解されたことから〗
can·ni·bal·ic /kæ̀nəbǽlɪk | -nɪ̀-ˊ/ adj. 1 人食いの; 人食いの風習のある. 2 残忍な, 野蛮な. 〖(1837): ⇨ ↑, -ic〗
can·ni·bal·ism /kǽnəbəlìzm, -bl- | -nɪ̀-/ n. 1 カニバリズム, 人食いの風習《宗教的・魔術的儀式として, 望む力の存する人肉の一部を食する習慣》. 2 a (下等動物による)人肉嗜(し)食. b 共食い. 3 野蛮な風習, 残忍, 残虐. 4 家禽が生きている仲間の肉をつつくこと (cf. peck order). 5 (企業・政党などの)競争相手を弱体化またはつぶすこと: economic ~ 経済的共食い行為. 〖(1796): ⇨ ↑, -ism〗
can·ni·bal·is·tic /kæ̀nəbəlístɪk, -bl- | -nɪ̀-ˊ/ adj. 1 カニバリズムの[に似た]. 2 人食いの; 共食い性の (cannibal). 3 〈家禽が〉生きている仲間の肉をつつく. **càn·ni·bal·ís·ti·cal·ly** adv. 〖(1851): ⇨ ↑, -ist, -ic〗
can·ni·bal·ize /kǽnəbəlàɪz, -bl- | -nɪ̀-/ vt. 1 〈生きた動物〉の肉を食べる. 2 a 〈破損したり古くなったりした自動車・飛行機・タンクなど〉の部品を取る. b 組立て[修理]のため〈他の利用できる車両・機械など〉から部品を取りはずす, 共食い整備をする. 3 a 〈同種の企業・組織〉から職員[設備]を引き抜く. b 〈同種の企業・組織を〉吸収する, 吸収合併する. 4 〖軍事〗(他の部隊の兵力・装備を補強するため)〈ある部隊〉から兵力[装備]を引き抜く, 〈人員[装備]を〉他に補充転換する. 5 〈他の作家・作品〉から盗用する. — vi. 1 人食いをする; 共食いする. 2 (別の企業・組織を作るために)同種企業をつぶす. **can·ni·bal·i·za·tion** /kæ̀nəbəlɪ̀zéɪʃən, -bl- | -nɪ̀bəlaɪ-, -lɪ-, -bl-/ n. 〖(1943) ← CANNIBAL+-IZE〗
can·ni·kin /kǽnɪ̀kɪ̀n | -kɪn/ n. 1 小さな缶[水飲み]. 2 《ニューイングランド》木製のバケツ, 小さな木おけ. 〖(1570) ◻ MDu. *cannekin* little can: cf. can², -kin〗
cán·ning n. 缶詰製造(業, 法); 《米》(特に家庭で)食品

を缶や瓶に詰めて保存すること. 〖(1872) ← CAN² (v.)＋-ING¹〗

Can·ning /kǽnɪŋ/, **Charles John** *n.* キャニング《1812–62; 英国の政治家, インド総督 (1856–58) としてインドの近代化に尽くし, 初代のインド副王に任ぜられた (1858–62); 称号 Earl Canning》.

Canning, George *n.* キャニング《1770–1827; 英国の政治家, 首相 (1827); C. J. Canning の父》.

Cán·ning Básin /kǽnɪŋ-/ *n.* キャニング盆地《オーストラリア Western Australia 州北西部の不毛の盆地》.

can·nis·ter /kǽnɪ̀stə | -tə^(r)/ *n.* ＝canister.

Can·niz·za·ro /kæ̀nɪ̀zɑ́ːroʊ, -tsɑ́ː- | -nɪzɑ́ːrəʊ, -tsɑ́ː-; *It.* kannittsɑ́ːro/, **Sta·nis·la·o** /stanizlɑ́ːo/ *n.* カニッツァーロ《1826–1910; イタリアの化学者》.

Can·nock /kǽnək/ *n.* カナック《イングランド西部, Staffordshire 南部の都市; すぐ東にかつて王室が保有していた heathland の国有地 Cannock Chase がある》.

can·no·li /kənóʊli | -nə́ʊ-; *It.* kannɔ́ːli/ *n. pl.* [通例単数扱い] カンノーリ《クリーム状の甘い詰め物をパイ生地でくるんで油で揚げたもの》. 〖(1943) (pl.) ← It. *cannolo* small tube (dim.) ← *canna* cane, tube〗

can·non /kǽnən/ *n.* (*pl.* **~s, ~**) **1 a** 大砲, 砲, 火砲《gun, howitzer, mortar を含む一般名称であるが, 今は通例 gun を用いる》. **b** (飛行機の)機関砲. **2** (釣鐘の)竜頭(りゅうず). **3** 《米俗》ピストル, 拳銃. **4** 《米俗》すり (pickpocket). **5** 二重軸《中空の軸を貫く第 2 の軸が外の軸と無関係に回転するもの》. **6** 〖馬具〗 **a** 丸くつわ (cannon bit ともいう). **b** 馬銜(はみ)《くつわの馬の口にくわえさせる所》. **7** 〖動物〗脚の管骨 (cannon bone) のある部分. **8** 《英》〖玉突〗キャノン (carom)《突き手の手玉が続けて二つの的玉に当たること》. **9** [C-]〖商標〗キャノン《米国 Fieldcrest-Cannon 社製のタオル・毛布・シーツなど》.
— *vi.* **1** 《英》**a** 激突する, 激突してはね返る〈*into, against, with*〉; はね返るように激しく打つ. **b** 〖玉突〗キャノンを突く, 〈球が〉キャノンになる (carom): ~ *off* 一つの玉から他の玉へキャノンを突く / ~ *off* the red 赤玉からキャノンにする. **2** 大砲を打つ. — *vt.* **1** 《英》**a** 激突させる, 激突してはね返らせる. **b** 〖玉突〗〈球を〉キャノンにする. **2** 砲撃する (cannonade).
〖(1525) □ F *canon* □ It. *cannone* great tube (aug.) ← *canna* cane, tube < L *cannam* 'CANE¹'〗

Can·non /kǽnən/, **Joseph Gur·ney** /gə́ːni | gɜ́ː-/ *n.* キャノン《1836–1926; 米国の政治家; 通称 Uncle Joe》.

can·non·ade /kæ̀nənéɪd/ *n.* **1** 連続砲撃 (cf. bombardment). **2** とどろく砲声. — *vt.* 砲撃する. — *vi.* **1** 砲撃する. **2** (砲声のように)とどろく. 〖(1562) □ F *canonnade*: ⇨ cannon, -ade〗

cánnon·bàll *n.* **1** 砲丸《旧式の中まで鉄の丸い玉》; (一般に)砲弾《今は shell が普通》. **2** 《米口語》弾丸列車; (特に)急行列車. **3** 〖水泳〗キャノンボール《ひざを胸につけ, 腕でかかえ身体を丸めてする飛び込み》. **4** 〖テニス〗キャノンボール, 弾丸サービス. — *adj.* [限定的]《俗語》(弾丸のように)速い, 急速な: a ~ service / a ~ smash 弾丸スマッシュ. — *vi.* **1** 《俗語》(弾丸のように)猛スピードで飛ぶ[進む]. **2** 〖水泳〗ひざをかかえて飛び込む. 〖1663〗

cánnon bòne *n.* 〖動物〗(有蹄(ゆうてい)動物の)管骨, 砲骨. 〖1834〗

cánnon cràcker *n.* 大型の爆竹.

can·non·eer /kæ̀nənɪ́ə | -nɪ́ə^(r)/ *n.* 砲手, 砲兵 (artilleryman). 〖(1562) □ F *cannonier*: ⇨ cannon, -eer〗

cánnon fòdder *n.* [集合的] (大砲のえじきになるだけの)兵士たち, 雑兵 (soldiers). 〖(1891) (なぞり) ← G *Kanonenfutter*〗

can·non·ry /kǽnənri/ *n.* 《まれ》**1** [集合的] 砲 (artillery). **2** 砲撃 (cannonading). 〖(1839–40) ← CANNON＋-RY〗

cánnon·shòt *n.* **1** 砲弾. **2** 砲撃. **3** 砲弾の弾着距離. 〖(1580) (1589–90)〗

cannot /kǽnɑ(ː)t, kænɑ́(ː)t, kə- | kǽnɔt, -nət/ can¹ の否定形 ★ not に強勢を置く場合には can not も用いる: You can go, or you *can nót* go. 君は行ってもよいし, 行かなくてもよい / He *can nót* only ski but also skate. 彼はスキーだけでなくスケートもできる.

can·nu·la /kǽnjʊlə/ *n.* (*pl.* **~s, -nu·lae** /-lìː/) 〖外科〗カニューレ, 套(とう)管《患部に挿し入れて液の抽出や薬の注入に用いる》. 〖(1684) ← NL ~ ← L ~ (dim.) ← *canna* 'CANE'〗

can·nu·lar /kǽnjʊlə | -lə^(r)/ *adj.* 管状の, 中空の. 〖(1823): ⇨ ↑, -ar〗

can·nu·late /kǽnjʊlèɪt/ *vt.* 〖外科〗…にカニューレを挿入する. **can·nu·la·tion** /kæ̀njʊléɪʃən/ *n.* 〖(1926) ← CANNULA＋-ATE〗

can·ny /kǽni/ *adj.* (**can·ni·er; -ni·est**) **1 a** 先見の明のある, 賢い, 利口な. **b** 慎重な, 用心深い. **c** ずるい, 抜け目のない. **d** 世故にたけた, 如才ない. **e** 巧妙な, 熟練した. **2** 倹約な, つましい. **3** 《英方言》顔立ちの整った, 魅力のある. **4** 《英方言》かなりの量[数, 程度]の. **5** 《スコット》**a** 穏やかな, おとなしい. **b** 気持ちのよい. **6 a** [通例否定構文に用いて] 理解できる; 大丈夫な, 無難な: an event *not* ~ to men 人間にはわからない事件. **b** 超自然[オカルト]的な力をもった: a ~ woman. **c** 運のよい, 好運な. — *adv.* 《スコット》用心深く; ゆっくりと: ⇨ ca'canny. **cán·ni·ly** /-nəli, -nɪli | -nɪ̀-, -nɪli/ *adv.* **cán·ni·ness** *n.* 〖(1596) ← CAN¹＋-Y⁴〗

ca·noe /kənúː/ *n.* **1 a** カヌー《oar でなく paddle でこぐか帆で走る小舟; 丸木舟が普通だが樹皮やズック張り, 娯楽・スポーツ用としてはグラスファイバー張りのものもある》: by ~＝in a ~ カヌーで. **b** 未開人の使うカヌーに似た小型舟. **2** 〖水泳〗カヌー《シンクロナイズドスイミング競技の一種目で, 頭と踵を水面上に, 両手は尻の位置であおり身体を前進させながら半円形を画くこと》.
páddle one's ówn canóe 独立独歩する, 腕一本で世を渡る. (1828)
— *v.* (**~d; ~·ing**) — *vi.* カヌーに乗る; カヌーに乗って行く. — *vt.* カヌーで運ぶ.
〖(1555) □ Sp. *canoa* □ Carib. *kanoa*: 現在の語形は F *canoë* の影響による〗

canóe àdz *n.* カヌー型の手おの.

canóe cèdar *n.* 〖植物〗ベイスギ (*Thuja plicata*)《米国北西部産ヒノキ科クロベ属の常緑大高木; (western) red cedar ともいう》.

ca·nóe·ing *n.* カヌー漕ぎ[遊び]. 〖(1870): ⇨ -ing¹〗

ca·nóe·ist *n.* カヌーの漕ぎ手. 〖(1865): ⇨ -ist〗

canóe shèll *n.* 〖貝類〗セーラーガイ, スイフガイ《Scaphandridae 科の殻が薄く, 開口部の広い海産の貝》. 〖1711〗

canóe slálom *n.* 〖スポーツ〗カヌースラローム《スキーのスラロームのように設けられたゲートを通過するようカヌーをあやつる競技》.

canóe·wòod *n.* **1** 〖植物〗ユリノキ (tulip tree). **2** ユリノキ材. 〖1843〗

can·o·la /kǽnələ, -nlə | kənə́ʊlə/ *n.* 〖植物〗カノーラ《セイヨウアブラナの一変種》.

cánola òil *n.* カノーラ油《カノーラの種子から得られる食用油》.

can·on¹ /kǽnən/ *n.* **1 a** 教会法《宗教会議その他の権威, 例えばカトリック教会では教皇によって公認された教理・戒律・法令など》. **b** 教会法令集. **c** 《まれ》法規, 法典, 律令. **2 a** (倫理・芸術上の)規範, 標準, 規準 (criterion) (⇨ law¹ SYN): the ~s of art, taste, etc. **b** 根本原理[原則], 一般原則. **3 a** 〖キリスト教〗(聖書の外典 (Apocrypha) に対して教義の基準として信仰の規範として定められた)正典, 経典聖書: the Books of the *Canon* 正経書 (CANONICAL¹ books). **b** 正典. **c** 〖文学〗(偽作に対して)真作; 真作リスト[目録]: the Shakespearian ~ シェークスピアの真作. **4** 〖カトリック〗聖人の名列, 聖者録. **5** [C-]〖カトリック〗(ミサの本体である)典文《三聖唱 (Sanctus) から主禱文 (paternoster) までの部分》. **6** 〖音楽〗カノン, 典則曲, 追復曲《先行句を厳格に, 時には反行・逆行・拡大などの技法も用いて模倣していく対位法》. **7** 〖ダンス〗キャノン《動きの輪唱のようにある人の動きを他の人が次々と追いかけていく方法》. **8** 〖活字〗キャノン《約 48 アメリカンポイントの欧文活字; cf. type 3 ★》. 〖OE ~ ∥ □ AF *canun*＝(O)F *canon* □ L *canōn* model, standard, (LL) sacred writings □ Gk *kanṓn* rod, rule ← *kánna* 'CANE¹': cf. canal〗

can·on² /kǽnən/ *n.* **1** 〖キリスト教〗(大)聖堂参事会員 (cf. chapter 2): ⇨ major canon, minor canon. **2** 〖カトリック〗＝canon regular. 〖(?a1200) □ AF *canunie* ＝OF *chanoine* □ LL *canonicus* one subject to canon, (L) according to rule: ⇨ canonical¹〗

can·on³ /kǽnən/ *n.* ＝cannon 2, 8.

ca·ñon /kǽnjən; *Sp.* kaɲón/ *n.* ＝canyon. 〖1834〗

cánon cáncrizans *n.* 〖音楽〗＝crab canon.

can·on·ess /kǽnənɪ̀s | kæ̀nənés, kǽnənɪ̀s/ *n.* 〖カトリック〗修道女《修道誓願には拘束されないが, 一定の規律下で共同生活をする女子修道会の修道女; あるいは以上に準じる規則の下での共同生活の形態を取る女子修道会の修道女》. 〖(1682) (fem.) ← CANON²〗

ca·non·ic /kənɑ́(ː)nɪk | kənɔ́n-, kæ-/ *adj.* **1** ＝canonical¹. **2** 〖音楽〗カノン[典則曲]の[に関する, に似た]. 〖(1483) □ L *canonicus* (↓)〗

ca·non·i·cal¹ /kənɑ́(ː)nɪ̀kəl, -kl | kənɔ́nɪ-, kæ-/ *adj.* **1 a** 教会法の[に関する]. **b** 法規[法典]の[に関する], によって定められた. **2** 規範[標準]的な: ~ criticism. **3** 正典の, 経典聖書の: the ~ books (of the Bible) 正典《聖書に収められた経典; cf. Apocrypha》. **4** 宗規で定めた, 教会法上の: ~ dress (正規の)法服, 法衣. **5** 〖数学〗正準の, 標準の. — *n.* [*pl.*] (正規の)法衣, 法服: in full ~s 正式の法衣をまとって. **~·ly** *adv.* 〖(?a1425) □ ML *canonicālis* ← L *canonicus* □ Gk *kanonikós*: ⇨ canon¹, -ical〗

ca·non·i·cal² /kənɑ́(ː)nɪ̀kəl, -kl | kənɔ́nɪ-, kæ-/ *adj.* **1** (大)聖堂参事会員の: a ~ house. **2** 〖カトリック〗律修司祭の. 〖(1579) ← CANON²＋-ICAL〗

canónical áge *n.* 〖キリスト教〗教会法上の責任を負う年齢, 成年 (21 歳).

Canónical Epístles *n. pl.* [the ~]〖聖書〗＝Catholic Epistles.

canónical fórm *n.* **1** 〖言語〗基準形《任意の言語の形態 (morph) の特徴をなす音韻的型; 例えば英語は cvc 型, 日本語は cv 型を好む》. **2** 〖数学〗標準形《行列の最も単純な形》. 〖1851〗

canónical hóur *n.* **1** 〖カトリック〗定時課, 時禱(じとう), 時課《毎日 7 回または 8 回定時に捧げられる祈禱の時間; matins, (lauds,) prime, terce, sext, nones, vespers, complines をいう》. **2** 《英》〖キリスト教〗午前 8 時から午後 6 時までの間の任意の時間《この時間以外で教会結婚式は行われない; この時間は初めは 8 時から正午までだったが, 1886 年に 3 時まで, 1934 年に 6 時まで延長された》. **3** 適切な時間, 潮時. 〖1483〗

ca·non·i·cate /kənɑ́(ː)nɪ̀kɪ̀t, -kèɪt | kənɔ́nɪ-, kæ-/ *n.* ＝canonry. 〖1652〗

can·on·ic·i·ty /kæ̀nənɪ́sət̬i | -sɪ̀ti/ *n.* **1** 教会法に合致すること. **2** 正典たる資格[特徴]. 〖(1794) □ F *canonicité*: ⇨ canonic, -ity〗

can·on·ist /kǽnənɪ̀st | -nɪst/ *n.* 教会法[宗規]に通じている人, 教会法[宗教法]学者. 〖(1542) □ F *canoniste*: ⇨ canon¹, -ist〗

can·on·is·tic /kæ̀nənɪ́stɪk⁻/ *adj.* **1** 教会法の[に関する]. **2** 教会法学者らしい[にふさわしい]. 〖(1645): ⇨ ↑, -ic¹〗

can·on·i·za·tion /kæ̀nənɪ̀zéɪʃən | -naɪ-, -nɪ-/ *n.* 列聖《福者 (beatus) を聖人として崇敬することを宣言すること》; 列聖式. 〖(c1400) □ ML *canonizātiō(n-)* ← *canonizāre* (↓)〗

can·on·ize /kǽnənàɪz/ *vt.* **1** 〖カトリック〗聖人[聖者]の列に加える, 列聖する. **2** 賛美する; …に栄光を与える. **3** (聖書の)正典と認める: ~*d* books. **4** …に教会の権威を与える, (教会の権威によって)認可[承認]する. **5** 神聖なもの[権威あるもの]と見なす. **6** 《古》神に祭る, 神格化する. 〖(c1380) □ LL *canonizāre*: ⇨ canon¹, -ize〗

cánon láw *n.* 教会法, 教会法規, 宗規《キリスト教信徒の信仰・道徳および教会機構などに関して教会自身によって制定された規則またはその総称》. 〖a1325〗

cánon láwyer *n.* ＝canonist. 〖c1859〗

cánon régular *n.* (*pl.* **canons r-**) 〖カトリック〗律修司祭, 立誓共住司祭《教団や聚会に属して戒律のもとに生活し, 教区の教育・医療に従事する》. 〖a1387〗

can·on·ry /kǽnənri/ *n.* **1** 聖堂参事会員 (canon) の位[職, 禄(ろく)]. **2** [集合的] 聖堂参事会員たち (canons). **3** 聖堂参事会員の住む建物. 〖(1482) ← CANON¹＋-RY〗

cánon·shìp *n.* ＝canonry. 〖1534〗

ca·noo·dle /kənúːdḷ | -dl/ 《口語》*vi.* (情愛深く)抱きしめる, 抱きしめてかわいがる, 愛撫する. — *vt.* **1** 抱きしめる, 愛撫する. **2** かわいがって[だまして]説得する. **ca·nóo·dler** /-dlə, -dlə | -dlə^(r), -dl-/ *n.* 〖(1859) ← ? CA(RESS)＋NOODLE¹: cf. 《英方言》*canoodle* donkey, spoony〗

cán òpener *n.* 缶切り (《英》tin opener). 〖a1877〗

Ca·no·pic /kənóʊpɪk, -nɑ́(ː)p- | kənə́ʊp-, -nɔ́p-, kæ-/ *adj.* カノーポス (Canopus¹) の. 〖(1878) □ L *Canōpicus* ← *Canōpus* 'CANOPUS¹'〗

Canópic jár [úrn, váse] *n.* カノーポス壺(つぼ)《ミイラの内臓を納める 4 個一組の古代エジプトの壺》. 〖1893〗

cán·o·pied *adj.* 天蓋(てんがい)付きの: a ~ bed. 〖(1593–94) ← CANOPY＋-ED〗

Ca·no·pus¹ /kənóʊpəs | -nə́ʊ-/ *n.* カノーポス《古代エジプトの海港, Alexandria の東方 19 km に遺跡がある》. 〖□ L *Canōpus* □ Gk *Kánōpos*〗

Ca·no·pus² /kənóʊpəs | -nə́ʊ-/ *n.* 〖天文〗カノープス《りゅうこつ(竜骨)座 (Carina) の α 星で −0.7 等星; 全天第二の輝星; cf. Sirius》. 〖(1555) ↑〗

can·o·py /kǽnəpi/ *n.* **1** 天蓋(てんがい)《玉座・説教壇・寝台・高貴な人などの上に設けた覆い》. **2 a** 天蓋のように覆うもの: a tree with a dense ~ of leaves 厚く屋根のように葉の茂った[厚い樹冠の]木 / under a ~ of smoke 空を覆う煙の下に. **b** (天蓋形の装飾的な)ひさし, 張出し, 日よけ. **c** (馬車・自動車などの)車蓋, 幌屋根, フード (hood). **d** 空 (sky): the ~ of heaven 天空, 大空, 蒼穹(そうきゅう). **e** (仏像などの上につるす)天蓋. **3** 〖電気〗カノピ《照明器具を天井などに取り付けるときに用いる化粧金具》. **4** 〖航空〗**a** (操縦士室の上の透明な)円蓋, キャノピー (cf. bubble canopy). **b** 傘体(さんたい)《パラシュートの開く部分; 通例ナイロンなどでできている》.
ùnder the* [*Gód's*] *cánopy 《米》一体全体 (on earth): Where *under the* ~ did you come from? 一体君はどこから来たのか.
— *vt.* 天蓋で覆う; (天蓋のように)…に覆いかかる: The clouds *canopied* the sky. 雲が天蓋のように空を覆っていた.
〖(c1384) □ ML *canapēum*＝L *cōnōpēum* net curtains □ Gk *kōnōpeîon* mosquito net ← *kṓnōps* gnat ← ?〗

canopy 1 **canopy 2 b**

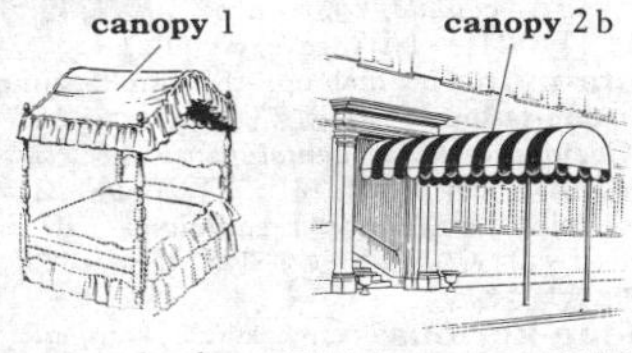

cánopy switch *n.* 〖電気〗カノピスイッチ《照明器具のカノピに取り付けたひもで点滅する小型スイッチ; 一般に天井取付型スイッチのことを指す場合もある》.

ca·no·rous /kənɔ́ːrəs/ *adj.* 旋律[音色]のよい, 鳴り響く, 響き渡る. **~·ly** *adv.* **~·ness** *n.* 〖(1646) □ L *canōrus* tuneful ← *canor* melody ← *canere* to sing: ⇨ -ous〗

Ca·nos·sa /kənɑ́(ː)sə, -nɔ́(ː)sə | -nɔ́sə; *It.* kanɔ́ssa/ *n.* カノッサ《北イタリアにある村; その地の城で教権と争っていた神聖ローマ帝国皇帝 Henry 四世は教皇 Gregory 七世に改心の意を表し屈服した (1077)》.
gó to Canóssa 屈服する; 改心する, あやまる.

Ca·no·va /kənóʊvə | -nə́ʊ-; *It.* kanɔ́ːva/, **Antonio** *n.* カノーバ《1757–1822; イタリアの新古典主義彫刻家》.

cans /kǽnz/ *n. pl.* 《口語》ヘッドホン (headphones).

Can·so /kǽnsoʊ | -səʊ/, **Cape** *n.* カンソー岬《カナダ Nova Scotia 北東端の岬》.

Canso, the Strait of *n.* カンソー海峡《カナダの Nova Scotia 半島と Cape Breton 島の間; Gut of Canso ともいう》.

canst /(弱) kənst; (強) kǽnst/ *auxil. v.* 《古》＝can¹ (thou を主語とするときの形; cf. couldst).

can·stick /kǽnstɪk/ *n.* 《廃》燭台. 〖(1562) 《短縮》← CANDLESTICK〗

cant¹ /kǽnt/ *n.* **1 a** (気取ったまたはうわべだけの)偽善的言葉遣い (⇨ dialect SYN); 空(そら)念仏; (党などの)おざなり

標語. b (乞食などの)哀れっぽい声. 2 a (特殊な階級・職業などの)通り言葉; 一時的な流行語: in the ～ of the day 当時[今日]のはやり言葉で(言えば) / a ～ phrase 通り言葉, 流行文句. b (盗人の)合言葉, 隠語 (lingo): thieves' ～. c 《廃》宗派特有の言い回し. — *vi.* 1 a 偽善的な言葉遣いをする, 信心ぶった[もったいぶった]言い方をする; 空念仏を唱える. b 〈乞食などが〉哀れっぽい声を出す; 物乞いをする. 2 合言葉[隠語]を用いる. — *vt.* 合言葉[隠語]でしゃべる. 〘*v.*: (1567) ◻ ONF *canter* = (O)F *chanter* to sing // L *cantāre* to sing. — *n.*: (1501) ← (v.): ⇨ chant: はじめ托鉢修道士についていったものか; また後に 17 世紀長老派牧師 Andrew Cant の名と連想された〙

C

cant² /kǽnt/ *n.* 1 (堤防・結晶体などの)斜面, 斜角. 2 a (物を傾けたりするような)急な一突き, 一押し. b (急に押すことによってできた)傾斜, (物の)傾き; 方向転換. 3 a (建物などの)出隅(ﾃﾞｽﾐ). b 《廃》かど, すみ, 突角. 4 割り材. — *adj.* 1 角[側面]を切り落とした. 2 傾いた, 傾斜した. — *vt.* 1 傾ける, 斜めにする. 2 a 斜めに押す[突く]. b ひっくり返す 〈*over*〉. 3 …の角を切る, 斜めに切り落とす 〈*off*〉: ～ *off* a corner. 4 (ぽいと)投げる; ぐいと押す. — *vi.* 1 a (一方に)傾く, 方向を変える. b ひっくり返る, 転覆する 〈*over*〉. 2 斜めになる. 3 《海事》〈船が〉斜行する (既定針路からはずれて斜めの方向へ移動する). **cant·ic** /-tɪk | -tɪk/ *adj.* 〘(1375)] (1840) ◻ AF ～ // MLG *kant* point // (M)Du. *cant* border, side ◻ VL **canto*=L *cant(h)us* iron ring round a wheel, (LL) side, corner ◻ Gaul. *kantos* rim, tire ← ? IE **kanto-* corner (Gk *kanthós* corner of the eye / Welsh *cant* rim)〙

cant³ /kǽnt | kɑ́ːnt/ *adj.* 《英方言》元気な, 陽気な. 〘ME ◻ ? MDu. *kant* merry, bold: cf. cant², canty〙

can't /kǽnt | kɑ́ːnt/ 《口語》cannot の縮約形 (⇨ can¹).

cant. 《略》canton; cantonment.

Cant. 《略》Canterbury; 《聖書》Canticles; Cantonese.

Cantab. /kǽntæb/ 《略》*L.* Cantabrigia (=Cambridge); *L.* Cantabrigiensis (=of Cambridge). 〘1870〙

can·ta·bi·le /kɑːntɑ́ːbɪlèɪ, -li | kæn-; *It.* kantáːbile/ 《音楽》*adj.*, *adv.* カンタービレ, 歌うような表情の[で], 流れるように[に]. — *n.* カンタービレ様式; カンタービレの曲[楽章, 楽節]. 〘(1724) ◻ It. ～ ◻ LL *cantābilis* that may be sung: cf. cantata, -able〙

Can·ta·bri·a /kæntéɪbriə | -tǽb-; *Sp.* kantáβrja/ *n.* カンタブリア (スペイン北部, Biscay 湾に臨む地方; 中心地 Santander; 面積 5,289 km²).

Can·tá·bri·an Móuntains *n. pl.* [the ～] カンタブリア山脈 (スペイン北部海岸の連山; 最高峰 Torre de Cerredo (2,678 m)).

Can·ta·brig·i·an /kæ̀ntəbrídʒiən, -dʒən | -tə-brídʒiən⁻/ *adj.* 1 (英国の)ケンブリッジ (Cambridge) の; ケンブリッジ大学の. 2 (米国 Massachusetts 州の) ケンブリッジの; ハーバード (Harvard) 大学の. — *n.* 1 (英国の)ケンブリッジの人; ケンブリッジ大学の学生[卒業生]. 2 (米国の)ケンブリッジの住人; ハーバード大学の学生[卒業生]. 〘(*c*1540) ← ML *Cantabrigia* 'CAMBRIDGE' + -AN¹〙

can·tal /kɑ̃ː(n)tɑ́ːl, kɑːn-, -tǽl; *F.* kɑ̃tal/ *n.* カンタル (チーズ) (フランス南部産の堅いチェダー風のチーズ). 〘(1890) ◻ F ～ ↓〙

Can·tal /kɑ̃ː(n)tɑ́ːl, kɑːn-, -tǽl; *F.* kɑ̃tal/ *n.* 1 カンタル (フランス中南部, Auvergne 地方の県; 県都 Aurillac; 面積 5,779 km²). 2 =cantal.

can·ta·la /kæntɑ́ːlə/ *n.* 《紡織》カンタラ (リュウゼツラン属の木 (*Agave cantala*) の葉から出る堅い繊維; 撚(ﾖ)り糸に使う). 〘(1911) ← NL (*agave*) *cantala*〙

can·ta·loupe /kǽntəlòʊp, -tl-, -lùːp | -təlùːp/ *n.* (*also* **can·ta·loup** /～/) 《園芸》1 カンタロープ, ロックメロン (*Cucumis melo* var. *cantalupensis*) (南欧産のメロン; 果面に溝があり, 果皮は厚く堅い, 芳香がある). 2 = muskmelon 1. 〘(1739) ◻ F *cantaloup* ← It. *Cantalupo* (ローマ付近のもと法王の別荘地, ヨーロッパではここで最初に栽培された)〙

can·tan·ker·ous /kæntǽŋk(ə)rəs, kən-/ *adj.* 1 〈人が〉つむじ曲がりの, 意地悪な; 口の悪い; けんか腰の: a ～ old man. 2 〈動物・物が〉扱いにくい, 御しにくい. **～·ly** *adv.* **～·ness** *n.* 〘(1772) 《混成》← Ir. *cant* auction + RANCOROUS // ← ? ME *contekour* rioter (← *contek* strife ◻ AF ← ?) + -OUS: ME からの変形は CANKEROUS, RANCOROUS 等の影響による〙

can·tar /kɑːntɑ́ə, kən- | -tɑ́ː(r)/ *n.* =kantar.

can·ta·ta /kəntɑ́ːtə | kæntɑ́ːtə, kən-; *It.* kantáːta/ *n.* 《音楽》カンタータ (17 世紀イタリア起源の声楽曲形式; 独唱者による叙唱・詠唱を中心とする多楽章から成り, 重唱や合唱もこれに加わることがある; 歌詞から大別して世俗カンタータと教会カンタータに分類される). 〘(1724) ◻ It. ～ 'a thing sung' ← *cantare* to sing < L *cantāre*: cf. chant〙

Can·ta·te /kæntɑ́ːtɪ | -ti/ *n.* 《聖書》詩編 (Psalms) 第 98 編 ('Cantate Domino' = O Sing unto the Lord で始まる). 〘(*c*1550) ◻ L *cantāte* sing ye ← *cantāre*〙

can·ta·trice /kɑ̃ː(n)tətríːs, kɑ̀ːn-, kɑ̀ːntətríːtʃeɪ, -tʃi | kǽntətriːs; *F.* kɑ̃tatʁis; *It.* kantatriːtʃe/ *It. n.* (*pl.* **-ta·tri·ces** /-tríːtʃeɪz, -tʃiz, -tríːsɪ̀z | -tríːsɪ̀z; *F.* ～/, **-ta·tri·ci** /kɑ̀ːntətríːtʃiː; *It.* -tríːtʃi/) 女流歌手; (特に)女性オペラ歌手. 〘(1803) ◻ F ～ ◻ It. ～ (fem.) ← *cantatore* singer ← *cantare* to sing: ⇨ cantata〙

cánt bòdy *n.* 《造船》カント部, 斜肋骨部 (竜骨に対して斜めになる船首・船尾の部分; cf. square body). 〘(1867): ⇨ cant²〙

cánt dòg *n.* =cant hook. 〘(1850): ⇨ cant²〙

cánted cólumn *n.* 《建築》多角柱.

can·teen /kæntíːn⁻/ *n.* 1 a 酒保 (営舎や宿営地で軍人に飲食物その他雑貨を売る店; 米軍では post exchange (略 PX) という): a dry [wet] ～ 酒類を売らない[売る]酒保. b (軍隊宿営地や艦隊停泊地付近の都市に設けられる)軍人接待所, 簡易娯楽所; 簡易食堂. c (被災地などの)食料配給所; 仮設[移動]食堂. d (学校・会社・工場などの)食堂. 2 a (軍人・キャンプに行く人などの)水筒. b 飯盒(ﾊﾝｺﾞｳ); 携帯食器 (mess kit). 3 《英》食器[食卓用金物]を入れる箱[容器]; 箱に入った食器[食卓用金物]一式. 〘(*c*1710) ◻ F *cantine* ◻ It. *cantina* wine cellar ← ? *canto* side < LL *cant(h)um*: cf. cant²〙

cánteen cúlture *n.* (警察などの組織の上層部に対して)下層の実働員の考え方[行動様式], 現場で培われた[身についた]もの. 〘1988〙

Can·te·loube /kɑ̃ːntəlùːb | -tə-; *F.* kɑ̃tlub/, **(Marie) Joseph** *n.* カントルーブ (1879–1957; フランスの作曲家).

cant·er¹ /kǽntə | -tə(r)/ *n.* 1 a 気取ったものの言い方をする人, 偽善者. b 乞食, 浮浪者. 2 隠語を使う人; (特に, 17 世紀の)ピューリタン. 〘(1609) ← CANT¹ + -ER¹〙

can·ter² /kǽntə | -tə(r)/ *n.* 《馬術》キャンター, 普通駆け足, 馬なり駆け足 (乗り手が馬に強制も抑制もしない駆け足, 脚の運びは gallop とほぼ同じ; easy gallop ともいう; cf. gait): at a ～ 〈馬が〉馬なり駆け足で.

win (a ráce) at [in] a cánter 〈競走馬が〉やすやすと勝つ, 楽勝する.

— *vi.* 〈馬が〉普通駆け足で進む. — *vt.* キャンターで〈馬〉に乗る; 〈馬を〉ゆるく駆けさせる: ～ one's horse. 〘(1706) 《略》← *Canterbury pace, gallop, trot*, etc.: Canterbury への騎馬の参詣(ｻﾝｹｲ)者たちが馬をゆるゆると進めたことにちなむという〙

can·ter·bur·y /kǽntəbèri, -tə-, -b(ə)ri | -təb(ə)ri, -bèri/ *n.* 1 ナイフ・フォーク・スプーンなどと皿類との仕切りのある食事用の盆. 2 [しばしば C-] 楽譜・書類・雑誌などを載せる仕切りのある台. 〘(1803) ← ? *Charles Manners-Sutton* (初代の viscount of Canterbury: このような台を最初に注文して作らせたとの言い伝えから)〙

Can·ter·bur·y /kǽntəbèri, -tə-, -b(ə)ri | -təb(ə)ri, -bèri/ *n.* カンタベリー, カンタベリー: 1 イングランド Kent 州東部の古都市; 英国国教会の全教区は Canterbury と York の二つの管区 (province) に分けられ, 前者は Canterbury の大主教 (archbishop), 後者は York の大主教によって統轄される (cf. primate 1); 英国国教会のみならず全世界の聖公会系諸教会 (Anglican Communion) の精神的中心でもある; 中世時代には聖堂にある Saint Thomas à Becket の墓に参詣(ｻﾝｹｲ)するための巡礼が盛んであった. 2 ニュージーランド South Island の地区; 中心地 Christchurch; 面積 43,371 km². 3 オーストラリア南東部, New South Wales 州の都市; Sydney 南西部郊外の住宅地. 〘OE *Cantwaraburg* ← *Cantware* people of Kent (← *Cant, Cent* 'KENT' + *-wara* ((gen. pl.) ← *-ware* inhabitant)) + *burg* town (cf. borough)〙

Cánterbury bèll *n.* 《植物》キキョウ科ホタルブクロ属 (*Campanula*) の観賞用植物の総称 (フウリンソウ (*C. medium*), ヒゲギキョウ (Coventry bell), ヤツシロソウ (*C. glomerata*), *C. latifolia* など). 〘(?*a*1550) Canterbury への巡礼の乗馬につけられた鈴の形と似ていたことから〙

Cánterbury lámb *n.* ニュージーランド産の羊肉 (冷凍されて英国に輸出されるもの).

Cánterbury Pílgrims *n. pl.* 1 Chaucer の *The Canterbury Tales* に登場する巡礼者. 2 (NZ) (Christchurch を含む) キャンタベリー地区の初期入植者.

Cánterbury Pláins *n. pl.* [the ～] キャンタベリー平原 (ニュージーランドの South Island の東海岸の地域; 肥沃な沖積土の牧草地; 中心地 Christchurch; 面積約 10,000 km²).

Cánterbury tále [stóry] *n.* 1 作り話, でたらめな話 (yarn). 2 長たらしい話: a long ～ of two hours. 〘(1575) ↓〙

Cánterbury Táles *n. pl.* [The ～] 「カンタベリー物語」 (Geoffrey Chaucer 作, 14 世紀末に書かれた主に韻文体の物語).

cánt fìle *n.* ささばやすり (のこぎりの目立てなどに用いる先のとがったやすり). 〘*a*1877〙

cánt fràme *n.* 《海事》カントフレーム (カント部 (cant body) のフレーム; 船の前後方向に対して斜めになる肋材). 〘1833〙

canth- /kænθ/ (母音の前にくるときの) cantho- の異形.

canthari *n.* cantharus の複数形.

can·tha·rid /kǽnθərɪd/ *n.* 《昆虫》ジョウカイ科 (Cantharidae) の甲虫. 〘↓〙

Can·thar·i·dae /kænθǽrədìː, -θér- | -θǽrɪ-/ *n. pl.* 《昆虫》(鞘翅目)ジョウカイ科, ジョウカイボン科. 〘← NL ～: ⇨ ↓, -idae〙

can·tha·ris /kǽnθərɪ̀s | -rɪs/ *n.* (*pl.* **can·thar·i·des** /kænθǽrədìːz, -θér- | kænθǽrɪ-/) 1 《昆虫》=Spanish fly 1. 2 [*pl.* 単数または複数扱い] 《薬学》カンタリス (ヨーロッパミドリゲンセイ (Spanish fly) の粉末; 発泡(ﾊｯﾎﾟｳ)剤・水泡膏(ｽｲﾎｳｺｳ)として用いる; もと媚薬として用いられた; Spanish fly ともいう). 〘(1567) 《変形》← ME *cantarides* ◻ L *cantharides* (pl.) ← *cantharis* ← Gk *kantharís* blister fly〙

can·tha·rus /kǽnθərəs/ *n.* (*pl.* **-tha·ri** /-rài, -rìː/) 1 (ギリシャ・ローマ古物で)カンタロス (二つの取っ手のついた杯; ディオニュソス (Dionysus) に捧げる神酒を入れる). 2 聖水ばち. 〘(1842) ◻ L ～ ◻ Gk *kántharos* ← ?〙

canthi *n.* canthus の複数形.

Can Tho /kɑ̀ntóʊ, kæn- | -tə́ʊ/ *n.* カント (ベトナム南部, Mekong 川に臨む都市).

can·tho- /kǽnθoʊ | -θəʊ/ 「眼角 (canthus) (の)」の意の連結形. ★ 母音の前では通例 canth- になる. 〘← NL ～: ⇨ canthus〙

cánt hòok [dòg] *n.* かぎてこ (丸太材の処理に用いる; peavy に似ているが先がとがっていない). 〘(*a*1848): ⇨ cant²〙

can·thus /kǽnθəs/ *n.* (*pl.* **can·thi** /-θaɪ/) 《解剖》眼角 (目尻または目頭). **cán·thal** /-θəl, -θl/ *adj.* 〘(1646) ← LL ～ ◻ Gk *kanthós* corner of the eye: ⇨ cant²〙

can·ti·cle /kǽntɪ̀kl | -tɪ-/ *n.* 1 《音楽》カンティクム (詩編以外の聖書の文句に基づく聖歌で Benedicite, Nunc Dimittis, Venite, Magnificat などがある). 2 小歌曲. 3 [Canticles; 単数扱い] 《聖書》=SONG of Solomon. **Cánticle of Cánticles** [The ―] 《聖書》雅歌 (The Song of Solomon). (*c*1934) 〘(*a*1225) ◻ L *canticulum* (dim.) ← *cantus* song: ⇨ -cle: cf. chant〙

can·ti·late /kǽntəlèɪt, -tl- | -təl-, -tl-/ *vt.* =cantillate.

can·ti·le·na /kæ̀ntɪ̀léɪnə | -tɪ-; *It.* kantiléːna/ *n.* 《音楽》カンティレーナ, カンティレーネ (叙情的な旋律な, 声楽曲・器楽曲のいずれにも用いられる; 中世音楽では世俗声楽曲を指す). 〘(1740) ◻ It. ～ < L *cantilēna*〙

can·ti·le·ver /kǽntəlìːvə, -lèvə | -tɪ̀lìːvə(r)/ *n.* 1 《建築》片持ち梁(ﾊﾘ) (持送り (bracket) のように壁面などから突き出た梁で, ただ一方だけで支えられているもの). 2 《航空》片持ち翼, カンチレバー (斜め支柱のない通常の単葉翼のように, それにかかる揚力による曲げに耐えるように造られた翼). — *vi.* 片持ち梁風に突き出る. — *vt.* 片持ち梁風に建築する. **cán·ti·lè·vered** *adj.* 〘(1667) ← ? CANT² + -I- + ? LEVER〙

cántilever brìdge *n.* 《土木》片持ち梁(ﾊﾘ)橋, 突桁橋, ゲルバー橋 (両岸から片持ち梁を築き中央で結合して造る橋).

cántilever sprìng *n.* 《機械》片持ちばね.

cántilever trùss *n.* 《土木》片持ちトラス.

can·til·late /kǽntəlèɪt, -tl- | -tɪ̀l-, -tl-/ *vt.* (ユダヤ教会堂などで)〈典礼文を〉単旋聖歌風に詠唱する. **can·til·la·tion** /kæ̀ntəléɪʃən, -tl- | -tɪl-, -tl-/ *n.* 〘(*c*1828) ← L *cantillātus* (p.p.) ← *cantillāre* to sing low, hum ← *cantāre* to sing: ⇨ chant〙

can·ti·na /kæntíːnə/ *n.* 《米南西部》小さなバー, 酒場. 〘(1844) ◻ Am.-Sp. ～ ◻ Sp. ～ 'lunch box, CANTEEN'〙

cánt·ing /-tɪŋ | -tɪŋ/ *adj.* 1 もったいぶった口調の, 偽善的な口振りの (hypocritical). 2 《紋章》姓に合わせた図形の. **～·ly** *adv.* 〘(1592): ⇨ cant¹ (v.)〙

cánting àrms [hèraldry] *n.* 《紋章》姓に合わせた図形を選んだ紋章 (Bowes 家が bow (弓), Lyon 家が lion, Lucy 家が lucy, Bar 家が barbel をそれぞれ紋章図形に選んでいるのが好例; allusive arms ともいう). 〘(1727–51) *canting*: ↑〙

can·tle /kǽntl | -tl/ *n.* 1 後弓, 後橋 (鞍(ｸﾗ)の後部の少しそり上がった部分; cf. horn 8 a, pommel 1). 2 《古》(あるものから切り離した)一部, 切れはし: a ～ of cheese. 3 《スコット》頭のてっぺん. 〘(*c*1300) ◻ AF *cantel* = OF *chantel* (F *chanteau*) (dim.) ← *cant* 'CANT²'〙

cant·line /kǽntlàɪn, -lɪn | -laɪn/ *n.* =contline. 〘1867〙

cánt mòlding *n.* 《建築》面取り刳形(ｸﾘｶﾀ), 斜面刳形 (外側の角を面取りした矩形の刳形). 〘1823〙

can·to /kǽntoʊ | -təʊ/ *n.* (*pl.* **～s**) 1 《詩学》(長詩の)編(ﾍﾝ) (散文の chapter に当たる). 2 《音楽》a 歌, 旋律. b ソプラノ. 3 《俗》《スポーツ》試合の区切り (野球の回 (inning) など). 〘(1590) ◻ It. ～ < L *cantum* song, melody〙

cán·to fér·mo /-fə́ːmoʊ | -fə́ːməʊ; *It.* kàntoférmo/ *n.* =cantus firmus. 〘*a*1789〙

can·ton¹ /kǽntɑ(ː)n, ―⁻, kǽntən, -tn | kǽntən, ―⁻/ *n.* 1 a (スイス連邦の)州, 県. b (フランスの)小郡 (arrondissement の構成単位). 2 /kǽntən | -tən/ (方形旗の)旗竿側上部の一区画 (米国の国旗に例をとれば青地に星をちりばめた部分). 3 /kǽntən/ 《紋章》カントン (紋章の右方 (dexter), すなわち向かって左上端を占める方形で, 盾の約 9 分の 1; cf. quarter A 15). 4 /kǽntən | -tən/ 《建築》隅飾り, カントン (建物の隅を突き出した石積みや付柱で飾ること). — *vt.* 1 /kæntɑ́(ː)n, -tóʊn | kæntúːn, kən-/ 分割する (portion), (特に)州[県]に分ける 〈*out*〉. 2 /kæntóʊn, -tɑ́(ː)n | kəntúːn/ 〈軍隊〉に宿営を割り当てる, 宿営させる. 〘(1522) ◻ (O)F ～ 'corner' ◻ Prov. ～ < VL **cantōne(m)* (It. *cantone*) ← L *canthus* 'corner, CANT²'〙

can·ton² /kǽntən/ *n.* 《廃》歌 (song). 〘(1954) ← ? CANTO〙

Can·ton¹ /kæntɑ́(ː)n | kæ̀ntɔ́n⁻/ *n.* =Guangzhou.

Can·ton² /kǽntən, -tn | -tən/ *n.* カントン (米国 Ohio 州北東部の都市). 〘◻ F *canton* // CANTON¹〙

can·ton·al /kǽntənl, -tnəl, kæntɑ́(ː)nl | kǽntənl, kæntɔ́ʊnl/ *adj.* (スイス連邦の)州[県]の; (フランスの)郡の. 〘(1842) ◻ F ～: ⇨ -al¹〙

Cán·ton crépe /kǽntɑːn- | -tɔn-/ *n.* 広東ちりめん (着尺用の絹またはレーヨン地). 〘1968〙

Can·ton·ese /kæ̀ntəníːz, -níːs | -təníːz, -tən-⁻/ *adj.* 1 広東の; 広東人の. 2 広東語の. — *n.* (*pl.* ～) 1 広東人. 2 広東語[方言]. 〘(1857) ← Canton¹ + -ESE〙

Cánton flánnel *n.* 広東フランネル (片面にけばをたてた綿ネル; cotton flannel ともいう). 〘*c*1879〙

can·ton·ment /kæntá(ː)nmənt, -tóun- | kæntúːn-, kən-/ *n.* 〖軍事〗 **1** (軍隊の)宿営, 廠営(しょうえい). **2** (当分の間の)宿営地, 営舎, 仮廠舎; 冬期用営舎. **3** (もとインド駐在の英国軍隊の)駐屯所. 〖(1756) □ F *cantonnement*: ⇨ canton¹ (v.), -ment〗

Cánton Ríver *n.* [the ～] ⇨ Zhu Jiang.

Cánton wàre *n.* **1** カントンウェア (広東地方で作られた中国炻器(せっき)の一種). **2** 中国製磁器 (特に, 18–19 世紀に広東から輸出された陶器にいう). 〖*c*1902〗

can·tor /kǽntə, -tɔə | -tɔː(r, -tə(r/ *n.* **1** 〖教会〗(聖歌隊の)先唱者. **2** 〖ユダヤ教〗(ユダヤ教会堂の典礼文の)読み上げ役 (hazan ともいう). 〖(1538) □ L ~ 'singer' ← *cantus* (p.p.) ← *canere* to sing: ⇨ cant¹, -or²: cf. It. *cantore* / G *Kantor*〗

Can·tor /kǽntɔə | -tɔː(r; G. kántɔːɐ/, **Georg** *n.* カントール (1845–1918; ロシア生まれのドイツの数学者; 集合論の創始者; cf. Cantor set).

can·tor·al /kǽntərəl | -tə-/ *adj.* 〖教会〗 =cantorial.

can·to·ri·al /kæntɔ́ːriəl/ 〖教会〗 *adj.* **1** 聖歌隊先唱者 (cantor) の. **2** (内陣の)北側の (cf. decani). 〖(1792): ⇨ -al¹〗

can·to·ris /kæntɔ́ːrɪs | -rɪs/ *adj.* **1** =cantorial. **2** (↔ decani) **a** 〖教会〗(内陣 (chancel) の)北側の (cf. *n.* 1). **b** 〖音楽〗 北側聖歌隊の歌うべき. — *n.* (↔ decani) 〖教会〗 **1** (内陣の)聖歌隊先唱者の席 (祭壇に向かって左側); (内陣の)北側. **2** 北側聖歌隊. 〖(1641) □ L *cantōris* (gen.): ⇨ cantor〗

can·tor·ous /kǽntərəs | -tə-/ *adj.* =cantorial.

Cántor sèt *n.* 〖数学〗 カントール集合 (0 から 1 までの閉区間の部分集合で, どんな小さな区間も含まないが, 実数全体の集合と同じ濃度をもつもの; Cantor ternary set ともいう). 〖← G. *Cantor*〗

Cántor's páradox *n.* 〖数学〗 カントールの逆説 (集合概念についてのパラドックス).

cánt·ràil *n.* 《英》〖鉄道〗(鉄道車両の)屋根の縦げた. 〖(1871): ⇨ cant²〗

can·trip /kǽntrɪp | -trɪp/ *n.* (*also* **can·trap** /-trəp/, **can·traip** /-trɪp, -trəp/) 《スコット》 **1** 呪文(じゅもん), まじない. **2 a** (魔女の)いたずら. **3** わるさ, いたずら; 奇行. — *adj.* 黒魔術 (black magic) による. 〖(1719) (変形) ? ← CALTROP〗

cánt·sàw file *n.* 〖木工〗 目立てやすり (ささばやすり (cant file) に似ているが先がとがっていない). 〖*cantsaw*: ← CANT² + SAW²〗

cánt strìp *n.* 〖建築〗 雨押さえ (軒と壁の接合部に打ち付ける板); 広木舞(ひろこまい) (軒の先に打ち付ける板).

Cantuar. /kǽntjuɑə | -ɑː(r/ 《略》 *ML.* **1** Cantuāria (=Canterbury). **2** Cantuāriēnsis (=of Canterbury) (Archbishop of Canterbury が署名するときに洗礼名, または姓名の頭文字の後に添えて用いる; cf. Alban., Asaph., Bath. & Well., Carliol., Cestr., Cicestr., Dunelm., Ebor., Exon., London., Mancun., Norvic., Oxon., Petriburg., Roffen., S. & M., Sarum., Truron., Wigorn., Winton.): Geoffrey ～ (Geoffrey Francis Fisher のこと).

can·tus /kǽntəs | -təs/ *n.* (*pl.* ～) 〖音楽〗 **1** =cantus firmus. **2** (16–17 世紀合唱曲の)主旋律. **3** ソプラノ (soprano) 声部. 〖(1590) □ L ~: ⇨ chant〗

cántus fír·mus /-fɪ́əməs, -fɜ́ː- | -fɜ́ː-/ *n.* 〖音楽〗 **1** 定旋律 (多声楽曲を構成するのに基本となる旋律). **2** 単旋聖歌 (中世・ルネサンス音楽では 1 の多くが聖歌集から借用された). 〖(1847) □ ML ~ 'fixed song'〗

cant·y /kǽnti, kɑ́ːn- | -ti/ *adj.* 《スコット・英方言》 快活な; 元気な. **cánt·i·ly** /-təli, -tɪli | -tɪ̬li, -tɪli/ *adv.* **cánt·i·ness** *n.* 〖(1720) ← CANT³ + -Y¹〗

Ca·nuck /kənʌ́k/ 《口語》 [米国では通例軽蔑的に] *n.* **1 a** カナダ人[馬, ポニー]. **b** 《カナダ》 フランス系カナダ人 (French Canadian). **2** カナダ系フランス語. — *adj.* カナダ(人)の. 〖(1835) □ ? Hawaiian *kanaka* man: または Indian による CANADIAN の変形か〗

ca·nu·la /kǽnjʊlə/ *n.* (*pl.* ～**s**, **ca·nu·lae** /-liː/) 〖外科〗 =cannula.

ca·nu·late /kǽnjʊlèɪt/ *vt.* =cannulate.

Ca·nute /kənúːt | -njúːt/ *n.* クヌート (994?–1035; イングランド王 (1016–35), デンマーク王 (1018–35), ノルウェー王 (1028–35); 通称 Canute the Great).

can·vas /kǽnvəs/ *n.* **1** キャンバス, ズック, 粗布 (麻・木綿製の厚地の丈夫な布; 帆・テント・日よけなどに用いる; cf. duck³). **2 a** 帆布. **b** [集合的にも用いて] 帆. **3 a** 画布, カンバス. **b** カンバスに描いた絵, 油絵. **c** 歴史[物語]の背景[舞台, 場]: the ～ of history. **4 a** [集合的にも用いて] (キャンプ・軍隊用の)テント. **b** [the ～] サーカス; 巡業興業場. **5** キャンバス (刺繍およびタペストリー (tapestry) 用の堅い粗い平織布). **6** [the ～] ボクシング[レスリング]のリングの床. **7** (競技用ボートの)前後端のキャンバスで覆った部分; その部分の長さ: win by a ～ 1 キャンバスの差[極小差]で勝つ.

on the cánvas (ボクシングで)ノックダウンされて, キャンバスに沈められて; 敗北寸前で. ***ùnder cánvas*** (1) 〈軍隊が〉テントを張って; 野営[露営]して. (1864) (2) 〈船が〉帆を張って: *under* full [light] ～ 満[軽]帆で.

— *adj.* [限定的] キャンバス[ズック, 帆布]製の: a ～ hose キャンバス製のホース.

— *vt.* 粗布[キャンバス]で覆う[裏打ちする].

〖(1354) *canevas* □ (ON)F = OF *chanevaz* < VL **cannabāceu(m)* hempen ← L *cannabis* 'CANNABIS': cf. hemp〗

cánvas·bàck *n.* (*pl.* ～, ～**s**) 〖鳥類〗 オオホシハジロ (*Aythya valisineria*) (北米産のカモ). 〖(1782): 背の羽毛が灰白色のまだらでキャンバスに似ていることから〗

cánvas pànel *n.* 画布を張った板, カンバスボード.

can·vass /kǽnvəs/ *vt.* **1 a** 詳細に調査する: Japanese opinion as ～*ed* by the newspaper その新聞の調査した日本の世論. **b** 《米》〈投票を〉公式に点検する: ～ votes. **c** 討論する, 討議する: ～ all the subjects. **2** 〔投票・寄付・商品の購買などを〕〈ある地区(の人)〉に依頼する, 勧誘する, 注文を取りに回る 〔*for*〕; 〔投票の依頼に〕〈ある地区(の人)を〉遊説(ゆうぜい)する 〔*for*〕: ～ a district *for* votes 投票の依頼に選挙区を遊説する / ～ the whole town *for* subscriptions 寄付の勧誘に町中を回る. **3** 《英》 **a** 〈意見・計画を〉出す, 提示する. **b** 〈うわさを〉広める. **4** 《廃》 **a** たたく, 打ちのめす. **b** 酷評する. **5** 《廃》(ふざけたり, 罰として)キャンバスシートにくるんでほうり上げる. — *vi.* **1** 議論する. **2** 《米》 投票を点検する. **3** 選挙運動をする, 投票を依頼する 〔*for*〕; 注文取りをする 〔*for*〕: ～ *for* a candidate 候補者のために遊説する / ～ *for* a firm ある商会の注文取り[外交]をする / ～ *for* votes 選挙運動をする / a ～*ing* agent 勧誘員, 運動員 / a ～*ing* tour 遊説旅行. — *n.* **1 a** 調査; 討論. **b** 《米》 投票の点検. **2 a** 勧誘, 依頼; 選挙運動, 遊説: a house-to-house ～ (選挙や商品販売などのための)戸別訪問. **b** (選挙前の)世論調査. 〖(1508) (転訛) ← CANVAS: (原義) to toss (a person) in a sheet, (転義) shake out, discuss〗

cán·vass·er *n.* **1** 《米》 投票検査員 (《英》 scrutineer). **2** 選挙運動員, 奔走者, 遊説者; 勧誘員, 外交員; 注文取り. 〖(1599): ⇨ -er¹〗

cánvas shòe *n.* ズック靴, スニーカー.

cánvas-strètcher *n.* 画布を張った木の枠(わく).

cánvas wòrk *n.* キャンバスワーク (クロスステッチやテントステッチでキャンバスにほどこす刺繍).

can·y /kéɪni/ *adj.* **1** 籐(とう) (cane) 製の. **2** 籐状の. **3** 籐の茂った. 〖(1667) ← CANE¹ + -Y¹〗

can·yon /kǽnjən/ *n.* **1 a** 峡谷 (両岸が切り立った深い谷), (米国南西部やメキシコなどの)深い峡谷, キャニオン: ⇨ Grand Canyon. **b** 海底峡谷 (submarine canyon ともいう). **2** ビルの谷間, 高層建築の間の通り. 〖(1834) □ Am.-Sp. *cañon* hollow □ Sp. (aug.) ← *caña* < L *cannam* reed: ⇨ cane¹〗

Cányon de Chél·ly Nátional Mónu·ment /-dəʃéɪ-/ *n.* キャニオンドシェイ国定記念物 (米国 Arizona 州北東部にあり, 数百にのぼる cliff dwellings が残る).

cán·yon·ing *n.* キャニオニング (峡谷の急流に跳び込んで下流に流されていくスポーツ). 〖1993〗

Cán·yon·lands Nátional Párk /kǽnjənlæ̀ndz-/ *n.* キャニオンランズ国立公園 (米国 Utah 州南東部にあり, Green 川の峡谷と砂岩で有名, 1964 年指定; 面積 1,043 km²).

cányon wìnd /-wɪ̀nd/ *n.* 〖気象〗 **1** 峡谷の山風 (夜間, 山腹での冷却を受け谷に向かって吹き下ろす風). **2** 峡谷によって風向・風速が変化した風.

can·zo·na /kænzóunə, kɑːntsóu- | kæntsə́u-, -zə́u-; *It.* kantsóːna/ *n.* (*pl.* **-zo·ni** /-niː; *It.* -ni/) =canzone.

can·zo·ne /kænzóuni, kɑːntsóuneɪ | kæntsə́uneɪ, -zə́u-; *It.* kantsóːne/ *n.* (*pl.* ～, **-zo·ni** /-niː; *It.* -ni/, ～**s**) **1** 〖音楽〗 カンツォーネ, カンツォーナ: **a** イタリアのポピュラーソング. **b** 16 世紀のイタリアの多声世俗歌曲. **c** フーガとソナタに発展した 16–17 世紀の器楽曲の一形式. **d** 18–19 世紀の叙情的歌[器楽]曲. **2** 〖詩学〗 カンツォーネ (中世イタリアに流行した叙情詩型; 通例 5–7 連からなり, 各連の行数や押韻形式は第 1 連と同じ; 英詩では Spenser の祝婚歌 *Epithalamion* など). 〖(1589) □ It. ~ < L *cantiōnem* song ← *canere* to sing〗

can·zo·net /kænzənét | kæntsəunét, kænzəu-/ *n.* 〖音楽〗 カンツォネッタ (軽快優美な小歌曲). 〖(1588) □ It. *canzonetta* (dim.) ← *canzone* (↑)〗

can·zo·net·ta /kænzənétə | -tsə(u)nétə, -zə(u)-; *It.* kantsonétta/ *n.* 〖音楽〗 =canzonet. 〖1724〗

canzoni *n.* canzone, canzona の複数形.

caou·tchouc /káutʃuk, -tʃuːk, -tʃuː; F. kautʃu/ *n.* カウチューク (天然ゴム (rubber), 生ゴム). 〖(1775) □ F ~ □ Sp. (廃) *cauchuc* □ Kechua. *cauchu*〗

Cao Xue·jin /tsáuʃjuètʃɪ́n; *Chin.* tsʰáuɕyɛ̀tɕʰín/ *n.* 曹雪芹(ツァオシュエチン) (1715?–63; 中国清代中期の小説家;「紅楼夢」).

cap¹ /kǽp/ *n.* **1** キャップ, 縁なし帽 (ひさし (visor) の付いているものも付いていないものもいう; 通例 hat より柔らかい材料で作り, 頭にぴったりしたもの): a baseball [cricket, sports] ～ 野球[クリケット, スポーツ]帽 / a college [square] ～ 大学の角帽 / a steel ～ かぶと / a peaked ～ まびさしの付いた帽子 (日本の学生帽など) / a nurse's [soldier's] ～ 看護婦[軍]帽 / ⇨ CAP of maintenance / throw up one's ～ (大喜びして)帽子をほうり上げる / Where is your ～? (子供に向かって)お辞儀はどうしたの (cf. Where are your manners? ⇨ manner¹ 3). ⇨ hat 日英比較. **2 a** (職業・階級などを示す)帽子, 制帽, 式帽. **b** 〖カトリック〗 =biretta. **c** (大学の)式帽 (mortarboard): ⇨ CAP and gown. **d** (看護婦の)白い帽子. **e** 《英》(国・学校などで運動の代表チーム特有の色の, または記章をつけた)選手帽; 選手: get [win] one's ～ 選手になる (cf. win one's letter ⇨ letter² 5). **f** 国代表同士が戦うテストマッチに出場した回数を示す名誉の経歴 (テストマッチに出場した選手に帽子 (cap) を贈る習慣から). **3 a** (物の上, 銃砲の端にかぶせる)ふた, (びんの)口金. **b** 〖時計〗 (ムーブメントのほこりよけのための)中ぶた; (受石の)受座. **c** (万年筆などの)キャップ. **d** (カメラのレンズにつける)カバー, レンズキャップ. **e** (水道管・コンジット (conduit) などの端につける)キャップ. **f** (靴の)つま先 (tip). **g** (すりへったタイヤに溶かして付けた)ゴムの新しい層, (修理したタイヤの)踏面. **h** =Dutch cap 2. **4 a** (キノコの)かさ (pileus); 蘚帽(せんぼう) (calyptra). **b** 膝蓋骨(しつがいこつ) (kneecap). **c** 鳥の頭; (特に)色の違う頭. **d** 山の頂き; 岩石の上層部. **e** =ice cap. **f** =whitecap 1. **g** ミツバチの巣の蠟(ろう)のふた. **5 a** 撃発雷管 (percussion cap ともいう). **b** (砲弾の弾頭部につける)被帽. **c** (少量の火薬を紙に包んだ)おもちゃのピストルの玉, 紙の雷管 (cf. cap gun). **6** 頂上, 最高 (top, acme): the ～ of fools 大ばか. **7** 用紙の各種のサイズ: ⇨ legal cap, foolscap. **8** 〖歯科〗 歯冠, 金冠. **9** 風車小屋の屋根 (時にドーム型になっている). **10** 〖医学〗 細胞表面への蛋白質の集積. **11** (価格・賃金などの)上限, 最高限度. **12** 《英》〖狐狩〗 (クラブの会員以外の参加者から集める)会費 (cap money). (よく帽子で集めることから) **13** 〖建築〗 柱頭, 笠木. **14** 〖鉱山〗 (トンネルで支柱で支えその上に矢板を打ち込む)押木(おしぎ), 梁(はり), 転がし. **15** 〖海事〗 檣帽(しょうぼう) (組立てマストで, 下部マストの先端の金属環). **16** 〖地質〗 =cap rock. **17** 〖数学〗 キャップ (二つの集合の交わり (meet) を表す記号; ∩). **18** 〖生化学〗 キャップ (細胞[ウイルス, 分子]の一方の端に結合した分子[原子団]の集まり).

cáp in hánd (1) 帽子を手にして, 脱帽して. (2) うやうやしく (humbly). (1565) ***flíng*** [***thrów***] ***one's cáp òver the wíndmill*** 無鉄砲な[思い切った]行いをする, 因襲に逆らう. ((なぞり)) ← F *jeter son bonnet par-dessus les moulins*) ***If the cáp fíts, wéar it.*** (諺) その批評に思い当たるところがあるなら自分のことと思うがよい. ***pút ón one's thínking càp*** 《口語》 とくと考える, 考えこむ, 思案する. (1657) ***sénd*** [***páss***] ***róund a*** [***the***] ***cáp*** (寄付金などを集めるため)帽子を回す; 寄付金を集める. ***sét one's cáp for*** [***at***] 《口語》〈女が〉〈男〉の気を引こうと努める. (1822)

cáp and bélls (昔宮廷の道化師のかぶった)鈴付き帽子 (cf. fool's cap); (鈴付き帽を含めた)伝統的な道化師服. (1884)

cáp and gówn (学会や法曹界で用いる)正式服装 (academicals).

cap and gown

cáp of líberty [the ―] =liberty cap.

cáp of máintenance (1) ベルベット製などでクラウンの低い帽子; もと高い位や役職を表すために用いたが, 現在では英国王室の儀式に出るときなどに用いる. (2) 〖紋章〗 =chapeau 2. (1489)

— *v.* (**capped**; **cap·ping**) — *vt.* **1 a** …に帽子をかぶせる. **b** (名誉・階級の象徴として)…に帽子を与える; (卒業式などで)…に帽子をかぶせる. **c** 《英》(国・学校などで)〈競技者〉に選手帽を与える; 選手にする[選ぶ]. **d** 《スコット・NZ》 …に学位を授与する. **2 a** 〈柱〉の頂上などを覆う; 〈はり〉の端などに金具を付ける: ～ a post. **b** …にふたをする, キャップをかぶせる: ～ a bottle, gun, pen, etc. **c** 〖歯科〗 歯冠をかぶせる. **d** 隠蔽(いんぺい)する, 覆い隠す: The government ～*ped* what local authorities could charge. 政府は地方自治体が告発しそうなことを覆い隠した. **3** …の頂上を覆う (crown): Snow ～*ped* the mountains. 雪が山の頂きを覆った / The hills were ～*ped with* mist. 丘は霧で覆われていた / The rock ～*ped* a high cliff. 岩が高い断崖の上を覆っていた. **4** 最後をしめくくる; 仕上げる, 完成させる. **5** 〈歳出・税金など〉上限を定める. **6 a** 〈逸話・引用句などを競って出す: ～ a quotation, proverb, joke, etc. / ⇨ *cap* VERSES. **b** 《口語》〈他を〉しのぐ, 凌駕する (outdo, surpass): That ～*s* everything [the lot]! それ以上のことはない, それは驚いたね / ⇨ *cap the* CLIMAX. **c** クライマックスにもっていく. **7** 《古》 …に脱帽する, 敬礼する. **8** 〖生化学〗 …にキャップを形成する. — *vi.* **1** 脱帽する, (帽子に手を触れて)敬礼する 〔*to*〕: ～ *to* a schoolmaster. **2** 〖狐狩〗 会員でない人が狐狩に加わる (cf. *n.* 12). **3** 〖生化学〗 キャップを形成する. ***to cáp*** (***it***) ***áll*** (1) すべてにまさって, 全く驚いたことに. (2) あげくのはてに.

〖OE *cæppe* □ LL *cappa* ← L *caput* head〗

cap² /kǽp/ *n.* 大文字 (capital): write in ～*s* 大文字で書く. — *vt.* (**capped**; **cap·ping**) 大文字で書く[印刷する]. 〖(略) ← CAPITAL¹〗

cap³ /kǽp/ *n.* 《米口語》 ヘロイン [LSD, 麻薬など]のカプセル. 〖(1942) (略) ← CAPSULE〗

Cap /kǽp/ *n.* 《口語》 =captain. 〖略〗

CAP /síːèɪpíː/ 《略》 Civil Air Patrol 民間防空部隊, 民間空中哨戒部隊; Code of Advertising Practice (英国の)広告綱領委員会; Community Action Program (Kennedy 大統領の対貧困政策の)地域行動計画 (1964 年発足); Common Agricultural Policy. 〖1965〗

cap. 《略》 capacity; 〖処方〗 *L.* capiat (=let the patient take); capital; capitalize; capitalized; capital letter; capitulum; *L.* capsula (=capsule); captain; *L.* caput (=chapter); foolscap.

Cap·a /kǽpə/, **Robert** *n.* キャパ (1913–54; ハンガリー生まれの米国の報道写真家; ベトナム戦争取材中, 地雷に触れて死亡; 本名 Andrei Friedmann).

ca·pa·bil·i·ty /kèɪpəbɪ́ləti | -lɪ̀ti/ *n.* **1** …することのできること[力], 能力, 才能, 手腕 (⇨ ability SYN). **2** 性能, (利用の)可能性[力]. **3** [通例 *pl.*] 未発達の能力,

(今後伸びる)素質, 将来性: discover a person's *capabilities* / a man of great *capabilities* 将来性豊かな人. ***beyónd a person's capabilities*** 人の能力を超えて(いる). 〖(1587) ← CAPABLE＋-ITY〗

Capabílity Brówn *n.* 可能性のブラウン《Lancelot Brown の通称》.

C

Cap·a·blan·ca /kæ̀pəblǽŋkə; *Sp.* kapaβláŋka/, **José Raúl** *n.* カパブランカ《1888–1942; キューバのチェス選手・外交官; 世界チャンピオン (1921–27); 通称 Capa, the Chess Machine》.

ca·pa·ble /kéɪpəbḷ/ *adj.* **1** 力量のある, 腕のある, 有能な; 才のある, 頭のいい (cf. able): a ~ instructor, governor, mechanic, etc. **2** [~ *of* として] **a** 〔…が〕可能な, 〔…することが〕できる; 〔…を〕受けやすい: The situation [house] is ~ *of* improvement. 事態は[家には]なお改善の可能性[余地]がある / The passage is ~ *of* several interpretations. その文はいろいろに解釈できる / a passage ~ *of* misunderstanding＝a passage ~ *of* being misunderstood 誤解されそうな章句. **b** 〔…する〕能力がある, …できる (⇨ able SYN): a person ~ *of* teaching English 英語の教えられる人. **c** [悪い意味を含めて]〔…を〕あえてする, …しかねない: He is ~ *of* murder [neglecting his duty]. 人殺しもしかねない[義務を忘れるぐらい平気な]男だ. **d** 〔…を〕収容することのできる〔*of*〕: a room ~ *of* seating a hundred people 100 人分の座席のある部屋. **3** 《廃》広範囲の, 幅広い. **4** 《廃》所有する法的資格[権利]のある. **5** 《廃》理解能力のある. **~·ness** *n.* 〖(1545) □ F ~ □ LL *capābilis* able to grasp ← L *capere* to take: ⇨ have¹, -able〗

ca·pa·bly /kéɪpəbli/ *adv.* うまく, 上手に, りっぱに.

ca·pa·cious /kəpéɪʃəs/ *adj.* **1** 広々とした; たっぷり入る, 大きい: a ~ stomach, room, pocket, etc. **2** 包容力のある: a ~ mind. **~·ly** *adv.* **~·ness** *n.* 〖(1614) ← L *capāc-*, *capāx* spacious (← *capere* to take)＋-OUS〗

ca·pac·i·tance /kəpǽsətəns, -tṇs | -sɪ̣təns, -tṇs/ *n.* 〖電気〗**1** 静電容量, キャパシタンス《capacity ともいう》. **2** (慣用的に)キャパシタンスをもつ回路要素《すなわちコンデンサーの意》. 〖(1893) ← CAPACITY＋-ANCE〗

ca·pac·i·tate /kəpǽsətèɪt | -sɪ̣-/ *vt.* **1** 《古》〈人〉に(…することを)可能にさせる〔*for*〕/ 〈*to do*〉: ~ a person *to* do [*for* (doing)] his work 人に仕事ができるようにしてやる. **2** 〈人〉に(…する)法的資格を与える〈*to do*〉: a person ~*d to* vote 選挙権を与えられた人. **3** 〖生理〗〈精子〉に受精能を獲得させる[付与する]. 〖(1657) ← CAPACITY＋-ATE³〗

ca·pac·i·ta·tion /kəpæ̀sətéɪʃən | -sɪ̣-/ *n.* **1** 能力[資格]を与えること, 能力[資格]付与. **2** 〖生理〗受精能獲得[付与]《卵子内に侵入受精させる能力を得るまでに, 精液が女性性器内で受ける一連の変化》. 〖(*a*1858): ⇨ ↑, -ation〗

ca·pac·i·ta·tive /kəpǽsətèɪtɪv | -sɪ̣tətɪv, -tèɪ-/ *adj.* 〖電気〗＝capacitive. 〖1934〗

ca·pac·i·tive /kəpǽsətɪv | -sɪ̣-/ *adj.* 〖電気〗容量性の. **~·ly** *adv.* 〖(1916) ← CAPACITY＋-IVE〗

capácitive cóupling *n.* 〖電気〗容量結合《コンデンサー (capacitor) による二つの回路の結合》. 〖1964〗

capácitive lóad *n.* 〖電気〗容量性負荷, 進相負荷《電流の位相が電圧の位相より進む負荷; leading load ともいう》.

capácitive reáctance *n.* 〖電気〗容量性リアクタンス《変化する電流に対して電気容量が示す抵抗; cf. inductive reactance》.

ca·pac·i·tor /kəpǽsətə | -sɪ̣tə(r)/ *n.* 〖電気〗コンデンサー, 蓄電器 (condenser). 〖(1925) ← CAPACITY＋-OR²〗

capácitor mótor *n.* 〖電気〗コンデンサーモーター《始動にコンデンサーを用いる単相誘導電動機》.

ca·pac·i·tron /kəpǽsətrɑ̀(ː)n | -sɪ̣trɔ̀n/ *n.* 〖電気〗キャパシトロン《絶縁された励弧極をもち, 静電結合により始動する水銀整流器》. 〖← CAPACI(TOR)＋-TRON〗

ca·pac·i·ty /kəpǽsəti, -sti | -sɪ̣ti/ *n.* **1** (建物・乗り物などの)収容能力: The hotel has a large ~. そのホテルは収容力が大いにある / a theater with a seating ~ of 3,000 座席数 3 千の劇場. **2 a** 容量, 容積: the ~ of a bag, vessel, cask, etc. / breathing ~ 肺活量 / carrying ~ 積載量 / fuel ~ 燃料搭載力[貯蔵量] / ⇨ vital capacity / a ~ of four quarts 4 クォーツの容量. **b** 最大限の収容力, 満員: be crowded to [beyond] ~ 満員[超満員] / be filled [packed] to ~ いっぱい[満員]である. **3 a** 包容力, 度量: a mind of great ~ 度量の大きい心. **b** (学問など)学び取る力, 学問的才能, 知的能力, 理解力 (⇨ ability SYN): He shows great ~ *for* mathematics. 数学にすぐれた才能を示す / beyond the limit of a child's ~ 子供の理解力の限界を超えて. **c** 適応力, 耐久力: a ~ *for* hard work 重労働に堪える力. **d** 可能性: a ~ *for* improvement 改良の可能性 / the ~ *for* great achievement 将来大業をなす可能性. **4** 能力, (…する)力〔*of doing*〕/ 〈*to do*〉: have no ~ *to* do [*of doing*] …する力がない / one's ~ *to* pay 支払能力 / a ~ *for* self-protection 自衛力. **5 a** (工場などの)生産[産出]能力: an oil well with a ~ of 350 barrels a day 1 日の産出量 350 バレルの油井. **b** 最大生産[産出]力: a factory operating *at* ~ フル操業の工場 / The factory is operating *at* less than 70% of ~. その工場は最大生産力の 70% 以下で操業している. **6** 地位, 資格: *in* the ~ of a friend 友人として / *in* my individual ~ 個人として / *in* one's ~ as a critic 批評家としての資格で. **7** 〖法律〗法定資格. **8** 〖電気〗**a** 最大可能出力. **b** 静電容量 (capacitance).
— *adj.* [限定的] 収容力一杯の, 最大限度の, 満員の: a ~ house [audience] 満員の会場[聴衆] / ~ operation フル操業 / ~ yield 最大産出高.
〖(?*a*1425) □ (O)F *capacité* □ L *capācitātem* ← *capāx* 'CAPACIOUS': ⇨ -ity〗

capácity cóupling *n.* ＝capacitive coupling.

capácity fàctor *n.* 〖電気〗設備利用率《ある期間中における平均需要電力と発電所の定格容量との比; cf. load factor 1》.

capácity vàriance *n.* 〖会計〗操業度差異 (volume variance).

Cap·a·neus /kǽpəniəs, kǽpənùːs, -njùːs | kǽpənjùːs, kəpéɪniəs/ *n.* 〖ギリシャ神話〗カパネウス《Thebes に攻め寄せた七勇士の一人; ⇨ SEVEN against Thebes》. 〖□ L ~ □ Gk *Kapaneús*〗

cap-a-pie /kæ̀pəpíː, -péɪ/ *adv.* (*also* **cap-à-pie** /~/) 《古》《戯言》頭のてっぺんからつま先まで, 全身寸分のすきもなく: be armed ~ 完全武装する. 〖(1523) □ OF ~ 'from head to foot': ⇨ cap¹, pedal〗

ca·par·i·son /kəpǽrəsən, -pér-, -sṇ | -pǽrɪ̣-/ *n.* **1** [通例 *pl.*] 馬飾り, 飾り馬衣, 装飾馬具. **2** (武者などの)盛飾, 美装. — *vt.* **1** 〈馬〉に馬飾りをつける. **2** 盛装させる, 飾り立てる. 〖(1579) □ F *caparaçon* □ Sp. *caparazón* □ ? Prov. *caparasso* hooded cloak ← *capa* 'CAPE¹'〗

cáp clòud *n.* 〖気象〗笠雲(かさぐも)《山頂にかかる小さな雲》.

cape¹ /kéɪp/ *n.* **1** ケープ《肩から身体全体をゆったりと覆う外衣または衣服の一部》. **2** カーパ《闘牛士が牛の突進を誘うために用いる赤いケープ》. **3** 〖鳥類〗襟羽《頸の下部に生える飾り羽》. 〖(1565–78) □ F ~ □ Prov. *capa* < LL *cappam* mantle, cloak ← L *caput* head: ⇨ cap¹〗

cape² /kéɪp/ *n.* **1** 岬(みさき). **2** [the C-] **a** ＝Cape of Good Hope. **b** ＝Cape Cod. **3** ＝capeskin. — *adj.* [C-] Cape of Good Hope の; 南アフリカの. — *vi.* 〖海事〗舵がよくきく. 〖(*c*1387–95) □ (O)F *cap* □ Prov. < VL **capu(m)*＝L *caput* head (↑)〗

Cápe ànteater *n.* 〖動物〗ツチブタ, アフリカアリクイ (⇨ aardvark).

Cápe àsh *n.* 〖植物〗アフリカ南部産センダン科の木 (*Ekebergia capensis*); その材.

Cápe Bàrren góose *n.* 〖鳥類〗ロウバシガン (*Cereopsis novaehollandiae*)《オーストラリア南部島嶼部, Tasmania 産のガン; 体色は灰色で脚はピンク色, 黒いくちばしに緑がかった蠟膜 (cere) がみられる》. 〖(1843) ← *Cape Barren* (オーストラリアと Tasmania 間の海峡でその生息地)〗

Càpe Bréton Híghlands Nátional Párk *n.* ケープブレトンハイランズ国立公園《カナダ Nova Scotia 州 Cape Breton 島北部の自然保護地区; 海岸景勝地》.

Càpe Bréton Ísland *n.* ケープブレトン島《カナダ Nova Scotia 州北東部の島; 面積 10,280 km²》.

Cápe bùffalo *n.* 〖動物〗アフリカスイギュウ (*Syncerus caffer*)《大形で獰猛(どうもう)な種類; African buffalo ともいう》.

Cápe Canáveral *n.* ⇨ Cape CANAVERAL.

Cápe cárt *n.* 《南ア》幌付き 4 人乗りの二輪馬車.

cápe chìsel *n.* えぼしたがね《溝掘り用の幅の狭いたがね》. 〖*cape*: ← ? CAPE²〗

Cápe Cód /-kɑ́(ː)d | -kɔ́d/ *n.* コッド岬, ケープコッド《米国 Massachusetts 州南東部 Cape Cod Bay と大西洋との間に延びる砂地の半島》.

Cápe Còd Báy *n.* ケープコッド湾《米国 Massachusetts Bay の南端》.

Cápe Còd cóttage *n.* (一階か中二階建ての切妻屋根の)長方形の家《18 世紀ニューイングランドの小規模住宅の様式》. 〖(1916) *Cape Cod* に多くみられることから〗

Càpe Còd Nátional Séashore *n.* [the ~] ケープコッド国定海浜公園《Cape Cod 東海岸のレクリエーションセンター; 1961 年指定, 面積 180.5 km²》.

Cápe Còlony *n.* ケープ植民地 (⇨ Cape of Good Hope 2).

Cápe Cólored *n.* (*pl.* ~, ~s) ヨーロッパ人とアフリカかマレー人との混血の南アフリカ人; 白黒混血の南アフリカ人. 〖(1897) ← *Cape of Good Hope*〗

Cápe còwslip *n.* 〖植物〗アフリカ南部産ユリ科ラケナリア属 (*Lachenalia*) の植物の総称《花は赤または黄色の釣鐘型で観賞用》. 〖← *Cape of Good Hope*〗

Cápe cràwfish [cràyfish] *n.* 〖動物〗アフリカ南岸産の食用イセエビ (*Jasus lalandii*)《米国へ輸出される》. 〖← *Cape of Good Hope*〗

cápe dòctor *n.* 《アフリカ》(南アフリカ特有の)強い南東風. 〖← *Cape of Good Hope*: この風がばい菌を海へ流してくれるとの俗信から〗

Cápe Dútch *n.* ＝Afrikaans. 〖(1826) ← *Cape of Good Hope*〗

Cápe Fláts /-flǽts/ *n. pl.* ケープフラッツ《南アフリカ共和国の Cape 半島とアフリカ本土とを結ぶ低地帯》.

Cápe Flýaway *n.* 《俗》〖海事〗まぼろし岬《水平線上に見える陸影に似た雲(など)》. 〖← *Cape of Good Hope*〗

Cápe forgèt-me-not *n.* 〖植物〗アフリカ南部原産ムラサキ科ウシノシタグサ属の花壇などに栽培される植物 (*Anchusa capensis* と *A. riparia*). 〖← *Cape of Good Hope*〗

Cápe gòoseberry *n.* 〖植物〗シマホオズキ, ブドウホオズキ (*Physalis peruviana*)《ペルーなど熱帯アメリカ産のホオズキの一種; 実は食用となる; strawberry tomato ともいう》. 〖(1833) ← *Cape of Good Hope*〗

Cápe Hátteras *n.* ハッテラス岬 (⇨ Hatteras).

Cápe hèn *n.* 〖鳥類〗オオクロミズナギドリ (*Procellaria aequinoctialis*)《羽毛が濃い褐色で, のどが白い海鳥》. 〖1775〗

Cápe Hórn /-hɔ́ən | -hɔ́ːn/ *n.* ホーン岬 (⇨ Horn).

Cápe Hòrn Cúrrent *n.* [the ~] ケープホーン海流《Horn 岬で東に流れる南極環流の一部; 航海上の難所として知られる》.

Cápe Hórn·er /-hɔ́ənə | -hɔ́ːnə(r)/ *n.* ホーン岬回り船. 〖1840〗

Cápe húnting dòg *n.* 〖動物〗リカオン《アフリカの野生犬; 淡い斑紋のある黒っぽい毛皮と先端の白い尾をもち, 群れをなして生活し狩りをする》. 〖1883〗

cápe hỳrax *n.* 〖動物〗ケープハイラックス (*Procaria capensis*)《アフリカ南部の岩場に生息するイワダヌキ; そのふんは香水の保留剤になる; klipdas ともいう》.

Cápe jàsmine *n.* 〖植物〗クチナシ, コリンクチナシ (*Gardenia jasminoides*)《アカネ科の常緑の低木》. 〖1760〗

Ča·pek /tʃɑ́ːpɛk; *Czech.* tʃápɛk/, **Karel** *n.* チャペク《1890–1938; チェコの劇作家・小説家・ジャーナリスト; *R. U. R.* (*Rossum's Universal Robots*) (1921); *The Makropoulos Secret* (1923); cf. robot》.

Cápe Kénnedy *n.* ケープケネディ (⇨ Cape CANAVERAL).

Cápe Krú·sen·stern Nátional Mónument /-krúːzənstə̀ːn-, -zṇ- | -stə̀ːn-/ *n.* ケープクルーゼンスターン国定記念物《米国 Alaska 州北西部, Chukchi 海に臨む; 極地特有の海岸, 海岸の動物, 渡り鳥などが特色》.

cape·let /kéɪplɪ̣t/ *n.* (肩を覆うぐらいの)小さなケープ, ケープレット. 〖(1912) □ F ~〗

cap·e·lin /kǽp(ə)lɪ̣n | -lɪn/ *n.* 〖魚類〗カラフトシシャモ《キュウリウオ科カラフトシシャモ属の小魚; 北大西洋の *Mallotus villosus*, 北太平洋の *M. catervarius*》. 〖(1620) □ Can.-F *cap(e)lan* □ ? Prov. *capelan* 'CHAPLAIN, codfish'〗

cap·e·line /kǽpəlìːn, -lɪ̣n | -lìːn, -lɪn/ *n.* **1** 柔らかく幅広のつばがある女性用帽子. **2** 帽子またはボンネットのようになる包帯. **3** 〖歴史〗中世弓手(ゆみて)のかぶった鉄かぶと. 〖(*c*1470) □ (O)F ~ □ Prov. *capelina* (dim.) ← *capa* 'CAPE¹'〗

Ca·pel·la /kəpélə/ *n.* 〖天文〗カペラ《ぎょしゃ(馭者)座 (Auriga) の α 星で 0.1 等星》. 〖(1682) □ L ~ 'she-goat'〗

cap·ell·mei·ster /kɑːpélmàɪstə, kə- | kæpélmàɪstə(r)/ *n.* ＝Kapellmeister.

Cápe Maláy *n.* 《南ア》ケープマレー人《主として Western Cape 州に住む, 主にアフリカーンスを話すイスラム教徒集団の一員》.

Cápe màrigold *n.* 〖植物〗アフリカキンセンカ (⇨ dimorphotheca).

Càpe Mày wárbler *n.* 〖鳥類〗ホオアカアメリカムシクイ (*Dendroica tigrina*)《米国産のアメリカムシクイ科の鳴鳥》. 〖← *Cape May* (この鳥が最初に確認された米国 New Jersey 州の地名)〗

Cápe Múslim *n.* ＝Cape Malay.

Cápe of Gòod Hópe *n.* [the ~] **1** 喜望峰《アフリカ南端の岬; 高さ 305 m》. **2** ケープ州《南アフリカ共和国南部の旧州; 別称 Cape Province; 面積 721,244 km², 州都 Cape Town; 南アフリカ連邦結成 (1910) 以前は英国の植民地で, Cape Colony といった; 現在は Eastern Cape 州, Northern Cape 州, Western Cape 州に分かれている》.

Cápe Península *n.* ケープ半島《南アフリカ共和国の Cape Town とその周辺を含む》.

Cápe pèriwinkle *n.* 〖植物〗ニチニチソウ (*Vinca rosea*)《キョウチクトウ科ニチニチソウ属の植物》. 〖← *Cape of Good Hope*〗

Cápe pìgeon *n.* 〖鳥類〗マダラフルカモメ (*Daption capensis*)《南半球に分布するミズナギドリ科の鳥; pintado petrel ともいう》. 〖(1798) ← *Cape of Good Hope*〗

Cápe pòndweed *n.* 〖植物〗キボウホウヒルムシロ (*Aponogeton distachyus*)《アフリカ南部原産の香りのよいヒルムシロ科の水生植物; water hawthorn ともいう》. 〖← *Cape of Good Hope*〗

Cápe prìmrose *n.* ＝streptocarpus.

Cápe Pròvince *n.* [the ~] ＝Cape of Good Hope 2.

ca·per¹ /kéɪpə | -pə(r)/ *n.* **1** 〖植物〗セイヨウフウチョウボク (*Capparis spinosa*)《地中海沿岸地方原産フウチョウソウ科の低木》. **2** [*pl.*] ケーパー, カプール《セイヨウフウチョウボクのつぼみの酢漬け; ソースやドレッシングなどの味付けに用いる; cf. caper sauce》. 〖(16C)《逆成》← (*c*1384) *caperis* □ L *capparis* □ Gk *kápparis*: *-s* を pl. 語尾と誤解したことによる〗

ca·per² /kéɪpə | -pə(r)/ *vi.* (陽気にふざけて)跳ね回る. — *n.* **1 a** 突飛な[気まぐれな]行為; 悪ふざけ, 狂態. **b** 《俗》活動, 行為, ふるまい. **2** 《米俗》犯罪行為; (特に組織的な)盗み, 強盗. **3** (陽気でふざけた)跳ね回り, 飛びはね. **4** 活劇の多い小説・映画.
***cút cápers* [*a cáper*]** (1) 跳ね回る (cf. Shak., *Twel N* 1. 3. 129). (2) ふざけ散らす, 狂態をつくす.
~·er *n.* **~·ing·ly** *adv.*
〖(1592)《短縮》? ← CAPRIOLE〗

cap·er·cail·lie /kæ̀pəkéɪl(j)i | -pə-/ *n.* (*also* **cap·er·cail·zie** /-kéɪlzi | -kéɪlji, -kéɪlzi/) 〖鳥類〗オオライチョウ (*Tetrao urogallus*)《ヨーロッパ北部産のライチョウ (grouse) 類の中の最大種; wood grouse, cock of the wood ともいう》. 〖(1536) □ Sc.-Gael. *capalcoille*《原義》horse of the wood ← *capall* horse (← ? L *caballum*)＋*coille* forest〗

Ca·per·na·um /kəpə́ːniəm | -pə́ː-/ *n.* カペルナウム, カファルナウム《ガリラヤ (Galilee) 湖に臨む Palestine の古都; キリストのガリラヤ伝道の中心地》.

cáper sàuce *n.* ケーパーソース《羊肉のゆで汁に牛乳, 刻

んだケーパーなどを加えて作ったソース; 羊肉料理に添える; cf. caper¹ 2). 〖1791〗

cáper spùrge *n.* 〖植物〗ホルトソウ (*Euphorbia lathyris*) 《地中海地方西部原産のトウダイグサ科の二年草; 種子は有毒で, 漢方薬に用いられ, 茎葉から乳液が出る; 北米にも帰化》.

cápe·skìn *n.* **1** ケープスキン《アフリカ南部産のヘアシープ[直毛羊]の皮; 手袋・衣料用等になる》. **2** ケープスキンで作った手袋[衣服]. 〖(1919) ← *Cape* (*of Good Hope*)＋SKIN〗

Cápe Smòke *n.* 《英俗》南アフリカ産のブランデー. 〖1846〗

Cápe spàrrow *n.* 〖鳥類〗ホオグロスズメ (*Passer melanurus*) 《スズメ目ハタオドリ科の鳥; 南アフリカ原産; mossie ともいう》. 〖1936〗

Ca·pet /kéɪpɪ̀t, kǽp-, kæpéɪ | kǽpɪt, kæpét; *F.* kapɛ/, **Hugh** /hjúː/ (*F.* **Hugues** /yg/) *n.* カペー《938?–96; フランスの王 (987–96) でカペー王朝の始祖》.

Ca·pe·tian /kəpíːʃən/ *adj.* 《フランスの》カペー王朝 (987–1328) の (cf. Carolingian 1). — *n.* **1** [the ～s] カペー王朝[王家]. **2** カペー王朝[王家]の人. 〖(1836) ↑〗

Cápe Tòwn *n.* (*also* **Cápe·tòwn**) ケープタウン《南アフリカ共和国 Western Cape 州南西部の港湾都市・州都》.

Cape·to·ni·an /keɪptóʊniən | -tə́ʊ-/ *adj., n.*

ca·pette /keɪpét/ *n.* ＝caponette. 〖← CAP(ON)＋-ETTE〗

Càpe Vérde /-və́ːd | -vəːd, -véəd/ *n.* **1** カボヴェルデ《アフリカ大陸西岸沖の 15 の島からなる共和国; もとポルトガル領で 1975 年独立; 面積 4,033 km², 首都 Praia /práiə/; ポルトガル語名 Cabo Verde; 公式名 the Republic of Cape Verde カボヴェルデ共和国》. **2** ⇨ Cape VERT.

Càpe Vér·de·an /-və́ːdiən | -vɜ́ːd-, -véəd-/ *n., adj.*

cápe·wòrk *n.* 《闘牛の》カーパ[赤いケープ]を操る技術. 〖1926〗

Càpe Yórk Península *n.* [the ～] ヨーク岬半島《オーストラリア Queensland 州北部の大半島; Carpentaria 湾とさんご海 (Coral Sea) にはさまれている》.

cap·ful /kǽpfʊ̀l/ *n.* キャップ一杯(の量) 〔*of*〕; 帽子一杯(分)〔*of*〕: a ～ of detergent [medicine] 《瓶などの》キャップ一杯の洗剤[薬] / a ～ of wind 《不意に船体を傾けて吹き去る》一陣の風. 〖1719〗

cáp gùn *n.* 《紙の雷管を用いる》おもちゃのピストル. 〖1931〗

caph /kάːf, kɔ́ːf/ *n.* ＝kaph.

Cap Ha·ï·tien /kæphéɪʃən, kὰːpɑːisjǽ(ŋ), -sjǽŋ; *F.* kapaisjɛ̃, -tjɛ̃/ *n.* (*also* **Cap-Ha·ï·tien** /～/) カパイシアン《西インド諸島 Haiti の北部にある港市》.

ca·pi·as /kéɪpiəs | kéɪpiæs, -piəs/ *n.* 〖法律〗拘引状, 逮捕令状《執行官に対して特定の人物の逮捕を命じる令状の総称》. 〖(1442) □ L ～ 'thou mayest take' (令状の初めの文句) ← *capere* to take〗

cap·i·ba·ra /kæ̀pɪ̀bǽrə, -bérə, -bάːrə | -pɪbάːrə/ *n.* 〖動物〗＝capybara.

ca·piche /kəpíːʃ/ *int.* 《米》わかった?

cap·il·la·ceous /kæ̀pəléɪʃəs | -pɪ̀-ˈ-/ *adj.* **1** 毛のような, 毛状の. **2** 〖生物〗毛の生えた. 〖(1731–7) ← L *capillāceus* hairy ← *capillus* hair＋*-aceus* '-ACEOUS'〗

cap·il·lar·i·ty /kæ̀pəlǽrəṭi, -lér- | -pɪ̀lǽrɪ̀ti/ *n.* **1** 毛状, 毛細状. **2** 〖物理〗毛細管作用, 毛管現象. 〖(1830) □ F *capillarité*: ⇨ ↓, -ity〗

cap·il·lar·y /kǽpəlèri | kəpíləri/ *n.* **1** 〖解剖〗毛細血管, 毛細管, 毛管《動脈と静脈をつなぐ細い網状の血管; capillary vessel ともいう》. **2** 毛細管 (capillary tube). — *adj.* **1 a** 毛の[に関する]. **b** 毛状の; 毛のように細い: a ～ tube 毛細管《毛管現象が見られるような細い管》. **2** 毛細管の; 毛管現象の. **3** 〖解剖〗毛細血管の. 〖(1656) □ F *capillaire* // L *capillāris* ← *capillus* hair: ⇨ -ary〗

capillary áction *n.* 〖物理〗毛管作用[現象]. 〖1809〗

cápillary análysis *n.* 〖化学〗毛管分析, 界面分析.

cápillary attráction *n.* 〖物理〗毛管引力《毛管現象において管壁が液面を引き上げる力; capillary repulsion ともいう》. 〖1831〗

cápillary electrómeter *n.* 〖物理〗毛管電位計.

cápillary jòint *n.* 〖機械〗毛管ジョイント《2 本のパイプの接合法で, わずかに大きめのパイプに端を差し込み, 隙間をはんだ付けした接合部》.

cápillary phenómenon *n.* 〖物理〗＝capillary action.

cápillary repúlsion *n.* 〖物理〗毛管斥力 (⇨ capillary attraction).

cápillary wàter *n.* 〖土木〗毛管水. 〖1895〗

cap·il·la·tus /kæ̀pəléɪṭəs | -pɪ̀-ˈ-/ *adj.* 〖気象〗《雲が》多毛状の, 多毛雲の. 〖□ L *capillātus* having hair ← *capillus* hair〗

ca·pil·li·form /kəpíləfɔ̀əm | -lɪ̀fɔ̀ːm/ *adj.* 〖植物〗毛の形態をした; 毛状の. 〖(1835) ← *capilli-* (← L *capillus* (↑))＋-FORM〗

cap·il·li·ti·um /kæ̀pəlíʃiəm | -pɪ̀-/ *n.* (*pl.* **-ti·a** /-ʃiə/) 〖植物〗細毛体《変形菌類の胞子形成の分割前に生じる》. 〖(1871) ← NL ～ ← L *capillus* hair〗

capita *n.* caput の複数形.

cap·i·tal¹ /kǽpəṭḷ, -ptḷ | -pɪ̀tḷ/ *n.* **1** [しばしば C-] 首都, 首府; 《ある活動の》中心地: the ～ of France フランスの首都 / the ～ of American finance 米国金融界の中心地 / Hollywood — the movie ～ 映画の都ハリウッド. **2 a** 資本《個人・会社が利益を得るために用いる全資産; cf. fixed capital》: authorized ～ 授権資本 / circulating [floating, liquid] ～ 流通[流動]資本《商品・金銭など》/ fictitious ～ 擬制資本 / financial ～ 金融資本《産業資本に接合された銀行資本》/ invested ～ 投下資本 / watered ～ 水増し資本 / ⇨ working capital. **b** 資本金, 元金: ～ and interest 元利 / pay 5% interest on ～ 元金に対して 5 分の利息を支払う. **c** ＝capital stock 2. **d** 《利益・利点・力などを生み出す》源, 元手: Health is my greatest ～. 健康が最大の資本だ. **3** 大文字; 《語頭などの》頭字, 頭文字: write in (block) ～s 《ブロック体の》大文字で書く / set a text in ～s 本文を大文字で組む / ⇨ small capital. **4** [しばしば C-; 単数または複数扱い] 資本家階級 (cf. labor *n.* 2 a): the relations between labor and ～ 労働者と資本家の関係, 労資関係.

màke cápital (òut) of …を利用する (exploit).

— *adj.* **1** 資本の[に関する, から成る, に役だつ, から生ずる]: a ～ fund 資本金, 元金 / a ～ coefficient 資本係数 / ～ intensity 資本集約度 / a ～ reserve 資本準備金 / ～ turnover 資本回転率. **2** 大文字の, 頭文字の: a ～ letter 大文字, 頭文字 (↔ small letter, lower-case letter) / a genius with a ～ G 真の天才, 特にすぐれた天才 / society with a ～ S 上流社会. ★ 強調すべき語に該当する大文字をつける. **3 a** 生命にかかわる, 《罪が》死(刑)に値する, 死罪になる: a ～ offense, sin, crime, etc. / a ～ sentence 死刑宣告 / ⇨ capital punishment. **b** 致命的な, 重大な, 大変な, ひどい: a ～ error. **4 a** 《都市が》首位の; 重要な; 政府所在地のある: a ～ city [town] 首都, 首府. **b** 《古》主要な; 最も重要な: of ～ interest [importance] 非常に面白い[重要な]. **5** 《英口語》すばらしい, 見事な: a ～ dinner, joke, idea, plan, etc. / *Capital!* すてき.

〖(?a1200) □ (O)F ～ □ L *capitālis* pertaining to the head or life ← *capit-*, *caput* 'HEAD'＋*-ālis* '-AL¹': cf. ML *capitāle* wealth〗

cap·i·tal² /kǽpəṭḷ, -ptḷ | -pɪ̀tḷ/ *n.* 〖建築〗柱頭, キャピタル. 〖(a1300) □ AF *capitel*＝OF (F *chapiteau*) □ LL *capitellum* (dim.) ← *caput* head: つづりは CAPITAL¹ の影響〗

cápital accóunt *n.* 〖会計〗**1 a** 資本勘定《株式会社の場合, 資本金 (capital stock), 資本剰余金 (capital surplus), 利益剰余金 (earned surplus) よりなる》. **b** 出資金勘定《組合・合名・合資・有限会社の場合》. **2** 資本的資産勘定《固定資産勘定のこと》. 〖1895〗

cápital allówance *n.* 《英》〖会計〗資本的支出控除《資本的支出の一定の割合を年度利益から控除することを認める企業投資減税》.

cápital ássets *n. pl.* 〖会計〗資本的資産, 固定資産《1 年以上の長期にわたって企業内にとどまり, 営業の用に供する財産; 有形固定資産・無形固定資産・投資からなる; fixed assets ともいう》. 〖1959〗

cápital bònus *n.* 《英》準備金の資本組入による株式の無償交付発行. 〖1928〗

cápital búdget *n.* 〖経営〗資本(支出)予算《狭義には固定設備その他の固定資産に対する資本支出予算のみをさすが, 広義にはこの資本支出をまかなうのに必要な長期調達予算をも含めていう》.

cápital consúmption *n.* 〖経済〗資本減耗《生産活動による有形固定資産の消耗》.

cápital expénditure *n.* 〖会計〗資本(的)支出《土地・建物など固定資産に対する支出; cf. revenue expenditure》. 〖1898〗

cápital flíght *n.* 〖経済〗《通貨価値の下落による外国への》資本の逃避.

cápital gáin *n.* 〖経済〗資本利得, 固定資産売却益《資本的資産 (capital assets) である土地・建物などの固定資産の売却額が, その帳簿価額を上まわる場合に生じる利益; ↔ capital loss》. 〖1921〗

cápital gáins distribùtion *n.* 〖経済〗資本利得の配当.

cápital gáins tàx *n.* 資本利得税《略 CGT または C, G, & T》. 〖1962〗

cápital góods *n. pl.* 〖経済〗資本財《商品生産のために用いられる生産物; cf. producer goods》. 〖1896〗

cápital-inténsive *adj.* 〖経済〗資本集約的な (cf. labor-intensive). 〖1959〗

cápital invéstment *n.* 〖経済〗企業投資資金の総額, 投下資本; 資本投下.

cap·i·tal·ism /kǽpəṭəlɪ̀zm, kǽptə-, -pəṭḷ-, -ptḷ- | kǽpɪ̀təlɪzm, kəpít-, kæ-, -tḷ-/ *n.* 資本主義; 資本主義制度 (cf. socialism, collectivism 1, communism 1 a). 〖1854〗

cap·i·tal·ist /kǽpəṭəlɪ̀st, kǽptə-, -pəṭḷ-, -ptḷ- | kǽpɪ̀təlɪst, kəpít-, kæ-, -tḷ-/ *n.* **1** 資本主義者. **2** 資本家. **3** 《軽蔑》金持ち, 富豪 (plutocrat). — *adj.* **1** 資本をもつ, 資本家の: the ～ class 資本家階級. **2** 資本主義の[を擁護する, を実行する]: a ～ roader (中国の)走資派. 〖(1792) □ F *capitaliste* □ G *Kapitalist*〗

cap·i·tal·is·tic /kæ̀pəṭəlístɪk, kæ̀ptə-, -pəṭḷ-, -ptḷ- | kæ̀pɪ̀təl-, kəpɪ̀t-, kæ-, -tḷ-ˈ-/ *adj.* **1** 資本の; 資本家の. **2** 資本主義的な; 資本主義に基づく[を擁護する]: ～ economy 資本主義経済 / a ～ state 資本主義国家.

càp·i·tal·ís·ti·cal·ly *adv.* 〖1873〗

cap·i·tal·i·za·tion /kæ̀pəṭəlɪ̀zéɪʃən, kæ̀ptə-, -pəṭḷ-, -ptḷ- | kæ̀pɪ̀təlaɪ-, kəpɪ̀t-, kæ-, -lɪ-, -tḷ-/ *n.* **1** 大文字使用. **2** 資本化, 《剰余金の》資本組入れ. **3** 《米》投資. **4** 《収益・財産などの》資本還元, 現在価値化. **5** 資本金 (capital stock ともいう); 《株式・社債の発行により調達された企業の》長期資本額, 《企業の》総資本額. **6** 〖会計〗《固定資産に関する支出を》資産化すること, 《支出を繰延べて》資本的支出とすること. 〖(1860) □ F *capitalisation*: ⇨ capitalize, -ation〗

capitalizátion íssue *n.* 〖証券〗＝rights issue.

cap·i·tal·ize /kǽpəṭəlàɪz, -pəṭḷ-, kǽptə-, -ptḷ- | kǽpɪ̀təlàɪz, kəpít-, kæ-, -tḷ-/ *vt.* **1** 大文字で書く[印刷する]; 〈語を〉大文字で書き始める. **2** 資本化する, 資本として使用する, 〈剰余金を〉資本に組み入れる. **3** 《米》…に資本を供給する; …に投資する. **4** 〈収益・財産など〉の現在価値を算出する, 資本還元を行う. **5** 〈会社〉の資本金額を決定する: a company ～*d* at ￥10,000,000 資本金 1,000 万円の会社. **6** 利用する, …に乗じる: ～ one's opportunities 機会を捕える. **7** 〖会計〗《固定資産に関する支出を費用とせずに》固定資産勘定に計上する; 〈支出を〉資本的支出とする, 将来の費用として繰り延べる. — *vi.* 利用する 〔*on*〕: ～ *on* the interest 利子を利用する. 〖(1850) □ F *capitaliser*: ⇨ capital¹, -ize〗

cápital lèvy *n.* 〖経済〗資本課税, 財産税. 〖1919〗

cápital lóss *n.* 〖経済〗資本損失, 固定資産売却損《資本的資産 (capital assets) である固定資産の売却額がその帳簿価額に満たない場合に生じる損失; ↔ capital gain》. 〖1921〗

cap·i·tal·ly /kǽpəṭəli, kǽptə-, -pəṭḷi, -ptḷi | -pɪ̀təli, -tḷi/ *adv.* **1** 極刑で: punish ～ 極刑に処する. **2** 《英口語》すばらしく, すてきに, 見事に. **3** 大いに, 主として. 〖(1606): ⇨ -ly¹〗

cápital márket *n.* 資本市場, 長期[中期]金融市場.

cápital prófit *n.* 〖経済〗資本利潤 (cf. trading profit).

cápital púnishment *n.* 極刑, 死刑.

cápital·sàving *adj.* 〖経済〗資本節約的な.

cápital shìp *n.* 〖軍事〗主力艦《装備・排水量とも最大級の軍艦; 戦艦・巡洋戦艦・航空母艦など》.

cápital stóck *n.* **1** 会社の発行済株式総数. **2** 《会社の》資本金《単に capital, capitalization ともいう》. **3** 〖経済〗資本ストック. 〖1709〗

cápital strúcture *n.* 〖会計〗資本構成《貸借対照表中の貸方諸項目の構成比》.

cápital súm *n.* 〖保険〗**1** 傷害保険の約定給付金《傷害の程度に応じて定めてある支払い金額》. **2** 一時払い保険[支給]金.

cápital súrplus *n.* 〖会計〗資本剰余金《資本取引から生じた剰余金; cf. earned surplus》.

cápital térritory *n.* 首都圏.

cápital tránsfer tàx *n.* (1974–86 年の英国における) 資本移転税, 贈与[相続]税 (1986 年 inheritance tax の導入により廃止; 略 CTT または C, T, & T; gift tax ともいう). 〖1974〗

capita mortua *n.* caput mortuum の複数形.

cap·i·tate /kǽpətèɪt | -pɪ̀-/ *adj.* **1** 〖植物〗頭状(花序)の: ～ flowers. **2** 〖生物〗《末端が》頭状にふくらんだ. 〖(1661) ← L *capitātus* having a head (← *caput* head)＋-ATE²〗

cápitate bòne *n.* 〖解剖〗小頭骨, 有頭骨.

cap·i·tat·ed /kǽpətèɪṭɪ̀d | -pɪ̀tèɪt-/ *adj.* 〖植物〗＝capitate 1. 〖1676〗

cap·i·ta·tion /kæ̀pətéɪʃən | -pɪ̀-/ *n.* **1** 頭割り. **2** 頭割り勘定, 均一割当額. **3** 人頭税 (poll tax).

cap·i·ta·tive /kǽpətèɪṭɪv | -tɪv/ *adj.* 〖(1614) □ LL *capitātiō(n-)* poll tax ← L *capit-*, *caput* head: ⇨ -ation〗

capitátion grànt *n.* 人頭補助金. 〖1862〗

Cap·i·tol /kǽpəṭḷ, -ptḷ | -pɪ̀tḷ/ *n.* **1** [the ～] カピトリヌス神殿《ローマの Capitoline 丘の上にあった Jupiter の神殿》. **2** [the ～] ＝Capitoline Hill. **3 a** [the ～] 米国国会議事堂 (Washington, D.C. にある). **b** [しばしば c-] 米国州会議事堂 (statehouse); [集合的] 州行政の行われる建物. 〖(c1375) *capitole* □ ONF *capitolie* (F *Capitole*) □ L *Capitōlium* ← ? *caput* head〗

Cápitol Híll *n.* 《米》**1** 国会議事堂のある小さな丘. **2** 国会 (Congress), 米国連邦議会 (the Hill ともいう): on ～ 国会で. 〖1943〗

Cap·i·to·line /kǽpəṭəlàɪn, -tḷ- | kəpítə(ʊ)-, kǽpɪ̀t-/ *adj.* 《ローマの》カピトリヌス神殿 (Capitol) の; (Capitol の建っていた)カピトリヌスの丘の; (カピトリヌス神殿に祭られていた) Jupiter の. — *n.* [the ～] ＝Capitoline Hill. 〖(1667) □ L *Capitōlinus*: ⇨ Capitol, -ine¹: cf. *Capitolian* (1618)〗

Cápitoline Híll *n.* [the ～] カピトリヌスの丘《ローマの七丘 (Seven Hills) の一つ; この丘の上に大神 Jupiter を祭った Capitol 神殿がありローマの政治・宗教の中心であった》.

Cápitol Péak *n.* キャピトルピーク《米国 Colorado 州, Rocky 山脈にある山 (4,300 m)》.

Cápitol Réef Natíonal Párk *n.* キャピトルリーフ国立公園《米国 Utah 州中南部の国立公園; 砂岩の絶壁と地溝で知られる》.

capitula *n.* capitulum の複数形.

ca·pit·u·lant /kəpítʃʊlənt | -tju-, -tʃʊ-/ *n.* 降伏[降参]する人. 〖□ F ～ (pres.p.) ← *capituler* 'to CAPITULATE': ⇨ -ant〗

ca·pit·u·lar /kəpítʃʊlə | -tjʊlə(r, -tʃʊ-/ *adj.* **1** 〖キリスト教〗(大)聖堂参事会 (chapter) の. **2** 〖植物〗頭状花序 (capitulum) の. **3** 〖解剖〗(骨の)小頭の. — *n.* 〖キリスト教〗**1** ＝canon². **2** 教会法規. **～·ly** *adv.* 〖(c1525) □ ML *capitulāris* ← L *capitulum* 'CHAPTER, (ML) ecclesiastical chapter' (dim.) ← *caput* 'HEAD'〗

ca·pit·u·lar·y /kəpítʃʊlèri | -tjʊləri, -tʃʊ-/ 〖キリスト教〗*adj.* (大)聖堂参事会 (chapter) の. — *n.* **1** (大)聖堂参事会員. **2** [通例 *pl.*] **a** 教会法令集. **b** 《フランク王国の》法令[勅令]集. 〖□ ML *capitulāria* 《原義》document divided into sections: ⇨ ↑, -ary〗

ca·pit·u·late /kəpítʃʊlèɪt | -tju-, -tʃʊ-/ *vi.* **1 a** 《条件付きまたは無条件で》降伏する (⇨ yield SYN): ～ under

C

the condition that ...という条件で降伏する. b 抵抗をやめる; 黙って受け入れる. 2 《古》協議する, 交渉する.

ca·pít·u·là·tor /-ṭə | -tə^(r)/ n. 〖《1689》□ ML *capitulātus* (p.p.) ← *capitulāre* to draw up under distinct heads ← LL *capitulum* head of a discourse, chapter, title (dim.) ← L *caput* head: ⇨ -ate³〗

C

ca·pit·u·la·tion /kəpìtʃuléɪʃən | -tju-, -tʃu-/ n. 1 a 降伏; 条件付き降伏 (conditional surrender). b 抵抗をやめること. 2 降伏文書. 3 (ある問題についての)項目列挙. 4 a (政府間の)協定, 合意事項. b [しばしば *pl.*] 非キリスト教国がキリスト教国に特権を許した協定.

ca·pit·u·la·to·ry /kəpítʃulətɔ̀:ri | -təri/ adj. 〖《1535》□ LL *capitulātiō(n-)*: ⇨ ↑, -ation〗

ca·pit·u·la·tion·ism /kəpìtʃuléɪʃənɪzm | -tju-, -tʃu-/ n. 投降[降伏]主義《特に西側に寝返った共産主義者の姿勢を指す》. 〖1957〗

ca·pit·u·lum /kəpítʃuləm | -tju-, -tʃu-/ n. (*pl.* **-u·la** /-lə/) 1 〖植物〗 a 頭状花序; 頭状花. b (シャジクモ(車軸藻)の雄器の把手(ℎ)体にできる)球状細胞. 2 〖解剖〗(骨の)小頭. 〖《1753》← NL ~ ← L ~ 'small head' (dim.) ← *caput* head〗

ca·piz /kəpí:z, kǽpɪ̀z | kǽpɪz/ n. マドガイ (*Placuna placenta*)《フィリピン原産の二枚貝; 装飾用》. 〖← ?〗

capíz shèll n. =capiz.

cáp jib n. 〖海事〗キャップジブ《船首斜檣(しょう) (bowsprit) の檣頭金属環 (cap) から前檣 (foremast) へ張ってある支索に付ける三角帆 (jib)》.

cap·let /kǽplɪ̀t/ n. カプレット《薬剤を飲みやすくするために細長い俵形にした錠剤》. 〖《*c*1930》《混成》← CAP(SULE) +(TAB)LET: 商品名〗

cap·lin /kǽplɪ̀n | -lɪn/ n. 〖魚類〗=capelin.

cap·ling /kǽplɪŋ/ n. 〖魚類〗=capelin.

cáp mòney n. 〖狐狩〗=cap¹ 12.

Cap'n /kǽpm/ n. =captain. 〖略〗

cáp nùt n. 〖機械〗=box nut.

ca·po¹ /kéɪpoʊ | kǽpəʊ, kéɪ-/ n. (*pl.* ~s) =capotasto. 〖《1946》略〗

ca·po² /kɑ́:poʊ, kǽp- | -pəʊ/ n. 《米俗》マフィアの組長, カポ. 〖《1952》□ It. ~ 'head' < L *caput*〗

ca·poc·chia /kɑpɑ́(:)kkjə | -pɔ́k-/ n. 《Shak》愚か者. 〖(fem) ← It. *cappochio*〗

Ca·po·di·mon·te, Capo di Monte /kɑ̀:poʊdi:mɑ́(:)nteɪ | kæ̀pəʊdɪmɔ́n-, kɑ̀:p-; *It.* kà:podimónte/ n. カポディモンテ磁器《18 世紀に Naples 市北部の Capodimonte で作られた装飾的な磁器・磁器像》.

ca·po·ei·ra /kæ̀puéɪrə/ n. カポエイラ《ブラジルで行われる男性の舞踊; アフリカ起源で護身と踊りの両面をもつ》. 〖《1967》□ Port. ~ 《原義》coop for capons, fortification〗

ca·pon /kéɪpɑ(:)n, -pən | -pən, -pɔn/ n. 1 (肉用の)去勢して太らせた雄鶏 (cf. poularde). 2 去勢した雄兎. 3 《廃》恋文 (love-letter). 〖lateOE *capun* □ AF= (O)F *chapon* < VL *cappōne(m)=L *capōnem* ← IE *(*s*)*kep-* to cut (Gk *kóptein* to cut)〗

ca·po·na·ta /kɑ̀:pənɑ́:ṭə | -tə; *It.* kaponá:ta/ n. 〖料理〗カポナータ《揚げナスをオリーブ・香辛料・酢で調理するシチリア地方の料理》. 〖1951〗

Ca·pone /kəpóʊn |-pə́ʊn; *It.* kapó:ne/, **Alphonse** n. アル・カポネ《1899–1947; イタリア生まれの米国のギャングの首領; 通称 Al /ǽl/; 禁酒法時代 Chicago の暗黒街を支配; 脱税で有罪とされ 1931 年 Alcatraz に送られた》.

ca·pon·ette /kèɪpənét/ n. (*also* **ca·pon·et** /~/) (化学的に)去勢した家禽(きん)《合成女性ホルモンの diethylstilbestrol を使って去勢した食用の鶏》.

cap·o·nier /kæ̀pəníə | -níə^(r)/ n. 要塞の堀にかかる屋根付き通路. 〖《1683》□ F *caponnière* □ Sp *caponera*〗

ca·pon·ize /kéɪpənàɪz/ vt. 〈雄鶏を〉去勢する (castrate) (cf. poulardize). 〖《1654》: ⇨ capon, -ize〗

cap·o·ral¹ /kǽp(ə)rəł, kæ̀pərǽł | kæ̀pərɑ́:ł/ n. 安いきざみたばこ. 〖(《1598》) 《1850》□ F ~ 《原義》corporal: *tabac du soldat* (=soldier's tobacco) より品がよいという意味で〗

cap·o·ral² /kæ̀pəræ̀ł, -rɑ́:ł/ n. 《米南西部》牧場の管理人[副管理人]. 〖《*c*1595》□ Sp. ~ 'chief, manager' □ It.: ⇨ corporal¹〗

cap·o·re·gime /kæ̀poʊrəʒì:m, kɑ̀:p- | -pə(ʊ)-/ n. 《米俗》マフィアの副支部長《capo² の次位》. 〖《*c*1970》□ It. ~ 'head of the REGIME': ⇨ capo²〗

Ca·po·ret·to /kæ̀pərétoʊ, kɑ̀:p- | -rétəʊ; *It.* kaporétto/ n. カポレット《Kobarid の旧イタリア語名》.

ca·pot /kəpɑ́(:)t, -póʊ | -pɔ́t; *F.* kapo/ 〖トランプ〗 n. (piquet で) カポット, 総取り《出された札を毎回取って全勝すること; 40 点のボーナス (bonus) がつく》. — vt. (piquet のプレーで)〈相手〉に全勝する. 〖《1651》□ F ~ ← *faire capo* to win all the tricks in piquet, 《原義》to capsize: *capo* ← ? Prov. *cap* head < L *caput*〗

ca·po·ta·sto /kɑ̀:poʊtá:stoʊ | -pə(ʊ)tá:stəʊ; *It.* kapotásto/ n. (*pl.* ~s, **-ta·sti** /-sti:; *It.* -sti/) カポタスト, 枷(かせ)《ギターなどの指板の上を移動する上駒; これで全部の弦のピッチを同時に上げることができる》. 〖《1876》□ It. ~ 《原義》chief key ← *capo* chief+*tasto* key of a musical instrument〗

ca·pote /kəpóʊt | -pə́ʊt; *F.* kapɔt/ n. 1 カポート: a 旅行者や軍人が着たフード付きのゆるやかな長外套[マント]. b Levant 地方の男女が用いる粗布, または毛皮の長いマント. 2 カポート《ビクトリア時代中期に用いられた女性・子供用のひもつきボンネットの一種》. 3 (馬車などの)折りたたみ式の屋根[フード]. 〖《1799》□ F ~ (dim.) ← *cape* 'CAPE¹'〗

Ca·po·te /kəpóʊṭi | -pə́ʊti/, **Truman** n. カポーティ《1924–84; 米国の小説家; *Other Voices, Other Rooms* (1948), *Breakfast at Tiffany's* (1958), *In Cold Blood* (1965)》.

Capp /kǽp/, **Al** n. キャップ《1909–79; 米国の漫画家; *Li'l Abner* の作者; 本名 Alfred Caplin》.

cap·pa /kǽpə/ n. (*pl.* **cap·pae** /-pi:/) カッパ《修道士[女]などがはおる袖なし外套》. 〖《1859》□ It. ~: ⇨ cape¹〗

Cap·pa·do·cia /kæ̀pədóʊʃə, -ʃiə | -də́ʊsiə, -ʃiə, -ʃə/ n. カッパドキア《小アジア東部地方の古称; 現在のトルコ南部地域; 馬の産出で知られた》. **Cap·pa·do·cian** /kæ̀pədóʊʃən, -ʃiən | -də́ʊsiən, -ʃiən⁻/ adj., n. 〖1607〗

cap·pa ma·gna /kɑ́:pəmɑ́:njə/ n. 〖カトリック〗(高位聖職者用の)大カッパ, 大外衣《大きな頭布のついた長い裾のゆったりしたマント》. 〖□ ML ~ 《原義》large cape〗

cáp·pàper n. 1 包装紙の一種. 2 キャップ紙《foolscap や legal cap を含む便せんの一種》. 〖1577〗

Cap·pa·ri·da·ce·ae /kæ̀pərɪ̀déɪsiì: | -rɪ-/ n. pl. 〖植物〗(双子葉植物ケシ目)フウチョウソウ科. **càp·pa·ri·dá·ceous** /-ʃəs⁻/ adj. 〖← NL ~ ← *Capparis* (属名: ← L *capparis* 'CAPER¹')+-ACEAE: cf. *Capparidaceous* 《1866》〗

cápped élbow n. 〖獣医〗=shoe boil.

cápped hóck n. 〖獣医〗飛端腫《馬の踵骨(しょうこつ)隆起部に生じる皮下粘液嚢(のう)および皮膚の腫脹》.

cap·pel·let·ti /kæ̀pəléṭi | -ti; *It.* kappellétti/ n. pl. 〖料理〗カッペレッティ《鶏挽き肉やチーズを詰めた小さな帽子形のパスタ (pasta)》. 〖《1945》□ It. ~ (pl.) ← *cappelletto* (dim.) ← *cappello* hat < ML *capellum* cap (dim.) ← LL *cappa*: ⇨ cap¹〗

cap·per /kǽpə | -pə^(r)/ n. 1 a 帽子屋. b 帽子をかぶる人. 2 (びん・缶などのふたをする)ふた締め機[屋]. 3 雷管を使う装置. 4 《俗》a (せり売りのおとりに雇われる)空せり人,「さくら」(by-bidder). b (ばくち打ちの)おとり (decoy). 5 《口語》先行するものよりすぐれた焼き直し[二番煎じ], 前のものより面白い話[冗談]. 6 《俗》終わり, けり. 〖《1260》: ⇨ cap¹, -er¹〗

cáp pìece n. 〖建築〗柱頭, 笠(かさ), 笠石, 笠木.

cáp·ping n. 1 帽子[覆い, ふた]をかぶせること[仕事]. 2 上部[頭部]を覆うもの. 3 〖建築〗柱頭や笠木になるもの. 4 〖鉱山〗表土, 被(ひ)り (⇨ overburden 2). 〖《1592》: ⇨ cap¹, -ing¹〗

cápping fèe n. 〖狐狩〗=cap¹ 12.

cáp pìstol n. =cap gun.

cap·puc·ci·no /kæ̀pətʃí:noʊ, kɑ̀:p- | kæ̀putʃí:nəʊ, -pə-; *It.* kapputtʃí:no/ n. (*pl.* **-ci·ni** /-ni:; *It.* -ni/) カプチーノ: 1 エスプレッソコーヒー (espresso coffee) に泡立てた熱い牛乳を加えた飲み物. 2 ラムかブランデーを加えた熱いココア. 〖《1948》□ It ~: ⇨ capuchin〗

Ca·pra /kǽprə/, **Frank** n. キャプラ《1897–1991; イタリア生まれの米国の映画監督; *It's a Wonderful Life*「素晴らしき哉, 人生!」(1946)》.

ca·pre·o·late /kəprí:əlèɪt/ adj. 1 〖植物〗巻きひげのある. 2 〖解剖〗巻きひげに似た. 〖《*c*1735》□ L *capreolātus* ← *capreolus* tendril; roe: ⇨ capriole, -ate²〗

Ca·pri /kəprí:, kə-, kɑ́:pri:, kǽp- | kæprí:, kə-; *It.* kà:pri/ n. 1 カプリ(島)《イタリアの Naples 湾にある岩の多い島; 観光地; 面積 10 km²》. 2 カプリ(ワイン)《カプリ島およびその周辺の島で産する辛口の白ぶどう酒》. 3 [*pl.*] ⇨ Capris. 〖《1877》□ It. ~ < L *Capreae* ← *caprea* wild she-goat〗

capri- /kǽprɪ̀, -ri/「やぎ (goat)」の意の連結形. 〖□ L ~ ← *caper* goat〗

cap·ric /kǽprɪk/ adj. 1 やぎの[に関する]. 2 〖化学〗カプリン酸の. 〖《1836》← CAPRI-+-IC¹〗

cápric ácid n. 〖化学〗カプリン酸 ($CH_3(CH_2)_8COOH$)《バター・カカオ油をはじめ多くの油脂中に広くグリセルエステルとして見出される脂肪酸; 融点 31.5°; 正式名 decanoic acid》. 〖1836〗

ca·pric·cio /kəprí:tʃoʊ, -tʃiòʊ | -prítʃiəʊ, -prí:tʃ-; *It.* kaprittʃo/ n. (*pl.* ~s, **ca·pric·ci** /-tʃi:; *It.* -tʃi/) 1 気まぐれ (caprice). 2 気まぐれなふざけ (prank). 3 〖音楽〗カプリッチオ, 奇想曲《気まぐれな気分を表した自由形式の楽曲; cf. humoresque》. 4 〖美術〗カプリッチオ《ちょっとした思いつきや気まぐれの構図や装飾, 描き加えたものなど》. 〖《1602–03》□ It. ~ 'shiver, whim' ← *cap* head (< L *caput*)+*riccio* hedgehog, 《原義》head with bristling hair, i.e. horripilation (□ L *ēricius*): It. *capra* goat (< L *caper*) と連想; 山羊が驚いて急にはね出すことから〗

ca·pric·ci·o·so /kəprì:tʃióʊsoʊ | -prì:tʃiə́ʊsəʊ, -prì:tʃ-; *It.* kàprittʃó:so/ adj., adv. 〖音楽〗カプリッチョーソ, 気まぐれな[に], 狂想的な[に]. 〖□ It. ~ ← *capriccio* (↑)+-*oso* '-ous'〗

ca·price /kəprí:s/ n. 1 a 気まぐれ, 酔狂 (whim); 移り気, 気まま: out of ~ 気まぐれから / with [in] a sudden ~ ふとした出来心で. b 予想[説明]できない急変: a ~ of the weather 天候の急変. 2 〖美術〗空想的作品, 気まぐれの作, 戯作. 3 〖音楽〗=capriccio 3. 〖《1667》□ F ~ □ It. *capriccio*: ⇨ capriccio〗

SYN 気紛れ: **caprice** 明白な理由もなく突然心を変えること: the *caprices* of young women 若い女性の気紛れ. **whim** 《通例悪い意味で》突然の衝動的な欲望や考え: Let her follow her own *whim*. 気の向くままにさせておけ. **whimsy** 奇妙な空想的な考え《格式ばった語》: It seems a *whimsy* seized him. とっぴな考えが彼をとらえたようだ. **vagary** 人の行動や状況のとっぴな[思いがけない]変化《格式ばった語》: the *vagaries* of fashion 流行の気紛れな変化. **crotchet** 通例つまらない事柄で常識とかけ離れた風変わりな考え: the *crotchets* of an old man 老人の風変わりな考え.

ca·pri·cious /kəpríʃəs, -prí:ʃ- | kəpríʃ-/ adj. 1 a 気まぐれな, 移り気の (whimsical) (⇨ inconstant SYN). b 急変する. 2 《廃》空想的な (fantastic), 機知のある (humorous). **~·ly** adv. **~·ness** n. 〖《1594》□ F *capricieux*: ⇨ ↑, -ous〗

Cap·ri·corn /kǽprɪ̀kɔ̀ən | -kɔ̀:n/ n. 1 〖占星〗a やぎ座, 磨羯(まかつ)宮《黄道 12 宮の第 10 宮; the (Horned) Goat ともいう; cf. zodiac》. b やぎ座生まれの人. 2 〖天文〗やぎ(山羊)座 (Capricornus): ⇨ TROPIC¹ of Capricorn. 〖《1373》□ (O)F *Capricorne* □ L *Capricornus* 《原義》goat-horned (← CAPRI-+*cornu* 'HORN') 《なぞり》← Gk *aigókerōs*〗

Cap·ri·cor·ni·a /kæ̀prɪ̀kɔ́əniə | -kɔ́:-/ n. オーストラリアの南回帰線地帯.

Cap·ri·cor·nus /kæ̀prɪ̀kɔ́ənəs | -kɔ́:-/ n. 〖天文〗やぎ(山羊)座《南天の星座; the Goat, the Horned Goat ともいう》. 〖↑〗

cap·ri·fi·ca·tion /kæ̀prəfɪ̀kéɪʃən | -rɪ̀fɪ-/ n. 〖園芸〗カプリフィケーション: a カプリイチジク (caprifig) の花粉がコバチ (*Blastophaga grossorum*) によって食用イチジクの花に運ばれること. b 同上の現象を利用し野生イチジクの開花枝を食用イチジクの樹の傍に置き, 受粉を助ける園芸的方法. 〖《1601》□ L *caprificātiō(n-)*: ⇨ ↓, -fication〗

cap·ri·fig /kǽprəfɪg | -rɪ̀-/ n. 〖植物〗1 カプリイチジク (*Ficus carica* var. *sylvestris*)《南ヨーロッパ・小アジア産野生イチジク; 果実は食用にならないが, その中にすむコバチが食用イチジクの花粉媒介を行う》. 2 カプリイチジクの果実. 〖《*c*1420》□ L *caprificus* ← *caper* goat+*ficus* fig〗

Cap·ri·fo·li·a·ce·ae /kæ̀prəfòʊliéɪsiì: | -prɪ̀fəʊ-/ n. pl. 〖植物〗(双子葉植物アカネ目)スイカズラ科. **cap·ri·fo·li·a·ceous** /kæ̀prɪ̀fòʊliéɪʃəs | -fəʊ-⁻/ adj. 〖← NL ~ ← *Caprifolium* (属名: ← ML *caprifolium* honeysuckle ← CAPRI-+L *folium* leaf)+-ACEAE〗

cap·ri·fy /kǽprəfàɪ | -rɪ̀-/ vt. 〖園芸〗1 (caprification b の方法により受粉させて)〈イチジクを〉結実させる. 2 (植物生長調節剤の利用により)〈イチジクを〉単為結果させる. 〖《*c*1420》□ L *caprificāre*: ⇨ caprifig, -fy〗

cap·rine /kǽpraɪn/ adj. 1 ヤギ (goat) の[に属する]. 2 ヤギのような[を思わせる]. 3 〖獣医学〗〈病気・ウイルスなど〉ヤギの. 〖《1607》□ L *caprinus* ← *caper* goat: ⇨ -ine¹〗

cap·ri·ole /kǽpriòʊł | -əʊł/ n. 1 (ダンスなどの)跳びはね (leap). 2 〖馬術〗カプリオール《高等馬術の跳躍の一つ; 後肢を後方に蹴り, できるだけ伸張させる垂直跳躍》. — vi. 1 跳びはねる. 2 〈馬が〉カプリオールを行う. 〖n.: 《1594》□ F *cabriole*, 《廃》*capriole* □ It. *capriola* ← *capriolare* to leap like a goat ← *capriolo* roebuck < L *capreolum* (dim.) ← *caper* goat. — v. 《1580》□ It. *capriolare*〗

Cap·ri·ote /kǽpriòʊt, kɑ́:p-, -riət | -əʊt, -ət/ n. カプリ島民. 〖□ F ~: ⇨ CAPRI: cf. *cypriot*〗

Caprí pànts n. pl. カプリパンツ《女性用のくるぶし丈のパンツ; 先細りのぴったりしたもので, すその外側にスリットが入っている; Capris ともいう》. 〖1956〗

Ca·pris /kəprí:z, kə-, kɑ́:pri:z, kǽp- | kæprí:z, kə-/ n. pl. =Capri pants.

Ca·prí·vi Stríp /kəprí:vi-, kæ-/ n. カプリービストリップ《ナミビア北東部の細長い土地; 長さ 480 km, 幅 80 km》.

cap·ro·ate /kǽproʊèɪt | -rəʊ-/ n. 〖化学〗カプロン酸塩[エステル]. 〖← CAPROIC ACID: ⇨ -ate¹〗

cáp ròck n. 〖地質〗キャップロック《含油層の上部にある不透水性の岩石; 鉱床の上部にあって鉱化作用を妨げている岩石; 単に cap ともいう》. 〖1867〗

ca·pró·ic ácid /kəpróʊɪk-, kæ- | -prə́ʊ-/ n. 〖化学〗カプロン酸 ($CH_3(CH_2)_4COOH$)《バター・パーム油などにある油脂酸の一種; 不快臭のある液体; hexanoic acid ともいう》. 〖《1845》*caproic*: ← *capro*- (⇨ CAPRI-)+-IC¹: やぎの体臭にちなむ〗

cap·ro·lac·tam /kæ̀proʊlǽktæm | -rə(ʊ)-/ n. 〖化学〗カプロラクタム ($C_6H_{11}NO$)《白色の結晶; 6-ナイロンの原料として重要》. 〖《1944》: ⇨ ↑, lactam〗

cap·ry·late /kǽprəlèɪt | -rɪ̀-/ n. 〖化学〗カプリル酸塩, カプリル酸エステル. 〖⇨ ↓, -ate¹〗

ca·prýl·ic ácid /kəprílɪk-/ n. 〖化学〗カプリル酸 ($CH_3(CH_2)_6COOH$)《無色液状の脂肪酸; octanoic acid ともいう》. 〖《1845》*caprylic*: ← CAPRI-+-YL+-IC¹〗

caps. 《略》〖印刷〗capital letters; 〖処方〗capsule.

cap·sa·i·cin /kæpséɪəsɪ̀n | -sɪn/ n. 〖化学〗カプサイシン ($C_{18}H_{27}NO_3$)《結晶性物質でとうがらしの辛味成分》. 〖《1890》《変形》← *capsicine* an extract from cayenne pepper ← CAPSICUM+-IN²: L *capsa* case の影響による変形か〗

cáp scrèw n. 〖機械〗キャップねじ (⇨ tap bolt). 〖*a*1884〗

Cap·si·an /kǽpsiən/ adj. 〖考古〗カプサ文化の《北アフリカ Maghreb 地方の中石器時代の文化にいう; 石刃・細石器の使用, 岩壁に描いた狩猟の絵, カタツムリの貝塚などが特色》. 〖□ F *capsien* ← L *Capsa*=*Gafsa* (チュニジア中央部の町の名: この近辺でこの石器が発見された): ⇨ -ian〗

cap·si·cum /kǽpsɪ̀kəm/ n. 1 〖植物〗トウガラシ《トウガラシ属 (*Capsicum*) の各種の植物の総称; cf. bird pepper》. 2 トウガラシの実. 〖《1725》← NL ~ ← L *capsa* case+-*icum* ((neut.) ← -*icus* '-IC¹')〗

cap·sid¹ /kǽpsɪ̀d | -sɪd/ n. 〖昆虫〗メクラカメムシ (mirid)《軟弱な体をした小さいのカメムシ; 有用植物の害虫を多く含み, 病菌の媒介をする種類も多いが, 一方他の昆虫を捕食す

るために天敵として利用される種類もある)。〖(1889) ← NL *Capsidae* ← *Capsus* (属名: ← Gk *kápsis* gulping)＋-IDAE〗

cap·sid[2] /kǽpsɨd | -sɪd/ *n.* 〘生物〙キャプシッド《蛋白質から成るウイルスの外殻》. **~·al** /-dɫ/ *adj.* 〖(1961) ← L *capsa* case＋-ID[2]〗

cap·size /kǽpsaɪz, ─ ́ | ─ ́/ *vt.* 〈船などを〉ひっくり返す; 転覆させる (⇨ upset SYN). ── *vi.* 〈船などが〉ひっくり返る; 転覆する. ── *n.* 転覆. **cap·siz·al** /kæpsáɪzəl, -zɫ/ *n.* 〖(1788) ← ? Sp. *cabezar* to pitch // *capuzar* to sink (a ship) by the head ← *cabo* head < L *caput*: cf. 《方言》*cap* to overtop〗

cáp·siz·ing mòment *n.* 〘造船〙＝upsetting moment.

cáp slèeve *n.* キャップスリーブ《肩先を覆う程度のそで》. 〖1926〗

cap·so·mer /kǽpsəmə | -mə(r)/ *n.* ＝capsomere.

cap·so·mere /kǽpsəmɪə | -mɪə(r)/ *n.* 〘生物〙キャプソメア《キャプシッド (capsid) 上に配列し, その構造単位となっている蛋白質分子の集合体》. 〖(1962) ← CAPSID[2]＋-O-＋-MERE〗

cap·stan /kǽpstən, -stæn | -stən/ *n.* **1** 〘海事〙車地(しゃち), 絞盤, キャプスタン《錨や円材などを巻き上げる装置; 頭部の周囲の穴に車地棒をさし, これを数人で押して錨綱や錨鎖(びょうさ)を巻き寄せる》. **2** 〘電気〙キャプスタン《磁気録音機でテープを一定の速度で走行させる回転体》. 〖(?c1380) □ Prov. *cabestan*, 《古形》*cabestran* ← *cabestre* < L *capistrum* halter ← *capere* to seize〗

cápstan bàr *n.* 〘海事〙車地(しゃち)棒, キャプスタンバー《キャプスタンを回すときに取り付けるレバーになる樫の棒》. 〖1627〗

cápstan làthe *n.* 〘機械〙＝turret lathe.

cápstan tàble *n.* キャプスタン型テーブル (⇨ drum table). 〖1927〗

cáp·stòne *n.* **1** 〘建築〙(石柱・壁などの上の)笠(かさ)石, 冠石, 頂石. **2** 最高点, 頂点, 絶頂 (climax). **3** 〘登山〙チムニー (chimney) などの上部にある岩石. 〖1665〗

cap·sul- /kǽpsəl, -sjʊl | -sjʊl/ (母音の前にくるときの) capsulo- の異形.

cap·su·lar /kǽpsələ, -sjʊ- | -sjʊlə(r)/ *adj.* **1** さや[カプセル]の[に関する, のような]. **2** ＝capsulate. 〖(1730) ← NL *capsulāris*: ⇨ capsule, -ar[1]〗

cap·su·late /kǽpsəlèɪt, -sjʊ-, -lɨ̀t | -sjʊ-/ *adj.* さや[カプセル]になった, さや[カプセル]に入った; さや[カプセル]に包んだ. ── *vt.* **1** カプセルに入れる. **2** 要約する. 〖(1668) ← NL *capsulātus*: ⇨ capsule, -ate[2]〗

cap·su·lat·ed /kǽpsəlèɪtɨ̀d, -sjʊ- | -sjʊlèɪtɪd/ *adj.* ＝capsulate. 〖1646〗

cap·su·la·tion /kæ̀psəléɪʃən, -sjʊ- | -sjʊ-/ *n.* さや[カプセル]に入れること. 〖1879–99〗

cap·sule /kǽpsəl, -suːl | -sjuːl, -səl/ *n.* **1** (飲みにくい薬を包む)カプセル, 膠囊(こうのう). **2** (各種用途の)小容器. **3** 〘宇宙〙**a** カプセル《宇宙空間で乗員・実験動物あるいは計器などを保護するための気密容器; space capsule ともいう》. **b** 宇宙船 (spaceship). **4** 〘航空〙カプセル《軍用機などの気圧を一定に保って密閉した乗員室; このまま射出して非常脱出用に用いるものもある》. **5** (ガラス瓶のコルクの口などにかぶせる)口金. **6** 〘解剖〙**a** 包(ほう), 嚢(のう), 莢(きょう)膜, 被囊, 被膜. **b** (大脳の)内包. **7** 〘植物〙**a** 蒴(さく), 蒴果. **b** 蘚(せん)帽 (cf. fruit 1 b). **8** 〘化学〙(蒸発用の)小皿. **9** 〘生物〙莢膜《細菌細胞の外側にある粘性をもつ厚い膜; 主成分は多糖類》. **10** **a** (ニュース・講演などの)要約, 大要. **b** 少量. ── *adj.* **1** 小さくてぎっしり詰まった; 小型化した, 小さい. **2** 要約した, 簡約した: a ~ review, biography, etc. ── *vt.* **1** カプセルに入れる, カプセルで保護する. **2** 小型化する. **3** 要約する, 略述する. 〖(1652) □ F ~ □ L *capsula* (dim.) ← *capsa* box: ⇨ -ule: cf. case[2]〗

cap·su·li- /kǽpsəlɨ̀, -li, -sjʊ- | -sjʊ-/ capsulo- の異形 (⇨ -i-).

cap·sul·ize /kǽpsəlàɪz, -sjʊ- | -sjʊ-/ *vt.* ＝capsule. 〖1950〗

cap·su·lo- /kǽpsəloʊ, -sjʊ- | -sjʊləʊ/ capsule の意の連結形. ★ 時に capsuli-, また母音の前では通例 capsul- になる. 〖← NL ~: ⇨ capsule〗

capt. 《略》caption.

Capt. 《略》Captain.

cap·tain /kǽptɨ̀n/ *n.* **1** 〘軍事〙陸軍大尉; 海軍大佐; 《米》空軍大尉 (《英》flight lieutenant); 《米》海兵隊大尉. **2** **a** (チームの)主将, キャプテン. **b** (商船の)船長; (軍艦の)艦長. **c** (航空機の)機長, チーフパイロット. **d** 《米》警部 (⇨ police 1 ★). **e** 《米》(消防隊の)中隊長《lieutenant と chief の間の階級》. **f** 首領, 長 (chief, leader); 監督, 係長, 頭(かしら) (foreman). **g** (隊・要塞などの)指揮官. **h** (Caesar, Nelson など古今の)名将, 軍の名指揮官: the great ~*s* of ancient times 古代の名将たち. **i** (一組の水夫の)長, 主任, 班長. **j** (列車の)機関士. **k** 《米》(ホテル・レストランの)ボーイ頭 (headwaiter). **l** 《米》＝bell captain. **m** 《米》(政党の)支部長; (選挙における政党末端組織の)責任者. **n** 《英》鉱山の監督. **o** 《英》学級委員, 級長. **3** 大物, 大立物 (magnate): a ~ of industry 産業界の大物, 大実業家. **4** 《米南部》[親愛の敬称として] 大将.
── *vt.* …のキャプテンになる; (首領として)統率[指揮]する (lead), 監督する: an airplane ~*ed* by a veteran pilot ベテラン操縦士を機長とする飛行機.
〖(c1375) *captain* □ OF *capitaine* □ LL *capitāneus* (adj.) chief ← L *capit-*, *caput* head: cf. chieftain〗

Cáptain Bób *n.* キャプテン ボブ (⇨ Robert MAXWELL).

Cáptain Cóok *n.* キャプテン クック (⇨ James COOK).

Cáptain Cóok·er *n.* 《NZ》野生化した豚, 野豚《James Cook が最初に放した》. 〖1879〗

cap·tain·cy /kǽptɨ̀nsi, -tṇtsi/ *n.* **1** captain の職[地位, 任期]. **2** (captain の)管轄地域. **3** 統率力, 指揮力 (leadership). 〖(1819): ⇨ captain, -cy〗

cáptain géneral *n.* (*pl.* **captains g-**, **~s**) **1** 《英》(陸軍の)最高指揮官, 総司令官 (commander in chief). **2** (スペイン植民地の)辺境軍政官; (都市の)民兵隊司令官. 〖(1514) (なぞり) ← F *capitain général* & Sp. *capitan general*〗

Cáptain Hóok *n.* フック船長《*Peter Pan* 中の海賊船の船長》.

Cáptain Kírk *n.* カーク船長《米国の SF テレビドラマ「スタートレック」で宇宙船の冷静沈着な指揮官である宇宙連邦軍大佐》.

cáptain's bìscuit *n.* 《英》(船で用いる)上等堅パン (cf. ship biscuit). 〖1844〗

cáptain's chàir *n.* (19 世紀前期の定期船の船長室で使用された)キャプテンチェア《ウィンザーチェアの一種; 鞍(くら)状の座に紡錘状の柱をならべた背もたれがあるひじかけ椅子》. 〖1946〗

cáptain·shìp *n.* **1** captain の資格[職責]; captain としての才能[手腕], 統率の才. **2** ＝captaincy 2. 〖1428〗

cáptain's màst *n.* 〘米海軍〙(懲戒)審議会《隊員の懲戒に関して, または苦情処理などのために艦長が主宰して開く法廷; 単に mast ともいう》. 〖1941〗

cáptain's wàlk *n.* 〘建築〙＝widow's walk.

cap·tan /kǽptæn/ *n.* 〘薬学〙カプタン ($C_9H_8Cl_3NO_2S$)《農業用殺菌剤》. 〖(1952) ? 《略》← MERCAPTAN〗

cap·ta·tion /kæptéɪʃən/ *n.* **1** 人気取り. **2** 人気取り議論 (ad captandum argument). 〖(1523) □ F ~ // L *captātiō(n-)* ← *captāre* to catch at ← *capere* (↓)〗

cap·tion /kǽpʃən/ *n.* **1** キャプション, 絵とき, ネーム《挿絵などの説明; legend, underline ともいう》. **2** 〘映画・テレビ〙説明字幕, サブタイトル (subtitle). **3** (章・節・ページなどの)見出し, 題目, 表題 (title, heading). **4** 〘法律〙(起訴状・証言録取書などに付けた)頭書《作成場所・日時・権限などを示すもの》. **5** 《古》逮捕, 差し押え (seizure). ── *vt.* …に見出し[説明, サブタイトル]を付ける. 〖(c1384) □ OF *capcion* □ L *captiō(n-)* a taking ← *capere* to take: cf. captive〗

cáption·less *adj.* 見出し[説明, サブタイトル]のない. 〖1944〗

cap·tious /kǽpʃəs/ *adj.* **1** むやみに欠点をとがめだてする, あら探しの, あげ足取りの; 気むずかしい. **2** (議論で)人を混乱させる, 相手を引っかけるような; 意地の悪い: a ~ question (人を落とし入れようとする)たちの悪い質問. **~·ly** *adv.* **~·ness** *n.* 〖(?c1408) □ (O)F *captieux* // L *captiōsus* ← *capere*: ⇨ caption, -tious〗

cap·ti·vate /kǽptɨ̀vèɪt/ *vt.* **1** 〈人〉の心をとりこにする, 魂を奪う, うっとりとさせる, 悩殺する: ~ a millionaire 大金持ちを悩殺する / He was utterly ~*d* by her beauty. 彼女の美しさにすっかり魂を奪われてしまった. **2** 《古》捕虜にする, 捕える. 〖(c1526) ← LL *captivātus* (p.p.) ← *captivāre* to take captive ← L *captivus* 'CAPTIVE'〗

cáp·ti·vàt·ing /-tɪŋ | -tɪŋ/ *adj.* 人の心を捕えるような; うっとりさせる, 魅惑的な: a ~ talker. **~·ly** *adv.* 〖(1675): ⇨ -ing[2]〗

cap·ti·va·tion /kæ̀ptɨ̀véɪʃən/ *n.* **1** 魅惑(すること), 魅了. **2** うっとりすること[した状態], 恍惚状態. 〖(1610) □ LL *captivātiō(n-)*: ⇨ captivate, -ation〗

cáp·ti·và·tor /-tə | -tə(r)/ *n.* 魅惑する人[もの]. 〖1651〗

cap·tive /kǽptɪv/ *adj.* **1** **a** (戦争で)捕虜になった, 生け捕りの, 捕われの: take [hold] a person [people] ~ 人を捕虜にする[にしておく]. **b** 縛られた, 係留された; 自由にできない: ⇨ captive balloon. **c** 幽閉された, 監禁された; かご[おり]に入れられた (caged): a ~ bird かごの鳥. **2** いやでも聞かねばならない, 否応なく聞かされる: a ~ audience (聞きたくもない放送を聞かされるバスの乗客のような)いやでも聞かなければならない聴衆,「囚(とら)われの視聴者」. **3** 魅惑された, 心を奪われた: Her beauty held his mind ~. 彼の心は彼女の美しさのとりこになった. **4** **a** 〘経営〙(ある企業に)専属の, 自社専用の. **b** (独立しているものの)他(人)に動か[支配]されている: a ~ nation, candidate, etc. ── *n.* **1** 捕虜 (prisoner) (cf. captor). **2** 〔恋などに〕捕われた人, とりことなった人〔*to*〕: He became a ~ *to* her charm. 彼女の魅力のとりことなった. 〖(?a1400) □ L *captīvus* ← *captus* (p.p.) ← *capere* to take: ⇨ -ive: cf. caitiff〗

cáptive ballóon *n.* 係留気球 (cf. free balloon).

cáptive bólt *n.* 家畜銃《内挿された打撃棒を発射して動物を気絶させる; 屠殺前に用いる》.

cáptive màrket *n.* 専属市場《選択の余地がなく特定の商品を買わざるをえない消費者層》.

cáptive tèst [**fìring**] *n.* (ミサイル・ロケットエンジンなどの)地上噴射試験, 固定テスト.

cap·tiv·i·ty /kæptívəṭi | -vɨ̀ti/ *n.* **1** 捕われ[捕虜](の身, 状態), 奴隷[人質]の身分; 監禁[かごに入れられた]状態: in ~ とりこになって; かご[おり]に入れられて. **2** (他への)従属, (他の)威圧的支配. **3** [集合的] 《古》捕虜たち: They delivered up the whole ~ to Edom. 彼らは俘囚(とりこ)をことごとくエドムにわたしたり (*Amos* 1:9). **4** [the C-] 〘旧約聖書〙＝Babylonian captivity 1. 〖(?c1380) □ (O)F *captivité* □ L *captīvitātem*: ⇨ captive, -ity〗

cap·to·pril /kǽptoʊprɪl, -tə- | -tə(ʊ)-/ *n.* 〘薬学〙カプトプリル ($C_9H_{15}NO_3S$)《血圧降下剤》. 〖成分の化学物質 *mercaptopropanoyl* からの造語か〗

cap·tor /kǽptə, -tɔə | -tə(r), -tɔː(r)/ *n.* 生け捕る[逮捕する]人, 捕獲者 (cf. captive 1). 〖(1688) □ LL ~ ← L *capere* to take: ⇨ -or[2]〗

cap·tress /kǽptrɨ̀s/ *n.* 女性の captor. 〖(1867): ⇨ ↑, -ess[1]〗

cap·ture /kǽptʃə | -tʃə(r)/ *vt.* **1** **a** (力・計略などで)捕える; 生け捕る, とりこにする (⇨ catch SYN); 捕獲する; 分捕る: ~ an animal, a ship, etc. **b** 〈要塞・陣地などを〉攻め落とす, 占領する: ~ a city. **c** 〈賞品などを〉獲得する, 取る: ~ a prize. **d** …の支配を握る: ~ the country's banking system その国の銀行体制を牛耳る. **2** 比較的永続的な形で表現する[捕える, 保存する]: ~ her beauty on canvas 画布の上に彼女の美を残しておく / The concert was ~*d* on videotape. そのコンサートはビデオで残された. **3** 〈関心・注意を〉捕らえる, 魅了する: ~ people's attention 人々の注意を捕らえる / a politician who ~*d* the public 大衆の心を捕らえた政治家 / ~ the house 満堂をうならせる. **4** 〘物理〙〈原子核や素粒子が〉〈素粒子を〉捕獲する. **5** 〘チェス・チェッカー〙〈相手の駒を〉取る. **6** 〘地理〙〈川が〉〈他の川〉の上流部を奪う, 斬首する. **7** 〘電算〙〈データを〉コンピューターに取り込む. ── *n.* **1** **a** (力・計略などによる)捕獲, 逮捕; 分捕り, 略奪, 拿捕(だほ). **b** 攻略, 占領. **c** 征服, 支配: the ~ of the party by the leftists 党を左派が牛耳ること. **2** 捕獲物[動物], とりこ, 分捕品; (特に)拿捕[捕獲]船: bring home one's ~ 獲物を持ち帰る. **3** 〘物理〙捕獲《原子核などが他の粒子を獲得する過程》. **4** 〘チェス・チェッカー〙相手の駒を取ること. **5** 〘地理〙(川の)争奪, 斬首《ある川の上流が隣の川の流域内に延びてきて, その上流部を奪いとる水系変更現象; stream capture, stream piracy ともいう》. **6** 〘電算〙(コンピューターの記憶装置に蓄えられる情報の)取り込み.
cápture the flág 〘遊戯〙旗取りゲーム《捕虜にならないようにしながら相手チームの旗を奪って陣地に戻る》.
cáp·tur·er /-tʃərə | -rə(r)/ *n.*
〖(1541–42) □ F ~ □ L *captūra* ← *captus* (p.p.) ← *capere* to take: ⇨ -ure: cf. have〗

Ca·pu·a /kǽpjuə; *It.* káːpua/ *n.* カプア《イタリア南西部 Naples の近くの町; この付近に古代 Capua の円形劇場の遺跡がある》.

ca·puche /kəpúːtʃ, -púːʃ | -púːʃ, -púːtʃ/ *n.* ずきん, フード; (特に, カプチン修道士 (Capuchin) の用いる)長いとがったずきん, カプッチョ. 〖(a1600) □ F 《廃》~ (今の形は *capuce*) □ It. *cappuccio* ← *cappa* cloak: ⇨ cap[1], cape[1]〗

cap·u·chin /kǽpjʊʃɨ̀n, -tʃɨ̀n, kəpjúː- | -tʃɪn, -ʃɪn, kəpúː-/ *n.* **1** [C-] 〘カトリック〙(フランシスコ会の一派の)カプチン修道会修道士《長ずきんを用いる; cf. Black Franciscan》. **2** フード付き女性用外套[マント]. **3** 〘動物〙**a** ノドジロオマキザル (*Cebus capucinus*)《中南米産オマキザルの一種; capuchin monkey ともいう》. **b** 中南米産オマキザル属 (*Cebus*) のサルの総称. 《たてがみがずきんに似ていることから》 **4** [時に C-] 〘鳥類〙イエバトの数品種の総称 (capuchin pigeon ともいう). 《首と頭にずきん状の羽が生えていることから》 〖(1596) □ F 《廃》*capuchin* (今の形は *capucin*) □ It. *cappuccino* little cowl ← *cappuccio* (↑): ⇨ -ine[5]〗

cápuchin cápers *n.* (*pl.* ~) 〘植物〙ノウゼンハレン (nasturtium) の果実《酢漬けに用いる; English capers ともいう》.

cap·u·chine /kǽpjʊʃɨ̀n, -ʃiːn, -tʃɨ̀n, -tʃiːn | -tʃɪn, -tʃiːn, -ʃɪn, -ʃiːn/ *n.* ＝capuchin 2.

Cap·u·let /kǽpjʊlèt, -lɨ̀t/ *n.* キャピュレット(家)《Shakespeare 作 *Romeo and Juliet* の主人公 Juliet の生家; cf. Montague[2]》.

Cáp·u·lin Móuntain Nátional Mónument /kǽpjʊlɨ̀n- | -lɪn-/ *n.* キャピュリンマウンテン国定記念物《米国 New Mexico 州北東部, 噴石丘の Capulin 山 (2,504 m) がある一帯》.

ca·put /káːpʊt, -pət, kǽpət, kéɪ- | kéɪpət, kǽp-/ *n.* (*pl.* **ca·pi·ta** /káːpɨ̀tàː, kǽpəṭə | kǽpɨ̀tə/) **1** 〘解剖〙(骨などのこぶ状の)頭, 骨頭. **2** 主要部. **3** 〘ローマ法〙市民たる地位《自由人・ローマ市民および家族であることを内容とする》. 〖(1649) □ L ~ 'head'〗

cáput me·dú·sae /-mɪdúːsiː, -djúː-, -ziː | -mɪdjúː-/ *n. pl.* 〘解剖〙メドゥサ(の)頭《新生児や肝硬変のとき, 腹壁にみられる静脈怒張》.

cáput mór·tu·um /-mɔ́ətʃuəm | -mɔ́ːtju-/ *n.* (*pl.* **capita mor·tu·a** /-mɔ́ətʃuə | -mɔ́ːtjuə/) **1** 〘錬金術〙**a** (蒸留・昇華後の)残渣(ざんさ). **b** 廃物, かす. **2** 〘化学〙赤い酸化鉄の染料《硫酸鉄を煅焼して作る》. 〖(1641) ← NL ~ 《原義》dead head〗

cap·y·ba·ra /kæ̀pɨ̀bǽrə, -bérə, -báːrə | -pɪbáːrə/ *n.* 〘動物〙カピバラ (*Hydrochoerus capybara*)《南米諸河川の付近にすむ齧歯(げっし)動物で, 体長 1.5 m に達し同類中最大のもの》. 〖(1774) □ Port. *capibara* □ S-Am.-Ind. (Tupi) *kapigwara* grass eater〗

Ca·que·tá /kàːkeɪtáː; *Am.Sp.* kaketá/ *n.* [the ~] カケタ(川)《コロンビア南部を南東に流れる川; Apaporis 川と合流して Japurá 川となる》.

car /káə | káː(r)/ *n.* **1** **a** 車, 自動車 (automobile, motorcar); (特に, トラック・バスと区別して)乗用車: an open [a closed] ~ 屋根無し[屋根付き]自動車 / by ~＝in a ~ 自動車で / take a ~ 車で行く. 日英比較 日本語で「自動車, 車, カー」などというときには自動車類の総称として用いられるが, 英語の *car* は乗用車のみをいう. ただし, *car* は「車輪付きの乗物」の意でも用いられ, 鉄道車輌などにも用いるので, 特に乗用車のみを指すやや格式ばった語が automobile (《英》motorcar) である. 総称としての「自動車」「車」に対応する英語は motor vehicle (エンジン付き乗物) である. この語は鉄道車両以外のエンジン付き乗物, すなわち乗用車,

C

ワゴン (《米》 station wagon, 《英》 estate car), バス (遠距離用は《英》coach), トラック (《英》lorry), ダンプカー (《米》dump truck, 《英》dumper), バン (《米》delivery truck, 《英》van), タンクローリー (《米》tank truck), 二輪車 (motorcycle) などをひっくるめた総称. 日本語の「自動車, 車」との違いは二輪車が含まれることである. ⇨ bus; coach; truck; lorry; station wagon; van; motorcycle. **b** 《米》車両 (すべての鉄道車両にいうが, 特に普通の客車は他と区別してしばしば, また公式には coach という; cf. day coach): a 16-*car* train 16 両連結の列車 / ⇨ freight car, sleeping car. **c** [複合語を構成して] 《英》(特殊な)車両 (一般の客車には carriage, 公式には coach, 貨車には waggon, 手荷物車には van を用いる): ⇨ buffet car, restaurant car. **d** 車輪付きの乗り物. **e** 軌道車: ⇨ streetcar, tramcar. **f** 《古》馬車, 荷馬車. **g** 《詩》戦車; 山車(だし): the ~ of the sun(-god) 日の神の戦車. **2** (飛行船・軽気球の)ゴンドラ, かご. **3** 《米》(エレベーターの)箱. **4** 《米》(魚・エビなどを生かしておくための)生簀(いけす). **~·less** *adj.* 〖(1301) *carre* four-wheeled wagon ◻ AF & ONF < VL **carra(m)* car ← L *carrum* two-wheeled wagon ◻ OCelt. **karrom, *karros* ← IE **kers-* to run: cf. carry〗

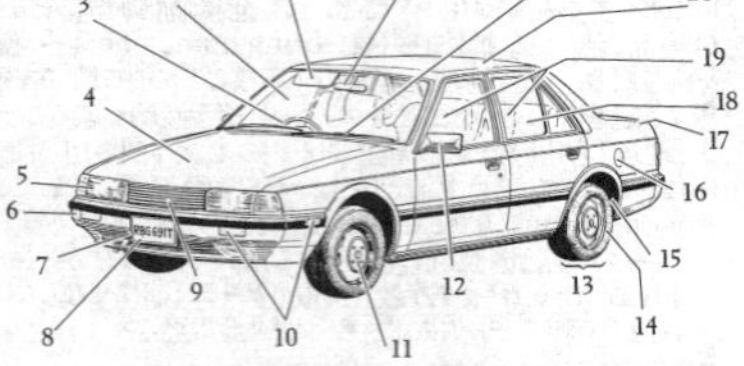

car
1 (sun) visor 2 《米》windshield, 《英》windscreen 3 (steering) wheel 4 《米》hood, 《英》bonnet 5 headlight 6 bumper 7 《米》(license) plate, 《英》numberplate 8 license number, 《英》registration number 9 radiator grille 10 direction indicators, 《米》blinkers, 《英》winkers 11 hubcap 12 《米》side mirror, 《英》wing mirror 13 wheel 14 《米》tire, 《英》tyre 15 《米》fender, 《英》wing 16 《米》gas tank door, 《英》petrol cap 17 《米》trunk, 《英》boot 18 window 19 seat and back seat 20 roof 21 《米》windshield wiper, 《英》windscreen wiper 22 rearview mirror

CAR 《略》Central African Republic; Civil Air Regulations (英国の民間航空規則 (cf. FAR).

car. 《略》carat(s); carpentry.

Car. 《略》Carlow; *L.* Carolus (=Charles).

Car·a /kέrə, kérə, kά:rə | kά:rə/ *n.* キャラ《女性名》. 〖← L *cāra* dear one (fem.) ← *cārus* dear〗

ca·ra·bao /kὲrəbáu, kὲr- | kὲr-, kὰ:-/ *n.* (*pl.* ~, ~**s**) 《フィリピン》〖動物〗スイギュウ (water buffalo). 〖(1900) ◻ Philippine-Sp. ~ ◻ Malay *karbau*〗

car·a·bid /kέrəbɨd, kér- | kǽrəbɪd/ *n.* 〖昆虫〗オサムシ, ゴミムシ (オサムシ科の甲虫の総称; cf. ground beetle). — *adj.* オサムシ[ゴミムシ]の[に関する, 属する]. 〖(1901) ↓〗

Ca·rab·i·dae /kərǽbədì: | -bɪ-/ *n. pl.* 〖昆虫〗(鞘翅目)オサムシ科. 〖← NL ~ ← *Carabus* (属名: ← L *cārabus* ◻ Gk *kárabos* horned beetle)+-IDAE〗

ca·rab·i·dan /kərǽbədṇ | -bɪ-/ 〖昆虫〗*adj.* オサムシ(科)の. — *n.* オサムシ (オサムシ科の甲虫の総称). 〖(1835): ⇨ ↑, -an¹〗

car·a·bin /kέrəbɨn, kér- | kǽrəbɪn/ *n.* =carbine 2.

car·a·bine /kέrəbàɪn, kér- | kǽr-/ *n.* =carbine 2.

car·a·bi·neer /kὲrəbɨníə | kæ̀rəbɪníə^(r)/ *n.* **1** カービン銃兵, 騎銃兵 (carbine をもった近世の騎兵). **2** [the Carabineers] 《英》近衛第 6 竜騎兵連帯 (the 6th Dragoon Guards) の別称. 〖(1672) ◻ F *carabinier*: ⇨ carbine, -eer〗

car·a·bi·ner /kὲrəbí:nə, kὲr- | kæ̀rəbí:nə^(r)/ *n.* 〖登山〗カラビナ (ピトン (piton) にザイルをかけるとき取り付ける金属製の輪). 〖(1920) ◻ G *Karabiner* (略) ← *Karabinerhaken* carbine hook ← *Karabiner* 'CARBINE' + *Haken* hook〗

ca·ra·bi·ne·ro /kὲrəbɨnéᵊrou, kὲr- | kæ̀rəbɪnéərəu; *Sp.* karaβinéro/ *n.* (*pl.* ~**s**) **1** (スペインの)国境監視人. **2** (フィリピンの)沿岸警備官. **3** (チリの)警察官. 〖(1845) ◻ Sp. ~ ← *carabina* 'CARBINE' + *-ero* '-ER'〗

car·a·bi·nier /kὲrəbɨníə, kὲr- | kæ̀rəbɪníə^(r)/ *n.* = carabineer.

ca·ra·bi·nie·re /kὲrəbɨnjéᵊri, kὲr-, -reɪ | kæ̀rəbɪnjéəri, -reɪ; *It.* karabinjé:re/ *It. n.* (*pl.* **-nie·ri** /-ri:; *It.* -ri/) (イタリアの)警察官. 〖(1847) ◻ It. ~ ◻ F *carabinier* carabineer〗

car·a·cal /kέrəkæ̀l, kér- | kǽr-/ *n.* **1** 〖動物〗カラカル (*Lynx caracal*) (南西アジア・アフリカ・中近東産のオオヤマネコ). **2** カラカルの毛皮. 〖(1760) ◻ F ~ ◻ Turk. *karakulak* (原義) black ear〗

Car·a·cal·la /kὲrəkǽlə, kὲr- | kæ̀r-/ *n.* カラカラ (188–217; ローマ皇帝 (211–217); 本名 Marcus Aurelius Antoninus Bassianus).

ca·ra·ca·ra /kὰ:rəkά:rə, kὲr-, kὰ:r- | kæ̀r-, kὰ:r-/ *n.* 〖鳥類〗カラカラ (脚が長く地面を走る南米産のタカ類の総称). 〖(1838) ◻ Sp. ~ & Port. *caracará* ← S-Am.-Ind. (Tupi) (擬音語)〗

Ca·ra·cas /kərά:kəs, -rǽk- | -rǽk-, -rά:k-; *Am.Sp.* karákas/ *n.* カラカス (南米中部ベネズエラ北部にある都市で, 同国の首都).

car·ack /kέrɨk, kér- | kǽrək/ *n.* =carrack.

car·a·cole /kέrəkòul, kér- | kǽrəkəul/ *n.* **1 a** (乗馬の)半回転, 旋回. **b** 回転運動. **2** 《まれ》らせん階段. — *vi.* **1** (乗馬で)半回転する. **2** 〈馬が〉旋回する. — *vt.* 〈馬を〉半回転[旋回]させる. 〖(1614) ◻ F ~ ◻ Sp. *caracol* snail, wheeling movement ◻ ? Catalan *caragol* ◻ F *escargot* snail〗

Ca·rac·ta·cus /kərǽktɨkəs | -tə-/ *n.* =Caratacus.

car·a·cul /kέrəkəl, kér-, -kl̩ | kǽr-/ *n.* =karakul. 〖(1894): ⇨ karakul〗

Car·a·doc /kέrədὰ(:)k, kér-, kərǽdək | kərǽdək, kǽrədɔk/ *n.* **1** カラドック (男性名). ★ ウェールズに多い. **2** =Caratacus. 〖◻ Welsh *Caradawg* (原義) amiable〗

ca·rafe /kərǽf, -rά:f; *F.* kaʁaf/ *n.* カラフ, 水差し (食卓や寝室用のガラスまたは金属製の水または飲み物入れ). 〖(1786) ◻ F ~ ◻ It. *caraffa* ◻ ? Sp. *garrafa* ◻ Arab. *gharrā̆f* drinking vessel〗

car·a·ga·na /kὲrəgά:nə, kὲr-, -gǽnə | kæ̀r-/ *n.* 〖植物〗ムレスズメ (アジア原産, マメ科ムレスズメ属 (*Caragana*) の植物の総称; 落葉低木ないし小高木で花は黄色; ムレスズメ (*C. chamlagu*) など). 〖← NL ~ ← Turk.〗

car·a·geen /kέrəgi:n, kér-, ⌣⌣⌣ | kǽrəgi:n, ⌣⌣⌣/ *n.* =carrageen.

cár alàrm *n.* 自動車盗難防止用警報装置.

ca·ram·ba /kərά:mbə; *Am.Sp.* karámba/ *int.* 《米南西部》まあ, へえ (驚き・狼狽を表す). 〖(1835) ◻ Sp. ~ (婉曲語) ← *carajo* penis < VL **caraculu(m)* small arrow〗

car·am·bo·la /kὲrəmbóulə, kὲr- | kæ̀rəmbə́ʊ-/ *n.* **1** 〖植物〗ゴレンシ(五斂子), ヨウトウ(羊桃), カランボーラ (*Averrhoa carambola*) (東インド原産のカタバミ科の常緑高木). **2** ゴレンシの実 (緑または黄色で酸味があり, 中国料理に用いる). 〖(1598) ◻ Port. ~ ◻ Mahratti *karambal*〗

car·a·mel /kά:əməl, kέrəməl, kér-, -ml̩ | kǽrəməl, -mèl, -ml̩/ *n.* **1 a** キャラメル. **b** キャラメル 1 個. **2** カラメル, 焼砂糖 (砂糖を変色するまで煮詰めて作る液体; 食物の着色料). **3** カラメル色 (淡褐色). — *v.* =caramelize. 〖(1725) ◻ F ~ ◻ Sp. *caramelo* ◻ (i) LL *calamellus* tube (dim.) ← L *calamus* reed, cane // (ii) ML *canamella* sugar cane ← L *canna mellis* cane of honey〗

cáramel crèam *n.* =crème caramel.

cár·a·mel·ize /-məlàɪz, -ml̩- | -məl-, -mèl-, -ml̩-/ *vt.* カラメルにする. — *vi.* カラメルになる. 〖(1842): ⇨ ↑, -ize〗

Ca·ran d'Ache /kὰ:rɑ:ndά:ʃ, kὲr-, kὲr- | kæ̀rəndǽʃ; *F.* kaʁɑ̃daʃ/ *n.* カランダッシュ: **1** (1858–1909) Moscow 生まれのフランスの諷刺漫画家; 本名 Emanuel Poiré. **2** 〖商標〗スイスの筆記具・画材メーカー; その製品.

ca·ran·gid /kərǽndʒɨd | -dʒɪd/ *adj., n.* 〖魚類〗アジ科の(魚). 〖(1889) ↓〗

Ca·ran·gi·dae /kərǽndʒədì: | -dʒɪ-/ *n. pl.* 〖魚類〗アジ科. 〖← NL ~ ← *Carang-, Caranx* (属名: ← F *carangue* shad ◻ Sp. *caranga*)+-IDAE〗

ca·ran·goid /kərǽŋgɔɪd/ 〖魚類〗*adj., n.* アジ科の(魚). 〖(1862) ← ? NL *Carang-, Caranx* (↑)+-OID〗

ca·ra·pa /kərǽpə/ *n.* 〖植物〗熱帯地方産のセンダン科 *Carapa* 属の高木の総称 (crabwood など). 〖← NL ~ ← Galibi ~ (原義) oil〗

car·a·pace /kέrəpèɪs, kér- | kǽr-/ *n.* **1** 〖動物〗**a** (カメ類の)背甲, 甲羅 (cf. plastron 3). **b** (アルマジロ・カニなどの)甲皮, 甲殻. **2 a** 堅い外皮[外殻]. **b** 堅い保護覆い; 外的影響に動じない態度, 心のよろい: one's ~ of indifference かたくなな無関心さ. **car·a·pa·cial** /kὲrəpéɪʃəl, kὲr-, -ʃl̩ | kæ̀r-/ *adj.* 〖(1836) ◻ F ~ ◻ Sp. *carapacho*〗

car·at /kέrət, kér- | kǽr-/ *n.* **1** 〖宝石〗カラット (宝石類の重さの単位で, 200 mg を 1 カラットとする; 略 c). **2** = karat. 〖(1552) ◻ F ~ ◻ It. *carato* ◻ ML *caratus* ◻ Arab. *qīrā̆ṭ* ◻ Gk *kerátion* carob bean, carat (dim.) ← *kéras* 'HORN'〗

Ca·rat·a·cus /kərǽtəkəs | -tə-/ *n.* カラタクス (ローマ軍に反抗した紀元 50 年ごろのブリテンの一首長; 捕虜としてローマに連れて行かれた; 英語名 Caradoc).

Ca·ra·vag·gio /kὲrəvά:dʒiòu, kὲr- | kæ̀rəvǽdʒiəu, kὰ:r-, -vά:-; *It.* karavάddʒo/, **Michelangelo** (**A·me·ri·ghi**) **da** /amerí:gida/ *n.* カラヴァッジョ (1571?–1610; イタリアバロックの代表的画家; 本名 Michelangelo Merisi).

car·a·van /kέrəvæ̀n, kér- | kǽrəvæ̀n, ⌣⌣⌣/ *n.* **1 a** 《英》(自動車で引けるようになっている)移動住宅, トレーラー (trailer). **b** (ジプシー・サーカス団などの)幌馬車 (van), 屋根付き貨物運搬車. **2 a** (砂漠地方や敵地を隊を組んで行く)隊商, 旅人隊, キャラバン; (移住民などの)車馬隊. **b** 一列になって進む一団の車両: a ~ of cars. — *v.* (**-vaned, -vanned; -van·ing, -van·ning**) — *vi.* キャラバンを組んで旅行する, (キャラバンのように隊を成して)旅行する: go ~*ning* 《英》移動住宅で旅行する[休暇を過ごす]. — *vt.* キャラバンを組んで運ぶ. 〖(1599) ◻ F *caravane* ◻ Pers. *kārwān* caravan〗

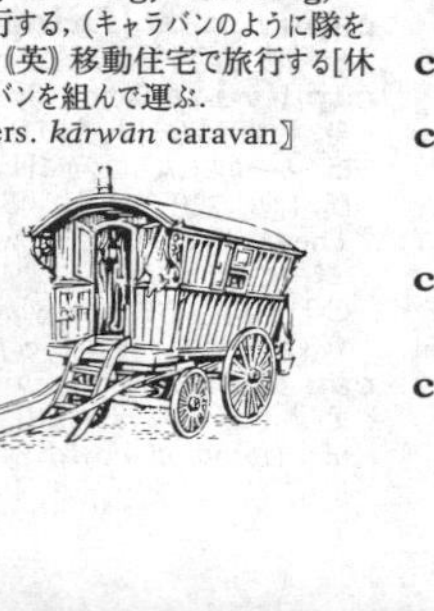

caravan 1 b

car·a·van·eer /kὲrəvæníə, kὲr-, -və- | kæ̀rəvæníə^(r)/ *n.* =caravanner.

car·a·van·ette /kὲrəvənét/ *n.* 《英》移動住宅, トレーラー; =motor caravan. 〖1961〗

cár·a·vàn·ner *n.* (*also* **cár·a·vàn·er**) **1** キャラバンを組んで旅行する人. **2** 《英》移動住宅[トレーラー]でキャンプに行く人. 〖1768〗

cár·a·vàn·ning *n.* 《英》移動住宅でする旅行.

cáravan pàrk *n.* 《英》移動住宅[トレーラー]用駐車場[指定区域] (trailer camp). 〖1963〗

car·a·van·sa·ry /kὲrəvǽns(ə)ri, kὲr- | kæ̀r-/ *n.* **1** (トルコ・ペルシャなどの)隊商宿, キャラバンサライ (中央に大きな中庭があるキャラバン用の宿). **2** 旅館, 宿, ホテル. 〖(1599) ◻ Pers. *kārwānsarāī* ← *kārwān* 'CARAVAN' + *sarāī* inn〗

car·a·van·se·rai /kὲrəvǽnsəràɪ, kὲr- | kæ̀r-/ *n.* (*pl.* ~**s**, ~) =caravansary. 〖(1634) ↑〗

cáravan site *n.* =caravan park. 〖1935〗

car·a·vel /kέrəvèl, kér-, -vəl, -vl̩ | kǽr-/ *n.* キャラベル (16 世紀のころ, スペイン・ポルトガル・トルコなどで用いられた軽快な帆船). 〖(1527) ◻ (O)F *caravelle* ◻ OPort. *caravela* (dim.) ← *cáravo* ship < LL *cārabum* ◻ Gk *kā̆rabos* crayfish; light vessel〗

caravel ("Santa Maria" of Columbus)

car·a·way /kέrəwèɪ, kér- | kǽr-/ *n.* **1** 〖植物〗キャラウェー, ヒメウイキョウ (*Carum carvi*) (地中海地方産のセリ科の植物). **2** キャラウェー[ヒメウイキョウ]の実 (香辛料として, パンや菓子・料理・チーズ・酒などに用いる; caraway seed ともいう). 〖(1281) ◻ ? OSp. *alcarahueya* (Sp. *alcaravea*) ◻ Arab. *al-karāwyā* ← AL-² + Gk *káron* cummin seed〗

carb¹ /kά:əb | kά:b/ *n.* 《口語》=carburetor. 〖1942〗

carb² /kά:əb | kά:b/ 《口語》*n.* [通例 *pl.*] 炭水化物 (carbohydrate) (を多量に含む食品). — *vi.* (スポーツの前などに) 炭水化物をたっぷり取る 〈*up*〉. 〖1965〗

carb- /kɑəb | kɑ:b/ (母音の前にくるときの) carbo- の異形.

car·ba·chol /kά:əbəkɔ̀(:)l | kά:bəkɔ̀l/ *n.* 〖薬学〗カルバコール ($C_6H_{15}ClN_2O_2$) (副交感神経刺激興奮薬; 緑内障に外用する). 〖(1940) ← CARBA(MIC ACID)+CHOL(INE)〗

car·ba·mate /kά:əbəmèɪt | kά:-/ *n.* 〖化学〗カルバミン酸塩[エステル] (⇨ urethane). 〖(1888) ← CARBAM(IC ACID)+-ATE¹〗

car·ba·maz·e·pine /kὰ:əbəmǽzəpì:n | kὰ:bəmǽzɪ-/ *n.* 〖薬学〗カルバマゼピン (三叉神経痛・癲癇(てんかん)治療用の抗痙攣(けいれん)薬). 〖(*c*1995) ← CARBO- + AM(IDE) + (BENZODI)AZEPINE〗

car·bám·ic ácid /kɑəbǽmɪk- | kɑ:-/ *n.* 〖化学〗カルバミン酸, アミノギ酸 (NH_2COOH) (遊離のものは知られていないが誘導体に重要なものが多い). 〖(1869) *carbamic*: ← CARBO- + AM(IDE) + -IC¹〗

car·ba·mide /kά:əbəmàɪd | kά:-/ *n.* 〖化学〗カルバミド (⇨ urea). 〖(1865) ← CARBO- + AMIDE〗

car·bam·i·dine /kɑəbǽmədì:n, -dɨn | kɑ:bǽmɪdì:n, -dɪn/ *n.* 〖化学〗カルボアミジン (⇨ guanidine). 〖⇨ ↑, -ine³〗

carb·a·mi·no /kὰəbəmí:nou | kὰ:bəmí:nəu⁻/ *adj.* 〖化学〗カルバミン酸誘導体の[に関する]. 〖(1925) ← CARBO- + AMINO-〗

car·ba·myl /kά:əbəmɪl | kά:-/ *n.* (*also* **car·bam·o·yl** /kɑəbǽmouɪl | kɑ:bǽməu-/) 〖化学〗カルバミル (カルバミン酸から誘導される 1 価の酸基 NH_2CO). 〖← CARBAM(IC ACID)+-YL〗

carb·an·i·on /kɑəbǽnàɪən, -naɪὰ(:)n | kɑ:bǽnàɪən, -naɪɔn/ *n.* 〖物理〗カルボアニオン (炭素原子に負電荷をもつ有機陰イオン; cf. carbonium). 〖(1933) ← CARBO- + ANION〗

car·bàrn *n.* 《米》(市街電車・バスの)車庫.

car·ba·ryl /kά:əbərɪl | kά:-/ *n.* 〖薬学〗カルバリル (カルバメート系殺虫剤). 〖(*c*1963) ← CARBO- + ARYL〗

car·ba·zole /kά:əbəzòul | kά:bəzəul/ *n.* 〖化学〗カルバゾール ($C_{12}H_9N$) (コールタールから採れる; 染料の原料用). 〖(1887) ← CARBO- + AZ(O)- + -OLE¹〗

cárb·a·zot·ic ácid /kά:əbəzὰ(:)tɪk- | kά:bəzɔ̀t-/ *n.* 〖薬学〗カルバゾティック酸 (⇨ picric acid).

car·be·cue /kά:əbɨkjù: | kά:-/ *n.* 〖機械〗カーベキュー (ぽんこつ車を圧力と熱で処分する装置). 〖← CAR + (BAR)BECUE〗

cár bèd *n.* (車の後部に置く幼児用の)携帯用ベッド. 〖1953〗

car·bene /kά:əbi:n | kά:-/ *n.* [通例 *pl.*] 〖化学〗カルベン: **1** 二硫化炭素に溶け, 四塩化炭素に溶けないアスファルト成分; cf. asphaltene. **2** 2 価の遊離基 CH_2, およびその誘導体. 〖← CARBO- + -ENE〗

car·ben·i·cil·lin /kὰəbenəsíln̩ | kὰ:bənɪsílɪn/ *n.* 〖薬学〗カルベニシリン (合成ペニシリンの一種). 〖(*c*1965) ← CAR(BOXY-) + BEN(ZYLPEN)ICILLIN〗

car·bide /kά:əbaɪd | kά:-/ *n.* 〖化学〗**1** 炭化物; (特に)炭化カルシウム, カーバイド (calcium carbide). **2** 焼結炭化物合金 (金属と炭化物の焼結によって作られる非常に硬

い合金; 工具刃先, ダイスなどに用いられる; cemented carbide ともいう). 〖(*c*1865) ← CARBO-＋-IDE²〗

car·bie /káəbi | káː-/ *n.* ＝carby.

car·bi·mide /káəbəmàɪd | káːbɪ̀-/ *n.* 〖化学〗カルビミド (⇨ isocyanic acid). 〖← CARBO-＋IMIDE〗

car·bine /káəbiːn, -baɪn | káːbaɪn/ *n.* **1** 〖米軍〗カービン銃《短銃身, 自動装填(そうてん), 空冷式, ガス利用の軽量ライフル銃》. **2** カービン銃, 騎銃《騎兵隊用短銃身の musket 銃; carabin, carabine ともいう》. 〖(1605) □ F *carabine*《原義》small harquebus ← *carabin* a mounted soldier armed with this weapon ← ? ONF *escarrabin* corpse bearer □ L *scarabaeus* 'SCARAB'〗

car·bi·neer /kàəbɪ̀níə | kàːbɪ̀níə(r)/ *n.* ＝carabineer. 〖(*c*1800) □ F *carabinier*: ⇨ ↑, -eer〗

car·bi·nol /káəbənɔ̀(ː)l | káːbɪ̀nɔ̀l/ *n.* 〖化学〗 **1** ＝methanol. **2** カルビノール《アルコールをメタノールの誘導体として命名するときの一般名》. 〖(*c*1868) ← *carbin-* (□ G《廃》*Karbin* methyl)＋-OL¹〗

car·bo /kaə́ːbou | káːbou/ *n.* (*pl.* ～**s**) [通例 *pl.*] ＝carb².

car·bo- /káəbou | káːbou/「炭素(の); カルボニル; カルボキシル基を含んだ」の意の連結形. ★ 母音の前では通例 carb- になる. 〖□ F ～ ← *carbone* 'CARBON'〗

car·bo·cat·i·on /kàəboukǽtaɪən | kàːbə(ʊ)-/ *n.* 〖化学〗カルボカチオン (carbonium). 〖(*c*1955) ← CARBO-＋CATION〗

càrbo·cýclic *adj.* 〖化学〗炭素環式の (cf. isocyclic). 〖1899〗

cárbocyclic cómpound *n.* 〖化学〗炭素環式化合物《環を構成する原子が炭素であるもの》. 〖1899〗

car·bo·hol·ic /kàəbəhɔ́(ː)lɪk, -háː(ː)- | kàːbəhɔ́l-˝/ *n.* 炭水化物中毒の人, 炭水化物をやたら食べたがる人. 〖← CARBO(HYDRATE)＋-HOLIC〗

càrbo·hýdrase *n.* 〖生化学〗カルボヒドラーゼ《生体内にあり配糖体や炭水化物を加水分解する酵素》.

car·bo·hy·drate /kàəbouháɪdreɪt, -bə-, -drɪ̀t | kàːbə(ʊ)-/ *n.* 〖化学〗炭水化物, 《古くは》含水炭素. 〖1869〗

car·bol- /káəbɑ(ː)l | káːbɔl/「石炭酸 (carbolic acid)」の意の連結形. 〖← CARBO-＋-OL²〗

car·bo·late /káəbəlèɪt | káː-/ *n.* 〖化学〗石炭酸塩. — *vt.* 石炭酸で処理する. 〖(1875): ⇨ ↑, -ate¹〗

car·bo·lat·ed /káəbəlèɪtɪ̀d | káːbəlèɪt-/ *adj.* 石炭酸を含む. 〖(1884): ⇨ ↑, -ed〗

car·bol·ic /kaəbá(ː)lɪk | kaːbɔ́l-/ *adj.* 〖化学〗コールタールから採れた弱い酸性物質の. — *n.* ＝carbolic acid, carbolic soap. 〖*c*1865〗

carbólic ácid *n.* 石炭酸 (⇨ phenol). 〖*c*1865〗

carbólic óil *n.* 〖化学〗石炭酸油《コールタールを蒸留して採れる; middle oil ともいう》.

carbólic sóap *n.* 石炭酸石鹸《弱酸性》.

car·bo·line /káəbəlìːn | káː-/ *n.* 〖化学〗カルボリン《$C_{11}H_8N_2$ の分子式をもつ種々の異性体を指す; 多くのアルカロイド中にありインドール, ピリジンに関係した構造をもつ》. 〖← CARBO-＋(IND)OLE＋(PYRID)INE〗

car·bo·lize /káəbəlàɪz | káː-/ *vt.* 石炭酸で処理する; …に石炭酸を混和する (phenolate). 〖1870〗

cárbo-lòading *n.* 《米》《試合前などに》炭水化物を多く摂取すること.

Car·bo·loy /káəbəlɔ̀ɪ | káː-/ *n.* 〖商標〗カーボロイ《非常に硬度の高い合金; 切断刃などに用いる》. 〖← CARB(IDE)＋-O-＋(AL)LOY〗

cár bòmb *n.* 自動車爆弾. 〖1972〗

cár bòmbing *n.* (car bomb による)車の爆破.

car·bon /káəbən | káː-/ *n.* **1** 〖化学〗炭素《記号 C, 原子番号 6, 原子量 12.011》. **2 a** カーボン紙 (1 枚). **b** ＝carbon copy 1. **3 a** 《アーク燈の》炭素棒. **b** 《電池に用いる》炭素棒. **4** 〖鉱物〗＝carbonado¹. 〖(1789) □ F *carbone* □ L *carbō(n-)* charcoal〗

cárbon 12 /-twélv/ *n.* 〖化学〗炭素 12《質量数 12 の炭素の同位体核種; 原子量の基準; 記号 C^{12}, ^{12}C》. 〖*c*1940〗

cárbon 13 /-θəːtíːn | -θəː-/ *n.* 〖化学〗炭素 13《質量数 13 の炭素の安定同位体; トレーサーとして用いる; 記号 C^{13}, ^{13}C》. 〖*c*1940〗

cárbon 14 /-fɔ̀ətíːn | fɔ̀ː-/ *n.* 〖化学〗炭素 14《質量数 14 の炭素の放射性同位体; 考古学上の年代決定や癌(がん)の治療, 生体代謝実験のトレーサーとして用いる; 半減期 5,570 年; 記号 C^{14}, ^{14}C; radiocarbon ともいう》. 〖1936〗

cárbon-14 dàting *n.* ＝carbon dating.

car·bo·na /kaəbóunə | kaːbə́ʊ-/ *n.* 《英》〖鉱山〗網状鉱床《多数の網目状の小さな鉱脈から成る不規則な鉱床》. 〖(1843)《変形》? ← CARBON: 鉱石が黒色をしていることから〗

car·bo·na·ceous /kàəbənéɪʃəs | kàːbə(ʊ)-˝/ *adj.* **1** 炭素質の. **2** 炭素の[に関する, から成る, を含む]. **3** 〖植物〗＝carbonous 2. 〖(1791) ← CARBON＋-ACEOUS〗

car·bo·nade /kàəbənéɪd, -náːd | kàː-/ *n.* 〖料理〗カルボナード《牛肉とタマネギをビールで煮込んだ料理》. 〖((1631)) (1877) □ F *carbon(n)ade*〗

car·bo·na·do¹ /kàəbənéɪdou, -náː- | kàːbənéɪdəʊ, -náː-/ *n.* (*pl.* ～**s**) 〖鉱物〗黒ダイヤ《ブラジル産の不純で不透明なダイヤモンド; carbon diamond, black diamond ともいう》. 〖(1853) □ Port. *carbonado* ← *carbón*: ⇨ carbon, -ado〗

car·bo·na·do² /kàəbənéɪdou, -náː- | kàːbənéɪdəʊ, -náː-/ 《古》 *n.* (*pl.* ～**s**, ～**es**) 切り目を入れてあぶった肉片[魚肉]. — *vt.* **1** 《肉を》切り目をつけてあぶる. **2** 切り刻む, ずたずたにする. 〖(1586) □ Sp. *carbonada*《原義》carbonated: ⇨ ↑, -ado〗

car·bo·na·ra /kàəbənáːrə | kàː-/ *n.* 〖料理〗カルボナーラ《ベーコンやチーズや卵を入れたホワイトソースであえたパスタ料理》.

cárbon árc *n.* 〖電気〗炭素アーク《二つの炭素電極, あるいは炭素電極と母材の間に発生するアーク》. 〖1908〗

Car·bo·na·ri /kàəbənáːri | kàː-; *It.* karbonáːri/ *n. pl.* (*sing.* **-na·ro** /-rou | -rəʊ/) カルボナリ党, 炭焼党《19 世紀の初頭 Naples で組織されたイタリアの急進共和主義者の秘密結社; 暴力で国王 Murat とフランス人を国外に放逐し, 共和制を布(し)こうとした》. 〖(1823) □ It. ～ (pl.) ← 《方言》*carbonaro* charcoal burner ← *carbone* coal: 初期の党員が炭焼人夫に変装したことから: ⇨ carbon, -ary〗

Càr·bo·ná·rism /-rɪzm/ *n.* カルボナリ[炭焼]党の主義[主張]. 〖1832〗

Carbonaro *n.* Carbonari の単数形.

car·bon·a·ta·tion /kàəbənətéɪʃən | kàː-/ *n.* **1** 〖化学〗炭酸化《アンモニアソーダ法におけるアンモニア鹹水(かんすい)に炭酸ガスを飽和させる過程》. **2** ＝carbonation. 〖1887〗

car·bon·ate /káəbənèɪt, -nɪ̀t | káː-/ *n.* 〖化学〗炭酸塩[エステル]: ～ of lime [soda] 炭酸石灰[ソーダ] / calcium ～ 炭酸カルシウム. — /-nèɪt/ *vt.* **1** 炭酸塩化する. **2 a** 炭酸と化合させる; 《飲物》に炭酸ガスを飽和させ《て発泡性をもたせ》る (aerate): ～*d* lime 炭酸石灰. **b** 活発にさせる, いきいきさせる: ～*d* prose 活の入った散文. **3** 《廃》炭素化する. 〖(1794) □ F ～: ⇨ carbon, -ate¹〗

cár·bon·àt·ed drínks [béverages] /-nèɪtɪ̀d- | -tɪ̀d-/ *n. pl.* 炭酸飲料.

cárbonated wáter *n.* ＝soda water. 〖1858〗

car·bon·a·tion /kàəbənéɪʃən | kàː-/ *n.* **1** 《ソーダ水製造の時などの》炭酸化作用, 炭酸ガス飽和《化学用語としては carbonatation》. **2** 《砂糖の精製におけるように, 石灰を排除するための》炭酸ガス反応. 〖1881〗

car·bon·a·tite /kaəbǽ(ː)nətàɪt | kaːbɔ́n-/ *n.* 〖岩石〗カーボナタイト《炭素を豊富に含む貫入岩; 組成は石灰岩・花崗岩に似る》. 〖(1900–29) ← CARBONATE＋-ITE¹〗

car·bon·at·i·za·tion /kàəbənèɪtɪ̀zéɪʃən | kàːbənèɪtaɪ-, -tɪ-/ *n.* 〖化学〗炭酸塩化《ケイ酸塩鉱物が炭酸ガス交代作用により炭酸塩鉱物になること》.

cárbon bisúlfide *n.* 〖化学〗＝carbon disulfide.

cárbon blàck *n.* 〖化学〗カーボンブラック《天然ガスなどを不完全燃焼させたときに生じる黒色のすす(炭素); 印刷インキなどの原料》. 〖1889〗

cárbon brùsh *n.* 〖化学〗炭素ブラシ.

cárbon-còpy *vt.* …の正確な写しをとる, 複写する.

cárbon còpy *n.* **1** 《カーボン紙で複写した》写し, カーボンコピー《略 cc, c.c., CC; cf. ribbon copy》. **2** 《口語》《他の人[物]と》酷似した人[物] (replica); 生き写し, 瓜二つ. 〖1895〗

cárbon cỳcle *n.* **1** 〖天文〗炭素サイクル《星の内部で水素が炭素の媒介により原子核エネルギーを放出して徐々にヘリウムに変化する核反応; carbon-nitrogen cycle ともいう》. **2** 〖生物〗炭素の循環. 〖1912〗

cárbon-dáte *vt.* 〖考古〗放射性炭素 ^{14}C (carbon 14) の崩壊・減少を利用して《植物性遺物などの》絶対年代を測定する. 〖(*c*1965)《逆成》← CARBON DATING〗

cárbon dáte *n.* 〖考古〗放射性炭素 ^{14}C (carbon 14) の崩壊・減少を利用して測定した絶対年代.

cárbon dáting *n.* 〖考古〗《ラジオ》カーボンデイティング, 放射性炭素年代測定法《放射性炭素 ^{14}C (carbon 14) の崩壊・減少を利用して植物性遺物などの絶対年代を測定する方法; 1946 年 Chicago 大学の W. F. Libby が考案, 科学的年代測定法のうち最も基本的なもの; radiocarbon dating ともいう》. 〖1951〗

cárbon díamond *n.* 〖鉱物〗＝carbonado¹.

cárbon dióxide *n.* 〖化学〗二酸化炭素, 無水炭酸, 炭酸ガス (CO_2)《carbonic acid gas ともいう》: frozen ～ ＝carbon dioxide snow. 〖1869〗

cárbon dióxide snòw *n.* 〖化学〗＝dry ice.

cárbon disúlfide *n.* 〖化学〗二硫化炭素 (CS_2)《有毒・可燃性の無色透明の液体; セロファン・ビスコースレーヨンなどの製造に使用》. 〖1869〗

car·bo·nette /kàəbənét | kàː-/ *n.* 《NZ》豆炭(まめたん)《石炭の粉末を圧縮して丸めた燃料》. 〖(1964) ← CARBON ＋? (BRIQU)ETTE〗

cárbon fíber *n.* カーボンファイバー, 炭素繊維《アクリル繊維などを高温で炭化して作る; 複合材料に用いる》. 〖1960〗

cárbon fixàtion *n.* 炭酸固定《植物が空中の二酸化炭素から炭素を吸収すること》.

car·bo·ni- /káəbənɪ̀, -ni | káː-/「石炭 (coal)」の意の連結形: *Carboni*ferous. 〖← L *carbō(n-)* 'CARBON'〗

car·bon·ic /kaəbá(ː)nɪk | kaːbɔ́n-/ *adj.* **1** 〖化学〗炭素[炭酸, 二酸化炭素]の[に関する, から誘導した]. **2** [C-] 〖地質〗＝Carboniferous 1. 〖(1791) □ F *carbonique*: ⇨ carbon, -ic¹〗

carbónic ácid *n.* 〖化学〗炭酸 (H_2CO_3). 〖1791〗

carbónic ácid gàs *n.* 〖化学〗＝carbon dioxide. 〖1880〗

carbónic anhýdrase *n.* 〖生物〗炭酸脱水素酵素. 〖1932〗

Car·bon·if·er·ous /kàəbəníf(ə)rəs | kàː-˝/ *adj.* **1** 〖地質〗石炭紀[系]の: the ～ period [system] 石炭紀[系]《古生代の一区分; デボン紀 (Devonian period) に続く時代》. **2** [c-] 石炭を生じる; 炭素[石炭]を含む. — *n.* [the ～] 石炭紀[系]; 石炭紀の石炭層[岩層]. 〖(1799) ← CARBONI-＋-FEROUS〗

car·bo·ni·um /kaəbóuniəm | kaːbə́ʊ-/ *n.* 〖物理〗カルボニウム《炭素原子に正電荷をもつ有機陽イオン; cf. carbanion》. 〖(1902) ← CARBO-＋-ONIUM〗

carbónium ìon *n.* ＝carbonium.

car·bon·i·za·tion /kàəbənɪ̀zéɪʃən, -bn̩- | kàːbənaɪ-, -nɪ-/ *n.* **1** 炭化. **2** 石炭乾溜(かんりゅう). 〖(1804) □ F *carbonisation*〗

car·bon·ize /káəbənàɪz | káː-/ *vt.* **1** 炭化する; 《焼いて》炭にする. **2** …に炭素を含ませる; 《紙》に炭素を塗る. **3** 《紙の裏》にカーボン紙をあてる. **4** 〖紡織〗炭化する《羊毛繊維から植物性の雑物を除く》. — *vi.* 炭化する. **cár·bon·iz·a·ble** /-zəbl̩/ *adj.* **cár·bon·ìz·er** *n.* 〖(1806) □ F *carboniser*《逆成》? ↑〗

cárbon knòck *n.* 《エンジンの》不完全燃焼により生ずるノッキング音.

cárbon·less *adj.* 炭素のない. 〖1956〗

cárbon mícrophone *n.* 炭素マイクロホン《細かい炭素粒間の接触抵抗を利用して音波を電気抵抗の変化に変えるマイクロホンの一種》. 〖1879〗

cárbon monóxide *n.* 〖化学〗一酸化炭素 (CO). 〖1873〗

car·bon·nade /kàəbənéɪd | kàː-/ *n.* ＝carbonade.

cárbon-nítrogen cỳcle *n.* ＝carbon cycle 1.

car·bon·ous /káəbənəs | káː-/ *adj.* **1** 炭素の[を含んだ, から誘導した, に似た]. **2** 〖植物〗黒色の (black). 〖(1794): ⇨ -ous〗

cárbon pàper *n.* **1** 《複写用》カーボン紙, 炭酸紙. **2** 〖写真〗＝carbon tissue. 〖1878〗

cárbon pìle *n.* 〖原子力〗黒鉛原子炉《減速物質として炭素(黒鉛)を使用する原子炉》.

cárbon pròcess [prìnting] *n.* 〖写真〗カーボン写真印画法《重クローム酸塩ゼラチン印画法の一種; cf. chromatype》. 〖1879〗

cárbon résistor *n.* 〖電気〗炭素抵抗器.

cárbon slíder *n.* 〖電気〗炭素摺板《パンタグラフ摺板の一種》.

cárbon spòt *n.* **1** 〖宝石〗カーボンスポット《ダイヤモンドの上に現れる黒点》. **2** 貨幣上の小黒点.

cárbon stàr *n.* 〖天文〗炭素星《炭素とその化合物の強い帯スペクトルを示す低温度の恒星》.

cárbon stéel *n.* 〖冶金〗炭素鋼《炭素 0.04–1.7% を含む可鍛性の鉄炭素合金で, その物理的性質が主に炭素の存在による鋼; cf. alloy steel》. 〖1903〗

cárbon tàx *n.* 〖環境〗炭素税, 二酸化炭素排出税.

cárbon tetrachlóride *n.* 〖化学〗四塩化炭素 (CCl_4)《不燃性無色の液体; 消火液・洗濯液・溶媒等に用いる; tetrachloromethane, perchloromethane ともいう》. 〖*c*1903〗

cárbon tìssue *n.* 〖写真〗カーボンティシュー, カーボン印画紙《カーボン写真を作る材料; ゼラチンと絵の具とを塗布した紙》.

car·bon·yl /káəbənɪ̀l, -nìːl | káːbənɪl, -naɪl/ *n.* 〖化学〗 **1** カルボニル《CO という 2 価の基》. **2** 一酸化炭素を含む金属化合物: ⇨ nickel carbonyl. **car·bon·yl·ic** /kàəbəníl̩ɪk | kàː-˝/ *adj.* 〖(1869) ← CARBON＋-YL〗

cárbonyl chlóride *n.* 〖化学〗塩化カルボニル ($COCl_2$)《毒ガスホスゲン (phosgene) の化学名》. 〖1869〗

cár-bòot sàle *n.* 《英》＝boot sale. 〖1985〗

car·bo·rane /káəbərèɪn | káː-/ *n.* 〖化学〗カルボラン《ボラン(ホウ素と水素の化合物)のホウ素原子の一部を炭素原子で置き換えた一連の化合物》. 〖((混成) ← CAR(BON)＋BOR(ON))＋-ANE²〗

cár·bòrne *adj.* 自動車で運ばれた[に積んだ]; 自動車で行く. 〖1827〗

Car·bo·run·dum /kàəbərʌ́ndəm | kàː-/ *n.* **1** 〖商標〗カーボランダム《炭化ケイ素 (SiC); 極めて硬度の高い結晶; 研磨材・耐火材として用いる》. **2** [c-] 研磨[耐火]用の物質. 〖(1892) ← CARBO-＋(CO)RUNDUM〗

car·box- /kaəbá(ː)ks | kaːbɔ́ks/《母音の前にくるときの》carboxy- の異形.

car·box·y- /kaəbá(ː)ksɪ̀, -si | kaːbɔ́k-/ 〖化学〗「カルボキシル基 (carboxyl) を含んだ」の意の連結形. ★ 母音の前では通例 carbox- になる. 〖← CARBOXYL〗

carbòxy·hémoglobin *n.* (*also* **carboxy·haemoglobin** /～/) 〖生化学〗カルボキシヘモグロビン《血液中でヘモグロビンと一酸化炭素が結びついたもの》. 〖1891〗

car·box·yl /kaəbá(ː)ksəl, -sɪ̀l | kaːbɔ́ksɪl, -saɪl˝/ *n.* 〖化学〗カルボキシル基 (-COOH). 〖(1869) ← CARBO-＋OXY-¹＋-YL〗

car·box·yl·ase /kaəbá(ː)ksəlèɪs, -lèɪz | kaːbɔ́ksɪ̀-/ *n.* 〖生化学〗カルボキシラーゼ《炭酸基を解離したり, 結合させる反応を触媒する酵素》. 〖1911〗

car·box·yl·ate /kaəbá(ː)ksəlèɪt | kaːbɔ́ksɪ̀-/ 〖化学〗 *vt.* 《有機化合物》にカルボキシル基を導入する. — /-lèɪt, -lət, -lɪt/ *n.* カルボン酸塩[エステル]. **car·box·yl·a·tion** /kaəbà(ː)ksəléɪʃən | kaːbɔ̀ksɪ̀-/ *n.* 〖(*c*1925): ⇨ -ate¹〗

cárboxyl gròup *n.* 〖化学〗カルボキシル基《COOH という 1 価の基》.

car·box·yl·ic /kàəbɑ(ː)ksílɪk | kàːbɔk-˝/ *adj.* 〖化学〗カルボキシル基の[含む]. 〖← CARBOXYL＋-IC¹〗

cárboxylic ácid *n.* 〖化学〗カルボン酸, カルボキシル酸《カルボキシル基をもつ有機化合物》.

cárboxyl rádical *n.* 〖化学〗＝carboxyl group.

carbóxy·mèthyl céllulose *n.* 〖化学〗カルボキシメチルセルロース (⇨ sodium carboxymethyl cellulose).

carbòxy·péptidase *n.* 〖生化学〗カルボキシペプチダーゼ《ポリペプチド鎖のカルボキシ末端にあるアミノ酸残基を切り離すプロテアーゼ》. 〖(1940): cf. *carboxy-poly-peptidase* (1930)〗

C

car·boy /káəbɔɪ | kɑ́:-/ *n.* カーボイ《酸類などを入れる箱入り[かご入り]ガラス瓶; cf. demijohn》. 〖(1753) □ Pers. *qarāba* large flagon〗

carboys

C

cár brà *n.* 〖自動車〗=nose mask. 〖(1989): ⇨ bra〗

car·bro /káəbrou | kɑ́:brəu/ *n.* 〖写真〗カーブロ法《ブロマイド印画からカーボン写真を作る印画法; carbro process ともいう》. 〖(混成) ← CAR(BON)＋BRO(MIDE)〗

car·bun·cle /káəbʌŋkl̩ | kɑ́:-/ *n.* **1 a** カーバンクル《カボション (cabochon) のざくろ石[ガーネット]》. **b** 《廃》紅玉 (ruby など). **2** 〖病理〗 **a** カルブンケル, 癰(よう). **b** 《廃》(大酒家などの鼻・顔などに出る)赤いぶちまたは吹出物, あか鼻. **3** 真紅色. **4** 《英口語》(景観に合わない)邪魔な[目障りな]建物. 〖(?c1200) □ ONF ～ =OF *charboncle* < L *carbunculum* (dim.) ← *carbō(n-)* coal: cf. carbon〗

cár·bun·cled *adj.* **1 a** カーバンクル[ざくろ石]をはめた. **b** ざくろ石のように赤く輝く. **2** 〖病理〗癰(よう)ができた. 〖(1577) ↑〗

car·bun·cu·lar /kaəbʌ́ŋkjulə | kɑ:bʌ́ŋkjulə(r/ *adj.* 癰(よう)の(ような); 赤く炎症を起こした. 〖1737〗

car·bu·rant /káəbərənt, -bju- | kɑ̀:bju-, -bə-/ *n.* 〖化学〗増熱剤《水性ガス等に発熱量を高めるために添加する油》. 〖(1893) □ ? F ～ 'containing a hydrocarbon' ← *carbure* carbide (← CARBO-＋-*ure* (⇨ -uret))＋-ANT〗

car·bu·ra·tion /kàəbəréɪʃən, -bju- | kɑ̀:bju-, -bə-/ *n.* 〖化学〗 **1** =carburetion. **2** 増熱《水性ガスに油を加え, その熱分解により生じる分解ガスにより熱量を高めること》. 〖(1896) □ F ～ ← *carbure* (↑)＋-ATION〗

car·bu·ret /káəbərèɪt, -bju-, -rèt | kɑ́:bjurèt, -bə-, ⁻⁻⁻/ *vt.* (～ed, -ret·ted; ～ing, -ret·ting) 〖化学〗 **1** 炭素と化合させる. **2** 炭素化合物を混入して〈ガスを〉濃厚にする. 〖(1869) ← CARBO-＋-URET〗

car·bu·ret·ant /kàəbərèɪtənt, -bju-, -rèt- | kɑ:bjurèt-, -bə-, ⁻⁻⁻/ *n.* 〖化学〗=carburant.

cár·bu·rèt·ed, 《英》 **-rèt·ted** /-tɪd- | -tɪd/ *adj.* 気化器[キャブレター] (carburetor) のついた. 〖(c1825): ⇨ carburetor, -ed〗

car·bu·re·tion /kàəbəréɪʃən, -bju-, -réʃ- | kɑ̀:bjuréʃ-, -bə-/ *n.* 〖化学〗(空気やガスをガソリンと接触させて混合気を作る)気化. 〖(変形) ← F *carburation*: CARBURETOR からの類推〗

car·bu·re·tor /káəbərèɪtə, -bju- | kɑ̀:bjurétə(r, -bə-, ⁻⁻⁻⁻/ *n.* **1** 気化器, キャブレター《内燃機関で燃料の燃焼または爆発を容易にするため燃料を霧状にし空気と混ぜた混合気を作る装置》. **2** (増熱水性ガスを作るときの)増熱器. 〖1864〗

cár·bu·ret·ted wáter gàs /-tɪd- | -tɪd-/ *n.* 〖化学〗増熱水性ガス《炭化水素の分解ガスを混ぜて発熱量を増加させた水性ガス》.

car·bu·ret·tor /káəbjurètə | kɑ̀:bjurétə(r, -bə-, ⁻⁻⁻⁻/ *n.* (*also* **car·bu·ret·ter** /～/) 《英》=carburetor.

car·bu·rize /káəbəràɪz, -bju- | kɑ́:bju-/ *vt.* **1** 〖冶金〗浸炭する《鋼の表面に炭素をしみ込ませて, 表面のみを硬くする》. **2** 〖化学〗=carburet 2. **car·bu·ri·za·tion** /kàəbərɪzéɪʃən, -bju- | kɑ̀:bjuraɪ-, -rɪ-/ *n.* **cár·bu·rìz·er** *n.* 〖(1889): ⇨ carburet, -ize: cf. *carburization* (1864)〗

car·by /káəbi | kɑ́:-/ *n.* 《豪・NZ 口語》=carburetor. 〖1957〗

car·byl·a·mine /kàəbɪləmí:n, ⁻⁻⁻⁻ | kɑ:bìləmí:n, ⁻⁻⁻⁻/ *n.* 〖化学〗カルビラミン (⇨ isocyanide). 〖(1879) ← CARBO-＋-YL＋AMINE〗

car·cade /káəkeɪd | kɑ́:-/ *n.* 《インド》=motorcade.

car·ca·jou /káəkədʒù:, -kəʒù: | kɑ́:-/ *n.* 〖動物〗クズリ (⇨ wolverine 1). 〖(1774) □ Canad.-F ～ ← N-Am.-Ind. (Algonquian) *karkajou* wolverine〗

car·ca·net /káəkənɪt, -nèt | kɑ́:kənèt/ *n.* 《古》(金・宝石などの)首飾り, 頭飾り. 〖(c1530) ← F *carcan* iron collar as pillory (← ?)＋-ET〗

cár càrd *n.* 車内広告用厚紙《片面だけ塗被した板紙》.

cár-càrrier *n.* 自動車運搬車, カーキャリヤー.

car·case /káəkəs | kɑ́:-/ *n., vt.* 《英》=carcass.

car·cass /káəkəs | kɑ́:-/ *n.* **1 a** (獣の)死体 (⇨ body SYN); しかばね. **b** (屠(と)畜獣の頭・手・足・内臓・毛皮などを取り除いたあとの)胴体. **2 a** (廃屋・廃船などの)残骸(ざんがい): a ship's ～. **b** 生命[気力, 精神, 精髄]を失ったもの (shell): the mere ～ of pride 名ばかりの誇り. **3 a** [軽蔑的に] (人の)死体. **b** 《戯言》[軽蔑的に] (生きた)人体. **4** (家・船などの)骨格, 軸組, 骨組. **5** (タイヤの)カーカス《タイヤ胴を形成する枠組; ゴムをしみ込ませたコード層でできている》. **6** 焼夷(しょうい)砲弾《建物・船・砦などの放火に用いた近世の弾丸》. ***save one's cárcass*** 身を全うする, 死ぬ[けがをする]のを免れる. ― *vt.* 〈建物・船など〉の骨組を作る. 〖(16C) □ F *carcasse* 《変形》← AF *carcois* ∞ (1330) *carcois* □ AF=OF *charcois* ← ?〗

cárcass mèat *n.* (塩漬け肉や缶詰肉と区別して)生肉 (raw meat). 〖1948〗

Car·cas·sonne /kàəkəsɔ́(:)n, -sóun | kɑ̀:kəsɔ́n; *F.* kaʁkasɔn/ *n.* カルカソンヌ《フランス南部 Aude 県の県都; 中世の城塞都市の形を残している》.

car·ce·ral /káəsərəl | kɑ́:-/ *adj.* 《詩・文語》獄舎の. 〖(1563–87) □ LL *carcerālis* ← L *carcer* prison〗

Car·cha·rhin·i·dae /kàəkərínədì: | kɑ̀:kərínɪ-/ *n. pl.* 〖魚類〗メジロザメ科. 〖← NL ～ ← *Carcharhinus* (属名: ← Gk *kárkharos* sawlike＋NL *-rhinus* '-RHINE')＋-IDAE〗

Car·cha·ri·i·dae /kàəkəráɪədì: | kɑ̀:kəráɪ-/ *n. pl.* 〖魚類〗ミズワニ科. 〖← NL ～ ← *Carcharias* (属名: ← Gk *karkharías* shark ← *kárkharos* (↑))＋-IDAE〗

cár chàse *n.* カーチェイス.

Car·che·mish /káəkəmɪʃ, kaəkí:mɪʃ | kɑ́:kɪmɪʃ, kɑ:kí:mɪʃ/ *n.* カルケミシュ《シリア国境に近いトルコの Euphrates 川右岸の古代都市; Hittite 帝国の首都》.

car·cin- /káəsən, -sn̩ | kɑ́:sɪn, -sn̩/ (母音の前にくるときの) carcino- の異形.

car·ci·no- /káəsənou, -sn̩- | kɑ́:sɪnəu, -sn̩-/「癌(がん)」(cancer); 蟹 (crab)」の意の連結形: *carcinosarcoma*. ★ 母音の前では通例 carcin- になる. 〖□ Gk *karkino-* ← *karkínos* crab〗

cárcino·embryònic ántigen *n.* 〖医学〗癌胚胎児性抗原《消化器癌組織や胎児腸組織に見られる糖タンパク; 大腸癌・肺癌・乳癌などの際, 血中にこの抗原が増加する》. 〖1926〗

car·cin·o·gen /kaəsínədʒən, káəsən-, -sn̩-, -dʒèn | kɑ:sínə-, kɑ́:sɪn-, -sn̩-/ *n.* 〖病理〗発癌(がん)物質. 〖(1853): ⇨ carcino-, -gen〗

car·ci·no·gen·e·sis /kàəsənoudʒénəsɪs, -sn̩- | kɑ̀:sɪnə(u)dʒénɪsɪs, -sn̩-/ *n.* 〖病理〗発癌(がん)(現象), 癌発生. 〖(1926) ← NL ～: ⇨ carcino-, -genesis〗

car·ci·no·gen·ic /kàəsənoudʒénɪk, -sn̩- | kɑ̀:sɪnə(u)-, -sn̩-⁻/ *adj.* 〖病理〗発癌(がん)性の: a ～ substance 発癌(性)物質. 〖1926〗

car·ci·no·ge·nic·i·ty /kàəsənoudʒənísəti, -sn̩- | kɑ̀:sɪnə(u)dʒɪnísɪti, -sn̩-/ *n.* 〖病理〗発癌(がん)性. 〖1930〗

car·ci·noid /káəsənɔ̀ɪd, -sn̩- | kɑ́:sɪn-, -sn̩-/ *n.* 〖病理〗カルチノイド, 類癌腫. 〖1925〗

car·ci·nol·o·gy /kàəsənɑ́(:)lədʒi, -sn̩- | kɑ̀:sɪnɔ́l-, -sn̩-/ *n.* 甲殻類学. **car·ci·no·log·i·cal** /kàəsənəlɑ́(:)dʒɪkəl, -sn̩-, -kl̩ | kɑ̀:sɪnəlɔ́dʒɪ-, -sn̩-⁻/ *adj.* 〖(1864) ← CARCINO-＋-LOGY〗

car·ci·no·ma /kàəsənóumə, -sn̩- | kɑ̀:sɪnə́u-, -sn̩-/ *n.* (*pl.* ～s, ～·ta /～tə | ～tə/) 〖病理〗癌(がん), 癌腫《上皮性の悪性腫瘍; 狭義の癌》. **～·tòid** /-tɔ̀ɪd/ *adj.* 〖(1721) □ L *carcinōma* □ Gk *karkínōma* ← *karkínos* 'crab, CANCER'〗

car·ci·no·ma·to·sis /kàəsənòumətóusɪs, -sn̩- | kɑ̀:sɪnə̀umətə́usɪs, -sn̩-/ *n.* (*pl.* **-to·ses** /-si:z/) 〖病理〗癌腫症. 〖(1905) ← NL ～: ↑, -osis〗

car·ci·nom·a·tous /kàəsənɑ́(:)mətəs | kɑ̀:sɪnɔ́mət-⁻/ *adj.* 〖病理〗癌(腫)の[に関する]: a ～ lesion 癌の病巣. 〖1700〗

càrcino·sarcóma *n.* (*pl.* ～s, **-sarcomata**) 〖病理〗癌(がん)肉腫 (sarcocarcinoma). 〖(1927) ← CARCINO-＋SARCOMA〗

Car·co /kaəkóu | kɑ:kə́u; *F.* kaʁko/, **Francis** *n.* カルコ (1886–1958; フランスの小説家・詩人; *De Montmartre au Quartier latin*「モンマルトルよりカルティエラタンへ」(回想記, 1934)).

cár còat *n.* カーコート《特に, 運転者用の七分丈のコート》. 〖1963〗

card[1] /káəd | kɑ́:d/ *n.* **1 a** (名刺・葉書・会員券・分類カードなど通例長方形で小型の)札, 券, カード: a membership ～ 会員券 / a press ～ 新聞記者証 / an index ～ 索引カード / leave one's ～ with a person (正式訪問の代わりに)人に名刺を置いて帰る / turn down one corner of a ～ (留守に訪問したしるしに)名刺のひとすみを折る. **b** (絵・装飾などをつけて印刷した)挨拶状, 賀状, 絵はがき: a birthday ～ 誕生祝いカード / ⇨ Christmas card, greeting card. **c** [しばしば *pl.*] 案内状, 招待状: an invitation ～ 招待状 / receive ～s for the wedding 結婚式の案内状を受け取る. **d** クレジットカード (credit card): pay with a ～ クレジットカードで払う. **e** ワインリスト (wine list); 献立表, メニュー (menu). **f** (ボタンやマッチなど)厚紙[カード]に並べた製品: a ～ of buttons, matches, etc. **g** (ゴルフ・クリケットなどの得点を記入する)スコアカード. **h** スポーツカード《プロ野球選手などの写真カード; 裏にデータなどを記載》. **i** (労働組合の大会で代議員のもつ)カード《組合員の数が明記してある》: ⇨ card voting. **j** =cardboard. **k** =punch card. **l** =dance card. **2 a** トランプ (playing card): a pack [《米》deck] of ～s トランプ一組《通常 52 枚》/ cut the ～s トランプを切る (cf. cut *vt.* 7 a) / deal the ～s トランプを配る / tell a person's fortune from ～s トランプで運を占う / a ～ trick トランプを使った手品. 日英比較 日本語では「トランプ」というが, 英語では card を用いる. ⇨ trump. **b** (トランプの)カード, 札, (特に)高い順位[ランク]の持ち札: a high ～ 高位札《ace, king など》/ a low ～ 低位札 / a trump (～) 切り札 / a [the] winning ～ 勝ち札. **3** [*pl.*; ときに単数扱い] **a** トランプ遊び: a game of ～s トランプ[カルタ]遊び, トランプの勝負 / play ～s トランプをする / win [lose] at ～s トランプで勝つ[負ける]. **b** (casino で)カーズ《過半数 (27 枚以上) の札を取ること; 役点 3 がつく》. **4** 切り札的手段, 決め手: a doubtful [sure, safe] ～ 疑わしい[確かな, 安全な]手[計画, 手段] / have another ～ in the negotiations 交渉にもう一つの決め手がある / ⇨ *play one's best* CARD / play one's last ～ 最後の手段をとる / Only a scoundrel would play the race ～ to win votes. 得票のために人種のカードを持ち出すのは悪党だけだろう. **5 a** (スポーツの)プログラム, 番組: a racing ～ 出馬表 / a boxing ～ ボクシングの試合プログラム / ⇨ race-card. **b** 人を引き付けるもの, 呼び物 (attraction): ⇨ drawing card / This will be the best ～ for the event. これはその催し物の何よりの呼び物になるだろう. **6** 指針面 (compass card): ⇨ *speak by the* CARD. **7** 《米》(新聞に出す声明・釈明・依頼などの)短い広告, 通告. **8** 《口語》 **a** おどけた人, 面白い人; 風変わりな人. **b** [修飾語を伴って] 奴, 人 (person): quite a ～ かなりの[大した]人. **9** [the ～] 《口語》適切なもの[こと]: *the* correct ～ ずばりそのもの / That's *the* ～ for it. それが一番. **10** [*pl.*] 《英口語》(雇用者が使用人の雇用期間中預かる)使用人の書類: ⇨ *give a person his* CARDS, *ask for one's* CARDS, *get one's* CARDS. **11** 《俗》一回分の麻薬. **12** 〖紡織〗紋紙《ドビー機, ジャカード機で縦糸操作に用いられるカード状のもの》.

ásk for one's cárds 《英口語》退職を願い出る. ***a person's cárd is márked*** 人は(当局に)にらまれて[目をつけられて]いる. ***cárds and spádes*** 《米口語》(自分の優越を示すために気前よく相手に与える)有利な条件, 歩(ぶ): I can give him ～*s and spades*.「飛車角抜き」で彼の相手ができる, はるかに彼にまさる[よりうわてだ]. 《トランプの casino などのゲームでともに手役になることから》 ***fórce a cárd*** (トランプ奇術で)〈奇術師の意図する〉カードを〉無意識に選ぶように仕向ける. ***gét one's cárds*** 《英口語》解雇される. ***give a person his cárds*** 《英口語》〈人を〉解雇する. ***hàve a cárd up one's sléeve*** 用意の奥の手がある. ***hàve [hóld] áll the cárds (in one's hánd)*** 成算がある, 完全に支配する, 自分のものにする. ***kéep [hóld] one's cárds clóse to one's chést*** =play one's CARDS close to one's chest. ***láy (áll) one's cárds on the táble*** =*put (all) one's* CARDS *on the table*. ***Nó cárds*** (葬式の新聞広告で)本広告をもって御通知に代えます. ***on*** 《英》 [《米》 ***in***] ***the cárds*** たぶんありそうな, 起こりそうな (likely): It is not *in the* ～*s* for him to succeed. 彼は成功しそうもない / It is *on the* ～*s* that I may have to go abroad soon. 多分すぐ外国へ行かねばならないだろう. 《トランプ占いにちなむ》 ***páck cárds with a person*** 《古》〈人〉と奸計をはかる. ***pláy one's bést [trúmp, stróngest, wínning] cárd*** とっておきの手を用いる. (1755) ***pláy [kéep, hóld] one's cárds clóse to one's chést*** 自分の手の内を明らかにしない, 隠密に事を運ぶ (cf *play close to one's* CHEST). ***pláy one's cárds wéll [ríght, próperly, bádly]*** (1) 事の処理がうまい[まずい]. (2) トランプがうまい[下手だ]. ***pút (áll) one's cárds on the táble*** (1) 計画を公開する, 種を明かす. (2) (持ち札を卓上に出して)手を見せる. (1907) ***shów one's cárds*** (1) 自分の計画を示す. (2) (トランプで)自分の手を見せる. ***spéak by the cárd*** 正確に[要領よく]話す (cf. *n.* 6; Shak., *Hamlet* 5. 1. 149). (1600–01) ***stáck the cárds*** ⇨ stack 成句. ***thrów in one's cárds*** ⇨ throw 成句. ***thrów úp one's cárds*** (1) 計画を放棄する; 敗北を認める. (2) (トランプで)持ち札を投げ出す.

― *vt.* **1 a** 〈物〉にカードを付ける. **b** 〈物を〉カードに留める. **2** カードに記入する. **3** (ゴルフなどで)〈得点を〉(スコア)カードにつける; …を得点する. **4** 《俗》〈若者〉に(バーなどで身分証明書などの)提示を求める. **5** =schedule 2 b. **6** [～ it として] 《廃》トランプをする.

〖(?a1425) □ (O)F *carte* □ It. *carta* □ L *charta* papyrus leaf □ Gk *khártēs* ← ? Egypt.〗

card[2] /káəd | kɑ́:d/ *n.* **1** (紡績で繊維の毛並をそろえる工程中のすきぐし, 梳(そ)綿[毛]機, カード機. **2** けばを立てる機械. ― *vt.* **1** 〈羊毛・麻などを〉(梳綿[毛]機で)すく: ～*ed* cotton [wool] 梳綿[紡毛]. **2** 〈布〉にけばを立てる. **3** 《廃》混ぜ合わせる (mix). 〖(1351) □ (O)F *carde* teasel, wool card □ Prov. *carda* ← *cardar* to card < VL **caritāre* ← L *cārere*〗

Card. 《略》Cardiganshire; Cardinal.

CARD 《略》《英》Campaign Against Racial Discrimination.

car·da·mom /káədəməm, -mɑ̀(:)m | kɑ́:dəməm/ *n.* (*also* **car·da·mum** /-məm/, **car·da·mon** /-mən, -mɑ̀(:)n | -mən/) **1** 〖植物〗カルダモン, ショウズク (*Elettaria cardamomum*)《熱帯アジア産のショウガ科の香料植物》. **2** その果実《香味料・薬用》. **3** 〖植物〗1 と近縁で芳香を発する植物. 〖(a1398) □ L *cardamōmum* □ Gk *kardámōmon* a kind of cress 《混成》← *kárdamon* cress＋*ámōmon* Indian spice〗

Car·dan /káədæn | kɑ́:-/ *n.* 〖機械〗カルダン自在継手 (Cardan joint ともいう). 〖(1902) ← *Geronimo Cardano* (1501–76: イタリアの数学者)〗

Cárdan jòint *n.* =Cardan.

Cárdan shàft *n.* **1** 〖機械〗カルダンシャフト《一端[両端]にカルダン継手のある軸》. **2** (車の)推進軸. 〖1906〗

card·board /káədbɔ̀əd | kɑ́:dbɔ̀:d/ *n.* 板紙, 厚紙, ボール紙. ― *adj.* [限定的] **1** 板紙[ボール紙]製の; ボール紙のような; 平たい: a ～ box ボール箱. **2** 現実味のない, 空虚な; 表面的な, 浅薄な; 月並みな, 型通りの: ～ characters 陳腐な(登場)人物. 〖1848〗

cárdboard cíty *n.* 段ボールの町《ホームレスの人々が段ボール箱などで寝る》.

cárdboard cútout *n.* **1** (飛び出す絵本の)厚紙細工の絵. **2** (現実味のない)登場人物.

cárd-cárrying *adj.* **1** 党員[会員]証明書をもった; 《口語》正式の: ～ Communists 正式の共産党員 (cf. sympathizer 2). **2** 《口語》本物の, 典型的な, 正真正銘の: a ～ pacifist 真の平和主義者. 〖1948〗

cárd càse *n.* **1** (ポケット用)名刺入れ. **2** (カード式目録の)カード箱. **3** トランプの箱. 〖1835〗

cárd càtalog *n.* (図書館などの)カード目録《一枚一枚

のカードは catalog card という). 〘1854〙
cárd clòthing *n.* (紡績機械用)針布(しんぷ)《カード機に用いる基布に針の植わったもの》. 〘⇨ card²〙
cárd-còunting *n.* (ブラックジャックなどで)どの札が使われたかを記録すること. **cárd-còunter** *n.*
Cár·de·nas /káədənàːs, -dn- | káːdṇn-; *Am.Sp.* káɾðenas/, **Lá·za·ro** /lásaro/ *n.* カルデナス《1895–1970; メキシコの将軍・政治家; 大統領 (1934–40)》.
cárd·er /-ḍə | -də(r)/ *n.* **1** (毛などを)すく人. **2** = carding machine. 〘(1363): ⇨ card²〙
cárd fìeld *n.* 〘電算〙パンチカード (punched card) でパンチを入れる箇所[欄].
cárd fìle *n.* 《米》=card catalog.
cárd gàme *n.* トランプ(遊び). 〘1864〙
cárd·hòlder *n.* **1** クレジット[キャッシュ]カードの発行を受けた人. **2** (政党・労働組合などの)登録メンバー. **3** (タイプライターでカードを押さえる)カードホルダー. **4** 〘図書館〙貸出登録者. 〘(*a*1659) 1934〙
cárd·hòuse *n.* =HOUSE of cards. 〘1824〙
Car·dhu /káədu: | ká:-/ *n.* 〘商標〙カードゥー《スコットランドの Cardhu Distillery 製のモルトウイスキー》.
car·di- /káəḍi | káːdi/ (母音の前にくるときの) cardio- の異形.
car·di·a /káəḍiə | káːd-/ *n.* (*pl.* **-di·ae** /-dìː | -diìː/, ~s) 〘解剖〙噴門《胃の入り口》. 〘(*c*1780): ⇨ -cardia〙
car·di·a- /káəḍiə | káːdiə/ cardio- の異形.
-car·di·a /káəḍiə | káːdiə/ 次の意味を表す名詞連結形: **1**「心臓の働き[位置]」: dextro*cardia*. **2**「(…の)心臓をもった動物; 心臓型の動物[二枚貝]」: Diplo*cardia*. 〘← NL ~ ← Gk *kardía* heart〙
car·di·ac /káəḍiæk | káːdi-/ *adj.* 〘解剖〙 **1 a** 心臓の[に関する, の近くにある]: have a ~ weakness 心臓が弱い / ~ death 心臓死. **b** 心臓病の[に関する]: ~ symptoms 心臓病の徴候. **2** 胃(の食道付近)の, 噴門の.
— *n.* **1** 心臓病患者. **2** 〘医学〙強心剤, 強壮剤 (cordial). 〘(1601) □ F *cardiaque* // L *cardiacus* of the heart □ Gk *kardiakós* ← *kardía* heart〙
cárdiac arrést *n.* 〘医学〙心(拍)停止. 〘1950〙
cárdiac ásthma *n.* 〘医学〙心臓(性)喘息.
cárdiac cýcle *n.* 〘生理〙心臓周期《収縮期のはじめから拡張期の終わりまで》.
cárdiac glýcoside *n.* 〘薬学〙強心性配糖体《ジギタリス・海葱(かいそう)などの植物から採る強心剤》. 〘1927〙
cárdiac mùscle *n.* 〘解剖〙心筋. 〘1903〙
cárdiac neuròsis *n.* 〘病理〙心臓神経症.
cárdiac òutput *n.* 〘生理〙心拍出量《心臓の左心室から単位時間当たり送り出される血液の量; 通例 1 分間当たりのリットル数で表す; 略 CO》.
cárdiac tamponáde *n.* 〘病理〙心(臓)タンポナーデ《心嚢内に血液が異常に充満して起こる危険な心臓圧迫状態》.
car·di·al·gi·a /kàəḍiǽldʒiə, -dʒə | kàːdi-/ *n.* 〘病理〙 **1** 胸焼け (heartburn). **2** =cardiodynia. **càr·di·ál·gic** /-dʒɪk←/ *adj.* 〘(1655) ← NL ~ ← Gk *kardialgía*: ⇨ cardio-, -algia〙
car·di·ant /káəḍiənt | káːdi-/ *n.* 強心剤.
car·die /káəḍi | káːdi/ *n.* 《英口語》=cardigan.
car·di·ec·to·my /kàəḍiéktəmi | kàːdi-/ *n.* 〘外科〙噴門切除(術).
Car·diff /káəḍɪ̣f | káːdɪf/ *n.* カーディフ《ウェールズ南東部, Bristol 湾に臨む海港; ウェールズの主都; 旧 South Glamorgan 州都》. 〘□ OWelsh *Kairdif* (原義) ? fort of the River Taf〙
car·di·gan /káəḍɪgən | káːdɪ-/ *n.* カーディガン《丸首や V ネックで前をボタンで留める毛編みのセーターやジャケット; cardigan jacket, cardigan sweater ともいう》. 〘(1868) ← *Earl of Cardigan* (1797–1868: 1855 年クリミア戦争で名をあげた)〙
Car·di·gan /káəḍɪgən | káːdɪ-/ *n.* **1** カーディガン《ウェールズ Cardigan Bay 南部にある海港》. **2** =Cardiganshire. **3** カーディガン《Cardiganshire からウェールズをへて繁殖された, 耳が丸く, 尾の長いイヌ; Cardigan Welsh corgi ともいう; cf. Welsh corgi》. 〘□ OWelsh *Kerdigan* (原義) land of *Ceredig* (人名)〙
Cárdigan Báy *n.* カーディガン湾《ウェールズ西岸の St. George 海峡の入り江》.
Car·di·gan·shire /káəḍɪgənʃə, -ʃɪə | káːdɪgən-ʃə(r), -ʃɪə(r)/ *n.* カーディガンシャー《ウェールズ西部の旧州; 1974 年に Dyfed 州の一部となる; 面積 1,795 km², 州都 Cardigan; 96 年 Ceredigion 州として復活》.
Car·din /kaədǽ(ŋ), -dǽn | kaːdǽ(ŋ), -dæn; *F.* kaʁdɛ̃/, **Pierre** *n.* カルダン《1922– ; フランスのデザイナー》.
car·di·nal /káədənəl, -dn-, -nḷ | káːdṇnəl, -dn-, -nḷ/ *n.* **1** 〘カトリック〙[しばしば C-] 枢機卿(けい)《ローマ教皇の最高顧問; 1586 年 (Sixtus 五世) 総数 70 人まで (bishop 6 人, priest 50 人, deacon 14 人) と定めたが, 1958 年 (John 二十三世) これを破棄し, 以来上限はない; 服装には緋の衣と緋の帽を用いる》. **2** 〘鳥類〙ショウジョウコウカンチョウ(猩猩紅冠鳥) (*Cardinalis cardinalis*)《北米産; 雄は深紅色, 雌は灰赤褐色で共によく鳴く; cardinal bird, cardinal grosbeak, redbird ともいう》. 《その色が枢機卿のマントの色に似ていることから》 **3** 深紅色 (cardinal red). **4** [通例 *pl.*] 基数 (cardinal number). **5** (昔の)深紅色の布で作った女性用の短い外套. 〘(*a*1126) □ LL *cardinālis*〙 — *adj.* **1** 枢要の, 基本的な; 主要な: a matter of ~ importance 極めて重要な事. **2** 〘占星〙基本相の《白羊, 巨蟹, 天秤, 磨羯の四宮に関する; cf. fixed, mutable》. **3** 深紅色の, 緋(ひ)の. **~·ly** *adv.* 〘(*a* 1325) □ (O)F ~ // L *cardinālis* principal ← *cardō* hinge of a door: ⇨ -al¹〙

car·di·nal·ate /káədnəlɪ̣t, -dən-, -dn-, -lèɪt | káː-dṇn-, -dn-/ *n.* 〘カトリック〙 **1** 枢機卿(けい)職; 枢機卿の権威[職禄(ろく)]. **2** [集合的] 枢機卿 (cardinals). 〘(1645) □ F *cardinalat*: ⇨ ↑, -ate¹〙
cárdinal bèetle *n.* 〘昆虫〙アカハネムシ《アカハネムシ科 (Pyrochroidae) の昆虫》.
cárdinal bìrd *n.* 〘鳥類〙=cardinal 2.
cárdinal bíshop *n.* 〘カトリック〙司教枢機卿(けい)《1932 年まで名義上ローマ郊外の司教区が与えられていた》. 〘(1670) 《なぞり》← ML *episcōpus cardinālis*〙
cárdinal déacon *n.* 〘カトリック〙助祭枢機卿(けい)《名義上, ローマ教区の助祭の地位にある》. 〘(1670) 《なぞり》← ML *diāconus cardinālis*〙
cárdinal fìsh *n.* 〘魚類〙スズキに似たテンジクダイ科テンジクダイ属 (*Apogon*) の魚類の総称《多くの種類は鮮紅色で黒い斑点(はんてん)がある》; (特に)ヨーロッパ産の *A. imberbis*. 〘その体色が枢機卿(けい)の緋色のマントに似ていることから〙
cárdinal flòwer *n.* 〘植物〙ベニバナサワギキョウ (*Lobelia cardinalis*)《北米産キキョウ科の観賞用多年草》. 〘*c*1625〙
cárdinal grósbeak *n.* 〘鳥類〙=cardinal 2.
cárdinal húmors *n.* [the ~] 四体液 (cf. humor).
car·di·nal·i·ty /kàədənǽləṭi, -dn- | kàːdṇnǽlɪ̣ti/ *n.* 〘数学〙=cardinal number 2.
cárdinal númber *n.* **1** 基数, 計量数 (cf. ordinal number 1). **2** 〘数学〙基数, 濃度《集合の要素の個数を表す数; 有限集合の濃度は 0, 1, 2, …であるが, 無限集合についてもそのようなものは考えられる; cardinality, potency, power ともいう》. 〘1591〙
cárdinal númeral *n.* =cardinal number 1.
cárdinal póint *n.* **1** 〘気象〙基本方位, 四方点《東・西・南・北のうちの一つ; cf. cardinal wind》. **2** 〘光学〙主要点《レンズまたはレンズ系において物空間および像空間の, 二つの焦点, 二つの主点, 二つの節点の 6 個の点をいう》. 〘1755〙
cárdinal príest *n.* 〘カトリック〙司祭枢機卿(けい)《名義上, ローマ市内の教区の主任司祭》. 〘(1670) 《なぞり》← ML *presbyter cardinālis*〙
cárdinal's hát *n.* 〘カトリック〙枢機卿(けい)の赤帽子《緋色で, 枢機卿の地位と権威を象徴する; red hat, scarlet hat ともいう; cf. biretta, galero, zucchetto》. 〘1538〙
cárdinal·shìp *n.* =cardinalate 1.
cárdinal sín *n.* **1** 〘キリスト教〙重大罪《deadly sins の一つ》. **2** 《口語》してはならない重大な誤ち.
cárdinal spìder *n.* 〘動物〙タナグモ (*Tegenaria parietina*). 〘1883〙
cárdinal sỳstem *n.* 〘海事〙(航路標識の)浮標式, 立標式《標識の形・色・数などで障害物の位置を基準としてこれを避ける形で安全航路を示す方式; cf. lateral system》.
cárdinal vírtues *n. pl.* [the ~] 〘哲学・神学〙元徳, 首徳, 枢要徳《古代ギリシャ哲学では justice, prudence, temperance, fortitude の四元徳 (natural virtues), キリスト教ではこの四つの徳に faith, hope, charity の三つの神学的徳 (theological virtues) を加えた七元徳 (seven principal virtues); 孔子の教えでは仁・義・礼・智・信の五つの徳をいう; cf. deadly sins》. 〘*a*1325〙
cárdinal vówels *n. pl.* [the ~] 〘音声〙基本母音《各国語の母音の性質を記述するための規準として人為的に設定された母音》: the primary ~ 第一次基本母音 ([i], [e], [ɛ], [a], [ɑ], [ɔ], [o], [u] の 8 母音) / the secondary ~ 第二次基本母音 ([y], [ø], [œ], [ɶ], [ɒ], [ʌ], [ɤ], [ɯ], [ɨ], [ʉ] の 10 母音). 〘1922〙
cárdinal wínd *n.* 〘気象〙四風《基本方位 (cardinal point) から吹く風(北風・東風・南風・西風)を他の方角の風と区別していう》. 〘1549〙
cárd-índex *vt.* **1** …のカード索引を作る. **2** 体系的に分類[分析]する. — *vi.* カード索引を作成する. 〘1911〙
cárd índex *n.* カード索引. 〘1850〙
cardines *n.* cardo の複数形.
cárd·ing¹ /-ḍɪŋ | -dɪŋ/ *n.* 〘トランプ〙(ポーカーで)自分の手の強さを評価する技術. 〘(1495): ⇨ card¹, -ing¹〙
cárd·ing² /-ḍɪŋ | -dɪŋ/ *n.* 〘紡織〙 **1** 梳(そ)綿[毛]《綿花や羊毛の短い繊維・雑物をとり繊維を引きそろえる工程》. **2** =carding machine. 〘(1468): ⇨ card², -ing¹〙
cárding èngine *n.* 《英》=carding machine. 〘1795〙
cárding machìne *n.* 梳(そ)綿[毛]機, カード機. 〘1788〙
cárding wòol *n.* 〘紡織〙=clothing wool 1.
car·di·o- /káəḍiou | káːdiəu/ 「心臓(の); 心臓の働き」「噴門」の意の連結形: *cardio*meter. ★ 時に cardia-, また母音の前では通例 cardi- になる. 〘← Gk *kardía* heart〙
càrdio·accélerator *adj.* 心(臓)促進(性)の, 心活性促進性の, 心臓機能亢進の. **càrdio·accélerator** *adj.*
càrdio·áctive *adj.* 心臓の働きを刺激[活性化]する: a ~ drug.
car·di·o·dyn·i·a /kàəḍioudíniə, -ḍiə- | kàːdiə(u)-/ *n.* 〘病理〙心臓痛. 〘← CARDIO-+*dyn-* (← Gk *dúnamis* strength)+-IA¹〙
car·di·o·gen·ic /kàəḍioudʒénɪk | kàːdiə(u)-←/ *adj.* 〘病理〙心臓性の.
car·di·o·gram /káəḍiəgræ̀m | káːdiə(u)-/ *n.* 〘医学〙心拍(動)曲線, カルジオグラム. 〘(1867) ← CARDIO-+-GRAM¹〙
car·di·o·graph /káəḍiəgræ̀f, -ḍiou- | káːdiə(u)-gràːf, -græ̀f/ *n.* 〘医学〙 **1** 心拍(動)記録器, カルジオグラフ. **2** =electrocardiograph. **~·er** *n.* **car·di-**

o·graph·ic /kàəḍiəgrǽfɪk | kàːdiə(u)-←/ *adj.* **càr·di·o·gráph·i·cal·ly** *adv.* 〘1870〙
car·di·og·ra·phy /kàəḍiá(ː)grəfi | kàːdiɔ́g-/ *n.* 〘医学〙拍(動)記録(法), カルジオグラフィ.
car·di·oid /káəḍiɔ̀ɪd | káːdi-/ *n.* 〘数学〙心臓形, カーディオイド《一定円 O の外周上を同じ半径の他の円 O′ が回転する際その回転する円の円周上の一点 P の描く曲線》. — *adj.* 心臓形[カーディオイド]の[に関する]. 〘(1753) □ Gk *kardioeidḗs* heart-shaped: ⇨ cardio-, -oid〙
cárdioid condénser *n.* 〘物理〙カーディオイド集光鏡《球面とカーディオイド回転面との一面の反射を用いる集光器; 球面収差やコマ収差がなく限外顕微鏡の暗視野照明用に用いられる》.
car·di·ol·o·gist /kàəḍiá(ː)lədʒɪ̣st | kàːdiɔ́lədʒɪst/ *n.* 心臓学の専門医, 心臓学者. 〘(1885) ↓〙
car·di·ol·o·gy /kàəḍiá(ː)lədʒi | kàːdiɔ́l-/ *n.* 〘医学〙心臓(病)学. **car·di·o·log·ic** /kàəḍiəlá(ː)dʒɪk | kàːdiəlɔ́dʒ-←/ *adj.* **càr·di·o·lóg·i·cal** /-dʒɪ̣kəl, -kḷ | -dʒɪ-←/ *adj.* 〘(1847) ← CARDIO-+-LOGY〙
car·di·o·meg·a·ly /kàəḍiouméɡəli, -ḍiə- | kàː-diə(u)-/ *n.* 〘病理〙心(臓)肥大(症). 〘← CARDIO-+-MEGALY〙
càrdio·myópathy *n.* 〘病理〙心筋症. 〘(1965) ← CARDIO-+MYO-+-PATHY〙
car·di·op·a·thy /kàəḍiá(ː)pəθi | kàːdiɔ́p-/ *n.* 〘病理〙心(臓)疾患, 心臓病. 〘1885〙
càrdio·púlmonary *adj.* 〘医学〙心臓と肺臓の[に関する], 心肺の. 〘1881〙
cardiopúlmonary resuscitátion *n.* 〘医学〙(心拍停止後の)心肺機能回復[蘇生]法 (略 CPR).
càrdio·réspiratory *adj* 〘医学〙心臓性呼吸の; 心臓と呼吸器の[に関する]. 〘1892〙
car·di·o·scope /káəḍiəskòup | káːdiə(u)skəup/ *n.* 〘医学〙心臓(内腔直達)鏡. 〘1890〙
cárdio·spàsm *n.* 〘医学〙噴門痙攣(けいれん). **càrdio·spástic** *adj.* 〘1900〙
càrdio·tachómeter *n.* 〘医学〙心拍タコメーター. 〘1928〙
càrdio·thorácic rátio *n.* 〘医学〙心胸郭(かく)比, 心肺係数.
car·di·ot·o·my /kàəḍiá(ː)ṭəmi | kàːdiɔ́t-/ *n.* 〘外科〙 **1** 心臓切開(術). **2** 噴門切開(術). 〘(1922): ⇨ -tomy〙
car·di·o·ton·ic /kàəḍiouṭá(ː)nɪk, -ḍiə- | kàːdiə(u)-tɔ́n-←/ 〘医学〙 *adj.* 強心性の: ~ drugs 強心薬. — *n.* 強心薬. 〘(1936) ← CARDIO-+TONIC〙
car·di·o·vas·cu·lar /kàəḍiouvǽskjulə | kàː-diə(u)vǽskjulə(r)←/ *adj.* 〘解剖〙心(臓)血管の[に関する, に影響する]. 〘1879〙
càrdio·vérsion *n.* 〘医学〙電気的除細動, カルジオバージョン《心房細動などの不整脈治療のため心臓に電気ショックを与えること》. 〘← CARDIO-+-*version* (⇨ version)〙
car·di·o·vert·er /kàəḍiouvə́ːṭə | kàːdiə(u)vəːtə(r)/ *n.* 電気除細動機.
car·di·tis /kaədáɪṭɪ̣s | kaːdáɪtɪs/ *n.* 〘病理〙心臓炎 (cf. endocarditis, pericarditis). 〘(1783) ← CARDIO-+-ITIS〙
-car·di·um /káəḍiəm | káːdiəm/ (*pl.* **-car·di·a** /-ḍiə | -diə/)「心臓 (heart)」の意の名詞連結形: endo*cardium*. 〘← NL ~ ← Gk *-kárdion* (← *kardía*)+-IUM〙
cárd kèy *n.* カードキー《鍵の開閉用の磁力コードがついたプラスチックカード》.
car·do /káədou | káːdəu/ *n.* (*pl.* **car·di·nes** /káə-ḍənìːz, -nèɪs, -dn- | káːdɪ-/) 〘動物〙軸節《昆虫の口器の軸部》. 〘(1571) □ L *cardō* hinge〙
car·doon /kaədúːn | kaː-/ *n.* (*also* **car·don** /-dóun | -dáun/) 〘植物〙カルドン (*Cynara cardunculus*)《地中海地方産アーティチョーク (artichoke) の類の植物; 根と葉柄を食用にする》. 〘(1611) □ F *cardon* ← *carde* edible part of the artichoke □ Prov. < VL **carda(m)*=L *carduus* thistle: ⇨ -oon 1〙
Car·do·zo /kaədóuzou | kaːdáuzəu/, **Benjamin Nathan** *n.* カードーゾー《1870–1938; 米国の法律家; 最高裁判所陪席判事 (1932–38)》.
cárd·phòne *n.* 《英》カード公衆電話, カードホン. 〘1978〙
cárd·plàyer *n.* トランプをする人. 〘1589〙
cárd·plàying *n.* トランプ遊び. 〘1577〙
cárd pùnch *n.* 〘電算〙パンチカード穿孔(せんこう)機, カードパンチ (cf. punch card).
cárd rèader *n.* カード読み取り装置, カードリーダー.
cárd·ròom *n.* トランプ遊び用の部屋. 〘1760〙
Cards. 《略》Cardiganshire.
cárd shàrk *n.* 《口語》 **1** トランプの名人. **2** =cardsharp.
cárd·shàrp *n.* いかさまトランプ師, トランプぺてん師. 〘1884〙
cárd·shàrper *n.* =cardsharp. 〘1859〙
cárd·shàrping *n.* いかさまトランプ. 〘1870〙
cárd swìpe *n.* 磁気カード読み取り装置.
cárd tàble *n.* カードテーブル《トランプ遊び用に作られたテーブル; 壁から張り出す式のものや, 上部が正方形で脚が折りたたみ式のものなど》. 〘1713〙
Car·du·a·ce·ae /kàədʒuéɪsiìː | kàːdju-/ *n. pl.* 〘植物〙アザミ科《通常はキク科の中の一亜科とする》. **càr·du·á·ceous** /-ʃəs←/ *adj.* 〘← NL ~ ← *Carduus* (属名: ← L *carduus*: cf. cardoon)+-ACEAE〙
Car·duc·ci /kaədúːtʃi: | kaː-; *It.* kardúttʃi/, **Gio-**

C

suè /dʒoswéː/ *n.* カルドゥッチ《1835–1907; イタリアの詩人; Nobel 文学賞 (1906); *Inno a Satana*「サタン讃歌」(1863)》.

car·du·e·line /kàədʒuíːlɪ̀n | kàːdjuíːlɪn⁻/ *adj.* 〖鳥類〗ヒワ類の. 〖⇨ -ine[1]〗

car·du·e·lis /kàədʒuíːlɪ̀s | kàːdjuíːlɪs/ *n.* 〖鳥類〗ヒワ《アトリ科ヒワ属 (*Carduelis*) の鳥類の総称; ヨーロッパ産ゴシキヒワ (goldfinch), ムネアカヒワ (linnet), マヒワ (siskin) など》. 〖← NL ~ ← L ~ ← *carduus*: cf. cardoon〗

C

cár dùmper *n.* カーダンパー, 貨物傾倒機《貨車に積み込まれたばら荷(石炭・鉱石など)を下ろすのにそのままひっくり返す装置》.

car·du·us /káədʒuəs | káːdju-/ *n.* 〖植物〗アザミ (thistle). 〖《a1398》□ L〗

cárd vòting [vòte] *n.* 〖労働〗カード投票《労働組合の大会や会議で代議員が代表する組合員の数を明記したカードで票数を決める投票; cf. card[1] *n.* 1 i》. 〖1902〗

card·y /káədi | káːdi/ *n.* 《英口語》=cardigan.

care /kéə | kéə(r)/ *vi.* **1 a** 気にかかる, 気をもむ, 心配する: ~ a lot *about* food and drink 飲食物にやかましい / He really ~*s* (a great deal). 彼は本当に[随分]心配している / ⇨ caring. **b** [否定文・疑問文に用いて] 気にする, 関心をもつ, かまう, 頓着する: He doesn't ~ *about* trifles. 小さい事に頓着しない / Who ~*s*? だれがかまうものか / I don't ~ *what* happens now. =What do I ~ what happens now? こうなれば何事が起ころうとかまわない[どうだっていい] / I don't ~ *whether* it is black or white. 黒かろうと白かろうとどっちだってかまわない / I don't ~ (a bit [a damn, a straw, a button, a fig, etc.]). 《口語》(ちっとも)かまわない (cf. CARE *for* (1)) / I couldn't ~ less. =《米俗》I could ~ less. 《口語》全然気にならない, 全く平気だ. **2** [~ *to* do で] …したがる, 欲する: I wouldn't ~ *to* be seen with him. あの人と一緒にいるところを見られたくない / Would he ~ *to* come with us? 彼は我々と一緒に来るというだろうか / Would you ~ *to* give some more details? もう少し詳しい事を教えてもらえますか.

cáre for (1) [主に否定文・疑問文に用いて] 望む, 好む (like) (cf. *vi.* 1 b): Would you ~ *for* some cherries? さくらんぼはお好きですか / I doubt whether she ~*s for* him much. 彼女が彼を大いに好いているかどうか疑問だ / I don't ~ *for* wealth or fame. 富も名誉も欲しくない / I don't ~ a pin [straw, fig, etc.] *for* it. そんな物はちっとも欲しくない / That's more than I ~ *for*. そんなことはどうでもいい. (2) (病人などの)世話をする, 面倒をみる, 心配してやる, かばう; 大事にする, 尊重する: ~ only *for* what is true 真実だけを重んじる / be well ~*d for* 大事にされる. 《?c1200》 ***for áll one cáres*** ⇨ for 成句.

— *n.* **1 a** 世話, 監督, 保護, 介護: the ~ of elderly people 老人介護 / be left to the ~ of a person 人の世話[保護, 監督]に任せられる; 〈子供が〉人に預けられる / place … in a person's ~ …を人に預ける[託する, よろしく頼む] / be in a person's ~ 人の世話になっている / take a child into one's ~ 子供を引き受けて世話をする. **b** 《英》(公的機関による)保育: put a child in ~ 子供を施設に預ける[入れる] / The abandoned children were taken into ~ and remained in ~ for some time. 捨てられた子たちは施設に入れられ, しばらくはそのまま保護を受けていた. **c** 一時的に預かること, 保管: leave the letter in the ~ of the police station その手紙を警察署に保管してもらう / entrust a thing to a person's ~ 物を人に託する. **2** 注意, 用心: devote great ~ to work 仕事に細心の注意を払う / with ~ 注意して, 気をつけて, 慎重に; [荷札などに書いて] 取扱注意 / handle with ~ 注意して取り扱う / without due ~ and attention 当然払うべき配慮と注意を怠って. **3** 特に力を入れる[意を用いる]事柄, 関心事; 責任, 務め; 注意を要する仕事: the ~*s* of State 国事 / domestic [family] ~*s* 家政, 家事 / My first [main] ~ is to look after my children. 私の第一に[主として]すべきことは子供の世話をすることです. **4 a** 気がかり, 気苦労, 気づかい, 心配, 不安 (concern, anxiety): *Care* aged him. 彼は気苦労のためにふけた / *Care* killed the cat. ⇨ cat *n.* 1 a. **b** [しばしば *pl.*] 心配事, 苦労の種; (色々な)煩労(はんろう): worldly ~*s* 浮世の苦労 / be full of ~*s* 心配でいっぱいだ / be without [free from] ~*s* of any kind 心配事が何もない / without a ~ in the world 何の心配事もなく. **5** 《廃》悲しみ (grief).

cáre of [通例 c/o と略して封筒などの上書きに用いる] …気付け, …方 (cf. attention 6): Mr. A. c/o Mr. B. B 様気付け A 様, B 様方 A 様. 《1852》 ***have a cáre*** =*take* CARE: *Have a* ~! 《古風》気をつけろ. ***hàve the cáre of*** =*take* CARE *of* (1). ***in cáre of*** =CARE *of*. ***tàke cáre*** 注意する, 気をつける: *take* ~ *to* [not to] do=*take* ~ *that* one does [doesn't do] する[しない]ように用心する, 必ずする[しない] / Bye-bye now! *Take* ~! それじゃまた. 気をつけて. ***tàke cáre of*** … (1) …の世話をする, 面倒をみる, 管理する, 気をつける: *take* good ~ *of* oneself 身体を大事にする / She had no children to *take* ~ *of*. 彼女は世話をする子供がいなかった / They're old enough to *take* ~ *of* themselves. 彼らは自分の事は自分でできるほど十分に大きい. 《1582》 (2) 《口語》…を取り扱う, 処理する; …を始末する, 処分する: *take* ~ *of* every obstacle 障害を全部始末する / Some problems *take* ~ *of* themselves. 自動的に解決する問題もある / That *takes* ~ *of* that! Now for the next one. それはそれとして, さあ次へ進もう / Don't worry about the bill: I'll *take* ~ *of* it. 勘定は心配しないで. 私がもつから. (3) 《俗》やっつける (beat); 殺す. ***táke the cáres of the wórld on one's shóulders*** (自分のだけでなく)他人の心配事もしょいこむ. ***ùnder the cáre of*** *a person* 人[医者など]の治療を受けて.

〖n.: OE *caru, cearu* anxiety, grief < Gmc **karō* (OHG *chara* / Goth. *kara*) ← IE **gar-* to cry (L *garrīre* to chatter / Gk *gêrus* voice). — v.: OE *carian* to be anxious ← *caru* (n.)〗

SYN 心配: **care** 恐怖・気がかり・重い責任などで精神が乱れること: It is *care* that has made her ill. 病気になったのは心配が元だった. **concern** 自分が愛情や関心を寄せている人や物に対する心配: He expressed *concern* over her health. 彼女の健康が気がかりだと言った. **worry** 現在または将来の不愉快な事柄に対する不安と恐怖の入り混じった感情: He tried to forget his *worries*. 自分の心配事を忘れようとした. **anxiety** 予想される災いに対する不安: I feel *anxiety* for my son's safety. 息子の安否を気遣っている. **solicitude** 他人の幸福・安全などに(しばしば過度に)気を使うこと《格式ばった語》: They waited on her with *solicitude*. 気をもみながら世話をした.
ANT unconcern, indifference.

CARE /kéə | kéə(r)/ *n.* ケア《米国援助物資発送協会; 本部をニューヨークに置く民間援助機関》: ~ packages. 〖《頭字語》← *C*(*ooperative for*) *A*(*merican*) *R*(*elief*) *E*(*verywhere*, Inc.)〗

cáre attèndant *n.* 《英》(重度障害者を自宅訪問して世話をする)ホームヘルパー.

cáre·clòth *n.* ケアクロス《中世英国の結婚式で新郎新婦の頭の上方にかけた布》. 〖1530〗

ca·reen /kəríːn/ *vi.* **1** 《米》**a** 〈自動車などが〉(左右に)揺れながら走る. **b** 〈人が〉よろめきながら進む, 左右に揺れながら走る (lurch). **2 a** 〖海事〗〈船が〉片舷(かたげん)に傾く. **b** 傾く, 偏する (tilt): ~ *toward* Communism 共産主義に傾く. **3** 《米》疾走する (career). — *vt.* 〖海事〗**1 a** (船底の修理・清掃のため)〈船を〉片舷に傾ける. **b** 〈傾けた船を〉修理[清掃, 填隙]する. **2** 〈船を〉傾ける. — *n.* 《古》〖海事〗(船の)片舷への一時的傾斜, 傾船; 傾船修理: on the ~ 〈船が〉傾いて. **~·er** *n.* 〖《1591》□ F *carène* □ L *carīna* keel of a ship〗

ca·reen·age /kəríːnɪdʒ/ *n.* **1** 傾船; 傾船修理. **2** 傾船場; 傾船修理港. **3** 傾船修理費. 〖《1794》□ F *carènge*: ⇨ ↑, -age〗

ca·reer /kəríə | -ríə(r)/ *n.* **1 a** (特別な訓練を受ける)職業. ★ 主に外交官にいう. **b** 一生の仕事[職業] (cf. occupation **SYN**): seek a ~ as a teacher 教師を一生の仕事にしようとする. 日英比較 「キャリアアップ」は和製英語.「出世」の意味では career advancement [progression] (名詞), forward one's *career* (動詞)のようにいう.「経験の幅を広げる」という意味では broaden one's horizons.「(国家公務員の)キャリア(組)」のような意味は英語の *career* にはなく, 例えば fast-track government official (出世ラインに乗っている国家公務員)のようにいう. また, 職業に関連しない「経験」の意味では英語では experience が使われる. **2** (人生・国家などの)道程, 一生の行路, 生涯; 経歴, 履歴, キャリア: a ~ in law 法律家としての経歴 / follow [begin] a business ~ 実業家の生涯を送る[に入る] / have a brilliant ~ before [behind] one 前途[過去]に華々しい生涯をもつ / His political ~ is over. 彼の政治家としての生涯は終わった. **3** (職業での)成功, 出世: make a ~ for oneself 独力で出世する / No ~ is possible in this small village. この小さな村にいては一生うだつが上がらない / *Careers* are open to talent. 才能ある者には出世の道が開かれている. **4** [通例 in (full) ~ として] 疾走, (全)速力: *in full* [mad] ~ 〈馬・猟犬・鹿などが〉全速力で, まっしぐらに. **5** 《古》**a** 道, コース. **b** 急速な進行, 進展: in mid ~ 途中で. **6** 《廃》急襲, 突撃.
— *adj.* [限定的] (特殊の教育を受けてこれを生涯の仕事とする)本職の, 職業的な, 専門の: a ~ diplomat (特別任用による大公使などと違った)生粋[生え抜き]の外交官 / a ~ civil servant, educator, military officer, etc. / ⇨ career woman [girl] / What are the ~ prospects in this job? この仕事の将来性はどうですか / You need some ~(*s*) guidance. 少し進路指導を受ける必要がある / That was a smart ~ move. 賢明な転職だった.
— *vi.* 疾走する, 突っ走る, 駆け回る (cf. careen): go ~*ing* along [off the road] 暴走する[して道路からはずれる]. — *vt.* 全速力で走らせる.
〖《c1534》□ F *carrière* racecourse □ Prov. *carriera* street < ML *carrāria* (*via*) carriage (way) ← L *carrus* 'CAR'〗

caréer brèak *n.* 休暇制度, (特に)育児休暇.

caréer còunselor *n.* 《米》**1** 職業適性相談員 (《英》careers adviser). **2** =guidance counselor.

caréer girl *n.* =career woman.

ca·réer·ism /-ríərɪzm | -ríər-/ *n.* 立身出世主義, 出世第一主義. 〖1933〗

ca·réer·ist /-rɪ̀st | -rɪst/ *n.* 立身出世主義者. 〖1910〗

caréer·man /-mən/ *n.* (*pl.* **-men** /-mən, -mèn/) **1** 職業人. **2** 生え抜きの外交官. 〖1927〗

caréer pàth *n.* 出世コース.

caréers advìce *n.* 職業相談.

caréers advìser *n.* 《英》(学校中退者に指導を行うよう正式に養成された)職業指導員 (《米》career counselor).

caréers màster *n.* 職業指導教師. 〖1943〗

caréers mìstress *n.* 職業指導女性教師. 〖1959〗

caréers òffice *n.* 《英》職業相談所《特に若者に職につくためどのような訓練・教育を受けたらよいかアドバイスする》.

caréer strùcture *n.* (会社などの)役職の構造.

caréer wòman *n.* (特に専門職に従事する)職業婦人, キャリアウーマン.

cáre·frèe *adj.* 心配[苦労]のない, のんきな; 用心[気に]しない: be ~ *with* one's money お金に頓着しない. **~·ness** *n.* 〖1795〗

care·ful /kéəfəl, -fl | kéə-/ *adj.* **1** 注意深い, 用心深い, 気をつける, 慎重な: be ~ *about* [*as to*, *when it comes to*] what one eats 食べ物に注意する / He is ~ *in* his speech. 言葉遣いに気をつけている / Be ~ *not to* drop the vase. =Be ~ (*that*) you don't drop the vase. 花瓶を落とさないように気をつけなさい / You must be ~ what you say. 自分の口に注意しなければならない / She was ~ *to* add that she wouldn't report the incident. その事件は報告しない, と彼女は用心深く言い添えた / Be ~ *with* that knife. そのナイフには気をつけなさい / I will be more ~ *going* down that slope. あの坂を下りるときはもっと気をつけよう / We'll lose everything if we're not ~. 用心しないとすべてを失うことになる / You can't be too ~. 用心に越したことはない. **2** (仕方など)用意周到な, 念の入った, 苦心の, 几帳面な: a ~ study, painting, worker, etc. **3 a** 大切にする, 気にかける 〔*of, about*〕: be ~ *of* [*about*] money [one's health] 金を大事にする[健康に留意する] / be ~ *of* the feelings of others 他人の感情(を害さないよう)に気をつける. **b** 《英》けちな, 締まり屋の 〔*of, with*〕: He's so ~ *with* (his) money you might almost call him stingy. 彼は(自分の)お金についてかなりの締まり屋なので, けちと呼んでもいいほどだ. **4** 《古》**a** 苦労の多い. **b** 心配性の: Martha, Martha, thou art ~ and troubled about many things. マルタよ, マルタよ, 汝さまざまの事により思い煩いて心労す (*Luke* 10: 41). 〖OE *carful* full of grief: ⇨ care, -ful〗

SYN 注意深い: **careful** 仕事や責任に対して細心の注意を払う: Be more *careful* with your work. 仕事にもっと身を入れなさい. **meticulous** 細かい点について凝りすぎるほど注意する: a *meticulous* carpenter 凝り性の大工. **scrupulous** ごく小さな点に至るまで良心的なまでに正確な《格式ばった語》: He has a reputation for *scrupulous* scholarship. 厳密無比な学識で定評がある. **punctilious** 《通例よい意味で》〈人や行為が〉作法・儀礼などの細部にまでこだわる《格式ばった語》: You are most *punctilious*. あなたはほんとに几帳面な人ですね.

care·ful·ly /kéəfəli, -fli | kéə-/ *adv.* 気をつけて, 注意深く, 慎重に; 入念に, 丹念に, 丁寧に; 苦心して. 〖OE *carfullīce*: ⇨ ↑, -ly[1]〗

cáre·ful·ness *n.* 注意深さ, 慎重; 入念, 丹念. 〖OE *carfulnys*: ⇨ -ness〗

cáre·giver *n.* (病人・障害者や児童の)介護人, 介護者, 介護士, 養護者 (carer).

cáre làbel *n.* (衣料品などに付したアイロン, クリーニングに関する)取扱い注意表示ラベル. 〖1967〗

cáre-làden *adj.* 心配[苦労]の多い. 〖《1880》: ⇨ laden[1]〗

care·less /kéələs | kéə-/ *adj.* **1 a** 不注意な, 不謹慎な: be ~ *in* one's speech 言葉を慎まない / *Careless* talk costs lives. 言葉を慎まないと生命にかかわる(戦時下の標語) / It was ~ of you not to lock the door. ドアをロックしなかったのは不注意だったね. **b** 軽率な, そそっかしい, ぞんざいな; 不正確な: a ~ mistake / ~ work / a ~ worker / ~ driving. **2** 気にかけない, 無頓着な, 構わない, 意に介さない 〔*of, about*〕: be ~ *of* [*about*] one's health [appearance] 健康[身なり]に無頓着である / He did it, ~ *of* danger. 危険を顧みずそれをした. **3 a** のんきな, 悩みのない. **b** たくまない, 気取らない, 自然な. **4** 《古》安全な (cf. *Judges* 18: 7). 〖OE *carlēas*: ⇨ care, -less〗

care·less·ly /kéələsli | kéə-/ *adv.* **1** 不注意に, ぞんざいに, 無造作に, 投げやりに; 無頓着に, うっかり. **2** 《古》安全に (cf. *Isa.* 47: 8). 〖《1561》: ⇨ -ly[1]〗

cáre·less·ness *n.* 不注意, 軽率, うかつ (⇨ negligence **SYN**); 無頓着; 怠慢, 疎漏. 〖lateOE *carlēasness*: ⇨ careless, -ness〗

Ca·re·li·an /kəríːliən, -réɪ-/ *adj.*, *n.* =Karelian.

cáre·lìne *n.* 《英》(メーカーの)電話相談サービス.

Car·en /kǽrən, kér- | kǽr-/ *n.* カレン《女性名》. 〖《変形》← CATHERINE: cf. Karen[1]〗

ca·re·nage /kəríːnɪdʒ/ *n.* =careenage 2.

cáre pàckage *n.* 《米》(親元を離れた学生などへの)仕送り小包《食料品など》.

car·er /kéərə | kéərə(r)/ *n.* 世話人, (病人や障害者の家庭内での)介護者, (児童の)養護者, ホームヘルパー (cf. caretaker). 〖《1691》《1978》: ⇨ care, -er[1]〗

ca·ress /kərés/ *vt.* **1** 愛撫する; (かわいがって)なでる; 抱きしめる (embrace). **2** かわいがる (fondle); 親切にしてやる. **3 a** 〈風などが〉〈肌・木〉に心地よく[軽く]当たる. **b** 〈音が〉〈耳〉に柔らかく響く: the sound that ~*es* the ear. — *n.* **1** 愛情[親切]の表示[行為] (endearment). **2 a** 愛撫(あいぶ), 抱擁. **b** 接吻 (kiss). **~·er** *n.* 〖《1651》□ F *caresse* □ It. *carezza* endearment < VL **cāritia*(*m*) ← L *cārus* dear, beloved〗

SYN 愛撫する: **caress** 親愛の情を示すために優しくなでる: He *caressed* the baby's face. 赤ちゃんの顔を愛撫した. **fondle** 愛情や親愛の情を示すために抱き締めたりキスしたりする《*caress* よりも愛情の示し方が露骨》: She *fondled* her doll. 人形をなで回した. **pet** 〈動物を〉両手で愛撫して愛情を示す; 《略式》性的な遊戯としてキスしたり触ったりする: She sat by the fire *petting* her dog. 炉端に腰掛けて犬を愛撫していた. **neck** 《略式》キスしたり愛撫したりしていちゃつく: They were *necking* in the back of the car. 二人は車の後部席でいちゃついていた. **cuddle, hug** 《略式》愛情をこめて両腕にひしと抱き締める: She *cuddled* her little boy. 坊やをひしと抱き締めた.

ca·ress·a·ble /kərésəbl/ *adj.* 愛撫(あいぶ)したくなるよう

な: a lovely ～ girl. 〘(1663): ⇨ ↑, -able〙
ca·réss·ing *adj.* 愛撫(あいぶ)する, かわいがる; なでるような, なだめるような. **～·ly** *adv.* 〘1665〙
ca·ress·ive /kərésɪv/ *adj.* **1** 愛撫(あいぶ)に似た, 愛撫するような. **2** やたらにかわいがる, 溺愛の. **～·ly** *adv.* 〘(1801) ← CARESS: cf. *expressive*〙
car·et /kǽrɪ̀t, kér- | kǽrɪ̀t, -rɛt/ *n.* **1** 〘校正〙脱字記号 (∧) (例: dep ∧ eciate). **2** 〘電算〙 **a** カレット (^). **b** =I-beam pointer. 〘(1710) □ L ～ '(there) is wanting' (pres. indic.) ← *carēre* to be in want of〙
care·tak·er /kéətèɪkə | kéətèɪkə/ *n.* **1** 〘英〙(公共施設などの)管理人, 営繕係 (〘米〙 janitor). **2 a** 世話人; (家などの)管理人, 番人, 留守番. **b** (しばしば肉親の)介護者 (cf. carer). **3** 暫定的に職務を代行する人[機関]. 〘(1858): cf. take care (of)〙
cáretaker gòvernment *n.* 暫定[選挙管理]内閣, つなぎ政権. 〘1945〙
Ca·rew /kərúː, kéəru, -ri | kərúː, kéəri/, **Thomas** *n.* カルー (1595?–?1639; 英国の王党派詩人; Cavalier Poets の一人).
cáre·wòrn *adj.* 心配[苦労]に悩んだ, 悩み疲れた[やつれた]. 〘1828〙
car·ex /kéərɛks | kéər-/ *n.* (*pl.* **car·i·ces** /kǽrəsìːz | -rɪ-/) 〘植物〙スゲ《カヤツリグサ科スゲ属 (*Carex*) の植物の総称; カケスゲ (*C. amplifolia*) など》. 〘(*a*1398) *carix* □ L *cārex*〙
Car·ey /kéəri | kéəri/ *n.* ケアリー: **1** 男性名《異形 Carry, Cary》. **2** 女性名《異形 Carie, Carrie, Carry, Cary》. 〘← ? OWelsh *caerau* dweller at the castle: または家族名からか〙
Car·ey /kéəri | kéəri/, **George** (**Leonard**) *n.* ケアリー (1935– ; 英国の聖職者; カンタベリー大主教 (1991–2002)).
Carey, Henry *n.* ケアリー (1687?–1743; 英国の詩人・作曲家; 俗説では英国国歌 God Save the King [Queen] の作詩・作曲者).
Carey, Mariah *n.* キャリー (1970– ; 米国のポップシンガー; 7 オクターブの声域をもつといわれる).
Cár·ey Strèet /kéəri- | kéəri-/ *n.* 〘英〙破産. 〘(1922): London の街名; もと破産裁判所 (Bankruptcy Court) があったことから〙
cár·fàre *n.* 〘米〙乗車代, 足代, 交通費, 運賃: spend much on ～ 足代にお金をかける. 〘1870〙
car·fax /káəfæks | káː-/ *n.* 〘通例地名に用いて〙〘英〙四つ辻, 十字路, 交差点. 〘(1350) *carfouk, -fuks* □ AF *carfuks*=OF *carrefurs* (F *carrefour*) < VL **quadrifurcu(m)* ← QUADRI-+L *furca* 'FORK'〙
cár fèrry *n.* 貨車[客車, 自動車]渡し船, 貨車[客車]航送船, カーフェリー《貨車[客車, 自動車]を載せて河川・海峡などを渡す船》. 〘1884〙
cár flòat *n.* 車両はしけ《車両運搬のため上面を平らにしてレールを設けたはしけ》.
car·fuf·fle /kəfʌ́fl | kə-/ *n.* 〘英口語〙 =kerfuffle.
car·ful /káəfʊ̀l | káː-/ *n.* 車 1 台分の量[数] (*of*). 〘(1832): ⇨ -ful²〙
car·ga·dor /kàəgədɔ́ə | kàːgədɔ́ː/ *n.* ポーター (porter); 荷役人夫. 〘(1811) □ Sp. ～ ← *carga* cargo〙
Car·gill /káəgɪl, -ˊ- | káːgɪl, -ˊ-/ *n.* カーギル《米国 Minnesota 州 Minneapolis に本拠を置く世界最大の穀物メジャー; 創業 1865 年》.
car·go /káəgoʊ | káːgəʊ/ *n.* (*pl.* **～es, ～s**) (船・飛行機・車の)積荷, 貨物 (⇨ burden¹ SYN); 荷; 船荷: discharge the ～ 積荷を下ろす. 〘(1657) □ Sp. ～ ← *cargar* to load < LL *caricāre* 'to CHARGE'〙
cárgo bòat *n.* 荷船, 貨物船 (cargo ship, freighter). 〘1859〙
Cárgo Cùlt, c- c- *n.* カーゴカルト, 積荷信仰《南太平洋諸島の信仰; 死者の霊がよみがえり, 船や飛行機に近代文明のいろいろな所産を積んできて労働の必要がなくなり, 白人の支配からも解放されるというメシア的信仰》. **cárgo cùltism** *n.* **cárgo cùltist** *n.* 〘1949〙
cárgo lìner *n.* 貨物輸送機[船].
cárgo nèt *n.* 〘海事〙カーゴーネット, 荷物脱落防止網《船で荷役をするとき, 海中へ荷物が落下するのを防止するため, 船側と岸壁または船側とはしけの間に張る大目の網》.
cárgo òil *n.* 貨物油《タンカーで輸送される油》.
cárgo plàne *n.* 貨物輸送機.
cárgo shìp *n.* =cargo boat.
cár·hòp *n.* 〘米〙ドライブイン食堂のウエーター[ウエートレス]《車まで食事を運んでくれる; cf. bellhop》. — *vi.* carhop として働く. 〘1937〙
Car·i·a /kéəriə | kéər-/ *n.* カリア《エーゲ海に接する小アジア南西部の旧地方; 主都 Halicarnassus》.
car·i·am·a /kæ̀riǽmə, kèr- | kæ̀r-/ *n.* 〘鳥類〙 =seriema. 〘(1836) ← NL ～ ← Port. ～ □ Tupi *çariama*: cf. seriema〙
Car·ib /kǽrɪ̀b, kér- | kǽrɪb/ *n.* (*pl.* **～, ～s**) **1 a** [the ～(s)] カリブ族《もと西インド諸島南部, 南米北部に住んだインディアン; 現在も西インド諸島の一部に住む》. **b** カリブ族の人. **2** カリブ語 (Cariban 語族に属する). 〘(1555) □ Sp. *Caribe* (変形) ← *canibal* 'CANNIBAL'〙
Car·ib·an /kǽrəbən, kér-, -bæ̀n | kǽrɪ-/ *n.* **1 a** [the ～s] カリバン族《南米北部・南米カリブ海沿岸・小アンチル列島に住むアメリカインディアン族》. **b** カリバン族の人. **2** カリバン語族《Carib 語をふくむ南米インディアンの一語族》. 〘1901〙
Car·ib·be·an /kæ̀rəbíːən, kèr-, kəríbiən | kæ̀rɪ̀bíːən, kəríbiən/ *adj.* **1** カリブ族の; カリブ族の言語[文化]に関する. **2 a** カリブ海の. **b** 西インド諸島南部・東部の. — *n.* **1** =Carib. **2** [the ～] =Caribbean Sea. 〘(1719): ⇨ -an¹〙
Caribbean Cúrrent *n.* [the ～] カリブ海流《カリブ海を西へ流れる海流》.
Caribbean Pláte *n.* 〘地球物理〙カリブプレート《プレートテクトニクスで, 中米およびカリブ海域を占める地殻部分》.
Caribbean Séa *n.* [the ～] カリブ海《中南米と西インド諸島との間の海》.
Cár·ib·bee bàrk /kǽrəbìː-, kér- | kǽrɪ̀-/ *n.* カリブ皮《熱帯アメリカ, 西インド諸島産アカネ科 *Exostema* 属の木の皮; キナ皮の代用品》.
Car·ib·bees /kǽrəbìːz, kér- | kǽrɪ̀-/ *n. pl.* [the ～] =Lesser Antilles.
ca·ri·be /kəríːbi, -beɪ/ *n.* 〘魚類〙 =piranha. 〘(1868) □ Am.-Sp. ～ □ Sp. ～ 'CANNIBAL': cf. Carib〙
Car·i·boo /kǽrəbùː, kér- | kǽrɪ̀-/ *n.* [the ～] カリブー《カナダの Cariboo 山脈西側山麓にある地方; ゴールドラッシュが始まった場所》.
Cáriboo Móuntains *n.* [the ～] カリブー山脈《カナダ British Columbia 南西部の山脈; 最高峰 Mount Sir Wilfrid Laurier (3,582 m)》.
car·i·bou /kǽrəbùː, kér- | kǽrɪ̀-/ *n.* (*pl.* **～, ～s**) 〘動物〙シンリントナカイ, カリブー (*Rangifer caribou*) 《北米北部の森林にすむトナカイ; cf. reindeer》. 〘(*c*1665) □ Canad.-F ～ ← N-Am.-Ind (Algonquian)〙

caribou

Cáribou Éskimo *n.* カリブーエスキモー《カナダ北部のツンドラ地帯 Barren Lands に住むイヌイット》. 〘1929〙
cáribou mòss *n.* =reindeer moss.
car·i·ca·tur·a·ble /kǽrɪ̀kətʃʊ̀ərəbl, kér-, -tʊ̀ər-, -tjʊ̀ər-, -tʃər- | kǽrɪ̀kətjʊ̀ər-, -tʃɔ̀ːr-, -tjɔ̀ər-, ˌ-ˌ-ˌ-ˊ-/ *adj.* カリカチュアになりうる[適した]; カリカチュアにしやすい. 〘(1886): ⇨ ↓, -able〙
car·i·ca·ture /kǽrɪ̀kətʃʊ̀ə, kér-, -tʊ̀ə, -tjʊ̀ə, -tʃə | kǽrɪ̀kətʃʊ̀ə, -tʃɔ̀ː, -tjʊ̀ə, ˌ-ˌ-ˌ-ˊ/ *n.* **1** カリカチュア, 諷刺漫画[文], 戯画[文]《人や物の特徴を滑稽に誇張したり, 故意に単純化した表現; またはそういう絵・文・ものまね》: make a ～ of …を漫画にする, カリカチュアにする. **2** 拙劣な模倣, へたなもじり[まね]. **3** 戯画[文]をかく技法. — *vt.* カリカチュア風に描く[描写する]. **car·i·ca·tur·al** /kǽrɪ̀kətʃʊ́ərəl, kér-, -tʊ́ər-, -tjʊ́ər- | kǽrɪ̀kətʃʊ́ər-, -tʃɔ́ːr-, -tjʊ́ər-ˊ-/ *adj.* 〘(*a*1682) □ F ～ □ It. *caricatura* (原義) something overloaded, distorted ← *caricare* to (over)load, exaggerate □ LL *carricāre* 'to load a car, CHARGE'〙

SYN 諷刺: **caricature** 絵画や文章で人や物の特徴をおかしく誇張して描写したもの: a *caricature* of a famous musician 有名な音楽家の諷刺画. **cartoon** 通例表題付の政治や時事問題を取り扱う諷刺漫画: a political *cartoon* 政治漫画. **burlesque** 文章や演劇で笑いを誘うために滑稽に誇張してまねたもの: a *burlesque* of a famous play 有名な芝居の戯作. **parody** 他人の作品のスタイルをまねたり, その内容を滑稽に歪曲したりしてひやかした文章・演劇・音楽: a *parody* of *Hamlet*「ハムレット」のパロディー. **travesty** ひどくまずい模倣または代用物: a ludicrous *travesty* of the Odyssey オデュッセイアのばかばかしい模倣作. **satire** 人間の愚行・欠点などをあざ笑い軽蔑する文章: The poem is a *satire* on man's foolishness. その詩は人間の愚かさへの諷刺である. **lampoon** 下品なユーモアを用いて人や政府を愚弄し, 激しく攻撃する文章《格式ばった語》: a *lampoon* against the Prime Minister 首相に対する諷刺文.

---

caricature plànt *n.* 〘植物〙東インド諸島原産のキツネノマゴ科の低木 (*Graptophyllum pictum*) 《観賞用》. 〘葉にしばしば人の横顔を思わせる斑紋ができることから〙
cár·i·ca·tùr·ist /-rɪst | -rɪst/ *n.* カリカチュアをかく人, 諷刺漫画家. 〘(1798): ⇨ -ist〙
carices *n.* carex の複数形.
CARICOM /kǽrəkɑ̀(ː)m, kér- | kǽrɪ̀kɒm/ *n.* カリブ共同体[共同市場]. 〘(頭字語) ← *Cari(bbean) Com(munity and) Com(mon Market)*〙
car·ies /kéəriz, -riìːz | kéəriːz, -riìːz/ *n.* (*pl.* ～) 〘病理〙 **1** カリエス, 骨瘍(こつよう). **2** 齲食(うしょく), 虫歯. 〘(1634) □ L *cariēs* rottenness ← IE **ker-* to injure (Gk *kēr* death)〙
CARIFTA /kəríftə/ *n.* カリブ自由貿易連合 (CARICOM の前身). 〘(頭字語) ← *Cari(bbean) F(ree) T(rade) A(rea)*〙
car·il·lon /kǽrəlɑ̀(ː)n, kér-, -lən | kæríljən, kə-, -ɒn; *F.* kaʀijɔ̃/ *n.* (*pl.* **～s** /～z; *F.* ～/) **1 a** (鐘楼の)一組の鐘, 組み鐘, カリヨン. **b** 鐘楼 (campanile). **2** 〘音楽〙鐘楽, 鐘楽曲《一組の鐘を鳴らして奏する音楽》. **3 a** カリヨン, 鉄琴 (glockenspiel). **b** (オルガンの)鐘音栓(せん). — *vi.* 鐘楽を奏する. 〘(1775) □ F ～ 'chime of (orig. four) bells' ← OF *quarregnon* ← LL *quaterniō(n-)* a set of four: ⇨ quaternion〙
car·il·lon·neur /kæ̀rələnə́ː, -riənə́ː | kərìljənə́ː, kæ̀rɪ̀l-; *F.* kaʀijɔnœːʀ/ *n.* (*pl.* **～s** /-z/) カリヨン[鐘楽]奏者. 〘(1772) □ F ～ ← *carillon* (↑)〙
ca·ri·na /kəráɪnə, -ríː-/ *n.* (*pl.* **～s, ca·ri·nae** /-ráɪniː, -ríːnaɪ/) **1** 〘動物〙 **a** 竜骨, 胸峰《鳥の胸骨の中央部の突起》. **b** (哺乳類の)竜骨状の突起. **2** 〘植物〙(蝶形花冠の)竜骨弁, 舟弁, 翼弁. **ca·rí·nal** /-nl/ *adj.* 〘(1704) ← NL *carina* ← L 'keel'〙
Ca·ri·na¹ /kəráɪnə, -ríː-/ *n.* 〘天文〙りゅうこつ(竜骨)座《アルゴ座 (Argo) の一部; α 星は Canopus; the Keel ともいう》. 〘↑〙
Ca·ri·na² /kəríːnə, -ráɪ-/ *n.* カリナ《女性名》. 〘⇨ CAREN〙
car·i·nate /kǽrənèɪt, kér-, -nɪ̀t | kǽrɪ-/ *adj.* **1** 〘生物〙竜骨[竜骨弁]のある (cf. ratite 1). **2** 竜骨形の. — *n.* 〘動物〙峰胸類の鳥, 竜骨弁のある鳥. 〘(1781) □ L *carīnātus* ← *carīna* keel〙
cár·i·nàt·ed /-nèɪtɪ̀d | -tɪ̀d/ *adj.* =carinate. 〘1698〙
car·ing /kéərɪŋ | kéər-/ *adj.* **1** (他人の)世話[介護]をする, 面倒をみる, 親身になる: a ～ attitude 親身な態度 / a *caring* and sharing society 相手を思いやり何事も分かちあう社会. **2** 福祉の[に関わる]. — *n.* 福祉活動[業務]. 〘n.: 1553; adj.: 1966〙
ca·rin·i·form /kərínəfɔ̀əm | -nɪ̀fɔ̀ːm/ *adj.* 竜骨 (carina) 状の.
Ca·rin·thi·a /kərínθiə | kə-, kæ-/ *n.* ケルンテン《オーストリア南部の州; 面積 9,534 km², 州都 Klagenfurt; ドイツ語名 Kärnten》.
ca·rin·u·la /kərínjulə/ *n.* **1** 〘動物〙小竜骨. **2** 〘植物〙小竜骨弁. 〘← NL ～: ⇨ carina, -ula¹〙
car·i·o- /kéəriou | kéəriəʊ/ *n.* 〘医学〙「カリエス (caries)」の意の連結形: *cario*genic. 〘← L *cariēs* 'CARIES'〙
Car·i·o·ca /kæ̀rióʊkə, kèr- | kæ̀riə́ʊ-; *Braz.* kàrióka/ *n.* **1** カリオカ《Rio de Janeiro の人または住民》. **2** [c-] 〘音楽〙 **a** カリオカ《Carioca samba の略で,「リオデジャネイロ風サンバ」の意》. **b** カリオカの曲. 〘(1830) □ Port. ～ □ Tupi ～ ← *cari* white+*oca* house〙
car·i·o·gen·ic /kèəriouʤénɪk | kèəriə(ʊ)-ˊ-/ *adj.* 〘病理〙齲食(うしょく)[虫歯]を生じさせる. 〘(1930) ← *L cariēs*, -o-, GENIC〙
car·i·ole /kǽrìoʊl, kér- | kǽriəʊl/ *n.* **1** 四輪一頭引きの有蓋[無蓋]軽馬車. **2** 屋根付き軽荷車. **3** 〘カナダ〙犬ぞり (dog sled). 〘□ F *carriole* □ Prov. *carriola* (dim.) ← *carri* < VL **carrium* ← L *carrus* vehicle: cf. car, carryall〙
car·i·os·i·ty /kèəriɑ́(ː)səti | kèəriɔ́sɪ̀ti/ *n.* 〘病理〙カリエス性, 骨[歯]の腐食[齲食(うしょく)], 骨瘍(こつよう). 〘(1638) ← NL *cariōsitatem*: ⇨ ↓, -ity〙
car·i·ous /kéəriəs | kéər-/ *adj.* **1** 〘病理〙 **a** カリエス (caries) の[にかかった]. **b** 〈歯が〉齲食(うしょく)になった, 虫歯になった (decayed): ～ teeth. **2** 腐った, 朽ちた: ～ timbers. **～·ness** *n.* 〘(1530) ← L *cariōsus* ← *cariēs*: ⇨ caries, -ous〙
car·i·so·pro·dol /kəràɪsəpróʊdɔ(ː)l | -sə(ʊ)prə́ʊdɒl/ *n.* 〘薬学〙カルイソプロドール ($C_{12}H_{24}N_2O_4$) 《筋弛緩剤, 鎮静剤, 鎮痛剤》. 〘← CAR(BO)-+ISOPRO(PYL)+D(I)-¹+-OL¹〙
ca·ri·tas /kǽrətæ̀s, káːrɪ̀tɑ̀ːs | kǽrɪtæ̀s, káːrɪtɑ̀ːs/ *L. n.* 愛, 慈愛, カリタス. 〘(1862) □ LL *cāritās*: ⇨ charity〙
car·i·ta·tive /kǽrətèɪtɪv, kér- | kǽrɪ̀tèɪt-/ *adj.* 慈悲深い, 慈憐の. 〘(1884): ← L *cāritātem* (⇨ charity)+ *-ive*〙
cár·jàck·ing *n.* 自動車乗っ取り, カージャック. **cár·jàck** *v.* **cár·jàck·er** *n.*
cár jòckey *n.* 〘米〙駐車場[ガレージ]の車の操車係.
cark¹ /káək | káːk/ 〘古〙 *n.* 心配 (anxiety), 苦労; 悩みの種. — *vt.* 心配させる, 悩ます. — *vi.* 心配する, くよくよする. 〘(*c*1225) □ ONF *carquier*=OF *charchier* (F *charger*) 'to CHARGE': cf. car〙
cark² /káək | káːk/ *vi.* 〘豪・NZ 俗〙へこたれる, くたばる; 死ぬ. *cárk it* 〘豪・NZ 俗〙 (1) くたばる, 死ぬ. (2) 〈機械などが〉ぶっ壊れる, くたばる.
cárk·ing *adj.* 〘古〙不安な, 心配な, いらいらさせる: ～ care(s) (気)苦労. 〘(*c*1565): ⇨ care, -ing²〙
cár knòcker *n.* 〘鉄道〙 **1** 車両検査人《車輪などをハンマーで叩いて異常を調べる係》. **2** 車両修理人.
carl /káəl | káːl/ *n.* **1** 〘スコット〙 **a** 丈夫な男; 男, 奴 (fellow). **b** けちな男. **2** 〘古・方言〙〘軽蔑的に〙無骨[粗野]な男 (churl). **3** 〘古〙百姓. 〘lateOE ～ □ ON *karl* man < Gmc **karlaz, *karlon* (OE *ċeorl* 'CHURL' / OHG *kar(a)l* (↓))〙
Carl /káəl | káːl; *G.* kaʁl, *Dan.* káːˀl, *Swed.* káːl/ *n.* カール《男性名; 米国に多い》. 〘□ G *Karl* < OHG *kar(a)l* man (↑): cf. Charles〙
Cárl XVI Gústaf *n.* カール十六世グスタフ (1946– ; スウェーデン国王 (1973–)).
Car·la /káələ | káː-/ *n.* カーラ《女性名》. 〘⇨ Caroline¹〙
carle /káəl | káːl/ *n.* =carl.
Cár·ley flòat /káəli- | káː-/ *n.* カレー式ゴム製救命ボート《単に Carley ともいう》. 〘← *H. S. Carley* (このボートを考案した米国人)〙
car·lin /káəlɪ̀n | káːlɪn/ *n.* =pug¹ 1.
car·line¹ /káəlɪ̀n | káːlɪn/ *n.* (*also* **car·lin** /～/) 〘スコット〙 **1** 〘軽蔑的に〙女; (特に)老婆. **2** 魔女 (witch). 〘(*a*1325) 〘スコット〙 *kerling* □ ON (fem.) ← *karl* 'CARL': ⇨ -ine⁴〙
car·line² /káəlɪ̀n | káːlɪn/ *n.* 〘造船〙 =carling.
car·line³ /káəlɪ̀n, -laɪn | káːlɪn, -laɪn/ *n.* 〘植物〙 =carline thistle.
cár lìne *n.* 〘米〙市街電車線路.
cárline thìstle /káəlɪ̀n-, -laɪn- | káːlɪn-, -laɪn-/ *n.* 〘植物〙ヨーロッパ・中央アジア産キク科チャボアザミ属 (*Carlina*) の植物の総称; (特に)チャボアザミ (*C. acaulis*) と *C.*

vulgaris《昔, 根を薬用とした》. 〖*carline*: (1578) ◻ F ～ ◻ ML *carlina* ← L *carduus* thistle: *d* → *l* の変化は *Carolus* (*Magnus*) Charlemagne との連想か; その軍隊が疫病に悩まされたとき, 天使が王にこれを与えたという伝説がある: cf. card²〗

car·ling /káəlɪŋ | kɑ́ː-/ *n.* [通例 *pl.*]〖造船〗短縦梁(じゅう), カーリング. 〖(1611) ◻ F *carlingue* ◻ ON *kerling*: ⇨ carline¹〗

C

Car·ling /káəlɪŋ | kɑ́ː-/ *n.*〖商標〗カーリング《カナダのビール会社 Carling O'Keefe Ltd. の通称; そのブランド》.

car·lings /káəlɪŋz | kɑ́ː-/ *n. pl.* 豆, (特に)炒り豆. 〖(1562) ← *care* (← *Care Sunday*) (↓) + -LING¹ + -s¹〗

Cár·ling Súnday /káəlɪŋ- | kɑ́ː-/ *n.* 四旬節 (Lent) の第 5 日曜日《この日に炒り豆 (carlings) を食べる習慣があった》. 〖*c*1680〗

Carliol. 《略》 *ML.* Carliolēnsis (=of Carlisle) (Bishop of Carlisle が署名に用いる; ⇨ Cantuar. 2).

carl·ish /káəlɪʃ | kɑ́ː-/ *adj.* 《古·方言》 =churlish. 〖(*a*1240): ⇨ carl, -ish¹〗

Car·lisle¹ /kaəláɪl | kɑː-/ *n.*〖釣〗カーライル《真円の曲がりの釣針》. 〖《略》← *Carlisle hook*: *Carlisle* は家族名からか〗

Car·lisle² /kaəláɪl | kɑː-/ ★ 現地の発音は /kɑ́ːlaɪl/. *n.* カーライル《イングランド Cumbria 州の州都; 大聖堂がある》. 〖lateOE *Karlioli* ← OWelsh *caer* city + ? *Luguvalos* (人名)〗

Car·lism /káəlɪzm | kɑ́ː-/ *n.* **1** スペインのカルロス (Don Carlos) 家の王位継承権を主張する主義. **2**〖フランス史〗シャルル十世を支持する極端王党派の主張と運動. 〖(1834) ◻ Sp. *Carlismo* ← *Don Carlos* + *-ismo* '-ISM'〗

Cár·list /-lɪ̣st | -lɪst/ *n.* **1** カルロス党員《スペインの Don Carlos の王位継承権の支持者》. **2** フランスの Charles 十世の支持者《特に, 1830 年以降に現れた呼称》. ― *adj.* カルロス党の. 〖(1830) ◻ Sp. *Carlista*: ↑〗

Car·lo /káəlou | kɑ́ːləu; *It.* kárlo/ *n.* カーロ, カルロ《男性名》. 〖◻ It. ～: ⇨ Charles〗

cár·lòad *n.* **1** 貨車一両分の貨物. **2** 《米》〖鉄道〗carload rate が適用される最低重量. 〖1854〗

cár·lòading *n.* [通例 *pl.*]〖鉄道〗一定期間の貨物の量. 〖1959〗

cárload lòt *n.* 《米》貨車貸切扱い標準量.

cárload ràte *n.* 《米》貨車貸切扱い運賃率. 〖1906〗

Car·los /káələs, -lous | -ləs; *Sp.* kárlos, *G.* káʁlɔs/ *n.* **1** カーロス, カルロス《男性名》. **2** カルロス (1949– ; ベネズエラ生まれの国際テロリスト·殺し屋; 1994 年フランス当局により逮捕; 本名 Ilich Ramírez Sánchez; ジャッカル (the Jackal) とも呼ばれた).

Car·los /káələs, -lous | kɑ́ːləs; *Sp.* kárlos/, **de Austria** *n.* カルロス (1545–68; スペインの皇太子; Philip 二世の長男; 父王暗殺を謀って捕らえられ獄死; Verdi の歌劇 *Don Carlos* の主人公として知られる).

Carlos, Don *n.* ドンカルロス (1788–1855; スペインの Charles 四世の第二子, 王位僭(せん)称者).

Cárlos I *n.*〖商標〗カルロス一世, カルロスプリモ《スペイン Pedro Domecq 社製のブランデー》.

Car·lo·ta /kaəlóuṭə | kɑːlə́utə; *Am.Sp.* karlóta/ *n.* カルロタ (1840–1927; Maximilian の妻; メキシコ皇后 (1864–67); 幼名 Marie Charlotte Amélie Augustine Victorie Clémentine Léopoldine).

Car·lot·ta /kaəlá(ː)ṭə | kɑːlɔ́tə; *It.* karlɔ́tta/ *n.* カーロッタ《女性名》. 〖◻ It. ～ 'CHARLOTTE²'〗

Car·lo·vin·gi·an /kàələvíndʒiən, -dʒən | kɑ̀ːlə(ʊ)-⁻/ *adj., n.* =Carolingian. 〖(1781) ◻ F *carlovingien* 《混成》? ← 《廃》 *carlien* 'CAROLINGIAN' + *mérovingien* 'MEROVINGIAN'〗

Car·low /káəlou | kɑ́ːləu/ *n.* カーロー: **1** アイルランド共和国南東部 Leinster 地方の州; 面積 896 km². **2** 同州の州都.

Car·lo·witz /káələwɪ̀ts | kɑ́ː-; *G.* káʁlovits/ *n.* カーロヴィッツ(ワイン)《ユーゴスラビアの Karlowitz 産の甘口の赤ぶどう酒》. 〖◻ G *Karlowitzer* ← *Karlowitz* (現在の *Sremski Karlovci*: ユーゴスラビア Danube 河畔の産地名)〗

Cárls·bad Cáverns Nátional Párk /káəlzbæd- | kɑ́ːlz-/ *n.* カールズバッドカバーンズ国立公園《米国 New Mexico 州南東部にあり, 巨大な石灰洞窟群で有名, 1930 年指定; 面積 189 km²》.

Cárlsbad plúm *n.* カールズバッドプラム《濃い藍色のデザート用プラム; 砂糖漬けにされることが多い》.

Carls·berg /káəlzbəːg | kɑ́ːlzbəːg; *Dan.* kɑ́ːˀlsbæɐ̯ˀ/ *n.*〖商標〗カールスバーグ《デンマークの Carlsberg Breweries 社製のラガービール》.

Carl·son /káəlsən, -sn | kɑ́ːl-/, **Chester** *n.* カールソン (1906–68; 米国の発明家; xerography を発明).

Carl·ton¹ /káəltən, -tn | kɑ́ːl-/ *n.* カールトン《男性名; 異形 Carleton》. 〖← OE *carlatūn* farmer's settlement: cf. carline¹, town〗

Carl·ton² /káəltən, -tn | kɑ́ːl-/ *n.* カールトン《英国中部 Nottinghamshire 南部にある町》.

Carl·ton³ /káəltən, -tn | kɑ́ːl-/ *n.*〖商標〗カールトン《米国 Brown & Williamson Tobacco 社製のフィルター付き紙巻きたばこ》.

Cárlton táble *n.* カールトンテーブル《天板の上部後方に整理棚と引き出しを備えた書机》. 〖← *Carlton House* (1709–1828: 英国 London の旧御用邸の名)〗

Car·lyle /kaəláɪl, ⁻⁻ | kɑːláɪl, ⁻⁻/, **Thomas** *n.* カーライル (1795–1881; スコットランド生まれの英国の思想家·評論家·歴史家; *Sartor Resartus*「衣装哲学」(1833–34), *The French Revolution* (1837), *On Heroes and Hero-worship* (1841); 異名 the Sage of Chelsea).

Car·lyl·e·an /kaəláɪliən | kɑː-/ *adj.* カーライル風[崇拝]の. ― *n.* カーライル崇拝者. 〖(1878): ⇨ ↑, -an¹〗

Car·lyl·ese /kàəlaɪlíːz, -líːs | kɑ̀ːlaɪlíːz⁻/ *n.* カーライル風の文体. 〖(1858): ⇨ -ese〗

Car·lyl·i·an /kaəláɪliən | kɑː-/ *adj., n.* =Carlylean.

Car·lýl·ism /-lɪzm/ *n.* **1** カーライル主義《近代社会を非難し, 強力な指導者の必要性を説いた Carlyle の主義·思想》. **2** カーライルの文体《長文·新語使用·ドイツ語法などを特徴とする Carlyle の文体》. 〖(1841): ⇨ -ism〗

Carm. 《略》 Carmarthenshire.

car·ma·gnole /káəmənjòul | kɑ́ːmənjə̀ʊl; *F.* kaʁmaɲɔl/ *n.* (*pl.* ～**s** /～z; *F.* ～/) **1**〖音楽〗**a** カルマニョール《フランス革命当時下層階級の革命派の人々の間に流行した歌》. **b** カルマニョールに合わせて踊る踊り. **2 a** カルマニョール《フランス革命当時流行した広い折り襟と金属ボタンのついた男子用のゆったりしたジャケット》. **b** フランス革命家たちの服装《カルマニョールジャケットと黒のパンタロン·自由を象徴する赤い帽子 (liberty cap) からなる》. 〖(1793) ◻ F ～ 《原義》 jacket worn by peasants in Carmagnola ← *Carmagnola* (イタリア北西部の町の名, 1792 年革命派により占拠された)〗

cár·màker *n.* 自動車製造業者. 〖1954〗

cár·man /-mən/ *n.* (*pl.* **-men** /-mən, -mèn/) **1** 《米》電車の乗務員《運転手または車掌》. **2** 荷馬車の御者, 車力; トラックの運転手 (carter). **3** 車両点検整備士. 〖1580〗

Car·mar·then /kaəmáəðən, kə- | kəmɑ́ː-/ *n.* カーマーザン: **1** ウェールズ南西部の海岸に近い都市; Carmarthenshire (と旧 Dyfed 州)の州都. **2** =Carmarthenshire. 〖◻ O Welsh *Cair Mirdin* 《原義》 fort near the sea〗

Car·mar·then·shire /kaəmáəðənʃə, kə-, -ʃɪə | kəmɑ́ːðənʃə^(r), -ʃɪə^(r)/ *n.* カーマーザンシャー《ウェールズ南部の州; 1974 年 Dyfed 州の一部となるが 96 年に復活; 面積 2,383 km²; 州都 Carmarthen》.

Carmarths. 《略》 Carmarthenshire.

car·mel /káəməl, -mḷ, kaəmél | kɑ́ːmel, -məl, -mḷ/ *n.* カルメル会(女子)修道院. 〖⇨ Carmelite〗

Car·mel¹ /káəməl, -mḷ, kaəmél | kɑ́ːmel, -məl, -mḷ, kɑːmél/ *n.* カーメル《女性名; 愛称形 Carmelita, 異形 Carmela》. 〖◻ Heb. *Karmél* Mt. Carmel, 《原義》 orchard: cf. Carmen〗

Car·mel² /kaəmél | kɑː-/ *n.* カーメル《米国 California 州西部, San Francisco の南 160 km にある町; 1904 年ごろから芸術家の住宅地; Carmel-by-the-Sea ともいう》. 〖もと川の名(最初この地に上陸した探険隊の中にカルメル会修道士がいたのにちなむ)〗

Carmel, Mount /káəməl, -mḷ | kɑ́ːmel, -məl, -mḷ/ *n.* カルメル山《イスラエル北西から地中海岸まで連なる; 全長約 26 km; 最高峰は 546 m; cf. *1 Kings* 18: 19》.

Car·mel·a /kaəmélə | kɑː-/ *n.* カーメラ《女性名》. 〖⇨ Carmel¹〗

Car·me·li·ta /kàəməlíːṭə | kɑ̀ːməlíːtə/ *n.* カーメリータ《女性名》. 〖(dim.) ← CARMEL¹〗

Car·mel·ite /káəməlàɪt, -mə- | kɑ́ːmɪ̣̀-, -mɛ-/ *n.*〖カトリック〗**1** [the ～s] カルメル会《1156 年イタリアの巡礼 Berthold がパレスチナ (Palestine) のカルメル山に修道院を建てて始めた修道会; パレスチナの十字軍の失敗と共にヨーロッパ西部に移り托鉢(たく)修道会となった》. **2** カルメル会修道士《白衣を着用したので White Friar ともいう》. **3** カルメル会修道女. ― *adj.* カルメル会(会士)の. 〖(*c*1450) ◻ (O)F *carmélite* // LL *Carmēlītēs* ← Gk *Karmēlítēs* inhabitant of Mt. Carmel〗

Car·men /káəmən | kɑ́ːmɛn; *F.* kaʁmɛn, *Ruman.* kármen, *Sp.* kármen/ *n.* **1** カーメン《女性名》. **2** カルメン《フランスの作曲家 Bizet 作のオペラ (1875), およびその奔放な女主人公》. 〖◻ Sp. ～ 'CARMEL¹' // ← L *carmen* song〗

Car·mi·chael¹ /káəmaɪkəl, -kḷ | kɑːmáɪ-, ⁻⁻⁻/ *n.* カーマイケル《男性名》. 〖← Sc.-Gael. *caramichil* friend of St. Michael // *kermichil* (from) Michael's stronghold〗

Car·mi·chael² /káəmaɪkəl, -kḷ | kɑ́ːmaɪkəl, -kḷ, ⁻⁻⁻/ *n.* カーマイケル《米国 California 州中央北部 Sacramento の北東部の都市》.

Car·mi·chael³ /káəmaɪkəl, -kḷ | kɑ́ːmaɪkəl, -kḷ, ⁻⁻⁻/, **Hoagy** カーマイケル (1899–1981; 米国の作詞·作曲家·歌手; 本名 Hoagland Howard Carmichael; *Georgia on My Mind* (1929), *Stardust* (1929)).

car·min·a·tive /kaəmínəṭɪv, káəmənèɪṭ- | kɑ́ːmɪ̣nət-/ 〖薬学〗 *adj.* (胃や腸内の)ガスを排出する, 駆風的な. ― *n.* 駆風剤. 〖(?*a*1425) ◻ (O)F *carminatif* // ML *carminātīvus* ← L *carminātus* (p.p.) ← *carmināre* to cleanse: ⇨ -ative〗

car·mine /káəmɪ̣n, -maɪn | kɑ́ːmaɪn, -mɪn/ *n.* 洋紅(絵の具), カーマイン. ― *adj.* 洋紅色の. 〖(1712) ◻ F *carmin* ◻ ML *carminium* ◻ Arab. *qirmiz* 'CRIMSON': ML の形は L *minium* red lead との連想か〗

cármine crábapple *n.*〖植物〗明るい赤紫色の花と赤い実をつけるバラ科のリンゴの類の落葉低木 (*Malus atrosanguinea*)《ハナカイドウにズミを交雑して作られた品種》.

car·mot /káəma(ː)t | kɑ́ːmɔt/ *n.* カーモット《賢者の石 (philosopher's stone) の成分であると信じられた物質》. 〖1851〗

carn /káən | kɑ́ːn/ *n.* =cairn.

Carn. 《略》 Carnarvonshire.

Cár·na·by Strèet /káənəbi- | kɑ́ːnə-/ *n.* カーナビー通り[街]《London の Regent Street の東にある街名; 1960 年代若者向けのファッション店街として有名になった》.

Car·nac /kaənǽk | kɑ́ːnæk; *F.* kaʁnak/ *n.* カルナック《フランス北西部の村: 巨大な立石遺構で知られる》.

car·nage /káənɪdʒ | kɑ́ː-/ *n.* **1** (戦争などによる多数の人間の)虐殺, 殺戮(さつ), 修殺 (⇨ slaughter SYN): a scene of ～ 修羅(しゅ)場《戦場など》. **2** [集合的]《廃》(戦場の)死体, しかばね, 死体の山. 〖(1667) ◻ F ～ ◻ Prov. *carnatge* flesh, carrion〗〖(1600) ◻ F ～ ◻ It. *carnaggio* < ML *carnāticum* ← *carnis*, *carō* meat ← L *carnem*, *carō* flesh: ⇨ ↓, -age〗

car·nal /káənḷ | kɑ́ː-/ *adj.* **1** 肉の, 肉体の. **2** 肉感的な, 官能的な; 肉欲的な, 情欲的な: ～ affections (プラトニックな愛情に対し)情欲的な愛 / ～ pleasures 肉欲的快楽 / ～ appetite [desire, lust] 肉欲, 性欲 / ⇨ carnal knowledge. **3** 非精神的な, 物質的な; 現世的な, 浮世の (↔ spiritual): ～ ambitions 現世的名利心 / the ～ world 現世. **4** 《廃》肉食の; 獰猛(どう)な: a ～ cur (Shak., *Richard* 3 4. 4. 56). **～·ly** /-nəli, -nḷi/ *adv.* **～·ist** /-nəlɪ̣st, -nḷ- | -nəlɪst, -nḷ-/ *n.* 〖(?*c*1400) ◻ ONF *carnel* // LL *carnālis* ← L *carn-*, *carō* ← IE **(s)ker-* to cut (Gk *keírein*: cf. shear): ⇨ -al¹〗

SYN 肉体の: **carnal** 《通例悪い意味で》肉体的欲望(特に性欲)の宿る場所としての肉体の (↔ spiritual)《格式ばった語》: *carnal* desires 肉欲. **fleshly** 《文語》肉体の, 特に官能的な《*carnal* ほど非難の意味を含まない》: a *fleshly* poem 官能的な詩. **sensual** 《時に悪い意味で》官能の喜びにふける, 官能の喜びを与える: *sensual* pleasures 官能の喜び / *sensual* lips 官能的な唇. **animal** 主に人間の理性と区別して, 動物的な: *animal* instincts 動物的な本能. ⇨ sensuous. **ANT** spiritual, moral.

cárnal abúse *n.* **1**〖法律〗(少女に対する)強制猥褻(わい). **2** (少女に対する)強姦(ごう) (rape).

cár·nal·ìsm /-nəlɪzm, -nḷ-/ *n.* 肉欲主義; 現世[快楽]主義. 〖(1864): ⇨ -ism〗

car·nal·i·ty /kaənǽləṭi | kɑːnǽlɪ̣ti/ *n.* **1** 肉(体)であること[状態]. **2** 肉欲, 性欲, 情欲. **3 a** 肉欲にふけること, 淫蕩(いん). **b** 肉欲行為, (特に)性交. **4** 現世欲, 俗念, 世俗性. 〖(?*c*1425) ◻ LL *carnālitātem*: ⇨ carnal, -ity〗

car·nal·ize /káənəlàɪz, -nḷ- | kɑ́ː-/ *vt.* 肉欲的にする, 肉欲にふけらせる (sensualize). 〖(1685): ⇨ -ize〗

cárnal knówledge *n.*〖法律〗(少女に対する)性交《少しでも男性器が女性器に侵入した場合》: have ～ of ... と性交する.

car·nall·ite /káənəlàɪt, -nḷ- | kɑ́ː-/ *n.*〖鉱物〗カーナライト, 光鹵(ろ)石 ($KMgCl_3 \cdot 6H_2O$)《一種の岩塩肥料》. 〖(1876) ◻ G *Carnallit* ← *R. von Carnall* (1804–74: プロイセンの鉱山監督官吏): ⇨ -ite¹〗

Car·nap /káənæp | kɑ́ː-; *G.* káʁnap/, **Rudolf** *n.* カルナップ (1891–1970; ドイツ生まれの米国の哲学者·論理学者; 論理実証主義の運動の代表者).

cár·nàp·per /-nӕpə | -pə^(r)/ *n.* (*also* **car·nap·er** /～/) 自動車泥棒. 〖← CAR + (KID)NAPPER〗

Car·nar·von /kaənáəvən, kə- | kənɑ́ː-/ *n.* =Caernarvon.

Car·nar·von·shire /kaənáəvənʃə, kə-, -ʃɪə | kənɑ́ːvənʃə^(r), -ʃɪə^(r)/ *n.* =Caernarvonshire.

car·nas·si·al /kaənǽsiəl | kɑːnǽs-/〖動物〗 *adj.* 〈獣の歯が〉肉をかみ切るのに適した; 裂肉歯の[に関する]. ― *n.* 裂肉歯《食肉動物の上あご最後の前臼歯と下あごの第一後臼歯》. 〖(1849–52) ← F *carnassier* flesh-eating (← Prov. *carnasier* ← *carnasso* plenty of meat ← L *carō* flesh) + -AL¹: ⇨ carnage〗

Car·nat·ic /kaənǽṭɪk | kɑːnǽt-/ *n.* カーナティック《インドの南東部, Eastern Ghats 山脈と Coromandel 海岸との間にある歴史上重要な地域; もとカナラ族 (Kanarese) の国; 今は Tamil Nadu 州と Andhra Pradesh 州に属する》. 〖(*c*1785)《英語化》← *Karnataka* (インド南西部の地名): ⇨ -ic¹〗

car·na·tion /kaənéɪʃən | kɑː-/ *n.* **1**〖植物〗カーネーション《clove pink の八重咲き変種》. **2** 肉色, 淡紅色 (pink). **3** [C-]〖商標〗カーネーション《米国 Carnation 社製の無糖練乳·スキムミルク·乳製品》. ― *adj.* カーネーション色の, 淡紅色の. 〖(*c*1535) ◻ F ～ 'flesh tint, complexion' ◻ It. *carnagione* ← *carne* flesh: ⇨ carnage, -ation: 「カーネーション」の方は初め *coronation*, *cornation* などの形で現れ「*corona* (crown) の形に似ている」意であったらしい: cf. carnelian〗

car·nau·ba /kaənɔ́ːbə, -náː-, -náʊ- | kɑːnɔ́ːbə, -náʊ-/ *n.* **1**〖植物〗ブラジルロウヤシ (wax palm). **2** カルナバ蠟(ろう)《ブラジルロウヤシの葉から分泌する良質の蠟で, 靴クリーム·クレヨン·レコードなどの製造に用いる; carnauba wax ともいう》. 〖(1854) ◻ Brazilian-Port. ～ ◻ Tupi〗

Car·né /kaənéɪ, ⁻⁻ | kɑːnéɪ, ⁻⁻; *F.* kaʁne/, **Marcel** *n.* カルネ (1909–96; フランスの映画監督; *Les Enfants du paradis*「天井桟敷の人々」(1945)).

Car·ne·gie /káənəgi, kaənéɪgi, -négi | kɑːnéɪgi, -nég-, -níːg-/, **Andrew** *n.* カーネギー (1835–1919; スコットランド生まれの米国の製鉄業者; 巨万の財産を各種の教育·学術·社会事業に寄付した).

Cárnegie Foundátion *n.* [the ～] カーネギー財団.

Cárnegie Háll *n.* カーネギーホール《米国 New York 市の有名な演奏会場; 1891 年開場; 1898 年の改築に際し建築資金の大部分を Andrew Carnegie の寄付によったのでその名にちなんで命名された》.

Cárnegie Institútion *n.* [the ～] カーネギー協会《A. Carnegie が 1902 年米国 Washington, D.C. に創設した学術文化研究奨励事業中央機関》.

Cárnegie Médal *n.* [the ～] カーネギー賞《英国の児

童文学賞; 1937 年設立; cf. Newbery Medal》.
〖← *Andrew Carnegie*〗

Cárnegie ùnit *n.* 〘教育〙カーネギー単位《中等学校において 1 科目を 1 年間履修した場合に与えられる大学入学に必要な基準授業単位》.

car·ne·lian /kɑənίːljən | kɑːnίːliən, kə-/ *n.* 〘鉱物〙カーネリアン, 紅玉髄 (cornelian ともいう). 〖(1695)《変形》← CORNELIAN: *carn-* となったのはその色から L *carō* (flesh) への連想による〗

car·ne·ous /káəniəs | kάː-/ *adj.* 多肉質の; 肌色の. 〖(1578) ← L *carnus* fleshy (← *carnem* flesh)+-OUS〗

car·net /kɑənéɪ | kɑː-; *F.* kaʁnɛ/ *n.* **1** カルネ: **a** ヨーロッパで自動車が国境を越えるときに必要な自動車の所有と自動車保険加入済みを公認する証明証. **b** キャンプ場使用許可書. **c** 〘航空〙飛行機の乗員がパスポートを持ち歩かなくてもよいように国際航空連盟が発行するカード. **2** (バス・地下鉄などの)回数券. 〖(1897) □ F ~《原義》notebook: cf. quire¹〗

car·ney¹ /káəni | kάː-/ 《英口語》 *vt.* 甘言でだます, 口車に乗せる. **—** *adj.* 巧妙な; ずるい. 〖(1811) ← ?〗

car·ney² /káəni | kάː-/ *n.* =carny².

Cár·nic Álps /káənɪk- | kάː-/ *n.* [the ~] カーニックアルプス《イタリア北東部とオーストリア南部との国境をなす Alps 山脈の一系; 最高峰 Kellerwand (2,809 m)》.

car·nie /káəni | kάː-/ *n.* =carny².

car·ni·fi·ca·tion /kɑ̀ənəfɪ̀kéɪʃən | kɑ̀ːnɪ̀fɪ-/ *n.* **1** 〘病理〙肉様変化, 肉質化《肺の組織が肺炎によって肉様物質に変化すること》. **2** 〘神学〙肉変《全質変化によって聖体のパンがキリストの肉に変化すること》. 〖(*a*1734) ↓: ⇨ -cation〗

car·ni·fy /káənəfàɪ | kάːnɪ̀-/ 〘病理〙 *vt.* 〈骨・組織〉に肉様変化を起こす. **—** *vi.* 〈骨・組織が〉肉様変化する, 肉質化する. 〖(1639) ← *carni-* (← L *carō* flesh)+-FY〗

Car·ni·o·la /kɑ̀ənióʊlə, kɑənjóʊ- | kɑ̀ːniə́ʊ-, kɑːnjə́ʊ-; *It.* karnjɔ́ːla/ *n.* カルニオラ《スロヴェニア南部および西部の Istria 半島の北東にある地域; 現在はユーゴスラビアの北西部地方》.

car·ni·tine /káənətìːn | kάːnɪ-/ *n.* 〘化学〙カルニチン《ビタミン T ともいう昆虫の成長ホルモンの一種》. 〖(*c*1922) ← *carn-* (← G *Karnin* basic substance isolated from meat extract ← L *carni-, carō* flesh)+-IT(E)+-INE³〗

car·ni·val /káənəvəl, -vl̩ | kάːnɪ̀-/ *n.* **1** カーニバル, 謝肉祭《四旬節 (Lent) の直前の 3 日間 (日・月・火)の祝祭で, カトリック教国では四旬節中は肉食を断つので四旬節前の最後に肉を食べる日をこう呼ぶことがある; cf. Mardi Gras》: at ~. **2** ばか騒ぎ, 底抜け騒ぎ, 大浮かれ: a ~ of bloodshed 流血の惨劇. **3 a** (お祭り・コンテストなどの)出し物, お祭り行事, 催し物 (festival); (スポーツの)祭典: a winter ~. **b** 《米》巡回見世物 (circus など); 移動遊園地 (《英》funfair). 〖(1549) □ It. *carnevale* Shrove Tuesday < ML *carnelevāmen, -levārium* 《原義》cessation of flesh-eating ← L *carō* flesh (⇨ carnal)+*levāre* to lighten, raise: 通俗語源によって ML *carne valē* "Flesh, farewell!" と連想された〗

cárnival glàss *n.* 〘ガラス製造〙カーニバルグラス《20 世紀の初めに米国で大量生産された色の変化に富んだ虹彩づけした押し型ガラス》. 〖カーニバルの模擬店で賞としてしばしば用いられたところから〗

Car·niv·o·ra /kɑənίv(ə)rə | kɑː-/ *n. pl.* 〘動物〙 **1** 食肉目. **2** [c-] 肉食獣; (特に)食肉目の動物. 〖(1830) ← NL ~ ← L ~ (neut.pl.) ← *carnivorus* (↓)〗

car·ni·vore /káənəvɔ̀ə | kάːnɪ̀vɔ̀ː(r/ *n.* **1** 〘動物〙肉食獣; (特に)食肉目の動物. **2** 〘植物〙食虫植物. 〖(1840) □ F ~ □ L *carnivorus* (↓)〗

car·niv·o·rous /kɑənίv(ə)rəs | kɑː-/ *adj.* **1 a** 〈動物が〉肉食性の (cf. omnivorous 1, herbivorous). **b** 〈植物が〉食虫性の: ~ plants 食虫植物. **2 a** 肉食動物[獣]の. **b** 食虫植物の. **~·ly** *adv.* **~·ness** *n.* 〖(1592) ← L *carnivorus* (← *carō* flesh+*vorāre* to devour)+-OUS〗

car·no·saur /káənəsɔ̀ə | kάːnəsɔ̀ː(r/ *n.* 〘古生物〙カルノサウルス, 食肉竜《2 足歩行の大形肉食恐竜; ティラノサウルス・アロサウルス・メガロサウルスなどを含む》. 〖(*c*1935) ← NL carnosaurus ← L *carno, carn-* flesh+Gk *saûros* lizard〗

car·nose /káənoʊs | kάːnəʊs/ *adj.* 多肉質の. 〖(1562) □ L *carnōsus* abounding in flesh ← *carō* flesh〗

car·no·sine /káənəsìːn, -sn̩ | kάːnəsìːn, -sɪn/ *n.* 〘生化学〙カルノシン ($C_9H_{14}N_4O_3$)《大部分の哺乳類の筋肉に含まれる無色結晶状のジペプチド (dipeptide)》. 〖← *carnos-* (← L *carnōsus* fleshy ← *carō* flesh)+-INE³〗

Car·not /kɑənóʊ | kάːnəʊ; *F.* kaʁno/, **La·zare** (**Nicolas Marguerite**) /laza:ʁ/ *n.* カルノー《1753–1823; フランスの政治家・将軍・数学者; フランス革命で公安委員会に加わり, 後総裁政府の一員となる》.

Carnot, (**Marie François**) **Sadi** /sadi/ *n.* カルノー《1837–94; フランスの政治家・大統領 (1887–94); Lazare の孫》.

Carnot, Nicolas Lé·o·nard Sa·di /leɔnaːʁ sadi/ *n.* カルノー《1796–1832; フランスの物理学者: L. Carnot の子; 熱力学の先駆者》.

Carnót cỳcle *n.* 〘物理化学〙カルノーサイクル, カルノー循環《熱機関の法則を示すために Sadi Carnot が提案した準静的等温および断熱過程の組合わせによる循環過程; Carnot's cycle ともいう》. 〖(1930)《なぞり》← F *cycle de Carnot* ← *N. L. S. Carnot*〗

Carnót èngine *n.* 〘物理化学〙カルノーエンジン, カルノー熱機関《準静的断熱過程と等温過程の組合わせで働く理想的熱機関》.

car·no·tite /káənətàɪt | kάː-/ *n.* 〘鉱物〙カルノー石 ($K_2(UO_2)_2(VO_4)_2·3H_2O$)《ウラニウム原鉱》. 〖(1899) □ F ~ ← *M. A. Carnot* (1839–1920: フランスの鉱山検査長官): ⇨ -ite¹〗

Carnót prìnciple *n.* 〘熱力学〙カルノーの原理《カルノーサイクルの熱効率は高熱源と低熱源の温度差を高熱源の温度で除したものに等しいという原理》. 〖cf. *Carnot's principle* (1849)〗

Carnót refrìgerator *n.* 〘物理化学〙カルノー冷却器《カルノーサイクルにより, 仕事を与えられて低熱源から高熱源に熱を運ぶポンプ》.

Carnót's cỳcle *n.* =Carnot cycle. 〖1887〗

car·ny¹ /káəni | kάː-/ *vt., adj.* =carney¹.

car·ny² /káəni | kάː-/ *n.* 《米俗》 **1** 巡回見世物 (carnival). **2** 巡回見世物で働く人. 〖(1931) ← CARN(IVAL)+-Y²〗

car·ob /kǽrəb, kér- | kǽr-/ *n.* 〘植物〙イナゴマメ (*Ceratonia siliqua*)《地中海沿岸に産するマメ科サイカチの類の高木; carob tree ともいう》. 〖(1548) □ F *carobe* □ ML *carrubium* □ Arab. *kharrūbaʰ* pod, bean〗

ca·roche /kəróʊtʃ, -róʊʃ | -rə́ʊtʃ, -rə́ʊʃ/ *n.* カローチ, カローシュ《17 世紀ごろ流行した豪華な馬車》. 〖(1591) □ F《廃》*carroche* □ It. *carroccio* ← *carro* chariot < L *carrum* 'car'〗

car·ol /kǽrəl, kér- | kǽr-/ *n.* **1** キャロル, (宗教的な)祝い歌, 喜びの歌; (特に)クリスマス祝歌[キャロル] (⇨ hymn SYN): a Christmas ~ クリスマス祝歌[キャロル]. **2** 《廃》(歌を伴う)一種の旋回ダンス. **—** *v.* (**car·oled, -olled; -ol·ing, -ol·ling**) **—** *vi.* **1** 喜び歌う, 楽しく歌う. **2** クリスマスイブに近所をクリスマス祝歌を歌ってまわる. **3** 〈鳥などが〉歌う, (楽しげに)さえずる. **—** *vt.* **1** 聖歌を歌ってほめたたえる. **2** 〈歌を〉楽しげに歌う[さえずる]. 〖(*c*1300) □ OF *c(h)arole* a dance in a ring ← ML *choraula* dance to the flute ← L *choraulēs* □ Gk *khoraúlēs* flute-player for a chorus-dancing ← *khorós* dance in a ring+*auleîn* to play on the flute (← *aulós* flute): cf. chorus〗

Car·ol /kǽrəl, kér- | kǽr-/ *n.* キャロル: **1** 男性名. **2** 女性名《異形 Carole, Carrol, Carroll》. ★ 米国南部で一般的. 〖1: □ ML *Carolus*: cf. Charles. 2: ⇨ Caroline¹〗

Car·ol II *n.* カロル二世《1893–1953; ルーマニアの王 (1930–40)》.

Car·o·le·an /kæ̀rəlíːən, kèr- | kæ̀r-ˊ-/ *adj.* =Caroline².

cár·ol·er, 《英》**cár·ol·ler** /-lə | -lə(r/ *n.* 祝歌[キャロル] (carol) を歌う人. 〖(1806–7): ⇨ -er¹〗

caroli *n.* carolus の複数形.

Car·o·li·na /kæ̀rəláɪnə, kèr- | kæ̀r-ˊ-/ *n.* **1** カロライナ《米国大西洋岸の旧植民地; 1729 年南北 (South Carolina, North Carolina) に分かれた》. **2** [the ~s] カロライナ《(米国の)南北カロライナ両州》. **3** カロリナ《プエルトリコ北東部, San Juan 近くの都市》. 〖□ L ~ (fem. adj.) ← *Carolus* Charles: Charles I (or II) にちなむ〗

Cárolina állspice *n.* 〘植物〙=strawberry shrub. 〖1866〗

Cárolina chíckadee *n.* 〘鳥類〙カロライナコガラ (*Parus carolinensis*)《米国南東部産のアメリカコガラ (black-capped chickadee) に類似し, それより小形のコガラの一種》.

Cárolina jéssamine [**jásmine**] *n.* 〘植物〙= yellow jessamine 2.

Cárolina líly *n.* 〘植物〙米国南東部産の紫色の斑点のある橙赤色の花をつけるユリ科の球根植物 (*Lilium michauxi*).

Cárolina móonseed *n.* 〘植物〙米国南部産ツヅラフジ科の赤い実のなるつる性の低木 (*Cocculus carolinus*).

Cárolina párrakeet *n.* 〘鳥類〙カロライナインコ (*Conuropsis carolinensis*)《もと米国北部に分布し, 頭部は黄色で羽は黄緑色の小形インコ; 今は絶滅した》.

Cárolina rhododéndron *n.* 〘植物〙米国南東部産の赤紫の花が咲くシャクナゲの一種 (*Rhododendron carolinianum*).

Cárolina vanílla *n.* 〘植物〙=wild vanilla.

Cárolina wrén *n.* 〘鳥類〙チャバラミソサザイ (*Thryothorus ludovicianus*)《米国産の鳴き声の大きい大形のミソサザイの一種》.

Car·o·line¹ /kǽrəlɪ̀n, kér-, -làɪn | kǽrəlàɪn, -lɪn/ *n.* キャロライン, キャロリン《女性名; 愛称形 Caro, Carrie, Lina; 異形 Carol, Carola, Carolina, Carolyn》. 〖□ F ~ □ It. *Carolina* (fem.) ← *Carlo* 'CHARLES'〗

Car·o·line² /kǽrəlàɪn, kér-, -lɪ̀n | kǽrəlàɪn/ *adj.* **1** 英国王 Charles 一世または二世時代の: ~ literature [poetry]. **2** スペイン王 Charles 一世の. **3** Charlemagne の. 〖(1652) ← L *Carolus* Charles+-INE¹〗

Cároline Íslands *n. pl.* [the ~] カロリン諸島《太平洋西部フィリピンの南東に当たり, 約 500 の島から成る; 西部の諸島はベラウ共和国 (Belau) に, 東部はミクロネシア連邦に属する; 面積 1,183 km²》.

cár·ol·ing *n.* =carol-singing.

Car·o·lin·gi·an /kæ̀rəlíndʒiən, kèr-, -dʒən | kæ̀r-ˊ-/ *adj.* **1** カロリング朝の. **2** カロリング朝の文化[芸術など]の. **—** *n.* **1** [the ~s] カロリング王朝[王家]《メロビング朝に続く王朝で, 751 年 Pepin に始まりフランスでは 987 年, ドイツでは 752 年から 911 年, イタリアでは 774 年から 961 年まで続いた; cf. Merovingian 1, Capetian》. **2** カロリング王朝[王家]の人. 〖(1881) □ F *carolingien* (← ML *Carolingī* (pl.) ← *Carolingus* (OHG *Karling* descendant of Karl のラテン語形))+-ien '-IAN': cf. Carlovingian〗

Car·o·lin·ian¹ /kæ̀rəlínjən, kèr-, -niən | kæ̀rəlíniən˙ˊ/ *adj.* **1** (米国) North [South] Carolina 州の(住民の). **2** Charlemagne の. **3** =Carolingian 1. **4** = Caroline². 〖1705〗 **—** *n.* (米国) North [South] Carolina 州の住民.

Car·o·lin·ian² /kæ̀rəlínjən, kèr-, -niən | kæ̀rəlíniən/ *n.* **1** カロリン諸島の住民. **2** カロリン諸島の住民の用いる言語.

caroller *n.* =caroler.

cárol sèrvice *n.* キャロルサービス《クリスマスキャロルを歌うことを中心とする礼拝》.

cárol-sìnging *n.* キャロルシンギング《クリスマスに, 特にグループで家々を回り, キャロルを歌って寄付を集めること》. 〖1876〗

car·o·lus /kǽrələs, kér- | kǽr-/ *n.* (*pl.* **~es, -o·li** /-lài, -lìː/) カロラス《英国王 Charles 一世時代に発行された金貨; 初めは 20 shillings, 後には 23 shillings の価値があった; フランス王 Charles 八世が造った低品位銀合金貨; 英国王 Henry 八世は 1522 年これを 4 ペンスと定めた》. 〖(1687) □ ML ~ 'CHARLES'〗

car·om /kǽrəm, kér- | kǽr-/ 《米》 *n.* **1** 〘玉突〙キャノン (cannon)《手玉が二つの的球に当たるショット》. **2** (ボールがある角度をつけて)はね返ること. **3** 〘商標〙[*pl.*; 単数扱い] 角に玉受け (pockets) が付いた大きな正方形の盤の上で二人か 4 人でする玉はじき遊び. **—** *vi.* **1** 〘玉突〙〈的球が〉キャノンになる. **2** ぶつかって[コースがそれて]はね返る 〈*off*〉. **3** キャノン球のように進む. **—** *vt.* 〈ボールを〉はね返させる. 〖*n.*: (1779)《短縮》← 《廃》*carambole* □ F □ Sp. *carambola* 《原義》kind of tropical fruit □ Port. □ Marathi *karambal*. *v.*: (1860) ← *n.*〗

cárom bàll *n.* 〘玉突〙キャノンで第 2 の的球.

Cár·o's ácid /kǽroʊz-, kér-, kάːr- | -rəʊz-/ *n.* = peroxysulfuric acid.

Ca·ros·sa /kərά(ː)sə, -rɔ́(ː)sə | -rɔ́sə; *G.* kaʁɔ́sa/, **Hans** *n.* カロッサ《1878–1956; ドイツの詩人・小説家; *Rumänisches Tagebuch*「ルーマニア日記」(1924)》.

car·o·tene /kǽrətìːn, kér- | kǽr-/ *n.* 〘生化学〙カロチン ($C_{40}H_{56}$)《赤黄色の炭化水素でニンジンなどに含まれ, ビタミン A の源になる; cf. provitamin》. 〖(1861) ← LL *carōta* 'CARROT'+-ENE〗

ca·rot·e·noid /kərά(ː)tənɔ̀ɪd, -tn̩- | -rɔ́tɪ-/ 〘生化学〙 *n.* カロチノイド《動物脂肪や植物に広く含まれている長鎖状ポリエン構造をもつ赤黄色素》. **—** *adj.* **1** カロチンに類する. **2** カロチノイドの. 〖(1911): ⇨ ↑, -oid〗

Ca·roth·ers /kərʌ́ðəz | -ðəz/, **Wallace Hume** *n.* カロザーズ《1896–1937; 米国の化学者》.

ca·rot·id /kərά(ː)ṭɪ̀d | -rɔ́tɪd/ 〘解剖〙 *n.* 頸(けい)動脈. **—** *adj.* 頸動脈の. 〖(1667) □ F *carotide* □ Gk *karōtídes* arteries of the neck ← *káros* torpor: 頸動脈を圧すると知覚を失って昏睡(こんすい)に陥ることから〗

ca·rot·id·al /kərά(ː)ṭəḍl̩ | -rɔ́tɪdl̩/ *adj.* 〘解剖〙=carotid. 〖1664〗

carótid àrtery *n.* 〘解剖〙=carotid.

carótid bòdy [**glànd**] *n.* 〘解剖〙頸(けい)動脈小体. 〖1940〗

carótid sìnus *n.* 〘解剖〙頸(けい)動脈洞《総頸動脈の分岐部にある膨大部》. 〖1944〗

car·o·tin /kǽrətn̩, kér-, -tɪ̀n | kǽrətɪn/ *n.* 〘生化学〙= carotene.

ca·rot·i·noid /kərά(ː)ṭənɔ̀ɪd, -tn̩- | -rɔ́tɪn-/ *n., adj.* 〘生化学〙=carotenoid.

ca·rous·al /kəráʊzəl, -zl̩/ *n.* **1** 賑やかな宴会, 宴楽; 大酒盛, 飲み騒ぎ. **2** =carousel 3. 〖(1765): ⇨ ↓, -al¹〗

ca·rouse /kəráʊz/ *vi.* 大酒を飲む, 痛飲する; 飲み騒ぐ: ~ *to* the king 王のために乾杯する. **—** *vt.* 《廃》飲み干す. **—** *n.* **1** =carousal 1. **2** 《廃》(乾杯で一気に飲まれる)グラス一杯分(の飲み物). **ca·róus·er** *n.* 〖(1559) □ F《廃》*carousse* carousal《変形》← G *gar aus (trinken)* (to drink) right out, to the bottom〗

car·ou·sel /kæ̀rəsél, kèr-, -zél, ˊ-ˊ-ˋ | kæ̀rəsél, -ru-, -zél/ *n.* **1** 《米》回転木馬 (merry-go-round). **2 a** (流れ作業用の)円形コンベヤー. **b** (空港の)手荷物引渡し用コンベヤー: the luggage ~ at the airport. **3 a** 馬上試合, 演武. **b** 騎馬曲芸. **4** [C-] 〘商標〙カルーセル《スライド映写機用の回転式スライド入れ; スライドが順番に落ち映写される》. 〖□ F *carrousel* □ It. *carosello* (粘土の塊を投げあう馬上試合) ← 《方言》*carusello* ball of clay〗

carp¹ /kάəp | kάːp/ *n.* (*pl.* **~, ~s**) 〘魚類〙 **1** コイ (*Cyprinus carpio*). 日英比較 日本ではコイは「鯉の滝登り」,「鯉のぼり」などに見られるように, たくましく, めでたい魚とされるが, 英米では水の汚い所にすむ不潔な魚のイメージが強く, 食用にもされない. **2** コイ科の各種の魚類の総称《ヨーロッパフナ (crucian carp) など; コイ科以外の魚にも用いる場合がある》. 〖(1393) □ (O)F *carpe* □ Prov. *carpa* < ML *carpam* ← ? Gmc **carpa* (Du. *karper* / G *Karpfen*)〗

carp² /kάəp | kάːp/ *vi.* 揚げ足取り[あら探し]をする, (口やかましく)とがめ立てする, けちをつける 〔*at*〕 (cf. carping): ~ *at* minor errors 些細な間違いにけちをつける. **—** *n.* 苦情, 不平, ぐち. 〖(*c*1225) *carpe(n)* to speak □ ON *karpa* to boast; 今の意味は L *carpere* to pluck, slander の影響〗

carp. 《略》carpentry.

carp-¹ /kɑəp | kɑːp/ (母音の前にくるときの) carpo-¹ の異形.

carp-² /kɑəp | kɑːp/ (母音の前にくるときの) carpo-² の異形.

-carp /ˊ-kɑ̀əp | -kɑ̀ːp/ 〘植物〙「果実 (fruit); (…の)果実をつける木」の意の名詞連結形: endocarp. 〖← NL *-carpium* ← Gk *-karpion* ← *karpós* fruit〗

car·pac·cio /kɑtəpǽtʃiòʊ, -pɑ́:-, -tʃoʊ | kɑ:pǽtʃiəʊ, -pǽtʃəʊ; *It.* karpáttʃo/ *n.* 〘料理〙カルパッチョ《生の牛肉や魚をスライスしてヴィネグレットまたはマスタードソースをかけたイタリア料理》. 〘1969〙

Car·pac·cio /kɑəpǽtʃiòʊ, -pɑ́:-, -tʃoʊ | kɑ:pǽtʃiəʊ, -pǽtʃəʊ; *It.* karpáttʃo/, **Vit·to·re** /vittó:re/ *n.* カルパッチョ《1460–1525; イタリアのベネチア派の画家》.

C

car·pal /kɑ́əpəl, -pɫ | kɑ́:-/ 〘解剖〙 *adj.* 手根(骨)の[に関する]: the ~ joint 手根関節. — *n.* 手根骨. 〘(1743) ← NL *carpālis* ← L *carpus* wrist: ⇨ -al¹〙

car·pa·le /kɑəpéɪli | kɑ:-/ *n.* (*pl.* **-pa·li·a** /-liə/) 〘解剖〙 手根骨 (carpus). 〘← NL ~ (neut.) ← *carpālis* (↑)〙

cárpal túnnel sỳndrome *n.* 〘医学〙 手根管症候群《手指の疼痛異常感覚を伴う; 略 CTS》.

cár pàrk *n.* 《英》 自動車駐車場 (《米》 parking lot). 〘1926〙

Car·pá·thi·an Móuntains /kɑəpéɪθiən- | kɑ:-péɪθiən-/ *n. pl.* [the ~] カルパティア山脈《スロバキアとポーランドの国境付近からルーマニアの中央にわたる山脈; 最高峰 Gerlachovka /gérlakɔfka/ (2,665 m)》. 〘1673〙

Car·pa·thi·ans /kɑəpéɪθiənz | kɑ:-/ *n. pl.* [the ~] = Carpathian Mountains.

Car·pà·tho-Ukráine /kɑəpèɪθoʊ- | kɑ:pèɪθəʊ-/ *n.* カルパトウクライナ《ウクライナ共和国の一地方; 1945 年チェコスロバキアから譲渡された; ウクライナ語名 Zakarpattya /*Ukr.* zakarpáttʲa/, Zakarpatska /zakarpátska/; Ruthenia ともいう》.

car·pe di·em /kɑ́əpidí:ɛm, -peɪ-, kɑ́əpidáɪəm, -əm | kɑ́:pidí:ɛm, -peɪ-/ *L.* **1** (将来を気にせず)現在を楽しめ; 現在の機会をとらえよ (Horace, *Odes* 1. 11. 8). **2** 〘文学〙 快楽の追求をすすめる叙情詩の主題 (「命短し恋せよ乙女」などの主題). 〘(1817) ← L ~ 'seize the day'〙

car·pel /kɑ́əpəl, -pɫ, -pɛɫ | kɑ́:-/ *n.* 〘植物〙 心皮, 雌蕊(しべ)葉: united ~s 集合心皮. 〘(1835) □ F *carpelle* // ← NL *carpellum* (dim.) ← Gk *karpós* fruit, 《原義》 that which is plucked ← IE *(s)ker- to gather, pluck (L *carpere*: cf. harvest): ⇨ -el¹〙

car·pel·lar·y /kɑ́əpəlèri | kɑ́:pɨləri/ *adj.* 〘植物〙 心皮の, 心皮状の. 〘(1830): ⇨ ↑, -ary〙

car·pel·late /kɑ́əpəlèɪt, -lɨt | kɑ́:pɨ-/ *adj.* 〘植物〙 心皮のある.

Car·pen·tar·i·a /kɑ̀əpəntɛ́əriə, -pn̩- | kɑ̀:pəntɛ́ər-, -pn̩-, -pɛn-/, **the Gulf of** *n.* カーペンタリア湾《オーストラリア北岸の Arafura 海の一部; 幅 644 km; 長さ 772 km》.

car·pen·ter /kɑ́əpəntə, -pn̩- | kɑ́:pɨntə^(r), -pn̩-/ *n.* **1 a** 大工; 《米》 建具師, 指物(さしもの)師, 木工 (cf. joiner 2); 船大工: a ~'s shop 大工の仕事場, 木工場 / the ~'s son (Nazareth の大工の息子) イエスキリスト / a finish ~ 仕上げ大工 / a bench ~ 指物師 / an amateur [a Sunday] ~ 日曜大工. **b** (劇場の)大道具方. **c** (しろうとで)大工仕事[工作]のうまい人: He's quite a clever ~. なかなか大工仕事がうまい. **2 a** (船の)大工. **b** 〘米海軍〙 営繕係兵曹長《船体整備と応急被害対策を主要任務とする》.
— *vi.* 大工仕事をする, 工作する. — *vt.* **1** 大工仕事で作る, …に工作の手を加える. **2** (機械的な方法で)〈筋・論文・計画などを〉作る (construct) 〈*together*〉. 〘(*c*1300) □ AF ~ = OF *carpentier* (F *charpentier*) < LL *carpentārium* carriage builder ← L *carpentum* carriage ← Celt.〙

Car·pen·ter /kɑ́əpəntə, -pn̩- | kɑ́:pɨntə^(r), -pn̩-/, **John Alden** *n.* カーペンター《1876–1951; 米国の作曲家》.

cárpenter ànt *n.* 〘昆虫〙 オオアリ《腐朽した樹木に穴をあけて巣を作るヤマアリ亜科オオアリ属 (*Camponotus*) のアリの総称》. 〘1883〙

cárpenter bèe *n.* 〘昆虫〙 クマバチ《ミツバチ科クマバチ属 (*Xylocopa*) のハチの総称; 樹木に穴をあけて巣を作る; ヨーロッパクマバチ (*X. violacea*) など》. 〘1844〙

Cárpenter Góthic *n.* 〘建築〙 カーペンターゴシック《19 世紀米国の木造ゴシック様式》.

cár·pen·ter·ing /-tərɪŋ, -trɪŋ | -tərɪŋ, -trɪŋ/ *n.* 大工仕事 (carpentry). 〘(1838): ⇨ -ing¹〙

cárpenter mòth *n.* 〘昆虫〙 **1** 米国産の大形のガでボクトウガの一種 (*Prionoxystus robiniae*) (cf. carpenterworm). **2** = goat moth.

cárpenter's clámp *n.* 〘木工〙 (大工用)つかみじめ.

cárpenter's scéne *n.* 〘演劇〙 **1** 幕前芝居, 時間かせぎの場面《大道具方が次の舞台の準備をする間, 舞台の前方に下ろす幕前で演じられる芝居; carpenter scene ともいう》. **2** (1 で用いる)舞台隠しの垂れ幕.

cárpenter's squáre *n.* **1** 〘木工〙 さしがね. **2** 〘植物〙 ゴマノハグサ科ゴマノハグサ属の次の 2 種の植物の総称: **a** ヨーロッパ産の *Scrophularia nodosa*. **b** 北アメリカ産の *S. marylandica* 《瘰癧(るいれき)》 (scrofula) に薬効があると考えられた》. 〘1688〙

cárpenter·wòrm *n.* 〘昆虫〙 carpenter moth 1 の幼虫《樹木, 特にオークやハリエンジュに穴をあける》.

car·pen·try /kɑ́əpəntri, -pn̩- | kɑ́:pɨntri, -pn̩-/ *n.* **1 a** 大工仕事, 木工. **b** 大工職. **2** 木工品, 木工細工. **3** 〘芸術〙 (文学・音楽などの)構成(法) (structure). 〘(*c*1378) ← CARPENTER + -ERY〙

cárp·er *n.* 小さなことにあら探しをする人. 〘(1440): ⇨ carp²〙

car·pet /kɑ́əpɨt | kɑ́:pɪt/ *n.* **1 a** (床全体を覆う)じゅうたん, カーペット (cf. rug): a felt [hemp] ~ / ⇨ cork carpet. **b** じゅうたん地, カーペット地. **2 a** カーペットのような広がり: a ~ of flowers [moss] 一面に敷きつめた草花[こけ] / a ~ of snow 一面の銀世界 / a grassy ~ 芝生(しばふ), 草地. **b** 《英》 クリケット競技場. **c** 集中爆撃地: ⇨ carpet bombing. **3** 《英》 舗装道路の上に覆う薄い被覆層 (アスファルトなど). **4** 〘航空〙 (飛行機に積んだ)レーダー妨害のための電子装置. **5** 《廃》 (ウールなど厚い布地の)テーブルクロス.
on the cárpet (1) 審議中の[で], 研究中の[で]. (2) 《口語》 〈召使など〉(主人などに)叱責のために呼び出されて; 叱られて: He was called *on the* ~ *for* being late. 遅れたことで叱られた. (3) 〘空軍俗〙 地表(近く)で. 〘(1726): もと carpet をテーブル掛けに用いたことにちなむ: cf. F *sur le tapis*〙 ***púll the cárpet (òut) from ùnder a pérson*** [*a person's féet*] = *pull the* RUG *(out) from under a person* [*a person's feet*]. ***swéep [púsh] ùnder the cárpet*** 〈不都合なもの[事]を〉隠す (《米》 sweep under the rug): *sweep* evidence [the truth] *under the* ~ (都合の悪い)証拠[真相]を隠す / You cannot *sweep* these problems *under the* ~. これらの問題を隠すわけにはいくまい. 〘1963〙 ***wálk the cárpet*** 《口語》 〈召使などが〉叱責のために呼び出される. 〘1823〙
— *vt.* **1** …にじゅうたん[カーペット]を敷く: ~ a room, the stairs, etc. **2** 〈草花・木の葉などが〉(敷物を敷いたように)一面に覆う, 敷きつめる 〔*with*〕: Flowers ~ the garden. = The garden is ~*ed with* flowers. 庭は花で敷きつめられている. **3** 《口語》 〈召使などを〉呼びつけて叱る.
〘(1345) □ OF *carpite* □ It. 《廃》 *carpita* rug ← *carpire* < VL **carpīre* = L *carpere* to pluck, card (wool): ⇨ carpel〙

cárpet·bàg *n.* **1** カーペットバッグ《19 世紀に米国で広く用いられたじゅうたん地で作ったボストンバッグに似た旅行かばん》. **2** 旅行かばん. — *adj.* [限定的] 《米》 カーペットバッガーの[的な]: a ~ adventurer. — *vi.* (**-bagged, -bag·ging**) 《米》 **1** (私利をあさって新しい土地へ)移る, カーペットバッガー (carpetbagger) として行動する. **2** 軽装で旅行する. 〘1830〙

cárpet·bàg·ger *n.* **1** 《米》 **a** 旅行かばんに全財産を詰めて移住して来る人, カーペットバッガー. **b** 南北戦争の再建 (Reconstruction) 時代に, 旅行かばん一つを財産に北部から南部へ渡って来て, 政界などで一働きしようとした人 (cf. scalawag 3). **c** (19 世紀に西部で活躍した)山ねこ銀行家 (cf. wildcat bank). **2** 渡り者, 流れ者, 外来者; (特に)選挙区に住んでない政治家, 輸入候補. **-bàg·ger·y** /-bæ̀g(ə)ri/ *n.* 〘1864〙

cárpet-bèd *n.* 〘園芸〙 もうせん花壇. 〘1883〙

cárpet bèdding *n.* 〘園芸〙 もうせん花壇植込(法)《丈が低く刈り込み可能な草花を幾何学的に配置して作る》.

cárpet bèetle *n.* 〘昆虫〙 ヒメマルカツオブシムシ (*Anthrenus scrophulariae*) 《その幼虫は毛織物などに大害を及ぼす》. 〘1889〙

cárpet bòmb *vt.* 〈地域を〉じゅうたん爆撃する.

cárpet bòmbing *n.* 〘軍事〙 じゅうたん爆撃《巻いたじゅうたんを段々と広げていくように, 指定された境界内の限定地域に大量の爆弾を逐次散布していく爆撃; cf. pattern bombing》. 〘1944〙

cárpet bùg *n.* 《米》 〘昆虫〙 = carpet beetle.

cárpet cùt *n.* 《英》 〘劇場〙 カーペットカット《舞台用のじゅうたんの端を入れて固定するための舞台前面近くの細長い溝》.

cárpet dànce *n.* (じゅうたんを敷いたままの床の上で行う)略式舞踏(会). 〘1846〙

cárpet gràss *n.* 熱帯地方や米国南部に生える乾燥に強い芝《競技場・ゴルフコース・遊び場などに植える》. 〘1756〙

cár·pet·ing /-tɪŋ | -tɪŋ/ *n.* **1** 敷物材料, じゅうたん地. **2** [集合的] じゅうたん, 敷物類 (carpets). **3** 一面に敷きつめた花[落葉など]. **4** 《口語》 ひどくしかること, 大目玉. 〘(1758): ⇨ -ing²〙

cárpet knìght *n.* 《古》 **1** 《軽蔑》 じゅうたんの騎士《実戦に臨んだことのない軍人》. **2** やさ男, 女性に付きまとう男 (lady's man); 道楽者 (cf. KNIGHT of the carpet). 〘(1576): carpet は主に女性の居間・応接間などに使用されたので「柔弱・贅沢」を象徴したのによる〙

cárpet·less *adj.* じゅうたんの(敷いて)ない. 〘(1835): ⇨ -less〙

cárpet-mònger *n.* 《廃》 = carpet knight 2.

cárpet mòth *n.* 〘昆虫〙 モウセンガ (*Trichophaga tapetzella*) 《幼虫がじゅうたんや毛織物を食うヒロズコガ科のガ》.

cárpet pìnk *n.* 〘植物〙 コケマンテマ (⇨ moss campion 1).

cárpet pỳthon *n.* = carpet snake.

cárpet ròd *n.* = stair rod. 〘1848〙

cárpet shàrk *n.* 〘魚類〙 **1** 西太平洋に生息する体の平たい斑点のあるテンジクザメ科のサメ (*Orectolobus barbatus*). **2** テンジクザメ科 *Orectolobus* 属の魚類の総称. 〘1929〙

cárpet slìpper *n.* [通例 *pl.*] (もとじゅうたんの材料で作った)家庭用スリッパ (house slipper). 〘1851〙

cárpet snàke *n.* 〘動物〙 オーストラリア産ニシキヘビの一種 (*Python variegatus* [*spilotes*]). 〘1863〙

cárpet swèeper *n.* じゅうたん掃除機《特に, 長柄で回転ブラシのついたものをいう》. 〘1859〙

cárpet tàck *n.* (じゅうたんを留める)頭部が平らな鋲(びょう).

cárpet·tìles *n. pl.* カーペットタイル《カーペット材を矩形に切ったタイル状の床材》.

cárpet·wèed *n.* 〘植物〙 クルマバザクロソウ (*Mollugo verticillata*) 《熱帯原産のツルナ科の匍匐性一年生雑草; Indian chickweed ともいう》. 〘1784〙

car·phol·o·gy /kɑəfɑ́(:)ləʤi | kɑ:fɔ́l-/ *n.* 〘病理〙 撮空[摸衣]模床 (⇨ floccillation). 〘(1851) ← NL *carphologia* ← Gk *kárphos* straw + *légein* to collect, pick〙

cár phòne *n.* 自動車電話.

carpi *n.* carpus の複数形.

-car·pic /kɑ́əpɪk | kɑ́:-/「(…の)果実をつける」の意の形容詞連結形: eu*carpic*. 〘← -CARP + -IC¹〙

cárp·ing *adj.* あら探し的な, 口やかましい, (むやみに)とがめだてする: ~ criticism やかましい[あら探し的]批評 / a ~ tongue 毒舌. — *n.* あら探し(すること). **~·ly** *adv.* 〘(1581): ⇨ carp²〙

Car·pi·ni /kɑəpí:ni | kɑ:-; *It.* karpí:ni/, **Giovanni de Pia·no** /depjá:no/ *n.* カルピーニ《1182? (または 1200?) –1252; イタリアのフランシスコ会の修道士; モンゴル帝国へ行きその旅行記を書いた》.

car·po-¹ /kɑ́əpoʊ | kɑ́:pəʊ/「果実 (fruit)」の意の連結形: *carpo*phagous. ★ 母音の前では通例 carp- になる. 〘← F & NL ~ ← Gk *karp(o)* ← *karpós* fruit: ⇨ carpel〙

car·po-² /kɑ́əpoʊ | kɑ́:pəʊ/ 〘解剖〙「手根(骨) (carpus) (の); 手根(骨)と…との」の意の連結形. ★ 母音の前では通例 carp- になる. 〘← NL ~ ← Gk *karp(o)-* ← *karpós* wrist: ⇨ carpus〙

car·po·gen·ic /kɑ̀əpəʤénɪk | kɑ̀:-ˊ-/ *adj.* 結実性の. 〘← CARPO-¹ + -GENIC〙

car·po·go·ni·um /kɑ̀əpəgóʊniəm | kɑ̀:pəgə́ʊ-/ *n.* (*pl.* **-ni·a** /-niə/) 〘植物〙 嚢(のう)果器, 造果器《紅藻の造卵器》. **càr·po·gó·ni·al** /-niəl-ˊ/ *adj.* 〘(1882) ← NL ~: ⇨ carpo-¹, -gonium〙

car·po·lite /kɑ́əpəlàɪt | kɑ́:-/ *n.* 化石果実, 種子化石. 〘(1847): ⇨ carpo-¹, -lite〙

car·po·log·i·cal /kɑ̀əpəlɑ́(:)ʤɨkəl, -kɫ | kɑ̀(:)pəlɔ́ʤɪ-ˊ-/ *adj.* 果実学の. 〘(1806): ⇨ -ical〙

car·pól·o·gist /-ʤɨst | -ʤɪst/ *n.* 果実学者. 〘(1819): ⇨ ↓, -ist〙

car·pol·o·gy /kɑəpɑ́(:)ləʤi | kɑ:pɔ́l-/ *n.* 果実学; 果実分類学. 〘(1806) ← CARPO-¹ + -LOGY〙

càrpo·metacárpal *adj.* **1** 〘解剖〙 手根中手骨の. **2** 〘鳥類〙 掌骨の. 〘(1836–39): ⇨ carpo-²〙

càrpo·metacárpus *n.* (*pl.* **-carpi**) 〘鳥類〙 掌骨 (鳥の翼の骨). 〘← NL ~: ⇨ carpo-², metacarpus〙

car·pool /kɑ́əpù:l | kɑ́:-/ *n.* 《米》 **1** カープール, 自家用車相乗り《近隣の人たちが目的地まで交替で毎日自家用車に相乗りする取決め[方式]》. **2** [集合的] カープールする人, 自家用車相乗りの人々. — *vt.* 〈子供などを〉カープールで運ぶ[送る]. — *vi.* カープールに加わる. 〘1942〙

cár·pòol·er *n.* = carpool 2.

cárpool làne *n.* 《米》 カープール[相乗り専用]車線《幹線道路などで二人以上が乗っている車だけが走れる車線》.

car·poph·a·gous /kɑəpɑ́(:)fəgəs | kɑ:pɔ́f-/ *adj.* 〘動物〙 果実を食とする (fruit-eating). 〘(1839–47) □ Gk *karpophágos*: ⇨ carpo-¹, -phagous〙

car·po·phore /kɑ́əpəfɔ̀ə | kɑ́:pəfɔ̀:^(r)/ *n.* 〘植物〙 **1** 心皮巻柱, 果柄《セリ科やフウロソウ属 (*Geranium*) などの花軸の細い延長部で, 熟した心皮を懸着させる器官》. **2** 高等菌類の果実部. **3** 子実体の柄. 〘(1870) ← CARPO-¹ + -PHORE〙

car·pop·o·dite /kɑəpɑ́(:)pədàɪt | kɑ:pɔ́p-/ *n.* 〘動物〙 = carpus 2. 〘(1870) ← CARPO-² + Gk *pod-*, *poús* foot + -ITE¹〙

cár·pòrt *n.* カーポート《家屋の外壁に接して造られた屋根と柱だけの車庫》. 〘1939〙

car·po·spore /kɑ́əpəspɔ̀ə | kɑ́:pəspɔ̀:^(r)/ *n.* 〘植物〙 果胞子《紅藻類の胞子》. 〘(1881) ← CARPO-¹ + -SPORE〙

car·po·stome /kɑ́əpəstòʊm | kɑ́:pəstəʊm/ *n.* 〘植物〙 紅藻類の果胞子が飛び出す嚢果(のうか)の開口. 〘← CARPO-¹ + -STOME〙

-car·pous /kɑ́əpəs | kɑ́:-/ 〘植物〙「(…の)果実をつける」の意の形容詞連結形: mono*carpous*, syn*carpous*. 〘⇨ -carpus, -ous〙

cárp·sùcker *n.* 〘魚類〙 北米産の吸盤をもつ各種の淡水魚の総称《サッカー科の highfin carpsucker, quillback など》. 〘← CARP¹ + SUCKER〙

car·pus /kɑ́əpəs | kɑ́:-/ *n.* (*pl.* **car·pi** /-paɪ, -pi:/) **1** 〘解剖〙 手根, 手首 (wrist); 手首の骨, 手根骨 (carpale). **2** 〘動物〙 腕節《節足動物の関節肢の第 5 節》. 〘(1679) ← NL ~ ← Gk *karpós* wrist: carpo-²〙

-car·pus /kɑ́əpəs | kɑ́:-/ 〘植物〙「(…の)果実をつける植物」の意の名詞連結形. 〘← NL ~ ← Gk *-karpos* ← *karpós* fruit〙

carr /kɑ́ə | kɑ́:^(r)/ *n.* 《英方言》 (低木, 特にヤナギが定着した)湿原地帯. 〘(*c*1300) □ ON (cf. Dan. *kær*, *kjær* pool, pond / Icel. *kjarr* copse-wood)〙

Carr /kɑ́ə | kɑ́:^(r)/, **E(dward) H(al·lett)** /hǽlɨt | -lɪt/ *n.* カー《1892–1982; 英国の政治学者・外交官; *History of Soviet Russia* (1950–53)》.

Carr, (John) Dickson *n.* カー《1905–77; 米国の推理小説家; 筆名 Carter Dickson, Carr Dickson も使用》.

Car·rac·ci /kərá:tʃi; *It.* karráttʃi/ *n.* カラッチ《ボローニャ出身のイタリアの画家一族; 特に Agostino /agostí:no/ (1557–1602) と弟の Annibale /anní:bale/ (1560–1609) および従兄弟の Ludovico /ludoví:ko/ (1555–1619) を指す; ルネサンスの古典的伝統を復活させ, 1582 年ボローニャに学校を設立した》.

cár ràce *n.* 自動車競走, オートレース.

car·rack /kǽrɨk, kér- | kǽrək/ *n.* (スペイン人・ポルトガル人が用いた 14–17 世紀の)武装商船 (galleon). 〘(1383) □ (O)F *caraque* □ Sp. & Port. *carraca* □ Arab. *qarāqīr* (pl.) ← *qurqūr* merchant vessel〙

car·ra·geen /kǽrəgi:n, kér-, ˌ-ˌ-ˊ | kǽrəgi:n, ˌ-ˌ-ˊ/ *n.* **1** 〘植物〙 トチャカ (⇨ Irish moss 2). **2** (1 に似た)紅藻類 (*Gigartina*). **3** 〘化学〙 = carrageenan. 〘(1834) ← *Carragheen* (アイルランドの産地名)〙

car·ra·geen·an /kæ̀rəgí:nən, kèr- | kæ̀r-/ *n.* (*also*

car·ra·geen·in /-nɨn | -nɪn/ n. 〘化学〙 カラギーナン《トチャカ (Irish moss) から抽出したコロイドで, 食品の懸濁剤または飲料の清澄剤として用いる》. 〖⇨ ↑, -an²〗
car·ra·gheen /kǽrəgìːn, kέr-, ⌐―⌐ | kǽrəgìːn, ⌐―⌐/ n. =carrageen.
car·ra·gheen·in /kæ̀rəgíːnɨn, kὲr- | kæ̀rəgíːnɪn/ n. 〘化学〙 =carrageenan.
Car·ran·tuo·hill /kæ̀rəntúːəl, kὲr- | kæ̀r-/ n. カラントゥーアル(山)《アイルランド Kerry 県にある山 (1,041 m)》.
Car·ran·za /kərǽnzə, -rάːn-; Am.Sp. karánsa/, **Ve·nus·tia·no** /benustjáno/ n. カランサ《1859–1920; メキシコの政治家; 大統領 (1915–20); メキシコ革命の成果である 1917 年憲法を制定》.
Car·ra·ra /kərάːrə; It. karrάːra/ n. 1 カラーラ《イタリア北西部 Tuscany 地方の都市; 大理石の産地》. 2 カラーラ大理石 (Carrara marble ともいう). **Car·rá·ran** /-rən/ adj.
car·re·four /kǽrəfùə, kὲr- | kǽrəfùə^r; F. kaʀfuːʀ/ n. 1 十字路 (crossroads); (道路の)交差点. 2 (道路の集中している)広場, 市場. 3 [C-] /kəfúə | kɑːfúə^r; F. kaʀfuːʀ/ 〘商標〙 カルフール《フランスのスーパーマーケットチェーン》. 〖((1477)) □F ～ <OF *quarrefour* < VL **quadrifurcum* ← QUADRI-+L *furca* 'FORK'〗
car·rel /kǽrəl, kέr- | kǽr-/ n. 〘図書館〙 キャレル《書庫内の片隅に設けられた席; cubicle, stall ともいう》. 〖((1593)) (1919) 《変形》 ← CAROL 《廃》 small enclosure〗
Car·rel /kərέl, kǽrəl, kέr- | kǽrel, kǽrəl; F. kaʀεl/, **Alexis** n. カレル《1873–1944; フランス生まれの外科医・生物学者, 米国で活躍; Nobel 医学生理学賞 (1912); *Man the Unknown* (1935)》.
car·rell /kǽrəl, kέr- | kǽr-/ n. 〘図書館〙 =carrel.
Car·rer·as /kərέ^ərəs | -rέər-; Sp. karréras/, **José** n. カレーラス (1946– ; スペインのテノール歌手).
Car·rère /kərέə | -rέə^r/, **John Mer·ven** /mə́ːvən | mə́ː-/ n. カレール《1858–1911; ブラジル生まれの米国の建築家》.
cár retàrder n. 〘鉄道〙 カーレターダー, 軌道制御機《操車場の軌道に設けられる制動装置で, ハンプ (hump) を下って来る貨車に作用するもの》.
car·riage /kǽrɪdʒ, kέr- | kǽr-/ n. 1 a 車, 運搬車 (vehicle); (特に, 自家用)四輪馬車: a ～ and pair [four] 二[四]頭立ての馬車 / a one-horse ～ 一頭引きの馬車 / a baby ～ 乳母(うば)車. b 《英》 (客車の)車両, 客車: a sleeping ～=sleeping car / ⇨ composite carriage / a 1st-[3rd-]class ～ 一等[三等]車. c 乳母車 (baby carriage). d 《廃》 荷車. 2 運搬, 運送 (transport): the ～ of goods by sea 貨物の海上輸送 / the expenses of ～ 運搬費. 3 運賃: the ～ on a parcel 小荷物の運賃 / ～ forward 《英》 運賃先払いで / ～ free 《英》 運賃無料で / ～ paid 《英》 運賃払い済み[前払い]で / ～ prepaid 《英》 運賃前払いで. 4 a 姿勢: his ～ of head [body]. b 《古》 身のこなし, 態度 (⇨ bearing SYN): have a graceful [an elegant] ～ 態度が上品である / a woman of good ～ 身のこなしの立派な女性 / a man of soldierly ～ 軍人の物腰の男. 5 (大砲の)砲架; (特に, 野砲用の)砲車. 6 (機械の)運び台, 輸送部; (タイプライターの)キャリッジ. 7 (階段の段板を支える)中桁(なかげた) (carriage piece ともいう). 8 《古》 (事業などの)処理, 経営振り (management). 9 《廃》 趣旨, 意味 (import): the ～ of the article 条文の趣旨 (cf. Shak., *Hamlet* 1. 1. 94). 10 《廃》 荷物 (cf. *Acts* 21: 15). 〖((1374)) □ ONF *cariage* (=OF *chariage*) ← *carier* to transport in a vehicle: ⇨ carry, -age〗
car·riage·a·ble /kǽrɪdʒəbl, kέr- | kǽr-/ adj. 1 〈道路が〉馬車で通れる. 2 《まれ》 馬車で運べる. 〖((1702)): ⇨ ↑, -able〗
cárriage bòlt n. キャリッジボルト《主として車両に用いられる回り止めをもったボルト, 角根・ひだ付き丸頭ボルトなど》.
cárriage clòck n. 提(さげ)時計《角形で上面に取っ手のついた可搬式置時計》. 〖1884〗
cárriage còmpany n. =carriage folk. 〖1833〗
cárriage dòg n. =coach dog. 〖1851〗
cárriage drìve n. 1 馬車道《私邸の門から玄関に通じる道または公園内などの馬車道》. 2 景色のよい中を通る車道. 〖1863〗
cárriage fòlk n. [集合的] 自家用馬車をもつことのできる身分の[裕福な]人々. 〖1819〗
cárriage hòrse n. 馬車馬. 〖1596〗
cárriage hòuse n. 馬車置場. 〖1761〗
cárriage lìne n. =coach line.
cárriage pìece n. =carriage 7.
cárriage pòrch n. 車寄せ.
cárriage retùrn n. (タイプライター・コンピューターなどの)キャリッジリターン, 復帰《あらかじめ設定してある左端へカーソルを戻すこと; 略 CR》; リターンキー.
cárriage tràde n. [集合的] 1 [the ～] 自家用車クラス, 富裕階級の人々. 2 富裕階級の顧客. 〖((1719)) 昔, 劇場・商店などへ自家用馬車で乗りつけたことから〗
carriage·way /kǽrɪdʒwèɪ, kέr- | kǽr-/ n. 《英》 1 車線 (lane). 2 自動車道, 車道 (roadway). 〖1800〗
cár·rick bènd /kǽrɪk-, kέr- | kǽr-/ n. 〘海事〙 キャリックベンド, こづなつなぎ《ロープの端と端とをつなぎ合わす一種の結び方》. 〖((1819)) *carrick*: 《変形》? ← CARRACK〗
cárrick bìtts n. pl. 〘海事〙 揚錨(ようびょう)機柱《旧式の揚錨機の胴の両端を水平に保持している 2 本の強い柱》. 〖1847〗
Car·rick·fer·gus /kæ̀rɪkfə́ːgəs, kὲr- | kæ̀rɪkfə́ː-/ n. キャリックファーガス《北アイルランド北東部, Belfast 湾に臨む都市; スコットランド人新教徒の定住地》.
Cár·rick on Shánnon /kǽrɪk-, kέr- | kǽr-/ n. キャリックオンシャノン《アイルランド中北部の町; Leitrim 県の県都》.
Car·rie /kǽri, kέri | kǽri/ n. キャリー《女性名》. 〖(dim.) ← CAROLINE¹〗
cár·ried adj. 1 運ばれた. 2 《英方言》 夢中になった, うっとりした. 〖((1825–79)): ⇨ carry, -ed 2〗
car·ri·er /kǽriə, kέr- | kǽriə^r/ n. 1 a (鉄道・船・航空会社なども含めて)運送業者, 運送会社[店]: ⇨ common carrier. b 郵便集配人. c 新聞配達人 (newsboy ともいう). 2 運ぶ人[もの], 運搬人[物]; 運送人, 配達人: a mail [letter] ～ 《米》 郵便配達人. 3 a 航空母艦 (aircraft carrier): a baby [light, regular] ～ 小型[軽, 正式]空母. b 輸送機; (兵員・兵器などの)運搬車両. c (漁船団から)漁獲を市場へ運ぶ運搬船. 4 〘医学〙 (病菌・遺伝子などの)キャリア, 保有者, 保菌者, 担体; 保菌物: disease ～s 病原(体)保有者 / Milk is often a ～ of infection. 5 a (機械の)輸送台. b (気送管の)郵便物送達筒. c (連発銃の)挿弾子(そうだんし). d (自転車・自動車などの)付属荷物台. e (果物・野菜などの荷物を運ぶ木・金属・厚紙製の)容器. f =carrier bag. 6 排水溝, 下水路 (conduit). 7 〘鳥類〙 =carrier pigeon. 8 〘物理〙 担体《半導体中で電荷移動をになう電子・正孔などの電荷担体の総称》. 9 〘化学〙 担体《触媒の支持物》, キャリアー《微量元素を沈殿・抽出する際に用いられる, 性質の同じ元素》. 10 通信事業者. 11 〘通信〙 =carrier wave. 12 〘絵画〙 展色剤 (vehicle). 13 〘農業〙 植物の栄養素を含む肥料または肥料成分; (農業の)増量材. 14 〘薬学〙 (薬物または殺虫剤用)基剤. 15 〘染色〙 キャリヤー《ポリエステル繊維の染色に用いられる染色性増進剤》: ～ dyeing キャリヤー染色. 16 〘保険〙 保険を引き受ける保険者. 17 (衣服の)ベルト通し. 〖(a1395): ⇨ carry, -er¹〗
cárrier bàg n. 《英》 (手のついた丈夫な紙製の)買物袋, ショッピングバッグ (《米》 shopping bag). 〖1907〗
cárrier-bòrne [-bàsed] adj. 航空母艦積載の: a ～ aircraft 艦載機 / a ～ bomber 艦上爆撃機. 〖1939〗
Car·rière /kæ̀riέə, kὲr- | kæ̀riέə^r; F. kaʀjεːʀ/, **Eugène** n. カリエール《1849–1906; フランスの画家・版画家》.
cárrier-frèe radioísotope n. 〘原子力〙 無担体[キャリアーなしの]放射性同位元素 (cf. carrier 9).
cárrier frèquency n. 〘通信〙 搬送周波数《搬送波の周波数; 放送局の電波の周波数はこれに当たる》.
cárrier pìgeon n. 〘鳥類〙 1 キャリアー《英国種のイエバト; 目の周りにはイボ状の輪があり, くちばしの基部の周りには肉垂がある》. 2 伝書バト (homing pigeon). 〖1647〗
cárrier suppressìon n. 〘通信〙 搬送波抑圧.
cárrier wàve n. 〘通信〙 搬送波.
car·ri·ole /kǽriòʊl, kέr- | kǽriəʊl/ n. =cariole.
car·ri·on /kǽriən, kέr- | kǽr-/ n. 1 (動物の)腐った死肉; (食料に適さない)腐肉. 2 腐敗(物), 汚物. 3 腐肉を食う動物. 4 《廃》 (人間の)死体. — adj. [限定的] 1 a 腐肉のような; 腐敗した. b いやな, 胸くその悪くなるような (loathsome). 2 腐肉を食べる. 〖((?a1200)) *careine, c(h)aroine* □ AF *caroine*=OF *charoigne* (F *charogne*) <VL **carōniam* ← L *carō* flesh: ⇨ carnal〗
cárrion bèetle n. 〘昆虫〙 =burying beetle. 〖1817〗
cárrion cròw n. 〘鳥類〙 1 ハシボソガラス (*Corvus corone*)《ユーラシア産; 雑食性で腐肉も食う》. 2 クロコンドル (*Coragyps atratus*)《米国南部産; 腐肉を食う》.
cárrion flòwer n. 〘植物〙 1 =stapelia. 2 サルトリイバラの一種 (*Smilax herbacea*) (cf. greenbrier). 〖1855〗
Car·roll /kǽrəl, kέr- | kǽr-/, **Charles** n. キャロル《1737–1832; 米国の革命指導者》.
Carroll, Lewis n. キャロル《1832–98; 英国の童話作家・数学者; *Alice's Adventures in Wonderland* (1865), *Through the Looking-Glass* (1871); 本名 Charles Lutwidge Dodgson》.
Car·roll·ton /kǽrəltən, kέr-, -tn | kǽrəltən/ n. キャロルトン《米国 Texas 州北東部, Dallas 郊外の都市》.
car·rom /kǽrəm, kέr- | kǽr-/ n., v. =carom.
car·ro·nade /kæ̀rənéɪd, kὲr- | kæ̀r-/ n. カロネード砲《1762 年スコットランドの The Carron Foundry により造られた短い艦載砲》. 〖((1779)) ← *Carron* (初めてこの砲が造られたスコットランドの地名)+-ADE〗
cár·ron òil /kǽrən-, kέr- | kǽr-/ n. 〘薬学〙 カロン油《亜麻仁油と石灰水とを混ぜたもの, 火傷の薬》. 〖((1884)) *carron*: ← *Carron* (この薬を初めて用いたという鉄工場のあったスコットランドの地名)〗
car·ros·se·rie /kæ̀rɔ(ː)sərìː, kὲr-, -rὰ(ː)s- | kæ̀rɔ̀s-; F. kaʀɔsʀi/ n. 〘自動車〙 車体《動力部・車輪などを含まない部分; cf. chassis 1 a》. 〖□F ～ ← *carrosse* carriage: ⇨ -ery〗
car·rot /kǽrət, kέr- | kǽr-/ n. 1 a 〘植物〙 ニンジン (*Daucus carota* var. *sativus*) (cf. wild carrot). b ニンジンの根 (食用). 2 [pl.] 《俗》 赤い頭髪 (red hair); 赤毛の人. 3 約束の報酬《ろばの目の前にニンジンをぶらつかせて歩行をうながしたことから》. ***(the) cárrot and (the) stick*** 褒美と罰, 「あめとむち」《馬の好物のニンジンと嫌いなむちの意から》: a ～ *and stick* approach あめとむち作戦. (1948) 〖((1533)) □ (O)F *carotte* □ L *carōta* □ Gk *karōtón* ← ? *kárā* head, top IE **ker-* 'head, HORN.'〗
cárrot càke n. キャロットケーキ《ニンジン入りのケーキ》.
car·ro·tene /kǽrətìːn, kέr- | kǽr-/ n. 〘生化学〙 =carotene.
cárrot flỳ n. 〘昆虫〙 ハネオレバエ科のハエ (*Psila rosae*)《幼虫はニンジンの害虫》. 〖1840〗
car·ro·tin /kǽrətn, kέr-, -tɨn | kǽrətɪn/ n. 〘生化学〙 =carotene.
cárrot·tòp n. 《俗》 赤毛の人, 「ニンジン」.
car·rot·y /kǽrəti, kέr- | kǽrəti/ adj. 1 にんじん色の《オレンジがかった赤色にいう》. 2 赤毛の. 〖((1696)): ⇨ -y¹〗
car·rou·sel /kæ̀rəsέl, kὲr-, -zέl, ⌐―⌐ | kæ̀rəsέl, -ru-, -zέl/ n. =carousel.

C

car·ry /kǽri, kέri | kǽri/ vt. 1 〈荷物・人などを〉運ぶ, 運搬する, 運送する (convey) (⇨ bring SYN): ～ something (away, back, down, in, out, up, etc.) / ～ a person [a heavy load] *on* one's back [shoulders] 人[重荷]を背負って[かついで]行く / ～ a thing *in* one's hand [arms] 手に持って[抱えて]行く / A jumbo jet can ～ several hundred passengers. ジャンボ機は数百人の乗客を運べる / His legs refused to ～ him any farther. もうこれ以上歩けなかった / The wind *carried* the ship to the south. 風は船を南へ運んだ / Some mosquitoes ～ yellow fever. 蚊の中には黄熱病を媒介するものがいる.
2 a 〈金銭・ステッキ・時計・武器などを〉身に着けて持っている, 保持している, 携える: ～ money, a stick, etc. / She *carried* a pistol *about* [*around*] *with* her. 彼女はピストルを携帯していた / I always ～ at least ¥10,000 *on* [*with*] me. 私はいつも(財布の中に)最低 1 万円は持っている / ～ arms ⇨ arm² 成句. b 〈軍旗・隊旗などを〉携行姿勢で保持する; 〈軍艦などが〉〈砲を〉搭載する, 備えている: The warship *carried* nine 20-inch guns. その戦艦は 20 インチ砲 9 門を装備していた. c 〈子を〉孕(はら)んでいる: She is ～*ing* a baby. 身重である. d 〈記憶を〉保持する; 記憶に留めておく: ～ memories / He *carries* all the names *with* him [*in* his head]. 彼は全部の名前を覚えている.
3 a 〈ニュース・話などを〉伝える: ～ the news / ～ the message to the headquarters その伝言を本部に通達する. b 〈音・煙などを〉伝える, 運ぶ: The wind *carries* sounds [smoke]. 風は音[煙]を運ぶ. c 〈管・水路などが〉〈水・下水を〉通す, 導く (conduct): The pipe *carries* steam. そのパイプは蒸気を通している.
4 〈動機・議論・仕事などが〉〈…まで〉行かせる, 走らせる (take) 〔*to*〕: Business *carried* him *to* Osaka. 彼は商用で大阪へ行った / The argument *carried* us too far. 議論が行き過ぎた / Ambition *carried* him *to* destruction. 彼は野心のために身を滅ぼした.
5 a 〈道路などを〉〈ある点まで〉延長する 〔*to, into*〕: ～ the road *into* the mountains 山中にまで道路を拡張する / ～ pipes *under* the road パイプを道路下に延長する. b 〈戦争などを〉拡大する 〔*to, into*〕: The war was *carried into* Asia. 戦争はアジアにまで及んだ. c 〈手続きなどを〉〈ある点まで〉運ばせる, 進める (push); 〈決定などを〉〈実行に〉移す 〔*to, into*〕: ～ a plan *into* effect [execution] 計画を実行に移す. d 〈理屈・冗談などを〉〈極端まで〉もっていく (take) 〔*to, into*〕: ～ logic *to* extremes / You've *carried* your joke too far. 冗談もほどほどにしろ.
6 a 〈新聞などが〉〈記事を〉載せる: The newspaper does not ～ literary reviews [advertisements]. その新聞は文芸評論[広告]を載せていない. b 〔表などに〕載せる 〔*on*〕: ～ a person *on* a payroll.
7 a 〈動機・主張を〉押し通す, 貫く, 通過させる: ～ one's point 主張を通す / ～ a resolution at a meeting 会議で議案を通過させる. b 〈選挙を〉成功させる, 〈候補者を〉当選させる: ～ an election 選挙に勝つ. c 《米》 〈選挙区・議会〉の過半数の投票を獲得する (take, win): ～ California.
8 a 〈陣地などを〉奪う, 攻め落とす, 占領する; 〈賞品などを〉勝ち取る: ～ a fortress, an enemy's position, etc. / ～ a town by storm 町を急襲攻略する / ～ the day 勝つ / ⇨ CARRY *off* (2). b 〈競技などの〉主導権を奪う, リードする: The Dodgers *carried* the game to the Giants. ドジャースは対ジャイアンツ戦の主導権をとった / ～ the war into the enemy's camp ⇨ war 成句.
9 a (痕跡・属性などとして)もつ: ～ a scar 傷跡がある. b 〈権威・責任などを〉伴う: ～ authority, responsibility, etc. / His speech *carried* conviction. 彼の言葉には確信があった[人を動かす力があった] / His opinion *carries* great weight. 彼の意見は非常に重きをなす. c 〈意味・罰などを〉含む: The crime *carries* a maximum 25-year sentence. その犯罪を犯すと懲役最高 25 年の判決を受けることになる / The offense *carries* a $50 fine. その犯罪には 50 ドルの罰金が科される / The sense these words ～ is …. これらの言葉の意味することは…だ. d 〈利子を〉伴う (bear): ～ 5% interest 5 パーセントの利子が付く.
10 a 〈頭・身体を〉(ある)姿勢にする[保つ]: ～ one's head high [on one side] 頭をつんと高くして[一方にかしげて]いる. b [～ *oneself* で] 〈わが身を〉処する, ふるまう: ～ *oneself* well [proudly, gracefully, with dignity] 立派に[傲慢に, 優雅に, 威厳をもって]ふるまう.
11 〈数を〉一けた上げる, 送る; 〈計算・数字・記入したものなどを〉〈他に〉移す 〔*to*〕; (加算で)繰り込む[上げる]: ～ a number / put down 8 and ～ 3 (to the next column) 8 を書いて 3 を(次の位に)繰り上げる / ～ an account *to* the ledger 収支の明細を元帳に転記する / ～ a note *to* the next page ノートを次ページに移す / ～ a sum *from* [*to*] … 金額を…から[…へ]送る / ⇨ CARRY *forward*.
12 〈聴衆を〉感情的に動かす, 感動させる: The speaker *carried* the audience (along) with him. その弁士は聴衆を感動させた / ～ the house 満場をうならせる.
13 持ち上げている, 支える: The timbers ～ the whole weight of the roof. 材木(けた・柱など)が屋根の全重量を支える.
14 a 財政的に支える; …に財政援助をする: ～ a magazine alone 1 人で雑誌を支えている. b …の重責を担う:

～ the department.
15 〈部下・敵などを〉寛大に扱う: ～ an opponent.
16 支持する, 有効にする, 確実にする: One decision *carries* another. 一つの判決が別の判決に適用される.
17 a 〈家畜を〉養う: The hay supply will ～ the cattle through the winter. これだけの干し草があれば冬中牛に食べさせられる / The ranch will ～ 3,000 cattle. 牧場は3千頭の牛が養える. **b** 〈土地が〉〈穀物を〉産出する.
18 〈品物を〉店に置く (stock), 売っている: We ～ a full line of canned goods. 缶詰なら何でも置いています.
19 〈調子を〉保つ (sustain); (唱歌で)〈主旋律を〉歌う: ～ a tune.
20 《口語》〈酒を〉飲んでも乱れない: ～ one's drink.
21 《古》〔…へ〕連れて行く〔*to*〕: ～ a girl *to* a dance / ～ a mule *to* the barn.
22 〘海事〙〈船が〉〈帆を〉揚げる: ～ too much sail.
23 〘ゴルフ・クリケット〙一打で越す[持って行く].
24 〘狩猟〙…の跡をつけて行く, 追跡する.
25 〘商業〙…に信用貸し[掛け売り]を許す.
26 〘アイスホッケー〙〈パックを〉スティックで軽く触れながら(うまくコントロールして)氷上を前進する.
27 〘証券〙 **a** 値上がりを予想して〈買った証券を〉保有する. **b** (証拠金[頭金]取引で)〈証券業者が〉顧客に貸付残を持っている.
28 a 〈チームメイトを〉主戦力からはずして楽をさせる. **b** 〈共演者やチームメイトを〉(うまい演技や技で)カバーする.
— *vi.* **1 a** 〈音響・弾丸などが〉(ある距離まで)達する, 届く: The gun *carries* almost a mile. この大砲ならほとんど1マイルのところまで届く / My voice *carries* farther than his. 私の声は彼の声より遠くまで届く / These guns ～ true. この銃は照準が正確だ. **b** 〈劇や文学作品などが〉予想通りの効果がある. **2 a** 持って行く, 持ち運ぶ; 運搬人として働く, 運送業を営む: ⇨ FETCH *and carry*. **b** 《俗》麻薬を持ち歩く[所持する]. **3** (立法府で)〈動議などが〉承認を得る: The motion *carried* by (a vote of) 50 to 20. その動議は50対20票(の投票)で承認された. **4** 〈馬が〉(走行・歩行中に)頭と首を適正に保持する: The horse *carries* well [high]. あの馬は歩行中に頭と首をよく[高く]保持している. **5** [修飾語(句)を伴って] 運べる: The loads do not ～ easily. その荷物は簡単に運べない.
6 〘狩猟〙〈猟犬が〉獣の遺臭をつけて行く.
cárry áll [éverything, the wórld] befóre one 破竹の勢いで進む, 向かう所敵がない, 大成功する. (1672) ***cárry alóng*** (1) 〈選手などを〉はげまして踏みとどまらせる. (2) ⇨ *vt.* 12. ***cárry aróund*** 〈故人などを〉いつも思い出の中に抱いている〔*with*〕. ***cárry awáy*** (*vt.*) (1) 持ち[運び]去る; 盗む, 誘拐する; 〈暴風・水などが〉さらって行く. (2) [通例受身で] (うっとりとして・かっとなって)我を忘れさせる, 夢中にする (transport), 感動させる (inspire): be *carried away* by the music 音楽に魂を奪われる / I'm sorry: I must have gotten *carried away*. 失礼しました. 夢中になっていたものですから. (1570) (3) 〈人の命を奪う. (4) 〘海事〙〈暴風・波が〉〈帆柱を〉こわす, 折る. — (*vi.*) (1) 〈橋・帆柱が〉さらわれる, こわれる. (2) 〘海事〙〈船が〉こわれる. ***cárry báck*** (1) 〈人に〉回想させる, 思い起こさせる: Those words *carried* me *back* to the old days. その言葉を聞いて昔のことを思い出した. (2) 〘税法〙前期の課税所得から〈損失高または未使用のクレジットを〉差し引く (cf. carry-back). (3) ⇨ *vt.* 1. ***cárry fórward*** (1) 〈事業などを〉進める, 推進する (advance). (2) 〈資金・時間などを〉後のためにとっておく. (3) 〘簿記〙〈項目記入などを〉次のページ[欄]へ送る, 繰り越す; 《英》(次期に)繰り越す (cf. carry-forward 1). (4) 〘会計〙〈臨時巨額の損失を〉次期へ繰り延べる. ***cárry it óff*** 難局を切り抜ける; 何食わぬ顔をしている: ～ *it off* well 見事にやってのける / ～ *it off* with a laugh 一笑に付してしまう. (1828) ***cárry óff*** (1) 押し通す; 〈難局などを〉うまくやってのける[処理する]. (2) 〈賞品・名誉などを〉獲得する (win): ～ *off* the prize 賞品をかっさらう. (3) 奪い去る; 盗む (steal). (4) 〈捕虜などを〉引っ立てて行く; 〈人を〉誘拐する (abduct, kidnap). (5) 〈病気が〉〈人〉の命を奪う: He was *carried off* by cholera. コレラで死んだ. (6) 〈服を〉うまく着こなす; 見ばえよく見せる. ***cárry ón*** (*vt.*) (1) 続ける, 〈手続きなどを〉進める; 加わる. (1601–02) (2) 〈商売を〉営む, 経営する (conduct); 〈事務を〉処理する (manage); 〈伝統・暮し・会話などを〉続ける. — (*vi.*) (1) 〔…を〕続ける〔*with*〕; (難局に当たっても)頑張る, 暮してゆく: ～ *on* working. (2) 《口語》不作法に[騒々しく, 大人気なく]ふるまう: ～ *on* like mad 気違いじみた騒ぎをやる. (3) [しばしば進行形で] 《口語》〈男・女が〉浮気をする, ふしだらなふるまいをする, いちゃつく〔*with*〕: ～ *on with* a girl 女の子といちゃつく. (4) (怒ったり, 悲しんだり, 泣いたり)大騒ぎする, 取り乱す, わめきちらす. (5) [しばしば進行形で] ぶうぶう文句を言う〔*at, with*〕: He's always ～*ing on* about how people mistreat him. ひどい扱いを受けていることに対して彼はいつも文句を言っている. (6) 〘海事〙帆を危険な程度に張り過ぎる. ***cárry óut*** (1) 〈仕事・命令などを〉やり遂げる, 成就する, 完成する (accomplish); 実行する, 遂行する (execute): ～ *out* revenge 恨みを晴らす / ～ *out* one's intention(s), measures, orders, plans, threats, etc. / The rewiring was *carried out* without a hitch. 配線のし直しは順調に行われた. (1604–05) (2) 運び出す. ***cárry óver*** (*vt.*) (1) 〔別の場所に〕移す; 〈他の党へ〉引き入れる〔*into*〕. (2) 〈商品などを〉持ち越す; 〈損失を次期へ繰り越す. (3) 〈仕事・休暇などを〉延ばす, 延期する (postpone) 〔*till, to*〕. (4) 《英》〘証券〙(次期の決済期日まで)繰り延べる (⇨ carry-over 3). (5) 〘簿記〙= CARRY *forward* (3). — *vi.* (1) 繰り越される; 続く. (2) 持ち越される, 影響を与える〔*into, to*〕. ***cárry thróugh*** (*vt.*) (1) 終わりまで支持する, 切り抜けさせる. (2) 〈計画などを〉成就する, 貫徹する (accomplish). — (*vi.*) (1) 成就する〔*on, with*〕. (2) (最後まで)持続する, 残る (persist). (1604–5) ***cárry ... thróugh***— 〈人に〉〈病気・難局などを〉切り抜けさせる: His courage [This fund] will ～ him *through* (his present problems). あの勇気[これだけの資金]があれば(現在抱えている問題も)切り抜けられるだろう. ***to cárry [be cárrying] on with*** [通例名詞の後に置いて] 当座の(用のための), さし当たり(の): It's good enough to *be* ～*ing on with*. さし当たりはこれで十分だ.
— *n.* **1** (銃などの)射程. **2** 〘ゴルフ〙(ボールの)飛距離 (flight). **3** 《米》(河川・運河など両水路間の連絡のためのボートやカヌーの)陸上運搬; 連水運搬路 (portage). **4** 運搬 (carrying). **5** 〘軍事〙(軍旗・隊旗などを保持して行進するための規定された)携行姿勢.
〘(*a*1338) *carie(n)* □ AF *carier* (F *charrier* cart, drag) ← ONF *carre* 'CAR': CHARGE と二重語〙

SYN 運ぶ: **carry** 〈人や物を〉手に持ったり背負ったり車に乗せたりしてある場所から他の場所へ持って行く: He *carried* a bundle in his arms. 包みを両手に抱えて運んだ. **bear** 《文語》特に〈重いもの, 重要なものを〉運ぶ: They came *bearing* good news. 吉報をたずさえてやって来た. **convey** 〈列車・ラジオ・導管などが〉〈人や物を〉運ぶ《格式ばった語》: This pipe *conveys* hot water to the bath. このパイプでお湯が風呂へ流れる. **transport** 〈貨物や人を〉多量に, 特に遠距離の目的地に運ぶ: *transport* goods by truck トラックで物資を運ぶ. **transmit** 〈物を〉別な人や場所へ送る[送信する, 伝達する]《格式ばった語》: *transmit* news by radio waves 電波でニュースを送信する. ⇨ bring.

car·ry·all /kǽriɔ̀ːl, kéri-, -ɑ̀ːl | kǽriɔ̀ːl/ *n.* **1** キャリオール: **a** 一頭引き4人(以上の)席の軽装四輪馬車. **b** 《米》通路の左右にベンチが向かい合っている自動車[乗合いバス]. **2** 《米》大きな手さげ袋, がっさい袋 (holdall). 〘← CARRY＋-ALL〙 **3** 〘土木〙整地・運土用の一種の土木機械. 〘(1714)《変形》← CARIOLE: carry all と連想〙
cárry-bàck *n.* 〘税法〙(所得税の過払いなどによる)貸越分. 〘1942〙
cárry bàg *n.* ＝carrier bag.
cárry·còt *n.* 《英》(赤ちゃん用の)携帯ベッド, 手運び赤ちゃんかご, キャリコット. 〘1943〙
cárry-fórward *n.* **1** 《英》〘簿記〙次期繰越金 (cf. CARRY *forward* (3)). **2** ＝carry-over. 〘1898〙
cárry-ìn *adj.* **1** (修理・点検などのために)店に持ち込める: a ～ store 持ち込み修理店. **2** 《米》〈パーティーなど〉食事持ち込みの, 食べ物持ち寄りの. — *n.* **1** 修理に持ち込める(家電)製品. **2** 《米》食事持ち込み[持ち寄り]の会.
cár·ry·ing *n.* **1** 運送, 運輸. **2** [形容詞的に] 積載の, 運送の. — *adj.* 〈声が〉よく通る: a ～ voice. 〘(1440): ⇨ -ing¹〙
cárrying capàcity *n.* **1** 輸送力; 積載量; 送電力. **2** 〘生態〙(牧草地などが養える)動物の数, 扶養能力. 〘1883〙
cárrying chàrge *n.* 《米》**1** 〘金融〙繰越日歩; 商品運送の諸掛. **2** 財産所有者にかかる費用 (税・保険等).
cárrying-ón *n.* (*pl.* **carryings-on**) 《口語》軽々しい[興奮した, みだらな]ふるまい; いちゃつくこと (cf. CARRY *on* (*vi.*) (3)). 〘1663〙
cárrying plàce *n.* 《カナダ》＝portage 2. 〘1689〙
cárrying tràde *n.* [the ～] 運送業. 〘1776〙
cárry-òn *n.* **1** (飛行機に持ち込める)手荷物. **2** 《英口語》＝carrying-on. — *adj.* 〈手荷物が〉(飛行)機内に持ち込めるくらいの大きさの. 〘n. 1: 1955; 2: 1890〙
cárry·òut 《米・スコット》 *n.* **1** 持ち帰り用の軽食(を売る食堂) (takeout). **2** (パブまたは酒屋で買う)持ち帰り用酒類. — *adj.* [限定的] 〈軽食など〉持ち帰り用の. 〘1935〙
cárry-òver *n.* **1** (穀物・商品などの)残余, 残品 (remainder); 予備. **2** 〘会計〙 **a** (勘定などの)繰越し, 持越し. **b** 繰越金. **3** 《英》〘証券〙繰延べ取引 (⇨ contango 1). **4** 〘簿記〙次葉[次ページ]への繰越し. 〘1894〙
cárry·tàle *n.* ゴシップ屋, 告げ口屋. 〘1577〙
carse /kɑ́əs | kɑ́ːs/ *n.* 《スコット》(川の流域にある)肥沃な低地. 〘(1375) *cars, kerss* ← ? *kerres* (pl.) ← *ker* marsh: cf. Swed. *kärr*〙
cár sèat *n.* **1** 自動車の座席. **2** (自動車の座席に取り付ける)幼児用座椅子 (child seat).
car·sey /kɑ́əzi | kɑ́ː-/ *n.* ＝carzey.
cár·sìck *adj.* 乗物(汽車・自動車など)に酔った: get ～ 車に酔う. 〘1908〙
cár sìckness *n.* 車酔い, 乗物酔い.
Car·son /kɑ́əsən, -sn̩ | kɑ́ː-/ *n.* カーソン《米国 California 州南西部, Los Angeles 郊外の都市》.
Car·son /kɑ́əsən, -sn̩ | kɑ́ː-/, **Christopher** *n.* カーソン《1809–68; 米国の辺境地方で活躍した案内人・猟師・義勇兵; 通称 Kit Carson》.
Carson, Sir **Edward Henry** *n.* カーソン《1854–1935; 英国の法律家・政治家; アイルランド生まれでアイルランド問題に尽力した; 称号 Baron Carson of Duncairn》.
Carson, Johnny *n.* カーソン《1925–　; 米国のコメディアン・テレビ司会者》.
Carson, Rachel (**Louise**) *n.* カーソン《1907–64; 米国の海洋生物学者・著述家; *Silent Spring* (1962)》.
Cárson Cíty *n.* カーソンシティー《米国 Nevada 州の州都》.
Car·stensz /kɑ́əstənz | kɑ́ː-; *Du.* kárstəns/, **Mount** *n.* カルステンス山《Djaja 山の旧名》.
cart¹ /kɑ́ət | kɑ́ːt/ *n.* **1** (農場などで用いる, 馬や牛が引く二輪または四輪の)荷車 (cf. wagon). **2 a** (商品配達用などの二輪の)運搬車, 荷車: a baker's [butcher's] ～ / a coal ～. **b** (一頭立て二輪の)軽装馬車. **3 a** (二輪の)小型手押し車, カート. **b** ＝golf cart **4** 《廃》戦車 (chariot).
in the cárt 《英俗》ひどい目に遭って, 困って (in a fix). (1889) ***pút [sét] the cárt befòre the hórse*** 前後を誤る, 本末を転倒する. (1520) ***wálk the cárt*** 〘競馬〙＝WALK *over* (1).
— *vt.* **1** 荷車で運ぶ: ～ hay to the farm. **2** 《口語》 **a** (力ずくで)運び去る〈*off, away*〉: ～ a person *off* to jail 人を刑務所に引っぱって行く / *Cart* yourself *off*! あっちへ行ってくれ. **b** 苦労して運ぶ. **3** 《古》罰に荷車のあとにつけて引き回す. **4** 〘クリケット〙〈ボールを〉強打する. — *vi.* **1** 荷車を引く, 荷馬車業をする. **2** 〘クリケット〙強打する.
cart·a·ble /kɑ́əṭəbl̩ | kɑ́ːt-/ *adj.* 〘(?*c*1200) *carte* (i)《音位転換》← OE *cræt* // (ii) □ ON *kartr* cart ← IE **ger-* curving, crooked〙

cart 1

cart² *n.* ＝cartridge 3 b.
cart·age /kɑ́əṭɪdʒ | kɑ́ːt-/ *n.* **1** (通例都市内の)荷車運送. **2** 荷車運送賃. 〘(1428): ⇨ cart¹, -age〙
Car·ta·ge·na /kɑ̀əṭədʒíːnə, -héɪnə, -géɪnə | kɑ̀ːtədʒíːnə, -géɪnə; *Sp.* kaɾtaxéna/ *n.* カルタヘナ: **1** スペイン南東部の海港. **2** 南米コロンビア北西海岸の港市.
carte¹ /kɑ́ət | kɑ́ːt; *F.* kaʁt/ *n.* (*pl.* ～**s** /～s; *F.* ～/) **1** 献立表 (menu): ⇨ à la carte. **2** 《スコット》 **a** トランプ (playing card). **b** [通例 *pl.*] トランプ遊び. **3** 《廃》地図, 海図, 図表. 〘(*a*1393) □ (O)F ～ 'CARD¹'〙
carte² /kɑ́ət | kɑ́ːt/ *n.* 〘フェンシング〙＝quarte. 〘(1707) □ *quarte* □ It. *quarta* fourth〙
Carte /kɑ́ət | kɑ́ːt/, **Richard D'Oy·ly** /dɔ́ɪli/ *n.* カート《1844–1901; 英国の劇場経営者; Savoy operas の上演者》.
carte blanche /kɑ́ətblɑ́ː(n)ʃ, -blɑ́ːnʃ | kɑ́ːt-; *F.* kaʁtəblɑ̃ːʃ/ *n.* (*pl.* **cartes blanches** /kɑ́ət-, kɑ́əts-, ～ʃɪ̀z | kɑ́ːt-, kɑ́ːts-, ～ʃɪ̀z; *F.* ～/) **1** 白紙委任状《署名だけしてあって自由記入を許す白紙》. **2** 白紙委任, 全権委任: give ～ to …に無条件で行動権を与える, 白紙委任する. **3** 〘トランプ〙カルテブランシュ《piquet などで絵札が1枚もない手; 役点10がつく》. 〘(1707) □ F ～ 'blank paper'〙
carte de vi·site /kɑ́ətdəvɪzíːt, -vìː- | kɑ́ːt-; *F.* kaʁtədəvizit/ *n.* (*pl.* **cartes de visite** /kɑ́ət-, kɑ́əts- | kɑ́ːt-, kɑ́ːts-/) **1** 《古》(写真の)手札型《もと, 訪問用の名刺として用いた; $2^1/_4$×$3^1/_4$インチ; 略 cdv》. **2** ＝visiting card. 〘(1861) □ F ～ 'visiting card'〙
carte du jour /kɑ́ətdəʒʊ́ə | kɑ́ːtdjuʒʊ́ə$^{(r)}$; *F.* kaʁtədyʒuːʁ/ *n.* (*pl.* **cartes du jour** /kɑ́ət-, kɑ́əts- | kɑ́ːt-, kɑ́ːts-; *F.* ～/) メニュー, 献立表 (menu). 〘(1936) □ F ～《原義》the day's menu〙
car·tel /kɑətél | kɑː-/ *n.* **1** 〘経済〙カルテル, 企業連合《同一産業の独立企業が生産過剰の防止・自殺的競争の排撃・市場独占を目的とする任意の連合組織; cf. trust 7》(⇨ monopoly SYN). ((1902) □ G *Kartell*) **2** [しばしば C-] (共同目的のための党派の)連合, 同志, ブロック (bloc). **3** /《英》ではまた kɑ́ːtl̩/ 決闘状, 決闘挑戦状, 果たし状. **4** /《英》ではまた kɑ́ːtl̩/ **a** (交戦国間の)捕虜交換協定文書. **b** 捕虜交換. **c** 捕虜交換船 (cartel ship ともいう). 〘(1560) □ F ～ □ It. *cartello* placard, challenge (dim.) ← *carta* 'CARD¹'〙
car·tél·ism /-lɪzm/ *n.* カルテル[企業連合]の形成, カルテル化. 〘(1926): ⇨ ↑, -ism〙
car·tél·ist /-lɪ̈st | -lɪst/ *n.* カルテルの一員, カルテル支持者. — *adj.* カルテル(支持者)の, 企業連合の. 〘(1925): ⇨ -ist〙
car·tel·is·tic /kɑ̀əṭəlístɪk, -ṭl̩-, -tɛl- | kɑ̀ːtəl, -tl̩-, kɑ̀ːtel-⁻/ *adj.* ＝cartelist.
car·tel·ize /kɑ́əṭəlàɪz, -ṭl̩- | kɑ́ːtəlàɪz, -tl̩-/ 〘経済〙 *vt.* カルテル[企業連合]にする, カルテル化する. — *vi.* カルテルを作る. **car·tel·i·za·tion** /kɑ̀əṭəlɪ̈zéɪʃən, -ṭl̩- | kɑ̀ːtəlaɪ-, -lɪ-, -tl̩-/ *n.* 〘(1923): ⇨ -ize〙
cárt·er /-ṭə | -tə$^{(r)}$/ *n.* 荷馬車の御者, 車力 (carman); トラックの運転手 (teamster). 〘(1193): ⇨ -er¹〙
Car·ter /kɑ́əṭə | kɑ́ːtə$^{(r)}$/ *n.* カーター《男性名》. 〘← OE *cartere* cart driver〙
Car·ter, Elliot (**Cook Jr.**) *n.* カーター《1908–2012; 米国の作曲家; *Piano Sonata* (1945–46)》.
Carter, Howard *n.* カーター《1873–1939; 英国のエジプト学者; Tutankhamen の墳墓を発掘》.
Carter, James Earl, Jr. *n.* カーター《1924–　; 米国の政治家, 第39代大統領 (1977–81); 通称 Jimmy Carter》.
Carter, Nick *n.* **1** ニックカーター《19世紀末米国で流行した一連の三文小説の主人公である探偵の名》. **2** 同小説の作者数名の用いた筆名.
Car·ter·et /kɑ́əṭərɪ̈t, kɑ̀əṭərét, ⁻⁻⁻ | kɑ́ːtərèt, -rɪ̈t/, **John** *n.* ⇨ Granville.
Car·te·sian /kɑətíːʒən | kɑːtíːziən, -ʒən/ *adj.* デカルト (Descartes) の; デカルト学派[説]の. — *n.* デカルト哲学の信奉者, デカルト主義者. 〘(1656) □ NL *Cartesiānus* ← *Cartesius* (René Descartes のラテン語形)〙
Cartésian coórdinates *n. pl.* 〘数学〙デカルト座標, 平行座標《affine coordinates ともいう; cf. rectangular coordinates》. 〘1889〙

Cartésian díver [dévil] *n.* ＝bottle imp 2. 〘1731〙

Cartésian dóubt *n.* 〔哲学〕デカルト的懐疑《絶対的真理に到達するためにまずすべてを疑ってみる方法的懐疑》. 〘1691–98〙

Car·té·sian·ism /-nìzm/ *n.* デカルト哲学[思想]. 〘(1656): ⇨ -ism〙

Cartésian pláne *n.* 〔数学〕デカルト平面《デカルト座標が定められている平面》. 〘1960〙

Cartésian próduct *n.* 〔数学〕デカルト積, カルテシアン積《直積 (direct product) のこと》. 〘1958〙

cart·ful /kɑ́ːtfʊ̀l | kɑ́ːt-/ *n.* 荷(馬)車 1 台分(の量)〔*of*〕. 〘(*c*1380): ⇨ -ful²〙

Car·thage /kɑ́ːθɪdʒ | kɑ́ː-/ *n.* カルタゴ《アフリカ北岸, 現在の Tunis 付近にあった古代のフェニキア人の都市国家; ローマ軍に滅ぼされた (146 B.C.); ラテン語名 Carthago /kɑːθɑ́ːgoʊ, -téɪ- | kɑːθɑ́ːgəʊ, -tɑ́ː-/》. 〘□(O)F ～ □L *Carthago* □Phoen. *Qart hadash* ? new city〙

Car·tha·gin·i·an /kɑ̀ːθədʒíniən | kɑ̀ːθ-ˈ-/ *adj.* **1** カルタゴの. **2** カルタゴ人の. ── *n.* カルタゴ人. 〘(1592) ← L *Carthaginis* Carthage: ⇨ ↑, -ian〙

Cárthaginian péace *n.* カルタゴ的平和《敗北側に非常に厳しい和平協定》. 〘1940〙

cárt·hòrse *n.* 荷馬車馬: (as) strong [clumsy] as a ～. 〘*a*1398〙

Car·thu·sian /kɑːθúːʒən, -θjúː- | kɑːθjúːziən, -θúː-/ *adj.* **1** カルトジオ修道会の. **2** 《英》カルトジオスクール (Charterhouse School) の《初め London のカルトジオ会の修道院の跡に建てられた public school にいう》. ── *n.* **1** カルトジオ会修道士[修道女]. **2** [the ～s]〔キリスト教〕カルトジオ修道会《1084 年に St. Bruno がフランスの Grenoble に近いアルプス山中の Chartreuse に開いた戒律の厳重な修道会》. **3** 《英》カルトジオスクール (Charterhouse School) の生徒[校友]. 〘(*a*1387) □ML *Carthusiānus* ← *Cart(h)ūsia* (Chartreuse: 初めてこの会の修道院が創設されたフランスの地名: cf. Charterhouse, Chartreuse)〙

Car·tier /kɑ̀ːṭiéɪ | kɑ̀ːti-; *F.* kaʁtje/ *n.* 〔商標〕カルティエ《フランスの宝飾店; 同店製のアクセサリー・時計・喫煙具・革製品・筆記具など》.

Car·tier /kɑ̀ːṭiéɪ, kɑːtjéɪ | kɑ̀ːtiéɪ, kɑːtjéɪ; *F.* kaʁtje/, **Jacques** *n.* カルティエ《1491–1557; フランスの航海家・探検家; カナダの St. Lawrence 川の発見者》.

Car·tier-Bres·son /kɑ̀ːṭiéɪbresɔ̃ː(ŋ), kɑːtjéɪ-, -sɔ́(ː)ŋ | kɑ̀ːtiéɪ-, kɑːtjéɪ-; *F.* kaʁtjebʁesɔ̃/, **Henri** *n.* カルティエブレッソン《1908– ; フランスの写真家》.

car·ti·lage /kɑ́ːtəlɪdʒ, -tḷ-, -tl- | kɑ́ːtḷ-, -tɪl-, -tl-/ *n.* 〔解剖・動物〕**1** 軟骨 (gristle). **2** 軟骨組織. 〘(?*a*1425) □(O)F ～ □L *cartilāgō* gristle〙

cártilage bòne *n.* 〔解剖〕軟骨性硬骨《軟骨組織中に石灰が沈着して硬骨と化したもの》.

car·ti·lag·i·noid /kɑ̀ːtəlǽdʒənɔ̀ɪd, -tḷ- | kɑ̀ːtḷǽdʒɪ-, -tl-/ *adj.* 〔解剖〕軟骨様の, 類軟骨の. 〘(1859): ⇨ ↓, -oid〙

car·ti·lag·i·nous /kɑ̀ːtəlǽdʒənəs, -tḷ- | kɑ̀ːtḷǽdʒɪ-, -tl-ˈ-/ *adj.* **1** 〔解剖〕軟骨性の, 軟骨質の. **2** 〔動物〕骨格が軟骨でできている. 〘(*a*1400) □L *cartilāginōsus*: ⇨ cartilage, -ous〙

cártilaginous físh *n.* 〔魚類〕軟骨魚綱 (Chondrichthyes) の魚《サメ・エイなど》. 〘1695〙

cártilaginous quíttor *n.* 〔獣医〕(有蹄動物の)化膿性感染症《脚の側軟骨の慢性炎症と蹄冠上部に開口する瘻管形成を特徴とし, 通例跛行を呈する》.

Cart·land /kɑ́ːtlənd | kɑ́ːt-/, Dame **(Mary) Barbara (Hamilton)** *n.* カートランド《1901–2000; 英国の小説家; 恋愛小説・歴史小説・健康法など 400 冊を超える著書がある; 筆名 Barbara McCorquodale》.

cárt·lòad *n.* **1** 荷馬車 1 台の積載量, 荷馬車 1 台分(の荷物). **2** 大量 (heap): a ～ *of* dirt 大量の汚物. 〘*c*1300〙

car·to- /kɑ́ːtoʊ | kɑ́ːtəʊ/ card¹ の意の連結形. 〘← F *carte*: ⇨ card¹〙

car·to·gram /kɑ́ːtəgrǽm | kɑ́ːtə-/ *n.* 統計地図《地図による比較統計図》. 〘(1890) □F *cartogramme*: ⇨ ↑, -gram〙

car·to·graph /kɑ́ːtəgrǽf | kɑ́ːtəgrɑ̀ːf, -grǽf/ *n.* 地図 (map); 《特に》絵入り地図.

car·tog·ra·pher /kɑːtɑ́(ː)grəfə | kɑːtɔ́grəfə^(r)/ *n.* 地図製作者, (地図の)製図者. 〘1863〙

car·to·graph·ic /kɑ̀ːtəgrǽfɪk | kɑ̀ːtə-ˈ-/ *adj.* 地図製作(法)の. 〘1885〙

càr·to·gráph·i·cal /-fɪkəl, -kḷ | -fɪ-ˈ-/ *adj.* ＝cartographic. 〘1880〙

car·tog·ra·phy /kɑːtɑ́(ː)grəfi | kɑːtɔ́g-/ *n.* 作図法, 地図製作(法). 〘(*a*1843) □F *cartographie*: ⇨ carto-, -graphy〙

car·to·man·cy /kɑ́ːtəmæ̀nsi | kɑ́ːtə(ʊ)-/ *n.* トランプ占い. 〘(1871) ← CARTO-＋-MANCY〙

car·ton /kɑ́ːtn̩ | kɑ́ː-/ *n.* **1 a** (厚紙やプラスチックで作った商品運送用の)箱, カートン; (牛乳などを入れる)ろうをひいた入れ物. 日英比較 日本語では「紙箱」の意で用いるが, 英語では「紙の容器, あるいはろうをひいた入れ物, またはプラスチックの容器」を指し, たばこ (10 個入り包み), 食べ物の入れ物のほか, ジュースや牛乳などのパックも指す. ⇨ pack 日英比較. **b** カートンの中身[内容物]. **2** (カートンの材料にする)厚紙, ボール紙 (cardboard). **3** 〔昆虫〕(昆虫が巣を作るのに土と植物を混ぜ合わせて作る)ボール紙のような物質. **4** 〔射撃〕**a** (標的の中心の)白星. **b** 白星への命中. ── *vt.* カートン[紙箱]の中に入れる, カートンに収納する. ── *vi.* (厚紙から)カートンを作る: a ～*ing* machine カートン[紙箱]製造機. 〘(1786) □F ～ □It. *cartone* pasteboard (aug.) ← *carta* paper: ⇨ card¹〙

car·ton·nage /kɑ̀ːtənɑ́ːʒ | kɑ̀ːtə-; *F.* kaʁtɔnaːʒ/ *n.* 古代エジプトのミイラを入れた人形の棺; その材料《亜麻布やパピルスとある種の糊材とを混ぜて造形し表面にしっくいを塗布したもの》. 〘(1834) □F ～: ⇨ ↑, -age〙

car·toon /kɑːtúːn | kɑː-/ *n.* **1 a** (新聞・雑誌の)政界[時事]諷刺漫画 (⇨ caricature SYN). **b** こま割り漫画 (comic strip). **c** アニメ映画 (animated cartoon). **2** 〔美術〕(壁画・タペストリー (tapestry)・モザイクなどの)実物大下絵. ── *vt.* **1** 漫画にかく, 漫画化する. **2** 漫画で諷刺する. **3** …の実物大下絵を作る. ── *vi.* **1** 諷刺漫画をかく. **2** 実物大下絵を作る. 〘(1671) □It. *cartone*: ⇨ carton, -oon〙

car·tóon·ist /-nɪ̣st | -nɪst/ *n.* **1** 諷刺漫画家. **2** 実物大下絵画家. 〘(1880): ⇨ ↑, -ist〙

cár·tòp *adj.* 〈ボートなど〉自動車の屋根に載せて運べる《くらいの大きさ[重さ]の》: a ～ boat. 〘1946〙

car·toph·i·ly /kɑːtɑ́(ː)fəli | kɑːtɔ́fḷi/ *n.* たばこの箱に入っている絵入りカード (cigarette card) の収集《趣味》. 〘(1936) ← CART²＋-O＋-PHIL＋-Y¹〙

cár·tòp·per *n.* (自動車の屋根に載せて運べるくらいの)小型ボート. 〘cf. *cartop* (1946)〙

car·touche /kɑːtúːʃ | kɑː-/ *n.* (*also* **car·touch** /～/) **1** 〔建築〕カルツーシュ, 巻軸装飾《紙の両端を少し巻いた形で中央に紋章などを配する》. **2** 〔考古〕カルトゥーシュ《古代エジプトの壁画・記念碑などの象形文字 (hieroglyphic) で書かれた王名を囲む長円形の枠》. **3** (厚紙のケースに入った)弾薬筒. 〘(1611) □F ～ □It. *cartoccio* cornet ← *carta* paper: ⇨ card¹〙

cár transpòrter *n.* 自動車運搬車.

car·tridge /kɑ́ːtrɪdʒ | kɑ́ː-/ *n.* **1 a** 弾薬筒, 薬筒, 薬包, 実包: ⇨ ball cartridge. **b** (爆破用などの火薬を入れた)火薬筒. **2** (機械・器具などの一部に取換えのできるように工夫された液体・ガスなどの)小容器; (万年筆などの)カートリッジ. **3 a** (レコードプレーヤーの)カートリッジ《針の運動を電気信号に変換する機構を組み込んだ小さなケース; アームの先端につけて用いる》. **b** (磁気テープを入れた)カートリッジ. **4** 〔写真〕(フィルムの装填された)パトローネ, マガジン, カートリッジ. 〘(1579)《転訛》← 《廃》*cartage* (変形) ← F *cartouche* (↑)〙

cártridge bàg *n.* 弾薬嚢(のう).

cártridge bèlt *n.* 弾(薬)帯, ベルト《弾薬保持用の多数のポケット付きの布製または金属性のベルトで, 肩または腰にまとう; cf. feed belt》. 〘1874〙

cártridge bòx *n.* (通例革製で帯につける)弾薬筒入れ, 弾薬箱. 〘1699〙

cártridge bràss *n.* カートリッジ黄銅《70% の銅と 30 % の亜鉛から成る合金》.

cártridge càse *n.* 薬莢(やっきょう). 〘1769〙

cártridge clìp *n.* 挿弾子(そうだんし)《自動拳銃・連発銃への挿弾の便宜上数個の弾薬筒を連結保持する金属片》.

cártridge fùse *n.* 〔電気〕筒形ヒューズ.

cártridge pàper *n.* 〔製紙〕カートリッジ紙《厚いざらざらの紙; 薬莢(やっきょう)の製造に用いる; またオフセット用紙・画用紙などにもする》. 〘1712〙

cártridge pèn *n.* カートリッジ式[詰め替え式]万年筆.

cárt·ròad *n.* ＝cartway. 〘1607〙

cárt·tràck *n.* ＝cartway.

car·tu·lar·y /kɑ́ːtʃʊlèri | kɑ́ːtjʊləri/ *n.* **1** (修道院などの)特許状[地券]台帳. **2** 台帳が保管してある部屋. 〘(?*a*1425) □ML *c(h)artulārium* ← L *c(h)artula* (dim.) ← *c(h)arta* paper: ⇨ card¹, -ary〙

cárt·wày *n.* 荷馬車道; でこぼこ道. 〘*a*1376〙

cárt·whèel *n.* **1** (荷車などの)車輪. **2 a** (四肢を広げて行う)側方転回: turn [throw] ～*s* 側方転回をする. **b** バトンを身体のまわりで車輪のように回す動作. **3** 《俗》(英国の 1797 年発行 2 ペンス銅貨や米国の 1 ドル銀貨のような)大型貨幣. ── *vi.* 車輪のように動く; 側方転回をする. **～·er** *n.* 〘*c*1392〙

cártwheel flòwer *n.* 〔植物〕＝giant hogweed.

cárt whìp *n.* (荷馬車の馬方が使う)太いむち. 〘1713〙

cárt·wrìght *n.* 車大工. 〘*c*1480〙

Cart·wright /kɑ́ːtraɪt | kɑ́ː-/, **Edmund** *n.* カートライト《1743–1823; 英国の牧師; 力織機 (power loom) を発明 (1785)》.

Cartwright, John *n.* カートライト《1740–1824; 英国の政治改革者; 議会改革・選挙権拡大・奴隷廃止などの運動を行った; E. Cartwright の兄》.

car·un·cle /kǽrʌŋkḷ, kəˈrʌŋ- | kǽrəŋ-, kərʌ́ŋ-/ *n.* **1** 〔植物〕種阜(しゅふ)《種子のへその付近にある小突起》. **2** 〔動物〕肉阜《鳥のとさかや目の内ばたの涙阜など》. **3** 〔解剖〕丘, 小丘. **ca·run·cu·lar** /kərʌ́ŋkjʊlə | -ʌ́ŋkjʊlə^(r)/ *adj.* **ca·rún·cu·lous** /-kjʊləs/ *adj.* 〘(1615) □F (廃) ～ □L *caruncula* (dim.) ← *carō* flesh: ⇨ carnal〙

ca·run·cu·la /kərʌ́ŋkjʊlə/ *n.* (*pl.* **-cu·lae** /-lìː, -làɪ/) ＝caruncle. 〘↑〙

ca·run·cu·late /kərʌ́ŋkjʊlɪ̣t, -lèɪt/ *adj.* 種阜(しゅふ)[肉阜, 丘] (caruncle) のある. 〘(1835) ← ? NL *carunculātus*: ⇨ caruncle, -ate²〙

ca·run·cu·lat·ed /kərʌ́ŋkjʊlèɪtɪ̣d | -tɪ̣d/ *adj.* ＝carunculate. 〘1804〙

Ca·ru·so /kərúːsoʊ, -zoʊ | -zəʊ, -səʊ; *It.* karúːzo/, **Enrico** *n.* カルーソー《1873–1921; イタリアのテナーのオペラ歌手》.

car·va·crol /kɑ́ːvəkrɔ̀(ː)l | kɑ́ːvəkrɔ̀l/ *n.* 〔化学〕カルバクロール ($CH_3C_6H_3(C_3H_7)OH$)《各種のシソ科植物の精油中に含まれるフェノール; 防腐剤に用いる》. 〘(1854) □G ～ ← NL *carvi-* (← ML *carvi* caraway)＋L *acr-*, *acer* sharp: ⇨ -ol¹〙

carve /kɑ́ːv | kɑ́ːv/ *v.* (～d; ～d, 《古》**carv·en** /～ən/; **carv·ing**) ── *vt.* **1 a** 〈木・石などを〉(のみなどを使って)刻む, 彫刻する; …に彫刻を施す: ～ one's name on a tree 木に名前を彫る / ～ designs in ivory [wood] 象牙[木]に図案を彫る / ～ the leg of a chair 椅子の脚に彫刻を施す / ～ stone *into* strange shapes 石を奇妙な形に刻む. **b** 刻んで造る; 刻んで…にする: ～ a figure *out of* stone 石を刻んで像を造る / This Buddha is ～*d* (*out*) *of* [*in*] wood. この仏像は木で刻んである. **2** (食卓で carving knife と carving fork を使って)〈肉を〉切り分ける: ～ meat for the guests 〈主人などが〉客に肉を切り分ける / She ～*d* him a slice of cake. 彼女は彼にケーキを一切れ切ってやった. **3** 〈運命・進路などを〉切り開く, 苦心して(自ら)造る, 開拓する〈*out*〉: ～ *out* a career for oneself 自力で世に出る / ～ one's way *to* fortune 自ら(運命を)開拓して出世する. **4** 〈国・領地を〉分割する. ── *vi.* **1** 彫刻する. **2** 肉を切り分ける: ～ for the guests. **3** 《Shak》気取って手で宙を切る; 愛想をふりまく.

cárve óut (1) ⇨ *vt.* 3. (2) 切り取る, 切り出す.

cárve úp (1) 〈遺産・領地などを〉分割する. (2) 《俗》〈人〉に切りつける. (3) 〈肉などを〉小さく切り分ける. (4) 《俗》〈人を〉だます (swindle). (5) 《英口語》〈他の車を〉急に追い抜いて前に出る. 〘1933〙

〘OE *ċeorfan* to cut < (WGmc) **kerban* (G *kerben* to notch / Du. *kerven*) ← IE **gerbh-* to scratch (Gk *gráphein* to mark, write): 語頭音の [k] は pret.pl. *curfon* または p.p. *corfen* から〙

car·vel /kɑ́ːvəl, -vɛl | kɑ́ː-/ *n.* ＝caravel. 〘1462〙

cárvel-bùilt *adj.* 〔造船〕〈船側の外板が〉平張りの, 重ね合わせないで平らにつめて張った (cf. clinker-built). 〘1798〙

cárvel wòrk *n.* 〔造船〕船の外板の平張り方式. 〘1678〙

carv·en /kɑ́ːvən | kɑ́ː-/ *v.* 《古》carve の過去分詞. ── *adj.* 《古・詩》彫刻された, 彫刻を施した. 〘*a*1338〙

carv·er /kɑ́ːvə | kɑ́ːvə^(r)/ *n.* **1** 彫刻者, 彫り師. **2** (食卓で)肉を切り分ける人《主人 (host) の仕事になっている》. **3** 肉切りナイフ. **4** [*pl.*] (食卓用)肉切り用具《大型ナイフ (carving knife) と大型フォーク (carving fork)》: a pair of ～*s* 肉切り用具一組. **5** 《英》(食堂の)肘掛けのある椅子. 〘1368〙

Car·ver /kɑ́ːvə | kɑ́ːvə^(r)/, **George Washington** *n.* カーヴァー《1864–1943; 米国の植物学者・化学者》.

Carver, John *n.* カーヴァー《1576?–1621; 英国生まれの米国植民者; Pilgrims の指導者; Plymouth Colony の初代総督》.

carv·er·y /kɑ́ːvəri | kɑ́ː-/ *n.* 客の求めに応じてローストビーフなどを切り分けて供するレストラン. 〘(1839): ⇨ carve, -ery〙

cárve-ùp *n.* **1** 《俗》(戦利品などの)山分け, 分配. **2** 《口語》前もって不正な打ち合わせをしておくこと, 八百長. 〘1935〙

cárv·ing /kɑ́ːvɪŋ | kɑ́ːv-/ *n.* **1** 彫り物, 彫刻物. **2** 彫刻; 《特に, 木彫り・象牙彫りの》彫刻術. 〘(?*a*1200): ⇨ -ing¹〙

cárving fòrk *n.* (食卓用)切り盛り用大型フォーク. 〘1678〙

cárving knìfe *n.* (食卓用)切り盛り用大型ナイフ. 〘*c*1450〙

cár wàsh *n.* (ガソリンスタンドなどにある)洗車機[装置], 洗車場; 洗車. 〘(1956): cf. *car washer* (1884)《この場合 *car* は鉄道車両》〙

Car·y /kέ(ə)ri | kέəri/ *n.* ケアリー: **1** 男性名. **2** 女性名. 〘1: ⇨ Carey. 2: ⇨ Carrie〙

Cary, (Arthur) Joyce (Lunel) *n.* ケアリー《1888–1957; アイルランド生まれの英国の小説家; *The Horse's Mouth* (1944)》.

Cary, Henry Francis *n.* ケアリー《1772–1844; 英国の牧師; Dante の *La Divina Commedia*「神曲」(1805–14) その他の翻訳者》.

car·y- /kǽri, kέri | kǽri/ (母音の前にくるときの) caryo- の異形 (⇨ karyo-).

car·y·at·id /kæ̀riǽtɪ̣d, kὲr- | kæ̀riǽtɪd/ *n.* (*pl.* **～s, -at·i·des** /kæ̀riǽtədìːz, kὲri- | kæ̀riǽtɪ-/) 〔建築〕(ギリシャ建築の)女人像柱, 女像柱, カリアティッド (cf. atlas 5, telamon). **car·y·at·i·dal** /kæ̀riǽtɪ̣dḷ, kὲr- | kæ̀riǽtɪ-ˈ-/ *adj.* 〘(1563) □L *Caryātidēs* (pl.) □Gk *Karuātides* priestesses of Artemis at *Karúai* Caryae (Laconia の村名)〙

car·yo- /kǽrioʊ, kέr- | kǽriəʊ/ ＝karyo-.

Car·y·o·phyl·la·ce·ae /kæ̀rioʊfɪ̣léɪsiìː, kὲr- | kæ̀riə(ʊ)-/ *n. pl.* 〔植物〕ナデシコ科. **càr·y·o·phyl·lá·ceous** /-ʃəsˈ-/ *adj.* 〘← NL ～ ← *Caryophyllus* (属名: ← Gk *karuóphullon* dianthus)＋-ACEAE〙

Car·y·o·phyl·la·les /kæ̀rioʊfɪ̣léɪliːz, kὲr- | kæ̀riə(ʊ)-/ *n. pl.* 〔植物〕(双子葉植物)ナデシコ目. 〘← NL ～ ← *Caryophyllus* (⇨ Caryophyllaceae)＋-ALES〙

car·y·o·phyl·lene /kæ̀rioʊfɪlìːn, kὲr- | kæ̀riə(ʊ)-/ *n.* 〔化学〕カリオフィレン ($C_{15}H_{24}$)《多くの植物精油中に含まれる無色の液体》. 〘← NL *Caryophyllus* (↑)＋-ENE〙

car·y·op·sis /kæ̀riɑ́(ː)psɪ̣s, kὲr- | kæ̀riɔ́psɪs/ *n.* (*pl.* **-op·ses** /-siːz/, **-op·si·des** /-sədìːz | -sɪ-/) 〔植物〕穀果, 穎果(えいか)《単胞・単種子で果皮が種皮に密着している麦・稲などの種子》. 〘(1830) ← NL ～: ⇨ karyo-, -opsis〙

car·y·o·tin /kǽriəṭɪ̣n, kέr-, -tìn | kæ̀riə́ʊtɪn/ *n.* 〔生物〕＝karyotin.

car·zey /kɑ́ːzi | kɑ́ː-/ *n.* 《英方言》便所 (lavatory, toilet). 〘(1961)《転訛》← It. *casa* house〙

CAS 《略》〔航空〕calibrated airspeed; certificate of

C

advanced studies 専攻科修了証明書.

ca·sa /kɑ́ːsə, kǽsə/ *n.* 《米南西部》家, 住宅 (house). 〖□ Sp. ～〗

ca·sa·ba /kəsɑ́ːbə/ *n.* 〖園芸〗カサバ《冬メロンに属する一品種; casaba melon ともいう》. 〖← *Kasaba* (小アジアの Smyrna 近在の町でその原産地)〗

C

Ca·sa·blan·ca /kæ̀səblǽŋkə, kɑ̀ːs- | kæ̀s-, kæ̀z-; *F.* kazablɑ̃ka, *Sp.* kasaβláŋka/ *n.* カサブランカ《アフリカ北西部 Morocco の港市; 同国最大の都市; Roosevelt と Churchill の会談地 (1943 年 1 月)》. 〖□ Sp. ～《原義》white house〗

Ca·sa·de·sus /kɑ̀ːsədéɪsəs; *F.* kazadsy/, **Robert (Marcel)** *n.* カザドシュ《1899–1972; フランスのピアニスト》.

Ca·sa Gran·de /kǽsəgrǽndi, kɑ́ːsɑːgrɑ́ːndeɪ/ *n.* カサグランデ《米国 Arizona 州南部 Gila 川付近の都市; 北に Casa Grande Ruins National Monument がある》.

Cása Gránde Rúins Nátional Mónument *n.* カサグランデ遺跡国定記念物《米国 Arizona 州南部の国定記念物; 有史以前のインディアンの遺跡》.

cas·al /kéɪsəl, -sḷ/ *adj.* 〖文法〗格 (case) の. 〖《1834》: ⇨ case[1], -al[1]〗

Ca·sals /kəsɑ́ːlz, -sǽlz | -sǽlz; *Sp.* kasáls/, **Pablo** *n.* カザルス《1876–1973; スペインのチェロ奏者・指揮者》.

Cas·a·no·va /kæ̀zənóʊvə, kæ̀sə- | -nə́ʊ-/ *n.* 漁色家, 女たらし. 〖《1888》↓〗

Cas·a·no·va /kæ̀sənóʊvə, kæ̀zə- | -nə́ʊ-; *It.* kazanɔ́ːva/, **Giovanni Gia·co·mo** /dʒáːkomo/ *or* **Ja·co·po** /jáːkopo/ *n.* カサノバ《1725–98; イタリアの文人, 有名な漁色・冒険家; *Mémoires écrits par lui-même*「回想録」(1826–38); (自称)称号 Casanova de Seingalt /*F.* kazanova d sɛ̃galt/》.

Ca·sau·bon /kəsɔ́ːbən, -sɑ́ː-, -bṇ, kǽzəbɑ̀(ː)n | kəsɔ́ːbən, -bṇ, kǽzəbən; *F.* kazobɔ̃/, **Isaac** *n.* カゾーボン《1559–1614; スイス生まれのフランスの古典学者・神学者》.

cas·bah /kǽzbɑː, kɑ́ːz- | kǽz-; *F.* kazba/ *n.* **1** (北アフリカの)城; 城塞(じょうさい). **2** カスバ: **a** 北アフリカの城を囲むごみごみした現地人居住地区; (特に)ナイトクラブや売春宿のある地区. **b** [the C-] アルジェリアの Algiers にある古くからの現地人の居住する地区. 〖《1944》□ F ～ □ Arab. *qáṣ(a)bah* citadel〗

cas·ca·bel /kǽskəbèl/ *n.* 〖銃砲〗**1** 鈴玉突起《先ごめ砲の砲尾末端にある乳頭状の部分》. **2** 釣鐘部《砲尾後部の釣鐘状の部分》. 〖《1639》□ Sp. ～ 'small bell, rattle'〗

cas·cade /kæskéɪd/ *n.* **1 a** 滝状のもの[レース, ネクタイなど], 波状に垂れた掛け布: ～*s* of black hair ふさふさとした黒髪. **b** (花火の)火の滝. **c** (菊などの)懸崖(けんがい)作り. **2 a** (川・小川の急勾配の岩に落ちる)滝. **b** (自然・人工の)小滝; (いくつかの段になった滝のうちの)分れ滝 (cf. cataract 2 a, waterfall). **3** カスケード《一般に段階をなすもの》: **a** 組織での情報伝達(機構). **b** 〖電算〗BBS での多重の引用構造. **c** 〖地球物理〗cascade shower における粒子の段階的生成. **4** 〖化学〗カスケード, 階段《一つのプロセスを多数段階に分けて順次行わせることによって効率を高めること》: the ～ system カスケード[階段]式. **5** 〖電気〗(誘導電動機の)縦つなぎ: ⇨ cascade connection. **6** 〖機械〗翼列《同一の翼を等間隔で同一方向に, 一直線上に配列したもの》. **7** [C-] 〖商標〗カスケード《米国 Procter & Gamble 社製の自動食器洗い機用洗剤》. — *vi.* **1 a** 滝になる; 滝になって落ちる. **b** 滝のように落ちる[下落する]. **2** 《方言》吐く (vomit). — *vt.* **1** 滝のように落とす. **2** 〈製造工程などを〉段階的に行う. **3** 〖電気〗〈回路などを〉縦続接続する (cascade-connect ともいう). **4** 〖鉄道〗〈古くなった機関車・客車などを〉(あまり重要でない)他の路線に配置換えする. 〖《1641》□ F ～ □ It. *cascata* ← *cascare* ← to fall < VL **cāsicāre* ← L *cāsus* 'CASE[1]': ⇨ -ade〗

cascáde connéction *n.* 〖電気〗縦続接続.

cascáde hýperon *n.* 〖物理〗＝Xi particle.

Cas·cáde Ránge /kæskéɪd-/ *n.* [the ～] カスケード山脈《米国 California 州北部からカナダの British Columbia 州に至る; 南は Sierra Nevada 山脈から連続し, 北は Coast Ranges の一部; 最高峰は Mt. Rainier (4,392 m)》.

cascáde shówer *n.* 〖地球物理〗カスケードシャワー, 電子シャワー《高エネルギーの宇宙線により多段の電離が起こることによる電子シャワー; cf. cosmic-ray shower》.

Cas·ca·di·a /kæskéɪdiə | -diə/ *n.* 〖地質〗カスカディア《北米太平洋岸の中生代地向斜の西方にあったと考えられる陸地》. **Cas·cá·di·an** /-diən, -djən/ *adj.*

cas·car·a /kæskǽrə, -kérə | kæskɑ́ːrə, kəs-/ *n.* **1** 〖植物〗**a** ＝cascara buckthorn. **b** ＝cascara sagrada. **2** 〖薬学〗樹皮, 穀皮. 〖《1879》□ Sp. *cáscara* bark ← *casca* bark, skin ← *cascar* to break〗

cascára búckthorn *n.* 〖植物〗カスカラ (*Rhamnus purshiana*)《米国太平洋沿岸に産するクロウメモドキ属の植物; この乾燥樹皮が薬用の cascara sagrada; bearberry, bearwood, coffeeberry ともいう》. 〖*c*1900〗

cascára sa·grá·da /-səgrɑ́ːdə | -də/ *n.* カスカラ樹皮《緩下剤に用いる》. 〖《1885》□ Sp. *cáscara sagrada* sacred bark〗

cas·ca·ril·la /kæ̀skərílə, -ríːə | -rílə; *Am.Sp.* kaskaríja/ *n.* **1** 〖植物〗西インド諸島産トウダイグサ科の低木 (*Croton eluteria*). **2** カスカリラ樹皮《香気の高い健胃剤; cascarilla bark ともいう》. 〖《1686》□ Sp. ～ 'Peruvian bark' (dim.) ← *cáscara*: cf. cascara〗

Cás·co Báy /kǽskoʊ- | -kəʊ-/ *n.* カスコー湾《米国 Maine 州南西部の湾》.

case[1] /kéɪs/ *n.* **1** (人・物・行動などの特定の)場合; 事例 (⇨ instance SYN): in that [this, such a] ～ その[この, そのような]場合には / We'll make an exception in your ～. 君の場合には例外としよう / an interesting ～ of dishonesty duly punished 不正直が当然の罰を受けた興味深い一例 / a sad ～ of unfulfilled promise 契約不履行という悲しむべき事例 / The ～ is hopeless. その事例は絶望的だ / a ～ in point 好適例 / a classic ～ 典型的な例 / in either ～ いずれにしても / in many [most] ～*s* 多くの[たいていの]場合 / in the ～ of Dr. X X 博士の場合では[について言えば].
2 [the ～] 真相, 事実 (fact); (実際の)事情, 実情: It's *the* ～. それが真相[実情]だ / That is not *the* ～. それは真相[実情]でない / as is often *the* ～ with foreigners 外国人には往々そういうことがあるが / as *the* ～ stands now 現在の事情[実情]では / such [this] being *the* ～ そう[こう]いう事情だから / The ～ is altered. 事情が変わった.
3 a (ある病気の)症例, 病例; 患者: a ～ of measles はしかの症例[患者] / an alarming ～ 油断のならぬ病気 / twenty ～*s* of cholera コレラ患者 20 人[件] / a hopeless ～ 見込みのない患者. **b** (特定のタイプの)例 (example). **c** 《口語》(一風変わった)人, 変わり者; おかしな人: a difficult [hard] ～ なかなかむずかしい男, 困り者 / He is a (real) ～. 彼は変わり者だ.
4 a (考慮・調査・決定を要する)場合. **b** (警察などの調査を要する)事件: a clear ～ of murder 明白な殺人事件 / an unprecedented ～ 前代未聞の事件 / This is clearly a ～ for the FBI. これは明らかに FBI が扱うべき事件だ / It's an open-and-shut ～. きわめて単純な事件だ. **c** 問題 (question, problem): a ～ of life and [or] death 生死の問題 / a ～ of conscience 良心の(決定すべき)問題 / What else could I do? It was a ～ of kill or be killed. そうするほかなかった. 殺(や)るか殺られるか, だったんだ. **d** 考慮・調査などの対象となる人[もの]: a relief ～ 救済の対象になる人. **5 a** (幸福・成功・体調・精神などの)状態, 立場, 境遇. **b** 《古》〈…するのに〉用意のできた[適した]状態 〈*to do*〉: I am in ～ *to* justle a constable. おれは警官とだって組み打ちできるぞ (Shak., *Tempest* 3. 2. 26). **6 a** (係争者の立場を支持する)訴訟事実, 言い分, 主張 (plea): lay the ～ before the court 法廷で陳述する / the ～ for the defendant 被告の言い分 / state one's ～ 自分の立場[言い分]を述べる / make one's [the] ～ 主張の正しさを明らかにする / make out one's [a] ～ 立場を明らかにする / put the [one's] ～ 言い分を述べる 〔*for, against*〕 / have a good ～ (訴訟に勝つだけの)十分の言い分がある / The plaintiff has no ～. 原告には言い分がない / The court found that there was no ～ to answer. 裁判所は申し開きをする主張を認めなかった / I rest my ～. 弁論を終わります. **b** (人を納得させるような)十分な論議, 弁護[擁護]論; 主張 (plea, cause, argument): put [state] the ～ *for* socialism 社会主義(弁護)論を述べる / He made (out) a (strong [convincing]) ～ *for* democracy. (強力な[納得のいく])民主主義擁護論を唱えた. **7** 〖法律〗**a** 訴訟, 事件 (suit, cause): drop a ～ 訴訟を取り下げる / win [lose] a ～ 勝訴[敗訴]する / be on the ～ 〈検事などが〉事件を担当している. **b** 判例. **8** 〖文法〗格: the nominative [objective, possessive] ～ 主[目的, 所有]格 / ⇨ case relation. 〖□ L *cāsum* (なぞり) ← Gk *ptôsis* fall ← *píptein* to fall〗

as the cáse may bé 場合次第で; 臨機応変に. ***cáse by cáse*** 場合次第で, 一件一件 (cf. case-by-case): judge the situation ～ *by* ～ その場その場で状況を判断する.

日英比較 英語では「一件一件」の意で用い, 日本語の「情況に応じて」の意の「ケースバイケース」とは意味が異なる. その意には英語では on a *case-by-case* basis, as the case may be, That [It] depends. などを用いる. ***gèt óff a person's cáse*** 《口語》他人事に干渉するのをやめる. ***gét [bé] on a person's cáse*** 《口語》他人事に干渉する 〔*about*〕. ***in ány càse*** どうあろうと, どのみち, ともかく (anyhow). 《*a*1400》 ***(júst) in càse*** (1) …の場合の用心に, …するといけないから (for fear that, lest): Take your umbrella *in* ～ it should rain [rains]. 降るといけないから傘を持って行きなさい. 《1858》 (2) 《米》もし…なら, もし…の場合には (if): *In* ～ I forget, please remind me of it. もし忘れた場合注意してください / *In* ～ it should rain [rains], do not wait for me. 雨が降ったら私を待たないでください. 《*c*1400》 (3) 万一の場合に備えて, 用心に: Take your umbrella *just in* ～. 用心に傘を持って行きなさい. ***in cáse of*** …の場合には, の際には: *in* ～ *of* fire 出火の際は / *in* ～ *of* need まさかの時は / *in* ～ *of* my not seeing you お目にかかれない場合には. 《1736》 ***in níne càses óut of tén*** ⇨ nine 成句. ***in nó càse*** 決して…ない: You should *in no* ～ forget this. ＝*In no* ～ should you forget this. どんなことがあってもこのことを忘れてはいけない. ***pút (the) cáse (that)*** …と仮定する. 《?*a*1400》

〖《?*a*1200》□ (O)F *cas* < L *cāsum* that which has happened (p.p.) ← *cadere* to fall, fall out ← IE **kad-* to fall: ⇨ cadence〗

case[2] /kéɪs/ *n.* **1 a** (運搬・貯蔵・保管用の物を収納する)容器, 箱, ケース; (分類・整理用の)箱; (標本・展示用の)ガラスケース: a packing ～ 荷造りの箱 / a book ～ 本箱 / put eyeglasses in their ～ 眼鏡をケースに入れる / a cartridge ～ 薬莢(やっきょう). **b** 箱と中身; 中身の量: a ～ of wine ぶどう酒一箱 (1 ダース入り) / two ～*s* of eggs 二箱分の卵. **c** ケースいっぱいのもの (caseful): drink a whole ～ of wine ワインを 1 ケース全部飲む. **2** [通例複合語の第 2 構成素として] おおい, さや, 筒; (時計などの)側; (ガラスの)ふた: ⇨ pillowcase, watchcase. **3** (戸・窓などの)枠(わく), ケース (frame): a window ～. **4** 組 (set); 対 (pair): a ～ of pistols ピストル 2 丁. **5** 〖製本〗**a** ケース《中身とは別に仕上げられた表紙》: ⇨ case binding. **b** (表紙を保護するために本を入れる)ケース, サック, 箱 (slipcase). **6** 〖印刷〗**a** (活字)ケース: ⇨ lower case, upper case. **b** ろう盆《電鋳版で, ろう型を作るためにろうを盛った盆》. **7** 〖動物〗**a** マッコウクジラの前頭部にある三角形の腔. **b** その中に貯蔵されている鯨脳油. **8** 〖トランプ〗**a** あるスーツ (suit) のなかで, 配られる, またはプレーされる最後の札. **b** (faro で) 札箱に残った 4 枚目の札. **9** 〖冶金〗ケース《表面硬化によって心部 (core) よりも硬くなった外層部》. **10** 〖窯業〗雌型《原型から得た元型を用いて使用型を作るときの石膏型》. **11** 〖軍事〗＝case shot.

gèt [còme] dówn to cáses 本題にはいる, 要点に触れる. 《1896》

— *vt.* **1** ケース[箱]に入れる[納める]. **2** …にガラスの覆い[ふた]をつける. **3** 〈郵便物などを〉分類[整理]箱に入れる, 区分けする. **4** 〈建物の外壁などを〉包む, 覆う: ～ a wall *with* stone. **5** 〖トランプ〗〈出された札を〉残らず覚えている. **6** 〖製本〗〈本の中身〉に表紙をくるみつける 〈*in*〉 (cf. case binding). **7** 〖印刷〗(活字ケースに)〈新しい活字を〉入れる. **8** 《俗》(犯罪の目的で)よく調べる, …の下検分をする, 物色する: ～ the joint 〈盗賊が〉目標(の建物など)を下検分する, 下見をする.

〖《*a*1325》□ ONF *casse*＝OF *chasse* (F *châsse* reliquary) < L *capsam* chest, box ← *capere* to hold〗

ca·se- /kéɪsi, -si/ (母音の前にくるときの) caseo- の異形.

ca·se·ase /kéɪsièɪs/ *n.* 〖生化学〗カセエース《カゼインを分解する酵素》. 〖← CASE(IN)＋-ASE〗

ca·se·ate /kéɪsièɪt/ *vi.* 〖病理〗チーズのようになる, 乾酪変性する. 〖《1871》← L *cāseus* cheese＋-ATE[3]〗

ca·se·a·tion /kèɪsiéɪʃən/ *n.* **1** 〖病理〗乾酪変性. **2** 〖生化学〗カゼイン変成《乳汁が凝固してカゼインがチーズに変わること》. 〖《1866》: ⇨ ↑, -ation〗

cáse bày *n.* 〖建築〗天井梁(ばり)相互間の空間. 〖1876〗

cáse·bèarer *n.* 〖昆虫〗幼虫が絹糸で種々の形の防御鞘を作りその中にすむものの総称. 〖1895〗

cáse-bèaring clóthes mòth *n.* 〖昆虫〗イガ (⇨ clothes moth).

cáse bìnding *n.* 〖製本〗くるみ製本《表紙と中身を別々に仕上げておき, 後に表紙で中身をくるむ製本》.

cáse·bòok *n.* ケースブック, 症例集《法律・医学・経済などの分野で研究・参考の資料のため集めた具体的な事例の, 参考文献(などの抜粋)集》. 〖1762〗

cáse-bòund *adj.* 〖製本〗**1** 厚表紙 (hard cover) 装(丁)の. **2** くるみ製本 (case binding) の.

cáse·bòx *n.* 〖トランプ〗(faro で) ケースボックス, 類別記録箱《札箱 (dealing box) から出された札の種類を表示し記録するそろばん状の器具》.

cáse-by-cáse *adj.* 場合場合の, 1 件ごとの, ケースバイケースの: on a ～ basis その場その場で, 1 件ごとに, ケースバイケースで.

cásed fráme *n.* 〖建築〗＝box frame 2.

cásed gláss *n.* 〖ガラス製造〗きせガラス《色の異なった異種のガラスを重ね合わせたもの; カット加工されることが多いので内層が現れて装飾用になる; caseglass ともいう》. 〖1849〗

cáse ènding *n.* 〖文法〗(格の関係を示す)活用語尾, 格(変化)語尾. 〖1874〗

case·ful /kéɪsfʊ̀l/ *n.* ケースいっぱいのもの[量, 数].

cáse fùrniture *n.* ＝case goods 2.

ca·se·fy /kéɪsəfàɪ | -sɪ̀-/ *vt.* チーズ質にする. — *vi.* チーズ質になる. 〖← L *cāseus* cheese＋-FY〗

cáse·glàss *n.* 〖ガラス製造〗＝cased glass.

cáse gòods *n. pl.* **1** ケース[箱]で売られる商品《ウイスキーなど》. **2** (ビューローや本棚のように)内部に棚や引出しを備えた収納家具の総称; セットとして売られるベッドルームやリビングルームの家具. 〖1922〗

cáse grámmar *n.* 〖言語〗格文法《格はチョムスキー理論における深層構造より, さらに抽象的なレベルで決定されており, 主語・目的語という概念は文法規則により導き出されるとする Charles J. Fillmore の文法理論; 変形生成文法の一種》. 〖《1968》: ⇨ case[1]〗

cáse-hàrden *vt.* **1** 〖冶金〗(表面硬化操作で)…の表面を硬化する, 肌焼きする (cf. face-harden). **2** 〈人を〉無神経にする, 鉄面皮にする. 〖《1677》: ⇨ case[2]〗

cáse-hàrdened *adj.* **1** 〖冶金〗肌焼入れした, 表面の硬化した. **2** 無神経になった, 無感覚な; 変化しなくなった. 〖《1691》↑: ⇨ -ed 2〗

cáse-hàrdened gláss *n.* 強化ガラス.

cáse hàrdening *n.* **1** 〖冶金〗肌焼き《浸炭後焼入れを行う表面硬化法》. **2** (食物を急速に乾燥させると起こる)表面硬化. 〖1677〗

cáse hìstory *n.* **1** 個人歴史[記録]《個人・家族・一群の人々に関する各種の事実を集め, その遺伝的意義を明らかにするように整理された材料; 社会事業・精神病理学などに利用する; cf. casework, Kallikak, Jukes》. **2** 〖医学〗病歴, 既往歴. 〖《1912》: ⇨ case[1]〗

ca·se·id·in /kəsíːədṇ | -síːɪdɪn/ *n.* 〖生化学〗カゼイジン《乳液中に作られるある伝染病に対する免疫物質》. 〖⇨ ↓, -idin〗

ca·sein /kéɪsiːn, -siːən, keɪsíːn | kéɪsiːn, -siːɪn/ *n.* **1** 〖生化学〗カゼイン: **a** 乳汁中にある可溶性の蛋白質でキモシンなどによって凝固したもの (caseinogen ともいう). **b** 乳液から作られる蛋白の一つ; チーズの原料になる (acid casein ともいう). **c** 乳[カゼインの溶液]が凝乳酵素により凝固したもの (paracasein, rennet casein ともいう). **2** 〖美術〗**a** カゼイン膠(にかわ)《カゼインと水及びアンモニア炭酸塩との混合液から作られる乳濁液》. **b** カゼイン塗料《カゼイン膠を混ぜた絵の具》. **c** カゼイン画. 〖《1841》← L *cāseus* 'CHEESE[1]'＋-IN[2]: cf. F *caséine* / G *Kasein*〗

cásein glùe *n.* カゼイン膠(にかわ)《木材などの接着に用いる》.

ca·sein·o·gen /keɪsíːnədʒən/ *n.* 〖生化学〗カゼイノゲ

ン (⇨ casein 1 a).〘(1891): ⇨ casein, -gen〙
cásein páint *n.*〘美術〙カゼイン膠(にかわ)を媒剤とした絵画; その塗料.
cásein plástic *n.*〘化学〙カゼインプラスチック《カゼインをホルムアルデヒドで処理して硬化させた可塑物; ボタン・バックルなどの装身具を作る》.
cáse·kèeper *n.*〘トランプ〙**1** =casebox. **2** (faro で)ケースボックス (casebox) の記録係.〘1867〙
cáse knìfe *n.* **1** さや入りナイフ《昔は食卓で用いた》. **2** (木製の柄付き)食卓用ナイフ.〘1704〙
cáse làw *n.* 判例法《裁判所の判例に基づいた不文法; cf. common law, statutory law》.〘(1861): ⇨ case¹〙
cáse·lòad *n.* (法廷・福祉事務所・病院などで取り扱われた)事件[問題, 症例]の数, 取扱い件数.〘1950〙
case·mate /kéɪsmeɪt/ *n.*〘軍事〙**1** (塁壁にアーチ形の屋根で防護した)穹窖(きゅうこう), 穹窖砲台. **2** 砲郭《大砲を防護する艦上の装甲障壁》. **3** (砲・弾薬庫・兵員などを防護する)耐爆掩蔽(えんぺい)設備.〘(1575) *casamat(te)* ◻ F *casemate* ◻ It. *casamatta* ◻ Gk *khásmata* opening (as military term) (pl.) ← *khásma* 'CHASM'〙
case·mat·ed /-tɪ̀d | -tɪ̀d/ *adj.* casemate を備えた[で防備された, のように造られた].〘(1751): ⇨ ↑, -ed 2〙
case·ment /kéɪsmənt/ *n.* **1 a** 開き窓の枠[サッシ]. **b** 開き窓《内開きや外開きの窓サッシを取り付けた窓; casement window ともいう; cf. window sash》. **c**《詩》窓 (window). **2** 枠, 覆い, 包み. **3** =casement cloth.〘(*a*1420)《頭音消失》← ONF *encassement*=OF *enchassement* window frame ← *enchasser* 'to ENCHASE': ⇨ case², -ment〙
Case·ment /kéɪsmənt/, Sir **Roger** (**David**) *n.* ケースメント (1864–1916; アイルランドの愛国者; 第一次大戦中ドイツの援助による祖国独立を図り, 反逆罪に問われて英軍により絞首刑に処せられた).
cásement clòth *n.* カーテンまたは服地として用いる薄地綿布の一種.〘1903〙
case·ment·ed /kéɪsmənṭɪ̀d, -mènt- | -tɪ̀d/ *adj.* 開き窓の付いた.〘(1841): ⇨ -ed 2〙
cásement wíndow *n.* =casement 1 b.
cáse mèthod *n.* **1**〘教育〙事例研究法. **2**〘法律〙=case system.〘⇨ case¹〙
ca·se·o- /kéɪsioʊ | -siəʊ/「カゼイン (casein)」の意の連結形. ★ 母音の前では通例 case- になる.〘← CASEIN〙
ca·se·ose /kéɪsiòʊs | -siə̀ʊs/ *n.*〘生化学〙カセオース《カゼインが胃や膵臓(すいぞう)の酵素で消化されるとき生じる可溶性の物質》.〘⇨ ↑, -ose²〙
ca·se·ous /kéɪsiəs/ *adj.* **1** チーズの, チーズ状[質]の (cheesy). **2**〘病理〙乾酪変性の.〘(1661) ← L *cāseus* 'CHEESE¹'+-OUS〙
cáse relàtion *n.*〘文法〙格関係《一文中の名詞・代名詞または形容詞の他の品詞に対する関係; 英語の名詞では所有格だけが語尾変化により, その他は語順によって格関係を示す; cf. case¹ *n.* 8》.〘⇨ case¹〙
ca·sern /kəzə́ːn | -zɜ́ːn/ *n.* (*also* **ca·serne** /〜/) (要塞(ようさい)地の)宿舎, 兵舎.〘(1696) ◻ F *caserne*《原義》small room for soldiers ◻ Prov. *cazerna* < VL **quadernam*=L *quaternī* group of four: cf. quaternary〙
Ca·ser·ta /kɑːzéːtɑː, -zə́ː- | -zéə-, -zə́ː-; *It.* kazérta/ *n.* カゼルタ《イタリア南部, Campania 州の都市; Garibaldi のイタリア統一運動の中心地 (1860)》.
cáse-sénsitive *adj.*〘電算〙大文字小文字の別を有効として感知する.
cáse shòt *n.*〘軍事〙**1** (大砲から発射する)散弾 (cf. canister 2 a). **2** 榴霰(りゅうさん)弾 (shrapnel).〘1625–28〙
cáse státed *n.*〘法律〙**1**《米》合意事実記載書《両当事者が合意した事実関係を記載した書面; もっぱら法律的効果について裁判してもらうための書面》. **2**《英》法律問題記載書《上級裁判所の意見を求めるために事件の法律問題を記載した書面》.
cáse stùdy *n.* **1** 事例研究, ケーススタディー《社会福祉との関連での発達要因を強調しての, 個人・家族・社会集団・文化などの個別単位の集中的分析研究; cf. casework》: a 〜 of socialism. **2**〘心理〙事例研究《ある個人の問題行動を理解し解決するために行う調査・研究》.〘1875〙
cáse sỳstem *n.*〘法律〙判例中心の法学教育法《実際の判例を通じて, 教師と学生との問答の形式をとる法学教育の方法》.〘1875〙
ca·sette /kəsét, kæ-/ *n.* =cassette.
cáse·wòrk *n.* ケースワーク《精神的・肉体的・社会的に何らかの欠陥をもつ個人または家族などの生活史・環境を調査して診断・治療に資する社会福祉事業の一つ; cf. case history 1, social work》.〘1886〙
cáse·wòrker *n.* ケースワーカー《ケースワークの職務に従事する社会福祉事業員》.〘1935〙
cáse·wòrm *n.*〘昆虫〙(イサゴムシ・ミノムシのように)からだのまわりに巣を作る幼虫.〘(1606): ⇨ case²〙
Ca·sey /kéɪsi/ *n.* ケーシー《男性名》.〘← Ir.-Gael. *cathasach* valorous〙
cash¹ /kǽʃ/ *n.* 現金《紙幣・硬貨の通貨》; (物品購入の際に支払う)現金払い, 即金《小切手も含む》: ⇨ hard cash / pay in 〜 現金で払う / sell [buy] a thing for 〜 現金で物を売る[買う] / 〜 in [《米》on] hand 手元現金保有高 / 〜 on hand and in bank account〘会計〙現金預金勘定 / in 〜 現金で, 現金を所有して / out of 〜 現金を切らして / be short of 〜 (支払うのに)現金が足りない.
cásh dówn 即金で.〘(1800)〙
cásh and cárry =cash-and-carry.
cásh and wráp《英》=cash-and-carry.
cásh on delívery〘商業〙現品引渡し払い(で), 代金引換え払い(で) (collect on delivery) (略 COD): sell goods 〜 *on delivery* 商品を代金引換えで売る.〘(1851)〙
— *adj.* [限定的] **1** 現金の[で, を必要とする, で取引される]: a 〜 sale 現金販売 / 〜 payment 現金支払い. **2** (一定期間中に)現金決済された: 〜 crop [grain] 商品作物 / 〜 delivery 当日取引.
— *vt.* **1** 〈手形などを〉現金に引き換える; 正金で支払う: 〜 a check / get a check 〜*ed* 小切手を現金に換えてもらう. **2**〘トランプ〙(ブリッジで)〈手元にある最高の札を〉打ってトリック (trick) を得る, はたく.
cáshed úp《豪口語》金をたくさん持っている. *cásh ín* (*vt.*) 銀行に払い込む; 〈小切手などを〉現金に換える, 換金する. — (*vi.*) (1) 〔…で〕もうける; 〔…を〕利用する〔*on*〕. (2)《米口語》(契約などに基づいて)清算する; このけりをつける; 手を引く. (3)《米口語》死ぬ.〘(1888)〙 *cásh ín one's chíps* [*chécks*] (1) (ポーカーの勝負の最後に)数取りを出して現金にする. (2)《米口語》年貢(ねんぐ)を納める, 死ぬ.
〘(1593) ◻ F《廃》*casse, caisse* // It. *cassa* box < L *capsam* 'CASE²'〙
cash² /kǽʃ/ *n.* (*pl.* 〜) (中国・インド・日本などの)小銭; 穴あき銭.〘(1598) ◻ Port. *caixa* ◻ Tamil *kāsu* small coin〙
Cash /kǽʃ/, **Johnny** *n.* キャッシュ (1932–2003; 米国のカントリーミュージックの歌手・ギタリスト・作曲家).
cash·a·ble /kǽʃəbl/ *adj.* 〈手形など〉現金に換えられる.〘(1891) ← CASH¹+-ABLE〙
cásh accòunt *n.* **1**〘銀行〙現金勘定. **2**《スコット》=bank credit.〘1768〙
cásh-and-cárry *n.* 現金店頭渡し(の店), 現金払い持ち帰り制 (supermarket などの販売法). **— *adj.*** 現金店頭渡しの[による], 現金払い持ち帰りの[による]: sell goods on a 〜 basis 現金店頭渡し主義で品物を販売する. **— *adv.*** 現金店頭渡しで, 現金払い持ち帰りで: We bought it 〜. 現金店頭渡しで買った.〘1917〙
cásh àssets *n. pl.* 現金資産《各種通貨・貨幣・他店振出しの小切手・送金為替手形・当座預金などの企業の支払手段となる資産》.
ca·shaw /kəʃɔ́ː, -ʃɑ́ː | -ʃɔ́ː/ *n.*〘園芸〙=cushaw.
cásh·bàck *n.* キャッシュバック: **1** 代金の一部を顧客にサービスとして返金すること. **2** デビットカードで買物をする際に一定限度の現金を引き出すことのできるサービス.〘1993〙
cásh bàr *n.* キャッシュバー《レセプションなどの際に有料で酒[飲み物]を供するバー; cf. open bar》.〘1972〙
cásh bàsis *n.*〘会計〙現金主義《収益・利益および費用・損失を現金の収入・支出に基づいて認識し計上する方法; cf. accrual basis》.
cásh·bòok *n.* 現金出納帳.〘1622〙
cásh·bòx *n.* (商店などで現金を入れておく金属製の)金箱.〘1834〙
cásh·bòy *n.*《米》(小売店の)現金取次係の少年; (勘定場の)助手の少年, 使い走り (cf. cashgirl).
cásh càrd *n.* キャッシュカード《銀行の現金自動支払機を利用するときに用いるカード》.〘1967〙
cásh càrrier *n.* (銀行などで現金を出納係に圧搾空気で送る)金銭輸送器.〘1889〙
cásh còw *n.*《口語》(安定した利益が見込まれる)目玉商品[事業], ドル箱.〘1979〙
cásh crédit *n.*〘銀行〙当座貸, 保証貸付 (bank credit) (略 CC, cc).〘1832〙
cásh cróp *n.* (たばこ・綿など)市場向きの作物, 換金作物.〘1868〙
cásh cústomer *n.* 現金で買う客.〘1879〙
cásh dèsk *n.* (スーパーマーケットなどの)支払いカウンター, レジ.〘1904〙
cásh díscount *n.* 現金割引.〘1917〙
cásh dispènser *n.* 現金自動支払機.〘1967〙
cash·ew /kǽʃuː, kəʃúː | kǽʃuː, kæʃúː, kə-/ *n.* **1**〘植物〙カシュー (*Anacardium occidentale*)《熱帯アメリカ原産ウルシ科の植物; 樹皮から薬用樹脂が採れ, 果実(カシューナッツ)と果柄(カシューアップル)は食用となる》. **2 a** =cashew nut. **b** =cashew apple.〘(1703) ◻ Brazilian-Port. *(a)cajú* ◻ S-Am.-Ind. (Tupi) *acajú*: cf. cachou〙
cáshew àpple *n.* カシューアップル《カシューナッツの果柄[果梗]; 洋酒やアイスクリームなどに香料として用いられる; 肥大していて食用果肉があるので果実と誤られた》.
cáshew nùt *n.* カシューナッツ《腎(じん)臓形をした cashew の実; 食用》.〘1796〙
cásh flòw *n.*〘会計〙現金流出入, 資金繰り, 現金資金, キャッシュフロー: **a** ある期間における, またはある投資案から生じる現金残高の変動. **b** 純利益に減価償却費などを加えた営業活動から得られる資金額.
hàve cásh flòw pròblems 支払い能力がない, 金がない.〘(1954)〙
cásh·gìrl *n.*《米》(女の子の)現金取次係; (勘定場の)助手の女の子, 使い走り (cf. cashboy).〘1880〙
cash·ier¹ /kæʃíə | kæʃíə^r, kə-/ *n.* **1** (レストラン・デパート・商店などの)帳場係, レジ係, キャッシャー. **2 a** (銀行の)現金係, 現金出納(すいとう)係; 《米》(銀行で現金の運用をつかさどる)支配人, 出納局長. **b** (会社などの会計課の)出納係.〘(1596) ◻ Du. *cassier* // F *caissier* ← *caisse* cashbox: ⇨ cash¹, -ier²〙
cash·ier² /kæʃíə, kæ- | kəʃíə^r, kæ-/ *vt.* **1** 〈軍人・官吏を〉免職する; (特に)懲戒免職する (⇨ dismiss SYN). **2**《古》排除する.〘(1592) *casseir* ◻ MDu. *casseren* ◻ (O)F *casser* to break, shatter < L *quassāre* to shake, break: cf. quash²〙
cashíer's chéck *n.*〘銀行〙(銀行支配人から自行に当てて振り出す)銀行小切手 (略 CC).〘1867〙
cásh·ìn *n.* (貯蓄債券などの)償還.
cásh-in-hánd *adj.* 〈支払いが〉現金での.
cásh jòurnal *n.* =cashbook.
cásh·less *adj.* **1** 現金のない. **2** 現金の要らない: the 〜 society.〘(1833) ← CASH¹+-LESS〙
cásh lètter *n.*〘銀行〙預入伝票, 当座預金入金票《銀行間で郵送され, 預入れの証票となる》.
cásh lìmit *n.* [しばしば *pl.*] 費目を指定しない全般的な支出削減策.
cásh machìne *n.* 現金自動預払機 (ATM).
cash·mere /kǽʒmɪə, kǽʃ- | kǽʃmɪə^r, ─ ─́/ *n.* **1 a** カシミヤヤギの毛《良質の柔らかい毛》. **b** カシミヤ糸《カシミヤヤギの毛を原料とした良質の糸; セーター・オーバーコート用》. **2** カシミヤ《カシミヤヤギの毛を使用した良質の柔らかい毛織物の一種, またはこれに類似した織物; ショール用》.〘(1822) ← *Kashmir* (インド北部の原産地名)〙
Cash·mere /kǽʃmɪə, kǽʒ-, ─ ─́ | kǽʃmɪə^r, ─ ─́/ *n.* =Kashmir.
Cáshmere góat *n.*〘動物〙=Kashmir goat.〘1909〙
cásh néxus *n.* [the 〜] (人間関係の基盤としての)金銭的要因・結びつき, 金銭取引だけの関係.〘1855〙
cash·o·mat /kǽʃəmæ̀t/ *n.* 現金自動支払い機.〘← CASH¹+(AUT)OMAT〙
ca·shoo /kəʃúː/ *n.* =catechu.
cásh·pòint *n.*《英》=cash machine.
cásh prìce *n.*〘商業〙現金(払い)正価.〘1781〙
cásh ràtio *n.*〘銀行〙現金比率《銀行が保つべき総預金に対する現金の割合》.
cásh règister *n.* 金銭登録器.〘1879〙
cásh-rìch *adj.* 〈企業などすぐ利用できる多額の現金を有している.
cásh stòre *n.*《米》(クレジットのきかない)現金売りの店.〘1811〙
cásh-stràpped *adj.*《口語》金に困っている, 金欠病の[にかかっている].
cásh surrénder vàlue *n.*〘保険〙=cash value.
cásh válue *n.*〘保険〙解約返戻(れい)金.〘1898〙
cas·i·mere /kǽsəmɪə | -sɪ̀mɪə^r/ *n.* =cassimere.
cas·i·mire /kǽsəmɪə | -sɪ̀mɪə^r/ *n.* =cassimere.
cas·ing /kéɪsɪŋ/ *n.* **1 a** 包装《箱・さや・袋・筒・枠・包みなどの総称》. **b**《米》(自動車タイヤの)ケース, 外包. **c** (ソーセージの外皮となる)牛・豚・羊などの腸. **2** 包装材料. **3** (窓やドアの)枠 (framework); ふち, 額ぶち (frame). **4**〘機械〙ケーシング《タービンやポンプで機械内部を密閉する部分》. **5**〘海事〙(罐室(かましつ))通風口や煙突の)囲壁, 囲い. **6**〘服飾〙ケーシング《2 枚以上の布に 2 本の平行なステッチをかけてその間にひもやしんを通すようにしたもの; 衣服やカーテンなどの装飾に用いる》.〘(1575): ⇨ case²〙
cásing·hèad *n.*〘機械〙ケーシングヘッド《油井などで鉄管 (casing) の頭部に取り付けて, その内側の小径鉄管との間を閉塞する装置》.
cásinghead gàs *n.*〘化学〙ケーシングヘッドガス《油井から原油とともに産出する天然ガス》.
cásinghead gàsoline *n.*〘化学〙天然ガソリン, ケーシングヘッドガソリン (natural gasoline ともいう).
ca·si·no /kəsíːnoʊ | -nəʊ; *It.* kazíːno/ *n.* (*pl.* 〜**s**) **1** カジノ《ダンス・社交などに用いられる一種の娯楽場; 特に, 賭博(とばく)場》. **2 a** (イタリアの)田舎の小住宅. **b** 東屋(あずまや) (summerhouse). **3**〘トランプ〙カジノ《2–4 人が 4 枚の手札と 4 枚の場札から同位札や順位札の揃いを作り, cards, spades, big casino, little casino, aces, sweep などの役点を競うゲーム; cf. build 6》.〘(1789) ◻ It. 〜 (dim.) ← *casa* house < L *casam* small house, cottage〙
ca·si·ta /kəsíːṭə, kɑː- | -tə; *Am.Sp.* kasíta/ *n.* カシータ《メキシコや米国南西部の小さな家》.〘(1923) ◻ Am.Sp. (dim.) ← *casa* house〙
cask /kǽsk | kɑ́ːsk/ *n.* **1** (主に酒類を入れる)樽(たる) (barrel): a brandy 〜 / wine kept in (a) 〜. **2** 樽と中身; 一樽の量《一定していない》: a 〜 of amontillado [butter]. **3**《廃》容器. **— *vt.*** 樽に入れる[詰める]. **〜·y** /kǽski | kɑ́ːski/ *adj.*〘(1458) ◻ F *casque* // Sp. *casco* shell, cask (for wine, etc.) ← *cascar* to break < VL **quassicāre* (freq.) ← L *quassāre* to break, shake: cf. casque〙
cásk béer *n.* 樽ビール《樽の中で伝統的な方法によって醸成し保存されたドラフトビール》.
cásk-condítioned *adj.* 〈ビールが〉樽内で二次的に発酵中の《飲むまでにそれ以上加工処理をしない》.〘1975〙
cas·ket /kǽskɪ̀t | kɑ́ːskɪt/ *n.* **1 a** (宝石その他貴重品を入れる)小箱, 手箱, 玉手箱. **b** 納骨箱. **2**《米》(装飾を施した長方形の)ひつぎ, 棺 (cf. coffin 1). **— *vt.*** 小箱[ひつぎ]に入れる[納める].〘(1461)《変形》← ? (O)F *cassette* (dim.) ← *casse* 'CASE², chest': *-k-* は *cask* との類推か〙
Cas·lon /kǽzlən, -lɑ(ː)n | -lən, -lɒn/ *n.*〘活字〙カスロン, キャスロン《old style 活字書体の一種》.〘(1825) ← *William Caslon* (1692–1766: 英国の活字鋳造者)〙
Cas·par /kǽspə | -pə^r, -pɑː^r/ *n.* **1** キャスパー《男性名》. **2**〘中世キリスト教伝説〙カスパル《東方の三博士 (Wise Men of the East) の一人》.〘⇨ Gaspar〙
Cas·pár·i·an stríp /kæspé°riən- | -péər-/ *n.*〘植物〙(内皮の細胞膜にある)カスパリー線.〘*Casparian*: ← *Robert Caspary* (1818–87: ドイツの植物学者): ⇨ -ian〙
Cas·per /kǽspə | -pə^r/ *n.* カスパー《米国 Wyoming 州中央部の都市》.
Cas·pi·an /kǽspiən/ *adj.* カスピ海 (Caspian Sea) の.〘(1586) ← L *Caspius* (◻ Gk *Káspios*)+-AN¹〙
Cáspian Séa *n.* [the 〜] カスピ海《ロシア南西部・イラン

C

北部などに広がる塩水湖で世界最大の湖; ボルガ川などが流入する; 面積 373,000 km²; 湖面標高は海面下 28 m).

casque /kǽsk | kǽsk, kɑ́ːsk/ *n.* **1 a** 〘甲冑〙カスク (面頬(めんぽお)のない軽装かぶと; burgonet の一種). **b** 〘詩〙かぶと (helmet). **2** ヘルメット型の帽子. **3** 〘動物〙(サイチョウなどのくちばしの上にあるような)角質の突起物. 〘(1580) ◻F ～ ◻Sp. *casco* helmet: cf. cask〙

C

casqued /kǽskt | kǽskt, kɑ́ːskt/ *adj.* casque をかぶって[着けて]いる. 〘(1816): ⇨ ↑, -ed 2〙

Cass /kǽs/ *n.* キャス (女性名). 〘(dim.) ← CASSANDRA¹〙

Cass, Lewis *n.* キャス (1782–1866; 米国の政治家).

cas·sa·ba /kəsɑ́ːbə/ *n.* 〘園芸〙 =casaba.

Cas·san·dra¹ /kəsǽndrə, -sɑ́ːn-/ *n.* カサンドラ (女性名; 愛称形 Cass). 〘◻L ～ ◻Gk *Kassándra* ← ?〙

Cas·san·dra² /kəsǽndrə, -sɑ́ːn-/ *n.* **1** 〘ギリシャ伝説〙カッサンドラ (Homer の詩に現れる Troy の女性予言者; Priam と Hecuba の娘; Troy の滅亡を予言したが信じられなかった). **2** 凶事の予言者, 世にいれられない予言者. **Cas·sán·dran** /-drən/ *adj.* **Cas·sán·dri·an** /-driən/ *adj.*

cas·sa·reep /kǽsəriːp/ *n.* キャサリープ (ニガカッサバ (bitter cassava) の根から採った汁を煮詰めて作ったもの; 西インド諸島で調味料として用いる). 〘(1832) 《変形》 ← 《古形》 *casserepo* ← Carib〙

cas·sa·ta /kəsɑ́ːtə | -tə, kæ-; *It.* kassáːta/ *n.* カッサータ (ナッツ・砂糖漬けにした果実入りのイタリア製ケーキ・アイスクリーム). 〘(1927) ◻It ～〙

cas·sa·tion¹ /kæséɪʃən, kə-/ *n.* 〘法律〙破棄, 破毀(はき), 廃棄 (abrogation): court of ～ ⇨ court. 〘(*c*1425) ◻(O)F ～ ← *casser* to annul: ⇨ quash², -ation〙

cas·sa·tion² /kæséɪʃən, kə-/ *n.* 〘音楽〙カッサション (18 世紀のセレナードに似た器楽合奏曲; しばしば戸外で演奏された). 〘(1879) ◻G *Kassation* ← 《方言》 *Kassation, Gassation* serenade ← *Kassaten gehen* to roam the streets at night serenading ladies ← *Gasse* street〙

Cas·satt /kəsǽt/, **Mary** *n.* カサット (1844–1926; 主としてフランスに在住した米国の画家; 印象主義の代表者の一人).

cas·sa·va /kəsɑ́ːvə/ *n.* **1** 〘植物〙カッサバ, キャッサバ (ブラジル原産のトウダイグサ科イモノキ属 (*Manihot*) の食用とする根茎のなる植物数種の総称; サツマイモ状の根茎から良質の澱粉が採れるので広く熱帯各地に栽培される; manioc, tapioca plant ともいう; ニガカッサバ (bitter cassava) (*M. esculenta*) とアマカッサバ (sweet cassava) (*M. dulcis*) の両種類がある). **2** カッサバの根から採る澱粉 (tapioca などの原料). 〘(1555) ◻F *cassave* ◻Sp. *cazabe* ◻Taino *caçábi*〙

Cassegrain télescope /kǽsəgrèɪn- | -sɪ̀-/ *n.* 〘天文〙カセグレン式反射望遠鏡. 〘*Cassegrainian*: ← *Cassegrain* (17 世紀フランスの天文学者): ⇨ -ian〙

Cas·sel /kǽsəl, kɑ́ːs-, -sɫ | kǽs-; *G.* kásl/ *n.* カッセル (ドイツ中部 Hesse 州の工業都市).

cas·se·role /kǽsəròʊl, kǽz- | kǽsəràʊl/ *n.* **1** キャセロール料理 (2 の鍋で調理した料理; ふつう鍋のままで供する). **2** キャセロール, 蒸焼きなべ (金属や耐熱性のガラスまたは陶器製で小さな取っ手・ふた付きの鍋): en ～ キャセロールで料理した. **3** 〘化学〙カセロール (化学実験用の柄のついた磁製鍋). **4** 《英》シチュー用鍋 (stewpan) の一種. — *vt.* キャセロールで料理する. 〘(1706) ◻F ～ (dim.) ← *casse* pan ◻Prov. *cassa* < ML *cattiam* ◻Gk *kuáthion* little cup (dim.) ← *kuáthos*〙

casserole 2

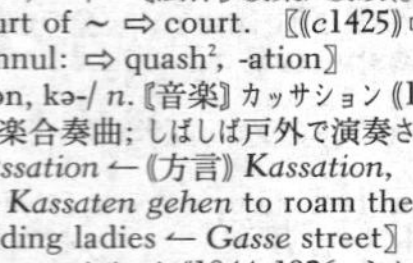

cas·sette /kəsét, kæ-/ *n.* **1** (テープレコーダー・ビデオテープの)カセット. **2** 〘写真〙(乾板の)取わく, (ロールフィルムを入れる)パトローネ (フィルムを入れカメラに装填する容器). **3** (宝石などを入れる)小箱 (casket). **4** 〘窯業〙=sagger. 〘(1793) ◻F ～ (dim.) ← *casse* 'CASE²': ⇨ -ette〙

cassétte dèck *n.* カセットデッキ (ステレオに接続するカセットテープのプレーヤー; cassette tape deck ともいう).

cassétte plàyer [recòrder] *n.* カセットプレーヤー[テープレコーダー]. 〘1968〙

cassétte tàpe *n.* カセットテープ.

cassétte tàpe dèck *n.* =cassette deck.

cas·sia /kǽʃə, -siə | -siə/ *n.* **1** カシア桂皮, シナ肉桂(にっけい) (下等な種類の肉桂の樹皮; シナモン (cinnamon) の代用として香味料に用いる). **2** 〘植物〙=cassia fistula. 〘(← NL ～ ← L) 〘lateOE ◻L *cas(s)ia* ◻Gk *kas(s)ía* a kind of cinnamon ◻Heb. *qᵉṣīʿāʰ*〙

cássia bàrk *n.* 〘植物〙 **1** =Chinese cinnamon. **2** ケイ (*Cinnamomum aromaticum*) (Chinese cinnamon) (クスノキ属).

cássia-bàrk trèe *n.* 〘植物〙=cassia bark 2.

cássia fís·tu·la /-fístʃʊlə | -tju-/ *n.* 〘植物〙カシア果 (マメ科のナンバンサイカチ (*Cassia fistula*) のさやにはいった実を干したもの; 下剤に用いる). 〘(*a*1398) ◻ML ～ 'fistulous cassia'〙

cássia òil *n.* 〘化学〙カシア油 (トンキンニッケイ (*Cinnamomum cassia*) の葉および若枝から採れる黄色または淡褐色の精油; 食品香料として用いる; Chinese cinnamon oil, cinnamon oil ともいう).

Cas·sie /kǽsi/ *n.* キャシー (女性名). 〘(dim.) ← CASSANDRA¹, CATHERINE〙

cás·sie pàper /kǽsi-/ *n.* カシー (輸送などで破損した梱包紙束の外側の紙; cf. retree). 〘(1688) 《部分訳》 ← F *papier cassé* ← *papier* 'PAPER' + cassé (p.p.) ← *casser* to break (cf. quash)〙

cas·si·mere /kǽsəmɪə | -sɪ̀mɪə(r)/ *n.* カシメール (綾織などで紡毛または梳毛(そもう)の洋服生地). 〘(1774) 《変形》 ← CASHMERE〙

Cas·sin /kæsǽ(ŋ), kɑː-, -sǽŋ; *F.* kasɛ̃/, **René** *n.* カサン (1887–1976; フランスの法律家・政治家; 世界人権宣言の起草者の一人; Nobel 平和賞 (1968)).

cas·single /kæsíŋgɫ/ *n.* カシングル (両面に 1 曲ずつ収めたカセットテープ). 〘(*c*1975) 《混成》 ← CAS(SETTE) + SINGLE〙

Cas·si·ni /kæsíːni; *F.* kasini/, **Jean Dominique** *n.* カッシーニ (1625–1712; イタリア生まれのフランスの天文学者; 土星の環のすき間や土星の衛星を 4 個発見).

cas·si·no /kəsíːnoʊ | -nəʊ/ *n.* 〘トランプ〙 =casino 3. 〘(1792) 《変形》 ← CASINO〙

Cassino, Monte ⇨ Monte Cassino.

Cás·sin's áuklet /kǽsɪ̀nz-, -sɪ̀nz- | -sɪnz-/ *n.* 〘鳥類〙アメリカウミスズメ (*Ptychoramphus aleutica*) (北米太平洋沿岸に生息するウミスズメ科の鳥). 〘*Cassin*: ← *John Cassin* (19 世紀の米国の鳥類学者)〙

Cas·si·o·do·rus /kæ̀siədɔ́ːrəs | -siə(ʊ)-/, **Flavius Magnus Aurelius** *n.* カッシオドルス (490?–?585; ローマの政治家・著述家・僧侶).

Cas·si·o·pe·ia /kæ̀siəpíːə, -péɪə | -siə(ʊ)-/ *n.* **1** 〘ギリシャ神話〙カッシオペイア (Ethiopia の王 Cepheus の后で, Andromeda の母). **2** /《英》ではまた kæ̀sióʊpiə/ 〘天文〙カシオペア座 (Andromeda 座と Cepheus 座の中間にある北天の星座; 5 個の主星は W 字型に配列されていて, これを Cassiopeia's Chair (カシオペアの椅子)といい, 北極星を見出す目標とされる; the Lady in the Chair ともいう). 〘(*c*1550)〙 **Càs·si·o·pé·ian** /-píːən, -péɪən/ *adj.* 〘◻L ～ ◻Gk *Kassiópē, Kassiépeia* ← ?〙

Cássiopeia's Cháir *n.* [the ～] 〘天文〙カシオペアの椅子 (⇨ Cassiopeia 2).

Cas·si·rer /kɑːsíᵊrə | -síərə(r); *G.* kasíːʀɐ/, **Ernst** *n.* カッシーラー (1874–1945; ドイツの新カント主義の哲学者).

cas·sis¹ /kæsíːs, kə- | kæsíːs, ∸∸; *F.* kasis/ *n.* **1** 〘植物〙クロフサスグリ (*Ribes nigrum*) (ヨーロッパ産の黒い球形の液果をつけるユキノシタ科の低木). **2** カシス (クロフサスグリの果実から造ったアルコール分の弱いリキュール; crème de cassis ともいう). 〘(1899) ◻F ～ 'black currant' ◻L *cassia*: ⇨ cassia〙

cas·sis² /kæsíː/ *n.* カシ (フランス Marseilles の近くにある Cassis で造られるワイン).

cas·sit·er·ite /kəsítəràɪt | -tə-/ *n.* 〘鉱物〙スズ石 (SnO_2) (スズの原鉱; tinstone ともいう). 〘(1858) ◻F *cassitérite* ← Gk *kassíteros* tin: ⇨ -ite¹〙

Cas·sius /kǽʃəs, -ʃiəs, -siəs | -siəs/ *n.* カッシアス (男性名). 〘← L *cassia* 'cinnamon, CASSIA'〙

Cássius Lon·gí·nus /-lɑ(ː)ndʒáɪnəs | -lɒn-/, (**Gaius**) /géɪəs | gáɪ-/ *n.* 〘ローマ史〙カシウス ロンギヌス (?–42 B.C.; ローマの軍人で政治家; Julius Caesar 暗殺の主謀者).

cas·sock /kǽsək/ *n.* **1** 〘教会〙キャソック, カソック, 司祭平服: **a** 英国国教会の牧師・カトリックの司祭などが日常着用する足まで達する長い法衣; 一般の聖職者は黒色のものを用いる. **b** Geneva gown の下に着る両前の短い上着. **2 a** 聖職. **b** 聖職者, 僧, 牧師. 〘(*c*1550) ◻F *casaque* ◻It. *casacca* greatcoat ◻Pers. *kazhāghand* ← *kazh* raw silk + *āghand* stuffed〙

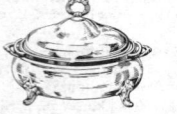

cás·socked *adj.* cassock を着た; 聖職にある. 〘(1780): ⇨ ↑, -ed 2〙

cas·so·lette /kæ̀səlét/ *n.* **1** (しばしばふたに小さな穴があいている陶製の)香炉, 香入れ. **2** カソレット (一人前用の小さい casserole). 〘(1657) ◻F ～ ◻Prov. *casoleta* (dim.) ← *casola* (dim.) ← *cassa* pan: cf. casserole〙

Cas·son /kǽsən, -sn/, Sir **Hugh** (**Maxwell**) *n.* キャソン (1910–99; 英国の建築家; Royal Academy の会長 (1976–84)).

cas·so·ne /kəsóʊni | -sə́ʊ-; *It.* kassóːne/ *n.* (*pl.* **cas·so·ni** /～/; *It.* -ni/) カッソーネ (特にイタリアルネサンス期に作られた, 通例絵画や彫刻などの装飾が施された大きな衣装箱). 〘(1882) ◻It ～ ← *cassa* chest: ⇨ -on¹〙

cas·sou·let /kæ̀sʊléɪ | ∸∸∸, ∸∸∸; *F.* kasulɛ/ *n.* 〘料理〙カスーレ (白いんげんに, 豚肉・羊肉・ソーセージ・たまねぎ・トマト・香辛料などを加えてキャセロール (casserole) で煮込む). 〘(1940) ◻F 《方言》 ～ 《原義》 stone dish (dim.) ← *cassolo* bowl (dim.) ← *casso* ladle〙

cas·so·war·y /kǽsəwèᵊri | -wèəri, -wəri/ *n.* 〘鳥類〙ヒクイドリ (*Casuarius casuarius*) (オーストラリア・ニューギニアに分布するエミュー (emu) に似た飛べない鳥). 〘(1611) ◻Malay *kĕsuari*〙

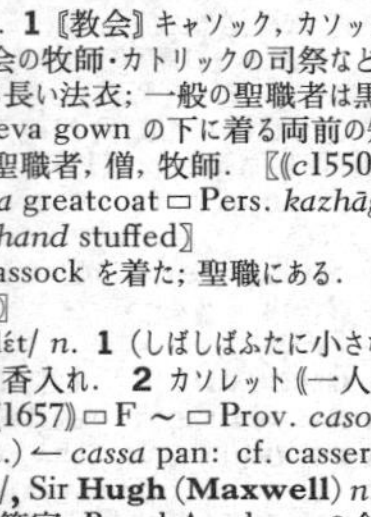

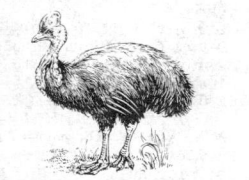

cassowary

cast /kǽst | kɑ́ːst/ *v.* (～) — *vt.* **1 a** (演劇・映画で)〈役を〉割り当てる: ～ the parts of a play. **b** 〈劇・映画などの役を〉割り当てる: ～ a play. **c** 〈役者に役を割り当てる: ～ an actor *for* a part [*as* Hamlet].

2 a 〈目・視線・心などを〉〈ある点に〉向ける, 注ぐ 〔*at, to, down*〕: ～ a glance [look] *at* …をちらと[一目]見る / ～ up one's eyes *to* …を見上げる / ～ one's eyes *down* [*along*] the floor 床に目を落とす[を見渡す] / ～ one's eyes aside 目をそらす. **b** 〈光・影・疑惑・中傷・暗い気分などを〉投げかける 〔*on, over,* (*a*)*round*〕: ～ (a) gloom *on* the festival 祭の興を殺(そ)ぐ / Coming events ～ their shadows before them. 起ころうとする出来事は事前にその前兆を示す / ～ (a) (new) light *on* the problem その問題に解決の(新しい)光明を与える / ～ a slur *on* a person's reputation 人の名声を傷つける / ～ (the) blame *on* a person 責めを人に負わせる / ～ aspersions (*up*)*on* a person 人を中傷する / ～ doubt *on* a person's story [testimony] 人の話[証言]を疑う.

3 a 投げる, ほうる: ～ dice / The die is ～. ⇨ die² 成句 / ～ oneself on the grass 草地に身を投げる / be ～ ashore 岸に打ち上げられる / The ship was ～ adrift. 船は漂流した. ★ この意味では通例 throw を用いる. **b** 〈投網を〉打つ; 〈釣糸・毛針を〉投げる; 〈錨(いかり)・測鉛を〉下ろす: ～ an anchor 錨をおろす / ～ a net 網を打つ / ～ one's net wide to find a suitable candidate 適当な候補を見つけるためにあれこれ手を尽くす. **c** 〈川・池などに〉釣糸をたらす: ～ a lake. **d** 〈票を〉投じる, 〈投票を〉する: ～ a vote, ballot, etc. **e** 〈人・物を〉(急にまたは強制的に)〈ある状態に〉もっていく, 追い込む 〔*into*〕: ～ a person *into* prison 人を投獄する / ～ a person *into* the shade 人を見る影もないものとする[顔色なからしめる] / I was ～ *into* a dilemma. ジレンマに陥った.

4 a 〈地金などを〉鋳型に入れる; 鋳造する: ～ bronze 青銅を鋳る / ～ a statue in bronze 青銅で像を鋳る / ～ a bell 鐘を鋳造する / ～ bullets 弾丸を鋳る. **b** 〘印刷〙〈原版を〉鉛版にする, ステロに取る (stereotype), 電気版にする (electrotype). **c** …に形を与える.

5 a 〈不要な物を〉投げ捨てる, 捨てる 〈*off, away, aside*〉. **b** 〈着物を〉脱ぎ捨てる; 〈ヘビが〉〈皮を〉脱ぐ, 脱皮する 〈*off*〉. **c** 〈鳥が〉〈羽毛を〉脱落する (shed); 〈木が〉〈葉を〉落とす. **d** 取り除く, はねつける 〈*off*〉: ～ *off* all restraint. **e** 〈ミツバチが〉〈一群を〉追い出す, 分封する. **f** 《古》追い出す, 解雇する (dismiss). **g** 《英方言》吐く (vomit).

6 〈母獣が〉〈子を〉産む; (特に)早産する: The cow ～ its calf in the sixth month. 6 か月目に牛は子を産み落とした.

7 a (シャベルなどで)〈土などを〉掘り返す, 掘り出す: ～ the peats. **b** 土を掘って作る: ～ a ditch.

8 a (組討ちなどで)〈相手を〉ひっくりかえす, 倒す. **b** [通例受身に用いて] 〘訴訟で〙敗訴させる.

9 a (星運観測のため)算出する: ～ a horoscope 天宮図を繰る. **b** 計算する; 寄せる (add): ～ accounts 計算する. **c** 〈くじを〉引く (draw): ～ lots.

10 〈事実などを〉整理する.

11 曲げる, ねじる; そらす.

12 〘海事〙〈帆船が〉〈船首を〉風下に振り向けて行きあしをつける (veer). **13** 〘狩猟〙〈犬(の群れ)〉にきつねの臭跡を捜させる. **14** 〘鷹狩〙タカを両手で抱え持つ. **15** 〘服飾〙結び目をつくる; 〈針目を〉刺す. **16** 《廃》 **a** 考案する, 工夫する, 計画する. **b** 決意する, 意図する: ～ to go there. **c** 熟考する, 思案する 〈*over*〉.

— *vi.* **1 a** 物を投げる. **b** 投網を打つ, 釣糸[釣針]を投げる: ～ for fish. **c** さいころを振る. **2** 〈金属が〉鋳込まれる. **3** 計算する; 天宮図を繰る. **4** 〈材木が〉ひずむ. **5** 《廃》 **a** 予測する; 考える. **b** 計画する, もくろむ. **6** 〘狩猟〙〈犬が〉獲物のにおいを捜し回る 〈*about*〉. **7** 〘海事〙(風下に)へさきを向ける; 船首を一方に振り向ける; 上手(うわて)回しまたは下手回しをする. **8 a** 《英方言》吐く, 嘔吐する (vomit). **b** 〈猛禽が〉ペリット (pellet) を吐き出す.

cást abóut (*vt.*) (あれこれと)思いめぐらす, 工夫をこらす, 画策する (devise, consider). (1575) — (*vi.*) (1) 捜し回る 〔*for*〕; 物色する. (2) 〘海事〙(風下へ)針路を転じる. (3) ⇨ *vi.* 6. ***cást aróund*** =CAST *about* (*vi.*) (1). ***cást asíde*** (1) ⇨ *vt.* 5 a. (2) 〈習慣などを〉廃する; 〈疑念などを〉退ける. ***cást awáy*** (1) ⇨ *vt.* 5 a. (2) 浪費する: ～ one's life [money] *away*. (3) [通例 p.p. 形で] 難破させる; 孤島に置き去りにする (maroon) (cf. castaway). ***cást báck*** (*vt.*) 〈心・思いを〉過去に向ける, 馳(は)せる 〔*to*〕: ～ one's mind *back to* the actual event 実際に起きたことをふり返る. (*c*1450) — (*vi.*) (1) (過去を)ふり返る. (2) 《米》先祖返りをする (revert) 〔*to*〕. ***cást behínd*** 《古》追い越す (outrun). ***cást dówn*** (1) …の力を落とさせる, 意気を衰えさせる (depress): be ～ *down* (=be downcast) 力を落とす. (2) 〈地位・品位を〉落とす, 卑しめる (humble). (3) ⇨ *vt.* 2 a. (?*c*1200) ***cást lóose*** ⇨ loose 成句. ***cást óff*** (*vt.*) (1) ⇨ *vt.* 5. (?*a*1400) (2) 〈綱を〉解く, 〈引いていた船・つないでいた犬などを〉放つ: ～ *off* a ship in tow. (3) 〘印刷〙〈原稿の〉ページ計算をする. (4) 〘鷹狩〙(獲物を捕るために)〈鷹を〉手から放す. (1602) — (*vi.*) (1) もやいを解く. (1669) (2) 〘ダンス〙(スクエアダンスやカントリーダンスで)〈あるカップルが〉他のカップルの位置と入れ替わったり割り込んだりする. (1760) (3) 〘服飾〙編目を止める. ***cást ón*** 〘服飾〙(編物の初めに)〈編物の最初の一列を編針に通す[かける]: ～ *on* a stocking. (1840) ***cást óut*** (*vt.*) 追い出す, 追放する (banish). (*c*1200) — (*vi.*) 《スコット》仲たがいする, けんかする (quarrel) 〔*with*〕. ***cást úp*** (*vt.*) (1) 投げ上げる (throw up); 〈波が〉〈舟を〉打ち上げる; 〈土を〉盛り上げる. (*c*1380) (2) 合計[計算]する, しめる. (3) 《北英》〈昔のことを〉もち出して責める. — (*vi.*) (1) 《スコット》(ひょっこり)現れる (turn up). (2) 吐く, 嘔吐する (vomit). (3) 上を向く, 上方に向かう.

— *n.* **1** (演劇・映画の)役割, (出演者全部の)配役, キャスト: an all-star [a star-studded] ～ スター総出演 / a huge ～ of characters 莫大な数の登場人物 / with a ～ of thousands 大勢の人が出演して. **2 a** 〘医学〙ギプス (包帯) (plaster cast). 日英比較 「ギプス」はドイツ語

Gips からの借用語. **b** 鋳型 (mold); 鋳込み, 鋳造; 鋳型に入れる一回分の金属の量. **c** (塑造用の)型. **d** 鋳造品《ステロ版・電気版など》; 塑造物. **e** 〘古生物〙雄型(おがた)《鉱物の沈着により生物の型が復元された化石》. **3 a** 特徴, 特色, タイプ (type); 傾向, 性向 (bent): a ~ of character 性格 / a ~ of mind 気立て. **b** (顔立ちなどの)外形 (shape): a ~ of features 容貌, 顔形. **4 a** 色合い, 色調 (shade): have a greenish ~ 緑色がかった色合いをしている. **b** 痕跡, 気味 (suggestion): a slight ~ of bitterness ちょっぴり苦いこと. **5 a** 投げること. **b** 石投げ. **c** (さいの)振り; (振って出た)さいの目(の数). **d** 網打ち, 釣糸の投げ込み; 釣り[網打ち]に適した場所, 釣場: a good ~ near the pier 防波堤の近くの釣り[投網]の好適地. **6** 投げられる距離 (throw): within a stone's ~. **7** 《古》運 (chance); 運だめし (venture): be successful at the first ~ 最初の試みに成功する / the last ~ 最後の運だめし, 最後の一挙 / try another ~ もう一度やってみる, 再挙を試みる. **8 a** 目を向けること, 一瞥(いちべつ) (glance); 表情 (expression). **b** (板などの)そり, 曲がり (twist); (目の)偏向, 斜視: He has a ~ in his eye. 彼は斜視だ. **9 a** 投げられた[捨てられた]もの. **b** (昆虫の)脱け殻. **c** (ミミズが地上に盛り上げた)ふん. **d** =pellet 5 a. **10 a** 計算; 加算, 足し算. **b** 推量, 推測; 予想, 予測. **11** (ものの作られた)形; 形態, 配置. **12 a** (車に人を)途中で乗せること, 乗せてもらうこと (lift): give a person a ~ 途中から人を車に乗せてやる. **b** 《スコット》援助, 助け (help). **13** 〘狩猟〙猟犬が臭跡 (scent) で場所を捜すこと: make a ~ for the scent 〈犬が〉臭跡を求めて捜し回る. **14** 〘鷹狩〙一緒に飛ばされたひとつがいの鷹. **15** 〘病理〙(尿)円柱. **16** [the ~] 〘アーチェリー〙前のショットが最上の成績であった競技者が, 次のショットの時最初に矢を放つ権利. **17** 《英》〘釣〙鉤素(はりす) (leader).
— *adj.* 〈動物, 特に馬が〉(助けなしでは)立ち上がれない.
〘(?c1200) *caste(n)* < lateOE **castan* ◻ ON *kasta* to throw ← ?: cf. L *gestāre* (freq.) ← *gerere* to bear, carry about (⇨ gesture)〙

Cas·ta·lia /kæstéɪliə, -ljə | -liə/ *n.* **1** 〘ギリシャ神話〙カスタリア《Parnassus 山腹の霊泉; 詩神 Apollo と芸術の神々 Muses の霊場で, 詩歌の霊感の源泉とされている》. **2** 霊感[詩心]の源泉. 〘(1591) ◻ L ~ ◻ Gk *Kastalía*〙

Cas·ta·lian /kæstéɪliən, -ljən/ *adj.* **1** 霊泉カスタリア (Castalia) の: the ~ Muses 詩の神々. **2** ミューズ神の. 〘(1599): ⇨ ↑, -ian〙

Cas·ta·lie /kǽstəli/ *n.* (*also* **Cas·ta·ly** /~/) =Castalia.

cas·ta·net /kæ̀stənét/ *n.* [通例 *pl.*] カスタネット《楽器の一種》. 〘(1647) ◻ Sp. *castañeta* (dim.) ← *castaña* 'CHESTNUT' < L *castaneam*: その形の類似から〙

cást·awày *adj.* **1** (無価値なものとして)捨てられた. **2** 〈人が〉漂着した; 難船した. **3** 見捨てられた, 世に捨てられた, のけ者にされた (outcast). — *n.* **1** 難船者, 漂流者. **2 a** (世間・仲間などから)見放された者, 無頼漢 (outcast). **b** 神に見放された者, 堕落者. **3** 《古》失格者. 〘(1526) ← CAST (p.p.)+AWAY〙

caste /kǽst, kɑ́ːst | kɑ́ːst/ *n.* **1** カースト《インドの世襲的階級制度; 古代インドでは Brahman (司祭者・僧侶), Kshatriya (王族・武士), Vaisya (庶民)および Sudra (奴隷)の四姓 (the four castes) を社会組織の根幹とした; 現在では Brahman のほかに各職業による多数のカーストがある; 各カースト間では結婚をはじめ各種の社会的交渉が厳しく制限されている; cf. pariah 1》. **2 a** (共通の文化的特徴を持つ)社会階級; 階級 (class): high [low] ~ / the military ~ 軍人階級. **b** (ある階級に属することで得られる)社会的地位; 特権. **3** 排他的階級制度. **4** 〘昆虫〙階級《蟻・蜂のような社会性昆虫の分業に対応した機能的な区別》: worker ~ / soldier ~.
lóse cáste 《口語》社会的な地位[特権]を失う, 零落する. 〘(1811)〙
— *adj.* [限定的] カースト(制度)の.
~·ism /-tɪzm/ *n.* 〘(1555) ◻ Port. *casta* (unmixed) race ← *casto* pure, well bred < L *castum* pure: cf. chaste〙

cáste·less *adj.* 階級のない. 〘(1886): ⇨ ↑, -less〙

Cas·tel Gan·dol·fo /kæ̀stelgændɑ́(ː)lfou, -dɔ́(ː)l- | -dɔ́lfəu; *It.* kastelgandólfo/ *n.* カステルガンドルフォ《Rome の南東, Albano 湖畔の村; ローマ教皇の避暑地》.

Cas·tel·lam·ma·re di Sta·bia /kæ̀stelæmɑ́ːreɪdiːstɑ́ːbiə; *It.* kastellammáːredistáːbja/ *n.* カステランマーレ ディ スタビア《イタリア南西部, Campania 州の Naples 湾に臨む港; 行楽地》.

cas·tel·lan /kǽstələn/ *n.* 城主, 城代. 〘(?a1300) ◻ L *castellānus* belonging to a castle ← *castellum* 'CASTLE' ∽ ME *castelain* governor of a castle ◻ ONF=OF *chastelain* (F *châtelain*): cf. chatelaine〙

cas·tel·la·nus /kæ̀stəléɪnəs, -tl-⌐/ *adj.* 〘気象〙〈雲が〉塔状高積雲型の, 塔状雲の. 〘◻ L *castellānus* 'of a CASTLE'〙

cas·tel·lan·y /kǽstəlæ̀ni, -lèr-, -lə- | -lèɪ-/ *n.* **1** 城主[城代] (castellan) の職務[地位, 権限]. **2** 城に所属する領地[権限]. 〘((1357)) (1696) ◻ ML *castellania*: ⇨ ↑, -y¹〙

cas·tel·lat·ed /kǽstəlèɪtɪd | -tl̩èɪt-, -tel-/ *adj.* **1** 城郭風の, 城構えの, 城造りの: a ~ mansion. **2** 城のある: the ~ Rhine. **3** 〘気象〙〈雲が〉塔状高積雲型の. 〘(1676) ← ML *castellātus* ((p.p.) ← *castellāre* to fortify)+-ED: ⇨ castle, -ate³〙

cas·tel·la·tion /kæ̀stəléɪʃən | -tl̩-, -tel-/ *n.* 〘築城〙(胸壁 (battlements) や小塔 (turrets) を設けた)城造り. 〘(1818) ◻ ML *castellātiō(n-)*: ⇨ ↑, -ation〙

cas·tel·la·tus /kæ̀stəléɪtəs | -léɪt-/ *adj.* 《廃》〘気象〙=castellanus. 〘◻ ML *castellātus* (p.p.): ⇨ castellated〙

Cas·te·llón de la Pla·na /kæ̀stə(l)jɔ́(ː)ndeləplɑ́ːnə | -jɔ́n-; *Sp.* kasteʎóndelaplána/ *n.* カステリョン デ ラ プラナ《スペイン東部の港市》.

cas·tel·lum /kæstéləm/ *n.* (*pl.* **-tel·li** /-laɪ/) 〘考古〙(古代ローマの)要塞陣地《小型の独立した砦(とりで)またはそのような砦群のひとつ》. 〘◻ L ~ 'CASTLE'〙

cáste màrk *n.* **1** (インド人の額に付ける)カーストのしるし, カーストマーク. **2** (特定の階級・集団の一人であることを示す)特徴. 〘1901〙

cast·er /kǽstə | -tə(r)/ *n.* **1 a** 投げる人. **b** 鋳造工, 鋳物師; 鋳物機. **c** 計算者. **d** 配役係. **e** 投票者. **2 a** (砂糖・薬味などを振りかけて出せるように穴のあいた, 通例銀製の)ふりかけ容器, 薬味入れ, 薬味瓶 (cruet). **b** 薬味立て (cruet stand). **3** (重い家具などに付ける)脚輪, 足車, キャスター. **4** 〘印刷〙**a** キャスター, (活字)鋳造機. **b** 種(たね)鉛版《原版の紙型取りをして作った第二原版; caster plate, master, pattern plate ともいう》. 〘(a1325): ⇨ cast, -er¹〙

-cas·ter /kəstə, kæs- | kəstə(r)/ ⇨ -chester.

cáster àction *n.* キャスター運動《キャスターのように車輪が動く現象》.

cáster sùgar *n.* =castor sugar.

cas·ti·gate /kǽstəgèɪt | -tɪ̀-/ *vt.* **1 a** 折檻(せっかん)する (chastise); 懲戒する, 罰する, 厳しく叱る (⇨ punish SYN). **b** 手厳しく批評する. **2** 〈文などを〉添削する, 校訂する, 訂正する. **cás·ti·gà·tor** /-tə | -tə(r)/ *n.* 〘(1607–08) ← L *castigātus* (p.p.) ← *castigāre* to correct, punish ← *castus* 'CHASTE'+*agere* to do〙

cas·ti·ga·tion /kæ̀stəgéɪʃən | -tɪ̀-/ *n.* **1 a** 折檻(せっかん) (chastisement); 譴責(けんせき), 懲戒 (punishment). **b** 厳しい批評. **2** (文などの)添削, 校訂, 訂正 (revision).

cas·ti·ga·to·ry /kǽstəgətɔ̀ːri | -gətə-/ *adj.* 〘((c1390)) (c1611) ◻ L *castigātiō(n-)*: ⇨ ↑, -ation〙

Ca·sti·glio·ne /kɑ̀ːstiljóuneɪ | -ljəu-; *It.* kastiʎʎóːne/, Conte **Bal·das·sa·re** /baldássare/ *n.* カスティリオーネ《1478–1529; イタリアの外交官で文筆家; *Il Cortegiano*「廷臣論」(1528)》.

Cas·tile /kæstíːl/ *n.* **1** カスティリャ《スペインの中央部から北部に及ぶ地方で, 北部の Old Castile と南部の New Castile から成る; この地を中心にカスティリャ王国があった; スペイン語名 Castilla》. **2** =Castile soap. 〘◻ Sp. *Castilla* ← castillo < L *castellum* 'CASTLE'〙

Castíle sóap, c- s- *n.* カスティール石鹸《オリーブ油を主原料として製した白色の固い石鹸; cf. hard soap, Marseilles soap》. 〘1426〙

Cas·ti·lho /kæʃtíːljuː, kæs-; *Port.* kəʃtíʎu/, **António Feliciano de** /ɐ̃tɔ́niufɨlisiɐ́nuðɨ/ *n.* カスティリョ《1800–75; ポルトガルの盲目の詩人・ギリシャ・ラテンの古典の翻訳でも知られる》.

Cas·til·ian /kæstíljən, kəs-, -liən/ *adj.* **1** カスティリャ (Castile) (人)の; スペイン(人)の (Spanish). **2** カスティリャ語の; 標準スペイン語の. — *n.* **1** カスティリャ人. **2 a** カスティリャ語《カスティリャで話されるスペイン語の方言だが, 現在ではスペインの標準語》. **b** 標準スペイン語. 〘((1526)) (1796) ← CASTILE+-IAN〙

Cas·ti·lla /*Sp.* kastíʎa/ *n.* カスティリャ《Castile のスペイン語名》.

Castílla-La Máncha *n.* カスティリャ-ラ マンチャ《スペイン中部の自治州・歴史的地域; 州都 Toledo》.

Castílla y Le·ón /-iː-; *Sp.* -i-/ *n.* カスティリャ イ レオン《スペイン北部の自治州・歴史的地域; 州都 Valladolid》.

Castillo *n.* ⇨ Diaz del Castillo.

Cas·tíl·lo de San Már·cos Nátional Mónument /kæstíːjoudəsænmɑ́əkous- | -jəudəsænmɑ́ːkɔs-/ *n.* カスティヨ デ サンマルコス国定記念物《米国 Florida 州北東部 St. Augustine にある史跡》.

cast·ing /kǽstɪŋ | kɑ́ːst-/ *n.* **1 a** 鋳込み, 鋳造. **b** 鋳物. **2** (演劇・映画の役の)割付け, 振り当て, 配役, キャスティング. **3 a** 投げること. **b** キャスティング《さおとリールを使って水面に釣糸を投げること》. **4 a** =ミミズのふん. **b** =pellet 5 a. **c** (ヘビの)抜け殻. **5** 〘狩猟〙(臭跡を求めて)猟犬を放すこと. 〘(?a1300): ⇨ -ing¹〙

cásting còuch *n.* 配役担当責任者 (casting director) の事務所にあるソファー《劇・映画などで役を与える見返りとして役者に性的交渉を求める場所とされる》. 〘1948〙

cásting dirèctor *n.* (劇・映画などで)配役を決める人, 配役担当責任者. 〘1922〙

cásting nèt *n.* 投網(とあみ) (cast net ともいう). 〘a1680〙

cásting sànd *n.* 〘金属加工〙=molding sand. 〘1849〙

cásting vóte [vóice] *n.* 決定(投)票, キャスティングボート (decisive vote)《賛否同数の場合に, また時に賛否同数にするために議長の投じる一票》. 〘1622〙

cásting whèel *n.* 〘金属加工〙鋳造ホイール《円周に沿った鋳型》.

cást-íron *adj.* **1** 鋳鉄の, 鋳鉄製の. **2 a** 伸縮性のない, 融通[変更]のきかない, 厳しい; くつがえし難い, 難攻不落の: a ~ will, judge, etc. / a ~ alibi 鉄壁のアリバイ. **b** 頑強な, 強壮な: a ~ stomach. 〘(1692) ← CAST (p.p.)+IRON〙

cást íron *n.* 鋳鉄《炭素 1.7–6.88% を含む鉄の鋳造合金》. 〘1664〙

cást-íron plànt *n.* 〘植物〙ハラン (⇨ aspidistra)

cas·tle /kǽsl̩ | kɑ́ːsl̩/ *n.* **1 a** (中世時代の国王・貴族などの要塞化した住まいとしての)城: An Englishman's house is his ~. 《諺》英国人の家は城《何人も侵入を許さない; プライバシーを守る》. **b** [the C-] 《英》ダブリン城 (Dublin Castle), アイルランド政庁. **2 a** (堅固な)砦(とりで). **b** (城風に建てた)大邸宅 (mansion). **c** 安全な場所, 安全地帯. **3** 〘チェス〙=rook². **4** [通例 *pl.*] =a CASTLE *in the air*. **5** (象の背につける)やぐら.
***a cástle in the áir* [*Spáin*]** 空中楼閣, 空想, 幻想 (daydream): build ~*s in the air* 空中に楼閣を築く, (富貴栄達など)いろいろな空想にふける. 〘(1400)〙
cástle of cards =HOUSE of cards.
— *vt.* **1** …に城を築く, 城郭をめぐらす, 城で固める. **2** 〘チェス〙〈キングを〉キャスリング (castling) する. — *vi.* 〘チェス〙キャスリングする.
〘lateOE *castel* ◻ ONF < L *castellum* citadel (dim.) ← *castrum* fortified camp, 《原義》separated place (cf. castrate): cf. OE *castel* village ◻ LL (Vulgate) *castellum*: CHÂTEAU と二重語〙

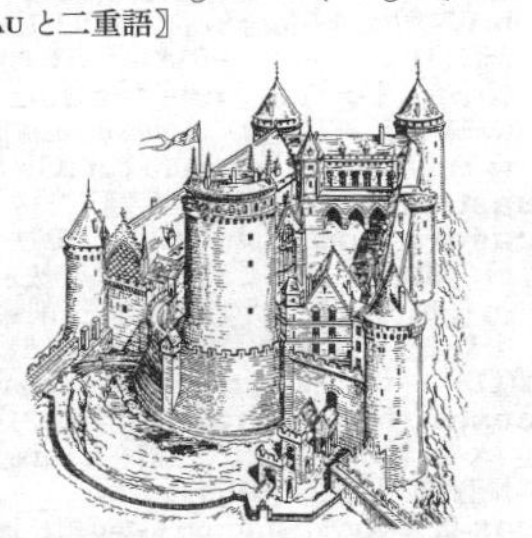

castle 1 a

Cas·tle /kǽsl̩ | kɑ́ːsl̩/, **Barbara (Anne)** *n.* キャッスル《1911– ; 英国労働党の政治家, 環境相 (1968–70)》.

Cas·tle·bar /kǽsl̩bɑə | kɑ̀ːsl̩bɑ́ː(r)/ *n.* カースルバー《アイルランド北西部 Mayo 県の県都; 1798 年フランスの侵略部隊とアイルランドの暴徒が yeomanry, 民兵に圧勝したいわゆる Castlebar Races' の地》.

cástle-buìlder *n.* 白日夢にふける人, 空想家 (daydreamer). 〘(1711) ← *builder of castle in the air* (⇨ castle 成句)〙

Cástle Clínton Nátional Mónument *n.* キャッスルクリントン国定記念物《米国 New York 市, Manhattan 南端の Battery Park にある史跡; New York 港防衛のための要塞壁が復元されている》.

cás·tled *adj.* =castellated.

Cas·tle·ford /kǽsl̩fəd | kɑ́ːsl̩fəd/ *n.* カースルフォード《イングランド中北部 Leeds 南東部の都市》. 〘OE *Ceasterford* 《原義》'FORD by the Roman fort' ← *Ċeaster* (◻ L *castrum* 'CASTLE')+FORD〙

cástle nùt *n.* 〘機械〙(割りピンを差し込み穴つきボルトに留める)溝(みぞ)付きナット. 〘1902〙

Cástle Péak *n.* キャッスルピーク《米国 Colorado 州中西部の山 (4,348 m)》.

cástle púdding *n.* 〘料理〙カースル プディング《小麦粉・バター・卵・砂糖を混ぜ合わせた生地をダリオール (dariole) 型に入れて焼いたもの》. 〘1845〙

Cas·tle·reagh /kǽsl̩rèɪ | kɑ́ːsl̩-, ⌐⌐⌐/, **Viscount** *n.* カースルレー《1769–1822; アイルランド生まれの英国の政治家; 本名 Robert Stewart; 称号 2nd Marquess of Londonderry》.

cás·tling /-slɪŋ, -sl-/ *n.* 〘チェス〙キャスリング, (王 (king) の)入城《王と左右のルーク (rook) の間の駒が出払ってしまい, しかも王とルークが一度も動いていないとき, ルークを王の隣に動かすのを一手で行う方法; ただし check がかけられているときは行うことはできない》.

cást nèt *n.* =casting net.

cast·off /kǽstɔ̀(ː)f, -ɑ̀(ː)f | kɑ́ːstɔ̀f/ *n.* **1** 捨てられた物[人]; (衣類などの)お下がり, お古. **2** 〘印刷〙(原稿の)ページ計算. 〘1741〙

cást-òff *adj.* **1** 脱ぎ捨てた; 着古した (worn out): ~ clothes. **2** 捨てられた (discarded): a ~ mistress 捨てられた女. 〘1746〙

cas·tor¹ /kǽstə | kɑ́ːstə(r)/ *n.* =caster 2, 3. 〘1676〙

cas·tor² /kǽstə | kɑ́ːstə(r)/ *n.* **1** 海狸香(かいりこう), カストリウム《ビーバーのまたから分泌物で香水・製薬の原料》. **2** ビーバー帽 (beaver hat)《ビーバーまたはそれまがいの毛皮で作った帽子》. **3** 《まれ》〘動物〙ビーバー (beaver). 《← NL ~》 〘(a1398) ◻ L ~ ◻ Gk *kástōr* beaver: カストリウムは女性の守護神で, ビーバーの分泌物が子宮の薬として用いられることからか〙

cas·tor³ /kǽstə | kɑ́ːstə(r)/ *n.* =chestnut 5. 〘(1888) ← ? ME *castane* ◻ ONF *castaine* (F *châtaigne*) < L *castaneam* chestnut〙

cas·tor⁴ /kǽstə | kɑ́ːstə(r)/ *adj.* 《豪俗》良い (good), 素晴らしい (fine). 〘(1945) ← ? *castor sugar*: 'very sweet' の意からか〙

Cas·tor /kǽstə | kɑ́ːstə(r)/ *n.* **1** 〘ギリシャ・ローマ神話〙カストール (⇨ Castor and Pollux). **2** 〘天文〙カストル《ふたご座 (Gemini) の α 星で 1.6 等星; cf. Pollux 2》. 〘◻ L ~ ◻ Gk *Kástōr* 《原義》the bright one〙

Cástor and Póllux *n.* 〘ギリシャ神話〙カストールとポリュデウケース《Castor は Tyndareus と Leda の子, Pollux は白鳥の姿になった Zeus と Leda の子; 彼らはしばしば双子とみなされ, 船乗りの守護神として, また兄弟愛の典型とみなされている; 不死身であった Pollux は, Castor が殺されてからは, Zeus の許しを得て Castor と共に天上と, 地下 (Hades) に一日置きに暮らしたという; 後にふたご座 (Gemini) の二星となったという; the Dioscuri ともいう》. 〘1526〙

cástor bèan *n.* **1** 〘植物〙トウゴマ (castor-oil plant). **2** トウゴマの実, ヒマの種子. 〘1819〙

cas·to·re·um /kæstɔ́ːriəm | -tɔ́ːr-/ *n.* =castor² 1.

〘(a1398) ▭ L ～ ← *castor* 'CASTOR²'〙
cástor óil *n.* ひまし油. 〘(1746): ⇨ castor¹ 1〙
cástor-óil plànt *n.* 〚植物〛トウゴマ, ヒマ (*Ricinus communis*)《熱帯アジア産のトウダイグサ科の低木; 種子からひまし油を採る》. 〘1845〙
cástor sùgar *n.* 《英》粉末白砂糖. 〘(1855): ⇨ caster 2 a〙
cas·tra·me·ta·tion /kæ̀strəmɪ̀téɪʃən | -mɛ-, -mɪ-/ *n.* 〚軍事〛(軍営・野営陣地の設置・布置に関する)屯営法, 布陣法. 〘(1679) ▭ F ～ ▭ ML *castrametātiō(n-)* ← L *castra* camp＋*mētārī* to measure off, lay out〙
cas·trate /kǽstreɪt | ―⌐/ *vt.* **1 a** …の睾丸(こうがん)を取る, 去勢する. **b** 《まれ》…の卵巣を除去する (spay). **2 a** 骨抜きにする, …の効力[迫力, 活力]を奪う, 軟弱にする. **b** 〈書物などの不都合な所を〉削除訂正する. **3** 〚植物〛去葯(きょやく)する. — *n.* 去勢された人[動物]. **cás·tra·tor** /-tə | -tə(r)/ *n.* **cas·tra·to·ry** /kǽstrətɔ̀ːri | -təri/ *adj.* 〘(1554) ← L *castrātus* (p.p.) ← *castrāre* to cut, geld ← IE **kes-* to cut (Gk *keázein* to split)〙
castrati *n.* castrato の複数形.
cas·tra·tion /kæstréɪʃən/ *n.* **1** 去勢《雄の睾丸(こうがん)・雌の卵巣を除去すること》. **2 a** 骨抜き(にすること), 無力化. **b** (不都合な所の)削除訂正; 削除部分. **3** 〚植物〛去葯(きょやく)《花の雄蕊(ゆうずい)を除去すること》. 〘(?a1425) ▭ (O)F ～ ▭ L *castrātiō(n-)*: ⇨ -ation〙
castrátion còmplex *n.* 〚精神分析〛去勢コンプレックス《同性の親に罰として性器を奪われるという, 男児が抱く無意識の恐怖》. 〘1914〙
cas·tra·to /kæstráːtoʊ | -təʊ; *It.* kastráːto/ *n.* (*pl.* **-tra·ti** /-tiː; *It.* -ti/) 〚音楽〛カストラート《変声期以前の高音域を保つために去勢された男性歌手; ソプラノまたはコントラルトの声域をもち, ボーイソプラノより力強い響きをもつ》. 〘(1763) ▭ It. ～ ▭ L *castrātus*: ⇨ castrate〙
Cas·tries /kǽstriːz, -triːs | ―⌐/ *n.* カストリーズ《西インド諸島東部, St. Lucia の首都》.
Cas·tro /kǽstroʊ | -trəʊ; *Am.Sp.* kástro/, **Fi·del** /fidél/ *n.* カストロ (1927–　; キューバの革命家・政治家, 首相 (1959–)).
Cás·tro·ìsm /-troʊɪ̀zm | -trəʊ-/ *n.* Castro の主義・政策 (Fidelism). 〘(1960): ⇨ ↑, -ism〙
Cás·tro·ist /-troʊɪ̀st | -trəʊɪst/ *n., adj.* ＝Fidelist. 〘(1961): ⇨ -ist〙
Cas·tro·ite /kǽstroʊàɪt | -trəʊ-/ *n., adj.* ＝Castroist. 〘(1963): ⇨ Castro, -ite¹〙
Cas·trol /kǽstroʊl | -trɔl/ *n.* 〚商標〛カストロール《英国製のモーターオイル》.
Cas·trop-Raux·el /káːstrɔ(ː)práʊksəl, -sl̩ | -strɒp-; *G.* kástʁɔpʁáʊksl̩/ *n.* カストロプ ラウクセル《ドイツ North Rhine-Westphalia 州中部の鉄鉱業都市; Kastrop-Rauxel ともいう》.
Cás·tro Válley /kǽstroʊ- | -trəʊ-/ *n.* カストロバレー《米国 California 州西部, Oakland 郊外の町》.
cást stéel *n.* 〚冶金〛鋳鋼. 〘1778〙
cas·u·al /kǽʒuəl, -ʒʊl | -ʒuəl, -ʒʊl, -zjuəl, -zjʊl/ *adj.* **1 a** 無関心な, 無頓着な, のんきな: a ～ air 無頓着な態度 / She is ～ *about* [when it comes to] money. お金に頓着しない / trying to seem ～ and unconcerned のんきで平気であるかのように努めて / an air of ～ indifference 無関心な態度. **b** 表面[うわべ]だけの, 軽い: a ～ acquaintance. **c** でたらめな, 行き当たりばったりの: He is a very ～ sort of person. 非常に行き当たりばったりの人だ / He is too ～ in his methods. 彼のやり方はでたらめ過ぎる. **d** 不用意の, ふとした, 何気ない: a ～ remark [conversation] 思いつきの言葉[何気ない会話]. **e** 計画[方法, 先見の明]のない. **2 a** 偶然の結果に従う[から出てくる]; 偶発の, 偶然の, 不慮の (accidental). **b** 偶然生じる[出てくる, 選ばれた]; 不時の, 思いがけない, 不意の (⇨ accidental, random SYN): a ～ visitor 思いがけない訪問客 / a ～ meeting [encounter] 偶然の出会い, 奇遇 / a ～ glance さりげない一瞥. **3 a** 打ち解けた, くつろいだ. **b** 〈衣服が〉略式の, ふだん用の, カジュアルな: ～ wear [clothes]. **4** 固定雇用でない, 臨時の, 不定期の: ～ labor 臨時仕事 / a ～ laborer 臨時雇い, 日雇い労務者 / ～ earnings 臨時収入. **5** 《英》**a** 臨時救済を受ける. **b** 浮浪者の(ための): ⇨ casual ward 1. **6** 《廃》不安定な, はっきりしない (uncertain). **7** 〚生物〛＝adventive. — *n.* **1 a** [*pl.*] ふだん着, カジュアルウェア. **b** [通例 *pl.*] カジュアルシューズ《かかとの低いスリッポンの靴; カジュアルな服装のときにはく広範な靴》. **2** 日雇い労務者. **3** 《英》臨時救済を受ける貧民[浮浪者]. **4** 〚軍事〛**a** 待機者《自分が補職・配属の関係をもたない部隊で命令・輸送などを待っている将校・下士官または兵》. **b** 所属部隊未定の兵員. **5** 〚生物〛＝adventive. **～·ness** *n.* 〘(c1384) *casuel* ▭ (O)F // LL *cāsuālis* accidental ← L *cāsus* 'CASE¹': ⇨ -al¹〙
cásual cóntact *n.* 日常的接触《性病を伝染されない程度の接触》.
cás·u·al·ìsm /-lɪzm/ *n.* 〚哲学〛偶然論《世界の全事物の存在も変化も偶然的だとする説》. 〘(1873): ⇨ casual, -ism〙
cas·u·al·i·ze /kǽʒuəlàɪz, -ʒʊl- | -ʒuəl-, -ʒʊl-, -zjuəl-, -zjʊl-/ *vt.* 〈職や雇用人を〉常勤雇用から臨時雇用に切り換える. **càs·u·al·i·zá·tion** /kæ̀ʒuəlɪzéɪʃən, -ʒʊl- | -ʒuəlaɪ-, -ʒʊl-, -zjuəl-, -lɪ-/ *n.* 〘(1920) ← CASUAL＋-IZATION〙
cas·u·al·ly /kǽʒuəli, -ʒʊ- | -ʒuə-, -ʒʊ-, zjuə-, -zjʊ-/ *adv.* **1** 偶然, ふと, 思いがけなく. **2** 不用意に, 何気なく, 行き当たりばったりに. **3** ふだん着で, (服装など)略式で. **4** 臨時に, 不定期に. 〘(c1380): ⇨ -ly¹〙
cásual séx *n.* ゆきずりのセックス.
cásual shòe *n.* [通例 *pl.*] ＝casual *n.* 1 b.
cas·u·al·ty /kǽʒuəlti, -ʒʊl- | kǽʒuəl-, -ʒʊl-, -zjuəl-, -zjʊl-/ *n.* **1 a** (事故による)死傷者: a traffic ～ 交通事故死[負傷]者. **b** [無冠詞で] ＝casualty department. **2** 犠牲者: The depression caused many *casualties*. 不景気で多くの犠牲者が出た. **3** 〚軍事〛**a** (死傷・病気・行方不明などによる)損耗人員, 事故者. **b** [*pl.*] (戦闘その他による)死傷者数, (兵力)損耗(人員)数: heavy *casualties* 多数の死傷者. **4 a** (大きな)事故, 惨事 (disaster) (⇨ accident SYN). **b** 不幸, 災難. 〘(?c1425) ▭ ML *cāsuālitātem*: ⇨ casual, -ty²〙
cásualty depàrtment *n.* 《英》(病院の)救急医療室[病棟] (casualty ward).
cásualty insùrance *n.* 《米》〚保険〛災害保険《損害保険中, 火災・海上およびボンドを除いたものの総称》. 〘1902〙
cásualty wàrd *n.* ＝casualty department. 〘1836–37〙
cásual wàrd *n.* **1** 《英》(貧民院内の)浮浪者収容室. **2** 《米》救急医療室. 〘1860〙
cásual wáter *n.* 〚ゴルフ〛カジュアルウォーター《コースにできた一時的な水たまり》. 〘1899〙
cas·u·a·ri·na /kæ̀ʒuəríːnə, -ʒʊr- | -zjuər-, -ʒuər-/ *n.* 〚植物〛モクマオウ《オーストラリア原産モクマオウ属 (*Casuarina*) の木の総称; 枝条はまっすぐに上方に伸び葉がない; 中には大木になる種類もあり, これは赤色の堅材となる; モクマオウ (swamp oak) など; cf. she-oak》. 〘(1806) ← NL *casuārius* 'CASSOWARY'＋-INA¹: 枝の形がこの鳥の羽に似ているところから〙
cas·u·ist /kǽʒuɪ̀st | kǽzjuɪst, -ʒʊ-/ *n.* **1** 〚哲学〛決疑論者 (cf. casuistry 1). **2** 詭弁家 (sophist). 〘(1609) ▭ F *casuiste* ▭ Sp. *casuista* ← L *cāsus* 'CASE¹': ⇨ -ist〙
cas·u·is·tic /kæ̀ʒuístɪk | -zju-, -ʒu-⌐/ *adj.* **1** 決疑論的な. **2** ＝casuistical. 〘(1660): ⇨ ↑, -ic¹〙
cas·u·is·ti·cal /kæ̀ʒuístɪ̀kəl, -kl̩ | -zjuístɪ-, -ʒu-⌐/ *adj.* 詭弁的な (sophistical), ごまかす (quibbling). **～·ly** *adv.* 〘(1649): ⇨ ↑, -al¹〙
cas·u·ist·ry /kǽʒuɪ̀stri | -zju-, -ʒu-/ *n.* **1** 〚哲学〛決疑法, 決疑論《社会的慣行や教会・聖典の律法などを適用して行為の道徳的正邪を判定しようとする議論[方法]》. **2** 詭弁, ごまかし (sophistry). 〘(1725) ← CASUIST＋-ERY〙
ca·sus bel·li /kéɪsəsbéli, káːs- | káːsusbéliː, kéɪsəsbélaɪ/ *L. n.* (*pl.* ～) **1** 開戦を正当化する事件[出来事]. **2** 開戦の理由, 宣戦の口実. 〘(1849) ▭ L *cāsus belli* case of war〙
ca·sus foe·de·ris /―― fɔ́ɪdərɪ̀s, -féd-, -fíːd- | ―― fɔ́ɪdərɪs, -féd-, -fíːd-/ *L. n.* (*pl.* ～) 〚国際法〛条約該当事由《条約に規定されている事由[場合]》. 〘(1780) ▭ L *cāsus foederis* case of contract〙
cat /kǽt/ *n.* **1 a** ネコ《通例ネコ科ネコ属のイエネコ (*Felis catus*) を指す; cf. tomcat, she-cat, tabby cat, kitten》: A ～ catches mice. 猫はねずみを捕る / A ～ has nine lives. 《諺》猫には命が九つある《なかなか死なない》/ Care killed the ～. 《諺》(九生あるという)猫でさえ心配のために死んだ《心配は身の毒》/ A ～ may look at a king. 《諺》猫でも王様を見られる《どんなに身分の卑しい者でもそれなりの権利はある》/ When the ～'s away (the mice will play). 《諺》猫がいないときはねずみが暴れる (cf.「鬼の居ぬ間に洗濯」). **b** 猫の毛皮. **2** 〚動物〛**a** ネコ科の食肉動物の総称《ライオン・トラ・ヒョウなど》. **b** [通例限定詞を伴って] ネコに似た小動物《ジャコウネコ (civet cat), ケナガイタチ (polecat), ヤマネコ (wildcat), クマネコ (bear cat) など》. **3** 《口語》**a** 意地悪女; (特に)他の女の人に意地悪口をきく人. **b** [限定詞を伴って] 臆病な人: a scared ～ 臆病者. **c** ＝cat burglar. **4** (三脚で立つ)六脚器《皿などを載せる台[五徳(ごとく)]》. **5** 九尾のねこむち (cat-o'-nine-tails)《猫の引っかきを暗示しているところから》: give a dose of the ～ ひとむち打ってやる / There's no [not (enough)] room to swing a ～ (in). ⇨ room *n.* 3. **6** (中世の攻城用)移動式昇降楼. **7 a** ＝catboat. **b** ＝catamaran 1. **c** 《口語》＝caterpillar. **8** 《俗》**a** ジャズ音楽家; ジャズ狂 (hepcat). **b** 男; やつ: a pretty cool ～ すっごくかっこいいやつ. **9** 〚遊戯〛**a** (棒打ち遊び (tipcat) に用いる)両端の尖った木片. **b** ＝tipcat. **10** 〚海事〛**a** (昔の船で)錨(いかり)をつるための滑車. **b** ＝cathead. **11** 《口語》＝catapult 1. **12** [通例限定詞を伴って] 〚魚類〛＝catfish: ⇨ mud cat.
(as) sick as a cát 《口語》むかついて, 吐き気を催して; ひどくいやな. ***béll the cát*** (みんなのために)進んで難局に当たる, 大胆なことを企てる. 〘(c1378): 猫の首に鈴を付ける役をどのねずみにするかで大騒ぎしたというイソップの寓話にちなむ〙 ***cáts and dógs*** (1) [主に次の文で] 大量に, 激しく (very heavily): It is raining *～s and dogs*. どしゃぶりに降っている. ★ 今では陳腐な表現とされる. 〘(1738): cat は大雨を, dog は強風を招くものとの迷信から〙 (2) 犬猿の仲: He and his father agree [live] like *～s and dogs*. あの親子は大変仲が悪い, 犬猿の仲である. ***enóugh to màke a cát spéak*** 〈酒が〉猫でもたまげて口をきく(ほど)すてきな, 非常にいい. 〘(1719)〙 ***fíght like Kilkénny cáts*** ⇨ Kilkenny cats. ***grín like a Chéshire cát*** ⇨ Cheshire cat 成句. ***Hàs the cát gòt your tóngue?*** 《英口語》口がないのかね, どうして黙りこんでいるんだい. ***lét the cát òut of the bàg*** ついうっかり秘密を漏らす. ***like a cát on a hót tín róof*** [《英》***on hót bricks***] そわそわして, いらいらして落ち着かずに. ***like cát and dóg*** 激しくいがみ合って. 〘(1579)〙 ***like sómething the cát (has) drágged [brôught] in*** 《口語・戯言》くたくたに疲れて; だらしない身なりで: look [feel] *like something the ～ (has) dragged in* 疲れきった様子だ[気がする], みっともない様子だ[をしてる気がする]. ***màke a cát láugh*** 猫を笑わせる(ほどおかしい): enough to *make a ～ laugh* とてもおかしい[滑稽な]. 〘(c1598)〙 ***nòt a cát in héll's chànce＝nòt a cát's chànce*** 全然機会[見込み]がない (cf. dog's chance). 〘(1796)〙 ***pláy (a gáme of) cát and móuse (with)*** 《口語》(1) (態度をはっきりさせないで人を)もてあそぶ, なぶる. (2) (容疑者などを一度は捕らえて)泳がせておく. ***pút [sét] the cát amòng the pígeons*** 《口語》騒動[波乱]を起こす. ***shóot the cát*** 《英口語》へどを吐く (cat). ***skín a [the] cát*** 背抜きする《両手で鉄棒に下がり, 足を腕の間から通して背中を下にして棒を越える》. ***téar a cát*** 《Shak》どなり立てる, 大言壮語する (cf. *Mids N D* 1. 2. 29–30). ***Thàt cát wòn't júmp.*** その提案はうまくいきそうもない[実行不可能だ]. 〘(1838)〙 ***the cát jùmps*** 《口語》(政界などの)形勢がはっきりする: see [watch] which way *the ～ jumps* しばらく形勢を見極める[観望する] / wait for *the ～* to *jump* 形勢がはっきりするまで待つ, 日和見する / if [when] *the ～ jumps* the right way 形勢が有利になれば. 〘(1827)〙 ***túrn (the) cát in (the) pán*** 寝返る, 変節する, 裏切る.
cát and móuse [**rát**] 〚遊戯〛猫とねずみ遊び《輪を作り, つないだ手を上下させ, 逃げる「ねずみ」を鬼の猫につかまらないようにして遊ぶ子供の遊戯》. 〘(1887)〙
— *v.* (**cat·ted; cat·ting**) — *vt.* **1** 九尾のねこむち (cat-o'-nine-tails) で打つ. **2** 〚海事〛〈錨(いかり)を〉吊錨(ちょうびょう)架 (cathead) に引き上げる. — *vi.* **1** 《英口語》へどを吐く. **2** 《卑》〈男が〉女を漁る (tomcat). ★ 主に次の句で: go *～ting* セックスの相手を探しまわる.
〘OE *catt* < Gmc **kattuz* (G *Katze*) ▭ ? LL *cattus* (masc.), *catta* (fem.) ← ?〙
Cat /kǽt/ *n.* 〚商標〛キャット《無限軌道式トラクター》. 〘《略》← *Caterpillar tractor*〙
CAT /kǽt/ 《略》Civil Air Transport; 〚航空〛clear-air turbulence; college ability test 大学生学力テスト; 《英》College of Advanced Technology; computer-aided [-assisted] teaching [testing] コンピューター援用授業[検査]; computerized axial tomography コンピューター X 線体軸断層撮影.
cat. 《略》catalog; catalytic converter; 《口語》catamaran 2; cataplasm; catapult; catechism; cattle.
cat- /kæt/ *pref.* (母音の前にくるときの) cata- の異形: *cat*echize, *cat*ion.
cat·a- /kǽtə | -tə/ *pref.* 本来ギリシャ語系接頭辞として次の意味を表す: **1**「(上から)下に向かって」: *cata*bolism, *cata*ract. **2**「…を通じて, …にわたって (through)」: *cata*phoresis. **3**「完全に (wholly)」: *cata*lysis. **4**「…に反して (against); 逆戻りして (in regression)」: *cata*baptist, *cata*plasia. ★ 母音の前では通例 cat- に, h の前では cath- になる(ただし h は繰り返さない). またまれに kata-, kat-, kath- とつづられることもある. 〘← NL ～ ← Gk *kat(a)-*, *kath-* ← *katá* down, through, against〙
càta·báptist *n.* 〚教会〛洗礼反対者. 〘(1561) ← ? NL *catabaptista* ← LGk *katabaptistḗs*: ⇨ ↑, baptist〙
ca·tab·a·sis /kətǽbəsɪ̀s | -sɪs/ *n.* (*pl.* **-a·ses** /-sìːz/) ＝katabasis.
ca·tab·o·lism /kətǽbəlɪ̀zm/ *n.* 〚生物・生理〛異化(作用) (cf. anabolism, metabolism). **cat·a·bol·ic** /kæ̀təbɑ́(ː)lɪk | -tɔbɔ́l-⌐/ *adj.* **càt·a·ból·i·cal·ly** *adv.* 〘(1876) ← Gk *katabolḗ* (← *kata-* 'CATA-'＋*bolḗ* a throwing (← *bállein* to throw))＋-ISM〙
ca·tab·o·lite /kətǽbəlàɪt/ *n.* 〚生物・生理〛異化産物. 〘(1909): ⇨ ↑, -ite¹〙
ca·tab·o·lize /kətǽbəlàɪz/ *vt.* …に異化作用を起こさせる; 酸化させる (oxidize). — *vi.* 異化作用する. 〘(1926): ⇨ -ize〙
càta·cáustic 〚数学・光学〛*adj.* 反射火線[焦線]の (cf. diacaustic). — *n.* 反射火線[焦線]. 〘(1708) ← Gk. *kata-* against＋*kaustikós* caustic〙
cat·a·chre·sis /kæ̀təkríːsɪ̀s | -təkríːsɪs/ *n.* (*pl.* **-chre·ses** /-siːz/) **1** 〚修辞〛語の誤用; (特に)比喩の乱用, 濫喩《語のこじつけ的な用法, または語句の比喩的意味の強引な使用; 例: chronic＝severe のような誤用, common と mutual の混用; take arms against a sea of troubles (Shak., *Hamlet* 3. 1. 59) の大胆な比喩など》. **2** 〚言語〛(語源的)混用, 俗繹法《語源の誤解に基づくつづり字の語を用いること; 例: sparrow grass < asparagus, causeway < causey など》. **cat·a·chres·tic** /kæ̀təkréstɪk⌐/ *adj.* **cat·a·chres·ti·cal** /kæ̀təkréstɪ̀kəl, -kl̩ | -stɪ-⌐/ *adj.* **càt·a·chrés·ti·cal·ly** *adv.* 〘(1550) ▭ L ～ ▭ Gk *katákhrēsis* misuse of a word ← *kata-* 'CATA-'＋*khrêsis* use〙
cat·a·cla·sis /kæ̀təkléɪsɪ̀s, kətǽkləs-, kæ- | kæ̀təkléɪsɪs, kətǽkləs-, kæ-/ *n.* (*pl.* **-cla·ses** /-kléɪsiːz, -kləsìːz/) 〚地質〛カタクラシス《岩石の変形作用中に起こる圧砕・破砕》. **cat·a·clas·tic** /kæ̀təklǽstɪk | -tə-⌐/ *adj.* 〘← NL ～ ← Gk *katáklasis* ← *kata-* 'CATA-'＋*klásis* breaking〙
cat·a·clasm /kǽtəklæ̀zm | -tə-/ *n.* 破裂, 分裂 (disruption). **cat·a·clas·mic** /kæ̀təklǽzmɪk | -tə-⌐/ *adj.* 〘(1829) ▭ Gk *katáklasma* breakage ← *kata-* 'CATA-'＋*klásma* fragment (← *klân* to break down)〙
cat·a·clas·tic /kæ̀təklǽstɪk | -tə-⌐/ *adj.* 〚地質〛圧砕状の, 破砕状の: ～ rock 破砕岩. 〘(1887) ▭ ? Norw. *kataklastisk*: ⇨ cataclasis, -ic¹〙
cat·a·cli·nal /kæ̀təkláɪnl̩ | -tə-⌐/ *adj.* 《まれ》〚地質〛地層傾斜の方向に下降する (cf. anaclinal): a ～ river. 〘1875〙
cat·a·clysm /kǽtəklɪ̀zm | -tə-/ *n.* **1** 大洪水. **2** (政治的・社会的な)大変動, 大変革, 異変 (⇨ disaster

SYN). **3** 〖地質〗(地殻の)激変. 〖(1633) □ F *cataclysme* □ L *cataclysmos* □ Gk *kataklusmós* deluge ← *kata-* 'CATA-'＋*klúzein* to wash〗

cat·a·clys·mal /kæ̀təklízməl, -ml | -tə-ˊ/ *adj.* ＝cataclysmic. 〖1857〗

cat·a·clys·mic /kæ̀təklízmɪk | -tə-ˊ/ *adj.* 激変的な, 大異変の: ～ changes 激変. **càt·a·clýs·mi·cal·ly** *adv.* 〖(1851): ⇨ -ic¹〗

cátaclysmic váriable *n.* ＝eruptive variable.

cat·a·clys·mist /kǽtəklɪzmɪ̀st | -mɪst/ *n.* ＝catastrophist. 〖1887〗

cat·a·comb /kǽtəkòum | -təkù:m, -kòum/ *n.* **1 a** [通例 *pl.*] 地下埋葬所, 地下墓地《高いトンネル状の地下道の両側の壁に納骨用の多数の穴が掘ってあるもの》. **b** [the Catacombs] (ローマの)カタコンベ《初期キリスト教徒の避難所となった地下墓地》. **2 a** 地下墓地[カタコンベ]状の所. **b** 地下納骨所. **c** ぶどう酒貯蔵穴蔵 (wine cellar). **d** 複雑に交錯する(地下)通路[部屋]. **e** 複雑にからみ合っているもの. 〖OE *catacumbas* □ (O)F *catacombes* □ LL *catacumbas* sepulchral vault (もとおそらく墓地のあった Appian Way の周辺の一地域の名)《異化》? ← L **cata tumbās* at the graves ← CATA-＋*tumbās* ((acc. pl.) ← *tumba* 'TOMB')〗

càta·dióptric *adj.* 〖光学〗反射屈折の[によって生じる, を伴う]: the ～ system 光の反射作用および屈折作用を利用した光学系. 〖1723〗

ca·tad·ro·mous /kətǽdrəməs, kæ-/ *adj.* 〖魚類〗〈魚が〉(産卵のために)川を下って海に行く, 降流性の (cf. anadromous, diadromous). 〖(1883) ← ? NL *catadromus* ← CATA-＋Gk *drómos* a running, course: ⇨ -ous〗

cat·a·falque /kǽtəfæ̀lk, -fɔ̀:(l)k, -fɑ̀:(l)k | -təfæ̀lk/ *n.* **1** 棺台《葬儀中または一般人の告別のために名士などの棺を安置する台》. **2** 霊柩(れいきゅう)車 (hearse). **3** 〖カトリック〗カタファルク《埋葬後鎮魂ミサ (Requiem mass) で死者を表すのに用いる棺のようなもの》. 〖(1641) □ F ～ □ It. *catafalco* < VL **catafalicu(m)* ← CATA-＋L *fala* tower: cf. scaffold〗

càta·génesis *n.* 〖生物〗カタゲネシス, 退行的進化《系統発生の過程における退化; cf. anagenesis 1》. 〖(1884) ← NL ～: ⇨ cata-, -genesis〗

Ca·ta·ian /kətéɪən/ *n.* 《廃》中国人; ごろつき, ならず者. 〖(1597)《変形》← CATHAY＋-AN¹〗

Cat·a·lan /kǽtələn, -læn, -tl- | kætəlǽn←, ⌐⌐⌐/ *adj.* **1** (スペインの)カタロニア (Catalonia) 地方の; カタロニア人の. **2** カタロニア語の. — *n.* **1** カタロニア人. **2** カタロニア語《Provençal と同一系のロマンス語》. 〖(1480) □ Sp. ～〗

cat·a·lase /kǽtəlèɪs, -lèɪz, -tl- | -təlèɪs, -lèɪz/ *n.* 〖生化学〗カタラーゼ《過酸化水素を水と酸素に分解する酵素; cf. peroxidase》. **cat·a·lat·ic** /kæ̀tələ́tɪk -tl- | -təlǽt-, -tl-ˊ/ *adj.* 〖(1901) ← CATAL(YSIS)＋-ASE〗

cat·a·lec·tic /kæ̀təléktɪk, -tl- | -təl-, -tl-ˊ/ 〖詩学〗 *adj.* 欠節詩行の《特に行末の詩脚に音節が不足しているもの (cf. acatalectic); 次の例では 2 行目の最後に弱勢の 1 音節が欠けている: Téll me nòt in móurnful númbers, / Lífe is bút an émpty dréam! (Longfellow, *A Psalm of Life*)》. — *n.* 欠節詩行. 〖(1589) □ LL *catalēcticus* □ Gk *katalēktikós* lacking the last foot ← *katalḗgein* to stop ← *kata-* 'CATA-'＋*lḗgein* to leave off, cease from〗

cat·a·lep·sy /kǽtəlèpsi, -tl- | -təlèp-, -tl-/ *n.* 〖精神医学〗カタレプシー, 強硬症. 〖(*a*1398)《変形》←《古形》*catalency*《変形》← ME *cathalempsia* □ ML *catalēpsia*＝LL *catalēpsis* □ Gk *katálēpsis* seizure: ⇨ cata-, lepsy〗

cat·a·lep·tic /kæ̀təléptɪk, -tl- | -tə-, -tl-ˊ/ 〖精神医学〗 *adj.* 強硬症の. — *n.* 強硬症患者. **càt·a·lép·ti·cal·ly** *adv.* 〖(1684) □ LL *catalēpticus* □ Gk *katalēptikós* able to check: ↑, -ic¹〗

cat·a·lex·is /kæ̀təléksɪ̀s, -tl- | -təléksɪs, -tl-/ *n.* (*pl.* **-lex·es** /-si:z/) 〖詩学〗欠節詩句, 行末欠節 (⇨ catalectic). 〖(1830) ← NL ～ ← Gk *katálēxis*: ⇨ catalectic〗

Cat·a·lin /kǽtəlɪ̀n, -tl- | -təlɪn, -tl-/ *n.* 〖商標〗カタリン《合成樹脂の商品名; 服飾・家庭用品などに使用》.

Cat·a·li·na /kæ̀təlí:nə, -tl- | -təl-, -tl-/ *n.* カタリナ(島) (⇨ Santa Catalina).

cat·a·lo /kǽtəlòu, -tl- | -təlàu, -tl-/ *n.* (*pl.* ～**es**, ～**s**) 《米》＝cattalo.

cat·a·log /kǽtəlɔ̀(:)g, -lɑ̀(:)g, -tl- | -təlɒg, -tl-/ *n.* **1 a** (商品・書籍などの)目録, 一覧表; カタログ (⇨ list¹ SYN): a ～ of articles, books, etc. **b** 目録[カタログ]に記載された物. **c** 〖図書館〗目録 (cf. card catalog). **2** 《米》(大学などで出す)要覧, 便覧 (《英》calendar): the Harvard *Catalog*. **3** 細目列挙, リスト (list): a ～ of kings. **4** 《NZ》(競売のための)羊毛品目一覧表. — *vt.* **1** …の目録[カタログ]を作る. **2** 目録[カタログ]に載せる, 分類する. — *vi.* **1** 目録[カタログ]作りをする. **2** 〈切手・コインがカタログに載る: This coin ～s ten dollars. このコインはカタログに 10 ドルで載っている. 〖(?*a*1425) □ (O)F *catalogue* □ LL *catalogus* □ Gk *katálogos* counting up ← *katalégein* to pick out, enlist: ⇨ cata-, logic〗

cátalog càrd *n.* 〖図書館〗目録カード (cf. card catalog).

cát·a·lòg·er *n.* 目録作成者, 目録係員. 〖(1841): ⇨ -er¹〗

cát·a·lòg·ing *n.* 〖図書館〗目録法, 目録作業. 〖(1830): ⇨ -ing¹〗

cát·a·lòg·ist /-gɪ̀st | -ɪst/ *n.* ＝cataloger. 〖1860〗

cat·a·logue /kǽtəlɔ̀(:)g, -lɑ̀(:)g, -tl- | -təlɒg, -tl-/ *n.*, *v.* ＝catalog.

cát·a·lògu·er *n.* ＝cataloger.

cá·ta·logue rai·son·né /-rèɪzənéɪ, -rèz-, -zn-; *F.* katalɔgʁɛzɔne/ *F.* *n.* (*pl.* **ca·ta·logues rai·son·nés** /-lɔ̀(:)g(z)- | -lɒg(z)-; *F.* ～/) (書物・絵画などの)解題目録. 〖(1784) □ F ～《原義》reasoned catalog〗

cát·a·lògu·ing *n.* ＝cataloging.

cát·a·lògu·ist /-gɪ̀st | -gɪst/ *n.* ＝catalogist.

Cat·a·lo·ni·a /kæ̀təlóuniə, -tl-, -njə | -təlɔ́u-, -tl-/ *n.* カタロニア《スペイン北東部の地中海側の地方; 独自の言語・文化を持ち, スペイン内乱では政府側の最後の拠点となった; 面積 32,171 km²; スペイン語名 Cataluña》. 〖□ ML ～ (Sp. *Cataluña*) ← ?〗

Cat·a·lo·ni·an /kæ̀təlóuniən, -tl-, -njən | -təlɔ́u-, -tl-ˊ/ *adj.*, *n.* ＝Catalan.

ca·tal·pa /kətǽlpə/ *n.* 〖植物〗キササゲ《アメリカやアジア産ノウゼンカズラ科キササゲ属 (*Catalpa*) の植物の総称; アメリカキササゲ (*C. bignonioides*) など》. 〖(*c*1730) ← NL ～ ← N-Am.-Ind. *kutuhlpa* winged head: 花の形から〗

cat·a·lu·fa /kæ̀təlú:fə, -tl- | -təl-, -tl-/ *n.* (*pl.* ～, ～**s**) 〖魚類〗熱帯地方の海にすむキントキダイ科の魚類の総称; (特に)西大西洋や西インド諸島に生息する *Priacanthus arenatus*. 〖□ Am-Sp. ～ □ Sp. ～〗

Ca·ta·lu·ña /*Sp.* katalúɲa/ *n.* カタルーニャ (Catalonia のスペイン語名).

ca·tal·y·sis /kətǽləsɪ̀s | -lɪ̀sɪs/ *n.* (*pl.* **-y·ses** /-sì:z/) **1** 〖化学〗触媒作用, 接触作用. **2** 他の要因によって引き起こされること[現象]: His book occasioned the ～ of wide discussion. 彼の著書は広く論議を引き起こした. 〖(1655) ← NL ～ ← Gk *katálusis* putting-down, dissolving: ⇨ cata-, lysis〗

cat·a·lyst /kǽtəlɪ̀st, -tl- | -təlɪst, -tl-/ *n.* **1** 促進の働きをする物; 促進剤. **2** 相手に刺激[活気]を与える人. **3** 〖化学〗触媒 (cf. anticatalyst). 〖(1902): ANALYSIS-ANALYST などとの類推から〗

cat·a·lyt·ic /kæ̀təlítɪk, -tl- | -təl-, -tl-ˊ/ *adj.* 触媒の[による, に関する]: a ～ reaction, agent, etc. **càt·a·lýt·i·cal·ly** *adv.* 〖(1836) □ Gk *katalutikós*: ⇨ catalysis, -ic¹〗

catalýtic convérter *n.* 〖自動車〗触媒コンバーター《自動車の排気ガス中有害成分を触媒により反応させて無害な成分に変える装置》.

catalýtic crácker *n.* 〖化学〗(石油をクラッキングする)接触分解装置 (cat cracker ともいう). 〖1951〗

catalýtic crácking *n.* 〖化学〗接触分解《高オクタン価ガソリンを製造するため触媒を用いて石油を分解すること; cf. thermal cracking》. 〖1927〗

cat·a·lyze /kǽtəlàɪz, -tl- | -təl-, -tl-/ *vt.* **1** 促進させる, 刺激する (provoke); 刺激して…させる (*into*): ～ a person *into* activity. **2** (刺激を与えて)変更[改変]させる. **3** 〖化学〗 **a** …の触媒作用をする. **b** 触媒作用で〈物質を〉生み出す. 〖(1890): ⇨ catalysis, -ize〗

cát·a·lỳz·er *n.* 〖化学〗＝catalyst 3. 〖1893〗

cat·a·ma·ran /kæ̀təmərǽn, ⌐⌐⌐⌐ | -tə-/ *n.* **1** カタマラン《東インドおよび西インド諸島・南米などの沿岸で用いる, 丸太を 2, 3 本並べて縛ったいかだ舟》. **2 a** 双胴舟, キャタマラン《カーフェリーなどの鋼船で, 船体が 2 隻並びそれをつないで鋼甲板を張ったもの》. **b** 二連小舟《2 隻の小舟を並べ, 板を渡して甲板とした式のもの; cf. trimaran》. **3** 《口語》意地悪でけんか好きな人; (特に)がみがみ女, 意地悪女 (vixen). **4** 《カナダ》(木材運送用の)木のそり. 〖(1673) □ Tamil *kaṭṭamaram* tied wood〗

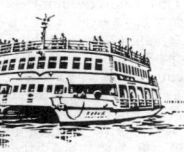

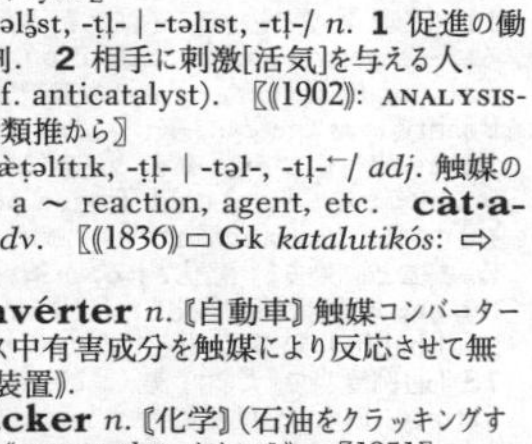

catamaran 2 a

cat·a·me·ni·a /kæ̀təmí:niə | -tə-/ *n. pl.* 〖生理〗月経 (menses). **càt·a·mé·ni·al** /-niəlˊ/ *adj.* 〖(1754–64) ← NL ～ ← Gk *katamḗnia* (neut.pl.) ← *katamḗnios* monthly ← *kata-* 'CATA-'＋*mḗn* month〗

cat·a·mite /kǽtəmàɪt | -tə-/ *n.* 《古》男色の相手の少年, 稚児(ちご). 〖(1593) □ F ～ □ L *Catamitus*《変形》← *Ganymēdes* □ Gk *Ganumḗdēs* 'GANYMEDE'〗

cat·a·mount /kǽtəmàunt | -tə-/ *n.* 〖動物〗ネコ科の野獣: **a** ピューマ (cougar). **b** オオヤマネコ (lynx). 〖(1664)《略》← CAT-A-MOUNTAIN〗

cat-a-moun·tain /kæ̀təmáuntṇ, -tɪ̀n | -təmáuntɪ̀n/ *n.* (*pl.* ～**s**, **cats-a-mountain** /kǽts-/) **1** 〖動物〗ネコ科の野獣: **a** ヤマネコ (wildcat). **b** ヒョウ (leopard). **2** 荒々しくけんか好きな人. 〖(?*a*1425) ← *cat of the mountain*〗

cat·a·nan·che /kæ̀tənǽŋki | -tə-/ *n.* 〖植物〗＝blue succory.

cát-and-dóg *adj.* **1** (犬と猫のように)仲の悪い, 犬猿の仲の: lead [live] a ～ life (夫婦)喧嘩ばかりして暮らす. **2** 《俗》きわめてあぶない証券の; きわめて投機的な: ～ stocks. 〖1579〗

cát-and-móuse *adj.* **1** 殺す[やっつける]前にいじめぬく, なぶり殺しの: in a ～ way / play a ～ game with a person 人をなぶりものにする, いたぶる. **2** 追えば逃げ逃げると追う, たえず追跡する: a ～ thriller novel. **3** 最上の攻撃チャンスをうかがう: a ～ mood. 〖1923〗

Cát-and-Móuse Àct *n.* 《英俗》猫とねずみ法《未決囚(主に闘争的な婦人参政権運動者)が hunger strike をやった場合の対応策として, しばらく仮出獄を許し, 栄養の回復するのを待って再び拘引することを定めた Prisoners' Temporary Discharge for Ill-health Act (疾病囚仮出獄法) (1913) の俗称》. 〖1913〗

Ca·ta·nia /kətéɪnjə, -tá:n-; *It.* katá:nja/ *n.* カターニア《イタリア Sicily 島東岸の海港》.

Ca·tan·za·ro /kɑ̀:tɑ:nzá:rou | -rəu; *It.* katandzá:ro/ *n.* カタンザーロ《イタリア南部, Calabria 州の州都》.

cat·a·pha·si·a /kæ̀təféɪʒiə, -ʒə | -təféɪzjə, -ziə, -ʒiə, -ʒə/ *n.* 〖精神医学〗＝verbigeration. 〖← NL ～: ⇨ cata-, -phasia〗

cat·a·phat·ic /kæ̀təfǽtɪk | -təfǽt-ˊ/ *adj.* 〖神学〗〈神を知ることが〉肯定法による (↔ apophatic). 〖(1869) □ Gk *Kataphatikós* affirmative ← *kataphḗnai* to assent: cf. cata-〗

ca·taph·o·ra /kətǽfərə/ *n.* 〖文法〗後方照応《代名詞・定冠詞などが後続の語(句)を指示すること; cf. anaphora》. 〖1976〗

cat·a·pho·re·sis /kæ̀təfərí:sɪ̀s | -təfərí:sɪs/ *n.* (*pl.* **-re·ses** /-si:z/) **1** 〖医学〗電気泳動. **2** 〖物理化学〗電気泳動 (⇨ electrophoresis). **cat·a·pho·ret·ic** /kæ̀təfərétɪk | -təfərét-ˊ/ *adj.* **càt·a·pho·rét·i·cal·ly** *adv.* 〖(1889) ← NL ～: ⇨ cata-, phoresis〗

cat·a·phor·ic /kæ̀təfɔ́(:)rɪk, -fɑ́(:)r- | -tәfɔ́r-ˊ/ *adj.* 〖文法〗後方照応的な (↔ anaphoric)《例: After *he* finished writing a letter, *John Smith* went out of the room.》. 〖(1968) □ Gk *kataphorikós* ← *kataphorá* a bringing down ← *kata-* 'CATA-'＋*phérein* to carry〗

cat·a·phract /kǽtəfræ̀kt | -tə-/ *n.* **1** (古代ギリシャの)重装備騎兵. **2** 〖甲冑〗(古代ローマの)人と馬の鎖よろい. **3** 〖動物〗甲鱗《ある種の魚類や爬虫類の体表にある骨質の甲やうろこ》. 〖(1581) □ L *cataphractēs* □ Gk *kataphráktēs* ← *kataphrássein* ← *kata-* 'CATA-'＋*phrássein* to fence round〗

cát·a·phràct·ed /-tɪ̀d | -tɪ̀d/ *adj.* 〖動物〗甲鱗[うろこ]に覆われた. 〖(1881): ⇨ ↑, -ed 2〗

cat·a·phyll /kǽtəfɪ̀l | -tə-/ *n.* 〖植物〗鱗片(りんぺん)葉《植物の幼茎・芽・地下茎などにある葉状物》. **cata·phyl·la·ry** /kæ̀təfíləri | -tə-ˊ/ *adj.* 〖(1875) ← CATA-＋-PHYLL: G *Niederblatt* のなぞり〗

cat·a·pla·si·a /kæ̀təpléɪʒiə, -ʒə | -təpléɪziə, -ʒiə/ *n.* 〖生物〗退行変化《成熟した細胞や組織が幼若型へ逆変態すること》. **cat·a·plas·tic** /kæ̀təplǽstɪk | -tə-ˊ/ *adj.* 〖← NL ～: ⇨ cata-, -plasia〗

cat·a·plasm /kǽtəplæ̀zm | -tə-/ *n.* 〖医学〗巴布(パップ), 罨法(あんぽう), 湿布 (poultice); 膏薬(こうやく) (plaster): no ～ so rare … can save the thing from death どんな妙薬でも死から免れない (Shak., *Hamlet* 4. 7. 143). 〖(1541) □ F *cataplasme* poultice ∥ L *cataplasma* □ Gk *katáplasma* plaster ← *kataplássein* to smear over, spread: ⇨ cata-, -plasm〗

cat·a·plex·y /kǽtəplèksi | -tə-/ *n.* 〖病理〗カタプレクシー, 脱力発作, 情動性緊張消失《四肢が動かなくなる症状》. **cat·a·plec·tic** /kæ̀təpléktɪk | -tə-ˊ/ *adj.* 〖(1883) □ G *Kataplexie* □ Gk *katáplēxis* stupefaction ← *kataplḗssein* ← *kata-* 'CATA-'＋*plḗssein* to smite〗

cat·a·pult /kǽtəpʌ̀lt, -pʊ̀lt | -təpʌ̀lt/ *n.* **1** (船艦, 特に航空母艦の甲板上に備えた)カタパルト, 飛行機射出機. **2** (飛行機からの)脱出装置. **3** 《英》(おもちゃの)ぱちんこ (《米》slingshot) (cf. sling¹). **4** (古代から中世の)投石機, カタパルト《投げやり・石・矢などを射出するために用いた装置》. **5** グライダー始走器. — *vt.* **1** 〈飛行機を〉カタパルトで発進させる. **2** 《英》ぱちんこで撃つ. **3** 投石機で撃ち出す; (投石機で撃つように)激しく撃つ. — *vi.* **1** 〈飛行機が〉カタパルトで発進する. **2** 早く動く; 飛ぶ (leap): ～ into the room 部屋に飛び込む. 〖(1577) □ (O)F *catapulte* ∥ L *catapulta* □ Gk *katapéltēs* ← *kata-* 'CATA-'＋*pállein* to swing〗

cat·a·ract /kǽtərækt | -tə-/ *n.* **1** 〖病理〗 **a** 白内障, そこひ (cf. amaurosis, glaucoma): have a ～ *on* [*in*] the left eye 左目に白内障がある. **b** 濁った部分. (□ (O)F *cataracte* □ ML *cataracta*) **2 a** (断崖の上にかかる)大滝, 瀑布(ばくふ) (cf. cascade 2 b, waterfall). **b** (大川の)急流. **c** 大雨, 豪雨; 洪水, 奔流. **cat·a·rac·tal** /kæ̀tərǽktl | -tə-ˊ/ *adj.* 〖(*a*1400) (1360–1) □ (O)F *cataracte* ∥ L *catar(r)acta* waterfall, portcullis □ Gk *katar(rh)áktēs* downrushing ← *katar(r)ássein* ← *kata-* 'CATA-'＋*arássein* to smash〗

ca·tarrh /kətɑ́ə | kətɑ́:(r), kæ-/ *n.* **1** 〖病理〗カタル《粘膜の炎症》; (特に, 鼻・喉の)カタル. **2** 《俗》かぜ, 感冒 (cold). **ca·tárrh·al** /-tá:rəl/ *adj.* **ca·tárrh·al·ly** *adv.* **ca·tárrh·ous** /-rəs/ *adj.* 〖(?*a*1425) □ (O)F *catarrhe* □ LL *catarrhus* □ Gk *katárrhous* flowing down ← *kata-* 'CATA-'＋*rheîn* to flow, pour〗

catárrhal féver *n.* 〖獣医〗カタル性熱《家畜の疾病》.

catárrhal pneumónia *n.* 〖病理〗カタル性肺炎, 気管支肺炎 (bronchopneumonia).

Cat·ar·rhi·na /kæ̀təráɪnə | -tə-/ *n. pl.* 〖動物〗狭鼻(猿)類. 〖← NL ～ ← CATA-＋Gk *rhinós*, *rhís* nose〗

cat·ar·rhine /kǽtəràɪn | -tə-/ 〖動物〗 *adj.* 狭鼻(猿)類の (cf. platyrrhine). — *n.* 狭鼻(猿)類のサル《類人猿・オナガザルなどを含む》. 〖(1862) ↑〗

ca·tas·ta·sis /kətǽstəsɪ̀s | -sɪs/ *n.* (*pl.* **-ta·ses** /-sì:z/) 〖演劇〗 **1** (大団円 (catastrophe) 直前の)最高潮部. **2** (劇の)クライマックス, 最高潮. 〖(1656) ← NL ～ ← Gk *katástasis* settlement ← *kathistánai* ← *kata-* 'CATA-'＋*histánai* to set〗

ca·tas·tro·phe /kətǽstrəfi, -fi: | -fi/ *n.* **1** (突然の)大惨事, 大災害 (⇨ disaster SYN): a natural ～. **2** 悲

C

劇的な結末, 破局; 災難. **3 a** 大失敗. **b** (手術前[後, 中]の原因不明の)死. **4 a** 〘演劇〙カタストロフィー《悲劇で最高潮部 (catastasis) を過ぎて結末に到る紛糾の解決部分》(dénouement). **b** (物語・小説の)大詰め, しめくくり, 結末. **5** 〘地質〙(地殻の)激変 (cataclysm). 〘《1579》□ L *catastropha* □ Gk *katastrophḗ* an overturning ← *kata-* 'CATA-'+*stréphein* to turn〙

C

catástrophe risk *n.* 〘保険〙異常災害危険《同一事故により多数の物または人に損傷・滅失・死亡を来すことまたはその可能性》.

catástrophe thèory *n.* 〘数学〙カタストロフィ[破局]の理論《不連続的な現象を説明するための幾何学理論》.

cat·a·stroph·ic /kæ̀təstrɑ́(ː)fɪk | -təstrɔ́f-ˈ-/ *adj.* **1** 大惨事[大災害]を与える. **2** 破滅[悲劇]的な. **càt·a·stróph·i·cal** /-fɪ̀kəl, -kl | -fɪ-ˈ-/ *adj.* **càt·a·stróph·i·cal·ly** *adv.*

ca·tás·tro·phìsm /-fɪzm/ *n.* **1** 〘地質〙激変説, 天変地異説《地質変化は漸次生じたものではなく激変 (cataclysm) によるものとする古い地質進化説; cf. uniformitarianism》. **2** 差し迫った大災害の予想. 〘《1869》← CATASTROPHE+-ISM〙

ca·tás·tro·phist /-fɪ̀st | -fɪst/ *n.* 〘地質〙激変[天変地異]説論者. 〘《1837》: ← CATASTROPHE+-IST〙

cat·a·to·ni·a /kæ̀tətóuniə | -tətáu-/ *n.* 〘精神医学〙 **1** =catalepsy. **2** =catatonic schizophrenia. **cat·a·ton·ic** /kæ̀tətɑ́(ː)nɪk | -tətɔ́n-ˈ-/ *adj., n.* 〘《1889》← NL ~ ← G *Katatonie*: ⇨ cata-, -tonia〙

catatónic schizophrénia *n.* 〘精神医学〙緊張病, 緊張型分裂病. 〘1948〙

Ca·taw·ba[1] /kətɔ́ːbə, tɑ́ː- | -tɔ́ː-/ *n.* [the ~] カトーバ(川)《米国 North Carolina 州の西部を流れる川; South Carolina 州に入って Wateree 川と呼ばれる (866 km)》. 〘↓〙

Ca·taw·ba[2] /kətɔ́ːbə, tɑ́ː- | -tɔ́ː-/ *n.* (*pl.* ~) **1** [the ~] **a** カトーバ族《アメリカ先住民で Sioux 語族に属し, 現在は South Carolina 州を中心として North Carolina 州, Tennessee 州に住む》. **b** カトーバ族の人. **2** カトーバ語. **3** [しばしば c-] **a** 〘園芸〙カトーバ《米国東部地方に産する赤色ブドウの品種名》. **b** カトーバ(ワイン)《淡色で香気がある辛口の白ワイン》. 〘《1716》□ Choctaw *katápa* 《原義》separated (from other Siouan tribes)〙

catáwba rhododéndron *n.* 〘植物〙米国 Allegheny 山脈南部地方の桃色の花が咲くツツジの一種 (*Rhododendron catawbiense*).

cát bàck *n.* 〘海事〙(吊錨(ちょうびょう)ダビット (cat davit) で錨(いかり)を格納する場合)滑車装置の鉤(かぎ)を錨の頭部の輪に引っかけるために使われる細索. 〘1882〙

cát bèar *n.* 〘動物〙クマネコ (⇨ panda 1 a). 〘1888〙

cát·bìrd *n.* 〘鳥類〙 **1** ネコマネドリ (*Dumetella carolinensis*)《北米産マネシツグミ科ネコマネドリ属の小鳴鳥》. **2** ネコドリ《オーストラリア東部・ニューギニアに生息するニワシドリ科 *Ailuroedus* 属の各種の鳥; ネコドリ (*A. crassirostris*), ミミジロネコドリ (*A. buccoides*) など》. 〘《1731》: 鳴き声が猫に似ていることから〙

cátbird sèat *n.* 《米口語》有利な[上位の]立場[地位]: be (sitting) in the ~ 有利な立場にいて; 裕福で. 〘1942〙

cát blòck *n.* 〘海事〙吊錨(ちょうびょう)滑車《吊錨架 (cathead) に錨(いかり)をつる大型の滑車》. 〘1769〙

cát·bòat *n.* 極端に船首に寄せて立てたマストに一枚の大きな縦帆をかけて走る小帆船 (cf. cat-rigged). 〘1878〙

cát·brier *n.* 〘植物〙=greenbrier. 〘《1875》: そのとげが猫のつめを思わせることから〙

cát-bùilt *adj.* 〈船が〉catboat 式造りの.

cát bùrglar *n.* 《英俗》(階上の窓や天窓から押し入る)夜盗. 〘1907〙

cát·càll *n.* **1 a** (やじの)猫の鳴き声《劇場などでやじで発する下品な叫び声や口笛》. **b** (昔用いられた)猫の鳴き声の出る擬音器. **2** (政治集会などでの)不満のやかましい叫び声. **— *vi.*** 猫の鳴き声を出す. **— *vt.*** 猫の鳴き声でやじる. **~·er** *n.* 〘n.: 1659–60; v.: *a*1700〙

catch /kǽtʃ, kétʃ | kǽtʃ/ *v.* (**caught** /kɔ́ːt, kɑ́ːt | kɔ́ːt/) **— *vt.* 1 a** (追いかけて)捕らえる: ~ a thief. **b** (わな・網などで)捕らえる, 引っかける: ~ mice in a trap ねずみをねずみとりで捕らえる / ~ a bear alive 熊を生け捕る.

2 〈投げられた物・落下物などを〉(途中で)つかむ, 受け止める: ~ a ball ボールをつかむ, 捕球する / ~ a blow *on* the arm 打って来たので腕で受け止める.

3 a 〈手足などを〉(急に, または強く)つかむ, 握る: ~ a person's arm=~ a person *by* the arm 人の腕をつかむ. **b** 〈機会を〉つかむ, 利用する: ~ a good chance.

4 a 〈くぎ・人などが〉〈服(のすそ)などを〉引っかける, からませる; 〈ドア・人などが〉〈指などを〉はさむ: A nail *caught* my skirt. =I *caught* my skirt *on* a nail. スカートがくぎに引っかかった / ~ one's hat *on* a peg 帽子掛けに帽子を引っかける / The door *caught* his finger.=He *caught* his finger *in* the door. ドアに指をはさまれた / I *caught* my foot *in* a hole. 足を穴に踏み込んだ. **b** しっかりとおさえる, 固定させる: ⇨ CATCH *up* (5). **c** 〈留め金を〉留める: ~ a clasp.

5 a 〈列車などに〉間に合って乗る, 間に合う (cf. miss[1] *vt.* 6): ~ a train, bus, etc. / ~ the post [the last collection] 郵便[最終の回収]に間に合う. **b** 〈人に〉追いつく: I've got to go now. *Catch* you later. 行かなくちゃ. じゃまたあとで / You've *caught* me at a bad time [moment]. まずい時につかまったものだ.

6 a (…しているのを)突然見つける, 見破る〔*at, in*〕/ 〈*doing*〉: ~ a person *stealing* 盗むところを見つける / be *caught in* the act (of stealing) (盗みの)現場を押えられる / I *caught* him *at* it again. またそれをしているところを見つけた / I was fairly *caught*. まんまと見破られた / *Catch* me (do*ing* [*at*] it)! 《口語》それをするところを(見つけられるものなら)見つけてみよ, そんなことするものか / I was *caught* off guard. 油断しているところをつかれた. **b** [~ one*self doing* として] 自分が(思わず)…しているのにはっと気づく: He *caught himself* snoozing in class. 授業中居眠りしているのにはっと気づいた.

7 a (耳や目で)捕らえる, 気づく, 認める: ~ (the sound of) a footstep [a smell of flowers] 足音[花の香り]に気づく / ~ a melody メロディーをのみこむ / ~ a glimpse of a person 人をちらりと見かける / I couldn't ~ his words. 彼の言葉が聞き取れなかった. **b** 〈言葉・意味などを〉理解する: ~ the meaning of a passage. **c** 〈作家・作品などが〉〈対象・素材を〉うまくとらえ(て表現す)る: The artist has *caught* the freshness of the morning in his picture. 画家はその絵の中で朝のすがすがしさをよくとらえている.

8 《口語》〈劇・ニュースなどを〉見る, 聞く: ~ a radio [TV] program / ~ a concert.

9 a [しばしば p.p. 形で] 〈雨・嵐・感情などが〉〈人を〉襲う: be *caught in* a shower にわか雨に遭う / Fear *caught* her. 恐怖が彼女を襲った. **b** 不意に襲う, 急襲する: The enemy *caught* them unawares. 敵は彼らを不意打ちした.

10 a 〈光・風・打撃・落下物などが〉打つ, …に当たる: A ball *caught* me on the head. 頭にボールが当たった / The wind ~*es* a sail. 風が帆に当たる. **b** 〈光・風などを〉受ける, 浴びる: The sail ~*es* the wind. 帆が風を受ける / ~ the sun 陽光を受ける; 日焼けする. **c** 〈罰などを〉こうむる, 受ける: ~ a flogging むち打ちされる. **d** [~ it として] 《口語》叱られる, 罰を食う: You will ~ *it* (《英》good and proper). ひどく叱られるぞ. **e** …に触れる, 接触する; なぐる: I *caught* him a blow *on* the mouth. 口をぽかりと打ってやった.

11 〈注意・心などを〉引く, 捕らえる; 魅了する, うっとりさせる: ~ a person's fancy, attention, interest, etc. / He was *caught* by her beauty. 彼は彼女の美に魅せられた / Beauty ~*es* the eye. 美しいものは目にとまる.

12 a 〈流行病などに〉かかる, 感染する: ~ (the) measles はしかにかかる / ~ (a) cold (from a person) (人から)風邪をうつされる / ⇨ *catch one's* DEATH (*of cold*). **b** 〈気風・癖などを〉身に染まる, 感化される, かぶれる: ~ the spirit of the age 時代精神に感化される / I *caught* his accent [bad habits]. 彼の口調[悪い癖]がうつった.

13 [通例受身で] だます, 欺く: He was *caught* by her flattery. 彼は彼女のお世辞にひっかかった.

14 a 〈息を〉急に止める, 〈声を〉のむ: ⇨ *catch one's* BREATH. **b** [~ one*self* で] (しゃべっている途中で)ぐっと抑える, 自制する.

15 a 〈火を〉よぶ, ひく: Paper ~*es* fire easily. 紙は燃えやすい. **b** 〈火が〉〈建物などに〉燃えつく, 燃え移る: The flames *caught* the roof. 炎[火]は屋根に燃え移った.

16 〈睡眠・食事などを〉ちょっと[急いで]とる: ~ a nap ちょっとまどろむ.

17 [受身で] 《口語》〈女を〉はらませる: *be* [*get*] *caught* (*out*) はらむ, 妊娠する.

18 a 〘野球〙…の捕手をやる: ~ a southpaw 左腕投手のキャッチャーをやる. **b** 〘野球・クリケット〙ボールを受けて〈打者を〉アウトにする, 殺す〈*out*〉.

— *vi.* 1 つかまえ[捕らえ]ようとする〔*at*〕: ~ *at* an opportunity 機会をとらえる / ~ *at* a straw ⇨ straw[1] 2 b.

2 a 引っかかる, からまる; かかる: The kite *caught* in [on] the power cable. 凧(たこ)が高圧線に引っかかった[からまった] / That lock won't ~. あの錠はどうしてもかからない. **b** 〈声・息などが〉つかえる, 詰まる. **3 a** 火がつく (ignite): This match does not ~. このマッチは火がつかない. **b** 〈ガソリン・モーター・エンジンなどが〉点火する, かかる. **4** うつる, 感染する (cf. catching 1). **5** 〈植物が〉芽を出す, 発芽する (sprout). **6** (鍋などに)こげつく: The potatoes *caught*. じゃがいもが鍋にこげついた. **7 a** 〘野球〙捕手をする. **b** ボールを捕る: Here, ~! さあ, 捕れよ! **8** 《英方言》少し凍る〈*over*〉: The pond *caught* (*over*). 池が凍りついた. **9** 《英俗》〈家畜が〉はらむ (conceive). **10** 〘海事〙〈帆・帆船が〉風を受ける, 風をつかむ.

be cáught betwèen Á and B́ A と B の板ばさみになる.
be cáught in (1) 〈雨・風などに〉遭う (cf. *vt.* 9 a). (2) 〈わなに〉かかる; 〈ある状態〉に陥る (cf. *vt.* 6 a). ***be cáught shórt*** ⇨ short *adv.* 成句. ***be cáught withóut*** (必要なときに)…を持ち合わせていない. ***cátch as cátch cán*** 手当たり次第につかむ[組みつく], 何とかしてつかまえる (cf. catch-as-catch-can). 《1764》 ***cátch at*** (1) ⇨ *vi.* 1. (2) 〈食べ物・人の考え・申し出・好機などに〉(喜んで)飛びつく, …に食いつく: He *caught* desperately *at* the idea. 一も二もなくその考えに飛びついた. (3) 〈とげなどが〉…にひっかかる, …を引き裂く. ***cátch awáy*** かっぱらう, さらう (snatch away). 《?*c*1380》 ***cátch hóld of*** ⇨ hold 成句.
cátch ón 《口語》(1) 理解する (understand); 気づく; 会得する〔*to*〕: I can't ~ *on to* the idea [meaning, technique]. その考え[意味, 方法]がのみ込めない / I'll make him ~ *on*. 私が彼にわからせてやろう. 《1883》 (2) 〈考え・ファッション・商品などが〉時好に投じる, 人気を得る, ヒットする, 受ける, 当たる (take)〔*with*〕: The play [song] *caught on* well [never really *caught on*]. その芝居[歌]はうまく当たった[全然ヒットしなかった]. (3) 仕事にありつく, 職を得る〔*with*〕. (4) しっかりつかむ: ~ *on to* a rope.
cátch onesèlf ón 《俗》自分の犯した間違いに気づく.
cátch óut (1) 〈偽りを〉見破る〔*in*〕: ~ a con man *out*. 詐欺師を見抜く. 《1816》 (2) 《英口語》〈人を〉うまく陥れて過失や悪行の現場を押さえる; (試験問題で)ひっかける〔*on*〕, 〈…の〉無知をあかす, 尻尾をつかむ. (3) [通例受身で] 〈予期せぬ出来事が〉〈…を〉困らせる. (4) ⇨ *vt.* 17. (5) ⇨ *vt.* 18 b. (6) 〈…を〉不在中訪ねる. ***cátch úp*** (*vt.*) (1) 不意につかみ上げる[さらう] (snatch), 急に持ち上げる〔*from*〕; 釣り上げる. 《?*c*1380》 (2) 《主に英》…に追いつく (overtake): ~ a person *up* 人に追いつく. (3) …に飛びつく, 取り上げる, 採用する (adopt). (4) 〈話し手を〉〈質問などをして〉横合から妨げる (interrupt). (5) 〈カーテンなどを〉〈輪で〉つり上げる; 〈服を〉〈だらりとしないようにベルトなどで〉留める; 〈髪を〉〈ピンで〉上に束ねる. (6) [通例 p.p. 形で] 巻き込む (involve): be *caught up* in a revolt 反乱に巻き込まれる. (7) [通例受身で] 釘づけにする, 夢中にする, 魅了する (enthrall): be *caught up in* a new project 新しい計画に夢中になっている. (8) 〘鷹狩〙〈えさ枝に飛んできた若鷹を〉さらに訓練するために捕らえる. ― (*vi.*) (1) 〔…に〕追いつく〔*with, to*〕: ~ *up with* [《米》*to*] one's friend. (2) 〔…の遅れ(た知識・仕事など)を取り戻す〔*on, with*〕: ~ *up on* one's reading [lessons] 読書の不足[勉強の遅れ]を取り戻す. (3) 再会して近況を話し合う. (4) 〈犯人などを〉逮捕する〔*with*〕: The police *caught up with* the murderer. 警察は殺人犯を逮捕した. (5) 思ったとおりの悪い結果になる, 結果的に悪影響を及ぼす, 〈仕事などが〉〈人を〉追いつめる〔*on, with*〕: His evil deeds finally *caught up with* him. 彼の悪行はとうとう自分に跳ね返ってきた. (6) 〔…と〕インタビューする〔*with*〕. (7) 《米西部》(旅行のための)馬[らば, ろば]の用意をする. ***Cátch you láter.*** 《豪口語》じゃまたね. ***wóuldn't be cáught déad*** 《口語》死んでも見られたくない, とても嫌だ, 関係を持ちたくない: I *wouldn't be caught dead* wearing [in] that blouse. あのブラウスは絶対嫌だ. ***You wón't*** [***wóuldn't***] ***cátch me dóing*** 《口語》(私は)…はやらない[やりそうもない]: *You won't catch me* washing his shirts for him. 彼のシャツなんか洗いませんよ.

— *n.* 1 a 捕らえること, 捕獲, 漁獲. **b** (特に, 地面に落ちる前の)捕球: a nice ~ 巧みな捕球 / a running ~ ランニングキャッチ. **c** 《英》(クリケットなどの)捕球する人: a good [safe] ~ 捕球のうまい人. **2 a** 物を動かなくさせるもの. **b** (ブローチ・ピンなどの)留め金. **c** (戸・窓・箱・トランクなどの)掛け金, つめ: I can't open the ~ on this box. この箱の掛け金が開かない. **3** 《口語》(人を引っかける)わな, 策略, 「かま」(trick): There must be some ~ to your question. 君の質問には「かま」がかけてあるに違いない / Where's the ~? 何が狙いなんだ. **4** 捕獲物; 捕獲高, 漁獲高: get a good ~ (of fish) 大漁をする / land a ~ of fish 捕った魚を水揚げする. **5** 手に入れる価値のあるもの[人], 掘出し物; 《口語》(特に, 結婚の)よい相手: She is a greater [better] ~ than Mary. 彼女は結婚相手としてはメアリーよりまし / It's [He's, She's] no ~ [not much of a ~]. それ[彼, 彼女]は大した代物[人物]ではない. **6** キャッチボール: play ~ キャッチボールをする. 日英比較 日本語の「キャッチボール」は和製英語. **7** (息・声の)ひっかかり, 切れ (break): with a ~ in one's voice [breath, throat] 声[息, のど]をつまらせて. **8** 《まれ》断片, 部分 (fragment): sing ~*es* of an old tune 古い曲のところどころを歌う. **9** 〘音楽〙キャッチ《17–18 世紀英国の輪唱曲; 内容は滑稽なものが多い》. **10** 〘音声〙=glottal stop. **11** 〘ボート〙キャッチ《水中にオールを入れる動作のはじめの部分》. **12** 〘農業〙発芽密生した作物 (cf. catch crop, stand *n.* 11). **13** 《豪》=bell sheep.
by cátches 時々, 折々.
— *adj.* [限定的] **1** 落とし穴のある, 「かま」のある: a ~ question 「かま」のある質問. **2** 人を引きつける, 興味をそそるような: ⇨ catchline.
〘《?*a*1200》□ ONF *cachier*=OF *chacier* (F *chasser*) < VL **captiāre*=L *captāre* to try to seize, hunt (freq.) ← *capere* to take: CHASE[1] と二重語: to take の意味は ME *lac(c)he(n)* 'to take, LATCH' の影響〙

SYN つかまえる: **catch** 〈動いている人や物を〉特に両手でつかむ《最も一般的な語》: *catch* a thief 泥棒をつかまえる. **capture** 抵抗・困難を排して捕らえる: *capture* a robber 強盗を捕らえる. **trap** 仕掛けを用いて〈人や動物を〉捕らえる《逃げることが困難な状況を暗示する》: *trap* a bear わなを仕掛けてクマを捕らえる. **snare** 〈小さい動物や鳥を〉わなで捕らえる: *snare* a rabbit ウサギをわなで捕らえる. **ensnare, entrap** [主に比喩的] 悪だくみを用いて陥れる《格式ばった語》: She *ensnared* him into marrying her. わなに掛けて自分と結婚するように仕向けた. **ANT** miss.

catch·a·ble /kǽtʃəbl̩, kétʃ- | kǽtʃ-/ *adj.* つかまえる[捕らえる]ことのできる. 〘《*a*1695》: ⇨ ↑, -able〙

cátch·àll *n.* **1** がらくた入れ, 合切(がっさい)袋; (がらくた入れの)物置き, 納戸. **2** さまざまな状況・可能性に対応できるもの. **— *adj.*** どんな状況にも対応できる, 万能の. 〘1838〙

cátch-and-reléase *n., adj.* キャッチアンドリリース(の)《釣った魚をすぐに再放流して乱獲を防ぐ》.

cátch-as-càtch-cán *n.* 〘レスリング〙フリースタイル《身体のどこでも手または足をかけて倒してよい: cf. Greco-Roman wrestling, CATCH *as catch can*》. **— *adj.*** 《米》手に入るものは何でも利用しての; 思いつきの, 無計画の, 手当たり次第の: a ~ life その日暮らし. 〘1889〙

cátch bàsin *n.* 《米》〘土木〙集水溝, 排水ます《街路の側溝の下水を一度ためてから本管と結ぶます》. 〘*a*1877〙

cátch·còrd *n.* キャッチコード《織物の耳端に織り込む太糸または針金で, 耳に織り込むべきでない横糸をとらえておくもの》.

cátch cròp *n.* 〘農業〙間作《時間的または空間的に二つの作物の間に栽培する作物; cf. cover crop》.

cátch·crỳ *n.* 《豪》(覚えやすい)スローガン; 決まり文句. 〘1901〙

catch·er /kǽtʃə, kétʃə | kǽtʃə(r/ *n.* **1 a** 〘野球〙捕手, キャッチャー: the ~'s box キャッチャーボックス. **b** 捕らえ

る人[物]; 捕る器械: a rat ～ ねずみ捕り器. **2** (捕鯨の)キャッチャーボート. 〖(1200): ⇨ -er[1]〗

Cátcher in the Rýe *n.* [The ～]「ライ麦畑でつかまえて」(J. D. Salinger の小説 (1951); 16 歳の少年が一人称で語る).

cátcher rèsonator *n.* 〘電子工学〙出力共振器 (⇨ klystron).

cátch·flỳ *n.* 〘植物〙ムシトリナデシコ《ナデシコ科センノウ属 (*Lychnis*) とマンテマ属 (*Silene*) の各種の植物の総称; 粘液を分泌し, しばしば小さな昆虫を捕らえる; ムシトリナデシコ (*S. armeria*) など》. 〖1597〗

catch·ing /kǽtʃɪŋ, kétʃ- | kǽtʃ-/ *adj.* **1** 〈病気などが〉うつりやすい, 伝染性の (cf. catch *vi.* 4): Colds are ～. 風邪はうつりやすい. **2** 人を引きつける, 魅惑的な. 〖(*c*1300): ⇨ -ing[2]〗

cátching bàrgain *n.* 〘法律〙期待権不当取引《法定相続人 (heir) など期待権をもつ者が法外に不当と思われる程に著しく安価にその期待権を売却する取引; cf. UNCONSCIONABLE bargain》.

cátching pèn *n.* 《豪》(羊毛刈取り小屋に隣接した)羊用のおり. 〖1874〗

cátch·lìght *n.* (光った面からの)明るい反射光, キャッチライト.

cátch·lìne *n.* **1 a** 人の注意を引く宣伝文句, キャッチフレーズ. **b** 宣伝文句を含む行. **2** 〘演劇〙(笑いを誘い, 時には繰り返される)滑稽な文句. **3** 〘ジャーナリズム〙タイトル, 標題, 見出し (cf. slug[3] 7). 〖1866〗

catch·ment /kǽtʃmənt, kétʃ- | kǽtʃ-/ *n.* **1 a** 集水, 湛水(たんすい). **b** 集水量. **2 a** 集水するもの; 集水の場所. **b** ＝catchment area. 〖(1847) ← CATCH＋-MENT〗

cátchment àrea *n.* **1** (川・貯水池などの)集水地域; 流域. **2** 《英》通学[通院]区域. 〖1885〗

cátchment bàsin *n.* ＝catchment area 1. 〖1847〗

Cátchment Bòard *n.* 《NZ》集水公団《集水地からの給水を管理する公共団体》.

cátch·pènny *adj.* **1** (売れさえすればよい)安ぴかの, きわものの (claptrap); 金取り主義の: a ～ book, show, etc. **2** 俗受けするが十分考慮されていない, 俗受けだけの. **—** *n.* きわもの, 安物. 〖1759〗

cátch·phràse *n.* (人の注意を引く)奇抜な文句, 警句, 標語. 日英比較 日本でいう「キャッチフレーズ」に相当する英語は slogan のことが多い. 〖*a*1850〗

cátch pìt *n.* ＝catch basin. 〖1870〗

cátch pòints *n. pl.* 《英》〘鉄道〙脱線ポイント《暴走車などを止めるために設ける》. 〖1883〗

catch·pole /kǽtʃpòʊl, kétʃ- | kǽtʃpəʊl/ *n.* (*also* **catch·poll** /～/) 《古》 **1** sheriff の下役; (特に)債務不履行者を逮捕する役. **2** 代理人 (deputy). 〖ME *cacchepol* < lateOE *kæcepol* □ ONF **cachepol*＝OF *chacepol* // ML *cacepollus* chase-fowl: ⇨ chase, catch, pullet〗

cátch stìtch *n.* **1** 〘製本〙からみがけ (⇨ kettle stitch). **2** 〘服飾〙千鳥がけ《厚地のすその始末や裁ち目かがりに用いる; cf. herringbone stitch》. 〖1846〗

cátch tìtle *n.* **1 a** 書名略称, 書名略記《図書目録などで長い書名を短く効果的にしたもの》. **b** (図書の背に示す)略書名. **2** 指示書名《彩色師のために写本の端にうすく書かれた書名》. 〖1909〗

cátch-22 [**twénty-twó**] *n.* (*pl.* ～'s, ～s) 逃れようのない不条理な状況[規則], 八方ふさがり, ジレンマ, 板ばさみ. 〖(1963): 戦争という狂気の世界から自由への脱出が絶望的であることを描いた米国の作家 Joseph Heller の同名の小説 (1961) から〗

catch·up /kǽtʃəp, kétʃ-, kǽtsəp | kǽtʃəp, kétʃ-, kǽtsəp/ *n.* ＝ketchup.

cátch-ùp *n.* 《米》 **1** 〘スポーツ〙巻き返し. **2** (ノルマなどの)遅れの取り戻し.

pláy cátch-up 《米》 (1) 〘スポーツ〙(相手チームに対して)強引な巻き返しを図る. (2) (ノルマの)遅れの取り戻しに躍起となる.

— *adj.* 巻き返しの(ための), 追い上げをねらった. 〖1945〗

cátch·wàter dràin *n.* (地表水を集める)丘陵用水路, 集水路.

cátch·wèight 〘競技〙 *n.* 規則に拘束されない体重. **—** *adj.* (体重)無差別級の: a ～ wrestling match. **—** *adv.* (体重)無差別級で: fight ～. 〖1820〗

cátch·wòrd *n.* **1** (政界・商品などの宣伝などに用いる)キャッチワード, 標語 (⇨ slogan SYN). **2 a** (辞書類の)ページ上部欄外に印刷した)見出し語 (guide word ともいう). **b** つなぎ語《写本や古書のページ下部欄外にある次のページの初語; direction word ともいう》. **3** 〘演劇〙(せりふ[入場]の)きっかけ (cue). 〖1730–36〗

cátchword èntry *n.* 〘図書館〙 **1** 要語記入《特に目立つ語句や覚えやすい語句で始まる記入 (entry)》. **2** 要語記入方法. 〖1893〗

cátchword tìtle *n.* 〘図書館〙要語書名《特に目立つ語句, あるいは覚えやすい語句を表題にした書名; その記入(方法)を catchword entry という》.

catch·y /kǽtʃi, kétʃi | kǽtʃi/ *adj.* (**catch·i·er; -i·est**) 《口語》 **1 a** 〈曲など〉記憶に留まりやすい, 覚えやすい: a ～ tune. **b** 人気を呼びそうな, 人の心を捕らえる: a ～ slogan. **2** 〈質問が〉引っかかりやすい, 落とし穴のある: a ～ question. **3** 思い出したように起こる, 不規則な, 気まぐれな: a ～ wind. **cátch·i·ly** *adv.* **cátch·i·ness** *n.* 〖(1804) ← CATCH (v.)＋-Y[4]〗

cát·clàw *n.* 〘植物〙＝cat's-claw.

cát cràcker *n.* 〘化学〙＝catalytic cracker.

cát dàvit *n.* 〘海事〙吊錨(ちょうびょう)ダビット《有桿錨(ゆうかんびょう)を最後に甲板につり上げるための鉤柱(かぎばしら); cf. fish davit》. 〖*cat*: 《略》← CATHEAD〗

cát distèmper *n.* 〘獣医〙(猫の)汎白血球減少症 (⇨ panleucopenia). 〖1950〗

cát dòor *n.* (ドアの下などに付けられた)飼い猫用の出入口. 〖1959〗

cate /kéɪt/ *n.* 《古》 **1** [通例 *pl.*] 食物 (food); 食品 (viand). **2** 美味, 珍品 (dainty). 〖(*a*1400) 《頭音消失》 ME *acate* □ ONF *acat* purchase ← *acater* (F *acheter*) to buy < VL **accaptāre* to acquire ← ? *a-* 'AD-' ＋L *captāre* (⇨ catch): cf. cater〗

cat·e·che·sis /kæ̀təkíːsɪs | -tɪ̀kíːsɪs/ *n.* (*pl.* **-che·ses** /-siːz/) 〘教会〙教義口授《特に, 初代教会における洗礼や堅信礼の前に行った口頭による宗教教育; またそのための書物を指すこともある》. 〖(1753) □ LL *catēchēsis* □ Gk *katḗkhēsis* oral instruction: ⇨ catechize, -sis〗

cat·e·chet·ic /kæ̀təkétɪk | -tɪ̀két-ˉ/ *adj.* ＝catechetical. 〖1661〗

cat·e·chet·i·cal /kæ̀təkétɪkəl, -kl | -tɪ̀kétɪ-ˉ/ *adj.* **1** 問答式の. **2** 〘教会〙 **a** 教義問答の; 公教要理の. **b** 教義口授の. **～·ly** *adv.* 〖(1618): ⇨ ↑, -al[1]〗

cat·e·chet·ics /kæ̀təkétɪks | -tɪkét-/ *n.* 〘キリスト教〙教理教授学. 〖(1849): ⇨ catechetic, -ics〗

cat·e·chin /kǽtəkɪn | -tɪ̀-/ *n.* 〘化学〙カテキン ($C_{15}H_{14}O_6$)《catechu の主成分で皮なめしや染色に用いる; catechol ともいう》. **2** カテキン (⇨ catechol 2). 〖(1853) ← CATECHU＋-IN[2]〗

cat·e·chism /kǽtəkɪzm | -tɪ̀-/ *n.* **1** 〘英国国教会〙公会[教義]問答《キリスト教の教義を問答式に解明したもので按手式 (confirmation) を受けようとする人の教育に用いる》. **2** 〘カトリック〙 **a** 公教要理, 教義問答書《カトリック教会における公的教義の教科書; 大抵は問答式》. **b** (教義外の問題を扱った)問答式教科書. **3** 連続的質問: put a person through a [his] ～ 人を立て続けに問いただす. **4** 《廃》 **a** (政見をただすための)質問箇条. **b** 〘教会〙＝catechesis. **cat·e·chis·mal** /kæ̀təkízməl, -ml | -tɪ̀-ˉ/ *adj.* 〖(1502) □ LL *catēchismus* ← LGk *katēkhismós* ← *katēkhízein*: ⇨ catechize, -ism〗

cát·e·chist /-kɪ̀st | -kɪst/ *n.* 〘教会〙 **1** 公会問答[公教要理]の教師. **2** 伝道師[婦]《聖職者ではないが, 特に認可を得て教えを説く人》. 〖(*a*1563) □ LL *catēchista*: ⇨ catechize, -ist〗

cat·e·chis·tic /kæ̀təkístɪk | -tɪ̀-ˉ/ *adj.* **1** 問答式の. **2** 教義問答の, 公教要理の. 〖(1683): ⇨ ↑, -ic[1]〗

càt·e·chís·ti·cal /-tɪ̀kəl, -kl | -tɪ-ˉ/ *adj.* ＝catechistic. **～·ly** *adv.* 〖(1618): ⇨ ↑, -al[1]〗

cat·e·chize /kǽtəkàɪz | -tɪ̀-/ *vt.* **1 a** 〈教義を〉教義問答[公教要理]によって教える. **b** 〈人に〉教義問答[公教要理]を教える. **2** …に細かく[うるさく]問いただす: She ～*d* her child *about* the present he had received. 彼女はもらった贈物について子供に細かく問いただした. **cat·e·chi·za·tion** /kæ̀təkəzéɪʃən | -tɪ̀kaɪ-, -kɪ-/ *n.* 〖(?*c*1425) □ LL *catēchizāre* □ Gk *katēkhízein* ← *katēkhein* to teach by word of mouth ← *kata-* 'CATA-' ＋*ēkhein* to sound, ring: ⇨ -ize: cf. echo〗

cát·e·chìz·er *n.* ＝catechist.

cat·e·chol /kǽtəkɔ̀(ː)l | -tɪkɔ̀l/ *n.* 〘化学〙カテコール: **1** ＝catechin 1. **2** リグニンなどから採れ, 写真現像薬などに用いる《catechin, pyrocatechin, pyrocatechol ともいう》. 〖(1880) ← CATECHU＋-OL[1]〗

cat·e·chol·a·mine /kæ̀təkɑ́(ː)ləmìːn, -kóʊl-, -mɪ̀n | -təkɔ́ləmìːn, -kóul-, -mɪn/ *n.* 〘生化学〙カテコールアミン《芳香族アミノ酸から生成されるアミン; ホルモンまたは神経の化学伝達物質》. 〖(1954): ⇨ ↑, amine〗

cat·e·chu /kǽtətʃùː, -ʃùː, -kjùː | -tɪ̀tʃùː, -ʃùː/ *n.* **1** 〘化学〙 **a** カテキュ, 阿仙(あせん)薬《アセンヤクノキの樹木から採る塊状の物質; 収斂(しゅうれん)剤・黒色染料・なめし革用》. **b** ＝gambier. **2** 〘植物〙アセンヤクノキ(阿仙薬樹) (*Acacia catechu*)《西インド諸島産マメ科アカシア属のとげの多い低木; 樹液からカテキュを採る》. 〖(1683) ← NL ～ ← Malay *kāchu*: ⇨ cashew〗

cat·e·chu·men /kæ̀təkjúːmɪ̀n | -tɪ̀kjuːmɛn, -mɪ̀n/ *n.* **1** 〘教会〙洗礼志願者, 求道者, 公開問答[公教要理]受講者. **2** (学問などの初歩原則が学ぶ)初心者, 入門者. **～·al** /-nl/ *adj.* **cat·e·chu·men·i·cal** /kæ̀təkjuːménɪ̀kəl, -kl | -tɪ̀kjuːménɪ-ˉ/ *adj.* **cat·e·chu·me·nate** /kæ̀təkjúːmɪ̀nèɪt | -tɪ̀kjúːmen-/ *n.* **càt·e·chú·men·ìsm** /-nɪzm/ *n.* 〖(?*c*1375) *cat(h)ecumin(e)*, *catekumeling* □ (O)F *catéchumène* // LL *catēchūmenus* □ Gk *katēkhoúmenos* one being instructed (pres.p.pass.) ← *katēkhein* 'to CATECHIZE'〗

cat·e·go·ri·al /kæ̀təgɔ́(ː)riəl, -gɑ́(ː)r- | -tɪ̀gɔ́r-ˉ/ *adj.* 範疇(はんちゅう)の (categorical). **～·ly** *adv.* 〖(1912) ← G. *kategorial*: ⇨ category, -al[1]〗

càtegórial grámmar *n.* 〘言語〙範疇(はんちゅう)文法《文と名詞が基本的範疇で, 他のすべての項目との関係はこの二つから統語上の分布に基づいて導き出されるとする形式文法》. 〖1965〗

cat·e·gor·ic /kæ̀təgɔ́(ː)rɪk, -gɑ́(ː)r- | -tɪ̀gɔ́r-ˉ/ *adj.* ＝categorical. 〖1677〗

cat·e·gor·i·cal /kæ̀təgɔ́(ː)rɪ̀kəl, -gɑ́(ː)r-, -kl | -tɪ̀gɔ́rɪ-ˉ/ *adj.* **1** 絶対的な, 無条件的な; 明確な: a ～ answer, denial, etc. **2** 範疇(はんちゅう)に属する, 合式的な. **3** 〘論理・倫理〙定言的な, 断言的な (cf. hypothetical 3). **～·ness** *n.* 〖(1598) ← LL *catēgoricus* (□ Gk *katēgorikós*)＋-AL[1]: ⇨ category〗

categórical impérative *n.* 〘倫理〙定言(的)命令, 無上命令《義務の意識に由来し, 絶対無条件的に守るべき道徳法の命令; Kant の用語; cf. hypothetical imperative》. 〖(1827) 《なぞり》← G *kategorischer Imperativ*〗

càt·e·gór·i·cal·ly *adv.* 断定的に; 明確に: She ～ denied the rumor. そのうわさをきっぱりと否定した.

categórical proposítion *n.* 〘論理〙定言的命題《主語と述語との結合から成り, 仮定・選択などが加わらない端的な判断に対する伝統的形式論理学の名称; cf. HYPOTHETICAL proposition, DISJUNCTIVE proposition》. 〖1638〗

categórical sýllogism *n.* 〘論理〙定言的三段論法《定言命題だけから成る三段論法》. 〖1724〗

categóric cóntact *n.* 〘社会学〙部類的接触《集団や社会的部類の属性を基軸にした人間同士の交流; cf. sympathetic contact》.

cat·e·go·ri·za·tion /kæ̀təgərɪ̀zéɪʃən | -tɪ̀gəraɪ-, -rɪ-/ *n.* 部門分け, 分類.

cat·e·go·rize /kǽtəgəràɪz | -tɪ̀-/ *vt.* 部門に分ける, 類別する, 分類する (classify). 〖(1705): ⇨ ↓, -ize〗

cat·e·go·ry /kǽtəgɔ̀ːri | -tɪ̀gəri/ *n.* **1** 部門, 部属, 区分, 種類 (class, division). **2** 〘論理・哲学〙範疇(はんちゅう). **3** 〘言語〙範疇《言語における基本的形態類; たとえば noun, verb, adjective などの語類; number, case, gender, tense, mood などの文法的区分》. **4** [*pl.*; 単数扱い] 〘遊戯〙カテゴリーズ《rivers, animals, plants のような category と city などの keyword を決めて, 決まった時間内に keyword の下に, その最初の文字で始まるの語 (例えば animals なら keyword の city の C をとれば cat, cheetah など) を書いていく遊び; Guggenheim ともいう》. 〖(1588) □ LL *catēgoria* □ Gk *katēgoría* accusation, assertion, 《原義》 statement ← *katēgoreîn* ← *kata-* 'CATA-' ＋*agoreúein* to assert, 《原義》 to speak in the assembly (← *agorá* assembly)〗

cátegory mistàke *n.* 〘哲学・論理〙範疇(はんちゅう)誤用《ある対象に本来それが属さない範疇を誤って適用すること; G. Ryle *The Concept of Mind* の用語》. 〖1949〗

ca·te·na /kətíːnə/ *n.* (*pl.* **ca·te·nae** /-niː/, ～s) **1** (事件・議論などの)連続, 連鎖 (series): a ～ of events 一連の事件. **2** 〘キリスト教〙(古代教父たちの著書からの)連鎖的抜粋《聖書の解釈などに用いる》. 〖(1644) □ L *catēna* 'CHAIN'〗

cat·e·nane /kǽtənèɪn | -tɪ̀-/ *n.* 〘化学〙カテナン《2 個以上の多員環が化学結合なしに鎖状につながっている化合物の総称》. 〖⇨ ↑, -ane[2]〗

cat·e·nar·i·an /kæ̀tənέ*ə*riən | -tɪ̀nέər-ˉ/ *adj.* ＝catenary. 〖1751〗

cat·e·nar·y /kǽtənèri | kətíːnəri/ *n.* **1** 〘数学〙カテナリー, 懸垂線, 垂曲線《一様の太さ・密度の鎖などを両端を固定して垂らした際にできる曲線》. **2** 〘鉄道〙(電車の架線の)カテナリーつり線. **3** カテナリー状のもの. **—** *adj.* **1** 懸垂線(状)の. **2** 鎖(状)の; 連鎖的な. 〖(1788) □ L *catēnārius*: ⇨ catena, -ary〗

catenary fúrnace *n.* 〘金属加工〙懸垂炉《ステンレス鋼帯を垂れ下がらせて連続焼きなましする炉》.

cat·e·nate /kǽtənèɪt, -tn- | -tɪ̀n-, -tn-/ *vt.* 鎖状に(連結)する. **—** *adj.* ＝catenulate. 〖(1623) ← L *catēnātus* (p.p.) ← *catēnāre* ← *catēna* 'CATENA': ⇨ -ate[3]〗

cat·e·na·tion /kæ̀tənéɪʃən, -tn- | -tɪ̀n-, -tn-/ *n.* **1** 連鎖, 鎖状連結. **2** 〘化学〙カテネーション《同一元素の原子間の結合》. 〖(1641) □ L *catēnātiō(n-)*: ⇨ ↑, -ation〗

cat·e·na·tive /kətíːnətɪv | -tɪv/ 〘文法〙 *adj.* 〈動詞が〉連鎖した. **—** *n.* 連鎖動詞《準動詞をあとに従える実動詞; catenative verb [auxiliary] ともいう》. 〖1963〗

cat·e·noid /kǽtənɔ̀ɪd | -tɪ̀-/ *n.* 〘数学〙カテノイド, 懸垂面《懸垂線をその対称軸の回りに回転することによって生じた面》. 〖(1876): ⇨ catena, -oid〗

ca·ten·u·late /kətɛ́njʊlɪ̀t, -lèɪt/ *adj.* 〘生物〙鎖状の形をした. 〖(1880) ← NL *catenula* ((dim.) ← L *catēna* chain)＋-ATE[2]〗

ca·ter /kéɪtə | -tə(r)/ *vi.* **1** 要求を満たす 〔*for, to*〕: a program which ～*s to* boys' and girls' amusement 少年少女の娯楽を提供する番組 / ～ *to* popular taste 一般の趣味に迎合する. **2** 料理(サービスなど)を調達する, 賄(まかな)う 〔*for*〕: ～ *for* a banquet 宴会の料理を整える / Our hotel ～*s for* weddings and parties. 当ホテルは婚礼・宴会を引き受けます. **—** *vt.* 〈晩餐・宴会など〉の料理とサービスを提供する: ～ the banquet / Weddings and parties ～*ed*. [広告] 結婚式・宴会の御用承ります. 〖(1599) ← 《廃》 *cater* (n.) buyer of provisions < ME *catour* 《頭音消失》 ← *acatour* □ ONF *acatour*＝OF *achatour* (F *acheteur*) ← *achater* (F *acheter*) < VL **accaptāre* to acquire: ⇨ cate〗

cat·er·an /kǽtərən, -trən | -tərən, -trən/ *n.* (スコットランド高地の)山賊, 略奪者 (marauder). 〖(1816) □ ML *caterānus* ∽ (?*a*1325) 《スコット》 *catherein* □ Gael. *ceathairne* peasantry: cf. kern[2]〗

cat·er·cor·ner /kǽṭikɔ̀ənə, -ṭə-, kíṭi- | kǽtəkɔ̀ːnə(r)/ 《米》 *adv.* 対角線状に, 斜めに. **—** *adj.* 対角線状の, 斜めの. 〖(1838) ← 《廃》 *cater* four-spot ((O)F *quatre* four)＋CORNER〗

cát·er-còr·nered *adv., adj.* 《米》＝catercorner. 〖1838〗

cá·ter-còusin /kéɪtə- | -tə-/ *n.* 《古》親友: be ～*s* 仲がいい (cf. Shak., *Merch* V 2. 2. 131). 〖1519〗

ca·ter·er /kéɪtərə, -trə | -tərə(r), -trə(r)/ *n.* **1** (パーティー・イベントなどの)料理の仕出し業者 (purveyor): a refreshment ～ 軽食類仕出し業者《サンドイッチや飲み物などを出す》. **2** (ホテル・レストランなどの)宴会係. 〖(1592) ← CATER＋-ER[1] ∽ (*c* 1350) 《廃》 *cater*〗

C

ca·ter·ess /kéɪṭərɪ̀s, -trɪ̀s | -tərɪ̀s, -trɪ̀s/ *n.* 女性の caterer. 〖(1634) ← CATER＋-ESS〗

ca·ter·ing /kéɪṭərɪŋ, -trɪŋ | kéɪtərɪŋ, -trɪŋ/ *n.* **1** (パーティー・イベントなどの)料理の仕出し・配膳, ケータリング. **2** (ケータリングの業者が提供する)料理, 飲み物など.
日英比較 英米のレストランでは日本の「出前」のようなサービスは日常的ではない. 〖(1820) ← CATER＋-ING[1]〗

C

cat·er·pil·lar /kǽṭəpɪ̀lə, -ṭə- | -təpɪ̀lə(r)/ *n.* **1** チョウやガの幼虫; 芋虫, 青虫, 毛虫 (cf. larva 1). **2 a** (戦車・トラクターのような)無限軌道装置[車], キャタピラ. **b** ＝caterpillar tractor. **c** [C-]〖商標〗キャタピラー《無限軌道式トラクターの商品名》. **3** 《古》強欲者; 他人を食いものにする人. 〖(1440) *catyrpel(er)* ▭ ONF *catepelose*＝OF *chatepelose* hairy cat ← LL *catta* 'CAT'＋L *pilōsus* hairy (← L *pilus* 'hair, PILE[3]'): *-pillar* は《廃》*piller* plunderer (⇨ pill[2]) からの連想〗

cáterpillar hùnter *n.*〖昆虫〗カタビロオサムシ《オサムシ科カタビロオサムシ属 (*Calosoma*) の各種の甲虫の総称; 毛虫を常食とする》.

cáterpillar tràck *n.* ＝caterpillar tread.

cáterpillar tráctor *n.* 無限軌道式トラクター.

cáterpillar trèad *n.*〖機械〗(戦車・トラクターなどの)無限軌道の踏面, カタピラ踏板.

cat·er·waul /kǽṭəwɔ̀ːl, -wɑ̀ːl | -təwɔ̀ːl/ *vi.* **1** 〈猫が〉(交尾期に)ぎゃーぎゃー鳴く. **2 a** (猫のように)ぎゃーぎゃーいう. **b** いがみ合う, がなり合う. **3** 〈男が〉好色に[いやらしく]なる; 女の尻を追っかける. — *n.* 猫の(交尾期の)ぎゃーぎゃー鳴く声; (猫のように)ぎゃーぎゃーいう声, わめき声. **cát·er·wàul·er** /-lə | -lə(r)/ *n.* 〖(*c*1395) *caterw(r)awe(n)* ← ▭ ? MDu. *katerwauwen* ← *kater* tomcat＋*warwen* to howl: cf. cat, waul〗

cát-èyed *adj.* **1** 猫のような目をした. **2** (猫のように)暗がりで目が見える. 〖1613〗

cát·fàce *n.* **1** (木の)傷の部分的に治ったあと. **2**〖園芸〗＝catfacing. 〖1879〗

cát·fàc·ing *n.*〖園芸〗(夜蛾(が)の吸汁などにより生じる猫の顔を連想させる)果実の変形. 〖1940〗

cát·fàll *n.*〖海事〗吊錨(ちょう)索《錨(いかり)を一時吊錨架 (cathead) につり下げるときの滑車用の綱》. 〖1769〗

cát·fight *n.* いがみ合い (cf. dogfight). 〖1919〗

cát·fish *n.*〖魚類〗**1** ナマズ《ナマズ目の各種の魚類の総称; デンキナマズ (electric catfish), spotted catfish など》. **2** 《英》オオカミウオ (wolffish). 〖(1612) 頭が猫に似ていることから〗

cát flàp *n.* キャットフラップ《猫の出入りのためにドアの下部に設けた蝶番式の小ドア[たれぶた]; cat door ともいう》.

cát flù *n.*〖獣医〗＝panleucopenia.

cát·fòot *n.*〖植物〗＝cat's-foot 3.

cát-fòot *vi.* (猫のように)こっそり進む. 〖1916〗

cát·fòoted *adj.* **1** 猫のような足をした. **2** (猫のように)こっそり歩く, 忍び足の (stealthy). 〖1598〗

cat·gut /kǽtgʌ̀t/ *n.* **1** 腸線, ガット《羊などの腸(猫のものは用いない)で作った糸で, 弦楽器・テニスのラケット・外科手術の縫合などに用いる; 単に gut ともいう》. **2**〖植物〗北米東部産マメ科ナンバンクサフジ属の植物 (*Tephrosia virginiana*). 〖1599〗

cath. 《略》cathedral;〖電気〗cathode; catholic.

Cath. 《略》Cathedral; Catherine; Catholic.

cath- /kæθ/ *pref.* (h の前にくるときの) cata- の異形; ただし h は繰り返さない: *cathode, catholic.*

Cath·ar /kǽθɑə | -θɑ:(r), -θə(r)/ *n.* (*pl.* **Cath·a·ri** /kǽθəràɪ, -rìː/, **~s**)〖キリスト教〗カタリ派の人《カタリ派 (Cathari) の呼称は古代よりいくつかの sect に用いられたが, 一般には中世 (11–13 世紀)に栄えた禁欲的で二元論的なキリスト教の一派を指す》. 〖(1637) ▭ LL *catharus* ▭ LGk *katharós* 《原義》clear of dirt, pure: cf. catharsis〗

Cath·a·ri·na /kɑ̀ːṭəríːnə | -tə-/ *n.* カタリーナ《女性名》. 〖⇨ Catherine〗

Cath·a·rine /kǽθ(ə)rɪ̀n | -rɪn/ *n.* キャサリン《女性名》. 〖⇨ Catherine〗

Cath·a·rism /kǽθərɪ̀zm/ *n.* カタリ派の主義[信仰, 教義など]. **Cáth·a·rist** /-rɪ̀st | -rɪst/ *n.* **Cath·a·ris·tic** /kæ̀θərístɪk←/ *adj.* 〖(1574) ← CATHAR, -ISM〗

cát-hàrpin *n.*〖海事〗キャットハーピン《静索のマストに対する角度を広げたり帆桁(ほげた)に触れないようにするため, トップの付近でこれを横に引っ張るロープまたは鉄棒》.

ca·thar·sis /kəθɑ́ːsɪ̀s | kəθɑ́ːsɪs, kæ-/ *n.* (*pl.* **-ses** /-siːz/) **1** カタルシス, 浄化(法): **a**〖哲学・美学〗悲劇の主観的効果として人の心に鬱積(うっせき)している恐怖と同情とを解放することによって一種の快感を起こさせる過程; Aristotle の「詩学」による. **b**〖精神医学〗自己の苦悩を語りその原因となった事実に直面することによって抑圧された複合 (complex) を解消すること (cf. ventilation 4 b). **2**〖精神分析〗＝abreaction. **3**〖医学〗(下剤による)便通 (purgation). 〖(1803) ← NL ～ ← Gk *kátharsis* a cleansing ← *kathaírein* to cleanse ← *katharós* clean ← ?〗

ca·thar·tic /kəθɑ́əṭɪk | kəθɑ́ːt-, kæ-/ *adj.* **1** カタルシスの[を起こさせる]. **2**〖医学〗瀉下(しゃか)性の, 便通の[をうながす], 通じの (purgative). — *n.* 瀉下薬, 下剤 (⇨ physic SYN). 〖(1612) ▭ L *catharticus* ▭ Gk *kathartikós* fit for cleaning, purgative: ⇨ ↑, -ic[1]〗

ca·thár·ti·cal /-tɪ̀k(ə)l, -kl | -tɪ-/ *adj.* ＝cathartic. **~·ly** *adv.* 〖1656〗

Ca·thay /kæθéɪ, kə-/ *n.* **1** 《古・詩》＝China. **2** ＝Cathay Pacific Airways. 〖1565〗

Catháy Pacífic Áirways /kæθéɪ-, kə-/ *n.* キャセイパシフィック航空 (～ Ltd.)《香港の航空会社; 1946 年創業; 記号 CX》.

cát·hèad〖海事〗*n.* 吊錨(ちょう)架《錨(いかり)を一時つり下げておくために船首の両側に出した短い角材》. — *vt.* ＝cat 2. 〖1626〗

ca·thect /kəθɛ́kt, kæ-/ *vt.*〖精神分析〗〈物・人・観念などにリビドー的なエネルギー[感情, 意義, 価値]を備給する. 〖(1925) ← CATHEXIS〗

ca·thec·tic /kəθɛ́ktɪk, kæ-/ *adj.*〖精神医学〗カテクシス (cathexis) の. 〖1927〗

ca·thec·tion /kəθɛ́kʃən, kæ-/ *n.*〖精神分析〗＝cathexis.

ca·the·dra /kəθíːdrə, kǽθə- | kəθíːdrə, -θɛ́d-/ *n.* (*pl.* **ca·the·drae** /kəθíːdriː, kǽθədrìː | kəθíːdriː, -θɛ́d-/, **~s**) **1**〖教会〗(大聖堂 (cathedral) 内に備えた) bishop の(聖)座, 司教座, 主教座《通例, 内陣 (chancel) の gospel side に置かれる》. **2** 権威の座: ⇨ ex cathedra. 〖(*c*1797) ▭ L ～ ▭ Gk *kathédra* seat ← *kata-* 'CATA-'＋*hédra* seat: cf. chair〗

ca·the·dral /kəθíːdrəl/ *n.* **1** 大聖堂, 主教[司教]座聖堂, カテドラル《英国国教会・カトリック教会などの主教[司教] (bishop) の法座のある, 従って主教[司教]区 (diocese) を代表する聖堂; cf. church 1 a》: St. Paul's *Cathedral* (London の)セントポール大聖堂[寺院]. **2** (その他の)大(教)会堂. — *adj.* [限定的] **1** 主教[司教] (bishop) の法座のある: a ～ church 大聖堂. **2 a** 大聖堂[カテドラル]のある: a ～ town. **b** 大聖堂[カテドラル]所属の: a ～ choir. **3** 大聖堂[カテドラル]に似た[を思わせる]. **4** 権威の座から発する; 権威のある (authoritative): a ～ pronouncement. 〖(*c*1300) ▭ LL *cathedrālis* (*ecclēsia*) (church) of a bishop's seat: ⇨ ↑, -al[1]〗

cathédral ángle *n.*〖航空〗＝anhedral.

cathédral bélls *n.* (*pl.* ～)〖植物〗ツルコベア (*Cobaea scandens*)《メキシコ原産コベア科のつる草; 基部は木質化する, 花はすみれ色または緑紫色で, 鐘形をしている; cup-and-saucer vine ともいう》.

cathédral céiling *n.*〖建築〗カテドラル型天井《組み材がむき出しになっていて, 傾斜した屋根の側面が見える天井》.

ca·thep·sin /kəθɛ́psɪ̀n, kæ-, -sn | -sɪn/ *n.*〖生化学〗カテプシン《高等動物臓器に見出されるリソソーム分画中の一群のプロテアーゼ》. 〖(1929) ← Gk *kathépsein* to digest (← *kata-* 'CATA-'＋*hépsein* to boil))＋-IN[2]〗

Cath·er /kǽðə | -ðə(r)/, **Wil·la (Si·bert)** /wílə síːbət | -bət/ *n.* キャザー (1873–1947; 米国の女流小説家; *My Ántonia* (1918).

Cath·e·ri·na /kæ̀θəríːnə/ *n.* キャサリーナ《女性名》. 〖↓〗

Cath·e·rine /kǽθ(ə)rɪ̀n | -rɪn/ *n.* キャサリン《女性名; 愛称形 Cathie, Cathy, Kate, Katie, Kit, Kitty, Kay; 異形 Catharine, Cathleen, Catharina, Catherina, (アイルランド) Caitlin, (スコットランド) Catriona, Katharine, Katherine, Kathleen》. 〖▭ OF *Caterine* (F *Catherine*) ▭ L *Catharina* (Gk *katharós* pure との連想による変形) ← *Katerina, Ecaterina* ▭ Gk *Aikaterínē* ← ?〗

Catherine I *n.* エカテリーナ一世 (1684?–1727; Peter 大帝の妃で後にロシア女帝 (1725–27)).

Catherine II *n.* エカテリーナ二世 (1729–96; ロシア皇帝 Peter 三世の妃で後に女帝 (1762–96); ドイツ生まれ; 通称 Catherine the Great).

Cátherine de Mé·di·cis /-də-/ *n.* カトリーヌドメディシス (1519–1589; Florence 生まれでフランス王 Henry 二世の妃; Francis 二世, Charles 九世および Henry 三世の母; Saint Bartholomew の虐殺を行う; イタリア語名 Caterina de' Medici /kàterí:nademé:diʧi/).

Cátherine of Alexándria, Saint *n.* アレキサンドリアのカタリナ (?–307; Alexandria のキリスト教殉教婦人).

Cátherine of Áragon *n.* アラゴンのキャサリン (1485–1536; スペインの Ferdinand と Isabella の娘で, 英国王 Henry 八世の最初の妃; Mary 一世の母).

Cátherine of Bragánza *n.* ブラガンサのキャサリン (1638–1705; ポルトガル王女で, 英国王 Charles 二世の妃).

Cátherine of Siéna, Saint *n.* シエナのカタリナ (1347–80; イタリアのドミニコ会修道女; 守護聖人; 祝日 4 月 29 日).

Cátherine whèel *n.* **1** 輪転[回転]花火 (pinwheel). **2**〖紋章〗(周囲にスパイク型の突起のある)車輪図形《Cambridge University, St. Catherine Hall の紋章が有名》. **3** ＝cartwheel 3. **4**〖建築〗＝wheel window. 〖(1584) *St. Catherine of Alexandria* が殉教した際の刑具 spiked wheel の形から〗

cath·e·ter /kǽθəṭə, kǽθtə | -θɪ̀tə(r)/ *n.*〖医学〗カテーテル《尿道・血管・腔などに挿入する金属・ゴム製などの管》. 〖(1601) ▭ LL ～ ▭ Gk *kathetḗr* ← *kathiénai* to send or let down ← *kata-* 'CATA-'＋*iénai* to send (cf. jet[2])〗

cath·e·ter·i·za·tion /kæ̀θəṭərɪ̀zéɪʃən, kæ̀θtə- | -θɪ̀tərai-, -rɪ-/ *n.*〖医学〗カテーテル法. 〖(1849–52): ⇨ ↓, -ation〗

cath·e·ter·ize /kǽθəṭəràɪz, kǽθtə- | -θɪ̀tə-/ *vt.* …にカテーテル[導尿管]を挿し込む, 導尿する. 〖(1881): ⇨ cf. F. *cathétériser*〗

cath·e·tom·e·ter /kæ̀θətɑ́(ː)məṭə | -θɪ̀tɔ́mɪ̀tə(r)/ *n.*〖機械〗カセトメーター《水銀柱のような微妙な高さの差を測定するための光学器械》. 〖(1864) ← Gk *káthetos* vertical line (← *kathiénai* to let down: ⇨ catheter)＋-METER[1]〗

ca·thex·is /kəθɛ́ksɪ̀s, kæ- | -sɪs/ *n.* (*pl.* **ca·thex·es** /-siːz/)〖精神分析〗**1** カテクシス《リビドー (libido) が特定の人・物または観念に向かって注がれ(備給)発現すること; cf. canalization 4》. **2** カテクシスに向けられるリビドー(的エネルギー). 〖(1922) ← NL ～ ← Gk *káthexis* holding, retention: G *Besetzung* (Freud) のなぞり〗

Cath·ie /kǽθi/ *n.* キャシー《女性名》. 〖(dim.) ← CATHERINE〗

cath·i·o·der·mie /kæ̀θioʊdɚ́ːmi | -əʊdə́ː-/ *n.* カティオデルミー《特殊なゲルを顔に塗って電流を通し, オゾンを発生させることによって皮膚を洗浄する美顔術; フランスの美容師 René Guinot が発明した》. 〖(*c*1975) ▭ F ～: ⇨ cathode, ion, derm[2], -ie〗

Cath·leen /kæθlíːn, ⸗⸗ | ⸗⸗, ⸗⸗/ *n.* キャスリーン《女性名; アイルランド系》. 〖《異形》← CATHERINE〗

cath·ode /kǽθoʊd | -θəʊd/ *n.*〖電気〗**1** (電子管・電解槽の)陰極, カソード. **2** (一次電池の)正極 (↔ anode). 〖(1834) ▭ Gk *káthodos* way down ← *kata-* 'CATA-'＋*hodós* way〗

cáthode cùrrent *n.*〖電気〗陰極電流《電子管などの陰極回路に流れる電流》.

cáthode dárk spàce *n.*〖電気〗陰極暗部 (⇨ Crookes dark space). 〖1914〗

cáthode fàll *n.*〖電気〗陰極降下.

cáthode fòllower *n.*〖電子工学〗カソードホロワ《電子管を用いた電力増幅回路の一種で, 電圧増幅はせず, 出力インピーダンスを下げる働きをするもの; cf. emitter follower, source follower, voltage follower》. 〖(1939) カソードの電位が入力信号の電位に追従するところから〗

cáthode glòw *n.*〖物理〗陰極グロー《低圧気中放電で発生するグローのうち陰極表面のもの》.

cáthode ráy *n.*〖物理・電子工学〗陰極線 (cf. Crookes rays). 〖1880〗

cáthode-ràу oscíllograph *n.*〖電気〗陰極線オシログラフ, ブラウン管オシログラフ. 〖1922〗

cáthode-ráy tùbe *n.*〖電子工学〗(テレビ・レーダー・オシロスコープなどの)ブラウン管, 陰極線管 (略 CRT).
★ Braun tube という語は今は普通には用いない.「ブラウン管」はドイツ語からの借用語. 〖1905〗

cáthode spòt *n.*〖電気〗陰極点《水銀整流器の陰極にできる高輝度の発光点》.

cath·od·ic /kæθɑ́(ː)dɪk, -θóʊd-, kəθɑ́(ː)d- | kæθɔ́d-, -θəʊd-/ *adj.* (cf. anodic) **1 a**〖電気〗陰極の[に関する]. **b**〖化学〗陰極(性)の《電池を構成したとき陰極となる; 例えば水素に対して亜鉛》. **2**〖植物〗本来の遺伝的螺旋(らせん)配列軸から離れる方向に葉の半分が向く. **cath·ód·i·cal·ly** *adv.* 〖(1837) ← CATHODE＋-IC[1]〗

cathódic protéction *n.*〖電気〗カソード防食, 陰極防食《電気化学的に金属の腐食を抑制する方法》. 〖1930〗

cath·o·do- /kǽθəḍoʊ | -dəʊ/〖電気〗「陰極による」の意の連結形. 〖← CATHODE＋-O-〗

càthodo·fluoréscence *n.*〖電気〗陰極線蛍光《陰極からの電子流が蛍光体に衝突することによって起こる発光》.

càthodo·luminéscence *n.*〖物理〗陰極線ルミネセンス《テレビ画面などの陰極線を蛍光物質にあてたときの発光》. **càthodo·luminéscent** *adj.* 〖1909〗

cát hòle *n.*〖海事〗キャットホール《船を後退させるための索を通す船尾にある二つの穴》. 〖(OE) *a*1625〗

cath·o·lic /kǽθ(ə)lɪk/ *adj.* **1** 人類全般に関わる, 万人におよぶ; 普遍的な, 一般的な. **2** (同情・理解・関心など)一方に偏しない, おおらかな; 包容的な, 心の大きい: be ～ in one's tastes 趣味が偏っていない. 〖(*c*1350) ▭ (O)F *catholique* ∥ LL *catholicus* ▭ Gk *katholikós* general, universal ← *kata-* 'CATA-'＋*hólos* whole: cf. Gk *kath'hólou* on the whole, universally〗

Cath·o·lic /kǽθ(ə)lɪk/ *adj.* **1** 全キリスト教会の, 公同[普公]教会の《特に, 教派分裂以前の古代キリスト教会にいう》: a *Catholic* Church カトリック教会. **2** (新教に対して)旧教の; (特に)(ローマ)カトリックの (cf. Protestant 1, reformed 3). — *n.* (新教徒に対して)旧教徒; (特に)(ローマ)カトリック教徒 (Roman Catholic).

Cátholic Áction *n.*〖カトリック〗カトリックアクション《ローマカトリック教会の信者が聖職者を助けて宗教活動をすること; 1922 年の Pius 十一世の回勅に強調されている》.

ca·thol·i·cal·ly /kəθɑ́(ː)lɪ̀k(ə)li | -θɔ́lɪ-/ *adv.* **1** 全般的に, 普遍的に. **2** カトリック的に. 〖(1529) ← CATHOLIC＋-LY[1]〗

Cátholic Apostólic *adj.*〖キリスト教〗カトリック使徒(教会)の[に関する]. 〖1888〗

Cátholic Apostólic Chúrch *n.* [the ～]〖キリスト教〗カトリック使徒教会 (cf. Irvingite).

ca·thol·i·cate /kəθɑ́(ː)ləkèɪt, -lɪ̀kɪ̀t | -θɔ́lɪ-/ *n.*〖キリスト教〗catholicos (特に, アルメニア教会総主教)の管轄区[権]. 〖(1850) ▭ ML *catholicātus*: ⇨ catholicos, -ate[1]〗

Cátholic Chúrch *n.* [the ～] (ローマ)カトリック教会; 公同[普公]教会《カトリック主義 (Catholicism) をその宗教的・思想的立場とするキリスト教会; 一般にローマ(カトリック)教会を指す》. 〖1559〗

Cátholic Emancipátion *n.*〖英史〗カトリック(教徒)解放《カトリックの政治的・社会的権利の回復運動; カトリック解放法 (Catholic Emancipation Act, 1829) によって, 下院議員に選ばれるようになり, 一部を除く高級官職につく権利を認められて, 解放がほぼ達成された; cf. Test Act》.

Cátholic Epístles *n. pl.* [the ～] (新約聖書中の)公同書簡(しょかん)《James, Peter, John および Jude が一般信徒にあてた七教書; Canonical Epistles ともいう》. 〖1582〗

catholici *n.* catholicus の複数形.

Ca·thol·i·cism /kəθɑ́(ː)ləsɪ̀zm | kəθɔ́lɪ-/ *n.* **1** (ローマ)カトリック教義[信仰, 制度]; カトリック教義信奉; カトリック主義, 普公主義《カトリック (catholic) とは元来, 普遍的・全体的の意で, カトリック主義の理念は実質的にはすでに初代キリスト教時代その成立をみた; ローマ(カトリック)教会の宗教的・思想的立場はこのカトリック主義であるが, カト

リック主義は必ずしもローマ教会ではない》. **2** [c-] =catholicity 2. 〘((1609)) ← CATHOLIC+-ISM〙

cath·o·lic·i·ty /kæ̀θəlísəṭi | -θə(ʊ)lísɪ̀ti/ n. **1** [C-] **a** カトリック教義 (Catholicism). **b** カトリック教会と一致していること. **2 a** (見解・理解などの)広いこと, 心の大きさ, 大度, 寛大性, 包容力. **b** 普遍性. 〘((1704)) ← CATHOLIC+-ITY: cf. F *catholicité*〙

ca·thol·i·cize /kəθá(ː)ləsàɪz | -θɔ́lɪ̀-/ vt. **1** [C-] カトリック教(徒)化する. **2** 普遍化する. — vi. [C-] カトリック教徒になる. **ca·thòl·i·ci·zá·tion** n. 〘((1611)): ⇨ ↑, -ize〙

catholicoi n. catholicos の複数形.

ca·thol·i·con /kəθá(ː)ləkà(ː)n | -θɔ́lɪkən/ n. 万能薬, 万病薬 (panacea). 〘((1374–75)) ▫F ~ // ML ~ ▫Gk *katholikón* (neut. adj.) ← *katholikós* 'CATHOLIC'〙

ca·thol·i·cos /kəθá(ː)lɪkəs, -ləkà(ː)s | -θɔ́lɪkəs, -kɔ̀s/ n. (pl. ~·es, -i·coi /-ləkɔ̀ɪ | -lɪ-/) 〘キリスト教〙 **1** (アルメニア教会・ネストリオス派教会の)総主教 (patriarch). **2** (独立した教会では)教皇従属の大僧正. **3** (初期のキリスト教会では)修道院長. 〘((1878)) ▫Gk *katholikós* (↑)〙

ca·thol·i·cus /kəθá(ː)lɪkəs | -θɔ́l-/ n. (pl. -i·ci /-ləsàɪ, -kì: | -lɪ-/) 〘キリスト教〙 =catholicos.

cath·o·lyte /kǽθəlàɪt/ n. 〘電気・化学〙 陰極液, 陰極電解液, カソード液 (cf. anolyte). 〘((1890–1949)) ← CATH(ODE)+(ELECTR)OLYTE〙

Cath·o·my·cin /kæ̀θəmáɪsən, -sn | -sɪn/ n. 〘商標〙 カソマイシン《novobiocin の商品名》.

cát hòok n. 〘海事〙 吊錨(ちょうびょう)フック《吊錨用滑車についている鉤(かぎ)》.

cát·hòuse n. 《米俗》 売春宿. 〘1931〙

Cath·y /kǽθi/ n. キャシー《女性名》. 〘(dim.) ← CATHERINE〙

cát ìce n. 薄氷 (shell ice)《水たまりなどにできた氷で, 水が減ったために残ったもの》. 〘1884〙

Cat·i·li·nar·i·an /kæ̀ṭəlɪnéᵊriən, -ṭl- | -tɪlɪnéər-, -tl-/ adj. **1** カティリナ (Catiline) の[に関する]. **2** 陰謀の (conspiratorial). — n. **1** カティリナの陰謀に参加した人. **2** 陰謀者 (conspirator). 〘((1824)): ↓, -arian〙

Cat·i·line /kǽṭəlàɪn, -ṭl- | -tɪl-, -tl-/ n. カティリナ (108?–62 B.C.; ローマの政治家で反逆者; ラテン語名 Lucius Sergius Catilina).

cat·i·on /kǽtàɪən, -a(ː)n | -àɪən, -ɔn/ n. 〘物理化学〙 陽イオン, カチオン (positive ion) (⇨ ion). 〘((1834)) ▫Gk *katión* (a thing) going down (neut. pres.p.) ← *katiénai* to go down: ⇨ cata-, ion: M. Faraday の造語〙

cátion-áctive adj. 〘物理化学〙 =cationic 2. 〘1946〙

cátion exchànge n. 〘物理化学〙 陽イオン交換, カチオン交換《base exchange ともいう》. 〘1931〙

cátion exchànger n. 〘物理化学〙 陽イオン交換体. 〘1957〙

cat·i·on·ic /kæ̀taɪá(ː)nɪk | -ɔ́n-/ adj. 〘物理化学〙 **1** カチオン (cation) の. **2** 〈化合物が〉陽性の. **càt·i·ón·i·cal·ly** adv. 〘((c1920)) ← CATION+-IC¹〙

catiónic detérgent n. 〘物理化学〙 陽性洗剤, 逆[陽]性石鹸《benzalkonium chloride のような合成化合物》. 〘1964〙

cat·i·on·ot·ro·py /kæ̀taɪəná(ː)trəpi | -nɔ́trə-/ n. 〘物理化学〙 カチオノトロピー, カチオノイド転位《有機化合物の転位反応のうち, 転位が陽イオンの移動によって起こるもの; よく知られているものに陽子の移動によるプロトトロピー (prototropy) がある; cf. anionotropy》. **cat·i·on·o·trop·ic** /kæ̀taɪà(ː)nətrá(ː)pɪk | -ɔ̀nətrɔ́p-/ adj. 〘← CATION+-O-+-TROPY〙

ca·tjang /ká:tʃa:ŋ/ n. 〘植物〙 キマメ (pigeon pea) 《catjang pea ともいう》. 〘▫Du. *katjang* ▫Malay *kachang* bean〙

cat·kin /kǽtkɪn | -kɪn/ n. 〘植物〙 尾状花序, (カワヤナギなどの)花穂 (cattail) 《ヤナギ科やカバノキ科の植物の穂状になる雄花穂; cf. ament¹》. **cat·kin·ate** /kǽtkɪnèɪt | -kɪ-/ adj. 〘((1578)) 《なぞり》 ← Du. 《廃》 *katteken* little cat: ⇨ cat, -kin: 猫の尾に似ているところから〙

cát làdder n. 傾斜屋根に架すはしご. 〘1883〙

cát·làp n. 《英俗》 (猫になめさせるような)水っぽい飲み物《茶・流動食など》. 〘1785〙

cát·lìck n. 《口語》 おざなりな[ぞんざいな]洗い方. 〘1859〙

cát·lìke adj. 猫のような; すばやい, 油断のない; 足音を忍ばせた (stealthy). 〘((1599)): ⇨ -like〙

Cat·lin /kǽtlɪn | -lɪn/, **George** n. キャトリン (1796–1872; 米国の画家; インディアンの生活のスケッチで知られる).

cat·ling /kǽtlɪŋ/ n. **1** 小猫 (kitten). **2** 《まれ》 =catgut 1. **3** (*also* **cat·lin** /-lɪn | -lɪn/) 〘外科〙 (四肢)切断刀. 〘((1601–2)) ← CAT+-LING¹〙

cat·lin·ite /kǽtlɪnàɪt | -lɪ-/ n. カトリン粘土 (Missouri 川上流に産する硬化粘土; インディアンがたばこ用パイプを作った). 〘((1858)) ← *George Catlin*+-ITE¹〙

cát lìtter n. キャットリター《猫の排泄用に箱の中に敷く粒状の吸湿粘土など》.

cát màn n. **1** (サーカスで)ライオン・虎などの調教師. **2** =cat skinner. **3** =cat burglar.

cát·mìnt n. 〘植物〙 =catnip. 〘((c1300)) *kattesminte*: ⇨ cat, mint¹〙

cát·nàp n. 《口語》 うたた寝, 仮寝. — vi. (**-napped, -nap·ping**) うたた寝する, 仮寝する (doze). 〘cf. *cat's nap* (1823)〙

cát·nàp·per /-nǽpə | -pə(r/ n. (*also* **cat·nap·er** /~/) (実験用に売るために)猫を盗む人, 猫泥棒. 〘((1942)) ← CAT+(KID)NAPPER〙

cat·nip /kǽtnɪp/ n. (*also* **cat·nep** /-nɛp, -nɪp/) 〘植物〙 イヌハッカ (*Nepeta cataria*) 《シソ科の多年草; 猫がその香りを好む》. 〘((1712)) ← CAT+*nip* (← 《廃》 *nep, nept* catnip ▫ML *napta*=L *nepeta*)〙

Ca·to /kéɪṭoʊ | -təʊ/, **Marcus Por·ci·us** /pɔ́əʃiəs, -ʃəs | pɔ́:-/ n. **1** (大)カトー (234–149 B.C.; ローマの政治家・軍人・文人; 通称 Cato the Elder, Cato the Censor). **2** (小)カトー (95–46 B.C.; ローマの政治家・軍人・ストア哲学者; Thapsus における J. Caesar の戦勝を聞いて Utica で自殺した; (大)カトーの曾孫(そうそん); 通称 Cato the Younger, Cato Uticensis).

cat·o- /kǽṭə | -təʊ/ pref. 「下の, 下位の, 低い」の意: *Catostomidae*. 〘▫Gk *katō-* ← *kátō* downward: ⇨ cata-〙

Ca·tóc·tin Móuntains /kətá(ː)ktɪn- | -tɔ́ktɪn-/ n. [the ~] カトクティン山脈《米国 Maryland 州北西部から Virginia 州北部に走る山脈; Blue Ridge 山脈の一系; 大統領専用の別荘 Camp David が山中にある》.

cat-o'-moun·tain /kæ̀ṭəmáuntn, -tɪn | -təmáuntɪn/ n. =catamount.

cat-o'-nine-tails /kæ̀ṭənáɪntèɪlz | -tən-/ n. (pl. ~) **1** 九尾のねこむち《罪人を打つのに用いたこぶの付いた 9 本のひもを柄に通したむち; 1881 年まで英陸海軍公認の処罰用具; cf. cat n. 5》. **2** 〘植物〙 ガマ (⇨ cattail 1). 〘((1665)) 殴打の跡が猫のひっかきに似ているところから〙

ca·top·tric /kətá(ː)ptrɪk | -tɔ́p-/ adj. 反射光学(上)の (cf. dioptric 1): ~ system 反射光学系. 〘((a1774)) ▫Gk *katoptrikós* ← *kátoptron mirror*〙

ca·tóp·tri·cal /-trɪkəl, -kl | -trɪ-/ adj. =catoptric. **~·ly** adv. 〘1696〙

ca·top·trics /kətá(ː)ptrɪks | -tɔ́p-/ n. 反射光学 (cf. dioptrics). 〘((1570)) ▫Gk *katoptrikós* of a mirror ← *kátoptron* mirror: ⇨ cata-, optic, -ics〙

cat rìg n. 〘海事〙 キャットリグ, catboat 式の帆装《船首間近に寄せた単檣(たんしょう)に大きな一枚の縦帆を張る式の帆装》. **cát-rìgged** adj. 〘1867〙

Cat·ri·o·na /kətríːənə, kæ-, -tríːnə | -tríənə, -tríːənə, -ríːnə/ n. カトリーオナ《女性名; スコットランドに多い》. 〘《スコット》 ← CATHERINE〙

CÁT scàn n. 〘医学〙 (CAT scanner による)コンピューター X 線(体軸)断層写真《CT scan ともいう》. **CÁT scànning** n. 〘1975〙

CÁT scànner n. 〘医学〙 コンピューター X 線(体軸)断層撮影装置, CT スキャナー. 〘1975〙

cát's chànce /kǽts-/ n. ⇨ *not a* CAT*'s chance*.

cát's-clàw n. 〘植物〙 **1** ウングイスカティ (*Doxantha unguis-cati*) 《西インド諸島原産のノウゼンカズラ科の攀縁(はんえん)植物》. **2** 北米南部原産のマメ科キンキジュ属の低木 *Pithecolobium unguis-cati*). **3** ツノアカシア (*Acacia greggii*) やオジギソウ属の植物 (*Mimosa biuncifera*) などの低木. 〘1756〙

cát's crádle n. **1 a** 綾(あや)取り: play ~. **b** 綾取りでできた模様. **2** 複雑で入り組んだもの (intricacy): a ~ of creepers. 〘1768〙

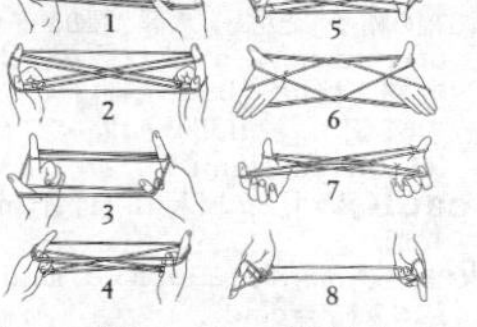

cat's cradle 1 a
1 cradle
2 soldier's bed
3 candles
4 manger
5 diamonds
6 cat's eye
7 fish in a dish
8 clock

cát-scràtch disèase [fèver] n. 〘病理〙 ねこひっかき病《皮膚の傷からウイルスが入って起こる熱病; 寒気がしたりリンパ腺が腫れたりする》. 〘1952〙

cát's crỳ sỳndrome n. 〘病理〙 猫鳴き症候群《猫の鳴き声様の泣き声と奇形・精神薄弱を伴う, 染色体異常による先天性疾患》.

cát's-èar n. 〘植物〙 黄色の花と猫の耳に似た形の葉をもつヨーロッパ原産キク科オウゴンソウ属の多年草 (*Hypochaeris radicata*); 北米に広く帰化している. 〘1848〙

cát's-èye n. **1** 〘鉱物〙 猫目石, キャッツアイ《金緑石 (chrysoberyl) に属する鉱石; 猫の瞳のように光る》. **2** 〘商標〙 《英》 (道路の)夜間反射装置《ヘッドライトに照らされると光るガラス製の反射装置を入れた道路鋲(びょう)》. 〘c1599〙

cát's-fòot n. (pl. **cat's-feet**) 〘植物〙 **1** カキドウシ (⇨ ground ivy). **2** キク科エゾノチチコグサ属 (*Antennaria*) の植物の総称, (特に) *A. neodioica*. **3** キク科ハハコグサ属の一種 (*Gnaphalium obtusifolium*) 《catfoot ともいう》. 〘1597〙

cát shàrk n. 〘魚類〙 トラザメ《トラザメ科の魚類の総称; トラザメ (*Scyliorhinus torazame*), ニシトラザメ (*S. canicula*) など》.

Cáts·kill Móuntains /kǽtskɪl-/ n. pl. [the ~] キャッツキル[カッツキル]山脈《米国 New York 州東部の低い山脈; W. Irving の *Rip Van Winkle* の舞台; 最高峰は Slide Mountain (1,282 m); the Catskills ともいう》. 〘*Catskill*: ▫Du. *Kats Kill* cat's stream〙

cát skìnner n. 《米俗》 キャタピラートラクター運転手.

cát-slèep n. =catnap. 〘1837〙

cát's-mèat n. 《英》 猫用の肉《馬肉・くず肉など; cf. dog's meat, horseflesh 1》. 〘1593〙

cát's meów n. [the ~] 《米口語》 すばらしい人[もの], すてきな人, とてもいいもの (cf. cat's whisker 2).

cát's pajámas n. pl. [the ~] 《口語》 =cat's whisker 2.

cat's-paw /kǽtspɔ̀:, -pà: | -pɔ̀:/ n. **1** だしに使われる人, 手先 (tool): make a ~ of a person 人を手先[道具]に使う. **2** 〘海事〙 ねこ足風《水面の所々に小波を立てる程度の微風》. **3** 〘海事〙 (フック[鉤]に綱を掛けるときの)ねこ足結び《二重の輪になる結び方》. 〘((1657)) (1769) 猿が焼き栗をつかみ出すために猫の手を利用したというイソップ物語から〙

cát's-tàil n. (pl. **cats'-tails**) 〘植物〙 **1** イネ科アワガエリ属 (*Phleum*) の植物の総称; (特に)オオアワガエリ (timothy) 《cat's-tail grass ともいう》. **2** =cattail 1. 〘c1450〙

cát's-tail spéedwell n. 〘植物〙 ヨーロッパおよび北アジア原産のゴマノハグサ科クワガタソウ属イヌノフグリの類の鮮青色の花が咲く多年草 (*Veronica spicata*).

cát·stìck n. (tipcat や trapball 遊びに用いる)打棒, バット. 〘a1626〙

cát·stìtch n. 〘服飾〙 =catch stitch 2.

cát·sùit n. ジャンプスーツ《上着とズボンがつながったもの》. 〘c1955〙

cat·sup /kétsəp, kǽts-, -tʃəp | kétsəp, kǽtʃəp, kétʃ-/ n. =ketchup.

cát's whìsker n. **1** 〘通信〙 =cat whisker. **2** [the ~s] 《口語》 すてき[最高]なもの[人], 極致: You're *the* ~*s*. 〘1915〙

cát-swìng n. =cat-train.

Catt /kǽt/, **Carrie Chapman** n. キャット (1859–1947; 米国の婦人参政権運動の指導者; 旧姓 Lane).

cát tàckle n. 〘海事〙 キャットテークル《吊錨(ちょうびょう)用の滑車装置》. 〘1840〙

cát·tàil n. 〘植物〙 **1** ガマ類の総称; (特に)ガマ (*Typha latifolia*) 《cat's-tail, cattail flag, reed mace ともいう》. **2** ヤナギ類などの尾状の花穂, 尾状花序 (catkin) 《いわゆるネコ》. 〘1548〙

cattail míllet n. 〘植物〙 **1** =foxtail millet. **2** =pearl millet.

cat·ta·lo /kǽṭəlòʊ, -ṭl- | -tələʊ, -tl/ n. (pl. ~es, ~s) 《米》 カタロ《雌牛と雄のアメリカヤギュウ (American buffalo) との交配でできた動物; 牛より強健》. 〘((1889)) 《混成》 ← CATT(LE)+(BUFF)ALO〙

Cat·te·gat /kǽṭɪgæ̀t | kǽtɪgæt, ⸗—⸗/ n. =Kattegat.

cat·te·ry /kǽṭəri | kǽt-/ n. 《英》 猫の飼育[預かり]所. 〘((1791)) ← CAT+-ERY〙

cat·tie /kǽṭi | kǽti/ n. =catty².

cat·tish /kǽṭɪʃ | -tɪʃ/ adj. **1** 猫のような (catlike). **2** 意地悪な, 悪意のある (spiteful). **~·ly** adv. **~·ness** n. 〘((1598)) ← CAT+-ISH¹〙

cat·tle /kǽṭl | -tl/ n. [集合的] **1** 畜牛, 牛: many ~ / fifty head of ~ 牛 50 頭 / ~ and sheep 牛と羊. 日英比較 日本語では「牛」という語一つで総ての牛を指すが, 英語では, cattle が「家畜としての牛の総称」であり, bull が「去勢されていない雄牛」, calf が「子牛」, cow が「乳牛」, ox が「労役・農耕用の去勢されている雄牛」のように種類別に分けて用いる. **2** 《古・方言》 家畜. **3** 〘軽蔑的に〙 人間ども, 畜生ども. 〘((c1250)) *catel* ▫AF & ONF=OF *chatel* (F *cheptel*) < ML *capitālem* property (neut.) ← L *capitālis*: CAPITAL¹, CHATTEL と三重語〙

cáttle brèeding n. 牧畜(業). 〘1877〙

cáttle càke n. 《英》 キャトルケーキ《ブロック状に固めた牛用の濃厚飼料》.

cáttle càll n. 集団オーディション, 公開オーディション.

cáttle càr n. **1** 家畜輸送車. **2** 《米海軍》 囚人護送車. **3** 《俗》 (旅客機後部の)エコノミークラス; 満員電車.

cáttle dòg n. 《豪・NZ》 牛追いの犬. 〘1878〙

cáttle ègret n. 〘鳥類〙 アマサギ (*Bubulcus ibis*) 《アフリカ・南ヨーロッパ・アジア南西部・アメリカなどに分布する小形のシラサギの一種》. 〘((c1899)) 家畜の虫を食べる習性から〙

cáttle flỳ n. 〘昆虫〙 サシバエ (horn fly).

cáttle grìd n. 《英》 =cattle guard. 〘1940〙

cáttle grùb n. 〘昆虫〙 **1** ウシバエ (warble fly) のウジ[幼虫]. **2** ウシバエ. 〘1926〙

cáttle guàrd n. 《米》 **1** 家畜脱出防止溝《柵囲いの切れ目に設けてゲートの代用にする》. **2** 防止溝のある柵囲いの切れ目. 〘1843〙

cáttle-lèader n. (牛を引く)鼻輪.

cáttle-lìfter n. 牛盗人, 牛泥棒. 〘1860〙

cáttle-lìfting n. 牛泥棒(行為). 〘1860〙

cáttle·man /-mən, -mæ̀n/ n. (pl. **-men** /-mən, -mɛ̀n/) 《米・豪》 **1** 牛飼い(人夫). **2** (肉牛を飼育する)牧場主. 〘1864〙

cáttle màrket n. 《英》 **1** 家畜市場. **2** 《口語》 美人コンテスト; ディスコ (disco).

cáttle pèn n. 牛小屋; 家畜囲い.

cáttle plàgue n. 〘獣医〙 牛疫《反芻動物の急性熱性のウイルス病; 激しい出血性の胃腸炎を伴う; rinderpest ともいう》. 〘1866〙

cáttle rànch n. 《米》 牛の大放牧場. 〘1857〙

cáttle rànge n. 《米》 牛の放牧地. 〘1640〙

cáttle rùn n. 牧場. 〘1853〙

cáttle-rùstler n. 《米》 牛盗人, 牛泥棒. 〘1903〙

cáttle stòp n. 《NZ》 =cattle guard. 〘1949〙

cáttle tìck n. 〘動物〙 家畜(特に, ウシ)につくマダニ類の総称; (特に)ウシマダニ (*Boophilus annulatus*) 《米国温暖地方および熱帯アメリカで家畜にたかってテキサス熱 (Texas fever) の原因となる寄生原虫の媒介をする》. 〘1869〙

cáttle trùck n. 《英》 **1** =stockcar. **2** ぎゅうぎゅう詰めの乗物. 〘1883〙

catt·ley·a /kǽtliə, kætléɪə, -líːə | kǽtliə/ n. 〘植物〙 カトレア《熱帯アメリカ産ラン科カトレア属 (*Cattleya*) のランの総称; 温室で栽培する *C. citrina* 等を含む代表的な洋ランの一群》. 〘((1828)) ← NL ~ ← *William Cattley* (d. 1832: 英国の植物愛好家)〙

Cat·ton /kǽtn/, **(Charles) Bruce** n. キャトン (1899–1978; 米国のジャーナリスト・歴史家; 南北戦争史研究で知

C

られる; Pulitzer 賞 (1954)).

cát-tràin *n.* 《カナダ》キャタピラー式雪上車で牽引する一連のそり《荷物運搬用》.

cat·ty[1] /kǽṭi | -ti/ *adj.* (**cat·ti·er, -ti·est; more ～, most ～**) **1 a** 《口語》〈特に女性が〉悪意のある, 意地悪い. **b** 意地悪なうわさ話をする[の好きな]: a ～ woman. **2** 猫の[に関する], のような, くさい]: a ～ smell. **3 a** こっそり歩く, 足音を忍ばせた (stealthy). **b** すばやい, 敏捷な. **cát·ti·ly** /-ṭəli, -ṭli | -təl-, -tli/ *adv.* **cát·ti·ness** *n.* 〚《1886》← CAT＋-Y[4]〛

cat·ty[2] /kǽṭi | -ti/ *n.* **1** カティー《東洋諸国で用いる重量の単位; ＝$^1/_{100}$ picul》. **2** (中国の)斤《約 $1^1/_3$ ポンド; 604.8 g; 現在は 1.1023 pounds, 500 g に換算》. 〚《1598》□ Malay *kati*: cf. caddy[1]〛

Cat·ty /kǽṭi | -ti/ *n.* キャティ《女性名》. 〚(dim.) ← CATHERINE〛

cat·ty-cor·ner /kǽṭikɔ̀ːnə | kætikɔ́ːnə(r)/ *adv., adj.* ＝catercorner.

càtty-córnered *adv., adj.* ＝catercorner.

cát tỳphoid *n.* 〖獣医〗(猫の)汎白血球減少症 (⇨ panleucopenia).

Ca·tul·lus /kətʌ́ləs/, (**Gaius Va·le·ri·us** /vəlí(ə)riəs | -líər-/) *n.* カトゥルス《84?–54 B.C.; ローマの叙情詩人》.

CATV 《略》〖テレビ〗community antenna television; cable TV.

cat·walk /kǽtwɔ̀ːk, -wɑ̀ːk | -wɔ̀ːk/ *n.* **1** (ファッションショーの)張り出し舞台. **2** キャットウォーク《航空機内の荷物置場・貨物列車の屋根の上・橋の通路などの一端などに設けた狭い通路》. 〚1885〛

cát whìsker *n.* 〖通信〗針電極, ねこのひげ電極《鉱石受信機・電子回路などの接続に用いる細い線; cat's whisker ともいう》. 〚1915〛

cát yàwl *n.* キャットヨール《船首三角帆は無しで, 主檣(しょう)はずっと船首寄りに, 後檣は船尾一杯に後部へ立て, 相方へ縦帆を張る小舟》.

ca·ty·did /kéɪṭidɪ̀d | -ti-/ *n.* 〖昆虫〗＝katydid.

cau·been /kɔːbíːn, kɑː- | kɔː-/ *n.* 《アイル》帽子 (hat), ベレー帽 (beret). 〚《1831–34》□ Ir. *cāipīn* (dim.) ← *cāba* cape〛

Cau·ca /káʊkə; *Am.Sp.* káu̯ka/ *n.* [the ～] カウカ(川)《南米コロンビア北西部より北に流れ, Magdalena 川と合流する川 (1,350 km)》.

Cau·ca·sia /kɔːkéɪʒə, kɑː-, -ʃə | kɔːkéɪʒə, -ziə/ *n.* カフカス, コーカサス《黒海とカスピ海との間にはさまれた地域; Caucasus 山脈を境としてヨーロッパ側 Ciscaucasia とアジア側 Transcaucasia とに分かれる; the Caucasus ともいう》. 〚□ Gk *Kaukasía*: ⇨ Caucasus, -ia[1]〛

Cau·ca·sian /kɔːkéɪʒən, kɑː-, -ʃən | kɔːkéɪʒən, -ziən/ *adj.* **1** カフカス (Caucasus) 地方[山脈]の. **2** コーカサス語の. **3** コーカサス人の. **4** 白色人種の: the ～ race 白色人種. — *n.* **1** コーカサス人; 白人. **2** カフカス諸語《グルジア語 (Georgian), チェルケス語 (Circassian) などを含む》. 〚《1807》: ⇨ ↑, -an[1]: 白色人種の意はドイツの人類学者 Johann Blumenbach が印欧語族発祥地を Caucasus と考えたことから〛

Caucásian líly *n.* 〖植物〗コーカサスユリ (*Lilium monadelphum*)《イラン原産の黄金色の花が咲くユリ》.

Cau·ca·soid /kɔ́ːkəsɔ̀ɪd, kɑ́ː- | kɔ́ː-/ *n.* 〖人類学〗白色人種, コーカソイド《ヨーロッパ・北アフリカ・東アジア・インドなどに分布する白色人種; cf. stock[1] 15》. — *adj.* コーカソイド[白色人種]の. 〚《1902》← CAUCAS(IAN)＋-OID〛

Cau·ca·sus /kɔ́ːkəsəs, kɑ́ː- | kɔ́ː-/ *n.* [the ～] **1** カフカス[コーカサス](山脈)《黒海からカスピ海に至る山脈; Mt. Elbrus (5,642 m) はヨーロッパでの最高峰; Caucasus Mountains ともいう》. **2** ＝Caucasia. 〚□ L ～ □ Gk *Kaúkasos* ← ? Pelasgian *kauk mountain〛

Cau·chy /kóʊʃi | kə́ʊ-; *F.* koʃi/, **Augustin Louis** *n.* コーシー《1789–1857; フランスの数学者》.

Cáuchy íntegral fòrmula *n.* 〖数学〗コーシーの積分公式《正則関数の値を単一閉曲線に沿うある積分で表す公式》. 〚← *A. L. Cauchy*〛

Cáuchy íntegral thèorem *n.* 〖数学〗コーシーの積分定理《単一閉曲線 *C* で囲まれた領域 *D* で正則で, *C* を含めて連続な複素関数を *C* 上で積分すると 0 になるという定理; cf. Morera's theorem》. 〚← *A. L. Cauchy*〛

Cáuchy-Ríemann equàtions *n. pl.* 〖数学〗コーシーリーマンの微分方程式《正則関数の実部と虚部とが満たす偏微分方程式》. 〚← *A. L. Cauchy* & *G. F. B. Riemann*〛

Cáuchy-Schwárz inequàlity /-ʃwɔ́əts- | -ʃwɔ́ːts-; *G.* -ʃváʁts-/ *n.* 〖数学〗**1** ＝Cauchy's inequality. **2** ＝Schwarz inequality.

Cáuchy sèquence *n.* 〖数学〗コーシーの列 (⇨ fundamental sequence). 〚《*c*1949》← *A. L. Cauchy*〛

Cáuchy's inequálity *n.* 〖数学〗コーシーの不等式《ユークリッド空間の二つのベクトルの内積の絶対値は, それらのノルムの積以下であることを示す不等式; cf. Schwarz inequality》. 〚← *A. L. Cauchy*〛

cau·cus /kɔ́ːkəs, kɑ́ː- | kɔ́ː-/ *n.* **1 a** 《米》(党役員や地方公職員候補者の選定および政綱の決定などをする)政党支部の幹部会議, (非公式の)黒幕会議. **b** 《英》〖軽蔑的に〗(政党の選挙戦・政策決定のための)地方支部会. **2** [the ～] 幹部制. **3** 《豪》労働党の連邦議会議員総会. **4** 《NZ》(ある政党の)国会議員総会. — *vi.* 幹部会を開く[に集まる]. 〚《1763》□ ? N-Am.-Ind. (algonquian) *caucauasu* elder, counsellor〛

caud- /kɔːd, kɑːd | kɔːd/ (母音の前にくるときの) caudo- の異形.

cau·da /káʊḍə, kɔ́ː-, kɑ́ː- | kɔ́ːdə/ *n.* (*pl.* **cau·dae** /káʊdaɪ, kɔ́ːdiː, kɑ́ː- | kɔ́ːdiː/) **1** 〖解剖・動物〗尾 (tail). **2** 尾のような物[付属物]. **3** 〖詩学〗(ソネットなどの)尾連 (coda). 〚《1696》□ L ～ 'tail': cf. coward〛

cau·dad /kɔ́ːdæd, kɑ́ː- | kɔ́ː-/ *adv.* 〖解剖・動物〗尾の方に, (体の)後端の方に (cf. cephalad). 〚《1889》: ⇨ ↑, -ad[3]〛

caudae *n.* cauda の複数形.

cau·dal /kɔ́ːdḷ, kɑ́ː- | kɔ́ːdḷ/ *adj.* 〖動物〗**1** 尾の[に関する, に属する]; 尾状の: the ～ appendage 尾, 尾部付属脚. **2** 尾にある[に近い]; (体の)後端[尾部]にある[向かう] (posterior); 尾側の, 下の: ⇨ caudal fin. **～·ly** *adv.* 〚《1661》← NL *caudālis*: ⇨ cauda, -al[1]〛

cáudal anesthésia *n.* 〖医学〗仙骨(せんこつ)麻酔.

cáudal fín *n.* 〖魚類〗尾鰭 (tail fin ともいう; ⇨ fish[1] 挿絵). 〚1769〛

cau·date /kɔ́ːdeɪt, kɑ́ː- | kɔ́ː-/ *adj.* **1** 〖動物〗尾のある; 尾状の付属器官のある. **2** 〖植物〗〈葉先など〉尾形の, 尾状の. — *n.* 〖動物〗サンショウウオ目の両生動物.

cau·da·tion /kɔːdéɪʃən, kɑː- | kɔː-/ *n.* 〚《1600》← ML & NL *caudātus*: ⇨ cauda, -ate[2]〛

cau·dat·ed /kɔ́ːdeɪṭɪd, kɑ́ː- | kɔ́ːdeɪtɪd/ *adj.* ＝caudate. 〚1829〛

cáudate núcleus *n.* 〖解剖〗尾状核《大脳核の一つで, 側脳室の外側にある灰白質; cf. basal ganglia》. 〚*c*1903〛

cau·dex /kɔ́ːdeks, kɑ́ː- | kɔ́ː-/ *n.* (*pl.* **cau·di·ces** /-dəsìːz | -dɪ-/, **～·es**) 〖植物〗**1** (茎・幹・根も含めて)植物体の軸をなす全部分; 葉柄の痕跡(こんせき)のついた茎; (特に)ヤシ・シュロの幹. **2** (多年生草本で, そこから新芽が出る)木質の根部. 〚《*c*1797》□ L ～ 'tree trunk': ⇨ codex〛

cau·di- /kɔ́ːdḷ, -di, kɑ́ː- | kɔ́ːdḷ, -di/ caudo- の異形 (⇨ -i-).

caudices *n.* caudex の複数形.

cau·di·llo /kaʊdíː(j)oʊ, -díljoʊ | kaʊdíːəʊ, kɔː-, -díləʊ; *Am.Sp.* kau̯ðíjo/ *n.* (*pl.* **～s**) (スペイン系諸国で, ゲリラなどの)軍事的指導者; 軍に影響力をもつ政界有力者: ⇨ El Caudillo. 〚《1852》□ Sp. ～ ＜ LL *capitellum* (dim.) ← L *caput* 'HEAD'〛

Cáu·dine Fórks /kɔ́ːdaɪn-/ *n. pl.* [the ～] カウディネ山道《イタリア南部の Apennines 山脈の Capua と Benevento の間を結ぶ》.

cau·dle /kɔ́ːdḷ, kɑ́ː- | kɔ́ːdḷ/ *n.* コードゥル《薄いかゆ (gruel) にエールやぶどう酒・卵・砂糖・香辛料などを加えた温かい滋養飲料で, 産婦・病人などに与える》. 〚《*c*1300》□ ONF *caudel*＝OF *chaudel* (F *chaudeau*) ＜ ML *caldellum* (dim.) ← L *calidus* warm〛

cau·do- /kɔ́ːḍoʊ, kɑ́ː- | kɔ́ːdəʊ/「尾 (tail); 尾状の; 尾をもつ (caudal)」の意の連結形. ★ ときに caudi-, また母音の前では通例 caud- になる. 〚← L *cauda* tail〛

caught /kɔːt, kɑːt | kɔːt/ *v.* catch の過去形・過去分詞. — *adj.* 《口語》妊娠した (⇨ catch *vt.* 17). 〚ME *ca(u)hte* 《変形》← 《14C》*cached*: ME *la(u)hte* ← *lacchen* to take から類推〛

caul /kɔːl, kɑːl | kɔːl/ *n.* **1** 〖解剖〗**a** 大網膜《胎児が時に頭にかぶって出てくる羊膜の一部; 昔これを吉兆として「幸福の帽子」と称し, 水難よけのお守りとした》. **b** ＝greater omentum. **2 a** 《古》(昔女性がかぶった)網のキャップ. **b** 婦人帽の後部についた網[ネット]. **c** 《廃》かつらの基じめをする網. 〚《?*a*1300》*calle* ＜ ? OE *cawl* basket, net (cf. ML *cavellum*)〛

caul- /kɔːl, kɑːl | kɔːl/ (母音の前にくるときの) caulo- の異形.

cauld /kɔ́ːld, kɑ́ːld, kɔ́ːd, kɑ́ːd | kɔ́ːld, kɔ́ːd/ *adjs., n.* 《スコット》＝cold.

cáuld·rife /-rɪf/ *adj.* 《スコット》**1** 冷たい, 寒い; 寒がりの. **2** 元気のない, 冷淡な. 〚《1768》← *cauld* cold＋-RIFE〛

caul·dron /kɔ́ːldrən, kɑ́ːl- | kɔ́ːl-, kɔ́l-/ *n.* ＝caldron.

caules *n.* caulis の複数形.

cau·les·cent /kɔːlésənt, kɑː-, -sn̩t | kɔː-/ *adj.* 〖植物〗(地上に目に見える)茎のある, 地上茎の (cf. acaulescent). 〚《1794》← CAULO-＋-ESCENT〛

Caul·field /kɔ́ːlfiːld, kɑ́ːl- | kɔ́ːl-/ *n.* コールフィールド《オーストラリア Victoria 州 Melbourne 南東部の住宅都市》.

cau·li- /kɔ́ːlḷ, kɑ́ː-, -li | kɔ́ː-/ caulo- の異形 (⇨ -i-).

cau·li·cle /kɔ́ːlḷkḷ, kɑ́ː- | kɔ́ːlɪ-/ *n.* 〖植物〗胚(はい)内の幼茎. 〚《1657》□ L *cauliculus* (dim.) ← *caulis* stalk: ⇨ -cle〛

cau·lic·o·lous /kɔːlíkələs, kɑː- | kɔː-/ *adj.* 〖植物〗〈菌類など〉他の植物の茎の上に生じる, 茎上発生の: ～ fungi 茎上発生菌. 〚《1881》← L *caulis* stem＋*cola* inhabitant＋-OUS〛

cau·lic·u·lus /kɔːlíkjʊləs, kɑː- | kɔː-/ *n.* (*pl.* **-u·li** /-lài/) 〖建築〗(コリント式柱頭の)茎《アカンサスの葉から立ち上り, 渦巻き装飾がそこから始まる》. 〚《1830》: ⇨ cauli-cle〛

cau·li·flo·rous /kɔ̀ːləflɔ́ːrəs, kɑ̀ː-, -flóːr- | kɔ̀lɪflɔ́ːr-/ *adj.* 〖植物〗茎生花[幹生花]の(ある). 〚《1881》← L *caulis* stem＋*flōrus* flowering＋-OUS〛

cau·li·flow·er /kɔ́(ː)lḷflàʊə, kɑ́(ː)lḷ- | kɔ́lɪflàʊə(r)/ *n.* **1** 〖植物・園芸〗カリフラワー, ハナヤサイ (*Brassica oleracea* var. *botrytis*)《密生した白色花蕾(からい)を食用とする; cf. broccoli 2》. **2** (食用になる)(特に)カリフラワーの花球[花蕾]. **3** カリフラワー状のもの; (特に)カリフラワー状の雲. 〚《1597》*collyflory* 《変形》← F 《廃》*chou fleuri* □ ? It. *caoli-fiori* (pl.) ← 《廃》*cavolo-fiore* ← *cavolo* cabbage (＜ L *caulum* ← *caulis* stalk)＋*fiore* (＜ L *flōs* flower): 今の形は NL *cauliflōra* 《原義》cabbage flower) の部分訳〛

cáuliflower chéese *n.* ゆでたカリフラワーにチーズソースを添えた料理. 〚1940〛

cáuliflower éar *n.* (レスラー・ボクサーなどの)形のくずれた耳. 〚1909〛

cáuliflower fùngus *n.* ハナビラタケ (*Sparassis crispa*)《カリフラワーに似た白またはクリーム色の大きな食用キノコ; 欧州・北米・豪州・日本に分布する; brain fungus ともいう》.

cau·li·form /kɔ́ːləfɔ̀əm, kɑ́ː- | kɔ́ːlɪfɔ̀ːm/ *adj.* 〖植物〗茎状の, 茎に似た. 〚《1847》← L *caulis* stem＋-FORM〛

cau·line /kɔ́ːlaɪn, kɑ́ː- | kɔ́ː-/ *adj.* 〖植物〗茎の; 茎上の (cf. radical). 〚《1756》← CAULO-＋-INE[1]〛

cau·lis /kɔ́ːlḷs, kɑ́ː- | kɔ́ːlɪs/ *n.* (*pl.* **cau·les** /-liːz/) 〖植物〗(草本植物の)茎. 〚《1563》□ L ～: cf. caulo-〛

caulk[1] /kɔːk, kɑːk | kɔːk/ *vt.* **1** 〖海事〗**a** 〈船板の隙間〉に槙皮(まいはだ)などを詰める. **b** (槙皮などを詰めた上に溶かしたピッチなどを流し込んで)…の水の漏れ込むのを防ぐ: ～ a vessel, tank, boiler, etc. **2** 〖機械〗コーキングする, かしめる《鋲(びょう)締めした鋼板の端を打ちたたき, 鋼板間の隙間をなくして漏らないようにする》. **3** 〈窓枠の隙間・パイプの継ぎ目などを〉ふさいで水[空気]が漏らないようにする, コーキングする. — *vi.* 《俗》うたたねする, 眠る 〈*off*〉. — *n.* **1** 《俗》うたたね (nap). **2** ふさぐ(ための)物 (caulking compound). 〚《?*a*1500》□ ONF *cauquer*＝OF *cauchier* (F *cocher*) ＜ L *calcāre* to tread, press ← *calx* heel ← IE *(*s*)*kel-* crooked (cf. OChSlav. *klŭka* knee)〛

caulk[2] /kɔːk, kɑːk | kɔːk/ *n., vt.* ＝calk[1].

cáulk·er *n.* **1** 槙皮(まいはだ)詰め[填隙(てんげき)]をする人; かしめ工, コーキング工; かしめ工具. **2** 《俗》酒の一杯 (dram). 〚《1495》: ⇨ ↑, -er[1]〛

cáulk·ing *n.* **1** 〖機械〗コーキング, かしめ《金属板の継目を叩きつぶして気密・水密にすること》. **2** 〖海事〗填隙(てんげき)《船で水が漏らないように隙間を槙皮(まいはだ)詰めすること》. **3** コーキングの材料, 槙皮, ホーコン (oakum), 防水充填剤. 〚《1481–90》: ⇨ -ing[1]〛

cáulking ìron [**chìsel, tòol**] *n.* 〖機械〗かしめたがね. 〚1627〛

cau·lo- /kɔ́ːloʊ, kɑ́ː- | kɔ́ːləʊ/「茎 (stem)」の意の連結形. ★ 時に cauli-, また母音の前では通例 caul- になる. 〚← NL ～ ← Gk *kaulós*: cf. caulis〛

cau·lo·car·pic /kɔ̀ːləkáəpɪk, kɑ̀ː- | kɔ̀ːləkáː-/ *adj.* 〖植物〗(開花ののち越冬し, 翌年再び花をつけ, このようにして)毎年花をつける茎をもった. 〚1880〛

cau·lome /kɔ́ːloʊm, kɑ́ː- | kɔ́ːləʊm/ *n.* 〖植物〗茎 (stem). 〚《1875》← CAULO-＋-OME〛

caus. 《略》〖文法〗causative.

caus·a·ble /kɔ́ːzəbḷ, kɑ́ː- | kɔ́ː-/ *adj.* 引き起こされる, 起こり得る. 〚《1646》← CAUSE＋-ABLE〛

caus·al /kɔ́ːzəl, -zḷ, kɑ́ː- | kɔ́ː-/ *adj.* **1 a** 原因の[に関する, となる]: a ～ force 原因となる力 / the ～ agent of an accident 事故の原因. **b** 因果(関係)の: ～ relation 因果関係. **c** 原因から生ずる; 原因に応じて続いて起こる: a ～ development. **2** 〖論理・文法〗原因を示す, 因果(関係)の: a ～ conjunction 原因(の)接続詞《because, for など》/ a ～ explanation 因果関係の説明 / a ～ sign 因果記号 (cf. ICONIC sign). **3** 〖物理〗因果律に従う, 因果的な. — *n.* 〖文法〗原因を表す語[形式]. **～·ly** *adv.* 〚《*a*1398》□ LL *causālis*: ⇨ cause, -al[1]〛

cau·sal·gi·a /kɔːzǽldʒiə, kɑː-, -dʒə | kɔː-, -dʒə/ *n.* 〖病理〗カウザルギー, 灼熱(しゃくねつ)痛《焼けるような痛さを感じる一種の神経痛》. 〚《1872》← NL ～ ← Gk *kaûsos* burning heat＋-ALGIA〛

cau·sal·i·ty /kɔːzǽləṭi, kɑː- | kɔːzǽlɪti/ *n.* **1** 原因となる[である]こと[性質]; 原因作用, 作因. **2** 因果関係, 因縁: ⇨ LAW[1] of causality. **3** 〖物理〗因果律《信号が光速度より速く伝わらないこと》. 〚《1603》□ F *causalité*: ⇨ causal, -ity〛

cau·sa si·ne qua non /kɔ́ːzəsáɪnikweɪnɑ́(ː)n, kɑ́ː- | kɔ́ːzəsáɪnɪkweɪnɔ́n/ *L. n.* 必要原因, 必要条件. 〚□ L *causa sine quā non* cause without which not〛

cau·sa·tion /kɔːzéɪʃən, kɑː- | kɔː-/ *n.* **1 a** 原因となること, 引き起こすこと, 原因作用. **b** 結果を生み出す作用[もの], 原因力. **2** 因果関係 (causality): ⇨ LAW[1] of causation. **～·al** /-ʃnəl, -ʃənḷ/ *adj.* 〚《1615》□ ML *causātiō(n-)*: ⇨ cause, -ation〛

cau·sá·tion·ism /-ʃənɪ̀zm/ *n.* 因果論, 因果説《万物は因果律によって支配されているという説》. **cau·sá·tion·ist** /-ʃ(ə)nɪst | -nɪst/ *n.* 〚*c*1850〛

caus·a·tive /kɔ́ːzəṭɪv, kɑ́ː- | kɔ́ːzətɪv/ *adj.* **1** 原因として作用する, 原因となる; 〈結果・犯罪などを〉引き起こす 〔*of*〕: a ～ agency 作因 / be ～ *of* crime 犯罪の原因となる[を引き起こす]. **2** 〖文法〗原因を表す, 使役的な (cf. factitive 1): a ～ verb 使役動詞 / a ～ suffix 動詞化接尾辞《darken, realize の -en, -ize など》. — *n.* 〖文法〗使役動詞 (causative verb) (He made me eat the apple. の made, または fall に対する fell, rise に対する raise など). **～·ness** *n.* **caus·a·tiv·i·ty** /kɔ̀ːzətívəṭi, kɑ̀ː- | kɔ̀ːzətívɪti/ *n.* 〚《*c*1412》□ LL *causātīvus*: ⇨ cause, -ative〛

cáus·a·tive·ly *adv.* 原因として, 作因的に; 使役的に. 〚《1654》← ↑＋-LY[1]〛

cause /kɔːz, kɑːz | kɔːz/ *n.* **1** 結果を生み出すもの[もと], 原因: ～ and effect 原因と結果, 因果 / the ～ of fire 火事の原因 / a prime [the real] ～ of the price surge 物価上昇の主な[本当の]原因. **2 a** (行動などの)動機, 起因, (不平・喜びなどの)根拠; わけ, 理由 〔*for*〕〈*to do*〉: (a) ～ *for* complaint [concern] 不平[心配]の理由 / There is [You have] ～ *for* joy. 喜ぶだけの理由がある, 当然喜ん

でいい / give ~ *for* suspicion [reflection, anxiety] 嫌疑[反省, 不安]の種をまく / You have no ~ *to* have a grudge against him. 彼に恨みを抱く理由はない. **b** 十分な理由, もっともないわれ: complain without [with good] ~ いわれなく[十分な理由があって]不平を言う / be fired for ~ 十分な理由で首になる / show ~ 正当な理由を示す. **3** (社会改良などの運動に献身するような)運動, 主張, 主義, 大義, 大目的: ⇨ lost cause / *in* the ~ of justice 正義のために / for a good ~ 大義名分のために / work *in* a good ~ はっきりとした大義をもって働く / His zeal is worthy of a better ~. 彼の熱意はもっとましなことに注いだらと思われる. **4 a** 《古》こと, 事柄 (affair, matter). **b** 《廃》目的, 意図. **5** 〘法律〙 **a** 訴訟原因, 訴訟事実; (訴訟の)申し立て, 言い分: a ~ of action 訴訟原因, 訴権 / plead a ~ 訴訟の理由を申し立てる; 言い分を申し立てる. **b** 訴訟(事件) (lawsuit). **6** 〘哲学〙 **a** (一般に結果に対する)原因: ⇨ first cause. **b** (アリストテレスの)原因 《質料因 (material cause), 形相因 (formal cause), 動(力)因 (efficient cause), 目的因 (final cause) の四原因の一つ; 近代科学成立とともにこのような考えは崩れ, 動力因のみが残った》.

màke cómmon cáuse 協力する, 提携する 〔*with*〕; (大義のために)共同戦線を張る 〔*against*〕. 《1844》

— *vt.* **1** …の原因となる; (原因となって)引き起こす, 生じさせる: Drinking ~*d* his ruin. 飲酒が身の破滅のもととなった / Carelessness ~*d* the accident. 不注意が事故を引き起こした / His death was ~*d* by a fever. 彼の死は熱病に起因するものだった. **2** 〈人〉に〈心配・面倒などを〉かける; 〔人に〕〈心配・面倒などを〉かける 〔*to*〕: She ~*d* me a lot of trouble. = She ~*d* a lot of trouble *to* me. 彼女は私にずいぶん迷惑をかけた. **3** 〈人・物〉に〈…するように〉させる 〈*to* do〉: ~ a person *to* do something 人に何かさせる / ~ a monument *to* be erected 記念碑を建つようにする[建てる]. ★ The accident ~*d* them to die. は The accident made them die. より文語的.

〖(?*a*1200) □ (O)F ~ □ L *caus(s)a* cause, motive ← ?〗

SYN 原因: **cause** 結果を引き起こす直接の原因: the *cause* of the accident その事故の原因. **reason** 行動・信念などをもたらす理由: What is your *reason* for resigning? あなたが辞める理由は何ですか. **antecedent** のちに起こる事件・事情の原因となる先行の事件・事情 (↔ consequent) 《格式ばった語》: the war and its *antecedents* その戦争とそれに至る事情. **determinant** 結果の性格を決定づける原因: Your own will is the only *determinant* of all you do. あなたの行動すべてを決定づけるのはあなた自身の意志のみである. **occasion** ある事件の直接の原因・きっかけ 《格式ばった語》: Her aggressiveness was the *occasion* of a quarrel. 彼女の勝気な態度が口論のもととなった.
ANT effect, result, consequent, outcome, issue.

'cause /(強) kɔ́ːz, kɑ́ːz, kʌ́z | kɔ́z; (弱) kəz, kəs/ *conj.* (*also* **cause** /~/) 《口語》 =because. 〖15C〗

cause cé·lè·bre /kɔ́ːzsəlébr(ə), kɑ́ːz-, kóu- | kɔ́ːzseɪlébr(ə), káuz-, -sə-; *F.* kozselɛbʁ/ (*pl.* **causes cé·lè·bres** /~; *F.* ~/) *F. n.* **1** 〘法律〙 有名な裁判事件. **2** 悪名高い出来事, エピソード. 〖(1763) □ F ~ 'celebrated case'〗

cáuse·less *adj.* **1** 原因のない[はっきりしない], 偶発的な (fortuitous): a ~ miracle. **2** 正当な理由のない, いわれのない: a ~ murder. **~·ly** *adv.* **~·ness** *n.* 〖(*c*1385): ⇨ -less〗

cáuse lìst *n.* 〘法律〙 訴訟事件公判順序表, 公判日程表, 事件目録 (cf. calendar 3).

cáus·er *n.* 引き起こす人[もの], 原動力. 〖(*a*1415): ⇨ cause, -er[1]〗

cau·ser·ie /kòuzəríː, kouzríː | kóuzri, -zəri:; *F.* kozʁi/ *n.* (*pl.* **~s** /~z; *F.* ~/) **1** おしゃべり, 雑談 (chat). **2** (新聞・雑誌の短いくだけた)随筆, 漫文; (特に)文芸閑話. 〖(1827) □ F ~ 'talk' ← *causer* to talk, chat □ L *causārī* to plead ← *causa* 'CAUSE'〗

cau·seuse /kouzə́ːz | kəu-; *F.* kozøːz/ *n.* (*pl.* **causeus·es** /~ɪ̀z; *F.* ~/) 二人掛け小型ソファー. 〖(1844) □ F ~ 《原義》 talkative woman (fem.) ← *causeur* ← *causer* (↑)〗

cause·way /kɔ́ːzwèɪ, kɑ́ːz- | kɔ́ːz-/ *n.* **1** (低湿地の中に土を盛り上げて造った)堤道, 土手道; 《豪》 小川の中に設けたコンクリートの横断路 《増水すれば水はこの上を流れて行く》. **2 a** (車道より高くした)側道, 人道. **b** 舗道, 街道 (highway); (特に, 古代ローマ人が英国で建設した)公道, 街道. — *vt.* **1** 敷石道にする; 玉石などで舗装する. **2** …に土手道を設ける. 〖(1440) *cause*: 《変形》 ← CAUSEY〗

cau·sey /kɔ́ːzi, kɑ́ː- | kɔ́ː-/ *n.* **1** 《廃・英方言》 = causeway. **2** 《スコット》 砂利道, 丸石を敷いた道. **3** 《スコット》 丸石, くり石. 〖(?*a*1300) □ ONF *caucie, caucíée* causeway (F *chaussée*) < VL *(*via*) *calciāta* (way) paved with limestone (p.p.) ← L *calciāre* ← *calx* lime, chalk: cf. calx〗

caus·tic /kɔ́ːstɪk, kɑ́ːs- | kɔ́ːs-, kɔ́s-/ *adj.* **1** 〘化学〙 腐食性の; 焼灼(しょうしゃく)性の (corrosive); 苛性の: ⇨ caustic alkali. **2** 痛烈な, 骨を刺すような, 辛辣(しんらつ)な, 厳しい (biting, sharp) (⇨ sarcastic SYN): a ~ critic / ~ remarks. **3** 〘数学・光学〙 火[焦]線の, 火[焦]面の: ⇨ caustic line. — *n.* **1** 〘医学・化学〙 腐食剤, 焼灼剤 (escharotic): lunar ~ 硝酸銀. **2** 〘数学・光学〙 **a** = caustic surface. **b** = caustic line. **cáus·ti·cal** *adj.* **~·ness** *n.* 〖(*a*1400) □ L *causticus* □ Gk *kaustikós* capable of burning ← *kaíein* to burn: ⇨ -ic[1]〗

cáustic álkali *n.* 〘化学〙 苛性アルカリ. 〖1791〗

cáus·ti·cal·ly *adv.* **1** 腐食[焼灼(しょうしゃく)]的に. **2** 痛烈に. 〖(1850) ← CAUSTIC + -LY[1]〗

cáustic cúrve *n.* 〘数学・光学〙 = caustic line. 〖1727–51〗

caus·tic·i·ty /kɔːstísəṭi, kɑː- | kɔːstísɪ̀ti, kɒs-/ *n.* **1** 〘化学〙 腐食性, 焼灼(しょうしゃく)性. **2** 辛辣(しんらつ)さ, 痛烈. 〖(1772) □ F *causticité*: ⇨ caustic, -ity〗

cáustic líme *n.* = lime[2] 1 a.

cáustic líne *n.* 〘数学・光学〙 火線, 焦線 《光線による包絡線; caustic curve ともいう》.

cáustic pótash *n.* 〘化学〙 苛性カリ (⇨ potassium hydroxide). 〖1869〗

cáustic sóda *n.* 〘化学〙 苛性ソーダ (sodium hydroxide) 《商業用語》. 〖1876〗

cáustic súrface *n.* 〘数学・光学〙 火面, 焦面 《光線による包絡面》. 〖1869〗

cau·tel /kɔ́ːṭl, kɑ́ː- | kɔ́ːtl/ *n.* 《廃》 策略, 仕掛け, だまし. 〖(*c*1350) □ (O)F *cautèl* □ L *cautēla* precaution ← L cautus: ⇨ caution〗

cau·te·lous /kɔ́ːṭələs, kɑ́ː- | kɔ́ːt-/ *adj.* 《古》 ずる賢い, 抜け目ない. 〖(*c*1350) □ (O)F *cautelux* (↑)〗

cau·ter /kɔ́ːṭə, kɑ́ː- | kɔ́ːtə^(r)/ *n.* **1** 焼きごて. **2** 〘医学〙 焼灼(しょうしゃく)器. 〖(1534) 《古形》 *cautere* □ F *cautère* □ L *cautērium*: ⇨ cautery〗

cau·ter·ant /kɔ́ːṭərənt, kɑ́ː- | kɔ́ːtə-/ *adj.* 腐食性の. — *n.* 〘医学〙 焼灼(しょうしゃく)[腐食]剤; 焼灼[腐食]器. 〖(1846): ⇨ cauterize, -ant〗

cau·ter·i·za·tion /kɔ̀ːṭərɪ̀zéɪʃən, kɑ̀ː- | kɔ̀ːtəraɪ-, -rɪ-/ *n.* 〘医学〙 焼灼(しょうしゃく). 〖(1541): ⇨ ↓, -ation〗

cau·ter·ize /kɔ́ːṭəràɪz, kɑ́ː- | kɔ́ːtə-/ *vt.* **1** 〘医学〙 〈傷口などを〉焼灼(しょうしゃく)器[焼灼剤]で焼く (sear), 焼烙する, 焼灼する, 電気メスで切る: ~ a wound. **2** 〈良心などを〉麻痺(まひ)させる, 無神経にする (deaden). 〖(*a*1400) □ (O)F *cautériser* // LL *cautērizāre* □ Gk *kautēriázein* to sear with a hot iron: ⇨ cautery, -ize〗

cau·ter·y /kɔ́ːṭəri, kɑ́ː-, -tri | kɔ́ːtəri, -tri/ *n.* 〘医学〙 **1** 焼灼(しょうしゃく)(法, 術); 灸(きゅう)点法: moxa ~ 灸. **2** 焼灼器[材, 剤] 《焼きごて・硝酸銀棒など》. 〖(*a*1400) □ L *cautērium* □ Gk *kautḗrion* (dim.) ← *kautḗr* branding iron ← *kaíein* to burn〗

cau·tion /kɔ́ːʃən, kɑ́ː- | kɔ́ː-/ *n.* **1** 用心, 注意, 慎重: proceed with ~ / use [exercise] ~ 用心する / Take every ~ against error. 間違いのないようによくよく用心しなさい. **2 a** (危険に対する)警戒, 警告, 注意; 戒告: for ~'s sake = by way of ~ 警告[注意]として, 念のため / give ~ to …警告を与える / with a ~ 訓戒して, 戒告の上. **b** 警告[注意]を与えるもの[記号, 言葉など]. **3** 《口語》 警戒を要すること[人, 物], 大変な[嫌な, 変わった, 滑稽な, 驚くべき]もの[人]: Well, you're a ~! いや, 君には驚いたよ. **4** 〘スコット法・海商〙 **a** 担保 (security), 保証 (surety). **b** 保証人[書] 《cautionary ともいう》. **5 a** 〘法律〙 登記変動予告申請 《債権者が利害関係のある土地の登記上の変動がある場合, 予告を求める申請》. **b** 《主に英法》 供述が裁判で証拠として採用されることを被疑者に伝える通告.

***thrów* [*flíng, cást*] *cáution to the wínd*(*s*)** 慎重さを捨てて思い切ったことをする, 大胆な行動に出る.

— *vt.* **1** …に警告する, 注意する (⇨ warn SYN); …に戒告する: ~ a person about …について注意する / He ~*ed* me *against* making errors. = He ~*ed* me not to make errors. 私に誤りをしないように注意した / I must ~ you *that* you are trespassing. 注意しておくがそれは越権行為だ. **2** 〘サッカー〙 〈レフェリーが〉(数回にわたるルール違反に対して)選手の名前を書き留める. **3** 〘法律〙 …に黙秘権のあることを告げる. **4** 〘英法〙 (供述が証拠として裁判で採用されることを)〈被疑者〉に通告する. — *vi.* 警告[忠告・勧告]する 〔*against*〕.

~·er *n.* 〖(*c*1300) security □ (O)F ~ □ L *cautiō(n-)* wariness ← L *cavēre* to take heed ← IE **keuə-* to pay attention: ⇨ -tion〗

cau·tion·ar·y /kɔ́ːʃənèri, kɑ́ː- | kɔ́ːʃ(ə)nəri/ *adj.* **1** 警戒の; 注意[警告]の, 戒告的な: ~ signals 警戒信号 / ~ advice 忠告 / a ~ tale 教訓物語. **2** 〘法律〙 担保の, 保証の. — *n.* 〘スコット法・海商〙 = caution 4 b. 〖(1597): ⇨ ↑, -ary〗

cáution mòney *n.* 《英》 (大学などで損害に備えて徴収される)保証金. 〖1842〗

cau·tious /kɔ́ːʃəs, kɑ́ː- | kɔ́ː-/ *adj.* 用心深い, 注意深い, 慎重な (prudent): a ~ man 用心深い人 / He was ~ *in* all his movements. 一挙手一投足に気を配った / He was ~ *of* giving trouble to us. = He was ~ not *to* give trouble to us. 我々に迷惑をかけないように気をつけた / be ~ *of* one's tongue 口を慎しむ. **~·ness** *n.* 〖(*a*1640) ← CAUTION + -OUS〗

SYN 用心深い: **cautious** 危険を避けるために万全の警戒をする: He is *cautious* in making promises. 彼は約束するのに慎重だ. **wary** 疑念があるために用心深い: I am *wary* of people who suddenly become friendly. 急になれなれしくしてくる人は警戒する. **circumspect** 周りの[自分の置かれた]状況をよく考え, 後ろ指をさされたり自分の身に危険がふりかかったりしないように非常に慎重な 《格式ばった語》: You must be more *circumspect* in your behavior. もっと慎重にふるまうべきだ. **prudent** 先を見通して思慮深い 《格式ばった語》: A *prudent* man saves part of his salary. 分別のある人は給料の一部を貯金する. **discreet** 特に社交面で面倒や摩擦を起こさないように留意している: *discreet* in one's behavior 行動が慎重だ.
ANT careless, negligent.

cáu·tious·ly *adv.* 警戒して, 用心深く, 慎重に. 〖(1644): ⇨ ↑, -ly[1]〗

Cau·ver·y /kɔ́ːvəri, kɑ́ː- | kɔ́ː-/ *n.* [the ~] コーバリ(川) 《インド南部の川; Western Ghats 山脈中から流れて Bengal 湾に注ぐ; ヒンズー教徒にとって神聖な川 (764 km); Kaveri ともいう》.

C

cav 《略》 cavalier; cavalry; caveat; cavity.

CAV 《略》 〘英法〙 Curia advisari vult 非即時言い渡し判決 《判決を下す前に考察を加える時間をとることに決定したことを伝えること; Cur. adv. vult とも書かれる》.

ca·va[1] /kéɪvə, kɑ́ː-/ *n.* (*pl.* **ca·vae** /kéɪviː, kɑ́ː-/) 〘解剖〙 = vena cava. **cá·val** /-vəl, -vl/ *adj.* 〖(1681) (1809) □ L ~: ⇨ cave[1]〗

ca·va[2] /kɑ́ːvə/ *n.* 〘植物〙 = kava.

ca·va[3] /kɑ́ːvə; *Sp.* káβa/ *n.* カヴァ 《スペインの発泡性ワイン》. 〖□ Sp ~〗

ça va /sɑ́ːvɑ́ː; *F.* sava/ *F.* よろしい, 結構です (all right). 〖□ F ~ 《原義》 that goes〗

Ca·va·co Sil·va /kəvɑ́ːkousílvə; *Port.* kəvákusílvə/, **A·ni·bal** /ɑ́nɪ̀bal/ *n.* カバコシルバ 《1939– ; ポルトガルの政治家; 首相 (1985–95)》.

cavae *n.* cava[1] の複数形.

Ca·va·fy /kɑvɑ́ːfi/, **Constantine Peter** *n.* カバフィ 《1863–1933; エジプトの Alexandria に住んだギリシャの詩人》.

cav·al·cade /kæ̀vəlkéɪd, ←—→/ *n.* **1 a** 一隊の騎馬武者, 騎馬行列; 馬車行列. **b** (車・船などの)行列 (procession). **2 a** 劇的な[華麗な, 壮麗な]行列, パレード, ページェント (pageant). **b** (事件などの)連続. 〖(1591) □ F ~ □ It. *cavalcata* ← *cavalcare* to ride on horseback < VL **caballicāre* ← L *caballus* horse〗

Ca·val·can·ti /kɑ̀ːvəlkɑ́ːnti:; *It.* kavalkánti/, **Guido** /gwíːdo/ *n.* カヴァルカンティ 《1255?–1300; イタリアの詩人・哲学者; Dante の親友》.

cav·a·le·ro /kæ̀vəlέ(ə)rou, -ljέ(ə)r- | -léərəu, -ljéər-/ *n.* (*pl.* **~s**) = cavalier. 〖□ Sp. *caballero* < LL *caballārium*: cf. cavalier〗

cav·a·lier /kæ̀vəlíə | -líə^(r)←/ *n.* **1 a** 騎士道精神の持ち主, 礼儀正しい紳士. **b** 女性に丁重な男性 (gallant); 女性の護衛者[付添い] (escort). **2** 《古》 騎馬武者, 騎士 (knight). **3** [C-] 英騎士党員 《17 世紀英国の Charles 一世時代の王党員 (Royalist); cf. Puritan 1, Roundhead》. **4** 《まれ》 だて男, しゃれ者. — *adj.* [限定的] **1 a** 尊大な, 横柄な, 傲慢(ごうまん)な (arrogant): in a ~ fashion. **b** 豪放な, 小事にこだわらない, 無頓着な, 平然とした (offhand). **2** [C-] **a** (17 世紀英国の Charles 一世を支持した)王党員の: ~ Parliament 騎士議会 《Charles 二世時代の 1661–79 年の英国議会; 旧王党派が多かったためこう呼ばれた》. **b** 王党派詩人 (Cavalier Poets) 風の. **3** 〘製図〙 キャバリエ図法の: ~ projection キャバリエ(投影)図法 《斜投影図法の一種; 傾角 45°, 比率 1 の図法; cf. oblique, cabinet 7》. — *vi.* **1** 騎士を気取る, だて者ぶる. **2** 傲慢(ごうまん)にふるまう. **~·ness** *n.* **~·ism** /kæ̀vəlíə^(r)rɪzm | -líər-/ *n.* 〖(1560) □ F ~ □ It. *cavaliere* < LL *caballārium* ← L *caballum* ← ?: cf. cavalry, chevalier〗

cavalier King Chárles spániel *n.* = King Charles spaniel. 〖1969〗

càv·a·líer·ly *adj.* 騎士気取りの; 傲慢(ごうまん)な (arrogant). — *adv.* 騎士らしく; 豪放なように見せて; 傲慢に. 〖1. adj. (1876), 2. adv. (1670): ⇨ -ly[2,1]〗

Cávalier Póets *n. pl.* [the ~] 王党派詩人 《17 世紀英国の Charles 一世の宮廷に集まった, 優雅で洗練された叙情詩を書いた詩人たち; Herrick, Carew, Lovelace, Suckling など》.

ca·va·lier ser·ven·te /kɑ̀ːvəljέəsəvénṭi, -sεəvéntei | -ljέəsεəvénteɪ; *It.* kavaljέːrservénte/ *It. n.* (*pl.* **ca·va·lie·ri ser·ven·ti** /-ljέ(ə)riːsəːvénti: | -ljέəriːsεə-; *It.* -ljέːriservénti/) 既婚女性の公然たる愛人 (cicisbeo) 《cavalier servant ともいう》. 〖(1823) □ It. ~ 《原義》 serving cavalier〗

ca·val·la /kəvǽlə/ *n.* (*pl.* ~, **~s**) 〘魚類〙 **1** アジ科カイワリ属 (*Caranx*) の食用魚; (特に) *C. hippos*. **2** = cero. 〖(1624) □ Port. *cavalla* (fem.) // Sp. *caballa* (fem.) horse mackerel < L *caballam* mare (fem.) ← *caballus*〗

Ca·val·le·ri·a Rus·ti·ca·na /kævələríːərustɪ̀kɑ́ːnə, kəvæ̀l-; *It.* kavallerí:arustikáːna/ *n.* 「カバレリアルスティカーナ」 (P. Mascagni 作曲の 1 幕オペラ (1890)).

cav·al·let·to /kæ̀vəléṭou | -təu; *It.* kavalétto/ *n.* (*pl.* **ca·val·let·ti** /-tiː; *It.* -ti/) 〘競馬〙 (障害馬調教用の低い)横木. 〖□ It. ~ (dim.) ← *cavallo* horse〗

cav·al·ly /kəvǽli/ *n.* 〘魚類〙 = cavalla 1. 〖1697〗

cav·al·ry /kǽvəlri/ *n.* **1 a** (陸軍の一部としての)騎兵隊 (cf. artillery 2, infantry 1 b). **b** 機動性の部隊 《馬・自動車・ヘリコプターなどによる高度の機動性をもった地上部隊の総称》: armored ~ 機甲偵察部隊. **2** [集合的; 通例複数扱い] 騎兵 (cf. infantry 1 a): heavy [light] ~ 重[軽]騎兵. **3** 《廃》 **a** 騎士道(精神) (knighthood). **b** (騎士の)馬術 (horsemanship). 〖(1546) □ F *cavalerie* □ It. *cavalleria* ← *cavaliere* 'CAVALIER' + *-ia* '-Y[1]': cf. chivalry〗

cávalry·man /-mən, -mæ̀n/ *n.* (*pl.* **-men** /-mən, -mèn/) (個々の)騎兵. 〖1860〗

cávalry swòrd *n.* 騎兵刀, サーベル (saber).

cávalry twìll *n.* かたいより糸で傾斜の大きい綾線をもつ丈夫な毛織物. 〖1942〗

Cav·an /kǽvən/ *n.* カバン: **1** アイルランド共和国の北部

Ulster 地方の一州, 北アイルランドと国境を接する; 面積 1,891 km^2. **2** 同州の州都.

cav·a·ti·na /kæ̀vətíːnə, kɑ̀ː-| kæ̀v-; *It.* kavatíːna/ *n.* (*pl.* **-ti·ne** /-neɪ; *It.* -ne/, ~**s**/) 〘音楽〙カバティーナ《オペラやオラトリオの中で短く簡単な形式の独唱曲(部分); 歌謡的性格をもつ器楽曲にも用いる》. 〚(1813) ☐ It. ~ (dim.) ← *cavata* detached air ← *cavare* to dig out ← L *cava* 'CAVE[1]'〛

C

cave[1] /kéɪv/ *n.* **1** (崖または山腹の)洞(ほら), 洞穴(ほらあな), 洞窟(どうくつ) (⇨ hole SYN); (特に, 地下水などの浸食で石灰岩地に生じた)空洞, 鍾乳洞, 石灰洞 (cf. cavern 1). ★ ラテン語系形容詞: spelaean. **2** 陥没. **3 a** (地下にある, ぶどう酒用の)酒倉. **b** (地下にある)小さなカフェ. **4** 《古》 **a** (政党からの)脱党, 離党. **b** (政党の)脱党組 (cf. CAVE of Adullam). **5** 〘原子力〙 =hot cave. **6** [形容詞的に] 洞穴に住む.

Cáve of Adúllam [the ―] 〘英史〙アダラムの洞窟組《1866 年自由党を脱退した党員団につけられたあだ名 (cf. Adullamite 2); ダビデが難を避けた洞穴, そこに不満の徒が集まった故事にちなむ: cf. *1 Sam.* 22: 1–2》

― *vt.* …に洞穴[洞窟]を作る; くり抜く (hollow).

― *vi.* **1** =CAVE *in* (1) (2) (3). **2** 《口語》洞窟探索をする: go *caving*.

cáve ín (*vi.*) (1) 〈地盤が〉陥没する, 〈屋根・天井が〉(…の上に)落下する 〔*on*〕, 〈壁が〉倒壊する, 〈壁・帽子などが〉へこむ (fall in). (2) 《口語》(圧力を受けて)(…に)屈服する, 降参する (succumb) 〔*to*〕. (3) (疲労で)へばる, 参る (collapse). ―(*vt.*) (1) 陥没させる, 落盤させる. (2) 落ち込ませる, へこませる.

〚(*a*1250) ☐ (O)F ~ ☐ L *cava* (fem. sing. or neut. pl.) ← *cavus* hollow ← IE **keuə-* to swell (Gk *koîlos* hollow)〛

ca·ve[2] /kéɪvi/ *int.* 《英学生俗》しーっ(先生が来るぞ), 気をつけろ (Look out!). ― *n.* 見張り, 用心. ***kèep cáve*** 《英学生俗》見張りをする. (1906) 〚(1868) ☐ L *cavē* be thou ware ← *cavēre* to take heed〛

cáve àrt *n.* (主に南フランスや北スペインの後期旧石器時代の)洞窟(どうくつ)壁画. 〚1921〛

ca·ve·at /kǽviæ̀t, kéɪv-, kɑ́ːv-| kǽv-, kéɪv-/ *n.* **1** 警告 (warning), 抗議 (protest). **2** 〘法律〙手続差止め申請, 予告記載《一定の法律上の手続き, 例えば遺産管理手続きを行うことを通告者に予め通知しなければその手続きを行い得ないようにするための申請》: file [enter, put in] a ~ against …に対する差止め願いを提出する. 〚(1557) ☐ L ~ 'let him beware' ← *cavēre* to take care〛

cáveat émp·tor /-ɛ́m(p)tɔə, -tə | -tɔː$^{(r)}$, -tə$^{(r)}$/ *n.* 〘商業〙買手の危険持ち《買った商品に欠陥があっても売り手は責任を負わないということ》. 〚(1523–34) ← NL ~ 'let the buyer beware'〛

ca·ve·a·tor /kéɪviæ̀ṭə, -vià:ṭə, kɑ́ːviàːṭə | kǽvièɪtə$^{(r)}$, kéɪv-/ *n.* 〘法律〙手続差止め申請者. 〚(1881) ← CAVEAT+-OR[2]〛

cáve bèar *n.* 〘古生物〙ホラアナグマ (*Ursus spelaeus*)《旧石器時代の動物; その化石がヨーロッパの洪積層で発見される》. 〚1865〛

ca·ve ca·nem /kɑ́ːveɪkɑ́ːnɛm/ *L.* 犬に用心, 猛犬注意. 〚☐ L *cavē canem*: ⇨ cave[2], canine〛

cáve crìcket *n.* 〘昆虫〙カマドウマ《カマドウマ科のマダラカマドウマ (*Diestrammena japonica*) やクラズミウマ (*Tachycines asynamorus*) など洞窟(どうくつ)や陰湿な環境にすむ昆虫の総称; camel cricket ともいう》.

cáve dwèller *n.* **1** =caveman 1. **2** (都会の)アパート住人. 〚1865〛

cáve·fìsh *n.* 洞窟(どうくつ)魚《洞窟の中に生息し, 色素がなく目が見えない魚類の総称; cf. blindfish 1》. 〚1871〛

cave-in /kéɪvìn/ *n.* **1** (土地・鉱山などの)陥没, 落込み, 落盤. **2** (土地の)陥没箇所. 〚(1860) ← *cave in* (cave (v.) 成句)〛

cav·el[1] /kǽvəl, kɛ́v-, kéɪv-, -vɨl/ *n.* 〘海事〙 =kevel. 〚*a*1325〛

cav·el[2] /kéɪvəl, -vɨl/ *n.* (NZ) (鉱夫が採炭切羽(きりは)の場所取りをするための)くじ引き. 〚(1897) 《英方》 ~ lot that is cast〛

Cav·ell /kǽvəl, -vɨl/, **Edith** (**Louisa**) *n.* キャベル (1865–1915; 英国の看護婦; 第一次大戦中ベルギーで同盟側の将兵約 200 名を脱出させたためドイツ軍に銃殺された; London に銅像がある; 通称 Nurse Cavell).

cáve·màn *n.* (*pl.* **-men**) **1** (石器時代の)穴居人 (cave dweller). **2** 《口語》(特に, 女性に対して)荒っぽい男, 粗暴な男, 野人 (cf. he-man). **3** 洞窟(どうくつ)探検家 (spelunker). 〚1865〛

cav·en·dish /kǽvəndɪʃ/ *n.* キャベンディッシュ《糖蜜を加えて板のように圧縮したパイプたばこ》. 〚(1839) 米国の製造者名から?〛

Cav·en·dish /kǽvəndɪʃ/, **Henry** *n.* キャベンディッシュ (1731–1810; 英国の物理学者・化学者; 水が水素と酸素からなることを発見).

Cávendish banàna *n.* 〘植物〙 =dwarf banana.

Cávendish expériment *n.* 〘物理〙キャベンディッシュの実験《精密なねじり秤を用いて万有引力定数を測定した実験》. 〚← *H. Cavendish*〛

Cávendish Láboratory *n.* キャベンディッシュ研究所《英国 Cambridge 大学にある有名な物理学研究所; 1874 年創立》. 〚← *H. Cavendish*〛

cáve pàinting *n.* (穴居人による)洞窟絵画.

cáve pèarl *n.* 洞窟(どうくつ)真珠《石灰洞の中に見られる真珠に似た鍾乳石の一種》.

cáv·er *n.* 洞窟(どうくつ)探検家, 洞窟研究者. 〚(1653) ← CAVE[1]+-ER[1]〛

cav·ern /kǽvən | -vən, -vəːn/ *n.* **1** (地下の)洞窟(どうくつ); (特に)大洞窟 (cf. cave[1] 1) (⇨ hole SYN). **2** 〘病理〙(肺などに生じる)空洞. ― *vt.* **1** 洞窟の中に閉じ込める; (洞窟状の所に)入れる. **2** 洞窟にする, くり抜く (hollow) 〈*out*〉. 〚(*c*1380) ☐ (O)F *caverne* ☐ L *caverna* cave: ⇨ cave[1]〛

ca·ver·ni·cole /kævə́ːnəkòʊl, kə- | -və́ːnɪkəʊl/ *n.* 洞窟(どうくつ)動物. 〚☐ F ~ ← *caverne* 'CAVERN'+-I-+-*cole* '-COLOUS'〛

cav·er·nic·o·lous /kæ̀vəníkələs | -və-ˊ/ *adj.* 洞窟(どうくつ)性の, 洞窟にすむ: ~ animals 洞穴動物. 〚(1889) ← L *caverna* CAVERN+-*colus* inhabiting〛

cav·ern·ous /kǽvənəs | -vən-/ *adj.* **1 a** 洞窟(どうくつ)に似た[を思わせる], 広くて奥深い: ~ darkness 洞窟の中のような暗さ / a ~ cellar 洞窟のような広い穴倉[地下室]. **b** (洞窟のように)落ち込んだ (deep-set): ~ eyes 落ちくぼんだ目. **c** 〈音が〉洞窟から出るような: a ~ voice うつろに響く声. **2 a** (岩山が)洞窟の多い. **b** 小さなくぼみ (cavity) の多い (porous). **3** 洞窟の[に関する]: ~ waters 洞窟内水系. **4** 〘動物〙海綿状構造の. **~·ly** *adv.* 〚(*a*1400) ☐ L *cavernōsus*: ⇨ cavern, -ous〛

cav·es·son /kǽvəsən, -sn̩ | -vɪ-/ *n.* (*also* **cav·e·son** /~/) **1** 鼻勒(びろく), 鼻革(はなかわ)《調馬用おもがいの一部で, 鼻にかかる; nosepiece, noseband ともいう》. **2** 調馬索用頭絡(とうらく); 鼻勒付きの端綱(はづな). 〚(1598) ☐ F *caveçon* ☐ It. *cavezzone* (aug.) ← *cavezza* halter < VL **capitia(m)* ← L *capitium* head covering ← *caput* head〛

ca·vet·to /kəvɛ́ṭoʊ, kɑː- | -təʊ/ *n.* (*pl.* **ca·vet·ti** /-tiː/, ~**s**) 〘建築〙カヴェット, 小えぐり《断面が四分円形の凹面で, 蛇腹(じゃばら)によく使われる; cf. quarter hollow》. 〚(1664) ☐ It. ~ (dim.) ← *cavo* hollow (place) < L *cavum*: ⇨ cave[1]〛

ca·vey /kéɪvi/ *n.* 《スコット》 =cavie. 〚1828〛

cav·i·ar /kǽviɑ̀ə | kǽviɑ̀ː$^{(r)}$, ˌ-ˌ-ˊ/ *n.* (*also* **cav·i·are** /~/) **1** キャビア《チョウザメ類 (sturgeon) の腹子の塩づけ; 珍味としてカナッペ (canapé) などによく用いられる》. **2** 《インキの黒点がキャビアに似ていることから》《俗》検閲官によって黒く消された章句.

cáviar to the géneral あまりに高尚で俗受けのしない逸品,「猫に小判」(Shak., *Hamlet* 2. 2. 437). (1600–01)

― *vt.* 《俗》〈検閲官が〉〈章句を〉黒く消す.

〚(17C) ☐ F ~ ☐ OIt. *caviaro* (It. *caviale*) ☐ Turk. *khāviār* ∞ (*c*1560) *caviari* ☐ It. *caviale*〛

cav·i·corn /kǽvəkɔ̀ən | -vɪkɔ̀ːn/ *adj.* 〘動物〙洞角(どうかく)(中空の角)のある. 〚← NL *Cavicornia* (属名) ← L *cavi-*, *cavus* hollow+-*cornis* horned: ⇨ cave[1], horn〛

ca·vie /kéɪvi/ *n.* 《スコット》鶏小屋 (hen coop). 〚(1756) ☐ Du. & Flem. 《廃》*kavie* ☐ L *cavea* birdcage ← *cavus* hollow〛

Ca·vi·i·dae /keɪváɪədìː, kə- | -váɪɪ-/ *n. pl.* 〘動物〙テンジクネズミ科. 〚← NL ~ ← *Cavia* (属名: ← Port. 《廃》*çaviá* (Port. *saviá*) ☐ Tupi *sawiya* rat)+-IDAE〛

cav·il /kǽvəl, -vɨl | -vɨl, -vɪl/ *v.* (**-iled**, 《英》**-illed**; **-il·ing**, 《英》**-il·ling**) ― *vi.* 〔些細(ささい)なことを〕とがめだてする, あらを探す, けちをつける, 揚げ足をとる, (つまらぬ)異論を唱える 〔*at, about, with*〕. ― *vt.* 《まれ》…にけちをつける. ― *n.* **1** つまらないとがめだて, 小やかましい理屈, 揚げ足取り. **2** 揚げ足取りの傾向[性向]. 〚(1542) ☐ OF *caviller* ☐ L *cavillārī* ← *cavilla* mockery: cf. L *calvī* to deceive〛

cáv·il·er, 《英》**cáv·il·ler** /-v(ə)lə | -vɨlə$^{(r)}$/ *n.* むやみにとがめだてする人, 揚げ足取り屋. 〚(1574): ⇨ ↑, -er[1]〛

cáv·il·ing, 《英》**cáv·il·ling** /-vəlɪŋ, -vɨ- | -vɨl-, -vɨl-/ *adj.* つまらないとがめだてをする, 揚げ足取りの癖のある: a ~ person.

〚(1578) ← CAVIL+-ING[2]〛

cáv·ing *n.* **1** 陥没. **2** 洞窟(どうくつ)探検, ケービング; 洞窟学 (speleology). 〚1. (1809), 2. (1867): ⇨ -ing[1]〛

cav·i·tar·y /kǽvətèri | -vɪtəri/ *adj.* 〘病理〙空洞の[に関する]. 〚(1835) ← CAVITY+-ARY〛

cav·i·tate /kǽvətèɪt | -vɨ-/ *vi.* 空洞ができる. ― *vt.* …に空洞を生じる. 〚(1909) 《逆成》↓〛

cav·i·ta·tion /kæ̀vətéɪʃən | -vɨ-/ *n.* **1** 〘機械〙キャビテーション, 空洞現象《急回転するプロペラや遠心ポンプの周囲などに真空ができる現象》. **2** 〘病理〙 **a** (病気のための肺・脊髄などの)空洞化[形成]. **b** 空洞. 〚(1895) ← CAVIT(Y)+-ATION〛

Ca·vi·te /kəvíːti | -ti/ *n.* カビテ《フィリピンの Luzon 島南西部 Manila 湾に臨む海港; 海軍基地がある》.

cav·i·ty /kǽvəti | -vɨti/ *n.* **1** へこみ, くぼみ, うつろな穴 (hollow) (⇨ hole SYN). **2** 〘解剖・病理〙(体の)空洞, 腔(こう); 窩(か), 窩洞(かどう): the abdominal ~ 腹腔 / the mouth ~ 口腔. **3** 〘歯科〙虫歯の穴, 窩洞《虫歯を修復するため正しく形作られた穴》. **4** 〘電子工学〙(導体壁で囲まれた)空洞. 〚(1541) ☐ F *cavité* ☐ LL *cavitātem* hollowness: ⇨ cave[1], -ity〛

cávity blòck *n.* 〘建築〙中空壁用コンクリートブロック.

cávity rèsonator *n.* 〘電子工学〙空洞共振器, 共振箱《マイクロ波帯で用いられる周囲が金属で囲まれた空洞からなる共振器; echo box ともいう》.

cávity wàll *n.* 〘建築〙中空壁《内部に中空層があり断熱効果をもつ壁; hollow wall ともいう》. 〚1910〛

cav·i·ú·na wòod /kæ̀viúːnə-, kævjúː-/ *n.* 〘植物〙 = Brazilian rosewood. 〚*caviuna*: ☐ Port. *cabiuna* ← ? Tupi *caabiuna*〛

ca·vo-re·lie·vo /kɑ́ːvoʊrɨ̀líːvoʊ, kéɪ-, -ljéɪv- | kɑ́ːvəʊrɨ̀líːvəʊ, kéɪ-/ *n.* (*pl.* ~**s**) 〘美術〙カボリリエボ, 陰刻 (⇨ sunk relief). 〚《変形》↓〛

cávo-rilíevo *n.* (*pl.* **ca·vi-rilievi** /kɑ́ːviː-; *It.* kàːvi-/) 〘美術〙 =cavo-relievo. 〚☐ It. *cavo rilievo* hollow relief: ⇨ cavetto, rilievo〛

ca·vort /kəvɔ́ət | -vɔ́ːt/ *vi.* 《口語》**1** 〈人が〉(楽しげに)はしゃぐ, 騒ぐ, 〈女性が〉色っぽくふざける. **2** 〈馬が〉おどる, 跳ね回る. **~·er** /-ṭə | -tə$^{(r)}$/ *n.* 〚(1794) 《混成》? ← CURVET+SNORT〛

Ca·vour /kəvʊ́ə, kɑː- | kəvʊ́ə$^{(r)}$, -vɔ́ː$^{(r)}$; *It.* kavúːr/, Conte **Ca·mil·lo Ben·so di** /kamíllo bénsodi/ *n.* カブール (1810–61; イタリア統一を指導した同国の政治家).

CAVU 《略》〘航空〙ceiling and visibility unlimited 視界良好. ★ 多少雲のあるときにもいう.

ca·vy /kéɪvi/ *n.* **1** 〘動物〙テンジクネズミ (guinea pig). **2** =paca. 〚(1796) ← NL *cavia*: ⇨ Caviidae〛

caw /kɔ́ː, kɑ́ː | kɔ́ː/ *n.* かあかあ《カラス (crow, raven, rook) の鳴き声》. ― *vi.* 〈カラスが〉かあかあ鳴く. 〚(1589) 《擬音語》: cf. Dan. *kaa* / Du. *kauw* jackdaw〛

Caw·drey /kɔ́ːdri, kɑ́ː- | kɔ́ː-/, **Robert** *n.* コードリー (1580–1604; 英国の教育学者・辞書編集者; 最初の英語辞典 *A Table Alphabeticall* を編纂(へんさん) (1604)).

Caw·ley /kɔ́ːli, kɑ́ː- | kɔ́ː-/, **Evonne** (**Fay**) *n.* コーリー (1951– ; 旧姓 Goolagong; オーストラリアの女子テニス選手).

Cawn·pore /kɔ́ːnpɔə, kɑ́ːn- | kɔːnpɔ́ː$^{(r)}$/ *n.* (*also* **Cawn·pur** /-pʊə | -pʊ́ə$^{(r)}$, -pɔ́ː$^{(r)}$/) Kanpur の旧英語名.

CAWU 《略》Clerical and Administrative Workers' Union.

c-àxis *n.* 〘結晶〙c 軸《結晶軸の上下軸; cf. a-axis, b-axis》.

Cax·ton /kǽkstən, -tn̩/ *n.* **1** カクストン版 (William Caxton が印刷した書籍). **2** 〘活字〙カクストン《カクストン版に用いた活字書体カクストンブラックにならったもの》.

Cax·to·ni·an /kækstóʊniən, -njən | -tə́ʊnjən, -niən/ *adj.* 〚↓〛

Cax·ton /kǽkstən, -tn̩/, **William** *n.* カクストン (1422?–91; 英国最初の活版印刷者・翻訳家・出版者).

cay /kíː, kéɪ/ *n.* 〘地理〙(主に, 西インド諸島で海上にわずかに頭を出している)さんご礁, 州(す), 小島 (key ともいう). 〚(1707) ☐ Sp. *cayo* ☐ F *quai* 'QUAY'〛

cay·enne /kaɪɛ́n, keɪ- | keɪɛ́nˊ/ *n.* **1** =cayenne pepper. **2** 〘動物〙橈脚(じょうきゃく)亜綱の動物 (copepod) に属する動物プランクトン.

Cay·enne /kaɪɛ́n, keɪ- | keɪɛ́n; *F.* kajɛn/ *n.* カイエンヌ《南米北東部 French Guiana の海港で主都》.

cáyenne pépper *n.* **1** カイエンヌペッパー《トウガラシ (capsicum) の赤い実を干して粉末にした辛みの強い香辛料》. **2** 〘植物〙 **a** =hot pepper 2. **b** =red pepper 2. **3** トウガラシの実《特に辛味が強い》. 〚(1756) *cayenne*: 《変形》← 《古形》*kayan, kian* ← Tupi *kyýnha*: 今の形は Cayenne (↑) の影響〛

Cayes *n.* =Les Cayes.

Cay·ley /kéɪli/, **Arthur** *n.* ケーリー (1821–95; 英国の数学者).

Cayley, Sir **George** *n.* ケーリー (1773–1857; 英国の科学者・発明家; 空気力学の先駆者; 人間を乗せて飛ぶことのできるグライダーを初めて製作 (1853); 英国航空界の父と呼ばれる).

cay·man /kéɪmən, keɪmǽn/ *n.* 〘動物〙 =caiman. 〚1577〛

Cáy·man Íslands /kéɪmən-/ *n. pl.* [the ~] ケイマン諸島《キューバの南にある三つの島, 英領植民地; 面積 260 km^2; the Caymans ともいう》.

Ca·yu·ga /keɪjúːgə, kaɪ-/ *n.* (*pl.* ~, ~**s**) **1 a** [the ~(s)] カユーガ族《米国 New York 州の Iroquois 五族 (Five Nations) に属するアメリカインディアンの一種族》. **b** カユーガ族の人. **2** カユーガ語《カユーガ族が用いる》. 〚(1744) ☐ Mohawk *Kweñio' gweʼ* 《原義》place where locusts were taken out〛

Cayúga dúck *n.* 〘鳥類〙カユガ《米国原産の暗緑黒色の羽毛の大形のアヒル》.

Cayúga Láke *n.* カユガ湖《米国 New York 州中部にある湖; Finger Lakes の一つ; 長さ 107 km》.

Cay·use /káɪjuːs, ˌ-ˊ/ *n.* (*pl.* ~, ~**s**) **1 a** [the ~(s)] カユース族《もとは米国 Oregon 州と Washington 州に住んでいたアメリカインディアンの一部族; 今では極めて少数しか残っていない》. **b** カユース族の人. **2** カユース語. **3** [c-] (*pl.* ~**s**) 《米西部》カユース《アメリカインディアンの使う小形の馬》. 〚(1825) 《現地語》〛

Ca·za·mian /kɑ̀ːzəmjɑ́ː(ŋ), -mjɑ́ːŋ; *F.* kazamjɑ̃/, **Louis** (**François**) *n.* カザミアン (1877–1965; フランスの英文学者; *Histoire de la Littérature Anglaise*「英文学史」(E. Legouis と共著, 1924)).

ca·zique /kəzíːk | kæ-, kə-/ *n.* =cacique.

cb 《略》center of buoyancy.

Cb 《略》〘気象〙cumulonimbus.

Cb 《記号》〘化学〙columbium.

cb, CB, C/B 《略》cashbook.

CB 《略》Cape Breton; chemical and biological 生物化学(兵器)の; *L.* Chirurgiae Baccalaureus (=Bachelor of Surgery); 〘通信〙Citizens' Band; Companion (of the Order) of the Bath; 〘軍事〙confined to barracks 外出禁止, 禁足; county borough.

C̄ bàttery *n.* 〘電子工学〙C 電池《真空管の制御電極に対して一定の電圧を供給する電池; cf. A battery, B battery》.

CBC 《略》Canadian Broadcasting Corporation.

cbd, CBD 《略》〘商業〙cash before delivery 荷取先現金払い, 着荷前現金払い (cf. COD); central business district.

CBE 《略》Commander of (the Order of) the British Empire.

CBEL 《略》Cambridge Bibliography of English Literature.

CBI 《略》 China, Burma, India; computer-based instruction (=computer-assisted instruction); Confederation of British Industry 英国産業連盟; Cumulative Book Index 図書累積索引.
Ć-bias *n.* 〚電子工学〛 =grid bias.
Ć-bòmb *n.* =cobalt bomb. 〘略〙
CBR 《略》 chemical, biological and radiological.
CBS /síːbìːés/ 《略》 Columbia Broadcasting System, Inc. 《1974 年から正式名称 CBS Incorporated; 米国三大放送網の一つ; 他の二つは ABC, NBC》; Confraternity of the Blessed Sacrament.
CBSO 《略》 City of Birmingham Symphony Orchestra.
CBT 《略》 Chicago Board of Trade.
CBW 《略》 chemical and biological warfare 生物化学戦; chemical and biological weapons 生物化学兵器.
cc 《略》 centuries; chapters; copies; cubic centimeter(s).
Cc 《略》 〚気象〛 cirrocumulus.
CC 《記号》 〚化学〛 cyanogen chloride.
cc, CC 《略》 〚会計〛 cash credit; chief clerk; circuit court; company commander; county clerk; county commissioner; county council; county councillor; county court.
CC 《略》 Caius College, Cambridge; Caribbean Commission カリブ海諸国委員会; cashier's check; central committee; Chamber of Commerce; Charity Commission; chess club; chest complaint; city council; city councillor; civil commotion(s); civil court; closed circuit; common carrier; common councillor; Community College; community council; Companion of the Order of Canada; compass course; confined to camp; consular clerk; continuation clause; country clerk; 〚電子工学〛 coupled channel; credit card; cricket club; croquet club; crown clerk; cruising club; cycling club.
cc, CC, c.c. 《略》 carbon copy [copies] 《書面の写しの送り先を示すのに用いられる》.
CCA 《略》 Chief Clerk of the Admiralty; Circuit Court of Appeals; 《米》 Consumer's Cooperative Association; County Court of Appeals.
CCAT 《略》 Cooperative College Ability Test.
CCC 《略》 《米》 Civilian Conservation Corps; Commodity Credit Corporation 農産物安定公社; 《英》 Corpus Christi College, Cambridge [Oxford].
CCCO 《略》 Central Committee for Conscientious Objectors.
CCD 《略》 〚電子工学〛 charge-coupled device; Confraternity of Christian Doctrine.
CCF 《略》 Combined Cadet Force 《英》 連合将校養成隊; Cooperative Commonwealth Federation (of Canada) (カナダ)協同共和連合 《New Democratic Party の前身, 政治団体》.
CCIR 《略》 *F.* Comité Consultatif International des Radiocommunications (International Radio Consultative Committee) 国際無線通信諮問委員会.
CCIS 《略》 〚テレビ〛 coaxial cable information system 同軸ケーブル情報システム 《テレビの受信・再送信や自主番組の放送もでき, その双方向性を生かして放送応答サービスなども実施可能なシステム; cf. CATV》.
CCITT 《略》 *F.* Comité Consultatif International Télégraphique et Téléphonique (International Telegraph and Telephone Consultative Committee) 国際電信電話諮問委員会.
CCK 《略》 〚生化学〛 cholecystokinin.
cckw 《略》 counterclockwise.
Ć-clàmp *n.* 〚機械〛 しゃこ万力 《C 形をした小型万力; ⇨ clamp¹ 挿絵》. 〘1926〙
Ć clèf *n.* 〚音楽〛 ハ音記号 《譜表上にハ音の位置を決める記号; ソプラノ声域を書くのに便利な第 1 線に書かれたハ音記号をソプラノ記号 (soprano clef), アルト声域に便利な第 3 線のものをアルト記号 (alto clef), テノール声域に便利な第 4 線のものをテノール記号 (tenor clef) という; cf. F clef, G clef; ⇨ clef 挿絵》. 〘1596〙
CCM 《略》 〚医学〛 caffeine clearance measurement.
CCNY 《略》 Carnegie Corporation of New York.
CCP 《略》 〚法律〛 Code of Civil Procedure; Court of Common Pleas.
CCS 《略》 Corporation of Certified Secretaries.
CCTV 《略》 closed-circuit television.
CCU 《略》 〚医学〛 coronary care unit 冠(状)動脈疾患集中治療病棟 (cf. ICU).
CCUS 《略》 Chamber of Commerce of the U.S. 合衆国商工会議所.
ccw 《略》 counterclockwise.
cd 《略》 cash discount; cord(s); 〚証券〛 cum dividend; 〚電気〛 current density.
cd 《記号》 〚光学〛 candela(s).
Cd 《略》 Command Paper (⇨ Cmnd).
Cd 《記号》 〚化学〛 cadmium.
CD /síːdíː/ *n.* コンパクトディスク (compact disc) 《デジタルデータを記録する光ディスク》. 〘1979〙
CD 《略》 〚銀行〛 cash dispenser; 〚銀行〛 certificate of deposit; Civil Defense; Contagious Diseases (Acts); *F.* Corps Diplomatique.
c/d 《略》 〚簿記〛 carried down.
C/D 《略》 customs declaration.
C/D, c/d 《略》 〚銀行〛 certificate of deposit.
CDC 《略》 Centers for Disease Control and Prevention; 《英》 Commonwealth Development Corporation.
CDD 《略》 certificate of disability for discharge 傷病による退役証明書.
cdf 《略》 〚統計〛 cumulative distribution function.
cd. ft. 《略》 cord foot [feet].
CD-I, CDI, CD/I /síːdìːáɪ/ *n.* 〚電算〛 CD-I 《Philips International 社の開発した, CD を記録媒体とした音声・画像・テキストデータ・プログラムなどの記録・再生フォーマット》. 〘(1991) 《略》 ← *c(ompact) d(isc) i(nteractive)*〙
c. div. 《略》 〚証券〛 cum dividend.
CDMA 《略》 〚通信〛 code division multiple access 符号分割多元接続.
Cdn 《略》 Canadian.
CDN 《略》 〚自動車国籍表示〛 Canada.
cDNA /síːdìːènéɪ/ *n.* 〚生化学〛 cDNA 《メッセンジャー RNA と相補的な塩基配列をもつ DNA》. 〘《略》 ← *c(omplementary) DNA*〙
ĆD plàyer *n.* CD プレーヤー.
Cdr., CDR 《略》 〚軍隊〛 Commander.
CD-R 《略》 〚電算〛 compact disc recordable 《一度だけ書き込み可能なコンパクトディスク》.
Cdre 《略》 Commodore.
CD-ROM /síːdìːrɑ́(ː)m | -rɔ́m/ *n.* シーディーロム 《読み出し専用記憶媒体として用いられるコンパクトディスク》. 〘1983〙
CD-R/RW 《略》 〚電算〛 compact disc recordable and rewritable 《書き込み・書き換えが可能なコンパクトディスク》.
CD-RW 《略》 〚電算〛 compact disc rewritable (⇨ CD-R/RW).
CDT 《略》 craft, design, and technology; 《米》 Central Daylight Time.
CDU 《略》 *D.* Christlich-Demokratische Union キリスト教民主同盟.
cdv 《略》 〚写真〛 carte de visite.
CDV 《略》 CD-video.
ĆD-vídeo *n.* CD ビデオ 《CD に動画(最大 5 分)や静止画を記録する規格; 略 CDV》.
ce 《略》 〚商業〛 caveat emptor; 〚海事〛 compass error.
Ce 《記号》 〚化学〛 cerium.
CE 《略》 Chancellor of the Exchequer; Chemical Engineer; Chief Engineer; (International Society of) Christian Endeavor; Christian Era; Church of England; civil engineer; Common Entrance; common era; Council of Europe.
-ce /s/ *suf.* ラテン語の *-tia* に相当する抽象名詞語尾 (cf. -cy): diligence, indigence, reticence.
CEA 《略》 carcinoembryonic antigen; Central Electricity Authority; Commodity Exchange Authority 《米》 (農務省)商品取引監督局; Council of Economic Advisers (米国)大統領経済諮問委員会.
ce·a·no·thus /sìːənóʊθəs | -nə́ʊ-/ *n.* 〚植物〛 ソリチャ 《北米産クロウメモドキ科ソリチャ属 (*Ceanothus*) の植物の総称; ソリチャ (*C. americanus*) など》. 〘(1785) ← NL ~ ← Gk *keanṓthos* a kind of thistle〙
Ce·a·rá /sèɪərɑ́ː; *Braz.* siaɾá/ *n.* **1** セアラ(州) 《ブラジル北東部の州, 面積 148,016 km², 州都 Fortaleza》. **2** = Fortaleza.
cease /síːs/ *vi.* **1** 《文語》 **a** やむ, 絶える, 終わる. **b** やめる, よす 〔*from*〕: ~ *from* doing するのをやめる / ~ *from* strife 争いをやめる. **2** 《廃》 死ぬ, 滅びる. — *vt.* 《文語》 やめる, 止める (⇨ stop SYN): ~ work 仕事を辞める / ~ talking 話をやめる / ~ payment 支払いを停止する / ~ operations 業務を停止する / ~ to cry 泣きやむ / ~ to be novel 珍しくなくなる / ~ to exist 消滅する / *Cease* fire! [号令] 撃ち方やめ / It has ~*d* raining. 雨がやんだ.
— *n.* 終止. ★ 通例次の成句で: ***withòut céase*** やまずに, 絶えず, 絶え間なく. 〘(?c1300) *cesse(n)* □ (O)F *cesser* < L *cessāre* to delay, loiter (freq.) ← *cessus* (p.p.) ← *cēdere* to go, yield: ⇨ cede〙
céase and desíst òrder *n.* 〚法律〛 (行政機関の発する不当な)営業・労働行為の停止命令. 〘1926〙
cease·fire /síːsfàɪə | -faɪə^(r)/ *n.* (主に軍隊) **1** (号令・らっぱなどによる)撃ち方やめ(命令). **2** 停戦, 休戦(期間) (cf. fire 4 a). 〘1859〙
céase·less *adj.* 絶え間ない, 間断ない, 不断の: ~ flow of conversation 休む間もなく続く会話. **~·ly** *adv.* **~·ness** *n.* 〘(1586): ⇨ -less〙
Ceau·şes·cu /tʃaʊʃésku:, -tʃés-, -kjuː/, **Ni·co·lae** /nikoláɪ/ チャウシェスク 《1918–89; ルーマニアの独裁的な政治家; 大統領 (1974–89); 革命で夫人 Elena とともに処刑された; ルーマニア語名 Ceauşescu /tʃaʊʃésku/》.
ce·bell /səbél/ *n.* 〚音楽〛 セベル 《17–18 世紀英国の器楽形式; ガボット (gavotte) に似たリズムで, 中間に低音のない経過句がある》. 〘(1776) ← ?〙
ce·bid /síːbɪ̀d, séb-/ *n.* 〚動物〛 オマキザル科 (Cebidae) のサル 《新世界のサルの大部分が含まれる》. 〘(c1885) ← NL *Cebidae* ← *Cebus* (属名)〙
Ce·bu /seɪbúː, sɪ-/ *n.* **1** セブ(島) 《フィリピンの中部 Visayan 諸島にある島; 面積 4,408 km²》. **2** セブ 《Cebu 島にある海港》.
cec- /siːk, siːs/ (母音の前にくるときの) ceco- の異形.
ceca *n.* cecum の複数形.
ce·cal /síːkəl, -kl/ *adj.* 〚解剖〛 盲腸の; 盲腸状の.
Čech·y /*Czech* tʃɛ́xi/ *n.* チェヒ 《Bohemia のチェコ語名》.
ce·ci- /síːsɪ̀/ ceco- の異形 (⇨ -i-).
Ce·cil /síːsəl, sés-, -sɪl | sésɪ̀l, sís-, -sl/ *n.* セシル 《男性名; 異形 Ceese, Sis》. 〘□ L *Caecilius* (ローマの家族名) ← *caecus* blind: cf. cecity〙
Cec·il /sésəl, síːs-, -sɪl/, **(Edgar Algernon) Robert** *n.* セシル 《1864–1958; 英国の政治家; Nobel 平和賞 (1937); 称号 1st Viscount Cecil of Chelwood》.
Cecil, Lord (Edward Christian) David *n.* セシル 《1902–1986; 英国の文芸評論家・伝記作家》.
Cecil, Robert *n.* セシル 《1563–1612; 英国の政治家; エリザベス一世の相談役, 1608 以降大蔵卿; 称号 1st Earl of Salisbury, 1st Viscount Cranborne》.
Cecil, Robert Arthur Talbot Gascoyne *n.* ⇨ 3rd Marquis of SALISBURY.
Cecil, William *n.* ⇨ 1st Baron BURGHLEY.
Cecil Day Lewis *n.* ⇨ Day Lewis.
Ce·cile /sɛsíːl, səˈ- | sɛsíːl, ← ─, sésɪ̀l, -sɪl/ *n.* セシール 《女性名》. 〘↓〙
Ce·cil·ia /sɪ̀síːljə, -síl-, -liə | -síːliə, -síl-, -ljə/ *n.* セシリア 《女性名; 愛称形 Cis, Cissie, Cissy, Sis; 異形 Cecile, Cecily, Celia, Cicely, Sisley》. 〘(18C) □ L ~ (fem.) ← *Caecilius* 'CECIL'〙
Cecilia, Saint *n.* 聖セシリア 《?–?230; ローマのキリスト教女性殉教者; 音楽の守護聖人; 祝日は 11 月 22 日》.
Cec·i·ly /sésɪ̀li, -sli | sésɪ̀li, sís-, -sli/ *n.* セシリー 《女性名》. 〘《異形》 ← CECILIA〙
ce·ci·tis /siːsáɪtɪ̀s | -tɪs/ *n.* 〚病理〛 盲腸炎. 〘← NL ~: ⇨ cecum, -itis〙
ce·ci·ty /síːsəti | -sɪ̀ti/ *n.* 《詩・比喩》 盲目 (blindness). 〘(1528) □ F *cécité* // L *caecitātem* ← *caecus* blind ← ? IE **kaiko* one-eyed: ⇨ -ity〙
ce·co- /síːkoʊ | -kəʊ/ 「盲腸 (cecum)」の意の連結形. ★ ときに ceci-, また母音の前では通例 cec- になる. 〘← NL ~: ⇨ cecum〙
ce·cro·pi·a /sɪ̀króʊpiə | sɪkrə́ʊ-/ *n.* [時に C-] 〚昆虫〛 セクロピアサン (*Platysamia* [*Hyalophora*] *cecropia*) 《北米東部産のヤママユガ科のガ; 北米最大のガで種々の樹木の葉を食害する; cecropia moth ともいう》. 〘(1885) ← NL ~ ← L *Cecropius* Athenian: cf. Cecrops〙
Ce·crops /síːkrɑ(ː)ps | -krɔps/ *n.* 〚ギリシャ伝説〛 ケクロプス 《Attica の最初の王でアテネの創設者; 下半身は竜であったと伝えられる》. 〘□ L ~ □ Gk *Kékrops* ← **kér-kops* ← *kérkos* tail + *óps* eye〙
ce·cum /síːkəm/ *n.* (*pl.* **ce·ca** /-kə/) 〚解剖〛 盲腸. 〘(1721) ← NL ~ ← L *caecum* blind thing (neut.) ← *caecus* blind: ⇨ cecity〙
CED 《略》 Committee for Economic Development (米国の)経済開発委員会.
ce·dar /síːdə | -də^(r)/ *n.* 〚植物〛 **1** ヒマラヤスギ属 (*Cedrus*) の樹木の総称 《レバノンスギ (CEDAR of Lebanon), ヒマラヤスギ (Himalayan cedar) など》. **2** その他各種の針葉樹の総称 《エンピツビャクシン (red cedar), ヌマヒノキ (white cedar), オニヒバ (incense cedar), Spanish cedar など》. **3** 各種の cedar の木材, シダー材.
cédar of Lébanon 〚植物〛 レバノンスギ (*Cedrus libani*) 《ヒマラヤスギ (*C. deodara*) によく似た中東産の針葉樹》. (14C)
— *adj.* シダー材の.
〘ME *cedre* □ OF (F *cèdre*) // < OE *cēder* □ L *cedrus* cedar □ Gk *kédros* ← ? Sem.〙
cédar àpple [bàll] *n.* 〚植物〛 銹(さ)菌の寄生でレバノンスギの小枝にできる粒状物. 〘1849〙
cédar·bìrd *n.* 〚鳥類〛 =cedar waxwing. 〘1791〙
Cédar Bréaks Nátional Mónument *n.* シーダーブレークス国定天然記念物 《米国 Utah 州南西部, Zion 国立公園北東の保護地区; 巨大な半円盆地で有名》.
cédar chèst *n.* 《米》 (虫よけのため毛織物・毛皮などを入れておく)杉だんす. 〘1775〙
ce·darn /síːdən | -dən/ *adj.* 《詩》 **1** シダー (cedar) の. **2** シダー材で作った. 〘(1634) ← CEDAR + -EN²〙
Cédar Rápids *n.* シダーラピッズ 《米国 Iowa 州東部の都市》. 〘the Cedar River の急流にちなむ〙
cédar wáxwing *n.* 〚鳥類〛 ヒメレンジャク (*Bombycilla cedrorum*) 《米国産; cedarbird ともいう》. 〘(c1844) red cedar の実を常食とすることから〙
cédar·wòod *n.* シダー材. 〘14C〙
cede /síːd/ *vt.* 《文語》 **1** 〈財産などを〉譲る, 譲渡する. **2** (条約・交渉によって)〈領土を〉割譲する. **3** 〚保険〛 出再する, 再保険に出す. **céd·er** /-də | -də^(r)/ *n.* 〘(1633) □ F *céder* // L *cēdere* to yield ← ? IE **ked-* to go, yield〙
ce·di /séɪdi | -di/ *n.* (*pl.* ~, ~**s**) **1** セディ 《ガーナの通貨単位; =100 pesewas; 記号 ¢》. **2** 1 セディ紙幣. 〘(1965) □ Akan *sedie* cowrie〙
ce·dil·la /sɪ̀dílə/ *n.* セディーユ 《c の字の下に添える符号 (̧); フランス語・ポルトガル語などで, a, o, u の前で c が [k] 音でなく [s] 音であることを示す; 例: façade》. 〘(1599) □ Sp. 《古形》 *cedilla* (現形 *zedilla*) little 'z' (dim.) ← *ceda* (現形 *zeda*) letter 'z' □ Gk *zēta* (ギリシャ文字 ζ すなわち z の名); もと c のあとに z の字を添えて歯擦音を示したことから〙
Ced·ric /sédrɪk, síːdrɪk/ *n.* セドリック 《男性名; 愛称形 Cedie》. 〘《音位転換》 ← OE *Cerdić* ← ? Celt (cf. Caradoc): Sir Walter Scott が *Ivanhoe* で用いた造語〙
Ced·ron /síːdrɑ(ː)n, -drən | -drɔn/ *n.* =Kidron.
ced·u·la /sédʒʊlə | -djʊ-; *Sp.* θéðula, *Am.Sp.* θéðula/ *n.* **1 a** (スペイン語諸国で政府発行の)文書 (document), 証明書 (certificate), 命令書. **b** (中南米で政府または銀行発行の)国庫証券. **c** (フィリピンで)登記税証書. **2** (フィリピンで)登記税. 〘(1724) □ Sp. ~: ⇨ schedule〙
cee /síː/ *n.* C の字; C 字形(のもの) (cf. C 3). 〘1542〙
CEEB 《略》 《米》 College Entrance Examination Board 大学入学試験委員会 《1900 年設立》.
Cee·fax /síːfæks/ *n.* 〚商標〛 シーファックス 《BBC のテレテキスト放送 (teletext)》. 〘(1972) ← *see(ing)* + FACSCI-

MILE〕
cée sprìng *n.* =C spring. 〔1794〕
CEF 《略》 Canadian Expeditionary Force(s) カナダ海外派遣軍 (cf. BEF).
CEGB 《略》《英》 Central Electricity Generating Board 中央発電公社 《国営電力会社》.
CEI 《略》《英》 Council of Engineering Institutions.
C
cei·ba /séɪbə/ *n.* **1** 〘植物〙 **a** [C-] パンヤノキ属, インドワタノキ属 《パンヤ科の一属》. **b** カポックノキ, パンヤ (*Ceiba pentandra*) 《種子の毛を枕などの詰めものとする; ceiba tree, silk-cotton tree, cotton tree ともいう; cf. bombax》. **2** =kapok. 〔《1790》← NL ~ ← Arawakan〕
cei·bo /séɪbou | -bəu/ *n.* (*pl.* ~**s**) **1** 〘植物〙 アメリカデイコ, ホソバデイコ (*Erythrina crista-galli*) 《南米原産のマメ科デイコ属の低木; 真紅色の花が咲く; 観賞用に栽植》. **2** =kapok. 〔□ Am.-Sp. ~ □ Sp. *ceiba* (↑)〕
ceil /síːl/ *vt.* **1 a** 〈部屋などの天井を張る: ~ a room *with* cedar boards 杉板で部屋の天井を張る. **b** 〈天井〉にしっくいを塗る[板を張る]. **2** 〘海事〙〈船を〉内張りする (line). 〔《?*a*1400》 *cele(n)*, *cyle(n)* (i) □ ? (O)F *celer* to conceal < L *cēlāre* ∥ (ii) □ ? (O)F *ciel* sky, canopy < L *caelum* (cf. celestial)〕
cei·lidh /kéɪli/ *n.* 《スコット・アイル》 **1** 歌・踊り・物語などを伴う集い[パーティー]. **2** 友情訪問. 〔《1875》□ Ir.-Gael. *cēilidhe* & Sc.-Gael. *cēilidh* < MIr. *cēlide* < OIr. *cēle* companion〕
ceil·ing /síːlɪŋ/ *n.* **1** 天井: a fly on the ~ 天井にいるハエ. **2** (公的規制によって決められた価格・資金・量などの)最高限度, 上限 (maximum) (cf. floor 6): a ~ on prices 物価の上限(設定) / ~ prices on rent 家賃の最高価格 / the labor ~ 労働賃金の上限. 日英比較 日本語では, 前年度の水準を下回る場合には「マイナスシーリング」と言うが, これは zero *ceiling* からの造語で和製英語. 英語では, minus-based budget という. **3** 〘航空〙 **a** =absolute ceiling. **b** シーリング, 雲底高度 《地上から雲の最下部までの垂直距離; これが飛行場ごとに定められた値を下回ると, 飛行機の離着陸が禁止される》. **4 a** 天井を張る材料; 天井板. **b** (船の)内張り羽目板. **5 a** 頭上高く覆いかぶさっているもの: a ~ of stars 天空の星. **b** 一番高い所[部分], 頂上: The Himalayas are the ~ of the world. ヒマラヤ山脈は世界の屋根である (cf. roof 3 a). **6** 〘劇場〙 はり構え (gridiron) からつるした枠組布張りの舞台用天井 《ceiling frame ともいう》.
hít the céiling 《口語》 急に怒り出す, かんしゃく玉を破裂させる (lose one's temper). 《1914》
céiling and visibílity mínima 〘航空〙 最低気象条件 (⇨ weather minima).
〔《1347–48》: ⇨ ceil, -ing[1]〕
céiling fàn *n.* 天井扇風機, 天吊扇(てんちょうせん).
céiling fràme *n.* =ceiling 6.
céiling hèight *n.* 〘建築〙 天井高(だか) (stud).
céiling jòist *n.* 〘建築〙 天井野縁 《天井を支える梁》. 〔1751〕
céiling lìght *n.* 天井灯. 〔1915〕
céiling pìece *n.* 〘劇場〙 (布・張り物などから成る)舞台装置の天井.
céiling plàte *n.* 〘劇場〙 (はり構え (gridiron) からつるすための輪のついた)天井 (ceiling) 上部の金属板.
ceil·om·e·ter /siːlɑ́(ː)mətə | -lɔ́mɪ̀tə(r)/ *n.* 〘航空・気象〙 雲高計, シーロメーター 《地上から最低の雲までの距離を測り記録する電子装置》. 〔《1943》← CEIL(ING)+-O-+-METER[1]〕
cein·ture /sǽ(n)tʊ́ə, -tjʊ́ə, sæn-, sǽntʃə | -tjʊ́ə(r); F. sɛ̃tyːʁ/ *n.* 〘服飾〙 (ウエストにまく)ベルト[サッシュ]. 〔《?*a*1400》□ F ~ < L *cinctūram*: ⇨ cincture〕
cel /sél/ *n.* セル 《アニメーション用の絵を描くため, または図版などにかぶせて使う透明なセルロイドのシート》. 〔《1938》《略》← CELLULOID〕
cel. 《略》 celebrated; celibate.
cel- /siːl/ (母音の前にくるときの) celo- の異形 (⇨ coelo-).
cel·a·don /sélədɑ̀(ː)n, -dn | -dɔ̀n, -dən, -dn/ *n.* (*also* **cé·la·don** /sèlədɔ́(ː)ŋ, -dɔ́ːŋ; F. seladɔ̃/) **1** =celadon green. **2** 青磁 《上薬の色が Honoré d'Urfé の小説の主人公 Astrée が着用した服の色に似ているところから, 狭義には中国宋代の緑色釉の磁器に用いた; この名称は Josiah Wedgwood が彼の作った緑色陶器に名付けたのが最初である》. 〔《1768》□ F *céladon* ← *Céladon* (フランスの Honoré d'Urfé (1568–1625) のロマンス *L'Astrée* の主人公 Astrée の恋人の名) ← L *Celadon* (Ovid の *Metamorphoses* の登場人物) □ Gk *keládōn* 《原義》 roaring〕
céladon gréen *n.* 灰緑色, 青磁色, セラドングリーン.
Ce·lae·no /sɪ̀líːnou | sɪlíːnəu/ *n.* 〘ギリシャ神話〙 ケライノー (⇨ Pleiades 1)). 〔□ L ~ □ Gk *Kelainṓ* 《原義》 the black one ← *kelainós* black〕
Ce·lan /səlɑ́ːn; G. tsəlɑ́ːn/, **Paul** *n.* ツェラーン (1920–70; ルーマニア生まれのドイツ語詩人; 本名 Paul Antschel).
cel·an·dine /séləndàɪn, -dìːn/ *n.* 〘植物〙 **1** クサノオウ (*Chelidonium majus*) 《ケシ科の多年草; great(er) celandine, swallowwort ともいう》. **2** =lesser celandine. **3** =jewelweed a. 〔lateOE *celidoine* □ OF (F *chélidoine*) □ ML *celidonia*=L *chelidonia* □ Gk *khelidónion* ← *khelidṓn* a swallow〕
célandine póppy *n.* 〘植物〙 米国東部産のケシ科の黄色い花が咲く草本 (*Stylophorum diphyllum*) 《wood poppy ともいう》.
Cel·a·nese /sèləníːz, -níːs | -níːz/ *n.* 〘商標〙 セラニーズ 《British Celanese Ltd. の造るアセテート》. 〔《1921》← CEL(LULOSE)+A(CETATE)+-ESE〕
cel·a·ture /séləʧʊ̀ə | -tjʊ̀ə(r)/ *n.* 金属に模様打ちする技術; 打ち出し模様, 浮き彫り細工. 〔《*a*1420》□ L *caelātūra* ← *caelāre* to engrave: ⇨ -ure〕
Ce·la·ya /səláɪə | sɪ̀-; *Am.Sp.* selája/ *n.* セラヤ 《メキシコ中部 Guanajuato 州の都市》.
-cele[1] /sìːl/ 〘病理〙「腫瘍(しゅよう), 膨大 (tumor), 瘤(こぶ); 空洞, ヘルニア (hernia)」の意の名詞連結形: varicocele. 〔← NL *-cēlē* ← Gk *kḗlē* tumor〕
-cele[2] /sìːl/ =-coele.
ce·leb /sɪ̀léb/ *n.* 《俗》 名士. 〔《*c*1912》《略》← CELEBRITY〕
Cel·e·bes /séləbìːz, sɪ̀líːbiz | selíːbiz, sɪ̀l-/ *n.* セレベス(島) 《インドネシア中部の島; Borneo 島の東方; 面積 189,070 km²; インドネシア語名 Sulawesi》. **Cèl·e·bé·sian** *adj.*
Célebes Séa *n.* [the ~] セレベス海 《フィリピン諸島の南, Celebes 島の北の太平洋の一部》.
cel·e·brant /séləbrənt | -lɪ̀-/ *n.* 《文語》 **1** 〘キリスト教〙 聖餐式執行者, ミサ執行司祭. **2** (公の宗教的儀式または祝宴・宴会の)参会者, 参加者. **3** (人・事物に対する)称賛者, 賛美者: a ~ of country life. 〔《1839》□ F *célébrant* ∥ L *celebrantem* □ (pres.p.) ← *celebrāre* (↓): ⇨ -ant〕
cel·e·brate /séləbrèɪt | -lɪ̀-/ *vt.* **1** 〈儀式・祝典・聖餐式などを〉挙行する, 挙げる (solemnize): ~ Mass, the Eucharist, a marriage, etc. **2** (祝典を挙げて)〈祭日・特定の日・出来事を〉祝う, 祝賀する: ~ a victory 勝利を祝う / ~ a person's birthday 誕生日を祝う. **3** 〈勇士・勲功などを〉(文学作品などで)称賛する, ほめたたえる: ~ the glory of the countryside in a novel. 小説で田園のすばらしさをほめたたえる. **4** 公にする, 世に知らせる, 公表する: The newspapers ~*d* the opening of the Olympic Games. 新聞はオリンピックの開会を盛んに書き立てた.
— *vi.* **1** 〈祭司が〉儀式を行う. **2** 式典[祝典]を挙行する, 祝賀会を催す. **3** 《口語》 大いに祝杯を挙げる; 飲んだり食ったりして騒ぐ, 浮かれ騒ぐ. **cél·e·brà·tive** *adj.* 〔《1465》← L *celebrātus* (p.p.) ← *celebrāre* to solemnize, honour ← *celebr-*, *celeber* frequented, famous ← IE **kel-* to drive (Gk *kéllein* to push / L *celer* swift): ⇨ -ate[3]〕

SYN 祝う: **celebrate** (儀式・祭典によって)〈喜ばしい出来事を〉祝う: They *celebrated* their golden wedding. 金婚式を祝った. **commemorate** 儀式を挙げて〈人や出来事〉の思い出に敬意を表する: *commemorate* Washington's birthday ワシントンの誕生日を祝う. **solemnize** 宗教上の儀式を挙げて〈特に結婚式を〉執り行う 《格式ばった語》: *solemnize* a wedding 厳粛に結婚式を執り行う. **observe** 〈祭日・誕生日・記念日などを〉規定された方法で祝う: We *observe* Christmas. クリスマスを祝う. **congratulate** (…のことについて)〈人を〉祝う: I *congratulate* you on your marriage. ご結婚おめでとう.

---

cel·e·brat·ed /séləbrèɪtɪ̀d | -lɪ̀brèɪt-/ *adj.* 有名な, 著名な, 名高い 〔*for*〕 (⇨ famous SYN): a ~ woman writer 著名な女性作家 / This place is ~ *for* its beautiful scenery. この地は景観で知られている. **~·ness** *n.* 〔《1586》: ⇨ ↑, -ed 2〕
cel·e·bra·tion /sèləbréɪʃən | -lɪ̀-/ *n.* **1** (儀式, 特にミサ・聖餐式の)挙行. **2** 祝賀; 祝典, 祭典: in ~ of …を祝して / hold [have] a ~ 祝賀会を催す / When do the ~*s* begin? 祝典はいつ始まりますか. **3** 称賛, 賛美. **4** 発表, 公表. 〔《1529》□ (O)F *célébration* ∥ L *celebrātiō(n-)* concourse, festal observance ← *celebrātus* (p.p.) ← *celebrāre*: ⇨ celebrate, -ation〕
cél·e·brà·tor /-tə | -tə(r)/ *n.* =celebrant. 〔《1609》□ L *celebrātor*: ⇨ -or[2]〕
cel·e·bra·to·ry /séləbrətɔ̀ːri, sɪ̀léb- | sèlɪ̀bréɪtəri, -tri, sélɪ̀brə-⁻/ *adj.* 儀式[祝典]のための, 儀式用の. 〔《1926》: ⇨ ↑, -atory〕
cel·e·bret /séləbrèt | -lɪ̀-/ *n.* 〘カトリック〙 司祭身分証明書, ミサ執行許可証 《所持者が自分の教区外でもミサ執行を行える司祭であるという, 司教あるいは修道会の長上からの証明書》. 〔《1844》□ L ~ 'let him celebrate' (3rd sing. pres. subj.) ← *celebrāre*: ⇨ celebrate〕
ce·leb·ri·ty /sɪ̀lébrəṭi | -rɪ̀ti/ *n.* **1** 知名の士, 著名人, 名士. **2** 世の聞こえ, 名声, 高名 (fame, renown). 〔《*c*1380》□ (O)F *célébrité* ∥ L *celebritāt-em* festal celebration, renown: ⇨ celebrate, -ity〕
ce·len·ter·on /siːlénṭərɑ̀(ː)n | -tərɔ̀n/ *n.* (*pl.* **-ter·a** /-rə/) 〘動物〙 =coelenteron.
ce·ler·i·ac /sɪ̀lériæ̀k, -lɪ́ə*r*- | sɪ̀lériæ̀k, séləri-/ *n.* 〘植物〙 根用セロリ, セルリアック (*Apium graveolens* var. *rapaceum*) 《カブ状の肥大根を食用とする; celery root ともいう》. 〔《1743》← CELERY〕
ce·ler·i·ty /sɪ̀lérəṭi | -lérɪ̀ti/ *n.* (行動の)すばやさ, 敏速 (swiftness); 敏捷(びんしょう), 機敏 (alacrity). 〔《1483》□ (O)F *célérité* ∥ L *celeritātem* swiftness ← *celer* swift (cf. celebrate): ⇨ -ity〕
cel·er·y /sél(ə)ri/ *n.* 〘園芸〙 セロリ, セルリ, オランダミツバ (*Apium graveolens* var. *dulce*). 〔《1664》□ F *céleri* □ It. 《方言》 *seleri*, *seleni* (pl.) ← *selero*, *seleno* parsley < LL *selīnon* □ Gr *sélīnon* wild parsley ← ?〕
célery càbbage *n.* 〘園芸〙 =Chinese cabbage. 〔1930〕
célery pìne *n.* 〘植物〙 エダハマキ 《Borneo からニュージーランドにかけて分布するマキ科エダハマキ属 (*Phyllocladus*) の常緑針葉樹の総称》; (特に)ニュージーランド産の一種 (*P. trichomanoides*). 〔1851〕
célery ròot *n.* 〘植物〙 =celeriac.
célery sàlt *n.* セロリソルト 《セロリの種子の粉末と塩の混合香味料》. 〔1897〕
célery-tòp pìne *n.* 〘植物〙 =celery pine.
ce·les·ta /sɪ̀léstə, tʃɪ̀- | sɪ̀-/ *n.* チェレスタ 《ピアノに似た小型の有鍵(ゆうけん)楽器; 小さい鐘のような美しい音を発する》. 〔《1880》□ F *célesta* ← *céleste* (↓)〕
ce·leste /sɪ̀lést/ *n.* **1** 天青色, 空色. **2 a** (ピアノの)弱音器 《ハンマーと弦の間に布を入れて消音する》. **b** 〘音楽〙 =voix céleste. **3** =celesta. 〔《1881》□ F *céleste* □ L *caelestis* heavenly, divine ← *caelum* sky〕
Ce·leste /sɪ̀lést/ *n.* セレスト 《女性名; 愛称形 Celestine》. 〔← *caelestis* (↑)〕
ce·les·tial /sɪ̀léstʃəl, -tʃl, -tiəl | -tiəl/ *adj.* **1 a** 天の (heavenly). **b** 天体の, 天空の: a ~ map 天球図, 星図. **2** 天上(界)の, 神聖な (divine) (cf. terrestrial); 申し分ない, 最高の (supreme): ~ bliss 天上界で受ける幸福, 至福 / a ~ being 天人, 天上の存在 《神・天使など》. **3** 空色の. **4** [C-] (昔の)中国(人)の (Chinese). ⇨ CELESTIAL EMPIRE. **5** 〘航空・海事〙 天文航法の: ⇨ celestial navigation. — *n.* **1** 天人; 神, 天使 (angel). **2** [C-] (昔の)中国人 (Chinese). **-tial·ly** /-tʃəli, -tʃli, -tiəli | -tiəli/ *adv.* **~·ness** *n.* 〔《*c*1380》□ OF ~ ← L *caelestis* heavenly, divine (← *caelum* sky ← ?)+-AL[1]〕
celéstial blúe *n.* 空色の顔料 《天青石 (celestite) から作られる顔料》.
celéstial bódy *n.* 天体. 〔*c*1380〕
Celéstial Cíty *n.* [the ~] 天の都である新エルサレム 《Bunyan の *Pilgrim's Progress* 中の Christian の旅行目的地; cf. *Rev.* 21:2,10》.
celéstial crówn *n.* 〘紋章〙 セレスティアルクラウン 《紋章図形に使用される antique crown の一種で光線の先端に 6 光星をつけた冠》.
Celéstial Émpire *n.* [the ~] 天朝, 中国王朝 《中華帝国 (Chinese Empire) の旧称》. 〔《1824–29》《なぞり》← Chin. *t'ien ch'ao* (天朝)〕
celéstial equátor *n.* [the ~] 〘天文〙 天(球上)の赤道 《天の両極から 90° の角距離にある天球上の大円; 単に equator ともいう》. 〔1875〕
celéstial glóbe *n.* 〘天文〙 天球儀. 〔*c*1771〕
celéstial glóry *n.* 〘モルモン教〙 日の光栄 《3 種の光栄の最高の状態; cf. telestial glory, terrestrial glory》.
celéstial guídance *n.* 〘航空〙 (宇宙船・ミサイルなどの)天測[天体]誘導.
celéstial híerarchy *n.* **1** 〘神学〙 天使の九階級 (cf. angel 1). **2** 《中国》 (星・星座の)天空位階制. 〔1883〕
celéstial horízon *n.* 〘天文〙 水平線, 地平線, 天文水平 《水平面と天球との交わりである大円》.
celéstial látitude *n.* 〘天文〙 黄緯.
celéstial lóngitude *n.* 〘天文〙 黄経.
celéstial márriage *n.* 永遠の結婚 《モルモンの神殿で行われるモルモン教の結婚; 死後も永遠に結ばれるとする》.
celéstial mechánics *n.* 〘天文〙 天体力学 《力学の法則と万有引力の法則を前提として, 天体の運動および形状を理論的に研究する天文学の一部門; dynamical astronomy ともいう》. 〔1821〕
celéstial merídian *n.* 〘天文〙 (天の)子午線 《天の両極と天頂を通る天球上の大円》.
celéstial navigátion *n.* 〘航空・海事〙 天文[天測]航法, 天測航行 《航行中, 天体観測で自己の位置を算出して航空[海]に資する法; astronavigation ともいう; cf. geonavigation》. 〔1939〕
celéstial póle *n.* 〘天文〙 天(球)の極 《地球自転軸の延長が天球に交わる点; cf. north pole, south pole 2》. 〔1868〕
celéstial sphére *n.* 〘天文〙 天球 《地球の中心または観測者の位置を中心とする半径無限大の仮想球面》. 〔1879〕
cel·es·tine /séləstìːn, -stàɪn, sɪ̀léstɪn | sélɪstàɪn/ *n.* 〘鉱物〙 =celestite. 〔《1804》□ G *Zölestin*: ⇨ celestite〕
Cel·es·tine /séləstàɪn, sɪléstɪ̀n, -taɪn | sélɪ̀stàɪn, sɪ̀léstaɪn, -tɪn/ *n.* セレスタイン 《女性名; 異形 Celestina》. 〔(dim.) ← CELESTE: ⇨ -ine[4]〕
cel·es·tite /séləstàɪt, sɪ̀léstaɪt | sélɪ̀stàɪt/ *n.* 〘鉱物〙 天青石, セレスタイト 《組成 $SrSO_4$; 時として青いが通常は白い》. 〔《1854》← L *caelestis* 'heavenly, CELESTIAL' (その美しい青色にちなむ)+-ITE[1]: 米国の鉱物学者 J. D. Dana (1813–95) による造語〕
ce·li- /síːli, -li/ (母音の前にくるときの) celio- の異形 (⇨ coelio-).
Ce·lia /síːljə, -liə/ *n.* シーリア 《女性名》. 〔《変形》← CECILIA〕
ce·li·ac /síːliæ̀k/ *adj.* **1** 〘解剖〙 腹腔の, 体腔の. **2** 〘病理〙 脂肪便の: the ~ syndrome. 〔《1662》□ L *coeliacus* □ Gk *koiliakós* ← *koilía* belly ← *koîlos* hollow〕
céliac disèase *n.* 〘病理〙 小児脂肪便症 《消化不良・下痢などを伴う慢性栄養障害》. 〔1911〕
cel·i·ba·cy /séləbəsi | -lɪ̀-/ *n.* **1 a** 独身; 独身生活. **b** (宗教的理由による)独身主義. **2** 禁欲, 貞潔. 〔《1663》← L *caelibātus* 'CELIBATE'+-CY〕
cel·i·ba·tar·i·an /sèləbətέ(ə)riən | -lɪ̀bətéər-⁻/ *adj.* 独身主義の. — *n.* =celibatist. 〔《1839》: ⇨ ↓, -arian〕
cel·i·bate /séləbɪ̀t/ *adj.* **1** 独身(生活)の, 結婚していない. **2** 禁欲を守る. — *n.* **1** (宗教的理由による)独身主義者; 独身者. **2** 禁欲している人. 〔《1614》□ L *caelibātus* ← *caelebs* unmarried ← ?: ⇨ -ate[2]〕
cél·i·ba·tist /-bəṭɪ̀st | -tɪst/ *n.* 独身主義者.

〖(1829): ⇨ ↑, -ist〗

Cé·line /seɪlíːn, sɪ-, seɪ-; *F.* selin/ *n.* 〖商標〗セリーヌ《フランスのバッグなどのメーカー; その製品》.

Cé·line /seɪlíːn, seɪ-; *F.* selin/, **Louis-Ferdinand** *n.* セリーヌ《1894-1961; フランスの小説家・医師; 本名 Louis-Ferdinand Destouches; *Voyage au bout de la nuit*「夜の果ての旅」(1932), *Mort à crédit*「なしくずしの死」(1936)》.

ce·li·o- /síːlioʊ | -liəʊ/ =coelio-.

ce·li·o·scope /síːliəskòʊp | -skəʊp/ *n.* 〖医学〗= celoscope.

ce·lite /síːlaɪt/ *n.* 〖化学〗セリット《ポートランドセメントを構成する鉱物組織; ブラウンミレライト (brownmillerite) と同一視される; cf. alite, belite》. 〖← *ce-* (=*c*「第 3 番目」の意)+-LITE〗

cell[1] /sél/ *n.* **1** 〖生物〗細胞. **2 a** (刑務所などの)独房: a condemned ~ ⇨ condemned 2. **b** (修道院の)小さい独居室; (隠遁者や行者の)ひとり住まいの小屋, 庵(いおり). **c** 《詩》墓 (grave). **3** (共産党などの組織の)細胞, 支部 (cf. fraction 3). **4 a** 仕切りのある小さな穴[くぼみ, 室]. **b** (蜂の巣の)蜜(みつ)房; 巣穴: the ~*s* of a honeycomb. **c** (組織内, 特に骨の中の)小空洞, 蜂巣. **5** (大修道院の)付属小修道院. **6 a** 〖電気〗(単体の)電池《cell の集まったものを battery という》: ⇨ dry cell. **b** =fuel cell. **c** 〖電気〗電解槽(そう): an electrolytic ~ 電解槽. **7** 〖物理〗電池《物理的現象を利用するもので, 放射エネルギーと電気エネルギーの変換器》. **8** 〖昆虫〗翅室(しつ), 室(しつ)《翅(はね)の翅(し)脈で分割された部分》. **9** 〖植物〗**a** 花粉室, 子房室. **b** =theca 1. **10** 〖航空〗**a** (外翼とか胴体内の翼組みとか)一つのブロックになった翼構造. **b** (気球・飛行船の)ガス袋. **11** 〖電算〗セル《コンピューター内で情報を記憶する位置の単位》. **12** 〖数学・統計〗**a** 胞体《単体 (simplex) と同相な集合》. **b** 欄, セル《表計算などでいくつかの項目についてのデータを配列した表の行と列の交わりの箇所》. **13** 〖気象〗空気塊. **14** 〖建築〗**a** =cella. **b** ヴォールト天井の三角形の区画. **c** 骨組やトラスの部材に囲まれた区画. **d** 建築部材の中空部分. **~·like** *adj.* 〖lateOE *cell* ▭ OF *celle* < L *cellam* storeroom, (LL) monastic cell ← IE **kel-* to cover, conceal (Goth. *halja* 'HALL, HELL')〗

cell[2] /sél/ *n.* =cel. 〖1933〗

cell- /sel/ (母音の前にくるときの) cello- の異形.

cel·la /sélə/ *n.* (*pl.* **cel·lae** /séliː/) 〖建築〗ケルラ, セラ《古代ギリシャ・ローマの神殿建築内部の神像安置所, 神殿; naos ともいう; cf. epinaos, pronaos》. 〖(1676) ▭ L ~ (⇨ cell[1])〗

cel·lar /sélə | -lə(r)/ *n.* **1 a** (通例, 食料貯蔵室・燃料庫に用いる)地下室, 穴蔵 (cf. basement). **b** (地下の)ワイン貯蔵室 (wine cellar). **2** 貯蔵ワイン: keep a good ~ (よい)ワインを豊富に貯えている. **3** [the ~] 《米口語》(競技で)最下位: Our team is in *the* ~. わがチームは最下位である. ***dówn céllar*** 《米》地下室で[へ]: He went *down* ~. — *vt.* 地下室に貯える. 〖(17C) ▭ L *cellārium* ∞ (?a1200) *celer* ▭ AF=OF *celier* (F cellier) < L *cellārium* storeroom ← *cella* 'CELL[1]'〗

cel·lar·age /sélərɪdʒ/ *n.* **1** 地下室の面積. **2** 地下室の物品の保管料. **3** [集合的] 地下室 (cellars). 〖(1512): ⇨ ↑, -age〗

céllar-bòok *n.* (地下室)貯蔵ワインリスト. 〖1769〗

céllar-dwèller *n.* 《米口語》(いつも)最下位のチーム.

cél·lar·er /-lərə | -rə(r)/ *n.* (修道院などで食料の仕入れ・保管・配給をする)食料品係[用度係]. 〖(1221) *celerer* ▭ OF ▭ LL *cellariārium*〗

cel·lar·ette /sèlərét | ⸗⸗ˊ, ⸗ˊ⸗/ *n.* (*also* **cel·lar·et** /~/) 酒瓶棚, ワインラック.

céllar-flàp *n.* =coal-flap. 〖1883〗

céllar·man /-mən | -mən, -mæn/ *n.* (*pl.* **-men** /-mən, -mèn/) (ホテルや食堂の)酒類仕入れ[調達]係. 〖1658〗

céllar-plàte *n.* =coal-flap. 〖1881〗

céllar·wày *n.* 地下[貯蔵]室への入口. 〖*a*1762〗

céll·blòck *n.* 刑務所の独房棟.

céll bòdy *n.* 〖生物〗細胞体《神経単位の突起を除いた中心部; ⇨ neuron 挿絵》. 〖1878〗

céll cỳcle *n.* 〖生物〗細胞周期, (細胞)分裂周期[サイクル]《1 回の細胞分裂から次の細胞分裂までの周期》. 〖1961〗

céll divìsion *n.* 〖生物〗細胞分裂 (cf. mitosis). 〖1882〗

Cel·le /tsélə, sélə; *G.* tsélə/ *n.* ツェレ《ドイツ北部 Lower Saxony 州, Aller 川沿いの都市》.

celled /séld/ *adj.* [通例複合語の第 2 構成素として] (…の)細胞のある: many-*celled*. 〖(1776): ⇨ -ed 2〗

céll fùsion *n.* 〖生物〗細胞融合.

céll·hòuse *n.* 独房を備えた刑務所.

celli *n.* cello の複数形.

Cel·li·ni /tʃɪlíːni, tʃɪ-; *It.* tʃellíːni/, **Ben·ve·nu·to** /benvenúːto/ *n.* チェリーニ《1500-71; イタリアの彫刻家・彫金家; Berlioz によってオペラ化された自叙伝で有名》.

cel·list /tʃélɪst | -lɪst/ *n.* (*also* **'cel·list** /~/) チェリスト, チェロ演奏家[奏者] (violoncellist ともいう). 〖(1888) ← CELLO+-IST〗

céll lìne *n.* 〖生物〗細胞系《初代培養から養い継いで得られた培養細胞》. 〖1961〗

céll·màte *n.* (刑務所における)同房者, 房仲間. 〖⇨ mate[1]〗

céll-mèdiated *adj.* 〖免疫〗細胞媒介の《主に T 細胞によって媒介される免疫または免疫反応についていう》: ~ immunity 細胞(媒介)性免疫. 〖1967〗

céll mèmbrane *n.* 〖生物〗**1** 細胞膜, 原形質膜 (⇨ plasma membrane). **2** =cell wall. 〖1870〗

cel·lo /tʃéloʊ | -ləʊ/ *n.* (*also* **'cel·lo** /~/) (*pl.* ~s, **cel·li** /-liː/) チェロ, セロ《弦楽器; violoncello ともいう》. 〖(1876) 《略》← VIOLONCELLO〗

cel·lo- /séloʊ | -ləʊ/「セルロース (cellulose)」の意の連結形. ★ 母音の前では通例 cell- になる. 〖← CELLULOSE〗

cel·lo·bi·ose /sèloʊbáɪoʊs | -lə(ʊ)báɪəʊs/ *n.* 〖生化学〗セロビオース ($C_{12}H_{22}O_{11}$)《セルロースの加水分解によって得られる二糖類グルコース β-グルコシッド; cellose ともいう》. 〖(1902) ← CELLO-+BI-[1]+-OSE[2]〗

cel·loi·din /səlɔ́ɪdn̩ | -dɪn/ *n.* 〖医学〗セロイジン《濃厚コロジウム[コロジオン]で, 顕微鏡検査・写真フィルムに用いたり, 医学上で切片を固着するために用いる》. 〖(1883) ← CELLO-+-OID+-IN[2]〗

cel·lo·phane /séləfèɪn/ *n.* セロファン《パルプから作った透明な薄いフィルム; もと商標名》. 〖(1912) ← CELLO-+-PHANE: cf. G *Zellophan*〗

cél·lo·phàned *adj.* 〈食品が〉セロファンに包まれた. 〖(1952): ⇨ ↑, -ed 2〗

céllophane nóodle *n.* 〖料理〗透明な麺《中国料理の春雨など》.

cel·lose /sélous | -ləʊs/ *n.* 〖生化学〗=cellobiose. 〖(1901) ← CELLO-+-OSE[2]〗

Cel·lo·solve /séləsɑ̀(ː)lv, -sɔ̀(ː)lv | -sɔ̀lv/ *n.* 〖商標〗セロソルブ《エチレングリコールのモノエーテルの商品名》.

céll·phòne *n.* (セル式)携帯電話 (mobile phone)《サービスエリアを小さな区画 (cell) に分割したコンピューター制御による無線電話システム》. 日英比較 日本語の「携帯電話」「移動電話」にはセル式の他に複数の種類があるので, 総称としては mobile phone が適当. 〖(1984) ← CELL[1]+(TELE)PHONE〗

céll plàte *n.* 〖生物〗細胞板《植物細胞が分裂するとき, 細胞質の境にできる境界膜》. 〖1882〗

céll ràdio *n.* =cellular radio.

céll sàp *n.* 〖生物〗**1** 細胞液《細胞内の液胞を満たしている液体》. **2** =hyaloplasm. 〖*c*1889〗

céll thèory *n.* 〖生物〗細胞説《細胞はすべての生物の構造および機能上の単位であるという説》. 〖*c*1890〗

céll thèrapy *n.* 細胞(注入)療法《羊胎児の細胞を注射する若返り法; 代替医療の一つ; cellular therapy ともいう; 略 CT》.

cel·lu- /sélju/ cellulo-[2] の異形.

cel·lul-[1] /séljʊl/ (母音の前にくるときの) cellulo-[1] の異形.

cel·lul-[2] /séljʊl/ (母音の前にくるときの) cellulo-[2] の異形.

cel·lu·lar /séljʊlə | -lə(r)/ *adj.* **1** 細胞の[に関する, から成る]; 細胞状[質]の. **2** 空洞のある, 多孔性の (porous); 透き目のある: a ~ shirt, blanket, etc. **3** 細胞式の, 小室区画式の; 小室[独房]を用いた: ~ confinement 独房監禁. **4** セル式(携帯電話 (cellphone) の. **~·ly** *adv.* **cel·lu·lar·i·ty** /sèljʊlǽrəti | -rɪti/ *n.* 〖(*c*1739) ← NL *cellulāris* ← L *cellula* living cell (dim.) ← *cella* 'CELL[1]'〗

céllular autómaton *n.* 〖電算〗セルラーオートマトン《雪の結晶の生成過程などの自然現象をシミュレートするコンピューター上の画像(ソフト)》.

céllular immúnity *n.* 細胞(媒介)性免疫 (cell-mediated immunity).

céllular phóne *n.* =cellphone.

céllular rádio *n.* セルラー無線 (cellphone ともいう).

céllular thérapy *n.* 〖医学〗=cell therapy.

céllular tíssue *n.* **1** 〖解剖〗**a** 細胞組織. **b** 蜂巣[蜂窩(ほうか)]状結締組織, 粗性結合織. **2** 〖植物〗柔細胞の組織.

cel·lu·lase /séljʊlèɪs, -lèɪz | -lèɪz/ *n.* 〖化学〗セルラーゼ《繊維素分解酵素》. 〖(1903) ← CELLULO-[2]+-ASE〗

cel·lu·late /séljʊlèɪt/ *adj.* =cellular. — *vt.* 細胞質[状]にする; …に小室[小区画]を与える. **cel·lu·la·tion** /sèljʊléɪʃən/ *n.* 〖(*a*1693) ← CELLULO-[1]+-ATE[2,3]〗

cel·lule /sélju:l/ *n.* 〖解剖〗蜂巣; 小房; 細胞, 小細胞. 〖(1652) ▭ F ~ // L *cellula* (dim.) ← *cella* 'CELL[1]': ⇨ -ule〗

cel·lu·li- /séljʊlɪ, -li/ cellulo-[1] の異形 (⇨ -i-).

cel·lu·lite /séljʊlàɪt, -lìːt/ *n.* セリュライト《脂肪・水などから成り, 特に臀部(でんぶ)や大腿部にできる塊》. 〖(1968) ▭ F ~〗

cel·lu·li·tis /sèljʊláɪtɪs | -tɪs/ *n.* 〖病理〗フレグモーネ, 蜂巣炎, 小胞炎. 〖(1861) ← NL ~: ⇨ cellulo-[1], -itis〗

cel·lu·lo-[1] /séljʊloʊ | -ləʊ/「細胞; 細胞と…との」の意の連結形. ★ 時に celluli-, また母音の前では通例 cellul- になる. 〖← NL ~ ← L *cellula* (dim.) ← cella 'CELL[1]'〗

cel·lu·lo-[2] /séljʊloʊ | -ləʊ/「セルロース (cellulose)」の意の連結形. ★ 母音の前では通例 cellul- になる. 〖← CELLULOSE〗

Cel·lu·loid /séljʊlɔ̀ɪd/ *n.* **1** 〖商標〗セルロイド. **2 a** [c-] 映画フィルム; 映画. **b** (アニメーションなどの製作に用いる)透明シート. **c** (図版などにかぶせて使う)透明な上紙 (overlay). — *adj.* [c-] **1** 映画の[に関する]. **2** 合成の (synthetic); 生命のない; 架空の, 非現実的な. 〖(1871) ← CELLULO-[2]+-OID: 米国の発明家 J. W. Hyatt (1837-1900) の造語〗

cel·lu·lo·lyt·ic /sèljʊloʊlítɪk | -lə(ʊ)lít-ˊ/ *adj.* 〖生化学〗セルロースを加水分解し得る. 〖(1943) ← CELLULO-[2]+-LYTIC〗

cel·lu·lose /séljʊlòʊs, -lòʊz | -lə̀ʊs, -lə̀ʊz/ *n.* **1** 〖化学〗セルロース, 繊維素 ($C_6H_{10}O_5$): ~ silk セルロース人造絹糸. **2** (一般に)セルロース塗料, ラッカー. 〖(1835) ▭ F ~: ⇨ cellule, -ose[2]〗

céllulose ácetate *n.* 〖化学〗アセチルセルロース, 酢酸繊維素《単に acetate ともいう; 化学繊維, 包装紙, 写真用フィルム, ワニスなどの原料》. 〖1895〗

céllulose ácetate bútyrate *n.* 〖化学〗アセチルブチルセルロース《セルロースの酢酸と酪酸の混合エステル; 可塑性のよいプラスチック》. 〖1958〗

céllulose éster *n.* 〖化学〗セルロースエステル, 繊維素エステル.

céllulose éther *n.* 〖化学〗セルロースエーテル.

céllulose nítrate *n.* 〖化学〗ニトロセルロース, 硝酸繊維素, 硝化綿《爆薬用; cf. guncotton》. 〖1880〗

céllulose própionate *n.* 〖化学〗プロピオニルセルロース《プロピオン酸のセルロースエステル》.

céllulose triácetate *n.* 〖化学〗トリアセチルセルロース《セルロースのアセチルエステルのうち $[C_6H_7O_2(OCOCH_3)]_n$ のもの; フィルムに使用》.

céllulose xánthate *n.* 〖化学〗セルロースキサントゲン酸塩《アルカリセルロースを二硫化炭素によって処理することにより得られる; 純粋のものは白色粉末で, 水に溶かすと viscose を生じる》.

cel·lu·lo·sic /sèljʊlóʊsɪk, -zɪk | -ləʊs-, -ləʊz-ˊ/ *adj.* セルロース[繊維素]の[を含む, から作られる]. — *n.* セルロースを主成分とする物質. 〖(1881) ← CELLULOSE+-IC[1]〗

cel·lu·lous /séljʊləs/ *adj.* 《まれ》細胞の多い; 細胞から成る. 〖(1800) ← NL *cellulōsus* live cell: ⇨ cellular, -ous〗

céll wáll *n.* 〖生物〗細胞壁. 〖1847-49〗

ce·lo- /síːloʊ | -ləʊ/ =coelo-.

ce·lom /síːləm/ *n.* 《米》〖動物〗=coelom.

ce·lo·scope /síːləskòʊp | -skəʊp/ *n.* 〖医学〗腹腔鏡, 体腔鏡.

ce·lo·sia /sɪlóʊʒə, -ʒiə | -ləʊziə, -ʒiə/ *n.* ヒユ科ケイトウ属 (*Celosia*) の一年草; ケイトウ(鶏頭) (cockscomb 3). 〖(1807) ← NL ~〗

Cel·o·tex /sélətèks/ *n.* 〖商標〗セロテックス《建築用絶縁・防音ボード》.

Cels. 《略》Celsius.

Cel·si·us /sélsiəs, -ʃəs | -siəs/ *adj.* (温度計で)セ氏の, 摂氏の, セルシウス(温度)目盛の (centigrade)《カ氏温度の換算は, C, F をそれぞれセ氏, カ氏で表した温度とすると, C =5/9 (F −32); 略 Cels., 記号 °C; centigrade ともいう; cf. Fahrenheit》: a ~ thermometer セ氏温度計 / 20° ~ セ氏 20 度. 〖(1797) ↓〗

Cel·si·us /sélsiəs, -ʃəs | -siəs; *Swed.* sélsiɵs/, **Anders** /ǽndeʂ/ *n.* セルシウス《1701-1744; スウェーデンの天文学者; セ氏の温度目盛の考案者》.

Célsius scàle *n.* セ氏の温度目盛, 摂氏による温度表示 (centigrade scale) (cf. Fahrenheit scale). 〖1863〗

celt /sélt/ *n.* 〖考古〗石[青銅]斧(おの)《柄を付ける穴のないものをいう》. 〖(1715) ▭ LL *celtis, celtes* chisel ← ?: ラテン語訳聖書の *Job* 19: 24 にある *certe* surely を誤読したものか〗

Celt /kélt, sélt/ *n.* **1 a** [the ~s] ケルト族《英国・スペイン・小アジアに分布していた古代インドヨーロッパの一種族》. **b** ケルト族の人. **2** (現代の)ケルト人《Gael, Highland Scot, Irishman, Welshman, Cornishman, Breton 人を指す》. 〖(1550) ▭ F *Celte* ▭ L *Celta* (sing.), *Celtae* (pl.) ▭ Gk *Keltoí* ← ?: cf. L *celsus* high〗

Celt. 《略》Celtic.

Celt·i·be·ri·an /kèltɪbíəriən, -taɪ-, sèl- | -bíər-ˊ/ *adj.* ケルトイベリアの《古代スペインの内陸高地地方》; ケルトイベリア人の. — *n.* ケルトイベリア人; ケルトイベリア語. 〖1607〗

Celt·ic /kéltɪk, sél-/ *adj.* **1** ケルト族の; ケルト人の. **2** ケルト語(派)の. — *n.* 〖言語〗ケルト語(派)《インドヨーロッパ語族に属し, Irish, Scotch, Gaelic, Welsh, Breton などを含む; 今ではアイルランド・スコットランド高地・ウェールズおよびブルターニュ地方で話されている; Keltic ともいう; cf. Old Celtic》. **Célt·ist** *n.* 〖(1590) ▭ F *celtique* // L *Celticus*: ⇨ Celt, -ic[1]〗

Célt·i·cal·ly /-tɪkəli | -tɪ-/ *adv.* ケルト風に (Keltically ともいう). 〖(1837): ⇨ ↑, -ically〗

Céltic Chúrch *n.* [the ~] ケルト教会《597 年に聖アウグスティヌス (St Augustine) がイングランドに渡って布教を始める以前のイギリス諸島に存在した教会の汎称》.

Céltic cróss *n.* ケルト十字架. 〖1873〗

Céltic frínge [édge] *n.* [the ~] [しばしば軽蔑的に] ケルト外辺(人)《イングランドからみてスコットランド人・アイルランド人・ウェールズ人・コーンウォール人またはその土地をいう》. 〖1890〗

Céltic hárp *n.* 〖音楽〗=clarsach.

Célt·i·cìsm /-sìzm/ *n.* **1** ケルト語特有の言い方, ケルト語風(の言い回し) (Celtic idiom)《例えばアイルランド英語の I'm after having my dinner. (=I have just had my dinner.) のような言い方など》. **2** ケルト人気質(かたぎ), ケルトの風習[好み]. 〖(1855) ← CELTIC+-ISM〗

Célt·i·cist /-sɪst | -sɪst/ *n.* ケルト語[文化]の専門家 (Kelticist ともいう). 〖(1912) ← CELTIC+-IST〗

Celt·i·cize /kéltəsàɪz, sél- | -tɪ-/ *vt.* ケルト化する. 〖(1882) ← CELTIC+-IZE〗

Céltic Revíval *n.* [the ~] ケルト文芸復興(運動)《アイルランド・スコットランドなどにおける, 古代ケルト民族精神の復活を目的とする文化運動の総称; 特に 1890 年代以降アイルランドに起こった W. B. Yeats を中心とする文学運動》.

Céltic Séa *n.* [the ~] ケルト海《アイルランドの南, Cornwall の西の海域》.

C

C

Céltic twílight *n.* 「ケルトの薄明」《アイルランド民話の, ロマンチックなおとぎ話的雰囲気》. 〖《1893》 W. B. Yeats のアイルランド民話集の題名から〗

Cel·to- /kéltou, sél- | -təʊ-/「ケルト族[人, 語](の) (Celt, Celtic)」の意の連結形: *Celto*-Roman, *Celto*-Slavic, *Celto*-Teutonic. 〖← CELT＋-O-〗

Cèlto-Germánic *adj.* **1** ケルト人とゲルマン人の両方の性格を備えた. **2** 〖美術〗ケルト-ゲルマン様式の《5-9 世紀頃のアルプス以北の美術がケルトとゲルマンの両要素をもつ; cf. Hiberno-Saxon 2》.

Celt·o·ma·ni·a /kèltouméiniə, sèlt- | -tə(ʊ)-/ *n.* ケルト(文化)心酔, 熱烈なケルトびいき.

cel·tuce /séltəs/ *n.* 〖園芸〗セルタス, カキチシャ(搔萵苣)(*Lactuca sativa* var. *asparagina*)《茎レタス(茎チシャ)の代表的品種; セロリとレタスの風味を合わせもつ》. 〖《混成》← CEL(ERY)＋(LET)TUCE〗

cem. 《略》cement.

CEMA 《略》Council for the Encouragement of Music and the Arts《現在は ACGB》. 〖1940〗

cem·ba·lo /tʃémbəlòu | -ləʊ; *It.* tʃémbalo/ *n.* (*pl.* **-ba·li** /-lìː; *It.* -li/, **~s**) **1** ＝dulcimer 1. **2** チェンバロ《harpsichord のイタリア語名; 最近各国共通に cembalo が用いられることが多い》. **cém·ba·list** /-lɪst | -lɪst/ *n.* 〖《1801》□ It. ~ 《略》← *clavicembalo* □ ML *clāvicymbalum*: ⇨ clavo-, cymbal〗

ce·ment /sɪmént/ *n.* **1 a** セメント; 《特に》ポートランドセメント (portland cement). **b** 《米》コンクリート (concrete); モルタル (mortar). **2** 接合剤, 硬化剤《床を固めるたたき(土)・モルタル・瀬戸物を接ぐ材料など》. **3** つなぐもの, 結合, 《友情の》きずな (link, bond). **4** 〖歯科〗**a** 歯科用セメント《むし歯に詰めたり, 金冠などを歯に固着する材料》. **b** 《まれ》＝cementum. **5** 〖地質〗膠結(こうけつ)物《岩片や砂を囲んで結合している物質》. **6** 〖冶金〗セメンテーション(浸炭)に用いられる粉末.
— *vt.* **1** 〈友情などの関係を〉堅くする, 堅く結び付ける (bond): a friendship *~ed* by time 時と共に堅くなった友情. **2 a** …にセメントを塗る. **b** セメント[接合剤]でつなぐ; セメント[コンクリート]で固める; 接合する. **3** 〖冶金〗〈鉄を〉浸炭[セメンテーション]する. — *vi.* 接合する; 結び付く; 堅く固まる. **~·er** /-tə | -tə$^{(r)}$/ *n.*
〖《16C》□ L *caementum* chippings of stone ← *caedere* to cut ∞ 《?a1300》 *ciment* □ (O)F ＜ L〗

cementa *n.* cementum の複数形.

ce·men·ta·tion /sìːməntéɪʃən/ *n.* **1** セメント接合; セメント塗布. **2** 硬結, 結合, 接合. **3** 〖冶金〗**a** セメンテーション, 浸炭《鉄を木炭粉の中で熱して鋼を作る方法》. **b** 置換法《イオン化傾向の大きい金属を用いて, イオン化傾向の小さい金属イオンを還元析出させる方法》. **4** 〖土木〗セメンテーション《耐水のために亀裂の入った岩石などにグラウト (grout) を注入すること》. 〖《1594》: ⇨ -ation〗

cemént blòck *n.* 〖建築〗＝concrete block.

cemént clìnker *n.* 〖土木〗セメントクリンカー, 焼塊《粘土と石灰石を焼成して得られるもので, これを粉砕してセメントを造る》.

ce·mént·ed cárbide /-tɪd- | -tɪd-/ *n.* 〖化学〗＝carbide 2. 〖1932〗

cemént glànd *n.* 〖動物〗セメント腺, 接合腺, 粘着腺《ワムシ類やある種の昆虫で粘着液を分泌する腺》. 〖1871〗

ce·ment·ite /sɪméntaɪt/ *n.* 〖化学〗セメンタイト, 炭化鉄 (Fe_3C). 〖《1888》← CEMENT＋-ITE[1]〗

ce·men·ti·tious /sìːmentíʃəs⁻/ *adj.* セメント質[性]の. 〖《1828-32》: ⇨ cement, -itious〗

cemént mìxer *n.* ＝concrete mixer.

cemént mòrtar *n.* 〖建築〗セメントモルタル《セメントと砂に少量の石灰を混ぜ水で練ったモルタル》.

cemént stèel *n.* 〖冶金〗浸炭鋼 (cf. cementation 3 a).

ce·men·tum /sɪméntəm | -təm/ *n.* (*pl.* **ce·men·ta** /-tə | -tə/) 《歯の》セメント質. 〖《1612》← NL ~ ← L *caementum*: ⇨ cement〗

cem·e·ter·y /sémətèri | -mɪtri/ *n.* 《教会の境内墓地以外の》(大きな)墓地, 共同墓地 (⇨ churchyard SYN). 〖《c1425》 *cymytery* □ ML *cimitērium*＝LL *coemētērium* □ Gk *koimētḗrion* sleeping place ← *koimân* to put to sleep ← IE **kei-* to lie (Gk *keîmai* I lie down)〗

CEMF 《略》〖電気〗counter electromotive force.

CEMS 《略》Church of England Men's Society 英国国教会壮年会[男子会].

cemy. 《略》cemetry.

CEN 《略》＝CENELEC.

cen. 《略》central; century.

cen-[1] /siːn, sɛn | siːn/ 《母音の前にくるときの》ceno-[1] の異形.

cen-[2] /siːn/ 《母音の前にくるときの》ceno-[2] の異形 (⇨ coeno-).

cen·a·cle /sénɪkl/ *n.* **1** [C-] 《キリストとその使徒が》最後の晩餐をとった部屋. **2** 〖カトリック〗黙想の家《特に, 最後の晩餐の聖母修道会が経営するカトリック女性のためのもの》. **3** 晩餐用の二階の部屋. **4** 《作家などの》同人.
〖《c1386》□ (O)F *cénacle* □ LL *cēnāculum* (dim.) ← L *cēna* dinner, meal ← IE *(*s*)*ker-* to cut (cf. shear): ⇨ -cule〗

Cen. Am. 《略》Central America; Central American.

cen·dre /sɑ̃ː(n)dr(ə), sáːn-; *F.* sɑ̃ːdʁ/ *n.* ＝azurite blue. 〖《1805》□ F ~ 《原義》ash □ L *cinis*〗

-cene /⁻⁻siːn/ 〖地質〗「新しい」の意の形容詞連結形; 特に新生代 (Cenozoic Era) に属する時期の名称に用いられる: Eocene, Miocene. 〖← Gk *kainós* 'new, RECENT'〗

CENELEC /sénɪlèk/ *n.* 欧州電気技術規格調整委員会 (CEN ともいう). 〖《頭字語》← F C(*ommission*) E(*uropéenne de*) N(*ormalisation*) *Elec*(*trique*)〗

ce·nes·the·sia /sìːnɛsθíːʒə, -ʒiə, sèn- | -zjə, -niːs-, -nəs-, -ziə, -ʒə/ *n.* (*also* **ce·nes·the·sis** /-θíːsɪs | -sɪs/) 《米》〖心理〗＝coenesthesia.

C.Eng., CEng 《略》《英》Chartered Engineer.

Cenis, Mont *n.* ⇨ Mont Cenis.

ce·no-[1] /síːnə, sénə | síːnə/「新しい (new); 最近の (recent)」の意の連結形. ★ 母音の前では通例 cen- になる. 〖← Gk *kainós* new〗

ce·no-[2] /síːnou, sén- | síːnəʊ/ ＝coeno-.

cenobia *n.* cenobium の複数形.

cen·o·bite /sénəbàɪt | síːnəʊ-, sén-/ *n.* 《修道院で共同生活をする》修道士, 共住修道士 (cf. hermit 1). 〖《c1500》□ LL *coenobita* ← *coenobium* □ Gk *koinóbion* convent (neut.). ← *koinóbios* living in community ← *koinós* common＋*bíos* life: ⇨ -ite[1]〗

cen·o·bit·ic /sènəbíṭɪk | sìːnəʊbít-, sèn-⁻/ *adj.* 《共同生活をする》修道士[院制度]の[に関する]: the ~ life 修道院生活. 〖《1649》: ⇨ ↑, -ic[1]〗

cèn·o·bít·i·cal /-ṭɪkəl, -kl | -tɪ-⁻/ *adj.* ＝cenobitic. **~·ly** *adv.* 〖1636〗

cén·o·bit·ism /-bàɪtɪzm/ *n.* 《共同生活をする》修道院制度[習慣], 《修道院の》共住制度[生活]. 〖《1882-83》← CENOBITE＋-ISM〗

ce·no·bi·um /sɪnóubiəm, siː- | siːnə́ʊ-/ *n.* (*pl.* **-bi·a** /-biə/) 〖生物〗＝coenobium. 〖1817〗

cèno·génesis *n.* 〖生物〗変形発生, 新形発生《個体発生 (ontogeny) の過程に先祖の有していなかった形質が現れること; cf. palingenesis 4 a》. 〖《1909》□ G *Zänogenesis* ← *zäno-* 'CENO-[1]'＋-GENESIS〗

cèno·genétic *adj.* 〖生物〗変形発生の, 新形発生の. **cèno·genétically** *adv.*

céno·spècies *n.* (*pl.* ~) 〖生態〗共同種, 総合[集合]種《自然のままでは隔離されていて遺伝子の交換はほとんど行えないが, その可能性がわずかにあるような生態種 (ecospecies) の群れ》. 〖《1922》← NL ~: ⇨ coeno-, species〗

cen·o·taph /sénətæ̀f | -nə(ʊ)tɑ̀ːf, -tæf/ *n.* **1** 《死体を埋めてない》空(から)の墓. **2 a** 《遺骸の場所とは別に死者を記念して建てた》記念碑. **b** [the C-] 《英》(London の Whitehall にある)世界大戦戦没者の記念碑《毎年休戦記念日 (Armistice Day) にこの記念碑の前で祭典が行われる》. **cen·o·taph·ic** /sènətǽfɪk⁻/ *adj.* 〖《1603》□ F *cénotaphe* □ L *cenotaphium* □ Gk *kenotáphion* ← *kénos* empty＋*táphos* tomb〗

ce·no·te /sɪnóuṭi | sɪnə́ʊti/ *n.* 〖地質〗**1** 《石灰岩中の洞穴を覆う地層がこわれてできた》深い天然井戸《特に中央アメリカのもの》. **2** 古代マヤの儀式においていけにえを投げこんだ天然井戸. 〖《1841》□ Sp. ~ □ Maya *tzonot*〗

Ce·no·zo·ic /sìːnəzóuɪk, sèn- | sìːnə(ʊ)zə́ʊ-⁻/ 〖地質〗*adj.* 新生代の: the ~ era 新生代. — *n.* [the ~] **1** 新生代《中生代 (Mesozoic) に続く地質時代で現代に及び, Paleogene period (古第三紀), Neogene period (新第三紀), Quaternary period (第四紀)を含む》. **2** 新生代の地層. 〖《1854》← CENO-[1]＋-ZOIC[2]〗

cense /séns/ *vt.* 《つり香炉 (censer) を振って》…に香をたく, 香をたきこめる: ~ the altar 祭壇に香をたく.
〖《a1390》《頭音消失》← 《古形》*encense* 'INCENSE[1]'〗

cen·ser /sénsə | -sə$^{(r)}$/ *n.* 《宗教儀式で手にさげて振って用いる》香炉, 提(さ)げ香炉, つり香炉 (thurible ともいう; cf. incense burner). 〖《c1250》□ AF ~ ＝OF *censier* 《頭音消失》← *encensier* ← *encense* 'INCENSE[1]'〗

cen·sor /sénsə, -tsə | -sə$^{(r)}$, -tsə$^{(r)}$/ *n.* **1 a** 《新聞・報道・手紙・ラジオ・映画・興行物・出版物などの》検閲官: a film ~ 映画検閲官. **b** 風紀監視官, 取締り係. **c** 《英国の大学の》監督官, 学生監. **2** 《古》やかましく他人のあら探しをする人; 厳しい批評家. **3** 《古代ローマの》監察官《住民調査・風紀取締りなどを司った》. **4** 〖精神分析〗検閲《無意識の衝動が意識化することを超自我が抑圧してその実現を許さないようにすること》.
— *vt.* **1** 検閲する. **2** 〈検閲官が〈語・文などを〉削除[修正]する. **3** 〈風紀などを〉監視する.
〖《1531》□ L *censor* ← *censēre* to reckon, estimate, judge ← IE **kens-* to proclaim〗

cen·sor·a·ble /séns(ə)rəbl/ *adj.* 検閲にひっかかる[りそうな]. 〖《1906》: ⇨ ↑, -able〗

cen·so·ri·al /sensɔ́ːriəl/ *adj.* 検閲の; 検閲官の. 〖《1592》□ F ~: ⇨ -al[1]〗

cen·so·ri·ous /sensɔ́ːriəs⁻/ *adj.* 《検閲官のように》あまりに批判的な, 難癖をつけたがる, 口やかましい (*of*). **~·ly** *adv.* **~·ness** *n.* 〖《1536》□ L *censōrius* 'pertaining to the CENSOR'＋-OUS〗

cen·sor·ship /sénsəʃɪp, -tsə- | -sə-, -tsə-/ *n.* **1** 検閲, 検閲権, 検閲制度: pass ~ 検閲を通る / put ~ on …の検閲を行う. **2** 《古代ローマの》監察官の職[職権, 任期]. **3** 〖精神分析〗検閲 (censor). 〖《1591》: ⇨ -ship〗

cen·sur·a·ble /sénʃ(ə)rəbl/ *adj.* 非難に値する, 譴責(けんせき)を免れない. **cen·sur·a·bil·i·ty** /sènʃ(ə)rəbíləṭi | -lɪ̀ti/ *n.* **~·ness** *n.* **cén·sur·a·bly** *adv.* 〖《1634》← CENSURE＋-ABLE〗

cen·sure /sénʃə, -tʃə | -ʃə$^{(r)}$, -sjʊə$^{(r)}$, -tʃə$^{(r)}$, -tsjʊə$^{(r)}$/ *vt.* **1** 非難する, とがめる; 〈批評家が〉酷評する; 譴責(けんせき)する: ~ a person *for* a fault 人の過ちをとがめる. **2** 《廃》判断する. **3** 《廃》…に判決を下す. — *n.* **1** 《文語》非難, とがめ; 譴責 (reprimand): a vote of ~ 譴責決議 / deserve ~ 当然非難されるべきである. **2** ＝censorship. **3** 《古》意見, 判断. **4** 〖法律〗公的非難表明(決議).

cén·sur·er /-ʃərə | -rə$^{(r)}$/ *n.* 〖《v.: 《1589》□ F *censurer* to censure ← (n.). — n.: 《?c1378》□ (O)F ~ ∥ L *censūra* judgment ← *cēnsus* (⇨ census)〗

cen·sus /sénsəs, -tsəs/ *n.* **1** 人口調査, 国勢調査, センサス: take a ~ (of the population) 人口調査をする / the Bureau of the *Census* ⇨ bureau. **2** 計算, 勘定. **3** 《古代ローマで, 課税のために 5 年ごとに行われた》財産や人の登録. **4** 《古》＝poll tax. **5** 〖ローマ法〗永久的地代 (ground rent), 地代負担 (rent charge). — *vt.* …の人口調査をする; 調査して数える. **cén·su·al** /-ʃuəl, -ʃʊl | -sjuəl, -sjʊl, -ʃʊl/ *adj.* 〖《1613》□ L *census* rating of property, register ← *censēre* to count, reckon: ⇨ censor〗

cénsus tàker *n.* 国勢調査員. 〖1840〗

cénsus tràct *n.* 人口調査標準地域, 人口調査対象区分地域.

cent /sént/ *n.* **1** 《単位としての》100: ⇨ percent 1. **2 a** セント《通貨単位; 米国・カナダ・オーストラリア・香港など (＝1/100 dollar), Euro 流通前のオランダ・スリナム (＝1/100 guilder), スリランカ・モーリシャス・セーシェル (＝1/100 rupee), エチオピア (＝1/100 birr), ケニヤ・ウガンダ (＝1/100 shilling), マルタ (＝1/100 pound), Euro 参加国 (Euro cent＝1/100 Euro) など》. **b** 1 セント硬貨[紙幣]. **3** [a ~] 《米》びた一文: I don't care *a* (red) ~. ちっとも構わない. **4** 〖音楽〗セント《音程を表示する単位; 半音は 100, 全音は 200, オクターブは 1200 セント等分》.
cént per cént (1) 100 パーセント(100%), 10 割. (2) 例外なく. 《《1576》 *c1677*》 ***féel like twó cénts*** 《米口語》恥ずかしい思いをする, 気が引ける. ***if a cént*** ⇨ if *conj.* 成句. ***one's twó cénts* (*wòrth*)** 《米口語》(話題になっていることに対する)意見, 見解: get [put] in *one's two ~s worth* 自分の意見を言う.
〖《a1375》□ (O)F ~ ＜ L *centum* 100 ＜ IE **kmtom* (Gk *hekatón*) ← **dekm* 'TEN': cf. hundred〗

cent. 《略》centavo(s); centered; centesimo(s); centime(s); centimeter(s); central; centum; century.

cent., Cent. 《略》centigrade.

cent- /sɛnt/ 《母音の前にくるときの》centi- の異形.

centai *n.* centas の複数形.

cen·tal /séntl | -tl/ *n.* 《英》センタル《重量の単位; ＝100 lb.; ⇨ hundredweight》. 〖《1859》← L *centum* hundred＋-AL[1]〗

cen·tare /séntɛə, -tɑə | -tɑː$^{(r)}$, -tɛə$^{(r)}$/ *n.* 1 平方メートル (＝1/100 are). 〖□ F *centiare*: ⇨ centi-, are[2]〗

cen·tas /séntɑːs | -tæs/ *n.* (*pl.* **-tai** /-taɪ/) センタス《リトアニアの通貨単位; ＝1/100 litas》. 〖□ Lith. ~〗

cen·taur /séntɔə | -tɔː$^{(r)}$/ *n.* **1** 〖ギリシャ伝説〗ケンタウロス《胸から上は人間の形をしてそれ以下は馬体の賢明な怪物; cf. bucentaur[1]》. **2** [the C-] 〖天文〗ケンタウルス座 (⇨ Centaurus). 〖《c1375》□ L *Centaurus* □ Gk *Kéntauros* (古代 Thessaly の蛮族の名, 後に半人半馬の怪物と信じられるようになった)〗

centaur 1

cen·tau·re·a /sɛntɔ́ːriə/ *n.* 〖植物〗ヤグルマギク属 (*Centaurea*) の各種の草花. 〖《1829》← NL ~ □ ML ~〗

Cen·tau·rus /sɛntɔ́ːrəs/ *n.* 〖天文〗ケンタウルス座《南十字星とうみへび(海蛇)座 (Hydra) の間に位置する星座; Alpha Centauri (0.1 等)と Beta Centauri (0.9 等)の二つの明るい星を含む; the Centaur ともいう》. 〖《1449》: ⇨ centaur〗

cen·tau·ry /séntɔːri/ *n.* 〖植物〗**1** リンドウ科シマセンブリ属の草本 (*Centaurium umbellatum*). **2** ヤグルマギク《キク科ヤグルマギク属 (*Centaurea*) の植物の総称; 《特に》観賞用のヤグルマギク (*C. cyanus*)》. 〖《1373》□ ML *centauria*＝L *centaurēum* □ Gk *kentaúreion* ← *Kéntauros* 'CENTAUR': centaur の一人 Chiron が初めてこの植物の薬性を発見したと考えられたところから〗

cen·ta·vo /sentɑ́ːvou | -vəʊ; *Am.Sp.* sentáβo/ *n.* (*pl.* **~s** /~z; *Sp.* ~s/) **1** センターボ《通貨単位; メキシコ・フィリピン・キューバ・ドミニカ・チリなど (＝1/100 peso), Euro 流通前のポルトガル (＝1/100 escudo), ブラジル (＝1/100 cruzeiro), ニカラグア (＝1/100 cordoba), グアテマラ (＝1/100 quetzal), エルサルバドル (＝1/100 colon), ホンジュラス (＝1/100 lempira), エクアドル (＝1/100 sucre) など》. **2** 1 センターボ貨. 〖《1883》□ Am.-Sp. ~ 《原義》hundredth part ← L *centum*: ⇨ cent〗

Cent·com /séntkɑ̀(ː)m | -kɒm/ 《略》〖米軍〗Central Command 中東司令部, 中央軍《中東・北アフリカで作戦を展開するために 1979 年緊急展開部隊 (Rapid Deployment Force) として設立された陸軍・空軍・海軍・海兵隊の師団からなる攻撃軍》.

cen·te·nar·i·an /sèntənɛ́^{ə}riən, -tn- | -tɪnɛ́ər-⁻/ *adj.* **1** 百歳(以上)の. **2** 百年(目)の; 百年(記念)祭の. — *n.* 百歳(以上)の人. 〖《c1841》← L *centēnārius* (↓)＋-IAN〗

cen·ten·a·ry /sɛnténəri, séntənèri, -tn- | sentíːn(ə)ri, sən-, tén-/ *adj.* **1** 百年の; 百年目[期]の. **2** 百年(記念)祭の. — *n.* **1** 《英》百年記念日; 百年記念祭 (《米》centennial). **2** 百年間, 一世紀 (century). 〖《《a1398》》《1598》□ L *centēnārius* ← *centum* 'CENT': ⇨ -ary〗

cen·ten·ni·al /senténiəl, sən-/ *adj.* **1** 百年目[ごと]

の; 百年記念の. **2** 百年間存続[生存]の, 満百年[歳]の. **—** *n.* 《米》 **1** 百年祭; 百年祭の行事. **2** 《ダイス》センテニアル《二人で交互に 3 個のさいころをふり, 単独または組合わせで 1 から 12 まで数え, それから逆に 12 から 1 まで数えていく遊び》. **~·ly** *adv.* 〚(*a*1797) ← L *centum* 'CENT' ＋-*ennis* (← *annus* year)＋-AL[1]〛

Centénnial Stàte *n.* [the ~] 米国 Colorado 州の俗称; 独立百年祭の年 (1876) に合衆国に加入したため. 〚1881〛

cen·ter[1], 《英》 **cen·tre** /séntə, sénə | séntə(r)/ *n.* **1 a** (活動などの)集中した所, 中心地; (施設・設備などの)総合地域, 総合施設, センター: a ~ of trade, government, amusement, etc. / a shipping [railroad] ~ 海運[鉄道]の要衝[中心地] / an art ~ 芸術の中心地 / a medical ~ 総合医療施設, 医療センター / ⇨ shopping center, amusement center. **b** 人口の集中した地域; 大都会, 都心: an urban ~ 都心. **2** (事件・活動・影響・興味などの)中心, 核心, 根源, 出所; 中心人物: He is the ~ of the plot. 彼は陰謀の中心人物だ. **3** 中央, 真ん中, 中点: the ~ of a line, room, town, etc. / place a statue in the ~ of the park 公園の真ん中に像を置く. **4** [通例 the ~] **a** (円・球・多角形の)中心 (⇨ middle SYN; circle 挿絵): *the* ~ of a circle, a sphere, etc. **b** 《物理》中心: *the* ~ of equilibrium 平衡中心 / *the* ~ of forces 力の中心 / *the* ~ of motion 動心. **c** (回転の)中心点, 軸点 (pivot). **5 a** 中心を占めるもの. **b** (果物・キャンデーなどの)芯(しん) (core), 中身: chocolates with hard ~*s* 芯の堅いチョコレート. **c** (標的の)中心圏 (⇨ target); 中心圏命中(弾). **6** [the C-] **a** (右派と左派の間に席を占める)中道派[党] (cf. Centrist, left[2] 2 b, right B 2). **b** [集合的; 単数または複数扱い] 中道派に属する人たち[議員, 政治家など]. **c** 中道派の意見[考え]; 中間的[穏健な]立場, 中庸: He represents *the Center* of the party. 党の中道派を代表している. **7 a** (アメリカンフットボール・ホッケー・バスケットなどで)センター; センターの守備位置; センターへのボール[打球]. **b** 《野球》=centerfield; center fielder. **c** 《ラグビー》=center three-quarter. **d** 《クリケット》打手が自分の構えを定める場合, 審判に自分のバットが三柱門の真ん中の柱の前にあることを確かめてもらうこと. **e** (フィギュアスケートで)センター《競技開始の位置》. **f** 《アーチェリー》センター《標的の bull's-eye の次の部分》; センターに命中した矢. **8** 《軍事》(軍隊の)中央部隊, 本隊. **9** 《劇場》舞台の中央部. **10** 《バレエ》センター《バーから離れている練習場の部分》. **11** 《機械》センター《工作物などを支持する先の円錐状にとがった心棒; それを受ける工作物の円錐形のくぼみ》: ⇨ dead center. **12** 《建築》=centering. **13** 《生理》中枢《生体機能を司る神経細胞群》.

cénter of attráction [the —] (1) 《物理》引力の中心. (2) 人気の的. 《1727–51》

cénter of buóyancy [**displácement**] [the —] 《物理》浮力(の)中心, 浮心《液面に浮かぶ物体または液中に没入している物体の液中部分を液体で置き換えたときのその液体の重心》.

cénter of cúrvature [the —] 《数学》曲率中心《曲率円の中心》. 《*c*1856》

cénter of éffort [the —] 《海事》帆の有効中心, 対応中心《帆船で帆面に当たる風圧力の中心点》.

cénter of fígure [the —] 《数学》図心《図形の質量中心; centroid ともいう》.

cénter of flotátion [the —] 《海事》浮面心, 浮面中心《船が浮いているときの水線面の中心点; この点を中心として釣り合いが変わる; tipping center ともいう》.

cénter of grávity [the —] (1) 《物理》重心. (2) 《物理》=CENTER of mass. (3) (興味・産業などの)中心点, 焦点. 《1659》

cénter of inértia 《物理》=CENTER of mass. 《1879》

cénter of invérsion [the —] 《数学》反転の中心, 反像中心《反転のもとになる円や図形・画像などの中心》.

cénter of máss [the —] 《物理》質量中心. 《1879》

cénter of oscillátion [the —] 《力学》振りの中心, 振動中心《ある振り子内の一点; その点に全質量が集中したと考えられる振子の周期がもとの振子のそれと同じである》; 《船舶》動揺中心. 《1727–51》

cénter of percússion [the —] 《物理》打撃中心《剛体の一点に打撃を与えたときに瞬間的に静止している点》. 《1727–51》

cénter of préssure [the —] 《物理・航空》圧力中心《翼に働く浮力の作用線と翼面との交点》. 《1796》

cénter of sýmmetry [the —] 《結晶》対称(中)心《反転操作の中心》.

Cénters for Diséase Contròl and Prevéntion [the —] 疾病管理予防センター, 疾病対策予防センター《伝染病の調査と対策に携わる連邦政府の施設; 略 CDC; 旧称 Communicable Disease Center》.

— *adj.* [限定的] 中心の, 中央の (central).

— *vt.* **1 a** 中心[中央]に置く: ~ a table in the room テーブルを部屋の中心に置く. **b** 中央近くに置く[集める]. **2** …の中心点を決定する[構成する, 占める, 飾る]: A flowerbed ~*ed* the garden. 花壇が庭園の中心を飾っていた. **3** 〈レンズ・鏡など〉の中心が出るように調節する[形を変える, 削る]. **4** 集中させる〔*on, upon, in, around*〕: ~ one's affections *on* [*in*] a person 人に愛情を傾ける / ~ our mind *around* the problem その問題に心を向ける. **5** (アメリカンフットボール・ホッケーなどで)〈ボールを〉センターへ蹴(け)る[パスする, 飛ばす]. **—** *vi.* **1** 中心にある[に位置する]; 集中する〔*in, at, on,* (*a*)*round, about*〕: The story ~*s on* his adventures. 物語は彼の冒険を中心として書かれている[展開する]. **2** 《スポーツ》センターを務める[やる].

cénter dówn (1) 落ち着く, 集中する; 浮わついた習慣が直る. (2) (クエーカー派で, 沈黙の祈りの中にあって, 人生の意義に)沈潜する, 専念する.

〚(*c*1380) ◻ (O)F *centre* ◻ L *centrum* ◻ Gk *kéntron* point, center of a circle ← *kenteîn* to prick ← IE **kent-* to prick (OIr. *cinteir* spur)〛

center[2] *n.* 《Shak》=cincture.

cénter báck *n.* 《バレーボール・水球》バックの真ん中の選手, バックセンター.

cénter bìt *n.* (たるの口を開けるときなどに用いる)回し錐(きり), 三つ錐. 〚1794〛

cénter·bòard *n.* 《海事》センターボード, 垂下竜骨《平底の帆走艇の竜骨内から垂下させる木製または金属製の板で, 帆走中に艇が風下に横流れするのを防ぎまたその安定度を増大させる; drop keel, sliding keel ともいう; ⇨ yacht 挿絵》. 〚1867〛

cénter cìrcle *n.* 《スポーツ》センターサークル《バスケットボール・ホッケー・サッカーなどでジャンプ・キックオフなどが行われる競技場の中央の円》.

cénter còurt *n.* [しばしば C- C-] (ウィンブルドンの)センターコート《決勝戦など重要な試合が行われる》.

cénter drìll *n.* 《建築》板錐(いたきり), センター錐.

cen·tered /sénṭəd, sénəd | séntəd/ *adj.* **1** [しばしば複合語の第 2 構成素として] **a** 中心のある: red-*centered* flower. **b** 《建築》心(円)のある: four-*centered* arch 4 心アーチ. **c** …中心の: self-*centered*. **2 a** 中心[中央]に置かれた. **b** 《印刷》〈点など〉中間の位置の. **3** 集中した[された]. 〚(1590) ← CENTER[1]＋-ED 2〛

cèntered dót *n.* 《印刷》**1** 中黒, 中点, 中ポツ. **2** =bullet 5.

cénter·fìeld *n.* 《野球》中堅, センター; 中堅手[センター]の守備位置. 〚1857〛

cénter fíelder *n.* 《野球》中堅手, センター.

cénter·fìre *adj.* **1** 中心起爆式の《起爆薬が弾薬筒基部中央につまっている型式; cf. rimfire 1》. **2** 中心起爆式弾薬筒を使用した: a ~ rifle センターファイアライフル.

cénter·fòld *n.* (雑誌の)折り込み見開きページ《ヌード写真などが載っている》. 〚1952〛

cénter fórward *n.* (サッカー・バレーボール・ホッケーなどの)センターフォワード, 前衛中堅(手). 〚1891〛

cénter gáuge *n.* 《機械》センターゲージ《工作物の中心の位置を調べるゲージ》.

cénter hálfback [**hálf**] *n.* (サッカー・バレーボール・ホッケーなどの)センターハーフ(バック), 中衛中堅(手). 〚1890〛

cén·ter·ing /-ṭərɪŋ, -trɪŋ- | -tərɪŋ, -trɪŋ/ *n.* 《建築》仮枠(かりわく), 迫枠(せりわく), センタリング《拱持(きょうじ) (arch) を造るときにそれを支えるために組む木製仮枠》. **—** *adj.* 《音声》〈二重母音・三重母音が〉中舌母音の方へ向かう; 中向きの: a ~diphthong 中向き二重母音 (/ɪə/ や /ʊə/ など). 〚(1647) ← CENTER[1]＋-ING[1,2]〛

céntering machìne *n.* 《機械》心立て盤《工作物にセンター穴をあけるための工作機械》.

cénter júmp *n.* 《バスケットボール》センタージャンプ《コートの中央で相手チームのセンターとボールを取り合うジャンプ》.

cénter·lìne *n.* センターライン, 中心線《設計図・舗装道路・競技場などの中央に引いた[設けた]線》. 〚1777〛

cénter márk *n.* 《テニス》センターマーク《ベースラインの中央の線; サーブするときの境界を示す; ⇨ lawn tennis 挿絵》.

cénter·mòst *adj.* =middlemost. 〚1866〛

cénter-of-máss sỳstem *n.* 《物理》重心系《関係する物質の全運動量がゼロになる座標系》.

cénter pàrty *n.* 中道路線の政党.

cen·ter·piece /sénṭəpìːs, sénə- | séntə-/ *n.* **1** (展示物の中で)最重要作品, 呼び物, 主眼となるもの,「目玉」. **2** 中心飾り; テーブルの中央に飾る物, センターピース《銀器・ガラス器・刺繍・レースなど》. 日英比較 「テーブルセンター」は和製英語. 〚1803〛

cénter plàte *n.* 《鉄道》心皿(しんざら)《車両の台車を支えるプレート; 下心皿と上心皿の 2 個ある》.

cénter pùnch *n.* 《機械》センターポンチ, 心立てポンチ, 刻心ポンチ《金属片に孔をあける中心部[線]の印をつけるために使う先のとがった道具》. 〚1879〛

cénter rèst *n.* 《機械》心出し金具 (steady rest).

cénter-sécond *n.* 《時計》(文字盤の中心に軸をもつ)中央秒針《sweep-second ともいう》. 〚1874〛

cénter spréad *n.* 《印刷》**1** 中央見開きページ《左右のページが 1 枚続きの紙になる位置に印刷された記事・広告など; centerfold ともいう; cf. double truck 3》. **2** 中央見開き《center spread のページ構成》. 〚1940〛

cénter squàre *n.* 心出し定規《円の中心を見出すために用いる定規》. 〚*a*1877〛

cénter stáge *n., adj., adv.* **1** 舞台の中央(の[に]), ひのき舞台(の[に]). **2** 中心的な位置(の[に]); 注目の的(の[に]).

cénter tàble *n.* 部屋の中央に置くテーブル《本・アルバムなどを載せて置くのによく用いられた》. 〚1833〛

cénter thrée-quárter *n.* 《ラグビー》センタースリークォーター (⇨ Rugby football 挿絵).

cénter whéel *n.* 《時計》二番車《ムーブメントの中央に位置して 1 時間に 1 回まわる歯車; 軸には分針そして筒車を介して時針が取り付けられる》. 〚1884〛

centeses *n.* centesis の複数形.

cen·tes·i·mal /sɛntésəməl, -mḷ | -s½-/ *adj.* **1** 100 分の 1 の (hundredth). **2** 百分[百進]法の (cf. decimal). **~·ly** *adv.* 〚(*a*1682) ← L *centēsimus* hundredth (← *centum* 'CENT')＋-AL[1]〛

cen·tes·i·mo[1] /tʃɛntézəmòʊ | -z½mə̀ʊ; *It.* tʃenté:zimo/ *n.* (*pl.* **-i·mi** /-mìː; *It.* -mi/, **~s**) **1** チェンテジモ《イタリア・サンマリノ・バチカン市国の旧通貨単位; =1/100 lira》. **2** 1 チェンテジモ銅貨. 〚(1851) ◻ It. ~ < L *centēsimus* (↑)〛

cen·te·si·mo[2] /sɛntésəmòʊ | -s½mə̀ʊ; *Am.Sp.* sentésimo/ *n.* (*pl.* **~s** /~z; *Am.Sp.* ~s/) **1** センテシモ《通貨単位; パナマでは=1/100 balboa, ウルグアイでは=1/100 peso》. **2** 1 センテシモ銅貨. 〚(*c*1883) ◻ Sp. *centésimo* < L *centēsimus* 'CENTESIMAL'〛

cen·te·sis /sɛntíːs½s | -sɪs/ *n.* (*pl.* **-te·ses** /-siːz/) [通例複合語の第 2 構成素として] 《医学》穿刺(せんし)(術) (puncture): thoracentesis 胸腔穿刺. 〚← NL ~ ← Gk *kéntēsis* pricking: ⇨ center[1]〛

cen·ti- /sénṭ½, sáːn-, -ṭɪ | -t½, -ti/「1/100 (hundredth); 100 (hundred)」の意の連結形. ★ 母音の前では通例 cent- になる. 〚← L *centum* hundred (⇨ cent)〛

cen·ti·are /sénṭiɑ̀ə, sáːn-, -ṭièə | -tiɑ̀ː(r), -tièə(r); *F.* sɑ̃tjaːʁ/ *n.* =centare.

cen·ti·bar /sénṭəbɑ̀ə | -t½bɑ̀ː(r)/ *n.* 《気象》センチバール《気圧の単位; =0.01 バール; cf. bar[3] 2》.

cen·ti·grade /sénṭəgrèɪd, sáːn- | sént½-/ *adj.* **1** 百分度の, 百度目盛の. **2** (温度計で) C 目盛の, セ氏の, 摂氏の (Celsius)《正式には Celsius が用いられる; 略 c, C, c., C., cent., Cent.; cf. Fahrenheit, Reaumur》: 50° ~ [C.] セ氏 50 度. **—** *n.* **1** 百(分)度目盛り. **2** =centigrade thermometer. 〚(1801) ◻ F ~〛

céntigrade scále *n.* 百分目盛, 摂氏目盛 (Celsius scale), 摂氏による温度表示.

céntigrade thermómeter *n.* 百分度温度計, セ氏温度計.

cen·ti·gram /sénṭəgræ̀m, sáːn- | sént½-/ *n.* (*also* **cen·ti·gramme** /~/) センチグラム《=1/100 グラム; 略 cg》. 〚(1801) ◻ F *centigramme*〛

cen·tile /séntaɪl/ *n.* 《統計》=percentile.

cen·ti·li·ter, 《英》 **cen·ti·li·tre** /sénṭəlìːṭə, sáːn- | sént½lìːtə(r)/ *n.* センチリットル《=1/100 リットル; 略 cl.》. 〚(1801) ◻ F *centilitre*〛

cen·til·lion /sɛntíljən/ *n.* 10^{303}; 《英古》 10^{600} (⇨ million 表). **—** *adj.* centillion の. 〚(*c*1889) ← L *centum* 'CENT'＋-*illion* (cf. million, billion)〛

cen·time /sáːntiːm, sén- | sɑ́ː(n)-, sáːn-; *F.* sɑ̃tim/ *n.* (*pl.* **~s** /~z; *F.* ~/) **1** サンチーム《通貨単位; スイス・モナコ, Euro 流通前のフランスおよびベルギーなど (=1/100 franc), ハイチ (=1/100 gourde), アルジェリア (=1/100 dinar), モロッコ (=1/100 dirham)》. **2** 1 サンチーム銅貨. 〚(1801) ◻ F ~ ← *cent* hundred: cf. centesimal〛

cen·ti·me·ter, 《英》 **cen·ti·me·tre** /sénṭəmìːṭə, sáːn- | sént½mìːtə(r)/ *n.* センチメートル《=1/100 メートル; 略 cm》. **cèn·ti·mét·ric** *adj.* 〚(1801) ◻ F *centimètre*〛

céntimeter-grám-sécond sỳstem *n.* 《物理》センチメートルグラム秒単位系, cgs 単位系《長さ・質量・時間の単位としてセンチメートル・グラム・秒を用い, これらを基本単位として構成される単位系; 略 cgs》. 〚1875〛

céntimeter wàve *n.* 《通信》センチメートル波《波長が 1–10 cm の電波; 3–30 GHz の周波数をもつ; superhigh frequency wave, SHF wave ともいう》. 〚1940〛

cen·ti·mil·li- /sènṭəmíl½, -li, sàːn- | sènt½-/「センチミリ (10^{-5}), 1 万分の 1」の意の連結形.

cen·ti·mo /sénṭəmòʊ | -t½mə̀ʊ; *Sp., Am.Sp.* séntimo/ *n.* (*pl.* **~s** /~z; *Sp., Am.Sp.* ~s) **1** センチモ《スペイン(系諸国)の通貨単位; Euro 流通前のスペイン (=1/100 peseta), ベネズエラ (=1/100 bolivar), コスタリカ (=1/100 colon), パラグアイ (=1/100 guarani) など》. **2** 1 センチモ硬貨. 〚(1899) ◻ Sp. *céntimo* ◻ F *centime* 'CENTIME'〛

cen·ti·mor·gan /sénṭəmɔ̀əgən | -t½mɔ̀ː-/ *n.* 《遺伝》センチモルガン《同一染色体上の遺伝子間の相対距離の単位; =1/100 morgan》. 〚(*c*1950): ⇨ centi-, T. H. Morgan〛

cen·ti·pede /sénṭəpìːd | -t½-/ *n.* 《動物》ムカデ《節足動物門唇脚綱の動物の総称; cf. millipede》. 〚(1601) ◻ F *centipède* // L *centipeda*: ⇨ centi-, -pede〛

céntipede gràss *n.* 《植物》東南アジア原産匍匐(ほふく)性の芝草 (*Eremochloa ophuroides*)《土留めに植える草本》.

céntipede plànt *n.* 《植物》カンキチク, カンメイチク (*Muehlenbeckia platyclada*)《ソロモン諸島原産タデ科の常緑直立低木; 茎はよく分岐し扁平でリボン状; ribbon bush, tapeworm plant ともいう》.

cen·ti·poise /sénṭəpɔ̀ɪz | -t½-/ *n.* 《物理》センチポアズ, センチポイズ《流体の粘性(率)の単位; =1/100 poise》: The viscosity of water at 20°C is almost 1 ~. 摂氏 20 度の水の粘度は約 1 センチポアズである. 〚(1916) ← CENTI-＋POISE[2]〛

cen·ti·sec·ond /sénṭəsèkənd, sáːn- | sént½-/ *n.* 1/100 秒. 〚(1950) ← CENTI-＋SECOND[2]〛

cen·ti·stoke /sénṭəstòʊk | -t½stə̀ʊk/ *n.* 《物理》センチストーク《動粘性率の cgs 単位; =1/100 stoke; 略 cs, cS》. 〚(1934) ← CENTI-＋STOKE[2]〛

cen·ti·volt /sénṭəvòʊlt, sáːn- | sént½vəʊlt, -vɒlt/ *n.* 《電気》センチボルト《1/100 ボルト》.

cent·ner /séntnə | -nə(r)/ *n.* **1** 《米》 100 ポンド (45.3 kg)《short hundredweight ともいう》. **2** ツェントネル: **a** ドイツ・スカンジナビアなどの衡量単位; =50 kg. **b** ロシアの衡量単位; =100 kg. 〚(1683) ◻ G《古形》~ (現形 *Zentner*) ← L *centēnārius* 'CENTENARY'〛

cen·to /séntoʊ | -təʊ/ *n.* (*pl.* **cen·to·nes** /sɛntóʊniːz | -tə́ʊ-/, **~es, ~s**) **1** 抜粋つづり詩文《詩文の名句をつづり合わせて作る》. **2** 寄せ集め曲《名曲の部分をつなぎ合わせて作った曲》. **3** 寄せ集めの物; つぎはぎ細工 (patchwork). 〚(1605) ◻ L *cento* patchwork garment ← IE **kenth(o)-* rag (G *Hader* / Skt *kanthā* patched garment): cf. Gk *kéntrōn*〛

CENTO /séntoʊ | -təʊ/ 《略》 Central Treaty Organi-

C

zation.
centones *n.* cento の複数形. 〖◻L *centōnēs*〗
centr- /sɛntr/ (母音の前にくるときの) centro- の異形.
centra *n.* centrum の複数形. 〖◻L ～〗
cen·trad /séntræd/ *adv.* 〘解剖・動物〙(体の)中心に向かって, 向心(性)で. 〖(1803) ← CENTRO-＋-AD[3]〗

C
cen·tral[1] /séntrəl/ *adj.* **1** 中心となる, 中心的な, 中枢的な, 主要な: a ～ figure (絵画・劇などの)中心[主要]人物 / a ～ idea 中心思想 / the ～ character in a novel 小説の中心人物. **2** 中心の, 中点の, 中央の; 中心を構成する[をもつ]. **3** (国・都市などの)中心部[中央]の, 中部の: a ～ district 中心地区. **4 a** (政治的に)中心の, 中央政権の: ⇨ central government. **b** 一つの本部[中央の一箇所]で組織のすべての活動を管理する, 集中方式の: ⇨ central heating. **5** 〘物理〙〈力が〉一点から出ている[に向かっている]. **6** 〘解剖〙**a** 中心の, 中央の, 中枢(性)の, 中枢神経(系)の: ⇨ central nervous system. **b** 脊椎体の. **7** 〘音声〙中舌の (cf. front *adj.* 3, back *adj.* 6). **8** 〘政治〙中道派の, 穏健な (moderate). **9** 〘電算〙中央の (cf. peripheral 5 b): ⇨ central processing unit.
Céntral Óffice of Informátion [the ―] (英国の)中央情報局 (略 COI).
― *n.* **1** 本部, 本局, 本店. **2** [時に C-] 《米》**a** 電話交換局 (exchange): get ～ 交換局を呼び出す. **b** 《廃》(交換局の)交換手. ★ 現在は operator を用いる. 〖(1647) ◻L *centrālis*: ⇨ center[1], -al[1]〗
cen·tral[2] /sɛntráːl; *Am.Sp.* sentrál/ *n.* (スペイン語圏アメリカとフィリピンで, 砂糖きびを押し砕いて粗糖を作る)製糖所. 〖◻Am.-Sp. ～ ← Sp. ～ (adj.) ◻L *centrālis* (↑)〗
Cen·tral /séntrəl/ *n.* セントラル《スコットランド中部の旧州 (1975–96); 面積 2,590 km², 州都 Stirling》.
Céntral Áfrican Émpire *n.* [the ～] 中央アフリカ帝国《Central African Republic の旧名 (1976–79)》.
Céntral Áfrican Federátion *n.* ⇨ FEDERATION of Rhodesia and Nyasaland.
Céntral Áfrican Repúblic *n.* [the ～] 中央アフリカ共和国《アフリカ中部にあるフランス共同体 (French Community) 内の共和国; もとフランス領赤道アフリカ (French Equatorial Africa) の一部で Ubangi-Shari といったが, 1960 年独立; 1976 年中央アフリカ帝国 (Central African Empire) と改称したが, 1979 年クーデターにより再び共和制に戻った; 面積 622,983 km², 首都 Bangui》.
Céntral América *n.* 中央アメリカ《メキシコに続く北米大陸の南端部で, Guatemala, Honduras, El Salvador, Nicaragua, Costa Rica, Panama, Belize から成る; 地理学上ではメキシコの Tehuantepec 地峡から Panama 地峡の間を指すこともある; 面積約 520,000 km²》.
Céntral Américan *adj.* 中央アメリカの. ― *n.* 中央アメリカ人. 〖1857〗
céntral ángle *n.* 〘数学〙中心角《円の中心を頂点とし, 二つの半径を辺とする角》. 〖1904〗
Céntral Ásia *n.* 中央アジア《中央アジアのオアシス定住地帯; 主にトルコ系民族が居住; トルキスタン (Turkestan) 地方・チベット・モンゴルの一部; 狭義ではトルキスタン地方》.
céntral bánk *n.* 〘財政〙中央銀行《銀行券の発行・金融政策の実行・他銀行の支払準備金の受託・国庫金の出納などに任じ, 一国の信用制度の中心となる銀行; わが国の日本銀行, 英国の Bank of England, 米国では 12 の Federal Reserve Bank など》. 〖1922〗
céntral bódy *n.* **1** 〘生物〙中心体 (⇨ centrosome 1). **2** 〘植物〙中央体《藍藻類の細胞の中心部の無色の部分; centroplasm ともいう; cf. chromatoplasm》.
céntral céll *n.* **1** 〘解剖〙＝chief cell. **2** 〘植物〙中央細胞, 中心細胞《シダ類の造卵器を構成する特殊な細胞》.
céntral cíty *n.* (大都市の中でも人口の密集している)中核都市; 大都市中心部, 都心(部), 旧市街《core city ともいう; cf. inner city》. 〖1950〗
Céntral Commíttee *n.* [the ～] (特に旧ソ連共産党の)中央委員会.
Céntral Críminal Cóurt *n.* [the ～] 〘法律〙(英国の)中央刑事裁判所《London 市における治安判事裁判所からの上訴を審理する London 市の刑事法院 (Crown Court); cf. Old Bailey》.
céntral cýlinder *n.* 〘植物〙中心柱《stele ともいう》.
Céntral Dáylight Tìme *n.* 中部夏時間《米国の Central Time の夏時間; 略 CDT》.
céntral dógma *n.* 〘生化学〙セントラルドグマ《遺伝情報の発現に関する基礎理論で, DNA を鋳型にしていろいろな RNA が作られ, それらの RNA から蛋白合成が行われる転写の機構を示したもの; cf. Teminism》.
Céntral Éurope *n.* 中央ヨーロッパ《北はバルト海, 南はアルプス, 東はウクライナ, 西はフランスに囲まれた地域》.
Céntral Européan Tìme *n.* 中央ヨーロッパ標準時《西ヨーロッパ, 中央ヨーロッパの大部分の国々で用いられている; グリニッジ(標準)時 (Greenwich (Mean) Time) より 1 時間早い; 略 CET》.
céntral-fíre *adj.* ＝centerfire. 〖1881〗
céntral góvernment *n.* 中央政府《国家行政の中心機関》.
céntral héating *n.* セントラルヒーティング, 集中暖房《一箇所の機械から建造物の各部に蒸気や熱気を送る暖房装置》. 〖1906〗
Cen·tra·lia /sɛntréɪljə | -ljə, -liə/ *n.* 《豪》(Alice Springs 周辺の)オーストラリア中部奥地《the Centre ともいう》. 〖(1888) ← CENTRAL[1]＋(AUSTRAL)IA〗
Céntral Índia Àgency *n.* 中央インド地方行政府《1947 年まで英国支配下にあった 89 のインド藩王国の総称; インドの Madhya Pradesh 州の北部と西部を含む地域; 中心都市 Indore; 単に Central India ともいう》.
Céntral Intélligence Àgency *n.* [the ～] (米国の)中央情報局《国家安全保障会議の一部局で, 情報収集を目的とする機関; 1947 年設置; 略 CIA》.
cén·tral·ìsm /-lɪzṃ/ *n.* 中央集権制[主義]; 中央集中制 (cf. federalism). 〖(1831) ← CENTRAL[1]＋-ISM〗
cén·tral·ist /-lɨ̞st | -lɪst/ *n., adj.* 中央集権主義者(の). **cen·tral·is·tic** /sɛ̀ntrəlístɪk⁻/ *adj.* 〖(1826) ← CENTRAL[1]＋-IST〗
cen·tral·i·ty /sɛntrǽləṭi | -lɨ̞ti/ *n.* **1** 中心の位置を占め(てい)ること, 中心性. **2** 向心性, 集中性. 〖(1647) ← CENTRAL[1]＋-ITY〗
cen·tral·i·za·tion /sɛ̀ntrəlɨ̞zéɪʃən | -laɪ-, -lɪ-/ *n.* **1** 中央集権(化). **2** 集中, 集中化: urban ～ (人口の)都市集中. 〖(1801) ◻F *centralisation*: ⇨ ↓, -ation〗
cen·tral·ize /séntrəlàɪz/ *vt.* **1** 中央集権制にする, 中央集権化する. **2 a** …の中心となる. **b** 中心[一点]に集める. ― *vi.* 中心になる; 集中する. **cén·tral·ìz·er** *n.* 〖(1800) ◻F *centraliser*: ⇨ central[1], -ize〗
cén·tral·ìzed schòol *n.* ＝consolidated school.
céntralized tráffic contròl *n.* 〘鉄道〙列車集中制御(装置) (略 CTC).
céntral límit thèorem *n.* 〘数学・統計〙中心極限定理《ある条件のもとで, 確率変数 (random variable) の列の正規化された部分和の分布が正規分布 (normal distribution) に収束するという定理》. 〖1951〗
céntral lócking *n.* セントラルロッキング, 集中ロック《自動車の運転席のドアをロックすると他のドアもロックされる方式》.
cén·tral·ly /-trəli/ *adv.* **1** 中心[中央]に, 中心[中枢]として: be ～ situated 中央に位置する. **2** 中心的役割[機能]に従って. 〖(1647) ← CENTRAL[1]＋-LY[1]〗
céntral móment *n.* 〘統計〙(母集団・標本・確率変数などの)中心積率《平均値のまわりの積率》.
céntral nérvous sỳstem *n.* 〘解剖・生理〙中枢神経系《動物の集中神経系において, 形態上および機能上の中枢部; cf. autonomic nervous system 1》. 〖*c*1907〗
Céntral Párk *n.* セントラルパーク《New York 市の Manhattan 区の中心部にある大公園; 面積 3.4 km²》.
Céntral Pówers *n. pl.* [the ～] 同盟国《第一次大戦当時連合国 (the Allies) と対抗したドイツ・オーストリア・ハンガリー・トルコおよびブルガリア》.
céntral prócessing ùnit *n.* 〘電算〙中央(演算)処理装置, CPU《計算機の制御演算を行う本体; central processor ともいう; 略 CPU》. 〖1961〗
céntral projéction *n.* 〘数学・製図〙中心投象[投影, 射影]法, 透視[投影]図法 (perspective drawing).
Céntral Próvince *n.* (サウジアラビアの)中央州《州都は Riyadh》.
Céntral Próvinces and Berár *n.* 中央州およびベラール《インド中部の旧州; 1950 年に再組織されて Madhya Pradesh となった》.
Céntral Régìon *n.* ＝Central.
céntral reservátion [resérve] *n.* (自動車道路の)中央分離帯《(米) median strip》. 〖1937〗
céntral resérve cìty *n.* 中央準備(金)市 (cf. reserve city, central reserve city bank).
céntral resérve cìty bánk *n.* [the ～] 《米》中央準備市銀行《central reserve cities (New York, Chicago の 2 市) にある連邦準備加盟銀行》.
céntral schòol *n.* ＝consolidated school. 〖1919〗
Céntral stándard tìme, c- s- t- *n.* ＝Central time.
céntral súlcus *n.* 〘解剖〙中心溝《大脳の前頭葉と頭頂葉の間の溝; FISSURE of Rolando ともいう》.
céntral téndency *n.* 〘統計〙中心傾向. 〖*c*1928〗
céntral téndon *n.* 〘解剖〙中心腱《横隔膜の中央部にある腱》.
Céntral tìme, c- t- *n.* 中部(標準)時《米国の標準時の一つ; 西経 90° にあり GMT より 6 時間遅い; 略 CT; ⇨ standard time 1 ★》. 〖1883〗
Céntral Tréaty Organizàtion *n.* [the ～] 中央条約機構《英国・イラン・パキスタン・トルコの 4 か国間に 1959 年成立; 相互防衛と経済発展を目的としたが, 1979 年イランの脱退を契機に解体; 略 CENTO》.
Céntral Válley *n.* [the ～] セントラルヴァリー《米国 California 州, Sacramento 川と San Joaquin 川に挟まれた流域の盆地; ワインの主要産地》.
céntral vówel *n.* 〘音声〙中舌母音《[i], [ə], [ɐ] など; cf. front vowel, back vowel》.
Cen·trax /séntræks/ *n.* 〘商標〙セントラックス《米国 Parke-Davis 社製の精神安定剤》.
cen·tre /séntə, séŋə | séntə(r)/ *n., adj., v.* 《英》＝center.
Cen·tre[1] *n.* [the ～] ＝Centralia.
Cen·tre[2] /sáː(n)tr(ə), sáːn-; *F.* sɑ̃ːtʁ/ *n.* サーントル《フランス中部地方; Loire, Cher 川流域》.
cent·rex /séntreks/ *n.* セントレックス《交換機を経由せずに通話交換をする電話通信システム》.
cen·tri- /séntrɨ̞, -tri/ centro- の異形 (⇨ -i-): *centrifugal, centripetal.*
cen·tric /séntrɪk/ *adj.* **1** 中心に関する[にある] (central): a ～ point 中心点. **2** 中心のある; 中心に向けられた, 集中する: a ～ activity. **3** 〘生理〙神経中枢の[に関する]. **4** 〘植物〙**a** 〈葉が〉同筒状の (terete). **b** 〈硅藻植物が〉(中心類に見られるような)放射状配列の. **5** 〘地質〙(岩石中に)同心円状の組織をもつ. **6** 〘生物〙動原体 (centromere) をもつ[に関する]. **7** 〘歯科〙中心の: ～ occlusion 中心咬合位《上顎(じょうがく)と下顎(かがく)が正しい位置関係にあって咬み合っている状態; cf. malocclusion》: ⇨ centric relation. 〖(*c*1590) ◻Gk *kentrikós* ← *kéntron*: ⇨ center[1], -ic[1]〗
-cen·tric /séntrɪk/「…の中心をもつ, …を中心とする」の意の形容詞連結形: *egocentric.*
cén·tri·cal /-trɨ̞kəl, -kḷ | -trɪ-/ *adj.* ＝centric. **～·ly** *adv.* 〖1741〗
cen·tric·i·ty /sɛntrísəṭi | -sɨ̞ti/ *n.* 中心にあること, 中心性. 〖(1826) ← CENTRIC＋-ITY〗
céntric relátion *n.* 〘歯科〙中心位, 中心関係位《上顎(じょうがく)に対する下顎(かがく)の水平的位置関係の一つ》.
cen·trif·u·gal /sɛntrífjʊgəl, -fɨ̞g-, -gḷ | sɛntrɨ̞fjúːg-, sɛntrífjʊg-⁻/ *adj.* **1** 中心から発する, (中心から)外方に向かう(傾向のある); 遠心的な, 遠心性の (cf. centripetal 1). **2** 遠心力による, 遠心力を用いた; 遠心力で分離した. **3** 中央集権化から離れる傾向の, 分離主義者の (separatist). **4** 〘植物〙遠心の: ～ inflorescence 遠心花序. **5** 〘生理〙遠心性の (efferent): ～ nerves 遠心性神経 (efferent nerves). ― *n.* **1** 遠心分離機 (centrifuge). **2** [しばしば *pl.*] ＝centrifugal sugar. **3** 遠心分離機の回転筒. **～·ly** *adv.* 〖(*a*1721) ← NL *centrifugus* (L *centrum* 'CENTER[1]'＋*fugere* to fly from)＋-AL[1]〗
centrífugal blówer *n.* 〘機械〙遠心送風機.
centrífugal bráke *n.* 〘機械〙遠心ブレーキ《ホイスト(巻揚げ機)やクレーンに用いられる》.
centrífugal cásting *n.* 〘金属加工〙遠心鋳造《円筒状鋳型を回転させ, 遠心力の作用によって管などを造る鋳造法》. 〖1925〗
centrífugal clútch *n.* 〘機械〙遠心クラッチ《高速になるとつながり, 低速になると切れる自動クラッチ》.
centrífugal compréssor *n.* 〘機械〙遠心圧縮機《回転羽根車によって気体を圧縮する装置》.
centrífugal fórce *n.* 〘物理〙遠心力《円軌道に沿って運動する物体が力の中心に及ぼす力で, 軌道の外側に向かう; cf. centripetal force》. 〖*a*1721〗
centrífugal góvernor *n.* 〘機械〙遠心調速機.
cen·trif·u·gal·ize /sɛntrífjʊgəlàɪz, -fɨ̞g- | sɛntrífjʊg-, sɛntrɨ̞fjúːg-/ *vt.* 遠心分離機にかける; 遠心分離機で分離する. **cen·trif·u·gal·i·za·tion** /sɛntrìfjʊgəlɨ̞zéɪʃən, -fɨ̞g- | sɛntrìfjùːgəlaɪ-, sɛntrìfjʊg-, -lɪ-/ *n.* 〖(1879) ← CENTRIFUGAL＋-IZE〗
centrífugal machíne *n.* 〘機械〙遠心機. 〖1765〗
centrífugal púmp *n.* 〘機械〙遠心[渦巻]ポンプ. 〖1803〗
centrífugal séparator *n.* 〘機械〙遠心分離機.
centrífugal súgar *n.* 分蜜糖.
cen·trif·u·ga·tion /sɛ̀ntrɨ̞fjʊgéɪʃən | -trɨ̞-/ *n.* 遠心分離. 〖(1903): ⇨ ↓, -ation〗
cen·tri·fuge /séntrəfjùːdʒ | -trɨ̞-; *F.* sɑ̃tʁifyːʒ/ *n.* 遠心機, 遠心分離機; 加速度実験用回転装置. ― *vt.* 遠心分離機にかける (centrifugalize). 〖(1887) ◻F ～ 'CENTRIFUGAL'〗
cen·tring /séntərɪŋ, -trɪŋ | -tərɪŋ, -trɪŋ/ *n.* 《英》＝centering.
cen·tri·ole /séntriòʊl | -əʊl/ *n.* 〘生物〙**1** (細胞の)中心粒, 中心小粒, 中心小体《中心体 (centrosome) の中心にある小粒》. **2** ＝centrosome 1. 〖(1896) ← CENTRO-＋-OLE[2]〗
cen·trip·e·tal /sɛntrípəṭḷ | sɛntrípɨ̞tḷ, sɛ̀ntrɪpíːtḷ⁻/ *adj.* **1** (外部から)中心部に向かう, 中心に向かう(傾向のある); 求心的な, 求心性の (cf. centrifugal 1). **2** 求心力による, 求心力を用いた: a ～ machine 求心機械. **3** 中央集権化に向かう, 中央集中化の. **4** 〘植物〙求心の: ～ inflorescence 求心花序, 外花先開. **5** 〘生理〙求心(性)の (afferent): ～ nerves ＝AFFERENT nerves. **～·ly** *adv.* 〖(1709) ← NL *centripetus* (← L *centrum* 'CENTER[1]'＋*petere* to seek)＋-AL[1]〗
centrípetal fórce *n.* 〘物理〙求心力, 向心力《円軌道に沿って運動する物体に働く力で, 円の中心に向かう; cf. centrifugal force》. 〖1709〗
Cen·trism, c- /séntrɪzṃ/ *n.* 中道主義; 穏健主義. 〖(1935) ← CENTER[1]＋-ISM〗
Cen·trist, c- /séntrɨ̞st | -trɪst/ *n.* **1** 〘政治〙中間[中道]政党の党員 (cf. center[1] 6). **2** 穏健主義者 (moderate), 中道主義者. 〖((1872)) (1923) ◻F *centriste*: ⇨ center[1], -ist〗
cen·tro- /séntroʊ | -trəʊ/ 次の意味を表す連結形: **1**「中心 (center), 中心と…との」: *centrosome.* **2**「とげのある (spiny)」: *centrosema.* ★ ときに centri-, また母音の前では通例 centr- になる. 〖← L *centrum* 'CENTER[1]'〗
cen·tro·bar·ic /sɛ̀ntrəbǽrɪk, -bér- | -trə(ʊ)bǽr-/ *adj.* **1** 重心の[に関する]. **2** 重心のある. 〖(1727–51) ◻LGk *kentrobarikós* ← *kéntron* 'CENTER[1]'＋*báros* weight〗
cen·tro·cli·nal /sɛ̀ntroʊkláɪnḷ | sɛ̀ntrə(ʊ)-⁻/ *adj.* 〘地質〙地層があらゆる方向から一点に向かって傾斜した, ドーム状構造の.
cen·troid /séntrɔɪd/ *n.* **1 a** 〘物理〙＝CENTER of mass. **b** 〘数学〙＝CENTER of figure. **2** 〘詩学〙最高強勢, 核音節. **cen·troi·dal** /sɛntrɔ́ɪdḷ | -dḷ/ *adj.* 〖(1876) ← CENTRO-＋-OID〗
cèntro·lécithal *adj.* 〘生物〙心黄の《卵の中央に多量の卵黄があり, その回りを薄い細胞質が覆っているものをいう; cf. telolecithal》. 〖1880〗
cen·tro·mere /séntrəmɪə | -trə(ʊ)mɪə(r)/ *n.* 〘生物〙セントロメア, 紡錘糸付着領域, 動粒《染色体紡錘糸の付着部にある小粒; kinetochore ともいう》. **cen·tro-**

mer·ic /sèntrəmíᵊrɪk, -mér- | -trə(ʊ)míər-, -mér-⁻/ *adj.* 〖1925〗
cen·tro·plasm /séntrəplæ̀zm | -trə(ʊ)-/ *n.* 〘植物〙 = central body 2.
cen·tro·some /séntrəsòʊm | -trə(ʊ)sàʊm/ *n.* 〘生物〙 **1** 中心体《細胞分裂のときに現れる微小粒構造; central body ともいう; cf. mitosis》. **2** =centriole 1. **3** = centrosphere 1. **cen·tro·so·mic** /sèntrəsóʊmɪk | -trə(ʊ)sə́ʊm-, -sɔ́m-⁻/ *adj.* 〖(1889) ← CENTRO-＋-SOME³〗
cen·tro·sphere /séntrəsfɪə | -trə(ʊ)sfɪə^(r)/ *n.* **1** 〘生物〙(細胞の)中心球《centrosome を囲む原形質の集団》. **2** 〘地質〙(地球の)中心部[圏] (⇨ core¹ 5 b). 〖1896〗
cèntro·symmétric *adj.* 中心対称の[的な]. **cèntro·symmétrical** *adj.* **cèntro·sým·metry** *n.* 〖*c*1909〗
cen·trum /séntrəm/ *n.* (*pl.* ~**s**, **cen·tra** /-trə/) **1** 〘動物〙椎骨(ついこつ) vertebra) の中心体, 椎体(ついたい). **2** 〘植物〙 **a** スギナ類の茎の中空部分. **b** 子嚢果中心体. **3** (地震の)震源地. 〖(1854) □ L ~: ⇨ center¹〗
cen·tum¹ /séntəm | -təm/ *n.* 百 (hundred). ***céntum per céntum*** =CENT *per cent.* 〖□ L ~: ⇨ cent〗
cen·tum² /kéntəm, -tʊm | -təm, -tʊm/ *adj.* 〘言語〙ケントゥム言語群の[に属する]《印欧語族のうち, 共通基語に想定される k が s [s], š [ʃ] などの歯擦音にならなかった言語群にいう; ゲルマン・ケルト・イタリック語派など; cf. satem》. 〖(1901) ↑: L *centum* の語頭の *c-* が IE 口蓋閉鎖音を表すことから〗
cen·tum·vir /sentʌ́mvə, kentúmvɪə | sentʌ́mvə^(r), kentúm-/ *n.* (*pl.* **-tum·vi·ri** /sentʌ́mvəràɪ, kentúmvərì: | sentʌ́mvəràɪ, kentúmvɪ̀rì:/) (古代ローマの)百人法院の裁判官《実際には 35 部族の各部族から 3 名を選んだ総計 105 人の裁判官の一人》. 〖(1601) □ L ~ ← *centum* 100 (⇨ cent)＋*viri* ((pl.) ← *vir* man)〗
cen·tu·ple /séntʊpl̩, -tjʊ-, séntə- | séntjʊpl̩, sentjú:-/ *adj.* 百倍の (hundredfold). — *vt.* 百倍する. 〖(1607) □ F ~ □ LL *centuplus*: ⇨ centi-, -ple〗
cen·tu·pli·cate /sentú:pləkèɪt, -tjú:- | -tjú:plɪ-/ *vt.* 百倍する (centuple). — *n.* 百倍. — /sentú:pləkɪ̀t, -tjú:-, -kèɪt | -tjú:plɪ-/ *adj.* 百倍の. **cen·tu·pli·ca·tion** /sentù:pləkéɪʃən, -tjù:- | -tjù:plɪ-/ *n.* 〖(1835) □ L *centuplicātus* (p.p.) ← *centuplicāre* ← *centuplex* hundredfold ← *centum* (⇨ cent): cf. plicate〗
cen·tu·ri·al /sentúᵊriəl, -tjúᵊ- | -tjúər-/ *adj.* **1** (まれ) 百年の, 一世紀の. **2** (古代ローマの)百(人)の, 百人隊 (century) の. 〖(1610) □ L *centuriālis* ← *centuria* 'CENTURY': ⇨ -al¹〗
cén·tu·ried *adj.* 一[幾]世紀もの間続いた; きわめて古い: a ~ mansion 古い館. 〖(1820): ⇨ -ed 2〗
cen·tu·ri·on /sentúᵊriən, -tjúᵊr- | -tjúər-, -tʃúər-, tʃɔ́:r-/ *n.* **1** (古代ローマ軍隊の)百人隊 (century) の隊長. **2** 百人を指揮する指揮官. **3** 〘クリケット〙100 打点をあげた選手. 〖(*a*1300) □ (O)F ~ // L *centuriō(n-)* ← *centuria* (↓)〗
cen·tu·ry /séntʃ(ə)ri/ *n.* **1** 100 年, 一世紀: the 20th ~ 20 世紀 (1901 年から 2000 年まで) / the second ~ B.C. 紀元前 2 世紀 (紀元前 200 年から紀元前 101 年まで). **2 a** 〘クリケット〙100 点 (100 runs) またはそれ以上 (cf. double figures). **b** (米) [形容詞的に] (バスケットボールで) 100 点. **3 a** 百の一組: a ~ of poems 詩百編. **b** (米俗) 100 ドル; 100 ドル紙幣. **c** (英俗) 100 ポンド. **4** [単数または複数扱い] (古代ローマ軍隊の)百人隊《80–100 人の歩兵を一隊とし, 30 隊から 60 隊で legion を組織した: cf. centurion》. **5** (古代ローマの)百人組《100 人で組織する選挙の一単位で, 一票の票権をもった》. **6** [C-] 〘印刷〙センチュリー《欧文の活字書体の一種》. **7** 〘スポーツ〙百メートル[マイル, ヤード]競走. 〖(*a*1398) □ L *centuria* division of a hundred things ← *centum* hundred: ⇨ cent〗
céntury plànt *n.* 〘植物〙アオノリュウゼツラン (*Agave americana*)《アメリカ大陸産のリュウゼツラン科の多年草; American aloe ともいう》. 〖(1764) 百年に一度花が咲くと想像されていたところから〗
CEO /sí:ì:óʊ | -ə́ʊ/ (略) chief executive officer 最高経営責任者. 〖1975〗
ce·orl /tʃéɪɔəl | ʃéɔ:l/ *n.* アングロサクソン時代の一般自由人, 自由農民《自由民としては最下層》. **~·ish** *adj.* 〖OE *ċeorl* 'CHURL'〗
cep /sép/ *n.* (*also* **cèpe** /~/) 〘植物〙ヤマドリタケ (*Boletus edulis*)《ヨーロッパ産の食用きのこ》. 〖(1865) □ F *cèpe*= Gascon *cep* □ L *cippus* stake〗
ceph·al- /séfəl | séf-, kéf-/ (母音の前にくるときの) cephalo- の異形.
cephala *n.* cephalon の複数形. 〖← NL ~〗
ceph·al·ad /séfəlæ̀d/ *adv.* 〘解剖・動物〙頭の方へ, (体の)前端の方に (cf. caudad). 〖(1887) ← CEPHALO-＋-AD³〗
ceph·a·lal·gi·a /sèfəlǽldʒiə, -dʒə/ *n.* 〘医学〙頭痛 (headache). 〖(1547) □ L ~ □ Gk *kephalalgía*: ⇨ cephalo-, -algia〗
ceph·a·las·pid /sèfəlǽspɪ̀d | -pɪd/ *n.* 〘古生物〙ケファラスピッド《デボン紀頃栄えた *Cephalaspid* 属の無顎類の甲冑魚類》. 〖← NL *Cephalaspid-, Cephalaspis*: ⇨ cephalo-, -aspis, -id²〗
ceph·a·late /séfəlɪ̀t, -lèɪt/ *adj.* 〘動物〙頭がある, 頭状の部分をもつ. 〖(*c*1860) CEPHALO-＋-ATE¹〗
ce·phal·ic /sɪ̀fǽlɪk, sɛ- | sɪ̀-, kɛ-, kɪ-/ ★ 英国の医師たちは一般に /kɛfǽlɪk, kɪ-/ と発音する. *adj.* **1** 〘解剖・動物〙頭蓋(ずがい)の[に関する], 頭部の. **2** 頭部にある; 頭部の方に向いた. **ce·phál·i·cal·ly** *adv.* 〖(1599) □ (O)F *céphalique* □ L *cephalicus* □ Gk *kephalikós* ← *kephalḗ* head〗
-ce·phal·ic /sɪ̀fǽlɪk, sɛ- | sɪ̀-, kɛ-, kɪ-/ ★ 英国の医師たちは一般に /kɛfǽlɪk, kɪ-/ と発音する.「…の頭をした」の意の形容詞連結形 (cf. cephalo-): brachy*cephalic*, dolicho*cephalic*. **-ceph·al·ism** /séfəlɪzm/ *n.* 〖↑〗
cephálic índex *n.* 〘人類学〙頭示数《頭の最大幅の最大長に対する百分率で, 人種の特徴の表示となる; cf. cranial index》. 〖1866〗
ceph·a·lin /kéfəlɪ̀n, séf- | -lɪn/ *n.* 〘生化学〙ケファリン, セファリン《哺乳類の脊髄・脳髄中などに存在する燐脂質の一つ》. 〖(*c*1899) ← CEPHALO-＋-IN²〗
ceph·a·li·za·tion /sèfəlɪ̀zéɪʃən | -laɪ-, -lɪ-/ *n.* 〘動物〙頭化(とうか)《重要な器官が頭部に集まる傾向》. 〖1864〗
ceph·a·lo- /séfəloʊ | séfələʊ, kéf-/ ★ 英国の医師たちは一般に /kéfələʊ/ と発音する.「頭 (head); 頭部と…との」の意の連結形 (cf. -cephalic). ★ 母音の前では通例 cephal- になる. 〖□ L ~ □ Gk *kephalo-* ← *kephalḗ* head〗
ceph·a·lo·chord /séfəloʊkɔ̀əd | -lə(ʊ)kɔ̀:d/ *n.* 〘動物〙頭索亜門の動物; ナメクジウオ (lancelet). 〖↓〗
Ceph·a·lo·chor·da /sèfəloʊkɔ́ədə | -lə(ʊ)kɔ́:də/ *n. pl.* 〘動物〙(原索動物門)頭索亜門. **cèph·a·lo·chór·dal** /-dl̩ | -dl̩⁻/ *adj.* 〖← NL ~: ⇨ cephalo-, -chord〗
Ceph·a·lo·chor·da·ta /sèfəloʊkɔədá:tə, -déɪ- | -lə(ʊ)kɔ:dá:tə, -déɪ-/ *n. pl.* 〘動物〙=Cephalochorda. 〖← NL ~: ⇨ ↑, -ata〗
ceph·a·lo·chor·date /sèfəloʊkɔ́ədeɪt | sèfələ(ʊ)kɔ́:-⁻/ *adj.* 頭索類の, 頭索亜門 (Cephalochorda) に属する. — *n.* 頭索類動物《ナメクジウオなど》.
ceph·a·lo·di·um /sèfəlóʊdiəm | -lə́ʊdiəm, -djəm/ *n.* (*pl.* **-di·a** /-diə | -diə, -djə/) 〘植物〙頭状体《地衣類の体上の粒状物》. 〖← NL ~ ← Gk *kephalṓdēs* like a head (⇨ cephalo-, -ode¹)＋-IUM〗
ceph·a·lom·e·ter /sèfəlá(:)mətə | -lɔ́mɪ̀tə^(r)/ *n.* 頭部測定器. 〖1878〗
ceph·a·lom·e·try /sèfəlá(:)mətri | -lɔ́mɪ̀tri/ *n.* 頭部計測(法). **ceph·a·lo·met·ric** /sèfəloʊmétrɪk | -lə(ʊ)-⁻/ *adj.* 〖*c*1889〗
ceph·a·lon /séfəlà(:)n, -lən | -lɔ̀n, -lən/ *n.* (*pl.* **-a·la** /-lə/) 〘動物〙(節足動物などの)頭 (head). 〖(1875) ← NL ~ ← Gk *kephalḗ*〗
Ceph·a·lo·ni·a /sèfəlóʊniə | -lə́ʊ-/ *n.* ケファリニア(島)《ギリシャの西海岸沖にあるイオニア諸島中最大の島; 面積 746 km²; ギリシャ語名 Kefallinía》.
ceph·a·lo·pod /séfələpɑ̀(:)d | -lə(ʊ)pɔ̀d/ 〘動物〙*adj.* 頭足綱の. — *n.* 頭足綱の動物《イカ・タコなど》. 〖(1826) ↓〗
Ceph·a·lop·o·da /sèfəlá(:)pədə | -lɔ́pədə/ *n. pl.* 〘動物〙(軟体動物門)頭足綱. 〖(1802) ← NL ~: ⇨ cephalo-, -poda〗
ceph·a·lop·o·dan /sèfəlá(:)pədn̩ | -lɔ́p-⁻/ *adj., n.* 〘動物〙頭足綱の(動物).
ceph·a·lor·i·dine /sèfəlɔ́(:)rədì:n, -lá(:)r- | -lɔ́rɪ-/ *n.* 〘化学〙セファロリジン ($C_{19}H_{17}N_3O_4S_2$) (cephalosporin から得られる抗生物質). 〖(1965) ← ? CEPHALO(SPORIN)＋-IDINE〗
ceph·a·lo·spo·rin /sèfələspɔ́:rɪ̀n | -rɪn/ *n.* 〘薬学〙セファロスポリン《カビの一種セファロスポリウムから産生する抗生物質》. 〖(1951) ← NL *Cephalosporium* (⇨ cephalo-, -spore)＋-IN²〗
ceph·a·lo·thin /séfələθɪ̀n/ *n.* 〘化学〙セファロチン ($C_{16}H_{15}N_2NaO_6S_2$)《半合成の抗生物質; 耐ペニシリンブドウ状菌に有効》. 〖(1962) ← CEPHALO(SPORIN)＋THIO-＋-IN²〗
cèphalo·thórax *n.* 〘動物〙頭胸部《甲殻類・クモ類などの頭部と胸部が合一した部分》. **cèphalo·tho·rácic** *adj.* 〖1835〗
ceph·a·lous /séfələs | séf-, kéf-/ ★ 英国の医師たちは一般に /kéf-/ と発音する. *adj.* 頭のある. 〖(1874) ← Gk *kephalḗ*＋-OUS〗
-ceph·a·lous /séfələs | séf-, kéf-/「…の頭をした」の意の形容詞連結形: brachy*cephalous*, dolicho*cephalous*. 〖□ Gk *-képhalos* ← *kephalḗ* head〗
Ceph·a·lus /séfələs/ *n.* 〘ギリシャ神話〙ケパロス (Hermes の息子で Procris の夫; 暁の女神 Eos に愛され, 誤って妻を殺してしまう). 〖□ L ~ □ *Képhalos*〗
-ceph·a·lus /-séfələs | -séf-, -kéf-/ ★ 英国の医師たちは一般に /kéf-/ と発音する.「頭部異常」の意の名詞連結形: hydro*cephalus*. 〖□ L ~: ⇨ -cephalous〗
-ceph·a·ly /séfəli | séf-, kéf-/ ★ 英国の医師たちは一般に /kéf-/ と発音する. -cephalic に対応する名詞連結形.
Ce·phe·id /sí:fiɪ̀d, séf- | -fiɪd/ *n.* 〘天文〙ケフェウス型変光星《ケフェウス座 δ 星が代表である変光星の一種; Cepheid variable ともいう》. 〖(*c*1903): ⇨ ↓, -id¹〗
Ce·phe·us /sí:fiəs, -fju:s | sí:fju:s, -fiəs/ *n.* **1** 〘天文〙ケフェウス座《カシオペア座とりゅう座の間にある北天の星座; the Monarch ともいう》. **2** 〘ギリシャ伝説〙ケーペウス《Ethiopia の王; Cassiopeia の夫で Andromeda の父》. 〖□ L ~ □ Gk *Kēpheús*〗
'cept /sépt/ *prep., conj.* =except.
CER (略) Closer Economic Relations (オーストラリアとニュージーランドの)経済関係緊密化; 〘心理〙conditioned emotional response 条件づけによって生じる情動反応.
cer- /sɪᵊr | sɪər/ (母音の前にくるときの) cero- の異形.
ce·ra /síᵊrə | síərə/ *n.* (処方箋で)蜜蠟(みつろう). 〖□ L *cēra* wax〗
-cer·a /⁻sərə/ 〘動物〙「角のあるもの」の意の名詞連結形. 〖← NL ~ ← Gk *kéras* horn〗
ce·ra·ceous /sɪ̀réɪʃəs/ *adj.* 蠟(ろう)のような (waxy). 〖(1768) ← L *cēra* wax＋-ACEOUS〗
Ce·ram /séɪrɑ:m, sérəm; *Indones.* séram/ *n.* セラム(島)《インドネシア東部, モルッカ諸島 (Moluccas) の島; 面積 17,148 km²》.
ce·ram·al /sɪ̀rǽməl, -ml̩, sérəmæ̀l/ *n.* 〘冶金〙= cermet. 〖(1949) ← CERAM(IC)＋AL(LOY)〗
ce·ram·ic /sɪ̀rǽmɪk | sɪ̀-, kɪ̀-, kɛ-/ ★ (英) では専門家, 業者の多くは /k-/ と発音する. *n.* **1** (素材としての)陶磁; セラミックス《耐熱性の高い非金属の固体材料》. **2** [通例 ~s] 窯業製品; 陶磁器, セラミック《陶器 (earthenware), 磁器 (porcelain), 炻器(せっき) (stoneware), タイル (tile), れんが (brick), 耐火物 (refractories), ガラス (glass), セメント (cement) など非金属物質を窯で高温処理して造られたもの; ヨーロッパではガラス・セメントは含まれない》. **3** =azurite blue. — *adj.* **1** 窯業の, 製陶術の: ~ art 製陶術 / the ~ industry 製陶業, 窯業 / ~ manufactures 窯業製品; 陶磁器. **2** 陶磁器の, セラミックの. 〖(1850) □ Gk *keramikós* made of earthenware ← *kéramos* potter's clay ← ? IE **ker-* heat, fire〗
cerámic engineéring *n.* 窯業, 製陶技術.
cerámic hób *n.* (電磁調理器などの)セラミック製調理板[プレート].
ce·ram·i·cist /sɪ̀rǽməsɪ̀st | sɪ̀rǽmɪsɪst, kɪ-, kɛ-/ *n.* =ceramist. 〖1930〗
ce·ram·ics /sɪ̀rǽmɪks | sɪ̀-, kɪ̀-, kɛ-/ *n.* 窯業, 製陶業; 製陶技術, 陶磁器製造法. 〖(1859): ⇨ ceramic, -ics〗
ce·ram·ist /sɪ̀rǽmɪ̀st, sérəm- | sérəmɪst, kér-/ *n.* 窯業家; 製陶業者, 陶工. 〖(1855) ← CERAMIC＋-IST〗
Céram Séa *n.* [the ~] セラム海《インドネシア Molucca 諸島中部にある Ceram 島の北側の, 東西に帯状に広がる細長い海域; Seram Sea ともいう》.
ce·rar·gy·rite /sɪ̀rɑ́ədʒəràɪt | -rɑ́:dʒɪ-/ *n.* 〘鉱物〙角銀鉱 (AgCl)《銀の原鉱の一種; horn silver ともいう》. 〖(1868) ← F *kérargyre* (← Gk *kéras* horn＋*árguros* silver)＋-ITE¹〗
ce·ras·tes /sɪ̀rǽsti:z/ *n.* (*pl.* ~) 〘動物〙ツノクサリヘビ属 (*Cerastes*) の毒ヘビの総称; (特に)ツノクサリヘビ (horned viper). 〖(*a*1398) □ L *cerastēs* □ Gk *karástēs* horned (serpent) ← *kéras* horn〗
ce·ras·ti·um /sɪ̀rǽstiəm, -tiəm | -tiəm/ *n.* 〘植物〙ミミナグサ《ナデシコ科ミミナグサ属 (*Cerastium*) の植物の総称; オランダミミナグサ (*C. arvense*), ミヤマミミナグサ (*C. schizopetalum*) など》. 〖(1799) ← NL ~ (← Gk *kerástēs* (↑))＋-IUM〗
cer·at- /sérət/ (母音の前にくるときの) cerato- の異形.
ce·rate /síᵊreɪt, -rɪ̀t | síər-/ *n.* 〘薬学〙蠟膏(ろうこう)《蠟に樹脂・獣脂を混ぜた固練り膏薬》. — *adj.* 〘鳥類〙蠟(ろう)膜 (cere) のある. 〖(?*a*1425) □ L *cērātum* covered with wax ← *cēra* wax: ⇨ -ate²〗
ce·rat·ed /síᵊreɪtɪ̀d | síəreɪt-/ *adj.* **1** 〘鳥類〙=cerate. **2** (まれ) 蠟(ろう)引きの, 蠟で処理した. 〖(1730–36): ⇨ ↑, -ed 2〗
cer·a·tin /sérətɪ̀n, -tn̩ | -tɪn/ *n.* 〘生化学〙=keratin. 〖← CERATO-＋-IN²〗
cer·a·tite /sérətàɪt, síᵊrə- | sérə-, síərə-/ *n.* 〘古生物〙セラタイト《ケラチテス目 (Ceratitida) のアンモナイト; 山と刻みの入った谷からなる縫合線を特徴とする; 三畳紀に繁栄した》. 〖(1847) ← NL *Ceratites*: ⇨ ↓, -ite¹〗
cer·a·to- /sérətoʊ | -təʊ/「角 (horn); 角質の (horny)」の意の連結形. ★ 母音の前では通例 cerat- になる. 〖← NL ~ ← Gk *kéras* horn〗
ce·rat·o·dus /sɪ̀rǽtədəs | -tədəs/ *n.* 〘魚類〙セラトダス《オーストラリア産の肺魚; 現存しているものはバラムンダ (barramunda) およびネオセラトダス (*Neoceratodus forsteri*) の 2 種類; cf. dipnoan》. 〖(1874) ← NL ~: ⇨ ↑, -odus〗
cer·a·toid /sérətɔ̀ɪd/ *adj.* 角のような (hornlike), 角質の. 〖□ Gk *kerātoeidḗs* hornlike: ⇨ cerato-, -oid〗
Cer·a·top·si·a /sèrətá(:)psiə | -tɔ́p-/ *n. pl.* 〘古生物〙角竜亜目《白亜紀後期の鳥盤目 (Ornithischia) の草食性の恐竜》. 〖← NL ~ ← *Ceratops* (属名: ⇨ cerato-, -ops)＋-IA²〗
cer·a·top·si·an /sèrətá(:)psiən | -tɔ́p-⁻/ *adj., n.* 〘古生物〙角竜亜目の(恐竜). 〖(1909) ← NL *Ceratopsia* ← *Ceratops* (↑)〗
ce·raun- /sɪ̀rɔ́:n, -rɑ́:n | sɪ̀rɔ́:n, sɛ-/ (母音の前にくるときの) cerauno- の異形.
ce·rau·no- /sɪ̀rɔ́:noʊ, -rɑ́:- | sɪ̀rɔ́:nəʊ, sɛ-/「雷」の意の連結形. ★ 母音の前では通例 ceraun- になる. 〖□ Gk *kerauno-* ← *keraunós* thunderbolt ← ? IE **ker-* to injure〗
Cer·be·re·an /sə̀:bíriən | sə̀:bɪ̀-⁻/ *adj.* ケルベロス (Cerberus) の[に関する, のような]. 〖(1628) ← L *Cerbereus* ← CERBERUS〗
Cer·ber·us /sə́:b(ə)rəs | sə́:-/ *n.* (*pl.* **~·es**, **-ber·i** /-bəràɪ/) **1** 〘ギリシャ神話〙ケルベロス《地獄 (Hades) の門の番犬で頭が 3 つある》. **2** 厳重な門番. ***give* [*thrów*] *a sóp to Cérberus*** ⇨ sop *n.* 成句. 〖(*c*1375) □ L ~ □ Gk *Kérberos* ← ?〗
cerc- /sə:k, sə:s | sə:k, sə:s/ (母音の前にくるときの) cerco- の異形.
-cer·cal /sə́:kəl, -kl̩ | sə́:-/「尾のある (tailed)」の意の形容詞連結形. 〖← F *-cerque* (← Gk *kérkos* tail)＋-AL¹〗
cer·car·i·a /sə(:)kéᵊriə | sə:kéər-/ *n.* (*pl.* **-i·ae** /-riì:/)

C

〘動物〙ケルカリア《吸虫類 (Trematoda) の幼生》. **cer·cár·i·al** /-riəl/ *adj.* **cer·cár·i·an** /-riən/ *adj.*, *n.* 〖(1841–71) ← NL ～: ⇨ cerco-, -aria¹〗

cerci *n.* cercus の複数形.

cer·cis /sə́ːsɪ̀s | sə́ːsɪs/ *n.* 〘植物〙マメ科ハナズオウ属 (*Cercis*) の花木の総称. 〖← NL ～ ◻ Gk *kerkís* redbud, 《原義》 weaver's shuttle: その果実の形から〗

cer·co- /sə́ːkou | sə́ːkəu/ 「尾 (tail); 尾のある (tailed)」の意の連結形. ★ 母音の前では通例 cerc- になる. 〖← NL ～ ← Gk *kérkos* tail〗

Cer·co·pi·the·ci·dae /sə̀ːkoupɪ̀θíːsɪ̀diː | sə̀ːkə(ʊ)pɪθíːsɪ-/ *n. pl.* 〘動物〙オナガザル科. 〖← NL ～ ← *Cercopithecus* (属名: ← L *cercopithēcus* long-tailed ape ◻ Gk *kerkopíthēkos* (⇨ cerco-, pitheco-)＋-IDAE〗

cer·co·pi·the·coid /sə̀ːkoupɪ̀θíːkɔɪd | sə̀ːkə(ʊ)pɪ-/ *n.* 〘動物〙オナガザル類のサル《ヒヒ・ニホンザル・マンドリル・テングザルなど》. ― *adj.* オナガザル類の. 〖(1883) ↑〗

cer·cus /sə́ːkəs | sə́ː-/ *n.* (*pl.* **cer·ci** /-saɪ/) 〘動物〙尾葉, 尾角《昆虫類およびある種の他の節足動物の最後の体節の後端から後方に伸びた一対の突起の片方》. **cér·cal** *adj.* 〖(1826) ← NL ～ ← Gk *kérkos* tail〗

cere /sɪ́ə | sɪ́ə(r)/ *n.* 〘鳥類〙蠟(ろう)膜《猛禽類やオウムなどのくちばしの根元にある蠟黄色の膜》. ― *vt.* **1** 〈死体を〉蠟布 (cerecloth) で包む. **2** 《廃》…に蠟を塗る. 〖n.: (1486) *sere* ◻ ML *cēra* cere, (L) wax. ― v.: (*c*1395) ◻ (O)F *cirer* < L *cērāre* to wax ← *cēra*〗

ce·re·al /sɪ́əriəl | sɪ́əri-/ *adj.* 穀物の[で作った], 穀物の: a ～ diet 穀類[物]食. ― *n.* **1** 穀類を用いた朝食用の加工食品, シリアル食品《オートミール・コーンフレークなど》: ⇨ breakfast cereal. **2** [通例 *pl.*] 穀物, 穀類. **3** 穀類を生じる植物《米・麦類など》. 〖(1818) ◻ L *cereālis* ← *Cerēs* 'CERES'＋-*ālis* '-AL¹'〗

cé·re·al·ist /-lɪ̀st | -lɪst/ *n.* **1** 穀類研究者. **2** 穀類食支持者. 〖(1905): ⇨ ↑, -ist〗

céreal lèaf bèetle *n.* 〘昆虫〙キアシクビボソハムシ (*Oulema melanopa*)《鞘翅目ハムシ科; 欧亜大陸の北部に広く分布し, 麦その他の有用イネ科植物の害虫》. 〖1962〗

cerebella *n.* cerebellum の複数形.

cerebéllar sỳndrome *n.* 〘病理〙小脳性症候群《運動失調, 反復拮抗運動不能, 協働収縮不能, 構音障害, 眼振など》.

cer·e·bel·lum /sèrəbéləm | -rɪ̀-/ *n.* (*pl.* ～**s**, **-bel·la** /-lə/) 〘解剖〙小脳 (⇨ brain 挿絵). **cer·e·bel·lar** /sèrəbélə | -rɪ̀bélə(r)/ *adj.* 〖(1543) ◻ ML＝L ～ (dim.): ⇨ cerebrum〗

ce·rebr- /sərí:br, sérəbr | sérɪ̀br/ (母音の前にくるときの) cerebro- の異形.

cerebra *n.* cerebrum の複数形.

cer·e·bral /sérəbrəl, sərí:- | sérɪ̀-/ *adj.* **1** 大脳 (cerebrum) の[に関する]; 脳 (brain) の[に関する]: ～ anemia [hyperemia] 脳貧血[充血]. **2 a** 〈文学・音楽など〉(感性より)知性に訴える, (主)知的な: a ～ poem. **b** 〈人が〉理知的な, (主)知的な. **3** 〘音声〙反転音の, そり舌(音)の (retroflex): ～ consonants. 〖(1805) 《なぞり》 ← Skt *mūrdhanya* 《原義》 of the head〗 ― *n.* 〘音声〙反転音, そり舌音 (retroflex)《舌先を口蓋の方に曲げて発する子音; Sanskrit 学者の術語》. **～·ly** /-li/ *adv.* 〖(1816) ◻ F *cérébral* ← L *cerebrum* brain: ⇨ -al¹〗

cérebral áccident *n.* 〘病理〙脳卒中, 脳障害; (卒中などの)発作 (cf. apoplexy).

cérebral córtex *n.* 〘解剖〙大脳皮質 (⇨ brain 挿絵). 〖1926〗

cérebral déath *n.* 〘病理〙＝brain death.

cérebral dóminance *n.* (大脳)半球優位(性).

cérebral hémisphere *n.* 〘解剖〙大脳半球. 〖1816〗

cérebral hémorrhage *n.* 〘病理〙脳出血, 脳溢血(いっ). 〖1871〗

cérebral-pálsied *adj.* 〘病理〙脳性小児麻痺の.

cérebral pálsy *n.* 〘病理〙脳性小児麻痺《一般に分娩時に起きた脳障害による麻痺で, 痙攣(けい)性麻痺を主徴とする; 略 CP; cf. spastic paralysis》. 〖1889〗

cérebral váscular áccident *n.* 〘医学〙＝cerebrovascular accident.

cer·e·brate /sérəbrèɪt | -rɪ̀-/ *vi.* 《通例戯言》脳を働かせる; 考える, 思考する (think). 〖(1874) 《逆成》 ↓〗

cer·e·bra·tion /sèrəbréɪʃən | -rɪ̀-/ *n.* 脳の働き, 脳作用; 思考 (thought): unconscious ～. 〖(1853) ← CEREBRO-＋-ATION〗

cer·e·bric /sérəbrɪk, sərí:b-, -réb- | sérɪ̀b-/ *adj.* 脳の[に関する, から出た]. 〖(1839–47) ← CEREBRO-＋-IC¹〗

cer·e·bri·tis /sèrəbráɪtɪ̀s | -rɪbráɪtɪs/ *n.* 〘病理〙脳炎. 〖(1866) ← CEREBRO-＋-ITIS〗

ce·re·bro- /sərí:brou, sérəbrou | sérɪ̀brəu/ 「脳 (cerebrum); 脳と…との」の意の連結形. ★ 母音の前では通例 cerebr- になる. 〖← L *cerebrum* brain〗

cer·e·broid /sérəbrɔ̀ɪd | -rɪ̀-/ *adj.* 〘解剖〙脳質様の. 〖(1854) ← CEREBRO-＋-OID〗

cer·e·bro·side /sérəbrəsàɪd, sərí:- | sérɪ̀brə(ʊ)-/ *n.* 〘生化学〙セレブロシド《脳の組織や神経の髄鞘(ずいしょう)中に含まれる糖脂質類 (glycolipid); 加水分解によって脂肪酸を生じる》. 〖(1883) ← CEREBRO-＋-OSE²＋-IDE²〗

cerèbro·spínal *adj.* 〘解剖・生理〙脳脊髄の; 中枢神経系の. 〖1826〗

cerébrospinal flùid *n.* 〘解剖〙脳脊髄液, 髄液《脳室およびくも膜と軟膜との間にある液体》. 〖*c*1889〗

cerebrospínal meningítis [féver] *n.* 〘病理〙脳脊髄膜炎. 〖1889〗

cerébrospinal nérvous sỳstem *n.* 〘解剖・生理〙脳脊髄神経系.

cerèbro·tónia *n.* 〘心理〙頭脳(緊張)型《W. H. Sheldon によるパーソナリティー型の一つ; 神経が過敏で, 非社交的・内向的気質; cf. somatotonia, viscerotonia》. **cerèbro·tónic** *adj.* 〖1945〗

cerèbro·váscular *adj.* 〘医学〙脳血管(性)の. 〖1935〗

cerébrovascular áccident *n.* 〘医学〙脳血管発作[障害]《cerebral vascular accident ともいう; 略 CVA》. 〖1935〗

cer·e·brum /sérəbrəm, sərí:- | sɪ̀rí:-, sérɪ̀-/ *n.* (*pl.* ～**s**, **cer·e·bra** /-brə/) **1** 〘解剖〙大脳; 脳 (cf. cerebellum; ⇨ brain 挿絵). **2** 無脊椎動物の神経束(そく)[神経節]. 〖(1615) ◻ L ～ 'brain' ← IE **ker-* horn, head (Gk *koruphḗ* head & *krānion* skull)〗

cere·cloth /sɪ́əklɔ̀(ː)θ, -klɑ̀(ː)θ | sɪ́əklɒθ/ *n.* **1** 蠟(ろう)布《蠟引きの布で, もと死体を包むのに用いた》. **2** 〘キリスト教〙祭壇の布の下に敷かれた布. 〖(1547) *cered cloth*: ⇨ cere (v.)〗

Cer·e·dig·i·on /kèrədígiɑ̀(ː)n | -giɒn; *Welsh* keredígjon/ *n.* ケレディギオン《ウェールズ西部 Cardigan 湾に臨む州; 1996 年 Dyfed 州の一部から成立; 州都 Aberaeron》.

cere·ment /sɪ́əmənt, sérə- | sɪ́ə-, sérə-/ *n.* **1** [通例 *pl.*] ＝cerecloth 1. **2** 経帷子(きょうかたびら) (graveclothes). 〖(1600–1) ◻ F *cirement* ← *cirer* to wax: ⇨ cere, -ment〗

cer·e·mo·ni·al /sèrəmóuniəl | -rɪ̀máu-/ *adj.* **1 a** 礼式の[に関する], 儀式[礼]上の; 儀式を伴う (ritual), 正式の, 公式の (⇨ formal¹ SYN): ～ usage 儀式上のならわし / a ～ visit 公式訪問. **b** 儀式用の: a ～ hat, sword, etc. **2** 《廃》儀式を守る, 儀式張った. ― *n.* **1** 儀式, 礼式, 儀礼: a pompous ～. **2** 〘カトリック〙儀式次第, 儀礼書, 儀典. 〖(*c*1395) ◻ LL *caerimōniālis*: ⇨ ceremony, -al¹〗

cèr·e·mó·ni·al·ìsm /-lìzm/ *n.* **1** (宗教上の)儀式尊重, 礼式尊重主義. **2** 形式偏重, 形式主義. 〖(1854): ⇨ ↑, -ism〗

cèr·e·mó·ni·al·ist /-lɪ̀st | -lɪst/ *n.* (宗教上の)儀式尊重者, 礼式尊重主義者 (ritualist). 〖(1682) ← CEREMONIAL＋-IST〗

cèr·e·mó·ni·al·ly /-niəli/ *adv.* 儀式[礼式]として, 儀式上, 儀礼的に. 〖(1643): ⇨ -ly¹〗

ceremónial téa *n.* (茶の湯に用いる)抹茶, 挽茶(ひきちゃ).

cer·e·mo·ni·ous /sèrəmóuniəs | -rɪ̀máu-/ *adj.* **1** 儀式を守る, 儀式張った, 仰々しい (⇨ formal¹ SYN); 堅苦しい: a ～ procession 儀式の行列. **2** (堅苦しい)儀式に従った, 儀式を伴う; おごそかな: a ～ reception 儀式を挙げて行う歓迎会, 歓迎式. **3** 儀式の[に関する]. **～·ness** *n.* 〖(1553) ◻ F *cérémonieux* // LL *caerimōniōsus*: ⇨ ceremony, -ous〗

cèr·e·mó·ni·ous·ly *adv.* **1** 儀式を挙げて; おごそかに. **2** 儀式張って, 仰々しく, 堅苦しく. 〖(1596–97): ⇨ ↑, -ly¹〗

cer·e·mo·ny /sérəmòuni | -rɪ̀məni/ *n.* **1** (宗教的な・神聖な)儀式; 礼式, 式: a time-honored ～ 古来の由緒ある儀式 / a wedding ～ 結婚式 / perform the ～ 儀式を執り行う. **2** [しばしば *pl.*] (公式な)儀礼: the board of *ceremonies* 式部職 / The king was crowned with all due ～. 儀礼を尽くして[いとも厳粛に]王の載冠(たいかん)式が行われた / ⇨ MASTER of ceremonies. **3 a** 礼儀正しい行為[所作], 丁重なふるまい. **b** 仰々しい行為[所作]. **c** 形式張った無意味な行為[所作], 虚礼. **4 a** 礼儀正しさ, 儀式張ること. **b** 形式に従うこと, 礼儀, 作法; (社交上の)形式. **5** 《廃》前兆 (omen).
stand on* [*upon*] *ceremony 礼儀を固守する, 儀式張る, 堅苦しくて打ち解けない. (1798) ***with ceremony*** (1) 儀式張って. (2) 儀式を行って. ***without ceremony*** 儀式張らないで; 無作法に, 無遠慮に, 無造作に. (1709)
〖(*c*1384) ◻ (O)F *cérémonie* // L *caerimōnia* religious usage, sacred ceremony, 《原義》? rites performed in *Caere* (ローマ近傍のエトルリアの町)〗

SYN 儀式: **ceremony** 宗教的または公式の機会に執り行われる儀式: a marriage [wedding] *ceremony* 結婚式. **rite** ある特定の集団・社会で執り行われる伝統的な儀礼: a *rite* of passage 通過儀礼. **ritual** 宗教その他の儀式に執り行われる一連の伝統的な儀礼: the Shinto *rituals* 神道の儀式. **liturgy** 〘キリスト教〙教会で定められた標準的な礼拝式: differences of opinion about *liturgy* 礼拝式に関する見解の相違. **formality** 法律・習慣・作法などで要求される因習的な行為: the *formalities* of social life 社会生活の堅苦しい約束事.

Ce·ren·kov /tʃɪ̀réŋkɔ(ː)f, -rén-, -kɑ̀(ː)f, -kəf | -kɔf; *Russ.* tʃʲirʲinkóf/, **Pa·vel** /pávʲil/ **A(lekseevich)** *n.* チェレンコフ (1904–90; ソ連の物理学者; Nobel 物理学賞 (1958)).

Cerénkov radiàtion *n.* 〘物理〙チェレンコフ放射線《ある媒体をその中での光速度よりも速く通り抜ける荷電粒子によって出される放射線》. 〖1939〗

ce·re·ol·o·gy /sɪ̀əriɑ́(ː)lədʒi | sɪəriɔ́l-/ *n.* ミステリーサークル (crop circle) の研究[調査]. **-gist** *n.* 〖(*c*1985): ⇨ Ceres, -ology〗

Ce·res /sɪ́əriːz, síːr- | sɪ́ər-/ *n.* **1** 〘ローマ神話〙ケレス《穀物・みのりの女神; ギリシャ神話の Demeter に当たる》. **2** 〘天文〙セリス《第一番目に発見された最大の小惑星 (asteroid); cf. Pallas 2, Juno 3》. 〖◻ L *Cerēs*: cf. cereal〗

Ceres 1

ce·re·sin /sérəsɪ̀n | -rɪ̀sɪn/ *n.* (*also* **cer·e·sine** /-siːn, -sɪ̀n | -siːn, -sɪn/) 〘化学〙セレシン《地蠟(ちろう) (ozokerite) を精製した白色または黄色の蠟状物質; 光沢剤・靴墨などに用いる》. 〖(1885) ← NL *ceres-* (← L *cēra* wax)＋-IN²〗

ce·re·us /sɪ́əriəs | sɪ́ər-/ *n.* セレウス《セレウス属 (*Cereus*) の各種の(ハシラ)サボテン; 米国西部および南アメリカ大陸の熱帯地方原産》. 〖(1730) ← NL ～〗

ce·ri·a /sɪ́əriə | sɪ́ər-/ *n.* 〘化学〙酸化セリウム (CeO_2). 〖← NL ～: ⇨ cerium, -a³〗

ce·ric /sɪ́ərɪk, sér- | sɪ́ər-, sér-/ *adj.* 〘化学〙(四価の)セリウム (Ce^{+4}) を含む: ～ salts セリウム塩類. 〖(1863–79) ← CER(IUM)＋-IC¹〗

céric óxide *n.* 〘化学〙酸化セリウム, (特に)酸化第二セリウム (CeO_2) 《cerium oxide ともいう》.

ce·rif·er·ous /sɪ̀rífərəs/ *adj.* 蠟(ろう)を生じる. 〖← L *cēra* wax＋-I-＋-FEROUS〗

Ce·ri·go /*It.* tʃeríːgo/ *n.* チェリゴ(島)《Kíthira のイタリア語名》.

cer·i·man /sèrəmǽn, -mɑ́ːn | -rɪ̀-/ *n.* 〘植物〙ホウライショウ(鳳莱蕉) (*Monstera deliciosa*)《熱帯アメリカ産サトイモ科の多年生つる植物; 茎から多数の気根を生じ, 果実は生食できる; 普通は観葉植物として栽培; Swiss cheese plant ともいう》. 〖(1871) ◻ Am.-Sp. *cerimán*〗

ce·rín·ic ácid /sɪ̀rínɪk-/ *n.* 〘化学〙＝cerotic acid. 〖*cerinic*: ← CER-＋-in²＋-IC¹〗

cer·iph /sérɪ̀f | -rɪf/ *n.* 〘活字〙＝serif. 〖1830〗

ce·rise /sərí:s, -rí:z | sɪ̀rí:z, -rí:s; *F.* səʀi:z/ *n.*, *adj.* さくらんぼ色[鮮紅色](の). 〖(1844) ◻ F ～ 'cherry'〗

ce·rite /sɪ́əraɪt | sɪ́ər-/ *n.* 〘鉱物〙セライト, セル石《ランタン・セリウムを含む複雑な含水ケイ酸塩鉱物》. 〖(1804) ← CER(IUM)＋-ITE¹〗

ce·ri·um /sɪ́əriəm | sɪ́ər-/ *n.* 〘化学〙セリウム《希土類元素の一つ; 記号 Ce, 原子番号 58, 原子量 140.12》. 〖(1804) ← NL ～ ← CERES (この星とほぼ同じころ (1803 年)に発見されたことにちなむ): ⇨ -ium〗

cérium mètal *n.* 〘化学〙セリウム金属《希土類元素 (rare-earth elements) の一群》.

cérium óxalate *n.* 〘化学〙蓚酸(しゅうさん)セリウム ($Ce_2(C_2O_4)_3{\cdot}9H_2O$)《白色結晶粉末; もと医薬に用いた》.

cérium óxide *n.* 〘化学〙酸化セリウム《CeO_2, Ce_2O_3 の二種あり, 特に二酸化物 CeO_2 は無色ないしは淡黄色の粉末で, セラミックス・ガラス研磨などに使用》.

cer·met /sə́ːmet | sə́ː-/ *n.* 〘冶金〙サーメット《耐熱化合物と金属とを焼結した強力耐熱合金で, 切削工具材やタービンの羽根等に用いる; ceramal ともいう》. 〖(1948) ← CER(AMIC)＋MET(AL)〗

CERN /sə́ːn | sə́ːn/ *n.* セルン, ヨーロッパ原子核共同研究所《西ヨーロッパの 12 か国が共同で出資し運営している素粒子物理学の研究所; スイスの Geneva 郊外にある; 現在の正式名 Organization européenne pour la recherche nucléaire》. 〖(1955) ◻ F ～ (頭字語) ← *C(onseil) e(uropéen pour la) r(echerche) n(ucléaire)* European Counsil for Nuclear Research (本研究所の設立母体)〗

Cer·nă·u·ţi /*Rom.* tʃernəútsj/ *n.* チェルノウツィ《Chernovtsy のルーマニア語名》.

cer·nu·ous /sə́ːnjuəs | sə́ː-/ *adj.* 〘植物〙〈植物が〉下方に垂れる, 垂下的な, しだれた (pendulous). 〖(1653) ← L *cernuus* with face towards the earth: ⇨ -ous〗

ce·ro /sérou | -rəu/ *n.* (*pl.* ～, ～**s**) 〘魚類〙西インド諸島産サバ科サワラ属の食用魚《次の二種: オオサワラ (*Scomberomorus cavalla*), *S. regalis*; cavalla, kingfish, pintado, sierra ともいう》. 〖(1884) 《転訛》 ← Sp. *sierra* saw, sawfish〗

ce·ro- /sɪ́ərou | sɪ́ərəu/ 「蠟(ろう) (wax)」の意の連結形. ★ 母音の前では通例 cer- になる. 〖← L *cēra* ◻ Gk *kērós* wax〗

ce·ro·graph /sɪ́ərəgrǽf | sɪ́ərəgrɑ̀ːf, -grǽf/ *n.* 蠟(ろう)刻術; 蠟彫刻[版画].

ce·rog·ra·phy /sɪ̀rɑ́(ː)grəfi | sɪərɔ́g-/ *n.* 蠟(ろう)彫刻術. **cèro·gráphic** *adj.* **cèro·gráphical** *adj.* **ce·róg·ra·phist** *n.* 〖(1593) ◻ Gk *kerographía* ← *kerós* wax＋-*graphia* writing〗

cèro·plástic *adj.* **1** 蠟(ろう)型の. **2** 蠟型細工の. 〖(1801) ◻ Gk *keroplastikós* ← *kerós* wax＋*plássein* to form, mould, *plastós* moulded〗

cèro·plástics *n.* **1** [単数扱い] 蠟(ろう)型術, 蠟型法. **2** [複数または時に単数扱い] 蠟細工 (waxworks). 〖(1882) ↑〗

ce·ro·tic /sɪ̀róutɪk, -rɑ́(ː)ṭ- | -ráut-, -rɔ́t-/ *adj.* 〘化学〙セロチン酸の. 〖(1850) ← L *cērōtum* waxed (◻ Gk *kērōtón*)＋-IC¹〗

cerótic ácid *n.* 〘化学〙セロチン酸 ($C_{25}H_{51}COOH$)《密蠟(みつろう)などにエステルとして存在》. 〖1873〗

ce·ro·type /sɪ́ərətàɪp, sér- | sɪ́ər-, sér-/ *n.* 蠟(ろう)刻電鋳版.

ce·rous /sɪ́ərəs | sɪ́ər-/ *adj.* 〘化学〙(三価の)セリウム (cerium) (Ce^{+3}) を含む. 〖(1869) ← CER(IUM)＋-OUS〗

Cer·ri·tos /sərí:ṭəs | -təs/ *n.* セリトス《米国 California 州南西部, Los Angeles の南東にある都市》.

Cer·ro de Pas·co /sέrouðəpǽskou | -rəudəpǽs-kəu; *Am.Sp.* seróðepásko/ *n.* セロ デ パスコ《ペルー中部の, Andes 山中の町; 世界で最も高い位置にある町の一つ(海抜 4,400 m)》.

Cérro Gór·do /-góːdou | -góːdəu; *Am.Sp.* -ɣórðo/ *n.* セロゴルド《メキシコ東部, Veracruz 州と Jalapa 州の間の山道; メキシコ戦争で, 米国軍がメキシコ軍を破った地 (1847)》.

cert /sə́ːt | sə́ːt/ *n.* 《英口語》確実なこと[結果]: a dead [an absolute] ～ 絶対に確実なこと[物], きっと起こること; (競馬の)本命.
for a cert 《英口語》=*for* (*a*) CERTAINTY. 《1906》
〖《1889》《略》← CERTAINTY〗

cert. 《略》certain; certainty; certificate; certificated; certification; certified; certify; 〘法律〙certiorari.

cer·tain /sə́ːtn, -tṇn | sə́ːtn, -tṇn/ *adj.* **1 a** 〈物事が〉確かな, 確実な (⇨ sure SYN): a ～ remedy for …の特効薬 / ～ evidence 確かな証拠 / The fact is ～. その事実に誤りはない. **b** 争われない, 疑う余地のない: It is ～ (that) it happened. そのことがあったことは確実だ. **c** きっとそうなる, 避けられない: face ～ death 避けられない死に直面する. **d** [be ～ *to* do として] きっと…する, 必ず…する: It *is* ～ *to* happen. きっと起こる / He *is* ～ *to* help us. きっと我々を助けてくれる.
2 a 決まった, 一定の: on a ～ day 一定の日に / at a ～ place 決まった場所で. **b** 〈狙い・知識・腕前など〉確かな, 正確な: His aim was ～. 彼の狙いは確かだった / Her touch on the piano was by no means ～. 彼女のピアノのタッチは決して確かではなかった.
3 [叙述的] 〈人が〉(…(ということ)を)確かだと思って, 確信して 〔*of*〕 / 〈*that, whether*, etc.〉: feel ～ 確かだと思う / be ～ *of* success 成功を確信している / I am ～ (*that*) I saw it. 確かにそれを見た / I am not ～ *of* the fact. その事実はよくわからない / I am not ～ *whether* he will succeed. 彼が成功するかどうか確信がない / I am not ～ *what* to do. どうしてよいのかよくわからない.
4 [限定的] **a** (明示を避けて)ある: a ～ person ある人 (★ いくらか軽蔑を含んだ言い方) / under ～ conditions ある種の条件の下で(は) / a ～ Mr. Smith あるスミスという人 / a lady of a ～ age 年配の婦人 / a woman of a ～ description いかがわしい商売の女 / a woman in a ～ condition 妊娠している女性 / a ～ disease 性病. **b** 幾分かの, 多少の, ある程度の: to a ～ degree [extent] ある程度 / have a ～ hesitation 多少躊躇(ちゅうちょ)する.
5 《廃》しっかりした, 不動の.
for cértain 確実に, 確かに (for sure): I cannot say [don't know] *for* ～. はっきりしたことは言えない[わからない] / That's *for* ～. そのことははっきりしている. 《?*a*1350》
màke cértain 確かめる (ascertain) 〔*of*〕 〈*that*〉: *make* ～ *of* one's reservation 予約を確かめる / How can you *make* ～ (*that*) your team will win this game? 君のチームがこのゲームに勝つとどうして自信をもって言えるの.
— *pron.* [～ of として; 複数扱い]《文語》(…のうちの)いくらか, いくつか (some): ～ *of* his experiences, actions, etc. — *adv.* 《方言》=certainly.
〖《*a*1300》□ (O)F ～ < VL **certānu(m)* ← L *certus* sure ← *cernere* to sift ← IE **krei-* to cut, separate (Gk *krīnein* to separate, judge): cf. critic〗

cer·tain·ly /sə́ːtnli, -tṇn- | sə́ːtn-, -tṇn-/ *adv.* **1** 確実に, 確かに; きっと, 間違いなく; はっきりと, 自信をもって.
2 a [人の言葉を受けて] 確かに[いかにも]その通り, なるほど(そうです). **b** [答えに用いて] 確かに(承知しました), いいとも, そうでしょうとも (yes, no doubt): Will you answer the letter for me?—*Certainly* [*Certainly* not]. 私の代わりに手紙の返事を書いてくれないか—いいとも[とんでもない].
〖《*c*1300》: ⇨ ↑, -ly[1]〗

cer·tain·ty /sə́ːtnti, -tṇnti | sə́ːtnti, -tṇn-/ *n.* **1** 確実(なこと), 確実性, 必然性: a position of safety and ～ 安全性と確実性のある地位, (容易に動かされない)安定した地位 / objective ～ 普遍的妥当性のある客観的確実性 / the ～ of death 死の必然性. **2** 確実なもの, 確かな見込み, 必然的な事物: a moral ～ (絶対確実であるとは言えないまでも)まず当てにしてよいこと / bet on a ～ (初めから)確実と知っていて賭(か)けをする. **3** 確信: This at least may be said with ～. 少なくともこのことだけは確信をもって言える / We have no ～ *of* his success.=We have no ～ *that* he will succeed. 彼が成功するという確信はない.
for [***to***, 《古》***of***] (***a***) ***cértainty*** 確かに, きっと: I know this *for* (*a*) ～. このことは間違いなく知っている. 《1526》
〖《*c*1303》□ AF *certeinté*: ⇨ certain, -ty〗

SYN 確信: **certainty** 客観的な根拠に照らして疑問の余地がないこと: I can say that with absolute *certainty*. 私は間違いなくそう断言できます. **certitude, assurance** *certainty* とほぼ同義だが, より主観的な確信; 前者は格式ばった語: Churchill had definite *certitude* that Britain would win. チャーチルは英国が勝つと確信していた / I have every *assurance* of his innocence. 彼の無実を確信している. **conviction** 満足すべき理由があるために抱くようになった確信《以前疑念を持っていたことを暗示する》: I have a strong *conviction* that he is innocent. 彼が無実だということを堅く信じている.
ANT uncertainty, doubt, mistrust.

Cert. Ed. 《略》Certificate in Education.

cer·tes /sə́ːtiːz, sə́ːts | sə́ːtiːz, -tɪz, sə́ːts/ *adv.* 《古》確かに (certainly).
〖《*c*1250》□ (O)F ～ < VL **certās* (adv.) ← L *certus* 'CERTAIN'〗

certif. 《略》certificate; certificated.

cer·ti·fi·a·ble /sə́ːtəfàɪəbl, ⸗⸗⸗⸗ | sə́ːtɪfàɪ-əbl, ⸗⸗⸗⸗/ *adj.* **1** 保証できる; 証明できる. **2** 《英》**a** 精神異常の証明ができる; 精神病院行きの, 気の狂った. **b** 精神異常者らしい, 狂ったような: a ～ desire, urge, etc. **cér·ti·fì·a·bly** *adv.* 〖《1911》← CERTIFY + -ABLE〗

cer·tif·i·cate /sə(ː)tɪ́fɪkɪt | sə(ː)-/ *n.* **1 a** 証明書, 証書: a ～ of birth [death] 出生[死亡]証明書 / a health ～ 健康証明書 / a marriage ～ 婚姻証明書 (cf. marriage lines) / a medical ～ 診断書 / a ～ of competency 適任証書; (船員の)海技免状 / a ～ of efficiency [good conduct] 適任[善行]証. **b** 免許状, 認可証; (学位を伴わない)修業証書, 免状: a teacher's ～ 教員免許状 / a ～ *in* [*of*] education 教育課程修了証書. **c** 精神異常証明書. **2** 証券: a ～ of stock [share] 株券. **3** 《米》(政府が金・銀塊を預かって発行する)証券: ⇨ gold certificate, silver certificate.
certíficate of adméasurement 〘海事〙船腹測定量証書《登簿トン数の公式証明書》.
certíficate of depósit 〘銀行〙譲渡可能定期預金証書 (略 CD, C/D).
certíficate of incorporátion 法人設立認可証.
certíficate of indébtedness 債務証書.
certíficate of órigin 〘商業〙原産地証明書.
Certíficate of Pre-Vocátional Educátion [the ～] 《英》職業教育前段階終了試験 (GCSE を終了後, 職業教育を希望する生徒が受ける試験; 略 CPVE).
certíficate of régistry 〘海事〙船舶登録証, 船籍証明書.
Certíficate of Sécondary Educátion [the ～] 〘教育〙中等教育履修証明試験 (イングランドとウェールズで中等学校 5 学年修了者(約 16 歳)に行われる一種の資格試験; GCE よりややレベルが低い; 1965 年に発足; 略 CSE; 1998 年からこれに代わって General Certificate of Secondary Education が実施されている). 《1961》
certíficate of unrúliness 《英》〘法律〙収監認可証 (再拘留中の若者が, 地方自治体の保護では手に余るため収監するという少年裁判所の決定).
— /sə(ː)tɪ́fɪkèɪt | sə(ː)-/ *vt.* **1** 証明書によって証明する. **2** …に証明書を与える[発行する], 証明書を与えて免許する: ～ a physician.
〖《*c*1419》□ (O)F *certificat* // ML *certificātum* (neut. p.p.) ← LL *certificāre* to 'CERTIFY'〗

cer·tíf·i·càt·ed /-tɪ̀d | -tɪ̀d/ *adj.* [限定的]《英》資格[免許]を持った: a ～ teacher 有資格教員, 正教員.

cer·ti·fi·ca·tion /sə̀ːtəfɪkéɪʃən | sə̀ːtɪfɪ-/ *n.* **1** 証明; 認可, 検定. **2** 証明書, (小切手などの)保証書. **3** 精神異常の証明. 〖《?1424》□ (O)F ～ // ML *certificātiō(n-)*: ⇨ certificate, -ation〗

cer·tif·i·ca·to·ry /sə(ː)tɪ́fɪkətɔ̀ːri | sə(ː)tɪ́fɪkətəri, -kèɪt-, -tri/ *adj.* 証明する; 証明書の. 〖《*c*1450》□ ML *certificātōrius*: ⇨ certificate, -ory[1]〗

cér·ti·fied *adj.* **1** 保証された, 証明付きの: a ～ invoice 領事証明付き送り状. **2** 公許の, 公認の. **3** 精神異常と証明された; 精神病院に任された[入れられた]. 〖《1611》← CERTIFY + -ED 2〗

cértified accóuntant *n.* 公認会計士《英国の公認会計士団体の一つ Chartered Association of Certified Accountants (公認会計士勅許協会)の会員》. 〖1896〗

cértified chéck *n.* 支払保証小切手《銀行が支払い責任をもつ小切手》.

cértified máil *n.* 《米》配達証明付き郵便 (《英》recorded delivery) (賠償は保証なし; cf. registered mail). 〖1955〗

cértified mílk *n.* 〘農業〙保証牛乳《衛生上の法規に従って運営されている酪農場で生産された牛乳; cf. attest *vt.* 4》. 〖1899〗

cértified públic accóuntant *n.* 《米》公認会計士 (略 CPA; cf. chartered accountant). 〖1896〗

cértified stóck *n.* 〘農業〙保証株《ある種の病気や害虫に感染していないことを保証された植物》.

cér·ti·fì·er *n.* 証明者; 保証人. 〖《1598》: ⇨ ↓, -er[1]〗

cer·ti·fy /sə́ːtəfàɪ | sə́ːtɪ-/ *vt.* **1 a** 〈事実・任命などを〉認証する, 確かめる; (特に, 署名捺印した文書で)証明する: This card *certifies* me as a member of the club. このカードは私がクラブの会員であることを証明するものだ / I hereby ～ that …=This is to ～ that …の相違ないことをここに証明する. **b** 基準に合っているものと証明する, 正しいものと証明する. **2** 《米》〈銀行が〉〈小切手を〉保証する: ⇨ certified check. **3** 〈医師が〉〈人を〉精神病者だと証明する. **4** …に証明書・免許状を発行[交付]する: ～ a teacher. **5** 《古》**a** 〈人〉に(…を)保証する 〔*of*〕. **b** 知らせる (cf. *Gal.* 1:11). — *vi.* 〈事実などを〉保証する, 証明する 〔*to*〕: ～ *to* a person's character 人物を保証する.
〖《*a*1338》□ (O)F *certifier* □ LL *certificāre* to make certain ← L *certus* 'CERTAIN': ⇨ -fy〗

cer·ti·o·ra·ri /sə̀ːʃiəréəri, -rɑ́ːri | sə̀ːʃiɔːréəraɪ, -tiər-, -rɑ́ːri/ *n.* 〘法律〙事件移送命令(書), 事件書類移送命令(書) (上位裁判所から下位裁判所に命じる; 通例 writ of certiorari という; cf. evocation 3). 〖《*a*1443》□ L *certiōrārī* to be informed, (原義) made more certain (pass. pres. inf.) ← *certiōrāre* to certify ← *certior* (compar.) ← *certus* 'CERTAIN'〗

cer·ti·tude /sə́ːtətùːd, -tjùːd | sə́ːtɪtjùːd/ *n.* **1** 疑念のないこと, 確信 (⇨ certainty SYN). **2** 確実性.
〖《?*a*1425》□ LL *certitūd-ō* certainty: ⇨ certain, -tude〗

cer·to·si·na /tʃèətəsíːnə | tʃèətə-; *It.* tʃertozíːna/ *n.* チェルトジーナ《ルネサンス期のイタリアのモザイク象眼, 寄木細工》. 〖□ It. ～ (fem.) ← *certosino* Carthusian〗

ce·ru·le·an /sɪ̀rúːliən/ *n., adj.* 空色(の) (azure) 《空の青色》. 〖《1667》← L *caeruleus* dark blue (← *caelum* sky) + -EAN〗

cerúlean blúe *n.* **1** セルリアンブルー《やや緑みのある空色》. **2** セルリアンブルーの絵の具[顔料]. 〖1889〗

cerúlean wárbler *n.* 〘鳥類〙ミズイロアメリカムシクイ (*Dendroica cerulea*) 《米国東部の背が青く腹部が白いアメリカムシクイの一種》.

ce·ru·le·in /sɪ̀rúːliɪn | -lɪɪn/ *n.* 〘化学〙=coerulein. 〖1810〗

ce·ru·lo·plas·min /sɪ̀rùːlouplǽzmɪn, sɪ̀rjul- | -lə(ʊ)plǽzmɪn/ *n.* 〘生化学〙セルロプラスミン《哺乳動物の血液中にある銅蛋白質の一つ; アミン・フェノール・アスコルビン酸などの酸化を触媒》. 〖《*c*1952》← *cerulo-* (⇨ cerulean) + PLASM + -IN[2]〗

ce·ru·men /sɪ̀rúːmən, -mɛn | -rúːmɛn, -mən/ *n.* 〘生理〙耳垢(じこう) (earwax ともいう). **ce·ru·mi·nous** /sɪ̀rúːmənəs | -mɪ̀-/ *adj.* **ce·ru·mi·nal** /sɪ̀rúːmənl | -mɪ̀-/ *adj.* 〖《1741》← NL ～ ← L *cēra* wax: 語尾は ALBUMEN からの類推〗

-ce·rus /⸗ sərəs/「(動物の属名に用いて)角(つの)のあるもの (horned one)」の意の名詞連結形: Tetra*cerus* ヨツヅノレイヨウ属. 〖← NL ～ ← Gk *kéras* horn〗

ce·ruse /sɪ̀rúːs, sɪ́ᵊruːs | síəruːs, sɪ̀rúːs/ *n.* **1** 〘化学〙塩基性炭酸鉛, 白鉛, 鉛白 ($2PbCO_3 \cdot Pb(OH)_2$) (白色顔料; ⇨ white lead). **2** (鉛白を含む)おしろい. 〖《*c*1387–95》□ (O)F *céruse* □ L *cērussa* white lead □ ? Gk **kēróessa* ← *kērós* wax〗

ce·rus·site /sɪ̀rʌ́saɪt/ *n.* (*also* **ce·ru·site** /～/) 白鉛鉱 ($PbCO_3$) 《鉛の原鉱の一種》. 〖《1850》□ G *Zerussit*: ⇨ ↑, -ite[1]〗

Cer·van·tes Sa·a·ve·dra /səvǽntiːzsɑ̀ː(ə)véɪdrə | səːvǽntiːz-, -tɪz-; *Sp.* θerβánte(s)sa(a)βéðra/, **Miguel de** *n.* セルバンテス(サーベドラ) (1547–1616; スペインの小説家; *Don Quixote de la Mancha*「ドン キホーテ」(1605, 1615)).

cer·van·tite /səvǽntaɪt | səː-/ *n.* 〘鉱物〙セルバンテス石 (Sb_2O_4) 《輝安鉱およびその他のアンチモン鉱物より変化して生じる》. 〖《1868》← *Cervantes* (スペインの町の名) + -ITE[1]〗

cer·ve·lat /sə́ːvəlæ̀t, -lɑ̀ː | sə́ːvəlɑ́ːt, -lɑ́ː, -læ̀t/ *n.* (*also* **cer·ve·las** /sə́ːvəlɑ̀ː | -lɑ́ː; *F.* sɛʀvəla/) セルベラート, セルヴラ《牛肉と豚肉に脂や香辛料を加えて作る薫製ソーセージ》. 〖《1613》□ F《廃》～ (現形 *cervelas*): cf. saveloy〗

cer·ve·lière /sɛ̀əvəljέə(r) | sɛ̀əvəljέə(r); *F.* sɛʀvəljɛːʀ/ *n.* (*also* **cer·vel·lière** /～/) 〘甲冑〙(13 世紀の)鉄鉢 (coif の下にかぶる補強用かぶと). 〖□ F ～ ← *cervelle* brain: cf. cerebellum〗

cer·vic- /sə́ːvək, -vɪ̀s | sə́ːvɪk, -vɪs/ (母音の前にくるときの) cervico- の異形.

cer·vi·cal /sə́ːvɪ̀kəl, -kl | sə(ː)váɪ-, sə́ːvɪ-/ *adj.* **1** 〘解剖〙首[頸部(けいぶ)]の[に関する]; (特に)子宮頸管の: ～ smear 頸管スミア (子宮癌(がん)検査などのための標本) / ～ syndrome 頸(部)症候群, むち打ち症. **2** 歯頸(部)の. 〖《1681》□ F ～ // ← NL *cervicālis* ← L *cervicem*, *cervīx* neck + -AL[1]〗

cervices *n.* cervix の複数形. 〖□ L *cervices*〗

cer·vi·ci- /sə́ːvəsɪ̀, -si | sə́ːvɪ-/ cervico- の異形 (⇨ -i-).

cer·vi·ci·tis /sə̀ːvəsáɪtɪ̀s | sə̀ːvɪ̀sáɪtɪs/ *n.* 〘病理〙子宮頸(けい)管炎. 〖《1889》← NL ～: ⇨ ↓, -itis〗

cer·vi·co- /sə́ːvɪkou | sə́ːvɪkəu/「首 (neck); 頸部 (cervix); 頸部と…との」の意の連結形. ★ 時に cervici-, また母音の前では通例 cervic- になる. 〖← L *cervīc-*, *cervīx* neck〗

cer·vi·cog·ra·phy /sə̀ːvəkɑ́(ː)grəfi | sə̀ːvɪkɔ́g-/ *n.* 〘医学〙(子宮癌(がん)検診のための)子宮頸(けい)撮影.

cer·vid /sə́ːvɪ̀d | sə́ːvɪd/ *n.* 〘動物〙シカ科の動物. — *adj.* シカ科(の動物)の. 〖《1889》↓〗

Cer·vi·dae /sə́ːvədìː | sə́ːvɪ-/ *n. pl.* 〘動物〙シカ科. 〖← NL ～ ← *Cervus* (属名: ← L *cervus* (↓)) + -IDAE〗

Cervin, Mont *n.* ⇨ Mont Cervin.

cer·vine /sə́ːvaɪn | sə́ː-/ *adj.* **1** シカ (deer) の; シカ科の. **2** シカのような (deerlike). 〖《*c*1828》□ L *cervinus* of deer ← *cervus* deer: ⇨ -ine[1]〗

cer·vix /sə́ːvɪks | sə́ː-/ *n.* (*pl.* **～·es, cer·vi·ces** /sə́ːvəsìːz | sə́ːvɪ̀-/) 〘解剖〙**1** 首; (特に)首の後部. **2 a** 頸部(けいぶ). **b** 子宮頸(部) (cervix uteri ともいう; ⇨ reproductive system 挿絵). **3** 歯の頸部, 歯頸部 (歯冠と歯根の境界部分; cervix cornu ともいう). 〖《(?*a*1425)》(1741) □ L *cervīx* neck ← IE **ker-* 'head, HORN'〗

Cé·sar /seɪzɑ́ə | séɪzɑː(r), -zə(r); *F.* sezaːʀ/ *n.* セイザー《男性名》. 〖□ F ～: ⇨ Caesar[2]〗

Ce·sar·e·an, c- /sɪ̀zέᵊriən | -zέər-, siː-/ 〘医学〙*adj.* 帝王切開の: a ～ birth 帝王切開分娩. — *n.* 帝王切開(術)《Julius Caesar がこの方法で産まれたという伝説から; なお Caesar の通俗語源 *L.* caedere=cut を参照; Caesarean section [operation] ともいう》: by ～ (section) 帝王切開で. 〖adj.: 《1659》← L *Caesarius* (← *Caesar*) + -EAN. — n.: 《1615》《略》← *Cesarean section* (なぞり) ? ← ML *sectiō caesāria*: ⇨ Caesar[1]〗

ce·sar·e·vitch, C- /sɪ̀záːrəvɪ̀tʃ, -zɑ́ːr- | -zɑ́ːrɪ-, -zǽr-/ *n.* (帝政ロシア時代の)皇太子, 皇嗣 (cf. czarevitch). 〖□ Russ. *tsesarevich* ← *tsesar'* 'CZAR'〗

Ce·sar·e·witch /sɪzǽrəvɪ̀tʃ, -zɑ́ːr- | -zɑ́ːrɪ̀wɪtʃ, -zǽr-/ *n.* 〘競馬〙チェザーレヴィチ (英国の Newmarket で毎年秋に行われる有名なハンディキャップレース). 〖《1839》〗

《変形》← CESAREVITCH: この競馬が 1839 年に当時皇太子であったロシアの Alexander 二世を記念して創設されたことにちなむ〕

Ce·sar·i·an /sᵻzéᵊriən | -zέər-/ *adj.*, *n.* 〖医学〗＝Cesarean.

Ce·se·na /tʃəzéɪnə | tʃᵻ-; *It.* tʃezé:na/ *n.* チェゼーナ《イタリア北部 Emilia-Romagna 州の都市》.

C

ce·si·um /sí:ziəm/ *n.* 〖化学〗セシウム《アルカリ金属元素の一つ; 記号 Cs, 原子番号 55, 原子量 132.9054》. 〘《1861》← NL *caesium* ← L *caesius* bluish gray＋-IUM: スペクトル分光に現れる 2 本の青い線にちなむ〙

césium clòck *n.* セシウム時計《セシウムの原子の震動を利用した原子時計; cf. atomic clock》.

césium 137 /-wʌ́nθə̀:tìsévən/ *n.* 〖化学〗セシウム 137《セシウムの人工放射性同位元素の一つ; 半減期 30 年; 記号 ^{137}Cs》.

Čes·ké Bu·dě·jo·vi·ce /tʃéskeɪbúdjəjə(:)vᵻtsə; *Czech* tʃéskɛ:bu:djɛjɔvitsɛ/ *n.* チェスケーブデヨヴィツェ《チェコの Bohemia 南部, Moldau 川に臨む都市》.

Čes·ko·slo·ven·sko /*Czech* tʃéskɔslɔvɛnskɔ/ *n.* チェコスロベンスコ《Czechoslovakia のチェコ語名》.

ces·pi·tose /séspətòus | -pɪtəus/ *adj.* 《米》〖植物〗＝caespitose. **~·ly** *adv.* 〘1793〙

cess[1] /sés/ *n.* **1 a** 《英方言》税, 料金 (tax). **b** 《スコット》地租. **2** 《アイル》軍の食糧調達. **3** 《インド》物品税, 輸入税. ***out of all céss*** 《廃》過度に (extremely). 《1588》 **— vt.** 《英》…に課(税)する (tax); 《もとアイルランドで》住民に兵隊の扶助義務を課す. 〘《1430》*cesse(n)*《頭音消失》← *assesse(n)* 'to ASSESS'〙

cess[2] /sés/ *n.* 《アイル》運 (luck). ★ 主に次の句で: Bad ~ to …! …なんかくそっくらえ, くたばってしまえ. 〘《1830》《略》← ? SUCCESS: または CESS[1] の特殊用法か〙

cess[3] /sés/ *n.* ＝cesspool.

cess[4] /sés/ *n.* 《廃》＝cease.

ces·sa·tion /seséɪʃən, sᵻ-/ *n.* 中止, 休止, 停止: ~ of hostilities [arms] 休戦, 停戦 / call for a ~ of all nuclear testing 全面核実験停止を要求する. 〘《1447》□ (O)F ~ // L *cessātiō(n-)* tarrying ← *cessāre* 'to give way, CEASE': ⇨ -ation〙

ces·sa·tive /sésətɪv, seséɪt- | -tɪv/ *adj.* 〖文法〗《動作の》休止[停止]を示す.

ces·ser /sésə | -sə(r/ *n.* **1** 〖法律〗怠慢, 不作為《賃借人が正当な奉仕を怠り, あるいは 2 か年間賃料支払いをしないこと》; 責任の消滅. **2** 《まれ》退職. 〘《1531》□ (O)F ~ 《不定詞の名詞用法》: ⇨ cease〙

ces·sion /séʃən/ *n.* **1** 《領土の》割譲, 《権利・財産などの》譲渡, 譲与 (ceding). **2** 〖法律〗《債務者から債権者への》財産引渡し. **3** 〖国際法〗領土割譲《国家間の条約によってなされる国土の譲渡》. 〘《1399》□ (O)F ~ // L *cessiō(n-)* giving up ← *cessus* (p.p.) ← *cēdere* 'to CEDE': -sion〙

ces·sion·ar·y /séʃənèri | -n(ə)ri/ *n.* 〖法律〗被譲渡者 (transferee), 譲り受け人 (assignee). 〘《1611》□ ML *cessionārius*: ⇨ ↑, -ary〙

Cess·na /sésnə/ *n.* セスナ(機)《米国 Cessna Aircraft 社製の軽飛行機の総称》. 〘← *Clyde V. Cessna* (Cessna 社の創立者)〙

céss·pipe /sés-/ *n.* 《汚水の》放水管, 排水管. 〘← CESS(POOL)＋PIPE〙

céss·pit /sés-/ *n.* **1** 《流し・トイレなどの》汚水溜(ため)め, 便壷(つぼ)《特にバクテリアの働きで老廃物が浄化されるもの》. **2** 罪悪のたまり場, 悪の巣; 不浄の場所: a ~ of vice [iniquity] 悪徳[不正]の巣. 〘《1777》: ⇨ ↑, pit[1]〙

céss·pòol /sés-/ *n.* **1** 《地下にある》汚水溜(だ)め, 《下水の》溜桝(ためます). **2** 不浄物のたまり場: a ~ of crime 犯罪の巣. 〘《1671》《変形》← 《1583》? *cesperalle, suspiral* breathing hole □ OF *souspiral* (F *soupirail*) ← *soupirer* to sigh, breather < L *suspīrāre* 'to SUSPIRE': 前半は It. *cesso* privy との, 後半は POOL[1] との連想による変形か〙

ces·ta /séstə/ *n.* セスタ《ハイアライ (jai alai) で前腕へひもで留めて用いる細長いかご状のラケット》. 〘《*c*1902》□ Sp. ~ 'basket' < L *cista* 'CHEST'〙

c'est-à-dire /sètɑ:díə, -tə- | -tɑ:díə(r, -tə-; *F.* sɛtadi:ʀ/ *F. adv.* 言い換えれば, すなわち. 〘□ F ~ 'that is to say'〙

-ces·ter /stə | stə(r/ ⇨ -chester.

cesti *n.* cestus[2] の複数形. 〘□ L *cestī*〙

c'est la vie /sélɑ:ví:; *F.* sɛlavi/ それが人生だ, 人生とはそういうものだ. 〘□ F ~ 'that's life'〙

ces·tode /séstoud | -təud/ *adj.*, *n.* 〖動物〗条虫(の). 〘《*c*1890》← Gk *kestós* girdle＋-ODE[1]〙

Cestr. 《略》*ML.* Cestriēnsis (＝of Chester) 《Bishop of Chester が署名に用いる; ⇨ Cantuar. 2》.

ces·trum /séstrəm/ *n.* 〖植物〗ヤコウボク《ナス科キチョウジ属 (*Cestrum*) の植物の総称; ベニチョウジ (coral jasmine), ヤコウボク (night jasmine) など》. 〘← NL ~ ← Gk *késtron* betony〙

ces·tui que trust /sétɪkitrʌ́st, séstwikwer- | sétɪkɪ-/ *n.* (*pl.* **ces·tuis que trust** /~/) 〖法律〗信託受益者 (beneficiary). 〘《1714》□ AF ~ 《略》← *cestui a que use le trust est créé* the person for whose use anything is given in trust to another〙

ces·tus[1] /séstəs/ *n.* (*pl.* ~, ~·**es**) 《古代ローマの拳闘手が用いた》籠手(こて)《革ひも製でしばしば鉛や鉄を入れたもの; caestus ともいう》. 〘《*c*1720》□ L *caestus* ← *caedere* to beat〙

ces·tus[2] /séstəs/ *n.* (*pl.* **ces·ti** /-taɪ/) **1** 〖ギリシャ・ローマ神話〗Aphrodite [Venus] の帯《欲情[愛情]を起こさせる種々の飾りが付いていたという》. **2** 《古代ギリシャの女性がウエストに巻いたような》ベルト; 《特に, 花嫁の着ける》象徴的な帯. 〘《1577》□ L ~ □ Gk *kestós* girdle, 《原義》stitched ← IE **kent-* to prick, jab〙

ce·su·ra /sᵻʒúᵊrə, si:-, -ʒúᵊrə | -zjúərə, -zúərə, -zjɔ́:rə/ *n.* (*pl.* ~**s**, **ce·su·rae** /-ri:/) ＝caesura. **ce·sú·ral** /-rəl/ *adj.*

CET 《略》Central European Time.

cet- /si:t/ 《母音の前にくるときの》ceto- の異形.

CETA /sí:tə | -tə/ *n.* 《米》職業訓練総合法《1973 年制定》. 〘《頭字語》← *C(omprehensive) E(mployment and) T(raining) A(ct)*〙

Ce·ta·ce·a /sᵻtéɪʃə, -ʃiə/ *n. pl.* 〖動物〗クジラ目. 〘《1830》← NL ~: ⇨ ceto-, -acea〙

ce·ta·cean /sᵻtéɪʃən, -ʃiən, -ʃi-, -siən/ 〖動物〗*adj.* クジラ目の. **— n.** クジラ目の動物《クジラ・イルカなど》. 〘《1836》: ⇨ ↑, -an[1]〙

ce·ta·ceous /sᵻtéɪʃəs, -ʃiəs, -siəs/ *adj.* 〖動物〗＝cetacean. 〘1646〙

ce·ta·ce·um /sᵻtéɪʃəm, -ʃiəm/ *n.* 〖化学〗セタシウム (⇨ spermaceti 1). 〘← NL ~ (neut.) ← *cētāceus* cetaceous: ⇨ Cetacea〙

ce·tane /sí:teɪn/ *n.* 〖化学〗セタン ($C_{16}H_{34}$)《石油中に含まれる無色の油; 沸点 288°C, 融点 20°C》. 〘《1871》← CETO-＋-ANE[2]: cetyl 系に属すところから〙

cétane nùmber [ràting] *n.* 〖化学〗セタン価《ディーゼルエンジン用燃料の発火性を示す指数; cf. octane number》. 〘1935〙

Ce·ta·tea Al·ba /*Rom.* tʃetǎteaálbə/ *n.* チェタテア アルバ《Belgorod-Dnestrovski のルーマニア語名》.

ce·tene /sí:ti:n/ *n.* 〖化学〗セテン ($C_{16}H_{32}$)《セチルアルコールを脱水して得られる無色の液体》. 〘□ F *cétène*: ⇨ ceto-, -ene〙

ce·te·ris pa·ri·bus /kéɪtərəspǽrəbəs, két-, sét-, -pér- | kétərɪ:spǽrᵻbəs, kéɪt-, sét-, -rɪs-/ *L.* 他の事情が同じならば. 〘《1601》← NL *cēteris pāribus* other things being equal〙

ce·tin /sí:tṇ | -tɪn/ *n.* 〖生化学〗セチン ($C_{15}H_{31}CO$-$OC_{16}H_{33}$)《結晶様蠟(ろう)状物; 鯨蠟(げいろう) (spermaceti) の主成分》. 〘《1836–39》← CETO-＋-IN[2]〙

Ce·ti·nje /(t)sétṇjèi | -tən-; *Serb./Croat.* tsétiɲɛ/ *n.* ツェティニエ《ユーゴスラビア南部 Montenegro の都市》.

ce·ti·o·sau·rus /sì:tiousɔ́:rəs, -ʃiou- | -tiə(ʊ)-, -ʃiə(ʊ)-/ *n.* 〖古生物〗ケチオサウルス (*Cetiosaurus* 属で雷竜 (brontosaur) と近縁の動物の総称; イングランドのジュラ紀層 (Jurassic strata) 地層中に発見される). 〘← NL ~ ← Gk *kēteios* monstrous (← *kētos* whale)＋-SAURUS〙

Ce·to /sí:tou | -təu/ *n.* 〖ギリシャ神話〗ケートー《海神で Gorgons および Graeae の母》.

ce·to- /sí:tou | -təu/「鯨 (whale)」の意の連結形. ★ 母音の前では通例 cet- になる. 〘← L *cētus* □ Gk *kêtos* whale ← ?〙

ce·tol·o·gist /si:tá(:)lədʒᵻst | -tɔ́lədʒɪst/ *n.* 鯨学者. 〘《1955》: ⇨ ↓, -ist〙

ce·tol·o·gy /si:tá(:)lədʒi | -tɔ́l-/ *n.* 鯨学, 鯨研究. **ce·to·log·i·cal** /sì:təlá(:)dʒᵻkəl, -kḷ | -təlɔ́dʒɪ-⁻/ *adj.* 〘《*c*1828》← CETO-＋-LOGY〙

cet. par. 《略》ceteris paribus.

ce·tri·mide /sétrɪmàɪd/ *n.* セトリミド《消毒剤・洗浄剤》. 〘《1948》《短縮》← *ce(tyl)trim(ethylammonium brom)ide*〙

Cetsh·wa·yo /ketʃwáɪou | ketʃwáɪəu/ *n.* ケチワヨ《1826?–84; Zulu 族の最後の王 (1873–79); Zululand の独立に努力したが, Zulu 戦争に敗れ廃位》.

Ce·tus /sí:təs | -təs/ *n.* 〖天文〗くじら(鯨)座《うお座の南, みずがめ座とエリダヌス座の間にある南天の大星座; the Whale ともいう》. 〘□ L *cētus*: ⇨ ceto-〙

cé·tyl álcohol /sí:tḷ- | -tɪl-, -tḷ-/ *n.* 〖化学〗セチルアルコール ($CH_3(CH_2)_{14}CH_2OH$)《無色結晶様固体で, 鯨蠟(げいろう) (spermaceti) の主成分; 化粧品・洗浄剤などに用いる; ethal ともいう》. 〘《1873》*cetyl*: ← CETO-＋-YL〙

ce·týl·ic ácid /sᵻtílɪk- | sɪ-/ *n.* 〖化学〗セチル酸 (⇨ palmitic acid). 〘1850〙

cétyl pálmitate *n.* 〖生化学〗＝cetin.

Ceu·ta /séɪu:tə | sjú:tə, sú:-; *Sp.* θéuta/ *n.* セウタ《Gibraltar 海峡に臨むモロッコ北部の都市; スペイン領》.

Cé·vennes /seɪvén | sɛ-, sᵻ-, -vénz; *F.* sevɛn/ *n.* [the ~] セベンヌ(山地)《フランス南部の山脈; 最高峰は Mt. Mézenc /mezɛ̃:k/ (1,754 m)》.

ce·vi·che /səví:tʃeɪ, -tʃi; *Am.Sp.* seβítʃe/ *n.* ＝seviche.

cé·vi·tam·ic ácid /sí:vaɪtǽmɪk-⁻/ *n.* 〖生化学〗セビタミン酸 (⇨ ascorbic acid). 〘*cevitamic*: ← *ce-* (＝C)＋VITAM(IN)＋-IC[1]〙

Cey. 《略》Ceylon.

Cey·lon /sᵻlá(:)n, seɪ- | sᵻlɔ́n/ *n.* **1** セイロン島《インド東南方インド洋上の島; Sri Lanka 共和国を成す; 64,643 km²》. **2** セイロン (Sri Lanka の旧名 (1972 年まで)・通称).

Ceylón cínnamon *n.* **1** 〖植物〗セイロンニッケイ (*Cinnamomum zeylanicum*)《セイロン原産クスノキ科の常緑高木》. **2** 桂皮《セイロンニッケイの樹皮》.

Ceylón cínnamon òil *n.* 〖化学〗＝cinnamon-bark oil.

Cey·lon·ese /sèɪləní:z, si:-, sèl-, -ní:s | sèlənί:z, si:l-⁻/ *adj.* セイロン島(人)の. **— n.** (*pl.* ~) セイロン島人 (Sinhalese). 〘《1797》← *Ceylon*＋-ESE〙

Ceylón mórning-glory *n.* 〖植物〗セイロンアサガオ (*Ipomoea tuberosa*)《鮮黄色の花が咲くインド原産ヒルガオ科の多年生つる植物》.

Ceylón móss *n.* 〖植物〗東インド産オゴノリ属の海藻 (*Gracilaria lichenoides*)《寒天の原料》. 〘1861〙

Ce·yx /sí:ɪks/ *n.* 〖ギリシャ神話〗ケーユクス《トラーキスの王, Halcyone の夫; 海難で死後, 亡霊となって妻のもとに帰る》. 〘□ L *Cēyx* □ Gk *Kêux*〙

Cé·zanne /seɪzǽn, -zá:n | seɪzǽn, sᵻ-, sɛ-; *F.* sezan/, **Paul** *n.* セザンヌ《1839–1906; フランス後期印象派の画家》. **Cé·zann·esque** /sèɪzænésk, -zɑ:- | -zæn-⁻/ *adj.*

cf 《略》〖野球〗centerfield; 〖野球〗center fielder; center forward.

cf 《記号》Central African Republic 《URL ドメイン名》.

Cf 《記号》〖化学〗californium.

cf, c/f 《略》〖製本〗calf; carried forward.

CF 《略》Chaplain to the Forces: cystic fibrosis.

CF, cf 《略》〖商業〗cost and freight.

cf. /sí:éf/ ★ compare または confer と読むことが多い. 《略》compare, confer (cf. cp). 〘1850〙

CFA 《略》〖会計〗certified financial analyst 公認財務アナリスト; *F.* Communauté financière africaine (＝African Financial Community).

CFA fránc *n.* アフリカ金融共同体フラン, CFA フラン《ベニン・コートジボワール・ニジェール・セネガル・トーゴ・ブルキナファソなど西アフリカのいくつかの国で使用されている通貨》. 〘*CFA* □ F ~ 《略》← *C(ommunauté) F(inancière) A(fricaine)* African Financial Community〙

CFC /sí:èfsí:/ 《略》chlorofluorocarbon.

cfd 《略》cubic feet per day.

CFD 《略》computational fluid dynamics.

CFE 《略》College of Further Education.

cfh 《略》cubic feet per hour.

CFI, cfi 《略》〖商業〗cost, freight and insurance 運賃・保険料込み値段《普通は CIF という》.

cfm 《略》confirm; confirmation; cubic feet per minute.

cfs 《略》cubic feet per second.

CFS 《略》chronic fatigue syndrome.

cg 《略》centigram(s).

cg 《記号》Congo 《URL ドメイン名》.

CG 《略》Computer Graphics; 〖自動車国籍表示〗(Democratic Republic of) Congo.

CG, c.g. 《略》captain general; Captain of the Guard; center of gravity; Coast Guard; Coldstream Guards; Commanding General; consul general.

CGH 《略》Cape of Good Hope.

CGI 《略》〖インターネット〗Common Gateway Interface《利用者がホームページ上に加えたアクションに反応するような仕組みを作る機能; 掲示板などに利用される》; 〖電算〗Computer Generated Images コンピューターが生成する映像.

cgm. 《略》centigram(s).

CGM 《略》Conspicuous Gallantry Medal. 〘1916〙

cgo. 《略》cargo; contango.

cgs, CGS 《略》〖物理〗centimeter-gram-second (system) (cf. fps, mks). 〘1873〙

CGS 《略》Chief of the General Staff. 〘1904〙

CGT 《略》capital gains tax; *F.* Confédération Générale du Travail (＝General Confederation of Labour).

ch 《略》〖物理〗candle hour(s); central heating.

ch 《記号》Switzerland 《URL ドメイン名》.

Ch 《略》Chaldean; Chaldee; Charles; China; Chinese; Christ.

Ch, ch 《略》chain; chamber; champion; 〖チェス〗championship; chancery; chaplain; chapter; chart; château; 〖チェス〗check; chemical; chemistry; chervonets; chervontsi; chestnut; chief; child; children; chirurgeon; *L.* chirurgiae (＝of surgery); 〖聖書〗Chronicles; church.

CH 《略》clearinghouse; 《英》Companion of Honour; 〖自動車国籍表示〗*F.* Confédération Helvétique (＝Switzerland); corporate hospitality; Court House; customhouse. 〘1918〙

cha /tʃá:/ *n.* 《俗》茶 (tea) (cf. cuppa). 〘《1616》: ⇨ char[4]〙

chaat /tʃá:t/ *n.* 《インド》〖料理〗チャート《ゆでた野菜または生の果物にスパイスをきかせたインド料理》. 〘□ Hindi *cāṭ*〙

Cha·ban-Del·mas /ʃæbɑ̃́:(n)dɛlmá:s, -bá:n-; *F.* ʃabɑ̃dɛlma:s/, **Jacques** *n.* シャバンデルマース《1915– ; フランスの政治家, 首相 (1969–72)》.

chab·a·zite /kǽbəzàɪt/ *n.* (*also* **chab·a·site** /~/) 〖鉱物〗菱沸石, 斜方沸石 ($CaAl_2Si_4O_{12}\cdot 6H_2O$)《zeolite の一種》. 〘《1804》□ G *Chabasit* □ F 《古形》*chabazie* □ Gk *khabázie* 《誤記》← *khalázie* (voc.) ← *khalázios* 《原義》resembling hailstone ← *khálaza* hailstone: ⇨ -ite[1]: cf. chalaza〙

Cha·blis /ʃæblí:, ʃɑ:- | ʃǽbli:, -bli; *F.* ʃabli/ *n.* (*pl.* ~ /~z; *F.* ~/) [ときに c-] シャブリ(ワイン)《フランス Burgundy 地方の Chablis で造られる辛口の高級白ワイン》; 《他の地方で造られる》シャブリ風ワイン. 〘《1668》□ F ~: 原産地の名から〙

Cha·bri·er /ʃɑ̀:briéɪ | ʃǽbrièɪ, ʃá:-, ⁻⁻⁻; *F.* ʃabʀie/, **Alexis Emmanuel** *n.* シャブリエ《1841–94; フランスの作曲家》.

Cha·brol /ʃɑ:bróul | ʃæbrɔ́l, ʃə-; *F.* ʃabʀɔl/, **Claude** *n.* シャブロル《1930– ; フランスの映画監督; nouvelle vague を代表する一人》.

chace /tʃéɪs/ *v.*, *n.* 《廃》＝chase[1].

cha-cha /tʃá:tʃà:/ *n.* チャチャ(チャ)《西インド諸島に発生した歯切れのいい ²/₄ 拍子の舞踏曲; cha-cha-cha ともいう》. **— vi.** チャチャ(チャ)を踊る. 〘《1954》□ Am.-Sp. (Cuba) *cha-cha-cha*〙

cha·cha·cha /tʃɑ̀ːtʃɑ̀ːtʃɑ́ː/ *n.*, *vi.* ＝cha-cha.
cha·cha·la·ca /tʃɑ̀ːtʃəlɑ́ːkə/ *n.* 〘鳥類〙ヒメシャクケイ《メキシコ・中米産キジ目ホウカンチョウ科ヒメシャクケイ属 (*Ortalis*) の鳥類の総称; ムジヒメシャクケイ (*O. vetula*) など大きな声で鳴く》. 〘□Sp. ～ ← Nahuatl《擬音語》〙
cha·cham /xɑ́ːxəm/ ＝haham.
chack·le /tʃǽkl/ *vi.*《英方言》おしゃべりをする, ぺらぺら[ぺちゃくちゃ]しゃべる (jabber). 〘《混成》? ← CHATTER＋CACKLE〙
chac·ma /tʃǽkmə/ *n.* 〘動物〙チャクマヒヒ (*Papio ursinus*)《南アフリカ産で体は暗色で頑丈》. 〘《1835》□ Khoikhoi ～〙
Cha·co /tʃɑ́ːkoʊ | -kəʊ/ *n.* [the ～] チャコ (⇨ Gran Chaco).
cha·conne /ʃɑːkɔ́(ː)n, ʃæ-, -kɑ́(ː)n | ʃækɔ́n, ʃə-; *F.* ʃakɔn/ *n.* (*pl.* ～s /～z; *F.* ～/) **1** 〘音楽〙シャコンヌ《2 の舞曲から発生したバロック時代の変奏曲の一形式; ゆるやかな 3 拍子と低音楽句の繰り返しが特徴》. **2** 《古》シャコンヌ《スペイン起源の古いダンスの一種》. 〘《1685》□F ～ □ Sp. *chacona*《擬音語》?〙
Cháco Wár *n.* [the ～] チャコ戦争《南米 Chaco 地方の一部の領土権をめぐり, 1932–35 年パラグアイとボリビアの間で行われた戦争; 調停により, 戦勝国パラグアイ側に有利に決着》.
cha·cun à son goût /ʃækɑ́ː(ŋ)ɑːsɔ̃ː(ŋ)gúː, ʃɑː-, -kəːŋɑːsɔ̀ːŋ-; *F.* ʃakœasɔ̃gu/ 各人は自分の好みがある, 蓼(たで)食う虫も好き好き. 〘《1784》□F ～ 'everyone to his own taste'〙
chad /tʃǽd/ *n.* 〘電算〙チャド, 穿孔屑《テープや穿孔カードにデータを穿孔したときに出る小さな丸い屑》. 〘《1947》← ? 《スコット》～ 'gravel'〙
Chad[1] /tʃǽd/ *n.* **1** チャド《アフリカ北中部にあるフランス共同体 (French Community) 内の共和国; もとフランス領赤道アフリカ (French Equatorial Africa) の一部であったが, 1960 年独立; 面積 1,284,000 km^2, 首都 Ndjamena; フランス語名 Tchad; 公式名 the Republic of Chad チャド共和国》. **2** ＝Chadic. **3** ＝Lake CHAD.
～·i·an /-diən | -diən/ *adj.*, *n.*
Chad[2] /tʃǽd/ *n.* チャド《男性名; 20 世紀米国で特に人気があった》. 〘7 世紀の司教 St. Chad にちなむ〙
Chad /tʃǽd/, **Lake** *n.* チャド湖《アフリカ北中部の湖; チャド, ニジェールおよびナイジェリアの境にある; 面積は季節により約 10,000–26,000 km^2》.
cha·dar /tʃɑ́ːdə | -də^(r)/ *n.* ＝chador.
Chad·band /tʃǽdbænd/ *n.* チャドバンド師《信心家ぶった偽善者》. 〘《1852》: Dickens 作 *Bleak House* 中の堕落牧師の名〙
Chad·der·ton /tʃǽdətn̩ | -də-/ *n.* チャダートン《イングランド北西部, Manchester 北東にある町》.
Chad·ic /tʃǽdɪk | -dɪk/ *n.* 〘言語〙チャド語派[語群]《Afro-Asiatic 語族に属し, Chad 湖の西と南の地域で話される; 主要な種族は Hausa 族》. **—** *adj.* チャド語派[語群]の. 〘*c*1950〙
chád·less *adj.* 〘電算〙チャドなしの《穿孔した際にチャド (chad) が穴に付着している》.
cha·dor /tʃɑ́ːdɔə, tʃʌ́d-, -də | -dɔː^(r), -də^(r)/ *n.* (*pl.* ～**s**, **cha·dri** /-riː/) チャードル《インド・イランで女性がベールやショールとして用いる大きな長方形の布; 特にイスラム教の女性が信仰のしるしとして用いる黒い布》. 〘《1614》□ Hindi *caddar* □ Pers. *chaddar*〙
Chadwick, **Henry** *n.* チャドウィック《1824–1908; 英国生まれの米国のスポーツライター; プロ野球を育て, 1869 年から野球ハンドブックを毎年編集した》.
Chad·wick, Sir **James** *n.* チャドウィック《1891–1974; 英国の物理学者; 中性子を発見 (1932); Nobel 物理学賞 (1935)》.
chae·bol /tʃéɪbɑ(ː)l | -bɒl; *Korean* tʃɛbʌl/ *n.* (*pl.* ～, ～**s**) (韓国の)財閥, コングロマリット. 〘《*c*1985》□ Korean ～《原義》money clan〙
chae·no·me·les /kìːnəmíːliːz/ *n.* 〘植物〙東アジア産バラ科ボケ属 (*Chaenomeles*) の低木《芳香のある実をつける; 特にボケ (Japanese quince)》. 〘□ NL ～ ← *chaeno-* (← Gk *khaínein* to gape)＋Gk *mēlon* apple, fruit: cf. malus〙
Chaer·o·ne·a /kèrəníːə, kɪ̀ər- | kèr-, kɪər-/ *n.* カイロネイア《ギリシャ東部 Boeotia の古都; マケドニアの Philip 二世がギリシャ連合軍を破った古戦場 (338 B.C.)》.
chaet- /kiːt/ (母音の前にくるときの) chaeto- の異形.
chae·ta /kíːtə | -tə/ *n.* (*pl.* **chae·tae** /-tiː/) 〘動物〙(毛足類の)剛毛 (seta). **cháe·tal** /-tl̩ | -tl̩/ *adj.* 〘《1866》← NL ～ ← Gk *khaítē* long flowing hair〙
-chae·ta /kíːtə | -tə/ 〘動物〙次の意味を表す名詞連結形: **1** 「(属名に用いて)毛のあるもの, 毛状のもの」: Spiro*chaeta*. **2** (*pl.* **-chae·tae** /-tiː/)「(…の)剛毛」: mac*rochaeta*. 〘← NL ～ (↑)〙
chaetae *n.* chaeta の複数形.
-chae·tes /kíːtiːz/ ＝-chaeta 1.
chae·to- /kíːtoʊ | -təʊ/「剛毛 (bristle); 毛 (hair)」の意の連結形. ★ 母音の前では通例 chaet- になる. 〘← NL ～: ⇨ chaeta〙
chae·tog·nath /kíːtɑ(ː)gnæθ | -tɒg-/ 〘動物〙*adj.* 毛顎(もうがく)動物門の. **—** *n.* 毛顎動物門の動物《海の浮遊動物のヤムシ (arrowworm) など》. 〘《1889》↓〙
Chae·tog·na·tha /kiːtɑ́(ː)gnəθə | -tɒ́g-/ *n. pl.* 〘動物〙毛顎(もうがく)動物門. **chae·tóg·na·than** /-θən/ *adj.* **chae·tóg·na·thous** /-θəs/ *adj.* 〘← NL ～: ⇨ chaeto-, -gnatha〙
chae·toph·o·rous /kiːtɑ́(ː)f(ə)rəs | -tɒ́f-/ *adj.* 〘動物〙剛毛のある. 〘《1877》← NL *chætophora*: ⇨ -ous〙
chae·to·pod /kíːtəpɑ̀(ː)d | -təpɒ̀d/ *n.* 〘動物〙毛足綱の動物《ゴカイ・ミミズなど》. 〘《1864》← NL *Chaetopoda*: ⇨ chaeto-, -poda〙
chae·to·tax·y /kíːtətæ̀ksi | -tə(ʊ)-/ *n.* 〘動物〙毛序, 剛毛式《節足動物の体表における剛毛の数と配列》.
chae·to·tac·tic /kìːtoʊtǽktɪk | -tə(ʊ)-/ *adj.* 〘《1893》← -CHAETA, -TAXY〙
-chae·tus /kíːtəs | -təs/ 〘動物〙＝-chaeta 1.
chafe /tʃéɪf/ *vt.* **1 a** すりむく; すり減らす. **b** すりむいてひりひりさせる. **2** こすって温める, 摩擦する: ～ one's hands together. **3** 〈人を〉苛(いら)立たせる, 悩ます: The noise ～*d* him. その音は彼の神経を苛立たせた. **4** 《廃》〈感情を〉熱する, 興奮させる. **—** *vi.* **1** 摩擦ですり切れる; ひりひりする. **2** 体をこすりつける 〔*against*, *on*〕: The cat ～*d against* the wall. その猫は壁に体をこすりつけた. **3** いらいらする; しゃくにさわる, じれる 〔*at*, *under*〕: ～ *at* the delay of the train 列車の遅れにいらいらする / She ～*d under* his teasing. 彼にからかわれて苛立った. **4** 〈川・波が〉(崖(がけ)などに)激しく当たる (rub) 〔*against*〕. ***cháfe at the bit*** ⇨ bit[1] 成句.
— *n.* **1** すり傷(の痛み). **2** いらだち (fret): in a ～ いらいらして. **3** 《廃》怒り (rage).
〘《?*a*1300》*chaufe(n)* to warm □ OF *chaufer* (F *chauffer*) < VL **calefāre*＝L *calefacere* to heat ← *calēre* to be warm (← IE **kelə-* warm)＋*facere* to make〙
cha·fer /tʃéɪfə | -fə^(r)/ *n.* 〘昆虫〙コガネムシ《コガネムシ科 (Scarbaeidae) の大形または中形の甲虫の総称; コフキコガネ (June beetle), rose chafer, 特にヨーロッパコフキコガネ (cockchafer) など》. 〘OE *ċeafor* beetle < Gmc **kabraz* gnawer (Du. *kever* / G *Käfer*) ← IE **geph-* jaw: cf. jowl[1]〙
chaf·er·y /tʃéɪfəri/ *n.* ＝bloomery. 〘《1663》□ (O)F *chaufferie* ← *chauffer*: ⇨ chafe, -ery〙
cháfe·wèed *n.* 〘植物〙＝wood cudweed. 〘1548〙
chaff[1] /tʃǽf | tʃǽf, tʃɑ́ːf/ *n.* **1** 籾殻(もみがら): ～ and dust 廃物 / offer ～ for grain 穀物だと言って籾殻を出す, まがい物で人を釣ろうとする / You cannot catch old birds with ～. 《諺》ばかな鳥でなければ籾殻でつられはしない, ばかでなければつまらない手には乗らない. **2** (牛馬飼料の)切りわら. **3** (籾殻のように)つまらない物, がらくた, くず (rubbish). **4** 〘植物〙(草花の)苞(ほう). **5** 〘空軍〙**a** チャフ《レーダー妨害用の金属片; window ともいう》. **b** 無線交信が不可能になったとき, 降下中の宇宙船の追跡を助けること.
be cáught with cháff 簡単にだまされる[わなにかかる]. (《諺》: ⇨ chaff[1] 1)) ***séparate*** [***sórt*** (***óut***)] ***the whéat from the cháff*** ⇨ wheat 成句.
— *vt.* 〈わらなどを〉切りわらに刻む[する].
〘OE *ċeaf* ← ? Gmc **kaf-*, **kef-* to gnaw, chew (Du. *kaf* / G《方言》*Kaff*): cf. chafer〙
chaff[2] /tʃǽf | tʃǽf, tʃɑ́ːf/ *vt.* 〈人を〉(悪意でなく)ひやかす, からかう (banter). **—** *vi.* (悪意でなく)ひやかす, からかう (jest). **—** *n.* (悪意のない)からかい, ひやかし. 〘《1821》《転用》? ← CHAFF[1] // CHAFE〙
cháff·cùtter *n.* まぐさ切り, わら切り(器). 〘1772〙
chaf·fer[1] /tʃǽfə | -fə^(r)/ *n.* **1** 《古》(値段の)掛け合い, 値切り (bargaining). **2** 《廃》商売 (trade). **—** *vi.* **1** 値切る, 掛け合う (bargain). **2** 《英》おしゃべりする: ～ *with* each other. **3** 《廃》取引する, 商売する, 交換する. **—** *vt.* **1** 《まれ》値切る (bargain) 〈*down*〉. **2** 《廃》取引する. **～·er** /-fərə | -rə^(r)/ *n.* 〘《(?*a*1200)》《1725》*chaffare*, *chapfare* buying and selling < OE **ċēapfaru* ← *ċēap* bargain＋*faru* fare, journey: ⇨ cheap, fare: cf. ON *kaupfor* trading fare〙
cháff·er[2] *n.* からかう人. 〘《1851》← CHAFF[2]＋-ER[1]〙
chaf·finch /tʃǽfɪntʃ/ *n.* 〘鳥類〙ズアオアトリ(頭青アトリ) (*Fringilla coelebs*)《ヨーロッパでよくみられる鳴鳥》. 〘OE *ċeaffinċ*: ⇨ chaff[1], finch〙
cháff·ing·ly *adv.* からかって, ひやかして, からかう[ひやかす]ように. 〘《1871》← CHAFF[2]＋-ING[2]＋-LY[1]〙
cháff·less *adj.* 籾殻(もみがら)のない; つまらない. 〘《1609–10》← CHAFF[1]＋-LESS〙
chaff·weed /tʃǽfwiːd/ *n.* 〘植物〙ルリハコベの一種 (*Anagallis minima*)《白またはピンクの小さな花をつける》. 〘《1548》: ⇨ chafe, weed〙
chaff·y[1] /tʃǽfi | tʃǽfi, tʃɑ́ːfi/ *adj.* (**chaff·i·er**; **-i·est**) **1 a** 籾殻(もみがら)の多い. **b** 籾殻のような. **2** つまらない: a ～ book. **3** 〘植物〙穎(えい)のような, 芽鱗(がりん)に覆われた. 〘《1552》← CHAFF[1]＋-Y[1]〙
chaff·y[2] /tʃǽfi | tʃǽfi, tʃɑ́ːfi/ *adj.* 《まれ》からかいの, ふざけた, 冗談半分の: a ～ talk. 〘《1855》← CHAFF[2]＋-Y[1]〙
cháf·ing dìsh *n.* こんろ付き卓上鍋《ランプまたは加熱器が下についている, 卓上用の調理・保温用器具》. 〘1483〙

chafing dish

cháfing gèar *n.* 〘海事〙擦(す)れ止め《索具などが他と擦れ合う箇所に当てて保護する古帆布・革切れの類》. 〘1840〙
cha·gal /tʃɑ́gl̩/ *n.* チャガル《インドなどで用いる, 山羊の皮またはズックで作られた水入れ》. 〘《1909》□ Hindi *chāgal* □ Skt **chāgala-* coming from a goat〙
Cha·gall /ʃəgɑ́ːl, -gǽl | ʃægǽl, ʃə-, -gɑ́ːl; *F.* ʃagal/, **Marc** /mɑ́ək | mɑ́ːk; *F.* maʁk/ *n.* シャガール《1887–1985; ロシアに生まれフランスで活動した画家》.
Chá·gas' disèase /ʃɑ́ːgəs-, ʃǽg-, -gəs̬ɪ̀z-/ *n.* 〘病理〙シャガス病, アメリカトリパノソーマ症《中南米の眠り病の一種; 鞭毛虫 *Trypanosama cruzi* による》. 〘《1912》← *Carlos Chagas* (1879–1934; ブラジルの医師でその発見者)〙
Chá·gos Archipélago /tʃɑ́ːgəs-/ *n.* チャーゴス諸島《インド洋中央部のイギリス領諸島; Mauritius の北東にあり, British Indian Ocean Territory を成す; 主島 Diego Garcia》.
Cha·gres /tʃɑ́ːgrəs, tʃǽg-; *Am.Sp.* tʃáɣres/ *n.* [the ～] チャグレス(川)《Panama 運河地帯の川; Lake Gatun を経てカリブ海に注ぐ; 48 km》.
cha·grin /ʃəgrín | ʃǽgrɪn/ *n.* **1** (失敗・間違いによる)無念, 悔しさ: to a person's ～＝to the ～ of a person 人にとって残念なことには. **2** [*pl.*]《古》しゃくの種 (troubles). **—** /《英》ではまた ʃəgríːn/ *vt.* [通例受身で] 悔しがらせる, 残念に思わせる (mortify). 〘《1656》□ (O)F ～ 'grief' ← ? ONF *chagreiner* to become gloomy ← OF *graignier* to sorrow ← *graim* sorrowful〙
cha·grined /ʃəgrínd | ʃǽgrɪnd, ʃəgríːnd/ *adj.* 悔しがって(いる), 残念に思って(いる) 〔*at*〕 (⇨ ashamed SYN): I was [felt] ～ *at* my mistake. 間違いをして悔しかった. 〘《1665》: ⇨ ↑, -ed 2〙
cha·gul /tʃɑ́gl̩/ *n.* ＝chagal.
Cha·har /tʃɑ̀ːhɑ́ə | -hɑ́ː^(r); *Mong.* tʃɑxər/ *n.* 察哈爾(チャハル)《内モンゴル自治区 (Inner Mongolian Autonomous Region) に属する行政区の一つ》.
Chai·kov·sky /tʃaɪkɔ́(ː)fski, tʃə-, -kɔ́(ː)v-, -kɑ́(ː)f-, -kɑ́(ː)v- | -kɔ́fski, -kɔ́v-; *Russ.* tʃʲijkófskʲij/ *n.* ＝Tchaikovsky.
Chai·ma /tʃáɪmə; *Am.Sp.* tʃáima/ *n.* (*pl.* ～, ～**s**) **1 a** [the ～(s)] チャイマ族《ベネズエラの海岸に住むカリブ人の一種族》. **b** チャイマ族の人. **2** チャイマ語.
chain /tʃéɪn/ *n.* **1 a** 鎖, チェーン (⇨ bicycle 挿絵): an endless ～ (自転車・自動車などの)循環鎖 / a dog on a ～ 鎖でつないだ犬. **b** (官職のしるしとしてまたは装飾用に首にかける)鎖, 首飾り: a gold ～. **c** [通例 *pl.*] ＝tire chain. **d** ＝door chain. **e** ＝chain shot 1. **2 a** 縛る[束縛する]もの, かせ (bond). **b** [通例 *pl.*] 鎖付きの足かせ; 束縛, 拘禁: be in ～*s* 鎖で縛られている; 束縛されている; 獄舎につながれている. **3 a** つながり, 連鎖 (⇨ series SYN); 一続き, 一連; 連脈; ネットワーク (network): a ～ of mountains 連山, 山脈 / a ～ of radio stations 放送局のネットワーク / a ～ of events 連続的な[一連の]出来事 / a ～ of thoughts 次々と浮かぶ考え. **b** (商店・劇場・ホテルなどの同一資本による経営の)連鎖制, チェーン: the ～ system [management] 連鎖制度[経営] / an owner of a grocery ～ 食料雑貨チェーンの所有者 / ⇨ chain store. **c** たて続けにのむたばこ: ⇨ chain smoker. **d** 手をつないで踊るダンス: ⇨ ladies chain. **e** (前の結論を前提として進められる)一連の議論. **4** 〘測量〙**a** チェーン, 測鎖. **b** 1 chain の長さ (＝66 ft.) (cf. chain measure). ★ 英米において最も普通に用いられるものは 100 節全長 66 ft. で, その発明者である英国の数学者 Edmund Gunter の名を取って Gunter's chain または surveyor's chain と呼ばれる; この他 100 節全長 100 ft. の engineer's chain と呼ぶものもある; わが国では全長 20 m のメートルチェーンを使用する. **5** 〘物理・化学〙(主として炭素原子の)連鎖; 連鎖反応 (chain reaction) (cf. ring[2] 12). **6** 〘海事〙**a** ＝chain cable. **b** [通例 *pl.*] ＝chainplate. **c** [*pl.*] (マストの)横静索(よこせいさく) (shrouds) を鎖で舷(げん)側に固定している車板《投鉛手はここに立って水深を測る; cf. channel[2]》; 投鉛台. **7** 〘数学〙**a** 鎖(さ)《複体 (complex) を構成する同一次元の単体 (simplex) の一次結合. **b** ＝totally ordered set. **8** 〘アメフト〙ヤードチェーン《高さ 5 ヤードの 2 本の棒の先端に付けた長さ 10 ヤードの鎖; 4 回の攻撃でボールの前進した距離を測り, 10 ヤード以上前進させればさらに 4 回の攻撃権が与えられる》. **9** 〘細菌〙連鎖. **10** 《豪》**a** 屠場で屠体を運ぶレール. **b** 屠場労働者たち.
húg one's cháins 束縛[隷属]に甘んじる. ***in the cháins*** 〘海事〙(手用測鉛で海の水深を測るため)舷外の測鉛台に立って. ***òff the cháin*** 《豪》責任を免れた. ***púll the cháin*** 《英》トイレの水を流す.
cháin of commánd (軍隊などで, 直属の上官から下位のものへ命令を受け伝えていく)指揮[命令]系統. 《1898》
— *vt.* **1 a** 鎖でつなぐ; …に鎖を掛ける: ～ the door (外から開けられないように)ドアに鎖を掛ける / ～ (up) a dog 鎖で犬をつないでおく / The prisoners were ～*ed* together. 囚人たちは鎖でつながれていた. **b** 鎖で保護する[遮る]: ～ the entrance off from intruders 入口に鎖をつないで闖(ちん)入者から守る. **2** 拘束する, 束縛する; 縛り付ける; 牢獄に入れる 〔*to*〕: be ～*ed to* one's desk [work] 机[仕事]にかじりついている / With a sick child, I was ～*ed to* the house yesterday. 病気の子供がいたので, 昨日は家から離れられずにいた. **3** 〘測量〙測鎖で測る. **4** 〘服飾〙(鈎針(かぎばり)で)鎖編みにする. **—** *vi.* 鎖を作る.
〘《?*a*1300》*chayne* □ OF *chaine* (F *chaîne*) < L *catēnam* chain ← ? IE **kat-* to twist〙
Chain /tʃéɪn/, Sir **Ernst Boris** *n.* チェイン《1906–79; ドイツ生まれの英国の生化学者; ペニシリンの治療的性質を発見; H. Florey, A. Fleming と共に Nobel 医学生理学賞 (1945)》.
cháin ármor *n.* 鎖鎧(くさりよろい) (cf. plate armor 2). 〘*a*1797〙
cháin·bèlt *n.* チェーンベルト《金属製の鎖のベルト》. 〘1794〙
cháin blòck *n.* 〘機械〙＝chain hoist.
cháin bòlt *n.* チェーンボルト《チェーン付きの錠》. 〘*c*1850〙
cháin bònd *n.* 〘石工〙つなぎ積み《鉄棒や鎖を埋め込んで一体化した組積(そせき)構造》. 〘1876〙

C

cháin bràke *n.* 鎖ブレーキ, 制輪鎖.
cháin brèak *n.* 〖ラジオ・テレビ〗チェーンブレイク《ネットワーク加盟局が自局の表示をする時間またはその間に放送する短いコマーシャル; cf. station break》.
cháin brìdge *n.* 鎖つり橋. 〖1818〗
cháin càble *n.* 〖海事〗錨鎖(びょうさ)《錨(いかり)に付けた鎖; cf. cable 4》. 〖1830〗
cháin còurse *n.* 〖石工〗繋(けい)積層《小口を積んだ石積みの層》.
cháin drìve *n.* 〖機械〗チェーン伝動; 鎖伝動, チェーンドライブ《歯車と鎖を用いる伝動; chain transmission ともいう》. 〖1903〗
cháin-drìven *adj.* 鎖伝動で駆動される, 鎖駆動の. 〖1887〗
chaî·né /ʃeɪnéɪ; *F.* ʃɛne/ *n.* (*pl.* **~s** /~z; *F.* ~/) 〖バレエ〗シェネ《鎖のように小さい円形を描きながら連続して回転する動作》.
〖(1897) □ F ~ (p.p.) ← *chaîner* 'to CHAIN'〗
Cháined Lády /tʃéɪnd-/ *n.* [the ~] 〖天文〗アンドロメダ座 (⇨ Andromeda 2).
cháin fàll *n.* 〖機械〗=chain hoist.
cháin fèrn *n.* 〖植物〗コモチシダ属 (*Woodwardia*) のチェーンのように一列に並んでいる子嚢(のう)群をもつシダ植物の総称.
cháin gàng *n.* [単数または複数扱い] **1** 《米》《構外作業の際などに》一本の鎖につながれた囚人たち. **2** 《俗》〖鉄道〗鉄道列車交替要員. 〖1834〗
cháin gèar [gèaring] *n.* 〖機械〗チェーンギア[伝動装置], 鎖伝動装置. 〖*a*1877〗
cháin-gràte stóker *n.* 〖機械〗チェーングレートストーカー, 鎖床(くさりどこ)ストーカー《火格子を鎖状に組み合わせて無限軌道式に動かしボイラーに石炭を送り込む装置》. 〖1889〗
cháin hàrrow *n.* 〖農業〗チェーンハロー《トラクターで引く棒の部分に多くの鎖を付けたハロー》.
cháin hòist *n.* 〖機械〗チェーンホイスト《鎖と鎖車とを用いて重いものを持ち上げる装置; chain block, chain fall ともいう》.
cháin hòok *n.* 〖海事〗チェーンフック《錨鎖(びょうさ)を扱うための鉄製のフック》. 〖1884〗
cháin·ing pìn *n.* 〖測量〗チェーンピン, チェーン測量用ピン (taping pin, surveyor's arrow ともいう).
cháin·less *adj.* 鎖のない; 束縛のない. 〖(1816): ⇨ -less〗
chain·let /tʃéɪnlɪ̣t/ *n.* 小鎖. 〖(1805): ⇨ -let〗
cháin lètter *n.* 連鎖手紙, チェーンレター《手紙の受取人が同文または文を追加して順次数人の人に出す手紙》; 不幸の手紙. 〖1905〗
cháin lìghtning *n.* 鎖電《長いジグザグの連鎖状に現れる稲妻》. 〖1843〗
cháin-lìnk *adj.* ダイヤモンド状に編んだ金網の[で作った]: a ~ fence. 〖1896〗
cháin lòcker *n.* 〖海事〗錨鎖(びょうさ)庫. 〖1883〗
cháin máil *n.* 《俗》=chain armor. 〖1822〗
cháin·man /-mən, -mæ̀n/ *n.* (*pl.* **-men** /-mən, -mèn/) 〖測量〗測鎖をもつ人, 測量助手. 〖1714〗
cháin màtrix *n.* 〖電気〗=fundamental matrix.
cháin mèasure *n.* 〖測量〗チェーンメジャー《長さの単位系; 7.92 inches=1 link, 100 links (66 ft.)=1 chain, 10 chains=1 furlong, 80 chains=1 mile; cf. chain 4 b》.
cháin mòlding *n.* 〖建築〗(ノルマン建築に用いる)鎖繰形(くりがた).
cháin pìckerel *n.* 〖魚類〗クサリカワカマス (*Esox niger*) 《北米東部産カワカマス属の淡水魚; 大型で緑がかった黒色, 体側に黒い縞がある; cf. pike[1]》. 〖1887〗
cháin pìpe *n.* 〖海事〗チェーンパイプ, 鎖管《甲板を貫通して錨鎖(びょうさ)の通る管道》. 〖1883〗
cháinplàte *n.* 〖海事〗チェーンプレート, 横静索(おうせいさく)留板《横静索 (shrouds) の末端を鎖などで舷側に固定するために用いる細長い鉄板など》. 〖1692〗
cháin prìnter *n.* 〖電算〗チェーンプリンター《鎖状に配列された活字を回転させながら印字するラインプリンター (line printer) の一種》. 〖1962〗
cháin pùmp *n.* 鎖ポンプ.
cháin ràtio *n.* 〖数学〗連鎖比 (a: b, b: c, c: d, …のような一連の比).
cháin-reàct *vi.* 〖物理・化学〗連鎖反応をする[起こす].
cháin-reàcting *adj.* 〖物理・化学〗連鎖反応性の. 〖1945〗
cháin-rèacting píle *n.* 〖物理・化学〗連鎖反応炉, 原子炉 (reactor). 〖1956〗
cháin reàction *n.* **1** 〖物理・化学〗連鎖反応《燃焼・爆発などに見られる連鎖的に起きる反応》. **2** (事件などの)連鎖反応, (連鎖反応的な)事件の続発. 〖*c*1902〗
cháin reàctor *n.* =chain-reacting pile.
cháin rèflex *n.* 〖心理〗連鎖(性)反射. 〖1900〗
cháin rìveting *n.* 〖機械〗並列リベット締め. 〖1888〗
cháin rùle *n.* 〖数学〗 **a** 連鎖法《連鎖比を利用して問題を解く方法》. **b** 連鎖規則《合成関数を微分するための規則》. 〖*c*1847〗
cháin·sàw *n.* チェーンソー, 鎖のこ《循環連鎖をする歯のついた携帯電動のこぎり; 伐採などに用いる》. 〖1846〗
cháin shòt *n.* **1** 鎖弾(くさりだま)《二つの弾丸または半弾を鎖で連結した昔の砲弾; 帆柱などを撃破するのに用いた; 単に chain ともいう》. **2** 鎖弾の発射. 〖1581〗
cháins·man /-mən/ *n.* (*pl.* **-men** /-mən, -mèn/) 〖海事〗測鉛手 (leadsman).
cháin-smòke *vi., vt.* 立て続けに(たばこを)吸う. 〖(1930) 《逆成》 ↓〗
cháin-smòker *n.* (*also* **cháin smòker**) チェーンスモーカー, 立て続けにたばこを吸う人. 〖(1890) 《なぞり》 ← G *Kettenraucher*〗
cháin-stìtch *vt.* 〖服飾〗鎖編みする.
cháin stìtch *n.* **1** 〖服飾〗 **a** チェーンステッチ《刺繍(しゅう)ステッチの一種で, 鎖状に刺す; cf. loop stitch》. **b** 鎖編み《鉤針(かぎばり)編みの編み方の一種》. **2** 〖製本〗からみがけ (⇨ kettle stitch). **3** 〖製靴〗鎖縫い; 《特に, 細帯を中底に縫いつける》掬(すく)い縫い. 〖1598〗
cháin stòpper *n.* 〖海事〗チェーンストッパー, 錨鎖(びょうさ)止め《巻き上げた錨鎖を係止しておく用具》.
cháin stòre *n.* チェーンストア[店] (cf. multiple shop) 《同じ型の多くの小売店が同一資本の経営下に組織されたもの, またはそのうちの一商店》. 〖1910〗
cháin tòngs *n. pl.* 〖機械〗チェーントング《大径管用のパイプレンチ; chain wrench ともいう》.
cháin transmìssion *n.* 〖機械〗=chain drive.
chain·wale /tʃéɪnwèɪl, tʃǽnl/ *n.* 〖海事〗=channel[2]. 〖(1611) ← CHAIN+WALE[1]〗
cháin·whèel *n.* =sprocket wheel (⇨ bicycle 挿絵). 〖1845〗
cháin·wòrk *n.* **1** 鎖細工. **2** 鎖状の装飾; (裁縫・刺繍(しゅう)などの)鎖模様. 〖1551〗
cháin wrènch *n.* 〖機械〗鎖パイプレンチ (⇨ chain tongs).
chair /tʃéə | tʃéə(r)/ *n.* **1 a** (通例一人用の, 背もたれのある)椅子: take a ~ 椅子に着く / sit in a ~ 安楽椅子[肘掛け椅子]にかける / sit on a ~ (肘掛けのない普通の)椅子にかける. 日英比較 日本語では「椅子」一語でほとんどの種類の椅子を表せるが, 英語には椅子類の総称がなく, *chair* が「一人用で背もたれがあるもの」, stool が「一人用で背もたれがないもの」, hassock が「一人用で, ひざまずく時に用いる低いもの」, bench が「二人以上で座れる長椅子」, couch が「二人以上で座れるクッションがきいた長椅子で, 肘あてと背もたれがあるもの」, sofa が「一人または二人以上で座れるクッションがきいた長椅子で, 肘あてと背もたれがあるもの」, seat が「乗り物・劇場・映画館などの, 床に固定された椅子」, lounge が「寝椅子」のように種類別に名称が異なる. また, *chair* はさらに細かく分けて, arm*chair*, bath *chair*, deck *chair*, easy *chair*, folding *chair*, high *chair*, rocking *chair*, swivel *chair*, wheel*chair* などのように, 個別の名称がある. **b** 椅子の代わり[役目]をするもの. **c** 《英》=sedan chair. **2** [the ~] **a** 議長; 司会 (chairman): address *the* ~ 議長に対して発言する / *the Chair* of St. Peter 教皇の座 / *Chair! Chair!* 議長, 議長《議場混乱の際に議場整理を要求する叫び》. **b** (君主・裁判官・教授・司教などの)権威のある人の座席; 議長席, 会長席; 司会者席. **c** 権威の座; 議長職; 会長職; 司会者の職. **d** 《英》市長の職 (mayoralty): above [below] *the* ~ 〈London 市参事会員が市長の経歴のある[ない]. **3** (大学の)講座; ある講座の教授の職; 講座主任, 学科長[主任]: the *Chair* of Philosophy, History etc. / resign one's [the] ~ at Harvard ハーバードの教授職を辞する. **4** [the ~] 《米口語》(死刑用の)電気椅子: escape *the* ~ 死刑を免れる / send [bring] a man to *the* ~ 人を死刑に処する. **5 a** (デスクをもつ仕事の)席, 職. **b** (交響楽団などの楽器演奏者の)持ち場, 部署. **6** 〖土木〗(鉄筋コンクリート工法でコンクリート流し込みの際の)間隔保持材. **7** 〖ガラス製造〗(ポンテ(穴のあいていない鉄棒)でガラス器具を作る際の腕木のついた)ガラス細工人の椅子. **8** 〖鉄道〗チェア《レールを支える座鉄》.
álmost [néarly] fáll òff one's cháir びっくり仰天する. ***appéal to the cháir*** 議長に採決を求める. ***in the cháir*** (1) 議長席に着いて. (2) 議長[司会]を務めて. ***léave the cháir*** (1) 議長[司会者]席を去る. (2) 議事[司会]を終わる. ***páss the cháir*** [通例完了形で用いて] (議長・市長などの)任期を終える. ***táke the cháir*** (1) 議長[司会者]席に着く. (2) 議事を始める; 司会をする.
— *vt.* **1** 椅子に座らせる. **2** 〈人を〉職[地位]に就かせる, 就任させる. **3** 〈会議などの〉議長[座長]を務める: ~ a committee [meeting] 委員長[議長]になる. **4** 《英》(もと)椅子に乗せて高く持ち上げる, (今は)数人で肩にかついで運ぶ《成功を祝って行う胴上げの類》.
〖(?*c*1225) *chaiere* □ OF (F *chaire* pulpit, throne) < L *cathedram* seat □ Gk *kathédrā* seat, pulpit: ⇨ cathedral〗
cháir·bèd *n.* (引き伸ばし式または折りたたみ式の)椅子兼用寝台. 〖1805〗
cháir·bòrne *adj.* 《口語》(軍隊で)机上勤務の, 非戦闘勤務の; (空軍で)地上勤務の. 〖(1943) 《混成》 ← CHAIR+(AIR)BORNE〗
cháir·bòund *adj.* 〖社会福祉〗(移動のため)車椅子に頼っている, 歩けない.
cháir càr *n.* **1** リクライニングシートを2脚ずつ通路の両側に備えつけた客車. **2** =parlor car. 〖1880〗
cháir·lády *n.* =chairwoman. 〖1925〗
cháir·lìft *n.* =lift[1] 4 e. 〖1940〗
chair·man /tʃéəmən | tʃéə-/ *n.* (*pl.* **-men** /-mən, -mèn/) **1 a** 議長 (cf. chairwoman, chairperson); 司会者: the *Chairman* of Committees 《英》全院委員長《議会で全院委員会を開いているときの委員長で上下院ともその議長に代わる》/ the *Chairman* of the Joint Chiefs of Staff 《米》統合参謀本部議長. **b** 会長, 会頭; 委員長; 社長, 頭取: the *Chairman* of the Board (of Directors) (会社などの)会長. **c** (大学の)学科長, 学科主任. ★ 呼び掛けは, 男性なら Mr. Chairman, 女性なら Madam Chairman. **2** (演芸の)司会者. **3** 責任者, 監督 (supervisor): a hospitality ~ 接待主任. **4 a** 車椅子を押す人. **b** 《史》sedan chair のかつぎ手, かごかき. — *vt.* 〈会議などの〉議長を務める; …の議長である. 〖1650〗
chairman·ship /tʃéəmənʃɪp | tʃéə-/ *n.* chairman の任務[職]. 〖(1847): ⇨ ↑, -ship〗
cháir·òne *n.* =chairperson.
cháir òrgan *n.* =choir organ 1. 〖(1636–37) 教会の choir organ がオルガン奏者の席の背もたれとなったことから〗
cháir·pèrson *n.* 議長, 司会者; (大学の)学科長[主任] 《chairman の性別の忌避的表現》. 〖1971〗
cháir ràil *n.* 〖建築〗腰なげし《椅子の背もたれの高さに壁の保護のために設ける小幅板》. 〖1842–75〗
cháir·tàble *n.* チェアテーブル《円または長方形の背板をちょうつがいで取り付けた肘掛け椅子で, 背板を水平に回転するとテーブルに変わる》. 〖1558〗
cháir·wàrmer *n.* 《俗》 **1** ホテルのロビーなどで椅子に長く座っている人. **2** (座ってばかりいて)仕事に精を出さない人, 怠け者 (idler). 〖1909〗
cháir·wòman *n.* (*pl.* **-women**) 女性の chairman (cf. chairperson). 〖1681〗
chaise /ʃéɪz, tʃéɪs | ʃéɪz/ *n.* **1 a** 二人乗りの一頭立て幌(ほろ)付き二輪軽装馬車. **b** 同様の四輪遊覧馬車. **c** =post chaise. **2** =chaise longue. **3** フランスで初めて14世紀に発行された金貨《王座についた王を描く》. 〖(1701) □ F ~ 'chair, seat' 《変形》 ← *chaire*: ⇨ chair〗
chaise longue /ʃéɪzlɔ́(ː)ŋ, tʃéɪs-, -lɑ́(ː)ŋ | ʃéɪzlɔ́ŋ, ʃéz-, -lɔ̃ŋ; *F.* ʃɛzlɔ̃ːg/ *n.* (*pl.* **~s, chaises longues** /~(z); *F.* ~/) 長椅子, シェーズロング《安楽椅子の一種で, 座が細長く一方に背もたれと肘掛けの付いた低い寝椅子; 単に chaise ともいう》. 〖(1800) □ F ~ 'long chair'〗
cháise lóunge /ʃéɪz-, tʃéɪs-/ *n.* =chaise longue. 〖(*c*1906) 《変形》 ↑: LOUNGE (n.) 2 との連想から通俗語源による変形〗
Chait /tʃáɪt/ *n.* チャイト(の月)《ヒンズー暦の月名の一つで, 太陽暦の3–4月に当たる; cf. Hindu calendar》. 〖□ Hindi *Cait* ← Skt *Caitra*〗
chait·ya /tʃáɪtjə/ *n.* 《インド》〖仏教〗チャイティヤ《礼拝供養の対象となる聖地[記念碑]; cf. dagoba, stupa》. 〖(1875) □ Skt *caitya* ← *citā* funeral pile〗
Cha·ka /ʃɑ́ːkə, -gə/ *n.* =Shaka.
chak·ra /tʃʌ́krə, tʃǽk-, tʃɑ́ːk-/ *n.* チャクラ: **1** (ヨガの哲学で)心身の力のエネルギー源と考えられているつぼ《通常, 7か所あるとされる》. **2** (インドで)太陽や支配者を象徴する輪. **3** (シク教徒が飛び道具として用いた)縁の鋭い円盤. 〖(1888) □ Skt *cakra* 'wheel'〗
Chal. 《略》Chaldaic; Chaldean; Chaldee.
cha·lan /tʃɑ́lən/ *n.* 《インド》(公式の)証票, 伝票, チケット. 〖(1858) □ Hindi *chalān*〗
Cha·las·to·gas·tra /kəlæ̀stəgǽstrə/ *n. pl.* 〖昆虫〗広腰亜目《膜翅目のうちキバチ・ハバチなど腹部基節が細くくびれないものを含む》. 〖← NL ~ ← Gk *khalastós* loose +NL *-gastra* (⇨ -gaster)〗
cha·la·za /kəléɪzə/ *n.* (*pl.* **~s, -la·zae** /-ziː/) **1** 〖動物〗(卵の)カラザ, 卵帯《卵黄と胚(はい)とを卵の中央に支えている紐状のもの》. **2** 〖植物〗合点《胚乳の珠皮が珠心に接する点》. **cha·la·zi·an** /kəléɪziən/ *adj.* 〖(1704) ← NL ~ ← Gk *khálaza* hail, lump〗
cha·la·zal /kəléɪzəl, -zl/ *adj.* **1** 〖動物〗カラザの[に関する]. **2** 〖植物〗合点の[に位置する, に向いた]. 〖(1835): ⇨ ↑, -al[1]〗
cha·la·zi·on /kəléɪziən/ *n.* 〖眼科〗霰粒(さんりゅう)腫《慢性のものもらい》. 〖(1708) □ Gk *khalázion* (dim.) ← *khálaza* 'CHALAZA'〗
chal·a·zog·a·my /kæ̀ləzɑ́(ː)gəmi | -zɔ́g-/ *n.* 〖植物〗合点受精, 基底受精《花粉管が合点を通って胚に達する受精》. 〖(1902) ← CHALAZ(A)+-O-+-GAMY〗
chalc- /kælk/ (母音の前にくるときの) chalco- の異形.
chal·can·thite /kælkǽnθaɪt/ *n.* 〖鉱物〗胆礬(たんばん) ($CuSO_4 \cdot 5H_2O$) 《硫酸銅の天然鉱物; cyanose ともいう; cf. blue vitriol》. 〖(1857) □ G *Chalcanthit* ← L *chalcanthum* □ Gk *khálkanthon* ← *khalkós* copper, brass +*ánthos* flower: ⇨ -ite[1]〗
chal·ce·don /kælsíːdn̩, kǽlsədɑ̀(ː)n | kǽlsɪ̣dən, -dn̩, -dɔ̀n/ *n.* 〖昆虫〗カリフォルニアシマモドキ (*Euphydryas chalcedona*) 《北米西部産の鱗翅目タテハチョウ科のヒョウモンモドキの一種; 黒い翅に黄色と黄褐色の斑点があるチョウ; chalcedon butterfly ともいう》. 〖← NL *chalcedona* ← LL *chalcēdonius* 'CHALCEDONY'〗
Chal·ce·don /kǽlsədɑ̀(ː)n, kælsíːdn̩ | kǽlsɪ̣dən, -dn̩, -dɔ̀n/ *n.* **1** カルケドン (Bosporus 海峡をはさんで Byzantium の対岸に位置した小アジア北西部の古都). **2** [the Council of ~] 〖キリスト教〗カルケドン総会議[公会議]《451年にこの地で開かれた世界教会会議で, キリストは神性と人性の二性を有する一つのペルソナ(位格)であることを宣言した》. **Chal·ce·do·ni·an** /kæ̀lsədóuniən | -sɪ̣dáu-ˈ-/ *adj.*
chal·ced·o·ny /kælsédəni, -dni, kǽlsədòuni | -dəni/ *n.* 〖鉱物〗玉髄《潜晶質石英; 広義では cat's-eye, onyx, carnelian なども含む》. **chal·ce·don·ic** /kæ̀lsədɑ́(ː)nɪk | -dɔ́n-ˈ-/ *adj.* **chal·céd·o·nous** /-dənəs, -dn̩-| -dən-, -dn̩-/ *adj.* 〖(*c*1250) □ LL OF *calcedoine* □ (Vulgate) *chalcēdonius* □ Gk *khalkēdṓn* (cf. *Rev.* 21: 19): cf. Chalcedon〗
chal·cid /kǽlsɪ̣d | -sɪd/ 〖昆虫〗 *n.* アシブトコバチ《アシブトコバチ科 (Chalcididae) の昆虫の総称; 幼虫期には他の昆虫の幼虫やさなぎに寄生》. — *adj.* アシブトコバチ(科)の.
chálcid flỳ *n.* 〖昆虫〗=chalcid. 〖1893〗
Chal·cid·i·ce /kælsídəsi, -sɪ̀ | -dɪsi, -sìː/ *n.* カルキディケ(半島)《ギリシャ北東部の半島; ギリシャ語名 Khalkidiki》.

chálcid wàsp *n.*〘昆虫〙=chalcid. 〖1959〗

Chal·cis /kǽlsɪs | -sɪs/ *n.* カルキス《ギリシャ南東部 Euboea 島の都市; 古代から商業の中心地; ギリシャ語名 Khalkis》.

chal·co- /kǽlkoʊ | -kəʊ/「銅; 真鍮 (brass); 青銅 (bronze)」の意の連結形. ★ 母音の前では通例 chalc- になる. 〖□F & L ~ ← Gk *khalkós* copper, brass ← IE **ghelegh-* a kind of metal〗

chal·co·cite /kǽlkəsàɪt/ *n.*〘鉱物〙輝銅鉱 (Cu_2S)《銅鉱石の一種》. 〖《1868》← (廃) *chalcosine* (□F): ⇨ -ite[1]〗

chal·co·gen /kǽlkədʒən/ *n.*〘化学〙カルコゲン《酸素・硫黄・セレン・テルルの総称》. 〖《*c*1961》: ← CHALCO-＋-GEN〗

chal·co·gen·ide /kǽlkədʒənàɪd/ *n.*〘化学〙カルコゲン化物《酸素・硫黄・セレン・テルル化物》. 〖《1945》: ⇨ ↑, -ide[2]〗

chal·co·graph /kǽlkəgræ̀f | -grɑ̀ːf, -græ̀f/ *n.* 銅版画, 銅版.

chal·cog·ra·pher /kælkɑ́(ː)grəfə | -kɔ́grəfə(r)/ *n.* 銅版彫刻師. 〖《1662》← ModGk *khalkográphos*＋-ER[1]〗

chal·cog·ra·phy /kælkɑ́(ː)grəfi | -kɔ́g-/ *n.* 銅版彫刻(術). **chal·co·graph·ic** /kæ̀lkəgrǽfɪk⁻/ *adj.* **chàl·co·gráph·i·cal** *adj.* **chal·cóg·ra·phist** *n.* 〖《1661》← Gk *khalkographía*〗

chal·co·lite /kǽlkəlàɪt/ *n.*〘鉱物〙銅ウラン鉱 (⇨ torbernite). 〖《1801》← CHALCO-, -LITE〗

Chal·co·lith·ic /kæ̀lkəlíθɪk⁻/ *adj.*〘考古〙銅石併用時代の, 金石併用時代の (Aeneolithic): the ~ era 銅石[金石]併用時代《新石器時代から青銅器時代への過渡期で, 冶金術は知られ, 銅はいくらか使用されていたものの, 利器の多くはまだ石製だった時代》. 〖《1902》← CHALCO-＋Gk *lithos* stone＋-IC[1]〗

chal·co·phile /kǽlkəfàɪl/ *adj.*〘地質〙〈地中の化学的成分が〉親銅性の《硫黄と化合しやすい; cf. lithophile 2, siderophile 2》: ~ elements 親銅元素. 〖← CHALCO-＋-PHILE〗

chàlco·pýrite *n.*〘鉱物〙黄銅鉱 ($CuFeS_2$)《最も主要な銅鉱の一つ; copper pyrites ともいう》. 〖《1835》← NL *Chalcopyrites*: ⇨ chalco-, pyrite〗

chàlco·stíbite *n.*〘鉱物〙輝安銅鉱 ($CuSbS_2$). 〖《1868》□G *Chalkostibit*: ⇨ chalco-, stibo-, -ite[1]〗

Chal·dae·a /kældíːə | -díːə, -díə/ *n.* =Chaldea.

Chal·dae·an /kældíːən | -díːən, -díən/ *adj., n.* =Chaldean.

Chal·da·ic /kældéɪɪk/ *adj., n.* =Chaldean. 〖1662〗

Chal·de·a /kældíːə | kæl-, kɔl-/ *n.* カルデア: **1** Babylonia 南部の古代の地方名. **2** セム系カルデア人が Babylonia に建てた王朝 (626–538 B.C.); 始祖は Nabopolassar, 首都は Babylon; Nebuchadnezzar 二世の時代が最盛で, アケメネス朝ペルシャの Kyros 二世により滅ぼされた.

Chal·de·an /kældíːən | kæl-, kɔːl-/ *adj.* **1 a** カルデア (Chaldea) の. **b** カルデア人[語]の. **2** 占星術の. — *n.* **1 a** カルデア人《Euphrates 川下流域から起こり, 前 6 世紀ごろまでバビロニアを支配した民族; 占い・占星術などに通じていたとされる; cf. *Dan.* 1: 4; 2: 2》. **b** カルデア語. **2** 《まれ》占星家 (astrologer); 占い師 (soothsayer). 〖《1581》← L *Chaldaeus* □ Gk *Khaldaîos* of Chaldea ← Aram. *Kaldāē* ← ?: ⇨ -an[1]〗

Chal·dee /kældíː | kæl-, kɔː-l-/ *adj., n.* =Chaldean. 〖《?*c*1200》□ OF *Caldée* (F *Chaldée*) // L *Chaldaei* (pl.) ← *Chaldaeus*〗

chal·dron /tʃɔ́ːldrən, tʃɑ́ː- | tʃɔ́ː-/ *n.* チョルドロン《英国で石炭・コークス・石灰などを計る単位; 32 または 36 bushels; 約 1164–2619 リットル》. 〖《1555》□ F *chaudron* kettle: CAULDRON と二重語〗

cha·let /ʃæléɪ, ⸗ ⸗ | ⸗ ⸗; *F.* ʃalɛ/ *n.* **1 a** シャレー《スイスアルプスなどで, 傾斜した屋根の軒が張り出したコテージ》. **b** シャレー風のコテージ. **c** (キャンプ場などの)小家屋. **2** (アルプスの山奥の)牧夫の小屋. 〖《1782》□ F (Swiss) ~ (dim.) ← ? OF *chasel* farmstead, dairy < VL **casā-le(m)* ← L *casa* hut: Rousseau が *Nouvelle Héloïse* で用いて一般化した〗

Cha·léur Báy /ʃəlúə-, -lə́ː- | ʃəlúə-, -lɔ́ː-/ *n.* シャルール湾《カナダ南東部 St. Lawrence 湾の入り江; サケの漁場》.

Cha·lia·pin /ʃɑljɑ́ːpiːn, -pɪ̩n | ʃæliɑ́ːpɪn; *Russ.* ʃaljápʲin/, **Fëdor** (**Ivanovich**) *n.* シャリアピン (1873–1938; ロシアのオペラ歌手(バス)).

chal·ice /tʃǽlɪs | -lɪs/ *n.* **1** 《詩》杯 (goblet). **2** 〘キリスト教〙聖杯, 聖餐杯, カリス《聖餐やミサのときに用いる聖別されたワインを入れる杯》. **3** 〘植物〙杯状花. **4** (Rastafarian によって用いられる)マリファナパイプ. ***a póisoned chálice*** 《英》一見魅力的だが実際には失敗[困ったこと]になるもの[職・機会など]. 〖《*a*1325》□ OF ~ (F *calice*) □ L *calicem, calix* cup ∞ ME *caliz, calce* < OE *calic* □ L: cf. calyx〗

chál·iced *adj.*〘植物〙〈花が〉杯状[鐘形]の. 〖《1609–10》: ⇨ ↑, -ed 2〗

chálice vìne *n.*〘植物〙熱帯アメリカ原産ナス科ラッパバナ属の黄色の大きい花をつけるつる性植物 (*Solandra guttata*).

chal·i·co·there /kǽləkoʊθɪə | -lɪkə(ʊ)θɪə(r)/ *n.*〘古生物〙カリコテリウムの哺乳類. 〖《1907》↓〗

Chal·i·co·the·ri·i·dae /kæ̀ləkoʊθəráɪədiː | -lɪkə̀ʊθəráɪɪ-/ *n. pl.*〘古生物〙カリコテリウム科《第三紀に栄えたが絶滅した, つめをもった奇蹄類》. 〖← NL ← *Chalicotherium* (属名: ← Gk *khalik-, khálix* gravel ＋-THERIUM)＋-IDAE〗

chalk /tʃɔ́ːk, tʃɑ́ːk | tʃɔ́ːk/ *n.* **1 a** 白亜《灰白色の軟土質の石灰岩, 有孔虫など微生物の遺骸(いがい)から成る; 精製したものは胡粉(ごふん)と称して顔料に用いる》: as white as ~ 〈顔が〉(ショック・病気のため)蒼白(そうはく)になって. **b** 白亜層. **2** 白墨, チョーク, 色チョーク: a piece of ~ / ⇨ French chalk, tailor's chalk. **3 a** (点数など)チョークでつけた記号. **b** 《英》勝負の得点; 掛売りの記録, 借金の金額. **4 a** チョークでかいた絵. **b** (テニスコートの)白線, ライン. **5** 〘競馬〙**a** (チョークで書いた)締切り間際のオッズ, 賭け率. **b** 本命馬, 人気馬. **6** [the C-]〘地質〙(英仏海峡の両岸などに分布する)上部白亜系の泥灰質堆積岩. **7** 〘玉突〙チョーク《キューの先端の滑り止め用》.
(as) different as chálk and [from] chéese 《口語》外見は似ていても本質的に異なる, 似て非なる. ***by a lóng chàlk*** = ***by (lóng) chàlks*** 《英口語》はるかに, よっぽど: This is better *by a long* ~. この方がずっとすぐれている《ゲームのスコア, 飲み屋の勘定などをチョークでしるすことから》. 《1840–45》 ***can't tell [dóesn't knów] chálk from chéese*** 物の良否[価値]の見分けがつかない. ***còme úp to (the) chálk*** 《米俗》標準に達する, 申し分ない. ***like chálk and chéese*** =(*as*) *different as* CHALK *and* [*from*] *cheese*. ***nót by a lóng chàlk*** 《英口語》全然…でない (not at all): They are *not* statesmen *by a long* ~. 彼らは全然政治家なんかではない / Is he smart?—No, *not by a long* ~. 彼は利口かい—とんでもない. ***wálk a [the] chálk (lìne [màrk])*** 《米口語》(1) (酔っていないことを証明するために床に引いた白線の上を)まっすぐ歩く. (2) 作法に従ってふるまう, 正しく[きちんと]ふるまう; 命令どおりにふるまう. ***wálk one's chálks*** 《俗》さっと[さっさと]立ち去る, 黙って行ってしまう (decamp).
chálk and tálk 《時に軽蔑的》板書と話《黒板を使って(一方的に)しゃべるだけの授業; 形式的であり, 生徒の身になって工夫をした授業と対照される》.
— *adj.* [限定的] **1** 白亜質の (chalky). **2** チョークで書いた; チョーク製の. **3** 《俗》〘競馬〙**a** 本命馬だけに賭(か)ける. **b** 〈人・馬が〉本命の. **4** [C-]〘地質〙(英仏海峡の両岸に発達する)上部白亜系の.
— *vt.* **1** チョークで描く[書く, …に印をつける]. **2** 〈玉突きのキューの先〉にチョークを塗る; チョークでこする. **3** 《英》〈土地〉に白亜を入れる[混ぜる]. **4** 青白くする, 蒼白にする. **5** 《米古》(列車などの無賃乗車の許可の印として)〈人の帽子〉にチョークで印をつける: ~ a person's hat / have one's hat ~*ed* (帽子にチョークで印をつけて)無賃乗車を認めてもらう.
— *vi.* **1** チョーク状になる. **2** 〈塗料が〉表面に粉が出る, チョーキングを起こす.
chálk it úp to expérience 失敗などを(何事も経験だと)冷静に受け止める. ***chálk óut*** (1) チョークで…の輪郭を描く, 図取りする (sketch). (2) 計画する (plan). ***chálk úp*** 《口語》(1) (チョークで)〈得点を〉記す (score); (酒場の壁などに)〈売掛金を〉白墨で書く: The scorer ~*ed up* one more point for our team. スコア係はわがチームにもう 1 点加点した. (2) 得点する, 稼ぐ (earn): ~ *up* two runs 2 点入れる. (3) 帰する, 〔…の〕せいにする (attribute)〔*to*〕: We ~*ed up* his failure *to* his thoughtlessness. 彼の失敗を思慮のなさのせいにした. (4) 信用貸しする, 掛売りする (credit). 〖OE *cealc* □ L *calcem, calx* lime □ Gk *khálix* pebble ← ?: cf. calcium〗

chalk- /kǽlk/ =chalc-.

chálk·bèd *n.*〘地質〙白亜層. 〖1802〗

chálk·bòard *n.* 《米》黒板《通例緑または黒; cf. green-board》. 〖1936〗

chálk·fàce *n.* 《英口語》(教師の職場としての)教室; 教育現場.

chalk·ie /tʃɔ́ːki, tʃɑ́ː- | tʃɔ́ː-/ *n.* 《豪俗》教師, 先公. 〖《1941》← CHALK＋-Y[2]〗

chálk·lìke *adj.* 白亜質の, チョーク状の. 〖1842〗

chálk lìne *n.*〘建築〙**1** 白墨線, 墨糸線, 墨縄糸線《直線を引くため, 糸にチョークなどをすりつけ, その中央をはじいて部材にチョークの線をつけるのに用いる器具; 日本の墨縄に相当する; snapline ともいう》. **2** 白墨で引いた線. ***wálk a [the] chálk lìne*** =*walk a* [*the*] CHALK. 〖*c*1450〗

chálk mànner *n.*〘美術〙=crayon manner.

chálk-màrk *vt.* …にチョークでしるしをつける; 〈線を〉チョークで引く. 〖1880〗

chálk màrk *n.* チョークでつけたしるし. ***wálk a [the] chálk màrk*** =*walk a* [*the*] CHALK. 〖1862〗

chálk mìxture *n.*〘薬学〙(幼児の)下痢止め薬の一種. 〖1811〗

chal·ko- /kǽlkoʊ | -kəʊ/ =chalco-.

chálk pìt *n.* (白亜を採掘する)白亜坑. 〖OE〗

chálk·stòne *n.*〘病理〙痛風結節 (tophus). 〖(lateOE) 1738〗

chálk strìpe *n.* チョークストライプ《濃い色の地にチョークで引いたような細い白い縞柄》. **chálk·strìped** *adj.* 〖1943〗

chálk tàlk *n.* 《米》黒板を用いて行う(くだけた)講義[講演, 説明会](など). **chálk-tàlker** *n.* 〖1881〗

chalk·y /tʃɔ́ːki, tʃɑ́ː- | tʃɔ́ː-/ *adj.* (**more** ~, **most** ~; **chalk·i·er, -i·est**) **1** 白亜質の; 白亜に覆われた. **2** 白亜色の. **3** チョークのような; 粉っぽい (powdery): ~ bread. **4** 〘写真〙コントラストが強すぎて明るい部分の細部が写っていない (cf. contrasty). **chálk·i·ness** *n.* 〖*c*1385: ⇨ -y[1]〗

chal·lah /hɑ́ːlə, xɑːlɑ́ː/ *n.* (*pl.* **chal·loth** /-ʊθ/, **chal·lot** /xɑːlóʊt | -lɔ́t/, ~**s**) ハーラ《イースト入りの生地に卵を加え, 編むかねじるかして焼いたパン; ユダヤ教の安息日に作るもの; hallah ともいう》. 〖《1927》□ Heb. *hallāh* ring-shaped bread ← *hālál* to bore a hole〗

chal·lan /tʃʌ́lən/ *n.* =chalan.

chal·lenge /tʃǽlɪndʒ/ *n.* **1** 能力・力量を試される難題[仕事], 問題: the biggest ~ 最大の難事 / The ~ today is to improve our living environment. 今日の課題は我々の生活環境を改善することだ. **2** 問題視, 疑念, 異議; (投票(者)の有効性・資格などへの)異議申し立て. **3 a** 挑戦; (決闘・試合などの)申し込み: a ~ *to* fight / a ~ *to* a game, match, duel, etc. / give [issue] a ~ 挑戦する, 挑む / accept [take up] a ~ 挑戦に応じる / face a ~ 挑戦に立ち向かう / without ~ こちらから何もしないのに. **b** 挑戦状, 果たし状. **4 a** 説明[弁明]の要求: meet a ~ 要求に応じる. **b** 誰何(すいか)《歩哨が Halt! Who goes there? と呼び止めること》. **5** 〘法律〙(陪審員に対する)忌避: a ~ to jurors 陪審員忌避 (cf. peremptory challenge). **6** 〘医学〙誘発(試験); 免疫試験《特別の免疫性を与えたのち伝染性物質にさらす》. **7** 〘狩猟〙(獲物の臭いをかぎつけたときの)猟犬の叫び声. **8** 《廃》権利の主張 (claim). **9** 《廃》非難 (accusation).
méet [ríse to] a [the] chállenge 難局にうまく対処する (cf. 4 a). ***ópen to chállenge*** 反論を受けやすい.
— *vt.* **1** 〈権限・事実・正当性などを〉疑う, 争う; …に異議を申し立てる: ~ a person *on* [*about, for*] the fairness of his treatment 人の対処の公正さについて異議をとなえる / ~ her statement 彼女の陳述に疑いをもつ. **2 a** 〈人〉に〈…するように〉いどむ, あえて要求する〈*to do*〉: He ~*d* me *to* prove my innocence. 無罪を証明してみろと私に詰め寄った / He ~*d* anyone *to* beat him. 自分に勝てる者は誰でも来いといどんだ. **b** 〈人〉に挑戦する, けんかをふっかける; 〈人〉に決闘を申し込む; 〈人〉に〔論戦・試合などを〕申し込む, 挑戦する〔*to*〕: ~ one's adversary 相手に挑戦する / ~ a person *to* a debate, duel, game, etc. [日英比較] 日本語では「エベレストにチャレンジする」のように目的語に物・事がなるが, 英語の *challenge* は, 目的語は必ず「人」である. また, 英語では *challenge* の主語は物・事でもよい. **c** (理論などを)試す. **3** 〈注目・想像力などを〉促す, 促し求める, 挑発する, 喚起する; 刺激する: False assertions ~ contradiction. 偽りの断言には反駁(はんばく)が起きる / The poem ~*s* our imagination. その詩は我々の想像力をかき立てる. **4** 〈賞賛・説明・技術などを〉当然のこととして要求する: a work that ~*s* the admiration of all ages あらゆる時代の賞賛に値する名作 / This task ~*s* skill. この仕事には当然技術がいる / This is a problem which ~*s* explanation. 説明のいる問題だ / The problem ~*s* us *to* use our talents. その問題は頭を使わねばならない. **5** 〈番兵が〉〈人〉に止まれと命令する, 誰何(すいか)する. **6** 《米》〈投票〉の無効を主張する, 〈投票者〉の無資格を主張する. **7** 〘法律〙〈陪審員・証拠などを〉忌避する, 拒否する: ~ a juryman, evidence, etc. **8** 〘医学〙〈人〉に誘発試験を行う; (実験動物に)伝染性物質を与える; …の免疫の有効性をテストする. **9** 《廃》…に対する権利を主張する. **10** 《廃》非難する (accuse). — *vi.* **1** 挑戦する. **2** 〘法律〙忌避する. **3** 〘狩猟〙〈猟犬が〉臭跡をかぎつけてほえる. 〖n.: 《*a*1325》*chalenge* accusation, claim □ OF *c(h)alenge* < L *calumniam* 'CALUMNY'. — v.: 《?*a*1200》□ OF *c(h)alengier* < L *calumniāri* 'to CALUMNIATE'〗

chal·lenge·a·ble /tʃǽlɪndʒəbl̩/ *adj.* 挑戦可能な, 挑戦相手になれる. 〖《*c*1378》: ⇨ ↑, -able〗

chállenge cùp *n.* (競技の)挑戦杯.

chál·lenged *adj.* 《婉曲》障害をもった, ハンディのある[を背負った] (handicapped): a visually [physically] ~ person 目[身体]の不自由な人 / vertically-~ 《戯言》背の低い. 〖《1578》: ⇨ -ed 2〗

chal·leng·er /tʃǽlɪndʒə | -dʒə(r)/ *n.* **1** 挑戦者, チャレンジャー (↔ defender). **2** 誰何(すいか)する者. **3** 〘法律〙忌避者, 拒否者. **4** 〘通信〙=interrogator 2. **5** [C-] チャレンジャー(号)《米国のスペースシャトル第 2 号機; 1986 年打上げ直後に爆発, 乗員 7 名全員死亡》. 〖《*c*1350》: ⇨ -er[1]〗

Chállenger Déep *n.* チャレンジャー海淵(かいえん)《グアム島南西約 400 km のマリアナ海溝の最深部; 水深 11,033 m》.

chállenge tròphy *n.* =challenge cup.

chal·leng·ing /tʃǽlɪndʒɪŋ/ *adj.* **1** 挑戦的な. **2** 人を刺激する, 挑発的な; 興味をそそる, 魅力的な: a ~ smile. **~·ly** *adv.* 〖《1842》: ⇨ -ing[2]〗

chal·lie /ʃǽli/ *n.* =challis.

chal·lis /ʃǽli | ʃǽlɪs, ʃǽli/ *n.* シャリ織《メリンスに似た毛織または絹, レーヨン, 合織地で婦人服用》. 〖《*c*1837》← ? *Challis* (家族名)〗

challot *n.* challah の複数形.

challoth *n.* challah の複数形.

cha·lone /kéɪloʊn, kǽl- | -ləʊn/ *n.*〘生理〙ケイロン《動物体内に存在する細胞分裂の抑制物質》. 〖《1914》□ Gk *khalôn* slackening (pres.p.) ← *khaláō*〗

Châ·lons-sur-Marne /ʃæ̀lɔ̃ː(n)sʊəmɑ́ən, -lɔ́ːn- | -s(j)ʊəmɑ́ːn; *F.* ʃalɔ̃syʁmaʁn/ *n.* シャロンシュルマルヌ《フランス北東部, Marne 川に臨む都市; Attila 敗北の地 (451); 単に Châlons ともいう》.

Cha·lon-sur-Saône /ʃæ̀lɔ̃ː(n)sʊəsóʊn, -lɔ́ːn- | -s(j)ʊəsə́ʊn; *F.* ʃalɔ̃syʁsoːn/ *n.* シャロンシュルソーヌ《フランス東部の都市, Saône 川に臨む; 単に Chalon ともいう》.

chal·u·meau /ʃæ̀ləmóʊ | -ljʊməʊ; *F.* ʃalymo/ *n.* (*pl.* **-u·meaux** /~z; F. ~/)〘音楽〙シャリュモー: **1** clarinet の最低音域. **2** 《古》1 枚[2 枚]の舌のある木管楽器. 〖《1713》□ F ~ < OF *chalemel* musical instrument < LL *calamellum* (dim.) ← *calamus* reed: ⇨ calamus〗

cha·lutz /xaːlúːts/ *Heb.* n. (*pl.* ～**·im** /xàːluːtsíːm, xaːlúːtsɪm/) ＝halutz.

cha·lyb·e·ate /kəlíːbiət, -líb-, -biènt/ *adj.* 〈鉱泉・薬が〉鉄分を含んだ. — *n.* 鉄剤; 鉄泉. 〖(1634) ← NL *chalybeātus* ← L *chalybēius* of steel ← *chalybs* ◻ Gk *khálups* iron ← *Khálubes* the Chalybes (小アジアの古代民族で鉄細工に熟練していた): ⇨ -ate²〗

C

chal·y·bite /kǽləbàɪt | -lɪ-/ *n.* 〘鉱物〙菱(ˢᵘ)鉄鉱 (⇨ siderite 1). 〖(1858) ◻ G *Chalybit* ← L *chalybs* (↑): ⇨ -ite¹〗

cham /kǽm/ *n.* 《古》＝khan¹: ⇨ Great Cham. 〖(*c*1400) *Can, Chane* ◻ F *cham, chan*: ⇨ khan¹〗

Cham /kǽm/ *n.* (*pl.* ～, ～**s**) **1** チャム族《カンボジアおよびベトナム中部のインドネシア系民族》. **2** チャム語《Malayo-Polynesian 語族に属する》.

cha·made /ʃəmáːd; *F.* ʃamad/ *n.* 《古》〘軍事〙(太鼓またはらっぱで敵方に知らせる)談判申し込み. 〖(1684) ◻ F ～ ◻ Port. *chamada* ← *chamar* < L *clamāre* to shout, cry out〗

cham·ae- /kǽmiː, -mɪ̀ | -miː, -mɪ/ 〘生物〙「(主に動植物の属名に用いて)低い (low); 地表 (ground)」の意の連結形: *Chamaesaura*. 〖← NL ～ ← Gk *khamaí* on the ground ← IE **dhghem-* earth〗

Cha·mae·le·on /kəmíːliən, -ljən/ *n.* 〘天文〙カメレオン座《天の南極付近にある小星座; the Chameleon ともいう》. 〖← NL ～ ← L ～: ⇨ chameleon〗

cham·ae·phyte /kǽmɪ̀fàɪt | -mɪ-/ *n.* 〘植物〙地表植物《抵抗芽が地上約 30 cm の高さにまでなる多年生植物; cf. geophyte, phanerophyte》. 〖(1913) ← CHAMAE-＋-PHYTE〗

cha·mar /tʃəmáə | -máː⁽ʳ⁾/ *n.* チャマール《インドのカースト制度のもとでの不可触民の一種; 皮なめし・皮細工・靴作りなどに携わる》. 〖(1858) ◻ Hindi *camār* ← Skt *carmakāra* leather worker: cf. corium〗

cham·ber /tʃéɪmbə | -bə⁽ʳ⁾/ *n.* **1 a** [しばしば C-; 単数または複数扱い] 議会; 議員会館: the lower ～＝lower house / the upper ～＝upper house / the two *Chamber* system 二院制. **b** (商業用などの)会議室, 会議所: ⇨ CHAMBER of commerce. **2 a** ⇨ 特別に用いる大きい部屋. **b** (宮廷などの)公式の間: an audience ～ 拝謁の間. **c** [*pl.*] (裁判所内の)判事室《公判を要しない事件はここで審理する》. **d** [*pl.*] 《英》(法学院 (Inns of Court) 内の)バリスターの事務室. **e** (市町村などの)収入役事務室 (chamberlain's office). **3** 《古・詩》**a** 室, 部屋. **b** 私室 (private room); (特に)寝室. **c** [*pl.*] 《英》(独身者用の)一続きの部屋, 貸間, アパート (apartment). **d** 囲まれた空間; 仕切られた部屋; 空洞. **4** 〘生物〙(動植物体などの)小室 (cell), くぼみ, 空洞 (cavity). **5 a** (回転式ピストルの)弾倉の仕切り[区画]: a revolver with six ～*s* 6 連発のピストル. **b** (15–16 世紀の後装砲の)薬室 (cf. chase³ 1 a). **6** (機械の中の空気・蒸気などの)室: a gear ～ ギヤ室. **7** 《婉曲》＝chamber pot. **8** (運河などの)二つの水門で区切った間 (canal lock). **9** 〘物理〙箱: ⇨ bubble chamber, cloud chamber. **10** 《廃》(政府・会社の)出納室, 金庫. **11** 《NZ》(屠場の)冷凍室.
chámber of cómmerce, C- C- 商工会議所 (cf. BOARD of trade (1)). (1797)
Chámber of Députies [the —] (もとのフランスの)国民議会, 下院《今は National Assembly という》. 〖(なぞり) ← F *Chambre des Députés*〗
chámber of hórrors (1) [the C- of H-] 恐怖の部屋, 戦慄(ˢᵉⁿ)の間 (⇨ Madame Tussaud's). (2) 拷問や殺人の道具など気味の悪いものを陳列した部屋; そのような陳列品のコレクション. (1849)
chámber of tráde, C- T- 英国商工会議所《地域の商工会議所 (chamber of commerce) を統轄する》.
— *adj.* [限定的] **1** 室内楽(用)の: ⇨ chamber music. **2** 秘密の; 秘密に行われる.
— *vt.* **1** …に部屋を設ける; 部屋に造る. **2** 部屋に入れる[閉じこめる]. **3** 〈弾丸を〉薬室に込める, 装填(ᵗᵉⁿ)する.
〖(?*a*1200) ◻ (O)F *chambre* < L *cameram* vault: CAMERA と二重語〗

chámber còncert *n.* 室内楽演奏会. 〖1836〗

chámber còuncil *n.* 秘密会議. 〖1610–11〗

chámber còunsel [còunsellor] *n.* 《英》 **1** ＝office lawyer. **2** 法律事務所で与える助言 (cf. chamber practice). 〖1610–11〗

chám·bered *adj.* **1** 室[空洞]のある. **2** [通例複合語の第 2 構成素として] (…の)室[薬室]のある. 〖(*c*1384): ⇨ -ed 2〗

chámbered náutilus *n.* 〘動物〙＝nautilus 1.

cham·ber·er /tʃéɪmbərə | -rə⁽ʳ⁾/ *n.* 《古》女性の部屋に足しげく出入りする人; だて男 (gallant), 恋人. 〖(1340) *chamberere* handmaid, concubine ◻ AF *chamb(e)rer(e)*＝(O)F *chambrier*: ⇨ chamber, -er¹〗

chámber·hànd *n.* 《NZ》屠畜場の冷蔵室で働く人. 〖1950〗

cham·ber·lain /tʃéɪmbəlɪ̀n | -bə-/ *n.* **1** (宮廷の)式部官; 侍従: ⇨ Lord Chamberlain, LORD Great Chamberlain of England. **2** (貴族・王の)家令 (chief steward); (貴族・王の)寝室付き従者. **3** 《英》(市町村などの)収入役, 会計係 (treasurer). **4** 〘カトリック〙教皇の名誉随員である高位聖職者. 〖(?*a*1200) ◻ OF ～, *chamberlenc* (F *chambellan*) ◻ Frank. **kamerling*: ⇨ chamber, -ling¹: cf. OHG *chamarlinc* / G *Kämmerling*〗

Cham·ber·lain /tʃéɪmbəlɪ̀n | -bəlɪ̀n, -lèɪn/, **(Arthur) Neville** *n.* チェンバレン《1869–1940; 英国の政治家, 首相 (1937–40); ナチスドイツ・イタリアに対し宥和(ʸᵘ̄ʷᵃ)政策をとった; Sir Austen Chamberlain の弟》.

Chamberlain, Bas·il /bǽzəɫ, -zɪ̀ɫ | -zɪɫ, -zɪɫ/ **Hall** *n.* チェンバレン《1850–1935; 英国の言語学者・日本学者; 日本に招かれて東京帝国大学その他で教えた; 日本言語学の祖; *Things Japanese* (1890)》.

Chamberlain, Joseph *n.* チェンバレン《1836–1914; 英国の政治家; Sir Austen および Neville Chamberlain の父》.

Chamberlain, Sir **(Joseph) Austen** *n.* チェンバレン《1863–1937; 英国の政治家; Locarno 条約成立に至るまでの貢献により Nobel 平和賞 (1925); Neville の兄》.

Chamberlain, Owen *n.* チェンバレン《1920–　; 米国の原子物理学者; Nobel 物理学賞 (1959)》.

Chamberlain, 'Wilt' [Wilton Norman] *n.* チェンバレン《1936–　; 米国のバスケットボールプレーヤー; 高い身長を生かして数々の得点記録をつくる; あだ名 'Wilt the Stilt'》.

chámberlain·shìp *n.* chamberlain の職[任期]. 〖(1495): ⇨ -ship〗

Cham·ber·lin /tʃéɪmbəlɪ̀n | -bəlɪn/, **Thomas Chrow·der** /kráʊdə | -də⁽ʳ⁾/ *n.* チェンバリン《1843–1928; 米国の地質学者》.

chámber·màid *n.* **1** 部屋係のメード《ホテルや家で寝室・浴室の掃除やベッドをこしらえる仕事をする; cf. parlormaid》. **2** 《米》メード (housemaid). 〖1587〗

chámber mùsic *n.* 〘音楽〙室内楽《教会音楽・歌劇・管弦楽・合唱などに対し, 小人数の独奏者によって演奏される音楽》. 〖(*a*1789) (なぞり) ← It. *musica da camera*〗

chámber òpera *n.* 〘音楽〙室内オペラ《小さな劇場で少ない出演者で行う歌劇》.

chámber òrchestra *n.* 〘音楽〙室内楽団, 室内合奏団 (sinfonietta). 〖*c*1927〗

chámber òrgan *n.* (普通の家屋などに設備した)小パイプオルガン. 〖1706〗

chámber pòt *n.* 寝室用便器, しびん, おまる. 〖1540〗

chámber pràctice *n.* 《英》〘法律〙(弁護士の)事務所業務《法廷に出ないで事務所だけで行う法律業務[弁護士業務]; 米国では通例 office practice という; cf. chamber counsel 2》. 〖1709〗

Cham·bers /tʃéɪmbəz | -bəz/, Sir **Edmund K(er·che·ver)** /kə́ːtʃəvə | kə́ːtʃɪvə⁽ʳ⁾/ *n.* チェンバーズ《1866–1954; 英国の英文学者; 中世・エリザベス朝演劇の権威》.

Chambers, Robert *n.* チェンバーズ《1802–71; スコットランドの出版業者・著述家; 伝記・スコットランド史などの著書がある》.

Chambers, Whittaker *n.* チェンバーズ《1901–61; アメリカのジャーナリスト; 1924–39 年の間ソ連側のスパイをし, のち Alger Hiss の告発者となった》.

Chambers, Sir **William** *n.* チェンバーズ《1723–96; 英国の建築家; 代表作は London の Somerset House (1776–86)》.

chámber sonàta *n.* 〘音楽〙室内ソナタ《バロック音楽の器楽曲形式で, 数曲の舞曲から構成される; cf. church sonata》.

Cham·ber·tin /ʃɑ̃ː(m)bɛətɛ̃ː(ŋ), ʃɑːmbɛətǽŋ | -bɛə-; *F.* ʃɑ̃bɛʀtɛ̃/ *n.* シャンベルタン(ワイン)《フランス Burgundy 産の赤ワイン》. 〖フランスの原産地名〗

Cham·bé·ry /ʃɑ̃ː(m)beɪríː, ʃɑ̀ːm-; *F.* ʃɑ̃beʀi/ *n.* シャンベリ《フランス南東部, アルプス山中の都市; もと Savoy 公国の首都》.

Cham·bord /ʃɑ̃ː(m)bɔ́ə, ʃɑ̀ːm- | -bɔ́ː⁽ʳ⁾; *F.* ʃɑ̃bɔʀ/ *n.* シャンボール《フランス中北部の村; ルネサンス様式の古城で知られる》.

cham·bray /ʃǽmbreɪ, -bri/ *n.* シャンブレー織《婦人服・シャツ用薄地織物》. 〖(1814) (変形) ← *Cambrai*: cf. cambric〗

cham·bré /ʃɑ̃ː(m)bréɪ, ʃɑːm- | ⌣–⌣; *F.* ʃɑ̃bʀe/ *adj.* (ワインが)室温の. — *vt.* (ワインを)室温にまで温める. 〖(1956) (p.p.) ← Swiss-F *chambrer*〗

cham·cha /tʃʌ́mtʃə/ *n.* 《インド》おべっか使い, 手先. 〖◻ Hindi *camcā* 《原義》spoon (インドで英国人の客の機嫌をとるために指で食べずにナイフ・スプーンなどを用いたことから)〗

cham·e- /kǽmiː, -mɪ̀ | -miː, -mɪ/ ＝chamae-.

cha·me·le·on /kəmíːliən, -ljən/ *n.* **1** 〘動物〙**a** カメレオン《トカゲ目カメレオン科の樹上生活をする動物の総称; 体色を変える特質がある; カメレオン (African chameleon), アフリカ東部のディレピスカメレオン (*Chamaeleo dilepis*) やエルゴンカメレオン (*C. bitalniatus*) など》. **b** タテガミトカゲ科アノールトカゲ属 (*Anolis*) の温度と光量とによって体色が変化するトカゲの総称《ニセカメレオンなどとも呼ばれるミドリアノール (American chameleon) など》. **2 a** 気の変わりやすい人, 浮気な人; (特に)無節操な人. **b** すぐ変化するもの. **3** [the C-] 〘天文〙カメレオン座 (⇨ Chamaeleon).
～·lìke *adj.* 〖(17C) ◻ L *chamaeleōn* ◻ Gk *khamailéōn* ← *khamaí* on the ground＋*léōn* 'LION' ∽ (*c*1384) *camelioun* ◻ (O)F *caméléon* ◻ L: cf. chamae-〗

cha·me·le·on·ic /kəmìːliɑ́(ː)nɪk | -ɔ́n-⌣/ *adj.* カメレオンのような, 無節操な, 移り気の. 〖(1821): ⇨ ↑, -ic¹〗

cha·metz /xɑːméɪts, xɔː-, xɔ́ːmɛts/ *n.* 〘ユダヤ教〙＝hametz.

cham·fer /tʃǽm(p)fə, tʃǽmpə | -fə⁽ʳ⁾, -pə⁽ʳ⁾/ *n.* **1** 小さな溝. **2** (木材または石材の)面取りした部分, 斜角面《通例 45° の角度をなす》. — *vt.* …に溝を掘る (groove), …の面取りする (bevel). **～·er** /-fərə, -pərə | -rə⁽ʳ⁾/ *n.* 〖(◻ (1565–73) (逆成) ← *chamfering*＋small groove ◻ F *chanfrein* ← OF *chanfraindre* to bevel ← *chant* edge (⇨ cant²)＋*fraint* ((pp.) ← *fraindre* < L *frangere* to break)〗

Cham·fort /ʃɑ̃ː(m)fɔ́ə, ʃɑːm- | -fɔ́ː⁽ʳ⁾; *F.* ʃɑ̃fɔːʀ/, **Sébastien Roch Nicolas** *n.* シャンフォール《1741–94; フランスの文人; *Maximes*「箴言集」(死後出版)》.

cham·frain /tʃǽmfrɪ̀n/ *n.* 〘甲冑〙＝chamfron. 〖(1530) ↓〗

cham·fron /tʃǽmfrən/ *n.* 〘甲冑〙馬面(ᵇᵃⁿ)《中世末期から近世初期の軍馬に用いた面具》. 〖(1465) ◻ (O)F *chamfrein* ← OF *chafresner* to put on a bridle ← *chef* head (⇨ chief)＋*frein* (< L *frēnum* bridle)〗

cha·mi·so /ʃəmíːsoʊ | -səʊ; *Am.Sp.* tʃamíso/ *n.* (*pl.* ～**s**) (*also* **cha·mise** /-míːs/) 〘植物〙カリフォルニア産バラ科の低木 (*Adenostoma fasciculatum*)《インディアンがこの材で矢じりを作った》. 〖(1846) ◻ Am.-Sp. ～＝Sp. *chamizo* half-burned wood ◻ Port. *chamiço* stick ← *chama* flame < L *flammam*〗

Cha·mis·so /ʃɑːmísoʊ | -səʊ; *G.* ʃamíso/, **A·del·bert** /ɑ́ːdlbɛ̀ʁt/ **von** *n.* シャミッソー《1781–1838; ドイツロマン派の詩人・博物学者; 本名 Louis Charles Adélaïde Chamisso de Boncourt; *Peter Schlemihls wundersame Geschichte*「ペーターシュレミールの不思議な物語」(1814)》.

Cha·mi·zal /ʃæ̀mɪ̀záːɫ, tʃæ̀m- | -mɪ-; *Am.Sp.* tʃamisál/ *n.* シャミザール《米国 Texas 州 El Paso に隣接する, Rio Grande 川北岸沿いの地域; 1963 年にメキシコに割譲》.

cham·my /ʃǽmi/ *n., vt.* ＝chamois².

cham·ois¹ /ʃǽmi(z), ʃæmwáː(z) | ʃǽmwɑː/ *n.* (*pl.* ～, **cham·oix** /～ | ～z/) 〘動物〙シャモア (*Rupicapra rupicapra*)《南欧の山地または西部アジア産のレイヨウ》. 〖(1560) ◻ F ～ ◻ ? LL *camox* ← ?: cf. G *Gemse*〗

chamois¹

cham·ois² /ʃǽmi/ *n.* (*pl.* /～/) **1 a** セーム革, シャミ革《シャモアあるいはシカ・ヤギ・レイヨウなどのもみ革; chamois leather ともいう》. **b** シャモアの皮を真似て作った綿布. **2** 灰色がかった黄色, 淡黄褐色. — *vt.* **1** (セーム革を作るために)〈皮を〉油でなめす (cf. oil tanning). **2** セーム革でこする[磨く]. — *adj.* **1** セーム[シャミ]革で作った. **2** 淡黄褐色の. 〖↑〗

chamoix *n.* chamois¹ の複数形.

cham·o·mile /kǽməmìːɫ, -màɪɫ | -màɪɫ/ *n.* 〘植物〙 **1** ローマカミルレ (*Anthemis nobilis*)《ヨーロッパ産キク科の切り花用または薬用にする植物》. **2** カミルレ, 《俗に》カミツレ (*Matricaria chamomilla*)《地中海地方原産キク科カミルレ属の植物; 発汗剤・解熱剤に用いられる》. 〖ME *camemille* (lateOE *camemalon*) ◻ ML *camomilla*＝LL *chamomilla* ← L *chamaemēlon* ◻ Gk *khamaímēlon* ← *khamai-* 'CHAMAE-'＋*mêlon* apple: その花がりんごの香りがすることから〗

Cha·mo·nix /ʃæmən.iː | ʃǽmənɪ̀ː, -mə-; *F.* ʃamɔni/ *n.* **1** シャモニ谷《フランス東部, Mont Blanc の北西麓に位置する》. **2** シャモニ《シャモニ谷にある町; 第 1 回冬季五輪開催地 (1924); 正式名 Chamonix-Mont-Blanc》.

Cha·mor·ro /tʃəmɔ́(ː)roʊ, -mɑ́(ː)r- | -mɔ́rəʊ/ *n.* (*pl.* ～, ～**s**) **1 a** [the ～(s)] チャモロ族《Guam 島・マリアナ諸島などに住む》. **b** チャモロ族の人. **2** チャモロ語《インドネシア語系に属する》. — *adj.* **1** チャモロ族の. **2** チャモロ語の. 〖◻ Sp. ～ 《原義》man with a shorn head〗

cham·o·site /ʃǽməzàɪt/ *n.* 〘鉱物〙シャモサイト, シャモス石《緑泥石の一種; 鉄・アルミニウムに富む複雑な含水ケイ酸塩鉱物》. 〖(1832) ◻ F ～ ← *Chamo(i)son* (スイスの原産地名): ⇨ -ite¹〗

cha·motte /ʃəmɑ́(ː)t | -mɔ́t/ *n.* 〘化学〙シャモット (⇨ grog 2). 〖(1890) ◻ F ～ ◻ G *Schamotte*〗

champ¹ /tʃǽmp/ *n.* 《口語》チャンピオン (champion), できるやつ, やり手: a Wimbledon ～ ウィンブルドンのチャンピオン. 〖1868〗

champ² /tʃǽmp/ *vi.* **1** 〈馬が〉歯がみをする. **2** (歯ぎしりして)悔しがる[怒る]. — *vt.* **1** 〈馬が〈まぐさを〉むしゃむしゃかむ; 〈くつわを〉ばりばりかむ. **2** つぶす; 踏みつける.
chámp at the bít 《口語》⇨ bit³ 成句. — *n.* **1** (馬が)歯を鳴らすこと; (人が)歯ぎしりすること, 歯ぎしり. **2** 《アイル》マッシュポテトと春タマネギまたはリーキの料理. **～·er** *n.* 〖(*a*1398) (擬音語)?〗

cham·pac /tʃǽmpæk, tʃʌ́mpʌk/ *n.* 〘植物〙キンコウボク (*Michelia champaca*)《熱帯アジア産モクレン科オガタマノキ属の高木; 香気の高い黄色の花が咲き, 木材に美しい木目がある》. 〖(*c*1770) ◻ Hindi *champak* ← Skt *chāmpāka*〗

chám·pa·ca òil /tʃǽmpəkə-, tʃʌ́m-/ *n.* チャンパカ油《キンコウボク (champac) の花から採った黄色の油; 香料に使う》.

cham·pagne, C- /ʃæmpéɪn⌣; *F.* ʃɑ̃paɲ/ *n.* **1** シャンパン, シャンペン《フランス Champagne 地方産の特定の規定をもつ発泡性ワイン; 白ワインを瓶の中で二次発酵させた高級酒で, 主に乾杯用; 甘辛で brut, extra-sec, sec, demi-sec, doux の区別がある; cf. sparkling wine, vin mousseux》. **2** シャンパン色《薄い緑黄色または琥珀色》. — *adj.* **1** シャンパン色の. **2** ぜいたくな: ～ tastes ぜいたくな趣味. **3** 〘紋章〙＝urdy. 〖(1664) ◻ F ～: フランスの原産地名 (↓)〗

Cham·pagne /ʃæmpéɪn⁻; *F.* ʃɑ̃paɲ/ *n.* シャンパーニュ《フランス北東部の地方; もとは一つの県; 現在では通例 Champagne-Ardenne 地方を指す, cf. champagne》.

Champágne-Ardénne *n.* シャンパーニュ アルデンヌ《フランス北東部の地方; 中世の伯爵領で商業の中心地》.

chámpagne sócialist *n.* 《軽蔑》社会主義の意見をもちながら裕福な生活を享受している人, ブルジョワ社会主義者.

cham·paign /ʃæmpéɪn⁻ | tʃæmpeɪn/ *n.* **1 a** 平野, 平原. **b** 広々とした広がり. **2** 《古》戦場. **— *adj.*** [限定的] **1** 平原の; 広々とした: a ~ region. **2** 平原で行われる. 〚《?a1400》□ OF *champaigne* < LL *campāniam*: ⇨ campaign〛

Cham·paign /ʃæmpéɪn/ *n.* シャンペーン《米国 Illinois 州中東部の都市》.

Cham·paigne /ʃæmpéɪn; *F.* ʃɑ̃paɲ/, **Philippe de** *n.* シャンパーニュ《1602–74; ベルギー生まれのフランスの画家; 特に宗教画で知られる》.

cham·pak /tʃǽmpæk, tʃʌ́mpʌk/ *n.* 〘植物〙 = champac.

cham·pers /ʃǽmpəz | -pəz/ *n.* [単数扱い]《英口語》= champagne. 〚《1955》← CHAMP(AGNE) + -ER[1] 1 i + -S[1]〛

cham·per·tor /tʃǽmpətə | -pə(ː)tə^(r)/ *n.* 〘法律〙(成功謝金の特約のある)訴訟援助者. 〚《c1500》□ AF *champartour* = OF *champartēor*: ⇨ ↓, -or[2]〛

cham·per·ty /tʃǽmpəṭi | -pə(ː)ti/ *n.* 〘法律〙(成功謝金の特約のある)訴訟援助 (cf. maintenance 5).

chám·per·tous /-ṭəs | -təs/ *adj.* 〚《c1385》□ AF *champartie* ← (O)F *champart* division of land rent < L *campī partem* part of the field: ⇨ camp[1], part〛

cham·pi·gnon /ʃæmpínjən, tʃæm- | ʃǽmpiːnjɔ̃ː(ŋ), -njɔ̀ːŋ, -ʃæmpínjən; *F.* ʃɑ̃piɲɔ̃/ *n.* (*pl.* **~s** /~z; *F.* ~/) 〘植物〙 **1** 《廃》真菌類 (fungus). **2** (一般に)食用キノコの総称; (特に)ハラタケ (*Agricus campestris*), シャンピニオン (meadow mushroom). 〚《1578》□ F ~ 《変形》← OF *champegnuel* < VL (*fungum*) **campāniolum* (mushroom) of the field: ⇨ champaign〛

Cham·pi·gny-sur-Marne /ʃɑ̃ː(m)pinjíːsuəmáən, ʃɑ̀ːm- | -suəmáːn; *F.* ʃɑ̃piɲisyʁmaʁn/ *n.* シャンピニ シュール マルヌ《Marne 川に臨む, パリ郊外の市》.

cham·pi·on /tʃǽmpiən, -pjən/ *n.* **1 a** (競技の)優勝者, 選手権保持者, チャンピオン: a defending ~ 優勝防衛選手. **b** 最高賞を得た人[もの]. **c** 名人: a ~ *at* telling stories 物語りの上手な人. **2** (主張・他人の権利・名誉などのために戦う)闘士, 擁護者: a ~ of tax reform 税制改革の闘士 / a ~ of the oppressed 被圧迫者の擁護者 / a ~ *for* justice [*against* injustice] 正義のために[不正に反対して]戦う闘士. **3** 《古》戦士, 闘士. **4** [the C-] 〘天文〙 = Perseus 2.

Chámpion of the Kíng [Quéen] = Chámpion of Éngland [the —] 国王の擁護者 (⇨ King's Champion).

— *adj.* [限定的] **1** 最優秀の, チャンピオンの: the ~ team 優勝チーム / the ~ chess player チェスの選手権者 / the ~ turnip 最優等賞の大かぶら. **2** 《英北部口語》一流の, すてきな; この上ない: a ~ idiot 大ばか.

— *adv.* 《英北部口語》とてもよく, すばらしく.

— *vt.* **1** …の闘士[擁護者]として働く: ~ gun control 銃器統制の闘士として働く. **2** 擁護する. **3** 《古》…にいどむ (defy).

〚《?a1200》□ (O)F ~ < LL *campiōnem* fighter, 《原義》one who takes the field ← L *campus* field (of battle): ⇨ camp[1]〛

champion·ship /tʃǽmpiənʃɪp, -pjən-/ *n.* **1** 選手権: hold the ~ of the ring ボクシングの選手権を保持する / a ~ series 選手権争奪戦. **2** 選手権大会[試合], 決勝戦: the final of the 2001 Professional Golfers *Championship* 2001 年度プロゴルファー選手権大会の決勝戦. **3** 擁護者[闘士]であること; 擁護 (defense): the ~ of civil rights 人権擁護. 〚《1825》: ⇨ ↑, -ship〛

Cham·plain /ʃæmpléɪn/, **Lake** *n.* シャンプレーン湖《米国 New York 州と Vermont 州の間にある湖; 長さ 200 km, 面積 1,127 km²》. 〚← *Samuel de Champlain* (↓)〛

Cham·plain /ʃæmpléɪn, ʃɑ̃ː(m)plǽ(ŋ), ʃɑːmplǽŋ; *F.* ʃɑ̃plɛ̃/, **Samuel de** *n.* シャンプラン《1567–1635; フランスの探検家; Quebec を建設し (1608), 初代カナダ総督となった》.

champ·le·vé /ʃɑ̃ː(n)ləvéɪ, ʃɑ̀ːn-; *F.* ʃɑ̃lve/ *adj.* シャンルベ七宝の《金属生地を彫って琺瑯釉を埋めた; cf. cloisonné》. **— *n.*** (*pl.* **~s** /~z; *F.* ~/) **1** シャンルベ七宝(細工). **2** シャンルベ七宝細工品. 〚《1856》□ F ~ (p.p.) ← *champlever* to engrave ← *champ* field + *lever* to raise: ⇨ camp[1], lever〛

Chámp·ney róse /tʃǽmpni-/ *n.* 〘園芸〙 = Noisette rose.

Cham·pol·lion /ʃɑ̃ː(m)poʊljɔ̃ː(ŋ), ʃɑ̀ːmpoʊljɔ́ːŋ | -pɒ-; *F.* ʃɑ̃pɔljɔ̃/, **Jean François** *n.* シャンポリオン《1790–1832; フランスのエジプト学者; Rosetta stone に刻まれた碑文によって初めて古代エジプトのヒエログリフを解読した》.

Champs É·ly·sées /ʃɑ̀ːnzeɪlizéɪ | ʃɑ̃ː(n)zelíːzeɪ, ʃɑ̀ːn-; *F.* ʃɑ̃zelize/ *n.* シャンゼリゼ《Paris 市内にある繁華街路》. 〚□ F ~ 《原義》Elysian Fields〛

CHAMPUS /tʃǽmpəs/ *n.* 軍属健康医療計画. 〚《頭字語》← *C*(*ivilian*) *H*(*ealth*) *a*(*nd*) *M*(*edical*) *P*(*rogram for the*) *U*(*niformed*) *S*(*ervices*)〛

Cham·son /ʃɑ̃ː(n)sɔ̃ː(ŋ), ʃɑːnsɔ́ːŋ; *F.* ʃɑ̃sɔ̃/, **André (Louis Jules)** *n.* シャンソン《1900–83; フランスの小説家・評論家・国際ペンクラブ会長 (1959 年まで)》.

chan 《略》channel.

cha·na /tʃʌ́nə/ *n.* 《インド》チャナー豆, ヒヨコマメ (chick-pea). 〚《c1850》□ Hindi *canā*〛

Chanc. 《略》Chancellor; Chancery.

chance /tʃæns, tʃænts | tʃɑːns, tʃɑːnts/ *n.* **1 a** (人間の意図や因果関係とは無関係な)偶然, 予期せぬこと: *Chance* governs all. 偶然が万事を支配する / Pure ~ led him to be connected with the case. 全くの偶然で彼はその事件と関係をもつにいたった. **b** 運, めぐり合わせ (luck, fortune): a lucky ~ 好運 / a game of ~ ⇨ game[1] 3 a / leave things to ~ 事を運[成り行き]に任せる / as ~ would have it 運のめぐり合わせで, 偶然にも. **c** 偶然の出来事, 思いがけない事: It was a mere ~ (that) I found it. それを見つけたのは全くの偶然なことだった. **2** (あることに幸いする)機会, 好機, チャンス (⇨ opportunity SYN): the ~ of a lifetime 一生にまたとない[千載一遇の]好機 / Now is your ~. 今こそチャンスだ / a fair ~ 好機 / the last ~ 最後の望み / have an eye to the main ~ ⇨ main chance / I had a ~ to travel abroad. 外国旅行をする機会があった / The holiday gave me a ~ to relax. 休日のおかげでくつろげた / Give me another ~. (今度は気をつけますから)もう一度やり直させて下さい / Given the ~, he would do anything. きっかけがあればどんな事でもやりかねない. **3 a** (有望な)見込み, 勝ち目, 成算, 可能な望み: a good [slender] ~ of success 十分な[わずかな]成功の見込み / an even ~ 五分五分の見込み, 成否半々の機会 / have no [not much, little] ~ of winning 勝算がない[あまりない, ほとんどない] / stand [have] a (good, fair) ~ (of …) (…の)見込みが(十分)ある, (大いに)有望である / stand no ~ against …に対して勝ち目がない / Is there any ~ for him to recover? 回復の見込みがあるか / There is a ~ *that* he may come home alive. ひょっとしたら彼は生還するかもしれない[望みがある]. **b** 《口語》[通例 (the) ~s] 起こる強い見込み, 公算; 形勢 (prospects): *The* ~*s* are two to one against us. 形勢は 2 対 1 で不利 / *The* ~*s* [*Chances*] are (*that*) you will find him there. 恐らく彼はそこにいるだろう / *Chances* are, I'll be able to go abroad. ひょっとすると外国へ行けるかもしれない. **4** 〘野球〙刺殺[捕殺]の好機. **5** 〘クリケット〙打者の打った球を野手が拾い, 打者をアウトにする機会. **6 a** 冒険, 危険 (risk); (特に, ギャンブルの)賭け: take a (long) ~ = take (long) ~*s* 一か八かやってみる / take the ~ (of …) 運に任せて(…を)やってみる; (…する)機会をとらえる / take one's ~(*s*) [a ~] (*on* [*with*] …) (…を)運に任せ(てやってみ)る / You run a ~ of being late. もしかすると遅れるかもしれない. **b** 宝くじの券. **7** [a fine [nice, smart] ~ of として]《米方言》(不定の)数・量・距離(など): I have got *a smart* ~ *of* the kind. その手のものはどっさりもっている. **8** 《古》不運, 不幸.

against áll chánces とても勝算[見込み]がなさそうだったのに. ***Ány chánce of …*** [***dóing***]***?*** …を[…して]もらえますか. ***be in with a chánce*** (***of*** …) 〈競争者が〉(…する)見込みがある. ***Chánce would be a fíne thíng!*** 《英口語》そうなれば願ったりかなったりだろうが(まず見込みはないね). ***a fát chánce*** ⇨ fat[1] *adj.* 成句. ***by chánce*** たまたま, 思いがけなく, 偶然に (accidentally): *by* some ~ どうかしたはずみで / *by* the merest ~ ほんの偶然で / I asked her whether *by* any ~ she knew him. ひょっとして[もしかすると]彼女が彼を知っているかどうか尋ねてみた. 《c1315》 ***fáncy*** [***ráte***] ***a person's*** [***one's***] ***chánces*** [しばしば否定構文で]《口語》人(のやっていること)が成功すると思う. 《20C》 ***give a person a hálf chánce*** 人に少しでも機会を与える. ***Nó*** [***Fát***] ***chánce!*** 《口語》そんなことはありっこない. ***on the chánce of*** [***that***] …を[ということを]予期して: I came here *on the* ~ *of* finding you. = I came here *on the* ~ *that* I might find you. あなたに会えるかと思ってここへ来た. ***on the óff chánce*** ⇨ off chance.

— *adj.* [限定的] 偶然の, まぐれ当たりの, はずみの (⇨ random SYN): a ~ occurrence 偶然の出来事 / a ~ acquaintance 偶然の知り合い[知己] / a ~ customer 通りがかり[振り]の客 / a ~ meeting 思いがけない出会い / a ~ resemblance [likeness] 空似.

— *vi.* **1** [~ *to* do として] たまたま[図らずも]…する (⇨ happen SYN): I ~*d* to see him. たまたま彼を見た / He ~*d* to be present. たまたまその場に居合わせた. **2** 幸運[不運]をつかむ. **3** 《古》[it ~s として] 偶然生じる, 偶然…になる, ★ 今では通例 happen を用いる: *It* ~*d* that we rode in the same train. 偶然同じ列車に乗り合わせた / as *it* may ~ その時の場合次第で. **4** 《廃》[how ~ として] どうして…なのか.

— *vt.* 《口語》 **1** やってみる, ぶつかってみる, 運に任せる: ~ one's arm [luck] 思い切ってやってみる; 首尾よく機会をつかむ / ~ the consequence 成否を運[天]に任す. **2** [~ it として] 運を天に任せてする, 一か八かやってみる.

chánce on [***upòn***] …に偶然出くわす; たまたま発見する: She ~*d on* the ring she had lost. なくした指輪を偶然見つけた.

〚《a1300》□ OF *cheance* (F *chance*) < VL **cadentia*(*m*) falling (of dice) ← L *cadentem* (pres.p.) ← *cadere* to fall: cf. case[1], cadence〛

chance·ful /tʃǽnsfəl, -fl | tʃɑ́ːns-/ *adj.* **1** 出来事の多い, 多事な. **2** 《古》天運に任せる, 運次第の. **3** 《廃》危険な, 冒険的な. **~·ly** *adv.* 〚《1591》: ⇨ -ful[1]〛

chan·cel /tʃǽnsəl, -sl | tʃɑ́ːn-/ *n.* (教会堂の)内陣, チャンセル《元来は教会堂の東端の altar の置かれた部分を指す語であるが, 一般には司祭や choir の席を含んだ東側一帯を指す; 古くから chancel と nave とはいろいろな仕方で区画されることが多い; ⇨ church 挿絵》. 〚《c1303》□ OF ~ (F *cancel*) < L *cancellī* (pl.) ← *cancer* lattice: この席と他の部分とが格子で隔てられていることから〛

chánce·less *adj.* チャンス[好機, 機会]のない. 〚《1903》← CHANCE + -LESS〛

chan·cel·ler·y /tʃǽns(ə)ləri, -səlri, -sl- | tʃɑ́ːns(ə)l-, -sḷl-, -sl-/ *n.* **1** chancellor の地位. **2** 《英》chancellor の主管する官庁[法廷, 事務局]. **3 a** 《米》大使館[領事館]事務局. **b** [集合的] 大使館[領事館]事務局員たち. 〚《c1300》*chancelerie* □ OF ← *chancelier* (↓): ⇨ -ery〛

chan·cel·lor /tʃǽns(ə)lə, -slə, tʃǽnts- | tʃɑ́ːns(ə)lə^(r), -sḷl-, -sl-, tʃɑ́ːnts-/ *n.* **1 a** (昔の)国王[貴族]の秘書. **b** 《英》大法官: ⇨ Lord Chancellor. **c** 《英・まれ》大使館一等書記官 (chief secretary). **2** (ドイツなどヨーロッパ諸国の)首相. **3** 《米》(ある州での)エクイティー裁判所長 (cf. chancery 1 b). **4 a** 《英・カナダ》大学総長《名誉職で実務は vice-chancellor が執る; cf. Lord Rector》. **b** 《米》大学総長, 学長《多くの大学では president という》. **5** 〘カトリック〙大法院を担当する司祭. **6** 〘英国国教会〙 **a** = CHANCELLOR of the Diocese [Bishop]. **b** チャンセラー《古い教区の大聖堂の 4 人の高官の一人》.

Cháncellor of Éngland [the —] (英国の)大法官 (⇨ Lord Chancellor). 《1556》

Cháncellor of Gárter [the —] (英国の)僧正付き司法官《寺院の参事会 (chapter) やナイト集会からの任命書や命令に署名し, 記録を保管する》.

Cháncellor of the Díocese [**Bíshop**] [the —] 〘英国国教会〙bishop の宗教法顧問《主教区法院 (consistory) の最高責任者で, 教区の事務行政上の主教の代理者》.

Cháncellor of the Dúchy of Láncaster [the —] (英国の)ランカスター公領尚書《閣僚の一人だが, 直接の責任がない無任所大臣》. 《1553》

Cháncellor of the Exchéquer [the —] (英国の)大蔵大臣. 《1672》

〚《1121–54》□ AF *c*(*h*)*anceler* = (O)F *chancelier* < LL *cancellārium* lawcourt usher ← L *cancellī* lattice ∽ lateOE *canceler* □ LL: 裁判官を囲む格子の近くに立っていたことから: ⇨ chancel, -or[2]〛

Chan·cel·lor /tʃǽns(ə)lə, -sl- | tʃɑ́ːns(ə)lə^(r), -sḷl-, -sl-/ *n.* チャンセラー《米国 Virginia 州北東部の村; 南北戦争中に大激戦があり南軍が勝利 (1863); 旧名 Chancellorsville》.

cháncellor·shìp *n.* chancellor の職[任期]. 〚《1473》: ⇨ ↑, -ship〛

Chan·cel·lors·ville /tʃǽŋs(ə)ləzvɪl, -sl- | tʃɑ́ːns(ə)ləz-, -sḷl-, -sl-/ *n.* Chancellor の旧名.

chan·cel·lor·y /tʃǽns(ə)ləri, -səlri | tʃɑ́ːns(ə)l-, -sḷl-, -sl-/ *n.* 《古》= chancellery. 〚1886〛

chánce-médley *n.* **1** 〘法律〙過失殺人, 防衛殺人《争闘中などで自己防衛のためにやむをえず行った殺人; cf. excusable homicide》. **2** 偶発性 (haphazardness); 偶発的行為. 〚《1494》□ AF *chance medlée* mixed chance: ⇨ chance, meddle〛

chánce músic *n.* 〘音楽〙偶然(性の)音楽《1950 年代に John Cage らが提唱した音楽様式; 作曲・演奏の過程に偶然の要素を取り入れるもの》.

chan·cer /tʃǽnsə | tʃɑ́ːnsə^(r)/ *n.* 《英俗》節操のないやつ, 目的のためなら危ない橋も渡るやつ. 〚《1986》← CHANCE (v.) + -ER[1]〛

chan·cer·y /tʃǽns(ə)ri | tʃɑ́ːn-/ *n.* **1** 〘法律〙 **a** [C-] 《英》大法官庁, 大法官裁判所《大法官 (Lord Chancellor) の主管する法廷で court of chancery と呼ばれた; 今は高等法院 (High Court of Justice) の一つの部》. **b** 《米》エクイティー裁判所 (court of equity). **c** 《米》エクイティー (equity). **2** 《英》大使館[公使館]の政治局. **3** 公記録保管庁. **4 a** 〘カトリック〙司教管区の官庁. **b** = chancellery. **5** 〘カトリック〙ローマ教皇庁; 大法官法廷.

in cháncery (1) 《米》〘法律〙エクイティー裁判所に訴訟中の. (2) 《英》〘法律〙大法官の支配下の: a ward *in* ~ ⇨ ward 5. (3) (レスリング・ボクシングで)頭を相手のわきの下にかかえ込まれて. (4) 絶体絶命になって, 進退きわまって. 《1832》

〚《c1378》《変形》← OF *chancelerie* 'CHANCELLERY'〛

chanc·ey /tʃǽnsi | tʃɑ́ːn-/ *adj.* = chancy.

Chan-chiang /tʃǽntʃjǽŋ/ *n.* = Zhanjiang.

chan·cre /ʃǽŋkə | -kə^(r)/ *n.* 〘病理〙下疳(げかん)《特に梅毒の初期病変》; 《俗》性病. 〚《a1605》□ F ~ < L *cancrem* crab, cancer〛

chan·croid /ʃǽŋkrɔɪd/ *n.* 〘病理〙軟性下疳(げかん)《性病の一種; soft chancre ともいう; cf. venereal disease》. **— *adj.*** 下疳の. **chan·croi·dal** /ʃæŋkrɔ́ɪdḷ | -dl/ *adj.* 〚《1861》□ F *chancroïde*: ⇨ ↑, -oid〛

chan·crous /ʃǽŋkrəs/ *adj.* 〘病理〙下疳(げかん)(性)の. 〚《1751》□ F *chancreux*: ⇨ chancre, -ous〛

chanc·y /tʃǽnsi | tʃɑ́ːn-/ *adj.* (**chanc·i·er**; **-i·est**) **1 a** 不確かな, 当てにならない. **b** あぶなっかしい. **2** 《スコット》[しばしば否定構文で] 幸運な. **chánc·i·ly** /-sḷli/ *adv.* **chánc·i·ness** *n.* 〚《1513》← CHANCE + -Y[4]〛

chan·de·lier /ʃændəlíə | -dḷlíə^(r)/ *n.* シャンデリア (cf. electrolier). 〚《1663》□ F ~ < VL **candēlāriu*(*m*) ← L *candēlābrum* candlestick: ⇨ candle〛

chan·delle /ʃændɛ́l, ʃɑ̃ː(n)-, ʃɑːn-; *F.* ʃɑ̃dɛl/ 〘航空〙 *n.* シャンデル, 急上昇方向変換. **— *vi.*** シャンデルを行う. 〚《1918》□ F ~ 'candle': この垂直の形にちなむ〛

Chan·der·na·gor(e) /tʃʌ̀ndənəgɔ́ə | -dənəgɔ́ː^(r)/ *n.* チャンダルナゴール《インド West Bengal 州東部の, Hooghly 川に臨む港湾都市; もとフランスの保護領; 1950 年インド共和国に帰属》.

C

Chan·di·garh /tʃǽndɪgàː, tʃʌ́n-, -gáə | tʃǽndɪgàː(r), tʃʌ̀n-, -gáː(r), tʃʌ́ndɪgə(r), tʃáːn-/ *n.* **1** チャンディガル《インド Punjab 州の都市, 同州の州都; Haryana 州の州都も兼ねる》. **2** 同市と周辺の地域.

chan·dler /tʃǽndlə | tʃáːndlə(r)/ *n.* **1** ろうそく製造販売人, ろうそく屋. **2**《英・廃》(ろうそく・油類・石鹸などの)小売商; 雑貨商, 荒物屋: ⇨ corn chandler, ship chandler, tallow-chandler. 〘(1332) □ AF *chandeler*= (O)F *chandelier* candle-seller ← F *chandelle* 'CANDLE'〙

Chand·ler /tʃǽndlə | tʃáːndlə(r)/, **Raymond (Thornton)** *n.* チャンドラー《1888–1959; 米国の推理小説家; *The Big Sleep* (1939), *The Long Goodbye* (1954)》.

Chándler's wóbble *n.*〘天文〙チャンドラー揺動《地球自転軸の地球に対するわずかなよろめき運動; 周期は約 420–430 日; Chandler wobble ともいう》. 〘(1958) ← *Seth Carlo Chandler* (1846–1913: 米国の天文学者)〙

chan·dler·y /tʃǽndləri | tʃáːn-/ *n.* **1** [通例 *pl.*] 雑貨, 荒物《ろうそく・石鹸・油類など》. **2** 雑貨商, 荒物商. **3** ろうそく倉庫[置場]. 〘(1601) ← CHANDLER+-ERY〙

Chan·dra·gup·ta /tʃʌ̀ndrəgúptə/ *n.* チャンドラグプタ《?325–297 B.C.; 古代インドの王; Maurya 王朝の祖; Asoka 王の祖父》.

Chan·dra·pur /tʃʌ̀ndrəpúə | -púə(r)/ *n.* チャンドラプル《インド中部, Maharashtra 州東部の都市》.

Chan·dra·se·khar /tʃʌ̀ndrəsíːkə, -séɪ- | -kə(r)/, **Subrahmanyan** *n.* チャンドラセカール《1910–95; インド生まれの米国の天体物理学者; 星の進化, 特に 矮(わい)星の進化に関する理論的研究の第一人者; Nobel 物理学賞 (1983)》.

Cha·nel /ʃənél, ʃæ-; *F.* ʃanɛl/ *n.*〘商標〙シャネル《フランスの Chanel 社の製品; 婦人用衣料品・バッグ・雑貨・化粧品など; 特に香水の Chanel No. 5 は有名》.

Cha·nel /ʃənél, ʃæ-; *F.* ʃanɛl/, **Gabrielle (Bonheur)** *n.* シャネル《1883–1971; フランスの服飾デザイナー; 通称 Coco》.

Cha·ney /tʃéɪni/, **Lon** *n.* チェイニー《1883–1930; 米国の映画俳優; パントマイムやメーキャップに巧みで 'Man of a Thousand Faces' (千の顔をもつ男)といわれた; 有名な役は *The Hunchback of Notre Dame*「ノートルダムのせむし男」(1923) の Quasimodo など》.

Chang·an /tʃàːŋáːn; *Chin.* tʂʰáŋān/ *n.* 長安(ちょうあん)《中国陝西省 (Shanxi) の省都, 西安 (Xian) の旧名》.

Chang·chia·kou /tʃáːŋtʃjàːkóu | -káʊ/ *n.* = Zhangjiakou.

Chang·chou /tʃàːŋtʃóu, tʃæ̀ŋtʃáu | tʃàːŋtʃə́ʊ, tʃæ̀ŋtʃáʊ/ *n.* =Zhangzhou.

Chang·chun /tʃàːŋtʃún; *Chin.* tʂʰáŋtʂʰūn/ *n.* 長春(ちょうしゅん)《中国東北部吉林省 (Jilin) の省都; かつて満州国の首都で新京 (Xinjing) といった》.

Chang·de /tʃàːŋdə́ː; *Chin.* tʂʰáŋtɤ́/ *n.* 常徳(じょうとく)《中国湖南省 (Hunan) 北部の都市》.

change /tʃéɪndʒ/ *vt.* **1** 変える, 変化させる: **a** 〈形・内容などを〉(一部分)改める, 修正する; 〈ものの性質・様相を〉変化させる. **b** すっかり変える, 変更する; 〈別なものに〉変える〔*into, to*〕: ~ water *into* steam 水を蒸気に変化させる / ~ one's nature [character] 性質[性格]を変える / ~ the date of marriage 結婚の日取りを変更する / ~ one's condition ⇨ condition B 3 / The witch ~*d* herself *into* a lion. 魔法使いはライオンに化けた / His death penalty was ~*d* to penal servitude. 彼の死刑は懲役刑に変更された. **c** 〈意見・態度を〉変える: ~ one's habits 習慣を改める / Failure ~*d* his mind. 失敗で彼の考えが変わった. **d** 〈政策・立場を〉正反対にする, 逆転させる (reverse): ~ one's opinion [views] 変節する.
2 a (同種のものまたは別のものと)換える, 取り換える; 〔人と〕交換する〔*with*〕: ~ the subject 話題を換[変]える / ~ one's address 住所を変更する / ~ houses 転居する / ~ seats *with* each other お互いに席を交換する / ~ jobs *with* him 彼と仕事を交換する / ~ hands ⇨ hand 成句. 日英比較 日本語の「チェンジコート, コートチェンジ(テニスなどで, 各セット終了時ほかにコートを交替し合うこと」は和製英語であり, 英語では change sides [ends] という. なお cf. *change* SIDES, changeover 4. **b** 〈乗物を〉(…行きに)乗り換える〔*for*〕: ~ trains *for* Oxford at Reading レディングでオックスフォード行きに乗り換える. **c** 両替する, くずす; 〈小切手・為替を現金にして払い渡す: ~ a check, money order, etc. / ~ yen *into* [*for*] dollars 円をドルに両替する / Can you ~ (me) this $5 bill? この 5 ドル札をくずしていただけませんか.
3 a 着替える, はき替える: ~ one's clothes / ~ soiled shoes *for* clean ones 汚れた靴をきれいなのにはき替える / ~ one's feet ⇨ foot 成句. **b** 〈ベッドの〉敷布を取り替える; 〈赤ん坊の〉おむつを取り替える: ~ a bed = ~ the sheets / ~ a crying baby.
— *vi.* **1 a** (ある面で, または一部分)違ったものになる, 変化する, 変わる; 改まる: Times ~. 時世が変わる / The weather will ~. 天候が変わるだろう. **b** 〈物価が〉変動する: Prices are *changing* nowadays. 近ごろ物価が変動している. **c** 〔別なものに〕変わる, 変化する〔*into*〕: The swan ~*d into* a princess. 白鳥は王女の姿になった. **d** 〔…に〕移る, 移行する, 徐々に変化する〔*to, for*〕: Spring ~*s to* summer. 春が過ぎて夏が来る / ~ *for* the better [the worse] いい[悪い]方に変わる; よくなる[悪化する]; 栄転する[左遷される].
2 着替える: ~ *into* flannels フランネルの服に着替える / ~ *for* dinner 正餐のための着替えをする / We had just time to ~ before dinner. 晩餐までに着替える時間がぎりぎりだった.
3 a 〔…行きに〕乗り換える〔*for*〕: All ~! 皆さん乗り換えです / *Change* (here) *for* Oxford. オックスフォード行きはここでお乗り換えください. **b** 〔別の乗物に〕乗り換える〔*to*〕: ~ *to* the subway 地下鉄に乗り換える. **4** 〈車のギヤを〉入れ換える (《米》shift)〔*into*〕: ~ *into* second gear.
5 〔人と〕交換する〔*with*〕: I prefer that seat. I'll ~ *with* you. あの席のほうがいい, 君と交換しよう. **6** 〈月・潮が〉変わる. **7** 〈声が〉低くなる; 声変わりする (break). **8**《方言》〈酒・牛乳などが〉味が変わる. **9**《廃》顔色を変える.
change báck (*ìnto* …) (*vt.*) (1) (もとの状態に)戻す. (2) (…に)両替し直す. — (*vi.*) (1) (…に)戻る. (2) (前の衣服に)着替える. ***chánge dówn***〘自動車〙《英》ギヤを低速へ入れ換える (《米》shift down). ***chánge frónt*** ⇨ front 成句. ***chánge óff*** (1) 交替する: He ~*d off with* Tom. トムと交替した. (2) 交替でする. ***chánge óver*** 転換させる[する]; 別の目的[システム]に変える[移行する]. ***chánge róund*** 場所[立場]を変える; 〈風が〉方向を変える. ***chánge úp*** (1)〘自動車〙《英》ギヤを高速に入れ換える (《米》shift up). (2)〘野球〙〈投手が〉チェンジアップ (change-up) の投球をする. ***chóp and chánge*** ⇨ chop² 成句.
— *n.* **1 a** 変化; 移り変わり, 変遷: a ~ in the weather 天候の変化 / a ~ of seasons 季節の移り変わり / ~*s* in one's condition 一身上(の事情)の変化 / a ~ of circumstances 境遇の変化 / a ~ of tide 潮の変わり目; 危機 / do something for a ~ 変化をつけるため[気分を変えるため]に何かする / a ~ of the front 方向転換 / with a ~ of tone 調子を変えて / with a ~ of manner 態度を変えて / undergo a great ~ 大きく変化する / make a ~ for the better 改良[進歩]する. **b** 目立って変わったこと (novelty); 改変, 変更 (alteration): make ~*s* in the text 原文を所々改変する. **c** 変節; (宗教上の)改宗. **d** = CHANGE of life. **2 a** つり銭: No ~ given. つり銭お断り / Keep the ~. つりは取っておきなさい. 日英比較 英語で釣り銭を渡すときの数え方は日本と異なる. たとえば, 10 ドル札で 7 ドル 50 セントの買物をした人への釣り銭は先ず 50 セント硬貨を渡して "eight" といい, 次に 1 ドル札を 1 枚ずつ渡しながら "nine, ten"という. つまり買物の値段に足し算しながら釣り銭を渡すのである. **b** 小銭 (small money): I have no ~ on me. 小銭をもっていない. **c** 両替した金, くずした金 (cf. loose change): Can you give [《米》make] me ~ for a $5 bill? 5 ドル札をくずしてもらえませんか. **d**《米俗》手元にある金 (dough). **3 a** 取替え, 交替, 更迭 (substitution): a ~ of one thing *for* another / a ~ of the house 転宅. **b** 転地: go to the seaside for a ~ (of air) 海岸に転地する / You need a ~. 転地を要する. **4** 更衣, 着替え: a ~ of clothes 着替え一そろい, 替え着 / make a quick ~ 急いで着替える. **5** 乗り換え: make a ~ at a junction 接続駅で乗り換える. **6** (月の)相の変化; (新月の)出現. **7** [*pl.*]〘鳴鐘法〙(四分音階的な)転調: ring the ~*s* 種々の調子に鐘を鳴らす. **8**〘ジャズ〙転調. **9**《俗》望ましい[役に立つ]情報. **10**〘スポーツ〙(リレー競走の)バトンタッチ(地点) (changeover). **11** [しばしば C-]《古》取引所 (exchange)《'change ともつづる》. **12** [*pl.*]〘数学〙置換 (permutations). **13**《廃》移り気, 気まぐれ, 浮気 (inconsistency). **14**《廃》交換 (exchange).
a chánge of áir [***clímate***] =*a* CHANGE *of scene*. ***a chánge of héart*** (1)〘キリスト教〙回心 (conversion). (2) 気持ち[考え方]の変化; 心変わり: have *a* ~ *of heart*. 《1828》 ***a chánge of páce*** (1)《米》気分転換. (2)〘野球〙=change-up. 《1940》 ***a chánge of scéne*** [***scénery, áir, clímate***] 環境の変化; 転地: The doctor recommended *a* ~ *of scene*. 医者は転地を勧めた. ***gèt nó chánge óut of***《口語》(1) 〈相手〉から何も聞き出せない. (2) (仕事・議論で)〈相手〉を負かしそこなう, …に勝てない. 《1864》 ***give a person chánge*** (1) ⇨ *n.* 2 a. (2)《口語》〈人〉に仕返しする, しっぺい返しする, ひどい目に遭わせる. ***give a person nó chánge***《口語》〈人〉に知りたいことを何も話してやらない. ***ríng the chánges*** (1) ⇨ *n.* 7. (2) 同じことをいろいろと変えて言う[する], 手を替え品を替えて言う[する]〔*on*〕: He likes to *ring the* ~*s on* his old story. 古い話をいろいろに繰り返すのが好きだ. 《1614》 ***táke the*** [***one's***] ***chánge óut of***《口語》〈人〉に仕返しする[報復する]. 《1830》

chánge of lífe [the —] 更年期, 閉経期 (menopause). 《1834》

chánge of vénue〘法律〙裁判管轄区変更, 裁判地の変更 (⇨ venue 2 b).

chánge of vóice [the —] (思春期の)声変わり.

Chánging of the Guárd [the —] (特に, London の Buckingham Palace で同宮殿と St. James's Palace との間で行われる)衛兵交替(式)《the Changing the Guard ともいう》.

〘v.: (?a1200) *change(n)* □ OF *changier* (F *changer*) < LL *cambiāre*=L *cambire* to exchange ← ? Celt. *camb- turning ← IE *(s)kamb- to curve, bend (OIr. *camm* crooked). — n.: (?a1200) □ (O)F ~〙

SYN 変える: **change** はっきりと違ったものに変化する[させる]《性質の根本的な変化または他の物との置き換えを暗示する》: The weather *changed*. 天候が変わった / He *changed* clothes. 彼は着替えた. **alter** 〈人や物の〉外観を局部的に変える《正体は変わらない》: I'd like to have these pants *altered*. このズボンの寸法を直してもらいたいのですが. **modify** 〈計画・意見・状況・形などを〉極端でなくしたり改良したりするために少し変える: *modify* one's extreme views 自分の極端な意見を修正する. **vary** 種々さまざまに変化させる: *vary* one's diet 食事に変化を持たせる. **ANT** settle, fix, continue.

change·a·bil·i·ty /tʃèɪndʒəbíləti | -l̩ti/ *n.* 変わりやすい性質, 定まらないこと, 不安定; 可変性. 〘(a1396) □ OF *changeableté*: ⇨ ↓, -ity〙

change·a·ble /tʃéɪndʒəbl̩/ *adj.* **1** 〈天候・価格など〉変わりやすい, 定まらない. **2** 変更可能の, 可変性の, 変えられる. **3** 変わりがちな, 移り気な, 気まぐれな. **4** (光線の具合で)色がいろいろに変化して見える: ~ silk 玉虫織(など). **chánge·a·bly** /-bli/ *adv.* **~·ness** *n.* 〘(c1250) □ (O)F ~: ⇨ change, -able〙

change·ful /tʃéɪndʒfəl, -fl̩/ *adj.* **1** 変化の絶えない, 変化に富む, 変遷の多い. **2** 変わりやすい, 定まらない, 不安定な. **~·ly** *adv.* **~·ness** *n.* 〘(1591): ⇨ -ful¹〙

change gèar *n.*〘機械〙**1** 変速機, 変速装置. **2** 換え歯車 (change wheel ともいう).

chánge kèy *n.* (マスターキーに対して一つの錠しか開けられない)チェンジキー, 子鍵.

chánge·less *adj.* 変わることのない; 一定不変の, 不易の. **~·ly** *adv.* **~·ness** *n.* 〘(1580): ⇨ -less〙

change·ling /tʃéɪndʒlɪŋ/ *n.* **1 a** 取替え子《小さいときにこっそり取り替えられて残された子供》. **b** (民話に出てくる)取替え子《さらった子の代わりに妖精たち (fairies) が残していくと信じられた醜い子; elf child ともいう》. **c** 小さくて醜い人[動物]. **2**《古》**a** 気の変わりやすい人, 浮気者; 変節者 (turncoat). **b** ばか (idiot). **3**〘郵趣〙=color changeling. — *adj.* **1** 本来[自然]の状態からはっきりと変わった. **2**《古》変わりやすい, 定まらない. 〘(1537) ← CHANGE (v.)+-LING¹〙

chánge·màker *n.* 硬貨(自動)両替機.

change·ment de pied /ʃáː(n)ʒmàː(n)dəpjéɪ, ʃaːnʒmáːnd- | ←−−−́; *F.* ʃɑ̃ʒmɑ̃dəpje/ *n.* (*pl.* **change·ments de pied** /~/)〘バレエ〙シャンジュマン ドピエ《跳躍しながら交差した両足の前後を入れ替えること》. 〘(1840) □ F ~ 'change of feet'〙

chánge·òver *n.* **1** (政策・人事などの)転換, 切替え, (生産様式・設備などの)切替え. **2** (内閣などの)改造, 更迭. **3**〘映画〙(映写中の)巻替わり, リールの切替え. **4**《英》(テニスなどで)チェンジコート; (リレー競走の)バトンタッチ (地点). 〘1907〙

chánge-òver swìtch *n.*〘電気〙切換えスイッチ.

chánge pòcket *n.* (大きなポケットの中などの)小銭入れ用小ポケット.

chánge pòint *n.*〘測量〙移器点, もりかえ点 (turning point).

chánge pùrse *n.* 小銭入れ. 〘1911〙

cháng·er *n.* **1** 変更[改変]する人; 意見の定まらない人, 無定見な人. **2 a** 取り替える人[もの]. **b** =record changer. **3**《廃》両替人 (money changer). 〘(1325) □ OF *changeor* (F *changeur*) ∥ ← *chaunge(n)* (v.): ⇨ -er¹: ⇨ change, -or²〙

chánge rìnging *n.* 転調鳴鐘法 (cf. change *n.* 7). 〘1872〙

chánge-ùp *n.*〘野球〙チェンジアップ《打者のタイミングを外すため速球を投げるときと同じ動作で投げる緩投; change of pace ともいう》. 〘1949〙

chánge whèel *n.*〘機械〙=change gear 2. 〘1874〙

Chang Hsüeh-liang /dʒáːŋʃuéliáːŋ/ *n.* = Zhang Xueliang.

cháng·ing bàg *n.*〘写真〙交換バッグ, 交換袋, ダークバッグ《両手を差し入れる口があって, 中でカメラにフィルムの出し入れなどができる遮光性の布袋》.

chánging nòte *n.*〘音楽〙転[変]過音《予備なしに強拍部に現れる非和声音; 2 度上行[下行]して解決する》. 〘1876〙

chánging ròom *n.* (運動場などの)更衣室, (特に)ロッカールーム (locker room). 〘1917〙

chánging tòne *n.*〘音楽〙=changing note.

Chang Jiang /*Chin.* tʂʰáŋtɕiāŋ/ *n.* 長江(ちょうこう)《中国中部を貫流し東シナ海に注ぐ同国最大の川 (6,300 km); 国外では Yangtze (Kiang) (揚子江)とも呼ばれる》.

Chang·kia·kow /tʃáːŋkjàːkóu | -káʊ/ *n.* =Zhangjiakou.

Changki·ang /tʃàːŋkiǽŋ/ *n.* [the ~] =Chang Jiang.

Chang·sha /tʃàːŋʃáː; *Chin.* tʂʰáŋʂā/ *n.* 長沙(ちょうさ)《中国湖南省 (Hunan) の省都》.

Chang·teh /tʃàːŋtə́ː/ *n.* =Changde.

Chang Tso-lin /tʃáːŋtsòulín | -tsə̀ʊ-/ *n.* =Zhang Zuolin.

Chang·zhou /tʃàːŋdʒóu | -dʒə́ʊ; *Chin.* tʂʰáŋtʂōu/ *n.* 常州(じょうしゅう)《中国江蘇省 (Jiangsu) 南部の都市》.

Cha·nia /kɑːnjáː/ *n.* =Canea.

chank /tʃǽŋk/ *n.*〘貝類〙シャンクガイ, 聖螺(せいら) (*Xancus pyrum*)《本来右巻きの貝で, まれに左巻きのものがあり, それは神聖なものとして貴ばれ, ヒンズー教の宗教画・国旗・切手などの意匠に用いられる; chank shell ともいう》. 〘(1698) ← Skt *śaṅkha*: cf. conch〙

Chan·kiang /tʃàːnkjáːŋ/ *n.* =Zhanjiang.

chan·na /tʃʌ́nə/ *n.* =chana.

chan·nel¹ /tʃǽnl̩/ *n.* **1**〘通信〙チャンネル, 通話[通信]路《通信を伝達する回路; 単一のラジオやテレビ電波が送られる狭い周波数帯; cf. bandwidth》. **2**〘電算〙チャンネル《計算機で処理装置とは別に主記憶装置と入出力装置の間でデータを転送する装置》. **3 a** (思想・行動などの)方向, 道程, 方針: a ~ of information, knowledge, etc. / break out into a new ~ 新しい道を開く / direct one's energy to a new ~ 新しい方面に精力を向ける. **b** [*pl.*] (報道・貿易などの, 一定のまたは公的な)経路, 道筋, ルート: ~*s* of trade 正常の貿易経路 / get information through

official ～*s* 公的ルートを通じて情報を得る / through secret [proper] ～*s* 秘密[正当]の経路を経て / through diplomatic ～*s* 外交上のルートを通して. **4 a** (水を通す)管, 水管, 導管. **b** (道路の)溝, 側溝 (street gutter). **5 a** 流床, 河床, 川底. **b** 河道, 水路, 澪(ｚ)《川・湖・湾などで水流のある深い部分》. **c** 可航水路, 運河. **6** (大陸と島との間などの広い)海峡《strait より大きい》: the (English) *Channel* イギリス[英仏]海峡. **7**〘建築〙**a** 縦溝 (flute). **b** 溝形鋼, 溝鉄, チャンネル《U 字型の溝材; channel bar [iron] ともいう》. **8**〘印刷〙**a** 小川 (⇨ river¹ 4). **b** (行鋳植機の)溝. **9**〘電子工学〙(電界効果トランジスターなどの)チャネル《幅または奥行の狭い電流の通路》. **10**〘製靴〙チャンネル《縫付け用の溝を作るため革に掘った連続的な切り込み》.
— v. (**chan·neled, -nelled; -nel·ing, -nel·ling**)
— vt. **1 a** 水路[水管, 経路, ルートなど]を通じて運ぶ, 伝える. **b** 〈感情・関心などを〉(ある方向に)向ける, 流す 〔*into*〕: ～ one's energy *into* sport スポーツに精力を向ける. **2 a** …に水路を開く: ～ the fields 原野に水路をつくる. **b** 〈道を〉切り開く. **3** …に溝(ｚ)を彫る (groove). **4** (非物質的・霊的存在と)交信する. **— vi.** 水路(状)になって流れる; 溝ができる. 〖(*a*1325) □ OF *chanel* < L *canālem* canal: CANAL と二重語〗

chan·nel² /tʃǽnl/ *n.* 〘海事〙横静索(ｚｚ)留板《マストの横静索の斜度を拡大するためにその下端に作ったたな状の張出し材; cf. chain 6 c》. 〖(1769)《変形》← CHAIN-WALE: cf. gunnel¹, gunwale〗

chánnel bàr *n.* 〘建築〙= channel¹ 7 b. 〖1904〗

chánnel bàss /-bæ̀s/ *n.* 〘魚類〙チャンネルバス (*Sciaenops ocellatus*)《南北アメリカの大西洋岸に生息する銅色大型のニベ科の魚; 尾のつけ根に黒点がある; 幼魚は食用にする; red drum ともいう》. 〖1887〗

chánnel blàck *n.* 〘化学〙チャンネルブラック《不完全燃焼させた天然ガスなどの炎を, 溝形鋼 (channel iron) の表面に接触させ, 析出したすすを集めたカーボンブラックの一種; インクや塗料の顔料として用いる; gas black ともいう》.

chánnel cát [cátfish] *n.* 〘魚類〙ブチナマズ (⇨ spotted catfish). 〖1820〗

Chánnel Cóuntry *n.* [the ～] チャネルカントリー《オーストラリア中東部, Queensland 州南西部の地域; 多くの川が横切るが, 洪水と長期の干ばつの影響を受ける》.

chan·nel·er, chan·nel·ler /tʃǽnlə, -nələ | -nlə^(r), -nəl-/ *n.* **1** 溝掘り[刻み]器. **2** (非物質的・霊的存在との)交信者, チャネラー; 霊媒 (medium). 〖(1897) ← CHANNEL¹+-ER¹〗

chánnel-hòpping *n.* 《英》= channel-surfing. **chánnel-hòp** *vi.*

chán·nel·ing /-nlɪŋ, -nəl-/ *n.* **1**〘建築〙(円柱の縦溝 (flute) などの)装飾. **2** チャネリング《非物質的・霊的存在との交信》. 〖(1580) ← CHANNEL¹+-ING¹〗

chánnel ìron *n.* 〘建築〙= channel¹ 7 b. 〖1888〗

Chánnel Íslands *n. pl.* [the ～] チャネル諸島《イギリス海峡にある Alderney, Guernsey, Jersey などを含む英国王室保護領; 面積 194 km²》. 〖1875〗

Chánnel Íslands Nátional Párk *n.* チャネル諸島国立公園《米国 California 州南部の太平洋岸を, 北西から南東に 240 km にわたって連なる 8 つの島からなる公園; 1980 年国立公園に指定》.

chan·nel·ize /tʃǽnəlàɪz, -nl-/ *vt.* 《米》= channel¹ 1.
chan·nel·i·za·tion /tʃæ̀nəl̩əzéɪʃən, -nl̩- | -nəlaɪ-, -lɪ-, -nl̩-/ *n.* 〖(1609) ← CHANNEL¹+-IZE〗

chánnel sèam *n.* 〘服飾〙切換え線《洋服のヨークなどにつけられる装飾的な縫い目》.

chánnel sèction *n.* 〘建築〙チャンネルセクション, 溝形鋼《U 字形, C 字形などの断面形をもつ鋼材》. 〖1910〗

chánnel-sùrfing *n.* 《米》チャンネルサーフィン《リモコンでテレビのチャンネルを次々に切り替えること; 単に surfing ともいう》. **chánnel-sùrf** *vi.*

Chánnel Túnnel *n.* [the ～] 海峡トンネル《英仏を結ぶ; 1991 年鉄道用南北トンネルが開通, 94 年に正式開業; 略称 Channel》.

Chan·ning /tʃǽnɪŋ/, **William Ellery** *n.* チャニング《(1780–1842; 米国のユニテリアン派の指導者; 社会評論家)》.

cha·no·yu /tʃà:noujú: | -nəu-/ *n.* 茶の湯. 〖□ Jpn.〗

chan·son /ʃɑ:nsɔ́(:)n, -sóun, -sɑ́(:)n | ʃɑ́:(n)sɔ(:)ŋ, ʃɑ́:nsɔ:ŋ, -sɔŋ; *F.* ʃɑ̃sɔ̃/ *n.* (*pl.* **～s** /～(z); *F.* ～/) 歌 (song); (特にフランス語でキャバレーやミュージックホールなどで歌われる)シャンソン. 〖(1600–01) □ F ～ 'song' < L *cantiōnem*: cf. canzone〗

chansón de géste /-dəʒést; *F.* -dʒɛst/ *n.* (*pl.* **chansons de g-** /～/) 武勲詩《11–14 世紀に北フランスの叙事・吟遊詩人たちが作った中世フランスの英雄詩; 現存のものでは, *La Chanson de Roland* が最も古くて有名》. 〖(1868) □ F ～《原義》song of heroic deed〗

Chansón de Ro·lánd, La /-roulɑ́:(ŋ), -lɑ́:ŋ | -rə(ʊ)-, *F.* -ʁɔlɑ̃/ *n.* 「ローランの歌」《紀元 1000 年頃のフランスの勇将 Roland の武勇を扱った武勲詩, 12 世紀初頭に成立; 英語名 The Song of Roland》. 〖□ F ～ 'Song of Roland'〗

chan·son·ette /ʃɑ̀:(n)sənét, ʃɑ:n-; *F.* ʃɑ̃sɔnɛt/ *n.* 小歌曲 (little song). 〖(1813) □ F ～ (dim.) ← *chanson*: ⇨ -ette〗

chan·son·nier /ʃɑ̀:(n)sounjéɪ, ʃɑ:n- | -sə-; *F.* ʃɑ̃sɔnje/ *n.* (*pl.* **～s** /～z; *F.* ～/) **1** シャンソン歌手[作家]; (特に)自作の歌をキャバレーで歌う人. **2** [集合的] シャンソン歌集. 〖(1887) □ F ～〗

chant /tʃǽnt | tʃɑ́:nt/ *n.* **1 a** 単調な繰り返し(のことば). **b** (声援・抗議などの)シュプレヒコール(の文句). **2 a** (詩編などの文句に簡単な節付けをして教会の儀式で唱える)詠唱. **b** (詠唱用の)聖歌. **c** 詠唱調(のものの言い方). **3 a** 単調な歌; さえずり. **b**《古》歌; 歌うこと. **— vt.** **1 a** 単調に繰り返して言う. **b** 〈スローガンなどを〉シュプレヒコールする. **2** 〈聖歌を〉詠唱する; 歌う: ～ hymns, psalms, etc. **3 a** (詩歌に詠じて)賛美する. **b** 〈賛辞を〉(詠唱調で)繰り返す; ほめたたえる: ～ the praises of a person / ～ horses (いんちきで売りつけるために)馬をほめたてる. **— vi.** **1** 単調な調子で[繰り返して]言う; シュプレヒコールする. **2 a** 詠唱する, 聖歌を歌う: ～ in one voice, in chorus, etc. **b**《詩》歌う; さえずる (warble).
～·ing·ly /-tɪŋli | -tɪŋ-/ *adv.* 〖n.: (1671) □ F ～ < L *cantum* ← *canere* to sing ← IE **kan-* to sing (Gk *kanássein* to make a gurgling sound): cf. hen. — v.: (*c*1390) *chante(n)* □ (O)F *chanter* < L *cantāre* (freq.) ← *canere*〗

chan·tage /ʃɑ̃:(n)tɑ́:ʒ, ʃɑ:n-; *F.* ʃɑ̃ta:ʒ/ *n.* ゆすり (blackmail). 〖(1874) □ F ～ ← *chanter* to be compliant,《原義》to sing (↑): cf. F *faire chanter* to make a person pay,《原義》to make a person sing〗

chan·ta·relle /ʃæ̀ntərél, ʃɑ:n- | ʃɑ̃:(n)tə-, ʃɑ:n-, ʃæn-, ʃɑ́:n-/ *n.* 〘植物〙= chanterelle.

chan·te·cler /tʃǽntəklɪə, ʃǽn- | tʃɑ́:ntɪ̀klɪə^(r), tʃǽn-, ʃɑ́:n-/ *n.* = chanticleer. 〖□ Can.-F ～: ⇨ chanticleer〗

chante·fa·ble /ʃɑ̃:(n)tfɑ́:bl̩, ʃɑ:nt-; *F.* ʃɑ̃tfɑ:bl/ *n.* (*pl.* **～s** /～z; *F.* ～/)〘文学〙歌物語, シャントファーブル《中世フランスの韻文まじりの散文物語; cf. Aucassin and Nicolette》. 〖□ F ～: ⇨ chant, fable〗

chant·er /tʃǽntə | tʃɑ́:ntə^(r)/ *n.* **1 a** chant を歌う人. **b** 詠唱者. **c** (聖歌隊の)先唱者 (precentor). **d** 聖歌隊員 (chorister). **2** chantry の祈りをする主唱者. **3** (bagpipe の)指管《笛の役をする管で, 旋律を奏するための指穴があいている》. **4**《廃・俗》いんちきな馬商人. 〖(?1350) *chauntour* □ AF=OF *chanteor* (F *chanteur*) < L *cantātōrem* singer: ⇨ chant, -or²〗

chan·te·relle /ʃæ̀ntərél, ʃɑ:n- | ʃɑ̃:(n)tə-, ʃɑ:n-, ʃæn-; *F.* ʃɑ̃tʁɛl/ *n.* 〘植物〙アンズタケ (*Cantharellus cibarius*)《食用きのこの一種; 鮮黄色でアンズの香りがあり美味》. 〖(1775) □ F ～ ← NL *cantharellus* (dim.) ← L *cantharus* drinking vessel □ Gk *kántharo* ← ?〗

chan·teuse /ʃɑ:n(t)ú:z, ʃɑ:n-, ʃæn- | ʃɑ̃:(n)tɜ́:z, ʃɑ:n-; *F.* ʃɑ̃tø:z/ *n.* (*pl.* **～s** /～ɪz, ～əz, ～; *F.* ～/) 女性歌手; (ナイトクラブ・キャバレーなどの)女性シャンソン歌手. 〖(1888) □ F ～ (fem.) ← *chanteur* chanter, singer〗

chan·tey /ʃǽnti, tʃǽn- | ʃɑ́:nti/ *n.* 〘海事〙シャンティ《水夫が錨(ｲｶﾘ)を巻き揚げるときなどに歌うはやし歌; chanty, shanty ともいう》. 〖(1856) ← ? F *chantez* (imper. pl.) ← *chanter* to sing〗

chántey·man /-mən/ *n.* (*pl.* **-men** /-mən, -mèn/)〘海事〙(chantey の)音頭取り.

chan·ti·cleer /tʃǽntəklɪə, ʃǽn- | tʃɑ́:ntɪ̀klɪə^(r), tʃǽn-, ʃɑ́:n-/ *n.* 雄鶏 (cock). 〖(?*a*1300) □ OF *Chantecler* (F *Chanteclair*)《原義》clear singer ← *chante* ((imper.) ← *chanter* 'to CHANT')+*cler* 'CLEAR': *Reynard the Fox* 中の雄鶏の名〗

Chan·til·ly /ʃæntíli, ʃɑ:(n)tíji, ʃɑ:n-; *F.* ʃɑ̃tiji/ *n.* **1** シャンティイー《フランス北部 Paris の北にある都市; レース織で有名》. **2** [時に c-] シャンティイー(レース)《普通黒の絹糸で作り, メッシュ地に細いコードで縁取った模様のあるボビンレース; Chantilly lace ともいう》. **3** 泡立てた生クリームを用いたデザート. **4** = mousseline 2 a《Chantilly sauce ともいう》. **— adj.** **1** 〈生クリームが〉砂糖とバニラエッセンスを加えて泡立てた. **2** 泡立てた生クリームを添えた.

chánt·ing fálcon [góshawk] *n.* 〘鳥類〙ウタオオタカ (*Melierax*)《アフリカ産》.

chan·tress /tʃǽntrɪ̀s | tʃɑ́:n-/ *n.*《古》女性歌手《chanter の女性形》. 〖(?*a*1375) □ OF *chanteresse*: ⇨ chanter, -ess¹〗

chan·try /tʃǽntri | tʃɑ́:n-/ *n.* 〘カトリック〙**1 a** (寄進者自身またはある人の死後に日々祈禱(ｷﾄｳ)をしてもらう目的でなされる)寄進. **b** 寄進によって造られた礼拝堂[祭壇] (chantry chapel ともいう). **c** 寄進で維持される聖職者《chantry priest ともいう》. **2** (教会堂付属の)祈禱室, 小礼拝堂. 〖(*c*1387–95) □ OF *chanterie*: ⇨ chant, -ery〗

chant·y¹ /ʃǽnti, tʃǽn- | tʃɑ́:nti/ *n.* = chantey.

chan·ty² /tʃǽnti | -ti/ *n.*《スコット俗》寝室用便器, しびん.

Cha·nuk·kah /hɑ́:nəkə, xɑ́:- | hɑ́:n-, hɔ́n-; *Hebrew* xanu:kɑ́/ *n.* 〘ユダヤ教〙= Hanukkah. 〖1891〗

Cha·nute /ʃənú:t; *F.* ʃanyt/, **Oc·tave** /ɔkta:v/ *n.* シャヌート《(1832–1910; フランス生まれの米国の技師で航空界の草分け; 複葉グライダーを製作し, Wright 兄弟に影響を与えた)》.

Chao'an /tʃàuɑ́:n; *Chin.* tʂʰáuān/ *n.* 潮安(ﾁｬｵｱﾝ)《中国広東省 (Guandong) 東部の県名》.

cha·ol·o·gy /keɪɑ́(:)lədʒi | -ɔ́l-/ *n.* = chaos theory.
cha·ól·o·gist /-dʒɪ̀st | -dʒɪst/ *n.* 〖1727–51〗

Chao Phra·ya /tʃáuprɑ́ɪə, -prɑ́:jə; *Thai* tɕàopʰráya:/ *n.* [the ～] チャオプラヤー(川)《タイ西部の川; 南流して Siam 湾に注ぐ; 全長 257 km; 旧名 Menam》.

cha·os /kéɪɑ(:)s | -ɔs/ *n.* **1 a** 混沌とした状態, 混乱状態, 無秩序: be *in* ～ 混乱状態にある. **b** ごったがえし, 混乱した[無秩序の]集まり. **c** [しばしば C-] 天地創造以前の世界の状態, 混沌(ｺﾝﾄﾝ) (cf. cosmos 1 a). **2**〘数学・物理〙カオス《ある系が原理的には法則によって完全に決定されているにもかかわらず, 初期条件のわずかな違いで結果が大きく変化するため, 長期にわたる予測が事実上不可能になる現象; 気象現象・乱流・機械の振動などに見られる》. **3**《廃》底無しのふち (abyss). **4** [C-]〘ギリシャ神話〙カオス《chaos を象徴した原始混沌の神; 神のうちで最も古い》. 〖(*c*1440) □ L ～ □ Gk *kháos* gulf, abyss, chaos ← IE **ghēu-* 'to YAWN, gape'〗

cháos thèory *n.* カオス理論《カオスの概念を用いた, 複雑な変動現象の研究・解明; cf. chaos 2》.

cha·ot·ic /keɪɑ́(:)tɪk | -ɔ́t-/ *adj.* 混沌(ｺﾝﾄﾝ)とした; 無秩序の, 大混乱に陥っている (cf. cosmic 1). **cha·ót·i·cal·ly** /-tɪk(ə)li, -kli | -tɪ-/ *adv.* 〖(1713) ← CHA(OS)+-OTIC¹ (EROTIC などからの類推)〗

Chao·zhou /tʃàuʒóu, -dʒóu | -ʒə́u, -tʃə́u; *Chin.* tʂʰáutʂōu/ *n.* 潮州(ﾁｬｵｼﾞｮｳ)《中国広東省 (Guangdong) 東部の都市》.

chap¹ /tʃǽp/ *n.* **1**《口語》**a** 男, やつ (fellow): a good [nice] ～ いい男 / a funny little ～ 面白い小僧 / a queer old ～ 一風変わったやつ. **b** [old [my dear] ～; 呼び掛けに用いて] やあ君. **2**《英方言》買い手, 顧客; 買い手. **3**《米南部・中部》子供; 赤ん坊. 〖(1577)《略》← CHAPMAN〗

chap² /tʃɑ́(:)p, tʃǽp | tʃǽp/ *n.* = chop³. 〖(1555) ← ? CHAP³: cf. ME *chep(pe)* jaw〗

chap³ /tʃǽp/ *n.* **1** [通例 *pl.*] (風・寒さなどによる皮膚の)ひび, あかぎれ, 荒れ (crack). **2**《スコット》(戸を)とんとんたたくこと (knock). **— v.** (**chapped; chap·ping**)
— vt. **1 a** 〈寒気・霜が〉〈皮膚〉にひび[あかぎれ]を切らす; 〈皮膚を〉荒れさす. **b** 〈地面・木材〉にひびを入らす. **2**《スコット》打つ, とんとんたたく: ～ the hour 〈時計が〉時を打つ.
— vi. **1 a** 〈手などが〉荒れる, ひび[あかぎれ]が切れる. **b** ひびが入る, ひび割れる. **2**《スコット》打つ, たたく, ノックする (knock). 〖(?*a*1300) *chappe(n)* to chop off ← ? LG: cf. chip¹, chop¹ / MDu. *kappen* to cut〗

chap., Chap.《略》chapel; chaplain; chapter.

Cha·pa·la /tʃəpɑ́:lə; *Am.Sp.* tʃapála/ *n.* チャパラ(湖)《メキシコ中西部にある同国最大の湖; 面積 1,080 km²》.

chap·a·ra·jos /ʃæ̀pəréɪous, -rɑ́:- | -əus/ *n. pl.* (*also* **chap·a·re·jos** /～/)《米南西部》= chaps¹. 〖(1887)《混成》← Sp. *aparejos* gear+Mex.-Sp. *chaparreras* (← Sp. *chaparro* brambe bush: ↓): もとやぶから脚を保護するものの意〗

chap·ar·ral /ʃæ̀pərǽl, -rél | -rǽl/ *n.*《米南西部》**1** 矮性(ﾜｲｾｲ)カシの木の密林[やぶ]. **2** やぶ, 茂み. 〖(1845) □ Sp. ～ ← *chaparro* evergreen oak〗

chaparrál còck [bìrd] *n.* 〘鳥類〙= roadrunner.

chaparrál lìly *n.* 〘植物〙米国西海岸産の紫色の花が咲くユリの一種 (*Lilium rubescens*).

chaparrál pèa *n.* 〘植物〙米国西海岸地方に密なやぶをつくるマメ科の有刺低木 (*Pickeringia montana*)《pea chaparral ともいう》.

chaparrál snàpdragon *n.* 〘植物〙米国 California 州産ゴマノハグサ科キンギョソウ属の一年草 (*Antirrhinum coulterianum*).

cha·pa·ti /tʃəpɑ́:ti, -pǽti | -ti; *Hindi* tʃəpɑ́:ti/ *n.* (*pl.* **～, ～s, ～es**) (*also* **cha·pat·ti** /～/) チャパティ《全粒粉の生地を, 発酵させずに薄くのばして焼いたインドのパン》. 〖(1810) □ Hindi *capati* ← Skt *carpaṭī* thin cake〗

cháp·bòok /tʃǽp-/ *n.* **1** チャップブック, 行商本, 呼び売り本《昔呼び売り商人 (chapman) が売り歩いた物語・俗謡などの小冊子》. **2** チャップブックに類似した本[パンフレット]. 〖(1798) ← CHAP(MAN)+BOOK〗

chape /tʃéɪp, tʃǽp | tʃéɪp/ *n.* **1** (刀剣の鞘(ｻﾔ)の)こじり, 石突き. **2** (ベルトなど締めるときの)バックルの留め金. **3**《廃》(刀剣の)さや (scabbard). **～·less** *adj.* 〖(*c*1312) □ (O)F < LL *cappam* ～: ⇨ cape¹〗

cha·peau /ʃæpóu, ʃə- | ʃǽpəu, –⌐; *F.* ʃapo/ *n.* (*pl.* **～s, chapeaux** /～(z)/) **1** 帽子 (hat): *Chapeau* bas /bá:/! 脱帽. **2**〘紋章〙シャポー《achievement などに使用される位階を示す帽子; ベルベットの帽体をアーミン (ermine) の毛皮で飾ってある》. 〖(1523) □ F ～ < OF *chapel* < VL **cappellu(m)* (dim.) ← LL *cappa*: ⇨ cap¹: 日本語「シャッポ」の語源〗

chapéau brás /-brɑ́:; *F.* -bʁa/ *n.* (*pl.* **chapeaux b-**) シャポーブラ《たたんでわきの下にはさむことができる二角または三角帽子; 18 世紀後半男子正装の一部として用いた》. 〖(1764) □ F ～ ← *chapeau* (↑)+*bras* arm〗

chapeaux *n.* chapeau の複数形. 〖□ F ～〗

chap·el /tʃǽpəl, -pl̩/ *n.* **1 a** (教区教会 (parish church), 大聖堂 (cathedral) 以外の)小[付属]礼拝堂, チャペル. 日英比較 日本では「チャペル」はキリスト教の「礼拝堂」の意で, とくにミッションスクールなどの学校付きの礼拝堂を指すが, 英国ではローマカトリック, 英国国教会以外の宗派(すなわちプロテスタント各派)の教会を指していうことが多い. ⇨ church. **b** (教会の)付属礼拝堂《特殊礼拝のために用いる》: ⇨ Lady Chapel. **c** (学校・宮殿・兵営・船舶・刑務所・私邸などの)礼拝堂, 礼拝室, チャペル. **d** (教会内にある)小さな儀式や祈禱(ｷﾄｳ)用の部屋, チャペル. **2** (学校で)チャペルの礼拝式(への出席): keep [lose, miss] a ～ チャペルに出席[欠席]する / *Chapel* is required at this college. この学校ではチャペルに出席しなければならないことになっている. **3 a** (英国で)国教会以外の会堂: ～ folk 非国教徒 / give up church and attend ～ 国教をやめ他派に行く. **b** ユダヤ教会礼拝堂. **4 a** (チャペルまたは貴族邸の)専属聖歌隊. **b** (チャペルの)専属楽団. **5** = funeral chapel. **6 a**《廃》印刷所, 印刷工場. **b** (一印刷所の)印刷工組合《英国最初の印刷者 William Caxton が Westminster 寺院付近の chapel で仕事を始めたことから》.
chápel of éase (教区の教会に遠い人や会堂に入り切れない人のために設けた)分会堂, 支聖堂. 〖1538〗
chápel of rést (葬儀施設の)葬儀室, 霊安室 (chapel).
— adj.《英》(英国で Baptist, Methodist などのように国教に反対する様々な)プロテスタント派に属す, 非国教徒派の.
— vt. (**chap·el·ed, -elled; -el·ing, -el·ling**)〘海事〙(軟風下で逆帆になったとき)〈帆船を〉帆によらず舵のみで針路

を元へ戻す.
〘(?c1200) □ OF *chapele* (F *chapelle*) < ML *cap(p)ellam* cloak, hand, sanctuary for relics (such as the cloak of St. Martin) (dim.) ← LL *cappa* cloak: ⇨ cap¹, chaplain〙

cha·pelle ar·dente /ʃæpέlɑədɑ́ː(n)t, -dάːnt | -ɑː-; *F.* ʃapɛlaʁdɑ̃ːt/ *n.* (灯火をともした王侯貴族の)遺体安置室. 〘(1824) □ F ～ (原義) burning chamber〙

C

chápel róyal *n.* (*pl.* **chapels r-**) **1** 王宮付属会堂. **2** [C- R-]〘英国国教会〙(イギリス)王室礼拝堂《国教会の中にありながら教区の主教の管轄下にはなく, 通常 dean を長として subdean, canons, chaplains, choir などから成っている; St. James's Palace, Buckingham Palace, Windsor Castle などにある》.

chap·el·ry /tʃǽpəlri/ *n.* 礼拝堂管轄区. 〘(1591) □ OF *chapelerie*: ⇨ chapel, -ery〙

chap·er·on /ʃǽpəròun | -ròun/ *n.* **1** シャペロン《若い未婚の女性が社交場などに出るときの付添い; 多くは年配の女性で, 社交上の行儀作法を守っているかも監督する; 広義には一般に若い人を監督する責任のある人》. **2** シャプロン《15 世紀頃用いられたターバンのような帽子; クラウンから長い布が下がる》. **— *vt.*** **1 a** …のシャペロン役をやる. **b** …の世話をする; 監督する (supervise). **2** 〈若い女性〉の付添い役として行く (escort). **— *vi.*** シャペロン役をやる. 〘((c1400)) (1720) □ (O)F ～ 'hood' ← *chape* 'CAPE¹'〙

chap·er·on·age /ʃǽpərounɪdʒ | -ròu-/ *n.* 付添い. 〘(1857): ⇨ ↑, -age〙

chap·er·one /ʃǽpəròun | -ròun/ *n.* =chaperon 1.

chap·e·ro·nin /ʃæpəróunɪn | -róunɪn/ *n.*〘生化学〙シャペロニン《生体内部で他の蛋白質分子の形成を助ける蛋白質》. 〘(c1985) ← CHAPERON+-IN²〙

cháperon·less *adj.* シャペロンのない[付かない]. 〘(1831): ⇨ -less〙

cháp·fàllen *adj.* **1** 〈犬など〉下あごのだらっと垂れた. **2** しょげている, 元気のない, 意気の衰えた (cf. crestfallen 2). 〘(1598): ⇨ chap²〙

chap·i·ter /tʃǽpətə | -pɪtə(r)/ *n.*〘建築〙柱頭 (capital). 〘(a1425) □ (O)F *chapitre* (変形) ← OF *chapitle*: ⇨ chapter〙

chap·lain /tʃǽplɪn/ *n.* **1 a** (大学・病院などの)牧師[司祭]. **b** (軍隊に将校として任官し宗教業務を行う)軍僧, 従軍牧師. **c** (刑務所の)教誨師. **2 a** 礼拝堂 (chapel) 付き牧師[司祭]. **b**〘英国国教会〙チャプレン《chapel や cathedral などで礼拝に従事しながら, その場所での職名や聖職禄を有しない聖職者》. **c**〘カトリック〙典礼の際, 司教を助けるために任命された司祭. **3** 集会などで祈禱(きとう)をする人《聖職者とも限らない》. **～·cy** *n.* **～·ry** *n.* **～·shìp** *n.* 〘(14C) □ (O)F *chapelain* (=ONF *capelain*) < ML *capellānum* chaplain, (原義) custodian of the cloak of St. Martin ← *capella* 'CHAPEL' ∽ OE *capellan* □ ML *capellānum*〙

chap·let /tʃǽplɪt/ -lɪt, -lɛt/ *n.* **1** 頭に巻く飾り輪《飾りひも・玉飾りなど》; 花の冠, 花かずら. **2 a** 飾りひも, ビーズひも; 数珠(じゅず). **b**〘カトリック〙小数珠《rosary の ⅓ の長さ》; 小数珠の玉を数えて唱える祈り. **3 a** 数珠状のもの. **b** (カエルなどの数珠つなぎになった)卵のひも. **4**〘建築〙連珠紋, 玉縁(たまぶち)飾り. **5**〘金属加工〙中子押え《中子を鋳型中に支持するために用いる金具》. **cháp·let·ed** /-tɪd | -tɪd/ *adj.* 〘(1375) □ (O)F *chapelet* (=ONF *capelet*) (dim.) ← OF *chapel* headdress, garland: ⇨ cape¹, chapeau〙

Chap·lin /tʃǽplɪn | -lɪn/, Sir **Charles Spencer** *n.* チャップリン (1889–1977; 英国生まれの喜劇映画俳優・監督; 主に米国で活躍した; *Modern Times* (1936), *Limelight* (1952)).

Chap·lin·esque /tʃæplɪnέsk⁻/ *adj.* (特にユーモアとペーソスの混ざった)チャップリン (Chaplin) の喜劇に似た[のような]; チャップリンのような仕草の. 〘(1921) ← *Charles Chaplin*: ⇨ -esque〙

chap·man /tʃǽpmən/ *n.* (*pl.* **-men** /-mən/) **1** 《英》行商人, 呼び売り商人 (peddler). **2** 《古》商人 (dealer). **3** 《廃》顧客. **～·shìp** *n.* 〘OE *cēapmann* ← *cēap* bargain (⇨ cheap)+*mann* 'MAN': cf. G *Kaufmann* merchant〙

Chap·man /tʃǽpmən/, **Frank Michler** *n.* チャップマン (1864–1945; 米国の鳥類学者).

Chapman, George *n.* チャップマン (1559 ?–1634; 英国の詩人・劇作家・学者; Homer の翻訳者としても有名).

Chapman, John *n.* ⇨ Johnny APPLESEED.

chap·pal /tʃʌ́pəl, -pl/ *n.* (インドの)革製サンダル. 〘(1893) □ Hindi ～〙

Chap·pa·quid·dick /tʃæpəkwídɪk | -dɪk/ *n.* チャパキディック《Massachusetts 州南東部 Nantucket 湾の Martha's Vineyard 島の東方にある島; 1969 年 Edward Kennedy 上院議員の車が橋から転落し, 当人は脱出したが, 同乗していた女性秘書が溺死するという事件が起きた》: the ～ incident チャパキディック事件.

chap·pa·ti /tʃəpάːti, -pǽti | -ti/ *n.* =chapati.

chapped *adj.* あかぎれ[ひび]の切れた: ～ hands. 〘(a1460): ⇨ chap³ (v.)〙

Chap·pell /tʃǽpəl, -pl/, **Gregory Stephen** ['**Greg**'] *n.* チャペル (1948– ; オーストラリアのクリケット選手).

chap·pie /tʃǽpi/ *n.* (*also* **chap·py** /～/) 《口語》やっこさん, 男 (fellow). ★ chap¹ の愛称語. 〘(1821) ← CHAP¹+-IE 1〙

chap·py /tʃǽpi/ *adj.* (**chap·pi·er**; **-pi·est**) = chapped. 〘1611〙

chap·ra(s)·si, chup·ras·sy /tʃʌprάːsi/ *n.* 《インド》(官公庁・事務所などで)制服を着た下級職員[事務員], 使い走り. 〘(1828) □ Hindi *chaprāsī* ← *caprās* a metal identity badge worn by messengers〙

chaps¹ /ʃǽps, tʃǽps/ *n. pl.* 《米》チャップス《カウボーイがズボンの前脚部の保護のためにつけるズボンのようなもの; フリンジなどの装飾が施されている》. 〘(c1815) (短縮) ← CHAPARAJOS〙

chaps² *n.* =chop³.

Cháp Stìck *n.* 《米・カナダ》〘商標〙チャップスティック《米国 Whitehall-Robins 社製の薬用リップスティック (《英》lip-balm)》.

chap·tal·i·za·tion /ʃæptəlɪzéɪʃən | tʃæptəlaɪ-, ʃæp-, -lɪ-/ *n.*〘醸造〙シャプタリゼーション《ぶどう酒のアルコール分を標準化するために発酵前のぶどう酒に砂糖または中和剤を入れること》. 〘(1891): ⇨ ↓, -ation〙

chap·tal·ize /ʃǽptəlàɪz | tʃǽp-, ʃǽp-/ *vt.*〘醸造〙〈ぶどう酒〉にシャプタリゼーション処理をする. 〘□ F *chaptaliser* ← *J. A. Chaptal* (1756–1832: フランスの化学者): ⇨ -ize〙

chap·ter /tʃǽptə | -tə(r)/ *n.* **1 a** (論文・書物の)章《略 chap., cap., ch., c.》: the first ～ =～ one 第一章. **b** 人生・歴史などで一章をなすと考えられる重要な一部分[一区切り]; 出来事, 挿話; 一章: Enough on that ～. その話はそれで十分だ / a somber ～ in human affairs 人世の陰鬱(いんうつ)な一章[一事件] / a new ～ in one's life 人生の新しい一章. **c** (一会期で制定された)法律の号. **2**〘教会〙**a** (cathedral または collegiate church の(大)聖堂参事会《その会員が canon で, その集会は dean が司る》. **b** (修道院・騎士団などの)総会. **c** 牧師団[修道会]会議. **d** [集合的] 司教[主教]座聖堂参事会員たち, 聖堂参事会員たち. **3 a** 集会, 総会 (general meeting). **b** 《米》(組合・協会・同窓会などの)支部, 分会. **4**〘キリスト教〙(教会祭式のいろいろな部分に読まれる)聖書の短い文句. **5**〘時計〙(文字盤上の時刻を表す)数字.
chápter and vérse (1) (聖書の何章何節という)正確な出典; 正確な出所[典拠]: give [quote] ～ *and verse for* it / *Chapter and verse* is supplied *for* the quotation. その引用には正確な出典が示されている. (2) 詳しい情報. (3) [副詞的に] 正確に; 詳細に: He explained the regulation ～ *and verse.* 規則をこと細かに説明した. (1628)
a chápter of áccidents 予期せぬ事件の経過; 一連の予期せぬ事件. (a1773) ***to*** [***till***] ***the énd of the chápter*** 終わりまで; いつまでも (forever). (a1704)
— *vt.* 〈書物などを〉章に分ける.
〘(?a1200) *chapitre* □ (O)F (変形) ← OF *chapitle* □ L *capitulum* (dim.) ← *caput* head: ⇨ capital¹〙

Chápter 11 [**XI**] /-ɪlέvən/ *n.* 《米》(連邦改正破産法の)第 11 章《自発的破産申請による会社更生を規定する; 日本の会社更生法に相当》.

chápter hèad *n.* 章題, 章見出し《章の初めに印刷される題・数字・引用など》.

chápter hòuse *n.* **1** (大聖堂)参事会会議室[会館], チャプターハウス《参事会 (chapter) の会議場; 大聖堂 (cathedral) や修道院に付属する》. **2** 《米》(協会などの)支部会館[集会所]. 〘ME *chapitre hous* ∽ OE *capitelhūs*〙

chap·trel /tʃǽptrəl/ *n.*〘建築〙=impost². 〘(1677) ← CHAPTER+-EL¹〙

Cha·pul·te·pec /tʃəpúːltəpὲk, -pʊ́l-; *Am.Sp.* tʃapultepék/ *n.* チャプルテペック《Mexico 市付近の要塞; メキシコ戦争 (1847) 当時米軍の攻撃を受けた》.

cha·que·ta /tʃəkéɪtə | -tə; *Am.Sp* tʃakéta/ *Sp. n.* (*pl.* **～s** /～z; *Sp.* ～s/) チャケータ《カウボーイの着る革製の厚い上衣》. 〘(c1890) □ Am.Sp. ～ □ F *jaquette* 'JACKET'〙

char¹ /tʃάə | tʃάː(r)/ *v.* (**charred**; **char·ring**) **— *vt.*** **1** (通例火にあてて)炭にする, 黒焦げにする. **2** 焼け焦がす (scorch). **— *vi.*** 炭になる, 黒焦げになる; 焦げる.
— *n.* **1** 木炭 (charcoal); (特に, 製糖に用いる)骨炭. **2** 黒焦げになった物[表面]. 〘(1679) (逆成) ← CHARCOAL〙

char² /tʃάə | tʃάː(r)/ *n.* **1 a** 家庭内の雑仕事, 雑用 (chore). **b** [*pl.*] 臨時雇いの雑用, パートタイムの雑用. **2** 《英口語》=charwoman. (1906) **— *vi.*** (**chared, charred**; **char·ing, char·ring**) 《英古》(通例日雇いで)家庭の雑用をする, 掃除婦として働く: go out ～*ring* 雑用に雇われる. 〘OE *ċ(i)err* time, occasion: cf. OE *ċierran* to turn〙

char³ /tʃάə | tʃάː(r)/ *n.* (*pl.* ～, **～s**)〘魚類〙サケ科イワナ属 (*Salvelinus*) の淡水魚の総称《アルプスイワナ (arctic char) など》. 〘(1662) □ ? Gael. *ceara* red-colored ← *cear* blood〙

char⁴ /tʃάə | tʃάː(r)/ *n.* 《英古》=tea (cf. cha). 〘(1919) (転訛) ← Chin. *ch'a* 'TEA'〙

char. 《略》character; characteristic; characterize; charity; charter; charwoman.

cha·ra /kέə°rə | kέərə/ *n.*〘植物〙シャジクモ《淡水産シャジクモ科シャジクモ属 (*Chara*) の藻類の総称; シャジクモ (*C. brauxii*) など》. 〘(1753) ← NL ～ ← L ～〙

char·a·banc /ʃǽrəbæ̀ŋ, ʃér- | -bæŋ, -bɑ̃ː(ŋ), -bὰːŋ/ *n.* (*also* **char-à-banc** /～/) 《英》(旧式の)大型遊覧バス; 観光バス. 〘(1816) □ F *char à bancs* wagon with benches〙

char·a·cin /kǽrəsɪn, kér- | -sɪn/ *n.*〘魚類〙カラシン《アフリカ・中南米産カラシン科の淡水魚の総称》. 〘(1882) ← NL *Characinidae*: ⇨ ↑, -in²〙

char·ac·ter /kǽrɪktə, kér-, -rɪk- | kǽrɪktə(r), -rɪk-/ *n.* **1 a** 特有性, 特性, 特質; 特徴: the ～ of the country その地方の特質[特徴] / a face without any ～ (平凡で)これといった特徴のない顔 / a generic ～〘生物〙属の特徴, 属性. **b** 性質, 気質: the ～ of a people 民族[国民]性. **c** 性格; 品性, 人格, 風格: decision of ～ 果断な性格 / firmness of ～ 堅固な性格 / a man of fine [noble] ～ 品性の立派な[高尚な]人. **d** 道徳的にすぐれた品性, 徳性 (⇨ temperament SYN); 自己修養, 道徳心: a man of ～ (立派な)人格者, しっかりした人物. **e** 気概, 気骨; 能力, 資質. **f** (犬の訓練される)素質《典型的な犬種にみられる表現・個性・全般的現れ, 態度などの資質》.
2 a (世間の)評判, 世評: get a ～ of a miser けちん坊だという評判を取る / get a good [bad] ～ 良い[悪い]評判を得る. **b** 良い評判, 名声, 令名, 令聞: gain a ～ for bravery 勇名をはせる / injure one's ～ 名声を傷つける.
3 a (人格のある)人, (立派な)人物: a very noble ～ 高潔な人士 / a bad [good] ～ 評判の悪い[良い]人 / a great historical ～ 歴史上の大人物 / a public ～ 公人. **b** (小説・劇中の)人物, 登場人物; 人物描写: the ～*s* in a story, play, etc. 日英比較「キャラクターグッズ」は和製英語. 英語では goods featuring popular *characters* などという. **c** (劇の)役 (role): a leading ～ 主役 / in ～ 役にぴったりはまって / in the ～ of …の役にふんして (cf. 4) / out of ～ 役に不向きで. **d** 《口語》変わり者, 奇人: He is quite a ～. 彼は全く変わってる. **e** 《口語》[しばしばやや軽蔑的に] 人, やつ (person, fellow): a strange ～. **f** 《古》偽善者 (hypocrite).
4 (社会上の)地位, 資格 (status, capacity): make a speech in one's ～ as ambassador 大使の資格で[大使として]演説する / in the ～ of an adviser 顧問の資格で (cf. 3 c).
5 a 記号, 符号, しるし (mark, symbol); (神秘的)象徴 (emblem): a musical ～ 楽譜記号 / the ～ of the fish for the indication of Christians キリスト教徒を示すための魚の記号. **b**〘電算〙キャラクター《コンピューターが取り扱う文字・記号類》. **c** 暗号 (cipher). **d**〘神学〙(カトリックで)秘跡の印号《洗礼・堅振・叙階などで個人の受けた霊的印刻》. **6 a** 文字 (letter): Chinese ～*s* 漢字 / German ～*s* ドイツ文字. **b** [集合的] (一体系としての)文字; アルファベット (alphabet). **7** (印刷または筆記の)字体, 筆跡: write in large ～*s* 大きい字で書く / 'Tis Hamlet's ～ それはハムレットの筆跡だ (Shak., *Hamlet* 4. 7. 51). **8 a** 《英》(前雇用主が使用人に与える)人物証明書, 推薦状: a ten years' ～ 10 年勤続の証明書 / give a servant a good ～ 使用人によい推薦状を与える, 使用人の証明書によく書いてやる / engage a person without a ～ 人物証明書なしで人を雇う. **b** 《古》(人・物の)特徴書き; 人相書き. **9**〘生物〙(遺伝の)形質: acquired [inherited] ～*s* 獲得[遺伝]形質. **10**〘活字〙(文字を印刷するための)(1 本の)活字. **11**〘数学〙(群の)指標《アーベル群 (Abelian group) から絶対値 1 の複素数全体のつくる群 (group) への準同形写像》: ⇨ character group. **12**〘文学〙気質(かたぎ)描写, 性格短描. **13**〘紡織〙羊毛のちぢれの均整さを示す言葉.
in cháracter (1) 〔…の〕性格[特質]に合って, 調和して 〔*with*〕: The office is *in* ～ *with* him. その職は彼の柄に合っている. (2) ⇨ 3 c. (1777) ***òut of cháracter*** (1) 〔…の〕性格[特質]に合わないで, 調和しないで 〔*with*〕: step *out of* ～ 自分の柄にないことをする / His picture is *out of* ～ *with* this room. 彼の絵はこの部屋に似つかわしくない. (2) ⇨ 3 c. (1745)
— *adj.* [限定的]〘演劇・映画〙**1** 〈俳優が〉性格的な: ⇨ character actor [actress]. **2** 〈劇の役・演技などが〉性格俳優としての資質を要求する: ⇨ character part / ～ acting 性格演技.
— *vt.* 《古》**1** 刻み付ける (engrave, inscribe). **2 a** 〈性格を〉描写する, 記述する. **b** =characterize.
〘(16C) □ L *charactēr* mark □ Gk *kharaktḗr* engraved or stamped mark ∽ (a1333) *caractere* □ OF (F *caractère*) □ L: *kharaktḗr* は *kharássein*「彫る」からきたもので,「印刻・押印の道具」→「印刻・印象」,「表徴・記号」→「性格」の意に発展した〙

cháracter àctor [**àctress**] *n.*〘演劇・映画〙性格俳優《特異な性格の登場人物を得意とする俳優》.

cháracter àrmor *n.*〘心理〙性格防護, 性格のよろい《本来の感情や欲求が表面に出ることを防ごうとする神経症的な防衛機制; Wilhelm Reich の造語》.

cháracter assàssin *n.* (人の名誉・名声を傷つけようとする)中傷者, 人身攻撃をする人. 〘1951〙

cháracter assassinàtion *n.* (人の名誉・名声を傷つけようとする)中傷, 誹謗(ひぼう), 讒謗(ざんぼう), 人身攻撃. 〘1949〙

cháracter còde *n.*〘電算〙文字コード《文字・記号類を機械に識別させるために符号化したもの》.

char·ac·ter·ful /kǽrɪktəfəl, kér- , -fl | kǽrɪktə-/ *adj.* 特徴を表す, 特色を表す; 特徴をもった, 特徴的な. 〘(1901): ⇨ -ful¹〙

cháracter gròup *n.*〘数学〙指標群《アーベル群 (Abelian group) の指標 (character) 全体のつくる群》.

char·ac·ter·ise /kǽrɪktəràɪz, kér- | kǽrɪk-/ *vt.* 《英》=characterize.

char·ac·ter·is·tic /kæ̀rɪktərístɪk, kèr- | kæ̀rɪk-⁻/ *n.* **1** 特質, 特性, 特色, (著しい)特徴 (peculiarity). **2**〘物理〙**a** 特性値. **b** =characteristic curve 1. **3**〘数学〙**a** (体(たい)の)標数. **b** (対数の)指標.
— *adj.* **1** 特質的な, 特有の, 独特の (typical, peculiar): with his ～ smile 彼特有の笑みをたたえて / in her ～ way 彼女特有の方法で / Bananas have their own ～ smell. バナナには特有の香りがある. **2** 〔…の〕特性[特質, 特色]を示して 〔*of*〕: the traits ～ *of* the Japanese いかにも日本人らしい特徴 / His speech was ～ *of* his temperament. 彼の演説は彼の気質の特徴を示していた.
〘(1664) □ F *caractéristique* □ Gk *kharaktēristikós*: ⇨ character, -ic¹〙

SYN 特徴的な: **characteristic** 人や物の特徴を示す: Obstinateness is *characteristic* of him. 強情なのは彼の特徴だ. **individual** 個体に特有の: Her hairstyle is very *individual*. 彼女の髪型はひどく個性的だ. **distinctive** 他と異なっていて容易に認知できる《格式ばった語》: Policemen wear *distinctive* uniform. 警官はひと目でそれとわかる独特の制服を着ている. **peculiar** 〈性質・品性・情緒などが〉人や物に特有な: The style is *peculiar* to him. そのスタイルは彼独特のものだ.

chàr·ac·ter·ís·ti·cal·ly *adv.* 特質[特性]を示すように, 特質上, (著しく)特徴的に, 特色として. 〘(1643) ← CHARACTERISTIC＋-ICAL＋-LY¹〙

cháracteristic cúrve *n.* **1** 〘物理〙特性曲線《計器・機器類の特性を示すために 2 変数の関係を図示した曲線》. **2** 〘写真〙濃度曲線《露光量の対数と現像したフィルムや印画紙の濃度の関係を表した曲線; H and D curve, sensitometric curve ともいう》. 〘1902〙

characterístic equátion *n.* 〘数学〙特性方程式《行列の特性多項式 (characteristic polynomial) を 0 とおいて得られる方程式》. 〘*c*1925〙

characterístic fúnction *n.* 〘数学〙**1** 固有関数 (⇨ eigenfunction). **2** 特性関数《集合を特徴づける関数》. **3** ＝characteristic polynomial.

characterístic impédance *n.* 〘電気〙特性インピーダンス《分布定数線路の進行波に対するインピーダンス》. 〘1923〙

characterístic polynómial *n.* 〘数学〙特性多項式《一つの行列と単位行列の *x* 倍との差の行列式を展開して得られる *x* の多項式》. 〘*c*1957〙

characterístic radiátion *n.* 〘物理〙固有放射.

characterístic róot *n.* 〘数学〙特性根, 固有値《行列の特性方程式 (characteristic equation) の根; cf. eigenvalue》. 〘*c*1957〙

characterístic súbgroup *n.* 〘数学〙特性部分群《群の自己同形写像 (automorphism) で不変な部分群》.

characterístic témperature *n.* 〘物理化学〙特性温度 (⇨ Debye temperature).

characterístic válue *n.* 〘数学〙固有値 (⇨ eigenvalue). 〘1956〙

characterístic véctor *n.* 〘数学〙固有ベクトル《与えられた一次変換によって方向が変わらないような 0 でないベクトル; eigenvector ともいう》. 〘1957〙

characterístic velócity *n.* 〘宇宙〙特性速度: **a** ロケットが自由空間で出し得る速度. **b** 地球周回惑星到達等の特定ミッション[目的]を遂行するのに必要な速度の増分.

characterístic X-ràys *n. pl.* 〘物理〙固有 X 線, 特性 X 線《各元素に固有な線状スペクトル構造をもつ X 線》.

char·ac·ter·iz·a·ble /kǽrɪ̀ktəràɪzəbl̩, kér- | kǽrɪ̀k-/ *adj.* 特徴づけることのできる. 〘(1818) ← CHARACTERIZE＋-ABLE〙

char·ac·ter·i·za·tion /kæ̀rɪktərɪ̀zéɪʃən, kèr- | kæ̀rɪ̀ktəraɪ-, -rɪz-/ *n.* **1** (小説・劇などの)性格描写. **2** 特性[特質]表示; 特性づけ. 〘((1570)) (1814): ⇨ ↓, -ation〙

char·ac·ter·ize /kǽrɪ̀ktəràɪz, kér- | kǽrɪ̀k-/ *vt.* **1** [しばしば受身]〈目立つ事柄が〉…の特徴[特色, 特性]になっている (distinguish): Thai cuisine ～*s* this restaurant. タイ料理がこのレストランの特色だ / His story is ～*ed* by its fantastic absurdity. 彼の物語は, 荒唐無稽(ɛ̃ɪ)なのが特徴になっている. **2** …の特性[特質]を明らかにする; …の特性[特色]を(…であると)記述[表現]する: ～ the summit meeting in a few minutes 首脳会議の特質を数分で説明する / Her performance was ～*d as* first-rate. 彼女の演技は第一級のものだと評された. **chár·ac·ter·ìz·er** *n.* 〘(1591) □ ML *charactērizāre*: ⇨ character, -ize〙

cháracter·less *adj.* **1** 特色[特徴, 特性]のない, 無性格の, 個性のない. **2** 人物[勤務]証明書のない. 〘(1601–02): ⇨ -less〙

char·ac·ter·o·log·i·cal /kæ̀rɪ̀ktərəlá(ː)dʒɪkəl, kèr-, -trə-, -kl̩ | kæ̀rɪ̀ktərəlɔ́dʒɪ-, -trə-ˊ/ *adj.* 性格の[に関する]; 性格研究の[に関する]. **～·ly** /-k(ə)li/ *adv.* 〘(1916): ⇨ ↓, -ical〙

char·ac·ter·ol·o·gy /kæ̀rɪ̀ktərá(ː)lədʒi, kèr- | kæ̀rɪ̀ktərɔ́l-/ *n.* 性格研究. 〘(1903): ⇨ character, -logy: cf. G *Charakterologie*〙

cháracter pàrt *n.* 〘演劇・映画〙性格役《性格俳優が演じるような役》.

cháracter pìece *n.* 〘音楽〙キャラクターピース《19 世紀の主としてピアノ用の小品; bagatelle, impromptu など; cf. program music》. 〘((なぞり)) ← G *Charakterstück*〙

cháracter prìnter *n.* 〘電算〙文字プリンター, 印字機, シリアルプリンター (serial printer).

cháracter recognìtion *n.* 〘電算〙文字認識《手書き・タイプ・印刷などの文字を認識してコンピューターのコードに変換すること》.

cháracter sèt *n.* 〘電算〙文字セット, キャラクターセット《プリンターなどの装置, あるいは ASCII のようなコード法により使用できるひとそろいの文字・記号など》. 〘1958〙

cháracter skètch *n.* 〘文学〙(短い)性格描写. 〘1885〙

cháracter strìng *n.* 〘電算〙記号[文字]列. 〘1966〙

cháracter tỳpe *n.* 〘心理〙性格類型《各個人に見られる性格の特徴》.

cháracter wìtness *n.* 〘法律〙性格証人《法廷またはその他の訴訟手続で被告の品性・評判・行動について証言する人》. 〘1952〙

char·ac·ter·y /kǽrɪ̀ktəri, kér-, -tri | kǽrɪ̀k-/ *n.* **1** 記号による思想伝達. **2** 《まれ》[集合的] 思想伝達に用いられる記号[文字](大系). 〘(1588) ← CHARACTER＋-Y¹〙

cha·rade /ʃəréɪd, -rɑ́ːd | -rɑ́ːd/ *n.* **1 a** (謎詩・絵・ジェスチャーなどで表される)言葉. **b** [*pl.*; 単数または複数扱い] ジェスチャーゲーム, シャレード《相手が身振りで, しばしば 1 音節ずつ表す言葉を当てる遊戯》: play ～*s*. **2 a** 謎言葉のようなもの. **b** 見えすいた口実. **c** 象徴的言動. **d** 《英》非常識な行為; 滑稽な言い換え. 〘(1776) □ F ～ □ Prov. *charrado* conversation ← *charra* to chat 《擬音語》〙

cha·ran·go /tʃərǽŋgoʊ | -gəʊ; *Am.Sp.* tʃaráŋgo/ *n.* (*pl.* ～**s**) チャランゴ《Spanish America で用いる, 胴がアルマジロなどの殻でできたギターに似た楽器》. 〘(*c*1925) □ S. Am.Sp. ～〙

cha·ras /tʃɑ́ːrəs/ *n.* 〘植物〙＝hashish. 〘*c*1860〙

char·bon /ʃɑ́ːbən, -bɑ(ː)n | ʃɑ́ːbɔ̃ː(ŋ), -bɔːŋ; *F.* ʃaʁbɔ̃/ *n.* 〘病理〙炭疽(ɛ̃ɪ), 脾脱疽(ɛ̃ɪ). 〘(1834) □ F ～ 《原義》charcoal: ⇨ carbon〙

chár·bròil, chár-bròil *vt.* 〈肉などを〉炭火であぶる[焼く]. 〘(1968): ⇨ char¹〙

char·coal /tʃɑ́əkoʊl | tʃɑ́ːkəʊl/ *n.* **1** 炭, 木炭 (cf. pit coal). **2 a** (描画に用いる)木炭, 炭筆. **b** 木炭画. **3** 黒灰色, 黒褐色, 黒に近い色. **— *vt.*** **1** 木炭で書く[描く]. **2** 炭火であぶる[焼く]. 〘(1371) *charcole* ← ? *charren* to turn＋*cole* 'COAL': 《原義》wood turned to coal: または *char-* ← (O)F *charbon* (↑): cf. char¹〙

chárcoal bùrner *n.* **1** 炭焼き人. **2** 木炭こんろ, 火ばち. 〘1841〙

chárcoal dràwing *n.* 木炭画.

chárcoal gráy *n.* チャーコールグレー《消し炭色で, 黒に近い灰色》. 〘1907〙

chárcoal íron *n.* 〘化学〙木炭鉄《木炭溶鉱炉を用いて精錬した不純物の少ない良質の鉄鉄》. 〘1858〙

chárcoal ròt *n.* 〘植物病理〙炭疽(ɛ̃ɪ)病《特に, トウモロコシなどの病気; *Macrophomina phaseoli* 菌によって起こされ, 茎の基部・根の上部の組織が黒変し腐る》.

Char·cot /ʃɑəkóʊ, ―ˊ | ʃɑːkəʊ, ―ˊ; *F.* ʃaʁko/, **Jean Martin** *n.* シャルコー《1825–93; フランスの神経病学者; Sigmund Freud も教えを受けた》.

char·cu·te·rie /ʃɑəkùːtəríː, ―ˊ―ˊ | ʃɑːkùːtəríː, ―ˊ―ˊ; *F.* ʃaʁkytʁi/ *n.* (*pl.* ～**s** /～z; *F.* ～/) **1** (フランスの)豚肉店. **2** (フランスの冷肉・ソーセージなどの)肉加工食品(店). 〘(1858) □ F ～: ⇨ ↓, -ery〙

char·cu·ti·er /ʃɑəkùːṭiéɪ, ―ˊ―ˊ | ʃɑːkùːtiéɪ, ―ˊ―ˊ; *F.* ʃaʁkytje/ *n.* (*pl.* ～**s** /～z; *F.* ～/) **1** (フランスの)豚肉屋《人》. **2** (フランスの冷肉・ソーセージなどの)肉加工食品店主. 〘(1894) □ F ～ ＜ MF *chaircutier* ← *chair* flesh＋*cuite* cooked〙

chard /tʃɑ́əd | tʃɑ́ːd/ *n.* 〘植物〙フダンソウ, トウジシャ (*Beta vulgaris* var. *cicla*) 《ビート (beet) の変種で, 葉を野菜として食用にする; leaf beat, seakale beet, Swiss chard ともいう》. 〘(1658) 《変形》← F *carde* ＜ Prov. *carda* ＜ L *carduum* thistle, artichoke: F *chardon* thistle の影響による変形〙

Char·din /ʃɑədǽ(ŋ), -dǽŋ | ʃɑː-; *F.* ʃaʁdɛ̃/, **Jean-Baptiste Siméon** *n.* シャルダン《1699–1779; フランスの風俗画家》.

Chardin, Teilhard de *n.* ⇨ Teilhard de Chardin.

char·don·nay, C- /ʃɑədənéɪ, -dn̩- | ʃɑ́ːdənèɪ, -dn̩-/ *n.* シャルドネ: **1** 白の辛口テーブルワイン; フランス語名 Chardonnet /*F.* ʃaʁdɔnɛ/. **2** 白いブドウの品種; これから, Chablis などの白ワインが造られる; フランス語名 Chardonnet. 〘1911〙

chare /tʃéə | tʃéə(r/ *n., vi., vt.* ＝char¹.

Cha·ren·tais /ʃæ̀rɑ̃ː(n)téɪ, -rɑːn-; *F.* ʃaʁɑ̃tɛ/ *n.* シャランテ《黄緑色の果皮・オレンジ色の果肉をもった淡い香りのする小形のメロン》. 〘□ F ～ ← *Charente* (↓): 原産地名から〙

Cha·rente /ʃərɑ́ː(n)t, -rɑ́ːnt; *F.* ʃaʁɑ̃ːt/ *n.* **1** シャラント《フランス中西部の県; 県都 Angoulême》. **2** [the ～] シャラント(川)《フランス西部を流れ, Biscay 湾に注ぐ (362 km)》.

Charente-Ma·ri·time /―ˊ mæ̀rətíːm, -mèr- | -mæ̀rɪ̀-; *F.* -maʁitim/ *n.* シャラント マリティム《フランス西部の県, 県都 La Rochelle》.

cha·rette /ʃərét/ *n.* ＝charrette.

charg·a·ble /tʃɑ́ədʒəbl̩ | tʃɑ́ːdʒ-/ *adj.* ＝chargeable.

charge /tʃɑ́ədʒ | tʃɑ́ːdʒ/ *vt.* **1 a** [しばしば二重目的語を伴って]〈代価・料金・支払などを〉〈人〉に請求する: ～ a person a price *for* his purchase 人に買物の代価を請求する / ～ 50 pence a dozen for eggs 卵の代金を 1 ダースにつき 50 ペンス請求する / I was ～*d* 500 yen *for* it. そのために 500 円支払わされた / How much [What] do [would] you ～ *for* taking me to the station? 駅までいくらで行ってくれますか. **b** 〔人の〕借方に記入する, 勘定に記入する (debit), クレジットカードで支払う; 〈商品を〉〈人に〉つけで売る〔*to, against*〕: *Charge* these books *to* my account [*against* me]. この本は私の勘定につけておいて下さい. **c** 〈物・土地などに〉〈税などを〉課する〔*with*〕; 〔物・土地税などに〕〈税などを〉課する〔*to*〕: ～ a person's estate *with* taxes ＝～ taxes *to* a person's estate. **d** 〈借用したものを〉書き記す, 記録する: ～ a library book.
2 a 〈人を〉(…だとして)とがめる, 非難する〔*as*〕; 〔…のかどで〕〈人を〉責める, とがめる, 告発する〔*with*〕(⇨ accuse **SYN**): ～ a person *as* a spy 人をスパイだとして糾弾する / ～ a person *with* theft 人を窃盗罪で訴える / ～ a person *with* carelessness [negligence] 人の不注意[怠慢]を叱責する. **b** 〈罪・過失などを〉〔…の〕せいにする, 帰する〔*to*〕: His teacher ～*d* his failure *to* thoughtlessness. 彼の先生は彼の失敗を思慮のないせいだとした. **c** 〈…だと〉非難して言う, 非難する〈*that*〉: They ～*d that* he had forged a check. 彼が小切手を偽造したと非難[告発]した.
3 a 〈蓄電池に〉充電する〈*up*〉: ～ a storage battery 蓄電池に充電する. **b** 〈銃砲〉に〔火薬を〕装薬する, 装填(ɛ̃ɪ)する〔*with*〕: ～ a gun (*with* powder) 大砲に弾薬をこめる. **c** 〈容器〉に〔物を〕(適量または十分)詰める, 入れる, 満たす (fill, load)〔*with*〕: ～ a pipe パイプにたばこを詰める / ～ a fountain pen 万年筆にインクを入れる / ～ a fire hose 消火ホースに圧力をかけて水を注入する / ～ a camera カメラにフィルムを入れる. **d** 〈気体・液体などを〉〔…で〕満たす, 飽和させる, 充満させる〔*with*〕: clouds ～*d with* electricity 電気を帯びた雲 / air ～*d with* moisture 湿気を含んだ空気 / ～ the air *with* vapor 空気に水蒸気を飽和させる. **e** 〈心〉に〔知識などを〕詰め込む (fill)〔*with*〕: a mind ～*d with* imagination 想像でいっぱいの頭. **f** 〈雰囲気〉に〔感情・気分などを〕みなぎらせる〔*with*〕: The atmosphere was (highly) ～*d with* intense excitement. その場の空気には激しい興奮があふれていた.
4 〔仕事・責任・義務などを〕〈人〉にゆだねる, 担当させる, 託する〔*with*〕: He was ～*d with* an important mission. 重要な使命を託された / I am ～*d with* a message for you. 《古》あなたに伝言をことづかっている.
5 a 〈人〉に(権威をもって)〈…するように〉命じる〈*to do*〉(⇨ command **SYN**): I ～ you strictly not *to* forget what you are told. 言われたことを忘れないように厳命する / I am ～*d to* give you this letter. この手紙をあなたに渡すことを命じられている. **b** 〈判事が〉〈陪審員〉に説示を与える (cf. charge *n.* 5 b, instruct 4). **6 a** 〈敵を〉襲う, 襲撃する, (敵に向かって)突撃する: The bull ～*d* the matador. 牛はマタドールを襲った. **b** 〈武器を〉構える: *Charge* bayonets! 〘軍事〙(突撃前の命令で)着剣!. **7** 《古》〈馬などに〉荷を負わせる; 〔荷を〕…に積む〔*with*〕. **8** 〘紋章〙〈盾〉に図形を描く. **9** 〘冶金〙〈炉〉に〔鉱石などを〕装入する, 仕込む〔*with*〕. **10** 〘物理〙荷電[帯電]させる. **11** (サッカー・アメリカンフットボールなどで)…にチャージする (⇨ *n.* 11).
— *vi.* **1** 支払いの請求をする, 代金を要求する, 値を言う: He ～*s* too much *for* his services. 彼のサービスの請求[料金]は高過ぎる. **2** (人の)勘定につける. **3** 突撃する, (試合で)攻撃する; 突入する《乗車[乗馬]攻撃についていう》; 突進する: ～ *at* [*on*] the enemy / She ～*d into* the room waving a letter. 彼女は手紙を振りかざしながら部屋へ飛び込んで行った. **4** 〈犬が〉前足に頭をのせて座る. **5** 〈判事が〉陪審員に説示を与える.
chárge dówn 〘ラグビー〙〈相手チームのキックしたボール〉を体で止める. ***chárge óff*** (1) 〘会計〙〈損失などを〉帳簿[計算]から除く, 損失[欠損]として扱う. (2) 〔…に〕帰する, 〔…のせいにする〔*to*〕: ～ *off* a mistake *to* negligence 失敗を怠慢のせいにする.
— *n.* **1** [しばしば *pl.*] **a** (諸)掛かり, (諸)費用 (cost, expense); 支払請求; 請求代金 (price demanded); 料金, 代価 (price): ～*s* forward [paid] 諸掛かり先払い[支払い済] / heavy ～ 多額の費用 / His ～*s* are too high. 彼の料金は高すぎる / a ～ *for* a person's trouble 手数料 / a list of ～*s* 料金表 / at one's own ～*s* 自弁で, 自費で / free of ～ 無料で / make a ～ (for …) (代金・料金・支払いなどを)請求する, いくらと言う / No ～ for admission. 入場無料 / put down a sum to a person's ～ 金額を人の勘定につける. **b** 課税金; 負債, 借金: ～*s on* [*upon*] an estate 財産への課税金. **c** 負債の記入, 借方記入: a ～ to a person's account 勘定のつけ. **d** (借用の)記録. **e** 掛売り勘定 (charge account).
2 a (不信・背任などの)非難, 責め, 問責: a false ～ 誣告(ɛ̃ɪ), 言い掛かり / open to ～*s* 非難[批判]される理由がある. **b** (犯罪の)摘発, 告発, 告訴; 訴因, 罪名, 容疑: *on* ～*s* of fraud (何件もの)詐欺のかどで / drop (the) ～*s* 告発を見送る / bring a ～ of theft against a person 人を窃盗の容疑で告発する / make a ～ *against* a person 人を非難する[とがめる] / He denied the ～ [(《米》) ～*s*] *that* he was a spy. 彼はスパイだという容疑を否認した.
3 a 責任 (responsibility): take ～ of the finances 財政の責任をもつ. **b** (責任をもって引き受ける)担任, 保護, 管理 (care), 監督 (supervision): take over ～ of …の管理を引き継ぐ / ⇨ *in* CHARGE. **c** 預り物, 受託物; 託された人《医師の受けもつ患者, 子守の預かる子供など》: the baby-sitter and her little ～*s* ベビーシッターとその預かった子供. **d** 聖職者が奉仕する教区[教会, 地域, 信者].
4 a (容器に入れる 1 回分の)量. **b** (銃砲 1 発分の)装薬; (弾薬筒 1 発の中の)炸薬(ɛ̃ɪ), 弾薬: a ～ of gunpowder / a half ～ 半装薬 / ⇨ bursting charge. **c** (蓄電池一杯の)充電. **d** (機械・装置などへの 1 回分の原料の)装入量, 投入量. **e** 《俗》麻薬(注射)の 1 回分の量; マリファナたばこ.
5 a 命令, 指令; 訓令, 論示: a bishop's ～ to his clergy 部下の聖職者に対する主教[司教]の論示. **b** (判事が陪審員に与える)説示: a judge's ～ to the jury 判事が陪審員に与える説示 (cf. *vt.* 5 b, instruction 4). **6 a** 突撃; 突入《乗車[乗馬]攻撃についていう》; 突撃の合図, 進撃らっぱ[太鼓]: a bayonet ～ 銃剣突撃[突貫] / in full ～ まっしぐらに / the ～ of a furious bull 怒り狂った牛の突進 / repel [beat back] the ～ 突撃を撃退する / return to the ～ さらに攻撃を開始する; 〈議論などを〉やり直す / sound the ～ 進撃らっぱを鳴らす. **b** (武器の)構え. **7 a** (感情・精力などの)蓄積; 迫力, 推進力 (drive): the emotional ～ of the film. **b** 《口語》スリル, 楽しい経験[騒ぎ]: get a ～ out of sports スポーツを楽しむ. **8** 《廃》荷物, 重荷 (load). **9** 〘電気〙**a** 電荷 (electric charge): ⇨ magnetic charge. **b** 充電: *on* ～ 〈車両が〉充電中で[の]. **10** 〘宇宙〙**a** (ロケットの)火薬[固形推進燃料]の装

C

塡, 装薬. **b** 《ロケットの》固形燃料. **11** 《サッカー・アメリカンフットボールなどで》チャージ(ング)《肩から腰までの上体で(不当に)相手にぶつかること》. **12** 〘紋章〙紋章に描かれている図形 (cf. ordinary 8): a heraldic ~ 紋章に描かれる《抽象・具象を問わず》全図形 / a common ~ 《ライオン・鷲(わし)などの》具象図形《単に charge といえば common charge を指す》.

in chárge (1) 責任をもって; 託されて, 預かって 〔*of*〕: the doctor *in* ~ 主治医 / the minister [teacher] *in* ~ 担当[担任]牧師[教師] / Who's in ~? 担当はだれですか / a nurse *in* ~ *of* a patient 患者を担当している看護婦 / I *put* my sister *in* (the) ~ *of* my shop. 私は店を妹に任せた. (2) 《英》警察につかまって[押えられて]: drink *in* ~ 飲酒運転のかどで警察につかまって / take a thief *in* ~ 〈警察が泥棒を捕らえる / give a thief *in* ~ 泥棒を警察に引き渡す. ***in* (*the*) *chárge of*=*in a person's chárge*** 預けられて〔*of*〕, 保護されて: a patient *in* (the) ~ *of* a nurse 看護婦に委ねられている患者 / His boys are *in* my ~. 彼の子供は私が預かっている / put something *in the* ~ *of* … に事物の管理を委託する. ***revérse the chárges*** 電話料金を受信人払いにする. ***tàke chárge*** (1) 《口語》〈機械・自動車などが〉〈人の手を離れて〉勝手に動く, 暴走する. (2) ⇨ 3 a, b. ***tàke chárge of*** …を預かる, …を受け持つ (*cf.* 3 a, b): You'll *take* ~ *of* the department. あなたがこの部署を受け持ってください. 《1389》

chárge of quárters 《米》《特に夜間・休日の》当直[当番]下士官.

Chárge of the Líght Brigàde [The —]「騎兵隊突撃の詩」《クリミア戦争中 Balaklava での英軍騎兵隊の突撃 (1854) をうたった Tennyson の詩 (1855)》.

~·less *adj.* 〘n.: 《?*a*1200》◻ (O)F *charge* < VL **carrica* ← LL *carricāre* to put a load on ← L *carrus* 'CAR'. — v.: 《*a*1250》 *charge(n)* ◻ (O)F *charger* < LL *car(ri)cāre* ← (n.): CARRY と二重語〙

char·gé /ʃɑəʒéɪ, tʃɑəʤéɪ | ʃɑ́:ʒeɪ; *F.* ʃaʁʒe/ *n.* (*pl.* **~s** /~z; *F.* ~/) =chargé d'affaires. 〘《1836》◻ F ~ 《略》〙

charge·a·ble /tʃɑ́əʤəbl | tʃɑ́:ʤ-/ *adj.* **1 a** 〈負担・費用など〉負わせられるべき: The expense is ~ *on* him [*to* his account]. その費用は彼が負うべきだ[彼の勘定につけられるべきだ] / be ~ *with* …を負担すべきである. **b** 〈税など〉課せらるべき: a duty ~ *on* sugar 砂糖に課せられる税. **2** 〈人が〉〈教区・国などの〉世話になる《資格がある》: An old woman is ~ *to* the parish. 年老いた女性は教区(村)が世話をする(べきだ). **3** 〈責め・咎(とが)・罪など〉負わされるべき, 帰せられるべき; 告訴されるべき: The crime is ~ *on* him. その罪は彼に帰せられるべきものだ / He is ~ *with* the crime. 彼はその罪で責められるべきである. **~·ness** *n.* **chàrge·a·bíl·i·ty** /-əbíləṭi | -lɪ̣ti/ *n.* **chárge·a·bly** /-əbli/ *adv.* 〘《*a*1400》: ⇨ charge, -able〙

chárge accòunt *n.* 〘会計〙**1** 掛売り勘定 (《英》credit account): She bought a dress *on* her ~. 掛けで服を買った. **2** =account receivable. 〘1903〙

chárge-a-plàte /-ə-/ *n.* 〘商業〙登録商標《字の部分が浮彫りになった旧式の(金属製)クレジットカード》. 〘《*c*1955》← *Charga-plate* 《商標》〙

chárge-cáp *vt.* 《英》〈中央政府が〉〈地方自治体に〉徴収税額の制限を設ける. **chárge-càpping** *n.*

chárge càrd *n.* チャージカード《特に一軒の店あるいはチェーン店で使用可能なクレジットカード; account card, store card ともいう》. 〘1950〙

chárge càrrier *n.* 〘物理〙電荷担体 (carrier).

chárge conjugàtion *n.* 〘物理〙荷電共役変換.

chárge-cóupled devíce *n.* 〘電子工学〙電荷結合素子《電気信号の蓄積・遅延などの機能をもった半導体素子; 画像をデジタル信号に変える素子でビデオカメラなどに使われる; 略 CCD》. 〘1971〙

charged /tʃɑ́əʤd | tʃɑ́:ʤd/ *adj.* **1** 激しい, 熱のこもった; 感動した, 感情をわきたたせる, 感情に満ちた: The general meeting was held in a highly ~ atmosphere. 総会は張りつめた空気の中で開かれた. **2** 激しい感情[意見, 論争]を起こしそうな: a ~ political problem 激論必至の政治的問題. **3** 〘物理〙荷電した, 帯電した. 〘《?*c*1380》: ⇨ charge, -ed 2〙

char·gé d'af·faires /ʃɑəʒéɪdəféə, -dæ-, ⸗—⸗—⸗ | ʃɑ́:ʒeɪdæféə^(r), -də-; *F.* ʃaʁʒedafɛ:ʁ/ *n.* (*pl.* **char·gés d'af·faires** /ʃɑəʒéɪ(z)dəféə, -dæ-, ⸗—⸗—⸗ | ʃɑ́:ʒeɪ(z)dæféə^(r), -də-; *F.* ʃaʁʒedafɛ:ʁ/) **1** 代理大[公]使《大使[公使]不在中の代理人; 正式には chargé d'affaires ad interim という》. **2** 公使代弁《大使[公使]のない国に置く》. 〘《1767》◻ F ~ 《原義》(one) charged with affairs〙

chárge dènsity *n.* 〘物理〙電荷密度.

chárged pàrticle *n.* 〘物理〙荷電粒子《電子・陽子・イオンなど電荷をもつ粒子》.

chárge·hànd *n.* 《英》職(場)長, 職工主任. 〘1916〙

chárge·hòuse *n.* **1** 収容所. **2** 弾薬製造工場. **3** 《Shak》学校, 寄宿舎. 〘1594–5〙

chárge núrse *n.* 《英》《病院・病棟の》看護婦長, 主任看護士《通例男性》. 〘1896〙

chárge plàte *n.* 〘商業〙=charge-a-plate.

charg·er^1 /tʃɑ́əʤə | tʃɑ́:ʤə^(r)/ *n.* **1** 充電器 (battery charger ともいう). **2** 《古》**a** 軍馬, 騎馬; 将校乗馬. **b** 《詩》馬 (horse). **3 a** 装塡(そうてん)手. **b** 鉱石を溶鉱炉に入れる人. **c** 挿弾(そうだん)子; 装薬器. **4** 突撃者. 〘1483〙

char·ger^2 /tʃɑ́əʤə | tʃɑ́:ʤə^(r)/ *n.* 《古》《平たい》大皿. 〘《1344》*chargeour* ◻ AF (⇨ charge, -er^1): cf. OF *chargeoir* basket strapped on the back〙

chárge·shèet *vt.* 《インド》《…に対して》事件簿[起訴用犯罪者名簿]に記入する.

chárge shèet *n.* 《英》《警察の》事件簿; 起訴用犯罪者名簿. 〘1866〙

chárg·ing cúrve *n.* 〘電気〙充電曲線.

Cha·ri /ʃɑ́:ri; *F* ʃaʁi/ *n.* [the ~] シャリ(川)《中央アフリカ共和国に源を発し, 北西流して Chad 湖に注ぐ; Shari ともいう》.

char·i·ly /tʃέ(ə)rəli | tʃέərɪ̣li/ *adv.* **1** 用心深く, 慎重に. **2** 惜しそうに, けち臭く. 〘《1579》← CHARY+-LY^1〙

chár·i·ness *n.* **1** 用心深さ, 細心, 慎重. **2** 惜しそうにすること, けち臭さ. **3** 《廃》完全無欠 (integrity). 〘《1571》← CHARY+-NESS〙

Chár·ing Cróss /tʃǽrɪŋ-, tʃέr- | tʃǽr-, tʃέər-/ *n.* チャリングクロス《London の中央部, Strand 街の西端, Trafalgar 広場の手前にある繁華な広場》. 〘*Charing*: OE *ċierring* turning ← *ċierran* to turn: この辺でテムズ川が曲流していることから〙

Cháring Cròss Ròad *n.* チャリングクロス通り《London の中央, Charing Cross から北にのびる通り; 古書店・レコード店で知られる》.

Cha·ri-Nile /ʃɑ:rináɪl/ *n.* 〘言語〙(Sudanic, Dinka, Masai などを含む) Nilo-Saharan 系の言語の分派. 〘アフリカの二つの川の名から〙

char·i·ot /tʃǽriət, tʃέr- | tʃǽr-/ *n.* **1** 《古代ギリシャ・ローマの二輪の》戦車, チャリオット. **2** 《17–18 世紀の》四輪軽装(遊覧)馬車. **3** 《詩》立派な車, 花馬車. **— *vi.*** chariot を駆る; chariot に乗る[で行く]. **— *vt.*** chariot で運ぶ. 〘《1358》◻ (O)F ~ (aug.) ← *char*: ⇨ car〙

chariot 1

char·i·ot·eer /tʃæ̀riətíə, tʃὲr- | tʃæ̀riətíə^(r)/ *n.* **1** chariot の御者[を駆る人]. **2** [the C-] 〘天文〙ぎょしゃ(馭者)座 (⇨ Auriga). **— *vi.*** chariot を駆る; chariot の御者になる. **— *vt.*** **1** 〈車を〉駆る. **2** 車で〈人を〉運ぶ. 〘《17C》← CHARIOT+-EER ∽ 《*c*1384》 *charieter, charioter* ◻ OF *charetier* driver & *charioteur* charioteer: cf. charrette〙

char·ism /kǽrɪzm/ *n.* =charisma. 〘↓〙

cha·ris·ma /kərízmə/ *n.* (*pl.* **~·ta** /~ṭə | ~tə/) **1 a** (一般大衆の支持を得る)非凡な能力, カリスマ的才能, 大衆を服させる資質, 非凡な統率力. **b** 魔術的[超人的]魅力, 大衆を引きつける力. **2** 〘神学〙(信仰者に特に与えられる)神の恩寵, (神からの)賜物, カリスマ《初期キリスト教では病気を治す力や予言能力などにいう》. 〘《*a*1641》◻ Gk *khárisma* (pl. *-mata*) gift ← *kharízethai* to show favour ← *kháris* grace ← IE **gher-* to want〙

char·is·mat·ic /kæ̀rɪ̣zmǽṭɪk, kèr- | kæ̀rɪ̣zmǽt-⸗/ *adj.* **1** カリスマ的な, カリスマ性を持つ. **2** カリスマ運動の. **— *n.*** **1** カリスマ運動の信者. **2** (預言能力などを)神から授けられた力をもった人. 〘《*c*1868》← Gk *khárismata* + -IC^1〙

chárismatic móvement *n.* 〘カトリック〙カリスマ運動《聖霊を受けたとする祈りの集いの運動》. 〘1966〙

Cha·ris·sa /tʃərísə/ *n.* カリッサ《女性名》. 〘← Gk *kháris* grace〙

char·i·ta·ble /tʃǽrəṭəbl, tʃέr- | tʃǽrɪtə-, -rɪ-/ *adj.* **1 a** 慈善の, 慈悲的な: a ~ institution [organization] 慈善施設[団体] / ~ works 慈善事業. **b** 貧窮者に惜しみなく施す, 慈悲心の深い, 同情心の厚い, 思いやりのある (⇨ philanthropic SYN). **2** キリスト教的愛を示す, 仁愛の精神に富む. **3** (人を裁くのに)寛大な, 寛容な, やさしい. **~·ness** *n.* 〘《?*a*1200》: ⇨ charity, -able〙

chár·i·ta·bly /-bli/ *adv.* 愛の精神をもって, 慈悲深く, 情け深く; 寛大に; 慈善的に. 〘《*a*1395》: ⇨ ↑, -ly^1〙

Char·i·ties /tʃǽrəṭiz, tʃέr- | tʃǽrɪ̣tiz/ *n. pl.* [the ~] 慈善くじ《ウェスタンオーストラリア州で 1932 年に開始された政府の宝くじ》.

char·i·ty /tʃǽrəṭi, tʃέr- | tʃǽrɪ̣ti/ *n.* **1 a** 博愛, 仁愛; (貧者・悩みのある人への)慈悲心, 慈愛, 思いやり, 情け, 親切心 (⇨ mercy SYN): (as) cold as ~ きわめて冷淡な《形式的慈善を皮肉に言ったもの》/ in ~ with …を哀れと思って. **b** 慈善(行為); 慈善的寄付, 施し, 寄付品[金], 救援物資, 義援金, 浄財, 施し物 (alms): ask ~ 施しを乞う / distribute ~ 施し物を分ける. **c** [*pl.*] 慈善[救済]事業: devote oneself to *charities* 救済事業に専念する / leave money to *charities* 救済事業に金を遺贈する. **d** 慈善[救済]団体; 養育院; 施療院: medical *charities*. **e** 公の救済[援助]. **f** 慈善的救済[援助]を受ける人. **2** 〘キリスト教〙(キリスト教的)愛; 愛徳; 同胞愛; 人間愛《七主徳 (seven principal virtues) の一つ; cf. *1 Cor.* 13: 1–13》: be in ~ with all men すべての人を愛している / *Charity* begins at home. 《諺》慈愛はまずわが家よ身近なところから始まる (cf. *1 Tim.* 5: 4). **3** (他人を裁くにあたっての)寛大, 寛容(の精神). **4** =charity stamp. **5** 〘植物〙ハナシノブ (⇨ Jacob's ladder 4 a).

live on* [*òff*] *chárity 施しで暮らす. ***òut of chárity* (*with*)** (…を)気の毒に思って, 哀れんで.

〘lateOE *charite* ◻ (O)F *charité* < L *cāritātem* affection ← *cārus* dear ← IE **kā-* to like, desire (OE *hōre* 'WHORE' / Skt *kāma* love): ⇨ -ity〙

Char·i·ty /tʃǽrəṭi, tʃέr- | tʃǽrɪ̣ti/ *n.* チャリティー《女性名; 愛称形 Chattie, Cherry》. 〘↑〙

chárity càrd *n.* **1** チャリティーカード《慈善目的で売られるクリスマスカード》. **2** 《英》=affinity card.

Chárity Commìssion *n.* 《英》慈善事業委員会.

Chárity Commíssioners *n. pl.* 《英》Charity Commission の委員.

chárity schòol *n.* 慈善学校, 貧民学校. 〘1682〙

chárity shòp *n.* 《英》慈善の目的で中古品[古着]などを売る店 (《米》thrift shop).

chárity stàmp *n.* **1** 〘郵趣〙慈善切手, 寄付金付き切手《郵便料金の額 (face value) のほか, 寄付金がプラスされている切手; semipostal ともいう》. **2** 慈善シール.

chárity wàlk *n.* 慈善募金のための徒歩行進, チャリティーウォーク.

cha·ri·va·ri /ʃərɪ̀vərí:, ʃɪ̀vərí: | ʃɑ̀:rɪvɑ́:ri/ *n.* **1** どんちゃんセレナーデ《金だらい・なべ・やかん・盆などをたたいて新婚者の家の外でやじる[ひやかす]ときなどに行う悪ふざけ; shivaree ともいう》. **2 a** どんちゃん騒ぎ (hubbub). **b** ごちゃまぜ, 寄せ集め (hodgepodge). 〘《*c*1681》◻ F ~ ← LL *caribaria* ◻ Gk *karēbaría* heaviness in the head ← *kára* head + *báros* weight〙

chark /tʃɑ́ək | tʃɑ́:k/ *n.* 《英方言》木炭 (charcoal). **— *vt.*** 木炭に焼く (char); 〈石炭を〉コークス (coke) にする. 〘《1708–15》《短縮》← CHARCOAL〙

char·ka /tʃɑ́:kə, tʃɑ́ə- | tʃɑ́:-, tʃɑ́:-/ *n.* (*also* **char·kha** /~/) 《インドで綿を紡ぐのに用いる》糸車. 〘《1880》◻ Hindi *carkha* ◻ Pers. *charkha* wheel: cf. wheel〙

chár·làdy *n.* 《英》=charwoman.

char·la·tan /ʃɑ́ələṭən, -tn̩ | ʃɑ́:lətən, -tn̩, -tæn/ *n.* **1** 大ぼら吹き, 知ったかぶりをする人, はったり屋; 山師, 香具師(やし), ぺてん師 (impostor). **2** にせ医者, いんちき療法師. **3** 《古》いかがわしい薬を売る人, 大道薬売り. 〘《1618》◻ F ~ ◻ It. *ciarlatano* (i) ← *ciarlare* to chatter ← **char-* 《擬音語》// (ii) ← 《廃》*cerretano quack* ← *Cerreto* (イタリアの村) + *-ano* '-AN^1'〙

char·la·tan·ic /ʃɑ̀ələtǽnɪk | ʃɑ̀:-⸗/ *adj.* **1** 大ぼら吹きの, ぺてん師の. **2** にせ医者の, いんちき療法の. 〘《1843》: ⇨ ↑, -ic^1〙

chàr·la·tán·i·cal /-nɪ̣kəl, -kl̩ | -nɪk-⸗/ *adj.* =charlatanic.

chár·la·tan·ism /-nìzm, -nɪ̀zm/ *n.* =charlatanry. 〘1804〙

char·la·tan·ry /ʃɑ́ələṭənri, -tn̩- | ʃɑ́:lətən-, -tn̩-, tæn-/ *n.* **1** 大ぼら吹き, はったり(行為). **2** ぺてん; いんちき療法. 〘《1638》◻ F *charlatanerie* ◻ It *ciarlataneria*: ⇨ -ry〙

Char·le·magne /ʃɑ́ələmèɪn | ʃɑ́:ləmèɪn, -màɪn, ⸗—⸗; *F.* ʃaʁləmaɲ/ *n.* シャルルマーニュ (742–814; フランク王国の王 (768–814); ローマ教皇から西ローマ帝国の帝冠を受け Charles 一世となった (800–814); 通称 Charles the Great (カール大帝)).

Char·lene /ʃɑəlí:n, ʃɑə- | ʃɑ:-, ʃɑ́:-/ *n.* シャーリーン《女性名; 異形 Charleen》. 〘《(dim.)》← CAROLINE^1〙

Char·le·roi /ʃɑ́ələrɔ̀ɪ, -rwɑ̀: | ʃɑ́:-; *F.* ʃaʁləʁwa/ *n.* シャルルロワ《ベルギー南西部の工業都市》.

Charles /tʃɑ́əlz | tʃɑ́:lz; *F.* ʃaʁl/ *n.* チャールズ《男性名; 愛称形 Charley, Charlie, Chick, Chuck; ラテン語系形容詞: Caroline》. 〘◻ OF ~ < L *Carolus* ← Gmc **karlaz* man: cf. churl, carl〙

Charles /tʃɑ́əlz | tʃɑ́:lz/ *n.* チャールズ (1948– ; Elizabeth 二世の長子; 英国の皇太子 (The Prince of Wales); 全名 Charles Philip Arthur George, 通称 Prince Charles).

Charles /tʃɑ́əlz | tʃɑ́:lz/**, Cape** *n.* チャールズ岬《米国 Virginia 州東部 Chesapeake 湾の入口北部にある岬》.

Charles /tʃɑ́əlz | tʃɑ́:lz; *F.* ʃaʁl/**, Jacques Alexandre César** *n.* シャルル (1746–1823; フランスの物理学者・化学者;「シャルルの法則」を発見).

Charles, Ray *n.* チャールズ (1930–2004; 米国の盲目の黒人歌手・ピアニスト・ソングライター; 本名 Ray Charles Robinson).

Charles I *n.* **1** ⇨ Charlemagne. **2** シャルル一世 (823–77; フランス王 (840–77); カール (Charles) 二世として神聖ローマ帝国皇帝 (875–77); 通称 the Bald). **3** チャールズ一世 (1600–49; 英国王 (1625–49), James 一世の子; 清教徒革命により断頭台で処刑された; 全名 Charles Stuart). **4** カルロス一世 (1500–58; スペイン王 (1516–56); カール (Charles) 五世として神聖ローマ帝国皇帝 (1519–56)). **5** カール一世 (1887–1922; 最後のオーストリア皇帝, カレル (Charles) 四世としてハンガリー王 (1916–18); 全名 Charles Francis Joseph).

Charles II *n.* **1** ⇨ Charles I 2. **2** チャールズ二世 (1630–85; 英国王 (1660–85), Charles 一世 (1600–49) の子; 清教徒革命中はフランスに亡命し, 革命後の王政復古で王となった (cf. Popish Plot)).

Charles IV *n.* **1** シャルル四世 (1294–1328; フランス王 (1322–28); 通称 the Fair; カペー朝最後の王). **2** カール四世 (1316–78; ボヘミア王 (1346–78); 神聖ローマ帝国皇帝 (1355–78);「金印勅書」(the Golden Bull) (1356) を発布). **3** ⇨ Charles I 5. **4** カルロス四世 (1748–1819; スペイン王 (1788–1808); ナポレオンにより強制的に退位させられた.

Charles V *n.* **1** シャルル五世 (1337–80; フランス王 (1364–80); John 二世の息子; 通称 the Wise). **2** ⇨ Charles I 4.

Charles VI *n.* シャルル六世 (1368–1422; フランス王 (1380–1422); シャルル五世の息子; 通称 the Mad または the Well-Beloved).

Charles VII *n.* シャルル七世 (1403–61; フランス王 (1422–61); フランス王シャルル六世の子; イングランド軍を撃退して, 百年戦争を終結 (1453); 通称 the Victorious).

Charles VIII *n.* シャルル八世 (1470–98; フランス王 (1483–98); Louis XI の息子).

Charles IX *n.* シャルル九世 (1550–74; フランス王 (1560–74); Henry 二世と Catherine de' Medici の子).

Charles X *n.* シャルル十世 (1757–1836; フランス王 (1824–30); 反動的で不人気; 1830 年の革命で退位).

Charles XII *n.* カール十二世 (1682–1718; スウェーデン王 (1697–1718)).

Charles XIV John *n.* カール十四世ジョン (1763–1844; スウェーデンおよびノルウェー王 (1818–44); ⇨ Bernadotte).

Charles·bourg /ʃɑəlbúə, tʃáəlzbəːg | ʃɑːlbúə^r, tʃáːlzbəːg/ *n.* シャルルブール (カナダ Quebec 州南部の都市).

Chárles de Gáulle Áirport *n.* シャルルドゴール空港 (Paris の北東, Roissy にある国際空港; ヨーロッパ最大の空港で 1974 年開港).

Chárles Édward Stúart *n.* ⇨ Young Pretender.

Charles Jour·dan /ʃáəlʒuədǽː(ŋ), -dǽŋ | ʃáːlʒuə-; *F.* ʃaʁlʒuʁdɑ̃/ *n.* 〖商標〗シャルルジョルダン (フランスの靴店; そのブランド).

Chárles' láw /tʃáəlzɪ̀z- | tʃáːlz-/ *n.* 〖物理化学〗= Charles's law.

Chárles Mar·tél /-maətél | -maː-; *F.* -maʁtɛl/ *n.* カールマルテル (689?–741; フランク王国の宮宰 (714–41), Charlemagne の祖父; Tours-Poitiers 間でサラセン人を撃退した (732)).

Chárles Ríver /tʃáəlz- | tʃáːlz-/ *n.* [the ~] チャールズ川 (米国 Massachusetts 州東部の川; Boston と Cambridge の間を流れて Boston 湾に注ぐ (76 km)). 〖← *Charles I* (英国王)〗

Chárles's láw /tʃáəlzɪ̀z- | tʃáːlz-/ *n.* 〖物理化学〗シャルルの法則 (定圧における気体の熱膨張率は気体の種類に関係なくほとんど同一の値をもつという法則; Gay-Lussac's law ともいう). 〖← *Jacques Charles*〗

Chárles's Wáin *n.* 〖天文〗**1** (英) 北斗七星 (the Plough, (米) the Big Dipper). **2** おおぐま(大熊)座 (Ursa Major). 〖lateOE *Carles-wæġn* Charles's wain: Charles=Charlemagne で, これが俗に King Arthur (L *Arturus*) と連想されたところから生じたもの, 本来は「(隣の星) Arcturus の馬車」の意〗

Chárles the Gréat *n.* ⇨ Charlemagne.

Charles·ton[1] /tʃáəlstən | tʃáːls-/ *n.* チャールストン: **1** 米国 West Virginia 州の州都, 石炭·石油業の中心地. **2** 米国 South Carolina 州南東部の海港, 商工業都市. 〖← *Charles I* (英国王)+-TON〗

Charles·ton[2] /tʃáəlstən | tʃáːls-/ *n.* チャールストン (米国南部黒人の間に起こった fox-trot の一種で, ひざを内側に向け, かかとを強く外側にけって踊る; 1920 年代に流行). — *vi.* チャールストンを踊る. 〖(1923) ← *Charleston, S. C.*〗

Charles·town /tʃáəlztàun | tʃáːlz-/ *n.* チャールズタウン (米国 Massachusetts 州東部の旧都市, 1874 年以来 Boston 市の一部; 海軍造船所所在地; Bunker Hill の古戦場がある).

Char·le·ville-Mé·zières /ʃáəlvɪlmeɪzjéə | ʃáːlvɪlmeɪzjéə^r; *F.* ʃaʁləvilmezjɛːʁ/ *n.* シャルルビルメジェール (フランス北東部, Meuse 川両岸の双子都市が合併してできた都市).

char·ley, C- /tʃáəli | tʃáː-/ *n.* **1** (俗) 夜回り, 夜警. **2 a** 小さな尖ったあごひげ. ((1834) 英国王 Charles 一世が同様なあごひげをもっていたことから) **b** ちょびひげ. (Charlie Chaplin のひげから) **3** [特に a right [proper] ~として] (俗) 愚か者, ばか. **4** [*pl.*] (俗) (女性の)乳房, おっぱい. **5 a** 東洋人. 〖← ? *Charlie Chan* (米国の小説家 Earl D. Biggers (1884–1933) の小説に出てくる中国人の探偵)〗 **b** (米軍俗) ベトコン, ベトナム人ゲリラ; 北ベトナム人[兵]. (Viet Cong の略 V. C. を通信略語流に Victor Charlie と読んだところから) **6** [しばしば Mister [Mr.] C- として] (黒人俗) **a** 白人さん (主に呼び掛けで) **b** 白人の社会. — *adj.* (英俗) 臆病な, 恐がる: turn ~ 恐くなる, おじけづく. 〖(1812) ↓: 英国王 Charles 一世が London の夜警制度を強化したところから?〗

Char·ley /tʃáəli | tʃáː-/ *n.* チャーリー: **1** 男性名. **2** 女性名. 〖(dim.) 1: ← CHARLES. 2: ← CAROLINE[1], CHARLOTTE[2]〗

chárley hòrse *n.* (米口語) (野球選手などに生じる, 筋肉の酷使または負傷による手足の)筋肉硬直. 〖(1888) Charley という脚の悪い競走馬にちなむ?〗

char·lie, C- /tʃáəli | tʃáː-/ *n.* (英口語) =charley.

Char·lie[1] /tʃáəli | tʃáː-/ *n.* チャーリー: **1** 男性名. **2** 女性名.

Charlie[2] *n.* **1** 〖通信〗チャーリー (文字 c を表す通信コード). **2** (米軍俗) ベトコン, 北ベトナム人 (⇨ Charley 5 b). **3** (俗) コカイン. 〖(1919) ⇨ Charley〗

Chárlie Brówn *n.* チャーリーブラウン (米国の漫画 *Peanuts* の主人公であるどじな丸顔の男の子; Snoopy の飼い主).

char·lock /tʃáəlɑ(ː)k, -lək | tʃáːlɔk/ *n.* 〖植物〗ノハラガラシ (*Brassica kaber*) (アブラナ科カラシナの類の雑草). 〖ME *cherlok* < lateOE *ċerlic* ← ?〗

char·lotte /ʃáələt | ʃáː-; *F.* ʃaʁlɔt/ *n.* シャルロット(ケーキ) (小さなバケツ状の型の内側にパンやスポンジケーキをはりつけ, 中にりんごやアプリコットなどの果物·カスタードクリームなどを詰めて焼いたデザート). 〖(1796) ▭F ~: 創製者の名〗

Char·lotte[1] /ʃáələt | ʃáː-/ *n.* シャーロット (米国 North Carolina 州南部の都市). 〖← *Queen Charlotte* (英国王 George 三世の妃)〗

Char·lotte[2] /ʃáələt | ʃáː-; *F.* ʃaʁlɔt/ *n.* シャーロット (女性名; 愛称形 Carla, Charley, Charlie, Lottie, Lotty, Lola, Lolita; 異形 Carlotta, Caroline). 〖▭F ~ (fem.) ▭ It. *Carlotta* (dem.) ← *Carlo* 'CHARLES'〗

Chárlotte Ám·a·lie /-ǽməli/ *n.* シャーロットアマリエ (米領 Virgin 諸島の St. Thomas 島にある海港で同諸島の主都; 旧名 St. Thomas).

Char·lot·ten·bourg /ʃaəlá(ː)tənbə̀ːg, -tn- | ʃaː-lɔ́tənbə̀ːg; *G.* ʃaʁlɔ́tn̩bʊʁk/ *n.* シャルロッテンブルク (ドイツ Berlin 西部の区域; もと独立都市).

chárlotte rússe /-rúːs | ʃáː-; *F.* -ʁys/ *n.* シャルロットリュス, ロシア風シャルロット (シャルロット用の型にスポンジケーキやレディフィンガーをはりつけ, ババロアの生地を入れて冷やし固めたデザート). 〖(1845) ▭F ~ 'Russian charlotte'〗

Char·lottes·ville /ʃáələtsvɪl, -vl̩ | -vɪl/ *n.* シャーロッツビル (米国 Virginia 州中部の都市; Thomas Jefferson と James Monroe の故郷).

Char·lotte·town /ʃáələttàun | ʃáː-/ *n.* シャーロットタウン (カナダ Prince Edward Island 州の州都, 海港).

Charl·ton /tʃáəltən, tn̩ | tʃáː-/, **Sir Bobby** *n.* チャールトン (1937– ; 英国のサッカー選手; 本名 Robert Charlton).

charm[1] /tʃáəm | tʃáːm/ *n.* **1 a** 人を引きつける力, 魅力: a style [person] with a peculiar ~ 言いようのない魅力のある文体[人] / They used [turned on] all their ~. 彼らはもてるすべての魅力をふりまいた[発揮した]. **b** [通例 *pl.*] (女性の)美しい器量, 美貌(ぼう), 色香, 容色: feminine ~*s* 女性美 / succumb to her ~*s* 彼女の色香にまいる. **2** (まじないの)不思議な力, 魔力: under the ~ 魔力にかけられて. **3** 護符, お守り, 不思議な力をもつもの (amulet): a ~ *against* bad luck 災難よけのお守り / a ~ bracelet 魔よけの腕輪. **4** (腕輪·時計の鎖などにつける)小さな飾り物. **5 a** 呪文(じゅもん)を唱えること, まじない. **b** まじないの文句, 呪文. **6** 〖物理〗チャーム (ハドロン (hadron) を区別する物理量 (flavor) の一種; チャームをもつハドロンを charm particle という; 記号 c).
like a chárm 魔法にかけられたように, 不思議に, 見事に, 効果的に: act [work] *like a* ~ (薬などが)不思議にきく.
— *vt.* **1 a** (魅力で)うっとりさせる, ほれぼれさせる, 魅する (⇨ attract SYN); 歓喜させる, (大いに)楽しませる: music that ~*s* the audience 聴衆を魅了する音楽 / be ~*ed by* the music その音楽にうっとり聞きほれる / *Charmed*, I'm sure. (英口語) 本当に喜んで. **b** 〈人〉に魔力をかけて(…)させる 〔*into*〕: ~ a person asleep 魔力で人を寝入らせる / ~ him *into* joining the club 魔力で彼をクラブに加入させる. **c** 魔力で引き出す[探り出す] 〔*out of*〕: ~ a secret *out of* a person 人をたぶらかして秘密を探り出す / ~ one's way *out of* trouble 人柄で困難を乗り切る. **d** (魔法にかけたように)〈怒り·悲しみなどを〉和らげる, なだめる, しずめる 〈*away*〉: ~ *away* cares [grief, sorrow, pain] 不思議な力で心配[悲しみ, 苦痛]を忘れさせる. **e** …に呪文をかける, 魔法にかける (bewitch). **2** (魔力によって)…に超自然的力を授ける; (特に)魔力[超自然的力]で守る: ⇨ charmed life. **3** (楽器などによって)〈動物を〉操る; 〈蛇使いが〉〈蛇を〉使う: ~ a snake. — *vi.* **1** 魅力をもつ. **2** 呪文[魔法]をかける[使う]. **3** 〈薬などが〉不思議にきく. 〖(?a1300) ▭(O)F *charme* < L *carmen* song (異化) ← **can-men* ← *canere* to sing: ⇨ CHANT〗

charm[2] /tʃáəm | tʃáːm/ *n.* (英南部方言) (鳥の)鳴き立てる声; (子供の)騒ぐ声 (chirm). 〖(1530) (1548) (変形) ← (廃) *cherme* 'CHIRM'〗

charmed *adj.* **1** 魅せられた; 喜びがいっぱいの. **2** 魔法をかけられた; 魔法で守られた. **3** 〖物理〗(素粒子が)チャームをもつ. 〖(1440): ⇨ ↑, -ed 2〗

chármed círcle *n.* (排他的な)特権グループ; えり抜き集団. 〖1898〗

chármed lífe *n.* 魔力で守られた生命, 「不死身」: bear [lead, have] a ~ (どんな災難も)寄せつけない, 不死身である (Shak., *Macbeth* 5. 8. 12). 〖1606〗

chárm·er *n.* **1** 魅力的な人, 女たらし; あだっぽい女性, (蠱惑(こわく)的な)美人. **2** 魅惑者; 魔法使い: ⇨ snake charmer. 〖(1340): ⇨ -er[1]〗

Char·meuse /ʃaəm(j)úːz, -múːz | ʃaːmə́ːz; *F.* ʃaʁmøːz/ *n.* 〖商標〗シャルムーズ (しゅすに似た絹織物). 〖(1907) ▭F ~ (fem.) (原義) charmer〗

Char·mi·an /tʃáəmiən | tʃáːmjən, ʃáː-, -miən/ *n.* チャーミアン, シャーミアン (女性名; 異形 Charmaine). 〖▭ Gk *Khármion* (原義) little joy (dim.) ← *khárma* joy〗

Char·mi·nar /tʃàəmɪ̀náə | tʃàːmɪnáː^r/ *n.* チャーミナール (インド Hyderabad にある 4 つの光塔 (minaret) をもつ 16 世紀の記念塔).

charm·ing /tʃáəmɪŋ | tʃáː-/ *adj.* **1** 魅惑的な, うっとりするような, すてきな; 極めて美しい; 非常に面白い[楽しい]: a ~ smile, woman, etc. [日英比較] 日本語の「チャーミング」は, 女性に対して用いられるが, 英語の *charming* は a *charming* young man のように男性に対しても用いられる. **2** 魔法を使う, 魔力をかける. **~·ness** *n.* 〖(*c*1384): ⇨ -ing[2]〗

Charm·ing /tʃáəmɪŋ | tʃáː-/, **Prince** *n.* =Prince Charming.

chárm·ing·ly *adv.* 魅惑的に, 人を魅するように, 非常に美しく[楽しく, 面白く]: sing [speak] ~. 〖(1611): ⇨ ↑, -ly[1]〗

chárm·less *adj.* 魅力のない. 〖(1710) ⇨ -LESS〗

chárm offènsive *n.* ご機嫌取り作戦.

chárm schòol *n.* チャームスクール (昔の若い女性に社交上の礼儀作法·身だしなみ·教養などを教えた学校). 〖1950〗

char·ne·co /ʃáənɪkòu | ʃáːnɪkàu/ *n.* (廃) シャルネコ (甘いポルトガルワイン). 〖(1590–1): Lisbon 近郊の原産地名か〗

char·nel /tʃáənl̩ | tʃáː-/ *adj.* **1** 死体を納める; 納骨の. **2** 死の, 死を思わせる, ぞっとするような. — *n.* **1** 死体安置所; 納骨所, 納骨堂 (charnel house ともいう). **2** (廃) 墓地. 〖(*c*1378) ▭ OF ~ < LL *carnāle* graveyard (neut.) ← L *carnālis* 'CARNAL'〗

chárnel hòuse *n.* =charnel *n.* 1.

char·nu /ʃaənúː, -njúː | ʃaːnjúː; *F.* ʃaʁny/ *adj.* 〈ワインが〉こくのある. — *n.* こくのあるワイン. 〖▭F ~ 'fleshed'〗

Cha·rol·lais /ʃæ̀rəléɪ, ʃèr- | ʃǽrəleɪ; *F.* ʃaʁɔlɛ/ *n.* (*also* **Cha·ro·lais** /~(z); *F* ~/) シャロレイ (フランス原産の大きな白い肉牛). 〖(1893) ▭F ~ ← *Charollais* (フランスの地名)〗

Char·on /kéᵊrən | kéərən, -rɔn/ *n.* **1** 〖ギリシャ神話〗カローン (黄泉(よみ)の国の川 Styx または Acheron の渡し守; 死者の魂を船に乗せてこの川を渡すという; cf. *take the* FERRY). **2** (戯言) 渡し守 (ferryman). **3** 〖天文〗カロン (冥王星 (Pluto) の衛星). 〖(1513) ▭ L ~ ▭ Gk *Khárōn*〗

Cha·roph·y·ta /kərá(ː)fəṭə | -rɔ́fɪtə/ *n. pl.* 〖植物〗輪藻植物門 (シャジクモ科を含む). 〖← NL ~: ⇨ chara, -phyte〗

char·pai /tʃáəpaɪ | tʃáː-/ *n.* =charpoy.

Char·pen·tier /ʃàəpɑ̃ː(n)tjéɪ, -pɑːn-, -tiéɪ | ʃàː-; *F.* ʃaʁpɑ̃tje/, **Gustave** *n.* シャルパンティエ (1860–1956; フランスの作曲家).

char·poy /tʃáəpɔɪ | tʃáː-/ *n.* (インドの)簡易寝台. 〖(1845) ▭ Hindi *cārpāī* (原義) four-footed ▭ Pers. *chārpāī* ← *ch(ah)ār* four+*pāī* foot: cf. quadruped〗

char·qui /tʃáəki, ʃáə- | tʃáː-, ʃáː-/ *n.* (*also* **charque** /~/) =jerky[2]. 〖(1760–72) ▭ Sp. ~ ▭ Quechua *ch'arki*〗

charr /tʃáə | tʃáː^r/ *n.* (*pl.* ~, ~s) 〖魚類〗=char[3].

charred /tʃáəd | tʃáːd/ *adj.* 黒焦げになった.

char·rette /ʃərét/ *n.* **1** (建築設計などで)最後の追い込み. **2** さまざまな分野の専門家の助言が得られる討論集会. 〖▭F ~ 'cart'〗

char·ro /tʃáːrou | -rəu; *Am.Sp.* tʃáro/ *n.* (*pl.* ~s) (伝統的な衣装をした)メキシコの騎手, カウボーイ. 〖(1926) ▭ Mex-Sp. ~ ▭ Sp. ~ 'coarse, rude' ▭ Basque *txar* poor〗

char·ry /tʃáːri/ *adj.* (**char·ri·er, -ri·est; more ~, most ~**) 木炭の, 木炭質の; 木炭のような. 〖(1786) ← CHARCOAL〗

chart /tʃáət | tʃáːt/ *n.* **1 a** (物価·温度などの変化を線を用いて示したり, 参考資料を項目別に分類した)図, 図表, チャート, グラフ (⇨ list[1] SYN); ダイヤ (diagram): a physical ~ 地勢図 / a historical ~ 歴史年表 / a grammar ~ 文法図表 / ⇨ weather chart, magnetic chart. **b** (計器用の)罫紙. **2 a** (航海用の)チャート, 海図; 航空図 (⇨ map SYN). **b** (廃) 地図. **3** (口語) [the ~s] 〖音楽〗ヒットチャート (通例ポピュラー音楽のレコード [CD] の週間ベストセラー表): at the top of the ~*s* / number one on the ~s. **4** 〖ジャズ〗コードを記した譜面, 編曲. **5** 〖競馬〗競走馬成績表, 競走成績書 (chart book). **6** 〖占星〗天宮図 (horoscope). — *vt.* **1** (海·陸地などの)地図を作る. **2** 図表[グラフ, チャート]にする, 図表で示す. **3** 計画する. — *vi.* ヒットチャートにランクされる.
~·a·ble /-ṭəbl | -təbl/ *adj.* 〖(1571) ▭F *charte* < L *c(h)artam* paper ▭ Gk *khártēs* leaf of paper: cf. card[1], charter〗

char·ta /tʃáəṭə | tʃáːtə/ *n.* (*pl.* **char·tae** /-tiː/) 〖薬学〗**1** 薬紙 (薬を含ませた紙; 外用). **2** 薬包紙. 〖((OE)) (1698) ▭ L ~ 'leaf of paper'〗

char·ta·ceous /kaətéɪʃəs | kaː-/ *adj.* **1** 紙の, 紙のような (papery), 紙質の. **2** 紙製の. 〖(1655) ▭ LL *chartāceus* made of paper: ⇨ chart, -aceous〗

chartae *n.* charta の複数形. 〖▭ L ~〗

chárt·bùster *n.* ベストセラー(レコード[曲]).

char·ter /tʃáəṭə | tʃáːtə^r/ *n.* **1 a** [しばしば C-] (目的·綱領を述べた)宣言書, 憲章 (constitution): the Great *Charter* (英国の)大憲章 (Magna Charta) / the People's *Charter* 人民憲章 (⇨ Chartism) / ⇨ Atlantic Charter / the *Charter* of the United Nations 国連憲章. **b** (国王または国家が植民団·自治都市·組合などの創設や権利·許可·特権を保証する)勅許(状) (royal charter), 設立認可状, 特許状. **c** (法律による)法人団体設立許可(書). **2 a** 〖海事〗(船の)チャーター, 傭船契約(書) (charter party) (一定期間借り切ること, またその契約書). **b** (飛行機などの)チャーター. **3** (団体の)支部設立許可(書). **4** (公認された)特権; (義務·責任などの)免除: a ~ to enter freely 自由に立ち入ることのできる特権. **5** 〖英法〗証文, 譲渡証書(など) (cf. indenture 1): by ~ 憲章で; 特許状で.
— *adj.* [限定的] **1** チャーターした, 貸切の: a ~ flight チャーター便. **2** 特許による; 特権を有する.
— *vt.* **1** 〈船·飛行機などを〉チャーターする, 借り切る (cf. *n.* 2); 借りる (⇨ hire SYN). **2 a** …に特許[勅許]状を与える. **b** 特許[設立許可]状によって設立する; 特許[免許]を与える: ~ a bank. **c** (英) 〈人を〉資格ありと認可する, 公認する (certify). **3** …に特権を与える. 〖lateOE *chartre* ▭(O)F < L *chartulam* a little paper, bill (dim.) ← *charta*: ⇨ chart〗

char·ter·age /tʃáəṭərɪdʒ | tʃáːtə-/ *n.* **1** 用船. **2** 用船料; 船舶仲介料[手数料]; チャーター料. 〖(1806): ⇨ ↑, -age〗

chárter còlony *n.* 〖米史〗特許植民地 (英国王が個々の貿易会社に与えた特許状によって建設された植民地; Virginia, Massachusetts, Connecticut または Rhode Island; cf. proprietary colony). 〖1766〗

char·tered /tʃάːəṭəd | tʃάːtəd/ *adj.* **1** 用船契約をした; 貸切りの, チャーターした: a ~ ship 用船 / a ~ train [plane] 貸切り列車[チャーター機]. **2** 特許を受けた, 公許の: ~ rights 特権. **3 a** 《英》公認された, 公認の; 勅許の. **b** 折紙つきの; お墨付きをもらった: a ~ libertine 天下御免のわがまま者. 〖(*c*1425): ⇨ charter, -ed 2〗

chártered accóuntant *n.* 《英》勅許会計士《Institute of Chartered Accountants (勅許会計士協会)の会員; 略 CA; cf. certified public accountant》. 〖1855〗

chártered clúb *n.* 《NZ》公認クラブ《会員にアルコール類を出す許可を受けている私的なクラブ》.

chártered cómpany *n.* 《英》〖経営〗特許会社《国王の特許状 (royal charter) または開封勅許状 (letters patent) によって法人格を与えられた英国最古の形式の会社; 東インド会社 (East India Company), ハドソン湾会社 (Hudson's Bay Company) など》. 〖1800〗

chártered enginéer *n.* 《英》公認技師《技術審議会 (Engineering Council) に登録されている技師; 略 CEng》.

chár·ter·er /-ṭərə | -tərə(r)/ *n.* 用船者, 用船主. 〖(1598) ← CHARTER＋-ER¹〗

chárter flìght *n.* (飛行機の)チャーター便: fly on a ~ チャーター便で行く.

chárter hànd *n.* 公文書体 (court hand). 〖1888〗

Char·ter·house /tʃάːəṭəhàʊs | tʃάːtə-/ *n.* **1** 《古》カルトジオ会修道院 (Carthusian monastery). **2 a** [the ~] カルトジオ慈恵会病院《London のカルトジオ会修道院跡の所有者 Thomas Sutton (1532–1611) の遺言により 1611 年に同跡地に建てられた慈善病院; 老人福祉施設と男子の学校 Charterhouse School が含まれていたが, 後者は 1872 年 Surrey 州の Godalming に移された》. **b** =Charterhouse School. 〖(?*c*1425) *Charterhous, Charterous* 《変形》← AF *Chartrous*=(O)F *Chartreuse*: AF, OF からの変形は CHARTER＋HOUSE と誤解した通俗語源による: ⇨ Carthusian, chartreuse〗

Chárterhouse Schóol *n.* カルトジオスクール, チャーターハウススクール《英国の有名な public school の名; ⇨ Charterhouse 2 a》.

chárter mémber *n.* (法人団体設立許可書に記載された)創立委員. **~·shìp** *n.* 〖1909〗

chárter pàrty *n.* 〖海事〗**1** 傭船契約(書) (charter). **2** 傭船者. 〖((1443)) (1539) ←《古形》*chart parte, Chartipartie* ◻ F *charte partie* divided charter ◻ ML *charta partīta*; 通俗語源による変形: 1 枚の紙に 2 通記してそれを当事者間で二分して保有したのでこの名がある〗

chárter schòol *n.* チャータースクール: **1** 《米》市民団体などが設立・運営し, 州政府などがこれを公認して援助するというシステムの公立学校. **2** [C- S-] (18 世紀にアイルランドで貧しいカトリックの子弟にプロテスタント教育を与える目的で設立されたプロテスタントの学校). 〖1763〗

chárt hòuse 〖海事〗海図室《通例船橋の操舵室の背後にあり海図の保存棚や航海計器類が置いてある; chart room ともいう》. 〖1891〗

Char·tier /ʃaəṭjéɪ | ʃaː-; *F.* ʃaʁtje/, **Émile Auguste** *n.* ⇨ Alain.

Char·tism /tʃάːəṭɪzm | tʃάː-/ *n.* 〖英史〗チャーティスト運動, 人民憲章運動《1838 年頃から 1848 年の間に英国に起こった労働者の政治運動; 議会毎年開会・普通選挙の実施・代議士資格としての財産制限撤廃など 6 項目からなる法案 People's Charter (人民憲章) の通過を議会に迫った》. 〖(1839) ← CHART(ER)＋-ISM〗

chárt·ist /-ṭɪ̈st | -tɪst/ *n.* **1** (株式市況の変動を予測するために)株価・売買高などの図表 (chart) を使う株式市場の専門家. **2** 地図製作者 (cartographer). 〖(1919) ← CHART＋-IST〗

Chár·tist /-ṭɪ̈st | -tɪst/ *n.* チャーティスト運動 (Chartism) を起こした[に参加した]人, チャーティスト運動家[主義者]. **— *adj.*** チャーティスト運動(家)の. 〖(1838) ⇨ charter, -ist〗

chárt·less *adj.* **1** 海図のない. **2** 海図に記載されてない: a ~ sea. 〖(1808): ⇨ -less〗

chart·let /tʃάːətlɪ̈t | tʃάːt-/ *n.* 〖海事〗小海図.

char·tog·ra·pher /tʃaətάgrəfə, kaə- | kaːtɔ́grəfə(r), tʃaː-/ *n.* =cartographer. 〖1864〗

char·tog·ra·phy /tʃaətάgrəfi, kaə- | kaːtɔ́g-, tʃaː-/ *n.* =cartography. 〖1851〗

Char·tres /ʃάːətrə, ʃάːət | ʃάː-; *F.* ʃaʁtʁ/ *n.* シャルトル《フランス中北部の都市, Eure-et-Loir 県の県都; 有名なゴシック式の大聖堂がある》.

char·treuse /ʃaətrúːz, -trúːs | ʃaːtrɜ́ːz; *F.* ʃaʁtʁøːz/ *n.* **1** [C-] カルトジオ会の修道院 (Carthusian monastery). **2** シャルトルーズ《フランスの Grenoble でカルトジオ修道会士がブランデーをベースに多くの薬草を入れて造る芳香甘みのリキュール; 緑色と黄色のものがある》. **3** (明るい)薄い黄緑色. **— *adj.*** (明るい)薄い黄緑色の. 〖(1806) ◻ F ~ ← *La Grande Chartreuse* (カルトジオ会本院の名): cf. Charterhouse, Carthusian〗

chárt ròom *n.* 〖海事〗=chart house. 〖1877〗

chárt-tòp·ping *adv.* [限定的] ヒットチャートでトップの.

char·tu·la /kάːətʃʊlə | kάːtju-/ *n.* (*pl.* **-tu·lae** /-lìː/) 〖薬学〗(1 回分の粉薬を包んだ)薬包紙. 〖◻ L ~ 'a little paper' (dim.) ← *charta* 'CHARTER': ⇨ -ule〗

char·tu·lar·y /kάːətʃʊlèri | kάːtjʊləri/ *n.* =cartulary. 〖(1571) ◻ ML *c(h)artulārium* ← L *c(h)artula*: ⇨ charter〗

chár·wòman *n.* (*pl.* **-wòmen**) **1** 《英》(雇われて家庭の雑用をする)雑役婦, 家政婦, 派出婦. **2** (ビルなどの)掃除婦. 〖(1596) ← CHAR¹＋WOMAN〗

char·y /tʃέ(ə)ri | tʃέəri/ *adj.* (**more ~, most ~; char·i·er, -i·est**) **1** 細心な, 用心深い; 用心する, 注意する 〔*of*〕: a ~ investor 細心な投資家 / He was ~ *of* giving offense to her. 彼女の感情を害さないように留意した / be ~ *of* one's fame 名を重んじる. **2** 遠慮勝ちな, つつましい: a ~ girl. **3** 惜しむ, しぶる 〔*of*〕: He is ~ *of* praise [praising others]. 彼は賛辞を惜しむ, なかなか人をほめない. **4** 好みのむずかしい, えり好みする: She is ~ *about* the clothes she wears. 彼女は着る物にうるさい. **5** 《古》大事な, 大切な (dear). 〖OE *ċearig* anxious, sad < (WGmc) **karaʒaz* ← Gmc **karō* 'CARE': ⇨ -y⁴〗

Cha·ryb·dis /kərɪ́bdɪ̈s | -dɪs/ *n.* カリュブディス (cf. Scylla): **a** シチリア島 (Sicily) の北東 Messina の海峡に発生する巨大な渦巻[渦潮]. **b** 〖ギリシャ神話〗Poseidon と Gaea の娘でその渦巻を擬人化した怪物. **Cha·ryb·di·an** /kərɪ́bdiən/ *adj.* 〖1597〗

Chas. 《略》Charles.

chas·a·ble /tʃéɪsəbl̩/ *adj.* 狩猟に適した. 〖(*a*1393): ⇨ ↓, -able〗

chase¹ /tʃéɪs/ *vt.* **1 a** (つかまえるため, または追いつくために素早く, 余念なく)追いかける, 追跡する, 追撃する: ~ a criminal 犯人を追跡する. **b** 〈獲物を〉狩る; 狩り出す, 追い出す. **c** (好意・愛情を求めて)…につきまとう, …の後を追い回す, しつこく求める[言い寄る]: ~ a girl / I've been *chasing* him for the rest of the work. 仕事の残りを早くやるように彼をせっついている. **2** 捜し求める; 捜す 〈*down*〉; 〈仕事・成功・夢などを〉追い求める: ~ the paper he wants 彼の求める書類を見つけ出そうとする / ~ *down* the clues to the case その事件の手掛かりを捜す / ~ jobs 仕事[職]を探す. **3** 《英》(情報や結果を得るために)人や会社を調査する, 人や会社に接触する 〈*up*〉. **4 a** 追い出す, 立ち去らせる; 追い払う: ~ a dog *out of* the garden / We ~*d* the dog *away* [*off*]. 犬を追い払った / ~ all fear *from* [*out of*] one's mind 不安を心から一掃する. **b** [~ *one-self* で; 通例命令形で] 《俗》逃げ出す, 立ち去る: Go (and) ~ *yourself*. 行け, 立ち去れ. **5** 〖野球〗〈投手を〉ノックアウトする, 降板させる. **6** 〈強い酒の〉後に[とともに]チェーサー (chaser) を飲む. **— *vi.* 1** 追う, 追跡する 〔*after*〕: ~ *after* a thief [fame]. **2** 《口語》走る, 駆け回る, 急ぐ: ~ *around* [*all over*] town looking for a hotel ホテルを探して町を[町中]駆けずり回る. **3** 〖競馬〗障害レースに出走する.

cháse aróund* [*róund*]** (1) ⇨ *vi.* 2. (2) 《口語》(しばしば不倫の性関係の意味を含めて)〈女性を〉追い回す, しつこくつきまとう 〔*after*〕: ~ *around after* girls. ***cháse úp 〈物・人を〉素早く捜し出そうとする.

— *n.* 1 a 追跡, 追撃; 追立て: join in the ~ after [for] the murderer 殺人者の追跡に加わる / in ~ of … を追って. **b** [the ~] (スポーツまたは職業としての)狩り, 狩猟: lovers of *the* ~ 狩りの愛好家連 / ⇨ BEAST of chase / the spoils of *the* ~ ⇨ spoil *n.* 3. **c** (望むものを)激しく求めること, 追求: the ~ of fame 名声の追求. **2 a** 追われるもの. **b** 追われる獣 (quarry), 狩りの獲物. **c** 追撃される船. **3** 《英》**a** (私有の)猟場《囲わない広い土地で鹿などを飼い, 森林 (forest) より小さく猟園 (park) よりは大きいもの; cf. forest 4, park 3》. **b** (猟場で)獣類を飼っておく[狩猟する]権利. **4** =steeplechase. **5** (コートテニス (court tennis) で)チェース《打球法の一種》. **6** 〖映画〗追跡シーン, 追いつ追われつの場面. **7** 〖ジャズ〗チェース《二人以上の演奏家が数小節ごとに次々と交互に即興演奏をすること》.

give cháse to …を追う, 追跡[追撃]する (pursue). ***léad a person* (*on*) *a mérry cháse*** 人の追跡をうまく逃れる, なかなかつかまらないようにする; 〈追手を〉ひどく苦労させる[手こずらせる]: The fox *led* the hunters *a merry* ~. その狐にうまく逃げられて狩りの連中はさんざんだった.

〖(?*c*1250) *chace(n)* ◻ OF *chacier* (F *chasser*) < VL **captiāre* to seize=L *captāre* to strive (freq.) ← *capere* to catch: CATCH と二重語〗

chase² /tʃéɪs/ *vt.* **1** 〈金属, 特に銀の表面〉に彫物をする (engrave), 打ち出しにする (emboss): a richly ~*d* plate 美しい模様入りの皿. **2** 〈ねじ山を〉チェーサーで切る. 〖((1414)) (1437) 《頭音消失》← ENCHASE〗

chase³ /tʃéɪs/ *n.* **1 a** (15–16 世紀の後装砲の)砲身 (chamber 5 b). **b** (砲身の)前部, 前身《砲耳軸から砲口までの部分》. **2 a** 溝, 溝すじ (groove). **b** 〖建築〗(パイプなどを埋め込むために作る壁面の)たて溝. **— *vt.*** …に溝をつける (groove). 〖(1611) ◻ F *chas* eye of a needle, 《廃》enclosed place < LL *capsum* ← L *capsa* box: ⇨ case²〗

chase⁴ /tʃéɪs/ *n.* 〖印刷〗チェース《活版印刷で, 版を組付けるための鉄枠》. 〖(1612) ◻ F *châsse* shrine for a relic < L *capsam*: cf. case²〗

Chase /tʃéɪs/, **Chevy** *n.* チェース《1943– ; 米国のコメディアン・俳優》.

Chase, Sal·mon P(ortland) /sǽmən, sǽlmən/ *n.* チェース《1808–73; 米国の法律家・政治家; 最高裁判所の首席判事 (1864–73)》.

Chase, Samuel *n.* チェース《1741–1811; 米国の政治家・法律家, 独立宣言の署名者の一人》.

Chase, Stuart *n.* チェース《1888–1985; 米国の経済学者・著述家; 技術革新がもたらす影響とその善悪について論じた》.

chase·a·ble /tʃéɪsəbl̩/ *adj.* =chasable.

cháse gùn [pìece] *n.* (艦首・艦尾にある追撃・反撃両用の)追撃砲 (chaser). 〖1666〗

Cháse Manháttan Bánk /tʃéɪs-/ *n.* チェースマンハッタン銀行《米国第 3 位の大手銀行; 1955 年設立》.

cháse pòrt *n.* 追撃砲門《追撃砲 (chase gun) を発射するための砲門》. 〖1704〗

chas·er¹ /tʃéɪsə | -sə(r)/ *n.* **1** 《口語》チェーサー《強い酒の直後に[とともに]飲む水[炭酸水, ビールなど] (cf. chasse)》. **2 a** 追跡する人[もの], 追手, 追撃者《人・船・犬など》. **b** 狩猟家. **c** 《米口語》女を追っかける人, 女たらし (philanderer). **d** 〖空軍〗追撃機. **e** 〖海軍〗駆潜艇. **3** 追撃砲 (chase gun); 反撃砲 (stern chaser). **4** = steeplechaser. **5** 《英》〖劇場〗**a** 寄席(よせ)などの最後の幕[段]. **b** 観客の退席を促す音楽. 〖(1275) *chasour* ◻ OF *chaceo(u)r* (F *chasseur*): ⇨ chase¹, -er¹〗

cháser² *n.* 彫金師. 〖(1707): ⇨ chase²〗

cháser³ *n.* 〖機械〗チェーサー, 櫛(くし)形バイト《多数のねじ形をもったねじ切り工具》. 〖(1881): ⇨ chase³〗

Cha·sid /hάːsɪ̈d, xάːs- | hæsíːd, hɑː-, xɑː-/ *n.* (*pl.* **Cha·si·dim** /hάːsɪ̈dɪ̈m, xάːs- | hæsíːdɪm, hɑː-, xɑː-/) 〖ユダヤ教〗=Hasid. **Cha·sid·ic** /hæsídɪk, xɑː- | hæsíːd-, hɑː-, xɑː-/ *adj.*

Chá·sid·ism /-dɪzm/ *n.* 〖ユダヤ教〗=Hasidism.

chás·ing *n.* **1 a** 彫金. **b** 金属に施した浮彫り模様. **2** 浮彫り模様で飾った物. **3** 〖紡織〗チェーシング《綿や麻織物のつや出し法の一種》. 〖(1835): ⇨ chase²〗

chasm /kǽzm/ *n.* **1 a** (地面・岩などの)幅の広い深い割れ目[裂け目] (gorge); 深い淵: the ~ of death 死の淵. **b** (壁・石垣などの)割れ目, 大ひび, 亀裂. **2** (感情・意見などの大きな)隔たり, 食い違い, 相違: a political ~ between the two countries 両国間の政治上の意見の相違. **3** (連続したものの)切れ目, すき, 途切れ, 空間, 空白. **chás·mal** /-məl/ *adj.* **chás·mic** *adj.* 〖(1596) ◻ L *chasma* ◻ Gk *khásma* yawning hollow ← IE **ghāi-* to gape: ⇨ chaos: cf. gape〗

chasmed *adj.* 割れ目[裂け目]のある. 〖(1796): ⇨ ↑, -ed 2〗

chas·mog·a·my /kæzmά(ː)gəmi | -mɔ́g-/ *n.* 〖植物〗開花受精 (cf. cleistogamy). **chas·mo·gam·ic** /kæzməgǽmɪk/ *adj.* **chas·mog·a·mous** /kæzmά(ː)gəməs | -mɔ́g-/ *adj.* 〖(1900): ⇨ chasm, -gamy〗

chas·mo·phyte /kǽzməfàɪt/ *n.* 〖植物〗岩隙(がんげき)植物《岩石の割れ目に生える植物; ベンケイソウ (*Sedum alboroseum*), イワヒゲ (*Cassiope lycopodioides*) など》. 〖(1900) ← CHASM＋-PHYTE〗

chasm·y /kǽzmi, -mi/ *adj.* **1** 深い割れ目の多い. **2** 深い割れ目の(ような); 深い (abyssal). 〖(1793): ⇨ -y⁴〗

chasse /ʃάːs; *F.* ʃas/ *n.* (コーヒーや喫煙の直後の)口直しのリキュール一杯 (cf. chaser¹ 1). 〖(1800) ◻ F ~ 《略》← *chasse-café* ← chasser (↓)＋*café* coffee〗

chas·sé /ʃæséɪ | ˌ–ˊ–; *F.* ʃase/ 〖ダンス・スケート〗*n.* シャッセ《すべり足》. **— *vi.*** (~**d**; ~**ing**) シャッセで踊る; シャッセで踊るような歩き方をする. 〖(1803) ◻ F ~ (p.p.) ← *chasser* 'to CHASE¹'〗

chassé-croi·sé /ʃæséɪkrwɑːzéɪ | ʃæseɪ-; *F.* ʃasekʁwaze/ *n.* 〖ダンス〗シャッセクルワゼー《シャッセによってパートナーが位置交換する動作》. 〖(1883) ◻ F ~ 'crossed chase'〗

Chas·se·las /ʃæsəlάː, ʃæslά: | ˌ–ˊ–ˊ, ˌ–ˊ–; *F.* ʃasla/ *n.* シャスラ《ワイン用または生食用の白ぶどうの品種》; シャスラワイン. 〖(1664) ← *Chasselas* (フランスの Mâcon 付近の村)〗

chasse-ma·rée /ʃæsmɑréɪ; *F.* ʃasmaʁe/ *n.* シャスマレー《英仏海峡のフランス沿岸を航行したラグスル (lugsail) を張った 3 本マストの帆船》. 〖(1801) ◻ F ~ ← *chasser* to chase＋*marée* tide〗

chasse·pot /ʃǽspoʊ | -pəʊ; *F.* ʃaspo/ *n.* (*pl.* **~s** /~z; *F.* ~/) シャスポー銃《1866 年のプロイセン・オーストリア戦争以後にフランス陸軍が採用した元込め銃》. 〖(1869) ← A. A. *Chassepot* (1833–1905: その発明者であるフランス人)〗

chas·seur /ʃæsɜ́ː | -sɜ́ː(r); *F.* ʃasœːʁ/ *n.* (*pl.* **~s** /~z; *F.* ~/) **1** (フランス陸軍の)追撃兵《快速な活動を主とする軽装備の騎兵または歩兵》; 山岳[山地]部隊 (Chasseurs Alpins)《山地戦のための軽歩兵部隊》. **2 a** (貴族・金持ちなどに仕える)お仕着せを着た従僕. **b** (フランスのホテルや料理店のドア係などの)給仕, ボーイ. **3** 狩猟家; 猟師. 〖(*c*1750) ◻ F ~ ← *chasser* 'to CHASE¹': cf. -or²〗 **— *adj.*** 〖料理〗シャスールソースの[で調理した]《白ワイン・マッシュルームなどを加えた, デミグラスソースの一種》. 〖1889〗

Chas·sid /hǽsɪ̈d, xάːs- | hæsíːd, hɑː-, xɑː-/ *n.* (*pl.* **Chas·sid·im** /hǽsɪ̈dɪ̈m, xάːs- | hæsíːdɪm, hɑː-, xɑː-/) 〖ユダヤ教〗=Hasid. **Chas·sid·ic** /hæsídɪk, xɑː- | hæsíːd-, hɑː-, xɑː-/ *adj.* **Chás·sid·ìsm** /-sədɪzm | -sɪ-/ *n.*

chas·sis /tʃǽsi, ʃǽsi, tʃǽsiː | ʃǽsi, -siː/ *n.* (*pl.* **chas·sis** /-siz, -siːz/) **1 a** (馬車・自動車などの)車台, シャシー (cf. carrosserie). **b** (飛行機の)主降着装置; (機体を支える)脚部. **c** (砲架がその上を前後に移動する)砲座, 架台. **d** (キャビネット・ショーウィンドーなどの)骨組, 外枠, シャーシー. **2** 《俗》(人・動物の)身体, 胴体; (特に, 女性の)体つき, 姿: a woman with a good ~ 出るところの出た女性. **3** 〖ラジオ・テレビ〗**a** シャーシー《セットを組み込む台》. **b** (キャビネットに対して)台の上に組み立てたセット. 〖((1664)) (1869) ◻ F *châssis* framework < VL **capsīcium* ← L *capsa* 'CASE²'〗

chaste /tʃéɪst/ *adj.* (**chast·er, -est; more ~, most ~**) **1 a** 〈女性が〉(肉体的に)純潔な, 貞節な, 貞淑な: a ~ wife. **b** (宗教的理由で)性的関係を結ばない, 童貞の. **2 a** (思想・言動の)みだらでない, 慎しみのある. **b** 汚れのない, きれいな. **3** 〈趣味・文体など〉高雅な, 洗練された, 上品な; 簡素な. **4** 未婚の, 独身の. **~·ly** *adv.* **~·ness** *n.* 〖(?*a*1200) ◻ (O)F *chaste* ◻ L *castus* clean, pure < IE **kasto-* 《原義》cut off from [free from] faults ← *kes, *kas- to cut: cf. castrate〗

SYN 貞節な: **chaste**《古風》〈特に女性が〉間違ったまたは不法な性的行動に参与しない: a *chaste* wife 貞節な妻. **pure** 道徳的に汚れのない《無邪気で, みだらな欲望がないことを暗示する; 格式ばった語》: *pure* in body and mind 心身共に純潔な. **modest** 〈女性が〉男の欲望を誘うようなふるまいをしない: Japanese women used to be more *modest* before the War. 戦前の日本女性はもっと慎み深かった. **decent** 社会道徳から逸脱しない: *Decent* people don't see such movies. まともな人はそんな映画は見ない. **ANT** immoral, wanton.

chas·ten /tʃéɪsn/ *vt.* **1** (性格・品行の矯正・完成のために)〈人を〉懲らす, 罰する; (苦しみを課することで)〈人を〉鍛える: ~*ed* and subdued 懲らしめられておとなしくなった. **2 a** 〈熱情などを〉抑制する; 〈気性などを〉和らげる, 練る. **b** 〈思想・文体などを〉控えめにする; 洗練する, 純化する. **~·er** /-snə, -snə | -snə^(r), -sn-/ *n.* **~·ing·ly** /-snɪŋ-, -sn-/ *adv.* 〖(1526) ← CHAST(E)〗

cháste trèe *n.* 〖植物〗イタリアニンジンボク (⇨ agnus castus). 〖(1562): ⇨ agnus castus〗

chas·tis·a·ble /tʃæstáɪzəbl, ⌐——— | —⌐——/ *adj.* 懲罰しうる; 懲らすべき. 〖(1611): ⇨ ↓, -able〗

chas·tise /tʃæstáɪz, ⌐— | —⌐/ *vt.* **1** (体罰で)厳しく罰する, 折檻(せっかん)する, 打ち懲らす. **2** 《古》抑制する; 洗練する. **chas·tís·er** *n.* 〖(c1303) □ OF *chastiss-* (stem), *chasti(i)er* < L *castīgāre* 'to CASTIGATE'〗

chas·tise·ment /tʃæstáɪzmənt, ⌐——, tʃæstɪ̀z-mənt | tʃæstáɪzmənt, tʃæstɪ̀z-/ *n.* 折檻(せっかん); (特に)懲罰. 〖(c1303): ⇨ ↑, -ment〗

chas·ti·ty /tʃæstəti | -tɪ̀ti/ *n.* **1 a** 純潔, 貞節. **b** 性的禁欲, 童貞. **c** 〖キリスト教〗貞潔 (⇨ poverty 1 b). **2** (思想・感情の)清純; (文体・趣味の)高雅, 簡素. 〖(c1200) □ (O)F *chasteté* □ L *castitātem*: ⇨ chaste, -ity〗

chástity bèlt *n.* 貞操帯《中世に夫の留守中貞操を守らせるため女性の股間に装着した革製・金属製などのベルト状の器具》. 〖1931〗

chas·u·ble /tʃǽzjubl, tʃǽzʊ- | tʃǽzju-/ *n.* 〖教会〗上祭服, カズラ, チャズブル《ミサ[聖餐式]のときに司祭が alb の上に着る袖のない長円形の貫頭衣状の式服》. 〖(17C) □ (O)F ~ ∞ (c1300) *chesible* □ OF < LL *casublam*《変形》← *casula* cloak, (L) little cottage (dim.) ← L *casa* cottage: cf. cassock〗

chat¹ /tʃǽt/ *v.* (**chat·ted, chat·ting**) — *vi.* **1** くつろいで話す, 閑談する, 談笑する: He ~*ted about* the trifles of life *with* [*to*] his friend. 彼は友人と[に]あれこれと世間話をした. **2** 《廃》ぺちゃくちゃ話す, むだ話する.
— *vt.* 《英口語》〈人〉に話しかける, (特に, ふざけてまたは下心があって)声をかける, 言い寄る 〈*up*〉: ~ *up* a girl 女の子を口説く.
— *n.* **1** 雑談, 閑談; (特に, くつろいだ)会話, くつろいだ談話, 閑話: have a ~ *about* the old days 昔話をする / have a ~ with a person 人と雑談をする / drop in for a ~ おしゃべりに立ち寄る / I'm glad we've had this little ~: I see things more clearly now. 話をうかがってよかったと思います. おかげで状況がよりはっきり見えてきました. **2** 〖電算〗チャット《ネットワーク上でのリアルタイムのメッセージのやりとり》. **3** 《古》おしゃべり, むだ話: None of your ~! もうおしゃべりはよしてくれ. **4** 〖鳥類〗数種の鳴鳥の総称: **a** ヒタキ科ノビタキ属 (*Saxicola*) の鳥《ノビタキ (stonechat), マミジロノビタキ (whinchat) など》. **b** アメリカ産アメリカムシクイ科 *Icteria* 属の鳥《オオアメリカムシクイ (yellowbreasted chat) など》. 〖(a1450)《略》← CHATTER〗

chat² /tʃǽt/ *n.* **1** ヤナギ科の木の尾状花序. **2** オオバコ (plantain) の花. 〖(c1400) ← F *chats*《原義》cats: ネコの尾の毛ざわりにたとえたものか〗

Chât. 《略》Château.

chatch·ka /tʃɑ́ːtʃkə | tʃɔ́t-/ *n.* (*also* **chatch·ke** /~/) =tchotchke.

châ·teau /ʃætóu | ʃǽtəu, —⌐; *F.* ʃato/ *n.* (*pl.* **~s, châ·teaux** /~(z); *F.* ~/) **1 a** (フランスの)城 (castle). **b** (フランスで田舎の大地主・貴族の)館(やかた) (manor house); 大邸宅 (mansion). **2** [C-] シャトー《フランスの Bordeaux 地方のぶどう園ならびにワイン醸造庫を所有する本邸; cf. château wine》. ★ Château Latour, Château Haut-Brion, Château d'Yquem などのように用いて, 醸造所ならびにそこで造られたワインを示す. 〖(1739) □ F ~ < L *castellum*: cf. castle〗

cha·teau·bri·and /ʃætòubriɑ́ː(ŋ), -ɑ́ːŋ, -ɑ́ːnd | -tàu-; *F.* ʃatobʁiɑ̃/ *n.* シャトーブリアン: **a** (牛の)ヒレ肉の中心部を 2–3 人分のステーキ用に厚く切り取ったもの. **b** 《米》ステーキ用の肉に切り込みを入れ, そこに香草類をさし込んで焼いたもの. 〖(1877) ← *F. R. Chateaubriand*〗

Cha·teau·bri·and /ʃætòubriɑ́ː(ŋ), -ɑ́ːŋ, -ɑ́ːnd | -tàu-; *F.* ʃatobʁiɑ̃/, **François René** *n.* シャトーブリアン《1768–1848; フランスの作家・政治家; 称号 Vicomte de Chateaubriand; *Atala*「アタラ」(1801)》.

Ch·â·teau·neuf-du-Pape /ʃætounə̀ːfdupɑ́ː(ː)p | -taunə̀ːfdjuːpǽp; *F.* ʃatonœfdypap/ *n.* シャトーヌフデュパプ(ワイン)《Avignon 付近の Rhône 川沿いの地方で造られる辛口の, 主に赤ワイン》. 〖(1851) 生産の中心となっている村名にちなむ〗

Châ·teau·roux /ʃɑ̀ːtourúː | -təu-; *F* ʃatoʁu/ *n.* シャトルー《フランス中部, Indre 県の県都; 地名は 10 世紀の Château-Raoul 城に由来する》.

Châ·teau-Thier·ry /ʃætòutjeríː, ʃɑː- | -tàu-; *F.* ʃatotjɛʁi/ *n.* シャトーティエリー《フランス北部 Marne 川に臨む町; 第一次大戦中の激戦地 (1918)》.

château wine /—⌐—/ *n.* シャトーワイン《フランスの Bordeaux 地方の特定の農場で栽培されたぶどうで造った優良ワイン; cf. château 2》. 〖1888〗

châteaux *n.* château の複数形. 〖□ F ~〗

chat·e·lain /ʃǽtəlèɪn, -tl- | -təl-, -tl-; *F.* ʃatlɛ̃/ *n.* (*pl.* **~s** /~z; *F.* ~/) 城主. 〖(c1410) □ F *châtelain*: ⇨ castellan〗

chat·e·laine /ʃǽtəlèɪn, -tl- | -təl-, -tl-; *F.* ʃatlɛn/ *n.* (*pl.* **~s** /~z; *F.* ~/) **1 a** 女城主; 城主夫人. **b** 大邸宅 (château) の女主人. **2** 帯飾り鎖《女性の帯に下げる装飾用の鎖・ピン・留め金で, これに鍵・時計・小さな飾り物などを下げる》. **3** (婦人服の)襟の折返しの飾り. 〖(1845) □ F *châtelaine* (fem.) (↑)〗

Chat·ham /tʃǽtəm | -təm/ *n.* チャタム《イングランド南東部 Medway 河口に近い都市; 古くから英国海軍の基地があり, 今も国立造船所がある》. 〖OE *Ċæþam*《原義》village by the forest ← OCelt. *kaito- forest + *hām* village, manor (⇨ home)〗

Chat·ham /tʃǽtəm | -təm/, **1st Earl of** *n.* William Pitt の称号.

Chátham Ísland *n.* チャタム島《San Cristóbal の別名》.

Chátham Íslands *n. pl.* [the ~] チャタム諸島《南太平洋の群島; ニュージーランドに属し南島の約 800 km 東方にある; 面積 966 km²》.

chát·lìne *n.* **1** 《英》チャットライン, おしゃべり電話《複数の通話者が同時に会話できる電話サービス》. **2** =chat room.

cha·toy·ant /ʃətɔ́ɪənt; *F.* ʃatwajɑ̃/ *adj.* **1** 〈あや織の絹布・暗中の猫の目など〉光沢の変化する, 玉虫色の: a ~ silk. **2** 〈カボション (cabochon) に研いだ宝石が〉(変彩効果を出すよう)白い条線を浮き出させる. — *n.* 変彩を示す宝石《たとえば cat's-eye》. **cha·toy·ance** /ʃətɔ́ɪəns; *F.* ʃatwajɑ̃ːs/ *n.* **cha·toy·an·cy** /ʃətɔ́ɪənsi/ *n.* 〖(1798) □ F ~ (pres.p.) ← *chatoyer* to change luster like a cat's-eye ← *chat* 'CAT'〗

chát ròom *n.* 〖電算〗(ネットワーク上の)チャットルーム, 電子談話室.

chát shòw *n.* 《英》トークショー (talk show): a ~ host トークショーの司会者《男性》.

chat·tack /tʃətɑ́ːk/ *n.* =chittak.

Chat·ta·hoo·chee /tʃæ̀təhúːtʃi | -tə-⌐/ *n.* [the ~] チャタフーチー(川)《米国 Georgia 州の北部から Alabama と Georgia との州境を南流して Apalachicola /æ̀pəlæ̀tʃɪ̀kóulə | -tʃɪ̀kəu-/ 川に注ぐ川 (702 km)》. 〖□ N-Am.-Ind. (Creek) ~《原義》pictured rocks〗

chat·tak /tʃɪtɑ́ːk, tʃə-/ *n.* =chittak.

Chat·ta·noo·ga /tʃæ̀tənúːgə, -tn- | -tən-, tn⌐/ *n.* チャタヌーガ《米国 Tennessee 州南東部 Tennessee 川に臨む都市; 南北戦争の古戦場 (1863)》. 〖□ N-Am.-Ind. (Creek or Cherokee) ~〗

chat·tel /tʃǽtl | -tl/ *n.* **1** [*pl.*] (土地・家を除く, 家具・自動車などの)家財; 〖法律〗動産 (personal property): goods and ~*s* ⇨ good *n.* 4. **2** 《古》奴隷 (slave). 〖(a1225) □ OF *chatel* < ML *capitāle* capital: CAPITAL¹, CATTLE と三重語〗

cháttel hòuse *n.* (バルバドスで)移動式木材家屋《通常借地に建てられる》.

cháttel mòrtgage *n.* 〖法律〗動産(譲渡)抵当.

cháttel pérsonal *n.* (*pl.* **chattels p-**) 〖法律〗純粋動産. 〖1616〗

cháttel réal *n.* (*pl.* **chattels r-**) 〖法律〗不動産的動産《土地の定期賃借権 (leasehold) など》. 〖1552〗

chat·ter /tʃǽtə | -tə^(r)/ *vi.* **1** ぺらぺら[ぺちゃくちゃ]しゃべる, くだらない[余計な]ことをしゃべる. **2 a** 〈歯・機械などが〉がたがた[がちがち]音を立てる[鳴る]: My teeth ~*ed* with cold. 寒くて歯ががたがた鳴った. **b** がたがた音を立てて動く. **c** 〈工作機械が〉びびる《振動で削り面に欠け目や波を作ることをいう; cf. chatter mark 1》. **3** 〈カササギなどの鳥が〉けたたましく[ぎゃーぎゃー]鳴く; 〈猿が〉きゃっきゃっ鳴く: ~*ing* monkeys. — *vt.* **1** 早口にしゃべる: ~ nonsense. **2** 〈歯・機械などを〉がたがたいわせる: ~ one's teeth. — *n.* **1** くだらないおしゃべり. **2** (機械などの)がたつく音, がたがたいう音. **3** (鳥・猿の)鳴き声[きゃっきゃっ]鳴く声. **~·y** *adj.* 〖(?a1250) 擬音語: ⇨ -er⁴〗

chátter·bòx *n.* おしゃべり(な人); (特に)おしゃべりな子供. 〖1774〗

chát·ter·er /-tərə, -trə | -tərə^(r), -trə^(r)/ *n.* **1** おしゃべり(な人). **2** 〖鳥類〗よく鳴く小鳥《特に, カザリドリ科やレンジャク科の小鳥》. 〖(a1460): ⇨ -er¹〗

chát·ter·ing /-tərɪŋ, -trɪŋ | -tərɪŋ, -trɪŋ/ *n.* 〖電気〗チャタリング《接点が閉じる際に振動し開閉を数回繰り返すこと》.

chàttering clásses *n. pl.* [the ~] 《英・軽蔑》おしゃべり階級(の人たち)《時事問題などに関心の強い中・上流階級の人々》.

Chat·ter·ji /tʃǽtədʒi | -tə-/, **Ban·kim** /bʌ́ŋkɪm, bɑ́ː(ː)ŋ- | bʌ́ŋ-/ **Chan·dra** /tʃʌ́ndrə/ *n.* チャテルジー《1838–1894; インドの小説家; 西洋の合理主義とヒンズー教の伝統をミックスした独自の文体を創り出した》.

chátter màrk *n.* **1** 〖機械〗(振動で削り面に生じる)びびり模様 (cf. chatter *vi.* 2 c). **2** 〖地質〗チャターマーク《氷河の侵食による岩石表面の不規則な浅い横溝》. 〖1888〗

Chat·ter·ton /tʃǽtətn, -tən | -tətn/, **Thomas** *n.* チャタートン《1752–70; 英国の詩人; 15 世紀の修道士の作品と偽って多くの詩を発表; 貧困のうちに自殺したが, 死後その詩才は認められた》.

Chat·tie /tʃǽti | -ti/ *n.* チャティー《女性名》. 〖(dim.) ← CHARITY, CHARLOTTE²〗

chat·ty¹ /tʃǽti | -ti/ *adj.* (**more ~, most ~; chat·ti·er, -ti·est**) **1** 雑談[閑談]を好む, 話好きな: a ~ person. **2** 話すような調子の, 打ち解けた: a ~ letter. **chát·ti·ly** /-təli, -tli | -tɪ̀li, -tli/ *adv.* **chát·ti·ness** *n.* 〖(a1762) ← CHAT¹ + -Y⁴〗

chat·ty² /tʃǽti | -ti/ *n.* (インドで用いる)水がめ, 湯ざまし(器). 〖(1781) □ Tamil-Malayalam *chāti*〗

chát-up lìne *n.* 《英》異性に話しかけることば, 口説き文句.

Chau·cer /tʃɔ́ːsə, tʃɑ́ː- | -tʃɔ́ːsə^(r)/, **Geoffrey** *n.* チョーサー《1340?–1400; 英詩の父と称せられる英国の詩人; *Troilus and Criseyde* (c1385), *The Canterbury Tales* (1387–1400)》.

Chau·ce·ri·an /tʃɔːsí^ə^riən, -tʃɑː- | tʃɔːsíər-/ *adj.* チョーサー (Chaucer) の[に関する]. — *n.* **1** Chaucer 研究家[学者]. **2** Chaucer 風の詩を書く人. **3** Chaucer の崇拝者. 〖(1660): ⇨ ↑, -ian〗

chaud·froid /ʃóufrwɑː | ʃəu-; *F.* ʃofʁwa, -fʁwa/ *n.* 〖料理〗ショーフロワ《魚や肉のだし汁, white sauce などにゼラチンを加えたソースを, 調理した肉・魚にかけて冷やし固めた冷製料理; またそのソース》. 〖(1892) □ F ~《原義》hot-cold〗

chau·dron /tʃɔ́ːdrən, tʃɑ́ː- | tʃɔ́ː-/ *n.* =chawdron.

chauf·fer /tʃɔ́ːfə, tʃɑ́ː- | tʃɔ́ːfə^(r)/ *n.* チョーファ《底に火格子があり上があいている, 持ち運びできる小ストーブ》. 〖(1390) *chaufer, chaufour* □ OF *chaufouere* (F *chauffoir*) heater ← *chauf(f)er* (↓)〗

chauf·feur /ʃoufə́ː, ⌐— | ʃəufə^(r), ʃə(u)fə́ː^(r); *F.* ʃofœːʁ/ *n.* (自家用自動車の)運転手, お抱え運転手. — *vt.* **1** 〈人を〉自家用車で運ぶ. **2** 〈自動車などの〉自家用運転手を務める. — *vi.* (自家用車の)運転手を務める. 〖(1899) □ F ~ 'stoker, fireman' ← *chauffer* to heat: 蒸気自動車時代の造語〗

chauf·feuse /ʃoufə́ːz | ʃəu-; *F.* ʃoføːz/ *n.* **1** 女性の chauffeur. **2** 〖□ F ~ ← *chauffer* to heat〗ショフューズ《背が高く座の低い炉辺用の椅子》. 〖(1903) □ F ~ (fem.): ↑〗

Chau·li·ac /ʃóuliæk | ʃəu-; *F.* ʃoljak/, **Guy de** *n.* ショーリャック《c1300–68; フランスの外科医; その著 *Chirurgia Magna* (1363) は, 外科学の権威あるテキストとして用いられた》.

chaul·moo·gra /tʃɔːlmúːgrə, tʃɑːl- | tʃɔːl-, tʃəul-/ *n.* 〖植物〗インド地方産イイギリ科のチャウルムグラ油 (chaulmoogra oil) を採る植物の総称: **a** チャウルムグラ (*Taraktogenos kurzii*). **b** ダイフウシノキ属の植物 (*Hydnocarpus anthelminticus, H. wightiana*) (common chaulmoogra). 〖(a1815) □ Bengali *cāulmugrā* ← *cāul* rice + *mugrā* a type of plant〗

chaulmóogra òil *n.* 〖化学〗チャウルムグラ油《chaulmoogra の種子から得られる脂肪油; もとハンセン病や皮膚病の治療薬として用いられた》. 〖1876〗

Chaun·cey /tʃɔ́ːnsi, tʃɑ́ːn- | tʃɔ́ːnsi/ *n.* チョーンシー《男性名; 米国に多く見られる》. 〖□ F ~ (地名からか)〗

chaunt /tʃɔ́ːnt, tʃɑ́ːnt | tʃɔ́ːnt/ *n., v.* 《古》=chant. **~·er** *n.*

chaus·sée /ʃouséɪ | ʃəu-; *F.* ʃose/ *n.* 舗道; 街道 (highway). 〖(1817) □ F ~ 'causeway, highway': cf. causey〗

chausses /ʃóus | ʃəus; *F.* ʃoːs/ *n. pl.* **1** 〖甲冑〗(中世の鎖帷子(くさりかたびら)と対で用いる)鎖もも引き. **2** (中世の男性がはいていた)タイツ. 〖(1484) □ OF *chauces* (F *chausses*) (pl.) < ML *calceam* (fem.) ← L *calceus* shoe〗

Chaus·son /ʃousɔ́ː(ŋ), -sɔ́ːŋ | ʃəu-; *F.* ʃosɔ̃/, **Ernest** *n.* ショーソン《1855–99; フランスの作曲家》.

chaus·sure /ʃouʃʊ́ə | ʃəuʃʊ́ə^(r); *F.* ʃosyːʁ/ *n.* (*pl.* **~s** /~/) **1** [集合的] はき物 (footwear). **2** [通例 *pl.*] 靴 (shoe). 〖(c1380) *chauceore* □ OF *chaucier* (F *chaussure*) ← *chausser* to shoe < L *calceāre*〗

Chau·tau·qua /ʃətɔ́ːkwə, -tɑ́ː- | -tɔ́ː-/ *n.* **1** シャトーカ(湖)《米国 New York 州西南部 Erie 湖の近くにある湖; 長さ 29 km, 幅 1.6–4.0 km; Chautauqua Lake ともいう》. **2** シャトーカ《シャトーカ湖の西北部にある町; Chautauqua Institution の所在地》. **3** =Chautauqua Institution. **4** [c-] 《米》(シャトーカ学校式の)野外文化講演会, 夏期大学. — *adj.* **1** シャトーカ文化運動の. **2** [c-] シャトーカ学校式の: a *chautauqua* program. **chau·táu·quan** /-kwən/ *n., adj.* 〖(1873) □ N-Am.-Ind. (Seneca) ~《原義》? one has taken out fish there〗

Chautáuqua Institútion *n.* [the ~] シャトーカ夏季学校《米国 New York 州 Chautauqua 湖のほとりの広大な施設で, 1874 年から 20 世紀初頭にかけて毎年夏に数千の参加者を集めて教育と娯楽とを兼ねて行われた夏季学校, 350 エーカーの敷地に 85 の施設をもつ; 同校での教育のほか家庭での読書による文化の向上をめざしていた; cf. Lyceum 3》.

chau·vin·ism /ʃóuvɪ̀nɪzm | ʃəu-/ *n.* **1** 盲目的好戦的愛国心, 狂信的排外主義, ショーヴィニズム (cf. jingoism). **2** (自分の属する集団・種族などへの)極端な一辺倒: male [female] ~ 男性[女性]優位主義. 〖(1870) □ F *chauvinisme* ← *Nicolas Chauvin* (Napoleon を神のように崇拝した一兵卒; H. Cogniard の軽喜劇 *La Cocarde Tricolore* (1831) などで諷刺された): ⇨ -ism〗

cháu·vin·ist /-nɪ̀st | -nɪst/ *n.* **1** 盲目的愛国者, 狂信的排外主義者. **2** (自分の属する集団などに)一辺倒の人: a male [female] ~ 男性[女性]優位主義者. — *adj.* =chauvinistic. 〖(1877): ⇨ ↑, -ist〗

chau·vin·is·tic /ʃòuvɪ̀nístɪk | ʃəu-⌐/ *adj.* 盲目的好

C

C

戦的愛国主義(者)の. **chàu·vin·ís·ti·cal·ly** *adv.* 〘(1870): ⇨ -ic¹〙

Chavannes *n.* ⇨ Puvis de Chavannes.

Chávez /ʧáːvez, ʃáː- | ʧǽv-; *Am.Sp.* ʧáβes/, **Carlos** *n.* チャベス《1899–1978; メキシコの作曲家・指揮者》.

Cha·vin /ʧɑːvíːn; *Am.Sp.* ʧaβín/ *adj.*, *n.* 〖考古〗チャビン文化(期)(の)《紀元前 900 年から紀元前 100 年にかけて栄えたペルーの Andes 山麓の文化》. 〘*Chavin* (*de Huantur*) (ペルーの町でこの文化の中心地)〙

chaw /ʧɔ́ː, ʧáː | ʧɔ́ː/ *v.*, *n.* 《方言》 =chew. 〘(1506) 《変形》← CHEW〙

cháw·bàcon *n.* 田舎者, やぼなやつ. 〘1537〙

chaw·dron /ʧɔ́ːdrən, ʧáː- | ʧɔ́ː-/ *n.* 《古》動物のはらわた, 内臓. 〘(*a*1399) *chaudoun* □ OF *chaudun* chopped entrails〙

chawl /ʧɔ́ːl, ʧáːl | ʧɔ́ːl/ *n.* (インドの産業都市の)大棟割長屋. 〘(1891) □ Hindi *cāl* thatched roof〙

chay¹ /ʧáɪ/ *n.* 〖植物〗チャイ《東インド産のアカネ科の草本アカネムグラ (*Oldenlandia umbellata*) の根; 赤色染料が採れる; chaya ともいう》. 〘(1598) 《略》← Tamil *cāyavēr*〙

chay² /ʃéɪ/ *n.* =chaise. 〘(1764) 《逆成》← CHAISE: pl. と誤解されたもの〙

chay·a /ʧáɪ(j)ə/ *n.* 〖植物〗 =chay¹.

cha·yo·te /ʧaɪjóuti | -jáuti/ *n.* **1** 〖植物〗ハヤトウリ (*Sechium edule*) 《熱帯アフリカ産ウリ科の植物》. **2** ハヤトウリの実《セイヨウナシ形で緑か白色; 食用》. 〘(1887) □ Sp. ~ □ Nahuatl *chayotli*〙

chaz·an /xəzáːn, xáːzən, -zn̩ | hɑzǽn/ *n.* (*pl.* **chaz·an·im** /xəzáːnɪm/) =hazan 2.

chaz·zan /xəzáːn, xáːzən, -zn̩ | hɑzǽn/ *n.* (*pl.* **chaz·zan·im** /xəzáːnɪm/) =hazan 2.

ChB 《略》*L.* Chirurgiae Baccalaureus (=Bachelor of Surgery) 外科学士.

Ch. Ch. 《略》Christ Church, Oxford.

CHD 《略》coronary heart disease.

che /(弱) ʧə/ *pron.* 《廃・方言》私 (I) (cf. *Shak., Lear* 4. 6. 240). 〘《変形》← ME *ich*〙

ChE 《略》Chemical Engineer; Chief Engineer.

CHE 《略》Campaign for Homosexual Equality.

cheap /ʧíːp/ *adj.* (**~·er**; **~·est**) **1 a** (現行の値段・実際の価値より)安い, 金のかからない (↔ dear, expensive, costly): If you can get it ~*er* anywhere else, we'll refund your money. 他の店の方が安かったら代金をお返しします / make CDs ~*er* CD を安くする / They are [come] ~*er* by the dozen. ダースで買えばもっと安くなる / ~ labor 賃金の安い労働; 割の悪い仕事 / ⇨ dirt cheap. **b** 〈店など〉安い; 安い品物を売る: a ~ shop [store] 安い店. **c** 《英》割引きの: at a ~ fare [rate] 割引き運賃で / a ~ car [ticket] 割引電車[切符] / a ~ trip [tripper] 割引き料金旅行[旅行者]. **2** 安っぽい, くだらない, つまらない; 軽蔑すべき, ひどい, 卑しい, 俗悪な: a ~ novel 三文小説 / ~ conduct 卑しい行為 / hold something ~ ものを見くびる[軽んじる] / make oneself ~ 自分を安っぽくする, 軽々しく行動する. **3** 努力[苦労]なしで得られる, 簡単に得られる: a ~ victory 楽勝. **4** 《米口語》金を使わない[使えない]; けちな, しみったれの: a ~ customer. **5 a** 気分[体の具合]が悪い: feel ~ 気分が悪い. **b** 恥ずかしい, きまりが悪い, しょげた (abashed): feel ~ about having behaved badly 不作法なふるまいをしてきまりが悪い. **6** (インフレなどで)金の価値の低い; 低利の: ~ money 低利の金 (↔ dear money) / ~ credit 低利の融資. (*as*) ***chéap as dírt*** 《口語》とても安い, 格安の. ***chéap and násty*** 安かろう悪かろうの, めちゃ安の. ***chéap at*** [《米》 ***for***] ***the príce*** その値段でも安い.

— *adv.* 安価に, 安く (cheaply): buy [get, make] something ~ 物を安く買う[手に入れる, 作る] / Buy ~ and sell dear. 安く買って高く売れ.

— *n.* **1** 《廃》市場 (market). **2** 《廃》安売り. ***on the chéap*** 安く (cheaply): travel [do something; get something] *on the* ~.

~·ish *adj.* **~·ish·ly** *adv.* 〘(1509) ← 《廃》 (*good*) *cheap* (good) bargain < OE *ċēap* price, bargain < (WGmc) **kaupaz* (Du. *koop* / G *Kauf* bargain) □ L *caupō* small tradesman, innkeeper ←?: cf. chapman〙

SYN 安い: **cheap** 値段が安い《しばしば安ぴか・劣等などを暗示する》: a *cheap* pair of shoes 安物の靴. ★ 中立的な意味では, low-priced がある. **inexpensive** 値段があまり高くない《物の価値が値段相当であることを暗示する》: an *inexpensive* dress 高くないドレス. **reasonable** 〈値段が〉手ごろな: *reasonable* prices 手ごろな値段.
ANT costly, expensive, dear.

cheap·en /ʧíːpən/ *vt.* **1 a** 安くする, 〈値を〉まける. **b** 《古》値切る. **2** 軽んずる, 安く見る, 見くびる (belittle). **3 a** 粗悪にする; 下品にする. **b** …の評判を落とす: His ill manners ~*ed* him. 自分の無作法で彼の評判は落ちた. — *vi.* 安くなる, 安価になる. **~·er** *n.* 〘(1574): ⇨ ↑, -en¹〙

cheap·ie /ʧíːpi/ 《米俗》 *n.* [しばしば *pl.*] 安物; 安物店; 安劇場; 卑しむべき人間. — *adj.* 安物の. 〘(1898): ⇨ -ie 1〙

chéap·jàck *n.* 《口語》 **1** 呼売り商人, 行商人 (hawker); (特に, たたき売りの)大道商人. **2** 安物売りの商人. — *adj.* **1** 安っぽい, 下等, 愚劣な. **2** 大道商人の(ような); (無節操で)便宜主義の, 見境のない. 〘1851〙

chéap-jòhn *n.*, *adj.* =cheapjack.

chéap·ly *adv.* **1** 安く, 安価に: live ~. **2** 安っぽく, 下品に. **3** 努力せず, 楽に. 〘(1552) ← CHEAP+-LY¹〙

chéap·ness *n.* 安価; 安っぽさ.

cheap·o /ʧíːpou | -pəu/ *adj.*, *n.* =cheapie.

chéap shót *n.* 卑劣なことば[行為].

Cheap·side /ʧíːpsàɪd, ⸗⸗/ *n.* チープサイド通り《London の the City の中央部を東西に横切る大通り; 中世にはにぎやかな市場であった》. 〘《原義》the side of Cheap: cf. cheap (n.) 《廃》 'bargain, market'〙

chéap·skàte *n.* 《俗》けちん坊, しみったれ; (特に)自分の分担を払わない人. 〘(1896): ⇨ skate³〙

cheat /ʧíːt/ *vt.* **1 a** だます, 欺く, 一杯食わせる: ~ a person at cards トランプで人をはめる. **b** 〈人を〉だまして〔…を〕取る, かたる (swindle) 〔(*out*) *of*〕: ~ a person (*out*) *of* a thing 人を欺いて物を巻き上げる. **c** 〈人を〉だまして…させる〔*into*〕: ~ him *into* work [working] 彼をたぶらかして働かせる / ~ a person *into* the belief that … 人を引っかけて…だと信じさせる. **2** うまく逃れる (elude): ~ death [the gallows] 死[絞首刑]を免れる. **3** 〈意図を〉くじく, 〈効果を〉弱める. **4** 《古》〈退屈・悲しみなどを〉まぎらせる (beguile). — *vi.* **1 a** 詐欺をする, だます. **b** ずるをする, ごまかし[不正]をする, カンニングをする: ~ at cards トランプでいんちきをやる / ~ in [on] an examination 試験でカンニングをする. **2** 《口語》不貞である, 浮気をする〔*on*〕: He's been ~*ing on* his wife. 浮気をしている / catch a ~*ing* husband 夫の浮気の現場を押える.

— *n.* **1** ずるいやつ, 山師, 詐欺師 (swindler, impostor). **2** 詐欺, 詐取, ごまかし, ぺてん (fraud, swindle); 不正行為, カンニング: The whole thing turned out to be a ~. すべてがごまかしだったと判明した. **3** 〖法律〗詐欺《重罪にならない程度の欺罔(ぎもう)手段によって所有権を譲渡させる行為; コモンロー (common law) 上の軽罪》. **4** 《口語》にせもの, まがいもの. **5** 〖植物〗 **a** カラスノチャヒキ (*Bromus secalinus*) 《イネ科スズメノチャヒキ属の雑草; chess, rye-brome ともいう》. **b** =cheat grass.

~·a·ble /-təbl̩ | -təbl/ *adj.* 〘(*c*1378) *chēte*(*n*) 《頭音消失》← *achete*(*n*) 《変形》← *eschete*(*n*) 'to ESCHEAT'〙

SYN **1** だます: ⇨ deceive. **2** だまし取る: **cheat** だましたりごまかしたりして奪う《最も一般的な語》: He has *cheated* me (out) of my money. 私をだまして金を巻き上げた. **defraud** 詐欺を働いて〈人〉の財産・権利などを奪う《格式ばった語》: The man *defrauded* a widow of her property. 男は未亡人の財産を詐取した. **swindle** 特に商取引において〈人を〉だまして金品などを取る: He was *swindled* out of $10,000. 彼は 1 万ドルだまし取られた. **cozen** 《古》 =*cheat*: They had been *cozened* out of their pay. 給料をだまし取られた.

chéat·er /-tə | -tə(r)/ *n.* **1** ごまかす人, 詐欺師. **2** [*pl.*] 《米俗》眼鏡 (eyeglasses), (特に)黒眼鏡, サングラス. **3** [*pl.*] 《俗》 =falsies. 〘((1327)) (1607) *chetour* 《頭音消失》← *eschetour* 'ESCHEATOR'〙

chéat gràss *n.* 〖植物〗スズメノチャヒキ属の草本 (*Bromus*) 《丈夫な野草で, 穀物畑や牧草地の中に雑草として生えることがあり, 外観が穀草に似ている; (特に)ウマノチャヒキ (*B. tectorum*); cf. bromegrass》. 〘(1784): ⇨ cheat〙

chéat·ing·ly /-tɪŋli | -tɪŋ-/ *adv.* ごまかして, だまして.

chéat shèet *n.* 《俗》カンニングペーパー.

Cheb /xéb, xéb; *Czech* xɛ́p/ *n.* ヘブ《チェコ西部, Bohemia 西部の町; Wallenstein が殺害された (1634) 12 世紀建築の城がある》.

Che·bác·co bòat, c- b- /ʃəbǽkou- | -kəu-/ *n.* シャバコー船《もと Newfoundland の漁場で盛んに用いられた船尾の細い漁船》. 〘(1835) *Chebacco*: 米国 Massachusetts 州の旧教区 Ipswich (現在は Essex) の地名: ここで使われ始めた〙

che·bec /ʧəbék/ *n.* 〖鳥類〗 =least flycatcher. 〘擬音語〙

Che·bo·ksa·ry /ʧèbɑ(ː)ksáːri | -bɔk-; *Russ.* ʧʲibaksárʲi/ *n.* チェボクサリ《ロシア連邦西部, Chuvash 共和国の首都, Volga 川中流の河港都市》.

Che·by·shév equàtion /ʧèbɪʃɔ́(ː)f- | -bɪʃɔ́f-; *Russ.* ʧʲɪbɨʃóf-/ *n.* 〖数学〗チェビシェフの方程式《よく知られた 2 階線型同次常微分方程式の一類型》. 〘← *P. L. Chebyshev* /ʧʲɪbɨʃóf/ (1821–1894; ロシアの数学者)+EQUATION〙

Chebyshév polynòmial *n.* 〖数学〗チェビシェフの多項式《チェビシェフの方程式の多項式による解; 関数の多項式による近似に関連して用いられる》. 〘↑〙

Chebyshév's inequàlity *n.* 〖統計〗チェビシェフの不等式《確率変数の平均値に対する偏差の絶対値が標準偏差の k 倍よりも大きくなる確率は $1/k^2$ に等しいかまたはより小さいことを示す不等式》. 〘↑〙

che·cha·ko /ʧiːʧáːkou | -kəu/ *n.* (*pl.* **~s**) 《口語》 =cheechako.

Che·chen /ʧéʧɛn, -ʧən | -ʧən/ *n.* (*pl.* **~s, ~**) **1 a** [the ~(s)] チェチェン族《チェチェン共和国およびその周辺に住む種族》. **b** チェチェン族の人. **2** チェチェン語. 〘(1814) ← Russ. 《廃》 *chechén*〙

Chéchen Repúblic *n.* [the ~] チェチェン共和国《ロシア南部, Caucasus 山脈の北斜面に位置する; 1992 年 Ingushetia 共和国と分離; 首都 Grozny》.

Chech·nya /ʧɛʧnjáː; *Russ.* ʧʲiʧʲnʲá/ *n.* =Chechen Republic.

check¹ /ʧék/ *vt.* **1 a** 〈実験・仕事・能率などを〉(参照標準・原文などに照らして)調査[確認]する; 査照する, …の引き合わせをする, 照合する〔*with, against*〕: ~ a copy *with* [*against*] the original 写しを原文に照合して確認する. **b** …の正確さ[安全性, 性能など]を調査[確認]する; 点検する, 検査する, 調べる〈*out*〉: ~ a car *out* 車検をやる / ~ a ship for radiation 船の放射能を検査する / ~ the contents of a person's pockets ポケットの中身を調べる / ~ a passport / ~ facts / ~ *that* everything is all right 全て順調かどうか点検する / You'd better ~ where we're going. 我々の行き先を確認した方がよい / You'd better ~ (*out*) his story. 彼の話は裏をとった方がよい. **c** 《米》…に照合のしるし (✓) をつける (tick) 〈*off*〉: ~ *off* the names of the students. **d** …の確認をとる, …について尋ねて許可を求める〔*with*〕: You'd better ~ it *with* General Smith before you proceed. それを進める前にスミス将軍の確認をとった方がよい.

2 a 食い止める, せき止める, さえぎる, 阻止する, 妨害する: ~ a person in his plans [work] 人の計画[仕事]を妨げる / ~ the advance of the enemy 敵の進軍を阻止する / ~ the spread of a disease 病気の蔓延(まんえん)を食い止める. **b** 〈進行中のものを〉急に止める: ~ one's steps 急に歩みを止める / He walked on but ~*ed* himself at the corner. 彼は歩き続けたが, 角の所で急に立ち止まった / The batter ~*ed* his swing. 打者はスイングを途中で止めた.

3 控え目にする, 加減する, 抑制する (⇨ restrain SYN): ~ inflation インフレを抑制する / He could not ~ his indignation. 憤りを抑えることができなかった.

4 《米》 **a** (合札(あいふだ)[チッキ]を受け取って)預ける, 一時預けにする: *Check* your camera at the door. カメラは入口でお預け下さい / Small parcels ~*ed* here. [掲示] 手荷物お預り致します. **b** 〈手荷物を〉チッキで送る: ~ a trunk through to Chicago トランクをシカゴまでチッキで送る. **c** 〈荷物〉の出港手続きを取る.

5 〖チェス〗〈キング〉にチェック[王手]をかける: ~ a king [an opponent]. **6** 《口語・方言》〈上官などが〉…に小言を言う, 叱る. **7** 〈材木・ペンキ〉に干割(ひわ)れを作らせる. **8** 〖海事〗〈走り出すロープなどを〉抑えて徐々にゆるめる. **9** 〖農業〗 =checkrow. **10** 〖アイスホッケー〗〈相手選手を〉阻止する (cf. back-check).

— *vi.* **1** 《米》 **a** (照合して)調べる, 確認する (check up) 〔*on*〕: ~ *on* his safety = ~ to be sure that he is safe 彼の安否を確認する / ~ *on* his statement 発言を確認する. **b** (照合してみて)一致[符合]する (tally) 〈*out*〉〔*with*〕: The copy ~*s out with* the original. その写しは原本とぴったり合っている. **c** (確認のために)…と相談する, 許可を求める〔*with*〕: You'd better ~ *with* him before you proceed. 事を進める前に彼と相談した方がよい. **2** (障害などに遭って)急に停止する: The runner ~*ed* abruptly. 走者は急に止まった. **3** 〖チェス〗チェック[王手]する. **4** 〈木材・ペンキが〉ひびが入る (crack), 干割(ひわ)れが生じる (split). **5** 《廃》立腹する, 腹を立てる〔*at*〕. **6** 〖鷹狩〗〈鷹が〉当の獲物をきらって他のつまらない小鳥などを追っかける〔*at*〕. **7** 〖狩猟〗〈猟犬が〉(獣の臭跡を失って)立ち止まる (halt). **8** 〖トランプ〗(ある方式のポーカーで)チェック(と宣言)する, 手控える《2 回目の賭 (betting) でいったん態度を保留し, 相手が賭けた後で改めて賭けるという意思表示》.

chéck ín (*vi.*) (1) (ホテルなどで)所定の受付用紙に記名する, 記帳する, チェックインする: ~ *in at* a hotel [an airport]. (2) 《口語》(タイムレコーダーなどで)出勤[到着]を届ける; 到着する (arrive). — (*vt.*) (1) 〈人・書物などの〉到着を記録する. (2) 〈荷物などを〉預ける. ***chéck ínto*** 〈ホテルなどに〉記帳する, チェックインする: ~ *into* a hotel. ***chéck óff*** (*vt.*) (1) 《米》(tick off) ⇨ *vt.* 1 c. (2) これ以上考慮に入れない. (3) 〈組合費を〉天引き[チェックオフ]する. (4) 〖アメフト〗〈作戦を〉変える (cf. checkoff 2). ***chéck on*** (1) =CHECK *up*. (2) 〈人〉の様子を見る. ***chéck óut*** (*vi.*) (1) (ホテルで)チェックアウトする; 《米》(スーパーマーケットで)勘定を支払って出る: ~ *out of* a hotel. (2) 《口語》(タイムレコーダーなどで記録して)退出[退庁]する; 去る (leave). (3) 必要条件を満たす, 性能テストに合格する ⇨ *vi.* 1 b. (4) 《俗》死ぬ. — (*vt.*) (1) (図書館で)〈本などを〉借り出す; 〈預けた物を〉受け取る: I ~*ed* these books *out of* the library. 私はこれらの本を図書館から借り出した. (2) ⇨ *vt.* 1 b. (3) 《米俗》…を見る (《英俗》 clock): Just ~ *out* that beautiful blonde in the corner! あの隅にいる金髪美人を見ろよ. ***chéck óver*** 調べる, 調査する. ***chéck thróugh*** =CHECK *over*. ***chéck úp*** (*vt.*) (照合して)調べる: ~ a matter *up*. — (*vi.*) 詳しく調べる, 検討[検査]する, 照合する〔*on*〕: ~ *up on* his statement 彼の陳述を検討する.

— *n.* **1 a** (成績・効果・能率・正確さなどの確認のための)観察, 試験, 検査: keep a ~ *on* a person's movements 行動の真意を確かめる / run [do] a ~ on a person's loyalty 忠誠心を確認する / a security ~ (ハイジャック防止のための)セキュリティチェック. **b** (観察・試験の結果を考査すべき)査照標準[資料]. **c** 査照; 照合, 引き合わせ, 照合: make a ~ *on* [*of*] the statistics 統計の照合をする.

2 《米》照合のしるし (check mark, tick) (✓), 合鑑記号, 記入済の印.

3 a (預り品・確認などのための)合札(あいふだ), チッキ: a ~ for a coat (携帯品預り所などで)オーバーを預けた(代わりの)札 / a baggage ~ 手荷物を預けた合札[チッキ]. **b** 《米》(商店や食堂の)伝票, 勘定書 (restaurant bill); 領収証 (receipt). **c** 《米》(ギャンブルの)数取り (counter) (cf. chip¹ 5 a). **d** 《米》 =checkroom.

4 a 防止, 抑制 (restraint): keep [hold] inflation *in* ~ インフレを食い止める[抑制する] / It is [acts as] a ~ on inflation. インフレ抑制策だ[として働く] / have no ~ *on* a person 人に対して押えがきかない / He could no longer keep his emotions *in* ~. もはや彼は感情を抑えておくことができなかった / ⇨ CHECKS and balances. **b** (進行中の突然の)停止; 妨害, 阻害, 阻止, 抑止: meet with [suffer] a ~ 妨害に出くわす[を受ける] / without a ~ 邪魔されずに / put a ~ *on* [*to*] …を阻止する.

5 a 止める[妨げる]もの[人]. **b** 止め具, 制動機, 押え具. **c** (灌漑水があふれないように造った)堰(せき); 水門. **d** 《米》〖馬具〗=checkrein. **e** 〖釣〗(リールの)ラチェット. **6** 監督, 支配, 管理 (supervision): under the ~ of the president 会長の管理下に[監督の下に]. **7** 〖チェス〗王手, チェック (cf. checkmate): The king is in ~. キングに王手がかけられている. **8** 《廃》譴責(けんせき), 非難 (rebuke); 懲戒 (reprimand). **9** 〖農業〗(正条植えを容易にする)方形区画. **10** 〖音声〗抑止音 (cf. checked²). **11 a** 〖石工〗切込み, 合欠(あいかき). **b** 〖木工〗(木材の)乾裂(かんれつ), 干割(ひわれ), 木口(こぐち)割れ (cf. shake 6 b). **12** 〖アイスホッケー〗チェック《相手選手を阻止すること》: ⇨ board check, body check. **13** 〖狩猟〗猟犬が獣の臭跡を失うこと. **14** 〖鷹狩〗鷹が当の獲物を追跡することを中断すること (⇨ *vi.* 6).

cásh in one's chécks 《米俗》⇨ cash 成句. ***discóver chéck*** 〖チェス〗(中間にある駒を移動させて)チェックをする, 開(あ)き王手をかける (cf. discovered check). ***hánd [páss] in one's chécks*** 《米俗》=CASH *in one's checks.* **chécks and bálances** 〖政治〗抑制と均衡《統治機構の各部門に相互の行為を修正または拒否する権限を与えることによって, それぞれの憲法上の機能が適切に維持されるよう工夫した制度[原理]; 米国政治の基本原則》.

— *adj.* [限定的] **1** 阻止[加減, 抑制]に役立つ. **2** 照合用の, 照合に役立つ.

— *int.* **1** 〖チェス〗チェック! **2** 《米口語》よし, OK, よろしい, 承知した.

chéck·less *adj.* **chéck·a·ble** /-kəbl/ *adj.*
〖《?*a*1300》 *chek* defeat (in chess) 《頭音消失》← OF *eschec* (F *échec*) ◻ Arab. *šāh* ◻ Pers. *shāh* king (in chess)〗

check², (英) cheque /tʃék/ *n.* 小切手: cash [write] a ~ 小切手を現金化する[書く] / pay by ~ 小切手で支払う. — *vt.* 小切手で(現金を)引き出す, 小切手で支払う 〈*out*〉. — *vi.* 小切手を書く[振り出す] 〔*upon, for, against*〕. 〖偽造を阻止するものの意から〗

check³ /tʃék/ *n.* **1** チェック, 市松模様, 格子縞(じま), 碁盤縞《チェッカー[チェス]盤に似た四角い柄》. **2** チェック柄の織物[プリント地]. **3** (チェック柄の)一目. — *vt.* …に市松模様をつける. — *adj.* [限定的] 市松模様の (checkered): wear one's ~ suit チェックのスーツを着る. 〖《略》← CHECKER²〗

chéck·bàck *n.* 照合; (特に, 逆順での)点検, 検査. 〖1926〗

chéck bèam *n.* 〖航空〗(視界不良の際に)操縦者が着陸前に位置を確認するための電波.

chéck bìt *n.* 〖電算〗検査ビット (⇨ check digit).

chéck·bòok *n.* 小切手帳 (《英》chequebook). 〖1846〗

chéckbook jóurnalism *n.* 札束報道主義《独占インタビュー記事などに高額の金を払って記事を作りあげるジャーナリズム》. 〖1963〗

chéck bòx *n.* 〖電算〗チェックボックス《GUI 環境で, オプションが選択されているかどうかを示す欄; トグルスイッチになっていて, クリックで設定を変更できる》.

chéck càrd *n.* 小切手保証カード《指定額までの小切手を支払うことを保証する銀行発行のカード; bank card ともいう; cf. credit card, cash card》. 〖1966〗

chéck dìgit *n.* 〖電算〗チェック数字《データの転送や転写中のデータ記号列の乱れを発見するために一連の記号列の最後に付加される数字; check bit ともいう》.

checked¹ *adj.* 市松模様の, 碁盤縞の, チェックの (cf. checkered 1): a ~ dress, tablecloth, etc. 〖《1415》: ⇨ -ed 2〗

checked² *adj.* 〖音楽〗〈音節が〉閉じた (closed), 閉音節の《子音で終わる》; 〈母音が〉閉音節 (closed syllable) に現れる (cf. free 17): ⇨ checked syllable, checked vowel. 〖《1793》: ⇨ -ed 2〗

chécked sýllable *n.* 〖音声〗閉音節 《cat, seem など》. 〖1943〗

chécked vówel *n.* 〖音声〗抑止母音《英語の短母音 /ɛ/, /æ/, /ʌ/ のように閉音節にしか現れない母音; cf. free vowel》. 〖1952〗

chéck·er¹ *n.* **1** 照合者, 調査者. **2** 《米》(帽子・手荷物などの)一時預り人. **3** 《米》(スーパーマーケットまたはカフェテリアの)出納係, レジ係. 〖《1867》: ⇨ -er¹〗

check·er², (英) cheq·uer /tʃékə | -kə^(r)/ *n.* **1 a** [しばしば *pl.*] 碁盤縞(じま), 市松模様, チェス盤を思わせる模様 (cf. check³ 1). **b** (チェス盤を思わせる)配色. **c** チェック柄の布地[素材]. **2 a** [*pl.*] ⇨ checkers. **b** 《米》チェッカーの駒 (checkerman). **3** [*pl.*] 〖窯業〗=checkerwork 3. **4** [the ~] 《俗》適切なもの; 最も適切な状態. **5** 《古》=chessboard. **6** 〖植物〗=service tree 1. — *vt.* **1 a** 碁盤縞模様にする. **b** 色とりどりにする. **2** いろいろに変化させる, 多彩にする (diversify). 〖《?*a*1300》 *cheker* 《頭音消失》← ME *escheker* ◻ AF = OF *eschekier* chessboard ← OF *eschec* 'CHECK¹'〗

chécker·bèr·ry /-bèri | -b(ə)ri/ *n.* 〖植物〗**1 a** ヒメコウジ (⇨ wintergreen 1). **b** ヒメコウジの赤い実《食用になる》. **2** 《俗用》ツルアリドオシ(の実) (partridgeberry). 〖《1776》← CHECKER² 6 (その実の外見から)+BERRY〗

chécker·blòom *n.* 〖植物〗フサアオイ《米国西部原産の紫色の花が咲くアオイ科の多年草 (*Sidalcea malvaeflora*)》. 〖*checker*: ← ? CHECKER²〗

chécker·bòard 《米》 *n.* **1** チェッカー盤 (《英》draughtboard) 《checkers や chess に用いる盤; ⇨ checkers 挿絵》. **2** チェッカー盤状のもの, 市松模様(のもの): the ~ type of streets 格子形道路網. — *vt.* 市松模様にする[並べる]. 〖1732〗

chécker-brìck *n.* 〖窯業〗**1** =checkerwork 3. **2** 格子積みれんが《蓄熱室の内部に格子積みするれんが》.

chéck·ered *adj.* 《米》**1** 碁盤縞の, 市松模様の. **2** 色彩がさまざまに変化した; 光と影が交錯した. **3** 変化に富んだ: a ~ life 波瀾(はらん)万丈の生涯. 〖《1393》: ⇨ checker², -ed 2〗

chéckered flág *n.* チェッカーフラッグ《自動車レースで完走車に対して振られるチェック模様の旗; かつてはスタート時の合図としても振られた》.

chéckered líly [dáffodil] *n.* 〖植物〗バイモ《ユリ科バイモ属 (*Fritillaria*) の球根植物の総称》; (特に) =guinea-hen flower.

chéck·er·ing /-k(ə)rɪŋ/ *n.* チェッカリング《銃のグリップ[握り部]などの滑り止めのための格子状彫刻》.

chécker·man /-mən/ *n.* (*pl.* **-men** /-mən, -mèn/) 《米》(チェッカーの)駒 (checker) (《英》draughtsman). 〖1883〗

chéck·ers /tʃékəz | -kəz/ *n. pl.* 《米》[単数扱い] チェッカー (《英》draughts) 《各 12 の駒をもって遊ぶはさみ将棋に似た遊戯》. 〖《1712》(pl.) ← CHECKER² 5〗

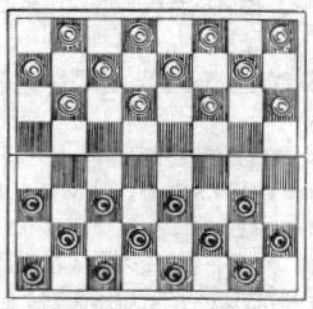

checkers

chécker·spòt *n.* 〖昆虫〗=chalcedon 《checkerspot butterfly ともいう》.

chécker trèe *n.* 〖植物〗=service tree 1.

chécker·wìse *adv.* 碁盤縞[市松模様]に. 〖《1430》: ⇨ checker², -wise〗

chécker·wòrk *n.* **1** 碁盤目[市松模様]細工. **2** (人生の)浮き沈み, 盛衰 (vicissitude). **3** 〖窯業〗格子積み, 空積(からづ)み《蓄熱室の内部に, 空気・ガスの通路を作るように互いに格子状に積まれている耐火れんが積み》. 〖1519〗

chéck·hòok *n.* 〖馬具〗(止め手綱 (checkrein) の端を引っ掛ける鞍の)引っ掛け鉤(かぎ).

check-in /tʃékɪn/ *n.* **1** (ホテルなどの)宿泊の手続き, チェックイン (cf. checkout). **2** (空港の)チェックインカウンター. 〖1927〗

chécking accòunt *n.* 《米》当座預金《小切手を振り出すことによって, 予告なしにいつでも預金を引き出すことができる要求払い預金; cf. savings account》. 〖1909〗

chécking ròom *n.* 《米》=checkroom.

chéck kèy *n.* 《英》=latchkey.

chéck·line *n.* 〖海事〗チェックライン《岩壁へ船を横付けにする場合, 陸上側の係船杭に索端をとめた大索を船上の係船杭へ導いて, ここで索を抑えることによって船の行きあしを止めるための索》.

check·list /tʃéklɪst/ *n.* **1** (業務・工程などの)照合リスト, 確認リスト, (照合・参照のための)一覧表, カタログ (catalog). **2** 〖図書館〗チェックリスト《雑誌・図書などの照合・参照に便利なリスト; cf. finding list》; 包括リスト: a ~ of editions of an author 著作(包括)リスト. **3** 選挙人照合簿 (checkroll) 《選挙の時に投票所に投票に来た人の名をチェックするための選挙人の名簿》. 〖1853〗

chéck·màrk *vt.* …にチェック[照合]のしるしをつける.

chéck màrk *n.* チェック[照合]のしるし(✓)《あることが照合・承認・考慮されたことを示すしるし》. 〖1917〗

check·mate /tʃékmèɪt | ⌐⌐, ⌐⌐/ *int.* 〖チェス〗詰み, チェックメイト《この意味で宣言として用いるときは通例 Mate!; cf. check¹ *int.* 1》. — *n.* **1** 〖チェス〗**a** 王手詰み, 詰めの手 (cf. stalemate 2). **b** 王手詰みのときのキング[駒]の配置. **2** (事業などの)行き詰まり; 大失敗, 大敗北. — *vt.* **1** 〖チェス〗王手詰みにする, 詰める (mate). **2** 〈計画などを〉行き詰まらせる, 失敗させる; 阻止する. 〖《*c*1385》 *chek (and) mat* ◻ OF *eschec (et) mat* ◻ Arab. *šāh māt* the king is dead (in chess): ⇨ check¹, mat²〗

chéck nùt *n.* 〖機械〗止めナット (lock nut).

chéck·òff *n.* チェックオフ: **1** (賃金からの)組合費天引き制度. **2** 〖アメフト〗ハドル (huddle) で決めた作戦を直前に変更すること. **3** 〖米政治〗税金の確定申告書などの所定の箇所にチェックマークをつけて, 国会議員の立候補者などのために資金拠出をすることに関して選択の意志を表明する制度. 〖1911〗

check·out /tʃékàʊt/ *n.* **1** (スーパーマーケットなどでの)勘定; レジ(カウンター). **2 a** (ホテルなどの)支払いを済ませて部屋をあける手続き, チェックアウト (cf. check-in). **b** (それまでに手続きを済ませるべき, ホテルの)チェックアウトタイム. **3** (機械・飛行機などの)性能[適性]検査, 点検. **4** (パイロットなどが飛行機などの)操作に習熟すること, 慣熟. 〖1933〗

chéckout còunter *n.* チェックアウトカウンター《スーパーマーケットなどセルフサービス店の出口にある勘定台》, レジ; (図書館などの)貸出しカウンター.

check·point /tʃékpɔ̀ɪnt/ *n.* **1** 検問所. **2** 〖航空〗標識となる地形. **3** (自動車のラリーなどで)中間記録採点所. 〖1926〗

Chéckpoint Chárlie *n.* チェックポイント チャーリー《1961–90 年東西 Berlin の境にあった, 外国人が通行可能な唯一の検問所》.

chéck ràil *n.* 《英》〖鉄道〗ガードレール, 護輪軌条《脱線を防ぐため本線のレールの内側に設ける補助レール (guardrail)》. 〖1876〗

chéck·rèin *n.* 〖馬具〗**1** 止め手綱, 引きつけ手綱《馬の頭を下げさせないための補助手綱; bearing rein ともいう》. **2** (2 頭の馬の一方の手綱と他方の馬のはみを結ぶ)補助手綱. 〖*a*1809〗

chéck·ròll *n.* **1** =checklist. **2** =muster roll.

chéck·ròom *n.* **1** 《米》(ホテル・劇場・クラブなどの)携帯品預り所 (cloakroom). **2** (駅などの)手荷物一時預り所 (《英》left-luggage office). 〖1900〗

chéck·ròw /-ròʊ | -rəʊ/ 〖農業〗 *n.* 正条うね《トウモロコシ畑のように苗と苗の間隔が前後左右同一になるように植えたうね》. — *vt.* 正条植えにする. 〖1859〗

chéck·sùm *n.* 〖電算〗検査合計, チェックサム《冗長検査のためにデータに付加される, 一定のデータのまとまりの和》.

chéck·tàker *n.* (劇場などの)切符もぎとり人, もぎり. 〖1812〗

check·up /tʃékʌ̀p/ *n.* **1** 健康診断: a medical ~ 健康診断 / go to the hospital for a (physical) ~ 健康診断に病院へ行く. **2 a** 照合, 引合わせ. **b** (仕事の能率・機械の状態などの)試験, 検査, 総点検 (cf. spot check): a ~ committee (会計)監査委員会. 〖1921〗

chéck vàlve *n.* 〖機械〗(流体の逆流を防ぐ)逆止(ぎゃくし)弁. 〖*a*1877〗

chéck·wèighman *n.* (*pl.* **-men**) 重量検査人; (特に, 炭鉱の労働者側の)検量監視人 《checkweigher ともいう》. 〖1888〗

chéck·wrìter *n.* 小切手金額印字機, チェックライター《数字の書換え防止のための刻み込み印字をする機械》.

check·y /tʃéki/ *adj.* (**check·i·er, -i·est; more ~, most ~**) **1** =checkered. **2** 〖紋章〗チェック模様の《紋章学ではチェックの数が 20 以上のもののみを指す》. 〖《1486》《頭音消失》← OF *escheqé* (p.p.) ← *eschecker* to mark with checks: ⇨ check³, -y⁴〗

Ched·dar /tʃédə | -də^(r)/ *n.* [しばしば c-] チェダー(チーズ)《淡いクリーム色で, 最も生産量の多い硬質チーズ; Cheddar cheese; 米国産のものはしばしば American cheese [Cheddar] ともいう》. — *vt.* [c-] (チェダーチーズを造る過程で凝乳を薄片に切り)積み重ねる. 〖《*a*1661》← OE *Ċeodre* ← *ċēod* pouch ← IE **geut-* ← **gēu-* to bend: 英国 Somerset 州の原産地名〗

Chéddar Górge *n.* チェダー峡谷《イングランド南西部 Somerset 州北部の丘陵 Mendips を貫く深く険しい峡谷; 鍾乳洞で知られる》.

Chéddar pìnk *n.* 〖植物〗ヨーロッパ原産の桃色の花が咲くナデシコ (*Dianthus gratianopolitanus*).

chedd·ite /ʃédaɪt, tʃéd-/ *n.* 〖化学〗チェダイト, シェディット《塩素酸カリを油性物質とニトロ化合物に混合して作る爆薬》. 〖《1908》← *Chedde* (これが最初に製造されたフランス Savoy 地方の地名): ⇨ -ite¹〗

che·der /héɪdə, xéɪ- | -də^(r)/ *n.* =heder.

chee·cha·ko /tʃiːtʃɑ́ːkoʊ, -tʃɔ̀ːk- | -kəʊ/ *n.* (*pl.* ~**s**) (*also* **chee·cha·co** /~/) 《口語》(アラスカ・米国北西部で)新参者 (cf. sourdough 2). 〖《1897》◻ Chinook *chee chahco* ← *t'shi* new + Nootka *chako* to come〗

chee-chee /tʃíːtʃiː/ *n.* =chi-chi.

cheek /tʃíːk/ *n.* **1** 頬(ほお)《口の両側, または目とあごの間の側面の部分》: He kissed her on the ~. 彼女の頬に口づけした. ★ ラテン語系形容詞: buccal. **2** 《口語》厚かましさ, ずうずうしさ, 生意気; 生意気な言葉 (impudence): give ~ 生意気なことを言う / have plenty of ~ 面(つら)の皮が千枚張り / have the ~ to do [say] so 失礼[小癪(こしゃく)]にもそんなことをする[言う] / None of your ~! 生意気言うな. **3 a** [*pl.*] (器具などにおいて, 頬に類する)側面; (ハンマーの)頭の側面: the ~s of a vise 万力のあご. **b** 〖建築〗戸口の側柱. **c** 〖木工〗(木材の)木口(こぐち). **d** 〖時計〗チーク《円弧誤差を少なくするため振り子の吊りばねの両側に設けられる 1 対の弧形案内板; chop ともいう》. **e** 〖機械〗チーク《滑車の外殻の両側面》; 殻側. **4** [the cheeks] 《俗》尻, 臀部(でんぶ) (buttocks). **5** 〖海事〗チーク《ロアーマストの檣頭縦材を支える両側の板材》. **6** 〖金属加工〗中継ぎ枠 (false cheek).

chéek by jówl (頬とあごが接しているように)ぴったり密接して; 緊密に (intimately) 〔*with*〕: They lived ~ *by jowl with* him in the same house. 彼らは同じ家に彼と仲よく住んでいた. 《1577》 ***chéek to chéek*** 頬をすり寄せて: dance ~ *to* ~ with her 彼女とチークダンスをする. ***to one's ówn chéek*** 〖口語〗(人と共有しないで)自分専用に, 一人占めにして. ***túrn the óther chéek*** (攻撃されても)報復しない (cf. *Matt.* 5:39, *Luke* 6:29). ***with one's tóngue in one's chéek*** ⇨ tongue *n.* 成句.

— *vt.* **1** 《口語》…に生意気[無礼]な口をきく: ~ a person 人に生意気な口をきく. **2** からかう (tease).

~·less *adj.* 〖OE *ċē(a)ce, ċēoce* jaw, jawbone < (WGmc) **kǣkōn* (MLG *kāke* / Du. *kaak*) ← ?: OE *ċēoce* は *ċēace* の変形か〗

chéek blòck *n.* 〖海事〗チークブロック《マストやダビット (davit) に固定されている滑車》. 〖1794〗

chéek·bòne /tʃíːkbòʊn | -bəʊn/ *n.* 〖解剖〗頬骨(きょうこつ), ほお骨. 〖lateOE *ċēacbān*〗

chéek cùt *n.* 〖木工〗(棰(たるき)を隅木などに取り付けるための)斜め切り 《side cut ともいう》.

cheeked *adj.* [通例複合語の第 2 構成素として] (…の)頬をした: rosy-*cheeked* ばら色の頬をした. 〖《1552》: ⇨ -ed 2〗

cheek·ful /tʃíːkfʊ̀l/ *n.* 頬(ほお)いっぱい.

chéek·i·ly /-k‿ɪli/ *adv.* 《口語》生意気に(も).

chéek·i·ness *n.* 《口語》生意気.

chéek·pìece *n.* **1** (馬のくつわの両端にある)馬銜(はみ)の棒. **2** =cheek strap.

chéek pòuch *n.* (サル・リスその他の哺乳類の)頬袋(ほおぶくろ) 《食べ物をここに一時貯蔵する》. 〖1834〗

chéek stràp *n.* 頬革《頭絡(とうらく)の一部で, 馬の頬を通って頂(うなじ)革を馬銜(はみ)または鼻革と結び付けている一対の革ひもの一つ》.

chéek-to-chéek *adj.* [限定的] 頬をすり寄せてする:

C

～ dancing チークダンス. 日英比較 日本語の「チークダンス」は和製英語.

chéek tòoth *n.* 臼歯, 奥歯 (molar ともいう). 〖1395〗

cheek·y /tʃíːki/ *adj.* (**cheek·i·er**; **-i·est**) **1** 《口語》小癪(こしゃく)な, 生意気な, ずうずうしい (⇨ impertinent SYN). **2** 犬の両頬がいちじるしく丸みをおび肉厚く突き出している. 〖(1859) ← CHEEK＋-Y⁴〗

C

cheep /tʃíːp/ *n.* **1** (ひな鳥などの)ぴよぴよ[ちゅーちゅー]鳴く声 (chirp). **2** [通例否定構文で] 音, 言葉: *Not* a ～ could be heard. ひとことも聞こえなかった. — *vi.* **1 a** 〈ひな鳥が〉ぴよぴよと鳴く (chirp, peep). **b** 〈小ねずみなどが〉ちゅーちゅー鳴く (squeak). **2** [しばしば否定構文で] 小さな音を発する; ひとこと言う; He didn't even ～. うんともすんとも言わなかった. — *vt.* ぴーぴー声で言う. 〖(1513) 擬音語〗

chéep·er *n.* ぴーぴー鳴くひな; (特に)ヤマウズラ (partridge) [ライチョウ (grouse), ウズラ (quail)] のひな. 〖(1611): ⇨ ↑, -er¹〗

cheer /tʃíə | tʃíə(r)/ *vt.* **1** 喝采する, やんやとはやす: The winner was ～*ed* by the crowd. 勝利者は群集に歓呼の声で迎えられた. **2** 声援する, 大声で励ます 〈*on*〉: ～ people (*on*) to (strive for) victory 声援を送って勝たせる(勝つように頑張らせる). **3** 喜ばせる, 慰める. **4** 元気づける 〈*up*〉 (⇨ encourage SYN): ～ *up* a sick person 病人を元気づける / The news ～*ed* everyone greatly. その知らせを聞いて一同大いに元気づいた. — *vi.* **1** 喝采する: *Cheering* crowds lined the streets. 歓声をあげる群集が通りにずらっと並んだ. **2** [しばしば命令文で] 元気づく 〈*up*〉: ～ *up* at ...を見て[聞いて]元気づく / *Cheer up!* We can still win. 元気を出せ, まだ勝てる. **3** 《廃》...の気分である: How ～'st thou, Jessica? ジェシカ, 気分はどうだい (Shak., *Merch* V 3. 5. 75).

— *n.* **1 a** 喝采 (applause), 歓呼, 万歳: give a ～ 喝采する / give three ～*s* (for ...) (...のために)万歳を三唱する (Hip, hip,—hurrah [hurray]! を三度繰り返す) / two ～*s* 《皮肉》控えめな熱意 (万歳を三度でなく二度程度の喝采) / take [get] the ～s of the crowd 群集の歓呼にこたえる / I was greeted with ～*s*. 万歳の声で迎えられた. **b** 《米》(大学などの)応援(の文句); 声援. **2 a** 陽気, 快活. **b** 喜ばせるもの; 励まし, 激励; 慰め: words of ～ 激励の言葉. **3** 気分, 機嫌; 元気: ⇨ good cheer / What ～? 《英》ご機嫌はいかが. **4** 《古》食べ物, ごちそう: Christmas ～ / ⇨ good cheer / The fewer the better ～. 人数が少なければそれだけ多く食べられる. **5 a** 《廃》顔. **b** 《古》顔つき, 表情: a man of sorrowful ～ 悲しげな顔つきの人.

Chéers! (1) 乾杯, 健康を祝して. (2) 《英口語》さよなら, じゃあ, またね. (3) 《英俗》ありがとう: *Cheers*, mate!

～·er *n.* 〖(?c1200) *chere* face, frame of mind ◻ AF ＝OF *ch(i)ere* face (F *chère* cheer) < LL *caram* face ◻ Gk *kárā* head, face ← IE **ker-* head, horn: 現在の意味は *good cheer* から〗

Cheer /tʃíə | tʃíə(r)/ *n.* 〖商標〗チアー (米国 Procter & Gamble 社製の洗濯用粉末洗剤).

cheer·ful /tʃíəfəl, -fl | tʃíə-/ *adj.* **1** 機嫌のいい, にこにこした, 元気のいい, 快活な. **2** 気分を引き立てるような, 陽気な, 楽しい (⇨ happy SYN); 楽観的な: a ～ conversation, song, fireside, etc. / ～ surroundings / That's a ～ remark. 《反語》そいつは聞き捨てならない. **3** 喜んでする, 進んでする: a ～ giver [worker] 進んで物を与える[仕事をする]人. **～·ly** /-fəli, -fli/ *adv.* **～·ness** *n.* 〖(?a1400): ⇨ cheer, -ful¹〗

chéer·i·ly /-rəli | -rɪli/ 陽気に, 明るく.

chéer·i·ness /tʃíərinəs/ *n.* 陽気さ.

chéer·ing *adj.* 元気づける, 励ましになる; 喜ばしい: ～ news 喜ばしい知らせ. — *n.* 喝采, 声援, 歓声. **～·ly** *adv.*

cheer·i·o /tʃìəriόu | tʃìəriə́u/ *int.* 《英口語》 **1** (別離のときに言う)さようなら, ご機嫌よう. **2** (特に, 乾杯で)おめでとう, 乾杯. — *n.* 《NZ》小型のソーセージ. 〖(1910) ← CHEERY, CHEER＋-O(＝OH)〗

Cheer·i·os /tʃíəriòuz | tʃíəriə̀uz/ *n. pl.* 〖商標〗チェリオス (米国 General Mills 社製の朝食用オート麦シリアル).

chéer·lèad /-lìːd/ *vt.* ...のチアリーダーを務める.

cheer·lead·er /tʃíəlìːdə | tʃíəlìːdə(r)/ *n.* 《米》チアリーダー (アメリカンフットボールの試合などで観衆の応援をリードする応援員). 〖1903〗 日英比較 日本語の「チアーガール」は和製英語.

chéer·lèading /-dɪŋ | -dɪŋ/ *n.* 《米》チアリーダーの技術.

chéer·less *adj.* 喜び[楽しみ]のない, 気の滅入るような, 不愉快な, 陰気な; わびしい. **～·ly** *adv.* **～·ness** *n.* 〖(1579): ⇨ -less〗

chéer·ly *adj.* 《古》＝cheerful. — *adv.* **1** [主に水夫が掛け声として]元気に. **2** 陽気に, 元気に, 上機嫌で. 〖(1558): ⇨ -ly¹〗

cheer·o /tʃíərou | tʃíərəu/ *int.* ＝cheerio.

cheer·y /tʃíəri | tʃíəri/ *adj.* (**cheer·i·er**; **-i·est**) **1** 愉快な, 上機嫌の; 陽気な, 楽しい, 元気のいい. **2** 元気[活気]づける. 〖(1611): ⇨ -y⁴〗

cheese¹ /tʃíːz/ *n.* **1 a** チーズ: ⇨ BREAD *and cheese*. **b** (一定の形に固めた)チーズ (円筒形・車輪形・球形が多い). **2 a** 形状・堅さ・成分・味がチーズに似たもの. **b** りんご酒を造る際のりんごの搾りかす. **c** ＝skittle ball. **d** 《口語》(幼児のもどす)半分消化した牛乳. **e** クリームチーズ程度の堅さのジャム: ⇨ damson cheese. **3 a** 《学生俗》微笑 (smile). **b** 《俗》(写真撮影で笑顔になるように言う) cheese という言葉: Say ～. 笑ってください, はいチーズ. **4** 《廃》丁重な挨拶, 深いおじぎ. **5** 《米俗》かわい娘(こ)ちゃん. 〖← CHEESECAKE〗 **6** 〖金属加工〗インゴットの縦横面.

hárd chéese ⇨ hard cheese. *màke chéeses* 〈婦人・少女が〉腰を低くかがめて挨拶する; 回転してスカートをふくらませる (女児の遊戯).

— *vi.* 〖幼児が〗半分消化したミルクをもどす.

— *vt.* 〖金属加工〗〈インゴット (ingot) やビレット (billet) を〉(チーズ形断面に)鍛造する.

〖OE *ċēse* < (WGmc) **kāsjo* (Du. *kaas* / G *Käse*) ◻ L *cāseus* cheese ← ?**cāso*-curdled ← IE **kwat-* to ferment〗

cheese² /tʃíːz/ *vt.* 《俗》やめる (stop). ★ 主に次の成句で. ***Chéese it!*** (1) やめろ, よせ; 静かに. (2) 気をつけろ; 逃げろ. — *vi.* 《刑務所俗》へいこらする. ***chéese óff*** ... にうんざりさせる, おこらせる 〔*with*〕. 〖(1811) (変形) ← ? CEASE〗

cheese³ /tʃíːz/ *n.* 《俗》 **1** [the ～] (正に)そのもの: That's *the* ～. (正に)それだ. **2** 一流のもの. **3** 《米》重要な人, ボス: a big ～ お偉方. 〖(1818) ◻ ? Urdu *chīz* thing ← Pers.〗

chéese·bòard *n.* チーズボード, チーズ板 (チーズを上で切って供する板; いろいろのチーズを載せて出すことが多い). 〖1552〗

chéese·bòx *n.* 《米俗》安売り住宅, マッチ箱住宅. 〖1855〗

chéese·bùrg·er /-bə̀ːgə | -bə̀ːgə(r)/ *n.* チーズバーガー. 〖(1938) ← CHEESE¹＋(HAM)BURGER〗

chéese·càke *n.* **1** チーズケーキ (カテージチーズ・クリームチーズなどに卵・牛乳・砂糖などを加えて焼いたデザート用ケーキ; パイ皮に流し込んで焼く場合もある). **2** 《俗》セクシーな女性のヌード写真, (脚線美の)ピンナップガール (leg art ともいう; cf. beefcake 1). 〖*c*1440〗

chéese·clòth *n.* 目の粗い薄地の綿布・寒冷紗(しゃ) (もとチーズを造るときに用いたが, 現在ガーゼの衣服・カーテンなどに用いる). 〖1657〗

chéese cùtter *n.* **1** チーズ切り, チーズカッター. **2** 〖海事〗チーズカッター (不使用時には艇内に引き込み, 使用時に降ろすセンターボードの一種). **3** 船員バッジをつけずにかぶる四角いまびさしのある帽子. 〖1848〗

cheesed *adj.* 《英俗》うんざりした, あきあきした 〈*off*〉: He's already ～ *off with* his new job. 彼は新しい仕事にもういや気がさしている. 〖(1941): ⇨ cheese²〗

chéese flỳ *n.* 〖昆虫〗チーズバエ (*Piophila casei*) (チーズ・ハムなど脂肪性物質に集まる). 〖1846〗

chéese-hèad *adj.* 〖機械〗〈ねじ・ボルトが〉平頭の (円筒形の頭をもったものにいう). — *n.* (ねじなどの)ずんぐりした丸い頭; 《俗》ばか. 〖1888〗

chéese-hèaded *adj.* 〖機械〗＝cheese-head.

chéese·màker *n.* チーズ製造業者.

chéese·màking *n.* チーズ製造.

chéese mìte *n.* 〖動物〗チーズにつくコナダニ; (特に)アシブトコナダニ (*Acarus siro*) (古いチーズや小麦粉・ミルクの中にわくコナダニの一種).

chéese·mònger *n.* 《英》チーズ屋 (バター・チーズなどを売る人). 〖*c*1510〗

chéese·pàring *n.* **1** チーズ皮の削りくず; つまらないもの, くだらないもの. **2** けちんぼう根性, しみったれ, 吝嗇(りんしょく). — *adj.* けちけちした, 吝嗇な (stingy). 〖1597〗

chéese plànt *n.* 〖植物〗＝ceriman.

chéese rènnet *n.* 〖植物〗＝yellow bedstraw. 〖牛乳の凝固剤として使われることから〗

chéese scòop *n.* (製造中の試食用)チーズすくい取り器.

chéese skìpper *n.* 〖昆虫〗チーズバエ (cheese fly) の幼虫 (小形の蛆(うじ)で跳躍する; cf. skipper¹ 3 a).

chéese stèak *n.* チーズステーキ (薄切り肉のステーキに溶かしチーズと揚げタマネギを載せ, ロールパンにはさんだステーキサンド).

chéese stràw [stìck] *n.* チーズストロー[スティック] (折り込みパイ生地におろしたチーズをふりかけてから細長い棒状に焼いた菓子). 〖1874〗

chéese vàt [tùb] *n.* チーズ凝固用の大桶. 〖1629〗

chéese·wòod *n.* 《豪》 **1** 〖植物〗トベラ科トベラ属 (*Pittosporum*) の数種の常緑樹 (庭園樹として栽培されるオーストラリア原産のシマトベラ (*P. undulatus*) など). **2** トベラ材 (オーストラリア産のシマトベラまたは *P. bicolor* の黄色の堅材).

chees·y¹ /tʃíːzi/ *adj.* (**chees·i·er**; **-i·est**) **1** (におい・堅さなど)チーズのような. **2** 《俗》安っぽい, 低級な, 下等な, ちゃちな. **3** 〖病理〗＝caseous 2. **chées·i·ness** *n.* 〖(*a*1398): ⇨ -y⁴〗

chees·y² /tʃíːzi/ *adj.* 《俗》格好のいい (stylish); 一流の (first-rate). **chées·i·ness** *n.* 〖(1858): ⇨ cheese³〗

chee·tah /tʃíːtə | -tə/ *n.* (*also* **chee·ta** /～/) 〖動物〗チータ (*Acinonyx jubatus*) (アジア南西部およびアフリカ産ネコ科のヒョウ (leopard) に似た動物). 〖(1610) ◻ Hindi *cītā* ← Skt *citrakāya* tiger, panther ← *citra* spotted ＋*kāya* body〗

Chee·ver /tʃíːvə | -və(r)/, **John** *n.* チーヴァー (1912–82; 米国の小説家; *The Wapshot Chronicle* (1957)).

chef /ʃéf; *F.* ʃɛf/ *n.* **1** コック長, 料理人頭, シェフ (head cook). **2** コック, 料理人 (cook). **～·dom** /-dəm/ *n.* 〖(1826) ◻ F ～ 'chief' (略) ← *chef de cuisine* 'CHIEF OF KITCHEN'〗

chef d'é·cole /ʃéfdeɪkɔ́(ː)l | -kɔ́l; *F.* ʃɛfekɔl/ *n.* (*pl.* **chefs d'é·cole** /～/) (芸術・思想の)流派の指導者. 〖(1840) ◻ F ～ 'head of school'〗

chef de cui·sine /ʃéfdəkwɪzíːn; *F.* ʃɛfdəkɥizin/ *n.* (*pl.* **chefs de cui·sine** /～/) コック長. 〖◻ F ～ (原義) head of kitchen〗

chef-d'oeu·vre /ʃèɪdə́ːvr(ə), -dɔ́ːv | ʃèɪdə́ːv(r), -və(r), -dɔ́ːv; *F.* ʃɛdœːvʀ/ *n.* (*pl.* **chefs-d'oeu·vre** /～/) 傑作, 名作 (masterpiece). 〖(1619) ◻ F ～ 'chief (piece) of work'〗

Che·foo /tʃíːfúː/ *n.* ＝Zhifu.

chéf's sálad *n.* シェフサラダ (レタス・トマト・セロリにゆで卵や細切りの肉, チーズなどを加えたメイン料理ともなるサラダ).

Ché Gue·va·ra /tʃéɪgəvάːrə, -gɛ-; *Am.Sp.* tʃéγeβára/ *n.* チェゲバラ (Ernesto GUEVARA の通称).

Che·ha·lis /tʃəhéɪlɪs | -lɪs/ *n.* (*pl.* ～·**es**, ～) **1 a** [the ～(es)] チヘーリス族 (米国 Washington 州西部, Chehalis 川流域に住む Salish 語群系インディアン). **b** チヘーリス族の人. **2** チヘーリス語. 〖◻ Am.-Ind. (Salish) ～ (原義) sand〗

cheil- /kaɪl/ (母音の前にくるときの) cheilo- の異形 (⇨ chilo-).

-chei·li·a /káɪliə/ ＝-chilia.

chei·li·tis /kaɪláɪtɪs | -tɪs/ *n.* 〖病理〗口唇炎. 〖(1842) ← NL ～: ⇨ chilo-, -itis〗

chei·lo- /káɪlou | -ləu/ ＝chilo-. ★ 母音の前では通例 cheil- になる.

chei·lo·plas·ty /káɪləplæ̀sti | -lə(u)-/ *n.* 〖外科〗(口)唇形成(術). 〖(1842) ← CHILO-＋-PLASTY〗

chei·lot·o·my /kaɪlά(ː)təmi | -lɔ́t-/ *n.* 〖外科〗 **1** (口)唇切開(術). **2** (長骨関節端の)外骨切除(術). 〖← CHILO-＋-TOMY〗

cheir- /kaɪr | kaɪ(ə)r/ (母音の前にくるときの) cheiro- の異形 (⇨ chiro-).

chei·ro- /káɪrou | káɪ(ə)rəu/ ＝chiro-. ★ 母音の前では通例 cheir- になる.

chei·rog·no·my /kaɪrά(ː)gnəmi | kaɪ(ə)rɔ́g-/ *n.* ＝chirognomy.

chei·ro·graph /káɪrəgræ̀f | káɪ(ə)rə(u)grὰːf, -græ̀f/ *n.* ＝chirograph.

chei·rog·ra·pher /kaɪrά(ː)grəfə | kaɪ(ə)rɔ́grəfə(r)/ *n.* ＝chirographer.

chei·ro·graph·ic /kàɪrəgrǽfɪk | kàɪ(ə)rə(u)-/ *adj.* ＝chirographic.

chèi·ro·gráph·i·cal /-fɪkəl, -kl | -fɪ-/ *adj.* ＝chirographical.

chei·ro·man·cer /káɪrəmæ̀nsə | káɪ(ə)rə(u)mæ̀nsə(r)/ *n.* ＝chiromancer.

chei·ro·man·cy /káɪrəmæ̀nsi | káɪ(ə)rə(u)-/ *n.* ＝chiromancy. **chei·ro·man·tic** /kàɪrəmǽntɪk | kàɪ(ə)rə(u)mǽnt-/ *adj.* **chèi·ro·mán·ti·cal** *adj.*

Chei·ron /káɪrən | káɪ(ə)r-/ *n.* ＝Chiron.

chei·rop·ter /kaɪrά(ː)ptə | kaɪ(ə)rɔ́ptə(r)/ *n.* 〖動物〗＝chiropter.

chei·rop·ter·ous /kaɪrά(ː)ptərəs | kàɪ(ə)rɔ́p-/ *adj.* 〖動物〗＝chiropterous.

Che·ju /tʃéɪdʒuː; *Korean* tʃedʒu/ *n.* 済州(チェジュ) (韓国の南方約 90 km 沖にある島; 面積 1,825 km²).

Che·ka /tʃéɪkɑː; *Russ.* tʃɪká/ *n.* (ロシアの)チェーカ, 非常委員会 (反革命運動・サボタージュおよび投機取締非常委員会 (1917–22); のち GPU となる). 〖(1921) ◻ Russ. ～ ← *che*＋*ka*: *Chrezvychainaya Kamissiya* Extraordinary Commission の頭字〗

Che·khov /tʃékɔ(ː)f, -kɑ(ː)-, -kɔ(ː)v | -kɔf, -kɔv; *Russ.* tʃéxəf/, **Anton Pavlovich** *n.* チェーホフ (1860–1904; ロシアの短編小説家・劇作家; *Uncle Vanya* (1897), *The Three Sisters* (1901), *The Cherry Orchard* (1904)).

Che·kho·vi·an /tʃɛkóuviən | -kə́u-/ *adj.* チェーホフ (Chekhov) の; チェーホフの作品の; チェーホフのような. 〖(1921): ⇨ ↑, -ian〗

Che·kiang /tʃèkjǽŋ/ *n.* ＝Zhejiang.

chel- /kiːl, kɛl | kiːl/ (母音の前にくるときの) cheli- の異形.

che·la¹ /kíːlə/ *n.* (*pl.* **che·lae** /-liː/) 〖動物〗(カニなどの)はさみ. 〖(1646) ← NL ← Gk *khēlḗ* claw〗

che·la² /tʃéɪlə; *Hindi* tʃéːlaː/ *n.* 〖ヒンズー教〗(インドの大聖 (mahatma) などの)弟子 (disciple). **～·shìp** *n.* 〖(1834) ◻ Hindi *cēlā* servant, slave ◻ Skt *ceṭa(ka)*〗

Che·lan /ʃəlǽn/, **Lake** *n.* [the ～] シェラン湖 (米国 Washington 州中部, Cascade 山脈中の湖; 行楽地).

che·late /kíːleɪt/ *adj.* **1** 〖動物〗はさみ (chela) をもっている, はさみ状の. **2** 〖化学〗キレートの. — *n.* 〖化学〗キレート化合物 (多座配位子が二つ以上の位置で配位されてできた化合物; 葉緑素, 血色素など). — *vi.* 〖化学〗 **1** 金属イオンと結合してキレートを作る. **2** 一つあるいは一つ以上の水素結合により環を作る, キレート環を作る. — *vt.* 〖化学〗〈金属〉と結合してキレート環を作る. **ché·lat·a·ble** /-təbl | -tə-/ *adj.* **che·la·tion** /kiːléɪʃən/ *n.* 〖(1826): ⇨ ↑, -ate²〗

che·la·tom·e·try /kìːlətά(ː)mətri | -tɔ́mɪ-/ *n.* 〖化学〗キレート滴定 (錯滴定の一種; キレート化合物の生成を利用する滴定; cf. complexometry). 〖⇨ ↑, -metry〗

che·la·tor /kíːleɪtə | -tə(r)/ *n.* 〖化学〗キレート剤 (キレートを作ることにより, ある物質の作用を抑制する化合物).

che·li- /kíːlɪ, kéli- | kíː-/ 「はさみ (chela)」の意味の連結形. ★ 母音の前では通例 chel- になる. 〖← NL ～ ← Gk *khēlḗ* claw〗

che·lic·er·a /kɪlísərə/ *n.* (*pl.* **-er·ae** /-rìː/) 〖動物〗鋏角(きょうかく) (クモ(類)のペンチ状の付属器官の最初の一対の一つ). **che·líc·er·al** /-rəl/ *adj.* **che·lic·er·ate** /kɪlísərèɪt, -rɪt | kɪ-, kiː-/ *adj.* 〖(1835) ← NL ～ ← F *chélicère*: ⇨ ↑, -cera〗

che·lif·er·ous /kɪlífərəs/ *adj.* 〖動物〗はさみをもった. 〖(1758) ← CHELI-＋-FEROUS〗

che·li·form /kíːləfɔ̀əm, kél- | kíːlɪfɔ̀ːm/ *adj.* 〖動物〗

はさみ状の，はさみに似た．〖(1798) ← CHELI-＋-FORM〗
che·li·ped /kíːləpèd, kél- | kíːlɪ-/ *n.* 〘動物〙(エビ・カニ(類)の)はさみ脚．〖(1869) ← CHELI-＋-PED〗
Chel·le·an /ʃéliən/ *adj.* 〘考古〙(旧石器時代の初期)シェル期(文化)の《専門語としては Abbevillian を用いる》．〖(1893) □ F *chelléen*: ⇨ Chelles. -an¹〗
Chelles /ʃél; *F.* ʃɛl/ *n.* シェル《Paris 東部の町; 付近から旧石器時代の石器が出土した》．
Chel·li·an /ʃéliən/ *adj.* 〘考古〙＝Chellean.
Cheł·mno /kéłmnoʊ | -nəʊ; *Pol.* xéwmnɔ/ *n.* ヘウムノ《ポーランド中北部の都市; ナチの強制収容所があった》．
Chelms·ford /tʃélmsfəd, tʃélm(p)s- | -fəd/ *n.* チェルムズフォード《イングランド Essex 州の州都》．〖ME *Celmeresfort* 'FORT of *Ceolmǣr* (人名)'〗
che·loid /kíːlɔɪd/ *n.* 〘病理〙＝keloid.
che·loid·al /kiːlɔ́ɪdl̩ | -dl̩/ *adj.* ＝keloidal.
che·lo·ne /kəlóʊni | -lə́ʊ-/ *n.* 〘植物〙ジャコウソウモドキ《ゴマノハグサ科ケロネ属 (*Chelone*) の多年草; 米国原産; 観賞用に栽培される》．
Che·lo·ni·a /kɪlóʊniə | -lə́ʊ-/ *n. pl.* 〘動物〙カメ目．〖← NL ～ ← Gk *khelṓnē* tortoise: ⇨ -ia²〗
che·lo·ni·an /kɪlóʊniən | -lə́ʊ-/ 〘動物〙*adj.* カメ類の．— *n.* カメ (tortoise, turtle).〖(1826) ← NL *chelōnia* ＋-AN¹〗
chelp /tʃélp/ *vi.* 《英北部・中部方言》 **1** (女性や子供が)ぺちゃぺちゃしゃべる． **2** (鳥が)さえずる．〖(1820)(混成)? ← CH(IRP), CH(ATTER)＋(Y)ELP〗
Chel·sea /tʃélsi/ *n.* チェルシー《London 南西部 Thames 川の北岸にある住宅地区, Kensington and Chelsea 自治区の一部; かつて画家・文人が多く住んだので有名; 18 世紀には磁器を生産した (cf. Chelsea china)》: the Sage of ～ ⇨ sage¹.〖OE *Cealchyþ* landing-place for chalk ← OE *ċealc* 'CHALK'＋*hȳþ* landing-place〗
Chélsea bóot *n.* チェルシーブーツ《側面にゴム布の入ったブーツ[靴]; 1960 年代に Chelsea で売られた》．
Chélsea bún *n.* 《英》チェルシーバン《干しぶどう入り渦巻きパン》．〖(1711) London の Chelsea にあった元祖 Chelsea Bun-house にちなむ〗
Chélsea chína *n.* チェルシーチャイナ《18 世紀に Chelsea で作られた軟磁器; 後に工場は Derby に移され今日に及んでいる; cf. Derby china》．〖1765〗
Chélsea-Dérby wàre *n.* チェルシーダービーウェア《Chelsea の工員が 1770 年から 1784 年の間に Chelsea または Derby で製作した軟磁器》．
Chélsea Flówer Shòw *n.* [the ～] チェルシーフラワーショー《London の Chelsea Royal Hospital で毎年 5 月下旬に開かれる王立園芸協会主催のフラワーショー》．
Chélsea pénsioner *n.* チェルシー国立老廃兵病院在院の老廃兵《特徴のある赤の上着を着ている》．〖1822〗
Chélsea Róyal Hóspital *n.* (1682 年 Charles 二世が Chelsea に創建した)チェルシー国立老廃兵病院．
Chélsea wàre *n.* ＝Chelsea china.
Chel·ten·ham¹ /tʃéltənəm, -tn̩-/ *n.* チェルトナム《イングランド西部 Gloucestershire 州の都市》．〖OE *Celtanhom* ← *Celte* (丘の名?)＋*hamm* meadow (⇨ home)〗
Chel·ten·ham² /tʃéltənəm, -tn̩-/ *n.* 〘活字〙チェルテナム《old style の欧文活字書体》．〖(1910) New York の Cheltenham Press の B. G. Goodhue の考案になることから〗
Chéltenham Cóllege *n.* チェルトナム カレッジ《1841 年にイングランドの Cheltenham に設立された男子パブリックスクール》．
Chéltenham Góld Cúp *n.* [the ～] チェルトナム ゴールドカップ《イングランドの Cheltenham で毎年 3 月に開催される競馬; 優勝者には金杯が授与される》．
Chéltenham Ládies Còllege *n.* チェルトナム 女子カレッジ《1853 年にイングランドの Cheltenham に設立された女子パブリックスクール》．
Chel·to·ni·an /tʃeltóʊniən | -tə́ʊ-/ *adj., n.* 《英国》Cheltenham (Ladies') College の(生徒, 卒業生)．〖(1887) ← CHELT(ENHAM)＋(OX)ONIAN〗
Chel·ya·binsk /tʃeljáːbɪnsk | -bɪnsk; *Russ.* tʃʲɪlʲábʲinsk/ *n.* チェリャビンスク《ロシア連邦 Ural 山脈南東部の工業都市; シベリア横断鉄道の起点》．
Chel·yus·kin /tʃeljúːskɪn | -kɪn; *Russ.* tʃʲɪlʲúskʲin/, **Cape** *n.* チェリュスキン岬《シベリア北部 Taimyr 半島の北端の岬》．
chem /kém/ *n.* 《米口語》(学課としての)化学．
chem. 《略》chemical; chemically; chemicals; chemist; chemistry.
chem- /kiːm, kɛm/ (母音の前にくるときの) chemo- の異形．
Chem·a·ku·an /tʃèməkúːən/ *n.* チェマクム語派《Wakashan, Salish 語派とともに, Mosan 語族を形成する北米インディアンの一言語》．
chem·i- /kémɪ, -mi, kém-/ chemo- の異形 (⇨ -i-).
chem·ic /kémɪk/ *adj.* **1** ＝chemical. **2** 《古》＝alchemic.〖(1576) *chymick* □ F *chimique* ∥ NL *chymicus* ← ML *alchimicus* 'ALCHEMIC'〗
chem·i·cal /kémɪkəl, -kl̩ | -mɪ-/ *adj.* **1** 化学の[に関する, 用の]; 化学上の, 化学的な, 化学作用による[によって作られる]; 化学的手段で検出できる: ～ action 化学作用 / ～ changes 化学変化 / ～ combination 化合 / a ～ formula 化学式 / ⇨ chemical reaction. **2 a** 化学薬品の[を用いる]: a ～ works 製薬工場 / a ～ extinguisher (化学薬品を詰めた)消火器． **b** 〈便所が〉化学薬品を用いて糞尿を分解する: a ～ closet. — *n.* 化学製品; 化学薬品: ⇨ fine chemical, heavy chemical.〖(1576) *chimical*: ⇨ ↑, -al¹〗
chémical abùse *n.* 薬物(アルコール)の乱用．
chémical bálance *n.* 〘化学〙化学天秤(化学に用いる天秤); (特に, 定量分析に用いる感度の鋭敏な)分析用天秤 (analytical balance).
chémical bónd *n.* 〘化学〙化学結合 (cf. covalent bond, ionic bond, coordinate bond).
chémical dynámics *n.* 〘化学〙化学動力学, 化学力学 (⇨ reaction kinetics).
chémical engineér *n.* 化学工学者, 化学工学技師．〖1904〗
chémical engineéring *n.* 化学工学．〖1888〗
chémical equátion *n.* 〘化学〙化学(反応)方程式．
chémical fíber *n.* 人造繊維, 化学繊維, 化繊; その製品．
chémical fócus *n.* 〘写真〙＝actinic focus.
chem·i·cal·ize /kémɪkəlàɪz | -mɪ-/ *vt.* 化学薬品で処理する; …に化学薬品を使う． **chem·i·cal·i·za·tion** /kèmɪkəlɪzéɪʃən | -mɪkəlaɪ-, -lɪ-/ *n.*〖(1902) ← CHEMICAL＋-IZE〗
chémical kinétics *n.* 〘化学〙(化学)反応速度論 (⇨ reaction kinetics).
chémical láser *n.* 〘化学〙化学レーザー《化学反応のエネルギーを利用したレーザー》．
chém·i·cal·ly *adv.* **1** 化学的に, 化学的立場から． **2** 化学作用によって．〖(1621): ⇨ -ly¹〗
Chémical Máce *n.* 〘商標〙＝Mace.
chémical poténtial *n.* 〘物理化学〙化学ポテンシャル《物質の部分モルギブスエネルギーに等しく, 温度圧力が一定の場合の平衡条件を与える熱力学的関数》．
chémical·pròof *adj.* 耐(化学)薬品性の．
chémical próperty *n.* 化学的性質．
chémical púlp *n.* 化学パルプ《木材を化学薬品で処理して不純物を除去したパルプ; 紙・レーヨン・アセテートなどを造る; cf. groundwood 2》．
chémical reáction *n.* 化学反応．
chémical wárfare *n.* 化学戦《毒ガス・焼夷(しょうい)剤などの化学剤を用いる戦争》．〖1917〗
chémical wéapon *n.* 化学兵器《主に毒ガス》．
chémical wóod *n.* ＝chemical pulp.
chem·i·co- /kémɪkoʊ | -mɪkəʊ/ ＝chemo-.〖← CHEMIC(AL)＋-O-〗
chèmico·phýsics *n.* 化学物理．〖*a*1909〗
chèmi·cultivátion *n.* 〘農業〙(雑草・害虫駆除により増産をはかる)農薬栽培．〖← CHEMO-＋CULTIVATION〗
chémi·cùlture *n.* 水耕, 水栽培 (hydroponics).
chèmi·eléctron spectróscopy *n.* 〘化学〙化学電子分光法．
chem·i·ga·tion /kèmɪgéɪʃən | -mɪ-/ *n.* 〘農業〙化学溶液灌水《農作物に肥料・殺虫剤などの化学物質を含ませた溶液をやりすること》．
che·mig·ra·phy /kəmígrəfi/ *n.* 化学食刻法《化学薬品を使った食刻法》．〖(1892) ← CHEMI(CAL)＋-GRAPHY〗
chèmi·luminéscence *n.* 化学ルミネセンス《化学反応において生じる低温発光現象》． **chèmi·luminéscent** *adj.*〖(1889) □ G. *chemilumineszenz*〗
che·min de fer /ʃəmǽndəféə | -féə^(r); *F.* ʃəmɛ̃dfɛːʁ, ʃəmɛ̃tfɛːʁ/ *n.* (*pl.* **chemins de fer** /～/) **1** 鉄道 (railroad). **2** 〘トランプ〙シュマンドフェール《baccarat から発展したフランスの賭博ゲーム; 配られた 2 ないし 3 枚の札の合計点数の末尾 1 桁が 9 に近いほど勝ちとなる; chemmy ともいう》．〖(1891) □ F ～ 'road of iron, railway'〗
chem·i·o- /kémioʊ, kíːm- | -miəʊ/ chemo- の異形．
chèmi·osmósis *n.* 〘生化学〙(生化学的エネルギー源 ATP の生成機構としての)化学浸透．〖← CHEM-＋OSMOSIS〗
che·mise /ʃəmíːz/ *n.* **1** シュミーズ, スリップ《肩ひもつきのワンピース型の婦人下着; 以前には shift, smock と呼ばれた》． **2** シフトドレス (shift)《肩からまっすぐに下がりウエストのゆったりとした婦人服; chemise dress ともいう》．〖(?*a*1200) □ F ～ < LL *camisiam* linen shirt ← Gmc **χamiþian* (G *Hemd* / OE *hemeþe* shirt) ← **hama(n)-* covering ← IE **kem-* to cover (cf. heaven) ∽ ME *kemes* < OE *cemes* □ LL: cf. camise〗
chem·i·sette /ʃèmizét; *F.* ʃəmizɛt/ *n.* シュミゼット《婦人服のくびや胸の部分をふさぐために用いるレースの飾りをつけた一種の下着または上着》．〖(1807) □ F ～ (dim.) ← *chemise* (↑)〗
chem·ism /kémɪzm, kíːm-/ *n.* 《まれ》化学作用; 化学的性質[属性]．〖(1851) □ F *chimisme*: ⇨ chemist, -ism〗
chem·i·sorb /kémɪsɔ̀əb, kíːm-, -zɔ̀əb | -zɔ̀ːb, -sɔ̀ːb/ *vt.* 〘物理化学〙化学吸着で吸収する．〖(1935) ← CHEMO-＋L *sorbere* to suck in〗
chem·i·sorp·tion /kèmɪsɔ́əpʃən, kìːm-, -zɔ́əp- | -zɔ́ːp-, -sɔ́ːp-/ *n.* 〘物理化学〙化学吸着《固体表面の吸着現象のうち, その原因が化学結合力によるもの; cf. van der Waals adsorption》．〖(1933) ← CHEMI(CAL)＋(AD)SORPTION〗
chem·ist /kémɪst | -mɪst/ *n.* **1** 化学者． **2** 《英》薬剤師; 薬屋《薬や化粧品, フィルムなども売られている; cf. druggist 1, 2》． **3** 《廃》錬金術師 (alchemist).〖(1562) *chimist* □ F *chimiste* ← NL *chimysta* ← ML *alchimista* 'ALCHEMIST'〗
chem·is·try /kémɪstri/ *n.* **1** 化学: metallurgic(al) ～ 冶金化学 / applied [practical] ～ 応用化学 / ⇨ AGRICULTURAL chemistry, inorganic chemistry, organic chemistry, biochemistry. **2** 化学的性質; 化学作用, 化学現象: two substances similar in their ～ 化学的性質の同一な 2 物質 / the ～ of digestion 消化作用． **3 a** (化学作用を思わせるような)不思議な働き[作用]: the ～ of love 愛の不思議な働き． **b** 《口語》(人の)相性; 親近感 〔between〕: could feel the ～ between her and him. 彼女と彼の間に相性のよさのようなものが感じられた． **c** (人やグループの)性分, 体質． **4** 《廃》錬金術 (alchemy).
— *adj.* [限定的] 化学(用)の[に関する]: a ～ laboratory 化学実験室 / a ～ experiment 化学実験 / a ～ set 化学器具一そろい; (子供用の)化学実験セット．〖(1600) *chimistry*: ⇨ ↑, -ery〗
chem·my /ʃémi/ *n.* 《口語》〘トランプ〙＝chemin de fer 2.〖(1923) 短縮〗
Chem·nitz /kémnɪts | -nɪts; *G.* kémnɪts/ *n.* ケムニッツ《ドイツ東部 Saxony 州の中部の工業都市; 中世以来織維産業で知られる; 旧称 Karl-Marx-Stadt (1953–90)》．
che·mo /kíːmoʊ, kém- | -məʊ/ *n.* (*pl.* ～**s**) 《口語》化学療法 (chemotherapy).
che·mo- /kíːmoʊ, kém- | -məʊ/「化学(の); 化学と…との」の意の連結形． ★ 時に chemi-, chemio-, また母音の前では chem- になる．〖← NL ～ ← LGk *khēmeía* 'ALCHEMY' ∥ ← CHEM(ICAL)＋-O-, -I-〗
chèmo·attráctant *n.* 化学走性誘因物質《特にバクテリアを濃化が起こっている方向に走らせるもの》．
chèmo·áutotroph *n.* 〘生物〙化学合成独立栄養生物．
chèmo·autotróphic *adj.* 〘生物〙〈ある種の細菌が〉化学的独立栄養の, 無機栄養性の《無機物質からのエネルギーで炭酸ガスから有機物を合成し得る; cf. photoautotrophic》． **chèmo·autotróphically** *adv.* **chèmo·autótrophy** *n.*〖1945〗
chèmo·kinésis *n.* 〘生物〙ケモキネーシス, 化学運動性《化学物質の存在による生物の活動力増加》． **chèmo·kinétic** *adj.*〖(1900) ← NL ～: ⇨ chemo-, -kinesis〗
che·mo·nite /kíːmənàɪt, kém-/ *n.* 〘化学〙ケモナイト《水酸化銅 (II)・三酸化二ヒ素・アンモニア・酢酸の水溶液; 木材の防腐剤》．〖← CHEMO-＋-*n*＋-ITE¹〗
chèmo·núclear *adj.* 〘化学〙核分裂による化学作用の: a ～ reactor 化学用原子炉．
chèmo·pal·li·déc·to·my /-pæl̩ɪdéktəmi | -lɪ-/ *n.* 〘外科〙化学的淡蒼球摘除(術)《アルコールなどの化学物質注射で大脳の淡蒼球を破壊する方法; パーキンソン病などの治療に用いる》．〖← CHEMO-＋NL *pallidum* muscle (← L *pallidus* pale (⇨ pallid))＋-ECTOMY〗
che·mo·pause /kíːməpɔ̀ːz, kém-, -pɑ̀(ː)z | -pɔ̀ːz/ *n.* 〘物理〙化学圏と電離圏の間の境界面．
chèmo·prophyláxis *n.* 〘医学〙化学(的)予防(法), 予防的化学療法． **chèmo·prophyláctic** *adj.*〖1936〗
chèmo·recéption *n.* 〘生理〙化学受容．
chèmo·recéptive *adj.* **chèmo·receptívity** *n.*〖1919〗
chèmo·recéptor *n.* 〘生理〙化学受容器《化学的刺激に感応する感覚器官》．〖1906〗
chèmo·réflex *n.* 〘生理〙化学的反射《化学的作用から生じた生理的反射作用》． — *adj.* 化学的反射の[に関する, による]．〖1902〗
chèmo·sénsory *adj.* 〘生物〙化学薬品から受ける感覚器官の刺激の[に関する]: a ～ response.
che·mos·mo·sis /kìːmɑ(ː)zmóʊsɪs, kèm-, -mɑ(ː)s- | kèmɔzməʊsɪs, -mɔs-/ *n.* 〘化学〙ケモスモシス《半透膜を介在して起こる化学反応》． **che·mos·mot·ic** /kìːmɑ(ː)zmɑ́(ː)tɪk, kèm-, -mɑ(ː)s- | kèmɔzmɔ́t-, -mɔs-ˈ⁻/ *adj.*〖← NL ～: ⇨ chemo-, -osma, -osis〗
che·mo·sorb /kíːməsɔ̀əb, kém-, -zɔ̀əb | kéməzɔ̀ːb, -sɔ̀ːb/ *vt.* 〘物理化学〙＝chemisorb.
che·mo·sphere /kíːməsfɪə, kém- | -mə(ʊ)sfɪə^(r)/ *n.* 〘気象〙化学圏, ケモスフィア《大気圏の中, 地上約 10–80 km の間で光化学反応が活発な部分》．
che·mo·stat /kíːmoʊstæt, kém- | kémə(ʊ)-/ *n.* 〘生物〙ケモスタット《栄養制御型の連続微生物培養装置》．〖1950〗
chèmo·stérilant *n.* 〘化学〙(害虫・害獣用の)化学不妊剤．〖1964〗
chèmo·sterilizátion *n.* 〘生物〙化学不妊化《人に害を与える生物, 特に昆虫や齧歯(げっし)動物などの雄に対して化学薬品を用いて不妊化すること》． **chèmo·stérilize** *vt.*
chèmo·súrgery *n.* 〘医学〙化学外科《化学的方法を用いた組織の除去》．〖1944〗
chèmo·súrgical *adj.* 〘医学〙化学外科の．
chèmo·sýnthesis *n.* 〘植物〙化学合成《ある細菌が化学エネルギーで炭酸ガスから有機物質を得る作用; cf. photosynthesis》． **chèmo·synthétic** *adj.* **chèmo·synthétically** *adv.*〖1901〗
chemosynthétic bactéria *n. pl.* 〘細菌〙化学合成バクテリア．
che·mo·tax·is /kìːmoʊtǽksɪs, kèm- | kèmə(ʊ)tǽksɪs/ *n.* 〘生物〙走化性《化学的刺激によって起こる移動運動》． **che·mo·tac·tic** /kìːmoʊtǽktɪk, kèm- | -mə(ʊ)-ˈ⁻/ *adj.* **chè·mo·tác·ti·cal·ly** *adv.*〖(1887) ← NL ～: ⇨ chemo-, -taxis〗
chèmo·taxónomy *n.* 〘生物〙化学分類《化学成分の異同をもとにした生物の分類》． **chèmo·taxonómic** *adj.* **chèmo·taxonómically** *adv.*〖1963〗
chèmo·therapéutant *n.* 〘医学・薬学〙化学療法薬．

chèmo·therapéutic 〖医学〗 *adj.* 化学療法の. — *n.* 化学療法薬. 〖1907〗

chèmo·therapéutical *adj., n.* =chemotherapeutic. **~·ly** *adv.*

chèmo·thérapist *n.* 化学治療医.

che·mo·ther·a·py /kì:mouθérəpi, kèm- | -mə(ʊ)-/ *n.* 〖医学〗 化学療法. 〖1910〗

C

che·mo·troph /kí:mətrɑ̀(:)f, kém-, -trɔ̀(:)f | -trɔ̀f/ *n.* 〖細菌〗 化学向性菌.

che·mo·tro·pic /kì:mətróupɪk, kèm-, -trɑ́(:)p- | -trɔ́p-ˊ/ *adj.* 化学向性の. **chè·mo·tró·pi·cal·ly** *adv.*

che·mot·ro·pism /kɪmɑ́(:)trəpɪzm, kɪ̀- | kèməutrɔ́p-, kì:m-/ *n.* 〖生物〗 屈化性, 向化性 《化学的刺激によって起こる生物の方向決定運動; cf. tropism》. 〖(1897) ← CHEMO-+-TROPISM〗

chem·pa·duk /tʃémpədʌ̀k/ *n.* 〖植物〗 **1** コパラミツ, ヒメハラミツ (*Artocarpus champeden* syn. *A. integra*) 《マレーシア産のクワ科の常緑樹》. **2** その果実 《食用》.

Che·m·ulpo /dʒəmúlpou | -pəu/ *n.* Inchon の旧名.

chem·ur·gy /kémə:dʒi | -mə:-/ *n.* 農産化学 《農産物から得られる有機原料の工業利用を扱う応用化学の一部門》. **chem·ur·gic** /kemə́:dʒɪk, kɪ̀- | -mə́:-/ *adj.* **chem·úr·gi·cal** *adj.* **chem·úr·gi·cal·ly** *adv.* 〖(1934) ← CHEMO-+-URGY〗

Che·nab /tʃɪ̀nǽb/ *n.* [the ~] チェナブ(川) 《インドの北部 Himalayas 山脈から発し Kashmir 地方を経てパキスタン中部で Sutlej 川に合流する (1,087 km)》.

che·nar /tʃɪ̀náə | -nɑ́:(r/ *n.* 〖植物〗 =chinar.

Chen·chiang /dʒʌ̀ndʒiɑ́:ŋ/ *n.* =Zhenjiang.

che·neau /ʃeɪnóu | -nə́u; *F.* ʃeno/ *n.* 〖建築〗 (装飾された)軒雨樋. 〖▭F *chéneau* < OF *chenal* < L *canālem* 'canal'〗

Cheng·chow /dʒʌ̀ŋdʒóu | -dʒə́u/ *n.* =Zhengzhou.

Cheng·de /tʃʌ̀ŋdə́:; *Chin.* tʂʰə̌ŋtɤ́/ *n.* 承徳(しょうとく) 《中国河北省 (Hebei) の都市, もと熱河省の省都; 往時清朝の夏の離宮があった; 旧名 Jehol (熱河)》.

Cheng·du /tʃʌ̀ŋdú:; *Chin.* tʂʰə̌ŋtū/ *n.* 成都(せいと) 《中国四川省 (Sichuan) の省都》.

Cheng·teh /tʃʌ̀ŋtə́:/ *n.* =Chengde.

Cheng·tu /dʒʌ̀ŋdú:/ *n.* =Chengdu.

Ché·nier /ʃeɪnjéɪ; *F.* ʃenje/, **André(-Marie) de** *n.* シェニエ (1762–94; フランスの詩人; ギリシャ古典の影響を受ける; フランス革命の初期の理想に賛同したが, ロベスピエールの恐怖政治を非難するパンフレットを出したため処刑された).

che·nille /ʃəní:l/ *n.* **1 a** シュニール(糸), 毛虫糸 《ビロード状にけばを立てた飾り糸》. **b** シュニール織物 《シュニール糸を横糸にして織ったパイル状織物, カーテン・敷物などに用いる》. **2** 〖植物〗 =chenille plant. 〖(1738–39) ▭F ~ 'caterpillar' < L *caniculam* little dog (dim.) ← *canis* dog〗

cheníIle plànt *n.* 〖植物〗 ベニヒモノキ, アカリファ (*Acalypha hispida*) 《東インド諸島産トウダイグサ科の草本; 赤または紫色のひものような穂状花序を垂らす; 観賞用》.

Che·nin Blanc /ʃənǽ(m)blɑ́:(ŋ), -nǽmblɑ́:ŋ; *F.* ʃnɛ̃blɑ̃/ *n.* **1** シュナンブラン 《辛口白ワイン用ブドウ; フランス Loire 川流域, 米国 California 州, 南アフリカ, オーストラリアが生産地》. **2** シュナンブラン種のブドウで造る辛口白ワイン.

che·no·pod /kí:nəpɑ̀(:)d, kén- | -pɔ̀d/ *n.* 〖植物〗 アカザ属 (*Chenopodium*) の植物の総称. 〖(1555) ← CHENOPODIUM〗

Che·no·po·di·a·ce·ae /kì:nəpòuḍiéɪsiì:, kèn- | -pəud-/ *n. pl.* 〖植物〗 アカザ科. **chè·no·pò·di·á·ceous** /-ʃəsˊ/ *adj.* 〖← NL ~: ⇨ ↓, -aceae〗

che·no·po·di·um /kì:nəpóuḍiəm, kèn- | -páud-/ *n.* 〖植物〗 アカザ 《アカザ科アカザ属 (*Chenopodium*) の双子葉植物の総称; シロザ (*C. album*), アメリカアリタソウ (*C. ambrosioides*) など》. 〖(1597) ← NL ~ ← Gk *khēnópous* (← *khēn* goose+*poús* '-POD[1]')+-IUM〗

chenopódium òil *n.* 〖化学〗 ケノポジ油 《無色または黄色の油; アリタソウ (Mexican tea) から採り, 不快な臭気と苦味がある; もと駆虫薬に用いた; wormseed oil ともいう》.

cheong·sam /tʃɔ́(:)nsǽm, tʃɑ̀(:)n- | tʃɔn-, tʃiɔ̀n-; *Canton.* tʃʰœŋʃa:m/ *n.* 長衫(ちょうさん) 《襟が高く, スリットのはいったスカート付きの身体にぴったりした中国の女性服》. 〖(1952) ▭Canton *cheung shaam* long jacket〗

Che·ops /kí:ɑ(:)ps | -ɔps/ *n.* ケオプス 《エジプト第四王朝の王(紀元前 2571–08); Giza にある最大のピラミッド the Pyramid of Cheops は同王の墓; Khufu のギリシャ語名》.

cheque /tʃék/ *n.* 《英》 小切手 (《米》 check). 〖(1706) (変形) ← CHECK[1]〗

chéque·bòok 《英》 *n.* =checkbook.

chéque càrd 《英》 *n.* =check card.

chequer /tʃékə | -kə(r/ *n., vt.* =checker[2]. 〖(c1250) (変形) ← CHECKER[2]〗

ché·quered *adj.* 《英》 =checkered.

Che·quers /tʃékəz | -kəz/ *n.* チェカーズ 《イングランド Buckinghamshire 州の Chiltern Hills にある英国首相の別邸; チューダー王朝時代の有名な邸宅で, 1917 年政府に寄付された》.

chequ·ey /tʃéki/ *adj.* 《英》 =checky.

che·quin /tʃəkí:n/ *n.* 《Shak》 =sequin.

chequ·y /tʃéki/ *adj.* 《英》 =checky.

Cher[1] /ʃéə | ʃéə(r; *F.* ʃɛ:ʀ/ *n.* [the ~] シェール(川) 《フランスの中央部を北西に流れる川; Loire 川に合する (350 km)》.

Cher[2] /ʃéə | ʃéə(r/ *n.* シェール (1946– ; 米国のポップシンガー・女優).

Cher·bourg /ʃéəbuə(g), ーˊ | ʃéəbuəg, ʃə́:-, -bɔ:g; *F.* ʃɛʀbu:ʀ/ *n.* シェルブール 《フランス北西部, イギリス海峡に臨む港市; 大西洋航路の要港》.

che·rem /xéɪrəm, xéᵊr- | xéɪr-, xéər-/ *n.* 〖ユダヤ教〗 =herem.

Cher·e·miss /tʃérəmɪs, -mì:s, ーーˊ/ *n.* (*also* **Cher·e·mis** /~/) (*pl.* ~, ~·es) **1 a** [the ~(es)] チェレミス族, マリ族 《Volga 川流域に住むウゴル (Ugric) 族》. **b** チレミス[マリ]族の人. **2** チェレミス語, マリ語 《フィン・ウゴル語族に属す》. 〖(1652) ▭Russ. ~ < ORuss. *Čermisy*〗

Che·ren·kov /tʃɪ̀réŋkɔ(:)f, -kɑ(:)f, -kəf | -kɔf; *Russ.* tʃʲɪrʲɪnkóf/, **Pavel A(lekseevich)** *n.* =Pavel A(lekseevich) CERENKOV.

Cherénkov radiàtion *n.* =Cerenkov radiation.

Che·re·po·vets /tʃèrəpəvéts | -rɪpəvjéts/ *n.* チェレポヴェッツ 《Moscow の北方の都市; Rybinsk 貯水池に面する》.

Cher·i·bon /tʃèrəbɔ́(:)n, -bɑ́(:)n | tʃiərəbɔ̀n/ *n.* =Tjirebon.

Che·rie /ʃəri:, ʃe-; *F.* ʃeʀi/ *n.* シェリー 《女性名》. 〖← F *chérie* cherished〗

cher·i·moy·a /tʃèrəmɔ́ɪə | -rɪ̀-; *Am.Sp.* tʃirimója/ *n.* **1** 〖植物〗 チェリモヤ (*Annona cherimola*) 《熱帯アメリカ産バンレイシ科の果樹》. **2** チェリモヤの実 《黄緑色で滑らかな皮がある; 食用》. 〖(1736) ▭Sp. *chirimoya* ▭? Quechua *chirimúja*〗

cher·ish /tʃérɪʃ/ *vt.* **1** 〈思い出などを〉懐しがる; 〈希望・幻想・信仰・恨みなどを〉心に抱く, 忘れずにいる; 〈思想・考えなどを〉堅持する: ~ a grudge against …に対して恨みを抱く / ~ the memory of departed friends 亡くなった友人たちのことを忘れないでいる / ~ no warm feeling toward him 彼に対して温かい感情を抱かない / one's (long-)*cherished* hope [desire] 長い間の念願, 宿望. **2 a** 大事にする; かわいがる, いつくしむ: ~ keepsakes [heirlooms] 形見[家宝]を大切にする / my most ~*ed* possessions 私の一番大事な持ち物. **b** 大事に[愛情こめて]育てる[世話をする], 愛育する: ~ one's children.

~·er *n.* **~·a·ble** *adj.* 〖(?a1325) ▭(O)F *chériss-* (stem) ← *chérir* ← *cher* dear < L *cārum*: cf. charity, -ish[2]〗

SYN 1 大事にする: ⇨ appreciate. **2** 胸に秘める: **cherish** 〈希望・思想などを〉大切に胸に秘める 《格式ばった語》: He *cherished* the memory of his dead mother. 亡き母の思い出を大事に胸に秘めていた. **foster** 〈思想や感情を〉心に抱く: He *fostered* a desire for revenge. 復讐心を抱いていた. **harbor** 〈特に邪悪な考えを〉心に抱く: He seemed to *harbor* sinister designs. 悪だくみを抱いているように思われた.

chér·ish·ing·ly *adv.* かわいがって, 大事そうに. 〖(?a1400): ↑, -ing[2], -ly[1]〗

Cher·kess /tʃəkés | tʃə-/ *n.* (*pl.* ~, ~es) =Circassian.

Cher·kessk /tʃəkésk | tʃə-; *Russ.* tʃʲɪrkʲésk/ *n.* チェルケスク 《ロシア南部, Caucasus 山脈の北にあるカラチャイ チェルケス (Karachay-Cherkessia) 共和国の首都》.

Cher·nen·ko /tʃəːnéŋkou | tʃəːnéŋkəu; *Russ.* tʃʲɪrnʲénkə/, **Konstantin Us·tin·o·vi·chi** /usʲtʲínəvʲɪtʃʲ/ *n.* チェルネンコ (1911–85; ソ連の政治家; 共産党書記長・最高会議幹部会議長 (1984–85)).

Cher·ni·gov /tʃəní:gɔ(:)f, -gɑ(:)f | tʃəní:gɔf; *Ukr.* tʃernʲíɦiw/ *n.* チェルニゴフ 《ウクライナ北部の, Kiev の北北東にある都市; 11–13 世紀 Chernigov 公国の都市》.

Cher·no·byl /tʃənóubɪl | tʃə(:)nə́ubɪ, -nɔ́b-; *Ukr.* tʃornóbilʲ, *Russ.* tʃʲɪrnóbɪlʲ/ *n.* チェルノブイリ 《ウクライナ東部 Kiev の北西の都市; 1986 年に原子力発電所の爆発事故により大規模な放射能汚染を引き起こした》.

Cher·nov·tsy /tʃəːnɔ́(:)ftsi, -nɑ́(:)f- | tʃəːnɔ́f-; *Ukr.* tʃernʲiwtsʲi, *Russ.* tʃʲɪrnaftsí/ *n.* チェルニフツィ 《ウクライナ西部, ルーマニアとの国境に近い Prut 川に臨む都市》.

cher·no·zem /tʃə̀ːnəzɔ́(:)m, -zém | tʃə̀ːnəzém, -zjɔ́m; *Russ.* tʃʲɪrnazʲóm/ *n.* 〖土壌〗 チェルノーゼム 《有機物を多量に含む A-horizon と, 炭酸カルシウムの集積した C-horizon をもち, ヨーロッパ東部から中央アジアおよび合衆国中部に分布》. **~·ic** /~ɪk/ *adj.* 〖(1832) ▭Russ. ~ ← *chërny* black+*zem(lja)* earth〗

Cher·o·kee /tʃérəki:, ーーˊ/ *n.* (*pl.* ~, ~s) **1 a** [the ~(s)] チェロキー族 《アメリカインディアンのイロクォイ族 (Iroquois) の有力な支族で, Tennessee, North Carolina 州の地に居住していたが強制移住させられ, 今では大部分が Oklahoma 州に住んでいる》. **b** チェロキー族の人. **2** チェロキー語 《イロクォイ語族の一つ》. 〖(1674) ▭N-Am.-Ind. (Cherokee) *Tsárăgĭ* ▭Choctan *chiluk-ki* cave people // ▭? Creek *tciloki* people of a different speech〗

Chérokee Óutlet [Stríp] *n.* [the ~] チェロキーアウトレット[ストリップ] 《米国 Oklahoma 州北部の Kansas 州境沿いの細長い地域; もとは Cherokee 族の居留地であったが 1893 年に開拓民に解放された》.

Chérokee róse *n.* 〖植物〗 ナニワイバラ (*Rosa laevigata*) 《中国原産のとげのないバラの一種, 花は白色で一重咲き》. ★ 米国 Georgia 州の州花. 〖1823〗

che·root /ʃərú:t/ *n.* 両切り葉巻き. 〖(1669–79) ▭F *chéroute* ▭Tamil *curuṭṭu* roll〗

cher·ry /tʃéri/ *n.* **1** さくらんぼ, 桜桃: *Cherry* ripe, ~ ripe! さくらんぼ, 真赤にうれたさくらんぼ 《呼売りの声》. **2** 〖植物〗 **a** サクラ 《バラ科サクラ属 (*Prunus*) の数種のサクラの木の総称, セイヨウミザクラ (*P. avium*), 日本産のヤマザクラ (Japanese flowering cherry) など; cf. flowering cherry》. 日英比較 日本語では「桜」というとその花または木を指し, 「淡いピンク色」のイメージがあるが, 英語の *cherry* は「さくらんぼ(果実)」を指し, 「赤」のイメージがあるのが普通である. なお, 日本語の「桜」は, *cherry* tree [blossoms] という. **b** セイヨウミザクラ 《サクランボを採る果樹》. **3** サクラ材. **4** サクランボ色, 鮮紅色 (cerise). **5** 《俗》 **a** 処女膜 (hymen). **b** 処女性; 童貞 (virginity): lose one's ~ 処女を失う. **6** 《俗》 〖ボウリング〗 チェリー 《スペアを狙って前の方のピンしか倒せないこと》.

màke twó bítes at a chérry ⇨ bite 成句.

— *adj.* **1** さくらんぼ色の, 鮮紅色の: ~ cheeks. **2** サクラ材で作った. **3** 〈食べ物・飲料などがさくらんぼで作った[のはいった]; さくらんぼのような味がする. **4** 《俗》 処女の, 処女らしい.

〖(?a1300) *cherry, chiri* ← ONF *cherise* (F *cerise*) < VL **ceresia* ← L *cerasus* cherry tree ▭Gk *kerasós* ← ? ∽ OE *ċiris* < (WGmc) **kirissā* (Du. *kers* / G *Kirsche*) ▭VL:ME の形は ONF の *-se* が複数形と誤解されたための逆成〗

Cher·ry /tʃéri/ *n.* チェリー 《女性名》. 〖(dim.) ← CHARITY: CHERRY と連想〗

chérry àpple *n.* 〖植物〗 =Siberian crab.

chérry blòssom *n.* **1** [通例 *pl.*] サクラの花, 桜花. **2** サクラ色 (桜花の色). 〖1868〗

Chérry Blóssom *n.* 〖商標〗 チェリーブロッサム 《英国製の靴墨》.

chérry-bòb *n.* 《英》 (2 個つながっている)さくらんぼの房.

chérry bòmb *n.* 《米》 さくらんぼ大の赤いかんしゃく玉 《長い導火線があり, 爆発力が大きい》. 〖(1953) さくらんぼの形状および色彩をしているところから〗

chérry bóunce *n.* **1** 《英》 =cherry brandy a. **2** 《米》 チェリーバウンス 《ラムまたはウイスキーから造るさくらんぼの香りをつけた自家製のリキュール》. 〖1693〗

chérry brándy *n.* チェリーブランデー: **a** ブランデーにさくらんぼを 1–2 か月浸し加糖して造るリキュール. **b** さくらんぼを発酵させた蒸留酒 (cf. kirsch). 〖1686〗

chérry cràb *n.* 〖植物〗 =Siberian crab.

chérry fàrm *n.* 《米俗》 (初犯者の入る)矯正農場.

Chérry Híll *n.* チェリーヒル 《米国 New Jersey 州中西部の町》.

chérry làurel *n.* 〖植物〗 セイヨウバクチノキ (*Prunus laurocerasus*) 《バラ科サクラ属の常緑の低木; 東南ヨーロッパからイランにかけて分布し, 芳香のある白い花が房咲きし, 暗紫色の実がなり, 装飾的な生け垣にしばしば用いられる; 香水の原料; English laurel ともいう》. 〖1604〗

chérry·lìke *adj.* さくらんぼに似た. 〖1633〗

Chérry Órchard *n.* [The ~] 「桜の園」 《Anton Chekhov の最後の戯曲 (1904)》.

chérry pépper *n.* **1** 〖植物〗 キダチトウガラシ (*Capsicum frutescens* var. *cerasiforme*) 《南米産の木本性のトウガラシ》. **2** キダチトウガラシの実 《円形またはハート形をして色は赤・黄・紫で, 辛みがある》. 〖1832〗

chérry-pìck *vi., vt.* 《口語》 入念に選ぶ; (特売品などを)えり好みして買う. 〖(c1970) (逆成) ↓〗

chérry pìcker *n.* 《俗》 (物を垂直に持ち上げる)起重機[クレーン]. 〖1944〗

chérry píe *n.* **1** チェリーパイ 《さくらんぼを入れたパイ》. **2** 《英》 〖植物〗 **a** オオアカバナ (*Epilobium hirsutum*) 《北半球に広く分布するアカバナ科の多年草》. **b** =garden heliotrope 2. 〖1854〗

chérry·pìt *n.* **1** さくらんぼの種 (cherrystone). **2** 《廃》 さくらんぼの種を投げて穴に入れる子供の遊び. 〖1522〗

chérry plúm *n.* 〖植物〗 **1** ミロバランスモモ (*Prunus cerasifera*) 《アジア原産のプラム; ヨーロッパで接木の台木として広く用いられる; myrobalan ともいう》. **2** エゾノウワミズザクラ(の実) (⇨ European bird cherry).

chérry réd *n.* さくらんぼ色, 鮮紅色. 〖1594〗

chérry·stòne *n.* **1** さくらんぼの種. **2** [通例否定構文で] つまらぬもの, 無価値なもの: I would*n't* give a ~ for it. そんなものなんかどうでもいい. **3** 《米》 〖貝類〗 ホンビノスガイ (*Mercenaria mercenaria*) 《アメリカ東岸にいる食用二枚貝》. 〖?a1300〗

chérry tomáto *n.* 〖園芸〗 チェリートマト, ホウズキトマト 《トマトの一変種 (*Lycopersicon esculentum* var. *cerasiforme*); 一口大のミニトマト》. 〖1847〗

chérry trèe *n.* サクラの木.

cher·so·nese /kə́:sənì:z, -nì:s | kə́:sənì:s, -nì:z/ *n.* **1** 半島 (peninsula). **2** [the C-] Gallipoli 半島. 〖(1601) ▭L *chersonēsus* ▭Gk *khersónēsos* ← *khérsos* land+*nêsos* island〗

chert /tʃə́:t | tʃə́:t/ *n.* 〖岩石〗 チャート, 燧岩(すいがん), 角岩(かくがん) 《ほとんど純粋な一種の珪質堆積岩》. 〖(1679) ← ?〗

cher·ty /tʃə́:ti | tʃə́:ti/ *adj.* (**cher·ti·er**, **-ti·est**) **1** チャート[燧岩(すいがん)]状の. **2** チャート[燧岩]を含んだ (flinty). 〖(1772): ⇨ ↑, -y[1]〗

cher·ub /tʃérəb/ *n.* (*pl.* ~s; 1 ではまた **cher·u·bim** /tʃérəbɪm, -rju-, -bì:m | -rəbɪm, -ru-/) ★ -bim は誤って単数扱いとされることもある. **1 a** 〖聖書〗 ケルビム, 天使 《守護神として神の玉座を守る霊的存在; cf. *Gen.* 3: 24; *Ezek.* 1, 10; *Ps.* 80: 1》. **b** [通例 *pl.*; しばしば Cherubim, Cherubs] 〖神学〗 ケルビム, 智(ち)天使 《天使の九階級中の第二階級, 熾天使 (seraphim) と座天使 (thrones) の間に属し, 神の知恵と正義を表す天使; 通例翼のあるかわいらしい子供, または翼の生えた子供の頭で表される; ⇨ angel 1》. **2 a** (美術で定型化された)ケルビムの絵 《翼の生えたかわいらしい子供の姿[顔]》. **b** (絵に描かれたケルビムのような)丸々と太ったかわいらしい幼児; 美しくて無邪気な人. 〖ME ▭LL *cherūb* ▭Gk *kheroúb* ▭Heb. *kᵉrūb* ∽ OE *cerubin, cherubin* (pl.) ▭LL *cherūbīn* ▭Gk *kheroubím* ◻ Heb. *k^e^rūbhím* (pl.) ← *k^e^rūb* ◻ Akkad. *karūbu* respectfully blessed〗

chérub·fish *n.*〘魚類〙西インド諸島産チョウチョウウオ科アブラヤッコ属の魚の一種 (*Centropyge argi*).

che·ru·bic /tʃərúːbɪk, tʃɛ-/ *adj.* ケルビム (cherub) のような; 丸々と太ってかわいらしい[美しい]: a ～ face. **che·rú·bi·cal** *adj.* **che·rú·bi·cal·ly** *adv.* 〖(c1630) ← CHERUB＋-IC[1]〗

cherubim *n.* cherub の複数形.

cher·u·bin /tʃérəbɪn, kér-/ *n.* 美しい女; 最愛の女性. 〖⇨ cherub〗

Che·ru·bi·ni /kèrubíːni, -niː; *It.* kerubíːni/, **(Maria) Luigi (Carlo Ze·no·bio Sal·va·to·re** /dzenɔ́ːbjo salvatóːre/**)** *n.* ケルビーニ (1760–1842; フランスに住んだイタリアの作曲家).

chérub·like *adj.* ケルビム[天使]のような. 〖1792〗

cher·vil /tʃə́ːvəl, -vɪl | tʃə́ːvɪl, -vl/ *n.*〘植物〙チャービル (*Anthriscus cerefolium*) (パセリに似た葉のセリ科の植物; 料理に用いる香草). 〖OE *ċerfille* ◻ VL **cerfolia*＝L *caerephylla* (pl.) ← *caerephyllum* ◻ Gk *khairéphullon* ← *khairein* to rejoice＋*phúllon* leaf (← IE **bhel-* to bloom)〗

cher·vo·nets /tʃəvɔ́ːnɪts, -vάː- | tʃəvɔ́ːnɛts; *Russ.* tʃɪrvónʲɪts/ *n.* (*pl.* **cher·von·tsi** /-ntsi; *Russ.* -vóntsɪ/) (*also* **cher·vo·netz** /～/) チェルボネツ: **1** 旧ソ連の通貨単位・金貨 (10 ルーブルに当たる). **2** 10 ルーブル紙幣. **3** 10 [5] ルーブル金貨 (1936 年廃止). 〖(1923) ◻ Russ. ～ ← OPol. *czerwony* red〗

Cher·well /tʃάːwɛl, -wəl | tʃάː-/ *n.* [the ～] チャーウェル川 (イングランド中部 Northamptonshire から Oxfordshire を南流し Oxford で Thames 川に合流する).

Cher·well /tʃάːwɛl, -wəl | tʃάː-/, 1st Viscount **Frederick Alexander Lindemann** *n.* チャーウェル (1886–1957; ドイツ生まれの英国の物理学者; 熱容量・航空学・原子物理学の研究で有名).

Cher·yl /ʃérəl | -rəl, -rɪl/ *n.* シェリル (女性名). 〖← Welsh *caru* love: ⇨ Charlotte[2]〗

Ches. (略) Cheshire.

Ches·a·peake /tʃésəpiːk/ *n.* チェサピーク (米国 Virginia 州南東部 Norfolk の南にある市).

Chésapeake Báy *n.* チェサピーク湾 (米国 Maryland 州と Virginia 州とに深く入り込んでいる湾; 長さ 311 km, 幅 5–40 km). 〖*Chesapeake*: ← N-Am.-Ind. (Algonquian) (原義) country on a big river〗

Chésapeake Bày retríever *n.* チェサピークベイレトリーバー (米国の Maryland 州で 2 頭のニューファンドランド (Newfoundland) 種の子犬との異種交配で作出され, Chesapeake 湾のカモ猟で知られたイヌ). 〖1891〗

Chesh·ire /tʃéʃə, -ʃɪə | -ʃə^(r)^, -ʃɪə^(r)^/ *n.* チェシャー (イングランド西部の州; 州都 Chester). 〖OE *Ċestresċīre* (略) ← *Legeċeasterscīr* ← L *Castra Legiōnum*: ⇨ Chester[1], -shire〗

Chesh·ire /tʃéʃə, -ʃɪə | -ʃə^(r)^, -ʃɪə^(r)^/, **(Geoffrey) Leonard** *n.* チェシャー (1917–92; 英国の軍人・慈善家).

Chéshire cát *n.* チェシャー猫 (Lewis Carroll の *Alice's Adventures in Wonderland* (1865) に出て来るにやにや笑う猫). ***grin like a Chéshire cát*** わけもなくただにやにや笑う. 〖1866〗

Chéshire chéese *n.* チェシャーチーズ (英国 Cheshire 地方産の Cheddar に似たチーズ). 〖1597〗

Chesh·van /héʃvən, xéʃ-, -vαːn/ *n.* ＝Heshvan.

ches·il /tʃézəl, -zɪl/ *n.* 砂利, 小石 (Chesil Beach のように地名に用いる). 〖OE *ċisel*〗

Chésil Bánk [Béach] *n.* [the ～] チェジルバンク[ビーチ] (イングランド南西部 Dorset 州の砂利の海岸堤; Bridport から南東に Portland 島まで及ぶ (18 km)).

chess[1] /tʃés/ *n.* チェス; (広く) 将棋 (日本将棋を含むこともある): have a game of ～ チェスを一番指す / play (at) ～ チェスをする. 〖(?a1300) (頭音消失) ← OF *esches* (pl.) ← *eschec*: cf. check[3]〗

chess[2] /tʃés/ *n.* (*pl.* ～, ～·**es**)〘軍事〙鉄舟橋 (pontoon bridge) に架ける橋板. 〖ME *ches* tire ◻ (O)F *châsse* frame ＜ L *capsam box*: ⇨ *case*[2]〗

chess[3] /tʃés/ *n.*〘植物〙＝cheat 5 a. 〖(1736) ← ?〗

chéss·bòard *n.* **1** チェス盤 (黒・白など二色の互い違いの 64 の目がある; cf. checkerboard 1). **2** (チェスのような微妙な策と慎重な操作を要するような) 戦局. 〖?c1400〗

chéss clòck *n.*〘チェス〙手合(てあい)時計.

ches·sel /tʃésəl, -sl/ *n.* ＝cheese vat. 〖(1721) (混成) ← CHEESE[1]＋WELL[2]〗

chéss·ist /-sɪst | -sɪst/ *n.*〘チェス〙チェス愛好者. 〖(1881): ⇨ -ist〗

chéss·màn /-mæ̀n, -mən/ *n.* (*pl.* **-men** /-mɛ̀n, -mən/) (チェスの) 駒. ★ 一組 32 個; piece および pawn の総称. 〖(1474) (変形) ← (1393) *chesmeine* ← CHESS[1]＋ME *meine* household (◻ OF *meiné* company ＜ L *mānsiō(n-)* 'MANSION': 通俗語源により MAN[1] と連想)〗

chéss·pìece *n.*〘チェス〙ポーン (pawn) を除くチェスの駒.

chéss pròblem *n.*〘チェス〙(詰みに必要な手数を限定した) 詰め将棋に似た問題, プロブレム (cf. fairy chess, end game).

chéss·trèe *n.*〘海事〙チェストリー (もと帆船前部外舷上部 (topsides) に取り付けた小木材で, 横帆メンスルのタックを通すシーブ (sheave(s)) が付いている). 〖(1627) *chess*: (通俗語源) ? ← F *châssis* framework: ⇨ chassis〗

ches·sy·lite /tʃésəlàɪt | -sɪ-/ *n.*〘鉱物〙＝azurite. 〖(1852) ← *Chessy* (フランスの原産地名)＋-LITE〗

chéssylite blúe *n.* ＝azurite blue.

chest /tʃést/ *n.* **1** 胸郭 (thorax) (⇨ breast SYN); 胸; 胸郭内の器官; (特に) 肺: ～ girth [circumference] 胸囲 / have a weak ～ 胸[肺]が弱い / a pain in the ～ 胸痛 / a cold on the ～ ⇨ cold *n.* 2 / ～ disease [trouble] 胸の病, 肺病 / He was shot in the ～. 胸を撃たれた / put one's hand on one's ～ 胸に手を置く (国旗に対する敬意・忠誠心の表明のしぐさ). ★ ラテン語系形容詞: pectoral. **2 a** 大箱, 櫃(ひつ), 収納箱 (貴重品・道具などを入れる蓋の付いた丈夫なもの): a carpenter's ～ 大工の道具箱. **b** 貯蔵用の容器. **c** (輸送用の) 包装箱; 包装箱の中身: ⇨ tea chest / a ～ of tea 茶一箱の量 (108 ポンド). **d**〘海事〙衣服箱 (sea chest) (水夫が自分の衣服その他の私物をしまっておく通例木製のがんじょうな大箱). **e** (ガスなどの) 密閉容器. **3 a** たんす: a linen, plate ～, etc. / a ～ of clothes たんす一杯の着物. **b** (薬・応急手当て品を収納しておく) 戸棚: a medical ～. **4 a** (大学・病院などの) 金庫 (treasury). **b** 金庫の中の金; 資金 (funds): ⇨ community chest. **5**〘口語〙胸中, 胸 (bosom): have something *on* one's ～ 胸に思う[気になる]ことがある / get something *off* one's ～ (悩みなどを打ち明けて) 心の重荷をおろす. **6**〘製紙〙チェスト (紙料を貯蔵しておく槽).
pláy clóse to one's [the] chést (cf. *play one's* CARDS *close to one's chest*)〘口語〙〈物事を〉慎重[内密]にやる, 〈事を〉秘密にする (トランプをするとき手の内を見えないようにすることから). ***púff one's chést òut*** 胸を張る.
chést of dráwers 整理だんす (cf. bureau 3, dresser[1]). 〖1649〗
chést of víols〘音楽〙ヴィオールアンサンブル (さまざまな音域のヴィオールをそろえた合奏(団)).
〖OE *ċest*, *ċist* ＜ Gmc **kisto*, *kistōn* ◻ L *cista* ◻ Gk *kístē* basket ＜ ? IE **kistā* basket: cf. cistern〗

chést·ed *adj.* [通例複合語の第 2 構成素として] (…の) 胸をした, …胸の: broad-*chested* 胸郭の広い / flat-*chested* 胸の平たい / full-*chested* 胸の張った. 〖(1601): ⇨ -ed 2〗

Ches·ter[1] /tʃéstə | -tə^(r)^/ *n.* チェスター: **1** イングランド Cheshire 州の州都, 大聖堂やローマ軍が残した円形劇場, 城壁などがある. **2** ＝Cheshire. **3** 米国 Pennsylvania 州南西部 Delaware 川に臨む都市. 〖lateOE *Ċeaster* (略) ← OE *Legaċeastir* ← L *Castra Legiōnum* fort of the legions ← *castrum* 'CASTLE': cf. -chester〗

Ches·ter[2] /tʃéstə | -tə^(r)^/ *n.* チェスター (男性名). 〖↓〗

-ches·ter /tʃəstə, tʃɛs-, | tʃɪstə^(r)^, tʃəs-, tʃɛs-/「(ローマ人の) 町」の意で地名に用いられた OE の名詞連結形. ★ 特に, 昔ローマ人が英国に建設した城壁をめぐらした町 (walled town) や大建築物のあった所に用いられる (cf. Chester[1]); -caster, -cester の形でも用いられる: Manchester, Lancaster, Gloucester, etc. 〖OE *-ċeaster* ◻ L *castra* 'camp, CASTLE'〗

ches·ter·field /tʃéstəfiːld | -tə-/ *n.* **1** チェスターフィールド (隠しボタンでシングルまたはダブルのベルトなしオーバーコート; ベルベットの襟やふたポケットがついている; 最初は紳士用, 後に婦人用にも応用される). **2 a** (両脚に垂直の肘掛(ひじかけ)を備えた) 寝台兼用ソファー. **b** (カナダ・英) 寝椅子 (couch), ソファー (sofa). 〖(1852) ← 4th *Earl of Chesterfield* (19 世紀の英国の貴族)〗

Ches·ter·field[1] /tʃéstəfiːld | -tə-/ *n.*〘商標〙チェスターフィールド (米国 Philip Morris 社製のフィルター付き紙巻きたばこ).

Ches·ter·field[2] /tʃéstəfiːld | -tə-/ *n.* チェスターフィールド (イングランド Derbyshire 州の都市). 〖OE *Ċesterfelda* (原義) open country by the Roman station: ⇨ -chester, field〗

Ches·ter·field /tʃéstəfiːld | -tə-/, the 4th Earl of *n.* チェスターフィールド (1694–1773; 英国の政治家・外交官で書簡文の作家; 息子に与えて処世訓を説いた *Letters* (1774) で有名; 本名 Philip Dormer Stanhope).

Ches·ter·field·i·an /tʃèstəfiːldiən | -tə-⁻/ *adj.* Chesterfield 卿風の; 貴族然とした (lordly), 優美な, 上品な (polished), 慇懃(いんぎん)な (suave). 〖(1778): ⇨ -ian〗

Ches·ter·ton /tʃéstətən, -tn | -tətən, -tn/, **G(ilbert) K(eith)** *n.* チェスタートン (1874–1936; 英国の評論家・小説家・詩人・ジャーナリスト; *Charles Dickens* (1906), *The Innocence of Father Brown* (1911), *Autobiography* (1936)).

Chéster Whíte *n.* チェスターホワイト (米国で改良された早熟性白豚の一品種). 〖(1856) ← *Chester* (米国 Pennsylvania 州の原産地)〗

chést fòunder *n.*〘獣医〙＝founder[3].

chest·ful /tʃéstfʊ̀l/ *n.* 大箱[包装箱]いっぱい(の量). 〖(1723): ⇨ -ful[2]〗

chest·nut /tʃésnʌ̀t, tʃést-, -nət | -nʌ̀t/ *n.* **1 a**〘植物〙クリ (ブナ科クリ属 (*Castanea*) の樹木の総称; ヨーロッパグリ (Spanish chestnut), アメリカグリ (*C. dentata*), (日本産の) クリ (Japanese chestnut), アマグリ (Chinese chestnut) など). **b** 栗, クリの実. **c** クリ材. **2 a**〘植物〙セイヨウトチノキ (horse chestnut). **b** セイヨウトチノキの実 (cf. conker). **3** くり色, 赤褐色. **4** くり毛の馬: a liver ～ 濃褐色の馬. **5** 附蟬(ふぜん), 夜目 (馬の前脚の内側のたこ; ⇨ horse 挿絵). **6**〘口語〙**a** 陳腐な話, 古臭いしゃれ. **b** あまりにもしばしば繰り返されるもの.
dróp like a hót chéstnut ⇨ hot 成句. ***púll the [a person's] chéstnuts òut of the fíre*** 火中のくりを拾う, 他人を救うために自分が危険な目に遭う (La Fontaine の寓話から).
— *adj.* **1** くり色の; くり毛の: one's ～ hair. **2** くりの入った[で作った].
〖(1519) ← (廃) chesten (＜ ME *chesten*, *chasteine*, chestnut ◻ OF *chastaigne* (F *châtaigne*) ＜ L *castaneam* ◻ Gk *kastanéā*: cf. Aram. *kaskeni*)＋NUT: cf. castanet〗

chéstnut blìght *n.*〘植物病理〙クリの胴枯病 (*Endothia parasitica* 菌に犯され, 材・樹皮が枯死する). 〖1909〗

chéstnut còal *n.*〘地質〙小塊炭 (無煙炭の分類で直径 3–4 cm の中程度の大きさのもの).

chéstnut òak *n.*〘植物〙**1** ＝chinquapin oak. **2** 北米東部産のコナラ属の落葉高木 (*Quercus prinuts*).

chéstnut-trèe *n.* クリの木.

chést-on-chést *n.* 米国で作られた脚[台輪]付きの重ねだんす.

chést-protèctor *n.* (風邪引き防止用のフランネル製の) 胸当て. 〖1888〗

chést pùlse *n.*〘音声〙胸拍(きょうはく) (胸の筋肉による呼気の運動).

chést règister *n.*〘音楽〙胸声声域. 〖1847〗

chést ròpe *n.*〘海事〙＝guest rope 1.

chést thùmping *n.* 大みえ, 大言壮語.

chést tòne *n.* 胸声音 (低音域の声音).

chést vòice *n.*〘音楽〙胸声 (発声法で声域の一番低い部分を歌うときの声の出し方; cf. register 5 b, head voice). 〖1879〗

chest·y /tʃésti/ *adj.* (**chest·i·er**; **-i·est**) **1**〘口語〙**a** 胸の大きな[広い]. **b** 〈女性が〉胸元の豊か; 乳房の大きい (bosomy). **2**〘米俗〙威張った; うぬぼれた (conceited). **3** 胸声音の (cf. chest voice). **4**〘英口語〙胸の病気にかかりやすい, 胸の弱い; 胸の病気の(兆候のある) (専門用語としては使わない). **chést·i·ly** /-tɪli, -tli/ *adv.* **chés·ti·ness** *n.* 〖(1899): ⇨ -y 4〗

Ches·van /hésvən, xés, -vαːn/ *n.* ＝Heshvan.

Chet /tʃét/ *n.* チェット (男性名). 〖⇨ Chester[2]〗

che·tah /tʃíːtə | -tə/ *n.*〘動物〙＝cheetah.

cheth /hét, hés, xét/ *n.* ＝heth.

Chet·nik /tʃetníːk, -ník | tʃétnɪk; *SCr.* tʃêtniːk/ *n.* チェトニック: **1** 第一次大戦前のセルビア民族独立を目指した義勇軍の一員. **2** 第二次大戦中ユーゴスラビアでナチスに抵抗したゲリラ隊員. 〖(1909) ◻ Serb. *četnik* ← *četa* troop〗

chet·rum /tʃíːtrəm, tʃétrəm | tʃétrum, -trəm/ *n.* **1** チェトラム (ブータンの通貨単位; ＝1/100 ngultrum). **2** 1 チェトラム硬貨. 〖(1973) ◻ Tibetan ～〗

Che·tu·mal /tʃèɪtumάːl | tʃɛt-/ *n.* チェトゥマル (メキシコ南東部 Quintana Roo 州の州都; Yucatán 半島南東岸のチェトゥマル湾 (～ Bay) に臨む港湾都市).

che·val-de-frise /ʃəvæ̀ldəfríːz; *F.* ʃváldəfʁiːz/ *n.* (*pl.* **che·vaux-de-frise** /ʃəvóʊ- | -vɑ́ʊ-; *F.* ʃvodf-/) [通例 *pl.*] **1**〘軍事〙防御柵(さく) (大くぎを打ちつけた一種の逆茂木(さかもぎ)で通路の防護, 防壁の破れ目の閉塞, 騎兵通過の妨害などに使用; cf. hedgehog 6). **2**〘建築〙(壁の上などの) 忍び返し. 〖(1668) ◻ F ～ 'Friesland horse' ← *cheval* horse ＜ L *caballum*: Friesland で最初用いられたことから〗

che·va·le·resque /ʃəvæ̀lərésk⁻; *F.* ʃ(ə)valʁɛsk/ *adj.* ＝chivalresque.

che·va·let /ʃəvǽleɪ, ʃɛvəléɪ; *F.* ʃavalɛ/ *n.* (弦楽器の) こま. 〖(1810) ◻ F ～ (dim.) ← *cheval* horse〗

che·vál glàss [mìrror] /ʃəvǽl-/ *n.* 大姿見 (左右の枠で支え前後に傾けることができ全身を写す鏡). 〖(1828) *cheval*: ← F *cheval* horse: 枠の形が馬に似ていることから〗

chev·a·lier /ʃɛ̀vəlɪ́ə | -lɪ́ə^(r)^; *F.* ʃəvalje/ *n.* **1** (騎士のように) 義侠(ぎきょう)的な人, 勇気のある紳士. **2** /(米) ではまた ʃəvǽljeɪ/ (フランスの) 勲爵士: a ～ of the Legion of Honor (フランスの) レジオンドヌール勲位所有者 (最下位). **3** /(米) ではまた ʃəvǽljeɪ/ (フランスの) 最下位の貴族. **4** (古) 騎士.
chevalier d'industrie /-dɛ̀(n)dustríː, -dæn-; *F.* -dɛ̃dystʁi/ **[of industry]** 山師, 詐欺師 (swindler).
〖(c1378) *chevalere* ◻ (O)F *chevalier* ＜ LL *caballārium* ← L *caballus* horse: cf. cavalier〗

Che·val·ier /ʃəvǽlièɪ, -ljeɪ | ʃəvǽljèɪ; *F.* ʃəvalje/, **Maurice (Auguste)** *n.* シュバリエ (1888–1972; フランスの俳優・歌手).

Che·vá·lier-Mont·ra·chét /-mɔ̃ː(n)trəʃéɪ, -mɔ̀ːn-; *F.* -mɔ̃ʁaʃɛ/ *n.* シュバリエモンラシェ(ワイン) (フランス Burgundy 産の白ワイン).

chevaux-de-frise *n.* cheval-de-frise の複数形.

che·vee /ʃəvéɪ/ *n.* シェヴェー (扁平な宝石で滑らかに磨いた凹面をもつもの; cf. cuvette 2). 〖◻ F *chevée* ← *chever* to hollow out ◻ L *cavāre*〗

che·ve·lure /ʃɛ̀vəlʊ́ə, ʃəv- | -lʊ́ə^(r)^; *F.* ʃəvlyːʁ/ *n.* **1** 頭髪. **2**〘天文〙＝coma[2] 2. 〖(1470) ◻ F ～ (原義) head of hair, wig ＜ L *capillātūram* ← *capillus* hair〗

chev·er·el /tʃévərəl/ *n.* (廃) 子ヤギの皮. 〖(1310) ME *cheverel(le)* ◻ OF *chevrele* (dim.) ← *chèvre* ＜ L *capram* she-goat: ⇨ chevron〗

che·ve·ron /ʃév(ə)rən/ *n.*〘紋章〙＝chevron 4.

che·vet /ʃəvéɪ; *F.* ʃəvɛ/ *n.* (フランス式教会堂の) 後陣, アプス. 〖(1809) ◻ F ～ ＜ OF *chevez* ＜ L *capitium* head covering ← *caput* head〗

che·ville /ʃəvíː; *F.* ʃəvij/ *n.* **1** (弦楽器の) 糸巻き (peg). **2**〘詩学〙詩行[文]を完成するための冗語, 埋め草. 〖(1883) ◻ F ～ ＜ L *clāviculam* (dim.) ← *clāvis* key: ⇨ clavicle〗

chev·in /tʃévɪn | -vɪn/ *n.*〘魚類〙＝chub. 〖(c1450) ◻ (O)F *chevesne* ← VL *capitō* big head ← L *caput* 'HEAD'〗

Chev·i·ot /ʃéviət | tʃíːv-, tʃév-, tʃív-/ *n.* **1** チェビオット (Cheviot Hills 原産の毛が密生した羊の優良品種): ～ wool チェビオット種羊毛. **2** [c-] **a** チェビオット羊毛織

C

物. **b** チェビオット織物に似た綿織物. 〘1815〙

Chév·i·ot Hílls /tʃéviət-, tʃíːv- | tʃíːv-, tʃév-, tʃív-; (現地では) tʃíːv-/ *n. pl.* [the ～] チービオット丘陵《イングランドとスコットランドの境にある丘陵地帯(最高峰 816 m); Cheviot sheep の産地; cf. Cheviot 1》. 〘*Cheviot*: ← ? Gael. *c(h-)iabach* bushy (← *ciabh* hair)〙

C

chev·on /ʃévən/ *n.* (食用にする)ヤギの肉. 〘← F *chèv(re)* goat＋(MUTT)ON〙

Che·vra Ka·di·sha /xévrəːkɑːdíʃə/ *n.* ヘヴラカディシャ《ユダヤ人の葬儀互助会; 通例, 無報酬のボランティアが運営する》. 〘← ModHeb. *ḥevrá* society (< Heb. *hebhrā*)＋*kadišá* (← Aram. *qaddīšā'*: cf. Kaddish)〙

chè·vre /ʃévr(ə)/ *n.* ＝chevret.

chev·ret /ʃəvréɪ; *F.* ʃəvʁɛ/ *n.* シェーヴル《ヤギ乳のチーズ》. 〘□F ～ ← *chèvre* (↓)〙

chev·rette /ʃəvrét; *F.* ʃəvʁɛt/ *n.* セブレット革《離乳直後の生後 1 年以内の山羊皮から作った薄手の革》. 〘(1884) □F ～ 'kid' (dim.) ← *chèvre* goat: ⇨ chevron〙

Chev·ro·let /ʃèvrəléɪ | ＿＿＿, ＿＿＿/ *n.* 〖商標〗シボレー《米国製の自動車》. 〘← *Louis Chevrolet* (1879–1941: スイス生まれの米国の自動車レーサー・製造者)〙

chev·ron /ʃévrən/ *n.* **1** (道路標識などの)山形 [V 字型,「く」の字形] のしるし. **2** (下士官・警官などが階級・服務年限・功労などを示すために付ける)山形袖章, 布章. **3** 〖建築〗山形(をしたもの), 雁木形: ⇨ chevron molding. **4** 〖紋章〗シェブロン《山形の帯図形; 1–3 本までをいう; cf. chevronel, couple-close 1》. **5** [C-]〖商標〗シェブロン《米国の石油会社; メジャーの一つ; 旧名 Standard Oil Co. of California; 1984 年 Gulf 社を買収して現在名に変更; 2000 年 Texaco 社を買収》.
in chévron 〖紋章〗〈紋章図形が〉山形に並んだ, 山形に配置された. ***per chévron*** 〖紋章〗山形に盾を 2 分した.
～·ed *adj.* 〘(1395) □(O)F ～ 'rafter, chevron' ← *chèvre* < VL **capriōnem* ← L *capra* she-goat ← *caper* goat: ⇨ cabriolet〙

chevrons 2
1 army staff sergeant
2 air force staff
3 marine staff

1　2　3

chev·ron·el /ʃèvrənél/ *n.* 〖紋章〗シェブロネル《chevron の幅の狭いものをいい, 3–4 本以上の chevron が盾に描かれた場合にいう; cf. couple-close 1》. 〘(1572) ← CHEVRON＋-EL¹〙

chévron mòlding *n.* 〖建築〗ジグザグ繰形, 雁木繰形《ジグザグ模様をなし, 英国では Saxon および Norman 時代の建築に多い; chevron が連続したもの; zigzag molding ともいう》. 〘1816〙

chev·ron·ny /ʃévrəni/ *adj.* 〖紋章〗＝chevrony.

chévron·wise *adv.* 〖紋章〗＝*in* CHEVRON.

chev·ron·y /ʃévrəni/ *adj.* 〖紋章〗盾を山形に, 偶数に等分割した. 〘(1724) □F *chevronné*〙

chev·ro·tain /ʃévrətèɪn; *F.* ʃəvʁɔtɛ̃/ *n.* (*also* **chev·ro·tin** /-tæ̃(ŋ), -tæŋ; *F.* ʃəvʁɔtɛ̃/) 〖動物〗マメジカ, ネズミジカ《アジア・アフリカなどに生息するマメジカ属 (*Tragulus*) のシカに似た小形の反芻(はんすう)動物の総称; mouse deer ともいう》. 〘(1774) □F ～ (dim.) ← OF *chevrot* kid (dim.) ← *chèvre* goat: ⇨ chevron〙

chev·y /tʃévi/ *n.*, *vt.*, *vi.* ＝chivy. 〘(*c*1785) ← ? CHEVY CHASE〙

Chev·y /ʃévi/ *n.* (口語) ＝Chevrolet.

Chév·y Cháse /tʃévi-/ *n.* チェビーチェース《1388 年の Otterburn の戦いを主題とする英国の古い民謡で, Thomas Percy の *Reliques* に採録; 正式名 the Ballad of Chevy Chase》. 〘(1665) ← CHEVIOT HILLS〙

chew /tʃúː/ *vt.* **1 a** 〈食べ物・かみたばこなどを〉かみ砕く, かみこなす, 咀嚼(そしゃく)する (masticate). **b** かんで作る: The dog ～*ed* a hole in my stocking. 犬は靴下をかんで穴をあけた. **2** (かみ砕くように)つぶす, 砕く, 壊す (destroy) 〈*up*〉; 〈くちびる, つめなどを〉かむ. ── *vi.* **1** 物をかみ砕く [こなす], 咀嚼する. **2** 《米口語》かみたばこをかむ.
chéw on … (1) 〈堅い物などを〉もぐもぐかむ. (2) 《口語》…をよくよく考える, 熟考する. ***chéw óut*** 《米口語》〈人を〉叱り[どなり]つける (bawl out); ぼろくそにけなす: The teacher ～*ed* him *out* for being lazy. 先生は彼を怠慢だと激しく叱った. ***chéw óver*** 《口語》…をとくと考える[論議する]. ***chéw the rág [fát]*** 《俗》長々と話す[論じる]; 愚痴をこぼす (grumble). ***chéw úp*** (1) 〈食べ物を〉かみ砕く. (2) 〈物を〉かみ散らす, ずたずたにする. (3) 《口語》〈人を〉叱りつける 〔*for*〕. (4) [通例受身で]《俗》〈人を〉くたくたにする; 心配[いらいら]させる. ***like a piece of chéwed string*** ⇨ piece 成句.
── *n.* **1** かみ砕く[こなす]こと, 咀嚼; 一かみ: have a ～ at …を咀嚼する. **2** 咀嚼するもの, かみこなすもの; かみ菓子, (かみたばこの)一かみ分: a ～ of tobacco たばこ一かみ. 〘OE *ċēowan* < (WGmc) **keuwajan* (Du. *kauwen* / G *kauen*) ← IE **g(y)eu-* to chew〙

Che·wa /tʃéɪwə/ *n.* (*pl.* ～**s**, ～) **1 a** [the ～(s)] チェワ族《アフリカのザンビア東部およびジンバブエ北部に住む Malawi 族》. **b** チェワ族の人. **2** チェワ語 (cf. Chichewa).

chew·a·ble /tʃúːəbl/ *adj.* かみ砕く[こなす]ことのできる. 〘(1846): ⇨ -able〙

chéw·er *n.* **1** かみ砕く人[もの]. **2** かみたばこの常習者. **3** (牛, 山羊のような)反芻(はんすう)動物. **4** (問題を)よく考える人. 〘(1612): ⇨ -er¹〙

chew·et /tʃúːɪt/ *n.* (廃) **1** ベニハシガラス (chough), ニシコクマルガラス (rackdaw). **2** 《Shak》おしゃべりな人. 〘(*c*1420) □(O)F *chouette*: ⇨ chew, -et¹〙

chéw·ing gùm /tʃúːɪŋ-/ *n.* チューインガム (⇨ chicle). 〘1753〙

chéwing stìck *n.* チューイング スティック《アジアやアフリカの各地で歯磨きや刺激剤として用いる先端をブラシ状にした繊維質の木; chew-stick ともいう》.

chéwing tobàcco *n.* かみたばこ. 〘1789〙

che·wink /tʃɪwíŋk | tʃɪ-/ *n.* 〖鳥類〗トウヒチョウ (⇨ towhee). 〘(1793) 擬音語〙

chéw-stìck *n.* ＝chewing stick.

chew·y /tʃúːi/ *adj.* (**chew·i·er, -i·est**) 〈食べ物が〉容易にかめない[かみこなせない]; 〈キャンディーなど〉かむ必要のある: ～ candy. **chéw·i·ness** *n.* 〘(1925): ⇨ -y¹〙

Chex /tʃéks/ *n.* 〖商標〗チェックス《米国 General Mills 社製のシリアル》.

Chey·enne¹ /ʃàɪǽn, -én⁻/ *n.* **1** シャイアン《米国 Wyoming 州南東部にある都市で同州の州都》. **2** [the ～] シャイアン(川)《米国 Wyoming 州東部から北東に流れ, South Dakota 州中央部で Missouri 川に合流する川 (848 km)》. 〘(1778) ↓〙

Chey·enne² /ʃàɪǽn, -én⁻/ *n.* (*pl.* ～, ～**s**) **1 a** [the ～(s)] シャイアン族《アメリカインディアンの一族; もと Wyoming 州地方に居住していたが, 今は Montana 州と Oklahoma 州とに居住している》. **b** シャイアン族の人. **2** シャイアン語《Algonquian 語に属する》. 〘(1778) □N-Am.-Ind. (Dakota) *shaiyena* ← *shaia* to speak unintelligibly〙

Chéyne-Stókes respiràtion [brèathing] /tʃéɪnstóʊks- | -tóʊks-/ *n.* 〖医学〗チェーンストークス呼吸, 交代性無呼吸《深い呼吸と浅い呼吸が交互に現れる異常呼吸》. 〘(1874) *Cheyene-Stoke*: ← *John Cheyne* (1777–1836: スコットランドの医師でその現象の最初の記述者) & *William Stokes* (1804–78: アイルランドの医師でその現象に最初に気付いた人)〙

chez /ʃéɪ; *F.* ʃe/ *F. prep.* **1** …の家で: ～ Tod. **2** …とともに (with). 〘(1740) □F ～ (弱形) < OF *chiese* < L *casae* at home (locative) ← *casa* house〙

chg (略) change; charge.

chgd (略) charged.

chi¹ /káɪ, kíː | káɪ/ *n.* キー《ギリシャ語アルファベット 24 字中の第 22 字; *X, χ*; ⇨ alphabet 表》. 〘(*c*1400) □Gk *khî* < (古形) *kheî*〙

chi² /tʃíː/ ＝ki.

Chi. (略) Chicago; China; Chinese.

chi·ack /tʃaɪǽk/ *vt.* (豪口語) あざける, からかう. ── *n.* からかうこと; 悪気のない冗談. 〘(1853) ← (英俗) *chi-hike*〙

Chia-i /tʃiàːíː, dʒi-/ *n.* ＝Chia-yi.

Chia-mu-ssu /dʒiáːmùːsúː, tʃi-/ *n.* ＝Jiamusi.

Chi·an /káɪən/ *adj.* キオス (Chios) 島の; キオス島人の. ── *n.* キオス島の人[住民]. 〘(1590) ← CHI(OS) □L *chīus* □Grk *khíos* (adj.) ← *khíos*「キオス島」＋-AN¹〙

Chiang Ching /dʒiáːŋtʃíŋ, tʃǽŋ-/ *n.* ＝Jiang Qing.

Chiang Ching-kuo /dʒiáːŋdʒɪŋkwóʊ, tʃǽŋtʃɪŋ- | tʃǽŋtʃɪŋkwáʊ/ *n.* ＝Jiang Jingguo.

Chiang Kai-shek /dʒiáːŋkàɪʃék, tʃǽŋ- | tʃǽŋ-, dʒǽŋ-/ *n.* ＝Jiang Jieshi.

Chiang·mai /tʃiáːŋmáɪ | tʃiæŋ-; *Thai* tʃieŋmàɪ/ *n.* (*also* **Chiang Mai** /～/) チェンマイ《タイ北西部の都市》.

Chi·a·ni·na /kìːəníːnə | kìə-/ *n.* (*pl.* ～, ～**s**) 〖畜産〗キアニナ《イタリア原産の大型の肉牛の品種; 赤身の肉が得られる》. 〘□It. (fem.) (Chiana イタリア中部の河川流域)〙

Chi·an·ti /kiáːnti, -ǽn- | -ǽnti; *It.* kjánti/ *n.* **1** キアンティ(ワイン)《イタリア産の辛口の赤ワイン; 瓶は通例麦わらで編んだ覆いに包まれている; Chianti wine ともいう》. **2** イタリア産のワイン. 〘(1833) □It. ～ (イタリア Tuscany の山岳地方の原産地名)〙

Chían túrpentine *n.* ＝turpentine 2.

chiao /tʃiáʊ, tʃáʊ; *Chin.* tʃiǎu/ *n.* ＝jiao.

Chi·a·pas /tʃiáːpəs | -ǽp-; *Am.Sp.* tʃjápas/ *n.* チアパス(州)《メキシコ南部の州, 面積 73,887 km², 州都 Tuxtla Gutiérrez /túːstla gutjérreθ/》.

chi·a·ro·scú·rist /-rɪst | -rɪst/ *n.* 明暗で描く画家, キアロスクーロ画家. 〘(*c*1798): ⇨ ↓, -ist〙

chi·a·ro·scu·ro /kiàːrəskjúᵊroʊ, -skúᵊr- | -skúə-rəʊ, -skjúər-; *It.* kjaroskúːro/ *n.* (*pl.* ～**s**) **1** (絵の)明暗の配合, 明暗法. **2** 〖美術〗キアロスクーロ《他の色を用いないでただ明暗で表現する画法》. **3** 〖印刷〗キアロスクーロ, 単色刷《白と黒の明暗によって調子をつけた 16 世紀の版画法》; 単色刷画. **4** 〖文芸〗明暗対照描写. **chi·à·ro·scú·rism** *n.* 〘(1686) □It. ～ 'clear-dark': cf. clear, obscure〙

chi·asm /káɪæzm/ *n.* **1** 〖解剖・生物〗＝chiasma. **2** 〖修辞〗＝chiasmus. 〘(1870) ↓〙

chi·as·ma /kaɪǽzmə/ *n.* (*pl.* ～**s**, ～**·ta** /～tə | ～tə/) **1** 〖解剖〗(視神経の)交差, 交叉, キアスマ. **2** 〖生物〗キアズマ, 染色体交差点. **chi·ás·mal** /-məl, -ml/ *adj.*

chi·as·mat·ic /kàɪəzmǽtɪk | -tɪk⁻/ *adj.* **chi·as·mic** /kaɪǽzmɪk/ *adj.* 〘(1839–47) ← NL ～ ← Gk *khíasma*: ギリシャ字 *khî* (X) 状の配列の意〙

chi·as·ma·type /kaɪǽzmətàɪp/ *adj.* 〖生物〗キアズマ型の, 染色体交差の. 〘(1911) (逆成) ↓〙

chi·as·ma·typ·y /kaɪǽzmətàɪpi/ *n.* 〖生物〗キアズマ型, 染色体交差. 〘← CHIASMA＋TYPE＋-Y〙

chi·as·mus /kaɪǽzməs/ *n.* (*pl.* **-as·mi** /-maɪ/) 〖修辞〗(語句の)交錯配列法《文中で同一または類似の語句を繰り返すとき, 語句の順序を逆にすること; 例: In the beginning was the Word, and the Word was with the God. (*John* 1:1)》. **chi·as·tic** /kaɪǽstɪk/ *adj.* 〘(1871) ← NL ～ ← Gk *khiasmós* placing crosswise ← *khiázein* to form letter X ← *khî* (最初の節と後の節とを二行に並べて対照するとギリシャ文字の *khî* 即ち X の形になる)〙

chi·as·to- /kaɪǽstoʊ | -təʊ/「交錯する」の意の連結形: *chiasto*basidial. 〘□G ～ ← Gk *khiastós* set crosswise: ↑〙

chi·as·to·lite /kaɪǽstəlàɪt/ *n.* 〖鉱物〗空晶石, チアストライト (⇨ macle 3). 〘(1800) □G *Chiastolith*: ⇨ ↑, -lite〙

chiaus /tʃáʊs, tʃáʊʃ/ *n.* **1** (トルコの)使者 (messenger); 守衛官. **2** 詐欺師, ぺてん師 (swindler). 〘(1595) □Turk *çavus* sergeant ← *çav* voice〙

Chia-yi /tʃiàːíː, dʒi-; *Chin.* tɕiāi/ *n.* 嘉義(ジャーイー)《台湾中西部の県(の中心都市); 台湾最大の産糖地》.

chib·bole /tʃíbəl, -bl/ *n.* ＝spring onion.

Chib·cha /tʃíbtʃɑː, -tʃə/ *n.* (*pl.* ～, ～**s**) **1 a** [the ～(s)] チブチャ族《もとコロンビアの Bogotá 高原に住んでいた南米インディアン; 現在は絶滅》. **b** チブチャ族の人. **2** チブチャ語. 〘(1814) □Sp. ～ □S-Am.-Ind.〙

Chib·chan /tʃíbtʃən/ *adj.* チブチャ語族の《チブチャ族, その他南米のコロンビア地方に住むインディアン種族を含む》. 〘(1902): ⇨ ↑, -an¹〙

chib·ol /tʃíbəl, -bl/ *n.* (英方言) ＝cibol.

chi·bouk /tʃɪbúːk, ʃɪ- | tʃɪ-/ *n.* (*also* **chi·bouque** /～/) チブーク《トルコ人の用いる長ぎせる》. 〘(1813) □F *chibouque* □Turk. *çibūk* tube, stick〙

chic /ʃíːk, ʃík; *F.* ʃik/ *adj.* **1** シックな, あか抜けのした, いきな. **2** 流行の, 今はやりの; 当世風の. ── *n.* **1** 上品さ, いき, シック (elegance). **2** 現代風, 当世風, 流行. **3** 〖絵画〗しゃれた描法. **～·ly** *adv.* **～·ness** *n.* 〘(1856) □F ～ (n.) □G *Schick* order, skill ← MHG *schicken* to arrange appropriately // (略) ? ← F *chicane* 'CHICANE'〙

Chi·ca·go /ʃɪkáːgoʊ, -kɔ́ː- | -káːgəʊ-/ *n.* **1** シカゴ《米国 Illinois 州にある同国第三の大都市; Michigan 湖に臨む貿易港》. **2** 〖トランプ〗＝Michigan 2. 〘(1860) □F *Chicagou* ← N-Am.-Ind. (Algonquian): (原義) place of the wild onion〙

Chi·ca·go·an /ʃɪkáːgoʊən-, -kɔ́ː- | -káːgəʊən/ *n.* (米国) Chicago の人[住民]. 〘(1861): ⇨ ↑, -an¹〙

Chicágo Bóard of Tráde *n.* [the ～] シカゴ商品取引所《米国最大の先物取引所の一つ; 穀物の現物と先物, 金融の先物を扱う; 略 CBT》.

Chicágo stýle *n.* 〖ジャズ〗シカゴスタイル《1920 年代に Chicago を中心に盛んだったジャズ》.

Chicágo Tríbune *n.* [the ～]「シカゴトリビューン」《米国 Chicago 市で発行されている朝刊紙》.

chi·ca·lo·te /tʃìkəlóʊti | -láʊ-/ *n.* 〖植物〗アザミゲシ《熱帯アメリカ産ケシ科アザミゲシ属のとげのある多年草; 世界の乾燥地に帰化; アザミゲシ (*Argemone mexicana*) または *A. platyceras*》. 〘□Sp. ～ □Nahuatl *chicalotl*〙

Chi·ca·na /tʃɪkáːnə, ʃɪ-; *Am.Sp.* tʃikána/ *n.* チカーナ《メキシコ系の米国人女性; cf. Chicano》. ── *adj.* チカーナの. 〘(1967) ← CHICANO＋-A¹〙

chi·cane /ʃɪkéɪn/ *n.* **1 a** (通例合法的な)言い逃れ, 詭弁, ごまかし, 三百代言的な言辞. **b** 逃げ口上, 口実 (subterfuge). **2** 〖自動車レース〗迂回させるためにコース上に設けられた障害物. **3** 〖トランプ〗**a** (bridge, whist で)切札が一枚も無い手(に与えられるボーナス点). **b** ＝void 4. ── *vi.* ごまかしを言う; ずるい策略を用いる. ── *vt.* **1** ごまかす, 言い抜ける. **2 a** ごまかし[言いくるめ]て〈人〉に…させる 〔*into*〕: ～ her *into* marrying [marriage] うまく言いくるめて彼女を結婚させる. **b** ごまかし[言いくるめ]て〈人〉から…を手に入れる 〔*out of*〕: ～ a person *out of* his money 人から金をだまし取る. 〘(*a*1672) □F ～ ← *chicaner* to quibble ← ?〙

chi·cán·er *n.* ごまかしを言う人, 言い抜けをする人. 〘(1694): ⇨ ↑, -er¹〙

chi·ca·ner·y /ʃɪkéɪn(ə)ri/ *n.* **1** ずるい言い抜け, 詭弁, ごまかし: political ～. **2** [通例 *pl.*] (法律上の)ずるいやり方 (⇨ deception SYN). 〘(*a*1613) ← CHICANE＋-ERY: cf. F *chicanerie*〙

Chi·ca·no /tʃɪkáːnoʊ, ʃɪ- | -nəʊ; *Am.Sp.* tʃikáno/ *n.* (*pl.* ～**s**) (米) チカーノ《メキシコ系の米国人; cf. Chicana》. ── *adj.* チカーノ(文化)の. 〘(1947) ← Sp. *mejicano* Mexican ← *Méjico* Mexico〙

chic·co·ry /tʃík(ə)ri/ *n.* 〖植物〗＝chicory.

chi·cha /tʃíːtʃə; *Am.Sp.* tʃítʃa/ *n.* チチャ《トウモロコシ, 砂糖キビなどから造る南米先住民のビール》. 〘(1760): 現地語〙

Chí·cha·gof Ísland /tʃítʃəgɔ̀(ː)f-, -gɑ̀(ː)f- | -gɔ̀f-/ *n.* チチャゴフ島《米国 Alaska 州 Alexander 列島にある島》.

Chi·chén It·zá /tʃɪtʃénɪtsáː; *Am.Sp.* tʃitʃénitsá/ *n.* チチェン イツァー《メキシコ Yucatán 半島北部にあるマヤ古典期後半から後古典期にかけての宗教的中心地; その遺跡》.

Chich·es·ter /tʃítʃɪstə | -tə^(r)/ *n.* チチェスター《イングランド West Sussex 州の州都; ノルマン時代の大聖堂がある》. 〘OE *Ċisseċeaster* ← *Cisse* (人名)＋-*ċeaster* '-CHESTER'〙

Chi·ch·es·ter /tʃítʃɪstə | -tə^(r)/, sir **Fransis** (**Charles**) チチェスター: (1901–72; 英国の飛行家・ヨットマン; 英国で最初の長距離飛行をし (1931), 65 歳を過ぎてヨットで最初の単独世界一周を成し遂げた (1966–67)).

Chich·es·ter-Clark /tʃítʃɪstəklάək | -tekláːk/, **James Dawson** *n.* チチェスタークラーク《1923–　; 北アイルランドの政治家; 首相 (1969–71)》.

Chi·che·wa /tʃɪtʃéɪwɑː | -wə/ *n.* 〖言語〗チチェワ語《アフリカ中部 Chewa 族の言語; Malawi では共通語として用

いられる; Bantu 諸語の一つ》.
chi·chi[1] /ʃíːʃiː, tʃíːtʃiː; F. ʃiʃi/ *adj.* 1 飾り立てた, 派手な (frilly): a ~ dress. 2 いやに凝った, わざとらしい, 技巧的な. 3 粋(いき)な, しゃれた (chic). — *n.* 1 a けばけばしいもの, 派手なもの[態度]; いやに凝ったもの. b 気取った人, いやに凝った人. 2 虚飾, 気取り. 〘(1908) □ F ~ 《擬音語》〙
chi·chi[2] /ʃíːʃiː/ *n.* 《俗》女性の乳房; セクシーな女性. — *adj.* 性的にぞくぞくさせる. 〘Jpn.〙
chi-chi /ʃíːʃiː, tʃíːtʃiː/ *n., adi.* 英国人とインド人の間の混血(の) (chee-chee ともいう). 〘□ Hindi *chī-chī* shame on you!〙
Chi·chi·ha·erh /tʃítʃíhàːɛ́ə | -ɛ́ə(r)/ *n.* =Qiqihar.
Chi·chi·mec /tʃìːtʃimék/, **-meca** /-mékə/, **-meco** /-mékoʊ/ *n.* (*pl.* ~, ~s) 1 a [the ~(s)] チチメカ族《Aztec 族の興隆以前にメキシコにいた Nahuatl 族系の先住民族; Aztec 族はこの民族の一派であったと考えられる》 b チチメカ族の人. 2 チチメカ語.
chick[1] /tʃík/ *n.* 1 a 鶏のひな, ひよこ (chicken). b ひな鳥. 2 a [しばしば愛称として]小さな子; 子供 (child). b [the ~s] (一家中の)子供たち. 3 《俗》若い娘, 女の子. 〘(c1330)《尾音消失》← CHICKEN〙
chick[2] /tʃík/ *n.* (インドで用いられる竹製の)すだれ. 〘(1698) □ Hindi *ciq* □ Pers. *chiq*〙
Chick /tʃík/ *n.* チック: 1 男性名. 2 女性名. 〘《変形》? ← CHUCK: cf. chick[1]〙
chick·a·bid·dy /tʃíkəbìdi | -di/ *n.* 1 《小児語》ひよこ (chicken). 2 [愛称として] かわいい子, 赤ちゃん (child). 〘(1785) ← CHICK[1]+-A-+BIDDY[2]〙
chick·a·dee /tʃíkədìː, ⌐⌐ˊ/ *n.* 《鳥類》北米産のコガラ類の総称; (特に)アメリカコガラ (black-capped chickadee). 〘(1838) 擬音語〙
Chick·a·mau·ga /tʃìkəmɔ́ːgə, -máː- | -mɔ́ː-/ *n.* チカモーガ《米国 Georgia 州北西部の町; 近くの小川 Chickamauga Creek は南北戦争で南軍大勝 (1836) の地》. 〘← ? Am.-Ind.〙
chick·a·ree /tʃíkəriː/ *n.* 《動物》=red squirrel 1. 〘(1829) 擬音語〙
Chick·a·saw /tʃíkəsɔ̀ː, -sɑ̀ː | -sɔ̀ː/ *n.* (*pl.* ~, ~s) 1 a [the ~(s)] チカソー族《アメリカ先住民の一族; Muskogean 族の支族で, もと Mississippi 州の北部にいたが, 今は Oklahoma 州に住んでいる》. b チカソー族の人. 2 チカソー語 (Choctaw 語の一方言). 〘(1674) □ Chickasaw *Chikasha*〙
chick·en /tʃíkɪn/ *n.* 1 a ニワトリ (*Gallus gallus*). b (生後1年以内の)ニワトリのひな, ひよこ: Don't count your ~*s* before they are hatched 捕らぬたぬきの皮算用をするな. 2 ひなどり. 3 (食用としての若鶏の)鶏肉, チキン, かしわ (cf. fowl 1): The meat is rabbit, not ~. これはウサギの肉だ, 鶏肉ではない. 4 《俗》臆病者 (coward). 5 a [通例 no ~ として]《口語》若い人, 青二才; (特に)うぶな女性, 小娘: She is *no* (spring) chicken: もう若くはない. b 《俗》(受け身役の)ホモ, 若いゲイ. 6 《米軍俗》とるに足らない規則, 厳しく押しつけられたつまらない規律[細部]. 7 (生命の危険を賭して勝負し, どちらが先に逃げ出すかをみる)胆力[度胸]比べ《敗けた者が臆病者 (chicken) と呼ばれる》.
plày chícken (1) 相手が手を引くだろうと思って挑戦し合う[おどし合う]. (2) 肝だめしをする, 胆力[度胸]比べをする. 〘(1953)〙
Chícken of the Séa 《商標》チキンオブザシー《米国 Van Camp Sea Food 製のマグロの缶詰めなど》.
— *adj.* [限定的] 1 〈食べ物が〉鶏肉で作った, 鶏肉の入った, 鶏肉の味をする: ~ soup. 2 子供の, 小さい: a ~ lobster 小えび. 3 《俗》おずおずした, 臆病な (timid): too ~ to do it. 4 《米軍俗》つまらない規律を押しつける.
— *vi.* 《俗》恐がってやめる, しり込みする, おじけづいて手を引く 〈*out*〉: ~ *out* (*of* a deal) at the last minute 土壇場で(取引から)手を引く.
〘OE *ċicen, ċȳcen* < Gmc **kiukīnam* ← **kauk-* (Du. *kieken* / G *Küchlein*)《変形》← **kuk-* cock〙
chícken à la Kíng *n.* 《料理》キング風チキン《鶏肉をマッシュルーム入りのクリームソースで煮込んだもの》. 〘*E. Clark King* (New York のホテル経営者)〙
chícken-and-égg *adj.* =hen-and-egg. 〘1959〙
chícken brèast *n.* 鳩胸 (pigeon breast). 〘1849–52〙
chícken-brèasted *adj.* 鳩胸の (pigeon-breasted).
chícken brìck *n.* 《英》チキンブリック《鶏料理用の素焼き鍋》.
chícken chòlera *n.* 《まれ》《獣医》=fowl cholera. 〘1883〙
chícken còlonel *n.* 《米軍俗》(中佐と区別して)大佐 (cf. bird colonel). 〘(1948): 記章の鷲を戯れに chicken と呼んだことから〙
chícken còop *n.* 鶏小屋, 鶏舎. 〘1789〙
chícken dívan *n.* [時に c- D-]《料理》チキンディバン《鶏の胸肉とブロッコリー, アスパラガスなどにチーズソースをかけて蒸し焼きにしたもの》.
chícken fèed *n.* 1 鶏の餌(え). 2 《俗》a わずかな金額, はした金; 小銭 (small change): pay ~ 小銭を払う. b つまらぬもの. 〘1836〙
chícken-fríed *adj.* 《料理》衣をつけて揚げた: ~ steak 衣をつけて揚げたステーキ, ビーフカツレツ.
chícken gràpe *n.* 《植物》米国東部・中部産のヤマブドウの一種 (*Vitis vulpina*)《甘く黒い小さな実をつける; cf. fox grape》. 〘1807〙
chícken gùmbo *n.* 《料理》チキンガンボー《鶏肉入りガンボースープ; cf. gumbo 2》. 〘1867〙
chícken hàwk *n.* 《鳥類》ニワトリなどを捕食するタカの類の総称《北米のアシボソハイタカ (sharp-shinned hawk), オオハイタカ (Cooper's hawk) など》. 〘1827〙
chícken-hèart *n.* 臆病(者). 〘1602〙
chícken-héarted *adj.* 1 気の弱い, 臆病な (timid). 2 心のやさしい (soft-hearted). **~·ly** *adv.* 〘1681〙
chícken Kíev *n.* 《料理》チキン キエフ《鶏の胸肉にバターを包んでパン粉の衣をつけて揚げたロシア料理》. 〘1950〙
chícken làdder *n.* 《建築》(屋根, 足場などの)登り板 (crawling board).
Chícken Líttle *n.* 災害が間近であると絶えず警告する人, 声高な悲観論者, 杞憂人《落ちてきたどんぐりが頭に当たり, 天が落ちてきたと思い込んだ若いめんどりの物語による》.
chícken lìver *n.* 1 鶏のレバー[肝臓]. 2 《口語》意気地なし, 臆病者 (coward). 〘1899〙
chícken-lívered *adj.* 意気地なしの: a ~ guy ノミの心臓をもつ男. 〘1872〙
chícken lòuse *n.* ニワトリハジラミ (*Menopon pallidum*).
chícken·pòx *n.* 1 《病理》水ぼうそう, 水痘(すいとう) (varicella). 2 《獣医》鶏痘 (fowl pox). 〘1727〙
chícken rùn *n.* 《南ア口語》(将来の不安による)南アフリカからの脱出.
chícken·shìt *n.* 《卑》1 臆病者 (coward). 2 つまらない[うんざりする]仕事. 3 つまらないうそ[虚言]; くだらない話, たわごと (empty talk). —*adi.* 1 くだらない, つまらない. 2 臆病な. 〘1947〙
chícken snàke *n.* 《動物》=rat snake a. 〘1709〙
chícken tèrrapin [tòrtoise, tùrtle] *n.* 《動物》アミメチラピン (*Deirochelys reticularia*)《米国南東部産の長い首と黄色網目模様の背甲をもった小形食用ガメ》.
chícken tet·raz·zí·ni /-tètrəzíːni; *It.* tetrattsíːni/ *n.* 《料理》チキン テトラジーニ《鶏肉・マッシュルーム・スパゲティなどをヴルーテソース (velouté sauce) であえたイタリアのグラタン》. 〘← *Luisa Tetrazzini* (1874–1940; イタリアのオペラ歌手)〙
chícken thìef *n.* 《口語》1 こそ泥, みみっちい泥棒. 2 (かつての)物売りの川舟. 〘1856〙
chícken wìre *n.* (柵に用いる)六角形の網目のある金網. 〘(1904): 鶏小屋に用いることから〙
chick·let /tʃíklɪt/ *n.* (*also* **chick·lette** /~/) 《米俗》若い女性, 娘, 女の子 (girl).
chick·ling /tʃíklɪŋ/ *n.* 《植物》ヨーロッパ産マメ科レンリソウ属の一年生つる草 (*Lathyrus sativus*)《牧草; chickling vetch ともいう》. 〘(1648)《変形》←《古形》*cicheling*=L *cicercula* (dim.) (↓): ⇨ -ling[1]〙
chíck·pèa /tʃík-/ *n.* 1 《植物》ヒヨコマメ (*Cicer arietinum*)《南欧地方で食用に栽培する; garbanzo ともいう》. 2 ヒヨコマメの実[豆]. 〘(1548)《変形》←《古形》*chichpease* □ F *chiche* □ L *cicer*: CHICKEN との連想による変形〙
chíck·wèed *n.* 《植物》ハコベ (⇨ stitchwort). 〘1373〙
chíckweed wíntergreen *n.* 《植物》a =starflower b. b ツマトリソウ (*Trientalis europaea*)《ヨーロッパ産》.
Chi·cla·yo /tʃɪkláːjoʊ | -jəʊ; *Am.Sp.* tʃikláj o/ *n.* チクラヨ《ペルー北西部の都市》.
chic·le /tʃíkl̩, -kli | -kl̩; *Am.Sp* tʃíkle/ *n.* チクル《熱帯アメリカ産の植物サポジラ (sapodilla) などから採るゴム状物質で, チューインガムの原料; chicle gum ともいう》. 〘(1889) □ Am.-Sp. ~ □ Nahuatl *chictli*〙
chi·co /tʃíːkoʊ | -kəʊ/ *n.* (*pl.* ~s) 《植物》=greasewood 1. 〘⇨ chicalote〙
Chi·co /tʃíːkoʊ | -kəʊ/ *n.* 《商標》チコ《米国 Chiquita Brands 社のバナナ》.
Chi·com /tʃáɪkɑ(ː)m | -kɒm/ *n.* 《軽蔑》中国共産党党員. 〘(1966) ← *Chi(nese) Com(munist)*〙
Chic·o·pee /tʃíkəpi/ *n.* チコピー《米国 Massachusetts 州南西部, Connecticut 川に臨む都市》.
chic·o·ry /tʃík(ə)ri/ *n.* 《植物》1 キクニガナ, チコリ (*Cichorium intybus*)《葉はサラダ用, またその根は炒(い)ってコーヒーの代用品にする; succory ともいう》. 2 キクヂシャ (endive). 〘(a1393) □ OF *cicorée* (F *chicorée*) □ L *cichorēum* □ Gk *kikhórion* ← ?〙
Chi·cou·ti·mi /ʃɪkúːtɪmìː | -tɪ-/ *n.* シクーティミ《カナダ南東部, Quebec 州中南部, Saguenay 川に臨む都市》.
chide /tʃáɪd/ *v.* (**chid** /tʃíd/, **chid·ed**; **chid, chid·den** /tʃídn/, **chid·ed**) 《古・文語》*vi.* 1 非難して言う, 荒々しく叫ぶ. 2 〈風・嵐・海などが〉叫ぶ, たけり狂う. 3 小言を言う, とがめる. — *vt.* 1 (やさしく教育的に)叱る, …に小言を言う: ~ the child *for* bad manners 無作法のことで子供を叱る / ~ a person away 叱って人を追いやる. 2 〈風・海が〉〈岸などに〉ぶつかって音をたてる. 〘OE *ċīdan* ← ?〙
chíd·er /-də | -də(r)/ *n.* 1 叱る人. 2 《廃》けんかっ早い人; うるさ型.
chíd·ing·ly /-dɪŋli | -dɪŋ-/ *adv.* 叱りつけて; 叱るように. 〘(1552): ⇨ chide, -ing[2], -ly[1]〙
chief /tʃíːf/ *n.* 1 a (集団・組織の)最高責任者, 長, 頭(かしら); 指揮官, 隊長, 上官, 署長. b (種族の)酋長(しゅうちょう), 族長. c (局長・課長・所長などの)長官, …長: the ~ of a section 課長. d 《俗》親分, ボス (boss). 2 《古》主要な[最上の]部分: in the ~ of summer. 3 《廃》上の部分, 上部 (top). 4 [C-; 称号に用いて]《米軍》部[課]長《指揮権をもたず参謀長を補佐する地位》: (the) *Chief* of Engineers 施設部[課]長 / (the) *Chief* of Information (軍)報道[広報]部[課]長. 5 [通例 C-] a 《海事》機関長 (chief engineer), 一等機関士 (chief officer). b 《海軍》一等兵曹 (chief petty officer). 6 《英俗》だんな. 7 《紋章》a 盾形紋地の上部3分の1の部分. b 盾の上部.
in chief (1) [しばしば称号として用いて] 首領の, 最高の: an agitator *in* ~ 暴徒の首領 / the editor *in* ~ 編集長, 主筆 / ⇨ COMMANDER in chief. (2) 《古》主として, 特に (chiefly) (cf. examination-in-chief). (3) 《紋章》盾の上部3分の1のところに. 〘a1440〙
Tóo màny chiefs and nòt enòugh Índians. 《口語》大将ばかりで兵卒がいない, 船頭多くして船山に登る.
Chíef of Nával Operátions 海軍作戦部長 (cf. CHIEF of Staff (1)). 〘1915〙
chíef of políce [the —] 《米》(警察の)本部長 (⇨ police 1 ★).
Chíef of Stáff [the —] (1) (米陸軍・空軍の)参謀総長 (cf. CHIEF of Naval Operations). (2) [c- of s-] 参謀長, 幕僚長《陸軍・海兵隊では旅団・師団またはそれより上級部隊, 空軍では番号つきで呼ばれる航空軍またはそれより上級部隊, 海軍では少将以上の指揮する艦[部]隊の場合に, それぞれ適用される職名; cf. JOINT Chiefs of Staff, general staff》. (3) 病院の内[外]科医長. 〘c1881〙
chíef of státe [the —] (国家)元首《政治上の首長と区別して国家の形式上の首長》. 〘1950〙
— *adj.* [限定的 にのみ用いて] 1 (階級・権限・重要度において)第一位の, 最高の, 長である: a ~ accountant 会計主任, 経理課長 / a ~ clerk 書記長, 課長 / a ~ cook コック長, 料理人頭, シェフ (chef de cuisinier) / a ~ engineer 技師長, 機関長 / a ~ priest 祭司長, 主教 / His ~ problem is getting a job. 彼にとって第一の問題は就職することだ. 2 主要な, 重要な, 主な.
— *adv.* 《古》主として (chiefly): ~(*est*) of all なかんずく. 〘(c1300) ~, *chef* □ (O)F *chef*, OF *chief* < VL **capum*=L *caput* 'HEAD': cf. chef〙

SYN 第一位の: **chief** 〈人や物が階級・権限・重要性において第一位の: a *chief* examiner 主任試験[審査]官. **principal** 〈人や物が大きさ・地位・重要性の点で他よりもすぐれている《chief よりも格式ばった語》: the *principal* products of Japan 日本の主要産物. **main** 同類の物の中で大きさ・重要性において秀でている: the *main* street of a city 都市の本通り. **foremost** 先頭の位置にある: He is among the *foremost* painters of this century. 今世紀屈指の画家の一人だ. **leading** 率先して指揮する能力のある: the *leading* men of the day 当代の指導的人物.

chief céll *n.* 《解剖》主細胞《胃腺のペプシン分泌細胞; cf. parietal cell》.
chief compláint *n.* 《医学》主訴 (cf. complaint 2 c).
chief cónstable *n.* [しばしば C- C-] 1 《英》(自治体[地方]警察の)警察長 (⇨ police 1 ★). 2 《英史》州治安官《12–13 世紀に州の militia の監督と治安維持にあたった役人》.
chief·dom /-dəm/ *n.* 1 支配地域; 支配されている民衆. 2 =chiefship. 〘(1579): ⇨ -dom〙
Chief Educátion Ófficer *n.* 《英》教育(局)長《地区教育局 (Local Education Authority) の主任行政官; Director of Education ともいう》.
chief exécutive *n.* 《米》1 [the ~] 行政長官; 州知事, 市長(など). 2 [the C- E-] 大統領. 〘1833〙
chief exécutive òfficer *n.* (会社・団体などの)最高経営責任者 (略 CEO).
chief inspéctor *n.* 《英》警部 (⇨ police 1 ★).
chief jústice *n.* 1 [the ~] 首席裁判官, 裁判長, 裁判所長. 2 [the C- J-] a (英国の)高等法院王座部の首席裁判官《正式には Lord Chief Justice of England》. b (米国の)最高裁判所長官《正式には Chief Justice of the United States》. **~·ship** *n.* 〘1692〙
chief·less *adj.* 頭首[指揮者, 長官]のない. 〘c1730〙
chief·ly /tʃíːfli/ *adv.* 1 何よりも, 主に (mainly): It is ~ made of wood. それは主に木でできている. 2 もっぱら; 概して, 多く (mostly): The guests were ~ girls. お客は主として女の子だった. 3 まず第一に, とりわけ: *Chiefly*, I want you to check his papers. とりわけ彼の書類を調べていただきたい. — *adj.* 長の, 長のような: a ~ rank 長としての位. 〘c1386: ⇨ -ly[1,2]〙
chief márshal *n.* 《英空軍》=air chief marshal.
chief máster sérgeant *n.* 《米空軍》上級曹長《曹長 (senior master sergeant) の上の階級》.
chief máster sérgeant of the áir fòrce 《米空軍》空軍最先任上級曹長《候補生に次ぎ, 上級曹長 (chief master sergeant) の上の階級》. 〘1959〙
chief máte [ófficer] *n.* 《海事》一等航海士. 〘1758〙
chief pétty òfficer *n.* 1 《米海軍・沿岸警備隊》一等兵曹 (下士官). 2 《英海軍》上等兵曹. 〘c1887〙
chief rábbi *n.* 一国のユダヤ教最高指導者. 〘1876〙
chief·shìp *n.* chief の職[地位]. 〘(1783): ⇨ -ship〙
chief superinténdent *n.* 《英》警視正 (⇨ police 1 ★).
chief·tain /tʃíːftən, -tɪn/ *n.* 1 指導者, 首長; (山賊などの)親分, 首領 (leader). 2 (スコットランド高地氏族 (Highland clan) の)族長. 3 《古》隊長 (captain). 〘(c1280) *chevetein, cheftayne* □ OF *chevetaine* < LL *capitāneum*: ⇨ captain〙
chief·tain·cy /tʃíːftənsi, -tn-/ *n.* 1 chieftain の地位[役目, 支配]. 2 =chiefdom 1. 〘(1817): ⇨ ↑, -cy〙

chief·tain·ess /tʃíːftənəs | -nəs, -nès/ *n.* 女首領. 〖(*c*1410): ⇨ -ess¹〗
chíeftain·shìp *n.* =chieftaincy. 〖1771〗
chíef technícian *n.* 〖英空軍〗曹長.
chíef wárrant òfficer *n.* **1** 〖米陸軍・空軍・海兵隊〗上級准尉 (⇨ warrant officer ★). **2** 〖米海軍・沿岸警備隊〗上級兵曹長《少尉に次ぐ准士官の階級》. 〖*c*1917〗

C

chiel /tʃíːl/ *n.* 《スコット》 **1** 若者; 男性 (fellow). **2** 子供 (child). 〖ME *chil* 《変形》← CHILD〗
chield /tʃíːl(d)/ *n.* 《スコット》 =chiel.
Chieng·mai /tʃièŋmái, dʒèŋ-/ *n.* =Chiangmai.
Chien-lung /tʃiènlúŋ/ *n.* =Qianlong.
chiff·chaff /tʃíftʃæf/ *n.* 〖鳥類〗チフチャフ (*Phylloscopus collybita*)《ヨーロッパ産ウグイス科の小鳥》. 〖(*c*1780) 擬音語〗
chif·fon /ʃɪfɑ́(ː)n, ⌐⌐ | ʃífɔn, ⌐⌐; *F.* ʃifɔ̃/ *n.* **1** シフォン《きわめて薄い柔らかな生地の織物; 絹または人絹織物で婦人服・ベール・帽子飾りなどに用いる》. **2** [*pl.*]《まれ》婦人服の飾り《リボン・レースなど》. — *adj.* [限定的] **1 a** シフォンで作った, シフォン製の. **b** 〈織り方・布などが〉シフォンのような. **2** (泡立てた卵白やゼラチン入りのパイ・ケーキ・プディングなど)軽くてきめ細かな: a ~ pie. **chíf·fon·y** *adj.* 〖(1765) □ F ~ ← *chiffe* rag, (pl.) clothes《変形》← OF *chipe* □ ME *chip* 'CHIP¹'〗
Chif·fon /ʃɪfɑ́(ː)n, ⌐⌐ | ʃífɔn, ⌐⌐/ *n.* 〖商標〗シフォン《米国 Anderson Clayton 社製のマーガリン》.
chif·fo·nade /ʃɪfənéɪd, -nɑ́ːd/ *n.* (*also* **chif·fon·nade** /~/) シフォナード《スープやサラダに用いる野菜や香草の千切り》. 〖(1877) □ F *chiffonnade*: ⇨ chiffon, -ade〗
chif·fo·nier /ʃɪfəníə | -níə(r)/ *n.* (*also* **chif·fon·nier** /~/) **1** シフォニア: **a** 特に, 丈の高い幅の狭いたんす; 通例上に鏡がついている. **b** 18 世紀の陶器陳列用の飾り棚. **2** =ragpicker. 〖(1765) □ F *chiffonnier*: ⇨ chiffon〗
chiffón táffeta *n.* シフォンタフタ《薄地の絹織物》.
chif·fo·robe /ʃífəròub | -rəub/ *n.* シフォローブ《引出し付きの洋服だんす》, 衣装だんす. 〖(1908) ← CHIFFO(NIER) + (WARD)ROBE〗
Chif·ley /tʃífli/, **Joseph Benedict** *n.* チフリー《1885–1951; オーストラリアの政治家; 首相 (1945–49)》.
chig·e·tai /tʃígətàɪ | -gɪ-/ *n.* 〖動物〗=kulan. 〖□ Mongolian *tchikhitei* 《原義》 with long ears〗
chig·ger /tʃígə, dʒígə | tʃígə(r)/ *n.* **1** 〖昆虫〗スナノミ (⇨ chigoe 1). **2** 〖動物〗ツツガムシ《ツツガムシ科のダニの幼虫; 人や家畜のリンパ液を吸う; 伝染病(恙虫(つつがむし)病)を媒介する種類もある; chigoe, harvest mite, jigger, redbug ともいう》. 〖(1756) ← Afr.: cf. jigger², chigoe〗
chi·gnon /ʃíːnjɑ(ː)n | -njɔn, -njɔŋ; *F.* ʃiɲɔ̃/ *n.* (*pl.* ~**s** /~z; *F.* ~/) シニョン《後頭部からうなじにかけて結う女性の束髪》. 〖(1783) □ F ~ ← OF *chaignon* chain, nape of the neck < VL **catēniō(n-)* ← L *catēna* 'CHAIN'〗
chig·oe /tʃígou, tʃíːg- | tʃígəu/ *n.* **1** 〖昆虫〗スナノミ (*Tunga penetrans*)《隠翅目スナノミ科; 砂地にすみ主としてネズミの耳に寄生し瘤をつくるが, 人畜の皮膚にも食い入る寄生性昆虫; chigoe flea, chigger, sand flea ともいう》. **2** 〖動物〗=chigger 2. 〖(1691) □ W-Ind. *chigo*: cf. F *chique*〗
Chig·well /tʃígwəl, -wel/ *n.* チグウェル《イングランド南部, Essex 州 西部の町》.
Chih·li /tʃíːlíː/ *n.* =Zhili.
Chihli, the Gulf of *n.* 渤海(湾)《Gulf of POHAI [Bohai] の別名》.
Chi·hua·hua /tʃɪwɑ́ːwə, ʃɪ-, -wɑː | *Am.Sp.* tʃiwáwa/ *n.* **1** チワワ(州)《メキシコ北部の州; 面積 247,087 km²》. **2** チワワ《Chihuahua 州の州都》. **3** チワワ《メキシコ原産小形の犬; 吠えない; 被毛はなめらかでつやのあるものと, 長くて柔らかいものとがある》. 〖(1858) □ Mex.-Sp.〗
chik·an /tʃíkən/ *n.* 《インド》刺繍入りの綿布[衣服]《特に Lucknow 産のもの》.
chik·un·gun·ya /tʃìkəngʌ́njə/ *n.* 〖医学〗チクングンヤ熱《アフリカやアジアにみられるデング熱と同様の熱病; 主として蚊の媒介するアルボウイルスによって感染する》.
chil- /kaɪl/ (母音の前にくるときの) chilo- の異形.
chil·blain /tʃílbleɪn/ *n.* [通例 *pl.*]〖病理〗霜焼け, 凍傷, 凍瘡(とうそう) (cf. frostbite). 〖(1547) ← CHILL + BLAIN〗
chíl·blàined *adj.* 霜焼けのできた. 〖(1602): ⇨ ↑, -ed 2〗
child /tʃáɪld/ *n.* (*pl.* **chil·dren** /tʃíldrən, tʃúl-, -dən | -drən/) **1 a** (幼年時代 (infancy) から青年時代 (youth) までの)子供, 小児, 児童: as a ~ 子供のころ / from a ~ 子供のころから / Don't be a ~! ばかげたまねをするな. **b** 嬰児(えいじ), 赤子, 赤ん坊 (cf. baby 1 a ★). **c** 胎児, お腹(なか)の子 (fetus). **d** 〖英方言〗女児 (female infant). **2 a** (親に対して)子; 息子 (son); 娘 (daughter): How many children do you have? 子供は何人 / the eldest [youngest] ~ 長[末]子 / He had no *children* by his first wife. 先妻には子がなかった. **b** 養子. **3 a** 子供っぽい人. **b** 未成年者《英国の法律では 14 才以下の子供を指す; 14 才から 17 才は young person という》. **4** [通例 *pl.*] (遠い先祖の)子孫 (descendant): the *children* of Abraham アブラハムの子, ユダヤ人. **5 a** 追随者, 崇拝者 (follower), 弟子 (disciple): a ~ of God 神の子, 信者 / a ~ of the Devil 悪魔の弟子 / the *children* of Walton (魚釣りの名人)ウォルトンの弟子, 釣師連, 太公望たち / Kennedy's *children* ケネディ信奉[崇拝]者. **b** (ある特殊な種族・階級・境遇などから)生まれ出た人: a ~ of the people [desert] 民衆[砂漠]の子《民衆[砂漠]の中で育った人》/ a ~ of fortune 運命の寵児(ちょうじ), 幸運児 / a ~ of nature 自然児《自然的な環境下に育った人》; 無邪気な人 / a ~ of sin 罪の子 / a ~ of the age [our time] 時代の寵児[現代っ子] / a ~ of the Revolution 革命児. **6** 〔頭脳・空想などが〕生み出したもの, 〔…の〕所産 (product) 〔*of*〕: His books were the *children of* his brain. 彼の書物は彼の頭脳が生み出したものだった / Poems are the *children of* fancy [fancy's *children*]. 詩は想像力の産物だ. **7** 樹形図の節点または葉. ***with chíld*** 《古》妊娠中で (pregnant): be *with* ~ by …のたねを宿している / get a woman *with* ~ 女性をはらませる.
Chíldren in Néed 〖英〗困っている子供たち《国内外の子供の援助をテレビで訴え, 募金活動を行う慈善団体》.
Chíldren of Gód [the ―]〖キリスト教〗神の子供(派)《ジーザス運動 (Jesus Movement) の中の一派で, 世界滅亡が近いと考える》.
chíldren of Ísrael ユダヤ民族, ユダヤ人, ヘブライ人.
chíldren of líght [the ―] 光の子ら《キリスト教徒; cf. *Luke* 16: 8》.
— *adj.* [限定的] **1** 幼年(時代)の, 児童が[幼年時代に]経験した[する]: ~ development 児童の発達 / ~ welfare 児童福祉. **2** 児童である: a ~ wife [bride] (子供みたいに)年若い妻[花嫁].
〖OE *ċild* child, young noble or prince, (pl.) *ċild(ru)* < Gmc **kilþam* (Goth. *kilþei* womb, *inkilþo* pregnant): *children* の語尾 -*en* は *brethren* の類推〗
Child /tʃáɪld/, **Francis James** *n.* チャイルド《1825–96; 米国の文献学者; 英国のバラッド (ballad) の権威》.
chíld abúse *n.* 児童虐待《特に暴力的, 性的虐待》.
chíld·bèaring *n.* 出産, お産, 分娩 (parturition). — *adj.* 出産の[に関する]; 出産可能な, 出産に適した. 〖*c*1395〗
chíld·bèd *n.* 《古》産床, 産褥(さんじょく)(にあること); 出産: die *in* ~ 出産で死ぬ. 〖?*a*1200〗
chíldbed féver *n.* 〖医学〗産褥(さんじょく)熱 (puerperal fever). 〖1928〗
chíld bènefit *n.* 〖英〗児童手当《1977 年に family allowance に代えて設けられた》. 〖1975〗
chíld·bìrth *n.* 出生, 出産, 分娩 (parturition): die in ~ お産[出産]で死ぬ. 〖1549〗
chíld·càre *n.* 育児, 子育て. — *adj.* 育児の, 幼児保育の.
chíld-céntered *adj.* (教育が)児童中心の. 〖1928〗
childe /tʃáɪld/ *n.* [主に, 初期英国のバラッド・ロマンスなどの表題に用いて] 高貴な身分の若者, 御曹子(おんぞうし): *Childe* Roland [Harold] ローランド[ハロルド]家の御曹子. 〖(lateOE): ⇨ child〗
Childe /tʃáɪld/, **Vere Gordon** *n.* チャイルド《1892–1957; 英国の人類学者・考古学者》.
chíld·ed /-dɪd/ *adj.* 子持ちの, 子のある (cf. Shak., *Lear* 3. 6. 110) 〖(1604–5): ⇨ child, -ed 2〗
Chil·der·mas /tʃíldəmæs | -dəmæs, -məs/ *n.* = Holy Innocents' Day. 〖OE **ċildramæsse* ← *ċildra* 'CHILDREN' + *mæsse* 'MASS¹'〗
Chil·ders /tʃíldəz | -dəz/, **Erskine** チルダーズ《1870–1922; アイルランドの政治活動家・作家》.
chíld-frèe *adj.* 子供のいない: a ~ couple 子供のいない夫婦.
chíld guìdance *n.* 〖英〗児童相談《青少年の精神的障害などに対する, カウンセリングなどのケア》. 〖1927〗
child·hood /tʃáɪldhʊ̀d/ *n.* **1 a** 幼時, 幼年時代, 児童期《幼年時代 (infancy) から成人期 (puberty) まで; cf. youth》: since [from] my earliest ~ 私がごく幼い時[ほんの物心がついた時分]から / in one's ~ 子供時代に, 幼年期に / ⇨ second childhood. **b** (ものの発達の)初期の段階, 揺籃(ようらん)期: the ~ of science. **2** 子供らしさ; 子供の状態. **3** [集合的] 子供たち (children). 〖OE *ċildhād*: ⇨ -hood〗
child·ing /tʃáɪldɪŋ/ *adj.* 《古》**1** 子供を産む (bearing); 妊娠している (pregnant): a ~ wife. **2** 〖植物〗(親花のまわりに)子花をつける. **3** 肥沃な; 多産な. 〖(*a*1378) ← *childe(n)* to give birth to a child: ⇨ -ing²〗
child·ish /tʃáɪldɪʃ/ *adj.* **1** 子供(時代)の[に関する, にふさわしい], 子供らしい: a ~ game, face, etc. / ~ memories 子供時代の思い出. **2** 子供っぽい, 子供じみた; 幼稚な, 単純な; 愚かな (⇨ childlike 2 ★): a ~ attempt, idea, remark, etc. / It's ~ of you to complain like that. そんなふうにぐちるなんてあんたもばかね. **3** (老齢で)頭がぼけた; おいぼれた (senile). **~·ly** *adv.* **~·ness** *n.* 〖OE *ċildiśċ*: ⇨ -ISH¹〗

SYN 子供らしい: **childish** 《悪い意味で》〈成人およびその行動が〉未熟で子供っぽい: *childish* selfishness 子供っぽいわがまま. **childlike** 〈外見・性格・行動が〉子供らしい好ましい性質のある: *childlike* innocence 子供のような無邪気さ. **ANT** mature, grown-up.

chíld làbor *n.* 〖労働〗児童労働《労働法規に規定された最低年齢 15 歳以下の児童を産業労働に使役すること》.
child·less /tʃáɪl(d)ləs/ *adj.* 子供のない. **~·ness** *n.* 〖(?*c*1200): ⇨ -less〗
child·like /tʃáɪl(d)làɪk/ *adj.* **1** 子供らしい; (特に)無邪気な, あどけない, 罪のない, 率直な (⇨ childish SYN). **2** 子供(時代)の[に関する]; 子供に適した. ★ childlike, childish は共にどんな年齢の人にも用いられる: ~ trust 子供のような信頼. **~·ness** *n.* 〖1586〗
Chíld·lìne *n.* 〖英〗チャイルドライン《いじめや虐待などで悩んでいる子供たちが相談できる電話サービス》.
chíld·ly *adj.* (**child·li·er**; **-li·est**) 《詩・まれ》子供らしい (childlike, childish). 〖OE *ċildliċ*: ⇨ -ly²〗
chíld·mìnder *n.* 〖英〗チャイルドマインダー《母親が働きに出ている家庭の子供の世話をする人; cf. baby-sitter》. 〖1941〗
chíld·ness *n.* 《Shak》子供らしさ. 〖1610–11〗
chíld pródigy *n.* 天才児, 神童.
chíld·pròof *adj.* **1** 子供がいじってもこわれない. **2** 子供には扱えない[立ち入れ, 開けられ]ない; 子供にも危険のない, 子供にも安全な. 〖1956〗
chíld psychíatry *n.* 小児[児童]精神医学.
chíld psychólogy *n.* 児童心理学. 〖1897〗
chil·dren /tʃíldrən, tʃúl-, -dən | -drən/ *n.* child の複数形. 〖(?*a*1200) ← *childre* (< lateOE *childru*: ⇨ child) + -EN²〗
chil·dre·nese /tʃìldrəníːz, -níːs | -níːz⌐/ *n.* 《米》小児語, 幼児ことば. 〖⇨ -ese〗
Chíldren's Crusàde *n.* 少年十字軍《1212 年にフランスおよびドイツの青少年たちがそれぞれ企てた聖地奪還のための「十字軍」で, いずれも失敗》.
Chíldren's Dày *n.* 子供の日《通例 6 月の第 2 日曜日で, プロテスタント教会で子供のための催しが行われる》.
Chíldren's Pànel *n.* 《スコット》〖教育〗児童問題対策委員会《16 歳以下の犯罪を犯したり家庭問題を抱えたりしている子供を扱う権限を持った関係機関の代表者の集まり》.
chíld sèat *n.* チャイルドシート《車のシートベルトで固定する乳幼児専用の座席》.
chíld's plày *n.* **1** 児戯に類する[やさしい]事: The job was ~ to him. その仕事は彼には朝めし前のことだった[赤子の手をひねるようなものだ]. **2** 《口語》取るに足らない[ささいな]もの. 〖*c*1395〗
Chíld Suppórt Àgency *n.* [the ~] 〖英〗児童養育費庁《社会保障省の一庁; 子供の養育費を定め, 別れて離れて暮らす親から徴収する; 略 CSA》.
chil·e /tʃíli/ *n.* =chili.
Chil·e /tʃíli; *Am.Sp.* tʃíle/ *n.* チリ《南米南西部太平洋岸の共和国; 面積 756,946 km², 首都 Santiago; 公式名 the Republic of Chile チリ共和国》. 〖□ Sp. ~ ← ?〗
Chil·e·an /tʃíliən, tʃɪléɪən | tʃíliən, tʃɪlíːən/ *adj.* チリ(人)の. — *n.* チリ人. 〖1704〗
Chílean béllflower *n.* 〖植物〗**1** =Chile-bells. **2** ノラナ (*Nolana atriplicifolia*)《南米太平洋岸の乾燥地に生えるノラナ科の多年草; 花喉部が白色または黄色のベル形の青い花をつける》.
Chílean guáva *n.* 〖植物〗ウグニ (*Myrtus ugni*)《チリ原産フトモモ科フトモモ属の常緑低木; 紫黒色の液果でジャム・ゼリーを作る》. 〖1952〗
Chil·e·a·nize /tʃɪlíːənàɪz, tʃíliə- | tʃíliə-, tʃɪlíːə-/ *vt.* チリ化する, チリ政府の統制下に置く. 〖← CHILEAN + -IZE〗
Chíle-bèlls *n.* (*pl.* ~) 〖植物〗ツバキカズラ, ユリカズラ (*Lapageria rosea*)《チリ原産ユリ科のつる草; 緋紅色の花が咲く; チリの国花; copihue ともいう》.
Chíle pìne *n.* 〖植物〗チリマツ (monkey puzzle). 〖1940〗
chil·e [chil·i] re·lle·no /tʃíːlireɪjéɪnou | -nəu; *Am.Sp.* tʃílerejéno/ *n.* (*pl.* **chil·es** [**chil·is**] **re·lle·nos** /tʃíːlesreɪjéɪnous | -nəus/) 〖料理〗チレス レエノス《大形のチリに挽き肉・野菜・チーズを詰めて衣をつけ, 揚げたメキシコ料理》.
Chíle sáltpeter [níter] *n.* 〖鉱物〗(天然に産する)チリ硝石 ($NaNO_3$)《soda niter ともいう; cf. caliche》. 〖*c*1909〗
chil·i /tʃíli/ *n.* (*pl.* ~**es**) **1 a** チリ《辛味性の強いトウガラシ; 香辛料; cf. cayenne pepper》. **b** 熱帯アメリカ産低木性のトウガラシ (*Capsicum frutescens*) の実. **2** 《米》=chili con carne. 〖(1604) □ Sp. *chile* □ N-Am.-Ind. (Nahuatl) *chilli*〗
Chil·i /tʃíli/ *n.* =Chile.
-chi·li·a /káɪliə, kíl-/ 「(…の)唇形成」の意の名詞連結形. 〖← NL ~ ← Gk *-kheilés* (← *kheîlos* lip): ⇨ -ia²〗
chil·i·ad /kíliæ̀d, -əd | kíl-, káɪl-/ *n.* **1** 千 (thousand); 千の集まり: a ~ of years 千年. **2** 一千年 (millennium). **chil·i·ad·al** /kìliǽdl̩ | kìl-, kàɪl-⌐/ *adj.* **chil·i·ad·ic** /kìliǽdɪk | kìl-, kàɪl-⌐/ *adj.* 〖(1598) □ LL *chīliad-*, *chīliās* □ Gk *khīliad-*, *khīliás* a thousand ← *khīlioi* (adj.) thousand〗
Chil·i·an /tʃíliən/ *n.*, *adj.* =Chilean.
chil·i·arch /kíliɑ̀ək | -ɑ̀ːk/ *n.* (古代ギリシャ軍の)千人隊長. 〖□ Gk *khīliárkhēs* ← *khīlioi*: ⇨ ↑, -arch〗
chil·i·asm /kíliæ̀zm/ *n.* 〖神学〗千年王国[至福千年]説, 一千年平和説《世界の終末の審判が来る前にキリストが再臨して一千年間この世を治めるという千年期 (millennium) の説》. 〖(1610) ← NL *chiliasmus* ← Gk *khīliasmós* ← *khīliás*: ⇨ chiliad, -ism〗
chíl·i·ast /-æ̀st/ *n.* 千年王国[至福千年]説信奉者. 〖(1611) □ Gk *khiliastḗs*: ⇨ ↑, -ist〗
chil·i·as·tic /kìliǽstɪk⌐/ *adj.* 千年王国[至福千年]説の (millenarian). **chìl·i·ás·ti·cal·ly** *adv.* 〖(1675): ⇨ ↑, -ic¹〗
chil·i con car·ne /tʃílikɑ(ː)nkɑ́əni, -kən- | -kɔnkɑ́ː-, -kən-; *Am.Sp.* tʃilikoŋkárne/ *n.* 〖料理〗チリコンカルネ《ミンチ状の牛肉に, 刻んだチリ (chili)・トマト・たまねぎ・チリパウダー (chili powder) を加えて煮込み豆を添えて出すメキシコ料理》. 〖(1857) □ Mex-Sp. *chile con carne* 'chili with meat'〗
chíli dòg *n.* チリドッグ《チリコンカルネをはさんだホットドッグ》.
chil·i·pep·per /tʃílipèpə | -pə(r)/ *n.* 〖魚類〗米国 California 州沖に生息するカサゴ科メバル属の背が赤れんが色で

腹が桃色の食用魚 (*Sebastodes goodei*)《その色から》.

chíli pèpper *n.* =chili 1.

chíli pòwder *n.* チリパウダー《乾燥したチリ (chili) に数種の香辛料を混合した粉末状の香辛料》. 〚1938〛

chíli sàuce *n.* チリソース《チリその他の香辛料で, トマトを煮て作る辛味の強いソース》. 〚1880〛

chi·li·tis /kaɪláɪtɪs | -tɪs/ *n.* 〘病理〙=cheilitis.

Chil·kat /tʃílkæt/ *n.* (*pl.* ~, ~s) **1 a** [the ~(s)] チルキャット族《米国 Alaska 州南東部に住む Tlingit インディアンの一族》. **b** チルキャット族の人. **2** チルキャット語. 〚(1836) ← Tlingit *tcīl-xāt*《原義》store houses for salmon〛

Chíl·koot Páss /tʃílku:t-/ *n.* [the ~] チルクート山道《米国 Alaska 州南東部, Coast Ranges を横切る山道; Skagway の北 32 km で Yukon 川上流地域に至る; 海抜 1,068 m》.

chill /tʃíl/ *vt.* **1** 冷やす; 冷却する, 寒がらせる: The ice ~*ed* him to the marrow. 氷の冷たさで骨の髄まで冷えてしまった / be ~*ed* to the bone すっかり冷え込む. **2 a** 〈食べ物を〉(凍らせないで)冷蔵する: ~ meat. **b** 〈ワインなどを〉冷やして出す. **3** (恐怖などで)ぞくぞくさせる, ぞっとさせる; 〈意気・熱意などを〉くじく; 〈興を〉さます: ~ one's joy, hopes, etc. / It ~*s* my blood to think of it. その事を思えばぞっとする / My blood was ~*ed with* the horror of it. その恐怖で血も凍るようだった / a ~*ing* sight 身の毛もよだつような光景. **4** 〈塗装面〉に曇りを生じさせる. **5** 〘冶金〙〈溶けている金属を〉金型で急冷凝固させる.
— *vi.* **1** 冷える; (急速に)冷たくなる. **2** 寒けがする, ぞくぞくする. **3** 〘冶金〙金型で急冷凝固する. **4** 《米俗》(熱意・興が)冷める; 懐疑的になる. **5** 《米俗》人の言いなりになる, 無抵抗になる.
chíll óut 《米俗》くつろぐ (relax).
— *n.* **1 a** (寒さ・湿気に身をさらしたために起こる)悪寒(おかん), 寒け: catch a ~ 冷えこむ, 悪寒を覚える / have [feel] a ~ ぞくぞくする, 寒けがする / give a person a ~ 人に悪寒を覚えさせる. **b** 不快な寒さ, ぞっとする気持ち; おじけ: feel a ~ of horror 恐怖でぞっとする / The sight gave me the ~*s*. その光景を見て血の気が引いた / A cold [An icy] ~ passed down her spine. 背筋が凍る思いだった. **2 a** 興ざめ, 冷や水, 白けた気分: He cast a ~ *over* our joy. 我々の楽しみに冷や水をかけた / His appearance cast a ~ *over* the party. 彼が現れて急に座が白けてしまった. **b** よそよそしさ, 冷淡: There was a ~ in his manner. 彼の態度によそよそしさがあった. **3** (空気・水などのひやっとする)冷たさ; (身震いを伴う)寒気, 冷気, 身にしむ寒さ: a wintry ~ / the ~ of early dawn 夜明けの冷え. **4** = bloom[1] 4 c. **5** 〘冶金〙冷し金, チル鋳型《金型で急冷却を早くさせる鋳型; chill mold ともいう》.
táke the chíll óff 少々温める: Please *take the ~ off* water. 水を少々温めてください.
chílls and féver 〘病理〙=malaria 1.
— *adj.* (~·er, ~·est) 《文語》(cf. chilly[1]) **1 a** 冷たい, ひんやりとする: a ~ night. **b** 冷え冷えとした, 寒けがする: a ~ wind. **2** 寒さに震えている, 悪寒のする, ぞくぞくする. **3 a** 気を滅入らせる(ような). **b** 冷淡な, すげない, よそよそしい: a ~ reception. **4** 《米俗》すてきな, すばらしい, かっこいい, 完璧な.
〚OE *ċ(i)ele* < Gmc **kaliz*: cf. cold, cool〛

Chi·llán /tʃɪjá:n; *Am.Sp.* tʃiján/ *n.* チヤン《チリ中部の都市》.

chíll-cást *vt* 〘冶金〙〈溶かした金属を〉チル鋳造する《硬い密な表面を作るために溶かした金属を, 冷やした金属製の鋳型と接触させて急速に冷却する》.

chilled *adj.* **1** 冷えた, 冷却した. **2** 冷蔵の (cf. frozen): ~ meat 冷蔵肉. **3** 〘冶金〙チルド《急冷凝固された》: ~ castings チルド鋳物《急冷して外面だけを白色硬鋼としたもの》. 〚(1598): ⇨ -ed 2〛

chill·er /tʃílə | -lə(r)/ *n.* **1 a** 冷たくするもの[人]. **b** (肉屋の)冷凍係. **2** 《口語》(殺人・怪奇ものなど)ぞっとさせる物語[映画, 演劇など], 怪奇小説, スリラー. **3 a** 冷却[冷蔵]装置. **b** 冷却機《パラフィン蒸留液を冷却してろうを分離させる装置》. **c** チラー, 冷やし金《金属・合金の凝固の際に温度調節に用いられる金属片》. 〚(1798): ⇨ -er[1]〛

chíll fàctor *n.* 〘生理〙=windchill. 〚1965〛

chil·li /tʃíli/ *n.* (*pl.* ~es) =chili.

chil·li·ly /tʃílɪli/ *adv.* =chilly[1].

chíl·li·ness *n.* うすら寒さ, 冷気; 寒気; 冷淡(さ).

chill·ing /tʃílɪŋ/ *adj.* **1** 冷え冷えする, ぞくぞくする: a ~ wind. **2** 血の凍るような, 恐ろしい, ぞっとさせる: a ~ story. **~·ly** *adv.* 〚(?a1400): ⇨ -ing[2]〛

Chil·li·wack /tʃílɪwæk | -lɪ-/ *n.* チリワック《カナダ British Columbia 州南部にある自治区》.

chíll mòld *n.* 〘冶金〙=chill 5.

chíll·ness *n.* =chilliness.

Chil·lon /ʃɪlá(:)n, ʃílən, ʃɪjóun | ʃɪlɔ́n, ʃílən, -lɔn; *F.* ʃijɔ̃/ *n.* シヨン城《スイス Geneva 湖の東端の小島の上にある古城; もと政治犯をその土牢(ろう)に監禁した; Byron の詩 *The Prisoner of Chillon* (1816) で名高い》. ★ Byron の詩では /ʃílən, -la(:)n | -lən, -lɔn/ と発音するのが普通.

chíll·ròom *n.* 冷蔵室. 〚1884〛

chill·some /tʃílsəm/ *adj.* 《文語》=chilly[1]. 〚1927〛

chil·lum /tʃíləm/ *n.* **1** 水ぎせるの頭部[雁首(がんくび)]; (雁首に詰める)たばこ[ハシーシ]. **2** 漏斗状の陶器のきせる. 〚(1781) ◻ Hindi *cilam* ◻ Pers. *chilam*〛

chill·y[1] /tʃíli/ *adj.* (**chill·i·er, -i·est; more ~, most ~**) **1** 冷え冷えする, ひんやりする; うすら寒い: a ~ day, morning, wind, etc. **2** 寒さを感じる, 寒けがする: feel [be] ~ 寒けがする. **3 a** 気を滅入らせるような. **b** 〈態度など〉温かみのない, 冷淡な, よそよそしい, 愛想のない: a ~ manner, reception, welcome, etc. **4** ぞっとさせる, スリラーの: a ~ story. — *adv.* 冷淡に, 冷ややかに. 〚(adj.: 1570; adv.: 1640): ⇨ chill, -y[4], -ly[1]〛

chil·ly[2] /tʃíli/ *n.* =chili.

chílly bìn *n.* 《NZ口語》携帯用アイスボックス《食料や飲料水を入れる》. 〚1974〛

chi·lo- /káɪloʊ | -ləʊ/「唇 (lip)」の意を表す連結形. ★ 母音の前では通例 chil- になる. 〚← NL ~ ← Gk *kheilo-* ← *kheîlos* lip〛

Chi·lo·é Ísland /tʃìlouéɪ- | -ləʊ-; *Am.Sp.* tʃiloé/ *n.* チロエ島《チリ南西部海岸沖の島; 石炭埋蔵地; 面積 8,394 km²》.

Chi·log·na·tha /kaɪlá(:)gnəθə | -lɔ́g-/ *n. pl.* 〘動物〙**1** (倍脚綱)唇顎亜綱. **2** =Diplopoda. **chi·lóg·na·than** /-θən/ *adj., n.* 〚(1835) ← NL ~: ⇨ ↑, -gnatha〛

Chi·lon /káɪlɑ(:)n | -lən/ *n.* キロン《紀元前 6 世紀スパルタの ephor; ギリシャ七賢人 (Seven Sages) の一人》.

chi·lo·plas·ty /káɪləplæ̀sti | -lə(ʊ)-/ *n.* 〘外科〙=cheiloplasty.

chi·lo·pod /káɪləpɑ̀(:)d | -pɔ̀d/ *n.* 〘動物〙唇脚類の節足動物《ムカデなど》. 〚(1837) ↓〛

Chi·lop·o·da /kaɪlá(:)pədə | -lɔ́pədə/ *n. pl.* 〘動物〙(節足動物門)唇脚綱《ムカデやゲジなどを含む》. 〚← NL ~: ⇨ chilo-, -poda〛

chi·lot·o·my /kaɪlá(:)təmi | -lɔ́t-/ *n.* =cheilotomy.

Chil·pan·cin·go /tʃìlpənsíŋgoʊ | -gəʊ; *Am.Sp.* tʃilpənsíŋgo/ *n.* チルパンシンゴ《メキシコ南部 Guerrero 州の州都》.

Chíl·tern HíIls /tʃíltən- | -tən-, -tn̩-/ *n. pl.* [the ~] チルターン丘陵《イングランド Oxfordshire 州の Thames 川辺から Buckingham, Bedford, Hertford 各州を 20–30 km の幅で北東に走る低い白亜質の丘陵; 全長 115 km, 最高地点 260 m》. 〚*Chiltern*: ← OE *ċiltern* ← ? (cf. OBrit. **celto-* high)〛

Chíltern Húndreds *n. pl.* [the ~] チルタン百戸村《イングランド Chiltern Hills 地方の英国王の直属地; Burnham, Desborough および Stoke の 3 hundreds; 英国下院議員は失格の場合の外は議院法によって辞職ができないが, 王室の有給職につけば議員の資格を失う; そこで議員が合法的に辞職しようとする場合にはこの領地の執事職 Stewardship of the Chiltern Hundreds (名目的職務) を志願する; cf. hundred 9 a》.
accépt [*applý for*] *the Chíltern Húndreds* 《英》下院議員の職を辞する.
〚c1260〛

Chi·lu·ba /tʃɪlú:bə/ *n.* =Tshiluba.

Chi·lung /tʃì:lúŋ/ *n.* 基隆(キールン)《台湾北部の海港; Keelung ともいう》.

chi·mae·ra /kaɪmí(ə)rə, kɪ- | -míərə/ *n.* **1** 〘魚類〙ギンザメ (*Chimaera phantasma*)《ギンザメ科の魚類の総称》. **2** 〘魚類〙ギンザメに類似した全頭亜綱の魚類の総称. **3** =chimera. 〚(1804) ← NL ~: ⇨ chimera〛

Chi·mae·rae /kaɪmí(ə)ri:, kɪ- | kaɪmíəri-, kɪ-/ *n. pl.* 〘魚類〙ギンザメ目. 〚← NL ~ (pl.): ↑〛

Chi·mae·ri·dae /kaɪmí(ə)rədì:, kɪ- | -míərɪ-/ *n. pl.* 〘魚類〙ギンザメ科. 〚← NL ~: ⇨ chimaera, -idae〛

chim·ar /tʃímə, ʃím- | -mə(r)/ *n.* 〘英国国教会〙=chimere.

chimb /tʃáɪm/ *n.* =chime[2].

Chim·bo·ra·zo /tʃìmbərá:zoʊ, ʃìm- | -zəʊ; *Am.Sp.* tʃimboráso/ *n.* チンボラソ(山)《南米エクアドル中央部 Andes 山脈中央の休火山 (6,267 m)》.

Chim·bo·te /tʃɪmbóʊti | -bə́ʊti; *Am.Sp.* tʃimbóte/ *n.* チンボテ《ペルー中北部の港市; Santa 川の水力発電を利用したペルー最初の鉄工業都市》.

chime[1] /tʃáɪm/ *vt.* **1 a** (鐘楽を作るために)〈鐘を〉打つ. **b** (鐘で)〈鐘楽を〉奏する. **2** 〈鐘が〉〈時間を〉知らせる: ~ four 4 時を知らせる. **3** 鐘を鳴らして〈人を〉(…へ)呼ぶ[…させる] 〔*to*〕: ~ a congregation *to* church 鐘を鳴らして会衆を教会へ呼ぶ. **4** 調子をつけて[単調に]しゃべる[繰り返す]. — *vi.* **1 a** 〈一組の鐘が〉諧調をなして鳴り響く. **b** チャイムの音を作る: The doorbell ~*d*. ドアのベルが鳴った. **2** 調子よく鐘を打ち鳴らす; 鐘楽を奏する. **3** 調和する, 一致する 〔*with*〕 / 〈*together*〉: The music ~*d with* the mood. その音楽は気分とよく合っていた. **4** 調子をつけて暗誦(あんしょう)する; 歌うような[単調な]調子でしゃべる.
chíme ín (1) (歌などで)調子を合わせる, (調子を合わせて)合流する; 調子を合わせる, 合づちを打つ; 調和する, 一致する 〔*with*〕: The picture ~*s in with* the room. その絵は部屋とよく調和している. (2) 話の途中に割り込む; 割り込んで言う. 〚1681〛
— *n.* **1 a** (旋律を奏でられるよう調律した)一組の鐘, 組み鐘, チャイム《5–12 個で一組》. **b** [通例 *pl.*] 合奏鐘音, 鐘楽. **c** [通例 *pl.*] 管鐘, 組鐘《一組の長さの異なる金属筒から成り, 槌で打って演奏するオーケストラ用楽器; bell(s) ともいう》. **2** (ドアや置時計などの)チャイム(装置). **3 a** 一組の鐘の音; チャイムの音. **b** 美しい諧調, 旋律. **4** 調和, 一致: fall into ~ with …と調和[一致]する / keep ~ with …と調子を合わせていく.
in chíme (1) 〈音が〉調和して, 調子を合わせて. (2) 一致[協同]して (in agreement).

chím·er[1] *n.* 〚(?a1300) *chim(b)e* cymbal, chime ◻ ? OF *chimbe*, *chimble* ◻ L *cymbalum* 'CYMBAL' ∽ OE *ċimbal* ◻ L〛

chime[2] /tʃáɪm/ *n.* (樽の両端の)突き出たふち, 出縁(でぶち). 〚(c1390) *chimb(e)* < OE *ċimb-* (cf. *ċimstān* base of a pillar): cf. G *Kimme* edge / Du. *kim* edge of a cask〛

chim·er[2] /tʃímə, ʃímə | -mə(r)/ *n.* 〘英国国教会〙=chimere.

chi·me·ra /kaɪmí(ə)rə, kɪ- | -míərə/ *n.* **1 a** [C-]〘ギリシャ神話〙キマイラ, キメラ《ライオンの頭・ヤギの体・竜またはヘビの尾をもち, 口から火を吐く怪獣; Bellerophon に殺された》. **b** 怪物, 怪奇な化け物《装飾意匠などにも用いる》. **2 a** 奇怪な幻想, 荒唐無稽な空想; (特に)実現不可能な夢. **b** 根拠のない恐怖. **3** 〘生物〙キメラ, 混合染色体《生物の体の細胞がその部分により染色体の倍数性が違い, 半数 (haploid), 倍数 (diploid), 三倍数 (triploid) などが混在するもの; mixoploid, mosaic ともいう》. 〚(a1387) ◻ (O)F *chimère* ◻ L *chimaera* ◻ Gk *khímaira* she-goat ← *khimarós* he-goat,《原義》one winter old ← *kheîma* winter: ⇨ hibernate〛

chimera 1 a

chi·me·ral /kaɪmí(ə)rəl, kɪ- | -míər-/ *adj.* **1** =chimerical. **2** 〘生物〙キメラの, 混合染色体の.

chi·mere /tʃɪmíə, ʃɪ- | -míə(r)/ *n.* 〘英国国教会〙シミアー《bishop が rochet の上に着用する黒または赤色の袖なしの長い法衣; 中世の一般的な外衣であった tabard が発展したもの》. 〚(1375) ◻ OF *chamarre* ◻ Sp. *zamarra* ◻ Arab. *sammūr* weasel: cf. simar〛

chi·mer·ic /kaɪmérɪk, kɪ-/ *adj.* **1** =chimerical. **2** 〘生物〙=chimeral 2. 〚1653〛

chi·mer·i·cal /kaɪmérɪkəl, kɪ-, -kl̩ | -rɪ-/ *adj.* **1** 非現実的な; 想像上の. **2** 荒唐無稽な, 突飛な. **3** 実現不可能な空想にふける, 空想的な. **~·ly** *adv.* **~·ness** *n.* 〚(1638): ⇨ ↑, -al[1]〛

chi·me·rism /kaɪmí(ə)rɪzm, kɪ- | -míər-/ *n.* 〘生物〙キメラ現像《二つ以上の異なる遺伝子をもつ組織が一個体を形成すること》. 〚(1961) ← CHIMERA + -ISM〛

chim·i·chan·ga /tʃìmɪtʃǽŋgə/ *n.* 〘料理〙チミチャンガ《スパイスを効かせた肉などをトルティーヤ (tortilla) で包んで揚げたメキシコ料理》.

Chim·kent /tʃɪmként/ *n.* チムケント《カザフスタン共和国南部の都市》.

chim·ney /tʃímni/ *n.* **1** 煙突《炉から屋根上まで通じた煙抜きの管道; 屋根の上に出た部分だけをいうこともある》: smoke like a ~ たばこをやたらに吸う. **2** 《英》(汽船・汽車の)煙筒. **3** 〘登山〙チムニー《岩壁に縦に走っている裂け目で, 身体を入れて登りうる程度のもの; cf. chockstone, crack 1 c》. **4** (ランプの)ほや. **5 a** 煙突状の物. **b** (火山の)火孔《火口からさらに下部に続く》. **c** 〘鉱山〙鉱柱《円筒状になっている富鉱体》. **6** 〘音楽〙チムニー《パイプオルガンの金属閉管の尖端にあり, 音高を調整するために空気を抜く小管》. **7** 《廃・方言》暖炉 (fireplace).
— *vt.* 〘登山〙両側の岩壁を体で押しながら〈チムニーを〉登って行く. 〚(c1280) *chimenee* ◻ (O)F *cheminée* < LL *camīnātam* ← L *camīnus* forge, hearth ◻ Gk *káminos* ← ?〛

chímney brèast *n.* **1** 炉胸《部屋の中の暖炉の突き出た壁の部分》. **2** =mantel 1. 〚1843〛

chímney càp *n.* 煙突がさ, チムニーキャップ《通風または風雨よけのために煙突頂部に付けた覆い》. 〚1847〛

chímney còrner *n.* **1** 炉すみ《昔風の大きな炉 (fireplace) の壁ぎわのすみで居心地のよい座席; inglenook ともいう》. **2** 炉辺 (fireside); 炉に近い場所.

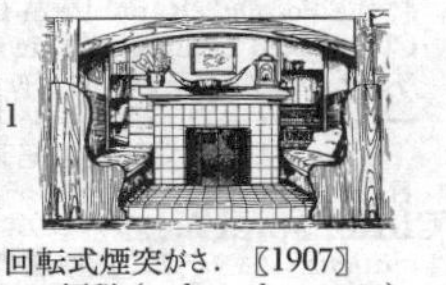

chimney corner 1

chímney-jàck *n.* 回転式煙突がさ. 〚1907〛

chímney mòney *n.* 炉税 (⇨ hearth money). 〚1664〛

chímney nòok *n.* =chimney corner. 〚1637〛

chímney·pìece *n.* **1** 《英》=mantelpiece. **2** 《廃》炉棚飾り. 〚1609–10〛

chímney pòt *n.* 煙突頂部に取り付けた通風管. 〚1830〛

chímney-pot hàt *n.* 《英》高いシルクハット. 〚1862〛

chímney ròck *n.* 〘地質〙煙突のようにそそり立つ岩, 煙突岩.

chímney-shàft *n.* 《英》=chimney stalk. 〚1662〛

chímney stàck *n.* **1** 組合わせ煙突《数個の煙突が屋根の上で連結されたもの》. **2** (屋上に立った)煙突, 孤立煙突. 〚1840〛

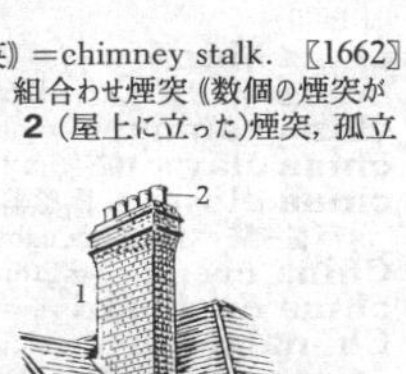

chimney stack
1 chimney stack
2 chimney pots

chímney stàlk *n.* 《英》(工場などの)大煙突. 〚1828〛

chímney swàllow *n.* 〘鳥類〙**1** 《英》ツバメ (barn swallow)《よく煙突に巣を作るヨーロッパで最も普通の種類》. **2** 《米》=chimney swift. 〚1727〛

chímney swèep *n.* **1** 煙突掃除夫[人]. **2** 〘鳥類〙=chimney swift. 〚1611〛

chímney swèeper *n.* **1** =chimney sweep 1. **2** (柄の長い)煙突掃除用ブラシ. 〚c1500〛

C

chímney swìft *n.* 〖鳥類〗エントツアマツバメ (*Chaetura pelagica*) (北米産). 〖1849〗

chímney tòp *n.* **1 a** 煙突の頂部. **b** 屋根の上に出た煙突の部分. **c** =chimney pot. **2** 〖音楽〗=chimney 6. 〖1599〗

chi·mo·nan·thus /kàɪmoʊnǽnθəs | -mə(ʊ)-/ *n.* 〖植物〗ロウバイ属の低木, (特に)ロウバイ (winter sweet).

C

chimp /tʃímp/ *n.* 《口語》〖動物〗=chimpanzee. 〖(1877)《略》〗

chim·pan·zee /tʃìmpænzíː, -pən-, tʃɪmpǽnzi | tʃìmpænzíː, -pən-ˊ/ *n.* 〖動物〗チンパンジー (*Pan troglodytes*) 《アフリカの熱帯雨林や森林・サバンナにすむ》. 〖(1738) ◻ Congo *chimpenzi, kimpenzi*〗

Chi·mu /tʃiːmúː; *Am.Sp.* tʃimú/ *n.* (*pl.* ~, ~s) **1 a** [the ~(s)] チムー族《ペルー北西部沿岸に住み, インカ族に征服されるまで高度の都市文化をもっていたが, 絶滅した》. **b** チムー族の人. **2** チムー語. — *adj.* チムー族[語]の. 〖◻ Sp. *chimú* ← Am.-Ind.〗

chin /tʃín/ *n.* **1** あご先, あご《下唇の下あごの突き出た部分と首の上の部分を含む顔の一部; cf. jaw》: rest one's ~ on one's chest あごを胸につける / with (the) ~ in (one's) hand 手であごを支えて, ほおづえをついて / lift one's ~=thrust out one's ~ 頭を高く後ろにそらす, 鼻をつんと立てる《反抗・自己主張などの気持ちを表す》/ rub one's ~ あご先をなでる《考えごとをしているときなどのしぐさ》. ★ ギリシャ語系形容詞: genial; ラテン語系形容詞: mental. **2** 《米俗》話, おしゃべり, 雑談 (talk): have a ~ 雑談する / get together for a ~ おしゃべりに集まる.
Chin úp! 元気を出せ. ***kéep one's chín ùp*** 《口語》勇気を失わない, 元気を出す: *Keep* your ~ *up!* 元気を出せ. ***stick one's chín òut***=stick one's NECK[1] out. ***táke it on the chín*** 《口語》(1) ひどく痛めつけられる[けがをする]. (2) (逆境にあって)がんばる, 耐え忍ぶ; (敗北・逆境を)冷静に受けとめる《ボクシングの用語から》. 《1928》 ***ùp to the chín*** (1) あごの所まで(深く): He is buttoned *up to the* ~. (詰め襟の服などを着て)ボタンをあごのところまではめている. (2) 《口語》深くはまりこんで, 深入りして: He was *up to the* ~ in the affair. その事件に深入りしていた. ***wág one's chín*** 《俗》ぺらぺらしゃべる (cf. chinwag).
— *v.* (**chinned; chin·ning**) — *vt.* **1** [~ *oneself* で] (鉄棒で)懸垂する. **2** 《口語》〈バイオリンなどを〉あごにもっていく, あごではさむ[支える]. **3** 《古》〈人〉に話しかける. — *vi.* **1** 懸垂する. **2** 《米俗》しゃべる.
〖OE *ċin* < Gmc **kinnuz* (Du. Kin / G Kinn) ← IE **genu-* (L *gena* cheek / Gk *génus* lower jaw)〗

Chin[1] /tʃín/ *n.* (*pl.* ~, ~s) **1 a** [the ~(s)] チン族《ミャンマー南西部およびインド・バングラデシュの隣接地域の民族》. **b** チン族の人. **2** チン語《チベットビルマ語族》.

Chin[2] /tʃín, tʃiːn/ *n.* =Qin.

Chin. 《略》China; Chinese.

chin- /kɪn, tʃɪn/ (母音の前にくるときの) chino- の異形.

chi·na[1] /tʃáɪnə/ *n.* **1** 磁器, 《熔化するまで白色に焼成された》硬質陶器《食器・装飾品用; cf. porcelain》. **2** [集合的] (食卓・装飾用の)陶磁器類: a piece of ~ / collect old ~. **3** 《英俗》仲間, 相棒 (mate): my (old) ~. 《(1880) ← *china plate* (MATE[1] との押韻俗語)》 — *adj.* [限定的] (陶)磁器(製)の. 〖(1579) ← CHINA〗

chi·na[2] /kíːnə/ *n.* =cinchona. 〖(1866) ◻ Sp. *quina* ◻ ? Quechua *kina*〗

Chi·na /tʃáɪnə/ *n.* 中国, 中華人民共和国《アジア東部の共和国; 面積 9,561,000 km², 首都北京 (Beijing); 公式名 the People's Republic of China; 俗称 Communist China, Red China; cf. Taiwan》.
from China to Perú 世界のすみずみまでも.
— *adj.* [限定的] =Chinese 1 a.
〖(1555) ← Chin. *Chin* 秦(紀元前 3 世紀に興った王朝の名)〗

Chína àster *n.* 〖植物〗エゾギク, アスター (*Callistephus chinensis*) 《キク科の中国原産の一年草; ヨーロッパでは 200–300 品種に改良された》. 〖1794〗

chína bàrk *n.* =cinchona 2.

chína·bèrry /-bèri | -b(ə)ri/ *n.* 〖植物〗 **1** ムクロジ属の木 (*Sapindus saponaria*) 《メキシコ・西インド諸島・米国南部産; 果実はサポニン (saponin) を含み, 以前石鹸の代用とされた; soapberry ともいう》. **2** タイワンセンダン, シンラン (*Melia azedarach*) 《アジア原産センダン科の高木; 紫色の芳香性の花が咲き黄色の漿果がなる; chinaberry tree, pride of China, pride-of-India, China tree ともいう》. 〖1890〗

chína blúe *n.* チャイナ ブルー, 青磁色 (celadon) 《明るい緑色がかった青色》. 〖1866〗

chína càbinet *n.* =china closet.

chína clày *n.* 〖鉱物〗カオリン (kaolin), 陶土. 〖1840〗

chína clòset *n.* 陶磁器収納戸棚; 陶磁器陳列用ガラス戸付き飾り棚 (china cabinet ともいう). 〖1771〗

Chína crèpe *n.* =crepe de Chine.

chína cùpboard *n.* =china closet.

Chi·na·graph /tʃáɪnəgræ̀f | -grɑ̀ːf, -græ̀f/ *n.* 〖商標〗チャイナグラフ《英国製の, 陶器やガラスなどに書ける色鉛筆》. 〖1943〗

Chína gràss *n.* 〖植物〗=ramie 1. 〖1858〗

Chína ink *n.* =India ink. 〖1782〗

chína·man /-mən/ *n.* (*pl.* **-men** /-mən/) 《古》磁器製作者, 陶磁器商人. 〖1772〗

Chína·man /-mən/ *n.* (*pl.* **-men** /-mən/) **1** [しばしば軽蔑的に] 中国人 (Chinese). **2** 〖クリケット〗(左腕投手が右打者に投げる)右偏向の球. 〖1849〗

Chína mán *n.* 〖人類学〗=Peking man.

Chínaman's chánce *n.* [通例否定構文で] 《米口語》ごくわずかな可能性: He hasn't a ~ of defeating his opponent. 相手をやっつける見込みはまずない. 〖1854〗

Chi·nan /dʒìːnáːn/ *n.* =Jinan.

Chína órange *n.* =calamondin. 〖1665–66〗

chína pínk *n.* 〖植物〗セキチク (*Dianthus chinensis*) (⇨ pink[1] 2 a).

chína pláte *n.* =china[1] 3.

chína pròcess *n.* 〖窯業〗チャイナプロセス《素地を締焼(しめやき)してから施釉し, 釉焼して施釉品を作る方法》.

chi·nar /tʃɪnáə | -náː(r)/ *n.* 〖植物〗スズカケノキ (⇨ Oriental plane). 〖(1634) ◻ Hindi *cinār* ◻ Pers. *chanār*〗

Chína róse *n.* **1** 〖植物〗コウシンバラ (*Rosa chinensis*). **2** 〖園芸〗チャイナローズ《コウシンバラと *Rosa odorata* または両者の交雑品種のバラ; 四季咲き性に特徴がある; Bengal rose ともいう》. **3** 〖植物〗ブッソウゲ, リュウキュウムクゲ (*Hibiscus rosa* var. *sinensis*) 《アジア原産のアオイ科の常緑低木; 観賞用; Chinese hibiscus, rose of China, shoeblack plant, shoeflower ともいう》. 〖1731〗

Chína Séa *n.* [the ~] シナ海 (East China Sea および South China Sea).

Chína sílk *n.* 中国絹《裏地・ブラウス・スリップなどに用いる平織の軽い絹》. 〖1614〗

chína stóne *n.* チャイナ ストーン: **1** 陶磁器素地のフラックスとする一部分解した花崗(こう)岩. **2** きめ細かくて滑らかな石灰石. 〖1875〗

Chína sỳndrome *n.* チャイナ シンドローム《原子炉で炉心が過熱して溶融し, 燃料が溶け出して地中に入り込み地球の反対側の中国まで達するだろうという想像上の大惨事; 原子炉事故最悪の事態》.

Chína téa *n.* シナ(支那)茶《中国南部産のチャの木 (*Camellia sinensis* var. *bohea*) から採る茶》. 〖1811〗

Chína·tòwn *n.* (外国都市にある)中国人街, 中華街, ナンキン町. 〖1857〗

Chína trèe *n.* 〖植物〗タイワンセンダン (⇨ chinaberry 2). 〖1819〗

chína·wàre *n.* [集合的] チャイナウェア, 陶磁器. 〖1634〗

Chína wàtcher *n.* (中国の政治などの)中国専門家, 中国通.

chína wédding *n.* 陶婚式《結婚 20 周年の記念式[日]; ⇨ wedding 4》. 〖1888〗

Chína wóod òil *n.* 〖化学〗桐油(とうゆ) (tung oil).

chín·bèak mólding *n.* 〖建築〗凸面が上部にあり, 下部が凹面になっている繰形. 〖*chinbeak*: ← CHIN+BEAK[1]〗

chín·bòne *n.* 〖解剖・動物〗あご先の骨, 下あご (mandible); (特に)人間の下顎骨(かがくこつ)の前面). 〖lateOE〗

chin·ca·pin /tʃíŋkəpɪn/ *n.* =chinquapin. 〖1612〗

chinch /tʃíntʃ/ *n.* 〖昆虫〗 **1** トコジラミ (bedbug). **2** =chinch bug. 〖(a1625) ◻ Sp. *chinche* < L *cimicem, cimex* bug〗

chínch bùg *n.* 〖昆虫〗北米産ナガカメムシ科コバネナガカメ属の一種 (*Blissus leucopterus*) 《麦の大害虫》. 〖1785〗

chin·che·rin·chee /tʃìntʃərɪ́ntʃi, -rɪŋtʃíː/ *n.* 〖植物〗オーニソガラム シルソイデス (*Ornithogalum thyrsoides*) 《南アフリカ産ユリ科の球根植物; 白または黄色の長咲きの花穂を持つ》. 〖(1793) (1904) ← ? : 茎をこすり合わせた時に出る音からか〗

chin·chil·la /tʃɪntʃílə/ *n.* **1** 〖動物〗 **a** チンチラ (*Chinchilla laniger*) 《南米アンデス山地産のリスに似た小動物》. **b** =mountain vizcacha. **2 a** チンチラの毛皮《ねずみ色の柔らかい高級品》. **b** チンチラ毛皮製品. **3** オーバー用の厚い毛織地. 〖(1604) ◻ Sp. ~ ← ? Aimara〗

chinchilla 1 a

Chin·chil·li·dae /tʃɪntʃílədiː | -lɪ-/ *n. pl.* 〖動物〗チンチラ科. 〖← NL ~: ⇨ ↑, -idae〗

chin-chin /tʃíntʃín | ˊ-ˊ-/ *n.* **1** (中国人流の)丁寧な挨拶(の言葉): ~ to Mr. ...さんによろしく. **2** おしゃべり. — *int.* **1** こんにちは, さようなら. **2** 乾杯. — *vi.* (**chin-chinned; -chin·ning**) **1** 丁寧に挨拶する. **2** おしゃべりする. 〖(1795) ◻ Chin. *qing-qing* (請請) please-please, thank you, adieu〗

Chin·chou /dʒìndʒóʊ | -dʒə́ʊ/ *n.* (*also* **Chin·chow** /~/) =Jinzhou.

chinch·y /tʃíntʃi/ *adj.* (**chinch·i·er; -i·est**) 《米南部・中部》けちくさい, しみったれた (stingy). 〖(?c1300) ← *chinche* miser, miserly ◻ OF chi(n)che (F *chiche*) < VL **ciccum* (adj.) ← L *ciccum* trifle: ⇨ -y[4]〗

Chin·co·téague Báy /ʃɪŋkətíːg-/ *n.* シンコティーグ湾《米国 Maryland 州南東部および Virginia 州の東部半島部と Assateague 島にはさまれた細長い湾》.

chin·cough /tʃínkɔ̀(ː)f, -kɑ̀(ː)f | -kɔ̀f/ *n.* 《英方言》百日ぜき (whooping cough). 〖(1519) 《古形》*chink cough* ← *chink* to gasp convulsively for breath (< OE *ċincian*)+COUGH〗

Chin·dit /tʃíndɪt | -dɪt/ *n.* チンディット《第二次大戦下のビルマ(現在のミャンマー)において日本軍の背後から奇襲した英軍の突撃隊》. 〖(c1945) ← Burmese *chinthé*〗

Chin·dwin /tʃíndwín/ *n.* [the ~] チンドウィン(川) 《ミャンマーの中部を南流して Irrawaddy 川に合流する川 (890 km)》.

chine[1] /tʃáɪn/ *n.* **1 a** 背骨 (backbone). **b** 背骨の付いた肉片《料理用; cf. saddle 3 a》. **2** 尾根 (ridge). **3** 〖造船〗チャイン《船底と船側の交差した角の部分》; そこに通っている縦通材. — *vt.* ...の背骨を[にそって]切り離す[開く]. 〖(?a1300) *chyne* ◻ OF *eschine* (F *échine*) ◻ Frank. **skina* small bone: cf. shin[1]〗

chine[2] /tʃáɪn/ *n.* 《英方言》(Isle of Wight および Dorset 州の)深い小峡谷. 〖OE *ċinu* fissure ← Gmc **kī-* to burst open (Du. *keen* / G *keimen* to germinate) ← IE **gēi-* to split open: cf. OE *ċīnan* to crack, gape〗

chine[3] /tʃáɪn/ *n.* =chime².

chi·né /ʃɪnéɪ, ʃiː-; *F.* ʃine/ *adj.* 〖紡織〗《織る前に染色した経糸(たていと)に出る》小斑点(はんてん)の. 〖(1852) ◻ F ~ (p.p.) ← *chiner* to color differently, (原義) to color after the Chinese fashion ← *Chine* China〗

Chi·nee /tʃaɪníː, ˊ-ˊ | -ˊ-/ *n.* 《俗》中国人《非標準的な語》: the heathen ~ 《戯言》典型的な中国人《Bret Harte の滑稽詩 *Plain Language from Truthful James* (1870) から》. 〖(1870) 《逆成》← CHINESE〗

Chi·nese /tʃàɪníːz, -níːs | -níːzˊ/ *adj.* **1 a** 中国の, 中国製[産]の. **b** 中国人の. **2** 中国語の. — *n.* (*pl.* ~) **1** 中国人. **2** 中国語. 〖(1577) ← CHINA+-ESE〗

Chínese ánise *n.* 〖植物〗=star anise.

Chínese ártichoke *n.* 〖植物〗チョロギ (*Stachys sieboldii*) 《アジア産シソ科イヌゴマ属の多年草; 塊茎は食用; chorogi, Japanese artichoke, knotroot ともいう》. 〖1902〗

Chínese banána *n.* 〖植物〗=dwarf banana.

Chínese béan òil *n.* =soybean oil.

Chínese béllflower *n.* 〖植物〗キキョウ属 (*Platycodon*) の数種の植物の総称; (特に)キキョウ (balloonflower).

Chínese blóck *n.* 木魚. 〖1926〗

Chínese bóxes *n. pl.* 入子(いれこ)箱《小さい箱から順に大きい箱の中に入れられるようになった一組の箱》. 〖1829〗

Chínese búrn *n.* 《英》チャイニーズバーン《相手の手首を両手でつかみ, 逆にひねって苦痛を与えること》.

Chínese cábbage *n.* 〖園芸〗ハクサイ(白菜) (*Brassica pekinensis*) 《celery cabbage ともいう》. 〖1842〗

Chínese cálendar *n.* (昔, 中国で使われた)太陰暦《60 年を 1 周期とし, 1 年は 29–30 日からなる 12 か月から成り, 半周期ごとに閏(うるう)日をおいた; 紀元前 2637 年を紀元とする》.

Chínese chéckers *n. pl.* [単数または複数扱い] ダイヤモンドゲーム《2–6 人の競技者が穴のあいた六つ星状の盤上でそれぞれ 10 個の駒を自分の陣地から反対側に進めるゲーム》. 〖1938〗

Chínese chéss *n.* 中国将棋《盤上に 16 個の駒を配置して行うゲーム; 取った駒が使えないという点では日本の将棋よりもチェスに近い》.

Chínese chéstnut *n.* 〖植物〗アマグリ, シナアマグリ, シナグリ (*Castanea mollissima*). 〖c1909〗

Chínese Chíppendale *n.* 中国風チッペンデール(様)式《直線輪郭・竹形挽物(ひきもの)・組み格子を装飾モチーフとした家具の様式》. 〖1922〗

Chínese cínnamon *n.* 〖植物〗桂皮《南部中国産クスノキ科の常緑高木トンキンニッケイ (*Cinnamomum cassia*) の樹皮; cassia bark ともいう》.

Chínese cínnamon òil *n.* 〖化学〗=cassia oil.

Chínese cópy *n.* (原物と)寸分違わぬ(欠点までそっくりの)模倣物[複製]. 〖1920〗

Chínese cút *n.* 〖クリケット〗見当違いのストローク《目標とは全く別方向へボールを飛ばすこと; Harrow drive ともいう》. 〖1937〗

Chínese dáte *n.* 〖植物〗 **1** ナツメ (*Ziziphus jujuba*). **2** ナツメの実 (jujube ともいう).

Chínese éddo *n.* 〖植物〗=taro.

Chínese Émpire *n.* [the ~] 中国帝国《歴代王朝下の中国; 1912 年 1 月中華民国が成立, 共和国となる》.

Chínese évergreen *n.* 〖植物〗リョクチク(緑竹) (*Aglaonema modestum*) 《熱帯アジア・マレーシア産サトイモ科の草本; 観賞用; Japanese leaf ともいう》.

Chínese fán pàlm *n.* 〖植物〗トウビロウ (*Livistona chinensis*) 《中国原産ヤシ科ビロウ属の常緑高木》.

Chínese fíre drìll *n.* **1** 大混乱(の状態). **2** 中国式火災訓練《赤信号で停止した車から大勢で飛び出し, 青信号になるまでに車の反対側まで走って車内に戻る悪ふざけ》.

Chinése forgét-me-not *n.* 〖植物〗シナワスレナグサ (*Cynoglossum amabile*) 《中国南西部原産のワスレナグサ (forget-me-not) の一種で青い花が咲くムラサキ科の二年草》.

Chínese góose *n.* 〖鳥類〗シナガチョウ (*Anser cygnoides* var. *domesticus*) 《サカツラガンを原種とする; ヨーロッパ系のハイイロガンを原種とするガチョウとは別系統とされる》.

Chínese góoseberry *n.* 〖植物〗オニマタタビ, シナサルナシ, シナスグリ (*Actinidia chinensis*) 《中国南部原産マタタビ科の植物; New Zealand で改良されキーウィフルーツ (kiwi fruit) ともよばれる》. 〖1925〗

Chinése hibíscus *n.* 〖植物〗=China rose 3.

Chínese hóuses *n.* (*pl.* ~) 〖植物〗コリンソウ《米国太平洋岸に生えるゴマノハグサ科コリンソウ属 (*Collincia*) の植物の総称; blue-eyed Mary, blue lips ともいう》; (特に)オオバナコリンソウ (*C. grandiflora*).

Chínese ínk *n.* =India ink.

Chínese ínsect wàx *n.* =Chinese wax.

Chínese júbube *n.* 〖植物〗ナツメ (Chinese date); (特に)サネブトナツメ《中国で改良された実の大きいナツメの一品種》.

Chínese júniper *n.* 〖植物〗イブキ, ビャクシン, カマクライブキ (*Juniperus chinensis*) 《中国・日本原産のヒノキ科

の低木または高木で, 庭園樹; 小さな球果は紫褐色に熟す).
Chínese lácquer *n.* =lacquer 1 b. 〘1900〙
Chínese lántern *n.* **1** ちょうちん《紙張りの伸縮自在のもの; cf. lantern》. **2** =Chinese lantern plant. 〘1825〙
Chínese lántern plànt *n.* 〖植物〗ホオズキ (*Physalis alkekengi*).
Chínese láyering *n.* 〖園芸〗=air layering.
Chínese léaves *n.* 白菜 (Chinese cabbage).
Chínese líver flùke *n.* 〖動物〗肝臓ジストマ, 肝吸虫 (*Clonorchis sinensis*)《魚を生または半生で食べると体内に侵入し, 消化管や胆管に寄生する》.
Chínese órange *n.* 〖植物〗キンカン (*Fortunella japonica*).
Chínese péar *n.* 〖植物〗=sand pear 2.
Chinése pistáchio *n.* 〖植物〗トネリコバハゼノキ (*Pistacia chinensis*)《中国原産のウルシ科の落葉高木; 若芽を食用とする》.
Chínese púzzle *n.* **1** (中国人が作ったパズルのように)複雑な判じ物, 難解なパズル. **2** 複雑で難解なもの, わかりにくいもの; 難問. 〘1815〙
Chínese quínce *n.* 〖植物〗カリン (*Chaenomeles sinensis*)《中国原産のバラ科の落葉高木》.
Chínese rádish *n.* ダイコン(大根).
Chínese réd *n.* 〖顔料〗=Indian red 2, 3. 〘1892〙
Chinése remáinder thèorem *n.* 〖数学〗チャイニーズリメインダーセオレム《*n* 個の整数 *a,b,c,* … と, *n* 個の互いに素な整数 *x,y,z,* …とが与えられたとき, *x,y,z,* …を法としてそれぞれ *a,b,c,* …に合同な整数を見出しうるという定理》.
Chínese réstaurant sỳndrome *n.* 〖病理〗中華料理店症候群《中華料理を食べると現れるとされる頭痛・目まい・動悸(ᵏ)・顔面紅潮などを伴う首・腕などの麻痺; グルタミン酸ソーダのためといわれる》.
Chinése Revolútion *n.* [the ~] **1** 辛亥(ᵏᵃ)革命《1911 年に蜂起した孫文の率いる革命軍が翌年清朝を倒し中華民国を建設した革命》. **2** 中国革命, 新民主主義革命《1949 年の中華人民共和国の成立に至るまでの社会主義革命》.
Chínese sácred líly *n.* 〖植物〗ニホンズイセン (*Narcissus tazetta orientalis* var. *chinensis*)《フサザキスイセンの一種; 地中海地域原産で中国を経て渡来》.
Chínese snówball *n.* 〖植物〗シナヤブデマリ (*Viburnum macrocephalum*)《中国原産スイカズラ科ガマズミ属の白い花をつける低木; 観賞用》.
Chínese tállow trèe *n.* 〖植物〗ナンキンハゼ (*Triadica sebifera*)《中国原産トウダイグサ科の落葉樹; その種子から油脂, ろう (vegetable tallow) を採る》.
Chínese trúmpet crèeper [vine] *n.* 〖植物〗ノウゼンカズラ (*Campsis grandiflora*)《中国原産ノウゼンカズラ科の落葉つる植物; 橙[緋]色の花をつける》.
Chínese Túrkestan *n.* (中国の)新彊(ᵏʸᵒ)地区《現在は Xinjiang Uygur Autonomous Region (新疆ウイグル自治区); cf. Turkestan》.
Chinése vermílion *n.* **1** =vermilion 2. **2** 鮮紅色 (Harrison red, signal red ともいう). 〘1886〙
Chínese Wáll *n.* **1** [the ~] =Great Wall of China. **2** [C- w-] 越えがたい障害; (特に, 人間または国家間の相互理解を妨げる障害[壁]. **3** 〖金融〗チャイニーズウォール《金融機関内で利害の衝突やインサイダー取引を避けるため同一機関内で他部門に情報を流すことを禁じること》. 〘1907〙
Chínese wáter dèer *n.* 〖動物〗キバノロ (*Hydropotes inermis*)《中国・朝鮮にすむ小形の鹿; 牙があり, 角はない; 水辺を好み, 泳ぎが得意; water deer ともいう》.
Chínese wáter tòrture *n.* 中国式水責め《額に水をたらし続けて気を狂わせる拷問》.
Chínese wáx [trée wáx] *n.* イボタろう《イボタロウカイガラムシ (*Ericerus pela*) がイボタの木などに残す分泌物から採れるゼラチン状の物質; ろうそくなどの原料; Chinese insect wax, insect wax ともいう》.
Chínese whíspers *n. pl.* [単数扱い]《英》伝言ゲーム (rumors).
Chínese whíte *n.* 亜鉛白 (zinc white).
Chínese wíndlass *n.* 〖機械〗=differential windlass. 〘1874〙
Chinése wistéria *n.* 〖植物〗シナフジ (*Wisteria sinensis*)《中国原産マメ科の落葉つる植物; 観賞用》.
Chínese wóod òil *n.* 桐油(ᵗᵘ) (tung oil).
Chínese yám *n.* 〖植物〗ナガイモ, ツクネイモ (*Dioscorea batatas*) (cinnamon vine ともいう).
Chínese yéllow *n.* **1** 〖化学〗黄土 (yellow ocher). **2** 黄土色.
chin·fest /tʃínfɛst/ *n.*《米俗》おしゃべり会; 談合, 自由討論(会). 〘← CHIN＋-FEST〙
ching /tʃíŋ/ *n.* チーン(という音).
Ching /tʃíŋ/ *n.* =Qing.
Chin·gach·gook /tʃɪŋgáːtʃgʊk/ *n.* チンガチグック《James Fenimore Cooper の小説 *Leather-Stocking tales* (1826–41) に出てくる Mohican 族の族長》.
Ching·ford /tʃíŋfəd | -fəd/ *n.* チングフォード《London の Waltham Forest 自治区の北東部地域》. 〘OE *Cingeford* 'shingly FORD'〙
Ching·hai /dʒìŋhái/ *n.* =Qinghai.
Ching·paw /dʒíŋpɔː, -pɑː | -pɔː/ *n.* **1** [the ~(s)] チンポー族, 景頗族《ミャンマー北部の Kachin 州を中心に中国雲南省などに住む; Kachin 族の自称》. **2** 景頗族の人.
Ching·tao /dʒìŋtáu, tsìŋ-/ *n.* =Qingdao.
Ching·yüan /tʃìŋjuáːn/ *n.* =Qingyuan.
Chín Hílls /tʃín-/ *n.pl.* [the ~] チン丘陵《ミャンマー北西部インド国境付近の山岳地帯》.
Chin·huang·tao /tʃínhwàːŋtáu/ *n.* =Qinhuangdao.
chín·ic ácid /kínɪk-/ *n.* 〖化学〗=quinic acid.
chink[1] /tʃíŋk/ *n.* **1** ちりん, ちゃりん, ちん, かちん《ガラス・金属・貨幣などの触れ合う音》. **2** 《俗》現金, 現なま. **3** 《廃》[*pl.*] 硬貨. — *vi.* ちりん[ちゃりん]と鳴る. — *vt.* 〈貨幣などを〉ちりん[ちゃりん]と鳴らす. 〘(1573): 擬音語〙
chink[2] /tʃíŋk/ *n.* **1** (細い)裂け目, 割れ目 (crack); (光・風などの漏れる)すき間: through a ~ in the curtain カーテンのすき間を通して / He opened the door a ~. ドアをほんの少しあけた. **2** すき間からもれる光線. **3** (法律などの)逃げ道, 抜け穴 (loophole): a ~ in the law.
a chink in one's [the] ármor 弱点, 弱味, 欠点.
— *vt.* **1** 〈すき間・割れ目を〉詰める 〈*up*〉. **2** 《廃》…にすき間[割れ目]を作る.
〘(1535)《変形》? ← ME *chine* < OE *ċinu* 'CHINE[1]'〙
Chink /tʃíŋk/ *n.* [軽蔑的に] 中国人 (Chinese).
〘(1901)《変形》← CHINESE〙
chin·ka·pin /tʃíŋkəpɪn/ *n.* =chinquapin.
chin·ka·ra /tʃɪŋkáːrə/ *n.* (*pl.* ~) 〖動物〗ドルカスガゼル (dorcas gazelle).
Chin·ki·ang /dʒìnkiǽŋ/ *n.* =Zhenjiang.
chínk·ing *n.* 裂け[割れ]目に詰める物[材料].
〘(*a*1848): ⇨ -ing[1]〙
chink·y /tʃíŋki/ *adj.* (**chink·i·er**; **-i·est**) 割れ目のある; すき間の多い. 〘(*c*1645): ⇨ chink[2], -y[4]〙
Chin·ky /tʃíŋki/ *n.* (*also* **Chink·ey, Chink·ie** /~/) 《軽蔑》中国人 (Chinese); 《英》中華料理屋.
chín·less *adj.* **1** あごさきのない; 引っ込んだあごをした. **2** 気の弱い, 気の弱そうな. 〘(1828): ⇨ -less〙
chínless wónder *n.* 《英口語》(上流階級の)ばか息子, ふぬけ. 〘1962〙
Chin·ling Shan /tʃínlìŋʃáːn/ *n.* =Qinling Shan.
Chin·men /tʃínmʌ́n; *Chin.* tʃínmə́n/ *n.* =Quemoy.
chín músic *n.* 《米俗》おしゃべり, 雑談 (talk). 〘1834〙
-chinned *adj.* [複合語の第 2 構成素として] (…の)あごをした: strong-*chinned*. 〘(1606) ← CHIN＋-ED 2〙
Chin·ne·reth /kínərèθ/, **the Sea of** *n.* キンネレテの海 (⇨ the Sea of GALILEE).
chi·no /tʃíːnou, ʃíː- | -nəu/ *n.* (*pl.* **~s**)《米》**1** あや織りの丈夫な綿布, チノクロス《ふつうカーキ色で制服・運動衣などに使う》. **2** [通例 *pl.*] チノクロス (chino) で作った衣服, チノ地のズボン, チノパン. 〘(1943) □ Am.-Sp. ~〙
Chi·no /tʃíːnou | -nəu/ *n.* チーノー《米国 California 南西部, Los Angeles 東方の都市》.
chin·o- /kínou, tʃín- | -nəu/「キニーネ (quinine)」の意の連結形: *chino*toxin. ★ 母音の前では通例 chin- になる. 〘《変形》← QUINO-: G *chino-* の影響による〙
Chi·no- /tʃáɪnou | -nəu/「中国と…との」の意の連結形 (cf. Sino-): *Chino*-Japanese 中日の.
Chin·o·form /kínəfɔ̀əm, tʃín- | -nə(ʊ)fɔ̀ːm/ *n.* 〖薬学〗キノホルム (C_9H_5ClINO)《腸内殺菌薬, 外用殺菌薬; 古くはアメーバ赤痢の特効薬であった; 日本ではスモン病 (SMON disease) の原因として知られる》. 〘← CHINO-＋-FORM〙
chi·noi·dine /kɪ̀nɔ́ɪdiːn, tʃɪ̀-, -dɪ̀n, -dn | kɪnɔ́ɪdiːn, tʃɪ-, -dɪn/ *n.* 〖薬学〗=quinoidine. 〘1875〙
chi·noi·se·rie /ʃiːnwáːz(ə)ri, ʃiːnwaːz(ə)ríː; *F.* ʃinwazʁi/ *n.* **1** 〖美術〗シノワズリー《主に 18 世紀のヨーロッパで流行した, 服装・家具・建築などにおける中国風装飾様式; 複雑な模様と中国風とみられる素材を広く使用する》. **2** 中国風装飾様式の物. 〘(1883) □ F ~ ← *chinois* Chinese＋-*erie* '-ERY'〙
chin·o·line /kínəlìːn, tʃín-, -lɪ̀n, -nl̩- | -nəlìːn, -nl̩-, -lɪn/ *n.* 〖化学〗=quinoline. 〘1853〙
Chi·nook /ʃɪnúk, tʃɪ-, -núːk | tʃɪ-, ʃɪ-/ *n.* (*pl.* **~, ~s**) **1 a** [the ~(s)] チヌーク族《米国 Columbia 川の両岸と太平洋岸沿岸地方に住んでいたアメリカ先住民; しばしば周囲の種族から Flathead と呼ばれた》. **b** チヌーク族の人. **2 a** チヌーク語. **b** =Chinook Jargon. **3** [c-] 〖気象〗チヌーク風 (chinook wind ともいう): **a** 米国 Rocky 山脈の東側に吹き下ろす乾燥した暖風. **b** 米国西部 Washington, Oregon 両州の太平洋岸地方に吹く湿気を帯びた南西の暖風. **4** [c-] 〖魚類〗=chinook salmon. 〘(1805) □ N-Am.-Ind. *Tsinúk*〙
Chi·nook·an /ʃɪnúkən, tʃɪ-, -núːk- | tʃɪ-, ʃɪ-/ *adj.* チヌーク(族)の; チヌーク語族の. — *n.* チヌーク語族《Chinook 語を含むアメリカ先住民の語族》. 〘(*c*1890): ⇨ ↑, -an[1]〙
Chinóok Járgon, C- j- *n.* チヌークジャーゴン《チヌーク語と他のインディアン語に英語とフランス語が混ざった言語; かつて Columbia 川地方を中心とする米国北西部, カナダ・アラスカの太平洋沿岸で原住民と白人の取引に用いられた; cf. beach-la-mar》. 〘1840〙
chinóok sálmon, C- s- *n.* 〖魚類〗マスノスケ (*Oncorhynchus tshawytscha*) (king salmon, quinnat salmon ともいう). 〘1851〙
chinóok wínd /-wínd/ *n.* 〖気象〗=Chinook 3. 〘1860〙
chin·qua·pin /tʃíŋkəpɪn/ *n.* 〖植物〗**1 a** チンカピングリ (*Castanea pumila*)《米国東部産のクリの木の一種; 低木でいがの中に小さい実が一個入っている》. **b** チンカピングリの実. **2** ブナ科クリカシ属のシイの木の一種 (*Castanopsis chrysophylla*); その実. 〘(1612)《変形》←《古形》*chincomen* ← N-Am.-Ind. (Algonquian): cf. Algonquian *chechinkamin* chestnut, Delaware *chinqua* large, *mihn* berry〙
chínquapin óak *n.* 〖植物〗チンカピンオーク《米国東部産のコナラ属の *Quercus muhlenbergii* または *Q. prinoides*; chestnut oak ともいう》.
chín rèst *n.* (バイオリン・ビオラの)あご当て.
chinse /tʃíns/ *vt.* 〖海事〗〈船のすき間〉に間に合わせに槙皮(ᵐᵃᵏⁱ)を詰める, 填隙(ᵗᵉⁿ)する. 〘(1513)《変形》←《方言》*chinch* to fill up cracks: cf. chink[2]〙
chín·stràp *n.* **1** (帽子の)あごひも. **2** 馬の端綱(ʰᵃᵈ)または頭絡ののど革と鼻革をつなぐひも. 〘1869〙
chín tùrret *n.* 〖軍事〗チンタレット《爆撃機・武装ヘリコプターなどの機首の下にある銃座[砲塔]》.
chintz /tʃínts/ *n.* インドさらさ, チンツ《派手な花模様などのつやのあるインドのさらさ木綿(ᵐᵉⁿ)》. — *adj.* [限定的] インドさらさの, チンツの. 〘(1614)《古形》*chints* (pl.) ←《廃》*chint* □ Hindi *chīṅt*〙
chintze /tʃínts/ *vt.* 〖海事〗=chinse.
chintz·y /tʃíntsi/ *adj.* (**chintz·i·er, -i·est; more ~, most ~**) **1** チンツ状の; チンツで飾られた. **2** 《口語》けちな, 安っぽい (cheap); けばけばしい (gaudy). 〘(1851): ⇨ -y[4]〙
chín-ùp *adj.* 勇気のある. — *n.* 懸垂: do a ~ 懸垂する. 〘(1954): ⇨ chin〙
chín·wàg 《口語》*n.* おしゃべり (talk), うわさ話.
— *vi.* おしゃべり[うわさ話]をする. 〘1879〙
Chin·wang·tao /tʃínwàːŋtáu/ *n.* =Qinhuangdao.
Chi·o·ne /káɪouniː, káɪə- | káɪə(ʊ)-/ *n.* 〖ギリシャ神話〗キオネー《Daedalion の娘; Apollo および Hermes と交わり Philammon (前者の子), Autolycus (後者の子) の双生児を生んだ》.
chi·on·o·dox·a /kaɪɑ̀(ː)nədɑ́(ː)ksə | -ɔ̀nədɔ́k-/ *n.* 〖植物〗チオノドクサ《ユリ科チオノドクサ属 (*Chionodoxa*) の草本で南ヨーロッパと西アジア産; cf. glory-of-the-snow》. 〘(1879) ← NL ~ ← Gk *khiṓn* snow＋*dóxa* glory〙
Chi·os /káɪɑ(ː)s, kíː- | -ɔs/ *n.* **1** キオス(島)《エーゲ海東部トルコの西方にあるギリシャの島; 面積 904 km²; ギリシャ語名 Khíos》. **2** キオス《同島の主都・海港》.
chip[1] /tʃíp/ *n.* **1** [通例 *pl.*] **a** 《米・豪》薄切りのジャガイモのフライ, ポテトチップ《英》potato crisp). 日英比較「(ポテト)チップス」は,《米》では potato *chips* というが,《英》では crisps という.《英》では *chips* は「フライドポテト」を意味する. Steak and *chips* のようにつけ合わせとして出される. ⇨ French fries 日英比較. **b** 《英》(拍子木形の)ジャガイモのフライ, フレンチフライ《米》French fries): ⇨ fish and chips. **c** (食べ物・菓子などの)小片, 薄切り: chocolate ~s. **d** (キナ・シナモンなどの)樹皮の小片. **2** 〖電子工学〗チップ《集積回路が作りつけられた[つけられる]半導体片; cf. wafer 6》. **3 a** (木・瀬戸物・石などの小さなやや細く平たい)切れ端, かけら, (欠けた)破片, 削りくず: a wood ~ こっぱ / pencil ~*s* 鉛筆の削りくず. **b** (帽子・箱などを作る)経木; (細く裂いた)しゅろの葉. **c** 小型のローズカットまたはシングルカットのメレ石の通称《通例 ³/₄ カラットに達しないもの); 水晶の小片. **d** (録音でレコードの溝を刻む際の)切りくず. **e** [*pl.*] 薄片[粉]石鹸. **4** 欠けあと, 欠け目, 傷 (flaw). **5 a** 〖トランプ〗(ポーカーに用いる象牙やプラスチック製の)数取り, ポーカーチップ (counter). **b** [*pl.*]《俗》金銭, 銭(ᶻᵉ) (money): buy ~*s* 投資する / be in the ~*s* ⇨ 成句. **c** 《英俗》硬貨 (coin). **6 a** 干からびた[味の抜けた]物: (as) dry as a ~ よく乾いて; 無味乾燥で / be burnt to a ~ かりかりに焼けてしまう. **b** 《米》[通例限定詞を伴って] (燃料に用いる)乾燥させた家畜の糞: a cow ~. **c** つまらない物, 些細(ˢᵃ)な物: do not care a ~ for … を全然意に留めない. **d** 小さいもの (bit): a ~ of a boy 少年. **7** [通例 Chips; 単数扱い]《俗》〖海事〗**a** 大工. **b** 《軽蔑的に》船(ᶠᵘ)大工. **8** 〖球技〗=chip shot. **9** [*pl.*] 〖土木〗豆砕石, 細砕石. **10** 《NZ》経木で編んだ果物用カゴ (cf. chip basket).
be in the chips 《俗》金回りがよい. (1938) ***cásh ín one's chíps*** ⇨ cash 成句. ***a chip in pórridge [póttage, bróth]*** 毒にも薬にもならない[つまらない]付加物. ***a chip off [of] the óld blóck*** (気性などが)親[(特に)父親]にそっくりな子. ***a chip on one's shóulder*** 《口語》けんか腰: a man with *a ~ on his shoulder* けんかを突っかかる人 / have [carry] *a ~ on one's shoulder* けんか腰である, 不満を抱いている. (昔, 肩に木片 (chip) をのせて挑戦者にこれを払い落とさせたことから) ***hánd [páss] in one's chíps*** =CASH *in one's chips*. ***have hád one's chíps*** 《英口語》もうだめだ, 負けだ, 死ぬ[殺される](のだ)(など). (1959) ***lét the chíps fàll where they máy*** 結果がどうなろうと(かまわない). ***when the chíps are dówn*** 《口語》いざというときに. (1945)
— *v.* (**chipped**; **chip·ping**) — *vt.* **1 a** 〈斧(ᵒⁿ)・鑿(ⁿᵒ)で〉削る. **b** 〈刃物の刃・コップのふち・石のかどなどを〉欠く, そぐ, 削る. **c** 〈ひな鳥が〉〈卵の殻を〉割る. **d** 小片に砕く[切る]; 小片にする: ~ ice. **e** 削って作る: ~ a figure *out of* stone 石を削って像を彫る. **f** 少しづつ削り取る[壊す] 〈*away*〉. **g** 〈じゃがいもを〉薄切りにする. **2** 《英口語》からかう (banter). **3** 《豪》〈くわで耕す, まぐわでならす (hoe, harrow). **4** 〖球技〗〈ボールを〉チップショットで打つ[する]. — *vi.* **1 a** 〈石・陶器などが〉欠ける. **b** 〈ひな鳥が〉卵の殻を破る (pip). **2** 〖トランプ〗(ポーカーなどで)1 枚のチップ(最小限の金)を賭ける. **3** 〖球技〗チップショットを打つ[する].
chip in 《口語》(*vi.*) (1) 寄付する; 金を出しあう: They all ~*ped in* to buy it [for it]. それを買うために[そのために]皆で金を出しあった. (2) (話・議論・けんかなどに)割り込む, 腰を折る. (3) 〖トランプ〗(ポーカーで)チップを出して賭ける. (4) 〖ゴルフ〗(グリーン外からの)チップショットで一気にホールに入れる. — (*vt.*) 〈金などを〉寄付する, 出し合う: They all ~*ped in* 10 pounds to help him. 彼を助けるために皆 10 ポンド醵金(ᵏʸᵒ)した. (1861)

〘n.: ((a1338)) *chippe* < OE *ċipp* log. — v.: ((1425)) < OE **ċippian*: cf. chop¹ / Du. & G *kippen* to cut〙

chip² /tʃíp/ ((米)) *vi.* (**chipped; chip·ping**), *n.* ちゅっちゅっと鳴く(音[声]) (cheep). 〘((c1880)) ((変形)) ← CHEEP 擬音語〙

chip³ /tʃíp/ *n.* 〖レスリング〗チップ ((小股(こまた)すくい)). 〘((1830)) ← *chip* to trip ← ? CHIP¹ (v.): cf. ON *kippa* to scratch, pull〙

C

chíp-bàsed *adj.* 〖電算〗マイクロチップを用いた[組み込んだ].

chíp bàsket *n.* **1** 経木で編んだかご. **2** ((英)) ポテトチップを揚げるのに用いる金網のかご. 〘1921〙

chíp bèef *n.* ＝chipped beef.

chíp bìrd *n.* 〖鳥類〗＝chipping sparrow. 〘1871〙

chíp·bòard *n.* **1** 古紙などから作ったボール紙. **2** (建築用の)樹脂合板, 削片板 (particle board). 〘1919〙

chíp càrving *n.* (通例単純な幾何学的模様などの)小刀で作る木彫り(の装飾). 〘1888〙

Chip·ewy·an /tʃìpəwáɪən⁻/ *n.* (*pl.* ～, ～s) **1 a** [the ～(s)] チプウィアン族 ((カナダ北西部に住む先住民族)). **b** チプウィアン族の人. **2** チプウィアン語 ((Athapaskan 語群の言語)). 〘((1789)) ◻ Cree *Chipwayanawok* ((原義)) pointed skin〙

chíp héater *n.* ((豪)) 木端(こっぱ) (chips) を燃料にした湯沸かし器付きストーブ. 〘1946〙

chíp-kìck *n.* ((英)) 〖サッカー〗＝chip shot 2.

chíp lòg *n.* 〖海事〗(昔の, 船の速度を計る)手用測程器 (cf. log chip).

chíp·màker *n.* チップ (electronic chip) の製造業者, チップメーカー.

chip·monk /tʃípmʌŋk/ *n.* 〖動物〗＝chipmunk.

chip·muck /tʃípmʌk/ *n.* (方言) 〖動物〗＝chipmunk.

chip·munk /tʃípmʌŋk/ *n.* 〖動物〗シマリス ((北米産の *Tamias* 属, アジア・北米産の *Eutamias* 属の背に縦縞のある地上性のリスの総称; (特に)シマリス (*T. striatus*); cf. ground squirrel)). 〘((1842)) ((古形)) *chitmunk* ← N-Am.-Ind. (Algonquian): *chip-* は chipping squirrel (＝chipmunk) の影響か: cf. Ojibwa *atchitamō* squirrel〙

chip·o·la·ta /tʃìpəlɑ́ːtə | -tə/ *n.* ((英)) **1** チポラータ ((通例オードブル用の香料を入れた小型ソーセージ)). **2** チポラータ料理. 〘((1877)) ◻ F ～ ◻ It. *cipollata* ← *cipolla* onion < LL *cepula* (dim.) ← L *caepa*〙

chi·pot·le /tʃɪpóutleɪ | -páu-/ *n.* (*pl.* ～s) 〖メキシコ料理〗チポトレ ((刺激の強いレッドペッパー; しばしば酢漬けにしてアペタイザーとして食用にするが, シチューやソースに加える)).

chíp pàn *n.* ポテトチップス (potato chip) などを揚げるための深鍋.

chípped béef *n.* ((米)) (紙のように)薄く切った燻製牛肉. 〘1859〙

Chip·pen·dale /tʃípəndèɪl, -pṇ-/ *adj.* (家具の意匠が)チッペンデール(様)式の ((18 世紀の中葉から後期にかけて流行した曲線の多いロココ調の家具の代表的な装飾様式にいう; cf. Sheraton)): a ～ chair. — *n.* チッペンデール(様)式の家具. 〘((1876)) ↓〙

Chip·pen·dale /tʃípəndèɪl, -pṇ-/, **Thomas** *n.* チッペンデール ((1718-79; 英国の家具設計・製作家)).

chip·per¹ /tʃípə | -pə^(r)/ ((米口語)) *adj.* **1** 元気のいい, 快活な, 活発な; 健康な. **2** こぎれいな, きちんとした(身なりの) (trim). — *vt.* 元気づける, 励ます ⟨*up*⟩. — *vi.* 元気づく ⟨*up*⟩. 〘((1837)) ((変形)) ? ← (英北部方言) *kipper* frisky〙

chip·per² /tʃípə | -pə^(r)/ *vi.* ((米)) **1** ⟨鳥が⟩ちっちっと鳴く; ちゅんちゅんさえずる (twitter). **2** ぺちゃくちゃしゃべる. 〘((a1825)) ← CHIP²＋-ER¹〙

chip·per³ *n.* chip¹ する人[道具, 機械]. 〘((1513)): ⇨ chip¹, -er¹〙

chip·per⁴ /tʃípə | -pə^(r)/ *n.* ((アイル口語)) fish and chips の店.

Chip·pe·wa /tʃípəwɑ̀ː, -wɔ̀ː | -pɨ̀wɑ̀ː/ *n.* (*pl.* ～, ～s) (*also* **Chip·pe·way** /-pəwèɪ, -pweɪ | -pɪwèɪ/) ＝Ojibwa. 〘((1671)) ((変形)) ← OJIBWA〙

chip·pie /tʃípi/ *n.* ＝chippy¹ *n.*, chippy².

chip·ping /tʃípɪŋ/ *n.* **1** [通例 *pl.*] 切れはし, 木片, 木端(こっぱ). **2** 削(はつ)り ((仕上げ・形成に当たってコンクリート・木材などの表面を少しずつ削り取ること)). **3** はまかけ, チッピング ((ガラスや陶磁器の完全な面からその小部分が欠けて取れる欠点); 剝離(はくり) ((ほうろうの焼成品の上薬の一部が冷却中または冷却後, 素地からはがれる欠点)). 〘((1399)) ← CHIP¹ (v.)〙

chípping chìsel *n.* 〖機械〗＝cold chisel.

chípping hàmmer *n.* 〖機械〗チッピングハンマー, 削(はつ)りハンマー ((圧縮空気を原動力として金属の切断・縁削りなどに用いる)).

chípping spàrrow *n.* 〖鳥類〗チャガシラシトド (*Spizella passerina*) ((北米産ホオジロ科の小鳥)). 〘((1810)): ⇨ chip²〙

chíp-pròof *adj.* 欠けない, 割れにくい.

chip·py¹ /tʃípi/ *adj.* (**chip·pi·er; -pi·est**) **1** 木端のような, からからに乾いた. **2** ((俗)) **a** 二日酔いの. **b** ((カナダ)) いら立った, 怒りっぽい (touchy). — *n.* (*also* **chip·pie**) **1** ((英口語)) ＝chip shop. **2** ((英・NZ 俗)) 大工 (carpenter). **3** ((NZ)) ＝potato crisp. 〘((1729)) ← CHIP¹ (n.)＋-Y⁴〙

chip·py² /tʃípi/ *n.* **1** ((米口語)) **a** 浮気女, あばずれ娘. **b** 売春婦 (prostitute). **2** 〖鳥類〗＝chipping sparrow. **3** ((口語)) 〖動物〗＝chipmunk. **4** 〖鉄道〗狭軌鉄道車. 〘((1864)) ← CHIP²＋-Y²〙

chíp sèt *n.* 〖電子工学〗チップセット ((一体となってデータ処理機能を果たす少数のシリコンチップの組合わせ)).

chíp shòp *n.* ((英口語)) fish and chips を売る店. 〘1953〙

chíp shòt *n.* 〖球技〗チップショット: **1** 〖ゴルフ〗グリーンに載せホールに近づけるための短く低いアプローチショット (pitch-and-run (shot)) (cf. pitch shot). **2** 〖サッカー〗ボールが相手の頭上を越すような短い上方へのキック. **3** 〖テニス〗打球に逆回転を与える短いリターンショット. 〘1909〙

Chi·qui·ta /tʃɨkíːtə | tʃɪkíːtə/ *n.* **1** チキータ ((女性名)). **2** 〖商標〗チキータ ((米国 Chiquita Brands 社が販売するバナナ)). 〘◻ Sp. ～ ((原義)) small〙

chir- /kaɪr | kaɪ(ə)r/ (母音の前にくるときの) chiro- の異形.

Chi·rac /ʃɪrɑ́ːk | ʃɪræk; *F.* ʃiʁak/, **Jacques** (**René**) *n.* シラク ((1932- ; フランスのドゴール派政治家; 首相 (1974-76, 1986-88), 大統領 (1995-))).

chi·ral /káɪrəl | káɪ(ə)r-/ *adj.* 〖化学〗キラル, 対掌性の ((対称操作によって重ならない鏡像体をもつ分子にいう; ↔ achiral)). **chi·ral·i·ty** /kaɪrǽləṭi, kɨ- | kaɪ(ə)rǽlɨti/ *n.* 〘((1894)) ← CHIRO-＋-AL¹〙

Chi-Rho /káɪróu, kíː- | káɪrə́u/ *n.* (*pl.* ～s) キリスト (Christ) を表すギリシャ語の最初の 2 字の X と P の合わせ文字 (☧; キリストを表すギリシャ語は *ΧΡΙΣΤΟΣ* で, その最初の 2 字はそれぞれ chi, rho と発音する; chrismon, Christogram ともいう; cf. Christian MONOGRAM, labarum). 〘((1611)) 1868〙

Chir·i·cá·hua Nátional Mónument /tʃìrəkɑ́ːwə- | -rɨ-/ *n.* チリカフア国定記念物 ((米国 Arizona 州南東部に指定されている保護地域; 火山性奇岩で知られる)).

Chi·ri·co /kírɪkòu, kíːr- | -kəu; *It.* kíːriko/, **Giorgio de** *n.* キリコ ((1888-1978; ギリシャ生まれのイタリアの画家; イタリア形而上絵画の祖)).

chi·ri·moy·a /tʃìrɪmɔ́ɪə/ *n.* 〖植物〗＝cherimoya.

chirk /tʃə́ːk | tʃə́ːk/ *adj.* (～**er**; ～**est**) ((米口語)) 元気がいい, 快活な. — *vi.* **1** ((米口語)) 元気づく ⟨*up*⟩. **2** ⟨戸・ねずみ・鳥などが⟩かん高い音を出す. — *vt.* ((米口語)) 元気づける ⟨*up*⟩. 〘((lateOE)) ((c1395)) *ċearcian* to creak, gnash〙

chirm /tʃə́ːm | tʃə́ːm/ ((方言・まれ)) *vi.* ⟨鳥・虫が⟩鳴き立てる. — *n.* 鳥や虫の鳴き立てる声. 〘OE *ċierm*: cf. charm²〙

chi·ro /tʃíᵊrou | tʃíərəu/ *n.* (*pl.* ～s) 〖魚類〗＝ten-pounder 1 a.

chi·ro- /káɪrou | káɪ(ə)rəu/「手 (hand)」の意の連結形: *chiro*mancer. ★ 母音の前では通例 chir- になる. 〘◻ L ～ ◻ Gk *kheir(o)-* ← *kheír* hand〙

chi·rog·no·my /kaɪrɑ́(ː)gnəmi | kaɪ(ə)rɔ́g-/ *n.* 手相術. 〘((1868)) ◻ F *chirognomonie*: ⇨ ↑, -gnomy〙

chi·ro·graph /káɪrəgræ̀f | káɪ(ə)rə(u)grɑ̀ːf, -græ̀f/ *n.* **1** (昔の)自筆証書. **2** 〖カトリック〗教皇の自筆書簡 ((教皇の署名のあるもの)). 〘((1483)) ◻ F *chirographe* ◻ L *chīrographum*〙

chi·rog·ra·pher /kaɪrɑ́(ː)grəfə | kaɪ(ə)rɔ́grəfə^(r)/ *n.* 書家. 〘((1400)): ⇨ ↑, -er¹〙

chi·ro·graph·ic /kàɪrəgrǽfɪk | kàɪ(ə)rə(u)-⁻/ *adj.* 手書きの; 筆跡の[に関する]. 〘((1885)) ← CHIROGRAPHY＋-IC¹〙

chì·ro·gráph·i·cal /-fɨ̀kəl, -kḷ | -fɪ-⁻/ *adj.* ＝chirographic. 〘1623〙

chi·rog·ra·phy /kaɪrɑ́(ː)grəfi | kaɪ(ə)rɔ́g-/ *n.* **1** 筆跡, 手筆 (handwriting). **2** 能書, 書道 (calligraphy): He is skilled in ～. 能書家である. 〘((1654)): ⇨ -graphy〙

chi·ro·man·cer /káɪrəmæ̀nsə | káɪ(ə)rə(u)mæ̀nsə^(r)/ *n.* 手相見 (palmist). 〘((1566)) ↓〙

chi·ro·man·cy /káɪrəmæ̀nsi | káɪ(ə)rə(u)-/ *n.* 手相術 (palmistry). **chi·ro·man·tic** /kàɪrəmǽntɪk | kàɪ(ə)rə(u)mǽnt-⁻/ *adj.* **chì·ro·mán·ti·cal** *adj.* 〘((a1528)) ◻ F *chiromancie* // ML *chiromantia* ◻ MGk *kheiromanteía*: ⇨ chiro-, -mancy〙

Chi·ron /káɪrɑ(ː)n | káɪ(ə)rən/ *n.* 〖ギリシャ神話〗ケイローン ((最も賢明であったケンタウロス (centaur) の名; 予言・医術・音楽などに長じ, Peleus や Achilles を教育した)). 〘◻ L *Chīrōn* ◻ Gk *Kheírōn*〙

chi·ron·o·mid /kaɪrɑ́(ː)nəmɨd | kaɪ(ə)rɔ́nəmɪd/ 〖昆虫〗*adj.* ユスリカ(科)の. — *n.* ユスリカ ((ユスリカ科のカの総称)). 〘((1893)) ↓〙

Chi·ro·nom·i·dae /kàɪrənɑ́(ː)mədìː | kàɪ(ə)rənɔ́m-/ *n. pl.* 〖昆虫〗(双翅目)ユスリカ科. 〘← NL ～ ← *Chironomus* (属名: ← LGk *kheirónomos* one who gestures with the hands (← Gk *kheir* 'CHIRO-'＋*némein* to manage): ⇨ -idae〙

chi·rop·o·dist /kɨrɑ́(ː)pədɨst, kaɪ-, ʃɨ- | kɨrɔ́pədɪst, ʃɨ-/ *n.* 〖医学〗足治療医 (podiatrist ともいう). 〘((1785)) ↓〙

chi·rop·o·dy /kɨrɑ́(ː)pədi, kaɪ-, ʃɨ- | kɨrɔ́pədi, ʃɨ-/ *n.* 足治療 ((まめ・腱膜瘤などの治療・つめ切りなど; podiatry ともいう)). **chi·ro·po·di·al** /kàɪrəpóudiəl | kàɪ(ə)rəpə́ud-⁻/ *adj.* 〘((1886)) ← CHIRO-＋-POD¹＋-Y¹〙

chi·ro·prac·tic /kàɪrouprǽktɪk | kàɪ(ə)rə(u)prǽk-⁻/ *n.* カイロプラクティック, 脊柱(せきちゅう)指圧療法, 脊椎調整療法 (cf. acupressure 2). — *adj.* (脊柱)指圧療法の, 脊椎調整療法の. 〘((1898)) ← CHIRO-＋Gk *praktikós* PRACTICAL〙

chi·ro·prac·tor /káɪrouprӕ̀ktə | káɪ(ə)rə(u)prӕ̀ktə^(r)/ *n.* (脊柱)指圧師. 〘((1904)): ⇨ ↑, -or²〙

chi·rop·ter /kaɪrɑ́(ː)ptə | kaɪ(ə)rɔ́ptə^(r)/ *n.* 〖動物〗翼手目の動物 ((コウモリなど)). 〘↓〙

Chi·rop·ter·a /kaɪrɑ́(ː)ptərə | kaɪ(ə)rɔ́p-/ *n. pl.* 〖動物〗(哺乳綱)翼手目. 〘((1835)) ← NL ～: ⇨ chiro-, -ptera〙

chi·rop·ter·an /kaɪrɑ́(ː)ptərən | kaɪ(ə)rɔ́p-/ 〖動物〗*adj.*, *n.* 翼手目の(動物). 〘1835〙

chi·rop·ter·ous /kaɪrɑ́(ː)ptərəs | kaɪ(ə)rɔ́p-/ *adj.* 〖動物〗翼手目の (chiropteran); 翼手のある. 〘1835〙

chirp /tʃə́ːp | tʃə́ːp/ *vi.* **1** ⟨小鳥・虫が⟩ちゅっちゅっ鳴く[さえずる]. **2 a** かん高い声で話す. **b** 楽しそうにしゃべる. — *vt.* かん高い声でいう. — *n.* **1** ちゅーちゅー, ちゅっちゅっ ((小鳥や虫の鳴き声)). **2** かん高い声. **～·er** *n.* 〘v.: ((1440)) ((擬音語)): cf. chirk. — n.: ((1802)) ← v.〙

chirp·y /tʃə́ːpi/ *adj.* (**chirp·i·er; -i·est**) **1** ちーちーさえずる. **2** ((口語)) 陽気な, 楽しそうな, 快活な. **chírp·i·ly** /-pɨli/ *adv.* **chír·pi·ness** *n.* 〘((1837)): ⇨ ↑, -y⁴〙

chirr /tʃə́ː | tʃə́ː^(r)/ (*also* **chirre** /～/) *n.* ちりっちりっ, きりっきりっ; ぎしぎし, ぎーぎー ((コオロギ・キリギリスなどの鳴き声)). — *vi.* ⟨コオロギなどが⟩ちりっちりっ[きりっきりっ]と鳴く; ⟨キリギリスなどが⟩ぎしぎしいう. 〘((c1600)) 擬音語〙

chir·rup /tʃírəp, tʃə́ːrəp | tʃírəp/ *n.* ちゅっちゅっ ((子供をあやしたり馬などを励ます掛け声)). — *vi.* **1** ちゅっちゅっ[ちーちー]いう. **2** (馬などを励ますために)ちゅっちゅっという. — *vt.* **1** ⟨馬など⟩にちゅっちゅっという. **2** かん高い声でいう. **～·er** *n.* 〘((1579)) ((変形)) ← CHIRP: cf. cheer up〙

chir·rup·y /tʃírəpi, tʃə́ːr- | tʃír-/ *adj.* **1** 陽気な, 元気のいい, 快活な. **2** おしゃべりな. 〘((1808)): ⇨ ↑, -y⁴〙

chir·u /tʃíruː/ *n.* 〖動物〗チルー, ホジソンレイヨウ, チベットレイヨウ (*Pantholops hodgsoni*) ((チベットの高山地帯にすむ淡黄褐色のレイヨウ, 雄は長くてほぼまっすぐな角を有する; Tibetan antelope ともいう)). 〘((c1880)) ◻ ? Tibetan ((現地語))〙

chi·rur·geon /kaɪrə́ːdʒən | kaɪ(ə)rə́ː-/ *n.* ((古)) 外科医. 〘((1535)) ((L *chirurgia* の影響による変形)) ← ((c1300)) *cirurgien* ← OF *cirurgien* (F *chirurgien*) 蟹(かに): ⇨ surgeon〙

chi·rur·ger·y /kaɪrə́ːdʒ(ə)ri | kaɪ(ə)rə́ː-/ *n.* ((古)) 外科(医術) (surgery). **chi·rur·gic** /kaɪrə́ːdʒɪk | kaɪ(ə)rə́ː-/ *adj.* **chi·rúr·gi·cal** *adj.* 〘((?c1300)) ((変形)) ← ME *cyrurgerie, syrur-*: ⇨ ↑, -ery〙

chis·el /tʃízəl, -zḷ/ — *n.* **1 a** 鑿(のみ); (石・金属を彫る)鏨(たがね): ⇨ cold chisel. **b** 彫刻用鑿. **2** [the ～] 彫刻術. — *v.* (**chis·eled, -elled; -el·ing, -el·ling**) — *vt.* **1** 鑿で彫る, 彫刻する ⟨*out*⟩: ～ a statue *out of* [*from*] marble＝～ marble *into* a statue 大理石を彫って像を作る. **2** ((口語)) **a** ⟨物を⟩だまし取る. **b** ⟨人⟩から⟨物を⟩だまし取る〔*out of*〕: ～ a person *out of* something 人から物を巻き上げる. — *vi.* **1** 彫刻する. **2** ((口語)) 不正をやる: ～ *for* good marks [*at* an examination] いい点を取ろうと[試験で]不正をやる. **3** ((口語)) 割り込む ⟨*in*⟩: ～ *in on* a person's territory 人の縄張りに割り込む[を荒らす]. 〘((1323)) ◻ ONF ～ (F *ciseau*) < VL **cīsellum* ← L *caesus* (p.p.) ← *caedere* to cut: cf. scissors〙

chís·eled *adj.* **1** 鑿(のみ)で彫刻した. **2** 輪郭のはっきりした, よく整った: ～ features (彫刻のように)よく整った顔形[目鼻立ち]. **3** 鑿状[形]の: a ～ crowbar. 〘((a1737)): ⇨ -ed 2〙

chís·el·er /-z(ə)lə, -zḷə | -z(ə)lə^(r), -zḷə^(r)/ *n.* (*also* **chis·el·ler** /～/) **1** 鑿(のみ)を使う人. **2** ((口語)) 不正をする人, いかさま師, 詐欺師. **3** ((アイル)) 子供. 〘((1922)): ⇨ -er¹〙

chísel plòugh [**plòw**] *n.* 〖農業〗のみ刃付きの鋤(すき) ((通常の刃の代わりにのみ刃を付けた鋤; 固くなった地面をほぐすのに用いる)).

Chis·holm /tʃízəm/, **Shirley** (**Anita St. Hill**) *n.* チザム ((1924- ; 米国の政治家(民主党); 黒人女性初の下院議員 (1969-83))).

Chís·holm Tráil /tʃízəm-, -zm-/ *n.* [the ～] チザム輸送路 ((もと米国 Texas 州南部 San Antonio から Kansas 州南部の Abilene に通じていた西部地方向けの有名な家畜の輸送路)). 〘← *J. Chisholm* (1806-68: Cherokee との混血で政府御用の貿易商)〙

Chi·și·nău /*Rom.* kiʃinə́u/ *n.* キシナウ ((モルドバの首都; 旧称 Kishinyov)).

Chis·lev /kísləf/ *n.* ＝Kislev.

chí-square /káɪ-/ *n.* 〖統計〗＝chi-square distribution. **chí-squáred** *adj.* 〘((c1934)): ⇨ chi〙

chí-squàre [**chí-squàred**] **distribùtion** *n.* 〖統計〗カイ二乗分布, χ^2- 分布 ((平均値 0, 標準偏差 1 の正規分布 (normal distribution) に従う独立な確率変数の平方の和の分布; 仮説の検定によく用いられる)). 〘1956〙

chí-squàre [**chí-squàred**] **tèst** *n.* 〖統計〗カイ二乗検定(法) ((母集団に関して理論的に仮定された分布と実際の標本から得られた分布とが適合しているかどうかの検定(適合度の検定)というにカイ二乗分布を用いるもの; K. Pearson にはじまる)). 〘1936〙

chit¹ /tʃít/ *n.* **1** ((英)) 短信, 書き付け (note), メモ; (特に使用人の)推薦状, 人物証明書. **2** (飲食物などの少額の)つけ, 伝票 (voucher): sign [give] a ～ 伝票にサインする[を渡す] / the ～ system (現金払いに対し)書き付け払い制度. 〘((1776)) ((尾音消失)) ← *chitty* ◻ Hindi *ciṭṭhī*〙

chit² /tʃít/ *n.* **1** 子供 (child). **2** [戯言的・軽蔑的に] 子供っぽい人, ねんね, がき; (特に)こましゃくれた娘, でしゃばり娘, 小娘: a ～ of a girl. 〘((c1384)) ((c1624)) ? ← ? OE *ċip* (↓)〙

chit³ /tʃít/ *n.* 芽, 若芽 (shoot, sprout). — *v.* (**chit·ted; chit·ting**) — *vi.* ((英方言)) 芽を出す, 発芽する. — *vt.* ⟨ジャガイモなど⟩の芽を摘む: ～ potatoes. 〘((1398)) ((1601)) *chith* < OE *ċīþ* germ, sprout ← Gmc **kī-* to split (OS **kīð sprout*): cf. *chine¹*〙

Chi·ta /tʃɪtɑ́ː; *Russ.* tʃitá/ *n.* チタ ((ロシア連邦シベリア中央部, Baikal 湖東方の都市)).

chi·tal /tʃíːṭḷ | -tl/ *n.* (*pl.* ～) 〖動物〗＝axis². 〘((1880))〙

▭ Hindi *cital* ← Skt *citra* spotted〗

chi·tar·ro·ne /kìːtəróuneɪ | -təráu-; *It.* kitarróːne/ *n.* (*pl.* **-ro·ni** /-niː; *It.* -ni/) キタローネ《リュートの一種で, 首の部分が長く糸倉 (pegbox) が2個ある》. 〖(1740) ▭ It. ～ (aug.) ← *chitarra* ▭ Gk *kithára* lyre〗

chit·chat /tʃɪ́ttʃæ̀t/《口語》*n.* むだ話, 雑談, おしゃべり; 世間話 (gossip). — *vi.* 雑談にふける, 世間話をする. **～·ty** /tʃɪ́ttʃæ̀ṭi | -ti/ *adj.* 〖(1710)《加重》← CHAT¹〗

Chi·ten·ge /kɪtéŋgi/ *n.*《アフリカ東部》くるぶしまである巻きスカート.

chi·tin /káɪtṇ | -tɪn, -tṇ/ *n.* 〖生化学〗キチン《エビ・カニ・昆虫など節足動物の甲や高級菌類の細胞膜などの主成分で, アミノ糖から成る多糖類の一種; cf. keratin》. **chi·tin·oid** /káɪṭənɔ̀ɪd, -tṇ- | -tɪn-, -tṇ-/ *adj.* **chí·tin·ous** /-ṭənəs, -tṇ- | -tɪn-, -tṇ-/ *adj.* 〖(1836–39) ▭ F *chitine* ← Gk *khitṓn* tunic〗

chit·lings /tʃɪ́tlɪŋz/ *n. pl.* =chitterlings. 〖*a*1848〗

chit·lins /tʃɪ́tlɪ̀nz | -lɪnz/ *n. pl.* =chitterlings.

chi·ton /káɪtṇ, -tɑ(ː)n | -tṇ, -tɒn/ *n.* **1** キトーン《古代ギリシャで男女共に用いたガウンのような衣服; 1枚のウール布を体にまとうドーリア式のものと, ウール地または麻地で脇や袖を縫製したイオニア式のものとがある》. **2** 〖貝類〗ヒザラガイ《多板亜綱キトン属 (*Chiton*) のクサズリガイの類の貝の総称; 雌雄異体で, その幼虫は複雑な変態を行う》. 〖(1810) ← NL ～ ← Gk *khitṓn* tunic〗

chi·to·san /káɪṭəsæ̀n | -tə-/ *n.* 〖化学〗キトサン《キチン (chitin) の誘導体; 重金属を吸着するので廃水処理に使用される》. 〖(1895) ← CHIT(IN)+-OS(E)²+-AN²〗

chit·tack /tʃɑ̀tɑ́ːk | tʃɪ-/ *n.* =chittak.

Chit·ta·gong /tʃɪ́ṭəgɑ̀(ː)ŋ, -gɔ̀(ː)ŋ | -təgɒ̀ŋ/ *n.* チッタゴン《バングラデシュ南部, Bengal 湾に臨む都市》.

Chíttagong wòod *n.* 〖植物〗チャンチン (*Toona ciliata*)《インド産センダン科の樹木; 家具材》.

chit·tak /tʃɑ̀tɑ́ːk | tʃɪ-/ *n.* チッタク《インドの重量単位; 約1オンス》. 〖(1899) ▭ Bengali *cha-tāk*〗

chit·tam·wood /tʃɪ́ṭəmwʊ̀d | -təm-/ *n.* 〖植物〗**1** 米国産ウルシ科カスミノキの近縁種 (*Cotinus obovatus*) (cf. smoke tree). **2** =cascara buckthorn. **3** =buckthorn 2. 〖← ? Muskogean〗

chit·ter /tʃɪ́ṭə | -tə^(r)/ *vi.* **1**《米》さえずる (chip). **2**《英方言》寒さで震える. — *n.* さえずり. 〖(?*a*1200) *chitere(n)*: 擬音語〗

chit·ter·lings /tʃɪ́ṭəlɪŋz, tʃɪ́tlɪ̀nz | -təlɪŋz, -tl-/ *n. pl.* (煮たり揚げたりして料理した豚などの)小腸;《戯言》(人の)はらわた, 臓腑. 〖(*c*1280) ← ? OE **ċieter* intestines ← Gmc **keut-, *kut-* (G *Kutteln* guts): ⇨ -ling¹〗

chit·ty /tʃɪ́ṭi | -ti/ *n.* =chit¹. 〖1698〗

Chiung-chou /tʃiɔ̀(ː)ŋdʒóu, -ɑ̀(ː)ŋ- | -ɒ̀ŋdʒáu/ *n.* = Qiongzhou.

chiv /tʃɪ́v, ʃɪ́v/ *n.* (*also* **chive** /～/)《俗》(凶器としての)ナイフ (shiv); カミソリの刃. — *vt.* (ナイフ・カミソリで)刺す, 切る. 〖(1673): 盗賊の隠語から. (cf. shiv)〗

chiv·al·resque /ʃɪ̀vəlrésk, -vl-ˊ/ *adj.* **1** 騎士道の[に関する, に適した]: ～ manners. **2** 騎士道精神をもった; 騎士道的な: a ～ man. 〖(1800) ▭ F *chevaleresque*: ⇨ chivalry, -esque〗

chiv·al·ric /ʃɪvǽlrɪk, ʃɪ́vəl-, -vl- | ʃɪ́vəl-, -vl-/ *adj.* **1** 騎士道の[に関する]. **2** 騎士的な. 〖(1797): ⇨ chivalry, -ic¹〗

chiv·al·rous /ʃɪ́vəlrəs, -vl-/ *adj.* **1** 騎士道(時代)の, 騎士制度の: ～ society [ideals] 騎士道社会[騎士道的理想]. **2 a** 騎士道にかなった, 騎士道的な (cf. chivalry 2), 武者修行の. **b** (騎士のように)勇気のある, 勇敢な, 雄々しい (valiant). **c** 礼儀正しい, 忠節な; (敵・弱者に対して)寛大な, 義侠(ぎょう)的な: ～ courtesy and kindness. **d** (女性に)思いやりのある, (女性に)丁重な (⇨ civil SYN). **3** 騎士の[に関する]: a ～ rank. **～·ly** *adv.* **～·ness** *n.* 〖((?*a*1300)) (1774) ▭ OF *chevalereus*: ⇨ ↓, -ous〗

chiv·al·ry /ʃɪ́vəlri, -vl-/ *n.* **1** 騎士道, 騎士道精神《理想的騎士たる者の特質・行動・作法で, 勇気・礼儀・(特に, 女性や弱者に対する)義侠(ぎょう)心・忠義・敵に対する寛大さなど》: the flower of ～ 騎士道の精華, 武人の鑑(かがみ). **2** (中世の)騎士制度; (制度としての)騎士道, 騎士道の慣行: the laws of ～ 騎士道の掟 / the Age of *Chivalry* 騎士道時代《ヨーロッパのおよそ10–14世紀の期間》/ the golden age of ～ 騎士道がはなやかであったころ. **3**《古》[集合的] **a** 騎士たち (knights); はなやかな武人[紳士]たち: the whole ～ of France フランスの全騎士. **b** (中世の)騎兵たち; 騎兵隊. **4**《古》**a** 勇気ある行動; 騎士のような行動, 剛勇. **c** 武芸の腕前. **d** 騎士の地位[階級]. 〖(?*a*1300) *chivalrie* ▭ (O)F *chevalerie* ← *chevalier* 'CHEVALIER': ⇨ -ery: cf. cavalry〗

chiv·a·ree /ʃɪ̀vəríː, ˊ-ˊ-ˊ/ *n.* (*also* **chiv·a·ri** /～/)《米》=charivari.

Chív·as Régal /ʃívæs-, ʃìːvəs-/ *n.* 〖商標〗シーバスリーガル《スコットランド Chivas Brothers 社製の高級ブレンデッドウイスキー》.

chive /tʃáɪv/ *n.* 〖植物〗**1** チャイブ, エゾネギ (*Allium schoenoprasum*)《料理に用いる香草の一種》. **2** [通例 *pl.*] チャイブ[エゾネギ]の葉. 〖(*c*1390) ▭ ONF ～ =(O)F *cive* < L *cēpam* onion〗

chiv·y /tʃɪ́vi/《英》*n.* **1** 狩り, 追跡 (hunt, chase). **2** 〖遊戯〗(prisoners' base に似た)一種の鬼ごっこ. **3**《廃》狩りの叫び (hunting cry). — *vt.* (*also* **chiv·vy** /～/)《口語》**1** 狩り立てる, 追い回す ⟨*up, about*⟩. **2 a** うるさく悩ます ⟨*up, about*⟩. **b** せきたてて仕事をさせる ⟨*up, along*⟩. **3** 小器用に操作する, 巧みに扱う: ～ a ball. — *vi.* 走り回る ⟨about⟩. 〖(*c*1785)《変形》← ? CHEVY〗

Chi·wer·e /tʃəwéri | tʃɪ-/ *n.* (*pl.* ～) チェウェレ語《北米のスー語族 (Siouan) に属し, Iowa, Missouri, Oto などの諸族が用いる現地語》. 〖▭ Chiwere *Chewaerae*《原義》belonging to this place〗

chizz /tʃɪ́z/ (*also* **chiz** /～/)《英俗》*n.* 詐欺, ぺてん. — *vt.* だます. **～·er** *n.* 〖(1935)《短縮》← CHISEL〗

Ch. J. 《略》Chief Justice.

chk 《略》〖チェス〗check.

Chka·lov /tʃkɑ́ːlɔ(ː)f, -lɑ(ː)f | -lɒf; *Russ.* tʃkálәf/ *n.* チカロフ《Orenburg の旧名 (1938–57)》.

Chlád·ni fìgures [pàtterns] /klɑ́ːdni-/ *n. pl.* 〖物理〗クラードニ図形《適当な点で支持した板に砂などをまいて振動させたとき, 振動の節にそって砂などが集まってできる図形》. 〖← *Ernst Chladni* (1756–1827: ドイツの物理学者)〗

chlam·yd- /klǽməd | -mɪd/ (母音の前にくるときの) chlamydo- の異形.

chlam·y·date /klǽmədèɪt, -dʒ̀t | -mɪdèɪt, -dʒ̀t/ *adj.* 〖動物〗(ある種の軟体動物のように)外套膜 (mantle) のある: a ～ mollusk. 〖▭ L *chlamydātus* 'dressed in a CHLAMYS': ⇨ -ate²〗

chla·myd·e·ous /kləmɪ́diəs | -di-/ *adj.* 〖植物〗**1** 花被 (perianth) の[に関する]. **2** 花被を有する: a ～ flower 有被花. 〖⇨ chlamys, -eous〗

chlamydes *n.* chlamys の複数形.

chla·myd·i·a /kləmɪ́diə | -diə/ *n.* (*pl.* ～, **-di·ae** /-diìː | -di-/) **1** 〖細菌〗クラミジア《目や泌尿生殖器系に病気を引き起こす球状グラム陰性菌》. **2** クラミジア感染(症). 〖(*c*1931) ← NL ～: ↓〗

chlam·y·do- /klǽmədou | -mɪdəu/ 〖動物〗「外套膜 (mantle)」の意の連結形. ★ 母音の前では通例 chlamyd- になる. 〖← NL ～ ← Gk *khlamud-, khlamús* 'CHLAMYS'〗

Chlam·y·do·mon·a·da·ce·ae /klæ̀mədou-mɑ̀(ː)nədéɪsiìː | -mɪdə(ʊ)mɒ̀n-/ *n. pl.* 〖植物〗(緑藻植物)クラミドモナス科. 〖← NL ～: ⇨ ↓, -aceae〗

chlam·y·do·mo·nas /klæ̀mədəmóunəs | -mɪdəmə́u-/ *n.* 〖植物〗クラミドモナス《淡水中に生育するクラミドモナス属 (*Chlamydomonas*) の単細胞緑藻植物; 2本の鞭毛で水中を泳ぐ》. 〖(1884) ← NL ～〗

chla·myd·o·spore /kləmɪ́dəspɔ̀ə | -də(ʊ)spɔ̀ː^(r)/ *n.* 〖植物〗厚膜胞子《ある種の菌類で, 菌糸の先端に生じる細胞膜の肥厚した休眠胞子 (resting spore); cf. akinete》. **chla·myd·o·spor·ic** /kləmɪ̀dəspɔ́ːrɪk | -də(ʊ)-ˊ/ *adj.* 〖1884〗

chlam·ys /klǽmɪ̀s, kléɪm- | -mɪs/ *n.* (*pl.* **～·es, chlam·y·des** /-dìːz/) (古代ギリシャの)クラミュス《通例右肩のところで留め金 (fibula) で留めた短い長方形のマント; 一般に青年が常用した》. 〖(1699) ▭ L ～ ▭ Gk *khlamús*〗

chlo·an·thite /klouǽnθaɪt | kləu-/ *n.* 〖鉱物〗砒ニッケル鉱 (Ni, Co)As_{3-x}). 〖(1850) ▭ G *Chloanthit* ← Gk *khloanthḗs* budding, pale ← *khlóos* light green color + *-anthḗs* blooming: ⇨ -ite¹〗

chlo·as·ma /klouǽzmə | kləu-/ *n.* (*pl.* **～·ta** /～tə | ～tə/)〖医学〗肝斑, しみ《肌にできる褐色の斑点で, 妊娠・更年期・ピル使用時などに多い色素異常; liver spots ともいう》. 〖(1876) ← NL ← LGk *khlóasma* greenness ← Gk *khloázein* to be green ← *khlóē* first shoot of plants〗

Chlod·wig /*G.* klóːtvɪç/ *n.* クロートヴィッヒ《Clovis I のドイツ語名》.

Chlo·e¹ /klóui | kləui/ *n.* クローイ《女性名》. 〖↓〗

Chlo·e² /klóui | kləui/ *n.* (*also* **Chlo·ë** /～/) クロエー (⇨ Daphnis and Chloë). 〖▭ Gk *Khlóē*《原義》the verdant or blooming〗

Chlo·ette /klouét | kləu-; *F.* klɔɛt/ *n.* クロエット《女性名》. 〖▭ F ～ (dim.): ⇨ ↑, -ette〗

chlor- /klɔ:r/ (母音の前にくるときの) chloro- の異形.

chlo·rac·ne /klɔːrǽkni/ *n.* 〖病理〗クロルアクネ, 塩素痤瘡(ざそう)《塩素や塩素化合物に触れたりすることによって引き起こされる皮膚病》. 〖(*c*1928) ← CHLOR-+ACNE〗

chlo·ral /klɔ́ːrəl/ *n.* 〖化学〗**1** クロラール, トリクロロアセトアルデヒド (CCl_3CHO)《無色油状のアルデヒドの一種; DDT, chloral hydrate を作るのに用いられる》. **2** = chloral hydrate. 〖(1838) ▭ F ～ ← CHLORO-+AL(COHOL)〗

chlóral hýdrate *n.* 〖化学〗抱水クロラール ($CCl_3CH(OH)_2$)《催眠剤に用いられる》. 〖1874〗

chló·ral·ism /-lɪzm/ *n.* 〖病理〗クロラール中毒. 〖(1879): ⇨ -ism〗

chlo·ral·ize /klɔ́ːrəlàɪz/ *vt.* クロラールで麻酔させる. 〖(1878): ⇨ -ize〗

chlo·ral·ose /klɔ́ːrəlòus, -lòuz | -ləus, -ləuz/ *n.* 〖薬学〗クロラロース ($C_8H_{11}Cl_3O_6$)《催眠剤》. **chló·ral·ósed** *adj.* 〖(1893) ← CHLORAL+-OSE²〗

chlor·am·bu·cil /klɔːrǽmbjusìl/ *n.* 〖薬学〗クロラムブシル ($C_{14}H_{19}Cl_2NO_2$)《ナイトロジェンマスタード系抗腫瘍薬; 白血病・ホジキン病の治療に使用する》. 〖(1956) ← *chlor(oethyl)*+AM(INO)-+BU(TYRI)C+-IL〗

chlo·ra·mine /klɔ́ːrəmìːn/ *n.* 〖化学〗クロラミン (NH_2Cl): **1** 次亜塩素酸ナトリウムをアンモニアに反応させてできる化合物. **2** NH_2Cl の水素を他の原子・原子団で置換した化合物の一般名. 〖(1893) ← CHLORO-+AM(MONIA)+-INE³〗

chlóramine-T́ *n.* 〖化学〗クロラミン T ($CH_3C_6H_4SO_2NClNa$)《白色結晶; 殺菌剤; cf. dichloramine-T》. 〖1916〗

chlor·am·phen·i·col /klɔ̀ːræmfénɪ̀kɔ̀(ː)l, -kɑ̀(ː)l | -ɪkɒ̀l/ *n.* 〖生化学〗クロロアムフェニコール ($C_{11}H_{12}Cl_2N_2O_5$)《*Streptomyces venezuelae* の培地から採れる抗生物質で, バクテリア疾患・リケッチア疾患・ウイルス疾患に効果がある》. 〖(1949) ← CHLORO-+AM(IDO)-+PHE(NOL)+NI(TRO)-+(GLY)COL〗

chlor·an·il /klɔːrǽnɪ̀l, -nl | -nɪl/ *n.* 〖化学〗クロルアニル ($C_6Cl_4O_2$)《黄色の結晶; 染料の製造・種子殺菌剤に用いる》. 〖▭ G ～: ⇨ chloro-, anil(ine)〗

Chlo·ran·tha·ce·ae /klɔ̀ːrænθéɪsiìː/ *n. pl.* 〖植物〗(双子葉植物)センリョウ科. **chlò·ran·thá·ceous** /-ʃəsˊ/ *adj.* 〖(1882) ← NL ～ ← *Chloranthus* (属名: ← CHLORO-+Gk *ánthos* flower) +-ACEAE〗

chlor·ar·gy·rite /klɔːrɑ́ədʒɪ̀raɪt | -rɑ́ːdʒɪər-/ *n.* 〖鉱物〗角銀鉱 (cerargyrite).

chlor·as·tro·lite /klɔːrǽstrəlàɪt/ *n.* 〖岩石〗緑星石《北米 Superior 湖付近に産する緑色で放射状の小顆粒をなした石》. 〖(1850) ← CHLORO-+ASTRO-+-LITE〗

chlo·rate /klɔ́ːreɪt, -rɪ̀t/ *n.* 〖化学〗塩素酸塩[エステル]: ⇨ sodium chlorate. 〖(1823) ← CHLORO-+-ATE¹〗

chlor·cýc·li·zine *n.* 〖薬学〗クロルサイクリジン ($C_{18}H_{21}ClN_2$)《抗ヒスタミン剤》. 〖← CHLORO-+CYCLO-¹+(PIPERA)ZINE〗

chlor·dane /klɔ́ədeɪn/ *n.* (*also* **chlor·dan** /-dæn/) 〖化学〗クロルデン《インダン (indan) から誘導される無臭の殺虫液; 主成分は $C_{10}H_6Cl_8$ の化合物; 化学式の数字を合わせて 1068 /ténsìkséɪt/ ともいう》. 〖(1947) ← CHLORO-+(*in*)*dan* (⇨ indene)〗

chlor·di·az·e·pox·ide /klɔ̀ədaɪæ̀zəpɑ́(ː)ksaɪd | klɔ̀ːdaɪæ̀zɪpɔ́k-/ *n.* 〖薬学〗クロルジアゼポキシド ($C_{16}H_{14}ClN_3O$)《種々の神経症に用いるトランキライザー; アルコール中毒の治療にも用いる》. 〖1962〗

chlo·rel·la /klərélə/ *n.* 〖植物〗クロレラ《緑藻類クロレラ科クロレラ属 (*Chlorella*) の単細胞藻類》. **chlò·rel·lá·ceous** /-ʃəsˊ/ *adj.* 〖(1904) ← NL ～: ⇨ chloro-, -ella〗

chlo·ren·chy·ma /klɔːréŋkəmə | -kɪ-/ *n.* 〖植物〗葉緑組織. 〖(1894) ← NL ～ ← CHLOR(OPHYLL)+-ENCHYMA〗

chlor·gua·nide /klɔəgwɑ́ːnaɪd, -nɪ̀d | klɔːgwɑ́ːnaɪd, -nɪd/ *n.* 〖薬学〗=chloroguanide.

chlor·hex·i·dine /klɔəhéksɪ̀dìːn | klɔː-/ *n.* 〖化学〗クロルヘキシジン《酢酸塩アセテートとして用いる》.

chlo·ric /klɔ́ːrɪk | klɔ́ːr-, klɔ́r-/ *adj.* 〖化学〗塩素 (V) の; 塩素含有性の, 塩素酸の. 〖(1810) ← CHLORO-+-IC¹〗

chlóric ácid *n.* 〖化学〗塩素酸 ($HClO_3$). 〖1826〗

chlo·ride /klɔ́ːraɪd/ *n.* **1** 〖化学〗塩化物, 塩化化合物: ⇨ potassium chloride, sodium chloride. **2** 〖写真〗=chloride paper.

chlóride of líme さらし粉 (bleaching powder). 〖1826〗

chlo·ri·dic /klərɪ́dɪk | -dɪk/ *adj.* 〖(1812) ▭ G *Chlorid*: ⇨ chloro-, -ide²〗

chlóride pàper *n.* 〖写真〗クロライド印画紙《塩化銀を塗布した印画紙; 主として密着焼き付けに用いる》.

chlo·ri·dize /klɔ́ːrədàɪz | -rɪ̀-/ *vt.* **1** 〖化学〗塩素[塩化物]で処理する. **2** 〖冶金〗⟨鉱石・酸化物を⟩塩化物で処理する. 〖(1870) ← CHLORIDE+-IZE〗

chlo·rin /klɔ́ːrɪ̀n | klɔ́ːrɪn/ *n.* 〖化学〗=chlorine.

chlo·ri·nate /klɔ́ːrənèɪt | klɔ́ːrɪ̀-, klɔ́r-/ *vt.* **1** 〖化学〗…の塩素を作用させる, 塩素[塩化物]で処理する; 塩素と化合させる, 塩素化する. **2 a** ⟨紙パルプを⟩塩素漂白する, 塩素処理する. **b** ⟨上水・下水を⟩塩素処理[滅菌]する. **c** ⟨羊毛を⟩塩素処理する. **3** 〖冶金〗=chloridize 2. 〖(1856) ← CHLORINE+-ATE³〗

chló·ri·nat·ed hydrocárbon /-tɪ̀d- | -tɪd-/ *n.* 〖化学〗塩素化炭化水素殺虫剤《塩素と炭素の結合によって作られる DDT などの合成殺虫剤》.

chlórinated líme *n.* 〖化学〗塩素化石灰 (⇨ bleaching powder). 〖1876〗

chlórinated rúbber *n.* 〖化学〗塩素化ゴム《白色不燃性無臭の粉末; 塗料の原料・印刷インクの乾燥促進剤に用いる》.

chlo·rin·a·tion /klɔ̀ːrənéɪʃən | -rɪ̀-/ *n.* **1** 〖化学〗(有機化合物の)塩素化, 塩素置換. **2 a** (紙パルプの)塩素漂白, 塩素処理. **b** (上水・下水の)塩素処理, 塩素滅菌[殺菌]. **c** (羊毛の)塩素処理《羊毛を次亜塩素酸ソーダ液に浸して防縮性を与えること》. **3** 〖冶金〗(鉱石の)塩化法《鉱石中の金属成分を高温で処理して水溶性の塩化物に換え抽出すること》. 〖(1854) ← CHLORINATE+-ION〗

chló·rin·à·tor /-tə | -tə^(r)/ *n.* (飲料水殺菌のための)塩素注入機; 塩素処理用タンク. 〖(1930) ← CHLORINATE+-OR²〗

chlo·rine /klɔ́ːriːn, -rɪ̀n | klɔ́ːriːn, -rɪn/ *n.* 〖化学〗塩素《記号 Cl, 原子番号 17, 原子量 35.453》. 〖(1810) ← Gk *khlōrós* pale green+-INE³: その色から英国の化学者 H. Davy (1778–1829) が命名〗

chlórine 36 *n.* 〖化学〗塩素 36《塩素の放射性同位体, 質量数 36, 半減期約 30 万年; 主にトレーサーとして用いる》.

chlórine dióxide [peróxide] *n.* 〖化学〗二酸化塩素, 過酸化塩素 (ClO_2)《赤褐色爆発性の気体; パルプ・小麦粉・澱粉などの漂白, 水の消毒などに用いる》.

chlórine wàter *n.* 塩素水《漂白剤・分析試薬用》. 〖1859〗

chlo·rin·i·ty /klɔːrɪ́nəṭi | klɔːrɪ́nɪti/ *n.* 〖化学〗塩素量《海水 1 kg 中のハロゲンの全量をそれに相当する塩素の量としてグラム数で表したもの》. 〖*c*1931〗

chlo·rin·ous /klɔ́ːrənəs | -rɪ̀-/ *adj.* 〖化学〗塩素の[に関する, に似た]. 〖(1876) ← CHLORIN(E)+-OUS〗

C

chlo·rite[1] /klɔ́ːraɪt/ *n.* 〖化学〗亜塩素酸塩: potassium ～ 亜塩素酸カリウム ($KClO_2$). 〖(1853) ← CHLORO-＋-ITE[3]〗

chlo·rite[2] /klɔ́ːraɪt/ *n.* 〖鉱物〗緑泥石 (Mg, Fe, Al に富む複雑な含水ケイ酸塩鉱物). **chlo·rit·ic** /klɔːrítɪk | -rít-/ *adj.* 〖(1601) □ G *Chlorit* □ L *chlōritis* a kind of green stone □ Gk *khlōrîtis* ← *khlōrós*: ⇨ chloro-, -ite[1]〗

chlo·ri·toid /klɔ́ːrɪtɔ̀ɪd/ *n.* 〖鉱物〗硬緑泥石, クロリトイド ((Mg, Fe)$AlSiAlO_5(OH)_2$) (アルミニウム・第一鉄・マグネシウムの珪酸塩からなる鉱物; 灰緑色の薄層状で産出).

chlor·mad·i·none /klɔəmǽdənòun | klɔːmǽdɪnəʊn/ *n.* 〖薬学〗クロルマジノン (経口避妊薬の一種).

chlor·mer·o·drin /klɔəmérədrɪn | klɔːmérədrɪn/ *n.* 〖薬学〗クロルメロドリン (白色無臭の粉末; 水銀利尿薬). 〖← CHLORO-＋MER(CURY)＋-O-＋(HY)DR(O)-＋-IN[2]〗

chlo·ro- /klɔ́ːrou | -rəu/ 次の意味を表す連結形: **1** 「緑 (green)」. **2** 〖化学〗「塩素 (chlorine); 塩素を含んだ」. ★ 母音の前では通例 chlor- になる. 〖← NL ～ ← Gk *khlōrós* light green〗

chlòro·acétic *adj.* 〖化学〗クロロ酢酸の.

chlóroacetic ácid *n.* 〖化学〗クロロ酢酸 ($CH_2ClCOOH$) (無色透明の潮解性の化合物; 染料製造に用いる; monochloroacetic acid ともいう).

chlòro·ácetone *n.* 〖化学〗クロロアセトン (CH_3COCH_2Cl) (無色催涙性の有毒の液体; 催涙性毒ガス・有機合成・殺虫剤などに用いる).

chlòro·acetophenóne *n.* 〖化学〗クロロアセトフェノン ($C_6H_5COCH_2Cl$) (薬片状結晶; 催涙ガスに用いる; 記号 CN; phenacyl chloride ともいう).

chlóro·àuric ácid *n.* 〖化学〗塩化金酸, テトラクロロ金酸 ($HAuCl_4$) (黄色の結晶; 写真, めっき用).

chlòro·bénzene *n.* 〖化学〗クロロベンゼン (C_6H_5Cl) (水に不溶解の可燃性の無色揮発性の液体; 有機合成原料, 樹脂・ペンキ・ラッカーなどの溶剤に用いる). 〖1889〗

chlòro·brómide *n.* 〖写真〗クロロブロマイド印画紙, 塩臭素紙 (塩化銀・臭化銀混合物を乳剤とする感度のよい引き伸ばし用印画紙; chlorobromide paper ともいう). 〖1873〗

chlóro·bròmo·méthane *n.* 〖化学〗クロロブロモメタン (CH_2ClBr) (無色の液体, 消化剤として用いる). 〖← CHLORO-＋BROMO-＋METHANE〗

chlòro·cárbon *n.* 〖化学〗クロロカーボン (塩素を含む炭素化合物の一般名; 例: 四塩化炭素). 〖*c*1815〗

chlòro·cru·o·rin /-krúːərɪn | -ɪn/ *n.* 〖生化学〗クロロクルオリン (多毛環形動物にみられる血漿中の呼吸色素). 〖1881〗

chlo·ro·dyne /klɔ́ːrədàɪn | klɔ́ːr-, klɔ́r-/ *n.* 〖薬学〗クロロダイン, コロダイン (アヘン・クロロホルムなどを含む麻酔鎮痛薬). 〖(1863) (商標) ← CHLORO(FORM)＋(ANO)DYNE〗

chlòro·éthane *n.* 〖化学〗クロロエタン (⇨ ethyl chloride). 〖1873〗

chlòro·éthylene *n.* 〖化学〗クロロエチレン (⇨ vinyl chloride).

chlòro·fluòro·cárbon *n.* 〖化学〗クロロフルオロカーボン, フロン(ガス) (塩素化・フッ素化されたエタンやメタンの総称; 冷媒, 噴霧剤として用いられてきたが, オゾン層を破壊する物質とみなされ, 現在では使用禁止の方向に向かっている; 略 CFC). 〖1949〗

chlòro·fluòro·méthane *n.* 〖化学〗クロロフルオロメタン (chlorofluorocarbon の一種). 〖1965〗

chlo·ro·form /klɔ́ːrəfɔ̀əm | klɔ́ːrəfɔ̀ːm, klɔ́r-/ *n.* 〖化学〗クロロホルム ($CHCl_3$) (無色揮発性の液体; 麻酔薬・溶剤に用いた): put a person under ～ 人にクロロホルムで麻酔をかける. ― *vt.* **1** …にクロロホルムで麻酔をかける; クロロホルムで殺す. **2** 〈布など〉にクロロホルムをしみ込ませる. 〖(1838) □ F *chloroforme*: ⇨ chloro-, formyl〗

chlóro·fòr·myl chlóride *n.* 〖化学〗塩化クロロホルミル (⇨ phosgene 1). 〖*chloroformyl*: ← CHLORO-＋FORM＋-YL〗

chló·ro·gen·ic ácid /klɔ́ːrədʒènɪk-/ *n.* 〖化学〗クロロゲン酸 ($C_{16}H_{18}O_9$) (コーヒー豆・ジャガイモなどに含まれる). 〖1889〗

chlòro·guá·nide /-gwáːnaɪd, -nɪd | -gwáːnaɪd, -nɪd/ *n.* 〖薬学〗クロログアニド ($C_{11}H_{16}N_5Cl$) (白色の結晶性粉末; マラリアの治療に用いる; chlorguanide ともいう). 〖← CHLORO-＋GUAN(IDINE)＋-IDE[2]〗

chlòro·hý·drin /-háɪdrɪn | -drɪn/ *n.* 〖化学〗クロロヒドリン (塩素原子と水酸基とを含む有機化合物の類). 〖(1890) ← CHLORO-＋HYDRO-＋-IN[2]〗

chlòro·mélanite *n.* 〖鉱物〗クロロメラナイト (鉄分の多い緑がかった黒色のジェダイト (jadeite)).

chlòro·méthane *n.* 〖化学〗クロロメタン (⇨ methyl chloride). 〖1873〗

chlo·rom·e·try /klɔːráːmətri | -rɔ́mɪtri/ *n.* 〖化学〗塩素滴定. 〖1839〗

Chlo·ro·my·ce·tin /klɔ̀ːroumaɪsíːtn | klɔ̀ːrə(ʊ)maɪsíːtɪn, klɔ̀r-/ *n.* 〖商標〗クロロマイセチン (chloramphenicol の商品名). 〖1947〗

chlòro·náphthalene *n.* 〖化学〗クロロナフタレン: **1** モノクロロナフタレン; 溶剤として用いる. **2** ナフタレンの塩素置換体の一般名.

chlòro·pháe·ite /-fíːaɪt/ *n.* 〖鉱物〗緑褐石 (火成岩の空隙に産する緑泥石の一種). 〖(1843) ← CHLORO-＋*phae-* (← Gk *phaiós* dusky)＋-ITE[1]〗

chlòro·phénol *n.* 〖化学〗**1** クロロフェノール (ClC_6H_4OH) (フェノールの塩素化によって作る; 染料中間体として用い, 3 種の異性体がある). **2** フェノールの塩素置換体の一般名.

chlórophenol réd *n.* 〖化学〗クロロフェノール レッド ($C_{19}H_{12}Cl_2O_5S$) (スルホンフタレイン系の染料; 酸塩基指示薬).

chlòro·phé·no·thane /-féːnəθèɪn/ *n.* 〖化学〗クロロフェノタン (⇨ DDT). 〖← (*di*)*chloro*-(*di*)*phen*(*yl*)-(*trichlor*)*o*-(*e*)*thane*〗

chlo·ro·phyll /klɔ́ːrəfɪl, -fl̩ | klɔ́(ː)rəfɪl, klɔ́r-/ *n.* (*also* 〖米〗 **chlo·ro·phyl** /～/) **1** 〖植物・生化学〗クロロフィル, 葉緑素 (青緑色の葉緑素 ($C_{55}H_{72}MgN_4O_5$) (chlorophyll a ともいう) と黄緑色の葉緑素 ($C_{55}H_{70}MgN_4O_6$) (chlorophyll b ともいう) がある; cf. lutein): ～ toothpaste 葉緑素入り練り歯みがき. **2** クロロフィル素 (クロロフィルを含む物質で, 着色剤・脱臭剤に用いる). **chló·ro·phỳl·loid** *adj.* 〖(1819) □ F *chlorophylle*: ⇨ chloro-, -phyll〗

chlo·ro·phyl·lose /klɔ̀ːrəfílous | -ləus/ *adj.* 〖植物・生化学〗クロロフィルの[に関する, 含んだ].

chlo·ro·phyl·lous /klɔ̀ːrəfíləs/ *adj.* 〖植物・生化学〗＝chlorophyllose. 〖1871〗

chloro·phy·tum /-fíːtəm | -təm/ *n.* 〖植物〗＝spider plant.

chlo·ro·pic·rin /klɔ̀ːrəpíkrɪn, -rou- | -rə(ʊ)píkrɪn/ *n.* 〖化学〗クロロピクリン (CCl_3NO_2) (ピクリン酸に塩素を作用させて作る; 殺虫剤・毒ガス・殺鼠(そ)剤・有機合成原料に用いる; nitrochloroform ともいう). 〖(1889) ← CHLORO-＋PICRO-＋-IN[2]〗

chlo·ro·plast /klɔ́ːrəplæ̀st | klɔ́ːrə(ʊ)-/ *n.* 〖植物〗葉緑体 (cf. chromatophore 2). 〖1887〗

chlòro·platínic *adj.* 〖化学〗塩化白金酸の.

chlóroplatinic ácid *n.* 〖化学〗塩化白金酸 ($H_2PtCl_6 \cdot 6H_2O$) (黄色結晶; 白金を王水に溶解, 蒸発後結晶化する; 分析試薬・白金メッキなどに用いる; 正式名 hexachloroplatinic acid).

chlòro·plátinous ácid *n.* 〖化学〗塩化第一白金酸, テトラクロロ白金 (II) 酸 ($H_2[PtO_4]$).

chlo·ro·prene /klɔ́ːrəprìːn, -rou- | klɔ́ːrə(ʊ)-/ *n.* 〖化学〗クロロプレン (CH_2=CClCH=CH_2) (アセチレンと塩化水素とから生じる無色の液体; 合成ゴムの原料). 〖(1931) ← CHLORO-＋(ISO)PRENE〗

chlo·ro·quine /klɔ́ːrəkwìːn, -kwàɪn | -rə(ʊ)-/ *n.* (*also* **chlo·ro·quin** /-kwɪn/) 〖薬学〗クロロキン ($C_{18}H_{26}ClN_3$) 7-chloro-4-(4-diethylaminol-methylbutylamino) quinoline) (マラリアの特効薬; SN 7618 /sévəntisìksəːtɪːn | -ti-/ ともいう). 〖(1946) ← CHLORO-＋-*quine* (← QUINOLINE)〗

chlo·ro·sis /klərόusɪs | klɔːrəʊsɪs, klɔ-/ *n.* (*pl.* **-ro·ses** /-siːz/) **1** 〖病理〗萎黄(いおう)病 (greensickness) (思春期の女性に多いとされた一種の貧血). **2** 〖植物病理〗白化(現象), 黄白化 (緑色植物において, 鉄やマグネシウムなどの欠乏によって起こる; cf. etiolation 1). **chlo·rot·ic** /klərάːtɪk | klɔːrɔ́t-, klɔ-/ *adj.* **chlo·rót·i·cal·ly** *adv.* 〖(1681) ← NL ～: ⇨ chloro-, -osis〗

chlóro·sulfònic ácid *n.* 〖化学〗クロロスルホン酸 ($ClSO_3H$) (無色発煙性の液体; 有機合成に用いる).

chlòro·thíazide *n.* 〖薬学〗クロルチアジド ($C_7H_6ClN_3O_4S_2$) (利尿剤・高血圧治療剤として用いる). 〖1957〗

chloro·tri·fluo·ro·eth·ylene /-flɔ̀ːrou-, -flùər- | -flɔ̀ːrə(ʊ)-, -flùər-/ *n.* 〖化学〗クロロトリフルオロエチレン (ClFC: CF_2) (フッ素樹脂原料).

chloro·triflùoro·méthane *n.* 〖化学〗クロロトリフルオロメタン, 塩化フッ化メタン ($ClCF_3$) (無色の気体; 金属の焼き入れや調剤の際, 冷却剤として用いる; trifluorochloromethane ともいう).

chlo·rous /klɔ́ːrəs/ *adj.* 〖化学〗3 価の塩素を含む, 亜塩素酸の. 〖(1845) ← CHLORINE＋-OUS〗

chlórous ácid *n.* 〖化学〗亜塩素酸 ($HClO_2$).

chlor·phe·nir·a·mine /klɔəfenírəmìːn, -mɪn | klɔːfɪnírəmìːn, -mɪn/ *n.* 〖薬学〗クロルフェニラミン ($C_{16}H_{19}ClN_2$) (マレイン酸塩として抗ヒスタミン剤に用いる). 〖← CHLORO-＋PHENO-＋(P)YRO-＋-AMINE〗

chlor·phe·nol /klɔəfíːnoʊl, -nɔ(ː)l, -na(ː)l | klɔːfíːnɔl/ *n.* 〖化学〗＝chlorophenol.

chlor·pic·rin /klɔəpíkrɪn | klɔːpíkrɪn/ *n.* 〖化学〗＝chloropicrin.

chlor·prom·a·zine /klɔəprά(ː)məzìːn, -zɪn | klɔːprɔ́məzìːn, -zɪn/ *n.* 〖薬学〗クロルプロマジン ($C_{17}H_{19}ClN_2S$) (特に沈鬱型の精神病患者に用いる抑制剤). 〖(1952) ← CHLORO-＋PROMAZINE〗

chlor·pro·pa·mide /klɔəpróupəmàɪd, -mɪd | klɔːpráupəmàɪd, -mɪd/ *n.* 〖薬学〗クロルプロパミド ($C_{10}H_{13}ClN_2O_3S$) (糖尿病の治療に用いる血糖降下剤). 〖(1960) ← CHLORO-＋PROP(ANE)＋AMIDE〗

chlor·pro·phen·py·rid·a·mine /klɔəpròufiːnpɪrídəmìːn, -pər-, -mɪn | klɔːprəufiːnpɪrídəmìːn, -mɪn/ *n.* 〖薬学〗＝chlorpheniramine. 〖← CHLORO-＋PRO(PANE)＋PHEN(YL)＋PYRI(DINE)＋D(IMETHYL)＋AMINE〗

chlór·sulfònic ácid *n.* 〖化学〗＝chlorosulfonic acid.

chlòr·tetracýcline *n.* 〖薬学〗クロルテトラサイクリン ($C_{22}H_{23}ClN_2O_8$) (黄色抗生物質で塩酸塩に可溶; ウイルス病などにきく内服薬). 〖1953〗

Chlor-Tri·me·ton /klɔətráɪmɪtὰ(ː)n | klɔːtráɪmɪtɔ̀n/ *n.* 〖商標〗クロルトリメトン (chlorpheniramine の商品名).

chm. 〖略〗 chairman; checkmate; choirmaster.

Ch. M. 〖略〗 *L.* Chirurgiae Magister (＝Master of Surgery).

chmn. 〖略〗 chairman.

cho·a·na /kóuənə | kə́u-/ *n.* (*pl.* **choa·nae** /-niː/) 〖解剖〗後鼻孔. **cho·a·nate** /kóuənèɪt | kə́u-/ *adj.* 〖(1878) ← NL ～ ← Gk *khoánē* funnel〗

cho·an·o·cyte /kouǽnəsàɪt | kəu-/ *n.* 〖動物〗襟(えり)細胞 (海綿動物の内腔に沿って並ぶ鞭毛(べんもう)の生えた細胞; collar cell ともいう). **cho·a·no·cy·tal** /kouæ̀nəsáɪtl | kəuæ̀nəsáɪtl/ *adj.* 〖(1888) ← Gk *khoánē* funnel＋-o-＋-CYTE〗

Cho·an·o·flag·el·la·ta /kouæ̀nəflæ̀dʒəláːtə, -léɪ- | kəuæ̀nəflæ̀dʒɪláːtə, -léɪ-/ *n. pl.* 〖動物〗立襟鞭毛虫亜目. 〖← NL ～ ← *Gk khoánē* (↑)＋L *flagellum* whip＋-ATA〗

cho·an·o·flag·el·late /kouæ̀nəflǽdʒəlɪt, -lèɪt | kəuæ̀nəflǽdʒɪ-/ *n.* 〖動物〗立襟鞭毛虫 (すべて自由生活性の原生動物で, 鞭毛 1 本をもつほか, 漏斗状の襟様構造を有する点が特徴的). 〖(1900)〗↑〗

Choate /tʃóut | tʃə́ut/, **Rufus** *n.* チョート (1799-1859; 米国の法律家・弁護士・上下院議員).

choc /tʃά(ː)k | tʃɔ́k/ *n.* 〖英口語〗＝chocolate 2 a. 〖(1874) (略)〗

choc·a·hol·ic /tʃὰ(ː)kəhɔ́(ː)lɪk, tʃɔ̀(ː)-, hά(ː)- | tʃɔ̀kəhɔ́l-/ *adj.* ＝chocoholic.

chóc-bàr *n.* 〖英口語〗チョコバー(アイスクリーム). 〖1954〗

choc·cy /tʃά(ː)ki, tʃɔ́(ː)ki | tʃɔ́ki/ *n.* 〖英〗チョコ(レート).

cho·cho /tʃóutʃou | tʃə́utʃəu/ *n.* ＝chayote.

chóc-ìce *n.* 〖英口語〗チョコアイス(クリーム). 〖1951〗

chock /tʃά(ː)k | tʃɔ́k/ *n.* **1** (樽や車輪の下に置く木製または金属製の)枕, くさび, 輪止め. **2** 〖登山〗チョック (岩の割れ目にはさんで落下を防ぐ金属片; nut ともいう). **3** 〖海事〗 **a** チョック, 導索器 (索・鎖などを導くもの). **b** (甲板上のボートを載せる)数台, まくら (cf. cleat). ― *vt.* **1** くさびで締める[留める]. **2** 〖英〗ぎっしり詰め込む 〈*up*〉. **3** 〖海事〗〈ボート〉にまくらをかう, チョックに載せる. ― *adv.* ぴったり, きつく; 全く (cf. chock-full): ～ *against* …にぴったり / stand ～ still じっと立っている. 〖(1662) □ ? ONF *choque log＝OF *ço(u)che* (F *souche*) block of wood ← Gaul. **tsukka*: cf. chuck[2]〗

chocka /tʃά(ː)kə | tʃɔ́kə/ *adj., adv.* 〖英〗＝chockablock.

chock·a·block /tʃά(ː)kəblὰ(ː)k | tʃɔ̀kəblɔ́k/ *adj.* **1** 〖海事〗〈相対する両滑車が〉互いに触れるほど引き寄せられた, もはや作動しない状態にある. **2** (動きがとれないほど)ぎっしり詰まって: The street was ～ *with* cars. 道は車でいっぱいだった. ― *adv.* ぎっしり詰まって, ぎっしりと. 〖(1840): ⇨ chock, a-[1], block〗

chock·er /tʃά(ː)kə | tʃɔ́kə(r)/ *adj.* **1** 〖英俗〗あきあきして, うんざりして (disgusted). **2** 〖豪口語〗ぎっしり詰まった. 〖(1887) (短縮) ↑〗

chock-full /tʃά(ː)kfʊ́l, tʃʌ́k- | tʃɔ́k-/ *adj.* 〔…で〕ぎっしり詰まった〔*of*〕(cf. chock *adv.*): a box ～ *of* candy. 〖(?a1400) *chokkeful, chekeful* ← ? CHOKE[1] (v.)＋FULL〗

chóck·stòne *n.* 〖登山〗チョックストーン (チムニー (chimney) など岩の割れ目にはさまった岩石).

choc·o /tʃά(ː)kou, tʃɔ́(ː)k- | tʃɔ́kəu/ *n.* (*also* **chock·o** /～/) (*pl.* **～s**) 〖豪俗〗＝chocolate soldier 1. 〖1918〗

choc·o·hol·ic /tʃὰ(ː)kəhɔ́(ː)lɪk, tʃɔ̀(ː)-, -hά(ː)- | tʃɔ̀kəhɔ́l-/ *n.* 〖口語〗チョコレートに目がない人, チョコレート中毒者. 〖(1968) ← CHOCO(LATE)＋-*holic*: cf. *alcoholic*〗

Chóc·o Hót /tʃά(ː)kou-, tʃɔ́(ː)k- | tʃɔ́k-/ *n.* 〖商標〗チョコホット (スイス Nestlé 社製のインスタントココア).

choc·o·late /tʃά(ː)k(ə)lɪt, tʃɔ́(ː)k-, -kl- | tʃɔ́k-/ *n.* **1** チョコレート: ～ in cake [powder] 塊状[粉末]チョコレート. **2 a** チョコレート菓子[キャンデー]: a bar of ～ 板チョコ 1 枚, チョコバー 1 本 / a box of ～*s* チョコレート 1 箱 (詰め合わせ). **b** チョコレート飲料: drink a cup of ～. 日英比較 日本語では「チョコレート」と「ココア」を分けるが, 英語では, 飲料の場合しばしば cocoa は *chocolate* という. **3** チョコレート色 (chocolate brown), 濃褐色. ― *adj.* **1** チョコレートの, チョコレート入りの[でくるんだ]: a ～ bar チョコバー. **2** チョコレート色の, 濃褐色の: ～ shoes. 〖(1604) □ Sp. ～ □ N-Am.-Ind. (Nahuatl) *xocoatl* (原義) ? bitter water〗

chócolate bíscuit *n.* 〖英〗チョコレートでくるんだビスケット. 〖1723〗

chócolate-bòx *n.* **1** チョコレートの箱. **2** (その箱に描かれた絵のように)陳腐なロマンチックな絵. ― *adj.* 表面上は美しい; (特に)〈絵が〉感傷的な. 〖1901〗

chócolate brówn *n.* こげ茶色, 暗褐色. 〖1879〗

chócolate chíp *n.* (デザートなどに入れる)チョコレートチップ.

chócolate chìp cóokie *n.* チョコチップクッキー (チョコレートの粒(とナッツなど)を含む). 〖1940〗

chócolate créam *n.* チョコレートクリーム (クリーム入りのチョコレート菓子; チョコレートを加えたクリーム状のデザート). 〖1723〗

chócolate dróp *n.* 〖英俗〗黒人 (negro).

chócolate mílk *n.* チョコレート牛乳 (チョコシロップまたはココアで風味をつけた牛乳).

chócolate móusse *n.* **1** チョコレートムース. **2** ＝mousse 3.

chócolate sóldier *n.* **1** 非戦闘員; 〖豪〗(第二次大戦中の)民兵, 徴集兵. **2** 兵隊の形をしたチョコレート. 〖1898〗

chócolate spót *n.* 〖植物〗赤色斑点病, チョコレート斑点病 (茶色の斑点ができるソラマメなどのマメ科植物の菌類病).

chócolate trèe *n.* 〖植物〗＝cacao 1. 〖1832〗

cho·co·la·tier /ʃɑ̀(ː)kələtíə, ʃɔ̀(ː)k- | ʃɔ̀kələtíə^(r; F. ʃɔkɔlatje/ *n.* チョコレート(キャンディー)製造[販売]業者, チョコレート(専門)店. 〘《1888》□F ～: ⇨ -ier²〙

choc·o·lat·y /tʃɑ́(ː)k(ə)lə̩ti, tʃɔ́(ː)k- | tʃɔ́k(ə)lə̩ti/ *adj.* (*also* **choc·o·lat·ey** /～/) チョコレートで作った[に似た]. 〘《1965》: ⇨ -y⁴〙

Choc·taw /tʃɑ́(ː)ktɔː, -tɑː | tʃɔ́ktɔː/ *n.* (*pl.* ～, ～s) **1 a** [the ～(s)] チョクトー族 (もとは米国 Mississippi 州の南部などに, 今は Oklahoma 州に住む Muskogean 語族に属するアメリカインディアン). **b** チョクトー族の人. **2 a** チョクトー語. **b** 《口語》未知の[むずかしい]言葉 (jargon). **3** [ときに c-] 〖スケート〗《figure skating の技の一種; Mohawk に似て腰を巧みにひねり足の踏み換えをするもの》. 〘《1722》□ Choctaw *Chahta*〙

Cho·ëph·o·roe /kouéfəròɪ | kəu-/ *n.* [the ～]「供養する女たち」《Aeschylus の三部作悲劇 *Oresteia* の第二部》.

Ch'oe Sŭng-hŭi /*Korean* tʃʰwesɯŋɦi/ *n.* 崔承喜 (さいしょうき) (1913– ; 朝鮮民主主義人民共和国の舞踊家・最高人民会議代議員; 民族的伝統美を生かしたモダンダンスで知られる).

choice /tʃɔ́ɪs/ *n.* **1** (自由意志または自己の判断による) 選択, 選ぶこと; 選り好み, 選り取り (cf. pick): have no (particular) ～ 特別にどれが好きということはない / make a ～ (of, among, between...) (...を, ...から)選択をする / make [take] one's ～ 気に入ったのを取る, どれかに決める / if I had my ～ 自分の好きなものを選んでいいなら / Take your ～ (of rooms). (部屋の)好きなのを選んで下さい / The ～ is yours. 選択はおまかせします / There is no [not much] ～ between the two. 二者には甲乙[優劣]がない, 似たり寄ったりだ / ⇨ Hobson's choice. **2** 選択の機会[場]; 選択力, 選択権: allow a (free) ～ (自由)選択を許す / offer a ～ 選択の機会を提供する, 選んで下さいと言う / I have no [not much] ～ in the matter. この事では私の選り好みが言えない. **3 a** 選ばれるもの[人]; 選ばれたもの[人], 見立てられる品; 推薦図書: Which is your ～? どれにしますか / This book will be my ～. 私はこの本を選ぼう[にしよう]. **b** 選りすぐったもの, 選り抜き, 逸品, 精華, 粋 (élite, pick): the ～ of the garden 庭で最も美しい花の取合わせ / the flower and ～ of the country 国の選り抜きの人々[精華]. **4** 選ばれる物[候補の品]の範囲, 選択の豊富さ (range, selection, assortment): have a wide [poor] ～ of articles (選び取るのに)品物がたくさんある[いくらもない], 品物の種類が多い[少ない] / We have a large ～ of summer hats. 当店には夏の帽子がたくさん取りそろえてあります. **5** 選択の慎重さ[判断]: select words *with* ～ 一つ一つ慎重に言葉を選ぶ. **6** 二者のうちの一つ, どちらか (alternative): Death or disgrace were the only ～s. 死か不面目かそのいずれかを選ぶよりほかに道はなかった. **7** 《米》(牛肉の)上等 (最上等の次; cf. *adj.* 4, good 14); 上等の牛肉.

at one's chóice 好みのままに, 選択自由で. ***by [for] chóice*** 選ぶとすれば, 特に, 好んで (by preference): I'll take whiskey *for* ～. どちらかといえばウイスキーをもらおう. ***from [by] chóice*** 自ら選んで, 好んで, 進んで (willingly): I'm not here *by* ～. すき好んでここにいるわけではない. ***have nó (óther) chóice but to (dó)*** ...するより仕方がない, せざるを得ない (cannot choose but, cannot help doing). ***of chóice*** えり抜きの, 特別上等の. ***of one's chóice*** すき好んで, 選んだ: worship the God *of one's* ～ 好きな神を拝む / marry the man *of one's* ～ 好きな男と結婚する / That's the car *of my* ～. あれが私の選んだ車だ. ***òut of chóice*** ＝*from* [*by*] CHOICE. ***withòut chóice*** あれこれと区別しないで, 無差別に.

— *adj.* (**choic·er**; **-est**) **1** 選りすぐった, 精選した: speak in ～ words 言葉を選んで言う. **2** 最上等の, 優等品の, 優良の (⇨ fine¹ SYN): the ～*st* fruits 最上等の果物 / the ～ residential districts of the city その都市の高級住宅地. **3** 《方言》**a** 選り好みする〔*of*〕: He is ～ *of* his food [costume]. 食べ物[衣装]にやかましい. **b** 大事にする, 気を遣う: be ～ *in* [when it comes to] matters of etiquette エチケットの問題に[となると]気をつかう. **4** 《米》〈牛肉が〉上等の (最上等 (prime) と良 (good) の中間).

～·ness *n.* 〘《*c*1300》*chois* □ OF (F *choix*) ← *choisir* to choose □ Goth. *kausjan*: ⇨ choose〙

SYN 選択: **choice** いくつかの中から自由に判断して選ぶこと: Be careful in your *choice* of friends. 友達を選ぶときは慎重に. **option** (権威筋から与えられる)選択する権利・自由: There are several *options* open to you. あなたにはいくつかの選択肢がある. **alternative** 通例二つの可能性から一つを選ぶこと: You have the *alternative* of surrender or death. 降伏するか死ぬかのどちらかを選ぶがよい. **selection** 広い範囲から慎重に選ぶこと: a *selection* test 選抜テスト. **preference** 好みから選択すること: I have a *preference* for city life. 都会生活の方が好きだ.

---

chóice-dràwn *adj.* 《Shak》厳選の, 精選の. 〘1599〙

chóice·less *adj.* **1** 選択のない[を許さない]. **2** 選択できない. 〘《1654》: ⇨ -less〙

chóice·ly *adv.* **1** よく選択して, 精選して: a ～ furnished room 選りすぐりの家具を備えた部屋. **2** すばらしく, 最高に (exquisitely). 〘《*c*1350》: ⇨ -ly¹〙

choic·y /tʃɔ́ɪsi/ *adj.* (**choic·ier**; **-i·est**) 《米俗》＝choosy. 〘⇨ -y⁴ ← CHOICE＋-Y⁴〙

choil /tʃɔ́ɪl/ *n.* チョイル (特に ポケットナイフの刃のくさび形のカッティング部と なかご (tang) との接合部の角度).
— *vt.* 〈ナイフの刃〉にチョイルをつける.

choir /kwáɪə | kwáɪə^(r/ *n.* **1** (教会の)聖歌隊, 合唱隊, クワイア. **2 a** 組織ある一団. **b** 合唱団. **c** 舞踊団: a ～ of dancers. **d** (管弦楽団で)同種楽器の一群: the string ～ 弦楽器群[部]. **e** さえずる小鳥たち. **3** 〖建築〗(教会堂の)聖歌隊席, 内陣, クワイア, 合唱席 (普通は chancel の中にあるが, cathedral では身廊 (nave) と大祭壇 (altar) の中間; ⇨ church 挿絵). **4** 〖神学〗(九階級ある)天使の階級 (cf. hierarchy 5 a, angel 1 a). **5** 〖演劇〗シュプレヒコールの一群. **6** ＝choir organ. — *vi., vt.* 《詩》(聖歌隊のように)合唱する. — *adj.* [限定的]朝夕の祈りを本職とする: ～ monks. **～·lìke** *adj.* 〘《*c*1300》*quer* □ OF *cuer* (F *chœur*) □ L *chorus* □ Gk *khorós*: ⇨ chorus: 今の発音は南東部方言の発達 (cf. brier¹, friar), 語形はフランス語・ラテン語の影響による〙

chóir·bòy *n.* (聖歌隊で歌う)少年歌手, 少年聖歌隊員 (chorister ともいう). 〘1837〙

chóir·gìrl *n.* (聖歌隊の)少女歌手, 少女聖歌隊員.

chóir lòft *n.* (教会堂のギャラリーにある)聖歌隊席. 〘1929〙

chóir·màn *n.* (*pl.* **-men**) 聖歌[合唱]隊員.

chóir·màster *n.* 聖歌隊指揮者. 〘1860〙

chóir òrgan *n.* **1** 〖音楽〗(合唱の伴奏に好適な)小オルガン (今日では普通の大オルガンの第三鍵(けん)盤にこの装置が備えられていることが多い). **2** クワイアオーガン (伴奏用にことさら優美柔和な音栓を数多くもつ; パイプオルガンの手鍵盤). 〘《1606–7》《変形》← *chair organ*〙

chóir schòol *n.* 聖歌隊学校 (大聖堂・教会・大学などに付属する聖歌隊養成ないしは少年聖歌隊員に一般教育を授けるための学校). 〘1873〙

chóir scrèen *n.* 聖歌隊席仕切り (教会堂の聖歌隊席と身廊の間の仕切り).

chóir·stàll *n.* (教会の)聖歌隊席.

Choi·seul /ʃwɑːzə́ːl; F. ʃwazœl/ *n.* シュワズール(島) (New Guinea の東方, Solomon Islands 国を構成する島の一つ; Bougainville 島の南東にある; 面積 3,053 km²).

choi·sya /ʃwáːziə/ *n.* 〖植物〗コイシアテルナタ (メキシコ原産のミカン科の観賞用低木; 香りのよい白い花をつける).

choke¹ /tʃóuk | tʃə́uk/ *vt.* **1 a** 〈煙・涙・異物などが〉〈人を〉むせさせる, 息苦しくする: A fishbone ～*d* him. 魚の骨が刺さって息苦しくなった / He was ～*d with* smoke. 煙でむせた. **b** (首を絞めて)〈人・動物〉の息(の根)を止める, 窒息させる: ～ a person to death 人を窒息死させる / Let go, you're *choking* me! 放してくれ, 息が止まる. **c** 〈激情が〉...の息を詰まらせる: Rage ～*d* him. ＝He was ～*d* with rage. 怒りがこみ上げてきて息が詰まった. **2 a** ...の成長[発達, 進行]を止まらせる[阻止する]: The tomatoes are ～*d* by the weeds. トマトは雑草のために生長が止まっている. **b** 〈パイプ・水路などを〉流れなくする; 完全にふさぐ[詰まらす] 〈*up*〉: Rubbish ～*d* (*up*) the sewer. ごみで下水管が詰まった **c** いっぱいに詰める 〈*up*〉〔*with*〕: highways ～*d* (*up*) *with* traffic 交通量の極めて多い幹線道路. **3 a** 〈発言者〉の発言を封じる, 黙らせる 〈*off*〉: No one could ～ him *off*. だれも彼の発言を止めることができなかった / Fear ～*d* him. 恐怖でものが言えなかった. **b** 妨げる, 中止させる 〈*off*〉: ～ *off* discussion 議論を中止させる / High interest rates will ～ *off* the economic recovery. 高利率は経済回復を妨げるであろう. **c** 〈感情を〉抑える, 抑制する 〈*down, back*〉: ～ *down* one's laughter [rage] 笑い[怒り]を抑える / ～ *back* tears 涙をこらえる. **4 a** 〈植物を〉枯らす. **b** 〈火を〉消す (stifle). **5** (内燃機関で, 始動を容易にするために)〈エンジン〉にチョークをかける (キャブレターの空気吸入量を少なくし混合気を濃くする). **6** [通例 p.p. 形で]《英口語》がっかりさせる; うんざりさせる: be ～*d* がっかりする[している]; うんざりする. **7** 〖スポーツ〗〈バット・ラケットなど〉のグリップを短く握る, 短く持つ 〈*up*〉: ～ the bat.

— *vi.* **1 a** 息苦しくなる, むせぶ: ～ *with* smoke / He ～*d* (to death) *on* a fishbone. 魚の骨が詰まって(死ぬほど)苦しかった. **b** (恐怖・緊張・感情で)口がきけなくなる, 言葉に詰まる 〈*up*〉〔*with*〕: ～ (*up*) *with* rage / ～ *with* laughter. **2 a** 息が詰まる, 窒息する. **b** 《俗》死ぬ (die). **3** 《口語》(特にスポーツで)極度に緊張して失敗する, 平静を失ってとちる[やりそこなう], あがる 〈*up*〉: He tends to ～ *up* in a crisis. ここぞという時にあがりがちだ. **4** 〖スポーツ〗バット[ラケット]を短く握る 〈*up*〉: ～ *up on* the bat. **5** 〈管などが〉詰まる, ふさがる.

chóke dówn (1) 〈食べ物を〉やっと飲み込む. (2) ⇨ *vt.* 3 c.

— *n.* **1 a** 息詰まること, 窒息; むせび. **b** [the ～s] 《口語》潜函病. **2 a** (内燃機関の)空気吸入調節装置, チョーク: let out the ～ a bit more. もう少しチョークを開いて. **b** (散弾銃の絞り筒などの)絞り. **3** 〖機械〗(空気・水・ガスなどの流通を調節するためパイプなどの中に設けた)絞り, 閉止装置. **4** 〖電気〗＝choke coil.

— *adj.* [限定的] バット[ラケット]を短く握る, グリップの短い: a ～ grip, hitter, etc.

～·a·ble *adj.* 〘《*c*1303》(頭音消失) ← OE *ācēocian* ← Gmc **keukōn-* 'CHEEK'〙

choke² /tʃóuk | tʃə́uk/ *n.* 〖植物〗アーティチョーク (globe artichoke) の中心部 (食用に適さない部分). 〘← ARTICHOKE: CHOKE¹ と連想?〙

chóke·bèrry /-bèri | -b(ə)ri/ *n.* 〖植物〗北米産の野生のリンゴの一種 (*Pyrus arbutifolia*); その実 (小さい液果状の渋い果実). 〘《1778》: その渋い味から〙

chóke·bòre *n.* **1** (散弾銃の)絞り筒 (散弾があまり広い範囲に飛び散らないように銃口に近づくに従って銃腔(こう)が次第に狭くなった筒). **2** 絞り筒散弾銃. 〘《1875》← CHOKE¹＋BORE〙

chóke chàin *n.* ＝choke collar.

chóke·chèrry *n.* 〖植物〗北米産のサクラの一種 (*Prunus virginiana*); 渋いその実. 〘《1785》: その渋い味から〙

chóke còil *n.* 〖電気〗チョークコイル (直流分を通し, 交流分を通しにくくするインダクタンス素子).

chóke còllar *n.* (犬を押さえるための)輪縄 (noose) のような首輪.

choked *adj.* 《英口語》怒った (angry); ろうばいした (upset); 失望した (disappointed). 〘《1499》: ⇨ choke¹, -ed 2〙

chóke·dàmp *n.* (炭坑内の)窒息ガス (blackdamp). 〘1741〙

choke-full /tʃóukfúl | tʃə́uk-/ *adj.* ＝chock-full.

chóke·hòld *n.* (背後から腕を回すなどして)首を絞めること.

chóke pèar *n.* **1 a** 渋くて食べられないセイヨウナシ (perry の製造に用いる). **b** ＝chokeberry. **2** 《廃》(それを言われると)ぐうの音も出ないようなこと. 〘1530〙

chóke pòint *n.* 狭い通路[入口], 隘路(あいろ); (航路の)要衝.

chók·er *n.* **1** 息を止めるもの, 息詰まらせるもの; ふさぐもの; 絞めるもの. **2 a** チョーカー (首にぴったりつけるネックレス). **b** 幅の広いネックウェア (neckwear). **c** フォーマルな白ネクタイ. **d** 腰の高いのりづけされた立ちカラー. **e** チョーカーや宝石のついた襟. **3** 幅の狭い毛皮の襟巻き. **4** 《米俗》(火をつけた)紙巻きたばこ. 〘《1552》: ⇨ choke¹, -er²〙

chok·ey¹ /tʃóuki | tʃə́u-/ *adj.* ＝choky¹.

chok·ey² /tʃóuki | tʃə́u-/ *n.* ＝choky².

chók·ing *adj.* **1** 息詰まるような, 息苦しい: a ～ sensation 息が詰まる感じ. **2** 〈声が〉(感動に満ちて)むせぶような: in a ～ voice むせぶような声で. **～·ly** *adv.* 〘《1562》: ⇨ -ing²〙

chóking còil *n.* 〖電気〗＝choke coil.

chok·ka /tʃɑ́(ː)kə | tʃɔ́kə/ *n.* 《南ア》(浅海の)イカ (特に釣り餌に用いるもの).

cho·ko /tʃóukou | tʃə́ukəu/ *n.* (*pl.* ～s) ハヤトウリ (*Sechium edule*), チョコウ (キュウリに似たウリ科の野菜; 西インド諸島, オーストラリア, ニュージーランドで食される). 〘《1902》: ⇨ chocho, chayote〙

cho·kra /tʃóukrə | tʃə́u-/ *n.* 《インド》ボーイ, 給仕. 〘《1875》□ Hindi *chokrā*〙

Chok·we /tʃɑ́(ː)kweɪ | tʃɔ́k-/ *n.* (*pl.* ～, ～s) **1 a** [the ～(s)] チョクウェ族 (アフリカ中南部のアンゴラ・コンゴ・ザンビアの国境付近に住む Bantu 系民族; 宗教儀式に用いる異様な仮面やすぐれた彫刻の技術で知られる). **b** チョクウェ族の人. **2** チョクウェ語.

chok·y¹ /tʃóuki | tʃə́u-/ *adj.* (**chok·i·er**; **-i·est**) **1** 息が詰まる(ような); 息苦しい: a ～ room. **2** (感動などで)〈声が〉詰まった, むせぶような: in a ～ voice. 〘《1579》: ⇨ choke¹, -y⁴〙

chok·y² /tʃóuki | tʃə́u-/ *n.* 《英俗》留置場, 刑務所: in ～. 〘《1608》□ Hindi *caukī* police station, lockup〙

chol- /koul, kɑ(ː)l | kəul, kɔl/ (母音の前にくるときの) cholo- の異形.

cho·la /tʃóulə | tʃə́u-/ *n.* チョーラ: **1** スペイン人とインディオの混血の女性. **2** 特に メキシコ系米国人の間で, cholo(s) とつきあう十代の娘を指す.

cho·lae·mi·a /koulíːmiə | kə(u)-/ *n.* 〖病理〗＝cholemia.

chol·a·gogue /kɑ́(ː)ləgɑ̀(ː)g, kóul-, -gɔ̀(ː)g | kɔ́ləgɔ̀g, kə́ul-/ *n.* 〖薬学〗胆汁排出促進剤. 〘《1671》□ F ～ □ Gk *kholagōgós* leading off bile: ⇨ cholo-, -agogue〙

chol·an·gi·og·ra·phy /kəlæ̀ndʒiɑ́(ː)grəfi, kou- | kə(u)læ̀ndʒiɔ́g-/ *n.* 〖医学〗胆管造影(法) (造影剤を用いての胆管の X 線撮影法). **chol·an·gi·o·graph·ic** /kəlæ̀ndʒiəgrǽfɪk, kou- | kə(u)-/ *adj.* **chol·án·gi·o·gram** *n.* 〘《1936》← CHOLO-＋ANGIO-＋-GRAPHY〙

chol·an·gi·tis /kòulændʒáɪtɪs | kəulændʒáɪtɪs/ *n.* 〖病理〗胆管炎. 〘《1886》← NL ～: ⇨ cholo-, angio-, -itis〙

cho·lan·threne /kouǽnθriːn | kəu-/ *n.* 〖生化学〗コラントレン (五環炭水化物の発癌性物質). 〘← CHOLO-＋-ANTHRENE〙

cho·late /kóuleɪt | kə́u-/ *n.* 〖化学〗コール酸 (cholic acid) の塩. 〘《1845》: ⇨ cholo-, -ate¹〙

cho·le- /kóulə, kɑ́(ː)lə | kə́ulɪ, kɔ́lɪ/ cholo- の異形.

cho·le·cal·cif·er·ol /kòuləkælsífərɔ̀(ː)l, kɑ̀(ː)l-, -rɑ̀(ː)l | kə̀ulɪkælsífərɔ̀l, kɔ̀l-/ *n.* 〖生化学〗コレカルシフェロール (⇨ vitamin D_3). 〘《1931》← CHOLO-＋CALCO-＋-FER＋-OL¹〙

cho·le·cyst /kóuləsɪst, kɑ́(ː)l- | kə́ulɪ-, kɔ́l-/ *n.* 〖解剖〗＝gallbladder. 〘《1881》← CHOLO-＋-CYST〙

cho·le·cys·tec·to·my /kòuləsɪstéktəmi, kɑ̀(ː)l- | kə̀ulɪ-, kɔ̀l-/ *n.* (*pl.* **-mies**) 〖外科〗胆嚢摘出(てきしゅつ)(術). 〘《1885》: ⇨ ↓, -ectomy〙

chòle·cystítis *n.* (*pl.* **-cystitides**) 〖病理〗胆嚢炎. 〘《1866》← NL ～: ⇨ cholo-, -cyst, -itis〙

chole·cystógraphy *n.* 〖医学〗胆嚢造影(法). 〘1925〙

cho·le·cys·to·ki·nin /kòuləsɪstəkáɪnɪn | kə̀ulɪsɪstəkáɪnɪn/ *n.* 〖生化学〗コレシストキニン (十二指腸ホルモンで胆汁分泌調節をする). 〘《1929》← CHOLECYST＋-O-＋Gk *kínein* to move＋-IN²〙

cho·le·cys·tos·to·my /kòuləsɪstɑ́(ː)stəmi, kɑ̀(ː)l- | kə̀ulɪsɪstɔ́s-, kɔ̀l-/ *n.* 〖外科〗(胆石除去のための)胆嚢造瘻(ろう)[フィステル形成](術). 〘《1961》← CHOLO-＋CYSTO-＋-STOMY¹〙

chòle·cystótomy *n.* 〖外科〗胆嚢切開(術). 〘1880〙

cho·led·o·chos·to·my /kəlèdəkɑ́(ː)stəmi | kə(u)-

lèdə(ʊ)kə-/ *n.* 〘外科〙総胆管造瘻(ろう)[フィステル形成](術). 〘← CHOLEDOCHUS＋-STOMY[1]〙

cho·led·o·chot·o·my /kəlèdəkɑ́(ː)təmi | kə(ʊ)lèdə(ʊ)kɔ́t-/ *n.* 〘外科〙総胆管切開(術). 〘(1894): ⇨ ↓, -tomy〙

cho·led·o·chus /kəlédəkəs | -də-/ *n.* 〘解剖〙総胆管. 〘← NL *choledochus* conveying bile ← Gk *kholḗ* gall＋*dokhós* containing〙

C

cho·lee /tʃóʊli | tʃəʊ-/ *n.* ＝choli.

cho·lé·ic ácid /kəlíːɪk-, koʊ- | kə(ʊ)-/ *n.* 〘生化学〙コレイン酸《デオキシコール酸と脂肪酸が結合したもの》. 〘(1845) *choleic*: ← CHOLO-＋-IC[1]〙

cho·le·lith /kóʊləlɪθ, kɑ́(ː)l- | kəʊl[i]-, kɔ́l-/ *n.* 〘病理〙胆石 (gallstone) 《chololith ともいう》. 〘← CHOLO-＋-LITH〙

chòle·li·thíasis *n.* 〘病理〙胆石症. 〘(1860) ← NL ～〙

cho·le·mi·a /koʊlíːmiə | kə(ʊ)-/ *n.* 〘病理〙胆血(症), 胆汁血(症). 〘← NL ～: ⇨ cholo-, -emia〙

cho·lent /tʃɔ́(ː)lənt, tʃóʊl- | tʃɔ́l-, tʃʌ́l-/ *n.* 〘料理〙チョーラント《肉と豆, 野菜をとろ火で煮たユダヤ料理; ユダヤの安息日に食べる》. 〘□ Yid. *tsho(l)nt, shale(n)t*〙

chol·er /kɑ́(ː)lə, kóʊlə | kɔ́lə(r)/ *n.* **1** 〘古生理〙＝yellow bile. **2** 《まれ》かんしゃく, いら立ち, 腹立ち (irritation). 〘(*c*1384) *coler* □ (O)F *colère* □ L *cholera* bilious diarrhea □ Gk *kholéra* ← *kholḗ* gall, bile〙

chol·er·a /kɑ́(ː)lərə, kɑ́(ː)rə | kɔ́lərə, kɔ́rə/ *n.* 〘病理・獣医〙コレラ: Asiatic [epidemic, malignant] ～ 真性コレラ / English [sporadic, bilious, summer] ～＝cholera morbus / fowl [hog] ～ 家禽[豚]コレラ. 〘(*c* 1384) □ L ～ (↑)〙

chólera bèlt *n.* (腹部を冷やさないための)腹巻《フランネルまたはウール製》. 〘1848〙

chol·er·a·ic /kɑ̀(ː)ləréɪɪk | kɔ̀l-ˊ/ *adj.* コレラの[に関する, から起こる, に類似した]. 〘(1856): ⇨ -ic[1]〙

chólera mór·bus /-mɔ́əbəs | -mɔ́ː-/ *n.* 《俗用》〘病理〙急性胃腸炎《コレラ菌によらずに激しい吐き下しの起こる病気》. 〘(1704) ← NL ～《原義》cholera disease〙

chol·er·ic[1] /kɑ́(ː)lərɪk, kəlér-, kɑ(ː)- | kɔ́lər-, kəlér-/ *adj.* **1 a** 怒りっぽい, 激しやすい (⇨ irritable SYN): a man of ～ temper. **b** 怒った, 腹を立てた. **2** 〘古生理〙胆汁質の (bilious): a ～ temperament 激しやすい気性《胆汁質》. **chól·er·i·cal·ly** *adv.* 〘(1340) *colerik* □ (O)F *cholérique* □ L *cholericus* □ Gk *kholerikós*: ⇨ choler, -ic[1]〙

chol·er·ic[2] /kɑ́(ː)lərɪk, kəlér-, kɑ(ː)- | kɔ́lər-, kəlér-/ *adj* ＝choleraic.

chol·er·oid /kɑ́(ː)lərɔɪd | kɔ́l-/ *adj.* コレラに似た, コレラ性の. 〘(1860) ← CHOLERA＋-OID〙

cho·le·sta·sis /kòʊləstéɪsɪs, kɑ̀(ː)ləs- | kɔ̀ʊlɪstéɪsɪs, kɔ̀l-/ *n.* (*pl.* **-sta·ses** /-siːz/) 〘病理〙胆汁鬱滞(うったい). **cho·le·stat·ic** /kòʊləstǽtɪk, kɑ̀(ː)l- | kɔ̀ʊlɪstǽt-, kɔ̀l-ˊ/ *adj.* 〘(1931) ← NL ～: ⇨ -stasis〙

cho·les·ter·e·mi·a /kəlèstəríːmiə/ *n.* 〘病理〙＝cholesterolemia. 〘1866〙

cho·les·te·ric /kòʊləstérɪk, kəléstər-ˊ/ *adj.* 〘物理・結晶〙コレステリック状態の《液晶の分子配向が螺旋(らせん)的になった状態; cf. nematic, smectic》. 〘(1942) □ F *cholésterique*: ⇨ cholesterol, -ic[1]〙

cho·les·ter·in /kəléstərɪn | -rɪn/ *n.* 〘生化学〙＝cholesterol. 〘(1866) □ F *cholestérine*: ⇨ ↓, -in[2]〙

cho·les·ter·ol /kəléstəròʊl, -rɔ̀(ː)l, -rɑ̀(ː)l | kəléstərɔ̀l, kə-, -rəl/ *n.* 〘生化学〙コレステロール ($C_{27}H_{45}OH$)《胆石の主成分; 固形アルコールで各種の組織に見出される; ステロイドホルモンがこれから生合成される》: a high [low] ～ count. 〘(1894) ← CHOLO-＋Gk *stereós* solid＋-OL[1]: はじめ胆石中に発見されたのにちなむ〙

cho·les·ter·ol·e·mi·a /kəlèstəroʊlíːmiə, -rɔ(ː)-, -rɑ(ː)- | kəlèstərɔ-, kɔ-, -rə-/ *n.* 〘病理〙コレステロール血症. 〘⇨ ↑, -emia〙

Chol Ha·mo·ed /kóʊlhɑːmóʊed | -məʊ-/ *n.* 〘ユダヤ教〙過越(すぎこし)の祝い (Passover) または仮庵(かりいお)の祭り (Sukkoth) の中間日《最初の 2 日と最後の 2 日を除いた期間で, 必要な労働は許される》. 〘← ModHeb. *ḥol hammo'éd* ＜ Heb. *ḥōl hammō'ēdh*〙

cho·li /tʃóʊli | tʃəʊ-/ *n.* チョーリ《インドのヒンズー教徒の女性の着る大きい襟ぐりで袖の短かいブラウス》. 〘(1908) □ Hindi *colī* ← Skt *cola*〙

cho·li·amb /kóʊliæ̀m(b) | kə́ʊ-/ *n.* 〘ギリシャ詩〙跛行(はこう)短長格《短長六歩格の最後の詩脚が長々[長短]格になっているもので諷刺詩に用いられる; scazon ともいう》. **cho·li·am·bic** /kòʊliǽmbɪk | kə̀ʊ-ˊ/ *adj.* 〘(1844) □ LL *chōliambus* □ Gk *khōlíambos* lame iambic ← *khōlós* lame＋*íambos* 'IAMBUS'〙

cho·li·am·bus /kòʊliǽmbəs | kə̀ʊ-/ *n.* (*pl.* **-am·bi** /-baɪ, -biː/) 〘ギリシャ詩〙＝choliamb.

chó·lic ácid /kóʊlɪk-, kɑ́(ː)l- | kə́ʊl-, kɔ́l-/ *n.* 〘生化学〙コール酸 ($C_{23}H_{36}(OH)_3COOH$)《胆汁酸の一種で, 脂肪酸を乳化して消化を助ける》. 〘(1846) *cholic*: □ Gk *kholikós* of bile: ⇨ cholo-, -ic[1]〙

cho·line /kóʊliːn | kə́ʊl-/ *n.* **1** 〘生化学〙コリン ($(CH_3)_3N(OH)\cdot CH_2\cdot CH_2OH$)《レシチン (lecithin) の成分; 細胞膜の浸透圧調節の働きをし, 抗脂肝因子(ビタミン B 複合体の一つ)として作用する》. **2** 〘薬学〙コリン薬《粘性で, 強アルカリ性; 肝臓などの薬となる》. 〘(1869) ← CHOLO-＋-INE[3]〙

cho·lin·er·gic /kòʊlɪnə́ːdʒɪk, kɑ̀(ː)l- | kə̀ʊlɪnə́ː-, kɔ̀l-ˊ/ *adj.* 〘生理〙**1** 〈自律神経線維が〉コリン作動[作用]性の, コリン刺激性の. **2** コリン性の. 〘(1934) ← (ACETYL)CHOLINE＋Gk *érgon* work＋-IC[1]〙

cho·lin·es·ter·ase /kòʊlɪnéstəreɪs, -reɪz | kəʊlɪnéstəreɪz, -reɪs/ *n.* 〘生化学〙コリンエステラーゼ《2 型あり, I 型はアセチルコリンをはじめとするコリンエステルをコリンと酢酸に加水分解する酵素で, 心臓・脳・血液の中に含まれ, acetylcholinesterase とも呼ぶ; II 型は非特異性で pseudocholinesterase ともいう》. 〘(1932) ← CHOLINE＋ESTERASE〙

cho·li·no·lyt·ic /kòʊlɪnoʊlítɪk | kə̀ʊlɪnə(ʊ)lít-ˊ/ *adj.* 〘生理〙抗コリン性の. — *n.* 抗コリン薬. 〘(1960) ← CHOLINE＋-O-＋-LYTIC〙

chò·li·no·mim·ét·ic /kòʊlɪnoʊ- | kə̀ʊlɪnə(ʊ)-ˊ/ *adj.* 〘生理〙コリン性[様]の, コリン刺激性の. — *n.* コリン刺激剤《副交感神経刺激薬》. 〘← CHOLINE＋-O-＋MIMETIC〙

chol·la /tʃɔ́ɪ(j)ə, tʃóʊjə | tʃɔ́ɪ(j)ə, tʃə́ʊjə; *Am.Sp.* tʃója/ *n.* 〘植物〙ウチワサボテン《米国南西部・メキシコ産のウチワサボテン属 (*Opuntia*) のサボテンの総称》. 〘(1846) □ Mex.-Sp. ～ ← Sp. ～ 'head'〙

chol·lers /tʃɑ́(ː)ləz | tʃɔ́ləz/ *n.* 《北東イングランド方言》肉の垂れたあご[ほお]. 〘(1785): cf. OE *ceolres* throat〙

cho·lo /tʃóʊloʊ | tʃə́ʊləʊ; *Am.Sp.* tʃólo/ *n.* (*pl.* ～**s**) **1** (ボリビア・ペルーの)スペイン系先住民. **2** スペイン人と南米先住民の混血人 (mestizo). **3** (メキシコ系米国人の間で)十代の路上チンピラ (cf. pachuco). 〘□ Am.-Sp. ～〙

chol·o- /kóʊloʊ, kɑ́(ː)l- | kə́ʊləʊ, kɔ́l-/「胆汁 (bile)」の意の連結形. ★ 時に chole-, また母音の前では通例 chol- になる. 〘← Gk *kholḗ* 'GALL[1], bile'〙

chol·o·lith /kóʊləlɪθ, kɑ́(ː)l- | kə́ʊl-, kɔ́l-/ *n.* 〘病理〙＝cholelith. **chol·o·lith·ic** /kòʊləlíθɪk, kɑ̀(ː)l- | kə̀ʊ-, kɔ̀l-ˊ/ *adj.*

Cho·lon /tʃəlɑ́n, tʃə-; *F.* ʃɔlɔ̃/ *n.* ショロン《ベトナム南部の旧市; 現在は Ho Chi Minh City の一部》.

Cho·lu·la /tʃəlúːlə; *Am.Sp.* tʃolúla/ *n.* チョルーラ《メキシコ中央南部, Puebla 付近の町で, 古代アステカ文化の新大陸最大の泥れんが造りのピラミッドがある; Quetzalcoatl 崇拝の中心地》.

cho·metz /xɔːméts, xɔ́ːmɛts/ *n.* 〘ユダヤ教〙＝hametz. 〘《変形》← HAMETZ〙

Cho·mo Lha·ri /tʃóʊmoʊlɑ́ːri | tʃə́ʊmə(ʊ)-/ *n.* チョモラーリ《Himalaya 山脈東部, ブータンの北西境にそびえる山 (7,319 m); チベット人の聖山》.

Cho·mo·lung·ma /tʃòʊməlʊ́ŋmə | tʃə̀ʊ-/ *n.* チョモランマ《Everest 山のチベット語名》. 〘□ Tibet. ～《原義》? goddess mother of the world〙

chomp /tʃɑ́(ː)mp, tʃɔ́(ː)mp | tʃɔ́mp/ *vt.* 〈ものを〉かむ, むしゃむしゃかむ (chew). — *vi.* ものをかむ. — *n.* むしゃむしゃ(いう音). **～·er** *n.* 〘(*c*1645)《方言》《変形》← CHAMP[2]〙

Chom·ski·an /tʃɑ́(ː)mskiən | tʃɔ́m-/ *adj.* ＝Chomskyan.

Chom·sky /tʃɑ́(ː)mski | tʃɔ́m-, **No·am** /nóʊəm, nóʊm | nə́ʊəm, nə́ʊm/ *n.* チョムスキー (1928– ; 米国の言語学者, 変形文法の祖; *Syntactic Structures* (1957), *Aspects of the Theory of Syntax* (1965)).

Chom·sky·an /tʃɑ́(ː)mskiən | tʃɔ́m-/ *adj.* チョムスキー言語理論の[に関する, に基づく]. 〘(1965): ⇨ ↑, -an[1]〙

chon /tʃóʊn | tʃə́ʊn; *Korean* tʃʌn/ *n.* (*pl.* ～) **1** チョン(銭)《韓国の通貨単位; ＝$^1/_{100}$ won》. **2** ＝jun. 〘□ Korean ～〙

chondr- /kɑ́(ː)ndr | kɔndr/ (母音の前にくるときの) chondro- の異形.

chon·dri-[1] /kɑ́(ː)ndrɪ, -dri | kɔ́n-/ chondro- の異形 (⇨ -i-).

chon·dri-[2] /kɑ́(ː)ndri | kɔ́n-/ (母音の前にくるときの) chondrio- の異形.

chon·dri·a /kɑ́(ː)ndriə | kɔ́n-/ *n.* 〘植物〙北米太平洋岸および大西洋岸産フジマツモ科ヤナギノリ属 (*Chondria*) の紅藻の総称; (特に) *C. tenuissima*. 〘← NL ～ ← Gk *khondría* (pl.) ← *khóndrion*: ⇨ chondrio-〙

Chon·drich·thy·es /kɑ(ː)ndríkθiìːz | kɔn-/ *n. pl.* 〘魚類〙軟骨魚綱. 〘← NL ～: ⇨ chondro-, icthyo-〙

chon·dri·fy /kɑ́(ː)ndrəfàɪ | kɔ́ndrɪ-/ *vt., vi.* 軟骨化する. **chon·dri·fi·ca·tion** /kɑ̀(ː)ndrəfɪkéɪʃən | kɔ̀ndrɪfɪ-/ *n.* 〘(1872) ← Gk *khóndros*＋-FY〙

chon·drin /kɑ́(ː)ndrɪn | kɔ́ndrɪn/ *n.* 〘生化学〙軟骨質[素]《軟骨基質の主成分, コンドロムコイド・コンドロイチン硫酸および含硫硬蛋白質からなる》. 〘(1838) ← CHONDRO-＋-IN[2]〙

chon·dri·o- /kɑ́(ː)ndrioʊ | kɔ́ndriəʊ/「粒 (grain); 顆(か)粒の (granular)」の意の連結形. ★ 母音の前では通例 chondri- になる. 〘□ G ～ □ Gk *khóndrion* (dim.) ← *khóndros*: ⇨ chondro-〙

chon·dri·o·cont /kɑ́(ː)ndrioʊkɑ̀(ː)nt | kɔ́driə(ʊ)kɔ̀nt/ *n.* 〘生物〙コンドリオコント《コンドリオソーム (chondriosome) のうち糸状あるいは棒状のもの; 現在ではミトコンドリア (mitochondria) と呼ばれる》. 〘← CHONDRIO-＋Gk *kontós* pole〙

chon·dri·ome /kɑ́(ː)ndriòʊm | kɔ́ndriə̀ʊm/ *n.* 〘生物〙コンドリオーム《細胞内においてコンドリオソーム (chondriosome) が一つの系をなしているとみるとき, この系を総称していう; 現在ではミトコンドリアと呼ばれる》. 〘⇨ -ome〙

chon·dri·o·mite /kɑ́(ː)ndrioʊmàɪt | kɔ́ndriə(ʊ)-/ *n.* 〘生物〙コンドリオミート《数珠(じゅず)状のコンドリオソーム (chondriosome); またはその玉の一つ一つ; 現在ではミトコンドリアと呼ばれる》. 〘← CHONDRIO-＋Gk *mítos* thread〙

chon·dri·o·some /kɑ́(ː)ndriousòʊm | kɔ́ndriə(ʊ)-sə̀ʊm/ *n.* 〘生物〙コンドリオソーム (⇨ mitochondrion).

chon·dri·o·so·mal /kɑ̀(ː)ndrioʊsóʊməl, -mɫ | kɔ̀ndriə(ʊ)sə́ʊ-ˊ/ *adj.* 〘(1910) ← CHONDRIO-＋-SOME[3]〙

chon·drite /kɑ́(ː)ndraɪt | kɔ́n-/ *n.* 〘岩石〙コンドライト, 球粒隕石《石質隕石の一種で chondrule を含む; cf. achondrite》. **chon·drit·ic** /kɑ(ː)ndrítɪk | kɔn-drít-/ *adj.* 〘(1883) ← CHONDRIO-＋-ITE[1]〙

chon·dro- /kɑ́(ː)ndroʊ | kɔ́ndrəʊ/ 次の意味を表す連結形: **1** 〘病理・生理〙「軟骨 (cartilage)」. **2**「粒 (grain)」. ★ ときに chondri-, また母音の前では通例 chondr- になる. 〘← NL ← Gk *khóndros* grain, cartilage〙

chon·dro·blast /kɑ́(ː)ndroʊblæ̀t | kɔ́n-/ *n.* 軟骨を作る細胞.

chóndro·crànium *n.* (胎児の)軟骨(性)頭蓋. 〘1875〙

chóndro·cỳte *n.* 軟骨細胞 (cartilage cell). 〘1903〙

chon·droid /kɑ́(ː)ndrɔɪd | kɔ́n-/ *adj.* 軟骨状の. 〘← CHONDRO-＋-OID〙

chon·droi·tin /kəndróɪtɪn, -dróʊɪ-, -tn | -dróɪtɪn, -dróʊɪ-/ *n.* 〘生化学〙コンドロイチン《軟骨や腱などのムコ多糖類》.

chon·dro·ma /kɑ(ː)ndróʊmə | kɔndrə́ʊ-/ *n.* (*pl.* ～**s**, ～**·ta** /～tə | ～tə/) 〘病理〙軟骨腫(しゅ). **chon·dróm·a·tous** /-drɑ́(ː)mətəs, -dróʊm- | -drɔ́mət-, -drə́ʊm-ˊ/ *adj.* 〘(1860) ← CHONDRO-＋-OMA〙

chòndro·sarcóma *n.* 〘病理〙軟骨肉腫. 〘1883〙

chon·drule /kɑ́(ː)ndruːl | kɔ́n-/ *n.* 〘鉱物〙コンドリュール, 球粒《石質隕石中の橄欖(かんらん)石 (olivine) または輝石 (pyroxene) などの丸い小塊》. 〘(1889) ← NL ～: ⇨ chondro-, -ule〙

Chŏng·jin /tʃɑ́(ː)ŋdʒín, tʃʌ̀ŋ- | tʃɔ̀ŋ-, tʃʌ̀ŋ-; *Korean* tʃʰʌŋdʒin/ *n.* 清津(チョンジン)《朝鮮民主主義人民共和国北東部の日本海に面する港市》.

Chong·ju /tʃɔ́ŋdʒúː; *Korean* tʃʰʌŋdʒu/ *n.* 清州(チョンジュ)《韓国忠清北道の道庁がある都市》.

Chong·qing /tʃʊ̀ŋtʃíŋ, dʒʊ̀ŋ-; *Chin.* tɕʰúŋtɕʰìŋ/ *n.* 重慶(チョンチン)《中国中央部四川省 (Sichuan) 域内にある中央直轄市, 長江に臨む》.

Chon·ju /tʃɑ́(ː)ndʒúː, dʒʌ̀n- | tʃɔ̀n-, dʒʌ̀n-; *Korean* tʃʌndʒu/ *n.* 全州(チョンジュ)《韓国南西部の都市; 米作の中心地》.

choo·choo /tʃúːtʃùː/ 《米小児語》*n.* (*pl.* ～**s**) 汽車ぽっぽ (《英》puff-puff). — *vi.* **1** (蒸気機関車のような)しゅっしゅっという音を立てる. **2** 汽車で旅行をする. 〘(1903): 擬音語〙

choof /tʃʊ́f/ *vi.* 《豪俗》去る, 逃げる 〈*off*〉. 〘(1947)《変形》← CHUFF〙

chook[1] /tʃʊ́k/ *n.* 《豪》にわとり; ひよこ. 〘(1888): 擬音語: cf. chuck[3]〙

chook[2] /tʃʊ́k/ *vt., n.* 《カリブ》＝jook[3].

choom /tʃʊ́m/ *n.* [しばしば C-]《豪俗》英国兵; 英国人. 〘(1916)《変形》← CHUM[1]〙

choose /tʃúːz/ *v.* (**chose** /tʃóʊz | tʃə́ʊz/; **cho·sen** /tʃóʊzən, -zn | tʃə́ʊzən, -zn/, 《廃》**chose**) *vt.* **1** (自由意志または自己の判断で)選ぶ, 選択する: ～ a friend, a book, a wife, etc. / *Choose* me a good one. ＝*Choose* a good one *for* me. いいのを選んでくれ / ～ a course of action ある行動を選ぶ / ～ this before [in preference to] all others 他のものよりもこれを選ぶ / ～ a book *from* (*among*) many 多数の中から 1 冊を選ぶ / There are lots to ～ *from*. 選ぶものがたくさんある / ～ five (*out*) *of* them それらから五つを選ぶ / ～ one *of* the two 二つから一つを選ぶ / There is nothing [not much, little] to ～ between them. 両者の間には全く[大して, ほとんど]選ぶところがない[優劣の差がない]. **2** [目的補語を伴って]〈人を〉選出する, 選挙する: ～ him as chairman 彼を議長に選ぶ / She was *chosen* (to be) their representative. 彼女は彼らの代表に選ばれた / She *chose* me to do it. 彼女はその役目に私を選んだ. **3 a** 〈むしろ…する方を〉選ぶ, 〈…することに〉決める 〈*to* do〉: He *chose* to run for election. 彼は選挙に出ることに決めた / He did it because he *chose* to. やりたかったのでそうした / Which would you ～ *to* buy? どちらを買いたいの / He did not ～ *to* stay. 泊まりたがらなかった. **b** 欲する, 望む: Take whichever you ～. どちらでも好きなのをお取りなさい. — *vi.* **1** 選択する, 選ぶ, 選定する: ～ wisely / ～ between the two 二つのいずれかを選ぶ / Here they are: you ～. さあ, どうぞ. あなたが選んでください. **2** 欲する, 望む: if you ～ お望みなら / as you ～ 望み通りに / Do as you ～. 好きなようにしなさい. **3** 《古》好きなようにする.

cánnot chóose but (*dó*) (…する)よりほかに仕方がない, (…せ)ざるを得ない (have no choice but to, cannot help doing). 〘(*a*1400)〙 ***chóose úp*** 《口語》(*vi.*) (草野球などで)選手を選ぶ, 試合に選手を選ぶ; 相手選手を名ざす. (*vt.*) 選手を選んで〈チーム[組]を〉作る: ～ *up* sides [teams].

〘lateOE *ceōsan*《変形》← OE *cēosan* ＜ Gmc **kiusan* (G *kiesen* / Du. *kiezen*) ← IE **geus-* (L *gustāre* to taste / Gk *geúesthai*): cf. choice〙

SYN 選ぶ: **choose** 自分の判断でいくつかの物から一つを取る: I always *choose* books carefully. いつも本は吟味して選ぶ. **select** 広い範囲から慎重に選び出す: *select* a few books for chidren 子供用に少数の本を選び出す. **pick** いくつかの物から選ぶ《*choose, select* より意味合いが広く, 必ずしも判断力, 慎重さといったニュアンスを含まない》: She *picked* a nice tie for me. 彼女は私にすてきなネクタイを選んでくれた. **elect** 〈人を〉公式に投票して選ぶ: He was *elected* mayor of the town. その町の市長に選ばれた. **prefer** ほかの物よりも好む: I *prefer* the country to the town. 町よりも田舎の方が好きだ. **cull** 良いものをえり抜いて集める《格式ばった語》: phrases *culled* from ancient poets 古代詩人名句集. **single out** 多くの中からその重要さゆえに一つ[一人]を選び出す: They *singled* her *out* of the applicants. 志願者の中から彼女一人を選んだ.
ANT reject, forgo, decline.

---

chóos·er *n.* **1** 選ぶ人, 選択者: a good ～ 選ぶのがうまい人 / Beggars must not be ～*s*. ⇨ beggar 1. **2** 《古》選挙人 (voter). 〖(?c1378): ⇨ ↑, -er¹〗

choos·y /tʃúːzi/ *adj.* (**choos·i·er**; **-est**) (*also* **choos·ey** /～/) 《口語》えり好みする (fastidious), 好みのやかましい, 気むずかしい (hard to please). 〖(1862): ⇨ -y⁴〗

chop¹ /tʃɑ́(ː)p | tʃɔ́p/ *v.* (**chopped**; **chop·ping**) *vt.* **1** 〈肉・野菜などを〉(細かく)切り刻む (cf. dice)〈*up*〉: ～ meat *up* (fine [into small pieces]) 肉を(細かく)切り刻む. **2 a** (斧(ᵒⁿ)・鉈(ⁿᵃᵗᵃ)などで, 通例斜めに力をこめて)ぶち切る, たたき切る〈*away, down, off*〉: ～ wood with an ax 斧で薪(ᵐᵃᵏⁱ)を切る / ～ a branch *away* 枝を切り払う / ～ a tree *down* 木を切り倒す / ～ a person's head *off* 首を切り落とす. **b** 切り払って〈道などを〉造る: ～ a path [one's way] through the forest 森の木を切り倒して道を造る[進む]. **c** (くわで)〈雑草を〉切る, (くわで)〈綿の木などを〉間引く. **3** 〈言葉を〉短く切って言う, 途切れ途切れに言う: ～ one's words. **4 a** …の力[勢力範囲, 程度]を減じる〈*down*〉. **b** 《口語》〈予算などを〉削る, 削減する. **c** 〈飛行機のスロットルを〉急に閉じる[遅らす]; 〈飛行機のエンジン〉への燃料の流れを止める[減じる]. **5** 《英口語》〈人を〉首にする, 解雇する. **6 a** (テニス・野球・クリケットなどで)〈ボールを〉切る (cf. chop stroke). **b** 〈人を〉空手チョップで打つ. **7** 〘自動車〙(車高を下げるため)〈車〉の柱類を切りつめる, (重量軽減のため)〈部品を〉肉抜きする: ～ a sedan. **8** 〘狐狩〙〈猟犬が〉〈逃げ出す前の狐を〉襲って殺す. **9** 〘電子工学〙チョップする《光や電流を短い周期で断続する》. **10** 《アフリカ西部》食べる. — *vi.* **1** (斧・鉈などで)たたき切る; ぶち切る〔*at*〕: ～ *at* a tree. **2** 《古》**a** 急に動く[行く, 来る]: ～ back 急に後ろへ戻る. **b** 急に飛びかかる, 襲う〔*upon*〕 **3** 《古》介入する, 横やりを入れる〈*in*〉; 入りこむ, 割りこむ〔*into*〕: ～ *into* a conversation. **4** (テニス・野球・クリケットなどで)ボールを切る. **5** 〘ボクシング〙チョップを出す《クリンチ中に上方からショートブローを打つこと》.
— *n.* **1** (羊・子牛・豚などの通例あばら骨付きの)厚切りの肉, チョップ: a lamb [pork, mutton, veal] ～. **2 a** (斧・鉈などによる斜めの力強い)ぶった切り, たたき切り, 切断: take a ～ at a thing 物をたたき切る. **b** [しばしば *pl.*] 《豪》材木切り競争. **3** 〘プロレス〙空手チョップ. **4** 《古》(石などの)割れ目, 裂け目; (手・足などの)ひび. **5** 〘野球〙＝chopper¹ 7. **6** 《アフリカ西部》食べ物.
be for the chóp 《英俗》〈人が〉殺され[首になり]そうだ; 〈案が〉つぶされそうだ. ***gèt* [*hóp*] *ín for* one's *chóp*** 《豪口語》分け前にあずかる. ***gèt the chóp*** 《英俗》(1) 殺される; 首になる. (2) 〈案が〉つぶされる. (1945) ***give the chóp*** 《英俗》〈人を〉殺す, 首にする. ***nót mùch chóp*** 《豪口語》あまりよくない (not much good).
〖(*a*1376) □ ? ONF *choper*＝OF *coper* to cut off < VL **cuppāre* to decapitate ← LL *cuppa* 'cup'〗

chop² /tʃɑ́(ː)p | tʃɔ́p/ *vi.* **1 a** 〈風が〉急に変わる, 急変する〈*about, round*〉. **b** 気が変わる. **2** 《廃》交換する. **3** 《廃》言葉をやりとりする. — *vt.* **1** 《英方言》売買する. **2** 《廃》交換する.
chóp and chánge (1) 絶えず[ぐらぐら]気が変わる, 度々方針[意見, 職業]を変える. (2) 《古》売買する. (*c*1485)
— *n.* **1** (潮と風がぶつかりあってできる)三角波; 三角波の立つ海面. **2** 急に変わること. **3** 《廃》交換; 売買.
chóp and chánge 変遷; 変転; 変更 (change). (1759)
〖(*c*1450) *choppe(n)* 《変形》← *chappe(n)* to barter < OE *ċēapian*: ⇨ cheap〗

chop³ /tʃɑ́(ː)p | tʃɔ́p/ *n.* **1** [*pl.*] **a** 顎(ᵃᵍᵒ) (jaws). **b** 頬(ʰᵒᵒ) (cheeks). **2** [*pl.*] **a** 口 (mouth). **b** 顎から垂れた肉. **3** [*pl.*] 〘音楽〙《俗》**a** アンブシュール (embouchure). **b** (ジャズの)演奏技能. **4** [*pl.*] (港湾・海峡・峡谷などの)入口. **5** 〘時計〙チョップ (⇨ cheek 3 d).
líck* [*smáck*] one's *chóps 舌なめずりする, 舌なめずりして期待する〔*over*〕.
chóps of the Chánnel [the ―] (大西洋方面からの)英仏海峡への入口. (1692)
〖(*c*1400) 《変形》← CHAP²〗

chop⁴ /tʃɑ́(ː)p | tʃɔ́p/ *n.* **1** (インド・中国などで)官印; 出港[陸揚]免状; 旅行免状: grand ～ 通関手続. **2 a** (中国貿易で品質を示すために用いられる)商標 (brand). **b** 《英口語》品質, 等級 (cf. first-chop): a ～ of tea 茶の一品種 / the first ～ 一級品; 第一等, 最上. ***nò chóp***＝***nót so chóp*** 《豪》だめな, 取るに足らない. (1888) 〖(1614) □ Hindi *chāp* stamp, brand ← ?〗

cho·pa /tʃóupə, tʃɑ́(ː)pə | tʃə́upə, tʃɔ́pə/ *n.* 〘魚類〙イスズミ科の海水魚の総称. 〖(1883) □ Sp. ～ □ Port. *choupa* < L *clupeam*〗

chóp·bòx *n.* 《アフリカ西部》(長旅などで)食べ物を入れておく箱. 〖1898〗

chóp-chèrry *n.* 《廃》〘遊戯〙さくらんぼくわえ《吊したさくらんぼを口でとらえる》. 〖(1561): ⇨ chop³〗

chop-chop /tʃɑ́(ː)ptʃɑ́(ː)p | tʃɔ́ptʃɔ́p/ *int.* 早く早く. — *adv.* 早く, 急いで (quickly). 〖(1834) □ Pidgin-E ← Chin. (広東方言) *kap* fast, hurried＝*chi* (急)〗

chóp·fàllen *adj.* ＝chapfallen.

chóp·hòuse¹ *n.* (mutton chop, pork chop など焼肉料理を主とする)簡易食堂, 焼肉レストラン. 〖(*c*1690): ⇨ chop¹〗

chóp·hòuse² *n.* (昔の)中国の税関. 〖1882〗

chop·in /tʃɑ́(ː)pɨn | tʃɔ́pɪn/ *n.* ＝chopine.

Cho·pin /ʃóupæn, -pæ̃(ŋ), -pæŋ | ʃɔ́pæ̃(ŋ), ʃóu-, -pæŋ; *Pol.* ʃɔ́pɛn, *F.* ʃɔpɛ̃/, **Frédéric** (**François**) *n.* ショパン (1810–49; ポーランドの作曲家・ピアニスト; フランスに住んだ).

Cho·pin /ʃoupǽn | ʃəu-/, **Kate** (**O'Flaherty**) *n.* ショパン (1851–1904; 米国の女性小説家; *The Awakening* (1899)).

cho·pine /ʃoupíːn, tʃɑ(ː)- | tʃɔ-; *F.* ʃɔpin/ *n.* [通例 *pl.*] チョピン《コルクなどで底を厚くした高靴で, 主に 16–17 世紀ごろ女性の間で流行した; cf. patten 1, sabot 1》. 〖(1577) □ OF *chapin* □ (O)Sp. *chapín*〗

chóp·lògic *n.* こじつけの論議; へ理屈. — *adj.* こじつけの論議の; へ理屈の: a ～ speech. 〖(1533): ⇨ chop²〗

chóp·lògical *adj.* ＝choplogic. 〖1528〗

chóp màrk *n.* チョップマーク《中国やインドの銀行や取引所でコインの重さや合金比を証するためにつけた小さな印》.
chóp-màrked *adj.* 〖1949〗

chop·per¹ /tʃɑ́(ː)pə | tʃɔ́pə(r)/ *n.* **1** 《口語》**a** ヘリコプター. **b** 注文製作のオートバイ; (ハンドルを非常に高くした)改造オートバイ, チョッパー. **2** 切る人. **3** 斧(ᵒⁿ), 鉈(ⁿᵃᵗᵃ); 肉切り包丁 (cleaver). **4** [*pl.*] 《俗》歯; (特に)入れ歯. **5** 《米俗》**a** 機関銃. **b** 機関銃を持ったギャング. **6** 〘電子工学〙チョッパー《短い周期で電流・光線を断続する装置》. **7** 〘野球〙高くバウンドする打球. **8** 《英俗》ペニス (penis). **9** 〘考古〙＝chopper tool. — *vi.* 《俗》ヘリコプターで飛ぶ. — *vt.* 《俗》ヘリコプターで運ぶ.
〖(1552): ⇨ chop¹, -er¹〗

chop·per² /tʃɑ́(ː)pə | tʃɔ́pə(r)/ *n.* わら[草]ぶき屋根 (thatched roof). 〖(1780) □ Hindi *chappar* □ Skt *chattvara* house〗

Chop·per /tʃɑ́(ː)pə | tʃɔ́pə(r)/ *n.* 〘商標〙チョッパー《英国製の, 後輪が前輪より大きく, サドルが細長く, ハンドルが高い少年用自転車; オートバイの chopper を真似たデザイン》.

chópper tòol *n.* 〘考古〙チョッパーツール《片方の面を斜めにそぎ落した石器》.

chóp·ping¹ *n.* **1** たたき切り; 切り刻むこと. **2** 木を切った空地. **3** (テニス・野球・クリケットなどで)チョップ (chop stroke) で打つこと, ボールを切ること. — *adj.* **1** とぎれとぎれの (jerky): a ～ way of speaking. **2** 《英口語》〈子供が〉大きくて強い; 元気な: a ～ boy.
〖(*c*1378): ⇨ chop¹, -ing¹〗

chóp·ping² *adj.* **1** (風などで)〈海面など〉三角波の立つ (cf. choppy² 3): a ～ sea. **2** 〈風が〉絶えず変わる, 変わりやすい. 〖(1483) ⇨ chop²〗

chópping blòck [**bòard**] *n.* 物切り台, まな板. 〖1703〗

chópping knìfe *n.* こま切り包丁. 〖1855〗

chop·py¹ /tʃɑ́(ː)pi | tʃɔ́pi/ *adj.* (**chop·pi·er**; **-pi·est**) **1** 〈文学作品・文体など〉むらのある, まとまりのない, 統一性のない. **2** ひびの切れた (chapped): a ～ finger.
chóp·pi·ly /-pɨli/ *adv.* **chóp·pi·ness** *n.*
〖(1606) ← CHOP¹＋-Y⁴〗

chop·py² /tʃɑ́(ː)pi | tʃɔ́pi/ *adj.* (**chop·pi·er**; **-pi·est**) **1** 〈風が〉絶えず(不規則に)変わる, 変わりやすい. **2** 〈市場など〉しばしば変動のある. **3** 〈海面など〉やや三角波の立つ (cf. chopping² 1): The sea was ～. 海は波立っていた.
chóp·pi·ly /-pɨli/ *adv.* **chóp·pi·ness** *n.*
〖(1865) ← CHOP² (n.)＋-Y⁴〗

chóp shòp *n.* 盗難車・廃車の解体, 修理・密売を行う工場.

chop·sock·y /tʃɑ́(ː)psɑ(ː)ki | tʃɔ́psɔki/ *n.* 《米口語》(映画に登場する)空手, カンフー.

chop soo·y /tʃɑ(ː)psúːi | tʃɔ-/ *n.* ＝chop suey.

chóp·stìck *n.* [通例 *pl.*] 箸(ʰᵃˢʰⁱ): a pair of ～*s* 箸一膳 / eat with ～*s* 箸で食べる. 〖(1615) ← Pidgin-E ← *chop* quick (⇨ chop-chop)＋STICK¹ ∽ Chin. *k'uai tzu* (快子, 筷子)〗

Chop·sticks, c- /tʃɑ́(ː)pstɪks | tʃɔ́p-/ *n. pl.* [単数扱い] 〘音楽〙チョップスティックス《ピアノ連弾用の小ワルツ曲で, 旋律を(子供が)両手の人さし指で演奏し, 第 2 奏者が低音・伴奏を受けもつ; 転じて, 機械的・無表情に演奏された音楽を指すこともある》. 〖(*c*1890) ↑: 人さし指を chopstick に見立てたもの〗

chóp stròke *n.* チョップ(ストローク): **a** 〘テニス〙ラケットを斜めに急激に振りおろして切り, ボールに強い逆回転を与えること; スライスの極端な打ち方. **b** 〘野球・クリケット〙投手からのボールを打者が下向きのスウィングで打つことで, ボールは(野球では内野で)バウンドする.

chop su·ey /tʃɑ(ː)psúːi | tʃɔp-; *Cant.* tʃaːpʃœy/ *n.* 〘料理〙チャプスイ《米国式中国料理の一種; 豚や鶏肉ともやし・しいたけ・玉ねぎ・くわいなどの炒(ⁱᵗᵃ)め煮》. 〖(1888) □ Cant. *chap sui* (雑炊)〗

chor- /kɔːr/ (母音の前にくるときの) choro- の異形.

cho·ra·gus /kəréɪgəs | kɔː-, kə-/ *n.* (*pl.* **-ra·gi** /-dʒaɪ, -gaɪ/, ～**·es**) **1** (古代ギリシャの)合唱団長《アテネの Dionysus 祭の合唱団を自費で維持訓練した市民》. **2** (祭礼などの)音楽[余興]指揮者; (グループ・運動の)指導者 (leader). **3** 《英》(Oxford 大学で)音楽教授代理. **cho·rag·ic** /kərǽdʒɪk/ *adj.* 〖(1626) □ L *chorāgus* □ Gk *khorāgós* chorus-leader ← *khorós* 'CHORUS'＋*ágein* to lead〗

cho·ral¹ /kɔ́ːrəl/ *adj.* **1** 合唱曲の; 合唱(用)の; 合唱の入った[の伴奏による]: Beethoven's *Choral* Symphony ベートーベンの合唱交響曲《第九シンフォニー》. **2** 合唱[聖歌]隊の[に関する]: a ～ society (賛美歌の)合唱会. **3** 〈朗読など声をそろえての, 一斉の. **～·ly** /-rəli/ *adv.* 〖(1587) □ ML *chorālis* ← L *chorus*: ⇨ chorus, -al¹〗

cho·ral² /kəræ̃l, -rɑ́ːl | kɒrɑ́ːl, kə-, kɔː-/ *n.* ＝chorale.

chor·ale /kəræ̃l, -rɑ́ːl | kɒrɑ́ːl, kə-, kɔː-/ *n.* **1** 〘音楽〙**a** 合唱曲; ユニゾンで歌われる合唱[賛美歌]. **b** (ルター派教会などの簡素・荘重な)賛美歌曲, 衆賛歌, コラール. **2** 《米》[単数または複数扱い] 合唱隊[団] (choir). 〖(1841) □ G *Choral* (略) ← *Choralgesang* (部分訳) ← ML *cantus chorālis* choral song: -e は第 2 音節にアクセントがあることを示すために添えたもの: cf. morale〗

chorále cantáta *n.* 〘音楽〙コラールカンタータ《終曲にコラールを配し, それ以外の楽章にもその旋律や歌詞を用いたカンタータ》.

chorále prélude *n.* 〘音楽〙コラール[衆賛]前奏曲《賛美歌曲や他の賛美歌の旋律に基づくオルガン曲》. 〖1924〗

cho·ral·ist /kɔ́ːrəlɨst | -lɪst/ *n.* **1** 合唱隊員. **2** 賛美歌の歌手. 〖(1841) ← CHORAL＋-IST〗

C

chóral sèrvice *n.* 合唱礼拝.

chóral spéaking *n.* (詩・せりふなどの)斉唱, シュプレヒコール (speaking choir)《一群の人々が声を合わせてせりふや詩を言うこと》. 〖cf. G *Sprechchor* speech chorus〗

chord¹ /kɔ́əd | kɔ́ːd/ 〘音楽〙*n.* 和音, コード《同時に鳴る二つ以上の音の組合わせ》: ⇨ common chord. — *vi.* **1** 〈音が〉協和する, 和音になる〔*with*〕. **2** (伴奏として)和音をつける. — *vt.* **1** 〈楽器〉で和音を弾く. **2** 〈メロディー〉に和音を与える[添える]. 〖(*a*1325) 《変形》← 《古形》*cord* 《頭音消失》← ACCORD: 現在の形は CHORD² との混同〗

chord² /kɔ́əd | kɔ́ːd/ *n.* **1** 〘数学〙弦《曲線上の 2 点を結ぶ線分; ⇨ circle 挿絵》. **2** 〘航空〙翼弦《飛行機の翼の前縁と後縁を結ぶ直線》. **3** 〘解剖〙＝cord 5. **4 a** 《古・詩》(ハープなどの)弦 (string). **b** (心の)琴線, 感情, 心: strike [touch] the (right) ～ 人の心の琴線に触れる, 共感を呼ぶ / strike a ～ 〈物事が〉ある事[人]を思い出させる, 思い出を誘う / The name struck a ～ of remembrance. その名にどこか聞き覚えがあった. **5** 〘土木〙(トラス (truss) の)弦材. **～·ed** /-dɨd | -dɪd/ *adj.* 〖(1543) 《変形》← CORD: *ch-* のつづりは L *chorda* の影響〗

chord- /kɔəd | kɔːd/ (母音の前にくるときの) chordo- の異形.

-chord /kɔəd | kɔːd/ 次の意味を表す名詞連結形: **1** (…の)弦をもつ楽器: harpsi*chord*. **2** (…の)音階: hexa*chord*. 〖《変形》← ME *-corde*: *-ch-* は ML *-chordium* の影響: ⇨ cord, chord²〗

chordae tendineae *n.* chorda tendinea の複数形.

chord·al¹ /kɔ́ədl̩ | kɔ́ːdl̩/ *adj.* 〘音楽〙和音の; 協和する. 〖(1848) ← CHORD¹＋-AL¹〗

chord·al² /kɔ́ədl̩ | kɔ́ːdl̩/ *adj.* 弦の[に関する, に似た]. 〖(1619) ← CHORD²＋-AL¹〗

chórdal pítch *n.* 〘機械〙＝chord pitch.

chòr·da·mésoderm /kɔ̀ədə- | kɔ̀ːdə-/ *n.* 〘生物〙脊索中胚葉《脊索およびその関連組織を形成する未熟胎児の胚胞壁の一部》. **chòrda·mèsodérmal** *adj.* 〖(1939) ← NL *chorda* 'CHORD²'＋MESODERM〗

Chor·da·ta /kɔədɑ́ːtə, -déɪ- | kɔːdɑ́ːtə, -déɪ-/ *n. pl.* 〘動物〙脊索動物門. 〖(1880) ← NL ～: ⇨ chord², -ata〗

chor·date /kɔ́ədeɪt, -dɪt | kɔ́ːdɪt, -deɪt/ 〘動物〙*adj.* **1** 脊索を有する. **2** 脊索動物門の. — *n.* 脊索動物《原索動物と脊椎動物とを合わせていう》. 〖(1889): ↑〗

chor·da ten·din·e·a /kɔ́ədətɛndíniə | kɔ́ːdətɛn-/ *n.* (*pl.* **chor·dae ten·din·e·ae** /kɔ́ədiːtɛndíniː | kɔ́ː-/) 〘解剖〙腱索《心臓の房室弁の先端に付着する索で, 心室が収縮するときに房室弁が心房の中に押し込まれるのを防ぐ》. 〖← NL ～ 《原義》tendinous cord〗

chor·dee /kɔ́ədiː, -deɪ | kɔ́ː-/ *n.* 〘病理〙性病索《淋疾によって陰茎が時に下向きに湾曲すること; 先天的なこともある》. 〖(1708) □ F *cordée* (fem.) ← *cordé* corded ← *corde* 'CORD'〗

chórd·ing /-dɪŋ | -dɪŋ/ *n.* 〘音楽〙**1** 和音の配置. **2** 一組の楽器の調音, 合唱で唱和が合っていること. **3** 《米》(バンジョーなどで)和音を即興的にかき鳴らすこと. 〖(1866): ⇨ -ing¹〗

chórd lèngth *n.* 〘航空〙翼弦長.

chórd lìne *n.* 〘航空〙翼弦線.

chor·do- /kɔ́ədou | kɔ́ːdəu/ 〘解剖〙「声帯; 脊髄; 脊索」の意の連結形. ★ 母音の前では通例 chord- になる. 〖← NL ～ ← Gk *khordo-*: ⇨ cord〗

chor·do·phone /kɔ́ədəfòun | kɔ́ːdəfəun/ *n.* 〘音楽〙弦楽器, コードホーン《楽器の分類用語で, 弦が音の発生源となるすべての楽器を含む》. **chor·do·phon·ic** /kɔ̀ədəfɑ́(ː)nɪk | kɔ̀ːdəfɔ́n-ˈ/ *adj.* 〖1937〗

chórd òrgan *n.* 〘音楽〙コードオルガン《ボタン操作で簡単な和音を出せる電気または リードオルガン》. 〖1953〗

chor·do·to·nal /kɔ̀ədoutóunl̩ | kɔ̀ːdə(u)tə́u-ˈ/ *adj.* 〘昆虫〙音響や振動に反応する, 弦音器官の.

chórd pìtch *n.* 〘機械〙弦ピッチ《平歯車において, ピッチ円上で測った隣り合った歯の相応点間の直線距離; chordal pitch ともいう》.

chórd sỳmbol *n.* 〘音楽〙(特にジャズ, フォーク, ポップスなどの)コード記号.

chórd-tòne *n.* [通例 *pl.*] 〘音楽〙和声音.

chórd·wìse *adj., adv.* 〘航空〙翼弦方向の[に].

chore /tʃɔ́ə | tʃɔ́ː(r)/ *n.* **1** 面倒な[いやな, 退屈な, むずかしい]仕事. **2** [*pl.*] (家庭の日常の)雑仕事《洗濯・掃除・庭の片付けなど; ⇨ task SYN》; (農場などの)家畜の世話. **3** はんぱ仕事, 雑用 (odd job). — *vi.* (日常の)雑仕事をする. 〖(1746) 《変形》← CHAR¹〗

cho·re- /kɔ́ːri/ (母音の前にくるときの) choreo- の異形.

-chore /← kɔə | -kɔː(r)/ 〘植物〙「果実・花粉などが散布する植物」の意の名詞連結形: anemo*chore* 風媒植物. 〖← Gk *khōreîn* to withdraw, spread〗

cho·re·a /kəríːə | kɒríə, kɔː-/ *n.* **1** 〘病理〙舞踏病, ヒョレア (cf. St. Vitus's dance). **2** 〘獣医〙(犬などの)神経障害の一種. **cho·ré·al** /-ríːəl | -ríəl/ *adj.* **cho·re·at·ic** /kɔ̀ːriǽtɪk | -tɪk-ˈ/ *adj.* **cho·re·ic** /kəríːɪk | kɒ-, kɔː-/ *adj.* 〖(1804) ← NL ～ ← L ～

← Gk *khoreía*: ⇨ choreo-〛
chóre bòy *n.* 《米》 **1** 雑用係; (大農場・製材飯場などの)炊事助手兼雑用係. **2** (いやな仕事を引き受ける)世話役. 〚1848〛
cho·reg·ra·phy /kərégrəfi | kɔ-/ *adj.* =choreography.
cho·re·gus /kəríːgəs | kɔː-, kə-/ *n.* (*pl.* **-re·gi** /-ʤaɪ, -gaɪ/, **~·es**) =choragus.
chóre·man /-mən, -mæ̀n/ *n.* (*pl.* **-men** /-mən, -mɛ̀n/) (工場・飯場などの)雑用係, 雑役夫. 〚1874〛
cho·re·o- /kɔ́ːrioʊ | -riəʊ/「舞踊 (dance)」の意の連結形: *choreo*mania. ★ ときに chorio-, また母音の前では通例 chore- になる. 〚□ F *choréo-* ← Gk *khoreía* choral dance ← *khorós* 'CHORUS'〛
chóreo·dràma *n.* 舞踊劇.
cho·re·o·graph /kɔ́ːriəgræ̀f | kɔ́riəgrɑ̀ːf/ *vt.* **1** 〈上演のため〉バレエ[ダンス]を編成する; 振付けする. **2** 〈行事などを〉詳細に計画する. **—** *vi.* 振付けをする, 振付け師をする. 〚(1876) (逆成) ← CHOREOGRAPHY〛
cho·re·og·ra·pher /kɔ̀ːriɑ́(ː)grəfə | kɔ̀riɔ́grəfə^(r), kɔ̀ːr-/ *n.* (ダンスの)振付け師. 〚(1886): ⇨ ↑, -er¹〛
cho·re·og·ra·phy /kɔ̀ːriɑ́(ː)grəfi | kɔ̀riɔ́g-, kɔ̀ːr-/ *n.* **1** (ダンス・バレエなどの)振付け, 構成, 演出. **2** (ダンス・バレエなどの)振付け法; 振付け記述法, 舞踊記譜法 (一種の記号を用いて舞踊・舞踊のステップ, その進動形態, ときには関係楽曲の旋律をも解説・記述したもの). **3** (バレエなどの)舞踊術, 踊り方. **cho·re·o·graph·ic** /kɔ̀ːriəgrǽfɪk | kɔ̀riə-, kɔ̀ːr-⁻/ *adj.* **chòr·e·o·gráph·i·cal·ly** *adv.* 〚(*a*1789) □ F *chorégraphie*: ⇨ choreo-, -graphy〛
cho·re·ol·o·gy /kɔ̀ːriɑ́(ː)ləʤi | kɔ̀riɔ́l-, kɔ̀ːr-/ *n.* 舞踊記譜法研究. **chò·re·ól·o·gist** *n.*
cho·ri- /kɔ́ːri/ (母音の前にくるときの) chorio-² の異形.
cho·ri·amb /kɔ́ːriæ̀m(b) | kɔ́r-, kɔ́ːr-/ *n.* 〖詩学〗 (古典詩の)長短々長格 (—⏑⏑—), (英詩の)強弱々強格 (⁻××⁻). **cho·ri·am·bic** /kɔ̀ːriǽmbɪk | kɔ̀r-, kɔ̀ːr-⁻/ *adj.* 〚(1844) □ LL *choriambus* □ Gk *khoríambos*: ⇨ chorus, iamb: cf. *chriambic* (1613)〛
cho·ri·am·bus /kɔ̀ːriǽmbəs | kɔ̀r-, kɔ̀ːr-/ *n.* (*pl.* **~·es**, **-am·bi** /-baɪ/) =choriamb. 〚□ LL ～: ↑〛
cho·ric /kɔ́ːrɪk, kɑ́- | kɔ́r-/ *adj.* (ギリシャ劇の)合唱曲の[に関する], 風の]: a ～ ode 合唱調叙情歌. **chó·ri·cal·ly** *adv.* 〚(1830) □ LL *choricus* □ Gk *khorikós*: ⇨ chorus, -ic¹〛
chóric spéaking *n.* =choral speaking.
cho·rine /kɔ́ːriːn/ *n.* (米口語) =chorus girl. 〚(1922) ← CHORUS＋-INE⁴〛
cho·ri·o-¹ /kɔ́ːrioʊ | -əʊ/ choreo- の異形.
cho·ri·o-² /kɔ́ːrioʊ | -əʊ/ 〖解剖・動物〗「絨毛(じゅう)膜 (chorion) の; 絨毛膜(様)の (choroid)」の意の連結形. ★ 母音の前では通例 chori- になる. 〚← NL ～ ← Gk *khório-*: ⇨ chorion〛
chòrio·allántois *n.* 〖生物〗 (鳥類・爬虫類などの)漿尿膜, 尿漿膜 (胚の付属膜としての尿膜と漿膜が一部接着したもの). **chòrio·allantóic** *adj.* 〚(1929) ← NL ～〛
chòrio·carcinóma *n.* 〖病理〗 絨毛(じゅう)膜癌(がん) (絨毛膜の悪性腫瘍; 睾丸・妊娠後の子宮などに生じる; chorioepithelioma ともいう). 〚(1901) ← NL ～〛
chòrio·epithelióma *n.* 〖病理〗 =choriocarcinoma. 〚(1901) ← NL ～〛
cho·ri·oid /kɔ́ːriɔ̀ɪd/ *adj.*, *n.* 〖解剖〗 =choroid.
cho·ri·oi·de·a /kɔ̀ːriɔ́ɪdiə | -diə/ *n.* 〖解剖〗 =choroid.
cho·ri·o·ma /kɔ̀ːrióʊmə | -ɔ́ʊ-/ *n.* (*pl.* **~s**, **~·ta** /～ṭə | ～tə/) 〖病理〗 絨毛(じゅう)腫. 〚← NL ～: ⇨ ↓, -oma〛
cho·ri·on /kɔ́ːriɑ̀n | kɔ́ːriən, -riɒn/ *n.* **1** 〖解剖〗 絨毛(じゅう)膜 (胎児を包む膜). **2** 〖動物〗 (魚卵などの)卵膜, (鳥卵などの)漿膜. **cho·ri·on·ic** /kɔ̀ːriɑ́(ː)nɪk | kɔ̀ːriɔ́n-⁻/ *adj.* 〚(1545) ← NL ～ ← Gk *khórion* skin, afterbirth〛
choriónic gonadotrópin *n.* **1** 〖生化学〗 絨毛(じゅう)性性腺刺激ホルモン, 絨毛性ゴナドトロピン (胎盤絨毛から分泌されるホルモンで, 妊婦の尿に含まれる). **2** 〖薬学〗 血清性性腺刺激ホルモン (馬の胎盤から分泌されるホルモンで, 妊娠馬の血清中に含まれ, 人および動物の第二次性徴の促進に用いる). 〚*chorionic* (1892): ⇨ ↑, -ic¹〛
chórionic víllus *n.* 〖医学〗 絨毛(じゅう)膜絨毛 (母体組織といっしょになって胎盤を形成する).
chórionic víllus sàmpling [biopsy] *n.* 〖医学〗 (妊婦の子宮内の)絨毛(じゅう)生検 (胎児の遺伝的疾患の有無を調べる; 略 CVS).
chòri·pétalous *adj.* 〖植物〗 =polypetalous. 〚1880〛
cho·ri·so /ʧəríːsoʊ, ʧoʊ- | ʧəríːsəʊ, ʧɔ-/ *n.* (*pl.* **~s**) =chorizo.
cho·rist /kɔ́ːrɪ̀st | -ɪst/ *n.* 《古》 合唱隊の一人, 合唱歌手; 聖歌隊員. 〚(1538) □ F *choriste* □ ML *chorista*: ⇨ chorus, -ist〛
cho·ris·ter /kɔ́ːrɪ̀stə, kɑ́(ː)r- | kɔ́rɪ̀stə^(r)/ *n.* **1** = choirboy. **2** 《米》 (教会の)聖歌隊の主唱者[指揮者] (choir leader) (歌を先導したり, 音の高低・拍子を調整したりする聖歌隊歌手). 〚(*c*1360) *queristre* □ AF **cueristre* □ ML *chorista* (↑)〛
cho·ri·zo /ʧəríːzoʊ, ʧoʊ-, -soʊ | ʧəríːzəʊ, ʧɔ-; *Sp.* ʧoríθo/ *n.* (*pl.* **~s**) チョリーソー (香辛料とニンニクを強くきかせたスペインの豚肉ソーセージ). 〚(1846) □ Sp. ～〛
Ć-horìzon *n.* 〖土壌〗 C 層位 (B 層位の下の層位で, 岩石がある程度風化して微小な破砕物質になった土壌の母材の層; cf. ABC soil). 〚1935〛
Chor·ley /ʧɔ́əli | ʧɔ́ː-/ *n.* チョーリー (イングランド北西, Lancashire 南部の町; 綿織物の産地).
cho·ro- /kɔ́ːroʊ | -rəʊ/「場所 (place); 土地 (land)」の意の連結形. ★ 母音の前では通例 chor- になる. 〚□ L *chōro-* □ Gk *khōro-* ← *khôros* place〛
cho·ro·gi /ʧɔ́ːroʊgi: | ʧɔ́ːrə(ʊ)-/ *n.* 〖植物〗 チョロギ (⇨ Chinese artichoke). 〚□ Jpn. ～〛
cho·rog·ra·pher /kərɑ́(ː)grəfə | kɔrɔ́grəfə^(r), kə-/ *n.* 地方地誌学者. 〚(1610): ⇨ ↓, -er¹〛
cho·rog·ra·phy /kərɑ́(ː)grəfi | kɔrɔ́g-, kə-/ *n.* 〖地理〗 **1** 地方地誌. **2** (ある地方の)地勢(図). **cho·ro·graph·ic** /kɔ̀ːrəgrǽfɪk⁻/ *adj.* **chò·ro·gráph·i·cal** *adj.* **chò·ro·gráph·i·cal·ly** *adv.* 〚(1559) □ L *chōrographia* □ Gk *khōrographía*: ⇨ choro-, -graphy〛
cho·roid /kɔ́ːrɔɪd/ 〖解剖〗 *n.* (眼の)脈絡膜 (choroid coat [membrane] ともいう; ⇨ eye 挿絵). **—** *adj.* 脈絡膜の. 〚(1683) ← NL *choroides* ← Gk *khor(i)oeidēs* like a membrane: ⇨ chorion, -oid〛
cho·roi·dal /kərɔ́ɪdḷ | kɔːrɔ́ɪdḷ, kə-/ *adj.* 〖解剖〗 = choroid. 〚1681〛
chóroid plèxus *n.* 〖解剖〗 脈絡叢 (第三および第四脳室の軟膜にある血管叢で, 髄液を分泌すると考えられている). 〚1731〛
cho·rol·o·gy /kərɑ́(ː)ləʤi | kɔːrɔ́l-, kə-/ *n.* 〖生物〗 (生物)分布学 (生物の地理的・生態学的分布を研究する). **cho·ro·log·ic** /kɔ̀ːrəlɑ́(ː)ʤɪk | -lɔ́ʤ-⁻/ *adj.* **cho·ro·lóg·i·cal** *adj.* **chò·ro·lóg·i·cal·ly** *adv.* **cho·ról·o·gist** *n.* 〚(1879) □ G *Chorologie*: ⇨ choro-, -logy〛
cho·ro·pleth /kɔ́ːroʊplɛ̀θ | kɔ́rə(ʊ)-/ *n.* コロプレス地図 (一定地域の人口密度などを色合いや濃淡の違いで示した地図). 〚(*c*1930) ← CHORO-＋(ISO)PLETH〛
chor·rie /kɔ́(ː)ri, kɑ́(ː)ri | kɔ́ri/ *n.* 《南ア口語》 ぽんこつ車, ぼろ車. 〚(1961) □ Afk. *tjor(rie)*〛
chor·ten /ʧɔ́ətn | ʧɔ́ː-/ *n.* (チベットの) ラマ教の寺院[記念碑].
chor·tle /ʧɔ́əṭl | ʧɔ́ːtl/ *vi.* **1** 得意げに歌う[言う]. **2** 声高らかに笑う; 笑いながらしゃべる. **3** 〈自動車などが〉大きな音を立てて進む. **—** *vt.* 得意げに[笑うような抑揚で]表す: ～ one's joy. **—** *n.* 得意の高笑い. **chór·tler** /-tlə, -ṭḷə | -tlə^(r), -ṭə^(r)/ *n.* 〚(1872) (混成) ← CHUCKLE¹＋SNORT: Lewis Carroll の造語〛
cho·rus /kɔ́ːrəs/ *n.* **1** 合唱: sing in ～ 合唱する / a mixed ～ 混声合唱. **2 a** 合唱曲: a ～ for men's [male] voices 男声合唱曲. **b** (歌の)合唱部分 (大勢で唱和する部分). **c** (賛美歌などで繰り返し歌われる)折返し部分 (refrain). **d** コーラス (イントロに続くジャズ作品の最も主要な部分). **3** [単数または複数扱い] **a** 合唱隊, 合唱団, コーラス. **b** (ミュージカル・レビューの)合唱舞踊団. **4 a** (人が)一斉に発する言葉[笑い, 要求, 反対など]; 異口同音に発する声: meet with a ～ of protest [laughter, approval] 皆から一斉に抗議される[笑われる, 賛成される]. **b** (動物・虫などが)一斉に鳴き[ほえ]立てる声: the shrill ～ of crickets 一斉に鳴き立てるこおろぎのかん高い声 / the ～ of dogs on the hunt 獲物を追う犬の一斉の鳴き声. **5** 〖演劇〗 [単数または複数扱い] **a** (古代ギリシャで宗教的儀式・演劇などの)合唱歌舞団, コロス (時には劇の内容的解説もした). **b** (エリザベス朝劇で)コーラス (prologue や epilogue を述べ, 時には劇の運びなどを解説した人物).
in chórus (1) ⇨ 1. (2) 声をそろえて; 一斉に, 異口同音に. (1805)
— *vi.* 合唱する. **—** *vt.* **1 a** 〈歌を〉合唱する. **b** 異口同音[一斉]に言う: ～ support 一斉に支持の声を発する. **2** …に合唱をつける.
〚(1561) □ L ～ □ Gk *khorós* dance, band of dancers and singers, (原義) (enclosed) dancing ground ← IE **ghoro-* ← **gher-* to grasp, enclose: ⇨ gird¹, garden〛
chórus bòy *n.* (ミュージカル・レビューなどの)コーラスボーイ (ソロを受けもたない歌手またはダンサー). 〚1943〛
chórus fròg *n.* 〖動物〗 コーラスガエル (北米産のアマガエル科コーラスガエル属 (*Pseudacris*) の小形のカエルの総称; 早春に大声で鳴く).
chórus gìrl *n.* (ミュージカル・レビューなどの)コーラスガール (ソロを受けもたない歌手またはダンサー; chorine ともいう). 〚1894〛
chórus màster *n.* 合唱指揮者[隊長]. 〚1820〛
chórus pèdal *n.* 〖音楽〗 コーラスペダル (合奏効果を生み出す電子装置).
Cho·rzów /kɔ́(ː)ʒuːf, xɔ́(ː)ʒ- | kɔ́ʒ-, xɔ́ʒ-, *Pol.* xɔ́ʒuf/ *n.* ホジュフ (ポーランド南部の都市; ドイツ語名 Königshütte).
chose¹ /ʧóʊz | ʧə́ʊz/ *v.* choose の過去形; 《廃》 choose の過去分詞. 〚OE *cēas*〛
chose² /ʃóʊz | ʃə́ʊz; *F.* ʃoːz/ *n.* 〖法律〗 物 (thing), (一個の)動産.
chóse in áction 〖法律〗 無体動産, 債権 (債権などのように現実に占有できず訴訟によってのみ請求できるもの). (1670)
chóse in posséssion 〖法律〗 有体動産 (現に占有している動産). (1875)
〚(*c*1395) □ (O)F ～ 'thing, piece of property' < L *causam* 'CAUSE'〛
chose ju·gée /ʃóʊzʒuːʒéɪ | ʃə́ʊz-; *F.* ʃozʒyʒe/ *n.* (*pl.* **choses ju·gées** /～/) (こと新しく論じるのはむだな)既定の事実, 決まってしまった事. 〚(1898) □ F ～ 'judged thing'〛
cho·sen /ʧóʊzən, -zn̩ | ʧə́ʊ-/ *v.* choose の過去分詞. **—** *adj.* **1** (特に)選ばれた, 好きな: one's ～ studies. **2** (救いのため)神に選ばれた: ⇨ chosen people / a ～ vessel ⇨ vessel 5. **3** [the ～; 名詞的に; 複数扱い] 選ばれた人々 (cf. elect). 〚lateOE *coren*〛
chósen ínstrument *n.* (個人・団体・政府などが)その利益のために優遇する人・業者; (国外航空輸送のため政府が後援する)政府助成航空会社.
chósen péople, C- P- *n.* [the ～] 神の選民, イスラエル人, ユダヤ人 (the Israelites, the Jews) (cf. *Exod.* 19; *Deut.* 14: 2; *1 Chron.* 16: 13). 〚1533〛
choses jugées *n.* chose jugée の複数形.
Cho·sŏn /ʧousɑ́(ː)n | ʧə̀ʊsɔ́n; *Korean.* ʧosʌn/ *n.* 朝鮮 (Korea).
cho·ta /ʧóʊṭə | ʧə́ʊtə/ *adj.* 《インド》 小さな (small); 年少の, 下級の (junior): a ～ sahib 下級武官.
chóta ház·ri /-hɑ́ːzri/ *n.* 《インド》 早朝の簡単な食事. 〚(1863) □ Hindi *choṭā hāẓirī* small breakfast〛
Cho·ta Nag·pur /ʧóʊṭənɑ́ːgpʊə | ʧə́ʊtənɑ́ːgpʊə^(r)/ *n.* チョータナグプル (インド北東部 Bihar 南西部の高原地帯; 面積 65,509 km²).
chóta pég *n.* 《インド》 少量の酒, ½ peg のウイスキー (ほぼシングルの分量). 〚*chota* □ Hindi *choṭā* little〛
chott /ʃɑ́(ː)t | ʃɔ́t/ *n.* (アフリカ・アルジェリア・チュニジア地方の)塩湖; その干上がった湖底 (shott ともいう). 〚(*c*1970) □ F ～ □ Arab. *šaṭṭ* bank shore〛
chou /ʃúː; *F.* ʃu/ *n.* (*pl.* **choux** /～z; *F.* ～/) **1** (キャベツの形をした, やわらかい布製の結び飾り, ロゼット (rosette) (ベルベット・サテン・リボンなどで作られ, 婦人服や帽子の装飾に使われる). **2** =cream puff 1. **3** [愛称語として] =darling. 〚(1706) □ F ～ (原義) cabbage < L *caulem* stalk: cf. cauliflower〛
Chou /ʤóʊ, ʧóʊ | ʤə́ʊ, ʧə́ʊ/ *n.* =Zhou.
chou·croute /ʃuːkrúːt; *F.* ʃukʁut/ *n.* =sauerkraut.
Chou En-lai /ʧóʊènláɪ, ʤóʊ- | ʧə́ʊ-/ *n.* =Zhou Enlai.
chough /ʧʌ́f/ *n.* 〖鳥類〗 カラス科ベニハシガラス属 (*Pyrrhocorax*) のカラスの総称 (ヨーロッパの山岳地帯の岩場などに生息する; くちばしと脚の赤いベニハシガラス (*P. pyrrhocorax*) とくちばしの黄色いキバシガラス (*P. graculus*) の 2 種がいる). 〚(?*a*1200) *chough(e)* ← ? Gmc (擬音語): cf. OE *cēo* / OF *choe* screech owl〛
Chou·kou·tien /ʧóʊkòʊtjén | ʧə̀ʊkə̀ʊ-/ *n.* = Zhoukoudian.
chóu pástry *n.* =cream puff paste.
chouse¹ /ʧáʊs/ 《英》 *vt.* だます, 〈人〉から(…を)だまして取る 〔*of, out of*〕: ～ a person (*out*) *of* his money 人の金をだまし取る. **—** *n.* 詐欺 (swindle). 〚(1610) (古形) *chiaus(e)*, *chews* □ Turk. *çavuş* official agent or interpreter ← *çar* news: 昔トルコの通訳使節がロンドンで詐欺を働いたことからという〛
chouse² /ʧáʊs/ *vt.* 《米西部》 〈家畜を〉荒々しく追い集める. 〚(1904) ← ?〛
Chou-shan /ʤòʊʃɑ́ːn | ʤə̀ʊ-/ *n.* =Zhoushan.
choux *n.* chou の複数形.
chóux pástry *n.* =cream puff paste.
chow¹, C- /ʧáʊ/ *n.* =chow chow. 〚略〛
chow² /ʧáʊ/ *n.* 《米口語》 **1** 食物 (food). **2** 食事(時). **—** *vi.* 食べる 〈*down*〉. 〚(1856) □ ? Chin. *chiao* meat dumpling〛
Chow, c- /ʧáʊ/ *n.* 《豪》 [しばしば軽蔑的に] 中国人 (Chinese). 〚(1872) (略) ← *Chow Chow* Chinese (↓)〛
chow·chow /ʧáʊʧàʊ, ⁻⁻/ *n.* **1** チャウチャウ: **a** 中国漬け (オレンジの皮・ショウガの千切り・果物などをシロップに漬け込んだもの). **b** 刻んだ野菜類を芥子入りのソースに漬け込んだもの. **2** (中国・インドなどで)取合わせ食物. **—** *adj.* いろいろな物を混ぜ合わせた, さまざまな: a ～ shop (中国の)雑貨店. 〚(1795) □ Pidgin-E ～ ← ? Chin. *za* (雜), Cant. *chap*〛
chów chòw, C- C- /ʧáʊʧàʊ/ *n.* チャウチャウ (嗅覚に優れ, 狩猟のかけひきが巧妙な中国原産のイヌ; ひだ襟状の長い毛で覆われ, 舌が濃紺色; chow ともいう). 〚(1886) ← Cant. *kaú* dog〛
chow·der /ʧáʊdə | -də^(r)/ *n.* 〖料理〗 **1** チャウダー (魚介類, 特にハマグリに, 塩豚・野菜(ジャガイモ・たまねぎ)などを加えて煮込んだスープの一種; cf. clam chowder). **2** チャウダー風のスープ. **—** *vt.* チャウダーにする. 〚(1732) □ F *chaudière* pot < LL *caldāriam* ← *caldus* hot: cf. caldron〛
chówder·hèad *n.* 《米口語》 ばか, うすのろ (blockhead). **chówder·hèaded** *adj.* 〚1833〛
chów·hòund *n.* 《米口語》 大食漢, 食いしんぼう (glutton). 〚(1942): ⇨ chow²〛
chowk /ʧáʊk/ *n.* 《インド》 家屋内の中庭; (町の中心部の)開けた場所, 広場, 大通り, 商店街.
chow·ki·dar /ʧáʊkiːdɑ̀ə | -dɑ̀ː^(r)/ *n.* 《インド》 見張り人, 張り番, 夜警 (watchman). 〚(1696) □ Urdu *caukīdār* ← *caukī* toll house＋*-dār* keeper〛
chów lìne *n.* 《米口語》 (軍などで)給食を待つ列. 〚1919〛
chow mein /ʧàʊméɪn/ *n.* 〖料理〗 中国風堅焼きそば. 〚(1903) □ Chin. *chao mian* (炒麵)〛
chów·tìme *n.* 食事時間 (mealtime). 〚1958〛
CHP (略) combined heat and power.
CHQ (略) Corps Headquarters 軍団司令部.
Chr. (略) Christ; Christian; Christopher; 〖聖書〗 Chronicles.
chrem·a·tis·tic /krɛ̀mətístɪk, krìːm-⁻/ *adj.* 理財の[に関する], 貨殖の. **chrèm·a·tís·tics** *n.* 〚(1752) □ Gk *khrēmatistikós* ← *khrēmata* money (pl.) ← *khrêma* thing that one needs ← *khrêsthai* to

use ← IE *gher- to like: ⇨ -ic[1]〗

chrem·sel /krémzəl, xrém-, -zl/ *n.* (*pl.* **chrems·lach** /krémzlək, xrémz-, -laːk/)〘料理〙クレムゼル《ユダヤ料理のマッツォミール (matzo meal) で作った薄いパンケーキ; ひき肉やフルーツや木の実などを上に載せたり, 中へ詰めたりする; chremzel ともいう》. 〖□ Yid. *chremzel*〗

chres·ard /krésəd | -sɑd/ *n.* 〘生態〙有効水分《植物が吸収できる土壌中の水分; cf. echard》. 〖《1905》← Gk *khrēsis* use＋*árdein* to water〗

chres·tom·a·thy /krɛstá(ː)məθi | -tɔ́m-/ *n.* (普通初学者が外国語の勉強に用いる)名句選; 名句集, 選句集. **chres·to·math·ic** /krɛ̀stəmǽθɪk←/ *adj.* 〖《1832》← NL *chrestomathia* ← Gk *khrēstomátheia* useful learning ← *khrēstós* useful＋*matheîn* to learn: ⇨ MATHEMATIC〗

Chré·tien /kreɪtjǽ(ŋ), -tjǽ; *F.* kʁetjɛ̃/, **Jean** *n.* クレティエン《(1934–); カナダの政治家; Quebec 州生まれ; 首相 (1993–), 自由党党首 (1990–)》.

Chré·tien de Troyes /kreɪtjǽ(n)dətrwáː, -tjǽn-; *F.* kʁetjɛ̃dətʁwa/ *n.* クレティアン ド トロワ《12 世紀後半のフランスの詩人; courtly love を主題とする; Chréstien de Troyes ともつづる》.

Chris /krís/ *n.* クリス: **1** 男性名. **2** 女性名. 〖1: (dim.) ← CHRISTOPHER. 2: (dim.) ← CHRISTABEL ← ? L *Christus* 'CHRIST'＋*bella* beautiful // CHRISTIANA〗

chrism /krízm/ *n.* 〘教会〙 **1** 聖(香)油《オリーブ油にバルサムを混ぜたものでキリスト教の儀式に用いるもの; cf. holy oil》. **2 a** 塗油式. **b** [通例 C-]〘東方正教会〙堅信礼 (confirmation). **chrís·mal** /-məl, -ml/ *adj.* 〖OE *crisma* □ LL *chrisma* □ Gk *khrîsma* unguent, unction ← *khríein* to anoint with oil: *ch-* のつづりは LL の影響: ⇨ cream, Christ〗

chrisma *n.* chrismon の複数形.

chris·ma·to·ry /krízmətɔ̀ːri | -təri/ *n.* 〘カトリック〙 **1** 聖(香)油容器. **2** 塗油 (unction). **—** *adj.* 聖油の. 〖《*c*1450》 *crismatorie* □ ML *chrismatōrium*: ⇨ chrism, -ory[1,2]〗

chris·mon /krízmɑ(ː)n | -mɔn/ *n.* (*pl.* **chris·ma** /-mə/, ～s) ＝Chi-Rho. 〖《1872》← ML *chrismon* ← *chris-* (← *Christus* 'CHRIST')＋*-mon* (← LL *monogramma* 'MONOGRAM')〗

chris·om /krízəm, -zm/ *n.* **1** 〘教会〙＝chrism. **2** 〘教会〙幼児の洗礼衣《白色; chrisom-cloth ともいう》. **3 a** ＝chrisom child. **b** 《古》無邪気な幼児, 幼子(おさなご). 〖《*a*1325》 *crisom* 《変形》← *crisme*: ⇨ chrism〗

chrísom child *n.* **1** 幼児. **2** 生後 1 か月以内で死んだ乳児. 〖*c*1275〗

chrísom-clòth *n.* ＝chrisom 2.

Chris·sake /kráɪseɪk/ *n.* (*also* **Chri·sake** /～/) [通例 for ～]《口語》頼むから, ほんとにもう, いやはや (for Christ's sake).

Chris·sie /krísi/ *n.* **1** クリッシー《女性名》. **2** 《豪俗》クリスマス. 〖(dim.) ← CHRISTABEL, CHRISTIANA, CHRISTINE〗

Christ /kráɪst/ *n.* **1** キリスト《Christ は Messiah と同義で, 元来は「油注がれた者」,「救世主」の意; ユダヤ人が期待した救世主 (Messiah) として世に出現したと信じられたナザレ生まれのイエス[イエズス] (Jesus); もとは Jesus the Christ で称号として用いられたがキリスト教では後に Jesus Christ と して固有名詞化した》. **2 a** キリストに似た人. **b** 理想的な完全な人; 人間の理想像. **3** 〘クリスチャンサイエンス〙《誤りを滅ぼす神の示顕としての》理想的真理.

befòre Christ 西暦紀元前 (略 b.c., B.C., BC).

— *int.* 《口語》まあ, 驚いた; とんでもない, 畜生《驚き・怒りなどを表す; cf. Jesus》.

〖OE *Crist* □ L *Christus* ← Gk *Khristós* (原義) anointed (← *khríein* to anoint 《なぞり》← Heb. *māšîaḥ* anointed: cf. Messiah[1]〗

Chris·ta·bel /krístəbɛ̀l, -bəl, -bl/ *n.* クリスタベル《女性名》. 〖← ? L *Christus*＋*bella* beautiful〗

Chris·ta·del·phi·an /krɪ̀stədɛ́lfiən←/ *n., adj.* キリストアデルフィアン派信者(の)《John Thomas (1805–71) が 1848 年に米国で創設したキリスト教の宗派; 原始教会の信仰と生活の復帰を主張する》. 〖《1873》← *khristádelphos* ← *khristós* 'Christ'＋*adelphós* brother〗

Chríst-child *n.* [the ～] 幼年の[幼児としての]キリスト. 〖1842〗

Christ·church /kráɪs(t)tʃɜ̀ːtʃ | -tʃɜ̀ːtʃ/ *n.* クライストチャーチ《ニュージーランド南島中部東海岸の海港》.

Christ Chùrch *n.* クライストチャーチ《Oxford 大学の学寮の一つ; 1546 年 Henry 八世が設立》.

christ·cross /krískrɔ̀(ː)s, -krɑ̀(ː)s | -krɔ̀s/ *n.* **1** 《廃》＝crisscross 1 a. **2** 《古》＝crisscross 2.

chrístcross-rów /-róu | róu/ *n.* 《古》＝crisscross-row.

chris·ten /krísən, -sn/ *vt.* **1** …に洗礼を施す, (洗礼を施して)キリスト教徒にする. **2** (洗礼の際に)〈人〉に洗礼名[霊名]を授ける, 命名する: ～ a boy John 少年をジョンと命名する. **3** 〈船・動物・鐘などに〉名を付ける; 名を付ける (denominate): The ship was ～*ed* the Joanna. 船はジョアナ号と命名された. **4** 《口語》初めて使う: ～ a new car. **—** *vi.* 洗礼を施す. 〖OE *crīstnian* to make Christian ← *crīsten* 'CHRISTIAN[1]'〗

Chrís·ten·dom /-dəm/ *n.* **1** キリスト教の世界, キリスト教界, キリスト教国 (Christian world). **2** [集合的] 全キリスト教徒 (all Christians). **3** 《廃》キリスト教 (Christianity). 〖OE *cristendōm* ← *cristen* 'CHRISTIAN[1]': ⇨ -dom〗

chrís·ten·ing /-s(ə)nɪŋ, -sn-/ *n.* **1** 洗礼式. **2** 命名式. 〖《?*c*1300》: ⇨ -ing[1]〗

Christ·er /kráɪstə | -tə(r)/ *n.* 《米学生俗》お堅いクリスチャン, いい子ぶったやつ, 優等生, 堅物.

Chríst·hòod *n.* キリスト[救世主]であること; キリストの性格[神性]. 〖《?*a*1425》: ⇨ -hood〗

Chris·tian[1] /krístʃən, kríʃtʃən | krístʃən, kríʃtʃən, krístiən/ *n.* **1 a** キリスト教徒, キリスト者, クリスチャン. **b** キリスト教会の一員. **2** キリスト教国人. **3** 《方言》(動物に対して)人間 (cf. brute[1] 2); 《口語》立派な人, 上品な人: That dog knows as much as a ～. あの犬は人間みたいにものがよくわかる / behave like a ～ 人間らしいふるまいをする. **—** *adj.* **1 a** (イエス)キリストの[に関する]; キリストの教えに関する, キリスト教の, キリスト教的な: the ～ religion キリスト教 / a ～ church キリスト教会 / ～ art キリスト教芸術. **b** キリスト教を信じる: ～ men and women. **c** キリスト教徒の[に関する]: if thou dost shed one drop of ～ blood キリスト教徒の血を一滴たりとも流すなら (Shak, *Merch* V 4. 1. 310) / the Young Men's [Women's] ～ Association キリスト教青年[女子青年]会 (略 YM[W]CA). **2 a** 《口語》キリスト教徒らしい, キリストの教えにかなう; 慈悲深い, 隣人愛をもった: a true ～ act. **b** 《方言》(動物でなく)人間の; 人間らしい; 《口語》立派な, 上品な: behave in a ～ way 人として恥ずかしくないふるまいをする. 〖《1526》□ L *Christiānus* □ Gk *Khrīstiānós* ← *Khristós* 'CHRIST' ∞ OE *crīsten, crīstena* < (W Gmc) **cristin*: ⇨ -ian〗

Chris·tian[2] /krístʃən, kríʃtʃən | krístʃən, kríʃtʃən, krístiən; *G., Du.* krístian, *F.* kristjɑ̃, *Dan.* krésdian/ *n.* クリスチャン: **1** 男性名. **2** 女性名. 〖↑〗

Chris·tian /krístʃən, kríʃtʃən | krístʃən, kríʃtʃən, krístiən/, **Charlie** *n.* クリスチャン《1919–42; 米国のモダンジャズギタリスト》.

Christian, Fletcher *n.* フレッチャー《?1764–1793; 英国の軍艦 Bounty 号の反乱のリーダー》.

Christian X *n.* クリスティアン十世《1870–1947; デンマーク王 (1912–47)》.

Chris·ti·an·a /krɪ̀stiǽnə, -stʃi-, -áːnə | -áːnə/ *n.* クリスティアナ《女性名》. 〖(fem.) ← CHRISTIAN[2]〗

Chrístian Áction *n.* クリスチャン アクション《キリストの教えを広く社会に普及させようとする運動; 1946 年英国で各教派共同で始まった》.

Chrístian Áid *n.* クリスチャンエイド《英国の慈善団体; 開発途上国への援助・救済を目的としている》.

Chrístian Bróthers *n. pl.* [the ～; 単数扱い]〘カトリック〙ドラサール教職会《St. Jean Baptiste de la Salle が 1684 年フランスのランス (Reims) に創立した貧民教育を主旨とする会; 正式には the Institute of the Brothers of the Christian Schools という》. 〖1883〗

Chrístian búrial *n.* キリスト教の儀式による埋葬(式), 教会葬.

Chrístian Démocrats *n. pl.* [the ～] キリスト教民主党《西ヨーロッパ・ドイツ連邦共和国の主要政党でカトリックの政治理念で共通性をもつ》. 〖1947〗

Chrístian Diór /-diːɔ́ə | -díːɔː(r), —⏑; *F.* kʁistjɑ̃djɔːʁ/ *n.* 〘商標〙クリスチャン ディオール《フランスのデザイナー Christian Dior (1905–57) のデザインした婦人服および後継者のデザインした衣料品のブランド; 同ブランドで関連会社から香水・化粧品なども市場化》.

Chrístian Endéavor *n.* [the ～] キリスト教共励会[励みの会]《米国に始まった青年運動で, キリスト教主義を助長するために 1881 年に結成された若い人々の集まり》.

Chrístian Éra, C- e- *n.* [the ～] 西暦紀元, キリスト紀元《キリスト生誕の年から起算した紀元; ただし現実には一致しないというのが常識》. 〖1657〗

Chrístian existéntialism *n.* 〘哲学〙キリスト教的実存主義《神の被造物としての人間の主体性を強調し, キリスト者としての実存的生き方を至高とする実存主義の形態》.

Chris·ti·a·ni·a[1], **c-** /krɪstʃiǽniə, -sti-, -áːn- | -tiáːn-, -tʃi-/ *n.* 〘スキー〙クリスチャニア《速い回転法》. 〖《1905》↓〗

Chris·ti·a·ni·a[2] /krɪstʃiǽniə, -sti-, -áːn- | -tiáːn-, -tʃi-; *Norw.* kristiáːnia/ *n.* クリスチャニア《1624–1924 年間の Oslo の旧名》.

Chrís·tian·ism /-nɪ̀zm/ *n.* **1** キリスト教主義, キリスト教の制度[教義, 実践]. **2** [軽蔑的に] (ある種の, あるいはある形式のキリスト教を指して)キリスト教主義. 〖《1576》□ F *christianisme* // LL *christianismus* □ Gk *khristianismós*〗

Chris·ti·an·i·ty /krɪ̀stʃiǽnəti, -sti-, krɪstʃǽn- | krɪ̀stiǽnəti, -stʃi-, -nɪ-/ *n.* **1** キリスト教. **2** キリスト教の信仰[精神, 教義]. **3** キリスト教徒であること; キリスト教徒の精神[主義, 思想]; キリスト教徒的性格. **4** [集合的] キリスト教徒たち (Christendom). 〖《?*a*1300》 *cristianite* □ OF *crestiente* (F *chrétienté*) // LL *christianitātem* ∞ ME *crist(i)ente* □ OF *crestienté*〗

Chris·tian·ize /krístʃənàɪz, kríʃtʃə- | krístʃən-, kríʃtʃə-, krístiə-/ *vt.* **1** キリスト教化する, キリスト教に帰依(きえ)させる, キリスト教徒にする. **2** …にキリスト教の教義を吹き込む[浸透させる]. **—** *vi.* 《まれ》キリスト教徒になる.

Chris·tian·i·za·tion /krɪ̀stʃənɪzéɪʃən, krɪ̀ʃtʃə- | krɪ̀stʃənaɪzéɪ-, krɪ̀ʃtʃə-, -stiə-, -nɪ-/ *n.* **Chrís·tian·ìz·er** *n.* 〖《1593》: ⇨ -ize〗

Chrístian·lìke *adj.* キリスト教徒[クリスチャン]らしい. **—** *adv.* キリスト教徒[クリスチャン]らしく. 〖1574〗

Chrís·tian·ly *adj., adv.* ＝Christianlike. 〖《1620》: ⇨ -ly[1]〗

Chrístian náme *n.* クリスチャンネーム, 洗礼名 (first name)《洗礼のときに付けられ, 姓に対する名; cf. given name, surname, family name》. 〖*c*1330〗

Chrístian Refórmed *adj.* 改革教会の.

Chrístian Refórmed Chúrch *n.* [the ～] キリスト教改革教会《1834 年にオランダ改革派教会からの離反者たちによって設立された教会, または 1857 年に米国の改革派教会からの離反者たちによって設立された教会をいう》.

Chris·tian·sand /krístʃənsæ̀nd, kríʃ-/ *n.* ＝Kristiansand.

Chrístian Scíence *n.* 〘キリスト教〙クリスチャンサイエンス, キリスト教科学《1866 年 Mary Baker Eddy によって創立された米国のキリスト教の一宗派; 霊的法則が新約聖書の癒しの基盤にあるとの確信に基づき, 祈りによる癒しが今日も可能であるとする; 公式名 the Church of Christ, Scientist 神学者キリスト教会》. 〖1863〗

Chrístian Scíence Mònitor *n.* [the ～]「クリスチャンサイエンス モニター」《米国 Boston 市で発行されている朝刊紙; Christian Science の機関紙としてスタートしたが, その評論や解説は国際的評価を得ている》.

Chrístian Scíentist *n.* クリスチャンサイエンスの信者.

Chrístian Sócialism *n.* キリスト教社会主義《キリスト教の隣人愛の精神で平和的に労資の対立を協調させ, 社会から貧困を除こうとする主義; F. D. Maurice や Chrales Kingsley などが 19 世紀の半ばごろ英国で唱道した》. 〖1884〗

Chrístian Sócialist *n.* キリスト教社会主義者. 〖1856〗

Chrístian yéar *n.* 〘キリスト教〙教会暦年, キリスト教暦年《教会の行事によって区分した Advent (降臨節)に始まる暦年; church year ともいう》.

chris·tie /krísti/ *n.* [しばしば C-]《カナダ》山高帽子 (bowler hat)《christy ともいう》.

Chris·tie[1], **c-** /krísti/ *n.* 〘スキー〙＝Christiania[1]. 〖《1920》(dim.) ← CHRISTIANIA[1]〗

Chris·tie[2] /krísti/ *n.* クリスティー: **1** 男性名. **2** 女性名. 〖1: (dim.) ← CHRISTIAN[2]. 2: (dim.) ← CHRISTINE〗

Chris·tie /krísti/, Dame **Agatha** *n.* クリスティー《1890–1976; 英国の推理小説家; 名探偵 Hercule Poirot, Miss Marple の生みの親; *The Murder of Roger Ackroyd* (1926); 本名 Agatha Mary Clarissa Miller; 1930 年考古学者 Max Mallowan と結婚》.

Christie, John (Reginald Halliday) *n.* クリスティー《1898–1953; イギリスの殺人犯; 少なくとも 6 人の女性を殺害; 彼の裁判は死刑に関する法制定を促進させた》.

Chris·ti·na[1] /krɪstíːnə/ *n.* クリスティーナ《女性名》. 〖⇨ Christine〗

Chris·ti·na[2] /krɪstíːnə; *Swed.* kristíːna/ *n.* クリスティーナ《1626–89; Gustavus 二世の娘でスウェーデン女王 (1632–54)》.

Chris·tine /krɪstíːn, —⏑/ *n.* クリスティーン《女性名; 愛称形 Chriss, Chrissie, Christie, Christy, Tina, Tine, Tiny; 異形 Christina, (スコット) Kirsty, (アイル) Cairistine》. 〖(fem. dim.) ← CHRISTIAN[2]〗

Christ·in·gle /krístɪŋgl/ *n.* 〘英国国教会〙クリスティングル《キリストを象徴する火をともしたろうそくを立てたオレンジ; 降臨節 (Advent) の儀式の際に子供たちが手に持つ》. 〖《1951》← ?: cf. 《方言》G *Christkindl(e)*〗

Chríst·less *adj.* キリスト教的精神のない; 非キリスト教徒的な. 〖《1652》: ⇨ -less〗

Chríst·lìke *adj.* **1** キリストのような; キリストらしい. **2** キリストの教えに合致した. **～·ness** *n.* 〖1680〗

Chríst·ly *adj.* キリストの; キリストのような. **Chríst·li·ness** *n.* 〖OE *cristlic*: 今の形は 19 世紀に GODLY などの類推から〗

Christ·mas[1] /krísməs/ *n.* **1** クリスマス, キリスト降誕祭 (the Nativity)《12 月 25 日; イエスキリストがこの日に生まれたという証拠は明らかでないが, 4 世紀頃から次第にこの日がクリスマスとして祝われる; イングランド・ウェールズ・北アイルランドでは四季支払い日の一つ; cf. bank holiday, quarter day, Xmas》: A merry ～ to you! クリスマスおめでとう. 日英比較 英米のようなキリスト教国のクリスマスは, 日本の商業主義的な, あるいは娯楽的なクリスマスと違い, 現在でも宗教的色彩が濃い. ローマカトリック, 英国国教会では *Christmas* Eve の深夜から 12 月 25 日にかけて深夜の歌ミサ (high mass) が行われ, 敬虔な信者はそれに出席する. プロテスタントでもクリスマス当日の午前中は教会でのクリスマス礼拝に出席してから自宅でクリスマスディナーを食べる. なお, 英語の *Christmas* はクリスマス期間 (Christmastime; または Christmastide) としての 12 月 24 日から元日までの意にも使われるので, はっきりクリスマス当日をいうときは *Christmas* Day という. クリスマスを日本では Xmas と書くことも多いが, この形は英米ではポスターなど以外では避けられる傾向がある. また X'mas は誤り. **2** クリスマスの季節, クリスマスシーズン (Christmastide).

Mérry Christmas! ＝《英》***Háppy Christmas!*** クリスマスおめでとう: Merry ～!—The same [Same] to you. [You too.]

— *adj.* [限定的] クリスマス(の季節)の, クリスマス(の季節)に用いる: a ～ book クリスマスの読み物 / a ～ carol クリスマスの祝歌, クスリマスキャロル / the ～ number クリスマス特別号[増刊] / a ～ present [gift] クリスマスの贈物.

〖ME *cristmasse, cristes masse* < lateOE *Cristes mæsse* 'MASS of CHRIST'〗

Christ·mas[2] /krísməs/ *n.* クリスマス: **1** 男性名. **2** 女性名. ★ 現在では Noel にとってかわられつつある. 〖↑〗

Chrístmas bèetle *n.* 〘昆虫〙クリスマスビートル《オーストラリア産のキンコガネムシ科 *Anoplognathus* 属のコガネムシ; 緑がかかった黄金色をしている》.

Chrístmas·bèrry /-bèri | -b(ə)ri/ *n.* 〘植物〙＝toyon.

Chrístmas bòx *n.* 《英》クリスマスの贈物《使用人・郵

便配達人などに与える祝儀; cf. Boxing Day).

Christmas bùsh *n.* 〘植物〙オーストラリア産クノニア科の高木 (*Ceratopetalum gummiferum*) (オーストラリアで Christmas tree に使われる). 〘1884〙

Christmas càctus *n.* 〘植物〙クリスマスサボテン (⇨ crab cactus). 〘1900〙

C

Christmas càke *n.* 《英》クリスマスケーキ《マジパン (marzipan) と砂糖衣をかけたこってりしたフルーツケーキ; クリスマスに食べる》.

Christmas càrd *n.* クリスマスカード. 日英比較 日本では年賀状をちょうど元日に着くように送る習慣があるが, 英米の *Christmas card* は, クリスマスの日の前に着くように送るのが原則である. このことは日英の祝いの言葉の相違にも表れる. 日本では「あけましておめでとう」と年が明けてからの挨拶であるが, 英語では (I wish you) a Merry [Happy] *Christmas*. (あなたによいクリスマスが来るように祈ります)であり, クリスマス以前にいうべき挨拶である. 〘1883〙

Christmas Càrol *n.* [A ~]「クリスマスキャロル」(C. Dickens の短編小説 (1843); 老守銭奴 Scrooge が慈悲深い人間に生まれ変わる).

Christmas clùb *n.* クリスマス クラブ《会員が定期的に貯金をしてクリスマスの贈物を買うのに当てる貯金法[計画]》. 〘1925〙

Christmas còokie *n.* 《米》クリスマスクッキー《砂糖衣をかけたクッキー; クリスマスに食べる》.

Christmas cràcker *n.* クリスマスクラッカー《クリスマスパーティー用のクラッカー》.

Christmas Dày *n.* キリスト降誕祭 (12 月 25 日). 〘14C〙

Christmas disèase *n.* 〘病理〙クリスマス病《クリスマス因子 (Christmas factor) の欠乏によって起こる血友病に似た遺伝病; cf. hemophilia》. 〘(1952) ← *Stephen Christmas* (この病気の第 1 号患者となった英国の少年)〙

Christmas Ève *n.* クリスマスイブ[前夜] (12 月 24 日の夜または 24 日). 〘*c*1340〙

Christmas fàctor *n.* 〘生化学〙クリスマス因子《血液を凝結させる因子の一つ; plasma thromboplastin component ともいう; cf. Christmas disease》.

Christmas fèrn *n.* 〘植物〙北米産オシダ科イノデ属の常緑シダ (*Polystichum acrostichoides*) (冬に装飾用). 〘1878〙

Christmas hólidays *n. pl.* [the ~] 《英》クリスマス休暇, (学校の) 冬期休暇, 冬休み.

Christmas Ísland *n.* クリスマス島: **1** インド洋上のオーストラリア領の島; Java の南方 359 km; 面積 136 km². **2** 太平洋の中央部にある Line 諸島中の島; 太平洋最大の環礁; Kiribati 共和国に属する; もと英領; 1957–58 年英国が水爆実験を行った; 直径 48 km.

Christmas pàntomime *n.* =pantomime 2.

Christmas púdding *n.* 《英》クリスマスプディング《クリスマスに食べるプラムプディング (plum pudding); ブランデーをかけ火をつけてたのしむ》. 〘1858〙

Christmas ròse *n.* 〘植物〙クリスマスローズ (*Helleborus niger*) (ヨーロッパ原産の青白い花の咲くキンポウゲ科の多年草). 〘1688〙

Christmas sèal *n.* 《米》クリスマスシール《肺結核者を救うためにクリスマス期間に売る装飾を施したシール》.

Christmas stòcking *n.* クリスマスの靴下《クリスマスイブに子供がクリスマスの贈物を入れてもらうためにマントルピースやクリスマスツリーにさげる靴下または枕カバー》.

Christ·mas·sy /krísməsi/ *adj.* =Christmasy.

Christmas·tìde *n.* クリスマス(の)季節 (12 月 24 日から 1 月 1 日まで, 特に, 英国では 1 月 6 日の主顕祭の祝日 (Epiphany) まで; yuletide ともいう). 〘1626〙

Christmas·tìme *n.* =Christmastide.

Christmas trèe *n.* **1** クリスマスツリー《クスリマスに美しい飾り物や蠟燭または豆電灯などをつるして室内に立てる常緑樹または人工の木》. **2** 〘植物〙 **a** =Christmas bush. **b** (NZ) =pohutukawa 2. **3** 〘石油〙クリスマスツリー《油井でケーシング (casing) の頭部に取り付ける採油制御装置》. **4** 〘自動車レース〙加速度競走 (drag race) のスタートに用いられる一組の赤と黄と緑の閃光ランプ. **5** =Norway spruce. 〘(1835) (なぞり) ← G *Weihnachtsbaum* or *Christbaum*〙

Christmas vacátion *n.* 《米》=Christmas holidays.

Christ·mas·y /krísməsi/ *adj.* 《口語》クリスマス(の季節)にふさわしい[らしい]; クリスマス気分の, お祭り気分の: a ~ feeling. 〘(1882) ← CHRISTMAS+-Y⁴〙

Chris·to- /krístou, kráis- | -təʊ/「キリスト (Christ)」の意の連結形: *Christology*. 〘⇨ Christ+-o-〙

Chris·to·cent·ric /krìstəséntrɪk, kràist- | -tə(ʊ)-ˊ/ *adj.* キリスト中心の, キリスト教の教えを中心とする: ~ theology キリスト中心神学. **Chris·to·cén·trism** /-trɪzm/ *n.* 〘1873〙

Chris·to et ec·cle·si·ae /krístoʊetèklíːziː | -təʊ-/ *L.* キリストと教会とのために (Harvard College の印章にあるモットー). 〘□L *Christō et ecclēsiae* for Christ and the church〙

Chris·toff /krístɔ(ː)f, -tɑ(ː)f | -tɒf/, **Boris** *n.* クリストフ (1914–93; ブルガリアのバス・バリトン歌手).

Chris·to·gràm /krístəgræm, kráist-/ *n.* キリストの象徴; (特に) =Chi-Rho. 〘1900〙

Chris·tól·o·gist /-dʒɪst | -dʒɪst/ *n.* キリスト論学者. 〘(1846) ← CHRISTO-+-LOGIST〙

Chris·tol·o·gy /krɪstɑ́(ː)lədʒi, krais- | -tɒl-/ *n.* 〘神学〙キリスト論, キリスト研究. **Chris·to·log·i·cal** /krìstəlɑ́(ː)dʒɪkəl, kràis-, -kl | -lɒ́dʒɪ-ˊ/ *adj.* 〘(1673) ← CHRISTO-+-LOGY〙

Chris·toph /krístɑ(ː)f, -tɔ(ː)f | -tɒf; *G.* kʁístɔf/ *n.* クリストフ (男性名). 〘(略) ← CHRISTOPHER〙

Chris·toph·a·ny /krɪstɑ́(ː)fəni | -tɒf-/ *n.* 〘キリスト教〙(福音書に記録された, 復活後の)キリスト顕現[出現]. 〘(1846) ← Gk *khristós*+*phania*〙

Chris·tophe /krístɔ(ː)f, -tɑ(ː)f | -tɒf; *F.* kʁistɔf/, **Henri** *n.* クリストフ (1767–1820; ハイチの革命指導者; ハイチ国王 (1811–20)).

chris·to·phene /krístəfiːn/ *n.* 〘植物〙=chayote.

Chris·to·pher /krístəfə | -fə$^{(r)}$/ *n.* クリストファー (男性名; 愛称形 Chris, Chrissie, Christie, Christy, Kit). 〘□LL *Christophorus* □ Gk *Khristophóros* (原義) Christ-bearing: ⇨ -phore〙

Christopher, Saint *n.* クリストフォロス, クリストファー (3 世紀; 14 救難聖人 (auxiliary saints) の一人; 小アジアのキリスト教の殉教者; 旅行者の守護聖人; 祝日は 7 月 25 日).

chris·to·phine /krístəfiːn/ *n.* 〘植物〙=chayote.

Chríst's Hóspital *n.* クライスツホスピタル (英国の public school の一つ; 1552 年 London に創立され, 1899 年男子校は Horsham /hɔ́ːʃəm | hɔ́ː-/ へ, 女子校は Hertford へ移転した; 貧家の子弟を教育し多くの有名人を出したので知られている; Bluecoat School ともいう).

Chríst's-thòrn *n.* 〘植物〙キリストノイバラ《パレスチナ (Palestine) 地方産の刺のある低木類の総称; キリストのいばら冠がこの枝で作られたという》: **a** ハマナツメの一種 (*Paliurus spina-christi*). **b** サネブトナツメ (*Zizyphus jujuba*). 〘1562〙

Christ Withín *n.* [the ~] 〘キリスト教〙内なるキリスト (⇨ Inner Light).

chris·ty /krísti/ *n.* =christie.

Chris·ty¹, c- /krísti/ *n.* 〘スキー〙=Christiania¹.

Chris·ty² /krísti/ *n.* クリスティー: **1** 男性名. **2** 女性名. 〘⇨ Christie²〙

Christy, Howard Chandler *n.* クリスティー (1873–1952; 米国の画家).

Christy Mínstrels *n. pl.* クリスティ ミンストレルズ《米国の芸能人 Edwin P. Christy (1815–62) が組織して英米で好評を博したミンストレルショー (minstrel show) の一座》. 〘1873〙

-chro·ic /króuɪk | kráʊ-/「(…の)色をした (colored)」の意の形容詞連結形. 〘← Gk *khrôs* color ← IE **ghrēu-* to grind: ⇨ -ic¹〙

chrom- /kroum | krəʊm/ (母音の前にくるときの) chromo- の異形.

chro·ma /króumə | kráʊ-/ *n.* **1** (色の)飽和度; 濃度, 色度 (saturation). **2** 〘照明〙彩度《色の飽和度に相当する量》. 〘(1889) □ Gk *khrôma* color: ⇨ chrome〙

chro·maf·fin /kroumǽfɪ̀n | krəʊmǽfɪn/ *adj.* (also **chro·maf·fine** /-fiːn/) 〘生理〙〈細胞が〉クロム親和性の (クロム塩で強く染色される). 〘(1903) ← CHROMO-+L *affinis* associated with (⇨ affinity)〙

chróma·kèy *n.* 〘テレビ〙クロマキー《人物などの前景はそのままにして, 背景画像を別の背景に置き換えて合成する特殊技術: color separation overlay ともいう》.

-chro·ma·si·a /krouméɪʒiə, -ʒə | krə(ʊ)méɪziə, -ʒiə/「色 (color); 染色性 (stainability), 着色性 (colorability)」の意の名詞連結形: poly*chromasia*. 〘← NL ~: ⇨ chroma, -ia²〙

chro·mat- /kroumǽt, króumæt | krəʊmæt, krə(ʊ)mǽt/ (母音の前にくるときの) chromato- の異形.

chro·mate /króumeɪt, -mɪ̀t | kráʊ-/ *n.* 〘化学〙クロム酸塩[エステル] (CrO₄²⁻ の根を有する): ammonium ~ クロム酸アンモニウム / silver [lead] ~ クロム酸銀[鉛] / ⇨ potassium chromate, sodium chromate. 〘(1819) □ F ~: ⇨ -ate¹〙

chro·mat·ic /kroumǽtɪk, krə- | krə(ʊ)mǽt-/ *adj.* **1** 〘光学〙**a** 色の; 色彩の, 色彩感覚を刺激する: ~ printing 彩色版, 着色印刷 / a ~ sensation 色彩感覚. **b** 多彩の, 色彩の強烈な. **2 a** (色の)飽和度の; 色度の. **b** 彩度の. **3** 〘生物〙染色性の. **4** 〘音楽〙**a** 半音階的な (cf. diatonic): ⇨ chromatic semitone. **b** 変音の, (音階固有の音が)臨時記号 (♯・♭・♮ など)で変化させられた: ⇨ chromatic chord. **5** 〘言語〙多彩な内容を含む, 心に訴える力をもつ. — *n.* 〘音楽〙=accidental 2. **chro·mát·i·cal·ly** *adv.* 〘(1603) □ L *chrōmaticus* □ Gk *khrōmatikós*: ⇨ chroma, -ic¹〙

chromátic aberrátion *n.* 〘光学〙色(いろ)収差《レンズ等の結像系において, 光の波長によって像の位置や倍率が異なる収差; このため像が色づいて見える; cf. fringe 6》. 〘1831〙

chromátic chórd *n.* 〘音楽〙変音的和音《半音階的半音 (chromatic semitone) を含む和音》.

chromátic cólor *n.* 〘光学〙有彩色 (↔ achromatic color).

chromátic fígure *n.* 〘生物〙染色像《有糸分裂における核分裂像のうち塩基性色素によく染まる部分; cf. achromatic figure》.

chro·mat·i·cism /kroumǽtəsìzm, krə- | krə(ʊ)mǽtɪ-/ *n.* **1** 〘光学〙色彩性. **2** 〘音楽〙半音階主義; 半音階的音の使用; 半音階法《半音階的進行が支配的な作曲法; cf. diatonicism》. 〘(1879): ⇨ -ism〙

chro·ma·tic·i·ty /kròumətísəti | kràʊmətísɪ̀ti/ *n.* **1** 色彩性. **2** 〘光学〙色度《明度(明るさ)を除いた光の色の種別を数量的に表した測色的性質》. 〘(1904) ← CHROMATIC+-ITY〙

chromatícity coórdinates *n. pl.* 〘光学〙色度座標. 〘1951〙

chromatícity dìagram *n.* 〘光学〙色度図《色度を表示した図で, 通例直角座標または三つの原色を座標軸とする三角座標で表す; 三角座標系で三原色の作る三角形を color triangle という》. 〘1944〙

chro·mát·ic·ness *n.* 〘光学〙知覚色度《色相と彩度とを共に考慮した色の属性》. 〘⇨ -ness〙

chro·mat·ics /kro(ʊ)mǽtɪks, krə- | krə(ʊ)-/ *n.* 色彩論, 色学. 〘(*c*1790): ⇨ -ics〙

chromátic scále *n.* 〘音楽〙半音階 (cf. DIATONIC scale). 〘*a*1789〙

chromátic sémitone *n.* 〘音楽〙半音階的半音《半音階構成上臨時変化記号で変化させられた半音》. 〘*a*1789〙

chromátic sígn *n.* 〘音楽〙半音記号 (嬰(えい)・変・本位記号など). 〘1674〙

chro·ma·tid /króumətɪ̀d | kráʊmətɪd/ *n.* 〘生物〙染色分体《核分裂して 2 個に分かれた染色体のおのおのをいう; cf. chromonema》. **chro·mat·i·dal** /kro(ʊ)mǽtɪdl̩ | krə(ʊ)mǽtɪ-, kràʊmətáɪ-/ *adj.* 〘(1900) ← CHROMATO-+-ID³〙

chro·ma·tin /króumətɪ̀n | kráʊmətɪn/ *n.* 〘生物〙**1** (細胞核内の)染色質, クロマチン (cf. achromatin): ~ granules 染色質粒. **2** =karyotin 1. **chro·ma·tin·ic** /kròumətínɪk | kràʊ-ˊ/ *adj.* **chró·ma·tòid** *adj.* 〘(1882) ← CHROMATO-+-IN²〙

chro·ma·tism /króumətɪzm | kráʊ-/ *n.* **1** 〘植物〙(緑色部の)変色, 異色. **2** 〘医学〙色彩幻覚. **3** 〘光学〙=chromatic aberration. 〘(1721) □ Gk *khrōmatismós* a coloring ← *khrōmatízein* to color: ⇨ chroma, -ism〙

chró·ma·tist /-tɪst | -tɪst/ *n.* 色[色彩]学者.

chro·mat·o- /kroumǽtou, króumæt- | kráʊmætəʊ, krə(ʊ)mǽt-/ 次の意味を表す連結形: **1**「色 (color); 色のついた (colored)」: *chromato*graphy. **2**「クロマチン, 染色質 (chromatin)」: *chromato*lysis. ★ 母音の前では通例 chromat- になる. 〘← Gk *khrōmato-*, *khrôma* color: ⇨ chrome〙

chro·mat·o·gram /kroumǽtəgræ̀m | krə(ʊ)mǽt-/ *n.* 〘化学〙(クロマトグラフ法により得られる)色層列[系]クロマトグラム. 〘(1922) □ G *Chromatogramm*〙

chro·mat·o·graph /kroumǽtəgræ̀f | krə(ʊ)mǽtəgrɑ̀ːf, -græ̀f/ *n.* 《古》着色版, 色刷り. — *vt.* **1** 色刷りにする. **2** クロマトグラフィーにより分析する. **~·er** *n.* 〘(1860) ← CHROMATO-+-GRAPH〙

chro·ma·tog·ra·phy /kròumətɑ́(ː)grəfi | kràʊmətɒ́g-/ *n.* 〘化学〙クロマトグラフィー, クロマトグラフ法, 色層分析《はじめは色素物質の分別吸着分離法として考案されたが, 現在は一般に分配, 吸着あるいはイオン交換などによる分離法の総称》: ⇨ gas chromatography, liquid chromatography. **chro·mat·o·graph·ic** /kro(ʊ)mæ̀təgrǽfɪk | krə(ʊ)mæt-ˊ/ *adj.* **chro·màt·o·gráph·i·cal·ly** *adv.* 〘(1731) ← CHROMATO-+-GRAPHY〙

chro·ma·tol·o·gy /kròumətɑ́(ː)lədʒi | kràʊmətɒ́l-/ *n.* =chromatics.

chro·ma·tol·y·sis /kròumətɑ́(ː)ləsɪ̀s | kràʊmətɒ́lɪ̀sɪs/ *n.* 〘生物・病理〙染色質溶解. **chro·mat·o·lyt·ic** /kroumæ̀təlítɪk | krə(ʊ)mætəlít-ˊ/ *adj.* 〘(1901) ← NL ~: ⇨ chromato-, -lysis〙

chro·mat·o·phil /kroumǽtəfɪ̀l | krə(ʊ)mǽt-/ (*also* **chro·mat·o·phile** /-fɪ̀l, -fàɪl/) 〘生物〙*adj.* =chromophil 1. — *n.* =chromophil.

chro·mat·o·phil·i·a /kroumæ̀təfíliə | krə(ʊ)mæ̀t-/ *n.* 〘生物〙=chromophilia.

chro·mat·o·phore /kroumǽtəfɔ̀ə | krə(ʊ)mǽtəfɔ̀ː$^{(r)}$/ *n.* **1** 〘動物〙色素胞《色素細胞の中で, 大形で樹状の突起をもつもの; 色素胞の収縮や拡張によって動物の体色変化が起こる》. **2** 〘植物〙色素体《細胞質内にある色素粒; chloroplast (葉緑体), chromoplast (有色体), leucoplast (白色体)がある》. **chro·mat·o·phor·ic** /kroumæ̀təfɔ́(ː)rɪk, -fɑ́(ː)r- | krə(ʊ)mæ̀təfɔ́r-ˊ/ *adj.*

chro·ma·toph·o·rous /kròumətɑ́(ː)f(ə)rəs | kràʊmətɒ́f-ˊ/ *adj.* 〘(*c*1859) ← CHROMATO-+-PHORE〙

chro·mat·o·plasm /kroumǽtəplæ̀zm | krə(ʊ)mǽt-/ *n.* 〘植物〙クロマトプラズム《藍藻類の細胞の周辺の葉緑素に富む部分; chromoplasm ともいう; cf. central body 2》. 〘(1886) ← CHROMATO-+-PLASM〙

chro·ma·top·si·a /kròumətɑ́(ː)psiə | kràʊmətɒ́p-/ *n.* 〘病理〙(着)色視(症). 〘← NL ~: ⇨ chromato-, -opsy〙

chro·ma·type /króumətàɪp | kráʊ-/ *n.* 〘写真〙クロム紙写真法《重クロム酸塩と硫酸銅との感光性を利用する印画法の旧名; cf. carbon process》. 〘(1843): ⇨ ↓, type〙

chrome /króum | kráʊm/ *n.* **1 a** (特に, 各種顔料に用いられる)クロム (⇨ chromium). **b** クロム化合物. **2** 〘染色〙 **a** =chrome dye. **b** =chrome yellow. **3** クロムめっきした金属. **4** =chrome leather. — *vt.* **1** 〈金属を〉クロム化合物でめっきする. **2** 〈皮を〉クロム化合物でなめす. 〘(1800) □ F ~ ← Gk *khrôma* color, (原義) ? rough surface ← IE **ghrēu-* to rub (Gk *khríein* to rub, anoint)〙

-chrome /ˊ- kròum | -kràʊm/「(…の)色の(もの); …色素」の意の形容詞または名詞連結形. 〘← ML *chrōma* colored thing □ Gk *khrôma*: ↑〙

chróme àcetate *n.* 〘化学〙酢酸クロム (chromic acetate) ($Cr(CH_3CO_2)_2$, $Cr(CH_3CO_2)_3$ がある).

chróme àlum *n.* 〘化学〙クロム明礬(みょうばん) ($KCr(SO_4)_2 \cdot 12H_2O$) (暗紫色の結晶; 皮なめしに用いる; potassium chrome alum, potassium chromic sulfate ともいう).

chróme bláck *n.* **1** 〖染色〗クロムブラック, ログウッド黒《クロム媒染法で絹をログウッド染めした黒色; 羊毛用酸性媒染染料の商標》. **2** 〖顔料〗クロムブラック《酸化クロムおよび酸化鉄を主体とする陶磁器用黒色顔料》. 〖1874〗

chróme bríck *n.* 〖窯業〗クロムれんが《クロム鉄鉱を主原料にして作る中性耐火れんがの一種》. 〖1921〗

chróme dióxide *n.* 〖化学〗＝chromium dioxide.

chróme dýe *n.* 〖染色〗クロム染料《媒染剤としてクロム化合物を用いる酸性媒染染料; 主に羊毛染色用》.

chróme gréen *n.* クロム緑《黄鉛と紺青(こんじょう)を混ぜてつくった顔料; Brunswick green, Hooker's green ともいう》. 〖*c*1859〗

chróme íron *n.* 〖鉱物〗クロム鉄鉱 (chromite)《chrome iron ore ともいう》. 〖1869〗

chróme léather *n.* クロム革《クロム法でなめした革で, 靴・鞄・ハンドバッグ・衣料等に広く用いられる》. 〖1882〗

chróme-níckel *adj.* 〖金属加工〗クロムニッケルの《クロムとニッケルを含むステンレススチールにいう》. 〖1908〗

chróme·plàte *vt.* …にクロムめっきをする.

chróme réd *n.* 〖染料〗クロム赤 ($PbCrO_4PbO$)《塩基性クロム酸鉛を主成分とする赤色顔料》.

chróme stéel *n.* 〖冶金〗クロム鋼《クロムが 12% 以上の合金でステンレススチールの一種》. 〖1878〗

chróme tánning *n.* 〖皮革〗クロムなめし. 〖1882〗

chróme tàpe *n.* クロムテープ《二酸化クロム (chromium dioxide) でコーティングした磁気録音テープ》.

chróme yéllow *n.* 〖染色〗クロム黄, 黄鉛 ($PbCrO_4$)《クロム酸鉛を主成分とする黄色顔料》. 〖1819〗

chròm·hidrósis *n.* 〖病理〗＝chromidrosis.

chro·mic /króʊmɪk | kráʊ-/ *adj.* 〖化学〗3 価のクロム (Cr(III) を含む, 第二クロムの, クロム酸の (cf. chromous). 〖(1800) □ F *chromique*: ⇨ chrome, -ic¹〗

chrómic ácetate *n.* 〖化学〗酢酸第二クロム, 酢酸クロム (III) ($Cr(CH_3CO_2)_3$)《灰緑色の水に可溶の粉末; 媒染剤として用いる; chrome acetate, chromium acetate ともいう》.

chrómic ácid *n.* 〖化学〗**1** クロム酸 (H_2CrO_4). **2** [主に商用語に用いて] ＝chromic anhydride. 〖1800〗

chrómic anhýdride *n.* 〖化学〗無水クロム酸 (CrO_3)《暗赤色の結晶; クロムめっき・酸化剤に用いる; chromic acid, chromium trioxide ともいう》.

chrómic chlóride *n.* 〖化学〗塩化第二クロム, 塩化クロム (III) ($CrCl_3$)《赤紫色の結晶; クロムめっき・クロム塩の製造に用いる; cf. chromium chloride》.

chrómic flúoride *n.* 〖化学〗フッ化第二クロム, フッ化クロム (III) (CrF_3)《緑色結晶性粉末; 羊毛の染色用》.

chro·mide /króʊmaɪd | kráʊ-/ *n.* 〖魚類〗＝cichlid. 〖(*c*1930) ← NL *Chromides* ← L *chromis* a sea fish: ⇨ -id²〗

chro·mid·i·um /kroʊmídiəm | krə(ʊ)míd-/ *n.* (*pl.* **-i·a** /-diə | -diə/) 〖生物〗クロミジア《固定した腺細胞や有殻アメーバ類の核外にみられる糸状・粒状の物質》. 〖(1906) ← NL ～: ⇨ chromo-, -idium〗

chro·mi·dro·sis /kròʊmɪ̀dróʊsɪ̀s | kràʊmɪdráʊsɪs/ *n.* (*pl.* **-dro·ses** /-siːz/) 〖病理〗色汗(症). 〖← NL ～: ⇨ chromo-, hidrosis〗

chro·mi·nance /króʊmənəns | kráʊmɪ̀-/ *n.* 〖テレビ〗色光度《光度とは別に色彩感を起こす光の属性; テレビの画面に色合いと鮮明度となって現れる色》: a ～ signal 色信号. 〖(1952) ← CHROMO-＋(LUM)INANCE〗

chro·mi·ole /króʊmiòʊl | kráʊmiəʊl/ *n.* 〖生物〗**1** 染色分粒《染色小粒 (chromomere) が複糸期に 2 回に分かれたそのおのおの》. **2** ＝chromidium. 〖(1899) ← CHROMO-＋-I-＋-OLE²〗

chro·mite /króʊmaɪt | kráʊ-/ *n.* **1** 〖化学〗亜クロム酸塩. **2** 〖鉱物〗クロム鉄鉱 ($FeCr_2O_4$). 〖(1850) □ G *Chromit*: ⇨ -ite¹〗 〖(1840) ← CHROMO-＋-ITE³〗

chro·mi·um /króʊmiəm | kráʊ-/ *n.* 〖化学〗クロム, クロミウム《金属元素; 記号 Cr, 原子番号 24, 原子量 51.996》. 〖(1807) ← NL ～: ⇨ chrome, -ium〗

chromium 51 *n.* 〖化学〗クロム 51《クロムの放射性同位体; 質量数 51, 半減期 28 日; トレーサー (tracer) として用いる》.

chrómium ácetate *n.* 〖化学〗酢酸クロム (chromic acetate)《$Cr(CH_3COO)_2$, $Cr(CH_3COO)_3$ がある》.

chrómium chlóride *n.* 〖化学〗塩化クロム《塩化クロム (II), 塩化クロム (III), 塩化クロム (IV) などがある; cf. chromic chloride》.

chrómium dióxide *n.* 〖化学〗二酸化クロム (CrO_2)《黒色の強磁性半導体物質; 磁気テープに使用》.

chrómium-plàte 〖冶金〗*n.* クロムめっき. — *vt.* …にクロムめっきをする. **chrómium-plàted** *adj.* 〖1924〗

chrómium potássium súlfate *n.* 〖化学〗＝chrome alum.

chrómium stéel *n.* 〖冶金〗＝chrome steel.

chrómium trióxide *n.* 〖化学〗三酸化クロム (⇨ chromic anhydride).

chro·mize /króʊmaɪz | kráʊ-/ *vt.* ＝chrome 1.

chro·mo /króʊmoʊ | kráʊmʊ/ *n.* (*pl.* **～s**) ＝chromolithograph. 〖(1869) 略〗

chro·mo- /króʊmoʊ | kráʊməʊ/ 次の意味を表す連結形: **1**「色 (color); …色をした (colored); 色素 (pigment); 色素をもった (pigmented)」. **2** 〖化学〗「クロム (chromium)」 ★ 母音の前では通例 chrom- になる. 〖□ F ～ ← Gk *khrôma* color〗

chròmo·cènter *n.* 〖植物〗染色中央粒, 染色中心《ある種の細胞が分裂する時に現れる異質染色質の塊》. 〖1926〗

chròmo·dynámics *n.* [単数扱い] 〖物理〗クロモ力学 (quantum chromodynamics).

chro·mo·gen /króʊmədʒən | kráʊ-/ *n.* **1** 〖化学〗色原体《発色団を含む芳香族化合物; 染料たるべき基質で, これに助色団が導入されて染料になる; cf. chromophore 1》. **2** 〖生化学〗色素産生バクテリア. **chro·mo·gen·ic** /kròʊmədʒénɪk | kràʊ-ˉ/ *adj.* 〖(1858) ← CHROMO-＋-GEN〗

chro·mo·graph /króʊməgræ̀f | krə́mə(ʊ)grɑ̀ːf, -græ̀f/ *n.* **1** ＝chromolithograph. **2** 〖化学〗呈色試験《呈色反応による定性的検定法》: ～ contact print method 呈色密着印画法. **chro·mo·graph·ic** /kròʊməgrǽfɪk | kràʊ-ˉ/ *adj.* 〖(1864) ← CHROMO-＋GRAPH〗

chròmo·líthograph *n.* クロモ[着色]石版画《chromo ともいう》. — *vt.* クロモ石版で刷る. **～·er** *n.* 〖(1860)《逆成》← CHROMOLITHOGRAPHY〗

chròmo·lithógraphy *n.* クロモ石版(術). **chròmo·lithográphic** *adj.* 〖(1839) □ F *chromolithographie*〗

chro·mo·ly /króʊmɑ(ː)li | kráʊmɒli/ *n.* クロモリ《クロムとモリブデンを含んだ鋼鉄; 自転車のフレームなどの軽量で強い部品を作るのに使用される》.

chro·mo·mere /króʊməmɪə | kráʊmə(ʊ)mɪə(r)/ *n.* **1** 〖解剖〗(血小板の)染色質 (cf. hyalomere). **2** 〖生物〗染色小粒《減数分裂前期の細い染色体上で見られる点状の小構造》. **chro·mo·mer·ic** /kròʊməmérɪk, -míᵊr- | kràʊmə(ʊ)mér-, -míər-ˉ/ *adj.* 〖(1896) ← CHROMO-＋-MERE〗

chro·mone /króʊmoʊn | kráʊməʊn/ *n.* 〖化学〗クロモン ($C_9H_6O_2$)《無色の結晶; 植物色素にこの誘導体が多い》. 〖← CHROMO-＋-ONE〗

chro·mo·ne·ma /kròʊməníːmə | kràʊmə(ʊ)-/ *n.* (*pl.* **～·ta** /～tə | ～tə/) 〖生物〗染色糸, クロモネマ《染色体内の糸状体; 染色体は常に 2 本の染色糸を含み, 分裂した染色分体 (chromatid) のおのおのにもすでに 2 本の染色糸が見られる》. **chrò·mo·né·mal** /-məl, -mɫ̩ˉ/ *adj.* **chro·mo·ne·mat·ic** /kròʊmənɪ̀mǽtɪk, -niː- | kràʊmə(ʊ)niːmǽt-, -nɪ-ˉ/ *adj.* **chro·mo·ne·mic** /kròʊməníːmɪk | kràʊmə(ʊ)-ˉ/ *adj.* 〖(1925) ← NL ～ ← CHROMO-＋Gk *nêma* thread〗

chrómo pàper *n.* クロモ石版用紙, 多色印刷用紙.

chro·mo·phil /króʊməfɪl | kráʊ-/ 〖生物〗*adj.* **1** 可染色性の, 好染色性の. **2** ＝chromaffin. — *n.* 可染色性細胞[物質]. 〖(1899) ← CHROMO-＋-PHIL〗

chro·mo·phil·i·a /kròʊməfíliə | kràʊ-/ *n.* 〖生物〗可染色性, 好染色性. 〖⇨ -philia〗

chro·mo·phobe /króʊməfòʊb | krə́məfəʊb/ 〖生物〗*adj.* 〈細胞が〉非染色性の, 難染性の. — *n.* (脳下垂体前葉の)非染色性細胞. 〖(1899): ⇨ -phobe〗

chro·mo·phore /króʊməfɔə | kráʊmə(ʊ)fɔː(r)/ *n.* 〖化学〗**1** 発色団《有機化合物が染料となるために助色団 (auxochrome) と共に必要な要素; cf. chromogen 1》. **2** 着色有機化合物中にある原子配置. **chro·mo·phor·ic** /kròʊməfɔ́(ː)rɪk, -fɑ́(ː)r- | kràʊmə(ʊ)fɔ́r-ˉ/ *adj.* **chro·mo·phor·ous** /kròʊməfɔ́ːrəs | kràʊ-ˉ/ *adj.* 〖(1879) ← CHROMO-＋-PHORE〗

chro·mo·plasm /króʊməplæ̀zm | kráʊmə(ʊ)-/ *n.* 〖植物〗＝chromatoplasm.

chro·mo·plast /króʊməplæ̀st | kráʊmə(ʊ)-/ *n.* 〖植物〗有色体, 雑色体《花や果実などの細胞内にある特殊な色素; cf. chromatophore 2》. 〖(1885) ← CHROMO-＋-PLAST〗

chròmo·prótein *n.* 〖生化学〗色素蛋白質《色素部分の性質でいろいろの生理的機能を営む複合蛋白質》. 〖1924〗

chro·mo·scope /króʊməskòʊp | kráʊməskəʊp/ *n.* 〖写真〗クロモスコープ《三色分解ポジを三原色光で照射して重ね合わせて見る加色法カラー写真の装置》. **chro·mo·scop·ic** /kròʊməskɑ́(ː)pɪk | kràʊməskɒ́p-ˉ/ *adj.*

chro·mo·so·mal /kròʊməsóʊməl, -zóʊ-, -mɫ̩ | kràʊməsə́ʊ-ˉ/ *adj.* 染色体の[に関する]. **～·ly** *adv.*

chro·mo·some /króʊməsòʊm, -zòʊm | kráʊməsəʊm/ *n.* 〖生物〗染色体: ⇨ sex chromosome, X chromosome, Y chromosome. **chro·mo·so·mic** /kròʊməsóʊmɪk, -zóʊ- | kràʊməsə́ʊ-ˉ/ *adj.* 〖(1889) ← CHROMO-＋-SOME³〗

chrómosome màp *n.* 〖遺伝〗染色体地図《染色体上の遺伝子の位置を示した図》.

chrómosome nùmber *n.* 〖生物〗染色体数. 〖1910〗

chro·mo·sphere /króʊməsfɪə | kráʊməsfɪə(r)/ *n.* 〖天文〗彩層《太陽光球のすぐ外側にある白熱したガス層; 恒星にも用いる》. **chro·mo·spher·ic** /kròʊməsférɪk, -sfíᵊr- | kràʊməsfér-ˉ/ *adj.* 〖1868〗

chró·mo·tro·pic ácid /kròʊmətróʊpɪk-, -trɑ̀(ː)p- | kràʊmətrɒ̀p-/ *n.* 〖化学〗クロモトロープ酸 ($C_{10}H_4(OH)_2(SO_3H)_2$)《無色の結晶; 染料の中間体として用いる; 染料中間体および空気中のホルムアルデヒド, 水銀, 銀, チタンなどの分析用試薬》. 〖1899〗

chro·mo·type /króʊmətàɪp | kráʊmə(ʊ)-/ *n.* 着色版印刷. 〖1843〗

chro·mous /króʊməs | kráʊ-/ *adj.* 〖化学〗2 価のクロム (Cr(II)) を含む, 第一クロムの (cf. chromic). 〖(1840) ← CHROME＋-OUS〗

chròmo·xýlograph *n.* 色刷木版画. 〖1868〗

chròmo·xylógraphy *n.* 色刷木版(術). 〖1887〗

chro·myl /króʊmɪ̀l, -miːl | kráʊmɪl, -miːl/ *n.* 〖化学〗クロミル《CrO_2 で表される 2 価の基》. 〖← CHROMO-＋-YL〗

chrómyl chlóride *n.* 〖化学〗塩化クロミル (CrO_2Cl_2)《赤色の液体; 塩化物の検出に用いる》.

chron. 《略》chronicle; chronological; chronologically; chronology.

Chron. 《略》Chronicles (旧約聖書の)歴代誌(略).

chron- /krɑ(ː)n, kroʊn | krɒn, kraʊn/ (母音の前にくるときの) chrono- の異形.

chro·nax·ie /króʊnæksi, krɑ́(ː)n- | kráʊn-, krɒ́n-/ *n.* (*also* **chro·nax·y** /～/) 〖生理〗クロナキシー, 時値《組織・筋肉などを刺激するために基電流 (rheobase) の 2 倍の電流の要する最小時間》. 〖(1917) □ F ～ ← CHRONO-＋Gk *axía* vlaue〗

chro·neme /króʊniːm | kráʊ-/ *n.* 〖音声〗長さ音素《/ɪ/ は短い長さ音素, /iː/ は長い長さ音素をもつ》. 〖← CHRONO-＋-EME〗

chron·ic /krɑ́(ː)nɪk | krɒ́n-/ *adj.* **1** 長期にわたる; 繰り返し起こる: a ～ civil war 長期にわたる内乱 / a ～ inflation 慢性インフレ. **2 a** 〈病気が〉慢性の (cf. acute 3): a ～ disease 慢性病, 持病, 痼疾(こしつ), 宿痾(しゅくあ) / ～ alcoholism 慢性アルコール中毒. **b** 〈人が〉慢性病の, 持病持ちの: a ～ invalid 慢性病患者, 持病持ち / a ～ sufferer from gout 慢性痛風患者, 痛風の持病持ち. **3** 癖になった, 常習の, 病みつきの; 根深い, 根強い: a ～ smoker 病みつきの喫煙家 / a ～ grumbler 年中ぶつぶつ不平をこぼしている人. **4** 〖英口語〗いやな, ひどい: ～ weather.

sòmething chrónic 〖英口語〗ひどく, 激しく: It began to rain *something* ～. 雨がものすごく降り出した.

— *n.* 慢性患者, 慢性病をわずらっている人.

〖(1601) □ F *chronique* □ L *chronicus* □ Gk *khronikós* of time ← *khrónos* time ← ? IE **gher-* to grasp〗

SYN 慢性の: **chronic** 〈病気が〉長期間続く: a *chronic* neuralgia 慢性の神経痛. **inveterate** 長期間放置したために通例悪い習慣として根付いてしまった: an *inveterate* smoker 常習的喫煙家. **confirmed** 特定の習慣・状態に凝り固まった: a *confirmed* habit どうしても抜けない癖. **hardened** ある習慣に頑固に凝り固まった: a *hardened* gambler 常習的なギャンブラー. **deep-rooted, deep-seated** 〈思想・信念・感情など〉がしっかりと根を下ろして抜きがたくなっている: a *deep-rooted* prejudice 抜きがたい偏見 / *deep-seated* fears of women 根深い女性ぎらい.

---

chrón·i·cal /-nɪ̀kəl, -kɫ̩ | -nɪ-/ *adj.* ＝chronic.

chrón·i·cal·ly *adv.* 長期にわたって; 慢性的に, 痼疾(こしつ)的に. 〖(1854): ⇨ -ly¹〗

chrónic fatígue sýndrome *n.* 〖病理〗慢性疲労症候群《頭痛・筋肉痛・鬱状態などを伴って半年以上も続く極度の疲労状態; ウィルス性病気の後に起こる; postvial syndrome ともいう; 略 CFS》.

chro·nic·i·ty /krɑ(ː)nísəṭi, kroʊ- | krɒnísɪ̀ti, krə(ʊ)-/ *n.* (病気などの)慢性(度). 〖(1861) ← CHRONIC＋-ITY〗

chron·i·cle /krɑ́(ː)nɪ̀kɫ̩ | krɒ́nɪ-/ *vt.* **1** 年代記に載せる. **2** 記録に留める; 詳しく述べる, 列挙する. — *n.* **1 a** 年代記, 編年史. **b** 《俗用》記録, 物語 (narrative); 歴史. **2** [C-; 新聞紙名に用いて] …新聞: The News *Chronicle* ニュースクロニクル《London 発行の英国自由党系新聞》. 〖(*c*1303) *cronicle* □ AF＝OF *cronique* (F *chronique*) □ L *chronica* □ Gk *khroniká* annals ← (neut. pl.) ← *khronikós*: ⇨ chronic〗

chrónicle dràma *n.* [集合的にも用いて] 史劇. 〖1902〗

chrónicle plày [hìstory] *n.* (エリザベス一世時代に盛んであったような)史劇, 年代記史劇. 〖1599〗

chrón·i·cler /-klə, -klə | -klə(r), -klə(r)/ *n.* 年代記作者[編者]; 記録者. 〖(*a*1420): ⇨ -ER¹〗

Chron·i·cles /krɑ́(ː)nɪ̀kɫ̩z | krɒ́nɪ-/ *n. pl.* [単数扱い] (旧約聖書の)歴代誌(略) (The First [Second] Book of the Chronicles)《上・下二書から成る; 略 Chron.》. 〖1535〗

chrónic obstrúctive púlmonary disèase *n.* 〖医学〗慢性閉塞性肺疾患《肺気腫・気管支炎など, 肺機能の低下に至るさまざまな肺臓の病気で, 特に原因がはっきりしないもの; 略 COPD》.

chro·nique scan·da·leuse /krɔːníːkskɑ̃ː(n)dəlɜ́ːz, -skɑːn- | krɔ-; *F.* kʁɔnikskɑ̃daløːz/ *n.* (*pl.* **chroniques scandaleuses** /～/) 醜聞録, 下世話(げせわ)集《スキャンダルやゴシップ中心の伝記・歴史など》. 〖(1850) □ F ～《原義》scandalous chronicle〗

chron·o- /krɑ́(ː)noʊ, króʊn- | krɒ́nəʊ, kráʊn-/「時 (time)」の意の連結形: *chronology*. ★ 母音の前では通例 chron- になる. 〖← Gk *khrono-* ← *khrónos* time〗

chròno·biólogy *n.* 時間生物学《生体内における生物学的周期現象やリズムの研究: ⇨ biological clock, circadian》. **chròno·biológical** *adj.* **chròno·biológically** *adv.* **chròno·biólogist** *n.* 〖1972〗

chron·o·cline /krɑ́(ː)nəklàɪn, króʊn- | krɒ́n-, kráʊn-/ *n.* 〖生物〗時的勾配, 年代的クライン《植物の群落に時代に伴って起こる連続的な変化》. 〖⇨ -cline〗

chron·o·gram /krɑ́(ː)nəgræ̀m, króʊn- | krɒ́nə(ʊ)-, kráʊn-/ *n.* **1** クロノグラム, 年代表示銘《語句中の特に大型にしたローマ字をローマ数詞と見なして加え合わせると, 所要の年代が得られるようにした記録または銘; 例えば, ChrIstVs DVX; ergo trIVMphVs. はスウェーデン王 Gustavus 二世が 1632 年に鋳造させた貨幣の銘であるが, この文句の大字を数字順に配列すれば MDCXVVVVII (1632) となり発行の年を示す》. **2** クロノグラフ (chronograph) による記録. **chron·o·gram·mat·ic**

C

/krɑ̀(ː)nəgrəmǽtɪk, kròʊn- | krɔ̀nə(ʊ)grəmǽt-, krəʊn-ˊ/ *adj.* **chròn·o·gram·mát·i·cal** *adj.* **chròn·o·gram·mát·i·cal·ly** *adv.* 〘(1621) ← CHRONO-+-GRAM〙

chron·o·graph /krɑ́(ː)nəgræ̀f, króʊn- | krɔ́nə(ʊ)-grɑ̀ːf, -græ̀f/ *n.* クロノグラフ: **a** 記録装置をもち時間間隔を測るための時計; もとは機械式であったが, 後に電磁または電子式で理工学研究用に使われるものがこの名で呼ばれる. **b** 時刻を示すだけでなく時間間隔も測れる腕時計, ストップウォッチ(の機能付きの腕時計). **c** 弾丸・ロケットなどの発射体の飛行時間を測定する機械. **chrón·o·grà·pher** *n.* **chron·o·graph·ic** /krɑ̀(ː)nəgrǽfɪk, kròʊn- | krɔ̀nə(ʊ)-, krəʊn-ˊ/ *adj.* **chròn·o·gráph·i·cal·ly** *adv.* **chro·nog·ra·phy** /krənɑ́(ː)grəfi | -nɔ́g-/ *n.* 〘((1662)) ((1868)) ▭ Gk *khronográphos*: ⇨ ↑, -graph〙

chronol. ((略)) chronological; chronology.

chro·nol·o·ger /krənɑ́(ː)lədʒə, krɑ(ː)- | krənɔ́(ː)lədʒə^(r), krə-/ *n.* =chronologist. 〘(*a*1572) ← NL *chronologia* 'CHRONOLOGY': ⇨ -ER¹〙

chron·o·log·ic /krɑ̀(ː)nəlɑ́(ː)dʒɪk, kròʊn- | krɔ̀nəlɔ́dʒ-ˊ/ *adj.* =chronological.

chron·o·log·i·cal /krɑ̀(ː)nəlɑ́(ː)dʒɪkəl, kròʊn-, -kl̩ | krɔ̀nəlɔ́dʒɪ-ˊ/ *adj.* **1** 年代順の, 年代順に配列した: in ~ order 年代順に. **2** 年代学の[に関する]; 年代記の, 年表の: ~ accuracy 年代学的な正確さ / a ~ table 年表. **~·ly** *adv.* 〘(1614): ⇨ ↑, -al¹〙

chronológical áge *n.* 〖心理・教育〗暦年齢, 生活年齢 (略 CA; cf. mental age).

chro·nól·o·gist /-dʒɪst | -dʒɪst/ *n.* 年代学者, 年表学者. 〘(1611) ▭ F *chronologiste* ← NL *chronologista*: ⇨ chronology, -ist〙

chro·nol·o·gize /krənɑ́(ː)lədʒàɪz, kroʊ-, krɑ(ː)- | krənɔ́l-, krə-/ *vt.* 年代順に配列する. 〘(1616): ⇨ ↓, -ize〙

chro·nol·o·gy /krənɑ́(ː)lədʒi, krɑ(ː)- | krənɔ́l-, krə-/ *n.* **1** 年代学. **2** 年代記; 年表. **3** 年代順配列, 編年. 〘((1572)) ((1593)) ← NL *chronologia*: ⇨ chrono-, -logy〙

chro·nom·e·ter /krənɑ́(ː)mətə, krə- | krənɔ́mɪtə^(r)/ *n.* **1** クロノメーター: **a** 高精度時計; (厳密にはかけがね脱進機 (detent escapement) を使った)高精度可搬テンプ時計 (主として航海に用いられたので経線儀 (marine chronometer) ともいう). **b** (スイスを中心に定められたクロノメーター規格に合格した)腕時計. **2** ((廃))〖音楽〗= metronome 1. 〘(1715) ← CHRONO-+-METER¹〙

chronómeter escàpement *n.* 〖時計〗クロノメーター脱進機 (⇨ detent escapement). 〘1874〙

chron·o·met·ric /krɑ̀(ː)nəmétrɪk | krɔ̀nə(ʊ)-ˊ/ *adj.* クロノメーターの[に関する], クロノメーター(による)測定の. 〘(1830): ⇨ -ic¹〙

chròn·o·mét·ri·cal /-trɪkəl, -kl̩ | -trɪ-ˊ/ *adj.* = chronometric. **~·ly** *adv.* 〘1838〙

chro·nom·e·try /krənɑ́(ː)mətri, krɑ(ː)- | krənɔ́mɪtri/ *n.* 時間[時刻]測定(法). 〘(1833) ← CHRONO-+-METRY〙

chro·non /króʊnɑ(ː)n | krəʊnɒn/ *n.* 〖物理〗クロノン (時間の単位; 光が電子半径を横切るのに要する時間; 約 10^{-24} 秒).

chron·o·pher /krɑ́(ː)nəfə, króʊn- | krɔ́nəfə^(r), krəʊn-/ *n.* 〖ラジオ〗時刻放送機 (電気仕掛けの時報器). 〘(1867) ← CHRONO-+-PHER〙

chròno·phótograph *n.* 動体記録写真 (速度の速い動作の連続早取り写真). 〘cf. *chronophotography* (1895)〙

chron·o·scope /krɑ́(ː)nəskòʊp, króʊn- | krɔ́nə(ʊ)-skəʊp, krəʊn-/ *n.* クロノスコープ (極めて短い時間を測定する電子式分秒測時器). **chron·o·scop·ic** /krɑ̀(ː)nəskɑ́(ː)pɪk, kròʊn- | krɔ̀nə(ʊ)skɔ́p-, krəʊn-ˊ/ *adv.* **chròn·o·scóp·i·cal·ly** *adj.* 〘(1704) ← CHRONO-+-SCOPE〙

-chro·nous /←krənəs/「(…の)時[時代]の」の意の形容詞連結形. 〘▭ Gk *-khronos*: ⇨ chrono-, -ous〙

-chro·ous /←kroʊəs | -krəʊ-/ =-chroic: xanthochroous. 〘▭ Gk *-khroos* ← *khrōs* color〙

chrys- /krɪs/ (母音の前にくるときの) chryso- の異形.

chrys·a·lid /krɪ́səlɪ̀d | -lɪd/ 〖昆虫〗 *n.* 蛹(さなぎ) (chrysalis). — *adj.* 蛹の[に関する]; 蛹状の. 〘(1621) ▭ F *chrysalide* ▭ L *chrȳsallid-, chrȳsallis* (↓)〙

chrys·a·lis /krɪ́səlɪ̀s | -lɪs/ *n.* (*pl.* ~·es, **chry·sal·i·des** /krɪ̀sǽlədìːz | krɪsǽlɪ-/) **1** (堅い皮で包まれた昆虫, 特に蝶の)蛹; 蛹の外皮 (cf. pupa). **2** **a** 堅い皮, 保護. **b** 準備時代, 過度期. 〘(1601) ▭ L *chrȳsallis* ▭ Gk *khrūsallís* golden-colored pupa of butterflies ← *khrūsós* gold ▭ Phoenician *ḥrṣ* (cf. Heb. *ḥārūṣ*)〙

chry·santh /krɪ̀sǽnθ, -zǽnθ/ *n.* ((口語))〖植物〗= chrysanthemum. 〘略〙

chry·san·the·mum /krɪ̀sǽnθəməm, -zǽn- | -θɪ̀-/ *n.* **1** 〖植物〗 **a** [C-] キク属 (キク科の一属). **b** キク (キク属の多年草の総称; シマカンギク (*C. indicum*), キク (*C. morifolium*), フランスギク (daisy) など; 特に, 園芸種のキク). **c** キクの花. **2** (日本の)菊の御紋章. 〘(1551) ▭ L ~ ▭ Gk *khrūsánthemon* golden flower ← *khrūsós* gold+*ánthemon* flower〙

chrys·a·ro·bin /krɪ̀sərόʊbɪ̀n | -rə́ʊbɪn/ *n.* 〖薬学〗 **1** 精製ゴア末 (ゴア粉末 (Goa powder) から得られる混合物). **2** クリサロビン ($C_{15}H_{12}O_3$) (ゴア粉末の主成分で, 乾癬その他の皮膚病の治療に用いられる). 〘(1887) ← CHRYSO-+(AR)AROBA+-IN²〙

Chry·se·is /kraɪsíːɪ̀s | -ɪs/ *n.* 〖ギリシャ伝説〗クリュセイス (Homer 作 *Iliad* 中の人物; Apollo の祭司 Chryses の娘; 捕えられて Agamemnon に与えられた). 〘▭ L *Chrȳsēis* ▭ Gk *Khruseís*〙

chrys·el·e·phan·tine /krɪ̀seləfǽntaɪn, -tiːn | -lɪ̀fǽntaɪn-ˊ/ *adj.* (ギリシャ彫刻で)金と象牙をきせた (Phidias 作「アテネパルテノス像」が有名): a ~ statue. 〘(1827) ▭ Gk *khrūselephántinos* ← *khrūsós* gold+*elephántinos* made of ivory ← *eléphās* 'ivory, ELEPHANT'〙

Chry·ses /kráɪsiːz/ *n.* 〖ギリシャ伝説〗クリュセス (⇨ Chryseis). 〘▭ L *Chrȳsēs* ▭ Gk *Khrusēís*〙

Chrys·ler /kráɪslə | kráɪzlə^(r)/ *n.* 〖商標〗クライスラー (米国 Chrysler 社製の自動車; ⇨ DaimlerChrysler). 〘↓〙

Chrys·ler /kráɪslə | kráɪzlə^(r)/, **Walter Percy** *n.* クライスラー (1875–1940; 米国の Chrysler 自動車製造会社の創設者).

chrys·o- /krɪ́soʊ | -səʊ/ 〖化学・鉱物〗「黄色の (yellow), 金色の (golden), 金の (gold)」の意の連結形. ★ 母音の前では通例 chrys- になる. 〘← Gk *khrūsós* gold: ⇨ chrysalis〙

chrýso·bèryl *n.* 〖鉱物〗金緑石 ($BeAl_2O_4$) (宝石として用いる; cf. cymophane). 〘(1661) ▭ L *chrȳsobēryllus* ▭ Gk *khrūsobḗrullos*: ⇨ chryso-, beryl〙

chrỳso·cárpous *adj.* 〖植物〗黄色い実のなる[をもつ]. 〘▭ L *chrysocarpus*: ⇨ chryso-, -carpous〙

chrys·o·col·la /krɪ̀səkɑ́(ː)lə, -soʊ- | -sə(ʊ)kɔ́lə/ *n.* 〖鉱物〗珪孔雀石 ($CuSiO_3 \cdot 2H_2O$) (銅鉱床の酸化帯に塊状をなして産する青緑色の鉱物). 〘(1600) ▭ L ~ ▭ Gk *khrūsokólla*: ⇨ chryso-, -cola〙

chry·sog·ra·phy /krɪ̀sɑ́(ː)grəfi | -sɔ́g-/ *n.* 金泥書き (少量の卵白またはゴム液に金粉を入れて作ったインクで書くこと). 〘(1855) ← Gk *khrūsógraphia*〙

chry·so·i·dine /krɪ̀sóʊɪ̀dɪ̀n, -dìːn | -sə́ʊɪdɪn, -dìːn/ *n.* 〖化学・染色〗クリソイジン ($C_6H_5N{=}NC_6H_3(NH_2)_2$) (だいだい色の塩基性染料; 色障[フイルター]の製造や印刷インキなどの着色に用いる). 〘(1878) ← CHRYSO-+-OID+-INE³〙

chrys·o·lite /krɪ́səlàɪt | -sə(ʊ)-/ *n.* 〖鉱物〗貴橄欖石 (きかんらんせき) (黄緑色透明の宝石; cf. olivine, peridot).

chrys·o·lit·ic /krɪ̀səlɪ́tɪk | -sə(ʊ)lɪ́t-ˊ/ *adj.* 〘(*a*1300) *crisolite* ▭ OF ▭ L *chrȳsolithus* ▭ Gk *khrūsólithos*: ⇨ chryso-, -lite〙

chrys·om /krɪ́zəm/ *n.* =chrisom.

chrys·o·mel·id /krɪ̀səmélɪ̀d, -míːl- | -sə(ʊ)mélɪd, -míːl-/ 〖昆虫〗 *adj.* ハムシ(科)の. — *n.* ハムシ (ハムシ科の甲虫の総称). 〘(*c*1904) ↓〙

Chrys·o·mel·i·dae /krɪ̀səmélədìː | -sə(ʊ)mélɪ-/ *n. pl.* 〖昆虫〗(鞘翅目)ハムシ科. 〘← NL ~ ← *Chrysomela* (属名: ← Gk *khrusómēlon* quince *khrūsós* gold+*mêlon* apple, tree-fruit)+-IDAE〙

chry·soph·e·nine, C- /krɪ̀sɑ́(ː)fənìːn, -nɪ̀n | -sɔ́fɪniːn, -nɪn/ *n.* 〖化学〗クリソフェニン (木綿・レーヨンなどを黄色に染める直接酸性ジアゾ染料). 〘← CHRYSO-+PHEN(AZI)NE〙

chrys·o·phyte /krɪ́səfàɪt/ *n.* 〖植物〗黄色鞭毛藻類 (淡水・海水中に生じ, 単細胞で黄色の色素をもつ). 〘(1959) ← NL *Chrysophyta*: ⇨ chryso-, -phyte〙

chrys·o·prase /krɪ́səprèɪz | -sə(ʊ)-/ *n.* 〖鉱物〗緑玉髄 (りょくぎょくずい) (美しい緑色の玉髄で飾り石になる). 〘(*a*1300) *crisopas(e)* ▭ OF *crisopace* (変形) ▭ L *chrȳsoprasus* ▭ Gk *khrūsóprasos* ← *khrūsós* gold+*práson* leek〙

Chrys·os·tom /krɪ́səstəm, krɪ̀sɑ́(ː)stəm | krɪ́səstəm/, **Saint John** *n.* クリュソストモス (347?–407; Constantinople の bishop; 教会博士; 雄弁な神学者で「黄金の口の(クリュソストモス)ヨハネ」と呼ばれた). 〘▭ Gk *khrūsóstomos* of golden mouth ← *khrūsós* golden+*stóma* mouth〙

chrys·o·tile /krɪ́sətàɪl | -sə(ʊ)-/ *n.* 〖鉱物〗温石綿 ($Mg_3Si_2O_5(OH)_4$) (蛇紋石の一種で, 撓(たわ)曲性があり切れにくい). 〘(1850) ▭ G *Chrysotil* ← CHRYSO-+Gk *tílos* anything plucked (← *tíllein* to pluck)〙

Chrys·tal /krɪ́stl̩/ *n.* クリスタル (女性名). 〘⇨ crystal〙

chs. ((略)) chapters.

chtho·ni·an /θóʊniən | θə́ʊ-/ *adj.* 〖ギリシャ神話〗〈神・霊が〉地中[地下]に住む; 地下の神々[霊]の; 暗く原始的で神秘的な. 〘(1850) ← Gk *khthónios* under the earth: ⇨ ↓, -an¹〙

chthon·ic /θɑ́(ː)nɪk | θɔ́n-/ *adj.* =chthonian. 〘(1882) ← Gk *khthṓn* the earth ← IE **ghdhem-* earth (L *humus* earth, *homō* man): ⇨ -ic¹〙

Chu /tʃúː/ *n.* **1** チュー (カザフスタン共和国南部の都市). **2** [the ~] チュー(川) (カザフスタン共和国南部を流れる川; 天山山脈に源を発し砂漠に消える (966 km)).

chub /tʃʌ́b/ *n.* (*pl.* ~, ~s) 〖魚類〗 **1** チャブ (*Leuciscus cephalus*) (ヨーロッパ産コイ科の淡水魚). **2** (五大湖地方で)=lake herring 1. **3** =largemouth black bass. **4** [限定詞を伴って] コイ科魚類のうち *Gila* 属, *Hybopsis* 属, *Couesius* 属などの魚類の総称. 〘(*c*1450) *chubbe* ← ?: cf. Swed. ((方言)) *kubb* log〙

chu·bas·co /tʃuːbɑ́ːskoʊ | -kəʊ; *Am.Sp.* tʃuβásko/ *n.* (*pl.* ~s) チュバスコ (中米の太平洋沿岸地方で雨期によく降る雷を伴った激しいスコール). 〘▭ Sp. ~ ▭ Port. *chuvasco* ← *chuva* rain (< L *pluviam*)+*-asco* (intensive suf)〙

Chubb /tʃʌ́b/ *n.* 〖商標〗チャッブ (こじ開けようとするとボルトが固定してしまう仕掛けの錠). 〘(1833) ((略)) ← *chubb-lock*: 考案者である 19 世紀 London の錠前屋 Charles Chubb の名前から〙

chub·by /tʃʌ́bi | -bɪ/ *adj.* (**chub·bi·er**; **-bi·est**) 丸々と太った, ずんぐりした (⇨ fat¹ SYN); 丸ぽちゃの. **chúb·bi·ly** /-bɪ̀li/ *adv.* **chúb·bi·ness** *n.* 〘(1611) ← CHUB+-Y⁴〙

chúb sùcker *n.* 〖魚類〗カナダ, 米国東部および中部産のサッカー科の淡水魚の総称: **a** *Erimyzon sucetta* (lake chub sucker). **b** *E. oblongus* (creek chub sucker). **c** *E. tenuis* (sharpfin chub sucker).

Chu·but /tʃəbúːt, tʃʊ-; *Am.Sp.* tʃuβú(t)/ *n.* [the ~] チュブト(川) (アルゼンチン南部 Patagonia 地方を東流して大西洋に注ぐ (805 km)).

Chuch·chi /tʃʊ́ktʃiː/ *n.* (*pl.* ~, ~s) =Chukchi.

Chu Chiang /tʃúːkjǽŋ, -kaɪǽŋ/ *n.* =Zhu Jiang.

Chu·chow /dʒúːdʒóʊ/ *n.* =Zhuzhou.

chuck¹ /tʃʌ́k/ *vt.* **1** ((口語)) **a** ぽいと投げる; むだ使いする 〈*away*〉; 〈野球のボールを〉ほうる. **b** 脱ぎ捨てる: ~ one's clothes. **c** ((口語)) 〈特に友人・恋人を〉振り捨てる; 〈態度の悪い人を〉追い出す 〈*out*〉: ~ a person *out of* the room 人を部屋から追い出す. **2** ((口語)) **a** 放棄する, よす 〈*out, away*〉; 辞職する, やめる 〈*in, up*〉: ~ *up* one's job 仕事をやめる, 辞職する. **b** [~ it (up [in]) で] うんざりする, (何もかも)あきらめる. 投げ[放り]出す; [命令法で] (うるさい)止めろ, よせ. **3** ((英俗)) 吐く, もどす (vomit). 〈*up*〉. **4** (戯れて)〈あごの下を〉軽くたたく[なでる]: ~ a child *under* the chin (特に)子供のあごの下を軽くたたく.

chúck in ((豪)) 経費を分担[寄付]する, 金を出しあう (contribute). *chúck one's hánd in* ((俗)) (だめだと)あきらめる, 降りる, 投げる. ***It's chúcking it dówn.*** ((口語)) 土砂降りである.

— *n.* **1** ぽいとほうること, ほうり投げ. **2** [the ~] ((英俗)) 放棄: give a person *the* ~ 人をそでにする[振り捨てる, 首にする] / get *the* ~ 首になる. **3** (あごの下を)軽くたたく[なでる]こと.

〘(1583) *chock* ▭ ? OF *chuquer* (F *choquer*) to knock, shock ← ?: cf. Du. *schokken* to shock〙

chuck² /tʃʌ́k/ *n.* **1** 〖機械〗(旋盤・繰り子錐(きり)などの)チャック, つかみ. **2** (主に牛の)首から肩までの肉, チャック (chuck steak ともいう; ⇨ beef 挿絵). **3** ((米西部)) 食物 (food). **4** =chock. — *vt.* 〖機械〗チャックに固定する, チャックで締める. 〘(1674) ((変形)) ? ← CHOCK〙

chuck³ /tʃʌ́k/ *n.* **1** こっこっ (鶏などを呼ぶ声): *Chuck*, ~! こっこっ. **2** ((英北部方言)) あなた, お前 (dear) (親子・夫婦間などで用いる親愛の言葉): My ~! — *vi.* 〈雌鶏が〉こっこっと鳴く (現在では cluck が普通). — *vt.* **1** 〈鶏などを〉こっこっと言って呼ぶ. **2** 〈馬を〉しっしっと言って励ます. 〘(*c*1390): 擬音語〙

chuck⁴ /tʃʌ́k/ *n.* ((カナダ)) **1** (川や海など)水をたたえているところ. **2** =saltchuck. 〘(1880) ▭ Chinook〙

Chuck /tʃʌ́k/ *n.* チャック (男性名). 〘(dim.) ← CHARLES〙

chuck-a-luck /tʃʌ́kəlʌ̀k/ *n.* ((米)) =chuck-luck. 〘(*c*1835): ⇨ -a-〙

Chuck·chi /tʃʊ́ktʃiː/ *n.* (*pl.* ~, ~s) =Chukchi.

chuck·er /tʃʌ́kə | -kə^(r)/ *n.* **1** (野球・クリケットの)投手, ピッチャー (pitcher). **2** 用心棒 (bouncer). 〘(1760) ← CHUCK¹+-ER¹〙

chúcker-óut *n.* (*pl.* **chuckers-out**) ((英俗)) (会場荒しなどを追い出す)用心棒 (((米)) bouncer). 〘(1880) ← *chuck out* (⇨ chuck¹ (*vt.*) 1 c)〙

chúck-fàrthing *n.* 〖遊戯〗(一種の)穴一 (昔行われた投銭戯; cf. pitch-and-toss). 〘(*c*1690) ← CHUCK¹〙

chúck-fúll *adj.* =chock-full.

chúck·hòle *n.* ((米)) 道路の穴[車の跡]. 〘(1836) ← CHUCK¹〙

chuck·ie /tʃʌ́ki/ *n.* ((スコット・NZ)) (ゲームなどで使う)丸い小石, 滑らかな石. 〘(1793): ⇨ -ie〙

chuck·le¹ /tʃʌ́kl̩/ *n.* くつくつ[くすくす]笑い, (満足げな)含み笑い (⇨ laugh SYN): give a ~ くすくす笑う. — *vi.* **1** くつくつ[くすくす]笑う; 含み笑いをする: ~ at [over] one's success 成功にほくそ笑む / ~ with delight 面白そうにくつくつ笑う / ~ out くつくつ笑いながら言う / ~ to oneself 独りで含み笑いをする. **2** 〈流れなどが〉くつくつ笑うような音を立てる. **3** 〈雌鳥が〉(ひなを呼んで)くっくっと鳴く (cluck). **chúck·ler** /-klə, -kl̩ə | -klə^(r), -kl̩ə^(r)/ *n.* **chúck·ling·ly** /-klɪŋli, -kl̩-/ *adv.* 〘(1598) ← CHUCK³+-LE³〙

chuck·le² /tʃʌ́kl̩/ *adj.* ((廃)) のろまな (clumsy), 低能な (stupid). 〘(1721) ← ? CHUCK²〙

chúckle·hèad *n.* ((口語)) ばか, 低能, のろま, うすのろ. 〘(1731–1800) ↑〙

chúckle·hèaded *adj.* ((口語)) のろまな, うすのろの (stupid). **~·ness** *n.* 〘1764〙

chúck-lùck *n.* ((米))〖遊戯〗一種のさいころ遊び (同時に振り出す三つのさいころの組み合わせに賭ける). 〘← CHUCK¹ (v.) 1+LUCK〙

chúck stèak *n.* =chuck² 2.

chúck wàgon *n.* ((米西部)) (牛飼いや農夫たちのための)食糧や料理用ストーブなどを備え付けた馬車. 〘(1890) ← CHUCK² (n.) 3〙

chuck·wal·la /tʃʌ́kwɑ̀(ː)lə | -wɔ̀lə/ *n.* 〖動物〗チャカワラ (*Sauromalus ohesus*) (米国南西部・メキシコの乾燥地帯産タテガミトカゲ科チャカワラ属のトカゲ; 食用ともされる). 〘(1893) ▭ Mex.-Sp. *chacahuala* (現地語)〙

chuck-will's-widow /tʃʌ́kwɪlzwɪ́doʊ | -dəʊ/ *n.* 〖鳥類〗チャックウィルヨタカ (*Caprimulgus carolinensis*) (米国南部産のヨタカ (goatsucker) の一種). 〘(1791) (擬音語)〙

chud·dar /tʃʌ́də | -də^(r)/ *n.* (*also* **chud·der** /~/, **chud·dah** /~/) =chador. 〘(1614) ▭ Hindi *caddar* ▭ Pers. *chaddar*〙

chud·dy /tʃʌ́di | -di/ n. 《豪・NZ口語》チューインガム. 〖(1904)? ← *chewed*: ⇨ chew〗
Chud·sko·ye O·ze·ro /Russ. tʃʲútskəjəózʲirə/ n. チュード湖 (Lake Peipus のロシア語名).
chu·fa /tʃú:fə/ n. 〘植物〙ショクヨウカヤツリ (*Cyperus esculentus*) 《ヨーロッパ産のカヤツリグサ属の草; 地下にクワイのような食用になる塊茎ができる》. 〖(1860) ◻ Sp. ~ (i) ◻ L *cȳphi* incense ◻ Gk *kûphi* // (ii) ← OSp. *chufar* to joke 《変形》← *chuflar* to ridicule, whistle < VL **sufilāre*=L *sibilāre* to whistle〗
chuff[1] /tʃʌ́f/ n. 《英方言》 **1** 田舎者, 野人, 無骨者, 野暮な人. **2** けちんぼう (miser). 〖(1440) ← ?〗
chuff[2] /tʃʌ́f/ adj. 《英方言》 **1** 丸ぼちゃの, まるまる太った (chubby). **2** 喜んで, うれしくて; 得意で, 誇らしげな. 〖(1609) ← ? CHUFF[1]〗
chuff[3] /tʃʌ́f/ n. (蒸気機関車などの)しゅっしゅっという音. — vi. しゅっしゅっという音を出す[音を立てて進む]. — vt. 《英俗》元気づける 〈up〉. 〖(1914): 擬音語〗
chuffed /tʃʌ́ft/ adj. 《英口語》喜んで, 満足して (happy). 〖(1957): cf. chuff[2]〗
chuff·y[1] /tʃʌ́fi/ adj. (**chuff·i·er**; **-i·est**) 《英方言》 **1** 粗野な, 無作法な. **2** ぶっきらぼうな, 無愛想な. **chúff·i·ly** /-fɪ̀li/ adv. **chúff·i·ness** n. 〖(*a*1700) ← CHUFF[1]+-Y[4]〗
chuf·fy[2] /tʃʌ́fi/ adj. (**chaff·i·er**; **-i·est**) 《スコット・方言》丸ぼちゃの, まるまる太った. 〖(1611) ← CHUFF[2]+-Y[4]〗
chug /tʃʌ́g/ n. (古いエンジンなどの)あえぐような音, ぽっぽっ, ぱっぱっ, ぱすんぱすん(など): the *chug-chug* of a motorboat. — v. (**chugged**; **chug·ging**) — vi. ぽっぽっ[ぱっぱっ, ぱすんぱすん]と音を立てる[音を立てて進む]: ~ along. — vt. 《米口語》=chug-a-lug. **chúg·ger** n. 〖(1866): 擬音語〗
Chú·gach Móuntains /tʃú:gætʃ-, -gæʃ-/ n. pl. [the ~] チューガッチ山脈 《米国 Alaska 州南部を Cook 入江から St. Elias 山脈まで東西に走る山脈; 最高峰 Marcus Baker (4,016 m)》.
chug-a-lug /tʃʌ́gəlʌ̀g/ 《俗》 (*also* **chug·a·lug** /~/) vi. 一気にごくごくと飲む. — vt. 〈ビールなどを〉一気に飲み干す. — adv. ごくごくと, ぐっと. 〖(1956) 《擬音語》: cf. chug〗
chug·ger /tʃʌ́gə | -gə(r)/ n. 〘釣〙 bass 釣り用ルアーの一種 《水をばしゃばしゃする動きをするプラグ型ルアー》. 〖← 《方言》 *chug* to pull, jerk+-ER[1]〗
Chu Hsi /dʒù:ʃí:/ n. =Zhu Xi.
chu·kar /tʃʌká:, tʃəkáə | tʃʌká:(r)/ n. 〘鳥類〙イワシャコ (*Alectoris graeca*) 《アジア原産, 猟鳥として西洋諸国に移入; chukar partridge ともいう》. 〖(1814) ◻ Hindi *cakor* ← Skt *cakora* ← IE **kau-* to howl 《擬音語》〗
Chuk·chee /tʃúktʃi:/ n. (pl. ~, ~s) =Chukchi.
Chuk·chi /tʃúktʃi:; Russ. tʃʲúktʲʃʲi/ n. (pl. ~, ~s) **1** **a** [the ~(s)] チュクチ族 《シベリアの最極東に住む》. **b** チュクチ族の人. **2** チュクチ語. 〖1780〗
Chúkchi Península n. チュクチ半島 《ロシア連邦最北東部の半島; ロシア語名 Chukotskij Poluostrov》.
Chúkchi Séa n. [the ~] チュクチ海 《Bering 海峡の北部; 北極海の一部; Chukots Sea ともいう》.
Chu-Kiang /dʒù:kjá:ŋ/ n. [the ~] =Zhu Jiang.
chuk·ka /tʃʌ́kə/ n. [通例 pl.] チャッカブーツ 《2 対のひも穴のある深さが足首までの靴; よくヤギのなめし革で作られる; chukka boot ともいう; cf. jodhpur》. 〖(1948) ← CHUKKER: ポロ競技用の靴に似ていることから〗
chuk·ker /tʃʌ́kə | -kə(r)/ n. (*also* **chuk·ka** /-kə/, **chuk·kar** /-kə | -kə(r)/) 〘ポロ〙試合時間の一区分 《3 分の休息をはさんで 7 分 30 秒ずつ 8 回で一試合》. 〖(1898) ◻ Hindi *cakar* a round ← Skt *cakra* wheel〗
chu·kor /tʃəkɔ́ə | -kɔ́:(r)/ n. 〘鳥類〙=chukar.
Chu·kót Ránge /tʃu:ká(:)t- | tʃúkɔt-; Russ. tʃʲukót-/ n. チュコト山地 《シベリア北東部の山地》.
Chu·la Vis·ta /tʃù:ləvístə/ n. チュラヴィスタ 《米国 California 州南西部 San Diego 郊外の都市》.
chull·pa /tʃú:lpə; Am.Sp. tʃúlpa/ n. (*also* **chul·pa** /~/) 〘考古〙チュルパ 《ペルーやボリビアでインカ文明以前の住民が建てた石の建造物》. 〖◻ Am.-Sp. *chulpa* ◻ Aymara *chullpa*〗
Chu·lym /tʃəlím; Russ. tʃʲulím/ n. [the ~] チュルイム (川) 《シベリア西部を西流し, Tomsk の下流で Ob 川に合流する (1,126 km); Chulim ともいう》.
chum[1] /tʃʌ́m/ 《古・口語》 n. **1** 仲よし, 親友; 同僚, 仲間, 相棒: a boyhood ~ 少年時代の仲よし / get [make] ~s with …と仲よしになる. **2** 《古》(大学などの)同室者 (roommate). **3** 《豪》移民: a new [an old] ~ 新参[古参]移民. — v. (**chummed**; **chum·ming**) — vi. **1** **a** 仲よしに[親しく]なる 〈up〉. **b** 親友になる, 親しい 〔with〕. **2** 同室者として暮らす; 同室する 〈together〉 〔with〕. — vt. **1** 同室させる 〔on〕: ~ him on a freshman. **2** 《スコット》〈人〉に友人として同行する. 〖(1684) 《短縮》? ← CHAMBER (*fellow*)〗
chum[2] /tʃʌ́m/ 《米》 〘釣〙 n. 撒餌(まきえ), 寄せ餌. — vi. 撒餌[寄せ餌]をする. — vt. 〈魚〉に撒餌[寄せ餌]をする, 撒餌で〈魚を〉寄せる. 〖(1857) ← ?〗
chum[3] /tʃúm/ n. 〘魚類〙=chum salmon.
Chu·mash /tʃú:mæʃ/ n. (pl. ~, ~es) **1** **a** [the ~(es)] チュマシュ族 《California 南部沿海部に住んでいたインディアン; 絶滅》. **b** チュマシュ族の人. **2** チュマシュ語 《Hokan 語群に属する》.
chum·ble /tʃʌ́mbl/ vt., vi. かじる, かむ.
chúm·bùddy n. 《米俗》大の親友.
chum·mage /tʃʌ́mɪdʒ/ n. 《口語》同室, 合宿; 同宿 (制度). 〖(1837) ← CHUM[1]+-AGE〗
chum·mash /xumǽʃ, xú:mɑ(:)ʃ, -mɔ(:)ʃ | xumǽʃ, xú:mɔʃ/ n. 〘ユダヤ教〙聖書の最初の五つの書, モーセ五書 (創世記から申命記まで). 〖◻ ModHeb. *ḥumáš* ◻ Heb. *ḥummāš* (cf. *ḥāmēš* five)〗
chum·mer·y /tʃʌ́m(ə)ri/ n. 《インド》合宿所. 〖(1877) ← CHUM[1]+-ERY〗
chúm·mi·ly /-mɪ̀li/ adv. 仲よく, 親しく. 〖(1934) ← CHUMMY+-LY[1]〗
chum·my /tʃʌ́mi/ 《口語》 adj. (**chum·mi·er**; **-mi·est**) 仲よしの, 親しい: be ~ with …と仲よしである. — n. =chum[1]. **chúm·mi·ness** n. 〖(1849) ← CHUM[1]+-Y[4]〗
chump[1] /tʃʌ́mp/ n. **1** 《口語》ばか, うすのろ (blockhead); だまされやすい人, 「かも」(dupe). **2** (物の)太い方の端. **3** 短い丸太切れ, 木塊. **4** 《俗》頭 (head). **5** =chump chop. ***òff one's chúmp*** 《古・口語》頭が変で, 気が狂って: He went [was] *off his* ~. 彼は気が狂った[頭がおかしくなっていた]. (1877) 〖(1703) 《混成》? ← CHU(NK)[1]+(LU)MP[1]〗
chump[2] /tʃʌ́mp/ v. =chomp.
chump change n. 《俗》わずかな金銭, はした金.
chúmp chòp n. 《英》羊の脚の付け根に接する腰肉の厚い切り身. 〖1883〗
chump·ing /tʃʌ́mpɪŋ/ n. 《英方言》Guy Fawkes Day のかがり火のためのまき集め. 〖⇨ chump[1]〗
chúm sàlmon n. 〘魚類〙サケ, シロザケ (*Oncorhynchus keta*) 《日本で「サケ」と呼んでいる最も普通の種類; dog salmon ともいう》. 〖*chum*: (1907) ◻ ? Chinook Jargon *tsum, tzum* spots〗
chúm·shìp n. =friendship.
chun·der /tʃʌ́ndə | -də(r)/ n., vi. 《主に豪俗》吐く(こと); 嘔吐する(こと) (vomit). **chún·der·ous** /-dərəs/ adj. 〖(1918) (1950) ← ? *Chunder Loo* (N. Lindsay の漫画から): spew との押韻俗語〗
Chun Doo Hwan /dʒúndòuhwá:n; Korean tʃʌnduhwan/ n. チョンドファン, 全斗煥 (1931– ; 韓国の軍人・政治家; 大統領 (1980–88)).
Chung·jin /tʃʌ́ŋdʒín/ n. =Chŏngjin.
Chung·king /tʃùŋkíŋ, tʃʌ̀ŋ-, dʒùŋ-, dʒʌ̀ŋ- | tʃùŋ-, tʃʌ̀ŋ-/ n. (*also* **Chung·ching** /~/) =Chongqing.
chunk[1] /tʃʌ́ŋk/ n. **1** (チーズ・パン・肉片・木材などの)厚切れ, 大きな塊 (lump): a ~ of bread, wood, meat, etc. **2** 《口語》かなりの量[額, 部分], どっさり: a ~ of money. **3** 《米》 **a** ずんぐり[がっちり]した人: a ~ of a man 体のがっちりした人. **b** がっちりした馬[動物]. — vt. 《米口語》 **1** 〈物を〉投げる; …に物を投げつける. **2** 〈火を〉おこす; 〈火〉にまき[燃料]をくべる 〈up〉. **3** 〈木材の搬出路〉から木塊を取り除く 〈out〉. 〖(1691) 《変形》? ← CHUCK[2]〗
chunk[2] /tʃʌ́ŋk/ vi. 〈機械などが〉かたんと音を立てる. 〖(1890): 擬音語〗
chunk·ing /tʃʌ́ŋkɪŋ/ n. 〘心理〙チャンキング 《様々な情報を分類して, 個々の項目としてひとまとめに記憶すること》.
chunk·y /tʃʌ́ŋki/ adj. (**chunk·i·er**; **-i·est**) **1** ずんぐりした; どっしりした: a ~ man. **2** 塊の入った. **3** 《英》(生地が)厚手の. **chúnk·i·ly** /-kɪ̀li/ adv. **chúnk·i·ness** n. 〖(1751) ← CHUNK[1]+-Y[4]〗
chun·nel /tʃʌ́nl/ n. 《口語》 **1** (鉄道用)海底トンネル. **2** [C-] 《英》英仏海底トンネル (⇨ Channel Tunnel). 〖(1928) 《混成》← CHANNEL[1]+TUNNEL〗
chun·ter /tʃʌ́ntə | -tə(r)/ vi. 《英口語》 **1** ぶつぶつ言う, つぶやく 〈on〉; 不平を言う. **2** がさがさ[ごそごそ]音を立てて動く. 〖(1599): 擬音語 ?〗
chup /tʃúp/ int. 《インド》静かに, 黙れ.
chu·pat·ti /tʃəpá:ti, -pǽti | -ti; Hindi tʃəpá:ṭi/ n. (*also* **chu·pat·ty** /~/) =chapati.
chup·pah /húpə, xúpə/ n. =huppah.
Chur /kúə | kúə(r); G. kú:ɐ/ n. クール 《スイス東部 Graubünden 州の州都; フランス語名 Coire /kwa:ʁ/》.
Chur·ban /húəbən, xúə- | húə-, xúə-/ n. 〘ユダヤ教〙 **1** エルサレムの神殿の破壊 《最初はバビロニア人により (587 B.C.) 次はローマ人により (70 A.D.); Hurban ともいう》. **2** =holocaust 3.
church /tʃə́:tʃ | tʃə́:tʃ/ n. **1** **a** (キリスト教の)教会, 会堂 (cf. cathedral 1, abbey). **b** 《英》(非国教会・カトリック教会の会堂と区別して)国教会の会堂 (cf. chapel 3 a). **c** キリスト教以外の教会堂[礼拝所]: the Jewish ~. **2** [通例無冠詞で] (教会で行う)礼拝式 (service): after ~ 礼拝式後 / attend [go to] ~ 礼拝式に出る / *Church* begins at 10 o'clock. 礼拝は 10 時に始まる / early ~ 早朝礼拝 / be at [in] ~ 礼拝中である / between ~*es* 《まれ》礼拝と礼拝の合間に. **3** [しばしば C-; 単数または複数扱い] **a** (教派の意味で)教会 (denomination): the Methodist [Presbyterian] *Church* メソジスト派[長老派]教会. **b** (全)キリスト教徒; (全)キリスト教会: the *Church* and the world 教会と世俗. **4** [単数または複数扱い] **a** (キリスト教会の)会衆 (congregation). **b** (キリスト教会に似た)宗教組織 《会・学校・会衆など》. **5** [the ~] 聖[僧]職: go into [enter] *the*~ 聖職につく, 牧師になる / be destined for *the* ~ 牧師になる[聖職につく]ことになっている. **6** [しばしば C-] (国家に対して)教会; 教会組織; 教権: ~ [*Church*] and state [State] / the separation of ~ and state 政教分離.
tálk chúrch (1) 宗教談義をする. (2) 《古》=*talk shop*.
Chúrch in Wáles [the —] ウェールズ教会, ウェールズ聖公会 《英国国教会と同系の教会; cf. Anglican Communion》.
Chúrch of Arménia [the —] =Armenian Church.
Chúrch of Chríst, Scíentist [the —] ⇨ Christian Science.
Chúrch of Éngland [the —] 英国国教会, 英国聖公会, 英国教会, イングランド教会 《Elizabeth 一世の時代 (1533–1603) に, ローマカトリック教会から独立して今日の国王を首長とする英国国教会の基礎を確立する (cf. Henry VIII 1); 形式上は英国国民の過半数がこの教会の会員で, 教会行政上は Canterbury と York の二大管区から成り, 特に Canterbury の archbishop はこの全教会を代表する; Anglican Church ともいう》. 〖1534〗
Chúrch of Íreland [the —] アイルランド教会, アイルランド聖公会 《英国国教会と同系の教会; cf. Anglican Communion》.
Chúrch of Jésus Chríst of Látter-day Sáints [the —] 末日聖徒イエスキリスト教会 《モルモン教会 (Mormon Church) の正式名》.
Chúrch of Róme [the —] ローマカトリック教会.
Chúrch of Scótland [the —] スコットランド教会 《スコットランドの国教的存在である長老派教会 (Presbyterian Church); cf. KIRK of Scotland》.
Chúrch of the Bréthren [the —] 同胞教会, 兄弟の教会 《1908 年以降の German Baptist Brethren の正式名》.
— adj. [限定的] **1** 教会の[に関する]; 《英》英国国教会の[に関する]: ~ time 礼拝時間 / a ~ tower 教会の塔 / ~ music 教会音楽, 聖楽. **2** 教会員の[から成る]: ~ members 教会員.
— vt. **1** (特別礼拝のために)〈人を〉教会に案内する. **2** 《英》[通例 p.p. 形で] 〈産婦〉のために産後の感謝の礼拝をする: be ~*ed* 〈産婦が〉産後の感謝礼拝の式をあげてもらう (cf. churching). **3** 《米中部》教会規則で訓戒する.
〖ME *churche, chirche* < OE *ċir(i)ċe, ċyr(i)ċe* < (WGmc) **kirika* (Du. *kerk* / G *Kirche*) ◻ LGk *kūrikón*=Gk *kūriakón(dôma)* Lord's (house) ← *kū́rios* lord ← *kûros* power ← ? IE **keuə-* to swell; vault: ⇨ cave[1]〗

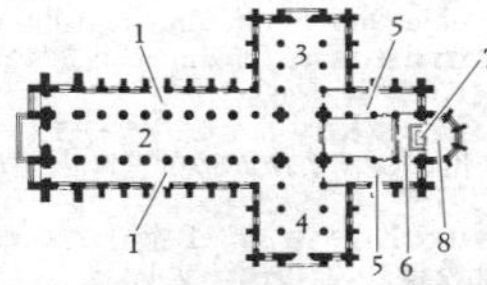

church 1
1 aisle
2 nave
3 north transept
4 south transept
5 choir
6 chancel
7 altar
8 apse
9 pulpit
10 pews

Church /tʃə́:tʃ | tʃə́:tʃ/, **Frederick Edwin** n. チャーチ (1826–1900; 米国の風景画家; Turner の影響をうけた Hudson River 派の画家).
Church, Richard n. チャーチ (1893–1972 英国の詩人・小説家).
Chúrch Ármy n. チャーチアーミー 《1882 年救世軍 (Salvation Army) にならって英国国教会内に起こされた組織; 伝道の目的で組織されたが, やがて大都市の貧民のための社会的・道徳的事業をも包含した》.
Chúrch Assémbly n. [the ~] 〘英国国教会〙英国国教会総会 《正式名 the National Assembly of the Church of England; 主教・聖職・信者の三部会から成り, 国教会の実際問題について協議し決議した機関; 1919 年設立されたが 1970 年 General Synod に解消》. 〖1919〗
chúrch bèll n. **1** 教会の鐘. **2** 〘音楽〙鐘音栓(せん) 《オルガンで鐘の音色に似せた音を出すストップ》. 〖OE *ċiriċbelle*〗
chúrch bòok n. 教会で用いられる書物 《祈禱書・教会記録書・教区記録書など》. 〖OE *ċiriċbōc*〗
chúrch cálendar n. 教会暦 (cf. ecclesiastical calendar).
chúrch cantáta n. 〘音楽〙教会カンタータ 《プロテスタントの教会で礼拝中に演奏されるカンタータ; J. S. Bach のものが有名》.
Chúrch Commíssioners n. pl. [the ~] (国教会の)英国教会委員会, 国教財務委員会 《1948 年 Queen Anne's Bounty と Ecclesiastical Commission を併合して設けられたもので, 英国国教会の財産管理その他行政財政運営上の最高機関》.
Chúrch Cóngress n. 〘英国国教会〙教会大会 《聖職・信者の半公式の年次会議; 宗教・道徳・社会問題を討議する; 1861 年から開催されたが, Church Assembly の設立によってその有用性は減じた》.
chúrch cóuncil n. 〘キリスト教〙 (ルター派教会の)信徒代表委員会.
chúrch dòor n. 教会(堂)の正面のとびら 《公の告示などが掲げられる》. 〖OE *ċirċe dure*〗
chúrched adj. 教会と提携した, 教会に付属した. 〖(1340–70): ⇨ -ed 2〗
chúrch fàther n. 〘キリスト教〙教父 (cf. father 8). 〖1856〗
chúrch·gòer n. **1** (日曜日ごとに)教会へ礼拝に行く人. **2** 《英》英国国教徒 (cf. nonconformist 2). 〖1687〗

chúrch·gòing *adj.* (日曜日ごとに)教会へ行く. ― *n.* (日曜日ごとに)教会へ行くこと, 教会通い. 〖1541〗

church·i·an·i·ty /tʃə̀ːtʃiǽnəṭi | tʃə̀ːtʃiǽnɪ̀ti/ *n.* (特定の教会の慣行・利益への)過度の[宗派的]愛着. 〖(1837) ← CHURCH＋-*ianity* (CHRISTIANITY などからの連想)〗

Chur·chill /tʃə́ːtʃɪl | tʃə́ː-/ *n.* [the ～] チャーチル川: **1** カナダ東部 Labrador 南東から大西洋に流れる (335 km); 旧称 Hamilton River. **2** カナダ中部 Saskatchewan 州北西部から, Hudson 湾に流れる (1609 km).

Chur·chill /tʃə́ːtʃɪl | tʃə́ː-/, **John** *n.* チャーチル《1st Duke of MARLBOROUGH の本名》.

Churchill, Mount *n.* チャーチル山《米国 Alaska 州南部, Wrangell 山脈にある山 (4,769 m)》.

Churchill, Lord **Randolph** (**Henry Spencer**) *n.* チャーチル (1849–95; 英国の政治家; Sir Winston Chruchill の父).

Churchill, Winston *n.* チャーチル《1871–1947; 米国の小説家; *Richard Carvel* (1899)》.

Churchill, Sir **Winston** (**Leonard Spencer**) *n.* チャーチル (1874–1965; 英国の政治家・著述家, 首相 (1940–45, 1951–55); *The World Crisis* (1923–29), *The Second World War* (1948–53); Nobel 文学賞 (1953)). **Chur·chíll·ian** *adj.*

Chúrchill Dówns *n.* チャーチルダウンズ《米国 Kentucky 州の Louisville にある競馬場; ケンタッキーダービーが行われる》.

Chúrchill Fálls *n. pl.* [the ～] チャーチル滝《カナダ東部 Labrador 南西部の Churchill 川の滝; 幅 60 m, 高さ 75 m》.

chúrch·ing *n.* (特に, 産婦が教会で挙げてもらう)出産感謝式 (cf. church *vt.* 2). 〖(1523): ⇨ -ing[1]〗

chúrch invísible *n.* [the ～]〖神学〗見えざる教会, 不可見(的)教会, 天上(の)教会; 真正キリスト教徒たち (invisible church) (cf. church visible).

chúrch·ism /-tʃɪzm/ *n.* 教会儀式の固守, 教会主義. 〖(1768): ⇨ -ism〗

chúrch kèy *n.* 《米俗》チャーチキー《ビール・ジュースなどの缶に穴を開けるための先が三角形にとがった道具》. 〖1953〗

chúrch·less *adj.* **1** 教会のない. **2** 教会に属さない, 無教会の. 〖(1641): ⇨ -less〗

chúrch·lìke *adj.* 教会のような[らしい]. 〖1590–91〗

chúrch líving *n.* 《英》(英国国教会の)聖職禄 (cf. living *n.* 4). 〖*a*1600〗

chúrch·ly *adj.* **1** 教会の[に関する, に適した]. **2** 教会に忠実な, 宗教がかった: a ～ man. **3** ＝churchy 2. **chúrch·li·ness** *n.* 〖OE *ċyriċliċ*〗

church·man /tʃə́ːtʃmən | tʃə́ːtʃ-/ *n.* (*pl.* **-men** /-mən/) **1** 聖職者, 牧師 (clergyman). **2** (教会の)熱心な信者. **3** 英国国教徒; 国教徒. **chúrch·man·ly** *adj.* **chúrchman·ship** *n.* 〖*a*1325〗

chúrch mílitant *n.* [しばしば C- M-]〖神学〗戦闘教会, 戦う教会《現世にあって悪と戦っている地上の教会[信者たち]; cf. church triumphant》. 〖《なぞり》← ML *ecclēsia militāns*〗

chúrch mòde *n.*〖音楽〗＝ecclesiastical mode.

chúrch-paráde *n.* 《英口語》(日曜日の朝の礼拝を終えて)教会から出てくる盛装男女の行列. 〖1846〗

chúrch pèople *n. pl.* 《英》英国国教会 (Church of England) に属する人々.

chúrch ràte *n.* (教会区民に割り当てる)教会維持税《1868 年廃止されて今では強制力がない》. 〖1712〗

chúrch régister *n.* 教会記録(簿), 教会戸籍簿《教会に保存されている洗礼・婚姻・死亡などに関する記録》. 〖1846〗

Church's /tʃə́ːtʃɪz | tʃə́ː-/ *n.*〖商標〗チャーチズ: **1** 米国のフライドチキンを中心としたファーストフードチェーン店. **2** 英国の高級紳士靴店 Church's Shoes の靴.

chúrch schòol *n.* **1** 教会付属学校, 教会立[区]学校《特定の教会によって設立・維持される学校》. **2** 《米》教会学校《地域の教会の監督の下に道徳・宗教教育を行うための組織; 一般に Sunday school の拡張されたものを指すが, Sunday school と同義にも用いられる》. 〖1862〗

church·scot /tʃə́ːtʃskɑ̀(ː)t | tʃə́ːtʃskɔ̀t/ *n.* 教会費《昔牧師が教(会)区から集めた一種の年貢》. 〖(1618) 《変形》← OE *ċiriċsċeat* ← *ċirice* 'CHURCH'＋*sċeat* 'payment, SCOT'〗

chúrch sèrvice *n.* **1** (教会の)礼拝(式). **2** 《英口語》＝service book. 〖*a*1325〗

church·shot /tʃə́ːtʃʃɑ̀(ː)t | tʃə́ːtʃʃɔ̀t/ *n.* ＝churchscot. 〖⇨ churchscot, shot[1] 10〗

Chúrch Slávic [**Slavónic**] *n.* ＝Old Church Slavic.

chúrch sonáta *n.*〖音楽〗教会ソナタ《バロック音楽の器楽曲形式で, 通例舞曲を含まず, 4 楽章以上から構成される; cf. chamber sonata》.

chúrch súffering, C- S- *n.*〖カトリック〗煉獄の浄罪の霊魂から成る教会, 浄めの教会.

chúrch tèxt *n.*〖活字〗＝Old English 2.

chúrch triúmphant, C- T- *n.*〖神学〗凱旋(がいせん)教会, 勝利の教会《現世で悪との戦いに勝利を得て昇天した天上の霊魂; cf. church militant》.

chúrch vísible *n.* [the ～]〖神学〗見ゆる教会, 可見(的)教会, 地上(の)教会, 現世の教会; 自称キリスト教徒たち (visible chursh) (cf. church invisible).

church·ward /tʃə́ːtʃwəd | tʃə́ːtʃwəd/ *adv.* ＝churchwards. ― *adj.* 教会(の方)への. 〖*a*1376〗

church·ward·en /tʃə́ːtʃwɔ̀ədṇ | tʃə́ːtʃwɔ́ːdṇ⁻ | ⁻⁻⁻/ *n.* **1** 〖英国国教会〗教会(代表)委員《教会区 (parish) を代表して牧師を助け会堂の維持・会計事務などを預かる教会員; 各教会区に 2 名いるが, 1 名 (rector's [vicar's] churchwarden) は牧師の指名により, 他の一名は教会(区)総会 (vestry) の選挙による》. **2** 〖米国聖公会〗教会(区)役員《その任務は教区 (diocese) によって異なることがあるが, 主に parish の会計事務などの監督・処理を行う》. **3** 《英》陶製の長パイプ《もと教区委員が用いたことに由来するという》. 〖1443〗

chúrch·wards /-wədz | -wədz/ *adv.* 教会の方へ. 〖1842〗

chúrch·wòman *n.* 女性教会員; (特に)英国国教会の女性信徒. 〖1722〗

chúrch wòrk *n.* **1** 教会のための仕事《慈善・病人訪問など》. **2** 教会の建築事業《ゆっくり進行している仕事の意》. 〖?lateOE〗

church·y /tʃə́ːtʃi | tʃə́ːtʃi/ *adj.* (**church·i·er; -i·est**) **1** 教会の, 教会じみた, 教会を思わせる. **2 a** 教会一点張りの. **b** 《英》(極端に)国教的な, 国教に凝り固まっている. **chúrch·i·ness** *n.* 〖(1843): ⇨ -y[4]〗

church·yard /tʃə́ːtʃjɑ̀əd | tʃə́ːtʃjɑ̀ːd/ *n.* 教会の境内(けいだい); (境内にある)教会墓地 (cf. cemetery): A green Christmas [Yule] makes a fat ～ [kirkyard]. 《諺》クリスマスの季節に暖かく雪がないとその年は(病気がはやって)死人が多い. 〖(?*a*1160): ⇨ yard[2]〗

SYN 墓地: **churchyard** 教会の周囲の土地で, その信者の墓地に使用される. **cemetry** 教会に付属しない, 特に共同墓地. **burial ground** 死者の埋葬場所で, 特に大昔の遺跡または戦死した兵士たちを埋葬する場所. **graveyard** 死者を埋葬する土地で, 時に教会の近くにある.

chúrchyard béetle *n.*〖昆虫〗クサオサムシダマシ (*Blaps mucronata*)《ゴミムシダマシ科の黒い夜行性の甲虫; 地下室などで見られる》.

chúrchyard cóugh *n.* 《英口語》(死の近いことを思わせるような)ひどいせき. 〖1693〗

chúrch yéar *n.*〖キリスト教〗＝Christian year.

chu·ri·dars /tʃúrɪdɑ̀əz | -rɪdɑ̀ːz/ *n. pl.* 《インド》チュリダルス《インドの男女がはく細身のズボン; churidar pyjamas ともいう》. 〖◻ Hindi *cūrīdār* having a series of gathered rows〗

chu·rin·ga /tʃuríŋgə/ *n.* (*pl.* ～**s**, ～) チューリンガ《オーストラリア先住民のトーテム (totem) 風の石または木彫りのもので, 神聖視される》. 〖(1886) ◻ Aranda *tywerrenge*〗

churl /tʃə́ːl | tʃə́ːl/ *n.* **1** 《古》**a** 粗野[野卑]な男. **b** けちんぼう, しみったれ (miser, niggard). **2** 《古》田舎者, 百姓. **3** 〖英史〗最下層の自由民, 一般自由人.

pùt a chúrl upòn a géntleman 《古》良酒の後に粗酒を飲む.

〖OE *ċeorl* man, freeman of the lowest rank < (WGmc) **kerlaz* (Du. *kerel* / G *Kerl*) ← ? IE **gerə-* to grow old: cf. carl〗

chúrl·ish /-lɪʃ/ *adj.* **1 a** 粗野な, 無作法な (boorish). **b** けちな, しみったれの (miserly). **2** 《古》田舎者の, 百姓の. **3** 《まれ》固くて細工し[扱い]にくい; 〈土地が〉耕作しにくい: a ～ soil. **～·ly** *adv.* **～·ness** *n.* 〖OE *ċeorlisċ*: ⇨ ↑, -ish[1]〗

churn /tʃə́ːn | tʃə́ːn/ *n.* **1** 攪(かく)乳器《バター製造用のクリームまたはミルクをかき回す容器または機械》. **2** 攪拌(かくはん). **3** 《英》(運搬用の金属製の)大きな牛乳かん. ― *vt.* **1 a** 攪乳器で〈ミルクやクリームを〉かき回す: ～ cream. **b** (ミルクやクリームをかき回して)〈バターを〉作る: ～ butter. **2 a** 激しくかき回す, 攪拌する 〈*up*〉. **b** 攪拌して〈泡を〉作る: ～ foam. **c** 激しく頭を働かせて〈考えなどを〉生み出す: ～ ideas. **3** 〖経済〗(商品委託取引などで)売買を頻繁に行う,「ころがす」. ― *vi.* **1** (バターを作るのに)攪乳器を動かす. **2** 〈液体や小粒の物体が〉激しく動く: leaves ～*ing* in a whirlpool 渦巻にもまれる木の葉. **3 a** 〈スクリューなどが〉激しく回転する. **b** (車輪・スクリューなどの回転によって)進む.

chúrn óut 《口語》〈作品などを〉大量[機械的]に作り出す: Hollywood ～*s out* pictures every year. ハリウッドは毎年大量に映画を作り出す.

〖lateOE *ċyrin* < Gmc **kernjōn* (ON *kirna*) ← ?: cf. corn[1]〗

chúrn drìll *n.*〖土木〗チャーンドリル《ドリルを繰り返し落下させて岩石を粉砕する鑿岩(さくがん)機》. 〖1874〗

chúrn·er *n.* かき回す人; 攪拌(かくはん)器. 〖(1888): ⇨ -er[1]〗

chúrn·ing *n.* **1** 攪拌(かくはん). **2** 一回にできるバター(の量). 〖(1440): ⇨ -ing[1]〗

churr /tʃə́ː | tʃə́ː(r)/ *n., vi.* ＝chirr. 〖擬音語〗

chur·ras·co /tʃuráːskou | -rǽskəu/ *n.* (*pl.* ～**s**) シュラスコ《南アメリカの牛肉のバーベキュー料理》.

Chur·ri·gue·ra /tʃù°rɪgérə | tʃùər-; *Sp.* tʃuriɣéra/, **José Benito de** *n.* チュリゲラ (1665–1725; スペインの建築家・設計技師).

chur·ri·gue·resque /tʃù°rɪgərésk⁻; *Sp.* tʃuriɣeɾésk/ *adj.*〖建築〗[しばしば C-] チュリゲラ式の《Churriguera のバロック (baroque) 式に似た建築様式にいう; 装飾過多の豪華趣味で知られる》. 〖(1845) ◻ Sp. *churrigueresco* ← *José Churriguera*: ⇨ -esque〗

chuse /tʃúːz/ *vt., vi.* 《古》＝choose.

chut /tʃʌ́t/ *int.* ちぇっ (tut)《いらだち, じれったさを表す舌打ち》. ★ /tʃʌ́t/ は chut を語として読むときの発音で, 実際には /ʇ/ と発音する. /ʇ/ については巻頭の「発音解説」を参照. 〖(1825): 擬音語〗

chute[1] /ʃúːt/ *n.* **1 a** 射水路, 斜水溝(こう); 落とし樋(とい), 樋(とい). **b** (穀物・石炭・鉱石・ごみなどを高所から下へ落とす)自動滑走運搬装置, 投下装置, 落とし, シュート (shoot): a letter ～. **c** 《米》魚道 (fishway). **d** (カーブのある)急な滑り台; ローラーコースター (chute-the-chute). **e** (toboggan などの)滑降斜面, すべり坂. **2 a** (急斜面を落下する)急流. **b** 滝 (waterfall). **3** (家畜に焼印を押すためまたは角を取るための)囲いのある狭い通路.

chúte the chúte(s) (遊園地などで)ローラーコースター(など)に乗る, ウォーターシュートをする (cf. chute-the-chute).

― *vi.* **1** chute で[を用いたように]落ちる. **2** 投下装置を利用する. ― *vt.* 投下装置で落とす[運ぶ].

〖(1805) ◻ F ～ 'a fall' ← OF *cheoir* to fall < L *cadere*: SHOOT[1,2] の影響を受けた〗

chute[2], 'chute /ʃúːt/ *n.* 《口語》落下傘: a ～ failure 不開傘事故. 〖(1920) 《略》← PARACHUTE〗

Chu Teh /dʒùːdʌ́, tʃùːtéɪ/ *n.* ＝Zhu De.

chúte-the-chúte *n.* (*also* **chúte-the-chútes**) 《米》(遊園地などにある)ローラーコースター, (カーブのある)急な滑り台(など); (特に)ウォーターシュート (shoot-the-chutes). 〖(1922): ⇨ chute[1]〗

chút·ist /-ṭɪst | -tɪst/ *n.* (*also* **'chut·ist** /～/) 《口語》落下傘降下員, 落下傘兵. 〖(1920): ⇨ -ist〗

chut·ney /tʃʌ́tni/ *n.* (*also* **chut·nee** /～/) チャツネ《マンゴー・タマリンド・レーズンなどの果物に香辛料や酢・砂糖などを加えて作った甘ずっぱいジャム状の調味料; カレーの薬味などに用いる》. 〖(1813) ◻ Hindi *caṭnī* ← Prakrit *caṭṭei* he licks〗

chut·tie /tʃʌ́ṭi | -ti/ *n.* (*also* **chut·ty** /～/) (*pl* **chutties**) 《豪・NZ 口語》＝chuddy.

chutz·pah /hʊ́tspə, xʊ́ts-, -pɑː/ *n.* (*also* **chutz·pa** /～/) 《米口語》ものすごい自信; 全くの厚顔, 鉄面皮. 〖(1892) ◻ Yid. ～ ◻ Heb. *ḥuṣpāh*〗

Chu·vash /tʃuváːʃ, tʃúːvæʃ; *Russ.* tʃʊváʃ/ *n.* (*pl.* ～, ～**s**) **1 a** [the ～(s)] チュワシ族《ロシア連邦 Volga 川中流域に住むモンゴル系の民族》. **b** チュワシ族の人. **2** チュワシ語《チュルク語に属する》. 〖◻ Russ. ～: 現地語〗

Chuvásh Repúblic *n.* チュワシ共和国《ロシア連邦西部の Volga 川中流域の南側に位置する; 面積 18,300 km², 首都 Cheboksary; Chuvashia ともいう》.

chy·ack /tʃáɪæk/ *vt.* 《豪》＝chiack.

chyl- /kaɪl/ (母音の前にくるときの) chylo- の異形.

chyle /káɪl/ *n.*〖生理〗乳糜(にゅうび). **chy·la·ceous** /kaɪléɪʃəs/ *adj.* **chy·lous** /káɪləs/ *adj.* 〖(1541) ◻ LL *chȳlus* ◻ Gk *khūlós* juice ← *kheîn* to pour ← IE **gheu-* to pour〗

chy·li- /káɪlɪ, -li/ chylo- の異形 (⇨ -i-).

chy·lo- /káɪlou | -ləu/ 次の意味を表す連結形. **1** 〖生理〗「乳糜(にゅうび) (chyle)」. **2**「汁 (juice)」. ★ 時に chyli-, また母音の前では通例 chyl- になる. 〖◻ F ～ // ← NL ～ ← Gk *khūlo-*: ⇨ chyle〗

chy·lo·cau·lous /kàɪləkɔ́ːləs, -kɑ́ː- | -kɔ́ː-⁻/ *adj.*〖植物〗〈砂漠植物など〉多肉質[多汁]の茎をした. 〖← G *Chylocaul* (⇨ ↑, caulo-): ⇨ -ous〗

chỳlo·mícron *n.*〖生理〗乳糜(にゅうび)[乳状]脂粒. 〖1921〗

chỳlo·phýllous *adj.*〖植物〗〈砂漠植物など〉多肉質[多汁]の葉をもった. 〖← CHYLO-＋-PHYLLOUS〗

chyme /káɪm/ *n.*〖生理〗キームス, 糜粥(びじゅく), 乳糜(にゅうび)がゆ, 糜汁(びじゅう). **chy·mous** /káɪməs/ *adj.* 〖(?*a*1425) ← NL *chȳmus* ← LL ← Gk *Kheîn*: ⇨ chyle〗

chy·mo·pa·pa·in /kàɪmoupəpéɪɪn, -páɪ- | -mə(u)pəpéɪɪn, -páɪ-/ *n.*〖生化学〗キモパパイン《パパイヤの乳液から得られる酵素; cf. papain》.

chy·mo·sin /káɪməsɪn, -sn | -sɪn/ *n.*〖生化学〗＝rennin.

chỳmo·trýpsin *n.*〖生化学〗キモトリプシン《膵(すい)液中にキモトリプシノゲンとして含まれ, ペプチド鎖中の芳香族アミノ酸残基のカルボキシル側を切断するエンドペプチダーゼ》. 〖(1933) ← CHYME＋-O-＋TRYPSIN〗

chỳmo·trypsínogen *n.*〖生化学〗キモトリプシノゲン《膵(すい)液中に含まれ, 腸でキモトリプシンやトリプシンで活性キモトリプシンとなる; cf. chymotrypsin》. 〖(1933): ⇨ ↑, -gen〗

chy·pre /ʃíːprə/ *n.* ビャクダン (sandalwood) を原料にした香水. 〖(1898): ⇨ ↑, -o-, -gen〗

ci 《略》cubic inch(es).

ci 《記号》Cote d'Ivoire (URL ドメイン名).

Ci 《略》〖気象〗cirrus;〖物理〗curie(s).

CI 《略》*L.* Caritas Internationalis (カトリックの)国際的慈善機構; cast iron; certificate of insurance; Channel Islands; consular invoice; cost and insurance; 〖自動車国籍表示〗*F.* Côte d'Ivoire (＝Ivory Coast); counterintelligence; (Order of the) Crown of India.

CI 《記号》⇨ CAL (China Airlines).

CIA 《略》Central Intelligence Agency (米国の)中央情報局.

Cia. 《略》*It.* Compania, *Port.* Comphania, *Sp.* Compañia (＝company).

cía. 《略》*Sp.* compañia (＝company).

cia·bat·ta /tʃəbáːṭə | -tə; *It.* tʃabátta/ *n.* チャバッタ《オリーブオイルを使ったしっとりと柔らかい食感のあるイタリアの平べったいパン》.

cia·o /tʃáu; *It.* tʃáːo/ *It. int.* **1** やあ, こんにちわ, チャオ. **2** さよなら, チャオ (good-by). 〖(1929) ◻ It. ～ 《変形》← *schiavo* (I am your) slave ◻ ML *sclāvus* 'SLAVE'〗

Ciar·di /tʃáədi | tʃáːdi/, **John** (**Anthony**) *n.* チャーディ (1916–86; 米国の詩人; *Homeward to America* (1940)).

CIB 《略》Criminal Investigation Branch (ニュージーランド警察の) 犯罪調査局.

cib. 《略》〘処方〙 L. cibus 食べ物 (food).
Cib·ber /síbə | -bə(r)/, **Col·ley** /ká(ː)li | kɔ́li/ シバー《1671–1757; 英国の俳優・劇作家; 桂冠詩人 (1730–57) *The Careless Husband* (1705)》.
cib·ol /síbəl, -bl̩/ *n.* 〘植物〙 **1** ネギ (Welsh onion). **2** ワケギ (shallot). 〘《1632》□ F *ciboule* □ Prov. *cebula* < LL *cepullam* (dim.) ← L *cepa, caepa* onion: cf. chibol, chive〙
ci·bo·ri·um /sɪ̀bɔ́ːriəm | -bɔ́ːr-/ *n.* (*pl.* **-ri·a** /-riə/, **~s**) **1** 〘建築〙(祭壇や聖像などの上に設けた)天蓋(ﾃﾝｶﾞｲ) (baldachin). **2** 〘カトリック・英国国教会〙聖体器, チボリウム, シボリウム《聖餅(ｾｲﾍｲ)を入れる容器》. 〘《1651》□ ML *cibōrium* ← L *cibōrium* drinking cup □ Gk *kibṓrion* seed vessel of the Indian lotus, cup ← ? Sem.〙
cib·oul /síbəl, -bl̩/ *n.* 〘植物〙 = cibol.
cib·oule /síbəl, -bl̩/ *n.* 〘植物〙 = cibol.
CIC 《略》 Counterintelligence Corps.
Cic. 《略》 Cicero.
ci·ca·da /sɪ̀kéɪdə, -káː- | -káːdə, -kéɪ-/ *n.* 〘昆虫〙 (*pl.* **~s, ci·ca·dae** /-diː/) セミ《セミ科の昆虫の総称; 米国ではしばしばバッタと混同して locust ともいう; cf. dog-day cicada》. 〘《*a*1387》□ L *cicāda* (地中海沿岸起源か)〙
cicáda kìller *n.* 〘昆虫〙ハナダカバチモドキ (*Sphecius speciosus*) 《黒[さび]色のジガバチ科の昆虫; 腹部に黄筋があってセミを狩る》. 〘《1895》〙
ci·ca·la /sɪ̀káːlə/ *n.* (*pl.* **~s**) 〘昆虫〙 **1** = cicada. **2** = grasshopper 1. 〘《1820》□ It. ~ < ML *cicālam* = L *cicāda*〙
cic·a·trice /síkətrɪ̀s | -trɪs/ *n.* = cicatrix. 〘《*a*1400》□ (O)F ~ □ L *cicātrīcem, cicātrīx* scar〙
cicatrices *n.* cicatrix の複数形. 〘□ L *cicātrīces*〙
cic·a·tri·cial /sìkətríʃəl, -ʃl̩/ *adj.* 〘医学〙瘢痕(ﾊﾝｺﾝ)状の. 〘《1881》〙
cic·a·tri·cle /síkətrɪ̀kl̩/ *n.* **1** 〘生物〙胚盤 (blastodisc). **2** 〘植物〙 = cicatrix 2. 〘《1664》□ L *cicātrīcula* small scar: ⇨ cicatrice, -cle〙
ci·cat·ri·cose /sɪ̀kǽtrəkòus | -trɪkə̀us/ *adj.* 〘植物〙葉痕のついた, 瘢痕(ﾊﾝｺﾝ)様の. 〘《1730–36》□ L *cicātrīcōsus*: ⇨ cicatrice, -ose[1]〙
cic·a·trix /síkətrɪks, sɪ̀kéɪtrɪks/ *n.* (*pl.* **cic·a·tri·ces** /sìkətráɪsiːz, sɪ̀kéɪtrɪ̀siːz/) **1** 〘医学〙瘢痕(ﾊﾝｺﾝ) (scar). **2** 〘植物〙葉痕《茎の葉が離れたあとの痕跡; scar ともいう》. 〘《1641》□ L *cicātrix* scar ← ?〙
cic·a·tri·za·tion /sìkətrɪ̀zéɪʃən | -traɪ-, -trɪ-/ *n.* 〘医学〙瘢痕形成; (傷の)治癒(ﾁﾕ). 〘《?*c*1425》□ (O)F *cicatrisasion*: ⇨ ↓, -ation〙
cic·a·trize /síkətràɪz/ *vt.* **1** 《傷》に瘢痕(ﾊﾝｺﾝ)を形成させる; 瘢痕形成によって癒やす. **2** …に傷跡を残す (scar). ― *vi.* 瘢痕を形成する(ことによって癒える). **cic·a·tri·zant** /sìkətráɪzənt, -znt/ *adj.* 〘《*a*1400》□ (O)F *cicatriser* ∥ ML *cicātrīzāre*: ⇨ cicatrix, -ize〙
cíc·a·trìz·er *n.* 瘢痕(ﾊﾝｺﾝ)を形成させる[皮膚を生じさせる]もの《薬剤》. 〘《1685》: ⇨ ↑, -er[1]〙
cic·e·ly /sísəli, -sl̩i | sísɪ̀li, -sl̩i/ *n.* 〘植物〙セリ科ヤブジラミ属 (*Torilis*) またはヤブニンジン属 (*Osmorhiza*) の植物の総称《アメリカヤブニンジン (sweet cicely) など》. 〘《1597》□ L *seselis* □ Gk *séselis* kind of plant ← ?: 女性名 CICELY の影響を受けた〙
Cic·e·ly /sísəli, -sli | sísɪ̀li, -sli/ *n.* シスリー《女性名》. 〘⇨ Cecilia〙
cic·e·ro /sísəròu | -rə̀u/ *n.* (*pl.* **~s**) 〘印刷〙シセロ《ドイツ・フランスなどの活字の大きさの古い呼び名; 12 ディドーポイント (Didot points) に相当する》. 〘15 世紀印刷の Cicero の *De Oratore* にこの型の活字が用いられたことから〙
Cic·e·ro[1] /sísəròu | -rə̀u/, **Marcus Tul·li·us** /tʌ́liəs/ *n.* キケロ (106–43 B.C.; ローマの政治家・雄弁家・著述家).
Cic·e·ro[2] /sísəròu | -rə̀u/ *n.* シセロ《米国 Illinois 州北東部 Chicago 郊外の都市》.
cic·e·ro·ne /sìsəróuni, tʃìːtʃə- | tʃìtʃəróu-, sìsə-, tʃìːtʃə-; *It.* tʃitʃeróːne/ *n.* (*pl.* **~s,** *It.* **-ro·ni** /-niː, -ni; *It.* -ni/) **1** (名所旧跡などの)観光案内人, ガイド: do the ~ 見物の案内をする. **2** 案内人; 指導者. ― *vt.* 《旅行者などの》観光案内をする, ガイドをする (guide). 〘《1726》□ It. ~ ← *Cicerone* Cicero: 皮肉に「キケロのような雄弁家」の意から〙
Cic·e·ro·ni·an /sìsəróuniən | -rə́u-/ *adj.* **1** キケロ (Cicero) の[に関する]. **2** キケロ流の; (キケロの文章のように)典雅で韻律的な, (キケロのように)雄弁な (eloquent). ― *n.* キケロ崇拝[模倣]者. 〘《1581》□ L *Cicerōniānus*〙
Cìc·e·ró·ni·an·ism /-nìzm/ *n.* キケロ風, キケロの文体[雄弁]の模倣. 〘《*a*1586》: ⇨ ↑, -ism〙
Cicestr. 《略》 ML. Cicestriēnsis (= of Chichester) 《Bishop of Chichester が署名に用いる; ⇨ Cantuar. 2》.
cich·lid /síklɪ̀d | -lɪd/ *adj., n.* 〘魚類〙カワスズメ科の(淡水魚). **cích·loid** /-lɔɪd/ *adj.* 〘《1884》 ↓〙
Cich·li·dae /síklɪ̀diː | -lɪ-/ *n. pl.* 〘魚類〙カワスズメ科. 〘← NL ~ ← *Cichla* (属名: ← Gk *kíkhlē* a kind of sea fish) + -IDAE〙
ci·cis·be·o /tʃìːtʃɪ̀zbéɪou, sɪsísbiːòu | tʃìtʃɪzbéɪəu; *It.* tʃitʃizbéːo/ *It. n.* (*pl.* **-be·i** /-béɪiː; *It.* -béːi/) (18 世紀イタリアの)既婚女性の公然たる愛人. **ci·cis·bé·ism** /-béɪɪzm/ *n.* 〘《1718》□ It. ~ ← ?〙
cid /síd/ *n.* 《米俗》幻覚剤 (LSD). 〘《頭音消失》← ACID〙
Cid /síd; *Sp.* θíð/, **the** *n.* (エル)シッド《「首領, 統領 (commander, chief)」の意味でキリスト教の擁護者としてムーア人 (Moors) と戦ったスペインの国民的英雄 Rodrigo Díaz de Vivar /*Sp.* roðríɣo ðíaθ ðe βiβár/ (1040–99) にムーア人が与えた称号; 12 世紀にはその Cid の功業を歌った叙事詩もある; また 17 世紀の Corneille の詩劇 *Le Cid* は有名; El Cid [el-] または El Cid Campeador /-kampeaðór/ ともいう》. 〘□ Sp. (*el* the) *Cid* □ Arab. *sáyyid* lord, chief〙
CID /síːàɪdíː/ 《略》《英》 Committee for Imperial Defence; Council of Industrial Design; 《英》 Criminal Investigation Department (警視庁などの)捜査課; cubic inch displacement.
-ci·dal /-sáɪdl̩ | -dl̩/ -cide に対応する形容詞連結形. 〘□ LL *-cīdālis*: ⇨ -cide, -al[1]〙
-cide /-sàɪd/「…殺し《人》」の意の名詞連結形 (cf. -icide): patri*cide*, matri*cide*, fratri*cide*, regi*cide*, sui*cide*. 〘□ F ~ ∥ L *-cīda* murderer of, *-cīdium* murder of ← *caedere* to kill〙
ci·der /sáɪdə | -də(r)/ *n.* **1** 《米》 **a** りんごの果汁《発酵させてりんご酒 (hard cider) や酢 (cider vinegar) を造る; 発酵前のものを sweet cider ともいう》. **b** (りんご以外の)果汁 (fruit juice). **2** 《英》りんご酒, シードル (《米》 hard cider). 日英比較 日本でいう清涼飲料水の「サイダー」は, 英語では soda (water), 《米》 pop という.
áll tálk and nò cíder ⇨ talk *n.* 成句.
〘《*c*1280》 *cider, sider* □ OF *sidre, cisdre* < LL *sīceram* strong drink □ LGk *sikéra* □ Heb. *šēkhār* □ Akkad. *šikaru* beverage, beer〙
cíder brándy *n.* = apple brandy.
cíder gùm *n.* 〘植物〙オーストラリア産フトモモ科ユーカリ属の高木 (*Eucalyptus gunnii*) 《樹液からりんご酒に似た飲料を造る; gum はユーカリ属の通称名》.
cíder prèss *n.* (りんご酒製造用)りんご圧搾器. 〘《1673》〙
cíder vínegar *n.* りんご酢《りんご汁から造る酢》. 〘《1851》〙
ci-de·vant /sìːdəvɑ́ː(ŋ), -vɑ́ːŋ | -də-; *F.* sidvɑ̃/ *F. adj.* 先の, 以前の (former): a ~ governor. ― *adv.* 昔は, 以前は. 〘《1790》□ F ~ 'heretofore' ← *ci* here, now + *devant* before〙
CIE 《略》 Companion of the (Order of the) Indian Empire; Coras Iompair Eireann (= Transport Organizatin of Ireland) アイルランド交通機構.
Cie., cie. 《略》 *F.* compangie (= company).
cié·na·ga /sjéɪnəgə, sjén-; *Am.Sp.* sjénaɣa/ *n.* (*also* **cie·ne·ga** /~/) 《米南西部》(泉によってできた)沼地 (swamp). 〘□ Sp. ~ ← *cieno* mud < L *caenum* dirt〙
Cien·fue·gos /siènfwéɪgous | -gəus; *Am.Sp.* sjemfwéɣos/ *n.* シエンフエンゴス《キューバ南沿岸の海港》.
Cie·szyn /tʃéʃən; *Pol.* tɕéʃin/ *n.* チェシン《ポーランド南部 Carpathian 山脈のふもとにある都市; ドイツ語名 Teschen /G. tɛ́ʃn/》.
CIF, c.i.f. 《略》〘貿易〙 cost, insurance, and freight 運賃保険料込み条件[値段](の) (cf. FOB) (★ しばしば /síf/ と発音): a *CIF* price 着港渡し値段.
cig /síg/ *n.* 《口語》 **1** = cigar. **2** = cigarette. 〘略〙
ci·ga·la /sɪ̀gáːlə, sə-/ *n.* (*also* **ci·gale** /-gáːl/) 〘昆虫〙 = cicada. 〘《1623》□ F *cigale* □ Prov. *cigala* < ML *cicālam* = L *cicāda*〙
ci·gar /sɪ̀gáə | -gáː(r)/ *n.* 葉巻き(たばこ), シガー.
clóse, but no cigár 《口語》もうちょっとで当たり[成功]だ, 惜しいところで《的当て競争で賞に葉巻きが出たところから》.
〘《1730》□ Sp. *cigarro* ← ?: cf. Mayan *sicar* to smoke, *si'c* tobacco〙
cig·a·ret /sìgərét, ˌ--ˈ-/ *n.* 《米》 = cigarette.
cig·a·rette /sìgərét, ˌ--ˈ-/ *n.* ★《米》では /ˌ--ˈ-/ のアクセント型が増えている. 紙巻きたばこ, シガレット. 〘《1835》□ F ~ (dim.) ← *cigare* 'CIGAR': ⇨ -ette〙
cigarétte bèetle *n.* 〘昆虫〙 = tobacco beetle.
cigarétte bútt *n.* 紙巻きたばこの吸いさし.
cigarétte càrd *n.* シガレットカード《昔紙巻きたばこに付いていたおまけの絵カード; 今は収集の対象になっている》. 〘《1902》〙
cigarétte càse *n.* シガレットケース, 紙巻きたばこ入れ. 〘《1883》〙
cigarétte ènd *n.* 《英》 = cigarette butt. 〘《1889》〙
cigarétte gìrl *n.* (ナイトクラブなどで売り歩く)紙巻きたばこ(売り)娘. 〘《1916》〙
cigarétte hòlder *n.* 紙巻きたばこ用パイプ, ホルダー. 〘《1879》〙
cigarétte lìghter *n.* (紙巻きたばこの)ライター. 〘《1915》〙
cigarétte pàper *n.* 紙巻きたばこ用紙. 〘《1860》〙
cigár flòwer *n.* 〘植物〙ベニチョウジ, タバコソウ (*Cuphea micropetala*) 《メキシコ原産ミソハギ科の低木; 口部が白く鮮紅色の筒状花が咲く》.
cigár hòlder *n.* 葉巻用小パイプ. 〘《1871》〙
cig·a·ril·lo /sìgərílou, -ríː(j)ou | -ləu; *Sp.* θiɣaríʎo, -jo/ *n.* (*pl.* **~s**) **1** 小型の葉巻たばこ. **2** タバコの葉で巻いたシガレット. 〘《1832》□ Sp. *cigarrillo* (dim.) ← *cigarro* 'CIGAR'〙
cigár lìghter *n.* (自動車などの)シガーライター. 〘《*a*1877》〙
cigár-shàped *adj.* 葉巻形の《先の尖った円筒形の》. 〘《1887》〙
cigár stòre *n.* 《米》たばこ小売店, たばこ屋. 〘《1848》〙
cigár-stòre Índian *n.* 《米》(もとたばこ屋の看板だった)アメリカインディアンの木彫りの像. 〘《1926》〙
cig·gy /sígi/ *n.* 《英口語》(紙巻き)たばこ. 〘《1962》: ⇨ cig, -y[2]〙
CIGS 《略》《英》 Chief of the Imperial General Staff 《現在は CGS》.
ci·gua·te·ra /sìgwətérə, sìːg-; *Am.Sp.* siɣwatéra/ *n.* 〘病理〙シグワテラー, 魚中毒《魚介類を食べてかかる中毒症》. 〘《1862》□ Am.Sp. ~ ← ? *cigua* sea snail ← Taino〙
CII 《略》 Chartered Insurance Institute.
ci·lan·tro /sɪ̀láːntrou, -lǽn- | -lǽntrəu; *Sp.* θilántro/ *n.* コエンドロ (coriander) の葉《香味野菜として, サラダやスープ・シチューなどに用いる》. 〘《1903》□ Sp. *coriander* < LL *coliandrum* = L *coriandrum*〙
Ci·le·a /tʃíléɪə; *It.* tʃíːlea/, **Francesco** *n.* チレア《1866–1950; イタリアのオペラ作曲家; *Adriana Lecouveur* (1902)》.
ci·li- /síli/ (母音の前にくるときの) cilio- の異形.
cilia *n.* cilium の複数形. 〘《1715》← NL ~ (pl.) ← L *cilium* eyelid ← IE *kel- to cover〙
cil·i·ar·y /sílièri | -liəri/ *adj.* **1** まつげの. **2** 繊毛[線毛]の: ~ movement (下等動物の)繊毛運動. **3** 〘解剖〙(目の)毛様体の. 〘《1691》: ⇨ ↑, -ary〙
cíliary bòdy *n.* 〘解剖〙(目の)毛様体.
cíliary mùscle *n.* 〘解剖〙毛様体筋. 〘《1879》〙
cíliary pròcess *n.* 〘解剖〙眼様(体)突起《眼球の水晶体の懸垂帯に結びついた毛様体のひだ》. 〘《1691》〙
Cil·i·a·ta /sìliéɪtə | -tə/ *n. pl.* 〘動物〙繊毛虫綱《体に繊毛を生じ, これを振動させて水中を泳ぐ原生動物; 多くは自由生活をするがわずかながら *Balantidium* 属, *Nycatatherus* 属のように寄生性のものもある》. 〘← NL ~: ⇨ cilium, -ata〙
cil·i·ate /síliɪ̀t, -lièɪt/ *n.* 〘動物〙繊毛虫. ― *adj.* **1** 〘動物〙繊毛虫の. **2** 〘植物〙 = ciliated. **~·ly** *adv.* 〘《1794》: ⇨ ↑, -ate[2]〙
cil·i·at·ed /sílièɪtɪ̀d | -tɪ̀d/ *adj.* 〘植物〙《葉など》繊毛のある. 〘《1753》: ⇨ ↑, -ed 2〙
cil·i·a·tion /sìliéɪʃən/ *n.* **1** まつげ[繊毛]のあること. **2** [集合的] まつげ, 繊毛 (cilia). 〘《1852》← CILIUM: ⇨ -ation〙
cil·ice /sílɪ̀s | -lɪs/ *n.* **1** 馬の毛織りの布, 馬巣(ﾊﾞｽ)織り (haircloth). **2** 馬の毛織り製衣類; (特に, 苦行中の僧などが着る)馬巣織りシャツ. 〘《1599》□ F ~ □ L *cilicium* □ Gk *kilíkion* cloth of Cilician goat's hair ← *Kilíkia* 'CILICIA' ∞ OE *cilić*〙
Ci·li·cia /sɪ̀líʃə, -ʃiə | saɪlíʃiə, sɪ̀-, -siə/ *n.* キリキア, シリシア《小アジア南東部, 地中海沿岸にあった古代の国; 首都 Tarsus》. **Ci·lí·cian** /-ʃən, -ʃiən | -ʃiən, -siən/ *adj., n.* 〘□ L ~ □ Gk *Kilikía* ← ? Assyr.〙
Cilícian Gátes *n. pl.* キリキアの門《トルコ南部を東西に走る Taurus 山脈の峠; トルコ語名 Gülek Bogaz》.
cil·i·i- /síliɪ̀, -lii/ cilio- の異形 (⇨ -i-).
cil·i·o- /síliou | -liəu/ 次の意味を表す連結形: **1**「毛様体 (ciliary body); 毛様体と…との」. **2**「まつ毛; 繊毛 (cilia)」. ★ 時に cilii-, また母音の前では通例 cili- になる. 〘← NL ~: ⇨ cilia〙
cil·i·o·late /síliəlɪ̀t, -lèɪt/ *adj.* 〘生物〙細繊毛のある. 〘《1870》← NL *ciliolum* ((dim.) ← CILIUM): ⇨ -ate[2]〙
cil·i·um /síliəm/ *n.* (*pl.* **cil·i·a** /-liə/) **1** まつげ (eyelash). **2** 〘植物〙(葉などの)細毛. **3** 〘生物〙繊毛. 〘《1715》← NL ~ (sing.): ⇨ cilia〙
cill /síl/ *n.* 《英》 = sill.
CIM 《略》〘電算〙 computer input on microfilm; computer integrated manufacture.
Ci·ma·bu·e /tʃìːməbúːeɪ, tʃìːm-, -búːi; *It.* tʃimabúːe/, **Giovanni** *n.* チマブーエ《1240?–?1302; イタリアのフィレンツェ派の画家; Giotto の師でルネサンス絵画の祖; 本名 Cenni di Pepo》.
Ci·ma·ro·sa /tʃìːməróuzə | -rə́u-; *It.* tʃimaróːza/, **Domenico** *n.* チマローザ《1749–1801; イタリアのナポリ楽派の作曲家; 歌劇 *The Secret Marriage* (初演 1792)》.
cim·ar·ron /símərɔ̀un, -rɑ̀(ː)n | -rə̀un, -rɔ̀n/ *n.* **1** = maroon[2] 1. **2** 《米西部》〘動物〙 = bighorn. 〘□ Am.-Sp. *cimarrón*: ⇨ maroon[2]〙
Cim·ar·ron /símərɑ̀(ː)n, -ròun | -rɔ̀n, -rə̀un/ *n.* [the ~] シマロン(川)《米国 New Mexico 州北東部から東流し, Oklahoma 州北部で Arkansas 川に合流する川 (1,123 km)》. 〘↑〙
cim·ba·lom /símbələm; *Hung.* tsímbɒlom/ *n.* シンバロン《ハンガリーのツィターに似た弦楽器》. 〘《1879》□ Hung. ~ □ It. *cembalo* 'dulcimer, CEMBALO'〙
Cim·bri /símbraɪ, kímbriː/ *n. pl.* キンブリ族《Jutland に起こったといわれるゲルマン民族; 紀元前 2 世紀の終わりに Gaul およびイタリアの北部に侵入したが, ローマ軍に滅ぼされた (101 B.C.)》. **Cím·bri·an** /-briən/ *adj.* **Cim·bric** /símbrɪk, kím-/ *adj.* 〘□ L *Cimbrī* ← Gmc: cf. G *Kimber*〙
ci·me·li·a /sɪ̀míːliə/ *n. pl.* (*sing.* **-li·um** /-liəm/) 宝物; (特に)教会の宝物. 〘《1664》□ ML *cimēlia* □ Gk *keimḗlia* (pl.) ← *keimḗlion* treasure ← *keîmai* I lie down〙
Ci·ment Fon·du /síːmɑ̃ː(ŋ)fɔ̃ː(n)dúː, -mɑːŋ-, -djúː- | -fɔndúː; *F.* simɑ̃fɔ̃dy/ *n.* 〘商標〙シマンフォンデュ《短時間で硬化するアルミナを含んだ耐火性セメント; aluminous cement ともいう》. 〘《1924》□ F ~ 'melted cement'〙
ci·met·i·dine /saɪmétədiːn, sɪ̀- | -métɪ̀-/ *n.* 〘薬学〙シメチジン ($C_{10}H_{16}N_6S$) 《胃液の分泌を抑えることで胃潰瘍・十二指腸潰瘍の治療を促進する働きがある》.
ci·mex /sáɪmeks/ *n.* (*pl.* **ci·mi·ces** /símɪ̀siːz, sím- | -mɪ-/) 〘昆虫〙トコジラミ, ナンキンムシ (bedbug). 〘《1585》← NL ~ ← L *cimex*: cf. chinch〙
cim·ma·ron /símərɑ̀(ː)n | -rɔ̀n/ *n.* = cimarron.
Cim·me·ri·an /sɪ̀míəriən | -míər-/ *n.* 〘ギリシャ神話〙(Homer の詩に「世界の西の果て霧と暗黒の中に住む」と歌われた)キンメリオス族の人. ― *adj.* **1** キンメリオス人の(住んだ西の果ての暗黒の国の): ~ darkness 真っ暗闇.

2 常闇の, 暗黒の (dark). 〖(1580) ← L *Cimmerii* Cimmerians (⇨ Gk *Kimmérioi*): ⇨ -an¹〗

Ci·mon /sáɪmən, -mɑ(ː)n | -mən, -mɔn/ *n.* キモン《507?–449 B.C.; Miltiades の子で Athens の軍人・政治家》.

cin- /kɪn, kaɪn/ (母音の前にくるときの) cino- の異形 (⇨ kino-).

C

C-in-C, C in C /síːɪ̀nsíː | -ɪn-/《略》〖軍事〗Commander in Chief.

cinch¹ /síntʃ/ *n.* **1**《口語》**a**《口語》造作ない事, 朝飯前: Doing this work is a ～ for him. この仕事をするのは彼にとっては何でもない. **b** 確実な事; 有力候補, 本命: That's a ～. それは確かだ / He is a ～ to succeed. 彼は成功間違いなしだ / It's a ～ that he will be promoted. 彼が昇進することは間違いなしだ. **2**《口語》しっかり握ること: have a ～ on …をしっかりつかむ. **3** 鞍帯(くらおび), 馬の腹帯 (girth). — *vt.* **1**《口語》確実にする: Your help would ～ our victory. 君が援助してくれると我々の勝利は確実だ. **2**《口語》しっかりつかむ. **3 a**〈馬〉に鞍帯をつける. **b** 締め上げる, 堅く縛る〈*up*〉. — *vi.* 鞍帯を締める〈*up*〉. 〖(1859) ⇨ Sp. *cincha* girth < L *cingulam* girdle ← *cingere* to gird: cf. cincture〗

cinch² /síntʃ/ *n.*〖トランプ〗シンチ《auction pitch の一種で, 4 人が 2 人ずつペアを組み得点を競うが, 切札の 5 (right pedro) およびそれと同色の他のスーツの 5 (left pedro) を 5 点に数えるのが特徴; cf. pedro 1》. 〖(1889) ← ? CINCH¹〗

cínch màrk *n.*〖写真〗(ロールフィルムをスプールに巻いている時にできる)締めつけ傷.

cin·cho·na /sɪŋkóʊnə | -kə́ʊ-/ *n.* **1**〖植物〗キナノキ《アンデス山地原産アカネ科キナノキ属 (*Cinchona*) の各種の樹木の総称; 特に, *C. officinalis*》. **2** キナ皮 (cinchona bark)《マラリア特効薬キニーネ (quinine) の原料; Jesuits' bark, Peruvian bark ともいう》. 〖(1742) ← NL ～ ← *Countess of Chinchón* (1576–1639: その不思議な効き目に驚き 1638 年スペインに初めてこれを輸入したペルー総督 Chinchón 伯夫人)〗

cin·chon·ic /sɪŋkɑ́(ː)nɪk | -kɔ́n-/ *adj.* キナ(皮)の[から得られる]. 〖(1837): ⇨ ↑, -ic¹〗

cin·chon·i·dine /sɪŋkɑ́(ː)nədìːn, sɪn-, -dɪ̀n | -kɔ́nɪdìːn, -dɪn/ *n.*〖化学〗シンコニジン ($C_{19}H_{22}N_2O$)《キナアルカロイドの一種で, cinchonine の立体異性体; マラリア治療および解熱用》. 〖(1869) ← CINCHONA＋-IDINE〗

cin·cho·nine /síŋkəniːn, -nɪn | síŋkəniːn, -nɪn/ *n.*〖化学〗シンコニン ($C_{19}H_{22}ON_2$)《キナ皮から採るキナアルカロイドの一つ; 主にキニーネ (quinine) の代用》. 〖(1825) ⇨ F ～: ⇨ cinchona, -ine³〗

cín·cho·nìsm /-nɪzm/ *n.*〖病理〗キニーネ中毒(症). 〖(1857) ← CINCHONA＋-ISM〗

cin·cho·nize /síŋkənàɪz/ *vt.* キニーネ (quinine) で治療する; …にキニーネ中毒を起こさせる. 〖(1863): ⇨ ↑, -ize〗

Cin·cin·nat·i¹ /sìnsənǽti, -tə | -sɪnǽti/ *n.* シンシナティー《米国 Ohio 州南西部 Ohio 川に臨む商工業都市》. 〖← *the Society of the Cincinnati* (1783 年創設の革命派軍人の組織; *L.Q. Cincinnatus* にちなむ)〗

Cin·cin·nat·i² /sìnsənǽti, -tə | -sɪnǽti/ *n.* **1**《俗》〖ボウリング〗シンシナティー《8 番と 10 番のピンが残るスプリット》. **2**〖ポーカー〗シンシナティー《手札とは別に 5 枚の札を場の中央に配り, それを 1 枚ずつ開いては賭けていく方式》. 〖↑〗

Cin·cin·na·tus /sìnsənǽtəs, -néː-, -néɪt- | -sɪnɑ́ːt-, -néɪ-/, **Lucius Quinc·ti·us** /kwíŋ(k)tiəs/ *n.* キンキナトゥス《519?–?439 B.C.; ローマの将軍・政治家; ローマが危急に陥った時 (458 B.C. と 439 B.C.) 田園生活から呼び出されて独裁官となり, 平和回復とともに田園に帰ったという半伝説的人物》.

Cin·co de Ma·yo /sìŋkoʊdəmáːjoʊ | -kəʊdəmáː-jəʊ; *Am.Sp.* síŋkoðemájo/ *n.* 五月五日(の戦勝記念日)《1862 年メキシコ軍が Puebla でフランス軍を破った五月五日を記念するメキシコの祝日; Los Angeles のメキシコ人街などでも祝われる》.

cinc·ture /síŋ(k)tʃə | -tʃə(r)/ *n.* **1 a**《古・詩》帯 (girdle). **b**〖キリスト教〗シンクチュア, チングルム《alb などの祭服を腰のところで締めるひも帯; girdle ともいう》. **2** 帯状に取り囲むこと; 囲い. **3**〖建築〗(円柱の頂部や下部に施される)環帯装飾, 縁輪. — *vt.* **1** 帯で巻く, 帯で締める. **2** 取り巻く, 囲む. 〖(1587) ⇨ L *cinctūra* girdle ← *cinctus* (p.p.) ← *cingere* to gird ← IE **kenk-* to gird: ⇨ cf. cinch¹〗

cin·der /síndə | -də(r)/ *n.* **1 a** (火は消えてもまだ灰になっていない石炭・コークス・まきなどの)燃え殻, 燃えかす, おき (ember): burn meat to a ～ (火にかけすぎて)肉を黒焦げにしてしまう / be burnt to a ～ 黒焦げになる; 燃えて役に立たなくなる. **b** [*pl.*] 燃え残り, 石炭殻 (ashes). **2** [*pl.*] ＝cinder path. **3** 焼鉱《高温で酸化された鉱石》. **4** [*pl.*]〖地質〗噴石《火山から噴出した, 径 4–32 mm 程度の細かい放出物; cf. scoria 1》. — *vt.* **1** 燃え殻[石炭殻]で覆う. **2** (まれ) 燃え殻[おき]にする. 〖OE *sinder* cinder, slag ← Gmc **sendra-* (Du. *sintel* / G *Sinter*) < IE **sendhro-* (OSlav. *sędra* stalactite): OE *s-* → ModE. *c-* への変化は語源的には無関係の F *cendre* ashes の影響〗

cínder blòck *n.*〖建築〗石炭殻ブロック《石炭殻を骨材に用いた建築用軽量ブロック》. 〖1926〗

cínder cóncrete *n.*〖建築〗シンダー[石炭殻]コンクリート《石炭殻を混ぜた軽量コンクリート; 屋上防水押えなどに用いる》.

cínder còne *n.*〖地質〗岩滓(さい)丘, 噴石丘《火山岩屑(せつ)だけから成る小形の円錐形火山》. 〖1849〗

Cin·der·el·la /sìndərélə←/ *n.* **1** シンデレラ《女性名》. **2** シンデレラ《C. Perrault 作の童話で有名になったおとぎ話の女主人公の名》. **3 a** まま子扱いにされる人; 隠れた美人[人材], 真価を認められない人[物]. **b** 無名から一躍有名になった人: a ～ story 劇的成功物語. **4** ＝Cinderella dance. 〖(1840) ← CINDER＋-ELLA (fem. dim. suf.): F *Cendrillon* (← *cendre* ashes < *cinerem, cinis* ← IE **keni-* ashes) からの類推: cf. G *Aschenbrödel* ← *Asche* ashes＋*brodeln* to boil〗

Cinderélla dànce *n.*《英》夜中の 12 時に終わる小舞踏会. 〖(1883) 美装で踊っていた Cinderela が夜中の 12 時までに帰らないと見すぼらしい姿に変わると魔女から言われた話にちなむ〗

cínder pàtch *n.*〖冶金〗鋼の表面汚れ《熱処理炉でできたもの》.

cínder pàth [tràck] *n.* 細かい石炭殻を敷きつめた小道[競走用トラック]. 〖1838〗

cin·der·y /síndəri, -dri/ *adj.* **1** 燃えかす様の, 燃え殻のような. **2** 燃えかすの多い[から成る]. 〖(1565): ⇨ -y⁴〗

Cin·dy /síndi/ *n.* シンディー《女性名》. 〖(dim.) ← CINDERELLA, LUCINDA〗

cin·e /síni/ *n.* (*also* **cin·é** /～/) 映画 (motion picture). 〖(1920)《略》← CINEMA // ⇨ F *ciné*《略》← *cinématographe*〗

cin·e- /síni, -nɪ/「映画の」の意の連結形. 〖← CINEMA〗

cíne·àngio·cardiógraphy *n.*〖医学〗血管心(臓)映画撮影(法). **cíne·àngio·cardio·gráphic** *adj.* 〖← CINE-＋ANGIOCARDIOGRAPHY〗

cìne·angiógraphy *n.*〖医学〗血管映画撮影(法). **cìne·angiográphic** *adj.*

cin·e·aste /síniæ̀st; *F.* sineast/ *n.* (*also* **cin·e·ast** /～/, **cin·é·aste** /～/) **1** 映画人. **2** 映画ファン, シネマファン. 〖(1920) ⇨ F *cinéaste* ← *ciné*(*matographe*)＋(*enthusi*)*aste* enthusiast〗

cíne·càmera *n.*《英》(通例小型の)映画撮影機 (《米》movie camera). 〖1920〗

cin·e·cult /sínəkʌ̀lt | -nɪ-/ *n.* [集合的] 映画ファン[おたく]たち.

cíne·fìlm *n.*《英》映画用フィルム.

cìne·fluorógraphy *n.*〖医学〗X 線映画透視法 (cf. cineradiography). 〖(1955) ← CINE-＋FLUOROGRAPHY〗

cìne·hológraphy *n.*〖映画〗シネホログラフィー《レーザー光線のような干渉性の強い光を被写体に当てて作られたフィルムによる立体映像撮影法》. 〖⇨ holography〗

cin·e·ma /sínəmə | -nɪmə, -màː/ *n.*《英》**1**《英》映画館 (《米》movie theater). **2** [the ～] 映画(の上映) (cf. movie 1 a): go to *the* ～ 映画(を見)に行く. **3 a** [the ～] 映画製作(技術); 映画界[産業]. **b** [通例 the ～; 集合的] (芸術・娯楽としての)映画. **4** 映画向きの作品[素材, 筋]: It will make good ～. それはよい映画になるだろう. 〖(1909)《略》← CINEMATOGRAPH〗

cínema còmplex *n.* シネマコンプレックス《複数の映画館が集合した建物》.

cínema·gòer *n.* 映画ファン (moviegoer). 〖1920〗

cínema òrgan *n.* シネマオルガン《1910–30 年ごろ映画館に設置したオルガン; トーキーの出現ですたれた》.

Cin·e·ma·Scope /sínəməskòʊp | -nɪməskəʊp/ *n.*〖商標〗シネマスコープ《ワイドスクリーン方式による映画の一種; 左右を 2:1 に圧縮して撮影し, 映写のとき左右を広げて幅広いスクリーンに映写する; 映写画面縦横比 1:2.35; cf. wide-angle 2》. 〖1953〗

cínema stàr *n.* 映画スター, 映画俳優.

cin·e·ma·theque /sìnəmətέk; *F.* sinematεk/ *n.* シネマテーク, フィルムライブラリー《文化的に貴重なフィルム[映画]を収集・上映する施設; 博物館・図書館の機能を果たす》. 〖(1966) ⇨ F *cinémathèque* ← *cinéma* 'CINEMA'＋(*biblio*)*thèque* library〗

cin·e·mat·ic /sìnəmǽtɪk | -nɪmǽt-←/ *adj.* **1** 映画の[に関する, に適した], 映画的な: ～ art 映画技法 / ～ history 映画史. **2** 映画に表現された. **cin·e·mát·i·cal·ly** *adv.* 〖(1916) ← CINEMAT(OGRAPH)＋-IC¹〗

cin·e·mat·ics /sìnəmǽtɪks | -nɪmǽt-/ *n.* 映画芸術[技術]. 〖(1883) ← CINEMAT(OGRAPH)＋-ICS〗

cin·e·ma·tize /sínəmətàɪz | -nɪ-/ *vt.* 映画に撮る; 映画化する. 〖(1916) ← CINEMA＋(DRAMA)TIZE〗

cin·e·mat·o·graph /sìnəmǽtəgræ̀f | -nɪmǽtə-grɑ̀ːf, -græ̀f/《英》*n.* **1 a** 映画撮影機. **b** 映写機. **c** 映画館. **2** [the ～] 映画技術. — *adj.* [限定的] 映画の: a ～ camera [screen] 映画用カメラ[映写幕]. — *vt.* 映画に撮る; 撮影する. 〖(1896) ⇨ F *cinématographe* ← Gk *kīnēmato-, kī́nēma* motion (← *kīneîn* to move)＋F *-graphe* '-GRAPH'〗

cin·e·ma·tog·ra·pher /sìnəmətɑ́(ː)grəfə | -nɪmətɔ́grəfə(r)/ *n.*《英》映画撮影技師 (cameraman). 〖(1897): ⇨ ↑, -er¹〗

cin·e·ma·tog·ra·phy /sìnəmətɑ́(ː)grəfi | -nɪmə-tɔ́g-/ *n.* 映画撮影法. **cin·e·mat·o·graph·ic** /sìnəmæ̀təgrǽfɪk | -nɪmæ̀t-←/ *adj.* **cin·e·mat·o·gráph·i·cal** /-fɪkəl, -kḷ | -fɪ-←/ *adj.* **cìn·e·màt·o·gráph·i·cal·ly** *adv.* 〖1897〗

ciné·ma vé·ri·té /-←—— vɛ̀rɪtéɪ | -vérɪtèɪ; *F.* sinemaveʀite/ *n.* (*also* **ciné·ma ve·ri·té** /～/)〖映画〗シネマヴェリテ《現実をあるがままに記述する映画製作の一手法》. 〖(1963) ⇨ F ～ 'truth cinema'〗

cin·e·ole /síniòʊl | -əʊl/ *n.* (*also* **cin·e·ol** /-ɔ(ː)l, -òʊl | -ɔ̀l/)〖化学〗シネオール ($C_{10}H_{18}O$)《去痰(たん)剤; eucalyptol ともいう》. 〖(1885) ← NL *cina* wormseed＋-OLE¹〗

cin·e·phile /sínəfàɪl | -nɪ-/ *n.* 映画ファン.

cin·e·plex /sínəplèks | -nɪ-/ *n.* ＝cinema complex.

cíne projèctor *n.* (映画の)映写機. 〖1929〗

cìne·radiógraphy *n.*〖医学〗X 線映画撮影(法) (cf. cinefluorography). 〖1934〗

Cin·e·ra·ma /sìnərǽmə, -ráːmə | -nɪráːmə/ *n.*〖商標〗シネラマ《三つのレンズをもつ特殊カメラで 3 本のフィルムに撮影して同時に映写する映画; 画面比約 1:2; 後に 1 本の 70 ミリフィルムで大きな広いスクリーンに映写する方式となった; cf. Vista Vision, wide-angle》. 〖(1951)《混成》← CINE(MA)＋(PANO)RAMA〗

cin·e·rar·i·a /sìnəréᵊriə | -réər-/ *n.*〖植物〗シネラリア, (俗に)サイネリア (*Senecio cruentus*)《Canary 諸島原産のキク科の観賞植物》. 〖(1597) ← NL ～ ← (fem.) ← L *cinerārius* of ashes ← *ciner-, cinis* ashes＋*-ārius* '-ARY': 葉の白い綿毛にちなむ: cf. cinerary〗

cin·e·rar·i·um /sìnəréᵊriəm | -réər-/ *n.* (*pl.* **-i·a** /-riə/) (火葬にした遺骨を安置する)納骨所. 〖(1880) ⇨ L *cinerārium* ← (neut.) ← *cinerārius* (↑)〗

cin·er·ar·y /sínərèri | -rəri/ *adj.* 火葬にした遺骨を納める, 納骨用の: a ～ urn 骨つぼ. 〖(1750) ⇨ L *cinerārius*: ⇨ cineraria〗

cin·e·ra·tion /sìnəréɪʃən/ *n.* 灰にすること, 灰化.

cin·e·ra·tor /sínərèɪtə | -tə(r)/ *n.* 火葬炉. 〖(1880) ← L *ciner-, cinis* ash: ⇨ -ator〗

cìne·recórd *vt.* 記録として映画に撮る.

ci·ne·re·ous /sɪníᵊriəs | -níər-/ *adj.* **1** 灰になった. **2** 灰のような. **3**〖生物〗〈羽毛など〉灰色の, 灰白色の. 〖(1661) ⇨ L *cinereus* ashy (← *ciner-, cinis* ashes): ⇨ -ous〗

cinéreous vúlture *n.*〖鳥類〗クロハゲワシ (*Aegypius monachus*)《ワシタカ科の大形の猛禽類》.

cin·er·in /sínərɪn | -rɪn/ *n.* シネリン《除虫菊の殺虫成分ピレトリ類のうちの一成分; シネリン I ($C_{20}H_{28}O_3$), シネリン II ($C_{21}H_{28}O_5$) がある》. 〖(1948) ← L *ciner-, cinis* ashes＋-IN²〗

ci·ne·sis /sɪníːsɪs, saɪ- | sɪníːsɪs, saɪ-/ *n.* (*pl.* **ci·ne·ses** /-siːz/)〖生物〗＝kinesis.

cíne·strip *n.* ＝filmstrip.

ci·net- /kɪnét, kaɪ-, -níːt | kɪnét, kaɪ-, -níːt/ (母音の前にくるときの) cineto- の異形.

ci·ne·to- /kɪnétoʊ, kaɪ-, -níːt- | kɪnétəʊ, kaɪ-, -níːt-/ ＝kineto-.

cíne-variety *n.* シネマバラエティー《映画とボードビル (vaudeville) を組み合わせた興行; cf. variety show》. 〖1928〗

ci·ne·vé·ri·té /sínɪvèrətéɪ | -vérətèɪ, rɪ-; *F.* sineverite/ *n.*〖映画〗＝cinéma vérité.

Cin·ga·lese /sìŋgəlíːz, -líːs | sìŋhəlíːz, sìŋgə-←/ *adj., n.* (*also* **Cin·gha·lese** /～/) (*pl.* ～) ＝Sinhalese.

cingula *n.* cingulum の複数形. 〖⇨ L ～〗

cin·gu·late /síŋgjʊlɪt, -lèɪt/ *adj.*〖昆虫〗〈昆虫が〉体に帯状の模様のある. 〖← NL *cigulatus*: ⇨ cingulum, -ate²〗

cín·gu·làt·ed /-lèɪtɪd | -tɪd/ *adj.*〖昆虫〗＝cingulate.

cíngulate gýrus *n.*〖解剖〗＝callosal convolution.

cin·gu·lec·to·my /sìŋgjʊléktəmi/ *n.*〖外科〗帯状回切除(術).

cin·gu·lum /síŋgjʊləm/ *n.* (*pl.* **-gu·la** /-lə/) **1**〖解剖・動物〗帯状物, 帯 (belt); 帯状疱疹[ヘルペス]; 帯状束. **2**〖歯科〗歯帯《歯冠歯頸部の膨隆部; basal ridge ともいう》. 〖(1845) ← NL ～ ← L ～ 'girdle' ← *cingere* to gird: cf. cincture〗

cin·na·bar /sínəbàə | -bàː(r)/ *n.* **1**〖鉱物〗辰砂(しんしゃ) (HgS)《水銀の原鉱; 赤色顔料》. **2** 鮮赤色 (bright red), 朱色, 朱 (vermilion). **3**〖昆虫〗ヨーロッパ産のガの一種 (*Tyria jacobeae*)《暗灰色の地に赤紋があり後翅は赤桃色のガ; 野生のノボロギク類を駆除する目的で北米に輸入された; cinnabar moth ともいう》. **cin·na·bar·ine** /sínəbərɪn, -bàːrɪn | -bərɪn, -bàːrɪn, sìnəbáːrɪn←/ *adj.* 〖(c1384) *sinopre, cynabare* ⇨ (O)F *cinobre* // L *cinnābaris* ⇨ Gk *kinnábari* ← ?: 東洋起原か〗

cin·nam- /sínəm/ (母音の前にくるときの) cinnamo- の異形.

cin·na·mal·de·hyde /sìnəmǽldəhàɪd | -dɪ-/ *n.*〖化学〗シンナムアルデヒド ($C_6H_5CH{=}CHCHO$)《肉桂皮 (cinnamon)・カシア油などに含まれる芳香成分; 香料に用いる; cinnamic aldehyde ともいう》. 〖← CINNAMO-＋ALDEHYDE〗

cin·na·mate /sínəmèɪt/ *n.*〖化学〗桂皮酸塩[エステル]. 〖(1838) ⇨ F ～: ⇨ cinnamo-, -ate¹〗

cin·na·mene /sínəmìːn/ *n.*〖化学〗シンナメン (⇨ styrene). 〖(1873): ⇨ cinnamo-, -ene〗

cin·nam·ic /sɪnǽmɪk/ *adj.* 肉桂の[から採った]. 〖(1869) ← CINNAM(O-)＋-IC¹〗

cinnámic ácid *n.*〖化学〗桂皮酸 ($C_6H_5CH{=}CHCOOH$)《カシア油などに含まれる; 香料・石鹸香料に用いられる》. 〖c1864〗

cinnámic álcohol *n.*〖化学〗桂皮アルコール (⇨ cinnamyl alcohol).

cinnámic áldehyde *n.*〖化学〗桂皮アルデヒド (⇨ cinnamaldehyde).

cin·na·mo- /sínəmoʊ | -məʊ/「シナモン (cinnamon); 桂皮酸 (cinnamic acid)」の意の連結形. ★ 母音の前では通例 cinnam- になる. 〖⇨ F ～: ⇨ cinnamon〗

cin·na·mon /sínəmən/ *n.* **1 a** シナモン, 肉桂皮《クスノキ科クスノキ属 (*Cinnamomum*) の数種の樹木の芳香性樹皮; シンナムアルデヒド (cinnamaldehyde) が採れる; cf. Chinese cinnamon》. **b** シナモン, 肉桂(にっけい)《シナモン(樹皮)から作る香料》. **2** ニッケイ《シナモン(樹皮)を採る樹木の総称; セイロンニッケイ (Ceylon cinnamon), ニッケイ (Saigon cinnamon) など). **3** 肉桂色《黄みまたは赤みがかった褐色》. **— *adj.*** **1** シナモンで風味をつけた. **2** 淡い黄[赤]褐色の. 〖(*c*1390) *cynamone, sinamome* ◻ (O)F *cinnamome* ◻ L *cinnamōmum, cinnamon* ◻ Gk *kinnámōmon, kínnamon* ← ? (cf. Heb. *qinnāmṓn*): 東洋起源か〗

cínnamon-bàrk óil *n.* 〘化学〙桂皮油《セイロンニッケイ (Ceylon cinnamon) の樹皮から採る黄色い精油; 口腔剤・香料などに用いる; Ceylon cinnamon oil, cinnamon oil ともいう》.

cínnamon bèar *n.* 〘動物〙アメリカグマ (*Euarctos americanus*)《北米産の肉桂色をした黒クマの一種》. 〖1823〗

cínnamon fèrn *n.* 〘植物〙ヤマドリゼンマイ (*Osmunda cinnamomea*)《山地に分布するシダ》. 〖1818〗

cin·na·mon·ic /sìnəmɑ́(ː)nɪk | -mɔ́n-ˊ/ *adj.* 肉桂の[に似た]. 〖(1838) ← CINNAMON＋-IC[1]〗

cínnamon òil *n.* 〘化学〙クスノキ属 (*Cinnamomum*) の樹木から採れる香油: **a** =cinnamon-bark oil. **b** = cassia oil. 〖1873〗

cínnamon ròse *n.* 〘植物〙シナモンバラ (*Rosa cinnamomea*)《ユーラシア原産のバラの一種で, 生垣などに植える》. 〖1664〗

cínnamon sèdge *n.* 〘昆虫〙トビケラ (*Limnephilus lunatus*) に対する釣師の呼称.

cínnamon stòne *n.* 〘鉱物〙肉桂石 (⇨ essonite). 〖1805〗

cínnamon téal *n.* 〘鳥類〙アカシマアジ (*Anas cyanoptera*)《北米西部産の小形のカモの一種》.

cínnamon tòast *n.* シナモントースト《砂糖とシナモンを塗ったバタートースト》.

cínnamon vìne *n.* 〘植物〙ナガイモ (⇨ Chinese yam).

cin·nam·o·yl /sɪ̀nǽmouɪ̀l, -ìːl | -məu-/ *n.* 〘化学〙シンナモイル《桂皮酸から誘導される 1 価の酸基 $C_6H_5CH=CHCO-$》. 〖← CINNAMO-＋-YL〗

cinnámoyl gròup [ràdical] *n.* 〘化学〙シンナモイル基.

cin·nam·yl /sɪ̀nǽmɪl, mɪ̀ | sɪ-/ *n.* 〘化学〙シンナミル《1 価の置換基 $C_6H_5CH=CHCH_2-$》.

cinnámyl ácetate *n.* 〘化学〙酢酸シンナミル ($C_6H_5CH=CHCH_2OCOCH_3$)《甘い強いにおいの液体; 香料製造の固定剤として用いる》.

cinnámyl álcohol *n.* 〘化学〙シンナミルアルコール ($C_6H_5CH=CHCH_2OH$)《ヒヤシンスの香りがする結晶; 香料製造に用いる; cinnamic alcohol ともいう》.

cinnámyl gròup [ràdical] *n.* 〘化学〙シンナミル基.

cin·o- /kínou, káɪn- | -nəu/ =kino-.

cinq /sɪŋk/ *n.* =cinque.

cinq·foil /sɪ́ŋkfɔɪl, sǽŋk-/ *n.* =cinquefoil.

cin·quain /sɪ́ŋkeɪn, sǽŋk- | sɪŋkéɪn, ˊ—/ *n.* 〘詩学〙 **1** 五行短詩《通例弱強調で最初の行から順に 2, 4, 6, 8, 2 の音節を含む無脚韻のもの》. **2** 五行連. 〖(1882) ◻ F ～ ← *cinq* (↓)＋(QUATR)AIN〗

cinque /sɪŋk/ *n.* (トランプの) 5 の札; (さいの) 5 の目. 〖(*c*1390) *cink* ◻ OF (F *cinq*) < L *quīnque* 'FIVE'〗

cìn·que·cén·tist /-tɪst | -tɪst/ *n.* 16 世紀のイタリアの美術家[文学者]. 〖(1871) ◻ It. *cinquecentista*: ⇨ ↓, -ist〗

cin·que·cen·to /tʃɪ̀ŋkwɪtʃéntou | tʃɪ̀ŋkwɪtʃéntəu, -kweɪ-; *It.* tʃiŋkwetʃénto/ *n.* 16 世紀(風)《特に, イタリアの美術・文学について; cf. trecento》; (特に)文芸復興期のイタリア 16 世紀. 〖(1760) ◻ It. (*mil*)*cinquecento* (thousand) five hundred (1500 年代の意)〗

cinque·foil /sɪ́ŋkfɔɪl, sǽŋk-/ *n.* **1** 〘植物〙バラ科キジムシロ属 (*Potentilla*) の草本の総称 (marsh cinquefoil など; 五指状の葉があるので five-finger ともいう). **2** 〘建築〙五弁飾り《アーチなどの装飾によく用いる; cf. foil[1] 5, trefoil 2》. **3** 〘紋章〙五葉 (cf. trefoil 3, quatrefoil 3, sexfoil 3, septfoil 3, octofoil). 〖(?*a*1300) *cinkfoil* ◻ OF *cincfoille* < L *quīnquefolium* (*quīnque* five＋*folium* leaf) (なぞり) ← Gk *pentáphullon*〗

cinque·pace /sɪ́ŋkəpèɪs | -kə̀-/ *n.* (*also* **cinque·pas** /-pæ̀s; *F.* sɛ̃kpɑ/) 〘ダンス〙サンクパ《5 ステップを中心とした 16 世紀のダンス》. 〖(*c*1570) 《古形》 *cinquepas* ◻ F 《廃》 *cinq pas* five paces〗

Cínque Pòrts /sɪ́ŋk-/ *n. pl.* [the ～] 五港《イングランド南東海岸の特別港; もとは Dover, Hastings, Hythe, Romney, Sandwich の五港で, 後に Rye, Winchelsea なども併称するようになった; 国防上の貢献の代償として特権が与えられた》. 〖(*c*1300) *Cink Pors* ◻ OF *cink porz* (the) five ports〗

cínque-spótted *adj.* 《Shak》五つのしるしのある. 〖1609-10〗

Cin·tra /síntrə/ *n.* シントラ《Sintra の旧称》.

Cin·za·no /tʃɪntsɑ́ːnou, sɪn- | -nəu; *It.* tʃintsáːno/ *n.* 〘商標〙チンザノ《イタリア産のベルモット酒; 食前酒に用いられる》. 〖(1923): 酒醸造業者の名にちなむ〗

CIO /síːàɪóu | -əu/ 《略》 Congress of Industrial Organizations《米国の産業別労働組合会議, 産別 (1955 年 2 月 AFL と合併; ⇨ AFL-CIO)》.

ci·on /sáɪən/ *n.* =scion 2.

-cion /ʃən/ *suf.* =-tion: suspicion. 〖◻ L *-ciō(n-)* ← *-c-* (動詞語幹末子音)＋*-iō(n-)* (n. suf.): ⇨ -tion〗

Ciop·pi·no /tʃəpíːnou | -nəu; *It.* tʃoppíːno/ *n.* 〘料理〙チョッピーノ《魚貝類をトマト・オニオン・ピーマン・赤ワイン・香辛料などと煮込んだイタリア風シチュー》. 〖(1936) ◻ ? It. 《方言》〗

Ci·pan·go /sɪpǽŋgou | -gəu/ *n.* 《古》チパンゴ《中世ヨーロッパの間でアジアの東にあるといわれた島; Marco Polo によって Zipangu の名で紹介され, のちには Columbus が到達を試みた; 日本と同定されている》. 〖Marco Polo の用語から〗

ci·pher /sáɪfə | -fə(r)/ *n.* **1 a** 暗号, 符牒(ふちょう): a ～ code [telegram] 暗号通信法[電報] / in ～ 暗号で. **b** (暗号を解く)かぎ (key). **c** 符号[暗号]文. **2** 何にもならない物; つまらない人 (nonentity): He's a mere ～. 名ばかりの人だ. **3** (数字の)零 (0) (zero, naught, nought). **4** 組合わせ文字, (名前のイニシアルの)組字 (monogram). **5 a** アラビア数字: a number of five ～*s* 5 けたの数. **b** アラビア記数法. **6** 〘音楽〙(オルガンの)自鳴《故障のため音が鳴り止まらないこと》. **— *vi.*** **1** 暗号を用いる. **2** 《古》 **a** 運算する, 計算する. **b** (数学で)数字を用いる. **3** 〈オルガンが〉自鳴する. **— *vt.*** **1** 暗号にする[で書く]. **2 a** 計算する, 算出する 〈*out*〉. **b** 考え出す 〈*out*〉. **3** 《Shak》暗号を解く (decipher). **～·er** /-f(ə)rə | -rə(r)/ *n.* 〖(*c*1385) *cifre, sypher* ◻ OF *cifre* (F *chiffre*) ◻ ML *cifra* ◻ Arab. *ṣifr* 'ZERO, 《原義》empty'〗

cípher àlphabet *n.* 暗号アルファベット.

cípher·kèy *n.* 暗号解読の鍵. 〖1831〗

cípher·tèxt *n.* 暗号文 (cf. plaintext). 〖1939〗

ci·pho·ny /sáɪfəni/ *n.* 〘電子工学〙暗号電話《電子回路により途中を暗号化して盗聴を防止する方法》. 〖《混成》← CI(PHER)＋(TELE)PHONY〗

cip·o·lin /sípəlɪn | -lɪn; *F.* sipɔlɛ̃/ *n.* 〘岩石〙シポリノ大理石《イタリア産; 緑の筋がある; cipollino ともいう》. 〖(1798) ◻ F ～ ◻ It. *cipollino* (dim.) ← *cipolla* onion < LL *cēpullam* (dim.) ← L *cēpa* onion ← ?〗

ci·pol·li·no /tʃìːpəlíːnou | -nəu; *It.* tʃipollíːno/ *n.* = cipolin.

cir. 《略》circa, circiter, circum; circle; circuit; circular; circulation; circumference; circus.

circ. 《略》circa, circiter, circum; circle; circuit; circular; circulation; circumference; [しばしば C-] circus.

cir·ca /sə́ːkə | sə́ː-/ *L. prep.* [通例年代と共に用いて] およそ, 約, …のころ (about) (略 c.): He was born ～ [c.] 1600. 彼は 1600 年ごろに生まれた. 〖(1861) ◻ L *circā* about ← *circum* round about: ⇨ circum-〗

cir·ca·di·an /sə(ː)kéɪdiən | sə(ː)kéɪdi-/ *adj.* 〘生物〙概日性の, 日周期性の《ほぼ 24 時間間隔で繰り返す行動的[生理的]律動の[を示す]; ほぼ 24 時間周期で動く[起こる]》: ⇨ circadian rhythm. **～·ly** *adv.* 〖(1959) ← L *circā* about＋*diēs* day＋-AN[1]〗

circádian rhýthm *n.* 〘生理〙日周期, 24 時間リズム《生物時計で支配される生命現象の約 24 時間周期のリズム; cf. body clock, biorhythm》. 〖1963〗

cir·can·ni·an /səːkǽniən | səː-/ *adj.* 〘生物〙概年性の, 年周期性の《ほぼ 1 年周期で動く[起こる]》. 〖← L *circā annum* around the year＋-AN[1]〗

cir·can·nu·al /səːkǽnjuəl, -njʊl | səː-/ *adj.* 〘生物〙 =circannian. 〖⇨ circa, annual〗

Cir·cas·si·a /sə(ː)kǽʃiə, -ʃə | sə(ː)kǽsiə, -ʃiə/ *n.* チェルケス《ロシア連邦南部, 黒海に接する Caucasus 山脈の北西地方》.

Cir·cas·si·an /sə(ː)kǽʃiən, -ʃən | sə(ː)kǽsiən, -ʃiən/ *n.* **1** チェルケス人《白人で非インドヨーロッパ語族の種族; その肉体的美しさで知られる》. **2** チェルケス語. **— *adj.*** チェルケス(人)の. 〖(1555): ⇨ ↑, -an[1]〗

Circássian wálnut *n.* **1** サーカシアンウォールナット《淡褐色に不規則な黒じまの入ったセイヨウグルミ (English walnut) 材; 家具製造に用いられる》. **2** 〘植物〙 =English walnut 1. 〖1914〗

Cir·ce /sə́ːsi | sə́ː-/ *n.* **1** 〘ギリシャ神話〙キルケー (Homer の *Odyssey* に出て来る魔女; 魔法の酒を飲ませて Odysseus の部下たちを豚に変える). **2** 魅惑的な女; 妖婦型の美人. 〖OE ◻ L *Circē* ◻ Gk *Kírkē* ← ? Sem.〗

Cir·ce·an /sə́ːsiən, səːsíːən | səːsíːən, sə́ːsiən/ *adj.* **1** キルケー (Circe) の(ような). **2** 魅惑的な, 妖婦型の: ～ charms (キルケーのような)魅惑力. 〖(1649): ⇨ ↑, -an[1]〗

cir·ci·nate /sə́ːsənèɪt, -sn- | sə́ːsɪn-, -sn-/ *adj.* **1** 丸い, 輪形の. **2** 〘植物〙渦巻状の, ワラビ巻きの《シダ類の葉など》. **3** 〘医学〙(連)環状の. **～·ly** *adv.* 〖(1830) ◻ L *circinātus* (p.p.) ← *circināre* to make round ← *circinus* pair of compasses ← *circus*: ⇨ circus, -ate[2]〗

cir·cin·gle /sə́ːsɪŋgl | sə́ː-/ *n.* =surcingle.

Cir·ci·nus /sə́ːsənəs, -sn- | sə́ːsɪn-/ *n.* 〘天文〙コンパス座《南天の小星座; the Compasses ともいう》. 〖← L *circinus*: ⇨ circinate〗

cir·ci·ter /sə́ːsətə | sə́ːsɪtə(r)/ *L. prep.* =circa. 〖◻ L ～〗

cir·cle /sə́ːkl | sə́ː-/ *n.* **1** 円, 丸; 円周 (cf. sphere): a half ～ 半円 / describe a ～ around a triangle 三角形の周囲に円を描く / make a ～ 円を描く. **2 a** 円形の物. **b** 環, 輪 (ring). **c** 輪形になった物[人]; 円陣: a ～ of trees 環状に植えた樹木 / dance in a ～ 輪になって踊る / sit in a ～ 車座になる. **d** 環状道路[鉄道]; [C-] (ロンドンの地下鉄の)サークルライン, 環状線. **e** 《米》 =rotary 1. **f** 円形の広場[公園, 庭園]. **g** [the ～] (劇場の半円形になっている) 2 階桟敷(さじき) (balcony): ⇨ dress circle, upper circle. **h** (目の下または周囲にできる)くま: black ～*s* around one's eyes. **i** 王冠 (crown). **3 a** (同一の利害・職業などの)仲間, 団体, 会, サークル; 社会, …界: the upper ～*s* 上流社会 / business ～*s* 実業界 / theatrical ～*s* 演劇界 / a reading ～ 読書会[グループ] / a sewing ～ (慈善のための)裁縫婦人会 / a scandal in the political ～*s* 政界の醜聞. 日英比較 日本語の「同好会」の意での「サークル」に当たる英語は club. **b** 全系統[系列], 全体: the ～ of the sciences 学問の全系統 / a ～ of pleasures 一切の快楽. **4** (交際などの)範囲; 活動範囲, 勢力圏内 (sphere); (思想などの)範囲 (range): have a large ～ of friends 交際が広い / a small ～ of friends 内輪の友人 / the ～ of ideas, interests, etc. **5 a** 周行, 循環, 一周 (cycle): the ～ of the year [the seasons] 年[四季]の循環 / ⇨ *come full* CIRCLE. **b** 〘論理〙循環論法 (vicious circle): argue in a ～ 循環論法で論じる. **6** 曲馬場, サーカス小屋. **7** (ドイツ・イタリアなどでの)地方の一行政区画. **8** 〘天文〙 **a** (天体の)軌道 (orbit). **b** 運行の周期. **c** =meridian circle. **d** (天球上の)圏. **e** (月の)暈(かさ), 月暈(げつうん) (halo). **f** 《古詩》天球, 天体. **9** (方向を定めるための目盛り輪のついた)天体器具. **10** 〘地理〙緯線; 圏: the Arctic [Antarctic] *Circle* 北極[南極]圏 / ⇨ great circle. **11** 〘製本〙花車 (roll). **12** 〘アイスホッケー〙 =striking circle. **13** 〘考古〙(Stonehenge などの)環状列石 (stone circle).

còme* [*tùrn*] *fúll círcle 一周して元に戻る: The wheel has *come full* ～. (物事が好転の後)元に[振り出しに]戻った (cf. Shak., *Lear* 5. 3. 174). ***gò* [*rún*] (*a*)*róund in círcles*** (1) ぐるぐる同じ所を回る, 堂々巡りする. (2) 《口語》むだにせわしくかけずり回る, 忙しくするばかりで何の効果も上がらない. (1933) ***rún círcles* (*a*)*ròund*** =*run* RINGS (*a*)*round*. ***squáre the círcle*** (1) 〘数学〙円に等しい面積の正方形を求める (cf. QUADRATURE of the circle). (2) 不可能な事を企てる. ***swíng* (*a*)*ròund the círcle*** (1) 《口語》一回転する; 幾度も転換する[主義を変える]. (2) 《米》〈候補者が〉選挙区を遊説して回る. ***tùrn fúll círcle*** =*come full* CIRCLE.

círcle of confúsion [the ―] 〘光学〙錯乱円《幾何光学的な(球面)収差や焦点はずれのため, 物空間の一点から出た光線束に対応する像空間の光線束と光軸に垂直な平面との交点が円盤状になる時, その円をいう; blur circle ともいう》. (1906)

círcle of convérgence [the ―] 〘数学〙収束円《複素級数が収束するすべての点から成る円; cf. INTERVAL of convergence》.

círcle of cúrvature [the ―] 〘数学〙曲率円 (cf. RADIUS of curvature).

círcle of léast confúsion [the ―] 〘光学〙最小錯乱円《物空間の一点から出た光線束が(球面)収差のため像空間の一点に収束しない時, 像空間光線束の最小断面の半径をいう》. (1867)

— *vt.* **1 a** (円形に)取り巻く[囲む]: ～ the grounds. **b** (注意を引くために)円で囲む: ～ the right answer. **2 a** …の周りをぐるりと回る, 一周する: The bus ～*s* the castle. そのバスは城を一周する. **b** 旋回させる. **c** (危険を避けるために)迂回する: ～ the iceberg.

— *vi.* **1** 〈飛行機・鳥などが〉旋回する; ぐるぐる円を描いて進む; 〈酒瓶などが〉ぐるぐる回される〈*round, about*〉. **2** 円を描く; 円を描いて広がる.

círcle báck 大きく円[輪]を描いて戻る.

cír·cler /-klə, -klə | -klə(r), -klə(r)/ *n.* 〖(*a*1121) ME *cercle* ◻ (O)F < L *circulum*: ⇨ circus, -ule〗

circle 1

1 sector
2 arc
3 segment
4 circumference
5 chord
6 diameter
7 center
8 radius

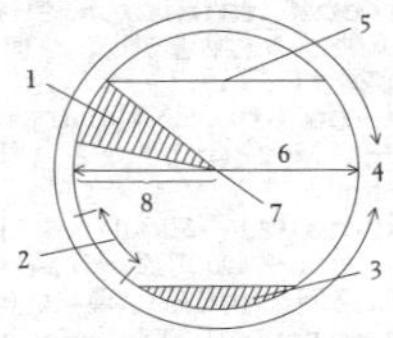

círcle brìck *n.* 〘窯業〙扇形れんが《円筒の内張りに用いるれんが》.

círcle cànon *n.* 〘音楽〙輪唱 (round).

círcle dànce *n.* 〘ダンス〙サークルダンス《男女が同性同士手をつないで互いに反対の方向へサークルを進行するダンス》.

círcle éight *n.* 〘スケート〙サークルエイト《まず右足で, 次に左足で描かれた二つの接円》.

círcle gràph *n.* 〘統計〙円グラフ (⇨ pie chart). 〖1928〗

círcle-òut *n.* 〘映画・テレビ〙 =iris-out.

círcle rìder *n.* 《米》家畜を遠巻きにして駆り集めるカウボーイ. 〖1888〗

cir·clet /sə́ːklɪt | sə́ː-/ *n.* **1** 小円, 小圏, 小環. **2** 飾り輪; (特に)頭飾り; 指輪 (ring): a diamond ～ / a ～ of flowers / a small ～ of gold 《詩》金の指輪. 〖(*c*1400) ◻ (O)F *cerclet*: ⇨ circle, -et〗

cír·cling bòy /sə́ːklɪŋ-, -kl- | sə́ː-/ *n.* 〘英史〙 =roaring boy.

círcling disèase *n.* 〘獣医〙回旋病 (⇨ listeriosis). 《罹病した動物が円状に歩行する特徴から》

cir·clip /sə́ːklɪp | sə́ː-/ *n.* 〘工学〙止め輪, 半円形のワッシャー《軸上にある物の移動を防ぐ働きをする; retaining ring ともいう》. 〖《混成》← CIR(CLE), CIR(CULAR)＋CLIP[1]〗

Cir·clo·ra·ma /sə̀ːkləræ̀ːmə, -rǽmə | sə̀ːklərɑ́ːmə/ *n.* 〘商標〙サークロラマ《多数の映写機を用いて観客の周囲に円筒状に配列した多数のスクリーンに映写する映画の方式》.

circs /sə́ːks | sə́ːks/ *n. pl.* 《英》《口語》 =CIRCUMSTANCES. 〖(1883) 略〗

cir·cuit /sə́ːkɪt | sə́ːkɪt/ *n.* **1 a** 周行, 巡回, 巡行; 巡回旅行, 周遊; 迂回: make a ～ 巡回(旅行)をする; 迂回する / make [do] a ～ of the lake [track] 湖[トラック]を一周[一巡]する. **b** 回り道, 迂回路[コース]. **2 a** (円状の

C

ものの)周囲 (⇨ circumference SYN): a lake about 10 kilometers in ～ 周囲10キロの湖水. **b** 囲まれている地域 (area). **c** 《俗》《野球》ダイヤモンド: hit for the ～ ホームランを打つ. **3** 《電気》回路, 回線; 電路; (回路の)接続, 結線: a broken ～ 開回線, 開電路 / a closed ～ 閉回線, 閉電路 / an electrical ～ 電気回路 / an integrated ～ 集積回路 / a magnetic ～ 磁路 / a return ～ 帰路 / ⇨ open circuit, short circuit / break [open] the ～ 回路を開く. **4** (自動車レース用の)周回路, サーキット. **5 a** (牧師, セールスマン, 巡回裁判 (assizes) のための裁判官などの)地方巡回; 定期的な巡回; 行商. **b** 地方[定期]巡回路: go on ～. **c** [集合的] 定期的に巡回する人たち; 巡回裁判弁護士[判事]たち; 巡回牧師たち. **d** 巡回裁判区: the Western *Circuit*. **e** (メソジスト教会説教師の)巡回教区[区域]: ride (the) ～ 〈巡回牧師[判事]が〉馬で巡回する (cf. circuit rider). **f** 《英法》司法執行上イングランドを6つの地域に分けたその一つ. **6 a** (劇場・映画館・ナイトクラブなどの)興行系統, 系列, チェーン. **b** (野球などの)リーグ, 協会, 連盟; リーグ戦; [通例 the ～] リーグ戦参加者たち. **c** (ナイトクラブなどの)一派, グループ, 仲間. **7** 《Shak》王冠 (circlet). — *vt*. …の周囲を回る, 周行する; 巡回する. — *vi*. 周行する; 巡回する.

～·al /-ṭḷ | -tl/ *adj*. 〘(*a*1384) ▭ (O)F ～ ▭ L *circuitus* going round ← (p.p.) ← *circu(m)īre* to go round ← CIRCUM- + *īre* to go〙

círcuit ànalyzer *n*. 《電子工学》回路解析器 《多目的計器 (multimeter) の別名》.

círcuit bìnding *n*. 《製本》=divinity circuit binding.

círcuit bòard *n*. 《電算》回路基盤 (cf. printed circuit). 〘1948〙

círcuit brèaker *n*. 《電気》(サーキット)ブレーカー, (回路)遮断器 《事故電流を切る能力をもったスイッチ》: an oil ～ 油入遮断器. 〘1872〙

círcuit cóurt *n*. 《法律》**1** 《英》巡回裁判所 (cf. COURT of assize). **2** 《米》**a** (連邦)巡回裁判所 (1911年に廃止され, district court に併合された). **b** (いくつかの州にある)巡回裁判所. **Círcuit Cóurt of Appéals** 《法律》⇨ COURT of appeals. 〘1708〙

círcuit èdges *n*. *pl*. 《製本》折れ耳, 垂れ耳 《耳折れ表紙 (divinity circuit binding) の垂れ下った縁》. 〘1905〙

cír·cuit·er /-ṭə | -tə(r)/ *n*. 巡回者 《巡回裁判官など》. 〘(1654): ⇨ -er¹〙

círcuit jùdge *n*. 巡回裁判官. 〘1801〙

cir·cu·i·tous /sə(ː)kjúːəṭəs | sə(ː)kjúːɪt-/ *adj*. **1** 回り道の: a ～ route. **2** 遠回しの, 回りくどい: a ～ argument. **～·ly** *adv*. **～·ness** *n*. 〘(1664) ▭ ML *circuitōsus*: ⇨ circuit, -ous〙

círcuit rìder *n*. 《米》(開拓時代のメソジスト教会の教区を馬で回った)巡回牧師 (cf. circuit 5 e). 〘1837〙

cir·cuit·ry /sə́ːkɪ̣tri | sə́ːkɪtri/ *n*. **1** (ラジオ・テレビ・コンピューターなどの)電気回路の機構. **2** [集合的] 電気回路の構成要素 《真空管や抵抗器など》. 〘(1946): ⇨ -ry〙

círcuit tèster *n*. 《電気》テスター, 回路試験器 《回路試験用の小型の計器》.

círcuit tràining *n*. サーキットトレーニング 《数種類の運動とその運動量を設定し, 何回か繰り返して行う循環式練習法》. 〘1957〙

cir·cu·i·ty /sə(ː)kjúːəṭi | sə(ː)kjúːɪti/ *n*. 迂遠(うえん)なこと; (言葉などの)回りくどさ. 〘(1542) ▭ OF *circuité*: ⇨ circuit, -y¹〙

cir·cu·lar /sə́ːkjulə | sə́ːkjulə(r)/ *adj*. **1 a** 円の[に関する]: a ～ arc 円弧. **b** 丸い, 円形の: a ～ area. **2** ぐるぐる回る; 円を描く, 環状の (⇨ round¹ SYN); 循環的な: a ～ motion 円運動 / a ～ number 循環数 / a ～ staircase 回り階段 / a ～ railroad 環状鉄道. **3** 巡回の, 回遊的な: a ～ tour 《英》周遊旅行 / a ～ ticket 《英》周遊券. **4** 遠回しの, もって回った, 回りくどい; 間接の: a ～ expression. **5** 多数の人に回す, 回覧の: a (bank's) ～ letter of credit 《商業》巡回[旅行]信用状 / ⇨ circular letter, circular note. **6** 《論理》循環論法的な: a ～ argument. — *n*. 回報, 回状, 回章; 同文通牒; (広告用の)ちらし. **～·ly** *adv*. **～·ness** *n*. 〘(*c*1370) ▭ AF *circuler*=OF *circulier* < LL *circulārem* ← L *circulus*: ⇨ circle, -ar¹〙

círcular bréathing *n*. 《音楽》円環[循環]呼吸 《サックス奏者などが, 鼻から吸い込んだ吸気をそのまま呼気として楽器に吹き込んで音をとぎれなく発生させるようにする呼吸法》

círcular canál *n*. 《動物》環状水管, 環状管, 環水管 《クラゲのかさの周縁を環状に取り巻く水管》.

círcular cóne *n*. 《数学》円錐.

círcular definítion *n*. 《論理》循環定義 《被定義概念が定義概念の中に現れているような定義》.

círcular érror *n*. **1** 《時計》円弧誤差 《振り子の重心が円弧を描いて振動するために生じる周期変動》. **2** 《軍事》(ミサイル・弾丸の弾着点または爆心ゼロ地点から目標中心部までの距離で表す)円形誤差. 〘1884〙

círcular érror próbable *n*. 《軍事》円形公算誤差, 誤差確率円, 半数命中半径, 円形半数必中界 《目標を中心として, ミサイル・弾丸の半数が落ちると予想される円の半径のことで, 命中精度を示す; 略 CEP》.

círcular fíle *n*. 《米》=wastebasket.

círcular fúnction *n*. 《数学》=trigonometric function 1.

círcular insánity *n*. 《精神医学》循環[周期性]精神病, 躁鬱病. 〘1862〙

cir·cu·lar·i·ty /sə̀ːkjulǽrəṭi, -lέr- | sə̀ːkjulǽrɪti/ *n*. **1** 丸さ, 円形(であること), 圏状, 環状. **2** (論旨などの)循環性, 堂々巡り. 〘(1582) ▭ ML *circulāritātem*: ⇨ circular, -ity〙

cir·cu·lar·ize /sə́ːkjuləràɪz | sə́ː-/ *vt*. **1 a** 〈回状・ちらしなどを〉回付する, 回覧的に送る, 回送する; 回覧にする. **b** …に回状[ちらし(など)]を回す[配る]. **2** (回状・ちらしなどで)広告する, 一般に知らせる. **3** …にアンケートを送る; アンケートで調査する. **cir·cu·lar·i·za·tion** /sə̀ːkjulərɪ̣zéɪʃən | sə̀ːkjuləraɪ-, -rɪ-/ *n*. **cír·cu·lar·iz·er** *n*. 〘(1799): ⇨ -ize〙

círcular-knít *adj*. 〈編物が〉丸編みの (cf. flat-knit).

círcular knítting machìne *n*. 丸編み(メリヤス)機 《円筒状のよこメリヤス生地を編む機械》.

círcular létter *n*. 回覧状, 回状. 〘1659〙

círcular lével *n*. 《土木》=box level.

círcular líght *n*. 《光学》円偏光.

círcular méasure *n*. 《数学》弧度法 《ラジアン (radian) を用いる測角》. 〘1874〙

círcular míl *n*. 円ミル 《直径 1 mil (=0.001 inch) の円の面積; 針金などの断面積の測定単位》.

círcular nóte *n*. 《銀行》信用状 (letter of credit). 〘1850〙

círcular pítch *n*. 《機械》円周ピッチ 《歯車のピッチ円上で測った隣り合った歯の間隔》.

círcular pláne *n*. 《木工》反台鉋(そりだいかんな) 《凹面などを削るために台が弧状になった鉋; compass plane ともいう》.

círcular polarizátion *n*. 《光学》円偏向 《光や電磁波の電気ベクトルの先端が進行方向から見て円運動をする状態; cf. elliptical polarization》.

círcular protéctor *n*. 《婉曲》円形用防具 《コンドームのこと》.

círcular sáw *n*. 丸のこ (《米》buzz saw) 《動力駆動で小円形》. 〘1817〙

círcular tríangle *n*. 《数学》円弧三角形 《辺が円弧になっている三角形》.

círcular velócity *n*. **1** 《物理》円軌道速度 《人工衛星などが円軌道に乗って地球などを回るのに必要な速度; 軌道高度と共に減少する; cf. orbital velocity》. **2** 《経済》=VELOCITY of circulation.

cir·cu·late /sə́ːkjulèɪt | sə́ː-/ *vi*. **1 a** 〈新聞・本などが〉配布される, 販売される: ～ to a wide circle of readers 広い読者層にわたる. **b** 〈風説などが〉流布する, 伝わる: A rumor ～*d* through the city. あるうわさが町中に広がった. **c** 〈空気などが〉よどみなく流れる[動く]. **d** 《米》旅をして回る, 巡回する; (人から人へ)渡り歩く, 歩き回る, 自由に動き回る, 立ち回る. **e** 〈貨幣が〉流通する. **2 a** 円運動をする; 回転する. **b** (パーティー・社交の場などで)人から人を回って歩く. **c** 〈酒などが〉次々につがれる[回される]. **3** 〈血液・樹液などが〉巡る, 循環する. **4** 《数学》〈数字が〉循環する. — *vt*. **1 a** 〈新聞などを〉配る, 配布する; 〈手紙・図書などを〉回覧する, 回覧に回す. **b** 〈風説などを〉触れ回る, 流布する, 広める: ～ false news. **c** 〈通貨・手形などを〉流通させる: ～ bills of credit. **2 a** 循環させる. **b** 〈酒などを〉次々につぎ回す: ～ wine, a bottle, etc.

cír·cu·làt·a·ble /-ṭəbḷ | -tə-/ *adj*. 〘(1471) ← L *circulātus* (p.p.) ← *circulārī* to form a circle ← *circulus* 'CIRCLE'〙

cír·cu·làt·ing cápital /-ṭɪŋ | -tɪŋ/ *n*. 《経済》流動資本 (cf. fixed capital). 〘1776〙

círculating décimal *n*. 《数学》循環小数 (⇨ recurring decimal). 〘1768〙

círculating líbrary *n*. 《特に米》**1** 貸本屋, 貸出し文庫 (lending library). **2** (会員間とか学校間などで回し読みする)回覧文庫, 回覧図書館. **3** 《まれ》会員制貸出図書館 (subscription library). 〘1742〙

círculating mèdium *n*. 流通貨幣[手段], 通貨. 〘1798〙

cir·cu·la·tion /sə̀ːkjuléɪʃən | sə̀ː-/ *n*. **1 a** (貨幣・書籍・風説などの)流通, 流布: withdraw money [books] from ～ 貨幣を回収する[本の発行をやめる] / be in ～ 流布して[広まって]いる; 流通[通用]している, 出回っている / put a rumor [money] into [in] ～ うわさを流布させる[貨幣を流通させる] / the ～ of rumors, news, etc. **b** (空気・水などの)流通. **c** (新聞・雑誌などの)配布, 普及. **2** (血液・樹液の)循環, 血行, 巡り: the ～ of the blood / have (a) good [bad] ～ 血の循環が良い[悪い]. **3 a** 発行高[部数], 普及高, 配布部数, 販売部数: have a large [limited] ～ 発行部数が多い[少ない]. **b** (図書館資料の)貸出し; 館外貸出し; 貸出し冊数[点数]. **c** (放送などの)視聴者数: the ～ of a TV advertisement. **4** [集合的] 通貨 (currency), 流通手形. **5** 《数学》循環 《ベクトル場を V, 閉曲線を C, C の接線方向の成分を Vs としたときの, Vs の C に沿う線積分》.

in circulátion (1) ⇨ 1 a. (2) (社会・社交界・実業界などで)活動して. ***out of circulátion*** 活動しないで: keep a person *out of* ～ 人を活動できないようにしておく, 人を動き回れないようにしておく.

〘(1440) ▭ (O)F ～ // L *circulātiō(n-)*: ⇨ circulate, -ation〙

cir·cu·la·tive /sə́ːkjulèɪṭɪv, -lət- | sə́ːkjulət-, -lèɪt-/ *adj*. 循環的な; 流通的な; 循環を促進させる. 〘(1635) ← L *circulātīvus* (p.p.) ← *circulāre*〙

cír·cu·là·tor /-ṭə | -tə(r)/ *n*. **1** (風説・報道・病毒などの)流布者, 伝達者: a ～ of rumors, news, infection, etc. **2** (貨幣の)流通者. **3** あちこち旅行する人, 巡回者. **4** 循環装置. **5** 《廃》野師, 大道薬売り (mountebank). 〘(1607) ▭ L *circulātor*〙

cir·cu·la·to·ry /sə́ːkjulətɔ̀ːri | sə̀ːkjuléɪtəri, sə́ːkjulətəri, -tri/ *adj*. (血液・樹液・水・空気などの)循環の[に関する, を起こす]. 〘(1559) ← NL *circulātōrius*〙

círculatory sỳstem *n*. 《解剖・動物》循環系(統) 《心臓・血液・血管・リンパ液・リンパ腺など血液・リンパ液の循環に関連する組織》. 〘1862〙

cir·cum /sə́ːkəm | sə́ː-/ *prep*. …の周囲に, …の回りに. 〘▭ L ～ (↓)〙

cir·cum- /sə́ːkəm | sə́ː-/ *pref*. 「(…の)周囲に, (…を)取り巻く, 諸方に」の意: *circum*polar, *circum*scribe. 〘▭ OF ～ // L ～ ← *circum* (adv. acc.) around: ⇨ circus〙

cir·cum·am·bi·ent /sə̀ːkəmǽmbiənt | sə̀ː-/ *adj*. **1** 取り巻く[囲む], 周囲の: the ～ air. **2** ぐるりとひと回りする. **cìr·cum·ám·bi·ence** /-biəns/ *n*. **cìr·cum·ám·bi·en·cy** /-biənsi/ *n*. 〘(1633) ▭ LL *circumambient-* (pres.p.) ← *circumambīre*: ⇨ ↑, ambient〙

circum·ámbulate *vi*. **1** 巡行する, 巡り歩く, 歩き回る; 巡礼する. **2** ぶらぶら当てもなくさまよう. **3** 核心をはぐらかす, 遠回しに言う. — *vt*. 〈場所〉の回りを歩く, 巡回する. **cìrcum·ambulátion** *n*. **circum·ámbulator** *n*. **circum·ámbulatory** *adj*. 〘(1656) ← L *circum ambulātus* (p.p.) ← *circum ambulāre* to walk around: ⇨ circum, ambulate〙

cir·cum·bend·i·bus /sə̀ːkəmbéndɪ̣bəs | sə̀ːkəmbéndɪ-/ *n*. 《戯言》遠回しの[回りくどい]言い方. 〘(1681) ← CIRCUM- + BEND¹ + L *-ibus* (abl. pl. ending)〙

cìrcum·bóreal *adj*. 《生態》北米・ユーラシア両大陸の寒帯に生息する動植物の, 周北の.

círcum·cènter *n*. 《数学》外心 《三角形の外接円, または四面体の外接球の中心》. 〘*c*1889〙

círcum·círcle *n*. 《数学》外接円. 〘1885〙

cir·cum·cise /sə́ːkəmsàɪz | sə́ː-/ *vt*. **1 a** 〈ユダヤ人・回教徒などが〉(宗教的儀式として)…に割礼を行う. **b** 《医学》〈男子〉の包皮を切り取る, 輪切[環状切除]を行う. **c** 〈女子〉の陰核(の包皮)を切り取る. **2** 《聖書》(精神的に)清浄にする, 清める (cf. *Jer*. 4: 4): ～ the heart, passions, etc. 〘(*c*1250) ← L *circumcīsus* (p.p.) ← *circumcīdere* to cut around (← CIRCUM- + *caedere* to cut) 《なぞり》← Gk *peritémnein*〙

cír·cum·cìs·er *n*. 割礼を施す人. 〘(1535): ⇨ ↑, -er¹〙

cir·cum·ci·sion /sə̀ːkəmsíʒən | sə̀ː-/ *n*. **1** (ユダヤ人・回教徒などの宗教的儀式としての)割礼. **2** 《医学》輪切(術), 包皮切除. **3** 《聖書》心的浄化. **4** [the C-] 《キリスト教》(イエスキリストの)割礼の祝日, 受割礼日 (1月1日). 〘(? lateOE *circumcisi(o)un* ▭ (O)F *circumcision* ▭ LL *circumcīsiō(n-)* 《なぞり》← Gk *peritomḗ*: ⇨ circumcise, -sion〙

cir·cum·fer·ence /səkʌ́mfᵊrəns, sə-, -fəns | səkʌ́mf(ə)rəns/ *n*. **1** 円周 (⇨ circle 挿絵). **b** 周辺, 周囲: the ～ of one's chest 胸郭の周囲, 胸囲 / The trunk was about forty feet in ～. その木の幹は周囲約40フィートあった. **2** 周辺の長さ, 回りの距離. **3** (囲まれた)領域, 範囲 (bounds). 〘(*a*1393) ▭ (O)F *circonférence* ▭ L *circumferentia* (← CIRCUM- + *ferre* to carry) 《なぞり》← Gk *periphéreia* 'PERIPHERY'〙

SYN 周囲: **circumference** 円形(に近いもの)の周囲: a lake five miles in *circumference* 周囲5マイルの湖. **perimeter** 円形のみならず, 三角形・四角形・多角形などの周囲: the *perimeter* of the earth 地球の周囲. **periphery** 物の周囲または周辺 《格式ばった語》: the *periphery* of the town 町の周辺部. **circuit** 物の周囲を一巡すること・行程: the moon's *circuit* of earth 月が地球を一巡する公転(軌道).

---

cir·cum·fer·en·tial /səkʌ̀mfərénʃəl, sə- | sə-⁻/ *adj*. **1** 円周の. **2** (特に, 都市などの)周辺の; 周辺を取り巻く[囲む]: a ～ highway. **～·ly** /-ʃ(ə)li/ *adv*. 〘(1610) ← L *circumferentia* (↑): ⇨ -al¹〙

cir·cum·fer·en·tor /səkʌ́mfərèntə, sə- | səkʌ́mfərèntə(r)/ *n*. 《測量》地平測角器, 測角羅盤 《羅針盤の付いた方向視準器; Dutch circle ともいう》. 〘(1610) ← L *circumferentia* (↑): ⇨ -or²〙

cir·cum·flex /sə́ːkəmflèks | sə́ː-/ *adj*. **1** 《音声》**a** 〈アクセントが〉曲折的な. **b** 曲折アクセントのついた. **2** 《解剖》(弓状)湾曲した (bent, curved), 回旋した: the ～ muscle of the palate 口蓋張筋. — *n*. 《音声》=circumflex accent. — *vt*. **1** 《音声》〈母音〉に曲折アクセント記号を付ける. **2** 《まれ》(弓状に)曲げる. 〘(1565) ▭ L *circumflexus* (p.p.) ← *circumflectere* to bend around: (⇨ circum-, flex): cf. Gk *perispṓmenos* drawn round〙

círcumflex áccent *n*. 《音声》曲折アクセント(ˆ, ˜, ˇ) 《古代ギリシャ語では ˆ は長母音または二重母音を表した; 現代フランス語の正字法では音声的な意味はない; 単に circumflex ともいう; cf. accent 2》. 〘*a*1577〙

círcumflex ártery *n*. 《解剖》回旋動脈. 〘1831〙

cir·cum·flu·ent /sə(ː)kʌ́mfluənt | sə(ː)-/ *adj*. 回りを流れる; (流動的に)取り囲む. **cir·cum·flu·ence** /sə(ː)kʌ́mfluəns | sə(ː)-/ *n*. 〘(1577) ▭ L *circumfluentem* (pres.p.) ← *circumfluere* to flow around: ⇨ circum-, fluent〙

cir·cum·flu·ous /sə(ː)kʌ́mfluəs | sə(ː)-/ *adj*. **1** = circumfluent. **2** 水に囲まれた. 〘(1615): ⇨ ↑, -ous〙

cir·cum·fuse /sə̀ːkəmfjúːz | sə̀ː-/ *vt*. **1** 〈光・液体・気体などを〉周囲に注ぎかける 〈*around, about*〉. **2** 〈光・液体などを〉浴びせる 〔*with, in*〕: a face ～*d with* water 水を浴びた顔. **cir·cum·fu·sion** /sə̀ːkəmfjúːʒən | sə̀ː-/ *n*. 〘(1596) ← L *circumfūsus* (p.p.) ← *circumfundere* to pour around: ⇨ circum-, fuse¹〙

circum·in·cés·sion /-ɪnséʃən/ *n*. 《神学》三位相

互内在性《父・子・聖霊の三位が相互に関連し内在すること; cf. *John* 14:10》. 〘(1644) ◻ ML *circumincessiō(n-)* (← CIRCUM-＋*incēdere* to go along ⇨ in-², cede)《なぞり》← MGk *perikhōrēsis*〙

cir·cum·ja·cent /sə̀ːkəmdʒéɪsənt, -sn̩t | sɜ̀ː-⁻/ *adj.* 周辺[周囲]にある: the ~ areas of the city 都市周辺の地域. 〘(1490) ◻ L *circumjacentem* (pres.p.) ← *circumjacēre* to lie round, border upon《なぞり》← Gk *perikhōrēsis* to go along: ⇨ circum-, adjacent〙

cir·cum·lo·cu·tion /sə̀ːkəmloukjúːʃən | sɜ̀ːkəmlə-/ *n.* **1 a** 回りくどさ, 遠回し; 冗舌 (verbosity). **b** 言い逃れ. **2** [軽蔑的に] 回りくどい表現, 婉曲表現 (euphemism). **~·al** /-ʃnəl, -ʃənl/ *adj.* **~·àr·y** /-ʃənèri | -ʃ(ə)nəri/ *adj.* **~·ist** /-ʃ(ə)nɪst | -nɪst/ *n.* 〘(*a*1401) ◻ L *circumlocūtiō(n-)* a talking round《なぞり》← Gk *periphrasis* 'PERIPHRASIS': ⇨ circum-, locution〙

Circumlocútion Òffice *n.* **1** 繁文縟礼(じょくれい)省, やらない課, たらい回し局. **2** 繁文縟礼, お役所主義 (red-tapeism). 〘(1855) 手続きが面倒で事務が少しもはかどらない官庁を Charles Dickens が小説 *Little Dorrit* の中で皮肉った言葉〙

cir·cum·loc·u·to·ry /sə̀ːkəmlá(ː)kjutɔ̀ːri | sɜ̀ːkəmlɔ́kjutəri, -tri/ *adj.* 回りくどい, 遠回しの: ~ remarks. 〘(1659) ← CIRCUMLOCUT(ION)＋-ORY¹〙

cìrcum·lúnar *adj.* 〘天文〙月の回りを回転する[取り囲む]. 〘1909〙

cìrcum·merídian *adj.* 〘天文〙〈天体が〉子午線付近の. 〘1852〙

cir·cum·mure /sə̀ːkəmmjúə | sɜ̀ːkəmmjúə^(r)/ *vt.* 壁でぐるりと囲む (cf. Shak., *Measure* 4. 1. 28). 〘(1604) ← CIRCUM-＋L *mūrāre* to wall〙

cir·cum·nav·i·ga·ble /sə̀ːkəmnǽvɪɡəbl | sɜ̀ːkəmnǽvɪ-⁻/ *adj.* 周航できる. 〘1691〙

cir·cum·nav·i·gate /sə̀ːkəmnǽvəɡèɪt | sɜ̀ːkəmnǽvɪ-/ *vt.* **1** 周航する, (船で)一周する. **2** 〈混みあったところを〉迂回する (bypass). **cir·cum·nav·i·ga·to·ry** /sə̀ːkəmnǽvəɡətɔ̀ːri | sɜ̀ːkəmnǽvɪɡətəri, -ɡèɪt-, -tri/ *adj.* 〘(1634) ← L *circumnāvigātus* (p.p.) ← *circumnāvigāre*: ⇨ circum-, navigate〙

cir·cum·nav·i·ga·tion /sə̀ːkəmnævəɡéɪʃən | sɜ̀ːkəmnævɪ-/ *n.* 周航, 一周航海. 〘(1705): ⇨ ↑, -ation〙

cìr·cum·náv·i·gà·tor /-tə | -tə^(r)/ *n.* 周航者; 世界周航者. 〘(1770): ⇨ -or²〙

cìrcum·nútate *vi.* 〘植物〙〈茎・巻ひげなどが〉(生長する時)回旋転頭する. 〘(1880) ← CIRCUM-＋NUTATE: C. Darwin の造語〙

cìrcum·nutátion *n.* 〘植物〙(茎・巻ひげなどの)回旋運動, (回旋)転頭運動 (cf. nutation 4). 〘1880〙

cìrcum·ócular *adj.* 〘生物〙目周の; 目部を取り巻く.

cìrcum·óral *adj.* 〘生物〙口周の; 口部を取り巻く. 〘1847–49〙

cìrcum·plánetary *adj.* 〘天文〙(比較的惑星に近い所で)惑星を取り巻く; 惑星付近の. 〘← CIRCUM-＋PLANET¹＋-ARY〙

cìrcum·pólar *adj.* **1** 〘天文〙〈天体が〉天極付近の, 周極の, 極の回りの, 極の回りをめぐる: a ~ star 周極星. **2** 周極の, 極地付近にある[に見られる]: the ~ ocean. 〘(1686) ← CIRCUM-＋L *polus* 'POLE²'〙

cìrcum·rádius *n.* (*pl.* **-dii**, **~es**) 〘数学〙外接円の半径.

cir·cum·ro·tate /sə̀ːkəmróuteɪt, ⁻⁻⁻⁻ | sɜ̀ːkəmrəutéɪt/ *vi.* (車輪のように)回転する. **cir·cum·ro·ta·tion** /sə̀ːkəmroutéɪʃən | sɜ̀ːkəmrəu-/ *n.*

circum·scíssile *adj.* 〘植物〙横周裂開の. 〘(1835) ← L *circumscissus* (p.p.) ← *circumscindere* to tear round: ⇨ circum-, scissile〙

cir·cum·scribe /sə́ːkəmskràɪb, ⁻⁻⁻ | sɜ́ːkəmskràɪb, ⁻⁻⁻/ *vt.* **1 a** …の限界を置く; …の活動[領域]を制限する; …に制限を置く[設ける], 制限する (⇨ limit SYN). **b** 限定する, 区分する, 区切る. **2 a** …の回りに境界線を引く; 線で取り囲む. **b** (境界線で)…の周囲を囲む. **3** 〘数学〙〈円などを〉…に外接させる; 〈円などが〉…に外接する (cf. inscribe 5): ~ a circle about a triangle 三角形に円を外接させる / a ~*d* circle 外接円. **cir·cum·scrib·a·ble** /sə́ːkəmskràɪbəbl, ⁻⁻⁻⁻⁻ | sɜ́ːkəmskràɪbəbl, ⁻⁻⁻⁻⁻/ *adj.* **cir·cum·scrib·er** *n.* 〘(*c*1385) ◻ L *circumscribere* to draw a line about: ⇨ circum, scribe¹〙

cir·cum·scrip·tion /sə̀ːkəmskrípʃən | sɜ̀ː-/ *n.* **1 a** 取り囲むこと. **b** 限界, 制限. **c** 限定. **2 a** 取り囲むもの. **b** 限界線. **c** 輪郭 (outline). **d** 周辺 (periphery). **3** 囲まれた範囲, 区域, 界域. **4** 〘造幣〙(貨幣・印章の)周辺の銘刻. **5** 〘数学〙外接(させること).

cir·cum·scrip·tive /sə̀ːkəmskríptɪv | sɜ̀ː-/ *adj.*

cir·cum·scríp·tive·ly *adv.* 〘(?*a*1425) ◻ L *circumscriptiō(n-)* ← *circumscribere*: ⇨ circumscribe, -tion〙

cìrcum·sólar *adj.* 〘天文〙太陽周辺の[を運行する]. 〘1846〙

cir·cum·spect /sə́ːkəmspèkt | sɜ́ː-/ *adj.* **1** 周囲に気を配る, 慎重な, 用心深い (⇨ cautious SYN): He is ~ in his behavior. 彼は行動に慎重だ / with ~ manners 慎重な態度で. **2** 十分考慮した上での, 用意周到な: a ~ decision. **~·ly** *adv.* **~·ness** *n.* 〘(*a*1410) ◻ L *circumspectus* (p.p.) ← *circumspicere* to look about ← CIRCUM-＋*specere* to look〙

cir·cum·spec·tion /sə̀ːkəmspékʃən | sɜ̀ː-/ *n.* **1** 細心の注意, 慎重. **2** (行為・行動などの)用意の周到さ. 〘(*a*1387) ◻ L *circumspectiō(n-)*: ⇨ ↑, -tion〙

cir·cum·spec·tive /sə̀ːkəmspéktɪv | sɜ̀ː-⁻/ *adj.* ＝circumspect.

cir·cum·stance /sə́ːkəmstæ̀ns, -stəns, -stənts | sɜ́ːkəmstæ̀ns, -stəns, -stɑ̀ːns, -stənts/ *n.* **1** [通例 *pl.*; 通例無冠詞] (ある事件・人などを取り巻く)周囲[外界]の事情, 情況, 環境 (⇨ state SYN): be forced by ~*s* to do something 事情やむなくあることをする / a creature of ~(*s*) 境遇[環境]に左右され[踊らされ]る者 / under [in] certain ~*s* ある場合には / as far as ~*s* (will) allow 事情の許す限り / according to ~*s* 状況に応じて, 臨機応変に / It depends on ~*s*. それは場合による: *Circumstances* alter cases. 《諺》物事は状況次第だ, 状況によって変わるもの. **2 a** (ある物が存在したり起きたりする, その時その場の)事情, 付随情況: time, place, or some other ~. **b** 二次的な事柄, 付帯事項; (あまり重要でない)こまごました点, 枝葉末節: The appearance is a ~ in the case. その場合外見はあまり重要でない. **c** (犯罪などの)事件の証拠上の(推定的)情況 (cf. circumstantial evidence). **3** [*pl.*] (人の財産・収入に関する)身上, 境遇, 暮らし向き: good [bad, needy] ~*s* / a family in reduced [poor] ~*s* 貧困家庭 / in straitened ~*s* せっぱ詰まった暮らしで, 苦しい財政で / in easy ~*s* 楽な暮らしで, 何不足なく. **4** (事情・情況を決定する一つの)事柄, 出来事: a lucky ~ 幸運な事柄 / The loss of the letter was a grave ~. その手紙の紛失は重大な出来事だった. / Things were all right except for the ~ that so few people were present. ごく少数の人々しか出席しなかった点を除いては, 万事うまくいった. **5** (事柄の)細部, 細目; 詳細, 委曲: omit no essential ~ in a report 報告に肝要な点は一つも漏らさない / tell something with much [great] ~ 委曲を尽くして話す, 微に入り細にわたって話す. **6** 機会 (chance), 運 (luck): a victim of ~. **7** 《古》形式ばること, 仰々しさ, 物々しさ: ⇨ POMP and circumstance of glorious war / without ~ (儀式ばった)仰々しいことはよして, 手軽に.
be nót a círcumstance to 《米口語》…とは比べものにならない. ***círcumstances beyònd a person's contról*** やむをえない事情. ***in the círcumstances*** ＝*under the* CIRCUMSTANCES. ***ùnder ány [in] círcumstances*** どんな場合でも. ***ùnder [in] nó círcumstances*** どんなことがあっても…ない, 決して…ない. ***ùnder the [thése] círcumstances*** こういう事情で[なので], そういう次第で[なので].
— *vt.* **1** [p.p. 形で]《古》(ある)事情[情況, 境遇]に置く (⇨ circumstanced) **2** 《廃》…に詳細を知らせる.
〘(?*a*1200) ◻ (O)F *circonstance* // L *circumstantia* ← *circumstantem* (pres.p.) ← *circumstāre* to surround, encompass ← CIRCUM-＋*stāre* 'to STAND'〙

cír·cum·stànced *adj.* …の境遇にある, (特に収入・財産などの面で)…の状況下に置かれている: be differently ~ 事情を異にしている, 事情が違う / be awkwardly ~ 厄介な立場にある / be comfortably ~ 楽な境遇にある / ~ as we are [were] 今[その時]の事情では, そういう事情である[あった]から. 〘(1611): ⇨ ↑, -ed 2〙

cir·cum·stan·tial /sə̀ːkəmstǽnʃəl | sɜ̀ː-⁻/ *adj.* **1 a** 〈証拠など〉情況的な: ⇨ circumstantial evidence. **b** (その時の)情況[事情]の[による, から成る, 次第の]. **2** 詳しい, 詳細な, 委曲を尽くした: a ~ account of what happened 事件の微に入り細にわたった説明. **3** 付随的な, 偶発的な; 副次的な. **4** 境遇上の, 暮らし向きの: ~ well-being. **5** 儀礼上の: ~ splendor. — *n.* [通例 *pl.*] (本質的でなく)付随的な事項. 〘(1599) ← L *circumstantia*: ⇨ ↑, -al¹〙

círcumstantial évidence *n.* 〘法律〙情況証拠, 間接証拠 (indirect evidence) (cf. direct evidence). 〘1736〙

cir·cum·stan·ti·al·i·ty /sə̀ːkəmstænʃiǽləti | sɜ̀ːkəmstænʃiǽlɪti/ *n.* **1** (説明などの)詳細にわたって[委曲を尽くして]いること. **2 a** (事の)詳細. **b** 事情, 情勢. 〘(*c*1735): ⇨ -ality〙

cir·cum·stán·tial·ly /-ʃəli/ *adv.* **1** 委曲を尽くして, 詳細に, つぶさに. **2** 情況証拠によって. **3** 事情[情況]によって[次第で], に関して. **4** 付随的に, 偶然に. 〘(1646): ⇨ -ly¹〙

cir·cum·stan·ti·ate /sə̀ːkəmstǽnʃièɪt | sɜ̀ː-/ *vt.* **1** …に情況証拠を与える: ~ a theory. **2** 詳しく述べる. **cir·cum·stan·ti·a·tion** /sə̀ːkəmstænʃiéɪʃən | sɜ̀ː-/ *n.* 〘(1638) ← L *circumstantia* 'CIRCUMSTANCE'＋-ATE³〙

cìrcum·stéllar *adj.* 〘天文〙恒星の回りの. 〘(1951): ⇨ circum-, stellar〙

cìrcum·terréstrial *adj.* 〘天文〙地球をめぐる, 地球周辺の, 地球の回りの. 〘(1830): ⇨ circum-, terrestrial〙

cir·cum·val·late /sə̀ːkəmvǽleɪt⁻ | sɜ̀ː-/ *vt.* (塁壁・城壁・塹壕(ざんごう)などで)取り囲む; …に塁壁[城壁, 塹壕]をめぐらす: *circumvallating* walls.
— /-lɪt, -lèɪt⁻/ *adj.* **1** 塁壁[城壁]などで囲まれた. **2** 〘解剖〙隆起した輪郭のある, 有郭の.
〘(1661) ← L *circumvallātus* (p.p.) ← *circumvallāre* ← CIRCUM-＋*vallāre* to surround with a rampart (← *vallum* 'WALL')〙

cir·cum·val·la·tion /sə̀ːkəmvæléɪʃən | sɜ̀ː-/ *n.* **1** 塁壁[城壁, 塹壕(ざんごう)(など)]をめぐらすこと, 塁壁などの構築. **2** 取り囲んだ城壁[塁壁]; 掘りめぐらした塹壕. 〘(1641) ◻ LL *circumvallātiō(n-)*: ⇨ ↑, -ation〙

cìrcum·váscular *adj.* 〘生物〙導管[脈管, 血管]周辺の.

cir·cum·vent /sə̀ːkəmvént, ⁻⁻⁻ | sɜ̀ːkəmvént/ *vt.* **1 a** (策略を用いて)巧みに免れる, 回避する: ~ an attack. **b** 先手をとって〈計画などを〉阻止する, 妨げる, くじく: The plan was ~*ed* by his veto. その計画は彼の拒否権によって阻止された. **c** 〈人を〉出し抜く; 計略にかける. **2** 回る, 一周する; (直進しないで)迂回する: ~ the town. **3 a** 包囲して…の逃げ道を遮断する. **b** (計略などで)〈敵を〉包囲する, 囲む; 策略に陥れる. **c** 〈人を〉〈悪・危険などで〉取り囲む[巻く] 〔*with*〕: She was ~*ed with* villains. 彼女は悪漢に取り囲まれた. **~·er** *n.* **cìr·cum·vén·tor** /-tə | -tə^(r)/ *n.*

C

cir·cum·ven·tion /sə̀ːkəmvénʃən | sɜ̀ː-/ *n.* 出し抜くこと; 裏をかくこと; (巧みな)回避 〔*of*〕. **cir·cum·ven·tive** /sə̀ːkəmvéntɪv | sɜ̀ːkəmvént-⁻/ *adj.* 〘(1539) ← L *circumventus* (p.p.) ← *circumvenīre* to surround, defraud ← CIRCUM-＋*venīre* 'to COME'〙

cir·cum·vo·lute /sə(ː)kʌ́mvəlùːt, sə̀ːkəmvoulúːt | sə(ː)kʌ́mvəlùːt, -ljùːt, sɜ̀ːkəmvə(u)lúːt/ *vt.* 取り巻く; 巻き込む. — *vi.* 渦を巻く; (特に, 渦状に)巻き込む. 〘(1599) ← L *circumvolūtus* (p.p.) ← *circumvolvere* ← CIRCUM-＋*volvere* to roll〙

cir·cum·vo·lu·tion /sə(ː)kʌ̀mvəlúːʃən, sə̀ːkəmvou- | sə(ː)kʌ̀mvəlúː-, sɜ̀ːkəmvə(u)-, -ljúː-/ *n.* **1 a** 旋転, 回転 (revolution). **b** 一回転. **2 a** ぐるぐる巻きつくこと. **b** 渦巻き, 渦線; 一巻き: the ~ of a shell.

cìr·cum·vo·lú·to·ry /-təri | -tə-/ *adj.* 〘(1447) ◻ ML *circumvolūtiō(n-)*: ⇨ ↑, -tion〙

cir·cum·volve /sə̀ːkəmvá(ː)lv | sɜ̀ːkəmvɔ́lv/ *vt.* 《廃》回転させる. 〘(1599) ◻ L *circumvolvere* to roll around〙

cir·cus /sə́ːkəs | sɜ́ː-/ *n.* **1 a** サーカス, 曲馬, 曲芸; サーカス団, 曲馬団: a traveling ~ 旅回りのサーカス団 / ⇨ three-ring circus / run a ~ サーカスを興行する. **b** (ひな壇式に観覧席を設けた, 曲馬, サーカスなどを見せる)円形[長円形]の興行場 (circus ring), 曲馬場, 曲芸場, サーカス小屋: pitch [put up] a ~ サーカスの小屋を掛ける. **2** 《口語》愉快で騒がしいもの[人], 大騒ぎ; にぎやかなひと時: We had a real ~ with them. 彼らと愉快に大騒ぎをした. **3** 《英》[しばしば地名に用いて] (放射街路の集まる)円形広場, サーカス (cf. square 4): Oxford *Circus* / Piccadilly *Circus*. **4 a** (古代ローマの)円形[長円形]の屋外大競技場《三方または周囲に階段座席を設けたもので, 戦車競走・行進行列などに用いた》. **b** 円形野天大競技場で行われた催し物. **5** ＝flying circus. **6** 《廃》環, 円 (ring). 〘(*c*1380) ◻ L ~ 'ring, round enclosure (for games)' ◻ ? Gk *kirkos, krikos* ← IE *(*s*)*ker-* to turn (Gk *kírkos* ring): cf. curve〙

círcus càtch *n.* 〘野球〙ファインプレーのフライ捕球, 曲芸的捕球. 〘(1893) 捕球後によくサーカスの軽業師のように転がり打つことから〙

círcus màkeup *n.* 〘新聞〙サーカスメーキャップ《読者の注意を引くためにいろいろな種類の見出しやカットなどを不釣り合いに同じページの中に組み込むこと》.

Círcus Máx·i·mus /-mǽksəməs | -sɪ-/ *n.* [the ~] ローマの大競技場《Palatine 丘と Aventine 丘との間にあって, 25 万人以上の観覧者を収容したという》. 〘◻ L *Circus Māximus* the greatest circus〙

cir·cus·y /sə́ːkəsi | sɜ́ː-/ *adj.* (*also* **cir·cus·sy** /~/) サーカスのような[を思わせる]. 〘(1874) ← CIRCUS＋-Y⁴〙

ci·ré /sɪréɪ; *F.* sire/ *n.* (*also* **ci·re** /~/) **1** 〘紡織〙シーレ(仕上げ)《蠟引きをして加熱し光沢を作る仕上げ法》. **2** シーレ加工した布. — *adj.* (パラフィンやワックスをかけて加熱し)光沢をつけた, シーレ加工を施した. 〘(1921) ◻ F ~ (p.p.) ← *cirer* to wax ← *cire* wax < L *cēram*〙

Ci·re·bon /tʃɪːrəbɔ́(ː)n, -bá(ː)n | -bɔ́n/ *n.* チルボン《インドネシア Java 島西部北岸の港市; Tjirebon ともいう》.

Cir·e·na·i·ca /sɪrənéɪəkə, saɪr- | saɪ(ə)rɪnéɪɪkə, sɪr-, -náɪ-/ *n.* ＝Cyrenaica.

Ci·ren·ces·ter /sáɪrənsèstə | sáɪ(ə)rənsèstə^(r)/ *n.* サイレンセスター《イングランド南部 Gloucestershire 州の市場町; 古代ローマの円形劇場の遺跡がある; ラテン語名 Corinium》. 〘OE *Cirenċeaster* ← *Ciern* (◻ Brit.-L *Coriníon* ← ?)＋*ċeaster* '-CHESTER'〙

cire per·due /síəpɛədúː, -djúː | sɪ́əpɛədjúː; *F.* siʁpɛʁdy/ *n.* 〘金属加工〙蠟(ろう)型法, ロストワックス法《蠟で作った模型を鋳型材中に埋没し, 蠟を溶出してその空洞に金属を注入する方法; lost-wax process ともいう》. 〘(1876) ◻ F (*moulage à*) ~ 'lost wax casting'〙

círl bùnting /sə́ːl- | sɜ́ːl-/ *n.* 〘鳥類〙ノドグロアオジ (*Emberiza cirlus*)《欧州産の, 黄・オリーブ・黒色の鮮やかな色をしたホオジロ科の小鳥》. 〘(1783) ← *Cirl.* ← NL *cirlus*《擬音語》〙

cirque /sə́ːk | sɜ́ːk; *F.* siʁk/ *n.* **1** 〘地質〙圏谷, カール (G. *Kar*)《氷食作用によって山頂に近くさじですくい取ったようにできた丸い窪地》. **2** 《詩》環, 円, 輪 (circle, ring). **3** ＝circus 4. 〘(1601) ◻ F ~ ◻ L *circus*: ⇨ circus〙

cirr- /sɪr/ (母音の前にくるときの) cirro- の異形.

cir·rate /síreɪt, -rɪt/ *adj.* **1** 〘生物〙巻きひげ[触手] (cirrus) のある. **2** 〘植物〙葉の先端だけが巻きひげとなった. 〘(1826) ◻ L *cirrātus* curled ← *cirrus* curl: ⇨ -ate²〙

cir·rhi- /sírɪ, -ri/ cirrho- の異形 (⇨ cirro-).

cir·rho- /sírou | -rəu/ ＝cirro-.

cir·rhose /sírous | -rəus/ *adj.* ＝cirrose.

cir·rho·sis /sɪróusɪs | -róusɪs/ *n.* (*pl.* **-rho·ses** /-siːz/) 〘病理〙(肝)硬変(症): atrophic [hypertrophic] ~ 萎縮性[肥大性]肝硬変 / ~ of the liver 肝硬変.

cir·rhósed /-róust | -rə́ust/ *adj.* **cir·rhot·ic** /sɪrá(ː)tɪk | -rɔ́t-/ *adj.* 〘(1839–47) ← NL ~ ← Gk *kirrhós* tawny (← ?): ⇨ -osis〙

cirri *n.* cirrus の複数形. 〘◻ *cirri*〙

cir·ri- /sírɪ, -ri/ cirro- の異形 (⇨ -i-).

cir·rif·er·ous /sɪríf(ə)rəs/ *adj.* 〘生物〙巻きひげを生じ

る, 巻きひげのある. 〖(1819)← CIRRO-＋-FEROUS〗

cir·ri·form /sírəfɔ̀ːm | -r¹ᵻfɔ̀ːm/ *adj.* 〘生物〙巻きひげ状の. 〖(1815)← CIRRO-＋-FORM〗

cir·ri·pede /sírəpìːd | -rᵻ-/ (*also* **cir·ri·ped** /-pèd/) 〘動物〙*adj.* 蔓脚(まんきゃく)亜綱の. ― *n.* 蔓脚亜綱の動物 (フジツボ・カメノテなど). 〖(1828)↓〗

Cir·ri·pe·di·a /sìrəpíːdiə | -rᵻpíːd-/ *n. pl.* 〘動物〙蔓脚(まんきゃく)亜綱. **cìr·ri·pé·di·al** /-diəl | -diəl⁻/ *adj.* 〖← NL ～: ⇨ cirro-, -pede, -ia²〗

cir·ro- /sírou | -rəu/「巻きひげ; 触毛; 巻雲」の意の連結形. ★ 時に cirri-, また母音の前では通例 cirr- になる. 〖← L *cirrus* curl〗

cirro·cúmulus *n.* (*pl.* **-muli**, ～) 〘気象〙巻積雲 (cf. mackerel sky; ⇨ cloud 挿絵). 〖(1803)← NL ～: ⇨ ↑, *cumulus*〗

cirrocúmulus castellánus [castellátus] *n.* (*pl.* ～) 〘気象〙塔状巻積雲.

cirrocúmulus flóccus *n.* (*pl.* ～) 〘気象〙ふさ状巻積雲.

cirrocúmulus lenticuláris *n.* (*pl.* ～) 〘気象〙レンズ巻積雲.

cirrocúmulus stratifórmis *n.* (*pl.* ～) 〘気象〙層状巻積雲.

cir·rose /sírous | -rəus/ *adj.* ＝cirrate. 〖(1814)← NL *cirrosus*: ⇨ cirro-, -ose¹〗

cìrro·strátus *n.* (*pl.* **-strati**, ～) 〘気象〙巻層雲 (略 Cs; ⇨ cloud 挿絵). **cirro·stráti̇ve** *adj.* 〖(1803)← NL ～: ⇨ cirro-, stratus〗

cirrostrátus fibrátus [filósus] *n.* (*pl.*～) 〘気象〙毛状巻層雲 (⇨ cloud 挿絵).

cirrostrátus nebulósus *n.* (*pl.* ～) 〘気象〙霧状巻層雲.

cir·rous /sírəs/ *adj.* **1** ＝cirrate. **2** 巻雲に似た, 巻雲状の. 〖(1658)← L *cirrus* curl＋-OUS〗

cir·rus /sírəs/ *n.* (*pl.* **cir·ri** /-raɪ/; 3 ではまた ～) **1** 〘植物〙つる, 巻きひげ (tendril). **2** 〘動物〙触手; 毛状突起. **3** 〘気象〙巻雲(略 Ci; ⇨ cloud 挿絵). 〖(1708)← NL ～← L ～ 'curl, ringlet, bird's crest'〗

círrus castellánus [castellátus] *n.* (*pl.* ～) 〘気象〙塔状巻雲.

círrus dénsus *n.* (*pl.* ～) 〘気象〙＝cirrus spissatus.

círrus flóccus *n.* (*pl.* ～) 〘気象〙ふさ状巻雲.

círrus intórtus *n.* (*pl.* ～) 〘気象〙もつれ巻雲.

círrus spissátus [nóthus] *n.* (*pl.* ～) 〘気象〙濃密巻雲.

círrus uncínus *n.* (*pl.* ～) 〘気象〙かぎ状巻雲.

cir·sec·to·my /səːséktəmi | sɔː-/ *n.* 〘外科〙静脈瘤切除(術). 〖← Gk *kirsós* swollen vein＋-ECTOMY〗

cir·soid /sə́ːsɔɪd | sɔ́ː-/ *adj.* 〘病理〙静脈瘤状の. 〖(1860)□ Gk *kirsoeidḗs*: ⇨ ↑, -oid〗

cis /sís/ *adj.* 〘化学〙シス形の《同一原子または基が二重結合の同じ側にある; 幾何異性の一つ; cf. trans》. 〖(1888)□ L ～ 'on this side of': ⇨ cis-〗

Cis /sís/ *n.* シス《女性名; 異形 Ciss》. 〖(dim.)← CECILIA〗

CIS /síːàɪés/ 《略》《米》Center for International Studies; Chartered Institute of Secretaries《現在は ICSA》; Commonwealth of Independent States; 〘電算〙CompuServe Information Service; Critical Incident Stress 惨事ストレス.

cis- /sɪs/ *pref.* **1** 「…のこちら側の」の意 (cf. trans, ultra-): *cis*alpine, *cis*montane. **2** 「以後の」の意 (↔ pre-). ★ 大文字で始まる語の前では通例ハイフンを伴う: *cis*-Elizabethan エリザベス朝以後の. **3** [通例イタリック体で]〘化学〙「シス形の (cis)」の意 (cf. trans-): *cis*-acid, *cis*-trans. 〖□ L ～ ← *cis* (prep.) on this side of (cf. citra-): ⇨ he¹〗

cis·al·pine /sɪsǽlpaɪn/ *adj.* **1 a** アルプス側の[に関する, にある]. **b** (ローマ側から見て)アルプスのこちら側の, アルプス以南の (cf. transalpine). **c** (フランス側から見て)アルプスのこちら側の, アルプス以北の (cf. transalpine). **2** 教皇権制限主義の (Gallican). 〖(1542)□ L *Cisalpīnus* ← CIS-＋*Alpīnus* 'ALPINE'〗

Cisálpine Gául *n.* ⇨ Gaul 1.

cis·at·lan·tic /sɪsətlǽntɪk | -tɪk⁻/ *adj.* 大西洋のこちら側の《立場によって米国側ともなりヨーロッパ側ともなる; cf. transatlantic 2》. 〖(1785)← CIS-＋ATLANTIC〗

CISC 《略》complex instruction set computer《複雑な命令セットをもつコンピューター構成法; cf. RISC》

Cis·cau·ca·sia /sɪskɔːkéɪʒə, -kɑː-, -ʃə | -kɔːkéɪʒə, -ziə⁻/ *n.* 北[前]カフカス《Caucasus 山脈以北 (ヨーロッパ側)の Caucasia 地方; cf. Transcaucasia》. **cìs·cau·cá·si·an** *adj.*

cis·co /sískou | -kəu/ *n.* (*pl.* **～es, ～s** /～z/) 〘魚類〙シスコ (*Coregonus artedii*)《米国五大湖地方に産するサケ科の食用淡水魚; lake herring ともいう》. 〖(1848)《略》← Canad.-F *ciscoette* ← N-Am.-Ind. (Algonquian)〗

ci·seaux /siːzóu | -zə́u; *F.* sizo/ *n.* (*pl.* ～ /～(z); *F.* ～/) 〘バレエ〙シゾオ《空中で両脚がはさみのような形をとる動作》. 〖(1892)□ F ～《原義》scissors < OF (pl.) ← *cisel* 'CHISEL'〗

ci·sing /sísɪŋ/ *n.* はじき《ワニスなどを塗った表面に油のしみや小さい穴などのためにできる条(すじ)や小突起》.

Cis·kei /sɪskáɪ | ⁻⁻/ *n.* シスカイ《南アフリカ共和国 Cape 州東部にあった Bantustan; 1981 年南ア政府が独立を承認したが, 国際的に認知されることなく 94 年南ア共和国に再統合》.

cis·lu·nar /sɪslúːnə | -lúːnə⁽ʳ⁾, -ljúː-/ *adj.* 〘天文〙地球と月(の軌道)の間の. 〖(1867–77)← CIS-＋LUNAR〗

cis·mon·tane /sɪsmɑ́(ː)nteɪn | -mɔ́n-/ *adj.* **1** ＝cisalpine (cf. ultramontane 1). **2** 山の近くにある. 〖(1826)□ L *cismontānus* ← CIS-＋*mont-, mōns* mountain: ⇨ -ane¹〗

cis·pa·dane /sɪspədéɪn⁻, sɪspéɪdeɪn/ *adj.* (ローマから見て) Po 川のこちら[南側]の (cf. transpadane). 〖(1797)□ F *cispadan* ← CIS-＋*padane* (□ L *Padānus* of the river Po ← *Padus* the Po)〗

cis·plat·in /sɪsplǽtᵻn | -tɪn/ *n.* 〘薬学〙シスプラチン ($PtCl_2H_6N_2$)《プラチナを含んだ抗腫瘍剤; 睾丸・卵巣の腫瘍や進行した膀胱癌の治療に用いられる》.

cis·pon·tine /sɪspɑ́(ː)ntaɪn | -pɔ́n-/ *adj.* 橋のこちら側の[にある]; (特に, London で) Thames 川のこちら側[北岸]の[にある] (↔ transpontine). 〖(1860)← CIS-＋L *pont-, pōns* bridge＋-INE¹〗

cis·rhe·nane /sɪsrᵻnéɪn | -rɪ-/ *adj.* Rhine 川のこちら側[西側]の[にある] (cf. transrhenane). 〖□ L *Cisrhēnānus* ← CIS-＋*Rhēnāus* of the Rhine ← *Rhēnus* the Rhine〗

cis·sa /sísə/ *n.* 〘鳥類〙ヘキサン《カラス科; ヒマラヤ・熱帯アジア原産の飼鳥》.

cis·sie /sísi/ *n.* 《英》＝sissy.

Cis·sie /sísi/ *n.* シシー《女性名》. 〖(dim.)← CECILIA〗

cis·sing /sísɪŋ/ *n.* 〘塗装〙はじき: **1** 木目塗装で, 木材をビールで湿らせて胡粉(ごふん)をすり込み色が付着するようにする目止め作業. **2** ワニスなどを塗った表面に油のしみや小さい穴などのためにできる条(すじ)や小突起.

cis·soid /sísɔɪd/ *n.* 〘数学〙シッソイド, 疾走線《円の直径を *AB*, *B* における円の接線上の動点を *X*, 線分 *AX* と円との交点を *X'* とするとき, *AX* 上に *AY*＝*X' X* となるようにとった点 Y の描く曲線; *A* に尖点 (cusp) をもち, 上述の接点に漸近する》. **cis·soi·dal** /sɪsɔ́ɪdl | -dl/ *adj.* 〖(1656)□ Gk *kissoeidḗs* ivylike ← *kissós* ivy: ⇨ -oid〗

cis·sus /sísəs/ *n.* 〘植物〙セイシカズラ, シッサス《シッサス属 (*Cissus*) のつる植物の総称; 特にオーストラリア原産ブドウ科リュキュウヤブガラシ属の常緑のつる植物 (Kangaroo vine)》. 〖← NL ～← Gk *kissós* ivy〗

cis·sy /sísi/ *n.* ＝sissy.

Cis·sy /sísi/ *n.* シシー《女性名》. 〖(dim.)← CECILIA〗

cist¹ /síst, kíst/ *n.* 〘考古〙シスト, (主に組合わせ式の)石棺, 石槨(せっかく) (kist ともいう). 〖(1804)□ Welsh ～ 'chest, coffer' □ L *cista* (↓)〗

cist² /síst/ *n.* (古代ローマの)祭器入れ, 祭具箱. 〖(1847)□ L *cista* box, chest □ Gk *kístē*: cf. chest〗

Cis·ta·ce·ae /sɪstéɪsiìː/ *n. pl.* 〘植物〙(双子葉植物スミレ目)ハンニチバナ科. **cis·tá·ceous** /-ʃəs/ *adj.* 〖← NL ～: ⇨ cistus, -aceae〗

Cis·ter·cian /sɪstə́ːʃən | -tɔ́ː-/ *adj.* シトー修道会(士)の. ― *n.* シトー(修道)会士. 〖(*a*1387)← ML *Cistercium* (↓)＋-AN¹〗

Cistércian Órder *n.* [the ～] シトー修道会《1098 年フランスの厳格な修道士 Robert de Molesme /mɔlɛm/ (1029?–1111) が同志と共に Dijon の南方の不毛の沼地 Citeaux /*F.* sito/ (ML *Cistercium*) に創設した修道会でベネディクト会 (Benedictines) の一分会; その一人 Saint Bernard of Clairvaux の教えを受け継いだ人々は Bernardines ともいう; cf. Dominican Order, Franciscan Order》. 〖1602〗

cis·tern /sístən | -tən/ *n.* **1** (家屋・ビルの屋上の)貯水槽, 給水タンク; (トイレなどの)貯水タンク. **2 a** (天然の)貯水池, 溜池 (pond). **b** 《米》(雨水を貯蔵するための)地下タンク. **3** 〘解剖〙(分泌液などを蓄える)槽. 〖(*c*1250)□ OF *cisterne* (F *citerne*) < L *cisternam* ← *cista* chest: ⇨ cist²〗

cis·ter·na /sɪstə́ːnə | -tɔ́ː-/ *n.* (*pl.* **-ter·nae** /-niː/) 〘解剖〙**1** くも膜下槽. **2** ＝cistern 3. **cis·tér·nal** /-nl/ *adj.* 〖(*c*1860)← NL ～ (↑)〗

cístern baròmeter *n.* シスタン気圧計《水銀気圧計の一種で, 下の水銀面が上よりも面積の大きなもの》.

cis-tráns tèst /sɪstrǽnz-/ *n.* 〘生物〙シストランス テスト《2 種の突然変異が同一染色体内で起こるか, 異なる染色体内で起こるかを調べる方法》. 〖*cistrans* ← CIS-＋TRANS-〗

cis·tron /sístrɑ(ː)n | -trɔn/ *n.* 〘生物〙シストロン《遺伝子の機能単位; cf. operon》. **cis·tron·ic** /sɪstrɑ́(ː)nɪk | -trɔ́n-/ *adj.* 〖(1957)← CIS-＋TR(ANS)-＋-*on* (cf. ion)〗

cis·tus /sístəs/ *n.* 〘植物〙ゴジアオイ《ハンニチバナ科ゴジアオイ属 (*Cistus*) の草本の総称; ゴジアオイ (*C. albidus*) など; cf. labdanum》. 〖(1551)← NL ～← Gk *kístos* rockrose〗

cit¹ /sít/ *n.* **1** 《古・軽蔑》(特に田舎の居住者と区別して)都市居住者, 都会人. **2 a** 《米俗》(軍人でない)一般人, 民間人. **b** [*pl.*]《米軍俗》(軍服に対して)民間人の服, 平服: in ～*s*. 〖(*a*1644)《略》← CITIZEN〗

cit² /tʃít/ *n.* 〘ヒンズー教〙純粋意識 (cf. Sat-cit-ananda). 〖□ Hindi ～〗

CIT 《略》California Institute of Technology; Carnegie Institute of Technology; 《NZ》Central Institute of Technology.

cit. 《略》citadel; citation; cited; citizen; 〘化学〙citrate.

cit·a·ble /sáɪṭəbl | -tə-/ *adj.* **1** (例証として)引用できる, 引用に値する. **2** 召喚できる. 〖(1712)← CITE＋-ABLE〗

cit·a·del /síṭədl, -dèl | -tədl, -dèl/ *n.* **1 a** (市街を見おろして防衛[支配]する)城砦(じょうさい) (⇨ fort SYN); 砦, 要塞(さい). **b** (最後の)拠(よ)り所 (stronghold): a ～ of freedom 自由の砦. **2** 《古》(軍艦の)砲郭《昔の軍艦の左右舷側に装備され, 舷側砲・エンジン・弾薬庫などを防護するため, 厚い隔壁で仕切られ, または厳重に装甲された部分》. **3** [しばしば C-]〘救世軍〙伝道[布教]所[本部]. 〖(1562)□ (O)F *citadelle* □ (O)It. *cittadella* (dim.)← OIt. *cittade* city < L *cīvitātem* 'CITY': ⇨ -el¹〗

ci·ta·tion /saɪtéɪʃən | saɪ-, sɪ-/ *n.* **1 a** 表彰(状), 感謝(状). **b** (軍人・部隊などの功績に対する)表彰(状); 感(謝)状; (命令・通信文中での)特記: a Presidential ～ 大統領感状. **c** (事実・例などの)列記, 列挙 (enumeration); 言及 (mention). **2 a** (章句・判例・例証の)引用, 引証. **b** 引用文[句]. **3** 〘法律〙**a** (法廷への)召喚. **b** 呼び出し状. **c** (*c*1300) (宗教裁判所の)許状. **～·al** /-ʃnəl, -ʃənl/ *adj.* 〖(*c*1300)□ (O)F ～ ∥ L *citātiō(n-)* ← *citātus* (p.p.)← *citāre*: ⇨ cite, -tion〗

citátion fòrm *n.* 〘言語〙引用形(式): **1** ある語が一つだけ独立して発音されるときの形態. **2** 語のすべての語形変化を代表する形《いわゆる原形》.

ci·ta·tor /saɪtéɪṭə, ⁻⁻⁻ | -tə⁽ʳ⁾/ *n.* **1** 引用[引証]する人[もの]. **2** 判例記録, 判例集.

ci·ta·to·ry /sáɪṭətɔ̀ːri | -tətəri, -tri/ *adj.* **1** 召喚の; 呼び出し状の. **2** 引用(文)の. 〖(1611)□ ML *citātōrius* ← L *citātus* (p.p.)← *citāre*: ⇨ ↓, -ory¹〗

cite /sáɪt/ *vt.* **1** 〈判例・証左・典拠などを〉例として引く, 引証する, 引用する (quote); 〈著者などを〉引合いに出す; 言及する 〔*as*〕: ～ an example, an author, a passage, a proverb, a case, etc. **2** …に感状を出す, 表彰する, 〈殊勲者〉の名を公報中に特記する 〔*for*〕. **3 a** 思い出させる; …に注意を喚起させる. **b** 《古》召集する, 出動させる; …に行動を促す: be ～*d* to battle. **4** 〘法律〙〈人を〉(法廷に)出頭を命じる, 召喚する (⇨ call SYN): ～ *for* driving too fast. ― *n.* ＝citation 2 b. **cít·a·ble** *adj.* **cít·er** /-ṭə | -tə⁽ʳ⁾/ *n.* 〖(1438)□ (O)F *citer* □ L *citāre* (freq.)← *ciēre* to set in motion, call ← IE **kei-* to set in motion (Gk *kineîn* to move)〗

cite·a·ble /sáɪṭəbl | -tə-/ *adj.* ＝citable.

CITES /sáɪtiːz/ *n.* ワシントン条約, (正式には)絶滅のおそれのある(野生動植物の)種の国際取引に関する条約《通称 Washington Convention; 1975 年発効》. 〖《頭字語》← C(*onvention on*) I(*nternational*) T(*rade in*) E(*ndangered*) S(*pecies of Wild Fauna and Flora*)〗

cith·a·ra /síθ(ə)rə, kíθ- | síθ-/ *n.* キタラ《古代ギリシャの 17–11 弦の撥弦楽器; リラ (lyre) に似ているが, より大きい》. 〖(*a*1789)□ L ～ □ Gk *kithárā*: GUITAR, ZITHER と三重語〗

cith·er /síðə, síθə | síθə⁽ʳ⁾/ *n.* ＝cittern. 〖(1606)□ F *cithare* □ L *cithara* (↑)〗

cith·ern /síðən, -θən | -θən/ *n.* ＝cittern. 〖1566〗

Cit·i·bank /síṭibæ̀ŋk | -ti-/ *n.* シティバンク《米国 New York 市に本社がある大手銀行》.

cít·ied *adj.* **1** 都市のある, 都市で占められた. **2** 都市化した; 都会に似た[のような]. 〖(1612)← CITY＋-ED 2〗

cít·i·fìed *adj.* [しばしば軽蔑的に] 都会人めいた, 都市生活に慣れた, 都会ずれした: have a ～ air. 〖(1828): ⇨ ↓, -ed〗

cit·i·fy /síṭəfàɪ | -tᵻ-/ *vt.* **1** 都市化する, 都会化する. **2** 都会の習慣に従わせる; 都会風に順応させる. **cìt·i·fi·cá·tion** *n.* 〖(1828)← CITY＋-FY〗

Ci·ti·um /síʃiəm/ *n.* キティオン《地中海の Cyprus 島の南西岸にあった古代都市; ギリシャの哲学者 Zeno of Citium の生地》.

cit·i·zen /síṭᵻzən, -zn̩, -sən, -sn̩ | -tᵻzən, -zn̩/ *n.* **1** (出生または帰化により市民権をもち, 一国, 特に共和国に対する忠誠の義務を有する)公民, 人民, 国民 (cf. alien, subject): an American ～ 米国国民 (cf. BRITISH subject). **2 a** (田舎の人に対して)町の人, 市民, 都会人 (cf. countryman 2). **b** 《古》(特に, 市民権をもつ)市民, 自由民. **3** 《米》(軍人・警官に対して)一般市民 (civilian). **4** 住人, 住人 (inhabitant): a ～ of the forest 森の住人. ***a citizen of the wórld*** 世界人, 国際人 (cosmopolitan). 〖1474〗 〖(?*a*1300) *citisein* □ AF *citesein, citezein*＝OF *citeain* (F *citoyen*) ← *cité* 'CITY'＋*-ain* '-AN¹': AF の語尾は DENIZEN, etc. からの類推〗

SYN 国民: **citizen** 特定の国の一員で国家に対して忠誠の義務を負い, 出生または帰化によって完全な市民権を有する人: an American *citizen* living in Japan 日本に住んでいるアメリカ国民. **subject** 特に君主を首長とする国の一員: a British *subject* 英国国民. **national** 特定の国の国民で特に外国に在住する者《格式ばった語》: American *nationals* in France フランス在住のアメリカ人. **native** ある場所に生まれた人: a *native* of London ロンドン生れの人. **ANT** alien.

---

cít·i·zen·ess /-nᵻs, -nᵻs/ *n.* 女性の citizen. 〖(1796): ⇨ ↑, -ess¹〗

cit·i·zen·ize /síṭᵻzənàɪz, -zn̩-, -sən-, -sn̩- | -tɪzən-, -zn̩-/ *vt.* …に公民権[市民権]を与える. 〖(1593)) (*c*1811)← CITIZEN＋-IZE〗

cít·i·zen·ly *adj.* 市民[公民]の[らしい]. 〖(1867)← CITIZEN＋-LY²〗

cit·i·zen·ry /síṭᵻzənri, -zn̩-, -sən-, -sn̩- | -tɪ-/ *n.* [集合的] (知識人, 時に官吏や知識人と区別して)市民, 庶民 (citizens). 〖(1819)← CITIZENIZE＋-RY〗

Cítizens(') Advíce Bùreau *n.* [the ～] 《英》市民助言局《市民の権利・法律問題・金銭問題・国家給付金やボランティア援助提供団体などについて市民に無料で情報提供と助言を行なう組織; 略 CAB》.

cítizen's arrést *n.* 〘法律〙市民による犯罪人逮捕《犯罪を目撃したとき, 重大犯罪の行われたときなどには, 警察官でない一般市民も犯人を逮捕できる》. 〖1941〗

cítizen's bánd, C- B- *n.* 〘通信〙市民バンド《トランシーバーなど個人用無線通信に開放されている周波数帯; 略 CB》. 〖1948〗

Cítizens' Chárter *n.* [the ～]《英》市民憲章《1991年 Major 保守党政権が発表した, 市民が政府省庁から受ける権利を有するサービスの基準》.

citizen·ship /sítəzənʃìp, -zn-, -sən, -sn | -tɪ-/ *n.* **1** 市民[公民]の身分[資格]; 市民権, 公民権: acquire ～ / strip a person of his ～ 人の市民権を剝奪する. **2** 公民[市民]の義務[社会順応]; 市民としての行為. 〖(1611) ← CITIZEN＋-SHIP〗

cítizenship pàpers *n. pl.*《米》〖法律〗(市民権を獲得したことを証明する)市民権証書 (cf. first papers).

Ci·tlal·té·petl /sìːtlɑːłtépetł | -tł; *Am.Sp.* sitlaltépetl/ *n.* シトラルテペトル《Orizaba のアズテック語名》. 〖□ Sp. ～ □ Aztec〗

CITO《略》Charter of International Trade Organization 国際貿易憲章.

ci·tole /sítoʊł, —⌐ | sítəʊł, —⌐/ *n.*《まれ》＝cittern. 〖(*a*1338) □ OF ～ ← ? L *cithara* 'CITHARA'〗

citr- /sítr/ (母音の前にくるときの) citro- の異形.

ci·tra- /sítrə/ *pref.*《まれ》＝cis-: *citra*montane. 〖← L *citrā* (adv., prep.): ⇨ cis-〗

cit·ral /sítræl/ *n.*〖化学〗シトラール ($C_9H_{15}CHO$)《レモン油·だいだい油などに含まれている液状アルデヒド; 香料·調味料に用いる》. 〖(1891) ← CITRO-＋-AL[3]〗

cit·range /sítrɪndʒ/ *n.* シトレンジ: **a** カラタチ (trifoliate orange) とアマダイダイ (sweet orange) の雑種. **b** 酸味の強いその実. 〖(1904) ← CITRO-＋(OR)ANGE〗

cit·rate /sítreɪt, sáɪt-, -trɪt/ *n.*〖化学〗クエン酸塩: iron ～ クエン酸鉄 / ⇨ copper citrate, sodium citrate. 〖(1794) ← CITRO-＋-ATE[1]〗

cit·re·ous /sítriəs/ *adj.* シトロン黄色 (citron yellow) の. 〖(1800) □ L *citreus* of the citron tree: ⇨ citrus, -ous〗

cit·ri- /sítrɪ, -tri/ citro- の異形 (⇨ -i-).

cit·ric /sítrɪk/ *adj.* **1** 柑橘(かんきつ)類の果物の[から製する]. **2**〖化学〗クエン性[酸]の. 〖(1800) ← CITRO-＋-IC[1]〗

cítric ácid *n.*〖化学〗クエン酸 ($HOOCCH_2C(OH)COOHCH_2COOH$)《レモンの果汁などに含まれる; 清涼飲料などの酸味をつける》. 〖1813〗

cítric ácid cỳcle *n.*〖生化学〗クエン酸回路 (⇨ Krebs cycle). 〖1942〗

cit·ri·cul·ture /sítrɪkʌ̀ltʃə | -trɪkʌ̀ltʃə(r)/ *n.* 柑橘(かんきつ)類栽培. **cit·ri·cul·tur·ist** /sìtrɪkʌ́ltʃ(ə)rɪst, ⌐⌐⌐(–)⌐ | -trɪ-, -rɪst/ *n.* 〖(1916) ← CITRO-＋CULTURE〗

cít·ril fìnch /sítrɪł-/ *n.*〖鳥類〗シトロンヒワ《アトリア科カナリア属 (*Serinus*) の小鳥》.

cit·rin /sítrɪn | -trɪn/ *n.*〖生化学〗シトリン《レモンなどに多く含まれる水溶性フラボノイド結晶; ビタミン P の起源と考えられている》. 〖(1936) ← CITRO-＋-IN[2]〗

cit·rine /sɪtríːn/ *adj.* **1** シトロン[レモン]のような. **2** レモン色の, 淡黄色の. — *n.* **1** 淡黄色《rhubarb ともいう》. **2**〖鉱物〗黄水晶. 〖(*c*1385) □ (O)F *citrin* □ ML *citrinus* ← L *citrus* 'CITRON tree': ⇨ -ine[1]〗

ci·tri·nin /sɪtráɪnɪn, sə- | sɪtráɪnɪn/ *n.*〖生化学〗シトリニン ($C_{13}H_{14}O_5$)《ペニシリウム属のカビの一種 *Penicillium citrinum* から得られる抗生物質》. 〖(1931) ← NL (*Penicillium*) *citrinum*＋-IN[2]〗

cit·ro- /sítroʊ | -trəʊ/「柑橘(かんきつ)類 (citrus), シトロン (citron); クエン酸 (citric acid); クエン酸塩 (citrate)」の意の連結形. ★ 時に, citri-, また母音の前では通例 citr- になる. 〖← NL ～ ← L *citrus* 'CITRON'〗

Ci·tro·ën /sìtroʊén, sìː- | sítrəʊən, sítrən; *F.* sitʀɔɛn/ *n.*〖商標〗シトロエン《フランスの Citroën 社製の自動車》. 〖← A. G. *Citroën* (1878–1935: フランスの自動車製造業者)〗

cit·ron /sítrən/ *n.* **1**〖植物〗**a** シトロンの実《レモンに似ているが形が大きく外皮が厚い》. **b** シトロン, クエン, マルブシュカン(丸仏手柑) (*Citrus medica*)《地中海地方産のミカン属の植物; cf. fingered citron》. **c** シトロンの皮《砂糖漬けにしたものでケーキやプリンなどに用いる》. **2**〖植物〗＝citron melon. **3** シトロン色, 淡黄色. 〖(*c*1400) □ (O)F ～ □ OProv. ～ ← L *citrus* citron tree (cf. Gk *kédros* cedar ← ?)〗

cit·ro·nel·la /sìtrənélə/ *n.* **1**〖植物〗コウスイガヤ (*Cymbopogon nardus*)《南アジア産イネ科オガルガヤ属の植物; 芳香があり香水や殺虫剤に用いる; citronella oil の原料》. **2** ＝citronella oil. 〖(1858) ← NL ～ ← F *citronelle*: ⇨ ↑, -ella: シトロンに似た香気があることから〗

cit·ro·nel·lal /sìtrənélæl, -ləł/ *n.*〖化学〗シトロネラル ($C_9H_{17}CHO$)《シトロネラ油やメリッサ油の中にある無色液状アルデヒド; 香料·香水製造に用いられる》. 〖(1893): ⇨ ↑, -al[3]〗

citronélla òil *n.* シトロネラ油《香水·石鹼·駆虫剤などの原料; cf. grass oil》. 〖1882〗

cit·ro·nel·lol /sìtrənélɔ(ː)ł | -lɒł/ *n.*〖化学〗シトロネロール ($C_{10}H_{19}OH$)《バラの香りがする不飽和アルコール; バラ油, ゼラニウム油から得られる; 香料に用いる; rhodinol ともいう》. 〖(1872): ⇨ citronella, -ol[1]〗

cítron mèlon *n.*〖植物〗米国産の果肉の堅いスイカ (*Citrullus vulgaris* forma *citroides*)《生食用でなくピクルスなどに用いる》. 〖*c*1800〗

cítron·wòod *n.*〖林業〗シトロン材; サンダラック (sandarac) 材《共に家具用材》. 〖1712〗

cítron yéllow *n.* シトロン黄色《赤みがかった黄色》.

cit·rous /sítrəs/ *adj.*〖植物〗＝citrus. 〖1901〗

ci·tróv·o·rum fàctor /sɪtrɑ́(ː)vərəm- | sɪtrɔ́v-/ *n.*〖生化学〗シトロボルム因子 (⇨ folinic acid). 〖(1948) *citrovorum*: ← NL ～: ⇨ citro-, -vorous〗

cit·rul·line /sítrəlìːn/ *n.*〖化学〗シトルリン ($C_6H_{13}N_3O_3$)《アミノ酸の一種; 生体内で尿素代謝に与える重要な中間体の一種》. 〖(1930) ← NL *Citrullus* (← ML *citrullus* kind of cucumber＝LL *citrium* ← L *citrus* (↓)＋-INE[3]〗

cit·rus /sítrəs/ *n.* (*pl.* ～, ～·es) 柑橘(かんきつ)類の植物《ミカン科ミカン属 (*Citrus*) でミカン·ダイダイ·レモンなどを含む; cf. orange 1》. — *adj.* 柑橘類の. 〖(1825) ← NL ～ ← L ～: ⇨ citron〗

cítrus frùit *n.* 柑橘(かんきつ)類の果物. 〖1882〗

cítrus réd míte [spíder] *n.*〖動物〗ミカンハダニ (*Panonychus citri*)《柑橘(かんきつ)類の世界的な害虫; cf. Texas citrus mite》. 〖1935〗

Cit·tà del Va·ti·ca·no /*It.* tʃittádelvatiká:no/ *n.* チッタデルバチカーノ《Vatican City のイタリア語名》.

cit·tern /sítən | -tə(ː)n/ *n.* シターン《16–17 世紀に, 特に英国で流行したリュート (lute) に似た弦楽器》. 〖(1566)《混成》← CITHER＋GITTERN〗

cittern

cit·y /síti | -ti/ *n.* **1 a** 市, 都市, 都会 (cf. urban): a (shining) ～ on a hill 丘の上の(輝く)都《人々に注目される繁栄する社会の意; Massachusetts Bay 植民地初代総督 John Winthrop が 1630 年に移住者に述べた》. 日英比較 日本語の行政単位としての「市」に該当する語であるが, 欧米の場合必ずしも人口によって決定されるわけではない.《英》では, 国王によりその称号が与えられ, 通常 cathedral がある都市である.《米》では, 市長または市議会の行政下にあり, town よりも重要な自治体,《カナダ》では, 通常人口に基づく最高位の自治体を指す. *city* の次の行政単位は,《英》では borough で, 勅許状によって自治権を与えられた都市であり,《米》では town で, *city* ほどの権限を持たない自治体である.《英》では town は, 必ずしも *city* より小さいとは限らず, *city* と同程度の自治体もある. なお, village は,《英》では通例教区教会を有した集落を指し,《米》では評議委員と議長によって治められる自治体を指す. したがって, 日本語の「市·町·村」という行政上の単位と英·米の *city*, town, village などは必ずしも合致しない. ⇨ town 語法, mayor 日英比較. **b** [形容詞的に] 都市の, 市の; 市街の: ～ dwellers 都市の住民 / run-down ～ centers 荒廃した市の中心部. **2** [the C-]《英》**a** シティー《London の旧市部; Lord Mayor および市会の支配する約 1 平方マイルの地域で, 英国の金融·商業の中心地区; 正式名 the City of London》. **b** 財界, 金融界: He has *the City* behind him. 財界が後ろに控えている.《1556》 **3** [the ～; 集合的] 全市民. **4** ＝city-state. **5**《口語》[名詞·形容詞などの修飾語を伴って強意的に] …に満ちた[…な]人[場所, 状態, もの, こと]: a bar-room brawl that turned into riot ～ 全くの騒動と化した酒場のけんか / The party turned out to be gossip ～. パーティーはゴシップの場となった.

City and Guílds Ìnstitute《英》技術·技能検定協会《労働者の各種技術·技能に対し資格を与える検定協会》.

City of Bróther·ly Lóve [the ～] 米国 Pennsylvania 州の Philadelphia の異名.

City of Dávid [the —]〖聖書〗ダビデの町: (1) エルサレム (Jerusalem)《ダビデはここに国都を定めた; cf. *2 Sam.* 5: 6–7》. (2) ベツレヘム (Bethlehem)《ダビデ生誕の地; cf. *Luke* 2: 4》.

City of Destrúction [the —] 破滅の町《Bunyan の *Pilgrim's Progress* の中の世俗的で不敬な町の名》.

City of Gód [the —] 天国 (heaven).《なぞり》← LL *Cīvitās Deī*: St. Augustine が天国の理想都市について書いた著書 (417–430) の題名〗

City of Líght [the —] Paris の愛称.《*Fr.* la ville lumière》

City of Lóndon [the —] ⇨ city 2 a.

City of Lóndon Políce Fòrce [the —] ロンドン市警察《London の City を管轄する》.

cíty of réfuge (1)〖聖書〗逃(のが)れの町《古代イスラエルで過失致死の罪人を保護した市で, パレスチナ (Palestine) に六つあった; cf. *Josh.* 20: 2》. (2) [the C- of R-] (アラビアの) Medina の異名《622 年に Muhammad がここに逃れた》.

City of Sáils《NZ》Auckland の別称.

City of (the) Séven Hílls [the —] 七丘の都《Rome のこと》.

〖(?*a*1200) *cite* □ (O)F *cité* < OF *citet* < L *cīvitātem* a community of citizens, the state ← *cīvis* citizen ← IE **kei-* to lie (cf. civil): ⇨ -ty[2]〗

cíty àrticle *n.* [しばしば C- a-]《英》(新聞の)商業経済記事.

cit·y·bil·ly /sítibìli | -ti-/ *n.*《米》都会育ちでカントリーミュージックを演奏する音楽家[歌手]. 〖← CITY＋(HILL)BILLY〗

cíty blúes *n.* [単数または複数扱い] ＝urban blues.

cíty-bórn *adj.* 都会生まれの. 〖1598〗

cíty-brèd *adj.* 都会育ちの. 〖1885〗

cíty chícken *n.*《米》〖料理〗子牛肉[豚肉]の角切りを串に刺し, とき卵, パン粉の衣をつけて蒸し煮にしたもの.

cíty clérk *n.* 市書記, 市政記録係《市の公文書の記録·人工統計·免許証発行を担当する》.

Cíty Cómpany *n.*《英》ロンドン市職業組合《長い歴史と特殊な伝統をもつ各種職業組合; cf. trade guild》.

cíty cóuncil *n.* 市審議会, 市参事会, 市部長協議会, 市議会. 〖1789〗

cíty cóuncilor *n.* 市会[市議会]議員.

cíty désk *n.* **1**《米·カナダ》(新聞の)地方[地元]ニュース編集部, 社会部. **2 a**《英》(新聞社の)経済記事編集部, 経済部. 〖1903〗

cíty edìtion *n.*《米》(新聞の)市内版.

cíty éditor *n.* **1** [しばしば C- e-]《英》(新聞社の)経済部長. **2**《米·カナダ》(新聞社の地方[地元]ニュースを扱う)地方部長, 通信部長. 〖(1834) ← *the City* (⇨ city 2)〗

cíty fárm *n.*《英》シティーファーム《都市圏にある農場で, 教育的目的に使用される》.

cíty fáthers *n. pl.* [the ～] 市の長老たち《市会議員·区長など》. 〖1845〗

cit·y·fied /sítəfàɪd | -tɪ-/ *adj.* ＝citified.

cíty gáte *n.* (昔の)都市外壁の門 (cf. city wall). 〖1594〗

cíty háll, C- H- *n.* [しばしば無冠詞で]《米》**1** 市役所, 市庁舎. **2 a** 市当局. **b**《米口語》官僚的な都市行政. ***fight city háll***《口語》官権に対して無駄な戦いをする. 〖1675〗

cíty mánager *n.*《米》シティーマネージャー《市行政の専門家で council から行政委任を受けた者; cf. council-manager plan》. 〖1913〗

cíty pàge *n.* [しばしば C- p-]《英》(新聞の)経済欄[面]. 〖1966〗

cíty plán *n.* 都市計画 (town plan).

cíty plánner *n.* 都市計画者.

cíty plánning *n.* 都市計画 (《英》town planning). 〖1912〗

Cíty Remémbrancer *n.*《英》(議会の委員会などで) London 市会代表者.

cíty ròom *n.* **1 a** (新聞·ラジオ·テレビ局などの)地方[地元]ニュース編集部. **b** 編集室. **2** 地方ニュース編集部員[陣]. 〖1919〗

cíty·scàpe *n.* **1** (大都市中心部の)都市風景, (上空からの)都市の眺め. **2** 都会の風景を描いた絵, 都会を思わせる絵. 〖(1856) ← CITY＋-SCAPE〗

cíty slícker *n.*《口語》[しばしば軽蔑的に] 都会ずれした人, 如才ない都会人. 〖1924〗

cíty-stàte *n.* (古代ギリシャの)都市国家《Athens など》. 〖(1893)《なぞり》← Gk *pólis* & L *cīvitās*〗

cíty technólogy còllege *n.*《英》都市技術カレッジ《都市部にあり科学技術教育を中心とする中等学校; 略 CTC》

cíty wáll *n.* (昔の)都市外壁《防御用》. 〖1712〗

cit·y·ward /sítiwəd | -tiwəd/ *adv.* 都市の方へ, 都会へ. 〖1867〗

cit·y·wards /sítiwədz | sítiwədz/ *adv.* ＝cityward. 〖?*c*1375: ⇨ -ward〗

cíty·wìde *adj.* **1** 市全体の; 市全域の. **2** 全市民の, 市民全体の: a ～ festival 市を挙げてのお祭り. 〖1961〗

Ciu·dad Bo·lí·var /sjuːdɑ́ːd—⌐⌐, sìːudɑ́ːd- | θjʊː-, θiːu-; *Am.Sp.* sjuðá(ð)—⌐/ *n.* シウダーボリバル《ベネズエラ東部 Orinoco 川に臨む港市》.

Ciudad Gua·ya·na /(⌐)—⌐ gəjáːnə, -gwə-; *Am.Sp.* —⌐gwajánə/ *n.* シウダーグアヤナ《ベネズエラ東部 Caroni 川と Orinoco 川との合流点にある都市; 別名 Santo Tomé de Guayana》.

Ciudad Juá·rez /(⌐)—⌐⌐⌐; *Am.Sp.* —⌐hwares/ *n.* シウダーフワレス《メキシコ北部の都市; Rio Grande 川をはさんで米国 Texas 州の El Paso 市に対する》.

Ciudad Ma·de·ro /(⌐)—⌐—⌐⌐; *Am.Sp.* —⌐maðéro/ *n.* シウダーマデロ《メキシコ北東部 Tamaulipas 州の都市》.

Ciudad Re·al /(⌐)—⌐reɪɑ́ːł; *Sp.* —⌐reál/ *n.* シウダーレアル《スペイン中南部の市場町》.

Ciudad Tru·jil·lo /⌐—⌐⌐⌐; *Am.Sp.* —⌐truhíjo/ *n.* シウダートルヒーヨ《1936–61 年間の Santo Domingo の旧名》.

Ciudad Vic·to·ria /(⌐)—⌐ vɪktɔ́ːriə; *Am.Sp.* —⌐biktórja/ *n.* シウダービクトリア《メキシコ北東部 Tamaulipas 州の州都》.

civ /sív/ *n.*《口語》(特に科目としての)文明 (civilization).

civ.《略》civic; civil; civilian.

cive /sáɪv/ *n.*〖植物〗＝chive. 〖(1440) □ (O)F ～ < L *cēpam*〗

civ·et[1] /sívɪt | -vɪt/ *n.* **1** シベット, ジャコウネコ香, 麝香(じゃこう), 霊猫(れいびょう)香《ジャコウネコの生殖器の近くにある袋[香腺]から採る香料》. **2**〖動物〗＝civet cat 1 a. 〖(1532) □ (O)F *civette* □ It. *zibetto* □ Arab. *zabād*〗

ci·vet[2] /siːvéɪ; *F.* sivɛ/ *n.*〖料理〗シヴェ《猟鳥獣(特にうさぎ)の肉を赤ワインで煮込んだシチュー; 煮汁には動物の血を加えて濃度をつける》. 〖(1708–15) □ F ～《変形》←《廃》*civé* hare or venison stew cooked in onion-flavored wine sauce: ⇨ cive〗

cívet cát *n.*〖動物〗**1 a** ジャコウネコ《アジア南部·アフリカ産ジャコウネコ属 (*Viverra*) の動物の総称; cf. palm civet, binturong》. **b** ジャコウネコの毛皮. **2** ＝cacomistle. **3** ＝little spotted skunk. 〖1607〗

civ·ex /sívɛks/ *n.* シベックス《核兵器の原料となる純粋プルトニウムの生産防止のために核燃料を増殖炉で再処理するシステム》.

civ·ic /sívɪk/ *adj.* **1** 市の, 都市の: ～ life [problems] 都市生活[問題]. **2** 市民[公民]の; 市民[公民]としての: ～ duties 市民の義務 / ～ rights 市民[公民]権 / ～ pride 市民の誇り / ～ virtues 市民[公民]道徳. **cív·i·cal·ly** *adv.* 〖(1542) □ L *cīvicus* ← *cīvis* citizen: ⇨ city, -ic[1]〗

cívic cénter *n.* **1** 市民センター[ホール], 公会堂. **2** (都市などの)公館[官庁]地区, 都心. 〖1909〗

cívic crówn *n.* **1** 市民の栄冠《昔, ローマで市民の命を救った兵に与えたオークの葉の冠》. **2**〖建築〗(記念碑などの上に彫った)オークの葉の冠. 〖(1649)《なぞり》← L corōna cīvica〗

Cívic Fórum *n.* [the ~] 市民フォーラム《チェコスロバキアの草の根の政治運動組織; 1989 年 12 月のビロード革命 (velvet revolution) およびその後の政局に主導的役割を演じた》.

civ·i·cism /sívəsìzm | -vɪ-/ *n.* 市民の福祉に献身すること; 市民第一主義, 市政主義. 〖(1874) ← CIVIC＋-ISM〗

cívic-mínded *adj.* 市民の福祉に心を傾ける, 市政心のある; 公徳心のある, 公共心のある. **~·ness** *n.* 〖1947〗

civ·ics /sívɪks/ *n.* **1** 《米》(学校の)公民科, 公民学. **2** 市政学, 市政論, 市政研究. 〖(1886)《類推》← POLITICS〗

cívic univérsity *n.* (英国の)市民大学《19 世紀以後に設立された大学; 今世紀完全な自治権を認められるまでは, ロンドン大学の学外学位制度によって学位を出していた; cf. redbrick university》.

cívic wréath *n.* =civic crown.

civ·ie /sívi/ *n.* =civvy.

civ·il /sívəł, -vɪ̩ | -vɪ̩l, -vɪl/ *adj.* **1 a** (外政に対して)内政の[に関する]; 民政の: a ~ strife 内紛 / ⇨ civil war. **b** 市民と政治との関係の: ~ philosophy. **c** 国内の, 国家の: ~ order 国内の秩序 / ⇨ civil affairs. **2** (一)市民の[に関する, に適した]; 公民(として)の: ~ duties 公民としての義務 / ~ spirit 公民精神 / ~ life 市民生活 / ⇨ civil liberty. **3 a** 社会生活をする人から成る; 市民[共同]社会の: ~ society 市民社会. **b** 集団活動をする: a ~ creature. **4 a** (軍人・官吏・聖職者に対して)一般市民の, 俗の; 文民の, 文官の (cf. naval): ~ administration 文官行政 / ~ pursuits 一般市民的職業 / return to ~ life (軍籍を離れて)市民生活に帰る. **b** (軍用でなく商業用の意で)民間人の[に関する, の関係する]: a ~ airport 民間飛行場 / ~ aviation 民間航空. **5 a** (発達した)社会組織のある; 文明化された (civilized): ~ areas. **b** 教育のある, 教養のある: ~ peoples. **6 a** (無作法にならない程度に)礼儀正しい, 礼儀にかなった; 丁寧な: a ~ answer 丁重な返事 / keep a ~ tongue in one's head (失礼をしないように)口を慎しむ / ~ but not friendly 丁寧だが親しみがない. **b** 親切な, 情け深い, お世辞のいい, 好意的な: a ~ person / say something ~ お愛想を言う. **c** 《廃》落ち着いた, 冷静な; 平和な. **7** 〈時間・暦が〉(天文時[暦]に対して)常用の (cf. astronomical): a ~ year 暦年 / ⇨ civil day. **8** 〘法律〙 **a** 民事の (cf. criminal 1): a ~ action [suit] 民事訴訟 / ~ proceedings 民事訴訟手続き / a ~ case 民事事件 / a ~ court 民事裁判所 / the code of ~ procedure 民事訴訟法典. **b** [時に C-] 民法の; ローマ市民法の.
dó the cívil 《口語》礼儀正しくする, 丁寧にする. 《1838》
~·ness *n.* 〖(*a*1387) ◻ (O)F ~ ◻ L *cīvīlis* of citizens ← *cīvis* citizen ← IE **kei-* 'to lie; bed; HOME' (Gk *keîsthai* to lie / Skt *śiva* friendly): cf. civic, city〗

SYN 礼儀正しい: **civil** 無作法ではないが, 好意的ではない: I tried to be *civil* to her. 彼女に対して無作法にならないよう気をつけた. **polite** 礼儀正しく他人の感情を考慮するという意味で最も一般的な語 (↔ impolite, rude): He is very *polite* to his superiors. 目上の人に大変礼儀正しい. **courteous** polite 彼はよりさらに丁重な: He is always *courteous* to all people. すべての人にいつもいんぎんだ. **courtly** 少し時代がかって丁重な《格式ばった語》: a *courtly* old gentleman 人品卑しからぬ老紳士. **gallant** 《古風》〈男性が〉女性に対して特別な心尽くしと尊敬を示す: a *gallant* young man 女性に親切な青年. **chivalrous** 〈男性が〉おのれを捨てて毅然として女性に尽くす《格式ばった語》: You were quite *chivalrous* in her defence. 君は全く騎士道的に彼女を弁護した.
ANT impolite, uncivil, rude.

cívil affáirs *n. pl.* 国事, 内政問題; (占領地における)民政.

cívil árchitecture *n.* =architecture 1.

Cívil Aviátion Authòrity *n.* [the ~]《英》民間航空局《航空会社・空港の活動を監視・規制する独立機関; 略 CAA》.

Cívil Códe *n.* [the ~] 民法典.

cívil commótion *n.* 騒乱, 騒擾(そうじょう).

cívil dáy *n.* 〘天文〙常用日, 暦日《真夜中から真夜中までの 24 時間; calendar day ともいう》.

cívil déath *n.* 〘法律〙市民権喪失, 民事死《重大な犯罪を犯したために一定の権利行動を禁止されること》. 〖1767〗

cívil defénse *n.* [しばしば C- D-] 民間防衛, 民防《空襲や災害などの非常事態に対して市民の生命財産を防護する民間防護活動[対策]》: a ~ corps 自警団. 〖1939〗

cívil disobédience *n.* 市民的不服従《納税拒否などの非暴力的行為により政府や法律に反抗すること; cf. noncooperation》. 〖1866〗

cívil enginéer *n.* 土木技師[技術者](略 CE). 〖1792〗

cívil enginéering *n.* 土木工学.

ci·vil·ian /sɪ̩vílјən | -ljən, -liən/ *n.* **1 a** (軍人・聖職者に対し)一般市民, 文民. **b** 非戦闘員, 軍属. **2** 《英》(もとインドにおけるイギリス政府の)公務員, 文官. **3** [*pl.*] (軍服に対して)市民服, 平服 (civvies). **4** 《古》ローマ法学者; 民法学者. — *adj.* **1 a** (軍人・聖職者に対して)一般市民の[に適した, から成る], 民間人の; 文民の, 文官の: a ~ airman 民間飛行家 / ~ clothes (軍人の制服に対して)民間人の服, 平服 (cf. civvy 2). **b** (軍人に対して)軍属の. **2** 文民によって行われる: ~ control 文民統制. 〖(*c*1395) ◻ OF *civilien* of civil law ◻ L *cīvīlis*: ⇨ civil, -ian〗

ci·vil·ian·ize /sɪ̩víljənàɪz | -ljən-, -liən-/ *vt.* 軍の身分[管理]から文民の身分[管理]に移す. **ci·vil·ian·i·za·tion** /sɪ̩vìljənɪ̩zéɪʃən | -ljənaɪ-, -liə-, -nɪ-/ *n.* 〖(1870): ⇨ ↑, -ize〗

civ·i·li·sa·tion /sìvəlɪ̩zéɪʃən | -vɪ̩laɪ-, -lɪ-/ *n.* 《英》= civilization.

civ·i·lise /sívəlàɪz | -vɪ̩-/ *v.* 《英》=civilize.

ci·vil·i·ty /sɪ̩víləṭi | -lɪ̩ti/ *n.* **1 a** (無作法にならない程度の)礼儀正しさ, 丁重. **b** [しばしば *pl.*] 礼儀正しい行為, 丁寧な言葉: exchange *civilities* (寒暑の挨拶などの)丁寧な言葉を交わす. **2** 《古》**a** 教養 (good breeding). **b** 文明, 文化. 〖(*c*1384) ◻ (O)F *civilité* ◻ L *cīvīlitātem* (なぞり) ← Gk *politikḗ*, *politeiā*: ⇨ civil, -ity〗

civ·i·liz·a·ble /sívəlàɪzəbḷ | -vɪ̩-/ *adj.* 文明化できる, 教化できる. 〖(*c*1840) ← CIVILIZE＋-ABLE〗

civ·i·li·za·tion /sìvəlɪ̩zéɪʃən | -vɪ̩laɪ-, -lɪ-/ n. **1 a** 文明《文化的・政治的・技術的に比較的高度に発達した社会状態; cf. culture 1 a》: the destruction of ~ 文明の崩壊. **b** (特定地域・時期の)文明(社会): Western ~ 西洋[ヨーロッパ]文明 / modern [medieval] ~ 近代[中世]文明. **2** [集合的] 文明国; 文明人. **3 a** (地球上)文明の行きわたって[発達して]いる地域: beyond the bounds of ~ 文明世界の埒(らち)外に[の] / return to ~ (未開地旅行などから)文明世界に戻ってくる. **b** 文明の快適な生活, 文化生活, 都会生活; 文明の利器. **4** 文明化する[させる]こと, 文明化, 開化, 教化: the ~ of preliterate peoples 文字を知らない種族の教化. **5** (趣味・態度などの)洗練, 上品さ, 優雅さ.
~·al /-ʃnəł, -ʃənḷ^-/ *adj.* 〖(1704–10): ⇨ ↓, -ation cf. F *civilisation*〗

civ·i·lize /sívəlàɪz | -vɪ̩-/ *vt.* **1** 文明の域に導く, 文明化する; 〈未開人などを〉教化する. **2 a** 洗練させる. **b** …に社会生活を身につけさせる, 社会化する. — *vi.* 文化[都会]生活の習慣[快適さ]が身につく. **cív·i·lìz·er** *n.* 〖(1601) ◻ F *civiliser*: ⇨ civil, -ize〗

civ·i·lized /sívəlàɪzd | -vɪ̩-/ *adj.* **1** 文明の発達した, 開化した; 文化的な: the ~ world. **2** 文明国[人]の. **3** (文明人としての)教養のある, 気品のある, 洗練された. **4** 〈物・場所が〉快適な, 性に合った. **~·ness** *n.* 〖(1611): ⇨ ↑, -ed 2〗

cívil láw, C- L- *n.* 〘法律〙 **1** 民法, 民事法 (cf. criminal law). **2** ローマ法; 市民法 (jus civile). **3** (ローマ法系の国々における)私法体系. **4** (国際法に対して)国内法. 〖(*c*1380) *laue civil(e)* (なぞり) ← L *jūs cīvīle*〗

cívil libertárian *n.* 市民的自由主義者; 市民的自由擁護者.

cívil líberty *n.* [通例 *pl.*] 市民的自由《行政権利の恣意的な干渉からの自由; 思想・言論・行動の自由など権利章典によって保障されている自由; cf. natural liberty》. 〖1644〗

cívil líst *n.* 《英》 **1** (議会が設定した)王室費. **2** 政府の官吏に払う給与予算. 〖1712〗

cív·il·ly /-vəlli, -vəli, -vḷi | -vɪ̩li, -vḷi/ *adv.* **1** (形式的に)礼儀正しく, 丁重に. **2** 民法上, 民事的に; 民法に従って. **3** 民権に関連して; 民権上. **4** 民間で. 〖(1552): ⇨ -ly[1]〗

cívil márriage *n.* 〘法律〙民事婚, 民事的婚姻《宗教的儀式によらず民事上の契約に基づいて公吏が行うもの; cf. register office, regular *adj.* 5》. 〖1889〗

cívil párish *n.* 《英》(教会区と区別して)地方行政区.

cívil ríghter [ríghtist] *n.* 公民権の擁護者.

cívil ríghts *n. pl.* **1** 人権, 民権, 公民権《米国では, 特にアメリカ憲法修正箇条 13, 14, 15, 19 条によるもの; 民主制の下で当然享受できるとされている権利》. **2** 《米》(特に黒人など少数民族グループに対する)平等権. 〖1721〗

Cívil Ríghts Áct *n.* [the ~]〘米史〙公民権法《市民的権利に関する法律で, 次のような人種差別の撤廃を目的とした連邦法がある: (1) 黒人を米国市民であると規定した (1866); (2) 食堂・ホテル・列車その他公的な施設・場における人種隔離を禁止した (1875); (3) 人種差別撤廃を定めた (1964); (4) 住居と不動産に関してすべての米国市民に平等な取扱いを保証した (1968); 特に (4) が重要》.

cívil ríghts mòvement *n.* 公民権運動《米国で特に 1950–60 年代に行われた黒人差別撤廃を目指す非暴力的街頭運動; Dr. Martin Luther King, Jr. によって指導された》.

cívil sérpent *n.* 《米俗》=civil servant.

cívil sérvant *n.* **1** 公務員, 文官. **2** (国連のような)国際機関で働く人[職員]. 〖1800〗

cívil sérvice *n.* **1** (軍事を除く)政府の行政事務, 国際関係諸機関の業務. **2** [集合的] 公務員, 全文官. **3** (競争試験による)公務員制度[採用方法]. 〖*c*1785〗

cívil-spóken *adj.* 言葉の丁寧な.

cívil státe *n.* (独身・結婚・離婚などの)婚姻上の状態.

cívil tíme *n.* 常用時 (cf. standard time).

cívil wár *n.* **1** 内乱, 内戦. **2** [the C- W-] **a** (米国の)南北戦争 (1861–65)《War between the States, American Civil War ともいう》. **b** (英国の)大内乱 (1642–49)《清教徒革命 (Puritan Revolution) のこと; English Civil War ともいう; cf. Oliver CROMWELL》. **c** (スペインの)内乱 (1936–39)《Spanish Civil War ともいう》. 〖?*a*1439〗

cívil wróng *n.* 〘法律〙私的権利侵害, 私的違法行為《個人の権利に対する侵害; cf. tort》.

cívil yéar *n.* 暦年 (calendar year). 〖1662〗

civ·ism /sívɪzm/ *n.* 《まれ》公共心, 公民精神; 善良な公民としての資格. 〖(1792) ◻ F *civisme* ← L *cīvis* citizen: ⇨ civil, -ism〗

civ·vy /sívi/ *n.* 《口語》 **1** 非戦闘員, 軍属, 一般市民, 文民. **2** [*pl.*] (軍服に対して)市民服, 平服 (cf. cit[1] 2 b, mufti 2). 〖(1889)《短縮》← CIVILIAN〗

cívvy strèet, C- S- *n.* 《英俗》(軍人の除隊後の)市民生活, 民間人生活 (civilian life): get back to ~. 〖1943〗

Ci·xi /*Chin.* tsʰɕì/ *n.* 慈禧(ツーシー)皇太后, 西太后《1835–1908; 中国清朝第 9 皇帝咸豊(シェンフォン)帝の妃, 同治帝の母; 清末の保守反動勢力の中心人物; the Empress Dowager としても知られる》.

CJ 《略》Chief Judge; Chief Justice.

CJD 《略》Creutzfeldt-Jakob disease.

ĈJḰ únified ideógraphs *n. pl.* CJK 統合漢字《中国語・日本語・朝鮮語の漢字を統一的にコード化したもので, UCS に採用される》.

ck 《略》cask; check; cook.

CKD 《略》completely knocked down 完全現地[現場]組立て. 〖1937〗

ckpt 《略》cockpit.

ckw. 《略》clockwise.

cl, cl. 《略》centiliter(s).

cl 《記号》chile《URL ドメイン名》.

Cl 《記号》〘化学〙chlorine.

c/l, C/L 《略》〘銀行〙cash letter 取立小切手送達票; 〘軍事〙craft loss 船舶損失.

cl. 《略》claim; class; classical; classics; classification; clause; clearance; clergy; clergyman; clerk; climb; close; closet; closure; cloth; clove; council.

cl., c.l., C/L 《略》carload; carload lot(s).

Cl. 《略》clarinet.

c.l. 《略》〘電算〙compiler language; *L.* cum laude (= with praise); cut lengths; cutter location.

c.l., CL 《略》center line; civil law; civil lord; common law.

CL 《略》communication lieutenant; craft loss; critical list.

CL 《記号》〘自動車国籍表示〙Sri Lanka《旧名 Ceylon から》.

CLA 《略》College Language Association.

Cla. 《略》Clackmannanshire.

clab·ber[1] /klǽbə | -bə^(r)/ 《米方言》*n.* 酸敗凝固した牛乳 (bonnyclabber). — *vi.* 〈牛乳が酸敗して凝固する. — *vt.* 〈牛乳を〉凝固させる. 〖(1634)《略》← BONNYCLABBER〗

clab·ber[2] /klǽbə | -bə^(r)/ *n.* 《主にスコット》泥 (mud), 泥沼 (mire). 〖(1824) ◻ Irish-Gael. *clabar* mud〗

clab·by-doo /klæbidú:/ *n.* 《スコット》=clappy-doo.

clach·an /klǽkən, klǽx-/ *n.* 《スコット・アイル方言》小さな村 (hamlet). 〖(1425) ◻ Sc.-Gael. ~ ← ? *clach* stone〗

clack /klǽk/ *vi.* **1** ぱちっと音がする, かたっ[かたかた, ぱちぱち]と鳴る. **2** (早口に)ぺちゃくちゃしゃべる. **3** 《まれ》〈雌鶏などが〉こっこっと鳴く (cluck). — *vt.* **1** ぱちっとさせる, かたっ[かたかた, ぱちぱち]させる. **2** ぺちゃくちゃと話す[しゃべる]. — *n.* **1** かたっ[ぱたっ, ぱちっ]という音, 板を打ち合わせるような音. **2** (早口の)おしゃべり; がやがや話す声. **3** 《古》**a** かたかた[がたがた]いう音をたてるもの. **b** (おもちゃの)がらがら. **4** 《俗》舌 (tongue): Hold your ~! だまれ. 〖(*c*1250) *clacke(n)* ◻ ON *klaka* to twitter (擬音語): cf. Du. *klakken* / F *claquer*〗

cláck·dìsh *n.* 《Shak》木のふたのついたこじきの椀《施しを受けるためにかたかたいわせて注意を引く》. 〖1604〗

cláck·er *n.* **1 a** かちかち[かたかた]鳴るもの. **b** 《英方言》鳴子(など). **2** 《英方言》おしゃべり. 〖(1636): ⇨ ↑, -er[1]〗

clack·et /klǽkɪ̩t | -kɪt/ *vi., vt.* かたかた[かちかち, ぱちぱち]と鳴る[鳴らす].

Clack·man·nan·shire /klækmǽnənʃə, -ʃɪə | -ʃə^(r), -ʃɪə^(r)/ *n.* クラックマナンシャー《スコットランド中央部の独立自治体; 1975–96 年 Central 州の一部》.

cláck vàlve *n.* 〘機械〙羽打(はうち)弁, 蝶(ちょう)形弁, 逆止弁《一端をちょうつがいで留め, 舌が一方向にだけ動くようにした弁; clapper valve ともいう》. 〖1858〗

Clac·ton /klǽktən/ *n.* クラクトン《イングランド Essex 州東部の町; 保養地; 前期旧石器文化が発見された; Clacton-on-Sea ともいう》.

Clac·to·ni·an /klæktóuniən | -tə́u-/ *adj.* 〘考古〙クラクトン(前期旧石器文化)の, クラクトン期[文化]の. — *n.* クラクトン文化. 〖(1932) ← *Clacton(-on-Sea)*＋-IAN〗

clad[1] /klǽd/ *adj.* [しばしば複合語の第 2 構成素として] **1** 着た; 覆われた: be ~ in rags ぼろを着ている / iron-*clad* vessels 装甲艦. **2** (…の)金属で被覆した[被覆された]; 〈貨幣が〉金属被覆を施された, クラッドされた: ~ steel / copper-*clad* steel / a ~ coin. — *v.* 《古・文語》clothe の過去形・過去分詞. 〖ME *clad, cladde* (p.p.) < OE *clāþod* (p.p.) ← *clāþian* 'to CLOTHE'〗

clad[2] /klǽd/ *vt.* (**clad; clad·ding**) (特に, 腐食防止のために)〈ある金属〉に別の金属を被覆する. — *n.* **1** 被覆金属板; (特に)金属被覆を施した貨幣. **2** 被覆するもの; 被覆した外側の金属; (特に)貨幣の外側の金属. 〖(1579): ↑〗

clad- /klæd/ (母音の前にくるときの) clado- の異形.

Cládagh rìng /klǽdə- | -də-/ *n.* クラダリング《二つの手が心臓をつかんでいる形の指輪; アイルランドで愛のしるしとして贈られる》

clád·ding /-dɪŋ | -dɪŋ/ *n.* **1** 〘金属加工〙合わせ板法, クラッド法《内部金属の腐食防止・電気的性質改善・熱膨張の利用などのために行う金属被覆法》. **2** (合わせ板法の)被覆金属板. **3** (建物などの)外装材, 外側を覆うもの. 〖(1885) ← CLAD[2]＋-ING[1]〗

clade /kléɪd/ *n.*〘生物〙クレード《共通の祖先から進化した脊椎のある生物群》. 〖《1911》□ Gk *kládos* branch〗

cla·dis·tics /klədístɪks, klæ-/ *n.*〘生物〙分岐論《系統発生的に生物の分類を行う》. **cla·dís·tic** *adj.* **cla·dís·ti·cal·ly** *adv.* 〖《1965》: ⇨ ↑, -istic, -ics〗

clad·o- /klǽdou | -dəu/「若芽 (sprout); さし枝 (slip)」の意の連結形. ★ 母音の前では通例 clad- になる. 〖← NL ～ ← Gk *kládos* branch, sprout〗

clàdo·cárpous *adj.*〘植物〙側果の (pleurocarpous). 〖《1857》: ⇨ ↑, -CARPOUS〗

Cla·doc·er·a /klədɑ́(ː)sərə | -dɔ́s-/ *n. pl.*〘動物〙(甲殻綱鰓脚亜綱)枝角目. 〖← NL ～〗

cla·doc·er·an /klədɑ́(ː)sərən | -dɔ́s-/〘動物〙*n.* 枝角目の動物《ミジンコ類; 微小な淡水産甲殻類; cf. water flea》. — *adj.* 枝角目の. 〖《1909》← NL *cladocera* ← Gk *kládos* branch＋*kéras* horn〗

clad·ode /klǽdoud | -dəud/ *n.*〘植物〙＝cladophyll.

cla·do·di·al /klədóudiəl, klæ- | -dáudjəl/ *adj.* 〖《1870》← NL *cladodium* ← Gk *kladṓdēs* having many sprouts ← *kládos*: ⇨ clado-, -ode¹〗

clàdo·génesis *n.*〘生物〙分岐, 分枝, クラドゲネシス《生物の一つの系統が二つ以上に分岐すること》. **clàdo·genétic** *adj.* **clàdo·genétically** *adv.* 〖《1953》← NL ～〗

clad·o·gram /klǽdəgræ̀m, kléɪ- | kléɪdə(ʊ)-/ *n.*〘生物〙系統図《生物の進化を類縁関係によって樹状の図に表したもの》. 〖《1966》← CLADO-＋GRAM〗

clad·o·phyll /klǽdəfɪl | -də-/ *n.*〘植物〙葉状枝[茎]. 〖《1879》← NL *cladophyllum*〗

clad·op·to·sis /klædɑ(ː)ptóusɪs | -dɔptə́usɪs/ *n.*〘植物〙(ネズコ・イチイのように)葉の代わりに秋季枝が落ちること. 〖《1883》← NL ～: ⇨ clado-, ptosis〗

claes /kléɪz/ *n. pl.*《スコット》＝clothes. 〖1549〗

clag·gy /klǽgi/ *adj.*《英方言》(泥などが)べとべとした, こびりつく. 〖《1570》←《英方言》*clag* sticky mass, mud ← ?〗

Clai·borne /kléɪbɔən | -bɔːn/, **Craig** *n.* クレイボーン《1920–2000; 米国の著述家・料理研究家; *New York Times* の食品担当編集者》.

claim /kléɪm/ *vt.* **1** (矛盾があっても自信をもって)主張する, 〈…だと〉断言する 〈*to do*〉/〈*that*〉: He ～s kinship with you. 彼は君と親類だと言う / He ～s (*that*) it is two miles to the bridge. 橋まで 2 マイルだと彼は言う / He ～s *to* be [*that* he is] the only person to know it. それを知っているのは自分ばかりだと言う. **2 a** (当然の権利として)要求[請求]する (⇨ demand SYN); 〈…するように〉要求する 〈*to do*〉/〈*that*〉: ～ a reward, the crown, payment, etc. / ～ a right to the property 財産に対する権利を要求する / ～ damages (in law) (訴訟して)損害賠償を要求する / ～ compensation (for injury) from a company 会社に(負傷の補償)を要求する / ～ … back (from) (…に)〈金・物などの〉返還を要求する / ～ *to* be paid one's wages 賃金の支払いを要求する / He ～s *that* the money should be paid at once. その金を直ちに支払うように要求している. **b** 〈権利・所有物・称号などの承認を要求する; 〈…ということの〉権利を主張する 〈*to do*〉/〈*that*〉: ～ the championship 選手権(の承認)を要求する / ～ (*to* have won) the victory 勝ったということの承認を求める / I ～ *that* I am the real Earl. ＝I ～ *to* be the real Earl. 自分は真の伯爵だということ[伯爵をなのる権利]を主張する. **c** 〈落とし主などが〉〈紛失物などの〉返還を要求する: The watch is not ～*ed* yet. 時計の落とし主はまだ申し出てこない / ～ one's luggage (空港で)荷物を受け取る. **3** 〈責任・功績などが〉自分にあるという: The National Liberation Front ～*ed* (＝admitted) responsibility for the bombing. 民族解放戦線は爆破したのは我々だと公言した. **4 a** 〈事物が〉〈人々の注意を〉引く, 求める; 〈注意・尊敬などに〉値する: ～ a person's respect 尊敬に値する / The subject ～s our attention. この問題はわれわれの注意に値する. **b** 〈死・病気などが〉〈人命を〉奪う: Death ～*ed* him. 彼は死んだ / Cholera ～*ed* 70 in all. 全部で 70 人コレラにやられた. **5** 〈地位などを〉獲得する (gain, win); 〈記録などを〉達成する (achieve). — *vi.* 権利を主張する, 要求する〔*for, on*〕; 〔保険契約などで〕損害賠償の要求をする〔*against*〕: You can ～ *for* the damage *on* the insurance. 損害保険を請求できる.

— *n.* **1** (事実の)主張, 断定, 確言: dispute a ～ 主張に疑いをさしはさむ / He made no ～*s to* possession. 所有を主張しなかった / He put forward the ～ *that* he was the founder of the party. 彼は党の創設者だと主張した / his ～ to have founded the party 党を創設したという彼の主張 / That's a pretty big ～ for you to be making. それはかなり大胆な主張をしていることになる / They made large [sweeping] ～*s* for their proposal. 自分たちの提案をよしとする大々的な[大ざっぱな]主張をした. **2** 要求, 請求; 賠償請求, 求償, クレーム: a wage(s) [compensation] ～ 賃金[補償]の要求 / a ～ for damages 損害賠償の請求 / accept [reject] a ～ 要求をのむ[拒む] / make great ～*s* on us 我々に多くの要求をする / I have many ～*s* on my time. 私はいろいろな事に時間を取られ, いろいろな用事で暇がない / put in [enter] a ～ for …を(自分の物として)要求する / satisfy a person's ～*s* 人の要求に応じる / State your ～ and we'll consider it. 要求を述べれば考慮しよう. 日英比較 日本語の「クレーム」は商品の使用者からの「苦情」の意だが英語にはその意味はない.「苦情」に当たる英語は complaint.「クレームをつける」は make a complaint. **3** (当然の)権利; 〔権利・債務履行などの〕要求[請求]権; 主張し得る資格〔*to*〕: He has no ～ on me. 私に対して何も要求する権利はない / have a ～ *to* a thing ある物に対する(それが自分の物だと主張する)権利がある / set up a ～ *to* …に対する権利を提起する / lay ～ *to* …に対する権利[所有権]を主張する / He has a ～ to be called the best player. 彼は最高のプレーヤーと呼ばれるだけの実力がある / He has no ～ *to* scholarship. 決して学者などとはいえない. **4** 請求物; 要求地, (特に)(鉱区などの)払下請求地: jump a ～ 先有地(鉱区など)を横領する. **5**〘保険〙**a** (保険金・補償金などの)支払請求, クレーム. **b** 請求額, 要求総額. **6**〘トランプ〙(ブリッジで)手札を開いて見せ, 残り札は全部取れると主張すること: make a ～.

a person's cláim to fáme《しばしば戯言》人の有名である(べき)理由, 面白い[変わった]ところ, 自慢できる点. ***stáke (óut) a [one's] cláim*** (1) 杭を打って自分の主張する所有地を区画する. (2)〔…の〕権利を主張[要求]する〔*to, on, for*〕.

〖v.: 《?c1300》□ OF *claim-* (pres. stem) ← *clamer* < L *clāmāre* to call out ← IE **kelə-* to shout: ⇨ clear. — n.: 《a1325》□ OF *claime* ← *clamer* (v.): cf. clamor¹〗

claim·a·ble /kléɪməbl/ *adj.* (権利として)要求[請求]できる; (当然)主張できる. 〖《1611》: ⇨ ↑, -able〗

claim·ant /kléɪmənt/ *n.* 権利の主張者; 要求者: a ～ *to* an estate. 〖《(c1436)》《1747》← CLAIM＋-ANT〗

cláim chèck *n.*《米》＝check¹ 3 a.

cláim·er *n.* **1** ＝claimant. **2**〘競馬〙**a** ＝claiming race. **b** 売却競走出走馬. 〖《c1436》: ⇨ -er¹〗

cláim·ing ràce *n.*《米》〘競馬〙売却競走, 譲渡要求競走《出場馬主の要求によって一定の代価で売却するという条件で馬を出場させる競馬》. 〖1935〗

cláim-jùmping *n.* (払い下げの土地・鉱区などの)先住(占)者の権利を(時に違法に)奪取[横領]すること. 〖1846〗

cláim·jùmper *n.* 〖《1839》← *jump a claim* (⇨ claim *n.* 4)〗

cláims·man /-mən/ *n.* (*pl.* **-men** /-mən, -mèn/) (損害保険などの)支払額算定係 (adjuster).

cláim tàg *n.* 手荷物引換証.

Clair /kléə | kléə^(r); *F.* klɛːʁ/ *n.* クレア: **1** 男性名. **2** 女性名. 〖⇨ Clare²〗

Clair /kléə | kléə^(r); *F.* klɛːʁ/, **René** *n.* クレール《1898–1981; コメディ作品で有名なフランスの映画監督; 本名 René Chomette》.

clair·au·di·ence /kleᵊrɔ́ːdiəns, -rɑ́ː- | kleərɔ́ːdiəns/ *n.* 透聴, 透聴力《常人の聴力では聞きとれない音を容易に聞き取ること, またその能力》. 〖《1864》□ F ～ ← *clair* clear＋*audience* a hearing: CLAIRVOYANCE にならった造語〗

clair·au·di·ent /kleᵊrɔ́ːdiənt, -rɑ́ː- | kleərɔ́ːdiənt/ *adj.* 透聴力の[に関する, のある]. **～·ly** *adv.* 〖《1864》□ F ～ ← *clair*＋*audient* (↑)〗

clair de lune /kléədəlúːn | kléədəlúːn, -ljúːn; *F.* klɛʁdəlyn/ *n.* **1 a** 薄緑色. **b** (かすかに薄紫色を帯びた)青白色. **2** 1700 年代に中国で造られた優美な帯青灰色の色釉をかけた磁器. 〖《1877》□ F ～ (原義) moonlight〗

Claire /kléə | kléə^(r); *F.* klɛːʁ/ *n.* クレア《女性名》. 〖⇨ Clare²〗

clair-ob·scúre /kléə- | kléə-/ *n.* 明暗法 (chiaroscuro). 〖《1717》□ F *clairobscur* < It *chiar- oscuro*〗

Clair·ol /kléᵊrɔ(ː)l, -rɑ(ː)l | kléərɔl/ *n.*〘商標〙クレイロール《米国 Clairol 社製へのヘアケア製品・化粧品; 特に染毛剤が知られている》.

clair·schach /kléəʃæx | kléːʃəx/ *n.* ＝clarsach.

clair·voy·ance /kleəvɔ́ɪəns | kleə-/ *n.* 透視, 千里眼; 透察力, 鋭い洞察力. 〖《1840》□ F ～ ← *clairvoyant*: ↓〗

clair·voy·ant /kleəvɔ́ɪənt | kleə-/ *adj.* **1** 千里眼の, 透視力を有する. **2** 鋭い洞察力のある, 明敏な. — *n.* 千里眼(の人), 透視者. **～·ly** *adv.* 〖《1671》□ F ← *clair* clear＋*voyant* ((pres.p.) ← *voir* to see < L *vidēre*)〗

clair·voy·ante /kleəvɔ́ɪənt | kleə-/ *n.* 女性の千里眼(の人). 〖《1861》□ F ～ (fem.): ↑〗

clam¹ /klǽm/ *n.* **1 a** 二枚貝《斧足(ふそく)綱の特に食用にされる二枚貝の総称; 多くは左右相称で, 2 枚の殻をもつ; ホンビノスガイ (quahog), ハマグリ (*Meretrix lusoria*), オオノガイ (soft-shell clam), マテガイ (razor clam) などを含む》. **b** [通例 *pl.*] (料理用の)ハマグリ(類の貝)の身. **2**《米口語》**a** 無口な人, だんまり屋 (cf. oyster 3): shut up like a ～. **b** 鈍重な人, のろま. **3**《米俗》1 ドル; 1 ドル相当額. **4**《米俗》へま, 言い間違い, (ジャズで)はずれた音. **5**〘土木〙＝clamshell 2.

(as) clóse as a clám《米口語》ひどくけちで[な]. ***(as) háppy as a clám (at high wáter)***《米口語》とても喜んで, 大満足で.

— *v.* (**clammed; clam·ming**) — *vi.*《米》ハマグリ(類の貝)をあさる; 潮干狩をする: go ～*ming*. — *vt.* …からハマグリ(類の貝)を採る.

clám úp《口語》黙りこむ, 黙否する: He ～*med up* on me. 彼は私に対して堅く口を閉ざしてしまった.

〖《1500–20》《略》← CLAMSHELL《原義》bivalve that shuts tight like a clamp〗

clam² /klǽm/ *vt., vi.* (**clammed; clam·ming**) ＝clem.

clam³ /klǽm/ *n.* **1**〘ジャズ〙調子はずれの音, ミストーン. **2**《米俗》まちがい, へま (error). — *vi.* (**clammed; clam·ming**)〘ジャズ〙調子はずれの音を出す. 〖《1702》: cf. clamor¹〗

clam⁴ /klǽm/ *n.*《まれ》＝clamp¹. 〖OE *clamm* band, bond ← Gmc **klam-* to press (G *Klemme*): cf. clasp〗

cla·mant /kléɪmənt, klǽm-/ *adj.*《文語》**1** やかましく叫ぶ; 騒々しい, やかましい. **2** 緊急の処置を要する, 焦眉(しょうび)に迫った, 一刻も放任を許さない, 切迫した: a ～ need for remedy. **～·ly** *adv.* 〖《1639》□ L *clāmantem* (pres.p.) ← *clāmāre*: ⇨ claim, -ant〗

Clam·a·to·res /klæ̀mətɔ́ːriːz/ *n. pl.*〘鳥類〙(鳴禽類)タイランチョウ亜目. 〖← NL ～ ← L *clāmātōrēs* (pl.) ← *clāmātus* (p. p.) ← *clāmāre*: ⇨ claim, -or²〗

clam·a·to·ri·al /klæ̀mətɔ́ːriəl⁻/ *adj.*〘鳥類〙タイランチョウ亜目の. 〖《1872》: ⇨ ↑, -ial〗

clám·bàke *n.*《米》**1 a** (海浜で焼きはまぐりなどを食べる)海浜ピクニック[パーティー]. **b** 海浜ピクニック[パーティー]のごちそう. **2 a** 陽気な集まり. **b** 政治集会. **3**《俗》〘ラジオ・テレビ〙混乱したり間違いだらけのテレビ・ラジオ番組. **4**《俗》〘ジャズ〙クラムベーク《ジャムセッション風な即興演奏》; (特に)まずい[下手な]クラムベーク. 〖1835〗

clam·ber /klǽmbə, klǽmə | -bə^(r)/ *vi.* (手足を使って)よじ登る, やっとはい登る: ～ *over* rocks, a high wall, etc. / ～ *up* [*down*] よじ登る[はうようにして下る]. — *vt.* …によじ登る, 登る: ～ a ladder. — *n.* よじ登り, はい登り, 登攀(とうはん). **clám·ber·er** /-mb(ə)rə, -mərə | -mb(ə)rə^(r)/ *n.* 〖《c1375》*clambre(n), clamere(n)* to climb (i) (freq. ?) ← OE *clæmman* to press // (ii) ? ←《廃》*clam(b)* ((pret.) ← CLIMB)＋-ER⁴〗

clám chòwder *n.*〘料理〙**1** クラムチャウダー《ハマグリなどに塩漬け豚肉・ジャガイモ・タマネギなどの野菜を加え, 牛乳かトマトで煮込んだチャウダー[濃厚なスープ]》. **2** クラムチャウダーを食べるピクニック[パーティー]. 〖1822〗

clám dìggers *n. pl.*《米》ふくらはぎの途中くらいまでの長さのズボン《もともと潮干狩り用ズボン》.

clam·jam·fry /klæmdʒǽmfri/ *n.* (*also* **clam·jam·frey** /～/, **clam·jam·phrie** /～/)《スコット》**1** 群集; やじうま連; 暴徒. **2 a** がらくた, くず. **b** くだらぬ話. 〖《1816》← ?《廃》*clam* base, mean＋《スコット》*jamph* to scoff, sneer＋-ERY: または *clam-* ← CLAN か〗

clam·my /klǽmi/ *adj.* (**clam·mi·er; -mi·est**) **1 a** 冷たくてねっとりとした, じとじとする: one's ～ skin. **b** 〈天候など〉(不愉快な感じで)冷やりとしめっぽい, じっとりとした: ～ air. **2 a** 人間的な温かみのない, 冷たい: ～ statistics. **b** 不自然な, 異常な: ～ fear. **clám·mi·ly** /-məli/ *adv.* **clám·mi·ness** *n.* 〖《a1398》← *clamme(n)* to stick, smear (逆成) ← *clammed* ← OE *clǣman* < Gmc **klaimjan* ← **klai-, *klei-* (cf. clam²)) ＋-Y⁴: cf. clem〗

clámmy chíckweed *n.*〘植物〙＝mouse-ear chickweed.

clámmy lócust *n.*〘植物〙モモイロニセアカシア (*Robinia viscosa*)《米国南東部原産のマメ科の高木; 淡紅色の花が咲く》.

clam·or¹, 《英》**clam·our**¹ /klǽmə | -mə^(r)/ *n.* **1** (不平・抗議・要求・支持などの)叫び, 騒ぎ (⇨ noise SYN); 民衆の叫び: the ～ *against* heavy taxes 重税反対の抗議の叫び / the ～ *for* reform 改革を求める叫び / the ～ *to* raise wages 賃上げ要求の叫び. **2** (群衆などの長く続く)大きな叫び声, どよめき. **3** (楽器・動物・あらしなどの)騒々しい音: the ～ of the bells.

— *vi.* **1** やかましく要求する: ～ *against* the proposal 騒々しく提案に反対する / ～ *for* a raise of pay 賃上げを叫ぶ. **2** 叫ぶ, 騒ぎ立てる: ～ *out* 叫ぶ. — *vt.* **1** 叫んで[どなって]〈人〉に…させる: ～ *down* a speaker 弁士をやじり倒す / ～ a person *into* [*out of*] …騒いで(無理に)人に…させる[やめさせる]. **2** 騒がしく言う, やかましく言う.

～·er *n.* 〖《c1385》□ OF *clam(o)ur* < L *clāmōrem* ← *clāmāre* 'to CLAIM': ⇨ -or¹〗

clam·or², 《英》**clam·our**² /klǽmə | -mə^(r)/ *vt.*《廃》〈鐘の音を〉静まらせる; (転じて)黙らせる. 〖《1610–11》(変形) ←《廃》*clammer* (freq.) ← ? *clam* to crash together, silence; crash of bells (擬音語)〗

clam·or·ous /klǽm(ə)rəs/ *adj.* **1** 騒々しい, やかましい. **2** やかましく要求する (⇨ noisy SYN); うるさく不平をいう. **～·ly** *adv.* **～·ness** *n.* 〖《1402》: ⇨ clamor¹, -ous〗

clamour¹ *n., v.*《英》＝clamor¹.

clamour² *vt.*《英》＝clamor².

clamp¹ /klǽmp/ *n.* **1** クランプ, 締め具, つかみ, つかみじめ, 握り金物; かすがい, 締めくぎ, 締め金. **2** 車輪止め[クランプ], ホイールクランプ (wheel clamp). **3** [*pl.*] **a** (外科用の)鉗子(かんし), クランプ. **b** やっとこ, (船大工用の)一種のくぎ抜き. **4 a** 妨害, 邪魔. **b** つかむこと, 把握. **5**〘木工〙端食(はしばみ); 目かすがい. **6**〘造船〙副はり受材. **7**〘海事〙＝mast clamp. — *vt.* **1 a** 締め具[かすがい]で締める[留める]; しっかりと[きゅっと]締める: ～ one's lips きゅっと口を締める. **b** しっかりとおさえる, つかむ (hold). **c** 〈駐車違反の車〉にホイールクランプ (wheel clamp) をかける. **2** 〔…に〕負わせる, 強制する, 押しつける〔*on, upon*〕: ～ restraints *on* a strike ストライキを禁圧する.

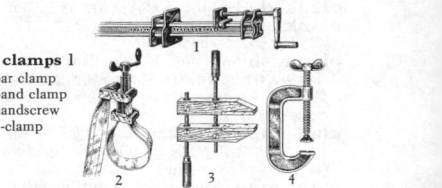

clamps 1
1 bar clamp
2 band clamp
3 handscrew
4 c-clamp

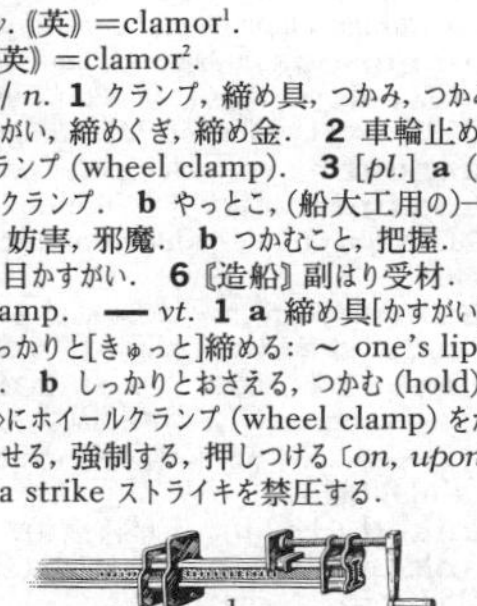

clámp dówn (*vi.*) 〔…を〕取り締まる, 弾圧する, 厳しくする〔*on*〕: The police ～ *down on* rioters. 警察は暴動者を厳しく取り締まる. — (*vt.*) (1) 強硬に押しつける. (2)

〘海事〙〈船の甲板を〉水をまいて[スワブ(雑布)で]掃除する. 〖(1304) ◻ MDu. *klampe* (Du. *klamp*) < Gmc **klampō* (MLG *klampe*) ← IE **gel-* to form into a ball: cf. clam²〗

clamp² /klǽmp/ *n.* 《英》 **1** (わら・土などをかぶせた冬期貯蔵用の)ジャガイモ・カブなど作物の山. **2** 生れんが・ごみなどの山. — *vt.* **1** 〈生れんがなどを〉うず高く積む 〈*up*〉. **2** 〈ジャガイモなどを〉わら・土などをかぶせて囲う. 〖(1596-97) ◻ ? Du. *klamp* heap: cf. clump¹〗

clamp³ /klǽmp/ *v., n.* =clump². 〖(1808) 《擬音語》: cf. clump¹〗

clamp·down /klǽmpdàʊn/ *n.* 締めつけ, 取締まり, 弾圧 (crackdown). 〖(1940) ← *clamp down* (⇨ clamp¹ 成句)〗

clámp·er *n.* **1 a** かすがい. **b** [*pl.*] やっとこ (pincers). **2** (靴底に付ける)滑り止め, アイゼン. 〖(1825-79) ← CLAMP¹+-ER¹〗

clámp·ing circuit *n.* 〘電気〙 クランプ回路 《入力信号のあるレベルを定められた電位に固定する回路》. 〖1947〗

clámp scrèw *n.* 締めつけねじ 《clamping screw ともいう》. 〖1831〗

clámp trùck *n.* クランプトラック 《大型の物体をつかんで運ぶことのできる二本腕を備えたトラック》.

cláms casíno *n.* 〘料理〙 カジノ風クラム 《焼いた貝の上にベーコン・ガーリックバターなどのせ, その殻を器にして出す》. 〖1952〗

clám·shèll *n.* **1** 二枚貝 (clam) の殻. **2** 〘土木〙 **a** 《米》 クラムシェル, つかみあげバケツ 《貝殻のように開閉する浚渫(しゅんせつ)機の泥すくい器; grab bucket ともいう》. **b** クラムシェル付き掘削機. **3** 〘航空〙 **a** クラムシェルドア 《航空機の機首あるいは機尾にある荷物積降しのための観音開きのドアの一方》. **b** =eyelid 2. 〖(*c*1500): ⇨ clam¹, shell〗

clámshell dòor *n.* 〘航空〙 =clamshell 3 a.

clám wòrm *n.* 〘動物〙 ゴカイ (《英》 ragworm) 《環形動物門ゴカイ科の種類の総称; 釣りの餌にする; sandworm ともいう》. 〖*c*1800〗

clan /klǽn/ *n.* **1 a** 《口語》 一家, 一族, 一門. **b** (スコットランド高地人の)氏族 《同一祖先から出た家族の一群; cf. chieftain 2, tartan¹》. **2** 《口語》 (共通の特徴・目的・利害などで結ばれた)一味, 党, 閥 (party, coterie). **3** 〘社会学〙 クラン 《共通の先祖によって結ばれている単系の親族集団》. 〖(*c*1425) ◻ Sc.-Gael. *clann* family, descendants ◻ L *planta* sprout: cf. plant〗

clan·des·tine /klændéstɪn, -taɪn, klǽndəstɪn, -tàɪn | klændéstɪn, -taɪn, klǽndɛstɪn, -tàɪn/ *adj.* (悪だくみなどを蔵した)内密の, 内々の, 隠密の, こそこそした (⇨ secret SYN): a ~ marriage [meeting, correspondence] 秘密結婚[会合, 通信] / ~ dealings 秘密取引. **~·ly** *adv.* **~·ness** *n.* **clan·des·tin·i·ty** /klændɛstínəti | -nɪ̆ti/ *n.* 〖(1566) ◻ F *clandestin* // L *clandestīnus* ← *clam* secretly, unknown ← IE **kel-* to 'cover, CONCEAL': ラテン語の形は L *intestīnus* inward からの類推〗

clang /klǽŋ/ *n.* **1** かん, かちん, がん, がらん 《武器・鐘・よろいなど金属のぶつかる音; cf. clank》: with a ~ かちん[がらん]と. **2** (ツル・アヒルなどの)鳥のかん高い鳴き声. — *vi.* **1 a** かん[がん, かちん, がらん]と鳴り響く. **b** がらんがらん音を立てて動く[走る]. **2** (ツルのような)かん高い声を出す. — *vt.* かん[がん, かちん, がらん]と鳴り響かせる. 〖(1576) 《擬音語》: L *clangere* to resound の影響も考えられる: cf. G *Klang* noise〗

cláng associàtion *n.* 〘心理〙 類音連想[連合], 音(おん)連合 《意味関係がなく単に音声が類似しているだけの語の連想》. 〖1918〗

clang·er /klǽŋə | -ŋə(r)/ *n.* **1** 《英口語》 とんでもない失敗, 大きなへま. **2** かちんと鳴る[鳴らす]物 (clinker). ***dróp a cláng·er*** 大失敗をやる, へまをやる. 〖(1948): ⇨ clang〗

clan·gor, 《英》 **clan·gour** /klǽŋə, klǽŋgə | klǽŋgə(r), klǽŋə(r)/ *n.* **1** かちんかちん, ちゃりん, がらんがらん, がんがん 《金属性の連続音》. **2** 騒々しい音. — *vi.* かちんかちん[がらんがらん]と鳴り響く. 〖(1590-91) ◻ L *clangor* clang ← *clangere* to resound〗

clan·gor·ous /klǽŋərəs, -ŋgə- | -ŋə-, -ŋgə-/ *adj.* がらんがらんと鳴る[鳴り響く]; 騒々しい. **~·ly** *adv.* 〖(1712): ⇨ ↑, -ous. cf. ML *clangōrōsus*〗

clangour *n., vi.* =clangor.

cláng tìnt *n.* 複雑な音色 (timbre). 〖(1867) 《部分訳》 ← G *Klangfarbe* ← *Klang* noise (cf. clang)+*Farbe* color〗

clank /klǽŋk/ *n.* かん, かちゃん, がちっ, がちゃん, がちゃり 《clang よりは響きが短く clink よりは重い金属音》: with a ~ かちゃんと音をたてて. — *vi.* **1** 〈鎖などが〉がちりと鳴る: ~*ing* chains. **2** がちゃんがちゃん音を立てて動く[走る]. — *vt.* がちゃがちゃ鳴らす[いわせる]: ~ chains. 〖(*a*1614) 《擬音語》〗

clanked /klǽŋkt/ *adj.* 《俗》 疲れた, 落ち込んだ.

clánk·ing·ly *adv.* がちゃん[り]と(音を立てて). 〖(1894): ⇨ ↑, -ing², -ly¹〗

clán·nish /-nɪʃ/ *adj.* **1** 氏族 (clan) の. **2** (同じ clan の人のように)団結心の強い; 派閥的な, 排他的な, 偏見のある. **~·ly** *adv.* **~·ness** *n.* 〖(1776) ← CLAN+-ISH〗

clán·shìp *n.* **1 a** 氏族 (clan) 制度. **b** 氏族の一人であること. **2** 氏族的団結; 氏族精神, 閥族的感情. 〖(1772) ← CLAN+-SHIP〗

cláns·man /-mən/ *n.* (*pl.* **-men** /-mən/) 同氏族の者, 一族[一門, 一党, 一味]の者. 〖(1810) ← CLAN's+MAN〗

cláns·wòman *n.* (*pl.* **-women**) 女性の同氏族の者, 一族の中の女性. 〖*c*1895〗

clap¹ /klǽp/ *v.* (**clapped,** 《古》 **clapt** /klǽpt/; **clap·ping**) — *vt.* **1 a** 〈手を〉激しく打つ[たたく]: ~ one's hands 拍手する. **b** …に拍手を送る, 拍手喝采する (applaud): ~ a performer [a performance] 演技者[演技]に拍手を送る. **2 a** (友情・称賛などのしるしに平手で)〈人の〉(背中などを)ぽんとたたく 〔*on*〕: ~ a person *on* the back 人の背中を軽くたたく. **b** 《英方言》 なでる, 愛撫する. **3 a** 〈二つの平らで硬いものを〉ぱちんと打ちつける[ぶつける]. **b** (同じものの表面を合わせて)急激に合わせる, ぴしゃりと閉じる: ~ the book shut 本をぴしゃりと閉じる. **4** すばやく[勢いよく]置く, ぱっとおさえる; たたきこむ, ほうりこむ: He ~*ped* the door *to* [shut]. 戸をぴしゃりと閉めた (cf. *Vt.* 3 b) / ~ the lid of a box *to* [*on*] ぴしゃりと箱のふたをする / ~ a hat *on* one's head 帽子をひょいとかぶる / He ~*ped* his hand *over* his mouth. 彼は手で口をぱっと押さえた / ~ a piece of candy *into* one's mouth キャンデーをぽんと口に入れる / ~ spurs *to* a horse 馬にさっと拍車をかける / ~ a person *in* [*into*] prison 人を投獄する. **5** 《口語》 急いで作る, 急いで工夫する, 急に始末する; 〈取引などを〉さっさと取り決める 〈*up, together*〉: ~ a house *together* 家を急造する / ~ *up* an agreement 協定をさっと取り決める. **6** 〈鳥が〉〈羽を〉打つ, 羽ばたきする. **7** 〈生パン・洗濯物などを〉平たくたたく. **8** 〈義務・税などを〉〈人・品物などに〉課する (impose), 押しつける 〔*on, upon*〕: ~ a tax *on* goods 品物に税を課する / ~ a preservation order *on* a listed building 《英》 指定建造物に文化財保護命令を下す. **9** 《廃》 誓約する (pledge). — *vi.* **1** 拍手する, 拍手喝采する (applaud): ~ *for* a performer. **2 a** ぴしゃり[ぱたん]と音を立てる. **b** 〈雷が〉鳴る, とどろく. **c** ぱちんと閉じる. **3** ぱたぱた音を立てながら動く. **4** すばやく[さっと]始める[動く, やる]. **5** ぺらぺらしゃべる 〔*about*〕.
cláp éyes on ⇨ eye 成句. ***cláp hóld of*** ⇨ hold¹ *n.* 成句. ***cláp ón*** (1) 《口語》 〈衣服を〉さっと身につける. (2) 〘海事〙 取り付ける; 〈帆をさらに張る: ~ *on* canvas [sail] 帆を追加して張る. ***cláp úp*** (1) ⇨ *vt.* 5. (2) さっと投獄する: ~ a criminal *up* without trial 裁判もせずに犯人を獄にほうり込む.
— *n.* **1** 拍手(の音): give a performer a good ~ 演奏者に拍手喝采する. **2** (友情・称賛などのしるしに)ぽんとたたくこと: give a person a ~ on the back [shoulder] 人の背中[肩]をぽんとたたく. **3 a** ぴしゃり[ぱたん]と鳴る音. **b** 羽ばたき(の音). **c** 雷鳴: a ~ of thunder = a thunder-*clap*. **4** ぴしゃっと鳴るもの; ぱたりと閉じるもの. **5** 《廃》 不意の災難.
at a* [*óne*] *cláp 《廃》 一撃で, 立ちどころに. 〖1519〗 ***in a cláp*** 《廃》 突然, 一瞬にして. 〖1637〗
〖OE *clappian, clæppan* < Gmc **klappō(ja)n* 《擬音語》: cf. Du. & G *klappen*〗

clap² /klǽp/ 《俗》 *n.* [しばしば the ~] 淋病 (gonorrhea); (一般に)性病. — *vt.* (**clapped; clap·ping**) 淋病にかからせる 〈*up*〉. 〖(1587) ← ? OF *clapoir* bubo ← ? *clapoire, clapier* brothel ◻ OProv. *clapier* rabbit warren〗

clap·board /klǽpbɔ̀əd, klǽbəd | klǽpbɔ̀:d/ 《米》 *n.* **1** (一方を厚く一方を薄く仕上げた細長い)下見板, 羽目板 (weatherboard). **2 a** 羽目板の材料. **b** [集合的] 下見板 (clapboards). — *adj.* 下見板の: a ~ roof 下見風にふいた屋根, 板ぶき屋根. — *vt.* …に下見板を張る. 〖(*c*1520) 《部分訳》 ← MDu. *clapholt* ← *clappen* to crack+*holt* wood, board: cf. G *Klappholz*〗

Cláp·ham Júnction /klǽpəm-/ *n.* クラパム ジャンクション 《London 南部の重要な鉄道連絡駅; Battersea 地区の中心でもあり, 英国で最も交通量の多い連絡駅の一つ》.

Clápham Séct *n.* [the ~] クラパム派 《1790-1830 年ごろに活動した英国国教会の福音主義者のグループ; 奴隷制廃止や内外の宣教活動の拡張などを唱えた; London 郊外の地名 Clapham にちなむ》.

cláp·nèt *n.* (捕鳥・捕虫用)わな網 《糸を引くと急にその口が締まる仕掛け》. 〖(1708-15): ⇨ clap¹〗

clápped óut *adj.* (*also* **clápped-óut**) 《口語》 **1** 《英・豪》 〈機械など〉老朽化した, おんぼろの, がたがたの. **2** 《豪》 疲れ果てた, くたびれた. 〖1946〗

cláp·per *n.* **1 a** (鐘・鈴の)舌. **b** 《俗・戯言》 (おしゃべりな人の)舌, べろ. **2** たたくもの: **a** 拍子木; 四つ竹 (bones) (の一方). **b** 《英》 鳴子. **3 a** たたく人. **b** 《英・豪》 拍手する人. **c** =claqueur. **4** 〘キリスト教〙 (聖週間 (Holy Week) の最後の 3 日間, 鐘の代わりに用いた)木製のがらがらなる器具.
like the cláppers (***of héll***) 《英口語》 (1) とても速く, 急速に. (2) 懸命に, 一生懸命に. 〖1948〗
〖(*c*1280): ⇨ -er¹〗

clápper bòards *n. pl.* (*also* **clápper-bòard**) 〘映画〙 カチンコ 《撮影の開始・終了の合図にカメラの前で鳴らす, 一端をちょうつがいで止めた黒板つき拍子木様のもの》. 〖1959〗

clápper brìdge *n.* (古代の)大石板橋 《石を積み重ねた橋桁の上に厚い平板や石板を渡したもの》. 〖1793〗

clápper·clàw *vt.* 《古・方言》 **1** ひっぱたいたり引っかいたりする. **2** ののしる (revile), 叱る (scold). 〖(1590) ← ? CLAPPER+CLAW〗

clápper ràil *n.* 〘鳥類〙 イリエクイナ (*Rallus longirostris*) 《北米沿岸の沼地にいるクイナ属の鳥; くちばしが長く甲高い声で鳴く》. 〖1813〗

clápper vàlve *n.* 〘機械〙 =clack valve. 〖1874〗

clap·py-doo /klæ̀pidúː/ *n.* 《スコット》 大きなムラサキイガイ (mussel).

cláp·stìck *n.* [しばしば *pl.*] 〘映画〙 =clapper boards. 〖1946〗

clapt *v.* 《古》 clap¹ の過去形・過去分詞.

Clap·ton /klǽptən/, **Eric** クラプトン 《1945- ; 英国のロックギタリスト・シンガーソングライター》.

cláp tràck *n.* クラップトラック 《サウンドトラックにつける前もって録音した拍手音》.

cláp·tràp *n.* 《口語》 **1** くだらない話[こと], たわごと (rubbish). **2** (人気取りの安っぽい)場当たりの言葉[策略, 手段, 文学作品]; はったり, くすぐり: a lot of rotten ~ はったりずくめ. — *adj.* [限定的] 人気取りの; 場当たりの. 〖(1727-31) ← CLAP¹ (n.)+TRAP¹ (n.)〗

claque /klǽk/ *n.* **1** オペラハット (crush hat). **2** [集合的] **a** (劇場に雇われて拍子・喝采をする)掛け声屋連中, 「さくら」. **b** (私利を求める)取巻き連中, ごますりたち. 〖(1864) ◻ F ~ ← *claquer* to clap ← *claque* clap 《擬音語》〗

cla·queur /klækə́ː | -kə́ː(r); F. klakœːʁ/ *n.* 「さくら」[ごますり連]の一人. 〖(1837) ◻ F *claqueur* ← *claquer* (↑)〗

clar. 《略》 〘活字〙 clarendon; clarinet.

Clar. 《略》 Clarenceux.

Clar·a /klɛ́ᵊrə, klǽrə | klɛ́ərə; G. kláːʁa/ *n.* クララ 《女性名》. 〖⇨ Clare²〗

clar·a·bel·la /klæ̀rəbélə, klɛ̀r- | klæ̀r-/ *n.* 〘音楽〙 クラベラ音栓 《柔らかくて美しい音を出すオルガンの 8 フィート音栓; claribel flute ともいう》. 〖(1840) ← L *clāre* ((fem.) ← *clārus* 'CLEAR')+*bella* ((fem.) ← *bellus* pretty)〗

Clar·a·belle /klɛ́ᵊrəbèl, klǽrə- | klɛ́ərə-, klǽrə-/ *n.* クララベル 《女性名》. 〖↑〗

clar·ain /klɛ́ᵊreɪn | klɛ́ər-/ *n.* 〘地質〙 クラレイン 《瀝青(れきせい)炭中で輝度の高い部分と低い部分が細かく縞状をなしている成分; cf. durain, fusain, vitrain》. 〖(1919) ◻ F ~ ← L *clārus* 'CLEAR'〗

Clare¹ /klɛ́ə | klɛ́ə(r)/ *n.* クレア 《アイルランド共和国西部 Munster 地方の州; 州都 Ennis》.

Clare² /klɛ́ə | klɛ́ə(r)/ *n.* クレア: **1** 女性名 《異形 Clair, Claire, Clara》. **2** 男性名 《異形 Clair, Claire》. 〖1: ◻ L *Clara* (fem.) ← *clārus* 'CLEAR'. 2: ◻ L *Clārus*〗

Clare, Saint *n.* クララ (⇨ Clare of Assisi).

Clare, John *n.* クレア 《1793-1864; 英国の詩人; *The Shepherd's Calendar* (1827)》.

clar·ence /klǽrəns, klɛ́r- | klǽr-/ *n.* (昔の)クラレンス型馬車 《brougham に似た箱型 4 人乗り 4 輪馬車; 御者席は箱の外にある》. 〖(1837) ← *Duke of Clarence* (1765-1837: 後の William 四世)〗

Clar·ence /klǽrəns, klɛ́r- | klǽr-/ *n.* クラレンス 《男性名》. 〖◻ ML *Clarencia* ← *clārēns* (pres.p.) ← *clārēre* to be renowned: もと Lionel の公爵領の名 (↓): cf. Clare²〗

Clar·en·ceux /klǽrənsùː, klɛ́r- | -sùː, -sjùː/ *n.* (*also* **Clar·en·cieux** /~/) ⇨ CLARENCEUX King of Arms.

Clárenceux Kíng of Árms (英国の紋章院 (College of Arms) の)クラレンスー紋章官 《上級紋章官 (King of Arms) の職名の一つで, Trent 川以南のイングランドを管轄する; 単に Clarenceux ともいう》. 〖(1565) ← *Clarence* (イングランド王 Edward 三世の第三子 Lionel の公爵領名)+AF *-eux* (adj. suf.)〗

clar·en·don /klǽrəndən, klɛ́r- | klǽr-/ *n.* 〘活字〙 クラレンドン 《角ばったセリフのついた肉太の活字書体》. 〖(1848): ⇨ Clarendon Press〗

Clar·en·don /klǽrəndən, klɛ́r- | klǽr-/ *n.* クラレンドン 《イングランド南部 Salisbury 近くの村; 1164 年 Henry 二世が国と教会の関係を規定したクラレンドン裁判法 (the Constituition of Clarendon) を決定する会議を開いた》.

Clar·en·don /klǽrəndən, klɛ́r- | klǽr-/, 1st Earl of *n.* クラレンドン 《1609-74; 英国の政治家・歴史家; 本名 Edward Hyde; *The True Historical Narrative of the Rebellion and Civil Wars in England* (1702-4; ⇨ Clarendon Press)》.

Clárendon Códe *n.* 〘英史〙 クラレンドン法典 《王政復古時代の 1661-65 年に騎士議会 (Cavalier Parliament) が制定した非国教徒弾圧の 4 法》.

Clárendon Préss *n.* [the ~] クラレンドンプレス 《オックスフォード大学出版局 (OUP) の印刷所兼学術書の出版部》. 〖死後出版された Clarendon の「内乱史」の印税が OUP に贈られたことにちなむ〗

Cláre of Assísi, Saint *n.* アッシジのクララ 《1194-1253; イタリアの修道女; フランシスコ女子修道会の創設者; Saint Clare ともいう; cf. Poor Clare》.

clar·et /klǽrɪ̆t, klɛ́r- | klǽr-/ *n.* **1 a** クラレット 《フランス Bordeaux 地方産の赤ワイン》. **b** [しばしば産地名をつけて] (一般に)赤ワイン: California ~ カリフォルニア産赤ワイン. **2** =claret red. **3** 《俗》 血 (blood): tap a person's ~ (げんこつを食らわして)人に鼻血を出させる. — *adj.* クラレット色の, 赤紫色の. 〖(*c*1400) ◻ OF (*vin*) *claret* (F *clairet*) clear (wine) < ML (*vinum*) *clārātum* (p.p.) ← *clārāre* to make clear ← *clārus* 'CLEAR, bright'〗

cláret còlor *n.* クラレット色, 赤紫色. **cláret-cólored** *adj.*

cláret cùp *n.* クラレットカップ 《クラレットに炭酸水・レモン汁・ブランデー・砂糖などを混ぜて氷で冷やした飲料》. 〖1876〗

Cla·re·tian /klərí:ʃən/ 〘カトリック〙 *n.* クラレト修道会会士 《1849 年に聖アントニオマリアクラレト師がスペインで創始した宣教会の会員》. — *adj.* クラレト修道会士の[に関する]. 〖← *St. Anthony Claret* (1807-70): ⇨ -ian〗

cláret réd *n.* クラレット色, 赤紫色.

Clar·i·bel /klɛ́ᵊrəbèl, klǽr- | klɛ́ərɪ̆-, klǽr-/ *n.* クラリベル 《女性名》. 〖(混成) ← CLARA+CHRISTABEL〗

clár·i·bel flúte /klɛ́ᵊrəbèl-, klǽr- | klɛ́ərɪ̆-, klǽr-/

n. =clarabella.

Clar·ice /klǽrɪ̀s, klέr- | klǽrɪs/ *n.* クラリス《女性名》. 〖□F ～ ← L *Clāra* 'CLARE²'＋-ICE〗

Clar·idge's /klǽrɪdʒɪ̀z, klέr- | klǽr-/ *n.* [the ～] クラリッジホテル《London の Brook Street にある高級ホテル; 英国の貴族・名士が愛用する》.

cla·rif·i·cant /klærífɪ̀kənt | -fɪ-/ *n.* 〖化学〗清澄剤. 〖□LL *clārificantem* (pres.p.): ⇨ clarify〗

clar·i·fi·ca·tion /klærəfɪ̀kéɪʃən, klèr- | klæ̀rɪ̀fɪ-/ *n.* **1** (液体などの)透明法, 澄まし; 清澄化, 浄化. **2** 説明, 解明. 〖((1612)) □LL *clārificātiō(n-)* glorification: ⇨ clarify, -fication〗

clárified bútter *n.* 澄ましバター《火にかけて溶かしたバターの上澄み液》. 〖1562〗

clár·i·fì·er *n.* **1 a** 清浄化するもの. **b** 浄化器《砂糖精製器など》. **c** (濁った液体の)清澄器. **2** 清澄剤. 〖((1533)): ⇨ ↓, -er¹〗

clar·i·fy /klǽrəfàɪ, klέr- | klǽrɪ̀-/ *vt.* **1 a** 〈ぼんやりした思想・文体・意味などを〉はっきりさせる, 明白にする. **b** はっきり説明する, 解明する: ～ a text by the use of illustrations 図解を用いてテキストを解明する. **2** 〈頭脳を〉明晰にする, すっきりさせる: ～ a person's mind 人の疑念をなくさせる. **3 a** 〈不純な液体を〉清澄にする, 澄ます, 透明にする. **b** 〈液体〉から不純物を取り除く: ～ soup. **c** 〈バターなどを〉(熱して)上澄みを取る. — *vi.* **1** 〈意味などが〉はっきりする[表れる]. **2** 透明になる, 澄む. 〖((*a*1325)) □(O)F *clarifier* □LL *clārificāre* to make illustrious ← L *clārus* 'CLEAR': ⇨ -fy〗

cla·rin /klærí:n; *Am.Sp.* klarín/ *n.* クラリーン《トランペットに似たメキシコの楽器》. 〖□Sp. *clarín* trumpet: ⇨ clarinet〗

Cla·rin·da /klərɪ́ndə, klæ-/ *n.* クラリンダ《女性名》. 〖← CLARE²: cf. Clorinda〗

clar·i·net /klæ̀rənét, klèr-, ⌐⌐⌐ | klæ̀rɪ̀nét/ *n.* **1** クラリネット《1 枚のリード (reed) をもつ縦形木管楽器》. **2** (オルガンの)クラリネット音栓《クラリネットのような音を出すオルガンの 8 フィート音栓》. 〖((1796)) □F *clarinette* (dim.) ← *clarine* bell (fem.) ← OF *clarin* ← *clair* 'CLEAR': ⇨ -et¹: cf. It. *clarinetto* ((dim.) ← *clarino*)〗

Clar·i·Net /klæ̀rɪ̀nét/ *n.* 〖電算〗クラリネット《米国のニュースサービス会社; 通信社からの記事などを WWW および Usenet に配信する》.

clar·i·net·ist /klæ̀rənétɪ̀st, klèr- | klæ̀rɪ̀nétɪst/ *n.* (*also* **clar·i·net·tist** /～/) クラリネット吹奏者. 〖((1864)) □F *clarinettiste*〗

cla·ri·no /klərí:noʊ | -nəʊ; *It.* klarí:no/ *n.* (*pl.* ～**s**, **-ni** /-ni/) **1** クラリーノ《17–18 世紀の高音トランペット》. **2** =clarion 2. — *adj.* 高音トランペットのクラリオンのような. 〖□It. ～: ↓〗

clar·i·on /klǽriən, klέr- | klǽr-/ *n.* **1 a** クラリオン《明快な響き渡る音色を有する細管らっぱ; 昔は戦争の合図用とした; また管弦楽にも用いた》. **b** 《詩》クラリオンの音, 嚠喨(りゅうりょう)としたらっぱの響き. **2** (オルガンの)クラリオン音栓. **3** 〖紋章〗クラリオン図形. — *adj.* [限定的] クラリオンの響きのような, 朗々たる: a ～ call, note, voice, etc. — *vi.* クラリオンを吹く; クラリオンの音を出す. — *vt.* 力強く[大声で]声明する[知らせる]. 〖((*a*1338)) □ML *clāriō(n-)* ← L *clārus* 'CLEAR'〗

clar·i·o·net /klæ̀riənét, klèr- | klæ̀r-/ *n.* 《古》= clarinet. 〖((1784)) (混成) ← CLARION＋CLARINET〗

Cla·ris·sa /klərɪ́sə/ *n.* クラリッサ《女性名》. 〖(変形) ← CLARICE: cf. L *clarissima* most beautiful〗

clar·i·ty /klǽrəṭi, klέr- | klǽrɪ̀ti/ *n.* **1** (思想・文体などの)平明, 明快; 明晰さ: see things with ～ 明快にものを見る / remember with ～ はっきりと覚えている. **2 a** (音色の)明澄, 明朗. **b** (液体の)清澄, 透明. 〖((?*c*1300)) ((1616)) □(O)F *clarté* ∥ L *clāritātem* ← *clārus* 'CLEAR': ⇨ -ity〗

Clark /klɑ́ək | klɑ́:k/ *n.* クラーク《男性名》.

Clark /klɑ́ək | klɑ́:k/, **Charles Joseph** *n.* クラーク《1939– ; カナダの政治家; 首相 (1979–80)》.

Clark, George Rogers *n.* クラーク《1752–1818; 米国の軍人; 辺境の開拓者で独立運動に活躍》.

Clark, James *n.* クラーク《1936–68; スコットランドのカーレーサー; 通称 Jim》.

Clark, John Bates *n.* クラーク《1847–1938; 米国の経済学者》.

Clark, Kenneth Bancroft *n.* クラーク《1914– ; 米国の心理学者; 人種差別のない学校制度を提唱》.

Clark, Kenneth Mackenzie *n.* クラーク《1903–83; 英国の美術史家; 称号 Baron Clark》.

Clark, Petula *n.* クラーク《1932– ; 英国のポップシンガー・女優》.

Clark, Thomas C(ampbell) *n.* クラーク《1899–1977; 米国の法律家, 最高裁判所の陪席判事 (1949–67)》.

Clark, William *n.* クラーク《1770–1838; 米国の軍人・探検家; M. Lewis とともに北米を探険; George Rogers の弟》.

Clark, William Smith *n.* クラーク《1826–86; 米国の教育者・宗教家; 1876 年来日, 札幌農学校で教え, 翌年 "Boys, be ambitious." という有名な言葉を残して帰米》.

Clárk cèll *n.* 〖電気〗クラーク電池《電極に亜鉛アマルガムと水銀, 電解質に硫酸亜鉛を用いた初期の標準電池の一種; Clark standard cell ともいう》. 〖((1884)) ← *Josiah L. Clark* (1822–98: 英国の技師)〗

Clarke /klɑ́ək | klɑ́:k/, **Sir Arthur C(harles)** *n.* クラーク《1917– ; 英国の SF 作家・科学著述家; *2001: A Space Odyssey* (1968)》.

Clarke, Charles Cowden *n.* クラーク《1787–1877; 英国の Shakespeare 学者》.

Clárke bèam *n.* 〖建築〗(ボルト・釘などで接合した)合せ梁(はり) (cf. couple-close 2).

Clárke's gazélle *n.* 〖動物〗=dibatag. 〖← ? *George S. Clarke* (1848–1933: 英国人でエジプトおよびスーダンの長官)〗

Clárk Fórk *n.* [the ～] クラークフォーク(川)《米国 Montana 州に発し Idaho 州北部の Pend Oreille 湖に流れこむ川 (500 km)》.

clar·ki·a /klɑ́əkiə | klɑ́:-/ *n.* 〖植物〗クラーキア, サンジソウ《北米西部原産アカバナ科サンジソウ属 (*Clarkia*) の植物の総称; 観賞植物のクラーキア (fairy fans), サンジソウ (*C. elegans*) など》. 〖((1827)) ← NL ← W. *Clark*: ⇨ -ia¹〗

Clárk nútcracker *n.* 〖鳥類〗ハイイロホシガラス (*Nucifrage columbiana*)《北米西部産カラス科のホシガラスの一種; 羽色は灰白色; Clark's nutcracker, Clark's crow ともいう》. 〖← W. *Clark*〗

Clarks /klɑ́əks | klɑ́:ks/ *n.* 〖商標〗クラークス《英国 Clarks Shoes 社製のカジュアルシューズ・子供靴》.

Clarks·ville /klɑ́əksvɪ̀l | klɑ́:ksvɪl/ *n.* クラークスビル《米国 Tennessee 州北部の Cumberland 川に臨む都市》.

cla·ro /klɑ́:roʊ | -rəʊ/ *adj.* 〈葉巻が〉色が薄くて味が柔らかい (cf. colorado, maduro). — *n.* (*pl.* ～**es**, ～**s**) 色が薄くて味が柔らかい葉巻, クラロ. 〖((1891)) □Sp. ～ ＜ L *clārum* 'clear'〗

Clar·rie /klǽri, klέri | klǽri/ *n.* クラリー《女性名》. 〖(dim.) ← CLARE², CLARICE〗

clar·sach /klɑ́əsək, -səx | klɑ:-/ *n.* (*also* **clair·schach**) 〖音楽〗クラールシャッハ《スコットランド, アイルランドの小型のハープ》.

clart /klɑ́ət | klɑ́:t/ 《スコット・北英》 *n.* **1** ねばねばしたもの. **2** [しばしば *pl.*] 泥. — *vt.* 泥でよごす. **clárt·y** *adj.* 〖((1808)) ← ?: cf. ME *biclarte(n)* to soil〗

clar·y /klέ(ə)ri | klέəri/ *n.* 〖植物〗オニサルビア (*Salvia sclarea*)《葉の美しい観賞植物》. 〖((*a*1399)) □(O)F *sclarée* □ML *sclarea* ← ?〗

-clase /⌐ klèɪs, klèɪz/ 〖鉱物〗「(…の)劈開(へきかい)のある鉱物」の意の名詞連結形: ortho*clase* 正長石. 〖□F ～ ← Gk *klásis*: ⇨ -clasis〗

-clases -clasis の複数形.

clash /klǽʃ/ *n.* **1 a** (意見・利害などの)衝突, かち合い, 不和; (二つの行事などの)ぶつかり合い, 重なり: the ～ of arguments, opinions, etc. / the ～ of parties 党派の衝突. **b** 戦争, 闘争, 小ぜり合い. **c** (色彩などの)不調和: a ～ of colors. **2** ガチャン[じゃん]と鳴る音, がちゃがちゃ相打つ音《金属製のものがぶつかりあう音》: the ～ of swords, cymbals, etc. **3** 《スコット》うわさ話, 悪口, ゴシップ (gossip). — *vi.* **1 a** 〈意見・気質・利害などが〉衝突する, 両立しない, 合わない; 〔…と〕相反する, かち合う〔*with*〕: Ideals often ～ *with* reality. 理想は現実と合わないことがよくある. **b** 〔…と〕ぶつかる, ぶつかり合う, 激突する〔*with*〕: The Giants ～ *with* the Reds this week. 今週ジャイアンツはレッズと対戦する. **c** 〈色が〉〔…と〕釣り合わない〔*with*〕: The red curtain ～*es with* the green carpet. その赤いカーテンは緑のじゅうたんと合わない. **d** 〈会合などが〉かち合う, ぶつかる. **2 a** じゃん[がちゃん]と鳴る. **b** (がちゃんと音をたてて)衝突する, ぶつかる. — *vt.* 〈鐘などを〉じゃんじゃん鳴らす; 〈剣などを〉かちかちと打ち合わせる, がちゃがちゃさせる. **～·er** *n.* **～·ing·ly** *adv.* 〖((*c*1500)) (擬音語)〗

Cláshing Rócks *n. pl.* [the ～] 〖ギリシャ神話〗シュンプレガデス岩《黒海の入口両岸にそそり立っていたという二つの岩; 船がその間を通過しようとすれば両側から動いて船を破壊したが, アルゴー号一行がここを通過してからは動かなくなったという; Symplegades ともいう》.

-cla·si·a /⌐ kléɪʒiə, -ʒə | -ziə, -ʒiə/ =-clasis. 〖← NL ～: ↓〗

-cla·sis /⌐ kləsɪ̀s | -sɪs/ (*pl.* **-cla·ses** /-sì:z/)「破壊, 崩壊」を意味する名詞連結形: thrombo*clasis* 血栓崩壊. 〖← NL ← Gk *klásis* ← *klân* to break〗

-cla·site /⌐⌐ kléɪsaɪt, -zaɪt, ⌐ kləsàɪt, -zàɪt/ 〖鉱物〗=-clase. 〖← -CLASE＋-ITE¹〗

clas·mat·o·cyte /klæzmǽṭəsàɪt | -tə(ʊ)-/ *n.* 〖解剖〗崩壊細胞 (⇨ histiocyte). **clas·mat·o·cyt·ic** /klæzmæ̀ṭəsáɪṭɪk | -təsáɪt-⌐/ *adj.* 〖((1919)) □F ～ ← Gk *klasmato-*, *klásma* fragment (← *klân* to break)＋*kútos* cell (⇨ -cyte): フランスの病理学者 L. A. Ranvier の命名 (1900)〗

clasp /klǽsp | klɑ́:sp/ *n.* **1** 留め金, 締め金, クラスプ: a necklace with a ～ 留め金付きのネックレス. **2 a** (手で)握りしめること, 握手: He took her hand in a warm ～. 彼女の手を温かくしっかりと握った. **b** (腕で)抱きしめること, 抱擁. **3** 〖軍事〗**a** 戦闘記章[クラスプ] (battle clasp)《参加した会戦名を刻んだ棒状の金属片; 従軍記章の綬(じゅ)に付ける》. **b** 勤務記章[クラスプ] (service clasp)《戦闘以外の勤務に従事した戦地の名を刻むほかは a に同じ》. **4** 〖昆虫〗=tenaculum 2. **5** 〖歯科〗クラスプ, 鉤《義歯を歯に固定する装置》. — *vt.* **1 a** ぐっと握る, 握りしめる: ～ a person's hand / ～ hands 握手する. **b** (祈り・哀願・悲しみ・不安などのしぐさで)〈両手を〉ぎゅっと合わせる, (特に)〈両手〉の指を固く組み合わせる: ～ one's hands in anxiety. **c** 抱きつく, 抱きしめる: ～ one's knees / ～ a person in one's arms [to one's bosom] 人をしっかりと抱きしめる. **2 a** (留め金で)留める. **b** …に留め金を付ける. — *vi.* **1** 抱きつく, 抱きしめる. **2** 留め金で留める. **3** 〖動物〗〈下等動物が〉交接する, 交尾する. 〖((1307)) ← ?: cf. OE *clyppan* to embrace〗

clásp·er *n.* **1** まといつくもの, からみつくもの《巻きひげなど》. **2** [*pl.*] 〖動物〗捕握器, 抱握器《昆虫の雄の抱き合い器官》; (特に, サメ・エイなどの雄の)鰭脚(ききゃく), ひれあし《腹鰭の内縁の変化した交尾器》. 〖((1551)): ⇨ ↑, -er¹〗

clásp knìfe *n.* 折りたたみナイフ (cf. sheath knife). 〖*c*1755〗

class /klǽs | klɑ́:s/ *n.* **1 a** 学級, 組, クラス (cf. form 6): be in the sophomore 《米》～ 2 年生である / the graduating ～ 卒業組, 最高学級 / be (at the) top of one's [the] ～ クラスで首席である / take [teach] a ～ of beginners 〈教師が〉新入生のクラスを受け持つ / take a ～ for beginners 〈生徒が〉新入生のクラスで学ぶ. 日英比較 (1) 日本語の「クラス」は,「学級」の意で用いるが, 英語では「学級」の意の他に「授業」の意で用いられる. (2) 日本語の「クラス」は学級・組の意で「A クラス」は「A 組」「A 学級」の意である. しかし, 英語の *class* は基本的には「同一学年」の意で, classmate は「同期生」の意である. したがって「A クラス」「A 学級」「A 組」を *Class* A と訳すことはできない. この意味の日本語の「クラス」に当たる英語は Homeroom である. 日本語の「2 (年) A クラス」は英語では homeroom 2A となる. **b** (クラスの)学習(時間); 授業, 講習: give [hold, teach] a math ～ 数学の授業をする / be in ～ 授業中である / take a ～ in aerobics エアロビクスのクラスを受ける / take cooking ～*es* 料理の講習を受ける / skip [《米》cut] (a) ～ 授業をさぼる / She teaches five ～*es* a day. 1 日 5 時間授業をする. **c** [集合的] クラスの生徒[学生]たち, 同級生: The ～ were [was] all cheerful. クラスの者は全員にこにこしていた / *Class*, read Ch. III for next week. クラスのみなさん, 来週までに第三章を読んでおくこと. **d** [集合的]《米》同期の学級[組]; 同期生: the ～ of 1980 1980 年(卒業)組.

2 a [しばしば *pl.*] (経済的・政治的身分または社会的身分を共にする)人の集団; 社会的身分[階級]; 社会層: ⇨ lower class, middle class, upper class, working class / the educated ～ 知識階級 / the professional ～*es* 専門職業階級 / people of all ～*es* あらゆる階級の人々. **b** [the ～es]《古》上流社会 (cf. mass¹ 5): He contrasted *the* ～*es* with the masses. 上流階級と一般大衆とを比較対照した. **c** 階級制度: abolish ～ 階級制を打破する.

3 a (共通の属性を有する)組, 部類; 種類: They can be divided into three ～*es*. それらは 3 種類に分類できる / Under what ～ does this fall? これはどの部類に入るか / a poor ～ of house ひどい家. **b** 〖生物〗(動植物分類上の)綱 (cf. classification 1 b).

4 《口語》**a** 優秀, 卓越, 高級 (cf. *adj.* 3, classy): That has some ～. なかなかすてきだ / He doesn't have enough ～ to play for England. 英国代表選手としては無理だ / There's a good deal of ～ about him. なかなかいいところがある. **b** 優雅, 上品さ, 気品: She [This restaurant] has (a lot of) ～. 彼女[このレストラン]には(大いに)気品がある. **c** (競走馬の)傑出した速さとスタミナ.

5 (品質・程度に基づく)等級 (⇨ type¹ SYN): ⇨ first class / high [low] ～ 上[下]等 / runners without ～ 無等級の(名も知れない)競走馬 / a high-*class* journal 一流の新聞. **6** [集合的] (軍隊の)同年兵, 第(何)期生: the 1953 ～ 53 年(入隊)兵. **7** 《英》(大学の)優等試験 (honours examination) 合格等級: get a First *Class* degree (優等試験で)第一級に入る / What ～ of degree did you get? どんな等級の学位を取りましたか. **8** 〖文法〗集合; 類 (form class). **9** 〖数学・論理〗集合, 類. **10** 〖統計〗階級《例えば, 身長の度数分布をつくる際, データを 140–145 cm, 145–150 cm, …というふうに組分けするときにできる組のこと; cf. class interval》.

in a cláss by itsélf [*onesélf*] =***in a cláss of*** [***on***] ***its*** [*one's*] ***ówn*** 断然優秀で, 独特で (unique). ***nó cláss*** 《口語》ものの数に入らない, だめな, くだらない. ***nót in the sáme cláss with*** [***as***] …とは同類ではない; …とは比べものにならない.

— *adj.* **1** [限定的] 階級的な: ～ divisions 階級対立 / a ～ society 階級社会 (cf. classless *adj.* 1) / ～ feeling [interest, hatred] 階級的感情[利害, 憎悪] / ～ ideology 階級観念形態 / ～ psychology 階級心理. **2** [限定的] 組の, クラスの; 同級の: a ～ teacher クラス担任(の先生). **3** 《口語》優秀な, 高級な, 一流の (cf. *no* CLASS): a ～ pitcher 一流の投手 / ⇨ class act.

— *vt.* **1** 〔…の〕部類に入れる〔*with, among*〕; 分類する: He ～*es* teachers (*along*) *with* laborers. 彼は教師を労働者の仲間に入れる / I refuse to be ～*ed with* them. 彼らと同類とみなされるのはごめんだ. **2** …の等級[品等, 品位]を定める. **3** 〈生徒を〉組分けする, …の級に入れる. **4** 《英》〈人〉に(大学での)優等級を与える: He obtained a degree, but was not ～*ed*. 学位は取ったけれど優等級には入らなかった.

— *vi.* (ある階級[部類]に)属する, 一員である.

〖((1596)) □F *classe* □L *classis* summons, one of the six divisions of citizens, army ← ? IE **kelo-* to shout: cf. L *calāre* to call, proclaim (⇨ claim) / Gk *klêsis* summons〗

class. 《略》classic; classical; classification; classified; classify.

cláss Á *adj.* =first-class.

cláss Á amplificátion *n.* 〖電気〗A 級増幅《線形性が高い代わりに効率の低い増幅法; cf. class B amplification, class C amplification》.

cláss-Á ámplifier *n.* A 級増幅器《入力信号周波のすべての電流が出力になる; cf. class A amplification》.

class·a·ble /klǽsəbl̩ | klɑ́:s-/ *adj.* 分類[組分け]できる.

cláss áct *n.* 《口語》(特にスポーツ・演技などで)第一級の人[もの], きわめて優れた[巧みな, 魅力的な]人[もの]: That lady's a ～ that will be tough to follow. あの女性は断然優秀でだれもかなわないだろう.

cláss áction *n.* 〖米法〗集団訴訟《一人または複数の原告が自分自身また同じ被害を受けている他人のために行う訴訟; class suit ともいう》. 〖1952〗

C

cláss B̋ amplificátion *n.* 〘電気〙B 級増幅《交流信号の半波だけを増幅するようにバイアス点を選んだ増幅法で, A 級と C 級の中間の特性をもつ; cf. class A amplification》.
cláss-B̋ ámplifier *n.* B 級増幅器《入力信号周波の半分の電流が出力になる; cf. class B amplification》.
cláss·bòok *n.* **1** 《米》(学校の)採点簿, えんま帳, 出欠簿. **2** 《米》卒業記念アルバム. **3** 《英》教科書. 〘1831〙
cláss C̋ amplificátion *n.* 〘電気〙C 級増幅《効率が高い代わりに線形性の低い増幅法; cf. class A amplification》.
cláss-C̋ ámplifier *n.* C 級増幅器《入力信号周波の半分以下の電流が出力になる; cf. class C amplification》.
cláss cónflict *n.* ＝class struggle. 〘1898〙
cláss-cónscious *adj.* **1** 階級意識をもった; (特に, プロレタリアートの) 階級意識の強い. **2** 階級闘争を信じる[強く意識する]. 〘1903〙
cláss cónsciousness *n.* 階級意識. 〘1887〙
cláss dày *n.* 《米》卒業行事の日《米国の大学や学校で卒業する学生が卒業前に主催して朗読・弁論などを行う祝賀記念行事の日》. 〘1862〙
clássed cátalog *n.* 〘図書館〙＝classified catalog. 〘1888〙
classes *n.* classis の複数形.
cláss-fèllow *n.* ＝classmate. 〘1734〙
clas·sic /klǽsɪk/ *adj.* **1 a** 規範的な, 典型的な, 代表的な: a ～ method / a ～ example of patriotism. **b** 〈学問研究・研究書など〉権威のある, 信頼できる, 定評のある: a ～ study of Greek philosophy. **2 a** 〈文学・音楽・美術など〉最高水準の,最高級の, 優秀な, 第一級の: a ～ piece of music 最高水準の音楽作品 / our modern ～ writers 現代の一流作家たち. **b** (人類の文化財として)不朽の価値をもつ; 永続的な, 伝統的な: a ～ heritage. **3 a** 古代ギリシャ・ラテンの; (特に)ギリシャ・ラテンの古代芸術・文化の[に関する]: the ～ writers of Greece and Rome / a ～ myth ギリシャ・ローマの神話. **b** 古代ギリシャ・ラテンの芸術様式にならった; (特に, ロマン主義に対して 18 世紀の)古典的な, 古典風な《典雅さと均衡をもち, 控え目な形式と規則正しさを特徴とした; cf. romantic 4》: a ～ style 古典風 / a ～ purity of design 図案[構図]の古典的な純潔さ. **4 a** 史的[文化的]な連想に富む, 史的[文化的]に知られた, 由緒ある: ～ Oxford [Boston] 古い文化の都オックスフォード[ボストン] / ～ ground 史跡 / tread on ～ ground in Greece 古い文化の国ギリシャの土を踏む. **b** 伝統的に有名な: ⇨ classic races. **5** 人文的な, 一般教養的な (cf. technical 2). **6 a** 〈技術など〉基本的な, 基礎的な. **b** (ある与えられた目的に対して)適切な, 効果的な, 決定的な: the ～ cure for pneumonia. **7** 〈服装など〉流行に左右されない, クラシックの《一般に簡素でテーラード仕立てのもの》: a ～ suit. **8** 〘バレエ〙＝classical 1 b. **9** 〘郵趣〙〈切手が〉初期の, クラシックの.
— *n.* **1 a** 典型的なもの, 代表的なもの, 模範. **b** (特定の分野における)権威のある書物[研究書], 名著: a ～ in the field of biology 生物学の権威書. **2 a** 最高水準[第一級]の文芸[芸術]作品, 傑作, クラシック. **b** 最高水準[第一級]の芸術家, 大芸術家; 文豪. **3 a** 古代ギリシャ・ラテンの一流作家の作品, 古典作品. **b** [the ～s; 単数扱い] (古代ギリシャ・ラテンの)古典, 古典文学. **c** 《古》古典学者; 古典主義者: a fine [rare, great] ～ 立派な[まれにみる, 大]古典学者. **4 a** 伝統的な行事[試合], 由緒ある行事[試合]. **b** [the ～s] 《英》〘競馬〙＝classic races. **5** 《口語》(洋服のスタイルなどの)流行に左右されないもの, 変化しないもの, クラシックな衣服. **6** 《米口語》クラシックカー《1925–42 年の自動車》. **7** 〘郵趣〙クラシック, 初期の切手《1875 年以前のものという考えがあったが, 今ではそれ以後のものにも用いられ, 定まった区切りはない》.
That's (a) clássic! それはおかしい.
〘(1604) ◻ F *classique* ∥ L *classicus* of the (highest) class: ⇨ class, -ic¹〙
clas·si·cal /klǽsɪ̀kəl, -kl̩ | -sɪ-/ *adj.* **1 a** (理論的には古いが歴史的に意義のある)古典的な, 古典派の; 〈学説・主張などが〉権威と正統性をもった, 主流の: ⇨ classical economics. **b** 〘バレエ〙クラシックな《現代のモダンな構成をしているものに対して古典的な構成のものにいう》. **c** 〘物理〙(量子論・相対性理論に関係しない)古典派の, 正統的な: ～ physics. **2** 〘音楽〙[時に C-] **a** クラシックの, 古典派の (⇨ classical music 2). 日英比較 日本語の「クラシック」は「古典音楽」の意だが, 英語では *classical* music という. 英語の classic はギリシャ・ローマ時代のことをいう. **b** (ポピュラー・ジャズなどに対して)クラシック音楽の. **3 a** 古代ギリシャ・ラテンの[に関する]; (特に)古代ギリシャ・ラテンの文芸の[に関する], 古典の, 古典文化の: ～ art 古典芸術 / the ～ languages 古典語《ギリシャ語・ラテン語; cf. modern languages》/ ～ education 古典語教育 / ～ literature 古典文学. **b** 古代ギリシャ・ラテンの文学[言語]に通じている[が専門の], 古典学の, 古典に明るい: a ～ scholar 古典学者. **c** (古代ギリシャ・ラテンの芸術を思わせ, 典雅・均衡・形式・感情の抑制などを特徴とする)古典趣味的な, 古典風の; 擬古的な (cf. romantic 4): a building in the ～ style 古典風の建築物 / be very ～ in one's taste 趣味がきわめて古典的である. **4** 〘言語〙口語ではなく文語の慣用による: ～ Arabic. **5** ＝classic 2. **6** (専門科目に対して)一般科目の, 一般科目教育の: a ～ curriculum. **7 a** ＝classic 4. **b** ＝classic 1. **c** ＝classic 5. **8** 〘美術〙古典期の. **9** (論理学・数学の体系に関して)排中律 (excluded middle) の法則に一致する. **～·ness** *n.* 〘(1586) ← L *classic(us)* (↑)＋-AL¹〙
clássical árchitecture *n.* 〘建築〙古典主義建築《古代ギリシャ・ローマの風にならった order を用いた均整・安定・威厳などを重んじるもの; 特に, 1770–1840 年に古典精神を復興しようとしてヨーロッパ諸国に流行したもの》.
clássical còllege *n.* (カナダ Quebec 州の) 教養大学《大学進学につながる古典語を中心とする専門学校; 終了者には BA の学位が授けられる》.
clássical condítioning *n.* 〘心理〙(パブロフが唱えた)古典的な条件反応 (conditioned response). 〘1949〙
clássical económics *n.* 古典派経済学《Adam Smith, Ricardo, Malthus, J. S. Mill などの学派の経済学; cf. classical school》.
Clássical Hébrew *n.* ＝Biblical Hebrew.
clás·si·cal·ìsm /-kəlìzm, -kl̩-/ *n.* ＝classicism. 〘1840〙
clás·si·cal·ist /-kəl̩ɪ̀st, -kl̩- | -lɪst, -kl̩-/ *n.* ＝classicist. 〘1851〙
clas·si·cal·i·ty /klæ̀səkǽlət̬i | -sɪkǽlɪ̀ti/ *n.* **1 a** 古典的特質《古雅, 典雅など》. **b** 古典的特質を備えた作品[もの]. **2** 古典的学殖[教養]. 〘(1819): ⇨ -ity〙
clás·si·cal·ly *adj.* **1 a** 古典的に; 古典作家の様式に従って, 擬古的に. **b** 古典の研究で[によって]. **2** 伝統的な形で[やり方で], 典型的に. 〘(1680): ⇨ -ly¹〙
clássical mechánics *n.* 〘物理〙古典力学《量子力学 (quantum mechanics) に対して従来の力学をいう》.
clássical músic *n.* **1** クラシック音楽《ポピュラー音楽と区別して》. **2** 古典派音楽《特に 17 世紀後半から 19 世紀初頭にかけてのウィーンを中心とした音楽で, ハイドン, モーツァルト, ベートーベンなどによって交響曲・協奏曲・ソナタなどの楽曲の様式が完成された》.
clássical probabílity *n.* ＝mathematical probability.
clássical Sánskrit *n.* 古典サンスクリット語《プラークリット (Prakrit) より古くヴェーダ語 (Vedic) より新しい Panini の文典を規範とする古代のサンスクリット》.
clássical schóol *n.* [the ～] 〘経済〙古典学派《Adam Smith, Ricardo, Malthus, J. S. Mill などの経済学派; cf. classical economics》.
clássic blúes *n.* [単数または複数扱い] 〘ジャズ〙クラシックブルース《少数グループの女性シンガーによるシティーブルース》.
clas·si·cism /klǽsəsɪ̀zm | -sɪ̀s-/ *n.* **1** 古典主義《古典文学・古典美術を貫く精神や作風などを継承して簡素・調和・均整・威厳などの形式美を重んじる芸術上の立場; cf. romanticism 1》. **2 a** 古代ギリシャ・ローマの芸術・文化の原則[精神]. **b** 古典の学殖, 古典学. **3** 古典・ギリシャ語の語句[慣用表現]; 古典語風語句[慣用表現]. 〘(1830) ← CLASSIC＋-ISM: cf. F *classicisme*〙
clás·si·cist /-sɪ̀st | -sɪst/ *n.* **1** (文芸における)古典主義者, 古典主義的作家[芸術家]. **2** 古典[古文]学者. **3** 古典研究の唱道者[擁護者]. 〘(1830) ← CLASSIC＋-IST〙
clas·si·cis·tic /klæ̀səsístɪk | klæ̀sɪ̀s-⁻/ *adj.* 〈劇など〉古典の影響を受けた, 古典風の. 〘(1866): ⇨ ↑, -ic¹〙
clas·si·cize /klǽsəsàɪz | -sɪ̀s-/ *vt.* 〈文体などを〉古典的に擬する, 古典風にする. — *vi.* 古典を模倣する, 古典形式に従う. 〘(1854) ← CLASSIC＋-IZE〙
clas·si·co /klǽsɪ̀kòʊ | klά:sɪkəʊ; *It.* klásiko/ *It. adj.* クラッシコ《特定の古くからあるぶどう園のぶどうから造られたイタリアワインに対する表示用語でワイン名の後に付けて用いる》: Chianti *classico*. 〘(1968) ◻ It. ～ ◻ L *classicus*〙
clássic ráces *n. pl.* [the ～] 〘競馬〙クラシックレース: **1** 明け 4 歳馬による英国の代表的五大競馬; Two Thousand Guineas, One Thousand Guineas, Derby, Oaks, St. Leger; 単に classic ともいう. **2** 通例明け 4 歳馬による米国の三大競馬; Kentucky Derby, Preakness Stakes, Belmont Stakes の三冠競馬を指す (cf. triple crown 3).
Clássics Íllustrated *n.* 《米》クラシックスイラストレイテッド《有名な文学作品を漫画に書き直したシリーズ》.
clas·si·fi·a·ble /klǽsəfàɪəbl̩, ⸗⸗⸗⸗ | -sɪ̀-/ *adj.* 分類できる, 類別できる. 〘(1846) ← CLASSIFY＋-ABLE〙
clas·si·fi·ca·tion /klæ̀səfɪ̀kéɪʃən | -sɪ̀fɪ-/ *n.* **1 a** 分類, 類別, 種別; 等級別, 格付け; 組分け, 級別. **b** 〘生物〙分類《通例次の下位区分で分類する: phylum [division] (門), class (綱), order (目), family (科), genus (属), species (種), variety (変種)》. ★ 門には動物では phylum, 植物では phylum, division のどちらも使用する. **c** 〘海事〙(船級協会 (classification society) の決定する) 船級. **d** (官公書類の)機密種別《restricted (部外秘), confidential (秘), secret (極秘), top-secret (機密)の順に機密度が高くなる; cf. classify 3》. **2** 分類結果; 分類[類別]したもの. **3** 〘図書館〙分類, 分類法, 分類体系. **～·al** *adj.* 〘(1790) ◻ F ～: ⇨ classify, -fication〙
classificátion nùmber *n.* ＝class number.
classificátion schèdule *n.* 〘図書館〙分類一覧表.
classificátion socìety *n.* 〘海事〙船級協会《商船の船級を決定する協会》.
classificátion yàrd *n.* 《米》〘鉄道〙(貨車の仕訳)操車場.
clas·si·fi·ca·to·ry /klǽsəfɪ̀kətɔ̀:ri, klæsíf- | klæ̀sɪ̀fɪkéɪtəri⁻, klæ̀sɪ̀fɪkèɪ-, -tri/ *adj.* 分類の[に関する], 類別的な. **clas·si·fi·ca·to·ri·ly** /klæ̀s(ə)fɪkətɔ́:rəli, ⸗(⸗)⸗⸗⸗⸗, klæsìfɪ̀kətɔ́:rəli, ⸗⸗⸗⸗⸗⸗ | klæ̀sɪ̀fɪkéɪtərɪ̀li, klæ̀sɪ̀fɪkətə-, -trɪ̀-/ *adv.* 〘(1837): ⇨ classification, -tory〙
clás·si·fìed *adj.* **1** 〈情報・文書など〉秘密区分のある, 秘密種別を付けられた, 秘密扱いの: ～ matter 秘密事項[物件]. **2** 分類した[された]: a ～ list. **3** 項目別広告の(書かれる), 三行広告の(書かれる): the ～ section of a newspaper. **4** 《英》〈道路が〉等級付けられた: ～ roads. — *n.* ＝classified ad. 〘(1889) ← CLASSIFY＋-ED 2〙
clássified ád *n.* (求人・求職・貸家・遺失物などの)項目別[三行]広告. 〘1909〙
clássified advertísement *n.* ＝classified ad.
clássified ádvertising *n.* **1** [集合的] 項目別広告, 三行広告《新聞などで求人・求職・貸間[家]・借家・譲渡など項目別に分類して出すもの; 広告の一つ一つは classified ad という; cf. want ad, display advertising》. **2 a** 項目別広告斡旋業《項目別広告の買手にスペースを売る商売》. **b** 項目広告担当部. **c** 項目広告欄.
clássified cátalog *n.* 〘図書館〙分類目録 (cf. dictionary catalog).
clás·si·fì·er *n.* **1 a** 分類する人[もの]. **b** 選別機. **2** 〘化学〙分級機, 分粒器. **3** 〘言語〙分類辞《名詞の類別を指示する語, または形態素; 例えば, 英語 three head of cattle, 日本語「本 3 冊」において, head,「冊」は cattle,「本」の(語分類上の)所属を示す分類辞》. 〘(1819): ⇨ ↓, -er¹〙
clas·si·fy /klǽsəfàɪ | -sɪ̀-/ *vt.* **1** (組織的に)分類する, 類別する. **2** 等級別にする; 組分けする. **3** 〈公文書などを〉機密度によって区分する; 機密扱いにする (cf. classification 1 d). 〘(1799) ← CLASS＋-IFY〙
class inclùsion *n.* 〘論理〙(類概念 (genus) による種概念 (species) の)包摂, 包含 (subsumption).
cláss ìnterval *n.* 〘統計〙階級の幅, 級間隔 (cf. class 10). 〘1929〙
clas·sis /klǽsɪ̀s | -sɪs/ *n.* (*pl.* **clas·ses** /-si:z/) 〘キリスト教〙**1** (改革派教会で)宗教法院, 牧師長老合同会《管轄区内の諸教会を支配する》. **2** 宗教法院による管轄区. 〘(1593) ← NL ～ ← L ～: ⇨ class〙
class·ism /klǽsɪzm | klά:s-/ *n.* 階級差別, 階級的偏見. **cláss·ist** /-sɪ̀st | -sɪst/ *adj., n.* 〘(1842): ⇨ -ism〙
class·less /klǽslɪ̀s | klά:s-/ *adj.* **1** 〈社会が〉階級差別のない: a ～ society. **2** 〈人が〉特定の社会階級に属さない. **～·ness** *n.* 〘(1878): ⇨ -less〙
cláss lètter *n.* 〘図書館〙＝class number.
cláss-lìst *n.* 《英》(大学の)優等卒業試験合格者氏名表《英国の大学で優等卒業試験 (honours examination) 施行後発表される; 三級まである》. 〘1887〙
cláss·man /-mæ̀n, -mən/ *n.* (*pl.* **-men** /-mèn, -mən/) 《英》(大学の)優等卒業試験合格者《class-list に氏名が載る者; cf. passman》. 〘*a*1859〙
cláss màrk *n.* **1** 〘統計〙階級値. **2** 〘図書館〙＝class number.
class·mate /klǽsmèɪt | klά:s-/ *n.* 同級生, クラスメート, 同期生. 〘1713〙
cláss mèaning *n.* 〘言語〙類の意味《形式類 (form class) に共通する意義; 例えば過去時制が示す「過去」という意義; cf. lexical meaning》. 〘1926〙
cláss mèeting *n.* クラス会. 〘1884〙
cláss nòun *n.* 〘文法〙種属名詞; 普通名詞 (common noun). 〘1892〙
cláss nùmber *n.* 〘図書館〙分類番号.
cláss òfficer *n.* 《米》クラス委員.
clas·son /klǽsɑ(:)n | -sɒn/ *n.* 〘物理〙クラソン《光子または重力量子》.
class·room /klǽsrù:m, -rʊ̀m | klά:s-/ *n.* 教室. 〘1870〙
cláss strúggle *n.* [the ～] 階級闘争. 〘1850〙
cláss sùit *n.* 〘米法〙＝class action.
cláss wár [wárfare] *n.* ＝class struggle. 〘1886〙
cláss wòrd *n.* 〘文法〙類語 (cf. function word).
cláss·wòrk *n.* 教室での授業[勉強], 教室学習. 〘*c*1930〙
class·y /klǽsi | klά:si/ *adj.* (**class·i·er**; **-i·est**) 《口語》**1** しゃれた, ぱりっとした, ハイカラな. **2** 上等の, 立派な, すてきな. **3** 上流の. **cláss·i·ness** *n.* 〘(1891) ← CLASS＋-Y⁴〙
clast /klǽst/ *n.* 〘地質〙砕屑(さいせつ)《風化によってできた岩石細片》. 〘(1952) ↓〙
-clast /⸗⸗ klæ̀st/「破壊する人[もの, 道具(など)]」の意の名詞連結形: icono*clast*. 〘◻ G *-klast* ∥ ML *-clastēs* ◻ MGk *-klastēs* ← Gk *klân* to break ← IE **kel-* to strike, cut〙
clas·tic /klǽstɪk/ *adj.* **1** 分裂する; 砕けた; 分解できる: a ～ model 人体[解剖]模型. **2** 〘生物〙分離性の, 分解性の: ～ action 分解作用 / a ～ cell 分解細胞. **3** 〘地質〙砕屑(さいせつ)性の: ～ deposits 砕屑鉱床 / ～ rocks 砕屑岩. 〘(1875) ← Gk *klastós* broken in pieces (← *klân* to break)＋-IC¹〙
-clas·tic /⸗⸗ klǽstɪk⁻/「破壊する」の意の形容詞連結形: icono*clastic*. 〘← -CLAST＋-IC¹〙
clatch /klǽtʃ/ *n.* 《英方言》一かえりのひな, 同時にかえったひな. 〘1691〙
Clath·ra·ce·ae /klæθréɪsiì:/ *n. pl.* 〘植物〙(担子菌類)カゴタケ科. **clath·rá·ceous** /-ʃəs/ *adj.* 〘← NL ～ ← *Clathrus* (属名: ← L *clāthrī* lattice (⇨ clathrate))＋-ACEAE〙
clath·rate /klǽθreɪt, -rɪ̀t/ *adj.* **1** 〘生物〙格子状の; 格子(細工)のような印のついた. **2** 〘化学〙包接の《2 種の分子の結晶で, 一分子の籠形構造の中に他の分子が閉じ込められた構造にいう》. — *n.* 〘化学〙クラスレート化合物, 包接化合物. 〘(1906) ◻ L *clāthrātus* (p.p.) ← *clāthrāre* to furnish with lattice ← *clāthrī* lattice ◻ Gk *kleîthron* bar ← *kleíein* 'to CLOSE¹'〙
clath·ra·tion /klæθréɪʃən/ *n.* 〘化学〙包接化, クラスレート化《分子の作る籠状構造に他の分子が閉じ込められた形の化合物を作ること).

clat·ter /klǽṭɚ | -tə(r)/ *vi.* **1** がたがた[がらがら, がちゃがちゃ, ばたばた]音がする[鳴る]. **2** がたがた音を立てて動く[走る]: ～ down 〈車などががたがた走って行く / ～ about かたかた[ことこと]音をさせて歩き回る / ～ along (固い道路の上を)がたがた音を立てて進む; かっかっとひづめの音を立てて馬を飛ばす. **3 a** にぎやかにしゃべる, ぺちゃぺちゃしゃべる. **b** 《スコット》うわさ話をする. ― *vt.* 〈皿などを〉がちゃがちゃいわせる, がたがたさせる. ― *n.* **1** がたがた[がらがら, がちゃがちゃ, ばたばた]いう音《硬い物体がぶつかる音, タイプライターをたたく音, 馬の足音など; ⇨ noise SYN》: the ～ of rain against the windowpane 窓ガラスをたたく雨のぱたぱたという音 / the noisy ～ of his boots upon the pavement 舗道を歩く彼の長靴の騒々しい足音 / with a rhythmic ～ of spoons スプーンをリズミカルにがちゃがちゃいわせて / He set down his cup with a ～ on the saucer. ソーサーの上に茶わんをがちゃがちゃ音を立てておいた. **2** 騒々しさ; 騒々しい響き, 騒々しい人声: a ～ of noisy laughter / the ～ of the street. **3 a** むだ話, おしゃべり: a ～ of tongues. **b** うわさ. **～·er** /-ṭərə | -tərə(r)/ *n.* **～·ing·ly** /-ṭərɪŋ-, -trɪŋ- | -tərɪŋ-, -trɪŋ-/ *adv.* 〖(?c1200) *clatere(n)* < OE **clatrian* ← Gmc **klat-* (Du. *klateren* to rattle) ← IE **gal-* to call 《擬音語》〗

clat·ter·y /klǽṭəri | -tə-/ *adj.* がたがたする; 騒々しい, うるさい. 〖(1880): ⇨ -y⁴〗

Claud /klɔ́ːd, klɑ́ːd | klɔ́ːd/ *n.* クロード《男性名; Claude の異形》.

Claude /klɔ́ːd, klɑ́ːd | klɔ́ːd; *F.* kloːd/ *n.* クロード《男性名》. 〖□F ～ < L *Claudius* (ローマの家族名): cf. claudication〗

Clau·del /klouːdéɫ, klɑː- | klɔː-; *F.* klodɛl/, **Paul (Louis Charles Marie)** *n.* クローデル《1868–1955; フランスの外交官・詩人・劇作家; *Le Soulier de satin*「繻子(しゅす)の靴」(1925–28)》.

Claude Lor·rain /klɔ́ːdləréɪn, klɑ́ːd-, -lɔ(ː)r-, -lɑ(ː)r- | -lər-, -lər-; *F.* klodlɔʀɛ̃/ *n.* クロードロラン《1600–82; フランスの風景画家; 本名 Claude Gel(l)ée》.

Clau·dette /klɔːdét | klɔːdét; *F.* klodɛt/ *n.* クローデット《女性名》. 〖□F ～ (fem.) ← CLAUDE: ⇨ -ette〗

Clau·di·a /klɔ́ːdiə, klɑ́ː-, kláu- | klɔ́ːdiə, kláu-/ *n.* クローディア《女性名; ウェールズ語形 Gladys》. 〖□L ～ (fem.) ← *Claudius*: ⇨ Claude〗

Cláudia Quín·ta /-kwínṭə | -tə/ *n.* 〘ローマ伝説〙クラウディアクインタ《Cybele の像を運ぶ座礁船を救った女性; 純潔さの証拠からといわれている》.

clau·di·ca·tion /klɔ̀ːdəkéɪʃən, klɑ̀ː- | klɔ̀ːdɪ-/ *n.* **1** 〘医学〙跛行(はこう) (limping). **2** 〘病理〙＝intermittent claudication. 〖(*c*1400) □L *claudicātiō(n-)* ← *claudicāre* to limp ← *claudus* lame: ⇨ -ation〗

Clau·dine /klɔːdíːn, klɑː- | klɔ́ː-/ *n.* クローディーヌ《女性名》. 〖□F ～ (fem.) ← CLAUDE: ⇨ -ine⁴〗

Clau·dio /klɔ́ːdiòu, klɑ́ː- | kláudiə̀u, klɔ́ː-; *It.* kláudjo; *Sp., Am.Sp.* kláuðjo/ *n.* クラウディオ《男性名》. 〖□It. ～ 'CLAUDE'〗

Clau·di·us I /klɔ́ːdiəs-, klɑ́ː- | klɔ́ːdi-/ *n.* クラウディウス一世《10 B.C.–A.D. 54; ローマ皇帝 (41–54); 全名 Tiberius Claudius Drusus Nero Germanicus》.

Claudius II *n.* クラウディウス二世《214–70; ローマ皇帝 (268–70); 全名 Marcus Aurelius Claudius; 異名 Gothicus》.

Cláudius Cáe·cus /-síːkəs/, **Ap·pi·us** /ǽpiəs/ *n.* クラウディウス(カエクス)《紀元前 3 世紀ごろのローマの政治家・監察官; Appian Way の建設者》.

claught *v.* cleek の過去形・過去分詞. 〖ME ～, *clecht*〗

claus·al /klɔ́ːzəl, klɑ́ː-, -zɫ | klɔ́ː-/ *adj.* **1** 条項の. **2** 〘文法〙節の. 〖(1904): ⇨ ↓, -al¹〗

clause /klɔ́ːz, klɑ́ːz | klɔ́ːz/ *n.* **1 a** (条約・法律・遺書などの)箇条, 条項, 約款: ～ by ～ 各条ごとに, 逐条 / an anti-hegemony ～ 覇権反対の条項. **b** [the C-] 〘英法〙第 28 条 (Clause 28)《地方自治体法第 28 条 (1988) のこと; 地方自治体に対し, 同性愛を助長する行為を禁止し, 助長するとみられる出版物・教材・美術作品などを規制することを定めたもの》. **2** 〘文法〙節; (狭義で)従節, 従属節 (cf. phrase 1, word 1): a subject [an object, a complement] ～ 主語[目的語, 補語]節 / an adverb(ial) [adjective] ～ 副詞[形容詞]節 / a noun ～ 名詞節 / a main ～ 主節 / a dependent ～ 従(属)節 / ⇨ principal clause. 〖(?*a*1200) □(O)F ～ □ML *clausa* close (of a rhetorical period), section of a law ← (fem. p.p.) ← L *claudere* 'to CLOSE¹'〗

Clau·se·witz /kláuzəvɪts, -sə-; *G.* kláuzəvɪts/, **Karl von** *n.* クラウゼヴィッツ《1780–1831; プロイセンの将軍・軍事理論家; *Vom Kriege*「戦争論」(1832–34)》.

Clau·si·us /kláuziəs; *G.* kláuzius/, **Rudolf Julius Emanuel** *n.* クラウジウス《1822–88; ドイツの理論物理学者・数学者; 熱力学の先駆者; エントロピー (entropy) の概念の導入者》.

Cláusius cýcle /klɔ́ːziəs-, klɑ́ː-, kláu- | klɔ́ː-, kláu-/ *n.* [the ～] 〘物理化学〙クラウジウスサイクル (⇨ Rankine cycle). 〖↑〗

claus·thal·ite /kláustəlàɪt/ *n.* 〘鉱物〙セレン鉛鉱 (PbSe)《方鉛鉱に似た灰色の鉱物》. 〖(1835) ← F *clausthalie* clausthalite (← G *Klausthal* (その産地)) ＋-ITE¹〗

claustra *n.* claustrum の複数形.

claus·tral /klɔ́ːstrəl, klɑ́ː- | klɔ́ː-/ *adj.* ＝cloistral. 〖(*c*1449) □ML *claustrālis* ← L *claustrum* 'lock, CLOISTER'〗

claus·tra·tion /klɔːstréɪʃən, klɑː- | klɔː-/ *n.* (僧院・閉所などに)幽閉すること; 閉所幽閉: a feeling of ～. 〖(1863) □ ? F ～ ← ML *claustrum* monastery (↑): ⇨ -ation〗

claus·tro·phobe /klɔ́ːstrəfòub, klɑ́ː- | klɔ́ːstrəfə̀ub/ *n.* 閉所恐怖症患者. 〖↓〗

claus·tro·pho·bi·a /klɔ̀ːstrəfóubiə, -klɑ̀ː- | klɔ̀ːstrəfə́u-/ *n.* 〘精神医学〙閉所恐怖(症) (cf. agoraphobia). 〖(1879) ← NL ～ ← L *claustrum* bar, bolt: ⇨ -phobia〗

claus·tro·pho·bic /klɔ̀ːstrəfóubɪk, klɑ̀ː- | klɔ̀ːstrəfə́u-⁻/ 〘精神医学〙*adj.* 閉所恐怖症の[を起こさせる]. 〖(1889): ⇨ ↑, -ic¹〗

claus·trum /klɔ́ːstrəm, klɑ́ː-, kláu- | klɔ́ː-, kláu-/ *n.* (*pl.* **claus·tra** /-trə/) 〘解剖〙前障《大脳のレンズ核とライル島との間にある薄板状の灰白質; cf. basal ganglia》. 〖(1848) ← NL ～ ← L ～ 'bar'〗

clau·su·la /klɔ́ːʒulə, klɑ́ː- | klɔ́ːzju-/ *n.* (*pl.* **-su·lae** /-lìː/) 〘音楽〙クラウスラ, 終止《中世・ルネサンス音楽における定型的な終止法》. **cláu·su·lar** /-ʒulɚ | -zjulə(r)/ *adj.* 〖(1636) □ML ～ ← L ～ ← *clausus* (p.p.) ← *claudere* 'to CLOSE¹'〗

cla·va /kléɪvə, klɑ́ː-/ *n.* (*pl.* **cla·vae** /kléɪviː, klɑ́ːvaɪ/) **1** 〘昆虫〙棍棒節《触角の第 1 節と第 2 節を除いた棍棒状になっている部分》. **2** 〘解剖〙(第 4 脳室の後部にある)薄索核隆起. **clá·val** /-vəl, -vɫ/ *adj.* 〖← NL ～ ← L *clāva* club〗

cla·vate /kléɪveɪt/ *adj.* 〘生物〙棍棒状の (club-shaped). **～·ly** *adv.* **cla·va·tion** /kleɪvéɪʃən/ *n.* 〖(1661) ← NL *clāvātus* ← L *clāva* club ← IE **kleu-* hook, peg: ⇨ -ate²〗

cla·ve¹ /klɑ́ːveɪ | kléɪv, klɑ́ːv/ *n.* 〘音楽〙**1** [通例 *pl.*] クラベス《両手で打ち合わせる小さい角棒または丸い棒の打楽器で, 二本で一組; ルンバの伴奏などに用いる》. **2** 2 拍子と 3 拍子を交互に繰り返すリズムのパターン《ラテンのダンス音楽で使われる》. 〖(1928) □Am.-Sp. ～ □Sp. ～ 'keystone, clef' < L *clāvis* key〗

clave² *v.* 《古》cleave² の過去形. 〖OE *clēaf, clæf*〗

clav·e·cin /klǽvəsɪn | -vɪsɪn/ *n.* クラブサン (harpsichord のフランス語名). 〖(1819) □F ～ 《略》← 《廃》*clavycimbale*: ⇨ clavicembalo〗

cla·ver /kléɪvɚ, klǽv- | -və(r)/ 《スコット》*vi.* むだ話をする. ― *n.* [通例 *pl.*] むだ話, おしゃべり. 〖(*a*1605) ← ? Celt.: cf. Gael. *clabaire* babbler / Welsh *clebar* to chatter〗

clavi *n.* clavus の複数形.

clav·i- /klǽvɪ, klǽvi/ clavo- の異形 (⇨ -i-).

cla·vi·cem·ba·lo /klæ̀vɪtʃémbəlòu | -vɪtʃémbələu; *It.* klavitʃémbalo, -tʃém-/ *n.* (*pl.* **-ba·li** /-lìː; *It.* -li/, ～**s**) クラビチェンバロ《harpsichord のイタリア語名; 略して cembalo ともいう》. 〖(1740) □It. ～ □ML *clavicymbalum*〗

clav·i·chord /klǽvəkɔ̀ɚd | -vɪkɔ̀ːd/ *n.* クラビコード《ピアノの前身である鍵盤楽器で, 鍵 (key) によって小金属片が弦を打ち鳴らす仕掛けのもの; cf. harpsichord》. 〖(1457–58) □ML *clāvicordium* ← L *clāvis* key＋*chorda* string: cf. chord²〗

clavichord

cláv·i·chòrd·ist /-dɪst | -dɪst/ *n.* クラビコード奏者.

clav·i·cle /klǽvɪkɫ | -vɪ-/ *n.* 〘解剖〙鎖骨 (collarbone) (⇨ skeleton 挿絵). 〖(1615) □F *clavicule* ← NL *clavicula* ← L *clāvicula* (dim.) ← *clāvis* key: ⇨ clavo-〗

clav·i·corn /klǽvəkɔ̀ɚn | -vɪkɔ̀ːn/ 〘昆虫〙*n.* 球角群 (*Clavicornia*) に属する甲虫. ― *adj.* 棍棒状の触覚のある. 〖(1837) ← NL *clāvicornis* ← L *clāva* club＋*cornu* horn〗

clav·i·cor·nate /klæ̀vəkɔ́ɚnèɪt | -vɪkɔ́ː-/ *adj.* 先端が棍棒状[球状]になった触角をした[もった].

cla·vic·u·lar /klævíkjulɚ, klə- | -lə(r)/ *adj.* 〘解剖〙鎖骨 (clavicle) の. 〖(1657–96): ⇨ clavicle, -ar¹〗

cla·vic·u·late /kləvíkjulèɪt/ *adj.* ＝clavicular. 〖1882〗

cla·vic·u·lo- /klævíkjulou, klə- | -ləu/「鎖骨と…と」の意の連結形. 〖← NL *clavicula* 'CLAVICLE'〗

clav·ier /klǽviɚ, kləvíɚ | klǽviə(r), klævíə(r), klə- | klǽviə(r), -vjə(r)/ *n.* **1** (楽器の)鍵盤 (keyboard). **2** (練習用の)無音鍵盤. **3** クラビア《ハープシコード・クラビコード・初期のピアノなどの鍵盤楽器の総称》. 〖(1708) □G *Klavier* // F *clavier* 《原義》key bearer ← L *clāvis* key ← IE **kleu-* hook, peg〗

cla·vier·ist /kləvíᵊrɪst, klæ-, klǽviər- | kləvíərɪst, klæ-/ *n.* クラビア奏者. 〖(1845): ⇨ ↑, -ist〗

clav·i·form /klǽvəfɔ̀ɚm | -vɪfɔ̀ːm/ *adj.* 棍棒状の (clavate). 〖(1817) ← L *clāva* club＋-FORM〗

Cla·vi·us /kléɪviəs/ *n.* 〘天文〙クラヴィウス《月面でもっとも大きなクレーターの一つ; 直径約 230 km》.

clav·o- /klǽvou | -vəu/ 次の意味を表す連結形: **1**「鍵 (key); 鍵盤 (keyboard)」. **2**「鎖骨の (clavicular); 鎖骨と…との」. ★ 時に clavi- になる. 〖1: □ML ～ ← L *clāvis* key ← IE **kleu-* hook (L *claudere* 'to CLOSE¹'). 2: ← NL ～〗

clav·o·la /klǽvələ/ *n.* (*pl.* **-o·lae** /-lìː, -làɪ/) 〘昆虫〙＝clava 1. 〖← NL ～ ← L *clāvola* (dim.) ← *clāva* club〗

cla·vus /kléɪvəs, klɑ́ː-/ *n.* (*pl.* **cla·vi** /kléɪvaɪ, klɑ́ːviː/) **1** クラーブス《古代ローマでチュニック (tunic) に付けた紫色の縁取り; 元老院議員身分のものは幅が広く, 騎士身分を示すものは狭い; ⇨ toga 挿絵》. **2** ＝corn² 1. **3** 〘精神医学〙クラーブス《頭に釘を打ち込んだような激しい頭痛》. **4** 〘昆虫〙**a** 小胞突起《触角の棍棒状部》. **b** ＝clava 1. 〖(1807) □L *clāvus* 《原義》nail〗

claw /klɔ́ː, klɑ́ː | klɔ́ː/ *n.* **1 a** (猫・鳥などの細く鋭く曲がった)かぎつめ (cf. talon 1 a, nail 2 b). **b** かぎつめのある足. **2 a** (カニ・エビなどの)はさみ. **b** (昆虫の)つめ. **3 a** (器具の)かぎつめ状のもの. **b** (金槌(かなづち)の先などの)くぎ抜き (cf. claw hammer). **c** (宝石細工で宝石を留める)爪. **4** (かぎつめなどによる)引っかき傷. **5** 〘植物〙つめ《花弁の基部の細い部分》. **6** クロー《撮影機・映写機・印刷機などのフィルム送り装置でフィルムの送り穴にかむ爪状の部分》. **7** 《米俗》ポリ公, おまわり.

cút* [*clíp, páre*] *the cláws of …の危害力を奪う, …を無力にする. (1884) ***gét one's cláws into*** (1) 〈人〉に反感[敵意, ねたみ]をむき出しにする. (2) 〈女が〉〈男を〉ひっかけ(ようとする). ***in a person's cláws*** がっちりつかまえて, 手中に収めて. ***pút the cláw on*** … 《米俗》(1) つかまえる, 拘留する. (2) …に借金を申し込む.

― *vt.* **1 a** つめ[手]で引っかく[かきむしる, つかむ, 引っぱる, 裂く]: The graves were ～*ed* open by dogs. 墓は犬にほじくりかえされた. **b** つめで引っかいて作る: ～ a hole つめで穴を掘る. **c** 《スコット》〈かゆい所を〉(つめで軽く)かく. **2** …につかみかかる. **3** [～ one's way として] **a** (両手を使って)かきわけて進む. **b** かきわけて出世する. ― *vi.* **1** つめで引っかく[こする, 掘る]. **2** 〔…を〕必死につかもうとする, 手探りする〔*for, at*〕: ～ *for* the doorknob. **3** 《スコット》軽くかく. **4** 〘海事〙〈船が〉(風下の陸岸を避けて)風上へ向かう.

cláw báck (1) (徐々に[苦労して])取り戻す. (2) 《英》〈政府の給付金などに見合う資金を〉増税で回収する.

cláw dówn (1) 引きずりおろす. (2) やっつける.

Cláw me and I'll cláw thée. 《諺》そちらで親切にしてくれればこちらも親切にする,「魚心あれば水心」(cf. SCRATCH me and I'll scratch you.). ((1531) 1614) ***cláw óff*** 〘海事〙(風下の岸を避けて)風上に向かって間切る (cf. *vi.* 4); 引きはがす. ***cláw one's wáy*** [副詞(句)を伴って] 一歩一歩しがみつくようにして進む, (トップまで)のし上がる.

～·er *n.* **～·lìke** *adj.* 〖n.: OE *clawu* ← Gmc **klēwō* (G *Klaue* / Du. *clauw*). ― v.: lateOE *clawian*〗

cláw-and-báll fòot *n.* (椅子やテーブルなどの脚先が)鳥や動物のつめ足が小球を握ったような形の足型《ball-and-claw foot ともいう》. 〖1902〗

cláw·bàck *n.* **1** おべっか使い, ごますり (flatterer). **2** 《英》(政府の給付金などに見合う資金の)増税による回収. **3** 《英》難点, 欠点 (drawback). 〖1549〗

cláw bàr *n.* 爪梃子(つめてこ).

cláw chìsel *n.* 〘石工〙(鋸(のこぎり)状の刃をもつ)石のみ《tooth chisel ともいう》. 〖1933〗

cláw clùtch *n.* 〘機械〙かみあいクラッチ; かみあい継手(つぎて)《positive clutch ともいう》. 〖1904〗

clawed *adj.* [通例複合語の第 2 構成素として] (…の)つめをした: sharp-*clawed*. 〖(?*a*1300): ⇨ -ed 2〗

cláw fòot *n.* **1 a** かぎつめのある[に似た]足. **b** (家具類の)かぎつめ状の脚. **2** 〘医学〙かぎつめ(様)足, 凹足(おうそく)《足の内側縦足弓が異常に大きいもの》. 〖(1823) 1867〗

cláw hàmmer *n.* **1** 釘抜き金槌(かなづち) (cf. claw *n.* 3 b). **2** 《口語》燕尾(えんび)服 (tailcoat)《claw-hammer coat ともいう》. 〖1769〗

cláw hàtchet *n.* 釘抜き付き手斧(ておの).

cláw sètting *n.* 《英》〘宝石〙＝Tiffany setting.

clax·on /klǽksən, -sn/ *n.* (自動車の)クラクション.

clay /kléɪ/ *n.* **1 a** 粘土: potter's ～ 陶土. **b** 泥土; 土: a lump of ～ 一塊の土. **2 a** ＝pipe clay 1. **b** 陶製パイプ (clay pipe): smoke a short ～ / ⇨ *a* YARD¹ *of clay*. **3** 〘テニス〙＝clay court. **4** 〘射撃〙＝clay pigeon. **5** 《詩》**a** (肉体の材料と考えられた)土; (霊魂に対して, 死ぬと土になる)肉体 (cf. dust 6): I also am formed out of the ～. われもまた土よりとりて作られしなり (*Job* 33:6) / be dead and turned to ～ 死んで土となる. **b** 資質, 天性; 人格, 人柄: a man of common ～ 世間並みの人間.

móisten* [*wét, sóak*] *one's cláy 《戯言》(酒を)一杯ひっかける.

― *adj.* [限定的] 粘土の; 粘土製の: ～ manufactures 粘土製品 / a ～ figure 粘土の像《埴輪(はにわ)など》.

― *vt.* **1** 粘土で覆う; …に粘土を塗る 〈*up*〉. **2** 〈土〉に粘土を混ぜる[入れる]. **3** 粘土でこす.

〖OE *clǣg* < Gmc **klaijaz* ← **klai-*, **klei-* (Du. *klei* / LG *Klei*) ← IE **glei-*, **gel-* (L *glūten* 'GLUE' / Gk *glía*)〗

Clay /kléɪ/ *n.* クレイ《男性名》.

Clay /kléɪ/, **Cassius** *n.* ＝Ali, Muhammad.

Clay, Henry *n.* クレー《1777–1852; 米国の政治家・雄弁家》.

cláy·bànk *n.* **1** 黄褐色. **2** 《米》黄褐色の馬. ― *adj.* 《米》〈馬が〉黄褐色の. 〖((*c*1750)) (1851) ← CLAY＋BANK²〗

cláy·bràined *adj.* ばかな, 愚かな. 〖(1596–97) ← CLAY＋BRAIN＋-ED 2〗

cláy-cóld *adj.* 〈死体など〉粘土のように冷たい; 命のない. 〖1633〗

cláy-còlored spárrow n. 〖鳥類〗ムナジロシトド (*Spizella pallida*) 《北米西部の内陸に生息するホオジロ科の小鳥; 胸が灰白色》.
cláy cóurt n. 〖テニス〗クレーコート《粘土・赤土などで造ったテニスコート; cf. grass court, hard court》. 〖1885〗
cláy digger n. 〖土木〗粘土掘削機《空気ハンマーを取り付けた鍬(くわ); 両手でもって粘土・土砂などを掘る》.
C
clay·ey /kléɪi/ adj. 1 a 粘土の[から成る]. b 粘土に富んだ, 粘土質[性]の. 2 粘土色の. 3 粘土を塗った[で汚れた]. 〖(c1384) *cleii*: ⇨ clay, -y¹〗
cláy flòur n. 〖窯業〗乾燥して粉砕した粘土.
cláy íronstone n. 〖地質〗泥鉄鉱《泥土状の鉄鉱》. 〖1843〗
clay·ish /kléɪɪʃ/ adj. 1 粘土質[状]の. 2 やや粘土色の. 〖(1570): ⇨ -ish¹〗
cláy·lìke adj. =clayish. 〖1617〗
cláy lòam n. 〖地質〗粘土質ローム《粘土 20–30%, シルト (silt) 20–50%, 砂 20–50% から成る》. 〖c1889〗
cláy mìneral n. 〖鉱物〗粘土鉱物《粘土を構成する鉱物の総称》. 〖1947〗
clay·more /kléɪmɔə | -mɔː(r)/ n. 1 (15–16 世紀スコットランド高地人の)両刃[時に]両手]剣. 2 (17 世紀スコットランド高地人の)籠柄(かごつか)の剣. 3 《米》〖軍事〗=claymore mine. 〖(1772) □ Sc. -Gael. *claidheamh mōr* great sword〗
cláymore mìne n. 《米》〖軍事〗クレイモア地雷《電気で爆発し小金属球を飛び散らす対人地雷》. 〖1961〗
cláy·pàn n. 1 《米》(主に粘土から成る)硬盤 (hardpan). 2 《豪》浅くて乾燥している窪(くぼ)地《大雨の後には水がたまる》. 〖1837〗
cláy pígeon n. 1 〖射撃〗土ばと, クレー《クレー射撃の標的に用いる円盤; cf. trapshooting》. 2 《米俗》弱い立場にいる人, 標的にされやすい人, かも (sitting duck). 〖1888〗

clay pigeon 1

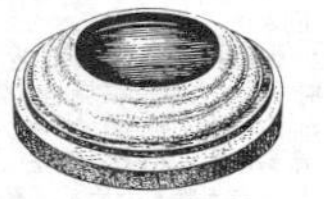

cláy pígeon shòoting n. =trapshooting.
cláy pípe n. 陶製パイプ, 土管. 〖1876〗
cláy ròad n. 《NZ》舗装していない田舎道.
cláy stóne n. 〖岩石〗1 粘土質岩 (argillite). 2 分解した火成岩. 〖(a1325) 1777〗
Cláy·ton Antitrúst Àct /kléɪtn-/ n. 〖経済〗クレイトン反トラスト法《シャーマン反トラスト法 (Sherman Antitrust Act) 補強のため 1914 年米国で制定》. 〖← *Henry De Lamar Clayton* (1857–1929: 米国の下院議員・裁判官)〗
clay·to·ni·a /kleɪtóʊniə | -tóʊ-/ n. 〖植物〗クレイトニア《北米・アジア・オセアニア産スベリヒユ科クレイトニア属 (*Claytonia*) の植物の総称; *C. virginica* など; spring beauty, wild potato ともいう》. 〖(1789) ← NL ~ ← *Dr. John Clayton* (1686–1773: 米国の植物学者)+-IA¹〗
Clay·ton's /kléɪtnz/ 《豪・NZ 口語》n. (名前は同じだが実際と異なるもの, 模造品. — adj. 名ばかりの, 実質のない.
cláy·wàre n. [集合的にも用いて] 粘土製品《ほとんどの成分が粘土とは限らないが, 粘土が基本的な成分である物質で作られた製品; れんが・タイル・耐火物・陶磁器など》. 〖1896〗
cld. 《略》called; cleared; colored; cooled.
-cle /kl/ suf. -cule の異形. 〖ME□(O)F ~ // L -*culus*, -*culum*, -*cula*〗
clead·ing /klíːdɪŋ | -dɪŋ/ n. 1 《スコット》衣服. 2 〖機械〗(ボイラーやシリンダーの放熱を防ぐ)被覆(ひふく), クリーディング, シリンダー覆い; (トンネルの)矢板. 〖(a1325) *cleding*, *clething* (ger.) ← *clede*(n), *clethe*(n) 'to CLOTHE'〗
clean /klíːn/ adj. (~·er; ~·est) 1 a 汚れのない, 清潔な (↔ dirty): a ~ air, kitchen, room, etc. / keep one's house [oneself] ~ 家[身体]を清潔にしておく / scrub the floor ~ 床をこすってきれいにする / ⇨ A new BROOM sweeps *clean*. / wipe a revolver ~ *of* fingerprints ピストルから指紋をきれいに拭きとる / wash one's hands ~ *of* dirt 手を洗って汚れを落とす / as ~ as a (new) pin (新しいピンのように)とてもきれいな. b (洗濯したて, または新しくて)さっぱりした, きれいな, 汚れていない, あかのついていない (↔ dirty): a ~ collar, towel, etc. / ~ linen きれいなリンネル《シーツ・食卓かけなど》/ put ~ sheets on the bed. c 病気[病菌]のない, 感染していない; 〈化学物質など〉無害の, 汚染源とならない.
2 a きれい好きな, いつもきれいにしている (cleanly): be ~ in one's person (いつも)身なりが清潔だ. b 〈子供・動物が〉下(しも)のしつけのできた: a very ~ dog きれい好きな犬. c 《俗》りゅうとした身なりの.
3 a (精神的・道徳的に)汚(けが)れのない; 清廉な, 高潔な, 正しい; 正々堂々とした (fair); 公正な: a ~ life, heart, reputation, etc. / ~ politics 清潔な政治 / a man with a ~ record 無傷の履歴の人 / ⇨ *a clean* SLATE¹ / a ~ fighter [fight] / have a ~ title to the property その財産に対して正当な権利がある. b 《口語》みだらでない, わいせつでない (↔ dirty): a ~ conversation (みだらなことにわたらない)上品な会話 / a ~ joke 品のよい冗談 / Keep it ~! 下品な[みだらな]ことを言うな. c 犯罪に関係のない, 潔白な (guiltless): ⇨ clean fingers, clean hands. d (運転免許証に)違反の記録がない.
4 a 全くの, 余すところのない, 完全な: lose a ~ hundred dollars 100 ドルそっくり[きれいに 100 ドル]失う / a ~ trick まんまとかかったトリック / make a ~ breast of …をきれいに[潔く]打ち明ける, すっかり白状する / ⇨ *make a clean* SWEEP *of*. b (手際の)きれいな, 見事な, 鮮やかな: a ~ boxer うまいボクサー / a ~ shot 見事な射手 / a ~ leap (踏み出しもなく, バーにも触れない)きれいな跳び方 / ~ fielding [catches] 〖野球〗水際立った[鮮やかな]フィールディング[捕球] / a ~ hit 〖野球〗(敵守備者の手に触れない)文句なしのヒット, クリーンヒット.
5 a 〈校正刷りなど〉(ほとんど)間違いのない, 訂正のない, きれいな; 読みやすい: ~ printer's proofs きれいな校正刷り / a ~ copy 清書 / ~ copy きれいな原稿 (cf. foul 9 a) / a ~ sheet ⇨ sheet¹ 2 a. b 何も書いていない, 何のしるしもついていない, 白紙の: a ~ page (書いて[印刷して]ない)白紙ページ.
6 すがすがしく健康な感じの, さわやかな: the ~ scent of trees 木のさわやかな香り.
7 a (明確な均斉がとれて)すらりとした, すんなりとした: a ~ figure / ~ limbs / ~ lines 美しい線 / a ~ ship 細型の船. b 飾り立てない; きちんとした. c でこぼこのない: a ~ edge. d 〈航空機が〉流線型の, 外に突出部分のない (streamlined): ⇨ clean configuration. e 〈馬の足が〉飛節下に飛節後腫や瘤のない. f 〖ラジオ・テレビ〗〈音声や映像が〉明瞭・鮮明で歪みや雑音がない.
8 《口語》〈核兵器が〉放射性降下物の少ない[ない], 放射能を伴わない, 「きれいな」(cf. dirty 5): ~ (nuclear) bombs.
9 《俗》麻薬を常用[所持]していない (↔ dirty).
10 a 〈船が〉船底に貝や海草の付着してない. b 耕作の邪魔になるものが取り除かれた; 雑草を取り除いた. c 《英》〈鹿・鹿の角が〉鹿茸(ろくじょう)のない. d 〈家畜が〉まだ子供を産んだことのない. e 〈鳩が〉まだ脚に羽毛の生えていない.
11 a (船に)積荷のない; 〈捕鯨船など〉獲物のない: with a ~ hold 船倉に獲物がなく. b 《俗》隠し持った武器がない. c 《俗》無一文の; 資金がない.
12 〈魚が〉産卵期以外の, 食用に適した. ★ 卵をもっている(産卵期の)魚はあたりやすいので foul fish と呼ぶのに対して, 産卵期以外の魚を clean fish と呼ぶ.
13 a 混ぜ物のない, 異物の入っていない; 純粋な, 本物の. b 〈宝石が〉無きずの.
14 〖海事〗a 〈錨地が〉障害物[邪魔物]のない, 安全な: a ~ harbor. b 〈船底が〉きれいな《藻や貝が付着していない》. c 〈船員・船客が〉完全健康証明書 (clean bill of health) を有する.
15 〖聖書〗(モーセの律法 (Mosaic Law) などに照らして)身に汚れのない, 不浄でない; 〈鳥・獣・魚が〉汚れのない, 食べられる (cf. kosher; *Lev.* 11).
cléan and swéet こざっぱりした: keep a room ~ *and sweet* 部屋をこぎれいにしておく. ***còme cléan*** 《口語》本当のことを言う, 白状する, どろを吐く (confess): *come* ~ *about* one's past 過去を打ち明ける. 〖1919〗 ***kéep the hánds cléan*** 不正に関係しない, 潔白である (cf. clean hands).
— *adv.* 1 きれいに; きれいになるように (cf. *adj.* 1 a). 2 《俗》すっかり, 全く (completely): be ~ broke 一文無しになる / I ~ forgot to ask. 尋ねるのをすっかり忘れていた. 3 スポーツマンらしく, 正々堂々と (cleanly): play the game ~. 4 正に, ずばりと, 鮮やかに: be hit ~ in the eye 目をぴしゃりと打たれる / cut ~ through ずばりと切り通す / get ~ away するりと逃げ去る / jump ~ over the fence 垣根をひらりと飛び越す / One bullet passed ~ through his chest. 一発の弾丸が彼の胸を貫通した.
cléan fúll 〖海事〗(1) 〈帆が〉一杯に風をはらんで. (2) 〈帆船がすべての帆に風を受けて.
— *vt.* 1 a …の汚れを落とす, きれいにする, 清潔にする; 洗濯する; 掃除する 〈*up*〉; 〈汚れなどを〉除く, 落とす 〔*off*, *from*〕: ~ one's hands, nails, clothes, etc. / ~ a house, kitchen, stable, street, etc. / ~ a floor 床を掃除する / ~ a picture 絵の汚れを落とす / ~ a window 窓をきれいにふく / ~ the room *up* 部屋を片付ける / ~ a revolver *of* fingerprints = ~ fingerprints *off* a revolver ピストルから指紋をきれいに拭きとる. b 〈傷を〉消毒する, 洗って手当てする. c =dry-clean. 2 a 〈歯みがきを使って〉〈歯を〉みがく; 〈歯の〉歯垢(しこう)[歯石]を除去する. b (耕作のために)〈土地〉から雑草・ごみを除く 〈*up*〉: ~ the field for sowing. c 〈船底〉から付着した貝や海藻を取り除く. d 〈ものの表面〉の付着物を取り除く 〈*from*, *off*〉: ~ *off* a slate [table]. e 〈排水管などを〉掃除する 〈*out*〉: ~ *out* a drain. 3 a …の中身をからにする, (きれいに)あける (empty): ~ one's plate 皿の中の食べ物をすっかり食べる. b (料理のために)〈魚・鶏など〉から臓物をとる, …のはらわたを抜く (gut): ~ fish, fowl, game, etc. c 〈穀類〉の籾殻(もみがら)[異物]を取り除く: ~ grain. d 〈綿を〉綿繰り機にかけて種を除く. 4 《俗》〈人〉から有り金を巻き上げる, 無一文にする 〈*out*〉: They ~*ed* him *out* completely. 彼らは彼をすっからかんにしてしまった / He is ~*ed out*. 彼は無一文だ. 5 〖郵趣〗(未使用のものに見せかけるために)〈切手〉の消印を消す. 6 〖野球〗〈塁を〉一掃する. 7 〖重量挙げ〗〈バーベルを〉床から肩の高さまで一気に持ち上げる (⇨ *n.* 2)
— *vi.* 1 掃除をする 〈*up*〉: ~ *up* a bit before dinner 夕食前にちょっと掃除する. 2 きれいにする[なる].
cléan dówn 《主に英・豪》〈家・車・ドア・壁などを〉入念に洗う; (ブラシをかけて)〈馬など〉の手入れをする. ***cléan óut*** (1) いらない物を取り出して〈部屋・引き出しなどを〉きれいにする. (2) 《口語》〈人・場所から〉金品を全部奪う, …の中を空にする 〔*of*〕. (3) 《口語》〈賭け・買物などが〉〈人を〉文無しにする (cf. *vt.* 4). (4) 〈人を〉追い出す, 一掃する; やっつける (get rid of): ~ *out* inefficient workers 無能な労働者を追い出す. (5) 〈場所〉から人を追い出す. (6) …の在庫品をなくす; 使い果たす, 平らげる. (7) ⇨ *vt.* 2 e. (8) 〈…の〉お腹(なか)を空にする, お通じをつける; 下痢させる. ***cléan úp*** (*vt.*) (1) きれいに掃除する, きちんと整頓する; 〈体を〉洗う (cf. *vt.* 1 a); [しばしば ~ oneself up として] 身ぎれいにする: get ~*ed up* 身ぎれいにする / ~ *oneself up* a bit before dinner 夕食前に少し身なりを整える. (2) 《口語》〈腐敗・政界などを〉浄化する, 粛正する; 〈俗悪番組を〉向上させる; 〈敵を〉一掃[掃討]する: ~ *up* politics 政治を浄化する. (3) 処分する, 〈仕事などを〉片付ける. (4) 〈間違い・言葉づかいなどを〉正す. (5) 《口語》〈利益を〉あげる, 〈金を〉もうける (cf. cleanup 2). (6) ⇨ *vt.* 2 b. — (*vi.*) (1) きれいに(あと)片づけをする (cf. *vi.* 1): ~ *up* after a child 子供が汚したあとをきれいにする. (2) (顔や手を洗い, 着替えなどして)身ぎれいになる: ~ *up* for dinner. (3) 《口語》(相場や賭けで)ぼろもうけする; (取引などで)利益をあげる 〔*on*〕: She ~*ed up* on the deal. (4) 連勝する. (5) 《米口語》〔…を〕打ち負かす, 掃討する 〔*on*〕. ***cléan úp one's áct*** 《口語》(悪習をやめて)行いを正す, まともになる.
— *n.* 1 清潔にすること, 手入れ, 掃除: give it a ~ (up) 手入れをする (cf. cleanup 1 a) / My shoes need a ~. 私の靴はみがかなければならない. 2 〖重量挙げ〗クリーン《バーベルを肩まで上げること; ⇨ CLEAN and jerk》.
cléan and jérk 〖重量挙げ〗ジャーク《第一動のクリーンで一気にバーベルを肩まで挙げ, 第二動のジャークで両足を前後に開く反動を利用して頭上に差し上げる競技種目; cf. press¹ 11, snatch 7》. 〖1939〗
〖adj.: OE *clǣne* clear, open, pure < Gmc *klainiz (Du. & G *klein* small) ← ? IE *gel- bright (Gk *glainoí* star-shaped ornament). — v.: (c1450) *clene*(*n*) ← (adj.)〗

SYN きれいにする: **clean** 洗濯したりブラシをかけたりほうきで掃いたりして汚れやほこりを取り除く《一般的な語》: *clean* one's shoes 靴を磨く / *clean* a room 部屋を掃除する. **cleanse** 特に薬品・消毒液などで洗い清める《しばしば比喩的に》: *cleanse* a sickroom 病室を消毒する / After her confession, she felt that she had been *cleansed* of guilt. 告白のあと自分の罪が清められたような気がした. **sweep** 〈部屋などを〉はたきやほうきできれいにする. **dust** ブラシや布などでほこりを取り除く. **wipe** 拭いてきれいにする. **tidy** (**up**) 物を片づけてきれいにする.
ANT soil, dirty.

clean·a·ble /klíːnəbl/ adj. きれいにすることができる, 清掃[整頓]可能な. **clean·a·bil·i·ty** /klìːnəbíləti | -lɪti/ n. 〖(1882): ⇨ ↑, -able〗
cléan bìll n. 1 〖政治〗クリーンビル, 修正法案《常任委員会で追加された修正事項を含む法案; 本会議で一括審議, 投票に付せられる》. 2 =CLEAN BILL of health (2).
cléan bíll of héalth (1) 完全健康証明 (cf. BILL¹ of health). (2) (道徳的・政治的に)大丈夫という太鼓判.
cléan bíll of láding 〖貿易〗完全船荷証券, 無故障船荷証券 (略 clean B/L) (⇨ BILL¹ of lading).
cléan configurátion n. 〖航空〗巡航形態《脚やフラップ等を下ろした離着陸形態などに対し, それらを一切引っ込めて空気抵抗が最も小さくなるようにした飛行形態》.
cléan-cút adj. 1 (形の)すっきりした, 輪郭のくっきりした; 格好のいい, きちんと整った: ~ features はっきりした目鼻立ち. 2 明確な, はっきりした: a ~ statement. 3 端正な; 健全な, 堅実な. 〖1843〗
cléan énergy n. クリーンエネルギー《電気のように大気を汚染しないエネルギー》.
clean·er /klíːnə | -nə(r)/ n. 1 a 掃除人, 清掃人. b クリーニング職人, 洗濯屋. [日英比較] 日本語で「洗濯屋」といえば, ドライクリーニングと水洗いの両方をする人[店]という意味だが, 英語の *cleaner* は「ドライクリーニングをする人」の意で, その店は (dry) *cleaner's* という (⇨ 4). また, 水洗いをする人は laundryman, その店は laundry である. もちろん両方を扱っている店が多いのだが, それでも洗濯するものによって, ドライのものは *cleaner's* に, 水洗いは laundry にというように分けて用いるのが普通で, 英語では同じ店でも担当が異なるという概念だと考えればわかりやすい. ⇨ cleaning [日英比較].
2 洗剤. 3 a 掃除機, クリーナー; 電気[真空]掃除機 (vacuum cleaner). b 空気清浄機. 4 [通例 the ~s または ~'s] 洗濯屋《店》; ドライクリーニング店.
táke to the cléaners 《俗》(1) (賭博などで)〈人〉の有り金を残らず巻き上げる, すっからかんにする: They *took* him *to the* ~*s* in a card game. トランプで彼の有り金全部巻き上げた. (2) ひどく非難する, こきおろす: He *took* the system *to the* ~*s*. その体制をこっぴどくやっつけた. 〖1949〗
〖(1466) *clenere* ← CLEAN+-ER¹〗
cléaner fìsh n. 〖魚類〗掃除魚《大きな魚の体表やえらや口内から外部寄生虫を取って食べる; ホンソメワケベラなど》.
cléan-fíngered adj. 1 清廉な. 2 手先の器用な. 〖1558〗
cléan fíngers n. pl. 汚職[収賄]のないこと; 清廉潔白.
cléan·hánded adj. 悪事をしない, 潔白な, 正しい. **~·ness** n. 〖1728〗
cléan hánds n. pl. (金銭上・選挙などで)罪[不正]のないこと (guiltlessness), 潔白 (innocence): with ~ 潔白(な身)で / He has ~ in the matter. 彼はその件では潔白だ[やましいことはしていない].
clean·ing /klíːnɪŋ/ n. 1 掃除; 洗濯, クリーニング: general ~ 大掃除 / do the ~ 掃除をする. [日英比較] 日本語では「クリーニングに出す」といえば, ドライクリーニング, 水洗いのいずれをも意味するが, 英語では laundering が水洗い (もちろん wash(ing) も使える), *cleaning* は dry *cleaning* (ドライクリーニング)とはっきり分けて使われる. したがって, 英語では洗濯屋に出すときには, I have sent my overcoat to the (dry) cleaner's. (オーバーをクリーニングに出した) / I had my shirt laundered [washed]. (シャツをクリーニングしてもらった) のように, ドライクリーニングに出すときは (dry) cleaner's, 水洗いの場合は launder を使うか laundry (洗濯屋)を使わなくてはならない．両方を兼ねている洗濯屋も多いが，その場合でも洗濯するものに応じて言葉を使い分ける必要がある． **2 a** 《米俗》(特に，スポーツで)完敗，大敗北: give his team a ～ 彼のチームを大敗させる / take a ～ 惨敗する． **b** 《口語》(投資などでの)大損害，丸損: get a good ～ on the speculative purchase 思惑買いですってんてんになる． **3** [*pl.*] 掃き集めたごみ (sweepings). **4** 〖林業〗除伐．〖(1662): ⇨ -ing¹〗

cléaning làdy [wòman] *n.* 掃除婦，掃除のおばさん．〖1948〗

clean·li·ly /klénl̩li/ *adv.* **1** 小ざっぱりと，小ぎれいに． **2** はっきりと，明確に． **3** 貞節に，純潔に．〖(1698) ← CLEANLY²＋-LY¹〗

cléan-límbed *adj.* 手足がすらっとした，よく均整のとれた，姿勢のよい．〖c1475〗

clean·li·ness /klénlinə̀s/ *n.* **1** 清潔(にしておくこと); きれいに好き: *Cleanliness* is next to godliness. 《諺》清潔は敬神に次ぐ美徳．(*a*1791) **2** 純潔，無垢(ᵇ)．〖(1430) ← CLEANLY²＋-NESS〗

cléan-líving *adj.* (美徳的に)清い生活を送る，後ろ指をさされない．〖1920〗

clean·ly¹ /klíːnli/ *adv.* **1** 手際よく，見事に，きれいに: catch a ball ～ ボールを見事に捕る． **2** 清潔に，きれいに． **3** 清らかに，汚れなく: live ～ 清く生きる． **4** 公正に，正々堂々と，スポーツマンらしく． **5** 《廃》巧みに．〖OE *clǣnlīce* purely: ⇨ -ly¹〗

clean·ly² /klénli/ *adj.* (**more** ～, **most** ～; **clean·li·er, -li·est**) **1** きれい好きな; いつも清潔にしている． **2** 小ざっぱりした，きれいな，清潔な (clean, neat). **3** 〈言葉が〉上品な． **4** 《古》きれいになる． **5** 《廃》道徳的に清い，貞節な．〖lateOE *clǣnlīc* pure: ⇨ clean, -ly²〗

cléan·ness *n.* 清潔; 高潔; 潔白．

cléan·òut *n.* **1** 一掃，粛清． **2** (ボイラーなどの)掃除口．〖← *clean out* (⇨ clean (v.) 成句)〗

cléan ròom *n.* (精密機械などを集めてある，もしくは病院などの)クリーンルーム，無汚染恒温室，清浄室，無菌室．〖1963〗

cleans·a·ble /klénzəbl̩/ *adj.* 清めることのできる，清められる．〖(1483): ⇨ ↓, -able〗

cleanse /klénz/ *vt.* **1 a** 〈人・心〉から〔汚れ，罪などを〕清める，浄化する〔*of, from*〕: ～ the mind *from* [*of*] vice 心の罪を洗い清める / be ～*d from* [*of*] guilt 罪を清められる． **b** 〈場所・組織など〉から〔腐敗・不正・好ましくないものを〕取り除く〔*of, from*〕; 粛清する: ～ the company *of* graft 会社から汚職を追放する． **c** 〈罪を〉洗い流す，清める: ～ sin *from* the soul. **2** きれいにする，清潔にする; (薬品・クリーム・油などを使って)洗う，消毒する (⇨ clean **SYN**): ～ a wound, one's hands, etc. **3** 〖聖書〗〈癩(ᵃ)病(患者)などを〉癒(ᵃ)す (heal): ～ the lepers 癩病人をきよめる (cf. *Matt.* 8:3, 10:8). — *vi.* 洗浄する; きれいになる．〖OE *clǣnsian* ← *clǣne* pure: ⇨ clean〗

cleans·er /klénzə | -zə(r)/ *n.* **1 a** 洗顔乳液[クリーム]; 洗濯用品《石鹸・ソーダ・アンモニア水など》. **b** (台所などの金属器・ガラスなどの)磨き粉，洗剤，クレンザー． **2** 清掃係; 洗浄係． **3** 《米東部・ニューイングランド》ドライクリーニング店．〖(1373): ⇨ ↑, -er¹〗

cléan-sháven *adj.* ひげをきれいに剃(ˢ)った; ひげのない (cf. smooth-shaven): a ～ face.〖1863〗

cleans·ing /klénzɪŋ/ *n.* **1** (罪の)清め，浄化 (purification). **2** 洗い清め，洗浄． **3** [通例 *pl.*]〖獣医〗家畜のあと産．〖OE *clǣnsung*: ⇨ -ing¹〗

cléansing crèam *n.* クレンジングクリーム《油脂性の洗顔用クリーム》．〖1926–27〗

cléansing depàrtment *n.* 清掃課[部].

cléansing tìssue *n.* (化粧用)ティッシュ《クレンジングクリームなどの化粧品拭き取り用の薄葉紙》.

cléan·skìn *n.* 《豪口語》 **1** 焼印を押してない家畜． **2 a** (犯罪の)前科のない人． **b** 清廉潔白な人．〖1881〗

cléan sláte *n.* 申し分のない[汚点のない]経歴，白紙: have a ～ りっぱな経歴をもつ / start afresh with a ～ 白紙にかえって再出発する．

cléan swéep *n.* **1 a** (コンテストなどで)賞を全部さらうこと． **b** (選挙での)圧勝 (landslide). **2** 一掃，浄化 (cleanup).

Cle·an·thes /kliǽnθiːz/ *n.* クレアンテス《331/330–233/232 B.C.; ギリシャのストア哲学者》.

cléan tímber *n.* ふしのない木材．

cléan-tímbered *adj.* 《廃》格好のよい (well-formed); 均整のとれた (symmetrical).〖1494–95〗

clean·up /klíːnʌ̀p/ *n.* **1 a** (大)掃除． **b** (腐敗・犯罪などの)浄化，一掃，粛正． **c** 在庫品の蔵払い． **2** 《俗》大もうけ． **3** 〖野球〗(打順の)四番; 四番打者． **4** 〖鉱山〗(金鉱などで周期的に行う金塊などの)かき集め． — *adj.* [限定的]〖野球〗四番(打者)の: the ～ position [hitter] 四番打順[打者].〖(1866) ← *clean up* (⇨ clean (v.) 成句)〗

cléan wóol *n.* ろうをこすり取った羊毛．

clear /klíə | klíə(r)/ *adj.* (～·**er**; ～·**est**) **1 a** 〈事実・意味など〉明らかな，明解な，見やすい，明白な: a ～ statement, meaning, etc. / make things ～ 事物[事情]を明らかにする / Do I make myself ～? 私の言うことがおわかりでしょうか / Is that ～? わかりましたか． **b** 紛れもない，曖昧でない，間違えることのない，確かな: a ～ case of fraud [homicide] 詐欺[殺人]の明白なケース / It is ～ (*to* me) that [how] you have been cheated. あなたがだまされたことは確かだ． **c** 〈人が〉〔…を[…について]〕はっきりわかって，確信をもって〔*about, on*〕: be ～ in one's (own) mind (*about* …) (…について)心にはっきりわかっている / He was very ～ *on* that point. その点について彼の言うことははっきりしていた / He was not ～ *about* the matter. そのことについて確信がなかった / I am ～ *about* what he means. 彼の意味していることは私にはよくわかっている / He was ～ *that* it should have been done. 彼はそのことはなすべきだったと確信した． **2 a** 〈音・声など〉はっきり聞こえる; 音色のはっきりした，さえた，明るい (cf. husky¹, hoarse 1, thick 7): a ～ tone, voice, sound, etc. / the ～ note(s) of a trumpet. **b** 〈輪郭・映像など〉はっきり見える，区分のはっきりした，くっきりした: a ～ outline 明確な輪郭． **c** 〖医学〗〈聴診音が〉正常の (normal). **3 a** 〈視力など〉はっきりした: a ～ eye / get a ～ view of …をはっきり見渡せる． **b** 〈頭脳・思考など〉明晰な: a ～ intellect, judgment, etc. / have a ～ head 頭がいい． **c** 暗号文でない，明文の． **4 a** 澄み切った，透き通った: ～ soup 澄ましスープ，コンソメ / the ～ waters [surface] of a lake / (as) ～ as crystal (水晶のように)透明な (cf. crystal-clear 1). **b** 〈色がまざりのない，純粋な: (a) ～ red 真っ赤． **c** 〈皮膚など〉しみのない; 〈顔色など〉晴れやかな，色つやのよい: a ～ complexion. **d** 平静な，澄んだ，落ち着いた: a ～ countenance. **5** 〈月・星など〉明るい，〈火・光など〉輝いた (↔ dim): a ～ light / the ～ daylight 白昼 / (as) ～ as day [daylight] (昼のように)明るく; きわめて明らかで． **6** 澄み渡った，(雲・霧・もやのない)晴れた; 〖気象〗快晴の《空に雲が全くないか $^1/_{10}$ 以下のとき; 記号 ○》: a ～ sky / ～ weather 晴天 / a ～ day 晴れた日． **7 a** 欠点のない，きずのない; やましい点のない，罪のない，汚れのない: a ～ mind, conscience, etc. / My conscience is ～ on the matter. そのことに関して少しもやましいところがない / He is ～ *of* the charge. 罪はない． **b** 病気の影響のない，病気から完全に回復した． **8 a** 混入物のない，まざり物のない，純粋な; 全くの，丸ごとの (full); (駆け引きのない)正味の (net): a ～ profit 純益 / a ～ 10,000 yen まるまる 1 万円 / three ～ days まる三日 / win by a ～ head [three meters, three seconds] きっかり頭一つ [3 メートル，3 秒]の差で勝つ． **b** (邪魔物・危険などの)妨げのない (unimpeded)，開けた (open); 〈信号が〉妨害のないことを示す: a ～ space 空地 / a ～ passage 見通しのきく[障害物のない]道 / a ～ signal (鉄道の)安全信号 / The road is ～ now. 道路は今交通がない / The cables are ～. 電信は通じている / All ～! もう大丈夫[危険はない] (cf. all clear). **c** 借金のない; 抵当にはいっていない: a ～ title to the house. **d** 〖馬術〗(障害飛越で)何のペナルティー[減点]もない: The rider had a ～ round and took the lead. 騎手は減点なしのラウンドをこなし，先頭に立った． **e** 何もすることがない，用事のない，ひまな: I have a ～ day today. 今日は一日ひまだ / keep one's evening(s) ～ 夕方の仕事[用事]をあけておく． **f** 完全な，絶対の: a ～ victory 無条件の勝利 / have a ～ majority 完全に過半数を得る． **g** 〈木材など〉節(ᶠ)・枝などのない，無きずの: ～ lumber [timber]. **h** 空(ᵏ)の，中身の取り除かれた; 積荷のからの． **9 a** 〔…が〕全くない，除かれた (rid, free)〔*of*〕: be ～ *of* errors [debt, worry] 全く誤り[借金，心配]がない / roads ～ *of* traffic 交通のない道路 / The house was ～ *of* people. 家にはだれもいなかった / The hillsides have been cut ～ *of* trees. 山腹の樹木はすっかり切り取られた． **b** 〔…に〕接触しない，〔…から〕離れて〔*of*〕: get ～ *of* a person 人から遠ざかる[を避ける] / get ～ *of* port 出港する / keep the sea ～ *of* enemy vessels 海上から敵船を遠ざけておく / keep [stay] ～ *of* …を避けている [⇨ STEER *clear of*] / sit ～ *of* …から離れて座る / stand ～ *of* the gates [doors] 門[ドア]から離れて立つ / jump ～ of a net ネットに触れないで跳ぶ． **10** 〖音声〗 **a** 〈/l/ の音が〉明るい (↔ dark): ⇨ clear l. **b** 明瞭な: a ～ beginning 明瞭な声立て《声帯が完全に声のための位置を取って後に呼気が送り出されること》/ a ～ ending 明瞭な声止め《声帯がまだ声を出す形をとりつつある間に呼気が停止すること》.

— *vt.* **1 a** 〈目・視力を〉はっきり[鋭く]させる: A cup of coffee ～*ed* my mind [head]. コーヒーを一杯飲んで頭がすっきりした． **b** 〈液体・砂糖の結晶などを〉濁らなくする，きれいにする，透明にする，澄ます: ～ water by filtration 濾過によって水を透明にする． **c** …のよごれ[くもり]をなくす． **2 a** 〈邪魔物などを〉場所から取り除く〈*away, off, out*〉〔*from*〕: ～ snow *from* [*off*] the sidewalk＝ ～ the sidewalk *of* snow 歩道から雪を除く / ～ stones *from* the road. **b** (障害などを取り除いて)〈場所を〉きれいにする，片付ける: ～ the table テーブル(の上の物)を片付ける / ～ the drains 排水管の詰まりをなくす / ～ the sea (機雷などを除くために)掃海する / ～ (*out*) a cluttered room 散らかった部屋を片付ける / Please ～ a space for the President. 大統領のために場所をあけてください． **c** 〈場所〉から〔邪魔なものを〕取り除く〔*of*〕: ～ the court [hall] *of* spectators 法廷[ホール]から見物人を排除する / ～ the city *of* undesirables 市から好ましくない人々を除く / ～ one's mind *of* doubts 心から疑念を取り除く / ～ one's in-tray *of* mail 未処理書類入れから郵便物を片付ける / ～ one's desk *of* papers 机から書類を片付ける． **d** 〈森を〉開く，開拓する，切り開く: ～ a wood (木を切り払って)森を開く / ～ land (for cultivation) 土地を開墾する． **e** 〈皿〉の食物を平らげる[残さず食べる]: ～ (*away*) the plates. **f** 〈商品を〉売り尽くす; 一掃する，蔵払いする: ～ unsold stock. **3 a** (触れずに)通過する，(うまく)通り越す; 飛び越す; 通り抜ける: ～ a hedge, fence, etc. / ～ a reef 暗礁を避けて通る / ～ the bar バーを飛び越える，クリアする / I ～*ed* two meters on my first jump! 最初のジャンプで 2 メートルをクリアした / The ship ～*ed* the bridge by a couple of inches. 船はやっと 2 インチほどのところで橋にぶつからずに通り抜けた． **b** 〈難関を〉突破する，〈難問を〉片付ける; 〈議会などを〉通過する: The bill ～*ed* the legislature. その法案は立法府を通過した． **4 a** 〈借金を〉支払う; 〈勘定を〉清算する: ～ accounts, a debt, etc. **b** 〈手形を〉交換清算する: ～ a check. **c** 〈人を〉借金から免れさせる． **5 a** 〈提案などを〉(実施前に)〈委員に・委員会で〉承認[認定]してもらう〔*with*〕: The proposal was ～*ed with* the committee. その提案は委員会で承認を得た． **b** 認可する，許可する: The editor in chief ～*ed* the essay *for* publication. 編集長はその論文の出版許可を与えた． **6 a** 〈名声・名誉などを〉傷のつかないようにする; 〈人〉の無実を証明する: ～ one's character, name, etc. / ～ oneself 身の証(ᵃ)を立てる． **b** 〈人〉から〔嫌疑，疑惑を〕晴らす[免れさせる]〔*of, from*〕: He was ～*ed of* suspicion of theft. 窃盗の容疑が晴れた / ～ oneself *of* a charge 自分の嫌疑を晴らす． **c** 〈人を〉〔国家的機密を任せるに足る〕人物であると証明する; 〔…の〕信頼に足る人だと保証する〔*for*〕: ～ a person *for* top-secret work. **7 a** 〈のどの痰(ᵗ)などを取り除く: ～ one's throat せき払いをする． **b** (不満や注意を引くために)〈のどを〉ならす，〈のど〉でからから声を立てる: ～ one's throat せき払いをする **c** 〈声を〉はっきりさせる，しわがれ声でなくする． **8 a** 明らかにする，理解できるようにする，明快にする． **b** 啓蒙する: ～ one's mind. **9** 〈釣り糸など〉のもつれを解く． **10 a** 〈船が〉〈港・陸地を〉離れる: ～ a port 出港する / ～ the land ⇨ land¹ 3. **b** 〈船・船荷〉の出港[入港]手続きをする: ～ a ship at the customhouse. **11** …の純益を上げる: ～ $500,000 a year 1 年に 50 万ドルの純益を上げる． **12 a** 〈郵便・電話などを〉扱う，処理する: ～ 10,000 pieces of mail a day 1 日 1 万個の郵便物を捌(ˢ)く． **b** 《米》…の未決訴訟事件を処理する: ～ the docket. **13** (サッカー・ホッケーなどで)〈ボールを〉クリアーする; 守備域から出す． **14** 〖トランプ〗 **a** (ブリッジで，ノートランプ (no-trump) プレーの場合)〈あるスーツ (suit) を〉開拓する《あるスーツをエスタブリッシュするために，敵側にあるそのスーツの上位札を全部吐き出させること; cf. establish *vt.* 10》. **b** (ブリッジで，スーツプレーの場合)なくす，消去する (cf. elimination play). **15** 〖電算〗〈メモリー・画面を〉クリアーする《データを消去する》. **16** 〖航空〗(飛行機が混雑状態のとき)〈飛行機に離着陸などの許可を与える: ～*ed* for takeoff 離陸許可を与えられた． **17** 〈顕微鏡で見る標本を〉キシレンなどの液体に浸して透明にする． **18** 〖軍事〗 **a** 〈信号を〉伝達する． **b** 〈暗号を〉解読する (decode).

— *vi.* **1 a** 〈雲・霧・もやなどが〉晴れる，消散する〈*away, off, up*〉: The sky ～*ed up*. 空は晴れた / The mist has ～*ed away*. 霧が晴れた / It [The weather] ～*ed up* after the rain. 雨ののち晴れた． **b** 濁りがなくなる，透明になる，澄む: The muddy water began to ～. 泥水が澄んできた． **c** 悩み[不安，疑惑，誤解，混乱]がなくなる． **2 a** 立ち去る，消える〈*away, off*〉: ～ out of the way 邪魔にならないようにどく / The crowd ～*ed off* gradually. 群衆は徐々に立ち去った． **b** 〈商品が〉売り切れる，〈在庫が〉なくなる． **c** (食事の後片付けをする〔*up*〕. **3** (実施する前に)審議を経る，承認を得る: The bill must ～ through the committee. その法案は委員会の審議が必要だ． **4** (手形交換所で)交換清算する． **5** 〖海事〗〈船が〉通関手続きを済ませる; 出港する: ～ inwards [outwards] 入港[出港]手続きを済ませる / ships entering and ～*ing* 入出港船． **6** (サッカー・ホッケーなどで)クリアーする《ボールをゴールエリアから出す》.

cléar awáy (*vt.*) (1) 片付ける: ～ *away* the tea things. (2) ⇨ *vt.* 2 a, e. — *vi.* (1) 片付ける． (2) ⇨ *vi.* 2 a. ***cléar for áction*** ⇨ action 12. ***cléar ín*** 〖海事〗入港許可をとる《税関手続き・貨物陸揚げの承認などを済ませて》. ***cléar óff*** (*vt.*) (1) ⇨ *vt.* 2 a. (2) 〈借金などを〉支払う，清算する． (3) 《米》〈食卓を〉片付ける． (4) 〈在庫品などを〉売り払う． (5) 〈仕事を〉片付ける． — (*vi.*) (1) [しばしば命令文で]《口語》さっさと[急いで]立ち去る． (2) ⇨ *vi.* 1 a. (3) ⇨ *vi.* 2 a. ***cléar óut*** (*vt.*) (1) ⇨ *vt.* 2 a. (2) きれいに片付ける (cf. *vt.* 2 b). (3) (力ずくで)追い出す，排除する〔*from, of*〕. (4) 《俗》〈人を〉一文無しにする． (5) 《俗》〈品物・在庫品を〉すっかり使い果たす． — (*vi.*) (1) [時に命令文で]《口語》(さっさと)立ち去る，出て行く (depart, leave)〔*of*〕. (2) 〈船が〉出港する． ***cléar the áir*** [***átmosphere***] (1) 場の雰囲気を明るくする． (2) 暗雲[疑惑，誤解など]を一掃する． ***cléar úp*** (*vt.*) (1) 〈物を〉きれいにする，きれいに片付ける; 〈負債などを〉整理する，皆済する，清算する: ～ *up* some outstanding work 残っている仕事の後片付けをする． (2) 〈疑い・難問などを〉明らかにする，〈謎・誤解などを〉解く，解決する (solve, explain). (3) 〈病気・炎症などを〉治す． — (*vi.*) (1) ⇨ *vi.* 1 a. (2) ⇨ *vi.* 2 c. (3) (食事・会などの後の)片付けをする: ～ *up* after breakfast 朝食の後片付けをする． (4) 〔人の〕後始末をする〔*after*〕: ～ *up after* an untidy child 散らかす子供の後始末をする． (5) 〈病気が〉治る． (6) 〈問題などが〉はっきりする，解明される． ***to cléar*** 在庫整理[一掃]のため(の): Huge price reductions *to* ～! 在庫一掃大幅値引き．

— *adv.* (～·**er**; ～·**est**) **1** 明らかに，はっきりと; はっきりした声[音]で (clearly): shine ～ / speak loud and ～ 大きな声ではっきり話す / The tower stands (out) ～ against the evening sky. 塔は夕空を背景にくっきり立っている． **2 a** すっかり，全く (quite, completely): go ～ out [through] すっかり出る[ずぶりと抜ける] / get ～ away [off] 全く離れる，逃げ失せる． **b** 《米》ずっと: walk ～ *to* one's destination 目的地までずっと歩く． **3** 離れて，じゃまにならずに: Stand ～! 離れなさい (cf. *adj.* 9 b).

— *n.* **1** あき，空地; ゆとり，すき (clearance). **2** (暗号文に対して)普通文 (plaintext) (cf. *in the* CLEAR (2)): a message sent *in* ～ (暗号でなく)普通文によるメッセージ．

3 無きずの材木 (cf. *adj.* 8 f). 4 〘バドミントン〙相手の頭上を越えてベースライン近くまでいく打球. 5 [*pl.*]〘美術〙(絵画の)明るい部分. 6 通行してもよいことを示す信号, 青信号 (cf. danger).
in the cléar (1) 内法(うちのり)で. (2) 暗号でなく, 明文で. (3) (邪魔するものがなく)安全で, 自由で: We are not *in the* ~ yet. まだ危険を脱していない. (4) 嫌疑の晴れた, 無罪で, 罪のない. (5) 借金がない; 抵当にはいっていない (cf. *adj.* 8 c). (6) 〘スポーツ〙妨害されずにパスをレシーブできるポジションにいる. 《1930》
〘《*c*1280》 *cler* □ OF ~ (F *clair*) < *clārum* bright, 《原義》 clear-sounding ← IE **klā-* ← **kelə-* to shout (L *calāre* to call). — v.: 《?*a*1350》 ← (adj.)〙

SYN 澄んだ: **clear** 曇ったり, かすんだり, 濁ったりしていない《一般的な語; 比喩的にも》: *clear* water 澄んだ水 / *clear* glass 透明なガラス / *clear* logic 明晰な論理. **transparent** 透明な《比喩的にも》: *transparent* glass 透明ガラス / a *transparent* lie 見え透いた嘘. **translucent** 透明ではないが, 光が通過する《格式ばった語》: *translucent* stained glass 半透明な着色ガラス. **pellucid** 《文語》水晶のように透明な《比喩的にも》: a *pellucid* stream 透き通った小川 / *pellucid* style 明晰な文体.
ANT opaque, cloudy, turbid.

clear·a·ble /klíᵊrəbḷ | klíər-/ *adj.* きれいにすることができる. 〘《1889》: ⇨ ↑, -able〙
clear·age /klíᵊrɪdʒ | klíər-/ *n.* 1 きれいにすること, 片付け, 除去. 2 片付けた場所; 開拓地. 〘《1755》← CLEAR+-AGE〙
cléar-áir tùrbulence *n.* 〘航空〙晴天乱流《対流圏界面の近く雲の存在しない所に発生する乱気流でジェット気流が原因; 航空機に激しい震動を与える; 略 CAT》. 〘1955〙
clear·ance /klíᵊrəns, -rənts | klíər-/ *n.* 1 a 取り片付け, (邪魔物などの)払いのけ, 除去, 一掃; 整理; 排除: make a ~ of ... をきれいに処分する, 一掃する. b 決済. 2 蔵払い: buy shoes at a ~ 在庫一掃セールで靴を買う / ⇨ clearance sale. 3 a 公の許可, 認可; 通関手続き, 税関通過: a ~ certificate [permit] 出港免状 / the ~ dues [fee] 通関税[手数料] / the ~ inwards [outwards] 入港[出港]手続き / a ~ notice 出港通知書, 出港届. b 出港[入港]許可書《clearance papers ともいう》. 4 a (機械などが動く空間のゆとり, すきま, 遊隙(ゆうげき)), クリアランス: overhead ~〘建築〙頭上空隙. b (通過する船舶・車両などと岩壁・トンネルの壁・沿線の建造物などの間の)間隔. 5 手形交換, 決済. 6 機密委任の許可. 7 森林の切開き[開拓]; 開拓地《clearing のほうが普通》. 8 〘医学〙クリアランス, 清掃率, 浄化値《腎臓からある物質が尿成分として 1 分間に排泄される量を腎動脈血血漿中のその濃度で除した値; renal clearance ともいう》. 9 〘金属加工〙 a (鋳型の逃げ《鋳型面・中子面が型合わせのとき, 壊れないようにしたすきま》. b (プレス抜き型の)すきま, クリアランス《板や棒を剪断(せんだん)加工するときの上・下型のすきま》. 10 〘機械〙逃げ角《切削工具の先端と工作物との間のすきま角度; clearance angle ともいう》. 11 〘航空〙クリアランス《管制塔からの飛行機の離陸[着陸]の許可》. 12 〘サッカー〙クリアランス《守備の選手が自軍ゴール近くからボールを蹴り出すこと》. 13 ある土地から住民をすっかり立ち退かせること. 14 〘歯科〙人の歯をすべて抜くこと. 〘《1540》← CLEAR+-ANCE〙
cléarance càr *n.* 〘鉄道〙建築限界測定車《軌道に沿って最低の余裕があることを確認するための車両》.
cléarance fìt *n.* 〘機械〙すきま嵌(ば)め《軸の寸法が穴の寸法より小さくてゆとりのある嵌合(かんごう)》.
cléarance òrder *n.* 〘法律〙建物撤去命令.
cléarance sàle *n.* 在庫一掃大売出し.
Cle·ar·chus /kliáːəkəs | -áː-/ *n.* クレアルコス《450?–401 B.C.; スパルタの将軍; Byzantium 総督》.
clear·cole /klíəkòul | klíəkəʊl/ *n.* 〘建築〙目止め塗料《にかわと水と鉛白を含んだ下塗り剤》. — *vt.* ...に目止め塗りをする. 〘《1823》《部分訳》← F *claire colle* clear glue〙
clear-cut /klíəkʌ́t | klíə-ˊ-/ *adj.* 1 はっきりした, 紛れもない, 明快な, 明確な: a ~ utterance, thinking, victory, etc. / give a ~ answer 明快に答える. 2 輪郭のくっきりした, きちんと整った, くっきりした: ~ features 整った目鼻立ち / a ~ face 端正な顔. 3 すべての木を伐採した, 皆伐した. — *n.* 皆伐; 皆伐地. — *vt.* (~; ~·ting) 〈ある地域〉からすべての木を伐採する, 皆伐する. 〘1855〙
cléar-cútting *n.* 〘林業〙皆伐《山林の木を残らず伐採すること》; 皆伐地. 〘1922〙
clear·er /klíᵊrə | klíərə(r)/ *n.* 1 a 片付ける[一掃する]人. b 決算係. 2 〘紡績〙クリアラー《梳綿機などに取り付けて主動ローラーから繊維くずを除去する小さいローラー》. 3 〘生物〙=clearing agent. 4 〘演劇〙小道具方 (property man) の助手. 〘《1599》← CLEAR+-ER¹〙
cléar-éyed *adj.* 1 目の澄んだ; よく目の見える. 2 明敏な, 洞察力のある, 現実的な. 〘1530〙
cléar-féll *vt.* 〈森林などのすべての木を伐採する, 皆伐する.
cléar·fìlm *n.* (食べ物を包む)ラップ (clingfilm).
cléar háwse *n.* 〘海事〙正錨鎖 (⇨ open hawse).
cléar·héaded *adj.* 頭のさえた, 洞察力のある, 現実的な. **~·ly** *adv.* **~·ness** *n.* 〘1709〙
clear·ing /klíᵊrɪŋ | klíər-/ *n.* 1 (森林の)切り開いた場所; 開拓地. 2 a きれいにすること; 清掃. b (障害物の)払いのけ, 除去; 掃海. c 伐採. 3 〘金融〙 a 清算; 手形交換: the ~ of drafts, checks, etc. b [*pl.*] 手形交換高. 〘*a*1398: ⇨ -ing¹〙

cléaring àgent *n.* 〘生物〙透明剤, 透徹剤《顕微鏡標本を透明にするときに用いる薬品》.
cléaring bànk *n.* 《英》手形交換組合銀行. 〘1883〙
cléaring bàth *n.* 〘写真〙清浄浴, 清浄液《汚染や不純物を除去する液》.
cléaring bèaring *n.* 〘海事〙安全方位, 避険方位《その方位を船が進めば危険物を避けて通れる》.
cléaring hòspital *n.* 〘軍事〙(一時傷病兵を治療収容する)野戦病院, 後送病院. 〘1914〙
cléaring·hòuse *n.* 1 手形交換所. 2 情報センター, 情報交換機関: a ~ for news ニュース交換所. 〘1832〙
cléaring màrk *n.* 〘海事〙無障害標識, 避険線標《航路障害を避けて通れるように設置した標識または海図上の記号》.
cléaring pòle *n.* 〘劇場〙装置や索などのもつれをほぐすのに用いる棒.
cléaring sàle *n.* 《豪》(在庫品・農機具・個人資産などの)処分品一掃(競売)セール. 〘1884〙
cléaring stàtion *n.* 〘軍事〙治療後送所《第一線の患者収容所 (collecting station) から送られた傷病者を手当てし, 必要に応じて, さらにこれを後送する施設》. 〘1915〙
cléar l /-ɛ́l/ *n.* =light l.
clear·ly /klíəli | klíə-/ *adv.* 1 はっきりと, 明白に, 明確に: see [think] ~ / sing [speak, write] ~ / to put it (more) ~ (もっと)はっきり言えば. 2 疑いもなく, 明らかに: It was ~ a mistake. 3 [返事に用いて] いかにもその通り. 4 明るく; よく澄んで: shine ~ / The river ran ~. 川は澄んでいた. 〘《*c*1300》 *clerli*: ⇨ clear, -ly¹〙
cléar·ness *n.* 1 明白, 明瞭. 2 潔白. 3 清らかさ, 鮮明. 4 無障害. 5 〘音声〙([l] 音の)明るさ (cf. clear l). 〘《*c*1300》《1535》← CLEAR+-NESS〙
cléar·òut *n.* 《英》(不用品などの)処分, 一掃; 免職, 解雇.
cléar sáiling *adj.* 《俗》簡単にやれる. — *n.* 楽にやれること.
cléar-síghted *adj.* 1 よく目の見える, 視力のはっきりした. 2 明敏な, 洞察力のある, 目先のきく. **~·ly** *adv.* **~·ness** *n.* 〘1586〙
cléar·skìn *n.* 《豪》=cleanskin.
cléar·stàrch *vt.* 〈洗濯物〉にのり付けをする. — *vi.* のり付けする, のりで固める. **~·er** *n.* 〘1709〙
cléar·stòry *n.* =clerestory.
cléar·ùp *n.* 《英》犯人検挙の: the ~ rate for murders 殺人犯の検挙率.
Clear·wa·ter /klíəwɔ̀ːtə, -wàː- | klíəwɔ̀ːtə(r)/ *n.* クリアウォーター《米国 Florida 州中西部, Mexico 湾に面する都市》.
cléar·wày *n.* 《英》駐[停]車禁止道路; (緊急時用の)退避路. 〘*a*1884〙
cléar wídth *n.* 〘木工〙内法(うちのり).
cléar·wìng *n.* 〘昆虫〙スカシバガ《スカシバガ科のガの総称; 多くは植物にとって害虫; clearwing moth ともいう》. 〘1868〙
cleat /klíːt/ *n.* 1 a くさび形の木製・金属製などの留め具, クリート. b 〘海事〙(耳形の)索留め (cf. chock 3). c 〘建築〙ころび止め. d 〘電気〙クリート, 電線押さえ. 2 a (靴底に付ける)滑り止め皮[ゴム, 金属], クリート. b [通例 *pl.*] 滑り止めを付けた靴, スパイクシューズ. 3 〘鉱山〙(石炭の)縦の割れ目, 炭目(すみめ). — *vt.* 1 ...にクリートを付ける. 2 クリートで補強する. 〘《1302》 *clēte* wedge < OE **clēat* < (WGmc) **klautaz* (Du. *kloot* ball / G *kloss*) ← IE **gel-* to form into a ball (Gk *gloutós* rump, 《原義》 something round): cf. clot〙
cleav·a·bil·i·ty /klìːvəbílət̬i | -lɪ̀ti/ *n.* 1 割裂性, 裂開性. 2 〘鉱物〙劈開(へきかい)性.
cleav·a·ble /klíːvəbḷ/ *adj.* 割ることのできる, 裂ける. 〘《1846》← CLEAVE¹+-ABLE〙
cleav·age /klíːvɪdʒ/ *n.* 1 《口語》(深い襟刳(えりぐ)りであらわになった)女性の乳房の間のくぼみ[谷間]: She shows a lot of ~. 胸元をずいぶん出している. 2 a (意見・利害などの, 対立グループへの)分裂, 裂開. b 裂けること; 分裂, 裂開. 3 〘鉱物・岩石〙 a 劈開(へきかい)《鉱物・岩石の規則正しい割れ目; cf. schist》: a line [plane] of ~ 劈開線[面]. b 劈開によるダイヤモンドの破片. 4 〘生物〙卵割《受精卵の行う細胞分裂; egg cleavage ともいう; cf. segmentation 3》. 5 〘化学〙(分子・化合物などの)劈開, 開裂. 〘《1816》← CLEAVE¹+-AGE〙
cléavage càvity *n.* 〘生物〙割腔 (⇨ blastocoel). 〘1879〙
cleave¹ /klíːv/ *v.* (**~d, cleft** /kléft/, **clove** /klóuv | kləʊv/; **~d, cleft, clo·ven** /klóuvən | kləʊ-/) — *vt.* 1 a (斧などを使って木目・劈開(へきかい)面などに沿って二つに)裂く, 割る (⇨ tear¹ SYN): ~ a block of wood asunder [in two] 材木を縦に二つに割る. b (意見・利害などで対立グループに)分裂させる. 2 a 切り離す; 切り倒す 〈*down*〉: ~ a tree *down* 木を切り倒す. b 〈人などを〉〈グループなどから〉引き[切り]離す (sever) 〔*from*〕: ~ students *from* teachers. 3 a 〈水などを〉切って進む: ~ the water. b [~ one's way として] 切って進んで行く: a bird *cleaving its way through* the air 風を切って飛んで行く鳥. 4 〈道を〉切り開く: ~ a path through a forest 森に道を切り開く.
— *vi.* 1 (特に, 木目・劈開面に沿って)裂ける: Green wood ~*s* more easily than dry. なま木は乾燥した木よりもよく裂ける. 2 押し分けて進む; 〈鳥が〉〈空を〉すいすい飛んで行く, 〈船などが〉〈水を〉切って進む 〔*through*〕: The ship was *cleaving through* the sea. 船が波を切って進んでいた. 3 〘生物〙分割する, 卵割する.
〘OE *clēofan* < Gmc **kleuƀan* (G *klieben* / Du. *klieven*) ← IE **gleubh-* (Gk *glúphein* to carve / L *glūbere* to strip)〙
cleave² /klíːv/ *vi.* (**~d,** 《古》 **clove** /klóuv | kləʊv/, 《古》 **clave** /kléɪv/; **~d**) 1 〔主義・人・党などに〕(忠実に)くっついている, 忠実である, 固く守る 〔*to*〕: ~ *to* the creed. 2 〔…に〕ぴったりくっつく 〔*to*〕 (⇨ stick² SYN): A man shall ~ unto his wife. 人は妻と結び合うべし (cf. *Gen.* 2: 24). 〘OE *clifian, cleofian* to adhere < (WGmc) **klibōjan*, **klibǣjan* (G *kleben* / Du *kleven*) ← IE **glebh*, **gel-* (⇨ clay)〙
cléav·er *n.* 1 a (肉を切り裂く)大包丁, 肉切り包丁. b 裂くもの[道具]. c 〘考古〙クリーヴァー《先史時代, 特に前期旧石器時代アシュール文化の, 一端に鋭くややまっすぐな刃をもつ斧状の石器》. 2 割る人, 裂く人. 3 〘地質〙氷河・雪原から突き出ている岩の隆起. 〘《*c*1360》: ⇨ cleave¹, -er¹〙
cleav·ers /klíːvəz | -vəz/ *n.* (*pl.* ~) 〘植物〙アカネ科ヤエムグラ属の植物 (*Galium aparine*)《goose grass ともいう》. 〘《1373》 *cliver* 《変形》← OE *clīfe*: cf. cleave², -er¹〙
cleck¹ /klék/ *vt.* 《スコット》 1 〈鳥が〉卵を孵化(ふか)させる. 2 〈計画を〉立てる, 〈陰謀を〉たくらむ. 〘《1500–20》□ ON *klekja* to hatch〙
cleck² /klék/ 《南ウェールズ方言》 *vi.* うわさ話をする 〔*about, on*〕 — *n.* [しばしば *pl.*] うわさ話 (gossip).
cleek /klíːk/ *n.* 1 《スコット》 a (火にかける鍋などを引っかける)鉤(かぎ), 自在鉤; (壁に付けた鉤状の)衣服[食器]掛け. b =fishhook. 2 〘ゴルフ〙クリーク《アイアンの 1 番, ウッドの 4 番の旧称; 日本ではウッドの 5 番》. — *v.* (**claught** /klɔ́ːxt/, **~ed**) 《スコット》 — *vt.* 1 ぐいとつかむ; ひったくる. 2 鉤で引っかける. — *vi.* 腕組みする; 腕組みして行く. 〘《?*a*1200》《北部方言》 *cleche, cleke* (n.) ← *cleche(n), cleke(n)* (v.): cf. OE *clyċċan* 'to CLUTCH¹'〙
Cleese /klíːz/, **John** *n.* クリーズ《1939– ; 英国の喜劇俳優・脚本家; Monty Python's Flying Circus' の中心人物》.
Clee·thorpes /klíːθɔəps | -θɔːps/ *n.* クリーソープス《イングランド東部, Humber 州東部の河口南岸に臨む行楽地》.
clef /kléf/ *n.* (*pl.* **~s**) 〘音楽〙(譜表の)音部記号: ⇨ C clef, F clef, G clef. 〘*c*1577 □ F ~ < L *clāvem, clāvis* key: cf. Gk *kleís* key〙

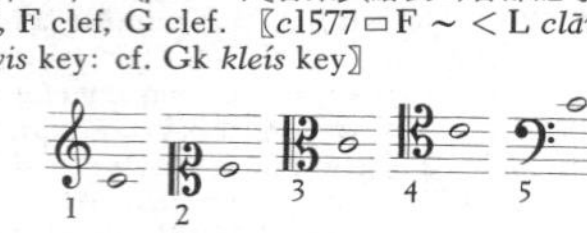

clefs
1 G clef *or* violin clef *or* treble clef
2, 3, 4 C clefs: 2 soprano clef, 3 alto clef, 4 tenor clef
5 F clef *or* bass clef

cleft¹ /kléft/ *n.* 1 裂け目, 割れ目. 2 (二つの部分の間の V 型の)くぼみ, 裂溝: the anal ~ 尻のくぼみ. 3 (裂けてできた)切片, 裂片 (split). 4 〘獣医〙馬の第 1 指骨(繋)部位の外傷. 〘《16C》《変形》← 《*a*1325》 *clift* ← OE *ġeclyft* split, crack < Gmc **kluftiz* (G *Kluft*): 今の形は CLEFT² (p.p.) からの類推: cf. cleave¹〙
cleft² /kléft/ *v.* cleave¹ の過去形・過去分詞. — *adj.* 1 裂け[割れ]ている; 半ば裂けた. 2 〘植物〙〈葉が〉(葉が主脈や基底に達しない程度に)切り込みの深い, 中裂の (cf. divided 3, parted 2): a ~ leaf 中裂葉《もみじの葉など》. 〘《*a*1393》: pret. は 16 世紀からで p.p. からの類推; cf. clove³, cloven〙
cléft gràft *n.* 〘園芸〙割接ぎ法.
cléft infínitive *n.* 〘文法〙分裂不定詞 (split infinitive).
cléft líp *n.* 口唇裂, 兎唇(としん) (harelip), みつくち. 〘*c*1946〙
cléft pálate *n.* (先天性の)口蓋裂. 〘1847〙
cléft séntence *n.* 〘文法〙分裂文《It is ... that によって分裂された文; 例えば It is *the book* that *John is reading.*》. 〘1937〙
cléft stíck *n.* 《英》板ばさみ, 窮地 (dilemma). 〘*a*1745〙
cleg /klég/ *n.* (*also* **clegg** /~/) 《英》〘昆虫〙アブ, ウシアブ (horsefly, gadfly). 〘《1483》□ ON *kleggi* (Norw. *klegg*)〙
clei·do·ic /klaɪdóuɪk | -dəʊ-/ *adj.* 〘生物〙〈卵が〉密閉した: a ~ egg 閉鎖卵《殻や膜に包まれて外部から遮断されている動物卵》. 〘《1931》← Gk *kleidoûn* to lock in (← *kleid-, kleís* key)+-IC¹〙
cleist- /klaɪst/ (母音の前にくるときの) cleisto- の異形.
Cleis·the·nes /kláɪsθəniːz | -θə̀-/ *n.* クレイステネス《570?–?508 B.C.; Athens の政治家; ostracism の創始者といわれる》.
cleis·to- /kláɪstou | -təʊ/ 「閉じた (closed)」の意の連結形: *cleistogamy*. ★ 母音の前では通例 cleist- になる. 〘□ G *kleisto-* ← Gk *kleistós* ← *kleiein* 'to CLOSE¹': cf. clef〙
cleis·to·carp /kláɪstəkɑ̀ːp | -kɑ̀ːp/ *n.* 〘植物〙=cleistothecium. **cleis·to·car·pous** /klàɪstəkɑ́ːpəs | -kɑ́ː-ˊ-/ *adj.* 〘《1887》: ⇨ ↑, -carp〙
cleis·to·gam·ic /klàɪstəgǽmɪk⁻/ *adj.* 〘植物〙閉花受精の: a ~ flower 閉花, 閉鎖花. **clèis·to·gám·i·cal·ly** *adv.* 〘《1877》← Gk *kleistós* closed + *gámos* marriage + -ic¹〙
cleis·tog·a·mous /klaɪstɑ́(ː)gəməs | -tɔ́g-/ *adj.* 〘植物〙=cleistogamic. **~·ly** *adv.* 〘1874〙
cleis·tog·a·my /klaɪstɑ́(ː)gəmi | -tɔ́g-/ *n.* 〘植物〙閉

花受精 (cf. chasmogamy). 〘(1881): ⇨ cleisto-, -gamy〙

cleis·to·the·ci·um /klàɪstəθíːsiəm, -ʃiəm/ *n.* (*pl.* **-ci·a** /-siə, -ʃiə/) 〖植物〗閉鎖子嚢果《被子器の中に子嚢胞子が包まれ, 壁の崩壊の結果として外に出る; cleistocarp ともいう》. 〘← NL ～ : ⇨ cleisto-, -thecium〙

clem /klém/ *v.* (**clemmed; clem·ming**)《英方言》 — *vt.* 飢えさせる; 凍えさせる: be ～*med* with hunger and cold 飢えと寒さに苦しむ. — *vi.* 飢え[寒さ, 渇き]に悩む. 〘(?c1540): cf. OE *beclemman* to confine ← Gmc **klam-* to press: ⇨ clam²: cf. Du. & G *klemmen* to pinch〙

Clem /klém/ *n.* クレム: **1** 男性名. **2** 女性名. 〘1: (dim.) ← CLEMENT. 2: (dim.) ← CLEMENCE, CLEMENTINE〙

clem·a·tis /klémətɪ̀s, klɪ̀mǽtɪs, -máːtɪs | klémətɪs, klɪ̀méɪ-, klɛ-/ *n.* 〖植物〗クレマチス《キンポウゲ科センニンソウ属 (*Clematis*) のつる植物の総称; テッセン (*C. florida*)・ボタンヅル (*C. apiifolia*), golden clematis など; 特に観賞用のクレマチス類》. 〘(1551) ← NL ～ ← L *clēmatis* periwinkle ◻ Gk *klēmatís* brushwood (dim.) ← *klêma* twig ← IE **kel-* to split, cut off〙

Clem·ence /kléməns/ *n.* クレメンス《女性名》. 〘⇨ Clemency〙

Cle·men·ceau /klémənsòu, ⏑⏑⏑ | kléménsəu; *F.* klemɑ̃so/, **Georges** (**Eugène Benjamin**) *n.* クレマンソー (1841–1929; フランスの政治家・ジャーナリスト・医師; 首相 (1906–09, 1917–20); Versailles 講和会議の議長 (1919); あだ名 the Tiger).

clem·en·cy /klémənsi/ *n.* **1 a** (裁判や処罰の)寛容さ, 情け深さ, 慈悲 (leniency) (⇨ mercy **SYN**). **b** 寛容な行為, 情け深い処置. **2** (気候などの)温和, 温暖. 〘(?a1425) ◻ L *clēmentia*: ⇨ clement, -ency〙

Clem·en·cy /klémənsi/ *n.* クレメンシー《女性名》. 〘← L *clēmentia* mildness: cf. Clement〙

Clem·ens /klémənz; *G.* kléːməns/ *n.* クレメンス《女性名》. 〘◻ G ～: ⇨ Clemence〙

Clem·ens /klémənz/, **Samuel Lang·horne** /lǽŋhɔən, -ŋən | -hɔːn/ *n.* クレメンズ《Mark Twain の本名》.

clem·ent /klémənt/ *adj.* **1** 〈天候が〉温和な, 温暖な: ～ weather. **2** (裁判や処罰が)寛容な, 寛大な, 情け深い: a ～ judge. **～·ly** *adv.* 〘(1459) ◻ L *clēment-, clēmēns* mild, calm〙

Clem·ent /klémənt/ *n.* クレメント《男性名; 愛称形 Clem, Clemmie》. 〘← L *clēment-, clēmēns* (↑)〙

Clé·ment /kleɪmɑ́ː(ŋ), -máːŋ; *F.* klemɑ̃/ *n.* クレマン《男性名》. 〘◻ F ～ (↑)〙

Clement I, Saint *n.* クレメンス[クレメンテ]一世 (30?–?97; 使徒教父 (Apostolic Fathers) の一人; ローマカトリック教会は彼を第 4 代の教皇 (88?–?97) に数える; 通称 Clement of Rome; 祝日 11 月 23 日).

Clement V *n.* クレメンス[クレメンテ]五世 (1264?–1314; 教皇 (1305–14); 教皇庁をフランスの Avignon に移した (1309); 本名 Bertrand de Got).

Clement VII *n.* クレメンス[クレメンテ]七世 (1478–1534; 教皇 Leo X の甥; 教皇 (1523–34); イングランド王 Henry 八世の離婚を禁じた (1534); 本名 Giulio de' Medici).

Clement XI *n.* クレメンス[クレメンテ]十一世 (1649–1721; イタリアの聖職者; 教皇 (1700–21); 教書をもって Jansenism を否定した; 本名 Giovanni Francesco Albani).

Cle·men·te /kleɪménteɪ; *It.* kleménte, *Sp.* kleménte/ *n.* クレメンテ《男性名》. 〘◻ It. & Sp. ～: ⇨ Clement〙

Cle·men·ti /klɪ̀ménti, klɛ- | -ti; *It.* kleménti/, **Muzio** /múttsjo/ *n.* クレメンティ (1752–1832; イタリアのピアニスト・作曲家; 練習曲 *Gradus ad Parnassum*「グラドゥス アド パルナッスム」(1817) で有名).

Clem·en·ti·na /klèməntíːnə/ *n.* クレメンティーナ《女性名》. 〘(fem.) ← CLEMENT: ⇨ -ina²〙

clem·en·tine /kléməntàɪn, -tìːn/ *n.* 〖園芸〗クレメンタイン《tangerine とダイダイ (sour orange) の雑種の小形のオレンジ》. 〘(1926) ◻ F *clémentine* ◻ L *clementinus*〙

Clem·en·tine /kléməntàɪn, -tìːn/ *n.* **1** クレメンティーン, クレメンタイン《女性名》. **2**「いとしのクレメンタイン」《米国のゴールドラッシュのころから歌われているポピュラーソング (1884)》. 〘(fem.) ← CLEMENT: ⇨ -ine⁴〙

Clem·en·tines /kléməntìːnz, -tàɪnz/ *n. pl.* 〖カトリック〗クレメンス教令集《Clement V が編集した教会法大全集 (Corpus Juris Canonici) (1317) の一部を成す》.

Clément of Alexándria, St *n.* アレクサンドリアのクレメンス (150?–?215; ギリシャ生まれのキリスト教神学者; 実名 Titus Flavius Clemens; Origen の師).

Clem·mie /klémi/ *n.* クレミー: **1** 女性名. **2** 男性名. 〘1: (dim.) ← CLEMENCY, CLEMENTINE. 2: (dim.) ← CLEMENT〙

clen·bu·te·rol /klɛnbjúːtərɔ(ː)l | -rɔl/ *n.* 〖薬学〗クレンブテロール《呼吸器系疾患の治療に用いる合成薬; 筋肉増強作用があり, スポーツ選手が使用するとドーピング検査にひっかかる》. 〘(c1975) ← C(H)L(ORO-)＋(PH)EN(YL)＋BUT(YL)＋OL¹〙

clench /kléntʃ/ *vt.* **1 a** 〈手指・こぶしを〉かたく握る; 〈口を〉かたく[きっと]結ぶ; 〈歯を〉食いしばる: ～ the teeth, jaws, fist, etc. / Her hands ～*ed* themselves *into* fists. 彼女は手をかたくこぶしに握った. **b** (感情に押されて)〈体・心を〉緊張させる. **2** 〈物を〉しっかとつかむ, 握る (grip). **3** ＝clinch 2. **4** ＝clinch 1. **5** 〖海事〗＝clinch 4. — *vi.* 〈手・歯などが〉かたくしまる. — *n.* **1 a** 歯を食いしばること. **b** (無念の)歯ぎしり. **2** 握りしめ. **3** ＝clinch 3. **4** ＝clinch 4. **5** 〖ボクシング〗＝clinch 2. **6** 〖海事〗＝clinch 5. 〘(c1250) *clenche(n)*: (cf. OE *beclencan* to hold fast): cf. cling, clinch〙

Cle·o /klíːou | klíːəu/ *n.* クレオ《女性名》. 〘(dim.) ← CLEOPATRA¹〙

Cle·o·bu·lus /klìːoubjúːləs, klìːə- | klìːə(u)-/ *n.* クレオブロス《紀元前 6 世紀ごろのギリシャの七賢人の一人; cf. Seven Sages》.

cle·oid /klíːɔɪd/ *n.* 〖歯科〗クレオイド《歯科治療に用いるつめ形の小器具》. 〘← Gk *kleís* key, hook: ⇨ -oid〙

cle·o·me /klióumi | -ə́umi/ *n.* 〖植物〗フウチョウソウ《フウチョウソウ科セイヨウフウチョウソウ属 (*Cleome*) の植物の総称》; (特に)セイヨウフウチョウソウ, クレオメ (*C. spinosa*)《観賞用》. 〘(1806) ← NL ～ ← ?〙

Cle·om·e·nes III /kliá(ː)mənìːz | -ɔ́mɪ̀-/ *n.* クレオメネス三世 (260?–?219 B.C.; スパルタ王 (235–222 B.C.)).

Cle·on /klíːa(ː)n | -ən, -ɔn/ *n.* クレオン (?–422 B.C.; Athens の将軍で Pericles の政敵).

cle·o·pat·ra /klìːəpǽtrə, klìːou-, -péɪ-, -páː- | klìːəpǽtrə, -páː-/ *n.* 〖昆虫〗ベニヤマキチョウ (*Gonepteryx cleopatra*)《シロチョウ科のチョウ; 黄色く, 雄の翅はオレンジ色がかっている》. 〘← NL ～: 〙

Cle·o·pat·ra¹ /klìːəpǽtrə, klìːou-, -péɪ-, -páː- | klìːəpǽtrə, -páː-/ *n.* クレオパトラ《女性名; 愛称形 Cleo》. 〘◻ L ～ ◻ Gk *Kleopátra*《原義》father's fame ← *kléos* fame＋*patḗr* 'FATHER'〙

Cleopatra² *n.* クレオパトラ: **1** 69?–30 B.C.; エジプトのプトレマイオス朝最後の女王 (51–49, 48–30 B.C.); Julius Caesar や Mark Antony の愛人となった. **2** 〖ギリシャ神話〗北風の神 Boreas の娘で Phineus の妻.

Cleopátra's Néedle *n.* クレオパトラの針《古代エジプトの Heliopolis に建てられていた obelisk の通称; 2 本存在したが, 現在は London の Thames 河畔と New York 市の Central Park とに移されて残っている》.

clepe /klíːp/ *vt.* (～**d** /klíːpt, klépt/, **clpet** /klépt/; ～**d, y·clept** /ɪklépt/, **y·cleped** /ɪklépt/)《古》呼ぶ (call), 名づける (name). ★ 通例 yclept, ycleped の形で p.p. 形で用いられる: They ～ us drunkards. やつらは我々を酔っぱらいと呼ぶ (Shak., *Hamlet* 1. 4. 19). 〘ME *clepen* < OE *cleopian, clipian* < Gmc **klipōjan, *klipjan*〙

clepht /kléft/ *n.* ＝klepht.

clep·sy·dra /klépsədrə | klépsɪ̀drə, klɛpsídrə/ *n.* (*pl.* ～**s, -sy·drae** /klépsədrìː | klépsɪdrìː, klɛpsídriː/)〖時計〗クレプシドラ, (昔の)水時計 (water clock). 〘(1646) ◻ L ～ ◻ Gk *klepsúdra* ← *kléptein* to steal＋*húdōr* 'WATER'〙

clept *v.* clepe の過去形.

clep·to- /kléptou | -təu/ ＝klepto-.

clèpto·biósis *n.* 〖生物〗盗食共生《アリなどで見られる特殊な共生で, 一つの種が他の種の食べ物を盗み食いする生活形態》. **clèpto·biótic** *adj.* 〘(1901) ← NL ～: ⇨ klepto-, -biosis〙

clep·to·ma·ni·a /klèptouméɪniə, -tə-, -njə | -tə(u)-/ *n.* 〖精神医学〗＝kleptomania. 〘1830〙

clep·to·ma·ni·ac /klèptouméɪniæ̀k, -tə- | -tə(u)méɪniæ̀k/ *n., adj.* 〖精神医学〗＝kleptomaniac. 〘1861〙

clere·sto·ry /klíəstɔ̀ːri | klíəstɔːri, -stəri/ *n.* **1** 〖建築〗高窓, クリアストーリ《ゴシック風建築の大会堂などの aisles の屋上の高窓の並んだ層》. **2** 《米》〖鉄道〗車両の屋根にある通風・採光窓. **clére·stò·ried** *adj.* 〘(1412): ⇨ clear, story²〙

cler·gy /klə́ːdʒi | klə́ː-/ *n.* **1** [集合的; 通例複数扱い] **a** 聖職任命を受けた人(たち), 聖職者(たち) (cf. clergyman). **b** 《英》(英国国教会の)聖職者(たち), 牧師(たち) (cf. clergyman 2). **2** 《古》学識, 知識. ★ 主に次の諺に用いられる: An ounce of mother wit is worth a pound of ～. 生来の才知の 1 オンスは学識の 1 ポンドに値する,「落ちたあとで高みを恐れる」. 〘(?c1200) (i) ◻ (O)F *clergie* ← *clerc* clergyman // (ii) ◻ (O)F *clergé* < LL *clēricātum* ← *clēricus*: ⇨ clerk〙

cler·gy·man /klə́ːdʒimən | klə́ː-/ *n.* (*pl.* **-men** /-mən/) **1** 聖職任命を受けた人, 聖職者《牧師 (minister), 神父 (priest), ラビ (rabbi) などをいう; cf. clergy, cleric》. **2** 〖英国国教会〗聖職者, 牧師《主教 (bishop) 以外の聖職者にいう; 非国教派, 特に米国ではプロテスタントの牧師には minister を用いる; cf. parson 1, rector, vicar 1》. 〘(1577): ⇨ ↑, -man〙

clérgyman's sòre thróat *n.* 〖病理〗慢性喉頭炎《声を使い過ぎる人がかかる》. 〘1882〙

clérgy·pèrson *n.* 聖職者, 牧師.

clérgy·wòman *n.* (*pl.* **-women**) **1** 女性牧師, 女性聖職者. **2** 《戯言・古》(特に, でしゃばりでおせっかいな)牧師の妻[娘]. **3** 《古》尼僧 (nun). 〘1673〙

cler·ic /klérɪk/ *n.* **1** 聖職者 (clergyman)《特に priest 以下の階級の聖職者をいう》. **2** 〖カトリック〗剃髪式 (tonsure) を受けた人, 聖職者 (clerk). — *adj.* ＝clerical. 〘(1621) ◻ LL *clēricus* ◻ Gk *klērikós* belonging to the clergy ← *klêros* clergy,《原義》lot, portion (cf. *Acts* 1: 17): cf. clerk〙

cler·i·cal /klérɪ̀kəl, -kḷ | -rɪ-/ *adj.* **1** 書記の, 事務員の: ～ work / the ～ staff 書記関係員, 事務職員. **2** 聖職者の, 牧師の: ～ duties. **3** (政治上)聖職権を主張[支持]する: a ～ party. — *n.* **1** 聖職者 (cleric). **2** (政治上の)聖職権支持者. **3** [*pl.*] 聖職服. **4** 書記, 事務員. **～·ly** *adv.* 〘(1592) ◻ LL *clēricālis* ← *clēricus* clergyman (↑)〙

clérical cóllar *n.* クレリカル[ローマン]カラー, 聖職者カラー《聖職者が着用する堅くて細い帯状の白カラーで襟の後部で留める; Roman collar, reversed collar ともいう》. 〘1948〙

clérical érror *n.* 書き誤り, 誤記, 誤写. 〘1838〙

clér·i·cal·ìsm /-lìzm/ *n.* **1** [軽蔑的に]《政治・宗教における》聖職者の発表権[勢力]; その増大・維持を支持する政策・主張, 聖職権主義, 教権重視主義 (cf. secularism). **2** (宗教上の)聖職者の勢力拡大. 〘(1864) ← CLERICAL＋-ISM〙

clér·i·cal·ist /-lɪ̀st | -lɪst/ *n.* 聖職権主張者, 教権重視主義者. 〘(1881) ← CLERICAL＋-IST〙

cler·i·hew /klérɪ̀hjùː/ *n.* 〖詩学〗クレリヒュー四行詩《a a b b と押韻する長短不同の 4 行詩で, 人物の特徴などを諷刺的に歌ったものが多い》. 〘(1928) ← *Edmund Clerihew Bentley* (1875–1956: 英国の作家)〙

cler·i·sy /klérəsi | -rɪ̀-/ *n.* 《古》[集合的] 知識人, 学者; インテリ階級. 〘(1818) ◻ G *Klerisei* clergy ◻ ML *clēricia* ← LL *clēricus*: ⇨ cleric〙

clerk /klə́ːk | kláːk/ *n.* **1 a** (官庁の)書記, 事務官, 吏員: the head ～ 主任事務官, 書記長 / ⇨ town clerk. **b** (銀行・会社の)事務員, 社員, 行員: a bank ～ 銀行員 / a correspondence ～ 通信[文書]係. **c** (郵便局の)窓口係. **d** 《米》(ホテルで部屋割り, 鍵の預り, 郵便などの仕事をする)フロント係 (desk clerk). **e** 《米》(小売店の)店員, 売り子 (salesperson): a drugstore ～. **f** 《英》(議会の)上級役人. **2** (英国国教会の俗人の)教会書記, 教会事務員: a parish ～. **3** (医学部在学中の)病院実習生. **4** 《古》**a** 〖英国国教会〗牧師, 聖職者 (clergyman)《今は主に法律用語; 正式には clerk in holy orders という》. **b** 〖カトリック〗剃髪式を受けた者, 教会法で聖職者としての特権を有する者. **5** 《古》**a** 読める人; 読み書きできる人. **b** 学者. **6** ＝CLERK to the justices.

clérk of the cóurse (1) 〖競馬〗馬場取締委員. (2) 〖自動車レース〗競走路取締委員. 〘1829〙

clérk of (the) wéather [the —]《戯言》(天候の支配力を擬人化して)天気の神様. 〘1831〙

clérk of (the) wórks (請負工事の)現場監督. 〘1663〙

clérk to the jústices 《英》治安判事補佐官《法廷で判事を補佐する資格を持った人》.

— *vi.* 書記[事務員]を務める; 店員として働く.

～·dom *n.* **～·ish** *adj.* 〘lateOE *clēr(i)c* ◻ LL *clēricus*: CLERIC と二重語〙

clerk·ess /klə́ːkɪ̀s, -kɛs | klɑːkés, kláːkɪ̀s, -kɛs/ *n.* 女性事務員. 〘(1923): ⇨ ↑, -ess〙

clérk·ly *adj.* (**clerk·li·er; -li·est**) **1** 事務員[事務官]らしい. **2** 牧師の, 牧師らしい (clerical). **3** 《古》学者らしい. — *adv.* **1** 事務員[事務官]らしく. **2** 《古》学者らしく. **clérk·li·ness** *n.* 〘(1432): ⇨ -ly¹·²〙

Clérk-Máxwell, James *n.* ⇨ Maxwell.

clérk régular *n.* (*pl.* **clerks r-**) 〖カトリック〗律修(りっしゅう)聖職者《修道院形態の生活 (monastic life) と教区司祭の司牧の生活を合わせた規則をもつ修道会のメンバー》.

clérk·shìp *n.* **1** clerk の職[身分, 地位]. **2** (医学部在学生の)病院実習. **3** 《古》学識 (learning). 〘((?a1200)) (?1488): ⇨ -ship〙

clérk vícar *n.* 〖英国国教会〗大聖堂(付き)書記《礼拝式執行に際して聖職者の役割以外の仕事を行うために大聖堂に勤務する信徒》.

Cler·mont-Fer·rand /klèəmɔ̃ː(ŋ)fərɑ́ː(ŋ), -mɔːŋfəráːŋ | klɛə-; *F.* klɛʀmɔ̃fɛʀɑ̃/ *n.* クレルモンフェラン《フランス中部の都市; Puy-de-Dôme 県の県都》.

cle·ru·chy /klíᵊruːki | kléəru-/ *n.* 〖ギリシャ〗クレルキア《アテネの植民地の特別形態; 移住者はアテネの市民と同等の権利を有する; その社会は政治的にアテネに従属する》.

cle·ru·chi·al /klɪ̀rúːkiəl/ *adj.* 〘1847〙

cleugh /klúːk, klúːx/ *n.* (*also* **cleuch** /～/)《スコット》峡谷 (ravine). 〘1375〙

cleve·ite /klíːvaɪt, kléɪvəàɪt/ *n.* 〖鉱物〗クレーベ石, クレバイト (UO_2 を多量に含む閃(せん)ウラン鉱の一種). 〘(1879) ◻ Swed. *cleveit* ← *P. T. Cleve* (1840–1905: スウェーデンの化学者): ⇨ -ite¹〙

Cleve·land /klíːvlənd/ *n.* クリーヴランド: **1** イングランド北東部の Tees 河口域を中心とした旧州 (1974–96); 面積 583 km², 州都 Middlesbrough. 〘ME *Clivelanda*《原義》hilly district: cf. cliff〙 **2** 米国 Ohio 州北東部 Erie 湖畔にある港湾都市; 鉄鋼の大産地. 〘← *Moses Cleaveland* (1754–1806: Connecticut 州の監督官)〙

Cleveland, Mount *n.* クリーヴランド山《米国 Montana 州北西部にある Glacier 国立公園内の最高峰 (3,184 m)》.

Cleve·land /klíːvlənd/, (**Stephen**) **Gro·ver** /gróuvə | gráuvəʳ/ *n.* クリーヴランド (1837–1908; 米国の法律家・政治家, 第 22, 24 代の大統領 (1885–89, 1893–97)).

Cléveland báy *n.* 〖動物〗クリーヴランドベイ《赤茶色で跳躍力のある競走馬》. 〘1796〙

Cléveland Héights *n.* クリーヴランドハイツ《米国 Ohio 州北東, Cleveland の郊外にある都市》.

clev·er /klévə | -vəʳ/ *adj.* (～**er**; ～**est**) **1** (しばしば深さに欠けるが)頭の回転の早い, 才気のある, 気のきいた, 利口な, 利発な, 賢い: a ～ boy, remark, etc. / It is ～ *of* you to solve the problem. その問題が解けたとはお前もなかなかやる / He's too ～ by half. ⇨ *by* HALF. **2** (手先や体を動かすことの)器用な, 手際の鮮やかな, 上手な; 巧妙な: ～ fingers / a ～ workman / a ～ piece of work 精巧な芸術作品 / make a ～ play 巧みなプレーをする / She is ～ *at* sketching people. 似顔絵をかくのがうまい / He is very ～ *with* horses. 馬の扱い方が非常にうまい. **3** 才気あふれる, 機知に富んだ: a ～ story. **4** 《方言》**a** 人のいい (good-natured). **b** 扱いやすい, 便利な, 満足な. **5** 《方言》**a** 〈動物が〉姿[体格]のいい. **b** 健康な, 元気のいい. **c** よくできている (well-made). **6** 《英口語》ずるい,

悪賢い (cunning). **～·ness** *n.* 〘(*a*1250) *cliver* quick at seizing ← ?: cf. Dan. 《方言》 *kløver* clever, skillful / MDu. *klever* brisk, smart〙

SYN **1** 利口な: ⇨ intelligent. **2** 器用な: **clever** 頭の回転が速く身体の動きが器用な: She is *clever* with her hands. 手先が器用だ. **adroit** 思考や行動がすばやく巧みな《*clever* よりも一層機敏である》: He is *adroit* at steering the yacht. ヨットの操作が巧みだ. **ingenious** 《通例よい意味で》〈人や物が〉創意工夫に富む: an *ingenious* method 巧妙な方法. **cunning** 《古風》《特に職人などが》熟練・発明の才に富んだ: a *cunning* goldsmith 腕のいい金細工師. **ANT** inept, maladroit.

C

cléver-cléver *adj.* 《口語》 賢いと思われたがる, これ見よがしに賢がる, 頭のよさを鼻にかける. 〘1896〙

cléver clògs *n. pl.* [単数扱い] 《英口語》 利口な人《しばしば皮肉で用いる》. **cléver-clògs** *adj.* 〘1866〙

cléver dìck [Dìck] *n.* 《英口語》 ＝smart aleck. 〘1959〙

clév·er·ish /-v(ə)rɪʃ/ *adj.* **1** ややオ気のある, 小才のきく, 小利口な. **2** なかなか器用な, いかにも巧妙な. **～-ly** *adv.* 〘(1826) ← CLEVER＋-ISH[1]〙

clév·er·ly *adv.* **1** 賢く, 利口に, 如才なく. **2** 上手に, 巧みに, 手際よく, うまく. **3** 《方言》 完全に, 全く (completely). 〘(1614) ← CLEVER＋-LY[1]〙

cléver stícks *n. pl.* [単数扱い] 《口語》 ＝clever Dick. 〘1959〙

Cleves /klíːvz/ *n.* クレーベ《ドイツ西部 North Rhine-Westphalia 州北西部の市; ドイツ語名 Kleve /kléːvə/》.

Clé·ve's ácid /kléɪvəz-, klíːvz-/ *n.* 《化学》 クレーブ酸 ($NH_2C_{10}H_6SO_3H$) 《1-アミノナフタレン-6 および 7-スルフォン酸の通称; 無色針状晶; アゾ染料の中間体として用いられる》. 〘← P. T. Cleve (⇨ cleveite)〙

clev·is /klévɪs | -vɪs/ *n.* U リンク, U 字形かぎ《両端にボルトかねじが付いている U 字型の接続金具で, 馬具の引き皮を結びつける横木を車に付けるときなどに用いる》. 〘(1592) 《古形》 *clevi* ← ? ON (cf. ON *clofi* cleft stick): cf. cleave[1]〙

clew /klúː/ *n.* **1 a** 《古》 糸を巻いた玉, 糸の玉. **b** 《ギリシャ神話》 《迷宮の》 道しるべの糸 (cf. Ariadne 2). **2** 《まれ》 ＝clue 1. **3** [*pl.*] 《ハンモックの》 つり綱. **4** 《海事》 **a** クリュー《横帆の下すみ, 縦帆の後下すみ; cf. earing》. **b** ＝clew iron. **5** 《劇場》 舞台装置の索を一つにまとめて押さえている金具. ***from cléw to éaring*** 《海事》 (1) クリュー[帆の下すみ]からイヤリング[帆の上すみ]まで, 横帆の下から上まで. (2) すみからすみまで, すっかり (completely). ***spréad a lárge cléw*** (1) 《海事》 たくさんの帆を張る. (2) 感動的な場面を展開する. ***spréad a smáll cléw*** (1) 《海事》 少しの帆しか張らない. (2) 印象的でない様子をしている.
— *vt.* **1** 〈糸を〉玉に巻く. **2** ＝clue 1, 2. **3** 《劇場》 〈カーテンなどを〉たくし上げる. ***cléw dówn*** 《海事》 《帆を広げるときに》 〈帆〉の下すみを引き下げる. ***cléw úp*** 《海事》 《帆をおさめるときに》 〈帆〉の下すみを帆桁(ほげた)に引き上げる.
〘OE *cliewen, cleowen* ← Gmc **kliw-* (Du. *kluwen*) ← IE **gleu-* ← **gel-* to form into a ball (Skt *glau* round lump): cf. clue〙

cléw gàrnet *n.* 《海事》 クリューガーネット《大横帆の(両)下すみをそのヤードの中央部に引き寄せる索》. 〘*a*1626〙

cléw iron *n.* 《海事》 横帆の下すみに取り付けた環《これに clew line または sheet を通す》.

cléw jìgger *n.* 《海事》 クリュージガー《クリューラインとは別に, 帆の clew 部を帆桁(ほげた)へ引き上げるためにつけた滑車装置》.

cléw lìne *n.* 《海事》 クリューライン《横帆の下すみを帆桁の中央部に引き上げる索》. 〘1627〙

cléw ròpe *n.* 《海事》 **1** クリュー索《gaff を有する縦帆の外下すみをガフの根元に引き寄せる索》. **2** ＝clew line.

cli·an·thus /kliǽnθəs/ *n.* 《植物》 クリアンサス《マメ科クリアンサス属 (*Clianthus*) の低木・つる植物の総称; オーストラリア・ニュージーランドに産し, 赤い花は鑑賞用》. 〘(1841) ← NL ～〙

Cli·burn /kláɪbəːn | -bəːn/, **Van** *n.* クライバーン《1934– ; 米国のピアニスト; 本名 Harvey Lavan Cliburn, Jr.》

cli·ché /kliːʃéɪ, ⌐—| ⌐—, —⌐; F. kliʃe/ *n.* (*also* **cli·che** /～/) (*pl.* **～s** /～z; F. ～/) **1 a** 《陳腐な》 きまり文句, 常套句《例: as good as gold, as cool as a cucumber など; ⇨ commonplace **SYN**》. **b** ありふれた[月並みな]考え. **c** 《芸術・文学などの》 きまりきった[ありふれた, 陳腐な]テーマ[筋, 手法, 趣向など]. **2** 《印刷》 《英》 クラッチ版《一種の電鋳版》. — *adj.* 決まりきった, 陳腐な. 〘(1832) ◻ F ～ 'stereotyped expression' (p.p.) ← *clicher* to stereotype: 活字の字母が鋳型に落ちるときの音を模した擬音語か〙

cli·chéd /kliːʃéɪd, ⌐—| ⌐—, —⌐/ *adj.* (*also* **cli·ché'd** /～/) **1** 陳腐な言葉の多い. **2** ＝cliché. 〘(1928): ⇨ ↑, -ed 2〙

Cli·chy /kliːʃíː; F. kliʃi/ *n.* クリシー《フランス北部, Paris 郊外の Seine 川に臨む港湾都市》.

click /klík/ *vi.* **1 a** かちり[かちかち]と音がする[鳴る] (tick): The door ～*ed* shut. 戸がかちりと閉まった / The phone ～*ed* dead. 電話がかちゃっと音を立てて切れた / Something ～*ed* inside me when I saw it. それを見たときぴーんときた. **b** かちっ[かちかち]と音を立てて動く. **c** 《電算》 クリックする 〔*on*〕: ～ *on* an icon. **2** 《口語》 **a** 急にわかるようになる, 合点がいく, 明白になる. **3** 《口語》 **a** 〔…と〕ぴったり合う, しっくりいく; 〔異性と〕意気投合する, 仲よくやる, 親しくなる 〔*with*〕: ～ *with* a girl. **b** 成功する, うまくやる, 大当たりを取る (succeed): She ～*ed* in her first performance. 処女出演で大当たりをとった. **c** 妊娠する. — *vt.* **1 a** かちりと鳴らす, 〈掛け金などを〉かちりと引っ掛ける: ～ the door (to) 戸をかちりと閉じる / ～ one's heels (together) 《お辞儀をするときなど》 かかとをかちりと合わせる / ～ the switch of an electric light かちっと電灯のスイッチを入れる. **b** 《電算》 〈マウスのボタンを〉クリックする: ～ a mouse button twice in quick succession 素早く 2 回続けてマウスボタンをクリックする. **c** 〈馬が〉〈前後両足の蹄鉄を〉かち合わせる. **2** かちかち音を立てて作り出す 〈*out*〉: ～ *out* rhythm on clappers 拍子木をかちかちいわせてリズムを作る. **3** 《製靴》 〈革を〉裁断する, 〈靴の部品を〉裁つ.
clíck ìnto pláce ⇨ place 成句. ***clíck óff*** (1) ＝click *vt.* 2. (2) かちかち音を立てて記録する. (3) 正確に[躊躇(ちゅうちょ)せずに]記載する[列挙する].
— *n.* **1 a** かちっ[かちり]という音《銃の撃鉄・掛け金・機械などの音》: with a ～ かちりと(音を立てて). **b** 《馬の前後足の》 蹄鉄のかち合う音. **2** かちりと鳴るもの《機械の掣子(せい)(catch), 制輪子 (detent, pawl) など》. **3** 《音声》 舌打ち音《軟口蓋の吸気音; 舌が上の歯で開放するのを [ǀ], 歯茎で開放するのを [!] で表す; ⇨ tut ★》. **4** 《時計》 こはぜ《角穴車の歯と係合し, 巻き上げたぜんまいの逆転防止をするつめ》.
〘(1581) 《擬音語》: cf. MDu. *klikken* / OF *cliquer*〙

clíck bèetle *n.* 《昆虫》 コメツキムシ (⇨ elaterid). 〘*c*1864〙

clíck-clàck *n.* 《ゆっくりした》 かたこと(という音). — *vi.* かたことという音を出す. 〘(1782) 《加重》 ← CLICK〙

clíck·er *n.* **1** かちかち鳴るもの; ちっちっと舌打ちをする人. **2** 打ち抜き型機械工. **3** 《英》 《商店などの》 客引き (puller-in). **4** 《英》 **a** 《印刷》 植字工長, 請負い植字工長. **b** 靴工場の頭, 靴作りの親方. 〘(1869) ← CLICK＋-ER[1]〙

click·e·ty-clack /klíkətiklǽk | -kɪ̀ti-/ *n.* 《電車やタイプライターなどの出す早いリズムの》 かたかた, かたこと, がたんごとん(という音). — *vi.* かたかた[かたこと, がたんごとん]という音をたてる. 〘(1877) 《変形》 ← CLICK-CLACK〙

clíck·e·ty-clíck /-klík/ *n.* **1** ＝clickety-clack. **2** 《英口語》 《ビンゴで》 66. 〘1913〙

clíck stòp *n.* **1** 《機械》 クリック止め《予定した場所でつめに引っ掛かって止まる仕掛け》. **2** 《写真》 クリックストップ《一定のところで軽く止まるようになっているレンズの絞り; 距離調節などの回転装置》. 〘1957〙

cli·ent /kláɪənt/ *n.* **1 a** 《専門家に相談する》 依頼人; 《特に》 訴訟依頼人, 弁護依頼人. **b** 《商人の》 顧客, お得意. **c** 福祉施設の利用者; 福祉を受ける人: a welfare ～. **2** 《電算》 クライアント《親システム (server) に要求を出して処理をしてもらうシステム》. **3 a** 《古代ローマの》 被護民《貴族 (patrician) に従属し, その保護下にあった平民》. **b** 隷属者, 子分 (dependant). **c** ＝client state.
〘(?*a*1387) ◻ (O)F ～ ∥ L *client-, cliēns* adherent, follower ← IE **klei-* to lean (Gk *klínein* to lean): cf. incline〙

cli·ent·age /kláɪənṭɪdʒ | -tɪdʒ/ *n.* **1** 顧客[依頼人]関係. **2** [集合的] ＝clientele. 〘(1633): ⇨ ↑, -age〙

cli·en·tal /klaɪénṭl, kláɪən- | -tl/ *adj.* 依頼人[顧客]の[に関する]. 〘(1656) ← CLIENT＋-AL[1]〙

clíent applicàtion *n.* 《電算》 クライアントアプリケーション《OLE において, オブジェクトをつくるために呼び出すアプリケーション》.

clíent-cèntered thérapy *n.* 《心理》 来談者中心療法.

cli·en·tele /klàɪəntél, klìː-, -ɑːn- | klìːɑː(n)tél, -ɑːn-, -ən-; F. kliɑ̃tɛl/ *n.* [集合的] 《弁護士の》 依頼人たち, 《医者の》 患者たち, 《ホテル・劇場・商店などの》 顧客たち, 常連 (clients). 〘(1563–87) ◻ F *clientèle* ∥ L *clientēla* a body of retainers: ⇨ client〙

clì·en·tél·ism /-télɪzṃ/ *n.* 《特に政治的な》 恩顧主義. **clì·en·te·lís·tic** /-ṭəlístɪk | -tə-⌐/ *adj.* 〘(*c*1975) ← It. *clientelismo* patronage system: cf. client, -ism〙

cli·en·tism /kláɪəntɪzṃ/ *n.* ＝clientelism.

clíent·less *adj.* 依頼人[顧客]のない. 〘(1885): ⇨ -less〙

clíent-sérver *adj.* 《電算》 クライアントサーバーの《ネットワークシステムが, ユーザーが直接操作する client とそれからの要求を受けて処理を行う server から構成される》.

clíent stàte *n.* 《貿易などでの大国の》 隷属国, 従属国, 依存国. 〘1918〙

Clíf·den nonparéil /klíftən-, -tṇ-/ *n.* 《昆虫》 ムラサキシタバ (*Catocala fraxini*) 《ヤガ科のガ; 茶色で後翅に青色の帯がある》.

cliff /klíf/ *n.* **1** 《高い》 がけ, 絶壁: the white ～*s* of Dover / climb [fall off] a ～ / the walls of a ～ 絶壁の壁面. **2** 《ゴルフ》 バンカー (bunker) の斜面. 〘OE *clif* < Gmc **kliƀam* (Du. & ON *klif* / G *Klippe*)〙

Cliff /klíf/ *n.* クリフ《男性名》. 〘(dim.) ← CLIFFORD〙

Cliff /klíf/, **Jimmy** *n.* クリフ《1948– ; ジャマイカ出身のレゲエシンガーソングライター; 本名 James Chambers》.

clíff bràke *n.* 《植物》 イヌウラジロシダ属 (*Pallaea*) のシダの総称《北米南部や南半球に産するシダで, がけや岩上に好んで生える; 特に, *P. atropurpurea*》.

clíff dwèller *n.* **1** [通例 C- D-] 岩窟居住人《有史以前絶壁の側面に設けた岩窟に住んだ北米南西部の種族で, 今の Pueblo の祖先》. **2** 《口語》 《都会の高層》 アパートの住人. **clíff dwèlling** *n.* 〘1881〙

clíff-hàng *vi.* **1** 手に汗を握る(状態で終わる); 宙ぶらりんな状態にある, 不安定な状態にある. **2** はらはらする場面[結果]をもつ. 〘1946〙

clíff·hànger *n.* **1** 最後の瞬間まではらはらさせる事件[競技, 競争], 大接戦. **2** 《ラジオ・テレビ》 《毎回はらはらする場面で終わる》 連続サスペンスドラマ番組. 〘1937〙

clíff·hànging *adj.* 《口語》 《映画などで》 最後の瞬間まで手に汗を握るような. 〘1949〙

Clif·ford /klífəd | -fəd/ *n.* クリフォード《男性名; 20 世紀になって一般的になった》. 〘地名に由来する家族名から: ⇨ cliff, ford〙

Clif·ford /klífəd | -fəd/, **W**(**illiam**) **K**(**ingdon**) *n.* クリフォード《1845–79; 英国の数学者・形而上学者》.

clíff swàllow *n.* 《鳥類》 サンショクツバメ (*Petrochelidon pyrrhonota*) 《軒下や壁に泥で瓶状の巣を作る北米産のツバメ; eaves swallow ともいう》. 〘1825〙

cliff·y /klífi/ *adj.* (**cliff·i·er; -i·est**) がけになっている; 岩の多い (craggy). 〘(1538): ⇨ -y[1]〙

clift /klíft/ *n.* 《方言》 ＝cliff. 〘(*a*1398) 《変形》 ← CLIFF〙

Clift /klíft/, **Montgomery** *n.* クリフト《1920–66; 米国の映画俳優; 1950 年代を代表するスター》.

Clif·ton /klíftən, -tṇ/ *n.* クリフトン《男性名》. 〘地名に由来する姓から: ⇨ clift, -ton〙

climacteria *n.* climacterium の複数形.

cli·mac·ter·ic /klaɪmǽktərɪk, klàɪmæktérɪk⌐/ *n.* **1 a** 厄年《人の運命・健康などに大変革の起こる年で, 7 年目ごとも, 7 の奇数倍の年ともいう》. **b** [the ～] ＝grand climacteric. **2** 危険期, 危機, 転換期. **3** 《生理》 **a** 更年期. **b** 閉経期. **4** 《植物》 クリマクテリック, クライマクテリック《成熟直前に達する果実の呼吸度の最大値》.
— *adj.* **1** 転向点をなす, 危機の. **2** 厄年の. **3** 《生理》 更年期(変化)の: ～ changes. 〘(1601) ◻ L *clīmactēricus* ◻ Gk *klīmaktērikós* ← *klīmaktḗr* critical period, 《原義》 rung of a ladder ← *klîmax* ladder: ⇨ climax〙

clì·mac·tér·i·cal /-rɪ̀kəl, -kl | -rɪ-⌐/ *adj.* ＝climacteric. **～·ly** *adv.* 〘1590〙

cli·mac·te·ri·um /klàɪmæktíəriəm | -tíər-/ *n.* (*pl.* **-ri·a** /-riə/) 《生理》 更年期, 閉経期. 〘← NL *climacter* 'CLIMACTERIC'＋-IUM〙

cli·mac·tic /klaɪmǽktɪk/ *adj.* クライマックス (climax) の; クライマックス的な: a ～ scene. 〘(1872): ⇨ climax, -ic[1]〙

cli·mác·ti·cal /-tɪ̀kəl, -kl | -tɪ-/ *adj.* ＝climactic. **～·ly** *adv.* 〘1860〙

cli·mant /kláɪmənt/ *adj.* 《紋章》 〈山羊が〉後足で立ち上がった《ライオンの rampant に当たる》. 〘← CLIMB＋-ANT: cf. F *rampant* (pres.p.) ← *ramper* to climb〙

cli·mat·al /kláɪmɪ̀ṭl | -tl/ *adj.* ＝climatic. 〘1830–33〙

cli·mate /kláɪmɪ̀t/ *n.* **1** 気候《一地方の年間を通じての平均的気象状態; cf. weather》: a mild [moderate, temperate] ～. **2** 《ある社会・地域・時代などの》 思潮, 風潮, 傾向; 《知的・精神的》 風土: the ～ of opinion 世論の動向 / a change in intellectual ～ 思潮[知的風潮]の変化 / a kind of tense political ～ 一種の緊迫した政治状況. **3** 《気候上からみた》 地方, 地帯: a change of ～ for one's health 健康のための転地. — *vt.* 《米》 〈新しい風土に〉順応させる (acclimate). — *vi.* 《廃》 住む.
〘(1375) *climat* ◻ (O)F ～ ∥ LL *clīmat-, clīma* ◻ Gk *klíma* region of the earth ← *klínein* to slope: cf. clime〙

clímate contròl *n.* **1** 空調システムをコントロールするサーモスタット. **2** 気候調節《特定地域の気候を人工的に制御すること》.

cli·mat·ic /klaɪmǽṭɪk | -tɪk/ *adj.* **1** 気候の[に関する]; 風土的な: ～ changes 気候変動. **2** 《生態》 気候の相違による (cf. edaphic 2): ～ type / ～ climax 気候的極相. 〘(*a*1828): ⇨ climate, -ic[1]〙

cli·mát·i·cal /-ṭɪ̀kəl, -kl | -tɪ-/ *adj.* ＝climatic. **～·ly** *adv.* 〘1650〙

clì·ma·tól·o·gist /-dʒɪ̀st | -dʒɪst/ *n.* 気候[風土]学者. 〘(1886): ⇨ ↓, -ist〙

cli·ma·tol·o·gy /klàɪmətɑ́(ː)lədʒi | -tɔ́l-/ *n.* 気候[風土]学. **cli·ma·to·log·ic** /klàɪməṭəlɑ́(ː)dʒɪk | -təlɔ́dʒ-⌐/ *adj.* **clì·ma·to·lóg·i·cal** *adj.* **clì·ma·to·lóg·i·cal·ly** *adv.* 〘(1843) ← CLIMATE＋-LOGY〙

cli·ma·to·ther·a·py /klàɪməṭoʊθérəpi | -tə(ʊ)-/ *n.* 《医学》 気候療法《特殊な気候の土地に住まわせて行う治療法》. 〘(1887): ⇨ climate, therapy〙

cli·ma·ture /kláɪmətʃə | -tʃə(r/ *n.* **1** 《緯度による》 気象状態. **2** 《Shak》 《気候上からみた》 地帯. 〘(1600–01) ← CLIMATE＋-*are* (cf. temperature)〙

cli·max /kláɪmæks/ *n.* **1 a** 《劇・事件などの》 絶頂, 最高潮 (⇨ top **SYN**): the ～ of a dramatic action, of a speech, etc. **b** 最高点, 絶頂, 極点: be at the ～ of one's fame 名声の絶頂にある / come to a ～ 頂点に達する. **c** ＝orgasm. **d** ＝menopause. **2** 《修辞》 **a** 漸層法, クライマックス《併行体を用い, 力強い文句を次々に重ねて文調を高めて行く修辞法; ↔ anticlimax》. **b** 《漸層的に重ねていった》 最後の語句[項目]. **3** 《生態》 《動植物群落生活の》 極相, 安定期, 極盛期, クライマックス (cf. disclimax, edaphic climax, postclimax, preclimax, subclimax). ***cáp the clímax*** 〈物事や人が〉度を越す, 意表を突く.
— *vi.* クライマックスに達する: The festival ～*ed* in the parade. 祭りはパレードで最高頂になった. — *vt.* クライマックスにもっていく[到達させる]: He ～*ed* the game *with* his homer. ホームランで試合を最高頂にした.
〘(1550) ◻ L *clīmax* ◻ Gk *klîmax* ladder ← *klínein* to slope ← IE **klei-* 'to LEAN[1]'〙

climb /kláɪm/ v. (~ed, 《古・方言》 clomb /klóʊm | klə́ʊm/) — vi. 1 a (特に, 手足を使って)よじ登る; 苦労しながら進む〔*along*〕: ~ like a monkey / ~ well 上手に登る / ~ up a ladder [rope] はしご[ロープ]を登って行く / ~ on a chair [on a person's back] 椅子[人の背中]に上る. b (ゆっくりと)高い所に向かって登る, 登攀(とうはん)する, 登山する: go ~*ing* 山登りに行く / ~ *to* the top of a mountain. c 登山者[家]になる. 2 a (手足を使って)動く; 〔車などに〕乗る〔*in, into,* etc.〕: ~ *into* a jeep ジープに乗る / ~ *out* (乗物などから)降りる, はい出る / ~ *aboard* a car 車に乗る / ~ *over* a fence フェンスを乗り越える. b (手足を使って)下りる, はい下りる〈*down*〉: ~ *down* a ladder はしごを下りる. 3 a (ゆるやかに, または次々と)立ち昇る, 上がる: The smoke was ~*ing* in the windless sky. 煙が無風の空にもくもくと立ち昇っていた. b 〈航空機などが〉高度を上げる, 上昇する: The plane [bird] ~*ed* higher and higher. 飛行機[鳥]はどんどん上昇した. c 〈物価・相場などが〉上がる, 騰貴する: ~*ing* prices. 4 a 〈道路が〉登り(坂)になる. b 〈家などが〉登り坂に位置している: Houses ~ up the slope. 家々が坂に並んで建っている. 5 (努力によって)昇級[昇進]する, 次第に地位が昇る: ~ to power 権勢にたどりつく. 6 a 急いで〔衣服を〕着る〔*into*〕: ~ *into* one's clothes. b 急いで〔衣服を〕脱ぐ〔*out of*〕: ~ *out of* one's clothes. 7 〈植物が〉(巻きひげ・つるなどで)はい登る, 巻きついて登る. — *vt.* 1 a (特に, 手足を使って)〈樹木・なわ・はしごなどを〉よじ登る: ~ a tree, mast, ladder, etc. 日英比較 *climb* は手や足を使って登ることを意味するので, エレベーターで上がる時には go up を用いる. b 〈高い山を〉登る, 登攀(とうはん)する: ~ a peak, steep, wall of rock, etc. c 登って到る: ~ the top of the mountain. 2 a 〈太陽・月・煙などが〉昇る: The sun has ~*ed* the sky. 太陽が空に昇った. b 〈航空機を〉上昇させる. 3 (努力して)〈権威の地位などに〉昇っていく: ~ the path of fame, the heights of power, etc. 4 〈植物が〉はい上がる, 巻きついて上る (cf. climber 3): The ivy ~*s* the wall of the house. ツタが家の壁にはい上がっている. ***be clímbing the wálls*** ⇨ wall[1] 成句. ***clímb dówn*** (1) ⇨ *vi.* 2 b. (2) 《口語》引き下がる, 退却する, 屈服する (give in); 撤回する.
— *n.* 1 登り, よじ登り, 登攀: a difficult ~. 2 (前進するのに)登りを必要とする場所. 3 (航空機の)上昇 (ascent); 上昇度. 4 《英俗》(屋根などに登って押し入る)夜盗(行為): at the ~ (よじ登って)夜盗の犯行中で. ★ ラテン語系形容詞: scansorial.
〘OE *climban* < (WGmc) *klimban 《変形》← *kliban to hold fast (Du. & G *klimmen*): cf. cleave[2]〙

SYN 登る: **climb** 〈木・はしご・山などを〉手足を使い努力しててっぺんに向かって移動する: This car will never *climb* that hill. この車ではとてもあの山は登れない. **mount** 〈階段・演壇などを〉上まで上る《到達を強調する; 格式ばった語》: I *mounted* the stepladder. 段ばしごを上まで上った. **ascend** 低い所から高い所へ上がる《最も無色な語; 格式ばった語》: *ascend* a mountain 山に登る / *ascend* the stairs 階段を上がる. **scale** 〈がけなどを〉特に用具を使って一歩一歩よじ登る: *scale* a wall 塀をよじ登る.
ANT descend.

climb·a·ble /kláɪməbl̩/ *adj.* よじ登ることができる, 登攀(とうはん)可能な. 〘(1611): ⇨ ↑, -able〙

climb·dòwn *n.* 《口語》 1 (論点などの)譲歩, 屈従. 2 (声明などの)撤回. 〘1887〙

climb·er /kláɪmə | -mə(r)/ *n.* 1 a よじ登る人[物]. b 登山者, 登攀(とうはん)者: an Alpine ~ / a good ~ 登山の名人. 2 《英》 =social climber. 3 a はい登る植物, 攀縁(はんえん)植物 《セイヨウキヅタ (ivy) など》. b クライマー《つるバラの一種; 太く長い枝を地際や上部の枝から生じる; cf. rambler 3》. 4 はい上がる鳥, 攀禽(はんきん) 《キツツキなど》. 5 a =climbing iron. b =climbing frame. 6 《英俗》(屋根などに登って押し入る)夜盗《人》. 〘(1440): ⇨ -er[1]〙

clímb ìndicator *n.* 〘航空〙 昇降計. 〘1940〙

climb·ing /kláɪmɪŋ/ *n.* よじ登ること; 登攀(とうはん), 登山. — *adj.* 1 よじ登る. 2 〘植物〙 つる性の.

clímbing férn *n.* 〘植物〙 北米産カニクサ属のつる性のシダ (*Lygodium palmatum*) 《creeping fern ともいう》. 〘1818〙

clímbing·fìsh *n.* 〘魚類〙 =climbing perch.

clímbing fràme *n.* 《英》 (鉄パイプなどを組み立てて作った)ジャングルジム (climber). 〘1929〙

clímbing fúmitory *n.* 〘植物〙 北米東部産ケシ科のつる性二年草 (*Adlumia fungosa*). 〘1670〙

clímbing hémpweed *n.* 〘植物〙 ツタギク (*Mikania scandens*) 《北米東部・中央部産キク科ツルギク属のつる性多年草; 花は白かピンクで房状につく》.

clímbing hydrángea *n.* 〘植物〙 ツルアジサイ, ツルデマリ (*Hydrangea petiolaris*) 《東アジア原産ユキノシタ科のつる性のアジサイ; 花は白色で集散花序, 樹木にからむ》.

clímbing ìron *n.* [通例 *pl.*] 1 (登山用)アイゼン (crampons). 2 (柱や立木にのぼるときに用いる)昇柱器 (linemen's climber). 〘1857〙

clímbing pérch *n.* 〘魚類〙 キノボリウオ (*Anabas testudineus*) 《マレー諸島・インド産の魚; 地上をはって歩く; cf. anabas》. 〘1872〙

clímbing plánt *n.* はい登る植物, 攀縁(はんえん)植物. 〘1882〙

clímbing róse *n.* つるバラ《樹形で分類したバラの一群》. 〘1836〙

clímbing ràt *n.* 〘動物〙 =black rat.

clímbing ròpe *n.* 登山用ロープ, ザイル.

clímbing wàll *n.* 〘登山〙 クライミングウォール《岩登りの練習のため凹凸をつけて足場を作った壁》.

clímbing yláng-ylang *n.* 〘植物〙 オウソウカ (*Artabotrys uncinatus*) 《インド・マレー地方原産バンレイシ科の常緑つる性低木; 芳香のある花を干して茶に加える》.

clímb·mìlling *n.* 〘機械〙 下向き削り《材料を送る方向とそれを削る刃の動く方向が同一方向であるもの; down milling ともいう》.

clímb·òut *n.* (航空機の)急上昇離陸.

clime /kláɪm/ *n.* 《詩・文語》 1 気候; 風土. 2 [通例 *pl.*] 国, 地方: southern ~*s* 南の国. 〘(*a*1398) □ L *clīma*: ⇨ climate〙

cli·mo·graph /kláɪməgræ̀f | -grɑ̀ːf, -græ̀f/ *n.* 〘地理〙 クリモグラフ, 気候図《ある土地の温度と湿度を座標にとり, 年間を通して一月ごとにグラフにしたもの》. 〘(1916) ← *climo-* (← CLIMATE)+-GRAPH〙

clin- /klaɪn/ (母音の前にくるときの) clino- の異形.

clin·al /kláɪnl̩/ *adj.* クライン (cline) の[に関する]. **~·ly** *adv.*

-cli·nal /kláɪnl̩/ 次の意味を表す名詞・形容詞連結形: 1 「傾斜(した)」. 2 =-clinous[2]. 〘← Gk *-klinēs* leaning (← *klínein* to slope)+-AL[1]〙

cli·nan·dri·um /klaɪnǽndriəm/ *n.* (*pl.* **-dri·a** /-driə/) 〘植物〙 =androclinium. 〘(1864) ← NL ~: ⇨ clino-, andro-, -ium〙

clinch /klíntʃ/ *vt.* 1 a 決定的に手中におさめる (win): ~ the championship 優勝を手にする. b 〈事件・議論などに〉決着をつける, 決定する: ~ a bargain 取引をまとめる / ~ an argument 議論にとどめを刺す (cf. clincher 3). 2 a 〈物を〉固く締めつける, 固定させる; ~ two boards together. b 〈打ち込んだ釘などの突き出た先を〉折り曲げる, 平らにつぶす; 〈ボルトの先端を〉つぶす. 3 =clench 1. 4 〘海事〙 〈綱を〉折返し止め式に止める (cf. n. 5). — *vi.* 1 〈折り曲げた釘・ボルトなどが〉よく締まる, しっかり留まる. 2 《口語》 激しく抱擁する. 3 〘ボクシング〙 クリンチする. 4 〘レスリング〙 四つに組む. ***clínch it*** 《口語》(思っていた)結論が出る, 決着がつく; ふんぎりがつく.
— *n.* 1 《口語》 激しい抱擁. 2 〘ボクシング〙 クリンチ. 3 a 釘の先を折り曲げて締めること. b (釘の先の)曲げつけ, 折返し. 4 《古》 洒落, 地口 (pun). 5 〘海事〙 折返し止め《大索で末端を half hitch にした場合, それがほどけないよう最末端を折り返して大索に細ひもでくくりつけておく式の(半永久的な)止め方》. ***in a clínch*** 抱き合う[合って]; クリンチした[して].
〘(1542) 《変形》← CLENCH〙

clínch-buìlt *adj.* 〘造船〙 =clinker-built. 〘1867〙

clínch·er *n.* 1 釘を留める人, ボルトの締付け工. 2 釘の先の折曲げ器具, (ボルトの)締め具; 仮巻締め機. 3 《口語》 決定的な議論, とどめを刺す言葉, 決め手 (cf. clinch *vt.* 1 b): That's a ~. それで一言もない《反駁の余地はない》. 4 〘自動車〙 クリンチャータイヤ, 凸縁タイヤ, 引っ掛け式タイヤ 《clincher tire ともいう》. 〘(1495): ⇨ -er[1]〙

clínch·er-buìlt /klíntʃə- | -tʃə-/ *adj.* 〘造船〙 = clinker-built. 〘1769〙

clínch nàil *n.* 引っ掛け釘. 〘1626〙

cline /kláɪn/ *n.* 1 〘生物〙 クライン, (地域的)連続変異 (cf. stepcline). 2 〘言語〙 クライン, 連続変異《異なる二つの領域があり, 両者の中間にどちらの側にも属さない, 即ち, どちらの側からも扱える領域がある, 例えば, 文法と語彙は異なる領域であるが, 両者は連続しており, この関係を連続変異という》. 3 〘人類学〙 遺伝的傾斜《ある形質の頻度が地理的に徐々に変化する現象》. 〘(1938) ← Gk *klínein* to slope: ⇨ climax〙

-cline /⌐⌐ klàɪn/ 「傾斜 (slope); 斜層 (gradient)」の意の名詞連結形. 〘《逆成》← -CLINAL〙

cling /klíŋ/ *vi.* (**clung** /klʌ́ŋ/) 1 (手足で)〔…に〕しがみつく, すがりつく, 抱き合う〔*to*〕: ~ *to* each other お互いしっかり抱き合う / She *clung to* his arm. 彼の腕にしがみついていた. 2 a くっつき合う, 離れない〈*together*〉. b 〔…に〕くっつく, 粘着する, ぴったりつく〔*to*〕: The wet garment *clung to* her. 濡れた衣服が彼女の身体にぴったりくっついた / The ivy ~*s to* the wall. ツタが壁にからまっている. 3 a 〈におい・偏見・習慣などが〉しみ込む, 付いて離れない: The perfume still *clung to* the room. 香水のにおいがまだ部屋にしみついていた / A breath of scandal still ~*s* to him. スキャンダルの気配がまだ彼にまとわりついている. b 〔希望・願望・宗教などに〕執着する, 〔家庭・友などに〕愛着をもつ〔*to*〕: ~ *to* one's last hope 最後の望みにすがる / ~ *to* power 権力にしがみつく / The patient *clung* tenaciously *to* life. 患者は生に執着していた / ~ *to* one's old memories 昔の思い出に執着する / ~ *to* a discredited ideology 信用のおけないイデオロギーに執着する. 4 《方言》 縮ませる, しなびさせる. — *n.* 1 粘着; 執着, 愛着 (adherence). 2 =clingstone. **~·er** *n.* 〘OE *clingan* to shrivel, contract < Gmc *kleŋgan ← IE *gel- to from into a ball: cf. clench, cleave[2]〙

clíng·fìlm *n.* 《英》 (食品を包む)ラップ (《米》 plastic wrap). 〘1975〙

clíng·fìsh *n.* 〘魚類〙 ウバウオ《ウバウオ科の腹部に吸盤をもっていて石などに吸い付く魚類の総称》.

clíng·ing *adj.* 1 密着性の, ねばり強い. 2 まといつく; 〈着物が〉ぴったりつく, (ぴったりついて)体の線が見える: ~ garments. **~·ly** *adv.* **~·ness** *n.* 〘(*a*1763): ⇨ -ing[2]〙

clínging víne *n.* 《米口語》 男に頼りきっている女. 〘*c*1960〙

Clíng·mans Dóme /klíŋmənz-/ *n.* クリングマンズドーム《米国 North Carolina 州と Tennessee 州との境にある山; Great Smoky Mountains の最高峰 (2,025 m)》. 〘← T. L. *Clingman* (1812–97: 米国の上院議員)〙

clíng péach *n.* 種離れしない桃 (cf. clingstone). 〘1872〙

clíng·stòne *adj.* 〈果物が〉〈果肉が種に密着して〉種離れしない (cf. freestone). — *n.* 種離れしない果物《ある種の桃やプラムなど》. 〘1705〙

cling·y /klíŋi/ *adj.* (**more ~, most ~; cling·i·er, -i·est**) 1 粘着性の, ねばねばする. 2 〈服などが〉体にぴったりくっつく(性質の). **clíng·i·ness** *n.* 〘(1708–15): ⇨ -y[4]〙

C

clin·ic /klínɪk/ *n.* 1 a (病院・医科大学などの)外来患者診察室; 診療所. b (数人の医者が協同して行う)集団診療所, グループ診療所. c [通例限定詞を伴って] (病院内の)専門部門, 科: a diabetic ~ 糖尿病科. d 個人[専門]病院. 2 a (医学の)臨床講義, 臨床実習. b 臨床講義のクラス. 3 a (社会事業団・学校・警察などに付設されてある)相談所, 相談部[室]: a vocational ~ 職業相談所. b (特別の目的で設けられた)矯正所, クリニック: ⇨ speech clinic. 4 《米》 (医学以外の)実地講座, セミナー (seminar): a ~ for golfing ゴルフ講習会. — *adj.* =clinical. 〘(*a*1626) □ F *clinique* // L *clīnicus* of a bed □ Gk *klīnikós* ← *klī́nē* bed ← IE **kleí-* 'to LEAN[1]'〙

-clin·ic /klínɪk/ 次の意味を表す形容詞連結形: 1 「傾斜した (inclining)」: iso*clinic*. 2 =-clinous[2]. 3 〘結晶〙「(…本の)斜交軸をもつ」: mono*clinic*, tri*clinic*. 〘← Gk *-klinēs* (← *klínein* to slope)+-IC[1]〙

clin·i·cal /klínɪkəl, -kl̩ | -nɪ-/ *adj.* 1 a 臨床の; 臨床講義の: a ~ diagnosis 臨床診断 / ~ lectures 臨床講義 / ~ instruction 臨床[実地]教授 / ~ medicine 臨床医学. b 病床の; 病床で用いられる, 病室(用)の; 病院の: a ~ chart カルテ / a ~ diary 病床日誌. 2 a 〈態度・判断・描写など〉冷静な, 冷徹な; 客観的な, 分析的な. b (病院のように)飾り気がなく機能一点ばりの. 3 〘教会〙 臨終の: ~ conversion [baptism] 病床回心[洗礼]. **~·ly** *adv.* **~·ness** *n.* 〘(1780): ⇨ clinic, -al[1]〙

clínical déath *n.* 〘医学〙 臨床死《特殊な機器に頼らず臨床的観察で判断した死》.

clínical pathólogy *n.* 臨床病理学.

clínical psychólogy *n.* 臨床心理学.

clínical thermómeter *n.* 体温計. 〘1878〙

cli·ni·cian /klɪníʃən/ *n.* 臨床医; 臨床医学者. 〘(1875) □ F *clinicien*: ⇨ clinic, -ian〙

clin·i·co- /klínɪkoʊ | -nɪkəʊ/ 「臨床の; 臨床と…との」の意の連結形: *clinico*pathology. 〘← CLINICAL〙

clìnico·pathológic *adj.* 臨床病理(学)の.

clìnico·pathológical *adj.* =clinicopathologic. **~·ly** *adv.* 〘1898〙

clin·id /klínɪd | -nɪd/ 〘魚類〙 *adj.*, *n.* アサヒギンポ科の(魚). 〘↓〙

Clin·i·dae /klínədiː | -nɪ-/ *n. pl.* 〘魚類〙 アサヒギンポ科. 〘← NL ~ ← *Clinus* (属名: ← Gk *klī́nē* bed)+-IDAE〙

clink[1] /klíŋk/ *n.* 1 a ちん, ちりん, かちん《薄い金属・ガラスなどの触れ合う鋭く短い音》: the ~ of money, glasses, etc. / She put her cup down with a ~. 彼女はかちゃんといわせて茶わんをおいた. b 《スコット》 銭 (coin). 2 鳥 (ノビタキ (stonechat) などの)鋭い鳴き声. 3 クリンク《道路の表面を砕く先の尖った棒》. 4 《英方言》 激しくたたくこと, 打撃 (rap). 5 《方言》 瞬間 (moment): in a ~. 6 〘冶金〙 金属内の微細な割れ《熱変化に伴い生じる割れ (crack) の一種》. 7 《古》 押韻 (rhyme); 語呂(ごろ)のよい響き, 同音の繰り返し (jingle). — *vi.* 1 a ちりんと鳴る: An ice cube ~*ed* against the side of the glass. コップの内側にあたって角氷がかちんと鳴った. b ちりんといわせて動く. 2 《英方言》 さっと動く, 立ち去る〈*down, off*〉. 3 《古》 〈語・詩が〉押韻する (rhyme). — *vt.* 1 ちりんと鳴らす; ちゃらちゃらいわせる: ~ glasses コップをかちんと触れ合わせて乾杯する. 2 《英方言》 激しく叩く. 3 〘冶金〙 内部割れをひき起こす. 4 《古》 〈言葉・詩〉の韻を合わせる (rhyme). 〘(*a*1325) □ (M)Du. *klinken* 《擬音語》: cf. clank〙

clink[2] /klíŋk/ *n.* 《口語》 刑務所, 留置場: in (the) ~ 収監[投獄]されて / get out of the ~ (刑務所から)出所する. 〘(1515) ← ? *Clink Prison* (London の Clink Street にあった刑務所)〙

clink·er[1] *n.* 1 ちんと鳴るもの; ちんと鳴らす人. 2 《英俗》 すてきな物, 一流の物[人]: a real ~ すばらしい物[人]. 3 《米・カナダ俗》 a へま, しくじり (boner). b 失敗作. c 調子はずれの音. 〘(1656): ⇨ clink[1], -er[1]〙

clin·ker[2] /klíŋkə | -kə(r)/ *n.* 1 a クリンカーれんが《ほとんど完全に溶化したため形が一部ゆがんだり, または膨化した非常に硬く焼いたれんが; ドイツおよびオランダで造られている吸水率の小さい強度の大きな建築用れんが; clinker brick ともいう》. b (炉の中にできる)不溶解物の塊, 金くそ. c (セメント製造の)クリンカー, 焼塊《これを砕いてセメントにする》. 2 《古》 オランダで造られたクリンカーれんがの一種 (Dutch clinker). 3 〘地質〙 表面がとげとげした溶岩塊. — *vi.* クリンカーになる. — *vt.* 1 クリンカーにする. 2 …からクリンカーを取り除く. 〘(1641) (古形) *klincard* □ Du. 《廃》 *klinkaard* 《原義》 one that clinks ← (M)Du. *klinken*: ⇨ clink[1]〙

clínker-bùilt *adj.* 〘造船〙 〈船が〉(船側の外板が)よろい張りの (cf. carvel-built). 〘(1769) *clinker*: ← 《北部方言》 *clink* 《(変形)》 ← CLINCH)+-ER[1]〙

clínker plàting *n.* 〘造船〙 よろい張り《船体外板(時には甲板)の張り方の一種; 隣の板と端が重なり合う方式》.

clínker stràke *n.* 〘造船〙 よろい張り用の板[鋼板].

clínker wòrk *n.* 〘造船〙 よろい張り方式.

clink·et·y-clank /klíŋkətiklǽŋk | -ti-/ *n.* がちゃんが

ちゃん《タイヤのチェーンなどの音》. 〘(1901)《変形》← *clink-clank*〙

clínk·ing *adj.* **1** ちりんちりん鳴る. **2**《俗》すてきな, すばらしい. ― *adv.*《俗》すてきに, とても (very): a ~ good fellow. 〘(1714): ⇨ clink[1], -ing[2]〙

clínk·stòne *n.*【岩石】響岩 (⇨ phonolite). 〘1811〙

C

cli·no- /kláɪnoʊ | -nəʊ/ 次の意味を表す連結形: **1**「斜面 (slope); 傾斜 (slant)」. **2**【植物】「床 (bed)」. **3**【結晶】「単斜晶系の (monoclinic)」. ★ 母音の前では通例 clin- になる. 〘← NL ~ ← Gk *klínē* bed & *klínein* to slope〙

cli·no·dome /kláɪnədòʊm | -nə(ʊ)dəʊm/ *n.*【結晶】斜軸底面(ᵉᵏ)《単斜晶系で斜軸に平行な底面; cf. brachydome》. 〘⇨ ↑, dome〙

cli·no·graph /kláɪnəgræ̀f | -nə(ʊ)grɑ̀:f, -græ̀f/ *n.* **1**【測量】クリノグラフ, 傾斜計《ボーリング孔・井戸・立坑などの傾斜, すなわち垂直からの偏りを測定するための装置》. **2**【製図】クリノグラフ《二本の直線定規をつないで, あらゆる角度の線が引けるようにした製図器》. **cli·no·graph·ic** /klàɪnəgræ̀fɪk | -nə(ʊ)-ˊ/ *adj.* 〘(1885) ← CLINO- + -GRAPH〙

cli·nom·e·ter /klaɪnɑ́(:)mətə, klɪ- | -nɔ́mɪtə(r)/ *n.*【測量・地質】クリノメーター, 傾斜儀[計]. **cli·nom·e·try** /klaɪnɑ́(:)mətri, klɪ- | -nɔ́mɪtri/ *n.* 〘(1811) ← CLINO- + Gk *métron* measure〙

cli·no·met·ric /klàɪnəmétrɪk | -nə(ʊ)-ˊ/ *adj.* **1**【地質】クリノメーター[傾斜計]の, クリノメーターで計った. **2**【鉱物】結晶軸間に傾斜のある.

cli·no·mét·ri·cal /-trɪ̀kəl, -kl | -trɪ-ˊ/ *adj.* = clinometric. 〘1885〙

clìno·pyróxene *n.*【鉱物】単斜輝石《輝石のうち単斜晶系に属するものの総称》. 〘⇨ clino-, pyroxene〙

cli·no·stat /kláɪnəstæ̀t/ *n.*【植物】クリノスタット, 植物回転器. 〘← CLINO- + -STAT〙

-cli·nous[1] /kláɪnəs/【植物】「雄蕊(ずい)と雌蕊が…の花にある」の意の形容詞連結形: mono*clinous*, di*clinous*. 〘← ? NL *-clinus* ← Gk *klínē* bed: ⇨ -ous〙

-cli·nous[2] /kláɪnəs/「…から遺伝された」の意の形容詞連結形: matro*clinous*, patro*clinous*. 〘← Gk *-klīnḗs* leaning ← *klínein* to lean, incline: ⇨ -ous〙

clin·quant /klɪ́ŋkənt/《古》*adj.* ぴかぴかと光る; 安ぴか物で飾り立てた. ― *n.* **1** にせ金箔. **2** 安ぴか物 (tinsel). 〘(1591) ☐ (M)F ~ (pres.p.) ← 《廃》*clinquer* to clink, glitter ☐ ? (M)Du. *klinken*〙

clint /klɪ́nt/ *n.*【地質】突き出た岩, 岩棚.

Clint /klɪ́nt/ *n.* クリント《男性名》. 〘(dim.) ← CLINTON〙

Clin·ton /klɪ́ntṇ, -tən | -tən/ *n.* クリントン《男性名》. 〘← ? ME *clint* cliff + -TON: もと地名, 家族名〙

Clinton, De Witt /dɪwɪ́t/ *n.* クリントン《1769–1828; 米国の法律家・政治家; New York 州知事; Erie 運河開鑿(さく)の尽力者》.

Clinton, George *n.* クリントン《1739–1812; 米国の政治家; 副大統領 (1805–12)》.

Clinton, Sir **Henry** *n.* クリントン《1738?–95; 英国の将軍; 米国の独立戦争当時の派遣軍総司令官 (1778–81)》.

Clinton, William Jefferson [Bill] *n.* クリントン《1946– ; 米国の政治家; Arkansas 州知事 (1979–81, 83–92) を経て, 第 42 代大統領 (1993–2001); 民主党》.

clin·to·ni·a /klɪntóʊniə | -tə́ʊ-/ *n.*【植物】ツバメオモト《ユリ科ツバメオモト属 (*Clintonia*) の植物の総称; ツバメオモト (*C. udensis*), *C. andrewsiana* などで, 高山に生える》. 〘(1843) ← NL ~ ← *De Witt Clinton* (↑): ⇨ -ia[1]〙

Cli·o /kláɪoʊ | -əʊ/ *n.* **1** クライオ《女性名》. **2**【ギリシャ神話】クレイオ《歴史を司る; cf. Muse 1》. **3** (*pl.* ~**s**) クリオ賞《年一度 American TV & Radio Commercial Festival においてラジオやテレビの優れたコマーシャルに与えられる小型の像》. 〘☐ L *Clīō* ☐ Gk *Kleiṓ* ← *kleíein* to make famous, celebrate〙

cli·o·met·rics /klàɪəmétrɪks/ *n.* 計量経済史《歴史の資料を数学的・統計学的に分析する》. **cli·o·met·ric** /klàɪəmétrɪkˊ/ *adj.* **cli·o·me·trí·cian** /-əmətrɪ́ʃən | -ə(ʊ)mɪ-/ *n.* 〘(1966): ⇨ ↑, -metrics〙

clip[1] /klɪ́p/ *n.* **1 a** (紙・書状などをはさむ)クリップ・はさみ金具, 紙ばさみ: a tie ~ ネクタイ留め. **b** クリップ留めの装身具《ブローチ, イヤリングなど》. **c** (万年筆などの)留め金具. **2** 蹄鉄の上部表面の突縁. **3** = cartridge clip. **4**【造船】クリップ, 短山形材《鋼材の接合に当たって, ボルトやナットなどによらずはさみつける形に使う短尺の L 字材; lug ともいう》. **5**【外科】クリップ《止血用, また創傷縫合用》. **6**【アメフト】クリッピング《反則行為; ⇨ clipping[2]》. **7** 《古・方言》抱擁 (embrace).

― *v.* (**clipped; clip·ping**) ― *vt.* **1 a** しっかりつかむ (clutch). **b** クリップで留める. **2** すっかり取り囲む (encircle). **3**【アメフト】クリッピングする. **4**《古・方言》抱く, 抱きしめる (embrace). ― *vi.*【アメフト】クリッピングする. ***clip ón*** クリップで留められる (cf. clip-on): The brooch ~*s on* the coat. そのブローチは上着にクリップで留められる.

〘OE *clyppan* to embrace < (WGmc) **kluppjan* (OFris. *kleppa*) ← IE **gleb-* to stick ← **gel-*: ⇨ cleave[2]〙

clip[2] /klɪ́p/ *v.* (**clipped; clipped, clipt** /klɪ́pt/; **clip·ping**) ― *vt.* **1 a** 〈毛・小枝などを〉はさみで切る, 摘む 〈*off, away*〉; 〈芝生などを〉刈る, 刈り取る: ~ a string in two 糸を二つに切る / ~ the hair of a poodle プードルの毛を刈る / ~ a lawn 芝生を刈る. **b** 〈人の頭・馬・羊などの毛を刈る (shear): ~ a person's head close / ~ a sheep, horse, poodle, etc. **c** 〈生垣・庭木などを〉刈り込む. **d** 〈金・銀貨のふちを〉削り落とす. **2 a** (使用済みを示すために)〈切符〉の一部を切り取る, もぎる. **b**《英》〈切符〉に穴をあける. **3**《米》〈新聞・雑誌などを〉切り抜く. **4 a** 切り縮める, 切りつめる; 縮小する, 削減する; 〈記録などを〉縮める: ~ one's power 権力を縮小する / ~ one's visit 滞在期間を短縮する / ~ prices 値引きする. **b**【言語】〈言葉・音を〉省略する, 切りつめて落とす (cf. clipping[1] 3): ~ one's g's 語の最後の g (音)を落とす《clippin' /klɪ́pɪn/ におけるように g を書かないこと, また [ŋ] を発音しないこと》. **5**《口語》…にパンチをくらわせる, ぶんなぐる: ~ a person with a hook 人にフックをくらわせる. **6**《俗》**a** (法外な値をふっかけて)〈人〉から金を巻き上げる; だます, ごまかす, いんちきする: He was ~*ped for* 500 dollars in a night club. ナイトクラブで 500 ドルぼられた. **b** 盗む. **7** すれすれに通る, かすめる: ~ the edge of a precipice. **8**【ラジオ・テレビ】〈信号波形の上部または下部を〉一定のレベルで切り取る.

― *vi.* **1** 切り取る, 摘み取る. **2**《米》(新聞・雑誌などの)切抜きをする. **3 a**《口語》素早く進む, 疾走する. **b**《古》早く飛ぶ.

― *n.* **1 a**【テレビ】= film clip. **b**《米》(新聞などの)切抜き. **2 a** (頭髪・羊毛などの)刈り込み. **b** 刈ら[切り取ら]れたもの. **c** 刈り取った羊毛. **d**《豪》(一回または一季に刈り取った)羊毛量 (cf. wool clip). **3**《口語》強い一打ち (punch): a ~ on the ear 横びんた. **4 a** (二つ刃の)つめ切り. **b** [*pl.*]《スコット》(羊毛などを刈る)大ばさみ (shears). **5**《口語》速力: go at a good [fair, fast] ~ 速力を早めて行く. **6**《米口語》一回, 一度: at one ~ 一度で / at a ~ 一度に. **7**【言語】= clipped form.

〘(?*c*1200) ☐ ON *klippa* to nip off《擬音語》?〙

clíp àrt *n.*【電算】クリップアート《文書中に挿入して使えるようにソフトウェアなどに用意されているイラスト》.

clíp·bòard *n.* クリップボード: **1** 一方の端で紙をはさむようになっている: a ~ of papers. **2**【電算】複写するデータなどを一時的に格納する記憶領域. 〘1896〙

clip-clop /klɪ́pklɑ̀(:)p | -klɔ̀p/ *n.* (馬のひづめなどの)ぱかぱかいう音 (clippety-clop); (それに似た)リズミカルな足音: the ~ of horse's hooves. ― *vi.* ぱかぱかいう音を出す; リズミカルに歩く. 〘(1884)《加重》← CLOP〙

clíp-féd *adj.* 〈ライフルが〉挿弾子 (cartridge clip) から弾倉 (magazine) へ自動的に弾丸をこめられる, 自動装填(てん)(式)の.

clíp hòok *n.* クリップフック (⇨ sister hook). 〘1882〙

clíp jòint *n.* **1**《俗》法外な料金をふんだくるナイトクラブ[酒場](など). **2**【石工】クリップジョイント《組積層の高さをそろえるために, 通常より厚くしたモルタル目地》. 〘(1933): ⇨ clip[2] (vt.) 6〙

clíp-òn *adj.* 〈メダルなど〉クリップで留め(られ)る, ピン付きの, クリップ式の: a ~ brooch. 〘(1909) ← *clip on* (⇨ clip[1] (v.) 成句)〙

clipped /klɪ́pt/ *adj.* **1** きれいに刈り込まれた; 摘まれた, 削り取られた: a ~ mustache 短く刈り込んだ口髭(ひげ). **2** 〈話し方が〉歯切れよい, きびきびした. 〘(1483): ⇨ clip[2], -ed 2〙

clípped fórm *n.*【言語】端折れ語, 短縮語, 省略語《例: zoo (← zoological gardens) / bike (← bicycle) / bus (← omnibus) / tec (← detective); cf. CURTAILED word》. 〘⇨ clip[2]〙

clípped gáble *n.*【建築】= jerkinhead.

clípped wórd *n.*【言語】= clipped form.

clip·per /klɪ́pə | -pə(r)/ *n.* **1** [通例 *pl.*] はさみ, 毛刈りばさみ, 木ばさみ; バリカン: hair ~*s* バリカン《「バリカン」はフランスの会社名から》/ a nail ~ つめ切り. **2 a** 快速大型帆船《船首がとがって前方に突き出し, マストが後方に傾いている帆船; clipper ship ともいう》. **b** (以前に使われた)長距離快速飛行艇, 大型旅客機. **c** 足の速い馬; 速いそり. **d** 早く走るもの. **3 a** 刈り込む人[物], 刈り手. **b** 貨幣のふちを削り取って一部をくすねようとする不正な人. **4**《俗》すばらしい人[物], 逸品. **5**【電子工学】クリッパー《電気信号の波形を適当なレベルで切り取る回路》. 〘(*a*1338): ⇨ clip[2], -er[1]〙

clipper 2 a

clípper bòw /-bàʊ/ *n.*【海事】クリッパー型船首《水面に向かって凹形に湾曲した水切り部をもつ船首》.

clípper-built *adj.*【海事】〈船が〉快速帆船式に造られた. 〘1840〙

clip·pe·ty-clop /klɪ́pɪ̀tiklɑ́(:)p | -pɪtiklɔ́p/ *n.* (馬のひづめなどの)ぱかぱかという音. 〘(1928)《変形》← CLIP-CLOP〙

clip·pie /klɪ́pi/ *n.*《英口語》(バスの)女性車掌 (conductress). 〘(1941) ← CLIP[2] + -IE 1〙

clip·ping[1] /klɪ́pɪŋ/ *n.* **1 a**《米》(新聞・雑誌の)切抜き (《英》cutting): newspaper ~*s* 新聞の切抜き. **b** [しばしば *pl.*] (草・小枝などの)はさみ取った端, 刈り取った毛. **c** 切り[刈り]取ったもの. **2** はさみで切ること, 刈込み. **3**【言語】**a** 省略, 切除, 端折り《通例末尾の部分を切り捨てて語を短縮すること; 例えば thousand, photograph をそれぞれ thousan', photo とするなど》. **b** 切除による接尾辞形成《通例ある語における接尾辞とそれに接する語幹の一部を切り取って新たに他の語のための接尾辞とすること; 例えば chandel*ier* の -lier を接尾辞として electrol*ier* とするなど》. ― *adj.* **1** 刈り取る, 切り取る. **2**《口語》早い, 快速の (swift). **3**《俗》すてきな. **~·ly** *adv.* 〘(*c*1250): ⇨ clip[2], -ing[1]〙

clíp·ping[2] *n.*【アメフト】クリッピング《ボールを保持していない攻撃側選手に対して後方からブロックすること; 反則》.

clípping bùreau [sèrvice] *n.*《米》切抜き提供・販売会社《新聞など出版物の切抜き記事を注文に応じて提供する会社》. 〘1910〙

clip·py /klɪ́pi/ *n.*《英口語》= clippie.

clíp·shèet *n.*【新聞】片面印刷をした新聞(紙面) [シート]《ニュース・特集記事・漫画などを切り取り, 再印刷に便利なように片面に印刷した新聞》. 〘1926〙

clipt *v.* clip[2] の過去分詞.

clique /klí:k, klɪ́k | klí:k/ *n.* (排他的な)徒党, 派閥 (coterie): the military ~ 軍閥. ― *vi.*《口語》徒党を組む. 〘(1711) ☐ F ~ ← (O)F *cliquer* to make a noise《擬音語》: cf. claque〙

cliqu·ey /klí:ki, klɪ́ki | klí:ki/ *adj.* (**more ~, -most ~; cli·qui·er, -qui·est**) 徒党的な, 派閥的な, 党派心の強い. 〘(1863): ⇨ ↑, -y[4]〙

clíqu·ish /-kɪʃ/ *adj.* **1 a** 徒党的な, 派閥的な. **b** 排他的な (exclusive). **2** 徒党に分裂しがちな. **~·ly** *adv.* **~·ness** *n.* 〘(1853): ⇨ clique, -ish〙

cliqu·ism /klí:kɪzm, klɪ́k- | klí:k-/ *n.* 徒党主義, 派閥心[根性]. 〘(1852): ⇨ clique, -ism〙

cliqu·y /klí:ki, klɪ́ki | klí:ki/ *adj.* (**more ~, most ~; cli·qui·er, -qui·est**) = cliquey. 〘1871〙

clish·ma·clav·er /klɪ̀ʃməkléɪvə | -və(r)/ *n.*《スコット》むだ話, うわさ話 (gossip). 〘(1728) ← *clishmaclask* idle talk + CLAVER〙

clist- /klaɪst/ (母音の前にくるときの) clisto- の異形 (⇨ cleisto-).

Clis·the·nes /klɪ́sθənì:z | -θɪ-/ *n.* = Cleisthenes.

clis·to- /kláɪstoʊ | -təʊ/ = cleisto-.

clis·tog·a·my /klaɪstɑ́(:)gəmi | -tɔ́g-/ *n.*【植物】= cleistogamy.

clis·to·the·ci·um /klàɪstəθí:siəm, -ʃiəm/ *n.* (*pl.* **-ci·a** /-siə, -ʃiə/)【植物】= cleistothecium.

clit /klɪ́t/ *n.*《卑》= clitoris. 〘略〙

CLit《略》Companion of Literature.

cli·tel·lum /klaɪtéləm, klɪ-/ *n.* (*pl.* **-tel·la** /-lə/)【動物】(ミミズ・ヒルなどの)環帯. 〘(1839) ← NL ~ ← L *clitellae* packsaddle〙

clit·ic /klɪ́tɪk | -tɪk/【言語】*adj.* 接語の, 接語的な《強勢を受けず, 直前または直後の語の一部のように発音される; フランス語の me, te, le など; cf. proclitic, enclitic》. ― *n.* 接語. **clit·i·cize** /klɪ́tɪsàɪz | -tɪ-/ *vi.* **clit·i·ci·za·tion** /klɪ̀tɪsɪzéɪʃən | -tɪsaɪ-, -sɪ-/ *n.* 〘(1946) ← ENCLITIC, PROCLITIC〙

clit·o·ri·dec·to·my /klɪ̀tərədéktəmi, klaɪ- | -tərɪ-/ *n.* 陰核切除(術)《ある種の因襲的社会で儀式として行われる女性の割礼 (circumcision)》. 〘(1866): ⇨ ↓, -ectomy〙

clit·o·ris /klɪ́tərɪs, kláɪt- | -tərɪs/ *n.*【解剖】陰核, クリトリス. **clit·o·ral** /klɪ́tərəl, kláɪt- | -tə-/ *adj.* **cli·tor·ic** /klaɪtɔ́(:)rɪk, klɪ-, -tɑ́(:)r- | -tɔ́r-/ *adj.* 〘(1615) ← NL ~ ← Gk *kleitorid-, kleitorís* small hill ← IE **klei-* 'to LEAN[1]'〙

Clive /kláɪv/ *n.* クライヴ《男性名; インド統治に関係ある家族に多い》. 〘《異形》← CLIFF: 家族名から〙

Clive, Robert *n.* クライヴ《1725–74; 東インド会社の一事務員から身を起こした英国の軍人・政治家; 1757 年 Plassey の戦いに勝ってインドにおける英国の支配権を確立し, 初代ベンガル知事を務めた (1758–60); 称号 Baron Clive of Plassey》.

cliv·ers /klɪ́vəz | -vəz/ *n.* (*pl.* ~)【植物】= cleavers.

cli·vi·a /kláɪviə, klɪ́v-/ *n.*【植物】クンシラン《ヒガンバナ科クンシラン属 (*Clivia*) の常緑草本で, 早春に赤いユリに似た花をつける; 南アフリカ産》. 〘(1828) ← NL ~: Lady Charlotte Clive (*d.* 1866: Northumberland 公爵夫人) にちなむ〙

clk.《略》clerk; clock.

Cllr《略》《英》Councillor.

Clo.《略》Close《通りの名前に使われる》.

clo·a·ca /kloʊéɪkə | kləʊ-/ *n.* (*pl.* **-a·cae** /-éɪki:, -éɪsi:/) **1** 下水 (sewer), 暗渠(きょ). **2** 便所 (privy). **3** (醜悪・淫行の行われる)魔窟. **4**【解剖】排泄腔; 腐骨瘻(ろう)管. 〘← NL ~ ← L〙 **5**【動物】総排出腔[泄腔], 排出腔《消化管の終末節で生殖輸管と輸尿管を同時に開口する腔所》. **clo·á·cal** /-kəl, -kl/ *adj.* 〘(1599) ☐ L *cloāca* sewer ← OL *cluere* to cleanse, purge ← IE **kleu-* to wash, clean (Gk *klúzein* to wash)〙

cloak /klóʊk | kləʊk/ *n.* **1** ゆったりとした外套[オーバーコート], マント (mantle). **2 a** 覆い隠すもの (covering): under a ~ of snow 雪に覆われて. **b** 偽装 (pretense), 口実 (disguise). **3** [*pl.*]《英・婉曲》= cloakroom 3. ***ùnder the clóak of*** …の口実の下に, の仮面をかぶって, …にかこつけて: *under the ~ of* night 夜の暗闇に乗じて / *under the ~ of* charity [religion] 慈善[宗教]の美名に隠れて.

― *vt.* **1** 覆い隠す: ~ one's ignorance under a confident manner 自信のありそうな風をして無知を隠す / The conferrence was ~*ed* in secrecy. 会議は秘密のベールに包まれていた. **2 a** […で]覆う〔*with*〕: a field ~*ed with* snow 雪で覆われた野原. **b** …に外套を着せる: ~ oneself マントを着る / ~ a person.

〘(1293) *cloke* ☐ OF (方言) *cloque* < ML *cloccam* bell (形の類似から): CLOCK[1] と二重語〙

clóak-and-dágger *adj.* **1** = cloak-and-sword. **2** 陰謀の; 諜報(ちょう)の: ~ work [boys] 諜報活動[部員]. 〘1860〙

clóak-and-swórd *adj.* 冒険とロマンの, 活劇調の, ちゃんばら劇の《マントを身にまとって剣を振るったりする人物が活躍する冒険と陰謀とロマンスの物語や劇などについていう)): ～ fiction, plays, etc. 〖(1806)《なぞり》← Sp. (*comedia de*) *capa y espada* 《原義》(comedy of) cloak and sword〗

cloak·room /klóukrù:m, -rùm/ *n.* **1 a** (ホテル・劇場・クラブなどの)外套(がいとう)類[携帯品]預り所, クローク. 日英比較 日本語と違ってこの意味では cloak と略さない. **b** (訪問中に)外套などを置く部屋. **2** 《英》(駅の)手荷物一時預り所. **3** 《英・婉曲》(ビルなどの)便所, トイレ (cloaks ともいう). **4** 《米》(議会の)議員休憩室 (cf. lobby 3 a). 〖*a*1852〗

clob·ber[1] /klá(:)bə | klɔ́bə$^{(r)}$/ *vt.* 《俗》 **1 a** 容赦なく打つ; なぐり倒す. **b** …に激突する. **2 a** (圧倒的に)打ち負かす. **b** …に大きな打撃を与える, 痛めつける. **c** 酷評する. 〖(*c*1943) ?〗

clob·ber[2] /klá(:)bə | klɔ́bə$^{(r)}$/ 《英俗》 *n.* [集合的] **1** 衣類; 持ち物; 装具 (gear). **2** がらくた. ― *vt.* 〈人を〉着飾らせる 〈*up*〉: be ～*ed* (*up*) 着飾っている. 〖(1879) 《変形》? ← CLOTHES〗

clob·ber[3] /klá(:)bə | klɔ́bə$^{(r)}$/ *n.* 皮革の透(す)き目を塗り隠すのに用いる糊. ― *vt.* **1** 〈磁器, 特に染付けに〉上絵付けする. **2** 《廃》修理する. 〖(18C) ← ? 《廃》 ～ 'to patch, paste to fill cracks' ▭ Sc.-Gael. *clābar* mud〗

clób·bered chína *n.* 新しく彩飾しなおして新品のようにした古い磁器 (特に, 中国の古い磁器に英国で彩飾しなおしたもの). 〖1889〗

clób·ber·er /-bərə | -rə$^{(r)}$/ *n.* 《英》靴修理人, 着物を直す人. 〖(1864): ⇨ clobber[3]〗

clób·ber·ing machine /-bərɪŋ-/ *n.* 《NZ口語》規範に合わせようとする社会的圧力.

cloch·an /klá(:)kæn, klá(:)x- | klɔ́k-, klɔ́x-/ *n.* 《アイル》クロカン (中世初期のアイルランドの石でできた住居; 持出し構造 (corbeling) が特徴).

clo·chard /klouʃáə | kləuʃá:$^{(r)}$; *F.* klɔʃa:ʁ/ *F. n.* (*pl.* ～**s** /～z; *F.* ～/) 宿なし, 無宿者, 放浪者 (vagrant). 〖(1937) ▭ F ～ ← *clocher* to limp: ⇨ -ard〗

cloche /klóuʃ | klɔ́ʃ, kləuʃ; *F.* klɔʃ/ *n.* **1** クローシュ (園芸植物の促成用釣鐘形のガラス覆い). **2** クローシュ (釣鐘形をした婦人帽; cloche hat ともいう). ― *vt.* クローシュで覆う. 〖(1882) ▭ F ～ 'bell' < ML *cloccam* (↓)〗

clock[1] /klá(:)k | klɔ́k/ *n.* **1** 時計, クロック (携帯用でなく定位置で使用するように作られている時計; 掛時計・柱時計・置時計など): an eight-day ～ 八日巻き時計 / a musical ～ オルゴール時計 / like a ～ (時計のように)正確に, 規則正しく / set [regulate] a ～ by the time signal 時計を時報に合わせる / set a ～ going 時計を動くようにする[動かす] / wind (up) a ～ 時計(のぜんまい)を巻く / when one's ～ strikes 一生の終わりを告げる時. 日英比較 英語の日常語では「時計」を *clock* (掛け時計)と watch (腕[懐中]時計)の二つに分類している. 時計の総称としては "timepiece" があるが, 日本語の「時計」のような日常語ではない. 身につけて持ち歩く時計が watch で, 一定の場所に置いて使う時計が *clock*. 詳しく種類をいうときは wall *clock*, table *clock*, wrist watch, pocket watch のようにいう. **2 a** 《口語》指示計器, (自動)記録器 (スピードメーター・タクシーメーターなど); 《英》(車の)走行距離計 (odometer): pay what's on the ～ メーターに示されている額を払う / 100 miles on the ～ 距離計で 100 マイル. **b** 《米》タイムレコーダー (time clock). **c** ストップウォッチ (stopwatch). **3** (タンポポなどの)綿毛のような頭 (pappus): ⇨ dandelion clock. **4** 《俗》 **a** 人の顔. **b** 顔をなぐること, 顔面へのパンチ (punch). **5** 〖電算〗クロック (コンピューターを作動させるために周期的に生じるパルス列). **6** [the C-] 〖天文〗とけい(時計)座 (⇨ Horologium).

agàinst the clóck ＝*against* TIME. ***aròund the clóck*** 《米》＝*round the* CLOCK. ***béat the clóck*** 期限前に仕事を終える. ***enóugh to stóp a clóck*** 《口語》〈顔など〉非常に醜い. ***kill the clóck*** 〖スポーツ〗(ボールなどをキープして時間をかせいで)残された試合時間をできるだけ使う. ***líve by the clóck*** 規則正しい生活を送る. ***pút [sét, túrn] báck the clóck＝pút [sét, túrn] the clóck bàck＝pút [sét, túrn] the clóck ròund*** (1) (夏時間が終わったときなどに)時計の針を戻す. (*a*1745) (2) 昔に立ち帰(って旧習などを復活させ)る. (3) 時代に逆行する. ***pút [sét] the clóck(s) ón [fórward, ahéad]*** (夏時間に合わせて)時計の針を進める. ***róund the clóck＝the clóck ròund*** (1) 24[12] 時間ぶっ通しで, 四六時中: sleep *round the* ～ 12[24] 時間ぶっ通しで眠る. (2) 休みなく. (1895) ***rún óut the clóck*** 〖スポーツ〗＝*kill the* CLOCK. ***stárt [stóp] the clóck*** 〖スポーツ〗試合を再開する[止める]. ***the clóck aròund*** 《米》＝*round the* CLOCK. ***wátch the clóck*** (1) 時計ばかりながめている. (2) 退出時間ばかり気にしている (cf. clock-watcher).

― *vt.* **1** 時計で…の時間を計る[確かめる, 記録する]. **2** 《口語》(ストップウォッチで)〈走者・競技など〉のタイムを計る; (タイムを計って)…の記録を出す, の記録を測る: ～ 10.3 seconds for …に 10 秒 3 の記録を出す / At one point we managed to ～ 125 miles an hour. 一時点で時速 125 マイルをなんとか出せた. **3** (指示計器で)記録する, 測定する 〈*up*〉: ～ *up* record sales 記録的な売り上げを達成する. **4** 《口語》殴る (hit): I ～*ed* him (one) on the jaw. あごを殴った. **5** 《英口語》見る, 注目する. ― *vi.* タイムレコーダーで時間を記録する (punch).

clóck ín [ón] 〈工員などが〉(タイムレコーダーで)始業の時間を記録する, 出勤時間を記録する; 出勤する. ***clóck óut [óff]*** 〈工員などが〉(タイムレコーダーで)終業の時間を記録する, 退出時間を記録する; 退社する.

〖(*c*1370) ▭ MDu. *clocke* clock, bell ▭ ONF *cloque* bell (F *cloche*) < ML *cloccam* bell ← ? Celt. **klokkā* 《擬音語》: CLOAK と二重語〗

clock[2] /klá(:)k | klɔ́k/ *n.* (靴下の両側または足首のところに施した)縫取り飾り. ― *vt.* 〈靴下に〉縫取り飾りを施す. **clócked** *adj.* 〖(1530) ← ? CLOCK[1]: 鐘の形から〗

clóck·er *n.* **1** (試走時の)競走馬の計時係; タイム計測担当係; 時計記録係. **2** (車や人の流れなどを)記録する人; 交通記録者. **3** 《米俗》麻薬の売人.

clóck·fàce *n.* 〖時計〗文字盤 (dial). 〖1879〗

clóck gòlf *n.* 〖ゴルフ〗クロックゴルフ (パッティングだけのゴルフでカップは一つ; 文字盤を模した 12 の位置からボールを打つ). 〖1906〗

clóck hòur *n.* 60 分単位の授業時間 (cf. hour 6 a). 〖1872〗

clóck jàck *n.* ＝jack[1] 13. 〖1926〗

clóck·like *adj.* 時計のような; 正確な (punctual). 〖1741–70〗

clóck·màker *n.* 時計師, 時計工, 時計製造[修理]人. 〖1453〗

clóck plànt *n.* 〖植物〗＝telegraph plant.

clóck-pùlse *n.* 〖電子工学〗クロックパルス, 調歩パルス (電子回路等の動作速度を定めたり, いくつかの装置を同期的に運転する目的のパルス状の電気信号).

clóck rádio *n.* タイマー[時計]付きラジオ. 〖1949〗

clóck spèed [ràte] *n.* 〖電算〗クロックスピード[レート] (clock の周波数; CPU などの動作速度を決定する).

clóck tòwer *n.* 時計塔[台]. 〖1880〗

clóck wàtch *n.* 時打ち懐中時計. 〖1683〗

clóck-wàtcher *n.* **1** 時計ばかりながめて仕事[勉強]に熱を入れない人[学生]. **2** 退出時間がくるとさっと仕事をやめる人. **clóck-wàtch** *vi.* **clóck-wàtching** *n.* 〖1911〗

clock·wise /klá(:)kwàɪz | klɔ́k-/ *adj., adv.* 時計の針と同じ方向の[に], 時計回りの[に], 右回りの[に] (cf. counterclockwise). 〖(1888): ⇨ -wise〗

clock·work /klá(:)kwə̀:k | klɔ́kwə̀:k/ *n.* **1** 時計仕掛け: (as) regular as ～ (時計仕掛けのように)規則正しい[く]. **2** ぜんまい仕掛け. **3** 時計[ぜんまい]仕掛けでできた[作動する]もの. ***like clóckwork*** (時計仕掛けのように)極めて規則正しく; 正確に. (1799)

― *adj.* [限定的] 時計[ぜんまい]仕掛けの(ような): a ～ toy / with ～ precision 時計仕掛けのように正確に. 〖*a*1628〗

clod /klá(:)d | klɔ́d/ *n.* **1 a** (土などの)塊, 土くれ (lump); 〖土壌〗土塊(どかい) (耕耘(こううん)など人間の作用でできる土の塊; cf. ped): a ～ of earth 一塊の土. **b** [the ～] 《詩》土 (soil, earth). **c** 土くれのようなもの, 肉体: this corporeal ～ この卑しい肉体. **2** のろま (clodhopper), とんま, うすのろ (clodpate). **3** (牛の)肩肉, クロッド (⇨ beef 挿絵). **4** [通例 *pl.*] 《英俗》銅貨.

― *v.* (**clod·ded; clod·ding**) ― *vt.* **1 a** …に土くれを投げつける. **b** 《方言》土くれを投げて追い払う. **2** 《英俗》激しく投げる (hurl). ― *vi.* 土くれになる. 〖(*a*1398) *clod, cludde* < OE **clod-* (cf. *clodhamer* fieldfare) 《変形》← *clott* 'CLOT'〗

clod·dish /klá(:)dɪʃ | klɔ́d-/ *adj.* **1** 重苦しく元気のない, だるい. **2** 鈍重な, のろまの. **～·ly** *adv.* **～·ness** *n.* 〖(1844) ⇨ ↑, -ish[1]〗

clod·dy /klá(:)di | klɔ́di/ *adj.* **1** 土塊の多い[ような]. **2** 〈犬が〉丈が低くずんぐりして比較的重い. **clód·di·ness** *n.* 〖(?*a*1425): ⇨ clod, -y[4]〗

clod·hop·per /klá(:)dhɑ̀(:)pə | klɔ́dhɔ̀pə$^{(r)}$/ *n.* 《口語》 **1 a** 農夫, 百姓; (気のきかない)田舎者. **b** のろま, 鈍重な男. **2** [通例 *pl.*] (農夫のはくような)大きくて重い靴, どた靴. 〖(*c*1690) GRASSHOPPER にならった造語〗

clod·hop·ping /klá(:)dhɑ̀(:)pɪŋ | klɔ́dhɔ̀pɪŋ/ *adj.* 《口語》がさつな, 無作法な, ぎこちない, 武骨な, 洗練されていない. 〖1843〗

clód·pàte *n.* ばか者, 間抜け (blockhead). 〖1636〗

clód·pòle *n.* ＝clodpate. 〖1601–2〗

clód·pòll *n.* ＝clodpate.

clo·fi·brate /kloufáɪbreɪt, -fíb- | kləu-/ *n.* 〖薬学〗クロフィブレート ($C_{12}H_{15}O_3Cl$) (過コレステリン血症 (hypercholesterolemia) の治療に使用される). 〖(1964) ← ? C(H)LO(RINE)＋FIB(E)R＋(PROPION)ATE〗

clog /klá(:)g, klɔ́(:)g | klɔ́g/ *n.* **1** [通例 *pl.*] 木底靴, 木靴: a pair of ～*s*. **2 a** (獣や人の脚にくくりつけて自由な行動を妨げる)おもり, 枷(かせ). **b** 《古》邪魔物, 障害: a ～ of conscience 良心という足かせ (Shak., *Richard* 2 5. 6. 20). **3** ＝clog dance. **4** ＝clog almanac. **5** 《英方言》丸太 (log). ― *v.* (**clogged; clog·ging**)

― *vt.* **1 a** 邪魔する, 妨害する; …の動き[発達]を阻害する (⇨ hamper[1] SYN): ～ one's movements 行動の邪魔をする. **b** 〈心配・不安などが〉心・気分を重くさせる, …の動きを鈍くさせる: Fear ～*ged* his mind. 不安で彼の心がふさいだ. **2 a** (油・ねばねばしたものなどがたまって)〈機械を〉動かなくする: The machine got ～*ged* by thick oil and dirt. 機械は油の塊とごみで動きが悪くなった. **b** 〈管などを〉詰まらせる, ふさぐ 〈*up*〉. **3** 混み過ぎる, 詰め過ぎる: The street was ～*ged with* cars. 通りは車でぎっしりだった. **4 a** …に木靴をはかせる. **b** 〈靴〉に木底を付ける. **c** 〈獣の脚〉におもりをつける: ～ a horse. **5** 〖サッカー〗《俗》〈相手選手〉に反則をする. ― *vi.* **1** 〈管などが〉詰まる, ふさがる 〈*up*〉: ～ easily. **2** ねばつく, くっつく. **3 a** 木靴ダンス (clog dance) を踊る. **b** 木靴をはいて歩く; 重々しく歩く. 〖(*a*1325) ← ?〗

clóg àlmanac *n.* 棒ごよみ (角棒の四面[四稜]に切りかきや rune 文字を刻み付けた北欧の昔の暦; runic staff, runestaff ともいう).

clóg dànce *n.* 〖ダンス〗木靴ダンス (木靴で拍子を取って踊る; cf. tap dance). **clóg dàncer** *n.* **clóg dàncing** *n.* 〖1869〗

clogged /klá(:)gd, klɔ́(:)gd | klɔ́gd/ *adj.* (穴の)詰まった: a ～ drain.

clóg·ger *n.* **1** 木靴職人; 木靴ダンスをする人. 〖1745〗 **2** 〖サッカー〗《俗》決まって妨害をする選手. 〖1970〗

clóg·ging *n.* 《米》木靴ダンス (clog dance) をすること.

clog·gy /klá(:)gi, klɔ́(:)gi | klɔ́gi/ *adj.* **1** 邪魔になる. **2 a** 塊[こぶ]だらけの. **b** べたつく. **3** 詰まりやすい. **clóg·gi·ness** *n.* 〖(1577–87): ⇨ clog, -y[4]〗

cloi·son·né /klɔ̀ɪzənéɪ, klwà:-, -zn- | klwa:zɔ́neɪ, klwʌ-; *F.* klwazɔne/ *adj.* 有線七宝(しっぽう)の, クロワゾンネの (金属の細いリボンで地を仕切り, その中にエナメルを焼きつけた; cf. champlevé): ～ work [ware] 有線七宝細工, 有線七宝. ― *n.* 有線七宝, クロワゾンネ七宝 (cloisonné enamel ともいう). 〖(1863) ▭ (F ～ (p.p.) ← *cloisonner* to partition ← *cloison* partition)〗

clois·ter /klɔ́ɪstə | -tə$^{(r)}$/ *n.* **1 a** (修道院・大学などで中庭を囲んだ四角形の)歩廊, 回廊, クロイスター. **b** (道路に沿った)屋根のある通路, アーケード (arcade). **2 a** 修道院, 僧院. **b** [the ～] 修道院生活, 隠遁生活. **c** 禁域 (ここから一般信者は入るべからずとの指示). **3** (修道院のように)静かな隠れた場所. **4** [the Cloisters] クロイスターズ (米国 New York 市北部, Hudson 河畔にある中世美術館; Metropolitan 美術館の分館で, スペインの修道院を解体し再建したもの).

― *vt.* **1 a** 修道院に閉じ込める. **b** 世間から隔離する, 引きこもらせる (seclude): ～ oneself in a study 書斎に閉じこもる. **2** …に歩廊 (cloister) を付ける, 歩廊[回廊]で取り囲む.

〖(*a*1225) ▭ OF *cloistre* 《変形》← *clostre* < ML *claustrum* room in a monastery, (L) lock, a place shut up ← *claudere* 'to CLOSE[1]': OF の変形は *cloison* partition (⇨ cloisonné) の影響〗

SYN 修道院: **cloister** 修道院 (男女双方の宗教上の隠遁場所で, *convent, monastery* の双方を含む). **convent** 女子修道院. **nunnery** 《古風》＝*convent*. **monastery** 通例, 男子修道院. **abbey** 大修道院 (大修道院長 (abbot, abbess) の統括する修道院). **priory** 小修道院 (小修道院長 (prior, prioress) の統括する修道院で, 時として *abbey* の支部).

clois·ter·al /klɔ́ɪstərəl, -trəl/ *adj.* ＝cloistral.

clóis·tered *adj.* **1 a** 修道院[僧院]にこもった. **b** 世を避けた, 世間とは没交渉の. **c** 書斎[研究室]に閉じこもって仕事に没頭する. **2** 回廊 (cloister) のある. 〖(1581): ⇨ -ed 2〗

clóistered árch [váult] *n.* ＝cloister vault.

clóister gàrth *n.* 回廊 (cloister) に囲まれた中庭, 回廊中庭. 〖1850〗

clóister vàult *n.* 〖建築〗クロイスターヴォールト (正方形平面などの上に半円筒形を直交させた形の架構で, ドーム状の天井をなすもの; cf. groin vault).

clois·tral /klɔ́ɪstrəl/ *adj.* **1** 修道院の; 修道院を思わせる, 修道院のような. **2** 世間を離れた, 隠遁した. 〖(1605) ← CLOISTER＋-AL[1]〗

cloke /klóuk | kləuk/ *n., vt.* 《古》＝cloak.

clomb *v.* 《古・方言》climb の過去形・過去分詞. 〖ME *clombe(n)* < OE *clumbe(n)*〗

clo·mi·phene /klá(:)məfi:n, klóum- | kləumɨ̀-, klɔ́m-/ *n.* 〖薬学〗クロミフェン (排卵誘発剤; clomiphene citrate ともいう). 〖(1963) 《短縮》← *chloramiphene*: ⇨ chloro-, amine, pheno-〗

clomp /klá(:)mp | klɔ́mp/ *vi., n.* ＝clump[2] *vi., n.* 1. 〖1829〗

clom·py /klá(:)mpi | klɔ́m-/ *adj.* 〈靴が〉ごつい, ドタドタする (clumpy). 〖《異形》: ⇨ clumpy〗

clone /klóun | kləun/ *n.* (*also* **clon** /klóun, klá(:)n | kləun, klɔ́n/) **1** 《口語》そっくりな物[人], コピー. **2** 〖植物〗クローン, 栄養純系, 分枝群 (単一原種から発生した栽培植物個体の群属, また単性生殖体から無性生殖的に発生した群属; cf. ramet). **3** 〖生物〗クローン, 分枝系 (単一個体または細胞から無性生殖により生じた遺伝的に同一な個体群あるいは細胞群; cf. stock 17). **4** 〖電算〗互換機, クローン (他社製品と同じ動作をするもの); (携帯電話の)クローン (他人の端末機として認識されるように工作したもの; 料金請求から不法に逃れるのに使われる). ― *vt.* **1** 《口語》…とそっくりに作る; …を模倣する. **2** …にクローンを発生させる. **clo·nal** /klóunl̩ | kləu-/ *adj.* **cló·nal·ly** /-nəli, -nl̩i/ *adv.* 〖(1903) ▭ Gk *klṓn* slip, twig ← IE **kel-* to strike, cut〗

clon·ic /klá(:)nɪk, klóun- | klɔ́n-, kláun-/ *adj.* 〖病理〗痙攣(けいれん)が間代(かんたい)性の (cf. tonic 6). 〖(1849): ⇨ clonus, -ic[1]〗

clo·nic·i·ty /klɑ(:)nísəti, klou- | klɔnísɨ̀ti, kləu-/ *n.* 〖病理〗間代(かんたい)痙攣(けいれん)性.

clon·i·dine /klá(:)nədi:n, klóu-, -dɪ̀n | klɔ́nədi:n, kləu-, -dɪn/ *n.* 〖薬学〗クロニジン ($C_9H_9Cl_2N_3 \cdot HCl$) (高血圧・偏頭痛の治療に用いる; clonidine hydrochloride ともいう). 〖1970〗

clonk /klɔ́(:)ŋk, klá(:)ŋk | klɔ́ŋk/ *n.* どーん, がーん (中空で堅い物と堅い物がぶつかったときの音). ― *vi.* どーん[がーん]と音がする. ― *vt.* **1** どーん[がーん]といわせる. **2** 《口語》打つ (hit). 〖(1930) 《変形》← CLANK〗

Clon·mel /klɑ(:)nmél | klɔn-, ⌐–⌐/ *n.* クロンメル (アイルランド南部 Tipperary 県の県都; Laurence Sterne の生地).

clo·nus /klóunəs | kləu-/ *n.* 〖薬理〗クロ(ー)ヌス, 間代(かんたい) (急激で断続的に反復する筋肉の攣縮(れんしゅく)). 〖(1817) ← NL ～ ← Gk *klónos* violent motion, tumult〗

C

cloop /klúːp/ *n.* 《コルクの栓を抜くときの》ぽん《という音》. **—** *vi.* ぽんという. 〖《1848》擬音語〗

cloot /klúːt/ *n.* 《スコット・北英》=clootie. 〖《1725》↓〗

cloot·ie /klúːṭi | -ti/ *n.* 《スコット・北英》 **1** 《豚や羊の》分趾蹄(ぶんしてい). **2** [C-] 悪魔, サタン. 《悪魔には割れたひづめがあるとの伝説から》 〖《1785》《スコット》～ (dim.) ← cloot cloven hoof ← ? ON: cf. ON *klō* 'CLAW'〗

Cloots /klóuts | klə́uts; *F.* klɔts, kloːts/, Baron de *n.* クローツ 《1755–94; プロイセン生まれのフランス革命当時の革命家; Robespierre と対立し処刑される; 筆名 Anacharsis Cloots, 本名 Jean Baptiste du Val-de-Grace /ʒɑ̃batist dy valdəgraːs/》.

clop /klɑ́(ː)p | klɔ́p/ *n.*, *adv.*, *vi.* =clop-clop. 〖《1899》擬音語〗

clop-clop /klɑ́(ː)pklɑ̀(ː)p | klɔ́pklɔ̀p/ *n.* ぱかっぱかっ《馬のひづめの音》. **—** *adv.* ぱかっぱかっと音を立てて. **—** *vi.* ぱかっぱかっという音を出す. 〖《1901》擬音語〗

clo·que /kloukéɪ, ―́―̀ | kləukeɪ, ―́―̀; *F.* klɔke/ *n.* (*also* **clo·qué** /～/) クロッケ 《布の表面に凹凸のある織地》. 〖《1936》□ F *cloqué* ← (p.p.) ← *cloquer* to become blistered ← 《方言》 *cloque* bell〗

Clo·rin·da /klɔːríndə/ *n.* クロリンダ 《女性名》. 〖□ It. ～: Tasso 作 *Jerusalem Delivered* の登場人物の名〗

clos·a·ble /klóuzəbl̩ | klə́uz-/ *adj.* 閉めることができる, 閉鎖可能の.

Clos de Vou·geot /klóuḍəvuːʒóu | klə́udəvuːʒə́u; *F.* klodvuʒo/ *n.* クロドヴジョ(ワイン) 《ブルゴーニュ (Burgundy) 産の風味のある赤ワイン》. 〖□ F ～ 《原義》 vineyard of Vougeot〗

close¹ /klóuz | klə́uz/ *vt.* **1 a** 〈戸・門・窓・目・口などを〉閉じる, 閉ざす (shut): ～ a door, gate, window, etc. / ～ shutters / ～ one's mouth, lips, eyes, etc. / ～ one's parent's eyes (臨終に付き添って)親の両眼をふさぐ / ～ a person's eye (打って)人の目を(はれ上がらせて)ふさがらせる / His eyes are ～*d*. 彼の両眼は閉じた《死んだ》/ My mouth is ～*d*. 私は口をきいてはいけない《口止めされている》. **b** 〈場所〉への通行[入場]を締め出す[停止する], 遮断する, 閉鎖する; 近づけない: ～ a street for repairs 改修のため道路を閉鎖する / ～ woods to hikers ハイカーたちに森への立ち入りを禁止する / The bridge is ～*d* to traffic. あの橋は通行禁止になっている. **c** 〈心を〉閉ざす: He ～*d* his mind to my warning. 彼は私の警告に耳を貸さなかった. **d** …に境界を作る; さえぎる, 見えなくする: ～ a view. **e** 〈店・事務所・役所・学校・港などの業務を停止する, 休業する: ～ one's business on Sundays 日曜日には店を閉じる / The mist ～*d* the airport. 霧のため空港は閉鎖された / The school was ～*d* because of (the) flu. インフルエンザで休校になった / *Closed* today. [掲示] 本日休業 / The shop is ～*d* for a month. その店は 1 か月休業する.

2 a 〈穴などを〉ふさぐ 〔*with*〕: ～ the cracks *with* plaster ひび割れをしっくいでふさぐ / ～ a gap [breach] すき間[割れ目]を詰める. **b** 〈引出しを〉閉める: ～ a drawer. **c** 〈箱などの〉ふたをする: ～ a box. **d** 〈傷口などを〉くっつける, ふさぐ: ～ a wound 傷を縫合する. **e** しっかりつかむ, 握る 〔*about, around, over*〕: ～ one's fist こぶしを握る / ～ one's purse to …に対して金を出すことを拒む.

3 a 〈事務・仕事・課業・話などを〉終える, 終了する, 済ます, おしまいにする, 締め切る: ～ a course of lectures, a speech, etc. / ～ a letter 手紙を結ぶ / ～ subscription 寄付を締め切る / ～ an account with a tradesman 商人と取引を止める / ～ a discussion [debate] 〈議長などが〉討論を終結させる / ～ a ceremony 儀式を終える / ～ one's career [life, days] 一生を終える / ～ the books 決算する / That chapter is ～*d*. その話はそれで終わりだ. **b** 〈商談・契約などを〉まとめる, 取り決める: ～ a deal, bargain, etc. **c** 〖電算〗〈ファイルを〉閉じる, クローズする《利用状態を終了する》.

4 《古》 取り囲む: Darkness ～*d* her around. 暗闇が彼女のまわり一面を包んだ.

5 〖電気〗 閉じる, 入れる: ～ a circuit [an electric current] 回路を閉じる[電流を通じる]. **6** 〖海事〗〈船が〉〈他の船・岸などに〉迫る, 肉迫する, 接近する. **7** 〖ゴルフ・野球〗 (ボールを打つときに)〈足の位置を〉クローズドスタンスに変える (cf. closed stance).

— *vi.* **1 a** 〈戸・目・花などが〉閉じる, 締まる, ふさがる (shut): His eyes ～*d* upon the world. 彼の目が閉じて(死んで)この世の見納めとなった / The door won't ～ tight. その戸は堅く閉まらない. **b** 〔…の上を〕閉じ込める, 四方から覆う 〔*over*〕: The clouds ～*d over* the moon. 雲が月を覆い隠してしまった.

2 a 〈手・指が〉〔…を〕しっかりと握る 〔*on, upon*〕: His fingers ～*d upon* the dagger. 彼の指は短剣を握りしめた / His hand ～*d on* my arm. 彼の手が私の腕を握った. **b** 〈唇・両あごが〉くっつく, 閉じる: I saw her lips ～ firmly. 彼女の唇が堅く閉じるのを見た. **c** 〈傷口が〉ふさがる, 癒着(ゆちゃく)する.

3 a 終業する, 閉店する, 閉会する, 閉場する: The store ～*s* at 7 p.m. 午後 7 時に閉店する / The store has ～*d* for good. 店は永久に閉めてしまった. **b** 〈芝居が〉打上げになる, はねる.

4 a 〈仕事・話などが〉済む, 終わる, 果てる. **b** 〔…で〕演説[話]を終わる, 話を結ぶ 〔*with*〕: He ～*d with* [by saying] these words. こう言って話を終わった / The meeting ～*d with* a prayer [on a note of reconciliation]. 会合は祈りの言葉[和解の覚書]で終わった. **c** 契約を締結する; 〔…と〕契約する 〔*with*〕: ～ *with* a businessman.

5 〖証券〗〔…の〕終わり値を付ける, 〔…で〕引ける 〔*at*〕: The stock ～*d at* 55. その株式は 55 ドルで引けた / Steels ～*d* high [up]. 鉄鋼株が高値で引けた. **6 a** 〔…に〕近寄る, 接近する, 迫る 〔*with*〕: The ship was *closing with* the harbor. 船が港に近づいていた / The obscurity in the air and the obscurity in the land ～*d together*. 大気の暗さと大地の暗さが寄り合った / A crowd of people ～*d* round to see the sight. 大勢の人々がその光景を見ようと近寄ってきた. **b** 〔…と〕接(近)戦をする, つかみ合いになる 〔*with*〕: ～ *with* the enemy. **7** 〖軍事〗 集合する; 〈隊列が〉密集する, 寄る, (間隔・距離を)詰める: ～ right [left] 〈隊列が〉右[左]に詰める. **8** 〖競馬〗 先行馬との差をつめる, 追い込む. **9** 〖トランプ〗 (sixty-six などで) 山札閉鎖の宣言をする《以後は山札からカードを引くことができない》. **10** 〖ダンス〗 クローズする (⇨ *n.* 4).

clóse aróund [*róund*] (1) ⇨ *vt.* 4. (2) ⇨ *vi.* 6 a. (3) 〈腕・手などが〉…を抱き[握り]しめる (cf. *vt.* 2 e). *clóse dówn* (*vt.*) (1) 〈会社・店などを〉閉鎖する, 閉ざす; 閉店させる; 停止する. (2) 〖サッカー〗 (相手選手をマークして)動きを封じる. **—** (*vi.*) (1) 〔…を〕抑圧する, 制御する, 締め出す 〔*on*〕: The law ～*d down on* gambling. 法律はかけごとを禁止した. (2) 〈夜が〉迫る; 〈霧などが〉降りてくる 〔*on*〕. (3) 店じまいする, 廃業する. (4) 《英》〈放送・放映が〉終了する. *clóse ín* (*vi.*) (1) 〈…を〉囲む (enclose) 〔*on, upon*〕. (2) 〈敵などが〉〔…に〕押し寄せて[迫って]くる 〔*around, for, on, upon*〕: The enemy ～*d in on* the coast. 敵は海岸に押し寄せてきた / Several runners were *closing in on* the leader. 幾人かの走者は先頭走者へと迫ってきていた. (3) 〈夜・闇などが〉迫る 〔*on, upon*〕: Dusk [Darkness] ～*d in upon* the mountains. 夕闇が山並みに迫ってきた. (4) 〈日が〉次第に短くなる: The days are *closing in* as we approach winter. 冬に近づくにつれ日が短くなっていく. (5) 〈天候が〉悪化する. **—** (*vt.*) (1) 閉じこめる, 〈土地などを〉囲む; 包みこむ; ふさぐ. (2) 〈油井の〉流出を止める. *clóse óff* (1) 孤立させる; 〈道路・地域などを〉封鎖する 〔*to*〕. (2) …の流れを止める. (3) 〈体の一部を〉傷つける. *clóse ón* [*upón*] …に迫る, (レースで)追いすがる. *clóse óut* 《米》 (*vt.*) (1) 〈品物を〉処分する, 売り払う; 売る: a *closing-out* sale 見切り売り, 蔵払い大売出し. (2) 〈業務を〉閉鎖する; 〈店を〉閉じる. (3) 排除する; 〈光・音などを〉遮断する. (4) 終える, 終結させる. (5) 〈口座などを〉しめる, 清算する. **—** (*vi.*) (1) 店じまいする. (2) 勘定を締め切る. *clóse róund* =CLOSE *around*. *clóse úp* (*vt.*) (1) 〈かばんなどを〉閉じる, 〈穴などを〉ふさぐ; 〈傷口を〉縫い合わせる; 密閉する. (2) 終演にする, 打止めにする. (3) 〈店などを〉一時的に閉める; 〈店を〉たたむ; 《米》〈営業などを〉停止させる. (4) [しばしば受身で] 寄り集める. (5) 《米》…にけりをつける: ～ *up* one's affairs. (6) 〖印刷〗 (込め物などを抜いて)〈語間・行間を〉詰める; 〈分割原稿で組んだものを〉一つにまとめる, 集める. **—** (*vi.*) (1) 〈店などが〉一時的に閉まる; 〈店が〉たたまれる. (2) 〈列の人々が〉寄る, 密集する; 近寄る. (3) 〈傷口・穴などが〉ふさがる. (4) 殻に閉じこもる, 無口になる. (5) 〈のどなどが〉つまる. *clóse wíth* (*vi.*) (1) …と戦う, 取っ組み合う, …と接近戦を交える (cf. 6 b). (2) 〈申し出などに〉応じる. (3) ⇨ 4 b, c. **—** (*vt.*) ⇨ 2 a.

— *n.* **1 a** 結末, 終結, 終わり: a ～ fitting to a strenuous life 努力奮闘の一生にふさわしい最期 / a complimentary ～ (手紙の)結句 / at (the) ～ of day [year] その日[年]の終わりに / bring a story to a ～ 話を終わらせる / come to a ～ 終わる / draw to a ～ 終わりに近づく. **b** (演説・劇などの)結びの言葉. **c** (手紙の)結句. **2** 〖音楽〗 終止(形) (cadence); 結尾複縦線 (‖). **3** 〖証券〗 終わり値, 引け値. **4** 〖ダンス〗 クローズ《空いている足を体重を支えている方の足へもってくること》. **5** 《古》 結び合うこと, 接合: the holy ～ of lips. **6** 《古》 取っ組み合い, 接戦. 〖v.: 《*c*1280》□ (O)F *clos-* (stem) ← *clore* < L *claudere* to shut ∽ OE (*be*) *clȳsan* to enclose ← *clūse* barrier □ ML *clūsa*=L *clausum* (p.p.) ← *claudere* ← IE **klēu-* hook, peg (L *clāvis* key / Gk *kléis*). — n.: 《*c*1399》 ← (v.)〗

SYN 閉める: **close, shut** 「開いているものを閉じる」という意味でしばしば交換可能である: *close* [*shut*] one's eyes 目を閉じる. しかし, *close* a door [gate] はただドアや門を閉めたことを意味するのに対して, *shut* a door [gate] はドアや門を閉めた上に鍵を掛けたりかんぬきを下ろしたりしたという含意がある. *close* a gap (すき間をふさぐ), *close* a shop (閉店する)などで *close* しか適切でないのは, どちらの場合にも, かぎを掛けたりかんぬきを下ろしたりするという明白な含意がないからである. なお, *close* のほうが上品な語とする人もいる.

close² /klóus | klə́us/ *adj.* (**clos·er**; **-est**) **A 1 a** (場所・時間・程度など)密接した; 〔…と〕近い, 接近した, 類似した 〔*to*〕: a ～ resemblance 酷似 / a ～ sequence of events ひっきりなしに続発する事件 / in ～ contact 密接に接触して / Newark is ～ *to* New York. ニューアークはニューヨークに近い / a speed ～ *to* that of sound 音速に近い速度 / I was ～ *to* death. もうちょっとで死ぬところだった / She was ～ *to* tears. 彼女は今にも泣き出しそうだった / That's pretty ～. 当たらずとも遠からず (cf. *You're* CLOSE.). **b** 親しい, 親密な: ～ friends 親友 / ～ relatives 近い親戚 / have a ～ relation with …と親しい関係にある / be in ～ connection with …と親密な関係を結んでいる.

2 a 精密な, 厳密な, 綿密な; 周到な, 注意深い: ～ reasoning, reading, etc. / a ～ analysis [study] 綿密な分析[研究] / ～ application 精励 / listen with ～ attention よくよく注意して聞く. **b** (原作などに)忠実な: a ～ copy, translation, etc. **c** 〈文体など〉簡潔な, 引き締まった (concise): a ～ description.

3 a ほとんど甲乙[優劣]のない, 互角の, 接戦の; 結果のはっきり出ない, 決めがたい: a ～ contest, election, race, etc. / a ～ combat [fight] 接戦 / a ～ game 互角の勝負[試合] / a ～ play 審判のつけにくいプレー, クロスプレー / a ～ decision 決めがたい判決[決定] / be ～ in age 年齢の差がほとんどない. **b** 《米》〈選挙区など〉勢力伯仲の: a ～ district.

4 a ぎっしり詰まった[詰めた], 密集した: ～ formation 密集隊形 / a ～ thicket 密林. **b** (行間に)間隔[あき]のない, ぎっしり詰まった: ～ printing 字を詰めて細かく印刷すること / ～ writing (ぎっしり詰めた)細書き, 密字書き. **c** 〈木目など〉きめの細かい; 〈織物など〉目の詰んだ: a ～ texture.

5 a 〈衣服など〉ぴったり合う: a ～ bonnet, coat, etc. **b** 〈髪・芝生など〉短く刈った[切った], 〈ひげそりが〉きれいにいった (cf. *adv.* 4): give a person a ～ shave 人のひげをきれいにそる. **6** 〖図書館〗〈分類法が〉精密な, 細密な《分類中の細目まですべて採用する; cf. broad 8》. **7** 〖写真・映画・テレビ〗 接写の: ⇨ close shot.

B 1 閉じた, 締まっている, 密閉した: a ～ hatch.

2 a 〈囚人など〉閉じこめられた, 監禁された: a ～ prisoner. **b** 監視の厳しい, 厳重な: a ～ prison 厳重な獄舎 / in ～ confinement [custody] 厳重に監禁されて / under ～ observation 厳重に監視されて. **c** 〈宿舎など〉狭苦しい (narrow), 窮屈な: ⇨ close quarters 2.

3 a 〈会員・特権など〉限られた, 限定的な; 非公開の; 排他的な, 閉鎖的な: a ～ scholarship 候補者の対象の限られた奨学金 / ⇨ close corporation. **b** 《英》〈狩猟時期が〉禁止中の, 禁猟の (《米》 closed): ⇨ close season.

4 〈部屋など〉風通しの悪い, 息苦しい, むっとする; 〈天気が〉うっとうしい, 蒸し暑い: a ～ room, day, evening, etc. / a spell of ～ weather うっとうしい天気続き.

5 a (ひそかに)隠れた, 隠した; 内密の: a ～ design 陰謀 / a ～ disposition 隠し立てする性質[癖] / keep ～ 隠れている / keep a matter ～ 事を隠しておく / keep oneself ～ 隠れている / lie ～ 隠れている. **b** 引っ込み思案の; 無口の, 口が堅い. **6** けちな: be ～ *with* one's money 金にけちけちする. **7** 〈金融が〉逼迫(ひっぱく)している (scarce): Money is ～. 金詰りだ. **8 a** 句読点を多用する; (特に)コンマを多用する. **b** 〈手紙の書式が〉日付・宛名の各行末に句読点を打つ: ⇨ close punctuation. **9** 《古》 取り囲まれた; 壁に囲まれた. **10** 〖音声〗〈母音が〉口の開きが狭い, 狭母音の (cf. open 17 a): ～ vowels 狭母音 (high vowels). **11** 〖紋章〗 **a** 〈鳥が〉翼を閉じた. **b** 〈かぶとが〉眉庇(まびさし) (visor) を下ろした. **12** 〖音楽〗 =closed 10. **13** 〖英法〗 封緘(ふうかん)された《公にすることが適当でない勅許状や令状について用いられる; cf. patent 5 b》. **14** 〖チェス〗 closed になった (⇨ closed 14).

be tóo clóse to cáll (接戦で)勝者を決めかねる. *clóse, but nó cigár* ⇨ cigar 成句. *gèt tóo clóse for cómfort* 〈期日などが〉切迫する, 〈不幸などが〉迫る. *the clósest thíng=the clósest you'll gét* (そのものではないが)〔…に〕ほぼ近いもの, 〔…と〕言ってよいもの 〔*to*〕. *You're clóse.* (正解ではないが)それに近い (That's close.) (cf. A 1 a).

— *adv.* (**clos·er**; **-est**) **1** (時間・空間的に)密接して, ごく近く: ～ at hand すぐ手近に; 切迫して / ～ behind すぐ後ろに / ～ by the school 学校のすぐそばに / come ～ *to* a climax クライマックスに近づく / stand ～ *to* him 彼に接近して[のすぐ近くに]立つ / He came up ～ *to* my desk. 私の机のすぐそばまで来た / ⇨ RUN *a person close*, *sail close to the* WIND¹. **2 a** ぴったりと (tightly): fit ～ 〈着物が〉ぴったり合う / keep ～ *to* the ground 地面にぴったり伏している. **b** 密に, 細かに, ぎっしり(詰まって): pack things ～ / ～ ranked 〈隊が〉密集して / shut ～ ぴったり密閉する / sit ～ (ぎっしり)寄り添って座る / draw [hold] a person ～ 人をしっかり抱き寄せる[抱き締める] / press a person ～ 人をぎゅうぎゅう圧迫する. **3** 綿密に, じっと: He looked ～*r*. もっとよく見た. **4** 短く: cut the lawn ～ 芝生を短く刈り込む / cut the hair too ～ 髪を短く刈りすぎる. ★ この用法の close は形容詞とも解しうる (cf. *adj.* A 5 b). **5** 〖紋章〗 〈いのししの頭の図形が〉後頭部を直線に切って.

clóse on [*upòn*] …に近い, おおよそ…で, ほとんど (almost): He is ～ *upon* sixty. 60 に手が届く / It is ～ *upon* noon. もう正午に近い / He has rung the church bell ～ *on* fifteen years. ほとんど 15 年も教会の鐘を鳴らしている. *clóse to hóme* 身近に, 痛切に: His advice hit me ～ *to home*. 彼の忠告は身にしみた. *cút it clóse* ⇨ *cut it* FINE¹. *gò clóse* 〖競馬〗 小差で勝つ, 辛勝する. 〖《*c*1380》 *clos* □ (O)F < L *clausum* (p.p.) ← *claudere* 'to CLOSE¹'〗

SYN 1 けちな: ⇨ stingy¹. **2** 目の詰まった: **close** 間にほとんど隙間がない: a *close* weave 目の細かい織り. **dense** 湿気や光線を通さないほど要素が濃密な: a *dense* fog 濃霧. **compact** 小さい空間内に整然とみっしりと詰め込まれた: a *compact* formation 密集隊形. **thick** 多数の成分が緊密に一つに固まっている: a *thick* forest 密林. **3** 親密な: ⇨ familiar.

ANT open, dispersed.

close³ /klóus, klóuz | klə́us/ *n.* **1** 《英》 **a** (個人所有の)囲い地 (enclosure): break a person's ～ 人の所有地に侵入する. **b** (cathedral などの) 境内(けいだい) (precinct). **c** (学校の)運動場, 校庭. **2 a** 《スコット》(表通りから裏町 (court) へ通じる)通路, 路地. **b** 《英方言》 行き詰まり, 袋小路. 〖《*c*1250》 *clos* □ (O)F < L *clausum* enclosed place (neut.p.p.) ← *claudere* (↑)〗

clóse-at-hánd /klóus- | klə́us-/ *adj.* **1** (空間的に)ごく近くの, 近所の. **2** (時間的に)切迫した, 差し迫った.

clóse bórough /klóus- | klə́us-/ *n.* 《英古》 =pocket borough. 〖1812〗

clóse-bý /klóus- | klə́us-/ *adj.* 近くの (nearby); 隣接した (adjacent); 近所の (neighboring). 〖*c*1620〗

clóse cáll /klóus- | kláus-/ *n.* 《口語》危うく逃れること, 危機一髪 (narrow escape). 〖1881〗
clóse-cárpet /klóus | kláus-/ *vt.* 〈部屋〉の床全部にじゅうたんを敷く. 〖1958〗
clóse commúnion /klóus- | kláus-/ *n.* 〖キリスト教〗閉鎖聖餐(せいさん)式《同じ教派または同じ教会で洗礼を受けた人だけに限定するもの; closed communion ともいう; cf. open communion》. 〖1824〗
clóse cómpany /klóus- | kláus-/ *n.* 《英》非公開会社《5 人未満の関係者が株を保有している会社》.
clóse corporátion /klóus- | kláus-/ *n.* 《米》閉鎖会社《株式が少数の株主に独占され一般に公開されていない会社; cf. open corporation》. 〖*c*1902〗
clóse cóupling /klóus- | kláus-/ *n.* 〖電気〗密結合《相互誘導作用の大きな状態》.
clóse-crópped /klóus- | kláus-/ *adj.* **1** 〈髪が〉短く刈られた. **2** 〈人・動物が〉髪を短く刈った. 〖*c*1893〗
clóse·cròss /klóus- | kláus-/ *n.* 〖生物〗**1** 近親交雑. **2** 近親交雑の子孫.
clóse-cút /klóus- | kláus-/ *adj.* =close-cropped.
closed /klóuzd | kláuzd/ *adj.* **1 a** 閉じた, 密閉した, 閉鎖した; 閉め切った: a ~ pipe 閉管《一端が閉じる》/ with ~ doors 戸を閉め切って / behind ~ doors 非公開で; 傍聴を禁止して (cf. closed-door). **b** 〈道路など〉交通遮断した; 業務などの停止した: a ~ street 交通遮断した通り / a ~ airport 閉鎖された空港 / *Closed* today. ⇨ close¹ *vt.* 1 e. **c** 秘密の, 内密の: in ~ session 秘密会議で / a ~ ballot 無記名投票. **2 a** 外的影響を排除する, 外的接触を避ける; 閉鎖的な, 排他的な: a ~ society (習慣・伝統などに関して, 外的接触のない)閉鎖社会 / a ~ mind 排他的な心. **b** 少人数に限られた, 非公開の: a ~ conference. **c** 特定の(クラスの)参加者に限った: a woman's ~ golf competition 女性だけのゴルフのコンペ / ~ to nonmembers 会員だけに限った / ⇨ closed membership. **d** 《米》狩猟時期が禁止中の, 禁猟の (《英》close) (cf. open 8 d): ⇨ closed season. **3** 〈問題・分析など〉決着のついた, 決まりのついた: a ~ question. **4 a** (付加物のない)充足した, 十全な: a ~ collection. **b** 自給の (self-contained): a ~ economic system 自給経済体制. **c** 〈冷暖房装置が〉(空気・水を繰り返し使用する)循環式の: a ~ cooling system. **d** 〖競馬〗〈トラックが〉出発点と到着点が同じの. **e** 〖ダンス〗クローズドした (cf. close¹ *n.* 6); 〈男女が〉密着して組んだ《社交ダンスの基本的な組み方にいう》. **5 a** 〈貨車など〉屋根付きの; 〈馬車・自動車など〉箱型の (cf. open 2 a). **b** 蓋付きの; 屋根付きの: a ~ porch. **6** =close² *adj.* B 8. **7** 〖音声〗〈音節が〉子音で終わる, 閉音節の (checked) (cf. open 17 c): ⇨ closed syllable. **8** 〖言語〗閉鎖の《文法構造について同じタイプの要素をさらに付加することを許さない; cf. closure 9》. **9** 〖数学〗**a** 〈曲線が〉閉じている《端点がない; cf. open 21》. **b** 〈集合が〉閉じている《閉集合である》. **c** 〈集合が演算について〉閉じている《演算結果が外にはみ出さない》. **10** 〖音楽〗〈特に高音域の音が〉抑えつけられた. **11** 〖植物〗(閉鎖維管束のように)分裂組織は木部・篩部(しぶ)に発達して形成層を残さない. **12** 〖論理〗閉じた《定項か束縛変項だけで自由変項をもたない式についていう; cf. open 22》: ⇨ closed sentence. **13** 〖トランプ〗(canasta で) 出来上がりの, 暗槓(あんかん)の《同位札 7 枚以上からなるカナスタメルドが出来上がって卓上に伏せておく場合にいう》. **14** 〖チェス〗ポーンが噛み合って交換されない: a ~ file 双方のポーンがある列. **15** 〖化学〗閉鎖の特徴をもつ: ⇨ closed chain 2. **16** 〖ゴルフ・野球〗クローズドスタンスの: ⇨ closed stance. **17** 〈ワインが〉香りを十分に醸していない, 熟成していない. 〖(?*a*1200): ⇨ close¹, -ed 2〗
clósed bóok *n.* **1** 理解できないこと[もの]; はっきりしないこと[もの] (cf. open book). **2** 終わったこと; 決着がついてもう考慮の余地がない事柄. 〖1913〗
clósed-cáptioned *adj.* 〈テレビが〉耳の不自由な人のための字幕入りの《解読装置のついたテレビにだけはいる》. 〖*c*1975〗
clósed cháin *n.* **1** 〖機械〗拘束連鎖. **2** 〖化学〗閉鎖《化合物において原子の鎖状結合が環状 (ring) 構造をもつこと; cf. open chain》.
clósed-círcuit *adj.* **1** 〖電気〗閉回路の. **2** 《通例無線が使われる》テレビやラジオが〉有線の. 〖1941〗
clósed círcuit *n.* **1** 〖電気〗閉回路 (↔ open circuit). **2** 〖テレビ〗有線テレビ(方式). 〖1827〗
clósed-cìrcuit télevision *n.* 有線テレビ, 閉回路テレビジョン《有線で特定の受像機に送信されるテレビ; 米国では狭い地域のローカル有線放送や共同アンテナに接続された多数受像機システムを, 英国では教室内の授業用テレビ番組 (instructional television) を指すことが多い; 略 CCTV; cf. industrial television》. 〖*c*1945〗
clósed commúnion *n.* 〖キリスト教〗=close communion.
clósed cómpany *n.* =close company.
clósed corporátion *n.* =close corporation.
clósed cóuplet *n.* 〖詩学〗閉鎖連句《2 行単位で意味が完結するもの; cf. open couplet》.
clósed diapason *n.* 〖音楽〗=stopped diapason.
clósed-dóor *adj.* 戸を閉め切った; 傍聴を禁止した, 秘密の (cf. with CLOSED doors): a ~ session 秘密会. 〖1934〗
clósed-énd *adj.* 〖証券〗**1** 〈投資信託が〉閉鎖型の《特別の手続きをとらない限り追加出資と出資の払戻しができない型のものにいう; cf. open-end 1 a》. **2** 同じ担保を使って同一順位の社債の追加発行を許さない方式の (cf. open-end 1 c): a ~ mortgage 閉鎖担保. 〖1952〗
clósed gáme *n.* 〖チェス〗クローズドゲーム《縦・横とも列が詰まって膠着(こうちゃく)状態になったゲーム; cf. open game》.
clósed gáte *n.* 〖スキー〗クローズドゲイト《回転競技で斜面に縦に並べられた 2 本のポールによる旗門; cf. open gate》.
clósed géntian *n.* 〖植物〗北米東・中部産のリンドウの一種 (*Gentiana clausa*)《花が瓶形で開かないため bottle gentian ともいう》.
clósed-lóop *adj.* 〖電算〗ループが閉じた, 閉ループの. 〖1958〗
clósed lóop *n.* 〖電算〗閉ループ《目標値と制御の結果を常に対比しながら, その差が生じたときには制御を変更できるようになった制御方法; cf. open loop》.
clósed mémbership *n.* 限定会員制.
clósed mórtgage *n.* 〖金融〗閉鎖担保《同一担保物件について, 同一順位の担保権のついた社債を 1 回しか発行できないもの; cf. open-end mortgage》.
clóse·dòwn /klóuz- | kláuz-/ *n.* **1 a** 作業中止; 操業停止. **b** 《米》工場閉鎖. **2** 《英》(ラジオ・テレビの)放送[放映]終了. 〖(1889) ← *close down* (⇨ close¹ 成句)〗
clósed prímary *n.* 《米》〖政治〗制限予選会《党員有資格者だけが投票する候補者予選会; cf. direct primary, open primary》.
clósed punctuátion *n.* =close punctuation.
clósed rúle *n.* 〖米政治〗議員からの修正を認めない上院統制委員会の特別規則.
clósed schólarship *n.* (特定学校の学生などに)資格者が限定される奨学金 (cf. open scholarship).
clósed séa *n.* 〖国際法〗領海 (mare clausum) (cf. open sea 2).
clósed séason *n.* 《米》禁猟期 (《英》close season) (↔ open season).
clósed séntence *n.* 〖論理〗閉じた文, 閉鎖文, 包文《自由変項[数]を一つも含まない文または式》.
clósed sét *n.* 〖数学〗閉集合.
clósed shéll *n.* 〖物理〗閉殻《原子や原子核の構造を記述する殻模型において, 特定の角運動量をもつ軌道に粒子が完全に詰まっている状態; major shell ともいう》.
clósed shélves *n. pl.* 〖図書館〗(利用者が接架できない)閉架式(書架)《closed stack ともいう; cf. open shelves》.
clósed shóp *n.* クローズドショップ《労働組合員以外の者は雇わない事業所; cf. open shop, union shop》. 〖1904〗
clósed sphére *n.* 〖数学〗閉球《表面をも含めた球; cf. open sphere》.
clósed stáck *n.* 〖図書館〗=closed shelves.
clósed stánce *n.* 〖野球・ゴルフ〗クローズドスタンス《野球ではピッチャーズプレートと本塁を結ぶ線から, ゴルフでは飛球方向から(右利きの人は)右足を下げた構え; cf. open stance, square stance》.
clósed sýllable *n.* 〖音声〗閉音節《子音で終わる音節; cat や entreat の en-, -treat など》.
clósed sýstem *n.* 〖物理・化学〗閉鎖系, 閉じた系 (cf. open system). 〖1896〗
clósed tráverse *n.* 〖測量〗閉トラバース《始点と終点が一致したトラバース》.
clósed úniverse *n.* (宇宙論で)閉じた宇宙《宇宙の体積は有限で, 宇宙の膨張は次第に止まり, 収縮に向かってやがてビッグバン時の状態に戻るとする; cf. open universe》.
clóse fertilizátion /klóus- | kláus-/ *n.* 〖植物〗自家受精[受粉].
clóse·físted /klóus- | kláus-/ *adj.* 握り屋の, けちんぼうの (miserly). **~·ness** *n.* 〖(*c*1570) 1608〗
clóse-fítting /klóus- | kláus-/ *adj.* 〈衣服など〉ぴったり体に合う. 〖*c*1865〗
clóse gàuntlet /klóuz- | kláuz-/ *n.* 〖甲冑〗ロック式手甲(てっこう)《握った武器を落とさないよう手甲の指先が手首に留められるようになっている》.
clóse-gráin /klóus- | kláus-/ *adj.* =close-grained.
clóse-gráined /klóus- | kláus-/ *adj.* **1** きめの細かい. **2** 綿密な. 〖1754〗
clóse hármony /klóus- | kláus-/ *n.* 〖音楽〗密集和声《4 声部から成る和音でバスを除く上 3 声が 1 オクターブ以内に配置された和声, すなわち密集位置 (close position) にある和声; cf. open harmony》. 〖1876〗
clóse-háuled /klóus- | kláus-/ *adj.* 〖海事〗〈船舶・帆が〉詰め開きの, 一杯開きの (cf. haul *vt.* 4): sail ~ 詰め開きで帆走する. 〖1769〗
clóse hèlm [hèlmet] /klóuz- | kláuz-/ *n.* 〖甲冑〗開閉式面頬(めんぽお)付き兜(かぶと) (cf. armet).
clóse-ín /klóus- | kláus-/ *adj.* **1** (特に, 都市の)中心に近い, 都市に隣接した. **2** 近距離からの: ~ bombardment. 〖(1945) ← CLOSE² (adv.)〗
clóse júncture /klóus- | kláus-/ *n.* 〖言語〗閉鎖連接《単一形態素の中に隣り合って生じる二つの音素間の連結; close internal juncture ともいう; cf. open juncture, terminal juncture》.
clóse-knít /klóus- | kláus-/ *adj.* **1** (社会的・文化的に)しっかりと結びついた, (政治・経済的に)密接に組織された. **2** (論理的に各要素が密接に構成された: a ~ argument. 〖1926〗
clóse-lípped /klóus- | kláus-/ *adj.* 口をつぐんであまり語らない, 口の固い (tight-lipped). 〖1853〗
close·ly /klóusli | kláus-/ *adv.* **1** ぴったりと, きちんと, きっちりと (compactly), しっかりと (tightly): ~ packed ぎっちり詰まった / a ~ printed page ぎっちり詰めて印刷したページ. **2** 近く, 相接して: ~ built houses = houses built ~ (=close) together 密集して建てられた家. **3** 厳重に, 厳密に; 正確に, 綿密に: a ~ guarded secret 厳重に守られた秘密, 極秘 / a ~ argued case 念入りに議論された問題. **4** 親密に, 親しく: be ~ acquainted with him 彼と親しく知り合っている. **5** 一心に, 注意深く; つくづく, じっと: watch ~ / The criminal's movements were observed ~. 犯人の行動は注意深く観察された. **6** 《廃》こっそりと, 秘かに (cf. Shak., *Hamet* 3. 1. 29). 〖(*c*1450): ⇨ close², -ly¹〗
close-mouthed /klóusmáuðd, -máuθt | kláus-máuðd⁻/ *adj.* 口数の少ない, 無口の; 打ち解けない. 〖1881〗
clóse·ness *n.* **1** 近いこと, 接近; 近似. **2** 親しさ, 親密. **3** (織地などの)目の詰んでいること. **4** 密閉, 息苦しさ.
clóse órder /klóus- | kláus-/ *n.* 〖軍事〗密集隊形 (cf. extended order): marching in ~ 密集行進. 〖1796–97〗
clóse òrder dríll /klóus- | kláus-/ *n.* 〖軍事〗密集教練.
clóse·òut /klóuz- | kláuz-/ *n.* **1** 蔵払い大売出し, 見切品処分市. **2** 見切品. 〖(1925) ← *close out* (⇨ close¹ 成句)〗
clóse posítion /klóus- | kláus-/ *n.* 〖音楽〗密集位置 (⇨ close harmony).
clóse príce /klóus- | kláus-/ *n.* 〖証券〗(取引所において)売り呼び値と買い呼び値[前の取引値段と次の取引値段]が非常に接近している状態.
clóse punctuátion /klóus- | kláus-/ *n.* 厳密句読法《書信の日付・あて名の各行末に改行のための句読点を打つ書式; closed punctuation ともいう; cf. open punctuation》.
clóse quárters /klóus- | kláus-/ *n. pl.* **1 a** 接(近)戦, 白兵戦: come to ~ 接戦になる / be at ~ 戦い[論戦]たけなわである. **b** (研究・調査に)熱中する態度, 肉薄. **2** 狭苦しい宿舎[住居]: live in ~ 狭苦しい所に(ごちゃごちゃ)住む. 〖1753〗
clos·er /klóuzə | kláuzə^(r)/ *n.* **1 a** 閉じるもの. **b** 戸などを閉めておく装置. **c** 閉塞(そく)器. **2 a** 閉じる人; 終結者. **b** (衣服・靴などを)縫い合わせる人. **3** 囲いぜき用の矢板. **4** 〖石工〗端物(はもの)れんが, 二五(にご)《四半分のれんが》; 極石(きわ), 閉じ石: ⇨ king closer. 〖(1611): ⇨ close¹, -er¹〗
clóse réach /klóus- | kláus-/ *n.* 〖海事〗詰め開きでの帆走.
clóse-réefed /klóus-, klóuz- | kláus-/ *adj.* 〖海事〗〈帆船がほとんどいっぱいに縮帆して. 〖1758〗
clóse-rún /klóus- | kláus-/ *adj.* 〈競争・選挙などが〉少差で勝った.
clóse scóre /klóus- | kláus-/ *n.* 〖音楽〗クローススコア《声楽やオーケストラの総譜で二つ以上のパートが一緒に書いてあるもの; cf. open score》.
clóse séason /klóus- | kláus-/ *n.* 《英》**1** (プロのサッカーなどの)シーズンオフ. **2** =closed season.
clóse-sét /klóus- | kláus-/ *adj.* 〈目などが〉互いに接近した, 間の狭い.
clóse sháve /klóus- | kláus-/ *n.* 《口語》=close call. 〖1834〗
clóse shòt /klóus- | kláus-/ *n.* 〖写真・映画・テレビ〗大写し, 接写, 近接ショット (cf. long shot 1).
clóse·stòol /klóus-, klóuz- | kláus-/ *n.* 室内用便器 (cf. commode 3). 〖1410〗
clóse stríng /klóus- | kláus-/ *n.* 〖建築〗側桁(がわげた)《階段を支える中桁で, 階段の段板を両側で支える直線上の桁; cf. open string》. 〖1876〗
clos·et /klɑ́(ː)zɪt, klɔ́(ː)z- | klɔ́zɪt/ *n.* **1** 《米》(衣類・食料・器物などを入れる)押入れ, 物置き, 戸棚: a china ~ 陶器戸棚. **2** (私的会見・勉強・黙想などのための)私室, 小室. **3** =water closet. **4** 隠れ場所. **5** 〖紋章〗クロゼット《bar の 2 分の 1 の横帯》. ***còme óut of the clóset*** (1) ゲイ[同性愛者]であることを公表する. (2) 〈公人などが〉隠していたことを公にする; 〈問題などが〉公に論じられるようになる.
— *adj.* [限定的] **1 a** 秘密の, 内密の: a ~ consultation 秘密会議, 内談 / a ~ sin 人知れず犯した罪. **b** 《古》私室に適した: ~ prayer. **2** 非実際的な, 理論的な: a ~ politician [strategist] 机上政治家[戦略家].
— *vt.* **1** 〔小室などに〕閉じ込める〔*in*〕: ~ oneself (away) *in* a cubicle 小室に閉じこもる. **2** [通例 p.p. 形で] 〔…と〕秘密に面談する〔*with*〕/ 〈*together*〉: He was ~*ed with* the president. 社長と密談中だった. 〖(*c*1385) □ OF ~ (dim.) ← *clos*: ⇨ close³, -et〗
clóse-tálk mìcrophone /klóus- | kláus-/ *n.* 〖テレビ・ラジオ〗接話マイク《実況中継や街頭インタビューに用いる小型マイク》.
clóset dràma *n.* 〖演劇〗レーゼドラマ《上演よりは思想の表現を重視した読むための劇》. 〖1922〗
clós·et·ed /-tɪ̀d | -tɪ̀d/ *adj.* (特に同性愛であることが)秘密の, 隠れた, 隠れてする (closet). 〖1684〗
clóse thíng /klóus- | kláus-/ *n.* 《口語》=close call.
clóset plày *n.* 〖演劇〗=closet drama.
clóset quèen [quèer] *n.* 《俗》同性愛趣味をひた隠しにしている男性, 隠れゲイ. 〖1967〗
close-up /klóusʌ̀p | kláus-/ *adj.* 大写しの, 接写の, クローズアップの; 精密な, 詳細な: a ~ look 大写しの表情. 〖(1926) ↓〗
close-up /klóusʌ̀p | kláu-/ *n.* **1 a** 〖映画・テレビ〗大写し, (クローズ)アップ (cf. long shot 1, medium shot). **b** 近接写真. **2** 詳細な観察[検査, 描写, 伝記など]. 〖(1913) ← CLOSE² (adv.)+UP〗
clóse vówel *n.* 〖音声〗狭母音《発音する際, 舌の表面が口腔内で高い位置まで上がる母音; [i], [ɪ], [y], [ɨ], [ʏ], [u], [ʊ], [ʉ], [ɯ] など; high vowel ともいう》.

C

C

close-wind·ed /klóʊswìndɪ̀d | klə́ʊs-/ *adj.* 〘海事〙〈帆船が〉(風をほとんど正面に受けて)詰め開きで帆走する.

clóse-wóven /klóʊs- | klə́ʊs-/ *adj.* 織目のつんだ.

clos·ing /klóʊzɪŋ | klə́ʊz-/ *n.* **1** 閉じること, 閉鎖, 封鎖. **2 a** 終わり; 終止, 終了: at the ~ of the ceremony 式の終わりに. **b** (演説・手紙などの)結び(の言葉); 結尾, 結論. **3 a** 〘会計〙決算: the ~ of books 帳簿の決算. **b** 〘証券〙=closing price. **4** 閉じるもの, 締めるもの; (かばん・衣服などの)開閉する部分. **5** 〘法律〙権原移転完了《不動産売買の折衝》. **—** *adj.* **1** 終わりの, 最終の; 終業の, 閉店の: the ~ day for mails 郵便締切日 / the ~ hour (官庁・会社などの)終業[退出]時刻 / the ~ years of one's life 人生の晩年 / ⇨ closing time / a ~ ceremony 閉会式 / a ~ sale 見切り売り, 蔵払い. **2** (演説・手紙などの)結びの, しめくくりの: a ~ address 閉会の挨拶 / one's ~ remarks (スピーチの)結び(のことば). **3 a** 〘会計〙決算の: a ~ account 決算 / ⇨ closing date. **b** 〘証券〙(取引所の取引で)終わりの, 引けの: ~ quotations 終わり値, 引け値 / ⇨ closing price. 〘《c1384》: ⇨ close¹, -ing¹〙

clósing còsts *n. pl.* 〘法律〙権原移転手数料《不動産売買において評価・権利調査・権利保険などに要する費用》.

clósing dàte *n.* **1** 〔申込みなどの〕締切日 〔*for*〕. **2** 決算日.

clósing èntry *n.* 〘簿記〙決算記入.

clósing èrror *n.* 〘測量〙閉合誤差 (⇨ ERROR of closure).

clósing làyer *n.* 〘植物〙コルク層《添充細胞 (complementary cell) の代わりに生じる細胞》.

clósing mèmbrane *n.* 〘植物〙閉鎖膜 (⇨ pit membrane).

clósing prìce *n.* 〘証券〙終わり値, 引け値, 引け相場.

clósing tìme *n.* 終業時刻; (図書館などの)閉館時間, (特に, 酒場の)閉店時間 (cf. opening time): at ~.

clos·trid·i·um /klɑ(ː)strídiəm | klɔstríd-/ *n.* (*pl.* **-i·a** /-diə | -diə/) 〘細菌〙クロストリジウム《バチルス科 *Clostridium* 属の微生物; 破傷風菌のように嫌気性カタラーゼ陰性》. **clos·tríd·i·al** /-diəl | -di-/ *adj.* **clos·tríd·i·an** /-diən | -di-/ *adj.* 〘《1884》← NL ~ ← Gk *klōstēr* spindle＋-IDIUM〙

clo·sure /klóʊʒə | klə́ʊʒə⁽ʳ⁾/ *n.* **1** 閉じること, 閉じている状態; 閉鎖, 閉止; 締切 (closing); 閉店, 休業. **2** 終止, 終局, 結尾. **3 a** (衣服・かばんなどの)開閉するもの: a pocket with fastener ~. **b** (容器の)ふた, キャップ. **4** 討論終結 (cloture). 《(なぞり) ← F *clôture*: cf. cloture》 **5** 《古》囲い (enclosure). **6** 〘音声〙閉鎖《調音器官によって呼気の通路を閉じること; 閉鎖音 (stop) において起こる; cf. constriction 4》. **7** 〘建築〙柵(さく), 仕切り. **8** 〘地質〙ドーム状背斜[挽曲(たわ)]構造の基底面から最高点までの垂直距離[高さ]. **9** 〘言語〙閉鎖構造《言語形式の閉鎖的構造; 例: this milk は fresh milk と比べ, this の前に修飾的要素を許さない; cf. closed 8》. **10** 〘測量〙トラバース (traverse) を閉じること. **11** 〘数学〙**a** 閉包《集合を含む最小の閉集合》. **b** (集合が演算について)閉じていること (cf. closed 9 c). **12** 〘心理〙閉合(の要因)《図形は閉じられた一つの形態として知覚されやすいこと; ゲシュタルト心理学の知覚説による》. **—** *vt.* 《英》=cloture. 〘《c1390》□ OF ~ < LL *clausūram* ← L *clausus* (p.p.) ← *claudere* 'to CLOSE¹': ⇨ -ure〙

clot /klɑ́(ː)t | klɔ́t/ *n.* **1 a** (粘土・ゴムなどの, 軟らかいぬるぬるしたものの)塊; (血の)塊, 血糊, 凝血, 凝塊, クロット, 血餅: a ~ of blood 凝血. **b** 土の塊, 土くれ (clod). **2** 少人数の群れ[固まり] (cluster). **3** 《英口語》ばか, のろま (fool). **—** *v.* (**clot·ted; clot·ting**) **—** *vi.* **1 a** 塊になる. **b** 凝固する; 凝血する (cf. clotted). **2** 〈人が〉固まる, 小さなグループを作る. **—** *vt.* **1** 塊にする; 凝固させる. **2** 塊で覆う[いっぱいにする], 動きをとれなくする]: The street was ~*ted with* traffic. 通りは交通渋滞していた / The knife was ~*ted with* blood. ナイフには血糊がいっぱいついていた. 〘OE *clott* lump ← (WGmc) **klutt-* (G *Klotz* block): cf. clout〙

clot·bur /klɑ́(ː)tbəː | klɔ́tbəː/ *n.* 〘植物〙オナモミ《キク科オナモミ属 (*Xanthium*) の一年草; トゲオナモミ (*X. spinosum*) などを含む》. 〘《1548》← *clote* burdock (< OE *clāte* ← Gmc **klaiton-* to stick)＋BUR¹〙

cloth /klɔ́(ː)θ, klɑ́(ː)θ | klɔ́θ/ *n.* (*pl.* **~s** /klɔ́(ː)ðz, klɔ́(ː)θs, klɑ́(ː)ðz, klɑ́(ː)θs | klɔ́θs/) **1** 布, 布地, 織物《織地・編地・フェルト地など製法が異なり, 天然や人造のあらゆる種類がある》. **2 a** (ある用途に当てる)布切れ. **b** ふきん, ぞうきん; (特に)テーブルクロス: lay the ~ テーブルクロスをかける, 食卓の用意をする / remove [draw] the ~ 食事の後片づけをする. **c** (製本用)クロ(ー)ス (binder's cloth): ⇨ cloth-binding / bound in ~ クロス装丁の. **3** [the ~] **a** 黒の聖服; [集合的] 聖職の人々, 牧師 (cf. coat 1 c): gentlemen [men] of *the* ~ 牧師, 聖職の人々 / wear *the* ~ 牧師になる / renounce *the* ~ 聖職を捨てる, 還俗(げんぞく)する / pay the respect due to *the* ~ 聖職の身分に敬意を払う. **b** (特定の職業を示す)制服. **4 a** 《廃》衣服 (clothing). **b** 《古》(同業組合の)組合服 (livery). **5** 〘海事〙帆布; [集合的にも用いて] 帆: all ~ made 満帆風をはらんで. **6** 〘劇場〙各種の幕, (特に)背景幕 (backdrop). ***cút one's cóat accórding to one's clóth*** ⇨ coat 成句. ***óut of whóle clóth*** ⇨ whole cloth 成句.

clóth of góld [sílver] 金[銀]糸織《部分的または全面的に金[銀]糸を織り込んだ薄手の布地》.

clóth of státe 王座などの天蓋および後部を飾る美布. 《1523》

— *adj.* [限定的] 布製の, 布の.

〘OE *clāþ* < Gmc **klaiþaz*: cf. Du. *kleed* / G *Kleid* garmend / OE *clīðan* to adhere to〙

clóth·bàck *n.* 〘製本〙クロ(ー)ス製本.

clóth bèam *n.* 〘紡織〙クロスビーム, 反巻(たんまき)ビーム, 千巻(ちまき)《力織機で織り上がった布を巻き取るロール》.

clóth-binding *n.* 〘製本〙クロ(ー)ス装[製本], 布表紙.

clóth·bòund *adj.* 〘製本〙〈本が〉クロ(ー)ス装[製本]の (cf. paperbound, leather-bound). 〘1860〙

clóth-càp *adj.* 《英口語》労働者階級の[に属する]. 〘1959〙

clóth càp *n.* 《英》**1** 柔かく平たい布製の帽子 (flat cap). **2** 労働者階級の象徴. **clóth-càpped** *adj.* 〘1851〙

clothe /klóʊð | klə́ʊð/ *v.* (**~d** /~d/, 《古・文語》**clad** /klǽd/) **—** *vt.* **1 a** 〈人に〉衣服を供給する[与える, あてがう]: ~ one's wife and family 妻や子供に着物を着せる / feed, house, and ~ a person 人に衣食住を供給する. **b** 衣服を〈体に〉着ける, 着物を〈人に〉まとう (cf. clad¹): ~ oneself 衣服を着る / She is ~*d* [*clad*] *in* her Sunday best. 晴れ着を着ている. **2** (衣服を着せたように)〔…で〕一面に覆う〔*with*〕: trees ~*d with* foliage 葉に覆われた木々. **3** 〈思想に〉〔言語の衣を〕まとわせる, 〔言語で〕表現する〔*in*〕: ~ one's ideas *in* suitable language 思想に適当な言語の表現を与える. **4** 〔権力・光栄などを〕…に付与する, 与える〔*with*〕: ~ a person *with* full powers 人に全権を付与する / He is ~*d with* righteousness. 彼は正義の衣をまとっている. **—** *vi.* 《古》着る. 〘OE *clāþian* ← *clāþ*: ⇨ cloth〙

clóth-éared *adj.* 《口語》やや耳の遠い. 〘1965〙

clóth éars *n. pl.* 《口語》よく聞こえない耳, 難聴 (deaf ears): have ~ (人の話などを)上の空で聞く, 聞き落とす. 〘1912〙

clothes /klóʊz, klóʊðz | klə́ʊðz, klə́ʊz/ *n. pl.* **1** 着物, 衣服 (⇨ dress SYN): a suit of ~ 服一着 / a change of ~ 着替え / put on [take off] one's ~ 着物を着る[脱ぐ] / Fine ~ make the man. 《諺》いい着物を着ると人品がよくなる,「馬子にも衣装」/ Good ~ open all doors. 《諺》服装がよければどんな家でも歓迎される. **2** 《英》=bedclothes. **3** (洗濯する)衣類, 洗濯物: send the ~ to the wash. 〘OE *clāþas* (pl.) ← *clāþ*: *cloths* と CLOTHES の区別が確立したのは 19 世紀以後: ⇨ cloth〙

clóthes bàg *n.* 洗濯物入れ(袋). 〘1834〙

clóthes bàsket *n.* 洗濯物を入れるかご, 洗濯かご. 〘c1806〙

clóthes brùsh *n.* 洋服ブラシ. 〘1724〙

clóthes hànger *n.* =coat hanger. 〘1934〙

clóthes·hòrse *n.* **1** (洗濯物などの)干し物掛け. **2** 《俗》衣服の流行を追うことに浮き身をやつす人; 衣装を見せびらかす人, 着道楽(の人). 〘1775〙

clotheshorse 1

clóthes·lìne *n.* **1** 物干しロープ[鋼]. 日英比較 英米では物干し竿は用いない. **2** 〘アメフト〙ボールを保持している選手の腕や首に防御側の選手が腕を伸ばしてタックルすること. **—** *vt.* 〘アメフト〙〈選手を〉腕を伸ばしてタックルする. 〘1830〙

clóthes mòth *n.* 〘昆虫〙イガ(衣蛾) (*Tinea pellionella*) 《ヒロズコガ科のガ; その幼虫が毛織物・剝製標本などを害する; case-bearing clothes moth ともいう》. 〘1753〙

clóthes pèg *n.* 《英》=clothespin. 〘1825〙

clóthes·pìn *n.* (物干し綱にはさみつける)干し物止め, 洗濯ばさみ. 〘1846〙

clóthes pòle *n.* **1** =clothes post. **2** 《米・スコット》=clothes prop. 〘1865〙

clóthes pòst *n.* 物干し綱を張るために建てた柱 (cf. clothesline).

clóthes·prèss *n.* 衣装戸棚, 洋服だんす (wardrobe).

clóthes pròp *n.* (先が Y 字状になった)物干し綱用支柱. 〘1903〙

clóthes ràck *n.* 《米》洋服掛け.

clóthes scrèen *n.* =clotheshorse 1. 〘1831〙

clóthes stòp *n.* 〘海事〙被服止め (洗濯した被服などをロープに留めるための細索). 〘1883〙

clóthes trèe *n.* 《米》柱型の帽子・コート掛け.

cloth·ier /klóʊðjə, -ðiə | klə́ʊðiə⁽ʳ⁾/ *n.* **1** 男子服小売商; 衣服商, 服地販売業者. **2** 《古》**a** 毛織物業者, ラシャ屋. **b** 織物仕上げ工. 〘《a1500》(変形) ← ME *clother* ← CLOTH＋-ER¹: ⇨ -ier²〙

Clo·thil·da /kloʊtíldə | kləʊ-/ *n.* クロティルダ《女性名》. 〘⇨ Clotilda〙

cloth·ing /klóʊðɪŋ | klə́ʊð-/ *n.* **1** [集合的] 衣服, 衣類, 着物 (⇨ dress SYN): an article of ~ 衣服の一点《上衣・チョッキ・下着など》. **2** 覆い (covering): under the ~ of public interest 公共の利益の名に隠れて. 〘《?c1200》: ⇨ clothe, -ing¹〙

clóthing wòol *n.* 〘紡織〙**1** クロージングウール《紡毛紡績用の短い羊毛; 通例長さ 1³/₄ インチ以下; carding wool ともいう; cf. combing wool》. **2** (カーペット用の羊毛と区別して)衣類用羊毛. 〘1869〙

clóth mèasure *n.* 布尺《昔, 織物を計るのに用いられた長さの尺度で, quarter (=1 yard), ell, nail などの単位があった》.

Clo·tho /klóʊθoʊ | klə́ʊθəʊ/ *n.* 〘ギリシャ・ローマ神話〙クロト《運命の三女神 (Fates) の中の最年少者; 人間の誕生をつかさどり, 生命の糸を紡ぐ; cf. Lachesis, Atropos》. 〘□ L *Clōthō* □ Gk *Klōthṓ* 《原義》spinner〙

clóth-of-góld *n.* 〘植物〙Caucasia 原産アヤメ科のハナサフラン[クロッカス]の類の球根植物 (*Crocus reticulata*) 《橙黄色の花が咲く》.

clóth·wòrker *n.* 織物職工. 〘1528〙

clóth yàrd *n.* **1** 布ヤール《36 インチ(=3 フィート)の標準ヤール (yard)》; (昔の)布尺(ぬのじゃく)《27 インチ》. **2** 英国王 Edward 六世によって決められた中世の布ヤール《37 インチ》. **clóth-yàrd** *adj.* 〘c1465〙

Clo·til·da /kloʊtíldə | kləʊ-/ *n.* クロティルダ《女性名; ローマカトリックに多い》. 〘□ OHG *Chlotichilda* ← *hloda* 'LOUD'＋*hilda* battle〙

clót·ted /-tɪ̀d | -tɪ̀d/ *adj.* **1** 凝塊となった, 凝固した; 固まりついた: ~ hair (べっとり)固まりついた毛髪. **2** 《英》全くの (sheer): ~ nonsense でたらめ, 大たわごと. **~·ness** *n.* 〘《1605》: ⇨ clot, -ed 2〙

clótted créam *n.* =Devonshire cream. 〘1878〙

clótting fàctor *n.* 〘生化学〙凝固因子《血液の凝固過程にかかわる種々の血漿成分》.

clot·ty /klɑ́(ː)ti | klɔ́ti/ *adj.* **1** 固まりやすい, 凝固性の. **2** 塊の多い. 〘《1523》: ⇨ clot, -y⁴〙

clo·ture /klóʊtʃə | klə́ʊtʃə⁽ʳ⁾/ 《米》〘議会〙 *n.* 討論終結 (closure). **—** *vt.* 〈討論を〉即決投票のため打ち切る. 〘《1871》□ F *clôture* 《変形》← OF *closure* 'CLOSURE'〙

clou /klúː; *F.* klu/ *n.* 興味の中心, 呼び物; 中心思想. 〘□ F ~ 《原義》nail, peg < L *clāvum*: cf. L *clāvis* key〙

cloud /kláʊd/ *n.* **1** 雲: a dark ~ 暗雲 / a sea of ~*s* 雲海, 天を覆う一面の雲 / heaps and heaps of ~*s* 重なり合った雲の峰 / Every ~ has a silver lining. ⇨ silver lining. **2 a** 雲状のもの, もうもうとしたもの: a ~ of dust [smoke, steam] もうもうと立ちこめたほこり[煙, 蒸気] / the mushroom ~ from [of] the atomic bomb 原子爆弾(から)のきのこ雲. **b** 《口語》たばこ[パイプ(など)]の煙: blow a ~ たばこをふかす / He leaned back in his chair, blowing great ~*s* from his cigar. 椅子にもたれてもくもくと葉巻の煙を吐いていた. **3** (顔面・額に漂う疑惑・不満・悲哀などの)曇り, 暗影, かげり: a ~ of grief 悲しみのかげり / ~*s* of melancholy / a ~ on a person's face [brow] 顔[額]に漂う浮かない色[心配そうな様子] / a ~ of war=war cloud / a ~ on a person's happiness [spirits] 人の幸福を暗くする[意気をくじく]暗雲 / cast [throw] a ~ over [on, upon] …に暗影を投げる / wait till the ~*s* roll by 暗雲の晴れるまで(時機到来を)待つ / A ~ came over her face. 彼女の顔にかげりが現れた. **4 a** (昆虫・鳥などの)大挙して空を飛ぶ群れ, 大群: a ~ of birds [flies, locusts, horsemen] 雲霞(うんか)のような大群の鳥[ハエ, イナゴ, 騎馬隊]. **b** 大勢, 多数, 集団: a ~ of witnesses 非常に多くの証人 (*Heb.* 12:1) / a ~ of arrows 雨のように降ってくる矢, 矢の雨 / in a ~ of joy 大喜びで / trailing ~*s* of glory 雲なす(神の)栄光をなびかせて(生まれくる) (Wordsworth, *Intimations of Immortality* 5). **5** (鏡・大理石・琥珀(こはく)などの)曇り, きず (blemish).

bréak clóud ⇨ break¹ *vt.* 14. ***a clóud on the horízon*** (迫り来る)不幸[災難]の兆し. ***dróp from the clóuds [ský]*** 意外な所から現れる. ***in the clóuds*** (1) 〈人が〉うわの空で, 空想に耽って; 世事に超然として: have one's head [lose oneself] *in the* ~*s* 空想に耽っている / His mind is (up) *in the* ~*s*. 彼は夢を見ている. (2) 〈事物が〉架空的な, 雲をつかむような; 実現されないで, 非現実的な. (3) 空高く. ***on a clóud*** 《口語》きわめて幸せな, 上機嫌で, 天にも昇るような気持ちで. ***on clóud níne [séven]*** ⇨ cloud nine, cloud seven. 《1959》 ***ùnder a clóud*** (1) 恥をさらして. (2) 疑われて, 日陰の身で, おとがめを被って. 《c1500》 (3) 抑圧を受けて, しょんぼりして. ***ùnder clóud of níght*** 夜陰に乗じて.

clouds 1
1 cirrus
2 cirrocumulus
3 cirrostratus
4 altocumulus
5 cumulonimbus
6 altostratus
7 nimbostratus
8 cumulus
9 stratocumulus
10 stratus

— *vt.* **1 a** 曖昧にする: ~ the issue. **b** ぼやけさせる: Tears ~*ed* her sight. 涙で視野がぼやけた. **c** 混乱させる; 〈判断などを〉鈍らせる: ~ a person's brain [mind] / The presence of women had ~*ed* his judgment. 女性がいたため判断が鈍ってしまった. **2 a** 雲で覆う, 曇らせる: The smoke ~*ed* the sight. 煙が視界を曇らせた. **b** 〈空などを〉暗くする. **c** 〔不安・心配事で〕〈顔などを〉曇らせる, 暗くさせる〔*with*〕: a face ~*ed with* anxiety 不安で曇った顔. **d** 〈ガラス・鏡などを〉曇らせる: The steam ~*ed* the mirror. 湯気で鏡が曇ってしまった. **3** …に悩みの色[憂いの影]を投じる: ~ a person's happiness, spirits, etc. **4** 〈名声・評判などを〉汚す, 傷つける: ~ a person's reputation. **5** 雲模様[黒いまだら]であやどる: ~*ed* amber [marble] 雲模様入り琥珀[大理石]. **6** 〈液体を〉白く濁らせる. **—** *vi.* **1** 〈顔の表情などが〉暗くなる, 曇る: His eyes ~*ed over* with anxiety [tears]. 彼の目が不安[涙]で曇った. **2** 〈空が〉曇る 〈*over, up*〉: The sky has

~*ed over*. 空が一面に曇ってきた. **3** 雲のように[雲状に]大波が立つ. **4** 曖昧(あいまい)になる, ぼやける. **5** 〈液体が〉白く濁る, 白濁する.
~·like *adj.* 〘OE *clūd* round mass, mass of rock < Gmc **klūdaz* ← IE **gel-* to form into a ball: cf. clew, clod〙
cloud·age /kláuḍɪdʒ | -dɪdʒ/ *n.* 雲量. 〘(1818): ⇨ ↑, -age〙
clóud amòunt *n.* 〘気象〙 雲量《空を占める雲の分量; 0–10 の 11 階級で表す》.
clóud·bànk *n.* 低く垂れ込めた厚い雲, 雲堤(うんてい).
clóud bànner *n.* 〘気象〙 =banner cloud. 〘1906〙
clóud bàse *n.* 〘気象〙 雲底; 雲の下面.
clóud·base recòrder *n.* 雲底記録機《雲の高さを測定するための光電子による装置》.
clóud·bèr·ry /-bèri | -b(ə)ri, -bèri/ *n.* **1** 〘植物〙 ホロムイイチゴ (*Rubus chamaemorus*)《北半球に広く分布するキイチゴの一種》. **2** ホロムイイチゴの実《赤みがかった琥珀(こはく)色で食用》. 〘(1597) その形から〙
clóud-buìlt *adj.* 雲のような, 夢想的な (imaginary). 〘1765〙
clóud·bùrst *n.* **1** 突然の豪雨, どしゃ降り. **2** 大量, たくさん (deluge). 〘1869〙
clóud·càp *n.* 〘気象〙 =cap cloud.
clóud-càpped *adj.* 頂上に雲をもつ, 雲をいただいた, 雲にまで到る. 〘1611〙
clóud-càstle *n.* 空中楼閣; 白日夢 (daydream). 〘1887〙
clóud chàmber *n.* 〘物理〙 霧箱《過飽和の気体中に生じる液滴によって荷電粒子の飛跡を見る装置; スコットランドの物理学者 C. T. R. Wilson が 1911 年に発明した; Wilson (cloud) chamber ともいう; cf. bubble chamber》. 〘1897〙
clóud còver *n.* 雲量.
clóud-cúckoo-lànd *n.* [しばしば Cloud-Cuckoo-Land] 夢想[理想]の国: be (living) in ~ 夢想にふける, 気楽すぎる. 〘(1899) (なぞり) ← Gk *nephelokokkugía* ← *nephélē* cloud+*kókkux* cuckoo: Aristophanes 作の *The Birds* の中で神を人類から引き離すため鳥が建てた町の名〙
clóud drìft *n.* **1** 流れ雲, 浮雲, 飛雲. **2** (殺虫剤の)空中散布法.
cloud·ed /-dɪd | -dɪd/ *adj.* **1** 雲に覆われた, 曇った. **2** 精神的に混乱した. **3** 雲模様の. **4** ぼんやりした, 曖昧な, おぼろな. 〘(1599): ⇨ -ed 2〙
clóuded léopard *n.* 〘動物〙 ウンピョウ (*Neofelis nebulosa*)《台湾・ボルネオ・アジア南西部産》. 〘1910〙
clóuded súlphur *n.* 〘昆虫〙 アメリカモンキチョウ (*Colias philodica*)《翅(はね)に黒い縁どりのあるシロチョウ科のモンキチョウの一種; 北米では普通に見られ, その幼虫はマメ科植物を食べ牧草の害虫となる》.
clóud fòrest *n.* 〘生態〙 雲霧林《常時雲の下にあり霧が多い地方の森林》. 〘(1922) (なぞり) ← G *Nebelwald* fog forest〙
clóud gràss *n.* 〘植物〙 コヌカグサ (bent grass); (特に)スペイン原産のドライフラワー用に栽培されるイネ科コヌカグサ属の一年草 (*Agrostis nebulosa*).
clóud-hòpping *n.* (機影を隠すための)雲づたい飛行.
cloud·ing /-dɪŋ | -dɪŋ/ *n.* **1** 雲模様, まだら模様. **2** (X 線写真などの)曇り. 〘(1654): ⇨ -ing¹〙
clóud-kìssing *adj.* 雲に届くほど高い (cf. Shak., *Lucrece* 1370). 〘1559〙
clóud·lànd *n.* **1** 雲のある上空地帯. **2** 夢幻の世界, 夢の国 (dreamland), 不思議の国 (fairyland), ユートピア. **3** 詩的想像の世界. 〘1817〙
clóud·less *adj.* **1** 雲のない, 晴れわたった: a ~ sky. **2** 暗影のない: ~ happiness. **~·ly** *adv.* **~·ness** *n.* 〘(c1380): ⇨ -less〙
clóudless súlphur *n.* 〘昆虫〙 ワタリオオキチョウ (*Phoebis sennae*)《北米および南米に広く分布するシロチョウ科のチョウ; 幼虫はセンナの害虫》.
cloud·let /kláudlɪt/ *n.* 小雲, 細雲. 〘(1788): ⇨ -let〙
clóud níne *n.* 《口語》 とてもうれしい気持ち: on ~ とてもうれしくて, 心浮き浮きして; (麻薬で)夢心地になって. 〘(1959) 雲を 10 段階に分けた場合, 9 は積乱雲 (cumulonimbus) にあたる〙
Clóud Péak *n.* クラウド峰《米国 Wyoming 州北部 Bighorn 山脈中の最高峰 (4,013 m)》.
clóud pòint *n.* 〘化学〙 曇り点, 曇点《透明な溶液(石油など)が温度の変化によって曇りを生じる温度》. 〘1934〙
clóud ràck *n.* (空高く飛ぶ)ちぎれ雲の群れ. 〘1847〙
clóud rìng *n.* (赤道上にほぼ恒久的にある)雲帯, 雲圏. 〘1860〙
cloud·scape /kláudskèɪp/ *n.* 雲の景色; 雲景(画) (cf. landscape). 〘1880〙
clóud sèeding *n.* (人工降雨 (rainmaking) のため)雲中に二酸化炭素(ドライアイス)の粒子などをまくこと, 「種まき」. 〘1950〙
clóud séven *n.* =cloud nine.
clóud strèet *n.* 〘気象〙 雲列《積雲の列》. 〘1954〙
cloud·y /kláuḍi | -di/ *adj.* (**cloud·i·er**; **-i·est**) **1** 雲の[から成る]; 雲に似た: ~ smoke 雲のような煙. **2** 雲の多い, 雲で覆われた, 曇っている; 曇り空の《特に, 空の $^6/_{10}$–$^9/_{10}$ が雲に覆われているときにいう》: a ~ day, sky, etc. **3 a** 曇りのかかった, もうろうとした: a ~ mirror / eyes ~ with sleep 寝ぼけた目. **b** 意味のはっきりしない, 不明瞭な: ~ ideas, notions, etc. **4** (不安・不機嫌・憂鬱(ゆううつ)のため)心が曇った, さえない, (何となく)浮かない, むっつりとした, 不機嫌な: ~ looks 浮かぬ顔 / in a ~ mood さえない気持ちで. **5** 濁った, 不透明な: a ~ liquid. **6** 雲模様の, 曇りのはいった: ~ marble 雲入り大理石. **7** 怪しげな, 疑わしい, いかがわしい: a man with a ~ reputation 評判のよくない男. **clóud·i·ly** /-dḷi, -dɪli | -dḷi, -dɪli/ *adv.* **clóud·i·ness** *n.* 〘(c1300) *cloudi* (< OE *clūdiġ* rocky): ⇨ cloud, -y¹〙
Clou·et /klu:éɪ; *F.* kluɛ/, **François** *n.* クルーエ (1510?–?72; フランスの肖像画家; J. Clouet の子).
Clouet, Jean *n.* クルーエ (1485?–1545; フランスの肖像画家; F. Clouet の父).
clough /klʌ́f/ *n.* 《方言》 狭い谷, 谷あい (ravine). 〘(1268) ~ < OE **clōh* ← ? Gmc **klaŋχ-* (OHG *klāh* / G *Klinge*)〙
Clough /klʌ́f/, **Arthur Hugh** *n.* クラフ (1819–61; 宗教的懐疑を歌った英国の詩人; *The Bothie of Tober-na-Vuolich* (1848)).
clout /kláut/ *n.* **1** 《口語》 (こぶしまたは平手で)なぐること; 一なぐり: give a ~ on the head 頭をなぐりつける. **2** 《口語》 (特に, 政治的な)(権)力, 権利, 影響力: wield considerable ~ かなりの政治力をふるう / He has a good deal of ~ with the president. 彼には大統領を動かす力がある. **3** 《古・方言》 **a** (布・革などの)つぎ, つぎ切れ. **b** 布切れ, ぼろ切れ; ぞうきん: a filthy ~ きたないぼろ切れ. **c** [通例 *pl.*] うぶ着; 衣服 (clothes): Cast not [Leave not off] a ~ till May be [is] out. 《諺》 5 月が過ぎるまではぼろでも脱ぐな; 「急いては事を仕損ずる」. **d** おしめ, おむつ (diaper). **4** =clout nail. **5** 〘アーチェリー〙 **a** (枠に白布を張った)標的, 的(まと). **b** 当たり (hit): in the ~ 命中して. **6** 〘野球・クリケット〙 強打, 長打. — *vt.* **1** 《口語》 (こぶしまたは平手で)なぐる. **2** 《古・方言》 **a** …につぎを当てる, 繕う. **b** …に包帯をする. **3** 《俗》 盗む. **4** 〘野球・クリケット〙 〈ボールを〉強打する. **~·er** *n.* 〘OE *clūt* piece of cloth, patch, metal plate < Gmc **klūtaz* ← IE **gel-* to form into a ball: cf. clew〙
clout·ed /kláuṭɪd | -tɪd/ *adj.* **1** 〈靴が〉底に鋲(びょう)が打ってある, つぎを当ててある. **2** 《俗》 逮捕された.
clóut nàil *n.* クラウト釘《金属の薄板などを留める頭部が平たく大きな釘, 鋲釘》.
clove¹ /klóuv | klə́uv/ *n.* **1** 〘植物〙 チョウジノキ (*Eugenia aromatica*)《フトモモ科の熱帯性高木; 香料を採る》. **2** [通例 *pl.*] **a** 丁字, クローブ《チョウジノキのつぼみを乾燥したもの》. **b** クローブ《チョウジノキのつぼみを乾燥した香辛料》. 〘(?a1200) *clowe* □ (O)F *clou* (*de girofle*) (原義) nail (of the clove plant) < L *clāvum* nail ← IE **kleu-* hook, peg: つぼみの形から: 今の形は CLOVE² からの類推による変形〙
clove² /klóuv | klə́uv/ *n.* 〘植物〙 小鱗茎《ユリ・ニンニクなどの親根・鱗茎にできる子根》. 〘OE *clufu* bulb ← Gmc **klubano* ← IE **gleubh-* 'to CLEAVE¹': ⇨ cleave¹〙
clove³ *v.* cleave¹ の過去形; 《古》 cleave² の過去形. 〘ME ~ < OE *clēaf* (⇨ cleave¹) & OE *cleofede* (⇨ cleave²)〙
clove⁴ /klóuv | klə́uv/ *n.* 《米》 [主に地名に用いて] 峡谷 (ravine). 〘(1779) □ Du. *klove*, *kloof* cleft: cf. cleave¹〙
clóve carnàtion *n.* 〘植物〙 =clove pink. 〘1598〙
clóve gìllyflower *n.* 〘植物〙 =clove pink. 〘(?a1200) 1594〙
clóve hìtch *n.* 〘海事〙 巻結び, 徳利結び《結索法の一種》. 〘(1769) *clove*: (異形) ← CLOVEN〙
clóve hòok *n.* =sister hook. 〘(1867) ↑〙
clo·ven /klóuvən | klə́u-/ *v.* cleave¹ の過去分詞. — *adj.* (ある深さまで二部分に)分かれた, 分裂した, 割れている. 〘OE *clofen*〙
clóven fóot *n.* **1** (牛・羊などの)分趾蹄(ぶんしてい), 双蹄, 偶蹄 (cf. solid hoof). **2** 悪魔の性格[本性], 魔性: show the ~ 悪魔の本性[正体]を現す《悪魔には割れているひづめがあるとの伝説から》. 〘?c1200〙
clóven-fóoted *adj.* **1** 〘動物〙 ひづめが割れている, 双蹄(てい)の, 偶蹄の (cf. whole-hoofed). **2** 悪魔のような (Satanic). 〘*a*1398〙
clóven hóof *n.* =cloven foot. 〘1870〙
clóven-hóofed *adj.* =cloven-footed. 〘*c*1640〙
clóve óil *n.* 丁字(ちょうじ)油, 丁香油《丁字から採る無色または黄色の精油; 香料・医薬に用いる》.
clóve pìnk *n.* 〘植物〙 オランダセキチク, カーネーション (*Dianthus caryophyllus*) (⇨ carnation 1). 〘(*c*1855): ⇨ clove¹〙
clo·ver /klóuvə | klə́uvə^(r)/ *n.* 〘植物〙 **1** クローバー《マメ科シャジクソウ属 (*Trifolium*) の多年草の総称; 特に, シロツメクサ (white Dutch clover), ムラサキツメクサ (red clover) などの牧草; cf. four-leaf clover》. **2** クローバーに似た牧草類の総称《ウマゴヤシ (medic), シナガワハギ (sweet clover) など》. ***in* (*the*) *clóver*** 《口語》 豊かに, 裕福に; ぜいたくに, 安楽に: be [live] in ~ 安楽[裕福]に暮らす. 〘1710〙
〘OE *clāfre* < Gmc **klaiƀr(j)ōn* (Du. *klaver* / G *Klee*): cf. cleave²〙
clóver bròom *n.* 〘植物〙 =indigo broom.
clóver·lèaf *n.* (四つ葉のクローバー形の)立体交差十字路. — *adj.* [限定的] クローバーの葉形の. 〘1933〙
clóverleaf áerial *n.* クローバー形アンテナ.
clo·vis /klóuvɪs | klə́uvɪs/ *adj.* 〘考古〙 クロービス文化(期)の《北米・中米の狩猟用槍先形尖頭器を特徴とする石器文化で, 石器には樋状剥離が施されている; 紀元前 1 万年以上にさかのぼる》. 〘(1943) ← *Clovis* (最初にその遺跡が発見された New Mexico 州の都市)〙
Clo·vis I /klóuvɪs | klə́uvɪs/ *n.* クロービス一世 (466?–511; フランク王国の王 (481–511), Merovingian 王朝の第一代の王; ガリア・西ドイツ地方を統一).
clóvis pòint *n.* クロービスポイント《中米・北米に出土する狩猟用槍先形尖頭器; ⇨ clovis》. 〘*c*1955〙
clowd·er /kláudə | -də^(r)/ *n.* ネコの群れ. 〘(1801) (変形) ← CLUTTER〙
clown /kláun/ *n.* **1 a** (おとぎ劇・サーカス・奇術などに出る)道化役者, 道化師, 道化 (jester). **b** 《口語》 いつもおどけている人, おどけ者 (buffoon): play the ~ ふざける. **c** 《口語》 無能な人, 役立たず, おろか者. **2** 野人, 無骨者 (boor). **3** 《古》 百姓, 田舎者 (rustic).
màke a clówn of onesèlf 《口語》 ばかなまねをする.
— *vi.* 道化を務める, おどける, ふざける 〈*around, about*〉.
— *vt.* 〈役を〉道化風に演じる.
〘(1563) (古形) *cloun* ← ?: cf. ON *klunni* clumsy, boorish fellow / Du. *kleun*, *kloen* hoyden〙
clown·er·y /kláunəri/ *n.* おどけ, 道化の所作 (buffoonery). 〘(1589): ⇨ ↑, -ery〙
clówn físh *n.* 〘魚類〙 クラウンアネモネフィッシュ (*Amphiprion percula*)《中部・西部太平洋産スズメダイ科クマノミ属の小魚で, カクレクマノミの姉妹種; イソギンチャクと共生する》; (その他の)クマノミ亜科の小形海産魚.
clówn·ish /-nɪʃ/ *adj.* **1** 道化の[に似た]; 道化師めいた, 滑稽な. **2** 無骨な, 野暮な. **~·ly** *adv.* **~·ness** *n.* 〘(1570): ⇨ -ish¹〙
clówn whíte *n.* 〘演劇〙 白塗り《道化役のように顔を真っ白に塗るメーキャップ》. 〘*c*1955〙
clox·a·cil·lin /klɑ̀(:)ksəsílɪn | klɔ̀ksəsílɪn/ *n.* 〘薬学〙 クロキサシリン《合成ペニシリンの一種》. 〘(1963) ← C(H)L(OROPHENOL)+(*is*)*oxa*(*zole*) (ISO-+OXO-+AZOLE)+(PENI)CILLIN〙
cloy /klɔ́ɪ/ *vt.* (ごちそう・甘味・ぜいたくなどで)飽き飽きさせる, 飽満させる 〔*with*〕 (⇨ satiate SYN): be ~*ed with* too many sweets 菓子類を食べ過ぎていやになる / be ~*ed with* pleasure 快楽に飽きる / the ~*ed* palate of an epicure 美食家のおごった口. — *vi.* (過食・ごちそう攻めで)飽き飽きする, うんざりする; 鼻につく: Sweets soon ~. 甘い物はすぐ飽きてしまう. **~·ed·ness** *n.* 〘(?a1387) (頭音消失) ← *acloie*(*n*) to stop up, drive in a nail □ AF *acloyer*=OF *encloyer* to nail up < VL **inclāvāre* ← IN-²+L *clāvus* nail〙
clóy·ing *adj.* 飽き飽きさせる, 鼻につく. **~·ly** *adv.* **~·ness** *n.* 〘(1594): ⇨ ↑, -ing²〙
clóy·less *adj.* 《Shak》 飽きることのない. 〘1606–07〙
clóy·ment *n.* 《Shak》 飽食 (satiety). 〘1601–02〙
clo·za·pine /klóuzəpì:n | kláu-/ *n.* 〘薬学〙 クロザピン ($C_{18}H_{19}ClN_4$)《鎮静薬》. 〘(*c*1950) ← C(H)LO(RO)-+(BEN)Z(ODI)A(ZE)PINE〙
cloze /klóuz | klə́uz/ *adj.* (文章の理解力を試すための)空所補充テストの. 〘(1953) (短縮・変形) ← CLOSURE〙
clóze tèst *n.* クローズテスト《一定間隔でもうけられた空所に適語を補充させる読解力のテスト》. 〘1954〙
clr 《略》 clear; clearance; colon; cooler.
CLSC 《略》 Chautauqua Literary and Scientific Circle.
CLT 《略》 〘電算〙 Computer Language Translator コンピューター言語トランスレーター.
CLU 《略》 Chartered Life Underwriter 公認生命保険士《American College of Life Underwriters の行う資格試験に合格した者に与えられる称号》.
club¹ /klʌ́b/ *n.* **1 a** (社交・スポーツ・文芸などで同志の結成する)クラブ, 社交会: a golf [tennis] ~ / an Alpine ~ 山岳会[部] / ⇨ country club, yacht club. **b** (プロスポーツの)チーム. **c** 《英》 (会員に各種の特典を与える)共済会, 頒布会: a record ~ レコードクラブ / a benefit ~ 共済会 / ⇨ book club. **d** (貿易・防衛などの)国家連合体[共同体]. **2 a** クラブの集会所; クラブ室, クラブ会館 (clubhouse). **b** ナイトクラブ, キャバレー.
in the clúb [***púdding clùb***] 《英俗》 (特に)〈未婚の女性が〉妊娠して, はらんで (pregnant): be *in the* ~ / get [put] a woman *in the* (*pudding*) ~ 女を妊娠させる[はらます]. 〘1936〙 ***Jóin*** [***Wélcome to***] ***the clúb!*** 《英俗》 [他の人も同じ立場にあることを暗示して] 同じだ: "I have bad luck." "*Join the* ~. I have it, too." 「運が悪い」「同じです, 私もですよ」. 〘1970〙 ***on the clúb*** 《英俗》 病気で欠勤して(疾病手当を支給されて).
— *adj.* [限定的] **1** クラブの[に関する]. **2** 〈食べ物が〉定食の, (同一料金で)いろいろな組合わせの: ~ breakfast.
— *v.* (**clubbed**; **club·bing**) — *vt.* **1** 〈人を〉集めてクラブを作る. **2** 合同させる. **3** 〈寄付などを〉出し合う, 持ち寄る; 出し合って作る 〈*up, together*〉. **4** 分担して支払う, 割り勘にする: ~the expenses. — *vi.* **1 a** クラブを組織する; (共に)クラブ会員となる 〈*together*〉. **b** ナイトクラブに通う: go ~*bing*. **2** 金銭・思想などを出し合う; (共同の目的のために)(…と)協力する 〔*with*〕: ~ *with* a person for the present 贈物に人と共同出資する. **3** 《まれ》 かたまる, 集団になる.
〘(1648) ← ? CLUB²〙
club² /klʌ́b/ *n.* **1 a** 頭の太い棒, 棍棒 (cf. cudgel 1). **b** (脅かしたり威圧するための)棒. **c** (一端にこぶのついたゴルフ・ホッケーなどの)打球棒, クラブ, スティック. **d** (体操用)棍棒 (Indian club). **2** 〘トランプ〙 **a** クラブ(の印). **b** クラブ札. **c** [*pl.* 単数または複数扱い] クラブ札の一揃い (suit): the king of ~*s*. **3** 〘海事〙 クラブ, 補助ガフ《gaff の先端に付けた小円材; 大形 gaff-topsail の後ろ下隅を gaff よりも長く張り出すためのもの》. **4** 〘植物〙 棍棒状の構造[器官]; (特に)多細胞の毛《オレンジやレモンの果肉の要素の一つ》. — *v.* (**clubbed**; **club·bing**) — *vt.* **1 a** (棍棒で)打つ, 打ちこらす: ~ a dog to death 犬をなぐり殺す. **b** 〈銃などを〉(逆さにして)棍棒に代用する: ~ a musket, rifle, etc. **2** 棍棒の形にまとめる: ~ one's hair 髪を棍棒状に束ねる. — *vi.* 〘海事〙 (スピードを落とすためま

C

たは回転するため)潮流の中で錨を引きずる〈*down*〉. 〖(?*a*1200) *club(be)* ▭ ON *klubba, klumba* thick stick, club < Gmc **klub(b)an* ← IE **gel-* to form into a ball: cf. clump[1], globe〗

club·ba·ble /klʌ́bəbl/ *adj.* (*also* **club·a·ble** /〜/) 《口語》クラブ員に適する; 社交的な (cf. clubby). **clùb·ba·bíl·i·ty** *n.* 〖(1783): ⇨ ↑, -able〗

clúb bàg *n.* (ファスナーで開閉する)旅行かばん.

clubbed *adj.* **1** 棍棒状の: 〜 antennae 棍棒状の触角. **2** 〈果実・根が〉奇形的にふくれた. 〖(*c*1390): ⇨ club[2], -ed 2〗

clúb·ber *n.* クラブの会員; ナイトクラブによく行く人. 〖(1633): ⇨ club[1], -er[1]〗

club·by /klʌ́bi/ *adj.* (**club·bi·er**; **-bi·est**) 《米口語》 **1** 社交的な, 人好きのする (cf. clubbable). **2** クラブ特有の; 入会資格の厳しい, 排他的な. **clúb·bi·ly** /-bəli/ *adv.* **clúb·bi·ness** *n.* 〖(1859): ⇨ -y[4]〗

clúb càr *n.* 《米》(列車の)社交車 (lounge car) (ソファー・トランプのテーブル・雑誌などを備え, 社交に適するように設備している車両). 〖1886〗

clúb chàir *n.* クラブチェア (背もたれが低い厚張りのソファー). 〖1919〗

clúb chéese *n.* クラブチーズ (チェダーチーズなどに薬味・香料を入れて作った加工チーズ). 〖1916〗

clúb clàss *n.* 《英》クラブクラス (旅客機の座席の等級; business class に相当).

clúb còupe *n.* 〘自動車〙クラブクーペ (後列座席を備えた 2 ドアの箱形自動車[クーペ]).

clúb·fàce *n.* 〘ゴルフ〙クラブフェース (クラブの打球面). 〖1928〗

clúb fìghter *n.* 〘ボクシング〙クラブ選手 (小さなスポーツクラブなどで試合をする並のボクサー).

clúb·fòot *n.* **1** (*pl.* **-feet**) 内反足 (cf. talipes). **2** (*pl.* 〜**s**) 〘植物病理〙=clubroot. **clúb·fòoted** *adj.* 〖1538〗

clúb fòot *n.* **1** 椅子やテーブルなどの曲がり脚 (cabriole) の先端にみられる平らな円盤状の脚 (pad foot ともいう; cf. Dutch foot). **2** 〘海事〙ジブの末端につける帆桁.

clúb fùngus *n.* 〘植物〙ホウキタケ (ホウキタケ科 (Clavariaceae) のキノコ). 〖1899〗

clúb·hànd *n.* 湾曲手, 奇形手. **〜·ed** *adj.* 〖1870〗

clúb·hàul *vt.* 〘海事〙〈横帆船〉に捨て錨(いかり)上手(うわて)回しをする (風下の海岸を避ける非常手段として風下舷の錨を投入して上手回しを助けさせ, 終わった瞬間に錨を捨てて反対の開きで走り出す). 〖1794〗

clúb·hèad *n.* 〘ゴルフ〙クラブヘッド (クラブ先端の打球部). 〖1713〗

club·house /klʌ́bhàus/ *n.* **1** クラブのある建物, クラブ会館; (ゴルフコースにある)クラブハウス. **2** (野球チームなどの運動選手の使う)ロッカールーム, 更衣室. **3** 競馬場正面観覧席内の特別室. 〖1818〗

clúb·lànd *n.* 《英》クラブ地区 (London の St. James's 宮殿の周囲のにぎやかな地区; 諸種のクラブの所在地で, 世論の中心と見なされている). 〖1885〗

clúb·man /-mən, -mæ̀n/ *n.* (*pl.* **-men** /-mən, -mèn/) クラブ員; (特に)一流クラブに出入りする社交家[上流人], 一流クラブ員. 〖1851〗

Clúb Méd *n.* 〘商標〙地中海クラブ, クラブメッド (会員制の高級リゾート開発会社; holiday village (休暇村), hotel village (ホテル村), family village (家族村)などを経営; 本社 Paris; Club Méditerranée ともいう).

clúb·mo·bìle /-moubìːl | -mə(u)-/ *n.* 《米》移動クラブ車 (コーヒー・ドーナツ・キャンディー・巻たばこなどを積み, レクリエーション設備を備えたクラブ室のようなトレーラー). 〖1943〗

clúb·mòss *n.* 〘植物〙ヒカゲノカズラ (⇨ lycopodium 1). 〖(1597) (なぞり) ← NL *muscus clavātus*〗

clúb·ròom *n.* クラブ室, (クラブの)集会室. 〖1783〗

clúb·ròot *n.* 〘植物病理〙根こぶ病 (*Plasmodiophora brassicae* によってアブラナ科植物に起こる). 〖1846〗

clúb·rùsh *n.* 〘植物〙 **1** ガマ (cattail). **2** ホタルイ属 (*Scirpus*) の植物. 〖1677〗

clúb sándwich *n.* 《米》クラブサンドイッチ (通例トーストパンを三層にしたもので, その間に鶏肉または七面鳥の肉・ハム・レタス・トマト・マヨネーズなどをはさんだもの). 〖1903〗

clúb-shàped *adj.* 〘生物〙(先太の)棍棒状の. 〖1776〗

clúb sóda *n.* ソーダ水 (soda water). 〖1877〗

clúb sòfa *n.* クラブソファー (背もたれが低い厚張りのソファー).

clúb stèak *n.* クラブステーキ (牛の上腰部のあばらに近い部分から切り取られる小さなステーキ; cf. porterhouse 2). 〖1915〗

clúb tòoth léver escàpement *n.* 〘時計〙クラブトゥースレバー脱進機 (携帯時計の脱進機のうち最も普通に使われているもの; がんぎ車 (escape wheel) の歯がゴルフのクラブに似ているのでこの名がある; cf. horn 16).

clúb whèat *n.* 〘植物〙クラブコムギ (*Triticum compactum*) (短い棍棒 (club) 状の穂をもつ小麦の一種). 〖1888〗

clúb·wòman *n.* 女性のクラブ員; (特に)一流クラブに出入りする社交[上流]婦人. 〖1895〗

cluck /klʌ́k/ *n.* **1 a** (雌鶏の)こっこっ[くっくっ]と呼ぶ声. **b** 雌鶏の呼ぶ声に似た声[音]. **2** 巣につきたがっている鶏 (cluck hen ともいう). **3** 《米俗》ばか, まぬけ; 薄のろ. — *vi.* **1** 〈雌鶏が〉こっこっと鳴く, こっこっと鳴いてひなを呼ぶ. **2** (心配・警告・苦悩などを表して)舌を鳴らす. — *vt.* **1** こっこっと鳴いて呼び集める. **2** 〈承認などを〉雌鶏の鳴くような声で[関心をもって]言い表す. **3** 〈舌を〉鳴らす. **〜·ing** *adj.* 〖((*c*1350)) (1611) 〘擬音語〙: cf. OE *cloccian*〗

cluck·y /klʌ́ki/ *adj.* 《豪・NZ 口語》妊娠している (pregnant).

clue /klúː/ *n.* **1** 〔問題解決などの〕糸口, 手掛かり, かぎ, ヒント〔*to*〕: We have no 〜 *to* the solution. その解決に一切手掛かりがない. **2** =clew. **3** [C-] 《米》=Cluedo. ***nót hàve a clúe*** 《口語》(1) 知らない, わからない: They do*n't have a* 〜 (as to what education is). 彼らは(教育って何なのか)何もわかっていない. (2) 無知[無能]だ. 《1948》 — *vt.* **1** …に(解決の)手掛かりを与える: Nothing 〜*d* me *to* this strange happening. この不思議な事件に何の手掛かりもなかった. **2** 《口語》〈人〉に情報を伝える〔*up, in*〕: He will 〜 you *up* [*in*] about this. このことについて彼が君に知らせてくれるよ. **3** =clew 1, 3. 〖(1596) 《変形》 ← CLEW〗

clúed-ín *adj.* 《米口語》〔…を〕よく知っている〔*on, about*〕.

Clue·do /klúːdou | -dəu/ *n.* 〘商標〙クルード (各プレーヤーが殺人事件の登場人物となり, 犯人・凶器・犯行の部屋を割り出すボードゲーム; 《米》Clue ともいう).

clúed-úp *adj.* 《英口語》=clued-in.

clúe·less *adj.* **1** しるべのない, 手掛かりのない, 五里霧中の. **2** 《口語》無知な, ばかな. **〜·ness** *n.* 〖(1862): ⇨ -less〗

Cluj /klúːʒ; *Roman.* kluʒ/ *n.* クルージュ (ルーマニア北西部 Transylvania 州の都市; 正式名 Cluj-Napoca).

clúm·ber spániel, C- S- /klʌ́mbə- | -bə-/ *n.* クランバースパニエル (異種交配による長く低い胴体で白色(頭の一部がレモン色)の作業用のイヌ; Clumber (1865) ともいう). 〖(1883) ← *Clumber* (英国 Nottinghamshire 州にある Duke of Newcastle の領地の名)〗

clump[1] /klʌ́mp/ *n.* **1 a** 木立, 林, 小森; (低木の)やぶ (thicket). **b** 群がり. **2** 塊; 集団 (group): 〜*s* of smoke 煙の塊 / in 〜*s* 群れをなして. **3** [*pl.*; 単数扱い] 〘遊戯〙クランプス (2 組に分かれ, 代表 1 名ずつ出し問題を決め, 各組は相手方の代表に質問し, 代表は yes, no または I don't know だけで答え, それを当てる遊戯). **4** 〘細菌〙細菌塊. **5** 《英》〘印刷〙クランプ, 鉛インテル. — *vi.* **1** 群生する. **2** 〈細菌などが〉凝集する. — *vt.* **1** 群にする, 〈木を寄せ集めて植える. **2** 〈細菌などを〉凝集させる. 〖(*a*1586) ▭ ? LG *klump* < MLG *klumpe* ← IE **gel-* to form into a ball: cf. Du. *klomp* / OE *clympre* lump of metal〗

clump[2] /klʌ́mp/ *n.* **1** 重い足音, どしんどしんという音. **2** 《口語》なぐること, 強打. **3** (靴の)厚革の底. — *vi.* どしんと踏む, 重い足取りで[重々しく]歩く. — *vt.* 《口語》強く叩く, なぐる. 〖(1891) ← CLUMP[1]〗

clúmp blòck *n.* 〘海事〙強厚滑車 (金属輪をもつ力の強い単滑車). 〖(*c*1860) ↑: cf. clamp[3]〗

clump·er /klʌ́mpə | -pə(r)/ *n.* 《カナダ》(海岸に積み重なった)氷塊.

clúmp·ish /-pɪʃ/ *adj.* 〈足音など〉どしんどしんという, 重たくぎこちない. 〖(1681): ⇨ clump[2], -ish[1]〗

clump·y[1] /klʌ́mpi/ *adj.* (**clump·i·er**; **-i·est**) **1** 塊の(多い), 塊状の. **2** 木立のような; こんもり茂った; 木立[森]の多い. 〖(1820): ⇨ -y[4]〗

clump·y[2] /klʌ́mpi/ *adj.* (**clump·i·er**; **-i·est**) = clumpish. 〖1836〗

clúm·si·ly /-zəli/ *adv.* **1** ぶかっこうに, ぎこちなく. **2** 無器用に, 下手に. 〖(1690): ⇨ ↓, -ly[1]〗

clum·sy /klʌ́mzi/ *adj.* (**clum·si·er**; **-si·est**) **1 a** ぎこちない; 動きの鈍い[かたい]. **b** みっともない, 不体裁な, ぶかっこうな: 〜 shoes. **2 a** 不器用な, 下手な (⇨ awkward SYN): a 〜 dancer, workman, etc. / 〜 fingers / He is 〜 *with* his hands. 彼は不器用だ. **b** 〈言い訳など〉拙劣な, まずい: a 〜 liar うその下手な人 / a 〜 apology 下手な弁解. **clúm·si·ness** *n.* 〖(1597–98) ← 《廃》*clumse* to be benumbed (with cold) (← ON: cf. Swed. 《方言》*klumsen* benumbed) + -Y[4] 4〗

clunch /klʌ́ntʃ/ *n.* 《英方言》 **1** 硬化粘土. **2** 硬質白亜. 〖(1679) ← ? CLUMP[1]: cf. lump—lunch, hump—hunch / LG *klunt* / Du. *klont* lump〗

clung /klʌ́ŋ/ *v.* cling の過去形・過去分詞. 〖OE *clungen* (p.p.)〗

Clu·ni·ac /klúːniæ̀k/ *n.*, *adj.* クリュニー修道院の(修道士), クリュニー修道会の(修道士) (クリュニー修道会は同修道院から発展した Benedict 派の改革修道会). 〖(1631): ⇨ Cluny lace, -ac〗

clunk /klʌ́ŋk/ *n.* **1** 《口語》強打; 重い打撃音, にぶい音 (thump); がーん, ごつん, からん (金属がぶつかり合う音). **2** 《俗》にぶい男, 間抜け, ばか. **3** 《主にスコット》液体のごぼごぼ[どくどく]いう音; コルク栓が抜けるポンという音. — *vi.* **1** にぶい音を立てる. **2** にぶい音を立てて当たる. — *vt.* にぶい音を立てて打つ. 〖(*a*1796) 擬音語〗

clunk·er /klʌ́ŋkə | -kə(r)/ *n.* 《米俗》 **1** (がたがたの)老朽機械; (特に)おんぼろ自動車, ぽんこつ車. **2** ひどく不出来なもの, 失敗(作). 〖(1943): ⇨ ↑, -er[1]〗

clunk·y /klʌ́ŋki/ *adj.* 《米俗》 **1** ぎこちない, ぶざまな; ぶかっこうな, 不体裁な. **2** にぶい音を立てる. 〖(1968): ⇨ -y[4]〗

Clú·ny làce /klúːni-; *F.* klyni-/ *n.* クリュニーレース (フランスで始められた手編みレースの一種; またはそれをまねた機械編みレース; 車模様が特徴). 〖(1872) ← *Cluny* (フランス東部の都市, その修道院にちなむ)〗

clu·pe·id /klúːpiɪ̀d | -pɪd/ *adj.*, *n.* 〘魚類〙ニシン科の(魚). 〖(1880) ← L *clupea* a small river fish〗

Clu·pe·i·dae /kluːpíːədìː | -píːɪ-/ *n. pl.* 〘魚類〙ニシン科. 〖← NL 〜 ← *Clupea* (属名: ← L *clupea* a kind of small river fish) + -IDAE〗

clu·pe·oid /klúːpiɔ̀ɪd/ 〘魚類〙 *n.* 等椎(とうつい)亜目 (Clupeoidea) の魚 (ニシン・イワシ・サケ・ワカサギなど). — *adj.* 等椎亜目の. 〖(1880) ← NL *Clupeoidea*: ⇨ ↑, -oid〗

clus·ter /klʌ́stə | -tə(r)/ *n.* **1 a** (同種類の物・人々の密集している)群れ, 集団 (group, crowd): a 〜 of bees ミツバチの一群 / 〜*s* of spectators (所々に集団をなしている)見物人の群れ / gaze at the 〜*s* of dog violet 群生する野生スミレを見つめる / in a 〜 一団をなして, 一固まりになって. **b** 《米》集団住宅. **2** (ブドウ・サクランボ・フジの花などの密集している)房 (bunch): a 〜 of grapes ブドウ一房. **3** 《米陸軍》(殊勲によって同一の勲章が重ねて授与されたことを示す)勲章のリボンに添えた小金属片: ⇨ oak-leaf cluster. **4** (搾乳機の)クラスター (牛の乳頭に取り付けるカップ; 4 つから成る房). **5** 〘天文〙星団. **6** 〘音声〙音結合群: ⇨ consonant cluster. **7** 〘軍事〙集束爆弾 (cluster bomb); クラスター (地雷敷設の単位). **8** 〘統計〙集落. — *vi.* **1** (群れをなして)集まる〈*around, round*〉: People 〜*ed around* the monument. 人々は記念碑の周りに集まった. **2** 房をなす, 鈴なりになる; 群生する. — *vt.* **1** 群れをなして[かたまりになって]覆う〔*with*〕: The place was 〜*ed with* people. その広場は群集でいっぱいだった. **2** 密集させる, 群がらせる. **clus·ter·y** /klʌ́st(ə)ri/ *adj.* 〖OE *clyster, cluster* ← ? Gmc *klŭ(s)tro-* ← **klŭ(t)-*: cf. clot〗

clúster bèan *n.* 〘植物〙=guar.

clúster bòmb *n.* 〘軍事〙クラスター[集束]爆弾 (1 個の爆弾の中に内臓された数十から二百数十の小爆弾が空中で飛散し広範囲の地上目標を破砕する爆弾). — *vt.* クラスター[集束]爆弾で攻撃する. 〖1967〗

clúster cóllege *n.* 《米》クラスターカレッジ, 連合大学構成カレッジ (教員・学生の交流, 施設の共用を目的に大学の連合体(またはその一部)を構成するカレッジ; 各カレッジは都市問題, 環境科学, 宗教学に重点をおくなどして特徴をもっている).

clus·tered /klʌ́stəd | -təd/ *adj.* **1** 群がった, 群生した, 鈴なりになった. **2** 〘建築〙束ねた: a 〜 column [pier] 簇柱(ぞくちゅう), 束ね柱 (多数の柱が集合した形の柱). 〖(*c*1380): ⇨ -ed〗

clústered béllflòwer *n.* 〘植物〙リンドウザキカンパヌラ (*Campanula glomerata*) (ユーラシア産キキョウ科ホタルブクロ属の植物; 単に bellflower ともいう).

clúster flỳ *n.* 〘昆虫〙クロバエ科 (Calliphoridae) のハエの一種 (*Pollenia rudis*) (秋に屋根裏などで群れをなす).

clúster hèadache *n.* 〘医学〙群発(性)頭痛 (眼や側頭部に一連の激痛発作を繰り返す頭痛).

clúster·hèad pínk *n.* 〘植物〙ホソバナデシコ (*Dianthus carthusianorum*) (ヨーロッパ原産のナデシコの一種; 紫または赤の花が咲く多年草).

clúster lèg *n.* 〘家具〙束ね柱[簇柱(ぞくちゅう)]の形式をした脚.

clúster pìne *n.* 〘植物〙カイガンショウ (⇨ pinaster).

clúster pòint *n.* 〘数学〙 **1** (有向点列の)極限点. **2** =accumulation point. **3** (フィルターの)触点.

clutch[1] /klʌ́tʃ/ *vt.* **1** (手またはつめで強くまたは突然)ぐいと捕らえる, ぐっとつかむ. **2** しっかり握る; しがみつく: 〜 power 権力を握る. **3** 《俗》呪文で縛る (spellbind); 〈人〉の心[注意, 関心など]をつかむ: The picture 〜*ed* me. その絵は私の心をとらえた. — *vi.* **1** 〔…を〕つかむ, 捕らえようとする, つかみかかる〔*at*〕: 〜 *at* a straw (困ったとき)一筋のわらさえもつかもうとする. **2** (自動車などの)クラッチを操作する. **3** 《俗》(恐怖・驚きなどで)ぎょっとする, ふるえ上がる〈*up*〉.
— *n.* **1** [通例 *pl.*] 支配力, 手中, 毒手: the 〜*es* of a tiger, dragon, etc. / in the 〜 of fate 運命の手中にある / fall [get] into the 〜*es* of …の手中に陥る[毒手にかかる] / get out of the 〜*es* of …の手から身を脱する. **2** 〘機械〙クラッチ (原動軸と従動軸とを, 任意に接続あるいは切断することができる機械要素部分); クラッチペダル[レバー]; (起重機の)つめ: throw [let] in the 〜 クラッチを入れる / let out the 〜 クラッチを切る. **3** 《口語》危機, 急場, まさかの場合, ピンチ (pinch): come through in the 〜 危機を切り抜ける / He is dependable in the 〜. 彼はまさかの時に頼みになる / choke up [tighten up] in the 〜 〈選手が〉ピンチに固くなる / when it comes to the 〜 《米口語》危機に際して. **4** ぐっとつかむこと, わしづかみ, つかむこと; つかみかかること: make a 〜 *at* …につかみかかる, つかもうとする / within 〜 つかまえられる所に, 手の届く所に. **5** 握る手[つめ]: a mouse in the 〜 of an eagle 鷲のつめにかかったねずみ. **6** =clutch bag.
— *adj.* [限定的] **1** 《口語》ピンチを救う役目をする; チャンスに強い: a 〜 pitcher ピンチに強いピッチャー / a good [bad] 〜 hitter チャンスに強い[弱い]打者. **2** 〈ハンドバッグがクラッチ型の (下げひもや持ち手がなく手や腕にかかえる型にいう): ⇨ clutch bag. **3** 〈コートが〉(ファスナーなしで)手で前を打ち合わせる式の.
〖(*c*1300) *clucche(n)* 《異形》 ← lateOE *clyċċan* to clench: cf. cling〗

clutch[2] /klʌ́tʃ/ *n.* **1 a** 一回に抱く卵. **b** 一度にかえったひな (brood). **2** 《口語》一群, 一団 (group): a 〜 of people. — *vt.* 《まれ》〈ひなを〉かえす (hatch). 〖(1721) 《南部方言》? ← 《北部方言》*cletch* ← 《方言》*cleck* to hatch ▭ ON *klekja*〗

clútch bàg *n.* クラッチバッグ (clutch purse ともいう; ⇨ clutch[1] *adj.* 2). 〖1949〗

Clu·tha /klúːθə/ *n.* [the 〜] クルーサ(川) (ニュージーランド南島で最長の川 (338 km)).

clut·ter /klʌ́tə | -tə(r)/ *n.* **1 a** 散乱した物, ごった返した物の山[塊] (litter). **b** 乱雑, ごった返し, 混乱: The room is in a 〜. 部屋は散らかっている. **2** 《方言》騒ぎ, ごたごたした物音. **3** 〘通信・航空〙(レーダースクリーン上の)擾乱(じょうらん), クラッター (不必要なエコーの集まり). — *vt.* **1 a** 取り散らす, ごった返しにする〈*up*〉: a 〜*ed* room / 〜

up the room. **b** 〈考え・頭・知識などを〉雑然とさせる, 混乱させる 〈*up*〉〔*with*〕. **2** 《方言》乱雑に集める. — *vi.* **1** 《方言》 **a** がたがた音をたてる, 騒ぐ. **b** ばたばた走る: ~ along the road 道をばたばた走って行く. **2** 《方言》散乱する. **3** 《古》早口に[不明瞭に]しゃべる. **clut·ter·y** /klʌ́ṭəri | -təri/ *adj.* 〖《1556》《変形》← 《廃》*clotter* < ME *clottere(n)*: ⇨ clot, -er⁴〗

clútter·ing /-ṭərɪŋ, -trɪŋ | -tərɪŋ, -trɪŋ/ *n.* 〘病理〙早口症, 速語症. 〖《1878》: ⇨ ↑, -ing¹〗

Clw·yd /klúːɪd, -əd | -ɪd; *Welsh* klúɪd/ *n.* クルーイド《ウェールズ北東部の旧州 (1974-96); 面積 2,477 km², 州都 Mold /móʊld | mə́ʊld/》.

Clyde¹ /kláɪd/ *n.* [the ~] クライド(川)《スコットランド南部の川; Clyde 湾に注ぐ; 河畔には Glasgow, Clydebank, Greenock などがある (170 km)》. 〖↓〗

Clyde² /kláɪd/ *n.* クライド《男性名》. 〖□ Welsh *Clywd* 《原義》warm(river) // □ Sc.-Gael. *Cleit* 《原義》rocky eminence〗

Clyde, the Firth of *n.* クライド湾《スコットランド南西部, 大西洋岸の入江》.

Clyde·bank /kláɪdbæŋk/ *n.* クライドバンク《スコットランド南西部 Glasgow の北西にある Clyde 河畔の都市》.

Clydes·dale /kláɪdzdeɪl/ *n.* クライズデール《大形でたくましい荷馬用の馬の一品種》. 〖《1786》← *Clydesdale* (スコットランドの地名でその原産地)〗

clype /kláɪp/ 《スコット》 *vi.* おしゃべりする; 秘密を漏らす; 密告する. — *n.* 人の私事をしゃべりたがる人; 密告者. 〖《*a*1500》← ?〗

clyp·e·ate /klípiɪ̀t, -pièɪt/ *adj.* **1** 〘生物〙円盾形の. **2** 〘昆虫〙額片 (clypeus) のある. 〖《1836》← L *clypeus* (↓)+-ATE²〗

clyp·e·us /klípiəs/ *n.* (*pl.* **-e·i** /-piàɪ/) 〘昆虫〙額片, 唇基部, 頭楯, 顎板(ぶん). **clýp·e·al** /-piəl/ *adj.* 〖《1834》← NL ~ ← L 'round shield'〗

cly·sis /kláɪsɪ̀s | -sɪs/ *n.* (*pl.* **cly·ses** /-siːz/) 〘医学〙体腔洗浄. 〖← NL ~ ← Gk *klúsis* ← *klúzein* to wash〗

clys·ter /klístə | -tə⁽ʳ⁾/ 《古》 *n.* 〘医学〙浣腸(かんちょう) (enema). — *vt.* 〈人〉に浣腸する. 〖《*a*1398》□ (O)F *clystère* // L *clystēr* □ Gk *klustḗr* syringe ← *klúzein* to wash out ← IE **kleu-* to wash, clean〗

Cly·tem·nes·tra /klàɪṭəmnéstrə | klàɪtɪ̀m-, klɪt-, -tɛm-, -níːs-/ *n.* 〘ギリシャ神話〙クリュタイムネストラ《Agamemnon の不貞な妻; Aegisthus に誘われて夫を殺したが, のちその子 Orestes に殺された》. 〖□ L *Clytaemnēstra* □ Gk *Klutaimnḗstra* ← *klutós* celebrated＋*mnēstḗr* wooer〗

cm 《略》centimeter(s); cumulative.

cm 《記号》Cameroon 《URL ドメイン名》.

Cm 《記号》〘気象〙cumulonimbus mammatus 乳房状積乱雲; 〘化学〙curium.

CM 《略》Canadian Militia; Catholic Mission; Certificated Master; Certificated Mistress; 〘米軍〙Certificate of Merit; Certified Master; Certified Mistress; Chief Minister; *L.* Chirurgiae Magister (= Master of Surgery); Church Mission; Church Missionary; Circulation Manager; command module; Common Market; 〘詩学〙common meter; Commonwealth of the Marianas; 〘カトリック〙Congregation of the Mission 聖ビンセンシオ布教会, ラザロ会; Corporate Membership; Corresponding Member; Court Martial. 日英比較 日本語で「テレビ・ラジオの広告」の意味で使う *CM* は commercial message の略とされるが, この略語は英語では用いられない.

Cm. 《略》《英》Command Paper 《以前は C, Cd または Cmd または Cmnd と略した》.

c.m. 《略》〘宝石〙*F.* carat métrique (=metric carat); *L.* causa mortis (=by reason of death); center matched; center of mass; central meridian 中心子午線; circular mil; *F.* classes moyennes (=middle classes); 〘詩学〙common meter; 〘処方〙*L.* cras mane (=tomorrow morning).

Cmd 《略》Command Paper (⇨ Cm.).

cmd. 《略》command.

cmdg 《略》commanding.

Cmdr 《略》Commander.

Cmdre 《略》Commodore.

CMEA 《略》Council for Mutual Economic Assistance 経済相互援助会議 (COMECON).

CMF 《略》《豪》Citizen Military Forces.

CMG 《略》《英》Companion of (the Order of) St. Michael and St. George. 〖1903〗

CMH 《略》《米》Congressional Medal of Honor.

c-mitósis *n.* 〘生物〙c 分裂, c 有糸分裂《コルヒチンなどの作用によって生じた異常有糸分裂; ふつう染色体数が倍加する》. **c-mitótic** *adj.* 〖*c*: 《略》← COLCHICINE〗

cml 《略》commercial.

Cmnd 《略》Command Paper.

CMOS /síːmɔːs, -mɑ̀(ː)s; -məʊs, -mɔ̀s/ 《略》〘電子工学〙complementary metal oxide semiconductor [silicon] 相補型金属酸化膜半導体[シリコン], シーモス.

CMRST 《略》Committee on Manpower Resources for Science and Technology.

CMS 《略》《英》Church Missionary Society.

CMSgt 《略》〘米空軍〙chief master sergeant.

CMTC 《略》Citizens' Military Training Camp (米国の, かつての)市民軍事訓練所.

CMV 《略》cytomegalovirus.

cn 《記号》China 《URL ドメイン名》.

Cn 《略》Canon; 〘気象〙cumulonimbus.

CN 《記号》〘化学〙chloroacetophenone.

C/N, c/n, cn 《略》circular note; consignment note; 〘金融〙contract note; 〘保険〙cover note; 〘海運・簿記〙credit note.

CNAA 《略》《英》Council for National Academic Awards.

CND /síːèndíː/ 《略》《英》Campaign for Nuclear Disarmament.

cne·mis /níːmɪ̀s | -mɪs/ *n.* (*pl.* **cnem·i·des** /némədìːz | -mɪ-/) 〘解剖・動物〙脛骨 (tibia, shin). **cné·mi·al** /-miəl/ *adj.* 〖← NL ~ ← Gk *knēmís* greave ← *knḗmē* shin〗

-cne·mus /(k)níːməs/「(動物の属名に用いて)…の足のもの」の意の名詞連結形: Octa*cnemus*. 〖← NL ~ ← Gk *knḗmē* shin〗

CNG 《略》compressed natural gas 圧縮天然ガス.

cnid- /naɪd/ (母音の前にくるときの) cnido- の異形.

cni·da /náɪḍə | -də/ *n.* (*pl.* **cni·dae** /-diː/) 〘動物〙= nematocyst. 〖《1876》← NL ~ ← Gk *knídē* nettle〗

Cni·dar·i·a /naɪdɛ́ᵊriə | -dɛ́ər-/ *n. pl.* 〘動物〙刺胞動物門 (腔腸動物門 (Coelenterata) ともいう). 〖← NL ~: ⇨ ↑, -aria¹〗

cni·dar·i·an /naɪdɛ́ᵊriən | -dɛ́ər-/ 〘動物〙*n.* 刺胞動物. — *adj.* 刺胞動物門の. 〖《*c*1909》〗

cni·do- /náɪdoʊ | -dəʊ/ 〘動物〙「刺胞 (nematocyst)」の意の連結形. ★ 母音の前では通例 cnid- になる. 〖← NL ~: ⇨ cnida〗

cni·do·blast /náɪḍəblæ̀st | -də-/ *n.* 〘動物〙刺細胞《刺胞 (nematocyst) を作り出す, または刺胞になる細胞》. 〖1884〗

cni·do·cil /náɪḍəsɪ̀l | -də-/ *n.* 〘動物〙刺細胞突起, 刺針《刺細胞 (cnidoblast) の外表面に出ている毛様突起》. 〖《1884》← CNIDO-＋NL *cilium* hairlike process: ⇨ cilia〗

cni·do·cyst /náɪḍəsɪ̀st | -də-/ *n.* 〘動物〙棘(きょく)糸胞. 〖1888〗

cni·dog·e·nous /naɪdɑ́(ː)ʤənəs | -dɔ́ʤɪ-/ *adj.* 〘動物〙刺胞 (nematocyst) を生じる[含む]. 〖1902〗

cni·do·phore /náɪḍəfɔ̀ə | -dəfɔ̀ː⁽ʳ⁾/ *n.* 〘動物〙刺(細)胞体《刺胞 (nematocyst) をもつ構造》. **cni·doph·o·rous** /naɪdɑ́(ː)fərəs | -dɔ́f-/ *adj.* 〖1887〗

Cni·dus /(k)náɪḍəs | -dəs/ *n.* クニドス《小アジア南西部 Caria の古都; アテネの海軍がスパルタ軍を破った所 (394 B.C.)》.

CNN /síːènén/ 《略》《米》Cable News Network ケーブルニュース放送網《ニュース専門局》.

CNO 《略》Chief of Naval Operations 海軍作戦部長.

Cnos·sus /nɑ́(ː)səs | nɔ́s-/ *n.* =Knossos.

Ć-nòte *n.* 《米俗》100 ドル紙幣.

CNR 《略》Canadian National Railway.

cnr. 《略》corner.

CNS 《略》〘解剖〙central nervous system 中枢神経系. 〖1932〗

ĆN Tówer *n.* **1** [the ~] CN タワー《カナダ Toronto 市の中心部, Ontario 湖の湖岸にそびえる世界一高いタワー (553 m); 1976 年建設; 上から 4 分の 1 ほどのところに展望室があり, 先端は電波塔となっている; 近代都市 Toronto のシンボル; CN は Canadian National の略》. **2** 〘商標〙CN タワー《カナダ McGuiness Distillers 社製のウイスキー; タワーを模したボトル入り》.

Cnut /k(ə)núːt, -njúːt | -njúːt/ *n.* =Canute.

co /kóʊ | kə́ʊ/ 《記号》commercial 《URL ドメイン名; 営利企業を表す》.

Co 《記号》〘化学〙cobalt.

CO 《略》cash order; chief officer; 〘自動車国籍表示〙Colombia; Colonial Office; 〘米郵便〙Colorado (州) (cf. Col.); Commanding Officer; Command Order; Commissioner of Oaths; Commissioner's Office; Commonwealth Office; *F.* Compte Ouvert (=open account); conscientious objector; criminal offense; Crown Office.

c/o /síːóʊ | -ə́ʊ/ 《略》care of (★ care of とも読む); carried over (★ carried over とも読む); cash order; change over.

C/O 《略》case oil; 〘商業〙certificate of origin.

Co., co. /kóʊ | kə́ʊ/ ★ company とも読む. *n.* 会社 (⇨ company 1): John Smith *and* [&] *Co.* 〖《略》← COMPANY〗

Co. 《略》colon; county; course.

co-¹ /kóʊ | kə́ʊ/ *pref.* (通例母音または h, gn, w などの子音の前に用いる時の) com- の異形: **1** 名詞について「共同の, 共通の, 相互の; 副…」などの意: coeditor, coheir, *co*-leader, copartner, cognomen, copilot. **2** 形容詞または副詞に付いて「共同して, 相互に; 同一の, 同程度に」などの意: *co*operative(ly), *co*eternal(ly), *co*extensive(ly). **3** 動詞について「共に」の意: *co*operate, *co*habit. 〖ME □ L *co*-=COM- ← *cum* with, together〗

co-² /kóʊ | kə́ʊ/ *pref.* 〘数学・天文〙「余」の意: *co*sine, *co*declination. 〖《略》← *co*(*mplement of*)〗

CoA 《記号》〘生化学〙coenzyme A.

cò·acérvate 〘物理化学〙*n.* コアセルベート《コアセルベーションの際に分離するコロイドに富む層》. — *adj.* コアセルベートの. 〖《1929》← L *coacervātus* (p.p.) ← *coacervāre* to heap up: ⇨ co-¹, acervate〗

cò·acervátion *n.* 〘物理化学〙コアセルベーション, 析液《コロイド溶液におけるコロイドに富む層とほしい層とに分離する脱混合現象》. 〖《*a*1398》《1929》: ⇨ ↑, -ation〗

coach /kóʊtʃ | kə́ʊtʃ/ *n.* **A 1** 〖指導者を指導を受ける者を運ぶ道具と見た比喩から〗 **a** (スポーツなどの)コーチ, 実地指導員 (trainer), インストラクター, (フットボールなどの)監督. 日英比較 日本語ではサッカー・野球などすべての球技で「監督」を共通に用いるが, 英語ではサッカーの監督は (head) coach, 野球の監督は manager という. **b** (受験準備のために雇われる)家庭教師. **2 a** 〘野球〙(一塁・三塁の)ランナーズコーチ. **b** 野球などのチームにおける監督の補佐役《これが a の意味のコーチを務めることもある》. **3** 指導案内書, 虎の巻, 必携 (manual). **4** 《豪》野生の牛をおびき寄せるのに使われるおとりの去勢牛.
B 1 《米》バス; 《英》(長距離用の)大型(一階)バス: by ~. **2** 〘鉄道〙 **a** 《英》客車《railway carriage の正式名》. **b** 《米》(普通の)客車《sleeping car, parlor car などと区別する時の正式名》. **3** 《米》(旅客機・列車の)二等, エコノミークラス《一等よりも安い料金の等級》: by ~. **4** 2 ドアのセダン型自動車, (特に)箱型の自動車車体. **5 a** 公式馬車 (state carriage): Lord Mayor's ~ ロンドン市長の公式馬車 / a state ~ 国王の公式馬車. **b** (昔の四頭引き四輪大型の)駅伝乗合馬車《鉄道以前の主要な輸送機関; 車内と車上に乗席があり, 旅客・郵便物などを輸送した; cf. stagecoach, mailcoach》. **6** 〘海事〙(帆船の)船尾室《普通は船長室に使われる》.
***drive a cóach and hórses* [*fóur, síx*] *through* …** 《口語》〈不備な法律や論法〉を(堂々と)無視する, 論破する, くつがえす, ぶちこわす《英国の国会議員 Stephen Rice (1637-1715) の用語から: 馬車が通り抜けられるくらいの大穴があるの意》. 〖1700〗
Cóach and Hórses [the ―] 《英》パブ (pub).
— *vt.* **1 a** 〈競技指導者・コーチが〉実地指導する, コーチする. **b** 〈家庭教師が〉…の受験指導をする: ~ pupils *for* entrance examinations 生徒に入学試験の受験指導をする. **2** 《古》馬車で運ぶ. — *vi.* **1** coach で旅行する[行く]. **2 a** コーチ役を務める. **b** 受験指導をする.
— *adv.* 《米》(旅客機・列車の)二等で, エコノミークラスで: fly ~ エコノミークラスで飛ぶ[に乗る].
~·a·ble *adj.* 〖《1556》*coche* □ F ~ □ G *Kutsche* □ Hung. *kocsi* ← *Kocs* (この馬車がはじめて用いられたハンガリーの地名)〗

cóach-and-fóur *n.* 四頭立て馬車. 〖1882〗

cóach-and-síx *n.* 六頭立て馬車.

cóach bòlt *n.* 《英》=carriage bolt.

cóach bòx *n.* (駅伝乗合馬車の)御者台. 〖1651〗

cóach·buìlding *n.* 《英》自動車の車体設計および製造. **cóach·buìlder** *n.*

cóach-bùilt *adj.* 〈自動車の車体が〉全木製仕上げの, 注文製作の; 木造の枠に金属板をはめた. 〖1904〗

cóach clàss *n.* 《米》=coach B 3.

cóach dòg *n.* =Dalmatian 2. 〖《1840》昔, 馬車について走らせたことから〗

coach·ee /koʊtʃíː | kəʊ-/ *n.* =coachman 1. 〖1790〗

cóach·er *n.* **1** 指導者, (水泳などの)コーチ (coach). **2** =coach horse. **3** 《廃》馬車の御者. 〖1. 《1904》: ⇨ -er¹, 3. 《1587》□ *F cocher* coachman〗

cóach hòrn *n.* (昔, 駅伝乗合馬車で用いた)馬車らっぱ (cf. post horn).

cóach hòrse *n.* (駅伝乗合馬車の)馬車馬. 〖1590〗

cóach hòuse *n.* **1** 馬車置場の離れ屋. **2** 〘歴史〙(街道の宿駅の)交替馬がいる宿屋《coaching house [inn] ともいう》. 〖1679〗

cóach·ing *n.* コーチによる指導, 実地[受験]指導.

cóach lìne *n.* (自動車の車体の)装飾用の線《carriage line ともいう》.

cóach·lòad *n.* coach いっぱいの荷物[人].

cóach·man /-mən/ *n.* (*pl.* **-men** /-mən/) **1** (馬車の)御者. **2** 〘釣〙コーチマン《白い羽根, クジャクの羽枝の胴, 茶色のみの毛ばり》. 〖1579〗

cóach-òffice *n.* 乗合馬車出札所. 〖1794〗

cóach pàrk *n.* 《英》長距離[観光]バス駐車場.

cóach·ròof *n.* 〘海事〙(ヨットの)コーチルーフ《キャビンの屋根の高くなった部分》. 〖1807〗

cóach's bòx /-tʃɪ̀z-/ *n.* 〘野球〙コーチスボックス《一塁または三塁のコーチが立つ場所》.

cóach scrèw *n.* コーチ木ねじ (⇨ lag screw). 〖1874〗

cóach stàtion *n.* **1** 《米》(もと)駅馬車の停留所. **2** 長距離バスの操車場 (cf. bus station). 〖1881〗

cóach·whìp *n.* **1** 馬車馬用のむち. **2** 〘植物〙= ocotillo. **3** 〘動物〙ムチナメラ (*Coluber flagellum*)《米南部・メキシコ産の長くてほっそりしたヘビ; coachwhip snake ともいう》. 〖1736〗

cóachwhip bird *n.* 〘鳥類〙ムナグロシラヒゲドリ (*Psophodes olivaceus*)《オーストラリアに生息するヒタキ科の鳥; 鳴き声はむちを打つときの音に似る》. 〖1884〗

cóach·wòod *n.* 〘植物〙ケラトペタルム, アペルタム (*Ceratopetalum apetalum*)《クノニア科の常緑高木; オーストラリア産; 家具用材》. 〖1884〗

cóach·wòrk *n.* 自動車[鉄道車両]の車体設計[製作, 仕上げ]; 《英》(自動車の)車体. 〖1906〗

co·act¹ /koʊǽkt | kəʊ-/ *vt.* 強いる, 余儀なくさせる (compel). 〖《*a*1420》← L *coactus* (p.p.) ← *cōgere* to force: ⇨ cogent〗

cò·áct² *vi.* 協力する, 共に働く, 協働する. 〖《1588》← CO-¹+ACT (v.)〗

co·ac·tion¹ /koʊǽkʃən | kəʊ-/ *n.* 《廃》強制 (compulsion). 〖《*c*1385》□ (O)F ~ □ L *coactiō(n-)*: ⇨ ↑, -tion〗

cò·áction² *n.* **1** 共同動作, 協力. **2** 〘生態〙相互作用, 共働《生物の個体群や群集において, 各生物間にみられる相互関係; cf. reaction 14》. 〖《1625》← CO-¹+ACTION〗

co·ac·tive¹ /koʊǽktɪv | kəʊ-/ *adj.* 強制的な. **~·ly** *adv.* 〖《1596》← L *coactīvus*〗

C

C

cò·áctive² *adj.* 共同の, 協力的な. 〘(1610–11) □ OF ～ ∥ L *coactivus*〙

cò·adápted *adj.* 〖生物〗(自然選択により)相互に適応した. 〘1836〙

cò·adjácent *adj.* 隣り合った; (特に, 思想的に)接近した. 〘(1842) ← co-¹＋ADJACENT〙

cò·adjúst *n.* 互いに調節し合う. 〘(*a*1864) ← co-¹＋ADJUST〙

cò·adjústment *n.* 相互調節. 〘(1876) ← co-¹＋ADJUSTMENT〙

cò·ádjutant *adj.* 相互に助け合う; 協力する. ― *n.* 協力者, 助手 (assistant). 〘(*a*1708) ← co-¹＋ADJUTANT〙

co·ad·ju·tor /kouǽdʒuṭə, kòuədʒúːtə | kəuǽdʒutə⁽ʳ⁾/ *n.* **1** 〖教会〗(bishop の) 補佐役, 監督[司教]補. **2** 《まれ》助手, 補佐 (assistant). 〘(*c*1450) □ (O)F *coadjuteur* □ LL *coadjūtor* ← co-¹＋*adjūtor* helper (← *adjuvāre* to help: ⇨ adjuvant)〙

co·ad·ju·tress /kouǽdʒutrɪ̀s, kòuədʒúː- | kəuǽdʒutrɪ̀s, -très/ *n.* 女性助手[補佐]. 〘(1603): ⇨ -ess¹〙

co·ad·ju·trix /kouǽdʒutrɪks, kòuədʒúːtrɪks | kəuǽdʒutrɪks/ *n.* (*pl.* **-ju·tri·ces** /kouǽdʒutráisiːz | kəu-/) ＝coadjutress. 〘(1646) ← NL ～ (fem.) ← COADJUTOR: ⇨ -trix〙

co·ad·u·nate /kouǽdʒunɪ̀t, -nèɪt | kəu-/ *adj.* **1** 合着した, 結合した. **2** 〖生物〗着生した. **co·ad·u·na·tion** /kouæ̀dʒunéɪʃən | kəu-/ *n.* **co·àd·u·ná·tive** *adj.* 〘(1839–47) □ LL *coadūnātus* (p.p.) ← *coadūnāre* to unite, join ← co-¹＋*adūnāre* to join (← AD-＋*ūnus* 'ONE')〙

cò·advénture *vi.* 共に冒険する. ― *n.* 共同冒険. 〘(1642) ← co-¹＋ADVENTURE〙

cò·advénturer *n.* 共同冒険者. 〘(*c*1645) ← co-¹＋ADVENTURER〙

co·ae·ta·ne·ous /kòuɪ̀téɪniəs | kəu-/ *adj.* ＝coetaneous.

cò·ágency *n.* 共働, 協力, 共同動作. 〘(1611) ← co-¹＋AGENCY〙

cò·ágent *n.* **1** 協力者, 共同者. **2** 共に作用する力[要因]. 〘(*a*1600) ← co-¹＋AGENT〙

coagula *n.* coagulum の複数形.

co·ag·u·la·ble /kouǽgjuləbl | kəu-/ *adj.* 凝結させることのできる, 凝固可能の. **co·ag·u·la·bil·i·ty** /kouæ̀gjuləbíləṭi | kəuæ̀gjuləbílɪ̀ti/ *n.* 〘(1652) □ F ～ ← *coaguler* □ L *coāgulāre*: ⇨ coagulate¹, -able〙

co·ag·u·lant /kouǽgjulənt | kəu-/ *n.* 凝集剤, 凝固剤 (牛乳を凝固させる rennet など). 〘(1770) □ L *coāgulantem* (pres.p.) ← *coāgulāre*: ⇨ coagulate¹〙

co·ag·u·lase /kouǽgjulèɪs, -lèɪz | kəuǽgjulèɪs/ *n.* 〖生化学〗凝固(促進)酵素, コアグラーゼ (血液や血漿の凝固を引き起こす酵素; ぶどう状球菌から分泌される). 〘(1914): ⇨ ↓, -ase〙

co·ag·u·late¹ /kouǽgjulèɪt | kəu-/ *vi.* **1** 〈溶液が〉固まる, こごる, 凝固する, 凝結する (congeal). **2** 〖物理化学〗凝結[凝析]する (ゾルのコロイド粒子が集まって沈澱する). **3** 〖生理〗凝固[凝集]する. ― *vt.* **1 a** 固まらせる, 凝固[凝結]させる. **b** 集合させる. **2** 〖物理化学〗凝結[凝析]させる. **3** 〖生理〗凝固[凝集]させる. 〘(*c*1395) ← L *coāgulātus* (p.p.) ← *coāgulāre*: ⇨ coagulum, -ate³〙

co·ag·u·late² /kouǽgjulɪ̀t, -lèɪt | kəu-/ *adj.* 《古》固まった, 凝結した. ― *n.* 〖生理〗＝coagulum.

co·ag·u·la·tion /kouæ̀gjuléɪʃən | kəu-/ *n.* **1** 〖物理化学〗凝固, 凝結, 凝析 (cf. syneresis 3): the ～ of atoms, blood, etc. **2** 凝固物. 〘(*a*1400) □ (O)F ～ ∥ L *coāgulātiō(n-)*: ⇨ ↑, -ation〙

co·ag·u·la·tive /kouǽgjulèɪṭɪv | kəuǽgjulət-, -lèɪt-/ *adj.* 《廃》凝固力のある, 凝結性の. 〘(1605) ← L *coāgulātivus*〙

co·ág·u·là·tor /-ṭə | -tə⁽ʳ⁾/ *n.* 凝固[凝結]剤. **co·ag·ul·a·to·ry** /kouǽgjulətɔ̀ːri | kəuǽgjulətəri, -lèɪt-/ *adj.* 〘(1605) ← L *coāgulātor* ← *coāgulāre*〙

co·ag·u·lum /kouǽgjuləm | kəu-/ *n.* (*pl.* **-u·la** /-lə/) 〖生理〗凝塊, 凝血塊, 血餅, クロット (clot): a blood ～ 凝血. 〘(1658) □ L *coāgulum* means of coagulation ← *cōgere* to drive together: ⇨ cogent〙

Co·a·hui·la /kòuəwíːlə | kəu-; *Am.Sp.* koawíla/ *n.* コアウィラ (メキシコ北部, 米国 Texas 州に接する州; 州都 Saltillo).

co·ai·ta /kuàɪtáː/ *n.* 〖動物〗クロクモザル (*Ateles paniscus*) (南米産の長い四肢, 細い体つきをしたサル). 〘(1774) □ Port. 《廃》*coaitá* (Port. *coitá*) ← S-Am.-Ind. (Tupi)〙

coak /kóuk | kə́uk/ *n.* 〖木工〗 **1** 枘(ほぞ) (tenon). **2** 雇い実(ざね), ジベル (dowel). ― *vt.* 枘[ジベル]でつなぐ. 〘(1794) □ ? ONF **coque* notch ＝(O)F *coche* ＜ L *coccum* excrescence on a tree □ Gk *kókkos* grain〙

coal /kóul | kə́ul/ *n.* **1 a** 石炭: a hot ～ 燃えて熱い石炭の塊 / a live [red-hot] ～ 真っ赤になった石炭 / ⇨ brown coal, hard coal, soft coal / take in ～ (船に)石炭を積み込む. **b** [*pl.*] 《英》(燃料用に砕いた)石炭: put ～*s* on the fire 火に石炭をくべる / lay in ～*s* for the winter 冬支度に石炭を買い込む. **2 a** 木炭 (charcoal). **b** [しばしば *pl.*] (まきその他の燃料の)赤熱した燃えさし, おき: cook food on the ～*s*.
blów the cóals ⇨ blow¹ 成句. ***cáll [drág, hául, ráke, táke] a pèrson òver the cóals*** 《口語》〈人を〉しかる, 厳しく叱責(しっせき)する, お目玉を食わす, 〈人の〉責任を追求する 〔*for*〕. (刑罰として焼けた石炭の上を引きずり回したことから) ***cárry [táke] cóals to Néwcastle*** 余計なことをする (cf. *carry* OWLs *to Athens*) (Newcastle が有数の石炭の産地であることから). (*a*1661) ***héap cóals of fíre on a pérson's héad*** (恨みに対し徳を行って)人を後悔させる[恥じ入らせる] (cf. *Rom* 12:20; *Prov.* 25:22). ***póur on the cóal*** 《米俗》(車や飛行機の)速度を上げる, 飛ばす.
― *vt.* **1** 〈船・機関車などに〉石炭を供給する. **2** 焼いて木炭にする (char). ― *vi.* 〈船が〉石炭を積み込む: ～ at Gibraltar / a ～*ing* day 石炭積込み日.
〘OE *col* ＜ Gmc **kolam, *kolon* (Du. *kool* / G *Kohle*) ← IE **g(e)ulo-* glowing coal〙

cóal bàll *n.* 〖鉱山〗炭球 (炭層中に発見される球状の団塊; 方解石・珪土・石化した植物片などを含む). 〘1741〙

cóal·bèaring *adj.* 石炭を産する (carboniferous). 〘1833〙

cóal·bèd *n.* 〖地質〗炭層. 〘1802〙

cóal·bìn *n.* 石炭入れ. 〘1864〙

cóal-bláck *adj.* 真っ黒な. 〘*c*1250〙

cóal blàck *n.* 真っ黒, 石炭色.

cóal·bòx *n.* 石炭入れ, 炭取り. 〘1729〙

cóal bùcket *n.* 《米中部》＝coal scuttle.

cóal·bùnker *n.* (船の)炭倉, 石炭庫. 〘1833〙

cóal càr *n.* 《米》 **1** (鉄道の)石炭輸送貨車, 石炭車. **2** (炭鉱の)石炭運搬者. 〘1858〙

cóal cèllar *n.* 《米》(住宅の)石炭貯蔵地下室 (cf. coal-flap, coalhole). 〘1281〙

cóal cùtter *n.* コールカッター, 截炭機 (電動のこぎりまたは電気ドリルを用いて石炭を切り出す機械). 〘1871–73〙

cóal-dùst *n.* 石炭の粉, 粉末石炭, 炭塵(たんじん). 〘1597〙

cóal·er /-lə | -lə⁽ʳ⁾/ *n.* **1** 石炭船; 石炭輸送鉄道. **2** 石炭商. **3** 石炭積込み人足[人夫]. **4** [*pl.*] 《米》石炭輸送鉄道会社の株式. 〘(1870): ⇨ -er¹〙

co·a·lesce /kòuəlés | kə̀u-/ *vi.* **1** 〈折れた骨などが〉合着する, 癒合する. **2 a** 〈別々の要素が〉(一つに)合体する. **b** 〈政治家・政党などが〉(共通の目的で)合同[連合]する. ― *vt.* 合体させる, 合同させる. 〘(1541) □ L *coalēscere* ← co-¹＋*alēscere* to grow (← *alere* to nourish)〙

co·a·les·cence /kòuəlésəns, -sṇs | kə̀u-/ *n.* **1** 合同, 連合, 連立. **2** 合着, 癒合; 凝結. 〘(1541): ⇨ ↑, -ence〙

co·a·les·cent /kòuəlésənt, -sṇt | kə̀u-⁻/ *adj.* **1** 合生の, 合着性の. **2** 合同[連合, 連立]の, 提携の. 〘(1655) □ L *coalēscentem* (pres.p.) ← *coalēscere* 'to COALESCE'〙

cóal·fàce *n.* **1** 切羽(きりは); 採鉱切羽. **2** [the ～] 《英》現場. ***at the cóalface*** 肉体労働に携わって; 現場で, 実務に携わって. 〘1872〙

cóal-fàctor *n.* 《英》石炭問屋, 石炭仲買人. 〘1715〙

cóal·fìeld *n.* 炭田. 〘1813〙

cóal-fìred *adj.* 石炭で熱した[動かした]. 〘1909〙

cóal·fìsh *n.* 〖魚類〗 **1** ＝pollack b. **2** 体色の黒いギンダラの類の魚類の総称. 〘(1603) その色から〙

cóal-flàp *n.* 《英》(石炭貯蔵地下室 (coal-cellar) に石炭を投げ入れるように歩道上に設けてある)石炭投入口 (coalhole) の上げぶた. 〘1881〙

cóal gàs *n.* **1** (石炭をたくときに出る有害な)石炭ガス. **2** (石炭乾溜により作る灯用・燃料用)ガス. 〘1809〙

cóal-hèaver *n.* 《英》石炭運搬夫; 石炭積みおろし人. 〘1763〙

cóal hòd *n.* 《米北東部》石炭入れ, 炭取り (coal scuttle). 〘*a*1825〙

cóal·hòle *n.* **1** (歩道から地下石炭置場に通じる)石炭投入口 (cf. coal-flap). **2** 《英》(船などの)石炭貯蔵庫 (cf. coal cellar). 〘1641〙

cóal·hòuse *n.* 石炭貯蔵小屋. 〘1555〙

coal·i·fi·ca·tion /kòuləfɪkéɪʃən | kə̀ulɪ̀fɪ-/ *n.* (植物質の)炭化. 〘(1911): ⇨ ↓, -fication〙

coal·i·fy /kóuləfàɪ | kə́ulɪ̀-/ *vt.* 炭化する. 〘(1818) ← COAL＋-FY〙

cóal·ing stàtion *n.* **1** (汽船・軍艦の)給炭港. **2** (機関車の)給炭所. 〘1870〙

Coal·ite /kóulaɪt | kə́u-/ *n.* 〖商標〗コーライト (低温コークス). 〘(1906) ← COAL＋-ITE¹〙

co·a·li·tion /kòuəlíʃən | kə̀u-/ *n.* **1** 連立政権[内閣]; (主義・政策上の政党・国家・個人などの間の, 一時的)提携, 連立, 連合 (⇨ alliance SYN): a ～ between two parties 2政党の連合 / a ～ of all laborers / form [dissolve] a ～ 連合を作る[解く]. **2** 結合, 合体; 連合体, 合同 (union, combination): ～ forces 連合軍 (多国籍軍など). **～·al** /-ʃnəl, -ʃənl⁻/ *adj.* 〘(1612) □ F ～ □ ML *coalitiō(n-)* ← L *coalēscere* 'to COALESCE': ⇨ -tion〙

coalítion cábinet *n.* 《英》連立内閣 (coalition ministry ともいう).

cò·a·lí·tion·er /-ʃ(ə)nə | -nə⁽ʳ⁾/ *n.* ＝coalitionist. 〘1818〙

cò·a·lí·tion·ist /-ʃ(ə)nɪ̀st | -nɪst/ *n.* 連合[合同]論者, 提携主義者. 〘(1784): ⇨ -ist〙

coalítion mínistry *n.* 《英》＝coalition cabinet. 〘1851〙

cóal·man /-mən, -mæ̀n/ *n.* (*pl.* **-men** /-mən, -mèn/) 石炭配達[運搬]人; 石炭商.

cóal-màster *n.* (昔の)炭鉱主. 〘1878〙

cóal mèasures *n. pl.* 〖地質〗 **1** 夾炭(きょうたん)層. **2** [C- M-] (英国石炭系中の)夾炭層. 〘1832〙

cóal mèrchant *n.* 石炭小売商人. 〘1677〙

coalmice *n.* coalmouse の複数形.

cóal mìne *n.* 炭鉱, 炭山 (colliery). 〘1475〙

cóal mìner *n.* 炭鉱作業員[労働者]. 〘1639〙

cóal mìning *n.* 採炭, 石炭(鉱)業. 〘1854〙

coal·mouse /kóulmàus | kə́ul-/ *n.* (*pl.* **-mice** /-màɪs/) 〖鳥類〗＝coal tit. 〘OE *colmāse* ← *col* 'COAL' (その体色から)＋*māse* titmouse: 今の形は通俗語源による: cf. Du. *koolmees* / G *Kohlmeise*〙

cóal òil *n.* **1** 《米》石油 (petroleum). **2** 《米中部・南部》灯火用石油, 灯油 (kerosine). ★ もともとは石炭乾溜により得られた灯火用の油. 〘1858〙

cóal·òwner *n.* (昔の)炭鉱主 (coal-master). 〘1676〙

cóal pàsser *n.* 〖海事〗石炭夫, 石炭繰り, コロッパス. 〘1884〙

cóal·pìt *n.* **1** 炭坑. **2** 《米方言》炭焼き場. 〘lateOE *colpytt*: ⇨ coal, pit¹〙

cóal plànt *n.* 〖植物〗石炭化植物 (石炭層中に化石として, またはその痕跡を留めている有史前植物).

Coal·port /kóulpɔət | kə́ulpɔːt/ *n.* コールポート (英国 Shropshire 州の Coalport で生産され, 19 世紀初め特に珍重された磁器).

cóal pòt *n.* コールポット (上方に鉄のボウルと焼き網がある料理器具; 木炭を使用). 〘1535〙

cóal·sàck *n.* **1** 石炭入れズック袋. **2** [the C-] 〖天文〗石炭袋 (銀河の中の星の見えない暗黒部分): **a** 南の石炭袋 (the Southern Coalsack). **b** 北の石炭袋 (the Northern Coalsack). 〘1632〙

cóal scùttle *n.* (室内用)石炭入れ. 〘1771〙

cóal-scùttle bónnet *n.* 石炭入れをさかさまにしたような形の婦人帽の一種. 〘1867〙

cóal sèam *n.* (採算のとれる)炭層. 〘1849〙

Cóal Stàte *n.* [the ～] 米国 Pennsylvania 州の愛称.

cóal tàr *n.* コールタール, 炭脂 (染料・医薬・溶剤などの原料). 〘1785〙

cóal-tar créosote *n.* 〖化学〗コールタールクレオソート.

cóal-tar dýe *n.* 〖染色〗コールタール染料.

cóal-tar pítch *n.* コールタールピッチ (道路舗装用).

cóal tìt *n.* 〖鳥類〗ヒガラ (*Parus ater*) (ユーラシア大陸産シジュウカラ属の小鳥). 〘1843〙

cóal-whìpper *n.* 《英》 **1** 石炭陸揚げ人夫, 揚炭人夫. **2** (船の)石炭陸揚機, 揚炭機. 〘1836–39〙

coal·y /kóuli | kə́uli/ *adj.* (**coal·i·er**; **-i·est**) **1** 石炭の(多い), 石炭を含む; 石炭質の. **2** 石炭のような. 〘(1565): ⇨ -y⁴〙

coam·ing /kóumɪŋ | kə́um-/ *n.* [時に *pl.*] **1** (下部に水が流れ込まないように床・屋根などの穴の周囲に作った)盛上げべり[縁(ふち)]. **2** 〖海事〗縁(ふち)材, コーミング (甲板にあけた開口を取り囲む縁; 海水の下方への流入を防ぐ): hatch ～*s* 艙(そう)口縁材. 〘(1611) ← ? **coam* (変形) ← *comb* indented edge: ⇨ -ing¹〙

co·ánchor 《米》*n.* 共同ニュースキャスター. ― *vt., vi.* 共同ニュースキャスターを務める.

Co·án·da effèct /kouǽndə-, -áːn- | kəu-; *F.* kɔãda-/ *n.* [the ～] 〖流体力学・航空〗コアンダ効果 (曲面を流れる液体がその表面に密着して流れる性質; wall-attachment effect ともいう). 〘← *Henri Coanda* (1932 年この現象を発見したフランスの技師)〙

co·apt /kouǽpt | kəu-/ *vt.* **1** 互いに適合[接合]させる. **2** 共に結びつける; 接着[癒合]させる. 〘(1570) □ LL *coaptāre* to fit together: ⇨ co-¹, apt〙

co·ap·ta·tion /kòuæptéɪʃən | kə̀u-/ *n.* 適合, 接合; 接着; 接骨. 〘(1561) □ LL *coaptātiō(n-)*: ⇨ ↑, -ation〙

co·arc·tate /kouáəkteɪt, -tɪ̀t | kəuáːk-/ *adj.* 〖生物〗〈さなぎが〉殻に包まれている; 圧縮された, 〈腹部と胸部が〉くびれた. 〘(?*a*1425) □ L *coarctātus* (p.p.) ← *coar(c)tāre* to press together ← co-¹＋*artus* narrow〙

co·arc·ta·tion /kòuɑəktéɪʃən | kə̀uɑːk-/ *n.* 〖病理〗狭窄(症): ～ of aorta 大動脈狭窄(症). 〘(?*a*1425) □ L *coar(c)tātiō(nem)* ← *coar(c)tāre*〙

coarse /kɔ́əs | kɔ́ːs/ *adj.* (**coars·er**; **-est**) **1 a** 〈生地・木目・肌など〉粗い, 目の粗い: ～ cloth 地の粗い織物 / a ～ mesh 粗い網の目 / ～ skin きめの粗い肌. **b** 〈粒・粒子が〉粗大な: ～ sand 粒の粗い砂. **c** 雑な作り[設計]の, 出来の悪い; 精巧[繊細]さのない: ～ machine. **d** 正確でない, 雑な. **e** 〈金属やすり・鋸など〉粗目の. **2** 品質の劣った, 粗悪な, 粗末な, 下等な; ありふれた, 並の: ～ fare 粗食 / ～ clothing 粗衣 / ～ furniture 粗末な家具 / ～ goods [articles] 粗製品. **3 a** 〈感受性・作法・趣味など〉上品さに欠ける, 野卑な, 粗野な, がさつな, 下品な (↔ delicate): a ～ mind 下品な心 / ～ manners 不作法. **b** 〈言葉など〉みだらな, 下卑た (indecent): ～ language, jokes, etc. **4** 〈音が〉耳障りな, 音楽的でない. **5** 《方言》〈天候が〉荒れた, 荒れ模様の. **～·ly** *adv.* **～·ness** *n.* 〘(1398) *cors* ordinary ← ? *of course* the usual practice: ⇨ course〙

SYN 粗野な: **coarse** 〈態度や話しぶりが〉上品さ・教養・感受性に欠けている (↔ fine): *coarse* laughter 粗野な笑い声. **gross** 〈言葉や習慣が〉粗暴で無作法な (格式ばった語): *gross* language 下品な言葉遣い. **crude** 粗雑で不愉快な: *crude* sexual jokes 性に関する下卑たジョーク. **vulgar** (悪い意味で) よい趣味や洗練に欠けた: It's *vulgar* to display one's wealth. 富をひけらかすのは下品だ.
ANT fine, refined.

---

cóarse ággregate *n.* 〖土木〗粗骨材 (約 5 mm 以上の砂利・砕石などのような比較的粗い骨材).

cóarse físh *n.* 《英》〖魚類〗 **1** ＝rough fish. **2** (サケ・マス以外の淡水産の)雑魚 (cf. game fish 2). 〘1886〙

cóarse físhing *n.* 《英》(サケ・マス以外の)淡水魚釣り.

cóarse-gráined *adj.* **1** 木目の粗い. **2** がさつな, 下品な. **3** 〈写真が〉粒子の粗い, 不鮮明な. 〘1768–74〙

coars·en /kɔ́əsən, -sṇ | kɔ́ːs-/ *vt.* **1** 粗雑にする, 荒っぽくする. **2** 劣等[下等, 下品]にする. ― *vi.* **1** 荒くなる. **2** 下品になる. 〘(1805): ⇨ coarse, -en¹〙

coars·er /kɔ́ːəsə | kɔ́ːsə^(r)/ *adj.*〖数学〗〈位相が〉弱い, 粗い (第一の位相 (topology) の開集合がすべて第二の位相の開集合にもなっている; cf. finer).〘(compar.) ← COARSE〙

cò·articulátion *n.*〖音声〗同時調音《ある音の調音に際して同時に副次的な別の調音が行われること; 例えば twin や cry の /t/ /k/ ではそれぞれ円唇化, そり舌化が同時に行われている》.〘(1942) ← CO-[1]＋ARTICULATION〙

coast /kóust | kə́ust/ *n.* **1 a** 沿岸, 海岸, 海辺 (⇨ shore[1] SYN): ~ defense 海岸防御 / a ~ defense ship 沿岸防備艇 / ~ traffic 沿岸貿易 / on the ~ 沿岸に / off the French ~ フランス海岸沖に / sail along the ~ 沿海を航行する. **b** 沿岸地方. **c** [the C-]《米口語》太平洋沿岸地方. **2**《米》**a** (そりで滑り下る)滑り坂. **b** (そり・自動車・自転車での)惰走, 惰力走行, 滑走. **3**《廃》国境 (cf. *Deut* 2: 18).
Cléar the cóast!《口語》どいたどいた, 邪魔だ. ***from cóast to cóast*** (1) 全国内あまねく, 津々浦々に. (2)《米》太平洋岸から大西洋岸まで. ***The cóast is cléar.***《口語》危険はなくなった《だれも見ている者も邪魔する者もない》.《(*c*1520) 見張っている沿岸警備隊がいないと言った意から》
— *vi.* **1 a** 〈自動車が〉〈エンジンを切って〉惰力で進む. **b** 〈ロケットが〉〈推力を止めて〉慣性飛行する. **c**《米》そりで(坂道を)滑り下る; (自転車に乗って道を)ペダルを踏まずに下る, 惰走する: ~ down the hill 坂道を滑り下る. **2** (何の努力もせず, 漫然と)出世する, 昇進する; 漫然と過ごす 〈*along*〉. **3** 海岸に沿って航行する; (貿易のために港から港へと)沿岸[近海]を航行する (cf. coasting 1). — *vt.* **1** 〈自動車・ロケットなどを〉〈エンジンを切るなどして〉惰力で進ませる: ~ the car down the slope. **2** 〈沿岸を〉進んで行く. **3**《廃》…のそばを通る (skirt), …に近づく (approach). ***cóast hóme***《俗》楽々と勝つ[達成する].
〘lateOE *coste* rib, coast ▭ OF (F *côte*) < L *costam* rib, side ← ? IE **kost-* bone〙

coast·al /kóustəl, -tl | kə́us-/ *adj.* 沿岸の; 海岸に沿う; 近海の: ~ defense 沿岸防備[防衛] / ~ waters 沿岸海域. **~·ly** *adv.* 〘(1883): ⇨ ↑, -al[1]〙

cóastal pláin *n.* 海岸平野《遠浅な海底が陸化したもの》; 海沿いの平野.

cóast artíllery *n.* **1** 海岸砲台, 海岸要塞砲. **2** 海岸砲兵, 海岸砲兵隊, 沿岸防備砲兵隊.

Cóast Artíllery Còrps *n.* [the ~]〖米陸軍〗沿岸防備砲兵隊《1907 年以前創設, 1950 年以降砲兵隊に編入》.

coast·er /kóustə | kə́ustə^(r)/ *n.* **1** 沿岸に住む人. **2** 沿岸貿易船, 地回り船 (cf. sea boat 1, SEAGOING vessel). **3** コースター: **a** 洋酒瓶を載せて食卓の客に回すための縁取りした銀製[木製]の盆; 小車輪を付けたものもある. **b** コップ・瓶などの下敷き. **4 a**《米》坂滑り用そり. **b**《米》=roller coaster 1. **c** (自転車を惰走させる時に載せる)足台. 〘(1574): ⇨ -er[1]〙

Coast·er /kóustə | kə́ustə^(r)/ *n.* (NZ) ニュージーランド南島の West Coast または East Coast の出身者.

cóaster bràke *n.*《米》(自転車用の)コースター[逆転]ブレーキ《ペダルを逆に踏んで止めるブレーキ》. 〘1899〙

cóaster wàgon *n.* コースターワゴン《坂滑りに用いられる子供のおもちゃのワゴン》. 〘1911〙

coast·guard /kóus(t)gàːd | kə́us(t)gàːd/ *n.* **1** = coast guard 1. **2** [the C-] (英国の)沿岸警備隊《海難救助・密貿易取締りなどにあたる; cf. coast guard 2》.

cóast guàrd *n.* **1 a** 沿岸警備隊. **b** 沿岸警備隊員. **2** [the C- G-] (米国の)沿岸警備隊《平時は運輸省管下で海上保安業務に従事, 戦時は海軍力増強のため海軍省管下におかれることもある; cf. coastguard 2》. 〘1833〙

cóast·guàrd·man /-mən/ *n.* (*pl.* **-men** /-mən, -mèn/) =coastguardsman. 〘1848〙

cóast·guàrds·man /-mən/ *n.* (*pl.* **-men** /-mən, -mèn/)《米》沿岸警備隊員. 〘1870〙

cóast·ing *n.* **1 a** 沿岸航行; 沿岸貿易. **b** [形容詞的に] 沿岸航行の, 近海航路の (cf. oceangoing): a ~ line [route] 近海航路 / a ~ vessel 沿岸航行船. **2** 海岸線の地形[形態]; 海岸線 (coastline). **3**《米》坂すべり; 滑走用傾斜. — *adj.*《Shak》親しげな (friendly). 〘(1621): ⇨ -ing[1]〙

cóasting flìght *n.*〖宇宙〗惰性飛行《推力がない状態での飛行》.

cóasting lèad /-lèd/ *n.*〖海事〗浅海用測鉛《水深 20–60 尋(ひろ)用》.

cóasting tràde *n.* 沿岸貿易. 〘1745〙

cóast·lànd *n.* 沿海[海岸]地帯. 〘1852〙

coast·line /kóus(t)làɪn | kə́us(t)-/ *n.* **1** 海[湖]岸線. **2** 沿岸[海岸]地形. 〘*c*1859〙

cóast líve óak *n.*〖植物〗=California live oak.

Cóast Móuntains *n. pl.* [the ~] コースト山脈《カナダ British Columbia 州西部の山脈; 南は Cascade 山脈につながる; 最高峰 4,042 m》.

cóast pilot *n.* **1** 沿岸水先案内人. **2** (政府が船員のために発行する)水路誌《単に pilot ともいう》.

Cóast Rànges *n. pl.* [the ~] コーストレーンジズ, 海岸山脈《北米太平洋岸の大山脈; California 州南部から Alaska 州南東部に延びる》.

cóast rédwood *n.*〖植物〗=redwood[1] 1. 〘*c*1897〙

cóast rhododéndron *n.*〖植物〗カリフォルニアシャクナゲ (*Rhododendron californicum*)《北米西部産のシャクナゲの一種; 花は茶色の斑点のある紅紫色; Washington 州の州花》.

cóast tríllium *n.*〖植物〗北米西部産のユリ科エンレイソウ属の多年草 (*Trillium ovatum*)《花は初め純白, 後に淡紅色に変化する》.

coast·ward /kóustwəd | kə́ustwəd/ *adv.* 海岸の方へ. — *adj.* **1** 海岸に向かう. **2** 海岸の近くにある. 〘(1853): ⇨ -ward〙

cóast·wards /-wədz | -wədz/ *adv.* =coastward. 〘1854〙

cóast·wàys *adv.*《古》=coastwise. 〘1701〙

cóast·wìse *adj.* 海岸に沿う, 沿岸の, 地回りの: ~ passengers 近海航路船客. — *adv.* 海岸に沿って: sail ~. 〘(1691) ← COAST＋-WISE〙

coat /kóut | kə́ut/ *n.* **1 a** (袖付きの)上着, コート; 外套, オーバーコート (overcoat)《jacket, sports coat などのいわゆる上着類, topcoat, overcoat, raincoat などの外套類をいう; cf. dress coat, frock coat, sack coat》: a ~ and skirt 外出用の婦人スーツ. **b** [通例 *pl.*]《方言》ペティコート (petticoat); スカート (skirt). **c**《古》地位や職業を表す衣服; 職業 (cf. cloth 3 a). **2** (獣の)外被《毛皮または毛》: the shaggy, matted, fleecy ~ of a sheep 羊のもじゃもじゃの, もつれた, ふわふわの毛. **3 a** コート状に覆うもの. **b** 外被物, 皮 (skin, rind); 膜, 殻: the ~s of an onion たまねぎの皮 / ~ of bark 樹皮. **c** (銀などの)きせ, めっき, コーティング; (塗料の)塗り, 塗膜; (ちりの)層: a ~ of paint, varnish, plaster, etc. / a thick ~ of dust 厚くたまったほこり / the first [second, last] ~ of paint ペンキの下[中, 上]塗り. **4** =COAT of arms. **5**〖海事〗コート《マストやバウスプリットなどの円材が甲板を貫く所に, 水が入らないように巻くキャンバスで, タールやペイントが塗ってある》.
be all fúr cóat and no kníckers《英》だぼらを吹いている, うそつきである. ***cút one's cóat accòrding to one's clóth*** 資力[収入]に合った生活をする. (1867) ***dúst a person's cóat (for him)*** ⇨ dust 成句. ***on the cóat***《豪》(1) 不興をかっている, 冷たくされている. (2) 〈賭が〉いかさまの. ***tàke óff one's cóat*** 上着を脱ぐ《けんかの用意》; 本気で取りかかる. ***tráil one's cóat*** けんかを売る, 因縁をつける, 挑戦的なことをする.《(1877) 引きずったすそをわざと踏ませて, けんかを売ったアイルランドの旧習から》 ***túrn one's cóat*** 変節する (change sides). (1576) ***wéar the kíng's [quéen's] cóat***《英》軍服を着る, 兵士になる. (1883)

cóat of árms (1) (盾形の)紋章. (2) 大紋章 (achievement). (3) 紋章官 (pursuivant) の着る紋章つきの陣中着. ★ 盾に描いた紋章図形を陣中着 (tabard) にも描いたことから, 紋章のことを *coat of arms* と呼ぶようになった; 本来は盾のみの紋章を指す名称であったが, achievement をも意味する. (*c*1489) 日英比較 盾や盾形のものに付けられる貴族個人の紋で, 日本の「家紋」とは違う. 日本語の「家紋」に近いのは (family) crest という.

cóat of máil 鎖かたびら (hauberk). (*c*1489)

cóat of mány cólors〖聖書〗いろどれる衣 (*Gen.* 37:3).《この AV 訳は誤りで, a robe with long sleeves が正しい訳とされている》

— *vt.* **1** [通例 p.p. 形で] **a** 〈塗料を〉…に塗る; 〈錫(すず)などを〉…にきせる; 〈ほこりなどで〉覆う 〔*with*〕 (cf. coat-ed): ~ wood *with* paint, etc. / be ~*ed with* dust. **b** 〈舌〉にこけを生やして白くする: Your tongue is ~*ed*. 舌にこけが生えて白くなっている. **2** …にコートを着せる.

~·er /-tə | -tə^(r)/ *n.* 〘(*c*1330) *cote* ▭ OF ~ ▭ Frank. **kotta*〙

cóat ármor *n.* (盾形の)紋章, 家紋. 〘1328〙

Coat·bridge /kóutbrɪdʒ | kə́ut-/ *n.* コートブリッジ《スコットランド中南部 Glasgow の東にある町》.〘(原義) bridge on the land *Coats* (← OE *cot* cottage: ⇨ cot[1])〙

cóat càrd *n.*《古》(トランプの)絵札 (face card) (cf. court card 1). 〘(1563) 衣装を着けた姿から〙

cóat chèck *n.*《米》(係員のいる)コートや携帯品の一時預かり所, クローク (cloakroom). **cóat chècker** *n.*

cóat·drèss *n.* コートドレス《襟からすそまで前あきでボタン付きの女性用のドレス》. 〘1854〙

cóat·ed /-tɪd | -tɪd/ *adj.* **1** 上着[コート]を着た. **2 a** きせもの[上塗り]を施した. **b** 〈紙が〉つや出しの, 光沢のある: ~ paper コーテッドペーパー《塗料・合成樹脂などを塗った紙》. **c** 〈織物が〉防水加工した. **d** 〈舌が〉こけが生じて白くなった. **3**〖光学〗〈レンズが〉コーティングを施された, 反射防止膜を蒸着してある (bloomed). 〘(1563–87): ⇨ -ed 2〙

coat·ee /koutíː | kə́utiː, —́—/ *n.*《英》(体にぴったりした)ショートコート. 〘(1775): ⇨ -ee[2]〙

Coates /kóuts | kə́uts/, **Joseph Gordon** *n.* コーツ《1878–1943; ニュージーランドの政治家; 首相 (1925–28)》.

cóat flòwer *n.*〖植物〗ハリナデシコ (⇨ saxifrage pink).

cóat hànger *n.* コートなどを掛けるハンガー. 〘1895〙

cóat·hòok *n.* (コートを掛ける)コートフック《《英》では coat peg ともいう》.

co·a·ti /kouáːti | kəuáːti/ *n.*〖動物〗ハナグマ《熱帯アメリカ産アライグマ科ハナグマ属 (*Nasua*) の動物の総称; ハナジロハナグマ (*N. narica*) など》. 〘(1676) ▭ Port. *coati* ▭ S-Am.-Ind. (Tupi) *coatí, coatim* ← *cua* cincture＋*tim* nose: その鼻の形から〙

coati (*N. narica*)

coat·ing /kóutɪŋ | kə́ut-/ *n.* **1 a** 塗り, きせ, 上塗り. **b** 被覆物; (食べ物の)衣(ころも); 塗料; (布地の)コーティング. **2** コート用生地 (cf. shirting). **3**〖光学〗コーティング《光の反射を防止するために光学レンズ等の表面に反射防止膜を蒸着すること; またはその膜》. **4**《英方言》叱責, 非難. 〘(1770): ⇨ -ing[2]〙

cóat-of-máil shèll *n.*〖貝類〗=chiton 2.

cóat-of-plátes constrùction *n.*〖甲冑〗(帷子(かたびら)に)小札をつける仕立て方.

cóat pèg *n.*《英》=coat-hook.

cóat·ràck *n.* (外出用のコート類を一時置いておく)洋服掛け[置き棚]. 〘1915〙

cóat·ròom *n.*《米》=cloakroom.

Coats Land /kóutslæ̀nd | kə́uts-/ *n.* コーツランド《南極大陸の, Weddell 海南東岸地域; 大部分は氷結》.

cóat·stànd *n.* 柱型のコート掛け.

cóat·tàil *n.* **1** [通例 *pl.*] (特に, 燕尾服・フロックコート・モーニングの)上着[コート]の後ろすそ (skirt). **2** [*pl.*]〖政治〗弱い候補者も同時に当選させる力.
on a person's cóattails (1) …のあとを追って. (2) …の助けで, お陰で. (1909) ***ríde [háng, etc.] on a person's cóattails*** 人のお陰で成功する; 強い候補者に助けられて当選する. ***tráil one's cóattails*** =*trail one's* COAT.
— *adj.* [限定的]〖政治〗弱い候補者も同時に当選させうる: ~ power.
〘*a*1600〙

cóat-tràiling《英》*n.* 挑発(すること) (provocation).
— *adj.* 挑発的な. 〘(1927) ← *trail one's coat* (⇨ coat 成句)〙

cóat trèe *n.*《米》柱型のコート掛け.

Co·at·za·co·al·cos /kouɑ̀ːtsəkouáːlkous | kəuɑ̀ːtsəkəuáːlkəus; *Am.Sp.* koatsakoálkos/ *n.* コアツァコアルコス《メキシコ中東部, Veracruz 州の都市》.

cò·áuthor *n.* 共著者. — *vt.* 共著で書く, 共同執筆する. 〘(1864) ← CO-[1]＋AUTHOR〙

coax[1] /kóuks | kə́uks/ *vt.* **1** (甘い言葉・やさしい態度・おべっかなどで)〈人を〉なだめすかして…させる, 〈人を〉うまく説いて…させる 〔*into*〕/ 〈*to do*〉: ~ a child *to* take its medicine 子供をなだめすかして薬を飲ませる / ~ a person *into* a good mood 人をなだめすかして機嫌を直させる / ~ a person *into* undertaking something 人をうまく説得して何かを引き受けさせる / ~ a child *back to* school 子供をなだめて学校へ帰らせる / ~ a person *away* [*out*] 人をだまして連れ去る[誘い出す]. **2** 〈人を〉言いくるめて〈ものを〉奪う〔*out of*〕; 〔人から〕〈物を〉うまく引き出す[奪う]〔*from, out of*〕: ~ a person *out of* a thing = ~ a thing *from* [*out of*] a person 口車に乗せて人から物を奪う / ~ a secret *out of* a person うまく人から秘密を聞き出す. **3** 〈物を〉そっと[なだめすかすように, うまく]取り扱う[動かす]; うまく扱って…させる〔*into*〕/ 〈*to do*〉: ~ the lock of a trunk トランクの鍵を何とか動かす / ~ a fire *to* burn うまく火を燃やす / ~ a key *to* turn うまく鍵を回す / ~ a car *up* a hill 何とか車を動かして坂を上らせる / He ~*ed* a bird *into* the cage. うまく扱って鳥を鳥かごに入れた. **4**《廃》かわいがる (fondle). **5**《廃》ばかにする (fool); だます (dupe). — *vi.* 甘言を用いる, 機嫌を取る, だます.
— *n.* ご機嫌取りの言葉[行為].
~·er *n.* 〘(1586)《古形》*cokes* (n.) fool ← ?〙

SYN なだめすかして説得する: **coax** 優しく辛抱強くおだてたりして, したくないことをするように説得する: I *coaxed* him to give up the plan. 彼をなだめすかしてその計画をあきらめさせた. **cajole** 言葉巧みに説得する: She *cajoled* him out of going. おだてて行くのをやめさせた. **wheedle** *cajole* よりもさらに積極的に甘い言葉で丸め込む: She *wheedled* him into consenting. 甘い言葉で承諾させた.

co·ax[2] /kóuæks | kə́u-/ *n.*〖通信〗=coaxial cable. 〘略〙

co·ax·al /kòuǽksəl, -sl | kə̀u-/ *adj.* =coaxial.

cò·áxial *adj.* **1**〖数学〗共軸の, 同軸の. **2**〖電気〗同軸の, 同軸ケーブルを用いた. **~·ly** *adv.* 〘(1881) ← CO-[1]＋AXIAL〙

coáxial cáble *n.*〖通信〗同軸ケーブル《中心導体とそれを囲むパイプ状導体とを同軸に配した高周波伝送用のケーブル; coaxial line ともいう》. 〘1936〙

coáxial rótor hélicopter *n.*〖航空〗同軸回転翼ヘリコプター《1 対のローターを同軸上で互いに反対方向に回転させ, 回転のトルクを釣り合わせる方式のヘリコプター; coaxial helicopter ともいう》.

cóax·ing *n.* 甘言を用いること, なだめすかし. — *adj.* 機嫌取りの, なだめたりすかしたりする. **~·ly** *adv.* 〘(1672): ⇨ -ing[1]〙

cob[1] /kɑ́(ː)b | kɔ́b/ *n.* **1**《米》トウモロコシの穂軸 (corncob): corn on the ~ ⇨ corn[1] 1. **2**《英》**a** パンの小さな塊 (cob loaf). **b** 小さい丸い塊. **c** =cobnut 1 b. **d** (石炭・石・鉱石などの)丸い塊, 円塊; 塊炭. **e** [*pl.*] = ball[1] 4. **3 a** コブ型の馬《脚が短く頑丈な馬》. **b**《米》脚を高く上げる馬. **4** 雄の白鳥 (cf. pen[4]). **5**《英方言》重要人物, 指導的人物. ***off [on] the cób***《米俗》感傷的な; 古くさい, つまらない. — *vt.*《英口語》〈特に尻を〉たたく. 〘(1406) *cobbe* ← ?〙

cob[2] /kɑ́(ː)b | kɔ́b/ *n.*《英》(粘土・砂にわらをまぜた)荒壁土. 〘(1602) ← ?: cf. cob[1]〙

cob[3] /kɑ́(ː)b | kɔ́b/ *n.*〖鳥類〗カモメ; (特に)オオカモメ (*Larus marinus*). 〘(1580) ← ? LG: cf. Du. & E Fris. *kobbe*〙

COB〖保険〗coordination of benefits.

co·bae·a /koubíːə | kəu-/ *n.*〖植物〗コベア《ハナシノブ科コベア属 (*Cobaea*) のつる性低木の総称; 特にツルコベア (*C.*

C

scandens); 熱帯アメリカ原産). 〘(1805) ← NL ～ ← *Bernabé Cobo* (1572–1659: イエズス会宣教師・博物学者)〙

co·bal·a·min /koubǽləmɨ̀n, kə- | kə(ʊ)bǽləmɪn/ *n.* (*also* **co·bal·a·mine** /-mìːn, -mɨ̀n | -mìːn, -mɪn/) 〖生化学〗コバラミン (ビタミン B_{12}＝シアノコバラミンのシアンを欠いたもの; この誘導体にビタミン B_{12} の作用をもつものがある). 〘(1950) ← COBAL(T)＋AMIN〙

co·balt /kóubɔːlt, -bɑːlt | kə́ubɔːlt, -bɔlt/ *n.* **1** 〖化学〗コバルト (金属元素の一つ; 記号 Co, 原子番号 27, 原子量 58.9332). **2 a** コバルト色, 濃青色. **b** コバルト絵の具. 〘(1683) ▭ G *Kobalt* (変形) ← *Kobold* household goblin < MLG *kobolt* < OHG **kobwalto* goblin ← Gmc **kubawald-* (原義) house ruler ← IE **ku-* hollow space or place＋**wal-* 'to be strong, WIELD': 昔鉱夫がコバルトはそれを含有する銀鉱石に害があると信じていたことから〙

cóbalt 60 /-síksti/ *n.* 〖化学〗コバルト 60 (コバルトの放射性同位元素; 質量数 60, 半減期 5.3 年; 主に放射線源として使用; 記号 ^{60}Co). 〘1946〙

cóbalt-60 bómb *n.* 〖化学〗コバルトボム (鉛で外装した放射性コバルト 60 で, 癌(がん)の治療に用いる). 〘1951〙

còbalt·ámmine *n.* 〖化学〗コバルトアンミン (中心金属コバルトにアンモニア NH_3 が配位した錯体). 〘1881〙

cóbalt blòom *n.* 〖鉱物〗コバルト華 ($Co_3As_2O_8 \cdot 8H_2O$) (erythrite ともいう). 〘1776〙

cóbalt blúe *n.* **1** コバルト青 (種々の組成の酸化アルミニウムコバルトを主成分とする青色顔料; Thenard's blue, king's blue ともいう). **2** 濃青色, コバルトブルー. 〘1835〙

cóbalt bómb *n.* **1** コバルト爆弾 (C-bomb) (鋼の代わりにコバルトで外装した原爆や水素爆弾). **2** 〖化学〗＝cobalt-60 bomb. 〘1954〙

cóbalt chlóride *n.* 〖化学〗塩化コバルト ($CoCl_2$) (淡青色の固体; 湿った空気中では赤色に変わる; 乾燥剤のシリカゲルの色は $CoCl_2$ による). 〘1885〙

cóbalt glánce *n.* ＝cobaltite.

cóbalt gréen *n.* **1** 濃さが中位の黄緑色. **2** 〖顔料〗コバルト緑 (コバルトと亜鉛の酸化物を主成分とする緑色顔料; Rinman's green, zinc green ともいう).

cóbalt hydróxide *n.* 〖化学〗＝cobaltous hydroxide.

co·bal·tic /koubɔ́ːltɪk, kə-, -bɑ́ːl- | kə(ʊ)bɔ́ːlt-, -bɔ́lt-/ *adj.* 〖化学〗コバルト性の; 3 価のコバルト (Co^{III}) を含む. 〘(1782): ⇨ -ic¹〙

co·balt·if·er·ous /kòubɔːltíf(ə)rəs, -bɑːl- | kə̀ubɔːl-, -bɔl-ˊ/ *adj.* コバルトを含む. 〘(1863–72): ⇨ -ferous〙

co·balt·ine /kóubɔːltìːn, -bɑːl-, -tɨ̀n | kə́ubɔːltìːn, -bɔl-, -tɪn/ *n.* 〖鉱物〗＝cobaltite.

co·bàl·ti·nítrite /koubɔ̀ːltɨ-, kə-, -bɑ̀ːl- | kə(ʊ)bɔ̀ːltɨ-, -bɔ̀l-/ *n.* 〖化学〗亜硝酸コバルト酸塩 ($M^I_3Co(NO_2)_6$) (ヘキサニトロコバルト(III) 酸塩が正式名). 〘← COBALT＋NITRITE〙

co·bal·tite /kóubɔːltàɪt, -bɑːl-, koubɔ́ːltaɪt, kə-, -bɑ́ːl- | kə(ʊ)bɔ́ːltaɪt, -bɔ́l-, kə́ubɔːltàɪt/ *n.* 〖鉱物〗輝コバルト鉱 (CoAsS) (cobalt glance ともいう). 〘(1868) ← COBALT＋-ITE¹〙

co·bal·tous /koubɔ́ːltəs, -bɑ́ːl- | kə(ʊ)bɔ́ːlt-, -bɔ́l-/ *adj.* 〖化学〗2 価のコバルト (Co^{II}) を含む. 〘(1863–72): ⇨ -ous〙

cobáltous hydróxide *n.* 〖化学〗水酸化第一コバルト, 水酸化コバルト (II) ($Co(OH)_2$) (淡青色または淡紅色の非晶質粉末; ペンキ・ワニスなどの乾燥剤用).

cobb /kɑ́(ː)b | kɔ́b/ *n.* 〖鳥類〗＝cob³.

Cobb /kɑ́(ː)b | kɔ́b/, **Ty** /táɪ/ *n.* カッブ (1886–1961; 米国のプロ野球選手; 4,191 本のヒットを記録した強打者; 本名 Tyrus Raymond Cobb).

cob·ber /kɑ́(ː)bə | kɔ́bə(r/ *n.* 〖豪口語〗仲間, 友だち; 親友. 〘(1893) ?〙

Cob·bett /kɑ́(ː)bɨ̀t | kɔ́bɪt/, **William** *n.* コベット (1763–1835; 英国のジャーナリスト・政治家; 農地改革論者; *Rural Rides* (1830); 筆名 Peter Porcupine).

cob·bing /kɑ́(ː)bɪŋ | kɔ́b-/ *n.* 〖冶金〗耐火物くず (炉から取り出される古い耐火物). 〘(1870): ⇨ cob¹, -ing¹〙

cob·ble¹ /kɑ́(ː)bl̩ | kɔ́bl̩/ *n.* **1** 丸石, 玉石, くり石 (pebble より大きく直径 15–25.4 cm 程度のもの; 主に道路舗装用に用いられる). **2** [*pl.*] 〖英〗大礫(おおれき)くらいの大きさの石炭 (cob coal). **3** 〖地質〗大礫 (径 64–250 mm くらいのもの; cf. boulder 2, pebble 1 b, granule 5). 〘(1600) (略) ← COBBLESTONE〙 — *vt.* 〈道路〉に玉石を敷く, 玉石で舗装する.

cob·ble² /kɑ́(ː)bl̩ | kɔ́bl̩/ *vt.* **1** 急ごしらえする 〈*together*〉. **2** 〖英〗(雑にまたは無細工に)つぎはぎする. **3** 〖古〗 **a** 〈靴を〉繕う, 修繕する. **b** 〈靴を〉作る. — *n.* 継ぎはぎ; 修繕. 〘(1494) (逆成) ? ← COBBLER¹〙

cób·bled *adj.* 玉石で舗装した: a ～ street.

cob·bler¹ /kɑ́(ː)blə | kɔ́blə(r/ *n.* **1** 靴屋: ～'s wax 靴の縫糸用のろう / The ～'s wife goes the worst shod. (諺) 靴直しの女房はぼろ靴を履く,「紺屋の白ばかま」/ The ～ should [Let the ～] stick to his last. (諺) 自分の本分を守れ, よけいな口[手]出しをするな (cf. *stick to one's* LAST³). **2** [*pl.*] 〖英俗〗ばか話, くだらぬこと. **3** [*pl.*] 〖英卑〗きんたま (testicles). **4** 〖古〗不器用な職工, 不細工[下手]な職人 (botcher). **5** 〖魚類〗 **a** オーストラリア産ナマズ目ゴンズイ科の魚 (*Cnidoglanis macrocephalus*) (有毒な棘をもつ). **b** ＝threadfish 1. **c** ヨーロッパ産カジカ科の魚の一種 (*Cottus bubalis*). **d** オーストラリア産カサゴ科の魚の一種 (*Gymnapistes marmoratus*). **e** ＝pompano 1. **6** 〖豪俗〗(毛刈りのとき, 扱いにくいので)最後に刈られる羊 (snob). — *int.* くだらん, ばかげてる. 〘(1287) *cobelere* ← ?〙

cob·bler² /kɑ́(ː)blə | kɔ́blə(r/ *n.* **1** コブラー (ワインまたはウイスキーに果汁・砂糖・氷を混ぜて作るカクテルの一種; cf. sherry cobbler). **2** 〖米〗コブラーパイ (上部だけにパイ皮をかぶせたフルーツパイの一種): an apple ～. 〘(1809) ← ?〙

cóbbler·fìsh *n.* 〖魚類〗 **1** ＝cobbler¹ 5 b. **2** ＝pompano 1. 〘その鰭条が靴直しの糸に似ていることから〙

cóbbler's pèg *n.* [しばしば ～s, 〈*sg.*/*pl.*〉] 〖豪〗〖植物〗コセンダングサ (*Bidens pilosa*), ムカシヨモギ属の草本 (*Erigeron linifolius*) (ともに鋭い芒(のぎ)をもつキク科植物). 〘(1759): ⇨ cobbler¹, peg〙

cóbble·stòne *n.* ＝cobble¹ 1. 〘(?c1375) ← *cobble-* (← ? COB¹ lump ＋-LE¹)＋STONE〙

cob·bly /kɑ́(ː)bli, -bl̩i | kɔ́b-/ *adj.* (**cob·bli·er**; **-bli·est**) 丸石[玉石]を含んだ; 石だらけの (stony), ごろごろした. 〘(1891): ⇨ cobble¹, -y⁴〙

cob·by /kɑ́(ː)bi | kɔ́bi/ *adj.* (**cob·bi·er**; **-bi·est**) **1** コブ型の馬 (cob) のように)ずんぐりして強健な. **2** 〖英方言〗 **a** 活発な, 元気な. **b** 強情な. 〘(1691) ← COB¹＋-Y⁴〙

cób còal *n.* (鶏卵からフットボール大の)丸形炭, 塊炭. 〘(*a*1804): cf. cob¹ 2〙

Cob·den /kɑ́(ː)bdən, -dn̩ | kɔ́b-/, **Richard** *n.* コブデン (1804–65; 英国の政治家・経済学者; 自由貿易の唱道者; ⇨ John BRIGHT).

Cób·den·ìsm /-dənɪzm̩, -dn̩-/ *n.* 〖経済〗コブデン主義 (特に, 自由貿易・平和主義・国際協調などを基調とする政策). 〘(1879): ⇨ ↑, -ism〙

Cob·den·ite /kɑ́(ː)bdənàɪt, -dn̩- | kɔ́b-/ *adj.* コブデン主義的な. — *n.* コブデン主義者. 〘(1887) ← R. *Cobden*: ⇨ -ite¹〙

COBE /kóubi | kə́ʊ-/ (略) Cosmic Background Explorer satellite 宇宙背景探査衛星, コービー衛星.

cò·bellígerent *adj.* 共に戦う. — *n.* (正式の同盟条約を結んでいない)共同戦争参加国, 共戦国 (cf. ally¹).

cò·bellígerency *n.* 〘(1813) ← CO-¹＋BELLIGERENT〙

Cobh /kóuv | kə́ʊv/ *n.* コーブ (アイルランド南西部の港町; 旧名 Queenstown).

Cob·ham /kɑ́(ː)bəm | kɔ́b-/, **Lord** *n.* コバム (1378?–1417; 英国の殉教者; Lollard 反乱の主謀者; 本名 Sir John Oldcastle).

co·bi·a /koubíːə | kəʊ-/ *n.* 〖魚類〗スギ (*Rachycentron canadum*) (暖海に広く分布するスズキ亜目の魚; 食用または釣りの対象; sergeant fish ともいう). 〘(*c*1873) ← ?〙

co·ble /kóubl̩ | kə́ubl̩, kɔ́bl̩/ *n.* **1** 平底の漁船 (スコットランドや北東イングランドで用いられる漁船の一種). **2** 〖スコット〗平底の 1 本マスト小型帆船 (舵の下端が竜骨より深くラグ帆 (lugsail) をもつ). 〘OE *cuopel* ← Celt. (cf. Welsh *ceubal* skiff) ← IE **keuə-* to swell〙

Co·blenz /kóublɛnts | kə(ʊ)blɛ́nts, kə́ublɛnts; G. kóːblɛnts/ *n.* ＝Koblenz.

cób lòaf *n.* 〖英〗＝cob¹ 2 a.

cób mòney *n.* コブ貨幣 (1600 年ごろから 1820 年まで新大陸の旧スペイン植民地で用いられた粗製銀貨). 〘1865〙

cób·nùt *n.* **1 a** 〖植物〗セイヨウハシバミの栽培品種 (*Corylus avellana* var. *grandis*) (実が大きい). **b** その実 (食用). **2 a** 食用ハシバミの実を糸の先につるして打ち合わせて遊ぶ子供の遊戯 (cf. conker 1). **b** 食用ハシバミの実を並べ, それに同じ実をぶつけて倒したものを取る遊戯. 〘(1483) ← COB¹〙

CO·BOL, Co·bol /kóubɔ(ː)l, -bɑ(ː)l | kə́ubɔl/ *n.* 〖電算〗コボル (英語に近い言葉で表現できる事務用データ処理のための共通プログラム言語の一種; cf. compiler language, computer language). 〘(1960) ← *co*(*mmon*) *b*(*usiness*) *o*(*riented*) *l*(*anguage*)〙

co·bourg /kóubəːg | kə́ubəːg/ *n.* ＝coburg.

cób pìpe *n.* 〖米〗＝corncob pipe.

co·bra /kóubrə | kə́ʊ-, kɔ́b-/ *n.* **1** 〖動物〗コブラ (コブラ属 (*Naja*) とキングコブラ属 (*Ophiophagus*) などインド・アフリカなどに生息する毒ヘビの総称; 怒ると首をずきんのように膨らませる; インドコブラ (Indian cobra), キングコブラ (king cobra) など; cf. ringhals). **2** コブラの皮から作った革. 〘(1802) (略): ↓〙

cóbra de ca·pél·lo /-diːkəpélou | -ləu/ n. (*pl.* **cobras de c-**) 〖動物〗＝Indian cobra. 〘(1668) ▭ Port. ～ 'snake with a hood' ← *cobra* (< L *colubram* female adder)＋*capello* hood (cf. chaplet)〙

co·bri·form /kóubrəfɔ̀əm | kə́ubrɨfɔ̀ːm/ *adj.* コブラ状の; コブラに似た. 〘← COBR(A)＋-I-＋-FORM〙

co·burg /kóubəːg | kə́ubəːg/ *n.* **1** コーバーグ (羊毛と綿糸または絹糸との交織物; 裏地・婦人服地用). **2** 上に十字の切れ込みのある丸いパン (coburg loaf ともいう). 〘(1824) ↓〙

Co·burg /kóubəːg | kə́ubəːg; G. kóːbʊʁk/ *n.* コーブルク (ドイツ Bavaria 州北部の都市).

cob·web /kɑ́(ː)bwèb | kɔ́b-/ *n.* **1 a** クモの巣, クモの網. **b** クモの糸: a ceiling covered with ～*s* クモの巣のかかった天井. **2** (陰険に張りめぐらされた)わな, たくらみ, 陰謀: the ～*s* of politics. **3** [*pl.*] (理性を曇らせる)もやもやしたもの, 混乱, 混沌; 〖口語〗(寝て起きたときの)眠気, もやもや: blow [brush, clear] away the ～*s from* one's brain (散歩などして)頭をすっきりさせる, 気分を転換する / take the ～*s out of* one's eyes 眠い目をこすって眠気をさます. **4** 薄地の織物 (ショール・レースなど). — *vt.* (**cob·webbed**; **-web·bing**) **1** クモの巣で覆う; クモの巣状に張りめぐらす. **2** 〈頭などを混乱させる, めちゃめちゃにする. 〘(1323) *coppeweb* ← *coppe* spider (← OE (*ātor*) *coppe* spider ← *ātor* poison (← IE **oid-* to swell)＋*coppe* head) (← Gmc **kupp-* ← IE **ku-* hollow space)＋WEB〙

cob·web·by /kɑ́(ː)bwèbi | kɔ́b-/ *adj.* (**cob·web·bi·er**; **-bi·est**) **1** クモの巣だらけの. **2** クモの巣のような[を思わせる], 軽くて薄い. **3** 長く使われてない; ほこりにまみれた, かびくさい: a ～ idea. 〘(1743): ⇨ ↑, -y⁴〙

cóbweb hóuseleek *n.* 〖植物〗クモノスバンダイソウ (*Sempervivum arachnoideum*) (南ヨーロッパ原産の背の低いベンケイソウ科の多肉植物; 花は赤く, 葉からクモの巣状の長い綿毛を出す).

co·ca /kóukə | kə́ʊ-/ *n.* **1** 〖植物〗コカノキ (南米アンデス地方産のアカネ科の小低木; コカノキ (*Erythroxylon coca*), ペルーコカ (*E. truxillense*) の 2 種を指す). **2** コカ葉 (乾燥したコカの葉; コカイン (cocaine) を採る). 〘(1577) ▭ Sp. ～ ▭ Quechua *kúka*〙

Co·ca-Co·la /kòukəkóulə | kə̀ukəkə́ʊ-/ *n.* 〖商標〗コカコーラ (清涼飲料; cf. Coke). 〘(1887): ⇨ ↑, kola〙

co·caine /koukéɪn, kóukeɪn | kə(ʊ)kéɪn/ *n.* (*also* **co·cain** /～/) 〖化学〗コカイン ($C_{17}H_{21}NO_4$) (coca の葉から採った有機塩基; 局所麻酔用劇薬). 〘(1874) ← COCA＋-INE³〙

co·cáin·ism /-nɪzm̩/ *n.* 〖病理〗コカイン中毒.

co·cáin·ist /-nɨ̀st | -nɪst/ *n.* コカイン中毒者. 〘(1908): ⇨ -ist〙

co·cain·i·za·tion /koukèɪnɨzéɪʃən, kòukeɪn- | kə(ʊ)kèɪnaɪ-, -nɪ-/ *n.* コカイン麻痺[麻酔]. 〘(1887): ⇨ cocaine, -ization〙

co·cain·ize /koukéɪnaɪz, kóukeɪnàɪz | kə(ʊ)kéɪnaɪz/ *vt.* コカインで麻痺させる. 〘(1887): ⇨ cocaine, -ize〙

cò·carbóxylase *n.* 〖生化学〗コカルボキシラーゼ ($C_{12}H_{19}ClN_4O_7P_2SH_2O$) (2-ケト酸の脱炭酸反応を触媒する酵素の補酵素; diphosphothiamine ともいう). 〘(1932) ← CO-¹＋CARBOXYLASE〙

coc·c- /kɑ(ː)k | kɔk/ (母音の前にくるときの) cocco- の異形.

coc·ca·gee /kɑ̀(ː)kədʒíː | kɔ̀k-/ *n.* **1** 〖園芸〗コカジー種(のリンゴ) (りんご酒 (cider) の原料にするリンゴの一種). **2** コカジーリンゴから造ったりんご酒. 〘(1727) ▭ Ir.-Gael. *caca' ghēidh* goose dung: その色にちなむ〙

coc·cal /kɑ́(ː)kəl, -kl̩ | kɔ́k-/ *adj.* 球菌 (coccus) の[に関する]. 〘(1928): ⇨ coccus, -al¹〙

-coc·cal /kɑ́(ː)kəl, -kl̩ | kɔ́k-/「球菌 (coccus) の; 球菌によってできた」の意の形容詞連結形. 〘⇨ coccus, -al¹〙

cocci *n.* coccus の複数形.

coc·ci- /kɑ́(ː)ksɨ, -si | kɔ́k-/ cocco- の異形 (⇨ -i-).

-cocci -coccus の複数形.

-coc·cic /kɑ́(ː)k(s)ɪk | kɔ́k-/ ＝-coccal.

coc·cid /kɑ́(ː)ksɨ̀d | kɔ́ksɪd/ *n.* 〖昆虫〗カイガラムシ (カイガラムシ科の昆虫の総称). 〘(*c*1889) ↓〙

Coc·ci·dae /kɑ́(ː)ksədìː | kɔ́ksɪ-/ *n. pl.* 〖昆虫〗(半翅目)カタカイガラムシ科. 〘← NL ～: ⇨ coccus, -idae〙

coccidia *n.* coccidium の複数形.

coc·cid·i·oi·dal gran·u·lo·ma /kɑ(ː)ksìdi-ɔ́ɪdl̩grænjulóumə | kɔksìdiɔ́ɪdl̩grænjulə́u-/ *n.* 〖病理〗＝coccidioidomycosis. 〘*coccidioidal*: ⇨ coccidium, -oid, -al¹〙

coc·cìd·i·òi·do·mycósis /kɑ(ː)ksìdiɔ̀ɪdou- | kɔksìdiɔ̀ɪdə(ʊ)-/ *n.* 〖病理〗コクシジオイデス症 (主に肺や皮膚の疾病で, 真菌 (*Coccidioides immitis*) の菌糸体を吸入することにより生じる). 〘(1937) ← NL ～: ⇨ coccidium, -oid, mycosis〙

coc·cid·i·o·sis /kɑ(ː)ksìdióusɨ̀s | kɔksìdiə́usɪs/ *n.* (*pl.* **-o·ses** /-siːz/) 〖獣医〗コクシジウム症 (原生動物球虫類の寄生虫によって生じる病気). 〘(1892) ← NL ～: ⇨ coccidium, -osis〙

coc·cid·io·stat /kɑ(ː)ksídiəustæ̀t | kɔksídiə(ʊ)-/ *n.* 〖薬学〗抗コクシジウム剤. 〘(1959): ⇨ ↑, -stat〙

coc·cid·i·um /kɑ(ː)ksídiəm | kɔksíd-/ *n.* (*pl.* **-i·a** /-diə | -diə/) 〖動物〗コクシジウム (胞子虫類 *Eimeria* 属 (以前は *Coccidium* 属) の原生動物の総称; 無性・有性の両世代があって, 家畜・家禽に寄生するものでは飼養者に経済的な損失を与えるものが多い). 〘(1867) ← NL ～: ⇨ cocco-, -idium〙

coc·cif·er·ous /kɑ(ː)ksíf(ə)rəs | kɔk-/ *adj.* **1** 〈植物が〉コチニールカイガラムシ (cochineal insect) の宿主になっている. **2** 〖廃〗漿果(しょうか)を結ぶ[生じる]. 〘(1727–51) ← COCCO-＋-FEROUS〙

coc·ci·nel·lid /kɑ̀(ː)ksənélɨ̀d | kɔ̀ksɪnélɪd/ 〖昆虫〗 *adj.* テントウムシ(科)の. — *n.* テントウムシ (テントウムシ科の甲虫の総称). 〘1887〙

Coc·ci·nel·li·dae /kɑ̀(ː)ksənélədìː | kɔ̀ksɪnélɪ-/ *n. pl.* 〖昆虫〗(鞘翅目)テントウムシ科. 〘← NL ～ ← *Coccinella* (属名: ← L *coccinus* scarlet-colored: ⇨ cochineal)＋-IDAE〙

coc·co- /kɑ́(ː)kou | kɔ́kəu/「粒子 (grain); 種子 (seed); 漿果(しょうか) (berry); 球菌 (coccus)」の意の連結形: *coccoid*. ★ 時に cocci-, また母音の前では通例 cocc- になる. 〘← NL ～: ⇨ coccus〙

còcco·bacíllus *n.* 〖細菌〗球桿(かん)菌 (特に, パスツレラ属 (*Pasteurella*) の桿菌と球菌の中間形の微生物). 〘← NL ～: ⇨ cocco-, bacillus〙

coc·coid /kɑ́(ː)kɔɪd | kɔ́k-/ *n.* 球状細胞(有機物). — *adj.* 球菌 (coccus) に似た; 球状の (globose). 〘(1893): ⇨ cocco-, -oid〙

-coc·coid /kɑ́(ː)kɔɪd | kɔ́k-/「球菌 (coccus) に似た」の意の形容詞連結形. 〘↑〙

coc·co·lith /kɑ́(ː)kəlìθ | kɔ́k-/ *n.* 〖地質〗ココリス (白亜や深海の軟泥中に見出される石灰質小片で, 鞭毛虫類の死んだ殻から成る). **coc·co·lith·ic** /kɑ̀(ː)kəlíθɪk | kɔ̀k-ˊ/ *adj.* 〘(1868): ⇨ cocco-, -lith〙

coc·co·lith·o·phore /kɑ̀(:)kəlíθəfɔ̀ə | kɔ̀kəlíθə-fɔ̀:ʳ/ *n.* 〘生物〙コッコリソフォア, 鱗鞭毛虫《石灰質の殻 (coccolith) を分泌する海産の微小な単細胞プランクトン性鞭毛虫》. **coc·co·li·thoph·o·rid** /kɑ̀(:)kələθɑ́(:)fərɪ̀d | kɔ̀kəlɪθɔ́fərɪd/ *n., adj.* 〚(*c*1950): ⇨ ↑, -phore〛

coc·cus /kɑ́(:)kəs | kɔ́k-/ *n.* (*pl.* **coc·ci** /kɑ́(:)k(s)aɪ, -k(s)i: | kɔ́k(s)aɪ/) **1** 〘細菌〙球菌 (cf. bacillus 1). **2** 〘植物〙分果 (schizocarp) の一部. **3** =cochineal 1. 〚(1763) ← NL ～ ← Gk *kókkos* berry, kernel〛

-coc·cus /kɑ́(:)kəs | kɔ́k-/ (*pl.* **-coc·ci** /kɑ́(:)k(s)aɪ | kɔ́k(s)aɪ/) 次の意味を表す名詞連結形: **1** 〘細菌〙「…球菌」: streptococcus 連鎖球菌. **2** 〘植物〙「(属名に用いて) 漿果(しょうか)を生じる植物」: Pterococcus. 〚↑〛

coc·cyx /kɑ́(:)ksɪks | kɔ́k-/ *n.* (*pl.* **coc·cy·ges** /kɑ́(:)ksədʒì:z, kɑ(:)ksáɪdʒi:z | kɔ́ksɪdʒi:z, kɔksáɪdʒi:z/) **1** 〘解剖〙尾骨, 尾骶骨(びていこつ) (⇨ skeleton 挿絵). **2** 〘鳥類〙尾端骨. **coc·cyg·e·al** /kɑ(:)ksídʒiəl | kɔk-/ *adj.* 〚(1615) ← (N)L ～ ← Gk *kókkux* cuckoo: 尾骨の形がカッコウのくちばしに似ていることから〛

coch. 《略》〘処方〙cochleare.

Co·cha·bam·ba /kòʊtʃəbá:mbə | kəʊ-; *Am.Sp.* kotʃaβámβa/ *n.* コチャバンバ《南米中部ボリビア中央部の都市; 海抜 2,560 m》.

cò·cháir *vt.* …の共同司会者[副議長]を務める.

cò·cháirman *n.* 共同司会者; 副議長.

coch. amp. 《略》〘処方〙*L.* cochlear amplum (=a tablespoonful).

có·chànnel *adj.* 多重周波数帯の, 同一チャンネルの.

co·chin /kóʊtʃɪn | kəʊtʃɪn, kɔ́tʃ-/ *n.* コーチン《大形の肉用の一品種のニワトリ; cochin china ともいう》. 〚(1853) 《短縮》← *Cochin China*〛

Co·chin /kóʊtʃɪn, kɑ́(:)tʃ- | kəʊtʃɪn, kɔ́tʃ-/ *n.* コーチン《インドの南西端に近い海港; ポルトガル人がインドにおける最初のヨーロッパ人要塞をここに築いた (1503)》.

Cóchin Chína *n.* **1** コーチシナ《インドの南部にあった旧フランス植民地; 1949 年以降ベトナムの一部》. **2** [しばしば c- c-] =cochin. 〚1853〛

coch·i·neal /kɑ́(:)tʃənì:l, kóʊ-, ⸗⸗⸗ | kɔ̀tʃɪní:l, ⸗⸗⸗/ *n.* **1** コチニール《コチニールカイガラムシ (cochineal insect) の雌を乾燥した紅色動物染料, また洋紅 (carmine) の原料, 炭酸アルカリ指示薬にも用いる; 主成分はカルミン酸; cf. kermes 2》. **2** コチニール色. **3** 〘昆虫〙=cochineal insect. 〚(1582) □ F *cochenille* □ OSp. *cochinilla* ← L *coccinus* scarlet-colored □ Gk *kókkinos* ← *kókkos* kermes berry ← ?: cf. Coccinellidae〛

cóchineal fìg [càctus] *n.* 〘植物〙コチニールサボテン (*Nopalea cochinellifera*)《中南米産のノパルサボテン (nopal) の一種; この植物にコチニールカイガラムシ (cochineal insect) が寄生する》. 〚1794〛

cóchineal ìnsect *n.* 〘昆虫〙コチニールカイガラムシ, エンジムシ(臙脂虫) (*Dactylopius coccus*)《メキシコ・中米地方でノパルサボテン (nopal) に寄生するカイガラムシの一種; cf. cochineal 1》. 〚1697〛

Co·chise /koʊtʃí:s, -tʃí:z | kəʊ-/ *n.* コーチーズ《1812?–74; アパッチ族の酋長》. ― *adj.* 〘考古〙コーチーズ文化の《北米南西部に分布する先史時代のデザート文化の一つで, Arizona 南東部のアメリカインディアン文化についていう》. 〚← *Cochise* (米国アリゾナ州の地名)〛

cochl. 《略》〘処方〙cochleare.

co·chle·a /kɑ́(:)kliə, kóʊk- | kɔ́k-/ *n.* (*pl.* **co·chle·ae** /-lìi:/, ～s) 〘解剖〙(内耳の)蝸牛(かぎゅう), 蝸牛殻, 渦巻管. **có·chle·ar** /-liə | -liəʳ/ *adj.* 〚(1538) ← (N)L ～ □ Gk *kokhlías* snail ← *kókhlos* land snail ← IE **kon-kho-* shellfish〛

coch·le·ar·e /kɑ̀(:)kliéᵊri | kɔ̀klɪéəri/ *n.* 〘処方〙一さじ分 (spoonful) (略 coch., cochl.). 〚(1708) □ L ～ 'spoon' ← *cochlea* (↑): 《原義》カタツムリを食べるのに殻から掘り出すさじ〛

co·chle·ate /kóʊkliɪ̀t, kɑ́(:)k-, -lièɪt | kɔ́k-/ *adj.* カタツムリの殻のような, 渦巻形の (spiral). 〚(1835) □ L *cochleātus* spiral: ⇨ cochlea〛

co·chle·at·ed /kóʊkliètɪ̀d, kɑ́(:)k- | kɔ́kliètɪt-/ *adj.* =cochleate.

coch. mag. 《略》〘処方〙*L.* cochlear magnum (=a large spoonful).

coch. med. 《略》〘処方〙*L.* cochlear medium (=a dessertspoonful).

coch. parv. 《略》〘処方〙*L.* cochlear parvum (=a teaspoonful).

Coch·ran, Sir **Charles Blake** *n.* コクラン《1872–1951; 英国の興行師・プロデューサー》.

Coch·ran /kɑ́(:)krən | kɔ́k-/, **Eddie** *n.* コクラン《1938–60; 米国のロックンロールシンガー・ソングライター・ギタリスト; *Summertime Blues* (1958)》.

Coch·ran, Jacqueline *n.* コクラン《1910?–80; 米国のパイロット; 超音速で飛んだ最初の女性》.

Coch·rane /kɑ́(:)krən | kɔ́k-/, **Thomas** *n.* コクラン《1775–1860; 英国の海将; スペイン継承戦争に活躍した; 10th Earl of Dundonald /dʌndǽnɪ̀d | -dɔ́nɪd/》.

cò·chromatógraphy *n.* 〘化学〙コクロマトグラフィー《二つ以上の試料を同時にクロマトグラフィーにかけること》. 〚← CO-¹+CHROMATOGRAPHY〛

cock¹ /kɑ́(:)k | kɔ́k/ *n.* **A 1 a** (成熟した)鶏の雄, おんどり (《米》rooster; cf. cockerel; ↔ hen): As the old ～ crows, the young ～ learns. 《諺》親鶏時をつくれば若鶏これに習う, 「見よう見まね」/ A ～ is bold on his own dunghill [midden]. 《諺》(だれでも)自分の縄張りでは気が強い(「内弁慶」のこと). **b** (キジ目の鳥類 (gallinacean) の)雄鳥. **c** [複合語で] (一般に)おんどり: a ～ robin 雄コマドリ. **d** 《英》(エビ・カニ・サケなどの)雄. **2** 《英口語》[男性仲間の呼び掛けに用いて] 仲間, 友人: (Old) ～ ねえ君, 大将. **3** 《英口語》くだらないこと, たわごと (nonsense): talk ～ ばか話をする. 〚(? ← *cock-and-bull story*)〛 **4** 風見, 風見鶏(かざみどり) (weathercock). **5** 〘鳥類〙ヤマシギ (woodcock) 《性別に関係なく》. **6** 《古》**a** (早朝の)おんどりの時(の声). **b** =cockcrow.

B 1 (ガス・水道などの)栓, コック (faucet, tap): turn the ～ コック[栓]をひねる[開ける] / full ～ コックをいっぱいに開けて. **2** 《俗語》陰茎 (penis). **3 a** (銃の)打ち金, 撃鉄; (燧石(ひうち)銃の)鶏頭(けいとう), 打ち金《火打石をはさむ部分》. **b** (発砲のため)撃鉄を起こした状態: at [on] full ～ ⇨ full cock / at half ～ ⇨ half cock / go off at half ～ ⇨ half cock. **4 a** (帽子などの)折り返ったつば, 上ぞり, 斜めや上に反らしたかぶりかた (tilt, slant). **b** (鼻の)上向き《つんとすました形》. **c** 上目づかい: a knowing ～ of the eyes きいた風な上目づかい. **5** 〘時計〙コック《一端に支持点をもった受金》. ***live like a fighting cóck*** ⇨ fighting cock 1. ***Thát cóck wòn't fight.*** 《口語》その計画[思惑]はうまくいくまい, そうは問屋が卸さない. 《闘鶏にちなむ》 ***(the) cóck of the wálk [dúnghill]*** (グループの)首領, ボス; お山の大将 (cf. walk 12): be ～ *of the walk.*

cóck of the nórth 《英》〘鳥類〙=brambling.

cóck of the róck 〘鳥類〙イワドリ《カザリドリ科イワドリ属 (*Rupicola*) の鳥の総称; ギアナイワドリ (*R. rupicola*) とペルーイワドリ (*R. peruviana*) の 2 種がいる》.

cóck of the wóod 〘鳥類〙(1) =pileated woodpecker. (2) オオライチョウ (⇨ capercaillie).

― *adj.* [限定的] **1** [鳥, 時には他の動物にも用いて] 雄の (male) (↔ hen): a ～ bird おんどり / a ～ lobster ウミザリガニの雄. **2** 《英口語》かしらの, 親分の; 一流の.

― *vt.* **1 a** 〈銃〉の打ち金[撃鉄]を起こす, 発火装置[準備]にする: ～ a gun / ～*ed* and primed ⇨ cocked 2. **b** 〈(カメラなどの)掛けはずし装置を〉セットする: ～ a camera shutter. **c** (打ったり, 投げたりする構えに)〈腕・こぶしを〉引く, 曲げる: ～ one's arm to throw a ball ボールを投げるために腕を引く. **2** 〈帽子のへり〉を上に反らせる (cf. cocked hat 1); (気取って)〈帽子を〉斜めにかぶる. **3 a** 上向きにする, ぴんと立てる: ～ one's eye (at) (…を)上目づかいに見る, (…に)〈目を上向きにして〉目くばせする (wink), (…を)心得顔にじろりと見る / ～ one's nose 鼻をつんと上に向ける《軽蔑の表情》/ ～ (up) the ears 〈馬・犬などが〉耳をぴんと立てる; 《戯言》〈人が〉耳をそばだてる. **b** 高く持ち上げる: ～ one's feet up on the desk 机の上に足を載せる.

― *vi.* **1** 〈犬の尾が〉ぴんと立つ; 〈釣りの浮きが〉まっすぐに立つ 〈*up*〉. **2** (銃の)打ち金[撃鉄]を起こす, 発火装置[準備]にする. **3** 《古》〈人が〉ふんぞり返る, 威張って歩く (strut). ***cóck úp*** (*vt.*) (1) 《英口語》〈計画などを〉しくじる, (へまをして)台なしにする. (2) ぴんと立てる; 振り立てる: ～ *up* the ears ⇨ *vt.* 3 a / ～ *up* one's legs ぴんと立つ. (3) 《英》元気づける (cheer up). (*vi.*) ⇨ *vi.* 1.

〚OE *cocc* (擬音語): cf. OF *coc* / ML *coccus*. ― v.: (?*c*1150) ← (n.)〛

cock² /kɑ́(:)k | kɔ́k/ *n.* (乾草・こやしなどの)円錐形の山.

― *vt.* 〈乾草などを〉円錐形に積み上げる. 〚(*a*1398) *cok* hill ← Gmc **kukk-* (ON *kǫkkr* lump (Norw. *kok* heap / Dan. *kok* haycock)) ← IE **gēu-* lump〛

cock³ /kɑ́(:)k | kɔ́k/ *n.* 《廃》=cockboat.

cock·a·bul·ly /kɑ̀(:)kəbʊ́li | kɔ̀k-/ *n.* (NZ) 〘魚類〙コケブ《ニュージーランド産の鼻のつぶれた小形淡水魚の総称; bully, toitoi ともいう》. 〚1896〛

cock·ade /kɑ(:)kéɪd | kɔk-/ *n.* (制服の一部として用いる)花形帽章《今の英国王室の従僕は黒革の花形記章を帽子に付ける》. 〚(1709) □ F *cocarde* ← (fem.) ← *cocard* proud ← *coq* 'COCK¹'〛

cock·ád·ed /-dɪ̀d | -dɪd/ *adj.* 花形記章の付いた[で飾った]. 〚(1735): ⇨ ↑, -ed 2〛

cock-a-doo·dle /kɑ̀(:)kədú:dl̩ | kɔ̀kədú:dl/ *n.* =cock-a-doodle-doo.

cock-a-doo·dle-doo /kɑ́(:)kədù:dl̩dú: | kɔ̀kədù:dl-/ *n.* **1** こけこっこー《おんどりの鳴き声; cf. cluck》. **2** 《小児語》おんどり (cock). ― *vi.* 〈おんどりが〉時をつくる, こけこっこーと鳴く. 〚(1573) 擬音語: cf. F *cocorico* / G *kikeriki* / L *cūcūrīre* to crow〛

cock-a-hoop /kɑ̀(:)kəhú:p, -hʊ́p | kɔ̀kəhú:p⁻/ *adj.* [叙述的] **1** 《口語》**a** 意気揚々とした, 得意満面の; 横柄な, 威張った. **b** 元気のいい. **2** 斜めの, ゆがんだ (awry): knock one's hat ～ 帽子をたたいて形なしにする. 〚(1403) □ F *coq à huppe* cock with a crest〛

Cock·aigne /kɑ(:)kéɪn | kɔ-, kə-/ *n.* **1** (中世の物語に出てくる, 空想の)逸楽の国, 蓬莱(ほうらい)が島. **2** 《戯言》London の異名 (COCKNEY をもじって). 〚(1824) 《(*a*1300) *cokaigne* □ OF *coquaigne* (F *cocagne*) □ MLG *kōkenje* sugar cake (dim.) ← *kōke* 'CAKE'〛

cock-a-leek·ie /kɑ̀(:)kəlí:ki | kɔ̀k-/ *n.* 〘料理〙コッカリーキー《鶏肉を煮込んでニラを加えたスコットランドのスープ》. 〚(1737) 《変形》← *cockieleekie* ← *cockie* ((dim.) ← COCK¹)+leekie ((dim.) ← LEEK)〛

cock·a·lo·rum /kɑ̀(:)kəlɔ́:rəm | kɔ̀k-/ *n.* 《口語》**1** (雄の若鶏のような)生意気な小男, 自尊心の強い小男 (cf. bantam 2): ⇨ high cockalorum 2. **2** 自慢話. **3** 〘遊戯〙馬跳び (leapfrog). 〚(*c*1715) 《戯言的造語》← COCK¹ (n.)+L *-ōrum* (gen. pl. ending)〛

cock·a·ma·mie /kɑ̀(:)kəméɪmi | kɔ̀k-⁻/ (*also* **cock·a·ma·my** /～/) 《米俗》*adj.* **1** ばかばかしい, 信じがたい (absurd). **2** できの悪い, 劣った. ― *n.* ばかげたこと[もの]. 〚(1945) 《変形》← DECALCOMANIA〛

cóck-and-búll stòry *n.* 《口語》でたらめ話, まゆつばもの. 〚(1621) cock が bull に変身する中世の寓話にちなむ: cf. F. *coq-à-l'âne*〛

cóck-and-hén *adj.* 〈クラブ・パーティーなど〉男女一緒の: a ～ party (cf. hen party, stag party). 〚1785〛

cock·a·poo /kɑ́(:)kəpù: | kɔ́k-/ *n.* (*pl.* ～s) コッカプー《コッカースパニエルとプードルの交配種》. 〚(1970) 《混成》← COCKER (SPANIEL)+POO(DLE)〛

cock·a·tiel /kɑ̀(:)kətí:l | kɔ̀k-/ *n.* (*also* **cock·a·teel** /～/) 〘鳥類〙オカメインコ (*Nymphicus hollandicus*)《オーストラリア原産の小形インコ; 飼鳥》. 〚(1877) □ Du. *kaketielje* □ Port. *cacatilha* (dim.) ← *cacatua* □ Malay *kakatua* (↓)〛

cock·a·too /kɑ́(:)kətù: | kɔ̀kətú:, ⸗⸗⸗/ *n.* (*pl.* ～s) **1** 〘鳥類〙バタン《冠毛のあるオウム属 (*Kakatoe*) の鮮やかな色をしている鳥類の総称; キバタン (sulphur-crested cockatoo), モモイロインコ (roseate cockatoo), クルマサカオウム (pink cockatoo) など; 主としてオーストラリア区に分布; cf. parrot 1》. **2** 《豪口語》小農場主; 農夫, 百姓. **3** 《豪俗》(悪事を働く場合の)見張り. 〚(1634) □ Du. *kaketoe* □ Malay *kakatua*: COCK¹ と連想〛

cock·a·trice /kɑ́(:)kətràɪs, -trɪ̀s | kɔ́k-/ *n.* **1** コカトリス《おんどりの卵から生まれ頭・羽・脚は鶏, 胴体・尾は蛇で, その息を吹きかけられるかにらまれるとその人は直ちに死ぬといわれた伝説上の怪物; dragon, griffin に次いで紋章図形に多用される; cf. basilisk 1》. **2** 〘聖書〙毒蛇 (cf. *Isa.* 11:8; *Jer.* 8:17). **3** ひどくいやな人; (特に)性の悪い人. **4** 《廃》妖婦(ようふ). 〚(*c*1384) *cocatris* □ OF *cocatris* (F *cocatrix*) □ ML *cocātrix* ichneumon=LL *calcātrix* ← L *calcāre* to tread ← *calx* heel: Gk *ikhneúmōn* ichneumon の訳語であるが COCK¹ との連想が働いている〛

Cock·ayne /kɑ(:)kéɪn | kɔ-, kə-/ *n.* =Cockaigne.

cóck bèad *n.* 〘木工〙浮出し玉縁(たまぶち). 〚1805〛

cock·bill /kɑ́(:)kbɪl | kɔ́k-/ *vt.* 〘海事〙**1** (荷下ろしの認可や船会社の喪中を示すために)〈帆桁の一端を〉つり上げる. **2** 〈錨(いかり)を〉つり錨にする《いつでも投錨(とうびょう)できるようにした状態にする; cf. acockbill》. 〚(1648) 《頭音消失》← *acockbill*: ⇨ acock, bill³〛

cóck·bìrd *n.* おんどり (male bird). 〚1626〛

cóck·bòat *n.* (特に, 本船の付属艇として用いられる)小ボート. 〚(1420) *cokbote* ← *cok, cock* cockboat (□ OF *coque* (F *coche*) < ML *caudicam* ← L *caudex, cōdex* block of wood)+*bote* 'BOAT'〛

Cock·burn's /kóʊbəːnz | káʊbə(:)nz/ *n.* 〘商標〙コーバーン(ズ)《英国 Allied Domecq 社製のポートワイン》. 〚1895〛

cóck·chàfer *n.* 〘昆虫〙コフキコガネ(類); (特に)ヨーロッパコフキコガネ (*Melolontha melolontha*)《植物に大害を与える; cf. chafer》. 〚(1712) ← COCK¹+CHAFER〛

Cock·croft /kɑ́(:)(k)krɑ(:)ft, kóʊk-, -krɔ(:)ft | kɔ́ʊk-krɔft, kɔ́(k)k-/, Sir **John Douglas** *n.* コッククロフト《1897–1967; 英国の原子物理学者; Nobel 物理学賞 (1951)》.

cóck·cròw *n.* **1** 鶏の鳴く時刻, 鶏鳴(けいめい), 夜明け (dawn) (cf. crow² 1). **2** 鶏の時をつくる声, 鶏の時の声に似た叫び声. 〚*c*1300〛

cóck·cròwing *n.* =cockcrow. 〚*c*1384〛

cocked /kɑ́(:)kt | kɔ́kt/ *adj.* **1** 上反(うわぞ)りの, 上向きにした. **2** (銃の)打ち金[撃鉄]を起こした, (銃を)発火装置[準備]にした: ～ and primed 戦闘準備を整えて. **3** 〈さいころが〉(投げたあと)どちらの面が上かわからないようになった. **4** 《米俗》酔っぱらった. ***kéep an éar còcked*** 《口語》聞き逃さないよう耳をそばだてている. 〚(1647): ⇨ cock¹ (v.)〛

cócked hát *n.* **1** つばを上に曲げた[反らしてかぶった]帽子 (cf. cock¹ *vt.* 2). **2** 三角帽 (tricorne), 二角帽 (bicorne)《18 世紀に使用された固くて幅の広いつばが三つ[二つ]の面を帽子の上に折り返った帽子》. **3** 〘ボウリング〙角のピン 3 本だけを立てて行うボウリング. ***knóck [béat] into a cócked hát*** 《口語》〈人・議論などを〉たたきつぶす, 完全にやっつける; 〈…より〉はるかに優れている. 《1833》. 〚1673〛

cock·er¹ /kɑ́(:)kə | kɔ́kəʳ/ *vt.* **1** 〈子供・病人などを〉気ままにさせる, 甘やかす. **2** 大事に育てる 〈*up*〉. 〚(?*a*1475) *cokere(n)*: ⇨ cock¹ (n.) -er⁴〛

cock·er² /kɑ́(:)kə | kɔ́kəʳ/ *n.* =cocker spaniel. 〚(*a*1811) ← *cocking* (woodcock hunting)+-ER¹〛

cock·er³ /kɑ́(:)kə | kɔ́kəʳ/ *n.* 闘鶏家. 〚(1689): ⇨ cock¹, -er¹〛

cock·er⁴ /kɑ́(:)kə | kɔ́kəʳ/ *n.* 《ロンドン方言・口語》[男同士の呼び掛けに用いて] お前, 君 (mate). 〚(1888) ← COCK¹ (n.) A 2, -er¹〛

Cock·er /kɑ́(:)kə | kɔ́kəʳ/, **Edward** *n.* コッカー《1631–75; London の有名な算術教師; 長く使われた教科書 *Cocker's Arithmetic* (1678) の著者》. ***accórding to Cócker*** 確実な (reliable); 正確な (exact); 正確に(いえば) (exactly) (cf. *according to* HOYLE). 〚1818〛

cock·er·el /kɑ́(:)k(ə)rəl | kɔ́k-/ *n.* (特に, 生まれて 1 年以内の)若いおんどり, 雄の若鶏. 〚(1440) *cokerelle* (dim.) □ OF 《方言》*kokerel* (dim.) ← *coc* 'COCK¹': cf. mongrel〛

Cock·er·ell /kɑ́(:)k(ə)rəl | kɔ́k-/, Sir **Christopher Sydney** *n.* コッカレル《1910–99; 英国の技師; ホバークラフトを発明》.

cócker spániel *n.* コッカースパニエル《アメリカで開発された狩猟用・愛玩用のイヌ; ヤマシギ (woodcock) 猟に有能》. 〚⇨ cocker²〛

cóck·et cènter [cèntering] /kɑ́(:)kɪ̀t- | kɔ́kɪt-/ *n.* 〘石工〙(工事中に人の通行を可能にする)筋交いで構造を支えるアーチ用仮枠. 〚(1841) *cocket*: ← 《廃》*cocket* to mortise □ It. *cocchetta* (dim.) ← *cocca* notch < ? L *coccum* excrescence on a tree〛

cóck·èye *n.* 斜視 (squint). ― *adj.* 《口語》＝cock-eyed. 〖(*c*1820) ← COCK¹ (v.)＋EYE: cf. *cock one's eye*〗

cóckeye bób *n.* (*also* **cóckeyed bób**) 《豪俗》急激な嵐[雷雨, スコール], 竜巻 (large whirlwind), サイクロン. 〖(1926) ← ? *kikobor* (先住民語)〗

C

cóck·èyed *adj.* **1** 《口語》 **a** ゆがんだ, かしいだ (awry, slanted): be knocked ～ 打ちのめされる / The world is all going ～. 世の中は全く狂ってきた. **b** 〈計画・考えなど〉ばかげた, 実行[実現]不可能な. **2** 斜視の, やぶにらみの (squinting). **3** 《米口語》酔っぱらった. **～·ly** *adv.* **～·ness** *n.* 〖(1821): ⇨ cockeye, -ed 2〗

cóck fèather *n.* 〖アーチェリー〗矢筈(やはず)に直角に付けた羽根 (cf. shaft feather). 〖1545〗

cóck-féathered *adj.* 〈めんどりが〉おんどりのような羽をした (cf. hen-feathered).

cóck·fìght *n.* 闘鶏(試合), 鶏の蹴合(けあ)い. 〖1565–66〗

cóckfight cháir *n.* ＝reading chair. 〖スポーツを見物するのに使われたことから〗

cóck·fìghting *n.* 闘鶏(戯), 鶏の蹴合(けあ)い: This beats ～. こんなに面白いものはない《闘鶏を見るよりも面白い》. 〖*c*1450〗

cóck·hòrse *n.* 子供が乗馬のつもりにまたがるもの《大人のひざ・ほうき・竹馬など》; (おもちゃの)揺り木馬 (rocking horse): on (a) ～ 揺り木馬に乗って; (人のひざ頭などに)またがって. ― *adv.* 馬乗りになって, またがって: ride ～ on a broomstick ほうきにまたがる. 〖(1540) ← ? COCK¹＋HORSE〗

cock·ie·leek·ie /kɑ̀(ː)kilíːki | kɔ̀k-/ *n.* ＝cock-a-leekie.

cóck·i·ness *n.* うぬぼれ, 思い上がり. 〖(1864): ⇨ cocky〗

cock·le¹ /kɑ́(ː)kḷ | kɔ́kḷ/ *n.* 〖植物〗 **1** ドクムギ (⇨ darnel). **2** ムギセンノウ (⇨ corncockle). **3** ドウカンソウ (cowherb). **4** 《古》雑草. 〖lateOE *coccel* tares, etc. ⊏ ? ML **cocculum* (dim.) ← L *coccum* berry: ⇨ coccus〗

cock·le² /kɑ́(ː)kḷ | kɔ́kḷ/ *n.* **1 a** 〖貝類〗ザルガイ《ザルガイ科の二枚貝の総称; トリガイの類を含む》; (特に)ヨーロッパザルガイ (*Cardium edule*)《ヨーロッパ産ザルガイ属の食用二枚貝》. **b** ザルガイ類の貝殻 (cockleshell). **2** [*pl.*] ＝COCKLES *of the heart*.

the cóckles of the héart 心の中, 心の奥底: warm *the* ～*s of a person's heart* 心を温める[喜ばせる], しみじみとした喜びを与える, 元気づける《NL *cochlea* ventricle と連想: ⇨ cochlea》. 〖1671〗

― *vi.* ザルガイを集める[採る].

〖(1311–12) *cokel* ⊏ (O)F *coquille* shell ＜ ML **cochiliam* ⊏ MGk *kokhúlia* (pl.) ← *kokhúlion*＝Gk *kogkhúlion* (dim.) ← *kógkhē* 'CONCH'〗

cock·le³ /kɑ́(ː)kḷ | kɔ́kḷ/ *n.* (紙・皮などの)しわ (wrinkle). ― *vi.* **1** 〈紙・皮などが〉しわになる. **2** 波立つ. ― *vt.* しわにする. 〖(1522) ⊏ (O)F *coquille* 'COCKLE²'〗

cock·le⁴ /kɑ́(ː)kḷ | kɔ́k-/ *n.* 小さな炉, かまど, 暖炉, ストーブ. 〖(1688) ← ?: cf. Du. 《古》*kachel- oven*〗

cóckle·bòat *n.* ＝cockboat.

cóckle·bùr *n.* **1** 〖植物〗オナモミ《キク科オナモミ属 (*Xanthium*) の植物の総称; 畑の雑草》. **2** とげの多いオナモミの実. 〖(1804) ← COCKLE¹＋BUR¹〗

cóckle·shèll *n.* **1** ザルガイ類の貝殻. **2** (底の浅い)小舟, 軽舟. **3** 巡礼が身に付けるバッジ. 〖?1440〗

cóck·lòft *n.* 小さい屋根裏部屋. 〖(1589) ← COCK¹＋LOFT: 屋根裏を鶏のねぐらに用いたことから〗

cock·ney /kɑ́(ː)kni | kɔ́k-/ *n.* **1** [しばしば C-] ロンドン子, 生粋のロンドン人, (ロンドン East End 方面の)下町人《伝統的にいえば Bow bells の鐘の音の届く範囲内に生まれてそこで一生を暮らす人; 言語になまりがありロンドン人特有な性情・風習を有する》. **2** [しばしば C-] ロンドン英語, コクニーなまり《[eɪ] を [aɪ] と発音したり, 語頭の [h] を発音しなかったりする》. **3** 《廃》 **a** [軽蔑的に] 柔弱な人, にやけ者; 都会人. **b** 甘えっ子. **4** 《豪》マダイの類の食用魚 (snapper) の幼魚. ― *adj.* [しばしば C-] ロンドン子の; ロンドン子風の: a ～ accent ロンドンなまり. 〖(*a*1376) *cokenei*, *cokeney* cock's egg ← *coken* ((gen. pl.) ← *cok* 'COCK¹')＋*ei* 'EGG¹': cock's egg は「でき損なった卵黄のない小さな卵」の意から「意気地なし」「甘えっ子」(Chaucer), 再転して地方人の目から見た「都会人」(1600 年ごろ)となった: cf. (O)F *acoquiné* spoiled (p.p.) ← *acoquiner* to make fond of〗

cóck·ney·dom /-dəm | -dəm/ *n.* **1** ロンドン子の住む区域; ロンドン人の出入りする社会. **2** [集合的] ロンドン子 (cockneys). 〖(1830): ⇨ ↑, -dom〗

cock·ney·fy /kɑ́(ː)knəfàɪ | kɔ́knɪ̯-/ *vt.* **1** ロンドン子流にする; ロンドン風になまる. **2** 都会風にする, 派手にする.

còck·ney·fi·cá·tion *n.* 〖(1821): ⇨ -fy〗

cóck·ney·ish /-niɪʃ/ *adj.* ロンドン子風[流]の. 〖(1819): ⇨ -ish¹〗

cóck·ney·ism /-nìɪzm/ *n.* **1** ロンドン子特有の気質[態度]. **2** ロンドンなまり《例えば plate /pláɪt/, house /ǽʊs/ のような発音など》. 〖(1828): ⇨ -ism〗

cock·ney·ize /kɑ́(ː)kniàɪz | kɔ́k-/ *vt.* ロンドン子流にする. ― *vi.* ロンドン子風を気取る; ロンドンなまりを使う. 〖(1821): ⇨ -ize〗

cock·ni·fy /kɑ́(ː)knəfàɪ | kɔ́knɪ̯-/ *vt.* ＝cockneyfy.

cock·pit /kɑ́(ː)kpɪ̀t | kɔ́k-/ *n.* **1 a** (航空機・宇宙船の)操縦室, コックピット《操縦士, または操縦士と乗務員のための区画: ⇨ airplane 挿絵》. **b** (レーシングカー・スポーツカー・トラックなどの)操縦席, 運転席, コックピット. **c** (ヨットなどの)操舵(そうだ)席, コックピット. **2 a** 闘鶏場. **b** (しばしば戦争のあった)古戦場, 戦乱のちまた (battlefield): the ～ of Europe ヨーロッパの戦場《しばしば戦場となったことからベルギーを指す》. **3** 〖海事〗コックピット《昔の帆船式軍艦の最下甲板の後部; 平時は初級士官の居室, 交戦中は傷病者収容室》. **4** 《廃》(劇場の)平土間 (pit). 〖(1587) ← COCK¹＋PIT¹〗

cock·roach /kɑ́(ː)kròutʃ | kɔ́krə̀utʃ/ *n.* 〖昆虫〗ゴキブリ《ゴキブリ亜目の昆虫の総称; ワモンゴキブリ (American cockroach), チャバネゴキブリ (German cockroach), コバネゴキブリ (oriental cockroach) など》. 〖(1623) ← COCK¹＋ROACH¹ (通俗語源による変形) ← 《古形》*cacarootch* ⊏ Sp. *cucaracha* ← *cuco* caterpillar〗

cocks·comb /kɑ́(ː)kskòum | kɔ́kskə̀um/ *n.* **1** とさか, 肉冠. **2** ＝coxcomb 1, 2. **3** 〖植物〗ケイトウ《ヒユ科ケイトウ属 (*Celosia*) の植物の総称; ノゲイトウ (*C. argentea*) など》. 〖*c*1400〗

cócks·fòot *n.* (*pl.* ～**s**) 〖植物〗＝orchard grass. 〖(1597) 穂の形から〗

cóck·shòt *n.* ＝cockshy. 〖1842〗

cóck·shùt *n.* 《廃・英方言》日没, 夕暮れ (evening). 〖(1594) ← COCK¹＋SHUT: 《原義》鶏を小屋に入れる時刻〗

cóck·shỳ *n.* **1** 《英古》 **a** 標的落とし, 射的《縁日などで球・棒などを投げつけて賞品を落とす遊戯; もとは鶏を縛って的とした》. **b** 射的の標的 (target). **2** (棒・石などを)投げること. **3** (嘲笑・非難などの)的(まと). 〖(1836): ⇨ shy²〗

cócks·man 《米卑》*n.* 精力絶倫の男, 絶倫男; 色事師, 女たらし.

cóck sòrrel *n.* 〖植物〗＝garden sorrel.

cóck spárrow *n.* **1** 雄スズメ. **2** 《英古》生意気な小男. 〖1598〗

cóck·spùr *n.* **1** おんどりのけづめ. **2** 〖植物〗北米産バラ科サンザシ属の観賞用低木 (*Crataegus crus-galli*)《cockspur thorn ともいう》. 〖1591〗

cóck·sùcker *n.* 《卑・軽蔑》 **1** フェラチオ (fellatio) をするやつ. **2** 見下げはてたやつ, げす, おべっか使い. 〖1891〗

cóck·sùcking *adj.* 《卑》卑劣な, 下劣な. 〖1923〗

cóck·súre *adj.* **1** 《口語》独り決めの, うぬぼれの強い, 生意気な: a ～ person. **2** [叙述的] **a** (…を)十分確信して (*of, about*): I am ～ *of* his success. ＝I am ～ *that* he will succeed. 彼の成功は間違いなしと思う. **b** きっと…する (certain) (*to do*): He is ～ *to* succeed. 彼はきっと成功する. **3** 《廃》全く安全な. **～·ly** *adv.* **～·ness** *n.* 〖(1520) ← COCK¹ (n.) B 1＋SURE: sure as a cock の意から〗

cock·swain /kɑ́(ː)ksən, -sṇ | kɔ́k-; (海) -swèɪn/ *n., vt.* ＝coxswain.

cock·sy /kɑ́(ː)ksi | kɔ́k-/ *adj.* ＝coxy.

cock·tail¹ /kɑ́(ː)ktèɪl | kɔ́k-/ *n.* **1 a** カクテル《ジン・ラム・ウイスキーなどにソーダ・果汁・甘み・苦み (bitters) などを加えて混ぜるかシェーカー (shaker) に入れて振って混合した飲み物; 通常冷やして飲む》: drink a ～ [a lot of ～s]. **b** ＝cocktail party. **2** (前菜としての)カクテル: **a** (エビ・カキなどの)カクテル(料理)《カクテルグラスに入れ, トマトケチャップ, タバスコなどで作ったソースをかけるもの》. **b** ＝fruit cocktail. **3** 野菜・果物のジュース. **4** 混合したもの: a musical ～. ― *adj.* [限定的] **1** カクテルの; カクテル用の[向けの]: a ～ olive. **2** 〈女性の衣服が〉(カクテルパーティーなどに着る)セミフォーマル仕立ての: ⇨ cocktail dress. ― *vt.* 〈人を〉カクテルパーティーでもてなす. ― *vi.* **1** カクテルを飲む. **2** カクテルパーティーに出る. 〖(1806) ↓: 1806 年ごろの米俗語から; 雑種の馬のしっぽを切って短くしたことから「雑種」→「混合」と転じたものか: cf. F *coquetel* mixed drink〗

cock·tail² /kɑ́(ː)ktèɪl | kɔ́k-/ *n.* **1 a** 切り尾の馬. **b** 不純種の競走馬. **2** えせ紳士; 成り上がり者 (upstart). **3** 〖気象〗おんどりの尾に似た巻雲の一種. 〖(1600) ← COCK¹＋TAIL¹: 《原義》tail like that of a cock, tail that cocks up〗

cócktail drèss *n.* カクテルドレス《準正装用》.

cóck-tàiled *adj.* (特に)〈馬が〉切り尾の; 尾[尻]をぴんとはねた. 〖1769〗

cócktail glàss *n.* カクテルグラス《脚付きで鐘形のカクテル用のグラス》. 〖1907〗

cócktail hòur *n.* カクテルアワー《ホテル・レストランなどで夕食前か, 夕方から夜 8 時ごろまでの, カクテルなどの酒類を出す時間》. 〖1927〗

cócktail lòunge *n.* カクテルラウンジ《ホテル・クラブ・空港などでカクテルなどを出す部屋》. 〖1939〗

cócktail pàrty *n.* カクテルパーティー. 〖1928〗

cócktail sàuce *n.* カクテルソース《魚介類のカクテルに添えるソースで, 通例トマトケチャップ・タバスコ・ウスターソースなどで作る》.

cócktail shàker *n.* (カクテル)シェーカー. 〖1868〗

cócktail stìck *n.* カクテルスティック《カクテル料理用の先のとがった楊子(ようじ)風の小さな取り具》. 〖1937〗

cócktail tàble *n.* ＝coffee table.

cócktail wàitress *n.* 《米》バーのホステス.

cóck·tèas·er, -tease *n.* 《俗・軽蔑》きわどい誘惑をしながら最後は許さない女性, 「じらし屋」. **cóck·tèase** *vt., vi.* 〖1891〗

cóck-ùp *n.* **1** 《英口語》へま, 失敗 (blunder); 混乱. **2** 前縁が折り返してある帽子. **3** 〖印刷〗上付き文字[活字]《文字の肩に組んだ略字や数字, M^{rs} の ^{rs}, X^{2} の ^{2} など》. 〖(*a*1693) ← *cock up* (⇨ cock¹ (v.) 成句)〗

cock·y¹ /kɑ́(ː)ki | kɔ́ki/ *adj.* (**cock·i·er; -i·est**) 《口語》 **1** うぬぼれている, 気取った, 生意気な. **2** 快活な, 陽気な.

cóck·i·ly /-kɪ̯li/ *adv.* 〖(1549) ← COCK¹＋-Y¹〗

cock·y² /kɑ́(ː)ki | kɔ́ki/ *n.* 《豪口語》小農夫. 〖(1887) ← COCK(ATOO)＋-Y²〗

cock·y·leek·ie /kɑ̀(ː)kilíːki | kɔ̀k-/ *n.* (*also* **cock·y·leek·y** /～/) 《スコット》＝cock-a-leekie.

cock·y·ól·ly bìrd /kɑ̀(ː)kiá(ː)li- | kɔ̀kiɔ́li-/ *n.* (*also* **cock·y·ól·y bìrd** /～/) [小鳥の愛称として] とと, ぽっぽ. 〖(1837) ← *cocky* (← COCK¹＋-Y²)＋*olly* (← ? YELLOW)〗

cócky's jóy [delíght] *n.* 《豪俗》糖蜜, ゴールデンシロップ. 〖(1910): ⇨ cocky²〗

co·co /kóukou | kə́ukəu/ *n.* (*pl.* ～**s**) **1** 〖植物〗ココヤシ (coconut palm). **2** ココヤシの実 (coconut)《cocoa bean ともいう》. **3** 《俗》(人間の)頭 (head). ― *adj.* [限定的] ココヤシの実の外皮の繊維で作った. 〖(1555) ⊏ Sp. ～ ⊏ Port. *côco* 《原義》bogeyman grimace: 実が猿の面に似ていることから〗

co·coa¹ /kóukou | kə́ukəu/ *n.* **1 a** ココア《cacao の種子を脱脂して粉末にしたもの》. **b** (飲料としての)ココア. **2** ココア色, こげ茶色. **3** カカオノキ, カカオの実 (cacao). ― *adj.* **1** ココアの. **2** ココア色の.

― *vi.* [次の成句で]: ***I should cócoa!*** 《英口語》(1) よし, その通りだ. (2) だめだ, ご免だ. 〖(1936) *cocoa*: 《略》← *coffee and cocoa*: (I should) say so の押韻俗語〗 〖(1707) 《変形》← CACAO〗

co·coa² /kóukou | kə́ukəu/ *n., adj.* ＝coco. 〖《変形》← COCO〗

cócoa bèan *n.* カカオの実, カカオ豆. 〖1855〗

cócoa bùtter *n.* カカオバター[脂]《石鹸・化粧品・チョコレートの原料; theobroma oil ともいう》. 〖*c*1891〗

cócoa·nùt *n.* ＝coconut.

cócoa pòwder *n.* **1** ＝cocoa¹ 1 a. **2** 褐色火薬 (brown powder). 〖1884〗

co·co·bo·lo /kòukəbóulou | kə̀ukəbə́uləu; *Am.Sp.* kokoβólo/ *n.* (*also* **co·co·bo·la** /-lə/) (*pl.* ～**s**) 〖植物〗熱帯アメリカ原産マメ科ヒルギカズラ属 (*Dalbergia*) の樹木; (特に) *D. retusa*《家具材や車輪などとして有用》. 〖(1849) ⊏ Sp. ～ ⊏ Arawak *kakabali*〗

coco-de-mer /kòukoudəméə | kə̀ukəudəméə$^{(r)}$/ *n.* **1** 〖植物〗オオミヤシ (sea coconut). **2** オオミヤシの実. 〖⊏ F *coco de mer* 'coco of the sea'〗

cóco gràss *n.* 〖植物〗＝nut grass. 〖実の形状から〗

COCOM /kóukɑ(ː)m | kə́ukɔm/ *n.* ココム, 対共産圏輸出統制委員会《共産圏諸国に対する輸出統制を調整するため 1949 年に設立された委員会で, 本部は Paris; 冷戦終結後, 94 年に解散》. 〖← *Co*(*ordinating*) *Com*(*mittee for Export to Communist Area*)〗

co·co·mat /kóukoumæ̀t | kə́ukəu-/ *n.* ココヤシの実の外皮の繊維で作ったマット, やしござ; やしござ製の玄関マット. 〖← COCO(NUT)＋MAT¹〗

cò·cónscious *adj.* **1** 同じことを意識[経験]する. **2** 〖心理〗副意識的な. ― *n.* 〖心理〗＝coconsciousness. **～·ly** *adv.* 〖← CO-¹＋CONSCIOUS〗

cò·cónsciousness *n.* 〖心理〗副意識, 共在意識.

cò·conspírator *n.* 陰謀の仲間, 共謀者.

co·co·nut /kóukənʌ̀t, -nət | kə́ukənʌ̀t/ *n.* **1 a** ココナツ《ココヤシ (coconut palm) の実; 食用になる; 実の核の中にある胚乳からやし油 (coconut oil) を採り, またこれを乾燥して菓子用の copra にする; 若い果実の中には coconut milk があり, 飲料とする; その殻の繊維 (coir) でやしござを織る》. **b** ココナツ《食用にするココヤシの固形の胚乳, またそれを細く切って乾燥させた食品》. **2** 《俗》(人間の)頭.

the mílk in the cóconut ⇨ milk 成句.

〖(1613) ← COCO＋NUT〗

cóconut bùtter *n.* ココナツバター, 固形状のココヤシ油. 〖1890〗

cóconut cràb *n.* 〖動物〗ヤシガニ (⇨ purse crab). 〖*c*1889〗

cóconut créam *n.* ココナツクリーム《ココヤシの果肉を削って数滴の水を加えて搾(しぼ)りとったもの; coconut milk よりも濃厚; 太平洋諸島でソースや調味料に用いる》.

cóconut ìce *n.* ココナツアイス《砂糖・乾燥ココナツなどで作る菓子》. 〖1909〗

cóconut màtting *n.* ＝cocomat.

cóconut mìlk *n.* ココナツミルク: **a** 若いココヤシに含まれている白く濁った果汁. **b** 熟して固形化したココヤシの果肉を削って水を加えて搾った液体; 料理用. 〖1725〗

cóconut òil *n.* 〖化学〗やし油《ココヤシまたはコプラから採れる脂肪油; マーガリンまたは石鹸の材料に用いられる》. 〖1838〗

cóconut pàlm [trèe] *n.* 〖植物〗ココヤシ (*Cocos nucifera*)《いわゆるヤシノキ; 実は食用》. 〖1852〗

cóconut shỳ *n.* 《英》(ココヤシの実を的とする)標的落とし(の屋台). 〖1903〗

cóconut wàter *n.* 未熟なココヤシに含まれている透明で甘い果汁《飲料にする》. 〖1817〗

co·coon /kəkúːn/ *n.* **1 a** (カイコなどの)繭(まゆ). **b** (動物の)小さな卵嚢(らんのう). **2** 繭状のもの[袋]; (特に, 保管中のさび止めとして各種機械・兵器類に吹きつけるポリ塩化ビニールなどの)保護被膜. **3** 温かい覆い; 隔離保護された状態: in a ～ of love 愛情に包まれて. ― *vi.* 繭を作る. ― *vt.* **1** 繭で包む[くるむ]. **2** [しばしば受身で] 保護被膜で包む[覆う]; (…から)保護する (protect) (*from, against*): I'll ～ you from blame. 君を非難から守る. **～ed** *adj.* 〖(1699) ⊏ F *cocon* ⊏ Prov. *coucoun* 《原義》shell of eggs ← *coco* shell ＜ L *coccum* kermes berry: cf. coccus〗

co·coon·er·y /kəkúːn(ə)ri/ *n.* 養蚕所, 蚕室. 〖(1839): ⇨ ↑, -ery〗

cóco pàlm *n.* 〖植物〗＝coconut palm.

co·co·pan /kóukoupæ̀n | kə́ukəu-/ *n.* 《南ア》(鉱山用狭軌鉄道の)小型貨車《hopper ともいう》. 〖(1914) ⊏ Zulu *'ngkumbana* short truck〗

cóco plúm *n.* **1** 〘植物〙イカコ (*Chrysobalanus icaco*) 《南米アマゾン地方・アフリカ原産バラ科の低木》. **2** イカコの実《清涼飲料を作る; icaco ともいう》. 〘1676–99〙

Có·cos Íslands /kóukous-, -kəs- | káukəs-, -kəs-/ *n. pl.* [the ～] ココス諸島《インド洋 Java の南西にあるオーストラリア領の群島; 面積 14 km²; Keeling Islands ともいう》.

co·cotte[1] /koukɑ́(ː)t | kə(ʊ)kɔ́t, kɔ-; *F.* kɔkɔt/ *n.* (*pl.* ～s /～s; *F.* ～/) 《古》(パリなどの上流社会相手の)売春婦. 〘(1867) □ F ～ 《小児語》'hen' ← *coq* < LL *coccum* cock ← L *coco* cackle 《擬音語》〙

co·cotte[2] /koukɑ́(ː)t | kə(ʊ)kɔ́t, kɔ-/ *n.* ココット《一人前の肉料理用の通例手の付いた耐熱陶磁器製の煮鍋・蒸焼き鍋》. 〘(1907) □ F ～ 《変形》← *cocasse* kind of pot 《変形》← *coquemar* < L *cucumam* cooking pot〙

co·co·yam /kóukoujæ̀m | káukə(ʊ)-/ *n.* 《アフリカ西部》=eddo. 〘(1922) ← COCOA[2]+YAM[2]〙

coc·o·zel·le /kɑ̀(ː)kəzéli | kɔ̀k-/ *n.* 〘園芸〙ココセル《summer squash に属するカボチャの一品種; 矮性(わいせい)で未熟果を食用とする; 円筒形で果皮に多少ひだが生じる》. 〘← ? It. 《方言》: cf. It. *cocuzza* squash〙

Coc·teau /kɑ(ː)któu, kɑ(ː)k- | kɔ́ktəu; *F.* kɔkto/, **Jean** *n.* コクトー (1889–1963; フランスの詩人・小説家・劇作家・批評家; *Orphée*「オルフェ」(1927), *Les Enfants terribles*「怖るべき子供たち」(1929)).

cò·cúltivate *vt.* 〈二種類以上の細菌・微生物などを〉共存培養する. **cò·cultivátion** *n.* 〘← CO-[1]+CULTIVATE〙

cò·cúlture *vt.* =cocultivate.

co·cur·ric·u·lum /kòukəríkjuləm | kàu-/ *n.* (*pl.* -u·la /-lə/, ～s) 〘教育〙正課併行カリキュラム《スポーツ・ブラスバンド・学校新聞・クラブなどの課外活動; cf. extracurricular》. **co·cur·ric·u·lar** /kòukəríkjulə | kàukəríkjulə(r)/ *adj.*

co·cus·wood /kóukəswùd | káu-/ *n.* アメリカコクタンの材《熱帯アメリカ産マメ科; 楽器類, 旋削加工用》. 〘(1794): *cocus* ←?〙

Co·cy·tus /kousáitəs, kə- | kə(ʊ)sáit-/ *n.* 〘ギリシャ・ローマ神話〙コキュトス《黄泉(よみ)の国 (Hades) の川の一つ; Acheron 川に注ぐ》. 〘□ L *Cōcȳtus* □ Gk *Kōkūtós* 《原義》(the river of) wailing ← *kōkúein* to cry ← IE **kau-* to howl〙

cod[1] /kɑ́(ː)d | kɔ́d/ *n.* (*pl.* ～, ～s) 〘魚類〙 **1** タラ (*Gadus morhua*) 《北大西洋の冷水域の海底にすむ食用魚》. **2** タラ科の魚類の総称; 《特に, 太平洋産》マダラ (*G. macrocephalus*). **3** タラの肉. 〘(1357) ←?〙

cod[2] /kɑ́(ː)d | kɔ́d/ 《英口語》 *vt.* (**cod·ded; cod·ding**) 〈人を〉かつぐ, 愚弄(ぐろう)する; だます. **— *n.*** **1** 人をかつぐこと, だますこと; 冗談: It's all a ～. 全く冗談だよ. **2** 《英口語》ナンセンス, たわごと. **— *adj.*** [限定的] 見せかけの, にせの (fake); 冗談の, ふざけた. 〘(1905) ← ?: cf. kid[2]〙

cod[3] /kɑ́(ː)d | kɔ́d/ *n.* **1** 《古》袋 (bag, pouch) (cf. codpiece). **2** 《方言》(豆の)さや (pod) (cf. peapod[1]). **3** 《俗》睾丸(こうがん) (testicle). 〘OE *codd* bag, shell, husk, etc. ← Gmc **k(e)udaz* (Swed. *kudde* pillow) ← IE **ku-* enclosing object (cf. cove[1])〙

cod[4] /kɑ́(ː)d | kɔ́d/ *n.* 《英方言》男, やつ: a nice old ～ いいやつ. 〘(*c*1690) ← ? CODGER, CADGER〙

Cod, Cape *n.* ⇨ Cape Cod.

COD /síːòudíː | -əʊ-/ 《略》 **1** 〘化学〙 chemical oxgen demand 化学的酸素要求量《水の汚染度を示す基準》. **2** 《英》〘商業〙 cash [《米》collect] on delivery (cf. CBD, POD): send a thing ～ 代金引換えで送る.

cod. 《略》 codex; codicil; codification.

co·da /kóudə | káudə/ *n.* **1** 〘音楽〙コーダ, 結尾《楽章・楽曲の最後にある終曲部》. **2** 〘バレエ〙コーダ《古典バレエのフィナーレ》. **3** 〘詩学〙=tail n. 2 c. **4** 〘文学〙《小説・戯曲などで, テーマの》終結部分. 〘(1753) □ It. ～ 《原義》 tail < L *caudam* tail〙

cód·bànk *n.* (海底の)タラの洲(す) (cf. bank[2] 4). 〘1863〙

cod·der[1] /kɑ́(ː)də | kɔ́də(r)/ *n.* タラ漁の漁師[漁船]. 〘← COD[1]+-ER[1]〙

cod·der[2] /kɑ́(ː)də | kɔ́də(r)/ *n.* 《ヨークシャー方言》(製鋼所の)プレス作業班長. 〘← COD[4]+-ER[1]〙

cod·ding[1] /kɑ́(ː)dɪŋ | kɔ́d-/ *n.* タラ漁. 〘(1861): ⇨ cod[1], -ing[1]〙

cod·ding[2] /kɑ́(ː)dɪŋ | kɔ́d-/ *adj.* 《廃》好色な (lustful), 淫猥(いんわい)な (lecherous). 〘(1593–94) ← ? COD[3] 3〙

cod·dle /kɑ́(ː)dl | kɔ́dl/ *vt.* **1** 〈子供などを〉大事にする, 大事に育てる, 甘やかす: ～ oneself 体を大事にしすぎる. **2** 〈卵を〉(沸騰寸前の湯の中で)ゆっくりゆでる, 〈果物を〉とろ火で煮る. **— *n.*** **1** 甘やかされて育った人. **2** 《アイル方言》ハムとベーコンのこま切れで作るシチュー. **cód·dler** /-dlə, -dl̩ə | -dlə(r), -dl-/ *n.* 〘(1598) 《変形》? ← CAUDLE〙

code /kóud | káud/ *n.* **1** 〘法律〙法典《一国の法規を一定の範囲内で体系化したもの》: the *Code* of Justinian = Justinian Code / the ～ of written law 成文法典, 成典 / the *Code* of Civil [Criminal, Penal] Procedure 民事[刑事]訴訟法典 / the civil [criminal] ～ 民[刑]法典 / the ～ of censor 検閲規定 / the press ～ 新聞検閲規程, 新聞編集綱領 / the educational ～ 学校法規. **2** (ある階級・同職業者・社会などを支配する)規約[掟]の体系[集成]; (社会の)慣例: the ～ of the school 学則 / the moral ～ 道徳律 / a ～ of conduct [behavior] (社交などの)作法, 慣例, 行動規範[規定] / a ～ of ethics 倫理の法則 / a ～ of practice (ある職業で守るべき)倫理[作業]規定 / the social ～ of manners (社交上の)作法の掟 / the medical ～ (医師の行動を制約する)医道, 医師の戒律. **3 a** 情報伝達の記号体系. **b** 信号法; 略号, 符号: in ～ / a ～ of signals 信号法 / a secret ～ 暗号 / a ～ address (略号による)電信宛名 / a telegraphic ～ 電信略号 / ⇨ International Code, Morse code. **c** 暗号(体系): in ～ / a ～ message [telegram] 暗号電報 / a cipher ～ 暗号通信法 / break [crack] a ～ 暗号を解読する. **4** 〘電算〙 **a** コード, 符号《コンピューターやデジタル通信などにおいてデータを表現する記号・ビット列》. **b** コード《プログラムをコンピューターに理解できる形に表したもの》. **5** 〘生物〙コード, 遺伝暗号《特定のアミノ酸を表す DNA 中の塩基の連続など》: ⇨ genetic code.

códe of hónor (社交上の)紳士淑女の道, 社交儀礼; 《特に》決闘の作法.

— *vt.* **1** 〈法律を〉法典に作成する, 法典化する (codify): ～ laws. **2** 信号[暗号]にする (encode). **3** 〘電算〙 **a** 〈データを〉符合化する, コード化する. **b** 〈プログラムを〉コーディングする, コード化する《コンピューターが理解できる形に従って書く》. **4** 〘生物〙〈遺伝情報を〉遺伝暗号[塩基配列]によって表す.

códe for 〘生物〙〈アミノ酸・蛋白質を〉塩基配列によって指定する.

cód·a·ble /-dəbl | -də-/ *adj.* 〘(*c*1303) □ (O)F ～ □ L *cōdex* writing tablet, (LL code of law): ⇨ codex〙

códe bòok *n.* コードブック, 暗号帳[書], 電信略語帳. 〘1884〙

co·dec /kóudɛk | káu-/ *n.* 〘電子工学〙コーデック, 符号器, 復号器《アナログデータとデジタルデータの相互交換に用いられる集積回路で, コンピューターから電話回線を使ってデータを送受信するための機器》. 〘《短縮》← *co(der)-dec(oder)*〙

cò·declinátion *n.* 〘天文〙極距離《赤緯の余角; polar distance ともいう》. 〘← CO-[1]+DECLINATION〙

cod·ed /kóudɪ̣d | káudɪ̣d/ *adj.* 暗号化された, 略号による; コード化された. 〘⇨ code, -ed〙

cò·defèndant *n.* 〘法律〙共同被告 (joint defendant). 〘(1640–44) ← CO-[1]+DEFENDANT〙

códe flàg *n.* 〘海事〙信号旗.

códe gròup *n.* 〘電算〙符号グループ《一定の規則に従って作られた一連の符号》.

co·de·ia /koudíːə | kəu-/ *n.* =codeine. 〘1868〙

co·de·ine /kóudiːn | káu-/ (*also* **co·de·in** /～/) *n.* 〘化学〙コデイン ($C_{18}H_{21}NO_3H_2O$) 《アヘンから採るアルカロイド; せき止めに用いる》. 〘(1838) □ F *codéine* ← Gk *kṓdeia* poppy-head ← *kôos* prison, 《原義》 hollow place ← IE **keuə-* to swell: ⇨ -ine[3]〙

códe·less *adj.* 法典[規約]のない; 法典[規約]に規制されない. 〘(1864): ⇨ -less〙

co·den /kóudn̩ | káu-/ *n.* 〘図書館〙コーデン《大文字のアルファベット 4 文字とアラビア数字とから成る略語式分類法》. 〘← CODE〙

códe-nàme *vt.* …にコード名を付ける. **～d** *adj.*

códe nàme *n.* コード名, コードネーム《人・物の名前の代わりに用いられる符号》. 〘1919〙

Code Na·po·lé·on /–––(–)–; *F.* kɔdnapɔleɔ̃/ *n.* [the ～] ナポレオン法典《1804 年に公布されたフランス民法典の改名後 (1807) の公式名称であったが, 今日正式には用いられない》.

cód ènd *n.* 袋網, 袋尻《トロール網の細くなった先端部》. 〘1871〙

códe nùmber *n.* コード番号《個々の名前の代わりにつけられた番号; 機械による識別を容易にしたり, 秘密保持の目的などに用いられる》. 〘1959〙

cò·depéndency, -depéndence *n.* 共依存. 〘1990〙

cò·depéndent *adj.* 共依存(関係)の, 共依存症の《家族内にアルコール・麻薬依存症患者がいるときに家族に認められる生活問題解決の機能不全についていう; 感情の同定表出の困難, 他者に対する過度の責任感などの病理が特徴》. **— *n.*** 共依存関係にある人, 共依存症の人.

cód·er /-də | -də(r)/ *n.* **1** 法典化する人. **2** 信号[略号]に変える人. **3** 〘通信・電算〙コーダー, 符号器《2 進符号を発生する装置》: ⇨ encoder, decoder. 〘(1927): ⇨ code, -er[1]〙

Co. Derry 《略》 County Londonderry.

códe-switching *n.* 一言語[方言]体系から他の言語[方言]体系へ切り替えること. 〘1959〙

cò·determinátion *n.* 〘労働〙(企業の政策決定における)労働者の経営参加, 共同決定. 〘1909〙

co·det·ta /koudétə, kə- | kəudétə; *It.* kodétta/ *n.* (*pl.* ～s, **co·det·te** /-teɪ; *It.* -te/) 〘音楽〙コデッタ, 短いコーダ. 〘(1869) □ It. ～ (dim.) ← *coda*: ⇨ coda〙

códe wòrd *n.* **1** =code name. **2** =code group.

co·dex /kóudɛks | káu-/ *n.* (*pl.* **co·di·ces** /kóudəsìːz, kɑ́(ː)də- | káudɪ-, kɔ́d-/) **1** (聖書・古典の)古写本; コーデックス, 冊子本《scroll と異なるとじ本; cf. Sinaiticus》. **2** 《廃》法典 (code). **3** 〘薬学〙公定処方集. 〘(1581) □ L *cōdex*, 《古形》*caudex* block of wood, writing tablet, book (of laws), etc. ← *cūdere* to strike ← IE **kau-* to strike (⇨ hew): cf. caudex〙

Códex Jú·ris Ca·nó·ni·ci /-dʒʊ̀ərɪskənɑ́(ː)nɪ̣sàɪ, -jʊ̀ərɪskənóunəkiː | -dʒʊ̀ərɪskənɔ́nɪ-, -jʊ̀ərɪskənóunɪ-/ *n.* 〘カトリック〙ローマ教会法典, 現行教会法典《1918 年施行; New Code ともいう》.

Códex Va·ti·cá·nus /-vætɪ̣kéɪnəs, -vɑ̀ːtɪ̣kɑ́ːnʊs | -tɪ-/ *n.* バチカン写本《4 世紀の聖書写本で, バチカン図書館蔵》.

cod·fish /kɑ́(ː)dfɪ̀ʃ | kɔ́d-/ *n.* **1** 〘魚類〙タラ (cod). **2** (食用にする)タラの身. 〘1565–73〙

códfish aristócracy *n.* 《米俗》 **1** タラ成金. **2** 新興成金, 成金連. 〘(1865) Massachusetts 州の漁夫がタラ漁業で大もうけをしたことから〙

cod·ger /kɑ́(ː)dʒə | kɔ́dʒə(r)/ *n.* 《口語》[通例愛情語または軽い軽蔑語として, 老人に対して用いて] 人, やつ (fellow, chap); 《特に》変人, 偏屈者: an old ～ おじいちゃん, 偏屈じじい. 〘(1756) 《異形》? ← CADGER〙

codices *n.* codex の複数形.

cod·i·cil /kɑ́(ː)dəsɪ̀l, -sɪl | káud-, kɔ́d-/ *n.* **1** 〘法律〙遺言補足書《追加・変更・取消し・説明・確認などを含む》. **2** 追加条項, 備考; 付録 (appendix). **cod·i·cil·la·ry** /kɑ̀(ː)dəsíləri | kàudɪ̣-, kɔ̀d-/ *adj.* 〘(*c*1419) □ L *cōdicillus* (dim.) ← *cōdex*: ⇨ codex〙

co·di·col·o·gy /kòudɪ̣kɑ́(ː)lədʒi | kàudɪkɔ́l-/ *n.* 写本研究, 写本学. **co·di·co·log·i·cal** /kòudɪ̣kəlɑ́(ː)dʒɪ̣kəl, -kl̩ | kàudɪkəlɔ́dʒɪ-/ *adj.* 〘(1953) □ F *codicologie*: ⇨ codex, -logy〙

cod·i·fi·ca·tion /kɑ̀(ː)dəfɪ̣kéɪʃən, kòu- | kàudɪ̣fɪ-/ *n.* **1** (方法・規則などの)体系化. **2** 〘法律〙法典編纂, 法典化, 成文化. 〘(1817) □ F ～: ⇨ codify〙

cód·i·fì·er *n.* 法典編集者, 法令集成者. 〘(1830): ⇨ ↓, -er[1]〙

cod·i·fy /kɑ́(ː)dəfàɪ, kóud- | káudɪ̣-/ *vt.* **1** 〈法律を〉法典に編む, 法典[成文]化する. **2 a** (系統を立てて)集成[編纂]する, 体系化する. **b** (系統立てて)分類する. **cod·i·fi·a·bil·i·ty** /kɑ̀(ː)dəfàɪəbíləṭi, kòud- | kàudɪ̣fàɪəbílɪ̣ti/ *n.* 〘(*c*1800) ← CODE+-I-+-FY〙

cod·ing /kóudɪŋ | káud-/ *n.* 〘統計〙コーディング, 符号づけ, 符号化.

cod·lin /kɑ́(ː)dlɪ̣n | kɔ́dlɪn/ *n.* =codling[2].

cód·lìne *n.* タラ釣り糸《トロール網の袋網のくくり縄》. 〘1634〙

cod·ling[1] /kɑ́(ː)dlɪŋ | kɔ́d-/ *n.* (*pl.* ～s, ～) 〘魚類〙 **1** 小ダラ; タラの幼魚. **2** =hake[1] 2. 〘(1289): ⇨ cod[1], -ling[1]〙

cod·ling[2] /kɑ́(ː)dlɪŋ | kɔ́d-/ *n.* **1** 《英》料理用の頭のとがったリンゴ. **2** 未熟または質が悪いため料理用にされる小リンゴ. 〘(*c*1440) *querdling* □ ? AF *querdelyon* (=F *cœur-de-lion*) heart of lion〙

códling [códlin] mòth *n.* 〘昆虫〙コドリンガ (*Cydia pomonella*) 《ヒメハマキガ科の小形のガ; 幼虫はリンゴ・ナシなどの果実に食い入る大害虫》. 〘1747〙

códlings[códlins]-and-créam *n.* 〘植物〙 = willow herb 1.

cód-lìver óil *n.* タラ肝油 (cf. liver oil). 〘1783〙

cò·domáin *n.* 〘数学〙変域, 値域 (range). 〘⇨ co-[1], domain〙

cò·dóminant 〘生物・生態〙 *adj.* 相互優性の《二つの対立遺伝子が共に優性の》. **— *n.*** 共同優占種《2 種類以上の優占種があるとき, その一つを指す》. 〘1900〙

co·don /kóudɑ(ː)n | káudɔn/ *n.* 〘生化学〙コドン, 暗号単位《遺伝子の核酸を構成する塩基の配列順序での 3 つずつが単位となって, ペプチド鎖でのアミノ酸を指定する遺伝情報の単位》. 〘(1963) ← CODE+-ON(E)〙

cód·piece *n.* **1** コッドピース, 股袋 (15–16 世紀の男子服装で, ズボン (breeches) の前あきを隠すためにつけた装飾的な袋[カバー]; cf. cod[3] 1). **2** 《廃》陰茎 (penis). 〘(*c*1450): ⇨ cod[3], piece〙

cò·dríver *n.* 副運転者《特に自動車レースで, 途中で運転を交替する人》. **cò·dríve** *vt.* 〘1933〙

cods·wal·lop /kɑ́(ː)dzwɑ̀(ː)ləp, -wə̀(ː)l- | kɔ́dzwɔ̀l-/ *n.* (*also* **cod's wallop**) 《英口語》たわごと, ばかばかしいこと (nonsense). 〘(1963) ← ?〙

Co. Durham 《略》 County Durham.

cód wàr *n.* タラ戦争《タラ資源保護を名目とするアイスランドの専管水域拡大に端を発したアイスランドと英国間の 3 度の紛争 (1958, 1972–73, 1975–76)》.

Co·dy /kóudi | káudi/, **William Frederick** *n.* コーディ (1846–1917; 米騎兵隊の斥候・興行師; 通称 Buffalo Bill として知られ, 西部を舞台とする小説やショーの主人公として伝説的存在になっている).

Coe /kóu | káu/, **Sebastian (New·bold** /núːbould, njúː- | njúːbəuld/) *n.* コー (1956–　; 英国の陸上中距離選手・政治家).

coe·cil·i·an /siːsíliən/ *n.* =caecilian.

co·ed /kóuèd | kàuéd, ––/ (*also* **co-ed** /～/) *n.* 《口語》 **1** 男女共学(の制度). **2** 《米》(男女共学校, 特に大学の)女子学生. **3** 《英》男女共学校. **— *adj.*** [限定的] 《口語》 **1** 男女共学の: a ～ school. **2** (男女共学校の)女子学生の[に関する, のための]. **3** 《米口語》〈スポーツ(施設)が〉男女混合[共用]の. 〘(1886) 《略》← *co-educa-tio(nal) (student)*〙

co·ed /kòuéd | kàu-/ 《略》 coeditor.

cò·édit *vt.* 共同編集する. 〘← CO-[1]+EDIT〙

cò·edítion *n.* 同時版, 同時出版《いろいろな国でいろいろな言語で一冊の本を同時に出版すること》. 〘1964〙

cò·éditor *n.* 共編者. 〘1873〙

cò·éducate *vt.* 〈人に〉男女共学の教育を施す. 〘(1852) 《逆成》↓〙

cò·educátion *n.* 男女共学. 〘← CO-[1]+EDUCATION〙

cò·educátional *adj.* 男女共学の. **～·ly** *adv.* 〘1881〙

cò·educátionalism *n.* 男女共学制度[方針].

coef. 《略》 coefficient.

coeff. 《略》 coefficient.

co·ef·fi·cient /kòuɪ̣fíʃənt | kàu-/ *adj.* 共同作用の, 共働する (cooperating). **— *n.*** **1** 共同作因. **2** 程度 (degree). **3** 〘数学〙係数. **4** 〘物理〙係数.

coefficient of absórption 〘物理〙 =absorption coefficient.

C

C

coefficient of accelerátion〖経済〗=acceleration coefficient.
coefficient of compressibílity〖物理化学〗圧縮係数.
coefficient of contráction〖物理〗収縮係数.
coefficient of correlátion〖数学・統計〗=correlation coefficient.
coefficient of díscharge〖水力学〗流量係数.
coefficient of elastícity〖物理〗=MODULUS of elasticity.
coefficient of expánsion〖物理〗膨張係数.《1871》
coefficient of fíneness〖造船〗=block coefficient.
coefficient of fríction〖機械〗摩擦係数.
coefficient of kinemátic viscósity〖物理〗動粘性係数《粘性係数と流体の密度との比》.
coefficient of perfórmance〖熱力学〗成績係数.
coefficient of reliabílity〖統計〗信頼性係数.
coefficient of restitútion〖物理〗反発係数.《1879》
coefficient of variátion [variabílity]〖統計〗変動係数, 変異係数《統計資料や確率変数の変動の大きさを表す数値; 標準偏差 (standard deviation) と平均 (mean) との比》.
coefficient of velócity〖水力学〗流速係数.
coefficient of viscósity〖物理〗粘性係数.《1866》
~·ly *adv.* 〚《1665–66》← NL *coefficiens*: ⇨ co-¹, efficient〛

coel- /si:l/ (母音の前にくるときの) coelo- の異形.

-coel /←–si:l/ =-coele.

coe·la·canth /sí:ləkæ̀nθ/ *n., adj.*〖魚類〗シーラカンス(の)《中生代の白亜紀に絶滅したと考えられていた総鰭(そうき)類シーラカンス目の魚類の総称; 脊椎骨が中空の管状; 1938 年南アフリカ沖で現生種 (⇨ latimeria) が発見された》.
coe·la·can·thine /sì:ləkǽnθaɪn, -θɪ̀n | -θaɪn, -θɪn←/ *adj.* 〚《1857》← NL *Coelacanthidae*: ⇨ coelo-, acantha〛

coe·la·can·thid /sì:ləkǽnθɪ̀d | -θɪd←/ *n., adj.*〖魚類〗=coelacanth.

-coele /←–si:l/「体腔」の意の名詞連結形: blasto*coele*. 〚← NL *-c(o)ela* ← Gk *koîlos* hollow〛

coelentera *n.* coelenteron の複数形.

coe·len·ter·ate /sɪ̀léntərèɪt, si:-, -rɪ̀t | si:léntə-/〖動物〗*adj.* 腔腸動物門の. ― *n.* 腔腸動物門の動物《サンゴチュウ・イソギンチャク・クラゲなど》.〚《1872》: ⇨ ↓, -ate²〛

coe·len·ter·on /sɪ̀léntərɑ̀(:)n, si:-, -rən | si:léntərɔ̀n/ *n.* (*pl.* **-ter·a** /-rə/)〖動物〗(腔腸動物の)腔腸.〚《1893》← NL ~ ← COELO-+Gk *énteron* intestine〛

coe·li- /sí:lɪ̀, -li/ (母音の前にくるときの) coelio- の異形.

coe·li·ac /sí:liæ̀k/ *adj.*〖解剖・病理〗=celiac.

cóeliac disèase *n.*〖医学〗=celiac disease.

coe·li·o- /sí:liou | -liəu/「腹部, 腹腔 (belly, abdomen)」の意の連結形. ★ 母音の前では通例 coeli- になる. 〚□ Gk *koilio-* ← *koilía* belly ← *koîlos* hollow〛

coe·lo- /sí:lou | -ləu/「窩(か) (hollow); 腔(こう) (cavity)」の意の連結形. ★ 母音の前では通例 coel- になる.〚← NL ~ ← Gk *koîlos* (↑)〛

coe·lom /sí:ləm/ *n.* (*pl.* **~s, coe·lo·ma·ta** /sɪ̀lóumətə, si:-, -lɑ́(:)m- | si:ləumətə, -lɔ́m-/)〖動物〗体腔 (body cavity). **coe·lom·ic** /sɪ̀lɑ́(:)mɪk, si:-, -lóum- | si:lɔ́m-, -ləum-/ *adj.* 〚《1878》□ Gk *koílōma* a hollow ← *koîlos* hollow〛

coe·lo·mate /sí:ləmèɪt/〖動物〗*adj.* 体腔をもった. ― *n.* 体腔動物.〚《1883》: ⇨ ↑, -ate²〛

coe·lome /sí:loum, -ləm | -ləum, -ləm/ *n.* (*pl.* **~s, coe·lo·ma·ta** /sɪ̀lóumətə, si:-, -lɑ́(:)m- | si:ləumətə, -lɔ́m-/)〖動物〗=coelom.

coe·lo·scope /sí:ləskòup | -skəup/ *n.*〖医学〗=celoscope.

coe·lo·stat /sí:ləstæ̀t/ *n.*〖天文〗シーロスタット《2 枚の平面鏡を用いて日周運動をする天体を固定天体望遠鏡で観測する装置; cf. siderostat, heliostat》.〚← *coelo-* (← L *caelum* heaven)+-STAT〛

co·emp·ti·o /kouémpʃiòu, -pti- | kəuémpʃiəu, -pti-/ *n.*〖ローマ法〗仮装売買婚《妻の父が婚姻のために名目的代価で妻を夫に売却する婚姻形式; 真の売買ではないので妻は夫権 (manus) に服する》.〚□ L *coemptiō* ← *coemere* to buy up〛

co·emp·tion /kouém(p)ʃən | kəu-/ *n.* (価格操作を目的とした)商品の買占め.〚《*c*1380》*coempcioun* (↑)〛

coen- /si:n, sen | si:n/ (母音の前にくるときの) coeno- の異形.

coen·a·cle /sénɪ̀kl/ *n.* =cenacle.

coe·nes·the·si·a /sì:nesθí:ʒə, sèn- | -nesθí:ziə, -nes-, -ni:s-, -ʒiə/ *n.*〖心理〗体感《漠然とした全身の感覚で, 健康感や虚脱感のような感じとして生じる》.〚《1837》← NL ~: ⇨ coeno-, esthesia〛

coe·nes·the·sis /sì:nesθí:sɪ̀s, sèn- | -ni:sθí:sɪs/ *n.*〖心理〗=coenesthesia.

coe·no- /sí:nou, sén- | sí:nəu/「共通の (common); 一般の (general)」の意の連結形. ★ 母音の前では通例 coen- になる.〚← NL ~ ← Gk *koinós* common〛

coenobia *n.* coenobium の複数形.

coe·no·bite /sí:nəbàɪt | -nə(u)-/ *n.* =cenobite.
coe·no·bit·ic /sì:nəbítɪk | -nə(u)bít-←/ *adj.*
còe·no·bít·i·cal *adj.*

cóe·no·bit·ism /-tɪzm/ *n.* =cenobitism.

coe·no·bi·um /sɪ̀nóubiəm, si:- | si:nóu-/ *n.* (*pl.* **-bi·a** /-biə/)〖生物〗連結生活体, 連生体, ケノビウム《2 個体以上の単細胞生物が集まっている連結体で, 群体の一つの場合; ボルボックス (volvox) など》.〚《1817》← NL ~ ← LL ~: ⇨ cenobite〛

coe·no·cyte /sí:nəsàɪt, sén-, -nou- | sí:nə(u)-/ *n.*〖生物〗**1** 多核細胞《一細胞内に多くの核をもつもの》. **2** =syncytium. **coe·no·cyt·ic** /sì:nəsítɪk, sèn-, -nou- | sì:nə(u)sít-←/ *adj.* 〚《1897》← COENO-+-CYTE〛

còeno·génesis *n.*〖生物〗=cenogenesis.

còeno·genétic *adj.*〖生物〗=cenogenetic.

coe·no·sarc /sí:nəsɑ̀ək, sén- | sí:nəsɑ̀:k/ *n.*〖動物〗共肉《ヒドロの茎と根の新しい部分》.〚《1849》← COENO-+Gk *sárx* flesh〛

còeno·spécies *n.* (*pl.* ~)〖生態〗=cenospecies.

coe·nu·ro·sis /sì:njuróusɪ̀s, sèn- | sì:njuráusɪs/ *n.*〖獣医〗コエヌルス (coenurus) による家畜の病気《羊の旋回病 (gid) など》.〚⇨ ↓, -osis〛

coe·nu·rus /sɪ̀nú°rəs, si:-, -njú°r- | si:njúər-/ *n.* (*pl.* **-nu·ri** /-raɪ, -ri:/)〖動物〗コエヌルス, 共尾虫《テニア科条虫の幼虫(中間宿主体内の嚢虫)の一形態; キスチケルクス (cysticercus) の変形》.〚《1876》← NL ~: ⇨ coeno-, -urus〛

cò·énzyme *n.*〖生化学〗補酵素, 助酵素, コエンチーム《酵素の補欠分子団; いろいろありビタミンと関係あるものが多い》. **cò·enzymátic** *adj.* **cò·enzymátically** *adv.* 〚《1908》← CO-¹+ENZYME〛

coénzyme Í *n.*〖生化学〗補酵素 I (⇨ diphosphopyridine nucleotide).

coénzyme ÍÍ *n.*〖生化学〗補酵素 II (⇨ triphosphopyridine nucleotide).

coénzyme Á *n.*〖生化学〗補酵素 A ($C_{21}H_{36}N_7O_{16}P_3S$)《パントテン酸を含み, アシル基の受容体となりアシル基の移転反応に関与する補酵素》.〚1949〛

coénzyme Q́ *n.*〖生化学〗補酵素 Q《動物ミトコンドリアや微生物に含まれ, 酸化還元反応系に関与するビタミン様作用物質; ubiquinone ともいう》.〚《1958》Q: ← ? Q(UINONE)〛

coénzyme Ŕ *n.*〖生化学〗補酵素 R (⇨ biotin).〚1941〛

co·e·qual /kòuí:kwəl | kəu-←/ *adj.*〖古・文語〗(地位・力量・権力など)(…と)同等の, 同格の (*with*). ― *n.* 同等[同格]の人[もの]. **co·e·qual·i·ty** /kòuɪ̀kwɑ́(:)ləṭi, -i:k-, -kwɔ́(:)l- | -kwɔ́lɪ̀ti/ *n.* **~·ly** *adv.* **~·ness** *n.* 〚《*a*1398》□ L *coaequālis*: ⇨ co-¹, equal〛

co·erce /kouə́:s | kəuə́:s/ *vt.* **1** 強制する, 威圧する (⇨ force¹ SYN);〈人を〉無理に(…に)する (*into*): ~ a person *into* silence 威圧して黙らせる / ~ a person *into* doing something 強制して人に何かさせる / ~ a person's obedience [acquiescence] 人の服従[承諾]を強いる. **2** (暴力・恫喝(どうかつ)・権威などによって)抑制する, 抑圧する. **co·érc·er** *n.* 〚《?*c*1451》□ L *coercēre* to confine ← co-¹+*arcēre* to shut up (← *arca* box ← IE **arek-* to hold)〛

co·erc·i·ble /kouə́:səbḷ | kəuə́:sɪ̀-/ *adj.* **1** 抑圧[強制]することができる, 威圧できる. **2** 圧縮できる. **co·ér·ci·bly** *adv.* 〚《1656》: ⇨ ↑, -ible〛

co·er·cion /kouə́:ʒən, -ʃən | kəuə́:ʃən/ *n.* **1 a** 威圧, 強制. **b** 強制力, 威力, 圧力. **2** 抑圧, 圧政, 弾圧政治: a *Coercion* Act [Bill] 強圧法[法案]《アイルランドの治安維持を目的とした鎮圧法のような法律》/ No ~! 強制反対.〚《1414》*cohercion* □ OF □ L *coer(ci)tiō(n-)* ← *coercēre* 'to COERCE': ⇨ -cion〛

co·ér·cion·ist /-ʒ(ə)nɪ̀st, -ʃ(ə)- | -ʃ(ə)nɪst/ *n.* 強圧政治論者.〚《1841》: ⇨ ↑, -ist〛

co·er·cive /kouə́:sɪv | kəuə́:-/ *adj.* 強制的な, 威圧的な, 高圧的な: ~ methods 高圧的な手段. **~·ly** *adv.* **~·ness** *n.* 〚《1600》: ⇨ coerce, -ive〛

coércive fórce [field] *n.*〖磁気〗保磁力《磁性体の残留磁気を消すための逆方向の磁気力の強さ》.〚1827〛

co·er·civ·i·ty /kòuəːsívəṭi | kəuəːsívɪ̀ti/ *n.*〖磁気〗最大保持力《磁気飽和後の保持力》.〚《1898》: ⇨ coercive, -ity〛

coe·ru·le·in /sɪ̀rú:liɪ̀n, si:- | si:rú:liɪn/ *n.*〖化学〗セルレイン ($C_{20}H_{10}O_6$)《綿・絹・毛などを緑色に染める媒染染料》.〚《1810》← L *coeruleus, cae-* 'CERULEAN'+-IN²〛

coes·ite /kóuzaɪt, -saɪt | kə́u-/ *n.*〖化学〗コーサイト《二酸化ケイ素の高圧相》.〚《1954》← *Loring Coes* (1915– : 米国の化学者)+-ITE¹〛

cò·esséntial *adj.* 同質の, 同体の, 一体の (*with*): be ~ *with* God 神と同体である. **cò·essentiálity** *n.* **~·ly** *adv.* **~·ness** *n.* 〚《?1471》□ LL *coessentiālis*《なぞり》← Gk *homooúsios* of the same substance: ⇨ co-¹, essential〛

co·e·ta·ne·ous /kòuɪ̀téɪniəs | kəu-←/ *adj.* 同年の, 同期の; 同時代の, 同世代の. **co·e·ta·ne·i·ty** /kòuɪ̀ṭəní:əṭi | kəuɪtəní:ɪ̀ti/ *n.* **~·ly** *adv.* **~·ness** *n.* 〚《1608》□ L *coaetāneus* of the same age ← co-¹+*aetās* age: ⇨ -aneous〛

cò·etérnal *adj.* 永遠に共存する. **~·ly** *adv.* 〚《1398》← LL *coaeternus*+-AL¹: ⇨ co-¹, eternal〛

cò·etérnity *n.* 永遠共存.〚《1587》□ LL *coaeternitātem*〛

Coeur d'A·lene /kɔ̀:dəléɪn, -dḷ- | kɔ̀:dəléɪn, -dḷ-; *F.* kœʁdalɛn/ *n.* (*pl.* ~, **~s** /~z; *F.* ~/) **1 a** [the ~(s)] クールダレーヌ族《米国 Idaho 州北部に住む Salishan 語族に属するアメリカインディアン》. **b** クールダレーヌ族の人. **2** クールダレーヌ語 (Salishan 語族に属する).〚□ F *cœur d'alêne*《原義》heart of awl〛

Coeur de Li·on /kɔ̀:dəlí:ən, -dḷ-, -láɪən | kɔ̀:dəlí:ɔ̃:(ŋ), -dḷ-, -lí:ɔ:ŋ; *F.* kœːʁdəljɔ̃/ *n.* 獅子心王 (⇨ Richard I).〚□ F ~ 'heart of lion'〛

co·e·val /kouí:vəl, -vḷ | kəu-/ *adj.* 同年代の, 同時代の, 同期間の (*with*) (⇨ contemporary SYN). ― *n.* 同時代の人, 同年代の人; 同年代の物. **~·ly** *adv.* 〚《1605》← L *coaevus* of the same age (← co-¹+*aevum* age)+-AL¹〛

co·e·val·i·ty /kòuɪ:vǽləṭi | kəui:vǽlɪ̀ti/ *n.* 時代[期間]を同じくすること, 同時代[同年代](であること).〚《1644》: ⇨ ↑, -ity〛

cò·evolútion *n.*〖生物〗共進化《系統的には関係のない複数の生物体が相互に関連し合って同時に進化すること》. **cò·evolútionary** *adj.*

cò·evólve *vi.*〖生物〗共進化する.

cò·exécutor *n.*〖法律〗遺言共同執行者 (joint executor).〚《1433》← CO-¹+EXECUTOR〛

cò·exécutrix *n.* (*pl.* **cò·executrices**)〖法律〗女性の coexecutor.〚《1847》: ⇨ ↑, -trix〛

cò·exíst *vi.* **1** (同一場所に)同時に存在する; 共に存在する, 共存する (*with*). **2** (意見・政策の相違はあるが)平和に生活する, 平和共存する.〚《1667》← CO-¹+EXIST〛

cò·exístence *n.* 共存, 共在: peaceful ~ 平和共存.〚1646〛

cò·exístent *adj.* 共存の; 共存する (*with*).〚1662〛

cò·exténd *vt.* 同一の(時間・空間的)広がりを与える. ― *vi.* 同一の(時間・空間的)広がりをもつ.〚1617〛

cò·exténsion *n.* (時間・空間の)同一の広がり[延長].〚《1677》← CO-¹+EXTENSION〛

cò·exténsive *adj.* (時間・空間において)同一の広がりを有する; 同じ時間[空間]に広がる[わたる] (*with*): The District of Columbia is ~ *with* the city of Washington. コロンビア区はワシントン市と同一地域を占める. **~·ly** *adv.* 〚1771〛

C of A《略》Certificate of Airworthiness.

có·fàctor *n.* **1**〖数学〗**a** 余因子, 余因数. **b** =common factor. **2**〖生化学〗補足因子《ある反応をするのに主因子に添加する必要があるもの; 例えば補酵素や無機イオンなど》.〚《1909》← CO-¹+FACTOR〛

C of C《略》Chamber of Commerce.

C of E《略》Church of England; coefficient of elasticity; Council of Europe.

có·fèature *n.*〖映画〗(主要な呼び物興業に添えられる)同時呼び物, 併映もの.

cò·férment *n.*〖生化学〗=coenzyme.〚《1905》← CO-¹+FERMENT〛

coff /kɑ́(:)f, kɔ́(:)f | kɔ́f/ *vt.* (**coft** /kɑ́(:)ft, kɔ́(:)ft | kɔ́ft/)《スコット》買う (buy).〚《*c*1425》《逆成》← *coft* (pret. & p.p.) < ME《スコット》□ MDu. (pret.) ← *copen* to buy: ⇨ cope¹〛

cof·fee /kɔ́(:)fi, kɑ́(:)fi | kɔ́fi/ *n.* **1** (飲料としての)コーヒー; 一杯のコーヒー: a cup of ~ コーヒー一杯 / iced ~ アイスコーヒー / Two ~s, please. コーヒーを二杯ください. **2 a** コーヒー付きの軽い食事; (コーヒーが出る)お茶の会, コーヒーの会. **b** =coffee hour. **3 a** 挽(ひ)いたコーヒー (ground coffee). **b** [集合的] コーヒーの実, コーヒー豆 (coffee beans): green ~ 炒(い)ってないコーヒー(豆). **4** コーヒー色, 暗褐色, とび色. **5**〖植物〗=coffee tree 1.
cóffee and cáke(s)《米俗》安サラリー; はした金.
Wáke úp and sméll the cóffee.《米》目を覚まして現実に目を向けよ.
〚《1598》□ It. *caffè* □ Turk. *kahve* □ Arab. *qáhwa*ʰ《原義》? the plant or drink of Kaffa, Kāfa (エチオピア南西部の一地域)〛

coffee-ánd *n.* (*pl.* ~, **~s**)《米俗》コーヒーとドーナツかケーキかロールパンのようなものとの軽食.〚1901〛

cóffee bàg *n.* (挽(ひ)いたコーヒーを入れた)コーヒーバッグ.

cóffee bàr *n.* (スタンド式でコーヒーや軽食を供する)コーヒーバー.〚1905〛

cóffee bèan *n.* コーヒーノキの種子, コーヒー豆 (coffee nib ともいう; cf. coffee cherry).〚1688〛

cóffee·bèr·ry /-bèri | -b(ə)ri/ *n.* **1**〖植物〗=cascara buckthorn. **2** =coffee cherry.

cóffee brèad *n.* =coffee cake.

cóffee brèak *n.* お茶の時間, コーヒーブレーク《コーヒーやケーキなどをとる午前と午後の休憩時間》.〚1951〛

cóffee càke *n.*《米》コーヒーケーキ《くるみ・干しぶどう・香辛料などの入ったパン菓子; コーヒーと共に食べる》.〚1879〛

cóffee chèrry *n.* コーヒーノキの実《コーヒーノキ属 (*Coffea*) の数種の植物の実; 色・形・大きさなどはさくらんぼに似ていてその 1 個の中に種子 (coffee bean) が二つある》.

cóffee crèam *n.* コーヒークリーム《乳脂肪含有量の少ないコーヒー用の生クリーム; 乳脂率 18–25%; cf. whipping cream》.〚1868〛

cóffee cùp *n.* コーヒー茶碗《現在は通例紅茶茶碗 (teacup) より小さいもの》.〚1762–71〛

cóffee èssence *n.* コーヒーエッセンス.〚1877〛

cóffee grìnder *n.* **1** コーヒー挽(ひ)き(器). **2**《俗》〖海事〗ヨットなどにおける動索巻き上げ用の小型ウインチ.

cóffee-gròund *adj.* コーヒーの出し殻のような: ⇨ coffee-ground vomit.〚1885〛

cóffee-gròunds *n. pl.* コーヒーの出し殻.〚1764〛

cóffee-gròund vómit *n.*〖病理〗(胃癌などの)コーヒーかす[残渣]様吐物 (cf. black vomit).〚1885〛

cóffee hòur *n.*《米》**1** (コーヒーが出る)茶話会. **2** =coffee break.〚1952〛

cóffee·hòuse *n.* **1** コーヒー[喫茶]店, コーヒーハウス《コーヒーやケーキなどを出す店; 小規模なコンサートや詩の朗読会などが開かれることもある; 17–18 世紀のころの英国では文人・政客がクラブとして利用した》: ~ politicians コーヒー店で政治を談じる政客連. **2** =café 1 a. ― *vi.*《俗》むだ話にふける, だべる. **cóffee-hòuser** *n.*〚1612〛

cóffee klàtch [**klàtsch**] /-klæ̀tʃ, -klɑ̀ːtʃ/ *n.* = kaffeeklatsch.
cóffee-klàtsch /-klæ̀tʃ, -klɑ̀ːtʃ/ *vi.* 茶話[コーヒーの]会をする. 〖1895〗
coffee lìghtener *n.* コーヒークリーム (coffee cream) の代用品 《乳製品ではないもの; coffee whitener ともいう》.
coffee machìne *n.* コーヒー自動販売機.
coffee màker *n.* **1** コーヒーを挽(ʰ)いて入れる人; コーヒー商人. **2** 《米》コーヒー沸かし(器). 〖1930〗
Cóffee-màte *n.* 〘商標〙コーヒーメイト 《米国 Carnation 社製の植物性クリーム粉末; クリームやミルクの代わりにコーヒーに入れる》.
coffee mìll *n.* コーヒー挽(ʰ)き[ミル]. 〖1691〗
coffee mórning *n.* 《英》(しばしば募金のための)朝[午前]のコーヒーパーティー. 〖1962〗
coffee nìb *n.* =coffee bean.
coffee nùt *n.* **1** 〘植物〙=Kentucky coffee tree. **2** Kentucky coffee tree の実.
coffee pàrty *n.* (午後の)コーヒーパーティー 《しばしば来賓を招いて催すコーヒーと軽食のお茶の会》. 〖1886〗
coffee plànt *n.* 〘植物〙 **1** =coffee tree 1. **2** = evening primrose.
cof·fee·pot /kɔ́(ː)fipɑ̀(ː)t, kɑ́(ː)f- | kɔ́fipɔ̀t/ *n.* **1 a** コーヒー沸かし器, コーヒーポット. **b** コーヒーつぎ. **2** 《米俗》簡易食堂 (lunchroom); (特に)深夜営業の簡易食堂. 〖1704〗
coffee rìng *n.* 輪[リング]の形をしたコーヒーケーキ (cf. coffee cake). 〖1924〗
coffee ròll *n.* コーヒーロール 《コーヒーケーキと同じ材料で作ったロールパン (roll)》. 〖1945〗
coffee ròom *n.* コーヒー(喫茶)店, 喫茶室 《独立したまたはホテル付属のもの; 簡単な食事のできる所もある》. 〖1712〗
coffee sèrvice *n.* (通例, 銀製の)コーヒーセット 《コーヒーつぎ (coffeepot), 砂糖入れ (sugar bowl), クリーム入れ (creamer), 盆 (tray) から成る》.
coffee sèt *n.* **1** コーヒーセット, コーヒー道具一式 (cf. tea service). **2** =coffee service. 〖1786〗
coffee shòp *n.* **1** コーヒーショップ: **a** (軽食)喫茶店. **b** 《米》(ホテルの)軽食堂. **2** コーヒー屋[店]. 〖1836〗
coffee spòon *n.* コーヒースプーン 《teaspoon より小さいスプーン》. 〖1703〗
coffee stàll *n.* コーヒーの屋台店 《夜の街頭で熱いコーヒーを飲ませ軽い食事を出す屋台》. 〖1850〗
coffee sùgar *n.* コーヒーシュガー 《砕片状の氷砂糖; 褐色の場合が多い》. 〖1926〗
cóffee-tàble *adj.* コーヒーテーブル本の: a ~ book コーヒーテーブル本 (⇨ coffee-tabler). 〖1962〗
coffee tàble *n.* コーヒーテーブル 《普通ソファーの前に置いて飲み物・灰皿・雑誌などを載せるサービス用の低いテーブル》. 〖1877〗
cóffee-tà·bler /-tèɪblə | -blə⁽ʳ⁾/ *n.* コーヒーテーブル本 《コーヒーテーブルの上で開き, 見て楽しむ大判で華美な挿絵[写真]入りの本; coffee-table book ともいう》.
coffee trèe *n.* 〘植物〙 **1** コーヒーノキ 《アカネ科コーヒーノキ属 (*Coffea*) のコーヒー豆 (coffee bean) のなる植物の総称; コーヒーノキ (Arabian coffee) など》. **2** =Kentucky coffee tree. 〖1741〗
coffee whìtener *n.* =coffee lightener.
cof·fer /kɔ́(ː)fə, kɑ́(ː)f- | kɔ́fə⁽ʳ⁾/ *n.* **1** 箱, 櫃(ひつ) (chest, box); (特に)貴重品を入れる堅固なもの, 金箱. **2** [通例 *pl.*] 金庫 (treasury); 財源 (funds): the ~*s* of the State 国庫. **3** 〘土木〙 **a** =cofferdam 1. **b** (水中工事用)潜函 (caisson). **4** 〘建築〙格間(ごう) 《格天井の格縁(ぶち)によって区画された部分; lacuna ともいう》. **5** 運河の水門. — *vt.* **1** 箱[櫃]に入れる; 金庫に納める, 大事にしまう. **2** 〘建築〙格間で飾る: a ~*ed* ceiling 格天井. **3** 〘鉱山〙(粘土をすき間に詰めて)〈立坑の水もれを防ぐ: ~ a shaft. 〖(*c*1250) *cofre* □ (O)F *coffre* < L *cophinum*: ⇨ coffin〗
cóffer·dàm *n.* **1** 〘土木〙締切り, 囲いぜき 《橋脚工事などのときに一時的に周囲を囲って中から水を排除したもの》. **2** 〘海事〙コッファダム: **a** 水面下修理のため水を排除できるように作った区画. **b** タンカー内の水の区画と油の区画をわける場合など, それぞれに隔壁を作った間の空間. 〖1736〗
cóffer·fìsh *n.* 〘魚類〙=boxfish.
cof·fer·ing /kɔ́(ː)f(ə)rɪŋ, kɑ́(ː)f- | kɔ́f-/ *n.* 〘建築〙格(ごう)天井. 〖(1785): ⇨ coffer, -ing¹〗
cof·fin /kɔ́(ː)fɪn, kɑ́(ː)f- | kɔ́fɪn/ *n.* **1** 棺, ひつぎ 《昔は石または金属製, 今は一般に木製; cf. casket 2》: in one's ~ 死んで, 葬られて. **2** 〘獣医〙蹄骨(ていこつ) (coffin bone) の入っている部分. **3** 〘印刷〙 **a** 版盤. **b** (石の組付台を嵌(は)め込む)木枠. **4** 《廃》〘料理〙パイの皮. ***a náil in*** [***into***] ***a person's cóffin*** ⇨ nail 成句. — *vt.* **1** 棺に入れる, 納棺する. **2** しまい込む, 死蔵する; かたく閉じる, ふたをする. 〖(*a*1338) □ OF *cof(f)in* small basket □ L *cophinus* □ Gk *kóphinos* basket ← ?〗
Cof·fin /kɔ́(ː)fɪn, kɑ́(ː)f- | kɔ́fɪn/, **Robert P(eter) T(ristram)** *n.* コフィン (1892–1955; 米国の詩人・小説家; *Strange Holiness* (詩集, 1935)).
cóffin bòne *n.* 〘獣医〙(馬の)蹄骨(ていこつ). 〖*c*1720〗
cóffin còrner *n.* 〘アメフト〙コフィンコーナー 《ゴールラインとサイドラインが結ばれる左右のコーナー; 攻撃側が好んでパントを蹴り出す地点で, 防御側にとってはその地点でスクリメージが組まれ, すぐタッチダウンをとられるので最も恐れられる》. 〖1940〗
cof·fin·ite /kɔ́(ː)fɪnàɪt, kɑ́(ː)f- | kɔ́fɪ-/ *n.* 〘鉱物〙コフィン石, コフィナイト ($USiO_4$) 《黒色微粉状のウラン鉱物; ウラン鉱床に産する》. 〖(1954) ← R. C. Coffin (?–1886: 米国の地質学者)+-ITE¹〗
cóffin jòint *n.* 〘獣医〙(馬の)蹄(てい)関節. 〖1683〗
cóffin nàil *n.* 《俗》紙巻きたばこ (cigarette). 〖(*c*1865) たばこの有害性から紙巻きたばこを棺の釘にたとえたもの〗
cóffin plàte *n.* 棺の名札 《棺のふたの上につける金属板; 死者の姓名・死亡年月日などを記す》. 〖1838〗
cóffin shìp *n.* 《口語》(見るからに沈みそうな)ぼろ船, 棺桶船. 〖1884〗
cóffin vàrnish *n.* 《米俗》質の悪い安酒.
cof·fle /kɔ́(ː)fl, kɑ́(ː)fl | kɔ́fl/ *n.* (鎖などでつながれた)一連の獣[人間]; (特に)鎖などで数珠つなぎになった一団の奴隷. — *vt.* (鎖などで)数珠つなぎにする. 〖(1799) □ Arab. *qāfilah* caravan〗
cof·fret /kɔ́(ː)frɪt, kɑ́(ː)f- | kɔ́f-/ *n.* 小さな貴重品箱[金箱]. 〖(1485) □ F ~ (dim.) ← *coffre*: ⇨ coffer, -et〗
C. of I. 《略》Church of Ireland.
cò·fìgurative *adj.* 各世代[同輩集団]が独自の価値を発展させる社会形態の.
cò·final *adj.* 〘数学〙共終の. 〖← co-¹+FINAL〗
cò·fóunder *n.* 共同創立者.
C. of S. 《略》Chief of Staff; Church of Scotland.
coft *vt.* coff の過去形・過去分詞.
cò·fúnction *n.* 〘数学〙余関数 《与えられた角[弧]の余角[余弧]の関数》: cos θ is the ~ of sin θ. 〖(1909) ← co-¹+FUNCTION〗
cog¹ /kɑ́(ː)g, kɔ́(ː)g | kɔ́g/ *n.* **1 a** (歯車の)歯, はめ歯. **b** はめ歯歯車 (cogwheel). **2** 《口語》(組織の中で必要だが)小さい役割しかもたない人[もの], 歯車の歯のような人[存在]. ***a cóg in the whéel*** [***machíne***] (大きな組織・計画などにおける)小さな[重要でない]役割の人, 組織の中の歯車: *a* (mere) ~ *in the wheel* of society 社会という組織の中のちっぽけな歯車. (1951) ***slip a cóg*** 失策をする, しくじる, へまをやる. — *vt.* (**cogged**; **cog·ging**) 〘冶金〙〈鋳塊を〉分塊鍛伸する. 〖(*c*1250) ← ? ON: cf. Swed. *kugge* / Norw. *kug*〗
cog² /kɑ́(ː)g, kɔ́(ː)g | kɔ́g/ 〘木工〙 *n.* (角材または梁を継ぐための)枘(ほぞ) (tenon). — *vt.* (**cogged**; **cog·ging**) …に枘継ぎする. 〖(1856–58) 《変形》? ← 《古形》*cock* to secure ← COCK¹ (n.): 現形は COG¹ の影響〗
cog³ /kɑ́(ː)g, kɔ́(ː)g | kɔ́g/ *v.* (**cogged**; **cog·ging**) — *vt.* 《俗》〈さいを〉いかさまに操る. — *vi.* 《廃》いんちきをやる, いかさまをする (cheat). — *n.* 《廃》欺くこと, ごまかし, いかさま. 〖(1532) ← ?〗
cog⁴ /kɑ́(ː)g, kɔ́(ː)g | kɔ́g/ *n.* **1** 《スコット》木製の船. **2** コッグ船 《13 世紀前後, 北ドイツを中心とするハンザ同盟で使われた 1 本マスト 1 枚横帆の貿易船; 長さ 30 m 前後》. 〖(1229) □ ? AF *coque, cogge* // MDu. *cogghe*: ⇨ cockboat〗
cog. 《略》cognate; cognizant; cognomen.
c.o.g. 《略》center of gravity.
COGB 《略》Certified Official Government Business.
co·gen·cy /kóʊdʒənsi | kəʊ-/ *n.* **1 a** (議論の)人を承服させる力, 説得力. **b** (描写・推理などの)適切さ. **2** 強制力のあること. 〖(1667): ⇨ cogent, -ency〗
cò·generátion *n.* 電・熱同時発生, 熱電供給, コジェネレーション 《発電時に生じた蒸気を用い給湯や冷暖房に利用するなど, 同一燃料を 2 種のエネルギーに変えて利用すること》. 〖1667〗
co·gent /kóʊdʒənt | kəʊ-/ *adj.* **1 a** 〈議論など〉人をうなずかせる[承服させる]に足りる, 説得力のある (⇨ valid SYN): ~ demonstrations, arguments, reasons, etc. **b** 適切な; 要領を得た: a ~ description. **2** 強制力のある. **~·ly** *adv.* 〖(1659) □ L *cōgentem* (pres.p.) ← *cōgere* ← co-¹+*agere* to drive〗
cogged /kɑ́(ː)gd, kɔ́(ː)gd | kɔ́gd/ *adj.* **1** 歯車のついた. **2** 歯車で動く: a ~ railway. 〖(1825): ⇨ cog¹, -ed 2〗
cógged jóint *n.* 〘木工〙渡り腮(あご) 《水平に直交する 2 材を, 一方が他方の上に載る形で接合する継手(つぎて)》.
cóg·ging¹ *n.* [集合的] (歯車の)はめ歯 (cogs). 〖(1878): ⇨ cog¹, -ing¹〗
cóg·ging² *n.* 〘木工〙=cogged joint. 〖← COG² (v.)+-ING¹〗
cógging mìll *n.* 〘機械〙分塊圧延機. 〖1878〗
cog·gle /kɔ́(ː)gl, kɑ́(ː)gl | kɔ́gl/ *vi.* 《スコット》揺れる, よろめく, ぐらつく. **cog·gly** *adj.* 〖1756〗
cog·i·ta·ble /kɑ́(ː)dʒətəbl | kɔ́dʒɪtə-/ *adj.* 《まれ》考えられる, 思考しうる. 〖(*a*1688) □ L *cōgitābilis* ← *cōgitāre*: ⇨ cogitate〗
cog·i·ta·bund /kɑ́(ː)dʒətəbʌ̀nd | kɔ́dʒɪtə-/ *adj.* 《古》黙想にふけった, 黙想的な. 〖1649〗
cog·i·tate /kɑ́(ː)dʒətèɪt | kɔ́dʒɪ-/ *vi.* 深く考える, 熟考する, 思案する 〔*about, on, upon*〕 (⇨ ponder SYN). — *vt.* **1** 思考する, 熟考する. **2** 考案する, 計画する: ~ a scheme. **cóg·i·tàt·ing·ly** /-tɪŋli | -tɪŋ-/ *adv.* 〖(1563–83) ← L *cōgitātus* (p.p.) ← *cōgitāre* ← co-¹+ *agitāre* 'to AGITATE': ⇨ -ate³〗
cog·i·ta·tion /kɑ̀(ː)dʒətéɪʃən | kɔ̀dʒɪ-/ *n.* **1 a** 思考, 熟考 (meditation). **b** 思考作用, 思考力. **2 a** [しばしば *pl.*] 考え, 思想. **b** 《廃》計画, 考案. **c** 《廃》概念 (idea). 〖(?*a*1200) □ (O)F ~ // L *cōgitātiō(n-)*: ⇨ ↑, -ation〗
cog·i·ta·tive /kɑ́(ː)dʒətèɪtɪv | kɔ́dʒɪtət-, -tèɪt-/ *adj.* **1 a** 思考の[に関する]: the ~ faculty 思考力. **b** 思考力のある, 思考する: a ~ being. **2** 思いをこらす, 熟考する; 思いにふける, 瞑想的な. **~·ly** *adv.* 〖(1490) □ (O)F *cogitatif* // ML *cōgitātīvus*: ⇨ -ative〗
cóg·i·tà·tor /-tə | -tə⁽ʳ⁾/ *n.* 思考する人, 沈思黙考する人. 〖(1831): ⇨ cogitate, -or²〗
co·gi·to /kɑ́(ː)gɪtòʊ, kóʊgə-, -dʒɪ- | kɔ́gɪtəʊ/ *n.* 〘哲学〙自我の思惟作用. 〖(1838) □ L *cōgitō* I think: ⇨ cogitate〗
cógito, èr·go súm /-ɜ̀ːgoʊsʊ́m, -ɛ̀ə-, -sʌ́m | -ɜ̀ːgəʊ-/ *L.* 我思う故に我あり (I think, therefore I am) 《デカルト (Descartes) の根本哲学を表すことば》.
Co·glians /koʊljɑ́ːns | kəʊ-; *It.* koʎʎáns/, **Monte** *n.* モンテコリャンス (⇨ Monte Coglians).
cóg locomòtive *n.* 〘鉄道〙=rack locomotive. 〖⇨ cog¹〗
co·gnac /kóʊnjæk, kɔ́(ː)n-, kɑ́(ː)n- | kɔ́n-; *F.* kɔɲak/ *n.* **1** [通例 C-] コニャック 《フランスの Cognac 地方産の上等のブランデー; cf. armagnac》. **2** (一般に)ブランデー; (特に)フランス産ブランデー. 〖(1755) □ F *Cognac*: cf. *Cognac wine* (1594)〗
cog·nate /kɑ́(ː)gneɪt, kɔ́(ː)g- | kɔ́gneɪt, ―⁄/ *adj.* **1** 〘言語〙 **a** 同語族の 〔*with, to*〕: ~ languages 同族言語. **b** 〈語が〉同語源の, 同族の 〔*with, to*〕: The English 'father' is ~ *with* [*to*] the German 'Vater'. 英語の 'father' はドイツ語の 'Vater' と同族語をなしている. **2 a** 祖先を同じくする, 同血族の 〔*with, to*〕 (⇨ related SYN): ~ families / a family ~ *with* [*to*] the royal family 王家と同族の家族. **b** 女系親の (cf. agnate 1). **3** 同性質の, 同種の, 同類の: ~ ideas [tastes] 同種類の思想[趣味] / Physics and astronomy are ~ sciences. 物理学と天文学とは同系の科学である. **4** 〘文法〙同族の: ⇨ cognate object. — *n.* **1** 〘言語〙同族言語; 同語源の語 《例えば can, ken, know / live, life》; 同族(対応)語 《例えば英語の father とドイツ語の Vater》. **2 a** 血族者, 親族 (relative). **b** 女系親, 外戚(がいせき), 傍系親 (cf. agnate). **~·ly** *adv.* **~·ness** *n.* 〖(*c*1645) □ L *cognātus* related by birth, kindred ← co-¹+(*g*)*nātus* ((p.p.) ← (*g*)*nāscī* to be born: ⇨ genus)〗
cógnate óbject *n.* 〘文法〙同族目的語 《動詞と同語源の語または類語が目的語として用いられるもの; 例: die a natural *death* / strike a fatal *blow*》. 〖(*c*1875): cf. *cognate accusative* (1874)〗
cog·nat·ic /kɑ(ː)gnǽtɪk, kɔ(ː)g- | kɔgnǽt-/ *adj.* 血族者の; 女系親の. 〖(1752) □ F *cognatique*: ⇨ cognate, -ic¹〗
cog·na·tion /kɑ(ː)gnéɪʃən, kɔ(ː)g- | kɔg-/ *n.* **1** 女系の親族関係; 同族[血縁]関係 (cf. agnation). **2** 〘言語〙同族(関係), 同系 (cf. derivation 4 a). 〖(*c*1384) □ L *cognātiō(n-)*: ⇨ cognate, -ation〗
cog·ni·sance /kɑ́(ː)gnəzəns, kɔ́(ː)g-, kɑ́(ː)n-, -zṇs | kɔ́gnɪ-, kɔ́nɪ-/ *n.* 《英》=cognizance.
cog·ni·tion /kɑ(ː)gníʃən, kɔ(ː)g- | kɔg-/ *n.* **1 a** 〘哲学〙認識; 認識作用, 認識力. **b** 〘心理〙認知, 知覚 (cf. conation). **2** 認識[認知]されたもの, (認識による)知識. **~·al** /-ʃnəl, -ʃənl/ *adj.* 〖(?*a*1425) □ L *cognitiō(n-)* ← *cognitus* (p.p.) ← *cognōscere* to understand, learn ← co-¹+*gnōscere* 'to KNOW'〗
cog·ni·tive /kɑ́(ː)gnətɪv, kɔ́(ː)g- | kɔ́gnɪt-/ *adj.* **1 a** 認識の[に関する]; 認識的な, 認識力のある: ~ powers 認識力. **b** 経験的な事実認識に基づいた[還元できる]. **2** 認知的な. **~·ly** *adv.* **cog·ni·tiv·i·ty** /kɑ̀(ː)gnətívəti, kɔ̀(ː)g- | kɔ̀gnɪtívɪti/ *n.* 〖(1586): ⇨ ↑, -ive〗
cógnitive dissónance *n.* 〘心理〙認知的不協和 《相反する認識や態度を同時にもつことからくる心理的な葛藤の状態》. 〖1957〗
cógnitive ethólogy *n.* 認知行動学 《物事の感知・意図の動物行動に対する影響を研究対象とする》.
cógnitive linguístics *n.* 認知言語学 《言語表現と人間の認識のありかたとの関係を重視する》.
cógnitive máp *n.* 〘心理〙認知地図 《動物にも人間にも見られる, 認知された表象のシステムを地図にたとえていう》.
cógnitive psychólogy *n.* 認知心理学 《知覚・記憶・思考などの認知行動を中心対象とする心理学》.
cógnitive scíence *n.* 認知科学. 〖1976〗
cógnitive thérapy *n.* 〘精神医学〙認知療法.
cóg·ni·tiv·ìsm /-vìzm/ *n.* 〘哲学〙認知主義. 〖1978〗
cóg·ni·tiv·ist /-vɪst | -vɪst/ *n.* 認知文法学者.
cog·ni·za·ble /kɑ́(ː)gnəzəbl, kɔ́(ː)g-, kɑ́(ː)n-, kɑ(ː)gnáɪz- | kɔ́gnɪz-, kɔ́nɪ-/ *adj.* **1** 認識できる, 認識されうる. **2** 〘法律〙〈犯罪など〉裁判管轄権内にある, 審理しうる (cf. cognizance 3). **cóg·ni·za·bly** *adv.* 〖(1678): ⇨ ↓, -able〗
cog·ni·zance /kɑ́(ː)gnəzəns, kɔ́(ː)g-, kɑ́ːn-, -zṇs | kɔ́gnɪ-, kɔ́nɪ-/ *n.* **1 a** (特定の)認知, 知覚; 認識: have ~ of …を(合法的に)知る / take ~ of …を認める / take no ~ of …を認めない / come to a person's ~ 人に知れる. **b** 認識範囲: be [lie] beyond [within] one's ~ …の認識の範囲外[内]にある. **2** (公的な)管轄権, 監督権, 支配: This department has ~ *over* all the sections. この部はすべての課を統轄している. **3** 〘法律〙 **a** (裁判所に顕著な事実についての)裁判所の確認; 裁判管轄権 (jurisdiction) (cf. cognizable 2). **b** (原告の最初の訴答 (declaration) 中の事実についての被告による)確認. **4 a** (騎士などが身に着けた)旗じるし, 目じるし. **b** 〘紋章〙= badge. 〖(1292) *co(g)nisaunce* □ OF *conoissance* (F *connaissance*) ← *conoistre* < L *cognōscere* to know: ⇨ cognition, -ance〗
cog·ni·zant /kɑ́(ː)gnəzənt, kɔ́(ː)g-, kɑ́ːn-, -zṇt | kɔ́gnɪz-, kɔ́nɪ-/ *adj.* **1** 認識力のある; 〔…を〕認識して, 知って 〔*of*〕 (⇨ aware SYN): He is ~ *of* his situation. 彼は自分の立場を知っている. **2** 〘法律〙裁判管轄権のある. 〖(1820): ⇨ ↑, -ant〗
cog·nize /kɑ(ː)gnáɪz, kɔ(ː)g-, ―⁄ | kɔ́gnaɪz, ―⁄/ *vt.* 〘哲学〙認識する, 認知する. **cog·níz·er** *n.* 〖(1658–59) 《逆成》← COGNIZANCE: RECOGNIZE の影響による〗
cog·no·men /kɑ(ː)gnóʊmɛn, kɔ(ː)g-, -mən | kɔg-

C

nóʊ-/ *n.* (*pl.* ~**s, cog·nom·i·na** /kɑ(ː)gnɑ́(ː)mənə, kɔ(ː)g-, -nóʊm- | kɔgnóʊmɪ̈nə, -nɔ́m-/) **1 a** (古代ローマ人の)第三名, 家名 (family name) (例: Gaius Julius Caesar の Caesar; cf. nomen 1). **b** 姓, 家名 (surname). **2 a** 名称, 名前 (name). **b** あだ名 (nickname). **c** 呼び名, 称号 (epithet). **cog·nom·i·nal** /kɑ(ː)gnɑ́(ː)mənl̩, kɔ(ː)g- | kɔgnóʊmɪ̈-, -nɔ́m-/ *adj.* **cog·nóm·i·nal·ly** *adv.* 〖(1809) □ L *cognōmen* ← co-¹+*nōmen* 'NAME': -g- は L *gnōscere* to know の影響による〗

co·gno·scen·te /kɑ̀(ː)njəʃénti, -nə-, kɑ̀(ː)gnə-, kɔ̀(ː)g- | kɒ̀njəʃénti, kɔ̀njəʊ-, -sén-; *It.* koɲɲoʃénte/ *n.* (*pl.* **-scen·ti** /-tiː, -ti | -tiː, -ti; *It.* -ti/) (美術などの)鑑定家, 目きき (connoisseur): the *cognoscenti* その道の通[玄人筋]. 〖(1776) □ It. *co(g)noscente* one who knows ← (pres.p.) ← *conoscere* < L *cognōscere* to know: ⇨ cognition〗

cog·nos·ci·ble /kɑ(ː)gnɑ́(ː)səbl̩, kɔ(ː)g- | kɔgnɔ́sɪ̈-/ *adj.* 《まれ》認識できる, 知りうる. **cog·nos·ci·bil·i·ty** /kɑ(ː)gnɑ̀(ː)səbíləti, kɔ(ː)g- | kɔgnɔ̀sɪ̈bílɪ̈ti/ *n.* 〖(1644) □ LL *cognōscibilis* knowable: ⇨ ↑, -ible〗

cog·nó·vit nòte /kɑ(ː)gnóʊvɪ̈t-, kɔ(ː)g- | kɔgnəʊvɪt-/ *n.* 〖法律〗原告請求の認諾書 《被告が原告の裁判上の請求の正当なことを承認するもの》. 〖(1762) □ L *cognōvit* he has acknowledged (3 sing. perf.) ← *cognōscere* to know: ⇨ cognition〗

co·gon /koʊgóʊn | kəʊgə́ʊn/ *n.* 〖植物〗熱帯・亜熱帯地方産イネ科チガヤ属 (*Imperata*) の植物の総称 《特に, *I. cylindrica, I. arundinarea*; 熱帯地方では屋根ふきの材料とする; alang-alang, alang grass ともいう》. 〖(1898) □ Sp. *cogón* □ Tagalog *kugon*〗

cóg·ràil *n.* (アプト式鉄道の)歯形レール, 歯軌条 《rack rail ともいう》. 〖(1733) ← COG¹+RAIL〗

cóg ràilway *n.* 《米》歯形レール鉄道, 歯軌条鉄道, アプト式鉄道 《rack railway ともいう》. 〖1896〗

Cógs·well chàir /kɑ́(ː)gzwel-, -wəl- | kɔ́gz-/ *n.* たっぷり背と座が張り包みされ, 低い張り包みの台を備えた安楽椅子 《Coxwell chair ともいう》. 〖← *Cogswell* (人名)〗

cogue /kɑ́(ː)g, kóʊg | kɔ́g, káʊg/ *n.* 《スコット》 **1** コッグ 《搾乳の際などに用いる木製の桶》. **2** (木製の小さい)カップ. 〖*a*1568〗

cóg·wày *n.* =cog railway.

cóg·whèel *n.* 〖機械〗はめば歯車 (⇨ idler wheel 挿絵). 〖(1416–39): ⇨ cog¹〗

co·hab·it /koʊhǽbɪ̈t | kəʊhǽbɪt/ *vi.* **1** 〈特に, 法的に結婚していない男女が〉同棲する, 夫婦生活をする. **2 a** 共同生活をする, 同居する. **b** 集団で存在[生活]する. **~·er** *n.* 〖(*c*1530) □ LL *cohabitāre* ← co-¹+L *habitāre* to dwell: ⇨ habit〗

co·hab·i·tant /koʊhǽbətənt, -tn̩t | kəʊhǽbɪtənt, -tn̩t/ *n.* 同棲者. 〖(1576) □ OF ~ ← L *cohabitāntem* (pres.p.) ← *cohabitāre* to cohabit〗

co·hab·i·ta·tion /koʊhæ̀bətéɪʃən | kəʊhæ̀bɪtéɪʃən, ⏑–⏑–⏑–/ *n.* **1** 同棲, 夫婦生活. **2** =coitus. 〖(*c*1450) □ LL *cohabitātiō(n-)*: ⇨ cohabit, -ation〗

Co·han /kóʊhæn | kə́ʊ-/, **George M(ichael)** *n.* コーハン (1878–1942; 米国の俳優・劇作家・演出家).

co·heir /kóʊɛə, ⏑⏑ | kəʊέə^r, ⏑⏑/ *n.* 〖法律〗共同法定相続人 (parcener). 〖(*a*1400) ← co-¹+HEIR〗

co·heir·ess /kóʊɛ^ərɪ̈s, ⏑⏑⏑ | kɔ̀ʊéərès, -rɪ̈s, kəʊéərés/ *n.* 〖法律〗女性の coheir. 〖(*c*1630): ⇨ ↑, heiress〗

Co·hen /koʊhén | kə-/ *n.* (*pl.* **Co·ha·nim**) =Kohen.

Co·hen /kóʊən | kə́ʊɪ̈n; *G.* kóːən/, **Hermann** *n.* コーエン (1842–1918; 新カント学派を代表するドイツの哲学者).

Co·hen /kóʊən | kə́ʊɪ̈n/, **Morris Raphael** *n.* コーエン (1880–1947; ロシア生まれの米国の哲学者).

co·here /koʊhíə | kə(ʊ)híə^r/ *vi.* **1** 〈同じかたまりの部分が〉しっかりと結合する; 密着する, 粘着する (⇨ stick² SYN). **2 a** 一致する, 矛盾しない 〔*with*〕. **b** 〈文体・論理・話の筋などが〉緊密である, 理路整然としている, 筋が通る. **c** 〖言語〗結束する. **3 a** 〈社会・集団が〉共通の利害・主義で結びつく[一致協力する]. **b** 〈個人が(集団と)〉協力的である. **4** 〖物理〗凝集する. **5** 〖植物〗凝集力を表す. — *vt.* **1** 〈部分・構成要素を〉ぴったり結合させる. **2** 〖言語〗結束させる. 〖(1598) □ L *cohaerēre* ← co-¹+*haerēre* to cling〗

co·her·ence /koʊhí^ərəns, -rənts | kə(ʊ)híər-/ *n.* **1 a** 結合の緊密さ, 結合力 (union). **b** 密着, 粘着 (cohesion). **2** (文体・論理などの)統一, まとまり, (理路整然とした)一貫性: the ~ of a discourse, an argument, etc. **3** 〖物理〗(可)干渉性, コヒーレンス 《二つの波が互いに干渉できる性質》. 〖(*c*1580) □ F *cohérence* // L *cohaerentia* ← *cohaerentem* (pres.p.) ← *cohaerēre*: ⇨ ↑, -ence〗

cohérence thèory *n.* [the ~] 〖哲学〗整合説 《真理論において, 命題の真はそれが他の命題と整合していることにあるとする立場; cf. correspondence theory, pragmatic theory》. 〖1906〗

co·hér·en·cy /-rənsi, -ntsi/ *n.* =coherence.

co·her·ent /koʊhí^ərənt | kə(ʊ)híər-/ *adj.* **1** 密着する, くっついた. **2 a** (部分的に)一致した. **b** 〈話など〉筋の通った, つじつまのよく合った, 理路整然とした, 首尾一貫した: a ~ argument, thinker, etc. / give a person a ~ account 人に理路整然と説明してやる. **3** 〖物理〗 **a** (可)干渉性の. **b** 〈光源など〉可干渉性波動 (coherent wave) を放射する: ~ scattering (可)干渉性散乱. **4** 〖植物〗合着の, 結合の. **~·ly** *adv.* 〖(*c*1555) □ F *cohérent* // L *cohaerentem* (pres.p.): ⇨ cohere, -ent〗

co·hér·er /-hí^ərə | -híərə^r/ *n.* **1** 密着するもの[人]. **2** 〖通信〗コヒーラー 《もと真空管に代用した受信用検波器の一種; cf. anti-coherer》. 〖(1894): ⇨ cohere, -er¹〗

co·he·sion /koʊhíːʒən | kə(ʊ)-/ *n.* **1 a** (各部分の)結合, 粘着. **b** 〖言語〗結束(作用). **2** 結合, 団結. **3** 〖物理・化学〗(分子の)凝集力, 凝着 《分子または原子間に働いて凝結相を形作ること[力]; cf. adhesion 5》. **4** 〖植物〗(各部分・器官相互の)合着, 結合. 〖(1660) ← L *cohaesus* ((p.p.) ← *cohaerēre* 'to COHERE')+-SION〗

cohésion·less *adj.* 粘着性のない粒子[小粒]から成る: ~ soils.

cohésionless sóil *n.* (砂や砂利などの)非粘質土壌 (cf. cohesive soil).

co·he·sive /koʊhíːsɪv, -zɪv | kə(ʊ)híː-/ *adj.* **1** 粘着する, 凝集力のある: ~ attraction [force] 凝集力. **2** 結合させる, 結合力を生む. **~·ly** *adv.* **~·ness** *n.* 〖(1727–31): ⇨ cohesion, -ive〗

cohésive sóil *n.* 粘質土壌 (cf. cohesionless soil). 〖1799〗

Cohn /kóʊn | kə́ʊn; *G.* kóːn/, **Ferdinand Julius** *n.* コーン (1828–98; ドイツの植物学者・細菌学者; 細菌が植物であることを示し, 細菌学の基礎を築いた).

co·ho /kóʊhoʊ | kə́ʊhəʊ/ *n.* (*pl.* ~**s**, ~) (*also* **co·hoe** /~/) 〖魚類〗 =coho salmon. 〖(1869) ← ?〗

co·ho·bate /kóʊəbèɪt, kóʊhoʊ- | kə́ʊhə(ʊ)-/ *vt.* 〖製薬〗再留する, 再蒸する. 〖(1641) ← NL *cohobātus* (p.p.) ← *cohobāre* □ ? Arab. *kā'aba* to swell〗

co·horn /kóʊhɔən | kə́ʊhɔːn/ *n.* 小型臼砲. 〖(1705) ← Baron Menno van Coehorn (17 世紀のオランダの技師でその発明者)〗

co·hort /kóʊhɔət | kə́ʊhɔːt/ *n.* **1** 《米》《軽蔑》 **a** 仲間, 同僚. **b** 共犯者. **2 a** 隊, 団, グループ (band, league). **b** (古代ローマの)歩兵隊 《legion を 10 隊に分けたその 1 隊で, 300–600 人から成っていた》. **c** [しばしば *pl.*] 軍勢, 軍隊. **3** 〖統計〗群 《人口統計において, 年齢・性別などある統計因子を共有する個人の全体》. **4 a** 〖生物〗 =suborder 1. **b** 〖植物〗区, 団 《古い分類法によるもので, 現在の目 (order) に当たる》. 〖(1422) □ (O)F *cohorte* // L *cohort-, cohors* a company of soldiers (guarding a fortified enclosure): COURT と二重語〗

cóho sàlmon *n.* 〖魚類〗 =silver salmon 1.

co·hosh /kóʊhɑ(ː)ʃ | kə́ʊhɒʃ/ *n.* 〖植物〗米国産の薬用植物数種の総称 《bugbane, ルイヨウボタン (blue cohosh) など》. 〖(1789) ← N-Am.-Ind. (Algonquian)〗

COHSE /kóʊzi | kə́ʊ-/ *n.* 《英》医療関係者組合. 〖《頭字語》← *C(onfederation) o(f) H(ealth) S(ervice) E(mployees)*〗

co·hune /koʊhúːn | kəʊ-; *Am.Sp.* koúne/ *n.* 〖植物〗コフネヤシ (*Attalea cohuner*) 《中南米産のヤシの一種; その果実からヤシ油の代用油が採れる; cohune palm ともいう》. 〖(1805) □ Am.-Sp. ~ □ *Mosquito óchun, uchún*〗

COI /sìːòʊáɪ | -əʊ-/ 《略》 Central Office of Information.

cò·idéntity *n.* (二つ以上のものの間にある)同一性, 共通同一性.

coif¹ /kwɑ́ːf/ *vt.* [しばしば受身で] 〈髪を〉セットする; …に髪飾りをつける. — *n.* =coiffure. 〖(1530) □ F *coiffer*: ⇨ coiffeur〗

coif² /kɔ́ɪf/ *n.* (*pl.* ~**s**) **1 a** (耳まで包む各種の)ずきん, フード 《今ではほとんど用いない》. **b** (修道女がベールの下にかぶる)一種のずきん. **c** 〖甲冑〗(中世の)鎖頭巾(ずきん) 《鎖帷子(かたびら)と共になっている》. **2 a** (昔, 英国の上級法廷弁護士 (sergeant-at-law) が用いた)白の職帽 《後にかつらを用いるようになってからはその上につける小さな黒い布切れ》. **b** 《英古》上級法廷弁護士の位[地位]. — *vt.* (**coiffed, coifed; coif·fing, coif·ing**) 〈人〉に coif をかぶらせる. 〖(*c*1325) □ (O)F *coiffe* < LL *cofiam* ← ? Gmc (Frank.)〗

coif·feur /kwɑːfə́ː | kwɑːfə́ː^r, kwɔ-; *F.* kwafœːʀ/ *n.* (*pl.* ~**s** /~z; *F.* ~/) 男性の美容師; 理髪師 (hairdresser). 〖(1847) □ F ~ 'hairdresser' ← *coiffer* 《原義》'to furnish with a COIF²'〗

coif·feuse /kwɑːfə́ːz | kwɑːfə́ːz, kwɔ-; *F.* kwaføːz/ *n.* (*pl.* ~**s** /~ɪz, ~əz; *F.* ~/) 女性の美容師. 〖(1870) □ F ~ (fem.): ↑〗

coif·fure /kwɑːfjʊ́ə | kwɑːfjʊ́ə^r, kwɔ-; *F.* kwafyːʀ/ *n.* (*pl.* ~**s** /~z; *F.* ~/) **1** 調髪[理髪]様式, 髪の結い方, 髪形. **2** 《廃》髪飾り (headdress). — *vt.* =coif¹. 〖(1631) □ F ~ 'hairdress(ing)' ← *coiffer*: ⇨ coiffeur〗

coif·fúred *adj.* **1** 〈髪が〉セットされた. **2** 〈人が〉髪をセットした: a ~ woman. 〖(1907): ⇨ ↑, -ed 2〗

coign¹ /kɔ́ɪn/ *n.* (壁などの)外角に積む隅石, 突角. **coign of vántage** (行動・観察に)有利な立場[地点] (cf. Shak., *Macbeth* 1. 6. 7). (1605) 〖(1605) 《古形》← COIN〗

coign² /kɔ́ɪn/ *n., vt.* (*also* **coigne** /~/) =quoin.

coil¹ /kɔ́ɪl/ *n.* **1 a** 輪, 渦巻き, とぐろ巻き: wind up a rope in a ~ ロープをくるくると輪に巻く / a snake lying in a ~ とぐろを巻いているへび. **b** (縄・針金などの)ひと巻き: a ~ of rope. **2** 〖電気〗 **a** コイル, 線輪. **b** 点火コイル 《ガソリンエンジンの点火プラグに高圧電流を供給する変圧器》. **3 a** (子宮内に入れる)コイル状の避妊具. **b** (暖房設備などの)コイル状の配管, パイプコイル. **c** (女性の髪の)巻き毛. **4** [*pl.*] 巻きつきからむもの: the ~*s* of love 恋のしがらみ. **5** 〖郵趣〗コイル[ロール]切手(の一巻き[一枚]) 《縦または横だけに目打ちを入れた 500 枚または 1 千枚続きなどの切手》.
— *vt.* **1 a** 〈綱状の長いしなやかなものを〉らせん[渦巻き]状に巻く, ぐるぐる巻く: ~ a rope / ~ one's hair / The snake ~*ed* itself. へびがとぐろを巻いた. **b** 輪状にする, 丸くする 〈*up*〉: He ~*ed* himself on the bed. ベッドの上で丸くなった / A cat lay ~*ed up* in the basket. 猫がかごの中で丸くなって寝ていた. **2** (コイルで)巻きつける. — *vi.* **1** 輪をつくる, 輪になる; とぐろを巻く 〈*up*〉. **2** 渦巻きながら進む, 蛇行(だこう)する. 〖(1611) □ OF *coillir* (F *cueillir* to gather) < L *colligere*: ⇨ collect¹〗

coil² /kɔ́ɪl/ *n.* 《古・詩》 **1** 混乱, 騒ぎ (tumult). **2** 面倒 (trouble); (この世の)煩わしさ: this mortal ~ 浮世の煩わしさ (cf. SHUFFLE *off this mortal coil*). 〖(1567) ← ?: cf. OF *acueil* collision〗

cóil antènna *n.* 〖通信〗コイルアンテナ 《導線を円形・正方形・長方形などに一巻きあるいはそれ以上巻いた構造のアンテナ; cf. loop antenna》.

cóiled-còil filament *n.* 〖電気〗二重コイルフィラメント. 〖1940〗

cóil sprìng *n.* つる巻きばね. 〖1890〗

Coim·ba·tore /kɔ̀ɪmbətɔ́ə | kɔ̀ːɪmbətɔ́ː^r/ *n.* コインバトール 《インド南部, Tamil Nadu 州西部の工業都市》.

Coim·bra /kwímbrə, kwíːm-; *Port.* kuĩbɾə/ *n.* コインブラ 《ポルトガル西部の都市; もと首都 (1190–1260)》.

coin /kɔ́ɪn/ *n.* **1** [集合的にも用いて] 硬貨, 鋳貨 (cf. paper money 1): a copper ~ 銅貨 / a silver [gold] ~ 銀[金]貨 / current ~*s* 現金, 通貨, 正貨 / a few ~*s* / base ~ 粗悪貨 / a false ~ 偽金; 偽物 / small ~*s* 小銭 / a subsidiary ~ 補助貨幣 / in ~ 硬貨で / ring a ~ 貨幣を鳴らして真偽を検査する / toss [flip] a ~ ⇨ toss *vt.* 3, flip *vt.* 1 c / ⇨ *the other* SIDE *of the coin, two* SIDES *of the same coin.* **2 a** 硬貨に似たもの. **b** 《俗》金銭 (money): have plenty of ~ うんと銭がある / Much ~, much care. 《諺》金が多いと苦労も多い. **3** 《古》 **a** = coign². **b** (18 世紀の)角戸棚. ***páy a person (báck) in his ówn [the sáme] cóin*** 人に返報[しっぺ返しを]する. 《*a*1618》
— *adj.* [限定的] **1** 貨幣[硬貨]の[に関する]. **2** 硬貨を入れると始動する: a ~ locker.
— *vt.* **1** 〈新語句・うそなどを〉造り出す (⇨ invent SYN): a ~*ed* word 新造語 / ⇨ *to coin a* PHRASE. **2 a** 〈貨幣を〉鋳造する. **b** 〈金属を〉貨幣に造る. **3** 《口語》〈金を〉どんどん[大量に]もうける[かせぐ]: ~ a fortune 一もうけする / ~ it [money] (in) どんどん金をもうける, ぼろもうけする. **4 a** …から金をもうける: ~ one's brain 頭脳で金をもうける. **b** 〔…に〕作り変える 〔*into*〕: ~ one's thoughts *into* verse 考えていることを詩にする.
— *vi.* **1** 貨幣を鋳造する. **2** 《英》偽金を造る.
〖n.: (1280) □ OF *coin(g)* (F *coin*) corner, stamp, die < L *cuneum* wedge: cf. coign. — v.: (*a*1338) □ OF *coignier* ← *coin(g)*: cf. coign, quoin〗

coin·a·ble /kɔ́ɪnəbl̩/ *adj.* (貨幣に)鋳造できる. 〖1839〗

coin·age /kɔ́ɪnɪdʒ/ *n.* **1** [集合的] 貨幣 (coins). **2 a** 貨幣制: decimal ~ 十進貨幣制. **b** 貨幣鋳造; 鋳貨権. **3 a** (新語などの)発明: a word of his ~ 彼の新造語. **b** 造語; 新造語. **c** つくり出したもの: the ~ of fancy 空想の産物 / This is the very ~ of your brain. これはまさにお前の気の迷いですよ (Shak., *Hamlet* 3. 4. 137). 〖(*c*1380) □ OF *coignaige*: ⇨ coin, -age〗

cóin bòx *n.* **1** 料金箱[受け] 《公衆電話・自動販売機などの硬貨を受ける箱》. **2** 公衆電話, 電話ボックス. 〖1906〗

cóin chànger *n.* コインチェンジャー, 両替機.

co·in·cide /kòʊɪ̈nsáɪd | kəʊ-/ *vi.* **1 a** 〈事が〉同時に起こる 〔*with*〕: The two events ~*d with* each other. 二つの事件が同時に発生した. **b** (同時間に)同一の空間を占める 〔*with*〕. **2** 〈二つ以上の事柄が〉(性質・機能などの点で)ぴったり合う, 符合する, 暗合する; 〈意見などが〉合致する, 一致する 〔*with*〕 (⇨ agree SYN): They did not ~ in opinion on that matter. そのことでは彼らの意見は一致しなかった / My views exactly [perfectly] ~ *with* yours. 私の見解はあなたの見解と全く合致している / His interest ~*s with* his work. 興味と仕事が一致している. — *vt.* 〈事が〉同時に起こるようにする, 一致させる: He ~*d* his visit with her birthday. 彼は彼女の誕生日に合わせて訪ねた. 〖(1673) □ ML *coincidere* ← co-¹+L *incidere* to fall upon, happen (← IN-²+*cadere* to fall)〗

co·in·ci·dence /koʊínsədəns, -íntsədənts, -dn̩s, -dn̩ts, -dèns, -dènts | kəʊínsɪ̈dəns, -ínsɪ̈dənts, -dn̩s, -dn̩ts/ *n.* **1** 同時発生, 同所共在: the ~ of two events 二つの事件の同時発生. **2** 一致, 合致, 一致するもの, 一致点: a casual [strange] ~ 偶然の[奇妙な]一致. **3** 偶然の一致, 暗合: by a pure ~ 全くの偶然の一致によって / the long arm of ~ ⇨ long arm 成句 / Life is full of ~*s*. 人生は偶然の巡り合わせに満ちている / What a ~ (that we (should have) arrived on the same train)! (同じ電車で来たとは)何という偶然. **4** 〖生物〗併発 《1 対の相同染色体で同時に二つの乗り換えが起こること》. **5** 〖物理〗コインシデンス 《多数の計数装置が同時に荷電粒子の到来を計数すること》. **6** 〖電算〗一致 《等価な信号を同時に受信すること》. 〖(1605) □ F *coïncidence*: ⇨ ↑, -ence〗

coíncidence mèthod *n.* 合致法 《二つの目盛線[音など]の合致を観測して, ある量を精密に知る方法》.

co·in·ci·dent /koʊínsədənt, -íntsə-, -dn̩t, -dènt | kəʊínsɪ̈dənt, -íntsɪ̈-, -dn̩t/ *adj.* **1** 同時に起こる 〔*with*〕: His death was ~ *with* his son's birth. 彼の死と息子の生まれたのが同時だった. **2** 〈性格・意見など〉完全に一致した, 調和した 〔*with*〕: His opinion is ~ *with* mine. 彼の意見と同意見だ. **3** 同じ空間を占める 〔*with*〕. — *n.* **1** 《古》同時発生の事件. **2** 〖経済〗一致指標 《景気の動

向を即刻敏感に反映する経済指標; coincident indicator ともいう; cf. lagging indicator, leading indicator). 〖(1563–87) □ F *coincident*: ⇨ coincide, -ent〗

co·in·ci·den·tal /kouìnsədéntḷ | kəʊìnsɪdéntḷ, kàʊɪn-/ *adj.* **1** 符合する, 暗合する; 一致する 〔*with*〕: a ~ likeness 偶然の類似, 他人の空似. **2** 同時発生[存在]する. **3** 偶然の一致の: a ~ happening / Any resemblance between these characters and real people is purely ~. 本作品の登場人物と実在の方との類似は全く偶然の一致によるものです. 〖(*c*1800): ⇨ ↑, -al¹〗

co·in·ci·den·tal·ly /kouìnsədéntəli, -ìntsə-, -tḷi | kəʊìnsɪdéntəli, -ìntsɪ-, kàʊɪn-, -tḷi/ *adv.* **1** 同時的に. **2** (偶然) 一致して. 〖(1837): ⇨ ↑, -ly¹〗

co·in·ci·dent·ly *adv.* = coincidentally. 〖1629〗

cóin·er *n.* **1** 貨幣鋳造者. **2** 《英》偽金作り (counterfeiter). **3** (新語などの)案出者, 発案者. 〖(1202): ⇨ -er¹〗

cò·inhéritance *n.* 〘法律〙共同相続.

cóin lòck *n.* 硬貨投入式の錠. 〖1598〗

cóin machìne *n.* = slot machine.

cóin-òp /-ɑ̀(ː)p | -ɔ̀p/ *n.* 硬貨投入式の洗濯機をおいた店, コインランドリー. — *adj.* 《口語》= coin-operated. 〖1960〗

cóin-óperated *adj.* 〈機械が〉硬貨を入れると始動する, 硬貨投入式の. 〖1960〗

cóin pùrse *n.* 《米》小銭入れ, コイン入れ. 〖1908〗

cóin sìlver *n.* 〘冶金〙鋳貨用銀 (例えば銀 90%, 銅 10% の合金).

cò·instantáneous *adj.* 同時に起こる[存在する], 全く同時[同瞬間]の. **~·ly** *adv.* 〖1768–74〗

cò·institútional *adj.* 〘教育〙男女別のクラス[活動面]をもった高等学校の[に関する].

cò·insúrance *n.* 〘保険〙**1** 共同保険 (複数の保険者が共同で引き受ける保険). **2** コインシュアランス, 付保割合条件付き保険 (保険金額が保険の目的物の実際価額の一定割合に満たないとき, 損害はその割合で減額して塡補される保険). 〖1889〗

cò·insúre 〘保険〙*vt.* …に共同で保険をかける, 共同保険で契約する. — *vi.* 共同で保険にかかる, 共同保険で保証する. 〖(1899) ← co-¹ + INSURE〗

cò·insúrer *n.* 〘保険〙共同保険者.

Coin·treau /kwæ̃ntrou | kwɔ́ntrəʊ, kwɑ́ːn-; *F.* kwɛ̃tʁo/ *n.* 〘商標〙コアントロー (フランス Angers 産の無色でオレンジ香の甘いリキュール酒). 〖(1920) 家族名から〗

coir /kɔ́ɪə | kɔ́ɪə^(r)/ *n.* ココヤシの実 (coconut) の外皮の繊維 (網・マットなどの原料). 〖(1582) □ Tamil *kayiṟu* rope, cord ← *kāyaru* to be twisted〗

Coire /*F.* kwaːʁ/ *n.* クワール (Chur のフランス語名).

cois·trel /kɔ́ɪstrəl/ *n.* (*also* **cois·tril** /~/) 《古》**1** (騎士の馬の世話をする)従僕. **2** 悪党, ごろつき (knave). 〖(1577) (古形) *custrel* □ OF *coustillier* ← *coustille* short sword〗

co·i·tal /kóuɪtḷ | kə́ʊɪtḷ/ *adj.* 性交[交尾]の[に関する]. **~·ly** *adv.* 〖(1882): ⇨ coitus, -al¹〗

cóital exanthéma *n.* 〘獣医〙媾疹(こうしん) (馬のヘルペスウイルス感染症).

co·i·tion /kouíʃən | kəʊ-/ *n.* = coitus. **~·al** /-ʃnəl, -ʃənḷ/ *adj.* 〖(1541) □ L *coitiō(n-)* ← *coitus* (p.p.) ← *coire* to go together ← co-¹ + *īre* to go〗

co·i·tus /kóuɪṭəs, kɔ́ɪṭ- | kə́ʊɪt-, kɔ́ɪt-/ *n.* 性交, 交合; (動物の)交尾. 〖(1713) □ L ~ (p.p.): ↑〗

cóitus in·ter·rúp·tus /-ìnṭərʌ́ptəs | -ìnt-/ *n.* (*pl.* **coitus in·ter·rup·ti** /-taɪ, -tiː | -tiː/) 〘医学〙中絶性交. 〖(1900) ← NL ~ 'interrupted coitus'〗

cóitus re·ser·vá·tus /-rèzəvéɪṭəs | -zəvéɪt-, -vɑ́ːt-/ *n.* (*pl.* **coitus re·ser·va·ti** /-taɪ, -tiː | -tiː/) 〘医学〙保留性交 (⇨ karezza). 〖(1903) ← NL ~ 'reserved coitus'〗

co·join /koudʒɔ́ɪn | kəʊ-/ *vt.* 《Shak》= conjoin.

co·jo·nes /kəhóuneɪs | kəháʊniz; *Sp.* koxónes/ *n. pl.* **1** 睾丸(こうがん) (testicles). **2** 勇気, 気力. 〖(1932) □ Sp. ~ (*pl.*) ← *cojón* testis〗

coke¹ /kóuk | kə́ʊk/ 《口語》*n.* コカイン (cocaine): a ~ addict [fiend] コカイン中毒者[常用者]. — *vt.* コカインで麻痺させる 〈*up*〉. 〖(1903) (短縮) ← COCAINE〗

coke² /kóuk | kə́ʊk/ *n.* **1** コークス, 骸炭. **2** コークス 1 個: put a ~ in the stove. **3** 石炭以外の物質から得られるコークスと類似のもの. ***gó and éat cóke*** 《俗》[命令形に用いて] あっちへ行け, どけ. (1891)
— *vt.* **1** 〈石炭を〉コークスにする. **2** コークスで覆う.
— *vi.* コークスになる.
〖((*a*1400)) (1669) *co(l)k* core: cf. Swed. *kälk* pith〗

Coke /kóuk | kə́ʊk/ *n.* 〘商標〙= Coca-Cola. 〖(1909) 短縮〗

Coke /kʊ́k, kóuk | kʊ́k, kə́ʊk/, **Sir Edward** *n.* クック, コーク (1552–1634; 英国の裁判官・法学者・国会議員; 通称 Lord Coke [Cooke]; *Institute of the Laws of England* (1628–59), なお Petition of Right (1628) を起草した. ★一家の発音は /kʊ́k/).

Coke, Thomas William *n.* クック, コーク (1752–1842; 英国の農業経営者, 下院議員; 称号 1st Earl of Leicester; Coke [Leicester] of Holkham とも呼ばれる; 農業改良の先駆者).

cóke-bòttle glásses *n. pl.* 《俗》瓶底(びんぞこ)眼鏡 (コーラ瓶の底のような分厚いレンズの眼鏡).

cóke brèeze *n.* 粉コークス, コークブリーズ (粒度 25 mm 以下あるいは 10 mm 以下の細かいコークス). 〖1884〗

cóke dùst *n.* 粉コークス. 〖1877〗

cóke òven *n.* コークス炉, コークス製造がま, 骸炭炉. 〖*a*1884〗

cóke-òven gás *n.* 〘化学〙コークス炉ガス (コークス炉から副生するガス). 〖1930〗

cok·er¹ /kóukə | kə́ʊkə^(r)/ *n.* [通例 *pl.*] 《米》コウカー (West Virginia 州, Pennsylvania 州の炭鉱地帯の住民). 〖(1793): ⇨ coke²〗

co·ker² /kóukə | kə́ʊkə^(r)/ *n.* 《古》= coco. 〖(変形) ← coco: COCOA との混同を避けるため〗

cóker·nùt *n.* 《英》= COCONUT 1. 〖(変形) ← coco-NUT: ↑〗

cok·ie /kóuki | kə́ʊ-/ 《俗》*n.* (*also* **cok·ey** /~/) コカイン中毒者. — *adj.* コカイン中毒の. 〖← COKE¹ + -IE〗

cók·ing còal *n.* コークス用石炭, 粘結炭. 〖(1875) ← COKE² (v.)〗

cok·u·lo·ris /kɑ̀(ː)kəlɔ́ːrɪs | kɔ̀kəlɔ́ːrɪs/ *n.* 〘映画〙ハレ切り (ぎらぎら光る反射光を防ぐため, ライトとカメラの間に置く, 不規則な穴のあいた板).

col /kɑ́(ː)l | kɔ́l/ *n.* **1** 〘地理〙(峰と峰との間の)鞍部(あんぶ), コル. **2** 〘気象〙鞍状等圧線, 気圧の谷. 〖(1853) □ F ~ < L *collum* neck〗

COL 《略》Colonel; 〘電算〙Computer-Oriented Language コンピューター用言語; cost of living.

col. 《略》〘処方〙*L.* colā (= strain); collateral; collect; collected; collection; collector; college; collegiate; colonel; colonial; colony; color; colored; column; counsel.

Col. 《略》Colombia; Colombian; Colonel; Colorado; Colossians (新約聖書の)コロサイ書; Columbia.

col-¹ /kəl, kɑ(ː)l | kəl, kɔl/ *pref.* (l の前にくるときの) com- の異形.

col-² /koul, kɑ(ː)l | kəʊl, kɔl/ (母音の前にくるときの) colo- の異形.

cola¹ *n.* colon¹ 2 の複数形.

cola² *n.* colon² の複数形.

co·la³ /kóulə | kə́ʊ-/ *n.* **1** コーラ(飲料) (元来コカ葉 (coca)・コラの実 (kola nut) からの抽出物を入れた清涼飲料). 〖(1920) ← COCA-COLA: 商標名〗 **2** 〘植物〙**a** [C-] コラナッツノキ属 (アフリカ原産のアオギリ科の常緑高木の一属; コラノキ (*C. nitida*), *C. acuminata* など種類が多い). **b** コラノキ (kola tree). **3** コラ (コラの実から抽出した強壮剤). 〖(1795) ← Afr. (cf. Temne *k'ola*)〗

-co·la /← kələ, ←← kòulə | ← kələ, ←← kə̀ʊlə/「(…に)住むもの (inhabitant)」の意の名詞連結形. 〖← (N)L ~: ⇨ -colous〗

COLA /kóulə | kə́ʊ-/ 生活費調整(制度) (生活費の変動に応じて賃金や社会保障関連の支払いを調整する). 〖(頭字語) ← *c(ost-)o(f-)l(iving) a(djustment)*〗

Co·lac /kóulæk | kə́ʊ-/ *n.* 〘商標〙コーラック (米国 Procter & Gamble 社製の便秘薬).

col·an·der /kʌ́ləndə, kɑ́(ː)l- | kʌ́ləndə^(r), kɔ́l-/ *n.* (通例金属製のボール型の, 洗った野菜などの水切りに用いる)濾過器, 水こし, 水切り. 〖(1345) *colyndore* □ ? OProv. *colador* < VL **cōlātōre(m)* ← L *cōlāre* to strain ← *cōlum* sieve ← IE **kagh-* to catch〗

cóla nùt *n.* = kola nut.

cóla sèed *n.* = KOLA NUT.

cò·látitude *n.* 〘天文・海事〙余緯度 (90° から緯度(南緯は負とする)を引いたもの; (例) 南半球の場合: 20° S の colatitude は 90° − (−20°) = 110°). 〖(1790) ← co-² + LATITUDE〗

Col·bert /kɔ(ː)lbéə, koul- | kɔlbéə^(r); *F* kɔlbɛːʁ/, **Claudette** *n.* コルベール (1905–96; フランス生まれの米国の映画女優; 本名 Claudette Lily Cauchoin).

Colbert, Jean Baptiste *n.* コルベール (1619–83; フランスの政治家; Louis 十四世時代の財務総監 (1665–83); 重商主義政策で知られる).

Col·by /kóulbi | kə́ʊl-, kɔ́l-/ *n.* コルビー (男性名). 〖□ ON *Kolbýr* (原義) Cole's farm〗

Cólby chéese *n.* コルビーチーズ (Cheddar より柔らかく高水分で多孔性). 〖1942〗

col·can·non /kəlkǽnən, kɑ́(ː)lkæn- | kəlkǽn-, kɔ́lkæn-/ *n.* 〘料理〙コルカノン (じゃがいもとキャベツなどの野菜を煮て, バター・牛乳・香辛料を入れてつぶしたアイルランドおよびスコットランド料理). 〖(1774) □ Ir.-Gael. *cāl ceannan* ← *cāl* cabbage (□ L *caulis*) + *ceannan* white-headed (← *ceann* head + *fionn* white)〗

Col·ches·ter /kóultʃestə, -tʃɪs- | kə́ʊltʃɪstə^(r)/ *n.* コールチェスター (イングランド Essex 州の都市). 〖OE *Colneceaster, Colecestra* ← *Colne* (川の名): ⇨ -chester〗

Col·chi·an /kɑ́(ː)lkiən | kɔ́l-/ *adj.* **1** コルキス (Colchis) の[に関する]. **2** コルキス人の[に関する]. — *n.* コルキス人. 〖(*a*1616): ⇨ -AN¹〗

col·chi·cine /kɑ́(ː)ltʃəsìːn, kɑ́(ː)lkə- | kɔ́ltʃɪsìːn, kɔ́lkɪ-/ *n.* 〘化学〙コルヒチン, コルキシン ($C_{22}H_{25}NO_6$) (イヌサフラン (colchicum) の種子・球茎中の主成分アルカロイド; 倍数体を作るのに用いる). 〖(1847) □ G *Kolchizin*: ⇨ ↓, -ine³〗

col·chi·cum /kɑ́(ː)ltʃɪkəm, kɑ́(ː)lkɪ- | kɔ́ltʃɪ-, kɔ́lkɪ-/ *n.* **1** 〘植物〙コルチカム, イヌサフラン (アフリカおよびヨーロッパ産ユリ科イヌサフラン属 (*Colchicum*) の植物の総称; イヌサフラン (*C. autumnale*) など; 観賞用, またその種子・球根を干して製薬原料とする). **2** 〘薬学〙コルヒチン製剤 (通風・リウマチ用薬). 〖(1597) ← (N)L ~ ← Gk *kolkhikón* ← (neut. adj.) ← *Kolkhís* Colchis (王女で魔法使いの Medea の出身地)〗

Col·chis /kɑ́(ː)lkɪs | kɔ́lkɪs/ *n.* コルキス (黒海の東部, 現在のグルジア共和国西部にあった古代の地方; cf. Golden Fleece, Medea). 〖↑〗

col·co·thar /kɑ́(ː)lkəθə | kɔ́lkəθɑː^(r)/ *n.* 〘化学〙べんがら, 鉄丹 (もと顔料に用いられた; cf. crocus¹ 3). 〖(1605) □ ML ~ □ OSp. *cólcotar* □ Arab. *qulquṭār* ← Gk *khálkanthos* blue vitriol: ⇨ chalco-, anther〗

cold /kóuld | kə́ʊld/ *adj.* (~·er; ~·est) **1 a** 温度の低い, 低温の, 冷たい; 寒い (cf. warm; ↔ hot): It's getting ~*er* out. 外は寒くなってきている / a ~ day 寒い日 / be ~ in death 死んで冷たくなっている / I am [feel] (very) ~. (とても)寒い / ~ air, weather, etc. / a ~ bath [shower] 冷水浴 (cf. HOT bath) / ⇨ cold shower / ⇨ cold water / ⇨ cold snap, cold spill / (as) ~ as ice [a stone] 氷[石]のように冷たい, とても冷たい / a ~ bed 冷たい寝床. **b** 〘生理〙冷寒を感じる: a ~ spot 冷点, 寒点 (cf. hot spot 5).

C

2 a 〈料理など〉冷たくなった, 冷えた; 冷たくして食べる: ~ ham, snacks, etc. **b** 冷たくした, 冷やした (cooled): ~ soft drinks. **c** 十分熱くなっていない: The soup is ~. スープはまだ熱くない. **d** 暖房のない: a ~ cellar. **e** 〈接着剤など〉熱しないで使える: a ~ glue.
3 a 〈色が寒色の (冷たい感じを与える青・緑・灰色などの色調にいう): ~ colors 寒色 / a picture ~ in tone 色調の冷たい絵. **b** 冷たい感じを与える, 色調の冷たい (chilling). **c** 興をさます, がっかりさせる, 陰鬱な.
4 a 温かい感情のない, 同情心のない, 冷淡な, 冷ややかな, 親しみのない, よそよそしい; 冷酷な, 無情な: a ~ heart 冷ややかな心, 冷淡, 無情 / a ~ reply よそよそしい返事, 冷たい返答 / a ~ reception 冷淡なもてなし / a ~ world せち辛い世の中 / He is ~ in his manner. 態度が冷淡だ / ~ and clinical in her approach 態度[接し方]が冷たくて事務的である / (as) ~ as charity ⇨ charity 1 a. **b** 興奮しない, 興味を示さない: a ~ audience 無関心な聴衆 / leave a person ~ 人に興味を感じさせない, 感銘を与えない. **c** 感情に左右されない, 冷静な, 慎重な, 慎重に計画された; 客観的な: ~ logic. **d** 情熱のない: a ~ kiss. **e** 〈主に女性が〉不感症の (frigid).
5 a 〈ニュースなど〉(通例時がたって)古くさくなった, 面白くない; 伝達力のなくなった: The news is too ~ to make the front page. そのニュースは一面に載せるには古くさすぎる. **b** 〘狩猟〙〈獲物の遺臭が〉かすかな (faint) (cf. blazing 5, cool 9, hot 5 c): a ~ scent 消えかかった遺臭 / a ~ trail かすかでわかりにくい臭跡. **6** [叙述的] **a** 〈人が〉死んだ: lie ~ in the grave 死んで墓に横たわっている. **b** 《口調》(ひどい殴打・ショックのために)意識を失った: ⇨ KNOCK (*out*) *cold*. **7 a** 〈土が〉重粘多湿で気温に反応しにくい. **b** 〈有機質肥料が〉熱の放出が少なく腐りが遅い. **8** [通例比較級で] (子供の当て物遊び・探し物などで)見当はずれで, 当たらない: You are getting ~*er*. だんだんはずれてきている (cf. hot 5 d). **9** 《口語》**a** 準備[下ごしらえ・予備知識]なしの. **b** 〘ラジオ・テレビ〙前置きなしの, 音楽などの入らない: a ~ drama. **10** 《口語》完全にマスターした. **11** 〈怒りなど〉激しい, むき出しの. **12** 《米俗》犯罪に関係のない, 疑われていない (cf. hot 14 a): a ~ car. **13** 《米俗》額面通りの (assured) (cf. cool 7): a ~ ten thousand dollars / ⇨ cold cash. **14** 《俗》〈工場・実験室など〉放射能(と接触)のない. **15** 〘生態〙低温性の. **16** 〘金属加工〙冷間の (⇨ cold-working). **17** 〘印刷〙コールドタイプ (cold type) を使った (cf. hot 18): ⇨ *in cold* PRINT.

blów hót and cóld ⇨ hot 成句. ***cóld withóut*** 《英口語》(砂糖を入れない)水割りウイスキー[ブランデー]など (cf. HOT *with*): I'll have it ~ *without*. 水割りでいただきます. (cold without sugar の意) ***gét* [*háve*] *a person cóld*** 《口語》〈人を〉思いのままにする, 〈人〉にぐうの音も出させない. ***gèt* [*hàve*] *cóld féet*** ⇨ cold feet. ***gò cóld all óver*** ぞっとする. ***thrów* [*póur*] *cóld wáter on*** ⇨ cold water 成句.

— *adv.* (~·er; ~·est) **1** 《米口語》完全に, 全く, 十分に, 確実に; 失敗しないで: refuse a person's offer ~ 人の申し出をきっぱり断る / know something ~ あることを確実に知る / have one's lines ~ 〈役者が〉せりふをすっかり覚える (cf. go¹ *up* (9)). **2** 《口語》準備せずに, 予告せずに, ぶっつけ本番で; 突然: enter a game ~. **3** 〘金属加工〙冷間(加工)で (cf. cold-working).

— *n.* **1** [the ~] **a** 寒さ, 寒気; 冷気 (coldness); 氷点以下の寒気: feel the ~ 寒さが身にしみる. **b** 寒い天気. **2** かぜ, 感冒: catch (a) ~ かぜを引く, 感冒にかかる; 苦難に遭う; 《俗》損をする / have a (bad) ~ (ひどい)かぜにかかっている / a [the] common ~ (influenza に対して) 感冒, (普通の)かぜ(引き) / a ~ in the head [nose] 鼻かぜ (cf. coryza) / a ~ on [in] the chest [lungs] せきかぜ / come down with a bad ~ ⇨ COME *down with*.

còme in from* [*óut of*] *the cóld 孤立[日陰]の状態から抜け出す; 人並みのこと[生活]ができるようになる. (1965) ***féed a cóld*** たくさん食べてかぜを治す: *Feed a* ~ and starve a fever. 《諺》かぜには大食, 熱には絶食(がよい). ***from cóld*** 予告なしに, 予備知識なしに. (***òut***) ***in the cóld*** 冷遇[無視]されて: be left (*out*) *in the* ~ のけものにされる, 冷や飯を食わされる. (1879)

〖OE (Anglian) *cald* (= WS *ċeald*) < Gmc **kaldaz* (原義) chilled (Du. *koud* / G *kalt*) ← IE **gel- cold* (L *gelidus* icy): cf. cool, chill, jelly〗

cóld·blood *adj.* 《米》〈家畜が〉雑種の; 冷血種の (西洋種同士で改良した重厚な馬の品種にいう).

cóld blood *n.* 《米俗》ビール (beer).

cóld-blóoded *adj.* **1 a** 冷淡な, 冷酷な, 無情な, 血も涙もない: a ~ killer 冷血な殺人鬼. **b** 現実的な, 感動のない. **2** 《口語》寒さに敏感な, 冷え性の. **3** = cold-blood. **4** 〘動物〙冷血の (魚類・爬虫類など, poikilothermic ともいう; cf. warm-blooded 1): ~ animals 冷血動物, 変温動物. **~·ly** *adv.* **~·ness** *n.* 〖1594–96〗

cóld càll *n.* 飛び込み (アポイントなしの訪問セールス); (セールスの)勧誘電話. — *vi.* 商品勧誘の電話[訪問]をする. — *vt.* …に商品勧誘の電話[訪問]をする. 〖1972〗

cóld cálling *n.* ＝cold call. ★ このほうが cold call よりもよく用いられる.
cóld cásh *n.* 《口語》手持ちの金, 現ナマ. 〖1925〗
cóld cáthode *n.* 〘電気〙冷陰極《電子管の陰極で特に加熱しないもの; cf. hot cathode》. 〖1929〗
cóld chìsel *n.* 〘機械〙冷たがね, 生(なま)切り《常温のままで金属を切断したり削ったりするたがね; set chisel ともいう》. 〖1699〗

C

cóld·còck *vt.* 《米俗》〈人を〉殴りつけて気絶させる. 〖《1927》? ← COLD (adj.)＋COCK[1] (n. B 3 a)〗
cóld cómfort *n.* (気落ちしている人にとっては)うれしく[ありがたく]もない慰め[励まし] (no consolation). 〖1906〗
cóld composítion *n.* ＝cold type.
cóld crèam *n.* コールドクリーム《化粧用油性クリーム; cf. vanishing cream》. 〖1381〗
cóld cùre *n.* 〘化学〙冷加硫《常温におけるゴムの加硫》; 低温硬化《低温における樹脂の硬化》. 〖1954〗
cóld cùts *n. pl.* コールドカット《コールドミートとチーズの薄切りの取り合わせ; 軽食用など; cf. Dutch lunch》. 〖1945〗
cóld dárk mátter *n.* 〘天文〙コールドダークマター, 冷たい暗黒物質《暗黒物質 (dark matter) として考えられているもののうち, 構成粒子の運動が光速に比べて無視できるもの; 宇宙の進化で重要な役割を果たしたとされる; 略 CDM》.
cóld-déck *vt.* だます, ごまかす (cheat).
cóld déck *n.* **1** 〘トランプ〙いかさま積み札《場にあるトランプ札とすり替えるために準備した不正トランプの一組》. **2** 〘林業〙(後で製材所に運ぶため)伐採所に積んだ丸太 (cf. hot deck). 〖1857〗
cóld-dràw *vt.* **1** 〘金属加工〙〈針金・管を〉冷間で引き抜く. **2** 〈植物油を〉常温抽出する; 〈樹脂を〉常温で引き伸ばす. **cóld-dràwing** *n.*
cóld-dràwn *adj.* 〘金属加工〙冷間引抜きをした.
cóld dúck *n.* 《米》コールドダック《発泡性ブルゴーニュワインとシャンパンの混合酒》. 〖《1969》《なぞり》← G *kalte Ente* 《転訛》← *kalte Ende* cold ends: パーティーの終わりに出された酒の飲み残しをいった言葉から〗
cóld emíssion *n.* 〘電気〙冷陰極放出 (⇨ field emission).
cóld féet *n. pl.* 《口語》おじけ, しり込み, 逃げ腰 (funk): get [have] ～ おじけづく, 逃げ腰になる. 〖1893〗
cóld físh *n.* 《口語》冷たくお高くとまったやつ, よそよそしい人. 〖1924〗
cóld flów *n.* 〘化学〙低温流れ, コールドフロー《常温でプラスチックなどが変形する現象》.
cóld fràme *n.* 〘園芸〙冷床《苗などを寒さから保護するための枠組; 加温はしない; cf. hotbed 1》. 〖1851〗
cóld frònt *n.* 〘気象〙寒冷前線 (cf. warm front). 〖1921〗
cóld fúsion *n.* 〘物理〙低温[常温]核融合《低音[常温]で起こるとされる核融合》. 〖1981〗
cóld hánds *n. pl.* 〘トランプ〙開きポーカー《5 枚の手札を全部表向きに配る方式のポーカーで, 賭け (betting) もドロー (draw) もなく, 単純に強い手が勝ちとなる》.
cóld-héarted *adj.* 冷淡な, 無情な. **～·ly** *adv.* **～·ness** *n.* 〖1606–7〗
cold·ie /kóʊɫdi | kə́ʊɫ-/ *n.* 《豪俗》冷やしたビール 1 本 [1 缶].
cóld·ish *adj.* やや寒い, うすら寒い; 寒そうな. 〖《1589》: ⇨ -ish[1]〗
Col·ditz /kóʊɫdɪts | kə́ʊɫdɪts; *G.* kɔ́ldɪts/ *n.* コルディッツ《ドイツ中東部 Saxony 州の Mulde 河畔の町; 第二次世界大戦中捕虜収容所として用いられた城がある; 連合軍将校がしばしばそこから決死の脱出を試みた》.
cóld líght *n.* 冷光《燐光・蛍光など》. 〖1894〗
cóld·ly *adv.* **1** 寒く, 冷たく. **2** 冷然と, 冷淡に, 冷ややかに. **3** 沈着[冷静]に (calmly). 〖《*c*1225》: ⇨ -ly[1]〗
cóld méat *n.* **1** コールドミート, 冷肉《料理して冷やした牛肉・鶏肉など》. **2** 《俗》死体 (corpse): a ～ cart [wagon] 霊柩(れいきゅう)車. 〖1598〗
cóld móon·er /-múːnə | -nə(r)/ *n.* 月面隕石説主張者《月に火山はなく隕石の衝突によってクレーターができたと主張する人; cf. hot mooner》.
cóld·ness *n.* **1** 寒さ, 寒気, 冷たさ. **2** 冷ややかさ, 冷淡. **3** 沈着, 冷静.
cóld-pàck *vt.* **1** 〈人〉に冷罨法(れいあんぽう)を施す. **2** 〈果物・ジュースなどを〉低温処理法で缶詰にする.
cóld pàck *n.* **1** 冷罨法(れいあんぽう); 冷湿布《腫(は)れや痛みなどに対する手当てとして施す冷やしタオル・氷袋など》. **2** (缶詰の)低温処理法《ビタミンを破壊しないように食品を常温で缶に詰め, 気密封緘(ふうかん)後に, 熱湯(通例 80°–90°C) に入れて殺菌する法; cold-pack method, raw-pack method ともいう; cf. hot pack 2》. 〖1909〗
cóld píg *n.* 《英俗》眠気覚ましに掛けてやる冷水. 〖1870〗
cóld-ròll *vt.* 〘金属加工〙〈金属を〉冷間圧延する (cf. hot-roll).
cóld-ròlling *n.* 〘金属加工〙冷間圧延.
cóld ròom *n.* 冷蔵室. 〖1904〗
cóld rúbber *n.* 〘化学〙低温ゴム, コールドラバー《低温(約 5°C) で作った耐久性の強い合成ゴム》. 〖1948〗
cóld sàw *n.* 〘機械〙常温のこ: **1** 常温で鋼材を切断するのこぎり (cf. hot saw). **2** のこぎりの円周速度が, 切断される金属材料を摩擦熱で溶融させるほどは速くなく, 切削作用で切断するのこぎり (cf. fusing disk). 〖1909〗
cóld sèt *n.* 〘機械〙(特に, 継ぎ目をならすための)たがね.
cóld-shórt *adj.* 〘金属加工〙〈金属が冷間[常温]でもろい (cf. hot-short, red-short). 〖《1601》◻ Swed. *kallskör* ← *kall* cold＋*skör* brittle: 中性形 *-skört* が SHORT と連想されたもの〗
cóld-shórt·ness *n.* 〘金属加工〙冷間脆性(ぜいせい), 冷間もろさ, 冷脆性, 低温脆性《室温または 0°C 以下の低温において もろくなること》. 〖1887〗
cóld shót *n.* 〘金属加工〙**1** 冷塊, たまがね, 目玉, アイアンショット《鋳物中に埋まった融合していない地金の小球片》. **2** ＝cold shut 1.
cóld-shóulder *vt.* 《口語》〈人を〉冷淡にあしらう, 冷遇する.
cóld shóulder *n.* [the ～] 《口語》冷たいあしらい, 冷遇: get the ～ from …から冷たいあしらいを受ける, 冷遇される / give [show] the ～ to …＝turn the [a] ～ on [to] …によそよそしくする, …を冷遇する. 〖《1816》いやな来客に冷えた羊の肩肉を出した昔の習慣から〗
cóld shówer *n.* 冷水シャワー: take a ～ 冷水シャワーを浴びる; 性欲を鎮める.
cóld shút *n.* 〘金属加工〙**1** 湯境(ゆざかい)《鋳湯温度が低下したため, 合流部分が融合せず境目になること》. **2** まくれ込み《鍛造などの加工中に表層または酸化皮膜が内部にまくれ込むこと; folding defect ともいう》. 〖*a*1877〗
cold·slaw /kóʊɫ(d)slɔ̀ː, -slɑ̀ː | kə́ʊɫ(d)slɔ̀ː/ *n.* 《米》＝coleslaw.
cóld snàp *n.* 突然の短期間の寒波. 〖1776〗
cóld sòre *n.* 〘病理〙単純疱疹(ほうしん) (⇨ herpes simplex). 〖*c*1889〗
cóld spíll *n.* 寒い天候の一続き, 寒波の訪れ.
cóld spòt *n.* 〘生理〙(皮膚の)冷点《寒冷反応をする皮膚の感覚点; cf. warm spot》. 〖1895〗
cóld stárt *n.* 〘電算〙コールドスタート《コンピューターの電源投入時(と同様)の起動》.
cóld stéel *n.* 刃物《剣・銃剣など鋼の武器; cf. firearm》. ***give a person an inch [a féw inches] of cóld stéel*** 〈人を〉(短)剣で一突きする.
cóld stórage *n.* **1** (食料品・毛皮などの)冷蔵: in ～ 冷蔵して. **2** 保留 (abeyance): keep a problem in ～ 問題を保留にしておく / put a plan into ～ 計画を棚上げにする. 〖1877〗
cóld stóre *n.* **1** 冷蔵倉庫. **2** 凍結(停止)状態. **cóld-stóre** *vt.* 〖《1895》《逆成》↑〗
Cóld·stream Guárds /kóʊɫdstriːm- | kə́ʊɫd-/ *n. pl.* [the ～] ⇨ Foot Guards. 〖← *Coldstream* (スコットランド南東部 Borders 州の町の名)〗
cóld swéat *n.* 《口語》冷や汗: break out in a ～ (恐怖・不安などで)冷や汗が出る (cf. *be in a cold* SWEAT). 〖1706〗
cóld táble *n.* 冷たい[冷やした]料理(の並んだテーブル). 〖1955〗
cóld tèst *n.* 〘化学〙冷却試験《油脂試験法の一つ; cf. pour test》.
cóld túrkey 《口語》*n.* **1** 麻薬常用を突然にやめ(させ)ること; 禁断症状: go ～ 麻薬を突然に絶つ[やめる]. **2** ぶっきらぼうな言葉; 事務的なやり方: talk ～ ⇨ turkey 成句. **3** 冷淡な[つんとした]人. — *adv.* 《米》突然に, 出し抜けに, いきなり. **cóld-túrkey** *adj.* 〖1921〗
cóld týpe *n.* 〘印刷〙コールドタイプ《写植 (photo composition) のように, 金属活字によらない植字法や印刷方法; その活字; cf. hot metal》. 〖1949〗
cóld wár *n.* **1** 冷戦, 冷たい戦争《武力に訴えず外交戦・経済圧迫・スパイ活動・政治宣伝などによって行う闘争; 特に, 第二次大戦後の米ソ間の冷戦に用いられた; cf. hot war, shooting war》. **2** (労資間などの)暴力を用いない衝突[闘争]. 〖《1945》: George Orwell の用語から〗
cóld wárrior *n.* 冷戦の戦士《冷戦で活動的な役割を演じる政治家》. 〖1949〗
cóld-wáter *adj.* **1 a** 水道だけの. **b** 〈アパートなど〉給湯設備のない: a ～ flat. **2** 禁酒グループの. 〖1601〗
cóld wáter *n.* **1** 冷水《温めてない水にいう》. **2** 軽視, 価値を認めないこと. ***thrów [póur] cóld wáter on*** 〈計画・熱意などに〉水を差す. 〖1808〗
cóld wàve *n.* **1** コールドパーマ《熱でなく凝固溶液によるパーマ》. **2** 〘気象〙寒波 (cf. heat wave 2). 〖1876〗
cóld-wéld 〘金属加工〙*vi.* 〈金属が〉冷間溶接する. — *vt.* 〈金属を〉冷間溶接させる. — *n.* 冷間溶接《宇宙空間などで圧力や熱を用いずに接合すること》. **cóld wélding** *n.*
cóld-wòrk *vt.* 〘金属加工〙冷間加工する. **cóld wòrk** *n.* 〖1899〗
cóld-wòrking *n.* 〘金属加工〙冷間加工《冷間ハンマー加工・冷間圧延など金属を常温で加工する際に用いる》.
cole /kóʊɫ | kə́ʊɫ/ *n.* 〘植物〙**1** アブラナ科アブラナ属 (*Brassica*) の植物の総称《カブ・キャベツ・ケール (kale) など》; (特に)セイヨウアブラナ (rape). **2** 《英》＝sea kale. 〖lateOE *cā(w)l* ◻ L *caulis* stem of a plant, cabbage: ⇨ caulis〗
Cole /kóʊɫ | kə́ʊɫ/, **George Douglas Howard** *n.* コール《1889–1959; 英国の経済学者・推理小説家: *What Marx Really Meant* (1934)》.
Cole, Nat 'King' *n.* コール《1919–65; 米国のジャズピアニスト・歌手; 本名 Nathaniel Adams Coles》.
Cole, Thomas *n.* コール《1801–48; 英国生まれの米国の画家; Hudson River 派の創始者》.
co·le- /kóʊli | kə́ʊ-/ (母音の前にくるときの) coleo- の異形.
-cole /koʊɫ | kəʊɫ/ ＝-colous. 〖《変形》← -COLOUS: F *-cole* の影響による変形〗
cò-léader *n.* ともに首位に並んだ選手[チーム].
co·lec·to·my /kouléktəmi | kə(ʊ)-/ *n.* 〘外科〙結腸切除(術). 〖《1882》← COLO-＋-ECTOMY〗
Cole·man /kóʊɫmən | kə́ʊɫ-/ *n.* 〘商標〙コールマン《米国 Coleman 社製のキャンプ・レジャー用品》.
Cole·man /kóʊɫmən | kə́ʊɫ-/, **Ornette** *n.* コールマン《1930– ; 米国のジャズサックス奏者・作曲家; フリージャズの第一人者》.
cole·man·ite /kóʊɫmənàɪt | kə́ʊɫ-/ *n.* 〘鉱物〙灰硼(かいほう)鉱 ($Ca_2B_6O_{11}5H_2O$). 〖《1884》← W. T. *Coleman* (1824–93; 米国人で硼砂(ほうしゃ)の製造者): ⇨ -ite[1]〗
Cóleman làntern [làmp] /kóʊɫmən- | kə́ʊɫ-/ *n.* 〘商標〙コールマンランプ《キャンパーが使用するランプ; 米国 Coleman 社製; ガソリンを用い明るい光を発する》.
Cóleman stòve *n.* 〘商標〙コールマンストーブ《灯油を使用するキャンパー用の料理用コンロ; 米国 Coleman 社製》.
cole·mouse /kóʊɫmàʊs | kə́ʊɫ-/ *n.* (*pl.* **-mice** /-màɪs/) 〘鳥類〙＝coal tit.
col·e·o- /kɑ́(ː)lioʊ | kɔ́liəʊ/「鞘 (sheath); 覆い (covering)」の意の連結形. ★ 母音の前では通例 cole- になる. 〖← NL ～ ← Gk *koleo-* ← *koleón* sheath〗
coleoptera *n.* coleopteron の複数形.
Col·e·op·te·ra /kɑ̀(ː)liɑ́(ː)ptərə | kɔ̀liɔ́p-/ *n. pl.* 〘昆虫〙鞘翅(しょうし)目, 甲虫目《カブトムシ・カミキリムシなど硬い翅(はね)で体が覆われている昆虫の一群》. 〖《1763》← NL ～ ← Gk *koleóptera* (pl.) ← *koleópteron* sheath-winged: ⇨ coleo-, ptero-〗
col·e·op·ter·an /kɑ̀(ː)liɑ́(ː)ptərən | kɔ̀liɔ́p-˝/ 〘昆虫〙*n.* 甲虫. — *adj.* 鞘翅(しょうし)目の; 甲虫の (coleopterous). 〖《1847》: ⇨ ↑, -an[1]〗
còl·e·óp·ter·ist /-rɪ̣st | -rɪst/ *n.* 甲虫類専門家[学者], 甲虫研究者. 〖《1852》: ⇨ Coleoptera, -ist〗
col·e·op·ter·ol·o·gy /kɑ̀(ː)liɑ̀(ː)ptərɑ́(ː)lədʒi | kɔ̀liɔ̀ptərɔ́l-/ *n.* 甲虫学. 〖← COLEOPTERA＋-LOGY〗
co·le·op·te·ron /kɑ̀(ː)liɑ́(ː)ptərɑ̀(ː)n | kɔ̀liɔ́ptərɔ̀n/ *n.* (*pl.* **-te·ra** /-tərə/) 〘昆虫〙甲虫. 〖《1763》: ⇨ Coleoptera〗
co·le·op·te·rous /kɑ̀(ː)liɑ́(ː)ptərəs | kɔ̀liɔ́p-˝/ *adj.* 〘昆虫〙鞘翅(しょうし)目の, 甲虫類の; 甲虫の(ような). 〖《1791》: ⇨ Coleoptera, -ous〗
col·e·op·tile /kɑ̀(ː)liɑ́(ː)ptɪ̣l | kɔ̀liɔ́ptaɪl/ *n.* 〘植物〙甲柝(こうたく), 子葉鞘(しょう)《稲・麦など単子葉植物が発芽するとき若葉を包んで伸びる子葉の鞘》. 〖《1866》← NL *coleoptilum*: ⇨ coleo-, -ptile〗
col·e·o·rhi·za /kɑ̀(ː)liəráɪzə | kɔ̀l-/ *n.* (*pl.* **-rhi·zae** /-ziː/) 〘植物〙根鞘(こんしょう)《幼根の基部を覆う鞘状のもの》. 〖《1866》← NL ～: ⇨ coleo-, -rhiza〗
Cole·raine /koʊɫréɪn | kəʊɫ-/ *n.* コールレーン: **1** 北アイルランド北部の行政区. **2** その中心都市, 海港.
Cole·ridge /kóʊɫrɪdʒ, kóʊlər- | kə́ʊɫrɪdʒ, kə́ʊlər-/, **Samuel Taylor** *n.* コールリッジ《1772–1834; 英国の詩人・批評家・哲学者; 若いころ理想的平等社会を提唱 (cf. pantisocracy); '*The Rime of the Ancient Mariner*' (1798), *Biographia Literaria* (1817)》.
Cole·ridge·an, Cole·ridg·i·an /koʊɫrɪ́dʒiən, kòʊlər- | kəʊɫ-, kə̀ʊlər-˝/ *adj.*
Cóleridge-Táylor, Samuel *n.* コールリッジ テーラー《1875–1912; 英国の作曲家; Longfellow の *Hiawatha* の合唱曲で知られる》.
cóle·sèed *n.* **1** 菜種. **2** セイヨウアブラナ (rape). 〖OE〗
cole·slaw /kóʊɫslɔ̀ː, -slɑ̀ː | kə́ʊɫslɔ̀ː/ *n.* 〘料理〙コールスロー《生のキャベツを細かく刻みドレッシング (dressing) であえたサラダ》. 〖《1794》◻ Du. *koolsla* ← *kool* cabbage＋*sla* (《短縮》← *salade* salad)〗
Col·et /kɑ́(ː)lɪ̣t | kɔ́lɪt/, **John** *n.* コレット《1467?–1519; 英国の古典学者・神学者; ロンドンの St. Paul's School の創立者》.
cole·tit /kóʊɫtɪt | kə́ʊɫ-/ *n.* 〘鳥類〙＝coal tit.
Co·lette /koʊlét, kɑ(ː)- | kɔ-, kə-; *F.* kɔlɛt/ *n.* コレット《女性名》. 〖◻ F ～ (fem. dim.) ← NICHOLAS[1]〗
Co·lette /koʊlét, kɑ(ː)- | kɔ-, kə; *F.* kɔlɛt/ *n.* コレット《1873–1954; フランスの女流小説家; 本名 Si·do·nie Ga·brielle Clau·dine /sidɔni gabriɛl klodin/; *Chéri*「シェリ」(1920), *La Chatte*「牝猫」(1933)》.
co·le·us /kóʊliəs | kə́ʊ-/ *n.* 〘植物〙**1** [C-] コレウス属《シソ科の一属》. **2** コレウス属の葉の色の美しい観賞植物の総称《サヤバナ (*C. blumei*) など》. 〖《1866》← NL ～ ← Gk *koleós* sheath〗
cole·wort /kóʊɫwə̀ːt | kə́ʊɫwə̀ːt/ *n.* 〘植物〙**1** ＝cole 1. **2** ＝kale 1. **3** 若いキャベツ. 〖《*c*1384》← COLE＋WORT[2]〗
co·ley /kóʊli | kə́ʊ-/ *n.* 《英》〘魚類〙タラ科ポラック属 (*Pollachius*) の下あごが突き出ている数種のタラの類の食用魚. 〖《変形》? ← COALFISH〗
Col·fax /kóʊɫfæks | kə́ʊɫ-/, **Schuy·ler** /skáɪlə | -lə(r)/ *n.* コールファックス《1823–85; 米国の政治家; 副大統領 (1869–73)》.
Col·gate /kóʊɫgeɪt, kɑ́(ː)ɫ- | kə́ʊɫgeɪt, kɔ́ɫ-/ *n.* 〘商標〙コルゲート《米国 Colgate-Palmolive 社製の歯磨き・シェービングクリーム・石鹸など》.
co·li /kóʊlaɪ | kə́ʊ-/ *adj., n.* 〘細菌〙大腸菌(の). 〖《1894》◻ L ～ 'of the colon' (gen.) ← *colon*: ⇨ colon[2]〗
co·li- /kóʊlɪ̣, -li, kɑ(ː)l- | kəʊl-, kɔl-/ colo- の異形 (⇨ -i-).
cóli bacíllus *n.* 〘細菌〙大腸菌. 〖1894〗
col·ic /kɑ́(ː)lɪk | kɔ́l-/ *n.* **1** [しばしば the ～] 〘病理〙疝痛(せんつう), さしこみ《けいれん・閉塞・捻転などによって起こる》. **2** 幼児が様々な不快感によって頻繁に泣く症状. — *adj.* 大腸の. 〖《?*c*1421》◻ (O)F *colique* ◻ L *cōlicus* ◻ Gk *kōlikós* ← *kólon* 'COLON[2]'〗
co·li·cin /kóʊlɪ̣sɪ̣n, kɑ́(ː)l- | kə́ʊlɪsɪn, kɔ́l-/ *n.* (*also* **col·i·cine** /-sìːn/) 〘生化学〙コリシン《腸内細菌が生産する抗菌性物質》. 〖《1946》← COLI＋-*c*- (連結辞)＋-IN[2]〗

col·i·ci·no·gen·ic /kɑ̀(ː)lɪ̀sɪnoudʒénɪk | kɔ̀lɪsɪ-nə(ʊ)-ˈ/ *adj.* 〖生化学〗コリシン生産性の. **col·i·ci·no·ge·nic·i·ty** /kɑ̀(ː)lɪ̀sɪnoudʒənísəṭi | kɔ̀lɪsɪnə(ʊ)-dʒɪnísɪ̀ti/ *n.* 〖(1955): ⇨ ↑, -genic¹〗

col·i·ci·nog·e·ny /kɑ̀(ː)lɪ̀sɪnɑ́(ː)dʒəni | kɔ̀lɪsɪnɔ́dʒɪni/ *n.* 〖生化学〗コリシン生産性《コリシン (colicin) を生産する能力; 遺伝因子による》. 〖(1960): ⇨ colicin, -geny〗

col·ick·y /kɑ́(ː)lɪki | kɔ́l-/ *adj.* 〖病理〗 **1** 疝痛(せんつう)の; 疝痛を起こす: ~ foods. **2** 疝痛に苦しむ: a ~ child. 〖(1742): ⇨ colic, -y⁴〗

cólic·ròot *n.* 〖植物〗 **1 a** ソクシンラン《ユリ科ソクシンラン属 (*Aletris*) の植物の総称; ネバリノギラン (*A. foliata*), *A. aurea* など》. **b** ネバリノギランの根《疝痛(せんつう) (colic) の薬といわれる》. **2** その他疝痛を治すといわれる植物の総称. 〖1833〗

cólic·wèed *n.* 《米》〖植物〗 **1** =squirrel corn. **2** =Dutchman's-breeches.

co·li·form /kóuləfɔ̀ːm, kɑ́(ː)l- | kə́ulɪ̀fɔːm, kɔ́l-/ 〖生物〗 *adj.* 大腸菌の[に関する, に似た]. — *n.* =coliform bacillus. 〖(1906) ← COLO-+-FORM〗

cóliform bacíllus *n.* 〖生物〗腸内バクテリア《高等脊椎動物の腸に寄生するバクテリア》.

Co·li·gny /kòuliːnjíː, kəlíːnjiː | kə̀uliːnjíː; *F.* kɔliɲi/ (*also* **Coligni** /~/), **Gaspard de** /gaspaʁdə/ *n.* コリニ《1519–72; フランスの海将; ユグノー (Huguenots) の指導者で Saint Bartholomew の虐殺の犠牲者》.

Co·li·ma /kəlíːmə; *Am.Sp.* kolíma/ *n.* コリマ: **1** メキシコ南西部の太平洋岸の州. **2** Colima 州の州都. **3** [Nevado de ~] コリマ(山)《メキシコ南西部, Jalisco 州にある火山 (4,339 m)》.

co·lin /kɑ́(ː)lɪ̀n | kɔ́lɪn/ *n.* 〖鳥類〗コリンウズラ (bobwhite); それに近縁の猟鳥. 〖(1678) ☐ Sp. *colín* ☐ Nahuatl *çolin*〗

Col·in /kɑ́(ː)lɪ̀n | kɔ́l-/ *n.* コリン《男性名》. 〖(i) ☐ F ~ (dim.) ← *Col* (短縮) ← NICHOLAS¹. // (ii) (スコット) ~ ← Gael. *coileán* young dog, youth: cf. Welsh *Collwyn* / Ir. *Colán*〗

-co·line /kəlàɪn, -lɪ̀n | -làɪn, -lɪn/ =-colous. 〖← NL *-colinae*: ⇨ -cola, -inae〗

co·lin·e·ar /kouliniə | kəulíniə^(r)/ *adj.* **1** 〖数学〗 = collinear. **2** 〖生化学〗共直線性《蛋白質のアミノ酸残基の配列と DNA や RNA の塩基残基の配列とが 1 対 1 の対応があること》. **co·lin·e·ar·i·ty** /kouliniǽrəṭi | kəuliniǽrɪ̀ti/ *n.* 〖1927〗

co·li·phage /kóuləfèɪdʒ, -fɑ̀ːʒ | kə́ulɪ-/ *n.* 〖細菌〗大腸菌ファージ. 〖(1944) ← COLO-+-PHAGE〗

col·i·se·um /kɑ̀(ː)ləsíːəm | kɔ̀lɪ̀-/ *n.* **1** 《米》大演舞場, 大演技館; 大競技場, 大体育館 (stadium). **2** [C-] =Colosseum 1. 〖(1708–15) ☐ ML *colisēum*=L *colossēum*: ⇨ Colosseum〗

co·lis·tin /kəlístɪ̀n, kou- | kəlístɪn/ *n.* 〖薬学〗コリスチン《土壌芽胞菌 (*Bacillus colistins*) から得られる抗生物質》. 〖(1951) ← NL *colistinus*〗

co·li·tis /kouláɪṭɪ̀s, kə- | kəláɪtɪs, kə(ʊ)-/ *n.* 〖病理〗大腸炎, 結腸炎. **co·lit·ic** /koulíṭɪk, kə- | kəlít-, kə(ʊ)-/ *adj.* 〖(1860) ← NL ~: ⇨ colo-, -itis〗

coll. 《略》 collateral; colleague; collect; collection; collective; collector; college; collegiate; colloquial.

coll- /kɑ(ː)l | kɔl/ (母音の前にくるときの) collo- の異形.

-coll /kɑ(ː)ɫ | kɔɫ/「膠(にかわ) (glue)」の意の名詞連結形. 〖☐ L *-colla* ☐ Gk *-kolla* ← *kólla*〗

collab. 《略》 collaborate; collaborated; collaboration; collaborator.

col·lab·o·rate /kəlǽbərèɪt | kə-, kɔ-/ *vi.* **1** 共同して働く; 合作する, 共同制作する, 共同研究する〔*with*〕: They ~ in the research [on a book]. 共同研究をしている[共同で本を書いている] / He ~*d with* his friend *in* writing a play. 友人と共同して劇を書いた / The *collaborating* companies want a share of the profit. 共同経営の会社は利益の分与を望んでいる. **2** 〈国と国が〉(政治や経済の方面で)協調する, 提携する〔*with*〕. **3** 〔敵側・占領軍に〕(進んで)協力する, 同調する〔*with*〕. 〖(1871) ← LL *collabōrātus* (p.p.) ← *collabōrāre* to work with: ⇨ co-¹, labor〗

col·lab·o·ra·tion /kəlæ̀bəréɪʃən | kə-, kɔ-/ *n.* **1 a** 共同, 協力; 共同研究, 共同制作: in ~ with …と共同して. **b** 合作, 共著, 共同制作作品. **2** (国際間の)協調, 提携. **3** (敵側・占領軍への)協力, 同調. 〖(1860) ☐ F ~: ⇨ ↑, -ation〗

col·làb·o·rá·tion·ism /-ʃənɪ̀zm/ *n.* 敵側への協力. 〖(1923): ⇨ ↑, -ism〗

col·làb·o·rá·tion·ist /-ʃ(ə)nɪ̀st | -nɪst/ *n.*, *adj.* (敵側・占領軍への)協力者(の). 〖(1922): ⇨ -ist〗

col·lab·o·ra·tive /kəlǽbərèɪṭɪv, -b(ə)rəṭ- | -b(ə)rət-, -bərèɪt-/ *adj.* 協力的な, 提携的な; 合作の, 共同制作の: a ~ study. **~·ly** *adv.*

col·lab·o·ra·tor /kəlǽbərèɪṭə | kəlǽbərèɪtə^(r), kɔ-/ *n.* **1** 共同者, 合作者, 共同制作者; (著作への)協力者. **2** (敵側・占領軍への)協力者. 〖(1802) ☐ F *collaborateur* ☐ ML *collabōrātor*〗

col·lage /kəlɑ́ːʒ, kɑ(ː)-, kou- | kɔ-, kə-; *F.* kɔlaːʒ/ *n.* (*pl.* **col·lag·es** /~ɪ̀z; *F.* ~/) **1** 〖美術〗 **a** コラージュ; コラージュの技法《新聞の切り抜きや広告の断片などを組み合わせた抽象的構成法; Picasso, Braque など立体派の画家が創始した; cf. papier collé》. **b** コラージュの技法を取り入れた作品. **2** 〖写真〗=photomontage. **3** 種々の断片の寄せ集め. **4** 〖映画〗フィルム断片をつなぎ集めて製作されたフィルム. — *vt.* コラージュで構成[制作]する. 〖(1919) ☐ F ~ 'pasting, gluing' ← *coller* to glue ← *colle* glue < VL **colla(m)* ☐ Gk *kólla* glue: ⇨ -age〗

col·la·gen /kɑ́(ː)lədʒɪ̀n | kɔ́l-/ *n.* 〖生化学〗コラーゲン, 膠原(こうげん)質《結締(けってい)組織の成分; 硬蛋白質の一つ》. **col·la·gen·ic** /kɑ̀(ː)lədʒénɪk | kɔ̀l-ˈ/ *adj.* **col·lag·e·nous** /kəlǽdʒənəs | -dʒɪ̀-/ *adj.* 〖(c1865) ☐ F *collagène*: ⇨ collo-, -gen〗

col·lag·en·ase /kəlǽdʒənèɪs, kɑ́(ː)lə-, -nèɪz | kəlǽdʒɪ̀nèɪs, kɔ́lə-/ *n.* 〖生化学〗コラゲナーゼ《コラーゲンやゼラチンを分解する蛋白分解酵素の働きをする毒素蛋白質の一つ; クロストリジウム属 (*Clostridium*) のような嫌気菌の中に発見される》. 〖(1926): ⇨ ↑, -ase〗

cóllagen disèase *n.* 〖病理〗膠原(こうげん)病. 〖1942〗

col·la·gen·o·lyt·ic /kɑ̀(ː)lədʒɪ̀nəlíṭɪk, -dʒèn- | kɔ̀lədʒɪ̀nəlít-, -dʒèn-ˈ/ *adj.* 〖生化学〗コラーゲン分解性の. 〖← COLLAGEN+-O-+-LYTIC〗

col·lag·ist /kəlɑ́ːʒɪ̀st, kɑ(ː)-, kou- | kəlɑ́ːʒɪst, kə-/ *n.* コラージュ制作者.

col·laps·a·ble /kəlǽpsəbɫ/ *adj.* =collapsible. **col·làps·a·bíl·i·ty** /-səbíləṭi | -lɪ̀ti/ *n.*

col·lap·sar /kəlǽpsɑə | -sɑː^(r)/ *n.* 〖天文〗=black hole. 〖⇨ ↓, -ar²〗

col·lapse /kəlǽps/ *vi.* **1** 〈建物・椅子・足場などが〉(完全に)つぶれる, 崩れる, 崩壊する; 〈屋根などが落ち込む, 陥没する. **2 a** 〈事業などが〉つぶれる, 泡と消える, 失敗する. **b** 〈希望・計画などが〉破れる, くじける, 瓦解する. **c** 〈気球などが〉(外圧を受けて急に)しぼむ; しぼんで落ちる. **3** 〈人が〉(過労・病気などで)倒れる, 失神する; (急に)衰弱する, 参ってしまう; 意気消沈する: ~ with laughter 笑いこける. **4** 〈価値・力などが〉急激に下落する, 失墜する. **5** 〈机・椅子などが〉折りたためる (cf. collapsible). **6** 〖病理〗 **a** 虚脱状態になる. **b** 〈肺が〉虚脱する《空気を含まぬ収縮状態になる》. — *vt.* **1** 崩壊させる, 崩れさせる; くじけさせる. **2** 〈望遠鏡などを〉折りたたむ. — *n.* **1** つぶれること, 倒壊; (屋根などの)陥没: the ~ of a tower, tent, roof, seat, chair, bridge, etc. **2 a** (内閣・市場・銀行・事業などの)崩壊, 総崩れ: the ~ of a goverment, a business, the money market, a person's projects, etc. **b** (希望・計画などの)挫折, 失敗. **3** (価値・力などの)下落, 失墜. **4** (心臓などの機能不全や脱水症状などによる)急激な衰弱; 気力の喪失. **5** 〖病理〗 **a** 虚脱. **b** 肺虚脱. 〖(1609) (逆成) ← *collapsed* fallen ← L *collāpsus* (p.p.) ← *collābī* ← *col-* 'COM-'+*lābī* to fall〗

col·laps·i·ble /kəlǽpsəbɫ | -sɪ̀-/ *adj.* 〈椅子などが〉たためる (cf. collapse *vi.* 5): a ~ boat 組立てボート / a ~ chair [hat] 折りたたみ椅子[帽子]. **col·làps·i·bíl·i·ty** /-səbíləṭi | -sɪ̀bílɪ̀ti/ *n.* 〖(1843): ⇨ ↑, -ible〗

col·lar /kɑ́(ː)lə | kɔ́lə^(r)/ *n.* **1 a** 首の回りに巻くもの. **b** (衣服の)カラー, 襟: a stand-up ~ 立ち襟 / a turndown ~ 折り襟 (⇨ Eton collar, Roman collar / seize [take] a person by the ~ 人の襟首をつかむ. **c** (女性の短い)首飾り, チョーカー (choker). **d** (ナイト爵位を表す)首飾り章, 首章. **e** 《英》(犬などの)首輪. **f** (囚人・奴隷などの)首枷(くびかせ). **g** 〖馬具〗首輪, 首枷, 首当て, はも. **2 a** 束縛; 監視 (surveillance): in the ~ 束縛されて / wear [take] a person's ~ 人の命令に従う. **b** 《米俗》逮捕, 捕獲: make a ~ on …を逮捕する. **3** 〖機械〗環 (ring), カラー, 接管; 軸つば《二本の管をつなぐのに用いる》. **4** 〖動物〗首輪, 襟状部《動物や小鳥の首の回りの変色部または襟状のもの》. **5** 《英》巻肉, (豚肉などの)ロール (roll). **6** (コップについだ)ビールの泡(の層) (head). **7** 靴の上部の回りに縫いつける飾りの革[毛皮(など)] (cuff ともいう). **8** 家具の脚部の頭部や底部に近いところにつける帯[輪]状の繰形(くりがた). **9** 〖植物〗頸領(けいりょう)《根と茎との境界部》. **10** 〖建築〗 **a** 柱環《トスカナ式柱頭下部の細くなった部分》, 継ぎ輪. **b** =collar beam. **11** 〖ガラス製造〗スリーブカラー (⇨ merese).

agàinst the cóllar (1) (馬が坂を上るのに)首輪が肩にすれて. (2) 困難を冒して: work *against the* ~ 非常に骨折って働く. ***féel a person's cóllar*** 《俗》しょっぴく, 逮捕する. ***gó for the cóllar*** 〖野球〗ノーヒットで試合が進行する. ***hót ùnder the cóllar*** 〖口語〗怒った, 興奮した; 気が転倒した: No need to get *hot under the* ~. かっかすることはないぜ. 〖(1895)〗 ***in cóllar*** (1) 首輪をかけて; 〈馬が〉仕事の用意をして. (2) 〖口語〗〈人が〉業務に服して (cf. *out of* COLLAR). ***òut of cóllar*** 〖口語〗職を失って, 失業して (out of work) (cf. *in* COLLAR (2)). ***slip (the) cóllar*** 〖口語〗(困難・労力などを)免れる.

cóllar of ŚŚ [Ś's, ésses] [the —] S 字つなぎ首章《元来は Lancaster 家の記章で, 現在では英国宮内官・London 市長・高等法院長などが官服の一部として肩に掛ける》. 〖(1519)〗

— *vt.* **1** 〖口語〗 **a** 取る, つかまえる, 逮捕する, 拘留する. **b** 〈気乗りしない客を〉話に引っ張りこんで引き止める. **c** 支配する, 独占する: ~ the market. **2** 〈人の〉襟首を捕える. **3 a** 〈犬などに〉首輪を掛ける. **b** 〈衣服に〉カラーを付ける. **4** (料理で)〈肉・魚を〉ロール (roll) にする. **5** 《俗》勝手に自分のものにする; 盗む, 失敬する (steal). **6** 〖ラグビー〗相手側ボール保持者をタックルしてボールの前進を防ぐ. — *vi.* 〖金属加工〗〈素材が〉圧延機のロールに巻き付く. 〖(c1300) ☐ AF *coler*=OF *colier* (F *collier*) < L *collāre* (*vinculum*) neck (band) ← *collum* neck ← IE **kʷolsom* ← **kʷel-* to revolve〗

cóllar bèam *n.* 〖建築〗カラービーム, つなぎ小梁(こばり)《洋風小屋組の上方で垂木をつなぐ梁(はり) (beam)》. 〖1659〗

cóllar bèaring *n.* 〖機械〗つば軸受《軸方向の力を何個かのつばにより支持する推力軸受》.

cóllar·bòne *n.* 〖解剖〗鎖骨 (clavicle) (⇨ skeleton 挿絵). 〖15C〗

cóllar bùtton *n.* 《米》カラーボタン (《英》 collar stud) 《カラーをワイシャツに留める小さなボタン》.

cóllar cèll *n.* 〖動物〗襟細胞 (⇨ choanocyte). 〖1889〗

coll' ar·co /kouláːkou | kəulɑ́ːkəu; *It.* kollárko/ *adv.* 〖音楽〗弓をもって《弦楽器で piccicato のあと, 再び弓で奏せよという楽譜の上の指示》. 〖☐ It. ~〗

col·lard /kɑ́(ː)ləd | kɔ́ləd/ *n.* 〖園芸〗 **1** コラード《ケール (kale) の大形の種類; キャベツ様の大きな葉がゆるく結球する》. **2** [通例 *pl.*] コラードの葉《料理用; collard greens ともいう》. 〖(1755) (変形) ← COLEWORT〗

cól·lared *adj.* **1** カラー[襟]を付けた. **2** 〖動物〗首輪のある. **3** 〖紋章〗〈動物が〉首輪を付けている. 〖(c1385): ⇨ -ed 2〗

cóllared dóve *n.* 〖鳥類〗シラコバト (*Streptopelia decaocto*) 《茶色がかった灰色の羽をもち, 首の背側に黒い帯がある》. 〖1865〗

cóllared lízard *n.* 〖動物〗クビワトカゲ (*Crotaphytus collaris*) 《米国南中部およびメキシコに生息するタテガミトカゲ科のトカゲ; 繁殖期になると体色が鮮やかになる》.

cóllared péccary *n.* 〖動物〗クビワペッカリー (*Tayassu tajacu*) 《たてがみが短く, 首の回りが白い体長 90 cm くらいのペッカリー》.

col·lar·et /kɑ̀(ː)lərét | kɔ̀l-/ *n.* (*also* **col·lar·ette** /~/) **1** 小襟, 小カラー《レース・毛皮などで作る婦人服の通例タイトなカラー》. **2** ネックレス. 〖(1690) ☐ F *collerette* (dim.) ← *collier* 'COLLAR'〗

col·la·ri·no /kɑ̀(ː)ləríːnou | kɔ̀ləríːnəu; *It.* kollariːno/ *n.* (*pl.* **~s**) 〖建築〗トスカナ式・ドリス式・イオニア式の柱頭と柱身の接合部. 〖(1688) ☐ It. ~ (dim.) ← *collare* 'COLLAR'〗

cóllar·less *adj.* **1** カラーの付いていない; 襟のない: a ~ shirt. **2** 首輪のない. 〖(1611): ⇨ -less〗

cóllar pòint *n.* 〖紋章〗saltire の交差点の上部.

cóllar ròt *n.* 〖植物病理〗頸領(けいりょう)腐れ《種々の植物の根茎境界部に生じる腫状病変》.

cóllar stùd *n.* 《英》カラーボタン (《米》 collar button). 〖1873〗

cóllar wòrk *n.* **1** (坂道を車を引いて上るときの馬の)上り引き. **2** ひどい骨折り仕事 (cf. *against the* COLLAR (2)). 〖1871〗

collat. 《略》 collateral; collaterally.

col·late /kəléɪt, kou-, kɑ(ː)- | kəléɪt, kɔ-/ *vt.* **1** (寄せ集めて)対照する, 突き合わせる, 照らし合わせる, 照合する, 校合する (⇨ compare SYN): a ~*d* telegram 照合電報. **2 a** (本の)落丁を調べる; (ページ順に)そろえる. **b** 〖製本〗丁合い(取り)をする. **3** 〖書誌〗校合する. **4** 〖キリスト教〗〈主教が〉〈牧師を〉〔聖職禄(ろく)に〕任命する〔*to*〕: ~ a clergyman *to* a benefice. **5** 〖ローマ法〗(均分相続のために生前贈与財産の価額を相続財産の一部として)取り戻して組み込む. 〖(1558) ← L *collātus* (p.p.) ← *conferre* to bring together: ⇨ confer〗

col·lat·er·al /kəlǽṭərəɫ, -trəɫ | kəlǽtərəɫ, kɔ-, -trəɫ/ *adj.* **1** 直系でない, 傍系の (cf. lineal 1): a ~ family 分家 / a ~ line 傍系 / a ~ relative 傍系親族. **2** (位置・時間・重要性など)並び合った, 隣り合った; 平行した. **3 a** 付随する (accompanying). **b** 補助の (auxiliary). **c** (主要でない)第二次的の, 間接の, (本筋からそれた)付随的な: a ~ circumstance 付帯事情 / ~ evidence 間接の証拠, 傍証 / a ~ surety 副保証人. **4** 〖商業〗追加担保によって保証された, 見返りの: a ~ security 見返り担保, 根抵当, 代用証券 / a ~ loan 担保貸付金 / ~ goods 見返り物資. **5** 〖解剖〗副行の, 側副の: ~ arteries 副行動脈. **6** 〖植物〗並生する, 並立する: ~ vascular bundles 並立維管束. — *n.* **1** 〖商業〗担保物件, 見返り物資 (⇨ pledge SYN). **2** 傍系親族, 傍系の縁者. **3** 付帯事実[事情]. **4** 〖解剖〗副行物[路]《血管・神経など》: the ~*s* of nerve fiber 神経線維の副行索. **col·lat·er·al·i·ty** /kəlæ̀ṭərǽləṭi | kəlæ̀tərǽlɪ̀ti, kɔ-/ *n.* 〖(1375) ☐ ML *collaterālis* ← *col-* 'COM-'+L *laterālis* 'LATERAL'〗

collàteral dámage *n.* 〖軍事〗付帯的損害《軍事目標攻撃の巻き添えで民間施設・非軍事目的施設などが受ける被害》.

collàteral fáct *n.* 〖法律〗付随的事実.

col·lat·er·al·ize /kəlǽṭərəlàɪz, -trə- | kəlǽtər-, kɔ-, -trə-/ *vt.* **1** 担保で保証する. **2** 担保物件として使う. **col·lat·er·al·i·za·tion** /kəlæ̀ṭərəlɪ̀zéɪʃən, -trə- | kəlæ̀tərəlaɪ-, kɔ-, -trə-, -lɪ-/ *n.* 〖(1941): ⇨ -ize〗

col·lát·er·al·ly /-lǽṭərəli, -trə- | -tərə-, -trə-/ *adv.* **1** 相並んで, 平行して. **2** 副次的に, 付帯的に, 間接的に. **3** 傍系的に. 〖(?a1425): ⇨ -ly¹〗

col·lát·ing màrk /-ṭɪŋ- | -tɪŋ-/ *n.* 〖製本〗折標《折丁の背に印刷された長形などの印で, 階段状に並べて落丁などを調べる; niggerhead ともいう》.

col·la·tion /kəléɪʃən, kou-, kɑ(ː)- | kə-, kɔ-/ *n.* **1 a** 照合, 校合, 対照調査. **b** (文書の)照査, 照査報告: the ~ of seals 印章照査. **2 a** (書物の)丁数調べ. **b** 〖製本〗丁合い(取り). **3** 〖図書館〗形態事項, 対照事項《図書館の目録中で, ページ数・大きさ・挿絵などを記載した部分》. **4** 〖書誌〗校合《図書の状態(巻数・丁数・大きさ・活字など)を調べ図書の異同を決めること》; 校合式《書誌学的方法に従って図書の構成を記述した式》. **5 a** 手軽な食事: a stand-up ~ 立食. **b** 〖キリスト教〗(斎日に許される)軽食. **6** 〖キリスト教〗聖職任命, 聖職授任. **7** 〖カトリック〗金曜日などに行われた一種の軽い断食. 〖(a1225) ☐ (O)F ~ ☐ L *collātiō(n-)* ← *collātus* (p.p.): ⇨ collate〗

col·la·tive /kəléɪṭɪv, kou-, kɑ(ː)- | kəléɪt-, kɔ-/ *adj.* **1** 照合の, 校合的な. **2** 〖キリスト教〗 **a** (主教による)聖職任命の. **b** 聖職任命権 (collation) をもつ. 〖(1617)〗

C

C

◻L *collātīvus* ← *collātus*: ⇨ collate, -ative〕
col·lá·tor /-ṭə | -tə⁽ʳ/ *n.* **1** 照合者, 校合者. **2** 〘製本〙丁合い(取り)工; 丁合い機. **3** 〘電算〙照合機《データの特定項目の大小関係などに基づいて仕分けを行う装置》. 〘(1430)◻L *collātor*: ⇨ collate〕
col·league /kɑ́(ː)liːg | kɔ́-/ *n.* (主に官職・教授・特殊な仕事の上の)同僚, 同役, 同業者 (associate) (⇨ associate SYN). **～·shìp** *n.* 〘(1524)◻F *collègue*◻L *collēga* one chosen with another ← *col-* 'COM-' + *lēgāre* to depute: ⇨ legate: cf. college〕
cól·leagues·man·shìp /-mən-/ *n.* (大学などの)同僚仲間主義《著名な同僚と一緒になる利点を強調して有能な人材を集めること》.
col·lect¹ /kəlékt/ *vt.* **1** 〈人を〉(一団まりに)集める; 〈物を〉寄せ集める: ～ children into groups / ～ the wastepaper lying around / How often is mail ～*ed* here? 当地では郵便物は何度集められますか / This carpet ～*s* a lot of dirt. このカーペットにはほこりがよく付く / This play has ～*ed* a lot of favorable reviews. この芝居は好評を博した. **2 a** 〈標本・事実などを〉収集する (⇨ gather SYN): ～ birds, eggs, stamps, books, etc. / ～ facts, information, evidence, etc. **b** 〈税金・家賃・募金などを〉徴収する, 集金する: ～ debts 負債を回収する / ～ rent 賃貸[使用]料を徴収する / ～ taxes 税金を徴収する / ～ money *for* charity 慈善のためにお金を集める. **3** 《口語》 **a** (預けた[置いた]場所から)取る, 取ってくる, 受け取る: Don't forget to ～ your umbrella. 預けた傘を忘れずに受け取りなさい / You can ～ your wages in the office. 賃金は事務室で受け取れます. **b** 《英》連れに行く, 連れ出す: ～ one's girl 女の子を連れ出す / He ～*ed* her from her apartment. 彼女をアパートから連れ出した. **4 a** 〈考えを〉集中する, まとめる; 〈心身を〉引き締める: ～ one's scattered thoughts. **b** 〈勇気を〉出す. **c** [～ *oneself* で] 心を落ち着ける, 気を取り直す. **5** 《古》推測する. **6** 〘馬術〙〈馬〉に収縮姿勢をとらせる. **7** 《豪口語》衝突する, ぶつかる. **8** 《英》得る, 手に入れる. ― *vi.* **1** 集まる: Water [Dust, Dead leaves] ～*ed* by the side of the road. 水[ほこり, 枯葉]が道路わきにたまった. **2** 〈雪・ちりなどが〉積もる, たまる. **3** 寄付を募集する, 募金する; 《口語》集金する 〔*for*〕: come to ～ *for The Times* [charity] タイムズ紙[慈善基金]の集金に来る. **4** (切手・書物などの)収集をする, (標本などの)採集をする. **5** 〘馬術〙〈馬が〉収縮姿勢をとる.
collect on delivery 〘商業〙＝CASH on delivery.
― *adv., adj.* 《米》(電話・小包など)代金先[受取人, 受信人]払いで[の]: ⇨ collect call / call [phone] a person ～ 人に受信人払いで電話する / send a telegram ～ 料金受信人払いで電報を打つ.
― *n.* 《豪口語》的中した賭け.
〘(?*a*1425)← L *collēctus* (p.p.) ← *colligere* to gather, assemble ← *col-* 'COM-' + *legere* to gather: cf. select〕
col·lect², **C-** /kɑ́(ː)lɛkt, -lɪkt | kɔ́l-/ *n.* 〘キリスト教〙(カトリックの)集禱(しゅうとう)文, (英国国教会の)特禱《いろいろな場合に用いる短い祈禱文; 会衆の集まったときに用いられたので集禱文といわれたが, 特殊の場合に用いられるので特禱ともいわれる》: the ～ for Christmas Day. 〘(?*a*1200)◻OF *collecte*◻ML *collēcta* short prayer, (L) assemblage: ↑〕
col·lect·a·ble /kəléktəbḷ/ *adj., n.* ＝collectible.
col·lec·ta·ne·a /kɑ̀(ː)lektéɪniə | kɔ̀lɛktéɪ-, -tɑ́ː-/ *n. pl.* 抜粋, 選集 (anthology, miscellany). 〘(1791)◻L *collēctānea* (neut. pl.) ← *collēctāneus* gathered: ⇨ collect¹, -aneous〕
collect càll *n.* 《米》料金受信人払い電話[通話], コレクトコール (《英》reverse-charge call).
col·lect·ed /kəléktɪ̈d/ *adj.* **1** 落ち着いた, 自若とした (self-possessed, calm). **2** 集められた, 集めた: ～ papers 論文集 / the ～ works of Shakespeare シェークスピア全集. **3** 〘馬術〙 **a** 〈行進中の馬が〉収縮した, 収縮姿勢の (cf. extended 8 a). **b** 収縮歩様の. **～·ness** *n.* 〘(1610): ⇨ collect¹, -ed 2〕
collécted edítion *n.* (一作家の)全集, 著作集.
col·léct·ed·ly *adv.* **1** 落ち着いて, 平然として, 自若として. **2** 集められて, 一団まりになって. 〘(*a*1687): ⇨ -ly¹〕
col·lect·i·ble /kəléktəbḷ/ -tə-/ *adj.* **1** 集められる, 収集できる; 収集に適した. **2** 徴集[募集]できる. **3** 現金化できる: a ～ bill. ― *n.* (趣味の)収集品. 〘(1953): ⇨ collect¹, -ible〕
col·léct·ing *n.* **1** 集金, 代金取立て. **2** [形容詞的に] 集金の, 集める: a ～ and distributing center (物産の)集散中心地 / a ～ bag [box, plate] (教会で献金を集める)献金袋[箱, 皿] / a ～ lens 集光レンズ / a ～ agent 取立て代理人[業者] / a ～ bill [note] 取立て為替手形[約束手形]. 〘(1706): ⇨ collect¹, -ing¹〕
colléctìng rìng *n.* (競技に出場する動物を待機させておく)囲い.
col·lec·tion /kəlékʃən/ *n.* **1 a** 集合; 採集; 収集; (ポストからの郵便物の)回収: the ～ of mail, stamps, specimens, etc. / make a ～ of …を収集する. **b** (ほこり・ごみなどの)集積, 堆積: the ～ of dust on bookshelves 本棚にたまったほこりの山. **c** 取立て; 集金, 徴集; 徴税: the ～ of debts, rent, etc. / the ～ of taxes. **2 a** 収集物, 収蔵品, コレクション: a ～ of books, art treasures, birds, eggs, etc. / ⇨ Wallace Collection. **b** 集まり, 集団 (group). **3** コレクション《デザイナーが一シーズンに売り出す衣服, またはファッションショーに出品する衣服の展示》. **4** (思考・能力などの)集中; 落ち着きを取り戻すこと, 平静 (composure). **5** 寄付金募集, 募金; (集まった)寄付金; (教会の)礼拝献金: make [take up] a ～ for (a) charity 慈善事業のために寄付金を募る[金を集める] / a ～ plate 献金皿 / Put your donations in this ～ box. 寄付金はこの献金箱に入れてください. **6** [*pl.*] 《英大学》(特に Oxford の) 学期試験. **7** 《廃》推測 (inference). **8** 〘馬術〙収縮, 収縮姿勢《首が屈撓(くっとう)し, 鼻梁が垂直になり, 飛節が深く折れ曲がって重心が後躯に移動し, 全身がばねのように躍動している状態; cf. extension 14》. 〘(*a*1387)◻(O)F ～ // L *collēctiō(n-)*: ⇨ collect¹, -tion〕
colléction àgency *n.* (個人や会社への貸金回収を代行する)貸金取立て代行業者.
col·lec·tive /kəléktɪv/ *adj.* **1** 集められた, 集合的な (congregate): the ～ knowledge of all ages 太古から蓄積された人知. **2** 集団の[に関する], 集団的な; 集団構成員全員がもつ, 総体の, 共通の, 共同の (common): a ～ effort 全体の力, 総力 / the ～ leadership 集団指導制 / the ～ wishes of the people 国民全体の希望[総意] / the ～ economy of a village 村落の共同経済 / a ～ note (各国の代表者が署名した)共同覚書 / the ～ opinion of the nation 国民の大勢の意見[総意] / ～ ownership (公園・道路・運河などの)共同所有権. **3** 集産主義 (collectivism) の. **4** 〘文法〙集合的な. **5** 〘植物〙〈果実が〉集合果の, 多花果の (multiple): ～ fruit＝multiple fruit. ― *n.* **1** 集団, 共同体. **2 a** 集産(主義)的社会[団体]. **b** ＝collective farm. **3** 〘文法〙＝collective noun. **～·ness** *n.* 〘(?*a*1425)◻F ～ // ← L *collēctīvus* ← *collectus*: ⇨ -ive〕
colléctive agréement *n.* 〘労働〙 **1** 団体協約. **2** 労働協約《賃金・労働時間・労働条件などに関して使用者側と労働組合との間で結ばれたもの》. 〘1939〕
colléctive bárgaining *n.* 〘労働〙団体交渉. 〘1891〕
colléctive behávior *n.* 〘社会学〙集合行動《パニック・群集・社会運動のように共通の刺激によって多数の人々のうえに起こる類似した行動・反応の様式》.
colléctive biógraphy *n.* 双伝書《多くの人の伝記を集めた本》.
colléctive fárm *n.* (共産国の)集団農場, コルホーズ (kolkhoz). 〘1925〕
colléctive frúit *n.* 〘植物〙集合果 (multiple fruit).
col·léc·tive·ly *adv.* **1** 集合的に, 集合体[全体]として, 一団として, 一まとめにして: bargain ～ 団体交渉する. **2** 〘文法〙集合名詞として, 集合名詞的に. 〘(1597): ⇨ -ly¹〕
colléctive màrk *n.* 団体マーク《団体の商標・サービスマークで, 当該団体のメンバーのみが用いる》. 〘1938〕
colléctive nóun *n.* 〘文法〙集合名詞《例: my *family* / a herd of *swine* / feed *cattle*》. ★ 同一名詞でも The *majority* decides. / The *majority* were slaves. のように単・複両様に用いることがある (cf. NOUN of multitude). 〘1520〕
colléctive pítch contròl *n.* 〘航空〙コレクティブピッチ制御《回転翼機が垂直に離着陸またはホバーする場合に, 回転翼の揚力を加減するために, 羽根のピッチ角を回転の方位角に無関係に同時に増減すること; cf. cyclic pitch control》.
colléctive pítch lèver *n.* 〘航空〙コレクティブピッチレバー《ヘリコプターを上下させるために回転翼の羽根のピッチ角を同時に制御するレバー; cf. cyclic pitch lever》.
colléctive psychólogy *n.* 集合[集団]心理(学). 〘1898〕
colléctive responsibílity *n.* 集団責任(制).
colléctive secúrity *n.* 集団安全保障. 〘1934〕
colléctive uncónscious *n.* 〘心理〙集団的無意識《古代人から遺伝として受け継がれ, すべての個人が普遍的にもつとされる無意識の部分; C. G. Jung の説; racial unconscious ともいう》. 〘1917〕
colléctive víllage *n.* 〘社会学〙集村《ある場所に家屋が集まり, 群居生活が営まれている村落形態; cf. scattered settlement》.
col·léc·tiv·ism /-tɪ̈vɪzm | -tɪ-/ *n.* **1** 〘政治〙集産主義《国家または私的集団が権力によって財の生産・分配およびサービスを集団的に統制する社会制度[運動]; cf. capitalism, socialism》. **2** 〘心理〙集団主義《個人としてではなく集団として行動[思考]する傾向》. 〘(1857)◻F *collectivisme*〕
col·léc·tiv·ist /-vɪ̈st | -vɪst/ *n.* 集産主義者. ― *adj.* **1** 集産主義の[に関する]; 集産主義的な. **2** 集産主義者の. 〘(1882)◻F *collectiviste*〕
col·lec·tiv·is·tic /kəlèktɪ̈vístɪk | -tɪ-/ *adj.* ＝collectivist. **col·lèc·ti·vís·ti·cal·ly** *adv.*
col·lec·tiv·i·ty /kəlèktívəṭi, kɑ̀(ː)lek- | kɔ̀lɛktívɪ̈ti, kəlɛ̀k-/ *n.* **1** 集合性, 集団性. **2 a** 集産, 共有. **b** [集合的] (一単位と見なされる)民衆; 集団, 集合体. 〘(1862): ⇨ collective, -ity〕
col·lec·tiv·ize /kəléktɪ̈vàɪz | -tɪ-/ *vt.* **1** 集産主義的にする, 集産(主義)化する. **2** 集団農場にする: ～ the land. **col·lec·ti·vi·za·tion** /kəlèktɪ̈vɪ̈zéɪʃən | -tɪvaɪ-, -vɪ-/ *n.* 〘(1893): ⇨ collective, -ize〕
col·lec·tor /kəléktə | -tə⁽ʳ/ *n.* **1** 収集家; 採集者: an art ～ 美術品収集家 / a ～ of coins 貨幣収集家 / a stamp ～ 切手収集家. **2 a** 集金人, 取立人: a bill ～ 集金人, かけ取り / a tax ～ 収税人 / a ticket ～ (駅などの)集札係. **b** 徴税官. **c** (旧英領インドの)収税官《地方長官の名称》. **d** 《英》教区慈善金募集係. **3 a** (各種の)収集器[装置]. **b** 〘電気〙集電器. **c** 〘電子工学〙コレクター《トランジスターの一電極》; 集電極《電子流を集取する電極》. **4** 〘鉱山〙捕集剤, 捕収剤《浮遊選鉱法で鉱石を浮遊させるための化学薬品》. 〘(*c*1405)◻AF *collectour* (F *collecteur*)◻ML *collector*: ⇨ -or²〕
col·lec·tor·ate /kəléktərɪ̈t/ *n.* (特に, インドの)収税官の職[管区]. 〘(1825): ⇨ ↑, -ate¹〕
colléctor elèctrode *n.* 〘電子工学〙集電極 (klystron のこと).
colléctor rìng *n.* 〘電気〙スリップリング, 集電環《モーター・発電機などの回転子内回路をブラシを介して外部に取り出すための導体環; slip ring ともいう》. 〘1909〕
colléctor·shìp *n.* 集金人[収税官]の役[職].
colléctor shòe *n.* 〘電気〙 **1** 集電シュー《地下鉄などの第3レールからの集電装置》. **2** ＝collector ring. 〘1940〕
colléctor's ìtem [pìece] *n.* **1** 好事家の興味を引き[欲しがり]そうなもの. **2** ＝collectible. 〘1910〕
col·leen /kɑ(ː)líːn, ⌐―⌐ | kɔ́liːn, (アイルランドでは) ―⌐/ *n.* **1** 《アイル》少女, 娘 (girl, maiden): a ～ bawn 色白の娘. **2** アイルランドの少女[娘]. 〘(1828)◻Ir.-Gael. *cailín* (dim.) ← *caile* country woman〕
Col·leen /kɑ(ː)líːn, ⌐―⌐ | kɔ́liːn, (アイルランドでは) ―⌐/ *n.* コリーン《女性名》. 〘↑〕
col·lege /kɑ́(ː)lɪdʒ | kɔ́l-/ *n.* **1 a** 大学, カレッジ: enter [be in] ～ カレッジに入る[いる] / enter business after ～ 大学[カレッジ]を出てから実業界に入る / go to ～ 大学へ行く / Where do you go to ～? どこの大学に行っているのか. **b** 《英》学寮《Oxford, Cambridge では多くの学寮が集まって University を構成する; 学寮は独立した自治体で伝統的な特色を誇る》: King's *College*, Cambridge / New *College*, Oxford. **c** 《米》単科大学, 分科大学; (総合大学の)学部 (faculty, department): the *College* of Medicine 医科大学 / ⇨ community college, junior college. **d** [校名に用いて] (英国・カナダで)パブリックスクール: Eton *College*, Winchester *College* (cf. Harrow School, Rugby School). **e** 特殊専門[実業]学校: a ～ of agriculture 農業専門学校 / a ～ of theology 神学校 / a business ～ 実業専門学校 / the Royal Naval *College* 《英》海軍兵学校. **2** [集合的にも用いて] (上記各種学校の)校舎, 寮舎. **3** [集合的; 単数または複数扱い] (一大学[学部]の)教職員と学生全体. **4 a** (共通の利害をもつと思われる)団体, 協会, 学会: the Royal [American] *College* of Surgeons 英[米]国外科医師会 / ⇨ electoral college / the Sacred *College*＝the COLLEGE of Cardinals. **b** 選挙民たち. **5** (基金によって共同生活をする)修道院. **6** 集合, 群れ (assemblage): a ～ of bees. **7** 《英》(老人・孤児・病人などの)救護院 (asylum). **8** 《英俗》刑務所 (prison), 少年鑑別所 (reformatory).
Cóllege of Advánced Technólogy 《英》上級技術カレッジ (略 CAT).
Cóllege of Árms [the ―] (英国の)紋章院《イングランド・ウェールズおよび北アイルランドの紋章認可, 紋章と家系図の記録保管などの事務を統轄; 1484 年設立; Heralds' College ともいう; cf. Earl Marshal 2, KING of Arms, herald 3, pursuivant 1; COURT of the Lord Lyon》.
Cóllege of Cárdinals [the ―] 〘カトリック〙枢機卿会《全枢機卿で構成する教皇の最高諮問機関で, 教皇を選挙する; Sacred College ともいう; cf. conclave 2》.
cóllege of educátion 《英》教員養成所 (cf. training college, normal school).
Cóllege of Fúrther Educátion 《英》上級カレッジ《主として成人を対象に一般教養および実務教育を行う; 学位は授与しない; 略 CFE》.
Cóllege of Héralds [the ―] ＝COLLEGE of Arms.
Cóllege of Hígher Educátion *n.* (1) ＝college of education. (2) ＝technical college.
Cóllege of Jústice [the ―] (スコットランドの)民事控訴院 (Court of Session) で裁判に参加する人々の総称《裁判官・弁護士・裁判所職員など》.
Cóllege of Póntiffs [the ―] (古代ローマの)大神官団 (Pontifical College ともいう).
Cóllege of Propagánda [the ―] 〘カトリック〙宣教院《外国宣教をつかさどり, その宣教師を養成する教皇庁の機関; 単に Propaganda ともいう》.
〘(*a*1387)◻(O)F *collège*◻L *collēgium* union or association of persons, guild ← *collēga*: ⇨ colleague〕
Cóllege Bóard *n.* 《米》カレッジボード《大学入試試験委員会が実施する適性学力テストの実施についてのサービスマーク》.
cóllege-bréd *adj.* 大学教育を受けた, 大学出の.
cóllege ìce *n.* 《ニューイングランド》＝sundae 1.
cóllege líving *n.* 《英》大学が与える聖職禄(ろく). 〘1726〕
cóllege-preparatory *adj.* 大学入学準備の.
cóllege púdding *n.* 《英》(一人1個の)小型プラムプディング. 〘1829〕
cól·leg·er *n.* **1** 《米》大学生. **2** 《英》イートン校 (Eton College) の給費生 (cf. oppidan 1). **3** 《俗》＝mortarboard 2. 〘(1560): ⇨ college, -er¹〕
cóllege trý *n.* [通例 the old ～ として] 《米口語》(特に, チームや母校のために)懸命に努力すること, 全力を尽くすこと: make [give] *the old* ～. 〘1947〕
cóllege wìdow *n.* 《米口語》大学町に住んで次々と入れ替わる学生とデートする未婚女性. 〘1887〕
collegia *n.* collegium の複数形.
col·le·gial /kəlíːdʒəl, -dʒiəl | kəlíːdʒiəl, kɔ-, -dʒəl/ *adj.* **1** 大学の (collegiate). **2** (団体の各メンバーが)同等の権力と権威を有する. **3** (特にカトリック系の司教が)同等の権威を有する. **～·ly** *adv.* 〘(?*c*1350)◻L *collēgiālis*〕
col·le·gi·al·i·ty /kəlìːdʒiǽləṭi | kəlìːdʒiǽlɪ̈ti, kɔ-/ *n.* **1** 同僚が同等の権威を有すること. **2** 〘カトリック〙団

体性《司教が全員で教皇と共に教会に対する教導権をもつというローマカトリック教会の第二バチカン公会議の考え方》.〖(1887)：⇨ ↑, -ity〗

col·le·gian /kəlíːdʒən, -dʒiən | kəlíːdʒiən, kəl-, -dʒən/ *n.* **1** 大学の一員. **2** 現に大学教育を受けている人または受けた人《学生, 卒業生》. **3** 大学から給費を受けている人. 〖(*c*1378)◻ML *collēgiānus*: ⇨ -an[1]〗

col·le·giate /kəlíːdʒɪ̈t, -dʒiɪ̈t | kəlíːdʒiɪ̈t, kə-, -dʒɪ̈t/ *adj.* **1 a** 大学の: ~ life カレッジ生活. **b** カレッジの学生の; 大学生用の[向けの]: a ~ dictionary 大学生用辞書. **2** (university に) college のある. **3** 大学組織の, 大学程度の: a ~ institution, school, etc. **4** 団体組織の. **5** collegiate church の(ような). — *n.*《カナダ》=collegiate institute. **~·ly** *adv.* **~·ness** *n.* 〖(1446)◻ML *collēgiātus*: ⇨ college, -ate[2]〗

collégiate chúrch *n.* **1**〘英国国教会〙聖堂参事会 (chapter) の管理する教会, 共住聖職者教会《London の Westminster Abbey などはその例で, その主管はしたがって主教 (bishop) でなく聖堂参事会長 (dean)》. **2**《スコット》〘キリスト教〙二人以上の牧師が共同管理する教会. **3**《米》〘キリスト教〙協同教会《二つ以上の教会が同一管理下に合同したもの》. **4**〘キリスト教〙(牧師が共同管理する)合併[合同]教会, 共同教会. **5** (中世の)財団法人学院形式の大教会. 〖1540〗

collégiate ínstitute *n.*《カナダ》カナダ州政府の監督下にあって普通教科を教授する完全認可の高等学校.

col·le·gi·um /kəlíːdʒiəm, -lég-, -dʒəm; *Russ.* kaˈlʲegʲijə/ *n.* (*pl.* **-gi·a** /-dʒiə, -giə/, **~s**) 構成員が平等の権限をもつ委員会; (特に)旧ソ連の諮問委員会. 〖(1917)◻L *collēgium*: ⇨ college〗

col·le·gi·um mu·si·cum /-mjúːzɪ̈kəm | -zɪ-; *G.* kɔlé:giʊmmúːzikʊm/ *n.* コレギウム ムシクム《古い音楽やよく知られていない音楽を研究し演奏する, しばしば大学に関係する音楽愛好家の団体》. 〖(1873)◻L ~ 'musical college'〗

col le·gno /kouléɪnjou | kɔlléɪnjəu; *It.* kolléɲɲo/ *adv.*〘音楽〙コルレーニョ, 木をもって (with the wood)《弦楽器を奏するとき弓の背の木の部分で弦をたたくようにして奏せよ, という指示の語》. 〖◻It. ~〗

Col·lem·bo·la /kəlémbələ/ *n. pl.*〘昆虫〙トビムシ目, 粘管目. **col·lém·bo·lous** /-ləs/ *adj.* 〖← NL ~ ← COLLO-+Gk *émbolos* peg, wedge〗

col·lem·bo·lan /kəlémbələn/〘昆虫〙*adj.* トビムシの; トビムシ[粘管]目の. — *n.* トビムシ (springtail)《トビムシ目の昆虫の総称》. 〖(1873)：⇨ ↑, -an[1]〗

col·len·chy·ma /kəléŋkəmə | -kɪ-/ *n.* (*pl.* **~·ta** /~tə | ~tə/)〘植物〙厚角組織 (cf. sclerenchyma). **col·len·chym·a·tous** /kɑ̀(ː)lɪ̈ŋkímətəs, -káɪm- | kɔ̀lɪŋkímət-, -káɪm-ˈ/ *adj.* 〖(1835)← NL ~: ⇨ collo-, -enchyma〗

Cól·les's frácture /kɑ́(ː)lɪ̈sɪ̈z-, -liːzɪ̈z- | kɔ́lɪsɪ̈z-/ *n.*〘医学〙コリース骨折《前腕の橈骨(とうこつ)下端の骨折の一種; Colles fracture ともいう》. 〖← *A. Colles* (1773–1843: アイルランドの医師)〗

col·let /kɑ́(ː)lɪ̈t | kɔ́l-/ *n.* **1** (指輪の)宝石の受座, 玉受座, コレット. **2**〘機械〙コレット《丸棒材をつかむのに用いる》; リング. **3**〘時計〙ひげ玉《ひげぜんまいの内端をてん真に取り付ける部品》. — *vt.* 〈宝石を〉コレット[玉受座]にはめる. 〖(1528)◻(O)F ~ (dim.) ← *col* neck < L *collum*: ⇨ -et: cf. collar〗

Col·lette /kouléť, kə- | kə(ʊ)-/ *n.* コレット《女性名; ローマカトリックに多い》. 〖◻F ~ (fem. dim.) ← NICHOLAS[1]: ⇨ -ette〗

col·lic·u·lus /kəlíkjʊləs/ *n.* (*pl.* **-li** /-làɪ/)〘解剖〙丘, 小丘. **col·líc·u·lar** /-lə | -lə(r/ *adj.* 〖(*c*1850)◻L ~ (dim.) ← *collis* hill〗

col·lide /kəláɪd/ *vi.* **1** (激しく)ぶつかる, 衝突する〔*against, with*〕: The car ~*d against* the wall. 車が塀にぶつかった / Two boys ~*d* head-on *with* each other. 二人の男の子が正面からぶつかり合った / The car and the bus ~*d*. その車とバスは衝突した. **2** 〈意見・利害・目的などが〉一致しない, 相反する〔*with*〕: His opinion ~*d with* mine on that matter. そのことでは彼の意見は私の意見と衝突した. **3**〘物理〙〈素粒子・原子核・原子・分子などが(互いに)衝突する. — *vt.* 衝突させる. 〖(1621)◻L *collīdere* to clash together ← *col-* 'COM-'+*laedere* to strike, hurt〗

col·líd·er /-də | -də(r/ *n.*〘物理〙衝突器《荷電粒子ビームを磁場の中に貯蔵し, ビームとビームを衝突させる装置》.

col·li·dine /kɑ́(ː)lədìːn, -dɪ̈n | kɔ́lɪdìːn, -dɪn/ *n.*〘化学〙コリジン ($C_8H_{11}N$)《2, 4, 6-トリメチルピリジン, またはその異性体; 溶剤用》. 〖(1855)← COLLO-+-IDINE〗

collíding-béam machìne /-dɪŋ- | -dɪŋ-/ *n.* 衝突型加速器《正と負の電荷をもった高エネルギーの荷粒電子をビーム衝突させる装置》.

col·lie /kɑ́(ː)li | kɔ́li/ *n.* コリー《スコットランド原産のイヌ; 特に牧畜の番犬として使われる; 被毛は長毛の rough と短毛の smooth との二種に区別される》. 〖((1390)) (*a*1651) ← ?《スコット》*colly* coal-black ← *coll* 'COAL': その黒毛種から: cf. colly〗

col·lied /kɑ́(ː)lid | kɔ́l-/ *adj.*《古・英方言》すすけた (sooty), すすけて黒い (blackened). 〖(1595–96) ← COLLY〗

col·lier /kɑ́(ː)ljə | kɔ́liə(r, -ljə(r/ *n.* **1**《英》(炭鉱の)坑夫 (coal miner). **2 a** 石炭船, 運炭船 (coal ship): a ~ master 石炭船の船長. **b** 石炭船の水夫. **3**《廃》石炭商. 〖(1276) *colyer* ← *col* 'COAL': ⇨ -ier〗

Col·lier /kɑ́(ː)ljə | kɔ́liə(r, -ljə(r/, **Jeremy** *n.* コリアー《1650–1726; 英国の牧師・著述家; 臣従拒誓者 (nonjuror)》.

col·lier·y /kɑ́(ː)ljəri | kɔ́liəri, -ljə-/ *n.*《英》(建物・設備などを含む)炭鉱. 〖(1635)← COLLIER+-RY〗

col·lie·shang·ie /kɑ́(ː)lɪ̈ʃæŋi | kɔ́l-/ *n.*《スコット》争い, けんか (quarrel). 〖(1737)← ? COLLIE+*shang* kind of meal (← ? Sc.-Gael. *seang* thin)+-IE〗

col·li·gate /kɑ́(ː)lɪ̈gèɪt | kɔ́l-/ *vt.* **1** 結びつける, 結合する. **2** (特に)〈個々の事実を〉(一つの概念下に, また一般原理を引き出すために)総括する, 総合する. **3**〘言語〙他の要素とともに〈語を〉類別する. — *vi.* **1** 集団の一員になる. **2**〘言語〙類別関係にある. 〖(1471)← L *colligātus* (p.p.) ← *colligāre* ← *col* 'COM-'+*ligāre* to bind (⇨ league[1])〗

col·li·ga·tion /kɑ̀(ː)lɪ̈géɪʃən | kɔ̀l-/ *n.* **1** 結合. **2** (事実などの)総括, 総合. **3**〘言語〙類連結《統語構造において互いに結合しあう語類に属する語の連続したもの; 例えば「形容詞+名詞」の good books; cf. collocation 1》. 〖(1502)◻OF ~ ∥ L *colligātiō(n-)* ← *colligāre* (↑)〗

col·li·ga·tive /kɑ́(ː)ləgèɪtɪv, kəlígə- | kəlígət-/ *adj.*〘物理化学〙束一性の《組成によらず量によって定まる性質をもつ; cf. constitutive 4》. 〖1901〗

col·li·mate /kɑ́(ː)ləmèɪt | kɔ́lɪ̈-/ *vt.* **1 a** 〈一定線[方向]と〉平行にする. **b** 〈レンズ・反射鏡などによって〉〈光を〉平行にする: ~ rays. **2** …の視準を整正する, 視準する: ~ a telescope. 〖((1623)) (1837)← NL *collīmātus* (p.p.) ← *collīmāre*: L *collīneāre* to bring together into line with の誤読から生じた語〗

col·li·ma·tion /kɑ̀(ː)ləméɪʃən | kɔ̀lɪ̈-/ *n.* **1** 視準整正. **2** 視準, 照準: the error of ~ =the ~ error 視準誤差 / the line of ~ =the ~ line 視準線, 視軸(線), 視線《望遠鏡の対物レンズの中心と十字線 (cross hairs) の交点を結ぶ線》. **3** (光などを)平行にすること. 〖(1686)◻F ~ ∥ ← NL *collīmātiō(n-)*: ↑〗

cól·li·mà·tor /-tə | -tə(r/ *n.* **1**〘光学〙**a** コリメーター, 視準器《レンズまたは反射鏡の焦点にピンホールあるいはスリットをおき, これを通過した光を平行光線束にする装置》. **b** (望遠鏡)視準儀. **2**〘物理〙コリメーター《素粒子・原子核・原子または分子のビームを細くする装置》. 〖(1825)：⇨ collimate, -OR[2]〗

col·lin·e·ar /kəlíniə, kɑ(ː)- | kɔlíniə(r, kə(ʊ)-/ *adj.*〘数学〙同一直線上の, 共線的な. **col·lin·e·ar·i·ty** /kəlìniǽrəti, kɑ(ː)- | kɔlìniǽrɪ̈ti, kə(ʊ)-/ *n.* **~·ly** *adv.* 〖(1863)← COL-[1]+LINEAR〗

col·lins, C- /kɑ́(ː)lɪ̈nz | kɔ́l-/ *n.*《米》コリンズ《ジン・ウイスキー・ラム・ブランデー・ウオツカなどをベースにして砂糖・レモン[ライム]ジュース・炭酸水・氷を入れて大きなタンブラーに入れて出す飲み物; cf. Tom Collins》. 〖(1944)← *Tom Collins* (その考案者であるバーテンの名)〗

Col·lins /kɑ́(ː)lɪ̈nz | kɔ́l-/ *n.*《英口語》(ごちそう・もてなしに対する)礼状 (bread-and-butter letter). 〖(1887) Jane Austen 作 *Pride and Prejudice* 中の人物名から〗

Col·lins /kɑ́(ː)lɪ̈nz | kɔ́l-/, **Joan (Henrietta)** *n.* コリンズ《1933– ; 英国の女優; グラマー女優として活躍し, 米国テレビのソープオペラ *Dynasty* (1981–89) で人気を得た》.

Collins, Michael *n.* コリンズ《1890–1922; アイルランドの革命家・愛国者》.

Collins, William *n.* コリンズ《1721–59; 英国の詩人; *Odes* (1747)》.

Collins, (William) Wilkie *n.* コリンズ《1824–89; 英国の小説家; *The Woman in White* (1860), *The Moonstone* (1868)》.

col·lin·si·a /kəlínziə, -siə/ *n.*〘植物〙コリンソウ《ゴマノハグサ科コリンソウ属 (*Collinsia*) の植物の総称; コリンソウ (*C. bicolor*) など; 通例花は輪生で色がまだら》. 〖← NL ~ ← *Zaccheus Collins* (1764–1831: 米国の植物学者): ⇨ -ia[1]〗

Cóllins Strèet fármer *n.*《豪俗》コリンズ街の農場主《住居も職場も Melbourne 市内にあるが税金対策のため田舎に農場などを持っている実業家; Pitt Street farmer ともいう》. 〖(1938): Melbourne のオフィス街の名から〗

col·li·sion /kəlíʒən/ *n.* **1** (列車・船などの)衝突〔*with, against, between*〕: a ~ *between* the two cars 二台の車の衝突 / a ~ of the car *with* the truck 車とトラックの衝突. **2 a** (意見・利害・目的などの)衝突, 対立, 不一致: be in ~ *with* …と衝突している / come into ~ *with* …と衝突する / His ideas and mine came into ~ on that point. 彼の考えと私の考えとはその点で衝突した. **b** (音響などの)不調和. **3**〘物理〙衝突《素粒子や原子核が原子核などとぶつかり合うこと》. **~·al** /-ʒnəl, -ʒənl/ *adj.* 〖(?*a*1425)◻L *collīsiō(n-)* ← *collīdere*: ⇨ collide, -sion〗

collísion avòidance sỳstem *n.*〘航空〙(空中)衝突防止システム.

collísion bùlkhead *n.*〘造船〙船首隔壁《衝突して船首が破れても, 船内に水が入らないように設けてある》. 〖1879〗

collísion còurse *n.* (針路の変更がなければ衝突が避けられない)衝突針路[路線]: His policy is *on a* ~ *with* the public interests. 彼の政策は公共利害と必ずぶつかる. 〖1944〗

collísion insùrance *n.*〘保険〙(自動車の)衝突保険.

collísion màt *n.*〘海事〙防水マット《衝突・座礁・敵弾などで生じた破孔に応急用にあてる帆布製マット》. 〖1882〗

collísion wàrning equìpment *n.*〘航空〙(空中)衝突警報装置.

col·lo- /kɑ́(ː)lou | kɔ́ləu/「膠(にかわ) (glue); コロイド (colloid)」の意の連結形. ★ 母音の前では通例 coll- になる. 〖← NL ~ ← Gk *kollo-* ← *kólla* glue〗

col·lo·blast /kɑ́(ː)ləblæ̀st | kɔ́l-/ *n.*〘動物〙粘着細胞 (adhesive cell). 〖⇨ ↑, -blast〗

col·lo·cate /kɑ́(ː)ləkèɪt | kɔ́lə(ʊ)-/ *n.*〘文法〙連語構成語《連語関係 (collocation) をなす語; 例えば bring to blows という連語は bring, to, blows という3つの連語構成語から成る》. — *vi.*〘文法〙〈語が〉連結する, 連語をなす〔*with*〕. — *vt.* **1** 一緒に並べる. **2** (一定の順序に)配置[配列]する. 〖(1513)← L *collocātus* (p.p.) ← *collocāre* to place together ← *col-* 'COM-' +*locāre* to place (⇨ locate)〗

col·lo·ca·tion /kɑ̀(ː)ləkéɪʃən | kɔ̀lə(ʊ)-/ *n.* **1**〘文法〙語の配置, 連語(関係), コロケーション (cf. colligation 3). **2** 一緒に並べること. **3** 配置, 配列. **~·al** /-ʃnəl, -ʃənlˈ/ *adj.* 〖(*c*1450)◻L *collocātiō(n-)*: ⇨ ↑, -ation〗

col·loc·u·tor /kəlɑ́kjʊtə, kou-, kɑ́(ː)ləkjùːtə | kəlɔ́kjʊtə(r, kɔ́ləkjùː-/ *n.* 対話[対談]の相手, 対談者. 〖(1616)◻LL *collocūtor* ← L *collocūtus* (p.p.) ← *colloquī* to converse ← *col-* 'COM-'+*loquī* to speak: ⇨ -or[2]〗

Col·lo·di /kəlóʊdi | -ləudi; *It.* kollɔ́ːdi/, **Carlo** *n.* コルローディ《1826–90; イタリアのジャーナリスト・児童文学者; *Le Avventure di Pinocchio*「ピノキオの冒険」(1883); 本名 Carlo Lorenzini》.

col·lo·di·on /kəlóʊdiən | -ləud-/ *n.*〘化学〙コロジオン《ピロキシリン (pyroxylin) のエーテルアルコール溶液; 蒸発すれば薄膜を残すので写真のフィルム・傷口の被覆などに用いる》. 〖(1851)← NL *collōdium* ← Gk *kollṓdēs* like glue ← *kólla* glue: ⇨ collo-, -ode[1]〗

collódion còtton *n.*〘化学〙コロジオン綿 (⇨ pyroxylin).

col·lo·di·on·ize /kəlóʊdiənàɪz | -ləud-/ *vt.* …にコロジオンを塗る, コロジオンで処理する. 〖(1859)：⇨ -ize〗

collódion pròcess *n.*〘写真〙コロジオン法, 湿板写真. 〖1859〗

col·lo·di·o·type /kəlóʊdiətàɪp | -ləud-/ *n.*〘写真〙コロジオン写真《感光薬の媒体としてコロジオンを使用した種々の昔の写真》.

col·lo·di·um /kəlóʊdiəm | -ləud-/ *n.*〘化学〙=collodion. 〖← NL ~: ⇨ collodion, -ium〗

col·logue /kəlóʊg | -ləug/ *vi.* **1** ひそひそ話をする; 密談する. **2**〘方言〙示し合わせる, 共謀する. 〖(1602)《変形》? ←《廃》*colleague* to conspire (◻OF *colliguer* to unite ◻L *colligāre* 'to COLLIGATE'): F *colloque*, L *colloquī* to talk together の影響を受けたものか〗

col·loid /kɑ́(ː)lɔɪd | kɔ́l-/ *n.*〘物理化学〙**1** コロイド, 膠(こう)質, 膠状質 (cf. crystalloid 1). **2**〘病理〙甲状腺膠質. **3**《廃》(溶液の中にあって)半透膜を浸透しない物質. — *adj.* =colloidal. 〖(1847–49)← COLLO-+-OID〗

col·loi·dal /kəlɔ́ɪdḷ, kɑ(ː)- | kə-, kɔ-/ *adj.* 膠(こう)質の, コロイド性の: ~ silver [gold] コロイド銀[金] / ~ solution〘物理化学〙コロイド溶液, ゾル. **~·ly** *adv.* **col·loi·dal·i·ty** /kɑ̀(ː)lɔɪdǽləti | kɔ̀lɔɪdǽlɪ̈ti/ *n.* 〖(1861)：⇨ ↑, -al[1]〗

colloídal fúel *n.*〘化学〙コロイド燃料《石炭など固体燃料の微粉を燃料油に混合した液体燃料》.

col·lop /kɑ́(ː)ləp | kɔ́l-/ *n.*〘方言〙**1 a** 肉の薄片; (特に)ベーコンの薄片; 小間切れ肉. **b** 小さい薄片, 小さな一塊, 小さな一部分. **2**〘古〙(肥えた人・動物の)皮膚のひだ (cf. *Job* 15:27). 〖(*a*1376) *colop(p)e* an egg fried in grease ← ? ON: cf. OSwed. *kolhuppadher* (Swed.《方言》*kollops*) cooked on coal〗

col·lo·phane /kɑ́(ː)ləfèɪn | kɔ́l-/ *n.*〘鉱物〙膠(こう)状石《潜晶質塊状の燐灰石; 外観は蛋白石に似ている; collophanite ともいう》. 〖(1917)← COLLO-+-PHANE〗

col·loph·a·nite /kəlɑ́(ː)fənàɪt | -lɔ́f-/ *n.*〘鉱物〙=collophane. 〖(1892)：⇨ ↑, -ite[1]〗

col·lo·phore /kɑ́(ː)ləfɔ̀ə | kɔ́ləfɔ̀ː(r/ *n.*〘昆虫〙腹管, 吻状器《トビムシ類の腹部第1節から下方に突き出している太い円筒状の嚢(のう); 粘管目の昆虫に特有の器官》. 〖(1878)← COLLO-+-PHORE〗

colloq.《略》colloquial; colloquialism; colloquially.

colloquia *n.* colloquium の複数形.

col·lo·qui·al /kəlóʊkwiəl | -ləu-/ *adj.* **1** 日常会話の[に関する, で表現される]: a ~ knowledge of Japanese (読み書きは別として)しゃべるだけの日本語の知識 / a ~ extravagance 口数の多いおしゃべり. **2** 口語の, 口語体の, 談話体の (conversational) (cf. literary 3, vulgar 4, slangy 1). **3** 口語体[会話体]を用いる: a ~ poet. — *n.* 口語表現; 口語体; 口語. **col·lo·qui·al·i·ty** /kəlòʊkwiǽləti | -lə̀ʊkwiǽlɪ̈ti/ *n.* **~·ness** *n.* 〖(1751–52)：⇨ colloquy, -al[1]〗

col·ló·qui·al·ism /-lɪzm/ *n.* **1** 口語体, 談話体. **2** 口語的表現; 方言的表現. 〖(1810)：⇨ ↑, -ism〗

col·lo·qui·al·ize /kəlóʊkwiəlàɪz | -ləu-/ *vt.* 口語体で書く. 〖(1846)：⇨ -ize〗

col·ló·qui·al·ly /-kwiəli/ *adv.* **1** 口語体に, 談話体風に. **2** 会話で (orally): know French ~ フランス語をしゃべる程度に知っている, フランス語の会話はできる. 〖(1791)：⇨ -ly[1]〗

col·lo·quist /kɑ́(ː)ləkwɪ̈st | kɔ́ləkwɪst/ *n.* 談話者 (talker). 〖(1792)← L *colloqui(um)*+-IST〗

col·lo·qui·um /kəlóʊkwiəm | -ləu-/ *n.* (*pl.* **~s**, **-qui·a** /-kwiə/) **1** 討論会, 会議; (特に, 一定の題目のもとに専門家も加わって行う)研究会, セミナー. **2**〘法律〙名誉毀損の主張《名誉毀損の訴えで原告が, 原告または特定の事実に関して被告が名誉毀損的言辞を用いたと主張すること》. 〖(1609)◻L ~ (↓)〗

col·lo·quy /kɑ́(ː)ləkwi | kɔ́l-/ *n.* **1 a** 会話, 対話, 対談 (talk, conversation). **b** (高度な)討論, 会議, 会談 (conference): hold ~ with …と会談する. **2** 対話形式の文学作品. **3**〘キリスト教〙(ある改革派教会で)教務

C

C

会 (長老派教会の長老会 (presbytery) に類する). 〘(1459) □ L *colloquium* conversation ← *colloquī* to converse ← *col-* 'COM-' + *loquī* to speak〙

col·lo·type /kά(ː)lətàɪp | kɔ́lə(ʊ)-/ 〘印刷〙 *n.* **1** コロタイプ (写真応用製版印刷法; albertype, artotype ともいう); コロタイプ版. **2** コロタイプ印刷物. — *vt.* コロタイプで印刷する. 〘(1883) ← COLLO- + -TYPE〙

col·luc·ta·tion /kὰ(ː)lʌktéɪʃən | kɔ̀l-/ *n.* 〘古〙 闘争, 葛藤. 〘(1611) □ L *colluctātiō(n-)* ← *colluctārī* to contend together ← COL-[1] + *luctārī* to wrestle〙

col·lude /kəlúːd | kəlúːd, kə-, -ljúːd/ *vi.* ひそかに結託する; 共謀する (conspire) 〔*with, in*〕. **col·lúd·er** *n.* 〘(1525) □ L *collūdere* to play together ← *col-* 'COM-' + *lūdere* to play (← *lūdus* game)〙

col·lu·nar·i·um /kὰ(ː)lənέ°riəm | kɔ̀ljunέər-/ *n.* (*pl.* **-i·a** /-riə/) 〘医学〙 点鼻剤, 洗鼻剤. 〘← NL ~ ← L *colluere* to wash + *nāris* nostril + -IUM〙

col·lu·sion /kəlúːʒən | -lúː-, -ljúː-/ *n.* **1** 結託; 共謀 (conspiracy): in ~ with …と共謀して. **2** 〘法律〙 通謀, なれ合い訴訟 (cf. covin 1): the parties in ~ なれ合い訴訟の当事者. 〘(1389) □ (O)F ~ // L *collūsiō(n-)* ← *collūdere* 'to COLLUDE'〙

col·lu·sive /kəlúːsɪv, -zɪv | -lúː-, -ljúː-/ *adj.* 共謀的な, なれ合いの上での, 互いに気脈を通じた: a ~ agreement 共謀協定. **~·ly** *adv.* 〘(1671) ← L *collusus* (p.p.) ← *collūdere* + -IVE〙

col·lu·to·ri·um /kὰ(ː)lətɔ́ːriəm | kɔ̀l-/ *n.* 〘薬学〙 = collutory. 〘← NL ~: ⇨ ↓, -ORIUM〙

col·lu·to·ry /kά(ː)lətɔ̀ːri | kɔ́lətəri/ *n.* 〘薬学〙 含嗽(がんそう)剤, うがい薬 (mouthwash). 〘← NL *collutorium* ← *colluere* to rinse ← *col-* 'COM-' + *lavere* to wash: ⇨ -ory[2]〙

col·lu·vi·um /kəlúːviəm | -lúːviəm, -ljúː-/ *n.* (*pl.* **-vi·a** /-viə/, **~s**) 〘地質〙 崩石(層) (傾斜地のふもとに堆積した土砂や岩屑). **col·lú·vi·al** /-viəl/ *adj.* 〘(1936) □ ML ~ = L *colluviēs* washings, dregs ← *colluere* to wash: ↑〙

col·ly /kά(ː)li | kɔ́li/ 〘英方言・古〙 *vt.* (すすで)汚す, 黒くする (smut, blacken). — *n.* すす, 汚れ (soot, grime). — *adj.* 汚い, すすけた. 〘(1590) ← ME *colwe(n)*, **colȝen* ← OE **colgian* ← *col* 'COAL'〙

col·lyr·i·um /kəlíriəm/ *n.* (*pl.* **-i·a** /-riə/, **~s**) 〘医学〙 洗眼薬 (eyewash). 〘(1398) □ L ~ □ Gk *kollúrion* poultice, eye salve (dim.) ← *kollūra* roll of bread〙

col·ly·wob·bles /kά(ː)liwὰ(ː)blz | kɔ́liwɔ̀blz/ *n. pl.* [通例 the ~; 単数または複数扱い] 〘口語〙 **1** (腹鳴りを伴う)腹痛, (腹痛を伴う)下痢. **2** (腹痛などを伴う精神的な)不安: get *the* ~ 怖じ気づく. 〘(1823) 〘変形〙 ← NL *cholera morbus* 'the disease CHOLERA': ⇨ morbid: COLIC と WOBBLE の合成に見立てた戯言的造語〙

Col·mar /kóʊlmɑə, — ⌐ | kɔ́lmɑː[r]; *F.* kɔlmaːʁ/ *n.* コルマール (フランス北東部の都市, Haut-Rhin 県の県都; 織物の生産地; ドイツ語名 Kolmar).

Col·ney Hatch /kóʊnihǽtʃ | kə́ʊ-/ *n.* **1** コーニ ハッチ(病院) (イングランド Lothian 州にある精神病院). **2** 精神病院. 〘所在地の村名にちなむ〙

Colo. 〘略〙 Colorado.

co·lo- /kóʊloʊ, kά(ː)l- | kə́ʊləʊ, kɔ́l-/ 「大腸, 結腸; 大腸菌」の意の連結形: colostomy. ★ 時に coli-, また母音の前では通例 col- になる. 〘← NL ~ ← L *colon* □ Gk *kólon*〙

col·o·bo·ma /kὰ(ː)ləbóʊmə | kɔ̀ləbə́ʊ-/ *n.* (*pl.* **-ma·ta** /~tə | ~tə/) 〘医学〙 (脈絡膜・網膜・虹彩などの)目の構造的欠陥[欠損(症)], コロボーム. 〘(1843) ← NL ~ □ Gk *kolóbōma* a part taken away in mutilation ← *kolobós* cut short〙

col·o·bus /kά(ː)ləbəs | kɔ́l-/ *n.* (*pl.* **-o·bi** /-bὰɪ, -bìː/) 〘動物〙 コロブス (アフリカ産コロブス属 (*Colobus*) のサル; 尾が発達). 〘(1835) ← NL ~ ← Gk *kolobós* mutilated: 未発達の親指にちなむ〙

co·lo·cate /kòʊlóʊkeɪt, -loʊkéɪt | kə̀ʊlə(ʊ)kéɪt/ *vt.* 同じ場所に配置する, ごく近接させて配置する. **co·lo·ca·tion** /kòʊloʊkéɪʃən | kə̀ʊlə(ʊ)-/ *n.* 〘1965〙

col·o·cynth /kά(ː)ləsɪnθ | kɔ́l-/ *n.* **1 a** 〘植物〙 コロシントウリ (*Citrullus colocynthis*) (アジア・地中海方面の温暖地方に産するウリ科の植物; colocynth apple ともいう). **b** コロシントウリの果実 (bitter apple ともいう). **2** 〘薬学〙 コロシント (コロシントウリの果肉で調製する下剤). 〘(1543) □ L *colocynthis* □ Gk *kolokunthís* wild gourd〙

colog. 〘記号〙〘数学〙 = cologarithm.

cò·lógarithm *n.* 〘数学〙 余対数 (逆数の対数; 商の対数を表すのに使う; 記号 colog.). 〘(1881) ← co-[1] + LOGARITHM〙

co·logne /kəlóʊn | -lə́ʊn/ *n.* オーデコロン, コロン水 (eau de Cologne, cologne water ともいう). **co·lógned** *adj.* 〘(1814) ↓〙

Co·logne /kəlóʊn | -lə́ʊn/ *n.* ケルン (ドイツ西部 North Rhine-Westphalia 州の Rhine 川に臨む市; 商工業の大中心地; 大学・大聖堂がある; ドイツ語名 Köln). 〘(*c*1310) ← L *colōnia* 'COLONY'〙

Co·lomb-Be·char /kəlɔ́ː(m)beɪʃάə, -lɔ́ːm- | -ʃάː[r]; *F.* kɔlɔ̃beʃaːʁ/ *n.* コロンベシャール (Béchar の旧名).

Co·lombes /kəlɔ́ː(m)b, -lɔ́ːmb; *F.* kɔlɔ̃ːb/ *n.* コロンブ (フランス, Paris 北西部郊外の工業および住宅地帯).

Co·lom·bi·a /kəlʌ́mbiə, -lóʊm- | -lɔ́m-, -lʌ́m-; *Am. Sp.* kolómbja/ *n.* コロンビア (南米北西部の共和国; 面積 1,138,900 km², 首都 Santa Fe de Bogotá; 公式名 the Republic of Colombia コロンビア共和国). 〘*Columbus* (It. *Colombo*) にちなむ〙

Co·lom·bi·an /kəlʌ́mbiən, -lóʊm- | -lɔ́m-, -lʌ́m-/ *adj.* **1** コロンビアの[に関する, 特有の]. **2** コロンビア人の[に関する, に特有の]. — *n.* コロンビア人.

Co·lom·bo /kəlʌ́mboʊ | -lʌ́mbəʊ, -lɔ́m-/ *n.* コロンボ (スリランカ (Sri Lanka) の西海岸にある海港; もと同国の首都).

co·lon[1] /kóʊlən, -lɑ(ː)n | kə́ʊlən, -lɔn/ *n.* (*pl.* **~s**, 2 では **co·la** /-lə/) **1** (句読点の)コロン (:). ★ ピリオド (.) とセミコロン (;) との中間に位する句読点で, 対句の間または説明句・引用句の前などに用いる; 引用文[句]を示す場合にはしばしば次にダッシュを添える; なお, 時(間)・分・秒を表す数字の間, 聖書などの章句を表す数字の間に用いられる; また, 対比を表す数字の間に用いられる; ある種の発音記号では母音の後につけて長音であることを表す: the 10:15 p.m. train / 8:25:30 8 時間 25 分 30 秒 / *Luke* 2:3 ルカ伝 2 章 3 節 / 4:1 4 対 1 (four to one と読む) / 2:1 = 6:3 2 対 1 は 6 対 3 (Two is to one as six is to three. と読む). **2** 〘古典詩学・修辞〙 コロン(単位): **a** (一つ以上の clause (節)から成る)文の一部 (韻律の単位の一つ; cf. comma 3 a). **b** (完全な clause をなす)韻文[散文]の 1 行[半行]. 〘(1550) □ L *cōlon* □ Gk *kôlon* limb, part of a verse ← IE **skel-* crooked (Gk *skélos* leg)〙

co·lon[2] /kóʊlən, -lɑ(ː)n | kə́ʊlən, -lɔn/ *n.* (*pl.* **~s**, **co·la** /-lə/) 〘解剖〙 結腸: the ascending [descending] ~ 上行[下行]結腸 (⇨ digestive 挿絵) / ⇨ transverse colon. 〘(*a*1398) □ L ~ □ Gk *kólon* large intestine ← ?〙

co·lon[3], **co·lón** /kəlóʊn | kɔlɒn, kə-; *Am.Sp.* kolón/ *n.* (*pl.* **co·lo·nes** /-neɪs; *Am.Sp.* -nes/, **~s**) **1** コロン (コスタリカ (= 100 centimos)・エルサルバドル (= 100 centavos) の通貨単位; 記号 ¢). **2** 1 コロン金貨; (エルサルバドルの) 1 コロン紙幣. 〘(1916) □ Am.-Sp. *colón* ← Sp. *Cristóbal Colón* Christopher Columbus〙

co·lon[4] /kəlóʊn, koʊ- | kɔlɔn, kə-; *F.* kɔlɔ̃/ *n.* (特に, アルジェリアの)植民地農夫, 農園主. 〘(1606) □ F ~ □ L *colōnus* colonist: ⇨ colony〙

Co·lón /kəlóʊn, koʊ- | kɔlɔn, kə-; *Am.Sp.* kolón/ *n.* コロン (パナマ, Panama 運河の東口(大西洋岸)にある港市). 〘□ Sp. ~ = Columbus〙

Colón Archipélago /—⌐—/ *n.* [the ~] コロン諸島 (⇨ Galápagos Islands).

cólon bacíllus *n.* 〘細菌〙 大腸菌. 〘1909〙

colo·nel /kə́ːnl | kə́ː-/ *n.* **1** 〘軍事〙 (米) (陸軍・空軍・海兵隊の)大佐; (英) 陸軍大佐, 連隊長. **2** (米) 大佐 (南部・中部の州で軍と関係のない名誉職などに対する敬称). 〘(1548) □ (廃) F *coronel* (F *colonnel*) 〘異化〙 ← It. *colonnello* (原義) column of soldiers (dim.) ← *colonna* 'COLUMN' < L *columnam*: 今の発音は古形から, また今のつづりは It. *colonnello* から〙

Cólonel Blímp /-blímp/ *n.* 頑固な保守的考えの人; 中年のもったいぶった反動主義者. **~·ism** /~ìzm/ *n.* 〘(1937) David Low (1891–1963: 英国の諷刺漫画家)の漫画中の人物から〙

colo·nel·cy /kə́ːnḷsi | kə́ː-/ *n.* 大佐[連隊長]の地位[階級, 任務]. 〘(1797): ⇨ -cy; *lieutenancy* にならった語〙

cólonel-in-chíef *n.* (*pl.* **colonels-in-c-**, **~s**) (英) 名誉連隊[部隊]長 (通例王家の人がなる).

Cólonel Sán·ders /-sǽndəz | -sάːndəz/ *n.* カーネルサンダーズ (1890–1980; 米国のファーストフードチェーン経営者; Kentucky Fried Chicken の創始者; 本名 Harland Sanders).

cólonel·shìp *n.* = colonelcy.

colones *n.* colon[3] の複数形.

coloni *n.* colonus の複数形.

co·lo·ni·al /kəlóʊniəl | -lə́ʊ-/ *adj.* **1 a** 植民地の[のための, 特有の, 風の]: a ~ policy 植民地政策 / under Portuguese ~ rule ポルトガルの植民地支配下に. **b** 植民地をもつ[から成る]: Britain's ~ empire. **2** [しばしば C-] **a** (米国における)英国植民地の, 英領植民地時代の (cf. colony 2 b): the (old) ~ days [times] 植民地時代. **b** 〘建築〙 植民地時代風の, コロニアル風の (17–18 世紀米国における英本国 George 王朝様式の模倣にいう): ~ architecture. **3** 〘生態〙 群体[群落] (colony) の. — *n.* **1** 植民地人, 植民地住民. **2 a** 植民地用郵便切手[硬貨]. **b** 植民地時代風の製品. **3** 植民地時代様式の家. **~·ness** *n.* 〘(1776) □ F ~: ⇨ -al[1]〙

colónial ánimal *n.* 〘動物〙 群体動物 (compound animal).

colónial críngе *n.* (豪・NZ) (旧英領の)植民地的劣等感.

colónial dúck *n.* = colonial goose.

colónial expérience *n.* (豪・NZ) 植民地経験 (植民地時代英国青年がオーストラリアやニュージーランドで積んだ牧羊・農耕などの経験). 〘1851〙

colónial góose *n.* (豪・NZ) 羊の肩肉か骨を抜いた羊の脚肉にパン粉を詰めて味つけして焼いたもの (colonial duck ともいう). 〘1897〙

co·ló·ni·al·ism /-lìzm/ *n.* **1** (生活・風習・言語などの)植民地風, 植民地人気質[癖]. **2** 植民政策, 植民地化政策. 〘(1853): ⇨ -ism〙

co·ló·ni·al·ist /-lɪ̣st | -lɪst/ *n.* 植民地主義者. — *adj.* = colonialistic. 〘(1701): ⇨ -ist〙

co·lo·ni·al·is·tic /kəlòʊniəlístɪk | -lə̀ʊ-⌐/ *adj.* 植民地政策の, 植民地主義(者)の. 〘(1950): ⇨ ↑, -ic[1]〙

co·lo·ni·al·i·za·tion /kəlòʊniəlɪ̣zéɪʃən | -lə̀ʊniəlaɪ-, -lɪ-/ *n.* **1** 植民地化. **2** 植民; 植民地状態. 〘(1770): ⇨ ↓, -ation〙

co·lo·ni·al·ize /kəlóʊniəlàɪz | -lə́ʊ-/ *vt.* 植民地化する. 〘(1622): ⇨ -ize〙

co·ló·ni·al·ly /-niəli/ *adv.* **1** 植民地として, 植民地風に. **2** 〘生態〙 群体[群落]的に. 〘(1843): ⇨ -ly[1]〙

Colónial Òffice *n.* [the ~] (英国の)植民省 (現在は外務連邦省 (Foreign and Commonwealth Office) に統合).

colónial síding *n.* 〘木工〙 南京(なんきん)下見, コロニアルサイディング (米植民地建築に見られる板を横に張った木造外壁; cf. bevel siding).

co·lon·ic /koʊlά(ː)nɪk, kə- | kə(ʊ)lɔ́n-/ *adj.* 〘解剖〙 結腸 (colon) の. — *n.* 〘医学〙 結腸洗浄. 〘1885〙

Col·o·nies /kά(ː)ləniz | kɔ́l-/ *n. pl.* [the ~] **1** (英) かつての大英帝国の属領. **2** 〘米史〙 アメリカ合衆国独立 (1776) 当初の 13 州 (⇨ colony 2 b).

cól·o·nist /-nɪ̣st | -nɪst/ *n.* **1** 海外移住民, 植民者; (特に)植民地開拓者, 入植者 (settler). **2** 植民地住民. 〘(1701) ← COLONIZE: ⇨ -ist〙

col·o·ni·tis /kὰ(ː)lənáɪtɪ̣s | kɔ̀lənáɪtɪs/ *n.* 〘病理〙 = colitis. 〘(1834) ← COLON[2] + -ITIS: 語源的は COLITIS が正しい〙

col·o·ni·za·tion /kὰ(ː)lənɪ̣zéɪʃən | kɔ̀lənaɪ-, -nɪ-/ *n.* **1** 植民, 植民地建設; 拓殖, 移植. **2** (米) (投票獲得のための)有権者の一時的移住. 〘(1770): ⇨ colonize, -ation〙

còl·o·ni·zá·tion·ist /-ʃ(ə)nɪ̣st | -nɪst/ *n.* 植民開拓主義者; (特に)在米黒人をリベリアに植民させようと主張したアメリカ奴隷廃止論者. 〘(1831): ⇨ ↑, -ist〙

col·o·nize /kά(ː)lənàɪz | kɔ́l-/ *vt.* **1 a** …に植民地を建設する. **b** …に入植する, 拓殖する. **2** 〈移民を〉植民地に送る, 移住させる. **3** 植物などを〈他地方〉に移植する. **4** (米) 〈有権者を〉投票獲得のため移住させる; 〈ある土地〉に不法有権者を移住させる. **5** 〈精神障害者などを〉特別隔離する. — *vi.* **1** 開拓者となる; 入植する (settle). **2** 〘生物〙 集落化する. **cól·o·nìz·a·ble** /-zəbḷ/ *adj.* 〘(1622): ⇨ colony, -ize〙

cól·o·nìz·er *n.* **1** 植民地開拓者; 植民者. **2** (米) 投票獲得のため有権者を移住させる人; 移入有権者. 〘(1781): ⇨ ↑, -er[1]〙

col·on·nade /kὰ(ː)lənéɪd | kɔ̀l-/ *n.* **1** 〘建築〙 コロネード, 列柱, 柱廊. **2** 並木. 〘(1718) □ F ~ □ It. *colonnato* ← *colonna* 'COLUMN': *-ade* は ARCADE, etc. の類推〙

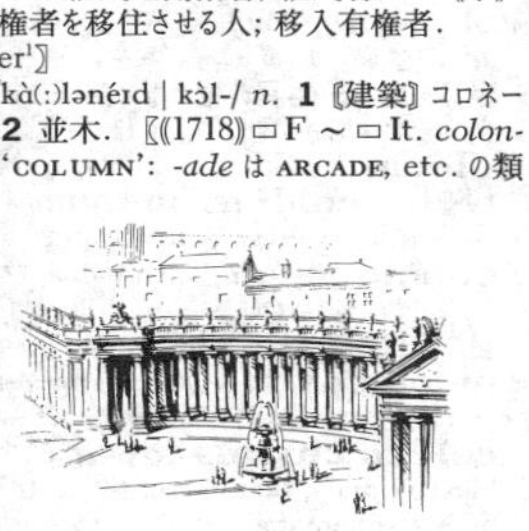

colonnade 1

còl·on·nád·ed /-dɪ̣d | -dɪd/ *adj.* 〘建築〙 列柱を備えた. 〘(1815): ⇨ ↑, -ed[2]〙

co·lon·o·scope /koʊlά(ː)nəskòʊp, koʊ- | kəlɔ́nəskə̀ʊp/ *n.* 〘医学〙 結腸内視鏡. 〘← COLON[2] + -O- + -SCOPE〙

co·lo·nos·co·py /kòʊlənά(ː)skəpi | kə̀lənɔ́s-/ *n.* 結腸鏡検査(法), 結腸内視術. 〘← COLON[2] + -O- + -SCOPE〙

Col·on·say /kά(ː)lənsèɪ, -zèɪ | kɔ́l-/ *n.* コロンセイ島 (西スコットランド Inner Hebrides 諸島の島; 面積 41 km²).

co·lo·nus /kəlóʊnəs | -lə́ʊ-/ *n.* (*pl.* **co·lo·ni** /-naɪ, -niː/) 〘ローマ史〙 (ローマ帝国後期の)コロヌス (自由人だが, 土地に縛りつけられた農民). 〘(1888) □ L *colōnus* (↓)〙

col·o·ny /kά(ː)ləni | kɔ́l-/ *n.* **1** 〘集合的〙 植民, 移民. **2 a** 植民地: a ~ acquired by conquest [occupation] 征服[占領]植民地 / a ~ by emigration 移住植民地 / ⇨ crown colony / a ~ settlement 植民地. **b** [the Colonies] (英国が米国に最初に建設した)東部 13 植民地 (New Hampshire, Massachusetts, Rhode Island, Connecticut, New York, New Jersey, Pennsylvania, Delaware, Maryland, Virginia, North Carolina, South Carolina, Georgia; cf. colonial 2 a). **c** 〘ギリシャ史〙 植民都市 (独立した都市国家; cf. metropolis 4). **d** 〘ローマ史〙 征服植民地. **3 a** (国または都市の)特定外人居住地; 居留地; 租界; 居留民: the American ~ in Paris, the Italian ~ in Soho, etc. **b** [集合的] (特殊な職業の人たちなどの住む)集団居住地, 「村」, 「町」, 「街」; そこに住む人たち: a ~ of artists = an artists' ~ 美術家集団, 芸術家村 / a nudist ~ ヌーディスト村. **4 a** [集合的] (治療・矯正などのため)他人から隔絶された人たち, 隔離集団: a TB ~ / a penal ~. **b** 隔離集団のための土地[建物], コロニー. **5** (鳥・アリ・ミツバチなどの)集団, 群生: a ~ of sparrows. **6** 〘生態〙 群体, 群落, コロニー (cf. individual 4): a ~ of plants, animals, cells, etc. **7** 〘細菌〙 コロニー, 集落 (微生物が固体培養基上に作った集団). **8** 〘地質〙 群体をなす生物の化石. 〘(*c*1384) □ L *colōnia* landed estate, colony ← *colōnus* farmer ← *colere* to cultivate, dwell ← IE **kʷel-* to dwell (L *inquilīnus* dweller)〙

cólony-stimulàting fàctor *n.* 〘医学〙 コロニー刺激因子 (前駆細胞の顆粒球マクロファージなどへの分化を促進するほか, それらの前駆細胞にコロニーを形成させる刺激を与える糖蛋白の総称; 略 CSF).

col·o·phon /kά(ː)ləfən, -fὰ(ː)n | kɔ́ləfən, -fɔn/ *n.* **1** (本の標題紙や背などに示された)印刷者マーク, 出版社マーク. **2** 〘古〙 奥書き, 刊記, 奥付 (写本の刊本の巻末に示されていることの多い, 図書製作に関する記述; 書名・著者名・印刷者とか活字書体, 印刷用紙など): from title page to ~ 標題紙から奥付まで, 全巻すっかり. 〘(1621) □ L ~ □ Gk *kolophṓn* summit, finishing stroke〙

col·o·pho·ni·um /kɑ̀(ː)ləfóuniəm | kɔ̀ləfóu-/ *n.* 〘化学〙=colophony. 〘← NL ～ ← L *colophōnia*: ↓〙

col·oph·o·ny /kəlɑ́(ː)fəni, kɑ́(ː)ləfòu- | kɔləfə-/ *n.* 〘化学〙コロホニー (⇨ rosin). 〘(1345–49) ◻ L *Colophōnia* (*rēsīna*) (resin) of Colophon (小アジアのリュディア (Lydia) の都市)〙

col·o·quin·ti·da /kɑ̀(ː)ləkwíntədə | kɔ̀ləkwíntɪdə/ *n.* 〘植物・薬学〙=colocynth. 〘(*a*1398) ◻ ML ～ (変形) ← L *colocynthis* ◻ Gk *kolokunthis* wild gourd ← ?: ⇨ colocynth〙

col·or, (英) **col·our** /kʌ́lə | -lə(r)/ *n.* **1 a** 色, 色彩: the ～*s* of the rainbow 虹の七色 / an ice cream in three ～*s* 三色アイスクリーム (cf. Neapolitan ice cream) / a sense of ～ 色彩感覚 / ⇨ primary color / What ～ is this?=What is the ～ of this? これは何色ですか / It's a sort of greenish ～.=It's sort of greenish in ～. 多少緑っぽい色. **b** 黒白のコントラスト, 色調; (光線・画・墨絵などの)明暗.
2 a (絵画などの)着色, 彩色 (coloring): a movie in (full) ～ カラー[色彩]映画. **b** 絵の具 (paint): ⇨ oil color, watercolor / lay on the ～*s* 色を塗る / paint in bright [glowing] ～*s* 明るい[燃え立つような]色で描く / paint in dark ～*s* 暗い色で描く. **c** 色素, 染料 (pigment).
3 a 顔色; 健康な顔色: have a high ～ (発熱などで)顔がひどく赤い; (健康で)際立って血色がよい[美しい] / have (a) good ～ 顔色がいい / have no ～ 血の気がない, 血色がよくない / change ～ 顔色を変える, 血相を変える; 顔を赤らめる / gain ～ 血色がよくなる / lose ～ 青ざめる / regain ～ 顔色がよくなる / All the ～ had gone out of her face. 彼女の顔から血の気がすっかり失せてしまっていた. **b** 赤面, 紅潮 (blush): Her ～ came and went as she listened. 聞き入るにつれて彼女の顔色は赤くなったり青くなったりした / *Color* showed in her face. 彼女は顔を赤らめた.
4 a 皮膚の色. **b** (人種的区別となる白色以外の)色; (特に)黒色: a person of ～ 有色人. **c** [集合的] 黒人 (Negroes).
5 a (文学作品などの)精彩, 生き生きした効果 (vividness); 華麗な文体: The play has a lot of ～. その劇はなかなか生き生きしている / All the ～ has gone out of my life. 暮らしから精彩がなくなってしまった. **b** =local color. **c** (米口語)〘ラジオ・テレビ〙(スポーツ実況放送に変化と興味を与えるためアナウンサーがつけ加える)試合の分析・統計・選手の横顔(など). **d** [*pl.*] (古) 言葉の飾り[あや].
6 a (徒歩の部隊・軍艦・船舶などの掲げる)旗; 軍旗, 連隊旗 (cf. standard 6 a); 軍艦旗, 船舶旗: salute the ～*s* 軍旗に敬礼する / ⇨ King's Colour. **b** [the Colors] 国旗 (cf. flag[1] 1 a). **c** [*pl.*] 国旗・軍旗に対する敬礼, 国旗掲揚[降下]式. **d** [*pl.*] 軍隊: desert one's ～*s* 脱営[脱走]する; 脱党する / join [follow] the ～*s* 入隊する, 軍籍に入る《今はまれ》/ serve with the ～*s* 兵役に服する, 軍人である.
7 [通例 *pl.*] **a** (所属団体などを表す)特色のある色の衣服[制服]. **b** (学校・競技団体などの標識となる)校色, 団体色; 記章の色リボン, 色ジャケットなど: the ～*s* of a school 校色, スクールカラー / get [win] one's [give a person his] ～*s* (英) (競技の)選手になる[人を選手にする].
8 a 外見, 姿 (appearance, guise); もっともらしさ, 潤色 (plausibility): some ～ of truth 幾分の本当らしさ / without ～ 潤色なしに, ありのままに[で] / give [add, lend] ～ to a story 話を潤色する, 話をもっともらしく[おもしろく]する / give (a) false ～ to ...の記事(など)を故意にゆがめる / put a false ～ on ...を曲解[誤って解釈]する. **b** 口実 (pretext): under (the) ～ of ...を口実にして, ...にかこつけて. **c** [通例 *pl.*] 立場 (stand); 本性, 本音 (character, nature): see things in their true ～*s* 事物の真相をみる / show one's (true) ～*s*=show oneself in one's true ～*s* 本性を表す; 本音を明かす / come out in one's true ～*s* 本性を表す. **9** 〘音楽〙 **a** 音色. **b** コロール《中世音楽の作曲・演奏上の工夫; coloratura はその名残り》. **c** コロール《ルネサンス期の定量記符法で, 白符を黒[赤]で塗りつぶした音符; 一般に白符 2 個と黒符 3 個の時価が等しい》.
10 〘印刷〙(刷り上がりの)色調. **11** 〘法律〙(有効性や真正性の)表見, 外見《実体がないのに, あるように装うこと》.
12 〘トランプ〙 **a** 赤または黒のスーツ; (一般に)あるスーツ (suit). **b** (solo で)クラブのスーツ. **13** (米西部)〘鉱山〙(選鉱なべで土砂を洗って残る)砂金の小粒 (cf. pan[1] 2 e).
14 〘物理〙カラー, 色《クォーク (quark) のもつ自由度で 3 種類ある》. **15** 〘紋章〙カラー《紋章に使用する gules, azure, sable, vert, purpure, sanguine, tenné などの原色の総称》. ★ 紋章の色は furs (毛皮模様), metals (金属色), color (原色)の 3 グループに分けられている. **16** 〘音声〙(母音の)音色 (⇨ r color).
cáll to the cólors 徴兵する, 〈兵を〉召集する. ***còme óff* [*óut*] *with flýing cólors* [*cólors flýing*]** 堂々と旗を翻して凱旋する; 見事にやってのける, (事業などで)大成功する. ***lówer* [*stríke*] *one's cólors*** (要求などで)譲歩[放棄]する; (議論などで)降参する. ***màke cólors*** 〘海事〙(船上に)国旗を掲げる. ***náil one's cólors to the mást*** 旗じるしを鮮明にして固守する; 主義を貫く; 固守して譲らない. 《1848》 ***òff cólor*** (1) 正常の色でない, 色がはげて. (2) (口語) 顔色のよくない, 健康を損じて: be [feel, look] off ～ 元気がない[気分, 顔色]がよくない. (3) 悪趣味で, 変で, いかがわしい. 《1875》 ***páint in bríght* [*glówing*] *cólors*** (1) ⇨ 2 b. (2) 華麗な文体で描写する, 華々しくほめ立てて書く. 《1576》 ***páint in dárk cólors*** (1) ⇨ 2 b. (2) 毒筆を振るう, 悪しざまに書き立てる. ***sáil ùnder fálse cólors*** (1) 〈船が〉偽旗を掲げて(国籍を偽って)走る. (2) 〈人が〉素姓[本心など]を偽(って世を渡)る. 《1867》 ***sée the cólor of a person's móney*** 金の支払い能力があることを確かめる. ***stick to one's cólors*** 自己の旗印(所属の党または自己の主義など)を固守する. ***táke one's cólor from*** ...をまねる. ***ùnder cólor of*** ...の仮面のもとに, ...を口実に. ***with flýing cólors*** 立派に, 大成功を収めて, 意気揚々と (cf. *come off* [*out*] *with flying* COLORS): pass (the exam) *with flying* ～*s*. 《1692》
— *adj.* [限定的] **1 a** 色の, 色彩の: a ～ term 色彩語. **b** 彩色してある, カラーの: a ～ photograph カラー写真 / ⇨ color television. **2** 皮膚の色の[に関する]: ⇨ color line.
— *vt.* **1 a** ...に色を塗る, 彩る, 彩色する, 着色する: ～ a picture, wall, etc. / Joy ～*ed* his cheeks. うれしさにほおが紅潮した / The sun ～*ed* the clouds gold. 太陽が雲を金色に彩った. **b** ...に染色する, 染める. **2** 色づける, 文飾を施す, 潤色[粉飾]する: ～ a story, a description, etc. **3 a** 〈うそを〉もっともらしくみせる: ～ a lie. **b** ゆがめる (misrepresent, distort): an account ～*ed* by prejudice 偏見の加わった記事. **4** ...に影響を与える: our lives that are ～*ed* by capitalism 資本主義に色づけられた我々の生活.
— *vi.* **1 a** 色がつく[出る]: A meerschaum pipe will not ～. 海泡石のパイプはなかなか色がつかない. **b** 〈果物などが〉(熟して)色づく. **2** 顔を赤らめる 〈*up*〉: ～ (*up*) to the temples 耳元までさっと赤くなる. **3** クレヨンで塗り絵を塗る.
cólor in 〈絵などに〉色を塗る, 彩色する.
〘n.: 《?*c*1225》◻ OF *colour* (F *couleur*) < L *colōrem* ← OL *colos* covering ← IE **kel-* 'to cover, CONCEAL' (Gk *khrôma* color of the skin). — v.: 《*c*1380》◻ OF *colo*(*u*)*rer* < L *colōrāre* ← *color* (n.)〙

SYN 色彩: **color**「色」を意味する一般的な語《色相・明度・彩度の 3 属性によって定義される》. **hue** (文語) = *color*; *shade* の意味で使われることもある. **shade** 一つの色の異なる色合い: various *shades* of green 緑のさまざまな色合い. **tint** *shade* とほぼ同義だが多く淡色についていう: a delicate blue *tint* ほのかな青の色合い. **tinge** 全体に少し混じっている色: Her hair has a *tinge* of red. 髪が赤みがかっている.

col·or·a·bil·i·ty /kʌ̀l(ə)rəbíləti | -lɪti/ *n.* 着色できる性質. 〘(1874): ⇨ ↓, -ity〙

col·or·a·ble /kʌ́l(ə)rəbl/ *adj.* **1** 彩色[着色]できる. **2** 見かけばかりの, もっともらしい: a ～ description もっともらしい描写. **3** 偽りの, 偽造の: a ～ imitation 見かけだおしの模造品. **～·ness** *n.* **cól·or·a·bly** *adv.* 〘(*c*1395) ◻ OF ～: ⇨ color, -able〙

Col·o·ra·dan /kɑ̀(ː)lərǽdn, -rɑ́ː- | kɔ̀lərɑ́ːdn-/ *adj.* (米国) Colorado 州(人)の. — *n.* Colorado 州人.

col·o·ra·do /kɑ̀(ː)lərǽdou, -rɑ́ː- | kɔ̀lərɑ́ːdəu-/ *adj.* 〈葉巻が〉色と強さが中程度の (cf. claro, maduro). — *n.* コロラドシガー《色と強さが中程度の葉巻》. 〘◻ Am.-Sp. ～ ◻ Sp. 'colored, red' (p.p.) ← *colorar* to color < L *colōrāre* ← *color* 'COLOR'〙

Col·o·ra·do /kɑ̀(ː)lərǽdou, -rɑ́ː-, -də | kɔ̀lərɑ́ːdəu-/ *n.* **1** コロラド《米国西部の州 (⇨ United States of America 表)》. **2** コロラド(川): **a** [the ～] 米国 Colorado 州北部から Utah 州, Arizona 州を流れて California 湾に注ぐ川 (2,320 km); 流程に Grand Canyon の峡谷, Boulder Dam などがある. **b** [the ～] 米国 Texas 州西部から南東に流れて Mexico 湾に注ぐ川 (1,450 km). **c** [the ～] アルゼンチン中部を南東に流れ大西洋に注ぐ川 (850 km). 〘← Sp. (*Río*) *Colorado* (原義) red colored river: ↑〙

Col·o·ra·do·an /kɑ̀(ː)lərǽdouən, -rɑ́ː- | kɔ̀lərɑ́ːdəu-/ *n.*, *adj.* =Coloradan.

Colorado béetle *n.* 〘昆虫〙=Colorado potato beetle. 〘1877〙

Colorado blúe sprúce *n.* 〘植物〙=Colorado spruce.

Colorado Désert *n.* [the ～] コロラド砂漠《米国 California 州南東部の砂漠地帯; その中に Salton Sea がある; 面積 5,100 km²》.

col·o·rad·o·ite /kɑ̀(ː)lərǽdouàit, -rɑ́ː- | kɔ̀lərɑ́ːdəu-/ *n.* 〘鉱物〙コロラド石《テルル化水銀 (HgTe) から成る鉄黒色の鉱物》. 〘(1876) ← COLORADO + -ITE[1]〙

Colorado Nátional Mónument *n.* コロラド国定記念物《米国 Colorado 州西部, Grand Junction の西にある保護地域; 風食をうけた地形, 絶壁の渓谷などで知られる》.

Colorádo Platéau *n.* [the ～] コロラド高原《米国 Arizona, Utah, Colorado, New Mexico 各州にまたがる高原; Grand Canyon がある》.

Colorado potáto bèetle *n.* 〘昆虫〙コロラドハムシ (*Leptinotarsa decemlineata*)《北米原産ハムシ科の昆虫で, ジャガイモの大害虫; ヨーロッパにも侵入している; Colorado beetle, potato beetle, potato bug ともいう》. 〘(1868) ← *Colorado* (発見地)〙

Colorado Spríngs *n.* コロラド スプリングス《米国 Colorado 州中央部の都市; Gold Rush 時代にでき, 今では観光保養地, 空軍士官学校所在地》.

Colorado sprúce *n.* 〘植物〙アメリカハリモミ (*Picea pungens*)《米国西部地帯に広く分布する常緑高木; (Colorado) blue spruce, silver spruce ともいう》. 〘1897〙

col·or·ant /kʌ́l(ə)rənt/ *n.* 着色剤, 絵の具, 顔料 (pigment); 染料 (dye). 〘(1884) ◻ F ～ (pres.p.): ⇨ color, -ant〙

col·or·a·tion /kʌ̀ləréiʃən/ *n.* **1 a** 着色, 配色; 色合い, 色彩. **b** 着色法, 彩色法. **2** (生物の)天然色, 変色: protective ～ 保護色 / sympathetic ～ 感応変色 / ⇨ warning coloration. **3** 特色, 性格, 色調; 立場(を見せる面), 傾向 (inclination); 種類 (kind): in a government of any ～ いかなる主義主張をもつ政府においても. **4** (声などの)音色. 〘(1612) ◻ F ～: ⇨ color, -ation〙

col·or·a·tu·ra /kʌ̀lərətú(ə)rə, kɑ̀(ː)l-, -tjú(ə)r- | kɔ̀lərətjúərə, -túə-/; *It.* koloratúːra/ 〘音楽〙 *n.* **1 a** コロラトゥーラ《声楽の極めて華麗な技巧的装飾》. **b** コロラトゥーラのある楽曲. **2** コロラトゥーラ歌手. — *adj.* [限定的] コロラトゥーラの; コロラトゥーラ歌手の. 〘(1740) ◻ It. (廃) ～ (原義) coloring ← < LL ～ =L *colōrātus* ← *colōrāre*: ⇨ color〙

coloratúra sopráno *n.* コロラトゥーラ歌手《高音部を叙情的に華麗に歌うソプラノ歌手》.

col·or·a·ture /kʌ́lərətʃə | kɔ́lərətjùə(r), -tʃə(r)/ *n.* 〘音楽〙=coloratura.

cólor bàr *n.* (白色人種・有色人種間の)人種差別の障壁. 〘1913〙

cólor-bèarer *n.* (特に, 軍隊の)旗手. 〘1891〙

cólor-blìnd *adj.* **1** 色盲の. **2** 気がつかない, ぼんやりした; 盲目の. **3** 白人と黒人の区別をしない; 人種偏見をもたない. **4** 〘写真〙〈フィルム・乳剤などが〉青・紫・紫外光のみに感光する. 〘1854〙

cólor blìndness *n.* 色盲: ～ test chart. 〘1844〙

cólor bòx *n.* 絵の具箱 (paint box). 〘1842〙

cólor-brèed *vt.* (特定の色の品種を作るため)選択育種する: ～ canaries for red.

col·or·cast /kʌ́ləkæ̀st | -ləkɑ̀ːst/ (米) 〘テレビ〙 *n.* カラーテレビ放送. — *vt.*, *vi.* (～, ～·ed) カラーでテレビ放送する. 〘← COLOR + (TELE)CAST〙

cólor·càster *n.* (米) (実況などで, 統計や分析なども入れて)いきいきと多彩に放送するアナウンサー.

cólor chànge *n.* 〘郵趣〙 **1** 変色《不正手段・化学変化あるいは事故で切手の色が変化すること》. **2** (郵政当局により)図案や額面はそのままで刷り色が変えられること. 〘1904〙

cólor chàngeling *n.* 〘郵趣〙(化学変化による)変色切手.

cólor chàrt *n.* カラーチャート, 色表《色の標準を示す色紙を系統的に配列したもの》. 〘1876〙

cólor chèst *n.* 〘海事〙(船の)信号旗(格納)箱, 信号旗戸棚. 〘1867〙

cólor cinematógraphy *n.* 色彩[天然色, カラー]映画.

cólor-còde *vt.* (識別のために)〈各事項を〉色分けする. **-cod·ed** *adj.* 〘1957〙

cólor còde *n.* 色コード《電線・ファイルなどを識別するための色分け体系》.

cólor còmpany *n.* 〘軍事〙軍旗中隊.

cólor-coórdinated *adj.* ある特定のカラースキーム (color scheme) に合致させた. **cólor-coordinàtion** *n.*

cólor devéloper *n.* 〘写真〙発色現像液.

co·lo·rec·tal /kòulouréktl | kəulə(u)-/ *adj.* 〘解剖〙結腸直腸の. 〘1962〙

col·ored /kʌ́ləd | -ləd/ *adj.* **1 a** 着色した, 彩色してある, 色刷りの: ～ printing 色刷り / ～ discharge printing 〘染色〙着色抜染 / ～ glass 色ガラス / ～ pencils 色鉛筆 / white or ～ shirts 白または色物のワイシャツ. **b** [通例複合語の第 2 構成素として] (...の)色の: cream-*colored* クリーム色の / flesh-*colored* 肉色の. **2** [しばしば C-] **a** 有色の: a ～ man / ～ people 有色人種; 黒人. **b** (古・軽蔑) 黒人の: a ～ school 黒人学校. **3** [C-] (南アフリカで)カラードの, 黒人と混血の. **4 a** 文飾を施した, 潤色してある; 精彩のある: his ～ verse 潤色した詩. **b** 誇張した, 偏見でゆがめられた, かたよった: a highly ～ description ひどく誇張した描写 / a ～ account 偏見でゆがんだ記述[記事, 談話]. **c** うわべを繕った, 偽りの (deceptive): a ～ friendship 見せかけの友情.
— *n.* **1** [しばしば C-] **a** 有色人; (古) (軽蔑) (特に)黒人: a hospital for ～*s*. **b** [the ～; 集合的] 有色人; (古) (軽蔑) (特に)黒人. **c** (南ア) カラード《白人と黒人との混血児》. **2** [*pl.*] (洗濯・染色などで白いものと区別して) 色物. 〘(*c*1325): ⇨ -ed 2〙

cólored distémper *n.* (英) =colorwash.

cólored stóne *n.* カラードストーン, 色石《ダイヤモンド以外の天然宝石》.

col·or·er /-lərə | -rə(r)/ *n.* 色着け師, 彩色者. 〘(1612): ⇨ -er[1]〙

cólor·fàst *adj.* (繊維が水や日光などにさらされても)色あせしない, 変色しない; 耐久色の. **～·ness** *n.* 〘1926〙

cólor-fìeld *adj.* 〘絵画〙(抽象絵画で)色面が強調された. 〘1964〙

cólor-fìeld páinting *n.* 〘美術〙カラーフィールドペインティング《米国で 1960 年代に興った抽象絵画の様式で, 色彩を形体から解放し, 色彩の彩度や明度の微妙さをモノクロームもしくは数色で表現する; Rothko から minimalism の画家たちに対しても用いる》. 〘1970〙

cólor fìlm *n.* カラーフィルム, 天然色写真フィルム. 〘1912〙

cólor fìlter *n.* 〘写真・光学〙色フィルター《光の分光分布・強度などを変化させる光学素子; color screen ともいう》. 〘1900〙

col·or·ful /kʌ́ləfəl, -fl | -lə-/ *adj.* **1** 色彩に富んだ, 色のにぎやかな. **2** 華やかな, 多彩な: a ～ career 多彩な経歴 / a ～ figure [character] 注目を集めた華やかな人物. **3** 精彩を放つ, いきいきした, 精彩を放つ: a ～ description, narrative, etc. **4** 〈言葉が〉下品な, 荒々しい (rude): ～ language. **～·ly** /-fəli/ *adv.* **～ness** *n.* 〘(1889): ⇨ -ful[1]〙

cólor guàrd *n.* ((米))(連隊などの)軍旗衛兵, 軍旗護衛, 隊旗警衛 (4 名から成る). 〖1823〗

col·or·if·ic /kʌ̀lərífɪk⁻/ *adj.* **1** 色を生じる, 色を出す. **2** 色の[に関する]. **3** ((古)) 文学的色彩に富む, 華麗な. 〖((1676)): ⇨ -fic〗

col·or·im·e·ter /kʌ̀lərímətə | -mɪ̀tə(r)/ *n.* 〘光学〙 **1** 測色計, 色彩計 (色を表す数値を測定する器械). **2** 比色計 (溶液の色濃度を比較することにより定量化学分析を行う装置). 〖1863-72〗

C

col·or·im·e·try /kʌ̀lərímətri | -mɪ̀tri/ *n.* 比色定量, 色度測定; 測色学. **col·or·i·met·ric** /kʌ̀lərəmétrɪk | -rɪ̀-⁻/ *adj.* **còl·or·i·mét·ri·cal** *adj.* **còl·or·i·mét·ri·cal·ly** *adv.*

cólor ìndex *n.* 色指数: **1** 〘天文〙 天体の写真等級と実視等級との差. **2** 〘鉱物〙 岩石に含まれる有色鉱物の量を百分率で表した値. **3** 〘化学·物理〙 色調·彩度·明度による色の組織的な配列. 〖1908〗

cól·or·ing /-l(ə)rɪŋ/ *n.* **1 a** 着色(法), 彩色 (coloration). **b** 絵の具の使い[塗り]方. **2 a** 色彩効果. **b** 自然の色. **c** (皮膚の)色; (顔の)血色: attractive ～. **3** 着色剤, 色素, 絵の具, 染料. **4 a** 見せかけ (show). **b** 偏見, かたより. **5** (作品などの)調子, 傾向; (文章の)華やかさ. **6** 影響 (influence), (外面の)変化 (alteration). **7** 音色. 〖((a1398)): ⇨ -ing¹〗

cóloring bòok *n.* 塗り絵帳.

cóloring màtter *n.* 色素; 着色剤, 絵の具.

cólor·ism *n.* ＝coloration, coloring.

cól·or·ist /-lərɪ̀st | -rɪst/ *n.* **1** (写真·髪などの)色づけ師, 彩色者. **2** 色彩効果の巧みな画家. **3** 色彩を扱う人. 〖((1686)) □ F *coloriste*: ⇨ color, -ist〗

col·or·is·tic /kʌ̀lərístɪk⁻/ *adj.* **1** 色彩[色彩]に関する; 色の使用に関する. **2** 〘音楽〙 音色[音の効果]を強調する: ～ treatment in orchestration. **còl·or·ís·ti·cal·ly** *adv.* 〖((1883)): ⇨ ↑, -ic¹〗

col·o·rize /kʌ́lərὰɪz/ *vt.* コンピューターを利用して白黒フィルムに色をつけてカラー化する. **còl·or·i·zá·tion** /-rɪ̀zéɪʃən | -raɪ-, -rɪ-/ *n.* 〖1611〗

cólor-kèy *vt.* ＝color-code.

cólor·less *adj.* **1** 無色の: ～ liquids. **2 a** 色彩に乏しい, ぼやけた. **b** 〈空が〉どんよりした. **c** 〈顔が〉血の気のない; 青白い: one's ～ face. **3** 特色のない, 精彩を欠く; さえない, つまらない, 面白くない. **4** 公平な, かたよらない, 無色な. **～·ly** *adv.* **～·ness** *n.* 〖((c1380)) ((1660)): ⇨ -less〗

cólor lìne *n.* 白人と黒人[有色人種]との(社会的·政治的)境界線 (color bar). ***dráw the cólor lìne*** 皮膚の色の区別立てをする, 黒人との交際を拒む. 〖1878〗

cólor·man /-mən, -mæ̀n/ *n.* (*pl.* **-men** /-mən, -mèn/) **1** 絵の具屋, 塗料商人. **2** 染色工. 〖1691〗

cólor màrk *n.* 〘郵趣〙 カラーマーク (切手シートの耳袋に刷色を表示した印).

cólor mùsic *n.* 色彩楽 (色·形·明るさの組合わせを種々に変えて音楽調を感じさせるもの). 〖1844〗

cólor pàinting *n.* 〘絵画〙 (形態や明暗よりも)色面が強調された絵画.

cólor phàse *n.* **1** (一動物群に現れる)(毛)皮の不規則変色; 不規則変色した変種動物. **2** (動物の年齢·季節による)変色. 〖1927〗

cólor photógraphy *n.* 天然色[カラー]写真術. 〖1872〗

cólor-plàte *adj.* (本の) カラー図版[イラスト].

cólor pòint *n.* 〘紋章〙 カラーポイント (特に, saltire の交差点の上部をいう; cf. honor point).

cólor·pòint cát *n.* 長毛のペルシャネコ ((米)) Himalayan cat) (ペルシャネコとシャムネコの交配種).

cólorpoint shórt·hàir *n.* カラーポイントショートヘア (シャムネコとアメリカ短毛ネコの交配種; 体形·体毛はシャムに似るが, 毛色が異なる). 〖1794〗

cólor prèjudice *n.* 有色人種[黒人]に対する偏見. 〖1905〗

cólor prìnt *n.* カラープリント (2 色以上の多色刷り印刷物); カラー写真(印画). 〖1862〗

cólor prìnting *n.* (特に 3 色以上の)色刷り. 〖1862〗

cólor-revérsal *adj.* 〘写真〙 カラーリバーサルの (カラー反転現像により直接カラーポジになるように設計された).

cólor schème *n.* (室内装飾·庭園などの)色彩の配合設計; 色彩の配合. 〖1890〗

cólor scrèen *n.* 〘写真·光学〙 ＝color filter. 〖1890〗

cólor separàtion *n.* 〘写真〙 色分解 (像の各部の光を三原色光(青·緑·赤の 3 色光)に分けて, その割合を記録すること, また記録した像). 〖1922〗

cólor separàtion óverlay *n.* ＝chromakey.

cólor sèrgeant *n.* 〘軍事〙 (大隊または連隊の)軍旗護衛軍曹. 〖1813〗

cólor·slìde *n.* カラースライド. 〖1951〗

cólor súb·càrrier *n.* (テレビの)カラー副搬送波.

cólor súpplement *n.* ((英)) (新聞の日曜版などの)色刷り付録版.

cólor télevision *n.* カラーテレビ(ジョン) (color TV ともいう). 〖1929〗

cólor tèmperature *n.* 〘光学〙 色温度 (ある光の色度と(近似的に)等しい色度をもつ黒体(完全放射体)の温度). 〖1916〗

Col·or·tex /kʌ́lətèks | -lə-/ *n.* 〘商標〙 カラーテックス (米国製の紙製品; トイレットペーパーなど).

cólor tòne *n.* 色調. 〖1875〗

cólor trìangle *n.* 〘光学〙 色三角形 (⇨ chromaticity diagram). **—** *vt.* 水性塗料を塗る. 〖1876〗

cólor TV *n.* ＝color television.

cólor·wàsh *n.* 泥絵の具, 水性塗料 ((英) coloured distemper). 〖(*v.*) 1887〗

cólor·wày *n.* ((英)) 色彩配合, 彩色法. 〖1957〗

cólor whèel *n.* (各色に塗り分けられた円盤を回して)色が混ざって見えるように工夫された器具. 〖1893〗

col·or·y /kʌ́l(ə)ri | -ləri/ *adj.* **1** ((口語)) 色のいい, 色のにぎやかな; 多彩な. **2** (良質品であることを示す)色のいい: ～ hops, coffee, etc. 〖((1853)): ⇨ -y⁴〗

Coloss. ((略)) Colossians (新約聖書の)コロサイ人への手紙.

Co·los·sae /kəlɑ́(ː)siː | -lɔ́s-/ *n.* コロサイ (小アジアの Phrygia の古都).

co·los·sal /kəlɑ́(ː)səl, -sl | -lɔ́s-/ *adj.* **1** 巨像 (colossus) の[に関する, のような], 巨大な (gigantic) (⇨ enormous SYN): a ～ statue. **2** 〈数量·規模·効力など〉途方もなく大きな, 膨大な; 並はずれた, とてつもない: ～ stupidity 大ばか / on a ～ scale 大規模に. **3** 〈彫像が〉実物の 2 倍大の (cf. heroic 3 b). **4** 〘建築〙 〈通し柱が〉2 階以上の高さをもつ. **5** ((口語)) すばらしい, 驚くべき (splendid).

col·los·sal·i·ty /kɑ̀(ː)ləsǽləṭi | kɔ̀ləsǽlɪ̀ti/ *n.* **～·ly** *adv.* 〖((1712)) □ F ～: ⇨ colossus, -al¹〗

colóssal órder *n.* 〘建築〙 大オーダー (二階分以上の高さをもつ古典主義建築の柱 (order); giant order ともいう). 〖1957〗

Col·os·se·um /kɑ̀(ː)ləsíːəm | kɔ̀l-/ *n.* **1** コロセウム (古代ローマ最大の円形劇場; 75 年 (Vespasian 帝時代)に起工して 80 年 (Titus 帝時代)に落成したという; 今もその跡が残っている; cf. amphitheater 1). **2** [c-] ＝coliseum 1. 〖((1708-15)) □ ML *Colossēum* ← L (neut.) ← *colossēus* colossal ← *colossus* 'COLOSSUS'〗

Colosseum 1

colossi *n.* colossus の複数形.

Co·los·sian /kəlɑ́(ː)ʃən, -ʃiən | -lɔ́siən, -ʃiən, -ʃən/ *n.* **1** コロサイ (Colossae) の人[住民], コロサイ人. **2** [*pl.*; 単数扱い] (新約聖書の)コロサイ人への手紙, コロサイ書 (The Epistle of Paul to the Colossians) (略 Col., Coloss.). **—** *adj.* **1** コロサイの. **2** コロサイ人の.

co·los·sus /kəlɑ́(ː)səs | -lɔ́s-/ *n.* (*pl.* **～·es, co·los·si** /-saɪ, -siː | -saɪ/) **1** 巨像. **2** [the C-] ＝COLOSSUS of Rhodes. **3 a** (人を威圧するような)巨大なもの. **b** 偉人, 大人物. **c** 大国. **d** 大会社.

Colóssus of Rhódes [the ―] ロードス島のヘーリオス巨像 (紀元前 3 世紀に Rhodes 港の入口に建ててあったという青銅製の Helios の巨像; 高さ約 36 m; 世界七不思議 (Seven Wonders of the World) の一つ).

〖((a1398)) □ L ～ □ Gk *kolossós*: もと Herodotus がエジプトの像につけた名という〗

co·los·to·my /kəlɑ́(ː)stəmi | kəlɔ́s-, kə-/ *n.* 〘外科〙 結腸フィステル形成(術), 人工肛門形成(術). 〖((1888)) ← COLO-＋-STOMY〗

co·los·trum /kəlɑ́(ː)strəm | kəlɔ́s-, kə-/ *n.* 〘医学〙 (産婦の)初乳 (出産後数日間出る乳で高蛋白で抗体を含む). **co·lós·tral** /-trəl/ *adj.* 〖((1577)) □ L ～ 'beastings'〗

co·lot·o·my /kəlɑ́(ː)ṭəmi | -lɔ́t-/ *n.* 〘外科〙 結腸切開(術). 〖((1867)) ← COLO-＋-TOMY〗

colour *n.*, *v.* ((英)) ＝color.

-co·lous /⁻ k(ə)ləs/「…に住んで[生えて]いる」の意の形容詞連結形: arenicolous. 〖← L *-cola* inhabitant (cf. L *colere* to inhabit)＋-OUS〗

colp- /kɑ(ː)lp | kɔlp/ (母音の前にくるときの) colpo- の異形.

col·pi·tis /kɑ(ː)lpáɪṭɪ̀s | kɔlpáɪtɪs/ *n.* 〘病理〙 膣(ちつ)炎 (vaginitis). 〖((1876)) ← NL ～: ⇨ colpo-, -itis〗

col·po- /kɑ́(ː)lpou | kɔ́lpəu/「膣(ちつ) (vagina)」の意の連結形: *colposcope*. ★ 母音の前では通例 colp- になる. 〖← NL ～ ← Gk *kolpo-* ← *kólpos* vagina: ⇨ gulf〗

col·por·tage /kɑ̀lpɔətɑ́ːʒ, kɑ(ː)lpɔəṭɪdʒ | kɔ́lpɔːtɪdʒ, kɔ̀lpɔːtɑ́ːʒ; *F.* kɔlpɔʁtaːʒ/ *n.* (キリスト教書の)行商. 〖((1846)) □ F ～: ⇨ ↓, -age〗

col·por·ter /kɑ́(ː)lpɔəṭə | kɔ́lpɔːtə(r)/ *n.* ＝colporteur.

col·por·teur /kɑ̀(ː)lpɔətə́ː, kɑ́(ː)lpɔəṭə | kɔ́lpɔːtə(r, kɔ̀lpɔːtə́ː(r; *F.* kɔlpɔʁtœːʁ/ *n.* 書籍行商人; (聖書普及会などから派遣された)聖書[キリスト教書]呼び売人[行商人]. 〖((1796)) □ F ～ 'hawker' ← *colporter* to peddle (← *col, cou* neck＋*porter* to carry) (変形) ← OF *comporter* to hawk, carry □ L *comportāre* to bring together (⇨ comport¹)〗

col·po·scope /kɑ́(ː)lpəskòup | kɔ́lpəskəup/ *n.* 〘医学〙 膣(ちつ)鏡. **col·po·scop·ic** /kɑ̀(ː)lpəskɑ́(ː)pɪk | kɔ̀lpəskɔ́pɪk⁻/ *adj.* 〖((1940)) ← COLPO-＋-SCOPE〗

col·pos·co·py /kɑ(ː)lpɑ́(ː)skəpi | kɔlpɔ́s-/ *n.* 膣(ちつ)鏡検査. 〖((1940)): ⇨ ↑, -y¹〗

col·pot·o·my /kɑ(ː)lpɑ́(ː)ṭəmi | kɔlpɔ́t-/ *n.* 〘外科〙 膣(ちつ)切開. 〖((1905)): ⇨ -tomy〗

Col. Sergt. ((略)) 〘軍事〙 color sergeant.

colt /kóult | kə́ult/ *n.* **1 a** 馬の子, 子馬. **b** 〘競馬〙 若ごま (通例 4-5 歳までの牡馬; cf. filly 1). **c** ロバ[シマウマ]の子. **d** 〘聖書〙 ラクダの子 (cf. *Gen.* 32:15). **2** 〘スポーツ〙 **a** 無経験な若者, 青二才. **b** 〘英口語〙 (特に, クリケットやラグビーの)新人. **3** 〘海事〙 端に結び目のある短いロープ, 結びなわ (刑罰に用いた). **4** [the C-] 〘天文〙 こうま(子馬)座 (⇨ Equuleus). **—** *vt.* **1** 〘海事〙 結びなわで打つ. **2** ((廃)) だます. 〖lateOE ～ < ? Gmc **kultaz* (Swed. (方言) *kult(er)* half-grown animal, boy) ← IE **gel-* to form into ball〗

Colt /kóult | kə́ult/ *n.* 〘商標〙 コルト (米国 Colt 社製の拳銃の総称). 〖((1838)) ↓〗

Colt /kóult | kə́ult/, **Samuel** *n.* コルト (1814-62; 米国のコルト式拳銃の発明者).

cólt distèmper *n.* 〘獣医〙 (馬の)ジステンパー (⇨ strangles).

col·ter /kóulṭə | kə́ultə(r)/ *n.* 犂刀(りとう) (すき (plow) の先につけた草切り刃または円板). 〖OE *culter* □ L *culter* plowshare, knife ← IE **(s)kel-* to cut〗

cólt·ish /-tɪʃ/ *adj.* **1** 子馬の[に関する, のような]. **2 a** 訓練をしてない, 野性の, 御しにくい. **b** 飛びはねてふざける (frisky). **c** ((廃)) 気ままな (wanton). **～·ly** *adv.* **～·ness** *n.* 〖((a1395)): ⇨ -ish¹〗

Col·trane /kóultreɪn, ―⁻ | kəltréɪn, kəul-/, **John (William)** *n.* コルトレーン (1926-67; 米国のジャズサクソホーン奏者·作曲家; 愛称 Trane).

cólts·fòot *n.* (*pl.* **～s**) 〘植物〙 フキタンポポ (*Tussilago farfara*) (ヨーロッパ産のフキに似た植物; 昔は薬用; 漢方ではカントウ(款冬)という; horsehoof ともいう). 〖((1373)) (なぞり) ← ML *pēs pullī*: その葉の形にちなむ〗

cólt's-tàil *n.* 〘植物〙 **1** ＝horseweed 1. **2** ＝field horsetail. 〖1735〗

cólt's tóoth *n.* **1** 〘獣医〙 馬の異常歯. **2** 若気の放蕩[道楽]: have a ～ 若気の道楽をする.

col·u·brid /kɑ́(ː)l(j)ʊbrɪ̀d | kɔ́l(j)ʊbrɪd/ *adj.*, *n.* 〘動物〙 ヘビ科 (Colubridae) の(動物). 〖((1887)) ↓〗

Co·lu·bri·dae /kəlúːbrədìː | -lúːbrɪ-, -ljúː-/ *n. pl.* 〘動物〙 ヘビ科. 〖← NL ～ ← *Coluber* (属名: ← L *coluber* snake)＋-IDAE〗

col·u·brine /kɑ́(ː)l(j)ʊbràɪn, -brɪ̀n | kɔ́ljʊbràɪn/ *adj.* **1** ヘビの; ヘビのような (snakelike). **2** 〘動物〙 ヘビ亜科の. 〖((a1528)) □ L *colubrīnus* like a serpent ← *coluber* snake ← ?: ⇨ -ine¹〗

co·lu·go /kəlúːgou | -gəu/ *n.* (*pl.* **～s**) 〘動物〙 ＝flying lemur. 〖((1890)) ← ? Malaya (現地語)〗

Col·um /kɑ́(ː)ləm | kɔ́l-/ *n.* コラム (男性名; 異形 Colm). 〖□ Ir. ～ □ L *Columba* (原義) dove: cf. Malcolm〗

Col·um /kɑ́(ː)ləm | kɔ́l-/, **Pa·draic** /pɑ́ːdrɪk, -drɪg; *Irish* pɑ́rɪg/ *n.* コラム (1881-1972; アイルランド生まれの米国の詩人·劇作家).

Co·lum·ba /kəlʌ́mbə/ *n.* 〘天文〙 はと(鳩)座 (おおいぬ座の南西にある南天の小星座; Columba Noae, the Dove ともいう). 〖□ L ～ 'dove' ← IE **kel-* gray, black (Gk *kelainós* black)〗

Co·lum·ba /kəlʌ́mbə/, **Saint** *n.* コルンバ (521?-597; アイルランドの宣教師; スコットランドに伝道した; Iona 島に修道院を建てた; 祝日は 6 月 9 日).

Colúmba Nó·ae /-nóuiː | -nə́u-/ *n.* 〘天文〙 ＝Columba. 〖□ L ～ 'Noah's dove'〗

col·um·bar·i·um /kɑ̀(ː)ləmbέ(ə)riəm | kɔ̀ləmbέər-/ *n.* (*pl.* **-i·a** /-riə/) **1** はと小屋 (dovecot). **2 a** (catacomb 式の)遺骨安置所, 納骨堂. **b** (納骨堂の壁に掘った)納骨壁龕(がん) (niche). **3** 梁(はり)をはめ込むための壁の穴. 〖((1846)) □ L *columbārium*: ⇨ Columba, -arium〗

col·um·bar·y /kɑ́(ː)ləmbèri | kɔ́ləmbəri/ *n.* はと小屋 (dovecot). 〖((1549)) □ L *columbārium* (↑)〗

co·lum·bate /kəlʌ́mbeɪt, -bɪ̀t/ *n.* 〘化学〙 コロンビウム酸塩[エステル] (⇨ niobate). 〖((1816)) ← COLUMB(IUM)＋-ATE¹〗

Co·lum·bi·a /kəlʌ́mbiə/ *n.* **1** コロンビア: **a** 米国 South Carolina 州の中央部, Congaree 河畔の同州の州都. **b** 米国 Missouri 州の都市. **c** 米国 Maryland 州北部, Baltimore の南西の都市. **2** [the ～] コロンビア(川) (カナダ British Columbia 州の南東部から米国 Washington 州と Oregon 州の境を通って太平洋に注ぐ川 (1,950 km)). (この川を初めて航行した(18 世紀の米国の船長) Robert Gray の船の名前にちなむ) **3** ((詩·文語)) コロンビア (アメリカ大陸またはアメリカ合衆国を女性擬人化した古[雅]名; cf. Albion). **4** コロンビア (リンカン (Lincoln) とランブイエ メリノ (Rambouillet) を交配して作った米国産の大形羊の一品種). **5** 〘商標〙 コロンビア (米国 Sony Music Entertainment 社のレコードレーベル). **6** コロンビア (米国のスペースシャトル第 1 号機). 〖← *Christopher Columbus*: ⇨ -ia¹〗

Colúmbia, Cape *n.* コロンビア岬 (カナダ Ellesmere 島北岸にある, 同国最北端の岬).

Co·lum·bi·ad /kəlʌ́mbiæ̀d/ *n.* コロンビアド (米国建国発展を述べた叙事詩; Joel Barlow 作の *The Columbiad* (1807) など). 〖((1798)): ⇨ Columbia, -ad¹〗

co·lum·bi·an /kəlʌ́mbiən/ *n.* 〘活字〙 コロンビアン (great primer と English の中間で, 16 アメリカンポイント相当の活字; ⇨ type¹ 3 ★). 〖((1757)) ↓〗

Co·lum·bi·an /kəlʌ́mbiən/ *adj.* **1** アメリカ(合衆国)の. **2** コロンブス (Christopher Columbus) の. **3** Columbia の. **—** *n.* アメリカ人, 米国人. 〖((1789)) ← COLUMBIA 3＋-AN¹〗

Colúmbia Univérsity *n.* コロンビア大学 (New York 市にある 1754 年創立の大学; Ivy League の一つ).

co·lum·bic /kəlʌ́mbɪk/ *adj.* 〘化学〙 ＝niobic.

colúmbic ácid *n.* 〘化学〙 ＝niobic acid.

col·um·bine¹ /kɑ́(ː)ləmbàɪn | kɔ́l-/ *n.* 〘植物〙 オダマキ (キンポウゲ科オダマキ属 (*Aquilegia*) の植物の総称; オダマキ (*A. flabellata*) など観賞用としてさまざまな変種がある). ★ 米国 Colorado 州の州花. 〖((?c1300)) □ ML *colum-*

bina (fem.) ← L *columbīnus* dovelike ← *columba* dove〗

columbine¹
(*Aquilegia sp.*)

col·um·bine² /ká(ː)ləmbàɪn | kɔ́l-/ *adj.* ハト (dove) の[に関する, のような]. 〖(*c*1395) □ (O)F *colombin* □ L *columbīnus* (↑)〗

Col·um·bine /ká(ː)ləmbàɪn | kɔ́l-/ *n.* **1** コロンバイン《女性名》. **2** コロンビーナ, コロンバイン《古いイタリア喜劇 (commedia dell'arte) や英国のパントマイムで, Pantaloon の娘で Harlequin の相手をする恋人の名》. 〖(1727) □ It. *Colombina* ← *colomba* dove: ⇨ Columba〗

co·lum·bite /kəlʌ́mbaɪt, ká(ː)ləmbàɪt | kəlʌ́mbaɪt, kɔ́ləmbàɪt/ *n.* 〖鉱物〗コロンブ石, コロンバイト ((Fe, Mn) (Nb, Ta)₂O₆)《コロンビウムの主原鉱》. 〖(1805): ⇨ ↓, -ite¹〗

co·lum·bi·um /kəlʌ́mbiəm/ *n.* 〖化学〗コロンビウム《主に米国で用いられているが, 正しくは niobium》. 〖(1801) ← NL ~ ← COLUMBIA 3＋-IUM 2〗

Co·lum·bo /kəlʌ́mbou | -bəu/ *n.* コロンボ《米国のテレビシリーズの主人公; よれよれのレインコートを着たロサンゼルス警察の刑事; 演じたのは Peter Falk》.

co·lum·bous /kəlʌ́mbəs/ *adj.* 〖化学〗3 価のコロンビウム (Cb^{III}) を含む: ~ chloride 塩化コロンビウム ($CbCl_3$).

Co·lum·bus /kəlʌ́mbəs/ *n.* コロンブス: **1** 米国 Ohio 州の中央部にあり同州の州都. **2** 米国 Georgia 州西部の都市, 織物工業地. 〖↓〗

Co·lum·bus /kəlʌ́mbəs/, **Christopher** *n.* コロンブス《1451?–1506; イタリア生まれの航海者; アメリカ大陸を発見 (1492); イタリア語名 Cristoforo Colombo /kristɔ́foro kolómbo/, スペイン語名 Cristóbal Colón /kristóbal kolón/》.

Colúmbus Dày *n.* コロンブス(米大陸発見)記念日《米国の多くの州では 10 月の第 2 月曜日を法定休日とする》. 〖1893〗

col·u·mel·la /kɑ̀(ː)ljumélə | kɔ̀l-/ *n.* (*pl.* **-mel·lae** /-liː/) 〖解剖・生物〗コルメラ, 小柱, 中軸《植物の蒴(さく)・動物の耳骨・巻貝の軸柱など; 特に, 蘚(せん)類の蒴の軸》.

col·u·mel·lar /kɑ̀(ː)ljumélə | kɔ̀ljumélə⁽ʳ⁾⁻/ *adj.*

còl·u·mél·late /-lɪ̀t, -leɪt/ *adj.* 〖(1585) ← NL ~ ← L ~ (dim.) ← *columna* 'COLUMN, pillar'〗

col·u·mel·li·form /kɑ̀(ː)ljuméləfɔ̀əm | kɔ̀ljumé-lɪ̀fɔ̀ːm/ *adj.* 〖解剖・生物〗小柱[中軸]状の. 〖(1839–47): ⇨ ↑, -form〗

col·umn /ká(ː)ləm | kɔ́l-/ *n.* **1** 〖建築〗円柱; 支柱, 多角柱《通例石材の円筒形の柱身 (shaft) と柱頭 (capital) と柱基 (base) から成る円柱》: ~*s* of the Corinthian [Ionic, Doric] style コリント[イオニア, ドリス]式の円柱. **2 a** 円柱状のもの. **b** 《火・煙などの》まっすぐに立ちのぼる柱: a ~ of smoke まっすぐ立ちのぼる煙. **c** 《物の》柱状部; 柱状体: the ~ of the nose 鼻柱 / the spinal ~ 脊柱. **d** 《鍾乳石の》石柱. **3** 《同一方向に進む人・車・動物の》長い列. **4 a** 《新聞など印刷物の》縦の欄: advertisement [literary] ~*s* 広告[文芸]欄 / in our [these] ~*s* 《新聞》本欄において, 本紙上で. **b** 《新聞・雑誌の》定期特約寄稿欄, 特別寄稿欄, コラム《署名入りの時評・随筆など; cf. feature 2 b》. **c** 《新聞の》一般読物欄, 文芸娯楽欄: the sporting [sports] ~ スポーツ欄. **5 a** 縦に積み重ねたもの (stack); 《人名・数字などの》縦の表: a ~ of figures [names]. **b** 《米》《党派・候補者などの》賛成者[支持者]の名簿; 後援会, 陣営: the Republican ~. **6** 《部隊の》縦隊, 《艦隊の》縦列, 縦陣 (cf. line¹ 27): march in ~ of fours [squads, platoons, companies] 四列[分隊, 小隊, 中隊]縦隊で. **7** 〖植物〗蕊柱(ずいちゅう)《雌蕊と雄蕊とが合体したもので, ラン科の花に見られる》. **8** 〖数学〗列《行列や行列式の縦の並び》. **9** 〖地学〗柱, 柱状図《積み重なっている地層や堆積物の組成・層序, または堆積年代を示すための実際のあるいは模式的な垂直断面(図)》.

dódge the cólumn 《口語》義務を避ける, 仕事をサボる. 《1919》

〖(?*a*1425) □ OF *columpne* (F *colonne*) □ L *co-lum(p)na* ← IE **kel-* to be prominent (L *culmen* top / Gk *kolōnós* hill)〗

co·lum·na cae·la·ta /kəlʌ́mnəsiːléɪtə, -láː- | -tə/ *n.* (*pl.* **co·lum·nae cae·la·tae** /kəlʌ́mniːsiːléɪtiː, -láː-/) 〖建築〗彫刻柱《古典建築で柱身 (shaft) に彫刻の施された柱》. 〖□ L *columna caelāta* carved column〗

co·lum·nar /kəlʌ́mnə | -nə⁽ʳ⁾/ *adj.* **1 a** 円柱[支柱, 多角柱]の[に関する]. **b** 支柱[円柱, 多角柱]状の. **2** 《新聞など》縦欄の; 縦欄式に印刷した. **3** 〖生物〗円柱状の. 〖(1728) □ LL *columnāris*: ⇨ -ar¹〗

colúmnar epithélium *n.* 〖生物〗円柱上皮《側面からみて円柱状の細胞が並んでできている上皮; cf. squamous epithelium》. 〖1845〗

colúmnar jóint *n.* 〖地質〗柱状節理《火山岩に見られる主に六角柱状の規則正しい割れ目》.

col·um·na·ted /ká(ː)ləmnèɪtɪ̀d | kɔ́ləmnèɪt-/ *adj.* ＝columned.

cól·umned *adj.* 円柱[支柱, 多角柱]を備えた[の形をした]. 〖(1791): ⇨ -ed 2〗

co·lum·ni·a·tion /kəlʌ̀mniéɪʃən/ *n.* 〖建築〗**1** 《建築のデザインの点から》円柱 (column) を使用すること; 円柱配置法 (cf. intercolumniation). **2** [集合的]《円柱構造の》全円柱. 〖(1664)《変形》← L *columnātiō(n-)*: INTERCOLUMNIATION の影響による変形〗

co·lum·ni·form /kəlʌ́mnɪ̀fɔ̀əm | -nɪ̀fɔ̀ːm/ *adj.* ＝columnar 1.

cólumn ínch *n.* 《新聞・雑誌で》横 1 欄縦 1 インチ (72 ポイント)分の紙面.

col·um·nist /ká(ː)ləm(n)ɪ̀st | kɔ́ləm(n)ɪst/ *n.* 《新聞・雑誌の時評・文芸・娯楽欄などの》常時特約寄稿家, 特別寄稿欄担当者, コラムニスト. **col·um·nis·tic** /kɑ̀(ː)ləmnístɪk | kɔ̀ləm-⁻/ *adj.* 〖(1920): ⇨ -ist〗

cólumn stìll *n.* 〖化学〗蒸留塔.

cólumn vèctor *n.* 〖数学〗列ベクトル, 縦ベクトル (cf. row vector).

co·lure /kəlúə, kóuluə | kəljúə⁽ʳ⁾, -lúə⁽ʳ⁾/ *n.* 〖天文〗分至経線, 四季線: ⇨ equinoctial colure, solstitial colure. 〖(1398) □ LL *colūrī* □ Gk *kólouroi* (pl.) ← *kólouros* truncated ← *kólos* docked, stunted (← IE **kel-* to cut)＋*ourá* tail: その末端が常に隠れているため〗

co·lu·te·a /kəlúːtiə | -tiə/ *n.* 〖植物〗マメ科ボウコウマメ属 (*Colutea*) の落葉性低木の総称; 特にボウコウマメ (*C. arborescens*) を指す《実は黄色》. 〖(1664) ← NL ~〗

Col·vin /ká(ː)lvɪ̀n | kɔ́lvɪn/, **Sir Sidney** *n.* コルビン《1845–1927; 英国の文芸批評家・美術批評家》.

Cól·wyn Báy /ká(ː)lwɪ̀n- | kɔ́l-/ *n.* コルウィンベイ《英国 Wales 北部, Clwyd 州北西部の町; 保養地》.

co·ly /kóuli | kə́u-/ *n.* 〖鳥類〗ネズミドリ《アフリカ産ネズミドリ科の鳥の総称; 果実を食べ, 尾は長く, 羽毛は灰褐色, ネズミのように茂みの枝を走る; mousebird ともいう》. 〖(1847) ← NL *colius* ← Gk *koliós* green woodpecker〗

col·za /ká(ː)lzə, kóul- | kɔ́l-/ *n.* **1** 〖植物〗＝rape². **2** ＝rapeseed. 〖(1712) □ F ~ □ Du. *koolzaad* cabbage-seed: ⇨ cole, seed〗

cólza òil *n.* ＝rape oil.

com 《記号》company《URL ドメイン名》.

COM /ká(ː)m | kɔ́m/ 《略》〖電算〗computer-output microfilm(er).

com. 《略》comedy; comic; comma; command; commandant; commander; commanding; commentary; commerce; commercial; commission; commissioner; committee; common; commonly; commonwealth; commune; communication; communist; community.

Com. 《略》Commander; Commissary; Commission; Committee; Commodore; Commonwealth; Commune; Communist.

com- /kəm, kɑ(ː)m | kəm, kɔm/ *pref.* **1**「…と共に (together with)」の意 (cf. syn-): *com*bine, *com*panion. **2**「全く, 完全に (altogether, completely)」など強意を表す: *com*fort, *com*plete. ★ 通例 b, p, m などの前ではそのままの形 com-, l の前では col-, r の前では cor-, 母音および h, gn, w などの前では co-, その他の場合は con- となる. ただし例外も少なくない: *col*laborate, *corre*spondent, *co*habit, *con*ceal. 〖ME □ (O)F ~ // L ~ ← OL *com* (＝L *cum* with, together) < IE **kom* next to, with: cf. Gk *koinós* common〗

co·ma¹ /kóumə | kə́u-/ *n.* **1** 《病気・毒薬・傷害などによる》昏睡(状態)《揺り起こしても起きない程度の意識障害》: be in ~ 昏睡している / come out of [go into] a ~ 昏睡状態を脱する[に陥る] / die in an alcoholic ~ アルコール中毒による昏睡で死ぬ. **2** 精神[肉体]的不活発, たるみ, ぼんやり. 〖(1646) ← NL ~ ← Gk *kôma* lethargy, deep sleep ← IE **kem(e)-* to be tired〗

co·ma² /kóumə | kə́u-/ *n.* (*pl.* **co·mae** /-miː/) **1** 〖植物〗**a** 葉冠《ヤシなどのように樹木の頂に枝葉が集まって冠状になっているもの》. **b** 《パイナップルなどのように苞葉の叢生した》葉叢. **c** 種髪《ワタ・トウワタなどの種子の一端にできる綿毛・毛状体, またはそれらの房》. **2** 〖天文〗**a** コマ, 髪《彗星の頭部で核の周囲にある星雲状物》. **b** [C-] ＝Coma Berenices. **3** 〖光学〗コマ(収差)《レンズなど結像系の収差の一種で焦点面上に一点に結像すべき幾何光学的画像が彗星状になる欠点》. 〖(1669) □ L ~ □ Gk *kómē* hair ← ?〗

-co·ma /⁻⁻ kəmə/ 〖植物〗[属名に用いて]…の毛のあるもの (haired one)」の意の名詞連結形: Pyeno*coma*. 〖← NL ~: ↑〗

Co·ma Ber·e·ni·ces /kóuməbèrənáɪsiːz | kə́umə-bèr-/ *n.* 〖天文〗かみのけ(髪)座《北天の星座; うしかい座としし座の中間にある; the Berenice's Hair または単に Coma ともいう》. 〖□ L *Coma Berenīcēs*〗

comae *n.* ＝coma² の複数形.

cò·máke *vt.* 連署する, 共同署名する. 〖← co-¹＋MAKE¹〗

cò·máker *n.* **1** 協定に関係する人. **2** 〖金融〗《約束手形の》連帯保証人. 〖(1934) ← co-¹＋MAKER〗

Co·man·che /kəmǽntʃi/ *n.* (*pl.* ~, ~s) **1 a** [the ~(s)] コマンチ族《ショショーニ族 (Shoshoni) の一支派で, 米国 Wyoming 州から Texas 州までの大平原に住んでいたが, 今は Oklahoma 州に残っている》. **b** コマンチ族の人. **2** コマンチ語 (Uto-Aztecan 語族). — *adj.* コマンチ族の. 〖(1806) □ Mex.-Sp ~ □ Ute *komanchi* stranger: cf. Hopi *komáňči* scalp lock〗

Co·man·che·an /kəmǽntʃiən/ *adj.* 〖地質〗初期白亜紀に属する. — *n.* [the ~] 初期白亜紀 (cf. Lower Cretaceous). 〖← *Comanche* (Texas 州の町の名): ⇨ -an¹〗

Co·ma·ne·ci /kòumənìːtʃi, -nétʃi | kɔ̀mənétʃi, -nétʃ/, **Nadia** *n.* コマネチ《1961– ; ルーマニア生まれの女子体操選手; 米国に移住》.

cò·máte¹ *n.* 仲間, 連れ, 相棒 (companion). 〖(1576) ← co-¹＋MATE¹〗

co·mate² /kóumeɪt | kə́u-/ *adj.* **1** 毛状の (hairy). **2** 〖植物〗端に毛[房] (coma) のある. 〖(1600) □ L *comātus* ← *coma* 'hair, COMA²'〗

co·mat·ic /koumǽtɪk | kəumǽt-/ *adj.* 〖光学〗コマ (coma) の; コマ(収差)によってぼやけた. 〖← COMA²＋-IC¹: -t- は ↓ との連想による挿入〗

co·ma·tose /kóumətòus, ká(ː)m- | kə́umətəus, -təuz/ *adj.* **1** 昏睡性の; 昏睡状態の, 人事不省の. **2** 不活発な, 無感覚の, 鈍い, ぼんやりした. **~·ly** *adv.* **~·ness** *n.* 〖(1755) □ F *comateux*: ⇨ coma¹, -ose¹〗

co·ma·tous /kóumətəs, ká(ː)m- | kə́umət-/ *adj.* ＝comatose.

co·mat·u·la /koumǽtʃulə | kə(u)mǽtju-/ *n.* (*pl.* **-u·lae** /-liː/) 〖動物〗＝comatulid. 〖(1851) ← NL ~ ← (fem.) ← LL *comātulus* having hair nearly curled: ⇨ comate²〗

co·mat·u·lid /koumǽtʃulɪ̀d | kə(u)mǽtjulɪd/ *n.* 〖動物〗ウミシダ《棘皮(きょくひ)動物門ウミシダ類の動物の総称; feather star ともいう》. 〖← NL *Comatulidae*: ⇨ ↑, -id²〗

cóma vígil *n.* 〖病理〗開眼性昏睡《病人が目をあけたまま意識不明状態になること》.

comb¹ /kóum | kə́um/ *n.* **1 a** くし. **b** 馬ぐし (curry-comb). **c** 《豪》《羊毛などをすく》梳(す)き具; コーム《梳(そ)綿機 (comber) に用いる櫛状物; cf. card²》. **d** 形状・機能が櫛に似ているもの. **2** 《鶏の》とさか. **3 a** とさかを思わせるもの. **b** 波がしら (crest). **c** 《屋根の》棟(むね). **4** ハチの巣 (honeycomb), 巣板(すばん). **5** 《小銃・ライフル銃などの, 発射するとき頬を当てる》床尾上端部. **6** 〖石工〗《石材を粗面に仕上げるための》鋸歯状の刃をもつ工具. **7** 〖甲冑〗兜(かぶと)のとさか, 頂(いただき) (⇨ armor 挿絵); 《特に, morion の》そり返ったへり (⇨ morion² 挿絵).

gò óver [thróugh] with a fine-tóoth(ed) cómb ⇨ fine-tooth comb. 《1891》

— *vt.* **1 a** 〈髪を〉くしで梳(す)く; 〈髪を〉とかす, 整える: ~ one's hair back 髪をうしろにとかす. **b** 〈馬などに〉馬ぐしをかける. **c** 〈羊毛・麻などを〉梳く. **2** 〈指などを〉くしのように使う: ~ one's fingers through one's hair 指で髪を梳く. **3 a** 《くし状のもので》ひっかく, かき回す (rake). **b** 〈波などが〉〈岩などを〉平らにする, ならす; 浸食する. **c** 《組織的に》砲撃する: ~ the enemy line with guns 敵陣を砲撃する. **4** 《口語》綿密に[徹底的に, しらみつぶしに]捜索する: ~ the whole city for the criminal 犯人を捜して町中しらみつぶしに捜索する. **5** 梳き取る; 〈好ましくないものを〉除去する; 選別する 〈*out, off*〉: ~ *out* lice しらみを梳き取る / ~ dissidents *out of* the party 不平分子を党から除去する / ~ the bacon *off* eggs ベーコンを卵からかき分ける. — *vi.* 〈波が〉波がしらを立ててうねる, 白擬を立てて躍る, 砕ける (cf. comber¹ 2). ***cómb óut*** (1) 〈髪を〉梳(す)く. (2) ⇨ *vt.* 5. (3) 綿密に捜索する. ***cómb thróugh*** 〈文書・持ち物などを〉徹底的に調べる.

〖OE ~, *camb* < Gmc **kambaz*《原義》toothed object (Du. *kam* / G *Kamm*) < IE **gembha-*tooth (Gk *gómphos* tooth / Skt *jambha* tooth)〗

comb² /kúːm, kóum | kúːm/ *n.* 《英》＝combe.

comb. 《略》combination; combined; combining; combustible, combustion.

com·bat /ká(ː)mbæt | kɔ́mbæt, kʌ́m-, -bət/ *n.* **1 a** 戦い, 戦闘 (fight) (⇨ battle¹ SYN); 格闘, 決闘: go into ~ 交戦状態に入る. **b** 小ぜりあい: single ~ 一騎打ち, 果たし合い, 決闘. **2** 闘争; 論戦: Her ~ with cancer continued. 彼女の癌(がん)との闘病が続いた. **3** 〖軍事〗《非戦闘的後方勤務と区別して》実戦参加, 戦闘従事, 戦闘任務に服すること.

— *adj.* [限定的]〖軍事〗戦闘の, 戦闘用の: ⇨ combat jacket.

— /kəmbǽt, kɑ(ː)m-, ká(ː)mbæt | kɔ́mbæt, kʌ́m-, -bət/ *v.* (**com·bat·ed**, 《米》**-bat·ted**; **-bat·ing**, 《米》**-bat·ting**) — *vi.* 〔…と〕戦う 〔*with, against*〕; 〔…を求めて〕戦う 〔*for*〕. — *vt.* **1** …と戦う. **2** 〈悪・主張・傾向・運動などを〉相手にして戦う; 論戦する: ~ street crimes 街頭犯罪撲滅に取り組む. **3** 除去[減少]しようと努める: ~ inflation.

com·bát·a·ble /-təbl | -tə-/ *adj.* **com·bát·er** /-tə | -tə⁽ʳ⁾/ *n.* 〖n.: (1567) □ F ~ (逆成) ← (v.): cf. batter¹ / Jpn. '戦う' (← '叩く'). — v.: (1543) □ (O)F *combattre* to fight < VL **combattere* ← COM-＋L *battuere* to beat〗

com·bat·ant /kəmbǽtənt, kɑ(ː)m-, ká(ː)mbæt-, -tnt | kɔ́mbətənt, kʌ́m-, kəmbǽt-, -tnt/ *adj.* **1** 戦闘[実戦]に臨む, 戦う, 戦闘中の: a ~ officer (戦闘員である)兵科将校《行政管理・補給・医療関係以外のもの》. **2** 戦闘的な, 好戦的な. **3** 〖紋章〗〈2 匹の動物, 特にライオンが〉向かい合って争っている (cf. addorsed). — *n.* **1** 闘士; 格闘者. **2** 〖軍事〗戦闘員; 戦闘部隊; 戦闘国 (cf. noncombatant 1). 〖(*c*1460) □ (O)F *combattant* (pres. p.) ← *combattre* (↑)〗

combátant bránch *n.* 〖軍事〗戦闘部門《管理・補給・衛生関係以外の部門; 歩兵隊・砲兵隊・航空隊など》.

cómbat bòot *n.* [通例 *pl.*] 戦闘用半長靴, 軍靴.

cómbat càr *n.* 〖米軍事〗戦闘車両, 軍用車両, 戦車.

cómbat cèiling *n.* 〖航空〗戦闘上昇限度《戦闘機などで空中戦を行いうる限度の高度; それ以上の高度では旋回による高度落ちが大きくなるなどの不都合が起こる; cf. absolute ceiling, service ceiling》.

cómbat fatigue [exhàustion] *n.* 〖精神医学〗戦闘疲労症《前線で起こる心身の極度の疲労; 第二次大

戦では戦争神経症 (combat neurosis) と同義に用いられた; battle fatigue ともいう; cf. shell shock). 〖1943〗

Cómbat Ìnfantryman's Bàdge *n.* 《米》《地上戦闘での満足すべき任務遂行を賞して歩兵隊員に与えられる》戦闘歩兵記章.

C

com·bat·ive /kəmbǽtɪv, kɑ́(ː)mbə- | kɔ́mbət-, kʌ́m-, kəmbǽt-/ *adj.* 闘争的な, 闘志の盛んな, 好戦的な (⇨ aggressive SYN). **~·ly** *adv.* **~·ness** *n.* 〖(*a*1834): ⇨ -ive〗

cómbat jàcket *n.* 戦闘服 (battle jacket 1).

cómbat neuròsis *n.* 〖精神医学〗戦争神経症 (⇨ shell shock).

cómbat pày *n.* 危険特別手当.

cómbat ràdius *n.* 〖航空〗戦闘行動半径《軍用機の航続力の表示の一種で, 進出した先で所定の戦闘行動を行うことを前提として得られる行動半径をいう》.

com·bat·tant /kəmbǽtənt, kɑ́(ː)mbæt-, -tn̩t | kɔ́mbət-, kʌ́m-/ *adj.* 〖紋章〗=combatant 3.

cómbat tèam *n.* 〖軍事〗戦闘団《歩兵·砲兵などの戦闘兵種 2 (以上)の部隊が通例歩兵 1 個連隊[大隊]を中核として連合したもの; 同一指揮官のもとで特定の戦闘任務に服する》.

cómbat ùnit *n.* (独立の戦闘集団として訓練·装備された)戦闘単位; 戦闘部隊.

cómbat zòne *n.* **1** 〖軍事〗作戦地帯《戦闘部隊が敵と接触して作戦を遂行する地域で, 第一線から後方兵站(たん)地帯の境界に至るまでの範囲》. **2** [the ~] 《俗》(都市の)歓楽街, 風俗店地域. 〖1939〗

cómb-bàck *adj.* コームバックの《肘の高さより高く背もたれ部に数本の縦桟があるウィンザーチェアにいう》.

combe /kúːm, kóum | kúːm, kə́um/ *n.* 《英》(険しい)谷, (深い)谷あい, 谷間; (特に)氷食のカールや U 字谷のように高い岩壁に囲まれた窪地. 〖OE *cumb* valley ← Celt. (cf. Welsh *cwm* valley / Ir.-Gael. *cum* vessel)〗

Cómbe-Ca·pélle màn /kóumkæpél- | kə́um-/ *n.* 〖人類学〗コウムカペル人《フランスの旧石器時代初期の Perigordian 文化の人骨》. 〖(1911) ← *Combe-Capelle* (フランス Dordogne 県にある岩窟)〗

combed /kóumd | kə́umd/ *adj.* 〖紋章〗〈鶏など〉とさかの色が体の色と異なる: a cock argent, ~ and wattled gules とさかと肉垂の赤い銀の鶏. 〖(1562): ⇨ comb[1], -ed 2〗

cómbed yárn *n.* 〖紡績〗梳毛(そもう)糸, 梳綿糸, コーマ糸《梳毛[梳綿]機 (comber) にかけて短繊維を除きすじをそろえた糸》.

comb·er[1] /kóumə | kə́umə(r)/ *n.* **1 a** (羊毛·亜麻·綿などを)梳(す)く人, 梳き手. **b** 梳く機械[道具]; 梳毛(そもう)[梳綿]機, コーマー. **2** 寄せ波 (beachcomber), 白波, 砕け波 (breaker). 〖(1646–82): ⇨ comb[1], -er[1]〗

com·ber[2] /kɑ́(ː)mbə | kɔ́mbə(r)/ *n.* 〖魚類〗カブリラニラミ (*Serranus cabrilla*)《地中海·紅海産スズキ科ヒメスズキ属の淡水魚》. 〖(1769) ← ?〗

cómb·flòwer *n.* 〖植物〗=common sunflower.

cómb-fòoted spíder *n.* 〖動物〗ヒメグモ《ヒメグモ科のクモの総称; 第 4 歩脚の末端の節に糸をまとめる櫛状器がある》.

com·bi /kɑ́(ː)mbi | kɔ́m-/ *n.* 複数の機能を備えた機械[道具].

com·bin·a·ble /kəmbáɪnəbl̩/ *adj.* 結合することができる. **com·bìn·a·bíl·i·ty** /-nəbíləṭi | -l̩ti/ *n.* 〖(1749): ⇨ combine[1], -able〗

com·bi·nate /kɑ́(ː)mbənèɪt | kɔ́mb̩-/ *vt.* **1** = combine[1] 1. **2** 〈錠〉の組合わせを作る. **—** *adj.* 《Shak》婚約した. 〖(1578) ← LL *combīnātus* (p.p.) ← *combīnāre* 'to COMBINE'〗

com·bi·na·tion /kɑ̀(ː)mbənéɪʃən | kɔ̀mb̩-/ *n.* **1 a** 組合わせ, 配合; 結合: in ~ with …と結合[合同]して, と組み合って / make a good ~ いい組合わせになる / a ~ of envy and contempt うらやましさと軽蔑の入り混じった気持ち. 日英比較 日本語の「コンビ」は *combination* から出たとされるが, 日本語の「コンビ」をそのまま英語で *combination* と置き換えられないことが多い.「コンビを組む」の場合は be a person's partner,「名コンビ」なら very good partners である. pair が使われる場合もある. **b** 組合, 結党, 団結, 連合. **c** (連絡のよく保たれた)共同動作, チームワーク: show a good ~ よいチームワークを見せる. **2 a** 結合されたもの. **b** (錠前の)数字[文字]の組合わせ(の機構); =combination lock. **c** [*pl.*] 《英古》コンビネーション《上下続きの下着の総称; 紳士用のシャツとズボン下の続き, 婦人用のスリップとパンティーの続きなど; しばしば combs または coms と略される》. **d** 《英》サイドカー付きオートバイ. **e** (二つ以上の用途に向くように)組み合わせた機具, 兼用品: a radio-television ~. **3** 〖生物〗(学名の)二名式分類名, 二連名. **4** 〖化学〗**a** 化合. **b** 化合物 (compound). **5** 〖結晶〗集形《2 種以上の結晶面で囲まれた結晶形》. **6** [*pl.*] 〖数学〗組合わせ (cf. permutation 1). **7** 〖ジャズ〗=combo 1. **8** 〖チェス〗捨て駒に始まる一連の手筋. **9** 〖トランプ〗**a** (cribbage で)役点がつくカードの組合わせ. **b** (gin rummy で) 3 枚目がくればメルド (meld) ができる 2 枚のカード.
— *adj.* [限定的] **1** 組合わせの, 配合の; 結合の[に用いられる, から生じる]. **2** 二つ以上の目的に役立つ[に用いられる], 兼用の: ⇨ combination room. **3** 〖紡織〗**a** 異なった繊維·太さ, 縒(よ)りからなる糸をより合わせて作った. **b** 2 種の異なった糸で織った.
~·al /-ʃnəl, -ʃənl̩/ *adj.* 〖(*a*1398) □ OF ~ (F *combinaison*) // LL *combinātiō(n-)*: ⇨ combine, -ation〗

combinátion chùck *n.* 〖機械〗両用チャック《旋盤に装着するチャックで各つめを単独·連動両様に使える構造のもの》.

combinátion dòor *n.* 組合わせドア《夏季には網戸, 冬季には防風窓などに交換できるパネルのついた外部ドア》.

combinátion drùg *n.* 〖薬学〗配合抗菌薬《2 つ以上の活性要素から作られた抗細菌薬》.

combinátion fràme *n.* 〖建築〗コンビネーションフレーム《木造枠組構造で, 筋かいを用いた枠組と中身のつまった枠組を併用したもの; half frame ともいう》.

combinátion lòck *n.* (数字·文字などの)組合わせ錠, 文字合わせ錠. 〖1851〗

combinátion nòte *n.* 〖音響〗=combination tone.

combinátion plàte *n.* 異なる手法を組み合わせて作られた印刷用原版.

combinátion prìnciple *n.* [the ~] 〖物理〗結合原理 (⇨ Ritz combination principle).

combinátion ròom *n.* =common room.

combinátion shòt *n.* 〖玉突〗コンビネーションショット《的球を使って他のボールをポケットするショット》. 〖1909〗

combinátion thèrapy *n.* 〖医学〗《一つの病気に対して 2 種以上の薬を用いた》併用療法.

combinátion tòne *n.* 〖音響〗結合音《振動数の異なる 2 音が同時に鳴ることによって生じる派生音; resultant tone ともいう》. 〖1889〗

com·bi·na·tive /kɑ́(ː)mbənèɪtɪv, kəmbáɪnəṭ- | kɔ́mb̩nət-, -nèɪt-/ *adj.* **1** 結合する, 結合力のある, 結合性の; 集成的な. **2** 結合に関する[によって生じる]. **3** 〖数学〗組合わせの (combinatorial). **4** 〖言語〗連音変化の《音の連続あるいは語の stress の変化などによって条件づけられた変化にいう; cf. isolative 2, assimilation 4》. 〖(1855) ← L *combinātīvus* (p.p.) ← *combīnāre* to combine + -IVE〗

com·bi·na·to·ri·al /kɑ̀(ː)mbənətɔ́ːriəl, kəmbàɪ- | kɔ̀mb̩-/ *adj.* **1** 結合[組合わせ]の[に関する]. **2** 〖数学〗組合わせの. **3** 〖言語〗単文結合の. 〖← COMBINATORY + -AL[1]〗

combinatórial análysis *n.* 〖数学〗=combinatorial mathematics.

combinatórial mathemátics *n.* 〖数学〗組合わせ数学, 組合わせ論《順列, 組合わせ, 樹形図 (tree) など有限集合の性質を扱う数学の分野》.

combinatórial topólogy *n.* 〖数学〗組合わせ(論的)位相幾何学.

com·bi·na·to·rics /kɑ̀(ː)mbənətɔ́(ː)rɪks, kəmbàɪ-, -tɑ́(ː)r- | kɔ̀mb̩nətɔ́r-/ *n.* 〖数学〗=combinatorial mathematics.

com·bi·na·to·ry /kɑ́(ː)mbənətɔ̀ːri, kəmbáɪ- | kɔ́mb̩nətəri, kɔ̀mb̩néɪ-, -tri/ *adj.* =combinative. 〖(1647) ← COMBINAT(ION) + -ORY[1]〗

com·bine[1] /kəmbáɪn/ *v.* **—** *vt.* **1 a** 結びつける, 組み合わせる; 併合する, 合同させる 〔*with*〕 (⇨ join SYN): ~ work *with* interest 仕事と興味を結びつける. **b** 結合して〔…に〕する 〔*into*〕: ~ both of them *into* a party 両者を結合して一党にする. **2** 〈別々な性質などを〉併有する, 兼備する; 〔…と〕兼職[兼務]する 〔*with*〕: ~ beauty and utility 美しさと便利さを兼ね備える, 美しくもあり便利でもある / ~ the office of A *with* that of B A と B の職を兼ねる. **3** 〖化学〗化合させる: be ~*d in* [*into*] …化合して…となる. **—** *vi.* **1** 結合する, 連合[合同]する (cooperate) 〔*with*〕. **2** 〖化学〗〔…と〕化合する 〔*with*〕. **3** 共に行動する. **—** /kɑ́(ː)mbaɪn | kɔ́mbaɪn, kəmbáɪn/ *n.* **1** (政治·商業上の, 時に不法の)連合, 合同; 企業合同. **2** 〖芸術〗コンバイン《油彩とコラージュなど, 異なる技法や素材を組み合わせて作られる芸術作品》: ~ painting 画面にさまざまなオブジェをくっつける現代美術の手法; その作品. 〖(*c*1408) □ (O)F *combiner* // LL *combīnāre* ← COM- + L *bīnī* two together (cf. bi-[1])〗

com·bine[2] /kɑ́(ː)mbaɪn | kɔ́m-/ *n.* コンバイン《刈取り·脱穀などの機能を兼備した農機具; combine harvester ともいう; cf. reaping machine》. **—** *vt.* コンバインで…を取り入れる. **—** *vi.* コンバインで取り入れる. 〖1900〗

com·bined /kəmbáɪnd/ *adj.* **1 a** 結合した; 連合の; 協力した. **b** 〖軍事〗(2 または 2 以上の連合国の部隊が協同する)連合(国)の (cf. joint 3): the ~ fleets of England and America 英米連合艦隊. **2** 集合した, 合体した, 一緒にした. **3** 〖化学〗化合した. 〖(1600–1): ⇨ combine[1], -ed 2〗

combíned cárbon *n.* 〖化学〗結合炭素, 化合炭素《鉄中に含まれる炭素のうち, 鉄と化合して炭化鉄として存在するもの; cf. graphitic carbon》.

combíned héat and pówer *n.* 熱·電気複合利用《発電の際生じる余分な熱を近くの建物の暖房に利用するシステム; 略 CHP》.

combíned hónours *n. pl.* [単数または複数扱い] 《英》〖教育〗2 つの科目を同時に同じウエートを置いて学習する大学の学位コース (cf. single honours).

combíned operátion *n.* [しばしば *pl.*] 〖軍事〗**1** 連合作戦《単一の目的達成のため 2 (以上)の連合国の部隊が協同する作戦》. **2** 《英》協同作戦《陸·海·空軍のうち二[三]つが協同して行う上陸作戦など》. 〖1842〗

combíned vóltage cúrrent transfórmer *n.* 〖電気〗計器用変圧変流器.

cómbine hàrvester *n.* =combine[2].

com·bín·er *n.* 結合する物[人]. 〖(1605): ⇨ combine[1], -er[1]〗

cómb·ing /-mɪŋ/ *n.* **1 a** 髪の毛を梳(す)くこと. **b** (櫛(くし)または梳毛(そもう)機などで)繊維をすくこと, 梳毛, 梳綿. **2** [*pl.*] (すき取った)抜け毛. 〖(1575): ⇨ comb[1], -ing[1]〗

cómbing machìne *n.* 梳毛機, 梳綿機, コーマ.

cómbing wòol *n.* 〖紡績〗コーミングウール《梳毛用の長い羊毛, 長さ 2 インチ以上; cf. clothing wool》. 〖1757〗

combíning fòrm *n.* 〖言語〗連結形, 造語要素《複合語, 時に派生語を造る場合に用いられる構成要素; ギリシャ語·ラテン語系に由来するものが多く, 前部連結形 (例: philo-) と後部連結形 (例: -logy) の 2 種類がある; 連結形は自由形式 (free form) をなす語(名詞·形容詞·動詞など)の拘束異形態であり, 本来は独立語として用いられない; 連結形は接頭辞·接尾辞に比べて意味が具象的であり, 連結の関係も等位的である; また接頭辞·接尾辞が通例直接互いに連結することがないのに対して, 連結形は語や他の連結形のほか, 接辞, 特に接尾辞と連結することが可能である; 例: astronaut ← ASTRO- + -NAUT》. 〖(1884): *OED* で aero- の定義に初出〗

cómb jèlly *n.* 〖動物〗=ctenophore.

com·bo /kɑ́(ː)mbou | kɔ́mbəu/ *n.* (*pl.* ~s) **1** 《口語》コンボ《小編成のジャズバンド》. **2** 《俗》=combination. **3** 《豪俗》先住民と共同生活をする白人; 先住民を妻にしている白人. 〖(1924) 《短縮》 ← COMB(INATION) + -o〗

cómb-òut *n.* **1** (髪の毛の)セット. **2** 一斉徴募[検挙]; 徹底的な捜索[除去]; (犯人の)狩り出し. 〖(1919) ← *comb out* (⇨ comb[1] (v.) 成句)〗

combs /kɑ́(ː)mz | kɔ́mz/ *n. pl.* 《英口語》=combination 2 c. 〖《略》: ⇨ -s[1]〗

com·bust /kəmbʌ́st/ *adj.* 〖占星〗〈惑星が〉太陽に近づいて光の薄れた. **—** *vt.* 〈燃料を〉燃焼させる. **—** *vi.* 〈燃料が〉燃焼する. 〖(*c*1385) □ OF ~ □ L *combustus* (p.p.) ← *combūrere* to burn up ← COM- + *ūrere* to burn (← IE **eus-* to burn): *-b-* は *ambūrere* to burn round との類推による挿入〗

com·bus·ti·bil·i·ty /kəmbʌ̀stəbíləṭi | -t̬bíl̩ti/ *n.* 可燃性. 〖(1471): ⇨ ↓, -ity〗

com·bus·ti·ble /kəmbʌ́stəbl̩ | -t̬-/ *adj.* **1** 燃えやすい, 可燃性の; 発火しやすい. **2 a** 興奮しやすい. **b** 怒りやすい, 短気な. **—** *n.* [通例 *pl.*] 可燃物, 可燃性物質. **com·bús·ti·bly** /-bli/ *adv.* **~·ness** *n.* 〖(1529) □ (O)F ~: ⇨ ↓, -ible〗

com·bus·tion /kəmbʌ́stʃən/ *n.* **1** 燃焼 (burning): ⇨ spontaneous combustion. **2** 激動, 騒動, 大騒ぎ (tumult). **3** 〖化学〗**a** 燃焼《熱や光を伴う激しい酸化現象》. **b** (ゆるやかな)酸化《体内における食物などの自然燃焼; oxidation ともいう》. **c** (定量分析における)燃焼分析 (combustion analysis ともいう). 〖(*a*1398) □ LL *combustiō(n-)* ← *combustus*: ⇨ combust〗

combústion chàmber *n.* **1** 〖機械〗(ボイラーの)燃焼室. **2** 〖宇宙〗(内燃機関のシリンダー内の)燃焼室《推薬を燃焼させてエネルギーを発生させる容器》. 〖1854〗

combústion èngine *n.* 燃焼機関. 〖cf. *internal combustion engine* (1884)〗

combústion fùrnace *n.* 燃焼炉《有機化合物の成分を分析するための炉》.

combústion tùbe *n.* 燃焼管. 〖1863–72〗

com·bus·tious /kəmbʌ́stʃəs/ *adj.* 《廃》=combustible.

com·bus·tive /kəmbʌ́stɪv/ *adj.* 燃焼の; 燃焼性の. 〖(1599): ⇨ -ive〗

com·bús·tor *n.* (ジェットエンジンなどの)燃焼器. 〖(1945): ⇨ -or[2]〗

comb·y /kóumi | kə́u-/ *adj.* (**comb·i·er; -i·est**) はちの巣状(組織)の. 〖← COMB[1] + -Y[4]〗

comd. 《略》command; commanding.

comdg. 《略》〖軍事〗commanding.

Comdr. 《略》〖軍事〗Commander.

Comdt. 《略》〖軍事〗Commandant.

come /kʌ́m/ *v.* (**came** /kéɪm/; **come**) **—** *vi.* **1 a** 〈人が〉来る, やって来る. ★ go は出発点を中心に置くが, come は第一に話し手の方に, 第二に相手を中心にして相手の思うある場所 (there) から相手の思うこちらの場所 (here) へ移動するときに用いる. 従って話し手が相手の方に「行く」のも, 相手を中心に考える場合は, go ではなく come になる. そのとき, 日本語では「行く」になる: I've (just) ~ (all the way) from Ohio. (はるばる)オハイオから(ちょうど)来たところだ / *Come* here. ここへ来なさい / Will you ~ nearer to me? もっと近くに来なさい / Are you *coming* my way? 私の行く[住む]方へおいでですか / Will you ~ with me *to* the cinema? 私と一緒に映画へ行きませんか / When did you ~ home? いつ帰宅しましたか / I will ~ to you as soon as possible. なるべく早くまいります / I've ~ *for* [to collect] the books. 本を取りに来ました / Yes, I'm *coming*. はい, ただ今(まいります) / Jeremy! — *Coming*, Mother! ジェレミー—今行きます, お母さん. 日英比較 日本語では「ここに…が来た」の他に,「あそこに…が来た」というのはごく普通だが, 英語では Here *comes*… / There goes… のように, *come* は here と, go は there と結びついている. これを入れ替えることはできない. **b** 〈人·物が〉(ある特定の場所に)来る, 到着する, 届く (arrive): He hasn't ~ yet. 彼はまだ来ていません / He's ~ a long way. 彼は遠くからやって来た (cf. *come a long* WAY[1]) / No stranger ever ~*s* to this place. ここへはよその人はだれも来ない / They *came to* the rescue. 救助に来た / In the middle of the battle, help *came*. 戦闘のなかばに援軍が来た / The shots *came* thick and fast. 弾丸が雨あられと飛んできた / They *came* running and shouting for joy. 喜びで歓声をあげながら駆けて来た / They *came to* the party breathless (with excitement). (興奮して)息せききってパーティーにやって来た / There *came* a ghostly knocking at the door. 不気味にドアをたたく音がした. **c** [~ *to* do または ~ and で] 〈…しに〉来る: *Come and* [*to*] see me. 会いにいらっしゃい / Will you ~ *and* have dinner with us? お食事にいらっしゃいませんか. ★ 米口語では and を略すことがある: You must ~ see us in Tokyo. 東京ではぜひうち

へおいで下さい.
2 a 届く, 達する, 及ぶ: Her dress ~*s to* her ankles. 彼女のドレスは足首までの長さだ / Water *came over* the bridge. 水が橋の上まで来た. **b** (情緒・知性の面で)響く, こたえる, 痛感される.
3 a 〔ある状態・関係などに〕移る, 入る, なる〔*to*〕: ~ *to* conflict 争うようになる, 衝突になる / ~ *to* an understanding [decision] 了解[決定]に達する, 話し合いがつく / ~ *to* a point 先がとがる / ~ *to* anchor 《海事》 錨を降ろす, 停泊する; 落ち着く, 安住する / ~ *to* an end [a close] 終わりになる / ~ *to* blows なぐり合いになる, 格闘する / ~ *to* grief けがをする, 不幸に会う, ひどい目に遭う; 〈計画・事業などが〉失敗する / ~ *to* hand 〈手紙が〉手に入る, 届く; 出てくる, 見えてくる; 〈なくなった物が〉戻って来る / ~ *to* harm 傷つく, 憂き目をみる / ~ *to* life 生き返る, 正気づく / ~ *to* light 明白になる, 知れ渡る / ~ *to* no good ろくなことにならない, うまくいかない, 不幸に終わる / ~ *to* a person's knowledge 人に知れる, 人の耳に入る / ~ *to* one's senses 正気になる, 本心に立ち帰る / ~ *to* oneself われに返る, 正気づく; 自制心をとり戻す / ~ *to* the point 要点にくる, 要領を得る / ~ *to* the same thing つまり同じことになる / ⇨ *come to a* HEAD, *come to* TERMS. **b** 〈…するように〉なる 〈*to do*〉: They *came to* love each other. 彼ら二人は愛し合うようになった / How did you ~ *to* be such a fool? 一体どうして君はこうまでばかになったのか / How did you ~ [《古》 How *came* you] *to* hurt your hand? どうして手をけがしたのですか (cf. 7). **c** 〔…の額に〕上る, なる (amount), (結局)〔…に〕なる, 帰着する〔*to*〕: Your bill ~*s to* $10. お勘定は 10 ドルになります / What you say ~*s to* this. 君の言うことはつまりこういうことになる / It ~*s to* this, that … つまりこういうことになる, すなわち… / Has it ~ *to* this? こんなことになったのか / What does it all ~ *to*? = What's it all *coming to*? = What's the world *coming to*? 一体どうなることか, どういう結果になるのか. / If you don't work hard, you'll never ~ to much. 一生懸命働かなければたいしたものにはならないよ.
4 [形容詞または過去分詞の補語を伴って] 〈…に〉なってくる, 到る (become): ~ true 〈夢などが〉事実となる, 本当になる (cf. *be* (*like*) *a* DREAM *come true*); 〈予感・予言などが〉あたる / It ~*s* easy to me. それは私には造作ない / It ~*s* expensive [cheap]. 高いものに[安く]つく / Things will ~ right. 万事はやがて正しくなる, すべてはいいようになるだろう / ~ loose [untied] 〈ひもなどが〉ゆるくなる[ほどける].
5 a 〈時が〉至る, 来る; 現れる, めぐってくる, 到来する: The time will ~ when he has to leave. 彼が去らねばならぬ時がやがてはやってくる / Spring has [is] ~. 春が来た / Old age ~*s* soon enough. 老いのくるのは早い / His hour [turn, time] has ~. 彼の死期がきた / I wish dinner would ~. 早く食事になればいい / There is a good time *coming!* よい時節がやってくるぞ (だんだん景気がよくなってきたぞ) / There *comes* [will *come*] a time [a day, a moment] when everything must end. すべての物は必ず終わりを迎える時[日, 時期]が来る. **b** 《口語》 [仮定法現在形を接続詞的に用いて] 〈…が〉くると (★ 未来の日時[出来事]を表す語が主語として後にくる; 全体で時の副詞節に相当): He will be fifty ~ Christmas. クリスマスがくると彼は 50 歳になる / He died a year ago ~ fall. 今度の秋で死んで丸 1 年になる / *Come*(*s*) the revolution, everything will be different! 革命が起これば何もかも変わるだろう. **c** [*to* come の形で名詞に伴って] 将来の, 未来の: a pleasure *to* ~ 先の楽しみ / the world *to* ~ 来世 / for months [a long time] *to* ~ この先数か月間[長い間] / in the years *to* ~ 今後, 将来 / in years *to* ~ これから何年もたって, (遠い)将来に / in time(s) *to* ~ 将来(において).
6 a (うまく)進む, 進行する, はかどる; 〈生物が〉(よく)発育[成長]する 〈*on, along*〉: The job is *coming along* [*on*] very well. 仕事はとてもうまくいっている / The crops are *coming along* nicely. 作物の出来は上々だ. **b** やっていく, 暮らしていく 〈*along, on*〉: How are you *coming along* now? このごろどうしていますか / The patient is *coming along* all right. 患者は順調だ / He is *coming along* well with his study. 研究がうまくいっている. **c** 昇進する 〈*up*〉; 進歩する, 改善される: ~ *up* in the world 出世する / ~ *up* through [from] the ranks 下積みから出世する / ⇨ *come a long* WAY[1].
7 〈出来事が〉起こる (happen); 〈運命などが〉ふりかかる, (身の上に)及ぶ (befall) (cf. 14): I am ready for whatever ~*s*. 何事が起こっても私は覚悟ができている / ~ what may どんな事が起こっても (★ この come は仮定法現在形) / No harm will ~ to you. 君には何の害も及ばない (危ないことはない) / All things ~ [Everything ~*s*] *to* him who waits. 《諺》「待てば海路[甘露]の日よりあり」/ How ~? ⇨ HOW[1] 成句 / How did it ~ that you quarreled? どうして喧嘩するようなことになったのか. ★ この事情を尋ねる疑問文には 《文語》 で慣用的に do を用いない形もある (cf. 3 b): How ~*s* it that you know it before me? 私より先に君がそれを知っているとはどうしたわけか.
8 a 〈感情・思想・表情などが〉生じてくる, 生まれる, 現れる: Love will ~ in time. 時がたてば愛情が生まれてくる / A smile *came to* her lips. ほほえみが彼女のくちびるに現れた / A good idea *came to* me [*into* my head]. いい考えが浮かんだ / It *came* (as a surprise) *to* me that this was a mistake. これは間違いだと気づいて(驚いた) / Spelling ~*s* naturally *to* her. つづりは彼女には苦もなく出てくる. **b** 〈物が〉できる, できてくる, 生産される: The butter *came* very quickly today. きょうはバターがたいそう早くできた. **c** 〈商品などが〉(ある形で)市場に出る, 売られる, 手に入る, 利用できる: This product ~*s in* (tubes of) three sizes. この商品は 3 種類の大きさ(のチューブ入り)で売られている / This soup ~*s* in a can. このスープは缶詰で売っている / The book ~*s* thumb-indexed. その本はつめかけ付きで発売される / *Coming* soon. 《広告などで》 近日発売[発表]. **d** 〈複数の人や物が〉(ある部類として)存在する, ある (exist): ⇨ *as* … *as they* COME.
9 手に入る, 所有に移る: His fortune *came to* him from his father. 彼の財産は父から伝わったものだ / His money ~*s from* his wife. 彼の金は奥さんから出る / Easy ~, easy go. ⇨ easy *adv.* 1.
10 a (結果として)生じてくる; 生じる, 得られる〔*of, from*〕: This ~*s of* disobedience. 言うことを聞かないと結局こういうことになる / Ill ~*s from* ill will. 災いは悪意から生じる / No good will [can] ~ *of* dishonesty. 不正直からはろくな結果が生じないだろう[生じるはずがない] / Wine ~*s from* grapes. ワインはぶどうから造られる. **b** 〔…からの〕出身である; 〔…の〕子孫である〔*from, of*〕: ~ *of* [*from*] a good family 良家の出である / ~ *of* sound stock 健全な血統である / I ~ *from* Ohio. 出身地はオハイオ州だ.
11 (順序に従って)くる, (順に)出てくる; 現れる, ある: *After* Anne ~*s* George I. アンの次がジョージ一世である / The Revelation ~*s at* the end of the Bible. 黙示録は聖書の最後にある / Beyond the Alps ~*s* Italy. アルプスの向こうがイタリアだ / (We're) *Coming*, now, *to* the next section. さあ, 次の節へ移りますよ / With women, love always ~*s* first. 女性は愛情をいつも第一に考える / It ~*s* on page 20. それは 20 ページに出ている / After joy ~*s* sadness. 喜びの後には悲しみが来る / Flowers and fruit ~ each year. 毎年花が咲き実がなる.
12 [命令法で, 間投詞的に用いて; 励まし・督促・警告・疑念・怒り・いらだちなどを表して] さあ (now then), これ (look): *Come*, tell me what it's all about. さあ一体どうしたのか聞こう / *Come*, ~ (now), you shouldn't speak like that! まあまあ, そんな口のきき方をするものではない.
13 《俗》 オルガスムスに達する, いく; 射精する.
14 [現在分詞形で] 《口語》 〈きたるべきものが〉きて, 起こって; 〈罰・苦しみなどが〉当然くる[起こる]〔*to*〕: I knew that it [I got what] was *coming* (*to* me). そうなるとわかっていた.
15 [過去分詞の特別用法]: A Daniel ~ to judgement! 名裁判官ダニエル様の再来だ (Shak., *Merch V* 4. 1. 223) / It's the Arabian Nights ~ again. 今様(いまよう)アラビア夜話だ / First ~, first served. 先着順, 早い者勝ち.
16 《廃》 屈する (yield).
— *vt.* 《英》 **1** 〈ある年齢〉に達する, になる: The horse is *coming* six. あの馬は今度ちょうど 6 歳になる. **2** …の距離をやってくる: ~ several miles. **3 a** [定冠詞付きの名詞を伴って] …のようにふるまう, …を気取る: ~ *the* moralist (with …) (…に対して)聖人君子ぶる / ~ *the* bully over …にいばり散らす. **b** する, 行う (do, act): ~ a joke on a person 人をからかう / I can't ~ that. 私にはそんなこと[そんなうまいこと]はできない.
as … as they cóme 〈人など〉とびきり[ずばぬけて]…な: She's *as* stingy *as they* ~. 彼女はひどくけちだ.
còme abóut (1) 起こる, 生じる (happen): How did the accident ~ *about*? その事故はどうして起こったのか / How did it ~ *about* that you quarreled? どういう訳で口論することになったのか. (2) 〈風が〉向きを変える: The wind *came about* into the east. 風は東に変わった. (3) 〈船が〉上手(うわて)回しになる. (4) 〔…と〕関連を持つようになる〔*with*〕.
còme abróad 《古》 世間に出る; 知られる; 発表される.
còme acróss (1) 横切る; 渡って来る. (2) 〈声・考えなどが〉(聴衆などに)伝わる, 理解される; 〈劇などが〉受ける: She [Her presentation] *came across* well on TV. 彼女[彼女の発表]はテレビで受けがよかった[人気を博した] / A good poem ~*s across* even in translation. よい詩は翻訳でもよくわかる. (3) [well, badly を伴って] よい[悪い]印象を与える. (4) [as … として] …の印象を与える, …と思われる, [like … として] …のように見える: He *came across* (*to* us) *as* a scholar [*as* (*being*) scholarly]. 彼は学者(らしい)という印象を(我々に)与えた. (5) 《口語》 要求に応じる; 〈女性が〉体をゆるす; (要求に応じて)〔金・情報などを〕しぶしぶ与える, 渡す; 口を割る, 〔真相などを〕白状する〔*with*〕: ~ *across with* $10 10 ドル支払う / ~ *across with* a fund 約束通り資金を出す / He *came across* (*with* the truth). 彼は(本当のことを)白状した.
cóme acròss … (1) …を横切る; 渡って来る. (2) …に(偶然)出くわす, 見つける; …を経験する; 〈考えなどが〉〈人・心に〉浮かぶ; よぎる.
cóme àfter … (1) …を求めて来る, 捜す (seek); …を取りに来る. (2) …に続いて来る, …の後から来る, …に続く (follow); …を追いかけて来る; …の後を継ぐ (succeed) (cf. (*vi.*) 11).
còme agáin (1) また来る, 戻って来る. (2) [通例命令形で] 《口語》 (今言ったことを)繰り返す: *Come again?* (えっ)なんですって, もう一度言ってください (What did you say?).
còme alíve (1) いきいきしてくる, 元気がでてくる. (2) 〈写真などが〉本物に見える.
còme alóng (1) やって来る; 〈機会・災難などが〉起こる, 目の前に現れる; 〈発明・赤ちゃんなどが〉誕生する: *Come along* and see me sometime. 《口語》 いつか遊びに来なさい. (2) 〔…と〕一緒に行く〔*with*〕: *Come along with* me. 私と一緒に来なさい. (3) [命令形で] 《口語》 急ぐ; 元気を出す: *Come along!* さあおいで, さあ早く; さあ(もっと)頑張って; [不信を表して] まさか. (4) 〔…に〕参加する, 出席する〔*to*〕. (5) ⇨ 6 a, b. (6) 〔…に〕同意[賛成]する〔*with*〕.
Cóme and gét it! 《口語》 食事の用意ができましたよ.
cóme and gó (1) 行ったり来たりする; 去来する, 移り変わる: Years *came and went*. 歳月が去来した / Her color *came and went*. 赤くなったり青くなったりした / Money will ~ *and go*. 金は天下の回りもの / It was hard to estimate the audience: people kept *coming and going*. 観客数をつかむのは難しかった. しょっちゅう出入りしていたから / The pain [sound] *comes and goes*. 痛みが来たりひいたりする[音が聞こえてきたり聞こえなくなったりする]. 日英比較 日本語の「行ったり来たり」とは語順が逆. (2) ちょっと立ち寄る.
còme apárt (1) 〈物が〉ばらばらになる, 割れる; 〈計画・関係などが〉こわれる. (2) (肉体的・精神的に)だめになる.
còme aróund (1) 〈人が〉回って来る; ぶらりとやって来る〔*for, to*〕; 〈メモ・伝言などが〉回って来る. (2) 〈人が〉意見を変える; 〈風向きなどが〉変わる: ~ *around to* a person's view 人の意見に同意する / ~ *around to* another's way of thinking 別の考え方に変える. (3) 〈年中行事などが〉(いつものように)回って来る: Christmas has ~ *around* again. クリスマスがまためぐって来た. (4) (病後)元気を回復する; 〈気絶した者が〉正気づく〔*from*〕; 〈人が〉機嫌を直す: He took a long time to ~ *around*. 回復する[正気づく]のに長い間かかった. (5) 〔ある意見・行動に〕最終的に同意する〔*to*〕. (6) 《海事》 〈帆船が〉風に向かう. (7) 《俗》 (遅れていた)生理が始まる.
cóme aròund … (1) …の回りにやって来る. (2) 〈人〉にうまく取り入る, 〈人〉を籠絡(ろうらく)する (wheedle, coax): You can't ~ *around* me with such yarns. そんな話に乗せられるものか.
cóme as …の感情をいだかせる〔*to*〕.
cóme at (1) 〈人・物・場所〉に着く, 達する, 至る. (2) 〈事実・真理など〉を見つける, 手に入れる: ~ *at* the truth [facts] of the matter 事の真相を知る. (3) 〈人〉に威嚇しようと向かって来る: The bull *came at* me with fury. その牛はものすごい勢いで私に向かって来た. (4) 〈質問・情報などが〉押し寄せて来る. (5) 〈問題など〉を考える, …に対処する; 〈考えなど〉を把握[理解]する, マスターする. (6) 《豪俗》 …を引き受ける. (7) 《豪俗》 [通例否定文で] 〈侮辱など〉を我慢する.
còme awáy (1) (向こうを離れて)こちらへ来る: *Come away from* the stove! ストーブから離れてこっちへ来なさい. (2) 結局〔ある感情・印象などをいだいて〕去る[離れる]〔*with*〕: I *came away with* a sad feeling. (そこを去った)私には悲しい気持ちが残った / The reader will ~ *away* refreshed. (それを読んだ)読者は爽快な気分になるだろう. (3) 〈ボタンなどが〉取れる, 〈柄などが〉抜ける〔*from*〕. (4) 《方言》 = COME *along* (2). (5) 《スコット》 [通例命令文で] (部屋に)入る.
còme awáy with (1) ⇨ *come away* (2). (2) …を手に入れる.
còme báck (1) 帰る, 戻る: ~ *back to* my main point 主要な点に戻る / The color *came back to* her face. 顔色が戻ってきた / She *came back to* us with an improved offer. 提案を練りなおして戻って来た. (2) 《口語》 回復する, 復帰する, 返り咲く, 盛り返す, 立ち直る, カムバックする (cf. comeback 1); 再流行する; ぶり返す: ~ *back to* power 権力を取り戻す. (3) (特に突然)記憶によみがえる, 思い出される: The scene ~*s back to* me [my mind]. その時の情景が心に浮かぶ. (4) 〔人に〕(少し考えたあとで)返事をする〔*to*〕. (5) 言い返す, しっぺ返しをする (retort)〔*at, with*〕: ~ *back at* a person 人に口答えする / ~ *back with* a sharp retort = ~ *back* sharply するどく[きびしく]反論する.
còme befóre (1) …より先にくる. (2) 〈物事が〉…に先立つ, …より大切である; 〈人が〉…より地位が上である: Work ~*s before* play. 遊びより仕事が主だ. (3) 〈問題・事件などが〉〈会議など〉に持ち出される, 提出される, …の議題になる (cf. COME *on* (7)): When will the case ~ *before* the court [judge]? その事件はいつ裁判にかけられるのか. (4) 〈人が〉…に出頭する.
còme betwéen (1) …の中に入る, 仲を裂く. (2) 〈仕事・休息など〉を妨げる.
còme bý (1) ちょっと来る, 立ち寄る. (2) (近くを)通り過ぎる.
cóme by … (1) …を偶然手に入れる[得る]: The book is difficult to ~ *by*. その本は入手しにくい. (2) …に立ち寄る. (3) …を思いつく; = COME *across* (2). (4) 〈傷など〉を受ける. (5) 《口語》 [honestly を伴って] 〈性格など〉をそのまま受けつぐ; …を正当に入手する.
còme cléan ⇨ clean *adj.* 成句.
còme dówn (1) 降る, 落ちる; 下がる, 降りる; 倒れる: The rain *came down* in torrents. 雨がしのを突くように降った. (2) 〈飛行機などが〉着陸[不時着]する, 墜落する. (3) 〈木が〉切り倒される; 〈建物が〉こわされる. (4) (都会から)田舎に来る; (北から)南に来る〔*from, to*〕. (5) 〈伝統・風習・家宝などが〉〔…に〕伝わる〔*to*〕: The custom has ~ *down to* us from our ancestors. その風習は我々の祖先から伝わってきたものだ. (6) 〈物音が〉聞える; 〈情報・命令が〉伝わる. (7) 〈値・水準・評価などが〉下がる: The price of gasoline is *coming down*. = Gasoline is *coming down* in price. ガソリンの値が下がっている. (8) 値引きに応じる〔*to*〕. (9) 落ちぶれる, 零落する: ~ *down* in the world 零落する. (10) 《英》 金を払う, 出資する: ⇨ *come down* HANDSOMELY. (11) (ちゅうちょした後)決める, 決心する; (論争などで)態度を明らかにする. (12) 《英》 大学を出る (特に Oxford, Cambridge): ~ *down from* Oxford. (13) 《俗》 薬物・酒によるハイな状態[酔い]からさめる. (14) 《豪・NZ 口語》 〈川が〉氾濫(はんらん)する.
còme dówn on [*upon*] (1) …を〔…のことで〕どなりつける, しかる; …をきびしく追求する, 非難する; 罰する〔*for*〕: ~ *down* hard [heavily] *on* a person *for* his carelessness 人の不注意を厳しく責め立てる. (2) …に〔支払いなどを〕強要する〔*for*〕. (3) …に不意に襲いかかる.
còme dówn on the síde of …に味方すると決める; 〈事を〉

信じる: She finally *came down on the side of* the opposition. 最終的には反対側に付くことに決めた.
còme dówn to (1) 〈問題・困難などが〉…に帰着する, 結局…になる: That ～*s down to* this statement. そのことは結局こういうことになる. (2) ⇨ COME *down* (5). (3) …する羽目になる, …(する)まで落ちぶれる. (4) (下は)…まで達している, 垂れている.
C
còme dówn with 《口語》 (1) 〈病気〉になる, かかる, で倒れる: ～ *down with* a bad cold [the flu] たちの悪い風邪[インフルエンザ]にかかる. (2) 〈金を〉出す, 支払う: ～ *down with* money 金を出す. (3) 〈値〉を下げる: ～ *down with* the price.
cóme for (1) 〈人・物〉を迎え[取り]に来る. (2) …に威嚇するように向かって来る; …に襲いかかる[襲いかかろうとする]. (3) ＝*vi.* 1 a.
còme fórth 《文語》 (1) 〈考え・提案などが〉出て来る. (2) 〈人・物が〉現れる.
còme fórth with 〈考えなど〉を提案する.
còme fórward (1) 前方に進み出る; 〈機会などが〉現れる. (2) 志願する, 申し出る; 〈議題・問題などが〉会議に提出される; 〈候補者が〉打って出る; (衆望に応じて)立つ. (3) 出世する. (4) 〈議題などが〉会議に出る. (5) 〈商品などが〉市場に出る, 〈機会などが〉生じる.
cóme from ⇨ *vi.* 10.
cóme from behínd 追いつく; (試合などで)逆転する.
còme góod 《口語》(スタートのつまずきの後)もち直す, うまくいく.
còme hóme ⇨ home *adv.* 成句.
còme ín (1) 入って来る; (家・部屋などに)入る; (職場に)来る; 〈職人が〉点検・修理などで来る; 入場[登場]する: Ask him to ～ *in.* お入りくださいと言いなさい. (2) 〈船が〉港に入る, 〈列車が〉ホームに入る, 〈バス・飛行機が〉到着する: What time does the train ～ *in?* 列車は何時着ですか. (3) (競走で)(ある順位に)入る: The horse *came in* first [second]. その馬は 1 着 [2 着]となった. (4) 〈情報が〉(放送局・報道デスクなどに)入って来る, 〈手紙などが〉届く; 〈電話が〉かかって来る. (5) 〈潮が〉満ちてくる (↔ go out). (6) 〈光・風・雨などが〉入ってくる. (7) (収入として)〈金が〉入る: He has a million pounds a year *coming in* from investments. 投資収入で年間 100 万ポンド入る. (8) 流行してくる: Long hair has ～ *in.* ロングヘアーがはやってきた. (9) 〈発明品などが〉利用されるようになる; 〈法律が〉施行される. (10) 役割を担う; (話に)加わる; 〈専門家が〉参加する 〔*on*〕: Where do I ～ *in?* 私の役割はどうか; 私の得るところはどれくらいか. (11) [副詞句を伴って] 〈事業の採算・費用などが〉…という結果となる. (12) 役に立つ(ようになる); 利用される: ～ *in* handy [useful] 役立つ(ようになる), 有用になる / Odds and ends will ～ *in* some day. がらくたもいつかは役に立つだろう. (13) 〈季節・時期が〉始まる. (14) 〈季節の食物が〉とれるようになる, 出回る, 旬(しゅん)になる; 入荷する; 〈油田が〉生産を始める, 採れ出す: New potatoes *came in* very late last year. 去年はじゃがいもの走りが大分遅れた. (15) 〈人が〉当選する. (16) 〈党派が〉入閣する, 政権を取る: The Democrats *came in* with a big majority. 民主党が大多数で政権を取った / when Lincoln *came in* リンカーンが大統領になったとき. (17) 〈冗談が〉…に面白味がある: Where does the joke ～ *in?* その冗談はどこが面白いのか. (18) 《米俗》 〈雌牛が〉子を産む. (19) 〖通信〗応答する; 〈電波が〉届く; 〈ニュース・報道などが〉(放送局・デスクなどに)入ってくる. (20) 〔…の額・生産高など〕となる 〔*at*〕. (21) 〖クリケット〗イニングを始める, 打席に立つ.
còme ín for 《口語》 (1) 〈非難・称賛など〉を受ける (receive). (2) …を取りに来る. (3) 〈分け前・財産など〉をもらう. (4) 〈トラブルなど〉を被る.
còme ín on [*upon*] (1) 〈計画・議論・企画など〉に加わる, 参加する. (2) …が痛感される, ぴんとくる, 思い浮かぶ.
còme ínto (1) 〈財産など〉をそっくりもらう, 受け継ぐ (inherit): ～ *into* a legacy [a vast fortune] 遺産[莫大な財産]を相続する / ⇨ *come into one's* OWN. (2) …に入る, 入って来る; 〈ある事態・状況など〉になってくる: ～ *into* prominence 目に留まる, 注目を引く / ～ *into* sight 視界に入る, 見えてくる / ～ *into* the world 生まれる; 出版される / ～ *into* politics 政界入りする / ～ *into* use 用いられるようになる / Blue is *coming into* fashion. ブルーが今はやってきている. (3) 〈協定〉を結ぶ; 〈計画〉に加わる. (4) [否定文で]《俗》〈感情・運などが〉…に影響[関係]する.
còme ín with 《口語》(計画・企画などで)〈人・グループ〉に加わる, 参加する.
cóme it 《英口語》 (1) [例えば can't, couldn't を伴って] (目的を)果たす, やり遂げる. (2) 偉そうにする, から威張りする: ⇨ COME *it over.* (3) 誇張する: ⇨ *come it* STRONG. (4) (共犯者の)秘密を漏らす, (警察に)たれこむ.
cóme it óver 《英口語》[通例否定命令形で] (1) 〈人に〉偉そうにする[言う], 大きな態度に出る 〔*with*〕. ★ 時に come it だけのこともある. (2) 〈人に〉〈…であると〉信じ込ませようとする. ★ it は後にくる that 節を受ける: She *came it over us that* her report was true. 彼女は自分の報告は真実であることを私たちに信じ込ませようとした.
còme néar to dóing ⇨ near.
cóme of ⇨ *vi.* 10.
còme óff (1) 去る, 逃げる. (2) 〈柄・ボタンなどが〉取れる, 〈髪・歯などが〉抜ける, 〈ペンキなどが〉はげる 〔*of*〕; 外せる; 〈しみが〉落ちる: A button has ～ *off of* my jacket. 上着のボタンが取れた. (3) (乗り物などから)落ちる; 降りる 〔*of*〕. (4) 〈企てが〉(予定通り)行われる (take place): The marriage never *came off* after all. 結局その結婚は成立しなかった / The match will ～ *off* next week. 試合は来週行われる. (5) 〈人が〉(競争・議論などで)…の結果になる, …となる (turn out): ～ *off* the winner [victorious] 勝利者となる / ～ *off* the loser 負ける. (6) 《口語》(うまく・まずく)行く; やってのける: ～ *off* badly うまく行かない, さんざんな目に遭う / ～ *off* well うまく行く; うまくやる. (7) 《米》〔…の〕印象を与える 〔*as*〕. (8) 上演[上映]が打ち切られる. (9) 〈予言が〉当たる (come true): The prediction *came off* 予言が適中した. (10) 〖クリケット〗〈投手が〉投球をやめる. (11) 《俗》オルガスムに達する, いく.
còme off … (1) …から去る. (2) 〈柄・ボタンなどが〉…から取れる, 〈ペンキなどが〉…からはげる: The paint has ～ *off* the wall. ペンキが壁からはげている. (3) 〈乗物などから落ちる; 降りる. (4) 〈風・霧・匂いなどが〉…からやって来る. (5) 〈麻薬・薬〉をやめる, よす (stop). (6) 〈金額・税金などが〉〈値段・品物〉から差し引かれる. (7) 〈仕事など〉から手を引く, …を打ち切る; 〈ばかな事・威張った態度など〉をやめる. (8) 《米口語》…を仕上げる; …の時期を過ぎる; 〈傷〉を完治する.
còme óff it 《口語》[通例命令形で] ばかな[偉そうな]話[事]をやめる.
còme óff wòrse ⇨ worse 成句.
còme ón (1) [命令形で, 時に c'mon として] 《口語》 さあ急いで, さあ早くついて来て (hurry up); [挑戦を表して] さあ来い勝負だ, やるか; [懇願などを表して] お願い, さあさあ (please); [声援・励ましなどを表して] 頑張れその調子だ, 大丈夫元気だせよ; [相手の発言に対する不信を表して] ばかな, そんな, まさか, おいおい: *Come on,* stop it! ねえ止めて. (2) [副詞(句)を伴って] 来る, 合流する; 訪れる: Go ahead, and I'll ～ *on* later. 先に行って, 私は後で合流するから. (3) 〈風・嵐・発作などが〉起こる, 現れる; 〈病気・苦痛などが〉つのる (progress): A terrible spasm of pain *came on* just before he died. 死の直前に恐ろしい激痛の発作がきた / I went home because I could feel a cold *coming on.* 風邪を引きそうだと思ったので帰宅した. (4) ⇨ *vi.* 6 a. (5) 〈電灯・ガスが〉ともる, つく, 〈水道が〉出る; 〈機械・装置が〉作動し始める: The streetlight *came on* outside the window. 窓の外で街灯がともった. (6) 〈冬・夜などが〉(徐々に)やって来る, 近づく (approach); 〈雨が〉降り出す: It *came on* to rain. 《英口語》＝The rain *came on.* 雨になった. (7) 〈問題が〉論議に上る (rise); 〈事件が〉持ち出される: ～ *on* before the judge [for trial, for a hearing] 公判に付せられる. (8) 〈役者・選手が〉登場する (appear); 〈演劇・映画などが〉上演[上映]される; 〈番組が〉始まる. (9) 《米》立場を鮮明にする, …という印象を与える; [形容詞を伴って] …にふるまう: ～ *on* as a Democrat 民主党員としての立場を鮮明にする / She *came on* as a defender of traditional values. 伝統的価値観の擁護者だという印象を与えた. (10) 電話に出る. (11) 会社に来る. (12) 〈軍が〉前進する. (13) 色気を出す, 色気づく. (14) 《英口語》生理が来る. (15) 〖クリケット〗〈新たな投手が〉投球を始める.
cóme on … (1) …に出会う; …にひょっと気づく; …を偶然見つける: ～ *on* a solution 解決策を見つける. (2) 〈考え・感情などが〉…を不意に襲う; 〈いやな事が〉…に降りかかる. (3) 〈舞台・画面〉に登場する. (4) 〈電話〉に出る. (5) 〈勤務〉に来る.
Còme òn ín! 《口語》さあお入り: ⇨ *Come on in, the* WATER'*s fine.*
còme òn stróng ⇨ strong *adv.* 成句.
còme ón to (1) …を検討[議論]し始める. (2) 《米口語》〈女〉に言い寄る, 露骨にせまる. (3) 〈舞台〉に登場する. (4) 〈市場〉に出回る.
còme óut (1) (付き合いで)出かける 〔*for, to, with*〕; 訪ねて来る 〔*to*〕; 出所する. (2) (組織・施設などから)出て来る, ぬける, 退院[除隊]する 〔*of*〕. (3) 〈道などが〉のびて来ている; 〈管などが〉出ている. (4) 〈釘・歯などが〉抜ける; 〈しみ・色が〉落ちる: The stains *came out of* this skirt. しみが(洗濯などで)このスカートから消えた. (5) 出て来る, 出る; 〈太陽・月が〉現れる; 〈吹出物などが〉出る: The stars *came out* one by one. 星が一つ一つ現れた / Sweat *came out* on his brow. 汗が額ににじみ出てきた. (6) 〈花が〉咲く; 〈木が〉葉を出す: The flower will ～ *out* next week. 花が来週には咲くだろう / ～ *out* in leaf 〈木が〉葉を出す. (7) 〈書物・新聞などが〉出版[発刊]される, 〈CD などが〉発売される; 〈製品などが〉世に出る: The book *came out* last month. その本は先月出版された. (8) 〈事件・事実・結果・意味などが〉判明する, 知らされる: When do the results of the contest ～ *out?* コンテストの結果はいつわかりますか / It *came out* that he was involved in this scandal. 彼はこのスキャンダルに関係していたことが判明した. (9) 〈本性・秘密・遺伝物質などが〉出る, 現れる, わかる: Color blindness ～*s out* in males. 色盲は男性に出てくる. (10) 〈細部などが〉浮かび上がる. (11) 同性愛者であることを公言する《come out of the closet ともいう》; (悩みなどについて)心を開く: ～ *out* as a lesbian レズであると公言する. (12) (結果が)…になる 〔*on*〕 (turn out); (…の成績で)及第する (come off): ～ *out* a mess めちゃくちゃな結果になる / ～ *out* second best 2 番になる / How does the play ～ *out?* その劇の結末はどんなことになるのか / The play ～*s out* well on the stage. その脚本は立派に舞台に乗る / He *came out* first [on top] in the class. クラスで首席になった. (13) 〈言葉が〉(…の風に)発せられる; 〈発言が〉…の風に報道される. (14) 〈一団の人々が〉仕事を休む[しない], 〔…を求めて〕ストライキをする 〔*for*〕: *come out on strike.* (15) 〈写真が〉現像される; 〈写真・絵画が〉(…の状態に)でき上る; 〈被写体が〉(…の状態に)写る[描けている]: You ～ *out* well in that photo. あなたはその写真によくとれている / The picture *came out* well [poorly]. その写真はとてもよく[下手に]写った. (16) 《古》〈少女が〉正式に社交界に現れる. (17) 〈合計・費用などが〉〔…に〕なる 〔*at, to*〕; 〈計算が〉合う: The cost *came out* at $5 a head. 費用は 1 人当たり 5 ドルとなった. (18) 〈問題が〉解ける.
còme óut agàinst 〈計画・考えなど〉に対立[敵対]する (oppose) (cf. COME *out* 9).
cóme óut for …の選抜[テスト]を受ける.
còme óut for [*in fávor of, in suppórt of*] 〈計画・考え・候補者など〉を支持する, 裏書きする (endorse, support).
còme óut in 〈汗・吹き出ものなど〉で(からだの一部が)覆われる: ～ *out in* a rash 発疹が出る / He *came out in* a sweat 汗をかいた.
còme óut of (1) …から出てくる, 生じる: Nothing *came out of* all this talk. 話ばかりで何も具体化しなかった / *Out of* that discussion (there) *came* a number of useful suggestions. その討論から多くの有益な示唆が得られた. (2) …から離れる, 抜け出る: *Come out of* there! 《口語》そこをどきなさい; よしなさい. (3) ⇨ COME *out* (4).
còme óut of onesèlf 打ち解ける.
còme óut of … wéll [*bádly*] 〈事件など〉で利益を得る[損をする].
còme óut on …に成功する.
còme óut with (1) …をしゃべる (utter); 〈秘密・予期せぬことなど〉を口走る, 漏らす (blurt out): ～ *out with* the truth 真実を白状する. (2) …を発表[公表]する; …を出版する; 〈新製品〉を市場に出す.
còme óver (1) やって来る; ふと訪れる, 立ち寄る (drop in). (2) …を越して来る, 渡来する; 移民して来る, (はるばる)やって来る: My family *came over* (to America) with the Pilgrims. 私の一族はピルグリムファーザーズと共に(アメリカに)渡って来た. (3) 〈考えなどが〉〈人に〉伝わる, 理解される; 〈声・音・ニュースなどが〉聞こえて来る 〔*to*〕. (4) ＝COME *across* (2). (5) ＝COME *across* (3). (6) [補語を伴って] 《英・豪口語》急に…になる: She *came over* (all) sick [queer]. 急に気分が悪く[変に]なった / The sky *came over* quite dark. 空が急に真っ暗になった. (7) (敵方から)変わって来る, 味方につく, 〔別の側・見方に変わる 〔*to*〕; 寝返る, 変節する 〔*from, to*〕. (8) 〈雲が〉〈空〉を覆う; 〈嵐などが来る. (9) ＝COME *around* (2).
còme over … (1) 〈変化が〉…に起こる; 《口語》〈感情・発作などが〉〈人〉を(突然)襲う; とりつく: A strange feeling has ～ *over* him. 異様な気持ちが彼を襲った / What *came over* him (to make him do that)? (そんなことをするとは)彼はどうなったのだ. (2) 〈声・音・ニュースなどが〉…を通じて伝わる. (3) 〈嵐などが〉(急に)…を襲う; 〈雲が〉(急に)…をおおう. (4) [*over* の前に定冠詞つきの名詞を伴って] 《俗》…に～のふりをする.
còme (***ríght***) ***óut and sáy*** [*ásk*] … 公然と[あからさまに]言う[尋ねる].
còme róund ＝COME *around.*
còme shórt (*of*) ⇨ short *adv.* 成句.
còme thróugh (1) 通り抜けて来る; 通って出て来る. (2) 耐え抜く, 切り抜ける. (3) 《米》やり通す, 成し遂げる; 成功する; 期待に応える, 頼りになる 〔*for, on*〕; 認められる. (4) 〈電話などがつながる, 連絡がつく; 〈考え・感情・能力・意味などが〉明らかになる, 伝わって来る 〔*in*〕: The call *came through* immediately. 電話はただちにつながった. (5) 信仰に入る, 回心する. (6) すっかり打ち明ける, 白状する.
còme thróugh … (1) …を通り抜けて来る; …を通って出て来る: Sweat *came through* his shirt. 汗がシャツを通してにじみ出た. (2) 〈危機・難局〉を耐え抜く, 切り抜ける, 生きのびる; 〈テスト〉に受かる: ～ *through* the winter 冬を乗り切る. (3) 〈考え・感情などが〉…から伝わって来る.
còme thróugh with 〈必要なもの〉を提供する, 支払う: ～ *through with* the loan ローンの金を払う.
còme tó (1) 意識を回復する, 正気づく: It was many hours before he *came to.* 数時間たってやっと正気づいた. (2) 機嫌を直す. (3) 〖海事〗船首を風上に向ける; 船の行きあし[惰性]を止める; 停泊する.
cóme to … (1) 〈話題などに〉触れる. (2) 〈仕事・問題など〉に取り組む, 臨む 〔*with*〕. (3) 〈財産などが〉…のものとなる. ★ その他の用法については ⇨ *vi.* 2 a, 3 a, c, 7, 8 a, 9, 11, 14.
cóme togéther (1) 集まる, 会合する (assemble); まとまる. (2) 話し合って折り合う, 和解[合意]する 〔*on*〕. (3) [進行形で] やっとうまくゆく, 軌道に乗り始める. (4) 夫婦生活をする, 同棲する.
cóme to líght with ⇨ light¹ *n.* 成句.
cóme to páss ⇨ pass¹ 成句.
cóme to stáy ⇨ stay¹ 成句.
cóme to thát [*thís*] 《口語》その[この]ことになると, その[この]ことについては, 実のところ: *Come to that,* I have not made up my mind. そのことですが, まだ決心していません.
Cóme to thínk of it, … 《口語》＝Now (that) I come to think of it, ….
cóme ùnder (1) 〈影響・支配・法律など〉を受ける, …に支配される; 〈非難・攻撃など〉にさらされる: ～ *under* the influence of …の影響を受ける / ～ *under* one's notice 目につく / ～ *under* attack 攻撃を受ける. (2) …の部類[項目]に入る, …に編入される, …に当てはまる: The word *gnu* ～*s under g.* gnu という語は g のところにある.
còme úp (1) (つかつかと)やって来る, 近づく 〔*to*〕; 訪ねて来る. (2) 〈問題・話題が〉〈話・議論など〉に上る, 出る 〔*in*〕: ～ *up* (*in* conversation). (3) 〈嵐などが〉起こる; 〈風・音・光などが〉強まる: Something *came up* at work that delayed me. 仕事中にちょっと問題が生じて遅れた. (4) はやり出す. (5) 〈日・月などが〉上がる, 昇る; 〈水位などが〉上昇する. (6) 〈被告などが〉出廷する; 〈事件が〉審理される 〔*before*〕. (7) ⇨ *vi.* 6 c. (8) (London などの) 大都市に来る; (南から)北へ上る 〔*from, to*〕. (9) 芽を出す; 頭を出す, 浮かび出る. (10) 〈食べたものが〉吐き出される. (11) 〈情報が〉パソコンの画面に現れる. (12) [進行形で] 〈行事・予定などが〉めぐって来る. (13) 〈問題が〉テストに出る. (14) 〈人・数字が〉くじで当たる. (15) 〈兵員・食糧などが〉(前線

に)送られて来る. (16) 〈機会·欠員などが〉生じる. (17) [補語を伴って] (最後に)…となって現れる; 〈投げた硬貨が〉表[裏]となる: *come up* empty 成果が出ずに[何も見つからずに]終わる, むだ骨となる. (18) 《英》上映[上演]後照明がつく. (19) 《英》(特に Oxford, Cambridge) 大学に入る, 入学する. (20) [命令形で] (馬に)もっとはやく行け. (21) (特に掃除·手入れの結果)…になる: The desk *came up* like new. 机は手入れをしたら新品同様になった. (22) 《口語》勝つ. (23) 《海事》〈索などを〉徐々にゆるめる.
còme úp agàinst 〈困難·反対などに〉直面する; 〈手強い相手〉に立ち向かう.
còme úp for 〈人·物が〉…される時期になる: ~ *up for* renewal 〈契約などが〉更新の検討の時期になる / ~ *up for* reelection 〈人が〉再選に立つ時期になる / ~ *up for* sale [*auction*] 〈品物が〉販売される[競売に出される]時期になる.
còme upòn (1) ⇨ COME on … (1). (2) ⇨ COME on … (2). (3) …に頼みに来る, 要求する: ~ *upon* a person *for* money. (4) 《古》〈人が〉…の厄介になる: ~ *upon* the town 町の救護を受ける(身になる).
còme úp on 《米》[進行形で] 〈時刻·年齢などに〉差しかかる, 近づく.
còme úp to (1) 〈期待に〉添う, 〈標準·見本などにかなう, 匹敵する, 劣らない: I doubt if this effort *came up to* his expectations. この努力が彼の期待に添うか疑わしい. (2) …に達する, 届く (reach); [進行形で] 〈時刻·年齢などに〉さしかかる.
còme úp with (1) 〈考え·方法などを見つける, 思いつく; 〈必要なものを作り出す, 捻出する, (持ち)出す, 示す: ~ *up with* an idea [a solution, a suggestion, etc.] / ~ *up with* £100. 100 ポンドの金額を工面する / ~ *up with* an excuse なんとか口実をもうける. (2) …に追いつく (overtake). (3) …と対等に並ぶ; …を負かす.
còme with (1) …の当然の帰結として起こる. (2) 〈保証·性能などを伴う; 〈つけ合わせ〉がつく. (3) …につきものである.
còme within (1) …に分類される[入る]. (2) …の範囲内である.
cóming from yóu きみからそう言われると.
Cóming (right) úp! (飲食物の注文に対して)今すぐ出しますよ.
háve it cóming (tó one) 《口語》自業自得である (cf. come *vi.* 14): The lazy student failed the test; he *had it coming to* him. あの怠け者の学生が試験に落ちた. 自分のまいた種だ.
Hòw cóme? ⇨ how[1] 成句.
if [whèn] it cómes to it その場合, そのことだが.
Lèt'em [them] áll cóme! (相手の挑戦を受けて)矢でも鉄砲でも持ってこい, さあこい.
nót knòw whèther [if] one is cóming or góing 頭が混乱している, どうしたらよいかわからない.
Nòw (that) I cóme to thínk of it, … 考えてみると…: *Now that I come to think of it,* she was absent yesterday, too. 考えてみると[そういえば]彼女はきのうもいませんでしたね.
sée a person cóming 《口語》人の弱み[無知]につけこむ, 人の足元を見る.
This is whère I càme ín. 《口語》これでまた出発点[振出し]に戻った; これは全てよく知っていることだ.
When I cóme to thínk of it, … =Now (that) I come to think of it, ….
whèn it cómes to … …となると, にかけては: *When it comes to* playing tennis, he is second to none. テニスをすることにかけては彼はだれにも引けをとらない.
whère a person is cóming from 《口語》人の本当の狙い, 気持ち, 発言の真意.
— *n.* 《卑》 **1** オルガスムス. **2** 精液; 愛液.
〖OE *cuman* < Gmc **kuman, *kweman* (Du. *komen* / G *kommen*) ← IE **gʷem-, *gʷā-* to go, come (L *venīre* (< **guemīre*) / Gk *baínein* to go / Skt *gamati* he goes)〗

come-all-ye /kʌmɔ́ːlji, kə-, -ɑ́ːl-, -jə | -ɔ́ːl-/ *n.* 《英国·カナダの》民謡, 物語詩 《歌詞の最初が 'come all ye' で始まることが多い》. 〖1898〗

cóme-alòng *n.* 《米口語》カムアロング 《手動式ウィンチ》.

cóme-and-gó *n.* 行き来, 去来; 収縮と膨張.
日英比較 日本語の「行き来」と語順が逆. — *adj.* [限定的] 行き来の; 近似の, 大体の; 変動する (variable). 〖1793〗

come-at-a·ble /kʌ̀mǽtəbl̩ | -tə-/ *adj.* 《口語》 **1** 近づきやすい, 容易に行ける. **2** 入手しやすい (accessible); 到達できる. 〖(1687) ← *come at* (⇨ come 成句)+ -ABLE: cf. getatable〗

come·back /kʌ́mbæ̀k/ *n.* **1** 《口語》(健康·人気その他失敗の後の)盛り返し, 返り咲き, 回復, カムバック: have a ~ like a cork 威勢よく立ち直る[盛り返す] / make [stage] a (successful) ~ (見事に)返り咲き[カムバック]する. **2 a** 言い返し, 辛辣(しんらつ)な答え, 口答え: have a ~ for everything ああいえばこう言う, へらず口を叩く. **b** 報復(行為). **c** (通例品質不満による)商品[代金]の返却. **3** 帰還者, 復帰者; 幽霊. **4** 《口語》不平を訴える[補償請求できる]機会[手段]; 不平の種, 苦情. **5** 《豪》 **a** カムバック (メリノ (merino) ³/₄ の雑種の羊で, 食肉·羊毛用). **b** カムバックの羊毛[皮]. **6** 《競馬》戻し金 《ブックメーカーが自分の受けた賭の賭率を下げたり, 損失を減らすために賭ける金》. 〖(1889) ← *come back* (⇨ come 成句)〗

cóme·bàck·er *n.* **1** 《野球》ピッチャーゴロ. **2** 《アメフト》=buttonhook 2.

COMECON, Com·e·con /kɑ́(ː)mɪ̀kɑ̀(ː)n | kɔ́mɪkɔ̀n/ *n.* 《経済》コメコン, 経済相互援助会議 《ソ連·東欧諸国の経済協力機構 (1949-91)》. 〖← *Co(uncil) (for) M(utual) Econ(omic) (Assistance)*〗

co·med·dle /koumédl̩ | kəumédl̩/ *vt.* 《廃》混ぜる (mix). 〖(1600-1) ← co-[1]+MEDDLE〗

co·me·di·an /kəmíːdiən | -diən/ *n.* **1** 喜劇俳優, コメディアン, 「三枚目」: a low ~ 低級な喜劇役者, 道化役者. **2** [しばしば皮肉] 滑稽な人物, おどけ者. **3** 《まれ》喜劇作家. 〖(1581) □ F *comédien*〗

co·me·dic /kəmíːdɪk | -dɪk/ *adj.* 喜劇の[に関する]: 《米》喜劇風の, 喜劇的な, 滑稽な. 〖(1639) □ L *cōmoedicus* □ Gk *kōmōidikós*: ⇨ comedy, -ic[1]〗

co·mé·di·cal /-dɪ̀kəl, -kl̩ | -dɪ-/ *adj.* =comedic. **~·ly** *adv.*

Com·é·die Fran·çaise /kɔ̀(ː)meɪdíːfrɑ̃ː(n)séz, kɑ̀(ː)m-, -frɑːn- | kɔ̀m-; *F.* kɔmedifʀɑ̃sɛːz/ *n.* [the ~] コメディ フランセーズ 《Paris にあるフランスの国立劇場; 1680 年創立; 正式名 Théâtre-Français》.

co·me·di·enne /kəmìːdién | kəmìːdién, kɔ̀miː-; *F.* kɔmedjɛn/ *n.* 喜劇女優. 〖(c1859) □ F ~ (fem.) ← *comédien*: ⇨ comedian〗

co·me·di·et·ta /kəmìːdiétə, -mèɪd- | kəmèɪdiétə, kɔ-, -miːdː-; *It.* komedjétta/ *n.* (*pl.* ~**s**, **-et·te** /-teɪ; *It.* -te/) (通例一幕物の)小喜劇, 短編喜劇. 〖(1836) □ It. ~ (dim.) ← *comedia* comedy: ⇨ -ette〗

cóm·e·dist /-dɪ̀st | -dɪst/ *n.* 喜劇作家. 〖(1819): ⇨ comedy, -ist〗

com·e·do /kɑ́(ː)mədòu | kɔ́mɪ̀dəu/ *n.* (*pl.* **com·e·do·nes** /kɑ̀(ː)mədóuniːz | kɔ̀mɪdə́u-/, ~**s**) 《医学》コメド, 面皰(めんぽう), にきび 《blackhead ともいう; cf. milium》. 〖(1866) ← NL ~ ← L *comedō* glutton ← *comedere* to eat greedily ← COM- (強意)+*edere* 'to EAT'〗

com·e·do·gen·ic /kɑ̀(ː)mədoudʒénɪk | kɔ̀mɪ̀də(u)-ˈ/ *adj.* 面皰 (comedo) を生じやすい.

come·down /kʌ́mdàun/ *n.* **1** 《口語》急な落ちぶれ, 零落 (downfall); (地位·名誉の)失墜: Playing bit parts was a ~ after being a star. スターであった後に端役を演じるのは落ち目だった. **2** 《口語》失望; 気持の落ちこんだ[気が乗らない]状態. **3** 麻薬の効果がきれてくること: be on a ~. 〖(1583) ← *come down* (⇨ come 成句)〗

com·e·dy /kɑ́(ː)mədi | kɔ́mɪ̀di/ *n.* **1 a** 喜劇 《悲劇 (tragedy) に対立する劇の一部門; cf. farce 1》. **b** 一編の喜劇; 喜劇映画: a low ~ 低級な喜劇, 茶番狂言, 道化芝居 / a musical ~ 音楽喜劇 / ⇨ light comedy. **c** 喜劇的な文芸作品 《小説·物語》. **2** (実生活における)喜劇, 喜劇的場面[事件]. **3** ユーモア, 喜劇のスタイル.
cút the cómedy 《俗》[主に命令形で用いて] ばかなこと[まね]を止める, 冗談をやめる.
Cómedy of Érrors [The —] 「間違いつづき」 《Shakespeare 作の喜劇 (1592-94)》.
cómedy of húmors [the —] 気質喜劇 《人間をその気質によって際立った性格に描いたもので 17 世紀初頭に英国で流行した; Ben Jonson の *Every Man in His Humour* (1598) はその代表的な例》.
cómedy of mánners [the —] 風俗喜劇 《英国 17 世紀末に起こったもので, 主に社交界の軽薄·因襲·愚行などを諷刺した機知に富んだ喜劇; Etherege, Wycherley, Congreve などの作が代表的; cf. high comedy》. (1822)
〖(c1385) □ (O)F *comédie* □ L *cōmoedia* □ Gk *kōmōidía* ← *kōmōidós* comedian ← *kômos* revel (← ?) +*aoidós* singer (← *aeídein* to sing: cf. ode)〗

cómedy dràma *n.* 《文学》喜劇まじりの戯曲 《comedy のやや深刻なもの》. 〖1885〗

cómedy·wright *n.* 喜劇作者.

cóme-from-behínd *adj.* [限定的] 〈試合が〉逆転の: a ~ win 逆転勝利.

còme-híther *n.* **1 a** 人を引き付けるもの (attraction). **b** 誘惑(するもの) (lure). **2** 《アイル》人を引き付ける話[仕草]; 説得 (persuasion). — *adj.* [限定的] 《口語》誘惑的な, 魅惑的な. 〖(1900) ← *come hither*〗

come·ly /kʌ́mli/ *adj.* (**come·li·er**, **-li·est**; **more** ~, **most** ~) **1** 顔立ちの整った, みめよい (⇨ beautiful SYN). **2** 《古》品行のきちんとした, 見苦しくない, 立派な.
cóme·li·ness *n.* 〖OE *cȳm(e)lic* beautiful ← *cȳme* fine (cf. G *kaum* scarcely)+*-lic*: 後に COME と連想された: ⇨ -ly[2], -like〗

Co·me·ni·us /kəmíːniəs | kəméɪniəs, -míː-/, **John Amos** *n.* コメニウス (1592-1670; モラビア派に属したチェコの聖職者·教育学者; チェコ語名 Jan Amos Komenský).

cóme-òn *n.* 《口語》 **1 a** (主として女性からの)誘惑, 「えさ」(lure). **b** 誘惑するもの. **c** (客寄せの)目玉商品, おとり商品. **d** 性的誘惑: give a person the ~ 人を誘惑する. **2 a** (だまされてつまらない物など買わされる)お人よし, 「かも」(dupe). **b** だます人, 詐欺師, ぺてん師 (swindler). **3** 《トランプ》(ブリッジで)カムオン 《ことさら高位の札を捨てたりして, パートナーにそのスーツを続けて出すよう合図する防御側の戦術; cf. high-low signal》. 〖(1898) ← *come on* (⇨ come 成句)〗

còme-óut·er /-áutə | -tə(r)/ *n.* 《米》 **1** (現状に不満で政治·宗教方面から飛び出した)脱退者. **2** 反体制派の人, 過激な改革家. 〖(1840) ← *come out* (⇨ come 成句)〗

còme-óver *n.* (Man 島で)英国本土からの移住者. 〖← *come over* (⇨ come 成句)〗

com·er /kʌ́mə | -mə(r)/ *n.* **1 a** 来る人, 来た人: a chance ~ ひょっこりやって来る人, ふりの客 / the first ~ 先着者 / ~*s* and goers ⇨ goer *n.* 1 / ⇨ newcomer. **b** [主に all comers として] (競技などの)自発的参加者, 飛び入り, だれでも来る人みんな: be open to *all* ~*s* 飛び入り自由である / I stand up against *all* ~*s*. だれとでも相手になる, だれでも来い. **2** 《米口語》進歩の速い人, 未来を期待される人, 有望な人[もの]. 〖(a1376): ⇨ come, -er[1]〗

co·mes /kóumiːz, -mɛs | kə́u-/ *n.* (*pl.* **com·i·tes** /kɑ́(ː)mətiːz, -tèɪs | kɔ́mɪ-/) **1** 《天文》=companion[1] 7. **2** 《解剖》随伴静脈 《神経に随伴して走行する静脈》. **3** 《音楽》(fugue の)応答 (answer), (canon の)追行句 (consequent) (cf. dux 3). **4** 《カトリック》典礼の索引書 あるいは索引と式文を含む典礼書. 〖(1683) □ L ~ 'companion' ← COM-+*īre* to go〗

co·mes·ti·ble /kəméstəbl̩ | -tɪ̀-/ *adj.* 《まれ》食べられる, 食用に適する. — *n.* [通例 *pl.*] 食料品, 食べ物. 〖(1483) □ (O)F ~ □ ML *comestibilis* ← L *comēstus* (p.p.) ← *comedere* to eat up ← COM- (強意)+*edere* 'to EAT': ⇨ comedo, -ible〗

com·et /kɑ́(ː)mɪ̀t | kɔ́mɪt/ *n.* **1** 《天文》彗星(すいせい), ほうき星: the tail [coma] of a ~ 彗星の尾[髪]. **2** 彗星のように急に頭角を現し消えていくような人. **3** 《トランプ》 **a** コメット 《1759 年 Halley 彗星の出現を機に考案された stop 系のゲーム; ダイヤの 8 を除く 51 枚の札を 3-8 人に配り, 番号順に彗星の尾のようにつなげていく》. **b** (コメットで)クラブかダイヤの 9. **4** [C-] コメット(機) 《1952 年に就航した英国のジェット旅客機》. 〖(?a1200) □ L *comēta* □ Gk *komḗtēs* long-haired (star) ← *komân* to wear long hair ← *kómē* hair ← ?: cf. coma[2]〗

com·e·tar·y /kɑ́(ː)mɪ̀tèri | kɔ́mɪtəri/ *adj.* 彗星の[に関する, から出る]; 彗星状の. 〖(1652): ⇨ -ary〗

cómet fìnder *n.* =comet seeker.

co·meth·er /kəméðə | -ðə(r)/ *n.* 《英方言》=come-hither. 〖(1838) 《転訛》← *come hither* 牛を呼ぶときの掛け声〗

co·met·ic /kəmétɪk, kɑ(ː)- | kəmét-, kɔ-/ *adj.* = cometary.

co·mét·i·cal /-tɪ̀kəl, -kl̩ | -tɪ-/ *adj.* =cometary.

cómet sèeker *n.* 彗星(すいせい)望遠鏡, 彗星捜索用望遠鏡 《低倍率で広視野》. 〖1871〗

cómet-wìne *n.* 彗星年醸造のワイン 《風味が特によいといわれる》.

cómet-yèar *n.* 彗星年 《特別な大彗星の現れた年》. 〖1871〗

come·up·pance /kʌ̀mʌ́pəns, -pɒns/ *n.* 《口語》当然の罰 (retribution): get one's ~ 当然の報いを受ける. 〖(1859) ← *come up* (⇨ come 成句)+-ANCE〗

com·fit /kʌ́mfɪ̀t, kɑ́(ː)m- | kʌ́mfɪt, kɔ́m-/ *n.* コンフィット 《木の実·果物などに砂糖衣をかけた糖菓》. 〖(c1250) □ OF *confit(e)* < L *confectum* (p.p.) ← *conficere* to prepare: ⇨ confection〗

com·fi·ture /kʌ́mfɪ̀tʃùə | -tʃə(r)/ *n.* 《古》保存果実, 砂糖漬け果物. 〖(1390) □ OF ~ ← *confit* (↓)〗

com·fort /kʌ́mfət | -fət/ *n.* **1** 苦痛·苦悩のない状態, 安楽(な状態) (⇨ ease SYN); 満足(な状態), 気楽, 快適: live in ~ 安楽に暮らす / be fond of ~ 安楽(な生活)を好む / be of (good) ~ (to a person) (ある人にとって)慰めである / What ~? 《古》ごきげんいかが. **2 a** (困っているとき, 悩んでいるときなどの)慰め, 慰安 (consolation): cold [small, no] ~ あまり慰めにもならぬ慰め / derive ~ from …から慰め[慰安]を得る / take [find] ~ in reading 読書で自ら慰める / tidings of ~ and joy 慰めと喜びをもたらす知らせ. **b** [aid and ~ として] 援助, 救助 (assistance): give *aid and* ~ to him 彼を救ってやる / Traitors give *aid and* ~ to the enemy. 裏切り者たちは敵を助ける. **3 a** 慰めを与える[慰めとなる]人[もの], 慰安者, 慰問品; 楽しみごと, 楽しい経験: He was a great ~ to his parents in old age. 彼は老いた両親にとって大きな慰め(の種)であった / It is a ~ to [for] me to know you are close at hand. あなたがすぐ近くにおられると知って心強い. **b** [通例 *pl.*] 生活を楽にするもの: the ~*s* of home=home ~*s* 家庭生活の楽しみ(ごと) / bodily ~*s* 肉体的に楽しみを与えるもの 《食べ物·衣服など; ⇨ creature comfort》. **4** 《米中部·南部》=comforter 3.
— *vt.* **1 a** 〈苦悩している人を〉慰める, なだめる (console): ~ oneself with the thought そう思って自ら慰める. **b** 元気づける, 励ます (cheer). **2** 〈体を〉楽にする. **3** 《廃》《法律》援助する (aid).
〖(?a1200) *conforte* □ OF ← LL *confortāre* to fortify ← *con-* 'COM-' (強意)+*fortis* strong (⇨ fort)〗

SYN 慰める: **comfort** 優しくしたり励ましたりして〈人〉の悩みや不幸を軽減する: We should *comfort* those who are in sorrow. 悲しんでいる人々を慰めてあげるべきだ. **console** 〈人〉の悲しみや喪失感を軽減する 《しばしば慰めの原因が含意される》: The huge compensation could not *console* her for the loss of her son. 莫大な賠償金も息子を失ったことの慰めとはならなかった. **solace** 苦痛·心配·悩みなどを軽減する 《格式ばった語》: He *solaced* himself with music. 音楽で憂さを晴らした.
ANT afflict, bother.

com·fort·a·ble /kʌ́mfətəbl̩, -ftə- | -f(ə)tə-/ *adj.* **1 a** 肉体的に不快感を与えない, 快適な, 楽な; 居心地[住み心地]のよい, 〈椅子など〉座り心地のよい, 〈衣服など〉着心地のよい: ~ rooms, surroundings, etc. **b** (精神的·肉体的に)苦痛[苦悩, 不安]のない, 安らかな, 気楽な, 安楽な ★〈人〉が主語になれば通例叙述的用法: ~ living 安楽な暮らし / He was ~ in an armchair. ひじかけ椅子に座って気楽にしていた / feel ~ 心地よく感じる, 気持ちがいい / make oneself ~ 体を楽にする, くつろぐ. **2** 《口語》 **a** (金銭的に)不自由のない, 裕福な: a ~ income 不足のない[かなりの]収入 / in ~ circumstances (金銭的に)何の苦労もなく. **b** (満ち足りて)落ち着いている, 満足そうな: feel ~ about the plan その計画に満足を覚える. **3** 慰める,

C

(心の)慰めになる, 慰め[元気]を与える: ～ words 慰めとなる言葉. **4** 《競技・選挙など》楽に勝てる, 余裕のある: a ～ win ゆうゆうの勝利 / a ～ majority 十分な過半数. **—** *n.* **1** 《米北部》=comforter 3. **2** 《英》=comforter 2. **～·ness** *n.* 〖《c1340》□(O)F *confortable*: ⇨ ↑, -able〗

C

SYN 安楽な: **comfortable** 平安・満足・くつろぎを与える[感じる]: a *comfortable* chair 座り心地のいい椅子 / I feel *comfortable* in this room. この部屋は居心地がいい. **cozy, snug** こぢんまりして気楽で暖かい: a *cozy* flat 住み心地のいいアパート / a *cozy* birthday party 小人数で和気あいあいとした誕生パーティー / a *snug* seat by the fire 暖炉のそばの気持ちのよい席. **restful** 〈色・音楽・部屋などが〉安らぎとくつろぎを与える: I find green a very *restful* color. 緑はとても落ち着ける色だと思う.
ANT uncomfortable, miserable.

Cómfortable Wórds *n. pl.* [the ～] 〖キリスト教〗慰めの言葉 (聖餐式の懺悔(ざんげ)に関連して司式者が唱える聖句; 英国国教会では赦罪 (absolution) のあとに用いる次の聖句: *Matt.* 11:28, *John* 3:16, *1 Tim.* 1:15, *1 John* 2:1–2).

com·fort·a·bly /kʌ́mfəṭəbli, -ftə- | -f(ə)tə-/ *adv.* **1** 気楽に, 安らかに, 安楽に, 心地よく. **2** 何不足なく: be ～ off 何不足なく[気楽に]暮らす. **3** 満足そうに, 落ち着いて. 〖《a1398》: ⇨ comfortable, -ly¹〗

cóm·fort·er /-fəṭə, -fətə | -fətə^(r)/ *n.* **1** 慰める人[もの], 慰安者 (consoler): ⇨ Job's comforter. **2** 《英》長い毛糸の襟巻き. **3** 《米》羽根ぶとん, キルトの掛けぶとん. **4** 《英》(赤ん坊をなだめるための)ゴム製乳首, おしゃぶり (《米》pacifier). **5** [the C-] 〖神学〗助け主 (Advocate), 聖霊 (the Holy Ghost) (cf. *John* 14:16, 26). 〖《c1350》□OF *conforteor*〗

cómfort fòod *n.* なつかしい味, 元気の出る食べ物.

com·fort·ing /kʌ́mfəṭɪŋ | -tɪŋ/ *adj.* 励みになる; 元気づける; 慰める: a ～ drink. **～·ly** *adv.* 〖《a1384》: ⇨ -ing²〗

cómfort·less *adj.* **1** 不愉快な, 不自由な. **2** 慰安(設備)のない, 慰めのない, 楽しみのない, わびしい. **3** 《廃》慰め[援助]を与えない. **～·ly** *adv.* **～·ness** *n.* 〖《a1387》: ⇨ -less〗

cómfort lètter *n.* 「慰励」の監査意見書, コンフォートレター (公認会計士が略式監査に基づいて出す, 会社財務に大きな変化はない旨の意見書).

cómfort stàtion [ròom] *n.* 《米婉曲》公衆便所 (《英》public convenience). 〖1910〗

cómfort stòp *n.* 《米》(長距離バスの)トイレ[休憩]停車; 休憩停車場.

cómfort zòne *n.* 〖工学〗快適[快感]帯 (工場などで大抵の人が快適と感ずる温度・湿度・空気流(量)の範囲).

com·frey /kʌ́mfri/ *n.* 〖植物〗 **1 a** ヒレハリソウ, コンフリー (*Symphytum officinale*) (ムラサキ科ヒレハリソウ属の野菜). **b** ヒレハリソウ属の植物の総称 (昔は薬草). **2** =daisy 1, 2. 〖《a1300》*cumfirie, conferie* □AF *cumfirie*=OF *confire* // ML *cumfria*=L *confervam* ← *confervēre* to boil together, heal ← *con-* 'COM-'+*fervēre* to boil: 薬草として煎じたことから: cf. conferva〗

com·fy /kʌ́mfi/ *adj.* (**com·fi·er; -fi·est**) 《口語》=comfortable. 〖《1829》《短縮》← COMFORTABLE: ⇨ -y² ★ (3)〗

com·ic /kɑ́(ː)mɪk | kɔ́m-/ *adj.* **1** 喜劇的な, 滑稽な, おかしい, おどけた (⇨ funny¹ SYN): a ～ song 滑稽歌, コミックソング / Everything has its ～ side. 物には皆滑稽な面がある. **2** 喜劇の (cf. tragic): a ～ actor [writer] 喜劇俳優[作者] / a ～ turn ⇨ turn *n.* 12. **3** (続き)漫画の: a ～ artist (comic strips をかく)漫画家. **—** *n.* **1** 《口語》 **a** (寄席などの)喜劇俳優, 道化師, コメディアン. **b** おかしな人, 滑稽な人. **2** 《口語》 **a** 漫画, 漫画雑誌[新聞, 本]; 喜劇映画[テレビ番組]. **b** 《米》続きこま漫画 (数場面が続いて一まとめとなるもの; comic strip ともいう). **c** [通例 *pl.*] (日曜日の新聞などの)漫画(欄[版]). **3** [the ～] (人生・文学などの)喜劇的要素 (cf. tragic). 〖《a1387》□L *cōmicus* □Gk *kōmikós* ← *kômos* banquet, revel: ⇨ comedy, -ic¹〗

com·i·cal /kɑ́(ː)mɪ̀kəl, -kl̩ | kɔ́mɪ-/ *adj.* **1** 滑稽な, おどけた, おかしい (⇨ funny¹ SYN); ひょうきんな (freakish). 日英比較 日本語の「コミカル」はとくに悪い意味では使われないが, 英語の *comical* は本人は人を笑わせようと思っているわけではないのに, はたから見ておかしいような場合に使う. 人を笑わせようとして何かをする場合には comic を用いる. したがって comic performance は「喜劇的演技」だが, *comical* performance は軽蔑的または皮肉な意味になる. **2** 《英口語・方言》頭のおかしい, 風変わりな. **3** 《廃》喜劇の[に関する]; 喜劇的な. **～·ly** *adv.* **～·ness** *n.* 〖《c1387》: ⇨ ↑, -al¹〗

com·i·cal·i·ty /kɑ̀(ː)mɪ̀kǽləṭi | kɔ̀mɪkǽlɪ̀ti/ *n.* 喜劇的性質; ひょうきん, 滑稽, おかしみ. 〖《c1774》: ⇨ ↑, -ity〗

cómic bòok *n.* 《米》漫画本 (comic strip が載っているパンフレット綴じの本). 〖1941〗

Co·mice /kɑ́miːs/ *n.* 〖植物〗コミス (果汁の多い黄緑色の大形のセイヨウナシ).

cómic-ópera *adj.* まじめに取られない, 滑稽な, ばかばかしい: a ～ state. 〖1906〗

cómic ópera *n.* 〖音楽〗喜歌劇 (題材・音楽ともに軽い内容をもつオペラの総称; operetta, opera comique, opera buffa, musical comedy, vaudeville などを含む). 〖《1762》《なぞり》← F *opéra comique*〗

cómic pàper *n.* =comic 2 c.

cómic relíef *n.* **1** 喜劇的息抜き場面 (過度の緊張からの息抜き (relief) の目的で悲劇的場面の間にはさむもの). **2** 喜劇による息抜き. 〖1825〗

cómic strip *n.* =comic 2 b. 〖1920〗

Co·mines /kɔ(ː)míːn, kɑ(ː)- | kɔ-/ *n.* ⇨ Commines.

Com·in·form /kɑ́(ː)mənfɔ̀əm | kɔ́mɪ̀nfɔ̀ːm, ⌣⌣ˊ/ *n.* [the ～] コミンフォルム (1947 年旧ソ連など 9 か国の共産党代表者がポーランドに会合設立した共産党の情報機関で, 1956 年解散; 本部は 1948 年までは Belgrade, その後は Bucharest にあった; cf. Comintern). 〖《1947》← *Com(munist) Inform(ation Bureau)* (共産党情報局)〗

com·ing /kʌ́mɪŋ/ *adj.* **1** 来たるべき (approaching), 次の (next): the ～ month 来月 / the ～ election 今度の選挙 / indications of a ～ storm あらしの(来る)前兆. **2** 頭角を現してきた, 今売出しの, 新進の: a ～ man 売出し中の[有望な]人. **3** [up and coming の形で] 前途有望な, 期待の持てる.
cóming and góing 逃れられなくなって, 出口がなくなって; 孤立無援の: He had me ～ *and going*. 彼は私をどうしようもなくしてしまった. ***cóming úp*** 《口語》(レストランなどで)〈食物・飲物が〉でき上がって: *Coming* (right) *up!* ただ今(お持ちします) (注文を受けて). ***háve it cóming tó one*** 《口語》当然の報いを受ける. ***nót knów whéther one is cóming or góing*** 完全に混乱して.
— *n.* **1** 来ること, 到来 (arrival, advent): ～ of age 成年[成熟期]に達すること. **2** [the C-] キリストの再臨 (Second Advent (of Christ); cf. Second Coming). ***cómings and góings*** 出来事, 事件 (affairs); 行動, 活動 (activities).
〖《?c1300》: ⇨ come, -ing¹〗

cóming attráction *n.* 〖映画・テレビ〗予告編.

cóming ín *n.* (*pl.* **comings in**) **1** 入場 (entrance); 始まり (beginning). **2** [通例 *pl.*] 収入 (income). 〖*a*1398〗

cóming óut *n.* (*pl.* **comings out**) **1** (若い女性の)社交界へのデビュー. **2** 自分が同性愛者であることを公にする[認める]こと.

com·int, COMINT /kɑ́(ː)mɪ̀nt | kɔ́m-/ *n.* (傍受による) 通信情報収集(活動), コミント (cf. humint); (それによる) 通信情報. 〖《略》← *com(munications) int(elligence)*〗

Com·in·tern /kɑ́(ː)mɪ̀ntə̀ːn | kɔ́mɪ̀ntə̀ːn, ⌣⌣ˊ/ *n.* [the ～] コミンテルン, 第三インターナショナル (1919–43) (Lenin によって Moscow に創設された; ⇨ Third INTERNATIONAL; cf. Cominform). 〖《1923》← *Com(munist) Intern(ational)*〗

COMISCO, Co·mis·co /kəmɪ́skou | -kəu/ *n.* [the ～] 国際社会主義者会議(委員会), コミスコ (Cominform に対抗して結成した社会民主主義政党の組織 (1947); 1951 年に社会主義インターナショナル (the Socialist International) に改称). 〖← *Com(mittee of the) I(nternational) S(ocialist) Co(nference)*〗

com·i·tad·ji /kòumətáːdʒi, kɑ̀(ː)m- | kɔ̀umɪtáːdʒi, kɔ̀m-/ *n.* =komitadji.

com·i·tal /kɑ́(ː)məṭl | kɔ́mɪ̀tl̩/ *adj.* 伯爵 (earl, count) の.

com·i·ta·tive /kɑ́(ː)mətèɪṭɪv, -ṭəṭ- | kɔ́mɪ̀tèɪt-, -tət-/ 〖文法〗 *adj.* 随伴を表す; 随格の: the ～ case 随格. **—** *n.* 随格. 〖《1860》← L *comitātus* escort, retinue (← *comit-, comes* companion)+-IVE〗

comites *n.* comes の複数形.

co·mi·ti·a /kəmɪ́ʃiə, -ʃə/ *n.* (*pl.* ～) (古代ローマの)民会 (市民が共同体の成員として出席し, 法律を制定し行政官を任命した; comitia curiata, comitia centuriata, comitia tributa の 3 つがあった). **co·mí·tial** /-ʃəl/ *adj.* 〖《1625》□L ～ (pl.) ← *comitium* place of assembly ← COM-+*īre* to go (⇨ itinerate)〗

com·i·ty /kɑ́(ː)məṭi, kóum- | kɔ́mɪ̀ti/ *n.* **1 a** 礼譲, 礼節; 社交上の調和 (courtesy, civility). **b** =COMITY of nations. **2 a** 〖キリスト教〗教派間の礼譲 (相互に他の教派に転向することを回避するアメリカプロテスタント教会間の慣行). **b** 〖法律〗(裁判所における, 判例・他裁判所などに対する)礼譲. **3** 共通の社会制度に基づくゆるやかで広範囲な共同体.
cómity of nátions [státes] [the —] (1) 国際礼譲 (各国が自国の領土内において他国の法律・慣習その他の制度を尊重する親交関係). (2) 国際親交国 (国際礼譲によって親交を保っている国々): be received into [excluded out of] the ～ *of nations* 国際親交国の仲間に入れられる[から除外される]. 〖《1862》《なぞり》← NL *comitās gentium*〗
〖《1543》□L *cōmitātem* courtesy, friendliness ← *cōmis* courteous < OL **cosmis* ← co-¹+IE **(s)mei-* to 'SMILE'〗

com·ix /kɑ́(ː)mɪks | kɔ́m-/ *n. pl.* 漫画(本), (特に)アングラ漫画.

comm. 《略》commander; commentary; commerce; commercial; commissary; commission; committee; commonwealth; communication.

com·ma /kɑ́(ː)mə | kɔ́mə/ *n.* **1** (句読点の)コンマ, 読点 (,): ⇨ inverted comma. **2** 休止, 中断 (pause). **3** (*pl.* **～s, ～·ta** /～ṭə | ～tə/) 〖古典詩学〗 **a** コロン (colon) の小節. **b** 長短短六歩格で caesura で終わる[始まる]部分. **c** その caesura. **4** 〖音楽〗コンマ (ある音程が異なった方法で得られるとき, 両者の間に生じる音程の微小な差; cf. ditonic comma, syntonic comma). **5** 〖細菌〗=comma bacillus. **6** 〖昆虫〗=comma butterfly. 〖《1586》□LL ～, (L) part of a sentence □Gk *kómma* clause (in a sentence) ← *kóptein* to cut ← IE **(s)kep-* to cut (L *cāpō* castrated cock)〗

cómma bacìllus *n.* 〖細菌〗コンマ菌 (*Vibrio comma*) (アジアコレラの病原菌; 単に comma ともいう). 〖1886〗

cómma bútterfly *n.* 〖昆虫〗タテハチョウ科の後翅の内側にコンマ形の銀のしるしがあるチョウの総称 (シータテハ (*Polygonia c-album*), キタテハ (*P. c-aureum*) など; 単に comma ともいう). 〖1749〗

cómma di·tón·i·cum /-daɪtɑ́(ː)nɪkəm, -nə- | -tɔ́nɪ-/ *n.* (*pl.* **com·ma·ta di·ton·i·ca** /-nɪkə, -nə- | -nɪ-/) 〖音楽〗=ditonic comma. 〖← NL ～〗

cómma fàult *n.* 〖文法〗コンマの誤用 (接続詞を用いないで結びつけられている 2 つの等位節の間にピリオド・コロン・セミコロンなどを使うべきであるのにコンマを使う誤り; comma splice ともいう; cf. run-on sentence). 〖1934〗

Com·ma·ger /kɑ́(ː)mɪ̀dʒə | kɔ́mɪdʒə^(r)/, **Henry Steele** *n.* コマジャー (1902–84; 米国の歴史家・教育者; 現代米国史が専門; *The American Mind* (1950)).

com·mand /kəmǽnd | -máːnd/ *vt.* **1** …に〈…するように〉命じる, 命令する, 命令[号令]を下す 〈*to do, that*〉: He ～*ed* us to do it.=He ～*ed that* we (should) do it. 彼は我々にそれをせよと命じた. **2 a** 〈人が〉〈同情・尊敬などを〉集める, 起こさせる, 博する: ～ attention, respect, sympathy, etc. **b** …の価値がある: ～ $2,000. **3 a** 指揮する: ～ a ship, fleet, brigate, etc. **b** …の支配権を握る: ～ the sea [air] 制海[制空]権を握る. **c** 〈自己・激情などを〉支配する, 制する: ～ oneself [one's temper, passions] 自制する. **d** …を享受する, 意のままにする, 自由にできる: ～ the money その金を自由に使用できる / You may ～ my services. なんなりと御用命ください. **4 a** 〈場所が〉〈要害の地などを〉眼下に見下ろす地にある (dominate), 〈景色を〉見渡す (overlook): forts ～*ing* the entrance of [to] the harbor その湾の入口の要点を占める砦 / The window ～*s* a fine view of the lake. その窓は湖の景色がよく見える / The castle ～*s* the town. その城は町を見下ろしている. **b** 〖軍事〗瞰制(かんせい)する. **5** 《廃》強要する, 命じる (enjoin): ～ silence 静かにせよと命じる.
— *vi.* **1** 指揮権をもつ; 指揮者になる: Who ～*s* here? ここはだれが指揮を執っているのか, ここの指揮者はだれか. **2** 命令[号令]を下す. **3** 見渡す, 見下ろす; 〖軍事〗瞰制(かんせい)する.
Yours to commánd 《古》頓首, 敬具 (Yours obediently の丁寧な, または皮肉ないい方). (cf. *his to command.* 《1560》)
— *n.* **1** 命令, 言いつけ: a word of ～ 号令 / at [by] a person's ～=at [by] (the) ～ of a person 人の命令により, 指図に従って / give a ～ (*to* do something, *for* something *to* be done, *that* something (should) be done) (何かをするように)命令する, 言いつける / Your wish is my ～. ⇨ wish *n.* 1 a. **2 a** 支配権: the ～ of the sea [air] 制海[空]権. **b** 指揮; 指揮権, 統率(権): Which one of you is in ～? どちらが指揮を執っているのか / an officer in ～ of …を指揮する士官 / all the personnel in [at] one's ～ 配下の全職員 / be under (the) ～ of a person=be under a person's ～ 人の指揮の下にある, の配下に属する / have … under one's ～ 〈部下などを〉支配下においている / take [have] ～ (of [over]) (…の)指揮を執る[している]. **c** (激情・行動などを)制御する力, 抑制: lose ～ of oneself 自制力を失う, 我慢し切れなくなる / She had full ～ of herself. 取り乱すことはなかった, 自制心を失わなかった. **d** (言語を)自在に駆使する力; (金銭などを)自由に使えること: a person's poor ～ of English 貧弱な英語の力 / have a great [good] ～ of English 英語が自在である / have enormous resources at one's ～ 意のままになる巨万の富を有している. **3 a** 〖軍事〗司令部: ⇨ high command. **b** 指揮官管轄下の部隊[艦船, 部署, 地域]; 指揮官の支配地, 管轄地域. **c** 号令 (Eyes right! (頭右(かしらみぎ))など); (予令に対する)動令 (Forward march! (前へ進め)の前半が preparatory command (予令), 後半が command of execution (動令)). **d** 《米空軍》航空軍集団, 空軍長官直属部隊 (米国空軍最上位の部隊区分で, 通常 2 個(以上)の航空軍からなる): Strategic Air *Command* 戦略航空軍集団, (俗に)戦略空軍. **4** 〖電算〗コマンド, 指令. **5** (要害地を)占めていること, 見下ろす位置; 瞰制(かんせい) (dominance). **6** 《英》王室からの招待. **7** 〖宇宙〗指令 (飛行中のロケットや衛星に点火・アンテナ出しなどの動作を行わせるための電波指令).
at commánd 掌中にある, 自由に使える; 思うままになる.
— *adj.* [限定的] **1** 司令の; 司令官による. **2** 命令による, 命令によってなされる. **3** 依頼の.
〖《?a1300》□OF *comander* (F *commander*) < VL **commandāre*=L *commendāre* to recommend ← COM- (強意)+*mandāre* (⇨ mandate): COMMEND と二重語〗

SYN 命令する: **command** 指揮官などが権限を行使して命令する: The sentry *commanded* him to halt. 歩哨は彼に止まれと命じた. **order** *command* よりも高飛車な, 時には恣意的な命令を下す: The teacher *ordered* him to stand in the corner. 先生は彼に隅に立っているように命じた. **direct** 特に公式に命令する (格式ばった語): The policeman *directed* the motorist to stop. 警官はドライバーに停車を命じた. **instruct** 細かく指図する: The owner *instructed* his agent to sell his property. 所有者は財産の売却を代理人に指示した. **enjoin** 権威をもって強く命令する (格式ばった語): He *enjoined* his children to be quiet. 子供たちに静かにするように命じた. **charge** ある仕事を義務・責任として課す (格式ばった語): He *charged* us to keep the plan secret. その計画を秘密にしておくように命じた. **bid** 《文語》=*order*.

commánd àirplane *n.* 〘軍事〙(指揮官の)戦況視察用機. 〘1918〙

com·man·dant /ká(ː)məndæ̀nt, -dɑ̀ːnt | kɔ́məndæ̀nt, -dɑ̀ːnt, ⸗⸗´/ *n.* **1 a** (ある地区・基地・部隊などの)司令(官): the ~ of a garrison, fortress, town, etc. **b** 指揮官, 隊長 (commander). **2** 〘米陸軍〙 **a** (軍関係学校の)校長. **b** [C-] (米) (海兵隊最高位の)総司令官: the *Commandant* of the U.S. Marine Corps 海兵隊総司令官 (大将で任期 4 年). 〘(1687) □ F ~ (pres. p.) ← *commander* 'to COMMAND'〙

commánd càr *n.* 〘米陸軍〙指揮(用)車両, 司令車 (指揮権行使のための無線装置を備えた装甲[非装甲]車で, 指揮官や幕僚が用いる). 〘1941〙

commánd-drìven *adj.* 〘電算〙〈プログラムが〉コマンド駆動型の (コマンドに文字(群)を付加してオプションを指定する方式の; cf. menu-driven).

commánd ecònomy *n.* 〘経済〙指令経済, (中央政府による)計画経済 (planned economy).

com·man·deer /kɑ̀(ː)məndíə | kɔ̀məndíə^(r)/ *vt.* **1 a** 強制的に兵役に服させる, 徴集する (conscript). **b** 〈私有物を〉(軍用または公共用に)徴発する, 接収する. **2** (口語) 〈人の物を〉勝手に取る[所有する]. — *vi.* 人・物を(軍用[公共用]に)徴集[徴発, 接収]する. 〘(1881) □ Afrik. *kommandeen* to command □ F *commander* 'to COMMAND'〙

com·mand·er /kəmǽndə | -mɑ́ːndə^(r)/ *n.* **1 a** 命令者, 指令者; 指揮者. **b** 〘陸軍〙指揮官, 司令官, 司令, 部隊長. **c** (英) (ロンドン警視庁の)警視長 (⇨ police 1 ★). **d** (社会または組織の)統轄者. **e** 〘米英海軍・米沿岸警備隊〙中佐. **f** (騎士団などの)騎士分団長 (cf. commandery 1). **g** (英国の, バス勲位などの) 3 等勲爵士, 第 3 級勲功章受勲者 (cf. knight commander, dame commander): a *Commander* of (the Order of) the Bath. **h** 〘歴史〙(中世の宗教界における)家屋・小修道院・土地などの管理人. **2** 大づち, かけや.
commánder in chíef (略 C-in-C) (*pl.* ***commánders in chíef***) (1) (陸・海・空全軍の)最高司令官: the *Commander in chief* of the Army, Navy, and Air force 全軍最高司令官 (米国大統領の資格). (2) 〘陸軍〙総[軍]司令官. (3) 〘海軍〙指令長官. 〘1654〙
Commánder of the Fáithful [the ―] 〘イスラム教〙信徒の指揮者, 大教主 (caliph の称号). 〘*a*1325〙
〘(*a*1325) □ OF *comandeor* (F *commandeur*)〙

commánder·shìp *n.* commander の地位[職務]. 〘(1611): ⇨ ↑, -ship〙

com·mand·er·y /kəmǽndəri, -dri | -mɑ́ːn-/ *n.* **1** 宗教騎士団 (religious military order of knights) の地方分団; (騎士分団の維持する)領地, 騎士領 (cf. preceptory). **2** (ある種の秘密結社の)支部. **3** =commandership. 〘(*c*1447) □ (O)F *commanderie*: ⇨ command, -ery〙

commánd guídance *n.* 〘航空・宇宙〙(ロケットやミサイルなどの)指令誘導 (cf. inertial guidance). 〘1949〙

com·mand·ing /kəmǽndɪŋ | -mɑ́ːnd-/ *adj.* **1 a** 指揮に当たっている, 指揮官である (cf. command *vi.* 1). **b** 堂々とした, 犯しがたい, 威厳のある: a ~ influence 堂々あたりを払う威厳 / have a ~ presence 風采が堂々としている, 押し出しが立派である. **2** 要害の地を占めている, 眺めのきく: a ~ height. **~·ly** *adv.* **~·ness** *n.* 〘(1484): ⇨ -ing²〙

commánding ófficer *n.* 〘軍事〙部隊指揮官, 部隊長 (中隊以上の部隊の長で大佐まで; 部隊長たる将官は commanding general, 小隊以下の長は leader という). 〘1720〙

commánd lànguage *n.* 〘電算〙指令言語.

com·mand·ment /kəmǽn(d)mənt | -mɑ́ːn(d)-/ *n.* **1** (文語) 命令(すること); 命令行為[権]. **2** 命令されるもの; 掟(おきて), 戒め (precept). **3** 〘聖書〙(モーセの)十戒 (the Ten Commandments) の一つ, 戒律.
the eléventh commándment (戯言) 第十一戒 (モーセの十戒をもじって任意の戒律を言う).
〘(*c*1275) □ OF *comandement*: ⇨ command, -ment〙

commánd módule *n.* 〘宇宙〙(宇宙船の)指令船 (略 CM). 〘1962〙

commánd nìght *n.* (英) 御前上演 (command performance) の夜[夕べ]. 〘1826〙

com·man·do /kəmǽndou | -mɑ́ːndəu/ *n.* (*pl.* **~s, ~es**) **1 a** (第二次大戦で連合国側の)奇襲部隊, 遊撃隊, コマンド(隊) (cf. ranger 4). **b** 奇襲部隊[遊撃隊]員, コマンド隊員. **c** (英海兵隊の)特別奇襲部隊. **2** 〘アフリカ〙 **a** (南アフリカでボーア人 (Boers) が先住民の略奪隊に備えた)義勇軍. **b** 義勇軍による急襲[攻撃].
on* [*upon*] *commándo (南アフリカの)義勇軍に加わって; コマンドになって.
〘(1791) □ Afrik. *kommando* □ Du. *commando* unit of troops □ Port. *commando* ← *commandar* 'to COMMAND'〙

commándo knìfe *n.* コマンドナイフ (対人殺傷用のナイフ).

commándo·màn /-mæ̀n, -mən/ *n.* (*pl.* **-men** /-mɛ̀n, -mən/) 奇襲部隊[遊撃隊]員, コマンド隊員.

commánd pàper *n.* (英) 勅令書 (国王の命令で議会に提出される英国政府の文書; 通例 Cmnd (古くは C, Cd, Cmd) と略される; cf. green paper, white paper 3). 〘1886〙

commánd perfórmance *n.* (英) 御前上演[演奏] (王命による上演または演奏). 〘1897〙

commánd pìlot *n.* 〘米空軍〙高級操縦士 (操縦士または副操縦士として 15 年の飛行勤務と 3 千時間の飛行時間を必要とする高度の航空資格).

commánd pòst *n.* 〘陸軍〙 **1** 指揮所 (部隊の司令部のあるところ). **2** (戦闘)指揮所 (戦闘中, 司令部が前方群(戦闘関係)と後方群(管理・補給関係)に分かれた場合の前者のことで, 指揮官と戦闘関係幕僚が位置する). 〘1918〙

commánd sérgeant májor *n.* 〘米陸軍〙部隊最先任上級曹長. 〘1967〙

cómma splìce *n.* 〘文法〙コンマ結合 (⇨ comma fault). 〘1924〙

cómma sýn·to·num /-síntənəm, -tn̩- | -tən-, -tn̩-/ *n.* (*pl.* **commata syn·to·na** /-tənə, -tn̩ə | -tənə, -tn̩ə/) 〘音楽〙=syntonic comma. 〘□ LL *comma syntōnum*〙

commata *n.* comma 3 の複数形.

commata ditonica *n.* comma ditonicum の複数形.

commata syntona *n.* comma syntonum の複数形.

com·mea·sur·a·ble /kəmɛ́ʒ(ə)rəbl̩, -méɪʒ- | -mɛ́ʒ-/ *adj.* 同じ大きさ[量, 長さ]の (commensurate). 〘(1670) ← COM-＋MEASURABLE〙

com·mea·sure /kəmɛ́ʒə, -méɪʒə | -mɛ́ʒə^(r)/ *vt.* …と同量である, …と同面積[同延長]をもつ, …と量[長さ, 広さ]において等しい. 〘(1614) ← COM-＋MEASURE〙

comme ci, comme ça /kɔ́(ː)msíː kɔ(ː)msáː | kɔ́msíː kɔm-; *F.* kɔmsi kɔmsa/ *F.* どうにかこうにか, 悪くも良くもない, まあまあ. 〘(1944) □ F ~ (原義) like this, like that〙

com·me·di·a dell'ar·te /kəméɪdiədɛlɑ́əṭi, -méd- | kɔméɪdiədɛlɑ́ːteɪ, kə-; *It.* kommέːdjadellárte/ *n.* (*pl.* **~s, com·me·di·as d-, com·me·die d-** /-dje-; *It.* -dje-/) コメディア デラルテ (16 世紀中ごろから 18 世紀初めに栄えたイタリアの即興喜劇; 用意された筋書に対して俳優が即興的に台詞・歌・所作などを入れて演じた仮面劇). 〘(1877) □ It. ~ (原義) comedy of art〙

comme il faut /kɑ̀miːlfóu, kɑ̀(ː)m- | kɔ̀miːlfə́u; *F.* kɔmilfo/ *F. adj., adv.* 〈行いなど〉礼儀にかなった[て], 上品な[に], 適切な[に]. 〘(1756) □ F ~ (原義) as it should be〙

Com·me·li·na·ce·ae /kɑ̀(ː)məl̩néɪsiiː | kɔ̀mɪlɪ-/ *n. pl.* 〘植物〙(単子葉植物ツユクサ目)ツユクサ科.

còm·me·li·ná·ceous /-ʃəs⁻/ *adj.* 〘← NL ~ ← *Commelina* (属名: ← *K. Commelin* (オランダの植物学者))＋-ACEAE〙

com·mem /kəmɛ́m/ *n.* (英俗) =commemoration 1 c. 〘略〙

com·mem·o·ra·ble /kəmɛ́m(ə)rəbl̩/ *adj.* 記念すべき. 〘(1611) □ F *commémorable* □ L *commemorābilis*〙

com·mem·o·rate /kəmɛ́mərèɪt/ *vt.* **1** 記念する, …の記念式を挙行する, (祝辞・祝典などで)祝する (⇨ celebrate SYN). **2** 〈記念碑・日などが〉…の記念となる; …の誉れを後世に伝える: The day ~*s* the event. その日はその事件の記念日である. 〘(1599) ← L *commemorātus* (p.p.) ← *commemorāre* to recall to memory ← COM- (強意)＋*memorāre* to remind (⇨ memory)〙

com·mem·o·ra·tion /kəmɛ̀məréɪʃən/ *n.* **1 a** (式典を挙げて行う)記念: in ~ of …の記念のための, …を記念して. **b** 記念式[祭], 記念祝典. **c** (Oxford 大学の)創立記念祭 (ラテン語演説や学位授与式を行う; cf. commencement 2). **2** 〘キリスト教〙(聖人などの)記念祭, 祝日. **~·al** /-ʃnəl, -ʃənl̩/ *adj.* 〘(*c*1384) □ L *commemorātiō(n-)*: ⇨ ↑, -ation〙

com·mem·o·ra·tive /kəmɛ́m(ə)rəṭɪv, -mərèɪṭ- | -mɛ́m(ə)rətɪv, -rèɪt-/ *adj.* 記念的な, 記念のための; 〔…を〕記念する 〔*of*〕: a ~ stamp 記念切手 / a coin ~ *of* the Olympic Games オリンピック記念のコイン. — *n.* 記念になるもの, 記念品[物]; (特に)記念切手[貨幣]. **~·ly** *adv.* 〘(1612–19) □ F *commémoratif*〙

com·mém·o·rà·tor /-ṭə | -tə^(r)/ *n.* 記念祭挙行者, 記念式参加者. 〘(1856) □ LL *commemorātor*〙

com·mem·o·ra·to·ry /kəmɛ́m(ə)rətɔ̀ːri | -rətəri, -rèɪt-, -tri/ *adj.* =commemorative.

com·mence /kəmɛ́ns, -mɛ́nts/ *vt.* **1** (文語) 開始する, 始める (⇨ begin SYN): ~ hostilities 戦端を開く / ~ a lawsuit 訴訟を提起する / ~ *doing* [*to do*] something / *Commence* firing! [号令] 打ち方始め. **2** (英) **a** 〈MA, Dr. などの学位を受ける (cf. commencement 2 a): He ~*d* MA in 1975. 1975 年に文学修士号を受けた. **b** (古) …の職業に就く, …になる: ~ an author, lawyer, etc. — *vi.* **1** (文語) 始まる (begin, start): Work will ~ on Monday. 仕事は月曜日に開始される / School ~*s* with the Pledge of allegiance. 授業は忠誠の誓いから始まる. **2** (英) MA, Dr. などの学位を受ける 〔*in*〕: ~ *in* philosophy 哲学の学位を受ける. **com·ménc·er** *n.* 〘(?*c*1300) □ OF *comencier* (F *commencer*) < VL **cominitiāre* ← COM- (強意)＋LL *initiāre* to begin (⇨ initiate)〙

com·mence·ment /kəmɛ́nsmənt, -mɛ́nts-/ *n.* **1** 開始, 初まり, 初め. **2 a** (米国大学および Cambridge, Dublin 両大学の)学位授与式(日), 卒業式(日) (cf. commemoration 1 c, graduation 5). **b** (米・カナダ) (大学以外の)卒業式(日). 〘(*c*1275) □ (O)F ~: ⇨ ↑, -ment〙

com·mend /kəmɛ́nd/ *vt.* **1** ほめる, 推賞する: We ~*ed* him *for* the good quality of his work. 彼の作品の質のよさで彼をほめたたえた / be highly ~*ed* 大いに推賞される, 激賞される. **2** 〈人・ものを〉〔…に〕推薦する, 推挙する 〔*to*〕: I ~ him *to* your notice [attention]. 彼をご紹介申し上げます(からお見知りおき下さい) / The method [book] has much [nothing, little] to ~. その方法[本]には推薦できるような点が大いにある[何らない, ほとんどない]. **3** [~ *oneself* で] 〈物が〉〔…に〕よい印象を与える, 気に入る 〔*to*〕: This book doesn't ~ *itself to* me. この本は私の気に入らない, 私はこの本にはあまり感心しない / This method will ~ *itself to* them. この方法は彼らに気に入られるだろう. **4** 〔…に〕任せる, 委ねる, 託す 〔*to, into*〕: ~ one's soul *to* God 神に霊魂を委ねる (委ねて安心して死ぬ) / Father, *into* thy hands I ~ my spirit. 父よ, わが霊を御手にゆだぬ (*Luke* 23:46) / ~ a thing *to* a person's care 人に物を託する. **5** (古) どうぞ(…に)よろしくという 〔*to*〕: *Commend* me *to* …によろしくお伝え下さい. **6** 〘封建法〙〈自分自身・自分の土地を〉臣下として領主の保護下に置く.
— *vi.* 推賞する; 推薦する.
comménd me to (1) [時に反語] (…なら)…に限る, …が一番よい[悪い]: *Commend me to* a decayed country parson for a dull dog. 間抜け者ならもうろくした田舎牧師に限る / *Commend me to* a leaky roof on a rainy day. 雨降りに一番困るのは雨もりだ. (2) ⇨ 5.
~·er *n.* 〘(?*c*1350) □ L *commendāre* to entrust to one's charge, recommend ← COM- (強意)＋*mandāre* to entrust: COMMAND と二重語〙

SYN 推奨する: **commend** 〈人や物〉の取り柄を推奨する: People *commended* him for his bravery. 人々は彼の勇敢さをほめた. **recommend** 特定の仕事や目的に適しているとほめる: I can very confidently *recommend* the book. 自信をもって本書を推薦する. **compliment** お世辞を言ってほめる: I *complimented* her on her beautiful dress. 彼女の美しいドレスをほめた.
ANT censure, admonish.

---

com·mend·a·ble /kəmɛ́ndəbl̩/ *adj.* 推薦できる, 推賞するに足る, 称賛に値する, 殊勝な, 立派な. **com·ménd·a·bly** /-bli/ *adv.* **~·ness** *n.* 〘(?*c*1350) □ (O)F ~ □ L *commendābilis*: ⇨ ↑, -able〙

com·men·dam /kəmɛ́ndæm/ *n.* 〘英国国教会〙 **1** 聖職禄(ろく)一時保有 (正式牧師欠員中その聖職禄 (benefice) を教会職員または信者が一時的に受けること; イングランドではこの慣習は 1836 年廃止; cf. commendatory 2): hold a benefice in ~ (聖職空位のとき)聖職禄を一時受ける. **2** (一時保有の)聖職禄. 〘(1563–87) □ ML (*dare in*) *commendam* (to give in) trust (逆成) ← L *commendāre*: ⇨ commend〙

com·men·da·tion /kɑ̀(ː)məndéɪʃən, -mɛn- | kɔ̀mɛn-, -mən-/ *n.* **1 a** 称揚, 称賛 (⇨ tribute SYN): terms of high ~ 称賛の言葉. **b** (米) 表彰, 褒賞, 賞 〔*for*〕: get a ~. **2** 推薦, 推挙. **3** (保護の)委託 (entrusting). **4** [*pl.*] (古) (手紙の)よろしくの挨拶. **5** 〘封建法〙臣従 (自分自身または自分の土地を領主の保護下に置いて臣下となること). 〘(?*a*1200) □ (O)F ~ □ L *commendātiō(n-)* ← *commendātus* (p.p.): ⇨ commend, -ation〙

Commendátion Mèdal *n.* 〘米軍〙褒賞勲章.

com·men·da·to·re /kɑ̀(ː)məndətɔ́ːreɪ | kɔ̀m-; *It.* kommendatóːre/ *n.* コンメンダトーレ (イタリアの爵位). 〘(1877) □ ML *commendātor*: ⇨ ↓〙

com·men·da·to·ry /kəmɛ́ndətɔ̀ːri | kɔ́mɛndətəri, kə-, -tri, kɔ̀mɛndéɪt-, -mən-/ *adj.* **1** 推称する, 推薦する; ほめる: ~ verses 称徳詩. **2** 〘英国国教会〙聖職禄(ろく)を一時受けている (cf. commendam 1). 〘(1555) □ LL *commendātōrius* ← L *commendātus*: ⇨ ↑, -ory¹〙

comméndatory létter *n.* **1** 推薦状. **2** 〘キリスト教〙(主教の)推薦状 (教区 (diocese) の移動信徒や他教区へ転任する牧師の人物保証のための, 主教による紹介状). 〘1555〙

com·men·sal /kəmɛ́nsəl, -sl̩/ *adj.* **1** (まれ) 食卓を共にする, 共に食事をする. **2** 〘生物〙(寄生的に対して)共生的な. — *n.* **1** (まれ) 食卓を共にする人, 食事の仲間. **2** 〘生物〙共棲生物[植物], 共卓動物[植物] (cf. parasite 1). **~·ly** *adv.* 〘(*c*1385) □ ML *commensālis* ← COM-＋*mensa* table (← ?): ⇨ mensal¹〙

com·mén·sal·ism /-səlɪzm, -sl̩-/ *n.* **1** (特に, 食事などでの)親交. **2** 〘生物〙片利共生, コメンサリズム (2 種類の生物が共に生活して, 一方だけは他方から利益を得るが, 他の一方には利害関係のないものをいう; cf. parasitism, symbiosis). 〘(1870): ⇨ ↑, -ism〙

com·men·sal·i·ty /kɑ̀(ː)mɛnsǽləṭi | kɔ̀mɛnsǽl̩ti/ *n.* **1 a** 共に食事をすること. **b** 共に食事をするグループ. **2** 〘生物〙=commensalism 2. 〘(1611): ⇨ -ity〙

com·men·su·ra·ble /kəmɛ́ns(ə)rəbl̩, -ʃ(ə)r- | -ʃ(ə)rə-, -ʃʊr-, -sjʊr-/ *adj.* **1** =commensurate 1 (⇨ proportional SYN). **2** 〘数学〙 **a** 同一単位で計る, 通約できる, 有理の (rational): ~ quantities 通約できる量. **b** 約分できる, 公約数がある. **com·mèn·su·ra·bíl·i·ty** /-rəbíləṭi | -l̩ti/ *n.* **com·mén·su·ra·bly** *adv.* 〘(1557) □ (O)F ~ // LL *commēnsūrābilis* ← COM-＋*mēnsūrābilis* 'MEASURABLE': ⇨ measure, -able〙

com·men·su·rate /kəmɛ́ns(ə)rɪ̀t, -ʃ(ə)r- | -ʃ(ə)r-, -ʃʊr-, -sjʊr-/ *adj.* **1 a** 同一基準[数量, 期間, 程度]の 〔*with*〕. **b** (大きさ・数量・程度などが)釣り合った, 比例した 〔*to, with*〕 (⇨ proportional SYN): a dinner ~ *to* [*with*] one's appetite 食欲相応の食事 / clothes ~ *with* one's position in life 身分相応の衣服. **2** 〘数学〙=commensurable 2. **~·ly** *adv.* **~·ness** *n.* 〘(1641) □ LL *commēnsūrātus* equal ← COM-＋*mēnsūrātus* ((p.p.) ← *mēnsūrāre* 'to MEASURE')〙

C

C

com·men·su·ra·tion /kəmènsəréɪʃən, -ʃər- | -ʃər-, -ʃʊr-, -sjʊr-/ *n.* **1** 同量, 同延. **2** 均等, 釣合い, 相応. 〘(1526) □ LL *commēnsūrātiō(n-)*: ⇨ ↑, -ation〙

com·ment /ká(ː)mɛnt | kɔ́m-/ *n.* **1 a** (時事問題などに対する)評言, 短評, 評論 (criticism): be fair ~ (英) もっともな批評[論評]である. **b** 所見, 見解, 意見 (⇨ opinion, remark[1] SYN): without ~ とやかく言わずに / No ~. (口語) 言うべきことはない(新聞記者などの質問に対して政治家などが見解表明を避ける際用いる常套句) / Fair ~. (英) (御指摘の通りで)ごもっとも / He made [passed] a ~ on her lateness. 彼女が遅れたことについて発言した. **2** [集合的にも用いて] 注解, 評釈, 解説. **3** おしゃべり; うわさ話; 世評. **4** 〘電算〙 注釈, コメント (プログラムなどのファイル中, コンピューターによる解釈の対象とならない部分). ***be a cómment on*** … …の悪いしるし[兆候]である. — /ká(ː)mɛnt | kɔ́mɛnt, -mənt, kəmɛ́nt, kə-/ *v.* — *vi.* **1** 論評する, 批評する 〔*on, upon*〕: ~ *on* present-day politics 現代政治を論評する / He ~*ed* favorably [unfavorably] *on* her work. 彼女の作品について好意的[非好意的]な論評した. **2** 注釈する, 解説する 〔*on, upon*〕: ~ *on* [*upon*] a text 本[原]文に注釈する. — *vt.* **1** 〈…であると〉論評する ★ *that* の省略はできない: He ~*ed that* she was late again. 彼は彼女がまた遅れたと述べた. **2** …に注釈をつける (annotate). **3** 〘電算〙 (プログラム中のある部分を)コメントにする: ~ out コメントとして無視されるようにする. 〘(*a*1387) □ OF *comment* // L *commentum* invention, contrivance, (LL) exposition, comment (neut. p.p.) ← *comminīscī* to contrive, devise ← COM-＋*ment-*, *mēns* 'MIND'. — v.: (?*a*1425) ← *comment* (n.)〙

com·ment al·lez-vous /kɔ(ː)mɑ̃ː(n)tɑːleɪvúː, -mɑ́ːn- | kɔ-; *F.* kɔmɑ̃talevu/ *F.* ごきげんいかがですか. 〘□ F ~ 'how do you do?'〙

com·men·tar·y /ká(ː)məntèri | kɔ́məntəri, -tri/ *n.* **1 a** 〘ラジオ・テレビ〙 実況放送[解説]: ⇨ running commentary. **b** 論評: be a (sad) ~ on …の(嘆かわしい)実態を物語っている. **c** 意見, 所見. **2 a** 注解 (annotation); 評釈書 (exposition): a ~ *on* the Bible 聖書評釈. **b** [通例 *pl.*] (ある問題に関する)評釈論文, 解説論文, コメンタール: Blackstone's *Commentaries*. **c** 説明に役立つもの. **3** [通例 *pl.*] (歴史書より気軽に書かれた通例個人的経験による)事件の記録: the *Commentaries* of Caesar シーザーのガリア戦記. **com·men·tar·i·al** /kà(ː)məntέəriəl | kɔ̀məntέəri-ˉ/ *adj.* 〘(?*a*1425) □ L *commentārium*: ⇨ comment (v.), -ary〙

cómmentary bòx *n.* (スポーツの)実況放送席[室], コメンタリーブース.

com·men·tate /ká(ː)məntèɪt, -mɛn- | kɔ́mɛn-, -mən-/ *vt.* **1** (口頭で)…の論評をする, …の実況放送をする. **2** …の注釈[解説]をする[書く]. — *vi.* 解説[論評]する 〔*on, upon*〕; 時事解説者として働く. 〘(1794) (逆成) ↓〙

com·men·ta·tor /ká(ː)məntèɪtə, -mɛn- | kɔ́mɛntèɪtə(r), -mən-/ *n.* **1** (ラジオ・テレビ番組における)解説者 (時事問題・スポーツなどの報道・解説・分析などを担当する; news analyst ともいう; cf. newscaster): ⇨ news commentator. **2** 注釈者, 解説者; 論評者. **3** 〘カトリック〙 (ミサ・典礼などの)式次第を解説する信者. **com·men·ta·to·ri·al** /kɑ(ː)mɛ̀ntətɔ́ːriəl, kɑ̀mɛn- | kɔ̀mɛntə-, kɔ̀mɛn-ˉ/ *adj.* 〘(*a*1398) □ LL *commentātor*〙

cóm·ment·er /-tə | -tə(r)/ *n.* 評者; 注解者. 〘(*a*1387): ⇨ -er[1]〙

com·merce[1] /ká(ː)məːs | kɔ́məːs/ *n.* **1** 商業; 通商, 貿易 (cf. trade) (⇨ business SYN): world [foreign] ~ 国際[外国]貿易 / domestic [internal] ~ 国内通商. **2** (世間との)交渉, 交際. **3** 霊的交わり (communion). **4** (古) 性交. 〘(1537) □ F ~ □ L *commercium* trade, traffic ← COM-＋*merc-*, *merx* merchandise〙

com·merce[2] /ká(ː)məːs, kəmə́ːs | kɔ́məːs, kəmə́ːs/ *vi.* (古) 交際する 〔*with*〕. 〘(1587) ↑〙

com·mer·cial /kəmə́ːʃəl, -ʃl | -mə́ː-/ *adj.* **1** 商業の[に関する, 上の], 商事の; 通商上の, 貿易上の: ~ correspondence 商業通信(文) / a ~ museum 商品陳列館 / a ~ pursuit 商業, 商事 / a ~ transaction 商取引 / a ~ usage 商慣習. **2 a** 営利的な, 商売的な; 営利本位の, もうけ主義の: a ~ theater 商業[営利]劇場 / a ~ novel 金もうけ主義の小説. **b** 市場向きの, 市販用の, 商業向きの, 大量生産された: a ~ product. **c** (純粋に化学的でなく)工業用の, 業務用の: ~ soda. **d** 品質のよくない; 徳用の, 並の (cf. prime[1] 2 b): a ~ grade of beef 並の牛肉. **3** 〈学校・教課など〉商業技術を教育する[強調する]: a ~ school 商業学校 / a ~ college 商科大学. **4 a** (ラジオ・テレビで営利会社が広告のため費用を負担する)広告[宣伝]用の: a ~ broadcast, program, etc. **b** 〈放送局が〉民営の, 民間放送の. **5 a** 〈自動車が〉営業用の, 商用の: ⇨ commercial vehicle. **b** 〈飛行機・飛行機会社が〉(軍用・私用でなく)事業用の. — *n.* **1** 広告放送, コマーシャル(番組). **2** (古) ＝commercial traveller. 〘(1598): ⇨ ↑, -ial〙

commércial àgency *n.* (米) 商業興信所. 〘1897〙

commércial àgent *n.* (米) (外国駐在の)貿易事務官. 〘1877〙

commércial árt *n.* (広告などの)商業美術.

commércial ártist *n.* 〘1922〙

commercial attaché /-ˌ-ˌ-ˌ- | -ˌ-ˌ-ˌ-ˉ/ *n.* (大・公使館付き)商務官.

commércial bánk *n.* 〘銀行〙 商業銀行 (短期の預金を受け入れ, 短期の貸出しを行うことを基本とする銀行). 〘1910〙

commércial bíll *n.* 商業手形 (商取引に基づいて振り出される手形).

commércial bréak *n.* 〘ラジオ・テレビ〙 コマーシャルのための番組中断.

commércial bróadcasting *n.* 〘ラジオ・テレビ〙 商業放送 (cf. public broadcasting).

commércial cὸllege *n.* 商科大学, 商業専門学校. 〘1802〙

Commércial Cὸurt *n.* [the ~] (英) 商事法廷 (High Court の Queen's Bench Division の中に設置されている商事事件を処理する法廷).

commércial crédit *n.* 商業信用, 商業貸出し (企業に対して銀行から供与する信用貸付け).

com·mer·cial·ese /kəmə̀ːʃəlíːz, -líːs | -mə̀ːʃəlíːz/ *n.* 商業(通信)文用語. 〘(1910): ⇨ -ese〙

commércial fréquency *n.* 〘電気〙 商用周波数 (一般の電源周波数; industrial frequency ともいう).

commércial geógraphy *n.* 商業地理学.

commércial hotél *n.* 外交セールスマン用のホテル.

com·mer·cial·ism /kəmə́ːʃəlìzm | -mə́ː-/ *n.* **1** 商業主義; 営利主義[本位], 営利精神, コマーシャリズム. **2 a** 商慣習. **b** 商用語法. 〘(1849): ⇨ -ism〙

com·mér·cial·ist /-ʃ(ə)lɪst | -lɪst/ *n.* 商業家; 営利主義者. **com·mer·cial·is·tic** /kəmə̀ːʃəlístɪk | -mə̀ː-ˉ/ *adj.* 〘(1807): ⇨ -ist〙

com·mer·ci·al·i·ty /kəmə̀ːʃiǽləti, -ʃǽl- | -mə̀ːʃiǽlɪti/ *n.* 商業主義, 営利主義[本位]. 〘(1861): ⇨ -ity〙

com·mer·cial·i·za·tion /kəmə̀ːʃ(ə)lɪzéɪʃən | -mə̀ːʃəlaɪ-, -lɪ-/ *n.* 商業化; 営利化. 〘(1889): ⇨ ↓, -ation〙

com·mer·cial·ize /kəmə́ːʃəlàɪz | -mə́ː-/ *vt.* **1 a** 商業[営利]化する: ~ Christmas. **b** …に商業を発達させる. **2** (商品として)市場に出す, 商品化する. **3** 金儲けのために…の質を落とす, 俗化させる. 〘(1830): ⇨ -ize〙

commércial láw *n.* 商事法.

com·mér·cial·ly /-ʃ(ə)li/ *adv.* 商業上, 商業的に, 商業的見地から; 通商[貿易]上. 〘(1795): ⇨ -ly[1]〙

commércial pàper *n.* (米) 〘金融〙 商業手形. 〘1836〙

commércial pílot *n.* 事業用操縦士.

commércial ròom *n.* (英) (ホテルで)外交セールスマンのための部屋. 〘1837〙

commércial spáce *n.* 商用空間 (事業用地として賃貸[売買]される空間).

commércial tráveller *n.* (英) (地方の得意先を回る)外交販売員, 注文取り ((米) traveling salesman). 〘1807〙

commércial tréaty *n.* 通商条約.

commércial véhicle *n.* 商業[営利]乗物 (料金を取って荷物や乗客を運ぶ乗物).

com·mère /ká(ː)mɛə | kɔ́mɛə(r); *F.* kɔmɛːʁ/ *n.* 女性司会者 (cf. compere). 〘(1904) □ F ~〙

com·mie, C- /ká(ː)mi | kɔ́mi/ *n., adj.* (口語・軽蔑) 共産党員(の). 〘(1940) ← COMM(UNIST)＋-IE〙

com·mi·nate /ká(ː)mənèɪt | kɔ́mɪ-/ *vt., vi.* **1** (天罰が下ると)威嚇(いかく)する, おどす. **2** のろう, 呪詛(じゅそ)する (anathematize). 〘(1611) (逆成) ↓〙

com·mi·na·tion /kà(ː)mənéɪʃən | kɔ̀mɪ-/ *n.* **1** (天罰・復讐の)威嚇 (denunciation). **2** のろい, 呪詛(じゅそ) (anathema). **3** 〘英国国教会〙 (大斎懺悔(ざんげ)式の最後に読まれる)神罰の告知: ~ service 大斎懺悔式.

com·mi·na·to·ry /ká(ː)mənətɔ̀ːri, kəmín- | kɔ́mɪnətəri, -nèɪ-, -tri/ *adj.* 〘(1448) □ L *comminātiō(n-)* ← *comminārī* ← COM- (強意)＋*minārī* 'to MENACE'〙

Com·mines /kɔ(ː)míːn, kɑ(ː)- | kɔ-; *F.* kɔmin/ (*also* **Co·mines**), **Philippe de** *n.* コミーヌ (1447?–?1511; フランスの歴史家・フランス国王の重臣; *Mémoires*「回想録」(年代記 1489–98)).

com·min·gle /kəmíŋgl, kɑ(ː)- | kɔ-, kə-/ *vi.* 混合する (⇨ mix SYN). — *vt.* **1** 混ぜ合わせる (mingle). **2** 〈資金を〉共同基金にする. 〘(*a*1626) ← COM-＋MINGLE〙

com·mi·nute /ká(ː)mənùːt, -njùːt | kɔ́mɪnjùːt/ *vt.* **1** 〈骨を〉粉砕する; 細末[粉末]にする, 細かく砕く (pulverize). **2** 〈土地・財産を〉細分化する. — *adj.* 細かくした, 粉末にした. **com·mi·nu·tion** /kà(ː)mənúːʃən, -njúː- | kɔ̀mɪnjúː-/ *n.* 〘(1626) ← L *comminūtus* (p.p.) ← *comminuere* to break into pieces ← COM- (強意)＋*minuere* to make small (⇨ minute[2])〙

cómminuted frácture /-tɪd- | -tɪd-/ *n.* 〘外科〙 細片[粉砕]骨折. 〘1790〙

com·mis /kà(ː)míː, | kɔ́mi, -mɪs; *F.* kɔmi/ *n.* (*pl.* ~ /~/) **1** 代理人. **2** 給仕[料理長]の助手. 〘(1573) □ F ~ ← (p.p.) ← *commettre* 'to COMMIT'〙

com·mis·er·a·ble /kəmíz(ə)rəbl | kə-, kɔ-/ *adj.* 哀れむべき, 不憫(ふびん)な (pitiable). 〘(1609) ← L *commiserā(rī)*＋-BLE〙

com·mis·er·ate /kəmízərèɪt | kə-, kɔ-/ *vt.* 〈人を〉不憫に思う, 同情する; 〈不幸を〉哀れむ: ~ a person *for* his misfortune 人の不幸を気の毒に思う / ~ a misfortune 不幸を気の毒に思う. — *vi.* 〈人を〉不憫に思う, 同情する 〔*with*〕: ~ *with* a person *on* [*over*] the loss of his child 人の子を亡くした不幸に同情する. **com·mís·er·à·tor** /-tə | -tə(r)/ *n.* 〘(1599) ← L *commiserātus* (p.p.) ← *commiserārī* to bewail ← COM- (強意)＋*miserārī* to pity (← *miser* wretched): ⇨ misery〙

com·mis·er·a·tion /kəmìzəréɪʃən | kə-, kɔ-/ *n.* **1** 不憫(ふびん)の情, 哀れみ; (悩んでいる人に対する)同情 (⇨ pity SYN). **2** [*pl.*] 同情の言葉. 〘(1585) □ F *commisération* □ L *commiserātiō(n-)*: ⇨ ↑, -ation〙

com·mis·er·a·tive /kəmízərèɪtɪv | -z(ə)rət-, -zərèɪt-/ *adj.* 哀れみ[同情心]のある, 同情的な. **~·ly** *adv.* 〘(1612–15): ⇨ commiserate, -ive〙

com·mish /kəmíʃ/ *n.* (口語) ＝commissioner, commission.

com·mis·saire /kà(ː)məséə | kɔ̀mɪséə(r)/ *n.* (オープンカーで監視する)自転車競技審判員. 〘(1753) □ F ~〙

com·mis·sar /ká(ː)məsɑ̀ə | kɔ̀mɪsɑ́ː(r), ˌ-ˌ-ˉ; *Russ.* kəmʲɪsár/ *n.* **1** (旧ソ連の)人民委員, コミッサール (commissariat の長官で他国の「省長官」,「大臣」に当たり 1946 年以後は minister という; 人民委員全体で「内閣」に当たる Council of People's Commissars (人民委員会議; 今の Council of Ministers) を構成した). **2** 共産党統制委員 (政治的教化と党紀粛正に当たる; political commissar ともいう); (一般に)世論統制員. **com·mis·sar·i·al** /kà(ː)məsέəriəl | kɔ̀mɪsέər-ˉ/ *adj.* 〘((1425)) (1918) □ Russ. *komissar* □ G *Kommissar* □ ML *commissārius*: ⇨ commissary〙

com·mis·sar·i·at /kà(ː)məsέəriət, -sέər- | kɔ̀mɪsέəriət, -sáːr-, -sέər-, -riæ̀t/ *n.* **1** 〘軍事〙 **a** 兵站(へいたん)部, 糧食部: the commandant of ~ 兵站司令官. **b** [集合的] 兵站部将校. **2** 糧食の供給. **3** (旧ソ連の) /-sáːr-/ ではまた -sáːr-/ (旧ソ連の)人民委員部 (他国の「省」に当たる; 1946 年以後は ministry という; ⇨ commissar 1). 〘(1918) □ Russ. *komissariat* □ G *Kommissariat*〙 〘(1609) ← NL *commissariatus* ← ML *commissārius*: ⇨ ↓, -ate[1]〙

com·mis·sar·y /ká(ː)məsèri | kɔ́mɪs(ə)ri, kəmís-/ *n.* **1** 職務代行者, 代理人 (deputy). **2** (米) **a** (軍隊・鉱山・採木場などの)物品販売所, 販売部, 売店. **b** (映画・テレビのスタジオ内の)食堂, 喫茶部. **c** 食料在庫量[品]. **3** (フランスの)上級警察官. **4** ＝commissar. **5** 〘英国国教会〙 主教[監督]代理. **6** 〘軍事〙 兵站(へいたん)[経理]将校. **7** (古) (Oxford 大学の)副学長, (Cambridge 大学の)副学長補佐. **~·shìp** *n.* 〘(*a*1376) □ ML *commissārius* person in charge ← L *commissus* (p.p.) ← *committere* to entrust: ⇨ commit, -ary〙

cómmissary géneral *n.* (*pl.* **commissaries g-**) 〘軍事〙 兵站(へいたん)総監. 〘1555〙

com·mis·sion /kəmíʃən/ *n.* **1 a** 委託された任務[仕事]; (他人から託された)職権, 権限 (remit, brief): go beyond one's ~ (託された)権限外のこと[越権行為]をする. **b** (商取引上の)代行権, 代弁(だいべん)権, 取次ぎ: give a person a ~ to buy something 人にあるものを買う権限を与える / ⇨ *on* COMMISSION. **2 a** (職権・任務の)委任, 委託: the ~ of powers to the governor 知事に権限を委譲すること. **b** 委任状: a ~ of full powers 全権委任状. **3** (ある仕事を規定通り行うよう発せられた)命令, (委託上の)指図 (instructions); 委託事項; (美術品製作などの)依頼, 注文; (人の好意に訴える)頼み事, 依頼: give a painter a ~ 画家に仕事[絵]を頼む / execute some little ~*s* for another 人に頼まれて小さな用事を果たす / I have a few ~*s* for you if you are going into town. 町へお出でになるのでしたら二, 三お願いしたい用件があるのですが. **4** (委託事務に対する)手数料, 口銭(こうせん), コミッション: an auctioneer's ~ 競売手数料 / get [allow, give] a ~ of 10 percent 10 パーセントの手数料を取る[出す]. **5 a** [しばしば C-] (官庁などの調査・管理などの)委員会: a ~ of inquiry 調査委員会 / ⇨ Royal Commission. **b** [集合的] 委員たち. **c** (立法・行政の機能をもつ)市委員会 (⇨ commission plan). **6** (過失・罪を)犯すこと, (罪の)遂行: be charged with the ~ of murder 殺人の罪に問われる / sins of ~ 遂行した罪 (積極的な罪; cf. omission 2 b). **7** 〘軍事〙 将校任命辞令; 将校の地位[階級], 将校の職権: receive [get] a [one's] ~ 将校に任官される / lose one's ~ 将校を免官される / resign one's ~ 将校をやめる. **8** (米) (市・地方自治体の)部長, 課長. ***in*** [***into***] ***commission*** (1) 委託されて: have it *in* ~ to do …するように委託を受けている. (2) 〈軍艦・航空機が〉就役中で, 任務について: put a ship *in* [*into*] ~ 船を公用に供する; 軍艦を任務につかせる[就役させる]. (3) 〈兵器など〉使える, 役に立つ. (4) (廃) 権限を行使して. ***on commission*** (1) 〘商業〙 委託されて: sell goods *on* ~ 商品を委託販売にする; 委託を受けて商品を販売する. (2) 歩合制で. ***out of commission*** (1) 退役して, 予備の: put a ship *out of* ~ 艦を退役させる, 予備艦に編入する. (2) 〈兵器など〉役に立たない, 動かなくなった: The tank was shot up and went *out of* ~. 戦車は砲火を浴びてだめになった / The radio station was put *out of* ~ by the storm. あらしで無線局は機能を失った.

Commission for Rácial Equálity [the ―] (英) 人種平等委員会 (1976 年の人種関係法 (Race Relations Act) により内務大臣が任命する 14 人の委員で構成; 略 CRE).

commission of the péace [the ―] (英) (1) 〘法律〙 治安判事任命書; (国王の委任を受けた)治安裁判権. (2) [C- of the P-; 集合的] 治安判事たち.

— *vt.* **1 a** 〈人に〉職権を与える (empower). **b** 〈…するように〉任命する 〈*to do*〉 (⇨ authorize SYN): ~ him *to* do it 彼にそれをするように命ずる. **2 a** 〈芸術作品を〉注文する: ~ a painting. **b** 〈人に〉〈芸術作品を作るように〉依頼する, 頼む 〈*to do*〉: I was ~*ed to* paint his portrait. 彼の肖像画を描くように依頼された. **3** 将校に任命する. **4** 〈軍艦・航空機を〉就役させる; 〈兵員を〉配置につかせる.

~·al /-ʃnəl, -ʃənl/, **~·ar·y** /-ʃ(ə)nèri/ *adj.* 〘(1344) □ (O)F ~ □ L *commissiō(n-)* letting together ← *committere* (⇨ commit): cf. mission〙

commíssion àgent *n.* **1** 《英》＝commission merchant. **2** 〘競馬〙＝bookmaker 1.

com·mis·sion·aire /kəmìʃənéə | -néə^(r)/ *n.* 《英》（ホテル・劇場などの制服を着た）門衛，受付，守衛；メッセンジャー．〚(1641) ▭ F *commissionnaire*〛

commíssion dày *n.* 〘英法〙巡回裁判開廷日《この日国王の治安判事任命書 (commission of the peace) が読み上げられる》．〚1883〛

com·mís·sioned ófficer *n.* 〘軍事〙士官，将校《少尉以上；cf. noncommissioned officer》．〚1685〛

com·mis·sion·er /kəmíʃ(ə)nə | -nə^(r)/ *n.* **1 a** (委員会の)委員，理事．**b** (政府部局や地方の)局長，長官，(行政)監督官；(植民地の)弁務官：the *Commissioner* of Customs 《米》関税局長官 / the *Commissioner* of Patents 《米》特許局長官 / ⇨ high commissioner. **c** ＝ombudsman. **2** 〘スポーツ〙コミッショナー《プロスポーツ，アマスポーツ連盟の品位・秩序維持のため全権を信託された機構最高責任者》．

Commíssioner for Lócal Administrátion 《英》地方行政監察官《警察・地方自治体などに対する住民の苦情を調査し，行政に改善を求める》．

Commíssioner for Óaths [the —] 《英》(1) 〘法律〙宣誓管理委員《1853 年以降ソリシターが大法官によって任命され，宣誓供述書 (affidavit) の作成に立ち会う》．(2) ＝PARLIAMENTARY Commissioner for Administration.

Commíssioner of Políce [the —]（ロンドン市警察の）警察本部長 (⇨ police 1 ★).

Commíssioner of Políce of the Metrópolis [the —]（ロンドン警視庁の）警視総監 (⇨ police 1 ★).

～·ship *n.* 〚(1427) ▭ AF *commission(n)aire* // ML *commissiōnārius*: ⇨ -er¹〛

commíssion hòuse *n.* 《米》**1** 手数料商《他人の委託により手数料をとって商品の売付けまたは買付けを行う業者》．**2** 証券ブローカー業者《他人の委託により手数料をとって証券の売付けまたは買付けを行う業者》．

commíssion mèrchant *n.* 《米・カナダ》問屋，仲買人，受託売買人《自己の名をもって他人のために物品の販売または買入れをなすことを業とする者》．〚1796〛

commíssion plàn *n.* [the ～] 〘米政治〙委員会制《市の立法・行政の権限がすべて小人数より成る委員会の手中にある市政制度；council-manager plan にとって代わられた》．〚1919〛

com·mis·sure /ká(:)məʃùə | kɔ́mɪ̀sjùə^(r), -ʃùə^(r)/ *n.* **1** 継ぎ目，合わせ目 (joint, closure). **2** 〘植物〙（2 個の心皮の）接合面《セリ科植物の果実など》．**3** 〘解剖・動物〙**a** 接合部．**b** 交連，横連合，横連神経，横行連合，神経交連《左右の神経節を横に連絡する神経線維；cf. connective 4》．**com·mis·su·ral** /kà(:)məʃúᵊrəl | kɔ̀mɪ̀sjúər-, -ʃúər-⁻/ *adj.* 〚(c1420) ▭ L *commissūra*: ⇨ commission, -ure〛

com·mis·sur·ot·o·my /kà(:)məʃurá(:)təmi | kɔ̀mɪsju(ə)rɔ́t-, -ʃu(ə)r-/ *n.* 〘外科〙交連切開(術) (cf. valvulotomy). 〚⇨ ↑, -tomy〛

com·mit /kəmít/ *v.* (**-mit·ted**; **-mit·ting**) — *vt.* **1** 〈罪・過失などを〉犯す，行う，遂げる：～ a crime, a sin, an error, an offense, a blunder, etc. / ～ outrages 暴行をする / ～ suicide 自殺する．**2 a** 〈金・資源を〉〔…に〕；投入する〈軍隊を〉〈戦場へ〉送る，〈兵力を〉〈戦闘に〉投入する〔*to*〕：～ enormous resources *to* a project プロジェクトに莫大な資金を投入する / ～ troops *to* the front 軍隊を前線に送る．**b** 危険にさらす，危なくする：～ a person's honor 人の名誉を危うくする．**3 a** [～ oneself または受身で]（責任上）〈身を〉縛りつける，義務づける；…に言質(げんち)を与える (pledge, bind)〔*to*〕/〈*to doing* [do]〉：～ *oneself to doing* [*to* do] something 何かしようと約束する[言質を与える] / He refused to ～ *himself to* any sort of promise [relationship with her]. 決して約束しないことをしようと[何の関係も持とうと]しなかった / He'll consider it, without ～*ting* himself in advance. 前もって約束はしないが，考慮に入れてくれるだろう / He *was* not ～*ted to* any one religion. どの宗教にも縛られなかった / That will ～ us *to* finishing [finish] the book on time. それでその本を期日までに仕上げる約束をすることになる．**b** のっぴきならぬ立場に置く，掛かり合う：That will ～ us. それではのっぴきならなくなる[立場が苦しくなる] / I was ～*ted in* the matter. そのことで引くに引けなくなった / He ～*ted himself in* the affair. 彼はその事件に連座した．**4** [～ *oneself* で]〔…について〕見解を述べる，明らかにする〔*on*〕：He refused to ～ *himself on* the subject. その問題で自分の見解を述べようとしなかった．**5 a** 〈人の世話などに〉任せる；託する，委託する〔*to*〕：～ one's soul *to* God [*to* God's mercy] 魂を神[神の慈悲]に任せる[任せて死ぬ] / I ～*ed* the whole affair *to* (the charge of) my lawyer. すべての事柄を弁護士に任せた．**b** 〈人を〉〈刑務所・刑罰に〉引き渡す，拘禁する〔*to*〕：～ a person *to* prison 人を獄に投じる / ～ a person for trial 裁判にかける / ～ a person for contempt (公職・法廷)侮辱のかどで拘禁する．**c** 〔記録・記憶・忘却・火・地などに〕委ねる，付する〔*to*〕：～ an event *to* writing [paper] その事件を書き留める / ～ a person's body *to* the ground [earth] 人(のなきがら)を埋葬する / ～ papers *to* the flames 書類を焼き捨てる / ～ it *to* memory そのことを記憶に留める，覚える / ～ it *to* oblivion そのことを忘却に付する[忘れてしまう]．**d** 〈法案を〉（審議のために）委員会に付託する，委員付託にする：～ a bill. **e** 〈人を〉（法的に）〈精神病院に〉収容する：～ a patient *to* a mental hospital. **6 a** 専心する，傾倒する〔*to*〕：He was (deeply [totally]) ～*ted to* the cause of world peace. 世界平和のために専念した．**b** [～ *oneself* または受身で]〈作家などが〉政治[社会]参加をする．— *vi.* 《口語》約束する，言質を与える：She says she can't marry me yet because she's still afraid of ～*ting*. まだ確約するのが怖いので結婚できないのだと言う．**～·ter** *n.* 〚(c1380) ▭ L *committere* to let together, entrust ← COM-＋*mittere* to send: cf. commission〛

SYN 委任する：**commit** 〈人や物を〉他の人の保管・管理に委ねる《基本的な語》：The child was *committed* to the care of an aunt. 子供はおばの手に預けられた．**entrust** 相手を信頼して〈大事な物を〉委ねる：I *entrusted* my door keys to my neighbor. 戸口の鍵を隣人に預けた．**confide** 全面的に信用して預ける《格式ばった語》：Can we *confide* the future of this country to these people? わが国の将来をこの連中に任せてはおけようか．**consign** 〈人や物を〉他の人の管理に移す《格式ばった語》：He *consigned* his guns to the care of his nephew. 彼は自分の銃の管理を甥(おい)に任せた．

com·mit·ment /kəmítmənt/ *n.* **1** (罪・過失などを)犯すこと，犯行，犯罪．**2 a** 委託．**b** (議案の)委員会付託．**c** 拘留，投獄．**d** 〘法律〙(裁判所の発する)収監令状 (mittimus)；令状執行；(精神病院への)収容命令．**e** 埋葬．**3 a** 言質(げんち)(を与えること)，身を縛ること；公約〔*to*〕：a political ～ 政治的公約．**b** 掛かり合い，引くに引けなくなること，連座〔*in*〕．**c** 身を縛ること；責任．**4 a** (主義・運動などへの)献身，傾倒，コミットメント〔*to*〕：political ～ 政治への傾倒．**b** (作家などの)政治[社会]参加．《(1948)《なぞり》← F *engagement*》 **5** 〘証券〙売買契約履行の義務，その義務を負う行為．〚(1611): ⇨ -ment〛

com·mit·ta·ble /kəmítəbḷ | -tə-/ *adj.* 〈人が〉裁判に付せられるべき，〈犯罪が〉公判に付せられるべき；収容されるべき，投獄に相当する．〚(c1450): ⇨ -able〛

com·mit·tal /kəmítḷ | -tḷ/ *n.* ＝commitment. 〚1625〛

commíttal procéedings *n. pl.* 治安判事裁判所による再審理《上級裁判所への控訴の可否決定のため》．

com·mít·ted /-tɪ̀d | -tɪ̀d/ *adj.* 〈作家・作品など〉(政治・社会問題などに対して)明確な態度をもった，政治[社会]参加の (cf. commit *vt.* 6 b, engaged 3 b). 〚(1593–94)《なぞり》← F *engagé*〛

com·mit·tee¹ /kəmíti | -ti/ *n.* 委員会；[集合的；単数または複数扱い] (全)委員：be *in* ～ 委員会に出席している[を開いている] / go into ～ 委員会に出席する[を開く] / sit [be, serve] on a ～ 委員会に列する，委員である / He was a member of various ～*s*. いろいろな委員会の委員をしていた / a joint ～ 両院協議会 / a standing ～ 常置[常任]委員会 / ⇨ steering committee.

Commíttee of Correspóndence [the —] 連絡委員会《米国独立戦争当時緊急事態に即応するため各植民地間に設けられた》．

commíttee of óne [the —] 〘議会〙一人委員会《委員会の任務を一人で果たすよう任命された人》．

Commíttee of Seléction [the —] 〘米下院〙＝COMMITTEE on Committees.

Commíttee of Supplý [the —] 〘英議会〙全院歳出調査委員会．

commíttee of the whóle (hóuse) [the —] 〘議会〙全院委員会．(1621)

Commíttee on Commíttees [the —] 〘米下院〙委員選定党委員会《下院の各種委員会委員を選定する政党幹部会の委員会；先任順に空席を埋める慣習》．

Commíttee on Rúles [the —] 〘米下院〙運営委員会，法規委員会．

Commíttee on [of] Wáys and Méans [the —] 〘議会〙(下院の)歳入委員会《(the) Ways and Means (Committee) と略称する》．★ on は《米》，of は《英》．〚(1472–73): ⇨ commit, -ee¹〛

com·mit·tee² /kà(:)mɪtíː | kɔ̀m-/ *n.* 《古》〘法律〙破産管財事務執行に対する監査委員会，(心神喪失者などの)後見人．

committee·man /kəmítimən, -mæ̀n | -ti-/ *n.* (*pl.* **-men** /-mən, -mɛ̀n/) **1** (委員会の)一委員．**2** 党の選挙対策の指導者．**3** ＝shop steward. 〚1654〛

commíttee stàge *n.* **1** 〘英議会〙委員会審議《法案審議の過程で全議員による第二読会の後，常任委員会または全院委員会に該当法案が送付されて審議されること》．**2** 〘米議会〙**a** 常任委員会が政府役人もしくは一般市民の証言を求める立法手続きの一段階．**b** 議会閉会中に法案の審議修正などを行う立法手続きの一段階．

commíttee·wòman *n.* **1** (委員会の)女性委員．**2** 党の選挙対策の女性指導者．〚1853〛

com·mix /kəmíks, kɑ(:)- | kɔm-/ 《古・詩》*vt.* 混ぜる (blend). — *vi.* 混ざる (mix together). 〚(1410)《逆成》←《廃》*commixt* mixed together ▭ L *commixtus*: ⇨ commixture〛

com·mix·tion /kəmíkʃən, kɑ(:)- | kɔ-/ *n.* 《廃》＝commixture. 〚(a1387) ▭ LL *commixtiō(n-)*〛

com·mix·ture /kəmíkstʃə, kɑ(:)-, kɑ́(:)mɪks- | kɔmíkstʃə^(r)/ *n.* **1 a** 混合 (blending). **b** 混合物．**2** 〘カトリック〙混和，和合《聖体秘跡の礼典にキリストの聖体を意味するパンの小片をぶどう酒杯に入れること；霊と肉との合体を象徴する》．〚(1590–91) ▭ L *commixtūra* ← *commixtus* (p.p.) ← *commiscēre* ← COM-＋*miscēre* 'to MIX': ⇨ -ure〛

com·mo¹ /kɑ́(:)mou | kɔ́məu/ *n.* (*pl.* ～**s**), *adj.* 《豪俗》＝communist. 〚(1941)《略》: ⇨ -o〛

com·mo² /kɑ́(:)mou | kɔ́məu/ *n.* (*pl.* ～**s**) *n.* 〘陸軍俗〙伝達，連絡，通信 (communication). 〚(1941)《短縮》← communication〛

Commo. 《略》Commodore.

com·mode /kəmóud | -mə́ud/ *n.* **1 a** 引き出し付きの小型テーブル《commode table ともいう》．**b** 引き出し付きの小型だんす．**2** (下に戸棚の付いた)移動式洗面台．**3** 便器付きの椅子；室内用便器．**4** コモード《17 世紀後半から 18 世紀前半にかけて流行した非常に丈の高い女性用頭飾り；レースやリボンなどの装飾が施された》．〚(a1688) ▭ F ▭ L *commodus* well-adapted, convenient ← COM-＋*modus* 'measure, MODE^(1,2)'〛

com·mod·i·fy /kəmɑ́(:)dəfàɪ | -mɔ́dɪ̀-/ *vt.* 〈芸術作品・文化的価値のある物を〉商品として扱う，商品化する．

com·mod·i·fi·ca·tion /kəmɑ̀(:)dəfɪkéɪʃən | -mɔ̀dɪ̀fɪ-/ *n.* 〚← COMMODITY＋-FICATION〛

com·mo·di·ous /kəmóudiəs | -mə́ud-/ *adj.* **1** 広くて便利な；〈家・部屋など〉間取りの十分な，ゆったりとした間取りの (spacious). **2** 《古》〔…に〕便利な (handy)，都合のよい (convenient)〔*for, to*〕．**～·ly** *adv.* **～·ness** *n.* 〚(c1420) ▭ (O)F *commodieux* // ML *commodiōsus* ← L *commodus*: ⇨ commode, -ous〛

com·mod·i·ty /kəmɑ́(:)dəti | -mɔ́dɪ̀ti/ *n.* **1 a** (売り物として)もうかるもの，商品；[しばしば *pl.*] (特に，労務奉仕と区別して農業・鉱業などの)生産品，産物 (goods)；必需品：prices of *commodities* 物価 / staple *commodities* 重要商品[産物] / household *commodities* 家庭用品．**b** 役に立つもの，値打ちのあるもの，有用品．**2** 《廃》商品の一定量，ひと包み．**3** 《廃》**a** 便利 (convenience). **b** 利益，利得 (advantage). 〚(c1400) ▭ (O)F *commodité* // L *commoditātem*: ⇨ commode, -ity〛

commódity dóllar *n.* 《米》〘経済〙商品ドル《ドルの価値を基本商品の価値指数で決め，ドル価値の安定を図ろうとするもの》．〚1933〛

commódity exchànge *n.* 商品取引所．〚1934〛

commódity màrket *n.* (コーヒー・小麦などの第一次生産品が大量に売買される)商品取引所．

commódity mòney *n.* 《米》〘経済〙商品貨幣，物品貨幣，自然貨幣《一般物品をそのまま貨幣として通用させたもの；貨幣の原始的形態》．

com·mo·do /kɔ́(:)mədou, kɑ́(:)m-, kəmóudou | kəmə́udəu/ *adj., adv.* ＝comodo.

com·mo·dore /kɑ́(:)mədɔə | kɔ́mədɔː^(r)/ *n.* **1 a** 〘海軍〙准将，代将《少将と大佐の間の階級；米国では第二次大戦に復活したが，現在はない》．**b** 〘英海軍〙准将《戦隊・分遣艦隊の首席指揮官[司令官]の一時的な非公式の階級名》：the ～ of a squadron. **2** 提督《隊形を組んで行動中の諸艦の長のうち最も上席の艦長，または商船隊の最上席船長・ヨットクラブの会長・水先案内人組合の長などに対する敬称》．**3** ＝air commodore. 〚(1694) *commandore* ▭ ? Du. *komandeur* commander ▭ F *commandeur*〛

Com·mo·dus /kɑ́(:)mədəs | kɔ́məd-/, **Lu·cius Ae·li·us Au·re·li·us** /lúːʃəs íːliəs ɔːríːliəs | lúːsiəs-/ *n.* コンモドゥス (161–192；ローマ皇帝 (180–192)；Marcus Aurelius の子でその継承者).

com·mon /kɑ́(:)mən | kɔ́m-/ *adj.* (**more ～, most ～; ～·er, ～·est**) **A 1 a** 二つ以上のものが平等にもつ[参加する，使用する]，共通の，共同の (⇨ universal **SYN**)；〔…に〕共有[共通]の〔*to*〕：a ～ ancestor 共通の祖先 / ～ descendants 共通の祖先から出た子孫 / ⇨ common ground / ～ aims [goals] 共通の目標 / ～ interests 共通の利害，共同利害 / ～ ownership 共有，共有権 / a ～ table 共同食卓 / the nature [characteristics] ～ *to* all dogs すべての犬に共通する性質 / by ～ consent 満場一致で，異議なく，異口同音に，一様に / be ～ *to* all みんなに共通である / make ～ cause with …と共同戦線を張る．**b** 人類共通の：our ～ humanity 人情 / our ～ nature 人間性．**c** 無差別に使用される：a ～ cup 勝手に使ってよい[共有の]コップ．

2 a (特定の一人・一集団に限らない)社会[共同社会]一般の；公共の，公の，公衆の：the ～ highway 天下の公道 / a ～ alehouse 居酒屋 / the ～ good 公益 / ～ welfare 公の福利 / ⇨ common carrier. **b** 社会[共同社会]に知られた；(特に，悪い意味で)悪名高い，名うての (notorious)：a ～ thief.

3 〘数学〙共通の：⇨ common divisor, common multiple. **4** 〘文法〙**a** 通性の，両性共通の；主格・目的格共通の，通格の．**b** 普通名詞の (cf. proper 7). **5** 〘詩学〙〈音節が〉長短共通の；強弱共通の．**6** 〘解剖〙〈血管・神経などの分岐する幹が〉共通の，共幹の：⇨ common carotid. **7** 〘キリスト教〙公の，公同の．

B 1 a よく起こる，共通の，通常の，通例の，ありふれた；いつもの，常習の：a ～ experience [event, ailment] 日常しばしば経験すること[出来事，疾病] / ～ honesty [decency, courtesy] 当たり前の正直さ[礼儀，丁重さ]．**b** (よく起こることから)だれでも知っている，普及した，一般的な：～ knowledge 常識(となっている事) / a ～ saying 諺(ことわざ) / a ～ talk [rumor] 世間の話[うわさ] / expressions in ～ use よく使われる表現 / Nowadays it's ～ for people to travel abroad. 近ごろでは海外旅行は一般的なことである．**c** よく知られた：⇨ common salt. **2 a** 並の水準の，尋常の，並の (ordinary, average)；平凡な，つまらない；通俗な，凡俗の：the ～ reader 一般読者 / a person of no ～ ability 非凡な技量の人．**b** 特権をもたない，特別の身分でない，名も位もない：a ～ soldier 一兵卒 / the ～ man 普通の人，市民，一平民 / the ～ people 人民，民衆．**3 a** 並以下の，二流品の，粗末な (inferior)：～ clothes ぞんざいな[趣味の悪い，安っぽい]服 / a ～ make of goods 並製品，下等な製品．**b** 〈人・態度が〉品のない，下品な (vulgar)：a ～ accent 品のない言葉遣い / a ～ man 品のない

C

人 / ~ manners 無作法 / a ~ voice 下品な声 / How ~ of her to behave like that! そんなふるまいをするなんて何と下品なんだろう / as ~ as dirt [《英》 muck] とても下品[粗野]な. **c** 〈木材が〉並の《上物でない》.
cómmon or gárden 《口語》きわめて平凡な, ありふれた (ordinary).
— *n.* **A 1** [時に *pl.*] **a** (公園として競技や催し物などに使用される市町村の中央にある)共有地, 公有地, コモン《もとは囲いのしてない牧草地・荒地などであった》: on the village ~ / ⇨ Boston Common. **b** 共有の牧草地; 荒地. **2** 《法律》 **a** 公有権, 共有権, 共用権, 入会(いりあい)権 (right of common ともいう): ⇨ COMMON of piscary [fishery] / ~ of pasture (他人の牧草地における)入会放牧権. **b** 入会地. **3** 《キリスト教》 **a** [しばしば C-] ある種の祭儀に共通して行われる祈禱[礼拝] (cf. proper *n.*). **b** ミサの儀式規定書.
B 1 a [the Commons; 単数または複数扱い] 下院議員(全体): be in *the Commons* 下院議員である. **b** [*pl.*; 単数または複数扱い] 庶民から成る政治集団[団体]. **c** [the Commons; 単数または複数扱い] (英国, カナダその他英連邦諸国で)下院 (the House of Commons). **2 a** [*pl.*; 単数または複数扱い] (修道院・大学などの)食事, 定食; 食物 (food): be (put) on short ~*s* 食物を十分に与えられない. **b** [*pl.*; 単数扱い] 共同食卓; (大学などの)食堂. **3** 《英俗》=common sense. **4** 《廃》 **a** 共同体 (commonalty). **b** [the ~*s*; 単数または複数扱い] 平民, 庶民 (common people).
by cómmon =*by* ORDINARY (2). *in cómmon* 共通に, 共同に; 〔…と〕共通した[て], 同様に〔*with*〕: charges borne *in* ~ 共同負担の費用 / I love her even though we have nothing *in* ~ (with each other). 互いに共通点はないのだが, 私は彼女を愛している / We have a great deal *in* ~ *with* him. 我々は彼と(趣味・意見など)共通の点が多い / *In* ~ *with* other people, I believed it was true. 他の人と同様私もそれが真実だと思った. 《*a*1325》
òut of the cómmon 異常な, 非凡な (unusual).
cómmon of píscary [**físhery**] 《法律》漁獲入会(いりあい)権 (cf. common fishery).
— *vt.* 《廃》共有する (share).
《(*a*1300) *comun* □ OF (F *commun*) < L *commūnem* common to all ← IE *komoini- held in common ← *ko- 'co-¹'+*moin- (← *mei- to change, go (L *mūnus* service / OE *ġemǣne* 'MEAN²'))》

SYN **1** 共通の: ⇨ mutual. **2** ありふれた: **common** 日常どこででも見かけるような: a *common* error ありふれた誤り. **familiar** 以前見聞きしたことがあるのですぐ認知できる: a *familiar* face 見なれた顔. **ordinary** 型にはまっていて珍しくない: *ordinary* people 普通の人々. **popular** 一般民衆の間に広く流布し, 受け入れられ[好まれ]ている: *popular* music 通俗音楽.
ANT uncommon, exceptional.

com·mon·a·ble /kɑ́(ː)mənəbl̩ | kɔ́m-/ *adj.* **1** 〈土地が〉共有の. **2** 《英史》(動物を)共有地 (common) に放牧してよい. 《(1620): ⇨ ↑, -able》
com·mon·age /kɑ́(ː)mənɪdʒ | kɔ́m-/ *n.* **1 a** (牧草地の)共同使用権, 入会(いりあい)権. **b** 共有(していること): the ~ of the land. **2** 共有地 (common). **3** [集合的] 平民 (commonalty). 《(1610) ← COMMON (n.)+-AGE》
Cómmon Ágricultural Pólicy *n.* [the ~] (EC の) 共通農業政策《生産者保護のための主要農産物価格維持政策; 略 CAP》.
com·mon·al·i·ty /kɑ̀(ː)mənǽləti | kɔ̀mənǽləti, -lɪ-/ *n.* **1** [the ~; 単数または複数扱い] 一般大衆, 平民 (commonalty). **2 a** 属性の共有. **b** 共通の属性. **3** 普通, 平凡; 平凡な出来事. 《(*c*1380) 《変形》 ↓》
com·mon·al·ty /kɑ́(ː)mənl̩ti, -nəl- | kɔ́m-/ *n.* **1** [the ~; 単数または複数扱い] 一般大衆, 民衆, 平民, 庶民; 庶民階級 (commonality) (cf. third estate). **2 a** 共同団体, 集団: the ~ of scholars 学者グループ. **b** 社団法人, 公[私]法人 (body corporate). **3** (あるグループの)会員に共通な慣行[習慣]. 《(*c*1300) □ OF *comunalte* (F *communauté*) ← *comunal* 'COMMUNAL': ⇨ -ty》
cómmon álum *n.* 《化学》カリ明礬(みょうばん) (⇨ alum 2 a).
cómmon ásh *n.* 《植物》セイヨウトネリコ (*Fraxinus excelsior*) (⇨ ash²).
cómmon bárberry *n.* 《植物》ヒロハヘビノボラズ (*Berberis vulgaris*) (cf. barberry).
cómmon béan *n.* 《植物》インゲンマメ (⇨ kidney bean 1).
cómmon bónd *n.* 《石工》=American bond.
cómmon bríck *n.* 普通れんが, 赤れんが《外観に装飾を加えていない建築用粘土れんが》.
cómmon brónzewing *n.* 《鳥類》ニジハバト (*Phaps chalcoptera*) (cf. bronzewing).
cómmon búckthorn *n.* 《植物》ヨーロッパ産クロウメモドキ属の落葉低木《緩下剤に用いられる》.
cómmon búckwheat *n.* 《植物》=buckwheat.
cómmon búsiness òriented lànguage *n.* 《電算》⇨ COBOL.
cómmon carótid *n.* 《解剖》総頸動脈《起点から内頸動脈と外頸動脈の分岐点までの頸動脈; common carotid artery ともいう》.
cómmon cárrier *n.* (鉄道・汽船などの)運輸業者[会社]; 一般運輸業; 通信事業者. 《1465》
cómmon cáse *n.* 《文法》通格《名詞の格に関して属格でないもの; 理論的には必ずしも厳密な名称ではなく, 便宜的な名称; 通格を認めない文法家もいる》. 《1892》
cómmon cáttle grùb *n.* 《昆虫》ウシバエ (*Hypoderma bovis*)《幼虫が牛類の皮下に寄生する; cf. warble fly, botfly, heel fly》. 《1942》
cómmon chárge *n.* 《紋章》⇨ charge 8.
cómmon chíckweed *n.* 《植物》=chickweed.
cómmon chórd *n.* 《音楽》普通和音《いわゆるドミソの和音; 主音と, 主音から長(または短)三度, および完全五度離れた 3 つの音から構成されている》. 《1864》
cómmon cóld *n.* ⇨ cold 2. 《1786》
cómmon cómfrey *n.* 《植物》=comfrey 1.
cómmon córe *n.* 《英》(学校の)必修科目.
cómmon cóst *n.* 《会計》共通費《二つ以上の原価計算単位に, 共通に発生する原価; 例えば工場長の給料は, 工場内の各部門にとって部内共通費となる, また各事業部にとって本社費は事業部共通費となる》.
cómmon cóuncil *n.* 市[町]議会.
cómmon críer *n.* =town crier.
cómmon cúrlew *n.* 《鳥類》ダイシャクシギ (*Numenius arquata*) (⇨ curlew).
cómmon cústoms tàriff *n.* =Common External Tariff.
cómmon denóminator *n.* **1** (ある集団の)共通要素, 共通の特徴, (文化の)公分母. **2** 《数学》公分母: ⇨ lowest common denominator. 《1594》
cómmon dífference *n.* 《数学》(等差数列や等差級数の)公差. 《*c*1891》
cómmon divísor *n.* 《数学》公約数: ⇨ greatest common divisor. 《*c*1847》
cómmon égret *n.* 《鳥類》ダイサギ (great egret).
cómmon éntrance, C- E- *n.* 《英》パブリックスクール共通入学試験《全国共通の問題によって 13 歳の生徒を対象に毎年 2, 6, 11 月の 3 回行われる; common entrance examination ともいう; 正式には common examination for entrance to public schools という》.
com·mon·er /kɑ́(ː)mənə | kɔ́mənə(r)/ *n.* **1** 貴族でない人; 平民, 庶民 (cf. peer¹ 3): ⇨ First Commoner. **2** 入会(いりあい)[共用]権所有者. **3** 《英》(Oxford 大学その他の大学の)自費生, 普通学生 (fellow, scholar または exhibitioner でない学生; cf. pensioner 2). **4** 《英・まれ》下院議員: ⇨ Great Commoner. 《(?*a*1300): ⇨ -er¹》
Cómmon Éra *n.* [the ~] =Christian Era.
cóm·mon·er·shìp *n.* 自費学生の身分[資格].
Cómmon Extérnal Tàriff *n.* (EU の) 共通関税システム《域外からの輸入品に課す》.
cómmon fáctor *n.* 《数学》共通[公]因数, 共通[公]因子 (common divisor): ⇨ greatest common factor.
cómmon fée *n.* 《豪》普通診療代《治療代として普通であると認められ, 国の健康保険の医療費払い戻しの基礎となる; most common fee ともいう》.
cómmon físhery *n.* 《法律》共同漁業権 (cf. COMMON of piscary [fishery]).
cómmon fráction *n.* 《米・カナダ》《数学》分数 (vulgar fraction, simple fraction)《分子と分母を横線[斜線]の上下[左右]に書く通常の分数; 小数に対していう; cf. decimal fraction》. 《*c*1891》
cómmon génder *n.* 《文法》通性《男女両性に通じる parent など》.
cómmon góod *n.* (スコットランド自治都市の)共有財産《自治体が自由に処分できる土地・基金》. 《*c*1384》
cómmon gróund *n.* (利益・相互理解における)共通基盤, (見解などの)一致点: on ~ 共通の立場から[に立って], 一致点に立って[た]. 《1926》
cómmon héliotrope *n.* 《植物》=garden heliotrope 2.
com·mon·hold /kɑ́(ː)mənhòuld | kɔ́mənhə̀uld/ *n.* 《英》共同保有(権)《共同住宅内の一区分に対する自由保有(権); 共同住宅全体の共同管理責任を伴う》. 《1987》
cómmon íliac ártery *n.* 《解剖》総腸骨動脈 (⇨ iliac artery 1).
cómmon infórmer *n.* =informer 3.
cómmon jóist *n.* 《建築》根太(ねだ).
cómmon júniper *n.* 《植物》セイヨウビャクシン (*Juniperus communis*) (⇨ juniper 1).
cómmon júry *n.* 《法律》普通陪審, 小陪審 (cf. special jury, grand jury).
cómmon knówledge *n.* 周知の事柄, 常識.
cómmon lábor *n.* 不熟練労働.
cómmon lánd *n.* (万人が利用できる)公共用地.
common-law /kɑ́(ː)mənlɔ́ː, -lɑ́ː | kɔ́mənlɔ́ː-/ *adj.* 《法律》コモンローの[による]; コモンロー上の婚姻 (common-law marriage) による: a ~ husband [wife]. 《1848》
cómmon láw *n.* 《法律》コモンロー《英米法全体をいうこともあり, 制定法 (statute law) と区別した判例法 (case law) をいうこともあり, エクイティー (equity) と対立する法をいうこともある》: at [in] the ~ コモンロー上. 《(*c*1350) 《なぞり》 ← L *jūs commūne*》
cómmon-law márriage *n.* **1** 《法律》コモンロー婚, 非方式婚《正式な宗教的儀式や法的手続きをせず男女の合意のみに基づいて同棲する婚姻; 地域・時代によって法律的効果は異なる; cf. putative marriage》. **2** 《俗》内縁関係. 《1900》
cómmon lódgings *n. pl.* 《英》簡易宿泊所 (common lodging house ともいう). 《1851》
cómmon lógarithm *n.* 《数学》常用対数《底を 10 とするもの; cf. natural logarithm》. 《*c*1891》
cómmon lóon *n.* 《鳥類》ハシグロアビ (*Gavia immer*)《北米で繁殖するアビ属の大形の海鳥; embergoose ともいう》.
com·mon·ly /kɑ́(ː)mənli | kɔ́m-/ *adv.* **1** 普通に; 一般に, 通例, 通常 (usually, ordinarily); 普通程度に, 世間並みに. **2** 《軽蔑》通俗的に, 下品に, 粗野に. 《(?*c*1300): ⇨ -ly¹》
cómmon mállow *n.* 《英》《植物》ゼニアオイ (*Malva sylvestris*) (cf. mallow).
cómmon márket *n.* **1** [the C- M-] (欧州)共同市場《別名 Euromarket, Euromart; ⇨ European Economic Community》. **2** 共同市場. 《1952》
cómmon méasure *n.* **1** 《音楽》=common time. **2** 《数学》=common divisor. **3** 《詩学》=common meter. 《1718》
cómmon méter *n.* 《詩学》普通律《弱強格四行連の各行の音節が 8, 6, 8, 6 と配列されている賛美歌調; 略 c. m., CM》. 《1718》
cómmon múllein *n.* =great mullein.
cómmon múltiple *n.* 《数学》公倍数: ⇨ least common multiple. 《*c*1890》
cómmon náme *n.* 《文法》=common noun.
cóm·mon·ness *n.* 共通; 普通, 平凡; 下品.
cómmon níghtshade *n.* 《植物》=black nightshade.
cómmon nóun *n.* 《文法》普通名詞 (cf. proper noun). 《1864》
cómmon ópal *n.* 《鉱物》普通蛋白石《オパールの一種で, 光沢が不十分で宝石としての価値がないもの》.
cómmon órange *n.* 《植物》=sweet orange.
cómmon-or-gárden-variety *adj.* 普通の, ごくありふれた, 日常の.
cómmon pártridge *n.* 《鳥類》ヨーロッパヤマウズラ (*Perdix perdix*) (⇨ partridge).
cómmon píke *n.* 《魚類》カワカマス (⇨ pike¹ 1).
com·mon·place /kɑ́(ː)mənplèɪs | kɔ́m-/ *adj.* **1** 平凡な, ありふれた: a ~ person ありきたりの人, 凡人. **2** 陳腐な, 言い古された, つまらない: a ~ remark 陳腐な言い草. — *n.* **1 a** 平凡な文句, 陳腐な言い草. **b** 平凡な事[もの]: a mere ~ 全く平凡なこと. **2 a** 《古》メモに取っておく値打ちのある文句. **b** 《廃》=commonplace book. **~·ly** *adv.* **~·ness** *n.* 《(1549) 《なぞり》 ← L *locus commūnis* passage of general application, 《原義》 common place 《なぞり》 ← Gk *koinòs tópos*》

SYN **1** 平凡な: **commonplace** 特別なあるいは珍しいところがない: Air conditioning has become *commonplace*. 空調は別に珍しくなくなった. **banal** 《軽蔑》〈言葉・思想などが〉ありふれていて面白くない: a *banal* remark 月並みな言葉. **hackneyed** 〈表現が〉安易にしばしば使われて陳腐になってしまった: a *hackneyed* phrase 陳腐な言い回し. **stereotyped** 《通例軽蔑》〈思想・性格・言い回しなどが〉型にはまって個性がない: *stereotyped* images of good wives 型にはまった良妻のイメージ. **trite** 《軽蔑》〈思想・語句・話などが〉繰り返して使われたため退屈でつまらなくなってしまった: "Cheeks like roses" is a *trite* expression. 「バラのような頬」というのは陳腐な表現だ.
ANT original, fresh.
2 陳腐: **commonplace** あることに関する常套的な言葉や考え: a tedious *commonplace* 退屈な決まり文句. **platitude** 事新しげに, または重要そうに言われた陳腐な言葉《格式ばった語》: a speech full of *platitude* 陳腐な言葉だらけの演説. **cliché** かつては清新で力強かった表現が頻繁に用いられて陳腐で紋切り型になったもの: a wornout *cliché* 使い古した決まり文句. **truism** 自明な真理: It is a *truism* that health is better than wealth. 健康が富にまさるというのはわかりきったことだ.

cómmonplace bòok *n.* 備忘録, 抜き書き帳. 《1578》
cómmon pléas *n. pl.* 《英法》 **1** 民事訴訟 (cf. PLEAS of the crown). **2** [単数扱い] =COURT of common pleas. 《(? 1433) □ AF *communs pletz* 《なぞり》 ← ML *commūnia plācita*》
cómmon práyer *n.* 《英国国教会》 **1** 公禱(こうとう)《あらゆる公の教会集会における礼拝式で用いるために制定された祈禱文》. **2** [the C- P-] =Book of Common Prayer. 《1526》
cómmon prívet *n.* 《植物》セイヨウイボタノキ (*Ligustrum vulgare*) (⇨ privet 1).
cómmon próperty *n.* **1** 共有地; 共有財産. **2** 一般大衆のものとみなされている人[もの]. **3** 知れわたった情報; 衆知のこと.
cómmon ráfter *n.* 《建築》棰(たるき)《屋根板を支えるために棟から軒に架け渡される部材》.
cómmon rátio *n.* 《数学》(等比数列や等比級数の)公比. 《1875》
cómmon recóvery *n.* 《法律》なれ合い不動産回復訴訟.
cómmon réed *n.* 《植物》ヨシ (*Phragmites australis*).
cómmon rhýthm *n.* 《詩学》=running rhythm.
cómmon ròom *n.* 《英》 **1** (学校などの)控室, 休憩室, 談話室. **2** 《英大学》=senior [junior, middle] common room. 《*c*1670》
Com·mons /kɑ́(ː)mənz | kɔ́m-/, **John Rogers** *n.* コモンズ《1862–1945; 米国の制度学派経済学者, 米国労働運動史研究の始祖》.
cómmon sált *n.* 食塩. 《1676》
cómmon sándpiper *n.* 《鳥類》イソシギ (*Actitis hypoleucos*)《チドリ目シギ科の鳥》.
cómmon schòol *n.* (米国の)公立小(中)学校 (cf. grade school). 《1656》

cómmon scóld *n.* 近所迷惑のがみがみ女《昔は法によって処罰された》.〖1769〗

cómmon séal[1] *n.*〖動物〗=harbor seal.

cómmon séal[2] *n.* 会社印, (法人などの)公印.

com·mon·sense /ká(ː)mənséns, -sénts | kɔ́mən-ˈ/ *adj.* (*also* **common-sénse**) **1** 常識の(ある), 常識的な: ～ philosophy 常識哲学. **2** 常識でわかる, 明白な (clear): a ～ explanation.〖1854〗

cómmon sénse *n.* 常識, 良識: It is plain ～. 当然のことだ / have the ～ to do …する分別がある. 日英比較 *common sense* も common knowledge も日本語では「常識」と訳されることが多いが, 前者は「だれもがもっている健全な思慮・分別, すなわち良識」を指し, 後者は「皆が共有する知識, すなわちだれもが知っていること」を意味する.〖(1535)《なぞり》← L *sensus commūnis*《なぞり》← Gk *koinḕ aísthēsis*〗

com·mon·sen·si·ble /kà(ː)mənsénsəbl | kɔ̀mənsénsɪ̀bl/ *adj.* 常識的な, 常識にかなった.〖(1851): ⇨ -ible〗

cómmon·sénsical *adj.* (*also* **common-sensical**) =commonsensible. **～·ly** *adv.*〖1860〗

Cómmon Sérjeant *n.*〖英法〗London 市の法律顧問《市裁判官 (recorder) 補として中央刑事法院の裁判官および巡回裁判官を兼ねる》.〖1556〗

cómmon shâres *n. pl.* =common stock.

cómmon shréw *n.*〖動物〗ミズトガリネズミ (*Sorex araneus*) (⇨ shrew 1).

cómmon-sítus pìcketing *n.*《米》共通事業場ピケ《一区分の請負業者との紛争で建設現場全体にスト破りの監視ピケを張る労働争議》.〖1965〗

common snipe *n.*〖鳥類〗タシギ (Wilson's snipe).

cómmon sórghum *n.*〖植物〗モロコシ (*Sorghum vulgare*)《イネ科モロコシ属の植物; 変種にカヒアモロコシ (kafir), ホウキモロコシ (broomcorn), アズキモロコシ (durra), スーダングラス (Sudan grass) など》.

cómmon stóck *n.*《米》〖証券〗《優先株式 (preferred stock) に対して》普通株式 (《英》ordinary share).〖1888〗

cómmon súnflower *n.*〖植物〗ヒマワリ (*Helianthus annuus*)《米国 Kansas 州の州花》.

cómmon swíft *n.*〖鳥類〗ヨーロッパアマツバメ (*Apus apus*)《アマツバメ科の鳥 squealer ともいう》.

cómmon támarisk *n.*〖植物〗西ヨーロッパ産ギョリュウ属の低木 (*Tamarix gallica*).

cómmon tìme *n.*〖音楽〗普通拍子 (4/4 拍子のこと; common measure ともいう): a piece written in ～.〖1674〗

cómmon tòuch *n.* [the ～] 庶民的であること, 庶民性, 親しみやすさ.〖1944〗

cómmon trúst fùnd *n.* 共同運用投資信託資金.

cómmon vétch *n.*〖植物〗カラスノエンドウ (⇨ broad bean 2 b).

cómmon vóle *n.*〖動物〗ヨーロッパハタネズミ (*Microtus arvalis*)《スコットランドの Orkneys 諸島など孤立した地方に生息する短尾のハタネズミ》.

com·mon·weal /ká(ː)mənwìːl | kɔ́mən-/ *n.* **1** 一般[民衆]福利, 社会福祉. **2**《古》=commonwealth.〖(*a*1338)《なぞり》← L *rēs commūnis*〗

com·mon·wealth /ká(ː)mənwèlθ | kɔ́mən-/ *n.* **1 a** [the C-] =COMMONWEALTH of England. **b** (国民の暗黙の同意または契約によって共通の利益と目的で統一された)国家 (body politic, state). **c** 自治国家; 民主国 (democracy), 共和国 (republic). **2 a** [the C-] =COMMONWEALTH of Australia; COMMONWEALTH of Nations. **b** (共通の目的と利益で結ばれた)連邦. **c** (州または国家群の)連邦. **3 a** 州《Massachusetts, Pennsylvania, Virginia, Kentucky について State の代わりに用いる公称語; 他の州にも拡大して用いることもある》. **b** [the C-] 米国自治領としての Puerto Rico の公式名. **4** (共同の目的・利益で結ばれた)団体, 世界 (cf. republic 4): the ～ of learning 学界 / the ～ of artists [writers] 芸術家[作家]社会. **5**《古》=commonweal 1.

Cómmonwealth of Austrália [the —] オーストラリア[豪州]連邦《1901 年以来オーストラリアの正式名称で, Tasmania を含む》.

Cómmonwealth of Éngland [the —]〖英史〗イギリス共和国《1649 年 Charles 一世の死刑執行の後から 1660 年の王政復古まで; cf. Civil War 2 b》.

Cómmonwealth of Indepéndent Státes [the —] 独立国家共同体《バルト 3 国を除くソ連諸国 12 か国が, ソ連解体後 1991 年に結成した国家連合体; 略 CIS》.

Cómmonwealth of Nátions [the —] 英連邦, イギリス連邦《英国王を団結の象徴とする旧英国勢力圏諸国の集合体; かつて英帝国に属し, その後独立したカナダ・オーストラリア・ニュージーランド・インド・スリランカなど, 多数の独立国および属領で構成される; 単に the Commonwealth ともいう》. (1917)

Cómmonwealth of the Philippínes [the —] フィリピン共和国《米国の保護領であったころの the Republic of the Philippines の呼び名 (1935–46)》.〖?*c*1425〗

Cómmonwealth Dày *n.* 連邦祝日《かつては Empire Day と呼ばれ, Victoria 女王誕生日の 5 月 24 日であったが, 1958 年改名; 英連邦内の各国で祝われ, 現在では 3 月の第 2 月曜日とする国が多い; cf. Victoria Day》.〖1958〗

Cómmonwealth Gámes *n. pl.* [the ～] イギリス連邦競技大会《英連邦加盟の国と地域が相互の友好親善のため, 4 年ごとに行うスポーツの祭典》.

Cómmonwealth préference *n.*《英》英連邦(からの輸入品には有利な)特恵関税制度.

cómmon yèar *n.* 平年 (cf. leap year).〖1909〗

com·mo·ran·cy /ká(ː)mərənsi | kɔ́m-/ *n.*〖法律〗**1**《英》居住. **2**《米》仮住所.〖(1586): ⇨ ↓, -ancy〗

com·mo·rant /ká(ː)mərənt | kɔ́m-/ *adj.*〖法律〗(通例一時的に)居住している.〖(*a*1556) □ L *commorantem* (pres.p.) ← *commorārī* to sojourn ← COM-+ *morārī* to stay (⇨ moratory)〗

com·mo·tion /kəmóuʃən | -mə́u-/ *n.* **1 a** 大騒ぎ, 混乱 (hustle); 騒音. **b**《古》(政治上・社会上の)騒ぎ, 騒動 (bustle, tumult); 内乱状態, 暴動 (riot): cause [produce] a ～ 騒動を起こす / in ～ 動揺して. **2** 継続的[周期的]な動き, 動揺: the ～ of the waves. **3**〖医学〗=concussion 3. **4**《古》(精神的な)興奮, 攪乱(こうらん): throw one's mind [nerves] into ～ 心[神経]をかき乱す. **～·al** /-ʃnəl, -ʃənl/ *adj.*〖(*c*1390) □ (O)F ～ □ L *commōtiō(n-)* violent movement, disturbance ← *commovēre* (↓): ⇨ -tion〗

com·move /kəmúːv/ *vt.*《文語・古》**1** 激しく動かす, かき乱す. **2** 興奮させる, 動揺させる.〖(*c*1380) □ OF *comovoir* □ L *commovēre* to move violently ← COM- (強意)+*movēre* 'to MOVE'〗

commr.《略》commander; commissioner.

comms /ká(ː)mz | kɔ́mz/ *n. pl.*《口語》=communications.

com·mu·nal /kəmjúːnl, ká(ː)mjunl | kɔ́mjunl, kəmjúːnl/ *adj.* **1** 共同の, 共有の; 共同使用する[参加する]: ～ bathing 共同入浴 / a ～ kitchen 共同炊事(場) / ～ property 共有財産. **2 a** 地方自治体の. **b** 共有生活体の; 原始共産社会の. **c** 共同部落の. **3** 人種・宗教などを異にする共同体の[に関する]; (特に, インドの)共同体(間)の: ～ disturbances. **4** コミューン (commune) の[に関する]. **5** パリコミューン (Commune of Paris) の. **～·ly** *adv.*〖(1811) □ F ～ □ LL *commūnālis* ← L *commūnis*: ⇨ common, -al[1]〗

com·mú·nal·ism /-nəlɪzm, -nl-/ *n.* **1**〖政治〗コミューン主義, 地方自治主義《中央集権政治組織を排して自由都市連合国家の実現を目的とする地方分権自治主義》. **2** 自民族代表選出選挙制度《人種別投票による》. **3** 自民族中心主義. **4** 共同体[生活]の信奉[実践].

com·mú·nal·ist /-nəlɪst, -nl- | -nəlɪst, -nlɪst/ *n., adj.* **com·mu·nal·is·tic** /kəmjùːnəlístɪkˈ/ *adj.*〖(1871): ⇨ ↑, -ism〗

com·mu·nal·i·ty /kà(ː)mjunǽləti | kɔ̀mjunǽlɪti/ *n.* **1** 共同体の状態[特徴]. **2** (グループの)連帯感, 団結心; (グループ内の)意見[感情]の一致.〖(1901): ⇨ -ity〗

com·mu·nal·i·za·tion /kəmjùːnələzéɪʃən, kà(ː)mju-, -nl- | kɔ̀mjunəlaɪ-, kəmjùːn-, -lɪ-/ *n.* (土地・事業などの)地方自治体への移譲.〖(1883): ⇨ ↓, -ation〗

com·mu·nal·ize /kəmjúːnəlaɪz, ká(ː)mju-, -nl- | kɔ́mjunəl-, kəmjúːn-, -nl-/ *vt.* 自治体の所有に移す, 共同所有化する: ～ land, gas, electricity, etc. **com·mú·nal·iz·er** *n.*〖(1883): ⇨ -ize〗

com·mu·nard /ká(ː)mjunàəd, -nàə, ˌ-ˈ- | kɔ́mjunàːd, kɔ̀mjunáː; *F.* kɔmynaːʀ/ *n.* **1** [C-] (1871 年の)パリコミューン (Commune of Paris) 支持者. **2** コミューン (commune) の居住者.〖(1874) □ F ～: ⇨ ↓, -ard〗

Com·mu·nau·té /*F.* kɔmynote/, **la** *n.* French Community のフランス語名.

com·mune[1] /ká(ː)mjuːn | kɔ́m-/ *n.* **1** [単数または複数扱い] **a** (仕事・金銭・宿泊など素朴な共同を旨とする)共同集落, ヒッピーの生活共同体. **b** 共同生活を営む集団, (共産主義的)共同生活体. **c** (地方利益を促進するために組織された)地方自治体, 地域社会. **2** コミューン《フランス・ベルギー・イタリア・スペインなどの最小行政区である市町村自治体》. **3** [単数または複数扱い] **a** (中世ヨーロッパの)市自治体. **b** 原始自治体, (自治的な)原始社会. **c**《廃》=mir. **d** (中国の)人民公社. **4** [the C-] =COMMUNE of Paris. **5**《古》一般庶民 (commonalty).

Cómmune of Páris [the —] パリコミューン, パリ革命政府: (1) 1792 年から 1795 年までのフランス革命下のパリ市政府; ジャコバン独裁の実現に寄与. (2) 1871 年 3 月 18 日パリ市に暴動を起こして 5 月 28 日まで市政を支配した革命政府 (Paris Commune).〖(1792) □ F ～ □ ML *commūn(i)a* ← L *commūnis* 'COMMON'〗

com·mune[2] /kəmjúːn/ *vi.* (親しく)語る; (親しく)交わる, (心の)友とする〔*with*〕(cf. communion 1): ～ *with* oneself [one's own heart] 沈思内省する / ～ *with* Nature. — *n.*《詩》交際, 親交; (霊的)交わり: be in ～ *with* God.〖(*c*1300) □ OF *comuner* to make common ← *comun* 'COMMON'〗

com·mune[3] /kəmjúːn/ *vi.*《米》聖餐を受ける; 聖体を拝領する.〖(1550) □ MF *comunier* □ LL *commūnicāre* to receive the communion: ⇨ communicate〗

com·mu·ni·ca·ble /kəmjúːnɪkəbl | -nɪ-/ *adj.* **1 a** 〈心・思想など〉伝えられる, 伝達できる. **b** 〈病気が〉伝染性の, うつる: a ～ disease 伝染病. **2**《古》話好きの, あけっぱなしの. **com·mù·ni·ca·bíl·i·ty** /-kəbíləti | -lɪ̀ti/ *n.* **～·ness** *n.* **com·mú·ni·ca·bly** /-bli/ *adv.*〖(*a*1398) □ LL *commūnicābilis*: ⇨ communicate, -able〗

com·mu·ni·cant /kəmjúːnɪkənt | -nɪ-/ *n.* **1** 聖餐にあずかる人, 受聖餐者, 聖体拝領者, 陪餐会員; 教会員. **2** (情報などの)伝達者, 報告者. — *adj.* **1** 聖餐にあずかる. **2** 伝達する, 伝える.〖(1552) □ LL *commūnicantem* (pres.p.) ← *commūnicāre* (↓)〗

com·mu·ni·cate /kəmjúːnəkèɪt | -nɪ-/ *vt.* **1 a** 〈思想などを〉(…に)伝達する, 知らせる〔*to*〕: ～ information [news] *to* others. **b** 〈熱・感情などを〉(…に)伝える; 〈病気を〉伝染させる〔*to*〕: ～ a disease *to* a person 病気を人にうつす. **c** [～ oneself で] はっきりと表す〔*to*〕: The emotion ～*d itself* to him. その感情が彼にもはっきりわかった. **2** 〈人を〉聖餐にあずからせる, 〈人〉に聖体を授ける. **3**《古》分かち合う, 共にする (share)〔*with*〕. — *vi.* **1 a** 通信する, 交信する; (手紙・電話などで)連絡する〔*with*〕; 意見(など)を交換する: ～ *with* a person / We ～ (*with* each other) by phone. お互い電話で連絡し合っている. **b** 理解し合う, 話が通じ合う〔*with*〕: Parents often find it difficult to ～ *with* their children. 親は子供と話が通じない[理解し合えない]ことがよくある. **2** 〈場所・家・部屋などが〉(…と)通じる, 連絡する〔*with*〕: three rooms *communicating* by a corridor 廊下で互いに通じる 3 室 / This room ～*s with* the dining room. この部屋は食堂に通じる. **3** 聖餐にあずかる[を受ける], 聖体を拝領する.〖(1549) ← LL *commūnicātus*〗 **4**《廃》共にする, あずかる. (cf. *1 Tim.* 6:18)〖(1526) ← L *commūnicātus* (p.p.) ← *commūnicāre* to share with others, communicate ← *commūnis* 'COMMON'〗

SYN 伝達する: **communicate, impart** 〈思想・情報・知識・感情などを〉人に伝えて共有のものとする《格式ばった語》: He *communicated* his wishes to me. 彼の希望を私に伝えた / A teacher *imparts* knowledge to his students. 教師は学生に知識を授ける.
ANT hide, supress, reserve.

com·mu·ni·ca·tee /kəmjùːnəkətíː | -nɪ-/ *n.* 伝達[通信]受取人, コミュニケーションの受け手.

com·mu·ni·ca·tion /kəmjùːnəkéɪʃən | -nɪ-/ *n.* **1 a** (思想・情報などの)伝達; 通達, 通報: the ～ of a secret / ⇨ mass communication(s). **b** (熱・感情などの)伝達; (病気の)伝染. **2** [しばしば *pl.* で単数または複数扱い] **a** (電子工学などによる)通信[情報伝達](法): a ～*s* engineer 通信工学者. **b**《米》〖教育〗コミュニケーション《従来のように「作文」,「話し方」と分離せず, 言語的なものだけでなく図形・演技など非言語的なものの使用をも含めた観念・態度・知識の伝達・表現》. **3 a** 通信, 交信, 音信; 手紙, 伝言: have no ～ *with* …文通[連絡]していない / be in [get into] ～ *with* …と文通[通信, 連絡]している[する]. **b** (伝達・交換される)情報. **c** 学会発表論文. **4** 通信, 交通, 連絡; 通信[交通, 連絡]の方法: There is no ～ between the two places. その二つの場所の間には全く連絡(の便)がない / (a) means of ～ 通信機関. **5 a** コミュニケーション《言葉・記号・身振りなどによる情報・知識・感情・意志などの交換過程》: ～ skills 意志疎通術, 自己表現法. **b** (意志疎通による)親密な関係[間柄]. **6** [*pl.*] **a** 通信[交通, 連絡]機関《道路・電信・電話・ラジオ・テレビ・伝令など》. **b**〖軍事〗(作戦基地との)後方連絡線, 兵站(へいたん)線: cut off (all) ～*s* (すべての)連絡を断つ / ⇨ LINE[1] of communication(s). **7**《廃》交わり: Evil ～*s* corrupt good manners. 悪しき交わりは良き習(なら)わしを損なう (*1 Cor.* 15:33).〖(*c*1390) □ (O)F ～ □ L *commūnicātiō(n-)*: ⇨ communicate, -ation〗

communicátion cènter *n.*〖軍事〗通信センター (⇨ message center).

communicátion códe nàmes *n. pl.* 通信用コード名《「朝日」の「ア」の「朝日」に相当するもので, 下表のとおり》.

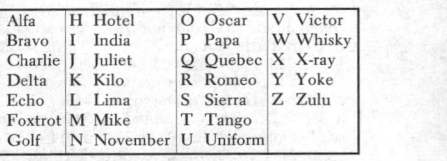

A Alfa	H Hotel	O Oscar	V Victor
B Bravo	I India	P Papa	W Whisky
C Charlie	J Juliet	Q Quebec	X X-ray
D Delta	K Kilo	R Romeo	Y Yoke
E Echo	L Lima	S Sierra	Z Zulu
F Foxtrot	M Mike	T Tango	
G Golf	N November	U Uniform	

communicátion còrd *n.*《英》(列車内の)非常通報索, 非常通報用のひも.〖1901〗

communicátion engineèring *n.* 通信工学.〖1920〗

communicátion ìnterface *n.* 通信インターフェース《二つの装置の間の通信を可能にする電子回路》.

communicátion sàtellite *n.* =communications satellite.

communicátions gàp *n.* (情報不足・世代の相違などによる)伝達欠如, 伝達上の ずれ, 意思疎通のギャップ.

communicátions sàtellite *n.* 通信衛星 (communication satellite ともいう).〖1961〗

communicátions thèory *n.* =communication theory.

communicátions zòne *n.*〖軍事〗兵站(へいたん)地帯, 後方地帯《作戦地域内の作戦地帯 (combat zone) の後方にあって補給, 傷病者の後送, 部隊の補充, 整備などを行う地帯》.

communicátion thèory *n.* 伝達[コミュニケーション]理論 (communications theory ともいう).〖1946〗

communicátion trènch *n.*〖軍事〗(陣地と陣地の間の連絡に使う)交通壕.〖1914〗

com·mu·ni·ca·tive /kəmjúːnəkèɪtɪv, -kə- | -nɪkət-, -kèɪt-/ *adj.* **1** 話好きな, おしゃべりの (talkative): She was not in a ～ mood. おしゃべりする気になれなかった. **2 a** 伝達[コミュニケーション]の, 通信に関する: ～ arts. **b** (伝達[通信]に適する. **～·ly** *adv.* **～·ness** *n.*〖(*a*1398) □ (O)F *communicatif* // ML *commūnicātīvus*: ⇨ communicate, -ative〗

com·mú·ni·cà·tor /-tə | -tə[r]/ *n.* **1** 伝達者, 通報

者, コミュニケーションの送り手. **2** 伝達機; (特に, 電信の)発信機; (列車内の)通報機(など). 〖(1662)◻ LL *commūnicātor*〗

com·mu·ni·ca·to·ry /kəmjúːnɪ̵kətɔ̀ːri | -nɪkətəri, -kèɪt-, -tri/ *adj.* 通達[伝達]する[の]. 〖(1646)◻ ML *commūnicātōrius*〗

com·mu·nion /kəmjúːnjən | -niən, -njən/ *n.* **1** 思想の交換, 親しい会談; (親しい)交わり, 霊的交渉, 霊的交わり (commune): hold ～ with …と霊的に交わる, …に親しむ / hold ～ with oneself 深く内省する / seek ～ with …との交わりを求める. **2** [通例 C-]〖キリスト教〗**a** 聖餐(式), 聖餐拝受, 陪餐;〖カトリック〗聖体拝領 (パンの形相の下で, キリストのからだを受ける行為; Holy Communion ともいう): ⇨ close communion, open communion / ～ in both kinds 二種[両種]陪餐, 両種(パンとぶどう酒)拝受聖餐式, 両形色による聖体拝領 / ～ in one kind 一種陪餐, 一種(パン)拝受聖餐式, 一形色による聖体拝領 / receive [partake of] *Communion* / go to *Communion* / make one's Easter *Communion* イースターの聖餐式[聖体拝領]に出る. **b** 聖餐式[聖体拝領]に用いるパンとぶどう酒 (⇨ element 11). **c** 聖餐式で歌う頌歌 (antiphon) (Communion Verse ともいう). **3** (信仰・宗派などを共にする)仲間, 宗教団体: a religious ～ 宗教団体 / the Methodist ～ メソジスト派[教会] / be in ～ with …と同じ宗派に属している / be of the same ～ 同じ宗教[教派]に属する / be shut out from the ～ of the faithful 信者の仲間から除外される. **4** 共にすること, 共有 (participation): a ～ of the land.
commúnion of sáints [the —] (1)〖キリスト教〗聖徒の交わり. (2)〖カトリック〗諸聖人の通功. 〖(?c1395)
～·al /-njənl̩ | -niənl̩, -njənl̩/ *adj.* **～·al·ly** *adv.* 〖(c1390)◻ (O)F ～ ◻ LL *commūniō(n-)* communion, (L) L fellowship, common share ← L *commūnis*: ⇨ common, -ion〗

commúnion clòth *n.*〖キリスト教〗＝corporal[3]. 〖1631〗

commúnion cùp *n.*〖キリスト教〗聖餐杯, 聖体拝領用の杯 (cf. chalice 2). 〖1642–3〗

commúnion hỳmn *n.*〖キリスト教〗聖体拝領唱, 陪餐唱; 聖餐式聖歌, 陪餐用[前]聖歌 (聖餐式[聖体拝領]直前に歌われる聖歌).

com·mú·nion·ist /-nɪ̵st | -nɪst/ *n.* **1** 聖餐[聖体拝領]に対して特別の説をもっている人: a strict ～. **2** 受聖餐者, 聖体拝領者 (communicant). 〖(1644): ⇨ -ist〗

commúnion plàte *n.*〖カトリック〗聖体受け (聖体拝領の際, あごの下に差し出して聖体が下に落ちないようにする金属製の皿).

commúnion ràil *n.*〖キリスト教〗聖体拝領台, 祭壇前部の柵[てすり] (聖堂内の聖所と会衆席との間にある低い柵; この前にひざまずいて聖体を拝領する; altar rail ともいう). 〖1847〗

Commúnion sèrvice *n.* 聖餐式, 聖体拝領. 〖1827〗

Commúnion Súnday *n.*〖教会〗(プロテスタントの教会で聖餐式の行われる)聖餐日曜日. 〖1878〗

commúnion tàble *n.* 聖卓, 祭壇, 聖餐[聖体拝領]台 (英国国教会では, 特に Low Churchman の用語). 〖1566〗

Commúnion Vèrse *n.* ＝communion 2 c.

com·mu·ni·qué /kəmjúːnəkèɪ, —⌒⌒ | kəmjúːnɪ̵kèɪ, kɔ-; *F.* kɔmynike/ *n.* コミュニケ, 公報; (通例, 外交上の短い)公式発表. 〖(1852)◻ F ～ (p.p.) ← *communiquer* ◻ L *commūnicāre* 'to COMMUNICATE'〗

com·mu·nis /kəmjúːnɪ̵s | -nɪs/ *n.*〖言語〗同じ機能をもって交替する二つの言語形式の中で, 同一の変わらない部分. 〖◻ L *commūnis* 'COMMON'〗

com·mu·nism /káː(ː)mjʊnɪzm | kɔ́m-/ *n.* **1** [C-] **a** 共産主義(の理論) (cf. capitalism, Marxism, Marxism-Leninism, socialism). **b** (旧ソ連・中国などの)共産主義体制, コミュニズム. **2** 共産主義社会組織[体制]. **3** ＝communalism. **4** [通例 C-] 共産主義運動; 共産党の教義[政策]. **5** 《米》(漠然と)左翼思想[活動], 破壊活動. 〖(1843)◻ F *communisme* ← *commun* 'COMMON': ⇨ -ism〗

Cómmunism Péak *n.* [the ～] コミュニズム山 (タジキスタン南東部 Pamirs 高原にある山 (7,495 m); ロシア語名 Pik Kommunizma; 旧名 Garmo [Stalin] Peak).

com·mu·nist /káː(ː)mjʊnɪ̵st | kɔ́mjʊnɪst/ *n.* **1** 共産主義者, コミュニスト; 共産党支持者. **2** [C-] 共産党員. **3** [しばしば C-] (漠然と)左翼思想の信奉者, 左翼革命家. **4** 共同体生活の実践者; 共同体主義者 (communalist). **5** [C-] ＝communard 1. **—** *adj.* **1** 共産主義(者)の: the ～ bloc 共産圏. **2** [C-] 共産党の. 〖(1841)◻ F *communiste* (↑)〗

Cómmunist Chína *n.* China 1 の俗称.

com·mu·nis·tic /kɑ̀(ː)mjʊnístɪk | kɔ̀m-⌒/ *adj.* **1** [時に C-] 共産主義的な, 共産主義者の: a ～ idea 共産主義的思想 / a ～ association 共産組合. **2** 共同生活をする. **3** 〈鳥が〉共同の巣をもつ[にすむ]. **còm·mu·nís·ti·cal·ly** *adv.* 〖(1851): ⇨ ↑, -ic[1]〗

Cómmunist Internátional *n.* [the ～] 共産主義インターナショナル (⇨ International *n.* 2).

Cómmunist Manifésto *n.* [the ～] 共産党宣言 (1848 年 Marx と Engels の協同で発表された共産主義同盟の綱領; 科学的社会主義の歴史と理論を表明したもの).

Cómmunist Párty *n.* [the ～] 共産党 (cf. Bolshevik).

com·mu·ni·tar·i·an /kəmjùːnətéəriən | -nɪ̵téər-⌒/ *n.*, *adj.* 共産社会[団体]の一員(の); 共産社会主義者(の). 〖(1841) ⇨ -arian〗

com·mù·ni·tár·i·an·ism /-nìzm/ *n.* 共産社会主義.

com·mu·ni·ty /kəmjúːnəti | -nɪ̵ti/ *n.* **1 a** コミュニティー, 共同社会, 共同生活体, 共同体, ゲマインシャフト (gemeinschaft) (一単位に組織された人間集団): (a) ～ spirit 共同体意識. **b** (大きな社会の中にあって)共通の特徴をもつ集団: the Japanese ～ in New York ニューヨークの日本人社会 / the Jewish [foreign] ～ ユダヤ人[外人]社会 / a mercantile ～ 商人の社会. **c** 地域社会: ⇨ village community. **d** 専門的職業を共にもつ集団: the ～ of scholars＝the academic ～ 学者社会, 学界. **e** 共通の政策を採る集団; 共通の利害・伝統を持つ国家群. **2 a** 親密, 交友 (friendship). **b** 他人と一緒に生活している状態. **3** [the ～] 社会, 一般大衆 (the public). **4** 共用, 共有: ～ of property [goods] 財産の共有, 共産. **5** 共通, 共通性; 類似性 (similarity), 一致 (agreement): ～ of interests 利害の共通 / ～ of race, religion, etc. **6**〖生態〗(動物の)群集; (植物の)群落. **7**〖教会〗一定の戒律に従って共同生活をする集団: a ～ of monks 修道士の集団. **8** 共同体区 (1974 年以降のウェールズ, 1975 年以降のスコットランドの地方自治の最小単位; 州区 (district) の下位区分を成した). 〖(1375) *comunete* ◻ OF (F *communauté*) ◻ L *commūnitātem* fellowship ← *commūnis* 'COMMON': ⇨ -ity〗

commúnity áerial [anténna] *n.* テレビ・ラジオの共同受信アンテナ.

commúnity anténna télevision *n.* 共同受信[視聴]アンテナテレビ (テレビの難視聴地域において, ビル屋上や山頂に親アンテナを立てて放送局からの電波を受信し, そこから有線で各家庭・各室などのテレビセットに送る; cable TV ともいう; 略 CATV). 〖1953〗

commúnity associátion *n.* 《英》地域自治会 (通例慈善事業監督委員会に登録した規約に基づいて活動する; cf. residents association).

commúnity càre *n.*〖社会福祉〗地方自治体による在宅介護[援護]; 地域[家庭]介護政策. 〖1966〗

commúnity cènter *n.* コミュニティーセンター, 社会事業中心施設 (多く公会堂があってそれに付随した文化・教育・厚生などの社会活動施設がある). 〖1915〗

commúnity chànnel *n.* (米国のケーブルテレビの)地域チャンネル (地域密着型の番組を放送).

commúnity chàrge *n.* 《英》地域社会税 (地方自治体が成人の住民すべてに一律に課す税金; 人頭税 (poll tax)ともいう; 反対の声が多いので 1993 年に財産に応じた council tax (地方議会税)に代替).

commúnity chést *n.* 《米・カナダ》共同募金. 〖1919〗

commúnity chúrch *n.* **1** (米国・カナダの)(諸派)合同[連合]教会. **2** 地域教会 (村や町などの地域社会と密接な関係をもつ教会).

commúnity cóllege *n.* **1** 《米》コミュニティーカレッジ (地域住民のための公立の大学; 主として 2 年制であるが, 時には 3 年または 4 年制のものもある; 職業教育が重視されるが, 四年制大学の前期課程のコースもある). **2** 《英》＝village college. **3** (NZ) 成人のための職業教育大学. 〖1948〗

commúnity còuncil *n.* 《スコット・ウェールズ》地域評議会 (地域の利益を守り, 地域活動を組織化するための一般住民から成る諮問機関).

commúnity educàtion *n.* (地方自治体による)地域教育.

commúnity fùnd *n.* ＝community chest.

commúnity hòme *n.* 《英》**1** コミュニティーホーム (孤児や恵まれない児童のための地方自治体による施設). **2** 教護院 (少年犯罪者の収容施設; 1969 年に approved school や remand home に代わったもの; 正式名 community home with education on the premises; 略 CHE). 〖1969〗

commúnity organizàtion *n.* コミュニティーオーガニゼーション, 地域組織化事業 (地域社会の福祉のために住民の組織・育成を図る社会福祉事業の一つ; cf. social work).

commúnity polìcing *n.* 地域警備 (警官を特定地域に割り当て, 住民と親密になることで犯罪を減らそうとする制度).

Commúnity Prògramme *n.* 《英》地域計画 (一年以上の失業者のための政府による臨時雇用計画; 略 CP).

commúnity própërty *n.*〖法律〗夫婦共有財産 (夫婦の一方または双方の取得した財産について等分の所有権と連帯責任をもつという夫婦の財産制によるもので, 米国のいくつかの州で認められている).

commúnity recéiving sỳstem *n.*〖通信〗共同受信方式, 共同聴取方式.

commúnity relàtions *n. pl.* **1** 地域住民関係 (民族・宗教・政治・言語などで衝突する可能性のある集団が共住する地域の特殊な状態). **2** 対立する集団間の調停: a ～ officer 地域住民関係調停員[警官].

commúnity schòol *n.* 《英》地域社会学校 (学校と社会を密接に結びつけ, 広く現実の社会生活の中から課題をとらえて教育を行う; 公民館活動も行う).

commúnity sérvice *n.* (ボランティアによる)地域奉仕(活動).

commúnity-sérvice òrder *n.*〖法律〗(裁判所の発する)社会奉仕服務命令 (犯罪者を拘禁刑・施設内処遇に代えて地域社会のための無償労働に服務させる命令). 〖1972〗

commúnity sínging *n.* (出席者が賛美歌やポピュラーな歌をみなで一緒に歌う)団体合唱. 〖1922〗

commúnity tàx *n.* ＝community charge.

commúnity-wíde *adj.* 地域社会全体にわたる[及ぶ]: a ～ service.

commúnity wòrker *n.* 社会奉仕活動家.

com·mu·ni·za·tion /kɑ̀(ː)mjʊnɪ̵zéɪʃən | kɔ̀mjʊnaɪ-, -nɪ-/ *n.* (土地・財産などの)共有化, 共産制. 〖(1843): ⇨ ↓, -ation〗

com·mu·nize /káː(ː)mjʊnàɪz | kɔ́m-/ *vt.* **1** 〈土地・財産などを〉共有にする; 国有化する. **2** [しばしば C-] 共産体制[主義]化する; 共産主義者にする. 〖(1888) ← L *commūn(is)*＋-IZE〗

com·mut·a·ble /kəmjúːṭəbl̩ | -tə-/ *adj.* **1**〖法律〗減刑できる. **2** 交換[代替]できる. **com·mut·a·bil·i·ty** /kəmjùːṭəbíləti | -təbílɪ̵ti/ *n.* **～·ness** *n.* 〖(1649)◻ L *commūtābilis* ← *commūtāre*: ⇨ commute, -able〗

com·mu·tate /káː(ː)mjʊtèɪt | kɔ́m-/ *vt.*〖電気〗**1** 〈電流〉の方向を転換する, 整流する. **2** 転流する. **3** (まれ) 〈交流を〉直流にする (rectify). 〖(*a*1652) (1890) (逆成) ← COMMUTATION〗

cóm·mu·tat·ing póle /-tɪŋ- | -tɪŋ-/ *n.*〖電気〗補極 (⇨ interpole).

com·mu·ta·tion /kɑ̀(ː)mjʊtéɪʃən | kɔ̀m-/ *n.* **1** 取換え, 代替 (exchange). **2** (支払方法または給与方法における)振替え. **3** 《米》定期券 (commutation ticket) による通勤. **4**〖法律〗減刑; 更改 (権利内容の変更). **5**〖電気〗**a** 整流 (整流子とブラシで回路を切り換えて電機子コイルの電流の方向を転換すること; cf. commutator 1 a). **b** 転流 (ある部分に流れていた電流を他に流し換えること). **6**〖言語〗転換 (ある言語の音素が互いに弁別的であることをテストするために行われる換位; 例: *k*ill-*m*ill-*t*ill). **7**〖数学〗交換, 転換: ⇨ commutation relation. 〖(1435)◻ (O)F ～ // L *commūtātiō(n-)* ← *commūtāre*: ⇨ commute, -ation〗

commutátion relàtion *n.*〖物理〗交換関係 (量子力学において Heisenberg の不確定性原理 (uncertainty principle) を数学的に正しく表したもの).

commutátion tìcket *n.* 《米》定期乗車券, 定期券 (cf. season ticket). 〖1848〗

com·mu·ta·tive /káː(ː)mjʊtèɪtɪv, kəmjúːṭəṭ- | kəmjúːtət-, kɔ́mjʊtèɪt-/ *adj.* **1** 交換の, 可換性の (interchangeable); 相互的な (mutual). **2**〖数学・論理〗可換の, 交換可能な ($a+b=b+a$, $a \times b=b \times a$ のように, *a*, *b*, を交換しても答えが変わらない). **～·ly** *adv.* 〖(1531)◻ ML *commūtātīvus*〗

cómmutative cóntract *n.*〖ローマ法〗等価交換契約, 双務契約 (cf. SYNALLAGMATIC contract).

cómmutative gróup *n.*〖数学〗可換群 (⇨ Abelian group).

cómmutative làw *n.*〖数学・論理〗可換法則, 交換法則, 交[可]換律. 〖1844〗

com·mu·ta·tiv·i·ty /kəmjùːṭətívəti, kɑ̀(ː)mjʊṭ- | kəmjùːtətívɪ̵ti, kɔ̀mjʊt-/ *n.*〖数学〗可換性, 交換可能性. 〖(1929): ⇨ commutative, -ity〗

com·mu·ta·tor /káː(ː)mjʊtèɪṭə | kɔ́mjʊtèɪtə[r]/ *n.* **1**〖電気〗**a** (モーター・発電機などの)整流子, 転換器 (電流転換用; cf. commutation 5 a). **b** (まれ) 整流器. **2**〖数学〗**a** (群の元の)交換子 (群の元 *a*, *b* からつくられた元 $aba^{-1}b^{-1}$ を *a*, *b* に対していう). **b** (作用素の)交換子, 交換作用素 (作用素 *X*, *Y* から作られた作用素 *XY-YX*; 記号は [*X*, *Y*]). **3**〖物理〗＝commutation relation. 〖(1839): ⇨ commute, -ator〗

cómmutator gròup *n.*〖数学〗交換子群 (群のすべての交換子 (commutator) を含む最小の部分群).

com·mute /kəmjúːt/ *vt.* **1** 〈重い刑罰・義務・支払いなどを〉〈軽いものに〉代える [*to, into*]: ～ a death sentence *to* life imprisonment 死刑を終身刑に代える. **2** 〈支払い方法などを〉切り替える, 振り替える, 〈年金などを〉一時払いに切り替える: ～ an annuity *into* a capital sum 年金をまとめて元金に繰り込む. **3 a** 取り替える, 交換する: ～ foreign money *to* domestic 外貨を国内通貨に交換する. **b** […に]変える [*into*]: ～ a base metal *into* gold 卑金属を金に変える. **4**〖電気〗＝commutate. **—** *vi.* **1** 定期券で通勤する; (毎日郊外から都心へ規則的に乗物に乗って)通勤する: ～ between Berkley and San Francisco. **2** [罪などの]償いをする [*for*]: ～ *for* one's sins. **3** 代わりになる, 代理をする [*for*]. **4** 割引きの一時払いに切り替える. **5**〖数学〗(位置の)交換が可能である, (位置を)交換しても結果は変わらない. **—** *n.* **1** (乗物に乗っての)通勤. **2** 通勤距離. 〖(c1450)◻ L *commūtāre* to change entirely ← COM- (強意)＋*mūtāre* to change (⇨ mutable)〗

com·mút·er /-ṭə | -tə[r]/ *n.* **1** (特に, 定期券を利用する)通勤者. **2** コミューター (近距離都市間などを結ぶ定期的な旅客輸送をする航空路線). 〖(1865): ⇨ ↑, -er[1]〗

commúter bèlt *n.* (大都市郊外の)通勤者居住地区, ベッドタウン地帯. 日英比較 日本語の「ベッドタウン」は英語では bed town とはいわず, *commuter belt* の他に, bedroom suburb [town], dormitory suburb [town] ともいう. 〖1963〗

commúter plàne *n.* 《米》近距離定期便用小型旅客機, コミューター機.

commúter tràin *n.* 通勤列車[電車].

com·my, C- /káː(ː)mi | kɔ́mi/ *n.* 《口語》＝commie.

Commy. 《略》Commissary.

Com·ne·nus /kɑ(ː)mníːnəs | kɔm-/ *n.* (*pl.* **-ne·ni** /-naɪ/) [the Comneni] コムネノス王朝[王家] (ビザンチン帝国 (1057–59; 1081?–1185), Trebizond 帝国 (1204–?1461) を支配した王朝).

Co·mo /kóʊmoʊ | kə́ʊməʊ; *It.* kɔ́ːmo/ *n.* コモ (イタリア北部 Como 湖畔の都市).

Como, Lake *n.* コモ湖《イタリア北部 Lombardy 地方にある風光明媚な湖; 長さ 48 km, 面積 145 km²》.

Co·mo /kóumou | kə́uməu/, **Perry** *n.* コモ《1912–2001; 米国のポピュラー歌手; 甘い歌声で知られた; *Till the End of Time* (1945)》.

co·mo·do /kɔ́(ː)mədou, kɑ́(ː)m-, kəmóudou | -məudəu; *It.* kɔ́ːmodo/ *adj., adv.* 〘音楽〙ゆるやかな[に].

Co·mo·do·ro Ri·va·da·vi·a /kɑ̀(ː)mədɔ́ːrouriːvədɑ́ːviə | kɔ̀mədɔ́ːrəu-; *Am.Sp.* komoðoɾoriβaðáβja/ *n.* コモドロリバダビア《アルゼンチン南部 San Jorge 湾に臨む都市; 産油基地で, 石油積出し港》.

có·mo es·tá /kóumouɛstɑ́ː | kə́uməu-; *Sp.* kómoestá/ *Sp.* ごきげんいかがですか. 〖□ Sp. ～ 'How are you?'〗

cò·mónomer *n.* 〘化学〙コモノマー《共重合体の一成分》. 〖(1945) ← co-¹+monomer〗

Com·o·rin /kɑ́(ː)mərɪ̀n, kəmɔ́ːr- | kɔ́mərɪn/, **Cape** *n.* コモリン岬《インド最南端の岬》.

Cóm·o·ro Archipélago /kɑ́(ː)mərə̀u- | kɔ́mərə̀u-/ *n.* [the ～] ＝Comoro Islands.

Cómoro Íslands *n. pl.* [the ～] コモロ諸島 (⇨ Comoros).

Com·o·ros /kɑ́(ː)mərə̀uz | kɔ́mərə̀uz/ *n.* [the ～] コモロ《インド洋西部, Malagasy とアフリカ大陸の間にある Comoro 諸島から成る共和国; もとはフランス領であったが, 1975 年に独立; 面積 2,170 km², 首都 Moroni /mərə́uni, mɔːr- | mɔrə́uni/; 公式名 the Federal and Islamic Republic of the Comoros コモロイスラム連邦共和国》. **Cóm·o·ran** /-rən/ *n., adj.*

co·mose /kóumous | kə́uməus/ *adj.* 〘植物〙〈種子が〉綿毛をもつ. 〖(1793) □ L *comōsus* ← *coma* hair: ⇨ coma², -ose¹〗

comp¹ /kɑ́(ː)mp | kɔ́mp/ 《口語》*n.* 植字工, 組版工. **—** *vt.* 〈活字を〉組む. **—** *vi.* 植字工[組版工]として働く. 〖(1870) 《略》← COMPOSITOR〗

comp² /kɑ́mp, kɑ́(ː)mp | kɔ́mp/ 《口語》〘ジャズ〙*vi., vt.* (ソロを不規則なリズムで)伴奏する (accompany). **—** *n.* 伴奏者 (accompanist); 伴奏 (accompaniment). 〖(1949) 《略》← ACCOMPANY〗

comp³ /kɑ́(ː)mp | kɔ́mp/ *n.* 《口語》競争, 競技, コンペ (competition). 日英比較 英語では competition を *comp* と略すことはあるが, compe (コンペ)と略すことはない. 〖(1929) 《略》← COMPETITION〗

comp⁴ /kɑ́(ː)mp | kɔ́mp/ *n.* 《俗》(宣伝用の)無料招待券, 贈呈品[本]. **—** *vt.* 無料サービスにする, 無料で提供する; 〈人〉に無料サービスを提供する. 〖(1887) 《略》← COMPLIMENTARY〗

comp. 《略》companion; comparative; compare; comparison; compensation; competitor; compilation; compiled; compiler; complete; composer; composition; compositor; compound; comprehensive; comprising; comptroller.

com·pact¹ /kəmpǽkt, kɑ̀(ː)m-⁻ | kəmpǽkt, kɔ̀m-⁻/ *adj.* (～·er; ～·est) **1 a** 〈家など〉こぢんまりした. **b** ぎっしり詰まった, 密集した (⇨ close² SYN): a ～ formation 密集隊形. **c** 〈体格など〉よく引き締まった. **d** 質の密な, 目の詰んだ: ～ knitting. **2** 《米》〈自動車が〉小さくて経済的で機能的な: ⇨ compact car. **3** 〈文体など〉引き締まった, 簡潔な. **4** 〔…から〕できている〔*of*〕: The lunatic, the lover and the poet are *of* imagination all ～. 狂人と恋人と詩人は想像力からできている (Shak., *Mids N D* 5. 1. 7–8). **5** 〘数学〙〈位相空間が〉コンパクトな《幾つかの開集合で覆われたとき, 必ず, そのうちの有限個で覆われる》. **6** 〘音声〙集約性の《母音などのフォルマント (formant) がスペクトルの中央にエネルギーの集中するもの; 低母音の特性; cf. diffuse 4》.

— /kɑ́(ː)mpækt | kɔ́m-/ *n.* **1** コンパクト《携帯用おしろい・パフ入れ; 鏡が付いている》: a double ～ 二重コンパクト《おしろいと紅の入ったもの》. **2** ＝compact car. **3** ＝compact camera. **4** 〘冶金〙成形体《金属粉などを型に入れて固めた物》.

— /kəmpǽkt, kɑ(ː)m- | kəm-/ *vt.* **1** ぎっしり詰める, 密集させる. **2** しっかり結合させる, 堅く組み合わせる; 圧縮する, 固める. **3** [主に p.p. 形で] 構成する (compose). **4** 〘冶金〙〈金属粉などを〉型に入れて固める. **—** *vi.* ぎっしり詰まる; 固まる, 凝固する.
〖(*a*1398) □ L *compactus* (p.p.) ← *compingere* to fasten together, unite ← COM-+*pangere* (⇨ pact)〗

com·pact² /kɑ́(ː)mpækt | kɔ́m-/ *n.* **1** 契約, 盟約, 約束: general ～ 一般の同意, 公認, 世論 / ⇨ Family Compact, social compact. **2** 社会契約. 〖(1591) □ L *compactum* ← (neut. p.p.) ← *compacisci* to make an agreement with ← COM-+*pacisci* (⇨ pact)〗

cómpact cámera *n.* コンパクトカメラ《compact ともいう》.

cómpact cár *n.* 《米》コンパクトカー《中型車 (intermediate) とサブコンパクト (subcompact) との中間の車; compact ともいう》.

cómpact dísc *n.* コンパクトディスク《compact audio disc ともいう; 略 CD》. 〖1979〗

cómpact dísc plàyer *n.* コンパクトディスクプレーヤー《CD 再生装置》.

cómpact dísk *n.* ＝compact disc.

com·páct·er *n.* ＝compactor.

com·pact·i·ble /kəmpǽktəbl̩, kɑ(ː)m- | kəmpǽktɪ̀-/ *adj.* 固めることのできる: ～ soils. 〖(1623): ⇨ compact¹, -ible〗

com·pact·i·fi·ca·tion /kəmpæ̀ktəfɪ̀kéɪʃən, kɑ(ː)m- | kəmpæ̀ktɪ̀fɪ-/ *n.* 〘数学〙コンパクト化《位相空間に点をいくつかつけ加えてコンパクトにすること》.

com·pac·ti·fy /kəmpǽktəfàɪ | -tɪ̀-/ *vt., vi.* コンパクトにする[なる]; 〘数学〙(位相空間が)コンパクトになる.

com·pac·tion /kəmpǽkʃən, kɑ(ː)m- | kəm-/ *n.* **1** ぎっしり詰めること; 詰まった状態; 圧縮. **2** 〘地質〙(堆積物の)凝固. 〖(*a*1398) □ L *compactiō(n-)*〗

com·páct·ly *adv.* **1** ぎっしり(詰めて); よく引き締まって. **2** こぢんまりと; 簡潔に (concisely). 〖(1603): ⇨ compact¹, -ly¹〗

com·pact·ness /kəmpǽktnəs/ *n.* ぎっしりと詰まっていること; 簡潔さ.

com·pac·tor /kəmpǽktə | -tə^(r)/ *n.* **1** ぎっしり詰める人[もの]; 固める人[もの]. **2** (苗床・路床などの)突き固め機. **3** (台所用の)ごみ圧縮器; 廃物圧縮機械. 〖(1593): ⇨ compact¹, -or²〗

cómpact vídeo dìsc *n.* ビデオコンパクトディスク, ビデオ CD《デジタル音声・映像を収録した光ディスク; 略 CDV》.

com·pa·dre /kəmpɑ́ːdri; *Sp.* kompáðɾe/ *n.* 《米南西部》親友, 相棒. 〖(1834) □ Sp. ～ 'godfather'〗

com·page /kɑ́(ː)mpeɪdʒ | kɔ́m-/ *n.* ＝compages.

com·pa·ges /kəmpéɪdʒiːz/ *n.* (*pl.* ～) (複雑な部分が集まってできた)構造, 複雑な骨組み. 〖(*a*1638) □ L ～ 'fastening, framework' ← COM-+*pag-* (← IE **pak-* to fasten: ⇨ pact)〗

com·pag·i·nate /kəmpǽdʒənèɪt | -dʒɪ̀-/ *vt.* 《古》〈骨組みなどを〉結合する. **com·pag·i·na·tion** /kəmpæ̀dʒənéɪʃən | -dʒɪ̀-/ *n.* 〖(1648) ← LL *compāginātus* (p.p.) ← *compāgināre* ← L *compāgin-*, *compāgō* a fastening (↑)〗

com·pand /kəmpǽnd/ *vt.* 〘電子工学〙圧伸器を用いて〈信号〉の SN 比を減らす. 〖《逆成》↓〗

com·pand·er /kəmpǽndə | -də^(r)/ *n.* (*also* **com·pan·dor** /～/) 〘電子工学〙コンパンダー, 圧伸器《圧縮器 (compressor) と伸張器 (expander) を組み合わせたもの》. 〖(*c*1950) 《混成》← com(pressor)+(ex)pander〗

com·pa·ñe·ro /kɑ̀(ː)mpənjéᵊrou | kɔ̀mpənjéərəu; *Am.Sp.* kompaɲéɾo/ *n.* (*pl.* ～**s** /～z; *Sp.* ～s/) 《米南西部》仲間, 友達 (companion). 〖□ Sp. ～ ← 《廃》*compaña* 'COMPANY'〗

com·pa·ñi·a /kɑ̀(ː)mpəníːə | kɔ̀m-; *Sp.* kompaɲía/ *Sp. n.* (*pl.* ～**s** /～z; *Sp.* ～s/) 仲間 (company). 〖□ Sp. ～ 'COMPANY'〗

com·pan·ion¹ /kəmpǽnjən/ *n.* **1 a** 仲間, 相手, 友だち (⇨ associate SYN): a ～ at [in] arms 戦友 / a ～ of one's youth 幼友だち / a ～ for life 一生の連れ合い / a ～ in crime 犯罪の相棒 / a ～ of [in] one's misery 不幸[悲しみ]を分かつ友 / make a ～ of …を友とする / a boon ～ ⇨ boon² 1 / a first-rate [poor] ～ とても愉快な[つまらない]相手. 日英比較 催し物などにおける女性の案内・接待係の意味は英語にはない. **b** 旅行で一緒になった人, (旅の)道連れ: traveling ～*s* 旅の道連れ / my ～ in the same railroad car 列車の同じ車両で一緒になった人. **2** (老婦人などに住込みで雇われる)話し相手, コンパニオン, 付添い. **3** (対の)一方: the ～ *to* a picture 二枚そろいの絵の一方 / ～ portraits 二枚で一そろいの肖像画 / a ～ volume 姉妹編. **4 a** [主に書名に用いて] 手引き (guide), 必携, (…の)友: The Gardener's *Companion* 園芸家の友 / A Teacher's *Companion* to English Grammar 教師用英文法必携. **b** …用の道具一式: a shaving ～ ひげそり用具一式. **5** (英国の, バス勲位などの)最下級勲爵士, 同士勲士《内部に等級のある騎士団・勲爵士団における最下位者》: a *Companion* of (the Order of) the Bath. **6** 〘天文〙伴星《二重星 (double star) や連星のうち光度の弱い方の星; companion star ともいう》. **7** 《廃》**a** [軽蔑または親しみを込めて] やつ, おまえ. **b** 悪党, ならずもの (scoundrel).

compánion of Líterature 《英》文学勲爵士《1961 年の制定, 王立文学協会 (the Royal Society of Literature) が授与する; 略 CLit(t)》.

Compánions of Hónour [the ―] ⇨ ORDER of the Companions of Honour. (1917)

— *vt., vi.* (…に)付き添う, 伴う〔*with*〕.
〖(?*a*1300) *compai(g)noun* □ OF < VL **compāniō(n-)* company taking meals together (← COM-+L *pānis* bread) 《なぞり》← Gmc **ʒaχlaiβaz* (Goth. *gahlaiba*) ← **ʒa-* 'Y-'+**χlaiβ-* 'LOAF¹'〗

com·pan·ion² /kəmpǽnjən/ *n.* 〘海事〙**1** (甲板の)天窓(てんまど). **2** 甲板昇降口の(木製の)風雨よけ《companion hatch [head] ともいう》. **3** ＝companionway. 〖(1762) □ Du. *kampanje*: cf. It. *camera della compagna* ship's storeroom: COMPANION¹ の影響を受けた〗

com·pan·ion·a·bil·i·ty /kəmpæ̀njənəbíləṭi | -lɪ̀ti/ *n.* 親しみやすさ, 人付きのよさ, 気さくなこと. 〖(1889): ⇨ ↓, -ity〗

com·pan·ion·a·ble /kəmpǽnjənəbl̩/ *adj.* 友とするによい, 親しみやすい, 人付きのよい, 気さくな. **～·ness** *n.* **com·pán·ion·a·bly** *adv.* 〖(1627–77): ⇨ companion¹, -able〗

com·pan·ion·ate /kəmpǽnjənɪt/ *adj.* **1** 友人の[に関する, を思わせる], 友愛的な. **2** ぴったりあった, しっくりいった, 調和した: a jacket with ～ trousers. 〖((1657)) (1924): ⇨ companion¹, -ate²〗

compánionate márriage *n.* 友愛結婚《法律上の手続きを踏まず出産を制限し合意の上で簡単に別れもする試験的なもの; アメリカの Lindsay 判事が提唱した; cf. trial marriage》. 〖1927〗

compánion cèll *n.* 〘植物〙伴細胞, 随伴細胞. 〖1887〗

compánion hàtch *n.* 〘海事〙＝companion² 2. 〖1836〗

compánion hàtchway *n.* 〘海事〙昇降口《甲板上に波よけの覆いがついている階段の入口》. 〖*c*1860〗

compánion hèad *n.* 〘海事〙＝companion² 2. 〖1854〗

compánion làdder *n.* 〘海事〙＝companionway; (商船や軍艦の甲板から中下甲板への)昇降口階段. 〖1830〗

compánion·less *adj.* 連れ[友人, 仲間, 相手]のない. 〖(1805): ⇨ companion¹, -less〗

compánion pìece *n.* (文学作品の)姉妹編. 〖1844〗

compánion sèt *n.* (炉端のスタンドに用意された)暖炉用の道具セット《鉄製または真鍮製の火かき棒・火ばさみ・シャベルなど》. 〖1926〗

com·pan·ion·ship /kəmpǽnjənʃɪp/ *n.* **1** (親密な)交際, 交わり: enjoy the ～ of a person 人と親しく交わる. **2** 《英》〘印刷〙(一人の植字工長の下で働く)植字工仲間. 〖(1548): ⇨ companion¹, -ship〗

compánion stàr *n.* 〘天文〙＝companion¹ 6. 〖1827〗

compánion·wày *n.* 〘海事〙甲板昇降口の階段《甲板から下の船室などに通じる》. 〖(1840): ⇨ companion²〗

com·pa·ny /kʌ́mpəni, -pni/ *n.* **1 a** 会社, 商会, 商社 (firm) 《縮約形 Co.; ⇨ corporation 1》: a publishing ～ 出版社 / an insurance ～ 保険会社 / the East India *Company* 東インド会社 / ⇨ joint-stock company, limited company / a ～ pension plan 会社の年金プラン / a ～ director 会社の重役 / ⇨ company car. 日英比較 日本語で「会社に行く」「会社にいる」などという場合の「会社」は英語では *company* ではなく office という. **b** [集合的] (社名に名の出ない)組合員, 社員. ★ 代表組合員名のあとに and *Company* または and [&] Co. として社名に用いる: John Smith *and Company*＝John Smith *and* [&] *Co.* ジョンスミス商会《John Smith と他の社員の会社の意》/ Macmillan & Co.＝the Macmillan *Company* マクミラン出版会社《前者は英国, 後者は米国の会社名》. **c** (中世の)同業組合, ギルド (trade guild): ⇨ City Company. **2** 交わり, 交際 (companionship, association); 同座, 同席, 同伴 (society): be fond of ～ 交際好きである / keep a person ～ 人のお付き合いをする; 人に同行する / I cannot bear his ～. 彼と一緒にいるのが耐えられない / give a person one's ～ 人と付き合う / in a person's ～＝in the ～ of a person 人と一緒に[同席して] / keep to one's own ～ 独りでいる / keep ～ with …と交わる[付き合う]; (異性)と親しくする / like a person's [one's own] ～ 人と交際する[独りでいる]のが好きだ / *Company* in distress makes sorrow less. 《諺》不幸を共にする人があれば悲しみが薄らぐ. **3** [集合的にも用いて; 通例無冠詞] **a** 仲間, 連れ, 友だち: as ～ 連れとして / know a person by the ～ he keeps 付き合う仲間で人がわかる / be addicted to [keep] low [bad] ～ もっぱら下等な人間と交際する / be in good ～ 皆できない[下手な]のだ(から気にしないでよい) / sin [err] in good ～ 立派な人でも同じ罪[誤り]を犯している(から気にすることはない) / fall into ～ *with* …と仲間[道連れ]になる / keep [get into] bad ～ 悪友とつきあう[の仲間に入る] / keep good [bad] ～ 良い[悪い]連中と交わっている, 仲間が良い[悪い] / He is good [bad, poor] ～. 彼は付き合って面白い[面白くない] / Two's ～, three's a crowd. 《諺》二人はよい連れ, 三人は仲間割れ. **b** 客, 来客 (⇨ visitor SYN): have ～ (present) 来客がある, 来客中である / invite ～ to tea お茶に客を招く / receive ～ 客を迎える, 訪問を受ける, 接待する. **4 a** (俳優の)一座, 劇団: a ～ of players 俳優の一座 / a strolling ～ 旅役者の一座 / a theatrical ～ 劇団 / ⇨ stock company 2. **b** 一団, 一組, 一行, 一隊 (⇨ troop SYN): a ～ of travelers 旅行団. **c** 人々の集まり, 一座の人々 (the party): among the ～ みんなの中で / in ～ 人中で, 人前で / He is silent in ～. 人前に出るとしゃべらない / cheerful [silent, awkward] in ～ 人中で快活[無口, 不調法]な. **5** 〘陸軍〙中隊, 歩兵中隊《陸軍の大部分の兵種における基本的な戦術単位で大尉が指揮する; cf. battery 5 a, battalion 1, troop 2 a》: receive [get] one's ～ 大尉に昇進する. **6** [通例 a ship's ～ として] 〘海事〙全乗組員.

for cómpany お付き合いに. ***in cómpany with*** …と一緒に, と共同で: *in* ～ *with* a friend / *In* ～ *with* other people, I believed it was true. 他の人たちと同様に, そのことは本当だと信じていた. ***párt cómpany*** (1) 〔…と〕違った[反対の]見解を示す〔*with*〕. (2) 〔…と〕交わりを絶つ, けんか別れをする; (途中で)〔…と〕別れる〔*with*〕. (1720) ***présent cómpany excépted*** ここにおられる方は例外ですが…: I don't like men in suits, *present* ～ *excepted*, of course. スーツを着た男性は好きではありません. もちろん, ここにいらっしゃる方々は別ですが….

— *vt.* 《古》…に付き添う, …と一緒に行く (accompany).
— *vi.* 《古》〈人と〉交わる (consort) 〔*with*〕.
〖(?*c*1150) *compaignie* □ AF *compainie*＝OF *compa(i)gnie* companion ← *compagne* < VL **compānia* ← **compāniō(n-)* 'COMPANION¹'〗

cómpany cár *n.* 社用車: If you join us, you'll get a ～, but you'll have to pay tax on it. 一緒にやることになれば, 会社の車を所有できるが, その税金は払ってもらうよ.

cómpany gráde *n.* 〘陸軍〙尉官級, 尉官クラス《少尉・中尉・大尉の位; company rank ともいう; cf. field grade》.

cómpany làw *n.* 《英》会社法 (《米》corporation law).

cómpany màn *n.* [軽蔑的に] 会社にべったりの社員, 会社の「犬」《従業員であって, 内心は仲間に対するよりも会社側についている人》. 〖1921〗

cómpany mànners *n. pl.* よそゆきの行儀: on one's ～ 人前の[よそゆきの]作法で, 取りすまして. 〖1844〗

cómpany ófficer *n.* 〖米陸軍・海兵隊〗 **1** 尉官 《captain, first lieutenant および second lieutenant; cf. field officer》. **2** 中尉付将校. 〖1844〗

cómpany sécretary *n.* 《英》(会社の)総務部長, 総務担当重役.

cómpany sérgeant májor *n.* 《英》〖軍事〗 中隊付き曹長 《英軍・英連邦軍の連隊・大隊に所属する上級の准尉 (warrant officer) で, 中隊の下士官以下の統率に当たる; 略 CSM》. 〖1889〗

cómpany stóre *n.* 《米》(会社の)売店. 〖1872〗

cómpany tòwn *n.* (雇用や住宅などの面で)一企業に依存する都市, 会社町. 〖1927〗

cómpany ùnion *n.* 《米・カナダ》 企業内組合, 御用組合 《労働組合連合に加入せず, 雇主または会社に支配されていると思われているもの》. 〖1917〗

Com·paq /kɑ́(ː)mpæk | kɔ́m-/ *n.* 〖商標〗 コンパック 《米国 Compaq Computer Corp. 製のパーソナルコンピューター; 2001 年同社は Hewlett-Packard 社が吸収》.

compar. 《略》 comparative; comparison.

com·pa·ra·bil·i·ty /kɑ̀(ː)mp(ə)rəbíləṭi, kəmpæ̀r-, -pέr- | kɔ̀mp(ə)rəbíl¼ti, kəmpæ̀r-/ *n.* 類似性; 匹敵.

com·pa·ra·ble /kɑ́(ː)mp(ə)rəbl̩, kəmpǽr-, -pέr- | kɔ́mp(ə)rə-, kəmpǽr-/ *adj.* **1 a** 〔…と〕比較できる, 類似点がある 〔*with, to*〕 (⇨ like¹ SYN): a ～ situation *to* ours 我々の状況と類似した状況 / The two situations are just not ～ (*to* 〔*with*〕 each other). 二つの状況は全く比較できるものではない. **b** 〔…に〕比べてもひけを取らない, 匹敵できる 〔*to, with*〕. **2** 比較に適した, 比較用の. ― *n.* 比較できる[類似した]もの: We presented several ～*s* to the court, but the judge seemed not to take them into account. 法廷にはいくつか比較できる資料を提出したが, 裁判官はそれを考慮に入れないようだった. **～·ness** *n.* 〖(1410) □ (O)F ～ □ L *comparābilis*: ⇨ compare, -able〗

cóm·pa·ra·bly /-bli/ *adv.* 比較[匹敵]できるほどに; 同等に (cf. incomparably). 〖(1612–15): ⇨ ↑, -ly¹〗

com·par·a·tist /kəmpǽrəṭ¼st, -pέr- | -pǽrətɪst/ *n.* 比較研究家 《言語学・文学その他の学問分野で比較研究を適用する人》. 〖(1933) □ F *comparatiste*: ⇨ ↓, -ist〗

com·par·a·tive /kəmpǽrəṭɪv, -pέr- | -pǽrət-/ *adj.* **1** 他と比較しての, 相対的な, かなりの (relative); ほぼ近い (approximate): live in ～ comfort 比較的[かなり]楽に暮らす / with ～ ease 比較的容易に, かなり楽に. **2 a** 比較による, 比較に基づく, 比較してみての: ～ anatomy 比較解剖学 / ～ linguistics 比較言語学 / a ～ study 比較研究. **b** 比較の[に関する, 上の]: the ～ faculty 比較の能力[才能]. **3** 〖文法〗 比較級の (cf. positive 15, superlative 2): the ～degree (形容詞・副詞の)比較級 / a ～ adjective [adverb] 比較級の形容詞[副詞]. ― *n.* **1** [the ～] 〖文法〗 **a** 比較級. **b** 比較級の語(形). **2** 《廃》 競争相手, ライバル. **～·ness** *n.* 〖(c1434) □ L *comparātīvus* suitable for comparison ← *comparātus* (p.p.) ← *comparāre* 'to COMPARE': ⇨ -ative〗

compárative advántage *n.* 〖経済〗 比較優位(性) 《国際分業と国際貿易の根拠として Ricardo が唱えた概念》.

compárative júdgment *n.* 〖心理〗 比較判断.

compárative líterature *n.* 比較文学.

com·par·a·tive·ly /kəmpǽrəṭɪvli, -pέr- | -pǽrət-/ *adv.* **1** 比較的に, 割合に, かなり (relatively): ～ well, rich, clever, etc. **2** 比較上, 比較してみると: ～ speaking 比較して言えば. 〖(1571): ⇨ -ly¹〗

compárative mèthod *n.* 比較方法.

compárative musicólogy *n.* 比較音楽学.

compárative phonétics *n.* 比較音声学 《同じ語族に属する二つ(以上)の言語の音声を比較する音声学の一部門; cf. contrastive phonetics》.

compárative psychólogy *n.* 比較心理学.

compárative relígion *n.* 比較宗教学.

com·par·a·tiv·ist /kəmpǽrəṭ¼v¼st, -pέr- | -tɪvɪst/ *n.* ＝comparatist. 〖1887〗

com·par·a·tor /kəmpǽrəṭə, kɑ́(ː)mpərèɪṭə | kɔ́mpərèɪtə^(r)/ *n.* **1** 〖機械〗 コンパレーター, 比較測定器 《長さ・距離・色彩などを比較する各種の精密測定機械》. **2** 〖電子工学〗 比較器 《電気信号の大小を比較する装置》. 〖(1883) □ LL *comparātor*〗

com·pare /kəmpέə | -pέə^(r)/ *vt.* **1** (類似・相違を示し相対的価値を知るために)〔…と〕比較する, 対照する, 比べる 〔*with, to*〕: ～ the two [three, several] cases その二つの[三つの, いくつかの]場合を比較してみる / ～ his book *with* [*to*] hers 彼の本を彼女の本と比べる / as ～*d with* [*to*] … と比較して, …に比較すれば / His plays are not to be ～*d with* Shakespeare's. 彼の劇はシェークスピアとは比べものにならない[シェークスピアよりはるかに劣る]. **2** (類似を示すために)〔…に〕なぞらえる, たとえる (liken) 〔*to*〕: ～ sleep *to* death 眠りを死にたとえる / Life is often ～*d to* a voyage. 人生はよく船旅にたとえられる. **3** 〖文法〗 〈形容詞・副詞〉の比較変化を示す, 比較級と最上級を挙げる. ― *vi.* **1** [favorably, unfavorably, poorly, badly などを伴って] 〔…と〕比較して…だ 〔*with*〕: Production in Japan ～*s favorably* [*unfavorably, poorly*] *with* that in America. 日本の生産はアメリカの生産に比べて優る[劣る]. **2** [通例否定・疑問構文で] 〔…に〕匹敵する, 比肩する, 並ぶ 〔*with*〕: His skill cannot ～ *with* mine. 彼の技術は私とは比較にならない, 彼の技術は私よりはるかに劣る / How does his skill ～ *with* mine? ＝ How do we ～ in skill? 彼の技術は僕のに匹敵するだろうか. **3** 比較する. **4** 〔…と〕同程度である, 似ている 〔*with*〕: His result this year ～*s with* that of last year. 今年の彼の成績は昨年と同程度だ. **5** 《古》 競う, 優劣を争う.
― *n.* 〖文語〗 比較 (comparison): He is a fool *in* ～ *with* [*to*] his friends. 友人に比べて頭が鈍い.
beyònd* [*pàst, withòut*] *compáre 何物[何者]も比較にならないほど, 比類のない, 無双の. (1621)

com·pár·er /-pέərə | -pέərə^(r)/ *n.* 〖(1375) □ (O)F *comparer* □ L *comparāre* ← *compār* like, similar ← COM-＋*pār* equal: cf. par¹, peer²〗

SYN 比べる: **compare** 〈二つ(以上)の物を〉比較して相違点[類似点]を指摘する: He *compared* Shakespeare with Chikamatsu. シェークスピアと近松を比較した. **contrast** 相違点を明らかにするために〈二つ(以上)の物を〉比較する: *contrast* country life with town life 田園生活と都会生活を対照する. **collate** 〈同じテキストの異本を〉詳細に批評的に比較する: *collate* one copy with another 二つの異本を校合する.

com·par·i·son /kəmpǽrəsən, -pέr-, -sn̩ | -pǽr¼-/ *n.* **1** 比較, 対照 〔*with, to*〕: on (careful) ～ (入念に)比較してみて[みると] / by ～ 比べると, 比較して / bear [stand] ～ *with* …と比べられる, …に匹敵する / for ～ 比較するために / make [draw] a ～ *with* …との比較をする / in [by]～ *with* [*to*] …と比較すると / *Comparisons* are odious. 《諺》 人(の事)を比較するものではない. **2** たとえる[なぞらえる]こと 〔*to*〕: the ～ of life *to* a voyage 人生を航海にたとえること. **3** 匹敵(するもの), 類似 (similarity): without ～ 匹敵するものがなく, 並ぶものがなく / There is no ～ between A and B. A と B とは(段違いで)比較にならない[一方が断然すぐれている]; 《まれ》 両者は全く似ていない. **4** 〖文法〗 (形容詞・副詞の)比較(変化), 原級・比較級・最上級の比較変化形一覧 (degrees of comparison ともいう). **5** 〖修辞〗 比喩 (cf. simile, metaphor).
beyònd* [*withòut, òut of áll*] *compárison 非常に違った, 比類ない; たとえようもない[なく]. (1340)
〖(1340) □ (O)F *comparaison* < L *comparātiō(n-)* ← *comparāre* (↑)〗

compárison làmp *n.* 〖光学〗 比較灯 《測光において, 二つの光の強度比などを測定する時, 比較に用いる光度一定の電球》.

compárison microscope *n.* 〖光学〗 比較顕微鏡 《2 個の対物レンズの一方に標準となるべき物体を他方に被測定物をおいて, 一個の接眼レンズを通し, 両者を同時に見ながら測定する顕微鏡》. 〖1940〗

compárison shòp *vi.* あちこちの店での価格を比べて買い物する.

compárison shòpper *n.* 〖商業〗 スパイ客, 同業者偵察員 《他店を回って商品の価格・型・質を比較する商店の従業員; cf. shopper 5》.

compárison stàr *n.* 〖天文〗 比較星 《天体の位置・光度などの測定の基準として用いられる星》.

compárison tèst *n.* 〖数学〗 比較判定法 《与えられた無限級数の各項を既知の無限級数の各項と比較して, 収束・発散を調べる方法》.

com·par·sa /kəmpɑ́əsə | -pɑ́ː-; *Am.Sp.* kompársa/ *n.* **1** 〖ダンス〗 コンパルサ 《キューバの黒人から生まれた歌付きの民俗舞踊》. **2** キューバのカーニバル行列の仮面街頭舞踊家連中. 〖□ Am.-Sp. ～ □ Sp.〗

com·part /kəmpɑ́ət | -pɑ́ːt/ *vt.* **1** 区画する, 仕切る (partition). **2** 〖建築〗 〈建物の平面計画を〉調和を考えて区画する. 〖(1624) □ OF *compartir* ∥ to divide □ It. *compartire* < LL *compartīrī* ← COM-＋L *partīrī* to share, divide (← *part-, pars* 'PART')〗

com·par·ti·men·to /kəmpɑ̀əṭəméntou | -pɑ̀ːtɪméntəu; *It.* kompartiménto/ *It. n.* (*pl.* **-men·ti** /-tiː; *It.* -ti/) (イタリアの)行政区画. 〖□ It ～ (↓)〗

com·part·ment /kəmpɑ́ətmənt | -pɑ́ːt-/ *n.* **1 a** (列車などの)仕切った車室, 仕切客室, コンパートメント 《英国・ヨーロッパの多くの列車では, 3–5 人分の座席二つが向かい合って, ドアによって通廊 (corridor) に出る; 米国の列車では, 寝台車のトイレ・寝台付きの個室》. **b** (仕切った)区画, 区分; 区画された部分. **c** (船の)区画室, 隔室: ⇨ watertight compartment. **2** 《英》〖議会〗 (法案通過のため, 時間制限付きで個別に審議する)特殊協議方式. **3** 〖紋章〗 (大紋章の)台座. **4** 〖建築〗 大きな面や空間を小部分に分割すること: a ～ ceiling 格天井.
― /kəmpɑ́ətmènt, -mənt | -pɑ́ːt-/ *vt.* 区画に分ける, 区画する, 区分する.

com·párt·mènt·ed /-ṭ¼d | -t¼d/ *adj.* 〖(1564–78) □ F *compartiment* □ It. *compartimento* ← *compartire*: ⇨ compart, -ment〗

com·part·men·tal /kəmpɑ̀ətméntl̩, kɑ̀(ː)mpɑət- | kɔ̀mpɑːtméntl̩ˉ/ *adj.* 区画の, 区画[区分]された. **～·ly** *adv.* 〖(1859): ⇨ ↑, -al¹〗

com·part·men·tal·i·za·tion /kəmpɑ̀ətmèntəl¼zéɪʃən, kɑ̀(ː)mpɑət-, -ṭl̩- | kɔ̀mpɑːtmèntəlaɪ-, -lɪ-, -tl̩-/ *n.* ＝compartmentation. 〖(1923): ⇨ ↓, -ation〗

com·part·men·tal·ize /kəmpɑ̀ətméntəlàɪz, kɑ̀(ː)mpɑət-, -ṭl̩- | kɔ̀mpɑːtméntəl-, -tl̩-/ *vt.* ＝compartment. 〖1925〗

com·part·men·ta·tion /kəmpɑ̀ətmentéɪʃən, -mən- | -pɑ̀ːt-/ *n.* 区画化, 区分化. 〖(1956): ⇨ -ation〗

com·pass /kʌ́mpəs, kɑ́(ː)m- | kʌ́m-/ *n.* **1** 羅針儀, 羅針盤, コンパス, 磁石: ⇨ mariner's compass, POINTS of the compass, radio compass / follow [go by] the ～ 羅針儀に従って進む. **2** [通例 *pl.*] コンパス, 両脚規: a pair of ～*es* コンパス一丁 / ⇨ beam compass, bow compass. **3** 適度の範囲; 適度 (moderation): within [out of] ～ 適度[過度]に / keep one's desires within ～ 欲望を控え目にしておく[適度に保つ] / speak within ～ 控え目に言う. **4** 回り, 周囲 (circuit, circumference). **5 a** 囲まれた場所[空間]. **b** (知覚・認識・興味・処理などの)範囲, 限界 (⇨ range SYN): beyond the ～ of imagination 想像の及ぶ範囲外 / a feat beyond [within] my ～ 私にできない[できる]業 / in small ～ 小範囲に; 緊密に, 簡潔に / within the ～ of a lifetime 一生のうちに. **c** (声・楽器の)音域, 声域: a voice of great ～ 音域の広い声. **6 a** 曲線, 曲線コース, 放物線[弧]: the ～ of an arrow. **b** 《古》 巡回, 周期; 回り道 (detour): fetch [go] a ～ 回って行く, 回り道をする / a ～ of seven day's journey 7 日間の回り道の旅 (cf. *2 Kings* 3:9) / the ～ of a month 一月の周期. **7** 〖天文〗 **a** [the C-] らしんばん(羅針盤)座 (⇨ Pyxis). **b** [the Compasses] コンパス座 (⇨ Circinus).
bóx the cómpass (1) 〖海事〗 羅針儀の示す 32 の方位の名称を順々にそらで唱え上げ(て元まで戻る). (2) 〈意見・方針が〉完全に一回りして結局出発点に戻る, 堂々巡りする. (3) 完全に方向を変える; 180 度の転換をする. ***còme cómpass*** 〖アーチェリー〗 〈弓が〉弧状に曲がる.
― *adj.* [限定的] 曲がった, 弧になった: ⇨ compass timber, compass window.
― *vt.* **1 a** 回って行く, 巡る: ～ the earth 地球を一周する. **b** 取り巻く, 囲む, 巡らす 〈*about, (a)round*〉: a park ～*ed* by a wall 塀に囲まれた公園 / The crowd ～*ed* him *around*. 群衆が彼を取り囲んだ. **2 a** 手に入れる, 獲得する. **b** 〈目的を〉達する, 遂げる: ～ one's purpose. **3** (十分に)理解する: He could not ～ the argument. その議論を理解できなかった. **4** たくらむ, 企てる, 計画する: ～ the death of a person. **5** 曲げて丸める.
〖(c1300) □ (O)F *compas* ← *compasser* to go round, measure < VL **compassāre* (原義) to measure by steps ← COM-＋L *passus* 'step, PACE¹'〗

com·pass·a·ble /kʌ́mpəsəbl̩, kɑ́(ː)m- | kʌ́m-/ *adj.* **1** 囲む[巡る]ことのできる. **2** 成就[達成]できる (attainable). **3** 理解できる (comprehensible). 〖(1581): ⇨ ↑, -able〗

cómpass bèaring *n.* 〖海事・航空〗 コンパス方位. 〖1823〗

cómpass bòwl *n.* 〖海事・航空〗 羅盆 《磁針・コンパスカードなどを入れる丸い鉢》.

cómpass càrd *n.* 〖海事〗 コンパスカード, 羅牌(らはい), 指針面. 〖1874〗

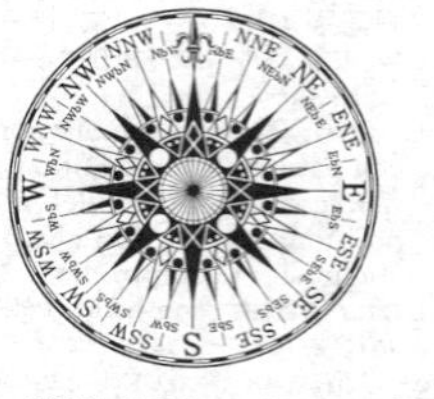

compass card

cómpass còurse *n.* 〖海事・航空〗 コンパスコース, 羅針路 《コンパスによる針路で, 偏差と自差の両誤差を含む》. 〖1851〗

cómpass deviátion *n.* 〖海事〗 コンパスの自差 《船体・積荷の鉄器の影響などによる磁気コンパスの誤差; 単に deviation ともいう》.

cómpass deviátion càrd *n.* 〖海事・航空〗 コンパス自差カード 《その船の各針路に対する自差を加減して, 磁針路 (magnetic course) と羅針路 (compass course) との換算が容易にできるように作ったカード》.

cómpass érror *n.* 〖海事・航空〗 コンパス違差 《自差 (deviation) と偏差 (variation) の和, すなわち真方位とコンパス方位の示す差》.

cómpass héading *n.* **1** 〖航空〗 飛行方位をコンパスの北を基準にして計ること. **2** 〖海事〗 船首方位をコンパスの方位でいうこと.

com·pas·sion /kəmpǽʃən/ *n.* (人の不幸・苦悩に対する)哀れみ, 思いやり, 同情 (⇨ pity SYN): have [take] ～ on [upon] …に同情を寄せる / out of ～ 同情心から / show [feel] ～ for … …を哀れむ / with ～ 同情して.
― *vt.* 《古》 ＝compassionate. 〖(1340) □ (O)F ～ □ LL *compassiō(n-)* ← *compassus* (p.p.) ← *compatī* to suffer with ← COM-＋L *patī* to suffer (⇨ passion)〗

com·pas·sion·ate /kəmpǽʃ(ə)n¼t/ *adj.* **1** 哀れみ深い, 情け深い, 同情ある. **2** 《英》 〈手当・休暇など〉(個人的不幸の理由で)情状を考慮して与えられる, 普通法規上ではできない, 特別の: a ～ allowance 特別手当, 救助金, 遺族扶助料 / ～ leave 特別休暇, 恩情休暇. **3** 《廃》 哀れな (pitiable).
― /-ʃənèɪt/ *vt.* 《古》 哀れむ, 不憫(ふびん)に思う, 同情する.
～·ly *adv.* **～·ness** *n.* 〖(1587): ⇨ ↑, -ate^(2,3)〗

compássion fatìgue *n.* 同情疲れ 《長期にわたる慈善活動のため同情心が減退すること》.

compássion·less *adj.* 同情のない, 冷酷な. 〖(1625): ⇨ -less〗

cómpass nórth *n.* 〖海事・航空〗 羅北, コンパスノース 《コンパスが示す北で, 真北との間には自差 (deviation) と偏差 (variation) の和だけの差がある; また磁北との間には自差の量だけの差がある》.

cómpass plàne *n.* 〖木工〗 ＝circular plane. 〖1850〗

cómpass plànt *n.* 〖植物〗 コンパス植物, 磁石草 《葉が最も強い光に直角に出る傾向をもつ植物の総称》: **a** キク科ツキヌキオグルマ属の植物 (*Silphium laciniatum*). **b** チシャ, レタス (lettuce). 〖1848〗

cómpass ròse *n.* 〖海事〗コンパス面図《普通は海図上にコンパスカードの面の模様が磁針方位と真方位との関係を示して描かれている図; 単に rose ともいう》.

cómpass sàw *n.* 〖木工〗回しのこ, 挽回(ひきまわ)しのこ《曲線状に切る手挽きのこぎり; cf. pad saw》. 〖1678〗

cómpass tìmber *n.* 〖造船〗湾材, 湾曲材《木目が自然または人工的に曲がった木材》. 〖1686〗

cómpass wíndow *n.* 〖建築〗(半円形の)張出し窓 (bow window). 〖1621〗

com·pat·i·bil·i·ty /kəmpæ̀təbíləṭi | -tɪ̀bílɪ̀ti/ *n.* **1** 適合[一致]性; 両立できること, 両立性 (congruity): a ～ of tempers 相性. **2** 〖テレビ・ラジオ〗両立性 (⇨ compatible 2). **3** 〖化学〗融和性, 相溶性; 混和性. **4** 〖植物〗異花受精. **5** 〖生物〗適合性. 〖《1611》□ F *compatibilité*〗

com·pat·i·ble /kəmpǽṭəbḷ | -tɪ̀-/ *adj.* **1 a** (不調和・不一致にならないで)両立する, 両立できる, 互いに相いれる, 矛盾のない (congruous, consistent) 〔*with*〕: His action is ～ *with* his character. 彼の行動は性格と合っている. **b** (互いに)協調的な, 「相性」の〔*with*〕. **2** 両立式の: **a** 〖電算〗互換の, 互換性のある. **b** 〖テレビ〗〈カラー放送が〉両立式の《モノクロ受像機でも白黒として受けられる方式》: ⇨ compatible color [system]. **c** 〖ラジオ〗〈ステレオ放送が〉両立式の《モノラル受信機でも左右を平均した音声が受信できる方式》. **3** 〖化学〗〈薬剤が〉融和性の, 相溶性の, 混合しても化学反応を起こさない. **4** 〖植物〗異花受精の (cf. cross-fertilization 2). **5** 〖生物〗〈血液・器官などが〉適合性の, 拒絶反応を起こさない. **～·ness** *n.* 〖《1459》□ (O)F ～ □ ML *compatibilis* ← LL *compati* to suffer with: ⇨ compassion, -ible〗

compátible cólor [sýstem] *n.* 〖テレビ〗両立式カラーテレビ《カラー放送を普通のモノクロ受像機に白黒画像で受像できる方式; cf. incompatible color》. 〖1949〗

com·pát·i·bly /-bli/ *adv.* 両立できるように, 矛盾しないで, 適合[一致]して. 〖《1730-36》: ⇨ compatible, -ly[1]〗

com·pa·tri·ot /kəmpéɪtriət, kɑ(ː)m-, -triɑ̀(ː)t | kəmpǽtriət, kɔm-/ *n.* **1** 同国人, 同胞. **2** 仲間, 同僚 (colleague). 〖《1611》□ F *compatriote* □ LL *compatriōta*: ⇨ com-, patriot〗

com·pa·tri·ot·ic /kəmpèɪtriɑ́(ː)tɪk, kɑ(ː)m- | kəmpæ̀triɔ́t-, kɔm-, -pèɪt-⁻/ *adj.* 同国人の, 同国人たる, 同胞的な: a ～ friend. 〖《1803》: ⇨ ↑, -ic[1]〗

com·pa·tri·ot·ism /kəmpéɪtriəṭɪzm | kəmpǽtri-, kɔm-, -péɪtri-/ *n.* 同国人であること, 同国人の親しみ. 〖《1794》: ⇨ -ism〗

Com·pa·zine /kɑ́(ː)mpəziːn | kɔ́m-/ *n.* 〖商標〗コンパジン ($C_{20}H_{32}ClN_3O_8S$)《米国製の精神安定・制吐剤》.

compd. 《略》compound.

com·peer /kɑ́(ː)mpɪə, kɑ(ː)mpíə, kəm- | kɔ́mpɪə[r], —⁻/ *n.* **1** (地位・年齢などの)同等の人, 同輩; 同僚. **2** 親友, 仲間 (comrade). — *vt.* 《廃》…と対等である, …に匹敵する (match): ～ the best. 〖《*a*1375》□ OF *comper* equal to another < L *compārem*: ⇨ com-, peer[2]〗

com·pel /kəmpél/ *v.* (**com·pelled**; **-pel·ling**) *vt.* **1 a** 〈人・ものに〉強いて[無理に]〈…するように〉させる〈*to* do〉(⇨ force[1] SYN): ～ a person to do as one wishes 人に強いて自分の望み通りにさせる / be ～*led to* go 仕方なく[やむを得ず]行く / feel ～*led to* do …せざるを得ない気持ちになる / Poverty ～*led* him to give up his studies. 貧乏で彼は研究をやめなければならなかった / I was ～*led to* leave the place. どうしてもその場所を去らねばならなかった. **b** 〈人・ものを〉強いて〔ある行動を〕とらせる〔*to*〕: ～ a person to submission 人を従属させる / I was ～*led* to a reluctant admission. 不本意ながら認めざるを得なかった. **2** 〈服従・沈黙・賞賛などを〉(力ずくで)強いる, 迫る, 強要する: ～ attention [applause] 注目[賞賛]しないではいられない(ようにする) / ～ tears from one's audience 聴衆[観客]に涙を絞らせる / No one can ～ obedience. だれも人に服従を強いることはできない. **3** 《詩・古》駆り立てる (drive); 駆り集める (drive together). — *vi.* **1** 暴力を用いる. **2** 影響力をもつ. **～·ler** *n.* 〖《?c1350》□ OF *compeller* □ L *compellere* ← COM-+*pellere* to push〗

com·pel·la·ble /kəmpéləbḷ/ *adj.* 強いることのできる, 強制可能の. **com·pél·la·bly** *adv.* 〖《1531》: ⇨ ↑, -able〗

com·pel·la·tion /kɑ̀(ː)mpəléɪʃən, -pɛ- | kɔ̀m-/ *n.* 《まれ》**1 a** 呼び掛け(ること). **b** 呼び掛けの言葉. **2** 呼称, 名称, 敬称 (appellation). 〖《1603》□ L *compellātiō(n-)* ← *compellāre* to accost (cf. L *apellāre* to call)〗

com·pél·ling /-lɪŋ/ *adj.* **1** やむにやまれない, 抑え難い, 強制的な (irresistible): ～ force 無理やりに引きずって行く力 / ～ ambition 抑え難い野心. **2** 注目[賞賛]しないでいられないような, いやおうなしに引きつける: a ～ novel 人の注意を引きつけるような小説 / a ～ gaze 無視できない凝視 / a ～ smile 思わずつり込まれる微笑. **～·ly** *adv.* 〖《1606-7》: ⇨ -ing[2]〗

com·pend /kɑ́(ː)mpɛnd | kɔ́m-/ *n.* =compendium 1. 〖《1596》□ ML *compendium*〗

compendia *n.* compendium の複数形.

com·pen·di·ous /kəmpéndiəs/ *adj.* 簡単で要領を得た, 簡明な, 簡潔な (succinct). **～·ly** *adv.* **～·ness** *n.* 〖《*c*1395》□ L *compendiōsus* abridged ← *compendium*: ⇨ ↓, -ous〗

com·pen·di·um /kəmpéndiəm/ *n.* (*pl.* **～s**, **-di·a** /-diə/) **1 a** 大要, 摘要 (epitome), 要約 (summary). **b** (簡単だが包含的な)解説, 概説, 概論. **c** 《英》実用的なヒント集, 心得の本. **d** 一覧表, 明細目録. **2** 《古》節約, 経済 (economy). **3** 《英》(卓上ゲームなどの)箱入りセット. 〖《1581》□ ML ～ ← L 'a saving, shortening' ← *compendere* to weigh ← COM-+*pendere* to weigh (⇨ pendant)〗

com·pen·sa·ble /kəmpénsəbḷ/ *adj.* 《米》補償できる, 埋合わせできる. **com·pen·sa·bil·i·ty** /kəmpènsəbíləṭi | -lɪ̀ti/ *n.* 〖《1661》□ F ～: ⇨ ↓, -able〗

com·pen·sate /kɑ́(ː)mpənsèɪt, -pɛn- | kɔ́m-/ *vt.* **1** 償う, 補償[賠償]する (⇨ pay SYN); 埋合わせする, 相殺(そうさい)する: ～ a loss, an injury, etc. / ～ a person *for* damages, injury, loss of time, etc. **2** 《米》…に報酬[給料]を払う: ～ public officials 公務員に俸給を払う / be properly ～*d for* one's services 奉仕に対して適当な報酬を受ける. **3** 《米》〖経済〗(物価の変動に対し金含有量を調整して)〈貨幣〉の購買力を安定させる. **4** 〖物理〗補整[補正]する: a ～*d* pendulum =compensation pendulum. **5** 〖心理〗補償する. — *vi.* **1 a** 〈行為・事情などが〉〔損失などを〕償う, 補う, 〔…の〕埋合わせをする〔*for*〕: What can ～ *for* the loss of a child? 何が子供の死を償い得ようか. **b** 〔人に〕償う, 補償する〔*to*〕: ～ *to* a person *with* money. **2** 〖心理〗代償[補償]作用をする. 〖《1646》← L *compensātus* (p.p.) ← *compensāre* to counterbalance ← *compensus* (p.p.) ← *compendere* to weigh: ⇨ compendium〗

cóm·pen·sat·ed semicondúctor /-tɪ̀d- | -tɪ̀d-/ *n.* 〖物理〗補償型半導体.

cóm·pen·sàt·ing /-tɪŋ | -tɪŋ/ *adj.* **1** 補整[補正]する. **2** 補償の, 相殺(そうさい)の, 埋合わせの. **～·ly** *adv.* 〖《1710》: ⇨ -ing[2]〗

cómpensating bàlance *n.* 〖時計〗=compensation balance.

cómpensating capàcitor *n.* 〖電気〗=balancing capacitor.

cómpensating condènser *n.* 〖電気〗=balancing capacitor.

cómpensating érror *n.* 〖会計〗相殺的誤記《貸方と借方双方にあって相殺されてしまうため全体として正しいという外観を与える》.

cómpensating gèar *n.* 〖機械〗=differential gear.

cómpensating wìnd·ing /-wàɪndɪŋ/ *n.* 〖電気〗補償巻線《直流電動機で電機子反作用を打ち消すために固定子側に特に設けられた巻線》.

com·pen·sa·tion /kɑ̀(ː)mpənséɪʃən, -pɛn- | kɔ̀m-/ *n.* **1** 補償金, 賠償 (recompense): ～ for damages 損害賠償 / ～ for removal 立退料 / ⇨ unemployment compensation. **2** 償い, 補償, 代償, 埋合わせ, 相殺(そうさい): as (a) ～ for=by way of ～ for …の償いとして / in ～ for …の償いとして, …の報酬として / make ～ for …に対して補償する, …の埋合わせをする. **3** 《米》報酬 (remuneration), 給料, 俸給 (salary). **4** 〖物理〗補整, 補正, 補償. **5** 〖造船〗補強. **6** 〖心理〗代償[補償]作用《劣等感をもつ者がその償いとして権力意志を達成しようとする心理過程; compensation mechanism ともいう》. **7** 〖生物〗代償作用《体内に欠陥がある場合, 他の部分または器官の特別な発達によってそれを補足する作用》. **～·al** /-ʃnəl, -ʃənḷ⁻/ *adj.* 〖《*a*1387》□ L *compensātiō(n-)*: ⇨ compensate, -ation〗

compensátion bàlance *n.* 〖時計〗補正てんぷ《気温の変化があっても周期が変わらないように補正されたてんぷ; split balance, cut balance ともいう》. 〖1805〗

compensátion òrder *n.* 《英》損害賠償支払い命令《裁判所が犯罪者に対して科料とともに, または優先して下す》.

compensátion pèndulum *n.* 〖時計〗補正振り子《気温の変化があっても周期が変わらないように補正された振り子》. 〖1819〗

compensátion pòint *n.* 〖植物〗補償点《植物のガス交換において, CO_2 と O_2 との排出と吸収が等しい光の強さ》. 〖1925〗

compensátion tràde *n.* 求償貿易, バーター貿易.

com·pen·sa·tive /kəmpénsəṭɪv, kɑ́(ː)mpənsèɪt-, -pɛn- | kəmpénsət-, kɔ́mpənsèɪt-, -pɛn-/ *adj.* =compensatory. 〖1633〗

cóm·pen·sà·tor /-tə | -tə[r]/ *n.* **1** 〖法律〗補償[賠償]者. **2** 〖機械〗伸縮調正器; 補正器[板]. **3** 〖電気〗補償器《信号の歪や伝達特性の望ましくない性質を望ましい姿にするために加える回路など》. **4** 〖光学〗補償板[子]《物質によって変化した光の位相差や偏光状態を基準状態に戻すために用いる光学素子》. 〖《1837》: ⇨ compensate, -or[2]〗

com·pen·sa·to·ry /kəmpénsətɔ̀ːri, kɑ(ː)m- | kɔ̀mpənséɪtəri, kəmpénsət-, kɔ́mpənsèɪt-, -pɛn-, -tri/ *adj.* 償いの, 補いの, 補償の, 代償的な: ～ payment 賠償, 補償. 〖《1601-2》: ⇨ -ory[1]〗

compénsatory dámages *n. pl.* 〖法律〗補償的損害賠償額 (cf. punitive damages, nominal damages).

compénsatory fínance *n.* 〖財政〗=deficit financing.

compénsatory léngthening *n.* 〖音声〗代償延長《ある音の消失の埋合わせに母音または子音を長くすること; 例えば OE niht (ModE night) における /níːt/ < /níçt/》.

comp·er /kɑ́(ː)mpə | kɔ́mpə[r]/ *n.* 懸賞クイズ[コンテスト]への常連の応募者 (cf. comping). 〖← COMP(ETITION)+-ER[1]〗

com·pere /kɑ́(ː)mpɛə | kɔ́mpɛə[r]/ (*also* **com·père** /～/) *n.* 《英》(キャバレーまたはラジオ・テレビ放送演芸の)司会者. — *vt.* 《英》…の司会をする. — *vi.* 司会者をつとめる. 〖《1738》□ F *compère* 《原義》godfather < ML *compater*: ⇨ compeer〗

com·pete /kəmpíːt/ *vi.* **1** 競争する, 張り合う, 競う〔*with, against*〕: ～ *with* another *for* a prize [position] 人と賞[地位]を競う / ～ *against* other teams 他のチームと競う / ～ *with* a person *in* chess [playing chess, a chess tournament] チェスで勝負を争う / All those companies are *competing* for the lucrative Japanese market. これらすべての会社は有利な日本の市場を求めて競争している. **2** (適合性・価値において)対抗する; 比肩する〔*with*〕: There is no book that can ～ *with* this. この本と肩を並べられるような本はない. 〖《1620》□ L *competere* to strive together for ← COM-+*petere* to go, seek (⇨ petition)〗

SYN 競争する: **compete** 他人を負かそうとして競い合う《最も意味の広い語》: *compete* for a prize 賞を目指して競争する. **contend** 戦いや競争で相手を打ち負かそうとする《敵意を含意する》: *contend* for power 権力を手にしようと争う. **contest** 〈選挙・競争・試合などに〉参加して勝とうとする《格式ばった語》: Three candidates *contested* the by-election. 3 人の候補者がその補欠選挙で争った. **vie** いろいろ策を講じて競い合う《格式ばった語》: They all *vied* to win the boss's favor. 皆は所長の歓心を得ようと張り合った.

com·pe·tence /kɑ́(ː)mpəṭəns, -tṇs, -ṭənts, -tṇts | kɔ́mpɪ̀təns, -tṇs, -ṭənts, -tṇts/ *n.* **1** 能力, 力量; (適任者の)資格, 適性 (qualification): a person's ～ to do it / a person's ～ *for* [*at*] a task [*as* a teacher] 仕事に対する能力[教師としての資格]. **2** 〖法律〗(官庁・裁判所などの)権限, 権能, 管轄(権) (jurisdiction); (行為などの)合法性, 法的適格性: exceed one's ～ 権限を越える, 越権する / Is it within her ～? それは彼女の権限内のことだろうか. **3** 生活に不自由しない程度の資産[収入]: acquire [amass] a ～ 相当の財産を得る / enjoy [have] a modest ～ ちょっとした資産をもっている. **4** 《廃》十分(な量). **5** 〖生物〗(外部の変化に応じる胚胞細胞の)反応力[性]. **6** 〖言語〗言語能力《母語話者の内在化された言語知識; cf. performance 6》. 〖《1594》□ F *compétence* □ L *competentia* agreement ← *competere*: ⇨ ↑, -ence〗

cóm·pe·ten·cy /-ṭənsi | -tən-/ *n.* **1** 〖法律〗(法廷での証人[立証]資格. **2** =competence 1, 3. 〖《1594》: ⇨ -ency〗

com·pe·tent /kɑ́(ː)mpəṭənt, -tṇt | kɔ́mpɪ̀tənt, -tṇt/ *adj.* **1** 十分に資格がある, 有能な (⇨ able SYN): a ～ teacher, player, etc. / a ～ liar うそのうまい人 / He is ～ *to* teach [*at* teaching]. 彼は十分教える資格がある. **2** 要求にかなう, 十分な, 相当な: a ～ knowledge of English 相当な英語の知識. **3 a** 〖法律〗〈裁判官・法廷など〉正当な権限をもつ, 管轄権のある; 〈証人など法定資格のある, 法的適格性のある: the ～ authorities [court] 主務官庁[管轄裁判所] / the ～ minister 主務大臣. **b** 〈人の行為が〉正当な, 合法的な (permissible): It is perfectly ～ for me to refuse. 私が拒絶することは全く正当である. **4** (能力・出来具合が)一応水準に達した, ほどほどの. **5** 〖地学〗〈地層が〉強靭な《横圧力を受けて褶曲や衝上断層を生じる時に, 自らが背斜を作るだけでなく, 上の地層の重さに耐えてそれらを押し上げ, また横圧力を衝上運動に伝えたりできるだけの強さをもつ》. **6** 〖生物〗反応力[性]をもつ. **7** 〖医学〗受容能力のある. **～·ly** *adv.* **～·ness** *n.* 〖《*a*1398》□ (O)F *compétent* □ L *competentem* (pres. p.) ← *competere*: ⇨ compete, -ent〗

com·pet·ing /kəmpíːṭɪŋ | -tɪŋ/ *adj.* (主張・利益・理論などが)相反する, 衝突する, 矛盾する: ～ theories of the origin of life 生命の起源に関して対立する理論.

com·pe·ti·tion /kɑ̀(ː)mpətíʃən | kɔ̀mpɪ̀-/ *n.* **1** 競争, 争い, 奪い合い, 張合い (rivalry): ～ with others for a prize [job] 賞品[職]の奪い合い / (a) great [keen] ～ for public favor 人気取りの大せり合い / in ～ with …と競争して / put a person into ～ with others 人を他と競争させる / ～ for the lucrative Japanese market 有利な日本市場を求める競争. **2** [集合的にも用いて] 競争相手, 競争者. **3** 競争試験; 試合, コンテスト: a boxing [chess, poetry] ～. **4** 〖経済〗(市場における)競争. **5** 〖社会学〗競争《互いに相手を損傷することなく, 限られた同じ目的をかち得ようとするもの同士の社会的対抗関係》. **6** 〖生態〗競争. 〖《1605》□ (L)L *competitiō(n-)* rivalry ← L ← *competere*: ⇨ compete, -tion〗

SYN 競争: **competition** 多くの人が参加して特定の活動で最優秀者を決定する行事: a golf *competition* ゴルフコンペ. **rivalry** 力の拮抗する人や会社などの間で行われる激しい争い《しばしば不和・敵意を含意する》: *rivalry* between the two powers 二国間の競争. **emulation** 事業・品性などの点で他人に匹敵しよう[追い抜こう]とする努力《格式ばった語》: He is not worthy of *emulation*. あれは張り合うほど価値のある男ではない.

com·pet·i·tive /kəmpéṭəṭɪv | -tɪ̀t-/ *adj.* **1 a** 競争の: a ～ edge 強み; 競争心 / a ～ examination 競争試験 / ～ sports 競技. **b** 競争を好む, 競争的な: ～ spirit 競争心. **2** 〈価格・製品など〉競争できる; 他(社)に負けない: a ～ price 競争値段 / Our ～ position is falling behind that of European rivals. 我々は今の所ヨーロッパの競争相手に負けて[遅れを取って]いる. **3** 〖化学〗競合的な: ～ reaction 競合反応. **～·ly** *adv.* 〖《1829》: ⇨ -itive〗

compétitive exclúsion *n.* 〖生態〗競争排除(原理)《同一の生態的地位において 2 つの種が同時に存在する

とやがては一方が絶滅するか追い出される結果になること; competitive exclusion principle ともいう》.

com·pét·i·tive·ness *n.* 競争的なこと, 競争[向上]心; (企業・商品などの)競争力: international ～ 国際競争力.

com·pet·i·tor /kəmpétətə | -tɪ̈tə^(r)/ *n.* **1 a** 競争者, 競争相手 (⇨ rival SYN): ～*s* in a race 競争参加者. **b** 商売がたき. **2** 〘生物〙競争者《互いに競争関係にある生物の一方に対して他方をいう》. **3** 《廃》仲間, 同業者. 〘(1534) □ F *compétiteur* ∥ L *competitor*〙

com·pet·i·to·ry /kəmpétətɔ̀:ri | -tɪ̈təri/ *adj.* ＝competitive. 〘*a*1734〙

Com·piègne /kɔ̃:(m)pjéɪn, kɔ:m-; *F.* kɔ̃pjɛɲ/ *n.* コンピエーニュ《フランス北部 Oise 川に臨む都市; 1430 年 Joan of Arc が捕えられた地; この付近で 1918 年に連合国・ドイツ間で, 1940 年にフランス・ドイツ間で, 休戦条約が締結された》.

com·pi·la·tion /kɑ̀(:)mpɪ̈léɪʃən, -paɪ- | kɔ̀m-/ *n.* **1** 編纂(へんさん)物, 編集物 (dictionary, anthology, guidebook など). **2** (資料などの)編纂, 編集, 収集: the ～ of an index to a book 書物の索引作成. **3** 蓄積されたもの (accretion). **com·pi·la·to·ry** /kəmpáɪlətɔ̀:ri, kɑ́mpɪ̈lə- | kəmpáɪlətəri/ *adj.* 〘(1426) □ (O)F ～ □ L *compīlātiō(n-)* a pillaging, plundering ← *compīlāre*: ⇨ ↓, -ation〙

compilátion fìlm *n.* 実録編集フィルム《ある時代の雰囲気を出すために映画やドキュメンタリーで用いる昔のフィルム》. 〘1953〙

com·pile /kəmpáɪl/ *vt.* **1** 〈資料を〉(編集を目的に)収集する; 〈資料をまとめて〉編纂(へんさん)する, 編集する: ～ materials from various sources / ～ materials into a book 資料をまとめて本にする. **2** 〘電算〙〈プログラムを〉別のコード[機械語]に翻訳する, コンパイルする (cf. assemble 3). **3 a** 蓄積する; 列挙する (enumerate). **b** いっしょにする, 寄せ集める. **4 a** 《英》〘クリケット〙得点する (score). **b** 〈高得点を〉重ねる. 〘(?*a*1325) □ (O)F *compiler* □ L *compīlāre* to plunder, plagiarize: ⇨ com-, -pile¹〙

com·píl·er /-lə | -lə^(r)/ *n.* **1** (辞書・名簿・案内書などの)編集者. **2** 〘電算〙コンパイラー《ALGOL, FORTRAN, COBOL のような高レベル言語で書かれたプログラムを機械語に翻訳するプログラム; cf. assembler 3》. 〘(*a*1338) □ AF *compilour*＝OF *compileor* □ LL *compīlātor*〙

compíler lànguage *n.* 〘電算〙コンパイラー言語《ALGOL, COBOL, FORTRAN など人間に親しみやすい表現でプログラムを書く言語; cf. assembly language, computer language》. 〘1962〙

com·píl·ing routìne /-lɪŋ-/ *n.* 〘電算〙＝compiler 2. 〘1953〙

comp·ing /kɑ́(:)mpɪŋ | kɔ́m-/ *n.* 《英口語》懸賞クイズ[コンテスト]への応募[の趣味]. (cf. comper)

compl. 《略》complement; complementary; complete; completed.

com·pla·cence /kəmpléɪsəns, -sn̩s, -səns, -sn̩ts/ *n.* **1 a** 自己満足(の念) (self-satisfaction). **b** 不安のないこと, 安心. **2** 《廃》 **a** ＝complaisance. **b** 喜び, 満足. 〘(1436) □ ML *complacentia*: ⇨ complacent, -ence〙

com·pla·cen·cy /kəmpléɪsənsi, -sn̩-, -səntsi, -sn̩tsi/ *n.* **1** 満足, 充足 (satisfaction); 自己満足, ひとりよがり. **2** 満足感を与えるもの, 充足させてくれるもの. **3** 《廃》＝complaisance. 〘(1643) □ ML *complacentia*: ⇨ -ency〙

com·pla·cent /kəmpléɪsənt, -sn̩t/ *adj.* **1 a** 満足しきった; 満足そうな, (満足で)楽しそうな, ひとりよがりの, 自己満足した (self-satisfied): a ～ smile. **b** 気にしない (unconcerned): He is ～ *about* poverty. 貧乏を気にしない. **2** ＝complaisant. 〘(1660) □ L *complacen-tem* (pres.p.) ← *complacēre* to please greatly ← COM- (強意)＋*placēre* 'to PLEASE'〙

com·plá·cent·ly *adv.* (ひとり)満足して, 満足そうに, 悦に入って. 〘(1816): ⇨ ↑, -ly¹〙

com·plain /kəmpléɪn/ *vi.* **1** (反抗・脅迫ではなく同情を期待するかのように)不満[不平]を言う, 泣き言を言う, 愚痴をこぼす, ぶつぶつ言う〔*of, about*〕: ～ to heaven ひどく不平を言う / ～ *about* [*of*] ill-treatment 虐待だと(不平を)言う / ～ *about* (having to pay) high prices 物価の高いのをこぼす / have something to ～ *about* 何か不満がある / How are things?—I can't ～. どうだい—まあまあです. **2** 病苦[苦痛]を訴える〔*of*〕: ～ *of* a headache 頭痛を訴える, 頭痛がすると言う. **3** 正式に不平を訴える[苦情を言う]〔*about*〕: ～ to the authorities *about* an offense 犯罪を当局に訴える. **4** 《詩・文語》〈小川・風などが〉さびしい音を立てる; 〈車などが〉きしる (creak). **5** 《廃》嘆き悲しむ (lament). — *vt.* **1** 不平[不満]をもって言う; 文句を言う〈*that*〉: He ～*ed* (to me) *that* he was ill-treated. 彼は虐待されたと(私に)訴えた. **2** 《廃》嘆き悲しむ (lament). 〘(*c*1370) □ (O)F *complaign-* (pres. stem) ← *complaindre* < VL **complangere* to bewail ← COM- (強意)＋L *plangere* too beat the breast (⇨ plaint)〙

com·plain·ant /kəmpléɪnənt/ *n.* **1** 〘法律〙訴願人, 告訴人, 原告 (plaintiff)《元来はエクイティー上の訴訟について用いられた》. **2** 《古》不平を言う[鳴らす]人, 苦情を言う人. 〘(1415) □ (O)F *complaignant* (pres.p.): ⇨ -ant〙

com·pláin·er *n.* **1** 不平[苦情]を言う人, 不平家. **2** 《スコット》〘法律〙＝complainant 1. 〘(1526): ⇨ -er¹〙

com·pláin·ing·ly *adv.* 不平を[ぶつぶつ]言って, 不服そうに. 〘(1627): ⇨ -ing², -ly¹〙

com·plaint /kəmpléɪnt/ *n.* **1** 不平, 不服, 苦情, 泣き言, 愚痴: have no ～ to make 何も不平を言うべきことがない / have no cause for ～ 不平を言う理由がない / make a ～ *about* something [a person] 何かのことで[人に対して]苦情を訴える[不平を言う] / do without a ～ 不平も言わずにする / He was full of ～*s about* his food. 食べ物のことで不平たらたらだった. **2 a** 不平[苦情]の種 (grievance): That was everyone's ～. それは皆の不平[苦情]の種であった. **b** 病気 (cf. condition B 1 b): suffer from [have] a heart [stomach] ～ 心臓[胃]をわずらう, 心臓[胃]が悪い / a person's old ～ 持病. **c** 〘医学〙病訴, 愁訴: ⇨ chief complaint. **3** 〘法律〙 **a** (治安判事に対する, 民事の)申立て, 告訴 (accusation), 抗告; 《米》(民事訴訟で)原告の最初の申立て: lodge [file, lay, make, submit] a ～ *against* a person [company] 人[会社]を告訴する / What's the ～ procedure here? 当地での告訴手続きはどうなっていますか. **b** 告訴状; (請求原因を簡潔に記した)訴状. 〘(*c*1380) □ (O)F *complainte* ← (fem.p.p.) ← *complaindre* 'to COMPLAIN'〙

com·plai·sance /kəmpléɪsəns, -sn̩s, -zəns, -zn̩s, kɑ̀(:)mpleɪzǽns | kəmpléɪzəns, -zn̩s/ *n.* (人の願いをいれたり, 丁寧さや愛想のよさによって)人を喜ばせること, 愛想のよさ, 人のよさ (compliance); 従順, 丁寧, 親切. 〘(1651) □ F ～: ⇨ ↓, -ance〙

com·plai·sant /kəmpléɪsənt, -sn̩t, -zənt, -zn̩t, kɑ̀(:)mpleɪzǽnt | kəmpléɪzənt, -zn̩t/ *adj.* (人の願いをいれたり, 丁寧さや愛想のよさで)人を喜ばそうとする, 愛想のいい, 人のいい, 従順な; 丁寧な, 親切な (obliging). **～·ly** *adv.* 〘(1647) □ F ～ (pres.p.) ← *complaire* to please □ L *complacēre*: ⇨ complacent〙

com·pla·nate /kɑ́(:)mplənèɪt | kɔ́m-/ *adj.* 平らになった, 平面の (flattened). 〘(1848) □ L *complānātus* (p.p.) ← *complānāre* to make level ← COM-＋LL *plānāre* (← L *plānus* 'PLANE²')〙

com·pla·na·tion /kɑ̀(:)mplənéɪʃən | kɔ̀m-/ *n.* 〘数学〙平面化. 〘(1695) □ L *complānātiō(n-)*: ⇨ ↑, -ation〙

com·pleat /kəmplí:t/ *adj.*, *vt.* 《古》＝complete.

Compléat Arithmetícian, The *n.* ⇨ Cocker.

com·plect /kəmplékt/ *vt.* 《廃》編み合わせる, 交織する (interweave). 〘(1523) □ L *complecti*: ⇨ complex〙

com·plect·ed /kəmpléktɪ̈d/ *adj.* 《米方言》〔通例複合語の第 2 構成素として〕顔色が…の (complexioned): dark-*complected* (顔)色の黒い. 〘(1806) ← COMPLEXION (*complec-tion*)＋-ED 2〙

com·plec·tion /kəmplékʃən/ *n.* ＝complexion.

com·ple·ment /kɑ́(:)mpləmənt | kɔ́mplɪ̈-/ *n.* **1 a** 補足して完全にするもの, 互いに補足し合うもの, 補足物: Love is the ～ of the law. 法律は愛の精神を加えて始めて完全になる. **b** 〔しばしば full ～ で〕(いっぱい[完全]にするのに)必要な数量; 充分な数[量], 全必要量. **c** 互いに補足し合うもの, 対の一方 (counterpart). **2** 〘文法〙 **a** 補語《叙述を完全にするために必要な語・句; 例: He is *a boy.* / It seems *good.* / School is *over.* / I am *in good health.*》. **b** 補文《生成文法の用語; 例: I think (*that*) *he is mad.* / I think *him to be mad.*》. **3** 〘数学〙 **a** 余角《与えられた角と合わせて 90° になる角; complementary angle ともいう; cf. supplement 2 a》. **b** 余弧《与えられた円弧と合わせて四半円弧になる円弧; complementary arc ともいう; cf. supplement 2 b》. **c** 補集合, 余集合 (complementary set, absolute complement ともいう). **d** 補数《与えられた数と合わせて 1 桁多い最小数になる数; 例えば 3 の補数は 7》. **4** 〘音楽〙補充音程《長 3 度に対する短 6 度のように, ある音程に加えると 1 オクターブとなる音程》. **5** 〘光学〙余色, 補色 (complementary color). **6** 〘海事〙〔単数または複数扱い〕(艦船の)定員; 全乗組員: the ～ of a ship. **7** 〘医学〙(血清中の)補体. **8** 〘論理〙補集合《ある領域中の任意の集合 A に対して, A 以外の部分 A; 任意の命題に対してその否定をいう時もある》.

cómplement of an ángle [the ―] 〘数学〙＝complement 3 a.

— /kɑ́(:)mpləmènt | kɔ́mplɪ̈mènt, ⌐ー⌐/ *v.* — *vt.* **1** 〈不足したものを〉補充する, 補って完全なものとする; 補足する, …の補足となる: ～ each other 補足し合う. **2** 《廃》＝compliment. — *vi.* 《廃》＝compliment. 〘(*a*1398) □ L *complēmentum* that which completes ← *complēre* to fill up: ⇨ complete, -ment〙

SYN 補足する: **complement** 〈二者が互いに補足し合って一層効果的なものになる: Two discussions from different points of view may *complement* each other. 見解を異にする二人が話し合えばお互いの欠けたところを補えるかもしれない. **supplement** 〈比較的完全な物を〉より良く大きく豊かなものにする: School activities *supplement* one's education. 校内活動は教育の補助となる.

---

com·ple·men·tal /kɑ̀(:)mpləméntl̩ | kɔ̀mplɪ̈-méntl̩⌐/ *adj.* **1** ＝complementary. **2** 《廃》 **a** 成就した. **b** 儀式的な. **c** 敬意を表する. **～·ly** *adv.* 〘(1602): ⇨ ↑, -al¹〙

cómplemental mále *n.* 〘動物〙補雄, 補助雄《ある種の蔓脚亜綱海産甲殻動物 (barnacle) の雌雄同体の個体に付着している小型の雄》. 〘1851〙

com·ple·men·tar·i·ty /kɑ̀(:)mpləmentǽrəti, -mən-, -tér- | kɔ̀mplɪ̈mentǽrɪ̈ti/ *n.* **1** 補足(状態), 必要な相互関係, 相補性. **2** 〘物理〙相補性《量子力学で不確定性原理を満たす共役な二つの物理量において, 一方を確定すると他が不確定になる性質; さらに広義には波動像に基づく概念と粒子像に基づく概念との関係》. **3** 〘化学〙相補性《対応する二種の分子の立体構造がちょうど鍵と鍵穴のようにはまり合うこと》. **4** 〘生化学〙相補性《2 本鎖を構成する核酸の各鎖の相互関係のある》. 〘(1911): ⇨ -ity〙

com·ple·men·ta·ry /kɑ̀(:)mpləméntəri, -tri | kɔ̀mplɪ̈méntəri, -tri⌐/ *adj.* **1 a** 互いに補足し合う, 相補的な. **b** 補足の[に関する], 補充となる, 補足的な. **2** 〘数学〙余角の; 余弧の, 補集合の, 補数の (cf. complement 3, supplementary): a ～ arc＝complement 3 b. **3** 〘文法〙補語となる, 補語の. **4** 〘地質〙〈火成岩が〉同源的な. **5** 〘論理〙補集合の. **6** 〘生化学〙相補性の. — *n.* 補足するもの, 相補的な関係にあるもの, (特に)補色.

còm·ple·mén·tar·i·ly /-rəli | -rɪ̈li/ *adv.*

còm·ple·mén·tar·i·ness *n.* 〘(1599) ← COMPLEMENT＋-ARY〙

cómplementary ángle *n.* 〘数学〙＝complement 3 a. 〘cf. *complemental angle* (1811)〙

compleméntary cèll *n.* 〘植物〙添充[填充(てんじゅう)]細胞《皮目の内部を構成する細胞; cf. closing layer》. 〘1884〙

cómplementary cólor *n.* 余色, 補色; 補色関係 (cf. primary color). 〘1829〙

compleméntary distribútion *n.* 〘言語〙相補(的)分布《複数の言語形式があり, 相互に重ならない異なる環境に生じる時, それらは相補分布をなすという; 例えば, cool の帯気音 [k] と school の無気音 [k], 不定冠詞の a と an》. 〘1934〙

cómplementary mále *n.* 〘動物〙＝complemental male.

cómplementary médicine *n.* ＝alternative medicine.

cómplementary sét *n.* 〘数学〙＝complement 3 c.

complementary wávelength *n.* 〘光学〙補色主波長《色消しにするために彩色光に混ぜる単色光の波長》.

com·ple·men·ta·tion /kɑ̀(:)mpləmentéɪʃən, -mən- | kɔ̀mplɪ̈-/ *n.* **1** 〘言語〙 **a** ＝complementary distribution. **b** (生成文法で)補文化《補文 (complement) を他の文に埋め込む変形操作》. **2** 〘数学〙(与えられた集合の)補集合を作ること (cf. complement 3 c). **3** 〘生物〙相補性《一つの遺伝形質に関する二つまたはそれ以上の突然変異遺伝子が共存した場合, 互いに助け合って野生型やそれに近い形質を表現すること》. 〘(1937): ⇨ -ation〙

cóm·ple·mènt·ed /-mèntɪ̈d | -tɪ̈d/ *adj.* **1** 補足する, 補足物の. **2** 〘数学〙相補の: a ～ lattice 相補束.

cómplement fixátion *n.* 〘免疫〙補体結合《正常血清中の補体が抗原と抗体との結合物に結合すること》. 〘1906〙

cómplement fixátion tèst *n.* 〘免疫〙補体結合試験《抗原・抗体反応を調べる血清テスト》. 〘1911〙

com·ple·men·tiz·er /kɑ́(:)mpləməntàɪzə, -mɛn- | kɔ́mplɪ̈məntàɪzə^(r), -mən-/ *n.* 〘生成文法〙補文標識. 〘1965〙

com·plete /kəmplí:t/ *adj.* **1** 完全な, 全くの (absolute); 徹底した (thorough): a ～ victory [failure] 完勝[敗] / a ～ disaster 大惨事 / ～ happiness 完全な幸せ / not exactly a ～ and unqualified success 正確には完全で無条件な成功とはいえないもの / a ～ fool [ass] 全くのばか, 大ばか / a ～ stranger 全くの[赤の]他人. **2** 不備な点のない, 全部の (entire), 完全な, 完璧な (perfect): a ～ collection of stamps [coins] 切手[貨幣]の完全な収集 / ～ combustion 完全燃焼 / the ～ delivery of goods 品物の完全な引渡し / a ～ set 完全な一そろい / Is our party now ～? 仲間は皆そろったか / the ～ works of Shakespeare シェークスピア全集 / a yard ～ *with* (a) sandbox and (a) swing 砂箱にぶらんこの完備した庭 / Give me a ～ account of what happened. 何が起きたか全部話しなさい / The alibi was ～. アリバイは完璧だった. **3** 完結した, 完成した, でき上がった (finished, completed): My work is now ～. 私の仕事は終わった. **4** 《古》熟達[熟練]した: a ～ angler 釣りの名人 / a ～ horseman 乗馬の達人. **5** 〘文法〙完全な: a ～ intransitive [transitive] verb 完全自[他]動詞. **6** 〘アメフト〙〈フォワードパスが〉レシーバーにうまく捕球された. **7** 〘植物〙各部を完全に備えた: a ～ leaf [flower] 完全葉[花]. **8** 〘論理〙完全な (⇨ completeness 2). **9** 〘機械・建築〙〈トラス構造が〉完全な (perfect)《棒をピンで接合して組み立てた構造物すなわち「トラス」が, いろいろの外力の作用の下で元の形状を保持することができ, しかも各棒が受ける力を静力学的に決定できる場合にいう; cf. incomplete 5》. **10** 〘数学〙 **a** 〈順序集合が〉完備の《どの部分集合も上限および下限をもつ》. **b** 〈距離空間が〉完備の《どの基本列 (fundamental sequence) も収束する》.

— *vt.* **1** 完了[成就]する, 終わる, 仕上げる (⇨ end¹ SYN): ～ (*doing*) a task / ～ the whole course (of a school) (学校の)全課程を修了する, 卒業する / The building is now ～*d*. 建築が完成した / She's ～*d* her third year with our company. 彼女が我々の会社に勤めて丸 3 年になる. **2 a** 完全なものにする, 完結する, 完成する: One more volume will ～ the set. もう 1 冊で全部そろう[完結する] / Please ～ these forms and return them to me. この用紙に全部記入して私に返して下さい / That good news ～*d* my happiness. その吉報で私の幸福はゆるがぬものとなった / to ～ my misery (不幸の)あげくの果てに. **b** 〈契約などを〉履行する. **c** 〈結婚を〉(床入りにより)完成する: ～ one's marriage. **3** 〘アメフト〙〈フォワードパスを〉うまく行う, 成功させる.

com·plét·er /-tə | -tə^(r)/ *n.* 〘adj.: (*a*1390) *complete* □ (O)F *complet* ∥ L *complētus* (p.p.) ← *complēre* to fill up ← COM- (強意)＋**plēre* to fill (← *plēnus* 'FULL¹'). — v.: (*a*1400) ← (adj.)〙

SYN 完全な: **complete** すべての要素がそろっている: the *complete* works of Bacon ベーコン全集. **full** 特定の限界に達している: a *full* dozen まる 1 ダース / a *full* moon 満月. **total** あらゆるものを合計した: the *total* sum 総計. **whole** あるもののすべての部分を含んでいる: a *whole* week まる 1 週間 / the *whole* school 全校. **entire** どの部分も省かれていない《この意味では *whole, complete* と交換可能》: the *entire* city 町全体 / I spent the *entire* day reading the book. まる一日かけてその本を読んだ. **ANT** partial, defective.

com·plét·ed /-ṭɨ̞d | -tɨ̞d/ *adj.* 完成した; (書類などが)記入済みの.

cómpleted cáll *n.* 〘電話〙 相手につながった呼出し.

compléte fértilizer *n.* 完全(配合)肥料《植物に必要な窒素・リン酸・カリのすべてが入っている肥料》. 〘1900〙

compléte íntegral *n.* 〘数学〙 =complete solution.

com·plete·ly /kəmplíːtli/ *adv.* **1** 申し分なく, 十分に, 完全に. **2** 全く, 全然 (entirely). 〘(?a1425): ⇨ -ly¹〙

complétely nórmal spáce *n.* 〘数学〙 完全正規空間《どの閉集合に対しても, その上で 0 を取り, その補集合上では 0 を取らない連続関数が存在するハウスドルフ空間 (Hausdorff space); 必然的に正規空間 (normal space) となる》.

complétely régular spáce *n.* 〘数学〙 完全正則空間《点とそれを含まない閉集合とが与えられたとき, その点で 0, その閉集合で 1 を取る連続関数が存在するハウスドルフ空間 (Hausdorff space); 必然的に正則空間 (regular space) となる》.

compléte metamórphosis *n.* 〘生物〙 完全変態《昆虫類が発生してから蛹(さなぎ)の時期を経過して成体になるまでの変化; cf. incomplete metamorphosis》. 〘1847〙

com·pléte·ness *n.* **1** 完全, 完全無欠; 円満; 完備; 十分, 徹底 (thoroughness). **2** 〘論理〙 完全性《任意の理論領域で真である表現をすべて導出できる公理体系またはその一群の公理について語られる性質》. 〘(1628): ⇨ -ness〙

compléte númber *n.* 〘数学〙 =perfect number.

compléte quádrangle *n.* 〘数学〙 完全四辺形《どの三つも同一直線上にない四点からなる平面図形; cf. complete quadrilateral》.

compléte quadriláteral *n.* 〘数学〙 完全四辺形《どの 3 本も一点で交わらない 4 本の直線でできる平面図形; cf. complete quadrangle》.

compléte solútion *n.* 〘数学〙 (偏微分方程式の)完全解《幾つかの不定の数を含む解で, それからすべての解が得られるもの; complete integral ともいう; cf. general solution 2》.

com·ple·tion /kəmplíːʃən/ *n.* **1 a** (仕事・事業などの)完成, 完結, 完了; (計画などの)成就; 達成 (fulfillment); (工事などの)落成, 竣工: be brought to ~ 完成する, 仕上がる / bring work to ~ 仕事を完成する[仕上げる] / the ~ of repairs [an education] 修理の完成[教育の完了] / reach ~ 完成の域に達する; 完成[完了]する / on ~ of ... …の完成次第. **b** 完全なこと[状態]. **2** 〘アメフト〙 成功したフォーワードパス. 〘(a1398) □ L *complētiō(n-)*: ⇨ complete, -tion〙

complétion tèst *n.* 〘心理〙 完成(法)テスト《欠けたところを埋めさせる知能テスト》.

com·plet·ist /-ṭɨst | -tɪst/ *n.* 完全主義者, 完全主義の収集家.

com·ple·tive /kəmplíːṭɪv | -tɪv/ *adj.* **1** 完成する. **2** 〘文法〙 **a** 〈動詞の相が〉完了(的)の. **b** 補完的な: ~ minor sentence 補完的小文. 〘(1677) □ LL *complētīvus*: ⇨ complete, -ive〙

com·plex /kɑ(ː)mpléks, kəm-, kɑ́(ː)mpleks | kɔ́mpleks, kəmpléks/ *adj.* **1 a** 錯雑した, 入り組んだ, 複雑な: a ~ argument, idea, problem, etc. **b** いくつかの部分から構成された, 複合の: ~ machinery. **2** 〘文法〙 **a** 〈語が〉合成の《dishonest, heroic などのようにある語 (honest, hero など) と接辞 (affix) の結合によって構成された》. **b** 〈文が〉複文の, 複合の: ⇨ complex sentence. **c** 〈名詞句が〉名詞と埋込み文から成る. **3** 〘数学〙 複素数の. **4** 〘化学〙 錯体の.

— /kɑ́(ː)mpleks | kɔ́m-/ *n.* **1 a** (建物などの)組み立てたもの, 集合体: a housing ~ 団地. **b** (関連した組織・部分・活動などの)連合体, 複合体. **c** (一地域の)計画的工場集団, コンビナート: a great industrial ~ 大コンビナート. **2 a** 〘精神分析〙 コンプレックス, 観念複合体《抑圧されて意識に上らないでいる情緒的な色調を帯びた観念の集まり》: ⇨ Electra complex, Oedipus complex, inferiority complex, superiority complex. 日英比較 *complex* だけでは「劣等感」の意味にはならない. ⇨ inferiority complex. **b** 《口語》過度の嫌悪[恐怖]; 強迫観念 (obsession): have a ~ about communism 共産主義を過度に嫌っている. **3** 〘化学〙 錯体, 錯化合物, 合成物 (complex whole); 複合体: an activated ~ 活性錯合体. **4** 〘数学〙 **a** 複体《いくつかの単体 (simplex) の集合で, ある条件を満たすもの》. **b** 群の部分集合. **5** 〘文法〙 複素語 (complex word)《語の構成要素として拘束形式 (bound form) を含む語; 例: boyhood, receive; cf. simplex 1, compound word》. **6** 〘生物〙 複合. **7** 〘医学〙 症候群.

— /kɑ(ː)mpléks, kəm-, kɑ́(ː)mpleks | kəmpléks, ⌐―/ *vt.* **1** 複雑にする (complexify). **2** 〘化学〙 =chelate. **~·ly** *adv.* **~·ness** *n.* 〘(1464) □ L *complexus* (p.p.) ← *complecti* to fold together, encircle, include ← COM-+*plectere* to plait, twist〙

SYN 複雑な: **complex** 互いに関係のある多くの異なる部分から成る: the *complex* mechanism of a computer コンピューターの込み入った機構. **complicated** 多くの部分・面が絡み合っていて解決・理解が難しい: a *complicated* situation こみ入った事情. **intricate** 細部が込み入っていて把握しにくい: This pattern is very *intricate*. この模様はとても細かくて複雑だ. **involved** 〈人の立場・環境・考えなどが〉ひどく込み入っている: The plot gets more and more *involved*. 筋がますます入り組んでくる. **ANT** simple.

cómplex cónjugate *n.* 〘数学〙 **1** [*pl.*] =conjugate complex numbers. **2** =conjugate complex matrix.

cómplex fráction *n.* 〘数学〙 繁分数, 複分数, 重分数《分子か分母の中にさらに分数をもつもの; compound fraction ともいう》. 〘1827〙

com·plex·i·fy /kəmpléksəfàɪ | -sɨ̞-/ *vi., vt.* (さらに)複雑化する. 〘(1830): ⇨ complex, -ify〙

com·plex·ion /kəmplékʃən/ *n.* **1** 肌の色; (特に)顔色, (顔の)色つや: a fair ~ 色白 / a good [bad] ~ / a rosy [sallow] ~ / have a delicate [fresh] ~ 弱々しい[生き生きした]顔色をしている / The open air improves one's ~. 戸外の空気は人の顔色をよくする. **2 a** 様子, 様相, 模様, 形勢 (aspect): the threatening ~ of the sky あぶない空模様 / It puts another ~ on the matter. それで事の趣がまた変わってくる / The matter wears a strange ~. 問題は不思議な様相を呈している. **b** 心の構え, 態度; (思想などの)傾向, 立場: one's political ~ 政治的傾向, 政治信念. **3 a** 〘古生理〙 寒・暑・湿・乾 (cold, hot, wet, dry) の四性質または四体液 (humors) の組合わせ《その割合によって動植物体に種々の様相の差異が生じると考えられた》. **b** 《廃》(a の結果と考えられた)体質; 性質, 気質. **~·al** /-ʃnəl, -ʃənḷ/ *adj.* 〘(1340) □ (O)F ~ □ L *complexiō(n-)* combination, complexion, (LL) temperament ← *complexus*: ⇨ complex, -xion: 《原義》combination of humors (体液の配合: cf. humor)〙

com·pléx·ioned *adj.* [通例複合語の第 2 構成素として] (…の)顔色をした: fair-[dark-]*complexioned* 色白の[黒い]顔をした. 〘(1413): ⇨ -ed 2〙

compléxion·less *adj.* 色つや[顔色]の悪い, 血の気のない (pale). 〘(1860): ⇨ -less〙

com·plex·i·ty /kəmpléksəṭi, kɑ(ː)m- | kəmpléksɨ̞ti/ *n.* **1** 複雑さ, 複雑性 (intricacy). **2** 複雑なもの: the *complexities* of legal procedures. 〘(a1721) ← COMPLEX+-ITY〙

cómplex númber *n.* 〘数学〙 複素数. 〘1860〙

com·plex·o·métr·ic titrátion /kəmplèksəmétrɪk- | -sə(ʊ)-/ *n.* 〘化学〙 =complexometry.

com·plex·om·e·try /kɑ̀(ː)mplɛksɑ́(ː)mətri, kəmplèk- | kɔ̀mpleksɔ́mɨ̞tri/ *n.* 〘化学〙 錯滴定《錯化合物の生成を利用する滴定; 最近はキレート滴定 (chelatometry) を意味することが多い》. 〘← COMPLEX+-O-+-METRY〙

com·plex·one /kəmpléksoun | -səʊn/ *n.* 〘化学〙 コンプレクソン《金属分析測定用キレート試薬; EDTA など》.

cómplex pláne *n.* 〘数学〙 複素(数)平面《その上の点が複素数で表される平面》. 〘1909〙

cómplex quántity *n.* 〘数学〙 =complex number.

cómplex sált *n.* 〘化学〙 錯塩《錯イオンを含んでいる塩; cf. double salt》.

cómplex séntence *n.* 〘文法〙 複文《従節を含む文; 例: Though he went, I remained.; cf. simple sentence, compound sentence》. 〘1881〙

cómplex váriable *n.* 〘数学〙 複素変数《変域が複素数の集合であるような変数》.

cómplex wáve *n.* 〘物理〙 複素波.

com·pli·a·ble /kəmpláɪəbḷ/ *adj.* 《古》=compliant. **~·ness** *n.* **com·plí·a·bly** *adv.* 〘(a1635): ⇨ comply, -able〙

com·pli·ance /kəmpláɪəns, -ənts/ *n.* **1 a** (申し出・要求・希望などに)従うこと, 承諾, 応諾 (conformity): in ~ with …に従って[応じて]. **b** 愛想のよさ, 屈従, 追従(ついしょう): base ~ 屈従, へつらい. **c** (企業の)法令遵守, コンプライアンス. **2** (人の願いなどを快くいれる)人のよさ, 親切 (complaisance). **3** 〘物理〙 コンプライアンス: **a** 機械振動系を電気的等価で表現した時, 静電容量に相当する量. **b** 蓄音機のレコード面上で針を一定距離動かすのに必要な力. 〘(1641) ← COMPLY+-ANCE〙

complíance òfficer *n.* (金融機関などの)特別監査責任者《通例弁護士を当てる》, コンプライアンス オフィサー.

com·pli·an·cy /-ənsi, -əntsi/ *n.* =compliance. 〘(1643): ⇨ ↑, -ancy〙

com·pli·ant /kəmpláɪənt/ *adj.* **1** 人の願いをいれる, 迎合的な (⇨ obedient SYN); 人のいい, 親切な. **2** 《廃》しなやかな (pliant). **~·ly** *adv.* **~·ness** *n.* 〘(1642) ← COMPLY+-ANT: cf. pliant〙

com·pli·ca·cy /kɑ́(ː)mplɨ̞kəsi | kɔ́m-/ *n.* **1** 複雑, 錯雑. **2** 複雑なもの. 〘(1827): ⇨ ↓, -acy〙

com·pli·cate /kɑ́(ː)mpləkèɪt | kɔ́mplɨ̞-/ *v.* — *vt.* **1** 〈事を〉込み入らせる, 複雑にする, 紛糾させる: ~ a situation 事態を複雑にする / That would ~ matters. それでは事が面倒になる / to ~ matters [things] further さらに面倒なことには / A *complicating* factor is the need to reconcile divergent interests. 事を複雑にしている要因はさまざまな利害関係を調停する必要があることです. **2** 〘医学〙 〈病気を〉(余病の併発で)さらに重くさせる, 悪化させる: a cold ~*d* by a headache 頭痛の併発でひどくなった風邪. **3** [通例 p.p. 形で] (…と)からみ合わせる, 混ざり合わせる (*with*): His policy was ~*d with* his private interest. 彼の政策は私利にからんでいた. — *vi.* 複雑[面倒]になる.

— /kɑ́(ː)mplɨ̞kɨ̞t | kɔ́m-/ *adj.* **1** 《古》=complicated. **2** 〘植物〙 〈葉や胚(はい)などが〉折り重ねられた (conduplicate): a ~ embryo. **3** 〘昆虫〙 〈翅(はね)が〉折りたたまれた. 〘(?a1425) □ L *complicātus* (p.p.) ← *complicāre* ← COM-+*plicāre* to fold (⇨ ply²)〙

com·pli·cat·ed /kɑ́(ː)mpləkèɪṭɨ̞d | kɔ́mplɨ̞kèɪt-/ *adj.* **1** 込み入った, 入り組んだ, 複雑な, 錯雑した (⇨ complex SYN): a ~ machine, mechanism, etc. **2** 解き[わかり]にくい; 面倒な: The Japanese are (a) ~ people. 日本人というのは複雑な[わかりにくい]国民だ. **3** 〘医学〙 合併症がある. **~·ly** *adv.* **~·ness** *n.* 〘(1646): ⇨ ↑, -ed 2〙

com·pli·ca·tion /kɑ̀(ː)mpləkéɪʃən | kɔ̀mplɨ̞-/ *n.* **1 a** 複雑化[紛糾]した事柄[状態, 問題]: a serious international ~ 重大な国際問題. **b** 複雑, 錯雑; 紛糾, こんがらかり. **c** 複雑化. **2** 〘医学〙 (余病の)合併, 併発; 合併症, 併発症: A ~ set in. 余病が併発した. **3** 紛糾の種, もんちゃくのもと; 思わぬ[意外な]困難な要素. **4** 〘心理〙 複化《異なったいくつかの感覚・刺激に同時に反応させる時に起きる注意・判断の乱れ; その乱れのテストを複化実験という》. 〘(?a1425) □ L *complicātiō(n-)*: ⇨ complicate, -ation〙

com·plice /kɑ́(ː)mplɨ̞s, kʌ́m- | kɔ́mplɪs, kʌ́m-/ *n.* 《古》=accomplice. 〘(c1430) □ (O)F ~ □ LL *complicem, complex* confederate: cf. complex, accomplice〙

com·plic·it /kəmplísət | -sɪt/ *adj.* 共謀[連座]した (*in*).

com·plic·i·ty /kəmplísəṭi | -sɨ̞ti/ *n.* 共謀関係, 連累, 連座 (partnership): ~ *in* graft 汚職の共犯. 〘(1656) □ F *complicité*: ⇨ ↑, -ity〙

com·plí·er /-pláɪə | -pláɪə^(r)/ *n.* 承諾者, 応諾者. 〘(1612) ← COMPLY+-ER¹〙

com·pli·ment /kɑ́(ː)mpləmənt | kɔ́mplɨ̞-/ *n.* **1** 賛辞 (commendation); お世辞, 愛想: What a lovely ~! なんとすばらしいおほめのことばなんでしょう / pay a person a ~=pay a ~ to a person 人に賛辞を呈する, お世辞を言う / a dubious [left-handed] ~ 心を許せない[腹黒い]お世辞 / I meant it as a ~. お世辞で言ったのです / I take it as a ~. おほめのことばと受け取っておきます / fish [angle] for ~*s* (相手に)ほめてもらうようにわざとしむける. **2** [*pl.*] (時候などの)挨拶; (敬意を表す)丁重な挨拶 (respects): the ~*s* of the season (クリスマスや元日などに取り交わす)時候の挨拶 / Give my ~*s* to …によろしくお伝え下さい / present one's ~s to a person 人によろしく伝える / send one's ~*s* to a person 人によろしくと申し送る / with the ~*s* of A=with Mr. A's ~*s* 贈呈[献呈]—A より《贈呈本の見返しなどに記す文句》/ with the ~*s* of the author [publisher, management] 著者[編集長, 経営者]より謹呈. **3** (身振り・言葉などで表された)敬意: do a person the ~ of inviting him 敬意を表して人を招待する / in ~ to …に敬意を表して / return the [a] ~ 返礼する, 答礼する, (相手がほめてくれた)お返しにほめる / He paid me the ~ of consulting me about his personal affairs. 彼は私を信用して彼の私事について相談をした / I take it as a ~ to be [that I have been] asked to speak. スピーチをせよと望まれたことは私の光栄とするところです / Your presence is a great ~. ご臨席は光栄の至りです. **4** 《古・方言》進物 (gift); 心付け (tip).

— /kɑ́(ː)mpləmènt | kɔ́mplɨ̞mènt, ⌐―⌐/ *v.* — *vt.* **1** 〈人〉に(…のことで)お世辞を言う, ほめる (*on*) (⇨ commend SYN): ~ a woman *on* her good looks 女性の器量をほめる. **2** 〈人を〉(…のことで)祝う, 祝辞を述べる (congratulate) (*on*): ~ a person *on* his success [the birth of a child] 人の成功[出産]を祝する. **3** 〈人に〉敬意の贈物を与える, (贈物などをして)〈人に〉敬意を表する (*with*): ~ a person *with* an honorary degree 人に名誉学位を贈る / ~ a person *with* a ticket for a recital 人に敬意を表して独奏会の切符を送る. — *vi.* よろしくと言う, 挨拶をする. 〘((1578)) (1654) □ F ~ □ It. *complimento* □ Sp. *cumplimiento* < VL **complimentum*=L *complēmentum*: ⇨ complement〙

com·pli·men·ta·ry /kɑ̀(ː)mpləméntəri, -tri | kɔ̀mplɨ̞méntəri, -tri⌐/ *adj.* **1 a** 挨拶の, 敬意を表する; 慶賀の; 称賛の (laudatory): a ~ address 祝辞 / a ~ copy 贈呈本. **b** お世辞を言う (flattering). **c** 好意的な. **2** (好意としての)無料の (free): a ~ ticket 招待券.

com·pli·men·tar·i·ly /kɑ̀(ː)mpləmentérəli, -mən-, -méntərə-, -trə- | kɔ̀mplɨ̞méntərɨ̞li, -trɨ̞-/ *adv.*

còm·pli·mén·tar·i·ness *n.* 〘(1716): ⇨ ↑, -ary〙

complimentary clóse [clósing] *n.* (手紙の)結びの語句, 結辞《敬具に当たる部分; "Very truly yours," "Sincerely (yours)," "Cordially," など》. 〘1919〙

cómpliment slìp *n.* 謹呈票《会社名・住所が印刷されている細長い紙; 著者などが著書を贈呈する際に添える; compliments slip ともいう》.

com·plin /kɑ́(ː)mplɨ̞n | kɔ́mplɪn/ *n.* [しばしば Complins; 単数または複数扱い] 〘カトリック〙 =compline.

com·pline /kɑ́(ː)mplɨ̞n, -plaɪn | kɔ́m-/ *n.* [しばしば Complines; 単数または複数扱い] 〘カトリック〙 《聖務日課の》終課, 終禱(しゅうとう), (夜の)勤行(ごんぎょう)《一日の最後の祈り; night song ともいう; cf. canonical hour 1》.

C

C

〚(?a1200) compli(n) ◻ (O)F complie (変形) ← L complēta (hōra) completed (hour): ⇨ complete: -in は MATIN(s) との連想か〛

com·plot /kά(:)mplɑ(:)t | kɔ́mplɔt/ n. 《古》 共謀, 共同謀議. — /kəmplά(:)t, kɑ(:)m- | kəmplɔ́t, kəm-/ vt., vi. (-plot·ted; -plot·ting) 《古》 共謀[共同謀議]する. **~·ter** n. 〚(1577) ◻ F ~ 'agreement, (原義) crowd' ← ? COM-+*pelote* ball[1]〛

com·plu·vi·um /kəmplúːviəm, kɑ(:)m- | kəm-plúː-, kəm-/ n. 〖建築〗 アトリウムの天窓 《atrium の中央上部の明かり採りの開口部》. 〚(1832) ◻ L ~ ← *compluere* to flow together〛

com·ply /kəmpláɪ/ vi. **1 a** 〈要求・命令などに〉従う, 応じる, 承諾する; 〔規則などに〕従って行動する 〔*with*〕: ~ *with* another's wish, request, etc. / ~ *with* the rules ルールを守る / You may be fined for refusing to ~. 従わないと罰金を課せられる. **b** 〔規準・規格などに〕合致する 〔*with*〕. **2** 《廃》 礼儀正しく[丁重に]する. 〚(a1333) *complie(n)* ◻ OF *complire* ◻ L *complēre* to fill up: ⇨ complete: cf. It. *complire*〛

com·po[1] /kά(:)mpoʊ | kɔ́mpəʊ/ n. (pl. ~s) 混合[合成]物; (特に)コンポ 《モルタル・しっくいなどの一種》. — *adj.* **1** =composite 1. **2** 〖軍事〗 (食料など)数日分の: a ~ pack / ~rations. 〚(1823) 《略》 ← COMPOSITION〛

com·po[2] /kά(:)mpoʊ | kɔ́mpəʊ/ n. (pl. ~s) 《豪口語》 (傷害・失業などの)補償金[手当]. ***on cómpo*** 補償金[手当]を受け取って. 〚(1941) 《略》 ← COMPENSATION: ⇨ -o〛

com·po·né /kəmpóʊni | -pə́ʊ-/ adj. 〖紋章〗 =compony.

com·po·nent /kəmpóʊnənt, kɑ(:)m- | kəmpə́ʊ-/ n. **1 a** 構成要素, 構成部分, 成分. **b** (ステレオなどの主構成部分である)コンポーネント, コンポ (ingredient). **c** (自動車などの)構成部分, 部品: a ~ of a car. **d** 〖電気〗 素子 (element). **2** 〖数学〗 成分 《ベクトル (vector), テンソル (tensor) などを構成している数》. **3** 〖物理〗 分力, (ベクトルの)成分. **4** 〖物理化学〗 成分 (cf. phase rule). — *adj.* 構成している, 構成要素である (constituent): ~ parts 構成要素[部分]. **com·po·nen·tal** /kὰ(:)mpənéntl | kɔ̀mpə(ʊ)néntl/ adj. **com·po·nen·tial** /kὰ(:)mpənénʃəl, -ʃl | kɔ̀mpə(ʊ)-/ adj. 〚(1563) ◻ L *compōnentem* (pres.p.) ← *compōnere* 'to COMPOUND[1]': ⇨ -ent〛

componéntial análysis n. 〖言語〗 (語の意味の)成分分析 《たとえば man を 'male' 'mature' 'human', boy を 'male' 'immature' 'human' というように分析する》.

com·po·ny /kəmpóʊni | -pə́ʊ-/ adj. 〖紋章〗 〈帯図形が〉等分され 2 色で交互に彩色された 《bend, bendlet, bordure に多く, fess にも見られる》. 〚(1572) ◻ OF *componée* ← L *compōnere* (↑)〛

com·port[1] /kəmpɔ́ət | -pɔ́ːt/ vt. [~ *oneself* で] 身を処する, ふるまう (⇨ behave SYN): ~ *oneself* gracefully [with dignity] 優美に[威厳をもって]ふるまう. — *vi.* 釣り合う, ふさわしい, 適合する 〔*with*〕: His behavior does not ~ *with* rank. 彼のふるまいは身分にふさわしいものでない. — *n.* 《廃》 =comportment. 〚(c1385) ◻ (O)F *comporter* to behave // L *comport-āre* ← COM-+*portāre* to carry, bear (⇨ port[5])〛

com·port[2] /kά(:)mpɔət | kɔ́mpɔːt/ n. =compote 2. 〚(1771) 《変形》 ← COMPOTE〛

com·por·tance /kəmpɔ́ətəns, -tṇs | -pɔ́ːtəns, -tṇs/ n. 《廃》 =comportment. 〚(1590): ⇨ comport[1], -ance〛

com·pórt·ment n. 態度, ふるまい (behavior). 〚(1599) ◻ F ~ ← *comporter*: ⇨ -ment〛

com·pos·a·ble /kəmpóʊzəbl | -pə́ʊz-/ adj. **1** 構成される, 組み立てられる. **2** 作曲できる; 作曲に向いた[適した]. 〚(1623): ⇨ ↓, -able〛

com·pose /kəmpóʊz | -pə́ʊz/ vt. **1 a** [通例 p.p. 形で] 〔二つ以上の部分・要素から〕構成する, 組み立てる 〔*of*〕: be ~*d of* ...から成る, ...で構成されている / The United States is ~*d of* 50 states. 合衆国は 50 の州から成る. **b** 〈集められた素材が〉構成する, 造る: the lines and colors that ~ this picture この絵を構成している線と色彩 / Facts alone do not ~ a book. 事実だけで本ができるものではない. **2 a** 〈曲を〉作る, 作曲する; 〈歌詞などに〉曲をつける: ~ (a piece of) music / ~ a sonata. **b** 〈詩文を〉作る, 書く, 案文する: ~ a poem [an essay, a letter] 詩[随筆, 手紙]を書く / ~ a speech [sermon] 演説[説教]を案文[起草]する. **3 a** 〈顔形などを〉整える, 和らげる (arrange); 〈心・感情を〉落ち着かせる: ~ one's features / ~ one's mind for action [to do something] 活動を始めようと[事をしようと]心構えをする. **b** [~ *oneself* で] 心を落ち着ける, 気を静める: ~ *oneself* to sleep 気を静めて眠る. **4** 〈騒動・争いなどを〉鎮める, 調停する: ~ a tumult, dispute, etc. **5** 〖印刷〗 植字する, 〈活字を〉組む; 活字に組む; 組版する; (写植などで)植字する: ~ type, an article, a printed text, etc. **6** 〖美術〗 〈作品を〉構成する; 構図する: ~ a picture [photograph, flower arrangement] 絵[写真, 生花]を構図する. — *vi.* **1** ものを書く, 詩文を作る; 作曲する. **2** 〖印刷〗 植字をする; 組版をする, 版を組む. **3** 《廃》 話がつく. 〚(?a1402) ◻ (O)F *composer*: ⇨ com-, pose[1]: cf. composite〛

com·pós·ed adj. **1** 落ち着いた: in one's ~ voice 落ち着いた声で. **2** 《古》 部分から成る, 合成の (composite). **com·pós·ed·ly** /-zɪ̈dli/ adv. **com·pós·ed·ness** /-zɪ̈dnɪ̈s, -zd-/ n. 〚(1483): ⇨ ↑, -ed 2〛

compósed throughóut adj. 〖音楽〗 =durchkomponiert, through-composed.

com·pos·er /kəmpóʊzə | -pə́ʊzə(r)/ n. **1 a** 作曲家. **b** (詩文の)作者, 作家. **c** 構成者, 構図者. **d** (印刷の)植字[組版]機; 植字をする人. **2** 和解者, 調停者. 〚(1561): ⇨ -er[1]〛

com·pós·ing fràme n. 〖印刷〗 植字台.

compósing machìne n. 〖印刷〗 鋳植機 (typesetting machine).

compósing ròom n. 〖印刷〗 植字室, 組版室. 〚1737〛

compósing rùle n. 〖印刷〗 セッテン 《植字作業で使う定規》.

compósing stànd n. 〖印刷〗 =composing frame.

compósing stìck n. 〖印刷〗 (文選用)ステッキ. 〚1679〛

com·pos·ite /kəmpά(:)zɪ̈t, kɑ(:)m- | kɔ́mpəzɪt, -sɪt, -zaɪt, -saɪt/ adj. **1** 各種の要素を含む[でできた], 混成の, 合成の, 複合の (compounded): ~ authorship (多数の人の)合同著作, 合作. **2** 〖植物〗 キク科の. **3** 〖造船〗 鉄骨木造の. **4** [C-] 〖建築〗 コンポジット式の: ⇨ Composite order. **5** 〖宇宙〗 **a** 〈ロケット・ミサイルなど〉多段式の. **b** 〈固体推薬が〉燃料と酸化剤の混合した. **6** 〖数学〗 **a** 〈数・整数が〉合成された 《2 つ以上の因数に分解できる》. **b** 〈関数が〉合成された 《関数に関数を代入してできている》. **7** 〖統計〗 〈帰無仮説が〉複合の 《仮説で仮定される値が複数である》. — *n.* **1 a** 合成物, 複合物: Life is a ~ of opposites. 人生は相反する物事の合成である. **b** 合成写真, モンタージュ写真; 画面と音の両方を焼き付けた映画フィルム. **c** 合成画. **d** 複合材料 《繊維強化プラスチックや繊維強化金属など》. **2** 〖植物〗 キク科植物. **3** 〖数学〗 =composite function. — /kəmpά(:)zɪ̈t | kɔ́mpəzaɪt, -saɪt, ⌐ ⌐ ⌐/ vt. **1** 合成する. **2** 《英》 (政党・労働組合地方支部が提案した動議を大会上程用に)合同議案にまとめる. **~·ly** adv. **~·ness** n. 〚(?a1400) ◻ L *compositus* made up of parts (p.p.) < *compōnere* to put together: ⇨ compose: cf. compound[1]〛

compósite cándle n. (獣脂と木蠟との)混成蠟燭(ろうそく). 〚1845〛

compósite cárriage n. 《英》〖鉄道〗 混成車 《一等と二等または荷物と乗客などの異種の用途のものを合造した車両》. 〚1868〛

compósite cólor sìgnal n. 複合カラー信号 《カラーテレビ放送に用いる》.

compósite depreciátion n. 〖会計〗 総合償却 《異種多数の固定資産につき一括的に減価償却を行う方法; cf. unit depreciation》.

compósite fúnction n. 〖数学〗 合成関数 《関数に関数を代入して得られる関数; cf. composite *adj.* 6 b》. 〚1965〛

compósite modulátion n. 〖電気〗 複合変調 《同時に二種以上の変調を行うこと》.

compósite númber n. 〖数学〗 合成数 《1 とその数自身以外の約数をもつ整数; 4, 6, 8, 9 など; cf. prime number》. 〚c1730〛

Compósite órder n. [the ~] 〖建築〗 コンポジット式 (⇨ order B 11).

compósite phótograph n. 〖写真〗 合成写真, 重ね撮り写真 《例えば一枚の印画紙上に数個の人像印画を焼き付けて人類学の研究などに用いる》.

compósite pórtrait n. 合成肖像画, モンタージュ写真.

compósite sáiling n. 〖海事〗 連成航法, 集成航法 《great-circle sailing と parallel sailing との併用》. 〚c1850〛

compósite schòol n. 《カナダ》 総合制中等学校 《普通・商業・工業コースがある学校; comprehensive school ともいう》. 〚1943〛

compósite tóne n. 〖電気〗 合成音.

com·po·si·tion /kὰ(:)mpəzíʃən | kɔ̀m-/ n. **1 a** 構成, 合成, 組立て, 構造: the ~ of the cabinet [jury] 内閣[陪審]の構成. **b** 構成[合成]された状態. **2 a** 作文(法), 作詩(法), (文学)作品作成(法); (学生などの)作文; (教科としての)作文: the ~ of a speech [sermon] 演説[説教]の文案 / write a ~ 作文を書く[する] / be good at ~ 作文が上手である / Advanced English *Composition* 高等英作文 《書名》 / a ~ book 作文練習帳. **b** 作曲(法). **c** (文学・美術・音楽の)作品, 楽曲: a ~ for (the) violin [orchestra] バイオリン[オーケストラ]のための楽曲 / a musical ~ 音楽作品 / Latin prose ~*s* ラテン語散文(作文). **3 a** 構成物, 合成物: the ~ of air [a medicine] 空気[薬]の成分 / What is its ~? それは何でできているか. **b** 混合物, 合成物, 模造品: ~ billiard balls (玉突き用の)人造象牙玉 / ~ leather 合成皮革. **4 a** 配合, 配置 (arrangement). **b** 〖美術〗 構図: the ~ of a picture [photograph, flower arrangement]. **5** 〖印刷〗 植字, 組版. **6** 気質, 性質: He has a touch of madness in his ~. 彼の性質には少し狂気じみたところがある. **7 a** 妥協, 示談; (債権者との)和議, 和解; 和議条件: come to (a) ~ *with* a person 人と和解[妥協]する / make a ~ *with* one's creditors 債権者と和議を整える[和解する]. **b** (債務の)一部返済金, 示談(和議)金: a ~ of 20p in the pound 1 ポンドに付き 20 ペンスの割の返済金. **8** 〖文法〗 (語の)複合(法), 合成 (black と bird から *blackbird* のような複合語 (compound) を造るなど). **9** 〖化学〗 組成 《化合物・混合物を構成する元素や物質の割合; 通例原子比か百分率で表す》. **10** 〖数学〗 **a** (関数の)合成 《与えられた二つの関数から合成関数 (composite function) をつくること》. **b** 結合法 《加法や減法などのような演算》. **11** 〖言語・論理〗 構成, 合成 《字母・単語などの構成要素から文などの複合体を合成すること, およびその結果》.

composítion of fórces 〖物理〗 力の合成. 〚1807〛

composítion of wáves 〖物理〗 波動の合成.

〚(c1384) ◻ (O)F ~ // L *compositiō(n-)* a putting together ← *compositus* (p.p.): ⇨ composite, -tion〛

com·po·si·tion·al /kὰ(:)mpəzíʃnəl, -ʃənl | kɔ̀m-⌐/ adj. 合成[構成]の[に関係する]. **-tion·al·ly** /-ʃ(ə)nəli/ adv. 〚(1815): ⇨ ↑, -al[1]〛

composítion sèries n. 〖数学〗 組成列 《群の構造を調べるために用いられる部分群のある種の列; principal series ともいう》.

com·pos·i·tive /kəmpά(:)zətɪv | -pɔ́zɪt-/ adj. 合成的な; 総合的な (synthetic). **~·ly** adv. 〚(1601) ◻ L *compositivus*: ⇨ -ive〛

com·pos·i·tor /kəmpά(:)zətə | -pɔ́zɪ̈tə(r)/ n. 植字工, 組版工 (typesetter) 《時に略して comp ともいう》.

com·pos·i·to·ri·al /kəmpὰ(:)zətɔ́ːriəl | -zɪ̈tɔ́ːr-⌐/ adj. 〚(1375) ◻ AF *compositour*=F *compositeur* ◻ L *compositōrem* ← *compōnere*: ⇨ compose, -or[2]〛

com·pos men·tis /kά(:)mpəsméntɪ̈s | kɔ́mpəsméntɪs/ L. adj. [叙述的] 〖法律〗 正気の, 精神の健全な (sane) (cf. non compos mentis): be judged ~ 判決で責任能力ありとされる. 〚(1616) ◻ L ~ 'having power over the mind': ⇨ com-, potent[1], mental〛

com·pos·si·ble /kɑ(:)mpά(:)səbl, kəm- | kəmpɔ́sɪ̈-, kəm-/ adj. 両立しうる, 共存しうる 〔*with*〕. **com·pos·si·bil·i·ty** /kɑ(:)mpὰ(:)səbíləti | kɔmpɔ̀sɪ̈bílɪ̈ti/ n. 〚(1638) ◻ ML *compossibilis*: ⇨ com-, possible〛

com·post /kά(:)mpoʊst | kɔ́mpɔst/ n. **1** 堆肥; (家庭の)生ごみから作る有機肥料: ⇨ compost pile. **2** 混合土 《砂, 泥炭, 木炭などの混合土; 主に鉢植え植物用》. **3** 合成物, 混合物 (mixture). — *vt.* **1** 〈生ごみ・草などを〉堆肥にする. **2** 〈土地〉に堆肥を施す. 〚(a1399) ◻ (O)F ~ < LL *compostum*=L *compositum* composition: ⇨ composite〛

Compostela n. ⇨ Santiago de Compostela.

com·post·er /kά(:)mpoʊstə | kɔ́mpɔstə(r)/ n. コンポスト製造器 《家庭の生ごみなどを肥料にする》.

cómpost pìle [hèap] n. 堆肥の山. 〚1780〛

com·po·sure /kəmpóʊʒə | -pə́ʊʒə(r)/ n. 落着き, 沈着, 平静 (⇨ equanimity SYN): keep [lose] one's ~ 心の平静を保つ[失う], 落着きを保つ[がなくなる], あわてない[あわて出す] / regain [recover] one's ~ 落着きを取り戻す / with (admirable, great, perfect) ~ 落着き払って, 泰然(自若)として, 従容として. 〚(1599) ← COMPOSE+-URE〛

com·po·ta·tion /kὰ(:)mpoʊtéɪʃən | kɔ̀mpə(ʊ)-/ n. 《まれ》 酒宴, 酒盛り (carousal). 〚(1593) ◻ L *compōtātiō(n-)* ← COM- 2 +*pōtātus* ((p.p.) ← *pōtāre* (↓))〛

com·po·ta·tor /kά(:)mpoʊtèɪtə | kɔ́mpə(ʊ)tèɪtə(r)/ n. 《まれ》 飲み仲間. 〚(1731) ◻ LL *compōtātor* ← *compōtāre* ← COM- 2 +*pōtāre* to drink (⇨ potation): ⇨ -or[2]〛

com·pote /kά(:)mpoʊt | kɔ́mpɔt, -pɔt; F. kɔ̃pɔt/ n. (pl. ~s /~s; F. ~/) **1** コンポート 《果物の砂糖煮; 香料を加えたシロップで煮, 通例冷やしてリキュールをかけデザートとして用いる》. **2** コンポート 《食後の果物や菓子類を盛るガラス・磁器・銀製等の足付きの皿》. 〚(1693) ◻ F ~ < OF *compost(e)*: ⇨ compost〛

com·po·tier /kὰ(:)mpoʊtjéɪ | kɔ̀mpəʊ-; F. kɔ̃pɔtje/ n. =compote 2. 〚(1885) ◻ F ~ ← *compote* (↑)〛

com·pound[1] /kά(:)mpaʊnd | kɔ́m-/ n. **1** 〖化学〗 化合物 (cf. mixture 5). **2** 混合物, 合成物. **3** 〖文法〗 =compound word. **4** 〖機械〗 **a** =compound engine. **b** =compound locomotive. — /kά(:)mpaʊnd, kɑ(:)mpáʊnd, kəm- | kɔ́mpaʊnd/ *adj.* **1** 合成の, 混成の, 複合の, 混合の (composite); 複雑な, 複式の: ⇨ compound microscope. **2** 〖文法〗 **a** 〈語が〉複合の: ⇨ compound word. **b** 〈文が〉重文の: ⇨ compound sentence. **c** 〈動詞の時制・法などが〉複合の 《助動詞と本動詞の結合によって示される》. **3** 〖植物〗 複合の 《二つ以上の同等のものが集まって一つのものができる》: ⇨ compound leaf. **4** 〖動物〗 群体を構成する: ⇨ compound animal. **5** 〖数学〗 **a** 複名数[諸等数]を含む. **b** 複合された: a ~ Poisson process 複合ポアソン過程. **6** 〖音楽〗 **a** 複合拍子の: ⇨ compound time. **b** 〈音程が〉オクターブ以上の. **7** 〖機械〗 複式の, 二段膨張式の: ⇨ compound engine, compound locomotive. **8** 〖化学〗 複合の (↔ simple). — /kɑ(:)mpáʊnd, kəm-, kά(:)mpaʊnd | kəmpáʊnd, kɔm-, kɔ́mpaʊnd/ *v.* — *vt.* **1** 〖法律〗 (金銭を受けて)〈犯罪を〉有恕(ゆうじょ)する: ~ a felony 重罪を有恕する 《金をもらって罪を見逃すことで, 犯罪になる》; 罪を重ねる, 事態を悪化させる. **2 a** 〈利子を〉複利で払う. **b** 増す, ふやす, 倍加する: Their plight was ~*ed* by an accident. 彼らの窮状は事故のために一層ひどくなった. **3 a** 混ぜ合わせて作る; 〈薬を〉調合する: ~ a medicine. **b** 〈語を〉複合する; 〈複合語を〉造る. **4** (一つのものに)混ぜ合わせる, 混合[混和]する. **5 a** 〈事を〉示談[和議]にする, 示談で済ませる. **b** (負債の一部を支払って)示談にする, 一部支払いで〈負債を〉棒引きする. **6** 〖数学〗 〈力・速度などを〉合成する. **7** 〖電気〗 複巻にする. — *vi.* **1** 〔人と〕示談にする, 妥協する, 和議をする, 折り合う 〔*with*〕: ~ *with* a person *for* a thing ある事柄について人と示談にする[折り合う] / ~ *with* one's creditors 債権者たちと話し合いをつける. **2** 混合する, 結合する.

〚(c1380) *compoune(n)* to mix ◻ OF *compon(d)re* < L *compōnere* ← COM-+*pōnere* to put: 現形の -*d* は 16

C 以来の非語源的添え字 (cf. sound[1])〕

com·pound[2] /kɑ́(ː)mpaʊnd | kɔ́m-/ *n.* **1 a** (インドなどで)囲いをめぐらした屋敷内, 構内《中には主に欧米人の邸宅や商館がある》. **b** (同族の人たちなどの住宅がある)囲いのある屋敷内. **2 a** (南アフリカの金・ダイヤモンド鉱山で)労務者を閉じこめておく囲い地. **b** (塀をめぐらした捕虜や家畜用の)収容所. **3** =kampong. 〖(1679) □ Malay *kampong* fenced enclosure: このつづりを英語に用いることもある; *-d* は COMPOUND[1] の影響〗

com·pound·a·ble /kɑ(ː)mpáʊndəbl̩, kəm-, kɑ́(ː)mpaʊnd- | kɒmpáʊnd-, kɔm-, kɔ́mpaʊnd-/ *adj.* **1** 混合[化合]できる. **2** 示談にできる, 金銭で済まされる. 〖(1611): ⇨ compound[1], -able〗

compound addítion *n.* 〘数学〙複名数の加法.

cómpound ánimal *n.* 〘動物〙群体動物《多くの個体が集まって群体を作り, それぞれの個体はほぼ独立した生活をしている動物; サンゴチュウやコケムシ類など》.

cómpound árms *n. pl.* 〘紋章〙合成紋章《複数の紋章を組み合わせる場合の方法の一つで, 原紋章を別の形にして組み合わせること; cf. dimidiation, impalement 3, quartering 4 c》.

cómpound cátenary *n.* 〘鉄道〙複式架線, コンパウンドカテナリー《途中に複助吊架線を用いて二重に吊る架線; cf. simple catenary》.

cómpound-cómplex séntence *n.* 〘文法〙混文《従節を含む重文》. 〖1923〗

cómpound cúrve *n.* 複心曲線《曲線の同一側に中心をもち, かつ相異なる半径をもつ複数の円弧が連絡してできた曲線; 鉄道・道路の線形に関していう; cf. simple curve》.

cómpound divísion *n.* 〘数学〙複名数の除法.

cómpound dúple tìme *n.* 〘音楽〙偶数拍子 (⇨ duple time 2).

Cómpound É *n.* 〘生化学〙複合 E 物質 (⇨ cortisone).

com·pound·ed /kɑ(ː)mpáʊndɪd, kəm-, kɑ́(ː)mpaʊnd- | kɒmpáʊnd-, kɔm-, kɔ́mpaʊnd-/ *adj.* [叙述的] …の入り混じった〔*of*〕, (…と)結合[混合]した〔*with*〕.

cómpound éngine *n.* 〘機械〙複式機関, 二段膨張機関 (cf. simple engine). 〖1886〗

com·póund·er *n.* **1** 混合者, 調合者. **2** 《廃》示談者, 内済にする人. 〖(1539): ⇨ compound[1], -er[1]〗

cómpound éye *n.* 〘動物〙(節足動物や多毛類などの)複眼 (cf. ommatidium). 〖1836〗

Cómpound F *n.* 〘生化学〙複合 F 物質 (⇨ hydrocortisone).

cómpound fáult *n.* 〘地質〙複褶曲(ふくしゅうきょく).

cómpound flówer *n.* 〘植物〙(キク科植物の)頭状花. 〖1776〗

cómpound fráction *n.* 〘数学〙繁分数, 複分数, 重分数 (complex fraction). 〖1806〗

cómpound frácture *n.* 〘外科〙開放骨折《皮膚などの損傷を伴う骨折》. 〖1783〗

cómpound fúnction *n.* 〘数学〙=composite function.

cómpound hóuseholder *n.* 《英》家賃の中に税金を含む条件で家を借りる借家人. 〖1851〗

cómpound ínterest *n.* 〘金融〙複利 (cf. simple interest). 〖1660〗

cómpound ínterval *n.* 〘音楽〙複音程, 複合音程《一オクターブ以上にわたる音程; cf. simple interval》.

cómpound láyering *n.* 〘園芸〙=serpentine layering.

cómpound léaf *n.* 〘植物〙複葉 (cf. simple leaf).

cómpound léns *n.* 〘光学〙複合レンズ《収差を補正するため 2 個以上の単レンズを同一光軸上に近接または接合して配置したレンズ; cf. achromatic lens》.

cómpound léver *n.* 〘機械〙複てこ《力を拡大するためいくつかのてこを順次に連結した装置, はかりなどに利用する》. 〖1829〗

cómpound lócomotive *n.* 〘機械〙二段膨張機関車.

cómpound méasure *n.* 〘音楽〙=compound time.

cómpound méter *n.* 〘音楽〙(拍子数が 3 の倍数の)複合拍子 (6/8, 9/8, 12/8 など).

cómpound mícroscope *n.* 〘光学〙複合顕微鏡《対物レンズと接眼レンズとで構成された顕微鏡; cf. simple microscope》. 〖1867〗

cómpound modulátion *n.* 〘電気〙多段変調 (cf. composite modulation).

cómpound mótor *n.* 〘電気〙複巻電動機 (cf. compound winding).

cómpound multiplicátion *n.* 〘数学〙複名数の乗法.

cómpound náme *n.* 複合名《二つ以上の固有名詞から成る家名・人名・地名など; 例: Watts-Dunton, Newcastle-upon-Tyne, Skelton and Brotton》.

cómpound nóun *n.* 〘文法〙複合名詞《二つ以上の語の複合した名詞; 例: air mail, forget-me-not, barbershop; cf. compound word》.

cómpound núcleus *n.* 〘物理〙複合核《核反応のとき衝突した二つの原子核が融合して生じた核のことで, たちまち崩壊してしまう》.

cómpound númber *n.* 〘数学〙複名数, 複合標数, 諸等数《「2 メートル 30 センチ」のように, 複数の単位を含む名数 (concrete number)》. 〖1557〗

cómpound óvary *n.* 〘植物〙二つ以上の心皮から成る子房.

cómpound péndulum *n.* 〘物理〙複振り子 (⇨ physical pendulum). 〖1829〗

cómpound pérsonal prónoun *n.* 〘文法〙複合人称代名詞《人称代名詞の後に -self の結合したもの; 例: myself, himself》.

cómpound preposítion *n.* 〘文法〙複合前置詞《例: into, without, notwithstanding》.

cómpound propórtion *n.* 〘数学〙複比例《いくつかの量の積が, 他のいくつかの量の積に比例すること》.

cómpound quántity *n.* 〘数学〙=compound number. 〖1859〗

cómpound racéme *n.* 〘植物〙複総状花序, 複散形花序.

cómpound rátio *n.* 〘数学〙複比《いくつかの数の積と他のいくつかの数の積との比》.

cómpound rélative *n.* 〘文法〙複合関係詞: **a** 先行詞のない関係代名詞[形容詞, 副詞] (例: *What* he says is true. / This is *where* he was born.). **b** 関係代名詞に so, ever, soever を付加した複合語 (例: whoso, whichever, whatsoever).

cómpound rélative prónoun *n.* 複合関係代名詞《whatever, whichever, whoever, whomever のように ever のついた関係代名詞》.

cómpound rést *n.* 〘機械〙(旋盤の)複式刃物台.

cómpound séntence *n.* 〘文法〙重文《二つ以上の単文を and, but, or, for などで結合した文; 例: He went, but I remained.; cf. simple sentence, complex sentence》. 〖1772〗

cómpound subtráction *n.* 〘数学〙複名数の減法.

cómpound ténse *n.* 〘文法〙複合時制《助動詞を含む 2 語以上の結合から成る時制; 主に完了時制と進行形とをいうが, また種々の時制の受動態・未来時制および do による迂言形式などを含めることもある》.

cómpound tíme *n.* 〘音楽〙複合拍子《6 拍子＝2 × 3 拍子, 9 拍子＝3 × 3 拍子のように, 同種の単純拍子をいくつか含むもの》.

cómpound túrbine *n.* 複合タービン《火力発電所・原子力発電所などで用いる回転羽根が 2 列以上あるタービン; cf. cross-compound turbine》.

cómpound wínd·ing /-wáɪndɪŋ/ *n.* 〘電気〙複巻き《直流電動機や直流発電機で界磁巻線として直巻きと分巻き(または他励)の 2 種の巻線をもったもの》. 〖1902〗

cómpound wòrd *n.* **1** 〘文法〙複合語, 合成語《既存の語が 2 語以上結合して新しく作られた一つの語; 例: schoolgirl, nobleman, broadcast, snow-white, babysit; cf. compound noun》. **2** 〘言語〙=derivative 5.

cómpound-wóund /-wáʊnd⁻/ *adj.* 〘電気〙複巻きの. 〖1884〗

com·pra·dor /kɑ̀(ː)mprədɔ́ə | kɒ̀mprədɔ́ː(r)/ *n.* (*also* **com·pra·dore** /～/) 買弁(ばいべん)《もと, 中国にあった外国商館・領事館などで中国商人との取引交渉などに当たらせるために雇った中国人》. 〖(1615) □ Port. ～ 'buyer' < LL *comparātōrem* ← L *comparāre* to provide ← COM-＋*parāre* to furnish〗

com·preg /kɑ́(ː)mprɛg | kɔ́m-/ *n.* (高圧で加熱成形した)硬化積層材《合成樹脂を含浸させた合板; cf. impreg》. 〖《逆成》↓〗

com·preg·nate /kɑ(ː)mprégneɪt, kəm- | kɒm-, kəm-/ *vt.* (合成樹脂で)加熱接着させて合板を成形する. 〖《混成》← COM(PRESSED)＋(IM)PREGNATE〗

com·pre·hend /kɑ̀(ː)mprɪhénd | kɔ̀m-/ *vt.* **1** …の性質[意味]を見抜く, 知的に理解する, 把握する, わかる, 悟る (⇨ understand **SYN**): ～ a question 質問を理解する / ～ what it means それの意味することを理解する. **2** (全範囲内に)包含する, 内包する (⇨ include **SYN**); 含蓄する (imply): The word "beauty" ～*s* many meanings. 「美」という言葉には多くの意味が含まれている / All this is briefly ～*ed* in this saying. これらすべては簡潔にこの言葉に含蓄されている. — *vi.* 理解する, 悟る, わかる. 〖(*c*1340) *comprehende(n)* □ OF *comprehender* ∥ L *comprehendere* ← COM-＋*prehendere* to grasp〗

com·pre·hend·i·ble /kɑ̀(ː)mprɪhéndəbl̩ | kɔ̀mprɪhéndɪ-⁻/ *adj.* =comprehensible. 〖1814〗

com·pre·hénd·ing·ly *adv.* 理解して, 知りつつ; 心得顔に (knowingly). 〖(1866): ⇨ -ing[2], -ly[1]〗

com·pre·hen·si·ble /kɑ̀(ː)mprɪhénsəbl̩ | kɔ̀mprɪhénsɪ-⁻/ *adj.* **1** 理解できる, わかりやすい (intelligible): a book ～ only to adults 大人にだけわかる本. **2** 《古》包含できる. **com·pre·hen·si·bil·i·ty** /kɑ̀(ː)mprɪhènsəbíləṭi | kɔ̀mprɪhènsɪbílɪti/ *n.* **～·ness** *n.* **còm·pre·hén·si·bly** *adv.* 〖(1529) □ L *comprehensibilis* ← *comprehensus* (↓)〗

com·pre·hen·sion /kɑ̀(ː)mprɪhénʃən, -hénʧən | kɔ̀m-/ *n.* **1 a** 理解 (understanding); 理解力: be above [be beyond, pass] one's ～ 理解力を超えている, 理解できない / It passes all ～ that he should have done it. 彼がそんなことしたなんて, 全く理解できないことだ. **b** (理解して得た)知識. **2** 読解力テスト (comprehension tests). **3 a** 包含, 包括 (inclusion); 含蓄 (implication): a term of wide ～ 内包[意味]の広い語. **b** 包容力. **4** 〘英国国教会〙包容主義[政策]《17 世紀に非国教徒を英国国教会に包含したこと》. **5** 《廃》〘論理〙内包 (connotation). 〖(*c*1445) □ L *comprehensiō(n-)* ← *comprehensus* (p.p.) ← *comprehendere* 'to COMPREHEND': ⇨ -sion〗

com·pre·hen·sive /kɑ̀(ː)mprɪhénsɪv, -hénʦɪv | kɔ̀m-⁻/ *adj.* **1 a** 包含的な, 包括的の, 範囲の広い; 包容力の大きい: ～ knowledge 広い知識 / a ～ mind 包容力の大きい[博大な]心 / a ～ survey 広範囲の調査 / a ～ term 意味の広い言葉. **b** 《英》〈中等学校など〉総合制の. **2** 理解の; 理解力ある, 幅広い理解力のある: the ～ faculty 理解力. **3** 〘保険〙総合担保の. **4** 《廃》〘論理〙内包的な (intensive). — *n.* **1** [しばしば *pl.*] 《米》総合試験《sophomore の終了期に行う専門分野への進学適性を調べる試験; comprehensive examination ともいう》. **2** 《米》広告の詳しい割り付け《写真・図解・イラスト・コピーなどの位置・大きさを示し, 仕上がりが容易に想像できる; 略 comp.; cf. visual *n.*》. **3** 《英》=comprehensive school. **～·ly** *adv.* **～·ness** *n.* 〖(1614) □ L *comprehensīvus* ← *comprehensus* (↑): ⇨ -ive〗

comprehénsive schòol *n.* **1** 《英》総合制中等学校《全コースのある secondary school》. **2** 《カナダ》=composite school. 〖1947〗

com·pres·ence /kɑ(ː)mprézəns, -zns | kɔm-/ *n.* 同時存在, 共在. 〖(*a*1640) ← COM-＋PRESENCE〗

com·press /kəmprés/ *v.* — *vt.* **1 a** 押し[締め]つけて小さくする. **b** 〈空気・ガスなどを〉圧搾[圧縮]する. **c** ぐっと押し合わせる, 押しつける: ～ one's lips 唇をかたく結ぶ. **d** 押し固める, 固まりにする, 固まった状態にする. **2** 凝縮[要約]して(…に)する〔*into*〕: ～ a long story *into* a few pages 長い物語をつめて 2, 3 ページにする. **3** 〘電算〙〈データを〉圧縮する. — *vi.* 縮む, 凝縮する.
— /kɑ́(ː)mprɛs | kɔ́m-/ *n.* **1** 〘医学〙(止血のため血管を圧縮する)圧迫包帯; 湿布. **2** (綿のこり (bales) などを作る)圧搾機械.
〖(*c*1380) *compresse(n)* □ OF *compresser* ∥ LL *compressāre* ← L *compressus* (p.p.) ← *comprimere* ← COM-＋*premere* to press〗

com·pressed /kəmprést/ *adj.* **1 a** 圧搾[圧縮]した, 押し縮めた. **b** (圧力などで)平らになった. **2 a** [しばしば後置的に用いて] 〘植物〙扁平の, 主軸に沿って平たい (cf. depressed 3 a). **b** 〘魚類〙側扁の《ヒラメ・タイなどのように両側が接近して平たい体にいう; cf. depressed 3 b》. **～·ly** *adv.* 〖(*c*1380): ⇨ ↑, -ed 2〗

compréssed áir *n.* 圧縮[圧搾]空気. 〖1669〗

compréssed petróleum gàs *n.* 圧縮石油ガス (⇨ liquefied petroleum gas).

compréssed scóre *n.* 〘音楽〙=short score. 〖1877〗

compréssed spéech *n.* 圧縮言語《自動的にある音をカットする機械に入れることによって, 理解度を失わないで通常より速いスピードで再生された言語》.

com·press·i·bil·i·ty /kəmprèsəbíləṭi | -sɪ̀bílɪti/ *n.* **1** 圧縮性. **2** 〘物理〙圧縮率 (compressibility coefficient [modulus] ともいう). 〖(*a*1691): ⇨ -ity〗

compressibílity dràg *n.* 〘航空〙造波抗力《物体が遷音速以上の高速で気体の中を運動する時, 亜音速ではほとんど 0 であった圧力抗力が大きくなり, 特に衝撃波が現れると著増する力; wave making drag ともいう》. 〖1950〗

com·press·i·ble /kəmprésəbl̩ | -sɪ-/ *adj.* 圧縮できる, 圧縮性の. 〖(*a*1691): ⇨ -ible〗

com·pres·sion /kəmpréʃən/ *n.* **1** 圧縮, 圧搾, 凝縮 (condensation). **2 a** 圧縮[圧搾]状態. **b** 圧縮されてできたもの[くぼみ]. **3** 〘機械〙**a** 圧縮《内燃機関で点火に先立つシリンダー内の混合気をピストン圧縮して圧力を増大させること》. **b** =compression ratio. **4** 〘植物〙圧縮されてできた化石植物. **5** 〘電算〙(データの)圧縮. **～·al** /-ʃnəl, -ʃənl/ *adj.* 〖(*a*1400) □ L *compressiō(n-)* ← *compressus*: ⇨ compress, -sion〗

compréssional wàve *n.* 〘物理〙粗密波, 圧縮波. 〖1887〗

compréssion fàilure *n.* 〘建築〙**1** 圧壊《圧縮応力による破壊》. **2** 電状もめ《年輪円柱面を斜めに横切る割れ》.

compréssion ignítion *n.* 〘機械〙圧縮着火《ディーゼル機関の場合のように燃料が着火するに十分な高温をピストンで空気を圧縮するだけで得る方法》. 〖1926〗

compréssion mèmber *n.* 〘工学〙圧縮材, 抗圧材《骨組を構成している部材のうち圧縮力を受けるもの》.

compréssion mòlding *n.* 〘化学〙圧縮成形《特に樹脂加工で, 材料を金型に入れ加熱・加圧して成形する方法》. 〖1940〗

compréssion ràtio *n.* 〘機械〙(内燃機関の)圧縮比. 〖1907〗

compréssion sprìng *n.* 〘機械〙圧縮ばね. 〖1904〗

compréssion stròke *n.* 〘機械〙圧縮行程《内燃機関において混合気を圧縮する行程》. 〖1912〗

compréssion wàve *n.* 〘物理〙=compressional wave.

com·pres·sive /kəmprésɪv/ *adj.* **1 a** 圧縮[圧搾]の[に関する]. **b** 圧縮する, 圧縮力のある, 圧搾的な: a ～ force 圧縮力. **2** 〘精神医学〙圧縮的な《気分の変調, 感情の誇張の目立つ情動障害をいう》. **～·ly** *adv.* 〖(?*a*1425) ← COMPRESS＋-IVE〗

compréssive stréngth *n.* 〘物理〙圧縮強さ, 耐圧強度 (cf. tensile strength).

compréssive stréss *n.* 〘物理〙圧縮応力《圧縮荷重によって生じる応力》.

com·pres·som·e·ter /kɑ̀(ː)mprɛsɑ́(ː)məṭə | kɔ̀mprɛsɔ́mɪtə(r)/ *n.* 〘機械〙縮み計. 〖← COMPRESS(ION)＋-O-＋-METER[1]〗

com·pres·sor /kəmprésə | -sə(r)/ *n.* **1** 圧縮[圧搾]機, 圧搾ポンプ, 圧搾機械[装置]; 圧縮する人: ⇨ air compressor. **2** 〘解剖〙圧縮筋, 収縮筋. **3** 〘外科〙血管圧迫器. **4** 〘海事〙制鎖器, コンプレッサー. **5** 〘電子工学〙圧縮器《信号帯域の圧縮器; cf. expander 3》. 〖(1851) □ L ～: ⇨ compress, -or[2]〗

com·pres·sure /kəmpréʃə | -ʃə(r)/ *n.* =compression. 〖(1644): ⇨ -ure〗

com·pri·ma·rio /kɑ̀(ː)mprɪmáːriòʊ | kɔ̀mprɪ-

máːriòʊ; *It.* komprimáːrjo/ *n.* (オペラの)準主役，脇役．
com·pris·a·ble /kəmpráɪzəbl/ *adj.* 包含できる．〘(1610): ⇨ -able〙
com·pris·al /kəmpráɪzəl, -zl/ *n.* 《廃》梗概，大要 (compendium). 〘(1643): ⇨ ↓, -al¹〙
com·prise /kəmpráɪz/ *vt.* **1** 〈部分が〉〈集まって〉構成する (compose, constitute): a committee ~*d* of ten members 10 人から成る委員会 / Ten chapters ~ Book One. 10 章で第 1 巻ができている / Fifty states ~ the Union. =The Union is ~*d* of 50 states. 50 州でアメリカ合衆国を構成している． **2** 〈全体の構成部分を〉含む，包含する，包括する (⇨ include SYN); 〈部分〉から成る: The Union ~*s* 50 states. アメリカ合衆国は 50 州を包含する[から成る] / The house ~*s* five rooms. この家は 5 室からできている / be ~*d* in …に含まれる，に包含されている / the matter ~*d* in these few words これら数語の中に盛られた内容． 〘(1429) *comprise(n)* □ F *compris* (p.p.) ← *comprendre* < L *comprehendere* 'to COMPREHEND'〙

C

com·pro·mise /ká(ː)mprəmàɪz | kɔ́m-/ *n.* **1** (相互の折れ合いによる)問題の解決，妥協，歩み寄り，互譲: a life of ~ 妥協の生活 / work out [reach] a ~ 妥協による解決を作り出す[妥協する] / make a ~ with one's principles 自己の主義を曲げる / I offer these concessions in a [the] spirit of ~. 互譲の精神でこのような譲歩案を提案します / Logic admits of no ~(s). 論理は妥協を許さない． **2 a** 妥協[歩み寄り]の結果，折衷; 折衷説[案]: a ~ between conflicting motives [interests] 対立する二つの動機[利害関係]の間の折衷案． **b** 中間のもの，どっちつかずのもの，あいのこ． **3 a** (名誉・信用・利益などを)危うくすること，危険にさらすこと: a ~ of a person's honor. **b** (理想・主義などを，便宜上)弱める[譲歩する]こと，弱体化，屈従: a ~ of a person's principles 主義の譲歩．
— *vt.* **1 a** (ある行為によって)〈名声・信用などを〉危うくする (endanger): ~ one's position [reputation, credit] by one's own folly おのれの愚行で地位[名声，信望]を危うくする． **b** 〈理想・主義などを〉(便宜上)弱める; 弱体化する． **c** [~ one*self* で] 身に累を及ぼす，自分の体面を危うくする，信用[評判]を落とす[疑いを受ける]ようなことをする． **2** 相互に折れ合って[妥協して]処理[解決]する: ~ a dispute, lawsuit, etc. **3** 《廃》協定[約束]で縛る．
— *vi.* **1** (相互の折れ合いで)解決する，和解する: ~ on these terms こういう条件で和解する / We agreed to ~ on 8½ (rather than 8 or 9). (8 や 9 でなく) 8½ で折れ合うことで同意した． **2** 恥ずべき譲歩をする，屈従する〔*with*〕: Don't ~ *with* such evil people! あんな悪い連中に譲歩するな．
— *adj.* [限定的] 妥協の(結果の).
cóm·pro·mis·er *n.* 〘(1426) □ (O)F *compromis* □ L *comprōmissum* mutual promise (neut. p.p.) ← *comprōmittere*: ⇨ com-, promise〙
cómpromise jòint *n.* 〘鉄道〙異形継目《大きさや型の違う二種のレール間の継目》.
com·pro·mis·ing /ká(ː)mprəmàɪzɪŋ | kɔ́m-/ *adj.* 名声[信用，評判]を落とす，名誉を傷つける，疑いを招くような: take a ~ attitude 評判を落とすような態度をとる．
~·ly *adv.*
com·pro·vin·cial /kà(ː)mprəvínʃəl, -proʊ-, -ʃl | kɔ̀mprə(ʊ)-⁻/ *adj.* 同一大司教区の: a ~ bishop. — *n.* 同一大司教区 (archiepiscopal province) の司教． 〘(?a1425) □ ML *comprōvinciālis*: ⇨ com-, provincial〙
compt /káʊnt, kɔ́ː(n)t, kɔ́ːnt; *F.* kɔ̃ːt/ *v.*, *n.* 《廃》= count¹.
compt. 《略》compartment.
compte ren·du /kɔ̃́ːntrɑ̃ː(n)dúː, kɔ́ːntrɑːn-, -djúː | -djúː; *F.* kɔ̃ːtʀɑ̃dy/ *F. n.* (*pl.* **comptes ren·dus** /~/) (調査などの)報告(書) (report); 書評 (review). 〘(1822) □ F ~ 《原義》account rendered〙
comp·tie /ká(ː)m(p)ti | kɔ́m(p)-/ *n.* 〘植物〙=coontie.
Comp·tom·e·ter /ka(ː)mptá(ː)mətə | kɔmptɔ́mətə(r, -mə-/ *n.* 〘商標〙コンプトミーター《高速度計算機の商品名》. 〘(1894) ← F *compt(er)* 'to COUNT¹'+-(O)METER¹〙
Comp·ton /ká(ː)m(p)tən | kɔ́m(p)-, kʌ́m(p)-/ *n.* コンプトン《California 州南西部，Los Angeles 郊外の都市》. 〔南カリフォルニア大学の創立者 G. D. Compton にちなむ〕
Comp·ton /ká(ː)m(p)tən | kʌ́m(p)-, kɔ́m(p)-/, **Arthur Holly** *n.* コンプトン《1892–1962; 米国の物理学者; いわゆる Compton effect の発見で Nobel 物理学賞 (1927) を受けた》.
Compton, Denis (Charles Scott) *n.* コンプトン《1918–97; 英国クリケット選手・サッカー選手》.
Compton, Karl Taylor *n.* コンプトン《1887–1954; 米国の物理学者》.
Comp·ton-Bur·nett /ká(ː)m(p)tənbəːnét | kɔ́m(p)tənbəː-, kʌ́m(p)-/, **Dame Ivy** *n.* コンプトンバーネット《1892–1969; 英国の女流小説家; *A God and His Gift* (1963)》.
Cómpton efféct [scàttering] *n.* 〘物理〙コンプトン効果[散乱]《光子と電子の弾性散乱》. 〘(1924) ← *Arthur H. Compton*〙
Cómpton wávelength *n.* 〘物理〙コンプトン波長《質量 m の素粒子に対し長さの次元をもつ量 ħ/mc をその素粒子のコンプトン波長という; ħ はプランク定数を 2π で割ったもので，c は光速度》. 〘1955〙
Comptr. 《略》comptroller.
comp·trol·ler /kəntróʊlə, kəmp-, ka(ː)mp-, ká(ː)m(p)troʊlə | kəntróʊlə(r, kəmp-, kɔmp-/ *n.* (会社の)経理部長，コントローラー; (会計・銀行などの)検査官，監督官: a ~ of accounts 会計検査官．
Comptróller of the Ármy (米陸軍参謀本部で予算・会計の監督指導にあたる)監理部長．
Comptróller and Áuditor Géneral (英国の)会計検査院長．
〘(c1500) 《異形》← CONTROLLER: *compt-* は《廃》*compt* (《異形》← COUNT¹) との混同による〙
Comptróller Géneral *n.* (*pl.* **Comptrollers G-**) (米国の)会計検査院長官《大統領および上院によって任命され任期 15 年; 両院の弾劾手続きもしくは共同決議による他は解任されない》.
comptróller·shìp *n.* comptroller の職[地位].
com·pu- /ká(ː)mpjʊ | kɔ́m-/「コンピューター (computer)」の意の連結形: *compu*word. 〘← COMPUTER〙
com·pul·sa·tive /kəmpʌ́lsətɪv | -tɪv/ *adj.* 《Shak》=compulsory.
com·pul·sion /kəmpʌ́lʃən/ *n.* **1 a** 強迫(観念)的な欲求: Smoking is a ~ with him. たばこは彼にとっては抑え難い欲求だ． **b** 〘心理〙強迫(現象)，強制 (cf. obsession 2 b). **2 a** 強制(すること)，無理強い，強迫 (coercion); 強制された状態: by ~ 強制的に / under [on, upon] ~ 強制されて． **b** 強制するもの; 強制力．〘(?a1425) □ (O)F ~ // LL *compulsiō(n-)* ← *compulsus* (p.p.) ← *compellere* 'to COMPEL': ⇨ -sion〙
compúlsion neurósis *n.* 〘精神医学〙=obsessive-compulsive neurosis. 〘1909〙
com·pul·sive /kəmpʌ́lsɪv/ *adj.* **1 a** 〈人・欲求・行為など〉強迫観念にとらわれた(ような)，(何かに)駆り立てられたような，やむにやまれぬ． **b** 〈書物など〉人の心をとらえて離さない． **2** 強制力のある，強制的な． **3** 〘心理〙強迫行為の，強迫(行為)的な: a ~ idea 強迫観念 / the ~ personality 強迫的人格． — *n.* **1** 強制力． **2** 〘心理〙強迫行為[観念]にとらわれた人． **~·ly** *adv.* **~·ness** *n.*
com·pul·siv·i·ty /kəmpʌlsívəti, kà(ː)mpʌl- | kɔ̀mpʌlsívɪti/ *n.* 〘(1600–1) ← 《廃》*compulse* to compel (← L *compulsus* (↑))+-IVE〙
com·pul·so·ri·ly /kəmpʌ́ls(ə)rəli | -rɪli/ *adv.* 強制的に，いやおうなしに． 〘(1633): ⇨ ↓, -ly¹〙
com·pul·so·ry /kəmpʌ́ls(ə)ri/ *adj.* **1** 強制する，強制的な，無理強いの: ~ execution 強制執行 / ~ measures [means] 強制手段 / ~ purchase 強制買上げ，強制収用 / ~ sale by auction 強制競売． **2** 強制された; 義務的な，必修の (cf. facultative 1): a ~ contribution 強制寄付 / ~ education 義務教育 / ~ (military) service 強制兵役[徴兵] / ~ subjects 必修科目． **com·púl·so·ri·ness** *n.* 〘((1516)) (1581) □ ML *compulsōrius* ← *compulsus*: ⇨ compulsive, -ory¹〙
com·punc·tion /kəmpʌ́ŋ(k)ʃən/ *n.* **1 a** (罪の意識から生じる)心の不安，良心の呵責(かしゃく); 悔い，悔恨 (remorse): ~ for former sins 昔犯した罪に対する悔恨の情 / I have no ~ in doing so. そうしたってちっとも悪いとは思わない． **b** (軽い)気のとがめ: with some ~ いくらか悔いて，少し気がとがめて / without (the slightest) ~ (全く)平気で． **2** 《古》同情，憐れみ (pity). 〘(c1340) □ OF ~ // LL *compunctiō(n-)* remorse ← L *compunctus* (p.p.) ← *compungere* ← COM- 2+*pungere* to prick (⇨ pungent)〙
com·punc·tious /kəmpʌ́ŋ(k)ʃəs/ *adj.* **1** 後悔の[から生じる]: a ~ feeling 後悔の気持ち． **2** 悔いている，気がとがめる: be ~ *for* one's sin. **~·ly** *adv.* 〘(1606) ↑〙
com·pur·ga·tion /kà(ː)mpə(ː)géɪʃən | kɔ̀mpəː-/ *n.* 《古》〘英法〙(被告の無罪・誠実などに対する友人や隣人などの)免責宣誓，雪冤(せつえん)宣誓 (cf. WAGER of law): a trial by ~ 雪冤宣誓による裁判《1833 年陪審制度ができて正式に廃止; 刑事事件で無罪の立証方法としては不十分とされ (1166 年)，民事事件では 15 世紀になっても用いられた》. 〘(1657)〙
com·pur·ga·to·ry /kəmpə́ːgətɔ̀ːri | -pə́ːgətəri, -tri/ *adj.* 〘(a1670) □ LL *compurgātiō(n-)* ← L *compurgāre* to purify wholly ← COM- 2 +*purgāre* to make clean (⇨ purge)〙
com·pur·ga·tor /ká(ː)mpə(ː)gèɪtə | kɔ́mpəːgeɪtə(r/ *n.* 《古》〘英法〙(被告の無罪を保証する)免責宣誓者． 〘(1533) □ ML *compurgātor* ← *compurgāre* (↑): ⇨ -or²〙
Com·pu·Serve /ká(ː)mpjʊsə̀ːv | kɔ́mpjʊsə̀ːv/ *n.* コンピュサーブ《米国最大のコンピューターネットワーク・オンライン情報サービス会社》.
com·put·a·ble /kəmpjúːtəbl | kəmpjúːt-, kɔ́mpjʊt-/ *adj.* 計算[算定]できる． **com·put·a·bil·i·ty** /kəmpjùːtəbíləti | kəmpjùːtəbílɪti, kɔ̀mpjʊt-/ *n.* **com·pút·a·bly** *adv.* 〘(1646) □ L *computābilis* ← *computāre*: ⇨ -able〙
com·pu·ta·tion /kà(ː)mpjʊtéɪʃən | kɔ̀m-/ *n.* **1** 計算，計量，算定(法) (calculation). **2** 計算の結果． **3** コンピューターの使用[操作]. 〘(?c1408) □ L *computātiō(n-)* ← *computātus* (p.p.) ← *computāre* 'to COMPUTE': ⇨ -ation〙
com·pu·ta·tion·al /kà(ː)mpjʊtéɪʃnəl, -ʃənl | kɔ̀m-⁻/ *adj.* **1** 計算の[による]: ~ errors. **2** コンピューターの[による]. 〘(1881): ⇨ ↑, -al¹〙
computátional linguístics *n.* 〘言語〙コンピューター言語学《コンピューターを使用して言語に関する情報を収集し処理する》. 〘1964〙
com·pu·ta·tor /ká(ː)mpjʊtèɪtə | kɔ́mpjʊteɪtə(r/ *n.* 計算する人[もの] (computer, calculator). 〘(1610) □ L *computātor* ← computāre: ⇨ -or²〙
com·pute /kəmpjúːt/ *vt.* **1** 計算[算出]する，算定する (reckon): ~ the number [amount, distance] at …数[量，距離]を…と算定する． **2** コンピューターで計算する[に掛ける] (⇨ calculate SYN). — *vi.* **1** 計算する: ~ from …から起算する． **2** コンピューターを使用する． — *n.* 計算，測定． ★ 主に次の句で: beyond ~ 計算できない; 測り知れない． **com·pú·ta·tive** /-tətɪv | -tətɪv/ *adj.* 〘(1631) □ F *computer* // L *computāre* to sum up ← COM-+*putāre* to think (⇨ putative)〙
com·put·er /kəmpjúːtə | -tə(r/ *n.* **1** (電子)計算機，電算機，コンピューター: by ~ コンピューターによって / use [operate] a ~ コンピューターを使う / program a ~ コンピューターのプログラムを組む / install a ~ コンピューターをすえつける / store information in a ~ (後で取り出せるようにそのままの形で)情報をコンピューターに入れておく / feed information into a ~ (処理を加えるために)情報をコンピューターに送り込む / ⇨ analogue computer, digital computer, personal computer. **2** 計算者，算定者．〘(1646): ⇨ -er¹〙
compúter-àided *adj.* コンピューター援用[支援]の．
compúter-aided desígn *n.* コンピューター援用設計 (略 CAD). 〘1963〙
compúter-aided manufácture *n.* コンピューター援用製造 (略 CAM).
compúter animátion *n.* コンピューターアニメーション《コンピューターを利用したアニメーション(制作)》.
compúter-assísted *adj.* =computer-aided.
com·put·er·ate /kəmpjúːtərɪt | -tə-/ *adj.* コンピューターに習熟[精通]した，コンピューターがわかる． **com·put·er·a·cy** /kəmpjúːtərəsi, -trə- | -tərə-, -trə-/ *n.* 〘(1981) 《混成》← COMPU(TER)+(LI)TERATE〙
compúter cònferencing *n.* (遠距離通信による)コンピューター会議．
compúter críme *n.* コンピューター犯罪．
compúter crìminal *adj.* コンピューター犯罪者．
compúter dàting *n.* コンピューターによる結婚[男女交際]の仲介: a ~ agency コンピューター利用の結婚[交際]斡旋(あっせん)会社． 〘1966〙
compúter-enhánced *adj.* 〈衛星写真などが〉コンピューター処理により画質を向上させた．
compúter enháncement *n.* コンピューターの使用による画質向上(処理).
com·put·er·ese /kəmpjùːtəríːz, -ríːs | -təríːz⁻/ *n.* **1** =computer language. **2** コンピューター用語． 〔⇨ computer, -ese〕
compúter gàme *n.* コンピューターゲーム． 〘1965〙
compúter gráphics *n.* [単数扱い] コンピューターグラフィックス，コンピューター作画 (略 CG). 〘1965〙
compúter-íntegrated manufácture *n.* コンピューター統合製造 (略 CIM).
com·pú·te·rist /-tərɪst | -tərɪst/ *n.* コンピューター熟練者[作業者，熱中者]. 〘(1979): ⇨ -ist〙
com·put·er·ite /kəmpjúːtəràɪt | -tə-/ *n.* =computernik.
com·put·er·ize /kəmpjúːtəràɪz | -tə-/ *vt.* **1** コンピューターで処理[制御，分析]する，コンピューター化する: ~ a system. **2** …にコンピューターを備えつける． — *vi.* コンピューターを導入する[使用する]. **com·put·er·i·za·tion** /kəmpjùːtərɪzéɪʃən | -təraɪ-, -rɪ-/ *n.* コンピューター化[導入]. 〘(1960): ⇨ -ize〙
com·put·er·ized /kəmpjúːtəràɪzd | -tə-/ *adj.* **1** コンピューターで処理された; コンピューター化した． **2** (情報などが)コンピューターに蓄積された．
compúterized áxial tomógraphy *n.* 〘医学〙コンピューター(体軸)断層撮影法《computerized tomography ともいう; 略 CAT》.
compúter lànguage *n.* コンピューター言語 (cf. ALGOL, COBOL, FORTRAN, assembly language, compiler language, machine language).
compúter làw *n.* コンピューター(関連)法《コンピューター犯罪やソフトウェアの著作権などに関する法律》.
compúter·like *adj.* コンピューターのような．
compúter líteracy *n.* コンピューターに習熟[精通]していること． 〘1970〙
compúter-líterate *adj.* コンピューターに習熟[精通]している． 〘1976〙
compúter·màn /-mæ̀n/ *n.* (*pl.* **-men** /-mèn/) = computer scientist.
compúter módeling *n.* コンピューターによる立体映像[モデル]化．
com·put·er·nik /kəmpjúːtənɪk | -tə-/ *n.* 《米》コンピューター操作係[技術者，専門家]; コンピューターに関心のある人; パソコンおたく[マニア]. 〘← COMPUTER+-NIK〙
compúter·phòbe *n.* コンピューター恐怖症[不信]の人．
compùter·phóbia *n.* コンピューター恐怖症．
compúter prógram *n.* コンピュータープログラム．
compúter prógrammer *n.* コンピュータープログラマー．
compúter scíence *n.* 計算機科学，コンピューターサイエンス《コンピューターソフトウェア・データ処理・設計などを扱う科学》. 〘1961〙
compúter scíentist *n.* 計算機科学者． 〘1968〙
compúter týpesetting *n.* 〘印刷〙電算写植． 〘1970〙
compúter vírus *n.* =virus 2.
compúter vísion *n.* コンピュータービジョン: **1** ビデオカメラで得た画像の情報をコンピューターで処理するもので，自動操縦・遠隔操作による生産管理などに用いる． **2** 視覚情報を触覚信号に変える盲人用の同様なシステム．
com·pu·ter·y /kəmpjúːtəri | -tə-/ *n.* **1** [集合的] コンピューター; コンピューターシステム． **2** コンピューター使用[操作，製造].
com·put·ing /kəmpjúːtɪŋ | -tɪŋ/ *n.* コンピューターの操

作[使用]: I've never done any ~ before. コンピューターをいじったことが 1 度もない.

com·pú·tor /-ṭə | -tə(r)/ *n.* =computer.

com·pu·word /kɑ́(ː)mpjuwəːd | kɔ́mpjuwəːd/ *n.* 〖電算〗コンピューター言語[用語].

Comr. 《略》Commissioner.

com·rade /kɑ́(ː)mræd, -rɨ̀d | kɔ́mreɪd, kʌ́m-, -rɨ̀d/ *n.* **1 a** [通例男性への呼び掛けにも用いて] 僚友, 仲間, 親友 (⇨ associate SYN): a ~ in arms 戦友. **b** 戦友. **2 a** [しばしば C-; 呼び掛けにも用いて] (労働[共済]組合・共産党などの)組合員, 党員, 同志: *Comrade* Peter 同志ピーター. **b** [C-] 共産党員. 〖(1591) □ F *camarade* □ Sp. *camarada* chamber fellow ← *cámara* room < L *cameram* (⇨ camera): 英語の *com-* は L *com-* (⇨ com- 1) の類推〗

cóm·rade·ly *adj.* 仲間[同志]の; 仲間[同志]に似た. **cóm·rade·li·ness** *n.* 〖(1880): ⇨ -ly²〗

com·rad·er·y /kɑ́(ː)mrædəri, -rɨ̀d-, -dri | kɔ́mreɪdəri, kʌ́m-, -rɨ̀d-, -dri/ *n.* 友情, 仲間意識 (camaraderie). 〖1879〗

cómrade·ship *n.* **1** 仲間[同志]であること; 戦友であること; 仲間[戦友]同士. **2** 同志間の親しい関係[交わり], 僚友関係, 友愛, 友情 (fellowship): a sense of good ~ 美しい友情の念. 〖(1821): ⇨ -ship〗

coms /kɑ́(ː)mz | kɔ́mz/ *n.* =combination 2 c.

Com·sat /kɑ́(ː)msæt | kɔ́m-/ *n.* 〖通信〗コムサット, 通信衛星《電波を反射または中継するための人工衛星》. 〖(1962) ← *com*(*munications*) *sat*(*ellite*)〗

Com·so·mol /kɑ́(ː)msəmɔ̀(ː)l, -mɑ̀(ː)l, ⏑⏑⏑ | kɔ́msəmɔ̀l, ⏑⏑⏑; *Russ.* kəmsamól/ *n.* =Komsomol.

Com·stock /kɑ́(ː)mstɑ(ː)k, kʌ́m- | kɔ́mstɔk, kʌ́m-/, **Anthony** *n.* カムストック《1844–1915; 米国の狂信的な作家・社会改良家; the New York Society for the Suppression of Vice の創立者》. 〖1866〗

Com·stock·er·y /kɑ́(ː)mstɑ(ː)k(ə)ri, kʌ̀m- | kɔ́mstɔk(ə)ri, kʌ́m-/ *n.* 《米》**1** (文芸・美術作品についての) 極端な道徳的批判・弾劾・検閲. **2** 道学者的偽善, (淑女風の)上品振り (prudery). **Com·stock·i·an** /kɑ(ː)mstɑ́(ː)kiən, kʌm- | kɔmstɔ́k-, kʌm-/ *adj.* 〖(1905): ⇨ ↑, -ery: G. B. Shaw の造語?〗

Cómstock Lóde /kɑ́(ː)mstɑ(ː)k-, kʌ́m- | kɔ́mstɔk-, kʌ́m-/ *n.* [the ~] コムストック脈《米国 Nevada 州西部, Virginia City の金銀の鉱脈; 1859 年に発見》. 〖← *H. T. Comstock* (1820–70: その最初の所有者)〗

com·symp /kɑ́(ː)msɪmp | kɔ́m-/ *n.* 《米》共産党シンパ[共鳴者]. 〖(*c*1961) ← *com*(*munist*) *symp*(*athizer*)〗

comte /kɔ̃ː(n)t, kɔ́ːnt; *F.* kɔ̃ːt/ *F.n.* (*pl.* **~s** /~s; *F.* ~/) 伯爵 (count). 〖(1611) □ F ~: ⇨ count²〗

Comte /kóʊnt, kɔ̃ː(n)t, kɔ́ːnt | kɔ́nt, kɔ̃ː(n)t, kɔ́ːnt; *F.* kɔ̃ːt/, **Auguste** *n.* コント《1798–1857; フランスの哲学者・数学者; 実証主義哲学の唱道者・社会学の創始者; *Cours de philosophie positive*「実証哲学講義」(1830–42)》.

Com·te·an /kɑ́(ː)nṭiən, kɔ̃ː(n)ṭ-, kɔ́ːnṭ- | kɔ́nt-, kɔ̃ː(n)t-, kɔ́ːnt-/ *adj.* =Comtian.

com·tesse /kɔ̃ːtés, kɔːn-; *F.* kɔ̃tɛs/ *F. n.* (*pl.* **com·tess·es** /~ɨ̀z; *F.* ~/) 伯爵夫人; 女伯爵 (countess). 〖(1902) □ F ~ (fem.) ← *comte*〗

Com·ti·an /kɑ́(ː)mṭiən, kɔ̃ː(n)ṭ-, kɔ́(ː)nṭ- | kɔ́nt-, kɔ̃ː(n)t-, kɔ́ːnt-/ *adj.* Comte (哲学)の. 〖(1855): ⇨ -an¹〗

Comt·ism, c- /kɑ́(ː)mtɪzm, kɔ̃ː(n)t-, kɔ́ːnt- | kɔ́nt-, kɔ̃ː(n)t-, kɔ́ːnt-/ *n.* Comte の哲学, 実証哲学 (positivism). 〖(1872): ⇨ -ism〗

Comt·ist, c- /kɑ́(ː)ntɨ̀st, kɔ̃ː(n)t-, kɔ́ːnt- | kɔ́nt-, kɔ̃ː(n)t-, kɔ́ːnt-/ *n., adj.* Comte 哲学の学徒(の), 実証哲学者(の) (positivist). 〖(1875): ⇨ -ist〗

Com·trex /kɑ́(ː)mtrɛks | kɔ́m-/ *n.* 〖商標〗コントレックス《米国 Bristol-Myers 社製のせき止めかぜ薬》.

Co·mus /kóʊməs | kə́ʊ-/ *n.* 〖ギリシャ・ローマ神話〗コーモス《宴楽の神; たいまつをもち翼のある酔っぱらった青年として表される》. 〖□ L *Cōmus* □ Gk *kômos* revel: cf. comedy〗

Com. Ver. 《略》《英》Common Version (of the Bible).

con¹ /kɑ́(ː)n | kɔ́n/《口語》*vt.* **1** だます, 欺く (cheat). **2** おだてて[説得して]…させる 〈*into*〉: ~ a person *into* buying 人をおだてて買わせる. **3** …にお世辞を言う (blarney). — *adj.* 信用詐欺の: ⇨ con game, con man. — *n.* (金銭の)盗用, 横領. 〖(1889)《略》← CONFIDENCE〗

con² /kɑ́(ː)n | kɔ́n/ *adv.* 反対して, 反対で (against) (↔ pro): argue a matter pro and ~ 賛否両論で問題を論ずる. — *n.* **1** 反対投票; 反対論, 反対意見; 反対の立場: the pros and ~*s* ⇨ pro² 成句. **2** 反対論者, 反対の立場の人. — *prep.* …に反対して (contra). 〖(*c*1470)《略》← L *contrā* against〗

con³ /kɑ́(ː)n | kɔ́n/ *vt., n.* (**conned; con·ning**) = conn.

con⁴ /kɑ́(ː)n | kɔ́n/ *vt.* (**conned; con·ning**)《古》学ぶ, 学習する (study); 暗記する: ~ (over) one's lesson. 〖OE *cann, conn* ← *cunnan* to know: ⇨ can²〗

con⁵ /kɑ́(ː)n | kɔ́n/ *n.* 集会, 大会《特に 特定の文学ジャンルの愛好者の集まり》. 〖(*c*1975)《略》← CONVENTION〗

con⁶ /kɑ́(ː)n | kɔ́n/ *n.* 《俗》=convict. 〖(1893)《略》〗

con⁷ /kɑ́(ː)n | kɔ́n/ *n.* 《俗》**1** 肺結核, 肺病. **2** 結核を合併した硅(けい)肺症. 〖《略》← CONSUMPTION〗

con⁸ /kɑ́(ː)n | kɔ́n; *It.* kon/ *prep.* 〖音楽〗…をもって: ⇨ con affetto, con amore. 〖□ It. ~ < L *cum*¹〗

Con 《略》Conformist; Conservative; Constable; Consul.

con. 《略》concentration; concerning; 〖音楽〗concerto; conclusion; condense; conduct; 〖法律〗L. conjunx (=wife); connection; consolidated; consort; consul; continued; contra; convenience; conversation.

con-¹ /kən, kɑ(ː)n | kən, kɔn/ *pref.* (b, gn, h, l, m, p, r, w 以外の子音の前にくるときの) com- の異形.

con-² /koʊn, kɑ(ː)n | kəʊn, kɔn/ (母音の前にくるときの) cono- の異形.

con·a·cre /kɑ́(ː)neɪkə | kɔ́neɪkə(r), kɔnéɪ-/ 《アイル》*n.* (耕作済み)小作地の一作間の転貸. — *vt.* (一作間だけ)〈土地を〉転貸する. 〖(1824)《変形》← 《古形》*corn-acre*: ⇨ corn¹, acre〗

con af·fet·to /kɑ̀(ː)nəféṭoʊ | kɔ̀nəfétəʊ; *It.* konafétto/ *adv.* 〖音楽〗感情を込めて. 〖□ It. ~〗

Co·na·kry /kɑ́(ː)nəkri | kɔ̀nəkríː, kɔ́nəkri; *F.* kɔnakʁi/ *n.* コナクリ《アフリカ西部ギニア西部の海港で同国の首都; Konakri ともいう》.

con·al·bu·min /kɑ̀(ː)nælbjúːmɨ̀n | kɔn-/ *n.* 〖生化学〗コナルブミン《卵白蛋白質成分の約 14% を占める蛋白質; 卵白からオヴァルブミン (ovalbumin) を晶出させたあとの母液から得られる》. 〖← *con-* 'COM-'+ALBUMIN〗

con a·mo·re /kɑ̀(ː)nəmɔ́ːri, kɔ̀(ː)n-, -reɪ | kɔ̀nəmɔ́ːreɪ, -ri; *It.* konamóːre/ *adv.* **1** 〖音楽〗愛情を込めて, 優しく. **2** 愛情をもって; 熱心に. 〖(1739) □ It. ~: ⇨ con⁸, amorous〗

Co·nan /kóʊnən, kɑ́(ː)n- | kə́ʊn-, kɔ́n-/ *n.* コナン《男性名》. 〖← ? OCelt. **kuno-* high〗

Conan Doyle, Sir **Arthur** *n.* ⇨ Doyle.

con a·ni·ma /kɑ(ː)nǽnəmɑ̀ː, koʊnáːnɪ- | kɔnǽnɪ-, -áːn-; *It.* konáːnimà/ *adv.* 〖音楽〗生き生きと《演奏上の指示》. 〖(*c*1906) □ It. ~: ⇨ con⁸, anima〗

Co·nant /kóʊnənt | kɔ́n-/, **James Bryant** *n.* コナント《1893–1978; 米国の化学者・教育家; Harvard 大学総長 (1933–53)》.

co·na·tion /koʊnéɪʃən | kəʊ-/ *n.* 〖心理〗コーネーション《意欲・努力などに見られる行動への意識的傾向; cf. affection 2 b, cognition 1》; 意欲感[活動]. **~·al** /-ʃnəl, -ʃənl/ *adj.* 〖((1615)) (1836–37) □ L *cōnātiō*(*n-*) endeavor ← *cōnātus* 'CONATUS': ⇨ -ation〗

co·na·tive /kóʊnəṭɪv | kə́ʊnət-/ *adj.* **1** 〖心理〗意志的な. **2** 〖文法〗動能的な, 行為遂行意欲を示す. — *n.* 〖文法〗動能動詞[接辞]. 〖(*a*1688) □ L *cōnātīvus* ← *cōnārī* to endeavour〗

co·na·tus /koʊnéɪṭəs | kəʊnéɪtəs/ *n.* (*pl.* ~) 〖哲学〗自然の傾向, 推進力; 自然性《スピノザ哲学で事物のもつ自己維持または存在持続の努力をいう言葉》. 〖(1665) □ L *cōnātus* endeavor, effort ← L *cōnārī* to attempt〗

con bri·o /kɑ(ː)nbríːoʊ, koʊn- | kɔnbríːəʊ; *It.* kombríːo/ *adv.* 〖音楽〗はつらつと, 元気よく. 〖(*c*1891) □ It. ~: ⇨ con⁸, brio〗

conc. 《略》concentrate; concentrated; concentration; concerning; concrete.

con·ca·nav·a·lin /kɑ̀(ː)nkənǽvəlɨ̀n | kɔ̀nkənǽvəlɪn/ *n.* 〖化学〗コンカナバリン《ナタマメに含まれる 2 種のグロブリン状の蛋白質; その一つのコンカナバリン A は細胞を凝集させる働きをもつ》. 〖(1917) ← *con-* 'COM-'+*canavarin* (← NL *Canavalia* genus name of the jack bean)〗

con·cas·sé /kɑ̃ː(ŋ)kæséɪ, kɑ̀ːŋ- | ⏑⏑⏑; *F.* kɔ̃kase/ *adj.* 〈野菜・特にトマトを〉ざっくり刻んだ.

con·cat·e·nate /kɑnkǽṭənèɪt, kɑ(ː)n-, -tŋ- | kənkǽtɨ̀neɪt, kən-, -tŋ-/ *vt.* 鎖状につなぐ, つなぎ合わせる, 連結する. — /kənkǽṭənɨ̀t, kɑ(ː)n-, -tŋ- | kənkǽtɨ̀n-, kɔn-, -tŋ-/ *adj.* 連鎖状の, つながった, 連結した. 〖(1471) □ L *concatēnatus* (p.p.) ← *concatēnāre* ← *con-* 'COM- 1'+*catēna* chain: cf. catenary〗

con·cat·e·na·tion /kɑnkæṭənéɪʃən, kɑ(ː)n-, -tŋ- | kənkæ̀tɨ̀néɪʃən, kɔn-, -tŋ-/ *n.* **1** 連結(すること), 連鎖. **2** (事件などの)連結, 連続 (series): a ~ of events, circumstances, etc. / put a person off from the ~ of discourse 人の話の腰を折る. **3** 〖電気〗縦続, 縦続接続 (cascade connection). 〖(1603) □ L *concatēnātiō*(*n-*): ⇨ ↑, -ation〗

con·cave /kɑ̀(ː)nkéɪv | kɔ̀n-⏑, kən-/ *adj.* **1** 凹面[形]の, 中低の, くぼんだ (cf. convex 1): a ~ lens 凹(おう)レンズ (⇨ lens 挿絵) / a ~ mirror 凹面鏡 / a ~ tile 雌がわら / a ~ circular saw 皿のこ《皿状に湾曲した丸のこ刃》. **2** 〖数学〗凹の, 凹面の. **3** 《廃》中空の, 中がからっぽの. — /kɑ́(ː)nkeɪv | kɔ́n-/ *n.* **1** 凹形, くぼみ, 凹面: the spherical ~ 空, 大空. **2** 〖機械〗凹面, 凹形. — /kɑ(ː)nkéɪv | kɔn-, kən-/ *vt.* 凹面にする, へこませる. **~·ly** *adv.* **~·ness** *n.* 〖(*a*1398) □ L *concavus* hollow, arched, curved: ⇨ com-, cave¹〗

cóncave gráting *n.* 〖光学〗凹面(回折)格子.

cóncave pólygon *n.* 〖数学〗凹多角形, 凹多辺形《少なくとも一つの角が平角 (180°) より大きい多角形》.

con·cav·i·ty /kɑ(ː)nkǽvəṭi | kɔnkǽvɨ̀ti, kən-/ *n.* **1** 中低; 凹状. **2** 凹面; 凹所, くぼみ. 〖(*a*1400) □ (O)F *concavité* □ L *concavitās*: ⇨ concave, -ity〗

con·ca·vo- /kɑ(ː)nkéɪvoʊ | kɔnkéɪvəʊ, kən-/「凹面[形]の (concave); 凹面[形]に (concavely)」の意の連結形 (cf. convexo-). 〖← L *concavus*: ⇨ concave〗

concávo-concáve *adj.* 〖光学〗〈レンズが〉両凹面の, (表裏)両面中低の: a ~ lens 両凹レンズ (⇨ lens 挿絵).

concávo-convéx *adj.* **1** 凹凸(おうとつ)の《半面が凹状で他の半面が凸状のものにいう》. **2** 〖光学〗〈レンズが〉凹面の曲率が凸面より大きい《片面中低[凹状]で他面中高[凸状]のものにいう; cf. convexo-concave》: a ~ lens 凹メニスカスレンズ (⇨ lens 挿絵). 〖1676〗

con·ceal /kənsíːl/ *vt.* **1 a** 目に見えないようにする[置く], 隠す, 包み隠す (⇨ hide¹ SYN); 隠匿する: ~ one's emotions 感情をおもてに表さない / ~ the area from aerial surveillance その地帯を空中監視されないようにする. **b** [~ oneself で] 身を隠す, 潜伏する, 隠れる: ~ *oneself* in the bush. **2** 人に知られないようにする, 秘密にする: ~ one's poverty, ignorance, nervousness, fear, etc. / I ~ nothing *from* you. 君には何も隠さない, 君に打ち明ける. **~·er** /-lə | -lə(r)/ *n.* 〖(*a*1325) *concele*(*n*) □ OF *conceler* < L *concēlāre* ← *con-* 'COM- 1'+*cēlāre* to hide〗

con·ceal·a·ble /kənsíːləbl/ *adj.* 隠せる; 秘密にできる. 〖(1646): ⇨ ↑, -able〗

con·céaled wéapon *n.* 隠匿凶器.

con·céal·ment *n.* **1** 隠すこと, 隠匿, 隠蔽(いんぺい); 潜伏: ~ of birth 出産の隠匿[無届] / remain in ~ 隠れている. **2** 隠し場所, 隠匿場所; 潜伏場所. 〖(*a*1325) □ OF *concelement*: ⇨ conceal, -ment〗

con·cede /kənsíːd/ *vt.* **1 a** 正しいものとする, 認める 〈*that*〉: He ~*d that* the witness was right. 目撃者のいうことは正しいと認めた / *Conceding*, for a moment, *that* he is right, … 仮に今彼が正しいことを認めたとして. **b** しぶしぶ認める, 容認する 〈*that*〉 (⇨ acknowledge SYN): He ~*d that* my proposal might be better. 私の提案のほうがよいかもしれないと彼はやっと認めた. **2 a** 〈権利・特権などを〉許す, 譲与する, 与える (⇨ grant SYN): ~ a privilege *to* a person / He ~*d* us the right to enter. 入場の権利を認めてくれた. **b** (権利・特権として)与える[許す] (allow); 譲る, 譲歩する (yield): They ~*d* an increase in his wages. 彼の賃上げを許した / ~ five points to him = ~ him five points 彼に 5 点のハンディを与える / ~ a point in argument 議論である点を譲る / ~ a person the palm of victory 人に勝利を譲る. **3 a** 相手に〈ゴール[点]を〉許す: ~ a goal. **b** (競技・選挙などで, 最終の結果を待たずに)〈(自分の)敗北・(相手の)勝利を〉認める; (競技・選挙などで)〈相手に〉敗北したと認める, …での〈相手の〉勝利を認める[許す] 〔*to*〕: ~ defeat (in the election) / ~ victory *to* an opponent / They ~*d* us the victory. 我々の勝ちだと言った / ~ the game [election] *to* one's opponent 競技相手[対立候補]の勝利を認める. — *vi.* **1** 譲歩する; 承認する. **2** 選挙の敗北を認める. **con·céd·er** /-ḍə | -də(r)/ *n.* 〖(1632) □ F *concéder* // L *concēdere* to give way ← *con-* 'COM- 1'+*cēdere* to yield (⇨ cede)〗

con·céd·ed·ly /-ḍɨ̀dli | -dɨ̀d-/ *adv.* 明白に (admittedly). 〖(1882): ⇨ -ed 2, -ly¹〗

con·ceit /kənsíːt/ *n.* **1** (自己の能力・価値などに対する)過大評価, 自負心, うぬぼれ, 慢心 (⇨ pride SYN): be full of ~ うぬぼれが強い / knock the ~ out of a person 人の高慢の鼻をくじく, 人をへこませる. **2 a** 〖文学〗(詩文の)機知に富んだ[凝った]表現, 奇抜な比喩, コンシート《二つの物の間に意表をつくような相似性を発見するもの; 17 世紀にはよい意味で用いられたが, 18 世紀の Johnson の時代には悪い意味で用いられた》: poetry full of artificial ~*s* 極端に技巧を弄した表現に富む詩. **b** 奇抜な着想, 奇想. **3** 小間物, 装飾品, 意匠品 (fancy article). **4** 《古》**a** 私見, 独断, 意見; 評価: be wise in one's own ~ 自分では賢いつもり. **b** 考え, 思考. **c** 想像力, 思考力.

out of concéit with 《古》…にいや気がさして, 愛想が尽きて: put a person *out of* ~ *with* …に対して人にいや気を起こさせる.

— *vt.* **1** [~ oneself で] 得意になる: ~ *oneself* over one's success 成功で得意になる. **2 a** 《廃》理解する. **b** 《廃・方言》想像する, 考える: a well-*conceited* play 趣向を凝らした劇. **3** 《廃・英方言》…が気に入る, …を好む. — *vi.* 《廃・方言》考える.

〖(*c*1380) *conceyte*: DECEIT, RECEIPT などとの類推で CONCEIVE から造られた語: cf. It. *concetto* (< LL *conceptum* 'CONCEPT')〗

con·céit·ed /-ṭɨ̀d | -tɨ̀d/ *adj.* **1** うぬぼれの強い, 思い上がった, 気取った. **2** 奇抜な[凝った]表現に富む: one's ~ wit. **3** 《廃》〔…の〕意見をもった, 〔…に〕好意をもった 〔*to, of*〕. **4** 《廃》賢い. **5** 《方言・廃》気まぐれな. **~·ness** *n.* 〖(1542): ⇨ ↑, -ed 2〗

con·céit·ed·ly *adj.* うぬぼれて, 気取って. 〖(1588): ⇨ ↑, -ly¹〗

concéit·less *adj.* **1** 《まれ》考えのない. **2** 《Shak》愚かな. 〖1594〗

con·ceiv·a·bil·i·ty /kənsìːvəbíləṭi | -lɨ̀ti/ *n.* 想像できること; 考えられること. 〖(1825): ⇨ ↓, -ity〗

con·ceiv·a·ble /kənsíːvəbl/ *adj.* **1** 考えられる, 想像できる: a ~ theory / It is hardly ~ that he will succeed. 彼が成功することは考えられない. **2** [最上級の形容詞または every を伴って] 想像できる限りの: every ~ means (考えられる)ありとあらゆる手段 / It is the best ~. それ以上のものは思い及ばない. **~·ness** *n.* 〖(*c*1454): ⇨ conceive, -able〗

con·céiv·a·bly /-bli/ *adv.* 考えられるところでは, 想像では; あるいは, 多分 (possibly). 〖(1625): ⇨ ↑, -ly¹〗

con·ceive /kənsíːv/ *vt.* **1 a** 〈考え・意見・恨み・目的などを〉心に抱く; 〈計画などを〉思いつく, 立てる (devise, form): ~ an idea, a purpose, etc. / ~ a dislike for … がいや[きらい]になる / a badly ~*d* scheme まずい計画 / She ~*d* a warm affection for him. 彼に温かい愛情を抱いた. **b** [目的語+補語または *to do* を伴って] 想像する, 考える (imagine): ~ oneself secure 自分を安全だと考える / ~ something (*to* be) possible あることを可能だと考える. **c** 〈…と〉考える (think) 〈*that*〉: I can't ~ *that* anything is wrong with his proposal. 彼の提案のどこかに問題があるなんて考えられない / I can't even begin to ~ why he (should have) killed himself! 彼がなぜ自殺し(なければならなかっ)たのか全く思いもつきません. **2 a** 〈子を〉孕(はら)む: ～ a child 子を宿す. **b** 〈父親が〈子を〉もうける (beget). **c** 《文語》[通例受身で] (特定の方法で)始める, 創建する (originate): America *was* ～*d* in liberty. アメリカは自由という理念のもとに建国された. **3** 《文語》[通例受身で] 表現する, 言い表す (express): The notice *was* ～*d* in plain language. その告示は平易な言葉で表現されていた. **4** 《古》理解する, わかる (understand): I ～ you [your meaning]. 君の言うことはわかる. **—** *vi.* **1** [通例 ～ *of* として] 想像する, 思う (think): ～ *of* a plan 一案を思いつく / Can you ～ *of* her *as* the author of a book like that? 彼女がそのような本の著者なんて想像できますか / I can't ～ *of* his kill*ing* himself. 彼が自殺するなんて考えられない. **2** 妊娠する. **con·céiv·er** *n.* 〚(?c1280) *conceve(n)* ◻ OF *conceiv-* (stem) ← *concevoir* < L *concipere* to take in, perceive ← *con-* 'COM- 1'＋*capere* to take〛

C

con·cel·e·brant /kənséləbrənt, kɑ(ː)n- | kənsél͡ɨ-, kən-/ *n.* 〖カトリック〗共同ミサを行う司祭. 〚(⇨ ↓, -ant)〛

con·cel·e·brate /kənséləbrèɪt, kɑ(ː)n- | kənsél͡ɨ-, kən-/ *vi.* 〖カトリック〗(叙品・叙階の際に)二人以上の司祭[司教]が共同でミサ (Mass) を行う. 〚(1572) ← L *concelebrātus* (p.p.) ← *concelebrāre* to celebrate in great numbers: ⇨ com-, celebrate〛

con·cel·e·bra·tion /kənsèləbréɪʃən, kɑ(ː)n- | kənsèl͡ɨ-, kən-/ *n.* 〖カトリック〗(二人以上の司祭で行われる)共同ミサ. 〚(1847): ⇨ ↑, -ation〛

con·cent /kənsént | kən-, kɔn-/ *n.* 《古》(声や音の)一致, 調和 (concord). 〚(1585) ◻ L *concentus* harmony ← *concinere* to sing together ← *con-* 'COM- 1'＋*canere* to sing: cf. chant〛

con·cen·ter /kənséntə, kɑ(ː)n- | kənséntə^(r)/ *vt.* 一点に集める, 集中させる. **—** *vi.* 一点に集まる, 集中する. 〚(1598) ◻ F *concentrer*: ⇨ com-, center〛

con·cen·trate /kɑ́(ː)nsəntrèɪt, -sn̩-, -sen- | kɔ́ns͡ɨn-, -sn̩-, -sen-/ *vt.* **1** 一点に注ぐ, 一箇所に集める, 集中する, 集結させる (focus): ～ rays of light *into* a single beam 光線を一つの光束に集結させる / ～ one's attention [thought, efforts] *on* [*upon*] …に注意[思考, 努力]を集中する / ～ troops *at* [*in*] one place 一箇所に軍隊を集める. **2 a** 凝集[凝縮, 濃縮]する, 濃くする (condense): ～ acids by evaporation. **b** …の真髄を表す: His philosophy is ～*d* in this book. 彼の哲学の真髄がこの本に凝縮されている. **3** 〖鉱山〗〈鉱石を〉選鉱する: ～ ores by washing 水洗いして鉱石を選鉱する. **—** *vi.* **1** 〈人が〉全力を注ぐ, 注意力[努力]を集中する, 専心する 〔*on, upon*〕: ～ *on* [*upon*] a subject / She ～*d on* being a good teacher. よき教師になろうと打ち込んだ / He's so nervous he can't ～. いらいらしていて専心できない. **2** 一点に集まる, 集中する: ～ in cities. ***cóncentrate the*** [*a person's*] ***mind*** 〈状況などが〉人に真剣に物を考えさせる, 人の思考を集中させてくれる. **—** *adj.* =concentrated. **—** *n.* **1** 濃縮物, 濃縮液. **2** 〖鉱山〗精鉱 (選鉱して得られた品位の高い鉱石). **3** =concentrated feed. 〚(1640) ← *con-* 'COM-'＋L *centrum* 'CENTER'＋-ATE³〛

con·cen·trat·ed /kɑ́(ː)nsəntrèɪt͡ɨd, -sen- | kɔ́ns͡ɨn-trèɪt-, -sn̩-, sen-/ *adj.* **1** 濃厚にされた, 凝集された, 濃縮した (↔ dilute): ～ food (水分を蒸発して作った)濃厚食料 / ～ juice 濃縮ジュース / ～ spray 濃厚噴霧. **2 a** 集中した: ～ fire 集中砲火. **b** 集中的な, 熱中した: ～ efforts / He read the letter with the most ～ attention. わき目もふらずその手紙を読んだ. **3** 〖鉱山〗選鉱された. 〚(1689): ⇨ ↑, -ed〛

cóncentrated cónstant *n.* 〖電気〗集中定数 (cf. distributed constant).

cóncentrated féed *n.* 濃厚飼料 (家畜用の穀物・豆かす・油かすなど).

cóncentrate spráyer *n.* 濃厚噴霧機 (low gallonage sprayer, mist concentrate sprayer ともいう).

con·cen·tra·tion /kɑ̀(ː)nsəntréɪʃən, -sn̩-, -sen- | kɔ̀ns͡ɨn-, -sn̩-, -sen-/ *n.* **1** 集中すること; (精神・努力などの)集中, 専心, 専念 (absorption): ～ of energy, mind, etc. / the power of intellectual ～ 知的集中力. **2 a** 集中[凝集]したもの. **b** 企業の集中; 特定部門の重点化. **c** (学生の)専門分野の集中化[専攻], 重点研究. **3** 〖化学〗(溶液の)濃度, 濃縮(したもの), 凝縮(したもの) 《記号 c》. **4** 〖鉱山〗選鉱. **5** 〖軍事〗(作戦に先だつ兵力の)集結, 集中; (砲火の)集中. **6** 〖トランプ〗神経衰弱 (52 枚のカード全部を伏せ, 2 枚ずつめくって数字合わせを競うゲーム; memory ともいう). 〚(1634) ← CONCENTRATE＋-ATION〛

concentrátion càmp *n.* (捕虜・戦犯・政治犯・敵国人の)強制収容所, (特に第二次大戦中の)ナチスドイツによるユダヤ人収容所. 〚1901〛

concentrátion cèll *n.* 〖電気〗濃淡電池 (電解質濃度差を利用した電池). 〚1900〛

con·cen·tra·tive /kɑ́(ː)nsəntrèɪtɪv, -sn̩-, -sen-, kənséntrə- | kɔ́ns͡ɨntrèɪt-, -sn̩-, -sen-/ *adj.* 集中的な, 集中性の; 専心的な, 凝り性の. **～·ness** *n.* 〚(1822): ⇨ concentrate, -ive〛

cón·cen·trà·tor /-tə | -tə^(r)/ *n.* **1 a** 集中させるもの[装置]. **b** (弾薬筒内または銃口に備えた)発火集中装置. **c** (電信の)集信機. **d** (液体の)濃縮器, パルプ濃縮器. **e** 〖鉱山〗選鉱機. **2** (専門分野の)専攻学生. 〚(1853): ⇨ concentrate, -or²〛

con·cen·tric /kənséntrɪk, kɑ(ː)n- | kən-, kɔn-/ *adj.* **1** 〖数学〗〈円・球などが〉(他の円, 球と)中心を同じくする, 同心の, 共心的な (cf. eccentric 3): ～ circles 同心円. **2** 同軸の, 共軸の (coaxial). **—** *n.* 〖数学〗円心円. 〚(c1391) ◻ (O)F *concentrique* // ML *concentricus*: ⇨ com-, centric〛

con·cén·tri·cal /-trɪ̀kəl, -kl̩ | -trɪ-/ *adj.* =concentric. **～·ly** *adv.* 〚1570〛

concéntric búndle *n.* 〖植物〗包囲維管束: **a** 篩部(し)が木部を包囲する外篩包囲維管束. **b** 木部が篩部を包囲する外木包囲維管束. 〚1878〛

concéntric cáble *n.* 〖通信〗=coaxial cable. 〚1892〛

con·cen·tric·i·ty /kɑ̀(ː)nsəntrísəti | kɔ̀nsəntrís͡ɨti/ *n.* 同中心, 同心性. 〚(1803): ⇨ -ity〛

Con·cep·ci·ón /kənsèpsióʊn, kɑ(ː)n-, kənsépʃən | kənsèpsiə́ʊn; *Am.Sp.* kònsepsjón/ *n.* コンセプシオン 《チリ中央部, Bío-Bío 川の河口にある港市》.

con·cept /kɑ́(ː)nsept | kɔ́n-/ *n.* **1** (抽象的または一般的な)概念 (⇨ idea SYN): the ～ "man"「人」という概念. **2** 考え (thought). **3** 《廃》=conceit. 〚(1556) ◻ L *conceptus* (p.p.) ← *concipere* 'to CONCEIVE'〛

con·cep·ta·cle /kənséptəkl̩ | -tə-/ *n.* 〖植物〗(藻類の)生殖窠(か), 生殖器巣. 〚(1611) ◻ F ～ // L *conceptāculum* receptacle ← *conceptus* (↑)〛

cóncept àlbum *n.* コンセプトアルバム (あるコンセプトが全体に貫かれているレコードアルバム; 主としてロックの用語).

cóncept árt *n.* 〖美術〗=conceptual art.

concepti *n.* conceptus の複数形.

con·cep·tion /kənsépʃən/ *n.* **1 a** 概念, 考え (⇨ idea SYN): a clear [vague] ～ はっきりした[ぼんやりした]概念 / a person's ～ of the universe ひとりの人が考える宇宙の概念 / form a ～ of …について一つの考えをいだく / have too rigid a ～ of …についてあまりに考え方が厳格[窮屈]である / I have no ～ (of) what it is like. それがどんなものだか全然わからない / I had no [not the slightest] ～ *that* things would be so tough. 事態がそんなに困難だろうとは考えも及ばなかった. **b** 概念作用[形成]. **2** 構想, 着想, 発明, 創案, 考案 (design, plan, concept): a grand [clever, bold, stinking, original] ～ 雄大な[気のきいた, 大胆な, ひどい, 独創的な]構想[思い付き]. **3 a** 妊娠, 懐妊, 受胎 (cf. gestation 1). **b** 胎児 (fetus). **c** 《古》発端, 始まり. 〚(a1325) *concepcioun* ◻ (O)F *conception* ◻ L *conceptiō(n-)* ← *conceptus*: ⇨ concept, -tion〛

con·cép·tion·al /-ʃnəl, -ʃənl̩/ *adj.* 概念の[上の, に関する]. 〚(1855): ⇨ ↑, -al¹〛

con·cep·tious /kənsépʃəs, -tʃəs/ *adj.* 《Shak》多産の (prolific). 〚(1607–8) ← CONCEPT＋-IOUS〛

con·cep·tive /kənséptɪv/ *adj.* **1** 概念形成の. **2** 《まれ》受胎できる. 〚(1631) ◻ L *conceptīvus*: ⇨ concept, -ive〛

con·cep·tu·al /kənséptʃuəl, kɑ(ː)n-, -tʃʊl | kən-séptʃuəl, kɔn-, -tʃʊl, -tjuəl/ *adj.* **1** 概念の, 概念に関する, 概念上の. **2** 概念美術[コンセプチュアルアート]の[に関する]. **con·cep·tu·al·i·ty** /kənsèptʃuǽləti, kɑ(ː)n- | kənsèptjuǽl͡ɨti, -tʃu-/ *n.* 〚(1662) ◻ ML *conceptuālis*: ⇨ concept, -al¹〛

concéptual árt *n.* 〖美術〗コンセプチュアル[コンセプト]アート, 概念美術 (特定の完成された状態を意図せず, 創作の理念・過程を重視する; concept art, process art, impossible art ともいう; cf. empaquetage, earthwork, antiform). 〚1969〛

concéptual ártist *n.* 〖美術〗概念芸術家.

con·cép·tu·al·ìsm /-lìzm/ *n.* 〖哲学〗(中世哲学の)概念論 (普遍 (universal) は心的対象である概念として存するという説; nominalism と realism との中間の説). 〚(1837): ⇨ -ism〛

con·cép·tu·al·ist /-l͡ɨst | -lɪst/ *n.* 〖美術〗**1** 概念芸術の信奉者. **2** =conceptual artist. 〚(1785): ⇨ -ist〛

con·cep·tu·al·is·tic /kənsèptʃuəlístɪk, kɑ(ː)n-, -tʃʊl- | kənsèptʃuəl-, kən-, -tʃʊl-, -tjuəl-ˊ/ *adj.* **1** 概念論の. **2** 概念を基にする[を用いた]. **con·cèp·tu·al·ís·ti·cal·ly** *adv.* 〚(1890): ⇨ -ist, -ic¹〛

con·cep·tu·al·ize /kənséptʃuəlàɪz, kɑ(ː)n-, -tʃʊl- | kənséptʃuəl-, kən-, -tʃʊl-, -tjuəl-/ *vt.* 概念化する; (特に)概念的に解釈する. **con·cep·tu·al·i·za·tion** /kənsèptʃuəl͡ɨzéɪʃən, kɑ(ː)n-, -tʃʊl- | kənsèptʃuəlaɪ-, kən-, -tʃʊl-, -tjuəl-, -lɪ-/ *n.* **con·cép·tu·al·ìz·er** *n.* 〚(1909): ⇨ -ize〛

con·cép·tual·ly /-tʃuəli, -tʃʊli | -tʃuəli, -tʃʊli, -tjuəli/ *adv.* 概念的に, 概念上. 〚(1890): ⇨ -ly¹〛

concéptual réalism *n.* 〖哲学〗概念実在論 (普遍は真の独立した存在を有するという立場).

con·cep·tus /kənséptəs/ *n.* (*pl.* ～·**es**, **con·cep·ti** /-taɪ/) 〖医学〗妊娠の所産; 胚, 胎児 (embryo) (この語は胎児だけでなくそれを包む各種の膜などの一切を含む). 〚(1940) ◻ L ～: ⇨ concept〛

con·cern /kənsə́ːn | -sə́ːn/ *vt.* **1** [～ *oneself* または受身で] 心配させる, 気にかけさせる: be ～*ed for* a person [a person's welfare] 人のこと[健康]を心配する / be (very, deeply) ～*ed to* hear the news [*at* the news] その知らせを聞いて(非常に)心配する / be ～*ed about* [*by*] the result その結果を気にする / Don't ～ *yourself about* what he says. 彼の言うことなんか気にかけてはいけない / be (very) ～*ed to* set the record straight 記録を正したいと(とても)気にしている. **2** [～ *oneself* または受身で] 関係させる, たずさわらせる, あずからせる 〔*in, with, about*〕: *be* ～*ed in* the matter その事件に関係している / I *am* not ～*ed with* it. 私はそれにかかわりがない, 私の知ったことではない / so [as] far as I *am* ～*ed* 私の関する限りでは, 私だけは / Where work *is* ～*ed*, I am second to none. 仕事に関する限り私はだれにも引けを取らない / a novel ～*ed with* [that ～*s*] the problem of juvenile delinquency 少年非行の問題を取り扱った小説 / ～ *oneself with* charity work 慈善の仕事に関係する[たずさわる] / ～ *oneself about* one's own affairs 自分のことに没頭する / I shall *be* ～*ed with* the problem in later chapters. その問題を後の章で扱うことにしよう. **3 a** …に影響する (affect): Political instability ～*s* us all. 政治の不安定は我々すべてに影響を与える. **b** …に関する, かかわる; …に関係する: Attend to what ～*s* you. (余計なことはよして)自分のことに気をつけよ / How [Why] does that ～ you? それがあなたにどんな[どうして]関係があるのか / It ～*s* me only so far [insofar] as …の限りにおいて私に関係がある / It doesn't ～ me (directly). それは私には(直接)関係のあることではない / To whom it may ～ 関係当事者殿 (証明書・推薦状などの宛名に用いる文句). ***as concérns*** …に関して, については (as regards, as to). 〚1872〛

— *n.* **1** [無冠詞で] 関心, 懸念(けねん), 心配 (⇨ care SYN): feel ～ about some matter, for a person's welfare, over a friend's misfortune, etc. / express [show] deep ～ at …のことがひどく心配だと言う[いう気持ちを表す] / feel ～ about …のことを心配する / have no ～ for …に何の関心もない, 少しも心配していない / out of ～ for …のことを心配して / with deep [much, growing] ～ 非常に[ますます]心配[憂慮]して / without ～ 無関心に / share in a person's ～ for … 人と共に…のことを心配する. **2 a** 関心事, 問題: My greatest ～ is [～*s* are] …私の最大関心事は…である / It's no ～ of mine [yours]. 私[君]の知ったことでない / What happens afterwards is of no ～ to me. 後のことは知ったことではない, 後は野となれ山となれ / It's of some [great] ～ to me. 私にとっていくらか[大変]関心のあることだ. **b** [しばしば *pl.*] 事柄, 用事, かかわりごと: everyday ～*s* 日常の事柄 / private ～*s* of a family 家庭の私事 / worldly ～*s* 世事, 俗事 / manage one's own ～*s* 自分のことは自分で始末する / Attend to your own ～*s*. 余計な世話を焼くな, 自分の頭のはえを追え. **c** 《口語》(漠然と)事 (matter), 物 (thing); 人 (person): I hate the whole ～. その事は(一から十まで)全くいやだ (ちっとも好きなところがない) / a rickety old ～ 古ぼけたぼろ建物 / a selfish ～ 利己的な男 / The war smashed the whole ～. 戦争で何もかもだめになった. **3** 重要性 (importance): a matter of some ～ (to me) (私にとって)多少重要な事柄 / a matter of the utmost ～ (to us) (我々にとって)きわめて重大な事件 / It's a matter of [for] growing ～ that she hasn't been heard from. 彼女から連絡がないことはますます心配なことだ. **4** 関係 (relation); 利害関係 (interest, share) 〔*in, with*〕: have no ～ *with* it それには無関係である. **5** 事業, 営業, 業務; 会社, 商店, 商会 (firm); 財団, 財閥, コンツェルン: a going ～ 繁盛している事業[会社] / buy a shop as a going ～ 店を居抜きのままで買い取る / a flourishing ～ 繁盛する商売 / a paying ～ 引き合う[もうかる]商売 / an oil ～ 石油会社. **6** 仕掛け, 装置, からくり (contrivance).
〚v.: (?c1408) ◻ (O)F *concerner* // LL *concernere* to relate to, to mix ← *con-* 'COM- 1'＋*cernere* to sift, distinguish. — n.: (1589) ← (v.)〛

con·cerned /kənsə́ːnd | -sə́ːnd/ *adj.* **1** 心配している, 気づかっている: a very ～ look [air] とても心配そうな顔つき[様子] / be deeply [very] ～ *that* …ということを深く[非常に]憂慮している. **2 a** [通例, 名詞のあとで] 関係のある, 当該…: the authorities ～ 当局(者) / the person [parties] ～ 当事者, 関係者 / everyone [all] ～ 当事者すべて. **b** 犯罪上関係のある, 連座の (implicated). **3** 現代社会(政治)問題に関心のある: a ～ student, citizen. **4** 熱心な (eager). **con·cérn·ed·ness** /-n͡ɨdn͡ɨs, -nd-/ *n.* 〚(1656): ⇨ ↑, -ed 2〛

con·cérn·ed·ly /-n͡ɨdli/ *adv.* 心配して, 気づかわしそうに. 〚(1654): ⇨ ↑, -ly¹〛

con·cern·ing /kənsə́ːnɪŋ | -sə́ːn-/ *prep.* …について, に関して (regarding, about): *Concerning* the glory of Christ, there is a lot to be said. キリストの栄光については, いろいろ言うべきことがある. **—** *adj.* やっかいな, 心配な, 気がもめる. 〚(1420) (pres.p.) ← CONCERN〛

con·cérn·ment *n.* **1** 《まれ》**a** 関係 (relation): a matter of general ～ 一般に関係のある事. **b** かかり合い (involvement); 関与 (participation). **2** 《まれ》心配, 憂慮 (anxiety). **3** 《古》重大, 重要性: a matter of vital ～ 非常に重大な事. **4** 《古》関係している事, 業務. 〚(1610) ← CONCERN＋-MENT〛

con·cert /kɑ́(ː)nsət, -sət | kɔ́nsət, -sɜːt/ *n.* **1** 音楽会, 演奏会, コンサート (cf. recital 2), 合唱, 合奏: give a ～ 音楽会を催す. **2** 《英》-sə(ː)t/ 協調, 協力, 一致, 調和 (agreement, harmony). **3** 〖音楽〗協和音 (concord). ***in cóncert*** (1) 力を合わせて, 協力して: *in* ～ with …と申し合わせて, と共同[提携]して: act *in* ～ 力を合わせて行動する. 〚1712〛 (2) 生演奏[出演]して: Madonna, live *in* ～ at Wembley, (for) one night only. ウェンブリーにおけるマドンナ生出演, 一晩のみ. (3) 声を合わせて: cry *in* ～ 異口同音に叫ぶ.
— *adj.* [限定的] コンサート用の; コンサートで演奏される[演奏できる]: a ～ pianist / a ～ hall [room] コンサートホール[演奏室].
— /kənsə́ːt | -sə́ːt/ *v.* **—** *vt.* **1** 話し合いで解決する, 協調する, 協定する, 申し合わせる (prearrange). **2** 計画する; …の手はずを整える (arrange). **—** *vi.* 協調する, 申し合わせる 〔*with*〕.
〚(1598) ◻ F *concerter* ◻ It. *concertare* to accord together < ? L *concentāre* to sing together ← *con-* 'COM- 1'＋*cantāre* to sing (⇨ chant)〛

con·cer·tan·te /kɑ̀(ː)nsətɑ́ːnti, kɑ̀(ː)ntʃə-, -teɪ | kɔ̀ntʃətǽnti, -tʃɛə-, -teɪ; *It.* kontʃertánte/ 〖音楽〗*adj.*

協奏曲形式の; すばらしい技巧[妙技]の示される: a ～ passage. ― *n.* (*pl.* **-tan·ti** /-tiː; *It.* -te/) **1** コンチェルタンテ《複数のソロ楽器をもつ 17, 18 世紀のシンフォニー》: ⇨ symphonie concertante. **2** =concertino 1. 〚(1730–36) □ It. ～ (p.p.) ← *concertare* (↑)〛

con·cer·ta·to /kɑ̀(ː)nsətáːtou, kɑ̀(ː)ntʃə- | kɔ̀ntʃətáːtəu, -tʃɛə-; *It.* kontʃertáːto/ *adj.*, *n.* (*pl.* ～**s**, **-ta·ti** /-tiː; *It.* -ti/)〖音楽〗=concertante.

cóncert bànd *n.* コンサートバンド《コントラバスやハープなどを加えることによって交響曲を演奏することができる合奏団》.

con·cert·ed /kənsə́ːtɪd | -sə́ːt-/ *adj.* **1 a** 一致協力してなされた, 共同による: ～ efforts 協力 / take ～ action 協同一致の行動をとる. **b** 協調した, 協定された, 合議の, 申し合わせた: ～ schemes 協定計画. **2**〖音楽〗合唱[合奏]の声部が相交錯しながら各自主要な部分となるように編成された. **～·ly** *adv.* **～·ness** *n.* 〚(1716): ⇨ -ed 2〛

Con·cért·ge·bouw Órchestra /kɑ(ː)nsə́ːtgə̀bàu-, kən- | kɔnsə́ːt-, kən-; *Du.* kɔnsɛ́rtxəbàu/ *n.* [the ～] コンセルトヘボウオーケストラ《オランダ Amsterdam の管弦楽団; 1888 年創設》.

cóncert·gòer *n.* 音楽会によく行く人. 〚1855〛

cóncert gránd *n.* (演奏会用)グランドピアノ. 〚1891〛

cóncert gránd piáno *n.* =concert grand.

concerti *n.* concerto の複数形.

concerti grossi *n.* concerto grosso の複数形.

con·cer·ti·na /kɑ̀(ː)nsətíːnə | kɔ̀nsə-/ *n.* **1** コンチェルティーナ《六角ちょうちん形のアコーディオンに似た楽器》. **2** (折りたたんで運べる有棘の)蛇腹式鉄条網《concertina wire ともいう》. ― *adj.* [限定的] コンチェルティーナのように)折りたためる, 蛇腹式の. ― *vt.* 折りたたむ. ― *vi.* 折りたためる. 〚(1837) ← CONCERT＋-INA²: 考案者の 19 世紀の英国の物理学者 Sir Charles Wheatstone の造語〛

con·cer·ti·no /kɑ̀(ː)ntʃətíːnou | kɔ̀ntʃətíːnəu; *It.* kontʃertíːno/ *n.* (*pl.* ～**s**, **-ti·ni** /-niː; *It.* -ni/)〖音楽〗**1** 小協奏曲. **2** (合奏協奏曲における)独奏楽器(群); その楽器群が演奏する楽節[句]. 〚(1801) □ It. ～ (dim.) ← *concerto* 'CONCERT'〛

con·cert·ize /kɑ́(ː)nsətàɪz | kɔ́nsə-/ *vi.* 《口語》演奏会に出演する; (特に)演奏旅行をする. 〚(1883): ⇨ -ize〛

cóncert·màster *n.*〖音楽〗(オーケストラの)コンサートマスター《オーケストラの指導的役割を果たす主席バイオリニスト》.

cóncert·mèis·ter /-màɪstə | -tə^(r)/ *n.*〖音楽〗=concertmaster. 〚(部分訳) ← G *Konzertmeister*〛

cóncert mùsic *n.*〖音楽〗合奏[唱]曲《独奏[唱]する人々それぞれの合奏[唱]のため作曲された曲; 例えば室内楽曲, またはオペラ・オラトリオの中のアンサンブルの曲》.

con·cer·to /kəntʃɛ́ətou | -tʃɛ́ətəu, -tʃɜ́ː-; *It.* kontʃérto/ *n.* (*pl.* **-cer·ti** /-tiː; *It.* -ti/, ～**s**)〖音楽〗協奏曲, コンチェルト《通例急―緩―急の 3 楽章から成る独奏楽器とオーケストラのための曲; 独奏楽器の特徴と独奏者の技巧を発揮させるように作曲されている》: a violin [piano] ～. 〚(1730) □ It. ～: ⇨ concert〛

concérto grós·so /-gróusou, -grɔ́(ː)s- | -grɔ́səu; *It.* -grɔ́sso/ *n.* (*pl.* **concerti gros·si** /-siː; *It.* -si/)〖音楽〗合奏協奏曲, コンチェルト グロッソ《バロック時代の器楽協奏曲形式, 独奏楽器群 (concertino) とオーケストラ (ripieno) の対比効果が特徴》. 〚(1724) □ It. ～ 'big concert': ⇨ ↑, gross〛

cóncert óverture *n.*〖音楽〗演奏会用序曲《序曲の形式と規模で作曲されているが, オペラなどとは関係なく演奏会で独立して演奏される管弦楽作品》. 〚1938〛

cóncert pàrty *n.* 《英》コンサートパーティー《海岸で歌・ダンスなどが中心に行われる特別な催し物》. 〚1883〛

cóncert perfórmance *n.* 演奏会形式による上演《オペラなどを背景・衣裳・しぐさなしで上演すること》.

cóncert pitch *n.* **1**〖音楽〗**a** =philharmonic pitch. **b** 演奏会用標準音, 演奏会調子 (cf. international pitch 2). **c** (トランペットなど移調楽器のために書かれた音符の)実音. **2** (緊張・調子・仕事ぶりなどの)異常に高い状態, 張り切った状態, 脂ののった状態. 〚1767〛

con·cert·stück /kɔnsə́ːtʃtùk | -sə́ːt-; *G.* kɔntsɛ́rtoʃtʏk/ *n.*〖音楽〗**1** (1 楽章だけの形式にとらわれない)協奏曲風楽曲. **2** 演奏会用の独奏小品.

cóncert tòur *n.* 演奏旅行.

con·ces·sion /kənsɛ́ʃən/ *n.* **1** 容認; 譲歩, 許与, 譲与〔*to*〕: a ～ *to* public opinion 世論への譲歩 / mutual ～*s* 互譲 / make a (great) ～ *to* …に(大)譲歩をする. **2 a** (政府・特殊機関などが与える)免許, 特許 (grant). **b** (敷設権・採掘権・使用権などの)特権, 利権: an oil ～ 石油発掘権(のある地区). **c** 《米》(公園・博覧会・野球場・劇場などでの)営業許可[期間]; 営業場所. **d** 譲与されたもの. **e** 居留地, 租借地, 租界: a foreign ～ 外人居留地. **3** 《カナダ》**a** (郡区の下位区分をなす)政府分与の土地. **b** =concession road. 〚(1464) □ (O)F ～ // L *concessiō(n-)* ← *concessus* (p.p.) ← *concēdere*: ⇨ concede, -sion〛

con·ces·sion·aire /kənsɛ̀ʃənɛ́ə | -nɛ́ə^(r)/ *n.* **1 a** (権利の)譲り受け人. **b** (政府などから)特許を得た人, 特許権所有者, 利権屋. **2** 《米》(公園・劇場などの)営業権所有者 (⇨ concession 2 c). 〚(1862) □ F *concessionnaire*: ⇨ ↑, -ary 2〛

con·cés·sion·al /-ʃnəl, -ʃənl/ *adj.* =concessive.

con·ces·sion·ar·y /kənsɛ́ʃənèri | -ʃ(ə)nəri/ *adj.* 譲歩の[に関する], 譲与的な. ― *n.* =concessionaire. 〚(1730–36): ⇨ -ary〛

con·ces·sion·er /kənsɛ́ʃ(ə)nə | -nə^(r)/ *n.* =concessionaire. 〚1891〛

concéssion ròad *n.* 《カナダ》郡区を区切る道路《約 1 マイル間隔で平行に走る》.

concéssion stànd *n.* 《米》場内売場, 売店《映画館・公園・博覧会・催物会場などで飲食物・土産物を売る》.

con·ces·sive /kənsɛ́sɪv/ *adj.* **1** 譲歩する, 譲歩的な. **2**〖文法〗譲歩を表す: a ～ conjunction [clause] 譲歩接続詞[節]. **～·ly** *adv.* 〚(1711) □ LL *concessīvus*: ⇨ concession, -ive〛

conch /kɑ́(ː)ŋk, kɑ́(ː)ntʃ, kɔ́(ː)ŋk | kɔ́ntʃ, kɔ́ŋk/ *n.* (*pl.* ～**s** /～s/, ～**·es** /-tʃɪz/) **1**〖貝類〗**a** 巻貝《ホラガイのような腹足類の貝》; (特に)北米や西インド諸島の大西洋岸に生息するソデガイ属 (*Strombus*)・トウカムリ属 (*Cassis*) などの貝類の総称. **b** 食用になる巻貝の身. **2** /《米》kɑ́ŋk, kɔ́ːŋk/ [しばしば C-] **a** バハマ諸島の原住民. **b** 《米口語》Florida 州海岸などに住む人. **3**〖ギリシャ神話〗海神 Triton のらっぱ (ほら貝). **4**〖解剖〗=concha 1. **5**〖建築〗=concha 2. 〚(1391) □ OF *conche* // L *concha* shell □ Gk *kógkhē* mussel, shell-like thing〛

conch- /kɑ́(ː)ŋ, kɔ́(ː)ŋ | kɔŋ/ (母音の前にくるときの) concho- の異形.

con·cha /kɑ́(ː)ŋkə, kɔ́(ː)ŋ- | kɔ́ŋ-/ *n.* (*pl.* **con·chae** /-kiː, -kaɪ/) **1**〖解剖〗**a** 耳甲介, 耳殻, 外耳. **b** (鼻の)甲介. **2**〖建築〗**a** (教会堂の後方に張り出した半円形の)後陣 (apse) の丸屋根, コンチ. **b** 後陣 (apse). 〚(1613–39) □ OF *conche* // L *concha*: ⇨ conch〛

cónch·fish *n.*〖魚類〗大西洋産テンジクダイ科テンジクダイ属の魚 (*Apogon stellatus*).

con·chie /kɑ́(ː)ntʃi | kɔ́n-/ *n.* 《口語》=conscientious objector. 〚短縮〛

con·chif·er·ous /kɑ(ː)ŋkɪ́f(ə)rəs, kɑ(ː)ntʃɪ́f-, kɔ(ː)ŋkɪ́f- | kɔŋkɪ́f-, kɔntʃɪ́f-/ *adj.* **1**〖動物〗貝殻を有する. **2**〖地質〗貝殻を含む, 貝殻を生じる (shell-bearing). 〚(1830) ← CONCHO-＋-I-＋-FEROUS〛

con·chi·o·lin /kɑ(ː)ŋkáɪəlɪn, kɔ(ː)ŋ- | kɔŋkáɪəlɪn/ *n.*〖生化学〗コンキオリン, 貝殻質《貝殻の有機基質である蛋白質の一種》. 〚(1870) ← CONCHO-＋-I-＋-OLE¹＋-INE³〛

Con·chi·ta /kɑ(ː)ntʃíːtə | kɔntʃíːtə; *Sp.* kontʃíta/ *n.* コンチータ《女性名》. 〚□ Sp. ～ (dim.) ← *Concepción* (原義) immaculate conception〛

con·cho- /kɑ́(ː)ŋkou, kɔ́(ː)ŋ- | kɔ́ŋkəu/「貝殻 (shell); 耳殻 (concha)」の意の連結形. ★ 母音の前では通例 conch- になる. 〚□ Gk *kogkho-* ← *kógkhē* shell〛

Con·cho·bar /kɑ́(ː)nuə, kɑ́(ː)ŋkouə, kɔ́(ː)ŋ- | kɔ́nuə^(r), kɔ́nkəuə^(r); *Irish*/ *n.*〖アイル伝説〗コナア《Ulster の伝説的な王; ⇨ Deirdre》.

con·choid /kɑ́(ː)ŋkɔɪd, kɔ́(ː)ŋ- | kɔ́ŋ-/ *n.*〖数学〗コンコイド, 螺獅線(らしせん)《一点 O から一直線上の動点 X へ引いた線分を一定の長さだけ延長してえられる線分の端点 Y の描く曲線; conchoidal curve ともいう》. 〚(1798) □ Gk *kogkhoeidḗs* mussel-like: ⇨ concho-, -oid〛

con·choi·dal /kɑ(ː)ŋkɔ́ɪdl, kɔ(ː)ŋ- | kɔŋkɔ́ɪdl/ *adj.*〖鉱物・地質〗(割れ口が)貝殻状の. **～·ly** *adv.* 〚(1666): ⇨ ↑, -al¹〛

conchóidal cúrve *n.*〖数学〗=conchoid. 〚1666〛

con·chól·o·gist /-dʒɪst | -dʒɪst/ *n.* 貝類学者, 貝類研究者. 〚(1784): ⇨ -ist〛

con·chol·o·gy /kɑ(ː)ŋkɑ́(ː)lədʒi, kɔ(ː)ŋ- | kɔŋkɔ́lədʒi/ *n.* 貝類学, 貝類研究. **con·cho·log·i·cal** /kɑ̀(ː)ŋkəlɑ́(ː)dʒɪkəl, kɔ̀(ː)ŋ-, -kl | kɔ̀ŋkəlɔ́dʒɪ-ˈ/ *adj.* 〚(1776) ← CONCHO-＋-LOGY〛

con·chy /kɑ́(ː)ntʃi | kɔ́n-/ *n.* 《俗》=conchie. 〚1917〛

con·ci·erge /kɔ̀ːn(n)siéəʒ, kɔ̀ːn-, kɑ̀(ː)n- | kɔ̀nsiéəʒ, kɔ̀ː(n)-, kɔ́ːn-, ˌ-ˈ-; *F.* kɔ̃sjɛʁʒ/ *n.* (*pl.* **-ci·erg·es** /～ɪz, ～əz; *F.* ～/) **1** (フランスなどで)守衛, 門衛, 門番; (アパートの)管理人, 差配人. **2** (ホテルの)コンシェルジュ, 接客係《多国語を使って客の接待をする従業員》. **3** 《古》(牢獄などの)監守 (warden). 〚(1646) □ F ～ < ? VL **conservium* ← *con-* 'COM- 1'＋*servus* slave (⇨ serf)〛

con·cil·i·a·ble /kənsɪ́liəbl/ *adj.* **1** 慰め得る. **2** 懐柔できる. **3** 調停できる. 〚(1645) ← L *conciliāre*＋-IBL〛

con·cil·i·ar /kənsɪ́liə | -liə^(r)/ *adj.* (宗教)会議 (council) の[に関する, の発布する]. **～·ly** *adv.* 〚(*a*1677) ← L *concilium* 'meeting, COUNCIL'＋-AR²〛

con·cil·i·ate /kənsɪ́lièɪt/ *vt.* **1**〈人〉の怒り[敵意]を静める, 〈人を〉なだめる (⇨ pacify SYN); 〈反対者を〉懐柔する: ～ a person with a present 贈り物をして人の機嫌をとる. **2**〔人に気に入る行為などで〕〈人の尊敬・好意・支持などを〉得る〔*with*〕: ～ a person's respect *with* service and sacrifice 奉仕と犠牲の精神で人の尊敬を得る. **3**〈食い違った意見などを〉一致[調和]させる; 調停する, 和解させる (reconcile): ～ the views of capital and labor 労資間の意見を調停する. ― *vi.* 友好的になる, 仲よしになる. 〚(1545) ← L *conciliātus* (p.p.) ← *conciliāre* to bring together, win over ← *concilium* (↑)〛

con·cíl·i·àt·ing /-tɪŋ | -tɪŋ/ *adj.* =conciliatory. **～·ly** *adv.* 〚1661〛

con·cil·i·a·tion /kənsɪ̀liéɪʃən/ *n.* **1** (争議などで双方の懇請による)調停, 和解 (cf. arbitration, mediation 2). **2** なだめ, 慰撫; 懐柔. **3** 調和; 友好, 協力. 〚(1543) □ L *conciliātiō(n-)*: ⇨ conciliate, -ation〛

con·cil·i·a·tive /kənsɪ́lièɪtɪv, -liət- | -liət-, -lièɪt-/ *adj.* =conciliatory. 〚1817〛

con·cíl·i·à·tor /-tə | -tə^(r)/ *n.* **1** なだめる人, 懐柔者. **2** (特に, 労使間争議の)調停者. 〚(*c*1575) □ L *conciliātor*: ⇨ conciliate, -or²〛

con·cil·i·a·to·ry /kənsɪ́liətɔ̀ːri | -təri, -tri/ *adj.* なだめる(ような), 懐柔的な (propitiating). **con·cil·i·a·to·ri·ly** /kənsɪ̀liətɔ́ːrəli, ˌ-ˌ-ˌ-ˈ-ˌ-ˌ- | kənsɪ́liətərɪli, -lièɪtə-, -trɪli/ *adv.* **con·cíl·ia·tòri·ness** *n.* 〚(1576) ← CONCILIATE＋-ORY¹〛

con·cin·nate /kɑ́(ː)nsənèɪt | kɔ́nsɪ-/ *vt.* 〈部分・要素などを〉うまく調和させる, 配合する, 混合する, 整合する. 〚(1601) ← L *concinnātus* (p.p.) ← *concinnāre* ← *con-* 'COM-'＋*cinnus* a kind of mixed drink: ⇨ -ate³〛

con·cin·ni·ty /kənsɪ́nəti | -nɪti/ *n.* **1** (各部分の巧みな)調和 (harmony). **2**〖修辞〗(文体などの調和がとれた)優雅さ, 雅致 (elegance). 〚(1531) □ L *concinnitātem* fitness ← *concinnus* well-adjusted (逆成) ← *concinnāre* (↑): ⇨ -ity〛

con·cin·nous /kənsɪ́nəs/ *adj.* 調和した, 上品な; (調和がとれて)優雅な. 〚(1654) □ L *concinnus* (↑): ⇨ -ous〛

con·cise /kənsáɪs/ *adj.* **1 a**〈文体など〉簡潔な, 簡明な (↔ diffuse). **b**〈人が〉言葉の簡潔な. **2** 短時間に完成された, 切り詰めた, 縮約した (brief). **～·ly** *adv.* **～·ness** *n.* 〚(*c*1590) □ L *concīsus* (p.p.) ← *concīdere* to cut to pieces ← *con-* 'COM- 2'＋*caedere* to cut〛

con·ci·sion /kənsɪ́ʒən/ *n.* **1** (文体の)簡明, 簡潔: with ～ 簡明に, 簡潔に. **2** 《古》分離, 分裂 (division). **b** 切断 (mutilation). 〚(*c*1384) □ L *concīsiō(n-)*: ⇨ concise, -sion〛

con·ci·ta·tion /kɑ̀(ː)nsətéɪʃən | kɔ̀nsɪ-/ *n.* 《古》興奮(させること). 〚(1533) □ L *concitātiō(n-)* ← *concitāre* to move violently ← *con-* 'COM- 2'＋*citāre* to move (cf. cite): ⇨ -ation〛

con·clave /kɑ́(ː)nkleɪv | kɔ́ŋ-, kɔ́n-/ *n.* **1 a** 秘密会議; 実力者会議: a family ～ 家族会議. **b**〖カトリック〗教皇選挙会議(室), コンクラーベ. **2** [集合的] (教皇選挙会議に列席する)枢機卿一同 (⇨ COLLEGE of Cardinals).

in cónclave 密議中: sit [meet] *in* ～ 秘密会を開く.

〚(*a*1393) □ (O)F ～ □ L *conclāve* room that can be locked up ← *con-* 'COM- 1'＋*clāvis* key〛

cón·clav·ist /-vɪst | -vɪst/ *n.*〖カトリック〗教皇選挙会議 (conclave) に列席する枢機卿 (cardinal) の随員《各枢機卿に 2 名の随員が伴う》. 〚(1616) □ F *conclaviste*: ⇨ ↑, -ist〛

con·clude /kənklúːd | kən-, kəŋ-/ *vt.* **1 a**〈…と〉決定[決心]する, 結論を下す〈*that*〉(⇨ decide SYN): We ～*d that* he was wrong. 彼は間違えていると結論した / He ～*d that* he should go. 行こうと決心した. **b**〈…と〉推論する, 推断する〈*that*〉: From what you say I ～ *that* he is innocent. お言葉から推し[察し]ますと彼は無罪ですね / Just what are we supposed to ～ from your data? 一体, 私たちはあなたのデータからどういうことを推論すべきなのでしょうか. **c**〈…するよう〉決心[決意]する〈*to* do〉: He ～*d* not *to* do it. それをしないことに決めた. **2 a** 終える, …の結末をつける (⇨ end¹ SYN); 完了する, 完結する: ～ a speech, a letter, an argument, etc. / *Concluded.* 完結, 終わり《連載小説などの最後に書く》/ *To be* ～*d.* 次回[次号]完結(の予定). **b** 締めくくる〔*with*, *by*〕: ～ a party *with* a song 歌でパーティーをお開きにする / ～ one's speech *by* quoting a passage from the Bible 聖書からの一節を引用して演説を締めくくる. **3**〈条約などを〉結ぶ, 締結する (settle): ～ a treaty, a deal, an agreement, etc. / ～ (a) peace 講和条約を締結する. **4** 《廃》閉じ込める, 押し込める (confine). **5**〖法律〗訴訟を終決する. ― *vi.* **1 a** 終わる, 終了する: to ～ 終わりに言いますが, 終わりに臨んで…. **b**〔…と言って〕語を結ぶ: ～ by saying … / ～ with the remark that …という言葉で話を結ぶ. **2** 結論する; 決定する. **con·clúd·er** /-də | -də^(r)/ *n.* 〚(*a*1325) *conclude(n)* □ L *conclūdere* to shut up, end ← *con-* 'COM- 1'＋*claudere* to shut (⇨ close¹)〛

con·clúd·ing /-dɪŋ | -dɪŋ/ *adj.* 終結の, 結びの, 最後の (⇨ last¹ SYN): a few ～ remarks 2, 3 の結びの言葉 / try to find a ～ thought 結論となる思想を見出そうとする. 〚(1616): ⇨ ↑, -ing²〛

con·clu·sion /kənklúːʒən | kən-, kəŋ-/ *n.* **1** 推論, 推断 (inference); 結論; 決定, 判定, 判決: come to the ～ *that* …という結論に達する / draw ～*s* 断案[推断]を下す, 結論する / form ～*s* from experience 経験から推して判断を下す / jump [leap] to ～*s* [a ～] (一足飛びに)速断する. **2** 終結, 結び (end, close); 結末, 終局, 成果 (result): at the ～ of …の終わりに当たって / the ～ of the whole affair 全事件の結末 / bring a speech to a ～ 演説を終結する[終える] / ⇨ foregone conclusion. **3** (条約などの)締結. **4**〖論理〗(推論・推理の)結論, 帰結, 断案 (cf. condition A 5 b). **5**〖文法〗(条件文の)帰結節 (apodosis) (cf. condition A 4). **6**〖法律〗**a** 禁反言 (estoppel)《あとで先の立場と矛盾する申し立てをすることを禁じること》. **b** 推論の結論, 訴答書面の末尾部分; 《スコット法》召喚状の最後の項目《訴えの目的を明示してあるもの》. **c** 判決, 弁護士の最終弁論. **7** 《廃》問題, なぞ.

cóme to a conclúsion (1) 終結する. (2) 結論に達する. ***in conclúsion*** (1) 終わりに臨んで, 最後に (finally). (2) 要するに (in short). 〚*c*1390〛 ***trý conclúsions with*** 《古》…と決戦を試みる, 優劣を競う, 雌雄を決する. (1601)

〚(?*c*1370) □ OF ～ // □ L *conclūsiō(n-)* ← *conclūsus* (p.p.) ← *conclūdere* 'to CONCLUDE': ⇨ -sion〛

con·clu·sive /kənklúːsɪv, -zɪv | kənklúːsɪv, kəŋ-/ *adj.* **1** 終結的な, 終局の (final); 決定的な, 明確な, 断固とした (decisive; ↔ inconclusive): a ～ answer 最終の[断固とした]回答 / ～ evidence 確証 / a ～ presumption

C

〘法律〙(反証を許さない)決定的推定 / That's ～. それで決まりだ, もう議論の余地はない. **2** 推断の; 〔…を〕結論づける 〔*of*〕: proof ～ [～ proof] *of* mental derangement 精神錯乱を結論づける証拠. **～·ness** *n.* 〘(1590) □ LL *conclūsīvus* ← L *conclūsus* (↑): ⇨ -ive〙

con·clú·sive·ly *adv.* 終結的に, 最終的に (finally); 決定的に, 断然 (decisively): ～ refuted 決定的な反論をした. 〘(1552): ⇨ ↑, -ly¹〙

con·coct /kənkɑ́(ː)kt, kɑ(ː)n- | kənkɔ́kt, kəŋ-/ *vt.* **1** [軽蔑的に]〈話・計画などを〉作り上げる; 仕組む, でっち上げる: ～ a story, plot, scheme, fraud. **2** (料理などで)〈異なった材料を〉混ぜ合わせて作る, 調合する, こしらえる: ～ a new dish. **～·er** *n.* **con·cóc·tor** *n.* **con·cóc·tive** /-tɪv/ *adj.* 〘(1533) ← L *concoctus* (p.p.) ← *concoquere* ← *con-* 'COM- 1'+*coquere* to cook (← *coquus* 'COOK')〙

con·coc·tion /kənkɑ́(ː)kʃən, kɑ(ː)n- | kənkɔ́k-, kəŋ-/ *n.* **1 a** 調製した物; スープ, 混合飲料, 調合薬. **b** 混成, 調合, 調製. **2** 作り上げ(ること), でっち上げ; 作り事 (fiction); 策謀, 画策. 〘(1531) □ L *concoctiō(n-)* digestion: ⇨ ↑, -tion〙

con·col·or·ous /kɑ(ː)nkʌ́lərəs, kən- | kɔn-, kən-/ *adj.* 単色の, 同色の; (特に)〈昆虫の体の部分が〉〈他の部分と〉同じ色の〔*with*〕: thorax ～ *with* abdomen. 〘(1840) ← L *concolor* (⇨ com-, color)+-OUS〙

con·com·i·tance /kənkɑ́(ː)mətəns, kɑ(ː)n-, -tns | kənkɔ́mɪtəns, -tns/ *n.* **1 a** 付随, 随伴 (accompaniment); 併在, 共在 (coexistence). **b** 付随事情, 付随物. **2** 〘カトリック〙 相伴(ばん)説, 併在《聖体の各形色(特に, パンの中)にキリストの体と血が並存すること》. 〘(*a*1535) □ ML *concomitantia*: ⇨ concomitant, -ance〙

con·cóm·i·tan·cy /-təntsi | -tən-/ *n.* =concomitance.

con·com·i·tant /kənkɑ́(ː)mətənt, kɑ(ː)n-, -tnt | kənkɔ́mɪtənt, -tnt/ *adj.* 付随の, 共在の; 〔…と〕相伴う (concurrent) 〔*with*〕: ～ circumstances 付随する[相伴う]事情. **—** *n.* 付随物, 付きもの; 付随事情: Sleeplessness is often a ～ of anxiety. 心配にはしばしば不眠が付きものである. 〘(1607) □ L *concomitantem* (pres.p.) ← *concomitārī* ← *con-* 'COM- 1'+*comitārī* to accompany (← *comit-, comes* companion): ⇨ count², -ant〙

con·cóm·i·tant·ly *adv.* 付随的に, 付随して. 〘(1696): ⇨ ↑, -ly¹〙

con·cord /kɑ́(ː)nkɔəd, kɑ́(ː)ŋ- | kɔ́ŋkɔːd, kɔ́n-/ *n.* **1 a** (意見・利害などの)一致 (agreement); (特に, 人間同士の)調和, 和合 (harmony) (↔ discord): in ～ 和合して, 仲よく. **b** 平和, 友好. **2** (国際・民族間の)協定, 協約. **3** 〘音楽〙 協和; 協和音 (consonance) (cf. discord). **4** 〘文法〙(数 (number)・性 (gender)・人称 (person) などの)一致, 呼応 (agreement). **—** /-⌐-/ *vt.* (用語索引 (concordance) を作るために)用語を配列する. 〘(*a*1325) □ (O)F *concorde* □ L *concordia* union ← *concors* of one mind ← *con-* 'COM- 1'+*cors* 'HEART'〙

Con·cord¹ /kɑ́(ː)ŋkəd | kɔ́ŋkəd/ *n.* コンコード: **1** 米国 Massachusetts 州東部の都市; Emerson, Hawthorne, Thoreau, Alcott などの文人が住んでいたので文学的連想が強い; Lexington と共に独立戦争発端の戦場 (1775). **2** 〘園芸〙 =Concord grape. 〘(1635): 初期の移住者達が先住民とうまく融和したことの記念, あるいは将来の和平を願っての命名か〙

Con·cord² /kɑ́(ː)ŋkəd, kɑ́(ː)ŋ- | kɔ́ŋkɔːd, kɔ́n-/ *n.* コンコード: **1** 米国 New Hampshire 州の州都, Merrimack 川に臨む. **2** =Concord coach.

con·cor·dance /kənkɔ́ədns, kɑ(ː)n-, -dəns | kənkɔ́ːdəns, kəŋ-, -dns/ *n.* **1** 一致, 調和 (agreement, concord): in ～ *with* your wishes ご希望に従って / be in ～ *with* …と一致[調和]している. **2** (作家・作品・聖書・機械検索などの)用語索引, 要語索引, コンコーダンス: a ～ of Shakespeare, the Bible, etc. / a verbal [real] ～ 用語[項目]索引. 〘(*a*1387) □ OF ～ □ ML *concordantia*: ⇨ concord, -ance〙

con·cor·dant /kənkɔ́ədnt, kɑ(ː)n-, -dənt | kənkɔ́ːdənt, kəŋ-, -dnt, -dənt/ *adj.* **1** 調和した, 一致[合致]した (harmonious) 〔*with*〕: The conclusion is ～ *with* the statistical data. その結論は統計資料と一致している. **2** 〘音楽〙 協和した. **～·ly** *adv.* 〘(1477) □ F ～ □ L *concordantem* (pres.p.) ← *concordāre* to agree to ← *concors*: ⇨ concord, -ant〙

con·cor·dat /kənkɔ́ədæt | kɔnkɔ́ː-, kɔŋ-/ *n.* **1** 協定, 協約 (compact). **2** 〘キリスト教〙(ローマ教皇と国王または政府間の)協約, 政教条約, コンコルダート, 宗教契約. 〘(1616) □ F ～ □ ML *concordātum* (neut.p.p.) ← *concordāre* (↑)〙

Cóncord còach /kɑ́(ː)nkəd-, kɑ́(ː)ŋ- | kɔ́nkɔːd-, kɔ́ŋ-/ *n.* 《米》 コンコードコーチ《19 世紀米国西部で用いられた内部に 9 座席, 屋根の上に 5 座席ある駅馬車 (stagecoach) の一種》. 〘(1853) ← *Concord* (米国 New Hampshire 州の都市で, その最初の製造地)〙

Con·corde /kɑ́(ː)nkɔəd, kɑ́(ː)ŋ- | kɔ́ŋkɔːd, kɔ́n-; *F.* kɔ̃kɔʁd/ *n.* コンコルド《英仏共同開発の超音速旅客機; 1969 年初飛行, 1976 年就航, 最大速度マッハ 2.05, 航続距離約 6,200 km》. 〘← F *concorde* harmony: ⇨ concord〙

Cóncord grápe /kɑ́(ː)ŋkəd- | kɔ́ŋkəd-/ *n.* 〘園芸〙 コンコードブドウ《米国北東部に多く産するブドウの一品種; 果皮は濃紫色で大粒; ジュース・ゼリー・ワイン用; 単に Concord ともいう》. 〘1858〙

Con·cor·di·a /kɑ(ː)nkɔ́ədiə | kɔnkɔ́ːdiə/ *n.* **1** コンコーディア《女性名》. **2** 〘ローマ神話〙 コンコルディア《平和の女神》. 〘□ L ～《原義》harmony: ⇨ concord, -ia¹〙

con·cours /kɔ̃ː(n)kúə, kɔːn- | kɔ́ŋkuə^r; *F.* kɔ̃kuːʁ/ *n. F.* (*pl.* ～ /～z; *F.* ～/) コンクール. 〘□ F ～ (↓)〙

concóurs d'e·le·gánce /-dèɪlegɑ́ː(n)s, -gɑ́ːns; *F.* -delegɑ̃ːs/ *F. n.* 〘自動車〙 エレガンスコンテスト《主に外見・装備の見栄えを競う自動車ショーまたは競争》. 〘(1950) □ F ～《原義》competition of elegance〙

con·course /kɑ́(ː)nkɔəs, kɑ́(ː)ŋ- | kɔ́ŋkɔːs, kɔ́n-, -kuəs/ *n.* **1** (人馬・河川・その他の)流動, 合流 (confluence). **2** (一箇所に集まってくる)集合, 群衆 (assemblage, crowd): a mighty ～ of people 大群衆. **3 a** (道などの)合するところ. **b** 大通り (boulevard). **c** (公園などの)中央広場; (駅などの)中央ホール, コンコース. **4** 《米》 競馬場, 競技場. 〘(*c*1384) □ (O)F *concours* □ L *concursus* (p.p.) ← *concurrere* to run together ← *con-* 'COM- 1'+*currere* to run (⇨ course¹)〙

concr. concrete.

con·cres·cence /kənkrésəns, kɑ(ː)n-, -sns | kən-, kɔn-/ *n.* 〘生物〙 **1** (部分の)合着, 合生, 癒着. **2** 胚(はい)分子の接合. **con·crés·cent** /-krésənt, -snt/ *adj.* 〘(1610) (1878) □ L *concrēscentia* ← *concrēscentem* (pres.p.) ← *concrēscere* ← *con-* 'COM- 1'+*crēscere* to grow (⇨ crescent)〙

con·crete /kɑ́(ː)nkriːt | kɔ́ŋ-, kɔ́n-/ *n.* **1 a** コンクリート: a road made of ～ コンクリート道路 / reinforced ～ 鉄筋コンクリート / Modern cities are ～ and skyscrapers. 現代の都市はコンクリートと摩天楼だけだ. **b** コンクリート舗道. **2** 結成体, 固結物. **3 a** 具体物. **b** [the ～] 具体[具象]観念, 具体(性), 具象性. **4** 〘文学〙 **a** 視覚詩《文字・語・句読点などの印刷形式や語句の配列などを工夫してページ全体を図案化した現代詩; concrete poetry ともいう》. **b** 視覚詩人《concrete poet ともいう》. **5** 〘植物〙 花から抽出される芳香性蠟(ろう)成分. ***in the concrete*** 具体的に; 個々に (↔ *in the* ABSTRACT): He has no idea of poverty *in the* ～. 彼は貧乏の本当の味を知らない.

— *adj.* **1** コンクリート製の: a ～ pavement, etc. / The pavement is ～. 舗装はコンクリートだ. **2 a** 凝固[凝結]した, 固体化した (cf. liquid). **b** 《古》 合成した (composite). **3 a** /kɑ(ː)nkríːt, kən-, kɑ́(ː)nkriːt | kɔ́ŋkriːt, kɔ́n-, -⌐-/ 抽象[一般]的でない, 具体的な, 具象の, 有形の (↔ abstract): a ～ fact [example] 具体的事実[実例] / ～ ideas 具体的な考え / take ～ form [shape] 具体化する. **b** 現実の, 実際の (real, actual): ～ proof of conspiracy [of one's patriotism] / I want some ～ proposals—not just vague generalities. ただの漠然とした一般論でなく何か具体的な提案がほしい. **c** 具体的な物に関する[を表示する]: a ～ word 具象語 / a ～ name [term] 〘哲学・論理〙 具体[具象]名辞 / ⇨ concrete noun. **d** 特定の, 特殊の, 個々の (particular). **4** 〘文学〙 視覚詩 (concrete poetry) の. **5** 〘数学〙 単位のついた, 名数の: ⇨ concrete number.

— *vt.* **1** …にコンクリートを塗る[使用する]; コンクリートで固める: ～ a backyard, road, etc. **2** 結成させる, 固結[凝結]させる (solidify): ～*d* sugar 凝固糖. **3** /kənkríːt, kɑ́(ː)nkriːt | kənkríːt, kəŋ-, kɔn-/ 具体化する; 実際的にする. **—** *vi.* **1** 凝固する, 固まる. **2** コンクリートを使う[打つ].

～·ness *n.* 〘(*a*1398) □ L *concrētus* (p.p.) ← *concrēscere* ← *con-* 'COM- 1'+*crēscere* to grow: ⇨ crescent〙

cóncrete blóck *n.* 〘建築〙(コンクリート)ブロック《cement block ともいう》.

cóncrete júngle *n.* コンクリートジャングル《人間性を無視する大都会; ビルの林立した都市》.

con·crete·ly /kɑ(ː)nkríːtli, kən-, kɑ́(ː)nkriːt- | kɔ́ŋkriːtli, kɔ́n-, -⌐-⌐/ *adv.* 具体的に, 有形的に: Or, to put it more ～, I need $5,000. もっとはっきり言うと, 5,000 ドル必要なのだ / Just what, ～, do you have in mind? 君は一体, 具体的には, 何を考えているのかね. 〘(1654): ⇨ -ly¹〙

cóncrete míxer *n.* コンクリートミキサー, コンクリート混合機《cement mixer ともいう》. 〘1909〙

cóncrete músic *n.* 〘音楽〙 =musique concrète. 〘(1950)《なぞり》← F *musique concrète*〙

cóncrete nóun *n.* 〘文法〙 具象名詞 (cf. abstract noun).

cóncrete númber *n.* 〘数学〙 名数《ある量を単位とと数値で表したもの; *tow* boys, *five* girls など; ただの two, five は abstract number; cf. compound number》.

cóncrete pàint *n.* コンクリートペイント《コンクリートに塗装するための塗料》.

cóncrete póet *n.* 〘文学〙 =concrete 4 b. 〘1966〙

cóncrete póetry *n.* 〘文学〙 =concrete 4 a. 〘1958〙

concréte univérsal *n.* 〘哲学〙(Hegel の用語で)具体的普遍《内包が一つの具体的存在, 特に, 有機的統一体を指すように特殊化されている普遍; 「人」「国」などに対する「人類」「国家(なるもの)」など》. 〘1865〙

con·cre·tion /kənkríːʃən, kɑ(ː)n- | kən-, kəŋ-, kɔŋ-/ *n.* **1 a** 凝固(すること), 凝結; 結成 (coalescence). **b** 凝固物, 固結物; 結成体. **2 a** 具象状態, 具体性; 具体化. **b** 具体例, 具体化したもの. **3** 〘病理〙 **a** 癒着 (adhesion). **b** 石, 結石 (stone). **4** 〘地質〙 結核《中心物 (nucleus) の外部に鉱物性の物質が固まり付いてできた石》: a calcareous ～ 石灰質結核. 〘(1541) □ F *concrétion* □ L *concrētiō(n-)*: ⇨ concrete, -tion〙

con·cre·tion·ar·y /kənkríːʃənèri, kɑ(ː)n- | kənkríːʃ(ə)nəri, kəŋ-, kɔn-/ *adj.* **1** 凝固[凝結]してできた. **2** 〘地質〙 結核性の. 〘(1830): ⇨ ↑, -ary〙

con·cret·ism /kɑ(ː)nkríːtɪzm, kɑ́(ː)nkriːtɪzm | kɔ́ŋkriːtɪzm, kɔ́n-/ *n.* 〘文学〙 視覚詩の理論[実践]. 〘(1865): concrete, -ism〙

con·cret·ist /kɑ(ː)nkríːtɪst, ⌐-⌐- | kɔ́ŋkriːtɪst, kɔ́n-/ *n.* 〘文学〙 =concrete 4 b.

con·cret·ize /kɑ(ː)nkríːtaɪz, kən-, kɑ́(ː)nkriːtàɪz | kɔ́ŋkriːtàɪz, kɔ́n-, kɔnkríːtaɪz/ *vt.* 具体化させる: ～ one's ideas. **—** *vi.* 具体化する. **con·crét·iz·a·ble** /-zəbl/ *adj.* **con·cret·i·za·tion** /kɑ(ː)nkrìːtɪzéɪʃən, kən-, kɑ̀(ː)nkriː- | kɔ̀ŋkriːtaɪ-, kɔ̀ŋ-, kɔnkriː-, -tɪ-/ *n.* 〘(1884): ⇨ concrete, -ize〙

con·cu·bi·nage /kənkjúːbənɪdʒ, kɑ(ː)n- | kɔnkjúːbɪ-, kən-/ *n.* **1** 内縁関係, 同棲. **2** 内縁の身分. **3** 精神的屈従[束縛]. 〘(*c*1395) ← CONCUBINE+-AGE〙

con·cu·bi·nar·y /kənkjúːbənèri, kɑ(ː)n- | kənkjúːbɪnəri, kən-/ *adj.* 内縁関係の[に関する, で暮らしている, から生まれた]. **—** *n.* 内縁関係の[で暮らしている]人, 内妻. 〘(1563): ⇨ ↓, -ary〙

con·cu·bine /kɑ́(ː)ŋkjubàɪn, kɑ́(ː)n- | kɔ́ŋ-, kɔ́n-/ *n.* **1** 内縁の妻; 囲い者. **2** (一夫多妻制の)第一夫人以外の妻. 〘(*c*1300) □ (O)F ～ □ L *concubīna* ← *con-* 'COM- 1'+*cubāre* to lie down (cf. incubus)〙

con·cu·pis·cence /kɑ(ː)nkjúːpəsəns, kən-, -sns | kənkjúːpɪ-, kɔn-/ *n.* **1 a** 強い欲望. **b** 色欲, 情欲, 性欲. **2** 〘聖書〙 悪欲, 現世欲 (cf. *Col.* 3:5). 〘(?*c*1350) □ (O)F □ L *concupiscentia* ← *concupiscere* to long for, desire ← *con-* 'COM- 2'+*cupere* to desire (⇨ Cupid)〙

con·cu·pis·cent /kɑ(ː)nkjúːpəsənt, kən-, -snt | kənkjúːpɪ-, kɔn-/ *adj.* **1** 色欲の盛んな, 好色の. **2** 強欲な. **～·ly** *adv.* 〘(*a*1500) □ L *concupiscentem* (pres.p.) ← *concupiscere* (↑)〙

con·cu·pis·ci·ble /kɑ(ː)nkjúːpəsəbl, kən- | kənkjúːpɪsɪ̀bl, kɔn-/ *adj.* **1** 色欲に動かされた, 好色の. **2** 《古》 望まれてしかるべき. 〘(*a*1398) □ (O)F ～ □ L *concupiscibilis* ← *concupiscere* (↑): ⇨ -ible〙

con·cu·py /kɑ́(ː)ŋkjupi, kɑ́(ː)n- | kɔ́ŋ-, kɔ́n-/ *n.* 《Shak》 =concubine. 〘(1601–2)《変形》? ← CONCUBINE: cf. occupy〙

con·cur /kənkə́ː, kɑ(ː)n- | kənkə́ː^(r)/ *vi.* (**con·curred**; **-cur·ring**) **1** 同意する, 是認する 〔*with, in*〕 (⇨ consent SYN): ～ *with* a person's proposal 人の提案に同意する / I heartily ～! 心から賛成します / I ～*red* (with them) *that* she was right. 彼女が正しいという点で(彼らと)意見が一致した / "She's right," I ～*red*. 「彼女の言うことは正しい」と私は賛同した / ～ *in* (supporting) the proposed action 提案された行動(を支持すること)を是認する. **2** 同時に起こる (co-occur) 〔*with*〕. **3 a** 〈事情などが〉共同して作用する, 共に働く: Everything ～*red* to make him happy. 諸事情が相助け合って彼の幸福をもたらした. **b** (ある共通の目的で)協力する. **4** 《廃》〈線などが〉一点に集まる. **con·cúr·ring·ly** *adv.* 〘(1410) □ L *concurrere* ← *con-* 'COM- 1'+ *currere* to run (⇨ course¹)〙

con·cur·rence /kənkə́ː(r)əns, kɑ(ː)n- | kənkʌ́r-, kəŋ-/ *n.* **1** 同時に起ること, 同時発生 (co-occurrence). **2 a** 協力 (cooperation). **b** (力・原因などの)共働, 同時作用. **3** 一致, 同意 (assent): ～ in opinion / ～ *in* (supporting) the proposed action 提案された行動(を支援すること)への同意 / ～ *with* a person's proposal 人の提案への同意. **4** 《古》〘フランス語法〙 コンクール, 競争 (competition). **5** 〘数学〙 共点性《三つ以上の直線, あるいは四つ以上の平面が同一点を共有すること》. **6** 〘法律〙 同一権利の競合[併存]《数人が同じ物に同じ権利をもつこと》. 〘(?*a*1425): ⇨ ↑, -ence〙

con·cur·ren·cy /kənkə́ːrənsi, kɑ(ː)n- | kənkʌ́r-/ *n.* =concurrence 1–4.

con·cur·rent /kənkə́ːrənt, kɑ(ː)n- | kənkʌ́r-/ *adj.* **1** 同時(発生)の, 併発の, 共在の 〔*with*〕: be ～ *with* another event もう一つの事件と同時である / The events were ～ (*with* each other). その出来事は同時に発生した. **2** 〈行為・意見など〉一致する. **3 a** 協力する. **b** 〈努力など〉共同の, 〈原因など〉共働する: a ～ cause / ～ remedies 併用して効く薬. **c** 兼務[兼職]の: a ～ post 兼職[官] / ～assumption of directorship 重役[所長]兼任 / *Concurrent with* her teaching duties, she has also written several books. 教師としての役目と並行して, 数冊の本を書いた. **4 a** 同じ地点に向かう[集まる]: a ～ crowd. **b** 〘数学〙 同一点に集まる, 共点の: ～ lines 共点線. **5** 〘法律〙 権限のせり合っている, 共通に有効の: a ～ sentence (数人の被告に共通に適用される)共通判決 / ～ jurisdiction ある事件に対し異なった裁判所が共通に有する裁判権, 競合管轄権 / a ～ lease 併存賃貸借(権). **—** *n.* **1** 併発事情, 共在事情; 共働原因. **2** 《古》 競争相手. 〘(*a*1398) □ L *concurrentem* (pres.p.) ← *concurrere* 'to CONCUR': ⇨ -ent〙

concúrrent fíre insùrance *n.* 〘保険〙 同時[競合]火災保険《同一の財物が同じ時期に二つ以上つけられている火災保険》. 〘1873〙

con·cúr·rent·ly *adv.* **1** 同時に 〔*with*〕: ～ *with* the accident その事件と同時に. **2** 一致[共同]して; 兼務して: hold a post ～ 兼務[官]する. 〘(*c*1449): ⇨ -ly¹〙

concúrrent prócessing *n.* 〘電算〙 並行処理《一定時間間隔の中で二つ以上の動作を行う処理形態》.

concúrrent resolútion *n.* 〘米議会〙(上下両院で採択された)同一決議《両院の共同決議 (joint resolution) と違って大統領の署名を要せず法的効力をもたない》.

con·cúr·ring opínion /kənkə́ːrɪŋ-, kɑ(ː)n- | kənkə́ːr-/ *n.* 〘法律〙 賛成意見《上級審の裁判所において, 判決に対して理由付け・考え方の相違はあっても結論に賛成である

意見; cf. dissenting opinion).
con·cuss /kənkʌ́s/ *vt.* **1** (激しく)揺り動かす (shake), 動揺させる (agitate). **2** [通例 -ing 形で] …に(脳)震盪(とう)を起こさせる: a ~*ing* blow. **3** 《古》〈人を〉脅して…させる (coerce) 〔*into*〕/〈*to* do〉. 〖《1597》← L *concussus* (p.p.) ← *concutere* ← *con-* 'COM- 1'+*cutere*= *quatere* to shake (⇨ quash¹)〗
con·cus·sion /kənkʌ́ʃən/ *n.* **1** (打撃・衝突などによる)震動, 激動 **2** 強い打撃, 衝撃. **3** 〘医学〙震盪(とう): a ~ of the brain 脳震盪. 〖《a1400》□ L *concussiō(n-)* a shaking ← *concussus* (↑): ⇨ -sion〗
con·cus·sive /kənkʌ́sɪv/ *adj.* 震盪(性)の. **~·ly** *adv.* 〖《?a1425》← CONCUSS(ION)+-IVE〗
con·cyc·lic /kɑ(ː)nsáɪklɪk, kən-, -sík- | kɒnsáɪk-, kən-/ *adj.* 〘数学〙〈いくつかの点が〉同一円周上にある;〈いくつかの二次曲面が〉共円的な. 〖《1871》← *con-* 'COM-'+ CYCLIC〗
cond. 《略》condense; condenser; condition; conditional; 〘音楽〙conducted; conductivity; conductor.
Con·dé /kɔ̃ː(n)déɪ, kɔːn-; *F.* kɔ̃de/, **Prince de** *n.* コンデ (1621–86; フランスの将軍; 晩年は文学に親しんだ; 称号 Louis II de Bourbon, Duc d'Enghien, 通称 "the Great Condé").
con·demn /kəndém/ *vt.* **1** (証拠を十分考慮した上で腹蔵なく)悪い[非である]と宣言する, 非難する, とがめる (censure): ~ a person's conduct=~ a person *for* his conduct 人の行為を非難する / Such sentiments will be ~*ed* by all decent people. そのような意見はまともな人たち皆に非難されるだろう. **2 a** 〈人〉に〈刑を〉言い渡す〔*to*〕;〈人を〉処刑するように〉宣告する〈*to* do〉: ~ a person *to* death 人に死刑を宣告する / ~ a person *to* be beheaded 人に斬首の刑を宣告する. **b** 〈人〉に有罪の判決をする; 〈人に〉…罪の〉判決を下す〔*for*〕: be ~*ed for* murder 殺人で有罪の判決を受ける. **c** 《古》〈人〉に〈…の〉罪ありと認める〔*of*〕: be ~*ed of* treason. **3** (無理に)悲境・苦難に〉運命づける〔*to*〕: be ~*ed to* (experience [experiencing]) suffering, poverty, toil, woe, etc. / Misfortune ~*ed* him *to* poverty. 不運のため彼は貧乏になるはめになった / He was ~*ed to* complete idleness. しようのない怠け者に生まれついた. **4 a** 〈品物を〉不良品と決める;〈船舶などに廃棄処分を言い渡す: ~ meat 肉を食用に不適当だとする / ~ a building as unsafe [a ship as unseaworthy] 建物を危険と[船を航海に耐えないと]断定して使用を禁止する. **b** 〈医師が〉〈人〉に不治の宣告をする, さじをなげる: be ~*ed* by physicians 医者に見放される. **c** 〈船荷・密輸品などを〉没収と定める, …の没収を言い渡す. **5** 〈言葉・顔などが〉〈人〉に有罪らしく[と]思わせる, 災いする: His very looks ~ him. 顔つきからしていかにも罪人らしい, 悪いことをしたと顔に書いてある / You have ~*ed* yourself out of your own mouth. 自分の言ったことで災いを招いたのだ. **6** 《米》(公共の使用に供するため法的に)〈財産〉の収用を言い渡す, 接収する: His land was ~*ed* to make a park. 公園を造るために彼の土地は接収された. **~·er,** 《米》
con·dem·nor /kəndémə, kəndèmnɔ́ə, kɑ̀(ː)ndɛm- | kəndémə(r, kəndèmnɔ́ː(r/ *n.* 〖《1340》*condem(p)ne(n)* □ OF *condem(p)ner* □ L *condem(p)nāre* ← *con-* 'COM-'+*damnāre* 'to DAMN'〗
con·dem·na·ble /kəndém(n)əbl̩/ *adj.* 非難されるべき, とがむべき, 罪[罰]すべき (blamable). **con·dém·na·bly** *adv.* 〖《1581》□ L *condemnābilis*: ⇨ ↑, -able〗
con·dem·na·tion /kɑ̀(ː)ndɛmnéɪʃən, -dəm- | kɒn-/ *n.* **1** 非難(すること): He merits every ~. 彼はどう非難されても仕方がない. **2** 宣告[非難]の根拠[理由]: His own conduct is his ~. 彼の行為こそが彼の罪の証拠である. **3** 有罪の決定, 断罪, 罪の宣告. **4** (不適切・不良品・没収物としての)没収, 廃棄, 《米》(公共の使用に供するための)土地収用(の申し渡し), 接収. **5** 〘法律〙捕獲確認裁判《海上捕獲物などの捕獲が合法的であることを確認する裁判》. 〖《c1384》□ L *condemnātiō(n-)*: ⇨ condemn, -ation〗
con·dem·na·to·ry /kəndémnətɔ̀ːri | kəndémnətəri, -tri, kɒ̀mdəmnéɪt-, -dɛm-, -tri/ *adj.* 断罪的な, 有罪申し渡しの; 非難の: a ~ sentence. 〖《1563–87》← L *condemnātus* ((p.p.) ← *condemnāre* 'to CONDEMN')+-ORY¹〗
con·démned *adj.* **1** 有罪を宣告された; 非難された. **2** 死刑囚のための: a ~ cell [ward] 死刑囚独房[監房] / the ~ pew (礼拝堂中の)死刑囚席 / a ~ sermon 死刑囚に行う説教. **3** 没収と定められた[申し渡された]. **4** 〈土地が〉公用のために収用された. 〖《1543》: ⇨ -ed 2〗
con·démn·ing /-mɪŋ/ *adj.* =condemnatory. **~·ly** *adv.* 〖《1642》: ⇨ -ing²〗
con·dens·a·ble /kəndénsəbl̩/ *adj.* 凝縮[圧縮, 簡約]できる. **con·den·sa·bil·i·ty** /kəndènsəbíləti | -l̩ti/ *n.* 〖《1644》: ⇨ condensate, -able〗
con·den·sate /kɑ́(ː)ndɛnseɪt, -dən-, kəndénseɪt | kɒ́ndɛnsèɪt, -dən-, kəndénseɪt/ *n.* **1** 凝縮物. **2** 〘化学〙(ガスや蒸気が凝縮して生じた)復水, 縮合物, 凝縮液. 〖《1555》← L *condēnsātus* (↓)〗
con·den·sa·tion /kɑ̀(ː)ndɛnséɪʃən, -dən- | kɒn-/ *n.* **1 a** 凝縮, 圧縮. **b** 凝縮状態. **c** 凝縮体. **2 a** (思想・表現・物語などの)圧縮, 短縮, 要約. **b** 要約された作品《小説など》; 要約本[版], 簡約本[版], 縮約本[版]. **3** 〘物理〙凝結, 凝縮, 凝集. **4** 〘化学〙縮合, 凝縮, 液化. **5** 〘精神分析〙圧縮《多くの観念・感情・記憶などが一つの言葉・物語・夢などに再現されること》. **~·al** /-ʃnəl, -ʃənl/ *adj.* 〖《1603》□ L *condensātiō(n-)* ← *condensātus* (p.p.) ← *condensāre* 'to CONDENSE'〗
condensátion pòint *n.* 〘数学〙凝集点《その点のどのような近傍もあたえられた部分集合の点を非可算個含むような点》.
condensátion polymerizàtion *n.* 〘化学〙重縮合, 縮合重合《縮合反応を反復しながら重合体を生成する反応; cf. addition polymerization》.
condensátion tràil *n.* =contrail. 〖1942〗
con·dense /kəndéns, -dénts/ *vt.* **1** 濃厚にする, 濃縮する; 凝縮する, 圧縮する. **2** 〈気体を〉液化または固体化する (cf. rarefy 1): ~ a gas *to* a liquid / ~ vapor *into* water. **3** 〈思想・表現・物語などを〉簡約化する, 短縮する (abridge): ~ a paragraph *to* a sentence 一節を縮めて一文にする / ~ a story 物語を短縮[要約]する. **—** *vi.* **1** 凝結[凝縮]する, 縮まる, 固まる. **2** 簡潔に表す, 要約する. **3** 〘化学〙縮合[凝縮]する. 〖《?a1425》□ (O)F *condenser* ∥ L *condensāre* ← *condensus* very dense: ⇨ com-, dense〗
con·dénsed *adj.* **1** 凝縮[濃縮]した, 縮合した; 凝結した. **2** 〈文体・言葉など〉簡約[短縮]した (↔ diffuse). **3** 〘活字〙コンデンスの《字幅の狭いことにいう; cf. expanded 3, extended 6》. **4** 〘植物〙〈花が〉縮合型の. **5** 〘化学〙縮合の. **con·déns·ed·ly** /-s̩dli, -st-/ *adv.* **con·déns·ed·ness** /-s̩dn̩s, -st-/ *n.* 〖《?a1425》: ⇨ ↑, -ed 2〗
condénsed mátter phýsics *n.* 物性物理学.
condénsed mílk *n.* コンデンスミルク, 加糖練乳《全乳を濃縮して砂糖を加えたもの; sweetened condensed milk ともいう; cf. evaporated milk》. 〖1863〗
condénsed sýstem *n.* 〘物理・化学〙凝縮系《液相・固相から成る系》.
condénsed týpe *n.* 〘印刷〙コンデンス体《欧文活字で字幅の狭い字体》.
con·dens·er /kəndénsə | -sə(r/ *n.* **1 a** 縮約者. **b** コンデンサー係. **2** 凝縮器, (空気・蒸気などの)凝縮装置, 凝気器; (タービンなどの)復水器. **3** 〘電気〙コンデンサー (capacitor)《静電容量素子》. **4** 〘光学〙集光レンズ[鏡]; 集光装置《光を一点に集める光学系; 顕微鏡観察のとき光源からの光を集め標本を照明する装置》. 〖《1686》〗
condénser antènna *n.* 〘通信〙コンデンサーアンテナ《容量性アンテナ》.
condénser mìcrophone *n.* 〘電気〙コンデンサーマイクロホン. 〖《1928》〗
con·den·ser·y /kəndéns(ə)ri/ *n.* コンデンスミルク製造所. 〖《1909》← CONDENSE+-ERY〗
con·dens·i·ble /kəndénsəbl̩ | -s̩-/ *adj.* =condensable. **con·dens·i·bil·i·ty** /kəndènsəbíləti | -l̩ti/ *n.*
con·déns·ing èngine *n.* 〘機械〙復水器付き機関. 〖《1752》〗
condénsing lèns *n.* 〘光学〙=condenser 4. 〖《1787》〗
con·dén·sive lóad /kəndénsɪv-/ *n.* 〘電気〙=capacitive load.
con·de·scend /kɑ̀(ː)nd̩sénd | kɒ̀n-/ *vi.* **1 a** (目下の者に対して)威張らない, 腰を低くする (⇨ stoop¹ SYN). **b** 威張らないで…する; …して下さる (deign)〈*to* do〉: He never ~*s to* shake hands with me. 威張っていて決して私と握手をしてくれない / The Queen has graciously ~*ed* to pardon you. 女王は優しくあなたのことを許して下さった. **2 a** [しばしば皮肉に用いて] (優越感を意識しながら)親切にする, 恩着せがましくふるまう (show condescension)〔*to*〕: She seemed to be ~*ing*. 妙に恩に着せるような態度であった / I don't like being ~*ed to* by my own children. 自分の子供たちに恩着せがましく親切にされるのは嫌いだ. **b** 偉ぶる. **3** 身を落として…する〔*to*〕/〈*to* do〉: ~ *to* accept a bribe (節を捨てて)賄賂(わいろ)を受け取る / ~ *to* the meanest employment 身を落としてきわめて卑しい職につく / He does not ~ *to* such little things. そんなつまらないことをするのを潔(いさぎよ)しとしない. **4** 《廃》譲歩する, 譲る; 承諾する. 〖《1340》*condescende(n)* □ (O)F *condescendre* □ LL *condēscendere* ← *con* 'COM- 1'+ *dēscendere* 'to DESCEND'〗
con·de·scen·dence /kɑ̀(ː)nd̩séndəns, -dn̩s | kɒ̀n-/ *n.* **1** =condescension. **2** 〘スコット法〙(原告作成の)訴訟事実の記述. 〖《1638》□ F *condescendane*: ⇨ ↑, -ence〗
còn·de·scénd·ing *adj.* **1** (目下の者に対して)腰の低い, 丁寧な. **2** 恩に着せるような, 保護者気取りの (patronizing): a ~ manner 恩着せがましい態度. **~·ly** *adv.* **~·ness** *n.* 〖《1654》: ⇨ -ing²〗
con·de·scen·sion /kɑ̀(ː)nd̩sénʃən | kɒ̀n-/ *n.* **1** (目下の者に対して)威張らないこと, 腰の低いこと: in ~ *to* one's inferiors 目下の者に丁寧な態度で. **2 a** (優越感をもった)わざとらしい親切, 恩に着せるような態度. **b** 偉そうな様子. **3** 《廃》譲歩 (concession). 〖《1642》□ L *condēscensiō(n-)* ← *condēscensus* (p.p.) ← *condēscendere* 'to CONDESCEND': ⇨ -sion〗
con·dign /kəndáɪn, kɑ(ː)n-, kɑ́(ː)ndaɪn | kəndáɪn, kɒn-, kɒ́ndaɪn/ *adj.* 〈罰など〉相当な, 至当な: ~ punishment, vengeance. **~·ly** *adv.* 〖《1410》□ (O)F *condigne* □ LL *condignus* very worthy ← *con-* 'COM-'+*dignus* worthy (cf. dignity)〗
con·dig·ni·ty /kəndígnəti, kɑ(ː)n- | kəndígn̩ti, kɒn-/ *n.* 〘神学〙(善行による)功徳(くどく) (cf. congruity 3). 〖《1554》□ ML *condignitās*: ⇨ ↑, -ity〗
Con·dil·lac /kɔ̃ː(n)diːǽk, kɔ̀ːn-; *F.* kɔ̃dijak/, **Étienne Bon·not de** /bɔno d/ *n.* コンディヤック (1715–80; フランスの哲学者).
con·di·ment /kɑ́(ː)ndəmənt | kɒ́nd̩-/ *n.* 香辛料 (seasoning)《こしょう・からしなどの自然食品によるスパイスのほか, カレー・ケチャップ・チリなどの調理した調味料にもいう》.
con·di·men·tal /kɑ̀(ː)ndəméntl̩ | kɒ̀nd̩méntl̩/ *adj.* 〖《?1440》□ (O)F ∥ L *condimentum* spice, seasoning ← *condīre* ← *condere* to preserve ← *con-* 'COM- 1'+-*dere*, *dare* to put (cf. do¹)〗
con·di·tion /kəndíʃən/ *n.* **A 1** (ある物事の存在・生起に必要となる)先行条件, 必要条件 (prerequisite): the ~ of all success / all ~*s* necessary for success.

C

2 〘法律〙(協定・契約などの)条件, 条項, 規定, 規約, 契約の基本[本質]的約款 (cf. warranty 2): the ~*s* of peace 講和条項.
3 条件: a necessary and sufficient ~ 必要で十分な条件 / ⇨ condition precedent / impose ~*s* 条件を課する / make it a ~ that …を(一つの)条件とする / make [impose] no ~*s* 条件は何もつけない / on one ~ 条件を一つつけて / on this ~ この条件で / ⇨ *on* (*the*) CONDITION (*that*) / I will not go on any ~.=I will go on no ~. どんな条件でも行かない.
4 〘文法〙(条件文の)条件節 (protasis) (cf. conclusion 5).
5 〘論理〙**a** 条件命題の前・後件: ⇨ necessary condition, sufficient condition. **b** (条件命題・推理の)前件, 前提, 理由 (cf. conclusion 4, consequence 4). **c** 論証で成り立つと仮定された命題; 仮定 (assumption).
6 〘哲学〙条件, 制約《一般に, ある事柄・結果を生むのに不可欠な状況・事象・根拠》. **7** 《廃》契約 (contract): such sum or sums as are express'd in the ~ 契約にあるとおりのかくかくの金額 (Shak., *Merch* V 1. 3. 148–49).
B 1 a (人・物・財政などの)有様, 状態 (⇨ state SYN); 体の調子, 体調, コンディション: matter in a liquid ~ 液状の物質 / the human ~=the ~ of man ⇨ human *adj.* 1 / the ~ of affairs (天下の)形勢, 世情 / the financial ~ of New York City ニューヨーク市の財政状態 / be in a certain [a delicate, a particular, an interesting] ~ 妊娠している / be in [out of] ~ 健康状態[体の状態, コンディション]がよい[悪い]; (物の)保存状態が良い[悪い] / be in [out of] ~ to do …するに耐える[耐えない], …できる[できない] / be in no ~ [be not in a ~] to do …するに耐えない, できない / in good [bad, poor] ~ 良い[悪い]状態で, 健康[不健康]で / in that ~ そんな(ひどい)状態で(の) / be [stay] in ~ 健康でいる / keep oneself in ~ 健康を保つ / get into (good) ~ よい状態になる, 調子がよくなる / get out of ~ コンディション[体調]が悪くなる / get a person into ~ 人をよいコンディションにする. **b** 《口語》(身体の)異常 (illness, trouble): a person with a kidney ~ 腎臓(の調子)の悪い人 / have a heart ~ 心臓に異常がある, 心臓が悪い. **c** (障害となる, または修正を要する)特殊事情; 障害, 欠点: the ~ of the train 列車の事故.
2 [通例 *pl.*] (現在の)状況, 様子, 現情, 情勢: living ~*s* 生活状況 / under [in] favorable [difficult] ~*s* 順[逆]境に / under [in] these ~*s* こういう事情のもとに[こういう状況では] / under [in] (the) existing [present] ~*s* 現在の事情では, 現状からすると.
3 境遇, 身分, 地位: all sorts and ~*s* of men あらゆる種類・身分の人々《*Prayer Book* から出た句》/ people of humble ~ 身分の低い人々 / better one's ~ 境遇を改善する / change one's ~ 新生活に入る; 結婚する, 所帯をもつ / live according to one's ~ 身分に応じて生活する.
4 《米》(仮入学・仮進級の学生が受ける)再試験, 再試験科目 (cf. E): work off ~*s* 〈学生が〉再試験を済ませる.
5 a 《廃》性質, 性格; 特性 (trait): the hot ~ of blood たぎる血潮. **b** [*pl.*] 《古》やり方, 様式 (ways).
***on* [*upòn*] (*the*) *condition* (*that*)** …という条件の下に, 仮に…とすれば (if): I will do it *on* ~ (*that*) you help me. 君が手伝ってくれるならしよう. 《1369》
— *vt.* **1** 〈事物が〉…の必要条件となる, 前提となる;〈事情などが〉限定する, 決定する, 制約する; 条件付ける, ならす: the factors that ~ happiness=the factors ~*ing* happiness=the ~*ing* factors of happiness 幸福の必要条件となる要因 / mutually [reciprocally] ~*ing* factors 互いに制約し合う要因 / the circumstances which ~ our lives 我々の生活を決定する事情[境遇, 条件] / a people ~*ed* by long years of discipline to accept orders 長年の訓練で命令に服従するようにならされた民族 / Choice is ~*ed* by supply. 選択は供給によって制約される / Health and activity ~ each other. 健康と活動とは互いに依存する. **2 a** 〈運動選手・チーム・競走馬などを〉(練習で)最良のコンディションにもっていく: ~ a horse for a race 馬を競馬に出る最良のコンディションにもっていく / ~ oneself into the best of health 自己のコンディションを最高の健康にもっていく. **b** 適当な状態にする. **c** 〈室内の空気などを〉調節する: ~ the air of a room (暖房・冷房などで)室内の空気を調節する. **d** 〈部屋などの〉空気調節する: ~ a room. **e** 〈家畜を〉太らせる (fatten). **3** 〈…という〉条件を設ける, 〈…と〉規定する〈*that*〉/〈*to* do〉: ~ *to* observe the rule 規約を守るという条件をつける / ~ *that* they (should) marry 結婚するという条件にする / It was ~*ed* between the two *that* they should marry next year. 来年結婚するという条件が二人の間に定められた. **4** 《米》〈学生〉に再試験の条件を付ける, 仮進級[入学]を許す: be ~*ed* in German ドイツ語に再試験の条件を付けられる. **5** 〈商品の品質を〉検査する: ~ silk, wool, cotton, etc. **6** 〈乾いた繊維を〉適当にしめらす. **7** 〘心理〙条件付ける, …に条件反射 (conditioned response) を起こさせる.
— *vi.* **1** 〈ビールなどが〉適当な条件になる. **2** 《古》条件を付ける.
~·a·ble /-ʃ(ə)nəbl̩/ *adj.* 〖《16C》□ LL *conditiō(n-)* agreement, stipulation, situation ∽ 《a1333》 *condicioun* □ OF *condicion* □ L *condiciō(n-)* ← *condictus* agreed upon (p.p.) ← *condicere* ← *con-* 'COM- 1' +*dīcere* to point out, tell (cf. diction): ⇨ -tion〗

C

con·di·tion·al /kəndíʃnəl, -ʃənl/ *adj.* **1 a** 条件付きの[による, に従う]; 制限付きの, 制約的な; 暫定的な, 仮定的な: a ~ agreement [promise] 条件付き協定[約束] / a ~ contract 条件付き契約, 仮約定 / This offer is ~. この提供は条件付きである《無条件提供ではない》. **b** 〔…を〕条件としての, …次第で(の) 〔*on, upon*〕: a promise ~ *on* circumstances being favorable 事情が好都合であることを条件としての約束 / It is ~ *on* your ability. それはあなたの腕次第だ / The bequest is ~ *on* your [you] taking possession of the house. 遺産の相続はその家をあなたが所有することを条件としている. **2** 〘文法〙 条件を表す: a ~ clause 条件節 / a ~ sentence 条件文 / the ~ mood 条件法. **3** 〘心理〙 〈反射が〉条件付けられた. **4** 〘論理〙 条件[仮定]的な: a ~ proposition 条件[仮定]命題. **5** 〘数学〙 **a** 〈不等式が〉条件付きの《変数のすべての値に対して成り立つとは限らない; cf. absolute 11》. **b** 〈確率が〉条件付きの: ⇨ conditional probability. **c** 〈収束が〉条件付きの: ⇨ conditional convergence.
— *n.* **1** 〘文法〙 **a** 仮定語句; 条件文[節]. **b** 条件法. **2** 〘論理〙 =implication 3. **con·di·tion·al·i·ty** /kəndìʃənǽləṭi | -lɪ̣ti/ *n.* 〖(c1380) ◻ OF *condicionel* (F *conditionnel*) ∥ LL *condiciōnālis*: ⇨ ↑, -al¹〗

conditional convérgence *n.* 〘数学〙 条件収束《級数が収束はするが, 項の順序を変えると収束しないことがあること; 級数が収束はするが, 各項の絶対値から成る級数は収束しないことといってもよい; cf. unconditional convergence》.

conditional díscharge *n.* 〘法律〙 条件付き釈放 (cf. absolute discharge). 〖1947〗

con·dí·tion·al·ly /-ʃ(ə)nəli/ *adv.* 条件付きで; 絶対的でなくて. 〖(1448–50): ⇨ -ly¹〗

conditional probabílity *n.* 〘数学・統計〙 条件付き確率《ある事象が起こったという条件の下での別のある事象の起こる確率》. 〖1961〗

conditional sále *n.* 〘法律〙 条件付き売買《条件が満たされたとき, 所有権が買手に移転する売買》. 〖1873〗

condítion còdes *n.* 〘電算〙 条件コード《演算や比較などの命令を実行したとき, その結果 (2 数の大小関係, 真偽など)を表すコード》.

con·dí·tioned *adj.* **1** 条件付きの, 制約のある. **2** [通例複合語の第 2 構成素として] (…の)状態[境遇]にある: well-*conditioned* 良好の状態にある / ill-*conditioned* 状態の悪い, 不良状態の, 悪質の. **3 a** 条件付けられた; 仕込まれた, ならされた. **b** 〘心理〙 条件反射の[による]. **4** 調節 (暖房または冷房)された: the ~ air of a theater. **5** 《米》 仮入学[進級]の. 〖(?a1439): ⇨ -ed〗

conditioned réflex *n.* 〘生理・心理〙 条件反射 (conditioned response)《無条件刺激(例えば食べ物)と中立刺激(例えばベル)を組み合わせて反復すると, ベルだけでも反射(唾液分泌)が起こるようになるが, この場合ベルは条件刺激, ベルによる反射を条件反射という; cf. unconditioned reflex》. 〖1906〗

conditioned respónse *n.* 〘生理・心理〙 条件反応 (conditioned reflex).

conditioned stímulus *n.* 〘心理〙 条件刺激《中立的な刺激が条件となってある反応を起こさせる場合, その刺激を指していう; cf. classical conditioning》. 〖1927〗

con·di·tion·er /kəndíʃ(ə)nə | -nə^(r)/ *n.* **1** 調節する人[もの]. **2** =air-conditioner. **3** (ヘア)コンディショナー. **4** (運動の)トレーナー, 訓練者. **5** (生糸などの)検査人[官]. **6** 〘土壌〙 土壌改良剤 (soil conditioner). 〖((1598)) (1888): ⇨ -er¹〗

con·dí·tion·ing /-ʃ(ə)nɪŋ/ *n.* **1** 条件付け: social ~ 社会的条件付け. **2** (動物などを)最良のコンディションにもっていくこと, 調教. **3** (空気の)調節. **4** (商品の)検査: a silk ~ house 生糸検査所. **5** 繊維を適切な状態に整えること. 〖(1530): ⇨ -ing¹〗

condition précedent *n.* 〘法律〙 停止条件.

con·do /kɑ́(ː)ndou | kɔ́ndəu/ *n.* (*pl.* ~**s**) 《米口語》 = condominium 1. 〖(1964) 《略》〗

con·do·la·to·ry /kəndóulətɔ̀ːri | -dóulətəri/ *adj.* 弔慰の, 悔みの, 哀悼の: a ~ address 弔辞 / ~ compliments 悔みの挨拶 / a ~ letter 悔み状. 〖(1730–36): ⇨ ↓, -atory: CONSOLATORY からの類推〗

con·dole /kəndóul | -dóul/ *vi.* 〈人に〉弔意を表する, 悔みを言う〔*with*〕: ~ *with* a person *in* his suffering [*on* the death of his wife] 人の苦しみを慰める[夫人の死の悔みを言う]. — *vt.* 《古》 **1** 〈人の死を〉悼(いた)む, 弔らう, 悲しむ. **2** 〈人〉に悔みを言う, 慰める. 〖(1588) ◻ LL *condolēre* to suffer with another ← *con-* 'COM- 1'+*dolēre* to grieve〗

con·dóle·ment *n.* **1** =condolence. **2** 《廃》 悲しみ. 〖1593〗

con·do·lence /kəndóuləns, -lənts | -dóu-/ *n.* **1** 悔み, 弔慰, 哀悼: a ~ call [caller] 弔問[弔問客] / a letter of ~ 弔慰状, 悔み状. **2** [*pl.*] 弔辞, 哀悼の言葉: present [express] one's ~*s* to …に対して哀悼の言葉を送る[弔意を表する]. 〖(1603): ⇨ ↑, -ence〗

con·do·lent /kəndóulənt | -dóu-/ *adj.* 弔慰[弔辞]の, 哀悼を表する. 〖(a1500) ◻ L *condolentem*: ⇨ condole, -ent〗

con·dól·er /-lə | -lə^(r)/ *n.* 弔慰する人, 哀悼者. 〖(1727): ⇨ -er¹〗

con·dól·ing /-lɪŋ/ *adj.* 弔慰する, 哀悼する. **~·ly** *adv.* 〖(1595–6): ⇨ -ing²〗

con do·lo·re /kɑ̀(ː)ndəlɔ́ːreɪ | kɔ̀ndəlɔ́ːri; *It.* kondolɔ́ːre/ *It. adv.* 〘音楽〙 悲しげに (sorrowfully). 〖◻ It. ~ 'with sadness': ⇨ com-, dolor〗

con·dom /kɑ́(ː)ndəm, kʌ́n- | kɔ́ndəm, -dɒm/ ★ 《英》では従来標準的な発音は /kɔ́ndəm/ であったが, エイズが社会問題化するにつれてつづり字式の発音 /kɔ́ndɒm/ が増加した. *n.* (性病予防・避妊用の)コンドーム. 〖((c1665)) (1706) *cundum*: これを考案した当時の医師 *Cundum, Conton* の名からとするのは俗説〗

con·dom·i·nate /kɑ(ː)ndɑ́(ː)mənɪ̣t, kən- | kɔndɔ́mɪ̣-, kən-/ *adj.* 共同支配[統治]の[に関する]. 〖(1885) ← NL ~ ← *con-* 'COM-'+L *dominātus* ((p.p.) ← *dominārī* 'to DOMINATE')〗

con·do·min·i·um /kɑ̀(ː)ndəmíniəm | kɔ̀n-/ *n.* **1** 《米》 **a** 分譲アパート[マンション]の一戸[室]. **b** 分譲アパート[マンション]. **2** 〘国際法〙 (二つ以上の国家による)共同統治[管理]; 共同統治[管理]地. **3** 共同主権 (joint sovereignty). **còn·do·mín·i·al** /kɑ̀(ː)ndəmíniəl | kɔ̀n-ˊ/ *adj.* 〖(a1714) ← NL ~ ← *cond-* 'COM-'+L *dominium* 'DOMINION'〗

Con·don /kɑ́(ː)ndən | kɔ́n-/, **Edward Uh·ler** /júːlə | -lə^(r)/ *n.* コンドン (1902–74; 米国の物理学者; 原爆開発に従事したが, 後に核禁止運動を進めた).

con·do·na·tion /kɑ̀(ː)ndounéɪʃən, -də- | kɔ̀ndə(ʊ)-/ *n.* **1** (罪の)容赦. **2** 〘法律〙 (特に, 姦通の)宥恕(ゆうじょ) (cf. connivance). 〖(1625) ◻ L *condōnātiō(n-)* giving away: ⇨ ↓, -ation〗

con·done /kəndóun | -dóun/ *vt.* **1** 〈罪を〉許す, 見逃す, 容赦する (pardon); (特に)大目にみる (overlook). **2** 〘法律〙 〈特に, 姦通を〉宥恕する. **con·dón·a·ble** /-nəbl/ *adj.* **con·dón·er** *n.* 〖(1623) ◻ L *condōnāre* to give up, forgive ← *con-* 'COM- 2'+*dōnāre* to give〗

con·dor¹ /kɑ́(ː)ndə, -dɔə | kɔ́ndɔː^(r), -də^(r)/ *n.* **1** 〘鳥類〙 **a** コンドル (*Vultur gryphus*) 《Andean condor ともいう》. **b** カリフォルニアコンドル (*Gymnogyps californianus*) 《California condor ともいう》. **2** [C-] 〘電子工学〙 コンドル《電子航法の一種》. 〖(1604) ◻ Sp. *cóndor* ◻ Kechua *cúntur*〗

condor 1 a
(*Vultur gryphus*)

con·dor² /kɑ́(ː)ndə, -dɔə, kóundɔə | kɔ́ndɔː^(r), -də^(r); *Am.Sp.* kóndor/ *n.* (*pl.* ~**s**, **con·do·res** /kəndɔ́ːreɪs, koun- | kɔn-; *Am.Sp.* kondóres/) コンドル: **1** 昔のチリの硬貨 (=10 pesos). **2** 昔のエクアドルの硬貨 (=10 sucres). 〖↑〗

Con·dor·cet /kɔ̃ː(n)dɔəséɪ, kɔ̀ːn- | -dɔː-; *F.* kɔ̃dɔʀsɛ/, **Marquis de** *n.* コンドルセ (1743–94; フランスの数学者・哲学者・政治家; 本名 Marie Jean Antoine Nicola Caritat /karita/).

condores *n.* condor² の複数形.

con·dot·tie·re /kɑ̀(ː)ndɑtjéəri, kɑ̀(ː)ndɑ(ː)tiéəri | kɔ̀ndɔtiéəreɪ; *It.* kondottjɛ́ːre/ *n.* (*pl.* **-tie·ri** /-riː; *It.* -ri/) **1** (14–16 世紀の主にイタリアの)傭兵隊長. **2** 傭兵. 〖(1794) ◻ It. ~ 'captain' ← *condotto* mercenary < L *conductum* (p.p.) ← *condūcere* to hire: ⇨ -ier²〗

con·duce /kəndúːs, -djúːs | -djúːs/ *vi.* 〈ある事柄・事情が〉〈ある特定の, または望ましい結果に〉導く, 助けとなる, 貢献する〔*to, toward*〕: virtues which ~ *to* success in life 出世の道に資する諸徳 / Rest ~*s to* health. 休息は健康の一助となる / Revolution generally ~*s to* much subsequent misery. 革命は概して多大の悲惨をもたらす. 〖(c1400) ◻ L *condūcere* to bring together ← *con-* 'COM- 1'+*dūcere* to lead (⇨ duct)〗

con·duc·i·ble /kəndúːsəbl, -djúː- | -djúːsɪ̣-/ *adj.* 《廃》 =conducive. 〖1546〗

con·du·cive /kəndúːsɪv, -djúː- | -djúː-/ *adj.* 〔…を〕促す, 助成する, 〔…に〕資する, 〔…の〕助けとなる〔*to*〕: ~ *to* happiness, long life, etc. / Fresh air is ~ *to* health. 新鮮な空気は健康のためによい. **~·ness** *n.* 〖(1646) ← CONDUCE+-IVE〗

con·duct /kəndʌ́kt/ *v.* — *vt.* **1** 〈業務などを〉行う, 処理する, 〈事業などを〉経営[管理]する (⇨ perform SYN); 〈授業・クラスなどを〉担任する, 受けもつ, 指導する: ~ an investigation [negotiations] 調査[交渉]を行う / ~ a course in history [a history class] 歴史のコース[クラス]を受けもつ / Their conversation [correspondence] was ~*ed* in French. 彼らの会話[文通]はフランス語で行われた. **2** 〈軍隊・楽隊などを〉指揮する: ~ a campaign, a siege, etc. / ~ an orchestra, the Ninth Symphony, etc. **3** 〘物理〙 〈熱・光・電気・音などを〉伝導する, 伝える (transmit): ~ electricity. **4** [~ *oneself* で] 身を処する, ふるまう (⇨ behave SYN): ~ *oneself* like a gentleman [without reserve] 紳士らしく[遠慮なく]ふるまう. **5** 導く, 指導する, 案内する, 護送する: ~ a person to a seat [a party up a mountain] 人を座席に[登山隊を]案内する / be ~*ed* around a school 校内を案内してもらう. — *vi.* **1** 楽団の指揮をする. **2** 案内する. **3** 〈道路が〉〔…に〕通じる〔*to*〕. **4** 〘物理〙 熱[電気]を伝導する.
— /kɑ́(ː)ndʌkt, -dəkt | kɔ́n-/ *n.* **1** [無冠詞で] (道徳上からみた, 人の)ふるまい, 行い, 品行, 操行, 行状 (⇨ behavior SYN): bad [shameful, deplorable] ~ 悪い[恥ずべき, なげかわしい]行為 / good [honorable, virtuous] ~ 良い[立派な, 有徳の]行い / ~ unbecoming an officer 士官にふさわしくない行為 / a course of ~ 一連の行為, 行状 / a prize for good ~ 善行賞 / a good-~ testimonial 善行証明書[褒状] / the rules of ~ 処世訓. **2** 経営, 運営, 処理, 管理 (management): the ~ of a business 事業の経営 / the ~ of state affairs [of war] 国事の運営[戦争の遂行]. **3** 《廃》 指揮, 指導; 案内, 護送 (guidance): under the ~ of …の案内[指導]で. **4** 〘美術〙 (舞台・劇などの)処置法[手法]: the ~ of the background 背景の処置法[取扱い方]. **5** 《まれ》 指導者, ガイド.
〖n.: (c1441) ◻ LL *conductus* escort (p.p.) ← *condūcere* (⇨ conduce) ∽ (c1300) *conduit* ◻ (O)F (p.p.) < L *conductum*. — v.: (a1422) *conducte(n)* ← L *conductus* ∽ (c1400) *conduite(n)* ← (n.)〗

con·duc·tance /kəndʌ́ktəns/ *n.* **1** 伝導(すること); 伝導力. **2** 〘電気〙 コンダクタンス《電気抵抗の逆数》. 〖(1885): ⇨ ↑, -ance〗

condúct·ed tóur *n.* ガイド付き旅行[ツアー]. 〖1907〗

con·duct·i·bil·i·ty /kəndʌ̀ktəbíləṭi | -lɪ̣ti/ *n.* 伝導性. 〖(1842): ⇨ ↓, -ity〗

con·duct·i·ble /kəndʌ́ktəbl | -tɪ̣-/ *adj.* 伝導性の, (熱・電気などを)伝える. 〖(1847): ⇨ -ible〗

con·duc·ti·met·ric /kəndʌ̀ktəmétrɪk | -tɪ̣-ˊ/ *adj.* 〘化学〙 =conductometric. 〖1940〗

con·duc·tion /kəndʌ́kʃən/ *n.* **1** (水を管などで)導くこと, 引くこと, 誘導(作用). **2** 〘物理〙 (熱・電気・音などの)伝導 (cf. convection 2, radiation 2). **3** 〘生理〙 (神経刺激の)伝導(作用). **4** 〘植物生理〙 =translocation 2. **~·al** *adj.* 〖(1541) ◻ (O)F ~ ∥ L *conductiō(n-)*: ⇨ conduct, -tion〗

condúction bànd *n.* 〘物理〙 伝導帯《自由電子として電気伝導をになう電子の存在するエネルギー帯》.

condúction cùrrent *n.* 〘電気〙 伝導電流 (cf. electric current).

con·duc·tive /kəndʌ́ktɪv/ *adj.* 伝導(性)の, 伝導性[力]のある: ~ power 伝導力. **~·ly** *adv.* 〖(1528) ◻ L *conductīvus*〗

condúctive educátion *n.* 誘導教育《筋肉やその他に障害をもつ人に対する治療方法; できるようになるまで単純な動作を繰り返し行わせる》.

con·duc·tiv·i·ty /kɑ̀(ː)ndʌktívəṭi | kɔ̀ndʌktívɪ̣ti, -dək-/ *n.* **1** 〘物理〙 (熱・音・電気の)伝導性[力]; 伝導率, 伝導度. **2** 〘電気〙 電導率[度] (記号 σ; specific conductance ともいう). **3** 〘生理〙 (刺激)伝導性. 〖(1837): ⇨ -ity〗

cónduct mòney *n.* **1** 証人出頭費《証人に支払われる往復旅費と滞在費》. **2** (応募した新兵に支払われる)入隊旅費. 〖1512〗

con·duc·to·met·ric /kəndʌ̀ktəmétrɪkˊ/ *adj.* 〘化学〙 **1** 電気伝導度による《滴定 (titration) の終点を判定するために溶液の電気伝導率の変化を利用する》: ~ titration (電気)伝導度滴定. **2** 伝導度滴定の[に関する]. 〖(1929) ← CONDUCT(IVITY)+-(O)METRIC¹〗

con·duc·tor /kəndʌ́ktə | -tə^(r)/ *n.* **1 a** (オーケストラ・合唱の)指揮者. **b** (列車・電車・バスなどの)車掌. ★ 英国では列車の車掌は guard という. **c** 案内人, ガイド (guide); 指導者 (leader). **d** 管理人, 経営者 (manager). **2 a** (熱・電気・音の)伝導体, 導体, 伝導物, 導線; (ケーブルの)心線 (cf. insulator 2, nonconductor, semiconductor): a good [bad] ~ 良[不良]導体 / Water is a good ~ of electricity. 水は電気をよく伝える. **b** 避雷針 (lightning rod). **3** 〘建築〙 =downspout. 〖(16C) ◻ (O)F *conducteur* ◻ L *conductōrem* ← *condūcere* 'to CONDUCT' ∽ (c1410) *cond(u)itour* ◻ OF *conduiteur* < L *conductōrem*: ⇨ -or²〗

con·duc·tor·i·al /kɑ̀(ː)ndʌktɔ́ːriəl, kəndʌk- | kɔ̀ndʌk-ˊ/ *adj.* (オーケストラの)指揮者の[に関する]. **~·ly** *adv.* 〖(1853): ⇨ ↑, -(i)al〗

condúctor ràil *n.* 〘鉄道〙 導体レール, 第三レール《普通のレールに沿って置かれ, 電車に電流を伝えるのに使うレール》. 〖1900〗

condúctor·shìp *n.* conductor の職[役目]. 〖(1818): ⇨ -ship〗

con·duc·tress /kəndʌ́ktrɪ̣s | -trɪ̣s, -trɛs/ *n.* 女性の conductor; (特に) 《英》 (電車・バスの)女性車掌. 〖(1624): ⇨ -ess¹〗

cónduct shèet *n.* 〘軍事〙 素行表, 行状表, 罰目調書 (default sheet).

con·duc·tus /kəndʌ́ktəs/ *n.* (*pl.* **-duc·ti** /-taɪ/) 〘音楽〙 コンドゥクトゥス《ラテン語を歌詞とする 12–13 世紀の歌, 多声のものでは各声部が同時に同じ歌詞を歌うのが特徴》. 〖1801〗

con·du·it /kɑ́(ː)nduɪ̣t, -dɪ̣t | kɔ́ndjuɪt, kʌ́n-, -du-, -dʒu-, -dɪt/ *n.* **1 a** 導管, 水管. **b** 水道, 溝, 導水渠(きょ), 暗渠 (aqueduct, channel). **2** 〘電気〙 コンジット, 線渠, ダクト《数本の電線を治めた管》. **3** 《古》 噴水, 泉 (fountain). 〖(c1300) ◻ (O)F *conduit* ◻ ML *conductum* (⇨ conduct): 発音は ME *condit* から〗

cónduit sỳstem *n.* **1** 〘鉄道〙 (電車の)暗渠電路方式, コンジット式. **2** 〘電気〙 (電灯線の)鉛管式. 〖1894〗

con·du·pli·cate /kɑ(ː)ndúːplɪ̣kɪ̣t, -djúː-, kən- | kɔndjúː-/ *adj.* 〘植物〙 〈芽の中の葉・花弁が〉縦に上向きに折りたたまれた, 二つ折りの, 摺合(しょうごう)している. **con·du·pli·ca·tion** /kɑ(ː)ndùːplɪ̣kéɪʃən, -djùː- | kɔndjùː-/ *n.* 〖(1777) ← *con-* 'COM-'+DUPLICATE〗

Con·dy, c- /kɑ́(ː)ndi | kɔ́n-/ *n.* 《英口語》 〘化学〙 = Condy's fluid.

con·dy·larth /kɑ́(ː)ndəlɑ̀ːθ | kɔ́ndɪlɑ̀ːθ/ *n.* 〘古生物〙 髁(か)節目の有蹄動物(の化石). 〖(1884) ↓〗

Con·dy·lar·thra /kɑ̀(ː)ndəlɑ́ːθrə | kɔ̀ndɪlɑ́ː-/ *n. pl.* 〘古生物〙 髁節目. **còn·dy·lár·throus** /-θrəsˊ/ *n.* 〖← NL ~: ⇨ ↓, arthro-, -a²〗

con·dyle /kɑ́(ː)ndḷ, -dḷ, -daɪl | kɔ́ndɪl, -daɪl/ *n.* **1** 〘解剖〙顆《骨端の丸い隆起》. **2** 〘動物〙関節丘. **3** 〘歯科〙顆頭, 下顎頭《下顎の一部で上顎と関節を形作っている部分》. **cón·dy·lar** /-dələ | -dɪlə(r)/ *adj.* 〘《1634》□ F *condyle* □ L *condylus* □ Gk *kóndulos* knuckle〙

con·dy·loid /kɑ́(ː)ndəlɔ̀ɪd | kɔ́ndɪ-/ *adj.* 〘解剖〙骨頭状の. 〘《1741》: ⇨ ↑, -oid〙

con·dy·lo·ma /kɑ̀(ː)ndəlóʊmə | kɔ̀ndɪlə́ʊ-/ *n.* (*pl.* **~s, ~·ta** /~tə | ~tə/) 〘病理〙コンジローム, 疣贅(ゆうぜい)《通例, 肛門や陰部にできる腫瘍; 尖形コンジロームと扁平コンジロームの 2 種がある》. **con·dy·lom·a·tous** /kɑ̀(ː)n-dəlɑ́(ː)mətəs, -lóʊm- | kɔ̀ndɪlɔ́mət-, -lə́ʊm-/ *adj.* 〘《1656》← NL ~ ← Gk *kondúlōma* ← *kóndulos* 'CONDYLE'+-OMA〙

Cón·dy's flùid [lìquid], c- f- [l-] /kɑ́(ː)ndiz- | kɔ́n-/ *n.* 〘英口語〙〘化学〙コンディ消毒液《過マンガン酸カリウムの希薄水溶液; 消毒液》. 〘《1857》← *H. B. Condy* (19 世紀の英国人製薬業者)〙

cone /kóʊn | kə́ʊn/ *n.* **1** 錐(形); 錐面: an elliptical ~ 楕円錐 / ⇨ right circular cone. **2** 〘植物〙 **a** 毬果(きゅうか)(松などの実). **b** (シダ植物などの)円錐体 (strobilus). **3 a** コーン《アイスクリームを入れる円錐状のウエハース; cf. icecream cone a》: a ~ of ice cream. **b** 円錐形のもの. **c** (機械の)円錐形の部分品. **d** 暴風標識 (storm-cone). **e** (円錐形の)尖峰. **f** 炎心《ガス炎中の出口のすぐ上にできる円錐形の部分》. **4** 〘地質〙火山錐《円錐形の火山》: a parasitic ~ 寄生火山. **5** 〘解剖〙錐状体, 円錐(体)《眼球の網膜中心部にある感光細胞》. **6** 〘貝類〙イモガイ《熱帯産イモガイ科の巻貝の総称; cone shell ともいう》. **7** 〘窯業〙=pyrometric cone. **8** 〘光学〙光錐《一点から出るまたは集まる円錐形の光線束》.
cone of silence 〘通信〙無感円錐域《ビーコン局の真上の航空機が受信できない円錐状の空域》.
— *vt.* **1 a** 円錐形にする. **b** 〈糸を〉円錐状に巻く. **2** 〈敵の飛行機を〉多数のサーチライトで照らし出す. — *vi.* **1** 円錐状になる. **2** 〘植物〙毬果をつける. ***cóne óff*** (円錐形の標識を置いて)〈道路を区画する[閉鎖する]: ~ *off* the lane for repairs.
〘《?a1400》□ (O)F *cône* // L *cōnus* □ Gk *kônos* pine cone〙

cóne bràke *n.* 〘機械〙円錐ブレーキ.

cóne clùtch *n.* 〘機械〙円錐クラッチ. 〘a1877〙

cóne crùsher *n.* 〘機械〙円錐砕石機 (cone mill ともいう).

cóne·flòwer *n.* 〘植物〙=black-eyed Susan 1 a. 〘1817〙

cóne·hèad (米俗) *n.* インテリ (egghead); ばか.

cóne-in-cóne *n.* 〘地質〙堆積岩中にみられるコーンを積み重ねたような構造. 〘1877〙

cóne kèy *n.* 〘機械〙円錐キー.

Con·el·rad, CONELRAD /kɑ́(ː)nḷræ̀d | kɔ́nḷ-/ *n.* 〘米〙〘軍事〙コネルラッド方式, (防空)電波管制《電波発射器材の使用を統制し, 周波数を変更したり, 電波を不規則に出したりして敵機[ミサイル]が追尾侵入するのを防ぐ方式》. 〘← *con*(*trol of*) *el*(*ectromagnetic*) *rad*(*iation*)〙

cóne mìll *n.* =cone crusher.

cóne·nòse *n.* 〘昆虫〙オオサシガメ《半翅類サシガメ科オオサシガメ属 (*Triatoma*) の昆虫の総称; 俗に「殺し屋カメムシ」(assassin bug) と呼ばれ, 昆虫や他の動物に襲いかかる; ブラジルオオサシガメ (*T. infestans*) はシャガス病 (Chagas' disease) を伝染する; kissing bug ともいう; cf. wheel bug》. 〘1891〙

cóne pèpper *n.* **1** 〘植物〙タカノツメ (*Capsicum frutescens subsp. conoides*)《辛みの強い円錐形の実をつけるトウガラシの一亜種》. **2** タカノツメの実.

cóne pùlley *n.* 〘機械〙円錐ベルト車, 段車.

cóne-shàped *adj.* 円錐形の. 〘1851〙

cóne shèll *n.* **1** 〘貝類〙イモガイ (cone). **2** イモガイの貝殻.

con es·pres·si·o·ne /kɑ(ː)nɛ̀sprɛsióʊni, kɔ̀ʊn-, -neɪ | kɔnɛ̀sprɛsiə́ʊ-; *It.* kɔnesprejsjóːne/ *adv.* 〘音楽〙表情をもって. 〘《1891》□ It. ~ 'with expression'〙

Con·es·to·ga /kɑ̀(ː)nəstóʊgə | kɔ̀nɪ̀stə́ʊgə/ *n.* 〘米〙コネストーガ幌馬車《鉄道のない時代に米国西部地方への移住者たち (pioneers) が大草原 (prairies) の柔らかい土の上を行くのに用いた, 幅の広い車輪の付いた大幌馬車; Conestoga wagon ともいう; cf. prairie schooner》. 〘《1699》*Conestoga* (Pennsylvania 州にあるその製造地) ← ? Iroquoian〙

cóne trèe *n.* 針葉樹, 球果植物 (coniferous tree). 〘1657〙

co·ney /kóʊni | kə́ʊ-/ *n.* (*pl.* **~s, co·nies**) **1 a** コニー《アナウサギ (rabbit) の毛皮; 特に, 他の毛皮に似せて染められたもの》. **b** 〘動物〙アナウサギ (rabbit). **2** 〘動物〙ナキウサギ (pika). **3** 〘動物〙(旧約聖書中で) =hyrax. **4** 〘魚類〙コーニー (*Cephalopholis fulva*)《熱帯大西洋産のスズキ科ユカタハタ属の魚; niggerfish ともいう》. **5** 《廃》だまされやすい人 (dupe), 間抜け, お人よし. 〘lateOE *cunin*(*g*) □ AF *coning*=OF *conin* < L *cunīculum* ← ? Iberian〙

cóney-càtch *vt.* 《廃》だます (cheat). 〘《1592》(逆成) ↓〙

cóney-cátcher *n.* 《廃》騙(かた)り屋. 〘《1591》← CONEY 5+CATCHER〙

Có·ney Ísland[1] /kóʊni- | kə́ʊ-/ *n.* コニーアイランド《米国 New York 市 Long Island 西南端にある海水浴場・遊園地; 以前は島であった》. 〘(なぞり) ← Du. *Konynen Eyland*〙

Cóney Ísland[2] *n.* 《俗》大きなホットドッグ; 軽食販売用屋台.

conf. (略)〘処方〙confection; confectionery; *L.* confer (=compare); conference; confessor; confidential.

con·fab /kɑ́(ː)nfæb, kənfǽb | kɔ́nfæb, kənfǽb/ 《口語》 *n.* =confabulation 1 a: have a ~ with …と相談[談笑]する. — /kənfǽb, kɑ́(ː)nfæb | kənfǽb, kɔ́nfæb/ *vi.* (**con·fabbed; con·fab·bing**) =confabulate 1 a. 〘《1701》略〙

con·fab·u·late /kənfǽbjʊlèɪt | kən-, kɔn-/ *vi.* **1** 《戯言》 **a** 親しく談論する, 談笑する〔*with*〕. **b** 討論する, 論議する; 協議する〔*with*〕. **2** 〘精神医学〙作話する.

con·fáb·u·là·tor /-tə | -tə(r)/ *n.* 〘《1613》← L *confābulātus* (p.p.) ← *confābulārī* ← *con-* 'COM-'+*fābulārī* to speak (← *fābula* tale: ⇨ fable)〙

con·fab·u·la·tion /kənfæ̀bjʊléɪʃən | kən-, kɔn-/ *n.* **1 a** 懇談, 打ち解けた議論, 談笑 (chat). **b** 討論, 論議; 協議. **2** 〘精神医学〙作話(症). 〘《c1450》□ L *confābulātiō*(*n*-): ⇨ ↑, -ation〙

con·fab·u·la·to·ry /kənfǽbjʊlətɔ̀ːri | kənfǽbjʊlətəri, kɔn-/ *adj.* 談笑的な. 〘《1631》□ L *confābulātōrius*〙

con·far·re·a·tion /kɑnfæ̀riéɪʃən, kɑ(ː)n-, -fɛ̀r- | kɔnfæ̀ri-, kɔn-/ *n.* 〘ローマ法〙神前婚姻の儀式《夫婦が神前で神官と証人列席の上で神聖なパンを捧げるローマ貴族間の儀式; 婚姻成立とともに夫権も成立; cf. manus 2》. 〘《1598》□ L *confarreātiō*(*n*-) ← *con-* 'COM-'+*farreum* spelt cake: 結婚の儀式で'スペルト小麦の菓子'を供物に用いたことからか〙

con·fect /kɑ́(ː)nfɛkt | kɔ́n-/ *n.* 糖菓, キャンデー. — /kənfɛ́kt/ *vt.* **1 a** 調製する, こしらえる (prepare, make). **b** 組み立てる; 作り上げる (concoct). **c** 砂糖漬にする, 糖菓に作る. **2** 寄せ集めて作る (put together). 〘《a1398》← L *confectus* (p.p.) ← *conficere* to make up ← *con-* 'COM- 1'+*facere* to make〙

con·fec·tion /kənfɛ́kʃən/ *n.* **1** 調合(すること), 調製, 製造: jam of her ~ 彼女の作ったジャム. **2 a** 糖菓 (candy, bonbon など); (果物などの)砂糖漬 (preserve). **b** 糖(菓)剤《糖蜜・蜂蜜などに薬物を混ぜて作る》. **3 a** 既製服服飾品 (cf. creation 3 c). **b** (フリルなど装飾の多い)婦人服. **c** 手のこんだ文芸作品. **d** 凝った建築. — *vt.* 《古》〈糖菓・糖(菓)剤などに〉こしらえる[作る]. 〘《1345–46》□ (O)F ~ // L *confectiō*(*n*-) a making ready ← *confectus* (↑): ⇨ -tion〙

con·fec·tion·ar·y /kənfɛ́kʃənɛ̀ri | -ʃ(ə)nəri/ *adj.* **1** 糖菓の, 砂糖漬の; 糖菓のような. **2** 糖菓製造の; 菓子屋の. — *n.* **1** =confectionery 1. **2** =confectionery 3. **3** 《古》=confectioner. 〘《1605》: ⇨ ↑, -ary〙

con·fec·tion·er /kənfɛ́kʃ(ə)nə | -nə(r)/ *n.* 糖菓[キャンデー]製造[販売]人; 菓子製造人, 菓子商, 菓子屋. 〘《1591》: ⇨ -er[1]〙

conféctioner's cústard *n.* 製菓用カスタード《ケーキやペストリーの詰め物に使う濃く甘いカスタード》.

conféctioners' súgar *n.* 《米》粉砂糖 (《英》icing sugar). 〘1891〙

con·fec·tion·er·y /kənfɛ́kʃənɛ̀ri | -ʃ(ə)nəri/ *n.* **1** [集合的] 砂糖菓子 (confections), 菓子類 (sweetmeats). **2** 糖菓[菓子]製造(法・業). **3** 糖菓製造[販売]所, 菓子屋. 〘《1769》← CONFECTION+-ERY〙

Confed. (略) Confederate; Confederation.

con·fed·er·a·cy /kənfɛ́dərəsi, -drə- | -dərə-, -drə-/ *n.* **1** (共通の目的・利益支持のための)連合, 連盟, 同盟, 結党. **2** (個人・団体・国などの)連合体; (特に)連邦. **3 a** 共謀 (conspiracy). **b** (陰謀のための)徒党. **4** [the C-] 《米》=Confederate States of America (⇨ confederate). 〘《c1380》□ AF *confederacie* □ LL *confoederātiō*(*n*-): ⇨ confederate, -acy〙

con·fed·er·al /kənfɛ́dərəl, -drəl | -dərəl, -drəl/ *adj.* 連合[連盟, 同盟, 連邦(国)]の[に関する]. 〘《1782》← L *con-* together+*fœder-* league〙

con·fed·er·ate /kənfɛ́dərɪ̀t, -drɪ̀t | -dərɪ̀t, -drɪ̀t/ *adj.* **1 a** 同盟で結ばれた, 連盟[連合]の: ~ government. **b** 共謀した[する]; 共謀者のような. **2** [C-] 〘米史〙南部連邦(参加)の (cf. federal 3): the *Confederate* army 南(部)軍 / a *Confederate* officer [soldier] 南軍士官[兵士].
Conféderate Státes of América [the —] 〘米史〙南部連邦, 南部同盟諸州《南北戦争で連邦から脱退して南部同盟に参加していた Alabama, Arkansas, Florida, Georgia, North Carolina, South Carolina, Texas, Virginia, Tennessee, Louisiana, Mississippi の 11 州 (1861–65); cf. FEDERAL States》. 〘1861〙
— *n.* **1 a** 共犯者, 共謀者 (accomplice): a ~ in a robbery 強盗の共犯. **b** 同盟者[国]. **2** [C-] 〘米史〙南部連邦支持者, 南部派の人 (cf. federalist 2).
— /kənfɛ́dərèɪt | -də-/ *v.* — *vt.* **1** 〈国などを〉同盟[徒党, 謀陰(など)]に引き入れる. **2** [~ *oneself* で]〔同盟・陰謀などに〕参加する, 〔…と〕同盟を結ぶ〔*with*〕: ~ *oneself with* a person 人と徒党を組む. — *vi.* 同盟[連合]する, 同盟を結ぶ; 徒党を組む.
〘*adj.*: 《a1387》□ LL *confoederātus* ← *con-* 'COM- 1'+L *foederātus* ((p.p.) ← *foederāre* to league ← *foedus* league, treaty): ⇨ -ate[2, 3]〙

Conféderate flág *n.* [the ~] 〘米史〙南部連合国旗.

Conféderate Memórial Dày /-dərɪ̀t-, -drɪ̀t- | -dərɪ̀t-, -drɪ̀t-/ *n.* (南北戦争の)南軍戦没将兵追悼の日《南部の多くの州では法定休日; 州により月日が異なり, 4 月上旬から 6 月 3 日までの間; cf. Memorial Day》. 〘1899〙

Conféderate róse, c- r- *n.* 〘植物〙フヨウ (*Hibiscus mutabilis*)《観賞用に植える日本・中国原産アオイ科の落葉低木; cotton rose ともいう》. 〘《1930》: 米国南部に移植したことから〙

Conféderate víolet, c- v- *n.* 〘植物〙米国南部産のスミレの一種 (*Viola papilionacea* forma *albiflora*)《花は淡青色で青紫の筋がある》. 〘その色が南(部)軍の制服の色と似ていたところから〙

con·fed·er·a·tion /kənfɛ̀dəréɪʃən | -də-/ *n.* **1** 連邦 (confederacy). **2** 連合(すること[している状態]); 連盟, 同盟 (⇨ alliance SYN). **3** [the C-] **a** アメリカ連合政府《1781–89 年 the Articles of Confederation によって組織された》. **b** (カナダの)コンフェデレーション《1867 年英領北アメリカ法 (British North American Act) によりカナダ自治領 (Dominion of Canada) を形成した Ontario, Quebec, Nova Scotia, New Brunswick 各州 (province) の連合》. **4** 《古》共謀.
Confederátion of the Rhíne [the —] ライン同盟《1806–13 年 Napoleon 一世によってドイツ国内に作られた諸国同盟》.
〘《1422》□ AF *confederacion* (F *confédération*) // LL *confoederātiō*(*n*-): ⇨ confederate, -ation〙

Confederátion of Brítish Índustry *n.* [the ~] 英国産業連合《1965 年設立の英国の経営者団体; 経済産業政策の策定および実施に関する製造業者の見解を政府に伝える媒体であると共に 30 万社以上の会員企業に経済政策や立法に関する情報を広めたり, 労使問題に関して助言をしたりしている; 略 CBI》.

con·fed·er·a·tive /kənfɛ́dərətɪv, -drə-, -dərèɪt- | -dərət-, -drə-, -dərèɪt-/ *adj.* 同盟国の, 連合国の; 連合の, 連盟の, 同盟の. 〘《c1819》: ⇨ -ive〙

con·fer /kənfə́ː | -fə́ː(r)/ *v.* (**con·ferred; -fer·ring**) — *vt.* **1** 〈贈物・名誉などを〉〈人に〉授与する, 授ける〔*on, upon*〕(⇨ give SYN): ~ a title [medal] *on* a person 人に爵位[勲章]を授ける / Would you ~ a great favor *upon* me by coming? 来てくれませんか. **2** 《廃》〘命令形で〙比較する (compare) (略 cf.). — *vi.* 〔人と〕相談する, 打ち合せる, 協議する〔*with*〕: ~ with a person *about* [*on*] something ある事について人と相談する. 〘《1449》□ L *conferre* to consult, bestow ← *con-* 'COM- 1'+*ferre* to bring (⇨ bear[1])〙

con·fer·ee /kɑ̀(ː)nfəríː | kɔ̀n-/ *n.* **1** 相談相手, 会議の出席者. **2** 被授与者, 拝受者. 〘《1779》← CONFER+-EE[1]〙

con·fer·ence /kɑ́(ː)nf(ə)rəns, -fəns, -rənts, -fənts | kɔ́nf(ə)rəns, -rənts/ *n.* **1 a** 会議, 協議会 (meeting) (cf. convention 4 a): an international [economic] ~ 国際[経済]会議 / a peace ~ 平和会議 / ⇨ Imperial Conference / be in [go into] ~ with …と会議をしている[を始める] / hold a ~ 会議を催す / The manager is in ~ (just now). 《戯言》支配人は(今ちょうど)会議中です《忙しくて会えないなどの意》. **b** (議会の)両院協議会. **2** (通例正式に)相談すること, 相談, 協議, 会談 (consultation): have a ~ with …と相談する / meet in ~ 協議のため集まる. **3** 《米》 **a** (学校の)競技連盟. **b** (同業会社の)連合会, 同業組合; (特に)海運業組合, 海運同盟. **4** /kɑ́(ː)nf(ə)rəns, kənfə́ːr- | kɔ́nf(ə)r-, kənfə́ːr-/ (学位などの)授与 (conferment). **5 a** (メソジスト教会の)協議会. **b** (会衆派教会の)地方部会. 〘《1538》□ F *conférence* // ML *conferentia*: ⇨ confer, -ence〙

cónference càll *n.* 会議電話; 電話による会議. 〘1941〙

cónference lìnes *n. pl.* 〘海運〙海運同盟航路《海運業者が共同の利益増進のため特定の期間抜けがけ的なサービスをしないことを約した航路; cf. unconference lines》.

Cónference péar *n.* コンフェレンスナシ《汁気の多い甘い西洋梨》.

cónference tàble *n.* 会議用大型テーブル. 〘1928〙

con·fer·en·tial /kɑ̀(ː)nfərɛ́nʃəl, -ʃḷ | kɔ̀n-/ *adj.* 会議の[に関する]; 協議会の[に関する]. 〘《1862》← ML *conferentia* 'CONFERENCE'+-AL[1]〙

con·fér·ment *n.* (位階・学位の)授与; 叙勲. 〘《1658》: ⇨ -ment〙

con·fer·ra·ble /kənfə́ː(r)əbl | -fə́ːr-/ *adj.* 授与できる. 〘《1660》: ⇨ confer, -able〙

con·fer·ral /kənfə́ː(r)əl | -fə́ːr-/ *n.* =conferment. 〘1880〙

con·fer·ree /kɑ̀(ː)nfəríː | kɔ̀n-/ *n.* =conferee.

con·fer·rence /kənfə́ːrəns | kənfə́ːr-/ *n.* =conference 4.

con·fer·rer /kənfə́ːrə | -fə́ːrə(r)/ *n.* 授与者. 〘《1565》: ⇨ confer, -er[1]〙

con·fer·va /kənfə́ːvə | -fə́ː-/ *n.* (*pl.* **-fer·vae** /-viː/, **~s**) 〘植物〙糸状藻類《*Tribonema* 属など淡水産の糸状の緑色または黄緑色藻類の総称》. **con·fer·void** /kənfə́ːvɔɪd | -fə́ː-/ *adj.* 〘《1757》□ L ~: cf. comfrey〙

con·fess /kənfɛ́s/ *vt.* **1 a** 〈罪・隠し事などを〉自白する, 白状する, 告白する (⇨ acknowledge SYN): ~ one's faults [a crime] 過失[罪]を告白する / ~ oneself (to be) guilty 罪を犯したと白状する / to ~ the truth 実を言えば / He ~*ed* (to me) *that* he had stolen the money. 彼はその金を盗んだことを告白した. **b** 事実だと認める, 自認する; 実を言うと[正直のところ]…だ 〈*that*〉: I ~ I was surprised to hear it.=I was surprised to hear it, I ~. 実はそれを聞いて驚いたのだ / You must ~ *that* I am right. どうです, 私の言う通りでしょう. **2 a** …への信仰を告白[公言]する (profess): ~ Christ before men 人々の前にキリストを信じると告白する / ~ Christianity キリスト教の信仰を告白する. **b** 〈カトリック信者が〉〔司祭に〕〈罪〉の告解[告白]をする〔*to*〕: ~ one's sins *to* a priest. **c** 〈カトリックの司祭が〉

C

〈人〉の告解[告白]を聞く[聞いて罪を許す]: ～ a penitent 悔悟者の告解を聞いてやる / be ～*ed* of a sin 告解[告白]して罪を許される. **3** 《古・詩》〈事情などが〉明示する, 証する (manifest). ― *vi.* **1** 〔過失・欠点・弱点などのあることを〕認める〔*to*〕: ～ *to* a crime [fault, weakness] 犯罪[欠点, 弱点]を認める / ～ *to* having done it それをやったことを認める / I ～ *to* (having) a dread of snakes. 実を言うと蛇がこわい / I ～ *to* liking chocolate. 実は, チョコレートは好きなんだ. **2** 白状する, 罪を自白する. **3 a** 〈カトリック信者が〉(許しを受けるために)告解[告白]をする. **b** 〈司祭が〉告解[告白]を聞く. **～·a·ble** /-səbl/ *adj.* 〖(*c*1378) □ (O)F *confesser* < VL *confessāre* ← L *confessus* (p.p.) ← *confitērī* to confess ← *con-* 'COM-1' + *fatērī* to acknowledge (⇨ fame)〗

con·fes·sant /kənfɛ́sənt, -snt/ *n.* 〘カトリック〙(司祭に罪を告白する)告解者. 〖(*a*1603) ← CONFESS+-ANT〗

con·fessed /kənfɛ́st/ *adj.* **1** (本当であると)認められた, 定評のある (admitted), 明白な (evident); 自らそうだと認めた (avowed): a ～ and unconquerable difficulty 万人の認めた打ちかち難い困難 / a ～ thief 泥棒であることが明白な[を自認した]人 / stand ～ as …であること(の罪状)が明白である. **2** 自白[白状]した; 告解[告白]した. 〖(*a*1438): ⇨ -ed 2〗

con·féss·ed·ly /-sɪdli/ *adv.* **1** 明白に, 疑う余地もなく (admittedly, avowedly). **2** 自白によれば, 自ら認めるように. 〖(1640): ⇨ ↑, -ly¹〗

con·féss·er *n.* =confessor.

con·fes·sion /kənfɛ́ʃən/ *n.* **1** 自白(すること), 白状, 自認: a ～ of guilt 罪の告白 / make (a) (full) ～ (*to* a person) (人に全部)白状[自白]する / her ～ that she had done it 自分がやったという彼女の告白. **2 a** (信仰の)告白; (告白した)信仰, 信条 (creed): the ～ of Christ キリスト信仰の告白. **b** 共通の信条[信仰]をもつ宗教団体. **3** 〘カトリック〙(罪のゆるしを得るため司祭に向かって行う)告解, 告白: at ～ / public ～ 公衆の面前でする告白 / go to ～ 〈悔悟者が〉告解に行く / hear (people's) ～(*s*) 〈司祭が〉告解[告白]を聞く. **4** [ときに *pl.*] (内々の私事などを語った)体験談. **5** 〘法律〙有罪の自白[承認] (cf. admission 5 a). **6** 殉教者[証聖者(しょうせいしゃ)]の墓; 殉教者を祭る祭壇, 殉教者の墓を覆って建てられた教会.

conféssion and avóidance 〘法律〙承認および異議 (相手方の主張事実を一応承認すると共にそれを無効にさせる新事実を主張する抗弁).

conféssion of fáith 〘キリスト教〙信仰告白 (キリスト教の信仰内容を成文化したもので, 公に用いられる; 信条 (creed)・教義問答 (catechism) なども その例). (1536)

〖(*c*1378) □ (O)F ～ □ L *confessiō(n-)*: ⇨ confess, -sion〗

con·fes·sion·al /kənfɛ́ʃnəl, -ʃənl/ *adj.* **1** 告解[告白]の[に関する]. **2** 信仰告白の; 信仰箇条の. ― *n.* 〘カトリック〙**1** 告解[告白]聴聞席, 告解[告白]室. **2** 告解[告白](の制度). **3** 懺悔(ざんげ)祈祷書. **～·ly** *adv.* 〖(1447): ⇨ ↑, -al¹〗

Conféssional Chúrch *n.* [the ～] 〘キリスト教〙告白教会 (1933 年ナチズムに反対して福音主義教会内に起こった運動). 〖1938〗

con·fés·sion·al·ìsm /-ʃ(ə)nəlìzm/ *n.* 〘キリスト教〙信条主義 (一定の信条(信仰告白)を重視する主義).

con·fés·sion·al·ist /-lɪst | -lɪst/ *n.* 〖(1876): ⇨ -ism〗

con·fes·sion·ar·y /kənfɛ́ʃənèri | -ʃ(ə)nəri/ *adj.* 告解[告白]の. ― *n.* 《古》〘カトリック〙=confessional 1. 〖(1607) □ ML *confessiōnārius*〗

con·fés·sion·ist /-ʃ(ə)nɪst | -nɪst/ *n.* 〘キリスト教〙特定の信仰告白を守る人, 信仰告白者; (特に) [C-] ルターのアウクスブルク信仰告白 (Augsburg Confession) を守る人, ルター派の人 (Lutheran). 〖(*c*1568) □ F *confessioniste*〗

con·fes·sor /kənfɛ́sə | -sə(r)/ *n.* **1** 自白者, 告白者. **2** /または kɑ́(ː)nfɛsə, -sə | kɔ́nfɛsə(r), -sɔː(r)/ 〘カトリック〙告解を聞く司祭, 聴罪司祭[師]: a father ～ 聴罪師. **3** [the C-] =Edward the Confessor. **4** /または kɑ́nfɛsə | kɔ́nfɛsə(r)/ 〘キリスト教〙証聖者(しょうせいしゃ) (殉教はしなかったが, 迫害に抗して信仰を守った特に男子の聖人). 〖lateOE □ AF *confessur*=OF *confessour* (F *confesseur*) ∥ LL *confessor*: ⇨ confess, -or²〗

con·fet·ti /kənfɛ́ti | kənfɛ́ti, kɔn-; *It.* konfɛ́tti/ *n. pl.* [単数扱い] **1** (祝祭日・婚礼・カーニバルなどに戯れて投げ合う)細く切った色紙, 色紙片, 紙玉, コンフェッティ. **2** 糖菓, キャンデー, ボンボン (bonbons). 〖(1815) □ It. ～ (*pl.*) ← *confetto*: ⇨ comfit〗

con·fi·dant /kɑ́(ː)nfədæ̀nt, -dɑ̀ːnt, ← ― ←, kɑ́(ː)nfədənt, -dnt | kɔ́nfɪdæ̀nt, -dənt, -dnt, kɔ̀nfɪdǽnt, -dɑ́ːnt/ *n.* (秘密, 特に恋愛問題などを打ち明けられる)信頼できる友, 腹心の友: make a (close) ～ of a person 人を腹心の友にする. 〖(1714) □ F *confident* □ It. *confidente* □ L *confidentem* (pres.p.) ← *confidere*: ⇨ confide〗

con·fi·dante /kɑ́(ː)nfədæ̀nt, -dɑ̀ːnt, ← ― ←, kɑ́(ː)nfədənt, -dnt | kɔ́nfɪdæ̀nt, -dənt, -dnt, kɔ̀nfɪdǽnt, -dɑ́ːnt/ *n.* **1** 女性の confidant. **2** コンフィダント (両端に小さな座席の付いている一種のソファー, または S 字形のソファー). 〖(1709) □ F *confidente* (fem.) ← *confident* (↑)〗

con·fide /kənfáɪd/ *vt.* **1** (信頼して)〈秘密などを〉〈人に〉打ち明ける〔*to*〕: He ～*d* his secret *to* his teacher. 先生に自分の秘密を打ち明けた / He ～*d* (*to* me) *that* he had done it. 自分がやったと(私に)打ち明けた. **2** (信用して)〔…に〕委せる, 託する, 委託する〔*to*〕(⇨ commit SYN): ～ a task *to* a person 人に仕事を託する / ～ something *to* a person's charge 人に物の保管を託する / ～ oneself *to* God 神に身をゆだねる / The children were ～*d to* her care. 子供は彼女に預けられた[託された]. ― *vi.* **1** 〔人に〕打ち明ける, 秘密(など)を話す〔*in*〕: ～ *in* one's friend. **2** 〔…を〕信用する, 信任する, 信頼する〔*in*〕: ～ *in* his sincerity 彼の誠実さを信用する. **con·fíd·er** /-də | -də(r)/ *n.* 〖(*a*1455) □ L *confīdere* ← *con-* 'COM- 2' + *fīdere* to trust (⇨ fidelity)〗

con·fi·dence /kɑ́(ː)nfədəns, -dns, -dənts, -dnts | kɔ́nfɪdəns, -dns, -dənts, -dnts, -dnts/ *n.* **1 a** 信任, 信頼, 信用 (⇨ belief SYN): enjoy [have] one's master's ～ 主人に信頼されている / give one's ～ to …を信用する / put [have, show, place, repose] ～ in …を信任[信頼]する / win [gain] the ～ of …の信用を得る. **b** 〘政治〙(内閣に対する投票によって示される)信任: lack of ～ in the Cabinet 内閣不信任 / a vote of ～ 信任投票 / a vote of no ～ 不信任投票. **2 a** 自信 (↔ diffidence): She is gaining (in) ～ every day. 彼女は日増しに自信を深めている / have (every) ～ *in* one's abilities 自己の才能に(全くの)自信がある / be full of ～ 自信に満ちている, 度胸がある / (a) lack of ～ 自信のなさ, 気の弱さ / with (great) ～ (非常な)自信をもって / Her love has given me a lot of ～ (in myself). 彼女の愛を得て私は自分に対する自信を持った / I have the (enough) ～ to attempt it. そのことをやる(に十分な)自信がある. **b** 大胆さ, 度胸 (boldness); 厚かましさ (impudence): have the ～ to do … 大胆にも[厚かましくも]…する. **3** 確実性, 確信 (assurance, certitude) 〔*of*〕/ 〈*that*〉: the ～ *of* his success=the ～ *that* he will succeed 彼の成功の確信 / We had every ～ *of* success. 大丈夫うまくいくと思った. **4 a** (秘密を打ち明けられる)信頼関係[状態]; 打ち明けること: take a person into one's ～ 人に秘密を打ち明ける. **b** (そっと打ち明ける)秘密, 内証事: exchange ～*s* 秘密を交換する[話し合う] / make a ～ [～*s*] 打明け話をする / force a ～ 無理に秘密を聞き出す. **5** 《古》信頼するもの; 信頼の根拠: The Lord shall be thy ～. 主は汝の信頼する者なり (*Prov.* 3:26).

in cónfidence 内々で, 内証で, 秘密に, ひそひそと: tell something *in* ～ / *in* strict [(the) strictest] ～ 極秘に, 厳秘で. (1651) ***in a person's cónfidence*** 人に信任されて, 人の機密に参与して: be *in a person's* ～ 人に信任[信用]されている.

― *adj.* [限定的] (信用させておいて)人をだます, 取込み詐欺の[に用いられる].

〖(*a*1400) □ L *confidentia*: ⇨ ↑, -ence〗

cónfidence-bùilding *adj.* 自信[信頼]をつけさせる(ための).

cónfidence gàme *n.* 《米》(お人よしの信じやすさに付け込む)信用詐欺 (《英》 confidence trick). 〖1856〗

cónfidence ìnterval *n.* 〘統計〙信頼区間 (標本から算出された区間で母集団の真の値がその中に入っている確率が与えられた値に等しいもの). 〖1934〗

cónfidence lèvel *n.* 〘統計〙信頼水準 (cf. significance).

cónfidence lìmit *n.* 〘統計〙信頼限界 (信頼区間 (confidence interval) の端点). 〖1939〗

cónfidence màn *n.* (金品をだまし取る)詐欺師, ぺてん師 (cf. con man). 〖1849〗

cónfidence trick *n.* 《英》=confidence game.

cónfidence trìckster *n.* =confidence man.

con·fi·dent /kɑ́(ː)nfədənt, -dnt | kɔ́nfɪdənt, -dnt/ *adj.* **1** 確信して, 堅く信じて〔*of*〕/ 〈*that*〉(⇨ sure SYN): be [feel] ～ *of* success 成功を確信している / He is ～ *that* everything will go well. 万事うまくいくと確信している. **2 a** 自信のある, 自信に満ちた (↔ diffident); 度胸のある, 大胆な: a ～ manner [way of talking] 自信に満ちた態度[話しっぷり] / be ～ in oneself 自信がある. **b** 自信たっぷりの, 自信過剰の; 独断的な; 鉄面皮な, 生意気な (impudent). **3** 《廃》 **a** 信用[信頼]する; 信じやすい. **b** 信頼できる (trustworthy). ― *n.* =confidant. 〖(1576) □ L *confidentem* (pres.p.) ← *confidere* 'to CONFIDE': ⇨ -ent〗

con·fi·den·tial /kɑ̀(ː)nfədɛ́nʃəl | kɔ̀nfɪ-←/ *adj.* **1 a** 秘密に語られる[書かれる, 行われる]; 機密の, 内証の, 内々の (⇨ secret SYN); 私的の (private): ～ assessment, report, etc. / *Confidential* 親展 (封筒の上書き) / Strictly ～ 極秘 (封筒の上書き) / This information is (strictly) ～. この情報は(極めて)内密のものである / ～ documents [papers] 機密書類 / a ～ inquiry 信用問合わせ, 秘密調査 / a ～ letter 親展書, 密書 / a ～ opinion 内意 / a ～ file (of documents) 個人(私用)の書類入れ / a ～ price list 内示定価表. **b** 〘米政治・軍事〙〈情報・書類など〉秘密扱いの, 「秘」の, マル秘の (cf. classification 1 d). **2 a** 信任の厚い, 機密に参与している, 腹心の: a ～ secretary. **b** 秘密を打ち明ける: ～ counsel 秘密相談 / a ～ tone (内輪話をするような)親しげな口調 / a ～ talk 打明け話 / become ～ with a person 打ち解けて人に打明け話をする. **c** 頼みになる, 頼もしい (trustworthy). **3** 秘密の使命を帯びた, 課報機関勤務の: a ～ agent 密使. **～·ness** *n.* 〖(1651) ← L *confidentia* 'CONFIDENCE' + -AL¹〗

confidéntial communicátion *n.* 〘法律〙=privileged communication 1. 〖1797〗

con·fi·den·ti·al·i·ty /kɑ̀(ː)nfədɛnʃiǽləti | kɔ̀nfɪdɛnʃiǽlɪti/ *n.* 機密性, 秘密性 (confidentialness). 〖(1834): ⇨ -ity〗

còn·fi·dén·tial·ly /-ʃ(ə)li/ *adv.* 機密に, 内々, 内証で; 打ち明けて, 親しげに. 〖(1680): ⇨ -ly¹〗

cón·fi·dent·ly *adv.* 確信[自信]をもって, 大胆に. 〖(1597): ⇨ -ly¹〗

con·fíd·ing /-dɪŋ | -dɪŋ/ *adj.* (容易に)信頼する, 信じやすい: a ～ wife 夫を信じ切っている妻 / be (as) ～ as a child 子供みたいにすぐ人を信用する. **～·ness** *n.* 〖((1645)) (1829) ← CONFIDE+-ING²〗

con·fí·ding·ly *adv.* 信頼して, 信用し切って. 〖(1885): ⇨ ↑, -ly¹〗

con·fig·u·ra·tion /kənfìgjuréɪʃən, kɑ̀(ː)nfɪgjʊ- | kənfɪgər-, kɔ̀nfɪg-, -gjʊr-/ *n.* **1 a** (部分・要素の)相対的配置. **b** (地表などの)形状, 地形, 地勢, 輪郭 (contour) (⇨ form SYN): the ～ of the seabed 海底の形状 / the ～ of the earth's surface 地表の形状, 地形. **2** 〘天文〙惑星現象, (天体の)配置, (天体の)配列. **3** 〘化学〙(分子の)構成, (分子中の原子の)配列, 立体配置, 配置. **4** 〘心理〙形態 (⇨ gestalt). **5** 〘電算〙構成 (コンピューターシステムを形成する要素の組合わせ方). **～·al** /-ʃnəl, -ʃənl←/ *adj.* **～·al·ly** *adv.* **con·fig·u·ra·tive** /kənfígjurətɪv | -gjʊrət-, -gər-/ *adj.* 〖(1559) □ LL *configūrātiō(n-)* ← L *configūrāre*: ⇨ configure, -ation〗

con·fìg·u·rá·tion·ìsm /-ʃənìzm/ *n.* 〘心理〙形態心理学 (⇨ Gestalt psychology). **con·fig·u·rá·tion·ist** /-ʃ(ə)nɪst | -nɪst/ *n.* 〖(1935): ⇨ ↑, -ism〗

con·fig·ure /kənfígjə, -gjʊə | -gə(r)/ *vt.* **1** (ある型に合わせて)形造る; 適合させる〔*to*〕. **2** 〈物を〉(ある形に)配置する, 形成する; (機器を組み合わせて)〈システムを〉構成する. 〖(*c*1384) □ L *configūrāre* ← *con-* 'COM-' + *figūrāre* to form (⇨ figure)〗

con·fíg·ured *adj.* 〈ガラス・金属が〉模様入りの.

con·fin·a·ble /kənfáɪnəbl/ *adj.* **1** 閉じ込められる; 監禁できる. **2** 限られる, 限定[制限]できる: not ～ to any limits. 〖(1610): ⇨ confine (*v.*), -able〗

con·fine /kənfáɪn/ *v.* ― *vt.* **1** 限る, 制限する, 局限する, 絞る (keep) 〔*to, within*〕(⇨ limit SYN): ～ a talk *to* fifteen minutes 話を 15 分に限る / He ～*d* himself [his remarks] *to* the subject. 言うことをその問題の範囲に留めた / I have ～*d* myself *to* establishing one central proposition. 私の著作の内容を一中心命題を打ち立てることに限ってきた / species ～*d* to the Mediterranean 地中海の範囲に限定された種(しゅ) / problems ～*d* to the initial stages of the project プロジェクトの初期の段階に限られた諸問題. **2 a** 閉じ込める, 幽閉する; 監禁する: ～ a person in a cell 人を監房に閉じ込める / Ill health has ～*d* her (at home) all week. 病気のため彼女は一週間外に出られなかった / be ～*d* to one's bed [room] with …にかかって寝床に引きこもって[部屋に閉じこもって]いる / be ～*d* to barracks 〈兵士が〉禁足を食う. **b** [通例 受身で] 〈女性を〉お産の床につかせる: She *was* ～*d* on July 10. 7 月 10 日にお産をした / She expects to *be* ～*d* in May. 5 月にお産の予定だ. ― *vi.* 《古》隣接する〔*on, with, to*〕.

― *n.* **1** /kɑ́(ː)nfaɪn | kɔ́n-/ [通例 *pl.*] **a** 境界, 国境, 辺境 (⇨ boundary SYN); 領域, 範囲 (scope): the ～*s* of a town 都市の境 / within [beyond] the ～*s* of the country 国内[外]で / on the ～*s* of death 生死の境に / on the ～*s* of the indecent 下品の一歩手前に / between the ～*s* of night and day 昼夜の境に / the ～*s* between virtue and vice 徳と悪徳の境界. **b** 領土 (territory). **2** [通例 *pl.*] 束縛, 約束 (constraints, limitations): break away from the ～*s* of strict upbringing 厳しいしつけの束縛から逃れる. **3** /kənfáɪn/ 《詩・古》幽閉 (confinement).

〖v.: (1523) □ F *confiner* to border on □ It. *confinare* ← L *confīnis* bordering: ⇨ com-, finis. ― n.: (*c*1400) □ (O)F *confins* (pl.) ∥ L *confīnia* (pl.) ← *confīnium* border ← *confīnis*〗

con·fine·a·ble /kənfáɪnəbl/ *adj.* =confinable.

con·fined /kənfáɪnd/ *adj.* **1 a** 〈場所が〉限られた, 狭い. **b** 閉じ込められた: the ～ air. **2** お産の床につく, お産をして (in childbed). **～·ly** *adv.* **～·ness** *n.* 〖(1598): ⇨ -ed 2〗

con·fine·less *adj.* 《Shak》限りない.

con·fine·ment /kənfáɪnmənt/ *n.* **1** 閉じ込めること[られること], 幽閉, 拘禁, 拘束, 監禁 (imprisonment): close ～ 厳重な監禁 / ⇨ solitary confinement / be placed under ～ 監禁される; (精神病院に)幽閉される. **2** 局限, 制限. **3** (病気による)引きこもり; (特に)お産の床につくこと, 出産 (lying-in, accouchement): be in ～. **4** 〘物理〙プラズマの閉じ込め (containment). 〖(1646) □ F ～: ⇨ confine (*v.*), -ment〗

con·firm /kənfə́ːm | -fə́ːm/ *vt.* **1 a** 確か[確実]にする; 確証する (verify, validate; ↔ disconfirm): ～ a rumor うわさを裏書きする / The fact ～*ed* my suspicions [hypothesis]. その事実で私の疑い[仮説]が確実なものとなった / The new evidence ～*ed* that he was innocent. 新しい証拠で彼は無実だということが確証された / The information still needs to be ～*ed*. その報道はさらに確認される必要がある / He neither ～*ed* nor denied the story. その話を認めも否定もしなかった. **b** 確認する: ～ reservations 予約を確認する. **2 a** 〈決心などを〉強める, 固める: ～ one's determination / The news ～*ed* my suspicions. その知らせで私の疑いはいっそう強くなった. **b** 〈人〉に〈習癖・意志・意見などを〉ますます強くさせる, 固める〔*in*〕: ～ a person *in* his intention [opinion] 人の意図[意見]をますます強くさせる / be ～*ed in* one's habit ますます習慣が固まる / be ～*ed in* one's opinion 意見を堅持する[決して曲げない]. **3** (裁可・批准・公式文書などによって)〈仮決定などを〉確認[追認]する, 正式に認める, 承認する, 批准する (ratify): ～ a treaty [an appointment] 条約[任命]を承認する / ～ a verbal [an oral] promise [a telegraphic order] (正式の文書で)口約束[電報注文]を追認する / ～ possession to a person 人の所有権を確認する / ～ a functionary in his new office [place, position] 職員の

就任を正式に認める．**4 a**〘プロテスタント〙〈人〉に堅信礼を施す，按手(あんしゅ)式を行う．**b**〘カトリック〉〈人〉に堅振を施す (cf. confirmation 3 b)．**c**〘ユダヤ教〙…に信仰確認式を行う．**～·er** *n.* 〖(15C) ◻ L *confirmāre* ← *con-* ‘COM- 2’＋*firmāre* to make firm (← *firmus* ‘FIRM²’) ∽ (?OE) *conferme(n)* ◻ OF *confermer*〗

con·firm·a·ble /kənfə́ːməbl | -fə́ːm-/ *adj.* **1** 確かめられる，確実にできる．**2** 確証[確認，追認]できる．

con·firm·a·bil·i·ty /kənfə̀ːməbíləti | fə̀ːmə-bíləti/ *n.* 〖(1646): ⇨ ↑, -able〗

con·fir·mand /kὰ(ː)nfəmǽnd, ⁻⁻⁻ | kɔ́nfə-mænd, ⁻⁻⁻/ *n.* 〘プロテスタント〙堅信式[礼]志願者，信徒按手(あんしゅ)を受けようとする者；〘カトリック〙堅振志願者，受堅者．〖(1884) ◻ L *confirmandus* fit to be confirmed ← *confirmāre* ‘to CONFIRM’〗

con·fir·ma·tion /kὰ(ː)nfəméɪʃən | kɔ̀nfə-/ *n.* **1 a** 確認(すること[された状態])，追認 (corroboration)；確定，確立: the ～ of one's statements, promise, etc. / in ～ of …の確認として[のしるしに] / The news lacks ～. そのニュースはまだ確報でない，そのニュースはまだうわさの程度だ．**b** 正式承認，批准: the ～ of a treaty [an appointment] 条約の批准[任命の正式承認]．**2** 確証，証拠 (proof)．**3 a**〘プロテスタント〙堅信式[礼]，堅振式[礼]，(信徒)按手式《通例，幼児洗礼を受けた者が，成人してその信仰を告白して教会員となる儀式》．**b**〘カトリック〙堅信[堅振](の秘跡)，堅信礼．**c**〘ユダヤ教〙信仰確認式《14–16 歳の男女が信仰を告白し正式にユダヤ社会の一員として認められる儀式；通例五旬節 (Shabuoth) に会堂で行われる》．**4**〘法律〙**a** (取り消しうる行為の)追認．**b**〘スコット法〙(裁判所による)遺言検認の命令の付与．**～·al** /-ʃnəl, -ʃənl⁻/ *adj.* 〖(c1303) ◻ (O)F ～ ◻ L *confirmātiō(n-)*: ⇨ confirm, -ation〗

confirmátion clàss *n.* 〘キリスト教〙**1** 堅信礼[按手式]用の授業．**2** [集合的] 堅振礼[按手式]用の授業を受ける若い人たち．

con·fir·ma·tive /kənfə́ːmətɪv | -fə́ːmət-/ *adj.* 確認[追認]の；確認的な．**～·ly** *adv.* 〖(a1635) ◻ L *confirmātīvus* ← *confirmātus* (p.p.) ← *confirmāre*: ⇨ confirm, -ative〗

con·fir·ma·to·ry /kənfə́ːmətɔ̀ːri | -fə́ːmətəri, -tri/ *adj.* **1** 確認の，確認的な，確証的な (corroborative)．**2**〘キリスト教〙堅振礼[按手式]の[に関する]．〖(1636) ◻ ML *confirmātōrius* ← L *confirmātus* (↑): ⇨ -ory¹〗

con·firmed /kənfə́ːmd | -fə́ːmd/ *adj.* **1 a** ますます決意を固めた，意を強くした (fortified): a ～ atheist 凝り固まった無神論者．**b** 凝り固まった，どうしても抜けない (established) (⇨ chronic SYN)；習性となった，常習的な (habitual, inveterate): a ～ criminal, drunkard, smoker, etc. / a ～ do-gooder どうしようもない空想的社会改良家 / a ～ habit どうしても抜けない癖 / a ～ bachelor いつまでも独身のままでいる男．**2**〈病気が〉慢性になった，頑固な (chronic): a ～ invalid 慢性病患者，長患いの病人．**3** 確認された，確定した；承認された．**4**〘キリスト教〙堅信式[堅振礼]を受けた．**con·firm·ed·ly** /-mɪ̀dli/ *adv.* **～·ness** *n.* 〖(a1398): ⇨ -ed 2〗

confirmed crédit *n.* 〘銀行〙信用状 (letter of credit).

con·fir·mee /kὰ(ː)nfəmíː | kɔ̀nfə-/ *n.* **1**〘法律〙追認を受ける人．**2 a**〘プロテスタント〙堅信[按手(あんしゅ)]式を受けた者．**b**〘カトリック〙堅振の秘跡を受けた者．〖(c1600) ← CONFIRM＋-EE¹: cf. F *confirmé*〗

con·fir·mor /kὰ(ː)nfəmɔ́ə, ⁻⁻⁻, kənfə́ːmə | kɔ̀nfəmɔ́ː⁽ʳ, kənfə́ːmə⁽ʳ/ *n.* 〘法律〙追認者，確認者．〖c1600〗: ⇨ -or²〗

con·fis·ca·ble /kənfískəbl/ *adj.* 没収[押収]されるべき．〖(1730–36) ← L *confiscāre* (⇨ confiscate)＋-ABLE〗

con·fis·cat·a·ble /kɑ́(ː)nfɪ̀skèɪtəbl | kɔ́n-/ *adj.* ＝confiscable. 〖(1863): ⇨ ↓, -able〗

con·fis·cate /kɑ́(ː)nfɪ̀skèɪt | kɔ́n-/ *vt.* **1** (職権をもって)〈財産を〉取り上げる，差し押える，押収する，徴発する (appropriate): ～ a gun. **2** (罰として)〈私有財産を〉(国庫に)没収する．

— /kɑ́(ː)nfɪ̀skèɪt, kənfískɪ̀t | kɔ́nfɪ̀skèɪt, kənfískɪ̀t/ *adj.* **1** 没収された，徴発された．**2** 財産を取り上げられた．〖(a1533–96) ◻ L *confiscātus* (p.p.) ← *confiscāre* to seize on for public treasury ← *con-* ‘COM- 1’＋*fiscus* purse: ⇨ -ate²·³〗

con·fis·ca·tion /kὰ(ː)nfɪ̀skéɪʃən | kɔ̀n-/ *n.* 没収(すること[された状態])，押収，徴発，収用；私有財産の没収．〖(1543) ◻ L *confiscātiō(n-)*: ⇨ confiscate, -ation〗

cón·fis·cà·tor /-tə | -tə⁽ʳ/ *n.* 没収者，押収者，徴発者．〖(1757) ◻ L *confiscātor* ← *confiscāre*〗

con·fis·ca·to·ry /kənfískətɔ̀ːri | kənfískətəri, kɔn-, -tri, kɔ̀nfɪskéɪtəri/ *adj.* **1** 没収の；〈税が〉没収並みの，苛酷な: a ～ tax 重税．**2** 没収する，欲深い．〖(a1797) ◻ L *confiscātōrius*: ⇨ -ory〗

con·fit /kɔ̃ː(ŋ)fíː, kɔːn-, koʊn- | kɔn-; *F.* kɔ̃fi/ *n.* 〘料理〙コンフィ《ガチョウ・カモ・豚などの肉をそれ自体の脂肪で煮込み，冷まして固めたもの；保存食》．

con·fi·te·or /kənfítiɔ̀ə, -fíːt- | kɔnfítiɔ̀ː⁽ʳ, kən-/ *n.* 〘カトリック〙罪の告白の祈り，コンフィテオル．〖(?a1200) ◻ L ～ ‘I confess’ ← *confitērī* ‘to CONFESS’: この祈りの最初の語〗

con·fi·ture /kɑ́(ː)nfətʃʊ̀ə | kɔ́nfɪ̀tjʊ̀ə⁽ʳ, -tjɔ̀ː⁽ʳ/ *n.* **1** (果物の)砂糖漬 (preserve)，ジャム (jam)．**2** 糖菓 (confection)，キャンデー (candy)．〖(c1390) ◻ (O)F ～ ← *confit* ‘COMFIT’〗

con·fix /kənfíks/ *vt.* しっかりと付ける．〖(1604) ← CON-¹＋FIX〗

con·flab /kənflǽb, kɑ́(ː)nflæb | kənflǽb, kɔ́nflæb/ *vi., n.* (-bb-)〘口〙＝confab.

con·fla·grant /kənfléɪgrənt/ *adj.*《まれ》(盛んに)燃えている，燃え上がる．〖(1656) ◻ L *conflagrantem* (pres. p.) ← *conflagrāre* (↓)〗

con·fla·gra·tion /kὰ(ː)nfləgréɪʃən | kɔ̀n-/ *n.* **1** 大火，大火災．**2** ＝conflict. 〖(1555) ◻ L *conflagrātiō(n-)* ← *conflagrāre* ← *con-* ‘COM- 2’＋*flagrāre* to burn (⇨ flagrant)〗

con·flate /kənfléɪt | kən-, kɔn-/ *vt.* **1** 溶合する；合成する (compose)．**2** 二種の〈異本を〉一つにまとめる．〖(1610) ← L *conflātus* (p.p.) ← *conflāre* ← *con-* ‘COM-’＋*flāre* to blow (⇨ flatus)〗

con·fla·tion /kənfléɪʃən | kən-, kɔn-/ *n.* **1** 溶和，融合 (fusion)．**2** (二種の異本の)合成；(特に)合成本．〖(1626) ◻ L *conflātiō(n-)* ← *conflāre* (↑): ⇨ -ation〗

con·flict /kɑ́(ː)nflɪkt | kɔ́n-/ *n.* **1 a** (思想・感情・意見・利害などの)衝突，対立；不一致，両立しないこと: a ～ of evidence, ideas, etc. / come into ～ with …と衝突する / bring a person into ～ with …と人を衝突させる / be in ～ with …と衝突[対立]している．**b**〘心理〙葛藤《2 つ以上の欲求傾向が互いに対立して，どの欲求も充足されないでいる心理状態》: undergo [experience] (a) mental [inner] ～ 心理的葛藤を経験する，煩悶する．**c**〘文学〙(戯曲・小説で，劇的行動を起こす)衝突，劇的対立，コンフリクト．**2 a** (武力による，特に長期にわたる)争い，闘争，戦い，戦闘，紛争 (fight, struggle): (an) armed ～ 交戦，戦争 / a ～ between armies. **b** 論争 (controversy)；口論 (quarrel)．**c** 争議，闘争: a ～ between father and son [capital and labor, State and Church] 父と子[資本と労働，国家と教会]との間の闘争．**3**《まれ》(物体・物質が)ぶつかり合うこと，衝突 (collision)．**4**〘法律〙＝CONFLICT of laws. ***a cónflict of ínterest(s)*** (公私の)利害衝突．(1951)

cónflict of láws [the ―]〘法律〙(1) 法律抵触．(2) 国際私法．

— /kənflíkt, kɑ́(ː)nflɪkt | kənflíkt, kɔ́nflɪkt/ *vi.* **1** 衝突する；相いれない，相反する〔*with*〕: My interests ～ *with* his. 私の利害は彼の利害と相反する / Gambling which does not ～ *with* (the) state law is authorized by city ordinance. 州法に抵触しない類の賭博(とばく)が市条令によって認められている．**2** 争う，戦う〔*with*〕．

con·flíc·to·ry, con·flíc·tive *adj.* **con·flic·tu·al** /kənflíktʃuəl, kən-, -tʃʊl | kənflíktjuəl, -tʃʊl, -tjʊl/ *adj.* **-al·ly** *adv.* 〖n.: (?a1425) ◻ L *conflictus* strike. — v.: (?a1425) ← L *conflictus* (p.p.) ← *conflīgere* to strike against ← *con-* ‘COM- 1’＋*flīgere* to strike: ⇨ afflict〗

con·flíct·ed *adj.* (心に)葛藤がある．

con·flíct·ing *adj.* 相争う，相反[矛盾]する，相いれない: ～ laws, views, accounts, etc. / be a prey to ～ emotions (胸中の)相反する感情に苦慮する．**～·ly** *adv.* 〖(1607–8): ⇨ -ing²〗

con·flic·tion /kənflíkʃən, kɑ(ː)n- | kən-/ *n.* 争い，衝突．〖(a1694) ◻ L *conflictiō(n-)*: ⇨ conflict, -tion〗

cónflict·less *adj.* 相争うことのない；葛藤のない．〖(1951): ⇨ -less〗

con·flu·ence /kɑ́(ː)nfluːəns, kənflúːəns | kɔ́nflu-əns/ *n.* **1 a** (川などの)合流すること，合流 (cf. influx 1 b)．**b** 合流点 (junction)．**c** 合流してできた川．**2 a** (一箇所に)集まること，集合．**b** 人の流れ，込み合い，群衆．〖(c1425) ◻ L *confluentia* a flowing together ← *confluentem* (pres.p.) ← *confluere* (↓): ⇨ -ence〗

con·flu·ent /kɑ́(ː)nfluːənt, kənflúːənt | kɔ́nfluənt/ *adj.* **1** 合流する，落ち合う: ～ rivers, roads, etc. **2**〘病理〙(いくつもの膿疱(のうほう)や発疹が合して一面にひろがる)融合性の．— *n.* **1** 合流する川．**2** 支流 (tributary)．〖(?1473) ◻ L *confluentem* (pres.p.) ← *confluere* ← *con-* ‘COM- 1’＋*fluere* to flow: ⇨ fluent〗

con·flux /kɑ́(ː)nflʌks | kɔ́n-/ *n.* ＝confluence. 〖(1601–2) ← *con-* ‘COM-’＋FLUX〗

con·fo·cal /kɑ(ː)nfóʊkəl, -kl | kɔnfə́ʊ-/ *adj.* 〘数学〙焦点を共有する，共焦の，同焦点の: ～ conics 同焦点円錐曲線．**～·ly** *adv.* 〖(1867) ← *con-* ‘COM-’＋FOCAL〗

con·form /kənfɔ́əm | -fɔ́ːm/ *vt.* 〈模範に〉ならわせる，〔…と〕同じようにする；〔慣習などに〕一致させる，合わせる，順応させる (adapt)〔*to*〕: ～ one's manners *to* those of one's associates 仲間の作法に倣う / ～ oneself *to* the customs of society 社会の慣習に従う[順応する]．— *vi.* **1**〔規則・慣習などに〕従う，準拠する〔*to*〕(⇨ adapt SYN): ～ *to* the rules [the ways of the world] 規則[世間の慣習]に従う．**2** 同じ形[外形，輪郭]をもつ；合致する，調和する〔*to, with*〕(⇨ agree SYN): ～ *to* the shape of …の形通りになる．**3**《英》国教を遵奉する，国教の慣習に従う (cf. conformity 3, conformist 2)．**4**〘地質〙〈地層が〉整合する．— *adj.*《古》＝conformable. **～·er** *n.* **～·ing·ly** *adv.* 〖(c1340) *conforme(n)* ◻ (O)F *conformer* ◻ L *conformāre* to shape symmetrically ← *con-* ‘COM- 1’＋*formāre* ‘to FORM’〗

con·form·a·bil·i·ty /kənfɔ̀əməbíləti | -fɔ̀ːmə-bíləti/ *n.* **1** 一致(性)，順応(性)．**2**〘地質〙(地層の)整合．〖(1864): ⇨ ↓, -ity〗

con·form·a·ble /kənfɔ́əməbl | -fɔ́ːm-/ *adj.* **1 a** 〔…に〕ならう；〔…に〕似た〔*to*〕: be ～ *to* standard [pattern] 標準[定型]にならう[従う]．**b**〔…に〕適合[一致，調和，相応]した〔*to*〕．**2**〔…に〕従順な，従う〔*to*〕: be ～ *to* reason, another's wishes, etc. **3**〘地質〙整合的な (⇨ stratum 挿絵)．**4**〘数学〙〈2つの行列が〉整合した．

～·ness *n.* 〖(1474) ← CONFORM＋-ABLE〗

con·fórm·a·bly /-məbli/ *adv.* **1** 適合[一致]するように；〔…に〕従って，応じて〔*to*〕．**2**〘地質〙整合的に，整合して．〖(1447): ⇨ ↑, -ly¹〗

con·for·mal /kənfɔ́əməl, kɑ(ː)n-, -ml | kənfɔ́ː-, kɔn-/ *adj.* **1**〘数学〙等角の；共形の: ～ geometry 共形幾何学．**2**〘地理〙正角[等角](投影)の: ⇨ conformal projection. **con·for·mal·i·ty** /kὰ(ː)nfɔəmǽləti | kɔ̀nfɔːmǽlɪ̀ti/ *n.* 〖(1647) ◻ L *confōrmālis* of the same shape: ⇨ com-, formal〗

confórmal projéction *n.* 〘地理〙正角図法《緯線と経線とを直交させてあり，その結果各地点における角が正しく，また小地域をとるかぎりその形も正しく表現されている投影図法；orthomorphic projection ともいう》．〖1938〗

con·for·mance /kənfɔ́əməns | -fɔ́ːm-/ *n.* 順応，適合，一致 (conformity)．〖(1606): ⇨ -ance〗

con·for·ma·tion /kὰ(ː)nfɔəméɪʃən, -fə- | kɔ̀nfɔː-, -fə-/ *n.* **1 a** (物事の各部分の)整合．**b** 構成，形成 (shaping): the ～ of public opinions. **2 a** 形態，構造 (structure)．**b** (動物の)外形，輪郭 (outline)．**3** 適合(させること)，一致，順応 (adaptation)〔*to*〕．**4**〘地質〙整合．**5**〘化学〙配座，コンフォーメーション，立体配座《分子の内部回転やねじれによって起こる原子や基の立体配置》．〖(1511) ◻ L *conformātiō(n-)*: ⇨ conform, -ation〗

còn·for·má·tion·al /-ʃnəl, -ʃənl⁻/ *adj.* 〘化学〙配座の．**～·ly** /-ʃ(ə)nəli/ *adv.* 〖(1954): ⇨ -al¹〗

conformátional análysis *n.* 〘化学〙配座解析《化合物の配座を電子線回折・X 線回折・赤外吸収などの方法によって決定すること》．〖1954〗

con·form·ism /kənfɔ́əmɪzm | -fɔ́ːm-/ *n.* 慣習遵奉(主義)，順応主義．〖(1926) ◻ F *conformisme*〗

con·fórm·ist /-mɪ̀st | -mɪst/ *n.* **1**〔時に軽蔑的に〕(法律・慣行などに)従う人，順応者．**2** [しばしば C-]《英》国教徒 (cf. dissenter 2, nonconformist 2)．— *adj.* 順応的な．〖(1634) ← CONFORM＋-IST〗

con·for·mi·ty /kənfɔ́əməti | -fɔ́ːmɪ̀ti/ *n.* **1**〔規則・慣習などの確立されたものに〕従うこと，準拠，遵奉，服従 (compliance)〔*with, to*〕: in ～ *with* [*to*] the custom 習慣に従って[応じて，準拠して，を遵奉して]．**2 a** (外形・性質・態度などの)相似，符合 (correspondence)〔*to*〕；類似点: *conformities* in style 文体の相似．**b** 適合，調和，一致 (agreement)〔*with*〕: in ～ *with* one's tastes 趣味と一致して．**3** [しばしば C-]《英》国教遵奉 (cf. conform *vi.* 3)．**4**〘地質〙(地層の)整合．〖(?a1425) ◻ (O)F *conformité* // LL *conformitātem*: ⇨ conform, -ity〗

con·found /kənfáʊnd, kɑ(ː)n- | kən-, kɔn-/ *vt.* **1**〈人を〉狼狽させる，まごつかせる，困惑させる (⇨ puzzle SYN): The event ～*ed* her. その事件に彼女はうろたえた / She was ～*ed at* [*by*] the sight of the accident. 事故の有様を見て面食らった / I was ～*ed* to find …と知って狼狽した．**2 a**〔…と〕混同する，ごっちゃにする (confuse)〔*with*〕: ～ a person *with* his brother / be ～*ed with* …と混同される / ～ the means *with* the end 手段を目的と混同する，本末を誤る．**b**〈二つ以上のものの〉区別ができない: ～ names, ideas, words, etc. / ～ right and wrong 正邪の見分けを誤る．**c** …の混乱を増す；混乱させる: confusion worse ～*ed* ⇨ confusion 2 a. **3**《古》〈計画・希望などを〉破る，くじく (baffle)；…に敗北を与える，破滅させる: ～ a person's endeavors, plots, hopes, etc. / ～ an impostor 詐欺師の面皮をはぐ．**4** 反論する，反駁(はんばく)する: ～ a person's argument. **5** [軽いののしりの言葉として] 呪う (damn): *Confound* him [you]! 畜生，あの[この]野郎 / *Confound* it! しまった，いまいましい，ちぇっ / He ～*ed* the proposal. 彼はそんな提案なんか勝手にしろと毒づいた．**6**《古》辱(はずか)しめる: to ～ the wise 智(かしこ)き者を辱しめんために (cf. *1 Cor.* 1:27)．**7**《廃》無駄にする，浪費する．**～·er** *n.* **～·a·ble** *adj.* 〖(c1300) *confounde(n)* ◻ AF *confoundre*＝(O)F *confondre* ＜ L *confundere* to mix up ← *con-* ‘COM- 1’＋*fundere* to pour (⇨ fuse¹)〗

con·fóund·ed *adj.* **1** 混乱した，まごついた，面食らった．**2** /または kɑ́(ː)nfaʊnd- | kɔ́n-/《口語》[軽いののしりの言葉として] いまいましい，けしからん，いやな (accursed): a ～ fool お話にならないばか者 / Here's your ～ hat, now be off. それ，きさまの帽子だ，さっさと行っちまえ / You ～ chatterbox! うるさいな，このおしゃべりめ．— *adv.* ＝confoundedly: I've been kept waiting a ～ long time. べらぼうに長く待たされた．〖(a1376): ⇨ -ed 2〗

con·fóund·ed·ly *adv.* いまいましいほど，嫌に，ばかに (very, extremely): ～ cold べらぼうに[嫌に，やけに]寒い / a ～ good dinner どえらいごちそう．〖(1672): ⇨ ↑, -ly¹〗

con·fra·ter·ni·ty /kὰ(ː)nfrətə́ːnəti | kɔ̀nfrətə́ːnɪ̀ti/ *n.* **1** (宗教・慈善・事業・職業などの)団体，協会 (society)；同職[友愛]組合 (brotherhood)．**2**〘カトリック〙信心会《信者の信心業・慈善業・布教活動のために組織されたもの；cf. archconfraternity》．〖(a1475) ◻ (O)F *confraternité*: ⇨ com-, fraternity〗

con·frere /kɑ́(ː)nfrεə, ⁻⁻ | kɔ́nfrεə⁽ʳ/ *n.* (*also* **con·frère** /～/; *F.* kɔ̃fʀεːʀ/) **1** 同僚，同業者，研究仲間 (colleague)．**2** 仲間，同志 (fellow)．〖((?1464)) (1753) ◻ (O)F *confrère* ◻ ML *confrāter* ← *con-* ‘COM- 1’＋L *frāter* brother (⇨ friar)〗

con·front /kənfrʌ́nt/ *vt.* **1 a** …に直面する: ～ one another お互い同士にらみ合う / be ～*ed by* [*with*] …に直面する．**b** …の真向かいにある: My house ～*s* hers. 私の家は彼女の家と向かい合っている．**c**〈危険・死などに〉ひるまず立ち向かう (⇨ dare SYN): ～ one's enemy, danger, etc. **2**〈困難などが〉…に持ち上がる，立ちはだかる: The difficulties ～*ed* them. 困難なことが彼らの前に立ちはだ

かった. **3 a** 〈人を〉〔…に〕向かい合わせる, 対抗させる; 対決させる (oppose)〔*with*〕: ~ a person *with* danger / ~ the accuser *with* the accused 告訴人と被告人を対決させる. **b** …(の眼前)に〔…を〕突きつける〔*with*〕: ~ a person *with* the evidence of his guilt 人に罪の証拠を突きつける. **4** 比較するために並べる; 対比する, 比較する. **~·al** /-tḷ | -tḷ/ *n.* **~·er** /-tə | -tə(r)/ *n.* 〖(*c*1568) □ F *confronter* □ ML *confrontāri* ← *con-* 'COM- 1'+L *front-, frons* 'FRONT, forehead'〗

con·fron·ta·tion /kɑ̀(ː)nfrəntéɪʃən, -frʌn- | kɔ̀n-frʌn-, -frən-/ *n.* **1** 対立, 直面; (国家間の政治緊張をもった)にらみ合い: religious [racial] ~*s* 宗教[民族]的対立 / the international black and white ~ 黒人と白人の国際的対立 / the ~ of the two powers 二大国の対峙(たいじ). **2** (法廷の)対決《訴訟当事者が自己に不利益な証人を反対尋問する機会》; 対審: the right of ~ 対決の権利. 〖(1632): ⇨ ↑, -ation〗

con·fron·ta·tion·al /kɑ̀(ː)nfrəntéɪʃnəl, -frʌn-, -ʃənḷ | kɔ̀nfrʌn-, -frən-ˊ/ *adj.* 対立的な, 対決的な, 挑戦的な, 衝突を招くような: a ~ manner 挑戦的な態度 / Dealings were conducted in a ~ environment. 交渉は対立的な環境で行われた.

còn·fron·tá·tion·ìsm /-ʃənɪzm/ *n.* 対決主義.

còn·fron·tá·tion·ist /-ʃ(ə)nɪst | -nɪst/ *n.* 対決主義者. — *adj.* **1** 対決主義の. **2** 伝統的な価値[方法]を拒否する.

con·frónt·ment *n.* =confrontation. 〖1604〗

Con·fu·cian /kənfjúːʃən/ *adj.* **1** 孔子の. **2** 儒教の. — *n.* 孔子の学徒, 儒教徒, 儒者. 〖(1837) ← CONFUCIUS+-AN[1]〗

Con·fú·cian·ìsm /-ʃənɪzm/ *n.* 孔子の教え, 儒教. 〖(1862): ⇨ ↑, -ism〗

Con·fú·cian·ist /-ʃ(ə)nɪst | -nɪst/ *n., adj.* 儒者(の). 〖(1846): ⇨ ↑, -ist〗

Con·fu·cius /kənfjúːʃəs/ *n.* 孔子《552–479 B.C.; 中国の思想家, 儒教の始祖; *The Analects*「論語」(死後に編纂された)》. 〖Kong Fuzi (孔夫子)のラテン語化〗

con fuo·co /kɑ(ː)nfwɔ́ːkoʊ, koʊn-, -fuó- | kɒn-fwə́ʊkəʊ; *It.* konfwɔ́ːko/ *adv.* 〘音楽〙熱情をもって. 〖□ It. ~ (原義) with fire〗

con·fus·a·ble /kənfjúːzəbḷ/ *adj.* 混乱しやすい. — *n.* 紛らわしい語, 混同しやすい語. **con·fus·a·bil·i·ty** /kənfjùːzəbíləti | -lɪti/ *n.* **con·fús·a·bly** *adv.* 〖(1864): ⇨ confuse, -able〗

con·fuse /kənfjúːz/ *vt.* **1 a** ごっちゃにする, 混乱させる (⇨ puzzle SYN): ~ the issue 論争点を混乱させる. **b** …の区別がつかない, 間違える; 混同する (confound)〔*with*〕: ~ names 名前を取り違える / ~ liberty *with* licence 自由と放縦を混同する[はき違える]. **2** 〘通例 p.p. 形で〙困惑させる, まごつかせる, 狼狽させる (perplex, disconcert): be [become, get] ~*d* 混乱する, まごつく, あわてる. **3** 《古》破滅させる. — *vi.* 区別ができない, 混同する. 〖(*c*1330) *confus* (p.p.) □ L *confūsus* (p.p.) ← *confundere* 'to CONFOUND'〗

con·fused /kənfjúːzd/ *adj.* **1** 途方に暮れた, 当惑した: look ~ 途方に暮れた顔つきをする. **2** 混乱した, 乱雑な, めちゃくちゃな; 見分けがつかない: ~ accounts, noises, statements, etc. **con·fús·ed·ness** /-zɪdnɪs, -zd-/ *n.* 〖(*a*1338) ← L *confūsus* (↑): ⇨ -ed 2〗

confúsed élderly *adj., n.* 〘社会福祉〙年老いて自活力をもたない(人).

confúsed flóur bèetle *n.* 〘昆虫〙ヒラタコクヌストモドキ (*Tribolium confusum*)《ゴミムシダマシ科の赤褐色の昆虫; 幼虫・成虫共に小麦粉・貯蔵穀類に大害を与える》.

con·fus·ed·ly /-zɪdli, -zd-/ *adv.* **1** 乱雑に, ごっちゃに. **2** 途方に暮れて, 当惑して, うろたえて, あわてふためいて. 〖(1502): ⇨ -ly[1]〗

con·fus·ing /kənfjúːzɪŋ/ *adj.* **1** 当惑させる(ような). **2** 混乱させる(ような), 紛らわしい. **~·ly** *adv.* 〖(1846): ⇨ -ing[2]〗

con·fu·sion /kənfjúːʒən/ *n.* **1** 混同(すること): the ~ of knowledge *with* wisdom 知識と知恵との混同. **2 a** 混乱(した状態), 混雑, 乱雑, 混沌(こんとん) (disorder): a chaotic ~ 混沌とした混乱, 混沌としたありさま / the ~ of tongues (バベルの塔 (Tower of Babel) を建てたときの)言葉の混乱 / ~ worse confounded これまで以上の混乱, 混乱の上にまた混乱 (Milton, *Paradise Lost* II. 996) / in the ~ of the occasion その時のどさくさ紛れに / leave things in ~ ものごとを混乱のままに放置する. **b** (心の)混乱, 困惑, 狼狽 (perplexity): be thrown into ~ 困惑[狼狽]させられる, 混乱に陥る / a ~ of mind [thought, ideas] 精神[思想]の混乱 / covered with ~ どぎまぎして (cf. *Jer.* 3:25). **3** 《古》敗北 (defeat), 破滅 (ruin). **4** 〘精神医学〙昏蒙, 意識混濁, 錯乱. **5** 〘法律〙混同《相対立する二個の法律上の地位が同一人に帰すること; 債務者が債権の譲渡を受けた場合には債務は混同により消滅するなど》. **~·al** /-ʒnəl, -ʒənḷ/ *adj.* 〖(*c*1300) □ (O)F ~ // L *confūsiō(n-)*: ⇨ confuse, -sion〗

con·fut·a·ble /kənfjúːtəbḷ | -tə-/ *adj.* 論破[論駁]できる. 〖(1638): ⇨ confute, -able〗

con·fu·ta·tion /kɑ̀(ː)nfjutéɪʃən, -fjʊ- | kɒ̀nfjʊ-/ *n.* **1** 論破, 論駁. **2** 反論するもの, 反駁. **con·fut·a·tive** /kənfjúːtətɪv | -tət-/ *adj.* 〖(1459) □ L *confūtātiō(n-)*: ⇨ ↓, -ation〗

con·fute /kənfjúːt/ *vt.* **1** 〈議論などを〉論破する, 〈論者を〉説破する, やり込める (silence) (⇨ disprove SYN): ~ an argument, an opponent, etc. **2** 《廃》ぶちこわす, 台なしにする (ruin). **con·fút·er** /-tə | -tə(r)/ *n.* 〖(1529) □ L *confūtāre* to put down by words, disprove ← *con-* 'COM- 2'+*-futāre* 'to BEAT'〗

Cong /kɑ́(ː)ŋ, kɔ́(ː)ŋ | kɒ́ŋ/ *n.* (*pl.* ~) =Vietcong.

cong. 《略》*L.* congius (=gallon).

Cong. 《略》Congregation; Congregational; Congregationalist; Congress; Congressional.

con·ga /kɑ́(ː)ŋgə | kɒ́ŋ-/ *n.* **1 a** コンガ《アフリカが起源といわれる Cuba 島黒人の集団的な 2/4 拍子で足をけりあげる陽気な踊り》. **b** コンガの音楽. **2** コンガドラム《コンガの伴奏に用いる手で打つ細長い大太鼓; conga drum ともいう》. — *vi.* コンガを踊る. 〖(1935) □ Sp. ~ (fem.) ← *congo*: ⇨ Congo〗

cón gàme *n.* 《俗》=confidence game. 〖⇨ con[1]〗

Con·ga·ree /kɑ́(ː)ŋgəriː | kɒ́ŋ-/ *n.* [the ~] コンガリー(川)《米国 South Carolina 州の川; Wateree 川と合流して Santee 川となる (84 km)》. 〖← N-Am.-Ind.〗

Cóngaree Swámp Nátional Mónument *n.* コンガリー湿原国定記念物《米国 South Carolina 州中部 Columbia の南東にある保護地域》.

con·gé /kɔ̃ː(n)ʒéɪ, kɔːn-, kɑ́(ː)nʒeɪ | kɔ̃ː(n)ʒeɪ, kɔ́ːn-, kɒ́nʒeɪ; *F.* kɔ̃ʒe/ *n.* (*pl.* **~s** /~z; *F.* ~/) **1 a** いとまごい(の挨拶) (leave-taking): take one's ~ いとまごいの挨拶をする / ⇨ pour prendre congé. **b** 別れのお辞儀[会釈]. **2** (公式の)退去許可. **3** 解職 (dismissal): get one's ~ 免職される / give a person his ~ 人を免職する. **4** 〘建築〙(壁と床接の合部に現れる)えぐり繰形. 〖(1703) □ F ~ 'leave of absence': ⇨ congee[1]〗

con·geal /kəndʒíːl/ *vt.* **1** 凍らせる (freeze): ~ the water into ice. **2** 〈液体を〉凝結[凝固]させる (coagulate): His very blood was ~*ed*. (恐怖で)全身の血が凍った. **3** 動けなくする; 固定化する, 硬直化する. — *vi.* **1** 凍る (freeze); 凝結[凝固]する. **2 a** 〈感情が〉冷える. **b** 固定する, 硬直化する. 〖(*c*1380) *congele(n)* □ (O)F *congeler* □ L *congelāre* ← *con-* 'COM- 1'+*gelāre* 'to freeze (⇨ gelid)'〗

con·geal·a·ble /kəndʒíːləbḷ/ *adj.* 凝結[凝固]できる. 〖(1626): ⇨ ↑, -able〗

con·géal·ment *n.* **1** 凝固(すること); 凍結, 凝結. **2** 凝固物. 〖(*c*1385) ← CONGEAL+-MENT〗

con·gee[1] /kɑ́(ː)ndʒiː, -ʒiː | kɒ́n-/ 《まれ》 *n.* =congé. — *vi.* **1** いとまごいをする. **2** お辞儀をする (bow). 〖(*a*1338) *congye* □ OF *congié* (F *congé*) < L *commeātum* departure, leave of absence ← *con-* 'COM-'+*meāre* to pass: cf. congé〗

con·gee[2] /kɑ́(ː)ndʒiː | kɒ́n-/ *n.* **1** (インドで用いられた)米の煮汁《衣服の糊・病人の重湯用》. **2** (中国で, 米・きびの)かゆ. 〖□ Tamil *kañci*〗

con·ge·la·tion /kɑ̀(ː)ndʒəléɪʃən | kɒ̀ndʒɪ-/ *n.* **1** 凝結(すること), 凝固 (congealment). **2** 凝固物, 凝結物. **3** 〘病理〙凍傷 (frostbite). 〖(*a*1393) □ (O)F ~ // L *congelātiō(n-)*: ⇨ congeal, -ation〗

con·gel·i·fluc·tion /kəndʒèləflʌ́kʃən | -lɪ-/ *n.* 〘地質〙永久凍土帯の緩斜面で起こる土壌の側方流動. 〖← *congeli-* (↓)+L *flūctiō(n-)* a flowing〗

con·gel·i·fract /kəndʒéləfrӕkt | -lɪ-/ *n.* 〘地質〙コンジェリフラクト《岩のすき間から出る水の凍結によって破砕された岩石》. 〖← L *congelāre* 'to CONGEAL'+L *fractus* broken (⇨ fraction)〗

con·gel·i·frac·tion /kəndʒèləfrӕkʃən | -lɪ-/ *n.* 〘地質〙コンジェリフラクション《水の凍結による岩石の破砕》. 〖⇨ ↑, -tion: cf. fraction〗

con·gel·i·tur·ba·tion /kəndʒèlətə(ː)béɪʃən | -lɪtə(ː)-/ *n.* 〘地質〙凍結攪乱(かくらん)《水の凍結・融解による土壌の攪乱》. 〖← L *congelāre* 'to CONGEAL'+-I-+L *turbātiō(n-)* (← *turbāre* 'to DISTURB')〗

con·ge·ner /kɑ́(ː)ndʒənə, kəndʒíːnə | kɒndʒíːnə(r), kɒ́ndʒɪnə(r)/ *n.* **1 a** 同属の動植物: canaries and their ~*s* カナリアとその同属の鳥. **b** (性質・行動において)同種[同類]のもの[人]: Compare the Russian peasant with his English ~. ロシアの農民を英国の農民と比較せよ. **2** 〘生化学〙コンジナー《アルコール飲料醸造中に生じるアルデヒド; エステルのような副産物で, その出来上がりの味・香りを左右するもの; congeneric ともいう》. — *adj.* =congeneric. 〖(1730–36) □ L ~ 'of the same kind' ← *con-* 'COM-'+*gener-*, *genus* kind〗

con·ge·ner·ic /kɑ̀(ː)ndʒənérɪk, -dʒɛ- | kɒ̀n-ˊ/ *adj.* 同属の; 同種[同類]の. — *n.* 〘生化学〙=congener 2. 〖(*a*1834) ← L *con-* together+*gener-* (*genus*) race〗

con·ge·ner·ous /kəndʒénərəs, kɑ(ː)n-, -dʒén- | kəndʒíːn-, kɒn-, -ʒén-/ *adj.* =congeneric. 〖1646〗

con·ge·ni·al /kəndʒíːniəl, -njəl/ *adj.* **1** 〈人・特質など〉同性質の, 同精神の, 同趣味の; 共鳴する, 気心の合った〔*with, to*〕: ~ spirits [companions] 気の合った同士[仲間] / in ~ society 意気投合する仲間に交わって / a friend ~ *to* him 彼と気心の合った友. **2 a** 性分に合った; 〔性質, 趣味などに〕適している〔*to*〕: ~ occupations [work] 性分に合った職業[仕事] / a climate ~ *to* one's health 健康に適する風土 / a soil ~ *to* roses バラの栽培に適した土. **b** 楽しい, すばらしい: ~ music. **c** 愛想のよい, 親切な (genial): a ~ host. **~·ness** *n.* 〖(*c*1625) ← *con-* 'COM-'+GENIAL[1]〗

con·ge·ni·al·i·ty /kəndʒìːniǽləti | -lɪti/ *n.* **1** (性質・趣味などの)合致, 共鳴, 相性 (affinity). **2** 性分に合うこと, 適性, 適応性. 〖(1620) ← *con-* 'COM-'+GENIALITY〗

con·gé·ni·al·ly /-niəli, -njəli/ *adv.* 気性に合って: be ~ employed 性分に合った[好きな]仕事をしている. 〖(1749): ⇨ -ly[1]〗

con·gen·i·tal /kɑ(ː)ndʒénətḷ, kən- | kəndʒénɪtḷ, kɒn-/ *adj.* **1** 〈病気・欠陥など〉生得の, 生来の, 生まれつきの, 先天的な[性の] (↔ acquired) (⇨ innate SYN): a ~ deformity 先天的奇形 / a ~ disease [idiot] 先天的な疾病[痴愚] / He had a ~ dislike of France. 生まれつきフランス嫌いだった. **2** 固有の, 持ちまえの (inherent). **~·ly** *adv.* 〖(1796) ← L *congenit(us)* produced together with+-AL[1]: ⇨ com-, genital〗

con·ger /kɑ́(ː)ŋgə | kɒ́ŋgə(r)/ *n.* 〘魚類〙=conger eel. 〖(1310) □ (O)F *congre* < L *congrum, conger* □ Gk *góggros*〗

cónger éel *n.* 〘魚類〙**1** アナゴ科の魚類の総称. **2** モトアナゴ (*Conger conger*)《クロアナゴ属の魚》. 〖1602〗

con·ge·ries /kɑ́(ː)ndʒəriːz | kɒndʒɪəriːz, kɒndʒɪəriːz, -rɪz/ *n. pl.* [単数または複数扱い] 寄り集まり, 集積 (collection); (物の)かたまり, 山 (mass, heap). 〖(1555) □ L *congeriēs* pile, heap ← *congerere* (↓)〗

con·gest /kəndʒést/ *vt.* **1** (動けなくなるほど)過度に詰め込む; 込み合わせる, 混雑させる, 渋滞させる: The traffic ~*ed* the street. 町は人通りがはげしくて込み合った / The traffic was ~*ed*. 交通は渋滞していた / The streets are ~*ed*. 往来は雑踏している. **2** 《廃》集める, 積み上げる. **3** 〘病理〙充血させる, 鬱血(うっけつ)させる. — *vi.* **1** 集まる, 群がる. **2** 〘病理〙充血する, 鬱血する. 〖((1538)) (1859) ← L *congestus* (p.p.) ← *congerere* to bring together ← *con-* 'COM- 1'+*gerere* to bear, carry (cf. gesture)〗

con·gest·ed /kəndʒéstɪd/ *adj.* **1** 〈場所・交通など〉込み合った, 混雑した: a ~ area [district] 人口過剰区域 / ~ traffic 混雑した交通. **2** 〘病理〙充血[鬱血]した: a ~ organ 充血した器官. **3** 〘植物〙密集した. 〖(?*a*1425) ← L *congestus*: ⇨ -ed 2〗

con·ges·tion /kəndʒéstʃən, -dʒéʃtʃən/ *n.* **1** 密集, 込み合い; (人口の)過剰; (街路・交通の)混雑, 雑踏: traffic ~ 交通渋滞. **2** 〘病理〙充血, 鬱血(うっけつ): arterial ~ 動脈性充血 / ~ of the brain 脳充血. 〖(?*a*1425) □ (O)F ~ // L *congestiō(n-)*: ⇨ congest, -tion〗

con·ges·tive /kəndʒéstɪv/ *adj.* 〘病理〙充血[鬱血(うっけつ)]性の, 充血による: ~ symptoms 充血症状 / ~ heart failure 鬱血(性)心不全. 〖(1846): ⇨ -ive〗

con·ges·tus /kəndʒéstəs/ *adj.* 〘気象〙雄大雲の《雲頂はカリフラワー型で鉛直方向にそそり立った雲にいう》. 〖□ L ~: ⇨ congest〗

con·gi·us /kɑ́(ː)ndʒiəs | kɒ́n-/ *n.* (*pl.* **-gi·i** /-dʒiàɪ/) コンギウス: **1** 古代ローマの液量の単位; 約 3 quarts. **2** 〘薬学〙1 ガロン (gallon). 〖(*a*1398) □ L ~〗

con·glo·bate /kɑŋglóʊbeɪt, kɑ́(ː)ŋgloʊbèɪt | kɒ́ŋ-glə(ʊ)bèɪt, kɒn-/ *vt.* 球状(のかたまり)に集める, 丸くする. — *vi.* 球状(のかたまり)に集まる; 丸くなる. — *adj.* 丸めた, 丸まった; 球状に集められた. 〖(1635) □ L *conglobātus* (p.p.) ← *conglobāre* ← *con-* 'COM- 1'+*globāre* to make into a ball (← *globus* 'GLOBE')〗

con·glo·ba·tion /kɑ̀(ː)ŋgloʊbéɪʃən, kɑ̀(ː)ŋ- | kɒ̀ŋ-glə(ʊ)béɪ-, kɒ̀ŋ-/ *n.* **1** 球状体にする[なる]こと, 団塊(形成). **2** 球形. 〖(1604) □ L *conglobātiō(n-)*: ⇨ ↑, -ation〗

con·globe /kɑ(ː)ŋglóʊb, kən- | kəŋglə́ʊb, kɒŋ-/ *v.* = conglobate. 〖(1535) □ (O)F *conglober* // L *conglobāre* 'to CONGLOBATE'〗

con·glob·u·late /kɑ(ː)ŋglɑ́(ː)bjʊlèɪt, kən- | kɒn-, kɒŋ-/ *vi.* 集まって球形になる. **con·glob·u·la·tion** /kɑ(ː)ŋglɑ̀(ː)bjʊléɪʃən, kən- | kɒn-, kɒŋ-/ *n.* 〖(1768): ⇨ con-, globule, -ate[3]〗

con·glom·er·a·cy /kəŋglɑ́(ː)m(ə)rəsi | kəŋglɔ́m-, kɒn-/ *n.* 〘経営〙コングロマリットの形成. 〖⇨ ↓, -acy〗

con·glom·er·ate /kəŋglɑ́(ː)m(ə)rɪt | kəŋglɔ́m(ə)r-ɪt, kɒn-, -mərèɪt/ *n.* **1** 〘経営〙コングロマリット, 複合企業《多角化をめざして自己の業種と何の関連もない業種の企業を次々に合併して急成長を遂げる巨大な企業》. **2** (異なる種類のものが集まってできた)集塊, 集成体: a ~ of houses. **3** 〘岩石〙礫岩(れきがん), 蛮岩, 子持ち石. — *adj.* **1** いろいろな物が集まってできた, 丸く固まり合った; 集塊[団塊]状の. **2** 〘経営〙異業種が合併した. **3** 〘地質〙礫岩質の: ~ clay 礫岩土. **4** 〈果物など〉密集してなる, 密集した. **5** 〘動物〙塊状となる, 球塊状となる《環節あるものが環節を曲げてなる状態をいう》.
— /kəŋglɑ́(ː)mərèɪt | kəŋglɔ́m-, kɒn-/ *v.* — *vt.* 集めて[固めて]一つの集塊[集成体]にする, 集塊状に集める. — *vi.* 集塊[集成体]になる, 凝集する.

con·glom·er·a·tive /kəŋglɑ́(ː)m(ə)rətɪv, -mərèɪt- | kəŋglɔ́m(ə)rət-, kɒn-, -mərèɪt-/ *adj.* 〖(1572) □ L *conglomerātus* (p.p.) ← *conglomerāre* to roll together: ⇨ com-, glomerate〗

con·glom·er·at·eer /kəŋglɑ̀(ː)m(ə)rətíə | kəŋ-glɔ̀mərətíə(r), kɒn-/ *n.* =conglomerateur. 〖⇨ -eer〗

conglómerate integrátion *n.* 〘経営〙コングロマリット的統合《異なった業種間の企業合併; cf. horizontal integration, vertical integration》.

con·glom·er·a·teur /kəŋglɑ̀(ː)mərətə́ː, -tʊ́ə, -tjʊ́ə | kəŋglɔ̀mərətə́ː(r), kɒn-/ *n.* 複合企業[コングロマリット]経営者.

con·glom·er·at·ic /kəŋglɑ̀(ː)mərǽtɪk | kəŋglɔ̀m-ərǽt-, kɒn-ˊ/ *adj.* 〘地質〙礫岩(れきがん)性の. 〖(1849) ← L *conglomerat(um)*+-IC[1]〗

con·glom·er·a·tion /kəŋglɑ̀(ː)məréɪʃən | kən-glɔ̀m-, kɒn-/ *n.* **1** 集塊状に集める[まる]こと; (異種の物の)凝塊, 集塊. **2** (塊状の)集積; (雑多なものの)寄り合い. 〖(1626) □ LL *conglomerātiō(n-)*: ⇨ conglomerate, -ation〗

con·glóm·er·à·tor /-tə | -tə(r)/ *n.* =conglomerateur. 〖(1968): ⇨ -or[2]〗

con·glom·er·it·ic /kəŋglɑ̀(ː)mərítɪk | kəŋglɔ̀m-ərít-, kɒn-/ *adj.* 〘地質〙=conglomeratic. 〖1833〗

con·glu·ti·nant /kəŋglúːtənənt, kɑ(ː)n-, -tṇ- | kənglúːtṇn-, kən-, -tṇ-/ *adj.* 〘医学〙(傷口の)癒着(ゆちゃく)を促進する. 〖《1828》□F ～ // L *conglūtinantem*: ⇨ ↓, -ant〗

con·glu·ti·nate /kənglúːtənèɪt, kɑ(ː)n-, -tṇ- | kəŋglúːtṇn-, kən-, -tṇ-/ *vt.* **1** (にかわなどで)合着させる, 膠着(こうちゃく)させる. **2** 〘医学〙〈骨などを〉癒着させる. **—** *vi.* **1** 合着する, 膠着する. **2** 癒着する. **—** *adj.* 合着[膠着]した[する]. 〖《?a1425》← L *conglūtinātus* (p.p.) ← *conglūtināre* ← *con-* 'COM- 1'+*glūtināre* to glue (← *glūten*: ⇨ gluten): ⇨ -ate[2, 3]〗

con·glu·ti·na·tion /kənglùːtənéɪʃən, kɑ(ː)n-, -tṇ- | kəŋglùːtṇn-, kən-, -tṇ-/ *n.* **1** 合着, 膠着(こうちゃく). **2** 〘医学〙 **a** 癒着(ゆちゃく), 癒合. **b** 膠着(反応), コングルチネーション. 〖《?a1425》□(O)F ～ □L *conglūtinātiō(n-)*: ⇨ ↑, -ation〗

con·glu·ti·na·tive /kənglúːtənèɪtɪv, kɑ(ː)n-, -tṇ- | kəŋglúːtɪnətɪv, kən-, -nət-, -tṇ-/ *adj.* 膠着(こうちゃく)性の. 〖《a1400》□(O)F ～: ⇨ conglutinate, -ative〗

con·go /kɑ́(ː)ŋgoʊ | kɔ́ŋgəʊ/ *n.* =congou.

Con·go /kɑ́(ː)ŋgoʊ | kɔ́ŋgəʊ; *F.* kɔ̃go/ *n.* コンゴ: **1** [(the) ～] アフリカ中西部にある共和国; もとフランス領赤道アフリカ (French Equatorial Africa) の一部で Middle Congo といったが, 1960年独立; 面積 342,000 km², 首都 Brazzaville; 公式名 the Republic of the Congo コンゴ共和国. **2** [(the) ～] アフリカ中部にある共和国; もとベルギーの植民地 (the Belgian Congo) であったが 1960年独立; 面積 2,344,116 km², 首都 Kinshasa; 公式名 the Democratic Republic of the Congo コンゴ民主共和国; 1971年に Zaire と改称したが 1997年に Congo に改められた. **3** [the ～] コンゴ(川)《コンゴ民主共和国を流れて大西洋に注ぐ川 (4,800 km)》. **—** *adj.* =Congolese. 〖□Bantu *Kongo*〗

Cóngo dỳe *n.* コンゴ染料《主にベンジジンから誘導したアゾ染料の総称; Congo color ともいう》.

cóngo èel *n.* **1** 〘動物〙 **a** =amphiuma. **b** =mud eel. **2** 〘魚類〙 =ghostfish 2.

Cóngo Frée Stàte *n.* コンゴ自由国《ベルギー領コンゴの初期の名称 (1885–1908)》.

Cóngo-Kordofánian *adj.* コンゴコルドファニア語族の《アフリカの大語族で, Niger-Congo, Kordofanian の両語族に下位区分される》.

Con·go·lese /kɑ̀(ː)ŋgəlíːz, -líːs | kɔ̀ŋgəʊlíːz⁻/ *adj.* **1** コンゴの; (両)コンゴ共和国の. **2** コンゴ人の; コンゴ語の. **—** *n.* (*pl.* ～) **1** コンゴ共和国人, コンゴ人. **2** コンゴ語. 〖《1900》□F *congolais*: ⇨ Congo, -ese〗

Congolése Repúblic *n.* =Congo 2.

Cóngo réd *n.* 〘化学〙 コンゴレッド ($C_{32}H_{22}N_6Na_2O_6S_2$)《ベンジジン (benzidine) から誘導した直接アゾ染料 (direct azo dye); しばしば指示薬として用いる》. 〖《1885》《なぞり》← G *Kongorot*〗

cóngo snàke *n.* 〘動物〙 =amphiuma. 〖《1835》 *congo*: 《転訛》← CONGER〗

con·gou /kɑ́(ː)ŋguː, -goʊ | kɔ́ŋguː, -gəʊ/ *n.* 工夫紅茶(コンフーチャー)《中国産紅茶の一種; congo ともいう》. 〖《1725》□Chin. gongfu cha labor tea〗

con·grats /kəngræ̃ts, kəŋ-/ *int.* 《口語》おめでとう. 〖《1884》← CONGRAT(ULATION)+-s[1]〗

con·grat·ters /kəngrǽtəz, kəŋ- | -təz/ *int.* =congrats. 〖《1906》: ⇨ ↑, -er[1]〗

con·grát·u·lant /-grǽdʒʊ- | -grǽtʃʊ-, -tjʊ-/ *adj.* 祝賀の, 慶賀の. **—** *n.* 祝う人, 祝賀者. 〖《1667》□F ～ // L *congrātulāntem*: ⇨ ↓, -ant〗

con·grat·u·late /kəngrǽtʃʊlèɪt, kəŋ-, -grǽdʒʊ- | -grǽtʃʊ-, -tjʊ-/ ★《米》では /-grǽdʒʊ-/ の発音が増加する傾向にある. *vt.* **1 a** 〔苦労してから得たことについて〕〈人を〉祝う, 祝賀する, 〈人〉に向かって祝辞[喜び]を述べる〔*on, upon*〕(⇨ celebrate SYN). ★ 結婚を祝う場合, 新郎には使えるが, 新婦には felicitate を使う: ～ a person *on* [*upon*] his success 人の成功を祝する. **b** [～ *oneself*] 幸運だと思う, 喜ぶ〔*on, upon*〕/〈*that*〉: He ～*d himself on* finding a job. 仕事が見つかったことを喜んだ / We ～*d ourselves that* we were not hurt. けががなかったことを喜んだ. **2** 《古》〈ある事〉に満足[祝意]を表する. **3** 《廃》歓迎する (hail); …に挨拶する, 敬礼する. **con·grát·u·là·tive** /-lèɪtɪv | -lèɪt-, -lət-/ *adj.* 〖《1548》← L *congrātulātus* (p.p.) ← *congrātulārī* to wish joy warmly ← *con-* 'COM-'+*grātulārī* to wish joy (← *grātus* pleasing: cf. grateful): ⇨ -ate[3]〗

con·grat·u·la·tion /kəngræ̀tʃʊléɪʃən, kəŋ-, -græ̀dʒʊ- | -græ̀tʃʊ-, -tjʊ-/ *n.* **1** [*pl.*] 祝辞: *Congratulations!* おめでとう / offer one's ～*s* お祝いを述べる / Please accept my sincere ～*s on* your recovery from illness [*on* your birthday]. 謹んで御全快[御誕生日]のお喜びを申し上げます. **2** 祝うこと, 祝い, 祝賀 (felicitation): a matter for ～ めでたい[喜ばしい]こと. 〖《1438》□L *congrātulātiō(n-)*: ⇨ congratulate, -ation〗

con·grát·u·là·tor /-tə | -tə(r)/ *n.* 祝賀者, お祝いの客, 賀客. 〖《1658》: ⇨ -or[2]〗

con·grat·u·la·to·ry /kəngrǽtʃ(ə)lətɔ̀ːri, kəŋ-, -grǽdʒ(ə)- | kəngræ̀tʃʊléɪtəri, kəŋ-, -tjʊ-, -grǽtʃ(ə)lət-, -tri/ *adj.* 祝賀の: a ～ address 祝辞 / send a ～ telegram 祝電を打つ. 〖《1524》□ML *congrātulātōrius*: ⇨ -ory[1]〗

con·gre·gant /kɑ́(ː)ŋgrɪgənt | kɔ́ŋ-/ *n.* **1** 集まる人. **2** 会衆の一人; (特に, ユダヤ教会の)会衆の一人, 信者. 〖《1886》□L *congregantem* (pres.p.): ⇨ ↓, -ant〗

con·gre·gate /kɑ́(ː)ŋgrɪgèɪt | kɔ́ŋ-/ *v.* **—** *vi.* 集まる; 群がる, かたまる (assemble). **—** *vt.* 集める, 招集する (collect) (⇨ gather SYN).
— *adj.* **1** 集まった. **2** 集団的な, 集団用の (collective): a prison ～ prison.

cón·gre·gà·tor /-tə | -tə(r)/ *n.* 〖*adj.*: 《?a1425》← L *congregātus* (p.p.) ← *congregāre* to flock together ← *con-* 'COM- 1'+*gregāre* (← *greg-*, *grex* flock: ⇨ gregarious)〗

con·gre·ga·tion /kɑ̀(ː)ŋgrɪgéɪʃən | kɔ̀ŋ-/ *n.* **1 a** (人の)集まり; (特に, 宗教的な)集会. **b** 会衆; (特定の教会の)全教会員. **c** 宗派 (sect). **d** (もの・動物などの)集まり, 集積 (collection): a foul and pestilent ～ of vapours きたない毒気のたまり (Shak., *Hamlet* 2. 2. 315). **2** 集ま(っている)こと, 集合. **3** (もと New England で)教会地区, 教区 (parish). **4** 《英》(大学の)教職員会. **5 a** [the ～] 全イスラエル人, ユダヤ民族《the Congregation of the Lord ともいう; cf. *Num.* 16: 3, 9; *Lev.* 4: 13》. **b** [the ～] キリスト教会. **6** 〘カトリック〙 **a** (ローマ教皇庁における)聖省《教皇に委託されて一定の所管事項を主宰する(常任)委員会で総数 12 省》: the *Congregation* of (the) Propaganda 布教聖省《教会組織の確立していない布教国の教会事項を司る; 単に the Propaganda ともいう》/ the *Congregation* of Rites 礼部聖省《ローマ典礼を管轄する》. **b** (単式誓願の)修道会; (ベネディクト会などにおける)修族: the *Congregation* of the Passion ⇨ Passionist 1. 〖《c1380》□(O)F *congrégation* // L *congregātiō(n-)*: ⇨ congregate, -ation〗

còn·gre·gá·tion·al /-ʃnəl, -ʃənl⁻/ *adj.* **1** 集合の; 会衆の: ～ worship. **2** 会衆派[組合]教会制の. **3** [C-] 会衆派(主義)の. **—** *n.* =congregationalist. **～·ly** *adv.* 〖《1639》: ⇨ ↑, -al[1]〗

Cóngregational Chúrch *n.* 会衆派(教会), 組合教会《会衆派教会主義 (Congregationalism) に基づいて 17 世紀英国に組織された教会》. 〖*a1647*〗

còn·gre·gá·tion·al·ìsm /-ʃ(ə)nəlìzm/ *n.* 〘教会〙 **1** 会衆派[組合]教会制[主義]《個々の教会が独立自治を行い, 教会員自ら牧師・役員を選ぶ組織》. **2** [C-] 会衆派[組合]教会主義[教義] (cf. independency 3, Brownism[1]). 〖《1716》: ⇨ -ism〗

còn·gre·gá·tion·al·ist /-ʃ(ə)nəlɪst | -lɪst/ *n.* **1** 会衆派[組合]教会制[主義]の信奉者. **2** [C-] 会衆派[組合]の信徒, 会衆[組合]派. 〖《1692》: ⇨ -ist〗

con·gre·ga·tive /kɑ́(ː)ŋgrɪgèɪtɪv | kɔ́ŋgrɪgèɪt-/ *adj.* 集まる, 集団的な, 集団相手の[に訴える]. **～·ness** *n.* 〖《1588》□L *congregātīvus*〗

con·gress /kɑ́(ː)ŋgrɪs, kɔ́(ː)ŋ-, -grɛs | kɔ́ŋgrɛs/ *n.* **1** (代表者・使節・委員などの正式の)会議, 代議員会, 大会 (cf. convention 4 a): a medical ～ 医学大会 / the International P. E. N. *Congress* 国際ペン大会 / the Social Science *Congress* 社会科学大会 / ⇨ Trades Union Congress. **2** [C-; 通例無冠詞] (米国その他中南米諸共和国の)国会, 議会; (国会の)会期 (session) (cf. parliament 1, diet[2] 1): in *Congress* 議会開会中 / the 83rd *Congress* (米国の)第 83 議会. **3** 団体, 協会, 会 (association); (団体の)会合, 大会. **4 a** 出会い, 会合 (meeting). **b** 社交. **5** 性交 (coitus). **6** 〘動物〙 (両生類, 特にカエルやヒキガエルが繁殖のため季節的に集まる)生殖群集, 群婚, 蛙合戦.

Cóngress of Indústrial Organizàtions [the —] (米国の)産業別労働組合会議《AFL と並び称せられた米国の労働組合連盟; 略 CIO; 1955 年 AFL と合同して AFL-CIO となる》.

Cóngress of Viénna [the —] ウィーン会議《1814–15; Napoleon 一世の Elba 島追放後, 戦後対策のために開かれたヨーロッパ諸国の国際会議》.

— /kəngrés, kəŋ-/ *vi.* 集合する, 集会する (assemble). 〖《a1400》□L *congressus* a meeting (p.p.) ← *congredī* to meet together ← *con-* 'COM- 1'+*gradī* to go, step (← *gradus* step: ⇨ grade)〗

cóngress bòot *n.* 《米》コングレスブーツ《19 世紀後半 20 世紀初頭に流行した, 足首までの深さで両側にゴムが入った深めの靴; congress gaiter [shoe] ともいう》. 〖《1847》〗

con·gres·sion·al /kəngréʃnəl, kɑ(ː)n-, -ʃənl | kən-, kɒn-/ *adj.* **1** [しばしば C-] 国会[議会] (Congress) の: ～ approval 国会の承認. **2** 会議の, 集会の; 評議会の.

Congréssional Médal of Hónor [the —] (米国の)名誉勲章《戦闘員としての犠牲的殊勲に対して, 議会の名において大統領が親授する星形の最高勲章; Medal of Honor ともいう》. 〖《1900》〗

～·ly /-n(ə)li/ *adv.* 〖《a1691》: ⇨ -al[1]〗

Congréssional dístrict, c- d- *n.* 〘米政治〙下院議員選挙区 (constituency) (cf. assembly district, senatorial district, parliamentary borough). 〖《1812》〗

con·grés·sion·al·ist /-ʃ(ə)nəlɪst | -lɪst/ *n.* **1** 議会(派)支持者, 議会[会議]派の人. **2** 国会議員; (特に)下院議員. 〖《1891》: ⇨ -ist〗

Congréssional Récord *n.* (米国の)連邦議会議事録《議会開会中毎日発行される》.

con·gress·man /kɑ́(ː)ŋgrɪsmən, -grɛs- | kɔ́ŋgrɛs-, -grɪs-/ *n.* (*pl.* **-men** /-mən, -mèn/) [しばしば C-] 連邦議会議員; (特に)下院議員. 〖《1780》〗

cóngressman-at-lárge *n.* (*pl.* **congressmen-at-large**) 《米》全州選出連邦議会下院議員《国勢調査の結果州割当て議員が増加する場合, 全州一区で選出される》.

Cóngress Párty *n.* [the ～] 国民会議派《インド最大の政党; 1885 年設立, 第一次大戦後 Gandhi が国民運動にまで再組織, 1920, 30 年代は英国から独立するため市民不服従運動を展開した; cf. Indian National Congress》. 〖《1937》〗

cóngress·pèrson *n.* =congressman, congresswoman《性差別を避けた表現; cf. -person》.

cóngress shòe *n.* 《米》=congress boot.

cóngress·wòman /-grɪs-, -grɛs- | -grɛs-, -grɪs-/ *n.* [しばしば C-] 連邦議会女性議員; (特に)女性下院議員. 〖《1918》〗

Con·greve /kɑ́(ː)ngriːv, kɑ́(ː)ŋ- | kɔ́ŋ-/, **William** *n.* コングリーヴ《1670–1729; 英国の劇作家, 風習喜劇 (comedy of manners) の代表的作家の一人; *The Way of the World* (1700)》.

C

con·gru·ence /kɑ́(ː)ŋgruəns, kəngrúː- | kɔ́ŋgru-/ *n.* **1** 適合, 一致, 調和 (agreement, harmony). **2** 〘数学〙 (二図形の)合同; (二整数または二整式の)合同 (↔ incongruence): a ～ equation 合同方程式 / the ～ of A with [and] B A と B の合同. 〖《c1443》□L *congruentia*: ⇨ congruent, -ence〗

con·gru·en·cy /kɑ́(ː)ŋgruənsi, kəngrúː- | kɔ́ŋgru-/ *n.* =congruence. 〖《1494》: ↓, -ency〗

con·gru·ent /kɑ́(ː)ŋgruənt, kəngrúː- | kɔ́ŋgru-/ *adj.* **1** (全く)一致する, 適合した, 調和する (harmonious) 〔*with*〕. **2** 〘数学〙 合同の (↔ incongruent). **3** 〘物理〙〈融点が〉一致した《一定の温度で溶けて同じ成分の液体になる物質の融点についていう》. **4** 〘論理〙 (同一主語に加えられる述語についてそれらが)一致する, 適合した《互いに異なっても同一主語に加えて真となる述語間についていわれる》. **～·ly** *adv.* 〖《?a1425》□L *congruentem* (pres.p.) ← *congruere* to come together, agree ← *con-* 'COM-'+ L **gruere* to fall: ⇨ -ent〗

con·gru·i·ty /kɑ(ː)ŋgrúːəti, kən- | kɒŋgrúːɪti, kən-, kəŋ-/ *n.* **1 a** 適合, 一致 (agreement); 調和 (harmony), 適切; 全体と部分との調和[一致]. **b** 一致点; 一致例, 適合例. **2** 〘数学〙 合同性 (↔ incongruity). **3** 〘神学〙 自由な慈悲によって与えられる功徳 (cf. condignity). 〖《a1393》□(O)F *congruité* □LL *congruitātem* ← *congruus* fit, suitable: ⇨ ↓, -ity〗

con·gru·ous /kɑ́(ː)ŋgruəs, kɔ́(ː)ŋ- | kɔ́ŋ-/ *adj.* **1 a** (全く)一致する, 適合する, 調和する (conformable) 〔*to, with*〕. **b** 適当な, 適切な (fitting, proper). **2** 〘数学〙 合同の (congruent) (↔ incongruous). **～·ly** *adv.* **～·ness** *n.* 〖《1599》□L *congruus* suitable ← *congruere* to agree: ⇨ congruent, -ous〗

coni arteriosi *n.* conus arteriosus の複数形.

con·ic /kɑ́(ː)nɪk | kɔ́n-/ *adj.* 円錐の[に関する]; 円錐形の. **—** *n.* 〘数学〙 =conic section 1. **co·nic·i·ty** /koʊnísəti | kəʊnísɪti/ *n.* 〖《1570》□Gk *kōnikós* cone-shaped ← *kônos* 'CONE': ⇨ -ic[1]〗

con·i·cal /kɑ́(ː)nɪkəl, -kḷ | kɔ́nɪ-/ *adj.* 円錐(状)の; 円錐形の. **～·ly** *adv.* **～·ness** *n.* 〖《1570》: ⇨ -al[1]〗

cónical péndulum *n.* 〘時計〙 円錐振子《単振子の重りが鉛直軸の回りに円を描いて運動するもの》.

cónical projéction *n.* 〘地理〙 =conic projection.

cónical refráction *n.* 〘光学〙 円錐屈折《双軸結晶における特異な光の屈折》: external ～ (結晶内を細い平行光線束として通過した光が, 透過後一つの円錐面上に拡がる)外部円錐屈折 / internal ～ (細い平行光線束を入射すると光が結晶内を一つの円錐面上に拡がって進む)内部円錐屈折. 〖《1871》〗

cónical súrface *n.* 〘数学〙 錐面: a circular ～ 円錐面. 〖cf. *conic surface* 《1714》〗

con·i·coid /kɑ́(ː)nɪkɔ̀ɪd | kɔ́nɪ-/ *n.* 〘数学〙 二次曲面 (quadric). 〖《1863》← CONIC+-OID: cf. ellipsoid〗

cónic projéction *n.* 〘地理〙 円錐投影図法. 〖《1866》〗

con·ics /kɑ́(ː)nɪks | kɔ́n-/ *n. pl.* [単数扱い] 円錐曲線論《円錐曲線に関する理論》.

cónic séction *n.* 〘数学〙 **1** 円錐曲線《円錐を平面で切って得られる曲線, すなわち楕円・双曲線・放物線などの総称》. **2** [*pl.*] =conics. 〖《1664》〗

conidia *n.* conidium の複数形.

co·nid·i·al /kənídiəl | kə(ʊ)níd-/ *adj.* 〘植物〙 分生子の[に関する, を生じる]; 分生子状の. 〖《1874》: ⇨ conidium, -al[1]〗

co·nid·i·an /kənídiən | kə(ʊ)níd-/ *adj.* 〘植物〙 =conidial.

co·nid·i·o·phore /kənídiəfɔ̀ə | kə(ʊ)nídiəfɔ̀ː(r)/ *n.* 〘植物〙 分生子柄, 子柄《分生胞子を生じる細胞を支える》.

co·nid·i·oph·o·rous /kənìdiɑ́(ː)f(ə)rəs | kə(ʊ)nìdiɔ́f-⁻/ *adj.* 〖《1874》← CONIDI(UM)+-O-+-PHORE〗

co·nid·i·o·spore /kənídiəspɔ̀ə | kə(ʊ)nídiəspɔ̀ː(r)/ *n.* 〘植物〙 =conidium. 〖⇨ ↓, -spore〗

co·nid·i·um /kənídiəm | kə(ʊ)nídiəm/ *n.* (*pl.* **-i·a** /-diə | -diə/) 〘植物〙 分生子, 分生胞子《菌類の菌糸の先がくびれてできる無性的繁殖細胞》. 〖《1856》← NL ～ ← Gk *kónis* dust: ⇨ -idium〗

con·i·fer /kɑ́(ː)nəfə, kóʊn- | kɔ́nɪfə(r), kəʊn-/ *n.* 針葉樹, 球果植物《マツ・モミ・イチイ・イトスギなど針葉樹の樹木》. 〖《(a1398)》《1851》〗

co·nif·er·in /koʊnífərɪn, kə- | kə(ʊ)nífərɪn, kɒ-/ *n.* 〘化学〙 コニフェリン ($C_{16}H_{22}O_8$)《針葉樹の形成層に見出される結晶状配糖体; かつてバニリンの製造原料になった》. 〖《1867》⇨ conifer, -in[2]〗

co·nif·er·ous /koʊníf(ə)rəs, kə- | kə(ʊ)-, kɒ-/ *adj.* **1** 球果を生じる. **2** 球果植物の, 針葉樹の: a ～ tree 針葉樹. 〖《1664》← L *cōnifer*+-OUS〗

co·ni·form /kóʊnəfɔ̀əm, kɑ́(ː)n- | kəʊnɪfɔ̀ːm/ *adj.* 円錐形の. 〖《1790》〗

co·ni·ine /kóʊniìːn, -niɪn | kəʊniìːn, -niɪn/ *n.* (*also* **co·nin** /-nɪn | -nɪn/, **co·nine** /kóʊniːn, -nɪn | kəʊniːn, -nɪn/) 〘化学〙 コニイン ($C_5H_{10}NC_3H_7$ or $C_3H_7C_5H_9NH$)《ドクニンジン

(conium) に含まれている有毒性の液状アルカロイド). 〖(1831) □ G *Konin* ← LL *cōni(um)* 'CONIUM': ⇨ -ine¹〗

cón·ing àngle /kóʊnɪŋ- | kə́ʊn-/ *n.* 〘航空〙 コーニング角《フラッピングヒンジを持つ回転翼において, ローター翼に働く遠心力と空気力とのモーメントが等しくなる角度で釣り合うときの, ローター翼の回転面と水平面とのなす角》.

co·ni·ol·o·gy /kòʊniá(:)ləʤi | kə̀ʊniɔ́l-/ *n.* =koniology.

Cón·is·ton Wáter /ká(:)nɪ̀stən- | kɔ́nɪs-/ *n.* コニストンウォーター《イングランド北西部 Cumbria 州 Lake District にある湖; 長さ約 9 km, 幅 0.8 km; その北西にある Coniston の村には Ruskin の墓がある》. 〖*Coniston*: < OE *Cyningestūn* the king's manor: ⇨ king, -ton〗

co·ni·um /kóʊniəm | kə́ʊ-/ *n.* 〘植物〙 ドクニンジン (poison hemlock). 〖(1862) ← NL ~ ← LL *cōnīum* □ Gk *kṓneion* hemlock〗

conj. 《略》 conjugation; conjunction; conjunctive.

con·ject /kənʤékt/ *vt.* 《廃》 **1** 推量する (guess). **2** たくらむ, 企てる (plan). 〖(*c*1380) *conjecte(n)* □ *conjectāre* (freq.) ← *conicere*: ⇨ conjecture〗

con·jec·tur·a·ble /kənʤéktʃ(ə)rəbl̩/ *adj.* 推測できる. 〖(1656): ⇨ conjecture, -able〗

con·jec·tur·al /kənʤéktʃ(ə)rəl/ *adj.* **1** 推測的な, 憶測上の, 確定的でない: a ~ opinion 推測的な意見, 憶説 / ~ emendations (写本などの)推定校訂[修正]. **2** 推測[憶測]好きな: a ~ person. 〖(1553) □ L *conjectūrālis*: ⇨ conjecture, -al〗

con·jéc·tur·al·ly /-rəli/ *adv.* 推量的に, 推測上, 憶測で. 〖(1594): ⇨ ↑, -ly¹〗

con·jec·ture /kənʤéktʃə | -tʃə^(r)/ *n.* **1** 推量, 推測; 憶説 (guesswork): a mere ~ 単なる憶測 / a well-founded ~ 十分根拠のある推測 / form [make] ~*s* upon …に推測を下す / hazard a ~ 当てずっぽうを言ってみる. **2** (刊本・写本などの推測による)判読, 修正 (emendation), 推測による本文校訂. **3** 《廃》 **a** 前兆[兆候]の解釈. **b** 考え (idea, notion). — *vt.* **1** 推量する, 推測する (guess) 〈*that*〉: We ~*d that* our team would win the victory. わがチームが勝利を収めると推測した. **2** …に推量[推測]を下す. — *vi.* 憶測する. **con·jéc·tur·er** /-tʃ(ə)rə | -rə^(r)/ *n.* 〖n.: (*c*1384) □ (O)F ~ // L *conjectūra* throwing together, guess ← *conjectus* (p.p.) ← *conicere* to infer, conclude ← *con-* 'COM- 1' + *jacere* to throw (⇨ -jet²): ⇨ -ure. — v.: (*c*1384) □ (O)F *cojecturer* ← (n.)〗

con·join /kənʤɔ́ɪn, kɑ(:)n- | kən-, kɔn-/ *vt.* 〈個々のものを〉(共通の目的に)結合する, 連接する, 連合する (⇨ join SYN). — *vi.* 結合する, 連合する. **~·er** *n.* 〖(*c*1380) *conjoi(g)ne(n)* □ (O)F *conjoign-* (pres.p. stem) ← *conjoindre* < L *conjungere* to join together: ⇨ com-, join〗

con·jóined *adj.* **1** 結合した (combined). **2** 〘貨幣〙 〈二つ以上の意匠が〉連結した. **3** 〘天文〙 〈天体が〉合 (conjunction) になった. **4** 〘紋章〙 (同図形が)連なった.

con·jóin·ed·ly /-nɪ̀dli/ *adv.* 〖(1570): ⇨ ↑, -ed 2〗

con·joint /kənʤɔ́ɪnt, kɑ(:)n- | kənʤɔ́ɪnt, kɔn-, kɔ́nʤɔɪnt/ *adj.* **1** 結合した, 連合[合同]の (united). **2** 共同の, 連帯の (joint): a ~ action 共同動作. — *n.* [*pl.*] (共同財産所有者としての)夫婦. 〖(*a*1393) □ (O)F ~ (p.p.) ← *conjoindre*: ⇨ conjoin〗

con·jóint·ly *adv.* 結合して, 協力的に, 連帯で (jointly). 〖(*a*1325): ⇨ ↑, -ly¹〗

con·ju·gal /ká(:)nʤʊ̀gəl, -ʤʊ-, kənʤúː-, -gl̩ | kɔ́nʤʊ-/ *adj.* **1** 結婚の, 婚姻(上)の (matrimonial). **2** 夫婦(間)の (connubial): ~ affection [love] 夫婦愛 / a ~ tie 夫婦の縁 / a ~ family 夫婦家族. **~·ly** *adv.* 〖(1545) □ L *conjugālis* ← *conjug-*, *conju(n)x* spouse ← *con-* 'COM-' + *jungere* 'to JOIN': ⇨ -al¹〗

con·ju·gal·i·ty /kɑ̀(:)nʤʊ̀gǽləti, -ʤʊ- | kɔ̀nʤʊgǽlɪ̀ti/ *n.* 婚姻(状態). 〖(1645): ⇨ -ity〗

cónjugal ríghts *n. pl.* 〘法律〙 夫婦同居権. 〖*c*1891〗

con·ju·gant /ká(:)nʤʊ̀gənt, -ʤʊ- | kɔ́nʤʊ-/ *n.* 〘生物〙 接合個体, 接合体. 〖(1910) □ L *conjugāntem* ← *conjugāre* 'to CONJUGATE': ⇨ -ant〗

con·ju·ga·ta /kɑ̀(:)nʤʊgéɪtə | kɔ̀nʤʊgéɪtə/ *n.* (*pl.* **-ga·tae** /-tiː/) 〘解剖〙 骨盤結合線. 〖← NL ~ (fem.) ← L *conjugātus* (↓)〗

con·ju·gate /ká(:)nʤʊgèɪt | kɔ́n-/ *v.* — *vt.* **1** 〘文法〙 〈動詞を〉変化[活用]させる, …の活用形をあげる (inflect) (cf. decline 3). **2** 《古》 結合させる; 結婚させる. **3** 〘化学〙 共役する. — *vi.* **1** 〘文法〙 〈動詞が〉変化[活用]する. **2** 〘生物〙 接合する, 交尾する. **3** 〘生化学〙 抱合する《解毒の一形式で硫酸エステルやグルクロン酸と結合する》.
— /-ʤʊ̀gɪ̀t, -ʤʊ-, -ʤʊgèɪt | -ʤʊ-/ *adj.* **1 a** 対になった, 結合した (joined, united). **b** 〘書誌〙 (書物の二丁がとじ目をはさんで)つながっている: ~ leaves とじ目をはさんでつながっている一対の紙葉. **2** 〘生物〙 接合の. **3** 〘植物〙 =bijugate. **4** 〘文法〙 同根の, 同語源の《例えば peace, peaceful, pacific など》. **5** 〘数学〙 共役の: ~ angles [arcs] 共役角[弧]. **6** 〘化学〙 **a** =conjugated 2. **b** 〈酸・塩基が〉共役な. **7** 〘物理〙 共役な: ⇨ conjugate point 2. — *n.* **1** 〘文法〙 (同一言語内の)同語源の語, 同根語. **2** 〘数学〙 **a** =conjugate axis. **b** =conjugate diameter 2. **3** 〘化学〙 共役根, 配合体, 抱合体. **cón·ju·ga·ble** /-gəbl̩/ *adj.* **~·ly** *adv.* **~·ness** *n.* **cón·ju·gà·tor** /-tə | -tə^(r)/ *n.* 〖(1471) □ L *conjugātus* (p.p.) ← *conjugāre* to unite ← *con-* 'COM- 1' + *jugāre* to join, marry (← *jugum* 'YOKE': cf. join)〗

cónjugate áxis *n.* 〘数学〙 共役軸《双曲線の焦点を通る直線と直交する対称軸》.

cónjugate cómplex mátrix *n.* 〘数学〙 複素共役(な)行列《複素数を要素とする行列の各要素をその共役複素数 (conjugate complex numbers) に変えたもの》.

cónjugate cómplex númbers *n. pl.* 〘数学〙 共役(な)複素数《与えられた複素数 $a+bi$ の虚数部分の符号を変えて得られる複素数 $a-bi$; complex conjugates ともいう》.

con·ju·gat·ed /ká(:)nʤʊgèɪtɪ̀d | kɔ́nʤʊgèɪt-/ *adj.* **1** =conjugate 1. **2** 〘化学〙 共役の《単結合を隔てた 2 つの二重結合のように互いに関連して働く》. 〖(1690): ⇨ -ed 2〗

cónjugate diámeter *n.* **1** 〘解剖〙 =conjugata. **2** 〘数学〙 共役直径《楕円や双曲線の一つの直径と平行な弦をすべて二等分する直径》.

cónjugated prótein *n.* 〘生化学〙 複合蛋白質《蛋白質に炭水化物や脂肪・色素体などが結合しているもの; conjugate protein ともいう; cf. simple protein》.

cónjugate númbers *n. pl.* 〘数学〙 共役数《既約方程式の根》.

cónjugate póint *n.* **1** 〘数学〙 共役点《与えられた点 *P* から与えられた円に引いた 2 本の接線の接点を結ぶ直線上の点 *Q*》. **2** 〘物理〙 共役点: **a** 打撃点と打撃中心のように互いに共役関係にある点. **b** 光学系における対応する一組の物点と像点をいう; 互いに役目を交換しうる共役関係にある点.

cónjugate prótein *n.* 〘生化学〙 =conjugated protein.

cónjugate róots *n. pl.* 〘数学〙 共役根 (conjugate numbers).

cónjugate solùtion *n.* 〘化学〙 共役溶液《相互に部分的に溶解する二相に分かれた液体》.

cónjugating tùbe *n.* 〘植物〙 接合管《接合藻や接合菌にみられる ＋ － 両細胞を連結する管》.

con·ju·ga·tion /kɑ̀(:)nʤʊgéɪʃən | kɔ̀n-/ *n.* **1** 〘文法〙 (動詞の)活用, 変化; 活用型 (cf. declension 4, inflection 3): strong ~ 強[不規則]活用《母音交替によるもの》 / weak ~ 弱[規則]活用《語尾に -ed をつけるもの》. **2** 〘生物〙 (菌類などの生殖細胞または原生動物の)接合. **3** 結びつけること, 結合, 連結 (union). **~·al** /-ʃnəl, -ʃənl̩/ *adj.* **~·al·ly** *adv.* **con·ju·ga·tive** /ká(:)nʤʊgèɪtɪv | kɔ́nʤʊgèɪt-/ *adj.* 〖(*c*1450) □ L *conjugātiō(n-)* yoking together: ⇨ conjugate, -ation〗

con·junct /kənʤʌ́ŋ(k)t, kɑ(:)n-, ká(:)nʤʌŋ(k)t | kənʤʌ́ŋ(k)t, kən-, kɔ́nʤʌŋ(k)t/ *adj.* **1** 結合した, 連結した, 接続した (joined, united). **2** 共同の (joint). **3** 〘文法〙 接続形の《I'll, cannot の 'll, not のような》. **4** 〘音楽〙 順次進行の: ~ motion.
— /ká(:)nʤʌŋ(k)t | kɔ́n-/ *n.* **1** 結合[接続]した人[もの]. **2** 〘論理〙 連言肢《連言命題で, 連言記号で結ばれた各命題をいう》. **3** 〘文法〙 **a** 合接詞《the, finally など列挙したり, 強めたり, 等価的あるいは対照的に文を結ぶ機能を有する; cf. adjunct, disjunct》. **b** 等位項《等位連結詞で連結される語, 句, 文》.
~·ly *adv.* 〖(*a*1398) □ L *conjunctus* (p.p.) ← *conjungere* to join together: ⇨ conjoin〗

con·junc·tion /kənʤʌ́ŋ(k)ʃən/ *n.* **1** 接合, 結合, 連結 (combination); 関連, 共同, 連絡 (connection): in ~ with …と共に, …と連絡[協力]して. **2 a** (人・ものなどの)合同, 集合 (union, association). **b** さまざまな出来事の結びつき[巡り合わせ]; (事件の)同時発生. **3** 〘文法〙 **a** 接続詞: ⇨ CAUSAL conjunction, coordinate conjunction, CORRELATIVE conjunction, subordinate conjunction. **b** 接続《接続詞による文または文の要素の結合》; 接続構造. 〖(1375) □ OF *conjonction* // L *conjunctiō(n-)* 《なぞり》 ← Gk *súndesmos*〗 **4** 〘天文〙 (二惑星などの)合《2 惑星や惑星と太陽などの互いの赤経差(黄経差を使うこともある)が 0 時となること; cf. opposition 7》, (月の)朔(さく): ⇨ superior conjunction, inferior conjunction. **5** 〘論理〙 連言《構成要素となる 2 命題がともに真のときのみ全体が真となるような複合命題》; 連言詞《以上のような複合命題を構成する命題結合詞およびその機能》. **~·al** /-ʃnəl, -ʃənl̩/ *adj.* **~·al·ly** *adv.* 〖(*c*1380) □ (O)F *conjonction* □ L *conjunctiō(n-)*: ⇨ ↑, -tion〗

conjúnction-redúction *n.* 〘文法〙 等位構造縮約(変形)《生成文法の用語で等位接続された文, 例えば, John lives in Ireland and Brian lives in Ireland. を John and Brian live in Ireland. に変えるような規則》.

con·junc·ti·va /kɑ̀(:)nʤʌŋ(k)táɪvə, kənʤʌ̀ŋ(k)- | kɔ̀nʤʌŋ(k)-/ *n.* (*pl.* **~s**, **-ti·vae** /-táɪviː/) 〘解剖〙 (目の)結膜 (⇨ eye 挿絵). **còn·junc·tí·val** /-vəl, -vl̩/ *adj.* 〖(*a*1398) □ LL *conjunctiva* ← L *conjucntīvus* (↓)〗

con·junc·tive /kənʤʌ́ŋ(k)tɪv/ *adj.* **1 a** 結合する, 接合[連結]的な (connective). **b** 結合した, 連結した (conjunct). **2** 〘文法〙 接続的な; 接続詞的な (cf. disjunctive 2, subjunctive): ~ adverbs 接続副詞 (therefore, however など) / the ~ mood (ドイツ語文法などでいう)接続法《ほぼ英文法でいう subjunctive mood に当たる》 / a ~ pronoun 接続代名詞. **3** 〘論理〙 連言の, 連合的な: a ~ normal form 連言標準形. — *n.* **1** 〘文法〙 接続語. **2** (ドイツ語などの)接続法 (conjunctive mood). **~·ly** *adv.* 〖(*c*1450) □ L *conjunctīvus* serving to connect: ⇨ conjunct, -ive〗

conjúnctive tíssue *n.* 〘植物〙 間充組織.

con·junc·ti·vi·tis /kənʤʌ̀ŋ(k)tɪ̀váɪtɪ̀s | -tɪs/ *n.* 〘眼科〙 結膜炎. 〖(1835) ← NL ~: ⇨ conjunctiva, -itis〗

cónjunct mótion *n.* 〘音楽〙 順次進行《ある音から音階中の隣り合った音へなめらかに移ること; cf. disjunct motion》.

con·junc·ture /kənʤʌ́ŋ(k)tʃə | -tʃə^(r)/ *n.* **1 a** (危機を生じるような, さまざまな出来事[事情]の)結びつき, 巡り合わせ. **b** (多事の)際, 急場 (juncture), 危機 (crisis): at [in] this ~ この(危急の)際に. **2** 《まれ》 結合, 接合. **con·júnc·tur·al** /-tʃ(ə)rəl/ *adj.* 〖(1605) □ F *conjoncture*: ⇨ com-, juncture〗

con·ju·ra·tion /kɑ̀(:)nʤʊréɪʃən, kʌ̀n- | kɔ̀nʤʊ(ə)r-, kʌ̀n-/ *n.* **1 a** (神の名や呪文で)魔物を呼び出すこと. **b** まじない[降霊術]の呪文 (incantation); 魔法 (spell). **2** 手品, 奇術. **3** 《古》 祈願, 嘆願 (adjuration). 〖(1375) □ L *conjūrātiō(n-)* conspiracy: ⇨ conjure, -ation〗

con·jure /ká(:)nʤə, kʌ́n- | kʌ́nʤə^(r)/ *vt.* **1 a** 魔法[手品]を使って[ったように]…する (magic): ~ a rabbit out of a hat 手品で帽子からうさぎを出して見せる. **b** 魔法で[魔法にかけたように]…する (charm). **c** (神の名・呪文で)〈魔物・霊を〉呼び出す (invoke): ~ down [out] a spirit 魔物を呼び出す. **2** /kənʤʊ́ə | -ʤʊ́ə^(r)/ **a** 〈人〉に〈…する〉ように懇願する, 嘆願する (implore) 〈*to do*〉: I ~ you *to* vouchsafe me this boon. 後生ですから私の願いを聞き入れて下さい. **b** 《廃》 熱心に頼む, 懇願する. — *vi.* **1** (呪文などで)魔物を呼び出す. **2** 手品をする; 魔法を使う. ***a náme to cónjure with*** 《英》 (1) (呪文に用いるほど)魅力に富んだ名; それを言うだけで威力を発揮する名; 有力者. (2) 発音しにくい長い名前. ***cónjure awáy*** まじないで追い払う[退散させる], 魔法でも使ったように取り除く. ***cónjure úp*** (1) 眼前に思い浮かべ(させ)る, 想像に浮かばせる: ~ *up* visions of the past 過去の光景をありありと目の前に思い浮かべる[浮かばせる]. (2) (急な場合に)〈食事などを〉手早くこしらえる; 〈物を〉さっと取り出す. (3) 魔法を使って〈死霊などを〉呼び出す, 呪文を唱えて出現させる (call up, raise).
— *adj.* [限定的] **1** 魔法の[に用いられる]. **2** 〈人が〉魔法を使う.
〖(1300) *conjure(n)* □ (O)F *conjurer* < L *conjūrāre* ← *con-* 'COM- 1' + *jūrāre* to swear (← *jūr-*, *jūs* law, right: ⇨ jury)〗

cónjure màn /ká(:)nʤə-, kʌ́n- | kʌ́nʤə-/ *n.* (米国南部・西インド諸島で)魔法使い (conjuror, witch doctor).

con·jur·er /ká(:)nʤ(ə)rə, kʌ́n- | kʌ́nʤ(ə)rə^(r)/ *n.* **1** 魔法使い, 降霊術師 (magician). **2** 手品師, 奇術師 (juggler): a ~ with words 言葉の魔術師. **3** /kənʤʊ́ᵊrə | -ʤʊ́ərə^(r)/ 懇願する人. 〖(*c*1384): ⇨ -er¹〗

cónjure wòman /ká(:)nʤə-, kʌ́n- | kʌ́nʤə-/ *n.* (米国南部・西インド諸島で)女性の魔法使い.

cón·jur·ing /-ʤ(ə)rɪŋ/ *n.* 手品, 奇術. — *adj.* 手品の, 奇術の: do ~ tricks 手品をする. 〖(?*a*1300): ⇨ -ing¹·²〗

con·ju·ror /ká(:)nʤ(ə)rə | kʌ́nʤ(ə)rə^(r)/ *n.* =conjurer. 〖(?*c*1350) ME *conjurour* □ AF ~ =OF *conjurere*〗

con·jur·y /ká(:)nʤ(ə)ri, kʌ́n- | kʌ́n-/ *n.* まじない, 魔法; 手品, 奇術. 〖(1855) ← CONJURE + -Y¹〗

conk¹ /ká(:)ŋk, kɔ́(:)ŋk | kɔ́ŋk/ *vi.* 《口語》 **1** 〈エンジン・モーターなどが〉故障する, 止まる (stall) 〈*out*〉. **2 a** 気絶する; 死ぬ 〈*out*〉. **b** 眠る 〈*off*, *out*〉. 〖(1918) 擬音語?〗

conk² /ká(:)ŋk, kɔ́(:)ŋk | kɔ́ŋk/ 《俗》 *n.* **1 a** 頭 (head). **b** 鼻 (nose). **2** 頭[鼻]への一撃; 殴打. ***òff one's cónk*** 《俗》 気がふれて, 狂って (insane). ***òn the cónk*** 《豪》 鼻につく(臭い). — *vt.* …の頭を打つ[殴る]; ノックアウトする. 〖(1812) □ F *conque* □ L *concha*: ⇨ conch〗

conk³ /ká(:)ŋk, kɔ́(:)ŋk | kɔ́ŋk/ 《米俗》 *vt.* 〈黒人などが〉(アルカリ性の薬品を使って)〈縮れ毛を〉伸ばす[まっすぐにする]. — *n.* まっすぐにした髪 (process ともいう). 〖(1950) 《短縮》? ← *congolene* (コンゴ産の天然樹脂から作られた炭化水素の整髪剤) ← CONGOLESE + -ENE〗

conk⁴ /ká(:)ŋk, kɔ́(:)ŋk | kɔ́ŋk/ *n.* 〘植物〙 **1** サルノコシカケ (⇨ bracket 8). **2** 菌による立ち木の腐朽. 〖《変形》? ← CONCH〗

conk·er /ká(:)ŋkə, kɔ́(:)ŋkə | kɔ́ŋkə^(r)/ *n.* **1 a** (トチの実遊びに用いる)ひもに通したトチの実[カタツムリの殻]. **b** = horse chestnut 1 b. **2** [*pl.*; 単数扱い] 《英》 トチの実遊び《昔はカタツムリの殻を, 今はセイヨウトチノキの実 (horse chestnut) を糸に通して互いに打ち合わせ, 相手のものを割る子供の遊戯; cf. cobnut 2, conqueror 2》: play ~*s*. 〖(1847) ← 《方言》 *conker* snail shell ← ? CONCH: CONQUER との連想による〗

cónk·òut *n.* 《米俗》 故障 (breakdown).

conk·y /ká(:)ŋki, kɔ́(:)ŋ- | kɔ́ŋ-/ *n.* 《俗》 鼻の大きい人. 〖← CONK² (n.) + -Y²〗

con ma·e·stà /kɑ̀(:)nmaɪstáː, -màːɛstáː | kɔ̀n-; *It.* kommaestá/ *adv.* 〘音楽〙 荘重に. 〖□ It. ~ 'with majesty'〗

cón màn *n.* 《俗》 =confidence man.

con·man·ship /ká(:)nmæ̀nʃɪp | kɔ́n-/ *n.* 詐欺師の技術[腕].

con mo·to /kɑ(:)nmóʊtoʊ | kɔnmə́ʊtəʊ; *It.* kommɔ́ːto/ *adv.* 〘音楽〙 コンモート, 元気よく (spiritedly). 〖□ It. ~ 'with movement'〗

conn /ká(:)n | kɔ́n/ 〘海事・航空〙 *vt.* 〈船・飛行機〉の操舵(そうだ)を指揮する, 針路指揮をする. — *n.* 操舵指揮; 操舵指揮者の部署 (cf. conning tower). 〖《変形》 ← 《廃》 *cond* 《略》 ← 《廃》 *condue* □ (O)F *conduire* to lead < L *condūcere* 'to CONDUCT'〗

conn. 《略》 connected; connection; connotation.
Conn. 《略》 Connacht; Connaught; Connecticut.
con·nach /kɑ́(ː)nək, -nəx | kɔ́n-/ *vt.* 《スコット》 無駄にする，台無しにする.
Con·nacht /kɑ́(ː)nɔːt, -nɑːt | kɔ́nɔːt/ *n.* コノート 《アイルランド共和国北西部の Galway, Leitrim, Mayo, Roscommon, Sligo の諸州から成る地域; 面積 17,122 km²; 旧名 Connaught》.
con·nate /kɑ(ː)néɪt, ⌐⌐ | kɔ́neɪt, ⌐⌐/ *adj.* **1** 生得の (inborn), 先天的な (congenital): a ~ disease 先天病, 遺伝性の病気. **2** 同時発生の, 双生の. **3** 性質の似た, 同種類の (cognate). **4 a** 〘植物〙 合着した, 癒合している 《ツキヌキニンドウなど隣接する葉の一部が癒着している; cf. adnate 1》: a ~ leaf 合着葉, 癒合葉. **b** 〘動物〙 (生まれつき)合着している (cf. connivent). **5** 〘地質〙 同生の, 堆積岩生成時に含まれた. **~·ly** *adv.* **~·ness** *n.* 〖《1641》 ◻ LL *connātus* born together (p.p.) ← *connāscī* ← *con-* 'COM-' + *nāscī* to be born (⇨ natal)〗
con·na·tion /kɑ(ː)néɪʃən | kɔ-/ *n.* **1** 生得, 先天. **2** 〘生物〙 合着. **3** 同産, 同生. 〖《1846》: ⇨ -ation〗
con·nat·u·ral /kɑ(ː)nǽtʃ(ə)rəl, kə- | kɔ-, kə-/ *adj.* **1** 生来の, 生得の, 固有の (inborn). **2** 同種の, 同性質の (cognate). **con·nat·u·ral·i·ty** /kɑ(ː)nætʃəræ̀ləṭi, kə- | kɔnætʃərǽlɪ̀ti, kə-/ *n.* **~·ly** *adv.* **~·ness** *n.* 〖《1592》 ◻ ML *connātūrālis*: ⇨ com, natural〗
Con·naught /kɑ́(ː)nɔːt, -nɑːt | kɔ́nɔːt/ *n.* Connacht の旧名.
con·nect /kənékt/ *vt.* **1 a** 〈二つのもの〉をつなぐ (⇨ join SYN); 〈一つのものを〉〈他のものと〉接続する, 連結する, 連絡する, 関連させる, 結びつける 〔*with, to*〕: ~ one thing *with* [*and, to*] another / ~ two towns by rail. **b** (電話で)連絡させる, つながらせる 〔*with, to*〕: You are ~*ed*. (電話で)つながりました, 出ました / Please ~ me *with* New York. ニューヨークにつないでください / (I'm) trying to ~ you, caller. おつなぎします. **c** [通例 ~ one*self* または受身で] (仕事の上で)関係させる 〔*with*〕: *be* ~*ed with* a newspaper ある新聞に関係している / industries ~*ed with* transport(ation)=transport(ation)-*connected* industries 輸送関係の産業 (cf. connected 1). **2** 結びつけて考える, 連想する (associate) 〔*with*〕: I ~*ed* his crime *with* insanity. 彼の犯罪を精神異常と結びつけ(て考え)た / I'd never have ~*ed* him *with* that scandal! 彼とあのスキャンダルが結びつくとは思いもよらないよ. **3** [通例受身で] …に親類関係をもたせる 〔*with*〕 (cf. connected 2): *be* well ~*ed* 親類筋がいい / *be* ~*ed with* the Adamses by marriage 結婚でアダムズ家の親類になっている, アダムス家の人と結婚している / *be* distantly ~*ed with* …と遠縁である. — *vi.* **1** 連続する, つながる (link up); 接続[連絡]する (unite) 〔*with*〕: The train ~*s with* a steamer for X at this station. その列車はこの駅で X 行きの汽船と連絡する. **2 a** 関係をもつ, 関連する 〔*with*〕: This subject ~*s* (*up*) *with* what I have said before. この問題は私が前に言ったことと関連する. **b** 〔人と〕会う, 連絡がとれる 〔*with*〕. **c** 〔…と〕心が通じ合う, 理解し合う 〔*with*〕; 意味をもつ, 通じる. **3** 《口語》 (ボクシングなどで)打つ, 殴打する. **4** 《口語》〘野球〙 強打する, 得点に結びつける: He ~*ed for* a home run. ホームランを打った. **5** 《米俗》 (強盗など)うまくいく. **6** 《俗》 麻薬を手に入れる.
connéct úp (*vt.*) 《口語》 結合する (combine); 関係させる, つながらせる 〔*to*〕. (*vi.*) ⇨ *vi.* 2 a.
〖《?1440》 ◻ L *connectere* ← *con-* 'COM- 1' + *nectere* to bind (⇨ net¹)〗
con·nect·a·ble /kənéktəbḷ/ *adj.* 連結可能な. 〖《1875》: ⇨ ↑, -able〗
con·nect·ed /kənéktɪ̀d/ *adj.* **1** 連続[連結]している (joined), 連絡のある; 関係した (cf. connect *vt.* 1 c); 一貫した (coherent). **2** [複合語の第 2 構成素として] 縁続きの, 親類の (cf. connect *vt.* 3): a well-*connected* family 有力者と縁故関係のある家族, 親戚筋のいい家族. **3** 〘数学〙 連結な 《空でない二つの開集合に分かれない》. **4** 〘チェス〙 〈ポーンが〉隣の列にある, 連の: ~ pawns 連ポーン 《隣の列にポーンのあるポーン》 / duo ~ rooks 相互に守りあっている味方の二つのルーク. **~·ly** *adv.* **~·ness** *n.* 〖《1712》: ⇨ -ed 2〗
connécted lóad *n.* 〘電気〙 接続負荷.
con·néct·er *n.* =connector.
con·nect·i·ble /kənéktəbḷ | -tɪ̀-/ *adj.* =connectable. 〖1768–74〗
Con·nec·ti·cut /kənéṭɪ̀kɪ̀t | -tɪkət/ *n.* **1** コネティカット 《米国北東部 New England の一州; 州都 Hartford; 面積 12,973 km²; ⇨ United States of America (表)》. **2** [the ~] コネティカット(川) 《米国 Vermont と New Hampshire の州境を流れ, Massachusetts と Connecticut 両州の中央部を南下して Long Island Sound に注ぐ川 (655 km)》. 〖◻ Mahican *quinnitukqut* 《原義》 at the long tidal river〗
Connécticut chèst *n.* コネチカットチェスト 《17 世紀末に Connecticut で造られたオーク製のたんす; ひまわりやチューリップを浮き彫りにしてある; sunflower chest ともいう》.
Connécticut Cómpromise *n.* [the ~] 〘米史〙 コネティカット妥協案 《1787 年の憲法制定会議で採用した連邦議会議員数に関する妥協案; 全州に上院議員選出を平等にし, 下院議員は各州の人口に応じて定めた》.
Connécticut wárbler *n.* 〘鳥類〙 メジロアメリカムシクイ (*Oporornis agilis*) 《北米北中部産アメリカムシクイ科の小鳥; 背が灰緑色で腹が黄色い》.
con·néct·ing *adj.* [限定的] 〈二つのものを〉つなぐ, 〈部屋などが〉つながる, 通じ合う; 〈乗物など〉連絡[接続]する: a ~ passage 連絡通路 / a room with ~ bath(room) (時に隣室と共用の)バス付きの部屋 / one more ~ link in a chain of suspicious circumstances 一連の疑わしい状況をつなぐもう一つのもの / a ~ flight 接続便.
connécting ròd *n.* 〘機械〙 (機関などの)連接棒, コネクティングロッド.
con·nec·tion, 《英》 **con·nex·ion** /kənékʃən/ *n.* **1 a** (因果的, 論理的な)関係 (relation), つながり (link); 結びつけて考えること, 連想: the ~ *between* crime *and* insanity=the ~ of crime *with* [*and*] insanity 犯罪と狂気の関係 / have some [no] ~ *with* …と関係がある[ない] / find [establish] a ~ *between* …間の関連を見いだす[立証する] / make a ~ 結びつけ(て考え)る. **b** (文章の)前後関係, 文脈 (context); 関連 (reference): in this [that] ~ この[その]点について(は), ついでながら. **2** 結びつけること[ついている状態], 結合, 連結, 連絡. **3 a** (列車・汽船などの)連絡, 接続 (junction); 接続の列車[汽船(など)]: good rail ~*s* (to everywhere) いろいろな所への便利な列車の連絡 /make ~(*s*) (at) (ある地点で)連絡[接続]する / I missed my [the] ~. 列車の連絡におくれた, 列車に乗りそこねた / The attendance was very small owing to a bad ~. 交通機関の連絡が悪くて集まりはひどく少なかった. **b** (電話の)接続: We have a bad [terrible] ~. 電話の接続が悪い. **c** 連結部. **d** 〘機械〙 連接, つなぎ. **e** 〘電気〙 接続, 結線. **4 a** [通例 *pl.*] 縁故, つて, 「コネ」; 親戚関係: form useful ~*s* 有力な友人関係を作る / hunt up ~*s* つてを求める / You've got to have the right ~*s* in order to succeed. 出世するためには適当なコネが必要だ. **b** (人事・社交・事務上の)交渉; 取引[顧客]関係 (association); 交わり (intercourse), 親しさ (intimacy): cut [break] off all ~ with …と(の)関係をすべて断つ / enter into a ~ with …と関係を結ぶ / form a ~ 関係を結ぶ. **c** 《古》 男女関係, 情交: criminal ~ 姦通, 密通 / have ~ with …と情交関係がある, …と情を通じる. **5 a** 親類(の人) (relative): a boy with good ~*s* よい親類のある少年. **b** (商売の)得意先, 顧客. **c** 《俗》 (麻薬の)売人(ばい). **6 a** (政治・宗教などの共通の目的で)結びついた団体, 同志. **b** 宗教団体, 宗派, 教派 (denomination): the Methodist *Connexion* メソジスト教会[教派]. **c** 政治団体, 党派: a political ~ 政党, 党派. **7** [*pl.*] 競争馬の所有者[調教師].
in connéction with (1) …と関係して; …とともに. (2) …に関連して.
~·al /-ʃnəl, -ʃənḷ/ *adj.* 〖《c1385》 ◻ L *connectiō(n-)* ← *connexus* (p.p.) ← *connectere* 'to CONNECT': 米式のつづりは CONNECT から (COLLECT → COLLECTION などからの類推): ⇨ -tion, -xion〗
con·néc·tion·ìsm /-ʃənìzm/ *n.* 〘心理〙 結合説 《学習行動の基本を刺激と反応の結合の形体とする Thorndike の説》. 〖《1932》: ⇨ ↑, -ism〗
con·nec·tive /kənéktɪv/ *adj.* 接続的な, 結合[連接]性の. — *n.* **1** 連結物, 連係するもの. **2** 〘文法〙 接続語, 連結語 《接続詞・関係詞など》. **3** 〘植物〙 (葯(やく)の)胞室の)葯隔. **4** 〘解剖・動物〙 縦連合, 縦連神経, 神経連係 《前後の神経節を連絡する神経線維; cf. commissure 3 b》. **~·ly** *adv.* 〖《1555–60》 ← CONNECT + -IVE: cf. F *connectif*〗
connéctive tìssue *n.* 〘解剖〙 結合組織. 〖1846〗
con·nec·tiv·i·ty /kɑ̀(ː)nektívəṭi, kənèk- | kɔ̀nek-tívɪ̀ti, kənèk-/ *n.* 接続していること, 結合[連接]性. 〖《1893》: -ity〗
con·néc·tor *n.* **1** 連結者, 連絡者, 接続物[線]. **2** 〘鉄道〙 連結器 (coupling); 連結手[係]. **3** 継ぎ手. **4** 〘電気〙 コネクター. **5** 接合具, コネクター 《木材の接合に用いる釘・ボルトなど》. 〖← CONNECT + -OR²〗
connéctor nèuron *n.* 〘解剖〙 介在ニューロン.
Con·nel·ly /kɑ́(ː)nəli, -nḷi | kɔ́n-/, **Marc(us) (Cook)** *n.* コネリー 《1890–1980; 米国の劇作家; *The Green Pastures* (1930)》.
Con·ne·ma·ra /kɑ̀(ː)nəmɑ́ːrə | kɔ̀nɪ̀-⌐/ *n.* コネマラ 《アイルランド西岸 Galway 州の不毛地帯; ほとんど泥炭地で湖沼が多い》. 〖*c*1952〗
Cónnemara póny *n.* コネマラポニー 《コネマラ地方産の短足の馬》.
Con·ne·ry /kɑ́(ː)nəri | kɔ́n-/, **Sean** /ʃɔ́ːn, ʃɑ́ːn | ʃɔ́ːn/ *n.* コネリー 《1930– ; スコットランド生まれの英国の映画俳優; '007 シリーズ' の James Bond 役で有名; 本名 Thomas Connery》.
connexion *n.* =connection.
Con·nie /kɑ́(ː)ni | kɔ́ni/ *n.* コニー: **1** 女性名. **2** 男性名. 〖1: (dim.) ← CONSTANCE¹. — 2: (dim) ← CONRAD〗
cón·ning tòwer /kɑ́(ː)nɪŋ- | kɔ́n-/ *n.* 〘海事〙 (軍艦・潜水艦の)司令塔. 〖《1886》: ⇨ conn (v.)〗
con·nip·tion /kənípʃən/ *n.* 《米俗》 ヒステリー(の発作); ヒステリー的興奮, 癇癪(かんしゃく) (conniption fit ともいう). 〖《1833》: ラテン語をまねた恣意的造語?〗
con·ni·vance /kənáɪvəns/ *n.* **1** 〔悪事を〕見て見ないふりをすること, 見逃し; 黙過, 黙許 (conniving) 〔*at, in*〕: ~ *at* a person's wrongdoing 人の悪事を見て見ないふりをすること / be done with his ~=be done with the ~ of him 彼の黙認の下に行われる. **2** 〘法律〙 (犯罪の)黙認, 黙許 《共謀と認められることがある; また配偶者の姦通の黙許は離婚請求権を失わせる; cf. condonation 2》: in ~ with a person 人とぐるになって. 〖《1596》 ◻ (O)F *connivence* // LL *conniventia*: ⇨ connive, -ance〗
con·ní·van·cy /-vənsi/ *n.* 《廃》 =connivance.
con·nive /kənáɪv/ *vi.* **1** 〔道義的・法的に反対すべき悪事を〕見て見ないふりをする, 大目に見る, 見逃す; 黙許[黙認]する 〔*at*〕: ~ *at* the violation of law 法律違反を黙認する / ~ *at* a person's wrongdoing 人の悪事を見て見ないふりをする. **2** 〔人と〕黙契する, 共謀する, 〔敵側と〕陰謀を企てる, 密通する 〔*with*〕: ~ *with* a person in his crime 人と共謀して罪を犯す. **con·nív·er** *n.* 〖《1602》 ◻ F *conniver* ◻ L *connīvēre* ← *con-* 'COM- 2' + *-nīvēre* to close the eyes, 《原義》 to move downwards (cf. *nictāre* to wink)〗
con·ni·vence /kənáɪvəns/ *n.* =connivance.
con·ni·vent /kənáɪvənt/ *adj.* 〘生物〙 (次第に)湊合(そうごう)している, 輻合(ふくごう)の (converging) (cf. connate 4 b). 〖《1642》 ◻ L *conniventem* (pres.p.) ← *connīvēre* 'to CONNIVE': ⇨ -ent〗
con·niv·e·ry /kənáɪv(ə)ri/ *n.* 黙認, 黙許.
con·nív·ing *adj.* 卑劣な, 陰険な. **~·ly** *adv.*
con·nois·seur /kɑ̀(ː)nəsə́ː, -súə | kɔ̀nɪ̀sə́ː^(r)/ *n.* **1** (美術品などの)鑑定家, 鑑識者, 目きき (cf. amateur, dilettante): a ~ of [in] old pictures [wine] 古い絵[ぶどう酒]の鑑識家. **2** 玄人, 通(つう): play the ~ 玄人らしくふるまう / You are a real ~ to appreciate it. それがおわかりとはさすがお目が高い. 〖《1714》 ◻ F 《廃》 ~ (F *connaisseur*) < OF *conoiseor* ← *conistre* < L *cognōscere* to become acquainted with: cf. cognizance〗
connoisséur·shìp *n.* 鑑識眼. 〖《1749》: ⇨ ↑, -ship〗
Con·nol·ly /kɑ́(ː)nəli, -nḷi | kɔ́n-/, **Cyril (Vernon)** *n.* コナリー, コノリー 《1903–74; 英国の批評家・小説家》.
Connolly, Maureen Catherine *n.* コノリー 《1934–69; 米国のテニス選手; 通称 Little Mo; 1953 年に女性初の grand slam 達成》.
Con·nor /kɑ́(ː)nə | kɔ́nə^(r)/, **Ralph** *n.* コナー 《1860–1937; カナダの牧師・小説家; 本名 Charles William Gordon》.
Con·nors /kɑ́(ː)nəz | kɔ́nəz/, **Jimmy** *n.* コナーズ 《1952– ; 米国のテニス選手; Wimbledon で優勝 (1974, 82); 本名 James Scott Connors》.
con·no·ta·tion /kɑ̀(ː)nətéɪʃən, -noʊ- | kɔ̀nə(ʊ)-/ *n.* **1 a** 言外の(暗示的)意味, 含蓄, コノテーション (implication). **b** 言外に暗示すること. **2** (語の)意義 (significance). **3** 〘論理〙 内包 (intension) (↔ denotation). **~·al** /-ʃnəl, -ʃənḷ⌐/ *adj.* 〖《?*a*1425》 ◻ ML *connotātiō(n-)*: ⇨ connote, -ation〗
con·no·ta·tive /kənóʊṭəṭɪv, kɑ́(ː)nəteɪṭ- | kɔ́nə(ʊ)-teɪt-, kənə́ʊtə-/ *adj.* **1** 含蓄的な; 〔…の意味を〕暗示する, 言外に含む 〔*of*〕: a ~ sense 含意, 言外の意味. **2** 〘論理〙 内包的な (↔ denotative). **~·ly** *adv.* 〖《1614》 ◻ ML *connotātivus*: ⇨ ↓, -ative〗
con·note /kənóʊt, kɑ(ː)- | kənə́ʊt, kɔ-/ *vt.* **1** 〈ある語が〉(本来の意味以外に)〈別の意味を〉含む, 含蓄する (imply) (⇨ mean¹ SYN): Punishment always ~*s* guilt. 罰という語は常に罪という観念を暗示する. **2 a** …の意味を暗示する (suggest). **b** (結果・付随状況として)伴う: Crime usually ~*s* punishment. 犯罪には通例罰が付きものだ. **3** 〘論理〙 意味する, 内包[属性]として示す (cf. denote). 〖《*a*1655》 ◻ ML *connotāre* ← *con-* 'COM-' + L *notāre* 'to mark, NOTE'〗
con·nu·bi·al /kənúːbiəl, -njúː- | kənjúː-, kɔ-/ *adj.* 婚姻の, 結婚の (conjugal): ~ bliss 結婚生活の幸福 / in ~ harmony 夫婦相和して. **con·nú·bi·al·ism** /-lìzm/ *n.* 〖《1656》 ◻ L *connūbiālis* ← *connūbium* marriage ← *con-* 'COM- 1' + *nūbere* to marry (cf. nuptial): ⇨ -al¹〗
con·nu·bi·al·i·ty /kənùːbiǽləṭi, -njùː- | kənjùː-biǽlɪ̀ti, kɔ-/ *n.* 婚姻(状態); 夫婦関係, 結婚生活. 〖《1837》: ⇨ ↑, -ity〗
con·nú·bi·al·ly /-biəli/ *adv.* 婚姻[結婚]上; 夫婦として: not ~ inclined 結婚を望まないで. 〖《1884》: ⇨ -ly¹〗
co·no- /kóʊnoʊ, kɑ́(ː)n- | kə́ʊnəʊ, kɔ́n-/ 「円錐 (cone)」の意の連結形. ★ 通例母音の前では con- になる. 〖← Gk ~ ← *kônos*: ⇨ cone〗
co·no·dont /kóʊnədɑ̀(ː)nt, kɑ́(ː)n- | kə́ʊnədɔ̀nt, kɔ́n-/ *n.* 〘古生物〙 コノドント 《古生代から三畳紀にかけての海成層から発見された, つの型やくし型などを示す重要な示準化石; 微化石だが正体不明; ナメクジウオ類似の動物体中に発見されたが食われかすだという論議もある》. 〖《1859》 ◻ G *Konodont*: ⇨ ↑, -odont〗
co·noid /kóʊnɔɪd | kə́ʊn-/ *adj.* 円錐状の (cone-shaped). — *n.* **1** 〘数学〙 擬円錐体 《円錐状の立体》. **2** 円錐形のもの. 〖《1570》 ◻ Gk *kōnoeidḗs* cone-shaped: ⇨ cono-, -oid〗
co·noi·dal /koʊnɔ́ɪdḷ | kəʊnɔ́ɪdḷ/ *adj.* =conoid. **~·ly** *adv.* 〖《1571》: ⇨ -al¹〗
co·no·scen·te /kòʊnəʃénṭi, kɑ̀(ː)n- | kɔ̀nəʃénti, kəʊn-; *It.* konoʃʃénte/ *n.* (*pl.* **-scen·ti** /-tiː; *It.* -ti/) = cognoscente. 〖1766〗
co·no·scope /kóʊnəskòʊp, kɑ́(ː)n- | kə́ʊnəskə̀ʊp, kɔ́n-/ *n.* 〘光学〙 コノスコープ, 偏光鏡 《収束する偏光が結晶を通過することによって生じる干渉像を観察する(顕微)偏光計》. **co·no·scop·ic** /kòʊnəskɑ́(ː)pɪk, kɑ̀(ː)n- | kə̀ʊnəskɔ́p-, kɔ̀n-⌐/ *adj.* 〖← CONO- + -SCOPE〗
conq. conquer; conqueror.
con·quer /kɑ́(ː)ŋkə | kɔ́ŋkə^(r)/ *vt.* **1** (武力で)征服する; 武力で奪う, 戦い取る: ~ a country, a nation, the enemy, etc. / The ~*ed* nation regained its independence. 征服された国が独立を取り戻した. **2** (精神力で) 〈激情・誘惑などに〉打ちかつ, 〈困難などを〉克服する, 〈習慣などを〉打破する, 〈わがままなどを〉抑制する (overcome): ~ passions, bad habits, drugs, difficulties, poverty, disease, etc. **3** (困難を乗り越えて)〈高峰を〉登りきる, 征服する: ~ Mt. Everest. **4 a** (努力して)勝ち取る, 獲得

する: ～ a new market, more territory, etc. **b** 〈異性を〉くどき落とす, なびかせる: He ～*ed* the woman he loved. 愛する女性をついになびかせた. **— *vi.*** 勝利を得る, 勝つ: stoop to ～ ⇨ stoop[1] *vi.* 3.
〖(?*c*1200) *conquere(n)* □ OF *conquerre* < VL **conquerere*=L *conquīrere* to seek for ← *con-* 'COM- 2'+*quaerere* to seek (⇨ query)〗

SYN 征服する: **conquer** 〈他の国や民族を〉戦争で打ち負かして完全に支配下に置く: The Normans *conquered* England in 1066. ノルマン人は 1066 年にイングランドを征服した. **vanquish** 1 回の戦闘・競争で〈敵を〉完全に打ち破る《格式ばった語》: He *vanquished* his opponent in a tennis match. 彼はテニスの試合で相手を打ち負かした. **defeat** 戦争・競争・議論などで〈相手を〉打ち負かす: The enemy was soundly *defeated*. 敵は大敗を喫した. **beat** 試合・競争などで勝つ《*defeat* よりも略式語で個人的な意味で用いる》: I can *beat* you at swimming. 水泳では君に勝てるよ. **subjugate** 特に戦争で打ち負かして完全に征服する: Hitler wanted to *subjugate* Europe. ヒトラーはヨーロッパを征服したいと思った. **overthrow** 完全に打ち負かして権力・資格などを奪う: They attempted to *overthrow* the present military regime. 現在の軍事政権を倒そうと試みた. **rout** 戦争や競技で完全に楽々と打ち負かす: *rout* the opposing team 乗り越える, 相手チームを完敗させる. **overcome** 〈敵・恐怖・困難などに〉首尾よく打ち勝つ: *overcome* the enemy [difficulties] 敵[困難]に打ち勝つ. **surmount** 意志の力で〈困難や障害を〉克服する: *surmount* technical problems 技術上の諸問題を克服する.

con·quer·a·ble /káː(ː)ŋk(ə)rəbḷ | kɔ́ŋ-/ *adj.* 征服できる; 勝てる. **～·ness** *n.* 〖(1599): ⇨ -able〗

cón·quer·ing *adj.* 勝利を納めた, 勝ちほこる: The ～ hero was acclaimed. 凱旋(がいせん)英雄[将軍]は歓呼で迎えられた.

cón·quer·ing·ly /-k(ə)rɪŋli/ *adv.* 打ちかって, 勝利者のように. 〖(1600): ⇨ -ing[2], -ly[1]〗

con·quer·or /káː(ː)ŋk(ə)rə | kɔ́ŋk(ə)rə^(r)/ *n.* **1** 征服者, 勝利者. **2** 《英》(トチの実遊び (conkers) で相手のトチの実を割って)勝ったトチの実. **3** [the C-] William I (King of England) の異名. **4** 《廃》(トランプなどの)決勝戦 (rubber): play the ～ 決勝戦をやる. 〖(?*c*1300) □ AF *conquerour*=OF *conquereor*: ⇨ conquer, -or[2]〗

con·quest /káː(ː)nkwɛst, káː(ː)ŋ-, -kwəst | kɔ́ŋkwɛst, kɔ́n-/ *n.* **1 a** (武力による)征服, 征服すること (subjugation): the ～ of a country / a desire for ～ 征服欲 / make a ～ of …を征服する. **b** [the C-] =Norman Conquest. **2** 征服によって得たもの, 征服地, 占領地: the ～*s* of Napoleon ナポレオンの征服地 / a vast and rich ～ 広大で物資の豊富な新領土. **3** (努力による)獲得: the ～ of new markets, territories, etc. **4 a** (愛情・好意などの)獲得; (異性の)くどき落とし. **b** うまく抱き込んだ[くどき落とした]人, なびいてきた女性[男性]: make a ～ of …の愛情[好意]を得る, なびかせる. **5** (課題などの)克服 (overcoming): the ～ of bad habits, poverty, disease, etc. 〖(*a*1325) □ OF *conquest(e)* (F *conquête*) ← *conquerre* 'to CONQUER'〗

con·qui·an /káː(ː)ŋkiən | kɔ́ŋ-/ *n.* 《トランプ》コンキアン《後に rummy に発展したメキシコのゲーム; 2 人で 40 枚の札を用い, 3 枚または 4 枚の同位札や順位札のそろいを作る》. 〖(*c*1911) □ Mex.-Sp. *conquien* ← Sp. *¿con quién?* with whom?〗

con·quis·ta·dor /ka(ː)ŋkíːstədɔ̀ə, kɔ(ː)ŋ-, -kwís- | kɔŋk(w)ístədɔ̀ː^(r), kɔŋ-, ––––; *Sp.* koŋkístaðor/ *n.* (*pl.* **～s, -ta·do·res** /ka(ː)ŋkìːstədɔ́ːrɪːz, kɔ(ː)ŋ-, -kwìs-, -dɑ́ːr-, -riːs | kɔŋk(w)ìstədɔ́ːreɪs; *Sp.* koŋkistaðóres/) 征服者 (conqueror); (特に) 16 世紀にメキシコ・ペルーを征服したスペイン人. 〖(1830) □ Sp. ～ 'conqueror' ← *conquistar*: ⇨ conquest〗

Con·rad /káː(ː)nræd | kɔ́n-; *G.* kɔ́nʁaːt/ *n.* コンラッド《男性名; 愛称形 Connie》. 〖□ G *Konrad* // F *Conrade*《原義》bold or wise in counsel □ OHG *Kuonrāt* ← *kuon* bold+*rāt* counsel〗

Con·rad /káː(ː)nræd | kɔ́n-/, **Joseph** *n.* コンラッド (1857–1924; ポーランド生まれの英国の小説家; もと船員で海洋小説で知られる; *The Nigger of the 'Narcissus'* (1897), *Heart of Darkness* (1899), *Nostromo* (1904); ポーランド語名 Józef Teodor Konrad Korzeniowski).

Con·rail /káː(ː)nreɪl | kɔ́nreɪl, ––/ *n.* コンレール, 連合鉄道会社《連邦政府より助成金を受けている米国東部中西部総合貨物鉄道公社; ConRail ともいう; 1976 年設立》. 〖《略》← *Con(solidated) Rail (Corporation)*〗

cón ròd *n.* 《英口語》《機械》コンロッド (connecting rod).

cons., Cons. 《略》consecrated; consecration; consecutive; consequence; conservation; conservative; conserve; consigned; consignment; consolidated; consonant; constable; constitution; constitutional; construction; consul; consulting.

con·san·guine /ka(ː)nsǽŋgwɪ̀n | kɔnsǽŋgwɪn/ *adj.* =consanguineous. 〖(1610) □ (O)F ～ □ L *consanguineus*〗

con·san·guin·e·al /kɑ̀(ː)nsæŋgwíniəl | kɔ̀n-⁻/ *adj.* =consanguineous. 〖1795〗

con·san·guin·e·an /kɑ̀(ː)nsæŋgwíniən | kɔ̀n-⁻/ *adj.* 《ローマ法》父系[男系]の; 同父異母の (cf. uterine). 〖(1827): ⇨ -an[1]〗

con·san·guin·e·ous /kɑ̀(ː)nsæŋgwíniəs | kɔ̀n-⁻/ *adj.* (同)血族の, 血縁の, 同族の (akin) (cf. affinal). **～·ly** *adv.* 〖(1601–2) □ L *consanguineus*: ⇨ com-, snaguine, -ous〗

con·san·guin·i·ty /kɑ̀(ː)nsæŋgwínəti | kɔ̀nsæŋgwínɪ̀ti/ *n.* **1** 血族, 親族(関係), 同族 (kinship) (cf. affinity 4): collateral ～ 傍系親族 / lineal ～ 直系親族 / the degrees of ～ 親等. **2** 密接な関係, 近親性 (affinity). 〖(*c*1400) □ (O)F *consanguinité* □ L *consanguinitātem*: ⇨ ↑, -ity〗

con·sarned /ka(ː)nsáənd | kɔnsáːnd/ *adj.* 《方言》いまいましい (confounded), ひどい, けしからん. 〖《変形》← CONCERNED《婉曲語》← CONFOUNDED〗

con·science /káː(ː)nʃəns, -ntʃənts | kɔ́n-/ *n.* **1** (個人における)善悪感, 良心, 道徳意識, 道義心, 本心; 良心的なこと; 良心の呵責 (compunction): a bad [guilty] ～ (about) (…についての)やましい心 / a clear ～ (about) (…についての)やましくない心, 安らかな心 / pricks of ～ 良心のとがめ / the voice of ～ 良心のささやき, 本心の声 / a person with a ～ 良心的な人 / a thief with no ～ 良心のかけらもない泥棒 / consult [examine] one's ～ 自己の良心に顧みる / have no ～ どんな悪事でもしかねない / not have the ～ to do …する良心を持ち合わせていない; 平気で…するようなことはしない / have something on one's ～ 気にとがめることがある / sleep with a clear ～ 枕を高くして眠る / make a thing a matter [question] of ～ 事を良心の問題とする, 良心的に処理する / with an easy [uneasy] ～ 安心して[不安な気持ちで] / clear one's ～ (告白して)楽になる / ease a person's ～ 人の気を休める / prick a person's ～ 〈物事が〉人に良心の呵責を感じさせる / He said it was on his ～ that he had done her an injustice. 彼女に不当なことをしたのが気にかかると彼は言った / A good ～ is a soft pillow. 《諺》心安ければ眠りも安らか / A guilty ～ needs no accuser. 《諺》心がやましければ責める人がなくても苦しむ. **2** 《精神分析》意識《超自我の中で自我に対する道徳的な統制を行う部分》. **3** 《古》意識, 自覚 (consciousness): *Conscience* does make cowards of us all. 分別が我々を臆病者にしてしまう (Shak., *Hamlet* 3. 1. 82). **4** 《廃》**a** 崇敬 (reverence), 尊重 (regard) 〔*of, to*〕. **b** 心の奥の考え[感情]. ***for cónscience* [*cónscience'*] *sàke*** 気がとがめて, 気休めに; 後生だから. ***in* (*áll* [*góod*]) *cónscience*** 良心に顧みて, 道理上; 《口語》正に, 全くのところ, たしかに, 本当に: I can't, *in* ～, do such a thing. そんなことをする気にはどうしてもなれない. (1592) ***spéak one's cónscience*** 《Shak》率直に話す. ***(up)ón one's cónscience*** 良心にかけて, きっと.
cóurt of cónscience [the —] ⇨ court.
〖(?*a*1200) □ (O)F ～ □ L *conscientia* moral sense ← *conscientem* (pres.p.) ← *conscīre* to be conscious of ← *con-* 'COM- 1'+*scīre* to know (⇨ science) ∽ ME *inwit* (⇨ in, wit[1])〗

cónscience clàuse *n.* 《法律》良心条項《法律上のある規定に対し, 良心の自由を理由として服従を拒む者に, 特にその拘束を免除できるようになっているもの; 特に, 信教の自由・兵役の拒否を許容する条項; cf. conscientious objector》.

cónscience·less *adj.* 良心のない, 道義観念のない, 破廉恥な (unscrupulous). 〖(*c*1412): ⇨ -less〗

cónscience mòney *n.* (良心にとがめられて脱税者などが匿名でする)罪滅ぼしの納金, 償いの献金.

cónscience-smìtten *adj.* =conscience-stricken. 〖1849〗

cónscience-strìcken[-strùck] *adj.* 良心に責められた, 気がとがめた. 〖1816〗

con·sci·en·tious /kɑ̀(ː)nʃiénʃəs, -ntʃiéntʃəs | kɔ̀n-⁻/ *adj.* **1** 良心的な, 誠実な, まじめな: a ～ man, act, etc. / He is ～ in his duty. 仕事は良心的にやる男だ. **2** 注意深い, 細心な, 小心翼々とした (meticulous). **～·ly** *adv.* **～·ness** *n.* 〖(1611) □ (O)F *consciéntieux* □ ML *conscientiōsus*: ⇨ conscience, -ous〗

consciéntious objéction *n.* 良心的参戦[兵役]拒否. 〖1916〗

consciéntious objéctor *n.* 良心的参戦[兵役]拒否者《信仰または良心上の理由で参戦を拒否する人; 略 CO; cf. conscience clause》. 〖1899〗

con·scio·na·ble /káː(ː)nʃ(ə)nəbḷ | kɔ́n-/ *adj.* 良心的な (conscientious), 正しい. **cón·scio·na·bly** *adv.* 〖(1549) ← 《廃》*conscions* (=CONSCIENCE)+-ABLE〗

con·scious /káː(ː)nʃəs, -ntʃəs | kɔ́n-/ *adj.* **1** [叙述的] 自覚[意識]する, 気づいている 〔*of*〕 / 〈*that*〉 (⇨ aware SYN): be [become] ～ *of* one's own folly 自己の愚かさに気づく / He was ～ *of* an extreme weariness [how much was missing]. 極度の疲れを覚えた[どれくらいの量が紛失しているか気づいていた] / I was ～ *that* something was missing. 何かなくなったものがあることに気がついた. **2 a** 意識[知覚]のある (awake), 正気の: become ～ 正気づく / He was ～ to the last. 最後まで意識があった[気が確かだった]. **b** 意識を有する, 理性のある: Man is a ～ animal. 人間は理性のある動物である / the ～ mind 意識. **c** 意識的な, 意図した, 故意の: ～ imitation 意識的な模倣 / a ～ smile 作り笑い / a ～ lie 意図的なうそ. **3 a** 自意識の強い, 人前を気にする (self-conscious); 気取った (affected). **b** 自覚している, 自分にわかっている: ～ guilt 後ろめたい罪 / with ～ superiority 優越感を意識して. **4** [複合語の第 2 構成素として] **a** (…の)意識の強い; 強い感情[考え]を特徴とする: a race-*conscious* society 民族意識の強い社会 / ⇨ class-conscious. **b** …に関心のある; …が気になる: a budget-*conscious* shopper 予算が気になる買物客 / camera-*conscious* カメラが気になる / fashion-*conscious* consumers 流行に敏感な消費者 / a security-*conscious* government 安全保障を念頭においた政権. **5** 《廃》罪を意識している, 罪意識のある (guilty). **— *n.*** [the ～] 《心理》意識. 〖(1601) □ L *conscius* knowing, aware of (← *con-* 'COM-'+*scīre* to know)+-OUS: cf. conscience〗

con·scious·ly /káː(ː)nʃəsli, -ntʃəs- | kɔ́n-/ *adv.* 意識して, 意識的に, 知りながら. 〖(1690): ⇨ ↑, -ly[1]〗

con·scious·ness /káː(ː)nʃəsnɪ̀s, -ntʃəs- | kɔ́n-/ *n.* **1** 意識, 知覚, 自覚, 感づくこと, 感づいている状態 (awareness): the ～ of danger, duty, obligation, guilt, etc. / class [race] ～ 階級[民族]意識 / raise a person's [group's] ～ 人[団体]の意識[自覚]を高める / He had a dim ～ *of* being pursued [*that* someone was pursuing him]. 追跡されていることに漠然とながら気づいた. **2** 正気: lose ～ 意識[正気]を失う / regain [recover] ～ 意識を取り返す[回復する], 正気づく. **3** 《心理・哲学》意識, 心象 (cf. subconsciousness, unconsciousness): ⇨ double consciousness / moral ～ 道徳意識 / the area [field] of ～ 意識の範囲 / ～ of kind 《社会学》同類意識 / ⇨ STREAM of consciousness. 〖(1632): ⇨ -ness〗

cónsciousness-expànding *adj.* =mind-expanding.

cónsciousness-ràising *n.* 《社会学》意識昂揚, 意識拡大《1960 年代後半のウーマンリブや黒人運動が唱えたもので, 社会変革に先行する意識や文化の革命を目指す》. 〖1971〗

con·scribe /kənskráɪb/ *vt.* **1** 兵籍に登録する, 徴集する (conscript). **2** 限る, 制限する (limit). 〖(1548) □ L *conscrībere* (↓)〗

con·script /káː(ː)nskrɪpt | kɔ́n-/ *n.* (志願兵に対して)徴募兵, 徴集兵; (特に, 徴集による)新兵 (cf. volunteer). **— *adj.*** **1** (強制的に)兵籍に入れられた, 徴集された: a ～ soldier 徴集兵. **2** 徴集兵から成る: a ～ army. **—** /kənskrípt/ *vt.* (強制的に)官用に徴する, 徴集[徴募]する, 徴兵に取る (draft). 〖(*a*1533) □ L *conscriptus* (p.p.) ← *conscrībere* to enroll, enlist ← *con-* 'COM- 1'+*scrībere* to write (⇨ scripture)〗

cónscript fáthers *n. pl.* **1** 《ローマ史》元老院議員 (senators). **2** 立法府議員 (legislators). 〖(1445) (なぞり) ← L *patrēs conscriptī*〗

con·scrip·tion /kənskrípʃən/ *n.* **1** 徴兵(制度), 募兵, 徴募 (draft): the ～ system 徴兵制度. **2** (戦時の)強制徴集, 徴発: the ～ of wealth (戦時非出征者に課する)財産の徴発, 富裕税. 〖((*c*1384)) (1800) □ L *conscriptiō(n-)*: ⇨ conscript, -tion〗

con·scríp·tion·ist /-ʃ(ə)nɪ̀st | -nɪst/ *n.* 徴兵主義者. 〖(1901): ⇨ ↑, -ist〗

con·scrip·tive /kənskríptɪv/ *adj.* 徴兵の: the ～ system 徴兵制度. 〖(1906) ← CONSCRIPT (adj.)+-IVE〗

con. sec. 《略》《数学》conic section(s).

con·se·crate /káː(ː)nsɪ̀krèɪt, -ntsɪ̀- | kɔ́n-/ *vt.* **1 a** 神聖にする, 清める, 聖別する (hallow); 神の御用にささげる, 奉献する (dedicate): ～ a church 献堂する / a shrine ～*d* to Confucius 孔子を祭った社. **b** 《カトリック》〈パンとぶどう酒を〉聖変化させる, 聖別する. **2 a** (宗教的儀式を行って)〈人を〉〈国王などに〉就任させる: ～ the young prince king 若き王子を王位に就かせる. **b** (宗教的儀式によって)確認する; 聖別する; 《英国国教会》〈主教を〉叙階する: ～ a bishop [king] 主教[国王]を聖別する, 聖別して主教[国王]に任じる. **3** 〔ある目的・用途に〕ささげる 〔*to*〕 (⇨ devote SYN): ～ one's life [oneself] to the cause of humanity 人類のために一生をささげる. **4** (年代・伝統などによって)尊いものにする: a custom ～*d* by time 昔から伝わった尊い慣習. **— *adj.*** 《古》=consecrated. 〖(*c*1375) □ L *consecrātus* (p.p.) ← *consecrāre* ← *con-* 'COM- 1'+*sacrāre* to render sacred (← *sacer* 'SACRED')〗

cón·se·cràt·ed /-tɪ̀d | -tɪ̀d/ *adj.* 神にささげられた, 聖別された, 神聖な (⇨ holy SYN): a ～ ground 聖域, 神域 / ～ lights お灯明. **～·ness** *n.* 〖(1552): ⇨ -ed 2〗

con·se·cra·tion /kɑ̀(ː)nsɪ̀kréɪʃən, -ntsɪ̀- | kɔ̀n-/ *n.* **1** 聖別, 聖別式; 奉献, 献堂(式) (dedication); 叙階(式), 祝聖式: the ～ of bishops and archbishops. **2** ささげること, 献身, 精進 (devotion) 〔*to*〕: the ～ of one's life *to* education 教育に一生をささげること. **3** [しばしば C-] 《カトリック》聖変化(の儀式)《ミサ聖祭においてパンとぶどう酒がキリストの体と血に変化すること[儀式]》. 〖(*a*1384) □ L *consecrātiō(n-)*: ⇨ consecrate, -ation〗

con·se·cra·tive /káː(ː)nsɪ̀krèɪtɪv | kɔ́nsɪ̀krèɪt-/ *adj.* 奉献の. 〖(*a*1617) □ L *consecrātīvus*〗

cón·se·crà·tor /-tə | -tə^(r)/ *n.* 奉献者; 聖別者; 主教授任者. 〖(1552) □ L *consecrātor*: ⇨ consecrate, -or[2]〗

con·se·cra·to·ry /káː(ː)nsɪ̀krətɔ̀ːri | kɔ́nsɪ̀krətəri, -krèɪ-, -tri/ *adj.* 聖別の; 奉献の (dedicatory): a ～ prayer. 〖(1613) ← CONSECRATE+-ORY[1]〗

con. sect. 《略》《数学》conic section(s).

con·se·cu·tion /kɑ̀(ː)nsɪ̀kjúːʃən | kɔ̀n-/ *n.* **1 a** 論理的一貫性. **b** (事件などの)連続, 前後の連関 (sequence). **2** 《文法》(語法・時制などの)照応, 一致. **3** 《音楽》セクウェンツ《ある旋律動機の和声進行が反復されて現れること》. 〖(?*a*1425) □ L *consecūtiō(n-)* ← *consequī* to follow together ← *con-* 'COM-'+*sequī* to follow: cf. consequent〗

con·sec·u·tive /kənsékjutɪv | -tɪv/ *adj.* **1 a** 連続的な, (途切れないで)引き続く (successive): ～ holidays 連休 / ～ numbers 連続番号 / for three ～ years 3 年続けて / on ～ days 毎日(引き続いて). **b** 論理的に一貫した. **2** 《文法》結果を表す: a ～ clause 結果節《結果を表す副詞節; 例: He was so ill *that he could not* *come.*). 3 〘音楽〙並行の: ～ fifths [eighths] 並行 5 [8] 度. **～·ness** *n.* 〘(1611) □ F *consécutif* ← L *consecūtus* (p.p.) ← *consequī*: ⇨ ↑, -ive〙

SYN 連続的な: **consecutive, successive** 切れ目なく連続する: for *consecutive* [*successive*] three years 3 年続けて. ★ 但し前者は間隔・順序の規則正しさを強調するから,「1, 2, 3, 4」は consecutive numbers であり,「4, 2, 3, 1」は succesive numbers である.

consécutive cóurse *n.* 学位取得後の職業[専門]教育コース.

consécutive póints *n.* 〘数学〙連続点《曲線の同一分枝上で相互に無限に近接した二つ以上の点》.

consécutive íntervals *n. pl.* 〘音楽〙並行音程.

con·séc·u·tive·ly *adv.* 連続的に, 引き続いて. 〘(1644): ⇨ -ly[1]〙

con·se·nes·cence /kɑ̀(ː)nsɪnésəns, -sn̩s | kɔ̀n-/ *n.* 全体衰弱; (特に) 老衰. 〘(1692) ← *consenēsc(ere)* to become old together (← *con-* 'COM-'+*senex* old)+-ENCE〙

con·sen·su·al /kənsénʃuəl, -ʃʊl | kənsénsjuəl, -sjʊl, -ʃuəl/ *adj.* 1 〘法律〙合意上の: a ～ marriage 合意の結婚 / ～ sex 合意によるセックス / a ～ contract 諾成契約《文書などの形式を要せず合意のみで成立する契約》. 2 〘生理〙同感性の, 同感作用の. **～·ly** *adv.* 〘(1754) ← L *consensu(s)*: ⇨ -al[1]〙

con·sen·sus /kənsénsəs, -ntsəs | kən-, kɔn-/ *n.* 1 (意見などの)一致; 総意, 世論, 合意, コンセンサス: a national ～ 国民の合意, ナショナルコンセンサス / a ～ of opinion 多数意見, 意見の合致, 世論 ★ of opinion や general ～ の general を冗長と考える人が多い. / The ～ is against the measure. 世論はその法案に反対だ / A ～ was reached on the problem. その問題で意見の一致をみた. 2 〘生理〙(器官各部の)共働, 交感 (cooperation). 〘(1843) □ L ～ 'agreement' (p.p.) ← *consentīre* (↓)〙

consénsus pólitics *n.* (政党間の意見の一致を前提にした)合意政治.

consénsus sèquence *n.* 〘生化学〙(核酸の)共通[コンセンサス]配列.

con·sent /kənsént/ *n.* 1 承諾, 承認, 同意 (assent) (⇨ permission SYN): give [refuse] (one's) ～ to a marriage 結婚に承諾を与える[拒む] / obtain a person's ～ 人の承諾を得る / with [without] the ～ of …の同意を得て[得ないで] / Silence gives ～. (諺) 沈黙は承諾の内. 2 (意見・感情などの)一致 (unanimity): by mutual [common, general, universal] ～ 双方が合意して[皆の一致した意見で, 満場異議なく]. 3 (古) 和合, 調和 (harmony). ***áge of consént*** ⇨ age 成句. ***of consént*** (廃) 共犯の (accessory). ***with óne consént*** (古) 満場一致で (unanimously).

— *vi.* 1 同意する, 承諾[承認]する (accede) 〔*to*〕/ 〈*to* do, *that*〉: the ～*ing* party [parties] 賛成側 / ～ *to* a proposal, a project, a request, one's daughter's marriage, etc. / ～ *to* do [doing] something あることをすることに同意する / He ～*ed that* an envoy (should) be sent. 使者を送ることに同意した. 2 (古) 意見[気持ち]が一致する, 和合する.

〘v.: (?a1200) *consente(n)* □ (O)F *consentir* < L *consentīre* to agree ← *con-* 'COM-1'+*sentīre* to feel (⇨ sense). — n.: (?a1300) □ OF *consente* ← *consentir*〙

SYN 同意する: **consent** 通例, 権限のある人が自らの意志で同意する《格式ばった語》: The boss wouldn't *consent* to my proposal. 上司は私の提案に同意しようとしなかった. **assent** 提案・考えなどに必ずしも積極的でない同意を与える《格式ばった語》: He *assented* to my opinion. 私の意見に一応賛意を表明した. **agree** しばしば意見の相違を調整して一致する: I quite *agreed* with him on that point. その点では全く彼と同感だった. **concur** ある特定の陳述・意見に同意する《格式ばった語》: Authorities *concur* in this view. この見解では権威者の意見が一致している. **accede** 提案・条件などに譲歩して同意する《格式ばった語》: In the end he *acceded* to my proposal. 最後に彼は私の提案に同意した. **acquiesce** 不本意ながら承諾する: He is unlikely to *acquiesce* in our request. 彼は我々の要求を受け入れそうにない.

ANT dissent, refuse, deny.

con·sen·ta·ne·ous /kɑ̀(ː)nsn̩téɪniəs, -sen- | kɔ̀nsen-⁻/ *adj.* 《まれ》 1 〔…に〕一致した, かなった (accordant) 〔*to, with*〕: be ～ *to* truth [reason] 真理[道理]にかなっている / be ～ *with* the opinion of …の意見に一致している. 2 (全体が)一致した, 満場一致の (unanimous).

con·sen·ta·ne·i·ty /kənsɛ̀ntəníːəti | -təníːɪti/ *n.* **～·ly** *adv.* **～·ness** *n.* 〘(1625) □ L *consentāneus* ← *consentīre*: ⇨ consent, -eous〙

con·sént·er /-tə | -tə(r)/ *n.* 同意[承諾]者. 〘(c1303) *consentour* □ AF=OF *consenteo(u)r*〙

con·sen·tience /kənsénʃəns | kən-, kɔn-/ *n.* (感覚から生じる)意識の一致, 一致感. 〘(1877): ⇨ ↓, -ence〙

con·sen·tient /kənsénʃənt | kən-, kɔn-/ *adj.* 1 〈意見など〉一致する, 同一の (concurrent). 2 同意する (consenting) 〔*to*〕. **～·ly** *adv.* 〘(1622) □ L *consentientem* (pres.p.) ← *consentīre*: ⇨ consent, -ent〙

con·sént·ing adúlt /-tɪŋ- | -tɪŋ-/ *n.* 同意成人《特に性交に同意することを自分の意志で決められる[決めた]成人; 英国で法的にホモ行為の許される 19 歳以上の男性; cf. AGE of consent》; 《婉曲》同性愛者, ホモ (homosexual).

con·se·quence /kɑ́(ː)nsɪkwèns, -kwəns, kɑ́(ː)ntsɪ-kwèns, -kwənts | kɔ́nsɪkwəns, kɔ́ntsɪkwənts/ *n.* 1 (続いて起こる, または必然的な)結果 (outcome); (行為・事の)成り行き, 結果 (effect): as a ～ of drinking 飲酒の結果として / take [bear, put up with, suffer, face] the ～*s* (自分の行為などの)結果に対する責任をとる[負う, じっと我慢する] / I can't [won't] answer [be responsible] for the ～*s*. その結果には責任が負えない / The ～ was that he lost his position. その結果彼は地位を失うということになった. 2 a (影響などの)重大性, 重要さ (cf. moment) (⇨ importance SYN): attach ～ to … に箔(ﾊｸ)をつける / a matter of little [no] ～ ほとんど[全く]取るに足りない[ささいな]事 / an issue of the greatest [utmost] ～ きわめて重大な問題. b (人の)社会的重要さ, 高い地位: a person *of* ～ 重要な地位の人, 著名人. 3 (態度などの)威厳 (dignity); (特に)尊大 (self-importance): give oneself an air of ～ 偉そうにもったいぶる. 4 〘論理〙帰結, 結論 (cf. condition 5 b): It follows as a logical ～ that …論理的な帰結として[必然の結果として]…ということになる. 5 [*pl.*; 通例単数扱い] 〘遊戯〙話を作り上げるパーティーゲーム《だれだれがだれそれに会って何々をしてその結果どうなったという話を, 前の人が何を書いたか知らずに次々に書いていき, 最後に披露する遊び》.

as a cónsequence*=*in cónsequence 従って, ゆえに (consequently). ***in cónsequence of*** …の結果, …のゆえに (owing to).

〘(c1380) □ (O)F *conséquence* □ L *consequentia*: ⇨ ↓, -ence〙

con·se·quent /kɑ́(ː)nsɪkwənt, -kwènt, kɑ́(ː)ntsɪ- | kɔ́nsɪkwənt, kɔ́ntsɪ-/ *adj.* 1 結果の (resultant); 〔…の〕結果として生じる〔*on, upon*〕(⇨ subsequent SYN): the confusion ～ *upon* a disturbance 騒動の結果起こる混乱 / a long illness and ～ absence from school 長患いとそのための欠席. 2 a (論理上)必然的な, 当然の. b 首尾一貫した, つじつまの合う (rational). 3 〘文法〙(条件文の)帰結を作る: a ～ clause 帰結節 (apodosis). 4 〘地理〙〈川など〉必従する, 必従の《地表面の一般的な傾斜の方向に流れる; cf. obsequent 2, subsequent 3》: a ～ stream 必従河川.

— *n.* 1 a 結果. b (論理的な)結論, 断案, 帰結 (conclusion). 2 〘論理〙後件, 帰結 (↔ antecedent). 3 〘数学〙(↔ antecedent) a (比の)後項, 後率. b (ディヤード (dyad) の) 後の因子. 4 〘地理〙必従河川. 5 〘音楽〙(fugue または cannon における)主題の応答 (comes), 追行句. ***affirming the cónsequent*** 〘論理〙条件と後件が真である場合, 条件文の前件を誤って推論すること.

〘(c1390) □ (O)F *conséquent* □ L *consequentem* (pres.p.) ← *consequī* ← *con-* 'COM- 1'+*sequī* to follow (⇨ sequent)〙

con·se·quen·tial /kɑ̀(ː)nsɪkwénʃəl, -ʃl̩ | kɔ̀n-⁻/ *adj.* 1 a 結果として起こる, 結果の (resultant); 当然の, 必然の. b 〔…の〕結果生じる, 〔…に〕続く〔*on, upon*〕: a result ～ *upon* his death 彼の死に続いて生じた結果. 2 二次的結果の, 間接的な (indirect). 3 重大な, 重要な (important): a ～ event. 4 〈人が〉尊大な, もったいぶる, しかつめらしい (self-important). **～·ly** *adv.* **～·ness** *n.* 〘(1626) ← L *consequentia* 'CONSEQUENCE'+-AL[1]〙

cónsequential dámages *n. pl.* 〘法律〙間接損害.

còn·se·quén·tial·ism /-ʃəlɪzm/ *n.* 〘哲学〙結果主義《ある行為の正邪はその結果の善悪によるとする主義》.

con·se·quen·ti·al·i·ty /kɑ̀(ː)nsɪkwènʃiǽləti | kɔ̀nsɪkwènʃiǽlɪti/ *n.* もったいぶること, 尊大 (self-importance). 〘(1820): ⇨ -ity〙

cónsequential lóss *n.* 〘保険〙間接損害《火災によって生じる利益の喪失など間接の損害》.

con·se·quent·ly /kɑ́(ː)nsɪkwəntli, -kwènt-, kɑ́(ː)ntsɪ- | kɔ́nsɪkwənt-, kɔ̀ntsɪ-/ *adv.* 1 その結果として, 従って (accordingly). 2 (古) 論理的に. 〘(c1405): ⇨ -ly[1]〙

con·serv·a·ble /kənsə́ːvəbl̩ | -sə́ːv-/ *adj.* 保存できる, 保存のきく: ～ foods. 〘(1623) □ L *conservābilis* ← *conservāre*: ⇨ -able〙

con·ser·van·cy /kənsə́ːvənsi | -sə́ː-/ *n.* 1 a (森林・河川などの)保存, 管理; 自然[天然資源]保護. b 自然保護地区; 自然保護団体. 2 (英) (河川・港湾の)管理委員会[事務局]: the Thames *Conservancy* テムズ川管理委員会 (cf. conservator 4). — *adj.* [限定的] 自然保護の(ために組織された): a ～ district [area]. 〘(1755) (変形) ← (廃) *conservacy* □ AF *conservacie* □ ML *conservātia* ← L *conservātiō* (↓): ⇨ -ancy〙

con·ser·va·tion /kɑ̀(ː)nsəvéɪʃən, -ntsə- | kɔ̀nsə-, -ntsə-/ *n.* 1 (思慮深い, 計画的な)保存, 維持 (preservation): the ～ of historic relics 史跡の保存 / the ～ of health [social order] 健康[社会秩序]の維持. 2 a (河川・森林など天然資源の)保護, 管理 (conservancy); 環境保全. b 自然保護管理地区; 保護河川, 保安林(など). c (動力などの)節約: energy ～ 省エネルギー. 3 〘物理〙保存《反応の前後で不変に保たれる(すなわち保存される)物理量に対して用いる》.

conservátion of ángular moméntum 〘物理〙角運動量保存(法則)《外部と相互作用のない力学系の全角運動量は内部での相互作用にかかわらず一定に保たれる》.

conservátion of báryon nùmber 〘物理〙重粒子数の保存(法則)《素粒子や原子核の関与するどんな反応においても, 重粒子数には変化がない; cf. baryon number》.

conservátion of electrícity [chárge] 〘電気〙電荷保存(法則)《電荷の分離・合一に際し総量は不変であるという原理》.

conservátion of énergy 〘物理〙エネルギー保存(法則).

conservátion of lépton nùmber 〘物理〙軽粒子数の保存(法則)《素粒子反応の前後で軽粒子数が不変であること; cf. lepton number》.

conservátion of (línear) moméntum 〘物理〙運動量保存(法則)《外部と相互作用のない力学系の全運動量は内部の相互作用にかかわらず一定に保たれる》.

conservátion of máss [mátter] 〘物理〙質量保存[不変](法則).

conservátion of párity 〘物理〙パリティー保存(法則)《素粒子の相互作用が空間反転に対し不変なこと》.

～·al /-ʃnəl, -ʃənl̩⁻/ *adj.* 〘(c1380) □ (O)F ～ // L *conservātiō(n-)* a keeping, preserving ← *conservāre*: ⇨ conserve, -ation〙

conservátion àrea *n.* (英) (自然・史跡などの)保護地域.

còn·ser·vá·tion·ism /-ʃənɪzm/ *n.* (天然資源・自然環境の)保護管理主義.

con·ser·va·tion·ist /kɑ̀(ː)nsəvéɪʃ(ə)nɪst, -ntsə- | kɔ̀nsəvéɪʃ(ə)nɪst, -ntsə-/ *n.* (天然資源・自然環境の)保護管理論者. 〘(1870): ⇨ ↑, -ist〙

conservátion òfficer *n.* 自然保護係官.

con·ser·va·tism /kənsə́ːvətɪzm | -sə́ːv-/ *n.* 1 a 保守的傾向[気質]; 保守性. b 保守主義. 2 [通例 C-] a (英国の)保守党の主義 (cf. Toryism). b 保守説. c [集合的] 保守党員たち. 3 現状肯定主義.

con·sér·va·tist /-tɪst | -tɪst/ *n.* 〘(1835): ⇨ ↓, -ism〙

con·ser·va·tive /kənsə́ːvətɪv | -sə́ːvət-/ *adj.* 1 a (進歩的に対して)保守的な, 古い風習[考え方, 態度(など)]を変えない; 保守主義の (cf. progressive 1 a, liberal 5 a): be ～ in one's habits 習慣をなかなか変えない / a ～ policy 保守政策. b [C-] (特に, 英国)保守党の (cf. liberal 4 b, labor 6): a *Conservative* victory 保守党の勝利. 2 保存力のある, 保存性の (preservative); 〔…を〕保存する〔*of*〕: be ～ *of* historic sites 史跡を保存する. 3 a 現状を維持する, 伝統的な (traditional): a ～ style. b 控え目の, 中庸の (moderate), 慎重な (cautious): a ～ statement 内輪の[控え目の]陳述 / a ～ figure 遠慮した数字 / by ～ estimate 控え目に見積もっても / It is ～ to say that …と言っても過言ではない. 4 [C-] 〘ユダヤ教〙保守主義のユダヤ教の: ⇨ Conservative Judaism. 5 〘数学〙a 〈力学系が〉エネルギー一定の. b 渦なしの (irrotational). — *n.* 1 a (趣味・習慣などの)保守的な人, 保守主義者. b [C-] (特に, 英国・カナダの)保守党員. 2 a 現状肯定者, 旧弊家. b 穏健な人, 控え目な人. 3 (古) 保存物, 防腐剤 (preservative). **～·ness** *n.* 〘(c1380) □ (O)F *conservatif* ← L *conservātus* (p.p.) ← *conservāre*: ⇨ conserve, -ative〙

conservative fíeld *n.* 〘物理〙保存力の場.

Consérvative Jéw *n.* 保守主義のユダヤ教を信奉するユダヤ人.

Consérvative Júdaism *n.* 〘ユダヤ教〙保守主義のユダヤ教《正統派と改革派の中間の立場をとり, いくらかの変化を許しつつ, 基本的には伝統的ユダヤ教の教義と慣習を保持しようとする; cf. Orthodox Judaism, Reform Judaism》. 〘1946〙

con·sér·va·tive·ly *adv.* 1 保守的に; 地味に. 2 内輪に(見積もって), 控え目に: The number is ～ estimated at 20,000. その数は控え目に見積もっても 2 万である. 〘(1834): ⇨ -ly[1]〙

Consérvative Pàrty *n.* [the ～] 1 (英) 保守党《労働党 (Labour Party) と共に英国の二大政党の一つ; Tories の後身; 正式名 Conservative and Unionist Party》. 2 (カナダ) 進歩保守党 (Progressive Conservative Party). 3 (各国の)保守党.

consérvative súrgery *n.* 〘外科〙保存外科.

con·ser·va·tize /kənsə́ːvətàɪz | -sə́ː-/ *vi.* 保守的になる. — *vt.* 保守的にする. 〘(1849): ⇨ conservatism, -ize〙

con·ser·va·toire /kənsə́ːvətwɑ̀ː, — — ⁻ | kənsə́ːvətwɑ̀ː(r), kɔn-; *F.* kɔ̃sɛʁvatwaːʁ/ *n.* (主にフランスで) 音楽[美術, 演劇]学校, コンセルバトワール (cf. conservatory 1). 〘(1771) □ F ～ □ It. *conservatorio* institution for "conserving" foundlings by musical education ← NL *conservātōrium* (neut.) ← LL *conservātōrius* preserving ← L *conservātus*: cf. conservatory〙

con·ser·va·tor /kənsə́ːvətə, kɑ́(ː)nsəvèɪtə | kənsə́ːvətə(r), kɔ́nsəveɪtə(r)/ *n.* 1 (博物館などの美術品の補修・管理をつかさどる)管理者, 館員 (curator). 2 保存者, 保護者 (protector). 3 (米) 〘法律〙財産管理人, 後見人《財産管理能力を欠く者のために, 本人およびその財産を保護管理する者; 裁判所の指名》. 4 (英) (河川などの)管理委員: the ～*s* of a river 河川管理委員[管理局員] (cf. conservancy 2).

cónservator of the péace [the —] 〘法律〙治安維持官《英国では国王・大法官・裁判官・警官などの総称》. 〘(なぞり) ← ML *custōs pācis* // AF *gardin de la pees*〙

con·ser·va·to·ri·al /kənsə̀ːvətɔ́ːriəl | kənsə̀ːvə-tɔ́ːr-⁻/ *adj.* 〘(?a1400) □ AF *conservatour* (F *conservateur*) // L *conservātōr* keeper: ⇨ conserve, -ator〙

con·ser·va·to·ri·um /kənsə̀ːvətɔ́ːriəm | -sə̀ːvə-tɔ́ːr-/ *n.* (豪) =conservatoire.

con·serv·a·to·ry /kənsə́ːvətɔ̀ːri | -sə́ːvətəri, -tri/ *n.* 1 (米) 音楽学校, 芸術学校 (cf. conservatoire). 〘(変形) ← CONSERVATOIRE〙 2 (通例家屋に付属した)展示

用温室, 標本植物温室《しばしば屋根の形に趣向が凝らされている》. **3** 《古》貯蔵所. — *adj.* 《まれ》保存上の, 保存性の (preservative). 〖《1563》□ ML *conservātōrius* ← L *conservātor* (↑): ⇨ -ory²〗

con·serve /kənsə́ːv | -sə́ːv/ *vt.* **1** (思慮深く, 計画的に)保存[維持]する, 保護する; 〈動力などを〉節約する (preserve): ~ one's strength, one's health, natural resources, etc. **2** 〈果物などを〉砂糖漬けに(して保存)する, ジャムに(して保存)する (preserve). **3** 〖物理・化学〗保存する, 一定に保つ. — /kɑ́(ː)nsəːv | kɔ́nsəːv, kənsə́ːv/ *n.* **1** [しばしば *pl.*] 果物の砂糖漬け (preserves); ジャム (jam). **2** 《古》保存剤 (preservative). **3** 〖医学〗(薬などを砂糖で練った)糖(菓)剤. **con·sérv·er** *n.* 〖《c1380》□ (O)F *conserver* ∥ L *conservāre* to preserve ← *con-* 'COM- 1'+*servāre* to save, keep〗

Con·sett /kɑ́(ː)nsɪ̀t, -set | kɔ́n-/ *n.* コンセット《イングランド北部, Durham 州北部の都市》.

consgt 《略》consignment.

con·shy /kɑ́(ː)nʃi | kɔ́n-/ *n.* 《俗》=conscientious objector.

con·sid·er /kənsídə | -də(r/ *vt.* **1 a** [目的語+補語または *to* be [do] を伴って] 〈…と〉考える, 思う, みなす: We ~ him (*to* be) a fool [foolish]. 彼をばかだと思っている / *Consider* yourself under arrest. おまえは逮捕されたと考えよ《おまえは逮捕された, 観念しろ》/ He wishes to be ~*ed* prudent. 彼は思慮のある男と思われたいのだ. ★ (1) We ~ him to be a fool. は We ~ him a fool. よりも形式ばった表現. (2) 同じ意味で We ~ him *as* a fool. のように as を用いることもあるが, 一般に正しくないとされる (cf. *vt.* 3). **b** [*that*-clause を伴って] 〈…だと〉考える, 思う (think): I ~ *that* he is innocent. 彼は無実だと思う. **2 a** 考慮に入れる, 斟酌する, 配慮する; 〈人の感情などを〉察する, 思いやる: all things ~*ed* 万事を考慮に入れて[ると], あれこれ考えて / ~ (the feelings of) others 他人の感情を察する / We must ~ his youth. 彼がまだ若いことを忘れてはいけない. **b** (買う・採用するなどの目的で)考えてみる: ~ (renting) an apartment アパートを借りようかなと考える / Not for a moment would we ~ (taking) your suggestion! あなたの提案を採用しようなどという考えは毛頭ございません. **3** (特に, ある決定・理解をするために)慎重に考える, 熟考[熟慮]する, 考察する (contemplate); 考究[研究]する (examine): ~ a matter in all its aspects 事柄をあらゆる方面から考察する / be ~*ing* one's position 在任か退職か思案している / Please ~ my suggestion. 私の提言をよく考えてみて下さい / We're ~*ing* your suggestion and will let you know. あなたの提案をよく考えてみて, (後ほど, 結果を)お知らせします / We're ~*ing* you for the job. その仕事にあなたを考えています / We must ~ *whether* it is true. 真実かどうか考えてみなければならない / She ~*ed what to* do next. 次に何をしたらよいかと考えた / In the last lecture we ~*ed* the medieval university *as* an institution. この前の講義で我々は中世の大学を一つの制度として考察した (cf. 1 a ★ (2)) / *Consider* the lilies of the field, how they grow. (=*Consider how* the lilies of the field grow.) 野の百合(ゆり)はいかにして育つかを思え (*Matt.* 6:28) (★ the lilies of the field と how they grow は consider の二重目的語). **4** 〈人などを〉重んじる, 尊敬する (respect): His works are well ~*ed* in Europe. 彼の作品はヨーロッパで尊重されている. **5** 《古》注視する, 熟視する. **6** 《廃》…に報酬を出す, 報いる (recompense).
— *vi.* **1** 考慮する, 熟慮する: Let me ~. 少し考えさせて下さい. **2** 《廃》注意して見る, 熟視する.
pùt ón one's considering càp ⇨ put on one's thinking CAP¹.
~·er *n.* 〖《1375》 *considere(n)* □ (O)F *considérer* □ L *considerāre* to look at closely, examine ← *con-* 'COM- 2'+*sīder-, sīdus* star (⇨ sidereal): 星を観測して運勢を判断することから出た語 (cf. desire)〗

SYN 考察する: **consider** 決断するために考えをめぐらす: He *considered* going to college. 大学へ行くことを考えてみた. **contemplate** 特に行動方針について深く徹底的に考える: He is *contemplating* a new work. 新しい仕事を目論んでいる. **study** 何かを発見するために注意深く吟味する: He *studied* the map. 地図をよくよく調べた. **weigh** 判断または決断を下すために比較考量する: *Weigh* your words carefully when you speak to her. 彼女と話すときは慎重に言葉を選びなさい. ⇨ think, ponder.

con·sid·er·a·ble /kənsídərəbl̩, -drə- | -dər-, -drə-/ *adj.* **1 a** かなりの, 少なからぬ, 相当の (large): a ~ distance よほどの距離 / a ~ expense かなりの費用 / a ~ sum of money 相当な金額 / a ~ loss [profit] 相当な損失[利益]. **b** たくさんの, 多量[数]の: ~ liquor 多量の酒 / ~ pleasure 大喜び / ~ pain すごい痛み / ~ difficulty 多大の困難. **2** 考慮に入れるべき, 無視できない; 〈人が〉注目すべき, 著名な, 重要な. — *n.* **1** 《米方言》多量, たくさん (much): He has done ~ for me. 私にずいぶん尽くしてくれた / I've already had ~. もう十分いただきました / There is ~ to do. なすべき仕事が多い / *Considerable* of his time was spent in the library. 彼は図書館にいることがずいぶん多かった. **2** 《廃》考慮すべきこと. ***by considerable*** 《米方言》多量に, 大いに. — *adv.* 《方言》= considerably: a ~ long time かなり長い時間 / He's ~ worried. ひどく心配している.
~·ness *n.* 〖《c1449》□ ML *consīderābilis*: ⇨ ↑, -able〗

con·sid·er·a·bly /kənsídərəbli, -drə- | -dər-, -drə-/ *adv.* 相当に, かなり, 随分, なかなか (much): increase ~ / He is ~ taller than Jim. ジムよりかなり背が高い. 〖《1646》: ⇨ ↑, -ly¹〗

con·sid·er·ate /kənsídərɪ̀t, -drɪ̀t | -dər-, -dr-/ *adj.* **1 a** 思いやりのある, 察しのよい: It was ~ of you not to wake me up so early. そんなに朝早く起こさないでくれたとはあなたも察しがよかった. **b** 〈相手のことを〉考える 〔*of*〕 (⇨ thoughtful SYN): be ~ *of* the feelings of others 他人の気持ちを考える. **2** 《古》思慮深い, 慎重な (prudent).
~·ly *adv.* **~·ness** *n.* 〖《1572》□ L *considerātus* (p.p.) ← *considerāre* 'to CONSIDER': ⇨ -ate²〗

con·sid·er·a·tion /kənsìdəréɪʃən | -də-/ *n.* **1 a** 考慮, 考察 (deliberation): after [with, without] due ~ 十分な考慮をしたあとで[して, しないで] / give the problem (one's) careful ~ 問題に対して慎重な考慮を払う, その問題を深く考える / leave the problem out of ~ その問題を度外視する / take a matter into ~ あることを考慮に入れる / give something (one's fullest) ~ =give (one's fullest) ~ to something 事を(十二分に)考慮する / taking everything into ~ すべてのことを考慮に入れると. **b** (熟慮した上での)考え, 意見. **2** (意見・行動の基礎として)考慮すべき事柄[問題]; 要件, 理由, 動機 (reason, motive): These are some of the ~*s* (that) we must take into account. これらは考えておかなければならないいくつかの問題だ / taking one ~ with another あれこれと考え合わせて / That's a ~. それは考慮すべき問題だ / In this affair money is no ~. この件においては金銭は問題でない / Time is the first ~ with me. 私には時間が第一に考慮されるべき[重要な]事だ. **3** 斟酌, 察し, 思いやり: ~ *for* a person / out of ~ *for* …を斟酌[考慮]して; …のためを思って / show ~ *for* a person's position [(old) age] 人の地位を斟酌[高齢に同情]する / lack of ~ 思いやりのなさ. **4** 報酬, 心付け (reward): He would do anything for a ~. 金さえもらえば[得にさえなれば]どんなことでもしかねない / He sold it for a (small) ~. 心付け程度の(わずかな)値段でそれを売った. **5 a** 尊敬, 尊重 (esteem): a person of ~ in this field この分野で尊敬を得ている人. **b** 《古》重要さ (importance): people of ~ 重要な[相当な地位の]人々 / a matter of no [little] ~ つまらない事. **6** 〖法律〗約因, 対価《それが存在しないと捺印証書 (deed) によらない限り契約は無効》: without ~ 無償の[で] / ⇨ valuable consideration.
in considerátion of (1) …を考慮[斟酌]して, …に免じて: *in* ~ *of* previous good conduct 以前の善行に免じて. (2) …の報酬として: a small tip *in* ~ *of* many services 多くのサービスの報酬としてはわずかなチップ. ***on [ùnder] nó considerátion*** 《古》どんな事があっても[決して]…ない (never): *On no* ~ could I consent. どうあっても承諾できない. ***ùnder considerátion*** 考慮[考究, 研究]中の[で]: a matter *under* ~ 研究中の事 / during the evening *under* ~ 問題にしてきたその夕方に.
〖《?c1350》□ (O)F *considération* ∥ L *consīderātiō(n-)*: ⇨ ↑, -ation〗

con·sid·ered /kənsídəd | -dəd/ *adj.* **1** 熟慮の(上での): a ~ opinion, judgment, etc. / In my ~ opinion, you're wrong. よくよく考えてみるに, 君は間違っている / a well-*considered* plan 十分考えられた計画, 練りに練られた計画. **2** 尊敬[評価]されている: a highly ~ person 非常に尊敬されている人 / well-*considered* works 好評を得ている作品. 〖《1627–77》: ⇨ -ed〗

con·sid·er·ing /kənsídərɪŋ, -dr- | -dər-, -dr-/ *prep.* …を考慮すると, …を思えば (in view of), …としては: He looks young ~ his age. 年の割に若く見える. — *conj.* …を思えば, …だから (seeing that): That is excusable ~ how young he is [(that) he is so young]. あんなに若いのだから無理もない. — *adv.* 《口語》[修飾する語句のあとに用いて] (その)割に, なかなか: He's done very well, ~. 割にうまくやった / That is not so bad, ~. それはまあ大して悪くない. 〖《a1420》: ⇨ -ing²〗

con·sign /kənsáɪn/ *vt.* **1** 〔…に〕渡す, 引き渡す, 付する (deliver) 〔*to*〕: ~ the body *to* the flames [watery grave] 死体を火葬[水葬]にする / ~ something *to* oblivion 事を忘却に付する[忘れてしまう] / ~ *to* the flames 焼却する. **2 a** 〔他の管理・保管に〕委ねる, 託する, 任す 〔*to*〕 (⇨ commit SYN): ~ something *to* a person's care 人に物の保管を頼む / ~ a letter *to* the post 手紙を郵便で出す / ~ one's soul *to* God 霊を神に託する; 死ぬ / be ~*ed to* misery 悲惨に陥る. **b** 〈金などを〉〔銀行などに〕預ける (deposit) 〔*in*〕: ~ money *in* a bank 金を銀行に預ける. **3** 〔目的・用途に〕当てる (devote), あてがう (assign) 〔*to*〕: ~ a room *to* a person's private use 一室を人の専用に当てる. **4** 《古》〈真実・約束などを〉(証印などで)確認する. **5** 〖商業〗〈商品を〉委託する; (委託販売のために)積送する, 託送する, 送り付ける: ~ goods. — *vi.* 《廃》 **1** 〔…に〕印を押す 〔*to*〕. **2** 同意する, 承諾する. **3** 服従する. **~·a·ble** /-nəbl̩/ *adj.* 〖《a1449》□ (O)F *consigner* □ L *consignāre* to mark with a seal ← *con-* 'COM- 1'+*signum* ('seal, SIGN')〗

con·sig·na·tion /kɑ̀(ː)nsɪgnéɪʃən, -saɪnéɪ- | kɔ̀nsaɪnéɪ-/ *n.* **1** (商品の)委託, 託送. **2** 引き渡し, 交付. 〖《1537》□ L *consignātiō(n-)*: ⇨ ↑, -ation〗

con·sign·ee /kɑ̀(ː)nsaɪníː, -sə- | kɔ̀nsaɪ-, -sɪ̀-/ *n.* (販売)受託者; 荷受人 (cf. consignor, shipper 1). 〖《1789》← CONSIGN+-EE¹〗

con·sígn·er *n.* =consignor.

con·sign·ment /kənsáɪnmənt/ *n.* 〖商業〗 **1** (特に, 一回の積荷の)委託貨物, 積送品 (⇨ burden¹ SYN); 委託販売品: a new ~ of winter hats 冬の帽子の新入荷. **2** (商品の)委託, 託送; 委託販売.
on consignment 委託販売(契約)で[の]: ship goods *on* ~ 委託販売で商品を積送する / goods *on* ~ 販売委託品.
— *adj.* [限定的] 委託販売の[に関する]: a ~ sale 委[受]託販売 / sell on a ~ basis 委託販売で売る / a ~ store [shop]. 《米》委託販売店.
〖《1563》: ⇨ -ment〗

consígnment nòte *n.* 《英》(航空便の)委託貨物運送状, 航空貨物運送状 (cf. air waybill).

con·sign·or /kɑ̀(ː)nsaɪnɔ́ə, -saɪ-, kənsáɪnə | kənsáɪnɔ(r, kɔ̀nsaɪnɔ́ː(r/ *n.* (委託販売の)委託者; (荷物の)送り主 (shipper), 荷主 (cf. consignee). 〖《1789》: ⇨ -or²〗

con·sil·ience /kənsíljəns, -liəns/ *n.* (推論の結果などの)符合, 一致. 〖⇨ ↓, -ence〗

con·sil·ient /kənsíljənt, -liənt/ *adj.* 〈推論の結果など〉符合[一致]する (agree). 〖《1867》← *con-* 'COM-'+(RE)SILIENT〗

con·sist /kənsíst/ *vi.* **1** 〔部分・要素から〕成る 〔*of*〕: Water ~*s of* hydrogen and oxygen. 水は水素と酸素とから成る / The household ~*ed of* four women. その家は4人の女世帯だった. **2** 〔…に〕存する, ある (lie) 〔*in*〕: Happiness ~*s in* contentment. 幸福は足ることを知るにある / Courage ~*s in* (showing) grace under pressure. 勇気とは困難なときにも品位を失わないことにある. **3** 《古》〔…と〕両立する, 一致する (harmonize) 〔*with*〕: Health does not ~ *with* intemperance. 健康と不節制とは両立しない / The story does not ~ *with* the evidence. その話は証拠と一致していない. **4** 《古》存在する (exist); 存在できる: By him all things ~. よろずの物は彼によりて保つことを得るなり (*Col.* 1:17). **5** 《廃》〔…を〕言い張る, 固執する, 主張する (insist) 〔*on, upon*〕. — *n.* 〖鉄道〗 **1** 車両編成. **2** 車両編成記録. 〖《1526》□ L *consistere* to stand firm ← *con-* 'COM- 1'+*sistere* to place, cause to stand (← *stāre* 'to STAND')〗

con·sis·tence /kənsístəns, -tṇs/ *n.* =consistency. 〖《1598》: ⇨ ↑, -ence: cf. F *consistance*〗

con·sis·ten·cy /kənsístənsi, -tṇ-, -ntsi/ *n.* **1 a** 終始一貫していること. **b** (論理上の)一貫性, 一致性, 整合性 (harmony): Unfortunately, your theory lacks internal ~. 残念ながらあなたの理論は内的一貫性に欠けている / ⇨ self-consistency. **c** (ゴルフなどで, スイングの)一貫性; (打球などの)恒常性. **2** 濃度, 密度; 堅さ, 硬度; (グループなどの)粘稠(ねんちゅう)度. **3** 言行一致, 志操堅固. **4** 〖論理・数学〗(公理系の)無矛盾性. 〖《1594》← CONSIST+-ENCY〗

con·sis·tent /kənsístənt, -tṇt/ *adj.* **1 a** 〈言行・思想など〉首尾一貫した, 終始変わらぬ, 不変の; 〔…と〕矛盾がない, 調和した (compatible) 〔*with*〕: ~ behavior 首尾一貫した行為 / ~ good results 一貫性のある良い結果 / Your conduct is not ~ *with* what you say. 言行一致しないね / You are not ~ *with* yourself. 矛盾しているよ / ⇨ self-consistent. **b** 〈人が〉言行一致の, 節操のある, 堅実な: He is ~ *in* his action. 彼の行動には節操がある. **2** 〖統計〗〈推定量が〉一致する《サンプルが大きくなるにつれて母数の真の値にどれだけでも近づく推定量 (estimator) についていう》. **3** 〖論理・数学〗〈理論が〉無矛盾の, 整合的な. **4 a** 《古》固定した, 確固とした (firm). **b** 《廃》密着した. 〖《1574》□ L *consistentem*: ⇨ consist, -ent: cf. F *consistant*〗

con·sis·tent·ly /kənsístəntli, -tṇt-/ *adv.* **1** 終始一貫して, 矛盾なく 〔*with*〕: ~ good results 一貫して良い結果. **2** 堅実に; むらなく, 一様に. 〖《1706》: ⇨ ↑, -ly¹〗

con·sis·to·ry /kənsístəri, -tri/ *n.* **1 a** 教会会議, 宗教法院. **b** 教会会議室. **2** 〖カトリック〗(教皇が召集する)枢機卿会議. **3** [C-] 〖英国国教会〗(主)教区法院《主教 (bishop) 任命の法官 (chancellor) のつかさどる宗教法廷; Consistory Court ともいう》. **4** 〖長老派教会〗長老法院《スコットランド教会の kirk session に当たる》. **5** 《古》会議, 集会. **con·sis·to·ri·al** /kɑ̀(ː)nsɪstɔ́ːriəl | kɔ̀nsɪstɔ́ːr-ˈ-/ *adj.* **còn·sis·tó·ri·an** /-riən/ *adj.* 〖《?a1300》□ AF *consistorie* □ L *consistōrium* place of assembly ← *consistere*: ⇨ consist, -ory²〗

con·so·ci·ate /kənsóuʃièɪt, -si- | -sə́u-/ *vt.* 連合させる, 合同する. — *vi.* 合同する, 提携する 〔*with*〕.
— *adj.* /kənsóuʃiɪ̀t, -si-, -èɪt | -sə́u-/ 合同した, 提携した (associated). — *n.* 提携者, 組合員 (associate). 〖《?1457》□ L *consociātus* (p.p.) ← *consociāre* ← *con-* 'COM- 1'+*sociāre* to associate (← *socius* companion: ⇨ society)〗

con·so·ci·a·tion /kənsòusiéɪʃən, -ʃi- | -sə̀u-/ *n.* **1** 連合すること, 合同, 提携. **2** 〖キリスト教〗(会衆派教会の)協議会. **3** 〖生態〗分群集, 優群集《植物群落 (vegetation) を, それを構成する植物の種類によって大分けしたものが群集 (association), それをさらに細分したものが分群集》. **~·al** /-ʃnəl, -ʃənl/ *adj.* 〖《1593》□ L *consociātiō(n-)*: ⇨ ↑, -ation〗

con·so·cies /kənsóuʃiːz | -sə́u-/ *n.* (*pl.* ~) 〖生態〗コンソシーズ《遷移の途中にある優群集》.

consol. 《略》consolidated.

con·sol·a·ble /kənsóuləbl̩ | -sə́ul-/ *adj.* 慰められる, 気の休まる. **~·ness** *n.* **con·sól·a·bly** *adv.* 〖《1721》: ⇨ console¹, -able〗

con·so·la·tion /kɑ̀(ː)nsəléɪʃən | kɔ̀n-/ *n.* **1** 慰め, 慰藉(いしゃ): find ~ in one's work [in working] 仕事[働くこと]に慰安を見出す. **2** 慰藉となる人[もの]: A hobby is a great ~ to a person. 趣味は人に大きな慰めになる / Religion was her chief ~ in affliction. 彼女の悩みを慰めるものは主として信仰であった. **3** 〖スポーツ〗 **a** 敗者戦, 敗者復活試合 (cf. repechage): a ~ match, race, etc. **b** =consolation prize. 〖《c1385》□ (O)F ~ □ L *consōlātiō(n-)*: ⇨ console¹, -ation〗

consolátion fìnal *n.* 三位決定戦.
consolátion prìze *n.* 残念賞《等外の人に与える賞》.
con·sol·a·to·ry /kənsóʊlətɔ̀ːri, -sɑ́(ː)l- | kənsɔ́lətəri, -sóʊl-, -tri/ *adj.* 慰めとなる, 慰問の: ～ words 慰めの言葉. **con·sol·a·to·ri·ly** /kənsòʊlətɔ́ːrəli, ─́─ ─ ─ ─ | kənsɔ́lətərɨli, -trɨ-, -sóʊl-/ *adv.* 〘《1442》 □ L *consōlātōrius* ← *consōlātus* (p.p.) ← *consōlārī*: ⇨ ↓, -ory^{1}〙
con·sole^{1} /kənsóʊl | -sə́ʊl/ *vt.* 慰める, 慰問する, 励ます (soothe) (⇨ comfort **SYN**): ～ a person in grief [for the loss of a child] 悲しんでいる[子を失った]人を慰める / ～ oneself *with* the thought [by thinking] that …と考えて自ら慰める. **con·sól·er** /-lə | -lə^{r}/ *n.* 〘《1693》 □ F *consoler* □ L *consōlārī* ← *con-* 'COM- 1'＋*sōlārī* to comfort (⇨ solace)〙
con·sole^{2} /kɑ́(ː)nsoʊl | kɔ́nsəʊl/ *n.* **1 a** (ラジオ・テレビ・レコードプレーヤーなどの)コンソール型キャビネット《壁面につけて床上に置く型のものにいう》. **b** (自動車の)コンソール《フロントバケットシートの中間に設ける箱形台》. **2 a** 〘電算〙コンソール: (1) 操作卓, 制御卓. (2) ディスプレー画面. **b** 〘電気〙(配電板などの)制御装置. **3** (パイプオルガンの)演奏台《手鍵盤 (manual) と足鍵盤 (pedal) を含む》: at the ～ (演奏のため)オルガンに向かって. **4** ＝console table. **5** 〘建築〙コンソール, 渦形持送り, ひじ木《bracket または corbel の一種》. 〘《1706》 □ F ～ 'bracket' 《短縮》 ← ? *consolateur* 《原義》 consoler (軒蛇腹を支える人間の姿をした彫刻) □ L *consōlātor* ← *consōlātus* (p.p.) ← *consōlārī* (↑)〙

console^{2} 5

cónsole-mìrror *n.* 持送りで壁に取り付けた鏡.
cónsole tàble *n.* コンソールテーブル《窓と窓の間または鏡の下などの壁にぴったり据えつけるテーブル; 脚は持送り (console) 風に作られている》. 〘1813〙
con·so·lette /kɑ̀(ː)nsəlét | kɔ̀n-/ *n.* (ラジオ・テレビ・レコードプレーヤーなどの)小型コンソール型キャビネット《普通, 壁の前に置く》. 〘← CONSOLE^{2}＋-ETTE〙
con·sol·i·date /kənsɑ́(ː)lədèɪt | -sɔ́lɨ-/ *vt.* **1** 固める, 強固にする, 強化する (strengthen); 〘軍事〙〈奪取した陣地・地点を〉強化する, 固める: ～ one's position [political influence] 地位[政治的勢力]を強化する. **2** 〈土地・会社・訴訟などを〉合併整理する (merge), 統合する; 統合して〔…に〕する〔*into*〕: ～ two armies [companies] *into* one 二軍[二会社]を一つに統合する. ― *vi.* **1** 固まる, 強固になる (solidify). **2** 合同する, 合併する (merge). ― *adj.* 《古》 ＝consolidated. 〘《1511–12》 ← L *consolidātus* (p.p.) ← *consolidāre* to make firm ← *con-* 'COM- 1'＋*solidus* 'SOLID': ⇨ -ate^{2,3}〙
con·sól·i·dàt·ed /-tɨd | -tɨd/ *adj.* **1** 固めた, 強化した. **2** 合併整理した, 統合した (merged): a ～ bond 〘証券〙整理公債《既発行公債を整理統合して発行したもの》. 〘《1753》: ⇨ -ed〙
consólidated annúities *n. pl.* 《英》〘証券〙 ＝consols.
consólidated fináncial státements *n. pl.* 〘会計〙連結財務諸表《親会社 (parent company) と子会社ないし従属会社 (subsidiary company) の財務諸表を結合したもの》.
Consólidated Fúnd *n.* [the ～] (英国の)整理公債基金《各種の公債基金を併合整理したもので, 公債利子支払の基金や王室費などに当てられる》.
consólidated schòol *n.* 《米》合同学校《米国で隣接する教学区が共同で建てた辺地の小学校; centralized school ともいう》. 〘1911〙
consólidated stóck *n.* 《英》〘証券〙 ＝consols.
consólidated tàx *n.* 総合課税.
con·sol·i·da·tion /kənsɑ̀(ː)lədéɪʃən | -sɔ̀lɨ-/ *n.* **1** 強固にする[なる]こと, 強化 (solidifcation). **2** 合同, 合併 (combination); 総合, 統合, 整理 (merger): a ～ of banks [stocks] 銀行[株式]の整理統合 / a ～ of public loans 公債の統合. **3** [C-] 《米》〘鉄道〙コンソリデーション蒸気機関車《2 車輪の先台と 8 つの駆動輪からなる; Consolidation locomotive ともいう》. **4** 〘医学〙(肺の)硬化. **5** (証券や商品の)ぐずぐず相場. **6** 〘地質〙圧密, 石化《作用》. 〘《(a1400)》 《1603》 □ LL *consolidātiō(n-)*: ⇨ consolidate, -ation〙
consolidátion lòan *n.* 併合ローン《幾つかのローンを一つにまとめ, 返済期間を延ばすことにより月々の支払いを減らす》.
con·sól·i·dà·tor /-tə | -tə^{r}/ *n.* **1** 固める[強化する]人[物]. **2** 統合整理者. 〘《1705》 □ L *consolidātor*: ⇨ consolidate, -or^{2}〙
con·sól·ing·ly /-lɪŋli/ *adv.* 慰めるように, 優しく. 〘《1880》: ⇨ -ing^{2}, -ly^{1}〙
con·sols /kɑ́(ː)nsɑ(ː)lz, kənsɑ́(ː)lz | kɔ́nsɔlz, kɔ́nsl̩z/ *n. pl.* 《英》コンソル公債《1751 年各種公債を年 3 分利付きで整理して設けられた永久公債; 現在 2½ 利付き; bank annuities ともいう》. 〘《1770》 《略》 ← *consolidated annuities*〙
con·so·lute /kɑ́(ː)nsəlùːt | kɔ́nsəlùːt, -ljùːt/ *adj.* 〘化学〙 **1** 共溶の《二種の液体がすべての割合で溶ける》. **2** 共溶性の液体の. 〘□ L *consolūtus* dissolved together: ⇨ com-, solute〙
con·som·mé /kɑ̀(ː)nsəméɪ, ─́─ ─́ | kənsɔ́meɪ, kɔn-, kɔ́nsəmèɪ; *F.* kɔ̃sɔme/ *n.* (*also* **con·som·me** /～/) 〘料理〙コンソメ《牛・子牛・鶏の肉と骨を煮出して澄ましたスープ (clear soup); cf. potage》. 日英比較 「コンソメ」は日本では一般的だが, 英語では clear soup のほうが一般的. 〘《1815》 □ F ～ 《原義》 consummate, completed (p.p.) ← *consommer* □ L *consummāre* 'to CONSUMMATE'〙
con·so·nance /kɑ́(ː)ns(ə)nəns, -sn̩- | kɔ́n-/ *n.* **1** 一致, 調和 (agreement): the ～ of opinions / in ～ with …と一致[調和, 共鳴]して. **2** 〘詩学〙子音韻《子音だけの押韻; 例: fail: feel / hearer: horror; cf. assonance》. **3** 〘音楽〙協和; 協和音 (cf. dissonance). **4** 〘物理・化学〙共鳴 (resonance). 〘《a1420》 □ (O)F ～ □ L *consonantia*: ⇨ consonant, -ance〙
con·so·nan·cy /kɑ́(ː)ns(ə)nənsi, -sn̩- | kɔ́n-/ *n.* ＝consonance 1. 〘《a1397》: ⇨ ↓, -ancy〙
con·so·nant /kɑ́(ː)ns(ə)nənt, -sn̩- | kɔ́n-/ *n.* **1** 〘音声〙子音《口腔内において呼気が妨害されたり摩擦の音を生じるほどせばめられたりして発せられる音; cf. vowel 1》. **2** 子音字. ― *adj.* **1** 〔…と〕一致[調和]する (harmonious) 〔*with, to*〕: actions ～ *with* one's principles 主義と一致する行為. **2 a** 〈語の音が〉類似する, 類似の音をもった: ～ syllables. **b** 協和した (harmonious). **3** 〘音声〙子音の (consonantal). **4** 〘音楽〙協和音の (concordant) (cf. dissonant 1). **5** 〘物理〙共鳴する, 共鳴の (resonant). **～·ly** *adv.* 〘《?a1325》 □ (O)F ～ □ L *consonantem* (pres.p.) ← *consonāre* ← *con-* 'COM- 1'＋*sonāre* 'to SOUND^{1}'〙
con·so·nan·tal /kɑ̀(ː)nsənǽntl̩, -sn̩- | kɔ̀nsənǽntl̩, -sn̩-─́/ *adj.* 〘音声〙子音の, 子音的な, 子音性の. **～·ly** *adv.* 〘《1795》: ⇨ ↑, -al^{1}〙
con·so·nan·tal·i·za·tion /kɑ̀(ː)nsənæ̀ntəlɨzéɪʃən, -sn̩-, -tl̩- | kɔ̀nsənæ̀ntəlaɪ-, -sn̩-, -lɪ-, -tl̩-/ *n.* 〘音声〙子音化.
con·so·nan·tal·ize /kɑ̀(ː)nsənǽntəlàɪz, -tl̩- | kɔ̀nsənǽntəl-, -tl̩-/ 〘音声〙 *vt.* 〈母音を〉子音化する. ― *vi.* 〈母音が〉子音化する.
cónsonant clúster *n.* 〘音声〙子音結合(群)《二つ以上の隣接する子音の結合; 例えば stretched /strétʃt/ の /str/ や /tʃt/ など》.
cón·so·nant·ìsm /-tìzm/ *n.* 〘音声〙(ある言語の)子音体系[組織]; 子音性 (cf. vocalism). 〘《1873》: ⇨ -ism: cf. F *consonantisme*〙
cónsonant létter *n.* 子音字.
cónsonant shift *n.* 〘言語〙 **1** (第一)子音推移《閉鎖子音の組織的な音韻変化の現象; ゲルマン語全体にみられ, この語派を他の印欧語と区別する特徴をなす; first consonant shift, Grimm's law ともいう》. **2** (第二)子音推移《古高地ドイツ語のみに起こった音韻変化; second consonant shift ともいう》. 〘1888〙
cónsonant sỳstem *n.* 〘音声〙子音体系[組織] (cf. vowel system).
con sor·di·no /kɑ̀(ː)nsɔədíːnoʊ, kòʊn- | kɔ̀nsɔːdíːnəʊ; *It.* konsordíːno/ *adv.* 〘音楽〙弱音器 (mute) を付けて. 〘《1825》 □ It. ～ 'with the mute'〙
con·sort /kɑ́(ː)nsɔət | kɔ́nsɔːt/ *n.* **1** 連れ合い, 夫または妻 (spouse); (特に)皇族の配偶者: ⇨ king consort, prince consort, queen consort. **2** 僚船, 僚艦. **3 a** 友, 仲間, 相手. **b** 一致, 調和: in ～ with …と共に. **c** (特に, 17 世紀英国の)コンソート《室内楽的器楽アンサンブル; また音域の異なる同種の楽器の一そろいを指すこともある; これらのアンサンブルのための作品》. **d** 和音. ― /kənsɔ́ət, kɑ(ː)n- | kənsɔ́ːt, kɔn-/ *v.* ― *vi.* **1** 交わる (associate) 〔*with*〕. **2** 釣り合う, 調和する (agree) 〔*with*〕. ― *vt.* **1** 交わらせる. **2** 《廃》 **a** …に伴う, 付き添う. **b** 〈音を〉調和させる. **con·sort·a·ble** /-təbl̩ | -tə-/ *adj.* **con·sórt·er** /-tə | -tə^{r}/ *n.* 〘《1419》 □ (O)F ～ 'mate' □ L *consort-, consors* sharer ← *con-* 'COM-'＋*sort-, sors* share (⇨ sort)〙
con·sor·ti·um /kənsɔ́əʃiəm, -ʃiəm, -ʃəm | -sɔ́ːtiəm, -ʃiəm, -ʃəm/ *n.* (*pl.* **-ti·a** /-ʃiə, -ʃiə, -ʃə | -tiə, -ʃiə, -ʃə/) **1** 〘経済〙 **a** (ある国の財政援助または産業支配などのための, 国際的)資本合同, 借款団, コンソーシアム (cf. trust 7). **b** (商社などの共同目的のための)一時的提携. **2** 協会, 組合 (association, club). **3** 〘法律〙配偶者権《夫婦の一方から他方に対して, 同居・貞操保持・生活維持・扶助などを求める権利》. **4** 〘生物〙共同体《地衣類の藻類と菌類のように, 互いに接して生活するもの》. **con·sór·ti·al** /-ʃiəl, -ʃəl | -tiəl, -ʃiəl/ *adj.* 〘《1829》 □ L ～ 'partnership' ← *consors* (↑)〙
con·spe·cif·ic /kɑ̀(ː)nspɨsífɪk | kɔ̀n-─́/ *adj.* 〘生物〙同種 (species) の. 〘《1859》 ← *con-* 'COM-'＋SPECI(ES)＋-FIC〙
con·spec·tu·i·ty /kɑ̀(ː)nspɛktúːəti, -tjúː- | kɔ̀nspɛktjúːɨti/ *n.* 《Shak》眼力. 〘《1607》 ← L *conspectus* sight view: ⇨ -ity〙
con·spec·tus /kənspéktəs/ *n.* **1** 概観, 概説. **2** 梗概 (summary, outline); 摘要 (synopsis). 〘《1836–37》 □ L ～ 'look, view' (p.p.) ← *conspicere* to look at ← *con-* 'COM- 2'＋*spicere* to look (⇨ species)〙
con·spic·u·ous /kənspíkjuəs/ *adj.* **1** はっきり見える, 人目につく (manifest) (⇨ noticeable **SYN**): a ～ star よく見える星 / some ～ errors 目立った誤り / be ～ by its [his] absence それ[その人]がいない]のでかえって目立つ. **2** (特に, 著しい特徴で)人目を引く, 異彩を放つ; 顕著な, 著名の (eminent): ～ statesmen 政界名士たち / be ～ among a distinguished company 一流人の中に交じっても特に人目を引く / cut a ～ figure 異彩を放つ / make oneself too ～ (異様な風采やふるまいなどで)いやに人目につく, 人目につくようなふるまいをする. **3** 度を越した; 派手な, どぎつい: a ～ expenditure, necktie, etc. **～·ness** *n.* **con·spi·cu·i·ty** /kɑ̀(ː)nspɨkjúːəti | kɔ̀nspɪkjúːɨti/ *n.* 〘《1545》 □ L *conspicuus* visible ← *conspicere* (↑): ⇨ -ous〙

C

conspícuous consúmption *n.* 財力を誇示する浪費, 散財. 〘1899〙
con·spíc·u·ous·ly *adv.* 目立って, 著しく, 顕著に. 〘《1626》: ⇨ -ly^{1}〙
con·spir·a·cist /kənspírəsɨst | -sɪst/ *n.* 陰謀説 (conspiracy theory) 支持者.
con·spir·a·cy /kənspírəsi/ *n.* **1** 共謀, 謀議 (confederacy); 結託, 陰謀 (⇨ plot **SYN**): a ～ to overthrow the government 政府を倒す陰謀 / form a ～ against …に対して陰謀を企てる / in ～ with …と共謀して, と徒党を組んで / take part in a ～ (陰謀団の)一味に加わる. **2** 陰謀団. **3** (事情・事件の)結合, 同時発生, 重なり合い (concurrence). **4** 〘法律〙共同謀議, 共謀罪. **conspíracy of sílence** 沈黙の申し合わせ; 黙殺[もみ消し]の申し合わせ.
〘《1357》 □ AF *conspiracie* 《変形》 ← (O)F *conspiration* ← L *conspīrātus* (p.p.) ← *conspīrāre*: ⇨ conspire, -acy ∞ 《a1325》 *conspiracioun* □ (O)F〙
conspíracy thèory *n.* 陰謀説《ある(異常な)出来事の発生の裏にはスパイ組織や秘密結社などの暗躍があるとする考え方》. 〘1909〙
con·spi·ra·tion /kɑ̀(ː)nspəréɪʃən | kɔ̀nspɪ-/ *n.* **1** 謀議, 陰謀. **2** (ある目的への)協力. **～·al** /-ʃnəl, -ʃənl̩─́/ *adj.* 〘《a1325》: ⇨ conspiracy〙
con·spir·a·tor /kənspírətə | -rɨtə^{r}/ *n.* 共謀者, 陰謀人 (plotter). 〘《a1400》 □ AF *conspiratour* (F *conspirateur*) ← L *conspīrātus* (p.p.) ← *conspīrāre*: ⇨ conspire, -or^{2}〙
con·spir·a·to·ri·al /kənspìrətɔ́ːriəl | kənspìrətɔ́ːr-, kɔ̀nspɪ-─́/ *adj.* 陰謀(者)の, 陰謀をたくらむ, 陰謀好きな. **～·ly** *adv.* 〘《1855》: ⇨ ↑, -ory^{1}, -al^{1}〙
con·spir·a·tress /kənspírətrɨs | -trɪs, -très/ *n.* 女性の共謀者. 〘← CONSPIRATOR＋-ESS^{1}: cf. F *conspiratrice*〙
con·spire /kənspáɪə | -spáɪə^{r}/ *vi.* **1 a** (ひそかに)共謀する; (徒党を組んで)陰謀を企てる: ～ *with* a person 人と共謀する / ～ *against* the government 政府を倒そうと企てる / ～ *against* a peron's life 暗殺を企てる / They ～d to overthrow the government. 彼等は共謀して政府を倒そうとした. **b** 《古》計画する, たくらむ (scheme). **2** (同じ目的のために)協力する; 〈事件が〉〈…するように〉同時に生じる, 相助けて…する 〈*to do*〉: Events seemed to be *conspiring to* bring about his ruin. 事件が重なって彼の破滅を引き起こそうとしているようだった. ― *vt.* たくらむ, 謀る (plot, devise): ～ a person's ruin 人の破滅を謀る. **con·spír·er** /-spáɪ^{ə}rə | -spáɪərə^{r}/ *n.* 〘《a1376》 *conspire(n)* □ (O)F *conspirer* □ L *conspīrāre* to agree in thought, plot together ← *con-* 'COM- 1'＋*spīrāre* to breathe: cf. spirit〙
con·spír·ing·ly /-spáɪ^{ə}rɪŋli | -spáɪər-/ *adv.* 陰謀的に, 共謀して. 〘《1645》: ⇨ -ing^{2}, -ly^{1}〙
con spi·ri·to /kɑ(ː)nspírɨtòʊ, koʊn- | kɔnspírɪtəʊ; *It.* kompíːrito/ *adv.* 〘音楽〙元気よく, 活発に. 〘《c1891》 □ It. ～ 'with vigor'〙
Const. 《略》 Constantine; Constantinople.
Const., const. 《略》 constable; constant; constituency; constitution; constitutional; construction.
con·sta·ble /kɑ́(ː)nstəbl̩, kʌ́n-, -ntstə- | kʌ́n-, kɔ́n-, -ntstə-/ *n.* **1** 《英》巡査, 警官 (policeman) (⇨ police 1 ★): ⇨ chief constable, police constable, special constable. **2** (町・村などの)治安官: a high ～ 上級警吏, 上位治安官《hundred の治安を担当した》/ a petty ～ 下級警吏, 下位治安官《parish や town の治安を担当した》. **3** 《英》(昔の)城守, 城代. ★ 今も次のような官名に残っている: the *Constable* of Windsor Castle ウィンザー宮管理長官 / the *Constable* of the Tower ロンドン塔管理長官. **4** (昔の)種々の高官名: the *Constable* of France 元帥《フランス王朝時代の宮中最高官で軍総指揮官・最高軍事裁判官》/ the (Lord High) *Constable* of England 《イングランド中古の》保安武官長, 軍総指揮官, 《現在は》侍従武官長《特別の儀式の際臨時に任命される》.
outrún the cónstable (1) (警察の手を逃れて)逃亡する, 法の手を逃れる. (2) 《古》(議論などで)行き過ぎる; 度を過ごす. (3) 《廃》資力以上に金を使う, 借金をこしらえる.
overrún the cónstable＝outrun the CONSTABLE (2).
rún the cónstable＝outrun the CONSTABLE (1).
～·shìp *n.* 〘《?c1200》 □ OF *conestable* (F *connétable*) □ LL *comes stabulī* equerry, count of the stable ← *comes* 'COUNT^{2}, companion'＋*stabulu* 'STABLE^{2}'〙
Con·sta·ble /kʌ́nstəbl̩, kɑ́(ː)n- | kʌ́n-, kɔ́n-, John** *n.* コンスタブル (1776–1837; 英国の風景画家; フランスの印象主義に影響を与えた).
con·stab·u·lar·y /kənstǽbjʊlèri | -ləri/ *n.* **1 a** [集合的] (ある地区の)全警官, 警察(人員) (constables). **b** 警察隊: the county [city] ～. **c** (軍隊組織の)警察機動隊. **2** 警官の管轄区域. ― *adj.* (*also* **con·stáb·u·lar**) 警察の, 警官の: the ～ force 警察力. 〘《a1338》 *con(e)stablerie* □ ML *constabulāria*: ⇨ constable, -ary〙
Con·stance^{1} /kɑ́(ː)nstəns, -stn̩s | kɔ́n-/ *n.* コンスタンス《女性名; 異形 Constantia》. 〘← L *constantia* 'CONSTANCY'〙

Con·stance² /ká(ː)nstəns, -stṇs | kɔ́n-/ *n.* コンスタンツ《Rhine 川が Constance 湖から流出する地点にあるドイツ Baden-Württemberg 州の都市; ドイツ語名 Konstanz》.

Constance, Lake *n.* コンスタンツ[ボーデン]湖《ドイツ・オーストリア・スイスの国境にある湖; 長さ 74 km, 面積 536 km², 海抜 396 m; ドイツ語名 Boden See》.

con·stan·cy /ká(ː)nstənsi, -stṇ- | kɔ́n-/ *n.* **1** 恒久, 不易, 不変 (immutability). **2 a** 志操の堅固. **b** 節操 (fidelity). **3**〘心理〙恒常性《対象の物理的変化にかかわらず, 対象の知覚は比較的に恒常を保つこと; 例えば人の後ろ姿は 10 m から 20 m 先になれば ½ に縮小するが, 知覚としてはほぼ同じ大きさに見える》. **4**〘生態〙恒存度《植物群集を構成する種の頻度》. **5 a**《廃》固執すること. **b**《Shak》確かさ. ***for a cónstancy*** 永久なものとして. 〘(1526) ◻ L *constantia* firmness ← *constāre*: ⇨ ↓, -ancy〙

con·stant /ká(ː)nstənt, -stṇt, -ntst- | kɔ́n-/ *adj.* **1** 絶えず続く, 不断の (continuous, continual): ～ trouble 絶え間のない面倒[故障] / ～ anxiety 心配のし通し / ～ complaints [complaining] のべつ幕なしの愚痴 / ～ interruptions [interrupting] 絶え間のない妨害. **2 a** 不変の, 一定の, 不易の (⇨ steady SYN): ～ temperature《各種の実験などに必要な》定温, 恒温 / a ～ wind 恒風, 常風 / It is necessary that these conditions (should) be [are] ～. これらの条件が一定不変であることが必要である. **b**《愛情・忠誠心などの》変わらない, 忠実な, 節操の堅い (⇨ faithful SYN): a ～ lover, wife, friend, etc. **c** 一つの事を守り通す, 志操の堅固な, 確固とした (steadfast): He has been ～ in his devotion to learning. ただ一筋に学問に専念してきた. **3**《廃》**a**《意見に》確信のある (confident). **b** 不動の (immovable). **4**〘数学〙定数である: (a) Riemann space of ～ curvature 定曲率リーマン空間.
— *n.* **1** 不変のもの. **2**〘数学・統計・物理〙定数; 不変数[量]; 率 (cf. variable 2): the circular ～ 円周率. **3**〘論理〙定項. **4**〘教育〙《中学・高校の》必修課目 (required course [subject] ともいう; cf. elective). **5**〘生態〙恒存種《特定の生物群集に常に存在する種》.
cónstant of aberrátion〘天文〙光行差定数《地球公転による光行差の量をあらわす基本的な定数》.
cónstant of gravitátion〘物理〙重力定数《Newton の万有引力の法則に現れる普遍定数; universal gravitation constant ともいう; cf. gravitational constant》.
cónstant of integrátion〘数学〙積分定数.
cónstant of nutátion〘天文〙章動定数《章動を計算する上での基本的な定数》.
cónstant of precéssion〘天文〙歳差定数《歳差を計算する上での基本的定数》.
〘(*c*1390) ◻ (O)F ～ ◻ L *constantem* (pres.p.) ← *constāre* to stand firm ← *con-* 'COM- 1' + *stāre* 'to STAND'〙

Con·stant /ká(ː)nstənt, -stṇt | kɔ́n-/ *n.* コンスタント《男性名; 愛称形 Connie》. 〘↑: cf. It. *Constante*〙

Con·stant /kɔ̃ː(n)stɑ́ː(ŋ), kɔːnstɑ́ːŋ; *F.* kɔ̃stɑ̃/, **Benjamin** *n.* コンスタン (1767–1830; スイス生まれのフランスの政治家・著作家; 自由主義の雄弁家としても有名; *Adolphe*「アドルフ」(小説 1816); 本名 Henri-Benjamin Constant de Rebecque).

Constant, (Jean Joseph) Benjamin *n.* コンスタン (1845–1902; フランスの肖像画家).

Con·stan·ţa /kɑnstɑ́ːntsə; *Rum.* konstántsa/ *n.* コンスタンツァ《ルーマニア南東部黒海に臨む港市・保養地; 紀元前 6 世紀にギリシャ人によって建設され, Constantine 大帝が 4 世紀に再建した》.

con·stan·tan /ká(ː)nstəntæ̀n | kɔ́n-/ *n.*〘金属加工〙コンスタンタン《55% の銅と 45% のニッケルの合金; 電気の抵抗線・熱電対(ᵗᵘⁱ)に用いる》. 〘(1903) ← CONSTANT (adj.) + -AN¹〙

cónstant-cúrrent chárge *n.*《電池》定電流充電.

Con·stan·ti·a /kɑ(ː)nstǽnʃiə, -stɑ́ːn-, -ʃə | kɔn-/ *n.* コンスタンシア(ワイン)《南アフリカ共和国 Cape Town 付近産の赤ワインまたは白ワイン; 食後酒 (dessert wine) として供される》. 〘← *Constantia* (原産地名)〙

Con·stan·tine¹ /ká(ː)nstəntìːn | kɔ́nstəntàɪn, -tìːn; *F.* kɔ̃stɑ̃tin/ *n.* コンスタンティーヌ《アルジェリア北東部の城壁都市; 海抜 650 m の高地にある; 行政・軍事・商業の中心地》.

Con·stan·tine² /ká(ː)nstəntìːn, -tàɪn | kɔ́nstəntàɪn, -tìːn/ *n.* コンスタンティン, コンスタンタイン《男性名; 愛称形 Connie》. 〘◻ F ～ ◻ L *constantīnus* ← *constāns* 'CONSTANT, firm': ⇨ -ine¹〙

Constantine I *n.* **1** コンスタンチヌス一世[大帝] (280?–337; ローマ皇帝 (306–337); キリスト教の信仰を公認し, Byzantium に新首都 Constantinople を建設した; 通称 Constantine the Great). **2** コンスタンチノス一世 (1868–1923; ギリシャの国王 (1913–17, 1920–22)).

Constantine II *n.* コンスタンチヌス二世 (1940– ; 公式には XIII; ギリシャ国王 (1964–73); 軍が実権を掌握して追放された (1973)).

Constantine VII *n.* コンスタンチヌス七世 (905–59; ビザンチン帝国の皇帝 (913–59); その著作はビザンチン史の重要資料).

Constantine XI *n.* コンスタンチヌス十一世 (1404–53; 東ローマ帝国最後の皇帝 (1448–53); Constantinople がトルコ人に奪われたときに殺された).

Con·stan·ti·an /kɑ̀(ː)nstəntíniən, -tíːn- | kɔ̀nstəntíːn-ˈ/ *adj.* Constantine 大帝の, Constantine 大帝時代 (306–337 年ごろ)の.

Con·stan·ti·no·ple /kɑ̀(ː)nstæ̀ntənóupḷ, -tṇ- | kɔ̀nstæ̀ntṇnə́u-/ *n.* コンスタンチノープル《Balkan 半島の南東端, 往時の Byzantium のあとに Constantine 大帝が築いた都市; 東ローマ帝国, 後にオスマン帝国 (Ottoman Empire) の首都; 現在は Istanbul という》. 〘◻ L *Constantinopolis* ◻ Gk *Kōnstantínou pólis* Constantine's polis: ⇨ -polis〙

cónstant-lèvel ballóon *n.*〘気象〙等高度面気球《一定高度面に留まるような装置のついた自由気球; 大型のものは数週間も浮遊できる》.

con·stant·ly /ká(ː)nstəntli, -stṇt-, -ntst- | kɔ́n-/ *adv.* **1** 絶えず, 始終; よく, いつも: be ～ employed 始終忙しい / He is ～ being asked for advice. よく相談を受けている. **2**《古》忠実に (faithfully). 〘(?*c*1425): ⇨ -ly¹〙

cónstant of integrátion *n.*〘数学〙積分定数.

cónstant-poténtial chárge *n.* =constant-voltage charge.

cónstant spéed propéller *n.*〘航空〙定速プロペラ《飛行速度が変わってもプロペラ翼のピッチ角を自動的に変え, 回転速度を一定に保つプロペラ》.

cónstant-velócity jòint *n.*〘自動車〙恒速度自在継手(ᵗᵘᵍⁱᵗᵉ)《前輪駆動車などに用いる等速ジョイント; 軸が鋭角的に合わさっても有効に作用する継手》.

cónstant-vóltage chárge *n.*《電池の》定電圧充電.

con·sta·ta·tion /kɑ̀(ː)nstətéɪʃən | kɔ̀n-/ *n.* 確認, 立証; 主張 (assertion). 〘(*a*1916) ◻ F ～ (↓)〙

con·state /kənstéɪt/ *vt.* 確認[立証]する; 主張する. 〘(*a*1773) ◻ F *constater* ◻ L *constāt-*, *constāre* to establish〙

con·sta·tive /kənstéɪtɪv, -stǽt- | -stǽt-/ *n.*〘言語・哲学〙述定的発言, 事実確認文《希望・命令・計画などに関してその実行ではなく, その主張・仮定・推測の真偽の判定が可能な表現; cf. performative》. — *adj.* 述定的の, 事実確認の: ～ sentence. 〘(1901): ⇨ ↑, -ative〙

con·stel·late /ká(ː)nstəlèɪt | kɔ́nstɪ̀-/ *vt.* **1** 星座(状)にかためる[集める]. **2** 星座で[のように]ちりばめる[飾る]: a ～*d* sky 降るような星空. — *vi.*《星座の星のように》群がる (cluster); 群がり輝く. 〘(1621) ← L *constellātus* (p.p.) ← *constellāre* to stud with stars ← *con-* 'COM-' + *stellāre* (← *stella* star: cf. stellate): ⇨ -ate³〙

con·stel·la·tion /kɑ̀(ː)nstəléɪʃən, -ntstə- | kɔ̀nstɪ̀-, -ntstɪ̀-/ *n.* **1**〘天文〙星座, 星宿《多く神話などにちなんだ名がつけてある》. **2**《人・物の》群れ; 《立派に着飾った紳士淑女などの》集合, きらびやかな群れ; きら星のような群れ, そうそうたる人物の群れ: a ～ of scientists, beautiful women, buttercups, etc. **3** 型, 模型, 配列 (pattern); 《同一型または配列の》集合(体). **4**〘占星〙星位, 星運《人の誕生時における星の配置で, その人の運命を支配すると考えられた》. **5**〘心理〙《刺激》布置《環境の中でさまざまな刺激が時間的空間的に配置されている状態》. **con·stel·la·to·ry** /kənstélətɔ̀ːri | -təri, -tri/ *adj.* **～·al** *adj.* 〘(*c*1330) ◻ (O)F ～ ◻ LL *constellātiō(n-)* group of stars ← *castellātus*: ⇨ ↑, -ation〙

con·ster /ká(ː)nstə | kɔ́nstə^(r)/ *v.*《古》=construe. 〘《変形》← CONSTRUE〙

con·ster·nate /ká(ː)nstənèɪt | kɔ́nstə-/ *vt.* [通例 p.p. 形で] …の肝をつぶさせる (dismay): be ～*d* びっくりする, 仰天する. 〘(1651) ← L *consternātus* (p.p.) ← *consternāre* to overwhelm with terror ← *con-* 'COM-2' + *sternere* to strew (⇨ stratum)〙

con·ster·na·tion /kɑ̀(ː)nstənéɪʃən, -ntstə- | kɔ̀nstə-, -ntstə-/ *n.* 肝をつぶすほどの驚き, 仰天: throw a person into ～ 人の肝をつぶさせる, 人をびっくり仰天させる / with [in] ～ 肝をつぶして, びっくり仰天して. 〘(1611) ◻ F ～ // L *consternātiō(n-)* fright: ⇨ ↑, -ation〙

con·sti·pate /ká(ː)nstəpèɪt | kɔ́nstɪ̀-/ *vt.* **1** [通例 p.p. 形で] 便秘[秘結]させる: be ～*d* 便秘[秘結]している. **2** …の働きなどを不活発にする, 沈滞させる (stultify): ～ the mind. **3**《廃》《固く》つめる, 凝縮する. — *vi.*《口語》便秘する. 〘(?*a*1425) ← L *constipātus* (p.p.) ← *constipāre* ← *con-* 'COM- 1' + *stīpāre* to press (cf. stiff)〙

cón·sti·pàt·ed /-tɪ̀d | -tɪ̀d/ *adj.* **1** 便秘した. **2** 堅苦しい, 鈍重な.

con·sti·pa·tion /kɑ̀(ː)nstəpéɪʃən, kɑ̀(ː)ntstə- | kɔ̀nstɪ̀-, kɔ̀ntstɪ̀-/ *n.* **1** 便秘, 秘結. **2** 不活発, 沈滞 (stagnation). **3**《廃》凝縮. 〘(*a*1400) ◻ (O)F ～ // LL *constipātiō(n-)*: ⇨ ↑, -ation〙

con·stit·u·en·cy /kənstítʃuənsi, -ntsi | -tju-, -tʃu-/ *n.* **1 a** 選挙区 (cf. Congressional district). **b** [集合的]《議員選挙の》選挙区民(全体). **2** [集合的] **a** 支持者, 後援会; 顧客層 (clients); 《定期刊行物の》購読者層. **b**《会社・企業などの》ある組織の中でかかわりのある[奉仕する]人たち. 〘(1831): ⇨ ↓, -ency〙

con·stit·u·ent /kənstítʃuənt | -tju-, -tʃu-/ *n.* **1** 選挙人 (elector); 選挙区住民. **2**《構成》成分, 《構成》要素 (component). **3**〘法律〙代理権授与者, 《代理人に対する》本人 (principal). **4**〘言語〙《語または文の》構成(要)素: ⇨ immediate constituent, ultimate constituent. — *adj.* **1** 組成する, 構成する (component): the ～ parts of water 水の成分《水素と酸素》/ ～ elements 構成要素. **2 a** 代議士選出の; 選挙権のある: a ～ body 選挙母体. **b** 憲法制定および改正の権能[権利]のある: ～ power 憲法制定の権能 / a ～ assembly 憲法制定[改正]会議[議会]. **～·ly** *adv.* 〘(1622) ◻ L *constituentem* (pres.p.) ← *constituere*: ⇨ constitute, -ent: cf. F *constituant*〙

Constítuent Assémbly *n.* [the ～]〘フランス史〙=National Assembly 2.

constítuent sèntence *n.*〘言語〙構成文 (⇨ matrix sentence).

constítuent strúcture *n.*〘言語〙構成素構造《個個の構成素による文の文法的構造の形式的な表記, またその表記の記述する構造》.

con·sti·tute /ká(ː)nstətùːt, -tjùːt, -ntstə- | kɔ́nstɪ̀tjùːt, -ntstɪ̀-/ *vt.* **1 a**《要素として》組成する; 構成する (compose); …の本質を成す, 作る (frame): Twelve months ～ a year. 12 か月で 1 年となる / What are the qualities that ～ a hero? 英雄の素質[本質]は何か / Vivacity ～*s* her main charm. 活発さが彼女の主なる魅力を成している[彼女の生命である] / be ～*d* of …から成っている. **b** 事実上…と同然である[等しい]: His action ～*s* a threat. 彼の行為は脅迫に等しい. **c** [受身で] …の体質[性質]である: I am not so ～*d* that I can [as to] accept insults lying down. 私は侮辱されて黙っているような性分ではない. **2 a**〈機関などを〉設定する, 設立[設置]する (establish); 《地位に》就任させる: ～ an acting committee 臨時委員会を設置する / ～ a tribunal 法廷を設置する / properly ～*d* authorities 適法に任命された政府職員. **b**〈法律を〉制定する (enact). **c**〈文書などに〉法的形式を与える. **3** [目的補語を伴って]〈人・物を〉…に選定する; 任命[指命]する (appoint): ～ a president 会長を任命する / ～ him president 彼を会長に選定する / be ～*d* representative of …の代表者に立てられる / He ～*d* himself our leader. 彼は我々の指導者を買って出た. **4**《古》配置する, 置く (place). **cón·sti·tùt·er** /-tə | -tə^(r)/ *n.* **cón·sti·tù·tor** /-tə | -tə^(r)/ *n.* 〘(*a*1398) ← L *constitūtus* (p.p.) ← *constituere* to construct ← *con-* 'COM- 1' + *statuere* to set up (⇨ statute)〙

con·sti·tu·tion /kɑ̀(ː)nstətúːʃən, -tjúː-, -ntstə- | kɔ̀nstɪ̀tjúː-, -ntstɪ̀-/ *n.* **1 a** [しばしば C-] 国家の基本法, 憲法; 憲法文書: Britain does not have a written ～. 英国は成文憲法をもたない / ⇨ unwritten constitution / under the ～ 憲法により / study (the) British *Constitution* 英国の憲法を研究する. **b** [the C-]《米》=CONSTITUTION of the United States. **2** 国家・社会の組織形態, 政体: a monarchical [republican] ～ 君主[共和]政体. **3 a** 法律, 法令 (ordinance). **b** 制度, 慣習. **c**《結社・組合などの》規則, 規約. **4 a** 体質, 体調, 体力 (physique) (cf. diathesis): have a good [strong, poor, weak] ～ 体質が健全[丈夫, 貧弱, 虚弱]だ / have the ～ of an elephant《口語》とても丈夫だ / by ～ 生まれつきの体質として, 体質上. **b**《まれ》素質, 性質, たち (disposition): the ～ of a person's mind and character / a nervous ～ 神経質. **5 a** 構成, 組成, 構造, 組織 (structure): the ～ of nature, the world, society, etc. **b** 構成すること; 《事実上》(…と)等しいこと (*of*): the ～ *of* a threat by his actions 彼の行為が脅迫に等しいこと. **6** 制定(すること), 設定, 設立, 設置 (establishment): the ～ of a committee.
Constitútion of the Uníted Státes [the —] 合衆国憲法《1787 年憲法制定会議 (Constitutional Convention) によって制定され, 1789 年 3 月 4 日に発効した; Federal Constitution ともいう》.
〘(?*c*1350) ◻ (O)F ～ ◻ L *constitūtiō(n-)*: ⇨ constitute, -tion〙

con·sti·tu·tion·al /kɑ̀(ː)nstətúːʃnəl, -tjúː-, -ʃənḷ, -ntstə- | kɔ̀nstɪ̀tjúː-, -ntstɪ̀-ˈ/ *adj.* **1 a** 憲法の[に関する, を扱う, に忠実な]: a ～ assembly 憲法制定議会 / a ～ theory 憲法(解釈上の)理論. **b** 憲法政治の, 立憲的な (cf. autocratic 1): a ～ government 立憲政体[政治] / ⇨ constitutional monarchy. **c** 憲法によって認められた, 合憲的な (↔ unconstitutional): ～ rights / hold [declare] something ～ 合憲(的である)とする. **2 a** 体質上の, 体格の, 素質上の, 生まれつきの: a ～ disease 体質性疾患 / a ～ infirmity [weakness] 生来の虚弱[病弱] / a ～ peculiarity 体質上の特異性, 異常体質. **3** 保健上の, 健康のための: a ～ walk 運動のための散歩. **3** 構成[組織]上の, 本質的な (essential): ⇨ constitutional formula. — *n.* 健康のための散歩[運動], 保健散歩[運動] (constitutional walk): take [go for] a ～ 散歩する[に行く]. 〘(1682): ⇨ ↑, -al¹〙

Constitútional Convéntion *n.* [the ～]《米国の》憲法制定会議 (1787 年 5 月 Philadelphia で Rhode Island を除く東部 12 州代表が出席して開催; 議長 G. Washington).

constitútional fórmula *n.*〘化学〙構造式 (structural formula).

còn·sti·tú·tion·al·ìsm /-ʃ(ə)nəlìzm/ *n.* **1** 立憲制度, 立憲政治. **2** 立憲主義, 憲政[憲法]擁護. 〘(1832): ⇨ -ism〙

còn·sti·tú·tion·al·ist /-ʃ(ə)nəlɪ̀st | -lɪst/ *n.* **1 a** 憲法主義[擁護]者, 立憲主義者; 憲政党員. **b** [C-]《米国の》憲法制定主義者. **2** 憲法学[論]者. 〘(1766): ⇨ -ist〙

con·sti·tu·tion·al·i·ty /kɑ̀(ː)nstətùːʃənǽləti, -tjùː- | kɔ̀nstɪ̀tjùːʃənǽlɪ̀ti/ *n.* 合憲性, 立憲性, 合法性 (legality). 〘(1787): ⇨ -ity〙

con·sti·tu·tion·al·i·za·tion /kɑ̀(ː)nstətùːʃ(ə)nəlɪ̀zéɪʃən, -tjùː- | kɔ̀nstɪ̀tjùːʃ(ə)nəlaɪ-, -lɪ-/ *n.* 立憲制度化, 憲法施行.

con·sti·tu·tion·al·ize /kɑ̀(ː)nstətúːʃ(ə)nəlàɪz, -tjúː- | kɔ̀nstɪ̀tjúː-/ *vt.* 立憲制度化する, …に憲法を定める; 合憲化する. 〘(1831): ⇨ -ize〙

constitútional láw *n.* [the ～]〘法律〙憲法, 憲法的法律《国家の組織・活動の基本的原則に関する法の全体; 英国のように成文憲法をもたない場合に用いられる》.

còn·sti·tú·tion·al·ly /-ʃ(ə)nəli/ *adv.* **1** 憲法上, 立憲的に; 合法的に (legally). **2** 体質[素質]上, 生まれ

つき (naturally): ～ timid 生来気が弱い. **3** 根本的に, 本質上 (fundamentally). 〖(1742): ⇨ -ly¹〗

cónstitutional mónarchy *n.* 立憲君主政体, 立憲君主国 (cf. absolute monarchy, limited monarchy).

constitútional psychólogy *n.* 体質心理学《個人の性格[気質]はその体型と関連があるとする心理学》.

cónstitutional stríke *n.* 合法ストライキ.

constitútion·less *adj.* 憲法のない. 〖(1889): ⇨ -less〗

Constitútion mìrror, c- m- *n.* 《米》長方形のシェラトン様式の鏡《軒蛇腹 (cornice) の下に球飾りを配列, 左右に壁柱 (pilaster), 上部に装飾パネルがつく; tabernacle mirror ともいう》.

Constitútion Stàte *n.* [the ～] 米国 Connecticut 州の俗称.

con·sti·tu·tive /ká(ː)nstətùːtɪv, -tjùː-, kənstítʃut- | kənstítjʊtɪv, kən-, -stítʃʊ-/ *adj.* **1** 構成する, 構造の (constructive); 構成要素を成す, 本質的な (elemental). **2** 制定[設定]する, 制定[設定]権を有する. **3** 〚哲学〛《カント哲学で》構成的な《理性の統制的原理に対して, 範疇によって現象としての認識の対象を構成する悟性の原理を形容する語にいう; ↔ regulative》. **4** 〚物理化学〛構造に関する[よる]《分子構造によって決まる諸性質をもつ; cf. colligative》. **～·ly** *adv.* 〖(1592) ← CONSTITUTE＋-IVE〗

constr. 《略》construction; construed.

con·strain /kənstréɪn/ *vt.* **1 a** 強いる: ～ obedience 服従を強要する. **b** [～ *oneself* で] 無理をする; 自制する. **c** 無理に[余儀なく]…させる〔*to*〕/〈*to do*〉: ～ a person *to do* 人に強いて…させる / ～ a person *to* a course of action 人に強要してある行動を取らせる / He was ～*ed to* do it. やむをえずそれをした / feel ～*ed to do* …せざるをえないと思う. **2** 不自然[無理]に作り出す, 無理にする: ⇨ constrained. **3** 押し込める, 束縛する, 閉じこめる (confine). **4** 強く締めつける, 押しつける (squeeze). **5 a** 力ずくで抑える[控えさせる]. **b** …の自由を制限する, 抑制する, 窮屈にする. **6** 苦しめる, 圧迫する (distress). **7** 〚物理〛〈力が〉〈運動の自由を〉束縛する: ～*ed* motion 束縛運動. **～·er** *n.* 〖(?*a*1325) *constrei(g)ne(n)* □ OF *constraign-* (stem) ← *constraindre* (F *contraindre*) < L *constringere* ← *con-* 'COM- 1'＋*stringere* to bind (⇨ stringent): CONSTRINGE と二重語〗

con·strain·a·ble /kənstréɪnəbl/ *adj.* 強制[抑制]できる. 〖(*c*1454): ⇨ ↑, -able〗

con·stráined *adj.* **1** 強いられた, 強制された: a ～ confession 強制自白. **2** 不自然な, 無理な, ぎこちない: a ～ manner 不自然な[窮屈な]ようす / a ～ voice [smile] (無理に作った)苦しそうな声[微笑]. **con·stráin·ed·ly** /-nɪdli, -nd-/ *adv.* **con·stráin·ed·ness** /-nɪdnɪs, -nd-/ *n.* 〖(1571): ⇨ -ed〗

con·straint /kənstréɪnt/ *n.* **1** 強制[制限, 抑制]するもの. **2** 圧迫感, 窮屈(な感じ), 当惑 (embarrassment); 気兼ね, 遠慮: feel [show] ～ in a person's presence 人の前に出て気兼ねを感じる[遠慮する] / without ～ 気兼ねなく / put no ～ either upon one's guest(s) or oneself 客も自分も互いに気兼ねのないようにする, 客も自分も互いに打ち解けるようにする. **3 a** 強制, 圧迫 (compulsion): act under [in] ～ 圧迫されて(やむをえず)行動する / by ～ 無理に, 強いて. **b** 幽閉, 監禁, 拘束. **4** 抑えること, 抑制; 束縛. **5** 〚言語〛制約. 〖(*c*1385) □ OF *constreinte* (fem. p.p.) ← *constraindre*: ⇨ constrain〗

con·strict /kənstríkt/ *vt.* **1** 引き締める, 締めつける, すぼめる (contract); 圧縮する (compress); 収斂(しゅうれん)させる: ～ a vein [muscle] 血管[筋]を収縮させる / be ～*ed* in the middle 中くびれである. **2** 〈活動などを〉抑制する, 阻害する; 制限する (restrict). — *vi.* 収縮する, すぼまる. 〖(1732) ← L *constrictus* (p.p.) ← *constringere*: ⇨ constrain〗

con·stríct·ed *adj.* **1** 締めつけた; 圧縮した (compressed). **2** 窮屈な, 狭い (narrow): a ～ outlook 狭い展望, 窮屈な見解. **3** 〚生物〛くびれた: a ～ pod ところどころくびれた豆のさや. 〖(1753): ⇨ ↑, -ed〗

con·stric·tion /kənstríkʃən/ *n.* **1 a** 締めつけ(ること), 緊縮, 圧縮; 括約, 収斂(しゅうれん); 阻害, 圧迫. **b** 締めつけられた状態. **c** 締めつけられる感じ, 窮屈さ. **2** 圧縮された部分, くびれ, 狭窄(きょうさく)部. **3** 締めつけるもの; 阻害[抑圧]するもの. **4** 〚音声〛狭窄, ふさぎ《調音器官によって呼気の通路を狭めること; 摩擦音 (fricative) などにおいて起こる; cf. closure 6》. **5** 〚生理・病理〛絞窄, 狭窄; 収縮. 〖(*a*1400) □ L *constrictiō(n-)* ← *constricus* (p.p.) ← *constringere*: ⇨ constrict, -tion〗

con·stric·tive /kənstríktɪv/ *adj.* **1** 圧縮[締めつけ]の[に関する, による]; 締めつける, 緊縮的な, 括約的な, 収斂性の. **2** 〚音声〛狭窄(音)の. — *n.* 〚音声〛狭窄音《摩擦音 (fricative) など》. **～·ly** *adv.* **～·ness** *n.* 〖(*a*1400) □ LL *constrictīvus*: ⇨ constrict, -ive〗

con·stríc·tor *n.* **1 a** 圧迫[緊縮]させるもの[人]. **b** (血管などの)圧迫器 (compressor). **c** 獲物を絞め殺すニシキヘビ科の大きなヘビの総称《ボア (boa constrictor), アナコンダ (anaconda) など; cf. boa 1》. **2** 〚解剖〛括約筋, 収縮筋. 〖(*a*1735) □ L ～: ⇨ constrict, -or²〗

con·stringe /kənstríndʒ/ *vt.* 《まれ》**1** 締めつける, 緊縮する (constrict). **2** 収縮させる (contract); 収斂させる (astringe). 〖(1601–2) □ L *constringere* to draw together: ⇨ constrain〗

con·strin·gent /kənstríndʒənt/ *adj.* 緊縮させる; 収斂性の. **con·strín·gen·cy** /-dʒənsi/ *n.* 〖(1603) □ L *constringentem* (pres.p.) ← *constringere*: ⇨ constrain, -ent〗

con·stru·a·ble /kənstrúːəbl/ *adj.* 解釈できる.

con·strù·a·bíl·i·ty /-strùːəbíləṭi | -lɪ̀ti/ *n.* 〖(1657): ⇨ -able〗

con·stru·al /kənstrúːəl/ *n.* (事実・資料などの)解釈 (interpretation). 〖(1960): ⇨ construe, -al²〗

con·struct /kənstrʌ́kt/ *vt.* **1** 〈部品などを〉組み立てる (frame); 〈建物などを〉建てる (erect), 〈道路・鉄道などを〉建設する, 敷設する (build), 〈橋・船などを〉建造する, 〈堤防などを〉築造[構築]する (↔ destroy) (⇨ make SYN). **2** 〈文・理論などを〉組み立てる, 構成する, 案出する (↔ deconstruct): ～ a theory [an argument, a sentence] 理論[議論, 文]を組み立てる / ～ the plot of a novel 小説の筋を組み立てる[考案する] / a well-*constructed* novel 構成のうまい小説. **3** 〚数学〛作図する, 構成する: ～ a triangle 三角形を作図する.

— /ká(ː)nstrʌkt | kɔ́n-/ *n.* **1 a** 〚心理〛構成概念. **b** 〚哲学・論理〛構成体, 構成思想[理論]; 論理構成. **2** 構造物, 構築物. **3** 〚文法〛＝construct state.

con·strúct·i·ble /-təbl | -tɪ̀-/ *adj.* 〖(*c*1610) ← L *constructus* (p.p.) ← *construere* ← *con-* 'COM- 1'＋*struere* to pile up, build (⇨ structure)〗

con·strúct·er *n.* ＝constructor.

con·struc·tion /kənstrʌ́kʃən/ *n.* **A** (cf. construct) **1** 建造, 建設, 建築, 敷設, 架設; 建設工事[作業] (cf. destruction): be under [in course of] ～ 建設[建築]中である / *Construction* ahead [掲示] この先工事中 / ～ work 建設工事 / a ～ camp 工事現場の飯場 / a ～ crew [gang] 建設工夫の一団. **2** 建築様式, 構造法 (structure): a building of peculiar ～ 風変わりな[変わった様式の]建物 / a bridge of steel ～ 鉄骨構造の橋, 鉄橋. **3** 建造物, 構築物, 造営物; 組立式舞台装置: a solid [flimsy] ～ 堅固[きゃしゃ]な建物. **4** 〚数学〛作図; 図形: a ～ problem 作図問題. **5** 〚美術・演劇〛構成. **6** 〚美術〛三次元の芸術作品, 立体構成. **7** 〚哲学・論理〛構成《論理的に単純な要素からの複合的対象の形成の手続きおよび成果》.

B (cf. construe) **1** (語句・文・法律・行為などの)解釈 (interpretation): strict [broad, liberal] ～ (憲法などに対する)厳密な[広い, 自由な]解釈 / bear ～ (ある)解釈ができる / put a good [bad] ～ on a person's action 人の行為を善意[悪意]に解釈する / put a wrong [false] ～ on a person's remarks 人の言葉を誤解する / The sentence does not bear such a ～. この文はそんな風には解釈できない. **2** 〚文法〛(文・語句の)構造, 組立て; 構文. 〖(*a*1387) *construccion* □ (O)F *construction* □ L *constructiō(n-)*: ⇨ construct, -tion〗

con·strúc·tion·al /-ʃnəl, -ʃənl/ *adj.* **1** 建設の[に関する, 上の]. **2** 構成的な, 構造上の (structural). **3** 解釈上の. **～·ly** *adv.* 〖(1737): ⇨ ↑, -al¹〗

constrúctional homonýmity *n.* 〚文法〛構文上の同音異義, 同音異義構文.

con·strúc·tion·ism /-ʃənɪzm/ *n.* ＝constructivism. 〖(1924): ⇨ -ism〗

con·strúc·tion·ist /-ʃ(ə)nɪst | -nɪst/ *n.* (法律の)解釈者, (特殊の)解釈を下す人: a strict [broad] ～ (特に, 憲法に)厳正な[広い]解釈を下す人. 〖(1838): ⇨ -ist〗

constrúction pàper *n.* (クレヨンやインクで描くのに適した)色画用紙, 切り抜き細工用紙 (cf. art paper). 〖*c*1924〗

constrúction tràin *n.* 〚鉄道〛建設列車《新設線の工事に使う材料を運ぶための工事列車》.

con·struc·tive /kənstrʌ́ktɪv/ *adj.* **A** (cf. construct) **1** (破壊的に対して)建設的な, 積極的な (↔ destructive): ～ criticism [advice] 建設的批評[忠告]. **2** 建設の[に関する, のための]. **3** 〚美術〛構築的な, 構成主義の. **B** (cf. construe) **1** 解釈に基づく, 解釈上の. **2** (他の事情・行動などからの)間接的推定による, 推定[認定]的な, 擬制の, 準…: ～ theft 推定窃盗. **～·ly** *adv.* **～·ness** *n.* 〖(*a*1680) □ ML *constructīvus*: ⇨ construct, -ive〗

constrúctive dismíssal *n.* 《英》推定的解雇《不当な扱いなどのために被雇用者が辞めざるをえなくなること; 表面的には自発的退職だが, 実際は不当解雇》.

constrúctive fráud *n.* 〚法律〛(間接的に認定できる)推定詐欺《意識的な詐欺手段を用いなくても結果的に詐欺と同様な行為》.

constrúctive tótal lóss *n.* 〚海上保険〛推定[解釈]全損《現実全損に準ずる損害; cf. actual total loss》.

constrúctive trúst *n.* 〚法律〛法定[認定]信託《例えば土地の買主が代金未払いの場合に, 先取特権 (lien) をもつ売主に対して, 買主は(法定信託上の)受託者とされる; cf. express trust》.

con·strúc·tiv·ìsm /-tɪ̀vɪ̀zm | -tɪ-/ *n.* **1** [C-] 〚美術〛構成主義《構築性(手法)を重視する主義・主張で, 抒情性, 幻想性などは退けられる; 1920 年ごろ N. Gabo らによってロシアに起こり西欧に広まった芸術運動; cf. suprematism》. **2** 〚演劇〛構成主義《写実でなく, 線による抽象的立体的な舞台構成》. **3** 〚哲学〛構成主義《数学上の存在物は我々がそれを構成することによってのみ存在するとする考え方; cf. intuitionism》. 〖(1924): ⇨ -ism〗

con·strúc·tiv·ist /-vɪ̀st | -vɪst/ *n.* 構成主義者. — *adj.* 構成主義の. 〖(1928): ⇨ -ist〗

con·strúc·tor *n.* **1** 建設者, 建造者, 工事請負人. **2** 〚海軍〛造船技師, 造船監. 〖(1616): ⇨ -or²〗

cónstruct stàte *n.* 〚文法〛構成状態[語形]《名詞屈折形の一つで, 所有者を示す名詞と共に用いられ被所有物を示す; cf. absolute state, emphatic state》.

con·strue /kənstrúː/ *v.* — *vt.* **1 a** 解釈する, …の意味に取る (⇨ explain SYN); …の意味を推定する (infer): His remarks were wrongly ～*d*. 彼の言葉は誤解された / His laughter was ～*d as* an insult. 彼の笑いは侮辱と解釈された / His attitude was ～*d as* unfriendly. 彼の態度は友情を欠くものと解された. **b** 口頭で訳す. **2 a** 〈語句を〉(文法的に)結合する (combine), (文法的に)〈文を〉組み立てる: In America the verb 'aim' is often ～*d* with an infinitive. 米国では動詞 aim はしばしば不定詞を伴って用いられる. **b** 〈文を〉文法的要素に解剖する; 〈構文を〉文法的に説明する: ～ a sentence 文を解剖する《主語と述語, 動詞と目的語や補語などの関係を明らかにする》.

— *vi.* **1** 文法的に解剖[解釈]する. **2** (文法上)解剖できる, 文法的に解釈できる: This sentence does not ～. この文は文法的に解剖できない, この文は文法的に誤っている. **3** 《廃》推論する.

— /ká(ː)nstruː | kɔ́nstruː/ *n.* **1** 構文解剖. **2** (文法的に文脈をたどる)直訳, 逐語訳.

con·strú·er *n.* 〖(*a*1376) *construe(n)* □ L *construere* to build up: ⇨ construct〗

con·sub·stan·tial /kɑ̀(ː)nsəbstǽnʃəl, -ʃl | kɔ̀nsəbstǽn-, -stáːn-˘/ *adj.* 同質の, 同体の (coessential) 〔*with*〕; 〚神学〛(特に三位一体の子と父が)本同質の: The Son is ～ *with* the Father. 子(キリスト)は父(神)と同質である. **～·ly** *adv.* 〖(*a*1398) □ L *consubstantiālis* (⇨ com-, substance) 《なぞり》← Gk *homooúsios* ← *homós* one and the same＋*ousía* essence, substance: ⇨ -al¹〗

còn·sub·stán·tial·ìsm /-ʃəlɪzm/ *n.* 〚神学〛両体共存[共在]説, 聖体聖餐共在論, 聖体共在説《キリストの肉と血の本質が聖餐式においてパンとぶどう酒の本質に共存するという説で, Luther などの聖餐論の立場; cf. consubstantiation》. 〖(1860): ⇨ ↑, -ism〗

con·sub·stan·ti·al·i·ty /kɑ̀(ː)nsəbstæ̀nʃiǽləṭi | kɔ̀nsəbstæ̀nʃiǽlɪ̀ti, -stɑ̀ːn-/ *n.* 同体[同質]であること, 同(本)質性: the ～ of the three Persons of the Trinity (キリスト・神・聖霊を一身同体とみる)三位一体. 〖(1526) □ L *consubstantiālitās*: ⇨ -ity〗

con·sub·stan·ti·ate /kɑ̀(ː)nsəbstǽnʃièɪt | kɔ̀nsəbstǽnʃi-, -stǽnsi-, -stáːn-/ *vt.* **1** 同体[同質]に結合させる. **2** 同質[同一体]とみなす. — *vi.* **1** (同一体に)合体する. **2** 〚神学〛両体共存説を信じる. 〖(1597) ← ML *consubstantiātus* (p.p.) ← *consubstantiāre* ← *con-* 'COM- 1'＋*substantia* 'SUBSTANCE': ⇨ -ate³〗

con·sub·stan·ti·a·tion /kɑ̀(ː)nsəbstæ̀nʃiéɪʃən | kɔ̀nsəbstæ̀nʃi-, -stæ̀nsi-, -stɑ̀ːn-/ *n.* 〚神学〛両体共存, 聖体聖餐共在, 聖体共在 (cf. consubstantialism, transubstantiation 2, impanation). 〖(1597) □ ML *consubstantiātiō(n-)*: ⇨ ↑, -ation〗

Con·sue·la /kɑ(ː)nswéɪlə | kɔn-; *Sp.* konswéla/ *n.* コンスウェラ《女性名》. 〖《異形》↓〗

Con·sue·lo /kɑ(ː)nswéɪloʊ | kɔnswéɪləʊ; *Sp.* konswélo/ *n.* コンスウェロ《女性名》. 〖□ Sp. ～《原義》(Our Lady of) Counsel〗

con·sue·tude /ká(ː)nswɪ̀tùːd, kənsúːə-, -tjùːd | kɔ́nswɪ̀tjùːd/ *n.* **1** 慣習 (custom). **2** (法律的効力のある)慣例 (usage). 〖(1377) □ L *consuētūdo* custom ← *con-* 'COM- 1'＋*suētus* ((p.p.) ← *suēscere* to be wont: cf. custom): ⇨ -tude〗

con·sue·tu·di·nar·y /kɑ̀(ː)nswɪ̀tùːdənèri, -tjùː-, -dn- | kɔ̀nswɪ̀tjùːdɪ̀nəri˘/ *adj.* 慣習の, 慣例上の (customary): ～ law 慣習法, 伝承の法. — *n.* 慣例書, (修道院などの)儀式次第書. 〖(*a*1410) □ L *consuētūdinārius*: ⇨ ↑, -ary〗

con·sul /ká(ː)nsəl, -sl, -ntsəl, -ntsl | kɔ́n-/ *n.* **1** 領事 (cf. ambassador): an acting ～ 代理領事 / an honorary ～ 名誉領事. **2** (古代ローマの)執政官《王制を倒して成立した共和制の最高官職; 独裁を予防するため定員 2 名》. **3** 〚フランス史〛執政 (1799–1804 年のフランスの最高行政官; 定員 3 名で Napoleon 一世はその第一執政 (First Consul), ついで終身執政となった). 〖(*c*1380) □ L ～: cf. counsel, consult〗

con·sul·age /ká(ː)nsəlɪdʒ | kɔ́nsjʊl-/ *n.* 〚商業〛領事証明手数料. 〖(1599): ⇨ ↑, -age〗

con·su·lar /ká(ː)ns(ə)lə, -nts(ə)- | kɔ́nsjʊlə^(r), -ntsjʊ-/ *adj.* **1** 領事(館)の[に関する]: a ～ assistant [clerk] 領事官補[書記生] / a ～ attaché 領事館員 / be in the ～ service 領事館に勤めている. **2** フランス執政(官)の: the ～ government in France フランスの執政政治. 〖(?*a*1425) □ L *consulāris*: ⇨ consul, -ar¹〗

cónsular àgent *n.* 領事代理.

cónsular cóurt *n.* 〚法律〛領事裁判所.

cónsular ínvoice *n.* 〚商業〛領事送り状.

con·su·late /ká(ː)ns(ə)lɪ̀t, -nts(ə)- | kɔ́nsjʊ-, -ntsjʊ-/ *n.* **1** 領事館. **2** ＝consulship. **3** [the C-] 〚フランス史〛執政政府またその時代 (1799–1804). **4** [しばしば C-] 〚ローマ史〛執政政治; コンスルの職[階級]. 〖(*a*1387) □ L *consulātus*: ⇨ consul, -ate¹〗

cónsulate géneral *n.* (*pl.* **consulates g-**) **1** 総領事館. **2** 総領事の職[権限]. 〖1883〗

cónsul géneral *n.* (*pl.* **consuls g-**) 総領事. 〖1753〗

cónsul·shìp *n.* 領事の職[身分, 地位, 期間]; 執政職. 〖(1541): ⇨ -ship〗

con·sult /kənsʌ́lt/ *v.* — *vt.* **1 a** 〈専門家〉に意見を聞く[ただす], 助言を求める: ～ a teacher about a person's education 教育のことで先生に相談する / ～ a doctor 医者に診てもらう, 医者の診察を求める / ～ one's lawyer 弁護士の意見を聞く[に相談する]. **b** (知識を求めるために)〈参考書・辞書・地図などを〉調べてみる: ～ a dictionary for the meaning of a word 言葉の意味を知るために辞書を引く. **c** 〈時計を〉見る: ～ a watch for the time 時間を知るために時計を見る. **2** 〈人〉と相談する, 協議する〔*about, on*〕. **3** 〈人の感情・利害・便宜などを〉考慮する,

C

C

顧慮する, 念頭に置く (consider): ～ one's own interests, convenience, etc. **4** 《廃》 **a** 論議する (discuss). **b** 工夫する (contrive). **— *vi.* 1 a** 〈人と〉相談する (confer) 〔*with*〕: ～ *with* one's friends [experts] *about* [*on*] the matter その事で友人[専門家]と相談する. **b** 協議する 〈*together*〉: ～ *together about* [*on*] a matter. **2** 顧問[コンサルタント]をする 〔*for*〕: ～ *for* a company 会社のコンサルタントをする.
— /kɑ́nsʌlt, kɑ́(ː)nsʌlt | kɔ́nsʌlt, kɔ́nsʌlt/ *n.* **1** 《まれ》 相談 (consultation). **2** 《古》 陰謀.
～·er /-tə | -tə(r)/ *n.* **～·a·ble** /-təbl/ *adj.* 〘v.: 《*c*1540》 □ (O)F *consulter* □ L *consultāre* to consider maturely ← *consultus* (p.p.) ← *consulere* to consider 《原義》 to gather (the senate) together?. — n.: 《1533》 □ (O)F *consulte*〙

con·sul·tan·cy /kənsʌ́ltənsi, -tn̩-, -ntsi, -n̩tsi/ *n.* **1** コンサルタント業[の仕事]. **2** =consultation. 〘《1955》 ← CONSULT(ANT)+-ANCY〙

con·sul·tant /kənsʌ́ltənt, -tn̩t/ *n.* **1** (専門的な)相談相手, 顧問, コンサルタント; 《英》 専門医, (特に)顧問医師, 立会医 (英国では病院の医科の最上級位を指す). **2** 相談する人. **3** 私立探偵. **～·ship** *n.* 〘《1697》 □ F ～ // L *consultantem* (pres.p.) ← *consultāre*: ⇨ consult, -ant〙

con·sul·ta·tion /kɑ̀(ː)nsəltéɪʃən, -sl̩-, kɑ̀(ː)nts- | kɔ̀nsəl-, -sl̩-, -sʌl-, kɔ̀nts-/ *n.* **1** (専門家の)協議会, 審議会; (病気の診断・治療に関する)医師の協議会: have a ～ with …と協議会を開く. **2 a** (専門家にする)相談, 協議, 諮問; 診察: be in [go into] ～ (*about* [*on*] a matter) (ある事柄について)相談中である[を始める] / in ～ *with* …と相談して. **b** (参考書・辞書などを)参考(にすること), 参照. **3** 《英法》 送還令状 (宗教裁判所から世俗の裁判所へ移管された事件を再び宗教裁判所へ送還する令状). 〘《*c*1425》 □ (O)F ～ // L *consultātiō(n-)*: ⇨ consult, -ation〙

con·sul·ta·tive /kənsʌ́ltətɪv, kɑ́(ː)nsəltèɪt-, -ntsəl- | kənsʌ́ltət-/ *adj.* 相談の, 協議の, 審議の (deliberative); 諮問の (advisory): a ～ body 諮問機関 / a ～ committee 諮問委員会. **～·ly** *adv.* 〘《1583》: ⇨ ↑, -ative〙

con·sul·ta·to·ry /kənsʌ́ltətɔ̀ːri | kənsʌ́ltətəri, kɔ̀nsəltéɪ-, -sl̩-, -tri/ *adj.* =consultative. 〘《1600》 □ L *consultātōrius*: ⇨ consult, -atory〙

con·súlt·ing /-tɪŋ/ *adj.* **1 a** 専門的な助言を与える, 顧問の(資格の), コンサルタントの: a ～ chemist 化学コンサルタント / a ～ engineer 顧問技師. **b** 〈医師が〉診察専門の, 顧問の: a ～ physician (同僚・患者の相談に応じる) 顧問医師. **2** 相談(役)の[に関する, のための]: a ～ room 診察室; 協議室. 〘《1796》: ⇨ -ing²〙

con·sul·tive /kənsʌ́ltɪv/ *adj.* =consultative. 〘1616〙

con·súl·tor /-tə | -tə(r)/ *n.* **1** 相談役. **2** 《カトリック》 **a** 司教 (bishop) の相談役[助言者]. **b** 修道院など院長諮問会議のメンバー. 〘《1611》 □ L ～: ⇨ consult, -or²〙

con·sum·a·ble /kənsúːməbl | -sjúːm-, -súː-/ *adj.* 消費できる, 消耗されうる: Energy is ～. エネルギーは使えばなくなる. **—** *n.* [通例 *pl.*] 消耗品. 〘《1641》: ⇨ ↓, -able〙

con·sume /kənsúːm | -sjúːm, -súːm/ *vt.* **1** 食い尽くす; 飲み尽くす: ～ three bottles of whiskey. **2** 消費する, 消耗する, 使い尽くす (use up); 浪費する (waste): ～ a person's energies, fortune, etc. / Studying ～*s* much of his time. 勉強に大部分の時間を費やす. **3** 〈火災が〉焼き尽くす: The fire ～*d* the whole house. 火事で家は全焼した / The town was ～*d* by fire. 町は丸焼けになった. **4** [通例 p.p. 形で] 〈嫉妬・憎悪などが〉〈人〉の心に食い入る, 〈人を〉夢中にする (engross): be ～*d with* envy 嫉妬に胸を焦がす / He is ～*d with* ambition [a desire to conquer, enthusiasm for dancing]. 彼は野心[征服欲, ダンス熱]で夢中になっている. **—** *vi.* **1** 〈時・蓄えなどが〉消費される, 尽きる. **2** 燃え尽きる, 焼失する; 消滅する. **3** 衰弱する 〈*away*〉. 〘《*c*1380》 *consume(n)* □ (O)F *consumer* // L *consūmere* to take up wholly ← *con-* 'COM- 1'+*sūmere* to take up (← *sus-* 'SUB-'+*emere* to take: cf. assume)〙

con·súm·ed·ly /-mɪ̀dli/ *adv.* 《古》 途方もなく, 非常に (excessively), 極度に (extremely). 〘《1707》: ⇨ -ed, -ly¹〙

con·sum·er /kənsúːmə | -sjúːmə(r), -súː-/ *n.* **1** 消費者, 使用者 (cf. producer): an association of ～*s* 消費者組合. **2** 消費[消耗]する人[もの]. **3** 《生態》 消費者 (動物のように, 取り入れた有機物の大部分をエネルギー準位のより低い有機物に分解するもの; cf. producer 6, food chain). **～·ship** *n.* 〘《*c*1425》: ⇨ -er¹〙

consúmer cónfidence *n.* (経済の先行きに対する)消費者の信頼, 消費者心理 (消費支出などに表れる).

Consúmer Cóuncil *n.* [the ～] 《英》 消費者協議会 (1963–71 年に消費者保護の活動を行った独立団体).

consúmer crédit *n.* 《経済》 消費者信用 (消費財の購入のため金融機関から供与される信用). 〘1927〙

consúmer crédit lífe insùrance *n.* 《保険》 消費者信用生命保険 (月賦購買者の死亡により回収不能となる債権を確保する保険).

consúmer dúrables *n. pl.* 《経済》 耐久消費財.

consúmer gòods *n. pl.* 《経済》 消費財 (消費者の欲望を直接満たすための商品; consumer items ともいう; cf. capital goods, producer goods). 〘1890〙

con·súm·er·ism /-mərɪzm/ *n.* **1** (不正広告・不良商品などに対する)消費者運動. **2** 消費者優先主義 (cf. Naderism). **3** 《経済》 コンシューマリズム, 消費主義 (消費の拡大は経済にとって好ましいとする主張). 〘《1944》: ⇨ -ism〙

con·súm·er·ist /-rɪst | -rɪst/ *n.* **1** 消費者運動家. **2** 消費者優先主義者. **3** 《口語》 流行中の物を欲しがったり買ったりする人. 〘《1965》: ⇨ -ist〙

consúmer ìtems *n. pl.* 《経済》 =consumer goods.

consúmer prìce *n.* 《経済》 消費者価格 (cf. producers' price).

consúmer príce ìndex *n.* 《経済》 消費者物価指数 (略 CPI, cpi; cost-of-living index ともいう). 〘1948〙

Consúmer Repórts *n.* 「コンシューマーリポーツ」(消費者のための商品テスト専門の米国の月刊誌; 記事の公正さのために広告は掲載しない; 1936 年創刊).

consúmer reséarch *n.* 消費者需要調査.

consúmer resístance *n.* 消費者抵抗 (cf. sales resistance).

Consúmers' Associàtion *n.* 《英》 消費者協会 (消費者に商品の品質・サービスの良し悪しなどを報知する機関; 1957 年設立; 略 CA).

consúmers' crédit *n.* =consumer credit.

consúmer socìety *n.* 消費者社会 (cf. admass).

consúmer strìke *n.* (消費者)不買運動[同盟].

consúmer sùrplus *n.* 消費者余剰 (ある商品やサービスに対して消費者が払ってもよいと考える金額と実際に払う金額との差). 〘cf. *consumer's surplus* 《1890》〙

consúmer térrorism *n.* コンシューマーテロリズム, 消費者テロ (メーカーから金をゆすったりする目的で, 食品などに毒物を入れたりする消費者を恐怖に巻き込む犯罪).

consúmer térrorist *n.*

con·sum·ing /kənsúːmɪŋ | -sjúːm-, -súːm-/ *adj.* 心を奪う, 夢中にさせる; 熱烈な: a ～ interest 強い関心.

con·súm·ing·ly *adv.* 熱烈に, 激しく (intently). 〘《*a*1542》: ⇨ -ing², -ly¹〙

con·sum·mate /kɑ́(ː)nsəmɪ̀t, -ntsə-, kənsʌ́m- | kənsʌ́m-, kɔ́nsə-, -ntsə-/ *adj.* **1** 完璧な, 完全な (perfect): a man of ～ virtue 至徳の君子人. **2** 有能な (proficient): a ～ master of his craft その道の達人[名人]. **3 a** 最高の, 極致[極度]にある, 至上の: ～ skill, happiness, etc. **b** 全くの, 極度の (extreme): a ～ knave 途方もない悪人. **4** 《古》 完成した (finished).
— /kɑ́(ː)nsəmèɪt | kɔ́nsə-, -sjʊ-, -ntsə-/ *vt.* **1** 性交[床入り]によって〈結婚などを〉完全なものにする: ～ a marriage. **2 a** 完成[成就]する, 完了する (complete): ～ one's enterprise. **b** 極点に達せしめる; 達成する (achieve): This ～*d* their happiness [misery]. これで彼らの幸福[不幸]はその極点に達した. **—** *vi.* 完全になる.
〘《1447》 □ L *consummātus* (p.p.) ← *consummāre* to accomplish ← *con-* 'COM- 1'+*summa* 'SUM' (← *summus* highest): ⇨ -ate²·³〙

con·súm·mate·ly *adv.* この上もなく, 完全に (completely); 完全の域まで, 極度に. 〘《1613》: ⇨ ↑, -ly¹〙

con·sum·ma·tion /kɑ̀(ː)nsəméɪʃən | kɔ̀nsə-, -sjʊ-/ *n.* **1 a** (性交による)結婚の完成: the ～ of a marriage. **b** 仕上げ, 成就, 完成 (completion); 完全(の域), 完璧 (perfection), 極致 (acme); (目的・願望などの)達成 (attainment). **c** 完成されたもの. **2** 終末 (end), 死 (death). 〘《*a*1398》 □ (O)F *consommation* // L *consummātiō(n-)*: ⇨ consummate, -ation〙

con·sum·ma·tive /kɑ́(ː)nsəmèɪtɪv, kənsʌ́mət- | kɔ́nsəmèɪt-, -sə-, -sjʊ-, kənsʌ́mət-/ *adj.* 完成する, 仕上げの (final). **～·ly** *adv.* **～·ness** *n.* 〘《1683》 ← CONSUMMATE+-IVE〙

cón·sum·mà·tor /-tə | -tə(r)/ *n.* 完成する人; 実行者; (その道の)達人. 〘《1624》 □ LL *consummātor*: ⇨ consummate, -or²〙

con·sum·ma·to·ry /kənsʌ́mətɔ̀ːri | -təri, -tri/ *adj.* **1** =consummative. **2** 《心理》 完了行動の (欲求行動の最終段階でその充足を完了させる行動についていう; 例えば食べ物を手に入れる段階のあと, 食べ物を口に入れて食べる段階など). 〘《1648》: ⇨ -atory〙

consúmmatory behávior *n.* 《心理》 完了行動 (餌を食べるなど本来の欲求を満足させて完了する行動).

con·sump·tion /kənsʌ́m(p)ʃən/ *n.* **1 a** 消費 (cf. production): home ～ 国内消費 / The speech was meant *for* foreign [domestic] ～. その演説は外国に[国民に]聞かせるのが目的であった. **b** 消費高[額]. **2** 消尽, 滅失, 消耗 (waste). **3 a** (体力の)消耗, (病気による)衰弱. **b** 《俗用》 肺結核 (pulmonary tuberculosis). 〘《*a*1398》 □ (O)F *consomption* □ L ← *consumptus* (p.p.) ← *consūmere* 'to CONSUME'〙

consúmption gòods *n. pl.* 《経済》 =consumer goods.

consúmption tàx *n.* 消費税.

consúmption wèed *n.* 《植物》 **1** =sea myrtle. **2** =false wintergreen.

con·sump·tive /kənsʌ́m(p)tɪv/ *adj.* **1** 消費の. **2** 破壊的な (destructive), 浪費的な (wasteful); 消耗的な: a ～ war 消耗戦. **3** 肺病の[に関する, を患わせる], 肺病性[質]の: a ～ cough 肺病の咳. **—** *n.* 肺結核[肺病]患者. **～·ly** *adv.* **～·ness** *n.* 〘《*a*1398》 □ ML *consumptīvus* ← L *consumptus*: ⇨ consumption, -ive〙

cont. 《略》 containing; contents; continent; continental; continue; continued; continuum; contra; contract; contraction; control; controller; 《処方》 L. *contūsus* (=bruised).

Cont. 《略》 Continental.

con·ta·bes·cence /kɑ̀(ː)ntəbésəns, -sn̩s | kɔ̀ntə-/ *n.* 《植物》 雄蕊(ゆうずい)や花粉の萎縮. **còn·ta·bés·cent** /-sənt, -snt/ *adj.* 〘《(1650)》 《1869》 ← L *contābesc(ere)* (*con-* 'COM-'+*tābescere* to decay)+-ENCE〙

Con·tac /kɑ́(ː)ntæk | kɔ́n-/ *n.* 《商標》 コンタック (米国 Menley & James Laboratories 製の総合感冒薬).

con·tact /kɑ́(ː)ntækt | kɔ́n-/ *n.* **1** (二つの物体または表面の)接触, 触れ合い; 連絡, 交渉, 交際: a point of ～ 接触点, 接点 / a disease transmitted by (physical) ～ 接触によって伝染する病気 / be in [not in] ～ with …と接触[連絡, 交際]している[いない] / come into [in] ～ with …と接触[衝突]する / He got burned when his shoulder came into ～ with the electric fence. 肩が通電柵に触れてやけどをした / In this business you come in ～ with all kinds of people. この商売ではあらゆる人との接触がある / get in [into] ～ (with) (…と)接触する / be brought into ～ with …と接触させられる / NASA made ～ with a Russian space station. ナサはロシアの宇宙ステーションと連絡を取った / lose ～ (with) (…との)接触を断つ / put a person in ～ with (連絡先を教えて)人に…と連絡をとらせる. **2 a** 有力な知人, 縁故, 手づる; 仲介者, 情報提供者: a person with many ～*s* 顔の広い人 / Her show business ～*s* [～*s* in show business] helped her to become a star. ショービジネスに有力な知り合いがあり彼女はスターになった. **b** 有力な人とのつきあい[関係]. **c** (商業上の目的で)渡りをつけてある人; 橋渡し役. **3** [通例 *pl.*] =contact lens. **4** 《電気》 **a** 接触; 混線: break ～ (電流の)接触を断つ / make ～ (電流の)接触を行う. **b** 接点, 接触装置. **5** 《数学》 相接, 接触: the path of ～ 接触点の軌跡. **6 a** 《医学》 (伝染病患者との)接触者, 保菌容疑者. **b** 《病理》 =contact dermatitis. **7** 《社会学》 接触 (二人以上の人との間に社会関係の生じる第一段階): direct ～ 直接的接触 (直接互いに相手の顔を見たり声を聞いたりすること) / indirect ～ 間接的接触 (電話や手紙を通して行われるもの). **8** 《通信》 交信; 交信者. **9** 《航空》 (飛行機からの)肉眼による地上観察 (cf. contact flight) (cf. *adv.*): fly by ～ 有視界飛行をする. **10** 《天文》 (天体の見かけ上の)接触. **11** 《地質》 (別種岩石の)接触. **12** 《写真》 =contact print. **13** くつわと手綱による馬と騎手の相互触感.
— *adj.* [限定的] **1 a** 接触の; 接触によって動く[生じる]. **b** 連絡(用)の: ⇨ contact number. **2** 競技者の体と体が触れ合う: ⇨ contact sport. **3** 《航空》 有視界飛行の: ⇨ contact flight. **4** 《地理》 接している, 隣接の.
— *adv.* 《航空》 有視界飛行で (cf. *n.* 9): fly ～ 有視界飛行をする.
— /kɑ́(ː)ntækt, kɑ(ː)ntǽkt, kən- | kɔ́ntækt, kəntǽkt, kən-/ *v.* **—** *vt.* **1 a** …に連絡する, 渡りをつける: ～ a person about something [to make arrangements] 何かについて[手配するために]人と渡りをつける. **b** 会う, 会見する, …と交際する. **2** 接触させる. **—** *vi.* 接触する[している]; 交際する[している].
— *int.* 《航空》 プロペラを回せ! (昔の飛行機で点火スイッチが入り始動準備が整ったことを知らせる合図).
con·tac·tu·al /kəntǽktʃuəl, kɑ(ː)n- | kɔntǽktjuəl/ *adj.* **con·tác·tu·al·ly** *adv.* 〘《1626》 □ F ～ // L *contactus* (p.p.) ← *contingere* ← *con-* 'COM- 1'+*tangere* to touch (⇨ tangent)〙

Con-Tact /kɑ́(ː)ntækt | kɔ́n-/ *n.* 《商標》 コンタクト (米国 Rubbermaid 社製の装飾用ビニール製粘着シート).

con·tact·a·ble /kɑ́(ː)ntæktəbl, kɑ(ː)ntǽkt-, kən- | kɔ́ntækt-, kɔntǽkt-, kən-/ *adj.* 連絡できる. 〘《1962》: ⇨ -able〙

con·tac·tant /kəntǽktənt, kɑ(ː)n- | kən-, kɔn-/ *n.* 《医学》 接触物, 接触原 (皮膚などに接触して症状を誘発する物質). 〘⇨ ↑, -ant〙

cóntact brèaker *n.* 《電気》 (自動)接触遮断器.

cóntact cláuse *n.* 《文法》 接触節 (先行詞と節との間に連結詞がなく, 先行詞に緊密に結びついている節; Jespersen の用語; 例: This is the boy we spoke of. / There is a man below wants to speak to you).

cóntact dermatítis *n.* 《病理》 接触皮膚炎.

con·tact·ee /kɑ̀(ː)ntæktíː | kɔ̀n-/ *n.* 被接触者; (SF で)宇宙人に接触された人.

cóntact electrícity *n.* 《電気》 接触電気 (異なる物質の接触面に発生する電気).

cóntact flìght [flỳing] *n.* 《航空》 有視界飛行 (操縦士が絶えず地上または海上を視界の中に保ちながら行う飛行; cf. instrument flight [flying]).

cóntact inhibìtion *n.* 《生物》 接触阻止, 接触阻害 (培養した細胞が互いに接触したとき, それぞれの運動が止まること; 正常細胞はこの性質をもつが, 癌細胞にはこの性質がない). 〘1965〙

cóntact lèns *n.* コンタクトレンズ. 〘1888〙

cóntact màker *n.* 《電気》 接触子 (電流の接触装置).

cóntact màn *n.* (取引などの)仲介者, 橋渡し役; 渉外係.

cóntact metamórphism *n.* 《地質》 接触変成作用 (地殻の上層部に貫入した高温の岩漿に接触して岩石が変成すること).

cóntact mìne *n.* 《軍事》 (接触によって爆発する)触発機雷.

cóntact nùmber *n.* 連絡先の電話番号 (特に緊急用).

con·tac·tor /kɑ́(ː)ntæktə, kɑ(ː)ntǽktə, kən- | kɔ́ntæktə(r), kɔntǽktə(r), kən-/ *n.* 《電気》 接触器. 〘《1910》: ⇨ -or²〙

cóntact pàper *n.* 《写真》 密着印画紙.

cóntact pòison *n.* 接触毒 (外皮から浸透して害虫を殺す化学農薬).

cóntact potèntial *n.* 〘電気〙接触電位差《contact potential difference ともいう; ⇨ Volta effect》.
cóntact prìnt *n.* 〘写真〙密着印画[焼付け] (cf. projection print).
cóntact prìnting *n.* 〘写真〙密着印画[焼付け]過程[作用], 密着焼付け.
cóntact pròcess *n.* 〘物理・化学〙接触法, 触媒法.
cóntact resìstance *n.* 〘電気〙接触抵抗, 接点抵抗.
cóntact shèet *n.* 〘写真〙密着印画紙, べた焼き.
cóntact spòrt *n.* 〘スポーツ〙接触競技《選手の肉体的接触がプレーの一部として認められているスポーツ; アメリカンフットボール・ボクシング・ホッケーなど》.
cóntact transformàtion *n.* 〘数学〙接触変換《図形の接触が保持されるような変換のこと》.
cóntact twìn *n.* 〘結晶〙接合双晶.
con·ta·di·no /kɑ̀(ː)nṭədíːnoʊ | kɔ̀ntədíːnəʊ; *It.* kontadíːno/ *n.* (*pl.* **-ni** /-niː; *It.* -ni/, **~s**; *fem.* **-na** /-nə; *It.* -na/, *pl.* **-ne** /-neɪ; *It.* -ne/) イタリアの小作農. 〘(1630) □ It. ～ ← *contado* COUNTRY〙
Con·ta·dó·ra Gròup /kɑ̀(ː)nṭədɔ́ːrə- | kɔ̀ntə-; *Am.Sp.* kontaðóɾa/ *n.* コンタドーラグループ《中米のコロンビア・メキシコ・パナマ・ベネズエラの 4 か国からなるグループ; 中米地域問題解決のために 1983 年に結成; 初会合はパナマ沿岸の保養地 Contadora 島で開かれた; 1990 年に解散》.
contagia *n.* contagium の複数形.
con·ta·gion /kəntéɪdʒən/ *n.* **1 a** (病気の直接・間接の)伝染, 感染 (cf. infection 1): spread by ～ 〈病気が〉接触伝染で広まる. **b** 伝染病. **c** (伝染病の)病原体, 病菌. **2** (感情・思想などの)感化, 影響, 伝播(でんぱ); 伝染力, 感化力: the ～ of enthusiasm, fear, fanaticism, etc. **3 a** 悪い感化, 悪風, 病弊: general ～ 世の弊風. **b** 毒, 害毒 (poison). **4** 〘生態〙集落, 集中分布群. 〘(*c*1380) □ L *contāgiō(n-)* touching ← *con-* 'COM- 1' + *tangere* to touch: ⇨ tangent, -ion〙
con·ta·gious /kəntéɪdʒəs/ *adj.* **1 a** (接触)伝染する[性の] (cf. infectious 1); 伝染毒のある: ～ matter 伝染性の物, 伝染物 / a ～ disease (接触)伝染病 / The disease is ～ by touch. その病気は接触によって伝染する. **b** 伝染病患者用の: a ～ ward 伝染病棟[舎, 室]. **2** 病原菌を持っている, 保菌者の. **3** うつりやすい (catching): ～ religious fervor 人にうつりやすい宗教熱 / Laughter is ～. 笑いはうつりやすい, 一人笑うと皆笑う. **4** 〘生態〙集落を形成する, 集中分布の. **～·ly** *adv.* **～·ness** *n.* 〘(*c*1380) □ LL *constāgiōsus*: ⇨ ↑, -ous〙
contágious abórtion *n.* 〘獣医〙(ブルセラ菌による)牛の伝染性流産《infectious abortion ともいう; cf. brucellosis 2》. 〘1910〙
contágious distribútion *n.* 〘統計〙＝contagious process.
contágious écthyma *n.* 〘獣医〙**1** (羊の)壊死桿菌(かんきん)症 (⇨ sore mouth 1 a). **2** ＝sore mouth 2.
contágious epitheliόma *n.* 〘獣医〙伝染性上皮腫, 鶏痘 (⇨ fowl pox).
contágious prócess *n.* 〘統計〙伝播(でんぱ)過程《各時点での変数の値が, 次の時点での変数の値を増大もしくは減少させる作用をする確率過程; contagious distribution ともいう》.
con·ta·gium /kəntéɪdʒəm, -dʒiəm/ *n.* (*pl.* **-gia** /-dʒə, -dʒiə/) 〘医学〙感染[伝染]病原体, 伝染毒素. 〘((1654)) (1870) □ L *contāgium*: ⇨ contagion, -ium〙
con·tain /kəntéɪn/ *vt.* **1 a** (内容や部分として)もつ, 入っている (hold, have): The nest ～*s* six eggs. その巣には卵が 6 つ入っている / This book ～*s* a bibliography. この本には文献目録が載っている. **b** (内容・構成部分として)含む, 包含する, 含有する (⇨ include SYN): be ～*ed* between [within] …の間[中]に含まれる / This beverage does not ～ alcohol. この飲み物にはアルコールは含まれていない / The building ～*s* six rooms. この建物は 6 室ある. **c** 〈人・物・容量などを〉入れる容積がある, 入れられる, (いくら)入る (hold): This jug will ～ a quart. このびんには 1 クォート入る / The room will not ～ all of them. この部屋には皆は入り切れない. **d** …に等しい: A quart ～*s* two pints. 1 クォートは 2 パイントである. **2 a** 阻止する, 抑制する (check, limit): ～ (economic) inflation. **b** 〈感情を〉抑える, 制する (restrain): ～ one's passions 怒りを抑える / ～ one's laughter 笑いをこらえる. **c** [～ *oneself* で] 我慢する, 自制する: I could not ～ *myself* for joy. うれしくてじっとしていられなかった. **d** 〈敵〉の前進・攻撃を阻止する; 〈敵を〉牽制する. **e** 〈敵国〉に封じ込め政策を行う. **3** 〘廃〙保有する, 保持する (keep): what my memory cannot ～ 記憶にないこと. **4** 〘数学〙**a** 〈辺が〈角を〉はさむ, 〈図形を〉包む, 囲む (enclose), 〈集合が〈元や集合を〉含む: a ～*ed* angle 夾角. **b** (ある数で)割り切れる, 〈ある数を〉因数として含む: 15 ～*s* 3 and 5. 15 は 3 と 5 で割り切れる / 4 is ～*ed* in 13 three times with 1 left over. 13 の中に 4 が 3 つあり, 余り 1 となる. — *vi.* 〘廃〙感情を抑える, 自制する. 〘(*c*1300) *coteine(n)* □ (O)F *contenir* < L *continēre* ← *con-* 'COM- 1' + *tenēre* to hold (⇨ tenable)〙
con·tain·a·ble /kəntéɪnəbḷ/ *adj.* 含有できる, 入れられる. 〘(*a*1691): ⇨ ↑, -able〙
con·táined *adj.* **1** 抑制した, 自制した (controlled). **2** 落ち着いた, 静かな (calm). **con·táin·ed·ly** /-nɪ̀dli/ *adv.* 〘(1440): ⇨ -ed 2〙
con·tain·er /kəntéɪnə | -nə(r)/ *n.* **1** 入れ物, 容器. **2** (貨物輸送用)コンテナ. 〘(*c*1443): ⇨ -er[1]〙
contáiner·bòard *n.* 容器用厚紙《段ボール・ボール紙など》. 〘*c*1924〙
contáiner càr *n.* コンテナ(専用)車両.
contáiner-grówn *adj.* 〈植物が〉鉢植えの, プランターに植えた.
con·tain·er·i·za·tion /kəntèɪnərɪ̀zéɪʃən | -raɪ-, -rɪ-/ *n.* (貨物の)コンテナ輸送(化). 〘(1956): ⇨ ↓, -ation〙
con·tain·er·ize /kəntéɪnəràɪz/ *vt.* **1** 〈貨物を〉コンテナに入れる; コンテナで輸送する. **2** 〈船を〉コンテナ輸送用に装備[設計]する. 〘(1956): ⇨ container, -ize〙
contáiner pòrt *n.* (コンテナ船の出入りする)コンテナ港.
contáiner shìp *n.* コンテナ船. 〘1966〙
contáiner shìpping *n.* コンテナ輸送.
con·tain·ment /kəntéɪnmənt/ *n.* **1 a** 封じ込め(政策): the ～ policy 封じ込め政策《現在の境界線内に相手国の勢力を封じ込めようとする政策; 米国 Truman 大統領時代 Kennan により提唱された対ソ政策》. **b** 牽制. **2** 抑制, 拘束 (restraint). **3** 〘物理〙閉じ込め《制御された熱核反応でプラズマが容器の壁と接触するのを防ぐこと; confinement ともいう》. 〘(1655): ⇨ -ment〙
con·tam·i·nant /kəntǽmənənt | -mɪ̀-/ *n.* 汚染物(質). 〘(1934) □ L *contāminantem*: ⇨ ↓, -ant〙
con·tam·i·nate /kəntǽmənèɪt | -mɪ̀-/ *vt.* **1** (接触によって)汚す, 不潔にする (defile); (廃棄物・放射性物質・病原菌・異物などで)汚染する: ～ a river *with* sewage 下水で川の水を汚す / ～*d* blood 汚血 / air ～*d* by radioactivity 放射能で汚染した空気 / Flies ～ food. ハエがつくと食べ物は不潔になる. **2** 悪に染まらせる, 堕落させる: ～ a person's morals by an evil example 悪い手本で人の道徳心を堕落させる. **con·tám·i·na·ble** /-nəbḷ/ *adj.* 〘(?*a*1425) ← L *contāminātus* (p.p.) ← *contāmināre* to mingle, defile ← *con-* 'COM- 1' + *tangere* to touch (⇨ tangent): ⇨ -ate[2,3]〙

SYN 汚染する: **contaminate** 不潔[不純]な物との接触によって不潔[不純]にする: Flies *contaminate* milk. ハエがついて牛乳は不潔になる. **taint** 悪しき物が不純にする[腐敗させる]: His mind was *tainted* from reading bad books. 悪書を読んで彼の心は汚されていた. **pollute** 〈水・空気・土地などを〉危険なまでに汚染する: The water at the beach was *polluted* by refuse from the factory. 海辺の水は工場の廃棄物で汚染されていた. **defile** 〈清純・神聖なものを〉汚す《格式ばった語》: Many rivers are *defiled* by pollution. 汚染によって多くの川が汚くなっている / *defile* a temple with blood 寺院を血で汚す.

---

con·tam·i·na·tion /kəntæ̀mənéɪʃən | -mɪ̀-/ *n.* **1** 汚れ, 汚染, 汚濁. **2** 害毒を流すもの; 堕落させるもの (contaminant). **3** (原文・記録・物語などの)不純な混合. **4** 〘言語〙混交, 混成《例えば *whirlicane* は whirlwind と hurricane の混交; blending ともいう; hybridism 2》. **5** 〘地質〙＝assimilation 3 b. 〘(?*a*1425) □ LL *contāminātiō(n-)*: ⇨ ↑, -ation〙
con·tam·i·na·tive /kəntǽmənèɪṭɪv, -nəṭ- | -tǽmɪ̀nət-, -nèɪt-/ *adj.* 汚染する, 汚濁性の, 汚す. 〘(1826) ← CONTAMINATE + -IVE〙
con·tám·i·nà·tor /-ṭə | -tə(r)/ *n.* 汚染するもの[人]. 〘(1820) □ L ～ ← *contāmināre*〙
con·tan·go /kəntǽŋgoʊ | kəntǽŋgəʊ, kɔn-/ *n.* (*pl.* **～s, ～es**) 〘英〙〘証券〙**1** (London 証券取引所の 2 週間決済取引における)繰延べ取引《決済を次期の決済期日まで繰り延べるための取引; carry-over, continuation ともいう》. **2** (繰延べ取引における)買株の繰延べ料《買主から繰延べ取引の相手方に支払われる》; 繰延べ金利, 繰延べ日歩 (cf. backwardation). — *vt.* 繰り延べる. 〘(1853) (転訛) ← ? CONTINGENT ∥ CONTINUE〙
contángo dày *n.* 〘英〙〘証券〙繰延べ取引日《繰延べ取引 (contango) が行われる日で, 決済処理期間 (settlement) の第 1 日; making-up day, continuation day ともいう》.
contd 《略》continued.
conte /kɔ̃ː(n)t, kɔ́ːnt; *F.* kɔ̃ːt/ *F. n.* (*pl.* **～s** /～s; *F.* ～/) コント, 短編《特に, 冒険談・誘惑話》. 〘(1891) □ F ～ ← *conter* to recount〙
con·té /kɔ̃ː(n)téɪ, kɔːn-; *F.* kɔ̃te/ *n.* 〘美術〙**1** [C-] 〘商標〙コンテ《木炭より堅いデッサン用のクレヨンの一種; conté crayon ともいう》. **2** コンテによる下絵, スケッチ. 〘(1852) ← *Nicolas-Jacques Conté* (1755–1805: これを考案したフランス人)〙
con·temn /kəntém/ *vt.* 《文語》軽蔑する, 侮辱する (⇨ despise SYN). **con·tém·ni·ble** /-nəbḷ | -nɪ̀-/ *adj.* **con·tém·ni·bly** *adv.* 〘(*c*1425) □ OF *contemner* ∥ L *contemnere* to despise ← *con-* 'COM- 2' + *temnere* to despise〙
con·témn·er /-témə | -mə(r)/ *n.* 《文語》軽蔑者. 〘(1513) □ F 《廃》*contempneur*〙
con·tém·nor /-témnə, -témə | -mnə(r), -mə(r)/ *n.* **1** 《文語》＝contemner. **2** 〘法律〙法廷侮辱罪を犯した人. 〘1877〙
contemp. 《略》contemporary.
con·tem·pla·ble /kəntémpləbḷ/ *adj.* 観照[黙想, 意図]できる. 〘(1611) □ L *contemplābilis*: ⇨ ↓, -able〙
con·tem·plate /kɑ́(ː)nṭəmplèɪt, -tɛm- | kɔ́ntəm-, -tɛm-/ *vt.* **1 a** 〈これからやりそうな行動など〉についてじっくり[時間をかけて]考える (⇨ consider SYN); もくろむ, 意図する (intend): ～ a trip, a literary work, suicide, etc. / ～ doing …することを考えてみる; …しようともくろむ / He ～*d* marrying her in the future. 将来彼女と結婚することを考えていた. **b** 〈問題など〉について熟考[長考]する, 沈思[黙考]する: ～ a problem / ～ the future with confidence 自信を持って将来を見すえる. **2** 予期する, 予想する (expect); 心に描く, 夢想する (envision). **3** じっと見る[見つめる], 熟視する, 静観する; 〈芸術品などを〉鑑賞する: ～ the scene / They ～*d* each other for several minutes. 数分間お互いじっと見つめ合った. — *vi.* 静観する, 沈思[黙考]する; (宗教的に)瞑想(めいそう)する. 〘(1553) ← L *contemplātus* (p.p.) ← *contemplārī* to look upon, observe ← *con-* 'COM- 2' + *templum* 'TEMPLE[1]'〙
con·tem·pla·tion /kɑ̀(ː)nṭəmpléɪʃən, -tɛm- | kɔ̀ntəm-, -tɛm-/ *n.* **1** 沈思, 黙考, 黙想 (meditation); (宗教的な)瞑想: be lost [deep] in ～ 黙想にふけっている. **2** 熟視(すること); 静観, 観照: derive inspiration from the ～ of nature 自然の静観から霊感を得る. **3 a** 企図, 計画 (plan): an enterprise under ～ 計画中の事業 / have something in ～ 何か計画している. **b** 予期, 期待 (expectation). **4** 《廃》熟考 (consideration). 〘(?*a*1200) □ (O)F ～ □ L *contemplātiō(n-)*: ⇨ ↑, -ation〙
con·tem·pla·tive /kəntémpləṭɪv, kɑ́(ː)nṭəmplèɪṭ-, -tɛm- | kɔ́ntəmplèɪt-, -təm-, kəntémplət-/ *adj.* 静観[観照]的な, 黙想にふける (thoughtful); 瞑想する (⇨ pensive SYN): a ～ life (隠者などの)黙想生活 / be ～ of …を凝視[黙考]している. — *n.* (宗教的)黙想にふける人. **～·ness** *n.* 〘(1340) □ OF *contemplatif*, *-ive* □ L *contemplātīvus*: ⇨ contemplate, -ative〙
con·tém·pla·tive·ly *adv.* 黙想的に, 沈思[黙考]して. 〘(*a*1400): ⇨ ↑, -ly[1]〙
cón·tem·plà·tor /-ṭə | -tə(r)/ *n.* 熟考者; 黙想者, 沈思する人, 静観者. 〘(*c*1443) □ L *contemplātor*: ⇨ contemplate, -or[2]〙
con·tem·po·ra·ne·ous /kəntèmpəréɪniəs, kɑ(ː)n- | kən-, kɔn-/ *adj.* **1** 〈物・事件が〉同期間[時期]に存在した[起こった] 〔*with*〕. **2** 同時代の 〔*with*〕 (⇨ contemporary SYN): be ～ *with*…と同時代[時期]に属する. **con·tem·po·ra·ne·i·ty** /kəntèmpərəníːəṭi, kɑ(ː)n-, -néɪə- | kəntèmp(ə)rəníːɪ̀ti, kɔn-, -néɪə-/ *n.* **～·ly** *adv.* **～·ness** *n.* 〘(1656) ← L *contemporāneus* (← *con-* 'COM- 1' + *tempor-*, *tempus* time) + -OUS〙
con·tem·po·rar·y /kəntémpərèri | -p(ə)rəri/ *adj.* **1 a** 現代の, 当代の (present-day): ～ literature [society, writers] 現代文学[社会, 作家]. **b** 〈美術・作品など〉現代的な, (超)モダンな ((ultra)modern): ～ art, design, furniture, etc. **2** 〈人・作品が〉同時代[時期]に存在した[起こった], 同時代[時期]に属する 〔*with*〕: Scott was ～ *with* Byron. スコットはバイロンと同時代の人であった. **3** 同時に起こる (simultaneous). — *n.* **1** 同時代の人: one's *contemporaries* at school 同じころ学校にいた生徒, 同期生 / our *contemporaries* 我々と同時代の人々, 当今[現代]の人々 / plays by Shakespeare's *contemporaries* シェークスピアと同時代の劇作家による劇. **2** 同年輩の人. **3** 同時発行の他の新聞・雑誌: our ～ 同業紙. **con·tem·po·rar·i·ly** /kəntèmpərérəli, kɑ(ː)n-, ―⌐―⌐―― | kəntémp(ə)rərɪ̀lɪ̀/ *adv.* **con·tém·po·rar·i·ness** *n.* 〘(1631) □ ML *contemporārius* ← L *con-* 'COM-' + L *temporārius* 'TEMPORARY'〙

SYN 同時の: **contemporary** 〈人や作品が〉同じ時代に属する: Marlowe was *contemporary* with Shakespeare. マーローはシェークスピアと同時代人であった. **contemporaneous** 〈主に事件が〉同じ時代に属する: The two discoveries were *contemporaneous*. この二つの発見は同時期のものだった. ★ *contemporary* は主に現在に, *contemporaneous* は過去に関連して用いられる. **coeval** 《文語》(特に遠い過去において)時期を同じくする; 〈人が〉同じ年齢で: This custom is *coeval* to mankind. この慣習は人類誕生と共に生まれたものだ / Mr. Green is *coeval* with my father. グリーンさんは父と同い年だ. **synchronous, simultaneous** 同時に起こる[進行する]: have *synchronous* origin 同時発生する / The two *simultaneous* shots sounded like one. 同時に起こった 2 発の銃声は 1 発のように聞こえた. ★ 前者はコンピューターなど科学技術に関して用いられることが多い.
ANT preceding, prior, following.

---

con·tem·por·ize /kəntémpəràɪz/ *vt.* 同じ時代にする; …の時代を同じにする: ～ oneself *with* bygone times 自分の身を昔に置いて考える. — *vi.* 時代[時期]を同じくする. 〘(1646) ← L *contemporāre* (← *con-* 'COM-' + *tempus* time) + -IZE〙
con·tempt /kəntém(p)t/ *n.* **1 a** 軽蔑(すること), 蔑視, 侮辱 (disdain, scorn): an object of ～ 侮りの的 / in ～ of …を軽蔑して / have [feel] a ～ for …を軽蔑する / hold [have] a person in ～ 人を侮って[軽蔑して]いる / show ～ 軽蔑を示す / speak with ～ 軽蔑して語る / be beneath ～ 軽蔑にも値しない. **b** 無視, 軽視. **2** 恥辱, 不面目 (disgrace): bring a person into ～ 人に恥辱を与える, 人を卑しめる / bring the ～ of the world upon oneself 世間の侮りを(身に)招く / fall into ～ 侮辱を受ける, 侮られる / live in ～ 恥ずかしい生活をする. **3** 〘法律〙(司法・立法機関に対する)侮辱罪.
contémpt of Cóngress 《米》議会[国会]侮辱罪.
contémpt of cóurt 〘法律〙法廷侮辱罪.
〘(*a*1393) □ L *contemptus* scorn (p.p.) ← *contemnere* to despise: ⇨ contemn〙
con·tempt·i·bil·i·ty /kəntèm(p)təbíləṭi | -tɪ̀bílɪ̀ti/ *n.* 卑しむべき性質[こと], 卑劣, 陋劣(ろうれつ). 〘(1611) □ LL *contemptibilitātem*: ⇨ ↓, -ibility〙

C

con·tempt·i·ble /kəntém(p)təbl̩ | -tɪ̩-/ adj. 1 卑しむべき, 陋劣な, 卑劣な, 浅ましい, 見下げ果てた (despicable). 2 《廃》=contemptuous 1. **~·ness** n. **con·témpt·i·bly** adv. 〖《c1384》□ LL *contemptibilis*: ⇨ contempt, -ible〗

con·temp·tu·ous /kəntém(p)tʃuəs, -tʃəs | -tʃuəs, -tju-/ adj. 1 侮辱する(ような), 軽蔑的な, さげすみの (scornful); 傲慢(ごう)な (insolent); 〔…を〕軽蔑する 〔*of*〕: a ~ air, look, smile, etc. / He is always ~ *of* my opinion. 彼は私の意見をいつも軽蔑する. 2 《古》=contemptible 1. **~·ly** adv. **~·ness** n. 〖《1529》← L *contemptus* 'CONTEMPT'+-OUS〗

con·tend /kənténd/ vi. 1 〔困難などと〕闘う (struggle) 〔*with*〕; 〔自由などを求めて〕闘う 〔*for*〕: ~ *with* difficulties / ~ *for* one's faith [existence, freedom] 信念[生存, 自由]のために闘う / have a lot to ~ *with* 多くの困難を切り抜けていかなければならない, 前途多難である. 2 論争する, 議論を戦わす (discuss); 言い争う: ~ *against* opponents 相手をやっつけようと[論破しようと]論争する. 3 争う, 競う 〔*with*〕 (⇨ compete SYN): ~ *with* others *for* a prize 人と賞を争う / ~*ing* passions 相争う二つの感情 / ~*ing* factions 抗争する派閥. — vt. 1 (強く)主張する (maintain) 〈*that*〉: I ~ *that* he is innocent. ="He is innocent," I ~. 彼は無実だと私は主張する. 2 争う, 競う. **~·ing·ly** adv. 〖《?1440》□ OF *contendre* // L *contendere* to stretch, strive ← *con-* 'COM- 1'+*tendere* to stretch (⇨ tend¹)〗

con·tend·er /kənténdə | -də(r/ n. 1 (特に, 優勝などをかけての)競争者 (contestant). 2 論争者; 主張者. 〖《1547》: ⇨ ↑, -er¹〗

con·tent¹ /kɑ́(ː)ntent | kɔ́n-/ n. 1 [通例 pl.] a (容器の)中身, 内容物: *Contents*: printed matter 印刷物在中 / the ~*s* of a bag, bottle, etc. b (書物・文書などの)内容; (内容の)目次: a table of ~*s* 目次, 内容目録. 2 a (作品・論文などの)趣意, 要旨 (substance): the ~(*s*) of a chapter, statement, etc. b 本質的な意味, 真意. c (形式に対して, 実質のある)内容 (substance): the emotional ~ of a poem. d (メディアの)内容, コンテンツ. 3 a (研究分野で扱う)主題, 問題. b 部分を構成するもの, 部分 (part). 4 含有量, 含量: the silver ~ of an ore 鉱石の銀含有量. 5 a (船などの)容量 (capacity); 大きさ (size). b 容積, 面積: solid [cubical] ~(*s*) 容積, 体積 / superficial ~(*s*) 面積. 6 〖言語〗内容 《言語構造の意味の面; cf. expression 7, form 15》. 7 〖数学〗容量. 8 〖心理〗意識内容 《感覚・感情などから構成される意識的な経験の内容; 構成心理学の用語》. 〖《a1420》□ L *contenta* (pl.) ← *contentum* (neut. p.p.) ← *continēre*: ⇨ contain〗

con·tent² /kəntént/ adj. [叙述的] 1 満足で, 満足して (⇨ contented ★) 〔*with*〕 / 〈*to* do, *that*〉: He is ~ *with* his position [lot]. 彼の地位[境遇]に満足している / He is ~ *to* live here. ここに住むことに満足している / live [die] ~ 安んじて暮らす[死ぬ] / rest ~ 満足する, 気が休まる, 甘んじる. 2 a [be well ~ *to* do として] 喜んで, 進んで (well pleased): I am *well* ~ *to* remain here. 私は喜んでここにとどまっている. b [be ~ *to* do として] 《古》進んで (willing). 3 《英》(上院で)賛成で. ★ 英国上院では下院の aye, no に対して content, not content を用いる. — vt. 1 [~ *oneself* または受身で] 満足する[している], 甘んじる[ている] (⇨ contented) 〔*with*〕 (⇨ satisfy SYN): I ~*ed myself* [*was* ~*ed*] with my position [lot]. 自分の地位[境遇]に満足した[していた]. 2 …に満足を与える, 満足させる: Nothing will ever ~ him. どんな事[物]でも彼は決して満足しないだろう. — n. 1 満足(な状態) (contentment); (特に)不満・不安・動揺のない状態, 満足感, 安心感 (↔ discontent): to one's heart's ~ 心ゆくまで, 存分に / live in peace and ~ 心安らかに何不足なく暮らす. 2 《英》(上院で)賛成(投票); 賛成投票者 (↔ noncontent). **~·ly** adv. 〖v.: 《1418》□ (O)F *contenter* □ ML *contentāre* ← L *contentus* (p.p.) ← *continēre* (↑). — n. & adj.: 《?a1400》← (v.)〗

cóntent-addréssable stórage n. 〖電算〗=associative storage.

cóntent anàlysis n. 〖社会学・心理〗内容分析 《新聞記事・放送番組など主としてマスコミの送り内容を統計的に調査・分析してその意味・目的・結果などを推定・批判すること》. 〖1945〗

con·tent·ed /kənténtɪ̩d | -tɪ̩d/ adj. 満足して(いる) 〔*with*〕 / 〈*to* do, *that*〉; 意を安んじて(いる): a ~ look 満足そうな顔つき / She is ~ *with* things as they are [*to* stay at home]. 現状に[家にいることに]満足している. ★ content (*adj.*) は叙述的にのみ用いられ, contented は限定的にも用いられる. **~·ness** n. 〖《1461》: ⇨ content², -ed 2〗

con·tént·ed·ly adv. 満足して; 甘んじて. 〖《1556》: ⇨ ↑, -ly¹〗

con·ten·tion /kənténʃən, -ntʃən/ n. 1 論点, 主張 (claim): His ~ was that … 彼の論点は…であった. 2 口論, 論争, 論戦 (dispute) (⇨ discord SYN): a bone of ~ ⇨ bone¹ 成句. 3 争い, 闘争 (struggle). 4 a 競争 (competition). b 〖電算〗(デバイスの)競合. 5 《古》努力. **~·al** /-ʃnəl, -ʃənl/ adj. 〖《c1384》□ (O)F ~ // L *contentiō(n-)* ← *contentus* (p.p.) ← *contendere*: ⇨ contend, -tion〗

con·ten·tious /kənténʃəs, -ntʃəs/ adj. 1 〈問題など〉議論を呼びそうな, 議論[異論]のある: a ~ clause in a treaty 条約中論議の中心になる条項. 2 a 争いを好む, 論争的な (⇨ belligerent SYN): ~ people けんか好きの人たち / be of a ~ disposition 争い好き(の性質)である. b 口論[けんか]に役立つ[に用いられる]: ~ language けんか言葉. 3 〖法律〗係争の, 争訟の: a ~ case 係争事件, 争訟事件. **~·ly** adv. **~·ness** n. 〖《c1430》(O)F *contentieux* // L *contentiōsus* (⇨ contention)+-OUS〗

cóntent·less adj. 内容のない, 無内容の, 不満な.

con·tent·ment /kənténtmənt/ n. 1 a 満足: in patient ~ with very little 乏しきに心足りて / *Contentment* is better than riches. 《諺》足るを知るは富にまさる. b 満足させるもの. 2 《古》満足する[させる]こと. 〖《1437》□ (O)F *contentement*: ⇨ content², -ment〗

cóntent psychòlogy n. 内容心理学 《意識内容とその構成を研究対象とする心理学》.

cóntent sùbject n. 〖教育〗内容教科 《理科・社会などのような一定の系統的な知識をその内容とし, それらについて理解させることを目標とする教科; cf. tool subject》.

cóntent wòrd n. 〖文法〗内容語 《そのままで辞書的意味 (lexical meaning) を表す語; cf. full word, function word》. 〖1940〗

con·ter·mi·nal /kəntə́ːmənl̩, kɑ(ː)n- | kɔntə́ːmɪ̩nl̩, kən-/ adj. =conterminous. 〖《1802》← *con-* 'COM-'+TERMINAL〗

con·ter·mi·nous /kəntə́ːmənəs, kɑ(ː)n- | kɔntə́ːmɪ̩-, kən-/ adj. 1 界[境界線]を共にしている, 隣接する 〔*with, to*〕. 2 a 〈空間・時間・意味など〉同一境界内の, 同一延長の, 完全に重なり合う (coextensive) 〔*with*〕. b ひとつの共通の境界に囲まれた: the ~ states of the United States. **~·ly** adv. 〖《1631》← L *contermin(us)* bordering upon (← *con-* 'COM- 1'+*terminus* boundary)+-OUS〗

con·tes·sa /kəntésə; It. kontéssa/ n. =countess. 〖《1819》□ It. ~ (fem.) ← *conte* 'COUNT²'〗

con·test /kɑ́(ː)ntest | kɔ́n-/ n. 1 競争, コンテスト, コンクール (competition): a musical [poetry] ~ 音楽[詩]コンクール / a public-speaking ~ 弁論大会 / a ~ for the championship 選手権争奪戦 / win a beauty ~ 美人コンテストで優勝する. [日英比較] 日本語の「コンクール」はフランス語の concours から. 英語では *contest* である. 2 a 論戦, 論争. b 争い, 抗争 (strife): a bloody ~ *for* power 血なまぐさい権力闘争. ***It's nó cóntest.*** 楽勝だ, かるいもんだ.
— /kəntést, kɑ́(ː)ntest | kəntést, kɔ́ntest/ v. — vt. 1 〈勝敗・戦い・土地などを〉争う (⇨ compete SYN): ~ a position, prize, match, etc. / ~ a seat (代議士の)議席を争う. 2 論争する (dispute): ~ a point [suit] ある点[訴訟]を争う / ~ a divorce [will] 離婚[遺言]に異議を申し立てる / ~ a decision 決定に異議を唱える / ~ the result of an election 選挙結果に異議を申し立てる. 3 《米》〈選挙〉の結果に異議を唱える: ~ an election. ★「選挙結果に異議を唱える」と「候補者が選挙戦をたたかう」の両意がある. — vi. 争う, 競う, 議論を戦わせる 〔*with, against, for*〕.
~·er /-tə | -tə(r/ n. **con·tést·ing·ly** adv. 〖《1579》□ F *contester* to argue □ L *contestārī* to call to witness ← *con-* 'COM- 1'+*testārī* to witness (⇨ testament)〗

con·test·a·ble /kəntéstəbl̩, kɑ́(ː)ntest- | kəntést-, kɔ́ntest-/ adj. 争われる, 論争される: a ~ statement いろいろと問題のある陳述. **con·tést·a·bly** adv. **~·ness** n. **con·test·a·bil·i·ty** /kəntèstəbíləti | -lɪ̩ti/ n. 〖《1702》: ⇨ ↑, -able〗

con·tes·tant /kəntéstənt/ n. 1 a 争う人, 論争者; 競争者 (competitor); (競演会などの)出演者. b (選挙の)競争候補者. 2 《米》(選挙結果に対する)異議申し立て人. 3 《米》〖法律〗(遺言の有効性に関する)異議申し立て人. — adj. 競争[論争]している, 論争中の. 〖《1665》□ F ~ (pres.p.) ← *contester* 'to CONTEST': ⇨ -ant〗

con·tes·ta·tion /kɑ̀(ː)ntestéɪʃən | kɔ̀n-/ n. 1 論争, 争論 (disputation); 異議申し立て, 争訟: in ~ 係争[論争]中の. 2 論争点, 争点, (論争の)立脚点. 〖《1548》□ L *contestātiō(n-)*: ⇨ contest, -ation〗

con·tést·ed eléction /-tɪ̩d-/ n. 《米》(落選者から無効だという)異議のある選挙 《議会は異議申し立てを選挙管理委員会に調査・勧告させ, 院の過半数の承認を経て決定; cf. contest vt. 3》.

con·text /kɑ́(ː)ntekst | kɔ́n-/ n. 1 (事柄の)関係, 情況: in a social ~ / put into [in] ~ 〈人[事]か〈現象などを〉情況[背景]の中で正しく理解させる[する]. 2 (文章の)前後関係, 文脈, 脈絡. ***in this cóntext*** (1) この前後関係において, この文脈で. (2) このような関係[情況]において(は). ***òut of cóntext*** 前後関係がなく.
〖《?a1425》□ L *contextus* connexion (p.p.) ← *contexere* ← *con-* 'COM- 1'+*texere* to weave, join: cf. texture〗

con·tex·tu·al /kɑ(ː)ntékstʃuəl, kən-, -tʃʊl | kɔntékstjuəl, -tjʊl, -tʃuəl, -tʃʊl/ adj. 前後関係からみた, 文脈上の. **~·ly** /-tʃuəli, -tʃʊli | -tjuəli, -tjʊli, -tʃuəli, -tʃʊli/ adv. 〖《1812–29》← L *contextus* (↑)+-AL¹〗

contéxtual definítion n. 〖論理・哲学〗文脈定義.

con·tex·tu·al·ism /-lɪzm/ n. 〖哲学〗コンテクスト理論 《言明や概念は文脈を離れては意味をもたないとする; cf. pragmatism, operationalism》. 〖《1929》: ⇨ -ism〗

con·tex·tu·al·ize /kɑ(ː)ntékstʃuəlàɪz, kən-, -tʃʊl- | kɔntékstjuəl-, -tjʊl-, -tʃuəl-, -tʃʊl-/ vt. 1 〈言葉を〉前後関係[文脈]に置く. 2 〈活動を〉情況に置く. **con·tex·tu·al·i·za·tion** /kɑ(ː)ntèkstʃuəlɪ̩zéɪʃən, kən-, -tʃʊl- | kɔntèkstjuəlaɪ-, -tʃuəl-, -tʃʊl-, -lɪ-/ n. 〖《1934》: ⇨ -ize〗

con·tex·ture /kəntékstʃə | -tʃə(r/ n. 1 織り合わせること; 織り方. 2 織り混ぜた物; 織物 (fabric). 3 組織, 構造 (structure); 構築, 構成. 4 =context. **con·téx·tur·al** /-tʃərəl/ adj. 〖《1603》□ F ~ ← L *contexere* to weave together: ⇨ context, -ure〗

contg 《略》containing.

con·ti·gu·i·ty /kɑ̀(ː)ntɪ̩gjúːəti | kɔ̀ntɪ̩gjúːɪ̩ti/ n. 1 接触(していること); 隣接, 近接 (proximity). 2 《まれ》連続したもの, 広がり. 3 〖心理〗接近 《時間的に接近した刺激と反応との間に結合が生じること》. 〖《1641》□ F *contiguité* // LL *contiguitātem* ← L *contiguus* (↓): ⇨ -ity〗

con·tig·u·ous /kəntígjuəs/ adj. 1 a 接触する; 隣接する, 地続きの (adjoining) 〔*to*〕 (⇨ adjacent SYN): a park ~ *to* the highway 公道に隣接する公園. b ごく近くの, 近接した (nearby). c 連続した, 途切れのない (unbroken). 2 (時間的に)続いて起こる, すぐ続く; 連続的な. 3 隣接角の. **~·ly** adv. **~·ness** n. 〖《1609》□ L *contiguus* touching (← *contingere* to touch on all sides: ⇨ contingent)+-OUS〗

con·ti·nence /kɑ́(ː)ntənəns, -tn̩- | kɔ́ntɪ̩n-/ n. 1 欲望・衝動を抑えること, 自制, 克己 (self-restraint). 2 (性欲の)節制, 禁欲. 3 排泄抑制能力. 〖《c1378》□ (O)F ~ // L *continentia* ← *continentem*: ⇨ continent², -ence〗

cón·ti·nen·cy /-nənsi/ n. 《まれ》=continence. 〖《?a1425》: ⇨ ↓, -ency〗

con·ti·nent¹ /kɑ́(ː)ntənənt, -tn̩- | kɔ́ntɪ̩n-/ n. 1 a 大陸 《通例 Europe, Asia, Africa, North America, South America, Australia, Antarctica の一つ》: the New *Continent* 新大陸 《ヨーロッパ・アジアおよびアフリカの旧大陸に対して南北アメリカをいう》 / the Old *Continent* 旧大陸 / ⇨ Dark Continent. b [the C-] 《英国に対して》ヨーロッパ大陸. 2 《古》a (果てしなく広がる)陸地, 本土 (mainland). b 広大な場所; 広がり: I was amazed at the vast ~ of his ignorance. 彼の無知の世界があまりに広いのに驚いた. 〖《1559》□ L *continentem*, (*terra*) *continēns* continuous (land): ↑〗

con·ti·nent² /kɑ́(ː)ntənənt, -tn̩- | kɔ́ntɪ̩n-/ adj. 1 自制(心)のある, 克己の, 節制を守る (temperate). 2 性欲を節する, 禁欲の. 3 排泄を抑制できる. 4 《古》収容力のある (capacious). 5 《廃》a 抑制する, 制限的な (restrictive). b 続いている (continuous). — n. 1 《古》a 容器. b 境界. 2 《廃》内容, 収容力 (content). 〖adj.: 《a1384》□ L *continentem* (pres.p.) ← *continēre* to hold together, repress: ⇨ contain, -ent. — n.: 《?c1425》□ L *continentem*〗

con·ti·nen·tal /kɑ̀(ː)ntənéntl̩, -tn̩- | kɔ̀ntɪ̩néntl̩⁻/ adj. 1 a 大陸の[に関する, 特有の]; 大陸性の. b [C-] 《英国風の, に対して》ヨーロッパ大陸の, ヨーロッパ大陸風[式]の: a *Continental* tour. c 北米大陸の; [C-] 《米国独立戦争当時の》アメリカ植民地の: ⇨ Continental Sunday. 2 [否定構文で] 無価値の (worthless): *not* worth a ~ damn 三文の値打ちもない. — n. 1 [通例 C-] 《英国人に対する》ヨーロッパ大陸人. 2 a [C-] 《独立戦争当時の》アメリカ兵. b 《俗》《独立戦争当時の無価値となった》大陸紙幣 (cf. Continental money). 3 [否定構文で] 少量 (damn): *not* care [*not* worth] a ~ ちっともかまわない[三文の値打ちもない]. **~·ly** /-təli, -tl̩i | -təli, -tl̩i/ adv. 〖《1760》: ⇨ ↑, -al¹〗

Cóntinental Ármy n. [the ~] 〖米史〗大陸軍 《独立戦争の当初 (1775), George Washington が組織し指揮したアメリカ植民地の軍隊; 約 5000 人の志願兵からなっていたが, 不定期的に各 State の民兵の補充で, 時として 20,000 人に達することもあった; cf. Washington Elm》.

cóntinental bréakfast n. (パンとコーヒーだけの)ヨーロッパ式朝食. 〖1911〗

Cóntinental Céltic n. 〖言語〗大陸ケルト語 《Gaulish に代表される, 古代にヨーロッパ大陸で話されていたケルト語》.

cóntinental clímate n. 〖気象〗大陸気候 《大陸内部特有の気候で, 気温の年較差も日較差も共に大きく, 降水量も湿度も少ない》.

cóntinental códe n. =international Morse code.

Cóntinental Cóngress n. [the ~] (米国の)大陸会議 《英本国に対抗して組織された 13 植民地の合議体で, 第 1 回 (1774) は Philadelphia で開かれ, 第 2 回 (1775–89) は臨時政府の役目をした; 1776 年の独立宣言 (Declaration of Independence), 1781 年の連合規約 (Articles of Confederation) などもこの会議で決議》.

cóntinental crúst n. 〖地学〗大陸地殻 《大陸と大陸棚の下にある》.

cóntinental dáy n. コンチネンタル デー 《1 時間の昼休みをはさまず, 午後は早く終える学校時間; ヨーロッパでは一般的》. 〖1981〗

continéntal divíde n. 1 大陸分水界 《大陸を囲む海洋のそれぞれに注ぐ河川の流域の境界線(をなす大山脈)》. 2 [the C- D-] 北米大陸分水界 (the Great Divide).

cóntinental dríft n. 〖地質〗大陸漂移(説), 大陸移動(説) 《地球上の大陸は, かつては一続きであったが, その後幾つかに分裂してそれぞれが東から西に, また極から赤道に向かう方向に移動し, 今日のような形と配置をとるに至った(とする仮説)》. 〖1926〗

cóntinental íce n. 〖地質〗大陸氷(河) (cf. ice sheet).

cóntinental ísland n. 陸島, 大陸島 《日本列島, メラネシア諸島のように, 大陸に近く, また大陸と同様な古い地層や岩石からなる島; cf. oceanic island》.

còn·ti·nén·tal·ism /kɑ̀(ː)ntənéntəlɪzm, -tl̩- | kɔ̀n-, -təl-, -tl̩-/ n. 1 (ヨーロッパ)大陸人気質; 大陸的思想傾向, 大陸風[式]. 2 大陸主義 《同じ大陸に属する国の政治・経済・軍事的協力を支持する政策または主義》.

còn·ti·nén·tal·ist /-ṭəl̩ɪst, -ṭl̩- | -təlɪst, -tl̩-/ *n.* 〘(1854): ⇨ -ism〙

con·ti·nen·tal·i·ty /kɑ̀(ː)nṭənəntǽləṭi, -nɛn-, -ṭn̩- | kɔ̀ntɪnəntǽlʒti, -nɛn-, -tl̩-/ *n.* **1** 大陸的なこと[性質]. **2**〘気象〙大陸度《気候に及ぼす大陸の影響の程度を数量的に表現したもの; cf. oceanicity》. 〘(1897): ⇨ -ity〙

con·ti·nen·ta·liz·a·tion /kɑ̀(ː)ntənènṭəl̩zéɪʃən, -ṭn̩-, -ṭl̩- | kɔ̀ntɪnèntəlaɪ-, -lɪ-, -tl̩-/ *n.* **1** ヨーロッパ大陸化. **2**〘地質〙かつては離れていた大陸が接近し接合したという説.

con·ti·nen·tal·ize /kɑ̀(ː)nṭənénṭəlaɪz, -ṭn̩-, -ṭl̩- | kɔ̀ntɪnéntəl-, -tl̩-/ *vt.* 大陸的にする; [時に C-] ヨーロッパ大陸化する. 〘(1855): ⇨ -ize〙

Cóntinental móney *n.*《米》大陸紙幣《独立戦争当時 Continental Congress が発行したもので, 1779 年の終わりにはほとんど無価値となった; cf. continental *n.* 2 b》.

cóntinental quílt *n.*《英》コンチネンタル キルト《ベッドカバーに用いる羽毛入りのキルト; duvet ともいう》. 〘1982〙

cóntinental séating, C- s- *n.*〘劇場〙中央通路を設けない座席配置法.

cóntinental shélf *n.*〘地理〙大陸棚, 陸棚《大陸や島の海岸線から水深約 200 メートルまでの浅海底; その先は比較的急な continental slope となる》.

cóntinental slópe *n.*〘地理〙大陸斜面, 陸棚斜面《大陸棚から深海底における急斜面; cf. continental shelf》.

Cóntinental Súnday *n.* 大陸的日曜日《英国の宗教的日曜日よりレクリエーションを主とする日曜日》.

continéntal sỳstem *n.* **1**〘紡績〙大陸式[フランス式]紡績《梳毛(そもう)紡績法の一種; French system ともいう》. **2** [the C- S-] 大陸封鎖《1806–13 年 Napoleon が英国に対して用いた経済封鎖政策》.

con·ti·nent·ly /kɑ́(ː)nṭənəntli, -ṭn̩- | kɔ́ntɪn̩-/ *adv.* 自制して; 性欲を抑制して. 〘(*c*1440) ← CONTINENT[1] + -LY[1]〙

con·tin·gence /kəntíndʒəns/ *n.* **1** 接触 (contact): the angle of ~〘数学〙続角. **2** =contingency. 〘1: ← L *contingere* (⇨ contact) + -ENCE. — 2: (*c*1385) □ (O)F ~ □ ML *contingentia*: ⇨ contingent, -ence〙

con·tin·gen·cy /kəntíndʒənsi, -ntsi/ *n.* **1 a** 偶然[不測]の出来事; 偶発的な出来事, 不慮の事変, 危険: prepare for future *contingencies* 未来の出来事[今後起こるかもしれないこと]に対して準備する / be ready for any ~ 万一の場合のことにも備えている. **b** (事件に伴う)付随的なこと, 付随事件: the *contingencies* of war 戦争に伴って起こる諸事件. **2** (事件などの)発生の不確定性, 状況依存性; (事件・現象などの)偶然性, 偶発 (fortuity): the ~ of human affairs 人事の予測し難いこと / in the supposed ~ 万一そんな事が起こった場合に / not by any possible ~ よもや[まさか]…まい. **3**〘文法〙(体系文法で) 生起制約《if, when, though などで導かれる従節がどういう条件で起こるかを示すこと》: a ~ clause 生起制約節. **4**〘哲学〙偶然性《原因や理由が不明のまま予期しない出来事が起こること》. **5**〘統計〙偶然性. 〘(1561): ⇨ contingent, -ency〙

contíngency fèe *n.*《米》=contingent fee.

contíngency fùnd *n.* 緊急用積立金.

contíngency plàn *n.* 緊急事態対策, 万一の場合の策: make ~*s*.

contíngency resèrve *n.*〘会計〙偶発損失準備金, 予備積立金.

contíngency tàble *n.*〘統計〙分割表《二つの確率変数の度数分布を縦・横に配列した表; 相関関係 (correlation) の有無を調べるのに用いる》. 〘1947〙

contíngency tàx *n.* 臨時税, 緊急税《歳入が不足したときに必要とされる新税》.

con·tin·gent /kəntíndʒənt/ *n.* **1 a** (同盟軍などを構成する各国が分担する)分遣隊[艦隊]: send a ~ of troops 分遣隊を派遣する. **b** 派遣団, 代表団: the Japanese ~ at the Olympics オリンピックの日本代表選手団. **2** 分担額, 割り前, 分け前. **3** 偶発事, 不慮の出来事 (contingency). — *adj.* **1** 依存的な; 〔…次第で〕発生するかもしれない, 〔…を〕条件として伴う (conditional) 〔*on, upon*〕: ⇨ contingent fee / a fee ~ *on* success 成功謝金 / His success is ~ *on* his perseverance. 彼の成功は忍耐次第である. **2** 起こるかもしれないし起こらないかもしれない, 発生の不確定な, あるいは可能な (possible). **3 a** 偶発的な, 偶然の (accidental): a ~ event 偶発事件. **b** 予測できない, 不慮の: a ~ result of a war 戦争がもたらす思いがけない結果. **c** 付随する, 伴う (incidental) 〔*to*〕: risks ~ *to* the trade その商売に付随する危険. **4**〘法律〙不確定の《発効が将来の不確定な事実の発生に依存する; cf. expectant 4》: ~ estate 不確定財産[不動産]権 / ~ remainder 不確定残余権. **5**〘論理〙偶然的な《命題に対して恒真式・恒偽式以外の; 経験によって真偽が蓋然的に決まる; cf. factual 2, necessary 3》. **6**〘哲学〙偶然的な, 〈人間の意志など〉決定論によらない, 自由な (free). **7**〘文法〙生起制約節の. **8**《廃》触れる, 接する. 〘(*c*1385) □ L *contingentem* (pres.p.) ← *contingere* to touch, affect, happen: ⇨ contact, -ent〙

contíngent beneficiary *n.*〘保険〙次順位保険金受取人《第一位の保険金受取人が死亡したような場合の保険金受取人》.

contíngent fée *n.* (弁護士・周旋人などに対する)成功謝金[報酬]《訴訟・取引の成果によって決まる; contingency fee ともいう》.

contíngent ínterest *n.*〘法律〙不確定財産権《条件付きで, 不確定な財産権; cf. vested interest 1》.

contíngent liabílity *n.* **1**〘法律〙不確定責任《将来の出来事の発生を待って確定する責任》. **2** [*pl.*]〘会計〙偶発債務《他人の債務を保証したときの保証義務のように, 現在は債務ではないが, 将来もしかすると発生するかもしれない債務》.

con·tín·gent·ly *adv.* 偶然に (accidentally), 思いがけず; 場合によって, 条件[状況]次第で. 〘(*a*1500): ⇨ -ly[1]〙

contíngent trúth *n.*〘哲学〙偶然的真理《必然的真理に対して偶然的で可能的な真理》. 〘1856〙

con·tin·u·a *n.* continuum の複数形.

con·tin·u·a·ble /kəntínjuəbl̩/ *adj.* 継続できる, 続けられる. 〘(1787) ← CONTINUE + -ABLE〙

con·tin·u·al /kəntínjuəl, -njʊl/ *adj.* **1** 不断の, 間断ない, 連続的な (continuous): He was a ~ trouble to his father. 彼はいつも父の心労の種だった. **2** (断続的に)しきりに起こる, 頻繁な: ~ flashes of lightning [bursts of thunder] しきりに起こる電光[雷鳴] / ~ bouts of toothache しきりに起こる歯痛 / There was ~ trouble on the front. 前線ではしきりに紛争が起こっていた. **con·tin·u·al·i·ty** /kəntìnjuǽləṭi | -l̩ʒti/ *n.* **~·ness** *n.* 〘(*a*1325) *continuel(e)* □ (O)F *continuel*: ⇨ continue, -al[1]〙

con·tin·u·al·ly /kəntínjuəli/ *adv.* **1** 間断なく; 絶えず (unceasingly). **2** しきりに (repeatedly). 〘(*c*1300): ⇨ ↑, -ly[1]〙

con·tin·u·ance /kəntínjuəns/ *n.* **1 a** 継続(すること), 連続, 持続: the ~ of strife, bad weather, famine, etc. **b** ある場所[状態]にとどまっていること: one's ~ in happiness [prosperity, a place] いつまでも幸福で[繁栄して, ある所にとどまって]いること. **c** 継続期間 (duration): during one's ~ in office 在職中 / a custom of long ~ 長い間継続した慣習. **2** (生物などの)存続 (continuation): the ~ of species 種の存続. **3** (小説などの)続き, 続編 (sequel). **4**《廃》永続性, 永久 (permanence). **5**〘法律〙《米》(訴訟手続きの)延期 (adjournment); (裁判の)続行. 〘(*a*1349) □ OF ~: ⇨ continue, -ance〙

con·tin·u·ant /kəntínjuənt/ *adj.* **1** 継続する. **2**〘音声〙継続音の. — *n.* **1**〘音声〙(stop consonant に対して) 継続音《引き延ばして発音できる子音; 摩擦音・鼻音・側音・半母音など; cf. plosive》. **2**〘哲学〙継続[連続]体《内部構成や他の事物との関係の変化の有無にかかわらず, 有限・無限の期間存在し続ける対象》. **3**〘言語〙同じ言語の古層から継承されてきた形. 〘(1610) □ L *continuantem*: ⇨ continue, -ant〙

con·tin·u·ate /kəntínjuèɪt/ *adj.*《廃》=continuous. 〘(1555) □ L *continuātus* (↓)〙

con·tin·u·a·tion /kəntìnjuéɪʃən/ *n.* **1** 続けること, 継続; 続くこと, 連続; 存続, 持続 (continuance): the ~ of the monarchy in the direct line 直系継承による王国の存続. **2 a** (話などの)続き, 承前 (sequel): the ~ of the subject, the story, etc. / *Continuation* follows. 以下次号. **b** 継続出版物, 続き物, 逐次刊行物. **3** (中断後の)継続, 続行 (resumption): the ~ of the work after a break 休憩後の仕事の続行. **4 a** (線などの)延長 (prolongation). **b** 継ぎ足し, 建増し (extension): build a ~ to a room 部屋の増築をする. **5**《英》〘証券〙=contango 1. 〘(*c*1380) □ (O)F ~ □ L *continuātiō(n-)* unbroken series ← *continuātus* (p.p.) ← *continuāre*: ⇨ continue, -ation〙

continuátion clàss *n.* (夜間などの)補習科[クラス]. 〘1887〙

continuátion dày *n.*《英》〘証券〙=contango day.

continuátion schòol *n.* **1**《米》(働く青少年のための, 夜間などの)補習学校. **2** (カナダの僻地(へきち)の)小さな中等学校. 〘1837〙

con·tin·u·a·tive /kəntínjuèɪṭɪv, -njuəṭ- | -njuət-, -njuèɪt-/ *adj.* **1** 継続させる; 継続する. **2**〘文法〙継続的な, 継続用法の, 非制限的な (nonrestrictive) (cf. restrictive 2): the ~ relative clause 継続的関係節《例: I met Jones, who told me the news. ジョーンズに会ったら彼はそのニュースを知らせてくれた》/ ~ aspect 継続相 / ~ use 継続用法. — *n.* **1** 継続するもの. **2**〘文法〙継続語 (connective)《関係詞・接続詞・前置詞など》. **3**〘音声〙=continuant 1. **~·ly** *adv.* 〘(1530) □ L *continuātīvus* serving to connect the discourse: ⇨ continue, -ative〙

con·tín·u·à·tor /-ṭə | -tə(r)/ *n.* 継続者; 継承者, 引継ぎ人: the ~ of a story 物語の継続執筆者. 〘(1646): ⇨ ↓, -ator〙

con·tin·ue /kəntínjuː, -njʊ/ *vt.* **1 a** 続ける, 継続する: ~ one's walk for several miles 数マイル歩き続ける / ~ doing [to do] so そうし続ける. **b** (中断後また)続ける (resume); (前に)引き続いて述べる: ~ a story, an argument, etc. / *Continued* on [from] page 20. 20 ページへ[から]続く / To be ~*d*. 続く, 未完, 以下次号. **c** 延長する (prolong): ~ a line 路線を延長する. **2** 継続[存続]させる (retain): ~ an old servant in office 年取った使用人をその職にとどめておく / ~ a child at school 子供に学校を続けさせる. **3**《米》〘法律〙〈裁判を〉延期する (adjourn), 続行する. — *vi.* **1** 続く, 続いている: This road ~*s* for miles. この道路は何マイルも続いている / The rain ~*d* (for) two days. 雨は 2 日降り続いた / The exploration party ~*d* south. 探険隊は南進を続けた. **2** 〔…を〕存続する, 永続する〔*in*〕: ~ *in* the faith of one's fathers 祖先の信仰を続ける[守る] / ~ *in* power [command] 引き続いて権力[指揮]の地位にある. **3** 〈ある場所に〉とどまる〔*at, in*〕: ~ *in* one's job post [office] 留任する. **4** [補語を伴って] 引き続き[相変わらず]…である (remain, stay): ~ single 独身のままでいる / He ~*s* obdurate. 相変わらず強情だ / The weather ~*d* foul. 天気は相変わらずぐずついていた. **con·tín·u·er** *n.* 〘(*c*1340) *continue(n)* □ (O)F *continuer* □ L *continuāre* to make continuous ← *continuus* unbroken ← *continēre* to hold together ← *con-* 'COM- 1' + *tenēre* to hold〙

con·tín·ued *adj.* **1** 続けられた, 引き続きの; 延長された, 引き延ばしの; 連続している, 途切れない (unbroken). **2** 中断後継続[続行]された: a ~ story. **~·ly** *adv.* **~·ness** *n.* 〘(1440): ⇨ ↑, -ed 2〙

contínued báss *n.*〘音楽〙=continuo 1. 〘(1727–51)《なぞり》← It. *basso continuo*〙

contínued bónd *n.* 償還延期公債[社債].

contínued fráction *n.*〘数学〙連分数《分母がある数と分数の和で, その分数の分母がまたある数と分数の和で, …というような分数》. 〘*c*1856〙

contínued propórtion *n.*〘数学〙連比例《連比 (continued ratio) が等しいという関係》.

contínued rátio *n.*〘数学〙連比《三つ以上の数量の比; 2:3:5 など》.

contínued rést *n.*〘音楽〙二分休(止)符 (breve rest).

con·tín·u·ing *adj.* **1** 継続する, 継続的な. **2** 更新の必要のない, 永久の (lasting): a ~ contract. **~·ly** *adv.* 〘(*a*1393): ⇨ -ing[2]〙

contínuing educátion *n.*〘教育〙補習教育《広義では時代に遅れないように新しい知識・技能の補充・強化を目的とする成人教育; 一般には勤労青少年に対して職業に必要な知識・技能および一般教養を身につけさせるための教育》. 〘1954〙

con·ti·nu·i·ty /kɑ̀(ː)nṭn̩úːəṭi, -njúː-, -ṭn- | kɔ̀ntɪnjúːɪti/ *n.* **1** (時間・空間的な)連続(状態), 連続性, 継続, 持続(性). **2 a** (連続した)一続き. **b** (論理上の)密接な連続的関係. **3**〘ラジオ・テレビ・映画〙**a** コンティニュイティー, コンテ《映画撮影用台本・ラジオやテレビの放送台本》. **b** 音楽番組などの間に入れる語りの部分. **4** 連続漫画の物語[会話]の部分. **5 a**〘数学〙(関数などの)連続(性). **b**〘電気〙導通《電気的につながっていること》. **6** (自動巻き戻しを用いた)連続映写. 〘(?*a*1425) □ (O)F *continuité* □ L *continuitātem*: ⇨ continue, -ity〙

continúity clérk *n.* =continuity man.

continúity equàtion *n.*〘物理〙連続の方程式《流体力学において, 流体中に考えた一定体積の空間内に流入する質量と流出する質量とは等しいということを記述した方程式》.

continúity màn [gìrl] *n.*〘映画〙撮影記録係《映画の撮影順・編集順を撮影時に記録する》. 〘1933〙

continúity stùdio *n.* (テレビやラジオで番組のつなぎのアナウンスなどを制作する)小スタジオ, 調整室. 〘1941〙

continúity wrìter *n.*〘映画〙撮影用台本作者. 〘1921〙

con·tin·u·o /kəntínjuòʊ, -njuòʊ | -njuəʊ, -nu-; *It.* kontíːnuo/ *n.* (*pl.* ~s)〘音楽〙コンティヌオ: **1** 通奏低音《特に 17–18 世紀の音楽で, 作品の基礎をなす低声部, 通常チェロなどの低音楽器がこれを演奏し, 鍵盤楽器の左手がこれを重複, 右手は数字その他で指定された和音を演奏する; continued bass, basso continuo, figured bass, thoroughbass ともいう》. **2** 通奏低音楽器. 〘(1724) □ It. (*basso*) *continuo* 'continuous (bass)'〙

con·tin·u·ous /kəntínjuəs/ *adj.* **1** (時間・空間的に)連続的な; 継続的な (unbroken); 絶え間ない, 間断ない, 続けざまの (uninterrupted) (cf. continual): a ~ sound / ~ rain ひっきりなしの雨 / a ~ series of calamities 引続きの災難, 災難続き / a ~ train of thoughts 絶え間なく流れる思想の連続 / ~ development 不断の発展. **2**〘植物〙節なしの. **3**〘数学〙連続な (↔ discontinuous): continuous function. **4**〘文法〙=progressive 5. **5**〘統計〙連続体の (cf. discrete). **~·ness** *n.* 〘(1642) □ L *continuus* unbroken (← *continēre* to hang together: ⇨ continue) + -OUS〙

contínuous asséssment *n.*〘教育〙継続[連続]評価《学習過程全体を通して評価する》. 〘1959〙

contínuous béam *n.*〘建築〙=continuous girder.

contínuous bráke *n.*〘鉄道〙(列車の)貫通ブレーキ《運転手の操作によって列車全体に作用する制動機》. 〘1883〙

contínuous cásting *n.*〘金属加工〙連続鋳造法.

contínuous creátion thèory *n.* **1**〘天文〙(宇宙起源としての)連続生成説 (⇨ steady state theory). **2**〘生物〙生物は連続的に無生物から生まれるとする説.

contínuous cúrrent *n.*〘電気〙=direct current.

contínuous fúnction *n.*〘数学〙連続関数.

contínuous gírder *n.*〘建築〙連続ばり[げた]《三つ以上の支点で支えられたはり[けた]; continuous beam ともいう》.

contínuous gròup *n.*〘数学〙連続群.

contínuous hínge *n.*〘機械〙=piano hinge.

contínuous kíln *n.*〘窯業〙連続窯(がま)《一基の窯の各部で予熱・焼成・冷却を同時に連続的に行う窯で, 焼成帯移動窯詰品静止型(室窯, 輪窯)と焼成帯静止窯詰品移動型(トンネル窯)とがある》. 〘cf. *continuous brick kiln* (1890)〙

con·tin·u·ous·ly /kəntínjuəsli/ *adv.* 連続的に, 連綿として; 間断なく, 絶えず. 〘(1678): ⇨ -ly[1]〙

contínuous míxer *n.*〘土木〙連続ミキサー, 連続混合機《材料を連続的に投入して混合し, 連続的に排出するミキサー; cf. batch mixer》.

contínuous pháse *n.*〘物理化学〙連続相 (⇨ dispersion medium).

contínuous ráting *n.*〘電気〙連続定格《短時間定

C

格に対し，連続運転する場合の定格をいう》.

contínuous spéctrum *n.* 〘物理〙連続スペクトル《有限の波長域に連続的に広がり分光器のスリットの幅をどんなに小さくしても間隙(ᵏᵃⁿᵍᵉᵏⁱ)を生じないスペクトル; cf. line spectrum》. 〘1902〙

contínuous státionery *n.* (コンピューター用の)連続印字用紙《折り重ねて一束になっている》. 〘1942〙

C

contínuous variátion *n.* 〘生物〙連続変異《種子の大きさ・動物の体長などの量的形質に関する遺伝; cf. quantitative inheritance》. 〘1894〙

contínuous vóyage *n.* 〘国際法〙連続航海《中断してもその目的によって一つの航海とみなされるもの; 戦時禁制品を中立国へ輸送し，さらに交戦国へ輸送した場合，全体を一つの連続航海とみなして反対の交戦国に捕獲されることがある; 米国で南北戦争に際して捕獲物審判所 (prize court) が採用した理論》. 〘1806〙

contínuous wáve *n.* 〘通信〙連続波，持続波《断続波の対; 略 CW》. 〘1911〙

contínuous wélded ráil *n.* 〘鉄道〙連続溶接レール，ロングレール《標準レールを溶接して 200 m 以上の長さにしたもの》.

con·tin·u·um /kəntínjuəm/ *n.* (*pl.* **-u·a** /-tínjuə/) **1** (物質・感覚・事件などの)連続; 連続体: a space-time ～ 時空連続体. **2** 〘数学〙連続体: a physical [mathematical] ～ 物理的[数学的]連続体 / a number ～ 数連続体《実数系が形づくる連続体》. **3** 〘生態〙群集連続，植生連続説《生物群集が連続的に変化しているという考え》. 〘(1646) ◻ L ～ (neut.) ← *continuus* (adj.): ⇨ continuous〙

contínuum hypòthesis *n.* 〘数学〙連続体仮説《自然数の濃度 (cardinal number) と実数の濃度との中間には濃度は存在しないという仮説》. 〘1938〙

cont·line /ká(ː)ntlàɪn, -lɪ̀n | kɔ́ntlàɪn/ *n.* **1** (縄の)絢(ᵃ)(strand) と絢の間. **2** (並列した)樽(ᵗᵃʳᵘ)と樽とのすき間. 〘(1848) ← ? CANT²〙

con·to /ká(ː)ntoʊ | kɔ́ntəʊ; *Port., Braz.* kṍtu/ *n.* (*pl.* **～s** /～z; *Port.* ～ʃ, *Braz.* ～s/) コント《ポルトガル・ブラジルの計算貨幣; ポルトガルでは 1,000 escudos，ブラジルでは 1,000 cruzeiros》. 〘(1601) ◻ Port. ～《原義》million ＜ L *computum* computed: ⇨ count¹〙

con·toid /ká(ː)ntɔɪd | kɔ́n-/ 〘音声〙*n.* コントイド，音声学的子音《呼気が口腔内を通過するとき何らかの摩擦を伴うか，舌の中央以外を通って発せられる音; 英語の [r], [j], [w], [h] は除かれる; cf. vocoid》. ― *adj.* コントイドのような. 〘(1943) ← CON(SONAN)T＋-OID〙

con·tor·ni·ate /kəntɔ́ənɪ̀ɪt, -nièɪt | -tɔ́ː-/ *adj.* 〈メダルなど〉周囲に深い溝のある. 〘(1692) ◻ It. *contorniato* (p.p.) ← *contorniare* to make a circuit ← *contorno* 'circuit, CONTOUR': ⇨ -ate²〙

con·tort /kəntɔ́ət | -tɔ́ːt/ *vt.* **1** ねじ曲げる，引きゆがめる (⇨ deform SYN): ～ one's limbs 手足をねじ曲げる / ～ one's features 顔を引きゆがめる[しかめる] / a face ～*ed* with pain 苦痛でゆがめられた顔. **2** 〈語意・文意を〉歪曲(ʷᵃⁱᵏʸᵒᵏᵘ)する，曲解する: ～ a word out of its ordinary meaning ある語を普通の意味とは違った意味に曲げてとる. ― *vi.* 〈顔などが〉ゆがむ. 〘(?a1425) ← L *contortus* (p.p.) ← *contorquēre* to twist: ⇨ com-, tort〙

con·tórt·ed /-tɪ̀d | -tɪ̀d/ *adj.* **1** ねじ曲げた，ゆがんだ. **2** 〘植物〙〈花弁など〉回旋している，ねじれている (convolute). **～·ly** *adv.* **～·ness** *n.* 〘(?a1425) ← L *contort(us)* (↑)＋-ED 2〙

con·tor·tion /kəntɔ́əʃən | -tɔ́ː-/ *n.* **1** ゆがめること; ねじれ，捻転: make ～*s* of the face 顔をゆがめる，しかめ面をする. **2** 曲解，こじつけ. **～·al** /-ʃnəl, -ʃənl/ *adj.* 〘(1611) ◻ L *contortiō(n-)*: ⇨ contort, -tion〙

con·tór·tion·ist /-ʃ(ə)nɪ̀st | -nɪst/ *n.* **1** 体を自由自在に曲げる曲芸師. **2** (語意・文意を)曲解する人.

con·tor·tion·is·tic /kəntɔ̀əʃənístɪk | -tɔ̀ː-˝/ *adj.* 〘(1859): ⇨ ↑, -ist〙

con·tor·tive /kəntɔ́əṭɪv | -tɔ́ːt-/ *adj.* **1** ねじれやすい; ゆがめさせる. **2** ねじれ[ゆがみ，ひきつけ]を起こす: ～ movements, pain, etc. 〘(1859) ← CONTORT＋-IVE〙

con·tour /ká(ː)ntʊə | kɔ́ntʊə(r, -tɔː(r/ *n.* **1 a** (海岸・山・人体などの)輪郭 (⇨ outline SYN); 外囲，外形 (shape): follow the ～ of …の外郭をたどる / sketch [draw] the ～*s* of the human body 人体の輪郭を描く. **b** [*pl.*] 女体の曲線. **c** 〘地理〙＝contour line. **2** [通例 *pl.*] 概略，形勢: the ～*s* of discussion 討論の形勢 / the ～ of things 情勢. **3** 〘数学〙**a** (描いた)グラフ. **b** 等値線[面]《変数の値が等しい点全体の作る線や面; cf. contour line》. **4** 〘音声〙＝intonation contour: terminal ～ ＝terminal juncture.
― *adj.* [限定的] **1** 輪郭を示す; 等高を示す: ⇨ contour line. **2** 輪郭[体形]に合わせて作られた: a ～ chair. **3** 〘農業〙(雨水などで表土が流失しないように)等高線に沿う: ⇨ contour farming.
― *vt.* **1 a** …の輪郭[等高線]を描く[付ける，示す]. **b** …の輪郭[体形]に合わせて作る. **2 a** (等高線に沿って)山腹の周りに〈道を〉付ける. **b** 等高線に沿って〈傾斜地を〉耕作する.
〘(1662) ◻ F ～ ◻ It. *contorno* ← *contornare* to encircle ← *con-* 'COM- 2'＋L *tornāre* 'to TURN'〙

cóntour-chàsing *n.* 〘航空〙(地形の起伏に沿って飛ぶ)低空飛行. 〘*a*1918〙

cóntour cùrtain *n.* 〘劇場〙紋り緞帳(ᵈᵒⁿᶜʰᵒ)，コンツアカーテン《数箇所のたくし上げ索により種々に変形できる幕》.

cóntour fàrming *n.* 〘農業〙等高線栽培《風や水による土壌浸食を防ぐため等高線に沿って作物を帯状に植えつける栽培法》.

cóntour fèather *n.* 〘鳥類〙体羽，大羽，正羽《鳥の体表を覆う綿毛 (down) でない羽の総称; cf. flight feather》. 〘1867〙

cóntour integràtion *n.* 〘数学〙閉曲線に沿う積分《長さのある閉曲線に沿う複素関数の積分》.

cóntour interval *n.* 〘地理〙(高度の差を示す)等高線間隔.

cóntour lìne *n.* 〘地理〙**1** 等高線. **2** (海図上の)等深線. 〘1844〙

cóntour màp *n.* 等高線(地)図《hachures map (けば図)などに対し等高線を用いて地形を表現した地図》. 〘1862〙

con·tour·né /kà(ː)ntʊənéɪ | kɔ̀ntʊə-˝; *F.* kɔ̃tuʁne/ *adj.* 〘紋章〙sinister を向いた《紋章の具象図は dexter を向くのが原則であり，単に lion といえば dexter 向きのものを指す》. 〘(1727–51) ◻ F ～ (p.p.) ← *contourner* to round off〙

cóntour plòwing *n.* 〘農業〙等高線式耕作.

contr. 《略》contract; contracted; contraction; 〘音楽〙contralto; contrary; contrasted; control; controller.

con·tra¹ /ká(ː)ntrə | kɔ́n-/ *adv.* 反対に (con): argue a matter pro and ～ ⇨ con². ― *prep.* …に反対して (against). ★(略形 con として) 通例次の句で: pro and ～ ⇨ pro². ― *n.* **1** 反対意見，反対投票，反対論 (con): the pros and ～*s* ⇨ pro² 成句. **2** 〘会計〙反対の側の項目: ⇨ per contra. 〘(*a*1376) ◻ L *contrā* (adv., prep.) over against, facing ← *con-* 'COM-'＋*-tr-* (compar. suf.): cf. after〙

con·tra², C- /ká(ː)ntrə | kɔ́n-; *Am.Sp.* kóntɾa/ *n.* コントラ《1979–90 年に米国の援助を受けてニカラグアの Sandinista 政権打倒を画策した反革命ゲリラ組織の一員》. 〘1981〙

con·tra- /ká(ː)ntrə | kɔ́n-/ *pref.* **1**「逆，反 (contrary), 対 (opposite)」などの意: *contra*diction. **2** 〘音楽〙「普通の低音 (bass) より 1 あるいは 2 オクターブ低い」の意: *contra*bassoon. 〘ME ◻ L *contrā-* ← *contrā* (↑)〙

con·tra·band /ká(ː)ntrəbæ̀nd | kɔ́n-/ *n.* **1** 禁止[不正]取引，密売買，密輸出入，密輸. **2 a** 密売買品，輸出入禁止品，密輸品: absolute ～ 絶対禁制品《武器弾薬など》/ conditional ～ 条件付き禁制品《交戦国の軍隊のために送られる食料・物品など》/ place on the ～ list 禁制品目中に加える. **b** 〘国際法〙＝CONTRABAND of war. **3** 《米》(南北戦争当時)北軍側に逃亡した[連行された]黒人奴隷.
cóntraband of wár 〘国際法〙戦時禁制品《戦時中中立国から交戦国へ供給を禁止されている物資》.
― *adj.* (輸出入)禁止の，(戦時)禁制の (prohibited), 不正の (illegal): ～ goods (輸出入)禁制品 / ～ trade 禁止商業，密輸貿易 / a ～ trader 密輸商.
〘(17C) ◻ Sp. *contrabanda* prohibited goods ∞ (*a*1529) *counterband* ◻ F *contrebande* ◻ It. *contrab(b)ando* ← CONTRA-＋*bando* proclamation (＜ LL *bandum* BAN¹)〙

cón·tra·bànd·ism /-dɪzm/ *n.* 禁制品売買，秘密取引，密輸出入. 〘(1865): ⇨ ↑, -ism〙

cón·tra·bànd·ist /-dɪ̀st | -dɪst/ *n.* 禁制品売買商，密輸出入者 (smuggler). 〘(1818) ◻ Sp. *contrabandista*: ⇨ contraband, -ist〙

con·tra·bass /ká(ː)ntrəbèɪs | kɔ̀ntrəbéɪs, ＿＿⌐/ *adj.* 〘音楽〙最低音の，コントラバスの《通常の低音 (bass) よりさらに (1 オクターブ) 低い》. ― *n.* コントラバス《バイオリン属の大型最低音楽器; 床の上に立てて奏する; bass fiddle, bass viol, double bass, string bass, bull fiddle ともいう》. 〘(1598–1611) ◻ It. *contrabasso*: ⇨ contra-, bass¹〙

cón·tra·bàss·ist /-sɪ̀st | -sɪst/ *n.* コントラバス奏者. 〘(1884): ⇨ ↑, -ist〙

còntra·bassóon *n.* コントラバスーン，コントラファゴット《普通のバスーン[ファゴット]よりも 1 オクターブ低いオーボエ属の最低音楽器; contrafagotto, double bassoon ともいう》. **～·ist** *n.* 〘(1891) ← CONTRA-＋BASSOON〙

con·tra·cept /kà(ː)ntrəsépt | kɔ̀n-/ *vt.* 受胎させない，避妊させる. 〘(*c*1965)《逆成》↓〙

con·tra·cep·tion /kà(ː)ntrəsépʃən | kɔ̀n-/ *n.* 避妊，産児制限 (cf. birth control, family planning). 〘(1886) ← CONTRA-＋(CON)CEPTION〙

con·tra·cep·tive /kà(ː)ntrəséptɪv | kɔ̀n-˝/ *adj.* 避妊(用)の: take a ～ pill 避妊薬を飲む / effective ～ methods 効果的な避妊法 / ～ film 避妊フィルム / ～ foams 避妊用発泡剤[錠]. ― *n.* 避妊薬[用具，法], 受胎調節具[薬，材料]; (特に)コンドーム (condom): an oral ～ 経口避妊薬. **～·ly** *adv.* 〘(1891) ← CONTRA-＋(CON)CEPTIVE ∞ *anticonceptive*〙

còntra·clóckwise *adj., adv.* ＝counterclockwise.

con·tract¹ /ká(ː)ntrækt | kɔ́n-/ *n.* **1 a** 契約，約定 (agreement): a ～ of employment 雇用契約 / an insurance ～ 保険契約 / a verbal [an oral] ～ 口示契約，口約 / a written ～ 成文契約 / make [enter into] a ～ with …と契約を結ぶ / be under ～ with [to] …と契約を結んでいる / subject to ～《英》契約を条件として. **b** 請負: a ～ for work 工事の請負 / ～ work 請負工事 / be built by ～ 請負で建てられる / award a person a ～ 人に落札する[請け負わせる] / place a ～ with a firm 商社と契約を結ぶ / put out … to ～ …を請負に出す. **c** 契約書: the articles of a ～ 契約書の箇条 / draw up a ～ 契約書を作成する / ⇨ social contract, NUDE contract. **2** 〘法律〙**a** 契約. **b** 契約を扱う部門. **c** 《古》法律行為，団体協約 (collective agreement). **3** 婚約 (betrothal). **4** 《俗》(報酬目当ての)殺人の契約[請負]: put out a ～ on a gangster ギャングに殺人を依頼する / a ～ killer [killing] 殺人請負人[請負殺人]. **5** 〘トランプ〙**a** ＝contract bridge. **b** (コントラクトブリッジで)契約取決め《最後のビッド (bid) で決定したスーツ (suit) の種類 (または no trump) と，それを切り札として獲得する予定の組 (trick) 数》.
― /kəntrǽkt/ *v.* ★ *vt.* 1 および *vi.* の意味では名詞と同じ発音もある. ― *vt.* **1 a** 契約する，約定する，請け負う，引き受ける: as ～*ed* 契約通り / ～ oneself *out of* an obligation 契約によって義務を免れる / ～ to build a bridge 橋の建設を請け負う. **b** 〈人・社会などと〉契約する: ～ the company to build a bridge その会社と橋の建設を契約する. **c** 契約によって与える: ～ the copyright to the publisher 版権をその出版社に与える. **2 a** 〈病気など〉にかかる (catch): ～ a serious illness 重病にかかる / ～ a cold 風邪を引く，人のかぜがうつる / ～ TB 結核にかかる. **b** 〈負債などを〉負う，招く (incur): ～ debts, responsibilities, etc. **c** 〈力・習慣などを〉得る (acquire): ～ bad habits 悪い習慣がつく. **3 a** 〈親交・婚姻などを〉結ぶ: ～ friendship [amity] *with* …と親交を結ぶ / ～ (a) marriage [matrimony] *with* …と婚姻を結ぶ，結婚する. **b** 《古》婚約させる (betroth): ～ my daughter *with* [*to*] his son 彼の息子と私の娘を婚約させる / be ～*ed* to a person 人と婚約する. ― *vi.* 契約を結ぶ; 請け負う: ～ *with* a carpenter *for* repairs 大工と修繕の契約を結ぶ / ～ for the repairs to be done on Monday 月曜日に修繕を行うという契約を結ぶ / Are the ～*ing* parties in agreement? 契約当事者は合意しているのか. ***contráct ín*** 《英》(1) 参加の契約をする. (2) 〈組合員が〉労組の政治献金に正式に加入する. ***contráct óut*** (*vt.*) (1) 外部に請け負わせる，下請けに出す. (2) ⇨ *vt.* 1. (*vi.*) (1) 《英》〈国民年金など〉不加入の契約をする; 契約によって脱退する. (2)《英》労組の政治献金の支払いを断る.
～·a·ble *adj.* 〘(*a*1333) ◻ OF ～ (F *contrat*) ◻ L *contractus* agreement (p.p.) ← *contrahere* to draw together, conclude a bargain: ⇨ com-, tract¹〙

con·tract² /kəntrǽkt/ *vt.* **1 a** 〈筋肉を〉引き縮める，緊縮する (tighten): ～ a muscle. **b** 〈額・眉を〉寄せる，しかめる (knit): ～ one's brows. **c** 狭小にする，狭くする (narrow): His faculties have become ～*ed* by disuse. 彼の才能は使わないために衰えてきた. **2** 〘文法〙(音を略して)〈語を〉縮める，縮約[省約]する: The word "never" is often ～*ed* in poetry to "ne'er". never という語は詩の中ではよく ne'er と縮められる. ― *vi.* **1** 縮まる，縮む，収縮する: Wood ～*s* as it dries. 木材は乾燥するにつれて縮まる / The chest ～*s* and expands. 胸部は収縮拡張する. **2** 狭くなる: The valley ～*s* to a gorge. その流域は狭まって谷合いとなる. 〘(1600–01) ← L *contractus* (p.p.) ← *contrahere* (↑)〙

cóntract bònd *n.* 〘法律〙契約違反による損失補償を保証する金銭債務証書 (cf. performance bond).

cóntract brìdge *n.* 〘トランプ〙コントラクトブリッジ《今日最も普及している方式のブリッジ; プレーで獲得した組 (trick) 数のうち，初めにビッドで契約した分の組数しか勝負の得点として認められない; cf. auction bridge》. 〘1924〙

con·tract·ed¹ /kəntrǽktɪ̀d; 1 ではまた ká(ː)ntrækt- | kɔ́ntrækt-/ *adj.* **1** 契約[協定]した: a ～ peace 協定のできた平和. **2** 婚約した (betrothed). **～·ly** *adv.* **～·ness** *n.* 〘(1548): ⇨ contract¹, -ed〙

con·tract·ed² /kəntrǽktɪ̀d/ *adj.* **1** 収縮した，縮められた; しかめられた: a ～ brow しわを寄せた顔. **2** 〘文法〙省略[縮約]された: a ～ form 縮約形《例: ma'am, don't, I'll など》. **3** 〈心・思想など〉狭い (narrow), 狭量の，けちな (mean): a petty ～ idea つまらないけちな考え. **～·ly** *adv.* **～·ness** *n.* 〘(1595): ⇨ contract², -ed〙

con·tract·i·bil·i·ty /kəntræ̀ktəbíləṭi | -tɪ̀bílɪ̀ti/ *n.* ＝contractility. 〘*a*1735〙

con·tract·i·ble /kəntrǽktəbl̩ | -tɪ̀-/ *adj.* ＝contractile. **～·ness** *n.* **con·tráct·i·bly** *adv.* 〘1651〙

con·trac·tile /kəntrǽktl̩, -taɪl | kəntrǽktaɪl/ *adj.* 収縮する; 収縮性の，収縮性のある: a ～ muscle 収縮筋 / ～ action 収縮運動 / ～ force [power] 収縮力 / the ～ horns of a snail カタツムリの伸び縮みする角. 〘(1706) ◻ F ～: ⇨ contract², -ile¹〙

contráctile vácuole *n.* 〘生物〙収縮胞，伸縮胞，脈動胞《収縮と弛緩を繰り返す原生動物の空胞の一種》. 〘1877〙

con·trac·til·i·ty /kà(ː)ntræktíləṭi | kɔ̀ntræktílɪ̀ti/ *n.* 収縮性，伸縮性. 〘(1799) ◻ F *contractilité*: ⇨ -ity〙

con·trac·tion /kəntrǽkʃən/ *n.* **1 a** 〘生理〙(筋肉・子宮筋の)収縮，攣縮(ʳᵉⁿˢʰᵘᵏᵘ). **b** 縮める[縮む]こと; 収縮，短縮: the ～ of iron by cold / with the ～ of the eyebrows 眉をひそめて. **c** (通貨・資金・支出などの)縮小，節減，制限 (restriction); (経済活動などの)収縮; 縮約，通貨収縮: the ～ of one's expense, credit, etc. **2** 負債を作ること; 癖がつくこと; 病気にかかること: the ～ of a debt 借財 / the ～ of a bad habit 悪い習慣がつくこと / the ～ of a disease 罹病(ʳⁱᵇʸᵒ). **3** 契約[協定]を結ぶこと; 婚姻を結ぶこと. **4** 〘文法〙**a** 語の縮約《never を *ne'er* に，do not を *don't* にするようなこと》. **b** 省略語[句], 縮約形《department に対する *dep't*, criminal conversation に対する *crim. con.* など》. **～·al** /-ʃnəl, -ʃənl/ *adj.* 〘(*a*1398) ◻ (O)F ～ ◻ L *contractiō(n-)* a drawing together: ⇨ contract¹·², -tion〙

con·trac·tion·ar·y /kəntrǽkʃənèri | -ʃ(ə)nəri/ *adj.* 緊縮の，支出を切り詰める.

contráction rùle *n.* 鋳物尺《金属の縮みを考えて目盛りをつけてある鋳型製作用の物差し》. 〘*a*1877〙

con·trac·tive /kəntrǽktɪv/ *adj.* 収縮する[しやすい], 収縮性のある: ～ power 収縮力. **～·ly** *adv.* **～·ness** *n.* 〘(1624) ← CONTRACT²＋-IVE〙

cóntract nòte *n.* 〖金融〗約束手形; 契約念書; 売買契約書.

con·trac·tor /kɑ́(ː)ntræktə, kəntrǽk- | kəntrǽktə^(r), kɔ́ntrækt-/ *n.* **1** 契約人; 請負人: an advertisement ～ 広告一手引受人 / an engineering ～ 土木建築請負師. **2** /kəntrǽktə | -tə^(r)/ 〖生理〗収縮筋. **3** 〖トランプ〗(ブリッジで)コントラクター《最終ビッド (bid) をした人, またはそのパートナー》. 〘(1548) □ LL ～: ⇨ contract¹, -or²〙

con·trac·to·ri·za·tion /kɑ̀(ː)ntræktərɪzéɪʃən, kəntræk- | kəntræktəraɪ-, -rɪ-/ *n.* 《英》(特に公共サービスの)民間委託. **con·trac·to·rize** /kəntrǽktəràɪz/ *vt.*

cóntract quási *n.* 〖法律〗＝quasi contract.

con·trac·tu·al /kəntrǽktʃuəl, kɑ(ː)n-, -tʃʊl | kəntrǽktʃuəl, -tjuəl, -tjʊəl, -tʃʊl/ *adj.* 契約の[に関する, によって縛られる, で保証された]. **～·ly** *adv.* 〘(1861) ← L *contractus* 'CONTRACT¹'＋-AL¹〙

con·trac·ture /kəntrǽktʃə | -tʃə^(r)/ *n.* 〖病理〗拘縮, 痙縮(けいしゅく)《筋肉組織の収縮固定状態; しばしば関節部の屈曲[湾曲]を招く》. 〘(1601) □ F ～ // L *contractūra*: ⇨ contract², -ure〙

cóntra·dànce /kɑ́(ː)ntrə- | kɔ́n-/ *n.* ＝contredanse.

con·tra·dict /kɑ̀(ː)ntrədíkt | kɔ̀n-/ *vt.* **1** 〈報道などを〉否定する, 否認する; 〈人の説・言葉などを〉反駁(はんばく)する, …の反対を主張する (⇨ deny **SYN**): ～ a person [a statement] 人の言うこと[陳述]を反駁する. **2** 〈行動・事実が〉…に相反する, 矛盾する, 抵触する: The rumors ～ each other. これらのうわさは互いに矛盾する / The results of the experiment ～*ed* his theory. 実験の結果は彼の理論と反対であった. **b** [～ *oneself* で] 矛盾したことを言う. **3** 《廃》…に反対する (oppose). **4** 〖論理〗…に矛盾する《任意の命題とその否定とが同時に成り立つ》. — *vi.* **1** 反対の意見を述べる, 反駁する, 否認する. **2** 矛盾する[している]. **～·er** *n.* **còn·tra·díc·tor** *n.* 〘(*c*1570) □ L *contrādictus* (p.p.) ← *contrādīcere* ← CONTRA-＋*dīcere* to say (cf. diction)〙

con·tra·dict·a·ble /kɑ̀(ː)ntrədíktəbḷ | kɔ̀n-⁻/ *adj.* 反駁(はんばく)[否定]できる. 〘(1856): ⇨ ↑, -able〙

con·tra·dic·tion /kɑ̀(ː)ntrədíkʃən | kɔ̀n-/ *n.* **1 a** 矛盾, 不両立 (repugnancy), 抵触, 不一致, 自家撞着(どうちゃく) (inconsistency): the law of ～ ⇨ law¹ *n* / in ～ to [with] …と矛盾して. **b** 矛盾するもの[人, 言葉, 事実など]. **2** 反駁(はんばく)(すること), 否定, 否認 (denial); 反対 (opposition): the ～ of a rumor うわさの否定 / a spirit of ～ 反抗的精神 / in ～ to [with] …に反対して, …と正反対に. **3** 〖論理〗矛盾原理; 矛盾対当 (contradictory opposition) (cf. self-contradiction): a ～ in terms 名辞の矛盾《例: two-sided triangle / more unique》/ Both parts of a ～ cannot be true. 矛盾対当の両項は共に真ではありえない. 〘(*c*1384) □ (O)F ～ □ L *contrādictiō(n-)*: ⇨ contradict, -tion〙

con·tra·dic·tious /kɑ̀(ː)ntrədíkʃəs⁻/ *adj.* **1** 反駁(はんばく)を好む, 好んで異を立てる, 反対好きの (captious), 論争好きな (contentious). **2** 《古》自己矛盾的な. **～·ly** *adv.* **～·ness** *n.* 〘(1604) ← CONTRADICT＋-IOUS〙

con·tra·dict·ive /kɑ̀(ː)ntrədíktɪv | kɔ̀n-⁻/ *adj.* ＝contradictory. **～·ly** *adv.* **～·ness** *n.* 〘1627–77〙

con·tra·dic·to·ri·ly /kɑ̀(ː)ntrədíktərəli, -trə- | kɔ̀ntrədíktərɪ̀li, -trɪ̀-⁻/ *adv.* 矛盾的に, 相抵触して, 自家撞着(どうちゃく)的に. 〘(1605): ⇨ ↓, -ly¹〙

con·tra·dic·to·ry /kɑ̀(ː)ntrədíktəri, -tri | kɔ̀n-⁻/ *adj.* **1** 矛盾する, 相入れない, 両立しない, 自家撞着(どうちゃく)の: a ～ concept 〖論理〗矛盾概念《「有」と「無」のような概念》/ ～ opposition 〖論理〗矛盾対当 / programs ～ *to* common sense 常識では受け入れ難い計画. **2** 反駁(はんばく)的な, 好んで否定する (contradictious). — *n.* **1 a** 反駁論, 否定的主張. **b** [the ～] 正反対の事. **2** 〖論理〗矛盾対当. **con·tra·díc·to·ri·ness** *n.* 〘(*c*1385) □ LL *contrādictōrius*: ⇨ contradict, -ory¹〙

cóntradictory térms *n. pl.* 〖論理〗矛盾名辞《A と non-A,「人間」と「非人間」とのように相互に否定し合ってその間に第三者をいれえないもの; cf. contrary terms》.

còntra·distínction *n.* 対照区別, 対比 (opposition): in ～ to [from] …と対照区別して, …と対比的に. 〘(1647) ← CONTRA-＋DISTINCTION〙

còntra·distínctive *adj.* 対照的な. **～·ly** *adv.* 〘(1641) ← CONTRA-＋DISTINCTIVE〙

còntra·distínguish *vt.* 対照[比較]によって区別する: ～ one thing *from* another. 〘(1622) ← CONTRA-＋DISTINGUISH〙

còntra·fáctual *adj.* ＝counterfactual.

còntra·fagótto 〖音楽〗**1** コントラファゴット (⇨ contrabassoon). **2** (オルガンの)コントラファゴット音栓《16 フィートまたは 32 フィートのリードストップ》. 〘(1880) ← CONTRA-＋FAGOTTO〙

cóntra·flèxure *n.* コントラフレクシャー: **1** 相反する屈曲力が会う箇所で梁(はり)などに曲がりがこない部分. **2** オジー (ogee) の曲線のように反対方向への屈曲が起こる部分. 〘(1891) ← CONTRA-＋FLEXURE〙

cóntra·flòw *n.* **1** 〖機械〗＝counterflow. **2** 《英》対向分流《道路工事・事故などのときに, 一方の車線を閉鎖し, 一方の車線を対面交通にして車を流すこと》. 〘(1934) ← CONTRA-＋FLOW〙

cóntra·guìde rùdder *n.* 〖海事〗コントラ舵《舵板の上半分と下半分とに逆な水流誘導面を作っておき, プロペラが蹴った水の流れをまっすぐ後方に行くようにし, 船のスピードを増大させるもの》.

con·tra·hier·ba /kɑ̀(ː)ntrəjə́ːbə, -jéə- | kɔ̀ntrəjə́ː-, -jéə-/ *n.* 〖植物〗＝contrayerva.

con·trail /kɑ́(ː)ntreɪl | kɔ́n-/ *n.* 飛行機雲 (⇨ vapor trail). 〘(1943) ← CON(DENSATION)＋TRAIL¹〙

còntra·índicant *n.* 〖医学〗＝contraindication. 〘1623〙

còntra·índicate *vt.* 〖医学〗〈兆候などが〉〈ある療法〉に禁忌を示す[である]. **còntra·indícative** *adj.* 〘(1666) ← CONTRA-＋INDICATE〙

còntra·índicated *adj.* 〖医学〗禁忌の.

còntra·indicátion *n.* 〖医学〗禁忌《普通なら適切な療法であるのにそれを施してはいけないような状況》. 〘(1623) ← CONTRA-＋INDICATION〙

còntra·láteral *adj.* 〖生理〗(身体の)対側(性)の (cf. ipsilateral). 〘(1882) ← CONTRA-＋LATERAL〙

con·tral·to /kəntrǽltoʊ | -trǽltəʊ, -trɑ́ː-; *It.* kontrálto/ 〖音楽〗*n.* (*pl.* **～s**) **1** コントラルト《女声の最低音部》. **2** コントラルト歌手. **3** コントラルト《バイオリン属で viola より大きな弦楽器》. — *adj.* コントラルトの. 〘(1730) □ It. ～: ⇨ contra-, alto〙

cón·tra mún·dum /-mʌ́ndəm/ *n.* 世界に対して, 一般の意見に反して(も). 〘(1766) □ L ～〙

còntra·óctave *n.* 〖音楽〗コントラオクターブ《中央ハ音より 3 オクターブ低いハ音から始まるオクターブ》. 〘(*c*1891) ← CONTRA-＋OCTAVO〙

còntra·órbital *adj.* 〖宇宙〗反対[逆]軌道の.

con·tra·plete /kɑ́(ː)ntrəpliːt | kɔ́n-/ *n.* 〖哲学〗補完[補全]極《「形式と内容」,「原因と結果」のように両極的に異なりながら相補い合う関係項の一方》. 〘← CONTRA-＋(COM)PLETE〙

con·tra·pose /kɑ́(ː)ntrəpòʊz | kɔ́ntrəpə̀ʊz/ *vt.* **1** 反対の位置におく, 対位[対置]させる. **2** 〖論理〗〈命題を〉対偶させる, 対偶関係におく. 〘(1617) (逆成) ← CONTRAPOSITION〙

con·tra·po·si·tion /kɑ̀(ː)ntrəpəzíʃən | kɔ̀n-/ *n.* **1** 対置, 対立 (antithesis): in ～ with [to] …に対置して. **2** 〖論理〗対偶《条件命題「p ならば q」に対して,「q でないならば p でない」をその対偶という; 両者は真理値が等しい》. 〘(1551) □ L *contrāpositiō(n-)* ← *contrāpōnere* to place against: ⇨ contra-, position〙

con·tra·pos·i·tive /kɑ̀(ː)ntrəpɑ́(ː)zətɪv | kɔ̀ntrəpɔ́zɪ̀tɪv⁻/ *adj.* **1** 対置の, 対立した. **2** 〖論理〗対偶の; (変形推理における)換質換位の. — *n.* 〖論理〗対偶命題; (原判断の)換質換位. **～·ly** *adv.* 〘(1870) ← CONTRA-＋POSITIVE〙

con·trap·pos·to /kɑ̀(ː)ntrəpɑ́(ː)stoʊ | kɔ̀ntrəpɔ́stəʊ; *It.* kontrappósto/ *n.* (*pl.* **～s, -ti** /-tiː; *It.* -ti/) 〖美術〗コントラポスト《人体像などで主要な部分をシンメトリックに配置することなく適当な均衡を得るように構成する手法》. 〘(1903) □ It. ～ 'contraposition' (p.p.) ← *contrappore* < L *contrāpōnere*: ⇨ contraposition〙

cón·tra pro·fe·rén·tem /-prɑ̀(ː)fəréntəm | -prɔ̀f-/ *adv.* 〖法学〗(契約の解釈について)起草者の不利に《あいまいな点は提案[提示]者に不利に解釈すべき》. 〘(*c*1915) □ L ～ 'against (the person) mentioning'〙

con·tra·prop /kɑ́(ː)ntrəprɑ̀(ː)p | kɔ́ntrəprɔ̀p/ *n.* ＝contrarotating propeller. 〘(1940) ← CONTRA-＋PROP³〙

còntra-propéller constrùction *n.* 〖海事〗コントラプロペラ構造《船尾構造の一方式で, 推進効率を上げるためプロペラの蹴る水をプロペラのすぐ背後で整流する装置; 中心に対して左右反対の傾斜をもつ翼による》.

con·trap·tion /kəntrǽpʃən/ *n.* 《口語》[軽く軽蔑的に] **1** 新工夫, 新案. **2** 珍妙な考案物, 奇妙な仕掛け[機械]. 〘(1825) (混成) ← CON(TRIVE)＋TRAP¹＋-TION〙

con·tra·pun·tal /kɑ̀(ː)ntrəpʌ́ntḷ | kɔ̀ntrəpʌ́ntḷ⁻/ *adj.* 〖音楽〗対位法(的)の; 対位法による (cf. counterpoint 1 a): ～ music. **～·ly** *adv.* 〘(1845) ← It. *contra(p)punt(o)* counterpoint＋-AL¹〙

còn·tra·pún·tal·ist /-təlɪ̀st, -tlɪ̀st | -təlɪst, -tlɪst/ *n.* ＝contrapuntist.

con·tra·pun·tist /kɑ̀(ː)ntrəpʌ́ntɪ̀st | kɔ̀ntrəpʌ́ntɪst/ *n.* 対位法 (counterpoint) の得意な作曲家, 対位法作曲家. 〘(1776) □ It. *contrap(p)untista*: ⇨ ↑, -ist〙

con·trar·i·an /kəntréᵊriən | -tréər-/ *n.* **1** 時代の風潮とは反対の行動[発言]をする人. **2** 逆張り投資家《多数の投資家が売りに出ているときに買い, 買いに出ているときに売る株式投資家》. 〘(1657) ← CONTRA-＋-IAN〙

con·trar·i·ant /kəntréᵊriənt, kɑ(ː)n- | kəntréər-, kɔn-/ *adj.* 反対の, 敵対した (opposed): ～ factions 反対党派. **～·ly** *adv.* 〘(*c*1385) □ (O)F ～ □ LL *contrāriāntem*: ⇨ contrary, -ant〙

con·tra·ri·e·ty /kɑ̀(ː)ntrəráɪəṭi | kɔ̀ntrəráɪɪ̀ti/ *n.* **1** 反対 (opposition); 不一致, 矛盾. **2** 相反するもの[こと], 矛盾点. **3** 〖論理〗＝contrary opposition. 〘(*a*1400) □ (O)F *contrariété* □ LL *contrārietātem* opposition ← L *contrārius*: ⇨ contrary, -ity〙

con·trar·i·ly *adv.* **1** /kɑ́(ː)ntrerəli, ―⌐―⌐― | kɔ́ntrərɪ̀li/ 反対に, 逆に (contrariwise). **2** これに反して (on the other hand); 別の見地から. **3** /kəntréᵊrəli, ―⌐―⌐― | kɔ́ntrərɪ̀li/ いこじに, 強情に. 〘(*a*1400): ⇨ -ly¹〙

con·trar·i·ness /kɑ́(ː)ntrerinɪ̀s | kɔ́ntrəri-/ *n.* **1** 反対, 矛盾. **2** /kəntréᵊrinɪ̀s, kɑ́(ː)ntreri- | kəntréəri-/ いこじ, つむじ[へそ]曲がり. 〘(*a*1398) ← CONTRARY＋-NESS〙

con·trar·i·ous /kəntréᵊriəs, kɑ(ː)n- | kəntréər-/ *adj.* 《古》**1** いこじの, つむじ[へそ]曲がりの. **2** 反対の; 逆の, 不利な. **～·ly** *adv.* **～·ness** *n.* 〘(*c*1300) □ OF *contrario(u)s* // ML *contrāriōsus*: ⇨ contrary, -ous〙

con·trar·i·wise /kɑ́(ː)ntreriwàɪz | kɔ́ntrəri-/ *adv.* **1** これに反して (on the contrary). **2** 反対に, 逆に, あべこべに: 反対側に, 反対方向に. **3** /または kəntréᵊri- | -tréəri-/ いこじに, 強情に (perversely). — *adj.* いこじの, つむじ[へそ]曲がりの (perverse): one's ～ speech. 〘(*c*1390) ← CONTRARY＋-WISE〙

C

còntra·rótating propéller *n.* 〖航空・海事〗二重反転プロペラ《互いに反対の方向に回転する同軸のプロペラの一方; counterrotating propeller ともいう》. 〘1945〙

con·trar·y /kɑ́(ː)ntreri | kɔ́ntrəri/ *adj.* **1 a** (性質・性格などが)反対の (⇨ opposite **SYN**); 〔…に〕反する, 〔…と〕相入れない 〔*to*〕: be ～ *to* fact [a person's interests] 事実[利益]に反する. **b** (方向が)正反対の; 〔…に〕反対方向の 〔*to*〕: in the ～ direction 反対方向に / a movement ～ *to* policy 政策と逆方向の運動. **c** (位置が)反対の, 対立的な; 反対側の. **d** (互いに)対立している (antagonistic): a ～ concept 反対概念 / ⇨ contrary opposition, contrary terms. **2** 〈天候・風などが〉逆の, 不利な (unfavorable): a ～ wind [current] 逆風[流]. **3** /kəntréᵊri, kɑ́(ː)ntreri | kəntréəri/ つむじ[へそ]曲がりの, 片意地な, いこじな (perverse, stubborn, willful): a ～ child [disposition] いこじな子供[性質]. **4** 〖植物〗(互いが)直角をなしている. — *n.* **1** [the ～] 正反対: prove *the* ～ of a statement 陳述の反対を立証する, 反証を挙げる / He is neither tall nor *the* ～. 彼は背は高くもないがその反対でもない / She believes *the* ～ of what I believe. 彼女は私とは正反対のことを信じている / *The* ～ turned out to be the case. 事実は逆だということが判明した / Are you happy?—Quite *the* ～! 幸せですか—とんでもない. **2** [しばしば *pl.*] 相反するもの[性質]. **3** 〖論理〗**a** 反対対当命題. **b** [*pl.*] ＝contrary terms.

by cóntraries 正反対に, 逆に; 予期に反して, 意外にも: interpret *by contraries* 逆の意味に取る (yes を no と解するように) / Dreams go *by contraries.* 夢は逆夢(さかゆめ). 〘(1545)〙 ***on the cóntrary*** (1) これに反して, それどころか: Have you finished?—*On the* ～, I have not yet begun. もう終わったか—どうしてどうして, まだ始めてもいない / Are you happy?—*On the* ～! 幸せですか—とんでもない. (2) 別の見方をすれば, 別の見地から. 〘(*c*1554)〙 ***to the cóntrary*** (1) それと反対に[の], そうでないとの: evidence *to the* ～ その逆の証拠 / unless I hear *to the* ～ そうでないと聞かなければ, 反対の報道がなければ / I know nothing *to the* ～. そうでないということは何も知らない. (2) …にもかかわらず (notwithstanding): He was defeated, all his boasting *to the* ～. 彼は偉そうなことを言っていたのに負けた. 〘(1541)〙

— *adv.* 反対に, 逆に (contrarily); 〔…に〕反して 〔*to*〕: ～ *to* expectation(s) 予期に反して, 意外にも / act [go] ～ *to* the doctor's advice 医者の注意に背く. — *vt.* 《廃・方言》…に反対する (oppose).

〘(*c*1250) *contrarie* □ AF＝(O)F *contraire* □ L *contrārius* opposite: ⇨ contra-, -ary〙

cóntrary mótion *n.* 〖音楽〗反(進)行《2 声部で一方が上行し, 他方が下行すること; cf. parallel motion》. 〘1731〙

cóntrary opposítion *n.* 〖論理〗反対対当《対当推理における A 判断と E 判断の関係をいう; 一方が真なら他方は偽, 一方が偽ならば他方は真偽不定》. 〘1849〙

cóntrary térms *n. pl.* 〖論理〗反対名辞《「大」と「小」,「白」と「黒」,「賢」と「愚」のようにその間に第三者をいれる余地のあるもの; cf. contradictory terms》. 〘1887〙

con·trast /kɑ́(ː)ntræst | kɔ́ntrɑːst/ *n.* **1** (相違を明示する)対照, 対比: the ～ *between* light *and* shade [*of* light *and* shade, *of* light *with* shade] 光と陰[明暗]の対照 / by [in] ～ 対照してみると / by ～ *with* …との対照によって / for the sake of ～ 対照のために, 対照的に際立たせるために / in (sharp) ～ *with* [*to*] …と(全く)対照(をな)して; …とは(著しく)違って. **2** (対照によって示される)差異: The ～ *between* [*of*] the ideas is remarkable. この(二つの)考えの差異は大きい. **3** 著しい対照となるもの, 対照的に正反対なもの[人]: make a striking ～ *to* another 他と比べて著しい対照をなす / What a ～ *to* the old days! 昔と比べて何という違い方だろう / be a ～ *to* …を対照的に引き立たせる / form [present] a striking [strange, singular] ～ *to* [*with*] …に対して著しい[妙な, 奇異な]対照をなす / He is a great ～ *to* his brother. 彼は兄と著しく対照的な存在だ, 彼は兄と著しく違っている. **4** 〖写真・テレビ〗コントラスト《画像の強弱比または明暗比》. **5** 〖美術・修辞〗(明暗・色・形・情緒などの)コントラスト, 対照法. **6** 〖心理〗対比《異なってはいるが関連している二つの刺激が空間的・時間的に接近して提示されると, 実際よりは大きな差異として知覚される現象》.

— /kəntrǽst, kɑ́(ː)ntræst | kəntrɑ́ːst/ *v.* — *vt.* **1** (相違をはっきりさせるために)対照する, 対比する (⇨ compare **SYN**): Just ～ the sisters [Jane *with* her sister]! この姉妹[ジェーンと妹]を比べてごらん《何という違いだろう》/ as ～*ed* with …と対照して見ると. **2** …と対照をなす, 対照的に引き立たせる. — *vi.* 対照をなす, 比べて著しい相違を示す, 対比して引き立つ, よい対照をなす (set off) 〔*with*〕: ～ well [agreeably, strongly] *with* …と相対して見事に[快く, 著しく]引き立つ / His actions ～ *with* his promises. 彼のやることは約束とは大分違う / wear ～*ing* [～*ed*] colors 対照的な色の服を着る.

〘n.: (1597) □ F *contraste* □ It. *contrasto* ← *contrastare.* — v.: (1489) (1695) □ F *contraster* □ It. *contrastare* < ML *contrāstāre* to oppose ← CONTRA-＋L *stāre* 'TO STAND'〙

con·trast·a·ble /kəntrǽstəbl̩, ká(ː)ntræst- | kəntráːst-/ *adj.* 対照できる, 対照可能の. **con·trást·a·bly** *adv.* 〘(1889): ⇨ ↑, -able〙

con·trást·ing *adj.* 対照的な. **~·ly** *adv.* 〘(1715) ← CONTRAST+-ING²〙

contrásting stréss *n.* 〘音声〙=contrastive stress.

con·tras·tive /kəntrǽstɪv, ká(ː)ntræs- | kəntráːs-/ *adj.* **1** 対比[対照]的な: a ~ function 対比機能. **2** 対比研究する, 対照する: ~ linguistics 対照言語学. **~·ly** *adv.* 〘(1816) ← CONTRAST+-IVE〙

contrástive phonétics *n.* 〘音声〙対照音声学《異なった語族内に属する二つ(以上)の言語の音声を比較してそれぞれの特徴を示そうとする音声学の一部門; cf. comparative phonetics》.

contrástive stréss *n.* 〘音声〙対照強勢《例えば háppy and únhàppy people の ún- にある強勢》.

cóntrast mèdium *n.* 〘医学〙(X 線検査の)造影剤. 〘1955〙

con·trast·y /ká(ː)ntræsti | kɔ́ntraːs-/ *adj.* (**-trast·i·er**, **-i·est**; **more ~, most ~**) 〘写真〙〈フィルム・印画など〉対照のきつい, 硬調な, コントラスティな (cf. soft 25). 〘(1891) ← CONTRAST (n.)+-Y⁴〙

còntra·suggéstible *adj.* 〘心理〙対抗被暗示性の《他からの暗示に抵抗して逆の反応を示す》. **còntra·sùggestibílity** *n.* **còntra·suggéstion** *n.* 〘(1919) ← CONTRA-+SUGGESTIBLE〙

con·trate /ká(ː)ntreɪt | kɔ́n-/ *adj.* 〘時計〙横歯の: a ~ wheel 横歯車. 〘((c1450)) (1696) ← CONTRA-+-ATE²〙

còntra·vallátion *n.* 〘築城〙対塁《包囲軍が守備軍の要塞地の周囲にめぐらす塹壕・砲塁など》. 〘(1678) □ F *contrevallation*: ⇨ contra-, vallation〙

còntra·váriant *adj.* 〘数学〙反変の《二つの量が双対的な (dual) 性質を保存しつつ変化する; ↔ covariant》. 〘(1853) ← CONTRA-+VARIANT〙

con·tra·vene /kɑ̀(ː)ntrəvíːn | kɔ̀n-/ *vt.* **1** 〈法律・義務など〉に違反する, 違背する, 犯す (infringe): ~ a law [custom] 法を犯す[慣習を破る]. **2** …に反論する, 反駁(ばく)する (contradict); …に反対する; …と対立[矛盾]する: ~ a principle 主義に反対する. **còn·tra·vén·er** *n.* 〘(1567) □ F *contrevenir* // LL *contrāvenīre* to oppose ← CONTRA-+L *venīre* 'to COME'〙

con·tra·ven·tion /kɑ̀(ː)ntrəvénʃən | kɔ̀n-/ *n.* **1 a** 違反, 違背 (violation): in ~ of the law [rule] 法律[規則]に違反して. **b** 反対 (opposition), 反駁 (contradiction). **2** 違反行為: ~*s* to the laws of the land 国法違反. **3** 〘法律〙(ヨーロッパ諸国で)軽犯罪. 〘(1579) □ (O)F ~ ← LL *contrāventus* ← CONTRA-+L *vent(us)* ((p.p.) ← *venīre* 'to COME'): ⇨ ↑, -tion〙

con·tra·yer·va /kɑ̀(ː)ntrəjə́ːvə, -jɛ́ə- | kɔ̀ntrəjə́ː-; -jɛ́ə-; *Am.Sp.* kontɾajérβa/ *n.* 〘植物〙アメリカ熱帯地方産クワ科の草本 (*Dorstenia contrajerva*)《その根は興奮剤・強壮剤; たばこの香料に用いる》. 〘(a1656) □ Sp. ~ 'counter herb' ← CONTRA-+*yerva* herb〙

con·tre- /kɔ̃ː(n)trə, kɔ̃ːn-, kɑ́(ː)n- | kɔ̃ː(n)-, kɔ́ːn-; *F.* kɔ̃tʀə/ *pref.* contra- のフランス語形: *contre*temps. 〘□ F ~: ⇨ contra-〙

con·tre·coup /kɑ́(ː)ntrəkùː, kɔ̃ː(n)-, kɔ́ːn-, ーーˊ | kɔ̃ː(n)trəkùː, kɔ́ːn-, ーーˊ; *F.* kɔ̃tʀəku/ *n.* 〘医学〙コントルクー, 対側衝撃《特に, 脳などで, 直接受けた外傷の部位でなく, 遠隔部あるいは反対側に及ぶ衝撃》. 〘(1830) □ F ~ ← *contre* against+*coup* blow〙

con·tre·danse /kɑ́(ː)ntrədæ̀ns, kɔ̃ː(n)trədɑ́ː(n)s, kɔ̀ːntrədɑ́ːns | kɔ́ntrədɑ̀ːns, kɔ̃ː(n)trədɑ̃ː(n)s, kɔ́ːntrədɑ̀ːns; *F.* kɔ̃tʀədɑ̃ːs/ *n.* **1** コントルダンス, 対舞《踊り手は向かい合って入れ替わりながら踊る ²⁄₄ 拍子のダンス》. **2** コントルダンスの曲. 〘(1803) □ F ~ 《通俗語源》← E *country dance*: このダンスでは踊り手が互いに向かい合うことから *contre* against を連想したため〙

con·tre-jour /kɑ́(ː)ntrəʒùə | kɔ́ntrəʒùə(r; *F.* kɔ̃tʀəʒuːʀ/ *n.* 〘写真〙逆光撮影術. — *adj.* 〈写真が〉逆光の. 〘(1921) □ F ~ ← CONTRE-+*jour* sunshine〙

con·tre-par·tie /kɔ̃ː(n)trəpaətíː, kɔ̀ːn- | -pɑː-; *F.* kɔ̃tʀəpaʀti/ *n.* 〘家具〙(*pl.* ~ /~z; *F.* ~/) コントラパルティー《真鍮の地板にべっこうで文様を構成する象眼細工; フランスのブール象眼技法の一つ; cf. première partie》. 〘□ F ~ 'counterpart'〙

con·tre·temps /kɑ́(ː)ntrətɑ̀ː(ŋ), -tɑ̀ːŋ | kɔ́n-; *F.* kɔ̃tʀətɑ̃/ *n.* (*pl.* ~ /~z; *F.* ~/) **1 a** あいにくの出来事, 意外な事故 (mishap). **b** (些細な)論争, 意見の対立. **2** 〘音楽〙=syncopation 2. **3** 〘フェンシング〙コントルタン《相手からの反撃を誘うフェイント》. 〘(1684) □ F ~ ← *contre* against+*temps* time〙

contrib. 《略》contributed; contribution; contributor.

con·trib·ut·a·ble /kəntríbjuṭəbl̩, -bjuːṭ- | kəntríbjuːt-, kɔ́ntrɪbjùːt-/ *adj.* 貢献できる. 〘(1611): ⇨ ↓, -able〙

con·trib·ute /kəntríbjuːt, -bjuːt | kəntríbjuːt, kɔ́ntrɪbjùːt/ *vt.* **1 a** 〈意見・助言などを〉与える; 寄与する, 貢献する, ささげる (furnish): ~ new ideas [valuable suggestions] 新しい考え[貴重な助言]を与える / ~ time and energy *to* the work その仕事に時間と精力をささげる. **b** 寄付する: ~ money *to* a common fund 共同基金に金を寄付する / ~ food *for* the poor 貧民のために食べ物を出す. **2** 〈記事などを〉寄稿する: ~ an article *to* a magazine 雑誌に執筆する. — *vi.* **1 a** 寄与する, 貢献する, 資する, 一助[一因]となる (conduce) 〔*to*〕: Hard work ~*d to* his success. 彼の成功は一つには勤勉のたまものであった / Food additives may ~ *to* cancer. 食品添加物は癌(がん)の一因となりうる. **b** (議論などに)加わる, 発言する. **c** 寄付をする 〔*to*〕: ~ *to* the community chest 共同募金に寄付する. **2** 〔新聞・雑誌などに〕寄稿する, 投稿する 〔*to*〕: ~ *to* a newspaper 新聞に寄稿する. 〘(1530) ← L *contribūtus* (p.p.) ← *contribuere* to bring together, add ← *con-* 'COM- 1'+*tribuere* to bestow: cf. tribute〙

con·tri·bu·tion /kɑ̀(ː)ntrəbjúːʃən | kɔ̀ntrɪ-/ *n.* **1 a** 貢献, 助力, 寄与: his ~*s to* science 科学に対する彼の貢献. **b** 寄付, 出資: make a ~ *to* …に寄付[貢献]する. **2** 寄付金, 義援金; 寄付品, 寄贈物: illegal political ~*s* 不法政治献金 / The smallest ~ thankfully received. 寄付はいくら少額でもありがたく受けます. **3 a** 寄稿, 投稿. **b** 寄稿作品. **4** 〘保険〙(損失または支払金の)分担; 分担額; (社会保険の)保険料. **5** 〘古〙〘軍事〙(軍費を賄うために占領地の住民に賦課する)軍税, 臨時税: levy a ~ from the enemy 敵に貢ぎ物を出させる.
láy under contribútion (1) …に寄付[賦課金]を課す. (2) 〈人民・町民〉に軍税を課する. (1644)
〘(a1387) □ (O)F ~ // L *contribūtiō(n-)*: ⇨ ↑, -tion〙

contribútion màrgin *n.* 〘会計〙貢献利益《売上高から変動費を引いた限界利益 (marginal profit); あるいは限界利益から個別固定費を引いたセグメントマージン》.

con·trib·u·tive /kəntríbjuṭɪv | kəntríbjutɪv, kɔ́ntrɪbjùːt-/ *adj.* 寄与する, 貢献する 〔*to*〕: be ~ *to* one's interests 利益に役立つ. **~·ly** *adv.* **~·ness** *n.* 〘(1583) ← CONTRIBUTE+-IVE〙

con·trib·u·tor /kəntríbjuṭə | kəntríbjutə(r, kɔ́ntrɪbjùː-/ *n.* **1** 寄付者, 寄与者, 貢献者; 一因, 一助. **2** 寄稿家, 投稿者. 〘(1433) □ AF *contributour* (F *contributeur*) ← L *contribūtus*: ⇨ contribute, -or²〙

con·trib·u·to·ry /kəntríbjutɔ̀ːri | kəntríbjutəri, kɔ̀ntrɪbjúː-, -tri/ *adj.* **1 a** 貢献する, 〔…に〕資する, あずかって力ある 〔*to*〕: ~ causes 寄与的な原因 / be ~ *to* the result その結果をもたらすのにあずかって力がある. **b** 寄付の[に関する]; 義援的な. **2 a** 〈出資金・負担などを〉分担する: ~ allies. **b** 〈税を〉課せられる. **3** 〘保険〙雇主と被用者が保険料を分担する. — *n.* **1** 出資者; 出資義務者. **2** 〘英法〙清算出資社員《会社の清算 (winding up) に際し出資または払込みをする義務のある者》. 〘(c1410) □ ML *contribūtōrius*: ⇨ contribute, -ory¹〙

contríbutory négligence *n.* 〘法律〙寄与過失, 助成過失《被害者[原告]の過失が被害発生に決定的な寄与をしたため損害賠償をとれないとする法理; 英国では 1945 年に廃止され, 米国の多くの州と同様に, (双方の)過失の程度に応じて責任を分担することになった》. 〘1875〙

cón trìck *n.* 《口語》=confidence game.

con·trite /kəntráɪt, kɑ(ː)n-, kɑ́(ː)ntraɪt | kəntráɪt, kɔn-, kɔ́ntraɪt/ *adj.* **1** 〘神学〙(神に対する愛に基づいて)罪を深く悔いている《救いに必要な痛悔の段階についていう; cf. attrite》: a ~ sinner / a broken and a ~ heart くだけたる悔いし心 (*Ps.* 51:17). **2** 悔恨の情から出た, 悔恨の: ~ words, tears, sighs, etc. **~·ly** *adv.* **~·ness** *n.* 〘(?c1300) *contrit* □ (O)F *contrite* // L *contrītus* (p.p.) ← *conterere* to bruise, grind ← *con-* 'COM-'+*terere* to rub (cf. trite)〙

con·tri·tion /kəntríʃən/ *n.* **1** 悔恨, 悔悟, 痛悔. **2** 〘神学〙(犯した罪に対する)痛悔 (cf. perfect [imperfect] contrition, attrition 4). 〘(c1303) *contricioun* □ (O)F *contrition* □ L *contrītiō(n-)*: ⇨ ↑, -tion〙

con·triv·a·ble /kəntráɪvəbl̩/ *adj.* 考案[工夫]できる; 案出できる. 〘(a1672) ← CONTRIVE¹+-ABLE〙

con·triv·ance /kəntráɪvəns/ *n.* **1 a** 工夫(すること), 考案, 案出. **b** 考案[工夫]の才能 (ingenuity). **2 a** 考案物[品], 新工夫, 趣向, 発明 (invention); (機械的)仕掛け, 装置 (appliance). **b** たくらみ, もくろみ, 企図, 計略 (artifice). **3** (詳細, 部分などの)機械的[恣意的]選択[分類]. 〘(1627–28): ⇨ ↓, -ance〙

con·trive¹ /kəntráɪv/ *vt.* **1** 企図する, たくらむ, 謀る, 策する: ~ an escape plan 逃亡の計画を立てる / He is *contriving* her death. 彼女を殺害しようとたくらんでいる. **2** 考案する, 発明する (invent), 工夫する (devise); 設計する (plan): ~ a mask against poison gas 防毒マスクを考案する / ~ an excuse 口実を設ける. **3 a** 何とかして…する, うまく…してのける, …し終える (manage) 〈*to do*〉: He ~*d to* arrive in time after all. 彼は結局どうにか間に合った / How did [could] you ~ *to* get here so early? どうしてこんなに早く来られたのですか. **b** 《反語》(努力しても)結局…すること[羽目]になる, わざわざ〈不利なことを〉しでかす 〈*to do*〉: He ~*d to* make a mess of the whole thing. 結局彼は何もかもめちゃくちゃにしてしまった / He ~*d to* make the matter [matters] worse. わざわざ手を出して事態を悪化させてしまった. — *vi.* **1** たくらむ. **2** 工夫する. **3** (家事の)やりくりをする: ⇨ CUT *and contrive*. **con·trív·er** *n.* 〘(a1338) *contreve(n)*, *controve(n)* □ OF *controver* (F *controuver*) □ ML *contropāre* ← *con-* 'COM- 2'+L *tropus* 'TROPE': cf. trover〙

con·trive² /kəntráɪv/ *vt.* 《廃》〈時を〉過ごす (spend) (cf. Shak., *Shrew* 1. 2. 274). 〘(15C) □ L *contrīv-* (pret. stem) ← *conterere*: ⇨ contrite〙

con·trived /kəntráɪvd/ *adj.* 工夫[計画]の跡がみえる, 技巧を弄した, 人工的な, わざとらしい. **~·ly** *adv.* 〘(c1400) ← CONTRIVE¹+-ED〙

con·trol /kəntróʊl | -tráʊl/ *n.* **1 a** 支配, 取締り, 統制, 管理, 指揮監督(権) (⇨ power SYN); 支配力: light ~ 灯火管制 / majority ~ 過半数持株支配 / minority ~ 少数持株支配 / management ~ 経営者支配 / traffic ~ 交通整理 / cost ~ 〘経営〙費用的管理, 原価管理 / time ~ 〘経営〙時間的管理 / budgetary ~ 〘経営〙予算管理, 予算統制 / foreign-exchange ~ 外国為替管理 / ⇨ birth control, thought control / be under the direct ~ of …の直接監督下にある, …直轄である / It's not in [under] my ~. それは私の管轄ではない / without ~ 統制なく, 自由に / It's outside (《米》of) [beyond] my ~. それは私の管轄外のことだ / man's ~ over nature 人間の自然の支配 / be in ~ (of) …を管理している / come under British ~ 英国の支配下に入る / workers' ~ (of production) 労働者の生産管理 / assume ~ (武力で)政権を奪う / be in the ~ of …に支配されている / gain [get, take] ~ of …の支配[管理]権を握る / have overall ~ 《英》(政党が)議会を支配している / regain ~ of …を再び支配する. **b** 道具[器具, 技術など]を自由に駆使する能力: We admire his ~ of (the technique of) the violin. バイオリンの技術を自由に駆使する彼の能力に感嘆する / keep [stay in] ~ of one's car 車を自由に操る / take ~ of the wheel きちんとハンドル操作をする / He has complete ~ of several languages. 数か国語を自由に操る. **c** 〘野球〙(投手の)制球力, コントロール: The pitcher needs ~. あの投手はコントロール[制球力]がない. **d** [通例 *pl.*] (物価などの)統制: put stricter ~*s* on rent increases 家賃の上昇をいっそう厳しく監視する / ⇨ price control, wage control. **2** 抑制(力), 制御, 鎮圧 (restraint): be beyond (the) ~ 抑えきれない, 手に余る / bring [keep] something under ~ 抑えつける[つけておく], 抑制[鎮圧]する / get [go, be] out of (a person's) ~ (人には)制しきれなくなる / get [bring] under ~ 制御[抑圧]する / The fire was soon brought under ~. 火事は間もなく消し止められた / Everything is under ~. 万事うまくいっている / have [keep] good [no] ~ over one's class 教室の管理がいい[なっていない] / have ~ of [over] oneself 己を制する / have no ~ over one's passions 激情を抑える力がない / be in ~ 〈感情などを〉抑えている / ⇨ self-control / lose ~ (of) …を制しきれなくなる / lose ~ (of oneself) 自制心を失う / a matter over which one has no ~ 力の及ばない事柄 / have something under ~ 〈火事・病気などを〉食い止める[ておく] / regain ~ 冷静さを取り戻す. **3 a** 統制[管制]手段. **b** /《英》ではまた kɔ́ntrəʊl/ [*pl.*] (機械の)操縦[制御]装置: The pilot is at the ~*s*. パイロットは操縦席に座っている. **4** 〘生物〙**a** 対照《実験から引き出された推定の照査規準》: ⇨ control experiment. **b** 対照区 (⇨ control experiment). **5 a** (車のラリー (rally) などで, タイムを計らない)(市街地などの)徐行域, 車体検査所. **b** (車のラリーやオリエンテーリングなどの)チェックポイント (checkpoint). **6** 〘心霊〙支配霊《霊媒の言行を支配する霊》: The medium's ~ relayed a message to the bereaved parents. 霊媒にのりうつった支配霊が後に残された両親にメッセージを伝えた. **7** 〘郵趣〙切手シートの耳に印刷された数字や文字 (control mark). **8** 〘宇宙〙制御.
— *vt.* (**con·trolled**; **-trol·ling**) **1** 統制する, 管制する (regulate); 支配する, 管理する, 監督する: ~ a horse, car, business, etc. / the ~*ling* groups in society 社会の支配者集団 / a parent-*controlled* school 親が管理する学校. **2 a** 抑制する, 制御する (command, dominate): ~ expenditure [payments] 支出[支払い]を抑制する / ~ one's passions [emotions, temper] 激情[感情, 怒り]を制する[抑える] / ~ a fire 鎮火する / speak in a (carefully) ~*led* voice (慎重に)抑制のきいた声で話す. **b** [~ *oneself* で] 自分の感情を抑制する, 自制する. **3** (規準に)照らし合わせて調べる, 照査する (verify): ~ a scientific experiment. **4** …の広がりを食い止める, 〈生物〉の繁茂するのを防ぐ: ~ a disease 病気の広がりを食い止める.
〘n.: (1592–93) □ F *contrôle* counter register ← OF *contrerolle* ← *contre* against+*role* roll. — v.: (1422) □ AF *contreroller* (F *contrôler*) to keep a copy of a roll of accounts ← OF *contrerolle*: ⇨ counter-, roll〙

contról accòunt *n.* 〘会計〙統制勘定, 統括勘定《複式簿記において補助元帳 (subsidiary ledger) の内訳勘定を統括する勘定; controlling account ともいう》.

contról bòard *n.* 〘電気〙(電気装置などの)制御盤, 管制盤, 操作盤《control panel ともいう》. 〘1907〙

contról cènter *n.* コントロールセンター, 管理センター, 管制[制御]センター.

contról chàracter *n.* 〘電算〙制御文字《改行などを表す特殊文字》.

contról chàrt *n.* 〘統計〙管理図《品質管理に用いる図表; 標本 (sample) 中の不良品の個数を高さで記入し, それがあらかじめ引いてある限界線を超えるかどうかで工程の安定・不安定を判断するもの》.

contról clòck *n.* =master clock.

contról còlumn *n.* 〘航空〙操縦輪《補助翼の操作を転輪の回転によって行う操縦桿(かん); cf. control stick, joy stick》. 〘1919〙

contról commànds *n. pl.* 〘電算〙制御コマンド《コントロールキーを使って入力する》.

contról elèctrode *n.* 〘電子工学〙(電子管の)制御電極. 〘1918〙

contról expèriment *n.* 〘生物〙対照実験《実験材料となる生物を 2 群に分け, A 群には実験を加え, B 群には実験を加えず, AB を同一条件下で飼育栽培して, 実験による影響を知る方法; この場合 B 群を「対照区」(control) という》. 〘1875〙

contról frèak *n.* 《口語》周囲をことごとくコントロールしようとする者, 支配狂[魔].

contról grìd *n.* 〘電子工学〙(電子管の)制御格子.

contról gròup *n.* 対照群《同一実験で実験要件を加えないグループ》: The ~ was put on placebo. 対照群にはプラシーボが投与された.

contról kèy *n.* 〘電算〙コントロールキー《文字キーなどと同時に押すことによってそれらのキーの本来のコードとは別のコードを発生させるキー》.

con·trol·la·ble /kəntróuləbḷ | -trául-/ *adj.* 支配[管制, 管理]できる; 制御[統制]できる; 操縦できる. **~·ness** *n.* **con·trol·la·bil·i·ty** /kəntròuləbíləṭi | -tràulə̀bíləti/ *n.* **con·tról·la·bly** *adv.* 〖(1576) ← CONTROL ＋-ABLE〗

contróllable-pítch *adj.* 〘海事・航空〙〈船・航空機のプロペラが〉可変ピッチの《一つのプロペラで同方向に回転させたまま高低速・停止・後退などを翼の傾斜によって可能なものについていう; cf. adjustible pitch》. 〖1936〗

con·trólled *adj.* **1** 抑制された, 控え目の. **2** 管理[統制, 支配]された: ~ economy 統制経済. 〖(1586) ← CONTROL ＋-ED〗

contrólled drúg *n.* ＝controlled substance.

contrólled expériment *n.* 〘生物〙対照づきの実験《対照を完備した実験》. 〖1938〗

contrólled-reléase *adj.* 〈医薬品・殺虫剤など〉設定された時間後徐々に効力を発揮する.

contrólled schóol *n.* 《英》管理学校《voluntary school の一種で, 校舎・教員の任免・給与などのほとんどを地方教育当局が扱うが, 1 週に 2 時間を超えない範囲で, 自派の宗教教育を行うことのできる学校; cf. aided school》. 〖1944〗

contrólled súbstance *n.* 規制薬物《アヘン剤・抑制剤・興奮剤・幻覚誘発剤など, その所持および使用が規制される薬物》. 〖*c*1970〗

contrólled sýstem *n.* 〘電気〙制御対象.

contrólled váriable *n.* 〘電気〙制御量.

con·trol·ler /kəntróulə | -tráulə^(r)/ *n.* **1 a** 取締人, 管理人; 統制者. **b** (会社の)経理部長, コントローラー《企業の会計担当副社長》. **c** (計算・会計の)監査官[役], 会計検査官: a ~ of accounts. ★ 官名としては comptroller という. **d** (飛行機の飛行に指示を与える)(航空)管制官. **2 a** 〘電気〙(電動機などの)制御器, 操縦装置. **b** 〘電算〙コントローラー《CPU と周辺機器との間のデータの転送を制御するボードやチップ》. **3** 〘海事〙＝compressor 4. **4** 〘原子力〙＝control rod. 〖(1538) ← CONTROL (v.)＋-ER¹ ∞ (?*a*1387) *count(e)rollour* ◻ AF *countrero(u)llour*＝OF *contrerolleur*〗

contróller·shìp *n.* controller の職[地位, 機能]. 〖(1495): ⇨ ↑, -ship〗

contról lèver *n.* 〘航空〙操作レバー. 〖1904〗

contról lìmit *n.* 〘統計〙管理限界《管理限界線 (control limit line) の高さ》.

contról límit lìne *n.* 〘統計〙管理限界線《管理図 (control chart) にあらかじめ引いてある限界線》.

con·tról·ling accòunt /-lɪŋ-/ *n.* 〘会計〙＝control account.

contrólling dèpth *n.* 〘海事〙制限水深《ある海域内を安全航行できる船の喫水を定める水深》.

contrólling ínterest *n.* 〘株式〙支配的利権, 支配(的)持ち分《会社の経営を握るのに十分な株式保有など》. 〖*c*1924〗

con·tról·ment *n.* 《古》取締り, 管制; 抑制 (check): without ~ 自由に. 〖(1454) ← CONTROL ＋-MENT〗

contról pànel *n.* **1** 〘電算〙制御パネル, プラグボード, プラグ盤, 配線盤. **2** 〘電気〙＝panelboard 2. 〖1923〗

contról pìtcher *n.* 〘野球〙コントロールのいい投手.

contról ròcket *n.* 制御用ロケット《宇宙船・ミサイルのコース修正などに使われる》.

contról ròd *n.* 〘原子力〙(原子炉の出力の制御に使用する中性子吸収性の)制御棒. 〖1945〗

contról ròom *n.* **1** 管制室; (原子力施設などの)制御室. **2** 〘テレビ・ラジオ〙調整室. 〖1927〗

contról stìck *n.* 〘航空〙操縦桿(かん) (cf. control column, joy stick). 〖1933〗

contról sùrface *n.* 〘航空〙操縦(翼)面《昇降舵・補助翼・方向舵など》. 〖1917〗

contról swìtch *n.* 〘電気〙制御スイッチ. 〖1905〗

contról tòwer *n.* 〘航空〙コントロールタワー, 管制塔《飛行場にあって離陸・着陸などの管制を行う》. 〖1920〗

contról ùnit *n.* **1** 〘電算〙制御装置《コンピューターの制御部》. **2** (粗暴な囚人用の)独居房. 〖1955〗

contról whèel *n.* 〘航空〙操縦輪.

con·tro·ver·sial /kɑ̀(ː)ntrəvə́ːʃəl, -ʃḷ, -siəl | kɔ̀ntrəvə́ː-ˊ/ *adj.* **1** 議論の[に関する], 論争上の; 議論の的に なる[議論を呼ぶ](ような): a ~ question, book, etc. **2** 論争癖の, 論争好きな (disputatious). 〖(1583) ◻ LL *contrōversiālis*: ⇨ controversy, -al¹〗

còn·tro·vér·sial·ìsm /-lìzm/ *n.* **1** 論争的精神, 論争癖. **2** (激しい)論争 (controversy). 〖(1859): ⇨ ↑, -ism〗

còn·tro·vér·sial·ist /-lɪ̀st | -lɪst/ *n.* 議論家, 論客; 論争者. 〖(*a*1734) ← CONTROVERSIAL ＋-IST〗

còn·tro·vér·sial·ly /-ʃəli, -siəli/ *adv.* 論争的に; 論争上(の立場から); 議論がましく. 〖(1682) ← CONTROVERSIAL ＋-LY¹〗

con·tro·ver·sy /kɑ́(ː)ntrəvə̀ːsi | kɔ́ntrəvə̀ːsi, -vəsi, kəntrɔ́vəsi/ ★《英》では /kəntrɔ́vəsi/ が増えている. *n.* **1 a** 論争, 議論, 論議《特に意見が対立している重要な問題に関して, 長期にわたり公開, またはメディアで行われるもの; ⇨ argument SYN》: the academical [scientific] ~ 学問上[科学上]の論争 / a subject [point] of ~ 論争の主題, 争点 / beyond [without] ~ 争う余地なく, 確かに[な] / be in a long ~ with …と長く論争中である / enter into a ~ with …と論争を始める / carry on a ~ with …と論議をする. **b** 論争の原因[実例]. **2** 〘法律〙(裁判の対象である)民事上の紛争. **3** 口論, けんか. ***in cóntroversy*** 〘法律〙(裁判によらずに)話し合いによって解決されるべき. 〖1555〗〖(*c*1384) ◻ L *contrōversia* civil lawsuit, dispute ← *contrōversus* (↓)〗

con·tro·vert /kɑ́(ː)ntrəvə̀ːt, ⸗⸗ˊ | kɔ̀ntrəvə́ːt, ⸗⸗ˊ/ *vt.* **1** 論争する, 〈問題を〉争う (dispute). **2** 論駁(ばく)する, 反駁する (⇨ disprove SYN); 打ち消す (deny). — *vi.* 議論を戦わせる, 議論する. **~·er** /-ṭə | -tə^(r)/ *n.* 〖(1609) ← L *contrōversus* turned against, disputed ← *contrō-* ((異形) ← CONTRA-)＋*versus* ((p.p.) ← *vertere* to turn): 語尾 -*vert* は DIVERT, REVERT などとの類推〗

con·tro·vert·i·ble /kɑ̀(ː)ntrəvə́ːṭəbḷ | kɔ̀ntrəvə́ːtə̀-ˊ/ *adj.* 論争できる, 議論の余地のある; 論駁できる.

còn·tro·vért·i·bly *adv.* 〖(1614): ⇨ ↑, -ible〗

con·tro·vert·ist /kɑ́(ː)ntrəvə̀ːṭɪ̀st | kɔ́ntrəvəːtɪst, -və-/ *n.* ＝controversialist. 〖1655〗

con·tu·ma·cious /kɑ̀(ː)ntu:méɪʃəs, -tju:-, -tʃu- | kɔ̀ntju-ˊ/ *adj.* 権威[命令, 法廷の召喚]に服さ[応じ]ない; (頑強に)命令を聞かない (irreconcilable). **~·ly** *adv.* **~·ness** *n.* 〖(*a*1600): ⇨ ↓, -ous〗

con·tu·ma·cy /kɑ́(ː)ntjuməsi, kəntúː-, -tjúː- | kɔ́ntju-/ *n.* **1** 頑固な不従順, 強情. **2** 〘法律〙官命抗拒, 命令不服従, 法廷侮辱; (主として宗教裁判所の)召喚無視 (cf. in contumaciam). 〖(?*a*1200) ◻ L *contumācia* haughtiness ← *contumāx* stubborn: ⇨ contumely, -acy〗

con·tu·me·li·ous /kɑ̀(ː)ntu:míːliəs, -tju:-, -ṭə-, -tʃu- | kɔ̀ntju-ˊ/ *adj.* **1** 傲慢無礼な, 侮辱的な (disdainful). **2** 非難する (reproachful). **~·ly** *adv.* **~·ness** *n.* 〖(?*c*1425) ◻ (O)F *contumelieux* ◻ L *contumēliōsus* full of abuse, insolent: ⇨ ↓, -ous〗

con·tu·me·ly /kɑ́(ː)ntu:məli, -tju:-, -ṭəmli, kəntúː-m(ə)li, -tjúː- | kɔ́ntjuːm(ə)li, -tjʊm-, -mɪli, kəntjúːm-/ *n.* **1** (言葉遣い・態度の)傲慢無礼. **2** 侮辱 (insult). **3** 侮辱を受けること, 屈辱 (humiliation). 〖(*c*1390) ◻ OF *contumelie* ◻ L *contumēlia* an abuse ← COM-＋*tumēre* to swell (⇨ tumor)〗

con·tuse /kəntúːz, -tjúːz | -tjúːz/ *vt.* …に(皮膚を破らない程度に)打傷を負わせる (bruise); 挫傷させる: a ~*d* wound 挫傷, 打撲傷, 打ち身. **con·tú·sive** *adj.* 〖(?*a*1425) ← L *contūsus* (p.p.) ← *contundere* ← *con-* 'COM- 2'＋*tundere* to beat (⇨ tund)〗

con·tu·sion /kəntúːʒən, -tjúː- | -tjúː-/ *n.* **1** 〘医学〙挫傷, 打撲傷 (bruise). **2** 打撲傷を負わせる[受ける]こと. **~ed** *adj.* 〖(*a*1400) ◻ (O)F ~ // L *contūsiō(n-)*: ⇨ ↑, -sion〗

co·nun·drum /kənʌ́ndrəm/ *n.* **1** (答えにしゃれ (pun) を含む)なぞ, とんち問答, 判じ物《例えば "When is a door not a door?" 答えは "When it's a jar."; ⇨ mystery¹ SYN》. **2 a** なぞのような問題. **b** 難問. 〖(1605) *quonundrum* pedant, pedantic whim ← ? L *quoniam* since // *quin* why not: ラテン語をまねた 16 世紀の学生俗語 (cf. quandary)〗

con·ur·ba·tion /kɑ̀(ː)nə(ː)béɪʃən | kɔ̀nə(ː)-/ *n.* (London や Paris のように周辺の多数の都市が膨張し融合した)集合都市, 都市集団, 市街地連担地域. 〖(1915) ← *con-* 'COM-'＋L *urb-*, *urbs* city＋-ATION〗

con·ure /kɑ́(ː)njə | kɔ́njuə^(r)/ *n.* 〘鳥類〙クサビオインコ《熱帯アメリカ産クサビオインコ属 (*Aratinga*) の鳥の総称》. 〖(1858) ← NL *Conurus*: ⇨ cono-, -urus〗

co·nus /kóunəs | káu-/ *n.* (*pl.* **co·ni** /-naɪ, -niː/) 〘解剖〙＝conus arteriosus. 〖1885〗

co·nus ar·te·ri·o·sus /kóunəsɑəṭɪ^əriósəs | káunəsɑːtɪəriáu-/ *n.* (*pl.* **co·ni ar·te·ri·o·si** /-naɪɑəṭɪ^əriósaɪ, -niː-, -siː | -ɑːtɪəriáu-/) 〘解剖〙動脈円錐. 〖(*c*1860) ← NL ←《原義》arterial cone〗

cónus med·ul·lár·is /-mèdəlɛ́ːrɪ̀s | -mèdəlɛ́ːrɪs/ *n.* 〘解剖〙脊髄円錐. 〖(*c*1975) ◻ L ~: cf. medullary〗

conv. 《略》convenient; convent; convention; conventional; conversation; converter; convertible; convocation.

con·va·lesce /kɑ̀(ː)nvəlés | kɔ̀n-/ *vi.* (病後)徐々に健康体に返る, 健康を回復する, 快方に向かう (recover). 〖(1483) ◻ L *convalēscere* to grow strong ← *con-* 'COM- 2'＋*valēscere* (← *valēre* to be strong: ⇨ valor)〗

con·va·les·cence /kɑ̀(ː)nvəlésəns, -sṇs | kɔ̀n-/ *n.* **1** 病人が次第に快方に向かうこと, 回復. **2** (病気からの)回復期. 〖(*c*1489) ◻ F ~ ◻ L *convalēscentia*: ⇨ ↓, -ence〗

con·va·les·cent /kɑ̀(ː)nvəlésənt, -sṇt | kɔ̀n-ˊ/ *adj.* **1** 快方に向かっている, 回復期の, 病気上がりの: a ~ patient 回復期の患者 / become ~ 快方に向かう / in the ~ stage 回復期にある. **2** 回復期患者の[のための, に関する]: a ~ ward (病院の)回復期病室[病棟] / a ~ hospital (回復期患者の)療養所, 保養所. — *n.* 回復期患者, 病気上がりの人. **~·ly** *adv.* 〖(1656) ◻ L *convalēscentem*: ⇨ convalesce, -ent〗

con·vect /kənvékt/ *vt.* 〈熱・流体を〉対流によって伝導する. — *vi.* 〈流体が〉対流によって熱伝導する. 〖(1881)《逆成》↓〗

con·vec·tion /kənvékʃən/ *n.* **1** 伝達, 運搬; 伝導 (transmission). **2** 〘気象〙(熱・大気の)対流, 還流 (cf. conduction 2, radiation 2). **3** 〘地質〙対流《地殻下の物質がゆるやかに循環すること》. 〖(1623) ◻ LL *convectiō(n-)* carrying together ← L *convectus* (p.p.) ← *convehere* ← *con-* 'COM- 1'＋*vehere* to carry (⇨ vehicle)〗

con·véc·tion·al /-ʃnəl, -ʃənḷ/ *adj.* **1** 対流の[に関する]. **2** 〈雨が〉対流によって生じる. 〖(1892): ⇨ ↑, -al¹〗

convéction cèll *n.* 対流細胞, 対流セル: **1** 〘気象〙大気中にあって規則正しく並んだ上昇域と下降域からなる一組の対流部分. **2** 〘地球物理〙プレートテクトニクス理論で, マントル対流の一単位.

convéction cùrrent *n.* **1** 〘物理・気象〙対流; 還流. **2** 〘電気〙対流電流, 携帯電流. 〖1868〗

convéction òven *n.* 対流式オーブン.

con·vec·tive /kənvéktɪv/ *adj.* **1** 伝達性の: the ~ force of a stream. **2** 〘気象・地質〙対流[還流]的な. **~·ly** *adv.* 〖(1859): ⇨ convection, -ive〗

convéctive actívity *n.* 〘気象〙(雹(ひょう)・雷雨などとして現れる)対流活動.

con·véc·tor *n.* コンベクター, 対流放熱器, 対流式暖房器. 〖(1907): ⇨ convection, -or²〗

convéctor hèater *n.* ＝convector.

con·ven·a·ble /kənvíːnəbḷ/ *adj.* 召喚[召集]できる. 〖(1755) ← CONVENE＋-ABLE〗

con·ve·nance /kɑ́(ː)nvənəns, -nɛ̀ns | kɔ́ː(n)vənɑ̀ː(n)s, kɔ́nː-, kɔ́n-, -nɑ̀ːns; *F.* kɔ̃vnɑ̃ːs/ *n.* (*pl.* **-ve·nanc·es** /~ɪ̀z; *F.* ~/) **1** 慣用, 適合, 適正, 妥当. **2** [*pl.*] 世間の習わし, 因襲的儀礼. 〖(1483) ◻ (O)F ~ 'convenience, fitness; (pl.) decency, decorum' ← *convenir* to be fitting ＜ L *convenīre* to come together (↓)〗

con·vene /kənvíːn/ *vt.* **1** 呼び集める, 招集する (⇨ call SYN): ~ an assembly, a council, etc. **2** (法廷などに)召喚する, 呼び出す (summon): ~ a person before a tribunal. — *vi.* **1** 〈人が〉会合する (assemble); 集会する. **2** 〈物が〉一か所に集まる[固まる]. **3** 〈委員会などが〉開催される. 〖(1429) ◻ L *convenīre* ← *con-* 'COM- 1'＋*venīre* 'to COME'〗

con·vén·er *n.* **1** (委員会などの)招集者; (特に)委員会の議長. **2** 《スコット》(地方議会の)議長 (cf. provost 2). 〖(*a*1572): ⇨ ↑, -er¹〗

con·ve·nience /kənvíːnjəns, -niəns, -ənts | -niəns, -njəns, -ənts/ *n.* **1** (自分の行動・要求充足などに)都合[勝手]のいいこと, 便, 便利, 便宜; 便益 (advantage): ⇨ MARRIAGE of convenience / for ~ of explanation [storage] 説明[貯蔵]の便宜上 / as a matter of ~ 都合[便宜]上 / a shelter for the ~ of travelers 旅行者のために設けた小屋 / for a person's ~ 都合がいいように. **2 a** 都合のよい時[機会], 好都合: at a person's (own) ~ 自分の都合のよい時に / at your earliest ~ なるべく早く, ご都合つき次第. **b** 好都合[便利]な事情, 利点: It is a great ~ to live near a railroad station. 駅の近くに住んでいるのは大変便利です. **3 a** 便利なもの. **b** 有用品, (文明の)利器; [*pl.*] 衣食住の便益, 生活に便利な設備: a house full of ~*s* of every sort あらゆる便利な設備を備えた家 / a house with all modern ~*s* 近代的で便利な設備をすべて備えた家. **c** 《英》(公衆)便所 (toilet): a public ~ 公衆便所. **4** 安楽 (comfort, ease). ***for convénience' sàke＝for the sàke of convénience*** 便宜のために, 便宜上. ***màke a convénience of*** 《英口語》〈人など〉を自分の勝手に使用[利用]する, 道具に使う. 〖(*a*1398) ◻ L *convenientia* agreement, fitness: ⇨ convenient, -ence〗

convénience fòod *n.* (簡単に調理できるように包装された)インスタント食品. 〖1961〗

convénience gòods *n. pl.* (たばこ・雑誌など)手近な店で簡単に買える品.

convénience òutlet *n.* 〘電気〙コンセント.

convénience stòre *n.* コンビニエンスストア, コンビニ: a ~ that stays open late 遅くまで開いているコンビニ. 〖1965〗

con·vé·nien·cy /-njənsi, -niən- | -niənsi, -njən-/ *n.* 《古》＝convenience. 〖(1494): ⇨ ↓, -ency〗

con·ve·nient /kənvíːnjənt, -niənt | -niənt, -njənt/ *adj.* **1** 使いやすい, 便利な, 便宜を提供してくれる (commodious); 〔…に〕都合のよい, 便宜な 〔*to*, *for*〕 (⇨ favorable SYN): a place ~ *for* bathing [camping out] 水泳[キャンプ]に便利な所 / if it is ~ *to* [*for*] you ご都合がよろしければ / make it ~ to do 都合をつけて…する / I will come when (it is) ~ *to* you. ご都合のよい時に伺いましょう / It is not ~ to see you now. 今は都合が悪くてお会いできません. **2** 《口語》〔…に〕手近な, 近づきやすい (accessible) 〔《米》 *to*, 《英》 *for*〕: His house is ~ *to* [*for*] the station. 彼の家は駅に近い. **3** 《廃》適切な (proper) (cf. *Ephes.* 5:4). 〖(*c*1380) ◻ L *convenientem* (pres.p.) ← *convenīre* to be suitable: ⇨ convene, -ent〗

con·ve·nient·ly /kənvíːnjəntli, -niənt- | -niənt-, -njənt-/ *adv.* **1** 便利に, 都合よく, ちょうどいい具合に: The place is ~ near school. その場所は都合のよいことに学校に近い《通学に便利だ》/ Would you come up to London as soon as you ~ can? ご都合がつき次第できるだけ早くロンドンへ来てくださいませんか. **2** 《廃》適切に; 好機をとらえて (cf. *Mark* 14:11) 〖(*a*1398): ⇨ ↑, -ly¹〗

con·vé·nor /-nə, -nɔə | -nə^(r), -nɔː^(r)/ *n.* ＝convener.

con·vent /kɑ́(ː)nvənt, -vɛnt | kɔ́n-/ *n.* **1** 修道会; (特に)女子修道会, 尼僧団. **2** 修道院; (特に)女子修道院, 尼僧院 (nunnery) (⇨ cloister SYN): go into a ~ (女子)修道院に入る, 修道女[尼僧]となる. **3** ＝convent school. **4** 《廃》集会, 会議 (meeting). — *v.* 《廃》＝convene. 〖(16C) ◻ OF ~ (F *couvent*) ＜ L *conventum* assembly (p.p.) ← *convenīre* to come together (⇨ convene) ∞ (?*a*1200) *covent* ◻ AF: cf. Covent Garden〗

con·ven·ti·cle /kənvéntɪ̀kḷ | -tɪ-/ *n.* **1** (秘密・非合法の)集会, 会合. **2 a** (宗教的な)秘密会合. **b** (16–17 世紀の非国教徒またはスコットランド長老派の)秘密集会[礼拝]. **3** (非国教徒の)集会所. 〖(*c*1384) ◻ L *conventiculum* (dim.) ← *conventus*: ⇨ ↑, -cle〗

con·vén·ti·cler /-klə, -kḷə | -klə^(r), -kḷə^(r)/ *n.* **1** 秘密集会[礼拝]に集まる人. **2** [軽蔑的に] 分離派の人 (separatist). 〖(1590): ⇨ ↑, -er¹〗

C

C

con·ven·tion /kənvénʃən, -ntʃən/ *n.* **1 a** (社会の)慣習, 習俗, 因習, (伝統的な)しきたり, 社会的な約束ごと, 慣例: by ~ 慣例によって / a slave to [of] ~ 因習の奴隷 / the ~*s* of daily life 日常生活のしきたり / social ~*s* 社会習慣 / *Convention* requires a man to do so [that a man should do so]. 世間の慣習として人はそうしなければならない. **b** 因習尊重 (conventionalism). **2** (芸術上の)しきたり, 約束, コンベンション: stage ~*s* (写実を省略し, 簡潔に表現するための)舞台の約束. **3 a** 約定, 協定, 申し合わせ (agreement). **b** (郵便·特許権·著作権などに関する)国際協定: a postal ~ 郵便協定 / ⇨ Geneva Convention. **c** (指揮官の間で取り決める)捕虜交換協定, 休戦協定. **4 a** (政治·宗教·団体などの)大会, 集会, 代表会議 (cf. conference 1 a, congress 1). **b** 招集; 集会, 集合. **c** [集合的] 大会参加者たち, 参加代表者たち. **5** 《米》党大会 《候補者の指名·綱領決定などを決議する》: ⇨ National Convention 3. **6** 〖英史〗仮議会 《1660 年および 1688 年に国王の召集によらないで開かれた議会》. **7** 〖トランプ〗(ブリッジで)コンベンション, (ビッドまたはプレー上の)定まりごと, 取決め (conventional) 《競技者相互でその意味が了解されている特殊なビッドやプレーの仕方》: ⇨ Blackwood convention, private convention, Stayman convention. 〖(*a*1420) □ (O)F ~ □ L *conventiō(n-)* assembly, agreement ← *conventus* (p.p.) ← *convenīre* 'to CONVENE': ⇨ -tion〗

con·ven·tion·al /kənvénʃnəl, -ʃənl, -véntʃ-/ *adj.* **1** 社会的[伝統的]慣習による[に従った, に合った], 一般に行われている, 世間の約束となっている, 慣習的な (customary), 伝統的な (traditional): ~ signs [symbols] 定式記号 / (the) ~ wisdom 世間一般に受け入れられている考え方. **2** 独創性[個性]を欠いた, 因習的な, 形式的な, 紋切型の, 型にはまった (⇨ formal[1] SYN); 平凡な, ありきたりの, 陳腐な (trite): a ~ wallpaper design 壁紙のありきたりの模様 / a ~ conclusion of a letter 手紙の月並みな結び文句 / ~ morality 因習道徳 / ~ phraseology 決まり文句 / make ~ remarks 通り一遍のことを言う. **3 a** 核兵器でない[を用いない] (nonnuclear); 生物[化学]兵器を用いない: ~ weapons (核を用いない)在来型兵器, 通常兵器 / a ~ war (核兵器を用いない)通常戦争. **b** 原子力を用いない: a ~ power station 在来型の発電所. **4** 大会[集会]の[に関する, のような]; 代表会議の. **5** 《米》党大会の. **6 a** 〖法律〗(法定に対して)協定の[に基づく, で作られた] (stipulated): ~ neutrality 協定中立 / a ~ rate of interest 協定利率 / a ~ tariff 協定税率. **b** =conventionary. **7** 〖芸術〗(自由と独創を忘れた)因習的な, 陳腐な; 様式化された. — *n.* 〖トランプ〗=convention 7. 〖(*a*1475) □ LL *conventiōnālis*: ⇨ ↑, -al[1]〗

con·vén·tion·al·ìsm /-ʃ(ə)nəlìzm/ *n.* **1** 因習を守ること[傾向], 慣例尊重主義. **2** [時に *pl.*] 因習的な事物, 型にはまったしきたり, 慣例; 紋切型, 決まり文句. **3** 〖哲学〗約束[規約]主義, コンベンショナリズム 《論理·数学·科学一般の法則や理論は人間が便宜的に約束·取決めによってたてたものとする立場》. 〖(1833): ⇨ ↑, -ism〗

con·vén·tion·al·ist /-ləst | -lɪst/ *n.* **1** 因習に固執する人, 慣習尊重者, 月並派の人. **2** 大会支持者. 〖(1801) ← CONVENTIONAL + -IST〗

con·ven·tion·al·i·ty /kənvènʃənǽləti | -ləti/ *n.* **1 a** 因習的なこと[状態], 因習性. **b** 慣例[伝統]尊重. **2** 因習的な習慣[行動]; しきたり, 慣例. 〖(1834) ← CONVENTIONAL + -ITY〗

con·ven·tion·al·i·za·tion /kənvènʃ(ə)nələzéɪʃən | -laɪ-, -lɪ-/ *n.* 習俗化; 様式化. 〖(1880): ⇨ ↓, -ation〗

con·ven·tion·al·ize /kənvénʃ(ə)nəlàɪz/ *vt.* **1** 慣例に従わせる; 習俗化する, 因習的にする. **2** 〖芸術〗様式化する: ~*d* flowers 様式化されて描かれた花. — *vi.* 因習[伝統]に従う. 〖(1854) ← CONVENTIONAL + -IZE〗

con·vén·tion·al·ly /-ʃ(ə)nəli/ *adv.* 因習的に, しきたり通りに; 紋切型に, 月並に. 〖(1791–1823) ← CONVENTIONAL + -LY[1]〗

convéntional médicine *n.* =western medicine.

convéntional mémory *n.* 〖電算〗コンベンショナルメモリー,「普通のメモリー」《DOS のシステムで, 通常のプログラムが使用できる 0–640 K のメモリー領域》.

convéntional òven *n.* (電子レンジではない)従来のオーブン.

convéntional pérson *n.* 〖法律〗=juristic person.

convéntional wísdom *n.* 古来の知恵, 通念.

con·ven·tion·ar·y /kənvénʃənèri | -ʃ(ə)nəri/ 《英》 *adj.* (英国 Cornwall と Devonshire 州の一部で)〈借地が〉契約に基づく, 協定による. — *n.* 協定借地; 協定借地人. 〖(1602) □ ML *conventiōnārius*: ⇨ convention, -ary〗

convéntion cènter *n.* コンベンションセンター 《会議や見本市のための建物; 展示場·会議室·ホテル·レストランなどの施設がある》.

con·ven·tion·eer /kənvènʃəníə | -níə[r]/ *n.* 大会 (convention) の参加[出席]者. — *vi.* 大会に参加する. 〖(1926): ⇨ -eer〗

con·vén·tion·er /-ʃ(ə)nə | -nə[r]/ *n.* **1** =conventioneer. **2** 大会参加者の一員. 〖(1691) ← CONVENTION + -ER[1]〗

cónvent schòol *n.* 女子修道会経営の学校.

con·ven·tu·al /kənvéntʃuəl, kɑ(ː)n-, -tʃʊl | -tjuəl, -tjʊl, -tʃuəl, -tʃʊl/ *adj.* **1** 修道院[尼僧院]の[に関する, の生活にふさわしい], 修道院[尼僧院]風の. **2** [C-] コンベンツァル会士の. — *n.* **1** 修道士, 修道女. **2** [C-] 〖カトリック〗コンベンツァル会(の修道)士 《フランシスコ会 (Franciscans) の一分会の修道士; やや緩和した規律によって修道する; Friar Minor Conventual ともいう cf. Observantine》. **~·ly** /-tʃuəli, -tʃʊli | -tjuəli, -tjʊli/ *adv.* 〖(1421) □ ML *conventu-ālis* ← L *conventus*: ⇨ convent, -al[1]〗

Convéntual Máss *n.* 〖カトリック·英国国教会〗**1** (毎日行われる)修道院(の)ミサ, 院内ミサ. **2** 大聖堂で毎日行われるミサ, 大聖堂ミサ.

con·verge /kənvə́ːdʒ | -vɜ́ːdʒ/ ★ diverge と対比するときには /kɑ́(ː)nvəːdʒ | kɔ́nvəːdʒ/ と発音することが多い. *vi.* **1** 〈線·道路などが〉(漸次近寄ってついに)一点に集まる; 互いに近づき合う: Several different streets ~ at the square. 数本の道が広場に集中している / ~ *into* a focus 焦点に集まる / *converging* fire 集中射撃. **2** 〈議論·行動などが〉一点に向けられる, 集中する; (共通の利益で)まとまる. **3** 〖数学〗〈級数などが〉収束する. **4** 〖物理〗収斂(しゅうれん)する. **5** 〖生物〗相似する, 集中する. — *vt.* 一点に集める. 〖(1691) □ LL *convergere* ← *con-* 'COM- 1' + L *vergere* to incline (⇨ verge[2])〗

con·ver·gence /kənvə́ːdʒəns, -dʒənts | -vɜ́ː-/ ★ divergence と対比するときには /kɑ́(ː)nvədʒəns | kɔ́nvəː-/ と発音されることが多い. *n.* **1 a** 漸次一点に集合すること; 互いに近づき合うこと; 集合点: the point of ~ 集合点. **b** (意見·結果などの)一致, 集中性. **2** 〖数学〗収束, 収斂(しゅうれん). **3** 〖物理〗(輻射(ふくしゃ)線または粒子線の)収斂. **4** 〖生物〗**a** 相近, 近似現象, 収束現象, 集中. **b** = convergent evolution. **5** 〖生理〗輻輳(ふくそう) 《近くの物を見るための両眼の近接; ↔ divergence》. **6** 〖人類学〗収斂 《異なる文化をもつものの中で, 同じような特徴が独立に生じること》. **7** 〖気象〗収束 《空気が周囲から一地域に集まってくること; ↔ divergence; cf. intertropical convergence zone》. 〖(1713): ⇨ convergent, -ence〗

convérgence zòne *n.* 〖地質〗収斂(しゅうれん)帯 《構造プレートが衝突する地帯; 地震や造山·火山活動などが活発な地帯》. 〖1953〗

con·vér·gen·cy /-dʒənsi/ *n.* =convergence. 〖1709〗

con·ver·gent /kənvə́ːdʒənt | -vɜ́ː-/ ★ divergent と対比するときには /kɑ́(ː)nvədʒənt | kɔ́nvəː-/ と発音されることが多い. *adj.* **1 a** 漸次一点に集中する, 集中的な; 互いに近づき合う. **b** 〈意見, 力などが〉一つにまとまっていく, まとまる. **2** 〖数学〗収束する, 収斂(しゅうれん)する: a ~ series 収束級数. **3** 〖物理〗収斂性の (↔ divergent): a ~ pencil 収斂光束. **4** 〖生物〗近似の, 収束の: ⇨ convergent evolution. **5** 〖心理〗収束性の. **~·ly** *adv.* 〖(1727–51) □ L *convergentem*: ⇨ converge, -ent〗

convérgent evolútion *n.* 〖生物〗収束進化 《異種の生物が同一環境にあるために外見が互いに近似してくること》. 〖1968〗

convérgent lády bèetle *n.* 〖昆虫〗北米産鞘翅目テントウムシ科のジュウサンホシテントウの一種 (*Hippodamia convergens*) 《季節ごとに移動し, 種々のアブラムシを食べる益虫》.

convérgent squínt *n.* 〖眼科〗=cross-eye 1.

convérgent thínking *n.* 〖心理〗集中的思考, 収束的思考 《分析的·演繹的思考》.

con·vérg·er *n.* 綿密な論理思考にたけた人 (cf. diverger). 〖(1966) ← CONVERGE + -ER[1]〗

con·vérg·ing léns *n.* 〖光学〗収束レンズ, 収斂(しゅうれん)レンズ 《平行光線束を収束させるレンズ; positive lens ともいう; cf. diverging lens》. 〖1860〗

con·vers·a·ble /kənvə́ːsəbl | -vɜ́ːs-/ *adj.* **1 a** (話し相手として)気のおけない, 話しやすい. **b** 話好きな. **2** 《古》談話[社交]に適する: a ~ mood 話し相手が欲しい気分 / The evening was quiet and ~. その晩は静かで人と語るにいい夜だった. **con·vérs·a·bly** *adv.* **~·ness** *n.* 〖(1598) □ F ~ □ ML *conversābilis* ← *conversārī* 'to CONVERSE[1]'〗

con·ver·sance /kənvə́ːsəns, kɑ́(ː)nvə-, -sns | kənvɜ́ː-, kɔ́nvə-/ *n.* 熟知, 精通; 親密 (familiarity, acquaintance): ~ *with* music. 〖(1609): ⇨ -ance〗

con·ver·san·cy /kənvə́ːsənsi, kɑ́(ː)nvə-, -sn- | kənvɜ́ː-, kɔ́nvə-/ *n.* =conversance. 〖1798〗

con·ver·sant /kənvə́ːsənt, kɑ́(ː)nvə-, -snt | kənvɜ́ː-, kɔ́nvə-/ *adj.* **1** 〔…に〕精通している, 詳しい 〔*with*, *in*〕: be ~ *in* two languages 2 か国語に精通している. **2** 《古》〔…に〕関心がある 〔*with*〕. **3** 《古》〔…と〕親交のある, …と生活を共にする 〔*with*〕. **~·ly** *adv.* 〖(*c*1390) □ L *conversantem* (pres.p.) ← *conversāre* to turn round, turn over: ⇨ converse[1], -ant〗

con·ver·sa·tion /kɑ̀(ː)nvəséɪʃən | kɔ̀nvə-/ *n.* **1 a** 会話, 談話, 座談, 対談 (colloquy): a ~ room 談話室 / a topic of ~ 話題 / be in ~ *with* …と談話中である / drop [break off, interrupt, close, resume] the ~ 談話を止める[途切らせる, さえぎる, また始める] / get [enter] into ~ *with* …と談話を始める / hold [have] a ~ *with* …と話をする / make ~ (*to* [*with*] …) (…に[と])(社交的に)世間話[雑談]をする. **b** (政府·政党などの代表者による)非公式会談, (諸国間の)予備会談: open ~ *with* …と下(した)交渉を始める. **2** 性交, 交接. ★ 特に次の句で: ⇨ criminal conversation. **3** =conversation piece 1. **4** 《古》懇話会 (conversazione). **5** 《廃》**a** 親交, 社交. **b** 熟知, 精通 (conversance). **6** 《廃》生き方; ふるまい (behavior); 本来の居場所: Our ~ is in heaven. われらの国籍は天にあり. (*Philip.* 3:20). **7** 〖電算〗対話, 会話, 交信 《コンピューターとの間で対話的に情報のやりとりをすること》. 〖(*c*1340) □ (O)F ~ □ L *conversātiō(n-)* intercourse: ⇨ converse[1], -ation:「会話」の意味は 16 世紀から〗

con·ver·sa·tion·al /kɑ̀(ː)nvəséɪʃnəl, -ʃənl | kɔ̀nvə-⁻/ *adj.* **1** 談話の, 会話の; 座談風の, 打ち解けた: a ~ style 会話体 / in a ~ voice くだけた口調で. **2** 話好きな. **3** 〖電算〗対話式の (interactive). **~·ly** *adv.* 〖(1779): ⇨ ↑, -al[1]〗

còn·ver·sá·tion·al·ist /-ʃ(ə)nələst | -lɪst/ *n.* 話好きな人; 座談家, 話し上手. 〖(1836): ⇨ ↑, -ist〗

còn·ver·sá·tion·ist /-ʃ(ə)nəst | -nɪst/ *n.* =conversationalist. 〖1806〗

conversátion pìece *n.* **1** 風俗画, 団欒(だんらん)画 《18 世紀の英国に流行した多くは家族の集まりの群像画》. **2** 人の話題となるもの 《特異な家具·服飾品など》. **3** 会話の面白さを狙いとする作品[劇]. 〖1712〗

conversátion stòpper *n.* 《口語》会話を中断させるような発言; おどろくべきこと.

con·ver·sa·zi·o·ne /kɑ̀(ː)nvəsɑːtsióʊni, kòʊn- | kɔ̀nvəsætsióʊ-; *It.* kònversatsjóːne/ *It. n.* (*pl.* **~s**, **-o·ni** /-niː; *It.* -ni/) (学術·文芸·美術などの話題で会話を楽しむ社交的な)座談会, 懇話会. 〖(1739) □ It. ~ '(party for) conversation'〗

con·verse[1] /kənvə́ːs | -vɜ́ːs/ *vi.* **1 a** 話す, 談話を交わす (⇨ speak SYN): ~ *with* a person *about* [*on*] politics 政治について人と話す. **b** 精神的に交流する, 心を通わす. **2** 〖電算〗会話する 《コンピューターと会話モードで交信する》. **3** 《廃》交わる, 親しむ (associate) 〔*with*〕. **4** 《廃》性交する 〔*with*〕. — /kɑ́(ː)nvəːs | kɔ́nvəːs/ *n.* **1** 《古》談話 (talk): hold ~ *with* a person 人と話をする. **2** 《廃》**a** 交わり; 霊的交わり. **b** 性交.

con·vérs·er *n.* 〖((*c*1380)) (1589–90) *converse(n)* □ (O)F *converser* to talk with, 《廃》pass one's life < L *conversārī* to associate (with) ← *con-* 'COM-' + *versārī* to abide (⇨ version)〗

con·verse[2] /kənvə́ːs, kɑ́(ː)nvəːs | kɔ́nvəːs, kənvɜ́ːs/ *n.* **1** 反対, 逆 (opposite). **2** 逆の言い方 (例: He is happy, but not rich. に対する He is rich, but not happy.): *Converses* are not generally true. 逆は必ずしも真ではない. **3** 〖論理〗(変形推理の)換位判断. **4** 〖数学〗逆. — *adj.* (順序·関係を)逆にした, あべこべの (reversed): a ~ proposition 〖論理〗換位命題 / a ~ statement 逆の陳述 (if I were you を if you were I とした場合など). 〖(1570) □ L *conversus* (p.p.) ← *convertere* to turn about, change: cf. convert〗

Con·verse /kɑ́(ː)nvəːs | kɔ́nvəːs/ *n.* 〖商標〗コンバース 《米国 Converse 社製のスポーツシューズ·スポーツウェア》.

con·verse·ly /kənvə́ːsli, kɑ́(ː)nvəːs- | kɔ́nvəːs-, kənvɜ́ːs-/ *adv.* 逆に, 逆関係において; 逆に言えば; 換位的に. 〖(1806): ⇨ converse[2], -ly[1]〗

conversi *n.* conversus の複数形.

con·ver·si·ble[1] /kənvə́ːsəbl | -vɜ́ːsɪ-/ *adj.* 逆にできる, 転換できる. 〖(*a*1660) □ LL *conversibilis* ← L *conversus*: ⇨ conversion〗

con·ver·si·ble[2] /kənvə́ːsəbl | -vɜ́ːsɪ-/ *adj.* =conversable.

con·ver·sion /kənvə́ːʒən, -ʃən | -vɜ́ːʃən, -ʒən/ *n.* **1 a** 転換(すること). **b** (形状または質の)転換, 変換, 転化: the ~ of water *into* ice 水から氷への転換[変化] / the ~ of goods *into* money 商品の現金化[換金]. **2 a** (銃·船体·車体·店などの)改造. **b** 改造した家[建物]. **3 a** 改宗; (特に)キリスト教への帰依: the ~ of the heathen *to* Christianity 異教徒からキリスト教への改宗. **b** (主義·宗派·党派などの)転向, 変改: the ~ of a socialist *to* liberalism 社会主義者の自由主義への転向. **c** (悪の生活から)善の生活への転向, 心の入替え, 信仰的目覚め; 回心, 発心. **4** 〖論理〗(主辞と賓辞との)換位, 換位法. **5** 〖金融〗(公債などの)借換え, 切替え; (貨幣の)兌換; (外国為替の)換算. **6** 〖会計〗(複利計算で)利子の元金への繰入れ. **7** 〖法律〗**a** 動産占有の不法継続; 動産の私物化. **b** 財産の形態転換 《遺言などにより動産を不動産に, また不動産を動産に転換すること; 正式には equitable conversion という》. **c** 《NZ》自動車の横領. **8** 〖精神分析〗転換, 転化 《抑圧された無意識の葛藤が知覚や身体症状に置き換えられて現れること》. **9** 〖化学〗変換, 転化. **10** 〖物理〗転換 《中性子の捕獲によって核燃料物質が他の核燃料物質に変化すること》. **11** 〖数学〗**a** 転換法 《いくつかの命題の前提がすべての場合をつくし, 結論が互いに排反する場合にはそれらの命題の逆がすべて成り立つという原理を用いる証明法》. **b** 転換 《比例の第 2 項を第 1 項と第 2 項の差で置き換え, 第 4 項を第 3 項と第 4 項の差で置き換えること》. **c** 換算. **12** 〖文法〗**a** 品詞の転換 (transmutation). **b** 文型の転換. **c** 語の転用. **13** コンバート: **a** 〖アメフト〗タッチダウン後追加得点すること; cf. TRY for point. **b** 〖ラグビー〗トライ後のキックによって追加得点すること 《バーを越えれば 2 点》. **c** コンバートによる得点. **14** 〖電算〗変換 《データ表現形式をある方法から別の方法へ変えること》. **~·al** /-ʒnəl, -ʒənl, -ʃnəl, -ʃənl | -ʃnəl, -ʃənl/ *adj.* **~·a·ry** /-ʒənèri, -ʃənèri | -ʃ(ə)nəri, -ʒ(ə)n-/ *adj.* 〖(*c*1340) □ (O)F ~ □ L *conversiō(n-)* ← *conversus* (p.p.) ← *convertere* 'to CONVERT': ⇨ -sion〗

convérsion còurse *n.* 《英》転換コース 《受講科目の変更が簡単にできるコース》.

convérsion disòrder *n.* 〖精神医学〗転換的障害 《心理的葛藤などの結果起こる麻痺や盲目などの障害》.

convérsion fàctor *n.* 換算係数.

convérsion hystéria *n.* 〖精神医学〗転換ヒステリー 《転換症状を主とするヒステリー; 心理的葛藤が盲目, 麻痺などの肉体的障害として現れる; conversion reaction ともいう》. 〖1912〗

convérsion ràtio *n.* 〖物理〗転換比率 《一つの原子が核分裂をして生じた多数の原子のうちでさらに核分裂することのできる原子の数》. 〖1955〗

convérsion reàction *n.* 〖精神医学〗転換反応 (⇨ conversion hysteria). 〖1945〗

convérsion tàble *n.* 換算表.

con·ver·sive /kənvə́ːsɪv | -vɜ́ː-/ *adj.* **1** 転換的な, 転換性の. **2** 〖論理〗換位的な. 〖《1636》□ F *conversif*: ⇨ conversion, -ive〗

con·ver·sus /kənvə́ːsəs | -vɜ́ː-/ *n.* (*pl.* **-ver·si** /-saɪ/) 〖教会〗**1** 助修士, 平修士. **2** 教会[修道院]管財人. 〖□ L ～: ⇨ conversion〗

con·vert /kənvə́ːt | -vɜ́ːt/ *vt.* **1 a** 〈物・形を〉〔別な物・形に〕変える, 変えて〔…に〕する〔*into*〕; 転換する, 変換する, 転化する (turn): ～ water *into* ice 水を氷に変化させる / ～ securities *into* cash 有価証券を現金化する. **b** 〔…に〕改造する, 改装[改造]する〔*into, to*〕(⇨ transform SYN): ～ a barn *into* a garage 納屋を改造して車庫にする / ～ a factory from arms production *to* peacetime production 工場を兵器生産から平時生産へ転換する. **2 a** 改宗させる, (特に, キリスト教に)帰依させる〔*to*〕: ～ a person *to* Christianity [Buddhism]. **b** 〈人・集団などを〉〈他の主義・党派などに〉転向[転身]させる〔*to*〕. **c** (霊的に)〈人〉の心を入れ替えさせる, 〈人を〉(罪悪から)善心に立ち返らせる, 回心させる: ～ a person *to* a religious faith 人の本心を目覚めさせて宗教的信仰を起こさせる / be [get] ～*ed* (罪を悟って)回心する. **3** (不法に)私用に供する: ～ money *to* one's own use. **4** 〈公債などを〉借り替える; 〈紙幣・銀行券を〉兌換する; 〈外国貨幣を〉換算する, 両替する: ～ dollars *into* yen ドルを円に替える. **5** 〖会計〗〈利子を〉元金に繰り入れる. **6** 〖論理〗〈命題[判断]の主語[主辞]と述語[賓辞]の位置を〉換位する. **7** 〖法律〗**a** 〈動産を〉横領する. **b** 〈財産を〉転換する《動産を不動産に, または不動産を動産になど》. **8** 〖化学〗転化させる, 変換させる. **9** 〖ラグビー・アメフト〗(トライ[タッチダウン]後)追加得点する: ～ a try [touchdown]. **10** 〖電算〗変換する. **11** 〖ボウリング〗〈スペアに〉する[をとる]. ― *vi.* **1 a** 変化する, 変換する; 切り替える. **b** 転換[改装]できる: This sofa ～*s into* a bed. このソファーはベッドに変えられる. **c** 回心する; 改宗する; 転向する: ～ to Christianity [Buddhism]. **2** 〖ラグビー・アメフト〗コンバートが成る (cf. conversion 13). **3** 〖バスケットボール〗フリースローで得点する. **4** 〖ボウリング〗スペア (spare) をとる.
― /kɑ́(ː)nvəːt | kɔ́nvɜːt/ *n.* 転向者; (特に, 宗教的な)回心者; 改宗者; (新)帰依者 (cf. pervert): make a ～ of a person 人を改宗[転向]させる / a ～ from Christianity to Buddhism.

con·vér·tive /-tɪv | -tɪv/ *adj.* 〖《c1300》 *converte(n)* □ (O)F *convertir* < VL **convertire*=L *convertere* to change ← *con-* 'COM- 2'+*vertere* to turn (⇨ version)〗

con·vert·a·plane /kənvə́ːtəplèɪn | -vɜ́ːtə-/ *n.* 〖航空〗=convertiplane.

con·vert·ed /kənvə́ːtɪd | -vɜ́ːt-/ *adj.* **1** 転換[改変, 変換]された; 改装[改造]の: a ～ cruiser 改装[仮装]巡洋艦 / ～ steel 鋼化鉄. **2** 改宗[回心, 転向]した: a ～ sinner 悔い改めた罪びと. 〖《1594》← CONVERT+-ED〗

con·vert·er /kənvə́ːtə | -vɜ́ːtə(r)/ *n.* **1** 〖電気〗変換器[装置], 変換機, コンバーター (convertor): ⇨ synchronous converter. **2** 〖冶金〗転炉: ～ steel 転炉鋼《ベッセマー鋼またはトーマス鋼; cf. Bessemer converter, L-P converter》. **3** 〖テレビ〗コンバーター: **a** テレビ受像機に設計されている以外のチャンネルでも受像できるようにする付属器具. **b** 受信機の一部で高周波を低周波に変換する部分[回路]. **4** 〖電算〗変換器《データ形式を変換する装置》. **5 a** 転換させる人. **b** (人を)改宗[回心, 転向]させる人, (宗教上)教化する人. **c** (特に, 織物の)加工販売業者. **6** 〖原子力〗転換炉 (converter reactor)《原子炉の一種; 非核分裂性の親物質 (^{238}U など) を核分裂性物質 (^{239}Pu など) に転換する効率の高い原子炉》. 〖《1533》← CONVERT+-ER[1]〗

convérter reàctor *n.* 〖原子力〗=converter 6. 〖1962〗

con·vert·i·bil·i·ty /kənvə̀ːtəbíləti | -vɜ̀ːtɪbílɪti/ *n.* **1** 転換[変換, 改変]できること, 変換自在. **2** 改宗[回心]可能性. **3** 〖金融〗兌換性. 〖《1734》: ⇨ ↓, -ity〗

con·vert·i·ble /kənvə́ːtəbl | -vɜ́ːtɪ-/ *adj.* **1 a** 変換できる: Heat is ～ *into* electricity. 熱は電気に変換できる. **b** 改造[改装]できる. **c** 言い換えられる, 同じ意味の (synonymous): ～ terms 同意語. **2** 切り替え[借り替え]られる; 兌換性のある; 換算できる: a ～ note 兌換券 / ～ paper money 兌換紙幣. **3** 〈自動車が〉幌などのかけはずしができたりして型を変えることができる, コンバーチブル型の: a ～ car. **4** 〖証券〗転換可能な《同じ会社の他の種類の証券(通例は普通株)に転換できる権利の付いた証券について》: ～ bonds 転換社債 / a ～ preferred stock 転換優先株. **5** 回心させられる; 改宗[転向]可能な. **6** 〖論理〗換位できる. ― *n.* **1** コンバーチブル《折りたたみ式の幌などがついている自動車》. **2** 転換できるもの. **～·ness** *n.*

con·vért·i·bly *adv.* 〖《c1385》□ (O)F ～ □ LL *convertibilis*: ⇨ convert, -ible〗

con·ver·tin /kənvə́ːtn̩, -tɪn | -vɜ́ːtɪn/ *n.* 〖生化学〗= serum prothrombin accelerator. 〖← CONVERT+-IN[2]〗

con·vért·ing énzyme /-tɪŋ- | -tɪŋ-/ *n.* 〖生化学〗転換酵素《血液中にありアンギオテンシンをアンギオテンシン II に転換する酵素》.

con·vert·i·plane /kənvə́ːtəplèɪn | -vɜ́ːtɪ-/ *n.* 〖航空〗転換式飛行機《VTOL 機の一形式で普通飛行機とヘリコプターと混合型飛行機; 垂直に上昇[離陸]した後, 回転翼軸が前傾して推進軸となり機体を前進させる; 垂直に下降[着陸]もできる》. 〖《1949》← CONVERT+-I-+PLANE[1]〗

con·vert·ite /kɑ́(ː)nvətàɪt | kɔ́nvə-/ *n.* 《古》**1** = convert. **2** 更生した売春婦. 〖《1565》← CONVERT+-ITE[1]〗

con·vert·o·plane /kənvə́ːtəplèɪn | -vɜ́ːtə-/ *n.* 〖航空〗=convertiplane.

con·vér·tor /-tə | -tə(r)/ *n.* 〖電気〗=converter 1.

con·vex /kɑ̀(ː)nvéks, kən- | kɔ̀n-, kən-ˈ-/ *adj.* **1** 中高の, 凸状の, 凸面の (cf. concave 1): a ～ lens [glass] 凸レンズ (⇨ lens 挿絵) / a ～ mirror 凸面鏡 / a ～ tile 雄[丸]がわら. **2** 〖数学〗凸の, 凸面の; 凸集合の; (多角形の)内角がいずれも 180° 以下の.
― /kɑ́(ː)nveks | kɔ́n-/ *n.* 《古》凸面, 凸状体; 天空.
― /kɑ(ː)nvéks, kən- | kɔn-, kən-/ *vt.* 凸状にする, 凸面にする, 出っぱらせる.
～·ly *adv.* **～·ness** *n.* 〖《1571》□ L *convexus* arched (p.p.) ← ? *convehere* ← *con-* 'COM- 1'+*vehere* to draw〗

cónvex cóver *n.* 〖数学〗=convex hull.

cónvex húll *n.* 〖数学〗凸包《与えられた集合を含む最小の凸集合; 与えられた集合を含むすべての凸集合の交わり (intersection)》.

con·vex·i·ty /kɑ(ː)nvéksəti, kən- | kənvéksɪti, kən-/ *n.* **1** 中高, 凸状. **2** 凸面, 凸状のもの. 〖《1599》□ F *convexité* // L *convexitātem*: ⇨ convex, -ity〗

con·vex·o- /kɑ(ː)nvéksou, kən- | kənvéksəu, kən-/「凸面[形]の (convex); 凸面[形]に (convexly)」の意の連結形 (cf. concavo-). 〖← CONVEX+-O-〗

convéxo-concáve *adj.* **1** 凸凹(でこぼこ)の《半面が凸状で他の半面が凹状のものにいう》. **2** 〖光学〗〈レンズが〉凸面の曲率が凹面のそれより大きい (cf. concavo-convex): a ～ lens 凸メニスカスレンズ (⇨ lens 挿絵). 〖1693〗

convéxo-convéx *adj.* 〖光学〗両凸の (⇨ lens 挿絵). 〖*c*1930〗

convéxo-pláne *adj.* 〖光学〗=plano-convex.

cónvex pólygon *n.* 〖数学〗凸多角形《へこみのない多角形, すなわちどの角も平角 (180°) よりも小さい多角形》.

con·vey /kənvéɪ/ *vt.* **1 a** 〈意味・思想・情報などを〉伝える, 知らせる (communicate), 表す: This picture [description] will ～ some idea of the scenery. この絵[描写]はその景色の感じをいくらか伝えるだろう / Words fail to ～ my feelings. 言葉では私の感情は表せない / Please ～ my best wishes to your parents. ご両親によろしくお伝え下さい / With words and gestures she ～*ed* (to us) that she wanted us to leave. ことばと身振りで彼女は我々に帰ってほしい旨を告げた / Do these signs [words] ～ anything to you? この標識[言葉]から何かわかりますか. **b** 運ぶ, 運搬する, 運送する (⇨ carry SYN): ～ goods *from* one place *to* another 一つの場所から別の場所へ品物を運ぶ / ～ passengers 乗客を運ぶ. **c** (媒体・導体として)〈音・熱などを〉伝える; 〈伝染病などを〉うつす (transmit, carry): A wire can ～ electricity. 針金は電気を伝える / infections ～*ed* by mosquitoes 蚊で媒介される伝染病. **d** (譲渡証書によって)譲る, 譲渡する (transfer)〔*to*〕: ～ property *to* one's child 財産を子供に譲る. **2** 《古》**a** ひそかに持ち去る. **b** 盗む (steal). **3** 《廃》〈事を〉こっそり[うまく]処理する. **4** 《廃》導く, 案内する (lead). ― *vi.* 〖法律〗譲渡する. 〖《*a*1325》 *conveie(n)* □ ONF *conveier*=(O)F *convoyer* to convoy < ML *conviāre* ← *con-* 'COM-'+L *via* 'way, VIA[2]': CONVOY と二重語〗

con·vey·a·ble /kənvéɪəbl/ *adj.* 運搬[伝達, 譲渡]できる. 〖《1567》: ⇨ ↑, -able〗

con·vey·ance /kənvéɪəns/ *n.* **1 a** 運送手段, 運輸機関《船・列車・車・馬車・自動車などの総称》; 乗物 (vehicle): a public ～ 公共輸送機関. **b** 運搬(すること), 運輸 (transport, transportation): ～ by land [water] 陸上[水上]輸送 / (the) ～ of goods [passengers] 貨物[旅客]運送 / (a) means of ～ 交通[運輸]機関. **2** (意味・思想などの)伝達 (transmission). **3** 〖法律〗**a** (不動産・権利などの)譲渡 (transference). **b** (不動産・権利などの)譲渡証書. **4** 《廃》事をうまく処すること; 不正, ごまかし (trickery). **5** 《廃》(液体・電気などを)伝えるもの, 通路. 〖《*c*1437》← CONVEY+-ANCE〗

con·vey·anc·er *n.* **1** 運搬者; 運輸業者; 伝達者. **2** 〖英法律〗不動産譲渡取扱人《権利調査・証書作成などをすることが専門のバリスター》. 〖《1623》: ⇨ ↑, -er[1]〗

con·vey·anc·ing *n.* 〖法律〗譲渡証書作成(業); 不動産譲渡手続. 〖《1676》← CONVEYANCE+-ING[1]〗

con·véy·er *n.* =conveyor. 〖《1513–14》← CONVEY+-ER[1]〗

convéyer bèlt *n.* =conveyor belt.

con·vey·or /kənvéɪə | -véɪə(r)/ *n.* **1 a** 運搬機, コンベヤー. **b** =conveyor belt. **2** 運搬者; 伝達者. **3** (不動産・権利などの)譲渡者. **4** コンベヤーの運転手. 〖《1647》← CONVEY+-OR[2]〗

convéyor bèlt *n.* コンベヤーベルト. 〖1906〗

convéyor chàin *n.* コンベヤーチェーン《コンベヤー用の鋳鋼製の鎖》.

con·vey·or·ize /kənvéɪəràɪz/ *vt.* **1** …にコンベヤーベルトを付ける[設備する]. **2** コンベヤーで行う; コンベヤー化する. 〖《1941》← CONVEYOR+-IZE〗

con·vict /kənvíkt/ *vt.* **1 a** (法廷で審理の後)〈裁判官・陪審員が〉〈人を〉〔…の罪で〕有罪と決する[認める]〔*of*〕; 〈人を〉有罪と宣告する: ～ a person *of* forgery [perjury, attempted murder] 人を偽造[偽証, 殺人未遂]につき有罪と決定する / be ～*ed of* (having committed) arson 放火につき有罪と決定される / a ～*ed* prisoner [arsonist] 既決囚[放火犯]. **b** 〈物事が〉〈人〉の誤ちなどを〉証明する〔*of*〕: His reasoning ～*ed* him *of* a misjudgment. 彼の論法は彼が判断の誤りを犯していることを示した. **2** 〈良心などが〉〈人〉に〔罪などを〕悟らせる〔*of*〕: ～ a person *of* a sin 人に罪を悟らせる / He is ～*ed of* his sin. 自分の罪を悟っている / be ～*ed* by one's conscience 良心に責められる.
― /kɑ́(ː)nvɪkt | kɔ́n-/ *n.* **1** (通例長期にわたる)囚人, 服役囚: ⇨ ex-convict. **2** 有罪の宣告を受けた人.
― /kənvíkt/ *adj.* 《古》有罪と決定した.
～·a·ble /-təbl/ *adj.* **～·i·ble** /-təbl | -tɪ-/ *adj.* 〖《*c*1340》 *convicte(n)* ← L *convictus* (p.p.) ← *convincere* to prove guilty: ⇨ convince〗

cónvict gòods *n. pl.* (刑務所の)囚人製作品.

con·vic·tion /kənvíkʃən/ *n.* **1** 確信, 信念 (⇨ certainty SYN): speak in the full ～ that …だと十分確信してしゃべる / speak with [out of] deep inner ～ 心底から確信して話す / Her ～ politics inspired the voters. 彼女の信念に満ちた政見は有権者を鼓舞した. **2** 確信(をもつこと), 説得されること; 説得(力), 納得: be open to ～ 理に服する / This argument does not have [carry] much ～. この議論には人を心服させる力があまりない. **3** (裁判官・陪審の)有罪の決定[認定], 有罪判決: a summary ～ ⇨ summary 1 / previous [prior] ～*s* (*against* a person) 前科. **4** 罪を自覚すること, 悔悟: the ～ of sin 罪の自覚 / under ～ 罪を自覚して. **～·al** /-ʃnəl, -ʃənl/ *adj.* 〖《*c*1437》□ LL *convictiō(n-)*: ⇨ convict, -tion〗

con·vic·tive /kənvíktɪv/ *adj.* 確信をいだかせる (convincing)〔*of*〕: ～ evidence / be ～ *of* …を確信させる力がある. **～·ly** *adv.* 〖《1612–15》: ⇨ ↑, -ive〗

con·vince /kənvíns, -vínts/ *vt.* **1 a** 〈人〉に確信させる, 得心[納得]させる〔*of*〕/〈*to do, that*〉: ～ a person *that* there is no danger 危険はないと人に納得させる / ～ a person *of* the reality of UFOs 人にユーフォーの実在を確信させる / I ～*d* her not *to* go alone. 一人で行かないよう彼女に納得させた. **b** [～ *oneself* または p.p. 形で] 確信する: I am ～*d of* his innocence.=I am ～*d that* he is innocent. 彼の無罪を確信している. **2** 《廃》**a** 圧倒する, やっつける (overcome). **b** 論破する (confute). **3** 《廃》**a** …の罪を立証する. **b** 証明する. 〖《1530》□ L *convincere* to convict of error or crime ← *con-* 'COM- 2'+*vincere* to conquer, prevail over: cf. victory〗

con·vinced /kənvínst, -víntst/ *adj.* 確信をもった (cf. convince 1 b). **con·vín·ced·ly** /-sɪdli, -st-/ *adv.* **con·vín·ced·ness** /-sɪdnɪs, -st-/ *n.* 〖《1685》: ⇨ ↑, -ed〗

con·vínce·ment *n.* **1** 説得; 確信. **2** 改宗; 悔悟. 〖《1612》: ⇨ convince, -ment〗

con·vínc·er *n.* 確信させる人[事, 物]. 〖《1653》← CONVINCE+-ER[1]〗

con·vinc·i·ble /kənvínsəbl | -sɪ-/ *adj.* 説得することができる. 〖《1643》□ L *convincibilis* ← *convincere*: ⇨ -ible〗

con·vinc·ing /kənvínsɪŋ, -vínts-/ *adj.* 納得させる, 説得力のある (⇨ valid SYN); なるほどと思わせる: a ～ speaker [argument] 人を納得させる[説得力のある]弁士[議論]. **～·ly** *adv.* **～·ness** *n.* 〖《1624》← CONVINCE+-ING[2]〗

con·vive /kɑ́(ː)nvaɪv, kɔ̃ː(n)víːv, kɔːn- | kɔ́nvaɪv, kɔ̃ː(n)víːv, kɔːn-; *F.* kɔ̃viːv/ *n.* 宴会[会食]仲間, 会食者. 〖《1648》□ F ～ □ L *conviva* fellow-feaster ← *convivere* ← *con-* 'COM-'+*vīvere* (↓)〗

con·viv·i·al /kənvíviəl/ *adj.* **1** 宴会の[に関する, にふさわしい]; 懇親的な: a ～ meeting (社交的な)宴会, 懇親会. **2** 宴会好きな, 陽気な (jovial); 浮かれ気分の.
～·ly *adv.* 〖《*a*1668》□ LL *convīviālis* festal < *convivium* feast ← *con-* 'COM- 1'+*vīvere* to live (cf. vivid): ⇨ -al[1]〗

con·vív·i·al·ist /-lɪst | -lɪst/ *n.* 宴席を好む人, 酒宴に興じる人, 上機嫌の[陽気な]宴客. 〖《1810》: ⇨ ↑, -ist〗

con·viv·i·al·i·ty /kənvìviǽləti | -lɪti/ *n.* **1** 宴会に興じること, 宴会気分; 上機嫌, 陽気. **2** 宴会, 酒興 (merrymaking, festivity). 〖《1791》← CONVIVIAL+-ITY〗

con·vo·ca·tion /kɑ̀(ː)nvəkéɪʃən | kɔ̀nvə(ʊ)-/ *n.* **1** (会議・議会の)招集. **2** 集会 (assembly). **3** 《英》(Oxford 大学, Durham 大学などの, 主として卒業生からなる)評議会. **4 a** (大学の)式典集会. **b** 《インド》学位授与式, 卒業式. **5** 〖英国国教会〗コンヴォケーション, (管区)聖職議会, 大主教区会議《中世期に始まる英国国教会最高の聖職議会で, Canterbury と York との 2 管区におかれる; 今日では従来のような権威と権能はない》: the *Convocation* of the Province of Canterbury [York] カンタベリー[ヨーク](管区)聖職議会. **6** 〖米国聖公会〗**a** 主教区会議. **b** 主教区会議で代表される地域. **7** 《豪》大学の同窓生. **～·al** /-ʃnəl, -ʃənl/ *adj.* 〖《*a*1387》□ (O)F ～ □ L *convocātiō(n-)*: ⇨ ↓, -ation〗

con·vo·ca·tor /kɑ́(ː)nvəkèɪtə | kɔ́nvəkèɪtə(r)/ *n.* **1** (会議の)招集者. **2** 会議の参加者. 〖《(1602)》《1823》□ L *convocātor* ← *convocāre*〗

con·voke /kənvóuk | -vóuk/ *vt.* **1** 呼び集める. **2** 〈会議・議会を〉招集する (cf. dissolve 2) (⇨ call SYN): ～ an assembly, a general council, Parliament, etc.

cón·voc·a·tive /-kətɪv | -tɪv/ *adj.* **con·vók·er** *n.* 〖《1598》□ L *convocāre* ← *con-* 'COM- 1'+*vocāre* to call (⇨ vocation)〗

con·vo·lute /kɑ́(ː)nvəlùːt | kɔ́nvəlùːt, -ljùːt/ *adj.* **1** 巻き込んでいる (coiled). **2** 〖植物〗包旋形の, 回旋状の, 片巻きの (cf. involute 3, revolute[1]). **3** 〖動物〗〈貝殻が〉包旋状に巻かれた. ― *vt.* …に巻きつく[込む]. ― *vi.* ぐるぐる巻く, 巻きつく[込む]. **～·ly** *adv.* 〖adj.: 《1794》□ L *convolūtus* (p.p.) ← *convolvere* to roll together: ⇨ convolve. ― v.: 《1698》(逆成) ← *convolution* // ← L *convolūtus* (p.p.)〗

con·vo·lut·ed /kɑ́(ː)nvəlùːtɪd | kɔ́nvəlùːt-, -ljùːt-/

C

adj. **1** 複雑な, 込み入った (complicated). **2** 〘動物〙(羊の角のように渦巻き形に)巻き込んでいる, 回旋状の. **～·ly** *adv.* **～·ness** *n.* 〖(1766): ⇨ ↑, -ed〗

cónvoluted túbule *n.* 〘解剖〙曲尿細管 (cf. proximal convoluted tubule, distal convoluted tubule). 〖1923〗

con·vo·lu·tion /kὰ(ː)nvəlúːʃən | kɔ̀nvəlúː-, -ljúː-/ *n.* **1 a** 巻き合うこと, 回旋. **b** 包旋状態, 渦巻き (whorl). **2** 巻き合った[ねじれた]もの. **3** 〘解剖〙回; (特に)脳回 (gyrus). **～·al** /-ʃnəl, -ʃənl/ *adj.* **～·a·ry** /-lúːʃənèri | -lúːʃ(ə)nəri, -ljúː-/ *adj.* 〖(1545) ← L *convolūtus*＋-TION: ⇨ convolute〗

con·volve /kənvɑ́(ː)lv, -vɔ́(ː)lv | -vɔ́lv/ *vt.* [通例 p.p. 形で] **1** (渦巻き形に)巻く, 巻き込む, 回旋する: a snake ～d about itself とぐろを巻いた蛇 (coiled snake). **2** (ぐるぐる)…に巻きつく, まといつく[からみ]つく (intertwine). — *vi.* ぐるぐる回る. 〖(1599) □ L *convolvere* ← *con-* 'COM- 1'＋*volvere* to roll (⇨ volute)〗

Con·vol·vu·la·ce·ae /kənvὰ(ː)lvjʊléisiː | -vɔ̀l-/ *n. pl.* 〘植物〙(双子葉植物)ヒルガオ科. **con·vòl·vu·lá·ceous** /-ʃəs⁻/ *adj.* 〖← NL ～: ⇨ convolvulus, -aceae〗

con·vol·vu·lus /kənvɑ́(ː)lvjʊləs | -vɔ́l-/ *n.* (*pl.* ～·es, -vu·li /-lài, -lìː/) 〘植物〙＝bindweed a. 〖(1548) □ L ～ 《原義》 twisting thing (dim.) ← *convolvere* 'to CONVOLVE'〗

con·voy /kɑ́(ː)nvɔɪ | kɔ́n-/ *n.* **1** 護送; 護衛, 警護 (escort): be sent under ～ of troops 軍隊に護送される. **2** [集合的] 護衛隊, 護送隊; (特に)護送部隊, 護送艦隊《非武装船団を護送する艦艇の一隊》; 護衛艦. **3** 被護送者[物](の一隊), 護送船団: a ～ of transport ships 護衛艦付きの輸送船団. **4** (集団で移動する)船団, 車両隊. ***in cónvoy*** 〈船・車などが〉護衛されて, 一団となって. (1919)
— /kɑ́(ː)nvɔɪ, kənvɔ́ɪ | kɔ́nvɔɪ/ *vt.* **1 a** 〈軍艦・軍隊などが〉〈商船隊などを〉護送する, 護衛する, 警護する: ～ a fleet of merchant vessels, a train of wagons, etc. **b** 〈貴婦人・賓客などを〉送っていく (escort): ～ a lady home 女性を家まで送っていく. **2** 《廃》運ぶ (convey). 〖v.: (1375) □ (O)F *convoyer* 《異形》← *conveier* 'to CONVEY'. — n.: (1500–20) □ (O)F *convoi* ← *convoyer*〗

con·vul·sant /kənvʌ́lsənt, -sn̩t/ *adj.* ＝convulsive 1. — *n.* 痙攣(けいれん)を起こさせる薬剤, 痙攣剤. 〖(1875) □ F ～ (pres.p) ← *convulser* to convulse (↓)〗

con·vulse /kənvʌ́ls/ *vt.* **1 a** (激しく)震動させる: The ground was ～d by an earthquake. 地震で地面が震動した. **b** 〈国などに〉大騒動を起こさせる, 震撼(しんかん)させる: The country was ～d with civil strife. 内乱で国中が騒然となった. **2** [通例 p.p. 形で] …に(筋肉の)痙攣(けいれん)を起こさせる; 〈激情などで〉身もだえさせる 〔*with*〕: be ～d *with* pain 苦痛で身もだえする / be ～d *with* anger (腹が立って)腹の中が煮えくり返る / be ～d *with* laughter おかしくて腹の皮をよじる / His face was suddenly ～d *with* rage. 彼の顔は急に怒りでぴくぴく震えた. **3** 激しく笑わせる: He ～d the audience *with* a joke. 冗談を言って聴衆の腹の皮をよじらせた. — *vi.* 《口語》(笑いなどで)体を震わせる, 身もだえする 〔*with*〕. 〖(1643) □ L *convulsus* (p.p.) *convellere* to tear up, pull up ← *con-* 'COM- 1'＋*vellere* to pluck, pull (⇨ vellicate)〗

con·vúl·sed·ly /-s̩dli/ *adv.* 痙攣して, 身もだえして. 〖(1903): ⇨ ↑, -ed, -ly¹〗

con·vul·sion /kənvʌ́lʃən/ *n.* **1 a** [通例 *pl.*] (発作的に引き続く)痙攣(けいれん), ひきつけ; 発作 (paroxysm): fall into a fit of ～s 痙攣を起こす, ひきつける / throw a person into ～s 人に痙攣を起こさせる. **b** (笑いの)激しい発作; (感情の)激発, 込み上げ: a ～ of laughter 腹をかかえる笑い / Everyone was in ～s. みんな腹の皮をよじって笑った. **2 a** 震動, 激動: a ～ of nature 自然界の激動《地震・噴火など》. **b** (社会・政界などの)異変, 動乱, 大動揺 (commotion): a ～ of the whole country 国中が沸き返るような大騒動. 〖(1547) □ L *convulsiō(n-)*: ⇨ convulse, -sion〗

con·vul·sion·ar·y /kənvʌ́lʃənèri | -ʃ(ə)nəri/ *adj.* **1** 痙攣(けいれん)の[に関する, 的な]. **2** [C-] 〘キリスト教〙コンヴァルション派[痙攣派]の[に関する, 的な]. — *n.* **1** 痙攣性の人. **2** [C-] 〘キリスト教〙コンヴァルション[痙攣]派の信徒《18 世紀初期のフランスにおける熱狂的なヤンセン主義者 (Jansenist) の団体に属する人》. 〖(1741): ⇨ ↑, -ary: cf. F *convulsionnaire*〗

con·vul·sive /kənvʌ́lsɪv/ *adj.* **1** 痙攣(けいれん)起こす[を起こした]; 痙攣性の, 発作的な: ～ movements [laughter] 痙攣発作的な動作[大笑い] / with a ～ effort 発作的に努力して / have a ～ fit 痙攣発作を起こす, 急にひきつける. **2** (発作的で)急激な, 激動的な: a ～ reform 急激な改革 / ～ movements of the earth. **～·ly** *adv.* **～·ness** *n.* 〖(1615) □ F *convulsif* ← L *convulsiō(n-)*: ⇨ convulsion, -ive〗

cón·wòman *n.* 女詐欺師.

Con·wy /kɑ́(ː)nwi | kɔ́n-; *Welsh* kɔ́nui/ *n.* コンウィ《北ウェールズの海岸にある保養地; 町を取り巻く中世の城壁と 13 世紀の城で有名; 旧名 Conway》.

co·ny /kóuni | kə́u-/ *n.* ＝coney.

Con·y·beare /kɑ́(ː)nɪbìə, kʌ́n- | kɔ́nɪbìə^(r), kʌ́n-/, **William Daniel** *n.* コニビア (1787–1857; 英国の地質学者).

cóny-càtcher *n.* 《廃》詐欺師.

coo /kúː/ *n.* (*pl.* ～s) くーくー《はとの鳴き声》. — *vi.* (～ed; ～·ing) **1** 〈はとが〉くーくー鳴く (cf. bill² *vi.* 1). **2 a** 〈恋人が〉甘い言葉を交わす: bill and ～ ⇨ bill² 2. **b** 〈赤ん坊などが〉くくといって喜ぶ. — *vt.* 甘い言葉で言う: ～ one's words caressingly. — *int.* 《英俗》えっ, ひぇっ《驚き・不信・喜びの発声》. **～·er** *n.* 〖(1670) 擬音語〗

cò·occúr *vi.* 同時に[共に]起こる. 〖(1957) ← co-¹＋OCCUR〗

cò·occúrrence *n.* **1** 同時発生. **2** 〘言語〙共起《任意の構造をなす語の間には一定の選択制限があり, 共に生じる語は共起する関係 (coocurrence relation) にあるという》. **cò·occúrrent** *adj.* 〖(1951) ← co-¹＋OCCURRENCE〗

cooch¹ /kúːtʃ/ *n.* 《俗》クーチ《東洋的踊りをまねて身をくねらせる女性の踊り》. 〖《短縮》← HOOTCHY-KOOTCHY〗

cooch² /kúːtʃ/ *n.* 〘機械〙クーチ《半圓形の材料を容器などへ押し込むローラー》. 〖《変形》← COUCH¹〗

Cooch Be·har [Bi·har] /kùːtʃbɪ̀hɑ́ə | -bɪhɑ́ː^(r)/ *n.* クーチベハール: **1** インド北東部の旧州; 1950 年以降は West Bengal 州の一部. **2** インド West Bengel 州北東部の都市; 旧 Cooch Behar 州の州都.

cóoch dàncer *n.* 《俗》クーチの踊り手.

coo·coo /kúːkuː/ *adj.* 《俗》＝cuckoo 2.

coo·ee /kúːiː | ⁻́⁻, ⁻⁻́/ 《豪》 *n.* おーい《注意を引くためのオーストラリア先住民の甲高い叫び声》. ***within (a) cóoee*** 《豪口語》呼べば聞こえる所に, 近くに. — *vi.* (～d; ～·ing) おーいと叫ぶ. 〖(1790) 擬音語〗

coo·ey /kúːiː | ⁻́⁻, ⁻⁻́/ *n.*, *vi.* ＝cooee.

coof /kúːf/ *n.* 《スコット》まぬけ, 役立たず. 〖(*c*1720) ← ?〗

cóo·ing *adj.* くーくー鳴いている; (ひそひそと)甘い言葉をささやいている. **～·ly** *adv.* 〖(1665) ← COO＋-ING²〗

cook /kʊ́k/ *vt.* **1** (熱を加えて)〈食べ物を〉料理する, 煮焼きする ★ただしスープやケーキには用いない: ～ potatoes, eggs, fish, dinner, etc. / ～ one's own meals 自炊する / He ～*ed* her a sumptuous meal. ＝He ～*ed* a sumptuous meal for her. 彼は豪勢な料理を彼女に作った.
[日英比較] 日本語の「料理する」は熱を加えないときにも用いるが, 英語の *cook* は煮たり (boil), 焼いたり (bake, roast), いためたり (fry) など熱を加えて料理するときに用いる. 火を通さない「料理」には make や prepare などを用い *cook* は用いない. **2 a** 《口語》熱[火]にさらす, …に加熱処理をする. **b** 《口語》放射性にする. **c** 《俗》〈麻薬を〉水に入れて加熱する. **3** 《口語》〈暑さが〉うだらす: be ～*ed* alive 暑さにうだる. **4** 《口語》〈勘定などに手加減を加える, (いい加減に)改める; ごまかす, 偽造する (falsify): ～*ed* accounts, balance sheets, etc. / ～ the books 帳簿をごまかす / It looks as though the accounts [books] have been ～*ed*. 勘定[帳簿]はごまかしてあるらしい. **5** 《英俗》だめにする (spoil, ruin). **6** [通例 p.p. 形で] 《英俗》疲れさせる (tire out): I'm absolutely ～*ed*. すっかりばてた. **7** 〘チェス〙余詰めを発見する. — *vi.* **1** 料理をこしらえる, 料理する. **2** 〈食べ物が〉料理される, 煮え[焼け]る: These apples ～ well. このりんごはよく煮える / I smelled onions ～*ing*. たまねぎの煮えるにおいがした. **3** 《口語》放射性になる[を帯びる]. **4** 《口語》〈人が〉(暑さで)うだる (swelter): I'm ～*ing* alive. 暑さにうだりそうだ. **5** 《俗》起こる (occur, happen): What's ～*ing*? ＝What ～s? 何が起こったの, どうしたの; 調子はいかが. **6** 《俗》〘ジャズ〙熱演する, のって即興演奏する.
cóok a person's góose ⇨ goose. ***cóok óff*** (加熱した薬室の中で)〈銃弾・砲弾が〉爆発[自然発火]する. ***cóok on the frónt búrner*** ＝COOK *with gas*. ***cóok óut*** 《米》野外で料理する (cf. cookout). ***cóok úp*** (1) 《口語》〈話・計画などを〉作り上げる, でっち上げる (concoct): ～ *up* an alibi [an excuse, a plan] / ～ *up* some kind of report いい加減な報告を作り上げる. (2) 〈食事を〉(手早く)作る. (3) 《俗》〈麻薬などに水を加え〉加熱して溶かす. ***cóok with gás*** 《米俗》(1) 立派に[ちゃんと]やる; まともな考え方をする. (2) 先端的なことに通じている.
— *n.* **1** コック, 料理人[番], 板前 (⇨ father 1 a ★): a plain ～ 簡単な料理のできる人 / the head ～ コック長, 料理人頭 / a ship's ～ 船のコック / tell (the) ～ to make sandwiches 料理人にサンドイッチを作るように言いつける / be a good [bad] ～ 料理が上手[下手]である / be one's own ～ 自炊する / Too many ～s spoil the broth. 《諺》料理人が多すぎると汁ができそこなう (cf.「船頭多くして船山に上る」). **2** 〘チェス〙余詰め《作意と異なる problem の解; cf. dual 2》.
chíef cóok and bóttle-wàsher [the ―] 《口語》何から何まで自分でやってしまう人, すべてを取り仕切っている人 (⇨ bottle-washer 2).
〖OE *cōc* □ VL **cōcus*＝L *cocus, coquus* a cook ← *coquere* to cook ← IE **pekʷ-* to cook, ripen (Gk *péptein* to ripen, cook / Skt *pacati* he cooks)〗

Cook /kʊ́k/, **James** *n.* クック (1728–79; 英国の航海家; 3 回にわたり南太平洋・南極海・オーストラリア・ニュージーランド海岸などを探検したが, ハワイ諸島で先住民に殺された; 通称 Captain Cook).

Cook, Sir **Joseph** *n.* クック (1860–1947; 英国生まれのオーストラリアの政治家; 首相 (1913–14)).

Cook /kʊ́k/, **Mount** *n.* クック山: **1** ニュージーランド South Island にあり, ニュージーランドの最高峰; 一年中雪をいただく; 3,764 m; Aorangi ともいう. **2** 米国 Alaska 州南東部 St. Elias 山脈中の山; 4,194 m.

Cook, Peter (Edward) *n.* クック (1937–95; 英国の喜劇俳優・作家).

Cook, Thomas *n.* クック (1808–92; 英国の旅行案内業者; Thomas Cook 社を創設 (1841); ホテル制度の創始者 (1866)).

cook·a·ble /kʊ́kəbl̩/ *adj.* 料理できる. — *n.* 料理して食べられるもの. 〖(1843) ← COOK＋-ABLE〗

cook·book /kʊ́kbʊ̀k/ *n.* 《米》**1** 料理書, 料理の手引書 (《英》cookery book). **2** 詳しい手引書. 〖(1809) 《なぞり》? ← G *Kochbuch*〗

Cóok Bòok *n.* 〘商標〙クックブック《米国 American Bakeries 社製のパン》.

cóok chèese *n.* クックチーズ《脱脂乳から作ったチーズ; 加温して流動体となったものをカップに注ぐ; cooked cheese ともいう》. 〖1941〗

cóok-chìll *n.* 加熱調理済み食品冷蔵法. — *adj.* クックチル方式の.

Cooke /kʊ́k/, **(Alfred) Al·i·stair** /ǽlɪ̀stèə | -stèə^(r)/ *n.* クック (1908–2004; 英国生まれの米国のジャーナリスト・エッセイスト; 長年にわたるラジオシリーズ *Letter from America* で知られる).

Cooke, Sir **William Fothergill** *n.* クック (1806–79; 英国の電気技術者; Charles Wheatstone と共に単針電信機の特許を獲得 (1845), 翌年 通信業務を開始).

cóoked *adj.* (熱を加えて)調理した, 調理済みの.

cook·ee /kʊ́ki, kukíː/ *n.* 《米》(木材伐採飯場の)コック助手. 〖(1846) ← COOK (n.)＋-EE²〗

cook·er /kʊ́kə | -kə^(r)/ *n.* **1 a** 料理用の加熱器具[装置]《オーブン・レンジ・鍋など》: a pressure ～ 圧力釜 / ⇨ a fireless cooker. **b** 《英》＝cooking-stove. **2** 《口語》(生で食べるものではなく)料理に適するもの[果物]《大きな酸味の強いりんごなど; cf. eater 3》: a good [bad] ～ 料理しやすい[しにくい]材料 / These apples are good ～s. このりんごは料理に向く. **3** 煮たきをする人. 〖(1869) ← COOK＋-ER¹〗

cook·er·y /kʊ́k(ə)ri/ *n.* **1** 料理法[術]. **2** 《米》料理場[室], 調理室. **3** 《カナダ》(炭坑・製材所などの)炊事場. 〖(*a*1393): ⇨ cook, -ery〗

cóokery bòok *n.* 《英》料理の本 (《米》cookbook). 〖1639〗

cóokery-stòve *n.* 《英》＝cooking-stove.

cook·ey /kʊ́ki/ *n.* ＝cookie¹.

cóok-géneral *n.* (*pl.* **cooks-g-**) 《英》料理と家事をする召使. 〖1896〗

cóok·hòuse *n.* **1 a** 炊事場. **b** (キャンプなどの)屋外炊事場. **2** 船の料理室[厨房] (galley). 〖1795〗

cook·ie¹ /kʊ́ki/ *n.* **1** 《米》クッキー (《英》biscuit). **2** 《スコット》菓子パン (bun). **3** 《米口語》**a** [呼び掛けに用いて] かわい子ちゃん (little girl). **b** 女の人, かわいい女性. **c** 人, やつ (person): a smart ～ 利口な人. **4** [*pl.*] 《俗》腹[胃]の中のもの; 食べたばかりのもの. **5** 〘電算〙クッキー《インターネット上のページに関する設定を, ユーザーのディスク上に記憶したもの》. ***(Thát is) the wày [hòw] the cóokie crùmbles.*** 《口語》世の中はとかくうまくいかないもの. (1957) ***tóss [thrów] one's cóokies*** 《米俗》吐く, もどす. 〖(1703) □ Du. *koekie, koekje* (dim.) ← *koek* 'CAKE': ⇨ -y²〗

cook·ie² /kʊ́ki/ *n.* ＝cooky².

cóokie-cùtter *adj.* 《口語》型にはまった, ありきたりの. 〖1963〗

cóokie cùtter *n.* クッキーの抜き型《クッキーの生地を星形・円など種々の形にくり抜く器具》. 〖1903〗

cóokie jàr *n.* クッキーを入れる瓶《しばしばへそくりを隠しておく》. ***hàve one's hánd in the cóokie jàr*** 《口語》(自分の地位を利用して)不正を働く, 賄賂(わいろ)を取る.

Cóokie Mònster *n.* クッキーモンスター《テレビ番組 'Sesame Street' に登場する毛むくじゃらのキャラクター; クッキーがあるところに現れて全部食べてしまう》.

cóokie prèss *n.* クッキープレス《クッキーの生地を部品を替えていろいろな形に打ち出す機械》.

cóokie pùsher *n.* 《米俗》**1** 女々しい男, おべっか使い. **2** 《軽蔑》外交官. **3** 怠け者.

cóokie shèet *n.* クッキーシート《クッキー・ビスケットなどの生地をのせて焼く薄い金属製の天板》. 〖1926〗

cook·ing /kʊ́kɪŋ/ *n.* **1** 料理(法), 調理: do one's own ～ 自炊する. [日英比較] 日本語では「料理が上手だ」というが, 英語では be good at *cooking* よりも be a good cook のほうが普通. また,「中国式クッキング」という場合の「クッキング」のように「料理法」の意の場合は Chinese cuisine のように cuisine を用いるのが普通. **2** [形容詞的に] 料理用の[向きの]: ～ apples 料理用種のりんご / ～ butter 料理用バター / ～ oil 料理油 / a ～ range 調理用レンジ. 〖(1645) ← COOK＋-ING¹〗

cóoking-stòve *n.* 《英》＝cookstove. 〖1852〗

cóoking tòp *n.* (ガス・電気の, 4 口のバーナー付きの)キャビネット型レンジ.

cóoking wìne *n.* 料理用ワイン.

Cóok Ínlet /kʊ́k-/ *n.* [the ～] クック湾《米国 Alaska 州南部, Alaska 湾の入江; その奥に Anchorage がある; 長さ 350 km》. 〖↓〗

Cóok Ísland Máori *n.* 《NZ》**1** クック諸島のマオリ族. **2** クック諸島で話されるマオリ語の方言.

Cóok Íslands *n. pl.* [the ～] クック諸島《南太平洋にあるニュージーランド自治領の群島; 面積 241 km²》. 〖James Cook にちなんで命名〗

cóok-òff *n.* **1** 《米》料理コンテスト. **2** (熱による銃の)自然発射. 〖1937〗

cóok·òut *n.* 《米》**1** 野外の料理パーティー. **2** 野外の料理パーティーの食事, バーベキュー. 〖1947〗

cóok·ròom *n.* **1** 炊事[調理]室, 台所 (kitchen). **2** (船の)料理室, 厨房 (cookhouse). 〖1553〗

cóok·shàck *n.* 調理[炊事]小屋. 〖1909〗

cóok·shòp *n.* **1** 料理店, 飲食店, 食堂 (eating house). **2** 料理した食品を売る店, 惣菜屋. **3** 《英》台所用品店. 〖1615〗

Cook·son /kʊ́ksən, -sn̩/, Dame **Catherine (Anne)** *n.* クックソン (1906–98; 英国の通俗小説作家; *The Round Tower* (1968)).

Cóok's tóur /kʊ́ks-/ *n.* 《口語》 **1** ガイドつき観光旅行, 駆け足旅行. **2** 概観, あらすじ〔*of*〕. 〖(*c*1909) ← *Thomas Cook*〗

cóok·stòve *n.* 《米》 料理用コンロ, レンジ (《英》 cooking-stove). 〖1824〗

Cóok Stráit *n.* [the ～] クック海峡 《ニュージーランドの南島と北島との間の海峡》.

cóok·tòp *n.* (ガス・電気の)レンジの平たい上部. 〖1948〗

cóok-ùp *n.* 〘料理〙 (カリブ海地方で)肉・米・エビ・野菜などから成る料理.

cóok·wàre *n.* [集合的] 料理器具, 調理道具. 〖1953〗

cook·y[1] /kʊ́ki/ *n.* ＝cookie[1].

cook·y[2] /kʊ́ki/ *n.* **1** (キャンプ場・船などの)コック. **2** 女性のコック. 〖(1776) ← COOK＋-Y[2]〗

cook·y[3] /kʊ́ki/ *adj.* 《米口語》 風変わりな (eccentric).

cool /kúːl/ *adj.* (～·er; ～·est) **1 a** ほどよく[やや]冷たい, 涼しい (cf. warm): a ～ day 涼しい日 / It is [has turned] ～ today. 今日は涼しい[くなった] / get ～ 涼しくなる / keep the room ～ 部屋を涼しくしておく. **b** ひやりとする, ひんやりする (chilly): a ～ wind. **c** 〈料理など〉冷めた: The soup has gotten ～. スープが冷めてしまった. **2** (見た目に)涼しそうな, さわやかな; 暑さを感じさせない: a thin, ～ dress 薄くて涼しいドレス. **3 a** 〈色が〉冷たい, 冷色の 《緑・青・または紫色など; cf. warm 5》. **b** 〈音が〉反響[音色]のない. **4 a** 冷静な; 平然とした, 落ち着いている (calm), 自制した: be ～ and collected amid dangers 危険の中にあっても落ち着き払っている / a ～ debater 冷静な討論者 / a ～ head 冷静な頭(の人) / ～ judgment 冷静な判断 / (as) ～ as a cucumber 冷然として, 落ち着き払って / remain [stay, keep] ～ 冷静にしている, あわてない / Keep ～! 冷静にしろ, あわてるな. **b** 涼しそうな顔をした, 平気な; 〈感情・態度の〉冷ややかな, 冷淡な, よそよそしい: a ～ killer 冷酷な殺人者[殺し屋] / a ～ reception [greeting] 冷たいもてなし[挨拶] / be rather ～ toward a person [an idea] どちらかというと人に冷たい[考えに冷淡だ]. **c** 暴力や緊張関係のない, 平静な. **d** 《口語》 洗練された, 上品な (elegant). **5** 《米口語》 すばらしい, すてきな (excellent), かっこいい: a real ～ party. **6** (平然として)ずうずうしい, 小面憎い (impudent): a ～ customer [hand] ずうずうしい男. **7** [強意語に用いて] 《口語》 〈金額・数量が〉正味…, 全く掛け値なしの, (驚くなかれ)大枚…: a ～ 20 miles farther 掛け値なしの 20 マイルも先 / He lost a ～ thousand. 大枚 1,000 ドル[ポンドなど]なくした. **8** 〈情報・報道が〉控え目の, クールな. **9** 〘狩猟〙 〈獲物の遺臭がかすかな (faint), 弱い (cf. cold 5 b): a ～ scent. **10** 〘ジャズ〙 クールな (cf. hot 17 a): ⇨ cool jazz.

— *vt.* **1 a** 冷やす (↔ warm, warm up): ～ beer ビールを冷やす / ～ one's forehead 額を冷やす. **b** 涼しくする 〈*off, down*〉: ～ the room / ～ oneself 涼む, 涼しくなる. **2 a** 〈感情などを〉冷ます, 静める, 落ち着かせる: That will ～ your affection for her. それで彼女に対する君の熱も冷めるだろう. **b** [～ it で] 《俗》 落ち着く, 冷静になる; 気楽に構える, 超然としている (go easy). **3** …の発達[活動]を弱める[緩める] 〈*off, down*〉 (↔ heat up): ～ *down* the economy. **4** 《米俗》 殺す (kill). — *vi.* **1** 冷却する, 涼しくなる 〈*down, off*〉. **2** 〈熱情・怒りなどが〉冷める, 静まる, 冷静になる 〈*off*〉: His passion has ～*ed* (*off*). 彼の激情が冷めた / Don't be so excited: ～ *off* [*down*]! そんなに興奮するな, 頭を冷やせ / Relations between them have ～*ed* noticeably. 二人の関係は著しく冷めてしまった. ***cóol one's héels*** ⇨ heel 成句. ***cóol óut*** (1) 〘競馬〙 (競走または調教のあとに)〈馬を〉落ち着かせる, 鎮静させる, 逍遥させる. (2) 《カリブ》 リラックスする, くつろぐ, のんびりする. ***kéep* [*sáve*] *one's bréath to cóol one's pórridge*** ⇨ breath 成句.

— *n.* **1** 涼しい所; 涼しい時: the ～ of the forest 森の涼しい所 / in the ～ of the evening 夕方の涼しい時に. **2** 涼しさ, 涼味; 冷気 (coolness). **3** 《俗》 **a** 冷静さ, 落着き: keep one's ～ 冷静さを失わない, 自制する. **b** 洗練, 上品さ (elegance). ***blów* [*lóse*] *one's cóol*** 興奮する.

— *adv.* 《口語》 冷静に, 落ち着いて (coolly): play (it) ～ 冷静に構える[ふるまう].

～·ing·ly *adv.* **～·ing·ness** *n.* 〖adj. & n.: OE *cōl* < Gmc **kōluz* (Du. *koel* / G *kühl*) ← **kol-, *kal-* 'COLD'. — v.: OE *cōlian* to grow cold < Gmc **kōlōjan* ← **kōluz*〗

coo·la·bah /kúːləbɑ̀ː/ *n.* 〘植物〙 オーストラリア産フトモモ科ユーカリ属の植物 (*Eucalyptus microtheca*). 〖(1887) ← Austral. (現地語)〗

coo·la·mon /kúːləmɑ̀(ː)n | -mɔ̀n/ *n.* 《豪》 クーラモン 《原住民が水などを入れる木製または樹皮製の浅い容器》. 〖(1847) ← Austral. 現地語〗

cool·ant /kúːlənt/ *n.* (摩擦熱を減じるための, また内燃機関・原子炉などの)冷却液, クーラント. 〖(1926) ← COOL (adj)＋-ANT〗

cóol bàg [bòx] *n.* クーラー 《ピクニックなどの飲食品保冷容器》.

cóol cát *n.* 《俗》 **1** ジャズ演奏家, ジャズマン; ジャズのファン (cf. hepcat). **2** (感じの)いいやつ.

cóol chàmber *n.* 冷蔵室. 〖1887〗

cóol·dòwn *n.* クールダウン 《激しい運動のあとゆるやかな運動に切り替えて心拍や呼吸を徐々に通常の状態に戻すこと》.

cóol·drìnk *n.* 《南ア》 ＝soft drink.

cool·er /kúːlə | -lə(r)/ *n.* **1 a** 冷却[蔵]用容器, 冷却器, クーラー. **b** 《米》 冷蔵庫 (refrigerator). **c** 冷やすもの[人]. **d** (冷却による砂糖原液の)粒化器. **e** ＝wine cooler. **f** 《米》 ＝water cooler. **g** 《口語》 ＝air-conditioner. 日英比較 日本語では「クーラー」を冷房装置の意でも使うが, 英語の *cooler* は room *cooler* のようにいわない限り, 普通は wine *cooler*, water *cooler* のように飲み物などの冷却器, また《米》では冷蔵庫の意になる. 日本でも最近は「エアコン」が一般的となっているが, 英語では「冷房機」の意味では普通 air-conditioner を用いる. **2** 冷却器[剤]. **3 a** (レモネードなどの)清涼飲料. **b** 氷を入れたアルコール飲料. **4 a** 《俗》 刑務所 (prison), 留置場 (lockup), (乱暴な囚人の)独房 (cell). **b** 〘軍俗〙 営倉. **5** 《俗》 〘アイスホッケー〙 ＝penalty box. **6** 〘競馬〙 馬衣 《レース後の鎮静運動の際に馬の体が急に冷えないように馬にかける軽い毛布[カバー]》. 〖(1575) ← COOL＋-ER[1]〗

Cóo·ley's anémia /kúːliz-/ *n.* 〘病理〙 クーリー貧血 《thalassemia の一型》. 〖(*c*1935) ← Thomas B. Cooley (1871–1945: 米国の小児科医)〗

Cool·gár·die sàfe [còoler] /kuːlgɑ́ədi- | -gɑ́ːdi-/ *n.* 《豪》 クールガーディー 《湿った麻布をたらした食品保冷戸棚》. 〖(*c*1924) ← *Coolgardie* (オーストラリア西部の金鉱のある都市)〗

cóol-héaded *adj.* 冷静な, 沈着な. **～·ly** *adv.* **～·ness** *n.* 〖1777〗

coo·li·bah /kúːləbɑ̀ː | -lɪ̀-/ *n.* 〘植物〙 ＝coolabah.

Coo·lidge /kúːlɪdʒ/, **(John) Calvin** *n.* クーリッジ 《1872–1933; 米国の政治家; 第 30 代大統領 (1923–29)》.

Cóolidge tùbe *n.* 〘物理〙 クーリッジ管 《代表的な X 線発生管》. 〖(1915) ← *W. D. Coolidge* (1873–1975: 米国の物理学者)〗

coo·lie[1] /kúːli/ *n.* **1** クーリー(苦力) 《中国・インド・マライ地方などの下層日雇労働者》. **2** (低賃金で働く)下層労働者. **3** 《軽蔑》 南アフリカ共和国に住むインド人. 〖((1554)) (1598) ◻ Hindi *qulī* ← ? *kōli* (インド西部の部族名): cf. Tamil *kūli* hire, wages〗

coo·lie[2] /kúːli/ *n.* ＝coulee 1.

cóolie hàt *n.* クーリー(苦力)帽 《通例円錐形の麦わら製の日よけ帽》. 〖1924〗

cóol·ing-óff /-lɪŋ-/ *adj.* (争議・紛争などの)冷却させるための. — *n.* 冷却期間. 〖1926〗

cóoling-off pèriod *n.* **1** (争議・紛争などの)冷却期間. **2** クーリングオフ期間: **a** 訪問販売や割賦購入で買手が購入契約を無条件解約できる期間. **b** 〘証券〙 有価証券の公募の際に, 登録届出書が証券取引委員会に提出されてからその効力が発生して証券が売り出されるまでの期間; 通常 20 日間. **c** 英国の生命保険で新規加入を解約できる期間.

cóoling sỳstem *n.* (機械・エンジンなどの)冷却装置.

cóoling tìme *n.* 冷却期間 《対立感情を冷やすための期間》.

cóoling tòwer *n.* 冷却塔. 〖1901〗

cóoling wàter *n.* 冷却水.

cóol·ish /-lɪʃ/ *adj.* やや涼しい; 冷え気味の, 少し冷たい. 〖(1759): ⇨ -ish[1]〗

cóol jázz *n.* 〘ジャズ〙 クールジャズ 《入り組んだハーモニーを用いて冷静な演奏をするモダンジャズ》.

cool·ly /kúː(l)li/ *adv.* **1** 涼しく; 冷たく. **2** (感情など)冷ややかに, 冷淡に, よそよそしく (indifferently). **3** 冷静に, 落ち着いて, 平然として (calmly). **4** ずうずうしく (impudently). 〖(1580) ← COOL＋-LY[1]〗

cóol·ness *n.* **1** 涼しさ, 冷気, 涼味; 冷たさ. **2** 冷ややかさ, 冷淡, よそよそしさ. **3** 冷静, 平気, 落着き, 沈着. **4** 図太さ, ずうずうしさ. 〖OE *cōlnesse*: ⇨ cool, -ness〗

cóol sàfe *n.* 《豪》 ＝Coolgardie safe.

cóol stòre *n.* ＝cool chamber.

coolth /kúːlθ/ *n.* 《口語》 ＝coolness. 〖(1547) ← COOL＋-TH[2]: cf. warmth〗

coo·ly[1] /kúːli/ *n.* ＝coolie[1].

cool·y[2] /kúːli/ *adv.* ＝coolly.

coom /kúːm/ *n.* (*also* **coomb** /～/) 《スコット・北英》 **1** すす (soot). **2** ごみ, くず 《石炭の粉末・おがくず・かんなくず・もみがら・軸受けから出る油のかすなど》. 〖(1587) 《変形》 ← CULM[2]〗

Coo·ma·ra·swa·my /kuːmɑ̀ːrəswɑ́ːmi/, **Ananda (Kentish)** *n.* クマーラスワーミー 《1877–1947; スリランカの美術史家; インド文化を西欧へ紹介》.

coomb /kúːm/ *n.* 《英》 クーム 《英国の容積単位; ＝4 imperial bushels》. 〖← OE *cumb* vessel, cup: cf. G *Kumme* deep bowl〗

coombe /kúːm/ *n.* (*also* **coomb** /～/) 《英》 ＝combe.

coon /kúːn/ *n.* **1** 《米口語》 〘動物〙 アライグマ (raccoon). **2** 《米俗》 田舎者, 無骨者; ばか, 間抜け: an old ～ 手に負えないやつ, 古だぬき / a gone ～ ⇨ gone[1] 3 a. **3** [通例軽蔑的に] 《口語》 **a** 黒人 (Negro): a ～ baby 黒人の赤ん坊. **b** オーストラリア先住民アボリジニ (Aborigine). **4** 《米》 (独立戦争当時の)ホイッグ党員. ***gò the whóle cóon*** 《米口語》 徹底的にやる. ***húnt* [*skín*] *the sáme òld cóon*** 《米口語》 いつも同じ事ばかりやっている. 〖(1879)〗 〖(1742) 《略》 ← RACCOON: 3 は E. Hong 作 "*All Coons Look Alike to Me*" (1896) の誤用から〗

coon·ass /kúːnæs/ *n.* 《米卑》 ケージャン (Cajun) 《Acadia からのフランス系人の子孫; 米国 Louisiana 州および Texas 州東部の俗語》.

coon·can /kúːnkæn/ *n.* 〘トランプ〙 クーンキャン 《conquian の米国版; double rum ともいう》. 〖(1889) 《変形》 ← CONQUIAN〗

cóon càt *n.* 〘動物〙 **1** 《ニューイングランド》 ＝Angora cat. **2** 《米口語》 ＝cacomistle 1. 〖1901〗

cóon chèese *n.* クーンチーズ 《黒いワックスでコーティングされたチェダーチーズの一種》. 〖1953〗

cóon dòg *n.* アライグマ (raccoon) 狩り用に訓練された猟犬. 〖1833〗

cóon·hòund *n.* アライグマ (raccoon) 狩り用に改良されたイヌ (cf. black-and-tan coonhound). 〖1920〗

cóon's àge *n.* 《米口語》 ひどく長い間 (cf. donkey's years): in a ～. 〖1844〗

cóon·skìn *n.* **1** アライグマの毛皮. **2** アライグマの毛皮製品 《上衣・帽子・オーバーなど》. — *adj.* アライグマの毛皮製の. 〖(1624) 1818〗

cóon sòng *n.* 〘音楽〙 クーンソング 《19 世紀末期の米国に流行したポピュラーソング; 黒人なまりの歌詞と鋭いシンコペーションが特徴》. 〖(1887): ⇨ coon 3〗

coon·tie /kúːnti | -ti/ *n.* **1** 〘植物〙 フロリダソテツ (*Zamia integrifolia*) 《米国 Florida 州産》. **2** フロリダソテツの根から採った澱粉 (arrowroot). 〖(1791) ◻ Seminole *kunti* coontie flour〗

coop /kúːp, kʊ́p | kúːp/ *n.* **1 a** (鶏などを入れる)かご, おり. **b** 狭苦しい場所. **2** 《英》 魚を捕えるかご, 筌(ど) (pot). **3** 《俗》 監獄, 刑務所, 「ぶたばこ」 (prison). ***flý the cóop*** (1) 《俗》 脱獄する. (2) 《米俗》 ずらかる, さっと逃げる.

— *vt.* **1** 〈鶏などを〉おり[かご]に入れる. **2 a** 監禁する, 閉じ込める 〈*in, up*〉: I feel ～*ed up* in this room. この部屋にいると, おりにでも閉じ込められたような気分だ. **b** 《俗》 〈投票人を〉(投票日まで)缶詰にする. — *vi.* 《米俗》 〈警官が〉勤務時間中に眠る. 〖(*c*1250) *coupe* basket ◻ MLG & MDu. *kūpe* ◻ L *cūpa* tub: cf. cup〗

co-op /kóʊɑ(ː)p, ‒́‒̀ | kə́ʊɔp, ‒̀‒́/ *n.* (*also* **co·op, co·öp** /～/) 《口語》 ＝cooperative. 〖(1861) 《略》 ← COOPERATIVE〗

coo·per[1] /kúːpə, kʊ́pə | kúːpə(r)/ *n.* **1** 桶屋(ᵒᵏᵉʸᵃ), 樽(ᵗᵃʳᵘ)・桶類製造[修繕]者 (hooper): a dry [wet] ～ 乾物用[液体用]樽製造者 / a white ～ (白木の)たらい・手桶類製造人. **2** 《英》 酒屋 《酒利きと瓶詰係を兼ねる》. **3** 《英》 混合黒ビール 《porter と stout とを等分に混ぜたもの》. 〖醸造所でこの酒が樽職人に毎日ふるまわれていたことから〗

— *vt.* **1** 〈桶・樽類を〉作る[修繕する]. **2** 樽に詰める. **3** 《俗》 やっつける, だめにする. — *vi.* 桶屋をする. ***cóoper úp* [*óut*]** 《口語》 …の体裁を整える, 格好をよくする, 着飾る (furbish up). 〖(*a*1376) *couper* ◻ ? MLG *kūper* ← *kūpe* 'COOP'〗

coo·per[2] /kúːpə, kʊ́pə | kúːpə(r)/ *n.* 《英》 うろうろ舟 《19 世紀に北海などで漁夫相手に海上で酒・たばこなどを魚と交換に売り回った船》. 〖(1881) ◻ ? Du. *koper* buyer ← *kopen* to buy: ⇨ cheap〗

Coo·per /kúːpə, kʊ́pə | kúːpə(r)/, **Anthony Ashley** *n.* ⇨ 3rd Earl of SHAFTESBURY.

Cooper, Gary *n.* クーパー 《1901–61; 米国の映画俳優; 本名 Frank James Cooper》.

Cooper, Henry *n.* クーパー 《1934– ; 英国のボクサー; ヨーロッパヘビー級チャンピオン (1946, 1968–71)》.

Cooper, James Fen·i·more /fénəmɔ̀ə | -nɪ̀mɔ̀ː(r)/ *n.* クーパー 《1789–1851; 米国の小説家; 辺境開拓者およびインディアンの生活を扱った Natty Bumppo を中心とした 'Leather-Stocking Tales' で知られる; *The Last of the Mohicans* (1826)》.

Cooper, Leon N. *n.* クーパー 《1930– ; 米国の理論物理学者; Nobel 物理学賞 (1972); cf. BCS theory》.

Cooper, Peter *n.* クーパー 《1791–1883; 米国の発明家・製造工業家・改革者・博愛家》.

Cooper, Samuel *n.* クーパー 《1609–72; 英国の細密画家》.

coo·per·age /kúːp(ə)rɪdʒ, kʊ́p- | kúːpər-/ *n.* **1 a** 桶屋(ᵒᵏᵉʸᵃ)の仕事. **b** [集合的] 桶屋の製造, 桶・樽(ᵗᵃʳᵘ)類. **c** 桶屋の仕事場. **2** 桶屋の手間賃. 〖(1705) ← COOPER[1]＋-AGE〗

co·op·er·ate /koʊɑ́(ː)pərèɪt, kəwɑ́(ː)p- | kəʊɔ́p-/ *vi.* (*also* **co-op·er·ate** /～/, **co·öp·er·ate** /～/) **1 a** 協力する, 協同する〔*with*〕: ～ *with* each other *in* (doing) some work 仕事で互いに協力する. **b** 経済協力をする. **2** 〈事情などが〉助け合う (contribute) 〈*to do*〉: All these things ～*d to* make this work a success. こういうことすべてがいっしょに働いてこの事業が成功した. 〖(1582) ← LL *cooperātus* (p.p.) ← *cooperārī* to work together ← co-[1]＋*operārī* 'to OPERATE'〗

co·op·er·a·tion /koʊɑ̀(ː)pəréɪʃən, kəwɑ̀(ː)p- | kəʊɔ̀p-, kəʊɔp-/ *n.* (*also* **co-op·er·a·tion, co·öp·er·a·tion** /～/) **1** 協力(すること), 協同, 協働; 協調性: economic ～ 経済協力 / in ～ *with* …と協同して. **2** 協同組合: a producers' [productive] ～ 生産組合 / a consumers' [consumptive] ～ 消費組合. **3** 〘生態〙 協同(作用). 〖(1495) ◻ L *cooperātiō(n-)*: ⇨ ↑, -ation〗

co·òp·er·á·tion·ist /-ʃ(ə)nɪ̀st | -nɪst/ *n.* (*also* **co-op·er·a·tion·ist** /～/) 協同(組合)主義者. 〖(1831): ⇨ ↑, -ist〗

co·op·er·a·tive /koʊɑ́(ː)p(ə)rətɪv, kəwɑ́(ː)p-, -pərèɪt- | kəʊɔ́p(ə)rət-/ *adj.* (*also* **co-op·er·a·tive, co·öp·er·a·tive** /～/) **1 a** 協力的な, 協同の. **b** 進んで仕事を協力してくれる, 協調性のある. **2** (ある経済目的のために)協同する; (生活)協同組合の[に関する, による]: a ～ house (組合組織の)共同住宅 / a ～ society (生活)協同組合 / ～ savings 共同貯金 / a ～ movement 協同[消費]組合運動 / a producers' [consumers'] ～ society 協同生産[消費]組合. **3** 〘教育〙 コオペラティブの, 連携方式の. — *n.* **1 a** (生活)協同組合. **b** ＝cooperative store. **2** 《米》 協同住宅 (cooperative apartment ともいう; cf. condominium). **～·ly** *adv.* **～·ness** *n.* 〖(1603) ◻ LL *cooperātīvus*: ⇨ cooperate, -ative〗

coóperative bánk *n.* ＝SAVINGS and loan association.

coóperative crédit ùnion *n.* ＝credit union.

C

coóperative fárm *n.* **1** 協同農場《農機具·家畜などを共有し，生産物も協同組合を通して共同出荷する農場》．**2** (kibbutz のような) 集団農場．**3** =collective farm.

coóperative méthod *n.* (米国の)産学連携方式《学校での座学と企業での実習とを組み合わせる職業教育の方法; cf. distributive education》.

Coóperative Pàrty *n.* [the ～]《英》共同組合党《Labour Party と提携して協同組合運動を支援する政党; 1917 年結成》.

coóperative society *n.* 協同組合.

coóperative stóre [shóp] *n.* **1** (生活)協同組合経営の小売店，生協ストア．**2** 農業協同組合経営の小売店．〖1852〗

coóperative sỳstem *n.* コオペラティブシステム，連携教育制度《職業教育の効果を高めるため，学校間，または学校と産業とが協力する制度》.

co·op·er·a·tiv·i·ty /kouɑ̀(ː)p(ə)rətívəṭi | -ɔ̀p(ə)rə-tívɪ̀ti/ *n.* 〖生化学〗協同性《分子結合の系列において最初のものが次のものの結合を促進したり遅延させたりする傾向》.

co·óp·er·à·tor /-ṭə | -tə(r)/ *n.* (*also* **co-op·er·a·tor** /～/) **1** 協力者，協同者．**2** (生活)協同組合員．〖(?a1425) □ L *cooperātor*: ⇨ cooperate, -or²〗

Cóoper Créek /kúːpə- | -pə(r)-/ *n.* [the ～] クーパークリーク《オーストラリア中東部の間欠河川; Queensland 州の大分水嶺山脈に源を発し，雨の多い年のみ Eyre 湖に注ぐ; Barcoo River ともいう; 旧名 Cooper's Creek》.

cóo·pered jóint /kúːpəd- | -pəd-/ *n.* (樽(たる)を作るときの継ぎ手と同様)家具の曲面を作る場合に用いる継ぎ手.

Cóo·per-Héw·itt làmp /kúːpəhjúːɪ̀t- | -pə-hjúːɪt-/ *n.* クーパーヒューイット灯《20 世紀の初めに使われた低圧水銀灯》．〖← *Cooper Hewitt* (商標名)〗

Cóoper pàir *n.* 〖物理〗クーパー対《等運動量で反対方向のスピンをもつ一対の電子; BCS theory の基礎となるもの》.

Cóoper's háwk *n.* 〖鳥類〗クーパーハイタカ (*Accipiter cooperii*)《米国産のハイタカの一種》．〖(1828) ← *William Cooper* (*d.* 1864: 米国の動物学者)〗

Coo·pers·town /kúːpəztàun | -pəz-/ *n.* クーパーズタウン《米国 New York 州中部の町; 野球発祥の地とされ野球の殿堂 (The National Baseball Hall of Fame) がある》.

coo·per·y /kúːpəri, kúp- | kúːp-/ *n.* =cooperage 1. 〖(1558) ← COOPER¹ (n.)+-Y¹〗

co-opt /kouɑ́(ː)pt, ⌐⌐ | kəuɔ́pt/ (*also* **co·opt, co·öpt** /～/) *vt.* **1** 〈重役会·委員会などが〉〈新会員[委員]を〉選挙する，任命する．**2** 同僚にする，仲間と認める．**3 a** グループに入れる，合併吸収する (absorb)．**b** 接収する (appropriate); 徴用[徴発]する，勝手に使う (commandeer)．**—** *vi.* 追加任命をする．**co-op·tive** /kouɑ́(ː)ptɪv | kəuɔ́p-/ *adj.* 〖(1651) □ L *cooptāre* ← co-¹+*optāre* to choose (⇨ option)〗

co-op·ta·tion /kòuɑ(ː)ptéɪʃən | kàuɔp-/ *n.* (委員会·重役会などの新会員[委員]の)選挙．**co-op·ta·tive** /kouɑ́(ː)ptəṭɪv | kəuɔ́ptət-/ *adj.* 〖(1533) □ L *cooptātiō(n-)*: ⇨ ↑, -ation〗

co-op·tion /kouɑ́(ː)pʃən | kəuɔ́p-/ *n.* =co-optation. 〖1885〗

Coop·worth /kúːpwə(ː)θ | -wə(ː)θ/ *n.* クープワース種(の羊)《ロムニーマーシュ種 (Romney Marsh) から出たニュージーランド産の羊》.

cò-órdinal *adj.* (*also* **co·ordinal**) 〖生物〗同目 (order) に属する．〖(1875) ← CO-¹+ORDINAL〗

co·or·di·nate (*also* **co-or·di·nate, co·ör·di·nate**) /kouɔ́ədənèɪt, -dn-, | kəuɔ́ːdɪ̀n-, -dn-/ *v.* **—** *vt.* **1** 〈一系統の各部を〉統制的[調和的]に働かせる，整合する，〈さまざまな要素を〉調整する，調和させる，釣り合わせる (harmonize): ～ one's movements [arms and legs] in swimming 泳ぐときに手足の運動の調子を合わせる / ～ tops *with* [and] pants ズボンと上着を釣り合わせる[コーディネートする] / a ～*d* work stoppage 一斉業務停止 / a ～*d* campaign against him 彼に反対するための協調運動 / by the ～*d* efforts of the members 会員の協調的な努力によって．**2** 対等(関係)にする，等位にする，同等にする．**3** 〖化学〗配位結合させる．**—** *vi.* **1** 調和的に働く，整合する: a *coordinating* committee 調整委員会．**2** 対等(関係)になる，等位になる，同等になる．**3** 〖化学〗配位結合する．

— /kouɔ́ədənɪ̀t, -dn-, -dn- | kəuɔ́ːdɪ̀n-, -dn-, -dn-/ *n.* **1 a** [*pl.*] コーディネート《布地·色·柄·デザインに関連をもたせて作られた衣服やバッグ·靴·帽子などの服飾品で，一緒に組み合わせて着る; cf. separate 1 a》．**b** (取合わせの効果が出せるように同じ装備，同じ装飾に作られた)家具セット，コーディネート．**2** (身分·重要性·品格などの)同位[同等，対等]のもの (equal); 同格者．**3** [*pl.*] 〖数学〗座標: ⇨ Cartesian coordinates, curvilinear coordinates, polar coordinates．**4** 〖文法〗対等[等位]語句．**5** 〖物理〗(物体の状態や粒子の運動などを記述するのに用いられる)変数.

— /kouɔ́ədənɪ̀t, -dn-, -dn- | kəuɔ́ːdɪ̀n-, -dn-, -dn-/ *adj.* **1** (身分·重要性·品格など)同格の，同位の，同等の〔*with*〕: a person ～ *with* him in rank 彼と同じ階級の人．**2** 整合的な (coordinated): ～ movement 整合運動．**3** 〖文法〗対等の，等位の，対等の要素(語·句·節)をつなぐ (cf. subordinate 3): ⇨ coordinate clause．**4** 〖数学〗座標の．**5** 《米》〖教育〗**a** 〈大学が〉男女別学の《教員は共通であるが男子学生と女子学生で教室やキャンパスが異なる》: a ～ university / ～ education．**b** 〈大学の学部が〉男女別学の; 女子部の．**6** 〖化学〗配位結合の: ⇨ coordinate bond．**7** 〖図書館〗(主題用語を)組み合わせた，コーディネートの: a ～ index コーディネート索引，組合わせ索引．**～·ly** *adv.* **～·ness** *n.* 〖(1641)《逆成》← COORDINATION〗

coórdinate bónd /-dənɪ̀t-, -dn-, -dn- | -dɪ̀n-, -dn-/ *n.* 〖化学〗配位結合《一方の原子の孤立電子対 (lone pair) が相手の原子に共有されて結合する一種の共有結合; dative bond, semipolar bond ともいう》．〖1947〗

coórdinate cláuse *n.* 〖文法〗等位節《等位接続詞で結ばれた節; cf. subordinate clause》．〖1871〗

coórdinate conjúnction *n.* 〖文法〗等位接続詞 (and, but, or, for など; cf. subordinate conjunction).

coórdinate cováIence *n.* 〖化学〗=coordinate bond. 〖1965〗

co·ór·di·nàt·ed /-dənèɪṭɪ̀d, -dn- | -dɪ̀nèɪt-/ *adj.* (一つの目的に)二組以上の筋肉運動を用いることのできる; (スポーツ，体操などで)身体を優美に動かすことのできる: a ～ athlete. 〖(1859) ← COORDINATE+-ED〗

Coórdinated Univérsal Tìme *n.* 〖天文〗協定世界時《Greenwich timeのこと; 略 UTC》.

coórdinate geómetry *n.* =analytic geometry. 〖1855〗

coórdinate sỳstem *n.* 〖数学〗座標系.

co·ór·di·nàt·ing conjúnction /-tɪŋ- | -tɪŋ-/ *n.* 〖文法〗=coordinate conjunction. 〖1916〗

co·or·di·na·tion /kouɔ̀ədənéɪʃən, -dn- | kəuɔ̀ː-dɪ̀n-, -dn-/ *n.* (*also* **co-or·di·na·tion, co·ör·di·na·tion** /～/) **1 a** (作用·機能の)調整，一致: in ～ with ...と協力[連携]して．**b** (諸種の筋肉運動の)協同作用，整合．**2 a** 同格[同等，同位]化; 同格[同等，等位]を保つこと．**b** 〖文法〗対等[等位]関係．**3** 〖化学〗配位．**4** 〖軍事〗(軍隊の 2 またはそれ以上の部門にわたる機能·活動についての)調整 (cf. integration 3)．〖(1605) □ F ～ // LL *coordinātiō(n-)*: ⇨ co-¹, ordination〗

coordinátion còmplex *n.* 〖化学〗=coordination compound. 〖1951〗

coordinátion còmpound *n.* 〖化学〗配位化合物《配位結合によってできる化合物，あるいは配位結合によって生じるイオンを含む化合物》.

coordinátion nùmber *n.* **1** 〖化学〗配位数《錯イオン内の中心原子に結合する原子や原子団の数》．**2** 〖結晶〗配位数《結晶中のある原子を囲む最近接原子の数》．〖1908〗

co·or·di·na·tive /kouɔ́ədənəṭɪv, -dn-, -dn-, -də-nèɪt-, -dn- | kəuɔ́ːdɪ̀nət-, -nèɪt-, -dn-/ *adj.* (*also* **co-or·di·na·tive** /～/) **1** 対等の．**2** 整合された，協調の．**3** 〖文法〗等位の: a ～ conjunction=coordinate conjunction．**4** 〖言語〗等位構造をなす，外心的構造 (exocentric construction) を形成する《boys and girls のように統語群の二つ以上の構成要素が等位の関係にある; cf. subordinative 3》．〖((1642)) (1848) ← COORDINATE+-IVE〗

co·ór·di·nà·tor /-ṭə | -tə(r)/ *n.* (*also* **co-or·di·na·tor** /～/) **1** 同格にするもの[人]; 一致整合するもの[人]．**2** 調整者，コーディネーター．**3** 〖文法〗等位連結詞，等位接続詞．〖(1864) ← COORDINATE+-OR²〗

coo·rie /kúːri/ *vi.* 《スコット》=courie.

Coors /kʊ́əz | kɔ́ːz, kúəz/ *n.* 〖商標〗クアーズ《米国 Adolph Coors 社製のビール; 同社は米国で最初にアルミ缶入りビールを製造》.

Coos /kúːs/ *n.* (*pl.* ～) **1 a** [the ～] クース族《米国 Oregon 州南西部に住むアメリカインディアンの一部族》．**b** クース族の人．**2** クース語 (Penutian 語族に属する)．〖□ N-Am.-Ind. *koash* (原義) pine〗

coot /kúːt/ *n.* (*pl.* ～**s**, ～) **1** 〖鳥類〗**a** オオバン (*Fulica atra*)《クイナ科オオバン属の水鳥; 額に白色の額板があるので bald coot ともいう》: (as) bald as a ～ オオバンのように額がはげ上がって / (as) stupid as a ～ いかにも間が抜けて．**b** オオバン属の水鳥の総称．**c** セイケイ (swamphen)．**d** [しばしば限定詞を伴って] (北米産の)クロガモ (scoter): a mud ～=American coot．**2** 《口語》**a** うすのろ，とんま．**b** 人，やつ．〖(c1300) *cote* ← ? LG: cf. Du. *koet*〗

cootch¹ /kúʧ/ 《南ウェールズ》*n.* **1** 隠し場所，隠れ場所．**2** 貯蔵室[所]，小屋．**—** *vt.* **1** 隠す．**2** 優しく抱く; しっかり抱きしめる〈*up*〉．〖□ ? F *couche* 'COUCH'; cf. Welsh *cwt* hut〗

cootch² /kúːʧ/ *n.* =cooch¹.

coo·ter /kúːṭə, kúṭə | kúːtə(r)/ *n.* (米南部·中部)〖動物〗米国南部および東部産のカメの総称; (特に)淡水産アメリカヌマガメ属の食用カメ (*Pseudemys concinna*)．〖(1827) ← ? Afr.〗

coo·tie /kúːṭi | -ti/ *n.* **1** 《米俗》シラミ (louse) (ニュージーランドでは kutu ともいう)．**2** 《米口語》ばい菌《子供が使う》．〖((1771)) (1917) ← ? Polynesian *kutu* parasitic insect+-IE: cf. 《英方言》*coot* anything worthless: 第一次大戦の軍俗語〗

cò-ówn *vt.* 共同所有する．〖↓〗

cò-ówner *n.* 〖法律〗共同所有者，共有者，合有者 (joint tenant)．〖(1858) ← CO-¹+OWNER〗

cop¹ /kɑ́(ː)p | kɔ́p/ *n.* 《口語》巡査，お巡り (policeman, policewoman).

cóps and róbbers 〖遊戯〗どろぼうごっこ《巡査の真似をしてどろぼうを追う子供の遊び》. (1938)

〖(1859)《略》← COPPER²: cf. cop²〗

cop² /kɑ́(ː)p | kɔ́p/ *v.* (**copped; cop·ping**) **—** *vt.* **1** 《俗》**a** 捕える，つかまえる (catch): ～ a person at it その現場を捕える[押さえる]．**b** [～ it で] つかまる，罰を食う，しかられる; 殺される: ～ it sweet《豪俗》文句を言わずに罰を受ける．**c** 盗む (steal)．**d** 〈麻薬を〉手に入れる．**2** 勝つ (win): ～ first 優勝する．**3** 《英方言》見る (see, spot)．**4** 《豪口語》我慢する (put up with)．**—** *vi.* 勝つ (win).

Cóp* (*a lóad of*) *this! 《英》これを見ろ[聞け]よ．***cóp a pléa*** ⇨ plea 成句．***cóp hóld of*** ... [命令文で]《英俗》...をもっている．***cóp óff*** 《英俗》セックスする〔*with*〕．***cóp óut*** 《俗》(1)〔約束·いやな仕事などを〕取り消す，〔...から〕手を引く〔*of, on*〕．(2) 逮捕される，つかまる．(3) やめる; 逃げる; 脱落する．(4) 失敗する; 死ぬ．(5) =*cop a* PLEA.

— *n.* 《英俗》**1** つかまること，逮捕: It's a fair ～. まんまとつかまった．**2** [否定構文で] 価値 (worth, value): It's *no* [*not much*] ～. 大したものじゃない．**3** 盗作．〖(1704) ← 《廃》*cap* to arrest, seize □ OF *caper* to capture □ L *capere* (⇨ capture)〗

cop³ /kɑ́(ː)p | kɔ́p/ *n.* **1** (通例木管または紙管に巻いた)紡錘[円筒]状の巻糸．**2** 《英方言》(丘などの)頂 (top); (鳥の)冠毛 (crest); (鼻の)頭．〖OE *cop(p)* summit, top □ ? ML *coppa*=*cuppa* 'CUP': cog. G *Kopf* head〗

cop⁴ /kɑ́(ː)p | kɔ́p/ *vt.* (**copped; cop·ping**)《英方言》〈人〉の頭をなぐる．〖《転訛》? ← 《方言》*cob* to strike: 擬音語〗

COP 《略》(NZ) Certificate of Proficiency.

cop. 《略》copper; copulative; copyright; copyrighted.

Cop. 《略》Copernican; Coptic.

Co·pa·ca·ba·na /kòupəkəbǽnə | -kəu-; *Braz.* kopàkabɐ̃nɐ/ *n.* コパカバーナ《ブラジル Rio de Janeiro にある弧状の砂浜海岸; 海水浴場·観光地》.

co·pa·cet·ic /kòupəséṭɪk, -síːṭ- | kəupəsét-, -síːt-⌐/ *adj.* 《米俗》よい (good); 満足な，申し分のない (satisfactory); 優秀な (excellent)．〖(1919) ← ?〗

co·pai·ba /koupáɪbə, -péɪ- | kə(ʊ)páɪ-, kɔ-; *Am.Sp.* kopáiβa/ *n.* (*also* **co·pai·va** /koupáɪvə, -péɪ- | kə(ʊ)-/) **1** コパイバ《コパイバから採る薬用樹脂で，粘膜炎に効く; copaiba balsam, copaiba resin ともいう》．**2** 〖植物〗コパイバ《南米産マメ科コパイババルサム属 (*Copaifera*) の植物の総称》．**3** コパイバ材．〖(1712) □ Sp. ～ □ Port. *copaíba* □ Tupi *cupaiba*〗

co·pal /kóupəl, -pl, -pæl | kə́u-/ *n.* 〖化学〗コーパル《熱帯産の諸種の樹木から採る樹脂でワニスの原料; cf. kauri 2》．〖(1577) □ Sp. ～ □ Nahuatl *copalli* resin: cf. F *copal* / G *Kopal*〗

co·pal·ite /kóupəlàɪt | kə́u-/ *n.* 〖鉱物〗コパル石《淡黄色の琥珀(こはく)に似た樹脂状物質》．〖(1868): ⇨ ↑, -ite¹〗

co·palm /kóupɑ̀ːm, -pɑ̀ːlm, -pɔ̀ː(l)m | kə́upɑ̀ːm/ *n.* **1** 楓香脂(ふうこうし)《モミジバフウの樹脂》．**2** 〖植物〗モミジバフウ (⇨ sweet gum)．**3** モミジバフウ材．〖(1775) ← ? CO(PAL)+PALM²: 葉の形がシュロに似ていることから〗

Co·pán /koupáːn | kə(ʊ)-; *Am.Sp.* kopán/ *n.* コパン《ホンジュラス西部にあるマヤ文明の都市遺跡》.

cò·párcenary *n.* **1** 共同所有．**2** 〖法律〗相続財産共有《例えば長男子相続制度のもとで男子の相続人のいないときに女子相続人たちの間で認められた》．**—** *adj.* 相続財産共有の; 共同相続(人)の．〖(1503–04) ← CO-¹+PARCENARY〗

cò·párcener *n.* 〖法律〗(土地)共同相続人．〖(1427) ← CO-¹+PARCENER〗

cò·párceny *n.* =coparcenary. 〖1556〗

cò·pártner *n.* **1** 協同者，組合員，共同組合員 (partner)．**2** 《廃》=coparcener．〖(1503) ← CO-¹+PARTNER〗

cò·pártner·shìp *n.* **1** 協同; 組合制，合資制; 《英》利潤分配制《従業員への利潤分配を株式で行い，従業員に出資者としての意識をもたせることを狙ったもの》．**2** 協同組合．**3** 組合員の身分[責任，権利]．〖(1574): ⇨ ↑, -ship〗

co·part·ner·y /kòupáətnəri | kəupáːt-/ *n.* =copartnership. 〖1733〗

co·pa·set·ic /kòupəséṭɪk, -síːṭ- | kəupəsét-, -síːt-⌐/ *adj.* =copacetic.

cop·a·taine /kɑ́(ː)pətèɪn | kɔ́p-/ *n.* (Shak) 円錐形の丈の高い帽子．〖(1593–94) ← ?〗

có·pàyment *n.* 《米》(生命保険·健康保険·年金積立金などの)共同支払い《雇用主が被雇用者と掛け金を分担する》.

COPD 《略》chronic obstructive pulmonary disease.

cope¹ /kóup | kə́up/ *vi.* **1 a** 〔難局·難問などを〕うまく処理する，対処する (deal)〔*with*〕: I can't ～ *with* the problem. 私にはその問題は処理できない / The Government did not know how to ～ *with* the situation. 政府は事態に処する道を知らなかった / Things are getting so bad I don't know how [whether] I can ～. 状況が非常に悪化しているのでどのように対処したらよいのか[対処できるのかどうか]わからない / Are you *coping* better now? 今ではうまくやっていますか．**b** (対等の立場で，または有利に)対抗する，張り合う〔*with*〕: try to ～ *with* the enemy [a crowd] 敵[群衆]を制しようとする．**2** 《古》衝突する，出くわす，遭遇する (encounter)〔*with*〕．**3** 《廃》戦う (fight)〔*with*〕．**—** *vt.* **1** 《古》対処する．**2** 《古》...と接触する，...に出会う，ぶつかる (encounter); 交戦する．**3** 《廃》...と釣り合う．〖(a1375) *coupe(n)* □ (O)F *couper* to strike ← *coup, colp* stroke, blow: ⇨ coup¹〗

cope² /kóup | kə́up/ *n.* **1** 〖キリスト教〗コープ，大外衣，カッパ《高位の聖職者が特別な礼拝や行列の際に着用するマント形の法衣; 美しい縫い取りがしてある》．**2 a** (大外衣のように)覆う[覆い隠す]もの．**b** 《詩》夜のとばり (cover)，天空 (canopy, vault): under the ～ of night 夜の闇に隠れて[まぎれて] / the ～ of heaven 大空．**3** 〖建築〗=coping．**4** 〖金属加工〗**a** 上型(うわがた)《鋳型の頂部; cf. drag 18》．**b** 鐘の鋳型の外枠．**—** *vt.* **1** ...にカッパ[大外衣]を着ける[まとわせる]．**2** ...に頂冠を付ける，冠石[笠石]

を載せる. — *vi.* 頂層を形成する, 覆いかぶさる. 〘(?a1200) *cope, cape* ◻ ML *cāpa* cope (異形) ← *cappa* 'CAP[1]': cf. cape[1]〙

cope[3] /kóʊp | kə́ʊp/ *vt.* **1** 〘建築〙 **a** (他の部材がぴったり合うように)〈材木などの〉接合部を切り欠く. **b** 〈切り込みのある部材を〉継ぎ合わせる. **2** 〘鷹狩〙〈鷹のくちばし・爪を〉切り詰める. 〘(1575) ◻ F *coper, couper* to cut: cf. cope[1]〙

Co·peau /koʊpóʊ | kɔpə́ʊ; *F.* kɔpo/, **Jacques** *n.* コポー (1878–1949; フランスの演出家・劇場経営者).

co·peck /kóʊpɛk | kə́ʊp-, kɔ́p-/ *n.* =kopeck. 〘1698〙

cópe·màte *n.* (廃) **1** 対立者, 敵対者 (antagonist). **2** 仲間, 協力者. 〘(1565) ← COPE[1]+MATE〙

co·pen /kóʊpən, -pn̩ | kə́ʊ-/ *n.* =copenhagen. 〘(1920) (略) ↓〙

co·pen·ha·gen /kòʊpənhéɪɡən, -hɑ́ː-, ⸗⸗⸗ | kə̀ʊpənhéɪɡən, -hɑ́ː-⸗, ⸗⸗⸗/ *n.* 灰色がかった青色 (copenhagen blue ともいう). — *adj.* 灰色がかった青色の.

Co·pen·ha·gen /kòʊpənhéɪɡən, -pn̩-, -hɑ́ː-, ⸗⸗⸗ | kə̀ʊpənhéɪɡən, -hɑ́ː-, -pn̩-, ⸗⸗⸗/ *n.* **1** コペンハーゲン (デンマークの首都, Zealand 島東岸の海港; デンマーク語名 København). **2** 〘商標〙 コペンハーゲン (米国 United States Tobacco 社製のかみたばこ). **～·er** *n.*

cópenhagen blúe *n.*, *adj.* =copenhagen.

Copenhágen interpretátion *n.* 〘物理〙 コペンハーゲン解釈 (Nielo Bohr を中心とするコペンハーゲン学派による量子力学の理論体系).

co·pe·pod /kóʊpəpɑ̀(ː)d | kə́ʊpɪ-/ 〘動物〙 *adj.* 橈脚(ぎょうきゃく)亜綱の, カイアシ類の. — *n.* 橈脚亜綱[カイアシ類]の動物 (ケンミジンコなどの水生小動物). 〘(1836) ↓〙

Co·pep·o·da /koʊpépədə | kə(ʊ)pépədə/ *n. pl.* 〘動物〙 橈脚(ぎょうきゃく)亜綱, カイアシ類. 〘← NL ～ ← Gk *kṓpē* handle of an oar: ⇨ -poda〙

cop·er[1] /kóʊpə | kə́ʊpə(r)/ *n.* (英) 商人; (特に, 正直でない)ばくろう, 馬商人 (horse dealer). 〘(1609) ← (廃) *cope* to buy (◻ MDu. *cōpen*)+-ER[1]〙

cop·er[2] /kóʊpə | kə́ʊpə(r)/ *n.* =cooper[2].

Co·per·ni·can /koʊpə́ːnɪkən, kə- | kə(ʊ)pə́ːnɪ-/ *adj.* **1** コペルニクス(説)の (cf. Ptolemaic 2). **2** 画期的な, 徹底的な, コペルニクス的; とても重大な: a ～ revolution. — *n.* コペルニクス説[地動説]信奉者. **～·ism** /-nìzm̩/ *n.* 〘(1677): ⇨ Copernicus, -an[1]〙

Copérnican sýstem *n.* [the ～] 〘天文〙 (コペルニクスの唱えた)地動説, コペルニクスの説 (太陽中心説; cf. Ptolemaic system).

Co·per·ni·cus /koʊpə́ːnɪkəs, kə- | kə(ʊ)pə́ːnɪ-/ *n.* コペルニクス (月面のクレーターの名前).

Co·per·ni·cus /koʊpə́ːnɪkəs, kə- | kə(ʊ)pə́ːnɪ-/, **Ni·co·la·us** /nìkəléɪəs/ *n.* コペルニクス (1473–1543; ポーランドの天文学者; 地動説の提唱者; ポーランド語名 Mikołaj Kopernik). 〘(ラテン語化) ← *Koppernigk, Kopernik*〙

co·pe·set·ic /kòʊpəsétɪk, -síːt̬- | kə̀ʊpəsét-, -síːt-⸗/ *adj.* (*also* **co·pe·set·tic** /～/) =copacetic.

cope·stone /kóʊpstòʊn | kə́ʊpstə̀ʊn/ *n.* **1** 最後の仕上げ, 完成 (completion); 極致, 絶頂 (crown, climax): put the ～ on one's embarrassment 困っている上にさらに困らせる / the ～ of one's misfortunes [woes] 不幸[災い]の上に降りかかってくる最後の大不幸. **2** 〘建築〙 **a** =coping stone 1. **b** =capstone. 〘(1567): ⇨ cope[2]〙

cop·i·a·ble /kɑ́(ː)piəbl̩ | kɔ́p-/ *adj.* コピー[複写, 複製]できる. 〘1755〙

cop·i·er /kɑ́(ː)piə | kɔ́piə(r)/ *n.* **1** 複写[謄写]人; 写字生 (copyist). **2** 模倣者 (imitator). **3** 複写機. 〘(1597) ← COPY+-ER[1]〙

co·pi·hue /koʊpíːweɪ | kə(ʊ)-; *Am.Sp.* kopíwe/ *n.* 〘植物〙 =Chile-bells. 〘◻ Am.-Sp. ～ ◻ Araucan *copiu*〙

có·pìlot *n.* 〘航空〙 副操縦士; (米俗) アンフェタミン (トラック運転手が居眠り防止のために飲む). 〘(1927) ← co-[1]+PILOT〙

cóp·ing *n.* 〘建築〙 笠木 (塀や手すりなどの頂部の横材); (れんが塀などの)笠石, 頂層 (水が流れ落ちるように傾斜している). 〘(1601) ← COPE[2] (v.)〙

cóping sàw *n.* 糸のこ. 〘1925〙

cóping stòne *n.* **1** 〘建築〙 (れんが塀などの頂上の)笠石, 冠石. **2** =copestone 1 〘1778〙.

co·pi·ous /kóʊpiəs | kə́ʊ-/ *adj.* **1** 豊富な, おびただしい (⇨ plentiful SYN); 多量に産する: a ～ harvest 豊作 / a ～ supply of water 豊富な水(の供給) / a ～ stream 水をたたえた流れ / a ～ vocabulary 豊富な語彙(ごい). **2** 内容の豊富な, 情報が豊富な; 辞句の豊富な, 言葉数の多い, こまごまと述べた (exuberant): a ～ style (簡潔でない)委曲を尽くした文体 / ～ eloquence 能弁 / ～ notes 詳しい注 / a ～ writer (委細を尽くして書く)筆まめな作家 / a ～ preacher (こまごまと話す)能弁な説教者. **～·ness** *n.* 〘(?c1350) ◻ (O)F *copieux* // L *cōpiōsus* plentiful ← *cōpia* plenty ← co-[1]+*ops* wealth (cf. opulent): ⇨ -ous〙

có·pi·ous·ly *adv.* 豊富に, おびただしく, たっぷり. 〘(1447): ⇨ ↑, -ly[1]〙

cò·pi·ta /koʊpíːtə | kə(ʊ)píːtə; *Sp.* kopíta/ *n.* コピタ (チューリップ形のシェリー用グラス); 1杯のシェリー. 〘(1841) ◻ Sp. ～ (dim.) ← *copa* 'CUP'〙

cò·plánar *adj.* 〘数学〙 同一平面上の, 共面の. **cò·planárity** *n.* 〘(1862) ← co-[1]+L *plānāris* (← *plānum* PLANE)〙

Cop·land /kóʊplənd | kə́ʊp-/, **Aaron** *n.* コープランド (1900–90; 米国の作曲家; *Appalachian Spring* (1944)).

Cop·ley /kɑ́(ː)pli | kɔ́p-/, **John Sin·gle·ton** /síŋɡl̩tən, -tn̩/ *n.* コプリー (1738–1815; 米国の歴史画家・肖像画家).

cò·pólymer *n.* 〘化学〙 共重合体 (2種以上の単量体から成る重合体; interpolymer ともいう; cf. polymer, oligomer). **cò·polymér̀ic** *adj.* 〘(1936) ← co-[1]+POLYMER〙

cò·polymerizátion *n.* 〘化学〙 共重合 (2種以上の単量体を用いて重合を行うこと; 両種の欠点を補うような性質が得られるので, 成形品や合成ゴムなどを作るのに利用する; interpolymerization ともいう). 〘(1936) ← co-[1]+POLYMERIZATION〙

cò·pólymerize 〘化学〙 *vt.* 〈異なる単量体を〉共重合する. — *vi.* 共重合する. 〘(1940) ← co-[1]+POLYMERIZE〙

cóp-òut *n.* (俗) **1** (約束・嫌な仕事などから)逃げること, 手を引くこと. **2** (社会からの)脱落者; 現実逃避者. **3** (嫌な仕事などをしないための)言い逃れ, 口実 (pretext). **4** (嫌な仕事などから)逃げる人, 言い逃れをいう人. 〘*c*1942〙

copped /kɑ́(ː)pt | kɔ́pt/ *adj.* (方言) 先のとがった (peaked). 〘(*c*1387): ⇨ cop[3], -ed 2〙

Cop·pée /koʊpéɪ | kɔ-; *F.* kɔpe/, **François** (**Édouard Joachim**) *n.* コペー (1842–1908; フランスの詩人・劇作家・小説家).

cop·per[1] /kɑ́(ː)pə | kɔ́pə(r)/ *n.* **1** 〘化学〙 銅 (金属元素の一つ; 記号 Cu, 原子番号 29, 原子量 63.546; cf. cuprum): red ～ 赤銅鉱 / refined ～ 精銅 / vitreous ～ 輝銅鉱 / sulphate of ～=copper sulphate. **2 a** 銅貨 (英国の penny, halfpenny, farthing, 米国の cent など). **b** 小銭. **3 a** 銅器 (銅盤・銅つぼ・銅鍋・銅管など). **b** (英) (炊事・洗濯用の)銅がま, 鉄がま. **c** [*pl.*] (船の料理室 (galley) の)湯がま (boilers). **4** 銅色, 赤褐色 (reddish brown). **5** [*pl.*] 銅山株. **6** 〘昆虫〙 **a** ベニシジミ (シジミチョウ科ベニシジミ属 (*Lycaena*) のチョウの総称). **b** =American copper.

— *adj.* [限定的] **1** 銅の, 銅製の, 銅張りの; 銅山の: a ～ coin [piece] 銅貨 / a ～ kettle 銅製湯沸かし / a ～ mine 銅山 / ～ manufactures 銅製品 / ～ ores 銅鉱 / ～ shares 銅山株 / ～ ware 銅器, 銅製品 / ～ wire 銅線. 日英比較 日本語では「銅メダル」というが英語では bronze medal といい *copper* medal とはいわない. **2** 銅色の, 赤褐色の: a ～ Indian アメリカインディアン (Red Indian).

— *vt.* **1 a** 銅で覆う[くるむ], 銅張りにする, …に銅をきせる[かぶせる]. **b** 〈船底〉に銅板を張る. **2** 銅[銅化合物]で処理する. **3** 〘賭(か)けトランプの銀行 (faro) で銅貨が用いられるところから〙 (口語) **a** …に対抗して賭ける. **b** =hedge 4.

〘OE *coper, copor* (cf. Du. *koper* / G *Kupfer*) ◻ LL *cuprum* ← L (*aes*) *Cyprium* Cyprian (metal) ◻ Gk *kúprion* ← *Kúpros* Cyprus: 古代の銅産地 Cyprus にちなむ〙

cop·per[2] /kɑ́(ː)pə | kɔ́pə(r)/ *n.* (俗) お巡り (cop). 〘(1846): ← COP[1]+-ER[1]〙

cópper ácetate *n.* 〘化学〙 酢酸銅 ($Cu(CH_3COO)_2$) (cupric acetate ともいう).

cópper acetoársenite *n.* 〘化学〙 酢酸亜ヒ酸銅 (⇨ Paris green) (化学名としては copper (II) acetate arsenite が正しい).

Cópper Àge *n.* [the ～] 〘考古〙 銅器時代 (新石器時代と青銅器時代との間で, 銅の冶金術が知られ, 利器が主に銅で造られた時代). 〘1881〙

cópper ársenite *n.* 〘化学〙 亜ヒ酸銅 ($Cu_3(AsO_3)_2$) (黄緑色の水溶性の有毒粉末; 顔料・殺虫剤に使う).

cop·per·as /kɑ́(ː)p(ə)rəs | kɔ́p-/ *n.* 〘化学〙 硫酸鉄 (II), 緑礬(りょくばん) (⇨ ferrous sulfate): blue ～ 硫酸銅 / white ～ 硫酸亜鉛. 〘(1391) *coperose* ◻ (O)F *couperose* ◻ ML (*aqua*) *cuprōsa* (water) of copper ← L *cuprum* 'COPPER[1]'〙

cópper béech *n.* 〘植物〙 ムラサキブナ (*Fagus sylvatica* var. *atropunicea*) (ヨーロッパブナの一変種). 〘1846〙

Cópper Bèlt *n.* (アフリカ中部)銅鉱地帯. 〘1955〙

cópper bít *n.* はんだごての銅の先端; はんだごて. 〘1881〙

cópper blúe *n.* =azurite blue.

cópper-bóttomed *adj.* **1** 船底に銅板を張った; 銅張り底の. **2 a** 徹底した, 本物の (genuine). **b** (財政的に)信頼できる (reliable). 〘1795〙

cópper brácelet *n.* 銅の腕輪 (関節炎・座骨神経痛などの痛みを和らげると信じて手首に付けるもの).

cópper cítrate *n.* 〘化学〙 クエン酸銅 (暗緑色の結晶性粉末; 収斂(しゅうれん)剤・防腐剤に用いる; cupric citrate ともいう).

cópper-cólored *adj.* 銅色の, 赤褐色の. 〘1697〙

cópper cýanide *n.* 〘化学〙 シアン化銅: **a** シアン化銅 (I) (CuCN) (白色結晶性粉末; 猛毒; cuprous cyanide ともいう). **b** シアン化銅 (II) ($Cu(CN)_2$) (帯褐黄色粉末; 猛毒; cupric cyanide ともいう).

cópper-fàsten *vt.* (アイル) 〈協議などを〉まとめる.

Cop·per·field /kɑ́pəfiːld | kɔ́pə-/, **David** *n.* コッパーフィールド: **1** Dickens の小説 *David Copperfield* の主人公. **2** (1956–) 米国のマジシャン.

cópper glánce *n.* 〘鉱物〙 輝銅鉱 (Cu_2S) (銅鉱石の一種; chalcocite ともいう). 〘1805〙

cópper gréen *n.* =malachite green 2. 〘1805〙

cópper·hèad *n.* **1** 〘動物〙 **a** アメリカマムシ, カパーヘッド (マムシ) (*Agkistrodon contortrix*) (北米産クサリヘビ科マムシ属のヘビ). **b** ローランドカパーヘッド, オーストラリアカパーヘッド (*Austrelaps superbus*) (オーストラリア産のコブラ科の毒ヘビ). **2** [C-] (米口語) (南北戦争当時の)南部に同情した[南部びいきの]北部民主党員[の支持者]. 〘1775〙

cópper hydróxide *n.* 〘化学〙 水酸化銅 (II) ($Cu(OH)_2$) (青色の粉末; 媒染剤に用いる; cupric hydroxide ともいう).

cópper íris *n.* 〘植物〙 チャショウブ (⇨ red iris).

cóp·per·ish /-pərɪʃ/ *adj.* **1** 銅のような, 銅質の. **2** やや銅[赤褐]色の. 〘(1667) ← COPPER[1]+-ISH[1]〙

cópper·knòb *n.* (英口語) =coppertop.

cópper·lèaf *n.* 〘植物〙 エノキグサ (トウダイグサ科エノキグサ属 (*Acalypha*) の青銅色をおびた緑色の葉をもつ観葉植物の総称; 特に *A. virginica*).

cópper lóss *n.* 〘電気〙 銅損 (銅線に電流が流れるとき, 熱となって失われる電力). 〘1916〙

Cop·per·mine /kɑ́(ː)pəmàɪn | kɔ́pə-/ *n.* [the ～] コッパーマイン(川) (カナダ北部 Northwest Territories から Nunavut 西部の Victoria 島対岸へ流れる川 (845 km)).

cópper náphthenate *n.* 〘化学〙 ナフテン酸銅 (青緑色固体; 布地用殺菌剤・殺虫剤).

cópper níckel *n.* 〘鉱物〙 紅ヒニッケル鉱 (⇨ niccolite). 〘1728〙

cópper nítrate *n.* 〘化学〙 硝酸銅, 硝酸銅 (II) ($Cu(NO_3)_2$) (酸化力の強い無色結晶で有毒; cupric nitrate ともいう).

cópper·nòb *n.* (英口語) =coppertop.

cópper·nòse *n.* (大酒飲みなどの)赤鼻. 〘(1601–02) (変形) ? ← F *couperose* 'COPPERAS': cf. G *Kupfernase*〙

cópper nùmber *n.* 〘化学〙 銅価 (パルプなどの品質(還元性)を表す指数).

cópper óxide *n.* 〘化学〙 酸化銅: **a** 酸化銅 (I) (Cu_2O) (赤色の結晶性粉末; 赤色顔料として用いる; cuprous oxide ともいう). **b** 酸化銅 (II) (CuO) (黒色粉末; 窯業で緑青色顔料, 化学分析で酸化剤として用いる; cupric oxide ともいう).

cópper·plàte *n.* **1** (銅版用)銅板. **2** 銅版彫刻. **3** 銅版刷り: write like ～ まるで銅版のようにきれいに書く. **4** カッパープレート書体 (銅版刷りをまねた書体; 濃淡の対照が明確な線が特徴). — *adj.* [限定的] **1** 銅版の: ～ engravings. **2** 〈字体が〉銅版刷りの(ような), 鮮明な. — *vt.* **1** 銅板に彫る. **2** 銅版で刷る. 〘1663〙

cópper pyrítes *n.* 〘鉱物〙 黄銅鉱 (⇨ chalcopyrite). 〘1776〙

cópper·skìn *n.* (米俗) redskin. 〘1840〙

cópper·smith *n.* **1** 銅鍛冶(かじ), 銅細工人, 銅器製造人. **2** 〘鳥類〙 ムネアカゴシキドリ (*Megalaima haemacephala*) (インドに多い胸毛の赤いゴシキドリ (barbet) の一種; 鈴の音のように鳴く). 〘(1327) ← COPPER[1]+SMITH〙

cópper spót *n.* 〘植物病理〙 豹紋(ひょうもん)病, コッパースポット (*Gloeocercospora sorghi* 菌により芝生が赤褐色になる病気).

cópper súlfate [**súlphate**] *n.* 〘化学〙 硫酸銅, 胆礬(たんばん) ($CuSO_4 \cdot 5H_2O$) (染色・製革・冶金・電気めっき用; blue vitriol, cupric sulfate ともいう). 〘*c*1893〙

cópper súlfide *n.* 〘化学〙 硫化銅; (特に)硫化銅 (II) (cupric sulfide ともいう).

Cópper·tòne *n.* 〘商標〙 コパトーン (米国 Coppertone 社製の日焼け止めオイル[ローション]).

cópper·tòp *n.* (英口語) 赤毛 (red head); 赤毛の人. 〘1916〙

cópper vítriol *n.* 〘化学〙 =copper sulfate. 〘1770〙

cop·per·y /kɑ́(ː)p(ə)ri | kɔ́p-/ *adj.* **1** 銅を含んだ, 銅質の. **2** 銅のような: a ～ taste. **3** 銅色の, 赤褐色の. 〘(*c*1775) ← COPPER[1]+-Y[4]〙

cop·pice /kɑ́(ː)pɪs | kɔ́pɪs/ *n.* **1** 低林, 矮林(わいりん). **2** [集合的] =copsewood 1. **3** 〘林業〙 萌芽(ほうが)林, 矮林, 低林 (伐採したあとの切株から萌芽を発生させ育てた森林). — *vt.* 低林に生えさせる, 低林に育てる. — *vi.* 低林になる. **cóp·piced** *adj.* **cóp·pic·ing** *n.* 〘(1534) ◻ OF *copeiz* cut wood ← *couper, colper* to cut: cf. cope[1]〙

cóppice-wòod *n.* =coppice.

Cop·po·la /kóʊpələ, kɑ́(ː)p- | kɔ́p-/, **Francis Ford** *n.* コッポラ (1939– ; 米国の映画監督・制作者; *The Godfather* (1972), *Apocalypse Now* (1979)).

copr- /kɑ(ː)pr | kɔpr/ (母音の前にくるときの) copro- の異形.

cop·ra /kɑ́(ː)prə, kóʊp- | kɔ́p-/ *n.* コプラ (ココヤシの核またはその胚乳を乾燥させたもの, ヤシ油の原料; cf. coconut 1 a). 〘(1584) ◻ Port. ～ ◻ Malayalam *koppara* ◻ Hindi *khoprā* coconut ← ? skt *kharpa*- skull ← ?〙

cò·precípitate 〘化学〙 *vt.* 共沈させる. — *vi.* 共沈する. 〘(1932) ← co-[1]+PRECIPITATE〙

cò·precipitátion *n.* 〘化学〙 共沈 (性質の似た元素を一緒に沈澱させること). 〘(1931): ⇨ ↑, -ion〙

cop·ro- /kɑ́(ː)proʊ | kɔ́prəʊ/「糞(ふん) (dung); 猥褻(わいせつ) (obscenity)」の意の連結形. ★ 母音の前では通例 copr- になる. 〘← Gk *kópros* dung ← IE *kekʷ-* to excrete〙

cò·procéssor *n.* 〘電算〙 コプロセッサー (計算機内で CPU と同等の扱いをうけるプロセッサー; 数値演算用出入力用など). 〘1988〙

cò·prodúce *vt.* 共同製作する. **cò·prodúcer** *n.* **cò·prodúction** *n.* 〘(*a*1711) ← co-[1]+PRODUCE〙

cò·próduct *n.* 副産物 (by-product). 〘1942〙

cop·ro·lag·ni·a /kɑ̀(ː)prəlǽgniə | kɔ̀prə(ʊ)lǽgniə/ *n.* 〘精神医学〙 愛糞症 (糞便ないし排便行為が性的快感の源泉になる性的倒錯). 〘← COPRO-+-LAGNIA〙

cop·ro·la·li·a /kɑ̀(ː)prəléɪliə | kɔ̀prə(ʊ)-/ *n.* 〘精神医

学〕汚言，醜語症．〖(1886) ← COPRO-＋-LALIA〗

cop·ro·lite /kɑ́(ː)prəlàɪt | kɔ́p-/ *n.*〘地質〙糞石(ふんせき)《動物の糞の化石》．**cop·ro·lit·ic** /kɑ̀(ː)prəlɪ́tɪk | kɔ̀p-rəlɪ́t-˝/ *adj.*〖(1829) ← COPRO-＋-LITE〗

cop·rol·o·gy /kəprɑ́(ː)ləʤi | kɔprɔ́l-/ *n.* **1** ＝scatology. **2** ＝pornography. **cop·ro·log·i·cal** /kɑ̀(ː)prəlɑ́(ː)ʤɪkəl, -kḷ | kɔ̀prəlɔ́ʤɪ-˝/ *adj.*〖(1856) ← COPRO-＋-LOGY〗

C

cop·roph·a·gous /kəprɑ́(ː)fəgəs | kɔprɔ́f-˝/ *adj.* 〈昆虫が〉糞食性の．〖(1826) ← COPRO-＋-PHAGOUS〗

co·proph·a·gy /kəprɑ́(ː)fəʤi | kɔprɔ́f-/ *n.* 糞食．〖(1891) ← COPRO-＋-PHAGY〗

cop·ro·phil·i·a /kɑ̀(ː)prəfíliə | kɔ̀p-/ *n.*〘精神医学〙嗜糞(しふん)症．**cop·ro·phil·i·ac** /kɑ̀(ː)prəfíliæ̀k | kɔ̀p-˝/ *adj., n.*〖(1923) ← COPRO-＋-PHILIA〗

co·proph·i·lous /kəprɑ́(ː)fələs | kɔplɔ́fɪ-/ *adj.* **1** 糞(ふん)の上に生える；糞生の：～ fungi. **2** 糞便に異常な関心を示す；猥褻(わいせつ)好みの．〖(*c*1900): ⇨ ↑, -philous〗

cop·ro·pho·bi·a /kɑ̀(ː)prəfóubiə | kɔ̀prə(ʊ)fə́ʊ-/ *n.*〘精神医学〙糞便恐怖症，恐糞症，病的糞便嫌忌症．〖(1934) ← COPRO-＋-PHOBIA〗

co·pros·ma /kəprɑ́(ː)zmə | -prɔ́z-/ *n.*〘植物〙コプロスマ《アカネ科コプロスマ属 (*Coprosma*) の常緑低木の総称；オーストラリア・マレーシア・太平洋諸島産》．

cò-prospérity *n.* 相互繁栄，共栄：a ～ sphere 共栄圏．

co·pros·ta·nol /kəprɑ́(ː)stənɔ̀(ː)l | -prɔ́stənɔ̀l/ *n.*〘生化学〙コプロスタノール ($C_{27}H_{47}OH$)《糞(ふん)の中のコレステロールが腸内の細菌によって還元したもの; coprosterol ともいう》．〖← COPRO-＋(*chole*)*stan*(*e*) (← CHOLEST(EROL)＋-ANE²)＋-OL¹〗

co·pros·ter·ol /kəprɑ́(ː)stərɔ̀(ː)l | -prɔ́stərɔ̀l/ *n.*〘生化学〙＝coprostanol.

co·pro·zo·ic /kɑ̀(ː)prouzóuɪk | kɔ̀prəuzə́u-˝/ *adj.* 〈動物が〉糞の中にすむ．〖1947〗

copse /kɑ́(ː)ps | kɔ́ps/ *n.* ＝coppice.〖(1578)《短縮》← COPPICE〗

cópse·wòod *n.* **1** (低[矮(わい)]林の)下生え，下草．**2** ＝copse.〖1602〗

cóp shòp *n.*《俗》警察署．〖1941〗

cops·y /kɑ́(ː)psi | kɔ́p-/ *adj.* 林の多い．〖(1757): ⇨ copse, -y⁴〗

Copt /kɑ́(ː)pt | kɔ́pt/ *n.* **1** コプト人《古代エジプト人の子孫であるエジプト人》．**2** コプト教徒《コプト教会 (Coptic Church) の信者》．〖(1615) ← NL *Coptus* ← Arab. *Qibṭ, Qubṭ* Copts ◻ Coptic *Kuptaios, Kuptios* ← Gk *Aigúptios* Egyptian〗

Copt.《略》Coptic.

cop·ter /kɑ́(ː)ptə | kɔ́ptə(r)/ *n.* (*also* **'cop·ter** /～/)《米口語》＝helicopter.〖(1943)《短縮》← HELICOPTER〗

Cop·tic /kɑ́(ː)ptɪk | kɔ́p-/ *adj.* **1** コプト人の．**2** コプト語の．**3** コプト教会の．**—** *n.* コプト語《古代エジプト語から発達した言語であるが，今では廃れてただコプト教会の典礼にしか用いられない》．〖(1677) ← COPT＋-IC¹〗

Cóptic Chúrch *n.* [the ～] コプト教会《アラビア人の支配を受けて以来 (639–640) 異端とされたキリスト単性論を奉じるエジプト人の国民教会》．〖1849〗

cò-públish *vt.* 共同出版する．**～·er** *n.*

cop·u·la /kɑ́(ː)pjulə | kɔ́p-/ *n.* (*pl.* **～s, -u·lae** /-lìː/) **1**〘論理・文法〙繫合(けいごう)詞，連辞，繫辞《命題または文の subject と predicate とをつなぐ語；一般的には be》．**2**〘解剖〙接合部．**3**〘音楽〙＝coupler 2. **4**〘法律〙(主として夫婦間の)性交，交接．**cop·u·lar** /kɑ́(ː)pjulə | kɔ́pjulə(r)/ *adj.*〖(1619) ◻ L *cōpula* band, link ← co-¹＋*apere* to fasten: COUPLE と二重語〗

cop·u·late /kɑ́(ː)pjulèɪt | kɔ́p-/ *vi.* **1** 交接する，交尾する〔*with*〕．**2**〘生物〙〈配偶子が〉合体する．**—** /kɑ́(ː)pjulət, -lèɪt | kɔ́p-/ *adj.* 結合した (joined). 〖(?*a*1425) ◻ L *cōpulātus* (p.p.) ← *cōpulāre* to fasten together, couple ← *cōpula* (↑): ⇨ -ate²〗

cop·u·la·tion /kɑ̀(ː)pjuléɪʃən/ *n.* **1** 交接，交尾．**2** 連結，結合 (union). **3**〘論理・文法〙連繫．〖(*c*1385) ◻ (O)F ～ ◻ L *cōpulātiō(n-)*: ⇨ copulate, -ation〗

cop·u·la·tive /kɑ́(ː)pjulətɪv, -lèɪt- | kɔ́pjulət-, -lèɪt-/ *adj.* **1**〘文法〙連繫的な (cf. disjunctive 2)；繫辞としての：～ particles 連結詞 / a ～ conjunction 連結接続詞 (and など)．**2**〘解剖・動物〙交接の，交尾の．**3** 化学化合物の結合の．**—** *n.*〘文法〙繫辞，繫合詞；繫辞的接続詞．**～·ly** *adv.*〖(*c*1395) ◻ LL *cōpulātīvus*: ⇨ copulate, -ative〗

cópulative cómpound *n.*〘文法〙連結合成語 (⇨ dvandva).〖1888〗

cópulative vérb *n.*〘文法〙連繫的動詞，繫(合)詞，連結辞 (be など)．〖(1654) 1871〗

cop·u·la·to·ry /kɑ́(ː)pjulətɔ̀ːri | kɔ́pjulətəri, -tri, -lèɪtəri/ *adj.* **1** 交接の，交尾の：～ organs 交接器官．**2** 連結する，繫辞(けいじ)的な．〖(1839) ← COPULATE＋-ORY¹〗

cop·y /kɑ́(ː)pi | kɔ́pi/ *n.* **1** 写し，複写，謄写，コピー：a clean ～ 清書 (cf. 3; fair copy) / a rough ～ 下書き，草稿 / a ～ of a picture, document, letter, etc. / the acting ～ of a play 演劇の台本 / keep a ～ of …の写しを取っておく / make [do] a ～ of …の複写をする / take a ～ of …の控え[写し]を取る，複写する．日英比較 英語の *copy* は手書きの複写その他の意味を含み，日本語の「コピー」より意味領域が広い．正確に複写機によるコピーをいう必要がある場合は photocopy といわなくてはならない．**2** (同一書籍・雑誌などの)部，冊，通，複本 (cf. volume 5)：five *copies* of that dictionary その辞書 5 冊 / another ～ of the book その本のもう 1 冊 / a review ～ of a book 本の書評用献本．**3** [無冠詞；単数形で] **a** (印刷)原稿 (manuscript)；(放送用)原稿：clean ～ (直しなどの少ない)きれいな原稿 (cf. 1) / follow ～ (活字を)原稿通りに組む / hold (one's) ～ 校正助手をする (cf. copyholder¹ 1) / The printers are waiting for more ～. 印刷工たちは次の原稿を待っている．**b** (原稿・新聞)種，題材：The event makes [events make] good ～. その事件はいい記事[種]になる．**c** (広告の構図・絵などと区別して)コピー，広告文(案)：advertizing ～ 広告コピー[文案]．**4**《英》コピー用紙《図面・筆記用紙の大きさ；16×20 インチ；draft ともいう》．**5**《英口語》(学校の)作文 (composition)；宿題，課題：a ～ of verses 短い詩句《学生の作文練習課題》．**6**《古》手本，臨写用本 (model)：paint [write] from a ～ 手本を見て描く[書く] / do one's ～ 手習いする．**7**〘映画〙複写焼付け．**8**〘法律〙謄本，抄本 (cf. script 5). **9**〘英法〙**a** 荘園裁判所記録の謄本．**b** ＝copyhold. ***knóck úp cópy***《英》(新聞などの)原稿を作る．
— *vt.* **1 a** 写す，転写する (transcribe)；複写する，謄写する〈*out, down*〉：～ a document / ～ *out* a letter 手紙を写し取る / ～ *down* (正確に)書き留める[写し取る]．**b** 〈絵などを〉模写する，複製する (⇨ imitate SYN). **c**〘電算〙〈ファイルを〉コピーする《複製を作る》；〈データを〉複写する，コピーする．**2** 手本とする，まねる，…にならう (imitate)：～ a person's good points, follies, etc. **—** *vi.* **1 a** 複写する；(ノートなどに)写し，転写する．**b** 模倣する：～ from the original [model] 原作[手本]をまねる．**2** 写る：The document *copies* well. その文書は写りがよい．**3**《学生語》(試験などで)人の答案を写す，カンニングする (crib)：Don't ～ (from anyone) on the exam! (人の)答案を写すな．
〖n.: (*a*1338) ◻ (O)F *copie* ◻ L *cōpia* plenty, (ML) transcript: cf. copious. — v.: (*a*1376) *copie(n)* ◻ (O)F *copier* ◻ ML *copiāre* ← L *cōpia*〗

SYN 1 コピー：**copy, photocopy** 文書などの写し，前者は手書きによる写しも含む：Make three *copies* [*photocopies*] of this letter. この手紙の写しを 3 部とって下さい．**2** 複製：**copy** 複製の意味で最も意味が広く正確さの度合いも様々：a *copy* of the Venus of Milo ミロのヴィーナスの複製．**reproduction** 色・材料・大きさなどに違いはあってもほぼ実物そっくりのもの：a *reproduction* of a famous painting 有名な絵の複製．**replica** 細部に至るまで正確なもの《厳密には原作者の手になるもの》：a *replica* Winchester 複製のウィンチェスター銃．**duplicate** 同じ材料・同じ方式で現物通りに作られたもの：This is not the original key but a *duplicate*. これはもとの鍵じゃなくてスペアの方だ．

cópy àide *n.* ＝copyboy.

cópy·bòard *n.*〘印刷〙原図板《原図を製版用カメラの前面に取り付けるための板》．

cópy·bòok *n.* **1** (もと小学校で用いられた)書き方練習帳，習字帳．**2**《米》(手紙・文書などの)控え帳．***blót one's cópybook***《口語》(経歴にしみをつけるような)失態[失敗]を演じる．(1935) **—** *adj.* [限定的] **1** お手本どおりの；正確な (accurate). **2** 陳腐な，ありふれた (trite)：～ maxims [morality] (習字帳にあるような)陳腐で卑近な格言[教訓]．〖1557〗

cópy·bòy *n.* (新聞社・印刷所などの)原稿係ボーイ．〖1888〗

cópy càmera *n.* 複写用カメラ《写真・地図・印刷物などの複写専用のカメラ》．

cópy·càt《口語・軽蔑》*n.* 何でもまねる人；(特に，小学校などで)まねっ子．**—** *adj.* まねてした[作った]，模倣の：a ～ crime 模倣犯罪．**—** *vt., vi.* (やたらと)まねる．〖1896〗

cópy cùtter *n.*〘新聞〙原稿仕分け係《原稿を長さに従って幾つかの部分に分け印刷(植字)部門に配分する人》．

cópy·dèsk *n.*《米》(新聞・雑誌の)編集机．〖1921〗

cópy·èdit *vt.* (印刷所に送るために)〈原稿を〉整理する《スタイルの統一や間違いの訂正など》．〖1953〗

cópy èditor *n.* **1** ＝copyreader. **2 a** 印刷所へ送る原稿を整理する編集者．**b** 編集机係．〖1899〗

cópy·fìt *vt.*〘印刷〙〈原稿〉の収行計算をする．〖1948〗

cópy·fìtting *n.*〘印刷〙収行計算《印刷指定に従って原稿を組むとどのくらいのスペースをとるかを計算すること》．〖1948〗

cop·y·graph /kɑ́(ː)pigræ̀f | kɔ́pigràːf, -græ̀f/ *n.* こんにゃく版複写器 (hectograph).〖*a*1884〗

cópy·hòld *n.*〘英法〙(cf. freehold) **1** 謄本保有権，登録不動産保有権《荘園裁判所 (manorial court) の記録 (court roll) の謄本による土地物権；「領主の意志のままにかつその領地の慣習による」という農奴時代からの土地保有慣習に従って保有する権利；1922 年廃止》．**2** 謄本保有権によって所有している不動産[土地]：hold an estate in ～ 謄本保有権によって土地を所有している．〖1442〗

cópy·hòlder¹ *n.* **1** (読み合わせ校正の)校正助手，(読み合わせ校正の助手としての)音読者[黙読者] (cf. hold one's copy). **2** (タイプライターの)原稿台；(植字工・タイピストの使う)原稿板．〖1874〗

cópy·hòld·er² *n.*〘英法〙謄本保有権者 (cf. free bench).〖1461〗

cópy·ing ìnk *n.* (コピープレスで使う)コピーインク．〖1813〗

cópying machìne *n.* 複写機．

cópying rìbbon *n.* 複写用(タイプライター)リボン．

cóp·y·ist /-pìɪst | -piɪst/ *n.* **1** 謄写係，写字生，筆耕 (copier). **2** まねる人，模倣者 (imitator).〖(1699)《変形》←《廃》*copist* ◻ (O)F *copiste* ← *copier* 'to COPY': ⇨ -ist〗

cópy·màn /-mæ̀n/ *n.* (*pl.* **-men** /-mèn/)《米》〘新聞〙＝copy cutter.

cópy nùmber *n.* **1** 限定番号，(限定本の)部数番号．**2**〘図書館〙複本番号《同一本が 2 部以上あるときに付す記号》．

cópy protèction *n.*〘電算〙(プログラム・フロッピーディスクの)複写防護措置，「プロテクト」．

cópy·rèad /-rìːd/ *vt.* 〈原稿を〉整理する．〖1945〗

cópy·rèader *n.* (新聞社・出版社などの)整理編集デスク，副編集長．〖1892〗

cop·y·right /kɑ́(ː)piràɪt | kɔ́pi-/ *n.* 版権，著作権：～ in registered designs 意匠権 / out of [in] ～ 版権[著作権]切れの[がまだある]，著作権期限の切れた[ていない] / hold [own] the ～ on [of] a book 書物の著作権[版権]をもっている / secure [protect, extend] the ～ on a book 書物の版権を獲得する[保護する，延長する] / infringe [violate] ～ 著作権を侵害する / *Copyright* reserved 版権所有《本の標題紙裏などに印刷する文句》．**—** *adj.* 著作権のある，版権所有の (copyrighted)：His works are still ～. 彼の著作にはまだ版権が生きている．**—** *vt.* …の版権を取得する，著作権の保護をする：～ a book 本の版権を取る / *Copyrighted* 版権[著作権]所有《本の標題紙の裏などに印刷する》．〖1735〗

cop·y·right·a·ble /kɑ́(ː)piràɪṭəbḷ | kɔ́pɪràɪt-/ *adj.* 版権を取り得る．〖(1895): ⇨ ↑, -able〗

cópyright depósit lìbrary *n.*《英》＝copyright library.

cópy·rìght·er /-ṭə | -tə(r)/ *n.* 版権所有者．〖(1891) ← COPYRIGHT＋-ER¹〗

cópyright lìbrary *n.*《英》納本図書館《英国内で出版されるすべての印刷物(本・雑誌・パンフレット・楽譜・地図など)を 1 部ずつ寄贈される資格のある図書館；British Library, Bodleian, Cambridge University, Trinity College in Dublin, Scottish National Library, National Library of Wales の 6 図書館》．〖1898〗

cópy·tàster *n.* (新聞社・出版社の)原稿審査[閲読]係．〖1942〗

cópy tỳpist *n.* (印刷用に)原稿をタイプする人[係]．〖1939〗

cópy·wrìter *n.* 広告文案作者，コピーライター．**cópy·wrìting** *n.*〖1911〗

coq /kɑ́(ː)k | kɔ́k; *F.* kɔk/ *n.* **1** おんどり．**2** (婦人帽に付ける)おんどりの羽飾り．〖◻ F ～: cf. cock¹〗

coq au vin /kóukouvǽ(ŋ), kɑ́(ː)k-, -vǽŋ | kɔ̀kəu-; *F.* kɔkovɛ̃/ *n.*〘料理〙コック オーヴァン，鶏肉のワイン煮《鶏肉をベーコン・たまねぎ・にんにく・きのことともに赤ワインで煮込んだ料理》．〖(*c*1938) ◻ F ～ 'cock in wine'〗

cóq fèather *n.* ＝coq 2.

coque /kɑ́(ː)k | kɔ́k; *F.* kɔk/ *n.* ＝coq.

coque·li·cot /kóuklɪ̀kòu, kɑ́(ː)k- | kə́uklɪkə̀u, kɔ́k-/ *n.*〘植物〙ヒナゲシ (corn poppy).〖(1795) ◻ F ～ 'field poppy'《変形》← *coquelico* cock《擬音語》〗

Co·que·lin /kouklǽ(ŋ), -klǽŋ | kəu-; *F.* kɔklɛ̃/, **Benoît Con·stant** /bənwa kɔ̃stɑ̃/ *n.* コクラン (1841–1909; フランスの俳優; E. Rostand の *Cyrano de Bergerac* の初演で有名)．

co·quet /koukét | kɔ-, kə(ʊ)-/ *vi.* (**co·quet·ted; -quet·ting**) **1** 〈女性が〉〈男性に対して〉こびを見せる，じゃらつく，いちゃつく，思わせぶりをする (flirt)〔*with*〕(⇨ toy SYN). **2** (本気でなく)面白半分に手を出す，ちょっとかじってみる，もてあそぶ，いじる (dally)〔*with*〕：～ *with* politics [socialism] 政治にちょっと手を出す[社会主義をかじってみる]．**—** *adj.* ＝coquéttish. **—** *n.* **1** ＝coquette. **2**《廃》女性にじゃらつく男性．〖n.: (1691) ◻ F ～. — v.: (1701) ◻ F *coqueter*《原義》to behave like a cock (before hens) ← *coquet* (dim.) ← *coq* 'COCK¹'〗

co·quet·ry /kóukɪ̀tri, koukétri | kɔ́kɪ̀tri, kə́uk-/ *n.* **1** (女性の)こびを見せる行為，媚態(びたい)；しなつくり，思わせぶり，いちゃつき (flirtation)；なまめかしさ，あだっぽさ．**2** 面白半分に手を出すこと．〖(1656) ◻ F *coquetterie*: ⇨ ↑, -ery〗

co·quette /koukét | kɔ-, kə(ʊ)-; *F.* kɔkɛt/ *n.* **1** あだっぽい女性，浮気女 (flirt) (cf. prude). **2**〘鳥類〙ホオカザリハチドリ (*Lophornis ornata*)《冠毛のあるハチドリ (hummingbird) の一種》．**—** *vi.* ＝coquet.〖(1611) ◻ F ～ (fem.) ← *coquet*: ⇨ coquet〗

co·quét·tish /-tɪʃ | -tɪʃ/ *adj.* 男性にべたつく，じゃらじゃらする；あだっぽい，なまめかしい．**～·ly** *adv.* **～·ness** *n.*〖(1702): ⇨ ↑, -ish¹〗

Co·quil·hat·ville /kòukiːǽtvɪl | kɔ̀u-/ *n.* コキヤトヴィル (Mbandaka の旧名)．

co·quí·lla nùt /kɑ(ː)kíːljə-, -kíːjə- | kɔ-; *Braz.* kokíʎu/ *n.*〘植物〙コキーラナット《ブラジル産のブラジルゾウゲヤシ (*Attalea funifera*) の実；その堅い胚乳は象牙代用品としてボタンなどを作る；cf. ivory nut, cohune》．〖(1851) *coquilla*: ◻ Sp. *coquillo* // Port. *coquilho* (dim.) ← *côco* coconut, shell: ⇨ coco〗

co·quille /koukíːl | kɔkíː, -kíːl; *F.* kɔkij/ *n.* **1** コキール，コキーユ《鶏肉や魚貝類のクリーム煮を貝殻または貝殻形の容器に盛って表面を焼いた貝焼き料理》：chicken ～. **2** (コキール用の)貝，貝形の皿．**3**〘フェンシング〙(剣の)つば．〖◻ F ～ 'shell': ⇨ cockle²〗

co·quim·bite /koukímbaɪt | kɔ-/ *n.*〘鉱物〙コキンバイト ($Fe_2(SO_4)_3 9H_2O$)《チリの Coquimbo で大量に産出された》．〖1844〗

co·qui·na /koukíːnə | kəu-; *Am.Sp.* kokína/ *n.* **1**〘貝類〙コチョウナミノコガイ (*Donax valiabilis*)《米国東岸産のフジノハナガイ科の海産のナミノコガイの一種；スープやチャウダー (chowder) にする；coquina clam ともいう》．**2**〘岩石〙コキナ，貝殻石灰岩《米国南部産の貝殻やサンゴの

破片から成る石灰岩の一種; 建築用材). 〖(1837) □ Sp. ～ 'shellfish'〗

co·qui·to /koʊkíːṭoʊ | kə(ʊ)kíːtəʊ; *Am.Sp.* kokíto/ *n.* (*pl.* ～s) 〘植物〙チリヤシ (*Jubaea spectabilis*) 《チリ産のヤシの一種; 葉は羽状; 果実は食用となり樹液でシロップ (palm honey) を作る; coquito palm ともいう》. 〖(*c*1860) □ Sp. ～ (dim.) ← *coco* coco palm: ⇨ coco〗

cor /kɔ́ə | kɔ́ː^r/ *int.* 《英俗》うわっ, おや, あら《驚き・賞賛・不信・いらだちなどを表す》. 〖(1931) 《転訛》 ← God〗

cor. 《略》corner; cornet; coroner; coronet; corpus; corrected; correction; correlative; correspondence; correspondent; corresponding; corrigendum; corrugated; corrupt; corruption.

Cor. 《略》Corinthians (新約聖書の)コリント書; Coroner; Corsica.

cor- /kər, kɔ(ː)r, kɑ(ː)r | kər, kɔr/ *pref.* (r の前にくるときの) com- の異形: *cor*rect, *cor*relation, *cor*respondent.

Co·ra¹ /kɔ́ːrə; *Am.Sp.* kóra/ *n.* (*pl.* ～, ～s) コラ族《メキシコの Jalisco 州と Nayarit 州に住むタラカイティ諸族系の (Taracahitian) インディオ》; コラ語.

Co·ra² /kɔ́ːrə/ *n.* コーラ《女性名; 愛称形 Corinna; 米国に多い》. 〖□ L ～ □ Gk *Kórē* maiden〗

Co·ra·ci·ae /kɔːréɪsiìː/ *n. pl.* 〘鳥類〙 =Coracii. 〖← NL ～ (pl.) ← *Coracias* (属名) ← Gk *korakías* chough〗

Co·ra·ci·i /kɔːréɪsiàɪ/ *n. pl.* 〘鳥類〙ブッポウソウ目. 〖← NL ～ (pl.) ← *Coracius*=*Coracias* (↑)〗

co·rac·i·i·form /kərǽsiəfɔ̀əm, -réɪs- | -siɪ̀fɔːm/ *adj.* 〘鳥類〙ブッポウソウ目の. 〖(1901) ← NL ～: ⇨ Coracii, -form〗

cor·a·cle /kɔ́(ː)rəkḷ, kɑ́(ː)r- | kɔ́r-/ *n.* コラクル舟《柳の枝を編んだものに獣皮または油布を張った長円形の一人乗りの小舟; アイルランドやウェールズ地方の川や湖で用いられる》. 〖(1547) □ Welsh *corwgl, cwrwgl* (dim.) ← *corwg*= Ir. *curach* 'boat, CURRACH¹'〗

cor·a·coid /kɔ́(ː)rəkɔ̀ɪd, kɑ́(ː)r- | kɔ́r-/ 〘解剖・動物〙 *adj.* 烏口(うこう)状の, 烏啄(うたく)状の, 烏喙(うかい)状の: the ～ bone 烏啄[烏喙]骨. — *n.* (肩甲骨の)烏口突起. 〖(1706) □ Gk *korakoeidḗs* ravenlike ← *kórax* crow: ⇨ -oid〗

córacoid prócess *n.* 〘解剖・動物〙烏口[烏啄, 烏喙]突起. 〖1741〗

co·rad·gee /kɑ́(ː)rədʒi, kərǽdʒi | kɔ́rədʒi, kərǽdʒi/ *n.* (*also* **co·ra·ji** /～/) =koradji.

cor·al /kɔ́(ː)rəl, kɑ́(ː)r- | kɔ́r-/ *n.* **1 a** サンゴ(珊瑚)《サンゴチュウの群体の中軸骨格》. **b** 〘動物〙サンゴチュウ《腔腸動物門イシサンゴ目のサンゴの総称; アカサンゴ (red coral), シロサンゴ (white coral) など; cf. stony coral, sea fan》. **2** サンゴの一片《装飾品として珍重される》; サンゴ細工. **3** さんご色《黄色がかった赤色》. **4** エビやホタテガイの未受精の卵《煮るとさんご色になる》. — *adj.* **1** サンゴのような, さんご色の, 黄赤色の. **2** サンゴの, サンゴ製の: ～ ornaments サンゴ飾り / ～ beads サンゴ珠(だま). 〖(*a*1300) □ OF ～ (F *corail*) < L *corallum, coralium* □ Gk *ko(u)rállion* coral □ ? Heb. *gōrāl* lot, pebble (for casting lots)〗

Cor·al /kɔ́(ː)rəl, kɑ́(ː)r- | kɔ́r-/ *n.* **1** コーラル《女性名》. **2** 〘商標〙コラール《米国 Decca Records 社のレコードレーベル》. 〖↑〗

córal·bèlls *n.* (*pl.* ～) 〘植物〙ツボサンゴ (*Heuchera sanguinea*) 《米国西部産ユキノシタ科の多年草; さんご色の小さな花が咲く》. 〖*c*1900〗

córal·bèrry *n.* 〘植物〙北米原産スイカズラ科の白い花と紅色または紫桃色の実をつける低木 (*Symphoricarpos orbiculatus*) 《Indian currant ともいう》. 〖*c*1859〗

córal blòw *n.* 〘植物〙ハナチョウジ (⇨ coral plant 2).

cor·al·ene /kɔ́(ː)rəlìːn, kɑ́(ː)r- | kɔ́r-/ *n.* 〘ガラス製造〙 **1** ガラス器の上に付けたガラスビーズの盛り上った装飾. **2** ガラスビーズの玉縁模様のあるガラス器. 〖← CORAL + -ENE〗

córal evergréen *n.* 〘植物〙ヒカゲノカズラ (*Lycopodium clavatum*) 《running pine ともいう; cf. ground pine 2》.

córal fèrn *n.* 《豪》〘植物〙ウラジロ《ウラジロ科ウラジロ属 (*Gleichenia*) の常緑多年生の地上生シダ》. 〖1898〗

córal fìsh *n.* 〘魚類〙珊瑚(さんご)礁の間に生息するチョウチョウウオ科, テンジクダイ科, スズメダイ科などの魚類の総称. 〖1880〗

córal fúngus *n.* 〘菌類〙サンゴに似た樹枝状の子実体をもつホウキタケ科の明るい色の菌類.

Córal Gábles *n.* コーラルゲーブルズ《米国 Florida 州南東部, Miami の郊外にある都市》.

Cor·al·ie /kɔ́(ː)rəli, kɑ́(ː)r- | kɔ́r-/ *n.* コーラリー《女性名》. 〖← CORAL + -IE〗

córal ísland *n.* 珊瑚島《珊瑚礁 (coral reef) が水面上に出て島となっているもの》. 〖1832〗

cor·al·i·ta /kɑ(ː)rəlíːṭə | kɔrəríːtə/ *n.* 〘植物〙 =coralita.

córal jásmine *n.* 〘植物〙ベニチョウジ (*Cestrum purpureum*) 《メキシコ原産ナス科ヤコウボク(夜香木)属の低木; 花が紅紫色で赤い実をつける》.

cor·all- /kɔ́(ː)rəl, kɑ́(ː)r- | kɔ́r-/ (母音の前にくるときの) corallo- の異形.

cor·al·li- /kɔ́(ː)rəlɪ, kɑ́(ː)r-, -li | kɔ́r-/ corallo- の異形 (⇨ -i-).

cor·al·lif·er·ous /kɔ̀(ː)rəlíf(ə)rəs, kɑ̀(ː)r- | kɔ̀r-/ *adj.* サンゴ (coral) を生じる[含む]. 〖(1875) ← CORALLO- + -FEROUS〗

cor·al·li·form /kərǽləfɔ̀əm, -rér- | -lɪ̀fɔːm/ *adj.* サンゴ状の. 〖(1805–17) ← CORALLO- + -FORM〗

córal lìly *n.* 〘植物〙イトハユリ (*Lilium pumilum*) 《アジア原産の深紅色の花が咲くユリの一種》.

cor·al·lin /kɔ́(ː)rəlɪn, kɑ́(ː)r- | kɔ́rəlɪn/ *n.* 〘化学〙 = coralline 3. 〖1873〗

cor·al·line /kɔ́(ː)rəlàɪn, kɑ́(ː)r- | kɔ́r-/ *adj.* **1** サンゴ性の, サンゴ質の. **2 a** サンゴ状の. **b** さんご色の, 黄赤色の. — *n.* **1** 〘植物〙サンゴモ《サンゴモ科の海藻の総称》. **2** 〘動物〙サンゴに似た動物《枝分かれしたある種のヒドロムシやコケムシなど》. **3** 〘化学〙コラリン: **a** 塩基性で赤色, 油溶性染料 ($C_{19}H_{14}O_3$). **b** 写真用感光色素《数種の色素の混合物》. 〖adj.: (*a*1633) □ F *corallin(e)* // L *corallinus*: ⇨ corallo-, -ine¹. — n.: (1543) □ It. *corallina* ← *corallo*: ⇨ -ine²〗

cor·al·li·ta /kɑ̀(ː)rəlíːṭə | kɔ̀rəlíːtə/ *n.* 〘植物〙アサヒカズラ (*Antigonon leptopus*) 《メキシコおよびカリブ海域原産のつる植物; ピンク色の花が咲き, 観賞用に栽培される》. 〖(1899) □ Am. -Sp. *coralito* (dim.) ← Sp. *coral* 'CORAL'〗

cor·al·lite /kɔ́(ː)rəlàɪt, kɑ́(ː)r- | kɔ́r-/ *n.* **1** 化石サンゴ. **2** 〘動物〙サンゴチュウ (1 個のポリプ)の骨格. 〖(1815) CORAL + -ITE¹〗

cor·al·lo- /kɔ́(ː)rəloʊ, kɑ́(ː)r- | kɔ́rələʊ/「サンゴ (coral)」の意の連結形. ★ 時に coralli-, また母音の前では通例 corall- になる. 〖← NL ～ ← L *corallium* 'CORAL'〗

cor·al·loid /kɔ́(ː)rəlɔ̀ɪd, kɑ́(ː)r- | kɔ́r-/ *adj.* サンゴ状の; サンゴ状に枝が分かれた. 〖(1604): ⇨ ↑, -oid〗

cor·al·loi·dal /kɔ̀(ː)rəlɔ́ɪdḷ, kɑ̀(ː)r- | kɔ̀rəlɔ́ɪdḷ⁻/ *adj.* =coralloid. 〖1646〗

córal-pèa *n.* 〘植物〙 =running postman. 〖1896〗

córal pínk *n.* コーラルピンク《黄色がかったピンク色; cf. pink coral》.

córal plànt *n.* 〘植物〙 **1** サケバヤトロパ (*Jatropha multifida*) 《東インド諸島原産トウダイグサ科の深紅色の花が咲く高木》. **2** ハナチョウジ (*Russelia equisetiformis*) 《メキシコ原産ゴマノハグサ科の低木; 葉が無く深紅色の花をつける; coral blow ともいう》. 〖1774〗

córal ràg *n.* 〘岩石〙珊瑚礁(さんごしょう)からできた石灰岩. 〖1816〗

córal réd *n.* さんご紅色《赤の強い黄赤色》. 〖1700〗

córal rèef *n.* 珊瑚礁. 〖1745〗

córal·ròot *n.* 〘植物〙サンゴネラン《ラン科サンゴネラン属 (*Corallorhiza*) の無葉の腐生植物の総称》. 〖1854〗

Córal Séa *n.* [the ～] 珊瑚海《南太平洋の一部; オーストラリア北東部, New Guinea, Solomon 諸島, New Hebrides 諸島に囲まれた海》.

córal snàke *n.* 〘動物〙 **1** サンゴヘビ《コブラ科サンゴヘビ属 (*Micrurus*) の猛毒をもったヘビの総称; サンゴヘビ (harlequin snake), アメリカサンゴヘビ (*M. euryxanthus*) など》. **2** サンゴヘビに似た毒性のないヘビ. 〖1760–72〗

córal spòt *n.* 〘植物病理〙サンゴ斑点《サンゴ斑点菌による樹木の病気; 菌に冒された部分がさんご色のいぼになる》.

córal sùmac *n.* 〘植物〙 =poisonwood.

córal trèe *n.* 〘植物〙デイコ (*Erythrina indica*) 《熱帯アジア・北オーストラリア産のマメ科の植物; 赤い花をつける観賞用庭木・街路樹》. 〖1635〗

córal·vìne *n.* 〘植物〙アサヒカズラ, ニトベカズラ (*Antigonon leptopus*) 《メキシコ産のタデ科つる植物で, 葉は矢じり形か心臓形, 花はピンクまたは白; 根茎を原住民が食用とする》. 〖1931〗

córal wédding *n.* 珊瑚婚式《結婚 35 周年の記念式[日]; ⇨ wedding 4》.

córal·wòod *n.* 〘植物〙 =red sandalwood 2. 〖1693〗

Cor·al·ye /kɔ́(ː)rəli, kɑ́(ː)r- | kɔ́r-/ *n.* コーラリー《女性名》. 《異形》 ← CORALIE〗

co·ram /kɔ́ːrəm, -ræm/ *L. prep.* …の面前に. 〖(1542) □ L *cōram* in the presence of〗

córam jú·di·ce /-dʒúːdɪ̀siː | -dɪ-/ *L. adv.* 〘法律〙裁判官の前に, 裁判所の管轄権の内に. 〖□ L *cōram jūdice* before a judge〗

córam nó·bis /-nóʊbɪs | -nə́ʊbɪs/ *L. n.* 〘法律〙自己誤審令状《同一裁判所が事実上の誤審を理由に, 自己の判決を訂正するために用いた》. 〖□ L *cōram nōbis* before us (=the sovereign)〗

córam non júdice /-nɑ̀(ː)ndʒúːdɪsiː | -nɔ̀ndʒúːdɪsiː/ *L. adv.* 〘法律〙管轄権のない裁判官の前で. 〖(1607) □ L *cōram nōn jūdice* before one not the proper judge〗

córam pó·pu·lo /-pɑ́(ː)pjʊlòʊ | -pɔ́pjʊlə̀ʊ/ *L. adv.* 公衆の面前で, 公然と. 〖□ L *cōram populō* in sight of people〗

cor an·glais /kɔ̀əɑ̃ː(ŋ)gléɪ, -ɑːŋ- | kɔ̀ː(r)ɑ́ːŋgleɪ; *F.* kɔʁɑ̃glɛ/ *n.* (*pl.* **cors anglais** /kɔ̀əz- | kɔ̀ːz-; *F.* ～/) **1** コーラングレ (⇨ English horn). **2** (パイプオルガンの) コーラングレ音栓. 〖□ F ～ 'English horn'〗

Co·ran·tijn /*Du.* kórantɛjn/ *n.* コランタイン《Courantyne のオランダ語名》.

cor·an·to /kərǽntoʊ | -təʊ/ *n.* (*pl.* ～s, ～es) = courante. 〖(1564) □ It. ～ □ F *courante*〗

cor·ban /kɔ́əbæn, -bən | kɔ́ː-/ *n.* 〘聖書〙コルバン, 神への供物《古代ユダヤ人が祈願成就の礼として神に供えたもの; cf. *Mark* 7:11》. 〖(*a*1325) □ ML ～ □ Gk *korbân* □ Heb. *qorbān* an offering (to God), 《原義》 something brought near ← *qārábh* to come near〗

cor·beil /kɔ́əbəl, -bèɪ | kɔ́ː-/ *n.* (*also* **cor·beille** /～; *F.* kɔʁbɛj/) 〘建築〙花かご飾り《コリント式柱頭や caryatid 頂部に果物などを盛ったかごを彫刻したもの》. 〖(1706) □ F *corbeille* < LL *corbiculam* (dim.) ← *corbis* basket〗

cor·bel /kɔ́əbəl, -bḷ | kɔ́ː-/ *n.* 〘建築〙 **1** コーベル, 持送り(積み)《壁の途中で根太(ねだ)などを受けるために壁面から突き出た石またはれんがの持出し(積み)》. **2** (けた・はりの)受け材. — *v.* (**cor·beled, -belled; -bel·ing, -bel·ling**) — *vt.* **1** …に持送りをつける, 持出しの構えにする ⟨*out, off*⟩. **2** 受け材で受ける. — *vi.* (持出しで)張り出る ⟨*out, off*⟩. 〖(1360) □ OF ～ (F *corbeau*) (dim.) ← *corp* < L *corvum* 'RAVEN¹': ⇨ -el¹〗

cór·bel·ing /-b(ə)lɪŋ, -bḷ-/ *n.* 〘建築〙 **1** 持送り構造《次々と上に行くに従って突き出る構造》. **2** 持送りをつけること. 〖(1548): ⇨ ↑, -ing¹〗

córbel stèp *n.* 〘建築〙 = corbiestep. 〖1819〗

córbel tàble *n.* 〘建築〙送り台, 持送り棚(だな)《胴蛇腹など, 持送りで壁面から突出したれんがや石積の層》. 〖1433〗

Cor·bett /kɔ́əbɪt | kɔ́ːbɪt/, **James J(ohn)** *n.* コーベット《1866–1933; 米国のボクサー; 世界ヘビー級チャンピオン (1892–97); 通称 Gentleman Jim》.

cor·bic·u·la /kɔəbíkjʊlə | kɔː-/ *n.* (*pl.* **-u·lae** /-lìː, -làɪ/) 〘昆虫〙集粉器, 花粉槽《ミツバチ類の後跗節にある; pollen basket ともいう》. **cor·bic·u·late** /kɔəbíkjʊlɪt, -lèɪt | kɔː-/ *adj.* 〖(1816) ← NL ～ (dim.) ← *corbis* basket〗

cor·bie /kɔ́əbi | kɔ́ː-/ *n.* 《スコット》〘鳥類〙 **1** =raven¹ 1. **2** =carrion crow 1. 〖(*c*1450) ← OF *corb* (異形) ← *corp*: ⇨ -ie〗

córbie gáble *n.* 〘建築〙いらか段 (corbiesteps) を付けた破風(はふ). 〖(1853): cf. corbiestep〗

córbie méssenger *n.* 《スコット》帰りがおそくて間に合わない[行ったきりで戻って来ない]使い, 「鉄砲玉」(cf. *Gen.* 8:7). 〖*a*1455〗

córbie·stèp *n.* 〘建築〙(破風の両側に付けた)いらか段 (crowstep). 〖1808〗

cor·bi·na /kɔəbíːnə | kɔː-/ *n.* 〘魚類〙北米西岸産ニベ科の小魚 (*Menticirrhus undulatus*) 《釣りの対象・食用》. 〖(1901) □ Mex.-Sp. *corvina* (fem.) ← Sp. *corvino* < L *corvīnum* 'CORVINE': その色にちなむ〗

cor bli·mey /kɔ̀əbláɪmi | kɔ̀ː-/ *int.* 《英俗》しまった, 畜生《驚き・不快を表す》.

Corbusier, Le *n.* ⇨ Le Corbusier.

Cor·by /kɔ́əbi | kɔ́ː-/ *n.* コービー《イングランド中部, Northampton 州北部の鉄鋼業の町》.

Cor·co·va·do /kɔ̀əkəvɑ́ːdoʊ | kɔ̀ːkəvɑ́ːdəʊ; *Am. Sp.* korkoβáðo, *Braz.* kòʁkovádu/ *n.* コルコバド(山): **1** チリ南部の Andes 山脈中の火山 (2,300 m). **2** ブラジル南東部 Rio de Janeiro 市南西部の山 (704 m).

Cor·cy·ra /kɔəsáɪrə | kɔːsáɪ(ə)rə/ *n.* コルキラ(島) 《Corfu の古名》. 〖□ L *Corcȳra* □ Gk *Kórkura*〗

cord /kɔ́əd | kɔ́ːd/ *n.* **1 a** (糸を何本かより合わせた)太いひも, 細なわ《string より太く rope より細い》: ⇨ silver cord. **b** 《米》(電気の)コード (《英》 flex): a ～ adjuster 自在つり. **c** 絞首刑用の綱. **2 a** (うね織の)うね; うね織布; (特に)コール天 (corduroy). **b** [*pl.*] コール天ズボン. **3** [しばしば *pl.*] 絆(きずな), 束縛: the ～*s* of love 愛の絆 / the ～*s* of discipline 規律の拘束. **4** コード《体積単位; 長さ 8 ft. の木材(主に薪炭材)の層積の単位; 128 立方フィート(長さ 8 ft.×高さ 4 ft.×幅 4 ft.); 昔まとめるのに綱を用いたことから; cf. cord 3, cordwood 1》. **5** 〘解剖〙索状構造[組織], 索, 靭帯(じんたい): ⇨ umbilical cord, spinal cord, vocal cords. ***cút the córd*** (親などに)頼るのをやめる, 一人立ちを始める.
— *vt.* **1 a** ひもでくくる, …に細引を掛ける (cf. corded): ～ (up) a box 箱にひもをかける, 箱をひもでくくる. **b** ひもで飾る, …にひもをつける. **2** ⟨木材を⟩棚積みする (cf. *n.* 4).
～·er *n.* **～·lìke** *adj.* 〖(?*a*1300) *corde* □ (O)F < L *chordam* chord, string □ Gk *khordḗ* catgut ← IE **ghera-* gut, entrails: CHORD² と二重語〗

cord·age /kɔ́ədɪdʒ | kɔ́ːd-/ *n.* **1** [集合的] **a** 綱類 (ropes), 索条 (cords). **b** 〘海事〙索類《各種索類の総称, 特に帆や帆柱についているもの》. **2** (材木を計る)層積 (cf. cord 4). 〖(1490) □ (O)F ～: ⇨ ↑, -age〗

cor·date /kɔ́ədeɪt | kɔ́ː-/ *adj.* **1** ハート形の. **2** 〘植物〙⟨葉が⟩心臓形の. **～·ly** *adv.* 〖(1651) ← NL *cordātus* ← L *cord-*, *cor* 'HEART': ⇨ -ate²〗

Cor·day d'Ar·mont /kɔədéɪdɑəmɔ̃(ŋ), -mɔ́ːŋ | kɔːdéɪdɑː-; *F.* kɔʁdedaʁmɔ̃/, **(Ma·rie Anne) Charlotte** *n.* コルデ ダルモン《1768–93; フランス革命当時のジロンド党 (the Gironde) の支持者; Marat を暗殺ののち処刑された》.

córd blòod *n.* 〘医学〙臍帯(さいたい)(さいたい)血《胎児や新生児の臍血管から得られる血液》.

córd·ed /-dɪd | -dɪd/ *adj.* **1 a** ひもを掛けた; 綱で縛った[作った]: a ～ ladder 縄ばしご. **b** ⟨服など⟩ひも飾りの付いた. **2** ⟨筋肉・血管など⟩ぴんと張ったひも状の, すじ張った. **3** ⟨材木が⟩棚積みされた (cf. cord *n.* 4). **4** うね織の: ～ cloth うね織地 / ～ velveteen コール天, うね織ビロード. **5** 〘紋章〙 **a** 弓に弦を張った. **b** ⟨弓が⟩弦が弓の色と異なる. 〖(*a*1382) ← CORD + -ED²〗

Cor·de·lia /kɔədíːljə, -liə | kɔːdíːliə, -ljə/ *n.* **1** コーディーリア《女性名》. **2** コーデリア (Shakespeare 作 *King Lear* 中の人物; 王の末娘で孝子であったが, 姉たちのため父から遠ざけられた; cf. Goneril, Regan). 〖□ ? Celt. *Creiryddlydd* 《原義》 daughter of the sea〗

Cor·de·lier /kɔ̀ədəlíə, -dḷ- | kɔ̀ːdɪlíə^r; *F.* kɔʁdəljeː/ *n.* **1** コルドリエ修道士, フランシスコ会員 (Franciscan friar). **2** コルドリエクラブの会員 (Paris のフランシスコ派修道院で会合したことにちなむ). 〖(?*a*1400) □ (O)F ～ ← *cordelle* ((dim.) ← *corde* 'CORD, rope') + -IER²: この修道士が結び目のある縄を腰帯としたことから〗 **3** [the ～s] コルドリエクラブ《フランス革命時の大衆的政治クラブ「人権の友の会」; 1790 年設立》. 〖(1837) (pl.) ← (↑)〗

cor·delle /kɔədél | kɔː-/ *n.* 《米》(もと Mississippi 川な

C

どで用いた) 船の引き綱. — *vt.* 引き綱で‹船を›引く.〖(1811)□F ~: ⇨ Cordelier〗

córd fòot *n.* コードフィート《木材の体積単位: 4×4×1 フットまたは 1/8 コードまたは 16 立方フィート; 略 cd. ft.》.

córd·gràss *n.* 〘植物〙北半球の湿地や水中に広く分布するイネ科 *Spartina* 属の植物の総称《marsh grass ともいう》.〖1857〗

C

cor·dial /kɔ́ədʒəl, -dʒəl | kɔ́:diəl/ *adj.* **1 a** 心からの, 真心こめた (hearty); 誠心誠意の (sincere), 心温まる (warm) (⇨ gracious SYN): a ~ welcome 温かい歓迎 / a ~ handshake 真心のこもった握手. **b** 本心からの, 偽りのない (sincere): a ~ distaste 心底からの嫌悪. **2** 強心性の; 元気づける: a ~ drink 強壮飲料 / a ~ medicine 強心剤, 強壮剤. **3** 《廃》心臓の[に関する]. — *n.* **1** コーディアル《蒸留酒に果実の香味と甘みとを加えた酒; リキュール (liqueur) と同義に用いる》. **2 a** 元気づけるもの. **b** 強壮剤, 強心剤. **~·ness** *n.* 〖(adj.: *a*1400; n.: *c*1387–95)□ML *cordiālis* ← L *cord-, cor* 'HEART': ⇨ -ial〗

cor·di·al·i·ty /kɔ̀ədʒiǽləṭi, kɔədʒǽl- | kɔ̀:diǽlɪ̀ti/ *n.* **1** 心からの気持ち, 誠心誠意(の現れ); 誠実, 懇篤の情, 温かい友情 (sincerity): love [hate] with great ~ 心の底から(激しく)愛する[嫌う] / the ~ between friends / one's ~ toward others. **2** 誠心誠意の言動; 真心こめた挨拶.〖(*c*1600): ⇨ ↑, -ity〗

cór·dial·ly /-dʒəli, -dʒə- | -diə-/ *adv.* **1 a** 心から, 真心こめて (heartily). **b** 本心から, 強く (emphatically): They ~ disliked [detested] each other. 互いに相手を心底嫌っていた. **2** 誠意をもって; 懇篤に, 温情をもって: *Cordially* yours＝Yours ~ 敬具《手紙の結辞; cf. yours 3》.〖(1479) ← CORDIAL＋-LY[1]〗

cordia pulmonalia *n.* cor pulmonale の複数形.

cor·di·er·ite /kɔ́ədiəràɪt | kɔ́:d-/ *n.* 〘鉱物〙菫(きん)青石 ($(MgFe_2)Al_4Si_5O_{18}$)《アルミニウム・鉄・マグネシウムから成る珪酸塩鉱物; 斜方晶系; dichroite, iolite ともいう; cf. indialite》.〖(1814) ← P. L. A. Cordier (1777–1861: フランスの地質学者): ⇨ -ite[1]〗

cor·di·form /kɔ́ədəfɔ̀əm | kɔ́:dɪ̀fɔ̀:m/ *adj.* 心臓形の (heart-shaped).〖(1828) ← L *cord-, cor* 'HEART'＋-I-＋-FORM〗

cor·dil·le·ra /kɔ̀ədəljé°rə, -dl-, kɔədílərə | kɔ̀:dɪljέərə, -dl-; *Am.Sp.* korðijéra/ *n.* (大陸を走る)大山脈, 山系. **còr·dil·lé·ran** /-rən/ *adj.*〖(1704)□Sp. ~ 'mountain chain' ← *cordilla* (dim.) ← *cuerda* 'CORD'〗

Cor·di·lle·ra Cen·trál /kɔ̀ədəljé°rəsɛntrá:l, -dl-, kɔədílərə- | kɔ̀:dɪljέərə-; *Am.Sp.* korðijéra-sentrál/ *n.* [the ~] セントラル山脈: **1** コロンビア西部において 3 列に並走する Andes 山脈のうち中央のもの. **2** ドミニカ Hispaniola 島の山脈; 最高峰 Pico Duarte (3,175 m). **3** ペルー中北部における Andes 山脈の支脈. **4** フィリピン Luzon 島北部の山脈; 最高峰 Pulog 山 (2,934 m). **5** プエルトリコ中南部の山脈; 最高峰 Punta 山 (1,338 m).

Cordilléra Mé·ri·da /-mérɪ̀də | -də; *Am.Sp.* -méɾiða/ *n.* [the ~] メリダ山脈《ベネズエラ西部を北東と南西に延びる山脈; Andes 山脈の北東部分を占める; 最高峰 Pico Bolívar (5,007 m); 別称 Sierra Nevada de Mérida》.

Cordilléra Oc·ci·den·tal /-à(:)ksɪ̀dɛntá:l | -ɔ̀ksɪ-; *Am.Sp.* -oksiðental/ *n.* [the ~] オクシデンタル山脈: **1** コロンビア西部における Andes 山脈中の西の山脈. **2** ペルーにおける Andes 山脈中の太平洋岸に沿う西の山脈.

Cordilléra Ori·en·tal /-ɔ̀:riɛntá:l; *Am.Sp.* -orjentál/ *n.* [the ~] オリエンタル山脈: **1** ボリビア中部における Andes 山脈中の東の支脈. **2** コロンビアにおける Andes 山脈中の東の支脈. **3** ペルー北部における Andes 山脈中の東の支脈.

Cordilléra Re·al /-reɪá:l; *Am.Sp.* -reál/ *n.* [the ~] レアル山脈: **1** ボリビア西部における Andes 山脈の支脈; 最高峰 Illimani 山 (6,480 m). **2** エクアドル中部における Andes 山脈の支脈.

Cor·dil·le·ras /kɔ̀ədəljé°rəz, -dl-, kɔədílərəz | kɔ̀:dɪljέərəz; *Am.Sp.* korðijéras/ *n.* [the ~] コルディレラ山脈: **1** 南米西部の大山系《Andes 山脈》. **2** 北米西部の大山系《Sierra Nevada, Coast Range, Cascade Range, Rocky Mountains などを含む》. **3** 米大陸太平洋岸の全山系《Cape Horn から Alaska 半島にわたる》.

córd·ing /-dɪŋ | -dɪŋ/ *n.* **1** ひもで飾ること; 飾りひも. **2** [集合的に] 縄索(じょうさく) (cordage). **3** うね織.〖(1571) ← CORD＋-ING[1]〗

cord·ite /kɔ́ədaɪt | kɔ́:-/ *n.* 〘化学〙コルダイト爆薬《ひも状に成形したニトログリセリン (nitroglycerin) とニトロセルロース (nitrocellulose) を基剤とする無煙火薬》.〖(1889) ← CORD＋-ITE[1]: その形の類似から〗

córd·less *adj.* **1** ひも[綱]のない. **2** (電気の)コードの必要がない; 電池で作動する: a ~ shaver / a ~ telephone.〖(1906) ← CORD＋-LESS〗

cor·do·ba /kɔ́ədəbə, -və | kɔ́:dəbə; *Am.Sp.* kórdoba/ *n.* **1 a** コルドバ《ニカラグアの通貨単位; ＝100 centavos; 記号 C$》. **b** 1 コルドバ紙幣[硬貨]. **2** 1 コルドバ銀貨《1915 年に米ドルと同一サイズ, 等価で発行, のち廃止》.〖(1913)□Sp. *córdoba* ← *Francisco F. de Córdoba* (1475–1526: スペインの探検家)〗

Cór·do·ba /kɔ́ədəbə | kɔ́:də-; *Sp.* kórðoβa/ *n.* コルドバ (cf. Cordovan): **1** スペインの南部 Guadalquivir 河畔の都市; 昔ムーア人治下の同国の首都; 有名な大寺院がある. **2** スペイン南部 Andalusia 地方の州; 州都 Córdoba. **3** アルゼンチン中部の都市. **4** メキシコ南東部 Veracruz 州南部の都市. **Cór·do·ban** /-bən/ *adj., n.*

Cór·do·ba /kɔ́ədəbə | kɔ́:d-; *Sp.* kórdoba/, **Francisco Fernández de** *n.* コルドバ (1475?–1525/26; スペインの軍人・探検家; Yucatan 半島を発見).

cor·don /kɔ́ədn | kɔ́:-/ *n.* **1** /《米》-dn/ **a** (軍隊の)哨兵線; 非常[警戒]線: a ~ of police (警官が立つ)非常線 / a sanitary ~ 防疫線 / post [place, draw, throw] a ~ 非常線を張る / escape through the ~ 非常線を突破する. **b** (伝染病発生地の)交通遮断線, 防疫線《cordon sanitaire ともいう》. **c** (何かを取り囲んでいる)人[もの]の列[輪]. **2 a** 飾りひも, ひも飾り. **b** (肩からわきの下へ掛ける)綬章(じゅしょう): the blue ~ 青綬章 / ⇨ cordon bleu / the grand ~ 大綬章. **c** (フランシスコ会修道士の)縄帯. **3** 〘築城〙壁頂冠石《城砦の内壁 (escarp) の頂上の縁石》. **4** 〘建築〙＝stringcourse. **5** 〘園芸〙コルドン[単幹]仕立て《果樹の幹または枝を 1–2 本に限って縦, 水平または斜め方向に仕立てる法; 壁面または針金の枠組に仕立てる》; コルドン仕立ての樹 (cf. espalier 1). — *vt.* **1** 飾りひもで飾る. **2** ‹場所›に非常線をはる ‹*off*›: ~ *off* the area.〖(1578)□F ~ ← *corde* 'CORD'〗

cor·don bleu /kɔədɔ̃:(m)blə́:, -dɔ:m- | kɔ:-; *F.* kɔʀdɔ̃blø/ *F. n.* (*pl.* **~s, cor·dons bleus** /~/) **1 a** (昔フランスの Bourbon 王朝の最高勲位章であった) 青綬章 (cf. blue CORDON). **b** 青綬章[最高勲位]所有者. **2** 最高の栄誉. **3** /《米》kɔ́ədnblú:, -dɑ(:)n-/ **a** 名門の人; (その道の)最高級の人. **b** 一流の料理人《Louis 十五世の愛人 Madame du Barry の料理人が, ある時, 王をもてなした料理がすばらしかったので, 王がその女性料理人に青綬章を授けたことにちなむ》. **c** 一流の料理人としての名声[栄誉]. **4** 〘鳥類〙セイキチョウ(青輝鳥)《アフリカ産カエデチョウ科セイキチョウ属 (*Uraeginthus*) の数種の小鳥; 羽色はあざやかな空色と淡黄褐色で, 飼い鳥として好まれる; córdon bléu finch ともいう》. — *adj.* **1 a** 一流の料理人の[に関する]; ‹料理人が›一流の: a ~ cook. **b** ‹料理が›一流の料理人が作った. **2** ハムとスイスチーズを詰めた: veal ~.〖(*c*1720)□F ~《原義》blue cordon〗

cor·don·net /kɔ̀ədənét, -néɪ, -dn- | kɔ̀:dən-, -dn-; *F.* kɔʀdɔnɛ/ *F. n.* 〘服飾〙コードネット《細いコードないしは太糸で, 房, フリンジ, レースの模様縁取り, 刺繍に使う》.〖(*c*1855)□F ~ 'twisted silk' (dim.) ← *cordon* 'CORDON': ⇨ -et〗

cor·don sa·ni·taire /kɔədɔ̃:(n)sà:nɪté°, -dɔ́:n- | kɔ̀:dɔ̃:(n)sǽnɪ̀tέə(r), -dɔ́:n-; *F.* kɔʀdɔ̃sanitɛ:ʀ/ *F. n.* (*pl.* **~s, cor·dons sa·ni·taires** /~/) **1** ＝cordon 1 b. **2** (軍事的・イデオロギー的侵略を意図するある国に対して地理的障壁となってくれる隣接の)緩衝地帯国家群.〖(*c*1840)□F ~ 'sanitary cordon'〗

cor·don vert /kɔ́ədɔ̃:(ŋ)vέə, -dɔ:ŋ- | kɔ́:dɔ̃:(ŋ)vέə, -dɔ:ŋ-; *F.* kɔʀdɔ̃vɛ:ʀ/ *n.* 最高級の菜食主義者向け料理.〖*c*1985〗

Cor·do·va /kɔ́ədəvə | kɔ́:d-/ *n.* コードバ (Córdoba 1 の英語名).

Cór·do·va Ísland /kɔ́ədəvə- | kɔ́:d-/ *n.* コルドバアイランド《米国 Texas 州 El Paso 市内のメキシコの飛び地; 北半分は 1963 年 Chamizal と交換に米国に割譲》.

Cor·do·van /kɔ́ədəvən | kɔ́:d-/ *adj.* **1** (スペインの)コルドバ (Córdoba) の. **2** [c-] コードバン製の, コードバンの. — *n.* **1** コルドバ人. **2** [c-] コードバン革《馬の臀(でん)部の組織の緻密な皮を植物タンニンでなめした光沢のある革; やぎ皮, 豚皮も用いる; 靴の甲革・ベルト・時計バンドなどに用いる》. **3** [c-; 通例 *pl.*] コードバンの靴, コードバンシューズ.〖(1591)□Sp. *cordovan* ← OSp. *Cordova* Córdoba < L *Cordubam*□Gk *Kordúbē*〗

córd switch *n.* 〘電気〙コードスイッチ《pendant switch ともいう》.

córd tìre *n.* コードタイヤ《コードにゴムを浸み込ませ適当な幅に切って交互に数枚重ね合わせて造ったゴムタイヤ; cf. fabric tire》.

Cor·du·ra /kɔədjú°rə | kɔ:djúərə/ *n.* 〘商標〙コーデュラ《米国製のレーヨン; 布製ブーツのアッパーなどに使われている》.

cor·du·roy /kɔ́ədərɔ̀ɪ | kɔ́:də-, -djʊ-, -dʒʊ-, ←－－ ́/ *n.* **1** コール天, コーデュロイ, うね織綿ビロード, うねビロード. **2** [*pl.*] コール天のズボン. **3** ＝corduroy road. — *adj.* **1** コール天製の. **2** (外観がコール天のように)丸太を並べて作った: a ~ bridge 丸太橋. — *vt.* (道などを作るために)‹沼地›に丸太を並べる; …に丸太道を作る.〖(1780) ? ← CORD＋(廃) *duroy, deroy* coarse woolen fabric (← ?)〗

córduroy ròad *n.* 木道, 丸太道路《沼地などに丸太を横に並べて作った道》.〖1824〗

cord·wain /kɔ́ədweɪn | kɔ́:d-/ *n.* 《古》コードバン革 (cordovan).〖(*a*1259) *cordewan(e)*□OF *cordewan*, *cordoan* ← Sp. *cordovan*: ⇨ Cordovan〗

cord·wain·er /kɔ́ədweɪnə | kɔ́:dweɪnə(r)/ *n.* 《古》**1** コードバン革職人. **2** 靴屋 (shoemaker).〖(1355) *cordewaner*□OF *cordoan(i)er* (F *cordonnier*) shoemaker〗

cord·wain·er·y /kɔ́ədweɪnəri | kɔ́:d-/ *n.* 靴作り.〖(1831) ← CORDWAIN＋-ERY〗

córd·wòod *n.* **1** 4 フィートの長さに切って売られる薪(まき). **2** 薪材にのみ適した立木.〖1638–39〗

core[1] /kɔə | kɔ:(r)/ *n.* **1 a** (通例周囲の部分と違った, ものの)中心部分, しん. **b** (ナシ・リンゴなどのような果物の)芯(しん). **c** (打ちひも・電線などの)芯; (ケーブルの)心線. **d** (索や針金をよる)中心になる「こ」. **e** (鋳物の)心型, 中子(なかご). **f** 〘電気〙＝magnetic core 2. **g** (合板を作る時の)心板. **h** (原子炉の)炉心《核分裂が行われる部分》. **2** [the ~] **a** (事物の)心髄, 核心 (pith); 心の奥底 (heart): *the* very ~ of a subject 問題の核心 / ⇨ *to the* CORE / at *the* ~ of the problem 問題の核心に. **b** 本質的意味, 要旨, 眼目 (gist): *the* ~ of the thesis. **3** 〘教育〙コア, 中核《コアカリキュラム (core curriculum) の中核; 各教科の枠にとらわれずに児童・生徒の興味や関心のあるものを基礎とする》. **4** 〘電算〙**a** (磁気)コア《リング状に形成した磁性材料で, 磁化に方向があることを利用して 1 ビットの情報を記憶する》. **b** ＝core memory. **5 a** 〘地質・鉱山・海洋〙コア, 岩心《コアラー (corer) で採取した土壌・岩石などの円筒形の試料》. **b** 〘地質〙中心核《地球内部の約 2,900 km 以深の部分; centrosphere ともいう; cf. mantle *n.* 10》. **6** 〘物理化学〙**a** 核《価電子をはぎ取られた原子; kernel, rumpf ともいう》. **b** 内殻《原子核に近い電子殻》. **7** 〘人類学〙石核《石器を作る際, 剝片をはがしとったあとに残った部分》. **8** 〘土木〙＝core wall. **9** 〘冶金〙被覆金属板 (clad) の中心となっている金属.
to the córe しん(の底)まで, 徹底的に (cf. *to the* BACKBONE): He is a gentleman *to the* ~. 生粋の紳士だ / He was fluttered *to the* ~. すっかり取り乱していた. (1804)
— *vt.* **1** ‹果物›の芯を取る[抜く] ‹*out*›: ~ an apple. **2** ‹鋳型›に中子(なかご)を入れて空洞にする. **3** 〘地質・鉱山・海洋〙…からコアを抜く (cf. *n.* 4).
〖(*a*1325) ? OF *cor* 'horn, CORN[2]' // OF *coer* (F *coeur*) heart (cf. courage)〗

core[2] /kɔə | kɔ:(r)/ *n.* **1** 《スコット》(curling 競技者などの)仲間. **2** 《英方言》鉱夫[労働者]仲間.〖(1622) *c(h)ore* < OE *chor(e)* dancers, choir (singers)□L *chorus* 'CHORUS'〗

CORE /kɔə | kɔ:(r)/ 《略》《米》Congress of Racial Equality 人種平等会議《1942 年組織された運動で, 1960 年代に黒人の市民権要求に国民の関心を集中させるため座り込み・デモなどを行った》. (1962)

córe·bòx *n.* 〘金属加工〙中子取(なかごとり)《中子を作るために用いる木型[金型]》.〖1848〗

cò·recípient *n.* (賞・栄誉などの)共同受領者.

córe cíty *n.* ＝central city.〖1965〗

córe currículum *n.* 〘教育〙コアカリキュラム, 中心教育課程《学課課程の中で中核 (core) となる課目をたてて, その他の課目をこれに総合するように編成した教育課程》.〖1935〗

córed cárbon *n.* 〘電気〙(アーク灯用)有心炭素棒.

córe diàmeter *n.* 〘機械〙＝minor diameter.

córe dràwing *n.* 〘金属加工〙マンドレル管引抜き, 心金管引抜き《細線をマンドレル (mandrel) とした小径管の引抜き》.

córe drìll *n.* 〘機械〙心残しぎり (cf. diamond drill).

córe dùmp *vi.* **1** 〘電算〙主記憶の内容を打ち出す (cf. dump[1] 7). **2** 《米俗》(気持ちを)ぶちまける.

cò·réference *n.* 〘言語〙同一指示《文中の二つ(以上)の要素が同一の指示物 (referent) を指すと解釈されるときのそれらの要素の関係; 例: *Tom* killed *himself*.》.〖(*c*1965) ← CO-[1]＋REFERENCE〗

cò·réferent *n.* 〘言語〙同一指示語.

cò·referéntial *adj.* 〘言語〙同一指示語[性]の; 〔…と〕同一指示的な〔*with*〕.

cò·referentiálity *n.* 〘言語〙同一指示性.

cò·reláte *vt.* 《英》＝correlate.

cò·relátion *n.* 《英》＝correlation. **cò·rélative** *adj.* **cò·rélatively** *adv.*〖1839〗

córe·less *adj.* しんのない; 空虚な (hollow).〖(1813) ← CORE[1]＋-LESS〗

cò·relígionist *n.* 同宗教信者, 同宗信徒.〖(1826) ← CO-[1]＋RELIGION＋-IST〗

co·rel·la /kərélə/ *n.* 〘鳥類〙オウム《オーストリアに生息するオウム属 (*Kakatoe*) の鳥の総称; 人語をまねる》; (特に)アカビタイムジオウム (*K. sanguinea*).〖(1885)□Austral. ? *ca-rall*〗

Co·rel·li /kouréli, kə- | kə-, kɒ-; *It.* korélli/, **Ar·can·ge·lo** /arkándʒelo/ *n.* コレッリ (1653–1713; イタリアの作曲家・バイオリン奏者; *12 concerti grossi* op. 6).

Co·rel·li /kouréli, kə- | kə-, kɒ-/, **Marie** *n.* コレリ (1855–1924; 英国の女流小説家; *A Romance of Two Worlds* (1886); 本名 Mary Mackay).

córe lòss *n.* 〘電気〙心損《変圧器などの鉄心中での電力損失》.〖1902〗

córe·màker *n.* 〘金属加工〙中子(なかご)工.

córe mèmory *n.* 〘電算〙磁心記憶装置, コアメモリー《core storage ともいう》.〖1965〗

co·re·mi·um /kəríːmiəm, kou- | kəu-/ *n.* (*pl.* **-mi·a** /-miə/) 〘植物〙分生子梗束[束状体]《不完全菌の分生子を生じる柄が束状に集まったもの; cf. synnema》.〖(1929) ← NL ~ ← Gk *kórēma* broom＋-IUM〗

cor·e·op·sis /kɔ̀:riá(:)psɪ̀s | -ɔ́psɪs/ *n.* 〘植物〙ハルシャギク《キク科ハルシャギク属 (*Coreopsis*) の草本の総称; (特に)オオキンケイギク, コレオプシス (*C. lanceolata*); calliopsis ともいう》.〖(1753) ← NL ~ ← Gk *kóris* bug＋-OPSIS: 実の形がナンキン虫に似ていることから〗

córe òven *n.* 〘金属加工〙鋳型用中子乾燥炉.

cò·représsor *n.* 〘生物〙コリプレッサー, 抑制補体《リプレッサーと結合して, 自身の生成や代謝に関係する酵素の形成を抑制する物質》.〖1963〗

córe prìnt *n.* 〘金属加工〙鋳型用の幅木(はばき), 中子受け.〖1857〗

cò·réquisite *n.* 〘教育〙共通必修課目[コース]《他の課目と併せて履修しなければならない課目[コース]》.〖(*c*1948) ← CO-[1]＋REQUISITE〗

cor·er /kɔ́:rə | -rə(r)/ *n.* **1** (果物の)芯(しん)抜き, 芯取り器: an apple ~. **2** 〘地質・鉱山・海洋〙コアラー《海底・地中などから試料を採取するための試錐用の円筒形道具》.〖(1796) ← CORE[1]＋-ER[1]〗

cò·respóndent *n.* 〘法律〙共同被告《特に, 離婚訴訟

において被告 (respondent) である妻の姦通相手として訴えられた男). **cò·respóndency** *n.* 〖(1857) ← co-¹+RESPONDENT〗

corespóndent shòes *n. pl.* ツートンカラーの紳士靴 (co-respondents ともいう). 〖1939〗

córe stòrage *n.* 〘電算〙 =core memory.

córe stòre *n.* 〘電算〙 磁心記憶装置. 〖1959〗

córe sùbjects *n. pl.* 《英》〘教育〙 基本三教科 《英語・数学・科学》.

córe tìme *n.* コアタイム 《フレックスタイム制 (flextime) において必ず勤務することになっている時間帯》. 〖1972〗

córe tùbe *n.* 〘地質〙 コアチューブ 《標本を採取するために地面[月面]下に挿入される管》.

coré-tỳpe *adj.* 〈変圧器が〉内鉄型の (cf. shell-type).

córe wàll *n.* 〘土木〙 心壁 《ダムなどで漏水を防ぐためその中に設ける不浸透性の壁; 単に core ともいう》. 〖1899〗

corf /kɔ́əf | kɔ́:f/ *n.* (*pl.* **corves** /kɔ́əvz | kɔ́:vz/) 《英》 **1** (もと, 石炭・鉱石の地上への運搬に用いた)大きな柳かご; トロッコ. **2** (エビなどを捕るための桶形の)魚籠(びく); (エビ・魚を生かしておく)生簀(いけす). 〖(1340) (1653) □ MDu. *corf* □ L *corbis* basket: cf. G *Korb*〗

Cor·fam /kɔ́əfæm | kɔ́:-/ *n.* 〘商標〙 コーファム 《米国製の微小孔のある弾力性人造皮革》. 〖(コンピューターによる)恣意的造語〗

Cor·fi·ote /kɔ́əfiòʊt | kɔ́:fiəʊt/ *n.* ケルキラ(島) (Corfu) の住民. — *adj.* ケルキラ(島)の; ケルキラ(島)の住民の. 〖1835〗

Cor·fu /kɔ́əfu:, kɔəfú: | kɔ:fú:, -fjú:/ *n.* **1** ケルキラ[コルフ](島) 《ギリシャ北西岸沖 Ionia 諸島の一つ; ギリシャ語名 Kérkyra, 旧名 Corcyra; ワインの産地; 面積 593 km²》. **2** ケルキラ 《同島の港市》.

cor·gi *n.* =Welsh corgi.

Co·ri /kɔ́:ri; *Czech.* kɔ́ri/, **Carl Ferdinand** *n.* コリ (1896–1984; チェコ生まれの米国の生化学者; 妻 Gerty Theresa Radnitz Cori (1896–1957) と共同で Nobel 医学生理学賞 (1947)).

coria *n.* corium の複数形.

co·ri·a·ceous /kɔ̀:riéɪʃəs | kɔ̀ri-/ *adj.* 革のような (leathery); (革のように)丈夫な (tough). 〖(1674) ← LL *coriāceus* leathern ← L *corium* leather: ⇨ corium, -aceous〗

co·ri·an·der /kɔ́:riændə, ⌐—⌐— | kɔ̀riǽndə(r/, ⌐—⌐—/ *n.* **1** 〘植物〙 コリアンダー, コエンドロ (*Coriandrum sativum*) 《地中海地方原産のセリ科の草本》. **2** コリアンダーの実 《香味料・消化剤に用いる; coriander seed ともいう》. 〖(1373) *coria(u)ndre* □ (O)F *coriandre* □ L *coriandrum* □ Gk *koríandron, koríannon*〗

Cor·i·ci·din /kɔ̀(:)rəsáɪdn, kɑ̀(:)r-, -síːdn, kɔ(:)rísədṇ, kɑ(:)r- | kɔ̀rɪsáɪdn, -síːdn, kɔrísɪdɪn/ *n.* 〘商標〙 コリシジン 《米国製の抗ヒスタミン性感冒薬》. 〖?〗

cor·ing /kɔ́:rɪŋ/ *n.* **1** 芯(しん)[中心]をぬく[離す]こと. **2** 〘地質〙 コアリング 《試錐によって岩石から円筒形の部分を抜き出すこと; cf. core¹ 5 a》. 〖(1866) ← CORE¹+-ING¹〗

córing tùbe *n.* 〘地質〙 =core tube.

Co·rin·na /kərínə | kə-, kɔ-/ *n.* コリーナ 《女性名》. 〖□ L ~ □ Gk *Kórinna* (dim.) ← *kórē* maiden: cf. Cora²〗

Co·rinne /kərín; *F.* kɔʁin/ *n.* コリン 《女性名》. 〖《フランス語形》↑〗

Cor·inth /kɔ́(:)rɪnθ, kɑ́(:)r- | kɔ́r-/ *n.* **1** コリント: **a** ギリシャの古都; Corinth 地峡に臨み陸海の交通の要地として栄え商業・芸術で有名; ローマに破壊された (146 B.C.). **b** 古代ギリシャのコリントス地峡の大部分と Peloponnesus 半島の北東部からなる地方 (Corinthia ともいう). **2** 再建された (44 B.C.) コリント 《古代 Corinth 地区の北東にありギリシャの Peloponnesus 北東の港市; 1858 年の地震で壊滅》. **3** コリントス 《古代 Corinth 近くの現代の都市; ギリシャ語名 Korinthos》.

Corinth, the Gulf of *n.* コリントス湾 《Ionia 海から入り込みギリシャ本土と Peloponnesus 半島にはさまれた細長い湾; Gulf of Lepanto ともいう》.

Corinth, the Isthmus of *n.* コリントス地峡 《ギリシャ本土と Peloponnesus 半島とを結ぶ地峡; 運河で横断されている; 長さ 32 km, 幅 6–13 km》.

Córinth Canál *n.* [the ~] コリント運河 《ギリシャ南部 Peloponnesus 半島基部の Corinth 地峡を横断する運河》.

Co·rin·thi·an /kərínθiən/ *adj.* **1 a** (古代ギリシャの)コリント (Corinth) の. **b** コリント市民の[のような]; ぜいたくで遊惰な. **2** 〈文体など〉優雅な, 華麗な. **3** 〘建築〙 コリント式の (cf. Doric 2, Ionic 2, Composite 4, Tuscan 2): the ~ order ⇨ order B 11 / a ~ temple [capital] コリント式オーダーをもつ神殿[柱頭] / a ~ column コリント式の柱. **4** 〘美術〙 コリント式[スタイル]の 《前 7–6 世紀ごろ Corinth で盛んだった, 花瓶など陶器に獣帯文などを描いた》.
— *n.* **1** (古代ギリシャの)コリント人. **2 a** 金持ちの社交家. **b** 道楽者 (profligate); 遊蕩児 (sybarite). **c** 金持ちでしろうとのスポーツマン[ヨットマン]. **3** [*pl.*; 単数扱い] (新約聖書の)コリント人への手紙, コリント人への書 (The First [Second] Epistles of Paul to the Corinthians) 《前・後二書から成る; 略 Cor.》. **4** 〘馬術〙 コリント馬術 《米国のホースショーの一つ; 乗馬狩猟クラブの会員が正装の猟騎姿で優雅に技を競い, 服装・身だしなみが判定の対象となる》.
〖(*c*1350) (1526) ← L *Corinthius* (□ Gk *Korínthios* ← *Kórinthos* Corinth)+-IAN〗

Cor·in·thus /kərínθəs/ *n.* 〘ギリシャ神話〙 コリントス (Zeus の子とも, Marathon の子ともいわれる, Corinth 市の建設者). 〖□ L ~ □ Gk *Kórinthos*〗

Cor·i·o·la·nus /kɔ̀(:)riəléɪnəs, kɑ̀(:)r-, -lɑ́:- | kɔ̀riə(ʊ)-/ *n.* 「コリオレイナス」 《ローマの将軍 Coriolanus を主人公にした Shakespeare 作の悲劇 (1607–08)》.

Coriolanus, Gaius [Gnaeus] Mar·ci·us /mɑ́əʃiəs | mɑ́:-/ *n.* コリオラヌス 《紀元前 5 世紀の伝説的なローマの将軍; 流刑の恨みから反軍を率いてローマに攻め寄せたが, 母と妻の願いによって引き返した》.

Co·ri·ó·lis effèct /kɔ̀:rióʊlɪs- | kɔ̀riə́ʊlɪs-; *F.* kɔʁjɔlis-/ *n.* 〘気象〙 コリオリ効果 《地球自転によるコリオリの力によって, 大気の運動が偏向する効果; 北半球では, 運動方向に対し右へ, 南半球では左へ偏向する; cf. Coriolis force》. 〖(*c*1946) ↓〗

Corióls fòrce *n.* 〘物理〙 コリオリの力 《回転座標系の中で運動する物体には見かけ上の力として遠心力とコリオリの力が働く; 例えば, 地球の回転のため飛行中の飛行機に北半球にあっては右に南半球では左に水平運動をそらす力となる; cf. Coriolis effect, Ferrel's law》. 〖(1923) ← G. G. *de Coriolis* (1792–1843: その発見者であるフランスの数学者)〗

cò·ripárian *n.* 河岸共同所有権者.

co·ri·um /kɔ́:riəm/ *n.* (*pl.* **co·ri·a** /-riə/) **1** 〘解剖〙 真皮 (derma). **2** 〘昆虫〙 革質部 《半翅類の昆虫で半翅鞘の基部から膜質部まで延びている部分》. 〖(1654) ← NL ~ ← L ~ 'hide, skin, leather'〗

co·rix·id /kəríksɪ̣d | -sɪd/ *n.* 〘昆虫〙 ミズムシ科 (*Corixidae*), 特にオオミズムシ属 (*Corixa punctata*) の各種の昆虫 (cf. boatbug).

cork /kɔ́ək | kɔ́:k/ *n.* **1 a** コルク 《コルクガシ (cork oak) の外皮》. **b** 〘植物〙 =cork oak. **2 a** コルク片, コルク製品: ⇨ burnt cork. **b** コルク栓; (ゴム・ガラス製などの)栓. **c** (コルク製の釣りの)浮き (float). **3** 〘植物〙 栓皮(層) 《コルク形成層の外側にできる不浸透性保護組織; phellem ともいう》.
— *adj.* [限定的]コルク製の: a ~ sheet コルク板 / a ~ sole (靴の)コルク底 / a ~ stopper コルク栓.
blów one's córk ⇨ blow¹ 成句.
— *vt.* **1** …に(コルク)栓をする 〈*up*〉: ~ (*up*) a bottle びんに(固く)栓をする. **2** …にコルクをつける[張る]. **3** 阻止する; 抑圧する, 抑制する 〈*up*〉: ~ (*up*) one's emotions. **4** 焼きコルク (burnt cork) で〈まゆなどを〉描く[化粧する]: ~ one's face 焼きコルクで化粧する. — *vi.* コルク状組織ができる[生じる].
~·like *adj.* 〖(1303) □ Du. & LG *kork* ∥ Sp. *corcho* ← *alcorque* cork-soled sandal (混成) ? ← Arab. *al* (=the) *qurq* (□ ? L *quercus* oak)+L *cortex* bark〗

Cork /kɔ́ək | kɔ́:k/ *n.* コーク: **1** アイルランド共和国南西部 Munster 地方の州; 農牧・漁業地; 面積 7,460 km². **2** Lee 川河口に位置する同州の州都で海港; ゲール語名 Corcaigh.

cork·age /kɔ́əkɪdʒ | kɔ́:k-/ *n.* **1 a** コルク栓をさすこと. **b** コルク栓を抜くこと. **2** コルク抜き代, 開栓料 《特に, 客がよそで買ったワインなどを飲むときにレストラン・ホテルなどで 1 本ごとに取る料金》. 〖(1838) ← CORK+-AGE〗

córk·bòard *n.* 〘建築〙 コルクボード, コルク板 《コルクを加圧成形した板で断熱材・防振材また床[壁]材として用いる》. 〖*c*1893〗

córk càmbium *n.* 〘植物〙 コルク形成層 (phellogen ともいう). 〖1878〗

córk càrpet *n.* コルクカーペット, コルク製敷物 《コルクくずとゴムを圧搾して作ったリノリウム類似の敷物》. 〖1906〗

córked *adj.* **1** (コルク)栓をした. **2** 〈靴底など〉コルク張りの. **3** 焼きコルクで黒く化粧した. **4** 〈ぶどう酒が〉コルクのにおいが移った, コルク臭い (corky). **5** 《英俗》 =drunk. 〖(1519) (1830) ← CORK+-ED 2〗

córk èlm *n.* 〘植物〙 米国東部産のニレ属 (*Ulmus*) の数種の高木の総称 《外皮がコルク質でうね状になる》. 〖1813〗

córk·er *n.* **1** (コルクの)栓をする人[機械]. **2** 《俗》 **a** 反駁(はんばく)の余地のない議論, 決め手, とどめを刺すもの[状況] (settler). **b** 途方もない大ぼら. **c** [皮肉にも用いて] 驚くべき人[物]; すばらしい物[美人]: play the ~ 途方もない[目に余る]ふるまいをする. 〖(1723) ← CORK+-ER¹〗

córk·ing *adj.* 《俗》 **1** すてきな, すばらしい. **2** 《古》 [副詞的に用いて] 大変 (very): a ~ *good* dinner すばらしいごちそう. — *int.* すばらしい! 〖(1895): cf. corker (2 c)〗

córk jàcket *n.* 〘海事〙 コルクジャケット 《コルク粒を詰めた救命胴衣》.

córk lèg *n.* 義足.

córk òak *n.* 〘植物〙 コルクガシ (*Quercus suber*) 《スペインその他地中海産のブナ科の常緑樹; 樹皮からコルクを採る》. 〖1873〗

Cor·ko·ni·an /kɔəkóʊniən, kə- | kɔ:kə́ʊ-, kə-/ *n.* Cork 市の住民; Cork 市生まれの人.

córk pàint *n.* 〘海事〙 コルクペイント 《発汗を防ぐため船の鋼鉄部分の下塗りにコルクの細粒を吹き付けたもの》.

córk·scrèw *n.* **1** (びんの螺旋(らせん)金具付きの)コルク抜き, 栓抜き. **2** 《俗》〘ボクシング〙 こぶしをねじ込んで打つパンチ 《相手に裂傷を負わせるために放つ》. — *adj.* [限定的] (コルク抜きのように)旋回形[状]の, 螺旋状の (spiral): a ~ staircase 螺旋階段 / ~ curls 螺旋状の巻毛. — *vt.* **1** 螺旋[旋回]状態に進める. **2** 螺旋状にねじ曲げる. **3** じりじり引き出す, かまをかけて聞き出す 〈*out*〉: ~ a secret *out* (*of* a person) 秘密を(人から)ほじくり出す. — *vi.* **1** 螺旋[旋回]状に進む. **2** 螺旋状に曲がる. 〖1720〗

córk-tìpped *adj.* 《英》 〈たばこが〉コルク状のフィルターの付いた. 〖1907〗

córk trèe *n.* 〘植物〙 =cork oak. 〖1440〗

córk·wìng *n.* 〘魚類〙 ギザミベラ (*Crenilabrus melops*) 《多色・小形のヨーロッパ産ベラ (wrasse) の一種; 浅瀬や岩場にすむ海水魚》. 〖1836〗

córk·wòod *n.* 〘植物〙 **1 a** 北米南部の湿地に産するライトネリア科 (*Leitneriaceae*) の低木 (*Leitneria floridana*) 《材は多孔性でコルクよりも軽い》. **b** 軽く多孔性の木の総称. **c** 1 a の木材. **2** =balsa 1. 〖1756〗

cork·y /kɔ́əki | kɔ́:-/ *adj.* (**cork·i·er**; **-i·est**) **1** コルク性の; コルクのような: ~ tissue コルク組織. **2** 〈ぶどう酒・ブランデーなど〉コルク臭い (corked): a ~ flavor, taste, etc. **3** 《口語》 活発な, 元気な (lively), じっとしていない, 浮き浮きした (buoyant). **4** 《廃》 干からびた, しなびた (withered): one's ~ arms 萎えた腕. **córk·i·ly** /-kɪ̣li/ *adv.* **córk·i·ness** *n.* 〖(1601) ← CORK+-Y⁴〗

corm /kɔ́əm | kɔ́:m/ *n.* 〘植物〙 球茎 《サトイモ・クワイ・クロッカスなどの地下茎; cf. bulb 2 a》. **cor·moid** /kɔ́əmɔɪd | kɔ́:-/ *adj.* **cór·mous** /-məs/ *adj.* 〖(1830) ← NL *cormus* ← Gk *kormós* tree trunk ← *keírein* to shear〗

Cor·mac /kɔ́əmæk, -mək, -mɪk | kɔ́:mæk, -mək/ *n.* コーマック 《男性名; 異形 Cormick》. 〖← ? Ir.-Gael.〗

Cor·mack /kɔ́əmæk, -mək, -mɪk | kɔ́:mæk, -mək/, **Allan (MacLeod)** *n.* コーマック (1924–98; 南アフリカ共和国生まれの米国の物理学者).

cor·mel /kɔ́əməl, -mḷ, kɔəmél | kɔ́:məl, -mḷ/ *n.* 〘植物〙 鱗芽, 子球 《十分に生長した球茎から新たに出た小粒の球茎》. 〖(*c*1900): ⇨ corm, -el¹〗

cormi *n.* cormus の複数形.

Cor·mick /kɔ́əmɪk | kɔ́:-/ *n.* コーミック 《男性名》. 〖⇨ Cormac〗

Cor·moph·y·ta /kɔəmɑ́(:)fətə | kɔ:mɔ́fɪtə/ *n. pl.* 〘植物〙 茎葉植物類 《はっきり茎・葉・根の分かれている植物群; 昔の植物の二大分類の一つ; cf. Thallophyta》. 〖← NL ~: ⇨ ↓, -a²〗

cor·mo·phyte /kɔ́əməfàɪt | kɔ́:-/ *n.* 〘植物〙 茎葉植物 《蘚類・シダ・種子植物など》. **cor·mo·phyt·ic** /kɔ̀əməfítɪk | kɔ̀:məfít-⁻/ *adj.* 〖(1852) ← NL ~: ⇨ corm, -phyte〗

cor·mo·rant /kɔ́əm(ə)rənt, -mərænt | kɔ́:m(ə)rənt/ *n.* **1** 〘鳥類〙 ウ科 (Phalacrocoracidae) の水かきのある黒い水鳥の総称; 長い首と胴, ほっそりとして先端が鉤(かぎ)状のくちばしをもつ; カワウ (*Phalacrocorax carbo*), ウミウ (*P. filamentosus*), ヒメウ (*P. pelagicus*) など: eat like a ~ がつがつ食う. **2** 貪欲な[がつがつ食う]人. — *adj.* [限定的] 大食の; 貪欲な (greedy). 〖(*c*1330) *cormeraunte* □ OF *cormaran* (F *cormoran*) ← *cormareng* < ML *corvum marinum* sea raven: ⇨ corbel, marine〗

cor·mus /kɔ́əməs | kɔ́:-/ *n.* (*pl.* **cor·mi** /-maɪ, -mi:/) 〘植物〙 茎葉体 《茎葉と根の区別のある植物体; cf. thallus》. 〖(1878) ← NL ~: ⇨ corm〗

corn¹ /kɔ́ən | kɔ́:n/ *n.* **1** 《米・豪》 トウモロコシ (《英》 maize, ⇨ Indian corn, sweet corn, popcorn); トウモロコシの実[穂]: an ear of ~ トウモロコシの穂 / ~ on the cob 穂軸についたままのトウモロコシ; 穂軸についたまま調理したトウモロコシ. **2** [集合的] **a** 《英》 麦, (特に)小麦 (wheat). **b** 《スコット・アイル》 からす麦 (oats). **3** [集合的] 穀物 (cereals, grain): Up ~, down horn. 《諺》 穀物が騰貴すると牛肉の値が下がる. **4 a** [集合的] 穀草 《畑に生えているか, または刈り取った小麦・トウモロコシなど》: a field of ~ 穀物畑 / a sheaf of ~ 穀草一束 / cut [mow] (down) the ~ 穀草を刈り取る / grow [raise] ~ 穀物を作る / gather [reap] ~ 穀物を取り入れる. **b** 《廃》 穀草の茎: play on pipes of ~ 麦笛を吹く. **5 a** [複合語の第 2 構成素としても用いて] (小さくて堅い)穀粒, 種: a ~ of an apple, a pepper, wheat, etc. / ⇨ peppercorn, barleycorn. **b** 《古・方言》 (小さくて堅い)粒 (grain): a ~ of salt. **6** 《米口語》 =corn whiskey. **7** 《口語》 **a** 陳腐[平凡]なもの[考え], 平凡な[つまらない, お涙ちょうだいの]出し物 《音楽・演技・作品など; cf. corny¹ 2 a》. **b** 郷愁を誘うようなジャズ音楽(曲) (cf. corny¹ 2 b). **8** =corn color. **9** 〘スキー〙 =corn snow.
acknówledge* [*admít, conféss*] *the córn 自分の誤り[失敗]を認める, かぶとを脱ぐ. 《1839》 ***méasure anóther's córn by one's ówn búshel*** 自分を標準として人を量る, 己をもって他を律する. 《1837》
— *vt.* **1** 〈火薬などを〉粒にする. **2 a** 〈食品, (特に)肉を〉塩をすり込んで保存する, 塩蔵する. **b** 〈肉を〉塩水に漬けて保存する, 塩蔵する (⇨ corned). **3** 〈畑〉に穀物[トウモロコシ]を作る. **4** 〈家畜〉にトウモロコシ[穀物]を与える: ~ a horse. — *vi.* 〈穀草類・豆類などが〉実(み)がいる.
córn úp 《俗》 〈物語などを〉わざとらしく感傷的にする.
〖n.: OE ~ < Gmc **kurnam* (G *Korn*) ← IE **g̑ṛə-no-* grain; ripened (L *grānum* 'GRAIN')〗

corn² /kɔ́ən | kɔ́:n/ *n.* **1** (足の)うおのめ (clavus ともいう): a soft ~ まめ. **2** 〘獣医〙 挫跖(ざせき) 《馬蹄の肉壁・肉底・肉叉の挫傷》. ***tréad* [*trámple*] *on a person's córns*** 《口語》 人の痛いところにさわる, 嫌がることを言う, 人を怒らせる.
〖(?*a*1425) □ AF *corne*=(O)F *cor*, OF *corn* < L *cornū* 'HORN'〗

Corn. 《略》 Cornish; Cornwall.

-corn /kɔ̀ən | kɔ̀:n/ 「(…の)角をもった(もの)」の意の名詞・形容詞連結形: unicorn. 〖← L *-cornis* ← *cornū* 'HORN'〗

Cor·na·ce·ae /kɔənéɪsiì: | kɔ:-/ *n. pl.* 〘植物〙 (双子葉植物セリ目)ミズキ科. **cor·ná·ceous** /-ʃəs/ *adj.* 〖← NL ~ ← *Cornus* (属名: ⇨ cornel)+-ACEAE〗

córn·bàll *n.* **1** 《米》 ポップコーンに糖蜜・カラメルなどをからめたもの. **2** 《米口語》 田舎者, やぼ (hick); やぼくさいもの. — *adj.* 《米口語》 田舎者くさい, やぼくさい; 古くさい, 陳腐な. 〖(1843) CORNY¹ などとの連想から〗

córn béef *n.* =corned beef.

C

C

Córn Bèlt *n.* [the ～]《米》トウモロコシ地帯《米国中北部にあるトウモロコシの主産地; 特に, Iowa, Illinois, Indiana の諸州》. 〚1882〛

córn bòrer *n.*〘昆虫〙アワノメイガ (European corn borer). 〚1919〛

córn·bràsh *n.*〘岩石〙粗粒の石灰質砂岩. 〚1813〛

córn brèad *n.*《米》トウモロコシパン (Indian bread). 〚1750〛

córn bùnting *n.*〘鳥類〙ハタホオジロ (*Emberiza calandra*)《縞模様入りで茶色の羽をもつヨーロッパ産の大型ホオジロ; 湿地や雑木林にくる》.

córn càke *n.*《米》コーンケーキ《トウモロコシを使ったパン・パンケーキ》. 〚1791〛

córn càmpion *n.*〘植物〙=corncockle.

córn càtchfly *n.*〘植物〙=sweet william catchfly.

córn chàmomile *n.*〘植物〙キゾメカミルレ (*Anthemis arvensis*)《ヨーロッパ原産のキク科の一年草; 白い花は切り花に用いるが, 雑草としても広く分布する; field chamomile ともいう》.

córn chàndler *n.*《英》雑穀商, 穀物小売商人. 〚1687〛

córn chìp *n.*《米》コーンチップ (cf. potato chip 1). 〚1950〛

córn cìrcle *n.* =crop circle.

córn·còb *n.* **1** トウモロコシの穂軸《実や皮も含めることもある》. **2** =corncob pipe. 〚1787〛

córncob pípe *n.* とうもろこしパイプ, コーンパイプ《火ざらをトウモロコシの穂軸で作ったもの》. 〚1832〛

córn·còckle *n.*〘植物〙ムギセンノウ, ムギナデシコ (*Agrostemma githago*)《ヨーロッパ産のナデシコ科の一年草; corn campion, crown-of-the-field ともいう》. 〚1713〛

corncockle

córn còlor *n.* コーン色, 淡黄色 (light yellow).

córn-còlored *adj.* コーン色の, 淡黄色の.

córn·cràcker *n.*《米》**1**《口語》米国 Kentucky 州の住民(のあだ名). **2** [軽蔑的に] 南部の貧乏白人. 〚1835〛

córn·cràke *n.*〘鳥類〙ハタクイナ (*Crex crex*)《麦畑などにいるクイナの一種; land rail ともいう》. 〚*a*1455〛

córn·crìb *n.*《米》(通風設備のある)皮をむいていないトウモロコシを入れる納屋. 〚1681〛

córn dànce *n.*《米》コーンダンス《トウモロコシの種まき・収穫時のアメリカインディアンの踊り》. 〚1726〛

córn dòdger *n.*《米南部・中部》とうもろこしの粉で作った皮が堅いパン. 〚1834〛

córn dòg *n.*《米口語》コーンドッグ, アメリカンドッグ《ウインナソーセージをトウモロコシの練り粉でくるんで油で揚げたもの》. 〚1967〛

córn dólly *n.* わらを編んで作った人形[製品]《もとは儀礼用だったが今は装飾用》. 〚1952〛

cor·ne- /kɔ́ːni | kɔ́ː-/ (母音の前にくるときの) corneo- の異形.

cor·ne·a /kɔ́ːniə | kɔ́ː-/ *n.*〘解剖〙(目の)角膜 (⇨ eye 挿絵). **cór·ne·al** /-niəl/ *adj.* 〚(*a*1398) □ ML ～ (fem.) ← L *corneus* horny: ⇨ corneous〛

córneal réflex *n.*〘生理〙角膜反射《細い紙片・綿などで角膜に軽くふれるとまぶたが閉じる現象》.

córn èarworm *n.*《米》〘昆虫〙ヤガ科オオタバコガ (*Heliothis armigera*) の幼虫《トウモロコシ・トマト・タバコ・ワタなどの農作物を食い荒らす; ⇨ bollworm 1》. 〚1802〛

corned *adj.* 塩漬けの; 塩で味をつけた: ⇨ corned beef. 〚(1577) ← CORN[1] + -ED 2〛

córned béef *n.* コンビーフ《塩漬け後柔らかくゆでて主に缶詰にした牛肉》.

corned de vache /kɔ́ːndəváːʃ | kɔ́ːn-; *F.* kɔʀndəvaʃ/ *n.* (*pl.* **cornes de vache** /～/)〘建築〙(アーチの付け根の下端(ᵏᵃ)を斜めにそぎ落した時の)三角形部分. 〚□ F ～ 'cow's horn'〛

Cor·neille /kɔːnéɪ, -néɪl | kɔː-; *F.* kɔʀnɛj/, **Pierre** *n.* コルネイユ《1606–84; フランスの劇作家・詩人; 悲劇 *Le Cid*「ルシッド」(1637), 喜劇 *Le Menteur*「嘘つき」(1643) などの作によって「フランス劇の父」と呼ばれる》.

cor·nel /kɔ́ːnl̩, -nel | kɔ́ː-/ *n.*〘植物〙ミズキ科ミズキ属 (*Cornus*) またはそれに近類の樹木の総称《セイヨウサンシュユ (cornelian cherry), ヤマボウシ (red dogwood), ハナミズキ (flowering dogwood), ゴゼンタチバナ (bunchberry) など》. 〚(*c*1450) *corneille* □ OF ～ (F *cornouille*) < VL **cornuculu(m)* (dim.) ← L *cornum* cornel cherry ← *cornus* cornel tree〛

Cor·ne·lia /kɔːníːljə, -liə | kɔːníːliə, -ljə/ *n.* **1** コーニーリア《女性名; 愛称形 Cornie, Nellie》. **2** コルネリア《121 B.C. 以後に没; Tiberius と Gaius Gracchus の母》. 〚□ L *Cornēlia* (fem.) ← CORNELIUS〛

cor·ne·lian /kɔːníːljən, -liən | kɔːníːliən, -ljən/ *n.*〘鉱物〙紅玉髄《赤みがかった硬質の玉髄; 宝石として用いられる; carnelian ともいう》. 〚(*c*1400) □ OF *corneline* (F *cornaline*) □ ML *cornelius* ← L *cornus*: ⇨ cornel〛

cornélian chérry *n.* **1**〘植物〙セイヨウサンシュユ (*Cornus mas*)《ヨーロッパ・アジア産のミズキ科の低木》. **2** セイヨウサンシュユの実《赤くて酸っぱいが食べられる》. 〚1762〛

Cor·ne·lius /kɔːníːljəs, -liəs | kɔːníːliəs, -ljəs; *G.* kɔʀnéːliʊs/ *n.* コーニーリアス《男性名》. 〚□ L *Cornēlius* (ローマの氏族名) ← *cornū* 'HORN'〛

Cor·ne·lius /kɔːnéɪljəs, -níː-, -liəs | kɔːnéɪliəs, -níː-, -ljəs; *G.* kɔʀnéːliʊs/, **Peter von** *n.* コルネリウス《1783–1867; ドイツの画家》.

Cor·nell /kɔːnél | kɔː-/ *n.* コーネル《男性名》. 〚《変形》← CORNELIUS〛

Cor·nell /kɔːnél | kɔː-/, **Ezra** *n.* コーネル《1807–74; 米国の資本家; 博愛事業に尽くした; New York 州 Ithaca 市にある Cornell University の創立者》.

Cornell, Katharine *n.* コーネル《1893–1974; ドイツ生まれの米国の女優》.

Cor·néll Univérsity /kɔːnél- | kɔː-/ *n.* コーネル大学《米国 New York 州 Ithaca にある Ivy League の一つ; 1865 年創立》.

cor·ne·o- /kɔ́ːniou | kɔ́ːniəu/「角質の; 角膜(の)」の意の連結形. ★ 母音の前では通例 corne- になる. 〚□ F *cornéo-* ← *corné* corneous ← L *corneus* (↓)〛

cor·ne·ous /kɔ́ːniəs | kɔ́ː-/ *adj.* 角(ᵗ)のような, 角質の (horny). 〚(1646) ← L *corneus* horny (← *cornū* 'HORN') + -OUS〛

cor·ner /kɔ́ːnə | kɔ́ːnə^(r)/ *n.* **1 a** (二つの線または面が合う)角(ᵏᵃᵈᵒ) (angle): the ～ of a box, table, etc. / the ～ of one's eye 目尻 / look out of the ～ of one's eyes 横目をつかって盗み見る. 日英比較 日本語の「コーナー」には「ベビーコーナー」とか「おもちゃコーナー」のようにデパートの「売場」の意があるが, 英語の *corner* にはその意はない. 英語では department または section を使って the baby department [section] とか the toy department [section] という. **b** (部屋・場所・地方などの)すみ (nook): leave no ～ unsearched くまなく捜す / put [stand] a child in the ～ (罰として)子供を部屋の隅に立たせる / The northeast ～ of the country faces the sea. 国の北東端の地方は海に面している. **c** 交差点の角, 曲り角; 町角 (street corner). **d** 角の部分. **e** 角に付ける金具[飾り], コーナー.
2 a (世界の)果て (end); 地方 (region): the four ～*s* of the earth 世界の隅々, 世界至る所 (cf. *Isa.* 11:12) / to all ～*s* of the world 世界の隅々にまで. **b** (活動分野の) 領域, 場所 (area): in every ～ of science.
3 a 引っ込んだ所, 人目の届かない所: a quiet ～ of the village 村の静かな引っ込んだ所 / a picturesque ～ of old Japan 古き日本の絵のように美しい秘境. **b** 秘密の場所: be done in a ～ 秘密に行われる (cf. *Acts* 26:26) / have a warm [soft] ～ in one's heart for …に対してひそかに憎からず思っている / ⇨ hole-and-corner.
4〘サッカー〙=corner kick.
5〘ホッケー〙コーナー《相手チームサイドのコーナーからのフリーヒット; ボールがゴールラインを越える直前にそのボールに触れた選手の相手チームに与えられる》. **6** 逃げるに逃げられない立場, 窮地, 窮境, 苦しい立場: in a tight ～ 窮地に陥って, 手も足も出なくなって (cf. tight *adj.* 7) / drive [force, back] a person into a ～ 人を窮地に追い詰める, 人を追究する / talk oneself into a ～ 自らしゃべって窮地に陥る. **7** (一連の出来事の)大事な時, 危機; (特に, 失敗から成功への)転換期: turn the [a] ～ 〈病気・不景気などが〉峠を越す; (無事に)危機を乗り切る / The ugly ～ has been turned. 難局が乗り越せた. **8** [*pl.*] 特徴, 特性 (traits); (特に)気性の荒い性質[やり方]: rough ～*s* 荒削りの性格; 粗野な作法. **9**〘商業〙買占め(連合): a ～ in wheat 小麦の買占め / get a ～ in cotton 綿の買占めをする. **10**〘野球〙**a** (ホームベースの)コーナー. **b** (ダイヤモンドの)コーナー: ⇨ hot corner. **11 a**〘ボクシング〙コーナー《セコンドが控えていたり, 各ラウンドの間にはボクサーが体を休めるリングの角》. **b** [単数または複数扱い] 支持[声援]者の一団.
12〘アメフト〙コーナー《ディフェンスエンドゾーンの隅》. **13**〘スクエアダンス〙コーナー《男性の左側の女性》. **14**〘トランプ〙(4 人が 2 組のペアーに分かれて競技するゲームで, 一方の) 組, 側, 陣 (cf. side 15). **15** [the C-]《英俗》(London の馬市場・競馬の賭(ᵏ)けの中心) Tattersall's の賭け場 (betting rooms)《Tattersall's はもと Hyde Park Corner 近くにあった》. **16** (豚のもも肉で後脚の上部から切り取った)三角形の切片. **17**《英》〘登山〙2 つの岩面が 60° から 120° の角度で接している地点 (《米》dihedral).
(júst) aròund the córner (1) 街角を曲った所に; すぐ近くに (close at hand): It's *just around the* ～ from here. そこはここからすぐ近くだ. (2) (時間的に)間近に, 近づいて: Christmas is (*just*) (*a*)*round the* ～. もうじきクリスマスだ. 〚1837〛 ***cút córners*** (1) (角をいくつも避けて)近道をする. (2) (金銭・労力・時間・手続きなどを)節約する, 省略する, 手を抜く. 〚1894〛 ***cút (óff) a [the] córner***《英》=*cut* CORNERS (1). ***from áll [the four] córners of the wórld [the éarth]*** 世界中から (cf. 2 a). ***kéep a córner*** 少しの場所[片隅]を保つ, 僅かな地歩を占める: *keep a* ～ in the Temple of Fame 名声を千歳に残す. 〚1604〛 ***(júst) ròund the córner*** =(*just*) *around the* CORNER. ***túrn the córner*** (1) 角を曲がる. (2) 〈病気・不景気などが〉峠を越す, 危機を脱する. ***within the four córners of*** …の中に囲まれて; (文書などの)文面の範囲内において[おける]: keep *within the four* ～*s of* law 法の枠内にとどまる. 〚1874〛
— *adj.* [限定的] **1** 町角の: a ～ drugstore / live in the ～ house 町角の家に住む. **2** 角の; 角にある; 角に使う: ⇨ corner table. **3**〘スポーツ〙コーナーの[に関する]: ～ positions.
— *vt.* **1** 窮地に追い詰める. **2** 隅に置く; 隅に押し込める. **3**〘商業〙買い占める (engross; cf. forestall 3): ～ stocks, commodities, etc. / ～ the market 市場(の物資・株)を買い占める. **4** [通例 p.p. 形で] 〈建物などに〉角を付ける〔*with*〕. **5** (会見を強いるように)〈人〉の注意を引く. — *vi.* **1** 〈運転者・自動車・馬などが〉角を曲がる; 急カーブをきる: This car ～*s* well. =This car's got good ～*ing* capacity. この車はカーブの切れがよい. **2**《米》〈土地・建物などが〉一つの角を占める[にある]; 〈道路などが〉出会う: a drugstore which ～*s on* the street 町角にあるドラッグストア. **3**〘商業〙買占めをする〔*in*〕: ～ *in* a commodity ある商品を買い占める. **4**〘サッカー〙コーナーキックをする.
〚(*c*1280) □ AF ～ = (O)F *cornier* < VL **cornāriu(m)* ← L *cornū* 'HORN': ⇨ -er[1]〛

Cor·ner /kɔ́ːnə | kɔ́ːnə^(r)/ *n.* [the ～]《口語》コーナー《オーストラリア中部の Queensland 州と South Australia 州の境界地域》.

córner accéssory *n.*〘測量〙=accessory 6.

córner·bàck *n.*〘アメフト〙コーナーバック《側面を防御する防御バック》. 〚1955〛

córner bèad *n.*〘建築〙コーナービード《柱や壁の出隅に物が当たって損じるのを防ぐために取り付ける金属などの細棒》.

córner bòy *n.*《アイル》町の不良(少年), ごろつき (cornerman). 〚1855〛

córner càbinet *n.* (部屋の隅に収める)三隅戸棚, 隅戸棚.

córner·càp *n.*《廃》16–17 世紀に聖職者や大学の教師がかぶった四つ(ないし三つ)の角がある帽子. 〚1573〛

córner chàir *n.* コーナーチェア《背もたれが四角の座の一つの隅からその両側の隅までのびている椅子で, 部屋の隅に置く; roundabout chair, writing chair ともいう》.

córner chìsel *n.*〘木工〙三角刀, 三角のみ《隅をえぐるのみ》.

córner cùpboard *n.* コーナーカボード, 隅戸棚《部屋の隅に設置する》. 〚1851〛

cór·nered *adj.* **1** [通例複合語の第 2 構成素として] **a** (…の)隅[角]のある: ⇨ a THREE-CORNERED hat. **b** (…の)立場[参加者]のある: a three-*cornered* contest for presidency 会長の座への三つ巴(ᵈᵒᵉ)の選挙戦. **2** 隅に追いつめられた, 進退きわまった: Give up! You're ～! あきらめろ! もう袋のネズミだ / fight like a ～ rat 追い詰められたネズミのようにやけになって戦う. 〚(*a*1338): ⇨ -ed 2〛

córner hìt *n.*〘ホッケー〙コーナーヒット《守備側が最後に触れたパックが自陣のゴールラインを越えたとき, 攻撃側に与えられるフリーヒット》. 〚1907〛

córner kìck *n.*〘サッカー〙コーナーキック《守備側が最後に触れたボールが自陣のゴールラインを越えたとき, 攻撃側に与えられるコーナーからのフリーキック》. 〚1882〛

córner·màn /-mæ̀n, -mən/ *n.* (*pl.* **-men** /-mèn, -mən/) **1**《英》(町角をふらつく)街の不良, 与太者. **2 a**〘アメフト〙=cornerback. **b**〘バスケットボール〙前衛, フォワード《コーナーでプレイすることが多い》. **3**《英》=end man 2. 〚1873〛

córner òffice *n.* 建物の 4 隅にあるオフィス《窓も多くとれ, 重役の部屋とされる》.

córner shòp *n.*《英》(街角などにある)小売店《食料品・たばこ・アルコール類などを売っている日用雑貨店》. 〚1278–79〛

cor·ner·stone /kɔ́ːnəstòun | kɔ́ːnəstəun/ *n.* **1**〘建築〙(建物の出隅に据える)隅石 (quoin); (特に)隅の親石, 礎石《中空にして記念の文書などを入れて起工式に据える; cf. foundation stone 1》: lay the ～ of …の定礎式を挙げる. **2** 基礎, 土台 (base); 柱石: be a ～ of the State 国家の柱石となる / lay the ～ of a philosophical system 哲学体系の基礎を据える. **3** 必要不可欠の人[もの]. 〚*c*1280〛

córner tàble *n.* (部屋のコーナーに設置する)三角テーブル《同じ大きさの垂板が付き, 拡げると方形のテーブルに変わる; handkerchief table ともいう》. 〚1924〛

córner·wàys *adv.* =cornerwise. 〚1922〛

córner·wìse *adv.* 角をなすように[突き出して]; 筋違いに; 斜めに. 〚(1474) ← CORNER + -WISE〛

cor·net[1] /kɔːnét | kɔ́ːnɪt/ *n.* **1 a** コルネット《トランペットに似てそれよりも小型の吹奏楽用金管楽器; 三つの piston (バルブ)があるので cornet-à-pistons ともいう》. **b** コルネット《ルネサンス期の木管楽器》. **c** (オルガンの)コルネット音栓. **2** コルネット奏者 (cornetist). **3** /kɔ́ːnɪ̩t, kɔːnét | kɔ́ːnɪt/ **a** コルネット[円錐]形のもの. **b** (乾物屋などで使う)三角袋. **c**《英》=ice-cream cone a. **d** コルネ《生クリームなどを詰めた円錐形の菓子; ハムなどを円錐形に巻いた料理》. 〚(*a*1375) *cornette* □ (O)F *cornet* (dim.) ← *corn* < L *cornū* 'HORN': ⇨ -et〛

cornet[1] 1 a

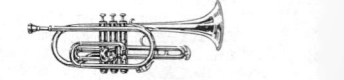

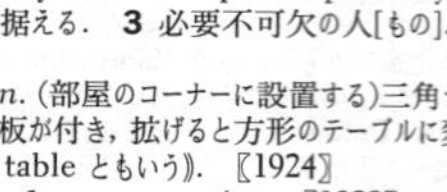

cor·net[2] /kɔːnét | kɔ́ːnɪt/ *n.* **1 a** (愛徳修道会 (Sister of Charity) の修道女がかぶる)大白頭巾(ᶻᵘᵏⁱⁿ). **b** コルネット《女性の頭飾りまたは帽子で, 薄布で作られレースやリボンの垂れ布の装飾がある; 15–18 世紀頃使用され, 時代によりスタイルが変わった》. **c** (コルネットの)レースやリボンの垂れ布 (lappet). **2**《英古》騎兵旗手《昔の英国陸軍における騎兵隊士官の最下階級; cf. ensign》. **3**〘海事〙(海軍の)信号旗 (signal pennant). 〚(*a*1547) □ F *cornette* (dim.) ← *corne* < VL **corna(m)* = L *cornua* (pl.) ← *cornū* (↑): ⇨ -ette〛

cor·net-à-pis·tons /kɔːnétəpístənz | kɔ́ːnɪtə-; *F.* kɔʀnɛapistɔ̃/ *n.* (*pl.* **cornets-** /～, -néts-/; *F.* kɔʀnɛza-pistɔ̃/) =cornet[1] 1 a. 〚(1837) □ F ～ 'cornet with piston'〛

cor·net·cy /kɔ́ːnɪ̩tsi | kɔ́ːnɪtsi/ *n.*《英古》騎兵旗手職

[役]. 〘(1761): ⇨ cornet², -cy〙

cornét·fìsh *n.* 〘魚類〙ヤガラ《熱帯海域にすむヤガラ科の吻(ふん)の細長い魚の総称; flutemouth ともいう》. 〘⇨ cornet¹: 吻が長いところから〙

cor·nét·ist /-tɪ̈st | -tɪst/ *n.* コルネット(独)奏者. 〘(1881) ← CORNET¹+-IST〙

cor·nett /kɔənét | kɔːnɪt/ *n.* =cornet¹ 1 b.

cor·nette /kɔənét | kɔː-/ *n.* =cornet¹ 1.

cor·net·tist /kɔənétɪ̈st | kɔːnétɪst, kɔ́ːnɪt-/ *n.* = cornetist.

cor·net·to /kɔənétoʊ | kɔːnétəʊ; *It.* kornétto/ (*pl.* **-net·ti** /-tiː; *It.* -ti/) =cornet¹ 1 b. 〘1876〙

Cor·net·to /kɔənétoʊ | kɔːnétəʊ/ *n.* 〘商標〙コルネット《コーンにクリーム・チョコレート・ナッツが入ったアイスクリーム》.

córn exchànge *n.* 《英》穀物取引所. 〘1794〙

córn fàctor *n.* 《英》穀物問屋, 穀物仲買商. 〘1699〙

córn-fèd *adj.* **1** 〈家畜など〉トウモロコシ[穀物]で養った. **2** 太った, 肥えた (plump). **3** 《俗》田舎じみた; 粗野な. 〘*a*1400〙

córn·fìeld *n.* **1** 《米》トウモロコシ畑. **2** 《英》麦畑. 〘1: 1523; 2: 1608〙

córnfield ànt *n.* 〘昆虫〙北米産の暗褐色のケアリの一種 (*Lasius alienus*) 《corn-root aphid をトウモロコシや綿に運ぶ》.

córn flàg *n.* 〘植物〙 **1** =gladiolus 1. **2** =yellow iris. 〘1578〙

córn·flàkes *n. pl.* コーンフレーク《トウモロコシの粗挽き粉で作った薄片状の加工食品; 牛乳と砂糖をかけて通例朝食に食べる》. 〘1907〙

córn·flòur *n.* **1** トウモロコシ粉. **2** 《英》=cornstarch. 〘1791〙

córn·flòwer *n.* **1** 〘植物〙 **a** =corncockle. **b** ヤグルマギク (*Centaurea cyanus*) 《bluebottle ともいう; cf. bachelor's button》. **c** =strawflower 2. **2** 赤みを帯びた青色《ヤグルマギクの花の色; cornflower blue ともいう》. 〘(1527) 穀物畑に生えることから〙

Corn·forth /kɔ́ənfəθ, -fɔəθ | kɔ́ːnfɔːθ/, **Sir John War·cup** /wɔ́əkʌp | wɔ́ː-/ *n.* コーンフォース《1917– ; オーストラリア生まれの英国の化学者; ノーベル化学賞 (1975)》.

córn grìts *n. pl.* [単数または複数扱い] 《米》ひき割りトウモロコシ (hominy). 〘1822〙

córn gròmwell *n.* 〘植物〙イヌムラサキ (*Lithospermum arvense*) 《ヨーロッパ原産のムラサキ科の小さな一年草; 花は白い; bastard alkanet ともいう》.

córn·hùsk *n.* 《米》トウモロコシの皮. 〘1808〙

córn·hùsker *n.* 《米》トウモロコシの皮をむく人[機械]. 〘1871〙

Córnhusker Stàte *n.* [the ~] 米国 Nebraska 州の俗称. 〘トウモロコシを多く産することから〙

córn·hùsking *n.* 《米》 **1** トウモロコシの皮むき. **2** = husking bee. 〘1692〙

cor·nice /kɔ́ənɪ̈s | kɔ́ːnɪs/ *n.* **1** 〘建築〙 **a** コーニス, 軒蛇腹(じゃばら) 《entablature の最上部を構成する突出部》. **b** (室内で, 天井と壁の境の)蛇腹. **c** (カーテン金具を隠す)カーテンボックス. **2** 〘登山〙雪庇(せっぴ) 《絶壁のがけ端にひさし状に凍りついている雪や雪氷の層》. — *vt.* …に(軒)蛇腹[コーニス]を付ける. 〘(1563) □ F 《廃》 ~ □ It. *cornice* 《混成》? ← L *cornic-*, *cornix* crow + Gk *korōnís* coping stone〙

cor·niche /kɔəníːʃ | kɔːníːʃ, ⌐—; *F.* kɔʀniʃ/ *n.* 崖っぷちの道; (眺めのよい)海岸道路 (corniche road ともいう). 〘(1837) □ F ← 《原義》 cornice □ It. *cornice* (↑)〙

cor·ni·chon /kɔ́ənɪʃɑ̀(ː)n | kɔ́ːnɪʃɔ̀n/ *n.* **1** 小キュウリのピクルス; (ピクルス用の)小キュウリ. **2** [C-] コルニション (ブドウ) 《ビニフェラ種の食用黒ブドウ》.

cor·ni·cle /kɔ́ənɪkl | kɔ́ːnɪ-/ *n.* 〘昆虫〙背管《アリマキの腹部の端から出ている角状管(誤って蜜管 (honey tube) といわれていた)で, ここから蠟(ろう)質の物質が分泌して外敵を防ぐ》. 〘(1646) □ L *corniculum* little horn ← *cornū* 'HORN': ⇨ -cle〙

cor·nic·u·late /kɔəníkjʊlɪ̈t, -lèɪt | kɔː-/ *adj.* **1** 角(つの)のある; 小角状突起のある. **2** 角の; 角に似た. 〘(1647) ← L *corniculum* (↑) + -ATE²〙

cornículate cártilage *n.* 〘動物〙小角軟骨. 〘*c*1909〙

cor·ni·fi·ca·tion /kɔ̀ənəfɪ̈kéɪʃən | kɔ̀ːnɪ̈fɪ-/ *n.* 〘動物〙角質化, 角化. 〘(*a*1843) ← L *cornū* 'HORN' + -FICATION〙

cor·ni·fy /kɔ́ənəfàɪ | kɔ́ːnɪ̈-/ *vi.* 角質化する. 〘((1611)) (1859) ← L *cornū* (↑) + -FY〙

Córn·ing Wàre /kɔ́ənɪŋ- | kɔ́ː-/ *n.* 〘商標〙コーニングウエア《米国 Corning 社製のガラス製調理用器; 通例白色で, 耐熱性・耐久性に優れる》.

Cor·nish /kɔ́ənɪʃ | kɔ́ː-/ *adj.* **1** 英国コーンウォール (Cornwall) の. **2** コーンウォール人[語]の. — *n.* **1** コーンウォール語《ケルト語の方言で 18 世紀まで話されていた》. **2 a** コーニッシュ《英国産の肉用のニワトリの一品種》. **b** (コーニッシュとプリマスロック (Plymouth Rock) を掛け合わせた)小形のニワトリ (Rock Cornish). **3** [the ~; 複数扱い] コーンウォール人. 〘(?*a*1400) ← CORN(WALL) + -ISH¹ ∞ ME *Cornwalish*〙

Córnish créam *n.* Cornwall 地方特産の凝固した濃厚なクリーム (clotted cream). 〘1905〙

Córnish·man /-mən/ *n.* (*pl.* **-men** /-mən, -mèn/) コーンウォール人. 〘1404〙

Córnish pásty *n.* 〘料理〙調理した肉や野菜を, 小麦粉を生地で半円形に包んで焼いた Cornwall 地方のパイ. 〘1877〙

Córnish splìt *n.* =Devonshire split.

Córnish stóne *n.* コーンウォール石《英国の Cornwall と Devonshire に広範囲に産出する陶石で, 英国の陶磁器に多量に用いられる》. 〘1695〙

córn jùice *n.* =corn whiskey. 〘*a*1848〙

córn·lànd *n.* 穀類生産に適した土地, 穀倉地. 〘1387〙

Córn Làws *n. pl.* [the ~] (英国の)穀物法《穀類の輸入に重税を課した法律; 15 世紀以来数回発布されたが, 特に 1816 年制定のものは国民の不満を招き, Anti-Corn-Law League が結成されて, 1846 年廃止》. 〘1766〙

córn-leaf àphid *n.* 〘昆虫〙トウモロコシアブラムシ (*Rhopalosiphum maidis*) 《穀類の花穂に寄生し大害を与える》. 〘*c*1939〙

córn lìly *n.* 〘植物〙=ixia.

córn lìquor *n.* =corn whiskey.

córn·lòft *n.* 穀倉 (granary). 〘1611〙

córn màrigold *n.* 〘植物〙アラゲシュンギク, リュウキュウシュンギク, クジャクギク (*Chrysanthemum segetum*) 《ヨーロッパ・アジアの穀物畑に生えるキク科キク属の雑草; ヒナギクに似た一年草; 花は白または黄》. 〘1597〙

córn màrket *n.* 《英》穀物市場. 〘*c*1436〙

córn màyweed *n.* 〘植物〙 **1** キゾメカミルレ (field chamomile). **2** イヌカミルレ (*Matricaria inodora*) 《ヨーロッパ原産の白い花が咲くキク科の一年草》.

córn·mèal *n.* **1** 《英》ひき割り穀粉《つぶし麦・ひき割り麦など》. **2** 《米》ひき割りトウモロコシ, コーンミール (Indian meal). **3** 《スコット》=oatmeal. 〘1749〙

córn mìll *n.* **1** 《英》(小麦の)製粉機 (flour mill). **2** 《米》トウモロコシ粉砕機. 〘1523〙

córn mìnt *n.* 〘植物〙ハッカ (*Mentha arvensis*). 〘1551〙

córn-mòth *n.* 〘昆虫〙コクガ (*Tinea granella*) 《ヒロズコガ科の昆虫; 幼虫は穀物や穀粉およびその製品を食害する; field mint ともいう》. 〘1766〙

Corno *n.* ⇨ Monte Corno.

córn òil *n.* コーンオイル, トウモロコシ油《トウモロコシの穀粒の胚芽からとった淡黄色の油; サラダ油・石鹸などに使う; maize oil ともいう》. 〘1900〙

cor·no·pe·an /kɔ̀ənəpíːən | kɔː-/ *n.* **1** 《英》コルネット (cornet). **2** (オルガンの)コルネット音栓. 〘(1837) □ It. ~ ← *corno* (< L *cornū* 'HORN') + *pean* (⇨ paean)〙

córn pàrsley *n.* 〘植物〙ヨーロッパ産のセリ科の野生のパセリの一種 (*Petroselinum segetum*). 〘1861〙

córn pìcker *n.* 《米》トウモロコシ刈取機《立っているトウモロコシの茎から穂をとり皮をはがす》. 〘1859〙

córn pòne *n.* 《米南部・中部》トウモロコシパン (corn bread) 《特に牛乳・卵などを加えず, 手のひらでまとめた素朴なパン; 単に pone ともいう》. 〘1859〙

córn pòppy *n.* 〘植物〙ヒナゲシ (*Papaver rhoeas*) 《ヨーロッパ原産のケシ科の一年草; 観賞用に植えるが穀物畑の雑草としても広がる; 第一次大戦後は戦没者の象徴; field poppy, Flanders poppy, coquelicot ともいう》. 〘*c*1859〙

córn-ròot àphid *n.* 〘昆虫〙北米産のオマルアブラムシの一種 (*Anuraphis maidiradicis*) 《トウモロコシや綿の根を食い, 移住や保護は cornfield ant に頼る》.

córn ròotworm *n.* 〘昆虫〙北米産ハムシモドキ科 *Diabrotica* 属のウリハムシの一種《その幼虫はトウモロコシなどの根を食害する》. 〘1892〙

córn ròse *n.* 〘植物〙 **1** =corn poppy. **2** =corncockle. 〘1527〙

córn·ròw /-ròʊ | -rəʊ/ 《米》 *vt., vi.* (髪を)コーンロー型に編む. — *n.* コーンロー型《幾つもに分けた髪を細長く編んで, 頭の左右に並べまたは垂らしたカリブ海地域の黒人のヘアスタイル》. 〘(1769) ← CORN¹ + ROW¹〙

córn sàlad *n.* 〘植物〙ノヂシャ (*Valerianella olitoria*) 《ヨーロッパ原産のオミナエシ科の多年草でサラダ用に栽培; lamb's lettuce ともいう》. 〘(1597) 穀物畑に自生することから〙

córn shòck *n.* 《米》(乾燥させるための)トウモロコシの刈り束の山. 〘1583〙

córn shùck *n.* 《米》トウモロコシの皮. 〘*a*1860〙

córn sìlk *n.* 《米》トウモロコシの毛《絹糸状の花柱; 受粉の働きをする; もと利尿剤として使われた》. 〘1861〙

córn smùt *n.* 《米》〘植物病理〙トウモロコシの黒穂病《クロボ菌 (*Ustilago*) がトウモロコシに寄生し種子を黒変させ, 炭状のこぶができる》. 〘1883〙

córn snàke *n.* 〘動物〙アカダイショウ (*Elaphe guttata*) 《北米産の無毒のヘビ; 黄または灰色の地に赤い斑点がある》. 〘(1676) トウモロコシ畑によくいることから〙

córn snòw *n.* 《米》〘スキー〙ざらめ雪 (spring corn, spring snow ともいう; cf. powder snow). 〘1935〙

córn spèedwell *n.* 〘植物〙タチイヌノフグリ (*Veronica arvensis*).

córn spùrry *n.* 〘植物〙ノハラツメクサ (⇨ spurry). 〘1771〙

córn·stàlk *n.* **1** 《英》麦の茎. **2** 《米》トウモロコシの茎. **3** 《豪口語》 **a** [しばしば C-] オーストラリア先住民. **b** やせたのっぽ《オーストラリア生まれの白人のあだ名》. 〘(1827)〙 〘1645〙

córn·stàrch *n.* 《米》コーンスターチ (《英》cornflour) 《トウモロコシからとった澱粉; プディングや煮汁, ソースなどにとろみをつける; また糊料としても用いる》. 〘1853〙

córn·stìck *n.* コーンスティック《トウモロコシの穂の形に焼いたトウモロコシ粉のマフィン; 米国南西部で作られる》.

córn·stòne *n.* 〘岩石〙コーンストーン《赤と緑の斑点のある石灰岩; 英国の旧赤色砂岩 (Old Red Sandstone) の下層にある》. 〘1819〙

córn sùgar *n.* 〘化学〙=dextrose. 〘1850〙

córn sỳrup *n.* 《米》コーンシロップ《トウモロコシの澱粉を部分加水分解して作るシロップ》. 〘1903〙

cor·nu /kɔ́ənuː, -njuː | kɔ́ːnjuː/ *n.* (*pl.* **-nu·a** /-nuːə, -njuːə | -njuːə/) **1** 角(つの) (horn). **2** 〘解剖〙角; 角状突起. **cór·nu·al** /-njuəl/ *adj.* 〘(1691) □ L *cornū* 'HORN'〙

C

cor·nu·co·pi·a /kɔ̀ənəkóʊpiə, -njʊ- | kɔ̀ːnjʊkə́ʊ-/ *n.* **1** 〘ギリシャ神話〙豊饒(ほうじょう)の角(つの) 《幼い Zeus に乳を与えたやぎ Amalthea の角; その所有者が欲しい物はなんでも豊富に作りだす; horn of plenty ともいう》. **2 a** 角の中から花や果物や穀物があふれ出ている形を表した絵や彫刻《物の豊かな象徴》. **b** 豊かな蓄え; 豊富, 豊饒 (abundance). **3 a** 角(つの)形[円錐形]の容器. **b** (キャンデーなどを入れる)三角形の紙袋. **còr·nu·có·pi·an** /-piən⁻/ *adj.* 〘(1508) □ LL *cornūcōpia* = L *cornū cōpiae* horn of plenty: ⇨ cornu, copious〙

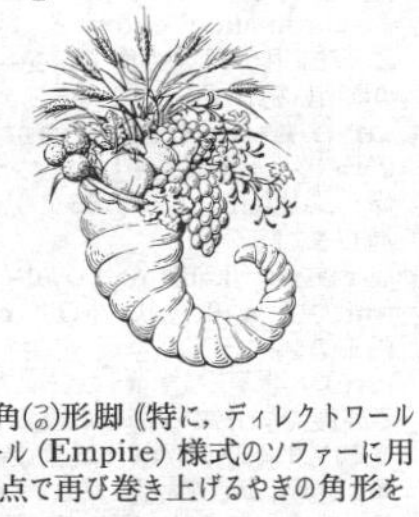

cornucopia 2 a

cornucópia lèg *n.* 角(つの)形脚《特に, ディレクトワール (Directoire) およびアンピール (Empire) 様式のソファーに用いられた下方へ湾曲し, ある点で再び巻き上げるやぎの角形をした短い脚》.

cornucópia sòfa *n.* 脚部を豊饒の角形に彫刻したアンピール (Empire) 様式のソファー.

cor·nus /kɔ́ənəs | kɔ́ː-/ *n.* 〘植物〙=cornel; [C-] ミズキ属.

Cór·nu spíral /kɔ́ənuː-, -njuː- | kɔ́ːnjuː-; *F.* kɔʀny-/ *n.* 〘物理〙コルニュらせん《Cornu が導いた, 二つのある関数の対応する積分値を直交座標の横軸・縦軸にプロットした時に, 一, 三象限に生じる原点に関し対称ならせん図形で, フレネル回折 (Fresnel diffraction) の計算に用いられる》. 〘← *Marie A. Cornu* (1841–1902: フランスの物理学者)〙

cor·nute /kɔənúːt, -njúːt | kɔːnjúːt/ *adj.* =cornuted. — *vt.* 《古》〈妻が〉〈夫〉に不義をする. 〘□ L *cornūtus* ← *cornū* 'HORN'〙

cor·nút·ed /-tɪ̈d | -tɪ̈d/ *adj.* **1** 角(つの)のある, 角状突起のある; 角状の. **2** 《古》〈夫が〉〈妻に〉不義をされた, 間男された (cuckold). 〘(1612): ⇨ ↑, -ed 2〙

cor·nu·to /kɔənúːtoʊ, -njúː- | kɔːnjúːtəʊ; *It.* kornúːto/ *n.* (*pl.* ~**s**) 《古》寝取られ[間男された]男 (cuckold). 〘(*a*1439) □ It. ~ 《原義》the horned one ← L *cornūtus* (⇨ cornute)〙

Corn·wall /kɔ́ənwɔːl, -wɑːl | kɔ́ːnwɔːl, -wəl/ *n.* コーンウォール: **1** イングランド南西端の州; Great Britain 島の最西端 Land's End と最南端 Lizard Point がある; 古くから Celt 文化が開け, 風光の美と歴史的遺跡に富む; 面積 3,549 km², 州都 Truro /trʊ́ᵊroʊ | trʊ́ərəʊ/; 正式名 Cornwall and Isles of Scilly; cf. Cornish. **2** カナダ Ontario 州南東部, St. Lawrence 川に臨む町. 〘← OE *Cornwēalas* 《原義》the Welsh people in Cornwall ← OCelt. **Kornovjos* ← L *cornū* 'HORN' (cf. Celt. *corn* horn, headland): ⇨ Welsh〙

Corn·wal·lis /kɔənwɑ́(ː)lɪ̈s | kɔːnwɔ́lɪs/, **Charles** *n.* コーンウォリス《1738–1805; 英国の将軍・政治家; 米国独立戦争鎮圧に派遣されたが, 1781 年 10 月 19 日 Virginia 州の Yorktown で Washington に降伏, のちインド総督 (1786–94, 1805), アイルランド総督 (1789–1801) として功績を残した; 称号 1st Marquis Cornwallis》.

córn whìskey *n.* 《米》コーンウイスキー《トウモロコシを原料の 80% 以上用いて発酵させ蒸留して造るウイスキー; cf. bourbon whiskey》. 〘1780〙

corn·y¹ /kɔ́əni | kɔ́ː-/ *adj.* (**corn·i·er, -i·est; more ~, most ~**) **1** 穀類の; 穀物の多い. **2** 《口語》 **a** つまらない, ばかげた, 古くさい (cf. corn¹ *n.* 7 a): a ~ joke. **b** 郷愁を誘うような, (わざとらしく)感傷的な, メロドラマ的な, 型通りのお涙ちょうだい式の (cf. corn¹ *n.* 7 b, sweet 5). **3** 《古》麦芽の味が強い. **córn·i·ly** /-nəli, -nḷi | -nɪ̈li, -nḷi/ *adv.* **córn·i·ness** *n.* 〘(*c*1390) ← CORN¹ + -Y¹〙

corn·y² /kɔ́əni | kɔ́ː-/ *adj.* (**corn·i·er, -i·est; more ~, most ~**) うおのめ[たこ]の(ような); うおのめ[たこ]のできた. 〘(1707) ← CORN² + -Y¹〙

cor·o·dy /kɔ́(ː)rədi, kɑ́(ː)r- | kɔ́rədi/ *n.* **1** 〘歴史〙(元来は領主が領地内を巡視する際に家臣から提供される衣食住などの)受領権. **2** (修道院などからの衣食住の)支給(物). 〘(1412) □ AF *corodie* // ML *corrōdium*, *corrēdium* provision ← OF *conreer* (F *corroyer*) to prepare, furnish: cf. curry²〙

co·ro·jo /kəróʊhoʊ | -rə́ʊhəʊ; *Am.Sp.* koróho/ *n.* (*pl.* ~**s**) =corozo.

corol 《略》corollary.

cor·o·lit·ic /kɔ̀(ː)rəlítɪk, kɑ̀(ː)r- | kɔ̀rəlít-⁻/ *adj.* 〘建築〙《柱が》葉飾りの施された. 〘□ F *corollitique* ← *corolle* < L *corollam*: ⇨ corolla; -itic〙

coroll 《略》corollary.

co·rol·la /kəróʊlə, -rɑ́(ː)lə | -rɔ́lə, -rə́ʊ-/ *n.* 〘植物〙花冠 (cf. calyx). 〘(1671) □ L ~ (dim.) ← *corōna* 'CORONA, CROWN'〙

cor·ol·la·ceous /kɔ̀(ː)rəléɪʃəs, kɑ̀(ː)r- | kɔ̀r-⁻/ *adj.* 〘植物〙花冠のある, 花冠状の. 〘(1775): ⇨ ↑, -aceous〙

cor·ol·lar·y /kɔ́(ː)rəlèri, kɑ́(ː)r- | kərɔ́ləri/ *n.* **1 a** 自

然[当然]に引き出せる結論; (必然的な)結果 (result). **b** 付随するもの, 付随物. **2** 推論 (inference). **3** 〘数学〙系《定理から自然に引き出される付随的な結論》. — *adj.* **1** 結果として生じる; 結果の (resultant). **2** 付随する, 付随して生じる. 〖(c1380) *corolarie* ◻ LL *corollārium* corollary, (L) money paid for a garland, gift ← L *corolla*: ⇨ corolla, -ary〗

C

co·rol·late /kərɑ́(ː)leɪt, kɔ́(ː)rəlèɪt, kɑ́(ː)r-, -lɪ̀t | kəróleɪt, kɔ́rəlèɪt, -lɪ̀t/ *adj.* 〘植物〙花冠 (corolla) のある. 〖(1864) ← COROLLA + -ATE²〗

co·rol·lat·ed /kərɑ́(ː)leɪtɪ̀d, kɔ́(ː)rəlèɪt-, kɑ́(ː)r- | kəróleɪt-, kɔ́rəlèɪt-/ *adj.* 〘植物〙=corollate. 〖1864〗

cor·o·man·del /kɔ̀(ː)rəmǽndl̩, kɑ̀(ː)r- | kɔ̀rə(ʊ)-/ *n.* **1** 〘植物〙 **a** クロガキ (*Diospyros melanoxylon*)《東インド産カキノキ科コクタンの類の植物; 家具や楽器などの用材になる; coromandel ebony ともいう》. **b** =calamander. **2** 装飾用うるし《中国で開発され, 沈み彫りで屏風絵を描くのに用いる》. 〖(1845) ↓〗

Cór·o·man·del Cóast /kɔ́(ː)rəmæ̀ndl̩-, kɑ́(ː)r- | kɔ́rə(ʊ)-/ *n.* [the ~] コロマンデル海岸《インドの南東海岸; Calimere /kǽləmìə | -lɪ̀miə(r)/ 岬から Kistna 川の河口まで》.

co·ro·na /kəróʊnə | -rə́ʊ-/ *n.* (*pl.* ~s, **co·ro·nae** /-niː/) **1 a** 王冠状のもの. **b** (教会堂の天井からつるす)円形のシャンデリア. **c** 聖職者の剃髪の丸い剃りあと (tonsure). **2** 〘天文〙 **a** コロナ, 光冠《太陽光球外方にひろがる高温できわめて希薄なガス体, 皆既日食で見られる》. **b** 光輪《北極光の収斂(しゅうれん)によって生じる光の輪》. **3** 〘気象〙光環, かさ《太陽・月のすぐ回りに見られる光輪で気象学的な現象; cf. halo 1》. **4** 〘建築〙頂冠帯, コロナ《軒のコーニス (cornice) の突出部》. **5** 〘動物・解剖〙(頭・歯などの)冠(かん) (crown). **6** 〘植物〙(スイセンなどにみられる)副花冠, 副冠. **7** 〘電気〙=corona discharge. **8** [C-]〘商標〙コロナ《端が細くなっていない長くまっすぐな葉巻》. **9** 〘カトリック〙ロザリオの五つの玄義. **10** 〘教会〙司教冠などの下部をかこむ黄金色の線. **11** 〘金属加工〙(点溶接した周辺の)盛り上り. 〖(1563) ◻ L *corōna* crown: CROWN と二重語〗

Co·ro·na *n.* 〘商標〙コロナ《メキシコ産のビール; ライムを添えることが多い》.

Coróna Aus·trál·is /-ɔːstréɪlɪ̀s, -ɑːs- | -ɔːstréɪlɪs, -ɔs-/ *n.* 〘天文〙みなみのかんむり(南冠)座《さいだん座 (Ara) とくじゃく座 (Pavo) の間にある南天の小星座; the Southern Crown ともいう》. 〖◻ L *Corōna Austrālis* Southern Crown〗

Coróna Bo·re·ál·is /-bɔ̀ːriǽlɪ̀s, -ɑ́ːl- | -éɪlɪs, -ɑ́ːl-/ *n.* 〘天文〙きたのかんむり(北冠)座《うしかい座 (Boötes) とヘルクレス座 (Hercules) との間にある小星座; the Northern Crown ともいう》. 〖◻ L *Corōna Boreālis* Northern Crown〗

cor·o·nach /kɔ́(ː)rənək, kɑ́(ː)r-, -nəx | kɔ́rənək, -nəx, -næk/ *n.* コロナッハ《スコットランド・アイルランドで, バグパイプで歌わ[演奏され]る葬い歌[哀悼歌, 挽歌]; その歌い手. 〖(1500-20) ◻ Gael. *corranach* ← *comh-* together + *rānach* wailing〗

coróna dìscharge *n.* 〘電気〙コロナ放電《高圧送電線などの高電界部分の局部的な放電による放電で, 雑音や送電損失の原因となる; 周囲のガスがイオン化して起こる; cf. St. Elmo's fire》. 〖1918〗

Co·ro·na·do /kɔ̀(ː)rənɑ́ːdoʊ, kɑ̀(ː)r- | kɔ̀rənɑ́ːdəʊ; Sp. koɾonáðo/, **Francisco Vás·quez de** /báskeθde/ *n.* コロナド (1510-?54; スペインの探検家; 米国南西部を探検した).

coronae *n.* corona の複数形.

coronae radiatae *n.* corona radiata の複数形.

co·ro·na·graph /kəróʊnəgræ̀f | -rə́ʊnəgrɑ̀ːf, -græ̀f/ *n.* 〘天文〙コロナグラフ《皆既日食時外にコロナを観測する望遠鏡[装置]》. 〖(1885) ← CORONA + -GRAPH〗

cor·o·nal /kɔ́(ː)rənl̩, kɑ́(ː)r-, kəróʊ-, kəróʊ-/ *adj.* **1** 王冠の. **2** /kəróʊnl̩ | -rə́ʊ-/〘天文〙コロナの, 光環の. **3** 〘解剖〙 **a** 頭頂の; 冠の. **b** 冠状縫合の[に沿った]. **4** 〘植物〙花冠の; 副冠の. **5** 〘音声〙 **a** =apical 2. **b** =retroflex 2. — /kɔ́(ː)rənl̩, kɑ́(ː)r- | kɔ́r-/ *n.* **1** 〘詩〙(宝石・黄金などでできた位階を表す)飾環, 宝冠 (circlet, coronet). **2** (頭につける)花冠. **3** 〘解剖〙=coronal suture. 〖(c1330) ◻ AF ~ ◻ L *corōnālis* of a crown: ⇨ corona, -al¹〗

córonal pláne *n.* 〘解剖〙冠状面《身体を前部と後部に分ける想像上の平面》.

córonal súture *n.* 〘解剖〙冠状縫合. 〖1615〗

coróna ra·di·á·ta /-rèɪdiéɪtə, -ɑ́ːtə | -diéɪtə, -ɑ́ːtə/ *n.* (*pl.* **coronae ra·di·a·tae** /-éɪtiː, -ɑ́ːtaɪ/)〘解剖〙放線冠. 〖(1869) ← NL *corōna radiāta*: ⇨ corona, radiate〗

cor·o·nar·y /kɔ́(ː)rənèri, kɑ́(ː)r- | kɔ́rənəri/ *adj.* **1** 〘解剖〙 **a** 心臓の: ~ trouble 心臓病. **b** 冠状の. **c** 冠状血管[動脈]の. **2** 冠 (crown) の, 冠状の: a ~ laurel 月桂冠. **3** 〘植物〙花冠の; 副冠の. — *n.* **1** 〘病理〙=coronary thrombosis. **2** 〘解剖〙 **a** =coronary artery. **b** =coronary vein. 〖(1610) ◻ L *corōnārius*: ⇨ corona, -ary〗

córonary ártery *n.* 〘解剖〙冠状動脈《大動脈から左右二手に分かれた動脈で心臓に血液を供給する》. 〖1741〗

córonary býpass *n.* 〘解剖〙冠状動脈バイパス.

córonary cáre ùnit *n.* 〘医学〙冠(状)(動脈)疾患集中治療棟, 冠疾患(監視)病室 (略 CCU).

córonary cúshion [**bánd**] *n.* 〘獣医〙蹄冠(帯), 馬蹄輪《coronary ring, hoof ring ともいう》.

córonary héart disèase *n.* 〘医学〙冠(状)動脈性疾患 (略 CHD).

córonary insufficiency *n.* 〘病理〙冠(動脈)不全《心臓発作・狭心症の症状を呈する》.

córonary occlúsion *n.* 〘病理〙冠(状)動脈閉塞(へいそく)(症). 〖1946〗

córonary ríng *n.* 〘獣医〙=coronary cushion.

córonary sínus *n.* 〘解剖〙冠状(静脈)洞. 〖1831〗

córonary súture *n.* 〘解剖〙冠状縫合.

córonary thrombósis *n.* 〘病理〙冠(状)動脈血栓(症)《アテローム性動脈硬化症の結果起こり, 激痛を伴う; cf. myocardial infarction》. 〖1926〗

córonary véin *n.* 〘解剖〙(心臓の)冠(状)静脈. 〖c1828〗

cor·o·nate /kɔ́(ː)rənèɪt, kɑ́(ː)r- | kɔ́r-/ *vt.* …に冠を戴かせる (crown). — *adj.* 〘生物〙=coronated. 〖(1623) ◻ L *corōnātus* (p.p.) ← *corōnāre* 'to CROWN': ⇨ corona, -ate²·³〗

cór·o·nàt·ed /-tɪ̀d | -tɪ̀d/ *adj.* 〘生物〙冠または副花冠 (corona) を戴く, 冠状部のある. 〖(1676): ⇨ ↑, -ed 2〗

cor·o·na·tion /kɔ̀(ː)rənéɪʃən, kɑ̀(ː)r- | kɔ̀r-/ *n.* **1 a** 戴冠式, 即位式. **b** 戴冠(たいかん); 即位. **c** (美人コンテストなどの優勝者への)冠の授与. **2** 完成をもたらすもの. 〖(c1400) ◻ (O)F ~ // ML *corōnātiō(n-)*: ⇨ coronate, -ation〗

coronátion óath *n.* 戴冠式の宣誓《帝王が戴冠式に際して憲法および法律を守ることなどを誓う》. 〖1709〗

Coronátion Stóne *n.* [the ~] 即位の石 (⇨ the Stone of SCONE).

Coronátion Strèet *n.* 「コロネーション通り」《イギリスの長寿テレビドラマ》.

coróna·vìrus *n.* 〘医学〙コロナウイルス《呼吸器感染症を起こすコロナの形をしたウイルス》.

cor·o·ner /kɔ́(ː)rənə, kɑ́(ː)r- | kɔ́rənə(r)/ *n.* **1** 検視官《変死などの原因を調査する; 検視 (coroner's inquest) は検視陪審 (coroner's jury) の立ち会いのもとで行われる; cf. procurator fiscal》. ★ 米国のいくつかの州ではこの呼称は廃して medical examiner という. **2** (もと英国の)訴訟補佐官, 王室財産管理官《中世に国王裁判所関係の訴訟の準備作業を行うとともに, 国王に帰属する変死人の財産や漂着物・難破物などの管理にあたった》. 〖(?c1350) ◻ AF *cor(o)uner* officer of the crown ← OF *corone* 'CROWN'〗

córoner·shìp *n.* 検視官の職[任期]. 〖(1447-48): ⇨ ↑, -ship〗

córoner's ínquest *n.* 検視《検視法廷で行われる死因調査》. 〖1836〗

cor·o·net /kɔ́(ː)rənɪ̀t; kɑ̀(ː)r- | kɔ́rənɪ̀t, -nèt, kɔ̀rənét/ *n.* **1** (君主の下の位の貴族・王族がつける小型の)宝冠, コロネット. **2 a** コロネット状のもの. **b** (女性の礼装用の)冠状頭飾り. **c** 花冠. **d** (馬の)蹄冠《ひづめのすぐ上の皮の部分》. **e** 〘動物〙コロネット《シカの枝角の基部にある環状の部分》. **3** 〘建築〙ドアや窓などの上の方にペディメント (pediment) のように施す装飾. **4** 〘紋章〙宝冠図形. **coronét of ránk** 〘紋章〙位階(王・皇太子・王妃・公・伯など)を示す宝冠図形《achievement のアクセサリーに使用》. 〖(c1350) *corounet* ◻ OF *coronet(t)e* (dim.) ← *corone* 'CROWN': ⇨ -et〗

córonet bráid *n.* 編んで宝冠のように戴せる髪形.

cor·o·net·ed /kɔ̀(ː)rənétɪ̀d, kɑ̀(ː)r- | kɔ̀rənétɪ̀d, ←―, kɔ́rənɪ̀t-/ *adj.* (*also* **cor·o·net·ted** /~/) **1** 宝冠を戴いた. **2** 貴族の. 〖(1748) ← CORONET + -ED 2〗

cor·o·ni·tis /kɔ̀(ː)rənáɪtɪ̀s, kɑ̀(ː)r- | kɔ̀rənáɪtɪs/ *n.* 〘獣医〙蹄冠炎. 〖(1890) ← *coron(ary cushion)* + -ITIS〗

co·ro·no·graph /kəróʊnəgræ̀f | -rə́ʊnəgrɑ̀ːf, -græ̀f/ *n.* 〘天文〙=coronagraph.

cor·o·noid /kɔ́(ː)rənɔ̀ɪd, kɑ́(ː)r- | kɔ́r-/ *adj.* 〘解剖〙 **1** 鉤(かぎ)状の, 鳥のくちばし状の, 鳥喙(うかい)状の. **2** 冠形の. 〖(1741) ← Gk *korṓnē* crow + -OID〗

córonoid prócess *n.* 〘解剖〙鳥喙(うかい)[鳥口]突起, (尺骨の)鉤状突起, (下顎骨の)筋突起. 〖1741〗

cor·o·plast /kɔ́(ː)rəplæ̀st, kɑ́(ː)r- | kɔ́r-/ *n.* (古代ギリシャの, テラコッタまたは蠟(ろう)製の)女性小人像の製作者.

cor·o·plas·tic /kɔ̀(ː)rəplǽstɪk, kɑ̀(ː)r- | kɔ̀r-⁻/ *adj.* 〖(1885) ← Gk *kóro* boy + -PLAST〗

Co·rot /kəróʊ, kɑ(ː)r-, kɔ(ː)r- | kɔ́rəʊ; F. kɔʀo/, **Jean Baptiste Camille** *n.* コロー (1796-1875; フランスの風景画家; cf. Barbizon school).

cò·rótate *vi.* 〘天文〙同時に[同じ速さで]回転する.

cò·rotátion *n.* 〖(1962) ← CO-¹ + ROTATE〗

có·routine *n.* 〘電算〙コルーチン《対等の関係で互いに呼び出し合うルーチン》.

co·ro·zo /kəróʊsoʊ | -rə́ʊsəʊ; *Am.Sp.* koróso/ *n.* (*pl.* ~s /~z; *Am.Sp.* ~s/) **1** 〘植物〙 **a** ゾウゲヤシ (ivory palm). **b** アメリカアブラヤシ (*Corozo oleifera*)《熱帯アメリカ産のヤシで種子から油を採る》. **2** その果実 (ivory nut, corozo nut ともいう). 〖(1760-72) ◻ S-Am.-Ind. ~ ◻ Sp. *corojo* fruit〗

corp, Corp 《略》corporal; corporation.

corpn 《略》《英》corporation.

cor·poc·ra·cy /kɔəpɑ́(ː)krəsi | kɔːpɔ́k-/ *n.* (大企業などにみられる)企業官僚主義, 会社官僚制. 〖(1974) ← *corpo(rate)* (*bureau*)*cracy*〗

cor·po·crat /kɔ́əpəkræ̀t | kɔ́ː-/ *n.* 企業官僚.

cor·po·crat·ic /kɔ̀əpəkrǽtɪk | kɔ̀ːpəkrǽt-⁻/ *adj.* 〖⇨ ↑, bureaucrat〗

corpora *n.* corpus の複数形.

corpora allata *n.* corpus allatum の複数形.

corpora callosa *n.* corpus callosum の複数形.

corpora cardiaca *n.* corpus cardiacum の複数形.

corpora cavernosa *n.* corpus cavernosum の複数形.

corpora delicti *n.* corpus delicti の複数形.

corpora juris *n.* corpus juris の複数形.

cor·po·ral¹ /kɔ́əp(ə)rəl | kɔ́ː-/ *n.* **1** 〘英・米陸軍・空軍・海兵隊〙伍(ご)長《最下位の下士官》. **2 a** (英陸軍などの)伍長. **b** 〘英海軍〙=ship's corporal. **3** 《米》〘魚類〙=fallfish. **Córporal of Hórse** 《英》近衛騎兵隊の階級の一つ《将校辞令を受けておらず, 軍曹 (sergeant) の上, 曹長 (staff sergeant) の下の階級》. 〖(1579) ◻ F《廃》~《変形》← *cap(p)oral* ◻ It. *caporale* ← *capo* < L *caput* head: CORPS との連想による〗

cor·po·ral² /kɔ́əp(ə)rəl | kɔ́ː-/ *adj.* **1** (人間の)身体上の, 身体の[に関する] (⇨ bodily SYN); 肉体の (physical): ~ defects 肉体的欠陥 / ~ injuries 〘法律〙身体傷害 / ~ pleasure 肉体的快楽. **2** 《まれ》個人の (personal): a ~ possession 私有物. **3** 《廃》物質的な (corporeal). **4** 〘動物〙(頭部手足を除いた)胴体の. **~·ly** /-rəli/ *adv.* 〖(c1390) ◻ OF ~ (F *corporel*) ◻ L *corporālis* bodily ← *corpor-*, *corpus*: ⇨ corpus, -al¹〗

cor·po·ral³ /kɔ́əp(ə)rəl | kɔ́ː-/ *n.* 〘キリスト教〙(聖餐式で聖卓上のパンとぶどう酒をおく白布, 聖餐布; 〘カトリック〙聖体布《ミサの際に祭壇上の聖櫃の前で広げ, その上に paten と chalice とを置く》. 〖(1381) ◻ (O)F ~ // ML *corporālis (palla)*, *corporale (pallium)* body (cloth: ⇨ pall²) ← L *corpus* body (↑)〗

cor·po·ral·cy /kɔ́əp(ə)rəlsi | kɔ́ː-/ *n.* =corporalship.

cor·po·ral·i·ty /kɔ̀əpərǽləti | kɔ̀ːpərǽlɪ̀ti/ *n.* **1** 有形[体]的性状, 有体的存在, 有体性. **2** 肉体を備えていること[状態], 肉体性; 肉体 (body). 〖(a1398) ◻ LL *corporālitātem*: ⇨ corporal², -ity〗

córporal óath *n.* 〘法律〙神聖な物(聖書など)に実際に手を触れてする誓い. 〖1534〗

córporal púnishment *n.* **1** (教師・親が子供に与える)体罰. **2** 体刑《主として笞刑(ちけい)》. 〖1581〗

córporal's guard *n.* **1** 伍(ご)長の引率する小分隊. **2** 小人数(の部下). 〖1844〗

córporal·shìp *n.* 伍(ご)長の階級[任期, 地位]. 〖(1591) ← CORPORAL¹ + -SHIP〗

corpora lutea *n.* corpus luteum の複数形.

corpora striata *n.* corpus striatum の複数形.

cor·po·rate /kɔ́əp(ə)rɪ̀t | kɔ́ː-/ *adj.* **1** 法人組織の (incorporated): a body ~=a ~ body 法人団体 / ⇨ corporate town / ~ right(s) 法人権 / in one's ~ capacity 法人の資格で[において]. **2** 団体の, 組合の; 団体的な, 集合的な (collective): ~ personality 集合人格 / ~ property 団体財産 / ~ responsibility (委員会・内閣などの全員に関する)共同責任 / ~ action 共同行為. **3** 〘政治〙=corporative 2. **4** 《古》合体[結合]した (united); 組み合わさった (combined). **~·ness** *n.* 〖(a1398) ◻ L *corporātus* embodied (p.p.) ← *corporāre* to form into a body ← *corpor-*, *corpus* body: ⇨ corpus, -ate²〗

córporate árms *n. pl.* 〘紋章〙公共団体(都市, 教会, 教区, 同業組合, 企業)の紋章.

córporate cóunty *n.* =county corporate. 〖1765〗

córporate gòvernance *n.* 企業統治, コーポレートガバナンス.

córporate hospitálity *n.* 企業[会社]の接待《特に顧客[仕事仲間]などを有名な文化[スポーツ]行事などに招待すること》.

córporate idéntity *n.* 企業識別, コーポレートアイデンティティー, CI.

córporate ímage *n.* (従業員や世間の人がもつ)企業[会社]イメージ.

córporate íncome tàx *n.* 法人税.

cór·po·rate·ly *adv.* 法人として, 法人の資格で. 〖(1494) (1804) ← CORPORATE + -LY¹〗

córporate náme *n.* (法律で認められている)団体名, 会社名, 会社の商号. 〖1855〗

córporate plánning *n.* 企業計画《企業全体の活動に関して長期にわたる目的・計画などを立案すること》.

córporate ráider *n.* 企業買収[乗っ取り]をしようとする人[組織]. 〖c1985〗

córporate státe *n.* (非人間的な)法人型国家.

córporate tówn *n.* (法人団体である)自治都市.

córporate vénturing *n.* (乗っ取りなどを目標にした)ベンチャーキャピタルの提供.

cor·po·ra·tion /kɔ̀əpəréɪʃən | kɔ̀ː-/ *n.* **1** 《米》有限会社, 株式会社 (《英》limited company): a business [steel] ~ 商事[鉄鋼]会社. ★《英》では日常語としては単に company を用いる. **2 a** 〘法律〙社団法人, 法人 (corporate body) (略 corp): an ecclesiastical [a religious] ~ 宗教法人 / ⇨ private corporation / A ~ has no soul. 《諺》法人団体には魂がない《自然人でなく artificial person だから》. **b** =public corporation. **3 a** (市)自治体; ⇨ municipal corporation. **b** 市[町]制地区. **4 a** 組合, 団体. **b** 〘政治〙組合《特に組合国家の構成単位となった協調組合・職業組合をいう》. **5** [the C-] =CORPORATION of the City of London. **6** 《口語》太鼓腹 (potbelly)《CORPULENT などとの連想による》. **Corporation of the Cíty of Lóndon** [the —] ロンドン市自治体《ロンドン市行政機関; 市長・市参事会・市会から成り, しばしば単に the Corporation という》. **~·al** /-ʃnəl, -ʃənl̩⁻/ *adj.* 〖(1439) ◻ LL *corporātiō(n-)*: ⇨ corporate, -ation〗

corporátion àggregate *n.* 社団法人, 集合法人.

corporátion cóck *n.* 分岐栓(せん)《本管から各消費者へ送る水道[ガス]の調節コック》.

corporátion làw *n.* 《米》会社法 (《英》company law). 〖1771〗

corporátion làwyer *n.* 《米》会社顧問弁護士. 〖1893〗

corporátion sòle *n.* 単独法人 《king, pope など》.

corporátion stòp *n.* ＝corporation cock. 〖1889〗

corporátion tàx *n.* 法人税.

cór·po·rat·ism /-rətìzm/ *n.* 〘政治〙協調組合主義(方式). **cór·po·rat·ist** /-tɪst | -tɪst/ *n.*, *adj.* 〖(1890) ← CORPORATE＋-ISM〗

cor·po·ra·tive /kɔ́əpərèɪtɪv, -p(ə)rət- | kɔ́:p(ə)rət-, -pərèɪt-/ *adj.* **1** 法人(団体)の. **2** 〘政治〙協調組合主義の. 〖(1833): ⇨ corporate, -ive〗

córporative státe *n.* 〘政治〙組合国家 《産業経済の全部門にわたって資本・労働の協調組合が組織され, それら全組合が国家的統制下に組織された国家; イタリアのファッショ国家はこの体制であった》. 〖1927〗

cór·po·ràt·iv·ism /-vìzm/ *n.* 〘政治〙＝corporatism. 〖1930〗

cor·po·ra·tize /kɔ́əp(ə)rətàɪz | kɔ́:-/ *vt.* 大企業化する; 〈特に政府の部局を〉法人組織にする, 民営化する. **còr·po·ra·ti·zátion** *n.* 〖(*c*1980) ← CORPORATE＋-IZE〗

cor·po·ra·tor /kɔ́əpərèɪtə | kɔ́:pərèɪtə(r)/ *n.* **1** (自治都市)行政機関の一員. **2** (創立時の)法人[団体]の一員, 法人[会社]設立者 (incorporator). 〖(1784): ⇨ corporation, -or[1]〗

cor·po·re·al /kɔəpɔ́:riəl | kɔ:-/ *adj.* **1** (精神的でない)肉体性の; 身体上の, 肉体的な (⇨ bodily SYN). **2** 形而(ｹｲｼﾞ)下の, 物質的な (⇨ material SYN). **3** 《古》＝corporal[2] 4. **4** 〘法律〙有体の, 有体財産権の[に関する], 有形の (tangible) (cf. incorporeal 3): ～ capital 有形資本 / ～ hereditament 有体相続不動産 / ～ property [movables] 有体財産[動産]. **～·ly** /-əli/ *adv.* **～·ness** *n.* 〖(?*a*1425) ← L *corporeus* of the nature of body (← *corpus* body)＋-AL[1]〗

cor·po·re·al·i·ty /kɔəpɔ̀:riǽləti | kɔ:pɔ̀:riǽlɪti/ *n.* 有形[有体]であること[状態]; 肉体としての存在. 〖(1651): ⇨ ↑, -ity〗

cor·po·re·al·ize /kɔəpɔ́:riəlàɪz | kɔ:-/ *vt.* 物質[有形, 肉体]化する. 〖(1833) ← CORPOREAL＋-IZE〗

cor·po·re·i·ty /kɔ̀əpərí:əti, -réɪ- | kɔ̀:pərí:ɪti/ *n.* 形体のあること, 形体的存在; 物質性. 〖(1621) □ ML *corporeitātem*: ⇨ corporeal, -ity〗

cor·po·sant /kɔ́əpəsæ̀nt, -zæ̀nt | kɔ́:-/ *n.* 〘気象〙檣頭(ｼｮｳﾄｳ)電光 (⇨ St. Elmo's fire). 〖(1655) □ Port. *corpo santo* □ L *corpus sanctum* body of a saint〗

corps /kɔ́ə | kɔ́:(r)/ *n.* (*pl.* ～ /～z/) **1** 〘軍事〙軍団, 兵団 《通常 2 個師団以上とその支援部隊から成る; army corps ともいう; ⇨ army 3 ★》; (陸軍の一つの)兵科, 部, 隊: the Army Ordnance [Service] *Corps* 陸軍武器科[戦務]部隊 / the U.S. Marine *Corps* 米海兵隊 / a flying ～ 航空兵科, 航空隊, 飛行隊 / a medical ～ 衛生科 / a staff ～ 参謀部. **2 a** (共通の活動をする)団体, 団: ⇨ diplomatic corps. **b** (ドイツの大学などの)学友会 《規律がきわめて厳重なので有名》. **c** /F. kɔ:ʁ/ 〘バレエ〙＝corps de ballet. **3** 《廃》＝corpse. **4** 〘印刷〙コール 《ヨーロッパ式の活字の大きさ表示; 1 ディドーポイント (Didot point)＝0.0148 インチ》. **5** 軍事教練 《英国の学校でカリキュラムの一環として行われる科目, またその期間》. 〖(*c*1250) (1711) □ F ～ 《略》← *corps d'armée* army corps: ⇨ corpse〗

córps àrea *n.* 〘米軍〙軍管区 《もと, 米本土を 9 軍管区に分けた; 今は 6 地域に分けられ service commands と呼ばれる》.

corps de bal·let /kɔ̀ədəbæléɪ | kɔ̀:dəbǽleɪ; *F.* kɔʁdəbalɛ/ *n.* (*pl.* ～ /kɔə(z)- | kɔ́:(z)-; *F.* ～/) 〘バレエ〙(主演ダンサー以外の)群舞を踊る人々. 〖(1826) □ F ～ 'company of ballet dancers'〗

corps d'e·lite /kɔ̀ədeɪlí:t | kɔ́:-; *F.* kɔʁdelit/ *F. n.* (*pl.* ～ /kɔə(z)- | kɔ́:(z)-; *F.* ～/) **1** 選抜隊, 精鋭部隊. **2** 最良のメンバー. 〖(1884) □ F ～: ⇨ corps, élite〗

corps di·plo·ma·tique /kɔ̀ədìpləmətí:k | kɔ́:-; *F.* kɔʁdiplɔmatik/ *n.* (*pl.* ～ /kɔə(z)- | kɔ́:(z)-; *F.* ～/) 外交団 (略 CD). 〖(1796) □ F ～ 'diplomatic corps'〗

corpse /kɔ́əps | kɔ́:ps/ *n.* **1 a** (通例, 人間の)死体, 死骸, なきがら, しかばね (dead body) (⇨ body SYN). **b** 死物と化したもの, なきがらのようなもの. **2** 《廃》(人・動物の)からだ (body). **— *vt.* 《口語》(舞台で)〈他の役者を〉面くらわせる, 当惑させる 《故意または間違って場面にふさわしくないことを言ったりして》. **— *vi.* (舞台で)笑いをかみころす 《厳粛な場面などで》. 〖(*c*1275) *cor(p)s* □ OF *cors* (F *corps*) < L *corpus* body〗

córpse càndle *n.* **1** 人魂(ﾋﾄﾀﾞﾏ) (⇨ fetch candle). **2** 埋葬前の死体の横に置く火をともしたろうそく. 〖1694〗

corps·man /kɔ́ə(z)mən | kɔ́:(z)-/ *n.* (*pl.* **-men** /-mən, -mèn/) **1 a** 〘米海軍〙衛生兵 《医官の助手を務める下士官》. **b** 〘米陸軍〙医務班員, 衛生隊下士官, 衛生兵 《第一線に出て負傷兵の応急処置や運搬などに従事する下士官兵》. **2** 軍団[兵科, 隊]の一員. 〖1901〗

cor·pu·lence /kɔ́əpjuləns | kɔ́:-/ *n.* 肥満, 肥大 (obesity). 〖(*a*1398) □ (O)F ～ // L *corpulentia* ← *corpulentus* 'CORPULENT': ⇨ -ence〗

cór·pu·len·cy /-lənsi/ *n.* ＝corpulence. 〖1545〗

cor·pu·lent /kɔ́əpjulənt | kɔ́:-/ *adj.* **1 a** 肥満した, でぶでぶ太った: a ～ belly 太鼓腹. **b** 大きい (massive). **2** 《古》物質的な. **～·ly** *adv.* **～·ness** *n.* 〖(*a*1398) □ L *corpulentus* ← *corpus* body: ⇨ corpus, -ent〗

cor pul·mo·na·le /kɔ́əpùlmənǽli, -pʌ̀l-, -néɪli | kɔ́:pʌ̀lmənɑ́:li, -néɪli/ *n.* (*pl.* **cor·di·a pul·mo·na·li·a** /-liə/) 〘病理〙肺性心. 〖(1857) ← NL ～ ← L *cor* 'HEART'＋*pulmonale* (⇨ pulmono-, -al[1])〗

cor·pus /kɔ́əpəs | kɔ́:-/ *n.* (*pl.* **cor·po·ra** /-p(ə)rə/, ～**·es**) **1** (文書などの)集成, 全集: the ～ of Latin poetry ラテン詩全集 / ⇨ corpus juris. **2** 体, 身体 (body); (特に, 人間・動物の)死体 (corpse). **3** 〘言語〙コーパス, 言語資料 《ある言語または方言の分析・研究の基となる発話・テクストの総称; 単一作家または特定のトピックに関するテクストの総体》. **4** (利子・収入などに対する)元金 (principal), 資本 (capital), 基本金. **5** 〘解剖〙**a** 体 (body): a ～ adiposum 脂肪体. **b** (身体・内臓の)主要部分. **6** 〘植物〙内体, コルプス. **7** (何かの)本体, 中身. 〖(*c*1275) *cor(p)s* □ L *corpus* body ← IE *k[w]rep- body (OE *hrif* belly: cf. midriff)〗

córpus al·lá·tum /-əléɪtəm, -əlɑ́:t- | -əléɪt-, -əlɑ́:t-/ *n.* (*pl.* **córpora al·lá·ta** /-tə | -tə/) 〘昆虫〙アラタ体 《昆虫の幼虫の頭部にある一種の内分泌腺》. 〖(1947) ← NL ～ 'body applied'〗

córpus cal·ló·sum /-kəlóusəm | -ləu-/ *n.* (*pl.* **córpora cal·lós·a** /-sə/) 〘解剖・動物〙脳梁(ﾉｳﾘｮｳ), 胼胝(ﾍﾞﾝﾁ)体 (⇨ brain 挿絵). 〖(1706) ← NL ～ 'callous body'〗

córpus car·dí·a·cum /-kɑədáɪəkəm | -kɑ:-/ *n.* (*pl.* **córpora car·dí·a·ca** /-kə/) 〘昆虫〙側心体 《昆虫の脳の後部にある一種の内分泌腺》. 〖(1960) ← NL ～ 'cardiac body'〗

córpus cav·er·nó·sum /-kæ̀vənóusəm | -vənəu-/ *n.* (*pl.* **córpora cav·er·nó·sa** /-sə/) 〘解剖〙(陰茎・陰核の)海綿体. 〖← NL ～ 'porous body'〗

Cor·pus Chris·ti[1] /kɔ́əpəskrísti | kɔ́:-/ *n.* コーパスクリスティー 《米国 Texas 州南部の港市》. 〖↓〗

Cor·pus Chris·ti[2] /kɔ́əpəskrísti | kɔ́:-/ *n.* 〘カトリック〙キリスト聖体の祝日 《三位一体主日 (Trinity Sunday) の後の木曜日》. 〖(*c*1378) □ ML ～ 'Body of Christ'〗

cor·pus·cle /kɔ́əpʌsl, -pəsl | kɔ́:pʌsl, -pəsl, kɔ:pʌ́sl/ *n.* **1** 〘解剖〙(血液やリンパ液に含まれている)小体, 小球: blood ～*s* 血球 / ⇨ red corpuscle, white corpuscle. **2** 〘解剖〙**a** [通例限定詞を伴って] 小体, 微小体: ⇨ Malpighian corpuscle. **b** 莢膜で覆われた知覚神経の末端. **3** 〘物理化学〙微粒子, 電子 (electron), 光子 (photon), イオン (ion), 原子 (atom). **cor·pus·cu·lar** /kɔəpʌ́skjulə | kɔ:pʌ́skjulə(r)/ *adj.* 〖(1660) □ L *corpusculum* (dim.) ← *corpus* body: ⇨ corpus, -cle〗

corpúscular thèory *n.* [the ～] 〘光学〙(光の)粒子説 (emission theory ともいう; cf. wave theory; ⇨ photon). 〖1878〗

cor·pus·cule /kɔəpʌ́skju:l | kɔ:-/ *n.* ＝corpuscle. 〖1816〗

córpus de·líc·ti /-dɪlíktaɪ, -ti:/ *n.* (*pl.* **córpora d-**) **1** 〘法律〙罪の主体, 罪体 《犯罪の実質的事実》. **2** 他殺死体. 〖(1832) ← NL ～ 'body of the crime'〗

córpus jú·ris /-dʒúərɪs | -dʒúərɪs/ *n.* (*pl.* **córpora j-**) 法規類集, 法大全 《いくつかの法, 特に国家法を集成したものを, さらに包括した書》. 〖(1832) □ LL ～ 'body of law'〗

Córpus Júris Ca·nón·i·ci /-kənɑ́(:)nɪsàɪ | -nɔ́nɪ-/ *n.* 〘カトリック〙教会法大全 (1582 年, Gregory XIII の認定を得て公にされ, 1918 年 Codex Juris Canonici が施行されるまで用いられた; 以下の総称: Clementines, Decretals, Decretum Gratiani, Extravagantes, Sext). 〖□ L ～ 'Body of Canon Law'〗

Córpus Júris Ci·ví·lis /-sɪváɪlɪs | -lɪs/ *n.* ローマ法大全 (Justinian Code) 《6 世紀ユスティニアヌス一世 (Justinian I) の勅令によって編集された; Institutes (法学提要), Digest (学説類集), Code (勅法類集), Novels (新勅法)の 4 部から成る》. 〖□ L ～ 'Body of Civil Law'〗

córpus linguístics *n.* コーパス言語学 《コンピューターで処理可能な言語資料(コーパス)を使った言語研究法》.

córpus lú·te·um /-lú:tiəm | -ti-/ *n.* (*pl.* **córpora lú·te·a** /-tiə | -tiə/) **1** 〘解剖〙(卵巣の)黄体(ｵｳﾀｲ). **2** 〘薬学〙黄体エキス, 黄体ホルモン剤 (progesterone). 〖(1788) ← NL ～ 'luteous body'〗

córpus lúteum hòrmone *n.* 〘生化学〙黄体ホルモン (progesterone).

córpus spon·gi·ó·sum /-spʌ̀ndʒióusəm | -əu-/ *n.* (*pl.* **córpora spon·gi·ó·sa** /-sə/) 〘解剖〙(尿道)海綿体 《左右の陰茎海綿体の間にある》.

córpus stri·á·tum /-straɪéɪtəm | -təm/ *n.* (*pl.* **córpora stri·á·ta** /-éɪtə | -tə/) 〘解剖〙(各大脳半球の視床前部に位置する)線条体. 〖(1851) ← NL ～ 'striated body'〗

córpus ví·le /-váɪli, -li:/ *n.* (*pl.* **córpora víl·i·a** /-víliə/) 実験対象として以外は無価値なもの[人]; 実験材料. 〖(1860) ← NL ～ 'worthless body': ⇨ corpus, vile〗

corr 《略》correct; corrected; correction; correlative; correspond; correspondence; correspondent; corresponding; corrugated; corrupt; corrupted; corruption.

Corr 《略》Corrigenda.

cor·rade /kəréɪd/ 〘地質〙*vt.* 〈河流が〉〈岩石を〉すりへらす (wear away). **— *vi.* (河流・岩石の粒・風などで)〈岩石が〉すりへる, くずれ落ちる, 侵食する. 〖(*a*1619) □ L *corrādere* ← *cor-* 'COM-'＋*rādere* to rub〗

cor·ral /kərǽl | kərɑ́:l, kɔ-/ *n.* 《米》**1 a** (家畜を入れる)柵(ｻｸ)囲い (enclosure), おり (pen), 畜舎. **b** (象など野獣を生捕りにする)囲い柵. **2** (夜営中防御のために)幌馬車を周囲に配置して作った陣営, 車陣 (cf. laager). **— *vt.* (cor·ralled; -ral·ling)** **1** 囲いに入れる, おりに入れる; (柵内に)閉じ込める (coop up). **2** 〈荷車を〉円陣に作る. **3** 《口語》**a** 捕える, 生捕る (capture). **b** 集める (gather). 〖(1582) □ Sp. ～ 'enclosure' ← ? *corro* circle, ring of spectators ← L *currere* to run: cf. kraal〗

cor·ra·sion /kəréɪʒən/ *n.* 〘地質〙削磨(ｻｸﾏ) 《土砂・小石などを含んだ流水などの侵食作用; cf. erosion, abrasion 2, attrition 1》. **cor·ra·sive** /kəréɪsɪv, -zɪv | -sɪv/ *adj.* 〖((1611)) (1875) □ L *corrāsiō(n-) ← *corrāsus* (p.p.) ← *corrādere* 'to CORRADE': ⇨ -sion〗

cor·re·a /kɔ́(:)riə, kɑ́(:)r-, kəríːə | kɔ́riə, kəríːə/ *n.* 〘植物〙コレア 《オーストラリア産のミカン科コレア属 (*Correa*) の常緑低木》. 〖(1833) ← NL ～: ポルトガルの植物学者 J. F. Correia da Serra (1750–1823) にちなむ命名〗

cor·rect /kərékt/ *adj.* **1** 事実[真理, (論理的)原理]に合った, 正しい (right), 間違いのない, 正確な (accurate): a ～ answer 正解 / ～ judgment [views] 正しい判断[見解] / the ～ time 正確な時間 / She is ～ in her assumptions. 彼女の推定は正しい / Is she ～ in assuming [to assume] that? 彼女がそう考えるのは正しいか. **2** (一般に認められた, または慣習的な)標準に合った, 適切な, 穏当な (proper); 〈文体・会話など〉標準的な, 標準にかなった; 〈ふるまい・服装など〉礼節にかなった, 行儀正しい: ～ behavior [manners] 正しい行儀[作法] / ～ taste いい趣味 / the ～ thing 当を得ていること / do [say] the ～ thing その場に適当なことをする[言う], へまなことをしない[言わない] / What is the ～ dress for a wedding? 結婚式にはどんな服装が正式なのか. **3** 定数[量, 価]の.

— *vt.* **1 a** 〈誤りを〉直す (rectify); 訂正する, 修正する (amend); 添削する, 校正する: ～ errors [mistakes] in an exercise 練習問題の誤りを直す / ～ a translation, exercises, exams, etc. / ～ a printer's proof(s) [the proof sheets] 校正刷りを校正する. **b** 〈人の誤りを〉正す: Please ～ me if I am wrong. 私が間違っていたら直してください. **c** 〈有害なものを〉消す, 中和する. **2** 〈人を〉〈矯正しようとして〉たしなめる (scold, admonish), 懲らす, 罰する (⇨ punish SYN): ～ a child *for* disobedience 言うことを聞かない子をしかる[懲らす]. **3 a** 〈悪癖・病気などを〉正す, 治す (cure), 矯正する: ～ a bad habit / ～ the curvature in a child's spine 子供の脊髄の湾曲を治す / ～*ed* vision 矯正視力. **b** 感化する, 感治(ｶﾝﾁ)する. **c** 〈悪影響などを〉抑制する. **4** 〈計測値・器械などを〉補正する (adjust): ～ the time on a watch 時計の時刻を補整する / ～ one's watch 時計を合わせる / ～ the chromatic aberration of a lens レンズの色(ｲﾛ)収差を補正する / ～ a barometer reading for sea level 晴雨計の示数を水準に合わせて補正する. **— *vi.* 訂正する; 補正する; 調整する. ***stánd corrécted*** (他人からの)訂正を承認する: I *stand* ～*ed.* ご訂正の通りです.

～·ness *n.* 〖(adj.: (1460) 1676; v.: 1345–46) □ L *correctus* (p.p.) ← *corrigere* to make straight, set right ← *cor-* 'COM-'＋*regere* to guide (cf. regent)〗

cor·rec·ta /kəréktə/ *n.* 〘競馬・ドッグレース〙＝perfecta. 〖□ Am.-Sp. *quiniela correcta* correct quiniela〗

cor·rect·a·ble /kəréktəbl/ *adj.* 訂正[修正, 補正]できる. 〖(1450) ← CORRECT＋-ABLE〗

cor·réct·ed áltitude *n.* 〘航空〙修正高度 《飛行機の高度計の読みに計測時点での海面上の気圧による補正を加えたもの; cf. absolute altitude》.

corrécted tíme *n.* 〘ヨットレース〙実際に経過した時間からそのボートの一定調整時間を減じたもの. 〖*c*1891〗

cor·rect·i·ble /kəréktəbl | -tɪbl/ *adj.* ＝correctable. 〖1889〗

cor·réct·ing plàte [lèns] *n.* 〘天文〙補正板[レンズ] 《シュミットカメラ (Schmidt camera) などに用いて主鏡の収差を補正するレンズ》.

cor·rec·tion /kərékʃən/ *n.* **1** 訂正(すること), 修正 (amendment); 添削, 校正: put in a necessary ～ 必要な訂正を加える / ～ of exercises 練習問題の添削 / the ～ of proofs 校正 / marks of ～ 添削のしるし, 校正記号. **2** 訂正箇所, 訂正の書入れ, 入れた朱筆: make ～*s* on the proof ゲラに訂正書入れをする. **3** 懲らしめ, 罰 (punishment). **4 a** (過誤・悪癖などの)矯正. **b** [しばしば *pl.*] 感化, 懲治: ⇨ HOUSE of correction. **c** 中和: ～ of acidity in the stomach 胃の中の酸の中和. **5** 〘数学・物理〙補正; 補正項, 補正(のための)値[量]: the ～ for parallax 視差の補正. **6** 〘証券〙(株価などの急騰[急落]後の)訂正安[高]; (特に長期にわたる株価上昇の後中または その後で起きる)一時的な反落. ***sáving corréction*** 《まれ》私に誤りがなければ. ((1599) 《なぞり》← F *sauf correction*) ***ùnder corréction*** (正確は保証し難いが)誤っていたら直してもらうことにして: speak *under* ～. (*c*1385) **～·al** /-ʃnəl, -ʃənl/ *adj.* 〖(*c*1340) *correccion* □ (O)F *correction* □ L *correctiō(n-)*: ⇨ correct, -tion〗

corréctional [corréction] facility *n.* 《米》《戯言》矯正施設, 刑務所 (prison).

corréction flùid *n.* 修正液.

cor·rect·i·tude /kəréktətù:d, -tjù:d | -tɪtjù:d/ *n.* (品行・作法などの特に意識的な)方正, 適正. 〖(1893) ← CORRECT (v.)＋-I-＋-TUDE: RECTITUDE からの類推〗

cor·rec·tive /kəréktɪv/ *adj.* **1** 矯正する, 矯正力のある; 補正的な (reformative): ～ lenses 補正レンズ / ～ exercises 矯正体操. **2** 〈薬が〉中和する 〔*of*〕: be ～ *of* …を中和する. **— *n.*** **1** 矯正[調整]するもの[方策, 手段]: ～*s* of foreign exchange 外国為替調整策 《人為的に外国為替の逆調を調整する方法》/ Penalties are ～*s* of faults. 罰があるので過失がなくなる. **2** 調整薬; 中和剤.

~·ly *adv.* **~·ness** *n.* 〚(1531)□F ~ □ML *correctīvus*: ⇨ correct, -ive〛

corréctive tráining *n.* 〘英法〙矯正教育処分《1948 年の刑事裁判法による処分で, 1967 年法により廃止, 新たに 1973 年刑事裁判所権限法により刑務所にいる期間を延長する処分に代わった》. 〚1938〛

cor·réct·ly /kəréktli/ *adv.* 正しく, 正確に: speak [behave] ~ / spell words ~. 〚(1692-99) ← CORRECT +-LY[1]〛

cor·réc·tor *n.* **1 a** 訂正[修正]するもの[人]; 添削者. **b** 検閲官 (censor); 批評家 (critic). **2** 《英》=CORRECTOR of the press. **3** 矯正者, 懲治者.

corréctor of the préss 《英》校正者《単に corrector ともいう》. 《1875》

〚(*c*1378)□AF *co(r)rectour*=(O)F *correcteur* □L *corrector*: ⇨ correct, -or[1]〛

corréctor pláte *n.* 〘天文〙=correcting plate.

Cor·reg·gi·o /kərédʒiòu, -dʒou | -dʒiòu, -dʒəu; *It.* korréddʒo/, **Antonio Al·le·gri da** /alléːgrida/ *n.* コレッジョ《1494-1534; イタリアの画家》.

Cor·reg·i·dor /kərégədɔ̀ə | -dʒɪdɔ̀ː(r; *Sp.* korexiðór/ *n.* コレヒドール(島)《フィリピン北部, Manila 湾口の火山島; 第二次大戦中, 日本軍が米軍を破った (1942)》.

correl 《略》 correlative; correlatively.

cor·re·late /kɔ́(ː)rəlèɪt, kɑ́(ː)r- | kɔ́rɪ-/ *vi.* 互いに関連する, 相互的関係をもつ〔*with, to*〕. **—** *vt.* **1 a** …の関連性を示す: ~ parts 部分部分を相関連させる. **b** …との間の因果関係を示す. **2** 〈互いに関係のある数量・統計上の数値などを〉相互的に関連させる, 相関させる; 相関があることを証明する〔*with*〕: ~ one thing *with* another 物を互いに関連させる / Is crime ~*d with* poverty?=Are crime and poverty ~*d*? 犯罪は貧困と関連があるのか. **3** 〈比較するためにデータ[資料]などをまとめる. **4** 〘地質〙…の層位学的関係を示す. **—** /kɔ́(ː)rəlɪt, -lèɪt/ *n.* **1** (親子・夫婦のような)相互関係のある人[物], 相関者[物]. **2** 〘統計〙相関現象《相関関係 (correlation) のある現象》. **—** *adj.* **1** =correlated. **2** 〘地質〙同じ層位の.

cór·re·làt·a·ble /-təbl/ | -tə-/ *adj.* 〚(1643)《逆成》← CORRELATION // CORRELATIVE〛

cór·re·làt·ed /-tɪd | -tɪd/ *adj.* 互いに関連のある; 相関関係のある. 〚(1859): ⇨ ↑, -ed 2〛

cor·re·la·tion /kɔ̀(ː)rəléɪʃən, kɑ̀(ː)r- | kɔ̀rɪ-/ *n.* **1 a** 相関させること[する状態]. **b** 相互的関係, 相関関係: bring things into proper ~ 物を正しい相互関係に立たせる / a ~ between the advance of pornography and the decline of society ポルノの進出と社会の堕落との相関関係. **2** 〘生物〙関連性, 相関作用: the ~ of growth between hair and teeth 髪と歯の成長の関連性. **3** 〘地質〙(層位の)対比. **4** 〘数学・統計〙相関(関係)《二つの確率変数の相互の関係》. **~·al** /-ʃnəl, -ʃənl/ *adj.* 〚(1561)□ML *correlātiō(n-)*: ⇨ com-, relation〛

correlátion coeffìcient *n.* 〘数学・統計〙相関係数《二つの確率変数の相関の程度を表す数値; coefficient of correlation ともいう》: a ~ table 相関係数表. 〚1933〛

correlátion ràtio *n.* 〘数学・統計〙相関比《相関 (correlation) の程度を表す数値の一つ; 0 と 1 との間の値をとる》.

cor·rel·a·tive /kərélətɪv, kɔː- | kərélət-, kə-/ *adj.* **1** 〔…と〕相関的な, 相互的関係のある〔*with, to*〕: ~ terms 〘論理〙相関名辞《「父」と「子」など》. **2** 〘生物〙関連した, 相関の. **3** 〘数学〙相関的な. **4** 〘文法〙相関的な: a ~ conjunction 相関接続詞《either … or, neither … nor など》/ a ~ demonstrative 相関指示語《the former … the latter など》/ a ~ word 相関語《either と or, the former と the latter など》. **—** *n.* **1** 相関物[者], 相似物. **2** 〘文法〙相関語. **~·ly** *adv.* **~·ness** *n.* 〚(1530)□ML *correlātīvus*: ⇨ com-, relative〛

cor·rel·a·tiv·i·ty /kərèlətívəti | kərèlətívɪti, kɔ-/ *n.* 相関性, 相関関係. 〚(1877): ⇨ ↑, -ity〛

cor·re·spond /kɔ̀(ː)rəspɑ́(ː)nd, kɑ̀(ː)r- | kɔ̀rɪspɔ́nd/ *vi.* **1** 相応する, 符合する, 一致する (agree)〔*to, with*〕: His words and actions do not ~. 彼の言行は一致しない / Appearance and reality seldom ~. 外見と実際とはめったに一致しない / His expenditures do not ~ *with* [*to*] his income. 彼の出費は収入に相応しない. **2** 当たる, 相当する; 該当する〔*to*〕: The U.S. Congress ~*s to* the British Parliament. 米国で Congress というのは英国の Parliament に当たる / The broad lines on the map ~ *to* roads. 地図の上の太い線は道路を示す. **3** (定期的に)文通する〔*to, with*〕: We rarely meet though we ~ regularly. きまって手紙のやり取りはしているけれども会うことはめったにない. **4** 〘数学〙対応する〔*to, with*〕. 〚(1529)□(O)F *correspondre* □ML *correspondēre* ← *cor*- 'COM-'+L *respondēre* 'to answer, RESPOND'〛

cor·re·spon·dence /kɔ̀(ː)rəspɑ́(ː)ndəns, kɑ̀(ː)r-, -dns, -dənts, -dnts | kɔ̀rɪspɔ́n-/ *n.* **1 a** (手紙の交換による)通信, 交信; 文通〔*with*〕: ~ between two people / be in ~ *with* …と文通している / drop [let drop] one's ~ *with* …との文通を絶つ / enter into ~ *with* …と文通を始める / have a lot of ~ 盛んに手紙のやりとりをする / keep up (a) ~ *with* …と文通を続ける / teach [study] by ~ 通信教育をする[受ける]. **b** 〘集合的〙往復信書, 通信文, 書簡 (letters): the ~ of Pope and Swift ポープとスウィフトが取り交わした書簡 / commercial ~ 商業通信(文), 商用文. **c** (新聞・雑誌・放送などの通信員からの)ニュース, 記事; (新聞・雑誌への)投書. **2 a** 相応(すること[している状態]), 相応関係, 対応, 該当, 一致〔*to, with*〕: the ~ of a person's words and actions 言行の一致 / the ~ of a bird's wing *to* a human arm 鳥の翼と人の腕の対応関係. **b** 類似点, 相似点. **3** 〘数学〙対応: inverse ~ 逆対応. 〚(1413)□(O)F *correspondance*: ⇨ ↑, -ence〛

correspóndence clèrk *n.* (会社などの)通信係. 〚1906〛

correspóndence cóllege *n.* 通信教育大学. 〚1911〛

correspóndence còlumn *n.* (新聞・雑誌の)投書欄.

correspóndence còurse *n.* 通信教育課程. 〚1902〛

correspóndence prìnciple *n.* [the ~]〘物理〙対応原理《古典論によって予言される荷電粒子からの電磁放射と量子論的遷移による電磁放射と対応させること; 一般に量子論における量子数の大きな極限は古典論と一致するという原理; principle of complementarity, principle of correspondence ともいう》. 〚1922〛

correspóndence schòol *n.* 通信教育学校 (cf. home study). 〚1889〛

correspóndence thèory *n.* [the ~]〘哲学〙対応説《真理論において, 命題の真を実在との一致に求める立場; 整合説 (coherence theory) や, 真を実在解明における命題の有効性に求めるプラグマティズムの真理観と対立する》. 〚1902〛

cor·re·spon·den·cy /kɔ̀(ː)rəspɑ́(ː)ndənsi, kɑ̀(ː)r- | kɔ̀rɪspɔ́n-/ *n.* =correspondence 2. 〚1587〛

cor·re·spon·dent /kɔ̀(ː)rəspɑ́(ː)ndənt, kɑ̀(ː)r- | kɔ̀rɪspɔ́n-/ *n.* **1 a** (新聞・雑誌・放送などの)通信員, 特派員; (新聞などへの)投書家[者]: our London ~ わが社のロンドン通信員 / a special ~ 特派(通信)員 / ⇨ war correspondent. **b** 手紙を書く人, 通信者: a good ~ 筆まめな人 / a negligent [bad, poor] ~ 通信を怠る人, 筆不精な人. **c** (遠い地方にある商社などの)取引先[店], 地方代理店; 地方駐在員. **2** 相応[一致, 類似]するもの; 該当物, 類似物. **—** *adj.* **1 a** 対応する, 見合う, 類似の. **b** 一致[符合]する〔*to, with*〕. **2** 《廃》〔…に〕従う, 従順である (submissive)〔*to*〕. **~·ly** *adv.* 〚(adj.: ?*a*1425; n.: *c*1630)□(O)F ~: ⇨ correspond, -ent〛

cor·re·spond·ing /kɔ̀(ː)rəspɑ́(ː)ndɪŋ, kɑ̀(ː)r- | kɔ̀rɪspɔ́nd-⁻/ *adj.* **1 a** 対応する, 相当する, 該当する, 符合する (equivalent), 類似の (similar)〔*to, with*〕: ~ angles 〘数学〙同位角 / the ~ sides of two triangles 二つの三角形の対応する辺 / Imports for May this year are larger than for the ~ period (of) last year. 本年 5 月の輸入高は昨年同期よりも大きい. **b** 関連する, 付随する: rights and ~ responsibilities 権利とそれに伴う責任. **2** 通信の; 通信担当の: a ~ clerk, secretary, etc. / a ~ member (of a society) (学会の)通信会員, 客員. 〚(1579) ← CORRESPOND+-ING[2]〛

còr·re·spónd·ing·ly *adv.* 相対[対応]的に, 相応じて, (前者に)準じて, 同様に. 〚(1836): ⇨ ↑, -ly[1]〛

correspónding státes *n. pl.* 〘物理化学〙対応状態, 相応状態《異なる物質の圧力・温度・分子容をそれぞれの物質の臨界点における臨界圧・臨界温度・臨界体積で除して得られる換算圧・換算温度・換算体積が相等しい場合, それらの物質は対応状態にあるという; cf. LAW of corresponding states》.

cor·re·spon·sive /kɔ̀(ː)rəspɑ́(ː)nsɪv, kɑ̀(ː)r- | kɔ̀rɪspɔ́n-/ *adj.* **1** 互いに反応する. **2** 《古》相応する; 符合する (corresponding). 〚(1601-02) ← ML *corresponsus* (p.p.) ← *correspondēre*: ⇨ -ive〛

Cor·rèze /kɔ(ː)réɪz | kɔr-; *F.* kɔʀɛːz/ *n.* コレーズ《フランス中部, Limousin 地方の県; 面積 5,888 km²; 県都 Tulle》.

cor·ri·da /kəríːdə, kɔːr- | kɔríːdə, kə-; *Sp.* koríða/ *n.* 闘牛 (bullfight)《通常 1 回の興行で 6 頭の牛が殺される》. 〚(1898)□Sp. *corrida (de toros)* chasing (of bulls)〛

cor·ri·dor /kɔ́(ː)rədə, kɑ́(ː)r-, -dɔə | kɔ́rɪdɔ̀ː(r, -də(r/ *n.* **1** (ビルディング・ホテル・アパートなどのいくつもの部屋が出入口をもっている)廊下; 通路, 回廊. **2 a** 狭い通路[ルート]. **b** 回廊地帯《内陸国が他国の領土を貫通して海港などに通じる細長い地域》: ⇨ Polish Corridor. **c** (人口密集地帯を貫通する)主要輸送ルート[道路]. **d** (森の中に切り開いた道のような)周囲の地理的状況とは全く違う細長い地帯. **3** 〘航空〙=air corridor. **4** 〘宇宙〙宇宙船が大気圏に再突入する際に通る限定されたルート. **5** 《英》〘鉄道〙(客車の片側に通じる)廊下《これに添って各仕切客室 (compartment) の戸が開く》: ⇨ corridor train.

córridors of pówer 権力の回廊《政治権力[影響力]の中心; 政官界の上層部》.

〚(1591)□F ~ □It. *corridore* long passageway《変形》← *corridoio* < VL **curritōriu(m)* ← L *currere* to run: ⇨ current, -ory[2]〛

córridor càrriage [còach] *n.* 《英》通廊車両, 通廊客車. 〚1893〛

córridor tràin *n.* 《英》通廊列車, 廊下付き列車 (《米》vestibule train). 〚1892〛

cor·rie /kɔ́(ː)ri, kɑ́(ː)ri | kɔ́ri/ *n.* 《スコット》〘地質〙= cirque 1. 〚(1795)□Gael. *coire* cauldron〛

Cor·rie·dale /kɔ́(ː)ridèɪl, kɑ́(ː)r- | kɔ́r-/ *n.* コリデール《ニュージーランド原産の毛肉兼用の一品種の羊》. 〚(1902) 原産地名〛

córrie-físted *adj.* 《スコット方言》左ききの.

Cor·rien·tes /kɔ̀(ː)riénteɪs, kɑ̀(ː)r- | kɔ̀r-; *Am.Sp.* korjéntes/ *n.* コリエンテス《アルゼンチン北東部, Paraná 川に臨む港市》.

cor·ri·gen·dum /kɔ̀(ː)rədʒéndəm, kɑ̀(ː)r- | kɔ̀rɪdʒén-, -gén-/ *n.* (*pl.* **-gen·da** /-də/) **1** 訂正されるべきもの, ミスプリント. **2** [*pl.*; 単数扱い] 正誤表. 〚(*a*1850)□L ~ '(something) to be corrected' (neut. gerundive) ← *corrigere* 'to CORRECT'〛

cor·ri·gent /kɔ́(ː)rɪdʒənt, kɑ́(ː)r- | kɔ́r-/ *n.* 〘薬学〙矯正薬 (corrective)《薬剤の過激な作用を緩和する薬品》. 〚(1841)□L *corrigentem* (pres.p.) ← *corrigere* (↑)〛

cor·ri·gi·ble /kɔ́(ː)rɪdʒəbl, kɑ́(ː)r- | kɔ́rɪdʒɪ-/ *adj.* **1 a** 矯正[修正]できる, 矯正[修正]可能な (correctable): a ~ fault / a ~ theory 修正可能な理論. **b** 素直な, 素直に誤りを改める (docile). **2** 《廃》矯正力のある.

cor·ri·gi·bil·i·ty /kɔ̀(ː)rɪdʒəbíləti | -dʒɪbílɪti/ *n.* **cór·ri·gi·bly** *adv.* 〚(1451)□(O)F ~ □ML *corrigibilis* ← L *corrigere* (↑)〛

cor·ri·val /kəráɪvəl, -vl/ *n., adj.* 《まれ》=rival.

~·ry /-ri/ *n.* 〚1579〛

cor·rob·bo·ree /kərɑ́(ː)bəri, -riː | -rɔ́b-/ *n.* =corroboree.

cor·rob·o·rant /kərɑ́(ː)b(ə)rənt | -rɔ́b-/ 《古》*adj.* **1** 〈薬が〉補強的な, 強壮性の (invigorating). **2** 〈事実を〉確証づける. **—** *n.* **1** 強壮剤 (tonic). **2** 確証づけるもの. 〚(1626)□F ~ // L *corrōborantem* (pres.p.) ← *corrōborāre* (↓): ⇨ -ant〛

cor·rob·o·rate /kərɑ́(ː)bərèɪt | -rɔ́b-/ *vt.* **1** (新事実などによって)〈所信・所説などを〉確証する, 強固にする (confirm): evidence to ~ his statement 彼の陳述を確証する証拠. **2** 《廃》強くする. **—** /kərɑ́(ː)b(ə)rɪt | -rɔ́b-/ *adj.* 《古》**1** 確証された. **2** 〈事実・意見などを〉確証するのに役立つ. 〚(1530)□L *corrōborātus* (p.p.) ← *corrōborāre* to strengthen ← *cor*- 'COM- 2'+*rōborāre* to strengthen (← *rōbur* hard wood, strength): ⇨ -ate[2, 3]〛

cor·rob·o·ra·tion /kərɑ̀(ː)bəréɪʃən | -rɔ̀b-/ *n.* **1** (新事実による)確証, 確証すること: seek ~ for the news その知らせの確証を求める. **2** 確証づけるもの. 〚(1459)□(O)F ~ // LL *corrōborātiō(n-)*: ⇨ ↑, -ation〛

cor·rob·o·ra·tive /kərɑ́(ː)bərèɪtɪv, -b(ə)rət- | -rɔ́b(ə)rət-, -bərèɪt-/ *adj.* 確証的な (corroboratory): a ~ proof. **—** *n.* 《古》強壮剤. **~·ly** *adv.* 〚(1583)□F *corroboratif*: ⇨ corroborate, -ive〛

cor·rób·o·rà·tor /-tə | -tə(r/ *n.* 確証するもの, 確証者. 〚(1672)□L *corrōborātor* ← *corrōborāre* to corroborate〛

cor·rob·o·ra·to·ry /kərɑ́(ː)b(ə)rətɔ̀ːri | -rɔ́b(ə)rətəri, -tri/ *adj.* 確証的な (confirmatory). 〚(1656) ← CORROBORATE+-ORY〛

cor·rob·o·ree /kərɑ́(ː)bəri, -riː | -rɔ́b-/ *n.* **1** カラバリ: **a** オーストラリア先住民が部落の祝いなどのために, 月明りの夜またはたき火の明りで行う歌と踊りのお祭り騒ぎ. **b** その踊り. **2** 《豪》**a** お祭り騒ぎ. **b** 大騒ぎ, 騒動 (uproar). 〚(1793) ← Austral. (現地語)〛

cor·rode /kəróud | -rə́ud/ *vt.* **1** 〈さび・酸・アルカリなどが〉〈金属などを〉腐食する (cf. erode). **2** 〈煩悶(はんもん)・感情などが〉〈心に食い込む, ねじけさせる, 〈気を〉腐らせる, 〈力を〉弱らせる. **—** *vi.* **1** 徐々に腐る, 腐り込む; 腐食する. **2** 〈煩悶などが〉心に食い込む: *corroding* cares [hate] 気を腐らせる心配[憎しみ]. **cor·ró·dent** *n.* **cor·ród·er** /-də | -də(r/ *n.* 〚(*a*1400)□L *corrōdere* ← *cor*- 'COM-'+*rōdere* to gnaw (⇨ rodent)〛

cor·rod·i·ble /kəróudəbl | -rə́udɪ-/ *adj.* 腐食[食壊]される. **cor·rod·i·bil·i·ty** /kəròudəbíləti | -rə̀udɪbílɪti/ *n.* 〚(1646) ← CORRODE+-IBLE〛

cor·ro·dy /kɔ́(ː)rədi, kɑ́(ː)r- | kɔ́rədi/ *n.* =corody.

cor·ro·si·ble /kəróusəbl, -zə- | -rə́usɪ-/ *adj.* =corrodible. 〚1721〛

cor·ro·sion /kəróuʒən | -rə́u-/ *n.* **1** 腐食すること[の経過], 腐食(作用), 腐れ込み: suffer ~ 腐食される. **2** 腐食によってできるもの; さび (rust). **3** (心配などが)心に食い入ること, 腐心; (気力などが)徐々に弱まること. **~·al** /-ʒnəl, -ʒənl/ *adj.* 〚(*a*1400)□(O)F ~ // LL *corrōsiō(n-)* ← L *corrōsus* (p.p.) ← *corrōdere* 'to CORRODE': ⇨ -sion〛

corrósion fatìgue *n.* 〘冶金〙腐食疲労. 〚1926〛

cor·ro·sive /kəróusɪv, -zɪv | -rə́u-/ *adj.* **1 a** 腐食的な, 腐食性の: ~ action 腐食作用. **b** (精神的に)消耗させる, むしばむ: ~ care. **2** 感情を傷つけるような, 痛烈な (cutting), 辛辣な (sarcastic): ~ satire. **—** *n.* 腐食物, 腐食剤《酸など》. **~·ly** *adv.* **~·ness** *n.* 〚(*c*1395)□(O)F *corrosif* □ML *corrōsīvus* ← L *corrōsus*: ⇨ corrosion, -ive〛

corrósive súblimate *n.* 〘化学〙=mercury chloride 2. 〚1706〛

cor·ru·gate /kɔ́(ː)rugèɪt, kɑ́(ː)r-, -rə- | kɔ́r-/ *v.* **—** *vt.* **1** 〈金属板などに〉波形を付ける: ~ sheet metal. **2** …にしわを付ける, 波形に縮める: ~ the forehead 額にしわを寄せる. **—** *vi.* しわが寄る; 波形になる. **—** /-gɪt, -gèɪt/ *adj.* 《古》=corrugated. 〚((*c*1400)) (1620)□L *corrūgātus* (p.p.) ← *corrūgāre* ← *cor*- 'COM- 2'+*rūgāre* to wrinkle (← *rūga* wrinkle): ⇨ -ate[3]〛

cor·ru·gat·ed /kɔ́(ː)rugèɪtɪd, kɑ́(ː)r-, -rə- | kɔ́rugèɪtɪd, -rə-/ *adj.* **1** 波状のしわの寄った, 段々のついた, 波形の (wrinkled): a ~ face / a ~ tile 波形かわら. **2** なまこ板[波形鉄板]で作った, コルゲート[波板]の. 〚(1590): ⇨ ↑, -ed 2〛

córrugated fástener *n.* 〘木工〙波釘(なみくぎ)《木材の接合に用いる波形をした鉄片》.

córrugated íron *n.* (通常, 亜鉛めっきした)なまこ板, 波形鉄板, 波板. 〚1887〛

córrugated páper *n.* 段ボール(紙)《波形の段のついた包装用紙》. 〚1897〛

cor·ru·ga·tion /kɔ̀(ː)rugéɪʃən, kɑ̀(ː)r-, -rə- | kɔ̀r-/ *n.* **1** しわを付けること, 波形にすること. **2 a** しわ形 (fold). **b** (額などの)しわ (wrinkle). **c** (なまこ鉄板などの)波状,

波形. 〖((1528)) □ ML *corrūgātiō(n-)*: ⇨ corrugate, -ation〗

cór·ru·gà·tor /-ṭə | -tə^(r)/ *n.* 〘解剖〙皺眉筋(しゅうびきん) (眉間にしわを寄せる筋). 〖((1782)) ← NL *corrūgātor*: ⇨ corrugate, -or¹〗

cor·rupt /kərʌ́pt/ *adj.* **1 a** 背徳的な, 不正な (dishonest); (道徳的に)腐敗[堕落]した (depraved, vicious): the ~ press 悪徳新聞. **b** 賄賂のきく, 収賄する: a ~ judge 収賄判事 / ~ practices (選挙の時などの)買収[収賄]行為, 買収の悪風. **2** 〈原稿·原文など〉(誤写·改変などのために)原形が損なわれた, 改悪された: a ~ manuscript 原稿の損なわれた写本. **3** ((古)) **a** 腐った (rotten). **b** 汚れた (tainted, polluted): ~ air 汚れた空気. **4** ((俗用))〈言語が〉転訛した, なまっている: ~ language なまった言語. **5** 〘電算〙〈プログラム·データが〉エラーのある.
— *vt.* **1 a** 〈品性などを〉汚す, 堕落させる (⇨ debase SYN); 〈風俗などを〉害する (pollute): ~ manners [morals] 風俗[道徳]を壊乱する / ~ young people 若者を堕落させる / Evil communications ~ good manners. 悪しき交際(まじわり)は善き風儀(ふうぎ)を害(そこな)うなり (*1 Cor.* 15: 33), 「朱に交われば赤くなる」. **b** (賄賂で)〈人を〉堕落させる: ~ judges, voters, etc. **2** 〈原文に手を入れて改悪する (debase); 不純にする: ~ the language [text] of a literary work 文学作品の言語[原文]を(書き換えて)不純にする. **3** 腐敗させる (putrefy); 腐食する (corrode). **4** 〈空気·水などを〉汚染する, 汚す (taint). **5** 〈人の血統を汚す. **6** ((俗用))〈言語を〉転訛させる, なまらせる: ~*ed* language なまった言語. **7** 〘電算〙〈プログラム·データ〉にエラーをもちこむ. — *vi.* **1** 腐敗する, 腐る. **2** 堕落する. **~·ly** *adv.* **~·ness** *n.* 〖((*a*1300)) □ L *corruptus* (p.p.) ← *corrumpere* to destroy ← *cor-* 'COM- 1' + *rumpere* to break (⇨ rupture)〗

SYN 堕落させる: **corrupt, deprave** 道徳的に悪い影響を及ぼす (後者は格式ばった語): Too much drinking *depraves* character. 酒を飲みすぎると人格が堕落してしまう / Commercialism *corrupts* morals. 商業主義は道徳を退廃させる. **debauch** 逸楽で〈人を〉堕落させる (格式ばった語): *debauch* oneself by sensual indulgence 官能に耽って身を持ちくずす. **pervert** 〈人や精神を〉正しい行為·信念からそらせる: *perverted* loyalties 誤った忠誠心.
ANT elevate, improve.

---

cor·rúpt·er *n.* 腐敗[堕落]させる人[もの]; (風俗などの)壊乱者; 贈賄者, 買収者. 〖((1538)): ⇨ ↑, -er¹〗

cor·rupt·i·ble /kərʌ́ptəbl | -tɪ̀-/ *adj.* **1** 腐敗しやすい; 死滅すべき (perishable). **2** 堕落しやすい; 賄賂[買収]のきく (venal). **cor·rupt·i·bil·i·ty** /kərʌ̀ptəbíləṭi | -tɪ̀bíl!ti/ *n.* **~·ness** *n.* **cor·rúpt·i·bly** *adv.* 〖((*c*1384)) □ (O)F ~ // LL *corruptibilis*: ⇨ corrupt, -ible〗

cor·rup·tion /kərʌ́pʃən/ *n.* **1 a** 背徳行為; 汚職, 腐敗行為; 贈収賄 (bribery). **b** 背徳, 腐敗, 堕落 (depravity): the ~ of manners 風儀の退廃. **2** 堕落させること, 腐敗化. **3 a** (言語の)転訛, なまり. **b** 崩れた語形. **4** (原文·原稿の)改悪, 変造 (falsification): a ~ of style 文体の改悪. **5** 腐敗 (decomposition). **6** ((方言)) 膿(うみ) (pus). **7** ((古)) 堕落[腐敗]を起こさせるもの[原因].
corrúption of blóod 〘英法〙血統汚損 (反逆罪または重罪を犯した者が一切の財産の相続·被相続権を失うこと; 1870 年廃止). ((1563))
〖((1340)) □ (O)F ~ // L *corruptiō(n-)*: ⇨ corrupt, -tion〗

cor·rúp·tion·ist /-ʃ(ə)nɪst | -nɪst/ *n.* 贈[収]賄者; 収賄官吏. 〖((1810)): ⇨ ↑, -ist〗

cor·rup·tive /kərʌ́ptɪv/ *adj.* 腐敗[堕落]させる; 腐敗性の. **~·ly** *adv.* 〖((*c*1400)) □ (O)F *corruptif* □ ML *corruptīvus*: ⇨ corrupt, -ive〗

cor·rúp·tor *n.* =corrupter. 〖((1402)) □ AF *corruptour*: ⇨ corrupt, -or²〗

corrúpt práctices àct *n.* ((米)) 選挙不正行為取締法.

cor·ry /kɔ́(ː)ri, kɑ́(ː)ri | kɔ́ri/ *n.* ((スコット)) =corrie.

cor·sac /kɔ́əsæk | kɔ́ː-/ *n.* 〘動物〙コサックギツネ (*Vulpes corsac*) (中央アジア産の淡黄色の小ギツネ). 〖((1838)) □ Russ. *korsak* □ Kirghiz *karsark*〗

cor·sage /kɔəsɑ́ːʒ, -sɑ́ːdʒ | kɔːsɑ́ːʒ, ⌐⌐; *F.* kɔʁsaːʒ/ *n.* **1** コサージュ (女性が胸やウエストなどにつけたりする小さな花束). **2** (女性の)胴衣 (bodice). 〖((1481)) □ (O)F ~ ← OF *cors* (*F corps*) body + -AGE: cf. corps, corse〗

cor·sair /kɔ́əsɛə, ⌐⌐ | kɔ́ːsɛə^(r), ⌐⌐/ *n.* **1 a** アフリカ北岸 Barbary 地方の私掠(しりゃく)船 (もと, トルコ人·サラセン人などでキリスト教国の船を略奪することを政府から公認されていた一種の海賊船). **b** 海賊船. **2** 海賊 (pirate). 〖((1549)) □ F *corsaire* // It. *corsare* runner < LL *corsārium* ← L *cursus* a running ← *currere* to run: ⇨ current〗

cor·sak /kɔ́əsæk | kɔ́ː-/ *n.* 〘動物〙=corsac.

corse /kɔ́əs | kɔ́ːs/ *n.* ((古)) 死体, なきがら (corpse). 〖((*c*1275)) □ OF *cors* 'CORPSE'〗

Corse /kɔ́əs | kɔ́ːs; *F.* kɔʁs/ *n.* **1** コルス(県) (Corsica 島よりなるフランスの県; 面積 8,750 km², 県都 Ajaccio). **2** コルス(島) (Corsica のフランス語名).

Cor Sec ((略)) Corresponding Secretary.

cor·se·let¹ /kɔ̀əsəlét | kɔ́ː-; *F.* kɔʁsəlɛ/ *n.* (*also* **cor·se·lette** /kɔ̀əsəlét | kɔ́ː-; *F.* kɔʁsəlɛt/) コースレット (ガードルまたはコルセットとブラジャーが合体したもので, 胴全体を整えるためのファンデーション; all-in-one ともいう). 〖((1926)) (商標): ↓〗

corse·let² /kɔ́əslɪt | kɔ́ːs-/ *n.* **1** 〘甲冑〙(16 世紀の)半甲冑 (half-armor), (17 世紀以後の)胴鎧(どうよろい) (cuirass). **2 a** 〘動物〙(昆虫の)胸部 (thorax). **b** 〘魚類〙(サバなどの)胸甲. 〖((*c*1500)) □ (O)F ~ (dim.) ← OF *cors* (↓)〗

cor·set /kɔ́əsɪt | kɔ́ː-/ *n.* **1 a** [しばしば *pl.*] コルセット (ブラジャーとガードルがひと続きになった女性の下着; バストまたはバストの下からヒップにかけて形を整えるために用いる; 鯨のひげ (whalebone) や鋼などを入れて形を作りあげたものが多い; 以前には stays とよばれた): a pair of ~*s* コルセット一着. **b** (整形外科用の)コルセット. **2** ((古)) (中世の)ぴったり身体についた上衣[ジャケット]. **3** 〘英口語〙コルセット (政府が行う銀行の貸し付け制限). — *vt.* **1** …にコルセットを着ける, コルセット状のものをつける. **2** きびしく規制[統制]する. **~·ed** /-ṭɪd | -tɪd/ *adj.* 〖((*a*1300)) □ (O)F ~ (dim.) ← OF *cors* body: ⇨ corse, corpse, -et〗

córset còver *n.* コルセットカバー (コルセットの上に着るそでなしの下着; そでぐり·えりぐりを大きくしてレース·リボンなどの飾りを付けたもの).

cor·se·tière /kɔ̀əsətɪ́ə | kɔ̀ːsətɪ́ɛə^(r); *F.* kɔʁsətjɛːʁ/ *n.* (*pl.* **~s** /~z; *F.* ~/) コルセット製造者[販売者, 着付人]. ★ 男性をさすときは corsetier /-tɪ́ə, -ṭiéɪ | -tɪ́ə^(r), -tiéɪ; *F.* kɔʁsətje/ を用いることが多い. 〖((1848)) □ F ~ (fem.) ← *corsetier* (mas.): ⇨ corset, -er¹〗

córset·less *adj.* コルセットをつけない. 〖((1896)) ← CORSET + -LESS〗

cor·set·ry /kɔ́əsɪtri | kɔ́ː-/ *n.* **1** コルセット類製造[販売, 着付け]業. **2** [集合的] コルセット類 (コルセット, ガードル, ブラジャーなど). 〖((1904)): ⇨ corset, -ery〗

Cor·si·ca /kɔ́əsɪkə | kɔ́ːsɪ-/ *n.* コルシカ(島) (地中海にあるフランス領の山の多い島; Napoleon 一世の生地; フランス語名 Corse).

Cor·si·can /kɔ́əsɪkən | kɔ́ːsɪ-/ *adj.* **1** コルシカ島の: the ~ ogre [robber] コルシカの怪物[盗人] (Napoleon 一世のこと). **2** コルシカ島人[方言]の. — *n.* **1** コルシカ島人: the (great) ~ 偉大なコルシカ島人 (Napoleon 一世のこと). **2** (イタリア語の)コルシカ島方言. 〖((1739)): ⇨ ↑, -an¹〗

Córsican sándwort *n.* 〘植物〙ハイユキソウ (*Arenaria balearica*) (Balearic Islands 原産のナデシコ科の地面をはう多年草; 花は純白色; 観賞用).

cors·let /kɔ́əslɪt | kɔ́ːs-/ *n.* 〘甲冑〙=corselet² 1. 〖1563〗

CORSO /kɔ́əsou | kɔ́ːsəu/ *n.* ((NZ)) 海外援助団体協議会. 〖(頭字語) ← *C*(*ouncil of*) *O*(*rganizations for*) *R*(*elief*) *S*(*ervices*) *O*(*verseas*)〗

Cort /kɔ́ət | kɔ́ːt/, **Henry** *n.* コート (1740–1800; 英国の製鉄業者; 製鉄におけるパッドル法を発明).

Cor·tá·zar /kɔ̀ətɑ́zɑə | kɔːtɑ́zɑː^(r); *Am.Sp.* koɾtasáɾ/, **Ju·lio** /húljo/ *n.* コルタサル (1914–84; アルゼンチンの小説家).

cor·tege /kɔətéʒ, ⌐⌐ | kɔːtéɪʒ, -téʒ, ⌐⌐; *F.* kɔʁtɛːʒ/ *n.* (*pl.* **cor·teg·es** /~ɪz; *F.* ~/) (*also* **cor·tège** /~/) **1** 供奉(ぐぶ)員, 供ぞろい. **2** (葬式の会葬者の)行列. 〖((1648)) □ F *cortège* □ It. *corteggio* ← *corteggiare* to attend ← *corte* 'COURT'〗

Cor·tes /kɔ́ətɪz, kɔətéz | kɔ́ːtez, -tes, ⌐⌐; *Sp.* kóɾtes, *Port.* kóɾtɯʃ/ *n.* (*pl.* ~) [the ~] コルテス (スペイン·ポルトガルの議会·国会; 上院·下院から成る). 〖((1668)) □ Sp. & Port. ~ (pl.) ← *corte* 'COURT'〗

Cor·tés /kɔətéz | kɔ́ːtez, ⌐⌐; *Sp.* koɾtés/, **Her·nan·do** /eɾnándo/ *or* **Her·nán** /eɾnán/ *n.* コルテス (1485–1547; Aztec 王国を滅ぼしメキシコを征服したスペインの軍人·探検家).

cor·tex /kɔ́əteks | kɔ́ː-/ *n.* (*pl.* **cor·ti·ces** /-ṭəsìːz | -tɪ̀-/, **~·es**) **1** 〘解剖〙**a** 皮質, 外皮: ⇨ adrenal cortex. **b** 大脳皮質. **2** 〘植物〙**a** 皮層 (茎[幹]や根の維管束と表皮との間にある未分化組織). **b** (樹皮や茎[幹]などの)外層. **c** (藻·地衣類·菌類の)表皮層. **3** 〘薬学〙(植物の)樹皮, 外皮. 〖((1660)) □ L ~ 'bark (of a tree), shell' ← IE **sker-* to cut (cf. shear)〗

Cor·tez /kɔətéz | kɔː-; *Sp.* koɾteθ/ *n.* =Cortés.

Cór·ti appáratus /kɔ́əṭi- | kɔ́ːti-; *It.* kórti-/ *n.* 〘解剖〙=ORGAN of Corti. 〖← *Alfonso Corti* (1822–76: イタリアの解剖学者)〗

cor·tic- /kɔ́əṭɪk | kɔ́ːtɪk/ (母音の前にくるときの) cortico- の異形.

cor·ti·cal /kɔ́əṭɪkəl, -kl | kɔ́ːtɪ-/ *adj.* **1** 皮層[質]の, 皮層[質]からなる. **2** 〘植物〙皮層の. **3** 〘解剖〙(大脳)皮質の. **~·ly** *adv.* 〖((1671)) ← NL *corticālis* ← L *cortic-, cortex* 'CORTEX': ⇨ -al¹〗

cor·ti·cate /kɔ́əṭɪkɪt, -kèɪt | kɔ́ːtɪ-/ *adj.* **1** 皮層のある, 外皮のある. **2** 樹皮に覆われた. **cor·ti·ca·tion** /kɔ̀əṭɪkéɪʃən | kɔ̀ːtɪ-/ *n.* 〖((1846)) □ LL *corticātus* covered with bark ← L *cortic-, cortex*: ⇨ cortex, -ate²〗

cor·ti·cat·ed /kɔ́əṭɪkèɪṭɪd | kɔ́ːtɪkèɪt-/ *adj.* =corticate. 〖1646〗

cortices *n.* cortex の複数形.

cor·ti·co- /kɔ́əṭɪkou | kɔ́ːtɪkəu/ 「(大脳[副腎])皮質 (cortex); 皮質と…の」の意の連結形. ★ 母音の前では cortic- になる. 〖← L *cortic-, cortex*: ⇨ cortex〗

cor·ti·coid /kɔ́əṭɪkɔ̀ɪd | kɔ́ːtɪ-/ *n.* 〘生化学〙**1** コルチコイド (副腎皮質から抽出されるステロイドホルモンの総称; corticosteroid ともいう; cf. glucocorticoid, mineralocorticoid). **2** 炎症性, アレルギー性疾患の治療に用いる類似作用をもつ合成薬品の総称. 〖((1941)): ⇨ ↑, -oid〗

cor·tic·o·line /kɔətíkəlàɪn | kɔː-/ *adj.* =corticolous.

cor·tic·o·lous /kɔətíkələs | kɔː-/ *adj.* 〘生物〙樹皮に生える[すむ], 樹皮生息の. 〖((1856)): ⇨ cortico-, -colous〗

cor·ti·cose /kɔ́əṭɪkòus, -kòuz | kɔ́ːtɪ-/ *adj.* =corticate. 〖1730–36〗

cor·ti·co·ste·roid /kɔ̀əṭɪkoustérɔɪd, -stíə^r- | kɔ̀ːtɪkəustíər-, -stér-/ *n.* 〘生化学〙=corticoid. 〖1944〗

cor·ti·co·ste·rone /kɔ̀əṭɪkoustéroun, stíə^r- | kɔ̀ːtɪkəustíərəun, -stér-/ *n.* 〘生化学〙コルチコステロン ($C_{21}H_{30}O_4$) (副腎皮質から分泌され糖質代謝に関係するステロイドホルモン). 〖((1937)) ← CORTICO- + STER(OL) + -ONE〗

cor·ti·co·tro·phic /kɔ̀əṭɪkoutróufɪk, -trɑ́(ː)f- | kɔ̀ːtɪkəutrɔ́f-⌐/ *adj.* 〘生化学〙皮質刺激性の (副腎皮質を刺激することについていう). 〖((1944)) ← CORTICO- + -TROPHIC〗

cor·ti·co·tro·phin /kɔ̀əṭɪkoutróufɪn, -trɑ́(ː)f- | kɔ̀ːtɪkə(u)trɔ́fɪn/ *n.* 〘生化学〙=ACTH. 〖((1942)): ⇨ ↑, -in¹〗

cor·ti·co·tro·pic /kɔ̀əṭɪkoutróupɪk, -trɑ́(ː)p- | kɔ̀ːtɪkə(u)trɔ́p-⌐/ *adj.* 〘生化学〙=corticotrophic. 〖((1934)) ← CORTICO- + -TROPIC〗

cor·ti·co·tro·pin /kɔ̀əṭɪkoutróupɪn, -trɑ́(ː)p- | kɔ̀ːtɪkə(u)trɔ́pɪn/ *n.* 〘生化学〙=corticotrophin. 〖((1943)): ⇨ ↑, -in²〗

cor·ti·le /kɔətíːleɪ | kɔː-; *It.* kortíːle/ *n.* (*pl.* **-ti·li** /-liː; *It.* -li/) 〘建築〙(建物で囲まれた)内庭, コルティーレ, 中庭 (courtyard). 〖((1841)) □ It. ~ ← *corte* court〗

cor·tin /kɔ́əṭɪn | kɔ́ːtɪn/ *n.* 〘生化学〙コルチン (副腎皮質から分泌するホルモンの総称). 〖((1928)) ← CORT(EX) + -IN²〗

cor·ti·na /kɔətáɪnə, -tíːnə | kɔː-/ *n.* (*pl.* **-ti·nae** /-táɪniː, -tíː-/) クモの糸膜, コルチナ (ある種のキノコ, 特に フウセンタケ属 (*Cortinarius*) のキノコのかさの縁と茎との間をつないで子実体を覆うクモの巣状の内被膜). 〖((1832)) ← NL *Cortina* ← LL *cortīna* 'CURTAIN'〗

Cor·ti·na d'Am·pez·zo /kɔətíːnədɑːmpétsou | kɔːtíːnədɑːmpétsəu; *It.* kortíːnadampéttso/ *n.* コルティナダンペッツォ (イタリア北部の Dolomites 山脈中の村; 冬季オリンピックの開催地 (1956)).

cor·ti·sol /kɔ́əṭɪsɔ̀(ː)l | kɔ́ːtɪsɔ̀l/ *n.* 〘生化学〙コルチゾール (⇨ hydrocortisone). 〖((1951)): ⇨ ↓, -ol¹〗

cor·ti·sone /kɔ́əṭəzòun, -sòun | kɔ́ːtɪzəun, -səun/ *n.* **1** 〘生化学〙コーチゾン ($C_{21}H_{28}O_5$) (副腎皮質ホルモンの一つ; 糖質代謝促進作用をもつ; Compound E ともいう). **2** 〘薬学〙コーチゾン (慢性関節リウマチ, アレルギー性および皮膚疾患, 白血病などの治療に用いる). 〖((1949)) ← COR-TI(CO)S(TER)ONE〗

Cor·to·na /kɔətóunə | kɔːtə́u-; *It.* kortóːna/ *n.* コルトーナ (イタリア Tuscany 州にある町; ローマとエトルリアの遺跡がある).

Cor·tot /kɔətóu | kɔːtə́u; *F.* kɔʁto/, **Alfred** *n.* コルトー (1877–1962; スイス生まれのフランスのピアニスト·指揮者).

co·run·dum /kərʌ́ndəm/ *n.* 〘鉱物〙コランダム, 鋼玉石 (Al_2O_3) (酸化アルミニウム; ダイヤモンドに次ぐ堅い鉱物; 透明のものは ruby, sapphire として珍重され, 半透明のものは研摩用). 〖((*a*1728)) □ Tamil *kuruntam* ruby □ Skt *kuruvinda* ← ?〗

Co·run·na /kərʌ́nə | kɒ-, kə-/ *n.* La Coruña の英語名.

co·rus·cant /kərʌ́skənt, kɔ́(ː)rəs-, kɑ́(ː)r- | kərʌ́s-, kɔ́rəs-/ *adj.* きらめく, ぴかぴか光る. 〖((*c*1485)) □ L *coruscantem* (pres.p.) ← *coruscāre* (↓): ⇨ -ant〗

cor·us·cate /kɔ́(ː)rəskèɪt, kɑ́(ː)r- | kɔ́r-/ *vi.* **1** 〈星·宝玉などが〉輝く, きらめく, ぴかぴか光る. **2** 〈才気·知性·技術などが〉輝く, 光彩を放つ. **cór·us·càt·ing** *adj.* 〖((1705)) ← L *coruscātus* (p.p.) ← *coruscāre* to vibrate, flash, glitter ← IE **sker-* to leap (about): ⇨ -ate³〗

cor·us·ca·tion /kɔ̀(ː)rəskéɪʃən, kɑ̀(ː)r- | kɔ̀r-/ *n.* **1** きらめき (flash); 光輝, 光彩 (glitter). **2** (才気などの)きらめき. 〖((1490)) □ L *coruscātiō(n-)*: ⇨ ↑, -ation〗

Cor·val·lis /kɔəvǽlɪs | kɔːvǽlɪs/ *n.* コーバリス (米国 Oregon 州西部, Willamette 川に臨む都市).

cor·vée /kɔəvéɪ, ⌐⌐ | kɔ́ːveɪ; *F.* kɔʁve/ *n.* **1** (封建諸侯が人民に課した通例無報酬の)強制的労役, 賦役. **2** (道路建設の護う公益のための)奉仕労役, 勤労奉仕 (フランスでは革命以前, 当局によって税の代わりに課せられた). 〖((1340)) □ (O)F ~ < LL *corrogātam* ← *corrogāta* (*opera*) requisitioned (works) (p.p.) ← L *corrogāre* to collect ← *cor-* 'COM-' + *rogāre* to ask (⇨ rogation)〗

corves *n.* corf の複数形.

cor·vette /kɔəvét | kɔː-/ *n.* (*also* **cor·vet** /~/) **1** ((古代の)コルベット艦 (平甲板·一段砲装の木造帆装軽巡洋艦). **2** コルベット艦 (高角砲·爆雷·レーダーなどを装備した輸送船団の護送を主要任務とする高速軽装の小型艦; 英·カナダ海軍が初めて使用した; cf. destroyer escort). 〖((1636)) □ F ~ (dim.) ← MDu. *korf*: ⇨ corf, -ette〗

Cor·vette /kɔəvét | kɔː-/ *n.* 〘商標〙コルベット (米国 GM 社製のスポーツカー).

cor·vid /kɔ́əvɪd | kɔ́ː-/ *n.* 〘鳥類〙カラス科 (Corvidae) の鳥; カラス. 〖((*c*1950)) ← NL *Corvidae* ← L *corvus* raven〗

cor·vi·na /kɔəvíːnə | kɔː-/ *n.* 〘魚類〙=corbina. 〖1787〗

cor·vine /kɔ́əvaɪn | kɔ́ː-/ *adj.* **1** カラスの(ような). **2** カラス科 (Corvidae) の (燕雀目カラス科の鳥でカラス (crow), ワタリガラス (raven) などを含む). 〖((1656)) □ L *corvīnus* ← *corvus* 'RAVEN'〗

Cor·vus /kɔ́əvəs | kɔ́ː-/ *n.* 〘天文〙からす(烏)座 (おとめ座 (Virgo) とうみへび座 (Hydra) の間にあり, 四辺形の南天の

C

C

小星座; the Raven, the Crow ともいう)). 〘□L ～ (↑)〙

Cor·y·bant /kɔ́(ː)rɪ̀bænt, kɑ́(ː)r- | kɔ́r-/ *n.* (*pl.* **～s, Cor·y·ban·tes** /kɔ̀(ː)rɪ̀bǽntiːz, kɑ̀(ː)r- | kɔ̀r-/) **1** 〘ギリシャ神話〙 **a** コリュバース《女神 Cybele の従者; Cybele がたいまつをもって山間をさまよう時, 音楽を奏し踊りを踊って従ったという》. **b** コリュバース僧《Cybele の司祭僧で, 騒々しい酒宴と乱舞をもって儀式を行ったと伝えられる》. **2** [c-] 飲み騒ぐ人 (reveler). **Cor·y·ban·tian** /kɔ̀(ː)rɪ̀bǽnʃən, kɑ̀(ː)r- | kɔ̀r-/ *adj.* **Cor·y·ban·tine** /kɔ̀(ː)rɪ̀bǽntɪ̀n, kɑ̀(ː)r-, -taɪn | kɔ̀rɪ̀bǽntaɪn, -tɪn/ *adj.* 〘(*c*1380) □L *Corybant-*, *Corybās* □Gk *Korúbās* ← ?〙

Cor·y·ban·tic /kɔ̀(ː)rɪ̀bǽntɪk, kɑ̀(ː)r- | kɔ̀rɪ̀bǽnt-/ *adj.* **1** コリュバース(僧)の. **2** [c-] コリュバース僧のような, 狂騒的な. 〘(1642): ⇨ ↑, -ic[1]〙

co·ryd·a·lis /kərídəlɪ̀s, -dl̩- | -dəlɪs, -dl-/ *n.* 〘植物〙 **1** ケシ科ヤブケマン属 (*Corydalis*) の植物の総称《ムラサキケマン (*C. incisa*), オランダエンゴサク (*C. cava*) など; 葉は分裂していて根は塊茎またはヒゲ状, 花は特徴ある左右相称形》. **2** ＝fumitory. 〘(1818) ← NL ～ ← Gk *korudállis* ← *kórudos* crested lark ← *kórus* helmet, crest〙

Cor·y·don /kɔ́(ː)rɪ̀dən, kɑ́(ː)r-, -dn̩ | kɔ́rɪ̀dən, -dn̩, -dɔ̀n/ *n.* **1** コリドン《男性名》. **2** コリュドーン《牧歌に現れる羊飼いの伝統的な名》. 《Theocritus, *Idyls* および Virgil, *Eclogues* に出ている牧羊者の名から》 **3** 田舎の若者. 〘(1581) □L *Corydōn* □Gk *Korudṓn*〙

cor·ymb /kɔ́(ː)rɪm(b), kɑ́(ː)r- | kɔ́rɪm(b)/ *n.* 〘植物〙 散房(さんぼう)花; 散房花序 (cf. cyme). **～ed** /～d/ *adj.* 〘(*c*1700) □F *corymbe* ∥ L *corymbus* □Gk *kórumbos* cluster (of fruit or flowers) ← IE **ker-* 'head, HORN'〙

co·rym·bose /kərímbous | -bəus/ *adj.* 〘植物〙 散房花序の; 散房花状の. **～·ly** *adv.* 〘(1775): ⇨ ↑, -ose[1]〙

co·rym·bous /kərímbəs/ *adj.* 〘植物〙 ＝corymbose. 〘1828〙

còr·y·ne·bactérium /kɔ̀(ː)rəni-, kɑ̀(ː)r- | kɔ̀rɪni-/ *n.* 〘細菌〙 コリネバクテリウム《*Corynebacterium* 属の杆菌; ジフテリア菌 (*C. diphtheriae*) など》. **cò·ry·ne·bactérial** *adj.* 〘(1909) ← NL ～ ← Gk *korúnē* club＋BACTERIUM〙

coryphaei *n.* coryphaeus の複数形.

cor·y·phae·us /kɔ̀(ː)rəfíːəs, kɑ̀(ː)r- | kɔ̀rɪ̀-/ *n.* (*pl.* **-phae·i** /-fíːaɪ/) **1 a** (古代ギリシャ劇の)合唱隊首唱歌手. **b** (オペラなどの)合唱団の首席歌手. **2** 指導者, 首領, リーダー (leader). 〘(1610) □L ～ □Gk *koruphaîos* leader ← *koruphḗ* head〙

cor·y·phée /kɔ̀(ː)rɪ̀féɪ, kɑ̀(ː)r- | kɔ̀r-; *F.* kɔʀife/ *n.* (*pl.* **～s** /～z; *F.* ～/) **1** 〘バレエ〙 コリフェ《群舞の主役ダンサー》. **2** ＝chorus girl. 〘(1828) □F ～ □L *coryphaeus* (↑)〙

co·ryph·o·don /kərífədɑ̀(ː)n | -dɔ̀n/ *n.* 〘古生物〙 コリポドン《始新世前期にヨーロッパおよびアメリカに生存していた鈍足類コリポドン属 (*Coryphodon*) の哺乳動物の総称, またはその化石; 短脚で 5 本の指を有する》. 〘(1846) ← NL ～ ← Gk *koruphḗ* top＋-ODON〙

co·ry·za /kəráɪzə/ *n.* **1** 〘病理〙 コリーザ, 鼻感冒, 鼻かぜ. **2** 〘獣医〙 コリーザ, 伝染性のある鼻炎《多く鳥類の場合に用いる》. **co·rý·zal** /-zəl, -zl̩/ *adj.* 〘(1634) □LL ～ □Gk *kóruza* a cold in the head, catarrh〙

cos[1] /(弱) kəz, kəs; (強) kɔ́ːz, kɑ́ːz, kɔ́z, kɔ́s/ *adv.*, *conj.* (*also* **'cos** /～/) 《口語・方言》 ＝because. 〘(1828) 《短縮》 ← BECAUSE〙

cos[2] /kɑ́(ː)s, kóus | kɔ́s, kɔ́z/ *n.* 〘植物〙 ＝cos lettuce. 〘(1699) 《略》〙

cos 《略》 companies; 〘数学〙 cosine; counties.

Cos /kɑ́(ː)s, kɔ́(ː)s, kóus | kɔ́s/ *n.* ＝Kos.

COS, cos 《略》 〘商業〙 cash on shipment 積込み払い, 船積み払い; Chief of Staff.

Co·sa Nos·tra /kóusənóustrə, -zə- | káuzənáu-/ *n.* 《米》 コーザノストラ《アメリカマフィア (Mafia) の秘密組織》. 〘(1963) □It. ～ 《原義》 our thing〙

co·saque /kouzɑ́ːk, kə-, -zǽk | kəuzɑ́ːk, kə-/ *n.* ＝cracker 2 a. 〘(1858) □F *Cosaque* Cossack: コサック兵がだしぬけに射撃を行うことにちなむ?〙

Cos·by /kɑ́zbi | kɔ́z-/, **Bill** *n.* コズビー (1937– ; 米国のコメディアン俳優; 黒人家庭を描いたホームドラマ 'The Cosby Show' (1984–92) に主演).

cos·co·ro·ba /kɑ̀(ː)skəróubə | kɔ̀skərə́u-/ *n.* 〘鳥類〙 カモハクチョウ (*Coscoroba coscoroba*) 《南米産》. 〘(1808) ← NL ～ ← ? 現地語〙

co·sec /kóusèk | kə́u-/ 《略》 〘数学〙 cosecant.

co·se·cant /kòusíːkənt, -kænt | kə̀usíːkənt/ *n.* 〘数学〙 コセカント, 余割 (略 cosec, csc; cf. cosine). 〘(1706) □F *coséncante*＝*co. secans* 《略》 ← NL *complēmentī secāns* 'SECANT of the COMPLEMENT': cf. cosine〙

co·sech /kóusɛʃ, -sɛk, -sɛtʃ | kə́u-/ 《記号》 〘数学〙 hyperbolic cosecant.

co·seis·mal /kòusáɪzməl, -sáɪs-, -ml̩ | kə̀usáɪz-/ 〘地震〙 *adj.* 等震波圏上の, 同震波線上の: a ～ line [curve, zone] 等震線[弧, 域]. — *n.* 等震線. 〘(1851–59) ← CO-[1]＋SEISMAL〙

co·seis·mic /kòusáɪzmɪk, -sáɪs- | kə̀usáɪz-/ *adj.* ＝coseismal. 〘1886〙

Co·sen·za /kouzéntsə | kəu-; *It.* kozéntsa/ *n.* コゼンツァ《イタリア南部, Calabria 地方の都市; 行政, 市場の中心地》.

co·set /kóusèt | kə́u-/ *n.* 〘数学〙 剰余系, 剰余類《群の部分群のすべての元に群の一つの元を左[右]から掛けてえられる元全体の集合; 左から掛けた場合 left coset, 右から掛けた場合 right coset という》. 〘(1910) ← co-[2]＋SET〙

co·sey /kóuzi | kə́u-/ *adj.*, *n* ＝cozy.

Cos·grave /kɑ́(ː)zgreɪv | kɔ́z-/, **Liam** *n.* コズグレーブ (1920– ; アイルランドの政治家; 首相 (1973–77)).

Cosgrave, William Thomas *n.* コズグレーブ (1880–1965; アイルランドの政治家; Sinn Fein 党の支持者; Irish Free State 首相 (1922–32); Liam の父).

cosh[1] /kɑ́(ː)ʃ | kɔ́ʃ/ 《英俗》 *n.* **1** 棍棒《鉛のパイプ, または金属を中につめたゴム状の棒など》. **2** 棍棒で打つこと. — *vt.* 棍棒で打つ: ～ him on the head 彼の頭を棍棒でぶんなぐる. 〘(1869) □? Romany *kosh* 《略》 ← *koshter* stick ← ?〙

cosh[2] /kɑ́(ː)ʃ | kɔ́ʃ/ *adj.* 《スコット》 **1** 静かな (quiet, still). **2** こぢんまりした, 居心地のよい (snug, comfortable). **3** こざっぱりした (trim, neat).

cosh[3] /kɑ́(ː)ʃ | kɔ́ʃ/ 《記号》 〘数学〙 hyperbolic cosine. 〘1873〙

cósh·bòy *n.* 《英俗》 棍棒をもった若者[男]. 〘1953〙

cosh·er /kɑ́(ː)ʃə | kɔ́ʃə(r)/ *vt.* …にぜいたく[わがまま]をさせる, 甘やかす (pamper); 甘やかして育てる (cocker) 〈*up*〉. — *vi.* 《アイル》 **1** (借地人の家などで)食客になる. **2** 居候をする, 寄食する. 〘(1634–35) ← ? Ir. *cosīr* feast, banquet〙

COSHH 《略》 《英》 control of substances hazardous for health 《1989 年衛生安全委員会 (Health and Safety Executive) によって導入された一連の法令で, 人体への有害物質の貯蔵と使用を管理するためのもの》.

co·sie /kóuzi | kə́u-/ *adj.*, *n.* ＝cozy.

Co·sì Fan Tut·te /kousìːfɑːntúːteɪ, -túːt- | kàusifæ̀ntúteɪ, -zi-, kəusìː-, -ti; *It.* koziffantútte/ *n.* 「コシ・ファン・トゥッテ(女はみんなそうしたもの)」《Mozart のオペラ (1790); 英訳 All Women Are [Behave] Like That》.

cò·sígn *vt.* 〈書類, 約束手形などに共同署名する, 連署する, 連帯署名する. — *vi.* …に連署する. 〘(*c*1900) ← CO-[1]＋SIGN〙

cò·sígnatory *adj.* 連署の: the ～ Powers 連署国. — *n.* 連署人, 連判者; 連署国. 〘(1865) ← CO-[1]＋SIGNATORY〙

cò·sígner *n.* ＝cosignatory. 〘*c*1903〙

Co·si·mo /kóuzɪ̀mòu | káuzɪməu; *It.* kɔ́ːzimo/ *n.* コージモ《男性名》. 〘□It. ～〙

Cosimo I *n.* ⇨ Medici.

co·sine /kóusaɪn | kə́u-/ *n.* 〘数学〙 コサイン, 余弦 (略 cos) (cf. sine[1], cotangent, cosecant). 〘(1635) ← NL *cosinus* 《略》 ← *complēmentī sinus* 'SINE[1] of the COMPLEMENT'〙

cósine làw *n.* 〘物理〙 余弦法則《粗い単位表面からの電磁放射の強さが, 面の法線と放射方向とのなす角の余弦に比例するという法則》.

COSLA /kɑ́(ː)zlə | kɔ́zlə/ *n.* スコットランド地方自治体会議. 〘《頭字語》 ← *C*(*onvention*) *O*(*f*) *S*(*cottish*) *L*(*ocal*) *A*(*uthorities*)〙

cós léttuce /kɑ́(ː)s-, kóus- | kɔ́s-, kɔ́z-/ *n.* 〘植物〙 コスレタス, タチチシャ (*Lactuca sativa* var. *longifolia*) 《英国で多く栽培するレタスの一変種; romaine, romaine lettuce ともいう; cf. cabbage lettuce》. 〘(1699): ⇨ Kos〙

cosm- /kɑ(ː)zm | kɔzm/ (母音の前にくるときの) cosmo- の異形.

-cosm /⌐ー kɑ̀(ː)zm̩ | -kɔ̀zm̩/ 「世界 (world)」の意の名詞連結形: microcosm. 〘← NL *-cosmus* ← Gk *kósmos*: ⇨ cosmos〙

cos·me·a /kɑ́(ː)zmiə | kɔ́z-/ *n.* 〘植物〙 コスモス (cosmos). 〘(1813) ← NL ～〙

cos·met·ic /kɑ(ː)zmétɪk | kɔzmét-/ *adj.* **1 a** 化粧用の, 美容の, 美髪[美顔]用の. **b** 美容整形の. **2 a** 表面を飾る, 装飾的な. **b** 深みのない, 表面的な (superficial): ～ compromises 表面上の妥協. — *n.* **1 a** 化粧品. **b** [しばしば *pl.*] (欠点を隠す)うわべの飾り, あら隠し. **2** [時に *pl.*] 《古》 美容術. **cos·mèt·i·cól·o·gy** *n.* 〘(1605) □F *cosmétique* □Gk *kosmētikós* well-arranged ← *kósmos* order, ornament: ⇨ cosmos, -ic[1]〙

cos·met·i·cal /kɑ(ː)zmétɪ̀kəl, -kl̩ | kɔzmétɪ-/ *adj.* 化粧(用)の, 美容の. 〘(1559): ⇨ ↑, -al[1]〙

cos·mét·i·cal·ly *adv.* 表面的に, 外見上は.

cosmétic càse *n.* 化粧品入れ. 〘1948〙

cos·me·ti·cian /kɑ̀(ː)zmətíʃən | kɔ̀zmɪ̀-/ *n.* **1** 美容師, メーキャップ専門家. **2** 化粧品製造人[販売人]. 〘(1924) ← COSMETIC＋-ICIAN〙

cos·met·i·cize /kɑ(ː)zmétɪ̀sàɪz | kɔzmétɪ-/ *vt.* 〈見苦しいもの・不愉快なものを表面的に美しくする. 〘(1824) ← COSMETIC＋-IZE〙

cosmétic súrgery *n.* 美容外科. 〘1926〙

cos·me·tize /kɑ́(ː)zmətàɪz | kɔ́zmɪ̀-/ *vt.* ＝cosmeticize.

cos·me·tol·o·gist /kɑ̀(ː)zmətɑ́(ː)ləʤɪ̀st | kɔ̀zmɪ̀tɔ́ləʤɪst/ *n.* 美容師, 美容術専門家 (beautician). 〘(1926): ⇨ ↓, -ist〙

cos·me·tol·o·gy /kɑ̀(ː)zmətɑ́(ː)ləʤi | kɔ̀zmɪ̀tɔ́-/ *n.* 美容術. 〘(1855) □F *cosmétologie*: ⇨ cosmetic, -logy〙

cos·mic /kɑ́(ː)zmɪk | kɔ́z-/ *adj.* **1** (秩序整然とした体系としての, または地球以外の天体を包括しての)宇宙の[に関する] (cf. chaotic): a ～ poet 宇宙詩人《宇宙をテーマにする》. **2** (宇宙のように)広大無辺の: through ～ ranges of time 永遠無限に. **3** 〘哲学〙 宇宙(進化)論の[に関する]: ⇨ cosmic philosophy. **4** 宇宙旅行の[に関する]: a ～ rocket. **5** 太陽系外 (outer space) に起きる[起源をもつ]. **6** 《まれ》 調和のとれた. 〘(1649) (1846) □Gk *kosmikós* ← *kósmos*: ⇨ cosmos, -ic[1]〙

cós·mi·cal /-mɪ̀kəl, -kl̩ | -mɪ-/ *adj.* ＝cosmic. **cos·mi·cal·i·ty** /kɑ̀(ː)zmɪ̀kǽləti | kɔ̀zmɪ̀kǽlɪ̀ti/ *n.* 〘1583〙

cós·mi·cal·ly *adv.* **1** 宇宙の法則に従って, 宇宙的に. **2** 途方もなく.

cósmic dúst *n.* 〘天文〙 宇宙塵《宇宙空間に浮遊している, また地上に降下したと考えられるごく微細な物質; cf. nebula 1》. 〘1881〙

cósmic nóise *n.* 〘天文〙 ＝galactic noise. 〘1947〙

cósmic philósophy *n.* 〘哲学〙 ＝cosmism. 〘1874〙

cósmic radiátion *n.* 〘物理〙 ＝cosmic ray. 〘1925〙

cósmic ráy *n.* 〘物理〙 宇宙線《宇宙空間をただよっている高エネルギーの粒子; 陽子が大部分を占めヘリウムその他の原子核も混ざっている》. 〘1925〙

cósmic-ráy shòwer *n.* 〘物理〙 宇宙線シャワー.

cósmic státic *n.* 宇宙雑音 (galactic noise).

cósmic stríng *n.* 〘物理〙 宇宙ひも《銀河の形成を説明するために仮定された極めて細いが莫大な質量と長さをもった線状の物質》. 〘1984〙

cos·mine /kɑ́(ː)zmiːn | kɔ́z-/ *n.* (*also* **cos·min** /～/) 〘動物〙 コズミン《象牙質に似た物質で, 硬鱗魚類の表層をなす》.

cos·mism /kɑ́(ː)zmɪzm̩ | kɔ́z-/ *n.* 〘哲学〙 宇宙論, 宇宙進化論《宇宙あるいはその進化の説明を目的とする哲学》. 〘(1861) ← COSM(OS)＋-ISM〙

cós·mist /-mɪ̀st | -mɪst/ *n.* 〘哲学〙 宇宙(進化)論者. 〘(1861) ← COSM(OS)＋-IST〙

Cos·mo /kɑ́(ː)zmou | kɔ́zməu/ *n.* **1** コズモ《男性名; 異形 Cosmio》. **2** ＝Cosmopolitan. 〘□It. ～ ← Gk *kósmos* order〙

cos·mo- /kɑ́(ː)zmou | kɔ́zməu/ 「世界 (world); 宇宙 (universe)」の意の連結形. ★ 母音の前では通例 cosm- になる. 〘← COSMOS: ⇨ -o-〙

còsmo·chémistry *n.* ＝astrochemistry. **còsmo·chémical** *adj.* 〘1940〙

cos·mo·drome /kɑ́(ː)zmədròum | kɔ́zmədrə̀um/ *n.* コスモドローム《旧ソ連・ロシアの人工衛星・宇宙船の発射基地》. 〘(1953) □Russ. *kosmodrom*: ⇨ cosmo-, -drome〙

cosmog. 《略》 cosmographical; cosmography.

còsmo·génesis *n.* 宇宙の生成. **còsmo·genétic** *adj.* 〘1882〙

cos·mo·gen·ic /kɑ̀(ː)zməʤénɪk | kɔ̀zmə-/ *adj.* 〘化学〙 宇宙線の作用で生じた: ～ carbon 14. 〘(1909) ← COSM(IC RAY)＋-GENIC〙

cos·mog·e·ny /kɑ(ː)zmɑ́(ː)ʤəni | kɔzmɔ́ʤɪ̀ni/ *n.* ＝cosmogony. 〘(1864): ⇨ cosmo-, -geny〙

cos·móg·o·nist /-nɪ̀st | -nɪst/ *n.* 〘天文〙 宇宙進化論者; (古代ギリシャの)宇宙開闢(かいびゃく)論者. 〘(1678): ⇨ ↓, -ist〙

cos·mog·o·ny /kɑ(ː)zmɑ́(ː)gəni | kɔzmɔ́-/ *n.* **1** 宇宙[天地]の発生[創造]; (古代ギリシャの)宇宙開闢説. **2** 〘天文〙 宇宙進化論, 太陽系進化論 《天文学の一部門》. **cos·móg·o·nal** /-mɑ́(ː)gənl̩ | -mɔ́g-/ *adj.* **cos·mo·gon·ic** /kɑ̀(ː)zməgɑ́(ː)nɪk | kɔ̀zməgɔ́n-/ *adj.* **còs·mo·gón·i·cal** *adj.* 〘(1766) □Gk *kosmogonía* creation of the cosmos: ⇨ cosmo-, -gony〙

cos·mog·ra·pher /kɑ(ː)zmɑ́(ː)grəfə | kɔzmɔ́grəfə(r)/ *n.* 宇宙地理学者. 〘(1527): ⇨ cosmography, -er[1]〙

cos·mog·ra·phist /kɑ(ː)zmɑ́(ː)grəfɪ̀st | kɔzmɔ́grəfɪst/ *n.* ＝cosmographer. 〘1656〙

cos·mog·ra·phy /kɑ(ː)zmɑ́(ː)grəfi | kɔzmɔ́g-/ *n.* **1** 天地学, 宇宙地理学《宇宙の構造・組成・物理的性質などを扱う科学》. **2** 宇宙構造論, 宇宙形状誌《宇宙・天地の物理とその相互関係の一般的記述》. **cos·mo·graph·ic** /kɑ̀(ː)zməgrǽfɪk | kɔ̀zməu-/ *adj.* **còs·mo·gráph·i·cal** *adj.* **còs·mo·gráph·i·cal·ly** *adv.* 〘(*a*1387) □LL *cosmographia* □Gk *kosmographía*: ⇨ cosmo-, -graphy〙

cos·moid /kɑ́(ː)zmɔɪd | kɔ́z-/ *adj.* 〘動物〙 〈シーラカンスと肺魚の鱗が外側のコズミン (cosmine) 層と内側の 2 層からなる骨質層からできた. 〘← COSMINE＋-OID〙

Cos·mo·line /kɑ́(ː)zməlìːn, -lɪ̀n | kɔ́zməlìːn, -lɪn/ *n.* 〘商標〙 コスモリン《英国および米国製のワセリン; 化粧油原料として, また特に銃器類のさび止めとして用いる》. — *vt.* [c-] 〈銃器類にコスモリンを塗る. 〘(1876) ← COSM(ETIC)＋-OL[2]＋-INE[1]〙

cos·mo·log·ic /kɑ̀(ː)zməlɑ́(ː)ʤɪk | kɔ̀zmə(ʊ)lɔ́ʤ-/ *adj.* 宇宙論の; 宇宙論的な. 〘(1891): ⇨ cosmology, -ic[1]〙

còs·mo·lóg·i·cal /-ʤɪ̀kəl, -kl̩ | -ʤɪ-/ *adj.* ＝cosmologic. **～·ly** *adv.* 〘1825〙

cósmological árgument *n.* 〘哲学〙 宇宙論的証明《因果関係を確実なものとみて, 因果系列の究極に無原因の原因である神が存在することを証明する議論; cf. first-cause argument, ontological argument, teleological argument》.

cósmological cónstant *n.* 〘天文〙 (アインシュタイン方程式の)宇宙定数.

cosmológical prìnciple *n.* 〘天文〙 宇宙原理《大きなスケールで考えると宇宙は等方性と一様性をもつという仮説》.

cos·mól·o·gist /-ʤɪ̀st | -ʤɪst/ *n.* 宇宙論者. 〘(1792): ⇨ ↓, -ist〙

cos·mol·o·gy /kɑ(ː)zmɑ́(ː)ləʤi | kɔzmɔ́ləʤi/ *n.* **1**

〘哲学〙宇宙論《秩序立った体系としての宇宙を扱う》. **2** 〘天文〙宇宙論《宇宙の起源・構造・時空関係を扱う》. **3** 宇宙の本質[構造, 起源]に関する理論, あるいはその神話的解釈. 〘((1656)) ← NL *cosmologia*: ⇨ cosmo-, -logy〙

cos·mo·naut /kɑ́(ː)zmənɔ̀ːt, -nɑ̀ːt | kɔ́zmənɔ̀ːt/ *n.* (ロシアの)宇宙飛行士 (astronaut). 〘((1957)) ▭ Russ. *kosmonavt* ← COSMO-＋*-navt* (← Gk *naútēs* sailor: ⇨ nautical)〙

cos·mo·nau·ti·cal /kɑ̀(ː)zmənɔ́ːtɪkəl, -nɑ́ːt-, -kl̩ | kɔ̀zmənɔ́ːtɪ-⁻/ *adj.* ＝astronautical. 〘1950〙

cos·mo·nau·tics /kɑ̀(ː)zmənɔ́ːtɪks, -nɑ́ːt- | kɔ̀zmənɔ́ːt-/ *n.* 〘宇宙〙＝astronautics. 〘1950〙

cos·mo·plas·tic /kɑ̀(ː)zməplǽstɪk | kɔ̀zməplǽs-, -plɑ́ːs-⁻/ *adj.* 宇宙[世界]形成の. 〘((1678)) ((1884)) ← COSMO-＋-PLASTIC〙

cos·mop·o·lis /kɑ(ː)zmɑ́(ː)pəlɪs | kɔzmɔ́pəlɪs/ *n.* 国際都市. 〘((1847)) ← COSMO-＋-polis〙

cos·mo·pol·i·tan /kɑ̀(ː)zməpɑ́(ː)lətən, -tn̩ | kɔ̀zməpɔ́lɪtən, -tn̩⁻/ *adj.* **1** (世界各地の人や物から成る)全世界的な, 国際的な: a ～ city 国際都市. **2** (一地方[国家]的感情・偏見・愛着などにとらわれない)世界主義の, コスモポリタンの: ～ ideals 世界主義的理想 / a ～ outlook 世界主義的見解 / ～ traits [indifference] コスモポリタン的特性[無関心]. **3** (都会生活や広範な旅行により)視野の広い, 世才のある, 世智にたけた; 世界人の. **4** 〘生態〙全世界に分布している. — *n.* (多くの国に住んだり旅行したりする, 一地方[国家]的感情・偏見・愛着などにとらわれない)世界主義者, 世界人, コスモポリタン (cosmopolite). **～·ly** *adv.* 〘((1844)) ← COSMOPOLITE＋-AN[1]: cf. F *cosmopolitain*〙

Cos·mo·pol·i·tan /kɑ̀(ː)zməpɑ́(ː)lətn, -tən | kɔ̀zməpɔ́lɪtən, -tn̩/ *n.* 「コスモポリタン」《米国の女性大衆月刊誌; Hearst 社刊; 創刊 1886 年; 英国版 (National Magazine 社刊) もある》.

còs·mo·pól·i·tan·ism /-tənɪzm̩, -tn̩- | -tən-, -tn̩-/ *n.* **1** 世界(市民)主義, 四海同胞主義. **2** コスモポリタン気質. **3** [C-] コスモポリタニズム《第二次大戦後ソ連で体制に従わないユダヤ系知識人を非難してしきりに使われた言葉》. 〘((1828)): ⇨ cosmopolitan, -ism〙

cos·mo·pol·i·tan·ize /kɑ̀(ː)zməpɑ́(ː)lətənàɪz, -tn̩- | kɔ̀zməpɔ́lɪtən-, -tn̩-/ *vt.* コスモポリタン化する. 〘((1876)) ← COSMOPOLITAN＋-IZE〙

cos·mop·o·lite /kɑ(ː)zmɑ́(ː)pəlàɪt | kɔzmɔ́p-/ *n.* **1** ＝cosmopolitan. **2 a** 全世界的に分布している動植物. **b** 世界各地共通の伝説・ことわざ(など). — *adj.* ＝cosmopolitan. 〘((1598)) ▭ Gk *kosmopolítēs* citizen of the world ← COSMO-＋*polítēs* citizen (← *pólis* city)〙

cos·mo·po·lit·i·cal /kɑ̀(ː)zmoupəlítɪkəl, -mə-, -pou-, -kl̩ | kɔ̀zməupəlítɪ-⁻/ *adj.* 世界政策的な; 全世界の利害に関係のある. **～·ly** *adv.* 〘((1598)): ⇨ ↑, political〙

cos·mo·pol·it·ism /kɑ(ː)zmɑ́(ː)pəlàɪtɪzm, -lətɪzm | kɔzmɔ́pəlàɪtɪzm, -lətɪzm/ *n.* ＝cosmopolitanism. 〘1797〙

cos·mo·ram·a /kɑ̀(ː)zmərǽmə, -rɑ́ː- | kɔ̀zmərɑ́ː-/ *n.* コズモラマ《世界各地の実景ののぞきめがね; cf. diorama, panorama》. **cos·mo·ram·ic** /kɑ̀(ː)zmərǽmɪk, -rɑ́ːm- | kɔ̀z-⁻/ *adj.* 〘((1823)) ← COSMO-＋(PANO)RAMA〙

cos·mos /kɑ́(ː)zməs, -məs, -mɑ(ː)s | kɔ́zmɔs/ *n.* **1** ((米)) ではまた -mous, -mɑs/ **a** [the ～] (秩序整然とした体系として考えられた)宇宙 (cf. chaos 1 c) (⇨ world SYN). **b** (整然とした)秩序, 調和 (harmony). **2** ((米)) ではまた -mous, -mɑs/ (観念・経験などの)完全体系, 統一的組織. **3** (*pl.* ～, ～·es) 〘植物〙《キク科コスモス属 (*Cosmos*) の植物の総称; コスモス (*C. bipinnatus*) など》. 〘((1650)) ▭ Gk *kósmos* order, world or universe ← ? IE **kes-* to proclaim〙

Cos·mos[1] /kɑ́(ː)zmous, -məs, -mɑ(ː)s | kɔ́zmɔs; *Russ.* kósməs/ *n.* 〘航空宇宙〙コスモス衛星《ロシアの地球周回人工衛星》.

Cos·mos[2] /kɑ́(ː)zmous, -məs, -mɑ(ː)s | kɔ́zmɔs/ *n.* コスモス《英国の旅行会社; 特にパス旅行や低額の海外旅行を扱う》.

cos·mo·tron /kɑ́(ː)zmətrɑ̀(ː)n | kɔ́zmətrɔ̀n/ *n.* 〘物理〙コスモトロン《30 億電子ボルトのエネルギーをもつ陽子を作る陽子シンクロトロン; 米国 New York 州 Long Island の Brookhaven 研究所にあったが, 1967 年に運転を停止した》. 〘((1949)) ← COSM(IC RAY)＋-O-＋-TRON〙

COSPAR /kóuspɑə | kóuspɑː(r)/ Committee on Space Research 宇宙空間研究連絡委員会.

có·spònsor *n.* 共同スポンサー. — *vt.* …の共同スポンサーになる. **～·shìp** *n.*

coss /kóus, kɑ́(ː)s | kóus, kɔ́s/ *n.* ＝kos.

Cos·sa /kɔ́(ː)sə, kɑ́(ː)sə | kɔ́sə; *It.* kɔ́ssa/, **Francesco del** *n.* コッサ (1438?–?80; イタリア Ferrara の画家, ボローニャ派の創始者の一人).

Cos·sack /kɑ́(ː)sæk, -sək | kɔ́sæk/ *n.* **1 a** [the ～s] コサック族《黒海の北方ステップ地方(特にウクライナ)のコミューンに居住するトルコ系の農耕民兵士で, 乗馬術に長じロシアの帝政時代には軽騎兵として活躍した》. **b** コサック族の人, コサック人, コサック(軽)騎兵. **2** ((米俗)) (州警察騎馬隊などで労働争議や自由主義運動などの鎮圧に使われる)武装機動隊員. **3** 〘商標〙コサック《英国 The Distillers 社製のウオツカ》. — *adj.* コサックの: a ～ dance. 〘((1598)) ▭ Russ. *kazak* ▭ Turk. *quzzāq* adventurer, vagabond ← *qaz* to wander〙

Cóssack hát *n.* コサック帽《頂部の方で広くなっている毛皮・羊の皮・アストラカン・フェルト製のつばなし帽子》. 〘1939〙

cos·set /kɑ́(ː)sɪt | kɔ́sɪt/ *n.* **1** ペットの動物《特に子羊》. **2** 愛玩物 (pet), 寵児(ちょうじ). — *vt.* ペットにする, かわいがる (fondle, pet), 甘やかす (pamper) ⟨*up*⟩. 〘((1579)) ← (方言) ～ pet-lamb ← ME *cotsete* dweller in a cottage < OE *cot-sǣta* cot sitter, i.e. animal brought up in the house: ⇨ COT[1], SIT: cf. G *Kossat* cottager〙

cos·sie /kɑ́(ː)zi | kɔ́zi/ *n.* ((豪・NZ)) 水着. 〘((1926)) ← (*bathing*) *cos*(*tume*)＋-Y[2]〙

cost[1] /kɔ́(ː)st, kɑ́(ː)st | kɔ́st/ *v.* (～) — *vt.* **1 a** …の金[費用]を要する, …かかる, 価が⟨いくら⟩する: The book ～s five dollars. その本は 5 ドルです / It ～ a lot (of money) [too much, very little, nothing]. そのために大金がかかった[費用がかかり過ぎた, 殆どかからなかった, 何にもかからなかった] / How much [What] does this ～? これはいくらですか. **b** [二重目的語を伴って] ⟨人⟩に⟨いくら⟩費やさせる: How much [What] will it ～ me?—It will ～ you ten dollars. いくらかかるでしょうか—10 ドルかかるでしょう / How much would it ～ (me) (to fly) to New York? ニューヨークまで(飛行機で)はいくらでしょうか. **2** [通例二重目的語を伴って] **a** ⟨行為などが⟩⟨人⟩に⟨貴重なものを⟩犠牲にさせる, 失わせる: The work ～ him his life [fortune, health]. その事業のため彼は命[財産, 健康]を失った. **b** ⟨人⟩に⟨時間・労力などを⟩必要とさせる; 要する, いる: The answer to this letter ～ him much careful thought. この手紙の返事に彼は随分慎重に考慮した / Making a dictionary ～s much time and care. 辞書を作るには多くの時間と苦労がいる. **c** ⟨人⟩に⟨苦痛などを⟩与える: The boy's foolish behavior ～ his mother many sleepless nights. 息子の不始末のために母親はいく晩も眠れなかった. **d** ((口語)) …にとって高くつく: You can get it done, but it's going to ～ you. それをしてもらうことはできるが高くつくだろう. **3** (～·ed) 〘会計〙⟨物品⟩の原価[生産費など]を見積もる ⟨*out*⟩: ～ leather 革の原価計算をする / The project was ～*ed* (*out*) before it was approved. そのプロジェクトは承認を得る前に費用の見積もりがされた. ★ 現在この動詞は間接目的語(人)と直接目的語(費用など)を伴って *vt.* として用いられているが, 歴史的には *vi.* で, 現在でも受身形をとらないし, 直接目的語はもとは副詞的目的語であった. — *vi.* **1** ((口語)) 費用がかかる, 高くつく. **2** 努力[労力, 損失]がいる. **3** (～·ed) 〘会計〙原価[生産費など]を見積もる.

cóst a person déar* [*déarly*]** ⟨人⟩に高いものにつく; (おかげで)人がひどい目に遭う. ((*c*1380)) ***cóst what it máy (1) いくら[どんなに]費用がかかろうとも. (2) どんなことがあっても, ぜひとも.

— *n.* **1** 代価, 値段; 原価, 元値; 費用 (expense); (売買業者・契約者などが払う)支払い額: at ～ (生産)原価で, 仕入れ値段で / at a ～ of …の費用で / at (a) great ～ 莫大な費用[大金]をかけて / at low ～ 安い費用で, 安く / below ～ 原価以下で / the ～ of production 製作費 / the ～ of living 生活費 / free of ～ ＝ ～ free 無料で, 無償で / ⇨ prime cost / sell at ～ 原価で売る / spare no ～ 費用を惜しまない / This business will not pay its ～s. この商売は引き合うまい[費用倒れになるだろう] / What is the ～ of an extravagant lifestyle like that? そんなぜいたくな生活をしているとどのくらいかかるのか. **2** (時間・労力などの)犠牲 (sacrifice), 損失 (loss): at the ～ *of* …を犠牲にして / at great ～ *of* life 多大の人命を犠牲にして / at little or no ～ to oneself 自分の損失はほとんどなしで / at a heavy ～ 非常な損(失)をして / at a person's ～ 人の犠牲において, 人に損害をかけて. **3** [*pl.*] 〘法律〙訴訟費用《英国では弁護士に対する法定謝礼をも指す》: ⇨ BILL[1] of costs / Each party to pay their own ～s. (判決文で)訴訟費用は(原告・被告)双方分担のこと / They lost the case and they were ordered to pay ～s. 彼らは訴訟に敗れその費用の支払いを命じられた.

at áll cósts*＝*at ány cóst どんな犠牲を払っても, ぜひとも. ((1844)) ***cóunt the cóst*** (1) 費用を見積もる. (2) あらかじめ危険[一切の事情]を考えてみる, 先の見通しをつける. ***to one's cóst*** 迷惑[損害]をこうむって, つらい目に遭って: attempt a thing *to one's* ～ 事を企ててさんざんな目に遭う / as I know *to my* ～ 私のつらい経験で知っているが / He has found *to his* ～ that this kind of thing does not pay. 彼はひどい目に遭ってこういうことは引き合わないものだということがわかった / I learned that *to my* ～. もうそれには懲りている. ((1598)) ***whatéver the cóst*＝*at whatéver cóst*** ＝at any cost; We must go on *whatever the* ～. どんなに損をしてもやらねばならない.

cóst and fréight 〘貿易〙運賃込み値段[条件](の) (略 C & F).

cóst, insúrance, and fréight 〘貿易〙運賃保険料込み値段[条件](の) (略 CIF).

cóst of sáles 〘会計〙売上原価《売上品の製造原価》.

〘v.: ((*a*1325)) *coste*(*n*) ▭ OF *coster* (F *coûter*) < VL **costāre*＝L *constāre* to cost ← *con-* 'COM-' l'＋*stāre* 'to STAND'. — n.: ((?*c*1200)) ▭ OF *co*(*u*)*st* (F *coût*) ← *coster*〙

cost[2] /kɔ́(ː)st, kɑ́(ː)st | kɔ́st/ *n.* 〘紋章〙＝cotise. 〘((1572)) ▭ OF *coste* (F *côte*) rib < L *costam*: ⇨ costa〙

cost- /kɑ(ː)st | kɔst/ (母音の前にくるときの) costo- の異形.

cos·ta /kɑ́(ː)stə | kɔ́s-/ *n.* (*pl.* **cos·tae** /-tiː, -taɪ/) **1** 〘解剖〙肋骨 (rib). **2** 〘植物〙葉肋; (特に)中肋, 主脈, 中央脈 (midrib). **3** 〘昆虫〙 **a** (翅の)前縁脈. **b** (翅の)前縁. 〘((1864)) ▭ L ～ 'rib': cf. coast〙

Cos·ta /kɑ́(ː)stə | kɔ́s-/ *n.* ((英戯言)) …という特徴のある海岸: the ～ Geriatrica /dʒèriǽtrɪkə/ 爺婆海岸《年配者が多く住む英国南部の海岸地域》.

Cos·ta Blan·ca /kɑ̀(ː)stəblɑ́ːŋkə, kɑ̀us- | kɔ̀stəblǽŋ-; *Sp.* kóstaβláŋka/ *n.* [the ～] コスタブランカ《スペイン南東部 Alicante を中心に南北約 400 km に延びる海岸地方; 夏には海水浴客, 冬には避寒客でにぎわう; なかでも Benidorm には, 近代的なリゾートホテルが立ち並ぶ》. 〘▭ Sp. ～ 'white coast'〙

Còsta Brá·va /-brɑ́ːvə; *Sp.* kóstaβráβa/ *n.* コスタブラーバ《スペイン北東部, Barcelona から北東に延びる Catalonia の地中海沿岸地方; 大観光[保養]地》.

C

cóst-accòunt *vt.* 〘会計〙…の原価計算をする, の原価を見積もる. 〘1960〙

cóst accòuntant *n.* 〘会計〙原価計算係; 原価計算担当者. 〘1918〙

cóst accòunting *n.* 〘会計〙原価計算, 原価会計 (cf. managerial accounting). 〘1913〙

Còsta del Sól /-dɛlsóul | -sɔ́l; *Sp.* -delsól/ *n.* コスタデルソル《スペイン南部, Gibraltar から東に延びる地中海沿岸地方; 大観光地》.

costae *n.* costa の複数形.

cos·tal /kɑ́(ː)stl̩ | kɔ́s-/ *adj.* **1** 〘解剖〙肋骨 (costa) の; 肋骨の(ある). **2** 〘植物〙葉脈[主脈](の)ある. **3** 〘動物〙前縁脈の.

Còsta Mé·sa /-méɪsə/ *n.* コスタメーサ《米国 California 州南西部 Long Beach の南東の太平洋に臨む都市》.

co-star /kóustɑ̀ə | kòustɑ́ː(r)/ *v.* — *vi.* (映画・演劇で)⟨スターが⟩共演する. — *vt.* (映画・演劇で)⟨スターを⟩共演させる. — /⁻⁻/ *n.* 共演者, 共演スター[俳優]. 〘((1919)) ← co-[1]＋STAR〙

cos·tard /kɑ́(ː)stəd | kʌ́stəd, kɔ́s-/ *n.* **1** 〘園芸〙コスタード《英国種の大リンゴ; 料理用》. **2** ((古・戯言)) 頭 (head). 〘((1292)) ▭ AF ～ ← OF *coste* < L *costam* rib: ⇨ costa, -ard〙

Cos·ta Ri·ca /kòustəríːkə, kɑ̀(ː)s-, kɔ̀(ː)s- | kɔ̀s-⁻; *Sp.* kóstaríka/ *n.* コスタリカ《中央アメリカの共和国; スペインから独立 (1821); 面積 50,900 km², 首都 San José; 公式名 the Republic of Costa Rica コスタリカ共和国》. 〘▭ Sp. ～ (原義) ? rich coast: Columbus の命名〙

Còs·ta Rí·can /kòustəríːkən, kɑ̀(ː)s- | kɔ̀s-⁻/ *adj.* コスタリカ(人)の. — *n.* コスタリカ人.

Cósta Rìca níghtshade *n.* 〘植物〙ウェンドランドツルナス (*Solanum wendlandii*)《コスタリカ原産ナス科の蔓性低木; 花は淡紅紫色, 観賞用に温室で栽培》.

cos·tate /kɑ́(ː)steɪt, kɔ́(ː)s-, -tət | kɔ́s-/ *adj.* **1** 〘解剖〙肋骨のある (ribbed). **2** 〘植物〙(葉の)中肋 (costa) のある《特に平行のもの》. 〘((1819)) ▭ L *costātus* having ribs ← *costa* rib: ⇨ costa, -ate[2]〙

cós·tat·ed /-teɪtɪd | -tɪd/ *adj.* ＝costate. 〘1846〙

cóst-bénefit *adj.* 〘経営〙費用便益の, 費用対便益比の. 〘1928〙

cóst-bénefit anàlysis *n.* 〘経営〙費用便益分析《ある計画や事業を単に経済的実現可能性から見るのではなく, それが社会に与える利益[便益]や損失も含めて評価する方法》. 〘1963〙

cóst cènter *n.* コストセンター, 原価中心点《原価計算上その経費が個別に計上できる部門》.

cóst clèrk *n.* 〘会計〙原価計算係. 〘1898〙

cóst-cónscious *adj.* コストを意識した.

cóst contròl *n.* 〘経営〙費用的管理, 原価管理.

Cóst·co Whólesale /kɔ́(ː)stkou-, kɑ́(ː)st- | kɔ́stkəu-/ *n.* コストコホールセール(社)《米国の会員制倉庫型卸売り店舗チェーン; 1999 年設立》.

cóst-cùt *vt.* …のコストを下げる, 経費を削減する.

cóst-cùtting *n.* 経費[コスト]削減.

cóst-efféctive *adj.* 〘経営〙費用効果の, 費用対効果比の, 費用効率が適切な. **～·ness** *n.* 〘1967〙

cóst-efféctiveness anàlysis *n.* 〘経営〙費用効果分析.

cóst-efficient *adj.* ＝cost-effective.

Cos·tel·lo /kɑ́(ː)stəlòu | kɔ́stələu/, **John Aloysius** *n.* コステロ (1891–1976; アイルランドの政治家; 首相 (1948–51, 1954–57)).

cos·ter /kɑ́(ː)stə, kɔ́(ː)s- | kɔ́stə(r)/ *n.* ((英)) ＝costermonger. 〘1851〙

Cos·ter·mans·ville /kɑ́(ː)stəmənzvɪl | kɔ́s-/ *n.* コスターマンズビル (Bukavu の旧名 (1966 年まで)).

cos·ter·mon·ger /kɑ́(ː)stəmʌ̀ŋgə, kɔ́(ː)s-, -mɑ̀(ː)ŋ- | kɔ́stəmʌ̀ŋgə(r)/ *n.* ((英)) 呼売商人 (hawker) 《果物・野菜・魚などを手押し車 (barrow) などに載せて売り歩く行商人》. — *vi.* 呼売りをする, 行商をする. 〘((1514)) *costardmonger* fruit-seller: ⇨ costard, monger〙

cos·ti- /kɑ́(ː)stɪ, | kɔ́s-/ costo- の異形 (⇨ -i-).

cóst inflátion *n.* 〘経済〙＝cost-push.

cost·ing /kɑ́(ː)stɪŋ, kɔ́(ː)st- | kɔ́st-/ *n.* ((英)) 〘会計〙原価計算. — *adj.* **1** 費用のかかる (costly). **2** 気ぼねの折れる, 苦労のいる. **～·ly** *adv.* **～·ness** *n.* 〘((1884)): ⇨ cost[1], -ing[1]〙

cos·tive /kɑ́(ː)stɪv, kɔ́(ː)s- | kɔ́s-/ *adj.* **1 a** 便秘の[している] (constipated). **b** ⟨食物など⟩便秘を起こさせる. **2** ⟨意見の発表・動作など⟩鈍い, のろい; 口の重い. **3** けちな, 出し惜しみをする (stingy). **～·ly** *adv.* **～·ness** *n.* 〘((*a*1400)) ▭ AF **costif*＝OF *costivé* (p.p.) ← *costever* to constipate < L *constīpāre* to press together: ⇨ constipate〙

cóst kèeper *n.* 〘会計〙＝cost accountant. 〘1898〙

cóst lèdger *n.* 〘会計〙原価元帳《原価計算票がファイルされており, 仕掛品勘定の内訳を示す補助元帳》.

cóst·less *adj.* 費用のかからない. **～·ly** *adv.* 〘((1509)) ← COST[1]＋-LESS〙

cost·ly /kɔ́(ː)stli, kɑ́(ː)st- | kɔ́st-/ *adj.* (**cost·li·er**; **-li·est**) **1 a** (貴重なため多大な)費用のかかる, 高価な: a ～

C

jewel. **b** 豪奢な, 贅沢(ぜいたく)な (gorgeous). **2** 犠牲[損失]の大きい: a ~ victory. **3** 《古》〈人が浪費癖のある, 贅沢な (extravagant). **cóst·li·ness** *n.* 〖(?c1384) ← COST¹+-LY²〗

cost·mar·y /kɑ́(ː)stmɛ̀ᵊri, kɑ́(ː)st- | kɔ́stmɛ̀əri/ *n.* 〚植物〛アジア原産のキクの一種 (*Chrysanthemum balsamita*) 《強い香気があり, 風味を添えるものとして用いる; もとエールの香料, 調味料または薬に用いたので, alecost ともいう》. 〖(1373) ← OE *cost* (□ L *costum* □ Gk *kóstos* aromatic plant □ Arab. *qust* □ Skt *kuṣṭha* ← ?)+ *Mary* (the Virgin)〗

Cost·ner /kɑ́(ː)s(t)nə | kɔ́s(t)nə^(r)/, **Kevin** *n.* コスナー 《1955– ; 米国の映画俳優・監督; *Dances with Wolves* (1990)》.

cos·to- /kɑ́(ː)stoʊ | kɔ́stəʊ/ 〚解剖・動物〛「肋骨 (rib); 肋骨と…との」の意の連結形. ★ 時に costi-, また母音の前では通例 cost- になる. 〖← L *costa* rib: ⇨ costa〗

cóst-of-líving ìndex *n.* 〚経済〛生計費指数 (⇨ consumer price index, retail price index). 〖1913〗

co·stot·o·my /kɑstɑ́(ː)təmi | kɔstɔ́t-/ *n.* 〚外科〛肋骨切除(術).

cóst-plús 〚経済〛*n.* 標準マージン付き生産費 《生産費に所定の利益分として一定額または一定率を加算したもの; cf. full-cost principle》. — *adj.* [限定的]〈生産費計算が〉原価にマージンを加算する方式の, コストプラス方式の: a ~ contract 原価加算契約. 〖1918〗

cóst prìce *n.* 原価; 費用価格. 〖1834〗

cóst-pùsh 〚経済〛*n.* コストインフレ 《原価上昇が生産効率の改善を上回るため生じる物価上昇: cost-push inflation, cost inflation ともいう; cf. demand-pull》. — *adj.* コストインフレの. 〖1951〗

cos·trel /kɑ́(ː)strəl, kɔ́(ː)s- | kɔ́s-/ *n.* 《英方言》**1** 腰下げ瓶 《革製・木製または陶器製の容器で, 耳がついていてそれにひもを通し, 酒などを入れて腰に下げる》. **2** 木製の小さなたる. 〖(c1380) □ OF *costerel* ← *costier* at the side ← *coste* rib: ⇨ costard, -el¹〗

cóst rènt *n.* 《英》原価家賃.

cos·tume /kɑ́(ː)stuːm, -tjuːm | kɔ́stjuːm/ *n.* **1 a** (芝居の)時代衣装; 仮装服一そろい (fancy dress); 扮装. **b** (国民・階級・時代・地方などに特有の)服装 (⇨ dress SYN); 風俗 《ヘアスタイル・服装・装飾なども含める》: the ~ of the Victorian era 英国ビクトリア朝の服装 / in academic ~ 大学の式服を着て. **c** (特定の季節・目的に適した)服: a summer [winter] ~ 夏[冬]服 / a bathing [boating] ~ 水泳[ボート]着. **d** =swimming costume. **e** 《古》婦人服. **2** (装身具を含めた)身なり, 外出着 《例えばドレスとジャケットのアンサンブル》. — *adj.* [限定的] **1 a** 時代衣装をつけた[描いた]: a ~ piece [play, drama] (時代衣装をつけて演じる)時代劇. **b** 時代衣装[仮装服]を用いた[着た]: a ~ ball 仮装舞踏会. **2** 特定の衣装にふさわしい[の効果を高める]: a ~ hat. — *vt.* **1** …に衣装を着せる (dress). **2** 〈芝居〉の衣装を調達[デザイン]する: ~ a play. 〖(1715) □ F ~ 《原義》customary dress □ It. ~ 'habit, fashion' < L *consuētūdinem* custom: CUSTOM と二重語〗

cóstume jèwelry *n.* [集合的] (通例流行服に付ける金[銀]メッキや貝など安価な)人造宝石類[装身具]. 〖1933〗

cós·tum·er /-mə | -mə^(r)/ *n.* **1** (芝居・仮装舞踏会などの)衣装屋; 貸衣装屋; (芝居の)衣装方, 衣装係. **2** 衣装掛け, 帽子掛け. 〖(c1859) ← COSTUME+-ER¹〗

cos·tum·er·y /kɑ́(ː)stuːməri, -tjuː- | kɔ́stjuː-/ *n.* 《まれ》[集合的] 服装. 〖(1838) ← COSTUME+-ERY〗

cos·tum·ey /kɑ́(ː)stuːmi, -tjuːmi | kɔ́stjuːmi/ *adj.* 《米》〈服飾など〉(人目を引くように)むやみに凝った, いやに気取った.

cos·tu·mi·er /kɑstúːmièɪ, -tjúː-, -miə | kɔstjúː-miə^(r), -mièɪ^(r); *F.* kɔstymje/ *n.* =costumer 1. 〖(1831) □ F ~ ← *costumer* 'to COSTUME': ⇨ -ier²〗

cós·tum·ing *n.* **1** 衣装の調達[をデザインすること]. **2** 衣装の材料, 生地. **3** [集合的] 衣装. 〖(1856) ← COSTUME+-ING¹〗

cóst ùnit *n.* 〚会計〛原価(計算)単位 《発生する原価を関係づける製品量や作業量の量的な単位》.

cós·tus·ròot /kɔ́(ː)stəs-, kɑ́(ː)s- | kɔ́s-/ *n.* 木香, 唐木香 《Kashmir 地方原産キク科トウヒレン属の一年生草本 *Saussurea lappa* の根; 香料の原料になる》. 〖(1889) ← Gk *kóstos* (⇨ costmary)+ROOT¹〗

cò·súrety *n.* 共同保証人. **~·shìp** *n.* 〖1847〗

cò·swéarer *n.* 共同宣誓人.

co·sy /kóʊzi | kə́ʊ-/ 《英》*adj.* (**co·si·er**; **-si·est**), *n.*, *v.* =cozy. **có·si·ly** /-zɨli/ *adv.* **có·si·ness** *n.* 〖1709〗

cot¹ /kɑ́(ː)t | kɔ́t/ *n.* **1 a** (羊・鳩などを入れる)小屋, 囲い, おり (cote). **b** 《詩》小さな家, 田舎家, 小屋 (cottage, hut). **2** 《方言》カバー, さや, 覆い (covering), 指サック (fingerstall): a ~ for a sore finger 傷のある指にかぶせるサック. — *vt.* (**cot·ted**; **cot·ting**) 〈羊などを〉おり[小屋]に入れる. 〖OE *cot(e)* cottage, house, dwelling < Gmc **kutam* (ON *kot*) ← ? IE **ku-* hollow space〗

cot² /kɑ́(ː)t | kɔ́t/ *n.* **1 a** (台にズックまたはビニールを張った)折り畳み式簡易寝台. **b** 《米》キャンプ用ベッド. **2** 《英》小児用箱型寝台, ベビーベッド (crib). **3** (病院の車付きの)ベッド, 患者運搬車. **4** 〚海事〛(もと, 高級船員や病人に用いた枠つき帆布製の)ハンモック状のベッド, つり床. **5** 軽いベッド枠組. 〖(1634) □ Hindi *khāṭ* light bed, couch, hammock〗

cot³ /kɑ́(ː)t | kɔ́t/ *n.* 《アイル》小舟. 〖(1537) □ Ir. ~〗

cot /kɑ́(ː)t | kɔ́t/ 《略》〚数学〛=cotangent.

co·tan /kóʊtæ̀n | kə́ʊ-/ 《略》cotangent.

cò·tángent *n.* 〚数学〛コタンジェント, 余接 《略 cot; cf. cosine》. **cò·tangéntial** *adj.* 〖(1635) ← co-²+TANGENT〗

cót bèd *n.* 軽くて狭い一人用寝台. 〖1836〗

cót bùmper *n.* 赤ちゃんの打撲防止のためベビーベッドの頭の部分の柵に詰め物をした布を張りつけたもの.

cót·càse *n.* **1** 《豪・戯言》ぐでんぐでんに酔っ払った人. **2** 《NZ》寝たきりの重病人. 〖1897〗

cót dèath *n.* 〚医学〛(睡眠中に起こる)乳児の突然死 (crib death) 《病名としては sudden infant death syndrome》. 〖1970〗

cote¹ /kóʊt | kə́ʊt/ *n.* **1** (主に家畜・飼い鳥を入れる)小屋 (cot): ⇨ sheepcote, dovecote, hencote. **2** 〚英方言〛=cottage. 〖OE ~ (fem.) < Gmc **kutōn* (G *Kote*) ← IE **ku-*: ⇨ cot¹〗

cote² /kóʊt | kə́ʊt/ *vt.* 《古》…を通り過ぎる, 追い抜く, しのぐ. 〖(1555) □ ? F *côtoyer* to pass by < OF *costeier* ← *coste* 'COAST'〗

co·teau /koːtóʊ, koʊ- | kəʊtə́ʊ; *F.* kɔto/ *n.* (*pl.* **co·teaux** /~(z); *F.* ~/) 《米・カナダ》**1** (二つの谷あいの分水界の)高原, 高地 (plateau). **2** 谷の斜面. 〖(1839) □ F ~ < OF *costel* (dim.) ← *coste* (↑)〗

Côte d'A·zur /kóʊtdəzúə, -dɑː- | kə́ʊtdæʒúə^(r), -də-; *F.* kotdazyːʁ/ *n.* [the ~] コートダジュール 《Riviera 地方に沿ったフランス南東海岸; 保養地が連なる; Nice, Cannes, Monte Carlo, St. Tropez など》.

Côte d'I·voire /kóʊtdiːvwáə | kə́ʊdiːvwɑ́ː^(r); *F.* kotdivwaːʁ/ *n.* [the ~] コートジボワール 《Ivory Coast のフランス語名》.

Côte-d'Or /kóʊtdɔ́ə | kə́ʊtdɔ́ː^(r); *F.* kotdɔːʁ/ *n.* **1** コートドール(県) 《フランス東部の県; Burgundy の北東; 面積 8,787 km², 県都 Dijon》. **2** コートドール丘陵 《フランス東部, Dijon 南西の丘陵地帯》. 〖□ F ~ 'coast of gold'〗

cote·har·die /koʊt(h)ɑ́ədi | kəʊt(h)ɑ́ːdi; *F.* kotaʁdi/ *n.* コトアルディー 《体にぴったりとした長袖にベルトつきの中世の外套; 男子用はももまで, 女子用は床までの丈で, 前をボタンまたはひも (lacing) で留める》. 〖(?c1450) □ OF ~ 《原義》bold coat〗

co·tem·po·ra·ne·ous /koʊtèmpəréɪniəs | kəʊ-⁼-/ *adj.* 《古》=contemporaneous.

co·tem·po·rar·y /koʊtémpərèri | kəʊtémp(ə)rəri/ *adj.*, *n.* 《古》=contemporary.

cò·ténancy *n.* 不動産の共同保有(権), 共同借地(権). 〖(1875) ← CO-¹+TENANCY〗

cò·ténant *n.* 不動産の共同保有者, 共同借地[家]人. 〖(1822–56) ← CO-¹+TENANT〗

Co·ten·tin /kòʊtɑ̃ː(n)tǽ(ŋ), -tɑːntǽŋ | kə̀ʊ-; *F.* kotɑ̃tɛ̃/ *n.* コタンタン(半島) 《Seine 河口から英国海峡に突き出たフランス北西部の半島》.

co·te·rie /kóʊtəri, -tri, kóʊtəriː, ⁼⁼⁼ | kə́ʊt(ə)ri, kə̀ʊtəríː; *F.* kɔtʁi/ *n.* [単数または複数扱い] (社交界の)常連, 同志, 連中 (set); (文芸などの)同人, グループ, 一派 (clique): a literary ~ 文学同人. 〖(1738) □ F ~ 'set of people' ← OF **cotier* 'COTTIER': 原義は「村人の一団」〗

cò·términal *adj.* **1** 〚数学〛(角が)共通の(図形としては同じであるが, 大きさが 360° [2π] の整数倍だけ異なる二つの角についていう). **2** =conterminous. 〖(1833) ← CO-¹+TERMINAL〗

co·ter·mi·nous /koʊtə́ːmənəs | kəʊtə́ːmɨ-/ *adj.* = conterminous. **~·ly** *adv.* 〖1799〗

Côtes-du-Nord /kóʊtduːnɔ́ə, -djuː- | kə́ʊtduːnɔ́ː^(r), -djuː-; *F.* kotdynɔːʁ/ *n.* コートデュノール 《フランス西部, Brittany 北岸の県; 県都 St. Brieuc; 面積 7,218 km²》.

coth /kɔ́(ː)θ, kɑ́(ː)θ | kɔ́θ/ 《記号》〚数学〛hyperbolic cotangent. 〖《混成》← COT(ANGENT)+H(YPERBOLIC)〗

co·thurn /kóʊθəːn, ⁼⁼ | kə́ʊθəːn, ⁼⁼/ *n.* =cothurnus. 〖1606〗

co·thur·nal /koʊθə́ːnl̩, kə- | kəʊθə́ː-/ *adj.* **1** cothurnus の. **2** 悲劇的な, 悲壮な (tragic). 〖1601〗

co·thur·nus /koʊθə́ːnəs, kə- | kəʊθə́ː-/ *n.* (*pl.* **co·thur·ni** /-naɪ/) **1** [通例 *pl.*] コトルノス 《昔ギリシャ・ローマの悲劇役者が用いた短靴; buskins ともいう; cf. sock¹ 2 a》. **2** [the ~] (悲劇にふさわしい格調の高い)悲壮風, 悲劇調, 荘重な演技. 〖(1727–51) □ L ~ □ Gk *kóthornos* buskin ← ?〗

cot·ice /kɑ́(ː)tɨs | kɔ́tɪs/ *n.*, *vt.* 〚紋章〛=cotise.

cò·tídal *adj.* 〚海洋〛同潮の: a ~ line 同[等]潮時線 《同時に高潮(こうちょう)[低潮]に達する海洋面を示す地図[海図]上の線》. 〖(1833) ← CO-¹+TIDAL〗

co·til·lion /koʊtíljən, kə- | kə-, kəʊ-, kɔ-/ *n.* **1** 《ダンス》コティヨン: **a** 18 世紀に始まった 2 人, 4 人または 8 人が一組になって踊る活発なフランスのフォーメーションダンス. **b** 《米》各種のカドリル舞踊 (quadrille). **c** 《米》5 つ以上のフィギュアの入る舞踏室で行うスクウェアダンス. **d** 《米》相手を何度も替える複雑なダンス. **2** コティヨンの曲. **3** 《米》(特に社交界に初めて出る人のための)正式の舞踏会. 〖(1766) □ F *cotillon* 《原義》petticoat (dim.) ← *cotte* < OF *cote* 'COAT'〗

co·til·lon /koʊtíljən, kə- | kə-; kɔ-; *F.* kɔtijɔ̃/ *n.* = cotillion. 〖(1775) □ F ~: ↑〗

co·tin·ga /koʊtíŋgə, kə- | kəʊ-/ *n.* 〚鳥類〛カザリドリ 《熱帯中・南米産スズメ目カザリドリ科カザリドリ属 (*Cotinga*) の小鳥の総称; ムネムラサキカザリドリ (*C. cotinga*) など羽毛が美しいものが多い》. 〖(1783) □ F ~: cf. Tupi *coting* to wash & *tinga* white〗

cot·ise /kɑ́(ː)tɨs | kɔ́tɪs/ *n.* 〚紋章〛コティス 《bend, fess などの両側に配された 2 本の細帯; cf. baton 6》. — *vt.* 〈bend, fess など〉の両側に細い帯を加える. 〖(1572) □ F *cotice* ← OF *coste* rib: ⇨ costard, -ice〗

cótise cóuped *n.* 〚紋章〛=baton 6.

cót·ised *adj.* 〚紋章〛コティス (cotise) を配した. 〖(1572) ← COTISE+-ED 2〗

Cot·man /kɑ́(ː)tmən | kɔ́t-/, **John Sell** *n.* コットマン (1782–1842; 英国の水彩風景画家・食刻師).

co·to·ne·as·ter /kətòʊniǽstə | -təʊniǽstə^(r)/ *n.* 〚植物〛シャリントウ, コトネアスター 《北欧産バラ科シャリントウ属 (*Cotoneaster*) の低木の総称; 生け垣などに植える; ヒマラヤシャリントウ (*C. frigidus*) など》. 〖(1753) ← NL *cotōneaster* ← L *cotōnea* quince+-ASTER¹〗

Co·to·nou /kòʊtənúː | kɔ̀tə-/ *n.* コトヌー 《アフリカ西部, ベナン共和国南部の港湾都市; 行政上の実質的首都機能をもつ同国最大の都市; 商業・交通の中心地》.

Co·to·pax·i /kòʊtəpǽksi, -pɑ́ːk- | kɔ̀tə(ʊ)pǽksi, kə̀ʊ-; *Am.Sp.* kotopáksi/ *n.* コトパクシ(山) 《南米エクアドルの中央部, Andes 山脈中の火山; 活火山としては世界の最高峰 (5,897 m)》.

cót·quèan *n.* **1** 《古》**a** 下品な男っぽい女. **b** 家事[女の仕事]に手を出す男. **2** 《廃》農夫のかみさん. 〖(1547) ← COT¹+QUEAN〗

cò·transdúction *n.* 〚細菌〛複位形質導入.

co·tri·mox·a·zole /kòʊtraɪmɑ́(ː)ksəzòʊl | kə̀ʊ-traɪmɔ́ksəzəʊl/ *n.* 〚薬学〛コトリモキサゾール 《呼吸器や尿道の感染症などの治療に用いる抗菌剤 trimethoprim と sulfamethoxazole の合剤》.

cò·trustée *n.* 共同受託人[管財人]. 〖(1818) ← CO-¹+TRUSTEE〗

Cots·wold /kɑ́(ː)tswoʊld | kɔ́tswəʊld, -wəld/ *n.* コッツウォルド 《英国原産の大形で長毛の一品種の羊》. 〖(1658): ⇨ Cotswolds: ここで品種の改良がなされたことから〗

Cótswold Hílls *n. pl.* =Cotswolds.

Cots·wolds /kɑ́(ː)tswoʊldz | kɔ́tswəʊldz, -wəldz/ *n. pl.* [the ~] コッツウォルズ 《イングランド南西部の, 主に Gloucestershire 州に広がる丘陵; もと羊毛業の中心地; Cotswold Hills ともいう》. 〖ME *Coteswold* 《原義》'forest of *Cōd* (人名)': ⇨ wold¹〗

cot·ta /kɑ́(ː)tə | kɔ́tə/ *n.* 〚教会〛**1** =surplice 1. **2** コッタ 《聖歌隊員の着る裾(すそ)の短いそでなし[そでの短い]白衣》. 〖(1848) □ ML ~ 'tunic': ⇨ coat〗

cot·tage /kɑ́(ː)tɪdʒ | kɔ́t-/ *n.* **1** (避暑地などの)小別荘 (cf. villa 2). **2 a** (農民・鉱夫などの通例 1 階または 2 階建ての)小住宅, 小家屋. **b** (小型の)田舎家, 郊外の家. **c** (羊飼いや狩猟家用の)小屋 (hut). **3** 《米》(病院・リゾートホテル・寄宿学校などの)一戸建ての建物. **4** 《豪》平屋. **5** 《俗》(同性愛者の活動の場としての)公衆トイレ. 〖(c1390) *cotage* □ AF **cotage*: ⇨ cot¹, -age〗

cóttage chèese *n.* カテージチーズ 《rennet を用いないで curd に塩味をつけて造った白い柔らかいチーズ》. 〖1848〗

cóttage cùrtains *n. pl.* 上下 2 段にしてつるすカーテン 《一般に薄い透き通るような布地を使う》. 〖1943〗

cóttage flát *n.* 《英》(各階 2 世帯ずつの) 2 階建て 4 世帯住宅のアパート.

cóttage fríes *n. pl.* スライスしたポテトを揚げたもの.

cóttage fríed *adj.*

cóttage gàrden *n.* 田舎家の庭 《19–20 世紀初頭, 田舎屋の周囲に作られた菜園; 主に野菜・ハーブ・花などを栽培》. 〖1849〗

cóttage hòspital *n.* **1** (小住宅風の多数の建物に分かれている)療養所. **2** 《英》(その土地の全科開業医が巡回して診療にあたる)小病院. 〖1860〗

cóttage ìndustry *n.* **1** 家内工業. **2** 零細企業. 〖1921〗

cóttage lòaf *n.* 《英》大小二つの生地の塊を重ねて焼き上げた白パン. 〖1832〗

cóttage piàno *n.* (19 世紀の)竪型(たてがた)小ピアノ. 〖1837〗

cóttage pìe *n.* 《英》=shepherd's pie. 〖1791〗

cóttage pìnk *n.* 〚植物〛タツタナデシコ, トコナデシコ (*Dianthus plumarius*) 《花は紫紅色から白色まであり, 芳香のある観賞用のナデシコ》.

cóttage púdding *n.* コッテージプディング 《あっさりとしたケーキに果物やチョコレートのソースをかけたデザート》. 〖c1854〗

cót·tag·er /-dʒə | -dʒə^(r)/ *n.* **1** 小住居 (cottage) に住む人. **2** 《英》農業労働者, 作男. **3** 《カナダ》(避暑地などの)別荘客, 別荘に住む人, 別荘のオーナー. **4** =cotter¹ 1. 〖(1550) ← COTTAGE+-ER¹〗

cóttage túlip *n.* 〚園芸〛コッテージチューリップ 《晩生 (5 月咲き)チューリップ; 花は一重で長卵形, ダーウィンチューリップよりやや遅れて咲く; 草丈はやや高い》. 〖1928〗

cot·tag·ey /kɑ́(ː)tɪdʒi | kɔ́t-/ *adj.* cottage 風の[を思わせる] 《特に小さくて古風な魅力に富んだ》. 〖(1883) ← COTTAGE+-Y⁴〗

cot·tag·ing /kɑ́(ː)tɪdʒɪŋ | kɔ́t-/ *n.* 《英俗》公衆トイレでのホモ行為.

Cott·bus /kɑ́(ː)tbəs, -bus | kɔ́t-; *G.* kɔ́tbus/ *n.* コットブス 《ドイツ東部, Spree 河畔の工業都市》.

cot·ter¹ /kɑ́(ː)tə | kɔ́tə^(r)/ *n.* (*also* **cot·tar** /~/) **1** (もと, スコットランド Highlands 地方の農場付属の小屋に住みアイルランドの入札小作農と同じ条件をもつ)日雇い農夫, 小作人. **2** =cottier 2. **3** =cottager 2. 〖(1552) □ ? ML *cotārius* ← *cota* 'COT¹': ⇨ -er¹〗

cot·ter² /kɑ́(ː)tə | kɔ́tə^(r)/ *n.* **1** 〚機械〛**a** コッター, 横くさび, くさび栓. **b** =cotter pin. **2** 〚建築〛込栓(こみせん) (key). — *vt.* コッターで止める. 〖(a1338) ← ?: cf. 《方言》*cotterel* cotter / MLG *kote* claw, joint〗

cót·tered jóint *n.* 〚機械〛コッター継手 《二つの機械部

品をコッターによって結合した結合部).
cótter pìn *n.* 〘機械〙コッターピン, 割りピン《差し込んだあとで先端を割り開くまたはナットで留めるピン》.〘1881〙
cótter·wày *n.* 〘機械〙=keyway 1.
Cót·ti·an Álps /ká(ː)tiən- | kɔ́t-/ *n. pl.* [the ~] コティアンアルプス《フランスとイタリアの国境にある Alps 連山》.
cot·tid /ká(ː)tɪ̣d | kɔ́tɪd/ *n.* 〘魚類〙カジカ《カジカ科 (Cottidae) の魚》.
Cot·ti·dae /ká(ː)tədiː | kɔ́tɪ-/ *n. pl.* 〘魚類〙カジカ科.〘← NL ~ ← Gk *kóttos* a kind of river fish＋-IDAE〙
cot·ti·er /ká(ː)tiə | kɔ́tiəʳ/ *n.* **1** 《英・アイル》小百姓, 小農夫 (peasant). **2** (もと, アイルランドの)入札小作人《入札小作制 (cottier tenure) のもとで土地を耕す小農》. **3** =cottager 2.〘(?*a*1387) *cot*(*i*)*er* ◻ OF *cotier* ← *cote* 'COT[1]': ⇨ -ier[1]〙
cóttier tènure *n.* 入札小作制《小作料は競争入札で決める》.〘1848〙
cot·tise /ká(ː)tɪ̣s | kɔ́tɪs/ *n.* 〘紋章〙=cotise.
cot·ton /ká(ː)tn̩ | kɔ́tn̩/ *n.* **1 a** 綿布, 綿織物, 木綿: dyed ~ 色木綿 / figured ~ 紋織木綿 / in ~ 綿服を着て. **b** 綿糸, 木綿糸: ⇨ sewing cotton / a needle and ~ 糸を通した縫針. **c** =cotton wool 2. **2** 〘植物〙ワタ《アオイ科ワタ属 (*Gossypium*) の綿および綿実油を産する植物の総称; リクチワタ (upland cotton), カイトウメン (sea island cotton) など》. **3** 綿, 綿花: ~ in the seed 実綿 / ginned ~ 繰り綿 / raw ~ 綿花, 原綿, 生綿. **4** (kapok のような) 綿状のもの; (植物の)綿毛.
spit cótton 《米口語》(1) (口がかわいて)白いつばを吐く; ひどく口[のど]が渇く. (2) 腹を立てる.《1825》
— *adj.* [限定的] 綿の, 綿糸の; 綿製の: a ~ blanket 綿毛布 / ~ canvas [duck] 綿帆布, ズック / ~ cloth 綿布 / ~ goods 綿製品 / ~ industry 綿工業 / ~ piece goods 綿布類 / ~ print(s) 綿プリント / ~ thread 綿縫糸 / ~ textile [tissue] 綿織物.
— *vi.* **1** 《口語》〈人と〉仲良くやっていく, 親しくなる (fraternize)〔*with*〕. **2** 《口語》〔提案などに〕同調する, 賛成する (agree)〔*to, with*〕. **3** 《廃》成功する (succeed), 繁栄する (prosper).
cótton on …を利用する. ***cótton* (*ón*) *to*** … 《口語》(1) …を認識する, 理解する. (2) …を好きになる. (3) = COTTON *up to*. ***cótton úp to*** … 《口語》〈人〉に取り入ろうとする, 〈人〉と親しくする.《1864》
〘(1286) *coto*(*u*)*n* ◻ (O)F *coton* ◻ Sp. *cotón* ◻ Arab. *qúṭun*〙

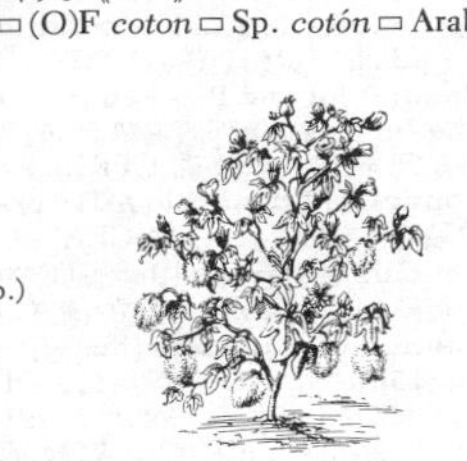
cotton 2
(*Gossypium* sp.)

Cot·ton /ká(ː)tn̩ | kɔ́tn̩/, **Charles** *n.* コットン《1630–87; 英国の詩人・翻訳家; Montaigne の *Essays* (随想録)を翻訳 (1685)》.
Cotton, Henry *n.* コットン《1907–87; 英国のプロゴルファー; 全英オープン優勝 3 回》.
Cotton, John *n.* コットン《1584–1652; 英国生まれの米国の初期植民時代の代表的な清教徒牧師》.
cot·ton·ade /kà(ː)tənéɪd, -tn̩- | kɔ̀tən-, -tn̩-/ *n.* コットネード《綿または混合繊維で織った粗い布; 作業服用》.〘(1858) ◻ F *cotonnade*: ⇨ -ade〙
cótton áphid *n.* 〘昆虫〙ワタアブラムシ (*Aphis gossypii*)《全世界に分布し各種の植物に寄生する大害虫》.
cótton bátting [**bát**] *n.* 綿薄層物《吸湿しやすいふわふわの綿の薄層で, 医療用》.〘1827〙
cótton bèlt, C- B- *n.* [the ~] (米国南部・南東部の) 綿花地帯, コットンベルト.〘1871〙
cótton-bòll wéevil *n.* 〘昆虫〙ワタミハナゾウムシ (⇨ boll weevil).
Cótton Bòwl *n.* [the ~] コットンボウル《Dallas にある Cotton Bowl Stadium で毎年 1 月 1 日招待大学チームが行うフットボールゲーム》.
cótton bùd *n.* 《英》綿棒 (cf. Q-Tip).
cótton bùsh *n.* 《豪》〘植物〙綿毛のある数種の植物; (特に)アカザ科ホウキギ属の低木 (*Kochia aphylla*)《家畜の飼料》.〘1672〙
cótton càke *n.* =cottonseed cake.〘1891〙
cótton cándy *n.* 《米》綿菓子, 綿あめ (spun sugar, 《英》 candy floss).〘1926〙
cótton flánnel *n.* 綿フランネル《片面だけにけばのある平織りまたはあや織りの織物; Canton flannel ともいう》.〘1845〙
cótton gìn *n.* 綿繰り機《綿繊維を種から分離する機械; cf. saw gin》.〘1796〙
cótton gràss *n.* 〘植物〙ワタスゲ《カヤツリグサ科ワタスゲ属 (*Eriophorum*) の植物の総称で北半球の温帯地方から北極地方の湿原に生える; ワタスゲ, マユハキグサ (*E. fauriei*) など; bog cotton ともいう》.〘(1597): 綿花のような頭状花をつけるところから〙
cótton gùm *n.* 〘植物〙ヌマミズキ (*Nyssa aquatica*)《北米産オオギリ科の植物; black gum ともいう》.〘種子に綿毛状のものが生えているところから〙
cótton làvender *n.* 〘植物〙=lavender cotton.
cótton lèafworm *n.* 〘昆虫〙熱帯アメリカ産のヤガ (*Alabama argillacea*) の幼虫《綿の葉を食い荒らす害虫》.
cótton mìll *n.* 綿紡工場, 綿織工場.〘1791〙
cótton·mòuth *n.* 〘動物〙ヌママムシ (⇨ water moccasin 1)《cottonmouth moccasin ともいう》.〘(1832): その口の内側が白いことから〙
Cot·ton·op·o·lis /kà(ː)təná(ː)pəlɪ̣s, -tn̩- | kɔ̀tənɔ́pəlɪs, -tn̩-/ *n.* 《戯言》イングランド Manchester 市(英国綿工業の中心地)の異名〘(1851) ← COTTON＋-O-＋-POLIS: METROPOLIS の類推から〙
cótton pìcker *n.* 《米》**1** 綿を摘む人. **2** 採綿器, (綿の)摘採機《畑のワタから綿を摘み取る器械》.〘1833〙
cótton-pìcking *adj.* (*also* **cótton-pìckin'**) 《米俗》**1** [軽蔑的に] ひどい, いまいましい, 嫌な (damned): a ~ lie ひどいうそ. **2** [強意に用いて] つまらない, くだらない: on his ~ pate やつの頭の上に.〘(1845) ← n.: (1795): ⇨ -ing[1, 2]〙
cótton pòwder *n.* 粉末綿火薬《guncotton を主成分とする火薬》.〘1871〙
cótton prèss *n.* **1** 棉綿プレス《綿の包装に用いる圧搾機》. **2** 綿綿プレス工場.〘1866〙
cótton ràt *n.* 〘動物〙コトンラット《米国南部・中米原産の *Sigmodon* 属のネズミで実験動物》.
cótton rèel *n.* 《英》糸巻き (reel).
cótton ròse *n.* 〘植物〙フヨウ (⇨ Confederate rose).
cótton sèdge *n.* 《カナダ》=cotton grass.〘1872〙
cótton·sèed *n.* (*pl.* ~**s**, ~) ワタの種子, 綿実(めんじつ)《綿実油 (cottonseed oil) を搾ったり, または家畜の飼料にする》.〘1774〙
cóttonseed càke *n.* 綿実粕《cottonseed から油を搾り取った粕(かす)を固めたもので, 飼料用》.〘*c*1851〙
cóttonseed mèal *n.* 粉末にした綿実粕《飼料・肥料用》.〘1891〙
cóttonseed òil *n.* 〘化学〙綿実油《綿の種子を圧搾して得られる半乾性脂肪油で, 食用またはペンキ, 石鹸の原料になる》.〘1833〙
cótton spìnner *n.* **1** (綿糸)紡績工; 綿糸紡績業者, 紡績工場主. **2** 〘動物〙外敵から身を守るときに白色の内臓を排出するナマコ (*Holothuria forskali*).〘1: 1788; 2: 1908〙
cótton stàiner *n.* 〘昆虫〙ホシカメムシ科アカホシカメムシ属の昆虫 (*Dysdercus suturellus*)《摘み取る前の綿に赤黄色のしみをつける》.〘1856〙
Cótton Stàte *n.* [the ~] 米国 Alabama 州の俗称.〘(1858): 綿花の大産地であることから〙
cótton·tàil *n.* **1** 〘動物〙ワタオウサギ《北米産ワタオウサギ属 (*Sylvilagus*) の尾が白いウサギの総称; *S. floridanus* など》. **2** ワタオウサギの尾.〘1869〙
cótton thìstle *n.* 〘植物〙オオヒレアザミ (*Onopordum acanthium*)《ヨーロッパ原産キク科の二年草; 淡紫色の花が咲く; Scotch thistle ともいう》.〘1548〙
cótton trèe *n.* 〘植物〙カポックノキ (⇨ ceiba 1 b).〘1633〙
cótton wáste *n.* 綿糸くず, ウエス, 落綿《再生して用いるか, または機械類掃除用》.〘1824〙
cótton·wèed *n.* 〘植物〙=cudweed.〘1562〙
cótton·wòod *n.* 〘植物〙ハヒロハコヤナギ (*Populus deltoides*)《北米産ポプラの一種; 種子に綿毛がある》.〘1802〙
cótton wóol *n.* **1** 《英》(外科手術用, 止血用の)脱脂綿 (purified cotton; 《米》 absorbent cotton). **2 a** 生綿, 綿花, 原綿. **b** 精製綿, ふとん綿, 詰綿 (batting).
be* [*líve*] *in cótton wóol 安逸をむさぼる, ぜいたくに暮らす.《1869》 ***wráp* (*úp*) [*kéep*] *in cótton wóol*** 甘やかす, 大事にする (coddle).
〘1600〙
cot·ton·y /ká(ː)tni, -təni, -tni | kɔ́tni, -təni/ *adj.* **1** 綿のような, ふわふわした (downy); 柔らかい (soft). **2** 綿毛のある[で覆われた], けば立っている (nappy).〘(1578): ⇨ -y[4]〙
cóttony-cúshion scàle *n.* 〘昆虫〙ワタフキカイガラムシ (*Icerya purchasi*)《オーストラリア原産, 半翅目ワラジカイガラムシ科の昆虫; ほとんど全世界に分布し, 種々の樹木に加害する》.〘1886〙
cóttony júj ube *n.* 〘植物〙=Indian jujube.
cót·trell precípitator /ká(ː)trəl-, kətrél- | kɔ́trəl-, kətrél-/ *n.* 〘電気〙コットレル集塵(じん)器《代表的な電気集塵器の一種》.
cot·tus /ká(ː)təs | kɔ́təs/ *n.* 〘魚類〙カジカ科 (*Cottidae*) の魚 (cf. cottid).
Co·ty /kɔ(ː)tíː, kou- | kɔː-, kəu-; *F.* kɔti/, **René Jules Gustave** *n.* コティ《1882–1962; フランスの政治家・弁護士; 大統領 (1954–59)》.
cot·yl- /ká(ː)təl, -tl̩ | kɔ́tɪl/ (母音の前にくるときの) cotylo- の異形.
-cot·yl /kà(ː)tl̩ | kɔ̀tl̩/「子葉 (cotyledon)」の意の名詞連結形: dicotyl.〘↓〙
cot·y·le·don /kà(ː)təlíːdn̩, -tl̩- | kɔ̀tɪ̣líːdn̩, -dən/ *n.* **1** 〘植物〙子葉 (seed leaf). **2** 〘解剖〙**a** 杯状窩(か), 髀臼(ひきゅう). **b** 絨毛叢(じゅうもうそう), 胎盤葉. **3** 〘植物〙ヨーロッパ産ベンケイソウ科コチレドン属 (*Cotyledon*) の植物の総称 (navelwort など). **~·al** /kà(ː)təlíːdənt̩, -tl̩-, -dn̩əl | kɔ̀tɪlíːdənt̩, -dn̩əl⁻/ **còt·y·lé·do·nòid** /-líːdənɔ̀ɪd | -də-/ *adj.*〘(1545) ◻ L *cotylēdon* ◻ Gk *kotulēdṓn* cup-shaped cavity ← *kotúlē* anything hollow〙
cot·y·le·don·ar·y /kà(ː)təlíːdənèri, -tl̩-, -dn̩- | kɔ̀tɪ̣líːdənəri, -dn̩-⁻/ *adj.* 〘植物〙子葉の[から成る, をもった, に似た].〘(1854): ⇨ ↑, -ary〙
cot·y·le·don·ous /kà(ː)təlíːdənəs, -tl̩-, -dn̩- | kɔ̀tɪ̣líːdən-, -dn̩-⁻/ *adj.* 〘植物〙=cotyledonary.〘1830〙
cot·y·li- /ká(ː)tɪ̣lɪ̣, -li | kɔ́tɪ̣-/ cotylo- の異形 (⇨ -i-).
cot·y·lo- /ká(ː)təlou, -tl̩- | kɔ́tɪ̣ləu/「杯 (cup); 杯状器官」の意の連結形. ★ 時に cotyli-, また母音の前では通例 cotyl- になる.〘← Gk *kotúlē* anything hollow〙
cot·y·loid /ká(ː)təlɔ̀ɪd, -tl̩- | kɔ́tɪ̣l-/ *adj.* 〘解剖〙**1** 杯状の (cup-shaped); 臼状の. **2** 髀臼(ひきゅう)[寛骨臼]の. — *n.* (ある種の哺乳類で)寛骨臼窩(きゅうか) (acetabular cavity)の一部をなす小骨. **~·al** /-dl̩ | -dl̩/ *adj.*〘(1760) ◻ Gk *kotuloeidēs*: ⇨ ↑, -oid〙
co·ty·lo·saur /ká(ː)təlousɔ̀ə, -tl̩- | kɔ́tɪ̣lə(u)sɔ̀ːʳ/ *n.* 〘古生物〙杯竜《爬虫類の祖先のグループ杯竜目の動物で, 石炭紀に両生類から由来した》.〘(1902) ← NL *Cotylosauria*: ⇨ cotylo-, -saurus〙
Cot·y·lo·sau·ri·a /kà(ː)tələsɔ́ːriə, -tl̩- | kɔ̀tɪ̣ləsɔ́ːr-/ *n. pl.* 〘古生物〙杯竜目.〘← NL ~: ⇨ ↑, -ia[2]〙
có·type *n.* 〘生物〙コタイプ (cf. holotype): **a** 等価基準標本 (syntype). **b** 副模式標本 (paratype).〘(1893) ← co-[1]＋-TYPE〙
Cou·ber·tin /kùːbəətǽ(ŋ), -tǽŋ | -bəə-; *F.* kubɛʁtɛ̃/, **Pierre de** *n.* クーベルタン《1863–1937; フランスの教育家; オリンピック競技大会を復活 (1894), 国際オリンピック委員会 (IOC) 会長 (1894–1925); 称号 Baron de Coubertin》.
cou·cal /kúːkəl, -kl̩/ *n.* 〘鳥類〙バンケン《ホトトギス科バンケン属 (*Centropus*) の地上にすむ鳥の総称で, 長く強力な脚をもつ; アフリカ・南アジア・オーストラリア産; 尾が長く黒褐色でキジに似ているキジバンケイ (*C. phasianinus*) など》.〘(1815) ◻ F ~ 《混成》? ← *cou*(*cou*) cuckoo＋*al*(*ouette*) lark〙
couch[1] /káutʃ/ *n.* **1 a** 寝椅子, カウチ《普通の sofa よりは背部が低くひじ掛けが一方または両端にある》. **b** (精神分析などのために患者が横たわる)枕付き寝椅子, カウチ. **2** 《詩・文語》寝床, ふしど, 床 (bed); 休息所, 休み息: a ~ of pain [fever] 苦痛[熱病]の床 / retire to one's ~ 寝床に退く / a grassy ~ 草のしとね. **3** 《古》(獣類の)隠れ場, 巣, 穴 (lair). **4** 〘醸造〙(麦こうじの)麦芽床. **5** 〘絵画〙(色の)下塗り. **6** /kúːtʃ | káutʃ/ *n.* 〘製紙〙**a** クーチ, 氈床(せんしょう)《すき上がった湿紙を重ねておく台またはフェルト毛布》. **b** =couch roll.
on the cóuch 《口語》精神分析を受けて.
— *vt.* **1 a** 〈考えなどを〉〈言葉に託して〉表す, 表現する (express): ~ one's refusal in polite terms 丁重な言葉で体よく拒絶する / a letter ~*ed* in cool terms 冷淡な文句で書かれた手紙. **b** 〈意味などを〉暗に含ませる: ~ satire under an allegory 寓話の中にそれとなく諷刺する. **2** [通例 ~ *oneself* または p.p. 形で] 〈体を〉横たえる: ~ *oneself* on a bed ベッドに横たわる / be ~*ed* upon the ground 地面に身を横たえている. **3** 〈槍などを〉水平[攻撃の構え]にする: ~ a lance [spear] 槍を構える. **4** [通例 ~ *oneself* または p.p. 形で] 隠す, 潜伏させる (hide). **5** 〘服飾〙(糸を布の上にのせ小さなステッチでおさえる方法で)…に縫取り細工を施す (embroider) (cf. couching 3). **6** 〘醸造〙〈穀粒を〉(こうじにするため)寝かす. **7** 〘眼科〙(白内障 (cataract) を治すために)〈人・人の目〉に発窩(はっか)術を施す《白内障になった水晶体を硝子体の中へ落とす; cf. couching 2》: ~ a person [a person's eye] 人[人の目]に発窩術を施す. **8** 〘製紙〙〈湿紙を〉クーチに移す, 〈湿紙を〉(毛布の上に)重ねる; (クーチロール上の)〈湿紙〉の水分を除く.
— *vi.* **1 a** 〈人が〉(ベッドなどに)横たわる, 休む (repose). **b** 〈動物が〉(寝るために)横たわる, 体をかがめる, うずくまる (crouch). **c** 性交する. **2** 〈人が〉(待機の姿勢で)身を忍ばせる, 待ち伏せする. **3** 〈葉が〉(腐敗する間)山積みになっている, 堆積する.
〘n.: (1340) ◻ (O)F *couche* ← *coucher*. — v.: (?*a*1300) *couche*(*n*) ◻ (O)F *coucher* < L *collocāre* to lay: ⇨ collocate〙
couch[2] /káutʃ, kúːtʃ/ *n.* 〘植物〙=couch grass.〘(1637) ← *couch grass*〙
couch·ant /káutʃənt/ *adj.* **1** 〈動物が〉うずくまった, かがみ込んだ. **2** 〘紋章〙〈獣が〉頭をもたげてうずくまっている (cf. dormant 8): a lion ~.〘(*c*1405) ◻ (O)F ~ (pres.p.) ← *coucher* to lie: ⇨ couch[1] (v.), -ant〙
cou·ché /kuːʃéɪ | ⸗⸗; *F.* kuʃe/ *adj.* 〘紋章〙**1** (盾を)傾けた《紋章図形の一つで, 盾の側からみて左肩よりに傾ける》. **2** =couchant 2.〘(1727–31) ◻ F ~ (p.p.) ← *coucher* (↑)〙
cou·chee /kuːʃéɪ, ⸗⸗ | ⸗⸗; *F.* kuʃe/ *n.* (*pl.* ~**s** /~(z); *F.* ~/) (王侯・貴族の)夕べ[就寝前]の接見 (cf. levee[1] 3).〘(1676) ◻ F *couchée* (fem.): ⇨ ↑〙
couch·er /kúːtʃə | káutʃəʳ/ *n.* 〘製紙〙クーチャー《すき上がった紙をクーチ (couch) に移す人》.〘(*c*1440): ⇨ couch[1]〙
cou·chette /kuːʃét; *F.* kuʃɛt/ *n.* **1** (ヨーロッパの列車の)寝台客室《寝台車の仕切部屋》. **2** 寝台客室の寝台《特に日中は座席になる組立て寝台》.〘(1920) ◻ F ~ 'berth' (dim.) ← *couche* 'COUCH[1]'〙
cóuch gràss /káutʃ-, kúːtʃ-/ *n.* 〘植物〙ヒメカモジグサ, シバムギ (*Agropyron repens*)《イネ科の雑草; dog [quack, quake, quitch, twitch] grass ともいう; 単に couch ともいう》.〘(1578) 《変形》← *quitch grass*〙
couch·ing /káutʃɪŋ/ *n.* **1** うずくまっていること. **2** 〘眼科〙発窩術, 水晶体転位術《白内障 (cataract) の治療で, 不透明な水晶体を転位する法》. **3** 〘服飾〙**a** カウチング《糸やコードを布の上におき, 小さいステッチでおさえる刺し方の一種》. **b** カウチングによる柄(がら)または刺繍作品.〘(1371): ⇨ couch[1], -ing[1]〙
cóuch potàto *n.* 《米口語》カウチポテト族《ソファーに座って[寝転がって]テレビやビデオばかり見て時間を過ごす不活発な人》.〘1976〙
cóuch ròll /kúːtʃ-/ *n.* 〘製紙〙クーチロール《円網抄紙機で, 湿紙をフェルトへ移すためのロール》.〘1855〙
cou·cou /kúːkuː, kukúː/ *n.* 〘料理〙クークー《ゆでたひき割りトウモロコシとオクラを棒 (cou-cou stick) で粘りが出る

C

まで練り上げて食べる西インド諸島の料理).

cou·dé /kuːdéɪ; F. kude/ 〘光学〙 *adj.* **1** 〈反射天体望遠鏡が〉クーデ式の: ⇨ coudé telescope. **2** クーデ式望遠鏡の: a ～ focus クーデ焦点. **—** *n.* =coudé telescope. 〖(1888) □ F ～ 'bent like an elbow' ← *coude* elbow < L *cubitum*: ⇨ hip¹〗

C

coudé mounting /–⌐⌐⌐–/ *n.* 〘光学〙 クーデ取付け《最終光束を極軸上に導き焦点が極軸上にあるようにした反射天体望遠鏡取付けの一形式》.

coudé telescope /–⌐⌐⌐––/ *n.* クーデ望遠鏡《対物レンズ[対物反射鏡]からの光を反射鏡により極軸に平行にし, 天体の日周運動によって動かない焦点に集め, ここに乾板や分光器を置くようにした反射望遠鏡》. 〖1922〗

Coué /kúːeɪ; F. kwe/, **Émile** *n.* クーエ (1857–1926; フランスの心理学者, 薬剤師; 自己暗示によるクーエ療法 (Couéism) の創始者).

Cou·é·ism /kuːéɪɪzm, ⌐⌐–⌐ | ⌐⌐–⌐/ *n.* 〘精神医学〙 クーエ療法《Coué の創始した自己暗示法 (autosuggestion) を基礎とする心理療法》. 〖(1922): ⇨ ↑, -ism〗

Cou·ette flòw /kuːét-/ *n.* 〘機械〙 クエットの流れ《軸と軸受との間の油の流れのように平行二面間の粘性流》. 〖*Couette*: ← F *couette* machine bearing < OF *cuilte* quilt, mattress〗

cou·gar /kúːgə, -gɑə | -gə(r)/ *n.* (*pl.* ～s, ～) 〘動物〙 クーガー, ピューマ, アメリカライオン (*Felis concolor*) 《カナダからパタゴニアにかけてみられる; puma, panther, mountain lion, American lion ともいう》. 〖(1774) □ F *couguar* 《短縮》 ← Port. *cuguardo* 《変形》 ← Tupi *suasuarana* false deer (その色にちなむ)〗

cougar

cough /kɔ́(ː)f, kɑ́(ː)f | kɔ́f/ *n.* **1 a** せき, せき払い: a dry [hacking] ～ からぜき / give a (slight) ～ (軽い)せき払いをする. **b** せきの出る病気: have a bad ～ ひどいせきを病む, せきがひどい / ⇨ churchyard cough. **2 a** せきのような音. **b** (機関銃の)たたたたという発射音. **c** (調子の悪いエンジンの)不規則な爆発音. **—** *vi.* **1** せきをする, せき払いする. **2 a** せきのような音を出す. **b** 〈エンジンが燃焼不調でせきのような音を出す. **c** 〈機関銃がたたたたという. **3** 《俗》白状する, 告白する. **—** *vt.* **1 a** せきをして吐き出す[言う] 〈*out, up*〉: ～ *up* a bone せきをして骨を吐き出す / ～ *out* phlegm せきをしてたんを吐き出す. **b** せきをして…する: ～ oneself hoarse せきをして声をからす / ～ a speaker *down* 〈聴衆がせき払いして弁士を妨害する. **2** 《俗》 **a** (しぶしぶ)支払う, 渡す (hand over) 〈*up*〉: ～ *up* one's dough [money] 金を吐き出す. **b** (うっかり・しぶしぶ)言い出す, 打ち明ける; 白状する 〈*up*〉. **～·er** *n.* 〖(*c*1300) *coughe*(*n*) < OE **cohhian* ← **koχ*- (擬音語) (OE *cohhetan* to shout): cf. G *keuchen* to wheeze〗

cóugh càndy *n.* 《米》 =cough drop.

cóugh dròp *n.* **1** せき止めドロップ. **2** 《英俗》不愉快[いや]な人[もの]; 変わり者, 変人 (caution). 〖1831〗

cóugh-lòzenge *n.* せき止めドロップ. 〖*a*1893〗

cóugh mìxture [mèdicine] *n.* せきの薬《水薬》. 〖1828〗

cóugh swèet *n.* 《英》せき止めドロップ (cough drop).

cóugh sỳrup *n.* せき止めのシロップ. 〖1877〗

could /(弱) kəd; (強) kʊ́d/ *auxil. v.* (can¹ の過去形) **1** [過去における能力] **a** [一般動詞と共に]: He ～ swim when he was three. 彼は 3 歳のとき泳げた / When he was young, he ～ lift a hundredweight. 彼は若いとき 100 ポンドを持ち上げることができた / He ～ not speak French. フランス語を話すことができなかった. ★ 肯定文では習慣的意味にしか用いない. could do は仮定法と混同されやすいので was [were] able to do, managed to do, succeeded in doing を用いることが多い. **b** [感覚動詞と共に]: I listened but ～ not [～*n't*] hear any sound. 耳をすましたけれどもなんの音も聞こえなかった / I ～ see the mountain in the distance. 遠くの方にその山が見えた. ★ この場合単に I saw と言っても事実に変わりはないが I could see と言えば暗に「見ようとして努力した」ことを表す. **2** [過去における可能性]: I ～ go for a walk whenever I wanted to. 私は好きなときに散歩することができた / He ～ be combative on occasion. 彼は時として好戦的になることがあった / I ～*n't* catch the bus. そのバスに乗れなかった. ★ 肯定文では習慣的意味にしか用いない. **3** [過去における許可]: As he was an old friend of the family, he ～ come and go whenever he liked. 彼はその家の古い知り合いだったので好きなときに来て好きなときに帰ってよかった / We ～ have breakfast in bed whenever we liked. そうしたければいつでもベッドで朝食を取ってもよかった / He ～*n't* come, because his mother wouldn't allow him to. 彼は母親が許さなかったので来ることができなかった. ★ 肯定文では習慣的意味にしか用いない. **4** [目的の副詞節で might の代わりに]: They sent her out of the room so that they ～ talk freely. 彼らは自由に話し合えるように彼女を部屋から出した. **5** [間接話法において]: I said (that) I ～ go. 私は行けると言った (=I said, "I can go.") / He said (that) he ～ not have said so. 彼はそんなことを言ったはずがないと言った (=He said, "I cannot have said so."). **6** [7 の条件節の省略から生じた特殊用法]: *Could* you come and see me tomorrow? 明日おいで願えましょうか《★ Can you …? よりも丁寧な言い方》/ How ～ he possibly be right? 何だって彼が正しいなんてことがありえようか / I ～ laugh [～ have danced] for joy. 全くうれしくて笑い出したいくらいだ[踊り出したかった] / I ～*n't* sew. 私はとても裁縫なんてできない / I ～*n't* think of allowing it. そんな事を許す気にはとてもなれない. **7 a** [事実に反対の条件・想像; 少しの疑い, あるいは低い可能性[能力]を示す]: How I wish I ～ go! ほんとに行きたいのだが(行かれない) / If I ～ go, I should be glad. 行けたらうれしいが(実際は行けない) / I wouldn't go even if I ～. たとえ行けても行かない / If I ～ have gone, I should have been glad. 行けたらうれしかったのだが(実際は行けなかった). **b** [事実に反対の条件・想像に対する帰結]: I ～ do it if I would. したければできるのだが(実際はしない) / I ～ have done it if I had wished to. したければできたのだが(実際はしなかった).

còuld bé たぶん, 恐らく. 〖(1938) 《略》 ← *it could be* (*that*)〗 *còuld wéll dó* ⇨ well¹ 成句. *I couldn't.* もう結構です《飲食物をすすめられたときの丁寧な断わり》.

〖ME *coude, couthe* < OE *cūpe* (cf. OHG *konda*: ⇨ can¹): *-l-* は SHOULD, WOULD との類推で 16C ごろから〗

could·est /kʊ́dɪst | -dɪst/ *v.* 《古》 =couldst.

could·n't /kʊ́dnt/ 《口語》 could not の縮約形.

couldst /kədst; kʊ̀dst, kʊ́dst/ *v.* 《古・詩》 can¹ の二人称単数直説法および仮定法過去形: Thou ～=You could.

could've /kʊ́dəv | -dəv/ could have の縮約形.

cou·lee /kúːli/ *n.* **1** 《米西部》 **a** 深い涸(か)れ谷《米国西部・カナダなどで大洪水や雪解け水のためにできた涸れ谷; 夏は水が涸れる》. **b** 間欠する小川. **c** 浅い谷; 低地. **2** 〘地質〙溶岩流, またはそれが凝固したもの (lava flow). 〖(1804) □ F *coulée* ← *couler* to flow, glide < L *cōlāre* to strain ← *cōlum* strainer: ⇨ colander〗

cou·lée /kúːli; F. kule/ F. *n.* (*pl.* ～s /～z; F. ～/) = coulee.

cou·leur /kuːlə́ː | kúːlə(r); F. kulœːʁ/ F.*n.* =color.

cou·léur de róse /-dəróuz | -dəráuz⁻; F. -dəʁoːz/ *n.* ばら色, 淡赤色. **—** *adj.* ばら色の, 淡赤色の (rose-colored). 〖(1783) □ F ～ 'color of rose'〗

cou·li·bia·ca *n.* =koulibiaca.

cou·lis /kuːlíː | kúːli; F. kuli/ *n.* (*pl.* ～ /～(z); F. ～/) クーリ《野菜や果物をピューレ状にして作るとろみのあるソース; しばしば 飾りに使われる》. 〖(1960) □ F ～ ← *couler* to flow〗

cou·lisse /kuːlíːs, -lís | kuːlíːs, kʊ-/ *n.* **1** (水門などの戸を上げ下げするための)みぞ柱. **2** 〘演劇〙 **a** (舞台の)袖(そで)道具 (side scene). **b** 舞台の右[左]の袖 (wing)《袖道具の間の空所》. **c** 舞台裏のスペース. **3** (うわさ話などがされる)舞台裏, 楽屋裏: the gossip of the ～s 舞台裏のうわさ, 劇壇[政界]などの消息 / be experienced in the ～s of …の消息[内幕]に通じている. **4** 〘証券〙(パリ取引所の)非公式市場《第二次大戦前に存在した; cf. parquet》. **5** 廊下. 〖(1819) □ F ～ 'passage' ← *couler*: ⇨ coulee〗

coul·oir /kuːłwáə | kúːłwɑː(r), -wɔː(r); F. kulwaːʁ/ *n.* (*pl.* ～s /～z; F. ～/) **1** (特にフランスアルプスなどの)クーロアール, 山腹の峡谷. **2** 通路 (passage). 〖(1855) □ F ～ 'strainer' ← *couler*: ⇨ coulee〗

cou·lomb /kúːlɑ(ː)m, -loum | kúːlɔm/ *n.* 〘電気〙 クーロン《電気量・誘電束の実用単位; 1 アンペアの電流が 1 秒間に送る電気量; 略 C》. **—** *adj.* =coulombic. 〖(1881) ← *C. A. de Coulomb* (↓)〗

Cou·lomb /kúːlɑ(ː)m, -loum | kúːlɔm, F. kulɔ̃/, **Charles Augustin de** *n.* クーロン (1736–1806: フランスの物理学者; 磁気[力, 性]と電気に関する先駆的研究; 磁気[力]計を発明).

Cóulomb field *n.* 〘電気〙 クーロン電界《帯電した物体または粒子のまわりの静電界; 2 つの静電界の相互作用で Coulomb force が生み出される》. 〖1937〗

Cóulomb fòrce *n.* 〘電気〙 クーロン力《二つの点電荷の間に働く静電気力; クーロンの法則に従う》. 〖1930〗

cou·lom·bic /kuːlɑ́(ː)m(b)ɪk, -lóum(b)- | -lɔ́m(b)-/ *adj.* 〘電気〙 クーロンの; クーロンの法則の. 〖(1936): ⇨ -ic¹〗

cóulomb·mèter *n.* 〘電気〙 =coulometer.

cou·lomb·met·ry /kuːlɑ́(ː)mətri | -lɔ́mɪ-/ *n.* 〘化学〙 =coulometry.

Cóulomb's làw *n.* 〘電気〙 クーロンの法則《フランスの C. A. Coulomb によって発見された帯電物間の静電気力に関する法則; 2 電荷間に働く電気力の大きさは電荷の積に比例し, 距離の 2 乗に反比例する》. 〖1854〗

cou·lom·e·ter /kuːlɑ́(ː)mətə, kúːləmìː- | kuːlɔ́mɪtə(r), kúːləmìː-/ *n.* 〘電気〙 電量計 (voltameter). 〖(1902) 《再構成》 ← COULOMBMETER〗

cou·lom·e·try /kuːlɑ́(ː)mətri | -lɔ́mɪtri/ *n.* 〘化学〙 **1** 電量分析, クーロメトリー《電気分解の際に流れた電気量の測定によって定量する電気化学的分析法の一つ》. **2** 電解溶液中を通過する電気量の測定 (voltametry).

cou·lo·met·ric /kùːləmétrɪk⁻/ *adj.* **còu·lo·mét·ri·cal·ly** *adv.* 〖(1945) ← COULO(MB)+-METRY〗

coul·ter /kóultə | káultə(r)/ *n.* =colter.

Coul·ter /kóultə | káultə(r)/, **John Merle** /mə́ːl | mə́ːl/ *n.* コールター (1851–1928; 米国の植物学者).

Cóulter pìne *n.* 〘植物〙 クールターマツ (*Pinus coulteri*) 《米国南西部産の長さ 35 cm もあるマツカサをつけるマツの一種; big-cone pine ともいう》. 〖← *Thomas Coulter* (*d.* 1843: アイルランドの植物学者)〗

cou·ma·phos /kúːməfɑ̀(ː)s | -fɔ̀s/ *n.* 〘薬学〙 クマホス ($C_{14}H_{16}ClO_5PS$) 《有機リン系殺虫剤》. 〖← COUMA(RIN)+PHOS(PHORUS)〗

cou·ma·rin /kúːmərɪn | -rɪn/ *n.* 〘化学〙 クマリン ($C_9H_6O_2$) 《tonka bean の芳香成分; 白色でバニラに似た香りがある結晶エステル; 香水・香料に用いる; tonka bean camphor ともいう》. **cóu·ma·ric** /-rɪk/ *adj.* 〖(1830) □ F *coumarine* ← *coumarou* □ Tupi *kumarú* tonka bean (tree)〗

cou·ma·rone /kúːməròun | -ràun/ *n.* 〘化学〙 クマロン (C_8H_6O) 《タールの軽油中にある芳香性の無色の液体で, 重合させてクマロン樹脂にする; benzofuran ともいう》. 〖(1883): ⇨ ↑, -one〗

cóumarone-índene rèsin *n.* 〘化学〙 クマロンインデン樹脂《クマロンとインデンの重合物から成る合成樹脂; 塗料・印刷インキなどに用いる; coumarone resin, para-coumarone-indene resin ともいう》.

Coun 《略》 councillor.

coun·cil /káunsəl, -sl, -tsəl, -tsl/ *n.* **1 a** 《英》[時に C-; しばしば the ～] 地方議会《州議会・市議会・町議会など》: a county ～ 《英》州議会 / a municipal [city] ～ 市議会. **b** 《豪》州議会(の上院). **c** 会議, 協議, 審議 (consultation): a Cabinet *Council* 閣議 / a family ～ 家族[親族]会議 / be summoned to ～ 会議に招集される / hold [go into] ～ 会議を開く, 協議する / take ～ of a person 人に相談する / take a person into ～ 人を相談に入れる. **2 a** (相談・助言のための)評議会, 協議会, 審議会; 諮問会. ★ 各種機関の公式名に使うことが多い: ⇨ teachers' council, British Council. **b** [the C-] 《英》枢密院 (privy council): ⇨ ORDER in Council. **c** (大学の)評議員会 (cf. senate). **3 a** 協会, 団体 (association). **b** (組合・同盟などの地方支部の)代表団. **4** 〘キリスト教〙 **a** 教会[宗教]会議, 公会議《教義・戒律などを決定する》: the general ～ 教務議会《diocese に関する》. **b** =Sanhedrin (cf. *Matt.* 10:17, 12:14, *Mark* 14:55). **5** (英国植民地で総督・高等弁務官の)補佐機関: ⇨ executive council, legislative council.

in cóuncil (1) 会議中で[の]. (2) 諮問機関に諮(はか)って: the King [Queen, Crown] *in Council* (英国の)枢密院に諮問して行動する国王《勅令発布の, または植民地よりの請願を受理する主体》/ the governor [governor-general] *in* ～ (英植民地で)補佐機関 (council) の進言によって行動する総督《総督の独裁でなく民意を代表しての総督の行動を表す; cf. council 5》/ an order *in* ～= ORDER in Council.

Cóuncil for Mútual Económic Assístance [the —] 経済相互援助会議 (COMECON).

Cóuncil for the Protéction of Rúral Éngland [the —] 英国田園保護協議会《開発業者などから田園を守ることを目的とする; 略 CPRE》.

Cóuncil of Económic Advísers [the —] (米国の)大統領経済諮問委員会 (略 CEA).

Cóuncil of Éurope [the —] 欧州会議《ヨーロッパの統合促進を目的に 1949 年設立; 略 C of E, CE》.

Cóuncil of Mínisters [the —] (1) (ソ連の)閣僚会議《他国の内閣 (cabinet) に当たる; 1917 年から 46 年まで Council of People's Commissars (人民委員会会議) とよんだ; cf. sovnarkom》. (2) (米国の)閣議《通常, 大統領に助言する》. (3) [c- of m-] 内閣 (cabinet). 《なぞり》 ← F *conseil des ministres*》

Cóuncil of Nationálities [the —] (ソ連の)民族会議 (cf. Supreme Soviet).

Cóuncil of Nicáea [the —] =Nicene Council.

cóuncil of státe [the —] 〘政治〙国策会議《国家の高度の政策を審議する政府機関》. 〖1611〗

Cóuncil of Státes 《インド》 =Rajya Sabha.

Cóuncil of Trént [the —] 〘カトリック〙 トレント公会議 (1545–63 年間不定期に開かれたカトリック教会の会議; プロテスタンティズムに対抗して近世カトリック教会の教義の確立と組織の改革を行った).

cóuncil of wár (1) (指揮官が高級将校を集めて開く)軍事会議, 軍議, 作戦会議. (2) 行動方針の検討会議. 〖1612–5〗

— *adj.* [限定的] **1** 会議用の: a ～ room. **2** 《英》州[市, 町]営の: ⇨ council house 1, council school.

〖(*a*1126) □ (O)F *concile* □ L *concilium* assembly, union ← *con-* 'COM- 1'+*calāre* to call: すでに ME において COUNSEL と混同された〗

Cóuncil Blúffs *n.* カウンシル ブラフス《米国 Iowa 州南西部の都市; Missouri 川を隔てて Nebraska 州の Omaha 市に対する》. 〖昔アメリカインディアン種族の集合地であったところから〗

cóuncil bòard *n.* **1** (会議の)テーブル. **2** (開催中の)会議. 〖1591〗

cóuncil chàmber *n.* 会議室[場]. 〖1407〗

cóuncil estàte *n.* 《英》州[市, 町]営住宅団地.

cóuncil fìre *n.* (アメリカインディアンの)会議のたき火. 〖1775〗

cóuncil flàt *n.* 《英》 =council house 1.

cóuncil hòuse *n.* **1** 《英》州[市, 町]営住宅 (council flat). **2** 《米》(アメリカインディアンの)会議所. 〖*a*1400〗

coun·cil·lor /káuns(ə)lə, -sɪ-, -slə, káunts- | -slə(r), -slə(r)/ *n.* 《英》 =councilor.

cóuncillor·shìp *n.* 《英》 =councilorship.

cóuncil·man /-mən, -mæ̀n/ *n.* (*pl.* **-men** /-mən, -mèn/) 《米》(市会などの)議員 (councilperson ともいう). ★ 英国では通例 councillor という. **coun·cil·man·ic** /kàunsəlmǽnɪk, -sl-⁻/ *adj.* 〖*a*1637〗

cóuncil-mánager plàn *n.* 《米》〘政治〙 シティーマネージャー委任契約制度《市民の公選によらずに市議会が city manager を選任して, それに市の行政権を委任する制度で, 多数の都市で採用されている》.

coun·cil·or, 《英》**coun·cil·lor** /káuns(ə)lə, -sɪ-, -sl̩ə, káunts- | -slə(r), -sl̩ə(r)/ *n.* **1** 州[市, 町]議会議員: a county ～ 《英》州議会議員. **2** 顧問官, 評議員; 参与官, 参事官: a ～ of an embassy 大使館参事官 ⇨ HOUSE of Councillors, privy councillor. 〖《a1400》: ⇨ counselor〗

cóuncilor·shìp *n.* councilor の職[地位].

cóuncil·pèrson *n.* (地方)議会議員.

cóuncil schòol *n.* 《英》(以前の)公立学校《州[市, 町]立の学校; 正式には county council school》.

cóuncil tàble *n.* ＝council board. 〖1621〗

cóuncil tàx *n.* 《英》地方議会税《1993 年に community tax に代わって施行された地方税; 居住不動産価値を基礎に課税される》.

cóuncil·wòman *n.* 《米》市[町, 村]議会の婦人議員. 〖1928〗

coun·sel /káunsəl, -sl̩, -tsəl, -tsl̩/ *n.* **1 a** (相談の結果として与えられる)勧告, 助言, 忠告 (advice): follow a person's ～ 人の忠言を守る / give ～ 意見を述べる, 助言する, 知恵を貸す / Good ～ never comes amiss. 《諺》よい助言はいつでもありがたい. **b** (行動の)計画, 意図, 方針 (plan): ⇨ *a* COUNSEL *of despair* / Deliberate in ～, prompt in action. 計画は慎重に実行は敏速に, 熟慮断行. **2 a** [集合的にも用いて] 法廷弁護士 (barrister), 弁護団; (事件を依頼した)弁護士, 法律顧問(団): ⇨ King's Counsel / ～ for the Crown 《英》検事 / ～ for the defense 被告側弁護士 / take ～'s opinion 弁護士の意見を聞く, 弁護士に相談する / The defendant has able ～. 被告には有能な弁護団がついている. **b** ＝consultant. **3** 相談, 協議, 評議 (consultation, deliberation): take [hold] ～ (*with* ...) (...と)相談する, 協議する / take ～ of one's pillow ⇨ pillow 成句 / take ～ *with* oneself 自分一人で考える / take a person into one's ～ 人に相談する. **4 a** 《古》知恵 (wisdom); 思慮, 分別, 慎重 (prudence). **b** 《古》目的, 意図 (purpose, intention). **5** 《廃》秘密(の考え, 計画) (secret). **6** 〖神学〗勧告《義務づけるのではなく, 守ることをすすめるキリスト使徒の教え》: the evangelical ～*s* 福音的勧告《清貧・貞潔・従順》.

a cóunsel of despáir (1) とてもできそうにない提案[趣向]. (2) 窮余の策. 《1910》 ***dárken cóunsel*** 《文語》(忠告などして)事を一層[かえって]混乱させる, 問題の焦点をぼかす (cf. *Job* 38: 2). ***kéep* one's *ówn cóunsel*** (心中の)意見[秘密]を胸に納めてもらさない[黙っている] (cf. *n.* 5). 《1600–1》

cóunsel of perféction (1) [the ―] 〖神学〗(永遠の生命を得て天国に入ろうとする者に対する)完徳の勧(すす)め (cf. *Matt.* 19: 21). (2) 実行できそうもない助言[理想案]. (3) [the ～s of perfection] 〖カトリック〗(修道生活における)清貧・貞潔・従順の勧告. 《a1678》

― *v.* (**coun·seled, -selled; -sel·ing, -sel·ling**)

― *vt.* **1** 〈人〉に〈...するように〉忠告する, 助言する 〈*to do*〉 (⇨ advise SYN): ～ a person *to do* so そうしなさいと勧める / ～ a person *against* doing ...人に...しないように忠告する / I must ～ you to the contrary. 私は君にその反対を忠告しなければならない. **2** 勧める (recommend): ～ prudence [an early start] 慎重にせよと[早く立てと]勧める. ― *vi.* **1** 忠告する, 助言する: ～ *about* the problem. **2** 《古》相談する, 忠告をきく.

～·a·ble, 《英》**～·la·ble** *adj.*

〖*n.*: 《?a1200》 *conseil* □ OF *co(u)nseil* (F *conseil*) ＜ L *consilium* advice, counsel ← *con-* 'COM-'＋? IE **sel-* to take (⇨ sell). ― v.: 《c1280》 *co(u)nseille(n)* □ (O)F *conseiller* ＜ L *consiliārī* to take counsel, consult ← *concilium*: すでに ME において COUNCIL と混同されていたが, この 2 語の区別が確立したのは 16C 以後〗

coun·sel·ee /kàunsəlíː, -sl̩-/ *n.* カウンセリングを受ける人. 〖《1923》: ⇨ ↑, -ee[1]〗

coun·sel·ing, 《英》**coun·sel·ling** /káuns(ə)lɪŋ, -ts(ə)l-, -sl̩-, -tsl̩-/ *n.* 〖心理〗カウンセリング《学校・家庭・職場などにおける個人の適応の問題に関する臨床心理学的な助言》. 〖《1927》: ⇨ -ing[1]〗

coun·se·lor, 《英》**coun·sel·lor** /káuns(ə)lə, -sl̩ə, káunts- | -slə(r), -sl̩ə(r)/ *n.* **1** 顧問, 助言者, 相談相手 (adviser). **2 a** (学校などの, 特に学生の)カウンセラー《進路[就職]指導や個人的問題の相談にのる》. **b** 《米》(キャンプ生活の)指導教官. **3** 《米》法廷弁護士 (attorney). **4 a** 《米》(大公使館付)参事官《大[公]使のすぐ下位のランク》. **b** 《英》上級外交官. **5** 〖モルモン教〗副管長, 副会長, 副部長 (cf. presidency 4).

Cóunsellor of Státe (英国王不在期間中の)臨時摂政.

～·shìp *n.* 〖《?a1200》 *counseillour, counseiler* □ OF *conseillour* (F *conseiller*) ＜ L *consiliātōrem*: ⇨ counsel, -or[2]〗

cóunselor-at-láw *n.* (*pl.* **counselors-**) 《米》＝counselor 3. 〖1648〗

count[1] /káunt/ *vt.* **1 a** (総数を知るために一つ一つ)数える, 数え上げる; 算出する, 合計する (reckon) 〈*up*〉: ～ the pages [the number of people present] ページ[出席者]数を数える / ～ heads [《米口語》noses] (出席者・賛成者などの)人数を数える / ～ *up* the money 金を勘定する / ～ the house 入場者数を調べる / ～ one's chickens before they are hatched 捕らぬ狸の皮算用をする / can [be able to] ～ ... on (the fingers of) one hand＝can [be able to] ～ ... on one's fingers ...の数が 5 本の指[片手]で数えられるほど少ない. 日英比較 日本では指で数えるときには親指から折り曲げていくが, 英米では普通は人差し指から小指へと順に立ててゆき, 最後に親指を立てて 5 まで数える. 6 から先は反対の手で同じように人差し指から小指へと立ててゆき, 最後に親指を立てて 10 まで数える. また, 別の数え方では, 指を全部立てておき, 片方の手の人差し指でもう一方の手の親指から小指へ向かって順に指していって 5 まで数え, 6 からは 5 まで数え終わった手の人差し指で, 反対の手の親指から小指へと順に指して, 10 まで数える (⇨ 挿絵). **b** 〈特定の数〉まで数を順にいう: ～ five before standing 立つ前に 5 つ数える / ～ ten 〖ボクシング〗(ノックダウンされた選手に) 10 (秒)数える《試合を続けられなければノックアウト》. **c** 計算する, ...の総計を記録する: ～ cars passing the police station 警察署を通過する車の総計を記録する. **d** ...の在庫品を調べる (inventory).

2 a [目的補語を伴って] 〈...と〉思う, 見なす (consider): ～ oneself fortunate [lucky] to be alive 生きているのをしあわせだと思う / I ～ it folly to do so. そうするのは愚かなことだと思う / I ～ it honor to be here tonight. 今晩ここに出席できることを光栄に思います. **b** 〔...と〕思う, 見なす (regard) 〔*as, for*〕: be ～*ed as* [*for*] dead 死んだと見なされる / He must be ～*ed* as a man of letters. 彼は文人として見ねばなるまい. **c** 《米口語》〈...と〉思う (suppose, guess) 〈*that*〉: I ～ (*that*) he will come. 彼は来ると思う. **3** 数[勘定]に入れる, 含める (include): Did you ～ the broken ones? 壊れた分も数に入れたか / I no longer ～ him among my friends. 彼はもはや友人の数には入れない / There were forty people present, not ～*ing* the children. 子供は別にして 40 名の出席者があった. **4** 《古》〔...に〕帰する, 〔...の〕せいにする (ascribe, impute) 〔*to*〕. **5** 〖音楽〗拍子をとる: ～ eighth notes 8 分音符を 1 拍に数えて拍子をとる. **6** 〖トランプ〗**a** (あるスーツ (suit) について)〈すでに出たカードの枚数を〉数えている, 記憶する: ～ spades スペードが何枚出たか覚えている. **b** (他の競技者の手について)〈各スーツの枚数を〉読む. **c** (ブリッジで)〈手札〉の点勘定をする (cf. point count).

― *vi.* **1** 数を数える, 計算する; 総計する (total) 〈*up*〉: ～ from one to ten 1 から 10 まで数える / ～ on one's fingers 指を使って数える / ～ *up* to a hundred 100 まで数える. **2 a** 数に入る; 価値がある, 物の数に入る, 重きをなす: Every little ～*s*. どんなにわずかでも数になる[むだにはできない] / That does not ～. それは勘定に入らない[どうでもよい] / This book ～*s* among her best works. この本は彼女の傑作の一つだ. **b** 〔...の〕価値をもつ, 価値がある 〔*for*〕: A touchdown ～*s* (*for*) six points. タッチダウンは 6 点になる / Birth ～*s* (*for*) a great deal. 生まれ[家柄]は大いにものをいう / Money ～*s for* little [nothing]. 金などは大したことはない[何の価値もない] / Such men don't ～ (*for* anything). そんな連中は全く物の数ではない / Fine clothes don't ～ *for* much with me. 上等な衣服というものは私には重要ではない / Hurry up! Every minute [second] ～*s*! 急げ. 1 分 1 分 [1 秒 1 秒] が大切なんだ. **3** 期待する, 当てにする (expect); 頼る, 力にする (⇨ rely SYN) 〔*on, upon*〕: ～ *on* fine weather for a picnic ピクニックに天気のよいのを期待する / ～ *on* Japan *for* economic assistance 日本に経済援助を期待する / May I ～ *on* you(r) coming? お出でをお待ちしてよいでしょうか, 間違いなくお出で下さるでしょうか / I can ～ *on* you not to mention it. それを口外しないと君を信頼している / You cannot ～ *upon* the number of your supporters alone. 支持者の数(の多いこと)だけを頼りにしてはいけない. **4** 《古》考える, 考慮する 〔*of*〕: No man ～*s of* her beauty. だれも彼女の美しさを気にかけようとしない. **5** 〖音楽〗拍子を取る.

cóunt agàinst ...の不利となる[考えられる]: The absence ～*ed against* him. 欠席は彼の不利となった / Will it ～ *against* me if I'm absent? 欠席したら不利になりますか. ***cóunt dówn*** (ロケット発射などで)秒読みをする, 9–8–7 ...と逆に数える (cf. countdown). 《1958》 ***cóunt ín*** 仲間に入れる, 参加者として考える: *Count* me *in*. 私を仲間に入れてください. ***cóunt óff*** (*vt.*) (1) (数えて)等分する; 〈金などを〉数えて出す. (2) (数えて)選び出す; 班に分ける. (*vi.*) 《米陸軍》[号令] 番号; 番号を順番に呼称する; (班別にするために 1, 2, 3, 4; 1, 2, 3, 4; のように)番号をとなえる[となえさせる]; 班に分かれる. ***cóunt óut*** (*vt.*) (1) 〈物を〉数えて出す. (2) (数えて)〈ある番号に当たったものを〉省く (eliminate). (3) 《口語》数に入れない, 除外する (exclude). (4) 《米口語》〈得票の一部を有効票からはずす; 得票を有効票からはずして〈人を〉落選させる. (5) 〖ボクシング〗〈選手に〉ノックアウトを宣告する. (6) 〈物を〉声を出して数える. (7) 〖英議会〗〈議長が〉定足数未満(出席議員 40 人未満)を理由に〈議会〉の流会を宣する. (8) 〖遊戯〗(数え歌のようなものを歌って)〈最後の音[節]に当たった人〉に特別な役割を与えるか, 遊戯から除くかする. (*vi.*) (1) 声を出して数える. (2) 〖遊戯〗(数え歌のようなものを歌いながら)リーダーや鬼を選ぶ (cf. COUNT out (*vt.*) (8)). (3) 〖トランプ〗(ある種のゲームで)競技の途中で得点が上がり点に到達したことを宣告する. ***cóunt towárd*** (成績・資格などを決めるとき)考慮される. ***Who's cóunting?*** 誰が回数など気にするものか, 気にするな.

― *n.* **1** 数えること, 計算, 勘定: beyond ～ 数えきれない, 無数に / by ～ 数えてみたら / by the first [second] ～ 最初[二度目]の計算によれば / on [at] the ～ of ...まで数えたら / at the last ～ 最終[最新]集計で / keep ～ of ...を数え続ける, ...の数を把握して[覚えて]いる / lose ～ of ...を数え切れなくなる, ...の数を忘れる / They lost ～ of the votes. (あまり多くて)投票数が分からなくなった / out of ～ 数え切れない, 無数の / take [make, do] a ～ of the votes 投票数を数える. **2** 総数, 総計 (sum total): The (total) ～ is 50. 総数は 50 だ / ⇨ blood count, pollen count. **3** 計数; カウント《ガイガー計数管などに記録される数値》. **4** 〖ボクシング〗カウント《ノックダウンされた選手に 10 (秒)を数えること; ⇨ COUNT *out* (*vt.*) (5)》: take the ～ ノックアウトになる, ノックアウト負けする / down [out] for the ～ ノックアウト (K. O.)されて, 負けて. **5 a** 〖野球〗(打者の)カウント: a ～ of two balls and one strike ワンストライクツーボールのカウント. 野球でのカウントのとり方は, 日本語では従来はストライクが先でボールが後であった. 最近は次第に英語式になりつつあるが, 英語ではボールを先にストライクを後に言う. また「ボールカウント」は和製英語. **b** (ゲームの)スコア. **6** 〖ボウリング〗カウント《スペアあるいはストライクの次のフレームの第一投で倒したピンの数》. **7 a** 争点, 論点. **b** 〖法律〗(起訴状の)訴因 (charge): He was found guilty on all four ～*s*. 彼は起訴された 4 訴因全部について有罪と判定された. **8** 《古》考慮, 顧慮, 注意, 重視 (regard): take [set] ～ [no ～] of ...を重視する[しない], 顧みる[みない]. **9** 〖紡織〗(紡績の)番手《糸の太さを示す》. **10** 〖英議会〗(定足数不足による)流会(宣言) (⇨ COUNT *out* (*vt.*) (6)). **11** 〖トランプ〗**a** 数読み《相手の手札に各スーツが何枚ずつあるかなどの推測》. **b** ＝point count.

dówn* [*óut*] *for the lóng cóunt 《俗》死んで, くたばって (cf. 4). ***on áll* [*séveral, etc.*] *cóunts*** (1) あらゆる[幾つかの]点で: on two ～*s* 二つの点で. (2) ⇨ *n.* 7 b. ***óut for the cóunt*** (1) ⇨ *n.* 4. (2) 《口語》熟睡して (fast asleep).

〖*v.*: 《1369》 *counte(n)* □ OF *conter* (F *compter*) ＜ L *computāre* 'to calculate, COMPUTE, reckon'. ― *n.*: 《a1325》 □ OF *co(u)nte* ＜ LL *computum* ← L *computāre*〗

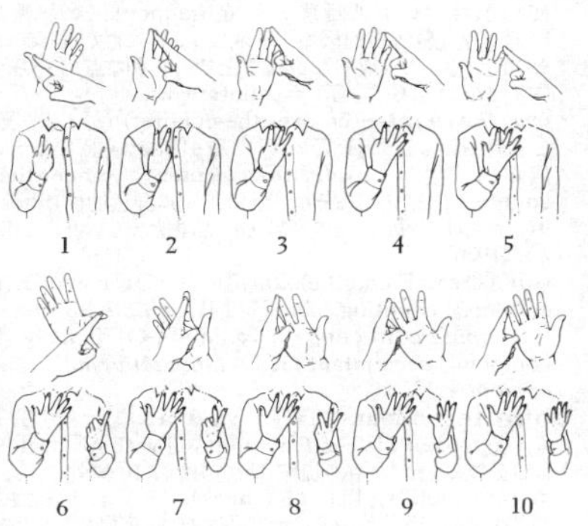

counting

count[2] /káunt/ *n.* **1** (英国以外の)伯爵《comte, Graf などの爵位の訳語として用い英国の earl に当たる; cf. countess 1》. **2** (ローマ帝国後期および中世初期のゲルマン諸王の)役人. 〖《?c1425》 □ OF *conte* (F *comte*) ＜ L *comitem, comes* companion ← COM-＋*īre* to go (cf. itinerate)〗

'count /káunt/ *n.* 《方言》＝account: on no ～. 〖1854〗

count·a·ble /káuntəbl̩ | -tə-/ *adj.* **1** 数えられる. **2** 〖数学〗可付番の, 可算の《自然数と一対一の対応がつくことにいう》. **3** 〖文法〗可算名詞の. ― *n.* **1** 数えられるもの. **2** 〖文法〗可算名詞 (count noun) (dog, book, mile, plan, hour など; Jespersen の用語; cf. uncountable). **coùnt·a·bíl·i·ty** /kàuntəbíləti | -təbílɪti/ *n.* **cóunt·a·bly** *adv.* 〖《1447》 □ OF *contable* (F *comptable*): ⇨ count[1], -able〗

cóuntable nóun *n.* 〖文法〗＝countable.

cóuntably ádditive fúnction *n.* 〖数学〗可算加法的(集合)関数《互いに素な可算個の集合の和集合における値がそれぞれの集合における値の和に等しいような集合関数》.

cóuntably cómpact sét *n.* 〖数学〗可算コンパクト集合《可算個の開集合から成る被覆が有限個の開集合から成る被覆を含むような集合; cf. compact[1] *adj.* 5》.

count·back *n.* カウントバック方式《同点[互角]のとき後半で成績のよかったほうを勝者にする方式》.

count·down /káuntdàun/ *n.* (ロケットの打上げの際の)秒読み; 秒読みの時間; 秒読み中の準備 (cf. COUNT *down*, zero hour 1 b); 段階点検. 〖*c*1952〗

coun·te·nance /káuntənəns, -tn̩-, -tn-, -ənts | -tɪ̞n-, -tn̩-, -tn-/ *n.* **1** 顔つき, 顔の表情 (⇨ face SYN); (表情からみた)顔 (face): change (one's) ～ (感情のために)顔色を変える / an expressive [a cheerful, a sad] ～ 表情に富んだ[快活な, 悲しそうな]顔 / keep a good ～ 嫌な顔[泣き顔]を見せない / His ～ brightened into a smile. 彼の顔に晴れ晴れとした微笑が浮かんだ / His ～ fell. 顔色が沈んだ, 失望の色が見えた (cf. *Gen.* 4: 5). **2** (顔に表れた)落ち着き (composure): keep one's ～ 《英》(驚かずに)落ち着いている; (笑わずに)澄ましている / lose (one's) ～ 落ち着きを失う, あわてる / keep a person in ～ 人をあわてさせない; 人に恥ずかしい思いをさせない, 人の顔を立てる / with a good ～ 落ち着き払って. **3** 支持, 賛助, 奨励 (favor); 精神的支持: find no ～ in ...の支持を受けられない / give [lend] ～ to a person [plan] 人の肩をもつ[計画を支持する] / the light of a person's ～ ⇨ light[1] 成句. **4** 《古》**a** (物の)ようす, 状態 (aspect). **b** みせかけ. **5** 《廃》態度, 挙動, ふるまい (demeanor).

in cóuntenance 落ち着いた, 冷静な. ***out of cóuntenance*** あわてて, 当惑して (abashed): be *out of* ～ あわてる, 当惑する / put a person *out of* ～ 人をあわて[赤面]させる; 人の顔[面目]をつぶす / stare a person *out of* ～ 穴のあくほど見つめて人をきまりわるがらせる / laugh a person *out*

of ～ 笑って人をいたたまれなくさせる. 《*a*1590》
— *vt.* **1** 〈人·行動·意見などに〉好意を示す, 賛成する, 奨励する (favor): ～ a person, plan, etc. **2** 許す (permit); 大目にみる, 黙認する (tolerate): We cannot ～ his violence. 彼の暴力は許せない / We will not ～ drinking in this hostel. このホステルでは飲酒をご遠慮下さい.
〘《*c*1250》□ AF *c(o)untenaunce* ＝(O)F *contenance* manner of holding oneself □ ML *continentia* demeanor, (L) self-control ← *continēre* 'to hold in, CONTAIN': ⇨ -ance〙

cóun·te·nanc·er *n.* 賛助者, 援助者, 奨励者. 〘《1613》: ⇨ ↑, -er¹〙

count·er¹ /káuntə, káunə | káuntə(r)/ *n.* **1 a** (銀行·商店などの)カウンター, 勘定台, 売台: the woman behind the ～ (売台の後ろで働く)女性店員 / pay over the ～ 帳場に払う (cf. *over the* COUNTER) / serve behind the ～ 店で働く, 小売店をやる, 小売店に勤める. **b** (食堂·バーなどの)カウンター, スタンド. **c** (台所の)調理台 《英》 worktop). **2** (盤面を使ってするゲーム (board game) などで用いる木[金属, プラスチック]製の駒 (piece), ペッグ (peg) (など); 利用されやすい人[物]: like ～*s* on a board 〈人·物が〉将棋(盤)の駒のように思うままに操られて[る]. **3** (トランプなどの得点を数える)数取り, チップス (jeton ともいう). **4 a** (コインを模造し, ふつう黄銅·銅などの卑金属で造った)代用貨幣, トークン (token). **b** カウンター 《ゲームなどで計算に使う硬貨》. **c** 粗悪貨幣. **d** 金 (money). **e** 紙幣の額面数字 《幾何学的図案を下地にしたり, これで囲んでいるものが多い》. **5** (取引などをする上での)有利な点,「持ち駒」(asset). **6** 〘言語〙＝counterword.
over the counter (cf. over-the-counter) (1) (薬を買うとき)処方箋なしで. 《1875》 (2) (取引所でなく証券業者の)店頭で; 売場で. *under the counter* (cf. under-the-counter) 内緒で, こっそり; 闇(値)で; 非合法的に (illicitly) 《売却·支払いなどで, 特に売る品物が少ない場合に用いる》. 《1926》
〘《*c*1300》□ AF *count(e)our* 《混成》 ← OF *conteoir* (F *comptoir*) counting table (< ML *computātōrium* ← L *computāre* 'to COUNT¹': ⇨ -ory²)＋OF *conteor* (F *compteur*) accountant (< L *computātōrem* ← *computāre*)〙

coun·ter² /káuntə | -tə(r)/ *n. vt.* **1 a** …に反対する, 逆らう (oppose): He ～*ed* my proposal with his own. 彼は自分の案を出して私の提案に反対した. **b** 無効にする, 取り消す (nullify); 阻止する (check). **2** …に仕返しする, 口答えする. **3** (チェスその他で)迎え打つ, 応戦する; 〘ボクシング〙…にカウンター(ブロー)を打つ; …に逆襲する, …に反撃する. — *vi.* **1** 反対に行動する, 反対する, 逆らう. **2** 応戦する; 逆襲する, 反撃する. **3** 〘ボクシング〙カウンター(ブロー)を打つ.
— *n.* **1 a** 逆, 反対, 対立物 (opposite). **b** 対立[阻止]する力[作用, 方向]; 返事, 返答. **2** 馬の前胸部 《両肩と首の下部との間の部分》. **3** カウンター, 月型芯 《靴の後部の表革と裏革の間に挿入する月型状の補強材; stiffener ともいう》. **4 a** 〘フェンシング〙(剣先で円を描いての)受止め. **b** 〘ボクシング〙カウンター; カウンターブロー[パンチ]. (□ F *contre*) **5** 〘フィギュアスケート〙カウンター 《三つ連続した図形を完成するすべり方; ターンした後第 2 の円に移り, その円を完成した後最初の円の残りの半分に移り, そこでターンをくり返し第 3 の円を描く; ターンの先端が真ん中の円の中心からみて外側を向く; counter-rocker, counter-rocking-turn ともいう; cf. rocker 9》. **6** 〘海事〙船尾突出部, カウンター. **7** 〘活字〙谷 (void) 《活字面の凹所》. **8** 〘土木·建築〙対材, 添え材 《条件によって張力·圧縮力を受けるトラスの部材》. **9** 〘アメフト〙カウンタープレー 《直進すると思わせ逆斜に走ること; counter play ともいう》. **10** 〘音楽〙＝countertenor. 《略》 **11** 〘機械〙＝countershaft 1. 《略》
— *adj.* **1 a** 反対の, 逆の (opposite). **b** 反対(方向)に行く; 反対効果の: the ～ direction 反対の方向. **c** 反対(側)にある: the ～ side 反対側. **d** 敵対する, 敵意のある; 反対する: the ～ doctrine 反対説. **2** 前のものを撤回する, 取消し命令の: ～ orders 取消しの命令. **3** (一対の)片方の, (正に対する)副の (duplicate): a ～ list 副名簿, ひかえ名簿.
— *adv.* **1** 反対に, 逆に (contrary) 〔*to*〕: run [go, act] ～ *to* the rules 規則と反対の行動をとる, 規則にそむく[抵触する]. **2** 反対の方向に: hunt [go, run] ～ (獲物の逃げた方向と)反対の方向に狩り進む.
〘《*c*1410》□ OF *countre* (F *contre*) < L *contrā* against, opposite to (adv. & prep.)〙

count·er³ /káuntə, káunə | káuntə(r)/ *n.* **1 a** 計算器, 計数器. **b** 自動速度計 (speed counter). **c** (放射線, 電離素粒子または光子の)計数装置, 計数管: ⇨ Geiger counter, scintillation counter, crystal counter. **2** 計算する人, 計数係; 投票数を数える人. **3** 〘言語〙＝classifier 3. **4** 〘電子工学〙＝scaler² 3.
〘《*c*1290》□ AF *countour*＝OF *conteor* < L *computātōrem*: ⇨ -er¹〙

coun·ter- /kauntə | -tə(r)/ 動詞·名詞·形容詞·副詞に付いて次のような意味を表す連結形: **1** 反対の (opposite), 対抗的な, 敵対する (rival): *counter*act, *counter*offensive, *counter*spy. **2** 逆の (reversed): *counter*clockwise, *counter*current. **3** 反動的な; 仕返しの (retaliatory): *counter*revolution, *counter*blow. **4** 対応の (corresponding), 相補う (complementary); 副 (sub-): *counter*tenor, *counter*part, *counter*foil. 〘↑〙

còunter·accusátion *n.* 〘法律〙(刑事上の)反訴, 反起訴, 反告発. 〘1917〙

coun·ter·act /kàuntəǽkt, kàunə- | kàuntə(r)ǽkt, ⌐⌐⌐/ *vt.* …に反対に行動する, 逆らう, 妨害する (hinder); 〈計画などを〉破る, くじく (defeat); 〈薬などが〉…に反作用する, 〈効力を〉消す, 中和する (neutralize): ～ the effects of a medicine 薬の効力を消す / ～ a person's influence 人の勢力をそぐ. **～·er** *n.* **còunter·áctor** *n.* 〘1678〙

còunter·áction *n.* **1** (薬の)中和作用. **2** (計画の)邪魔, 妨害. **3** 反作用, 反動, 対応: action and ～. 〘1750〙

còunter·áctive *adj.* 反対作用の; 中和性の. — *n.* 反(対)作用剤, 中和剤. **～·ly** *adv.* 〘1805〙

còunter·ágency *n.* 反動作用, 反動力.

cóunter·àgent *n.* **1** 反対に作用するもの. **2** 反作用[中和]剤. 〘1826–56〙

cóunter·appròach *n.* [通例 *pl.*] 〘軍事〙(被包囲軍が攻撃軍の接近を阻止するための)対向塹壕, 対抗道. 〘《1678》□ F *contre-approche*: ⇨ counter-, approach〙

cóunter·àrgument *n.* 反対論, 反論. 〘1862〙

coun·ter·at·tack /káuntəətæ̀k, káunə- | káuntə(r)ətæ̀k/ *n.* **1** 逆襲, 反撃. **2** 〘軍事〙逆襲, 反撃 《敵の襲撃を阻止するとか奪われた拠点を取り返すとか, 比較的小規模·短期間の攻撃; cf. counteroffensive》: make a ～ upon [against] the enemy 敵に反撃をする. — /káuntəətæ̀k, ⌐⌐⌐⌐ | káuntə(r)ətæk/ *vt., vi.* (…に)逆襲する, 反撃する. **～·er** *n.* 〘1916〙

còunter·attráction *n.* **1** 反対[対抗]引力. **2** 他のものに向こうをはった呼び物; 他に対抗して心を引くもの. 〘*a*1763〙

coun·ter·bal·ance /kàuntəbǽləns | -tə-/ *vt.* **1** 釣り合わせる, 平衡させる (counterpoise). **2** …の効果を相殺(そうさい)する, 牽制する (neutralize); …の不足を補う, 埋め合わせをする (offset). **3** …に平衡錘(すい)をつける. — /⌐⌐⌐⌐/ *n.* **1** 釣合いおもり, 平衡錘 (counterweight). **2** (他と)釣り合う力, 均衡[拮抗]勢力. 〘1580〙

cóunter·blàst *n.* **1** 激しい反発 (backlash); 強硬な抗議, 猛反対. **2** 〘気象〙反対気流. 〘《1567》← COUNTER-＋BLAST〙

cóunter·blòw *n.* **1** 反撃, 逆襲, 報復 (retaliation). **2** 〘ボクシング〙カウンターブロー. 〘《1655–60》←《1632》*counter-blow* (vt.)〙

còunter·bóre *vt.* 〈穴の口を〉(円筒形に)広げる, 〈穴の口を〉端ぐり機で広げる (cf. countersink 1). — *n.* **1** 端ぐり機, もみ下げ機. **2** 端ぐり機で広げた穴. 〘*a*1884〙

cóunter·bràce *n.* **1** 〘海事〙カウンターブレース 《帆船でフォアートップスルの風下側のブレース》. **2** 〘土木·建築〙＝counter² 8. — *vt.* (強風のとき停泊帆船の受ける風圧をできるだけ少なくするため)〈何本かのマストの帆桁 (yard)〉の向きを互い違いに変える. 〘1823〙

cóunter cànter *n.* 〘馬術〙進行方向から馬の顔をそむけさせたままの普通駆け足. **còunter·cánter** *v.*

cóunter·càster *n.* 《Shak》[軽蔑的に] 数学者. 〘1604〙

còunter·chánge *vt.* **1** (もとと)反対の位置に置く, 入れ替える (interchange). **2** 《詩》(対照的な色などで)交錯させる, 碁盤目にする (checker) 〔*with*〕: ～ a floor *with* several colors. **3** 〘紋章〙〈紋地〉の左右[上下]の色彩を入れ違いにする. — *vi.* 入れ替わる, 交替する. — *n.* **1** 対照的図案, 市松模様. **2** 《廃》交換 (exchange); お返し (reciprocation). 〘《1579》《部分訳》← OF *contrechanger*〙

còunter·chánged *adj.* 〘紋章〙〈紋章の彩色が〉左右[上下]交互に異なった. 〘《*c*1500》↑〙

cóunter·chàrge *n.* **1** 反撃, 逆襲; 報復攻撃. **2** 《古》反駁(はんばく), 口答え (retort). **3** 〘法律〙反訴. — *vt.* **1** …に逆襲する; 反撃する, 報復する. **2** 〘法律〙〈被告が〉〈原告〉に対して〔…の罪で〕反訴する 〔*with*〕: Mr. A charged Mr. B with bribery, and Mr. B ～*d* Mr. A *with* slander. A 氏が B 氏を収賄罪で訴えると B 氏は A 氏を名誉棄損(きそん)で反訴した. 〘n.: 1706; vt.: 1601〙

coun·ter·check /káuntətʃèk | -tə-/ *n.* **1** 対抗[抑制]手段; 反対, 妨害. **2** (正確を期すための)再照合[確認] (double check). **3** 《廃》さかねじ (retort). — /⌐⌐⌐/ *vt.* **1** 妨害する, 抑える; …に対抗する. **2** 再照合[確認]する. **3** 再規制[抑制]する. 〘1559〙

cóunter chèck *n.* 《米》〘銀行〙払戻し伝票, 払戻し請求書, 相小切手 《銀行のカウンターの上に置く小切手で, 預金者が預金の引出しに使う》. 〘1856〙

cóunter cìrcuit *n.* 〘電気〙計数回路.

cóunter·clàim 〘法律〙*n.* 反訴: a ～ for damages 損害賠償の反訴. — *vi.* 反訴を提起する. — *vt.* 〈賠償などを〉反訴によって要求する. 〘n.: 1784; v.: 1881〙

còunter·cláimant *n.* 反対要求者, 反訴者. 〘1876〙

còunter·clóckwise *adj., adv.* 《米》時計の針と反対の[に], 反時計回りの[に] (《英》 anticlockwise), 左回りの[に] (cf. clockwise). 〘1888〙

còunter·compóny *adj.* 〘紋章〙company が 2 列に並んだ. 〘《1610》□ F *contre-componé*〙

còunter·conditioning *n.* 〘心理〙反対条件付け 《既成の条件づけを制止するための条件づけ》. 〘1962〙

cóunter·còup /-kùː/ *n.* 反クーデター. 〘1963〙

cóunter·cùlture *n.* (60 年代, 70 年代などの若者の)反体制文化. **còunter·cúltural** *adj.* **còun·ter·cúlturist** *n.* 〘1970〙

cóunter·cùrrent *n.* 逆流, 向流; (海流の)反流; 逆電流. — *adj.* **1** 逆流する, 向流の. **2** 〘化学〙向流の 《2 液相を互いに向かい合う方向に流すことにいう》: ～ distribution 向流分配法. **～·ly** *adv.* 〘n.: 1684; adj.: 1799〙

còunter·démonstrate *vi.* 反対デモを行う. **còunter·démonstrator** *n.*

còunter·demonstrátion *n.* 対抗示威運動, 反対デモ. 〘1868〙

cóunter electromótive fórce *n.* 〘電気〙逆起電力 (back electromotive force ともいう).

còunter·éspionage *n.* (敵のスパイ活動に対する)対諜報(活動), 対抗的スパイ活動, 防諜. 〘《1899》《部分訳》← F *contre-espionnage*〙

cóunter·exàmple *n.* (定理·命題を反証する)反例. 〘1957〙

còunter·fáctual 〘論理〙*adj.* 事実に反する, 反事実的な; 条件が異なっていたら起こったかもしれない: a ～ conditional 反事実的条件文 / a ～ inference 反事実的な推理. — *n.* 反事実的条件文[節]. **～·ly** *adv.* 〘1946〙

coun·ter·feit /káuntəfit, káunə- | káuntəfit, -fiːt/ *adj.* **1 a** 偽造の, 模造の (forged) (⇨ false SYN): a ～ coin [note] 偽造貨幣[紙幣]. **b** 本物でない, にせの (spurious): a ～ signature にせの署名. **2** 虚偽の, 心にもない, 偽りの: ～ virtue 偽善 / ～ grief 見せかけだけの悲しみ / ～ illness [sickness] 仮病. **3** 《古》描かれた: ～ presentation 絵姿. — *n.* **1** 偽造物, にせ物, 偽作, 贋作(がんさく), 模造品 (forgery), 高価なものと間違えやすいもの: Pity is a ～ of love 憐憫(れんびん)は愛と似て非なるもの. **2** 《古》本物そっくりの絵[もの]; 肖像(画) (portrait): Fair Portia's ～. **3** 《廃》ぺてん師 (impostor). — *vt.* **1 a** 偽造する (forge). **b** 模造する, まねる, 似せる (imitate): ～ another's voice, manner, handwriting, etc. **c** 《比喩》…によく似る. **2** 偽る, …のふりをする, 装う (pretend): ～ death, sorrow, etc. — *vi.* **1** (貨幣などの)にせものを造る. **2** ふりをする, しらばっくれる. **～·ly** *adv.* **～·ness** *n.* 〘adj.: 《*a*1393》□ OF *countrefet* (F *contrefait*) (p.p.) ← *contrefaire* to imitate □ ML *contrāfacere* ← *contra-* 'COUNTER-'＋L *facere* (⇨ do). — v.: 《*c* 1300》□ AF *countrefeter* ← OF *countrefet*〙

cóun·ter·fèit·er /-tə | -tə(r)/ *n.* **1** 偽造者; にせ金造り (coiner). **2** 偽[贋]作者; 模倣者. 〘《1418》: ⇨ ↑, -er¹〙

cóunter·fìre *n.* 向かい火 《山火事·野火に対抗するため風下に放つ火; cf. backfire 3》. 〘《1905》← v.: 《1895》《部分訳》← F *contrefeu*〙

cóunter·flàshing *n.* 〘建築〙水切板, 垂雨押え.

coun·ter·flo·ry /káuntəflɔ̀ːri | -tə-/ *adj.* (*also* **coun·ter·fleu·ry** /-flùːəri, -flə̀ːri | -flùəri, -flɔ̀ːri/) 〘紋章〙＝flory counterflory. 〘《部分訳》← F *contre-fleuri*〙

cóunter·flòw *n.* 〘機械〙(熱交換器などにおける)向流, 逆流, 反流. 〘1870〙

cóunter·fòil *n.* 原符, 控え (stub) 《小切手帳などの控えとして手許に残る部分》. 〘1706〙

cóunter·fòrce *n.* **1** 反対勢力[傾向]. **2** 〘軍事〙武力破砕攻撃, 対兵力攻撃 《特に開戦前に敵の核攻撃能力を無力化するために戦略核を使用すること》. 〘1609〙

cóunter·fòrt *n.* 〘土木〙扶壁(ふへき), 控え壁 (buttress). 〘《1590》□ F *contrefort* ← *contre* against＋*fort* strength, strong (⇨ fort)〙

cóunter·glòw *n.* 〘天文〙対日照 (gegenschein). 〘《1852》《なぞり》← G *Gegenschein*〙

cóunter·guàrd *n.* 〘築城〙堡障(ほしょう), 外塁壁 《城砦の濠に, 稜堡 (bastion) を護るために独立して築かれる外塁》. 〘《なぞり》← F *contre-garde*〙

còunter·guerrílla *n.* (敵のゲリラ作戦を妨げるための)対ゲリラ. 〘1901〙

cóunter ímage *n.* 〘数学〙＝inverse image.

còunter·insúrgency *n.* 対反乱 《反乱を打ち滅ぼすための軍事的·政治的活動[作戦]; 対ゲリラ活動[作戦]. 〘1962〙

còunter·insúrgent *n.* 対ゲリラ戦士.

còunter·intélligence *n.* **1 a** (敵対者のスパイ活動に対抗するための)対情報(活動), 防諜(活動). **b** ＝counterespionage. **2** 対情報機関[部隊]. 〘1940〙

Counterintélligence Còrps *n.* 〘米軍〙対情報部隊 (略 CIC).

còunter·intúitive *adj.* 反直観的な. 〘1964〙

cóunter·ìon *n.* 〘物理化学〙対イオン 《反対荷電をもち溶液中に存在するイオン》. 〘1940〙

còunter·írritant 〘医学〙*n.* **1** 反対刺激剤 《内部または他の部分の炎症を治すために用いる刺激剤; 辛子など》. **2** (何かから注意をそらすための)刺激, 不快なもの. — *adj.* 反対刺激剤の, 反対刺激剤の作用をもつ. 〘1854〙

còunter·írritate *vt.* 〘医学〙…に反対刺激剤を与える. 〘1864〙

còunter·irritátion *n.* 〘医学〙反対刺激(法).

cóunter·jùmper *n.* 《古·軽蔑》店員, 売子. 〘1829〙

cóunter·làth *n.* 〘建築〙野縁(のぶち); 木摺(きずり)貫. 〘1659〙

coun·ter·light /kàuntəláit | -tə-/ *vt.* 〈部屋の内部などを〉向かい合った両側の窓[照明]で照らす; 真向かいから照明する. — /⌐⌐⌐/ *n.* 向かい合わせ窓; 正面からの光線[照明].

cóunter·màn *n.* (*pl.* **-men**) (簡易食堂などの)カウンター係, 給仕人. 〘1853〙

coun·ter·mand /kàuntəmǽnd, ⌐⌐⌐ | kàuntəmɑ́ːnd, ⌐⌐⌐/ *vt.* **1** 〈前の命令を〉取り消す, 撤回する

(revoke); 〈注文を〉取り消す (cancel). **2** 反対の命令を下して[前令を取り消して]〈軍隊などを〉呼び返す[止める]. — /káunṭəmæ̀nd | -təmɑ̀:nd/ *n.* **1** 反対[撤回]命令, 命令の取消し. **2** 注文の取消し, 注文替え. 〖(*a*1420) ▭ (O)F *contremander* ▭ ML *contrāmandāre* ← *contra-* '**COUNTER-**'+L *mandāre* to command (⇨ mandate)〗

cóunter·màrch *n.* **1 a** 〘軍事〙 (特に, 部隊が隊形を組んだままする)回れ右前進: marches and ~*es*. **b** (同じ道を)逆方向に進む[行進する]こと. **2** (デモなどで別の行進を妨害するための)対抗(デモ)行進. **3** (方法・行為などの)180 度転換. — *vi.* **1** 〘軍事〙 回れ右して前進する. **2** (同じ道を)逆方向に進む. — *vt.* **1** 〘軍事〙 回れ右して前進させる. **2** 〈同じ道を〉逆方向に進ませる. 〖n.: 1598; v.: 1625〗

cóunter·màrk *n.* **1** (貨物などに付ける)対号, 副標, 付加標, 二重しるし 《貨物を共有する商人がすべて立ち会わなければ開けられないことを示すしるし》. **2** (製造人のマーク以外に金銀細工に付ける)極印, 検証刻印 (hallmark). **3** 〘獣医〙 (もと, 動物の年齢を偽るために付けた)人工歯窩(ˢ). — *vt.* **1** 〈貨物などに〉付加標を付ける. **2** 〈金銀細工に〉刻印を押す. 〖(1502) 《なぞり》 ← F *contremarque*: ⇨ counter-, mark[1]〗

cóunter·mèasure *n.* 対案, 対抗策; 反対[報復]手段, 逆手. 〖1923〗

cóunter·mèlody *n.* 〘音楽〙 対声部 《主声部に対して独立的に動く他の声部》. 〖1926〗

cóunter·mìne *n.* **1** (敵の計略の裏をかく)対抗策, 逆計 (counterplot). **2** 〘陸軍〙 対抗道 《敵の地雷を事前に爆破するためや, 敵の掘る地下道を遮断するために掘る地下道》. **3** 〘海軍〙 (敵の機雷を事前に爆破するための)逆機雷. — *vt.* **1** 〘軍事〙 対抗道を掘って〈敵の地雷〉に対抗する, 逆機雷を流して〈敵の機雷を〉爆破する, 〈敵の地雷[機雷]を〉誘発させる; 〈敵の地下道を〉遮断する. **2** (秘密手段などで)〈人〉の裏をかく, 〈敵の目的を〉対抗策でくじく. — *vi.* **1** 〘軍事〙 対抗道を設ける; 逆機雷をしかける. **2** 対抗策[逆計]をめぐらす, 計略の裏をかく. 〖(*a*1460) *countremine*: ⇨ counter-, mine[2]. — v.: (1583) ← n.〗

cóunter·mòve *n.* 対抗運動[動作]. — *vi.* 対抗[報復]運動をとる. — *vt.* 対抗[報復]運動として…をする. 〖1858〗

cóunter·mòvement *n.* 反対の方向への運動; 対抗運動. 〖1818〗

coun·ter·mure /káunṭəmjùə | -təmjùə[r], -mjɔ̀:[r]/ *n.* 〘築城〙 **1** 副壁. **2** (防御壁に対して攻城側が築く)対抗壁. 〖(1524) 《変形》 ← 《古形》 *contremear* ▭ MF *contremur* ← *contre* against+*mur* wall (cf. mure)〗

cóunter·offènsive *n.* **1** 代案, 二次提案. **2** 〘軍事〙 反攻, 逆襲 《守勢から攻勢に転じ, 敵を撃滅するための大規模な全面的攻撃に出ること; cf. counterattack 2》. 〖1909〗

cóunter·òffer *n.* **1** 代案, 二次提案. **2** 〘商業〙 反対申込, カウンターオファー 《ある値段で買わないかと言われたときにこちらから逆にいくらいくらなら買いますと相手とは違った値段を提案すること》.

coun·ter·pane /káunṭəpèin | -təpèin, -pìn/ *n.* (通例刺し子にした)ベッドの上掛け, 掛けぶとん (bedspread, coverlet). 〖(1467) *counterpoint* cover ▭ OF *contrepointe* ← *contre* against+(*coute*-)*pointe* 《原義》 quilt stitched through: つづりの変化は *pane* 《廃》 cloth との同化〗

coun·ter·part /káunṭəpɑ̀ət, káunə- | káuntəpɑ̀:t/ *n.* **1 a** 同地位の人物. **b** (形・機能など)よく似た人[物]. **c** 同等物, 等価物 (equivalent). **2** (割判・割符のように)ぴったり合うもの. **3** (一対の)片方, 対になるもの; 片割れ. **4** 〘法律〙 副本 《2 通作った証書のうちの 1 通; cf. duplicate 2》. **5** (劇の)相手[敵]役. 〖(1451) 《なぞり》 ← (O)F *contre-partie*〗

cóunterpart fùnd *n.* 〘経済〙 見返り資金 《対外援助物資の供給を受ける国がその対価を自国の貨幣で別途積み立てる資金》.

còunter·pássant *adj.* 〘紋章〙 〈2 動物が〉 passant の状態で右向きと左向きに配された. 〖(1610) ▭ F *contre-passant*: ⇨ counter-, passant〗

còunter·phóbic *adj.* こわい立場を好む[を求める, に関する]; 〘心理〙 (恐怖症の人がそれに対抗しようとして)自ら恐怖の状況を選ぶ 《高所恐怖症の人がパイロットになろうとするなど》.

cóunter·plàn *n.* **1** 対案. **2** 代案. 〖1883〗

cóunter plày *n.* 〘アメフト〙 =counter[2] 9.

cóunter·plèa *n.* 〘法律〙 付随抗弁[答弁] 《訴訟の主題に付随する事項についての原告の抗弁》. 〖1565〗

cóunter·plòt *n.* 対抗計略, 対抗策, 逆計. — *vt.* 〈敵の計略〉に計略で対抗する; 〈敵の計略〉の裏をかく: ~ a plot, plotter, etc. — *vi.* 対抗計略[対策]を講じる. 〖*c*1611〗

cóunter·pòint *n.* **1** 〘音楽〙 **a** 対位法 (cf. contrapuntal *adj.*): strict ~ 厳格[学習]対位法 / ⇨ double counterpoint, triple counterpoint. **b** 対(位)旋律 (和声ではなくある旋律に適合するように書かれた旋律; cf. descant 1.). **c** 対位法によって生み出される基調. **2** 〘詩学〙 シンコペーション (syncopation) 《詩行で一定の韻律強勢と違った強勢を用いること》. **3 a** 対照的要素, 対立的主題; 補完[助]的要素. **b** (文学などで, 数種の要素をからませる)対位法的手法. — *vt.* **1** 対照[並列]により強調する[明確にする]. **2** 〘音楽〙 対位法で作曲[編曲]する. 〖(*a*1450) ▭ (O)F *contrepoint* 《原義》 point against point, note against note〗

cóunterpoint rhỳthm *n.* 〘詩学〙 対位韻律 《下降律と上昇律が交錯するもの》. 〖G. M. Hopkins の用語〗

coun·ter·poise /káunṭəpɔ̀ız | -tə-/ *n.* **1** 平衡錘(ᵗᵘ), 釣合い重り. **2** 均衡勢力, 平衡力 (counterbalance). **3** 均衡(状態), 釣合い, 安定 (equilibrium): be in ~ 平衡を保っている. **4** 〘電気〙 カウンターポイズ, 埋没地線. — *vt.* **1 a** …と平衡する. **b** …の不足を補う, 償う. **2** 平均させる, 釣り合わせる, …と平衡[均勢]を保たせる. **3** 《古》 考慮する (consider); 〔あるものと〕比較考量する 〔*with*〕. 〖n.: (16C) ▭ F 《廃》 *contrepois* (今の形は *contrepoids*) ∽ (*c*1400) *countrepeis* ▭ OF *co*(*u*)*ntrepeis* ← *contre-* against+*peis*, *pois* weight: ⇨ counter-, poise. — v.: (16C) ← (n.) ∽ (*c*1385) *countrepese*(*n*) ▭ OF *contrepeser* ← *contre-*+*peser* to weigh〗

cóunterpoise brìdge *n.* =bascule bridge.

cóunter·pòison *n.* **1** 拮抗毒, 解毒性毒素 《ある種の毒素を中和する毒素》. **2** 《廃》 =antidote. 〖(1548) 《部分訳》 ← F *contrepoison*〗

còunter·póse *vt.* 〈異なった説などを〉対置する, 対立させる 〔*to*〕: ~ another answer *to* the question 問題に別の回答を対置する. **còunter·posítion** *n.* 〖(1594) ← **COUNTER-**+-**POSE**: **COMPOSE** の類推から〗

còunter·pótent *n.* 〘紋章〙 毛皮模様の一種. 〖1610〗

cóunter·prèssure *n.* 反対圧力, 逆圧. 〖1651〗

coun·ter·pro·duc·tive /kàunṭəprədʌ́ktıv, kàunə- | kàuntə-⁻/ *adj.* (意図と)逆効果の目的達成を妨げようとする. 〖1959〗

còunter·prógramming *n.* 〘テレビ〙 裏番組に対抗する番組編成[企画].

cóunter·pròof *n.* 〘印刷〙 反転校正 《校正刷りを乾かないうちに他の紙に転写して作る》. 〖1610〗

còunter·propagánda *n.* 〘軍事〙 (敵の宣伝に対抗してなされる)対宣伝, 対抗宣伝, 逆宣伝. 〖1901〗

còunter·propósal *n.* 代案. 〖1885〗

còunter·pulsátion *n.* 〘医学〙 誘動搏動法 《心臓の収縮・拡張期に合わせて血圧を昇降させて心臓の負荷を軽減させる方法》.

cóunter·pùnch *n.* 〘ボクシング〙 カウンターパンチ. — *vi.*, *vt.* 〈相手〉にカウンターパンチを打つ. **~·er** *n.* 〖1683〗

còunter·reformátion *n.* **1** (ある改革に対する)反対改革. **2** [通例 the Counter-Reformation] 〘カトリック〙 反宗教改革(運動) 《16 世紀の宗教改革に続いて起こった改革運動》. 〖(1840) 《部分訳》 ← G *Gegenreformation*〗

còunter·revolútion *n.* **1** (ある革命に対する)反(対)革命; 反革命政治. **2** 革命阻止(運動). 〖(1793) 《なぞり》 ← F *contre-révolution*〗

còunter·revolútionary *adj.* 反(対)革命的な. *n.* =counterrevolutionist. 〖1799〗

còunter·revolútionist *n.* 反(対)革命主義者. 〖1791〗

cóunter·rócker *n.* 〘フィギュアスケート〙 =counter[2] 5.

còunter·rócking·tùrn *n.* 〘フィギュアスケート〙 = counter[2] 5.

còunter·rotáte *vi.* (同じ軸の回りを)反対方向に回転する, 逆回転する, 同軸[二重]反転する. **còunter·rotátion** *n.* 〖*c*1950〗

còunter·rótating *adj.* 〘機械〙 〈二つの対応する部分が反対方向に回転する, 同軸[二重]反転する.

counterrótating propéller *n.* 〘航空・海事〙 = contrarotating propeller.

còunter·sálient *adj.* 〘紋章〙 〈2 匹の動物が〉飛びかかる姿勢で交差した. 〖(1610) 《なぞり》 ← F *contre-saillant*〗

coun·ter·scarp /káunṭəskɑ̀əp | -təskɑ̀:p/ *n.* 〘築城〙 (城塁外堀の外岸の)傾斜面[壁]. 〖(1571) 《なぞり》 ← F *contrescarpe* ▭ It. *contrascarpa*: ⇨ counter-, scarp〗

cóunter·shàding *n.* 〘動物〙 動物の体表の日陰になる部分が明るい色に, 光の当たる部分が暗い色になる現象. 〖1896〗

cóunter·shàft *n.* 〘機械〙 **1** 中間軸, 中介軸 《主軸 (main shaft) の運動を機械の運動部に伝える》. **2** (自動車などの)副軸. 〖1864〗

cóunter·sign *n.* **1 a** (秘密結社員などがこたえに使う)暗号; 応答信号. **b** 連署, 副署 (countersignature); カウンターサイン (cf. traveler's check). **2** 〘軍事〙 (衛兵などの呼び掛けに対する敵味方識別のための)合言葉 (password) (cf. parole 8). — *vt.* **1** 〈書類〉に連署[副署]する. **2** 確認する, 承認する (confirm). 〖(1591) 《なぞり》 ← F *contresigne*: ⇨ counter-, sign〗

còunter·sígnature *n.* 連署, 副署. 〖1842〗

cóunter·sìnk *vt.* (**counter·sank**; **-sunk**) **1** (通例円錐(ˢⁱ)形に)〈穴〉の口を広げる, …にさら穴[埋頭孔]をあける (cf. counterbore). **2** 〈ねじなどの頭を〉さら穴に埋める. — *n.* 〘木工〙 **1** (ねじの頭を沈める)さら穴, 埋頭孔. **2** (埋頭孔をあける)さらもみ錐(ˢ), 菊錐(ᵏⁱᵏᵘ). 〖1816〗

cóunter·spỳ *n.* 逆[対抗]スパイ 《敵方のスパイを逆にスパイする人》. 〖1939〗

cóunter·stàin *n.* (顕微鏡標本の)対比染色(剤). — *vt.* **1** 対比染色剤で着色する. **2** [通例受身で] 〈対比染色剤を〉顕微鏡標本に塗る. 〖1895〗

coun·ter·stamp /káunṭəstæ̀mp | -tə-/ *n.* **1** 検証印, 連印 《すでにしるしの押してある文書に押す認可の添え印》. **2** 〘貨幣〙 貨幣に公式刻印を押し, その額面を変更し, 発行国または他の国で法定通貨としたもの 《広告・詐欺のために私的に押すものもある》. — /⁻⁻⁻/ *vt.* **1** 〈書類〉に連印する. **2** 〘貨幣〙 〈貨幣〉に刻印する.

cóunter·stàtement *n.* 反対陳述, 反駁(ᵇᵃᵏᵘ) (rejoinder). 〖1855〗

còunter stérn *n.* 〘海事〙 =fantail stern.

cóunter·strìke *n.* 逆襲, 報復攻撃. 〖1611〗

cóunter·stròke *n.* 打返し, 反撃. 〖1596〗

cóunter·sùbject *n.* 〘音楽〙 対主題.

cóunter·sùn *n.* =anthelion.

cóunter·tènor *n.* 〘音楽〙 **1** カウンターテナー 《tenor より高い男声の最高音部; male alto とも呼ばれ裏声 (falsetto) が用いられる》. **2** カウンターテナー歌手. **3** カウンターテナー声部. — *adj.* カウンターテナーの. 〖(?1388) ▭ OF *contreteneur*: ⇨ counter-, tenor〗

còunter·térrorism *n.* 報復テロ行為; テロ(リズム)対策[対抗措置]. **còunter·térrorist** *n.* 〖cf. *counter-terror* (1879)〗

cóunter·thrùst *n.* **1** 反撃に出た突き. **2** 相手の力に対抗する押し. 〖1861〗

cóunter tìmber *n.* 〘海事〙 (木船の)船尾垂直フレーム. 〖1815〗

cóunter·tòp *n.* 《米》 調理台 《上部の平面》.

cóunter·tràde *n.* 見返り貿易 《貨幣の交換を伴わず, 商品を別の商品またはサービスと交換する貿易》. 〖1917〗

còunter·transférence *n.* 〘精神分析〙 逆転移, 対向転移 《分析者が治療中に自分の抑圧された感情や願望を患者に向けること》.

cóunter·trènd *n.* (一つの傾向と)対立する傾向, 逆傾向.

cóunter tùbe *n.* 〘物理〙 =counting tube.

cóunter·type *n.* **1** 対照的なもの, 類似のもの. **2** 反対の型.

coun·ter·vail /kàunṭəvéıl, ⁻⁻⁻ | kàuntəvéıl, ⁻⁻⁻/ *vt.* **1** …に対抗する; 相殺(ˢᵒ)する, 無効にする (counteract). **2** 補償する, 埋め合わせる (compensate). **3** 《古》 …に匹敵する (match). — *vi.* (同じ力で)対抗する, 拮抗する (prevail) 〔*against*〕. 〖(*c*1385) *countrevaille*(*n*) ▭ OF *contrevaloir* ▭ L *contrā valēre* to be effective against ← *contra-* '**COUNTER-**'+*valēre* to be strong, avail (cf. valid)〗

cóun·ter·vail·ing dùty /-lıŋ-/ *n.* 相殺(ˢᵒ)関税 《外国政府の保護を受ける輸入品に課する関税》. 〖1884〗

cóunter·vàir *n.* 〘紋章〙 毛皮模様の一種. 〖(1766) 《部分訳》 ← F *contrevair*: ⇨ counter-, vair〗

cóunter·vàlue *n.* 同等の価値, 等価. — *adj.* 〘軍事〙 対価値の 《都市部や工場など民間施設を攻撃する核戦略をいう》. 〖1655–60〗

cóunter·vìew *n.* **1** 反対意見, 逆の見解. **2** 《古》 対立 (confrontation). 〖1590〗

cóunter·vìolence *n.* 報復的暴力.

còunter·wéigh *n.*, *vt.* =counterbalance. 〖*c*1430〗

cóunter·wèight *n.* =counterpoise 1. **~·ed** *adj.* 〖1693〗

cóunterweight sỳstem *n.* 〘劇場〙 カウンターウェイトシステム 《釣合いおもりを使って舞台の背景や幕を上げ下ろしする装置》.

cóunter·wòrd *n.* 〘言語〙 転用語, 代用語 《その本義以外に語義が曖昧・多義化した語; 例えば, affair, awful, fix, job, nice, swell など》. 〖(1678): ⇨ counter[1]〗

cóunter·wòrk *n.* **1** 対抗動作, 反対行動. **2** [*pl.*] 〘軍事〙 (敵塁に対抗して設けた)対塁. — *vt.* 〈計画などを〉くじく, 破る, …の裏をかく (frustrate); …に対抗する. — *vi.* 反対行動に出る. **~·er** *n.* 〖1598〗

count·ess /káunṭıs | káuntıs, -tes, kauntés/ *n.* **1** 伯爵夫人[未亡人] (cf. count[2], earl 1). **2** 女伯爵. 〖lateOE *cuntesse* ▭ OF *cuntesse*, *contesse* (F *comtesse*) < LL *comitissam* (fem.) ← L *comes* companion: ⇨ count[2], -ess[1]〗

coun·ti·an /káunṭiən | -tiən/ *n.* (特定の)州[郡]の居住者. 〖(15C) ← **COUNTY**[1]+-**AN**[1]〗

cóunt·ing fràme /káunṭıŋ-, káunıŋ- | káunt-/ *n.* =abacus 1. 〖1920〗

cóunting·hòuse *n.* (銀行・会社・大商店などの)会計課, 会計事務所. 〖*a*1443〗

cóunting nùmber *n.* 〘数学〙 ゼロまたは正の整数. 〖1965〗

cóunting-òut rhỳme *n.* 抜き出し歌 《子供の遊戯で鬼などを選ぶのに用いられるナンセンスライム; ⇨ **COUNT**[1] *out* (*vt.*) (8)》.

cóunting ròom *n.* =countinghouse. 〖1712〗

cóunting tùbe *n.* 〘物理〙 計数管 《放射線による電離現象を利用して放射性粒子を検出・計数する放電管; counter tube ともいう》. 〖1937〗

count·less /káuntləs/ *adj.* 数えきれない(ほどたくさんの), 無数の (innumerable, numberless) (⇨ many **SYN**). **~·ly** *adv.* 〖1593–94: ⇨ -less〗

cóunt nòun *n.* 〘文法〙 可算名詞 (countable) (cf. mass noun). 〖1952〗

cóunt palátine *n.* (*pl.* **counts p-**) 〘歴史〙 パラティン伯: **1** (神聖ローマ帝国時代のドイツで) **a** 国王の領地を治めた代官. **b** 自己の領地内で諸王権の行使を許された領主. **2** (英国・アイルランドで) 自己の領地内で, 特に司法権の行使を許された伯爵または州の領主; 王権伯 (cf. county palatine). **3** (後期ローマ帝国で)最高司法長官; 宮中伯. 〖1596〗

coun·tri·fied /kʌ́ntrıfàıd/ *adj.* **1** 田舎化した; 田舎(者)じみた, 粗野な, やぼな (rustic). **2** 〈景色など〉ひなびた, 野趣のある (rural). 〖(1653): ⇨ ↓, -fy, -ed 2〗

coun·try /kʌ́ntri/ *n.* **1 a** 国, 国家 (state): an agricultural [industrial] ~ 農業[工業]国 / a civilized [barbarous] ~ 文明[未開]国 / in European *countries* ヨーロッパ諸国で / So many *countries*, so many customs. 《諺》 所変われば品変わる. **b** 一国の全領土, 国土: all over the ～ 国中. **c** 本国, 祖国 (native land): the old ～ 故国, 祖国 / the wine of the ～ 国産[特産]のぶどう酒 / die [fight] for one's ～ 国のために死ぬ[戦う] / leave the ～ 故国を後にする[去る] / My [Our] ～, right or wrong! 正しかろうが正しくなかろうが祖国は祖国《愛国のモットー》. **d** [通例 one's ～] 生国, 故郷, 郷土 (home): My ～ is Lancashire. 故郷はランカシャーです. **e** ある人に関係のある地域: Burns ～ バーンズゆかりの地. **2** [the ～; 集合的] **a** 国民 (populace): *The* whole ～ opposed the plan. 国民はこぞってその案に反対した. **b** 選挙民 (electorate). **3** [通例 the ～] (都市に対して)田舎, 田園地方: *the* ～ round (about) London ロンドン周辺の田舎, ロンドンの郊外 / go (out) into *the* ～ 田舎へ出かける / leave *the* ～ to live in the town 都会に住むために田舎を去る / life in *the* ～ 田舎暮らし, 田園生活 / people living in *the* ～ 田舎に住んでいる人々 / It is far more ～ here than there. あそこよりここの方がずっと田舎だ. **4** [通例限定詞を伴い, しばしば無冠詞, 単数形で用いて] **a** (地勢的にみた)国, 地域, 地方, 土地 (district): (the) fen ～ 沼沢地方 (cf. fen[1] 2) / ⇨ North Country / a flat, low-lying ～ 平らな低い土地[地方] / good sheep ～ 羊の飼養に適した地方 / a mountainous ～ 山の多い地方 / miles of densely wooded ～ 数マイルにわたる密林地帯 / open ～ ⇨ open *adj.* 7 a / unknown ～ 未知の[初めての]土地. **b** 領域, 分野, 方面 (field, province): This subject is unknown [strange] ～ to me. この問題は私には未知の領域だ / This subject is not my line of ～. この問題は私の専門ではない. **5** 〘音楽〙 =country and western. **6** [the ～] **a** 《英俗》〘クリケット〙 外野 (outfield): in *the* ～. **b** ゴールから最も離れている所. **7** 〘法律〙 (中世の)陪審 (jury) 《陪審員は事件に関係の地方 (country) から選ばれた》: put [throw] oneself upon one's [the] ～ 陪審の裁断を求める / submit to trial by God and one's ～ 陪審裁判を受ける / a trial by the ～ 陪審裁判. **8** 〘海事〙 **a** 水域. **b** 〘米海軍〙 士官専用区域.

acròss cóuntry 田野を横断して (cross-country): ride *across* ～ 馬に乗って田野を横断する. ***appéal* [*gó*] *to the cóuntry*** 《英》〘政治〙 (国会を解散して)国民の総意を問う, 国民の審判に訴える. (1845) ***dòwn cóuntry*** 《米》海岸[地方]で[へ]. ***up cóuntry*** 都市[海岸]から離れて.

— *adj.* [限定的] **1** 田舎の, 地方の, 田舎風[式]の (rural); 粗野な, やぼな (rustic) (cf. pastoral): a ～ air 田舎風の歌曲 / a ～ girl 田舎娘 / a ～ holiday (ピクニックなどして)田舎[郊外]で過ごす休日 / ～ life 田園生活, 田舎暮らし / ～ manners 田舎風の作法 / a ～ town 田舎町. **2** (工場ではなく)農家で作られる: ～ butter. **3** 《米》カントリー[ウエスタン]ミュージックの: a ～ singer. **4** 《方言》自分の生国の, 故郷の (native).

〘(?*a*1250) *contre(e)* ◻ OF *cuntrée* (F *contrée*) < ML *contrātam* 《原義》 (land) lying opposite (the beholder) ← L *contrā* opposite〙

country and wéstern *n.* (*also* **cóuntry-and-wéstern**) 〘音楽〙 カントリーアンドウェスタン 《カウボーイの歌や黒人霊歌などをもとにして米国の南部および西部に起こった大衆音楽; country music ともいう; 略 C & W》. 〘1959〙

cóuntry bánk *n.* 《米》 (準備金市 (reserve city) 以外にある)地方銀行.

cóuntry blúes *n. pl.* [時に単数扱い] カントリーブルース 《ギターの伴奏を伴ったアコースティックなフォークブルース; cf. urban blues》.

cóuntry-bréd *adj.* 田舎育ちの. 〘1670〙

cóuntry búmpkin *n.* =bumpkin[1].

Cóuntry Cásuals *n.* 〘商標〙 カントリーカジュアルズ 《米国 International Branded Apparel 社製のスポーツウェア・カジュアルウェア》.

cóuntry clùb *n.* カントリークラブ 《テニス・ゴルフ・水泳等の設備のある郊外の社交クラブ》. 〘1894〙

cóuntry còde *n.* 《英》 田園生活の手引 《レクリエーションなどで田舎を訪れる人たちのための手引[行動規約]》.

cóuntry cóusin *n.* 《軽蔑》 田舎者, お上(ﾉﾎﾞ)りさん. 〘1770〙

cóuntry dámage *n.* 〘保険〙 元地[奥地]損害 《綿花・コーヒー等が船積前の内陸輸送の過程で風雨等によってこうむる損害》. 〘cf. *country-damaged* (1896)〙

cóuntry dànce *n.* **1** カントリーダンス 《2 列になって円形・方形または列を作り, 男女が互いに向かい合って踊る一種の対舞; cf. contredanse 1》. **2** カントリーダンスの曲.

cóuntry dàncing *n.* 〘1579〙

coun·try·fied /kʌ́ntrifàɪd/ *adj.* =countrified.

cóuntry·fòlk *n.* [集合的] **1** 地方人, 田舎の人々 (rustics). **2** 同国人 (fellow countrymen). 〘1547–64〙

cóuntry géntleman *n.* **1** 《英》 郷士(ｺﾞｳｼ), 地方郷紳(ｷｮｳｼﾝ) 《田舎に土地をもち広大な屋敷に住んで地方の指導者であった紳士階級の人》. **2** 地方地主 (squire). 〘1632〙

cóuntry hóuse *n.* **1** 《英》 カントリーハウス 《貴族などの, 田舎にある本邸》, 大地主 (country gentleman) の邸宅 (countryseat) (cf. town house). **2** 田舎にある邸宅. 〘1597〙

cóun·try·ish /-triɪʃ/ *adj.* 田舎風の.

cóuntry jàke *n.* 《米口語》 田舎者 (rustic). 〘*a*1854〙

cóuntry lífe *n.* **1** 田舎の生活. **2** [C- L-]「カントリーライフ」《地誌や地方の建築物を主に扱う英国の月刊誌; 1897 年創刊》. 〘1669〙

cóuntry líquor *n.* 《インド》 (国産の)アルコール飲料, 地酒 《toddy や arrack など; cf. foreign liquor》.

coun·try·man /kʌ́ntrimən/ *n.* (*pl.* **-men** /-mən/) **1** [one's ～] 同国人, 同郷人 (compatriot). **2** 田舎の住人 (cf. citizen 2 a): ⇨ North-Countryman. **3** /kʌ́ntrimən, -mæ̀n | -mən/ (*pl.* **-men** /-mən, -mèn | -mən/) **a** 田舎者 (rustic). **b** 農民, 農夫 (farmer). 〘1279〙

cóuntry míle *n.* 《米口語》 長距離. 〘1950〙

cóuntry músic *n.* 〘音楽〙 =country and western. 〘1952〙

cóuntry párk *n.* 《英》 田園公園 《地方の公的レクリエーションのために用いられる 10 ヘクタール以上の土地; 田園委員会基金 (Countryside Commission grant) によって設立されることが多い》.

Cóuntry Pàrty *n.* [the ～] (英国の)地方派, 国民派 《1670 年代に宮廷派 (court party) に対抗してできた党派で, 特に非国教徒に同情的であった; のち, the Petitioners と呼ばれるようになった》. 〘1735–8〙

cóuntry·pèople *n.* [集合的] =countryfolk. 〘1577〙

cóuntry róck[1] *n.* 〘音楽〙 カントリーロック 《country and western の要素を取り入れたロック》. 〘1968〙

cóuntry róck[2] *n.* 〘地質〙 母岩. 〘1872〙

cóuntry séat *n.* 《英》 =country house 1. 〘1583〙

coun·try·side /kʌ́ntrisàɪd/ *n.* **1** (ある)田舎, 地方, 田園: The English ～ looks its best in May and June. 英国の田舎は 5, 6 月が一番見事だ. **2** [集合的] (ある)地方の住民. 〘*c*1450〙

Cóuntryside Commìssion *n.* [the ～] 《英》 田園委員会 《非都市地域の保護・改善を目的として 1968 年に設立された非政府組織; 国立公園・景観指定地域などを管理する》.

cóuntry stóre *n.* (保養地や田舎の)雑貨[日用品]店, よろず屋.

cóuntry wéstern *n.* 〘音楽〙 =country and western.

cóuntry·wíde *adj.* 全国的な (cf. nationwide): ～ strikes 全国的なストライキ. 〘1922〙

cóuntry·wòman *n.* **1** 同国[同郷]の女性. **2** (ある土地の)女性の住人. **3 a** 農婦. **b** 田舎の女性. 〘1440〙

cóunt·ship *n.* **1** 伯爵 (count) の地位. **2** 伯爵領. 〘(1703): ⇨ count[2], -ship〙

cóunt·ùp *n.* 数え上げ.

coun·ty[1] /káunti, káuni | káunti/ *n.* **1 a** (英国・北アイルランド最大行政区画としての)州 (cf. shire) 《イングランド・ウェールズでは administrative county, スコットランドでは civil county ともいう》: ⇨ Home Counties. ★ 州の名をいうのに, イングランドでは the County of Suffolk の形式により, 北アイルランドでは Co. Dublin のようにいう. **b** (カナダ・ニュージーランド・南オーストラリアなどの)州. **c** =county corporate. **d** =county borough. **2** (米国で, Louisiana 州を除く州 (state) の下の行政区画としての)郡 《Louisiana 州では parish という》. ★ 郡の名をいうのに, 米国では Richmond County の形式による. **3** 《NZ》 郡部の選挙区. **4** [the ～; 集合的] **a** 州民, 郡民. **b** 《英》 州の素封家たち, 州の名門. **5** 《廃》 (欧州の)伯爵 (count, earl) の領地.

— *adj.* [限定的] **1** (英国の)州の[に関する, による]. **2** (米国の)郡の[に関する, による]. **3** 《英口語》 州の素封家たちの[に属する, 特有の], 上流の, 上流ぶった: ⇨ county family.

〘(*c*1303) *counte* ◻ AF *counté* =OF *conté* (F *comté*) < L *comitātum* escort, retinue, company ← *comes* companion: ⇨ count[2], -y[1]〙

coun·ty[2] /káunti | -ti/ *n.* 《廃》 =count[2]. 〘(1550) ◻ AF *counte* 'COUNT[2]': ⇨ -y は COUNTY[1] との混同〙

cóunty ágent *n.* 《米》 郡農事顧問 《連邦・州両政府に雇われて郡の農村問題の解決に協力する; agricultural agent, farm extension agent などともいう》. 〘1705〙

cóunty attórney *n.* 《米》〘法律〙 郡検事 (cf. State attorney, district attorney).

cóunty bóard *n.* 《米》 郡委員会 《数名の民選委員で構成される郡の統治機関》.

cóunty bórough *n.* **1** 《英》 特別市 《人口約 10 万以上の都市で, 行政上 county と同格; 1974 年に廃止》. **2** 《アイル》 自治都市 《4 大都市の一つ》.

cóunty clérk *n.* 《米》 郡主事 《選挙によって選ばれた郡役人で, 選挙人名簿の管理・免許証発行・記録保管などの, また, 郡監査役もする》.

cóunty cóllege *n.* 《英》 継続教育学校, カウンティカレッジ 《1944 年の教育法によって生まれた義務制の継続教育機関で, 15–18 歳の青年男女を入れることになっているが, 義務化はまだ実現していない》. 〘1944〙

cóunty commíssioner *n.* 《米》 郡政委員 《郡委員会 (county board) の委員で財政その他郡務を司る》. 〘1809〙

cóunty córporate *n.* 《英》 州自治区 《付近の土地を合わせて行政上 county と同格の市町》.

cóunty cóuncil *n.* 《英》 州(議)会. 〘1835〙

cóunty cóuncillor *n.* 《英》 州(議)会議員.

cóunty cóuncil schòol *n.* 《英》 州会学校 《英国では 1870 年から公立小学校ができ, 1902 年からは公立中等学校もでき, これらを州会 (county council) が運営し (county) council school となったが, 1944 年から county school となった; わが国の公立の小学校・中等学校に当たる; cf. board school》.

cóunty cóurt *n.* **1** 《英》〘法律〙 州裁判所 《1846 年新設; 州と管轄区域とは異なる; 全国を 64 の区域に分け, 約 400 の町で開廷され, 英国の民事事件の 80% 以上もの事件が取り扱われる重要な裁判所》. **2** 《米》〘法律〙 郡裁判所 《民事および刑事事件を扱う》. **3** 《米》 (ある州の)郡行政委員会. 〘1535〙

cóunty crícket *n.* 《英》 州代表チームのクリケット試合 《各州において組織されたクラブの会員(一部プロ)のチームによる州対抗試合》. 〘1880〙

cóunty fáir *n.* 《米》 郡 (county) の特定地で開かれる年に一度の市 《主に農作物・家畜を展示する》.

cóunty fámily *n.* 《英》 州の旧家, 地方の名門. 〘1843〙

cóunty fárm *n.* 《英》 郡営救貧農園 (poor farm). 〘1871〙

cóunty háll *n.* 《英》 州議会庁舎. 〘1707〙

cóunty hóuse [hóme] *n.* 《米》 郡営救貧院. 〘1888〙

cóunty pálatine *n.* (*pl.* **counties p-**) 《英》 王権伯領, 王権州 《もと count palatine が領有した州; 今では Cheshire, Lancashire の 2 州だけをいう》. 〘1436〙

cóunty schòol *n.* 《英》 公立の小学校・中等学校 (cf. county council school).

cóunty séat *n.* 《米》 郡庁所在地, 郡の郡都 (cf. county town). 〘1888〙

cóunty séssions *n. pl.* 《英》〘法律〙 (州治安判事による刑事に関する)州四季裁判所 《county quarter sessions が正式名; 1971 年廃止; 刑事法院 (crown court) がその管轄を引き継いだ》. 〘1712〙

cóunty tówn *n.* 《英》 州の州都, 州庁所在地 (cf. county seat). 〘1711〙

coup[1] /kúː; *F.* ku/ *n.* (*pl.* ～**s** /～z; *F.* ～/) **1** =coup d'état: a military ～. **2** (商売などの)大当たり, 大成功: make [pull off] a great ～ すばらしい(大)当たりを取る. **3** (不意の)一撃. **4** 〘玉突〙 直接球をポケットに入れること. **5** 〘トランプ〙 (ブリッジで)クー 《切札以外の札で敵側の切札をフィネス (finesse) する高等戦術》. 〘(*c*1330) ◻ (O)F ～ 'a stroke, blow' < LL *colpum* =L *colaphus* blow ◻ Gk *kólaphos*: cf. cope[1]〙

coup[2] /kóup | káup/ *vt.* 《スコット》 **1** ひっくりかえす (overturn). **2** 飲み干す. — *vi.* ひっくりかえる. — *n.* ごみ捨て場. 〘(*c*1398) *coupe(n)* to strike: ⇨ cope[1]〙

coup[3] /káup/ *vt.* 《スコット》 交換する; 取引する. 〘(*c*1300) ◻ ON *kaupa* to buy: ⇨ cheap〙

coup de force /kúːdəfɔ́ːs | -dəfɔ́ːs; *F.* kudfɔʁs/ *n.* (*pl.* **coups d-** /～/) (不意の)強硬手段, 非常手段. 〘(1835) ◻ F 'stroke of force'〙

cóup de fóu·dre /-dəfúːdr(ə) | -də-; *F.* -dfudʁ/ *n.* (*pl.* **coups d-** /～/) **1** 青天の霹靂(ﾍｷﾚｷ), 思いがけない出来事. **2** 一目ぼれ. **3** 落雷 (thunderbolt). 〘(1779) ◻ F ～ 'clap of thunder'〙

cóup de grâce /-dəgrάːs | -də-; *F.* -dəgʁɑːs/ *n.* (*pl.* **coups d-** /～/) **1** 情けの一撃 《死刑執行者が処刑者の苦しみを終わらせるために頭などに加える一撃》. **2** 最後[止め]の一撃. 〘(1699) ◻ F *coup de grâce* stroke of grace〙

cóup de máin /-dəmǽ(ŋ), -mǽn | -də-; *F.* -dmɛ̃/ *F. n.* (*pl.* **coups d-** /～/) 奇襲; 奇計. 〘(1758) ◻ F ～ 'stroke of hand'〙

cóup de maî·tre /-dəmétr(ə) | -də-; *F.* -dmɛtʁ/ *F. n.* (*pl.* **coups d-** /～/) 偉業, 神業(ﾜｻﾞ). 〘((1668)) (1760) ◻ F ～ 'masterstroke'〙

cóup de póing /-dəpwǽ(ŋ), -pwǽŋ | -də-; *F.* dəpwɛ̃/ *n.* (*pl.* **coups d-** /～/) 〘考古〙 クードポワン, 握斧(ｱｸﾌ) (hand ax) 《旧石器時代前期, アブヴィーユ期に特有の両面加工の握斧形石器》. 〘(1912) ◻ F ～ 'stroke of fist'〙

cóup d'es·sái /-deséɪ; *F.* -desɛ/ *n.* (*pl.* **coups d-** /～/) 試験, 実験, 小手調べ. 〘(1676) ◻ F ～ 'stroke of trial': cf. assay, essay〙

coup d'é·tat /kùːdeɪtάː, -də-, ─ ─ ´ | kùːdeɪtάː, -deɪ-; *F.* kudeta/ *n.* (*pl.* **coups d-** /～/, ～**s** /～z; *F.* ～/) クーデター 《非合法的手段によって政権を奪うこと; ⇨ rebellion SYN》 〘(1646) ◻ F *coup d'État* stroke of state〙

cóup de thé·â·tre /-dəteɪάːtr(ə) | -də-; *F.* -dəteɑːtʁ/ *n.* (*pl.* **coups d-** /～/) **1** (劇の)意外な劇的な展開[転換]. **2** 劇的な所作事, 芝居がかったやり方. **3** (劇の)大当たり. 〘(1747) ◻ F *coup de théâtre* stroke of theater〙

cóup d'óeil /-dɜ́ːi; *F.* -dœj/ *n.* (*pl.* **coups d-** /～/) ひと目, 一瞥, 概観. 〘(1739) ◻ F ～ 'stroke of eye'〙

coupe[1] /kúːp; *F.* kup/ *n.* **1 a** クープ 《足付きのグラスにアイスクリームやシャーベットを入れ, 果物・ナッツ・泡立てた生クリームなどをあしらったデザート》. **b** クープを入れて供する足付きのグラス. **2** 縁なしの深い皿[ボウル]. 〘(1895) ◻ F ～ < LL *cuppam* 'CUP'〙

cou·pe[2] /kuːpéɪ, kúːp | kúːpeɪ, ─ ´/ *n.* =coupé.

cou·pé /kuːpéɪ, kúːp | kúːpeɪ, ─ ´; *F.* kupe/ *n.* (*also* **coupe**) **1** [通例 coupe] クーペ(型自動車) 《普通の sedan より車体が小さくドアが二つあり, 2–5 人乗り; fixed head coupé ともいう; cf. drophead coupé》. **2** 《英》〘鉄道〙 (客車後尾の)分室 《片側だけに席がある》. **3** クーペ(型馬車) 《二人乗り・四輪箱型の馬車》. **4** 〘バレエ〙 クペ 《体重を片足から他の足に移すための中継ぎのステップでカットされる[切る]感じの動作》. 〘(1834) ◻ F ～ (p.p.) ← *couper* to cut ← *coup*: ⇨ coup[1]〙

couped /kúːpt/ *adj.* 〘紋章〙 **1** 正規の図形を縮めた (cf. throughout *adj.*). **2** 直線でカットした (cf. erased). 〘(1679) ← F *coupé* (↑)+-ED 2〙

Cou·pe·rin /kùːpərǽ(ŋ), -rǽŋ; *F.* kupʁɛ̃/, **François** *n.* クープラン (1668–1733; フランスの作曲家・オルガン奏者).

Cou·pe·rus /kuːpéɪrəs, -pér-; *Du.* kuːpéːrəs/, **Louis Marie Anne** *n.* クーペールス (1863–1923; オランダ

の小説家; *Eline Vera* (1889)》.

cou·pla /kʌ́plə/ *adj.* 《口語》 =*a* COUPLE *of*.

cou·ple /kʌ́pl/ *n.* **1 a** 男女一組; (特に)夫婦, 婚約中の男女, 恋人同士; ダンスの男女一組(など): a good old ~ むつまじい老夫婦 / a loving ~ 恋仲の二人. むつまじい夫婦 / a married [young] ~ 夫婦[若夫婦] / make a good [lovely] ~ 似合いの夫婦である / Not every ~ is a pair. =Every ~ is not a pair. 《諺》 合わせものは必ずしも似合いの一対とはならない,「合わせ物は離れ物」. **b** (密接な関係にある)二人, 二つ, 一対 (⇨ pair SYN): a ~ of players 二人一組の競技者 / a ~ of rogues 二人組の悪党. **c** (同種類の物または人) 2 個, 二人: a ~ of apples, books, girls, rabbits, etc. ★ 人を表す場合は動詞が単数形, 複数形のどちらも可能: The ~ *were* dancing. 二人は踊っていた. **2 a** [通例 *pl.*] 猟犬 2 頭をつなぐ革ひも, 連結索 (leash, brace). **b** (*pl.* ~) 2 頭ずつの猟犬一組 (brace of dogs): a pack of fifteen ~ 猟犬 15 組の一群. **3** つがうこと, 交接 (copulation): birds in ~. **4** 〘物理〙 偶力《大きさが等しく方向が互いに反対な一組の力》. **5** 〘電気〙 カップル, 電対《起電力を生じる 2 種の異性金属板; cf. thermocouple》: a voltaic ~ ボルタの電対. **6** 〘建築〙 =couple-close 2. **7** 〘天文〙 連星 (binary star); 二重星 (double star). **8** つなぐもの (bond, link).

a cóuple of (1) 《口語》 二三(人)の, いくらか[数個, 数人]の (a few): *a* ~ *of* days 二三日, 数日 / *a* ~ *of* miles 二三[数]マイル. (2) ⇨ 1 b. 《1481》

— *adj.* [限定的] [a ~ で] **a** 《米口語》 二三個[人]の (a couple of): *a* ~ peaches 桃二三個 / for *a* ~ years 二三年間. **b** 二つの: *a* ~ more drinks もう 2 杯.

— *vt.* **1 a** つなぐ (link) 〔*with*〕. **b** (連結機で)〈車両を〉連結する 〔*to*〕. **c** (革ひもで)〈猟犬を〉2 頭ずつつなぐ. **d** 〈二つのことを〉する: He ~*s* studying with teaching. 研究と教育とを両立させる. **2 a** 〈二人を〉一緒にする, 結婚させる (marry). **b** 〈動物を〉つがわせる. **3** 結びつけて考える, 連想する (associate) 〔*with*〕: ~ A and B (together) =~ A *with* B / We ~ the name of Oxford *with* the idea of learning. オックスフォードといえば学問を連想する / It is not fair to ~ his name *with* that of Miss X. 彼と X 嬢を結びつけては悪い. **4** 〘電気〙 〈二つ(以上)の回路を〉結合する. — *vi.* **1** 一緒になる, 結合する (unite). **2 a** 結婚する (marry). **b** 〈動物が〉つがう, 交尾する (mate). **3** 〘化学〙 結合する.

〖n.: 《*c*1300》 □ OF *cople*, (O)F *couple* < L *cōpulam* band. — v.: 《?*a*1200》 *couple*(*n*) □ OF *copler* < L *cōpulāre* to fasten together: COPULA と二重語〗

cóuple-clóse /-klóus | -kláus/ *n.* **1** 〘紋章〙 カップルクロース《chevronel の 2 分の 1 幅のもの; 必ず対で使用される; cf. chevron》. **2** 〘建築〙 合わせ梁(ばり), 挟(はさ)み梁《2 材の間に飼木(かいぎ)を挟み, ボルトなどで締め合わせた梁》. 〖1572〗

cóupled círcuit *n.* 〘電気〙 結合回路.

cóupled cólumn *n.* 〘建築〙 双柱《2 本ひと組で配置される柱》. 〖1731〗

cóupled éngine *n.* 〘鉄道〙 双子機関《機関車を 2 両連結したもの》.

cou·ple·dom /kʌ́pldəm/ *n.* (外の世界と断絶した)二人だけの生活.

cóu·ple·ment *n.* 《廃》 **1** 結合, 連結 (union). **2** 一対 (pair). 〖《1548》 □ OF ~〗

cou·pler /kʌ́plə | -lə^r/ *n.* **1** 連結者, 連結手. **2** 〘音楽〙 カプラー《オルガン・チェンバロの二つの手鍵盤または一つの手鍵盤とペダル鍵盤とを連結して, 一方を弾けば他方も連動するようにした装置; 自動的にオクターブや音色の異なる音を同時に演奏できる》. **3 a** 《米》 (鉄道車両などの)連結器, 連結装置. **b** (機械・伝動軸の)継ぎ手《回転部と回転部, または回転部と往復運動部との間に力を伝える棒 (link, rod)》. **4** 〘電気〙 結合器, カプラー《二つ(以上)の回路を結合する装置》: an acoustic ~ 音響結合器. **5** 〘写真〙 カップラー, 発色剤《カラー写真で発色現像主薬の酸化物と結合して色素を生成する薬品; フィルムの乳剤層中または現像液中に添加する; cf. color developer》. 〖《1552》: ⇨ -er¹〗

cou·plet /kʌ́plɪt/ *n.* **1** 〘詩学〙 二行連句, 対句(ついく)《押韻する同数の音節からなる 2 行》: ⇨ heroic couplet. **2** 《まれ》 一対 (pair, couple) (cf. doublet 5). **3** 〘音楽〙 クプレ《ロンド (rondo) 形式の曲で数回繰り返される主題と主題の間に挿入された部分》. 〖《1580》 □ (O)F ~ (dim.) ← *couple*: ⇨ couple, -et〗

cou·pling /kʌ́plɪŋ/ *n.* **1 a** (鉄道車両などの)連結器, 連結装置. **b** (機械・伝動軸の)継ぎ手, 軸継ぎ手. **c** 結合管, 短い鉛管《両端の内側にねじ山が切ってある》. **2 a** 連結(すること), 結合. **b** つがうこと, 交尾. **3** (犬・馬などの)肩先から腰先を連結する部分. **4** 〘化学〙 **a** 結合, カップリング《ジアゾニウム塩とアミン, フェノールなどを結合させてアゾ化合物を作る反応》: ⇨ coupling dye. **b** 共役《二つの反応がエネルギーの授受を伴って関連して起こること》. **5** 〘写真〙 (カラー写真の)発色現象. **6** 〘電気〙 結合《二つの電気回路が互いに影響し合うこと; cf. direct coupling》. **7** 〘生物〙 相引(そういん)《2 組の対立形質のそれぞれの劣性遺伝子が 1 染色体上にあり, それぞれの優性遺伝子がその相同染色体上にある状態》. **8** 〘物理〙 結合《素粒子間あるいはいろいろな物理量の間の相互作用》. **9** (レコードの)カップリング《A 面 B 面のまたはシリーズの収録された曲目の組合わせ》. 〖《?*c*1350》: ⇨ couple, -ing¹〗

cóupling bòx *n.* 〘電気〙 連結箱 (junction box). 〖1814〗

cóupling capàcitor *n.* 〘電気〙 結合コンデンサー.

cóupling coeffícient *n.* 〘物理〙 結合係数《二つの関連する系の関連の程度を表す係数》. 〖1922〗

cóupling dỳe *n.* 〘化学〙 カップリング染料.

cóupling pìn *n.* 〘鉄道〙 (車両の)連結ピン. 〖1874〗

cóupling ròd *n.* 〘機械〙 (二つ以上のリンクをつなぐ)連結棒. 〖1869〗

cou·pon /kúːpɑ(ː)n, kjúː- | kúːpɒn; *F.* kupɔ̃/ *n.* **1 a** 利札式のもの, クーポン《引き渡すとそれが表示する価値の品物・サービス・宿泊などが提供される一種の証書》. **b** 切取り切符; (鉄道の)クーポン式乗車券; 回数券の一片. **c** (販売広告に添付した)切取り申込み券, クーポン; (商品添付の)優待券, 景品引換券. **d** (切取り式の)配給券, 配給切符: a food [meat, sugar] ~ 食料[肉, 砂糖]配給券. **e** 《英》 クーポン《football pool の申込み票》. **2 a** (公債・社債などの)利札: cum ~ =~ on 利札付き / ex ~ =~ off 利札落ち / a loan bond with ~*s* 利札付き債券. **b** (固定利率債券の)利率. **3** 〘政治〙 (英国で党首が一定の誓約を取って立候補者に交付する)推薦状. **4** 〘冶金〙 切取り試片. 〖《1822》 □ F ~ 《原義》 piece cut off ← *couper* to cut ← *coup*: ⇨ coup¹, -oon〗

cóupon bònd *n.* 〘証券〙 利札付き債券, 無記名債券.

cóupon clìpper 《米口語》 *n.* (債券や株式などで暮らしている)富裕で有閑な人. 〖1887〗

cóu·ponned *adj.* (*also* **cou·poned** /~/) **1** 利札[クーポン]付きの. **2** 切取り式の. 〖《1881》: ⇨ coupon, -ed 2〗

cóup stick /kúː-/ *n.* 一撃棒, クースティック《アメリカインディアンのある種の部族戦士が勇敢さの証明として敵を殺さずに体に触れるための棒》. 〖1841〗

cour·age /kə́ːrɪdʒ | kʌ́r-/ *n.* **1** 勇気, 度胸, 剛勇, 剛胆 (bravery): blind ~ 盲目的勇気 / moral ~ 精神的勇気, 所信を曲げない勇気 / physical ~ (身の危険を恐れない)肉体的勇気, 剛勇 / ⇨ Dutch courage / *Courage!* 元気を出せ, しっかりせよ / have the ~ to do …をする勇気がある / have [lack] the ~ of one's (own) convictions [opinions] 所信[自説]を断行する勇気がある[ない] / lose ~ 勇気を失う, (がっかりして)力を落とす, 落胆する / recover [regain] one's ~ 勇気を回復する / take [muster up, pluck up, screw up] ~ 勇気を出す[奮い起こす] / He took ~ from her support. 彼は彼女の支持を得て勇気を奮い起こした / take one's ~ in both hands 勇躍して立つ, 大胆に乗り出す. **2** 《廃》 **a** 心 (heart). **b** 気分 (disposition); 欲望 (desire), 意図 (intention). 〖《?*a*1300》 *corage* □ OF (F *courage*) < VL **corāticum* ← L *cor* 'HEART': ⇨ core¹, -age〗

cou·ra·geous /kəréɪdʒəs/ *adj.* 勇気のある, 度胸のある, 勇ましい (⇨ brave SYN). **~·ly** *adv.* **~·ness** *n.* 〖《?*a*1300》 □ AF *corageous*=OF *corageus* (F *courageux*): ⇨ ↑, -ous〗

cou·rant¹ /kə́ːrənt | kʌ́r-/ *n.* **1** 新聞 (newspaper, gazette) (★ 今は新聞の名称に用いるだけ; cf. courier): the Hartford *Courant*. **2** =courante.

cou·rant² /kʊ́ᵊrənt, kuːrǽnt, -rɑ́ːnt | kʊrǽnt/ *adj.* 〘紋章〙 〈馬・鹿・犬など〉走っている姿勢の. 〖《1621》 □ F ~ (pres.p.) ← *courir* to run < L *currere*: ⇨ current〗

cou·rante /kʊrɑ́ːnt, -rǽnt | -rɑ́ː(n)t, -rɑ́ːnt, -rǽnt; *F.* kuʀɑ̃ːt/ *n.* (*pl.* ~**s** /~s/; *F.* ~/) **1** 〘ダンス〙 クーラント《17 世紀ごろから流行した急速な三拍子のダンス; coranto ともいう》. **2** 〘音楽〙 クーラント(舞曲)《舞踏のための音楽から様式化されて古典組曲 (suite) の重要な構成要素となった》. 〖《1586》 □ F ~ 《原義》 running (dance) (fem, pres.p.) ← *courir* (↑)〗

Cou·ran·tyne /kɔ́ːrəntàɪn/ *n.* コランタイン(川)《南米北部の川; ガイアナ南部に発し, ガイアナとスリナムの国境を成し, 大西洋に注ぐ (765 km); オランダ語名 Corantijn》.

cour·ba·ril /kʊ́əbərɪ̀l | kʊ́əbərɪl/ *n.* 〘植物〙 クールバリル (*Hymenaea courbaril*) 《熱帯アメリカ産のマメ科の常緑高木; 木材として貴重であり, 樹脂はワニスの原料となる》. 〖1753〗

Cour·bet /kʊəbéɪ | kʊə-; *F.* kuʀbɛ/, **Gustave** *n.* クールベ《1819–77; フランスの写実主義画家》.

cour·bette /kʊəbét | kʊə-/ *n.* =curvet.

Cour·be·voie /kʊ̀əbəvwɑ́ː | kʊ̀ə-; *F.* kuʀbəvwa/ *n.* クルブボア《Seine 川に臨む Paris 郊外の都市》.

cou·reur de bois /kuːrə́ːdəbwɑ́ː | -rə́ːdə-; *F.* kuʀœʀdəbwa, -bwa/ *n.* (*pl.* **cou·reurs d-** /~/) (初期の北米, 特にカナダのフランス人またはフランス人とインディアンの混血の)わな猟師, 毛皮交易商人(など). 〖《1700》 □ Canad.-F ~ 《原義》 wood-runner〗

cour·gette /kʊəʒét | kʊə-, kɔː-; *F.* kuʀʒɛt/ *n.* 《英》 〘植物〙 =zucchini. 〖《1931》 □ F ~ (dim.) ← *courge* gourd〗

cou·rie /kúːri/ *vi.* 《スコット》 気持ちよく横たわる[寝そべる] 〈*down*〉.

cour·i·er /kə́ːriə, kʊ́r- | kʊ́(ə)riə^r, kʌ́r-/ *n.* **1 a** (手紙・小包などの)急送業者. **b** 急使; (外交上の)特使. **c** 使者. **d** 秘密情報を伝えるスパイ. **e** (密輸品などの)運び屋. **2 a** 旅行の案内係, 添乗員, ガイド. **b** (昔, 旅行者に随伴して雑用をした)旅行の従者, 供の者, 供衆(ともしゅ). **3 a** ニュースや通信を定期的に伝達する人[手段]. **b** [C-] [新聞の名称に用いて] …紙 (cf. courant¹ 1): the Liverpool *Courier*. **4** 定期便. 〖《17C》 □ F *courrier* □ It. *corriere* runner ← *corre* to run < L *currere* ∽ 《?*a*1300》 *corour* □ OF *coreor* (F *coureur*) runner < VL **curritōrem* ← L *currere*: ⇨ current〗

cour·lan /kʊ́ələn, kʊəlɑ́ː(n) | kʊ́ələn/ *n.* 〘鳥類〙 ツルモドキ (*Aramus guarauna*) 《熱帯アメリカ産クイナとツルの中間のようなツルモドキ科の鳥; 不快な声で鳴く; cf. limpkin》. 〖□ F ~ □ Galib *kurliri*: 擬音語〗

Cour·land /kʊ́ələnd, -lænd | kʊ́ə-/ *n.* クルランド《バルト海に臨む旧公国; 後にロシアの一州となり, 1918 年ラトビアに併合された; ラトビア語名 Kurzeme》.

Cour·nand /kʊənɑ́ː(ŋ), -nɑ́ːŋ | kʊə-; *F.* kuʀnɑ̃/, **André Frédéric** *n.* クールナン《1895–1988; フランス生まれの米国の生理学者; Nobel 医学生理学賞 (1956)》.

Cour·not /kʊənóʊ | kʊənə́ʊ; *F.* kuʀno/, **Antoine Augustin** *n.* クルノー《1801–77; フランスの数学者, 数理経済学の先駆者》.

Cour·règes /kuːrɛ́ʒ, -réɪʒ; *F.* kuʀɛːʒ/, **André** *n.* クレージュ《1923–　; フランスのファッションデザイナー》.

course¹ /kɔ́əs | kɔ́ːs/ *n.* **1 a** (船・飛行機の)コース, 針路, 航(空)路: a ship's ~ 船の針路 / be on (her [its]) ~ 針路についている / cruise on ~ 針路どおりに航行する / be off (her [its]) ~ 針路をはずれている / follow [pursue] her [its] ~ 一定の針路を進んで行く / shape her [its] ~ 針路を定める / steer one's ~ 針路を進む. **b** (競走・競技の)コース, 走路; (特に)競馬場 (racecourse): walk over the ~ =WALK *over*. 日英比較 日本語では競走・競泳のように各選手にはっきり区別されている進路を「コース」とよぶが, 英語では lane という. 英語の *course* はマラソンのように各選手の進路が区別されていないものについていう. **c** ゴルフコース (golf course). **d** (ものの動いていく)道, 進路: the ~ of a river, stream, etc. / the upper [lower] ~ of a river 川の上[下]流. **e** 水路 (watercourse): a river which takes its ~ to the west 西へ向かって流れていく川. **2 a** (行動の)方針, 方向, 身の振り方: a dangerous ~ 危険な方針 / hold [change] one's ~ 方針[方向]を保つ[変える] / adopt a middle ~ 中道を選ぶ, 中庸をとる / take one's own ~ 独自の方針をとる, 自分の勝手にする / try another ~ with …に対して別の方針を試みる / The wisest ~ will be to progress. 最も賢明な策[手段]は前進であろう. **b** [*pl.*] 行動, ふるまい (conduct); (悪い)行状: mend one's ~*s* 行状を改める / take to evil ~*s* 放蕩を始める. **3** 過程, 経過 (duration); 成行き, 順序 (sequence, order): the ~ of an argument 議論の順序[筋道] / the ~ of a disease 病気の経過 / the ~ of events [the war] 事件[戦争]の経過 / the ~ of history 歴史の流れ / in mid ~ 中途で / in the ~ of nature 自然の成行きで / in the ordinary [normal] ~ of events [things] 自然の成行きで, 自然に / in the whole ~ of one's experience 一生の経験を通じて / leave a thing to take [run] its own ~ 事を成行きに任せる / Thirty years have run their ~. 30 年の歳月が経過した / The law must take its ~. 法は曲げることはできない. **4 a** 進行, 運行 (progress); まっすぐに進むこと, 前進: the ~ of one's life 人生の行路, (人の)一生 / keep on the ~ 進行を続ける, まっすぐに進む. **b** 人生, 生涯 (career). **c** 競走, レース (race): win the ~. **5** (大学などの)教科課程, 科; 一定の教育課程, コース: the first ~ in French フランス語初歩 / a college [high school] ~ 大学[高等学校]の課程 / a science [literary, literature] ~ (大学の)理[文]科 / a graduate ~ 大学院(課程). **6 a** (組織的な)連続, 継続: a ~ of lectures upon Egypt エジプトに関する連続講義. **b** 〘医学〙 クール(治療単位): a ~ of treatments 1 クールの治療法. **c** 1 クールの投薬: a ~ of medicine 一定回数の投薬. **d** [*pl.*] 月経 (menses). **7** (食事の)一品, 一皿 (dish), コース《食事に出る一皿一皿》: a dinner of six ~*s*=a six-*course* dinner 6 品料理《普通は soup, fish, meat, sweets, cheese, dessert》/ the first [next, last] ~ 最初の[次の, 最後の]一皿[料理] / the meat ~ 肉の出るコース, 肉料理 / between ~*s* 料理の合間合間に. **8** 〘石工〙 (石・れんがなどを積んだ)横の層 (layer), 段: lay the ~ れんがを積む. **9** 〘服飾〙 (ニット[編]地の)横の段, 横の目 (cf. wale¹ 2 b). **10** 〘海事〙 大横帆《横帆船の下桁(こう)に掛けた大帆》: the fore ~ 前檣(しょう)大横帆 / the main ~ 大檣大横帆. **11** 〘海事〙 (羅針儀の)ポイント (point) 《1 ポイントは 11¼ 度》. **12** 〘狩猟〙 **a** 犬(特に, グレーハウンド)を使って行う(臭覚でなく視覚による)狩猟, (特に, ウサギの)追跡: the ~ *at* [*of*] the deer. **b** (2 匹の猟犬がウサギを追跡する) 競争. **13** 〘音楽〙 (リュート系の楽器の)コース《音量を増大させるために同音ないしオクターブに調律された 1 組の弦》. **14** 《古》 (馬上槍試合の)種目, 一勝負, 1 回の攻撃 (charge).

a mátter of cóurse ⇨ matter 成句. ***as of cóurse*** 〘法律〙 当然のこととして, 権利として《裁判所の裁量外のこととして》. ***by cóurse of*** …の手続きをふんで, …の慣例によって. 《1470–85》 ***dówn the cóurse*** 〘競馬〙 〈馬が〉後方を進む, 遅れをとる, 後方のまま終わる. ***dúring the cóurse of*** =*in the* COURSE *of*. ***in cóurse*** (1) =*in due* COURSE. (2) 《方言》 =*of* COURSE. (3) 《米》 勉学と試験の結果として正規の課程を経た: a degree *in* ~ 正規の課程を経て得た学位《名誉学位 (honorary degree) に対していう》. ***in cóurse of*** …中で[の]: *in* ~ *of* construction 建設[建築]中. 《*a*1656》 ***in dúe cóurse*** 事が順当に運んで[運べば], そのうちに(は), やがて. 《*c*1305》 ***in fúll cóurse*** 全速力で; 邪魔されないで. ***in shórt cóurse*** 短時間に; 簡潔に (briefly). ***in the cóurse of*** …(の進行)中に: *in the* ~ *of* this month 今月中に / *in the* ~ *of* time 時のたつうちに, そのうちに, やがて(は), 時が来れば. 《1653》 ***láy a* [*one's*] *cóurse*** (1) 〘海事〙 〈船が〉(目標に向かって)間切らずに進む; 針路を定める (head). (2) 方針[計画]を定める, 計画に従って進む. ***of cóurse*** /əv-, əf-/ もちろん, 当然 (naturally); 確かに, なるほど (certainly): *Of* ~ not. もちろん違う, とんでもない, まさか / *Of* ~ the plans are excellent, *but* they won't pay. もちろん計画はすばらしいが採算が合わないだろう. ***on cóurse*** 予定の方向に進んで 〔*for*〕 / 〈*to do*〉. 《1823》 ***pút a person thróugh a cóurse of spróuts*** 《米口語》 〈人を〉(訓練などで)しごく; こらしめる. ***stáy the cóurse*** 最後まで続ける; 最後まであきらめない.

course of stúdy (1) 学習指導要領《学校で教育課程を実際に展開する際の基礎となるもの》. (2) =course 5. 《1821》

— *vt.* **1** 〈川など〉の流れに従う; 〈水などが〉…を伝って流れる: Tears ～*d* his cheeks. 涙がほおを伝って流れた. **2 a** 〈猟犬に〉(臭跡でなく目を使って)獲物を追わせる. **b** (猟犬を使って)〈獲物を〉追う: ～ a hare. **c** 〈犬などを〉レースで走らせる. **3** 〈場所を〉駆けめぐる; 乱れ飛ぶ, (急速に)横切る (traverse). **4** 《古》追跡する, 追う (chase): ～ a person at his heels あとから人を追いかける. **5** 〘石工〙〈石・れんがなどを〉成層[整層]に積む.
— *vi.* **1** 〈水などが〉勢いよく流れる, めぐる: The blood ～*s* through the veins. 血液は血管を脈々と流れる / Tears were *coursing* down her cheeks. 涙が止めどもなくほおを流れていた. **2** (猟犬を使って)狩りをする. **3** 針路[コース]を取る[取って進む].
〖《?*a*1300》 *co*(*u*)*rs* ▭ (O)F *cours* < L *cursum* course, running (p.p.) ← *currere* to run: ⇨ current: さらに 15C に (O)F *course* running, race の影響をうけた〗

course[2] /kɔ́ːəs | kɔ́ːs/ *adv.* (*also* **'course** /～/) 《口語》もちろん (of course). 〖《1886》《略》← *of course*〗

cóurse·bòok *n.* 《英》教科書, テキスト.

coursed /kɔ́ːəst | kɔ́ːst/ *adj.* **1** 猟犬を使って狩猟された: a ～ deer. **2** 〘石工〙成層積みの, 整層積みの. 〖1: 1740; 2: 1851〗

cours·er[1] /kɔ́ːəsə | kɔ́ːsə(r)/ *n.* **1** (猟犬を使って)狩猟をする人. **2** 猟犬. 〖《1305》《1600》▭ OF *courseur* ▭ L *cursor* runner〗

cours·er[2] /kɔ́ːəsə | kɔ́ːsə(r)/ *n.* 《詩》駿馬(しゅんめ); 軍馬; 乗馬. 〖《?*c*1300》▭ OF *corsier* (F *coursier*) < VL **cursārium* ← L *cursus*〗

cour·ser[3] /kɔ́ːəsə | kɔ́ːsə(r)/ *n.* 〘鳥類〙スナバシリ 《ツバメチドリ科スナバシリ亜科の鳥の総称; チドリ類のように地上をよく走る; アフリカ・南アジア・オーストラリアに分布; スナバシリ (*Cursorius curor*) など》. 〖《1766》▭ L *cursōrius* fitted for running ← *cursus*: ⇨ course[1], -ory[1]〗

cóurse ùnit *n.* 単位が取得できる科目.

cóurse·wàre *n.* 〘電算〙コースウエア 《コンピューター利用の教材を開発するための教育用ソフトウェア》.

cóurse·wòrk *n.* コースワーク, コース学習 《特定のコースで一定の時間内に生徒がすべき学習課題》.

cóurs·ing *n.* **1** 走ること. **2** (猟犬がウサギを, 臭跡でなく, 目を使って追跡する)狩り. 〖《1538》: ⇨ course (v.), -ing[1]〗

court /kɔ́ːət | kɔ́ːt/ *n.* **A 1 a** 裁判所, 法廷; 開廷 (session); 裁判, 公判 (trial): a civil [criminal] ～ 民事[刑事]裁判所[法廷] / ⇨ district court, high court, inferior court, superior court, Supreme Court / in ～ 法廷[公判廷]で / appear in [attend] ～ 出廷する / go to ～ 訴訟を起こす / hold (a) ～ 裁判を行う[開く], 開廷する (cf. *hold* COURT) / at the next ～ 次回の公判で / be brought to ～ for trial 〈被告が〉裁判のため出廷する / contempt of ～ 法廷侮辱罪 / a ～ of justice [judicature, law] 裁判所, 法廷 / a decision of the ～ 判決 / take a case ～ 事件を裁判ざたにする / take a person to ～ (for libel) 人を(文書名誉毀損(罪)で)訴える / order the ～ (to be) cleared 傍聴人の退廷を命じる. **b** [集合的にも用いて] 裁判官, 法官: invite the ～'s attention to …に全裁判官の注意を喚起する. **2 a** (テニス・バスケットボール・ハンドボール・ラケッツ (racquets) などの)コート, その一区画: a tennis ～ テニスコート / ⇨ clay court, grass court, hard court, service court / on ～ (テニスなどを)プレー中で[に], コート上で[に] / off ～ プレーをやめて, コートから出て. **b** (周囲に建物のある)中庭 (courtyard, patio). **c** 《英》(Cambridge 大学の)方庭 (quadrangle). **d** (博覧会・博物館などの中庭式の)区画, …部 (section). **e** (裏町の)路地, (袋)小路, 裏町: a narrow little ～ 狭い裏小路 / live in a miserable ～ みすぼらしい裏通りに住む / Amen *Court* [Amen *Ct.*] (ロンドンの)エイメン小路. **f** 《英》(周囲に建物のある)裏通りの空き地. **3 a** [しばしば C-] 王宮, 宮殿, 皇居 (palace): at *Court* 宮中で / go to ～ 参内(さんだい)する / the tone of [at] *Court* 宮中の意向. **b** [集合的] 皇室; (大官や廷臣たちも含めて)宮廷, 朝廷: the king and the whole ～ 王と全廷臣. **c** [しばしば C-] 朝見, 謁見, 賜謁; 御前[宮中]会議: ⇨ *hold* COURT / present … at ～ (特に, 社交界の子女などのために)宮中での拝謁の介添えを務める / be presented at ～ 〈社交界に初めて出た子女・新任の大公使などが〉宮中で拝謁を賜る (cf. presentation 3). **4** 《英》**a** マンション, アパート: Elm *Court* エルムマンション. **b** (昔の, 入口に広い庭のついた)大邸宅; 荘園領主の邸宅 (manor house). ★ 今では主に固有名詞として残る: Hampton *Court*, Bowen *Court*, etc. **5 a** [集合的] (会社・大学などの)役員, 重役. **b** 役員[委員, 重役]会. **c** (友愛組合 (friendly society) などの)支部(会) (lodge). **6** ＝motor court, motel.
B 1 機嫌取り, こび (deference, homage): pay ～ to the king 王にご機嫌伺いをする. **2** (男性が)女性の機嫌を取る[女性を口説く]こと, 求愛, 求婚 (courtship): pay ～ to … 〈女性に〉求愛[求婚]する, 言い寄る, 口説く.
hóld cóurt (1) 謁見式を行う; 〈王侯が〉(重臣を集めて)宮中会議を開く; 政務を行う. (2) ファン[取巻き連(など)]に囲まれて(得意になって)いる. (3) ⇨ A 1 a. ***in ópen cóurt*** 隠すことなく, 堂々と (openly). ***òut of cóurt*** (1) 法廷外で: settle a case *out of* ～ 事件を示談で解決する. (2) (審理の価値がないとして)法廷から却下されて; 〈提案など〉一顧の価値もない, 問題にならない: laugh …*out of* ～ …を一笑に付す, 問題にしない, 取り上げない / put oneself *out of* ～ 他人に相手にされないような事をする[言う] / put [rule] a thing *out of* ～ ものを問題外とする, 取り上げない. 《1846》 ***The báll is in your cóurt.*** ⇨ ball[1] 成句.

cóurt of ádmiralty [the —] 〘法律〙 **1** 海事裁判所 (⇨ admiralty 2 a). **2** [C- of A-] ＝admiralty 2 b.

Cóurt of Appéal [the —] 〘法律〙(英国の)控訴院 《最高法院 (Supreme Court of Judicature) の一部, 民事部と刑事部とに分かれる; ここで敗訴した場合は上院 (House of Lords) に上告できる》.

cóurt of appéals [しばしば C- of A-] 〘法律〙(米国の州または連邦の)控訴審裁判所 《全米 11 に分けられた巡回裁判区には, それぞれ U. S. Court of Appeals for the circuit が設置されている》; (New York 州, Maryland 州などの)最高裁判所. 《1777》

Cóurt of Árches [the —] 〘教会法〙アーチ裁判所 《Canterbury 大主教管轄下の控訴裁判所; もと Bow Church のアーチの下で開かれた; 単に Arches ともいう》.

cóurt of assíze 〘法律〙巡回裁判所.

cóurt of cassátion, C- of C- [the —] 〘法律〙破毀(はき)院 《フランス・ベルギーなどの最高裁判所》. 《(なぞり) ← F *cour de cassasion*》

cóurt of cháncery 〘法律〙⇨ chancery 1 a.

cóurt of cláims [the —] 〘法律〙(米国の)請求裁判所 《合衆国政府に対する請求権を管轄する; 各州にも同種の裁判所がある》. 《1691》

cóurt of cómmon pléas, C- of C- P- [the —] (1) (もと, 英国の)民事訴訟裁判所 《今では High Court の King's [Queen's] Bench Division の中に解消》. (2) (米国のいくつかの州の)中級の民事訴訟裁判所. 《1687》

cóurt of cónscience [the —] 〘法律〙良心裁判所 《初め大僧正であった大法官が法律よりも衡平や良心に従って国王に対する直訴を処理したためこの名がある; やがて court of equity と呼ばれるようになった》. 《1603》

Cóurt of Críminal Appéal [the —] 〘英法〙刑事控訴院 《1966 年廃止; 現在は Court of Appeal の刑事部 (Criminal Division) となっている》.

cóurt of doméstic relátions 家庭裁判所 《family court ともいう》. 《1926》

cóurt of équity 〘法律〙エクイティー裁判所 《現在は高等法院のエクイティー部 (Chancery Division) として存続している; cf. COURT of conscience》.

Cóurt of Éxchequer [the —] 〘英史〙財務裁判所 《中世に税務関係の裁判所として成立し, 三つの国王裁判所の一つであったが, 1873 年廃止; その管轄権は今では高等法院の King's Bench Division に移管》.

cóurt of fírst ínstance [the —] 第一審裁判所 (trial court).

Cóurt of Hígh Commíssion [the —] 〘英法史〙高等宗務官裁判所 (cf. prerogative court 1 b).

cóurt of hónor (1) 《古》〘法律〙名誉に関する事件を審理し, 救済を与えた法廷 《騎士道裁判所 (court of chivalry) の機能の一つ》. (2) 〘郵趣〙(国際切手展における)名誉出品クラス 《3 回以上大金賞 (large gold) を受賞したものが有資格者》. 《1687》

cóurt of inquíry 〘法律〙(1) (軍事に関する)特別審査裁判所. (2) 災害[事故]原因調査団. 《1757》

Cóurt of Justíciary [the —] 〘スコット法〙最高法院 《スコットランドの最高の刑事裁判所; High Court of Justiciary ともいう; cf. COURT of Session》.

Cóurt of Kíng's [Quéen's] Bénch [the —] 〘英法〙王座裁判所 (⇨ King's Bench 2).

cóurt of lóve (中世 Provence にあったといわれる女性だけの)恋愛問題裁判所 (cf. prerogative court). 《*c*1530》

cóurt of próbate [the —] 〘法律〙(米国 Connecticut 州などの)(遺言)検認裁判所 (略 C. P., c. p.) (⇨ probate court).

Cóurt of Protéction [the —] 〘法律〙(英国の)無能力者保護法廷 《無能力者の財産管理その他の事項を取扱い, 指名裁判官 (nominated judges) が着席する最高法院に所属する法廷》.

cóurt of récord 〘法律〙記録裁判所 《訴訟記録を作り保存してある裁判所; 裁判所侮辱 (contempt of court) で処罰する権能がある》. 《1641》

cóurt of requésts 〘英法〙少額債権裁判所 《1846 年廃止され, county court がその管轄を引き継いだ》. 《1798》

cóurt of review 〘法学〙上訴裁判所.

Cóurt of Séssion [the —] 〘スコット法〙民事控訴院 《スコットランドの最高の民事裁判所; 英国全体の最高の裁判所である貴族院へ上訴の道がある; cf. IPD》: a Lord of *the Court of Session* 民事控訴院判事.

Cóurt of Stár Chámber [the —] 〘英法史〙Star Chamber の公式名.

Cóurt of St. Jámes('s) [the —] セントジェームズ宮廷 《英国宮廷の公式の呼称; 同宮廷は公式にはセントジェームズ宮に置かれている》: an ambassador (accredited) to *the Court of St. James's* 駐英大使. 《1848》← *St. James's Palace* (宮殿名)》

cóurt of súmmary jurisdíction 〘英法〙即決裁判所 《陪審なしに即決的に, 略式起訴による刑事事件を扱う(治安判事)裁判所》.

Cóurt of the Lórd Lýon [the —] スコットランド紋章院 《Lyon Office ともいう; cf. LYON[2] King of Arms, COLLEGE of Arms》.

— *adj.* [限定的] **1** 宮廷の[に関する, にふさわしい]: a ～ painter 宮廷画家 / a ～ poet 宮廷詩人. **2** 法廷の. **3** 〈スポーツなど〉コートを使ってする; コートを使ってするスポーツの: a ～ star (テニスなどの)花形選手.
— *vt.* **1 a** 〈男性が〉〈女性〉に言い寄る; 求愛する, 求婚する (woo). **b** 〈雄の動物が〉〈雌の動物〉に求愛動作をする. **2** …の機嫌を伺う. **3 a** 求める, 慕う (seek); 得ようと努める: ～ esteem, popularity, a favor, a person's approbation, etc. / ～ the sunlight [breeze, shade] 日光[微風, 木陰]を求める. **b** 誘う, いざなう, 誘惑する (attract). **c** 〈災難・敗北などを〉(自ら)招く (invite), …に遭う: ～ disaster, defeat, trouble, a rebuff, etc. **—** *vi.* **1** 人の愛を求める, 求婚する (woo): Are John and Mary still ～*ing*? ジョンとメアリーはまだ求婚中ですか. **2** 〈雄の動物が〉求愛動作をする. **～·er** /-tə | -tə(r)/ *n.*
〖lateOE *c*(*o*)*urt* ▭ AF *curt*＝OF *co*(*u*)*rt* (F *cour*) < L *cortem*＝*cohortem*, *cohors* enclosure, yard ← *hortus* garden: cf. OE *ġeard* 'YARD[2]' / Gk *khórtos* feeding-place: COHORT と二重語〗

Court /kɔ́ːət | kɔ́ːt/, **Margaret** *n.* コート 《1942–　; オーストラリアのテニス選手; グランドスラム (1970)》.

Cour·tauld /kɔ́ːətoʊld, -toʊ | kɔ́ːtəʊld, -təʊ/, **Samuel** *n.* コートー, コートールド 《1876–1947; 英国の実業家; 家業の繊維会社を受け継いで化学繊維産業を発展させた; また London University に美術品のコレクションを寄贈し, これが発展して Courtauld Institute Galleries となった》.

cóurt bàron *n.* (*pl.* **courts b-, ～s**) 〘法律〙(もと英国の)荘園領主裁判所 《領主(や執事)が裁判長となって謄本保有権者 (copyholder) たちに対して民事裁判を行った; cf. court leet》. 〖《1427》▭ AF ～ ← *court de baroun*〗

cóurt bóuillon *n.* 〘料理〙クールブイヨン 《魚や野菜を香りよくゆでて煮するための煮汁; 水に香味野菜・香辛料・ワインなどを加えて煮立てる》. 〖《1723》▭ F ～ ← *court* short ＋BOUILLON〗

cóurt càrd *n.* 《英》**1** 〘トランプ〙絵札 (face card) 《king, queen または jack, ときに ace を含む》. **2** 社交界の有力者. 〖《1641》《転訛》← *coat card*〗

cóurt círcular *n.* [通例 C- C-] 《英》(新聞向けに英国王室府が毎日発表する)王室関係ニュース. 〖1840〗

cóurt·cràft *n.* 宮廷事務の処理手腕, 宮廷内の術策.

cóurt cùpboard *n.* コートカバード 《16–17 世紀の食器棚; 通例二層式で展示用の棚があり荘重な彫刻が特徴; cf. press cupboard》. 〖1595–96〗

cóurt dànce *n.* 宮廷舞踊(曲) 《宮廷の行事のときに踊る荘重な舞踊, またはその曲; cf. folk dance》.

cóurt dày *n.* 裁判日, 公判日, 開廷日. 〖*a*1419〗

cóurt drèss *n.* 宮廷服, 参内(さんだい)服 《宮廷に出るときの正装》. 〖1797〗

Cour·te·line /kùətəlíːn | kʊətə-; *F.* kuʀtəlin/, **Georges** *n.* クールトリーヌ 《1860–1929; フランスの喜劇作者・ユーモア作家; *Boubouroche*「ブブローシュ」(喜劇, 1893)》.

Cour·telle /kɔːətél | kɔː-, kʊə-/ *n.* 〘商標〙コーテル 《英国製のウールに似たアクリル合成繊維》.

Courte·nay /kɔ́ːətni | kɔ́ːt-/ *n.* コートニー 《男性名》. 〖← *Courtenay* (Ile de France の地名): もと家族名〗

cour·te·ous /kə́ːtiəs | kə́ː-, kɔ́ː-/ *adj.* **1** 礼儀正しい, 丁重な, 親切な (⇨ civil **SYN**). **2** 宮廷人にふさわしい, 洗練された身ごなしの, 優雅な. **～·ly** *adv.* **～·ness** *n.* 〖《*a*1300》*c*(*o*)*urteis* ▭ OF *curteis*, *corteis* ← *co*(*u*)*rt*: ⇨ court, -ous〗

cour·te·san /kɔ́ːətəzən, -zn, -zæn | kɔ̀ːtɪzǽn, kʊ̀ə-, ⌐⌐⌐/ *n.* (王侯・貴族・金持ちなどを相手にする)高級娼婦, 愛妾(しょう). 〖《1549》▭ (O)F *courtisane* ▭ It. 《廃》*cortigiana* (Sp. *cortesana*) strumpet, 《原義》court mistress ← *corte* 'COURT'〗

cour·te·sy /kə́ːtəsi | kə́ːtɪ-, kɔ́ː-/ *n.* **1** 礼儀正しいこと, 丁重, 慇懃(いんぎん) (↔ discourtesy); 礼儀正しいふるまい[言葉]: a visit of ～ 礼儀上の訪問 / as a matter of ～ 礼儀として / to return the ～ 答礼のために / exchange *courtesies* 儀礼的なあいさつをかわす / He didn't even have the ～ to tell me. 彼は私に知らせてくれる礼儀さえも持っていなかった / He did me the ～ of consulting me. 彼は丁重にも私に相談をもちかけた. **2** 特別扱い, 優遇, 好意 (indulgence): by ～ 好意によって, 特別に; 儀礼的に / be called Lord by ～ 特例によって Lord と呼ばれる / through the ～ of …の好意によって / out of the ～ to an old friend 古く友人に対する好意から / be granted the ～ [*courtesies*] of the port 《米》関税の手荷物検査を優先的にしてもらう[免除してもらう]. **3** 〘法律〙＝curtesy. **4** /《英》kɔ́ː-/ 《古》＝curtsy.
(***by***) ***cóurtesy of*** …の好意によって(無料で), …の提供により: *by* ～ *of* the author 著者の好意によって 《記事・挿絵などの転載の場合の文句》 ***Cóurtesy of*** …の提供による: *Courtesy of* BBC BBC提供 《テレビの画面などで》. ***stráin cóurtesy*** 丁寧すぎる, ばか丁寧にする.
— *adj.* [限定的] **1** サービスで無料の: ⇨ courtesy bus. **2** 礼儀上の; 優遇の: a ～ visit [call] 礼儀上の訪問. **3 a** 名目上の: ⇨ courtesy title. **b** 特別会員の.
〖《?*a*1200》*co*(*u*)*rtesie* ▭ OF *curtesie* (F *courtoisie*) ← *corteis* 'COURTEOUS'〗

cóurtesy bùs *n.* (ホテルなどの)無料送迎バス.

cóurtesy càr *n.* 送迎車; (修理工場の)代車. 〖1968〗

cóurtesy càrd *n.* 優待カード 《所有者は特別の取り計らいを受ける》. 〖1934〗

cóurtesy light *n.* (自動車の)カーテシーライト 《ドアが開くと自動的につく室内灯》.

cóurtesy tìtle *n.* **1** (英国で, 法律上は無資格だが慣例上貴族の子供に許す)優遇爵位[敬称] 《the Duke of Devonshire の長子に与える the Marquess of Devonshire, 次男以下の氏名につける Lord, 娘の名につける Lady など》. **2** 名目的称号 《先生に Professor とか一般人に Colonel と呼ぶものなど》. 〖1865〗

cour·te·zan /kɔ́ːətəzən, -zn, -zæn | kɔ̀ːtɪzǽn, kʊ̀ə-, ⌐⌐⌐/ *n.* ＝courtesan.

cóurt gàme *n.* (テニス・バスケットボールなど)コートでする球技.

cóurt guìde *n.* 《英》紳士録 《もとは拝謁を受けた紳士淑女の名を載せたが, 今では一般に上層社会人や富裕階級の人々の名を載せる》. 〖1814〗

cóurt hànd *n.* 法廷書体, 公文書体 《16 世紀から 18

世紀英国の法廷で用いた手書き書体). 〖1590〗
court·house /kɔ́əthàus | kɔ́:t-/ *n.* **1** 裁判所庁舎. **2** 《米》 **a** 郡庁舎. **b** (Virginia 州, Ohio 州などの)郡庁所在地 (county seat). 〖?c1475〗
cour·ti·er /kɔ́ətiə | kɔ́:tiə^r, -tjə^r/ *n.* **1** 宮廷に仕える[出入りする]人, 廷臣. **2** ご機嫌取り (flatterer). **3** 《古》 求愛者 (wooer). **~·ly** *adj.* 〖(c1300) □ AF *courte(i)our* ← OF *cortoyer* to be at the court of a prince ← *cort* 'COURT': cf. -ier¹〗
cóurt·ing chàir /-tɪŋ- | -tɪŋ-/ *n.* =love seat.
cóurting mìrror *n.* 《米》 コーティングミラー《ガラスの上に装飾を施した 18 世紀の木枠つきの小型鏡; 求愛の慣例的な贈物》.
cóurt lèet *n.* (*pl.* **courts l-**, **~s**) (もと, 英国の)領主刑事裁判所 (cf. court baron). 〖(1588): ⇨ leet¹〗
cóurt·lìke *adj.* 宮廷風の; 優雅な (elegant). 〖1552〗
court·ly /kɔ́ətli | kɔ́:t-/ *adj.* (**court·li·er**; **-li·est**) **1** (宮廷人のように)うやうやしい, 丁寧な; 〈人品・作法など〉上品な, 奥ゆかしい, 優雅な (polished) (⇨ civil SYN): ~ manners. **2** あまりにいんぎんな, おもねる (flattering). **3 a** 宮廷派の. **b** 宮廷特有の[にふさわしい]. — *adv.* 宮廷風に; 上品に, 優雅に; へつらって. **cóurt·li·ness** *n.* 〖(a1475): ⇨ -ly¹·²〗
cóurtly lóve *n.* 〘文学〙 宮廷風恋愛, 愛の作法《12–14 世紀のヨーロッパに流行し, 中世文学の重要な源泉となった優雅で騎士道的な愛の教義》. 〖(1896) 《なぞり》 ← F *amour courtois*〗
court-mar·tial /kɔ́ətmɑ̀əʃəl | kɔ́:tmɑ́:-/ *n.* (*pl.* **courts-**, **~s**) **1** 軍法会議: ⇨ drumhead court-martial / try a person by ~ 人を軍法会議にかける. **2** 軍法会議の審理[会期]. **3** 軍法会議の有罪判決. — *vt.* (**court-mar·tialed**, **-tialled**; **-tial·ing**, **-tial·ling**) **1** 軍法会議に付する. **2** 軍法会議で有罪とする. 〖1651〗
Court·ney /kɔ́ətni | kɔ́:t-/ *n.* コートニー《女性名》. 〖フランスの Courtenay 出身の英国の貴族名から〗
cóurt órder *n.* 〘法律〙 裁判所の決定; 裁判官の命令《裁判所が判決より簡単な手続きで出す決定または命令》. 〖1650〗
cóurt pàrty *n.* (政治上の問題での)宮廷党, 王室派. 〖1762〗
cóurt plàster *n.* (もと医療・美容の目的で用いられた)絆創膏(ばんそうこう). 〖(1772): 昔英国宮中の女官が顔の美を引き立てるために貼(は)った黒い小ぎれ (patch) にちなむ〗
Cour·trai /kuətréi | kuə-; *F.* kuʀtʀɛ/ *n.* クルトレ, コルトライク《ベルギー西部, Lys 川に臨む都市; 中世の重要都市; 13 世紀に建造された Notre Dame 寺院がある; フラマン語名 Kortrijk》.
cóurt rècord *n.* 〘法律〙 (公式の)裁判記録, 法廷記録.
cóurt repórter *n.* 法廷速記者《法廷の訴訟手続きを逐語的に記録作成する人》. 〖1894〗
cóurt ròll *n.* 荘園記録《荘園領主に保管された土地保有を始めすべての事項に関する私的記録; cf. copyhold》. 〖1433〗
court·room /kɔ́ətrù:m, -rùm | kɔ́:t-/ *n.* 法廷《裁判の行われる部屋》. 〖1677〗
court·ship /kɔ́ətʃɪp | kɔ́:t-/ *n.* **1 a** (女性に対する男性の)求婚, 求愛; 〘生物〙 (鳥・動物の)求愛. **b** 求婚期間. **2** 懇請, 懇願. **3** 《廃》 上品なふるまい, 丁重 (courtesy); 女性に対するいんぎんな行為. 〖(1594–95) ← COURT+-SHIP〗
cóurt shòe *n.* [通例 *pl.*] 《英》 コートシューズ, 宮廷靴 (《米》 pump) 《甲部をおおわず腰と前部が浅い軽い底の女性用の靴》. 〖1885〗
cóurt·sìde *n.* (テニス・バスケットコートなどの)コートサイド. 〖1969〗
cóurt tènnis *n.* 《米》 コートテニス《高い壁で囲まれたコートで行う lawn tennis の原型とされるテニス; コートの側壁に何本も横線を引き特定の線より後方, または特定の場所に打ち込んで得点する》. 〖c1890〗
court·yard /kɔ́ətjɑ̀əd | kɔ́:tjɑ̀:d/ *n.* (一部分は建物・他方は塀(へい)などで囲まれた)中庭; (大建築・城などの)前庭. 〖1552〗
Cour·voi·sier /kɔ̀əvwɑ:ziéɪ, -si- | kuəvwǽzièɪ, kɔ:-, -vwɑ́:-; *F.* kuʀvwazje/ *n.* 〘商標〙 クルバジェ《フランス Courvoisier 社製のコニャック》.
cous·cous /kú:skù:s/ *n.* 〘料理〙 クスクス《粗びき小麦を蒸したもの; 肉や野菜または果物などとともに食べる北アフリカの料理》. 〖(1600) □ F ~ □ Arab. *kúskus*〗
cous·in /kʌ́zən, -zn/ *n.* **1 a** いとこ, 従兄[弟], 従姉[妹]《おじまたはおばの子; first cousin, full cousin, cousin-german ともいう》. **b** (祖父母・おじおばなどを)共通の先祖とする者, またいとこ: a first ~ once [twice] removed ⇨ removed 2 / a second ~ またいとこ《親のいとこの子で, 祖父母同士が兄弟》; (俗に)いとこの子 (first cousin once removed) / a third ~ 祖父母のいとこの孫《親のまたいとこの子》; (俗に)またまたいとこ (first cousin twice removed). **c** 親類, 縁者: a distant ~ 遠縁 / ⇨ country cousin / a ~ forty times removed 遠い遠い遠縁の者. **d** 《廃》 兄弟姉妹・親子以外の血族関係の者 (nephew など). **2** 密接な関係のある人[もの]; (人種的・文化的に共通点をもつ)いとこ[兄弟]分: our Canadian ~*s* 我々の兄弟分であるカナダ人たち《英国人または米国人からみて言う言葉》. **3** [国王が他国の王または自国の貴族に対する呼び掛けに用いて] 卿. **4** 《米俗》 特定の相手[チーム]に弱い投手[チーム], 「かも」.
be (first) cóusin to …によく似ている: My mind *is* ~ *to* yours. 私の考えは君のとよく似ている. ***cáll cóusin(s) (with)*** (…の)親類だと名乗(って出)る. 〖1882〗
〖(16C) □ F ~ < L *consōbrīnum* child of a mother's sister ← *con-* 'COM- 1'+*sōbrīnus* belonging to sister, cousin by the mother's side ← *soror* 'SISTER' ∽ (?c1225) *cosin(e)* □ OF *cusin, cosin*〗
Cou·sin /ku:zǽ(ŋ), -zǽŋ; *F.* kuzɛ̃/, **Victor** *n.* クザン (1792–1867; フランスの哲学者・教育改革者).
cous·in·age /kʌ́zənɪdʒ, -zn-/ *n.* =cousinhood. 〖c1340〗
cóusin-gérman *n.* (*pl.* **cousins-**) =cousin 1 a. 〖(?c1300) □ OF *cusin germain*: ⇨ german〗
cóusin·hòod *n.* **1** いとこ同士の間柄. **2** [集合的] いとこたち (cousins); 親類縁者 (relatives). 〖(a1797): ⇨ -hood〗
cóusin-in-làw *n.* (*pl.* **cousins-**) 義理のいとこ《いとこの妻または夫, 妻または夫のいとこ》. 〖1874〗
Cóusin Jáck *n.* コンウォール人 (Cornishman); (特に)コンウォール人の鉱夫. 〖(1880): cf. *Cousin Jan* (1859)〗
cóus·in·ly *adj.* いとこの[らしい, のような]. — *adv.* いとこらしく. 〖(c1815): ⇨ -ly²〗
cous·in·ry /kʌ́zənri, -zn-/ *n.* [集合的] いとこたち (cousins); 親類縁者 (kinsfolk). 〖(1845): ⇨ -ery〗
cóusin·ship *n.* =cousinhood 1. 〖1570〗
Cous·teau /ku:stóu | -tóu; *F.* kusto/, **Jacques Yves** *n.* クストー (1910–97; フランスの海軍士官, 海底探険家; aqualung の発明者).
cou·teau /ku:tóu | -tóu/ *n.* (*pl.* **-teaux** /~z/) 両刃の大型ナイフ《昔の武器》. 〖(1677) □ OF *coutel* ← *coltel* □ L *cultellum* knife〗
cou·ter /kú:tə | -tə^r/ *n.* 〘甲冑〙 (よろいの)肘当(ひじあ)て (⇨ armor 挿絵). 〖(?c1390) □ AF *coutere*=OF *coute* elbow (< L *cubitum* ← *cubāre* to lie down)+-ER¹〗
couth /kú:θ/ *adj.* (~·er; ~·est) **1** 《戯言》 洗練された, みがかれた, 気品のある: ~ upbringing 上品な育ち. **2** 《古》 周知の, よく知られた. — *n.* 洗練, 上品さ (refinement). 〖(lateOE) 《逆成》 ← UNCOUTH〗
couth·ie /kú:θi/ *adj.* (*also* **couth·y** /~/) (**couth·i·er**; **-i·est**) 《スコット》 **1** 優しい, 親切な (kindly). **2** 快適な (comfortable). **3** 素朴な (unsophisticated). 〖(1719) *couthe* pleasant, familiar (< OE *cūþ* (p.p.) ← *cunnan* to know: ⇨ can¹)+-IE〗
cou·ture /ku:túə, ku- | ku:tjúə^r, ku-, -túə^r; *F.* kuty:ʀ/ *n.* **1** 高級婦人服仕立業《デザイン・販売を含む》. **2** [集合的] (デザイナーや縫製師を含めた)高級婦人服店; (そこで作られる)高級婦人服: ⇨ haute couture. 〖(1908) □ F ~ ← *coudre* to sew < L *consuere* ← *con-* 'COM- 1'+*suere* 'to SEW'〗
cou·tu·ri·er /ku:túəriὲɪ, -riə | -tjúəriὲɪ, -túər-, -riə^r; *F.* kutyʀje/ *n.* **1** (婦人服)洋裁店. **2** 男性の婦人服デザイナー; 男性洋裁師[店主]. 〖(1899) □ F ~ 'dressmaker': ⇨ ↑, -ier²〗
cou·tu·riere /ku:túəriὲə, -riə | -tjúəriὲə^r, -túər-, -riə^r; *F.* kutyʀjɛ:ʀ/ *n.* 女性洋裁師, 女性婦人服デザイナー; 女性洋裁店主. 〖(1818) □ F *couturière* (fem.): ⇨ ↑〗
cou·vade /ku:vɑ́:d; *F.* kuvad/ *n.* 〘民族学〙 擬娩(ぎべん)《女性が出産の床にある間, 夫が床について出産の苦しみをまねたり, 食物を制限したりする風習》. 〖(1865) □ F ~ 'a brood' ← *couver* to hatch: ⇨ covey, -ade〗
Couve de Mur·ville /kù:vdəmjuəví:l | -mjuə-; *F.* kuvdəmyʀvil/, **Maurice** *n.* クーブ ド ミルビル (1907–99; フランスの政治家, 首相 (1968–69)).
cou·vert /ku:vέə | -vέə^r; *F.* kuvɛ:ʀ/ *n.* (食卓上の)一人前の食器 (cover *n.* 8 b). 〖(1768) □ F ~〗
cou·ver·ture /kù:vəːtʃùə, -tjùə | -vəːtjùə^r; *F.* kuvɛʀty:ʀ/ *n.* 適温で溶かしてケーキや糖菓にかけるチョコレート. 〖(1935) □ F ~ 'covering'〗
COV 《略》 〘統計〙 covariance; 〘遺伝〙 crossover value.
cò·válence *n.* **1** 〘化学〙 共有原子価《原子が結合して分子を構成するときの両原子に共有の電子対 (electron pairs) の数; cf. electrovalence》. **2** =covalent bond.
cò·válent *adj.* **cò·válent·ly** *adv.* 〖(1919) ← co-¹+VALENCE〗
cò·válency *n.* 〘化学〙 =covalence.
coválent bónd *n.* 〘物理化学〙 共有結合, 等極結合 (cf. ionic bond). 〖1939〗
cò·váriance *n.* 〘数学・統計〙 共分散, 共変量《二つの確率変数とそれぞれの平均値との差の積の平均値, すなわちそれぞれの標準偏差と相関係数との積; 略 COV; cf. variance 6, standard deviation》. 〖(1878) ← co-¹+VARIANCE〗
cò·váriant *adj.* 〘数学〙 共変の《基本になるものと同じ形式に従って変化することをいう; cf. contravariant》. 〖1853〗
cò·variátion *n.* 〘統計〙 共変動 (cf. covariant). 〖1925〗
Co·var·ru·bias /kòuvərú:biəs | kəu-; *Am.Sp.* koβarúβjas/, **Miguel** *n.* コバルビアス (1904–57; メキシコの画家・作家; 書籍や雑誌のイラストで知られる).
cove¹ /kóuv | kə́uv/ *n.* **1** (山陰などの)小湾, (崖の間などの)入江 (cf. creek 2). **2 a** (けわしい山の)谷道; 山陰; 小さい谷. **b** (ふつう浸食によってできた)小さい洞穴. **c** 《米》 山林地帯に入り込んだ草地. **3** 〘建築〙 **a** へこんだ molding や vault. **b** (天井・屋根裏などの)弓形折上げ (coving). — *vt.* 〘建築〙 **1** 〈炉辺などを〉内側に丸味をつける, 弓形に曲げる. **2** 〈天井・屋根などを〉弓形に折り上げる. 〖OE *cofa* chamber < Gmc **kuƀon* (G *Koben* pigsty / ON *kofi* hut) ← IE **ku-* hollow space; to bend (Gk *gúalon* hollow)〗
cove² /kóuv | kə́uv/ *n.* 《英俗古・豪》 やつ, 人, 男 (chap): a rum ~ おかしなやつ / that old ~ あのおやじ. 〖(1567) □ ? Gipsy *kova* thing, creature: cf. 《スコット》 *cofe* chapman〗
cóve céiling *n.* 〘建築〙 折上げ天井《壁上部と天井との連続部分が凹弧面をなすもの》. 〖cf. *coved ceiling* (1796)〗
coved /kóuvd | kə́uvd/ *adj.* 〘建築〙 弓形折上げの. 〖(1756): ⇨ cove¹, -ed 2〗
co·vel·line /kouvéli:n | kəu-/ *n.* 〘鉱物〙 =covellite. 〖(1850): ⇨ ↓, -ine³〗
co·vel·lite /kouvélaɪt | kəuv-/ *n.* 〘鉱物〙 銅藍, 天然硫化銅 (CuS) 《covelline またはその色にちなんで indigo copper ともいう》. 〖(1868) ← *Niccolò Covelli* (1790–1829: 発見者であるイタリアの化学者): ⇨ -ite¹〗
cov·en /kʌ́vən/ *n.* [単数または複数扱い] 魔女の集会; (特に) 13 人の魔女の一団. 〖(1500–20) 《転用》 ← ME *covine* □ OF *covin(e)* ← L *convenīre* (↓)〗
cov·e·nant /kʌ́v(ə)nənt/ *n.* **1** 契約書; 盟約, 誓約 (contract): keep [break] ~ with …との契約[誓約]を守る[破る]. **2** (ある金額を定められた期間支払う)契約(書)《特に慈善団体への寄付》. **3** 〘法律〙 **a** 捺印証書契約; 捺印証書. **b** 契約条項. **c** (昔の英国の)捺印証書契約訴訟《捺印契約違反に対する損害賠償を請求する際の訴訟形式》. **4** 〘教会〙 (信者間の)盟約, (入信者の)信仰誓約. **5** 〘聖書〙 (神とイスラエル人との間の)約束, 契約: ⇨ ARK of the Covenant, LAND of the Covenant / the Books of the Old [New] *Covenant* 旧[新]約聖書. **6** [C-] 《スコット》 **a** =National Covenant. **b** =Solemn League and Covenant.
Cóvenant of the Léague of Nátions [the —] 国際連盟規約.
cóvenant of wárranty 〘法律〙 瑕疵(かし)担保約款.
— /kʌ́v(ə)nənt, -vənæ̀nt | -v(ə)nənt/ *vt.* 契約[誓約, 盟約]する 〈*that, to do*〉: He ~*ed that* he would make a donation of 100 pounds to the church. =He ~*ed to* make a donation of 100 pounds to the church. 教会に 100 ポンドの寄付をすることを誓約した. — *vi.* 契約する: ~ *with* a person *for* something.
〖(?a1300) □ OF ~ (F *convenant*) ← co(n)venir < L *convenīre* ← co-¹+*venīre* 'to COME': ⇨ -ant〗
cov·e·nan·tal /kʌ̀vənǽntḷ | -tḷ/ *adj.* 契約の[に関する]. **~·ly** *adv.* 〖(1863): ⇨ -al¹〗
cóv·e·nant·ed /-v(ə)nəntɪ̀d, -vənæ̀nt- | -v(ə)nənt-/ *adj.* **1** 契約した, 契約によって成立した, 契約上の義務のある. **2** 〘神学〙 神の約束によって与えられた: ~ grace, mercies, etc. 〖(1646): ⇨ -ed 2〗
cov·e·nan·tee /kʌ̀vənænti:, -nən- | -nən-/ *n.* 被契約者《契約においてその履行を受ける人; cf. covenantor》. 〖(1649) ← COVENANT (v.)+-EE〗
cov·e·nant·er /kʌ́v(ə)nəntə, -vənæ̀ntə | kʌ́v(ə)nəntə^r, kʌ̀vənǽntə^r/ *n.* **1** 契約[盟約, 誓約]者. **2** [C-] 〘スコット史〙 盟約派《17 世紀の国民盟約 (National Covenant) および厳粛同盟 (Solemn League and Covenant) の盟約者; cf. wanderer 3》. 〖(1638): ⇨ -er¹〗
Cóv·e·nant·ing /-tɪŋ | -tɪŋ/ *adj.* 《スコット》 盟約派の[に属する]. 〖(1653) ↑〗
cov·e·nan·tor /kʌ́vənəntə, -nən-, kʌ̀vənæntɔ́ə, -nən- | kʌ́vənəntə^r, kʌ̀vənǽntə^r, -næntɔ́:^r/ *n.* 契約者《契約においてその履行の義務を負う人; cf. covenantee》. 〖(1649): ⇨ -or²〗
cóvenant theólogy *n.* 〘キリスト教〙 契約神学 (⇨ federal theology).
Cóv·ent Gárden /kʌ́vənt-, kɑ́(:)v- | kɔ́v-, kʌ́v-/ *n.* **1** コベントガーデン《London 中央部の地区》. **2** コベントガーデン(市場)《もと同所にあった青物・草花卸市場; 現在は Thames 川の南側, Kennington 地区にある; Covent Garden Market ともいう》. **3** =Covent Garden Theatre. 〖*Covent* 《変形》 ← CONVENT: 昔 *Convent of Westminster* の庭であったことから〗
Cóvent Gárden Théatre *n.* [the ~] コベントガーデン劇場《1732 年以来 London の Covent Garden にある劇場; 現在は Royal Opera House のこと (1858 年建造)》.
Cov·en·try /kʌ́vəntri, kɑ́(:)v- | kɔ́v-, kʌ́v-/ *n.* コベントリー《イングランド中部 Birmingham 西方の工業都市》.
sénd a person to Cóventry 〈人を〉仲間はずれにする, のけ者にする; 〈人〉と絶交する (ostracize). 〖(1647): かつて Coventry の住民達が兵士を忌み嫌い, この地に派遣された兵士と交際しなかったことにちなむ〗 〖OE *Couæntre* 《原義》 'tree of *Cofa*' (人名: ← ? *cofa* 'COVE¹')〗
Cóventry béll *n.* 〘植物〙 ヒゲキキョウ (*Campanula trachelium*) 《ヨーロッパ・アジア原産キキョウ科ホタルブクロ属のツリガネソウの一種; 青紫色釣鐘形の花が咲く多年草》. 〖1578〗
cov·er /kʌ́və | -və^r/ *vt.* **1 a** 〈物〉に覆いをする, ふたをする: ~ a dish, saucepan, etc. **b** 〈体・体の一部〉に衣服を着ける; 〈頭〉に帽子をかぶる 〔*with*〕: *Cover* your knees *with* the blanket. ひざに毛布を掛けなさい / ~ oneself *with* a coat 外套で身を包む / ~ one's head [oneself] (特に, 敬礼などのために脱いだ)帽子をかぶる / Pray be ~*ed*. 《古》 帽子をおかぶりください / remain ~*ed* 《古》 着帽のままでいる.
2 a 〈物を〉〔…で〕覆う, 包む, くるむ (wrap up); …の上に覆いかかる, …に広がる (spread over) 〔*with*〕: ~ one's eyes *with* a hand 手で目を覆う / ~ a plant *with* straw 植物にわらの覆いをする / a mountain ~*ed with* snow [thick woods] 雪[密林]に覆われた山 / Snow ~*ed* the garden. 雪が庭一面を覆った / The Roman legions ~*ed* the country. ローマの軍団が国土を覆った[国中に充満した]. **b** [p.p. 形で] 〔…で〕一杯である, 一面〔…で〕ある 〔*with*〕; …に点在する 〔*with, in*〕: be ~*ed with* [*in*] dust [mud] ほ

こり[泥]まみれである / be ~*ed with* flies ハエが群がっている[たかっている] / a face ~*ed with* freckles そばかすだらけの顔 / land ~*ed with* lakes 湖水の点在する土地 / a table ~*ed with* delicacies おいしい物がいっぱい載っているテーブル / a tree ~*ed with* fruit 実がいっぱいなった木. **c** [~ one*self* または p.p. 形で]〈名誉・恥辱などを〉〈余分に〉身に になう, 一身に浴びる〔*with, in*〕: be ~*ed with* [*in*] ignominy [shame] 不面目な[恥ずかしい]思いをする / ~ one*self with* [*in*] glory [honor] 栄誉を一身に になう. **d** 覆い包む (envelop): the splendor which ~*s* the poet その詩人を包む光輝.

3 a …に覆い[カバー, 表紙]を付ける, 表装する; …に上張りを張る〔*with*〕: a book ~*ed with* [*in*] cloth クロースの表紙を付けた本 / ~ the seat of a chair *with* leather 椅子の座部を革張りにする / ~ a wall *with* paper 壁に壁紙を張る. **b** …に塗る, 塗装する〔*with*〕: ~ a wall *with* paint 壁にペンキを塗る. **c** (食事の用意に)〈テーブル〉にテーブルクロス[掛け]を掛ける: ~ the table.

4 a かばう, 保護する; …に保護を与える (shield): ~ one's child *from* an attack *with* one's own body 身をもって子供を攻撃から守る. **b**〘軍事〙援護する;〈後列の者が〉〈前列の者〉にならう[重なる]: ~ the landing [march, retreat] of an army 軍隊の上陸[前進, 退却]を援護する / I'll ~ you while you advance. 君が進む間君を援護するぞ. **c**〈砲・塁などが〉…に対する防衛として役立つ; 見下して制する, 瞰(かん)制する, 射程内に保つ: The fortress ~*s* the territory. その砲台はその地域を瞰制している[射程内にもっている]. **d**〔ピストルなどを〕…に突き付ける〔*with*〕: ~ a person *with* a revolver (逃げれば射つぞと)人にピストルを突き付ける / Don't move! I've got you ~*ed*. 動くな, 逃げれば射つぞ.

5 (見えないよう, 知られないように)覆い隠す;〈感情・醜聞・犯罪などを〉押し隠す (hide)〈*up, over*〉: a photograph ~*ed* by a book 書物の下に隠した写真 / ~ one's confusion [shame] 狼狽[恥ずかしさ]を押し隠す[紛らす] / ~ one's mistake 間違い[失策]を隠す[ごまかす] / ⇨ *cover* (*up*) *one's* TRACKS. **6 a**〈ある距離を〉行く,〈ある土地を〉踏破する (travel): ~ the distance in six days その距離を 6 日で行く[旅する] / ~ twenty miles a day 1 日に 20 マイル行く. **b** 観光に訪問する: ~ three countries in a week 1 週間で 3 か国を観光して回る. **7 a**〈費用などを〉償う[に足りる]; 担保に入れる: wage increases that simply ~ consumer price rises 消費者物価の上昇分を償うだけの賃上げ / My fee barely ~*s* my expenses. 私の受ける謝礼はほとんど経費にも足りないくらいだ. **b**〘保険〙…の危険を担保する, …に保険をつける, (保険をつけて)保護する; 相殺(そうさい)する: My loss is ~*ed* by insurance. 私の損失には保険がかけてある. **8 a** (範囲が)…におよぶ, わたる;〈範囲・場合などを〉含む, 包含する; 網羅する (include);〈研究・主題を〉取り扱う, 論じる (discuss): All possible circumstances are ~*ed* by [in] this clause. あらゆる場合がこの条項に尽くされている / His studies ~ a wide field. 彼の学問[研究]は広い範囲にわたっている / This book ~*s* all common English phrases. この本には普通の英語の成句はみな出ている / The loan was ~*ed* many times over. その公債には数倍に上る応募者があった. **b** …に以上に及ぶ: The park ~*s* 100 acres. その公園は 100 エーカー以上に及んでいる. **c**《米》〈外交員などが〉〈ある地域を〉担当する: a salesman who ~*s* the district その地方を受け持つ外交員. **9**〘新聞・放送〙**a** (記事や写真などで)〈事件を〉報道する (report), 取材する (report); 取材を受け持つ: ~ a meeting, a crime, a fire, an accident, etc. / He has ~*ed* science for the *Journal* for 18 years. 18 年間ジャーナル誌で科学部門の記者をしていた. **b**〈ニュースなどを〉発表する, 公表する, 放送する (broadcast). **10**〘音楽〙〈カバーバージョンを〉録音する. **11**〈相手の賭金〉と同額の賭金を出す, 賭に応じる. **12 a**〈雄馬が〉〈雌馬〉と交尾する, かかる. **b**〈雌鶏が〉〈卵・ひなを〉抱(だ)く. **13**〘トランプ〙(ブリッジなどで)〈直前に出された札〉にかぶせる, のせる《直前の札より上位の札を出す》: ~ an honor *with* an honor 絵札に絵札をのせる. **14**〘野球〙〈塁を〉カバーする《塁手が守備位置を離れて行動するとき, 他の者がその位置を守る》. **15**〘スポーツ・チェス〙**a**〈プレーを妨害するために〉〈相手の選手[駒]を〉マークする. **b** (相手の攻撃から)〈味方の選手[自分の駒]を〉守る; …の後方を守る, カバーする (back up).

16〘証券〙〈空(から)売りした株を〉(決済のため)買い戻す: ~ shorts [short sales] 空売りした株を買い戻す.

— *vi.* **1**〔人のために〕〔人の〕失敗・犯罪などを隠してやる, かばってやる〈*up*〉〔*for*〕: ~ *up for* a negligent friend 怠慢な友人をかばってやる. **2**〔欠席者の〕代理(役)を務める〔*for*〕. **3** 帽子をかぶる. **4** 表面を塗る: The wall ~*s* well. その塀はペンキ(など)ののりがよい / The paint ~*s* well. そのペンキは塗りがよい. **5**〘トランプ〙かぶせる, 上位の札を出す. **6**〘バスケットボール〙味方選手をガードする, ポジションを守る. **7** 空売りした株を買い戻す.

cover in 〈穴などを〉ふさぐ, 埋める,〈墓などに〉土をかぶせる;〈家〉に屋根をつける. ***cover up*** (*vt.*) (1) 完全に覆う: You have to ~ yourself *up* warm when it snows. 雪が降るときには身体を暖かく覆っておくべきだ.《1872》 (2)〈間違い・悪事などを〉隠す. (*vi.*)〘ボクシング〙(ボディまたは頭をグラブで)ガードする.《1926》

— *n.* **1 a** 覆い(物), 外被(物), カバー: a chair [sofa] ~ / the ~ for a chair, sofa, etc. / a glass ~ for a stuffed bird. 鳥の剥製のガラスの覆い. **b** (寝具の)カバー; [*pl.*] 寝具: snuggle down under the ~*s* (of a bed) (ベッドの)寝具の下で気持ちよく寝る. **c** 表紙; 表装, 表貼り; 本のカバー, ジャケット (jacket): a back ~ 裏表紙 / a dust [jacket] ~ 本のカバー / a book in paper ~*s* 紙表紙の本 / read a book [magazine] from ~ to ~ 本[雑誌]を始めから終わりまで読む[通読する] / This book needs a new ~. この本は表紙をつけ直す必要がある. 日英比較 本の表紙の上にかぶせる「カバー」は dust jacket, dust *cover*, あるいは単に jacket という. なお英米では書店の名前などが入った「カバー」をサービスとしてつける習慣はない. **d** (各種の用途に用いる)ふた, 覆い (lid): a ~ for a kettle, saucepan, dish, etc. **e** 屋根 (roof): under ~ 屋根の下で. **f**《英》(自動車の)タイヤの踏面. **2 a** 援護(物); 掩蔽(えんぺい)(物), 遮蔽(しゃへい)(物)《森林・くぼ地など》: ⇨ air cover / under ~ of a barrage 弾幕砲火の援護を受けて / get under ~ 安全な所に身を置く, 避難する, 隠れる / take ~ 遮蔽物を利用する; 隠れる, 避難する. **b** (爆撃機の)掩護戦闘機隊. **3 a** 隠れ場所, 潜伏所 (shelter). **b**〘狩猟〙(獲物の)隠れ場所 (covert)《森林・やぶなど》: a fox in a ~ / beat the ~ 獲物の隠れ場を打ちあさる / break ~〈獲物が〉隠れ場から飛び出す / draw a ~ 獲物をやぶから狩り[追い]出す. **4 a** 秘密を隠すもの, 隠れみの: This contribution is a ~ for his unlawful activity. この寄付は彼の違法行為の隠れ蓑だ / Just one mistake blew the spy's ~. たった一つの誤りでそのスパイは正体がばれた. **b** (夜陰・煙などのような)遮蔽(物), 保護(物) (cloak); かこつけ, 口実 (pretense): under (the) ~ of …に援護のもとに[を受けて] / under (the) ~ of night [darkness] 夜陰に隠れて[紛れて, 乗じて] / under the ~ of friendship 友情に事寄せて[かこつけて] / under the ~ of religion 宗教の名に隠れて. **5 a**〘保険〙保証範囲 (coverage). **b**〘金融〙保証金, 担保物, 敷金 (deposit). **6** =cover version. **7 a** (郵便物の入った)封筒 (envelope): under ~ 封書にして; 同封して / under separate [the same] ~ 別[同]封で, 別[同]便で / under plain ~ (封筒・小包などに)発送人の表示なしで. **b**〘郵趣〙封皮, カバー, エンタイヤ《切手をはって消印されているもの》: a flown ~ 実際に空輸された封筒 / on ~ (切手が)封筒にはって消印されている / ⇨ first-day cover. **8 a** テーブルクロス (table cloth). **b** (食卓上の)一人前の食器《ナプキン・ナイフ・フォーク・スプーン・皿・グラスなど》: a dinner of twenty ~*s* 20 人前の晩餐 / *Covers* were laid for five. 5 人分の膳立てがなされた. **c** =cover charge.《(なぞり) ← F *couvert*》 **9 a** 地面を覆うもの. **b** (その土地一面に生えている)植物 (vegetation): the natural ~ of the land. **c**〘環境〙ある植物に覆われている地面の比率. **d** (特に, スキー用の)雪 (snow). **10** 身代わり, 代役〔*for*〕. **11 a**〘クリケット〙=cover point 1. **b**〘テニス〙コートカバー《守備の広さ》. **c**〘スポーツ〙ガード, 守り. **12**〘気象〙空が雲で覆い隠されている範囲. **13**〘数学〙被覆. **14**〘建築〙=cover plate 2. **15**〘音楽〙(ティンパニーの)弱音奏法《表面に布をかぶせる》.

under cover (1) ⇨ 1 e, 7 a, 4 b. (2) かくれて; こっそりと, 秘かに.

~·er /-vərə | -rə^(r)/ *n.* **~·a·ble** /-v(ə)rəbl/ *adj.* 〖v.: lateOE *covere(n)* ▭ OF *co(u)vrir* (F *couvrir*) < L *cooperīre* to cover wholly ← co-[1]+*operīre* to hide (< **opwerire* ← *op-* 'OB-'+IE **wer-* to cover: ⇨ weir). — n.: (*a*1325) ← OF *cuvrir*〗

cov·er·age /kʌ́v(ə)rɪdʒ/ *n.* **1**〘新聞〙**a** 取材, 報道; 放送. **b** (新聞報道の)取材範囲; 広告の到達範囲. **2** 適用[通用, 保証]範囲. **3**〘保険〙保険による担保, 同担保範囲. **4**〘金融〙**a** 正貨準備(金): a 40 percent gold ~ of paper currency 紙幣に対する 40% の金準備. **b**〘財政〙債務返済のために準備している財源. **5**〘ラジオ・テレビ〙受信可能地域[者数], サービス区域 (service area). **6**〘サッカー〙相手をマークすること.〖(1462)《1912》: ⇨ ↑, -age〗

cóver·àll *n.*《米》**1** 全体を覆うもの. **2** [通例 *pl.*] (上衣とズボンが続きになった)つなぎ服 (《英》boiler suit). **3** 上っ張り (overall). **~ed** *adj.*〖1830〗

cóver-àll *adj.* 包括的な (comprehensive).

cóver chàrge *n.* カバーチャージ, 席料, テーブルチャージ《レストランなどで飲食代以外の余興・サービス料として取る料金》. 日英比較 英語では table charge とはいわない.〖1921〗

cóver cròp *n.*〘農業〙被覆作物《肥料の流失・土壌の浸食などを防ぎ, 窒素の固定などの目的で冬季畑に作るクローバーなど; cf. catch crop》.〖1899〗

Cov·er·dale /kʌ́vədèɪl | -və-/, **Miles** *n.* カバーデイル《1488–1568; 英国の聖職者; 最初の印刷本完訳(英語)聖書 (1535) の訳編者》.

cóver drìve *n.*〘クリケット〙cover point を抜く打球.〖1898〗

cov·ered /kʌ́vəd | -vəd/ *adj.* **1 a** 覆い(屋根)付きの; ふた付きの. **b** 帽子をかぶった. **c** 援護物[遮蔽(しゃへい)物]のある, 遮蔽した (screened, sheltered); 保護された (protected), 隠れた (hidden): a ~ position〘軍事〙掩蔽(えんぺい)[遮蔽]陣地. **2** 保険をかけてある; 社会福祉計画に入っている. **3** [通例複合語の第 2 構成素として] (…で)覆われた: moss-*covered* こけのむした / a snow-*covered* mountaintop 雪をいただいた山頂.〖(1463): ⇨ -ed 2〗

cóvered brídge *n.*〘建築〙有蓋橋, 屋根付き橋.〖1809〗

cóvered-dìsh súpper *n.* 各自食べ物を持参する会食.

cóvered smút *n.*〘植物病理〙オオムギ堅(かた)黒穂病《穀草類の病気で *Ustilago hordei* 菌が寄生し, 子実は黒変し, 無数の厚膜胞子ができるが, 白色の皮膜で包まれ, 飛散しにくい; cf. loose smut》.〖1900〗

cóvered wágon *n.* **1**《米》幌馬車《ズックの屋根付きの大型馬車; 初期開拓者たち (pioneers) が西部地方へ移住するとき, これに家族や家財を積んで大草原 (prairie) を横断して行った; cf. Conestoga, prairie schooner》. **2**《英》〘鉄道〙=boxcar 1.〖1745〗

cóvered wáy *n.* 屋根付き渡り廊下;〘築城〙覆道.〖1685〗

cóver fàctor *n.* 繊維の密度を表す単位.

cóver gìrl *n.* **1** 雑誌の表紙のモデル女性, カバーガール. **2** [C- G-]〘商標〙カバーガール《米国製の化粧品》.〖1915〗

cóver glàss *n.* カバーグラス: **a** 顕微鏡のスライドガラス上の標本を覆うガラスの薄片《coverslip ともいう》. **b** 映写用スライドのフィルムの保護ガラス.〖1881〗

cov·er·ing /kʌ́v(ə)rɪŋ/ *n.* **1** 覆い(物), ふた, 外被, カバー; 屋根; 援護, 遮蔽(しゃへい): a natural ~ of vegetation 自然に生えている一面の草木 / a thin ~ of ice 薄く張りつめた氷. **2** 覆うこと, 被覆, 表紙付け. **3** 買い埋め[戻し]. **4**〘数学〙=cover 13. — *adj.* **1 a** 覆う: ~ material 被覆材. **b**〘軍事〙援護の: ~ fire 援護砲火[射撃] / a ~ party 作業援護隊. **2** (手紙などに添えられて)説明・推薦文などを内容とする: ⇨ covering letter.〖(1303): ⇨ -ing[1]〗

cóvering lètter [nòte] *n.* (同封物や小包, 購買注文書などにつける)添え状, 説明[証明]書.〖1887〗

cóver·less *adj.* 覆いのない.〖(1863): ⇨ -less〗

cov·er·let /kʌ́vəlɪ̀t | -və-/ *n.* **1** ベッドの上掛け (bedspread). **2**《古》上に掛けるもの, 覆い.〖(*a*1325) *coverlite* ▭ AF *covrelit* ← OF *covrir* 'to COVER'+(O)F *lit* (⇨ litter)〗

cóver lètter *n.* =covering letter.

Cov·er·ley /kʌ́vəli | -və-/, Sir **Roger de** *n.* **1** サー ロジャー ド カヴァリー《Addison と Steele の編集した *The Spectator* 誌に載った随筆中の仮想人物; 18 世紀初頭の英国の典型的な地主階級の紳士を表現したもの》. **2**〘ダンス〙⇨ Sir Roger de Coverley.

cóver·lìd *n.*《方言》=coverlet 1.〖?*a*1325〗

cóver nòte *n.*《英》〘保険〙カバーノート, 保険引受証《保険証券発行まで暫定的に保険者が交付する仮証書》.〖1919〗

cóver pàper *n.* カバーペーパー, 表紙用紙《雑誌やパンフレットの表紙に適した丈夫な紙》.

cóver plàte *n.* **1** カバープレート, 当て板. **2**〘建築〙カバープレート《鉄骨構造で梁(はり)や柱のフランジの断面積を増すために重ねる鋼板; flange plate ともいう》.〖1703〗

cóver pòint *n.* カバーポイント: **1**〘クリケット〙point の後衛(の守備位置) (⇨ cricket[1] 挿絵). **2**〘ラクロス〙ポイント前の守備位置, またそのポジションの選手.〖1846〗

cóver príce *n.* カバープライス《新聞や雑誌の表紙に表示されている価格; 各戸に配達される場合の価格とは異なる》.

co·vers. /kóʊvəːs | kə́ʊvəːs/《略》coversed sine.

có·versed síne /kóʊvəːst- | kə́ʊvəːst-/ *n.*〘数学〙余矢(よし)《角の正弦を 1 から引いたもの; 略 covers.》.〖(1706) ← co(SINE)+*versed sine*〗

cóver shòt *n.*〘写真〙広角[全景]写真(撮影).〖1946〗

cóver-shòulder *n.* カバーショルダー《ガーナで着るブラウスの一種》.

cóver·slìp *n.* =cover glass a.〖1854〗

cóver stòry *n.* カバーストーリー《雑誌の表紙の絵[写真]にまつわる記事》.〖1945〗

co·vert /kóʊvəːt, kʌ́vət, koʊvə́ːt | kʌ́vət, kə́ʊvəːt, kəʊvə́ːt/ *adj.* **1** ひそかな, 忍びやかな, 隠密の (⇨ secret SYN); 暗に含む; こっそりなされた[話された] (cf. overt): a ~ glance 人目をはばかる[こっそり見る]一目 / a ~ threat [sneer] それとなく暗に含めたおどかし[あざけり] / ~ intelligence actions 秘密情報活動. **2**《古》(森の中などでの)隠れた, 人目につかない (hidden): a ~ nook 人目につかないすみ《森かげなど》. **3**〘法律〙〈女性が〉(夫の)保護の下にある: ⇨ feme covert.

— /kʌ́vət, kóʊvət, kʌ́və | kʌ́vət, kʌ́və^(r)/ *n.* **1 a** 獲物の隠れ場所. **b** 隠れ場所 (shelter). **c** 隠蔽(いんぺい)工作, 口実; 見せかけ. **2** =covert cloth. **3**〘鳥類〙雨覆(あまおおい)羽 (tectrix ともいう): ⇨ tail covert. **4** オオバン (coot) の群れ.

~·ness *n.*〖(adj.: *c*1303; n.: ?*a*1300) ▭ OF *co(u)vert* (p.p.) ← *covrir* 'to COVER'〗

cóvert áction *n.* (警察・政府情報部による)秘密工作.

có·vert-báron /kóʊvət- | kʌ́vət-/〘法律〙*adj.* = covert 3. — *n.* (*pl.* **coverts-**) 既婚女性である身分: a woman under ~ 妻.〖1512〗

cóvert clòth *n.* 一種のあや織り薄地または普通の外被用毛織物《少量の綿などを混紡し, 防水してある》.〖1895〗

cóvert còat *n.*《英》(covert cloth 製の狩猟・乗馬用などの)短い軽快なコート.〖*a*1893〗

cóver tèxt *n.* 暗号文が隠されている普通の文.

cóver title *n.* 表紙書名[表題], カバータイトル《出版社製本で, 図書の平(ひら)や背に示された書名; cf. binder's title》.

có·vert·ly *adv.* **1** それとはなしに, 暗に (indirectly). **2** 内密に, ひそかに.〖(*a*1400): ⇨ -ly[1]〗

cov·er·ture /kʌ́vətʃə, -tʃʊ̀ə | -vətʃə^(r), -tʃʊ̀ə^(r), -tjʊ̀ə^(r)/ *n.* **1 a** 覆い, 被覆物 (covering). **b** 援護物 (shelter); 保護. **2** 隠れ場, 避難所. **3** 隠蔽(いんぺい), 粉飾. **4**〘法律〙(夫の保護下にある)妻の地位[身分], 有夫の地位[身分] (cf. discovert, feme covert): under ~ 有夫[妻]の身分で.〖(?*a*1200) ▭ OF ~ (F *couverture*): ⇨ covert, -ure〗

cov·er-up /kʌ́vəʌ̀p | -və(r)-/ *n.* (*also* **cov·er·up** /~/) **1** 隠れる[隠す]こと[技術, 策略]; 隠蔽, 隠匿(いんとく): attempt [deny] a ~ もみ消しを企てる[否定する]. **2** 上掛け《水着や運動着の上にはおる女性用衣類の総称; ビーチコート, カフタン (caftan) など》.〖1927〗

cóver vèrsion *n.* カバーバージョン《ヒット曲などをオリジナルのアーティストとは別の人が歌って[演奏して]録音したもの; cover ともいう》.〖1966〗

cóve stripe *n.*〘海事〙(帆船の)舷側厚板に沿って塗られた装飾の線.

cov·et /kʌ́vɪ̣t/ *vt.* **1** 〈他人の物などを〉むやみ[不法]にほしがる, 自分の物にしたがる (⇨ desire, envy SYN): All ～ all lose. 《諺》すべてを望まばすべてを失う,「大欲は無欲に似たり」. **2** 切望する, 熱望する: ～ honors. — *vi.* ひどくほしがる〔*for, after*〕: ～ *for* [*after*] fame 名声をほしがる. **～·er** /-tə | -tə^(r)/ *n.* **～·ing·ly** /-tɪŋli | -tɪŋ-/ *adv.* 〘(*a*1250) coveite(n) ◻ OF cuveitier (F convoiter) < VL *cupiditāre ← L *cupiditās* 'CUPIDITY': cf. Cupid〙

cov·et·a·ble /kʌ́vɪ̣təbḷ | -tə-/ *adj.* ほしくてたまらない, 手に入れたい. 〘(*a*1400): ⇨ ↑, -able〙

cov·et·ous /kʌ́vɪ̣təs | -təs/ *adj.* **1** 〔他人の物などを〕非常に[むやみに]ほしがる (desirous)〔*of*〕(⇨ greedy SYN): be ～ *of* the picture その絵がほしくてたまらない. **2** ほしそうな; 欲張りの, 強欲な (greedy). **～·ly** *adv.* **～·ness** *n.* 〘(*c*1250) ◻ OF coveito(u)s ← L *cupiditās* 'CUPIDITY': ⇨ covet, -ous〙

cov·ey /kʌ́vi/ *n.* **1** (イワシャコ・ウズラなどのように生まれてからしばらく母鳥と群居する鳥の)群れ (brood) (⇨ group SYN): spring [start] a ～ (of partridges) (イワシャコの)一群を飛び立たせる. **2** (少数の)一群, 一組, 一団 (party): a ～ of children, young girls, etc. 〘(*c*1350) ◻ OF *covee* (F *couvée*) ← *cover* (F *couver*) to sit or brood on < L *cubāre* to lie down〙

Co·vi·lhã /ku:viljǽ:(ŋ), -ljáːŋ; *Port.* kuviʎɐ̃/, **Pê·ro da** /*Port.* péruðɐ/ *n.* コヴィリャン (1460?–?1526; ポルトガルの探検家).

cov·in /kʌ́vɪ̣n, kóuv- | kʌ́vɪn/ *n.* (*also* **cov·ine** /～/) **1** 〔法律〕詐害通謀 (なれ合いの上で第三者に害をおよぼす通謀; cf. collusion 2). **2** 《古》詐欺 (fraud). 〘(*c*1303) *covine* trick, affair ◻ OF *covin(e)* < ML *convenium* agreement ← L *convenīre* to agree: ⇨ convene〙

cov·ing /kóuvɪŋ/ *n.* 〔建築〕(上の階が下より前に突き出ている)折上げ, 出張り, (弓形の)張出し. 〘(1703): ⇨ cove¹ (v.)〙

Cov·ing·ton /kʌ́vɪŋtən/ *n.* コビントン (米国 Kentucky 州北部, Ohio 川に臨む都市, Ohio 州の Cincinnati の対岸にある; カトリックの大聖堂がある). 〘← *Gen. L. Covington* (1768–1813: 1812 年戦役の英雄)〙

cow¹ /káu/ *n.* (*pl.* ～**s**, 《古·詩》**kine** /káɪn/) **1 a** 雌牛, 乳牛 (通例 3 歳以上, 子を産んだもの; cf. ox 1, bull¹): keep ～*s* 牛を飼う / milk a ～ 牛の乳を絞る. **b** [通例 *pl.*] (年齢・性に関係なく家畜としての)牛 (cattle). **2 a** (サイ・ゾウ・アザラシ・クジラなどの)雌 (cf. bull¹ 1 b). **b** [形容詞的に] 雌の (female): a ～ elephant, whale, etc. **3** 《俗》[軽蔑的に] **a** 女, あま (woman). **b** 下品な[だらしのない, ふしだらな]女性. **4** 《豪俗》いやなやつ[物, 事, 立場]. ★ 特に次の句で: a fair ～ いやなやつ.
have a ców 《米口語》かんかんに怒る; あわてふためく. ***till the cóws còme hóme*** 《口語》長い間, いつまでも.
〘OE *cū* < Gmc *kō(u)z cow (Du. *koe* / G *Kuh*) ← IE *gʷōus ox, bull, cow (L *bōs* ox / Gk *boûs* / Skt *gāus*): cf. beef〙

cow² /káu/ *vt.* おどかす, 恐れさせる (intimidate): be ～*ed* おじけづく, おびえる. **cówed·ly** *adv.* 〘(1606) ◻ ON *kūga* to tyrannize over〙

cow³ /káu/ *vt.* 《スコット》**1** 〈髪を〉短く刈る; 〈牛の角を〉切る (poll, clip). **2** …に卓越する (exceed). 〘(*c*1500) (変形) ← 《廃》*coll*: cf. Icel. *kollr* head〙

cow·a·bun·ga /kàuəbʌ́ŋgə/ *int.* 〔サーフィン〕カウアバンガ (波頭に乗るときの叫び声); 万歳, やったー, わーい, うわーっ. 〘(*c*1950)? 恣意的造語〙

cow·age /káuɪdʒ/ *n.* 〔植物〕**1** 熱帯産マメ科のトビカズラの類の植物 (*Mucuna pruriens*); その植物のさやまたはさやの毛 (密生した堅い毛で刺さると耐えがたいかゆみを覚える; 時に駆虫剤に用いる). **2** =trumpet creeper 1. 〘(1640) (転訛) ← Hindi *kavāc*〙

cow·al /káuəɫ/ *n.* 〔豪〕(植物の繁茂を助ける)沼地, 湿地. 〘(1882) ← ? *Qld* (現地語)〙

cow·ard /káuəd | -əd/ *n.* 臆病者, 腰抜け, 卑怯者 (poltroon). — *adj.* **1** 臆病な, 腰抜けの, 卑怯な (timid); 臆病者らしい (cowardly): ～ fear 腰抜けらしい恐れ. **2** 〔紋章〕〈ライオンなど〉尾を両足の間に入れた姿勢をとっている: a lion ～. — *vt.* 《廃》臆病にさせる, びくびくさせる. 〘(*a*1250) *couard* ◻ OF *c(o)uard, coart* (F *couard*) ← *co(u)e* (F *queue*) tail < L *caudam*: ⇨ caudal, -ard:「尾を巻くこと, 両脚の間に隠すこと」からか〙

Cow·ard /káuəd | -əd/, **Sir Noel** (**Pierce**) *n.* カワード (1899–1973; 英国の劇作家・俳優・作曲家; *Hay Fever* (1925), *Private Lives* (1930)).

cow·ard·ice /káuədɪ̣s | -ədɪs/ *n.* 臆病, 卑怯, 小胆. 〘(?*a*1300) ◻ OF *couardise*: ⇨ coward, -ice〙

cow·ard·ly /káuədli | -əd-/ *adj.* 臆病な, 意気地のない (⇨ timid SYN); 卑怯な, 卑劣な (mean): ～ conduct ふがいない行為 / a ～ lie 卑劣なうそ. — *adv.* 臆病者らしく, 卑怯にも. **ców·ard·li·ness** *n.* 〘(*a*1375): ⇨ -ly¹〙

ców·ard·shìp *n.* 《廃》=cowardice.

cow·ard·y /káuədi | -ədi/ *adj.* 《英口語》[通例子供があざけって用いて] 臆病な: *Cowardy*, ～, custard! やーい, やーい, いくじなし. 〘(1836) ← COWARD + -Y⁴〙

ców bàil =bail⁴ 2. 〘1851〙

ców·bàne *n.* 〔植物〕牛に有毒だといわれている数種の草本の総称 (《アメリカ》ドクゼリ (water hemlock) など). 〘(1776) ← cow¹ + BANE〙

ców bèan *n.* 〔植物〕=cowpea.

ców·bèll *n.* **1 a** (所在を示すため)牛の首につるした鈴. **b** カウベル (ダンス音楽に用いる打楽器の一種; 形状と音が同上の鈴に似ている). **2** 《米》〔植物〕シラタマソウ (*Silene latifolia*) (bladder campion ともいう). 〘1625〙

cow·ber·ry /káubèri, -b(ə)ri | -b(ə)ri/ *n.* 〔植物〕**1** コケモモ (⇨ mountain cranberry). **2** =marsh cinquefoil. **3** 《米》=partridgeberry 1. 〘1800〙

ców·bìnd *n.* 〔植物〕=bryony 1.

ców·bìrd *n.* 〔鳥類〕コウウチョウ(香雨鳥) (*Molothrus ater*) (北米産のムクドリモドキ科の鳥; 牛の背にいて牛が動くときに飛び立つ昆虫を捕食する; cow blackbird ともいう). 〘1816〙

cow·boy /káubɔ̀ɪ/ *n.* **1** 《米》**a** 牛飼い, カウボーイ (cowhand) (米国西部地方またはカナダ・メキシコなどの牧畜農場で, 馬に乗って働く男性). **b** 西部開拓時代の無法者[ならず者]. **c** カウボーイのような技を見せる人, rodeo などの出演者; (西部劇などの)カウボーイ役. **2** 《口語》**a** (ビジネスで)無節操なことをする人, 悪徳商人. **b** 無鉄砲な男, (特に)乱暴な運転をするドライバー. **3** 〔米史〕独立戦争当時 New York 付近の中立地区で乱暴を働いた反独立派とみなされるゲリラ隊員 (cf. skinner 5). **4** 《豪》牛の世話をする少年, 牧童.
cówboys and Índians 〔遊戯〕西部劇ごっこ. (1887)
〘1623〙

cówboy bòot *n.* (カウボーイのはく)カウボーイブーツ. 〘1895〙

cówboy hàt *n.* カウボーイハット (つば広で両サイドがやや上にそったクラウンの大きなソフト帽; ten-gallon hat ともいう). 〘1895〙

ców·càtcher *n.* **1** 《米》(機関車または電車の前に取り付けて障害物を除くための)排障器 (⇨ locomotive 挿絵). **2** 〔ラジオ・テレビ〕カウキャッチャー (番組直前に入れる短いコマーシャル). 〘1838〙

ców chìp *n.* 《米》乾燥牛糞(ふん).

ców còckle *n.* 〔植物〕=cowherb.

ców còcky *n.* 《豪・NZ 口語》(零細)酪農家. 〘1914〙

ców còllege *n.* 《米俗》**1** (大学の)農科専門部; 農科大学. **2** (文化・伝統のない)田舎大学. 〘1913〙

Cow·ell /káu(ə)ɫ/, **Henry** (**Dixon**) *n.* カウエル (1897–1965; 米国の作曲家).

cow·er /káuə | káuə^(r)/ *vi.* **1** (寒さや恐怖のために)ちぢこまる, (怖くて)震え上がる, おじける (quail). **2** 〔英方言〕かがむ, かがみ込む. — *vt.* 《スコット》かがめる. 〘(*a*1300) *coure(n)* ◻ MLG *kūren* to lie in wait: cf. G *kauern* to cower, crouch〙

Cowes /káuz/ *n.* カウズ (イングランドの南岸沖, Isle of Wight 北部の海港; 海水浴場・ヨットレース地として有名). 〘← cow¹: Wight 島沖の砂洲が 'the Cow' とよばれたことから〙

cow·fe·te·ri·a /kàufətíᵊriə | -fɪ̣tɪər-/ *n.* 《NZ 口語》多数の乳首が付いている子牛用の授乳器. 〘(混成) ← cow¹ + (CA)FETERIA〙

ców·fìsh *n.* **1** 〔動物〕**a** カイギュウ(海牛)類の各種の動物の総称 (カイギュウ (sea cow), マナティー (manatee) など). **b** クジラ目の小形の動物の総称 (ネズミイルカ (porpoise), イルカ (dolphin), ハナゴンドウ (grampus) など). **2** 〔魚類〕(頭部に角状の突起のある)ハコフグ (trunkfish). 〘1634〙

ców·flòp *n.* (*also* **ców·flàp**) 《俗》**1** 牛の糞(ふん) (cowpat). **2** たわごと, だぼら (bullshit). 〘1847〙

ców·gìrl *n.* 《米》**1** 牛の世話をする女性. **2** カウボーイの役をする女性, 女性のカウボーイ. 〘1884〙

ców·gràss *n.* 《豪》〔植物〕=red clover.

Ców Gùm *n.* 〔商標〕カウガム (英国製の無色のゴム系接着剤・粘着テープ).

cow·hage /káuɪdʒ/ *n.* =cowage.

ców·hànd *n.* 牧場労働者, カウボーイ (cowboy). 〘1886〙

ców·hèel *n.* 長時間かけて柔らかく煮込んだ牛の足 (ゼラチン質が多く, シチュー・スープなどに用いる). 〘1655〙

ców·hèrb *n.* 〔植物〕ドウカンソウ (*Saponaria vaccaria*) (cow cockle, soapwort ともいう). 〘1866〙

ców·hèrd *n.* 牛飼い (cf. shepherd 1). 〘OE *cūhyrde*: ⇨ cow¹, herd¹〙

ców·hìde *n.* **1** 雌牛の皮 (cowskin). **2 a** 牛革のむち (cf. rawhide 2). **b** [通例 *pl.*] 牛革の靴. — *vt.* 牛革のむちで打つ. 〘*a*1399〙

ców hòrse *n.* 《米》牧牛用の馬, カウボーイの乗用馬. 〘1853〙

ców·hòuse *n.* 牛小屋, 牛舎 (cowshed). 〘1530〙

Ców·i·chan swéater /káuɪ̣tʃən- | káuɪ-/ *n.* 《カナダ》カウチンセーター (白またはグレー地に動物などの模様を編み込んだもの; もと Vancouver 島の Cowichan インディアンが作っていた; Indian sweater, Siwash, siwash sweater ともいう).

ców·ish /-ɪʃ/ *adj.* **1** 牛のような (bovine). **2** 《廃》こわがる, 臆病な (cowardly). 〘(1570): ⇨ -ish¹〙

cow·itch /káuɪtʃ/ *n.* =cowage. 〘(1665) 通俗語源〙

cowk /káuk/ *vi.* 《スコット方言》吐き気をもよおす, むかつく.

ców kèeper *n.* 《米》牧牛業者. 〘1680〙

ców kìller *n.* 〔昆虫〕北米南部産アリバチの一種 (*Dasymutilla occidentalis*) (アリバチ科の中では大形で, 雌は毛に覆われ翅がない; 刺されると牛が死ぬといわれる).

cowl¹ /káuɫ/ *n.* **1 a** (修道士 (monk) の)頭巾付き外衣. **b** (修道士の着る)外衣の頭巾 (hood). **c** 修道士の象徴; 修道士 (monk). **2 a** 僧帽状のもの. **b** 煙突帽. **c** (通風筒の頂上の)防護フード, 通風帽, 換気帽. **d** (機関車煙突の頂上の)火の粉止め (金網のかご). **e** (自動車の)前面上部, カウル (前窓・計器板が取り付けられる). **f** 〔航空〕=cowling. **g** カウル (cowl neck) (cowl (1 a) を前につけたようにソフトなドレープの入ったネックライン). — *vt.* **1** …に僧帽をかぶせる; 修道士にする. **2** 僧帽状のもので覆う. 〘ME *coule* < OE *cuġ(e)le, cūle* hood ◻ LL *cuculla* cowl ← L *cucullus* hood ← ? Celt.〙

cowl² /kóuɫ, kúːɫ | káuɫ, kúːɫ/ *n.* 《古》(二つの取っ手に棒 (cowlstaff) を通して二人でかつぐ)大きな水桶(おけ). 〘(*c*1250) *covel* ◻ OF *cuvele* ((dim.) ← *cuve* rub) < L *cūpellam* (dim.) ← *cūpa* tub, cask, vat (⇨ cup): cf. OE *cūfel* tub〙

cowled /káuɫd/ *adj.* **1** 僧帽[僧帽状のもの]を付けた[かぶった]. **2** 〔生物〕僧帽状の (hooded, cucullate). 〘(1561): ⇨ cowl¹, -ed 2〙

C

Cow·ley /káuli/, **Abraham** *n.* カウリー (1618–67; 英国の詩人・劇作家・随筆家; *Essays, in Verse and Prose* (1668)).

Cowley, Malcolm *n.* カウリー (1898–1989; 米国の詩人・批評家; *Exile's Return* (1934)).

Ców·ley·an óde /káuliən-/ *n.* 〔詩学〕カウリー風オード (A. Cowley が Pindaric ode を変形させたもの; English ode, irregular ode ともいう).

cówl flàp *n.* 〔航空〕カウルフラップ (ピストンエンジンのカウリング (cowling) の後端につけた可動板で, 離昇時などエンジンが冷えにくいときはこれを開き, 巡航・降下時には閉じるようになっている).

ców·lìck *n.* 《米》(額の上などの他と違った方向に生えている)立毛, 逆毛. 〘(1598): 牛になめられたような形から〙

ców·lìke *adj.* 牛のような.

ców lìly *n.* 〔植物〕=spatterdock. 〘1862〙

cowl·ing /káulɪŋ/ *n.* 〔航空〕カウリング (飛行機のピストンエンジンの流線形覆い; cowl ともいう; cf. fairing²). 〘(1917): ⇨ cowl¹, -ing¹〙

cówl nèck *n.* カウルネック (曲線上にドレープが入った婦人服のネックライン; cowl neckline ともいう; cf. cowl¹ 2 g). **cówl-nécked** *adj.*

cówl·stàff *n.* 《古・英方言》大桶 (cowl) をかつぐ天びん棒. 〘(*c*1250): ⇨ cowl², staff¹〙

ców·man /-mən, -mæ̀n/ *n.* (*pl.* **-men** /-mən, -mèn/) **1** 《米》牧畜農場主, 牧牛業者 (ranchman). **2** 《英》牛飼い (cowherd). 〘1677〙

có-wòrker *n.* 協力者 (fellow worker).

cowp /káup, kóup | káup, kɔ́up/ *n.* 《スコット》=coup².

ców pàrsley *n.* 〔植物〕=wild chervil 1.

ców pàrsnip *n.* 〔植物〕ハナウド (セリ科ハナウド属 (*Heracleum*) の植物の総称; 日本・北米産の *H. lanatum* など; hogweed, keck ともいう).

ców·pàt *n.* 牛の糞(ふん)の丸い塊. 〘1954〙

ców·pèa *n.* **1** 〔植物〕ササゲ (*Vigna sinensis*) (米国南部では牛の飼料または土地を肥やすために広く栽培する). **2** ササゲ豆 (食料になる; black-eyed pea ともいう). 〘1846〙

ców pèn *n.* 牛の囲い. 〘1635〙

Cow·per /kúːpə, káu- | -pə^(r)/, **William** *n.* クーパー (1731–1800; 英国の詩人: *John Gilpin* (1782), *The Task* (1785)).

Ców·per's glànd /káupəz-, kúː- | -pəz-/ *n.* 〔解剖〕カウパー腺 (尿道括約筋内に存在する男性の副性腺; bulbourethral gland ともいう; cf. Bartholin's gland). 〘← *William Cowper* (1666–1709: その発見者である英国の解剖学者)〙

ców pìe *n.* 《米》=cow chip.

ców·pìllow *n.* (インドの)綿を詰めた大型円筒形の枕 (もたれるのに用いる).

ców pìlot *n.* 〔魚類〕スズメダイ科の小魚 (*Abudefduf saxatilis*) (体に黒い横条のある小海魚で日本南部・太平洋の熱帯部・西インド諸島および熱帯アメリカの両沿岸に多い; pintano, sergeant major ともいう). 〘1884〙

ców·pòke *n.* 《米口語》=cowboy 1. 〘← cow-(PUNCHER) + POKE²〙

ców pòny *n.* 《米》牧牛用のポニー馬, カウボーイ用のポニー馬. 〘1874〙

ców·pòx *n.* 〔獣医〕牛痘 (vaccinia).

COWPS 《略》Council on Wage and Price Stability.

ców·pùncher *n.* 《米口語》=cowboy 1. 〘1878〙

cow·rie /káuri | káuri, káuəri/ *n.* (*also* **cow·ry** /～/) 〔貝類〕**1** タカラガイ, コヤスガイ (ホシダカラ (*Cypraea tigris*) などタカラガイ科の美しい貝類の総称; 装飾に用いたり, アフリカ西部およびアジア南部の未開地ではその貝殻を貨幣に用いた). **2** タカラガイの貝殻. 〘(1662) ◻ Hindi *kauṛī*〙

cò·wríte *vt.* 〈本などを〉共同執筆する.

cò·wrìter *n.* 共著者.

ców shàrk *n.* 〔魚類〕カグラザメ科の魚類の総称; (特に)カグラザメ (*Hexanchus griseus*).

ców·shèd *n.* 牛小屋, 牛舎 (cowhouse). 〘1886〙

ców·shòt *n.* 《俗》〔クリケット〕腰をかがめて打つ強打. 〘1922〙

ców·skìn *n.* **1** =cowhide 1. **2** =cowhide 2 a.

cow·slip /káuslɪp/ *n.* 〔植物〕**1** キバナノクリンザクラ (*Primula veris*) (春牧草地などに生え, 芳香のある黄色の花が咲くサクラソウの一種; English cowslip, paigle ともいう; cf. oxlip). **2** 《米》**a** =marsh marigold. **b** =shooting star 2. **c** =Virginia cowslip. 〘OE *cūslyppe* cow dung, (原義) cow slobber ← *cū* 'cow¹' + *slyppe* slime (⇨ slip³): cf. OE *cūsloppe* (ME *cousloppe*): cf. oxlip〙

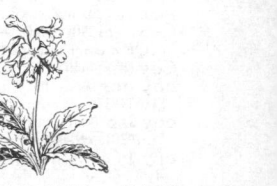

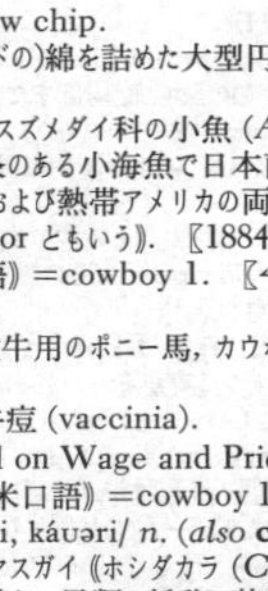

cowslip
(*Primula veris*)

cówslip tèa *n.* 《英》キバナノクリンザクラ (cowslip) の花を煮出した飲料. 〘1796〙

cówslip wìne *n.* 《英》キバナノクリンザクラ (cowslip) の花から造った酒. 〚1723〛
ców's tàil *n.* 〘海事〙=Irish pennant 1.
ców·tòngue *n.* 〘植物〙=yellow clintonia.
ców tòwn *n.* 《米》 **1** 牧牛地の中心都市. **2** 小さな孤立した田舎町. 〚1885〛
ców trèe *n.* 〘植物〙樹幹から牛乳のような樹液を出す各種の樹木の総称: **a** 南米産クワ科の *Brosimum utile*. **b** =bully tree. 〚1830〛

C

ców vètch *n.* 〘植物〙クサフジ (*Vicia cracca*) 《マメ科ソラマメ属の多年生つる草》.
cow·wheat /káu(h)wiːt | -wiːt/ *n.* 〘植物〙ママコナ《ゴマノハグサ科ママコナ属 (*Melampyrum*) の雑草の総称》. 〚1578〛
cow·y /káui/ *adj.* (**cow·i·er**; **-i·est**) **1** 牛の[に関する, を思わせる] (bovine). **2** 〈牛乳など〉(味・香りが)牛くさい: ~ milk. 〚(1893): ⇨ -y¹〛
cox /kɑ́(ː)ks | kɔ́ks/ *n.* **1** 《口語》((ボートレースの)ボートの)かじ取り, コックス (coxswain). **2** [C-] =Cox's Orange Pippin. — *vt.* 〈(ボートレースの)ボート・クルー〉のコックスを務める: ~ a boat. — *vi.* コックスを務める. 〚(1869) 《略》← COXSWAIN〛
Cox /kɑ́(ː)ks | kɔ́ks/, **David** *n.* コックス《1783–1859; 英国の風景画家》.
cox·a /kɑ́(ː)ksə | kɔ́k-/ *n.* (*pl.* **cox·ae** /-siː, -saɪ/) **1** 〘解剖〙また, 股関節 (hip joint); 臀部(でんぶ) (hip). **2** 〘動物〙 **a** 基節《昆虫の脚が胸部に接続する部分》. **b** (甲殻類の)底節. 〚(1826) ← NL ~ ← L〛 **cóx·al** /-səl, -sl/ *adj.* 〚(1706) □ L ~ 'hip': cf. cushion〛
cox·al·gi·a /kɑ(ː)ksǽldʒiə, -dʒə | kɔk-/ *n.* 〘病理〙股関節痛. **cox·al·gic** /kɑ(ː)ksǽldʒɪk | kɔk-/ *adj.* 〚(1859) ← NL ~ : ⇨ coxa, -algia〛
cóxal glànd *n.* 〘動物〙基節腺, 底節腺, 脚基腺《節足動物の脚の基部にある排出器官》.
cox·al·gy /kɑ́(ː)ksældʒi | kɔ́k-/ *n.* 〘病理〙=coxalgia. 〚1851–60〛
cox·comb /kɑ́(ː)kskòum | kɔ́kskəum/ *n.* **1 a** 《古》しゃれ者, だて男, 気取り屋 (fop). **b** 《廃》ばか者. **2 a** 《廃》(中世の道化師が用いた)鶏冠状の赤帽子. **b** 《古・戯言》頭の頂上, 頭 (head). **3** =cockscomb 1, 3. 〚(1573) ← *cock's comb*〛
cox·comb·ic /kɑ(ː)kskóumɪk, -kɑ́(ː)m- | kɔkskə́um-, -kɔ́m-/ *adj.* =coxcombical. 〚1784〛
cox·comb·i·cal /kɑ(ː)kskóumɪkəl, -kɑ́(ː)m-, -kl | kɔkskə́umɪ-, -kɔ́m-/ *adj.* しゃれ者の, きざな. **~·ly** *adv.* 〚(1716): ⇨ ↑, -al¹〛
cox·comb·ry /kɑ́(ː)kskòumri | kɔ́kskəum-/ *n.* **1** きざな態度, 気取った態度 (foppery). **2** しゃれ者の特徴; きざ, 気取り. 〚(1608): ⇨ -ery〛
coxed *adj.* コックス (cox) が乗った. 〚(1939): ⇨ -ed 2〛
Cox·ey /kɑ́(ː)ksi | kɔ́k-/, **Jacob Sechler** *n.* コクシー《1854–1951; 米国の実業家・社会改革家; Coxey's Army とよばれた失業者の一団を率いデモ行進をして失業者救済を訴えた (1894)》.
cox·op·o·dite /kɑ(ː)ksɑ́(ː)pədàɪt | kɔksɔ́p-/ *n.* 〘動物〙底節《甲殻類の脚の最基部または第一関節》. 〚(1870) ← COX(A)+-O-+-POD²+-ITE¹〛
Cox·sáck·ie vìrus /kɑ(ː)ksǽki-, kuksɑ́ː- | kɔksǽki-, kuksɑ́ː-/ *n.* 〘医学〙コクサッキーウイルス《脊髄炎ウイルスに似ていて麻痺(まひ)その他の炎症症状を起こす》. 〚(1949) ← *Coxsackie* (その最初の患者が出た米国 New York 州の町の名)〛
Cóx's Órange Píppin /kɑ́(ː)ksɪz- | kɔ́k-/ *n.* コックスオレンジピピン《皮が赤みがかった緑色をした甘いデザート用リンゴ; 単に Cox ともいう》.
cox·swain /kɑ́(ː)ksən, -sn̩, -swèɪn | kɔ́k-/ *n.* **1** (救命艇などの)艇長, かじ取り; (小型艦の)先任下士官. **2** ((ボートレースの)ボートの)かじ取り, コックス《通例 cox と略称する》. — *vt.* 〈ボート〉の艇長[かじ取り]を務める. — *vi.* 艇長を務める. **~·less** *adj.* **~·ship** *n.* 〚(1327) ← 《廃》*cock* cockboat+SWAIN: cf. boatswain〛
Cóx·well chàir, c- c- /kɑ́(ː)kswel-, -wəl- | kɔ́ks-/ *n.* =Cogswell chair.
cox·y /kɑ́(ː)ksi | kɔ́k-/ *adj.* (**cox·i·er**; **-i·est**) 《英》生意気な, 気取った (conceited). **cóx·i·ly** /-sɪli/ *adv.* **cóx·i·ness** *n.* 〚(1728) 《変形》← COCKY〛
coy /kɔ́ɪ/ *adj.* (~·er; ~·est) **1 a** 恥ずかしそうなふりをする, かまととぶった; 気取って[なまめかしく]内気な. **b** 〈若い娘が〉恥ずかしがりの, 内気な (shy): be ~ *of* speech はにかんでろくに口もきけない. **2** 責任回避の; 現実逃避の (evasive); (確約を渋って)優柔不断な. **3** 《古》〈場所が〉人目につかない, 奥まった (secluded). **4** 《廃》静かな (quiet). **5** 《廃》軽蔑的な (disdainful); つんとすました (aloof). — *vi.* 《古》はにかむ, 恥ずかしがる. — *vt.* **1** [~ it として] 《古》恥ずかしそうにする. **2** 《廃》(かわいがって)なでる (pat), 抱きしめる (caress). **~·ness** *n.* 〚adj.: (*a*1338) □ (O)F *coi*, OF *quei* < VL **quētum* =L *quiētus* quiet: QUIET (adj.), QUIT (adj.) と三重語. — v.: (*c*1350) *coie*(*n*) ← adj. // 《頭音消失》← *ac*(*c*)*oy* □ OF *a coier* to appease〛
Coy 《略》〘軍事〙Company.
cóy·dòg /kɑ́ɪ-, kɔ́ɪ-/ *n.* 雄イヌと雌コヨーテの雑種. 〚(1634–35) ← COY(OTE)+DOG〛
coy·ish /kɔ́ɪɪʃ/ *adj.* 恥ずかしそうな, ややはにかんだ. 〚(*c*1530): ⇨ -ish¹〛
cóy·ly *adv.* はにかんで, 恥ずかしそうに. 〚(1440): ⇨ -ly¹〛
coy·o·te /kaɪóuṭi, káɪou- | kɔɪə́uti, kaɪ-, kɔ́ɪəut, káɪ-/ *n.* (*pl.* ~s, ~) **1** 〘動物〙コヨーテ (*Canis latrans*) 《北米の大草原 (prairie) にすむオオカミの一種; 夜間声を長く引いてほえる; prairie wolf ともいう; 米西部のインディアンの伝説中ではペテン師と文化英雄 (culture hero) の二面性を持つ》. **2** 《米俗》卑劣な男; (特に)ぺてん師 (cheat). **3** 《俗》(特にメキシコからの合衆国への)密入国案内人. 〚(1759) □ Mex.-Sp. ~ □ Nahuatl *coyotl*〛
coyóte brùsh [bùsh] *n.* 〘植物〙コヨーテブッシュ (*Baccharis pilularis*) 《米国南西部の丘陵などに生えるキク科の常緑低木; kidneywort ともいう》.
Coyóte Stàte *n.* [the ~] 米国 South Dakota 州の俗称.
co·yo·til·lo /kàɪətíːlou, -tíːou | -tíːləu, -tíːəu; *Am. Sp.* kojotíjo/ *n.* (*pl.* ~s /~z; *Sp.* ~s/) 〘植物〙メキシコ・米国南部産クロウメモドキ科の植物 (*Karwinskia humboldtiana*) 《英(え)のパルプ質は食用; 種子は有毒》. 〚(1896) □ Mex.-Sp. ~ (dim.) ← *coyote*: ⇨ coyote〛
Coy·pel /kwapɛ́l; *F.* kwapɛl/, **Antoine** *n.* クワペール《1661–1722; フランスのバロック画家; 聖書を主題にした絵画で知られる》.
coy·pu /kɔ́ɪp(j)uː, ―⌐; *Am. Sp.* kóipu/ *n.* (*pl.* ~s, ~) **1** 〘動物〙ヌマダヌキ, カイリネズミ, ヌートリア (nutria) (*Myocastor coypus*) 《南米産の湖や川に生息する; 日本でも野生化している; 肉は食用になり, その毛皮は nutria と称して珍重される》. **2** =nutria 2. 〚(1793) □ Am.-Sp. *coipú* □ Araucan *coypu*〛
coz /kʌ́z/ *n.* (*pl.* **coz·es**, **coz·zes**) 《古》=cousin. ★ 主に呼び掛けに用いる. 〚(1559) 《略》〛
coz /(弱) kəz; (強) kɔ́(ː)z, kɑ́(ː)z | -kɔ́z/ *conj.* 《口語》=because. 〚⇨ cos¹〛
coze /kóuz | kə́uz/ *vi.* 気軽に[打解けて]話す, 閑談する. — *n.* 打解け話, 閑談 (chat). 〚(1814) □ F *causer* to chat □ L *causārī* to dispute ← *causa* 'CAUSE'〛
coz·en /kʌ́zən, -zn̩/ *vt.* **1 a** 〈人を〉かつぐ, 欺く, だます (cheat). **b** 〔人から〕〈ものを〉だまし取る 〔*out of*〕: ~ money *out of* a person. **2 a** 〈人を〉だまして…させる 〔*into*〕: ~ a child *into* swallowing medicine 子供をだまして薬を飲ませる. **b** 〈人〉から〔ものを〕だまし取る 〔*of*, *out of*〕: ~ a person (*out*) *of* something 人から物をだまし取る. — *vi.* だます, かつぐ. **~·er** /-z(ə)nə, -znə | -zənə^(r), -zn̩-/ *n.* 〚(1573) □ ? It. 《廃》*cozzonare* to be a horse trader, cheat ← *cozzone* < L *coctiō*(*n*-) broker〛
coz·en·age /kʌ́z(ə)nɪdʒ, -zn̩ | -zn̩-/ *n.* 詐欺 (fraud), だまし, ぺてん; かたり. 〚(1583): ⇨ ↑, -age〛
co·zey /kóuzi | kə́u-/ *adj.*, *n.* 《古》=cozy. 〚1837〛
COZI 《略》〘通信〙Communications (Operation) Zone Indicator 通信帯域表示器《電離層の状態に応じて通信可能範囲を指示する装置》.
co·zie /kóuzi | kə́u-/ *adj.*, *n.* 《古》=cozy.
co·zi·er /kóuziə | kə́uziə^(r)/ *n.* 《廃》靴の修繕屋 (cobbler). 〚(1532) □ OF *cousere*〛
Co·zu·mel /kòuzumɛ́l | kə̀u-; *Am. Sp.* kosumél/ *n.* コスメル《メキシコ南東部 Yucatan 半島の東にある島; マヤ文化の遺跡が多い》.
co·zy /kóuzi | kə́u-/ 《米》 *adj.* (**co·zi·er**; **-zi·est**) **1** こぢんまりとして居心地[住み心地]のよい; 気持ちのよい, 楽しい (⇨ comfortable **SYN**): a small ~ room こぢんまりした部屋. **2 a** くつろいだ, 和気あいあいとした. **b** (自分たちの都合のいいように)しめし合わせた, 共謀的な. **c** [軽蔑的に] 満足した (complacent). **3** 慎重な, 用心深い. — *adv.* 慎重に. ★ 次の成句で. ***pláy it cózy*** 《俗》(危険を避けようと)注意深く行動する. — *vt.* 《口語》安心させる (reassure); だます (delude) 〈*along*〉. — *vi.* 《口語》[~ *up* として] 〔…の〕機嫌をとろうとする, 友達になろうとする, 〔…に〕取り入る 〔*to*〕: ~ *up to* the boss. — *n.* **1** 保温カバー《ティーポット・ゆで卵などを冷やさないようにかぶせる羽毛または綿入りの厚い覆い》: ⇨ tea cozy, egg cozy. **2** =cozy corner. **có·zi·ly** /-zɪli/ *adv.* **có·zi·ness** *n.* 〚(1709) 《スコット》*cosie*, *colsie* ← ? Scand.: cf. Norw. *koselig* (← *kose sig* to make oneself comfortable)〛
cózy córner *n.* かど席用の(天蓋つきの)ソファー; それの置かれたコーナー. 〚1894〛
Coz·zens /kʌ́zənz, -zn̩z/, **James Gould** /gúːld/ *n.* カズンズ《1903–78; 米国の小説家; *Guard of Honor* (1948)》.
coz·zie /kɑ́(ː)zi | kɔ́z-/ *n.* 《豪・NZ口語》=cossie.
cp 《略》〘光学〙candlepower; carriage paid; 〘物理・航空〙center of pressure; chemically pure; 〘機械〙circular pitch; compare (⇨ cf.); coupon; 〘化学〙condensation product; constant pressure.
cP, cp 《略》〘物理〙centipoise.
CP 《略》Book of Common Prayer; Canadian Press; Cape Province; cardinal point; 〘病理〙cerebral palsy; chemical practitioner; chemically pure; chief of police; chief patriarch; civil power; 〘法律〙civil procedure 民事訴訟; Clarendon Press; 〘英法〙clerk of the peace 治安書記; 〘法律〙code of procedure 訴訟法典; 〘米陸軍〙command post; 〘法律〙Common Pleas; Communist Party; 《英》Community Programme; concert party; conference paper; conference proceedings; 〘カトリック〙*L.* Congregātiō Passiōnis (=Congregation of the Passion) 御受難修道会; convict prison; 《豪》Country Party 農民党; Court of Common Pleas; Court of Probate; current paper.
CP 《記号》Canadian Airlines International.
CP, C/P 《略》charter party; custom of port.
CPA /síːpìːéɪ/ 《略》Canadian Pacific Airlines; Catholic Press Association; Cathy Pacific Airways; 《米》certified public accountant 公認会計士; 《英》Chartered Patent Agent; chartered public accountant; 〘電算〙critical path analysis.
CPAG 《略》Child Poverty Action Group.
CPC 《略》Clerk of the Privy Council 枢密院書記官.
CPCU 《略》〘保険〙Chartered Property and Casualty Underwriter 公認財産災害保険士.
cpd 《略》compound.
CPFF 《略》cost plus fixed fee.
CPH 《略》Certificate in Public Health 公衆衛生証明書.
cpi 《略》characters per inch.
CPI, cpi 《略》〘経済〙consumer price index.
Cpl 《略》Corporal.
cpm 《略》cycles per minute サイクル毎分.
CPM 《略》《米》Certified Property Manager 公認不動産管理士; 〘音楽〙common particular meter; 〘広告〙cost per thousand; 〘経営〙critical path method.
CP/M /síːpìːέm/ *n.* 〘商標〙Control Program / Microprocessors 《米国 Digital Research 社が開発した, マイクロコンピューター用のオペレーティングシステム》.
CPO, cpo 《略》〘米海軍・沿岸警備隊〙Chief Petty Officer; 《英》compulsory purchase order.
Ć pòwer supplỳ *n.* 〘電子工学〙C 電源《真空管の格子バイアス用電源; C supply ともいう; cf. B power supply》.
CPP 《略》Convention People's Party 人民党会議《ガーナの政治家 K. Nkrumah が組織》.
CPR 《略》Canadian Pacific Railway; cardiopulmonary resuscitation.
CPRE 《略》Council for the Protection of Rural England.
Ć-pròtein *n.* 〘生化学〙C 蛋白質《筋原線維の A フィラメントにある蛋白質》.
cps 《略》cards per second; characters per second; 〘電気〙cycles per second.
CPS 《略》certified professional secretary; Civilian Public Service; Crown Prosecution Service; *L.* Gustōs Prīvātī Sigillī (=Keeper of the Privy Seal).
CPSA 《略》《英》Civil and Public Services Association.
CPSU 《略》Communist Party of the Soviet Union.
cpt 《略》counterpoint.
Cpt 《略》Captain.
CPU, cpu 《略》〘電算〙central processing unit. 〚1962〛
CPVE /síːpìːvìːíː/ 《略》Certificate of Pre Vocational Education.
CQ /sìːkjúː/ *n.* 〘無線〙 **1** (一般報道・公示事項報道などの)放送開始信号. **2** 通信交換に参加するよう仲間に呼びかけるためにアマチュア無線家 (ham) の用いる信号. 〚(1924) ← *call to quarters*〛
CQ 《略》〘軍事〙Charge of Quarters 当直下士官, 保管係下士官《24 時間勤務》; commercial quality.
CQD 《略》〘海事〙call to quarters, distress「全受信局へ, 遭難せり」(1904–08 年に用いられた海難救助要請信号; 以降は SOS に変更).
CQSW 《略》《英》Certificate of Qualification in Social Work.
cr 《略》center; circular; commander; *It.* con riserva (=with reservations); cream; creased; created; 〘簿記〙credit; 〘簿記〙creditor; creek; 〘音楽〙crescendo; crew; crimson; crown; cruise; *L.* crux (=cross); 〘証券〙cum rights.
cr 《記号》Costa Rica (URL ドメイン名).
Cr 《略》Councillor; Counsellor; cruzado; cruzeiro.
Cr 《記号》〘化学〙chromium.
CR 《略》*L.* Carolīna Rēgīna (=Queen Caroline); *L.* Carolus Rēx (=King Charles); 〘海運〙carrier's risk 運送人危険負担; cathode ray; central railway; central registry; chief ranger; *L.* Cīvis Rōmānus (=Roman Citizen); class rate 等級別運賃; coin return; Commendation Ribbon; Community of the Resurrection 復活修道会 (1892 年 C. Gore /gɔ́ə, góə | gɔ́ː^(r)/ によって設立された修道会); 〘機械〙compression ratio; conditioned reflex; conditioned response; conference report; 〘化学〙Congo red; control relay; 〘自動車国籍表示〙Costa Rica; credit rating; critical ratio; current rate; *L.* Custōs Rotulorum (=Keeper of the Rolls).
CR 《記号》〘貨幣〙riel(s).
CR, cr 《略》〘電算〙carriage return.
c/r, CR 《略》company's risk.
craal /krɑ́ːl/ *n.*, *vt.* 《米》=kraal.
crab¹ /krǽb/ *n.* **1** 〘動物〙 **a** カニ《カニ類甲殻綱十脚目短尾亜目の動物の総称; cf. fiddler crab, soft-shell crab, pea crab, oyster crab》. **b** ヤドカリ (hermit crab) などカニに似た甲殻類の総称. **c** =king crab. **2** カニの肉[身]. **3** [the C-] **a** 〘天文〙かに(蟹)座 (⇨ cancer 3). **b** 〘占星〙かに座, 巨蟹(きょかい)宮 (⇨ cancer 4 a). **4 a** 〘昆虫〙=crab louse. **b** [the ~s] 〘病理〙=phthiriasis. **5** 〘機械〙クラブ(クレーン), 横行車(クレーン). **6** [*pl.*] 〘ダイス〙(hazard で)一(ぴん)目ぞろい, ピンぞろ《2 個のさいがどちらも一の目が出ること; 最下点》: turn out ~*s* 駄目になる. **7** 〘航空〙(横風を受けての)斜め飛行. **8** 《口語》(売れ残りの)返本 (cf. G *Krebs*). ***cátch a cráb*** 〈ボートこぎが〉こぎ損ねる《オールが水の中に深くはまり込んだりまたは水の上を浅く滑った場合など》. 〚1785〛 — *v.* (**crabbed**; **crab·bing**) — *vi.* **1** カニを取る, カニ漁をする. **2** 横ばいする, 蟹行(かいこう)する. **3** 〘海事〙〈船が〉横[斜め]に押し流される. **4** 〘航空〙(横風で)〈飛行機が〉斜め飛行する. — *vt.* **1** 〘海事〙〈風が〉〈船を〉横[斜め]に

押し流す. **2** 〘航空〙〈飛行機を〉斜め飛行させる.
〖OE *crabba* ← Gmc **krab(b)-* (Du. *krabbe* / G *Krebs*) ← IE **gerbh-* to scratch: ⇨ crawl[1], graph〗

crab[2] /krǽb/ *v.* (**crabbed**; **crab·bing**) — *vt.* **1** 《口語》こきおろす; 〈人〉のあらを探す, 批評する (criticize): ~ an employer 雇人に難くせをつける. **2** 《口語》不機嫌にする, ふくれさせる (sulk). **3** 《米》〈人の行為・取引などの裏をかく, だめにしてしまう, 妨害する (ruin): ~ a person's act, a deal, etc. **4** 《英古》いらいらさせる (irritate); 怒らせる (anger). — *vi.* 《口語》 **1** 不機嫌になる[である], すねる, ふくれる. **2** 不平を言う, 批評する〔*at, about*〕: ~ *at* [*about*] a person.
— *n.* 《口語》 **1** 気むずかし屋, 根性曲がり: that ~ of a priest あの気むずかし屋の坊さん. **2** 酷評, あら探し, こきおろし. ***dráw the crábs*** 《豪》望まないのに注意をひく.
〖(?*a*1400) 《逆成》? ← CRABBED〗

crab[3] /krǽb/ *v.* (**crabbed**; **crab·bing**) — *vt.* 〘鷹狩〙〈鷹(たか)が〉〈他の鷹を〉つめでひっかく, つかむ (scratch); つかみ合う (fight). — *vi.* 〈鷹がつめでひっかき合う.
〖(1575) □ Du. *krabben* to scratch: ⇨ crab[1]〗

crab[4] /krǽb/ *n.* 〘植物〙 = crab apple. 〖(?*a*1300) *crabbe* 《変形》? ← 《方言》*scrab* crab apple ← ON (cf. Swed. 《方言》*skrabba*)〗

cráb àpple *n.* **1** 〘植物〙 小粒で酸味が強い野生のリンゴ (cf. flowering crab): **a** 《英》バラ科リンゴ属の一種 *Malus sylvestris* の野生樹. **b** アメリカに分布するリンゴ属の植物 (*M. ioensis, M. cornaria* など; prairie crab apple, western crab apple ともいう). **c** (主として)エゾノコリンゴ (Siberian crab). **2** 〘園芸〙 葉柄が長く小形で, 着色よく酸味の強い栽培リンゴの総称 《ゼリーやジャム用》. **3** 《口語》気むずかしい人.
(***as***) ***sóur as a cráb àpple*** 非常に酸っぱい.
〖(1712) ↑〗

Crabbe /krǽb/, **George** *n.* クラブ 《1754–1832; 英国の詩人; *The Village* (1783)》.

crab·bed /krǽbɪ̈d, krǽbd/ *adj.* **1** 意地の悪い, たちの悪い, じゃけんな, つむじ曲がりの (perverse); 気むずかしい (ill-tempered): ~ old age 気むずかしい老境(の人々). **2** 辛辣な, 厳しい (bitter): ~ wit. **3 a** 〈作家・文体など〉難解な, わかりにくい (obscure): a ~ author. **b** 〈筆跡が〉判読し難い: ~ handwriting 読みにくい書体.
~·ly *adv.* **~·ness** *n.* 〖(*c*1375): ⇨ crab[1] (その歩き方から: cf. dogged): 後に CRAB APPLE と連想〗

cráb·ber[1] *n.* **1 a** カニ漁師. **b** カニ捕り船. **2** 移動ウィンチの運転手. 〖(1848): ⇨ crab[1], -er[1]〗

cráb·ber[2] *n.* 《口語》あら探しをする人, 酷評家; 不平家. 〖(1909): ⇨ crab[2], -er[1]〗

cráb·bing *n.* 〘紡織〙 クラッビング 《毛織物の緊張熱湯処理》. 〖(1874): ⇨ crab[3], -ing[1]〗

crab·bit /krǽbɪ̈t | -bɪt/ *adj.* 《スコット》意地の悪い, 怒りやすい. 〖《変形》← *crabbed*〗

crab·by[1] /krǽbi/ *adj.* (**crab·bi·er**; **-bi·est**) **1** カニのような. **2** カニの多い. 〖(1583) ← CRAB[1]+-Y[4]〗

crab·by[2] /krǽbi/ *adj.* (**crab·bi·er**; **-bi·est**) = crabbed 1. 〖(1550) ← CRAB[2]+-Y[4]〗

cráb càctus *n.* 〘植物〙 カニバサボテン, クリスマスサボテン (*Zygocactus truncatus*) 《南米原産の小形のサボテン; 節間は短く枝分かれして赤い美花をつける; Christmas cactus, Easter cactus ともいう》.

cráb cànon *n.* 〘音楽〙 蟹形カノン, 逆行カノン (retrograde canon) 《後続声部が先行声部を末尾から冒頭へ逆に模倣するカノン; canon cancrizans ともいう》. 〖1908〗

cráb-èater séal *n.* 〘動物〙 カニクイアザラシ (*Lobodon carcinophagus*) 《南氷洋産》. 〖1908〗

cráb-èating macáque *n.* 〘動物〙 カニクイザル (*Macaca irus*) 《南西アジア・ボルネオ・フィリピンなどに生息; カニや貝などを食べるオナガザル科の動物》.

cráb·èating séal *n.* 〘動物〙 = crab-eater seal.

cráb·gràss *n.* 〘植物〙 **1** メヒシバ (*Digitaria sanguinalis*) 《野原や時に芝生に生えるイネ科メヒシバ属の一年生雑草》. **2** オヒシバ (yard grass). 〖1597〗

cráb·lìke *adj.* カニのような. 〖1598〗

cráb lòuse *n.* 〘昆虫〙 ケジラミ (*Phthirus pubis*) 《人体, 主として陰毛に付着する》. 〖1547〗

cráb·mèat *n.* カニの身, カニ肉.

Cráb Nébula *n.* 〘天文〙 かに星雲 《カニの甲に似た形をしている牡牛座 (Taurus) の星雲; 1054 年に超新星が爆発した名残りと考えられている》.

cráb-plòver *n.* 〘鳥類〙 カニチドリ (*Dromas ardeola*) 《アフリカ東海岸・インドの海浜にすむチドリに似た鳥; カニを餌にする》.

cráb pòt *n.* (海中で用いる)カニ取りかご. 〖1793〗

cráb's-èye *n.* **1** ザリガニの胃中に生じる石灰質結石 《もと吸収剤・制酸剤に用いた》. **2** 〘植物〙 = Indian licorice. 〖1: 1605; 2: 1866〗

cráb spìder *n.* 〘動物〙 カニグモ 《前だけでなく横にも走るカニグモ科のクモの総称; 網を張らず, 物陰にかくれて獲物を襲う》.

cráb·stìck *n.* **1** 野生りんご材の棍棒[つえ]. **2** 《口語》意地の悪い人, じゃけんな人. 〖(1703): ⇨ crab[2,4]〗

cráb trèe *n.* 〘植物〙 野生リンゴの木 (*Malus prunifolia*) 《アジア原産で欧米でも野生化している; その実は crab apple》. 〖(*c*1425): ⇨ crab[4]〗

cráb·wìse *adv.* **1** (カニのように)横向きに, 斜めに (sideways). **2** にじりよるように; 慎重に回り道して. 〖(1904): ⇨ -wise〗

cráb·wòod *n.* 〘植物〙 熱帯地方産センダン科 *Carapa* 属の植物 (*C. guianensis*). 〖1849〗

CRAC 《略》《英》Careers Research and Advisory Center.

crack /krǽk/ *vi.* **1 a** ぱちり[ぱちん]と砕ける[裂ける, 切れる]; 〈地面・皮膚・ガラス器などが〉割れる, ひびが入る. **b** 〈友情などが〉こわれる, ひびが入る. **2** (急に)鋭い音を出す, はじけるような音を出す; 〈むちが〉ぴしゃりと鳴る; 〈銃が〉ぱーんと鳴る. **3** 《口語》 **a** (圧迫を受けて)だめになる, 参る, びびる (fail) 〈*up*〉: The pitcher ~*ed up* under the strain. 投手は緊張してびびってしまった. **b** (心理的圧迫などに)負ける (yield), 屈服する (succumb). **c** (コントロールを失って)自動車[飛行機など]をぶつける 〈*up*〉. **4** 〈声が〉急にかん高く[裏声に]なる, かすれる, うわずる; 声変わりする. **5** 《口語》疾走する, 急ぐ 〈*along, on*〉. ★ 主に get cracking の成句で用いる: ⇨ 成句. **6 a** 《方言》自慢する, 誇る (boast) 〔*of*〕. **b** 《スコット》しゃべる, 話し合う (chat). **7** 〘化学〙 熱分解する.
— *vt.* **1 a** 〈堅い物を〉ぽんと割る, 砕く; 〈麦を〉ひき割る: ~ a nut, a skull, an eggshell, etc. **b** 〈ガラス器・陶磁器などに〉ひびを入らせる (⇨ break[1] SYN): The fall ~*ed* the glass. 落としてグラスにひびを入らせた. **2** …に(急激な)鋭い音をさせる, 〈むちなどを〉ぴしゃりと鳴らす: ~ a pistol, rifle, whip, etc. / ~ one's knuckle 指の関節を(ぽきんと)鳴らす. **3** 《口語》 **a** 〈身体などを〉激しくぶつける: I ~*ed* my head on [against] the door. 私は頭をドアに激しくぶつけた. **b** ぴしゃりと打つ (hit): ~ (out) a homer ホームランを打つ / ~ a person on [over] the head 人の頭をぴしゃりとたたく. **4** 《口語》 **a** 〈難問・暗合などを〉解く, 解決する (solve): ~ a code 暗号を解く / ~ a murder case 殺人事件を解決する. **b** 〈障壁・反対などを〉打破する. **c** 達成する, 完成する. **5** 《口語》〈冗談を〉言う, 飛ばす (utter, make): ~ a joke 冗談を飛ばす. **6** 《口語》 **a** 〈酒びんなどを〉あける, からにする (cf. crush 7): ~ a bottle of wine ぶどう酒の瓶をあける / ~ a bottle with him 彼と一本あけて飲む. **b** 〈本を〉あけて[開いて]読む: ~ a text. **c** 《米》〈戸などを〉少し開ける: ~ a window. **d** こじ開ける: ~ a safe 金庫をこじ開ける. **e** 《英》〈家などに〉押し入る: ~ a crib ⇨ crib *n.* 2 c. **f** なんとかして…に入る[入り込む]. **7** 〈声を〉急にかん高く[裏声に]する, かすれさす. **8 a** めちゃめちゃにこわす (ruin) 〈*up*〉: ~ a car *up*. **b** 〈信用などを〉落とす, 損じる, くじく (damage): ~ one's complacency. **c** 〈人〉の気を変にさせる, 狂わせる (craze): He is ~*ed*. ちと気が変だ. **d** 悲嘆で打ちひしぐ, …に深刻な打撃を与える. **9** 〘化学〙 **a** (加圧蒸留によって)〈重油・軽油を〉分解してガソリンなどを採る, 分留する (cf. cracking). **b** [p.p. 形で] 分解して〈ガソリンなどを〉作る: ~*ed* gasoline. **c** (熱によって)〈化合物を〉より簡単な化合物に分解する. **10** 〘トランプ〙 **a** = double *vt.* 8. **b** = open *vt.* 10. **11** 《豪口語》見つける, 捕らえる.
cráck a récord 《口語》記録を破る, 新記録を作る (break a record). ***cráck dówn*** 《口語》厳しい処置をとる; 取締り[締めつけ]を強化する〔*on, upon*〕. 《1940》 ***cráck hárdy*** [***héarty***] 《豪》じっと我慢する, 平気な顔をする. 《1916》 ***cráck it*** うまく達成する. ***cráck*** (***it***) ***úp*** クラックを吸引する. ***cráck óff*** 〘ガラス製造〙 火切りする (⇨ cracking-off). ***cráck ón*** 〘海事〙 (1) 総帆を張る. (2) (悪天候に)総帆をさっとあげて強行帆走する. ***cráck úp*** 《口語》 (*vt.*) (1) [be ~*ed up to be* として; 通例否定構文で] …とほめそやす, …という評判である: The new car is *not* all it is ~*ed up to be*. その新車は評判ほどでない. (2) ⇨ *vt.* 8 a. (3) げらげら笑わせる. (*vi.*) (1) ⇨ *vi.* 3 a. (2) ⇨ *vi.* 3 c. (3) 急に笑い[泣き]出す. 《1829》 ***cráck wíse*** 《米俗》気のきいた(つもりの)ことを言う (wisecrack). ***gèt crácking*** 出かける; 急ぐ; (仕事を)始める; どんどんやる: *Get ~ing!* ぼやぼやするな. 《1937》
— *n.* **1 a** 裂け目, 割れ目 (split, crevice); (陶器・ガラス器などの)ひび, きず, ひび割れ: a ~ in the ground 地割れ / a windowpane full of ~*s* ひびだらけの窓ガラス. **b** (戸・窓の)わずかな開き (chink): Open the window a ~. 窓をちょっぴり開けなさい. **c** 〘登山〙 クラック 《チムニー (chimney) より狭く身体の一部が入るほどの岩壁中の割れ目》. **2 a** (むち・雷鳴などの, ぱちっ, ぴしり, ぴしゃっ, ぱりぱりっ, などという)急激な鋭い音: a ~ of thunder 雷鳴 / the ~ of a whip むちのぱしっという音. **b** (銃の)発射の音, ぱーんという音 (bang): the ~ of a rifle ライフルの発射音 / The pistol went off with a ~. ピストルがぱーんと鳴った. **3** 《口語》ぴしゃりと打つこと: give a person a ~ on the head 頭をぴしゃりと打つ / take [have] a ~ *at* a person 人をなぐる. **4** 《口語》試み, 企て (attempt) 〔*at*〕: take [have] a ~ *at* composing music 作曲を試みる / have [get] a ~ *at* it ひとつやってみる / give a person a ~ *at* doing 人にやらせてみる. **5 a** 《口語》警句, 気のきいた言葉 (cf. wisecrack); きつい冗談. **b** 《スコット・北英》雑談, おしゃべり (chat); [*pl.*] 消息 (news). **c** 《英方言》自慢, ほら (boast). **d** 《アイル》娯楽; もてなし. **6** 《俗》クラック 《コカインに小麦粉を混ぜ熱して作った結晶体の麻薬》. **7** 《英俗》(自慢の種となる)一流の人[もの], ぴかー, 一流どころ; (スポーツ・芸能の)名人; 名馬; 優秀船 (⇨ crack *adj.*). **8** 《口語》 **a** 夜明け: at ~ of day = at the ~ of dawn 夜明けに. **b** 瞬間 (moment): in a ~ たちまち, またたく間に. **9 a** ささいな欠陥[欠点]. **b** (老衰などによる)気のふれ, 心の狂い: There is a ~ in your head. 君の頭は少々変だ. **c** 気のふれた人; 変人. **10** 声のかすれ, うわずり; 声変わり. **11** 《古俗》 **a** 金庫破り, 強盗(行為) (burglary) (cf. cracksman). **b** 強盗 (burglar). **12 a** 《卑》女性の性器, ワギナ (vagina). **b** 《古》売春婦 (prostitute). **13** 《廃》生意気な子, わんぱく小僧 (imp).
a fáir cráck of the whíp 《英口語》公平な機会[扱い] (fair chance). ***fáll betwèen*** [***thróugh***] ***the crácks*** 《口語》計画に組み込まれそこねる, 予定からもれる, 無視される. ***páper óver the crácks*** (組織内などの)欠陥[不一致]を取り繕う[糊塗(こ)する]. ***the cráck of dóom*** 最後の審判の日の雷鳴, 世界破滅の際に起こるというとどろき; 世の終わり: till [to] *the ~ of doom* 世の終わりまで, 最後まで (cf. Shak., *Macbeth* 4. 1. 117). ***Whát's the cráck?*** 《英》(最近の)調子はどうだい.
— *adj.* 《口語》優秀な, 一流の, 精鋭の (first-rate): a ~ hand 妙手, 名人 / a ~ performer 名演技[演奏]者 / a ~ regiment 精鋭連隊 / a ~ shot 名射手.
— *adv.* ぱちっと, ぴし(ゃ)りと, 鋭く (sharply): hit a person ~ in the eye 人の目をぴしゃっと打つ / The pistol went off ~. ピストルがぱーんと鳴った.
〖ME *crak(k)e(n)* to creak < OE *cracian* to crack, resound ← Gmc **kre-* ← IE **ger-* to cry hoarsely: cf. creak, croak, crow[1,2]〗

C

crack·a·jack /krǽkədʒæ̀k/ *n.*, *adj.* 《口語》= crackerjack.

cráck bàby *n.* クラック中毒患者から生まれた身障児.

cráck·bàck *n.* 〘アメフト〙 クラックバック 《ディフェンスバックが不正なブラインドサイドブロックをされること》. 〖1967〗

cráck·bràin *n.* 頭のおかしい人, 気のふれた人; 変人. 〖*c*1570〗

cráck·bràined *adj.* **1** 頭のおかしい, 気のふれた, 気が変になった (crazy). **2** 〈事業など〉途方もない. 〖(1634): ⇨ ↑, -ed 2〗

crack·down /krǽkdàʊn/ *n.* 《口語》締めつけ, 取締り(の強化), 弾圧: a ~ on the sale of drugs 麻薬販売に対する警察の手入れ. 〖1935〗

cracked /krǽkt/ *adj.* **1** 砕けた, 砕いた; 割れ目[ひび]の入った; 割れている: ~ barley ひき割り大麦 / a ~ bell [cup] ひびの入った鐘[茶わん] / ~ ice 砕氷, ぶっかき氷. **2** 〈音が〉耳ざわりな, かすれた (broken, harsh); 声変わりした. **3** 《口語》 **a** 気のふれた, 気が変な. **b** 夢中になった (enthusiastic) 〔*on, about*〕: All the girls are ~ *on* [*about*] him. 女の子たちは彼に首ったけである. **4** 信用などを失った, 傷のついた: a ~ reputation 傷のついた評判.
~·ness *n.* 〖(*c*1440): ⇨ -ed 2〗

crácked whéat *n.* ひき割り(小)麦.

crack·er /krǽkə | -kə(r)/ *n.* **1** クラッカー 《薄くてぱりぱりとした甘みをつけないビスケットの一種; cf. biscuit 1》: ⇨ graham cracker, soda cracker. **2 a** クラッカー (ボンボン) 《端を引っ張ると爆音を発して破れ, その中から紙テープなどが出てくる紙筒; パーティーなどで用いる》. **b** かんしゃく玉, 爆竹 (firecracker). **c** 《米・豪》むちの先(の鳴る部分) (snapper). **3** 《英口語》美人; たいしたやつ[物], 逸品: a real ~. **4 a** (種々な)割る器具, 破砕器. **b** [*pl.*] くるみ割り器 (nutcracker): a pair of ~*s*. **5** 〘石油化学〙 分解反応塔, クラッカー. **6 a** うそつき (liar); ほら吹き (boaster). **b** ほら, うそ (lie). **c** 当意即妙のことばをいう人. **7** 《英》勢いのよい足取り, 猛歩調: go a ~ 全速力を出す, 疾走する. **8** 《米》 **a** [軽蔑的に] (南部, 特に Georgia, Florida 両州の山地に住む) 貧しい白人 (poor White). **b** [しばしば C-] Georgia 州または Florida 州の人. **9** 〘電算〙 クラッカー 《他人のコンピューターシステムに侵入し, データを盗んだり破壊したりする者; cf. hacker》.
nót wòrth a crácker 《豪口語》価値がない, 役に立たない.
〖(1509): ⇨ -er[1]〗

crácker-bàrrel *adj.* 《米》田舎の店での雑談のような; ありきたりの, 常識的な, 平凡な: a ~ philosopher. 〖(1877): 昔の雑貨店にはソーダクラッカーを入れた大きなたるがあり, それを囲んで雑談したところからか〗

crácker·bònbon *n.* = cracker 2 a.

crack·er·jack /krǽkədʒæ̀k | -kə-/ 《米口語》 *n.* すばらしい[優秀な]人[もの], 一流人, ピカ一. — *adj.* 優秀な, 一流の, ピカ一の (excellent): a ~ musician. 〖(1895) ← CRACKER+JACK[1]〗

Crácker Jàck *n.* 〘商標〙 クラッカージャック 《糖蜜・カラメルで固めたポップコーンやピーナッツの商品名》. 〖1902〗

crack·ers /krǽkəz | -kəz/ *adj.* 《英俗》[叙述的] **1** 頭が変な, 気のふれた (cracked, insane): go ~ 気がふれる. **2** 夢中の (enthusiastic) 〔*about*〕: go [be] ~ *about* him 彼にうつつを抜かす[している]. 〖(1925) (pl.) ← CRACKER: 意味は cracked 3 から〗

Crácker Stàte *n.* [the ~] 米国 Georgia 州の俗称. 〖1808〗

crac·ket /krǽkɪ̈t/ *n.* 《方言》 **1** 低い(三脚)椅子. **2** (坑夫用の)ひざ受け台. 〖(1635) 《北部方言》← *cricket*〗

cráck·hèad *n.* 《米俗》クラック常用者. 〖(*c*1985): cf. *crackheaded* = CRACKBRAINED〗

cráck·hòuse *n.* 《米俗》クラック密造所[密売所]. 〖*c*1985〗

crack·ing /krǽkɪŋ/ *adj.* 《口語》猛烈な, どえらい; すばらしい, すてきな: at a ~ pace 猛烈な歩調で. ***gèt crácking*** 《英口語》物事をすぐに始める. — *adv.* [~ good として] 《口語》極度に, 非常に, はなはだ (unusually): a ~ *good* movie とてもいい映画 / a ~ *good* race すばらしい好レース. — *n.* **1** 〘化学〙 クラッキング, 分解蒸留(法), 分留 《重[軽]油を加圧蒸留により分解してガソリンなどを製する法》: ⇨ catalytic cracking. **2** (塗料の)深割れ.
〖(*c*1300): ⇨ -ing[1,2]〗

crácking-òff *n.* 〘ガラス製造〙 火切り 《手吹き成形によるガラス器の不要部分をバーナーの炎をあてて切り離すこと》.

cráck·jàw *adj.* (あごがはずれそうに)言いにくい, 発音しにくい, 妙ちきりんな (jawbreaking): a ~ name. — *n.* 発音しにくい語句, 舌もじり. 〖1826〗

crack·le /krǽkl/ *vi.* **1** ぱちぱち[ぱりぱり]音を立てる: A fire was *crackling* in the hearth. 火が炉の中でぱちぱち音を立てていた. **2** 〈生気・興奮・熱意などで〉生き生きする (sparkle) 〔*with*〕: His poem ~*s with* wit. 彼の詩は機知で精彩を放っている. **3** 細かいひびができる. — *vt.* **1 a** …にぱりぱり音を立てさせる. **b** ぱりぱり音を立ててつぶす[壊す]. **2** 〈陶磁器の表面〉にひびを生じさせる, ひび焼きにする. — *n.* **1** ぱちぱち[ぱりぱり]鳴る音. **2 a** 貫入(かんにゅう)

〖陶磁器の釉面にできた網状のひび; cf. craze 3〗. **b** = crackleware. **c** (古い油絵の表面の)ひび. **3** 活発, 生気 (sparkle). 〖《*a*1450》: ⇨ crack (v.), -le[3]〗

cráck·led *adj.* **1** ひび入りの, ひび焼きの. **2** 上皮をかりかりに焼いた: ~ roast pork 上皮をかりかりに焼いたローストポーク. 〖《1659》: ⇨ -ed 2〗

cráckled vítreous enámel *n.* ひび入り模様のほうろう.

C

cráckle glàss *n.* ひび入り模様のガラス器《熱いうちに水中に浸して表面に小さなひびを作り, 再加熱して一部直して装飾的効果を表したガラス器》.

cráckle·wàre *n.* [集合的] クラックルウェア, ひび焼き(陶磁器)《一面にひび割れのある上薬を施した陶磁器; cf. craze 3》.

cráck·ling /-klɪŋ, -kl-/ *adj.* **1 a** ぱちぱち音を立てる. **b** 生き生きした: ~ wit. **2** 〈ぶどう酒が〉発泡性の弱い. — *n.* **1** ぱちぱちいう音. **2 a** (焦げ茶色に焼いたローストポークの)かりかりする上皮. **b** [通例 *pl.*] (脂肉からラードを取ったあとの)かりかりするかす. **c** 獣脂を取ったあとのかす《犬のえさ》. **3** 《英》ではまた -lɪ̆n/ 《英》=cracknel 1. **4** 《口語》[集合的] 魅力的な女性たち: a bit of ~ 魅力的な女性, かわいこちゃん. 〖《adj.: 1567; n.: 1599》: ⇨ -ing[1, 2]〗

cráck·ly *adj.* (**crack·li·er; -li·est**) ぱりぱり[かりかり]する (crisp). 〖《1859》: ⇨ -ly[2]〗

crack·nel /krǽknl/ *n.* **1** クラックネル《軽くてかりかりしたビスケット》. **2** [通例 *pl.*] 《米》 **a** かりかりにいためた豚の脂肉の小片. **b** =crackling 2 b. 〖《*a*1400》 *crakenelle* 《変形》 ← (O)F *craquelin* ◻ MDu. *krākelinc* ← *krāken* 'to CRACK'〗

cráck·pòt 《口語》 *n.* 頭のおかしい人, 常軌を逸した人. — *adj.* 常軌を逸した. 〖《1883》 ← *cracked pot*〗

cracks·man /krǽksmən/ *n.* (*pl.* **-men** /-mən/) 《古・口語》押入り強盗; 金庫破り. 〖《1812》 ← CRACK + -s[2] 2 + MAN〗

cráck-ùp *n.* **1 a** (自動車などの)衝突. **b** (飛行機の)墜落 (crash). **2** 《口語》 **a** 健康を損ねること, (病気で)倒れること; (精神的に)参ること, 神経衰弱 (breakdown). **b** 崩壊 (collapse): the ~ of the organization. 〖1926〗

cráck wìllow *n.* 〖植物〗ポッキリヤナギ (*Salix fragilis*). 〖1670〗

crack·y /krǽki/ *adj.* (**crack·i·er; -i·est**) **1 a** 割れ目[ひび]が入って(いる). **b** 割れやすい. **2** 《英方言》気の変な, 狂人じみた (crazy). — *int.* ★ 次の成句で: ***by cracky*** いやはや, まあ, ちぇっ《軽いののしりを表す》. 〖《1725》 ← CRACK + -Y[4]〗

Cra·cow /krǽkaʊ, kréɪk-, -koʊ | krǽkaʊ, -kəʊ, -kɔf/ *n.* =Kraków.

-cra·cy /-krəsi/ 次の意味を表す名詞連結形: **1**「政治; 政体」: demo*cracy*. **2**「社会階級; 政治階級」: pluto*cracy*. **3**「政治[社会組織]理論」: techno*cracy*. 〖◻ F *-cratie* ◻ L *-cratia* ◻ Gk *-kratía* ← *krátos* strength, rule〗

cra·dle /kréɪdl̩ | -dl/ *n.* **1** (幼児を育てる)揺り床, 揺りかご, 小児用ベッド (crib): rock a ~ 揺りかごを揺する / watch over the ~ 発育[成長]を見守る / the ~ of the deep 《詩》(揺り床のように揺れる)海, 大海原 / The hand that rocks the ~ rules the world. 《諺》揺りかごを動かす手は(やがて)世界を動かす《米国の詩人 William Ross Wallace (1819–81) の *What Rules the World?* 中の句から》. **2** 揺りかご状のもの, 架台, 受台; 作業台: **a** (電話の)受話器受け; (ボトルを斜めに寝かせておく)ワイン架. **b** 〖土木〗(高所作業用の)つり台, (宙づりの)作業台, ゴンドラ. **c** 〖航空・海事〗(船舶・航空機などの建造・修理用の)架台, 船架; (進水時の)進水架, クレードル; (フェリーボートの)上陸用足場; トラス《帆桁の中央部をマストに支える金具》. **d** 〖自動車〗(自動車の下にもぐって修理するとき使う)寝台(ねだい), 寝板 (creeper). **e** 〖医学〗(傷口を寝具から隔てる)離被架. **f** 〖砲術〗(大砲を載せる)くら, 砲鞍, 揺架. **g** 〖鉱山〗(砂金を選り分ける)揺汰(ようた)器, クレードル (rocker). **3** [the ~] (芸術・民族などを育成した)揺籃(ようらん)の地, (文化などの)発祥地: *the* ~ of Aryan speech [European civilization] アーリア語[ヨーロッパ文明]の発祥の地. **4** [the ~] 揺籃時代, 初期, 幼時 (infancy): from *the* ~ to the grave 揺りかごから墓場まで, 一生を通じて / in *the* ~ 揺籃期[初期]において / from the ~ 幼少から / stifle in *the* ~ 初期の段階で抑えて[食い止めて]しまう / What is learned in *the* ~ is carried to the tomb. 《諺》幼時に覚えたことは死ぬまで忘れない,「すずめ百まで踊りを忘れぬ」. **5** **a** かまに付ける五本指状の枠. **b** 枠付きがま, クレードルサイズ《作物がそろえて刈れるように枠 (cradle) がついているかま; cradle scythe ともいう》. **c** (牛や馬が首を回して自分の体をかむのを防ぐための)首輪. **6** 〖絵画〗(板絵の反りやひび割れを防ぐために裏面につける)木枠. **7** 〖銅版〗かき彫り刀《メゾチント (mezzotint) の下地を作るための彫刻道具》.

rób the crádle 《口語》ずっと年下の相手と結婚する[恋仲になる] (cf. cradle robber).

— *vt.* **1 a** 〈赤ん坊を〉揺りかごに入れる. **b** (揺りかごに入れるように)そっと手[腕]に持つ[抱く], あやす: ~ a child in one's arms 子供を抱いて揺すりながらあやす. **c** 育てる, 育成する. **2** 〈船を〉受台で支える; 進水台に載せる. **3** 枠付きがま (cradle scythe) で〈穀物を〉刈る. **4** 〖鉱山〗〈砂金を〉選鉱器で洗う 〈*out*〉. **5** 〖絵画〗〈パネルを〉木枠で支える. **6** 架台に載せる; 〈受話器を〉置く; 〈船を〉進水架に載せる. **7** 〖ラクロッス〗〈ボールを〉クロス (crosse) のネットに入れて走る. — *vi.* **1** 枠付きがまで穀物を刈る. **2** 《古》揺り床の中にいる. **3** 〖鉱山〗選鉱器で砂金を洗う.

〖OE *cradol* < Gmc **kradula* (G *Kratte* basket) ← IE **ger-* curving, crooked (? L *crātis* wickerwork): ⇨ cart〗

crádle·bòard *n.* 背負い板 (papoose board). 〖1879〗

crádle càp *n.* 〖病理〗揺籃(ようらん)帽, 乳児脂肪冠, 乳痂《幼児に見られる頭皮の脂漏性皮膚炎 (seborrheic dermatitis)》. 〖1890〗

crádle·lànd *n.* 揺籃の地, 発祥地. 〖1872〗

crádle ròbber *n.* 《口語》=cradle snatcher. 〖← *rob the cradle* (⇨ cradle 成句)〗

crádle scỳthe *n.* =cradle 5 b. 〖1669–81〗

crádle-snàtch *vt., vi.* 《口語》ずっと年の若い相手と結婚する[恋仲になる].

crádle snàtcher *n.* 《口語》ずっと年の若い相手と結婚する[恋仲になる]人 (baby snatcher). 〖1925〗

crádle·sòng *n.* 子守り歌 (lullaby). 〖1398〗

crá·dling /-dlɪŋ, -dl̩-/ *n.* **1** 〖鉱山〗(砂金の)選鉱, 揺汰(ようた), クレードリング. **2** 育成. **3** 〖建築〗野ぶち; 木ずり下; 下地(したじ)枠. 〖《1818》: ⇨ -ing[1]〗

craft /krǽft | krɑ́ːft/ *n.* **1** (*pl.* ~) 船, 船舶, 舟艇《通例小型のものをいう》: a small ~ 小舟 / coasting ~ 沿岸貿易船. **b** 航空機 (aircraft). **c** 宇宙船 (spacecraft). **2** 技能, 技巧 (skill); 巧妙 (dexterity); (特殊の)技術, わざ (⇨ technique SYN): the builder's ~ 建築家の技術 / the ~ of the woods 木彫り術 / learn the ~ of a wood carver 木彫りの技術を学ぶ / mechanical ~*s* 機械技術 / ⇨ gentle craft. **3** (特殊の技術を要する)職業; 手工業, 工芸: ⇨ ARTS and crafts. **4** 悪知恵, 狡猾, たくらみ, 術策 (cunning). **5 a** [集合的] 同業者連中, (その道の)専門家連; 同業(者の)組合 (guild). **b** [the C-] フリーメーソン(友愛)団(体). — *vt.* 技能をこらして作り上げる, 念入りに作る. 〖OE *cræft* skill, cunning, strength, trade < (WGmc) **kraftaz* (G *Kraft*) ← ? IE **ger-*: cf. cradle〗

-craft /krǽft | krɑ̀ːft/ 次の意味を表す名詞連結形: **1**「…の技術[芸, 職業], …の才[術]」: handi*craft*, witch*craft*. **2**「船・飛行機」: air*craft*, sea*craft*. 〖↑〗

cráft apprènticeship *n.* (配管工・電気工などの)技術見習い期間.

cráft guìld *n.* =trade guild 1. 〖1870〗

cráft·i·ly /-tɪ̆li, -tli/ *adv.* **1** ずるく, 悪賢く, 狡猾に (cunningly). **2** 《古》巧妙に, 巧みに (cleverly). 〖OE *craftiġlīċe*: ⇨ -ly[1]〗

cráft knìfe *n.* 《英》工芸用ナイフ.

cráft·pèrson *n.* 職人, 工芸家.

cráft shòp *n.* 手工芸品店.

crafts·man /krǽftsmən | krɑ́ːfts-/ *n.* (*pl.* **-men** /-mən, -mèn/) **1** 職人, 工人 (artisan). **2** 技芸家, 技術家, 熟練した職人; 名工, 名匠 (artist). **~·lìke** *adj.* **~·ly** *adj.* 〖《*a*1376》: cf. tradesman〗

crafts·man·ship /krǽftsmənʃɪp | krɑ́ːfts-/ *n.* (職人の)技能; 熟練, 腕前, 技巧. 〖《*a*1652》: ⇨ ↑, -ship〗

cráfts·pèrson *n.* =craftsman, craftswoman《性差別を避けた表現; cf. -person》. 〖1920〗

cráfts·wòman *n.* (*pl.* **-women**) 女性職人; 女性工芸家. 〖1886〗

cráft ùnion *n.* (特定の熟練職業に従事する手工的労働者を組織する)職業別労働組合 (cf. horizontal union, industrial union). 〖1922〗

cráft·wòrk *n.* **1** 特殊な技術を要する仕事, 芸術的な仕事. **2** 工芸品. 〖1928〗

craft·y /krǽfti | krɑ́ːf-/ *adj.* (**craft·i·er, -i·est; more ~, most ~**) **1** ずるい, 悪賢い, 悪だくみにたけた (⇨ sly SYN): a ~ politician 狡猾な政治家 / (as) ~ as a fox すこぶるずるい. **2** 《古》巧妙な, 器用な (skillful). **cráft·i·ly** *adv.* **cráft·i·ness** *n.* 〖OE *cræftiġ* powerful: ⇨ craft, -y[4]〗

crag[1] /krǽg/ *n.* **1** ごつごつの岩, 険しい岩山. **2** 〖地質〗介砂層《英国東部 Norfolk, Suffolk, Essex 地方からベルギーにかけて分布する》.

crág and táil 〖地学〗クラグ アンド テール《氷食による流線形の丘状地形; 先端は急傾斜で侵食に強い岩盤, 後ろは傾斜がゆるく侵食に弱い岩盤や氷河堆積物などからなる》. 《1815》

〖《*a*1325》 ← Celt. (Ir. & Gael. *creag* / Welsh *craig* rock)〗

crag[2] /krǽg/ *n.* 《スコット・北英》 **1** 首 (neck). **2** のど (throat). 〖《*c*1375》 ◻ MDu. *crāghe*〗

crag·ged /krǽgɪ̆d/ *adj.* 《米》=craggy. **~·ness** *n.* 《*a*1475》

crag·gy /krǽgi/ *adj.* (**crag·gi·er, -gi·est; more ~, most ~**) **1** 岩の多い. **2** 〈顔など〉ごつごつした, いかつい (rugged): a ~ face. **crág·gi·ly** /-gɪ̆li/ *adv.* **crág·gi·ness** *n.* 〖《?*c*1400》: ⇨ crag[1], -y[4]〗

crags·man /krǽgzmən/ *n.* (*pl.* **-men** /-mən, -mèn/) 岩登りの名人, 岩壁登山家 (rock-climber). 〖《1816》 ← CRAG[1] + -s[2] 2 + MAN: cf. craftsman, etc.〗

craig /krég, kréɪg/ *n.* 《スコット》=crag[1].

Craig /kréɪg/ *n.* クレイグ《男性名》. 〖◻ Sc.-Gael. *Creag* 《原義》 CRAG[1]〗

Craig, (Edward) Gordon *n.* クレイグ (1872–1966; 英国の劇場芸術家で演出に新機軸を出した; Ellen A. Terry の息子; *On the Art of the Theatre* (1911)).

Craig·av·on /kreɪgǽvən/, **James Graig** *n.* クレイガボン (1871–1940; 英国の政治家; 軍人出身で, 経理関係の各種要職を歴任したのち, 北アイルランド自治政府の初代首相 (1921–40); 称号 1st Viscount Craigavon).

Crai·gie /kréɪgi/, **Sir William A(lexander)** *n.* クレイギー (1867–1957; スコットランド生まれの英国の英語学者・辞書編集者で *Oxford English Dictionary* (*OED*), *Dictionary of American English* (*DAE*) 編集者の一人).

Craik /kréɪk/, **Dinah Maria** *n.* =Dinah Maria MULOCK.

Cra·io·va /krəjóʊvə | -jə́ʊ-; *Roman.* krajóva/ *n.* クラヨーバ《ルーマニア南西部, Jiu 河畔の都市》.

crake /kréɪk/ *n.* **1** 〖鳥類〗クイナ《ハタクイナ属 (*Crex*) またはヒメクイナ属 (*Porzana*) の鳥の総称》; (特に)ハタクイナ (corncrake). **2** クイナの鳴き声. — *vi.* (クイナのように)鳴く. 〖《*c*1340》 *crake* ◻ ON *krāka* 'CROW[1]'〗

crake·ber·ry /kréɪkbèri, -b(ə)ri | -b(ə)ri/ *n.* 〖植物〗ガンコウラン(岩高蘭) (⇨ crowberry 1). 〖1674–91〗

cra·ken /krɑ́ːkən/ *n.* =kraken.

cram /krǽm/ *v.* (**crammed; cram·ming**) — *vt.* **1 a** 〈場所などを〉(必要[適切]以上に)無理にいっぱいにする; 詰め込む (pack) 〔*with*〕: ~ a bus *with* passengers バスに乗客をぎゅうぎゅう詰めにする / ~ a trunk *with* clothes 衣類でトランクをいっぱいにする / a book ~*med* full of scraps of information 雑多な知識がいっぱい詰まっている本 / The room was ~*med with* people. 部屋にはぎっしり人が詰まっていた. **b** 〈人・物を〉(無理に)押し込む 〔*into, down*〕: ~ food *into* one's mouth 食べ物を口に押し入れる / ~ papers *into* a drawer 書類を引出しに押し込む / ~ food *down* a person's throat 食べ物を人ののどに押し込む. **c** 無理に食わせる; (特に)〈飼鳥を〉(太らせるために)飽食させる (overfeed): ~ poultry *with* food 鶏にたらふくえさを食べさせる / ~ oneself たらふく食う. **d** がつがつ食べる: ~ one's food. **e** (きつめの)帽子を無理にかぶる. **2** 《口語》 **a** (受験などのために)〈人〉に詰め込み主義で教える 〔*for*〕: ~ a pupil *for* an exam 生徒に一夜漬けの受験準備をしてやる. **b** 〈学科を〉詰め込み主義で勉強する 〈*up*〉: ~ *up* history *for* an exam 一夜漬けで歴史の試験勉強をする.

— *vi.* **1** ぎっしり詰まる: Can we all ~ into your car? 君の車にみんなぎゅう詰めで乗れるかい. **2** 詰め込み主義で[一夜漬けで]試験準備をする 〔*for*〕 / 〈*up*〉: ~ *for* an exam / ~ *up on* English. **3** 腹いっぱい[がつがつ]食う: They are ~*ming* like so many cormorants. まるで鵜(う)のようにがつがつ食っている.

— *n.* **1** (人の)すし詰め, 押し合い, 人込み (crush). **2** 《口語》(受験準備の)詰め込み, にわか仕込み.

〖OE *(ġe)crammian* to stuff ← Gmc **kramm-* (Du. *krammen*) ← IE **ger-* to gather (L *gremium* bosom): cf. OE *(ġe)crimman* to insert〗

Cram /krǽm/, **Donald James** *n.* クラム (1919–2001; 米国の化学者; Nobel 化学賞 (1987)).

Cram, Ralph Adams *n.* クラム (1863–1942; 米国の建築家・著述家).

cram·be /krǽmbi/ *n.* 〖植物〗クランベ《アブラナ科ハマナ属 (*Crambe*) の草本の総称; (特に)野菜として栽培される Canary 諸島や西部アジア産の植物 (*C. abyssinica*)》. 〖《1962》 ◻ L *crambē* ◻ Gk *krámbē* cabbage: cf. rumple〗

cram·bo /krǽmboʊ | -bəʊ/ *n.* (*pl.* ~**es**) **1** 〖遊戯〗韻捜し遊び《相手の出した言葉に対して同韻の語を見出す遊び》: dumb ~ 同上の答を身ぶりで示す遊戯. **2** 下手な[不十分な]同韻語[押韻]; へぼ詩 (doggerel). 〖《1606》 《変形》 ← 《廃》 *crambe* ◻ L *crambē* (*repetīta*) cabbage (served up again), (warmed-up) cabbage, old story ◻ Gk *krámbē* (↑)〗

Crá·mer's rúle /kréɪməz- | -məz-; *G.* kʁáːmɐ/ *n.* 〖数学〗クラーメルの規則《係数の行列式を用いて連立一次方程式の解を求める規則》. 〖← *Gabriel Cramer* (1704–72: スイスの数学者)〗

crám-fúll *adj.* ぎっしりいっぱい(詰まった) 〔*of*〕: a suitcase ~ *of* clothes. 〖1837〗

cram·mer /krǽmə | -mə(r)/ *n.* **1** 《英口語》受験準備の(詰め込み)教師[学校]. **2** 飼鳥に飽食させる器具. 〖《1655》: ⇨ cram, -er[1]〗

cram·oi·sie /krǽmɔɪzi, -mə-/ (*also* **cram·oi·sy** /~/) 《古》 *adj.* 深紅色の (crimson). — *n.* 深紅色の布地. 〖《16C》 ◻ F *cramoisi* ◻ It. *chermesí* ◻ Arab. *qírmiz* kermes ∽ 《?*a*1437》 *cremesie* ◻ It. *cremesi*: ⇨ crimson〗

cramp[1] /krǽmp/ *n.* **1 a** (筋の)肉痙攣(けいれん), 引きつり, こむらがえり. ★ 通例無冠詞; ただし《俗》には the cramp, 痙攣の一発作 (a case of cramp) の意では a cramp: bather's ~ 水泳中に起こる痙攣 / (a) ~ in the calf [leg] こむらがえり / be seized with ~ 〈水泳者が〉痙攣を起こす. **b** (使いすぎによる)一時的な筋肉の麻痺: ⇨ writer's cramp. **2 a** 《米》[通例 *pl.*] 急な腹痛, 差し込み. **b** [*pl.*] 月経痛. — *vt.* [しばしば p.p. 形で] …に痙攣[こむらがえり, 引きつけ]を起こさせる: be ~*ed* in the leg 脚[こむら]に痙攣を起こす. — *vi.* 痙攣[こむらがえり, ひきつけ]を起こす. 〖n.: 《*c*1378》 ◻ (O)F *crampe* ◻ MDu. *krampe* 《原義》 bent in. — v.: 《*c*1330》 ◻ OF *crampir*: cf. crimp[1], crumple〗

cramp[2] /krǽmp/ *n.* **1 a** かすがい. **b** 締め付け金具, 締め金 (clamp). **c** (靴屋の使う)弓形木. **2 a** 拘束物. **b** 拘束, 束縛. — *vt.* **1 a** かすがい(など)で締めつける. **b** 〈靴などに〉締め金をつける. **2** 〈人・行動・精神などを〉束縛する, 拘束する, 抑えつける (restrict): ⇨ *cramp a person's* STYLE[1]. **3** 〈自動車の前輪を〉右[左]へ向ける; 操る (steer). — *adj.* **1** 狭苦しい, 窮屈な (confined). **2** 〈字体など〉読みにくい, わかりにくい, 堅苦しい: ~ handwriting / a ~ word わかりにくい言葉. **~·ness** *n.* 〖《1423》 ◻ MDu. *krampe* 'hook, cramp iron, clamp': cf. cramp[1]〗

crámp bàll *n.* 〖植物〗チャコブタケ (*Daldinia concentrica*) 《クロサイワイタケ科のキノコ》.

cramped /krǽmpt/ *adj.* **1** 痙攣(けいれん)を起こした. **2** 締め金で締めた. **3** 狭苦しい, 窮屈な (confined).

4 〈筆跡などが〉いじけた(文字がびっしり並んだ), 読みづらい. 〖(1678): ⇨ cramp², -ed〗
crámp·er *n.* 〘カーリング〙石を投げるとき足の支えにするスパイクの付いた金属板.
crámp·fìsh *n.* 〘魚類〙 =electric ray. 〖1591〗
crámp iron *n.* かすがい. 〖1565–73〗
cram·pit /krǽmpɪ̀t | -pɪt/ *n.* 〘カーリング〙クランピット《鉄製スチール; その上に立って丸石 (stone) を打つ》.
cram·pon /krǽmpɑ(ː)n | -pɒn, -pən/ *n.* [通例 *pl.*] **1** (氷塊・材木・石などを引き上げる)つかみ金, はさみ. **2** (登山用)アイゼン, (氷上歩行用)鉄(てっ)かんじき. **3** =climbing iron 2. — *vi.* アイゼンで登る. 〖(1304) □ (O)F ~ ← *crampe* hook ← Gmc (cf. MDu. *krampe*: ⇨ cramp² (n.))〗

crampons 1 **crampon** 2

cram·pon·née /kræ̀mpənéɪ, -níː/ *adj.* (also **cram·po·née** /~/) 〘紋章〙〈十字架が〉鉤(かぎ)の付いた: a cross ~ 鉤十字 (Hakenkreuz). 〖(1727) □ F ~ (p.p.) ← *cramponner* to fasten with cramps ← *crampon* (↑)〗
cram·poon /krǽmpuːn, ⌐—⌐/ *n.* [通例 *pl.*] =crampon.
cran /krǽn/ *n.* クラン《英国の生ニシンの量目; =37⅓ imperial gallons; 約 750 尾》. 〖(*a*1796) □ Sc.-Gael. *crann* lot, measure of herring: cf. Welsh *prenn* tree stump〗
Cra·nach /krɑ́ːnɑːk; G. kʁáːnax/, **Lucas** *n.* クラナハ《1472–1553; ドイツルネサンスの画家・版画家》.
cra·nage /kréɪnɪdʒ/ *n.* **1** 起重機使用(権). **2** 起重機使用料. 〖(1481–90): ⇨ crane, -age〗
cran·ber·ry /krǽnbèri, -b(ə)ri | -b(ə)ri/ *n.* 〘植物〙 **1** ツルコケモモ《ツツジ科コケモモ属 (*Vaccinium*) の低木の総称; ツルコケモモ (European cranberry), オオミノツルコケモモ (American cranberry) など》. **2** ツルコケモモの実《暗紅色で酸味の強い小粒の果実; 砂糖煮にしたり, ゼリー状のソースを作るのに用いる》. 〖(1672) □ LG *kranebere*: cf. G *Kran(ich)beere* 'CRANE berry': もとは *fen berry* と呼ばれた〗

cranberry
(*Vaccinium* sp.)

cránberry bòg *n.* cranberry の生える沼地《cranberry marsh ともいう》. 〖1807〗
cránberry bùsh *n.* 〘植物〙アメリカカンボク (*Viburnum trilobum*)《米国・カナダに分布するスイカズラ科ガマズミ属の野生の植物; bush cranberry, cranberry tree, squaw bush ともいう; cf. guelder rose》. 〖1778〗
cránberry glàss *n.* 〘ガラス製造〙青菫色の透明ルビーガラス (ruby glass).
cránberry gòurd *n.* 〘植物〙南米原産ウリ科の香りのよい緑がかった小形の花をつけるつる植物 (*Abobra tenuifolia*); その実《赤い色の小型のウリ》.
cránberry màrsh *n.* =cranberry bog. 〖1748〗
cránberry sáuce *n.* クランベリーソース《ツルコケモモの実に砂糖と水を加えて煮くずれるまで煮たもの; 七面鳥・鶏料理などに添える》. 〖1767〗
cránberry trèe *n.* 〘植物〙 =cranberry bush.
Cran·borne /krǽnbɔən | -bɔːn/, Viscount *n.* ⇨ CECIL, Robert.
crance /krǽns/ *n.* 〘海事〙第一斜檣(しょう)先端の金属輪《crance iron ともいう》. 〖(1846) □ Du. *krans* wreath〗
cran·ce·lin /krǽns(ə)lɪ̀n | -sɪlɪn/ *n.* 〘紋章〙花冠《bend の一種で, Saxony の紋章にあることで有名》. 〖□ G *Kränzelin* little wreath〗
crane /kréɪn/ *n.* (*pl.* ~s, ~) **1** クレーン, 起重機: a derrick ~ デリック起重機 / stationary ~ 定置起重機 / ⇨ gantry crane, jib crane, traveling crane. **2** 〘鳥類〙 **a** ツル《ツル科の鳥の総称; アメリカシロヅル (whooping crane) など》. **b** 《米中部》オオアオサギ (great blue heron). **c** 《俗》サギ (heron), コウノトリ (stork). **3 a** (ツルの首のように曲がった)湾管, サイフォン (siphon). **b** 給水柱 (water crane). **c** (炉辺の)(水平)自在かぎ. **4** [*pl.*] 〘海事〙(ボートや船荷を出し入れするために甲板に設備した)腕架. **5** [the C-] 〘天文〙つる(鶴)座 (⇨ Grus). **6** 〘映画・テレビ〙クレーン《カメラを揚げたり動かしたりする機械[装置]; cf. boom² 5, dolly 7》. — *vt.* **1** 〈首などを〉ツルのように伸ばす: ~ one's head out of the window 窓から外に首を長く突き出す. **2** (起重機で)つり上げる, 移動させる. — *vi.* **1** (よく見るために)首を伸ばす. **2** 《口語》 **a** 〘狩猟〙〈馬が〉(障害物に出くわして)立ち止まってためらう (pull up). **b** (難事に当たって)しりごみする, ためらう (hesitate). **3** 〘映画・テレビ〙〈カメラが〉揚がったり動いたりする. 〖OE *cran* < Gmc **kranukaz* (Du. *kraan* / G *Kran(ich)*) ← IE **ger-* to cry hoarsely (L *grūs* crane)〗
Crane /kréɪn/, **(Harold) Hart** *n.* クレイン《1899–1932; 米国の詩人; *The Bridge* (1930)》.
Crane, Stephen *n.* クレイン《1871–1900; 米国の小説家・詩人; *The Red Badge of Courage* (1895), *The Open Boat* (1898)》.
cráne flỳ *n.* 〘昆虫〙ガガンボ《ガガンボ科 (Tipulidae) の昆虫の総称; 大形のカに似た形をしていて肢が長い; 俗に daddy longlegs ともいう》. 〖1658〗
cráne·man /-mæ̀n, -mən/ *n.* (*pl.* **-men** /-mèn, -mən/) 起重機操縦者. 〖1299〗
cránes·bill *n.* 〘植物〙フウロソウ《フウロソウ科フウロソウ属 (*Geranium*) の植物の総称; ヒメフウロ (*G. robertianum*) など》. 〖(1548) (なぞり) ← Du. *craenhals* geranium〗
cra·ni- /kréɪni/ (母音の前にくるときの) cranio- の異形.
crania *n.* cranium の複数形.
cra·ni·al /kréɪniəl/ *adj.* **1** 頭蓋(とうがい)の, 頭蓋骨の: ~ bones 頭蓋骨. **2** 頭部の (cephalic). **~·ly** *adv.* 〖(1800) ← CRANIO- + -AL¹〗
cránial fléxure *n.* 〘動物〙脳屈曲, 脳湾曲《脊椎動物の胚の脳原基で, その前後軸の腹方や背方に向かって生じる屈曲》.
cránial índex *n.* 〘人類学〙頭骨指数《頭蓋骨の幅の長さに対する比を 100 倍した数; この語は骨の場合に用い, 生体の場合には cephalic index という》. 〖1868〗
cránial nèrve *n.* 〘解剖・動物〙脳神経《人間には 12 対あり嗅・視・三叉・顔面神経などを含む》. 〖1840〗
cra·ni·ate /kréɪniɪ̀t, -nièɪt/ *adj.* 〘動物〙 **1** 頭蓋(とうがい)を有する. **2** =vertebrate. — *n.* 頭蓋動物《脊椎動物と同義》. 〖(1879): ⇨ ↓, -ate¹·²〗
cra·ni·o- /kréɪniou | -niəu/ 〘人類学〙「頭蓋(とうがい) (cranium); 頭蓋(骨)と…との」の意の連結形: *cranio*facial / *cranio*spinal 頭蓋と脊髄の. ★ 母音の前では通例 crani- になる. 〖← Gk *krāníon* 'CRANIUM'〗
crànio·cerébral *adj.* 〘解剖〙頭蓋(とうがい)と脳との: ~ injury. 〖*c*1903〗
crànio·fácial *adj.* 頭蓋(とうがい)および顔面の, 頭顔の: ~ index 〘人類学〙頭顔幅示数《頭幅の顔面幅に対する比》. 〖(1852): ⇨ facial〗
cra·ni·ol·o·gist /krèɪniɑ́(ː)lədʒɪ̀st | -niɒ́lədʒɪst/ *n.* 頭蓋(とうがい)学者, 頭蓋(骨)研究者. 〖(1815): ⇨ ↓, -ist〗
cra·ni·ol·o·gy /krèɪniɑ́(ː)lədʒi | -ɒ́l-/ *n.* 頭蓋(とうがい)学, 頭蓋(骨)研究 (cf. phrenology). **cra·ni·o·log·i·cal** /krèɪniəlɑ́(ː)dʒɪkəl, -kl̩ | -lɒ́dʒɪ-⌐/ *adj.* **cra·ni·o·lóg·i·cal·ly** *adv.* 〖(1806) ← CRANIO- + -LOGY: cf. G *Kraniologie*〗
cra·ni·om·e·ter /krèɪniɑ́(ː)mətə | -ɒ́mɪ̀tə(r)/ *n.* 頭蓋(とうがい)(骨)測定器 (cephalometer). 〖(1878) ← CRANIO- + -METER¹〗
cra·ni·o·met·ric /krèɪniəmétrɪk⌐/ *adj.* 頭蓋(とうがい)(骨)測定の. 〖1882〗
crà·ni·o·mét·ri·cal /-trɪ̀kəl, -kl̩ | -rɪ-⌐/ *adj.* =craniometric. **~·ly** *adv.* 〖1878〗
cra·ni·om·e·trist /krèɪniɑ́(ː)mətrɪ̀st | -ɒ́mɪ̀trɪst/ *n.* 頭蓋(とうがい)(骨)測定者. 〖1889〗
cra·ni·om·e·try /krèɪniɑ́(ː)mətri | -ɒ́mɪ̀-/ *n.* 〘人類学〙頭蓋(とうがい)(骨)計測法 (cf. cranial index). 〖(1861) ← CRANIO- + -METRY〗
cra·ni·o·pha·ryn·gi·o·ma /krèɪnioufəˈrɪndʒióumə | -ə(u)fərɪndʒiə́u-/ *n.* 〘病理〙頭蓋(とうがい)咽頭腫. 〖← CRANIO- + PHARYNGO- + -I- + -OMA: cf. *craniopharyngeal ligament* (1882)〗
crànio·sácral *adj.* 〘解剖〙 **1** 頭蓋(とうがい)および仙骨の. **2** 副交感神経の (parasympathetic).
cra·ni·os·co·py /krèɪniɑ́(ː)skəpi | -ɒ́s-/ *n.* 〘人類学〙頭蓋(とうがい)(骨)検査[観察]. **cra·ni·o·scop·ic** /krèɪniəskɑ́(ː)pɪk, -niə- | -niə(u)skɒ́p-⌐/ *adj.* **crà·ni·o·scóp·i·cal** *adj.* 〖(1804) ← CRANIO- + -SCOPY〗
cra·ni·ot·o·my /krèɪniɑ́(ː)təmi | -ɒ́t-/ *n.* 〘外科〙 **1** 開頭(術). **2** (死んだ胎児を母体から出すための)胎児頭骨切開. 〖1855〗
cra·ni·um /kréɪniəm/ *n.* (*pl.* ~s, **-ni·a** /-niə/) **1** 〘解剖〙頭蓋(とうがい), 〘人類学〙頭蓋 (brainpan). **2** 頭蓋骨 (skull). 〖(?*a*1425) ← NL ~ ← Gk *krāníon* skull: cf. cerebrum〗
crank¹ /krǽŋk/ *n.* **1** 〘機械〙クランク, L 字型ハンドル《往復運動を回転運動に, 回転運動を往復運動に変える; crank handle, starting handle ともいう》. **2** 回旋盤《昔刑罰として囚人に回転させた》. **3** 鐘をつり下げるときに用いる道具. — *vt.* **1 a** クランクを回転して〈エンジンを〉始動させる; 〈エンジンを〉かける 〈*up*〉: ~ (*up*) a car 自動車のエンジンをかける. **b** (機械などの)出力を上げる, 〈音量を〉上げる 〈*up*〉. **c** クランクで動かす[操作する]: ~ a window *down*. **d** 〈映画撮影機〉のクランクを回して撮影する. **2** クランク状に曲げる. **3** クランクで連結する; …にクランクを付ける. — *vi.* **1 a** (エンジンを始動させるために)クランクを回す; エンジンをかける. **b** 撮影機のクランクを回す, 撮影する. **2 a** (クランクを回して)始める 〈*up*〉. **b** [~ up として]《口語》始まる; スピードを上げる. **3** 《廃》曲がりくねる, ジグザグに進む.
cránk óut 《口語》機械的に作り出す: ~ *out* two articles a week 毎週二つの記事を機械的に書く. *cránk úp* (1) ⇨ *vt.* 1 a, b. (2) ⇨ *vi.* 2. (3) 《俗》麻薬を注射する.
〖(1295) *crank* < OE *cranc(stæf)* weaver's instrument ← IE **ger-* crooked; to twist: cf. OE *crinċan* to bend, twist〗
crank² /krǽŋk/ *n.* **1** 《口語》 **a** 風変わりな人, 奇癖のある人, むら気な人; 偏執狂: a gun ~ ガンマニア. **b** 《米》意地の悪い人, 気むずかし屋. **2 a** 言葉のもじり, 奇抜な言い回し; 奇想. ★ 主に quips and cranks で用いる (⇨ quip 1 b). **b** 奇癖, 酔狂, むら気 (crotchet, whim). **3** 《廃》(道路の)曲折, 曲がりくねり; 曲がった道. — *vi.* 《古》曲がって進む (zigzag). 〖(1562) (逆成)? ← CRANKY¹〗
crank³ /krǽŋk/ *adj.* (~·er; ~·est) =cranky¹. 〖(1729) (逆成) ← CRANKY¹〗
crank⁴ /krǽŋk/ *adj.* (~·er; ~·est) 〘海事〙〈船が〉(風波を横に受けると)傾きやすい, 転覆しやすい, 重頭の (top-heavy) (↔ stiff). 〖(1696) ← ?: cf. Du. *krengen* to careen〗
crank⁵ /krǽŋk/ *adj.* (~·er; ~·est) 《方言》 **1** 活発な, 元気な (lively, brisk). **2** 自信のある; 自信過剰な (confident). 〖(*a*1398) ← ?〗
cránk àrm *n.* 〘機械〙 =crank web. 〖1889〗
cránk àxle *n.* 〘機械〙クランク軸. 〖1725〗
cránk·càse *n.* 〘機械〙(内燃機関の)クランクケース, クランク室. 〖1878〗
cran·kle /krǽŋkl̩/ *vi.* 《古》曲がりくねる (twist). — *vt.* 《廃》折り曲げる, 曲がりくねらせる. — *n.* 曲がりくねり (bend). 〖(1594) ← CRANK¹ (v.) + -LE³: cf. crinkle〗
Cran·ko /krǽŋkou | -kəu/, **John** *n.* クランコー《1927–73; 南アフリカ共和国生まれの英国のバレエ振付師; Stuttgart バレエ団団員 (1961–73)》.
crank·ous /krǽŋkəs/ *adj.* 《スコット》いらいらした, 気むずかしい (peevish). 〖(1786) ← CRANK¹ + -OUS〗
cránk·pìn *n.* 〘機械〙クランクピン. 〖1839〗
cránk plàne [plàner] *n.* 〘機械〙クランク掛け平削り盤.
cránk·shàft *n.* 〘機械〙クランク軸. 〖1854〗
cránk wèb *n.* 〘機械〙クランク腕《クランクピンと主軸, またはクランクピンとクランクピンを連結する腕》.
crank·y¹ /krǽŋki/ *adj.* (**crank·i·er; -i·est**) **1 a** 〈機械・建物などが〉ぐらぐらする, がたがたする (unsteady). **b** 不安定な, 当てにならない (erratic). **c** 《英方言》病弱な, ふらふらしている (sickly, shaky). **2 a** 偏屈な, 変人の (eccentric). **b** 《米・豪》気まぐれな, むら気な (crotchety); 気むずかしい, 怒りっぽい (⇨ irritable SYN). **3** 〈道路など〉曲がりくねった, 曲折した (crooked): a ~ road. **4** 《方言》ばかげた, 気違いじみた (crazy). **cránk·i·ly** /-kɪ̀li/ *adv.* **cránk·i·ness** *n.* 〖(1787) ← CRANK¹ + -Y⁴〗
crank·y² /krǽŋki/ *adj.* (**crank·i·er; -i·est**) 〈船が〉傾きやすい, 転覆しやすい. 〖(1861) ← CRANK⁴〗
Cran·mer /krǽnmə | -mə(r)/, **Thomas** *n.* クランマー《1489–1556; イングランド宗教改革の指導者で新教徒として最初の Canterbury 大主教となり, Book of Common Prayer を制定した; Mary I 世の治世に失脚し火刑に処せられた》.
Cránmer's Bíble *n.* =Great Bible.
cran·ne·quin /krǽnəkɪ̀n | -nɪkɪn/ *n.* (弩(おおゆみ)) (crossbow) の)弓張り歯車. 〖(変形) ← CRANNOG〗
crán·nied *adj.* 割れ目の入った, ひびの入った; すき間だらけの. 〖(1440): ⇨ cranny, -ed 2〗
cran·nog /krǽnəg/ *n.* (also **cran·noge** /krǽnədʒ/) **1** 古代のスコットランド・アイルランドの沼地に造られた要塞(さい)用人工島. **2** 〘考古〙古代スコットランド・アイルランドの湖上住居. 〖(1608) □ Ir. ~ ← *crann* tree, beam〗
cran·ny /krǽni/ *n.* **1** 割れ目, ひび, 裂け目, すき間 (crevice, crack): *crannies* in a rock [wall] 岩[壁]の割れ目. **2** 人目につかない角[隅] (recess): search every nook and ~ 隅から隅まで くまなく捜す. 〖(1440) *crany* ← (O)F *cran, cren* notch < L *crēnam*: ⇨ crenate, -y²〗
cran·reuch /krǽnrux/ *n.* 《スコット》霜 (hoarfrost). 〖(1682) (変形) ← ? Gael. *crannreotha* ← *crann* to wither + *reotha* frost〗
Cran·ston /krǽnstən, -stn̩/ *n.* クランストン《米国 Rhode Island 州の東部, Providence 近くの都市》. 〖← *Samuel Cranston* (1698–1727: 植民地時代の総督)〗
crants /krǽnts/ *n.* 《廃》花の冠 (garland), 花飾り (wreath). 〖(1592) □ G *kranz*〗
Cran·well /krǽnwəl, -wɛl/ *n.* クランウェル《イングランド東部, Lincolnshire 州にある村; 英国航空士官学校 (Royal Air Force College) の所在地》.
crap¹ /krǽp/ 《米》 *n.* **1** 〘ダイス〙クラップ《負け数字を出すこと; クラップス (craps) で振って出た 2 個のさいの目の合計が 2, 3, 12, 2 度目以後の振りでは 7 の数で負けになる; cf. craps, natural》. **2** =craps.
— *vi.* (**crapped; crap·ping**) 〘ダイス〙 **1** クラップを出す. **2** (点を取ろうとしているのに) 7 を出す 〈*out*〉.
cráp óut 《米俗》(1) (疲労などで)休む, 寝る. (2) (けがなどで)気絶する. (3) 与えられた仕事[義務]を回避する. (4) 負ける, 失敗する; (ゲームなどから)手を引く. *cráp úp* 《俗》しくじる, だめにする (spoil).
— *adj.* [限定的] クラップ(用)の: a ~ table.
〖(1843) (逆成) ← CRAPS〗
crap² /krǽp/ *n.* **1** 《卑》 **a** くそ (dung). **b** 排便 (defecation): have [take] a ~ 排便する. **2** 《俗》たわごと (nonsense); つまらないこと, ばかげたこと (rubbish): cut the ~ [普通は命令文で] 《俗》くだらない話[時間のむだ使い]をやめる / not take ~ from …にそんなばかなことはさせない[言わせない]. **3** 《俗》廃物 (refuse), くず (rubbish), がらくた. — *v.* (**crapped; crap·ping**) — *vi.* **1** 《卑》排泄する (defecate). **2** 《俗》ばかなふるまいをする 〈*around*〉. — *vt.* 〈人に〉たわごとを言う; 〈人に〉つまらないことをする. 〖(*a*1425) *crappe* chaff □ OF *crappe* siftings (F *crape* filth) ← Gmc (cf. MDu. *hrappe*)〗
cra·paud /krǽpou, krɑ́ː- | -pəu; F. kʁapo/ *n.* 《カリブ》

〘動物〙ナンベイウシガエル (*Leptodactylus pentadactylus*)《中南米に生息する大形のヒキガエル》. 〘《1440》□ F *crapaud* □ ML *crapaldus, crapollus*〙

crape /kréɪp/ *n.* **1** クレープ, ちりめん (crepe). **2 a** 黒色のクレープ《喪服・喪章用》: a ~ band (腕につける)喪章. **b** クレープの喪章《帽子や腕に巻く》. **c** 覆面用のクレープの布切れ. — *vt.* …に黒クレープを巻く, 黒クレープで覆う. 〘《1633》□ F *crêpe* < L *crispam* curled: ⇨ crisp〙

crápe fèrn *n.* 〘植物〙ニュージーランド産のシダ (*Leptopteris superba*). 〘1882〙

crápe háir *n.* =crepe hair. 〘1866〙

crápe·hànger *n.* 《米俗》悲観論者 (pessimist). 〘《1920》: cf. crape 2〙

crápe jàsmine *n.* 〘植物〙サンユウカ (*Ervatamia coronaria*)《インド原産キョウチクトウ科の光沢のある葉と白い花をつける低木; 薬用・染料植物; Adam's apple ともいう》.

crápe mỳrtle *n.* 〘植物〙サルスベリ (*Lagerstroemia indica*)《中国南部原産ミソハギ科の植物; Indian lilac ともいう》. 〘《1850》〙

cráp gàme *n.* クラップス (craps).

cráp·per *n.* 《卑》便所 (toilet). 〘*c*1932〙

crap·pie /krά(ː)pi | krǽpi/ *n.* 〘魚類〙クラッピー《米国五大湖およびその南部地方に多いサンフィッシュ科 *Pomoxis* 属の魚類の総称; black crappie, white crappie など》. 〘《1861》← ? Canad.-F *crapet*〙

crap·py /krǽpi/ *adj.* (**crap·pi·er; -pi·est**) 《俗》質の悪い, 低級な, くだらない (lousy). 〘《1846》: ⇨ crap[2], -y[4]〙

craps /krǽps/ *n. pl.* 《米》〘ダイス〙 **1** 〘単数扱い〙クラップス, さいころばくち《2 個のさいを用いるばくちの一種で, hazard の簡単なもの; 合計が 7, 11 なら勝ち, 2, 3, 12 なら負け, もし 4, 5, 6, 8, 9, 10 ならばさらにさいをふり, 次に 7 がでると負けになる》: shoot ~ クラップスをやる. **2** =crap[1] 1. 〘《1843》□ F *craps, crabs* game of dice □ E *crabs* two aces, lowest throw at hazard (pl.) ← CRAB[1]〙

cráp·shòot *n.* **1** 《米》クラップス (craps). **2** 《口語》(結果が予測できない)冒険(的事業), 賭け. 〘《1971》《逆成》↓〙

cráp·shòoter *n.* 《米》クラップス賭博[さいころばくち]師 (cf. craps 1). 〘《1895》: ⇨ crap[1]〙

crap·u·lence /krǽpjʊləns/ *n.* **1** 暴飲暴食; (特に)過飲, 乱酔. **2** 二日酔い; 食べ過ぎ. 〘《1727》: ⇨ ↓, -ence〙

crap·u·lent /krǽpjʊlənt/ *adj.* 飲み過ぎの, 食い過ぎの, 飲み[食い]過ぎて気分の悪い. 〘《1656》□ L *crāpulentus* drunk ← *crāpula* drunkenness □ Gk *kraipálē* drunken headache: ⇨ -ent〙

crap·u·lous /krǽpjʊləs/ *adj.* **1** 不節制きわまる; (特に)暴飲(暴食)の. **2** 飲み過ぎで気分の悪い; 〈病気など〉暴飲による. **~·ly** *adv.* 〘《1536》□ LL *crāpulōsus* ← L *crāpula*: ⇨ ↑, -ous〙

crap·y /kréɪpi/ *adj.* (**crap·i·er; -i·est**) クレープ(質)の, ちりめんのような: a ~ fabric. 〘《1853》: ⇨ crape, -y[4]〙

craque·lure /krækljúə, ⸗⸗⸗ | krǽkəlùə(r), -ljùə(r), krǽkljuə(r), ⸗⸗⸗; F. kʀaklyːʀ/ *n.* 〘美術〙(絵画の表面に生じた)ひび割れ, クラッキング. 〘《1914》□ F ~ ← *craqueler* to crack(le): ⇨ -ure〙

crare /kréə | kréə(r)/ *n.* =crayer.

crases *n.* crasis の複数形.

crash[1] /krǽʃ/ *vi.* **1 a** (すさまじい音響を発して)衝突する 〔*into, against*〕; (衝突)事故を起こす: ~ *against* the glass / The train ~*ed into* a freight train. 列車は貨物列車に衝突した. **b** がらがらと崩れる, 粉みじんに砕ける; 〈皿などが〉すさまじい音と共に落ちる: The dishes ~*ed* (down) to [onto] the floor. 皿はがちゃがちゃと床に落ちた. **c** 〈飛行機が〉(着陸の際)機体を破壊[破損]する, 墜落する: The plane ~*ed* soon after takeoff. その飛行機は離陸直後に墜落した. **d** 〈飛行家が〉墜落して惨死する, 墜死する. **2** すさまじい音を立てる: ~*ing* sounds, thunder, etc. **3 a** すさまじい音を立てて動く: The door ~*ed* shut. 戸がばたんと閉まった. **b** すさまじい音を立てて[立てるように]進んでいく; 突進する: ~ into the house / ~ through the door. **4** 〈事業などが〉つぶれる, ぺしゃんこになる, 破産する (collapse). **5** 〘電算〙〈プログラムなどが〉突然操作不能になる, 暴走する, クラッシュする. **6** 《俗》(一晩または一時しのぎに)泊まる, 寝る: a place to ~ (out) 一夜の宿 (cf. crash pad 2). **7** 《米俗》麻薬の酔いからさめる. — *vt.* **1 a** 激しくぶつける, 〈車などを〉(激しく)衝突させる: ~ one's head against the wall. **b** 〈飛行機を〉乱暴に着陸させて壊す. **c** 〈信号などを〉無視して通過する: ~ the lights. **2** がらがらと[粉みじんに]壊す, ぺしゃんこにつぶす: ~ a plate. **3 a** …にすさまじい音を立てさせる: ~ the cymbals. **b** [~ one's way として] すさまじい音を立てて押し進む: go ~*ing one's way* through the jungle ジャングルを突進する. **4** 〘電算〙〈プログラムなどを〉操作不能にする, 暴走させる. **5** 《口語》(招待を受けない会などに)押しかける, 切符[許可]なく入る: ~ a dance ダンスの会に押しかけていく / ⇨ *crash the* GATE[1].

crásh óut 《俗》(1) (その場で)ばたんと寝てしまう. (2) ⇨ *vi.* 6. (3) 刑務所を脱走する.

— *n.* **1 a** (衝突・墜落による)破壊, 衝撃. **b** (飛行機の)墜落. **c** (自動車・列車などの)衝突. **d** 〘電算〙(システムなどの)クラッシュ. **2 a** (重い物が衝突または崩れるときの)すさまじい音響: fall with a ~ すさまじい音を立てて倒れる[崩れる]. **b** (雷・大砲の)とどろき: a ~ of thunder 雷鳴. **3** (相場・商売などの)破滅, 崩壊; 破産 (ruin): the great stock-market ~ of 1929 1929 年の株大暴落. **4** 〘演劇〙(物のくずれる)擬音装置《ガラス破片や瀬戸かけなどを入れたかご》.

— *adj.* [限定的] 《口語》(危急対策に)全力を挙げての, 応急の, 速成の: ⇨ crash program / take a ~ course *in* Spanish スペイン語の速成[特訓]コースを受ける.

— *adv.* すさまじい音響を立てて: go [fall] ~ すさまじい音を立てて倒れる[落ちる] / A stone came ~ through the window. 石ががちゃんと窓を破って飛び込んできた.

〘(*c*1390) *crasshe(n)* 《擬音語》: cf. crush〙

crash[2] /krǽʃ/ *n.* **1** クラッシ《粗い麻布でタオル・夏服・テーブル掛けなどに用いる》. **2** 〘製本〙寒冷紗《背張り (backlining) 用の非常に目の粗い布》. 〘《1812》《短縮》← ? Russ. *krashenina* colored linen〙

Crash·aw /krǽʃɔː, -ʃɑː | -ʃɔː/, **Richard** *n.* クラショー《1612?–49; 英国の宗教詩人; *Steps to the Temple* (1646)》.

crásh bàrrier *n.* **1** (自動車が道路やレースコースからはずれるのを防ぐ)防護柵, ガードレール. **2** 〘航空〙非常拘束装置《滑走路端に設け飛行機がオーバーランして事故を起こすのを防ぐ; arresting barrier ともいう》. 〘1947〙

crásh bòat *n.* 遭難救助船, (飛行機事故の)高速救難艇. 〘1936〙

crásh-dìve *vi.* 〈潜水艦が〉急速潜航する; 〈飛行機が〉(敵艦・地上などをめがけて)急降下する. — *vt.* 〈潜水艦〉に急速潜航させる; 〈飛行機が敵艦・地上などを〉めがけて急降下する. 〘1928〙

crásh dìve *n.* (水上艦艇・航空機などの攻撃を避けるための, 潜水艦の)急速潜航 (quick dive ともいう). 〘1918〙

crásh·er *n.* **1** すさまじい音を発するもの; 痛打, 痛撃. **2** 《俗》=gate-crasher. 〘《1863》: ⇨ crash[1], -er[1]〙

crásh-hàlt *n.* (自動車の)急停車. 〘1959〙

crásh hèlmet *n.* (レーサーなどが事故防止に用いる通常プラスチックまたは革製の)ヘルメット. 〘1918〙

crásh·ing *adj.* 《口語》**1** 完全な (complete), 徹底的な (thorough), 全くの (utter): a ~ bore 全く退屈な人[もの]. **2** 例外的な; 最高の, すばらしい (superlative): make a ~ success 大成功を収める. 〘(《1580》) (1924): ⇨ -ing[2]〙

crásh-lánd 〘航空〙*vt.* 〈飛行機〉に(破損を伴うような)不時着をさせる. — *vi.* 〈飛行機が〉不時着する. 〘1941〙

crásh-lánding *n.* 〘航空〙(破損を伴うような)不時着《特に, 車輪を引っ込めたままの胴体着陸など》. 〘1928〙

crásh pàd *n.* **1** (自動車などの内部の)安全パッド, 緩衝パッド. **2** 《俗》(ヒッピーなどの)一夜の宿, 仮の宿 (cf. crash[1] *vi.* 6). 〘1939〙

crásh prògram *n.* (開発・生産などの短期集中)強行計画, 突貫計画.

crásh·pròof *adj.* =crashworthy.

crásh-tàckle 〘アメフト〙*n.* クラッシュタックル《強烈にタックルすること》. — *vt., vi.* (…に)クラッシュタックルする. 〘1960〙

crásh-tèst *vt.* 〈新製品の〉破壊点 (breaking point) をテストする, 圧潰(あっかい)試験をする《加圧・加熱などによって》.

crásh trùck [wàgon] *n.* 〘航空〙(飛行機の不時着事故後に救助に向かう)救難車, クラッシュトラック. 〘1938〙

crásh·wòrthy *adj.* 衝突に耐えられる, ぶつかっても大丈夫な. **crásh·wòrthiness** *n.* 〘1966〙

cra·sis /kréɪsɪs | -sɪs/ *n.* (*pl.* **cra·ses** /-siːz/) **1** 〘文法〙母音縮合《複合語において最初の語の語尾の母音と次の語の語頭の母音が相合して長母音または二重母音になること; 例: L. *cōpia* < *co-opia*; Gk *kagṓ* < *kaì egṓ*; synaeresis ともいう》. **2** 《古》体質 (constitution); 気質 (temperament). 〘《1602》□ Gk *krâsis* a mixing, blending ← *kerannúnai* to mix: ⇨ crater〙

crass /krǽs/ *adj.* (~·**er**; ~·**est**) **1** 愚鈍な, ばかな (stupid): ~ ignorance [stupidity] お話にならない無知[愚鈍]. **2** 繊細さを欠く, 粗野な. **3** 《古》〈織物が〉ぼてぼての, ざらざらの (thick). **4** 打算的な, えげつない. **~·ly** *adv.* **~·ness** *n.* 〘《1545》□ L *crassus* solid, gross, thick ← ?〙

cras·si·tude /krǽsətùːd, -tjùːd | -sɪtjùːd/ *n.* **1** 愚鈍. **2** 粗野. **3** 《古》目の粗いこと. 〘《?1440》□ L *crassitūdō* thickness: ⇨ ↑, -tude〙

Cras·su·la·ce·ae /kræs(j)ʊléɪsiiː | -sjʊ-/ *n. pl.* 〘植物〙(双子葉植物バラ目)ベンケイソウ科. **cràs·su·lá·ceous** /-ʃəs/ *adj.* 〘← NL ~ ← *Crassula* (属名: ⇨ crass, -ule)+-ACEAE〙

crás·su·la·cean ácid metábolism /krǽʃʊlèɪʃən- | -sjʊ-, -ʃʊ-/ *n.* ⇨ CAM 2.

Cras·sus /krǽsəs/, **Marcus Li·cin·i·us** /lɪsíniəs | laɪ-, lɪ-/ *n.* クラッスス《115?–53 B.C.; ローマの将軍・政治家; Caesar および Pompey と共に第 1 回三頭政治を行った》.

-crat /⸗—krӕt/ 次の意味を表す名詞連結形: **1** 「政治理論の支持者」: aristo*crat*, demo*crat*. **2** 「…の階級の人」: pluto*crat*. **3** 「政党の支持者」: Dixie*crat*. 〘□ F *-crate*《逆成》← *-cratie* '-CRACY'〙

cratch /krǽtʃ/ *n.* **1** 《英方言》かいば入れ (crib). **2** 《古》かいばおけ (manger). 〘(*a*1250) *cracche, crecche* □ OF *creche* (F *crèche*) crib □ Gmc *krippja 'CRIB': cf. crèche〙

crate /kréɪt/ *n.* **1 a** (ガラス・陶器類を運ぶ)木枠. **b** (果物・びんなどを運ぶ)竹[柳]かご; 竹かご一杯の量. **c** (プラスチック・ワイヤー製)間仕切りケース. **2** 《俗》おんぼろ車[飛行機] (jalopy). — *vt.* 木枠に詰める. **~·ful** /-fʊl/ *n.* 〘(*c*1330) □ L *crātis* hurdle: cf. grate[1]〙

cra·ter /kréɪtə | -tə(r)/ *n.* **1 a** 噴火口 (⇨ volcano 挿絵). **b** (地雷や爆弾などでできた)漏斗(ろうと)孔, 弾孔; (核の破裂による地表面の)破裂口. **c** (月面などの)火口状のくぼみ, クレーター, 環状山; 隕石による穴. **d** (絵の表面にできる)くぼみ. **2** [C-] 〘天文〙コップ座《おとめ(乙女)座とうみへび(海蛇)座の間にあり, 南半球で見られる星座; the Cup ともいう》. **3** 〘電気〙火孔《アーク灯の陽極カーボンにできる穴》. **4** 〘金属加工〙クレーター《アークなどの作用で溶接ビードの終端に生じるくぼみ》. **5** =krater. — *vt.* 〈爆弾などが〉…に漏斗孔をあける. — *vi.* 穴ができる, 漏斗孔を作る. **~·like** *adj.* **~·ous** /-tərəs | -tə-/ *adj.* 〘《1613》□ L *crātēr* □ Gk *krātḗr* mixing bowl ← IE *kerə- to mix (cf. rare[2])〙

cra·ter·i·form /kreɪtérəfɔ̀ːm, krətér- | kréɪtərɪfɔ̀ːm, krətér-/ *adj.* **1** 噴火口状の, じょうご形の. **2** 〘植物〙さかずき状の. 〘《1830》: ⇨ ↑, -form〙

crá·ter·ing /-tərɪŋ | -tərɪŋ/ *n.* **1** クレーターの形成(過程). **2** クレーター群.

cráter làke *n.* 火口湖. 〘1879〙

Cráter Láke *n.* クレーター湖《米国 Oregon 州南西部にある死火山の噴火口にできた湖; 直径 10 km; 水深 590 m; Crater Lake National Park に含まれる》.

Cráter Láke Nátional Párk *n.* クレーターレーク国立公園《米国 Oregon 州南西部にあり, 美しい湖 (Crater Lake) で有名; 1902 年指定; 面積 649 km^2》.

cra·ter·let /kréɪtələt | -tə-/ *n.* 小噴火口; 小弾孔; 小クレーター. 〘《1881》: ⇨ -let〙

Cráter Mòund *n.* クレーターマウンド《隕石によってできたと思われている, 米国 Arizona 州中部にある巨大なくぼみ; 直径 1.2 km, 深さ 183 m》.

-crat·ic /⸗—krǽtɪk | -tɪk/ -crat に対応する形容詞連結形: aristo*cratic*, demo*cratic*. 〘□ F *-cratique*: ⇨ -crat, -ic[1]〙

-crat·i·cal /⸗—krǽtɪkəl, -kl | -tɪ-/ =-cratic. 〘⇨ ↑, -ical〙

Ć ràtion *n.* 〘米陸軍〙C 号(携行)糧食《缶詰野戦食; cf. D ration, K ration》. 〘1942〙

cra·ton /kréɪtɑ(ː)n | -tɒn/ *n.* 〘地質〙クラトン, 剛塊《主に先カンブリア紀岩類からなる, 地殻の比較的安定した部分; cf. shield 9》. **cra·ton·ic** /krətά(ː)nɪk, kreɪ- | -tɒ́n-/ *adj.* 〘《1944》□ G *Kraton*《変形》← Gk *krátos* strength〙

cra·tur /kréɪtə | -tə(r)/ *n.* 《スコット・アイル》**1** [the ~] ウイスキー (creature 5). **2** 人間 (creature 1 c).

craunch /krɔ́ːntʃ, krάːntʃ | krɔ́ːntʃ/ *v., n.* 《方言》= crunch. 〘《1631》擬音語〙

cra·vat /krəvǽt/ *n.* **1 a** クラヴァット《レースなどの縁飾りのあるスカーフやバンド状のネッククロス (neckcloth); 17 世紀男子が首に巻きつけて蝶などに結んだ》: ⇨ HEMPEN cravat. **b** ネクタイ (necktie). **2** 〘外科〙三角巾《包帯用》. **3** 〘海事〙煙突頂部につけたカバー. — *vt.* (**cra·vat·ted, -vat·ed; -vat·ting, -vat·ing**) …にクラヴァット[ネクタイ]をつける. 〘《1656》□ F *cravate* ← *Cravate* a Croat, Croatian □ G *Krabate* □ Serbo-Croatian *Hrvat* a Croat: もとフランス傭兵のクロアチア人がつけた首ひも〙

crave /kréɪv/ *vt.* **1 a** 懇願する, 切望する (demand): ~ (a person's) pardon [leave, mercy] (人の)勘弁[許し, 慈悲]を請う / ~ a gift [favor] from [of] a person 人の寄贈[好意を]懇願する. **b** 《廃》〈人に〈…するよう〉願う 〈*to do*〉. **2** 欲する, 必要とする (need); 渇望する, 熱望する (⇨ desire SYN): I ~ a drink. 一杯飲みたくてたまらない. — *vi.* **1** 懇願する, 懇請する (beg) 〔*for*〕: ~ *for* pardon. **2** 熱望する (long) 〔*for, after*〕: ~ *for* a drink.

cráv·er *n.* 〘OE *crafian* < (WGmc) *krabōjan ← ? *kraftaz 'force, CRAFT': cf. ON *krefja* to demand〙

cra·ven /kréɪvən/ *adj.* **1** 気の弱い (faint-hearted), 臆病な, 卑怯な (cowardly). **2** 《古》負けた, 参った (defeated). ★ 通例次の句で: cry ~ 参ったと叫ぶ, 降参する. — *n.* 臆病者, 意気地なし (coward). — *vt.* 《古》ひるませる, 臆病にする. **~·ly** *adv.* **~·ness** *n.* 〘(?*a*1200) *cravant* vanquished □ ? OF *cravanté* overthrown (p.p.) ← *cravanter* to overwhelm < VL *crepāre to rattle: ⇨ crepitate〙

Cra·ven·ette /krèɪvənét, krӕv-/ *n.* 〘商標〙クレバネット《元来は純毛ギャバジンに防水加工を施した布; 現在では綿ギャバジンに防水加工を施した布》. 〘← *Craven Street* (London の街路名): ⇨ -ette〙

cráv·ing *n.* **1 a** (強い)欲求, 熱望: a natural ~ *for* recognition 世間に認められたいという自然な気持ち / have a ~ *for* pleasure 快楽を渇望する. **b** あこがれ. **2** 《廃》懇願, 懇請. — *adj.* **1** 熱望する: a ~ passion. **2** 《廃》懇願[懇請]する. **~·ly** *adv.* **~·ness** *n.* 〘(*a*1300): ⇨ crave, -ing[1]〙

craw /krɔ́ː, krάː | krɔ́ː/ *n.* **1** (鳥・虫類の)嗉嚢(そのう) (crop). **2** (下等動物の)胃(袋) (stomach). ***stick in one's [the] cráw*** ⇨ stick 成句. 〘(*c*1250) *craue* < ? OE *craeg: cf. Du. *kraag* neck, collar〙

craw-craw /krɔ́ːkrɔ̀ː, krάːkrὰː | krɔ́ːkrɔ̀ː/ *n.* 〘病理〙回旋糸状虫 (*Onchocerca volvulus*) による伝染性の皮膚病《アフリカ西部に多い》. 〘《1863》□ Afrik. ~ ← Du. *krauwen* to scratch〙

cráw·dàd *n.* 《米中部》ザリガニ (crayfish). 〘(*c*1905)《変形》↓〙

craw·fish /krɔ́ːfɪʃ, krάː- | krɔ́ː-/ *n.* 〘動物〙**1** 《米》ザリガニ (crayfish). **2** イセエビ (spiny lobster). **3** 《カリフォルニア》=ghost shrimp. — *vi.* 《米口語》(ザリガニのように)後ずさりする; しりごみする; 手を引く 〈*out*〉. 〘《1624》《変形》← CRAYFISH〙

Craw·ford /krɔ́ːfəd, krάː- | krɔ́ːfəd/, **Francis Marion** *n.* クロフォード《1854–1909; 米国の小説家; *A Roman Singer* (1884)》.

Crawford, Joan *n.* クロフォード《1908–77; 米国の女優; 野心的な強い女役で知られる; 本名 Lucille le Sueur》.

Crawford, Michael *n.* クロフォード《1942–　; 英国の俳優; 本名 Michael Dumbell Smith》.

crawl[1] /krɔ́ːl, krɑ́ːl | krɔ́ːl/ vi. 1 はう, はっていく; 腹ばいになって動く (creep): ~ on hands and knees 四つんばいにはう. 2 a のろのろ走る, 徐行する; そろそろ[のろのろ]歩く ⟨about⟩. b ⟨仕事などが⟩のろのろ進む; ⟨時が⟩徐々に過ぎる ⟨along⟩. 3 こそこそする; 平身低頭する; こそこそ取り入る: ~ into a person's favor 人の好意に取り入る. 4 a ⟨場所が⟩(虫などで)うじゃうじゃ[うようよ]する (swarm) 〔with〕: The ground was simply ~ing with worms. 地面には虫がうようよしていた. b (虫がはうような気持ちで)むずむずする, ぞっとする, 身の毛がよだつ思いがする: make a person's flesh [skin] ~ ⇨ flesh 成句 / My flesh ~ed at the thought. 思ってみただけでぞっとした. 5 クロールで泳ぐ. 6 ⟨ツタなどが⟩はう, 巻きひげをのばす. 7 ⟨ペンキなどが⟩均等に広がらない, たまりができる, 濃い部分ができる. 8 〖窯業〗上薬めくれを起こす. 9 〖電算〗⟨検索 robot が⟩インターネット上を徘徊する. — vt. 1 ⟨場所を⟩はうように進む: ~ the earth. 2 《俗》きびしく非難する. 3 〖電算〗⟨検索ロボットが⟩⟨インターネット上を⟩徘徊する; ⟨文書⟩に行き当たる. — n. 1 a はうこと, はい歩き. b そろそろ歩き, 徐行: go at a ~ (はうように)のろのろ歩く; 徐行する / go for a ~ ぶらぶら散歩に行く. c [通例限定詞を伴って]《英俗》はしごをすること: ⇨ pub crawl. 2 [the ~]〖水泳〗クロール (crawl stroke) 《American crawl, Australian crawl などがある; front crawl ともいう》. 3 〖映画・テレビ〗回転式タイトルパターン (樽型回転機の表面にタイトルを書いて, それを回しながら出していくもの; crawlbox ともいう). 〖(c1200) craule(n) ◻ ON krafla to paw, scrabble with the hands: cf. Dan. kravle to creep〗

crawl[2] /krɔ́ːl, krɑ́ːl | krɔ́ːl/ n. (海岸の浅瀬に設けた)魚囲い, いけす. 〖(1660) ◻ Du. kraal ◻ Sp. corral: ⇨ corral〗

cráwl·bòx n. 〖映画・テレビ〗= crawl[1] 3.

cráwl·er /-lə | -lə(r)/ n. 1 a はうもの[人]. b はって歩く動物, 爬行(はこう)動物, 爬虫 (reptile). c ヘビトンボの幼虫 (hellgrammite); カイガラムシの最初の幼虫 《成虫は全く動かないが, この時期の幼虫ははい歩くことができる》. d 《英口語》流しのタクシー. e = crawler tractor. 2 クロール泳法の泳者. 3 [通例 pl.] (幼児用のオーバーオールに似た)はいはい着. 4 《俗》(卑屈な)ごきげん取り. 〖(1649) ← CRAWL[1] (v.)〗

cráwler cràne n. 〖機械〗クローラークレーン, 無限軌道付きクレーン, キャタピラクレーン.

cráwler làne n. (高速道路の上り坂で)低速車レーン.

cráwler tràctor n. クローラートラクター, 無限軌道トラクター. 〖1926〗

cráwler·wày n. (ロケットや宇宙船を運ぶための)道路.

Craw·ley /krɔ́ːli, krɑ́ː- | krɔ́ː-/ n. クローリー 《イングランド南部, West Sussex 州の都市; 種々の軽工業が盛ん》.

cráwl·ing /-lɪŋ/ n. (ペンキなどの)塗りむら.

cráwling bòard n. 〖建築〗(屋根・足場などの)登り板 (chicken ladder). 〖1901〗

cráwl·ing·ly /-lɪŋli/ adv. はうように, のろのろして. 〖(1672): ⇨ -ing[2], -ly[1]〗

cráwling pèg n. 〖経済〗漸進的平価変更方式, クローリングペッグ 《ある期間一定の水準に保たれる為替相場; 市場の状況を反映し少しずつ変動する》. 〖1966〗

cráwl spàce n. 〖建築〗(配管[配線]作業者の入れる程の)床下[屋根裏]の空間. 〖1946〗

cráwl stròke n. 〖水泳〗クロールストローク, クロール泳法. 〖1903〗

cráwl·wày n. (洞穴などの, はっていける程度の)低い通路. 〖1909〗

crawl·y /krɔ́ːli, krɑ́ːli | krɔ́ːli/ adj. (crawl·i·er; -i·est) むずがゆい, むずむずする (creepy); (薄気味悪くて)ぞっとする: The sight made me feel ~. それを見て私はぞっとした. 〖(1860): ⇨ crawl[1], -y[4]〗

craw thùmper n. 《アイル口語》信心深く見せかける人, えせ信者. 〖(1785): 胸をたたいて告白するしぐさから〗

cray /kréɪ/ n. 《豪口語》= crayfish. 〖《略》↓〗

crayer /kréə | kréə(r)/ n. 《廃・歴史》小型の貿易船. 〖(1344) ◻ AF craier = OF croyer ← ?〗

cray·fish /kréɪfɪʃ/ n. 〖動物〗1 ザリガニ 《ザリガニ科の動物の総称; 米国産のアメリカザリガニ(俗称, エビガニ) (Cambarus clarki), ヨーロッパ産の Astacus fluviatilis など; crawfish ともいう》. 2 イセエビ (spiny lobster). 〖(1311–12) crevise ◻ OF crevice (F écrevisse) ◻ OHG krebiz 'CRAB[1]': 今の語尾は FISH[1] との連想による〗

Cray·o·la /kreɪóʊlə | -ə́ʊ-/ n. 〖商標〗クレイヨラ 《米国 Binney & Smith 社製のクレヨン; フェルトペン・絵の具などもある》.

cray·on /kréɪɑ(ː)n, -ən | kréɪɒn, -ən; F. kʀɛjɔ̃/ n. 1 クレヨン: an artist in ~ クレヨン画家 / a ~ sketch クレヨンのスケッチ / a picture in ~(s) クレヨン画. 2 クレヨン画. — vt. 1 クレヨンで描く[彩色する]. 2 …の計画を立てる ⟨out⟩. 〖(1644) ◻ F ~ ← craie < L crētam chalk ← ?〗

cráy·on·ist /-nɪst | -nɪst/ n. クレヨン画家. 〖(1884): ⇨ ↑, -ist〗

cráyon mànner n. 〖美術〗(エッチングの)クレヨン効果 《各種のニードルやルーレットを用いて原版に手を加え, 刷ったときにクレヨン画のような表現効果を得る技法》.

cray·thur n. 《スコット・アイル》1 /kréɪθə | -θə(r)/ [the ~] = cratur 1. 2 /kréɪtʃə | -tʃə(r)/ = cratur 2.

craze /kréɪz/ n. 1 (一時の)熱狂, 夢中 (mania); 熱狂的流行 (rage); 熱中するもの: have a ~ for stamp collecting 切手収集に夢中である / a miser's ~ for gold けちんぼうの黄金欲 / It is the latest ~. それは最近の大流行だ / That singer is (all) the ~. その歌手は大もてだ. 2 狂気. 3 (陶磁器の)貫入, (珐瑯(ほうろう)の)ひび割れ 《釉面に入る小さな割れ目; cf. crackle n. 2 a》. 4 《廃》a 割れ, ひび (crack), きず (flaw), 欠陥 (defect). b 病弱 (infirmity). — vt. 1 [通例 p.p. 形で] ⟨人⟩の気を狂わせる: He was half ~d with grief. 彼は悲しみに気も狂わんばかりだった. 2 a ⟨陶磁器⟩の表面[上薬]に細かいひびを入れる (cf. crackle 2). b 《英方言》…にひびを入らせる (crack). 3 《古》⟨健康などを⟩損ねる, 弱める. 4 《廃》壊す, 砕く (shatter). — vi. 1 気が狂う. 2 貫入(かんにゅう)ができる 《陶磁器釉面に細状のひびができる》. 3 《古》壊れる (break). 〖(1369) crase(n) to break ◻ ON *krasa (Swed. krasa) (擬音語)?: cf. crash[1]〗

crazed adj. 1 発狂した, 精神錯乱の; 逆上した: the grief-crazed parents of the dead child その死んだ子供の悲嘆に暮れた両親. 2 ⟨陶磁器が⟩表面に細かいひびが入っている: ~ pottery. 〖(a1400): ⇨ ↑, -ed 2〗

cra·zi·ly /kréɪzɪli/ adv. 狂気[狂人]のように; 熱狂的な. 〖(1668) ← CRAZY + -LY[1]〗

cráz·i·ness n. 1 狂気, 発狂(状態). 2 熱狂. 〖(1602) ← CRAZY + -NESS〗

cráz·ing n. 貫入 《陶磁器の上薬にできるひび》; (エナメル・ワニス・(珐瑯などの釉にできる)ひび割れ. 〖((1388)) (1526): ⇨ craze, -ing[1]〗

cra·zy /kréɪzi/ adj. (cra·zi·er; -zi·est) 1 《口語》a 狂気じみた, 常識を欠いた, 途方もない; ばかげた (foolish): a ~ action [fancy] 正気のさたとは思えぬ行為[空想] / He is ~ to speak to his boss like that. 上司にあんな口をきくとはばかだ / It is ~ of you to give him money. やつに金をやるなんて君もどうかしている. b 狂人の[を思わせる]: a ~ leer [grin]. c 風変わりな (odd), 異常な (unusual): a ~ little man. d 精神錯乱の, 気が狂っている, 狂気の (mad)〔with〕: Are you ~? 気でも狂ったか / be [go] ~ with excitement [pain] 興奮[苦痛]で気が狂ったようになっている[なる] / She is driving [making] me ~. 彼女のことで私は気が狂いそうだ. 2 《口語》a 〔…に〕熱狂している, 夢中の〔about〕: be ~ about sports cars スポーツカーに夢中である. b 〔人に〕のぼせ上がっている, ほれている (infatuated)〔about, for, over〕: He is ~ for [about] the girl. 彼はあの娘にいかれている / They were both ~ about each other. お互いほれ合っていた. c ぜひ…したがっている, ⟨…するのに⟩熱心である ⟨to do⟩: He is ~ to have a try at it. 彼はしきりにそれをやりたがっている. 3 a ⟨建物・船などが⟩ひび[割れ目]の入った; 壊れかかっている, ぐらぐら[がたがた]の (rickety). b まっすぐでない, 曲がった (crooked): a ~ path [angle]. c ⟨敷石・舗道など⟩形が不正の, ふぞろいの (irregular): ⇨ crazy quilt, crazy pavement. 4 a ⟨ジャズが⟩わくわくさせる, 熱狂的な (wild). b 《俗》すばらしい (excellent); 申し分のない (perfect). 5 《古》弱っている, 病弱な, か弱い (sickly). 6 〖トランプ〗持主の自由になる (wild): ⇨ crazy eights, crazy jacks. 7 〖畜産〗⟨焼印が⟩上下逆さに押された.

crázy like a fóx ⇨ fox 成句. *like crázy* 《米》猛烈に, ものすごく, ものすごい勢いで (like mad).

— adv. 《俗》1 非常に, とても (very): a ~ mad person. 2 激しく, 気も狂わんばかりに (furiously).

— n. 《米口語》異常な人, 変人 (loony).

— int. 《俗》わあ 《喜びや驚きを表す》.

〖(1576) ← CRAZE + -Y[4]〗

crázy bòne n. 《米》= funny bone 1. 〖1876〗

crázy éights n. pl. [単数扱い]〖トランプ〗8 を鬼札 (wild card) として使う stop 系のゲーム.

crázy gólf n. 《英》= miniature golf.

Crázy Hòrse n. クレイジーホース (1842?–77; 米国のインディアンの酋長; Little Big Horn で G. Custer 将軍の騎兵隊を全滅させた (1876)).

crázy hòuse n. 《米》1 精神病院. 2 (遊園地などの)びっくりハウス.

crázy jàcks n. pl. [単数扱い]〖トランプ〗ジャックを鬼札 (wild card) として使う stop 系のゲーム.

crázy pávement n. 乱れ敷 (《英》crazy paving) 《ふぞろいの石やタイルを敷いた舗道》. 〖1927〗

crázy pàving n. 《英》= crazy pavement. 〖1925〗

crázy quìlt n. 1 (さまざまな色・形・大きさの寄せ切れの)パッチワークによるキルト[掛けぶとん]. 2 寄せ集め, つぎはぎしたもの (jumble). 〖1886〗

crázy tòp n. 〖植物病理〗植物の先端生長部分に変化の起こる病変の総称 《水分・栄養分の不足, ウイルス等によりかんきつ・トウモロコシ・アーモンド等の枝端に花の代わりに葉が集まり, 果実が減少または未熟に終わる》.

crázy·wèed n. 〖植物〗= locoweed. 〖(1889): 牛馬に有毒であることから〗

CRC 《略》camera-ready copy; Cancer Research Campaign; cyclic redundancy check.

CRE /síːɑ̀ːíː | -ɑ̀ː(r)-/ 《略》Commission for Racial Equality.

cre- /kriː/ (母音の前にくるときの) creo- の異形.

Ć-reàctive protéin n. 〖生化学〗C- 反応蛋白質 《炎症や新生物発生など異常にした血清に生じる蛋白質で肺炎菌の細胞壁多糖類を沈澱させる》. 〖(1956) C-: ← CARBOHYDRATE〗

creak /kríːk/ n. きーきー[ぎーぎー, ぎゅーぎゅー]鳴る音, きしる音, きしみ: the ~ of rusty hinges, new boots, etc. / The box opened with a ~. 箱はきしるような音を出して開いた. — vi. 1 きーきーきしる, きしむ, きゅーきゅー鳴る: New shoes are apt to ~. 新しい靴はとかくきゅーきゅー鳴る / Creaking doors hang the longest. 《諺》病身者は長生きしがちなもの. 2 きーきー音をさせながら動く, きしみながら進む. 3 《英口語》効率が悪い, がたがきている. — vt. きーきーいわせる, きしらせる: ~ a chair, one's shoes, etc. 〖((a1325)) (1583) creke(n) (擬音語): cf. OE crǣcettan ← cracettan to croak〗

creak·y /kríːki/ adj. (creak·i·er; -i·est) 1 きーきーいう, きしむ, きしみやすい (squeaky): ~ stairs. 2 がたがたの, おんぼろの (dilapidated): a ~ house. 3 ⟨小説・制度などが⟩できが悪く古くさい, 拙劣な. **créak·i·ly** /-kɪli/ adv. **créak·i·ness** n. 〖(1834) ← CREAK + -Y[4]〗

cream /kríːm/ n. 1 クリーム, 乳脂肪 《牛乳を遠心分離機にかけて抽出した 18–40% の乳脂肪; 生クリーム》. 2 a [通例修飾語句を伴って] クリーム入り料理: chicken ~ / fish ~ / ~ of tomato [celery] soup トマト[セロリ]のクリームスープ. b クリーム状の菓子, デザート: ⇨ chocolate cream. c アイスクリーム: vanilla ~. 3 a クリーム状製品, 化粧クリーム; 乳剤 (emulsion): ⇨ cold cream. b (外形・濃度など)クリーム状のもの. c (乳[懸]濁液の)上かす, 上皮. 4 [the ~] 最良の部分, 精華, 精髄, 粋 (quintessence): the ~ of society 最上層社会, 社交界の花ともいうべき人々 / the ~ of fashion 流行の粋 / the ~ of the story その物語の妙所[佳境] / the ~ of the ~ = crème de la crème / get the ~ of …の粋[最良部分]を抜く. 5 クリーム 《こくのある甘口のシェリー(酒); cream sherry ともいう; cf. Bristol cream》. 6 = creamer 2. 7 クリーム色, 淡黄色. 8 クリーム色の動物; (特に)クリーム色の馬[ウサギ].

the créam of the cróp 《口語》最上のもの, 精選したもの, 粋.

créam of líme 石灰乳. 《1770–74》

créam of tártar 〖化学〗酒石英 ($KHC_4H_4O_6$) 《酒石を再結晶して得られる比較的純度の高い酒石酸水素カリウム; ふくらし粉 (baking powder) の主成分》. 《1662》

— adj. 1 クリームで作った, クリーム入りの; クリーム状の. 2 クリーム色の (cream-colored).

— vt. 1 ⟨牛乳⟩からクリームを分離する[採る]; ⟨牛乳⟩から乳皮[脂肪]をすくい取る. 2 ⟨牛乳⟩にクリームを生じさせる, 乳皮を張らせる. 3 a ⟨紅茶・コーヒーなど⟩にクリームを入れる. b ⟨肉・野菜などを⟩クリーム(ソース)で煮る[あえる]; …にクリームソースをかける: ~ed chicken [fish] クリームソースをかけた鶏肉[魚肉] / ~ oysters [vegetables] カキ[野菜]をクリームで煮る. 4 a ⟨バターなどを⟩かき回してクリーム状にする. b …にあわを生じさせる. 5 …に(化粧用)クリームをつける: ~ one's face. 6 …から一番よいところ[粋]を抜く[抜き取る] ⟨off⟩. 7 《米俗》a したたかぶつ; ひどくやっつける. b ぶっ壊す (wreck): ~ the car on the expressway. — vi. 1 a ⟨牛乳が⟩クリームを生じる, 乳皮[脂肪]が張る. b ⟨液が⟩上かす[あわ]を生じる. 2 クリーム状になる. 3 《卑》射精する. *créam óff* (1) ⇨ vt. 6. (2) ⟨大金などを⟩私用に使う.

~·like adj. 〖(1332) creme ◻ OF cre(s)me (F crème) (混成) ← LL crāmum cream (← ? Celt.) + chrisma (⇨ chrism)〗

créam bùn n. 《英》= cream puff 1.

créam·bùsh n. 〖植物〗= ocean spray. 〖その葉がクリーム色をしているところから〗

créam càke n. 《英》クリームケーキ. 〖1855〗

créam chèese n. クリームチーズ 《牛乳にクリームを加えて造る柔らかく味の濃厚な熟成しないチーズ》. 〖1583〗

créam-còlored adj. クリーム色の, 淡黄色の. 〖1707〗

créam-colored wáre n. クリーム色陶器 《18 世紀の初期英国で作られたクリーム色を呈した精陶器; その後 J. Wedgwood が改良したものが有名》.

créam cràcker n. 《英》= cracker 1. 〖1906〗

créam·cùps n. (pl. ~) 〖植物〗米国 California 産ケシ科の一年草 (Platystemon californicus) 《長い花茎に小さなクリーム色または黄色の花をつける》.

créam·er n. 1 クリーム分離器 (cream separator). 2 《米》クリーム入れ, クリーマー. 3 クリーマー 《クリームの代用品; トウモロコシを主原料とする液状または粉末の非酪農製品》. 〖(1858) ← CREAM + -ER[1]〗

cream·er·y /kríːm(ə)ri/ n. 1 a バター・チーズ製造所, 酪農場. b クリーム製造所 《牛乳を処理してクリームを造る所》. 2 クリーム・バター・牛乳類販売店, 酪産物販売所. 〖(1872) ◻ F crèmerie: ⇨ cream, -ery〗

créam-fáced adj. (こわくて)真っ青な顔をした (pale). 〖1606〗

créam hòrn n. クリームホーン 《円錐形のクリーム菓子》.

créam íce n. 《英》= ice cream. 〖1849〗

créam láid n. クリーム色簀(す)の目紙 《簀の目の入っているクリーム色の筆記用紙; cf. laid paper》. **créam-làid** adj. 〖1857〗

créam nùt n. = Brazil nut 2. 〖その味がよいことから〗

créam-of-tártar trèe n. 〖植物〗パンヤ科アダンソニア属の豪州産の大型壺形樹 (Adansonia gregorii) 《sour gourd ともいう》. 〖1866〗

créam pùff n. 1 シュークリーム: ⇨ cream puff paste. 日英比較 日本語の「シュークリーム」はフランス語 chou à la crème から. 英語でもフランス風に chou /ʃúː/ とはいうが, chou cream とはいわない. ⇨ chou. 2 《口語》a 柔弱な男性, 意気地なし. b つまらないもの. 3 《米俗》調子のいい中古(自動)車. 〖1880〗

créam pùff pàste n. シュークリームなどの生地 《小麦粉と水または牛乳・バター・卵を練り合わせた生地; 焼くと中が空洞になるので種々のクリームを詰めることができる; pâte à chou, chou pastry ともいう》.

créam sàuce n. クリームソース 《生クリームを加えて濃厚にしたホワイトソース (white sauce)》.

créam sèparator n. クリーム分離器 《牛乳から生クリームを分離採取するもの》. 〖1884〗

créam shérry n. = cream 5. 〖1964〗

créam sóda n. クリームソーダ 《バニラで香りをつけ, 砂糖で甘みをつけたソーダ水; 普通は無色または薄茶色》.
日英比較 日本の「クリームソーダ」のようにアイスクリームは浮

かべていない.「クリームソーダ」は ice-cream soda という.〘1854〙
créam téa *n.* 《英》クリームティー《ジャムや乳脂肪の多いクリームを添えたパンやスコーン (scone) を食べる午後のお茶 (afternoon tea)》.〘1964〙
créam·wàre *n.* [集合的] クリームウェア《素地がクリーム色あるいはわずかに黄色の陶器; 1720 年頃開発され, 広く生産; queensware ともいう》.〘1780〙
créam wóve *n.* クリーム色ウーブペーパー[簀(す)の目なし紙]《簀の目の入っていないクリーム色の筆記用紙; cf. wove paper》. **créam·wòve** *adj.*
cream·y /kríːmi/ *adj.* (**cream·i·er**; **-i·est**) **1** クリームを含む, クリームの多い: ~ milk. **2 a** クリーム質の, クリーム状の. **b** なめらかで柔らかい. **c** クリーム色の. **d** つやっぽい: a woman with a ~ voice つやっぽい声の女性. **créam·i·ly** /-m̩li/ *adv.* **créam·i·ness** *n.*
〘(1610) ← CREAM + -Y¹〙
cre·ance /kríːəns/ *n.* 〘鷹狩〙(訓練中鷹をつないでおく)細ひも.
〘(?c1300) □ OF ~ < VL *crēdentiam 'CREDENCE'〙
crease¹ /kríːs/ *n.* **1 a** 折り目, 畳み目 (fold, rumple). **b** [しばしば *pl.*] (ズボンの)折り目. **c** [通例 *pl.*] (顔・首などの)しわ (wrinkle). **2** 〘クリケット〙クリース《投手または打手の 3 種の限界線, またはその線内》: ⇨ bowling crease, popping crease, return crease. **3** 〘アイスホッケー・ラクロッス〙クリース《アイスホッケーではゴールラインの中央を中心とする狭い長方形, ラクロッスではゴールを囲む円の区域で, いずれもゴールキーパーの特権が認められる》. **4** 〘地理〙クリース《大陸氷河の末端にできた平野に残っている干上がった河道》. — *vt.* **1 a** …に折り目をつける, 折る: ~ a thing in folio 物を二つ折りにする / ~ one's trousers ズボンに折り目をつける. **b** しわにする: ~ one's face 顔にしわを寄せる / Her face was ~*ed with* lines. 彼女の顔はしわだらけだった. **2** 《米》**a** 〈馬などを〉かすり弾(だ)で気絶させる. **b** 〈人〉にかすり傷を負わせる. **3** 《英俗》**a** 大いに笑わせる[おもしろがらせる]〈*up*〉. **b** くたくたにさせる; 気絶させる. **c** 殺す (kill). — *vi.* 折り目がつく; しわになる〈*up*〉: This material ~*s* very easily. この生地はしわがつきやすい / His face ~*d* into a smile. 彼は顔をしわだらけにして笑った.
〘(1578) *creast, crest* ridge (of a roof) (転用)? ← CREST〙
crease² /kríːs/ *n.* = kris.
créase·less *adj.* しわのない, 折り目のない.〘(1852): ⇨ crease¹, -less〙
créas·er *n.* (製本・裁縫などでとじたり縫ったりするための)折り目つけ器.
créase-resìstant *adj.* 〈織物・衣服が〉しわのよらない, 防皺(ぼうしゅう)加工の.〘1936〙
cre·a·sol /kríːəsòʊl, -sɔ̀(ː)l | -sɒ̀l, -sə̀ʊl/ *n.* 〘化学〙= creosol.
cre·a·sote /kríːəsòʊt | kríəsəʊt, kríːəsə̀ʊt/ *n.* 〘化学〙= creosote 1.
creas·y /kríːsi/ *adj.* (**creas·i·er**; **-i·est**) 折り目[しわ]だらけの.〘(1858): ⇨ -y¹〙
creat- /kríːət/ (母音の前にくるときの) creato- の異形.
cre·ate /kriéɪt, kriːéɪt, ⌐⌐/ *vt.* **1** 〈新事情・騒動などを〉引き起こす, 巻き起こす; 〈印象・感覚・問題などを〉与える, 起こす (cause): ~ a sensation センセーション[問題]を巻き起こす, 物議をかもす / ~ a sensation of cold [itching] 寒い感じ[かゆみ]を起こす / He ~*d* a good impression in the jury. 彼は陪審員によい印象を与えた / His absence ~*d* a great fuss. 彼の欠席は大騒ぎを引き起こした. **2 a** 〈人知・人力などが〉(独創的に, または新機軸で)〈芸術作品などを〉生み出す, 作り出す, 創作する (produce) (⇨ invent SYN): ~ a masterpiece, a new type of architecture, etc. / ~ a part [role] 〈俳優が〉ある役の型を作り出す. **b** 〈洋裁師などが〉〈新型を〉考案する, デザインする (design): ~ a costume. **3** 〈神・自然力などが〉創造する: God ~*d* the heaven and the earth. 神天地を創造(つく)りたまえり (*Gen.* 1:1). **4** 《英》**a** [目的補語を伴って]〈人を〉(位階・爵位に)つける, 叙する (appoint, make, name): ~ a man a peer 人を貴族に列する / be ~*d* (a) baron 男爵位を授かる. **b** 〈制度・官職などを〉創設する, 設ける: ~ peers 〈政府が〉新貴族を作る《上院の反対を抑えるため; cf. creation 4》. — *vi.* **1** 創造的なことをする, 建設的なことをする (invent). **2** 《英俗》騒ぎ立てる, 大騒ぎする; 不平[文句]をいう (complain) 〔*about*〕: They're always *creating about* something or other. 彼らはいつも何やかやと騒ぎ立てて[文句をいって]いる. — *adj.* 《古》創造された.〘(c1380) *create(n)* □ L *creātus* (p.p.) ← *creāre* to bring into being 《原義》cause to grow ← IE **ker-* to grow (cf. crescent, increase): ⇨ -ate³〙
cre·a·tine /kríːətìːn, -tṇ, -tṇ | -tìːn, -tɪn/ *n.* (*also* **cré·a·tin** /-tṇ, -tṇ | -tɪn/) 〘生化学〙クレアチン ($NH_2C(=NH)N(CH_3)CH_2COOH$) 《脊椎動物の血液および筋肉組織の中に含まれている物質》.〘(1840) ← CREATO- + -INE³: 1835 年にフランスの化学者 M. E. Chevreul (1786–1889) が肉汁の中に発見したことから〙
creatine phósphate *n.* 〘生化学〙クレアチンリン酸 (⇨ phosphocreatine).〘1947〙
cre·at·i·nine /kriǽṭənìːn, -nṇ, -tṇ- | -tɪnìːn, -nɪn/ *n.* 〘生化学〙クレアチニン ($C_4H_7N_3O$) 《クレアチン (creatine) に由来する水溶性の白色小板状結晶で, 人や哺乳類の筋肉や血液中にも存在するが最終産物として尿に排泄されるアミノ酸の誘導体》.〘(1851) □ G *Kreatinin* ← *Kreatin* 'CREATINE' + *-in* '-INE³'〙
cre·a·tion /kriéɪʃən, kriː-/ *n.* **1 a** 創造; 創始, 創設. **b** [しばしば the C-] 天地の創造, 創世. **2 a** (神の)創造物, 森羅万象, 天地万物, 宇宙: lords of ~ 万物の霊長, 人間. **b** [集合的] 創造されたもの, 被造物 (creatures): the whole ~ 万物, 生きとし生ける物; 宇宙, 全世界 (cf. *Rom.* 8:22). **3 a** 創作; 創作物; (知力・想像力の)産物, 芸術作品: the ~ of great poetry / a ~ of a great artist. **b** (俳優の)独創的な新演技法, (ある役に対する)新型の創造. **c** (衣装などの)創案, (デザイナーの創意に成る)意匠, 作品, 衣装 (cf. confection 3 a): the latest Paris ~*s* パリの最新の作品[衣装] / Madame So-and-so's ~ 某女史の新意匠. **4** (貴族に)列すること, 授爵, 叙位, 叙任 (appointment): the ~ of a peerage / a peer of recent ~ 新貴族 / the ~ of peers 《英》(上院の反対を抑圧する最後的手段として政府支持の)新貴族を乱造すること.
béat [*líck, whíp*] (*áll*) *creátion* 《米口語》すべてにまさる: That *beats* (*all*) ~. そいつは全くもって驚いた; そりゃ愉快千万だ.〘1839〙 *in áll creátion* 《米口語》一体全体. *like áll creátion* 《米口語》猛烈に, 一生懸命に.
〘(c1390) *creacioun* □ (O)F *création* // L *creātiō(n-)* ← *creātus*: ⇨ create, -ation〙
cre·á·tion·al /-ʃnəl, -ʃənl/ *adj.* 創造の[に関する].〘(1658): ⇨ ↑, -al¹〙
cre·á·tion·ìsm /-ʃənìzm/ *n.* **1** 特殊創造説《種の起源および物質の発生は進化 (evolution) によるのではなく, 造物主の特殊の創造により受胎・誕生するとの説; cf. evolutionism》. **2** 〘神学〙霊魂創造説《人間の霊魂は出生の際それぞれ神により創造され, 親から生まれるのは身体だけであるとの説; cf. infusionism, traducianism》.〘(1847): ⇨ -ism〙
cre·á·tion·ist /-ʃ(ə)nɪst | -nɪst/ *n.* **1** 特殊創造論者. **2** 〘神学〙霊魂創造論者. **cre·a·tion·is·tic** /krièɪʃənístɪk, kriː-⌐⌐/ *adj.* 〘(1859): ⇨ -ist〙
creátion scìence *n.* 創造科学《宇宙の起源に関し, 創造説 (creationism) が科学的に妥当だとする理論; ダーウィン説に反する》.〘1979〙
cre·a·tive /kriéɪṭɪv, kriː- | -tɪv/ *adj.* **1 a** 創作的な, 独創的な (originative): ~ talent 創作的才能 / ~ imagination (芸術家の)創作的想像力. **b** 創造的な, 想像力のある (cf. receptive 1, retentive 3): a ~ effort 創造的努力. **c** 創造[想像]力を刺激する: a ~ book. **2** 〔…を〕生み出す, 生じさせる (productive) 〔*of*〕: His statement was ~ *of* a lot of controversy. 彼の見解は物議をかもした. **3** 欺瞞的な: ⇨ creative accountancy. — *n.* 広告製作者. **~·ly** *adv.* **~·ness** *n.*
〘(1678) ← CREATE + -IVE〙
creative accóuntancy [**accóunting**] *n.* 《俗》粉飾決算〘会計〙, 財務記録の偽造.〘1973〙
creátive evolútion *n.* 〘哲学〙創造的進化《生命は新しいものを不断に創造する流動であるというベルグソン (Bergson) 哲学の根本思想》.〘(1909) (なぞり) ← F *évolution créatrice*〙
cre·a·tiv·i·ty /krìːeɪtívəṭi, krìːə- | -vɪ̀ti/ *n.* **1** 創造性. **2** 創造力, 独創力.〘(1875) ← CREATE + -ITY〙
cre·a·to- /kríːəṭoʊ | -təʊ/「肉 (flesh)」の意の連結形. ★ 母音の前では通例 creat- になる.〘□ F *créato-* ← Gk *kréas* raw flesh: ⇨ raw〙
cre·a·tor /kriéɪṭə, kriː- | -tə^r/ *n.* **1 a** 創造者; 創作家; 創設者. **b** [the C-] 造物主, 神 (God). **2 a** (劇の役に対する)新型創始者. **b** 新型衣装[新意匠]考案者. **~·shìp** *n.* 〘(c1300) □ OF *creatour* (F *créateur*) □ L *creātōrem*: ⇨ create, -or²〙
cre·a·tress /kriéɪtrɪ̀s | -trɪ̀s, -trɛs/ *n.* 女性の creator.〘(1590): ⇨ -ess¹〙
crea·tur·al /kríːtʃ(ə)rəl/ *adj.* = creaturely.〘1642〙
crea·ture /kríːtʃə | -tʃə^r/ *n.* **1 a** 生物, (特に)動物 (animal): dumb ~*s* 口のきけない動物. **b** 《米方言》家畜; 馬. **c** 人間, 人 (person): fellow ~*s* 我々と同じ人間, 同胞. **d** [主に愛情・同情・軽蔑などを示す形容詞を伴って] 人, 者, 子, やつ, 女性: a dear [lovely, pretty, disgusting] ~ / Poor ~! かわいそうに / that ~ there あいつ, そいつ / What a ~! 何というやつだ. **e** 得体の知れないもの; 架空の動物; 想像物: a ~ of fantasy 空想の動物. **2** (生物・無生物にかかわらず)創造物, 被造物; 所産, 産物, 子 (product): a ~ of the age 時代の子[産物]. **3 a** 隷属者; 子分, 手先 (tool). **b** 意志が自由でない人, 人に左右される人; 奴隷, とりこ (slave): the [a] ~ of circumstance(s) 境遇に左右される者, 環境の奴隷 / a ~ of habit 習慣のとりこになっている人. **4** [通例 good ~ として]《古》肉体的快楽を与えるもの; 飲食物, 食べ物 (cf. *1 Tim.* 4:4). **5** [the ~] 《戯言》酒, (特に)ウイスキー: a drop of *the* ~ ウイスキーをちょっぴり. ★ この意味ではしばしば cratur などとつづって《アイル》の音を表す.〘(c1280) □ (O)F *créature* □ LL *creātūra* a thing created: ⇨ create, -ure〙
créature còmfort *n.* [しばしば *pl.*] (衣・食・住など)肉体的快楽を与えてくれるもの; (ぜいたくな)飲食物.〘1659〙
créa·ture·ly *adj.* 創造[被造]物の; 生物の, 動物の, 人間の. **créa·ture·li·ness** *n.* 〘(1662) ← CREATURE + -LY²〙
crèche /kréʃ, kréɪʃ; *F.* kʁɛʃ/ *n.* **1** 《英》保育所, 託児所 (day nursery). **2** 捨て子収容所, 孤児院. **3** キリスト生誕の活人画《ベツレヘムの馬小屋にキリストを囲んでマリア・ヨセフその他大勢が集まった場面; クリスマスの出し物》.〘(1791) □ F ~ manger, crib < VL *creppia(m)*: ⇨ CRATCH〙
Cré·cy /kreɪsíː, krési | krési; *F.* kʁesi/ *n.* クレシー《フランス北部の村; 百年戦争中に Edward 三世の英軍がフランス軍に大勝した所 (1356); 公式的 Crécy-en-Ponthieu /-ɑ̃pɔ̃tjø/, 英語名 Cressy》. — *adj.* [時に c-] 〈スープ・肉料理などが〉にんじんを使って料理された[で飾った, をあしらった].
cred /kréd/ *n.* 《英口語》= street credibility.
Cre·da /kríːdə | -də/ *n.* 〘商標〙クリーダ《英国の家庭用電気・ガス器具, そのメーカー》.
cre·dal /kríːdḷ | -dḷ/ *adj.* = creedal.〘1868〙
cre·dence /kríːdəns, -dṇs, -dənts, -dṇts | -dəns, -dṇs, -dənts, -dṇts/ *n.* **1 a** (特に報告・証言などの)真実を受け入れること, 信用 (⇨ belief SYN): find ~ with … に信用される / give [attach] ~ to …を信じる, …に信をおく / refuse ~ to …に信をおかない, …を信じない / gain ~ 信用される / lend [give] ~ to …の裏づけとなる. **b** 信頼性 (reliability): a man of ~ 信頼できる人. **2** [通例 letter of ~ として] 信任(の証): ⇨ LETTER of credence. **3** = credenza 1. **4** 〘キリスト教〙(ミサ聖祭に用いるパンやぶどう酒を安置する)祭器卓, 祭器だな《通常 sanctuary の祭壇近くの右方に固定されている; credence table ともいう》.〘(a1338) □ (O)F *crédence* □ ML *crēdentia* belief ← L *crēdentem* (pres.p.) ← *crēdere* to believe, trust: ⇨ creed, -ence〙
crédence tàble *n.* **1** 小さな食器台[テーブル]《もと, 食べ物が食卓に出される前に毒味をしたテーブル》. **2** 〘キリスト教〙= credence 4. **3** = credenza 1.〘1804〙
cre·den·da /krɪdéndə/ *n. pl.* (*sing.* **-den·dum** /-dəm/) 〘神学〙信条, 信仰箇条 (↔ agenda).〘(1638) □ L *crēdenda* (neut. pl.) ← *crēdendus* (gerundive) ← *crēdere* (⇨ credence)〙
cre·dent /kríːdənt, -dṇt | -dənt, -dṇt/ *adj.* **1** 《まれ》信用する, 信じる (confiding). **2** 《廃》信用できる; 当てになる.〘(1600–1) □ L *crēdentem*: ⇨ credence〙
cre·den·tial /krɪdénʃəl, -ʃḷ/ *n.* **1** [*pl.*] **a** (人・物事の)適格, 資格(を示す業績). **b** 信任状《外国に派遣する大使・公使・使節に与えて国家の正式の代表者であることを示す資格証明書; cf. LETTER¹ of credence》: present ~*s* 信任状を奉呈する. **2 a** 信用証明書[物]. **b** 証書, 免状. — *adj.* 信頼[信用]を証明する, 信任する: ~ letters 信任状. — *vt.* 信任状を与える.〘(1470) □ ML *crēdentiālis* ← *crēdentia*: ⇨ credence, -al¹〙
cre·dén·tial·ìsm /-ʃəlìzm/ *n.* (就職などで大学などでの学業成績に重点を置く)学業偏重主義.〘(1967): ⇨ ↑, -ism〙
credéntials committee *n.* (政党・労働組合などの全国大会などで代議員の資格を審査する)資格審査委員会.
cre·den·za /krɪdénzə/ *n.* **1** (ルネサンス時代の)貴重な食器などを置く食器棚[サイドボード] (credence table). **2** (これにならって作った, 特に脚のない)展示用の食器棚[本箱].〘(1880) □ It. ~: cf. credence: 召使が毒味をするために主人の食料を食器棚に置いたことから〙
cred·i·bil·i·ty /krèdəbíləṭi | -dɪ̀bílɪ̀ti/ *n.* **1** 信じられること, 真実性, (事の)真偽. **2** 〘軍事〙(脅威などの)確実らしさ.〘(1594) □ ML *crēdibilitās*: ⇨ credible, -ity〙
credibílity gàp *n.* **1** (公表と実際の[予想される]事実との間に認められる)食い違い, ずれ. **2** (政治家などの言説に対する)不信度, 不信感(の度合い).〘1966〙
cred·i·ble /krédəbḷ | -dɪ̀-/ *adj.* **1** 信用[信頼]できる; 当てになる, 確かな (trustworthy) (cf. creditable) (⇨ plausible SYN): a ~ report. **2** 〘軍事〙〈攻撃の脅威などが〉確実らしい, ありそうな. **~·ness** *n.* 〘(c1380) □ L *crēdibilis* ← *crēdere* to believe: ⇨ -ible〙
créd·i·bly /-bli/ *adv.* 信頼できるように, 確実に; 信ずべき筋から: We are ~ informed that …だと確かな筋から聞いている.〘(1425): ⇨ ↑, -ly¹〙
cred·it /krédɪt | -dɪt/ *n.* **1 a** 信用販売, 掛け, 信用貸し: on ~ 掛けで, 掛売りで, 信用貸しで / ⇨ LETTER¹ of credit / buy on ~ 掛買いをする, 掛けで買う / give [allow, grant] ~ 信用貸し[掛売り]を許す / No ~. 掛売りお断り. **b** 支払い猶予期間: a month's ~ / long [short] ~ 長期[短期]信用貸し. **c** 経済的信用(度).
2 〘銀行〙貸方にもっている金, 預金; クレジット《資金の融通を許す限度》: be in ~ 〈口座に〉預金[残高]がある / have ~ at a bank 銀行に預金がある.
3 a 〘簿記〙貸方《帳簿の右側》, 貸方記入 (略 cr) (↔ debit); (銀行勘定における)貸越勘定: to a person's ~ ⇨ 成句. **b** 税額控除 (tax credit).
4 a 〔功績・性質などがあると〕認める[信じる]こと, 帰属(させること) (recognition) 〔*for*〕: give a person (the) ~ *for* being honest [*for* honesty] 正直な人だと認める / I never gave him ~ *for* such ability. 彼にそんな手腕があろうとは思いもかけなかった / He is cleverer than I gave him ~ *for* being. 彼は(私が考えていたよりも)案外利口だ / have [get] the ~ *for* doing (名誉[感心]にも)…したと認められる. **b** クレジット, 謝辞 (acknowledgment) 《映画・テレビ・書物などで製作者や著作者などを明らかにして謝辞を述べること》; [*pl.*] 関係者のリスト: ⇨ credit title [line].
5 a (功績などで)面目(を施すこと), 名誉 (honor); 称賛 (praise): to a person's ~ ⇨ 成句 / The ~ goes to him. = The ~ is his. それは彼の名誉[手柄]である / She emerged from the experience with great ~. 彼女はその経験によって大きな名声を得た / do ~ to a person = do a person ~ = reflect ~ on a person 人の名誉である, 人に面目を施させる / get [have, take] (the) ~ for …の功を認められる, …で面目を施す; …の評判をとる / He took the ~ for other people's work. 彼は他人の働きで功を認められた / She did herself ~ with that speech of hers. 彼女はその演説で評判になった. **b** [a ~] 名誉となるもの, 誉れ 〔*to*〕: be *a* ~ *to* one's family 家門の誉れとなる / Your daughters are *a* great ~ *to* your training. 娘さん方はさすがにあなたのお仕込みだけあって立派なものだ. **6** 《米》〘教育〙**a** (ある科目の)履修[合格]証明; (履修)単位 (unit): a two-*credit* course 2 単位の科目 / He took English for four ~*s*. 英語を 4 単位取った. **b** = credit hour.

7 信用 (belief): give ～ to a person's statement [story] 人の陳述[話]を信用する / It deserves no ～. それは信じるに足りない / His confession lent ～ to the report. 彼の告白はその報告の真実性を強めた. 8 (長所・功績のもたらす)信用, 名声, 評判 (good reputation); (信任に基づく)信望, 威信, 勢力 (influence) 〔*with*〕: have ～ *with* a person [at court] 人に[宮廷に]信用[信望]がある / gain [lose] ～ *with* …に信用を得る[失う] / use [exert] all one's ～ with …に対し存分に声望を振るう / place ～ in …を信用する. 9 《古》信頼性, 確実性, 真実性 (credibility).

to a person's crédit (1) 人の名誉となる, 感心な; 人の名誉となるように, 感心にも: His conduct is very much *to his* ～. 彼の行為は全く見上げたものだ / It is *to his* ～ that he carried out the plan single-handed. 彼がその計画を独力でやり遂げたのは偉い / Much *to her* ～, she won first prize in the public-speaking contest. 感心にも彼女は弁論大会で優勝した / *To their* ～, they admitted their mistake. 感心なことに彼らは自分たちの誤りを認めた. (2) 〖簿記〗人の貸方に: enter [place, put] a sum *to* a person's ～ ある金額を人の貸方に記入する.

— *adj.* [限定的] 1 〖金融〗信用の, 掛売りの: the ～ system 信用[掛売り]制度. 2 〖簿記〗貸方の: a ～ balance 貸方残高 / a ～ entry 貸方記入 / ⇨ credit note, credit side.

— *vt.* 1 a 〖簿記〗貸方に記入する (↔ debit): ～ a person *with* $50＝～ $50 *to* a person 50 ドルをある人の貸方に記入する. b 〖商業〗…に代金を貸しにする, 掛売りする. 2 a 〈功績・名誉などを〉〈人に〉帰する (attribute) 〔*to*〕: The invention is ～*ed* to him. その発明は彼がしたのだとされている / They ～ his queerness *to* his solitude. 彼が風変わりなのは孤独のせいだと彼らは思っている. b 〈人を〉〈ある性質・感情などを持っていると〉信じる, 思う 〔*with*〕 (⇨ ascribe SYN): ～ him *with* honesty 彼を正直だと思う / You would hardly ～ him *with* having acted so foolishly. 彼がそんなばかなことをやったとは信じない[本気にしない]でしょう / At least ～ me *with* a little common sense! 少なくとも私が少しは分別を持っていると信じてくださいよ / He is ～*ed with* having much imagination. 彼は想像力の豊かな男だといわれている / He has more imagination than he's ～*ed with*. 彼は世評以上に想像力がある. 3 〈話・人を〉信じる, 信用する (believe): ～ a person's story / I'd never have ～*ed* it! 私ならそんなことは信じなかっただろう. 4 《米》〖教育〗…に履修[合格]証明を与える, …の単位取得を証明する, …に単位を与える: I was ～*ed with* three hours in geography. 地理 3 時間の単位をもらった. 5 《古》…の名誉となる, 面目を施させる.

～·less *adj.*

〖n.: 《1542–45》□ F *crédit* □ It. *credito* □ L *crēditum* thing entrusted to another (neut. p.p.) ← *crēdere* to believe: ⇨ creed. — v.: 《1541》← L *crēditus* (p.p.)〗

cred·it·a·ble /krédɪṭəbl | -dɪt-/ *adj.* 1 名誉となる, 面目を施すような (honorable); 賞賛に値する, 立派な (praiseworthy) (cf. credible 1): ～ conduct 立派な行為 / It is ～ to your good sense. それは君の分別を辱めない (さすがに立派な分別だ). 2 《米》〔…に〕帰することができる 〔*to*〕: Success was ～ *to* his industry. 成功は彼の勤勉のせいだった. 3 《廃》信用に値する, 信頼できる. 4 《廃》財政状態がよい, (商売上)信用がある. **crèd·it·a·bíl·i·ty** /krèdɪṭəbíləṭi/ *n.* **～·ness** *n.* **créd·it·a·bly** *adv.* 〖《1526》← CREDIT＋-ABLE〗

crédit accòunt *n.* 《英》＝charge account.

crédit àgency [bùreau] *n.* 信用調査機関[所].

crédit càrd *n.* クレジットカード《現金を使わず信用で商品の購買を保証するカード》: Payment may be made by ～. お支払いは(クレジット)カードでできます. 〖1888〗

crédit contròl *n.* クレジット[信用]管理, 融資審査《信販会社などが顧客に行う》; クレジット管理部.

crédit còurse *n.* 《米》(学位に必要な単位取得のための)コース授業.

crédit crùnch [crìsis] *n.* 信用危機, 貸し渋り.

crédit frèeze *n.* 金融引締め.

crédit hòur *n.* 《米》1 〖教育〗履修単位. 2 単位時間. 〖1927〗

crédit insùrance *n.* 貸倒れ保険, 信用保険. 〖1924〗

crédit lífe insùrance *n.* 信用生命保険, 消費者信用生命保険《債務者死亡時には融資の返済・賦払い債務の残額支払いを保証する保険》.

crédit lìmit *n.* 〖商業〗＝credit line 2.

crédit lìne *n.* 1 クレジットライン《テレビ番組・新聞記事・写真・絵画の複製などに添える製作者・演出者・記者・提供者・協力者などの名前などを書いたもの》. 2 〖商業〗掛売り[貸付け, 信用]限度額 (line of credit). 〖1926〗

crédit màn *n.* 《米》信用調査係. 〖1880〗

crédit mànager *n.* (銀行・会社の)信用調査部長.

crédit memorándum *n.* 1 〖銀行〗預入伝票 (《米》 deposit slip). 2 貸方票《顧客に対して発行する, 返品・過大請求等の相当額を値引きする[後日相当額の商品購入を認める]ことを記入したメモ; credit note ともいう》.

crédit nòte *n.* 貸方票 (credit memorandum, 《米》 credit voucher); 〖商業〗入金済通知書.

cred·i·tor /krédɪṭə | -dɪtə(r)/ *n.* 1 債権者, 債主, 貸主 (↔ debtor). 2 〖簿記〗貸方 (credit side) 《帳簿の右側; 略 cr》: a ～ account 貸越勘定 / a ～ balance 貸方残高 / the ～ side (帳簿右方の)貸方欄. 〖《?1435》□ AF *creditour*＝(O)F *créditeur* □ L *crēditor*: ⇨ credit, -or²〗

créditor nátion *n.* 債権国《国際総合収支 (overall balance) が黒字の国; cf. debtor nation》.

crédit ràting *n.* (信用調査機関による)信用度[支払能力]の評価. 〖1958〗

crédit-rèference àgency *n.* ＝credit agency.

crédit rìsk *n.* 信用リスク《借り手の債務返済不能により回収が不能になる可能性》.

crédit sàle *n.* 信用販売, 掛売り, 分割払い式販売 (installment selling). 〖1958〗

crédit sìde *n.* 1 有利な点[面]. 2 貸方欄.

crédit slìp *n.* 1 ＝credit memorandum. 2 〖銀行〗＝deposit slip.

crédit squèeze *n.* 金融引締め《通常, 銀行の当座貸越し, 金利引上げを必要とする》. 〖1955〗

crédit stànding *n.* 〖商業〗信用状態《債務支払能力》.

Credit Suisse /kréḍɪswíːs | -di-; *F.* kʁedisɥis/ *n.* クレディスイス《スイス 3 大銀行中最古の総合銀行; 1856 年創立; 1996 年に機構改革を行い 4 部門から成る Credit Suisse Group を結成; 本社 Zürich》.

crédit tìtle *n.* 〖映画・テレビ〗クレジットタイトル《作品の初めや終わりに原作者・製作者・協力者などの名や謝辞を示す字幕》.

crédit trànsfer *n.* 銀行口座振替. 〖1965〗

crédit ùnion *n.* クレジットユニオン, 消費者信用組合《組合員に低利で貸し付ける》. 〖1881〗

crédit vòucher *n.* 《米》〖商業〗貸方票 (credit note).

crédit·wòrthy *adj.* (財政的に)信用のある, 信用度が高い. **crédit·wòrthiness** *n.* 〖1940〗

cre·do /kríːdou, kréɪ- | kréɪdəu, kríː-/ *n.* (*pl.* ～s) 1 信条. 2 [C-] a 信条, 信経(しんきょう)《信仰告白の文化したもので礼拝のときに読唱される》; (特に)使徒信条 (Apostles' Creed), ニカイア信条 (Nicene Creed). b 〖カトリック・英国国教会〗《ミサ聖祭・聖餐式で》ニケア信経, クレド. c 〖音楽〗クレド《2 b の文句をテクストとした音楽; ミサ曲では通例 Kyrie, Gloria に続いて 3 番目に位置する》. 〖《?a1200》□ L *crēdō* I believe ← *crēdere* to believe (⇨ creed): ラテン語の使徒信条およびニカイア信条の最初の語〗

cre·du·li·ty /krɪdúːləṭi, krɛ-, -djúː- | -djúːlɪ̀ti/ *n.* 軽信的な性質[傾向]; 軽信, だまされやすいこと, ばか正直: live on the ～ of the people 世人の軽信性を食い物にする / stretch [strain] a person's ～ 〈説明などが〉人には信じ難い. 〖《?a1425》*credulite* □ (O)F *credulité* // L *crēdulitātem* ← *crēdulus* (↓)〗

cred·u·lous /krédʒʊləs | -djʊ-, -dʒʊ-/ *adj.* 1 軽々しく信じがちな, すぐ真に受ける; 〔他人の言などを〕信じやすい, だまされやすい〔*of*〕: He is ～ *of* rumors. 彼はうわさをすぐ信じてしまう. 2 軽信に基づく[由来する]: ～ superstition.
～·ly *adv.* **～·ness** *n.* 〖《1576》□ L *crēdulus* too confiding ← *crēdere* to believe: ⇨ creed, -ous〗

cree /kríː/ *n.* 《ウェールズ南部・イングランド南西部》タイム, たんま《子供が遊戯中に発する一時的休止の合図》.

Cree /kríː/ *n.* (*pl.* ～, ～s) 1 a [the ～(s)] クリー族《Algonquian 族に属するアメリカインディアンの一族; もとカナダの James 湾から Manitoba 地方に到る地域に住んでいたが, 次第に南下して米国の Montana, Washington 州その他の地域に広がっている》. b クリー族の人. 2 a クリー族の言語《Algonquian 語群に属する》. b クリー族の言語などの音節表記体系. 〖《1744》《短縮》← Canad.-F *Christinaux* □ Ojibwa *Kenistenoag*〗

creed /kríːd/ *n.* 1 a 主義, 信念, 綱領: one's political ～ 政治的信念. b 教義, 教旨, 信条. c 宗派; 宗教. 2 a (キリスト教の信仰を一定形式に要約した)信条, 信経(しんきょう) (cf. dogma 3): ⇨ Athanasian Creed, Nicene Creed. b [the C-] ＝Apostles' Creed. 〖OE *crēda* □ L *crēdō* ← *crēdere* to believe ← IE **kredə-dhə-* to place trust (cf. heart): ⇨ credo〗

Creed /kríːd/, **Frederick** *n.* クリード《1871–1957; スコットランドに住んだカナダの発明家; テレプリンター (teleprinter) を発明》.

creed·al /kríːdl | -dl/ *adj.* 信仰[信念, 信条]の[に関して].

creek /kríːk, krík | kríːk/ *n.* 1 《米・豪》川の支流; 《豪》小川, クリーク, 細流 (river と brook の中間の大きさ). 2 《英》(海・川・湖の岸にある)小さな入江 (cf. cove¹ 1). 3 《英方言・廃》狭い曲折した通路; 人目につかない奥まった所.
úp the créek (without a páddle) 《俗》(1) 苦境に立って, すごく困って, 難儀して (in trouble). 《1941》 (2) 妊娠して (pregnant). (3) 気が狂って (crazy). (4) 間違って (mistaken). 〖《c1220–30》*creke, crike* □ ON *kriki* crack, bay, nook ←? IE **ger-* curving, crooked: cf. (O)F *crique* / Du. *kreek*〗

Creek /kríːk/ *n.* (*pl.* ～, ～s) 1 [the ～] クリーク同盟《米国 Alabama 州と Georgia 州との大部分を占めていた主に Muskogean 語群に属する北米インディアンの強力な同盟; Creek Confederacy ともいう》. 2 a [the ～(s)] クリーク族《クリーク同盟に属する者; 今は主に Oklahoma 州に居住する》. b クリーク族の人. 3 クリーク語《同種族の言語》. 〖《1725》この同盟地帯に無数の creek のあることから〗

créek chúb sùcker *n.* 〖魚類〗＝chub sucker b.

creel /kríːl/ *n.* 1 a (釣師の)びく, 魚籃(ぎょらん). b [魚]取りかご, 筌(うえ). c (枝編みの)しょいかご. 2 〖紡織〗巻糸軸架. 3 《西ヨークシャー方言》天井からつるした衣類乾燥用の木枠. 〖《1323–24》*crele* basket □? OF **creille* ← L *crātis* wickerwork: cf. grille〗

creep /kríːp/ *v.* (**crept** /krépt/) — *vi.* 1 a 〈へび・みみずなどが〉はう, 〈赤ん坊が〉はう, 腹ばう (crawl). b 〈虫・ねずみ・猫などが〉こそこそ[ちょろちょろ]はう, はい歩く. c 四つんばいで動く. d 〈乗り物などが〉のろのろ動く: Cars just ～ along when traffic is heavy. 交通渋滞のときには車は本当にのろのろとしか進まない. 2 a そっと歩く, 忍び足で歩く (⇨ prowl SYN); 〈老人・病人などが〉よろよろ[よぼよぼ]歩く: ～ in 忍び込む / ～ out [away] こっそり出る[去る] / ～ up (on a person) (人に)忍び寄る / ～ around on tiptoe つま先で忍び歩く / ～ into a room 部屋にそっと入る. b 〈歳月・風習・思想などが〉知らないうちに[いつの間にか]入り込む[進む, 経つ]: Time *crept* on. いつの間にか時が経っていった / Abuses have *crept* in. 弊害が知らぬ間に入り込んだ / Age ～s upon us. 老いは知らぬ間に忍び寄ってくる / The feeling *crept* upon [over] me. いつとはなしにそんな気がしてきた / Prices keep ～*ing* upwards. 物価が徐々に上がり続けている / A mistake must have *crept* into the system somehow. どういうわけか間違いがシステムに紛れ込んだに違いない. / A respectful tone was ～*ing* into his voice. 彼の声にいつとはなしに尊敬の調子がこもってきた. 3 〈人が〉(こそこそ)卑屈にふるまう, おもねる, ぺこぺこする (fawn, cringe); (そっと)取り入る: ～ *into* a person's favor 人にうまく取り入る, こそこそ人のご機嫌を取る. 4 (虫がはうように)〈体が〉鳥肌立つ, むしずが走る; (寒さ・恐怖・心配などで)ぞっとする (shudder, shrink): make a person ～ all over 人をぞっとさせる / make a person's flesh ～ ⇨ flesh 成句. 5 a 〈植物が〉(間隔をおいて根付いて)はう, はい広がる (spread) (cf. creeper 6): ～ over the walls 〈つたなどが〉壁にはい広がる, 壁にからみつく. b 〈液体が〉表面に広がる. 6 〈砂地・地層などが〉ずり動く, 匍行(ほこう)する. 7 〈ペンキ・ニス・上薬が〉平らにのびない, むらができる. 8 《英》〖海事〗(探海鉤(こう) (creeper), 四つ目錨を引いて)水底を探る (drag) 〔*for*〕. 9 〖鉄道〗〈レールなどが〉(不断の圧力のため)漸伸する. 10 〖金属加工〗〈金属が〉クリープを起こす《一定応力および温度のもとで材料の変形が時間と共に増加する現象》. 11 〖機械〗〈ベルトが〉クリープする《徐々に滑車の上を滑る》.
— *vt.* 1 〈音量・光量などを〉徐々に増す 〈*in*〉. 2 《古》はう, はい上がる: ivy ～*ing* the walls of a ruined castle 古城の壁にはい広がっているつた. 3 《俗》盗む, くすねる.
— *n.* 1 《俗》a 嫌なやつ; おべっか使い, 卑屈な人, ぞっとするような人. b (安ホテル・売春宿と共謀しての)こそ泥. 2 [通例 the (cold) ～s として]《口語》(体を虫がはうような)ぞっとする感じ: It gave me *the* (*cold*) ～s. それは私をぞっとさせた, むしずが走った. 3 はうこと, 腹ばい, 忍び歩き; のろのろ歩き, 徐行. 4 ＝creep feeder. 5 (銃砲の引金が撃鉄を作動させるまでの引金機構の)遊び. 6 〖地質〗(岩くず層の)漸動, はい下がり (⇨ solifluction). 7 〖鉱山〗(坑道の)盤ぶくれ. 8 〖金属加工〗クリープ《一定の応力, 高い温度で金属などにゆがみが生じること》: a ～ test クリープ試験. 9 二つの隣接する部分・建築構造などの漸動. 10 〖海事〗(錨形の)つかみ機, ひっかけかぎ, 四つ目錨 (grapnel). 11 [*pl.*] 〖獣医〗羊・牛の飼料中のカルシウムとリンの割合が不適当なために起こる栄養障害.
〖OE *crēopan* < Gmc **kreupan* (Du. *kruipen*) ← IE **ger-* curving, crooked (Gk *grūpós* curved)〗

creep·age /kríːpɪdʒ/ *n.* クリープ現象, (亀裂などが)徐々に伸びること. 〖《1903》: ⇨ ↑, -age〗

creep·er /kríːpə | -pə(r)/ *n.* 1 はうもの; (特に)昆虫・爬虫類のはう動物. 2 [通例 *pl.*] a (氷上を歩くときなどに靴の底にくくりつける)鉄(かな)かんじき, アイゼン《鋼板製で下に爪が出ている》. b 《俗》柔らかいゴム[フェルト]裏底の靴. 3 [*pl.*] 《米》(幼児の)はいはい着《ロンパースのような上下がつながっている服》. 4 〖自動車〗クリーパー, 寝台(ねだい)《車両下面の点検・修理などのとき使用する作業台車; cradle ともいう》. 5 《古》(人に取り入ろうとする)卑劣な人, 卑屈な日和見主義者. 6 〖植物〗つる植物《他物にからみつくもの, はい登るもの, はうものの俗称》. 7 〖鳥類〗キバシリ《スズメ目キバシリ科 (Certhiidae) の木によじ登る各種の鳥類の総称》; (特に)キバシリ (tree [brown] creeper). 8 〖獣医〗家禽で長骨の発育不全を呈する遺伝的障害. 9 〖海事〗探海鉤(こう)《水底を探る一種の四つ目錨》. 10 〖機械〗(急勾配の坂などを上る際のトラックの)最低速ギヤ (creeper gear ともいう). 11 クリーパー《機械と機械の間, 機械の一部から別の部分へ物を運ぶベルトコンベヤー》. 12 〖クリケット〗(投手の投げる)地をはうような低い球. 13 (炉の中の)丸太を支える低い薪架. 〖lateOE *crēopere*〗

créep·ered *adj.* 〈家など〉つる植物[つた]に覆われた. 〖《1894》: ⇨ ↑, -ed 2〗

créeper gèar *n.* 〖機械〗＝creeper 10.

créep fèeder *n.* 〖畜産〗餌(え)づけ《羊や豚などの親は出入りできないが子だけがえさを食べられるようになっている入口の狭い囲い; 単に creep ともいう》.

créep·hòle *n.* 1 (獣の)隠れ穴. 2 言い抜け (excuse). 〖1646〗

creep·ie /kríːpi/ *n.* 《英方言》(17 世紀後半–18 世紀初期の)低い三脚椅子《古くはスコットランドの教会で使用された》. 〖《1661》← CREEP (v.)＋-IE 1〗

creep·ing /kríːpɪŋ/ *adj.* 1 はう, はい回る: ～ plants はい広がる植物, 匍匐(ほふく)植物 / ～ things 爬虫類. 2 (はうように)のろい; 徐々に進行する[発達する]: ～ inflation 忍び寄るインフレ. 3 (卑屈に)こそこそ取り入る (fawning). 4 むずむずする, ぞっとする: a ～ sensation. — *n.* 1 はうこと. 2 徐々に[忍びやかに]動く[歩く]こと. 3 卑屈なふるまい, へつらい. 4 むずむず[ぞくぞく]する感じ. 5 〖海事〗探海(法) (cf. creep vi. 8). 〖lateOE *crēopinde*〗

créeping bárrage *n.* 〖軍事〗＝rolling barrage. 〖1916〗

créeping bént gràss *n.* 〖植物〗ハイコヌカグサ (*Agrostis stolonifera*)《イネ科アグロスティ属の多年草; ゴルフ場のグリーンなどに利用される; 北米原産; fiorin ともいう》.

créeping búttercup *n.* 〖植物〗＝creeping crowfoot.

créeping Chárlie *n.* 〖植物〗1 ＝stonecrop. 2 ＝moneywort.

C

C

créeping crówfoot *n.* 〘植物〙ハイキンポウゲ (*Ranunculus repens*)《山間に生えるキンポウゲ科の多年草; 長いつる状の走出枝をもつ》.

créeping díscharge *n.* 〘電気〙沿面放電.

créeping erúption *n.* 〘病理〙クリーピング病, 蚓(いん)線病, 蛆匐(そほ)症《犬や猫の鉤虫の幼虫が皮下を潜行移動するため赤い線条を生じる人間の皮膚病; larva migrans ともいう》. 〘1926〙

créeping férn *n.* 〘植物〙=climbing fern.

créeping fíg *n.* 〘植物〙オオイタビ (*Ficus pumila*)《クワ科イチジク属のつる性低木; アジア暖地の原産》.

créeping forgét-me-not *n.* 〘植物〙ハナルリソウ (*Omphalodes verna*)《ヨーロッパ原産ムラサキ科のワスレナグサ (forget-me-not) に似た多年草》.

créeping Jénny [Jénnie] *n.* 〘植物〙=moneywort.

créeping Jésus *n.* 《英俗》逃げ隠れする人, 卑怯者, こびへつらう人; (宗教上の)偽善者 (hypocrite). 〘c1818〙

créeping júniper *n.* 〘植物〙アメリカハイネズ (*Juniperus horizontalis*)《米国産ヒノキ科ビャクシン属の匍匐(ほふく)性低木; 庭園樹とする》.

créeping líly-tùrf *n.* 〘植物〙ソクシンラン (*Liriope spicata*)《アジア原産ユリ科ソクシンラン属の葉の束の中心から花茎を伸ばす匍匐性多年草; 花は淡紫色》.

créep·ing·ly *adv.* はうように, こそこそと, 徐々に, じわじわと. 〘(1548) ← CREEPING (adj.)＋-LY[1]〙

créeping mýrtle *n.* 〘植物〙ヒメツルニチニチソウ (*Vinca minor*)《地中海地方原産のキョウチクトウ科の常緑つる性低木; 観賞用に栽培》.

créeping parálysis [pálsy] *n.* 〘医学〙徐々に進行する麻痺, (特に)歩行性運動失調(症) (locomotor ataxia); 《婉曲》(有効性・活力・道義心などの点で) 忍び寄る麻痺.

créeping snówberry *n.* 〘植物〙米国産のツツジ科シラタマノキ属の白い実をつける匍匐性植物 (*Gaultheria hispidula*).

créeping thístle *n.* 〘植物〙エゾノキツネアザミ (*Cirsium arvense*)《ユーラシア原産》.

créeping thýme *n.* 〘植物〙=wild thyme.

créep jòint *n.* 《米俗》**1** (毎晩場所を変える)とばく場. **2** (女性に連れ込ませた客の持物を巻き上げる)いかさま宿, いんちき酒場. **3** いかがわしい場所[店]. 〘1928〙

creep·y /kríːpi/ *adj.* (**creep·i·er; -i·est**) **1** 《口語》(虫がはうような)むずむず[ぞくぞく]する (crawly); ぞっと身の毛のよだつような, 気味の悪い (uncanny): a ~ sensation ぞくぞくする感じ / feel ~ ぞっと[ぞくぞく]する / a romance of the ~ order 身の毛のよだつような種類の小説《怪談など》. **2** はい回る; のろのろ動く: ~ insects. **créep·i·ly** /-pəli/ *adv.* **créep·i·ness** *n.* 〘(1794) ← CREEP＋-Y[4]〙

creep·y-crawl·y /kríːpikróːli, -kráː-li | -króːli/ *adj.* 《英口語》=creepy. — *n.* 《英口語》はう虫[昆虫]; 《俗》(はう虫[くも]のような)ぞっとさせるもの. 〘1858〙

creese /kríːs/ *n.* =kris. 〘1602–5〙

creesh /kríːʃ/ *n.*, *v.* 《スコット》=grease. 〘a1400〙□ OF *cre(i)sse, craisse* < L *crassam* (fem.) ← *crassus* fat: cf. grease〙

cre·mains /krɪméɪnz/ *n. pl.* (火葬にした人の)遺骨. 〘(1947) (混成) ← CRE(MATE)＋(RE)MAINS〙

cre·mas·ter /krɪmǽstə | -tə(r)/ *n.* **1** 〘解剖〙挙睾(こう)筋. **2** 〘昆虫〙押鉤(蛹(さなぎ)の腹部末端のかぎ状部で, 木の枝などにぶら下がるとき用いる). **crem·as·te·ri·al** /krèməstíəriəl | -tíər-/ *adj.* **crem·as·ter·ic** /krèməstérɪk/ *adj.* 〘(1678) ← NL ~ ← Gk *kremastḗr* suspender, hanger〙

cre·mate /kríːmeɪt, krɪméɪt | krɪméɪt/ *vt.* **1** 〈死体を〉火葬にする, 茶毘(だ)に付す. **2** 焼却する (burn). 〘(1874) ← L *cremātus* (p.p.) ← *cremāre* to consume by fire ← IE **ker-* fire (cf. hearth); または ↓ の逆成〙

cre·ma·tion /krɪméɪʃən, kriː- | krɪ-/ *n.* **1** 火葬, 茶毘(だ) (cf. inhumation). **2** 焼却. 〘(1623) □ L *cremātiō(n-)*: ⇨ ↑, -ation〙

cre·má·tion·ìsm /-ʃənɪzm/ *n.* (埋葬に対する)火葬主義.

cre·má·tion·ist /-ʃ(ə)nɪst | -nɪst/ *n.* 火葬主義者《土葬に反対する人》. 〘(1875): ⇨ ↑, -ist〙

cre·ma·tor /kríːmeɪtə, krɪméɪtə | krɪméɪtə(r)/ *n.* **1** (火葬場の)死体焼却者, 火葬作業員. **2** 《英》=crematory. 〘(1884) □ LL *cremātor*: ⇨ cremate, -or[2]〙

crematoria *n.* crematorium の複数形.

cre·ma·to·ri·al /krìːmətɔ́ːriəl, krèm- | krèm-/ *adj.* =crematory. 〘1887〙

cre·ma·to·ri·um /krìːmətɔ́ːriəm, krèm- | krèm-/ *n.* (*pl.* ~**s**, **-ri·a** /-riə/) =crematory. 〘(1880) ← NL *crematōrium* ← L *cremātus*: ⇨ cremate, -orium〙

crem·a·to·ry /kríːmətɔ̀ːri, krém- | krémətəri, -tri/ *adj.* 火葬の, 火葬上の. — *n.* 《米》**1** 火葬炉; 火葬場. **2** 焼却炉 (incinerator). 〘(1876) ← CREMATE＋-ORY[2]〙

crème /krém, kríːm, kréɪm; *F.* kʁɛm/ *n.* (*pl.* ~**s** /~(z); *F.* ~/) **1** =cream 2 b. **2** クレーム《甘口のリキュール》. 〘(1845) □ F ~〙 — *adj.* 〈リキュールが〉甘くてこくのある[美味の]. 〘(1845) □ F ~: ⇨ cream〙

crème anglaise /~ ɑ̃ː(ŋ)gléɪz, ɑːŋ-; *F.* -ɑ̃glɛːz/ *n.* 〘料理〙クレーム アングレーズ《バニラ風味のカスタードソース》.

crème brû·lée /~ bruːléɪ; *F.* -bʁyle/ *n.* (*pl.* **cremes brulees** /~/, ~**s**) クレームブリュレ《カスタードにカラメルにした砂糖をかけたデザート》. 〘1886〙

crème car·a·mel /~ kærəmél, -kèr- | -kær-; *F.* -kaʁamɛl/ *n.* (*pl.* **crèmes caramels** /~/, ~**s**) クレームカラメル, プリン《カラメルをかけたデザート菓子; caramel cream ともいう》. 〘1906〙

crème de ca·ca·o /-dəkəkáu, -káːou, -kéɪou | -kəkáu, -káːəu, -kéɪəu; *F.* -dəkakao/ *n.* (*pl.* **crèmes de c-** /~/) カカオリキュール《カカオとバニラで味付けした甘いリキュール》. 〘(1904) □ F ~ 'cream of cocoa'〙

crème de cassis /~ ~ ~ ~/ *n.* クレーム ド カシス (⇨ cassis[1]).

crème de la crème /~ dəlaː ~; *F.* -dəla-/ *F. n.* 社交界の粋, 一流の人々; 最高のもの, 精髄. 〘(1848) □ F ~ 'cream of the cream'〙

crème de menthe /~ dəmáːnt, -méntθ | -máːnθ, -mɔ́nθ, -mɔ́nt; *F.* -mɑ̃ːt/ *n.* (*pl.* **crèmes de m-** /~/) クレームドマント《はっか入りリキュール》. 〘(1901) □ F ~ 'cream of mint'〙

crème de noy·au /~ dənwáɪou, -nwaːjóu | -nwáɪəu, -nwaːjə́u; *F.* -nwajo/ *n.* (*pl.* **crèmes de n-** /~/) クレームドノワヨー《ブランデーに桃・プラムなどの仁から採った精油で風味を付けたリキュール; 単に noyau ともいう》. 〘(1877) □ F ~ 'cream of kernel'〙

crème de vi·o·lette /-dəvàɪəlɪ́t, -vjouléɪt | -vjəuléɪt; *F.* -vjɔlɛt/ *n.* (*pl.* **crèmes de v-** /~/) クレームドビオレット《バニラエッセンスとスミレの植物油で香りを付けたリキュール》. 〘□ F ~ 'cream of violet'〙

crème fraîche /~ fréʃ, -fréɪʃ; *F.* -fʁɛʃ/ *n.* 生クリーム《少し発酵させた高脂肪のクリーム》. 〘1950〙

Cre·mer /kríːmə | -mə(r)/, Sir **William Randal** *n.* クリーマー《1838–1908; 英国の平和運動家, 労働者平和協会幹事; Nobel 平和賞 (1903)》.

crem·o·carp /kréməkɑ̀əp, kríːm- | -kɑ̀ːp/ *n.* 〘植物〙双懸果, 懸瘦果(けんそうか)《セリ科植物に特有な裂果で, 二つの分襞となり果柄の先端にぶら下がっている》. 〘(1866) ← *cremo-* (← Gk *kremannúnai* to hang)＋-CARP〙

Cre·mo·na /krɪmóunə | -máu-; *It.* kremóːna/ *n.* **1** クレモナ《イタリア北部, Po 川に臨む古都; 16–18 世紀はバイオリン製造で有名》. **2** クレモナ製バイオリン (cf. Amati, Guarnerius, Stradivarius). **Crem·o·nese** /krèmənìːz, -níːs | -níːz/ *adj.* 〘2: 1762〙

cre·móne bòlt /krɪmóun-, kreɪ- | -máun-; *F.* kʁemɔn-/ *n.* (*also* **cre·morne b-** /-mɔ́ən- | -mɔ́ːn-; *F.* -mɔʁn-/) 〘建築〙クレモンボルト《上下同時に戸締まりできる両開き戸 (French window) のさるかん式ボルト》. 〘*cremone*: ← F *crémone* ← *Crémone* Cremona〙

Cre·mo·ra /krɪmɔ́ːrə/ *n.* 〘商標〙クリーモーラ《クリームやミルクの代わりにコーヒーに入れる粉末》.

cren- /kren, kriːn/ (母音の前にくるときの) creno- の異形.

cre·nate /kríːneɪt, krén-, -nɪt/ *adj.* 〘植物〙鈍鋸歯(きょし)状の, 円鋸歯状の. **~·ly** *adv.* 〘(1794) ← NL *crēnātus* ← LL *crēna* notch: ⇨ -ate[2]〙

cre·nat·ed /kríːneɪtɪd, krén- | -tɪd/ *adj.* 〘植物〙=crenate. 〘(1688) ↑〙

cre·na·tion /krɪnéɪʃən, kriː-/ *n.* **1** (葉辺・貨幣などの)鈍鋸歯(きょし)(状); 円鋸歯状物. **2** 〘解剖〙(赤血球が縮んでの)鋸歯形成, 金平糖(こんぺいとう)化. **3** 〘歯科〙歯の間のすき間. 〘(1846) ← CRENATE＋-ATION〙

cren·a·ture /krénətʃə, kríːn- | -tʃə(r)/ *n.* 〘植物〙鈍鋸歯(きょし)構造; 鈍鋸歯間のへこみ. 〘(1816) ← CRENATE＋-URE〙

cren·el /krénl/ *n.* **1** 〘築城〙狭間(はざま), 銃眼 (⇨ battlement 挿絵). **2** 〘植物〙=crenature. — *vt.* (**cren·el·ed, -el·led; -el·ing, -el·ling**) =crenellate. 〘(a1250) *carnel* □ OF *crenel* (F *créneau*) < VL **crenellum* (dim.) ← LL *crēna* notch: cf. cranny〙

cren·el·ate /v. krénəlèɪt, -nl- | -nəl-, -nl-; adj. -lèɪt, -lɪt/ *vt.*, *adj.* =crenellate.

crén·el·àt·ed /-tɪd | -tɪd/ *adj.* =crenellated.

cren·el·a·tion /krènəléɪʃən, -nl- | -nəl-, -nl-/ *n.* =crenellation.

cré·ne·lé /krèɪnəléɪ, -nel-, -nl-; *F.* kʁenle/ *adj.* 〘紋章〙=embattled[2] 2. 〘(1586) □ F ~ (p.p.) ← *créneler*: ⇨ crenel〙

cren·el·et /krénəlɪt, -lèt, -nl-/ *n.* 小狭間(はざま), 小銃眼. 〘(1860): ⇨ crenel, -et〙

cren·el·late /krénəlèɪt, -nl- | -nəl-, -nl-/ *vt.* **1** …に銃眼を設ける, 狭間を付ける. **2** 〈鋳型などに〉四角い刻み目を入れる. — *adj.* =crenellated. 〘(1851) ← (O)F *créneler*: ⇨ crenel, -ate[3]〙

crén·el·làt·ed /-lèɪtɪd | -tɪd/ *adj.* **1** 〈城壁など〉銃眼を設けた, 狭間のある (embattled). **2** 〘建築〙銃眼模様の. **3** 〘生物〙=crenulate 1. 〘(1823): ⇨ ↑, -ed 2〙

crénellated mólding *n.* 〘建築〙(ノルマン建築に用いられた)銃眼模様繰形.

cren·el·la·tion /krènəléɪʃən, -nl- | -nəl-, -nl-/ *n.* **1** 銃眼を設備すること. **2** 銃眼つき胸壁. **3** 鋸歯(きょし)状物, ぎざぎざ (notch). 〘(1849) □ F *crénellation*: ⇨ crenellate, -ation〙

cre·nelle /krɪnél/ *n.* =crenel.

cren·o- /krénou, kriː- | -nəu/「鉱泉 (mineral spring)」の意の連結形. ★ 母音の前では通例 cren- になる. 〘← Gk *krēnē* fountain〙

cren·u·late /krénjulɪt, -lèɪt/ *adj.* **1** 〘生物〙小鈍鋸歯(きょし)の. **2** ぎざぎざの. 〘(1794) ← NL *crenulātus* ← *crēnula* (dim.) ← L *crēna* notch: ⇨ -ate[2]〙

cren·u·lat·ed /krénjulèɪtɪd | -tɪd/ *adj.* =crenulate. 〘1807〙

cren·u·la·tion /krènjuléɪʃən/ *n.* **1** (葉辺の)小鈍鋸歯(きょし)(状). **2** 小円鋸歯状物. 〘(1846) ← CRENULATE＋-ATION〙

cre·o- /kríːou | kríːəu/「肉 (flesh)」の意の連結形: creophagous. ★ 母音の前では通例 cre- になる. 〘← Gk *kreo-*, *kreō- kréas* raw flesh: ⇨ raw〙

cre·o·dont /kríːədɑ̀(ː)nt | -dɔ̀nt/ *n.* 〘古生物〙肉歯亜目の動物《暁新世から更新世にかけて生息した動物; そのあるものは現代の食肉獣の先祖とみなされる》. 〘(1891) ← NL ~ *Creodonta* (pl.): ⇨ ↑, -odonta〙

Cre·o·don·ta /krìːədɑ́(ː)ntə | -dɔ́ntə/ *n. pl.* 〘古生物〙肉歯亜目. 〘← NL ~: ⇨ creo-, -odonta〙

Cre·ole /kríːoul, ~ ~ | kríːəul, kréɪ-, ~ ~; *F.* kʁeɔl/ *n.* **1** 〘言語〙(母語として用いられる)混合語, 混交語 (cf. pidgin 1). **2** クリオール(人): **a** 《米》(Louisiana 州などの)フランス系移民の子孫《特有の混交言語 (Creole) と風習を保つ》. **b** 西インド諸島, Mauritius 島, 南米などに移住した白人(特に, スペイン人)の子孫. **c** [c-] (フランス語やスペイン語のなまりを話す)クリオールと黒人との混血児. **d** (俗に)米国 Louisiana 州人. **e** 南北アメリカで生まれた黒人. **3 a** クリオール語《米国 Louisiana 州 (特に New Orleans 地域) の Creoles の話すなまったフランス語》. **b** =Haitian Creole. **4** [c-] 〘魚類〙熱帯アメリカ産スズキ科の魚 (*Paranthias furcifer*)《creolefish ともいう》. — *adj.* **1** クリオール(人)の; クリオール(人)特有の; クリオール語の: a ~ dialect クリオール方言《なまった英語・フランス語・スペイン語など》/ ~ French (クリオールの話す)なまったフランス語. **2** [c-] 外人系でその土地に生まれた. **3** [c-] 〈動植物が〉外来種だが西インド諸島などに産する: ~ animals [plants]. **4** [c-] トマト・たまねぎ・とうがらしなどを使って料理した. 〘n.: (1604) □ F *créole* □ Sp. *criollo* □ Port. *crioulo* Negro born in Brazil, home-born slave ← *criar* to bring up < L *creāre* 'to CREATE'. — adj.: (1748) ← n.〙

créole lánguage *n.* 〘言語〙=creolized language.

cre·ol·ize /kríːəlàɪz, kríːoul- | kríːə(u)l-, kréɪ-/ *vt.* **1** クリオール風にする. **2** 〈言語を〉混交させる. **cre·ol·i·za·tion** /krìːəlɪzéɪʃən, krìːoul- | krìːə(u)laɪ-, -lɪ-/ *n.* 〘(1818) ← CREOLE＋-IZE〙

cré·o·lìzed *adj.* (言語社会の接触の結果)〈言語が〉混交した. 〘(1880): ⇨ ↑, -ed 2〙

créolized lánguage *n.* 〘言語〙混交言語《現地語と外来人の言語とが混交し, それがやがて固定した新言語となったもので植民地に多い》. 〘1932〙

Cre·on /kríːɑ(ː)n | -ən, -ɔn/ *n.* 〘ギリシャ伝説〙クレオーン: **1** 義兄弟 Oedipus の没落後その跡を継いで Thebes の王となった人; Jocasta の兄弟. **2** Corinth の王, Creüsa の父, Jason の義父; Creüsa を救おうとして Medea に殺された. 〘□ L ~ □ Gk *Kréōn*〙

cre·oph·a·gous /kriɑ́(ː)fəgəs | -ɔ́f-/ *adj.* 肉食性の. **cre·óph·a·gy** /-fədʒi/ *n.* 〘(1881) ← Gk *kreophágos* (*kreas, kreo-* flesh (⇨ creo-)＋*-phagos* eating): ⇨ -ous〙

cre·o·sol /kríːəsòul, -sɔ̀(ː)l, -sɑ̀(ː)l | -sɔ̀l, -səul/ *n.* 〘化学〙クレオソール ($CH_3O(CH_3)C_6H_3OH$)《木タールから採れる無色または薄黄色の油状の液体; creosote の重要成分の一つ》. 〘(1863–72) ← CREOS(OTE)＋-OL[1]〙

cre·o·sote /kríːəsòut | -səut/ *n.* 〘化学〙**1** クレオソート《医療および防腐用》. **2** =coal-tar creosote. — *vt.* 〈木材〉にクレオソートを注入する; クレオソートで処理する. **cre·o·sot·ic** /krìːəsɑ́(ː)tɪk, -sóut- | -sɔ́t-/ *adj.* 〘(1835) □ G *Kreosot* ← CREO-＋Gk *sōtḗr* preserver〙

créosote bùsh *n.* 〘植物〙クレオソートノキ (*Larrea mexicana*)《北メキシコ産ハマビシ科の常緑低木; クレオソートのにおいのするやにの多い葉を生じる; greasewood ともいう》. 〘1851〙

créosote òil *n.* クレオソート油《コールタールを分留して得る重油; 木材注入防腐剤》. 〘1889〙

crepe /kréɪp/ (*also* **crêpe** /~/) *n.* **1** クレープ, ちりめん《通例, 絹・人絹製; 喪章用黒クレープには crape を用いる》. **2** クレープ《フランスのパンケーキの一種; 小麦粉またはそば粉の生地をごく薄く焼き詰め物を入れて巻く》. **3** =crepe paper. **4** =crape 2. **5** =crepe rubber. — *vt.* **1** クレープで覆う. **2** 〈紙などを〉ちりめん状にする, しわくちゃにする (crinkle). 〘(1797) □ F *crêpe* 'CRAPE'〙

crepe de Chine /kréɪpdəʃíːn; *F.* kʁɛpdəʃin/ *n.* (*pl.* **crepes de C-** /~/, ~**s**) (クレープ)デシン《薄地の絹・人絹などのクレープ; 婦人用下着に用いる》. 〘(1872) □ F *crêpe de Chine* crepe of China〙

crépe háir *n.* 舞台用の人工毛《羊毛・野菜の繊維で作った髪・ひげなど》.

crépe·hànger *n.* =crapehanger. 〘1930〙

crépe mỳrtle *n.* 〘植物〙=crape myrtle. 〘1916〙

crépe pàper *n.* クレープペーパー, ちりめん紙《造花などに用いる; 単に crepe ともいう》. 〘1897〙

cre·per·ie /krépəri, kréɪ-; *F.* kʁɛpʁi/ *n.* クレープ屋, クレープレストラン. 〘□ F *crêperie*: ⇨ crepe, -ery〙

crépe rúbber *n.* クレープゴム《表に縮みじわをつけた生ゴムの板で, 靴底などに用いる; 単に crepe ともいう; cf. smoked rubber》. 〘1907〙

crépe sòle *n.* クレープゴム底(の靴).

crepe su·zette /kréɪpsuːzét, krép-; *F.* kʁɛpsyzɛt/ *n.* (*pl.* **crepes s-** /kréɪp(s)-; *F.* kʁɛp-/, ~**s** /~s | ~; *F.* ~/) クレープシュゼット《薄いパンケーキ (crepe) を折るか巻くかしてオレンジキュラソー入りのソースで温めたデザート; ブランデーをかけ火をつけて供する》. 〘(1922) □ F *crêpe Suzette* ← *crêpe* pancake＋*Suzette* (dim.) ← *Suzanne* 'SUSANNAH'〙

crep·ey /kréɪpi/ *adj.* (~·**er**; ~·**est**) ちりめん状の, 縮れた (crinkly). 〘(1959) ← CREPE＋-Y[4]〙

cré·pi·nette /krèɪpɪnét; *F.* kʁepinɛt/ *n.* クレピネット《ひき肉を生のまま豚の網脂(あみあぶら)で包んだ平たいソーセージ》.

crep·i·tant /krépətənt, -tnt | -pɪtənt, -tnt/ *adj.* ぱちぱ

ち[ぱりぱり]鳴る. 〖((1826)) □ L *crepitāntem* (pres.p.) ← *crepitāre* 'to CREPITATE': ⇨ -ant〗

crépitant rále *n.* 〘病理〙(肺の)捻髪(ねんぱつ)音 (水泡音の一種).

crep·i·tate /krépətèɪt | -pɪ-/ *vi.* **1** ぱちぱち[ぱりぱり]いう (crackle). **2** 〘昆虫〙〈甲虫が〉発砲する (ミイデラゴミムシやクビボソゴミムシ類のように危険に会うと鋭い爆音を発し臭い液を放射する). **3** 〘病理〙捻髪(ねんぱつ)音を発する. 〖((1623)) ((1853)) ← L *crepitātus* (p.p.) ← *crepitāre* to crackle (freq.) ← *crepāre* to rattle ← IE *ker- (cf. screak: 擬音語): ⇨ -ate³〗

crep·i·ta·tion /krèpətéɪʃən | -pɪ-/ *n.* **1** ぱちぱち[ぱりぱり]いうこと[音]. **2** 〘病理〙 **a** =crepitant rale. **b** (折れた骨が触れ合うときなどの)こつこついう音. **3** 〘昆虫〙(甲虫などの)発砲 (cf. crepitate). 〖((1656)) □ F *crépitation* // LL *crepitātiō(n-)*: ⇨ ↑, -ation〗

crep·i·tus /krépəṭəs | -pɪt-/ *L. n.* (*pl.* ~) 〘病理〙 = crepitation 2. 〖((1807–26)) □ L ~ 'rattling': ⇨ crepitate〗

cre·pon /kréɪpɑ(:)n | krépɔ̃(:)ŋ, kréɪp-, -pɔ:ŋ, -pɔn; *F.* kʁepɔ̃/ *n.* クレポン (絹織・毛織または絹毛交織のクレープ類似の厚地縮み). 〖((1887)) □ F *crépon*: ⇨ crape〗

crept /krépt/ *v.* creep の過去形・過去分詞. 〖pret.: ME *crepte* ∽ OE *crēap*. — p.p.: ((16C))〗

cre·pus·cle /krɪ̀pʌ́sl | krɪ̀-, krɛ-/ *n.* =crepuscule. 〖((1391)) □ F *crépuscule* □ L *crepusculum* twilight ← *creper* dusky〗

cre·pus·cu·lar /krɪ̀pʌ́skjʊlə | krɪ̀pʌ́skjʊlə^(r), krɛ-/ *adj.* **1** 薄暗い, 薄暮の, 薄明の (dim, glimmering): ~ light (たそがれの空に見られる)薄明かり / a ~ period (いまだ開化の十分でない)薄明の時代. **2** 〘動物〙薄明[薄暮]に出現[活動]する: a ~ insect. 〖((1668)) ← L *crepusculum* (↑)+-AR¹〗

crepúscular ráy *n.* 〘気象〙薄明光 (薄明[薄暮]時に高い雲の切れ間などから空気中のちりを輝かす薄明光線; cf. *the* SUN *drawing water*).

crep·us·cule /krɪ̀pǽskju:l, krépəskjù:l | krépəskjù:l/ *n.* 薄明, 薄暮 (twilight). 〖((1391)) □ (O)F *crépuscule* // L *crepusculum*: ⇨ crepuscle〗

crep·y /kréɪpi/ *adj.* (**crep·i·er**; **-i·est**) =crepey.

cres. 《略》〘音楽〙crescendo.

Cres. 《略》Crescent (特に街路名に用いられる).

cresc. 《略》〘音楽〙crescendo.

cres·cen·do /krɪ̀ʃéndou | -dəu; *It.* kreʃʃéndo/ *adj., adv.* (↔ decrescendo, diminuendo) **1** (感情や動作について)漸次に強まる[強めて]. **2** 〘音楽〙クレッシェンド, 次第に強い[く] (略 cres., cresc.; 記号 <). **3** 〘音声〙〈二重母音が〉上昇の (rising). — *n.* (*pl.* ~**s**, ~**es**) **1** (感動・勢い・動作などの)盛上がり, 高まり. **2** 〘音楽〙クレッシェンド(の楽節). **3** 《口語》最高潮, 絶頂 (climax). ***réach*** [***ríse to***] ***a crescéndo*** (1) 〘音楽〙クレッシェンドになる. (2) 《口語》最高潮になる. — *vi.* 次第に強くなる. 〖((1776)) □ It. ~ (pres.p.) ← *crescere* to increase < L *crēscere* (↓)〗

cres·cent /krésənt, -snt | krés-, kréz-/ *n.* **1** 〘天文〙 **a** 弦月, 三日月 (月が小さくなっていく (waxing) ときにもかけていく (waning) ときにもいう; cf. half-moon 1, full moon, new moon). **b** 三日月状の金星[水星]. **2** 新月形(の物). **3** [しばしば C-] **a** (旧オスマン帝国の)新月旗. **b** オスマン帝国, トルコ軍の威力. **c** (キリスト教の十字に相当する)イスラム教の新月章. **d** [the C-] (キリスト教に対する)イスラム教(の勢力): the Cross and *the Crescent* ⇨ cross¹ 4. **4** 《英》三日月形の家並み, その街路, クレッセント: a ~ of houses along the beach 海岸に三日月形に並んだ家並み. **5** 三日月形のパン; 三日月形のクッキー[ビスケット]. **6** 〘紋章〙クレッセント (三日月の先 (horn) が上 (chief) を向いているもの; 次男を示す血統マーク (cadency mark); cf. decrescent 3, increscent 3). **7** 〘時計〙月形 (てん真の小つば周上に設けられた月形の凹み; けん先がそこを通る; passing hollow ともいう). **8** トルコクレッセント (長い棒の先に新月章を模した金属板をもち, 小さな鈴が多く垂れているトルコの打楽器).
— *adj.* **1** 三日月形の. **2** /《英》krés-/ 《古・詩》(新月のように)次第に満ちる, だんだん大きくなる, 漸次増大する. **3** 〘天文〙弦月の.
〖((17C)) □ L *crēscentem* (pers.p.) ← *crēscere* to grow ← IE *ker- to grow (⇨ create) ∽ ((1399–40)) *cressa(u)nt* □ AF *cressaunt*=OF *creissant* (F *croissant*) (pres.p.) ← *creistre* to grow: ⇨ -ent〗

cres·cen·tic /krɪ̀séntɪk | -tɪk/ *adj.* 三日月状の, 三日月を思わせる. 〖((1836)): ⇨ ↑, -ic¹〗

créscent ròll *n.* 《米》=croissant.

créscent trùss *n.* 〘建築〙三日月トラス[桁(けた)].

créscent wíng *n.* 〘航空〙三日月翼 (高亜音機に使用される翼の平面形で, 翼の付け根から翼端に向かうに従い, 前縁の後退角を次第に小さくした翼).

créscent wrènch *n.* 《米》自在スパナー.

cres·cive /krésɪv/ *adj.* 《まれ》(漸次)増大する; 成長可能の. **~·ly** *adv.* 〖((1566)) ← L *crēscere* to increase +-IVE〗

cres·co·graph /krésougræ̀f | -sə(u)grɑ̀:f, -græ̀f/ *n.* クレスコグラフ (植物の成長率を測り記録する高感度の器械). 〖((1918)) ← L *crēscere* to grow+-o-+-GRAPH〗

cre·sol /krí:sɔ(:)l | -sɔl/ *n.* 〘化学〙クレゾール ($CH_3C_6H_4OH$) (o-cresol, m-cresol, p-cresol の異性体がある; 殺菌消毒剤; methyl phenol ともいう). 〖((1869)) (変形) ← CREOSOL〗

crésol réd *n.* 〘化学〙クレゾールレッド ($C_{21}H_{18}O_5S$) (赤色結晶粉末; 酸塩基指示薬として用いる).

cre·sót·ic ácid /krɪ̀sɑ́(:)tɪk- | -sɔ́t-/ *n.* 〘化学〙クレソチン酸 ($CH_3C_6H_3(OH)COOH$). 〖((1863–72)) *cresotic*: ← ? CRE(O)SOT(E)+-IC¹〗

crés·o·tin·ic ácid /krésətɪnɪk-, krí:s-/ *n.* 〘化学〙 =cresotic acid. 〖*cresotinic*: ← ? CRE(O)SOT(E)+-IN²+-IC¹〗

cress /krés/ *n.* 〘植物〙葉に辛みがありサラダ・香辛料に用いるアブラナ科の植物の総称: **a** コショウソウ (*Lepidium sativum*) (ヨーロッパ各地で栽培される; 西アジア産アブラナ科コショウソウ属の植物; 特有の香りと辛みがある; 芽ばえまたは幼植物を料理に用いる; garden cress ともいう). **b** オランダガラシ, クレソン (watercress). 〖OE *cresse* < (W-Gmc) *krasjōn (G *Kresse*) ← IE *gras- to devour (Gk *grástis* grass)〗

Cres·sent /kreɪsɑ́:(ŋ), -sɑ́:ŋ; *F.* kʁesɑ̃/, **Charles** *n.* クレサン (1685–1768; フランスの家具職人; 寄木細工で有名).

cres·set /krésɪ̀t/ *n.* 篝(かがり)火の油つぼ[火床], 篝. 〖((1370–71)) □ OF *craisset* ← *craisse* (異形) ← *graisse* 'oil, GREASE': ⇨ -et〗

Cres·si·da /krésɪ̀də | -də/ *n.* **1** クレシダ (女性名; 愛称形 Cressy). **2** 〘中世伝説〙クレシダ (Trojan War の話から中世以後の物語 (Chaucer, Shakespeare など) に取り入れられた女性; トロイの王子 Troilus の恋人であったが, 後ギリシャの将 Diomedes のもとに走った; Criseyde, Cressid ともつづる). 〖□ It. *Criseida* □ Gk *Khruseïda* (acc.) ← *Khruseïs* ← *khrūsós* gold〗

cress·y /krési/ *adj.* (**cress·i·er**; **-i·est**) コショウソウ[オランダガラシ] (cress) の多い. 〖((1859)): ⇨ -y⁴〗

Cres·sy¹ /krési/ *n.* クレシー (女性名). 〖(dim.) ← CRESSIDA〗

Cres·sy² /krési/ *n.* Crécy の英語名.

crest /krést/ *n.* **1 a** (物の)頂上 (top): pass the ~ of high prices 物価高の峠を越す. **b** 山頂, 峰, 絶頂 (top, crown); 山の背, 尾根 (ridge). **c** (波の)峰, 波頭 (cf. trough 4): on [riding (on)] the ~ of the [a] wave 波頭に乗って; (幸運・好調の)波に乗って. **d** (川の)最高水位. **e** 最上, 極致 (acme). **2 a** 〘鳥の〙とさかや冠毛の総称. **b** 誇り (pride); 勇気 (courage): erect [elevate] one's ~ 《古》得意になる / One's ~ falls. 意気阻喪する (cf. crestfallen). **3** 〘紋章〙 **a** クレスト, かぶと飾り. **b** 家紋 (ふつう獣・鳥などの図案; 日本の紋章と異なり, 盾の紋章は親子兄弟でも同一図形では使用できないが, crest は同一家系のものが共通して同一図形で使用できる; cf. cadency 3): a family ~ 家紋. **4 a** (かぶとの)羽根飾り (plume), 飾冠. **b** かぶと (helmet); (かぶとの)頂(いただき) (apex). **5 a** (馬・犬の)首筋 (⇨ dog 挿絵). **b** (馬などの)たてがみ (mane). **c** (動物の体の部分の)隆起. **6** 〘建築〙(屋根の)棟飾り, 棟 (cresting). **7** 〘機械〙(ねじ山の)頂, 峰 (cf. root¹ 11 a, flank 6 a). **8** 〘解剖〙(骨の)稜; 隆線: a frontal [occipital] ~ 前頭[後頭]稜. **9** 〘アーチェリー〙(矢の軸のまわりに輪状に塗った)紋章. — *vt.* **1 a** 〈山〉の頂上に達する[登る]. **b** 〈波〉の波頭に乗る. **2** …に飾冠を付ける (crown). **3** …の飾冠となる; …の一番上にある. — *vi.* **1** (波が)うね立つ, 波頭を立てる. **2** 〈川が〉最高水位に達する. **crest·al** /kréstəl, -tl/ *adj.* 〖((c 1312)) □ OF *creste* (F *crête*) < L *cristam* crest, cock's comb ← IE *kristā- ← *(s)-ker- to bend: cf. shrink〗

Crest /krést/ *n.* 〘商標〙クレスト (米国製のフッ素入り練り歯磨き).

Crés·ta Rún /kréstə-; *F.* kʁesta/ *n.* [the ~] クレスタラン (スイス St. Moritz の Cresta 渓谷につくられる トボガン用の氷の滑降コース); [c- r-] トボガン滑降競技.

crést còronet *n.* 〘紋章〙=ducal coronet.

crést·ed *adj.* **1** [しばしば複合語の第 2 構成素として] とさか[冠毛]のある: fan-*crested* (鳥が)冠毛のある / a ~ bird. **2** 〘紋章〙クレスト[かぶと飾り]を付けた: ~ notepaper クレストを印刷した書簡箋. 〖((c1380)): ⇨ -ed 2〗

crésted áuklet [**áuk**] *n.* 〘鳥類〙エトロフウミスズメ (*Aethia cristatella*) (北太平洋にいるウミスズメ科の鳥).

crésted dóg's-tail *n.* 〘植物〙クシガヤ (*Cynosurus cristatus*) (ヨーロッパ原産イネ科の, 牧草地に生える多年草). 〖1861〗

crésted flýcatcher *n.* 〘鳥類〙ムジタイランチョウ (タイランチョウ科ムジタイランチョウ属 (*Myiarchus*) の鳥の総称; 北米中南米に分布).

crésted íris *n.* 〘植物〙=dwarf crested iris.

crésted lízard *n.* 〘動物〙=desert iguana.

crésted néwt *n.* 〘動物〙クシイモリ (*Triturus cristatus*) (ヨーロッパ産のイモリ; 雄は春に背中に歯形状のとさかを生じる).

crésted pénguin *n.* 〘鳥類〙=rockhopper. 〖1802〗

crésted póppy *n.* 〘植物〙熱帯アメリカ原産ケシ科アザミゲシ属の葉や花にとげのある多年草 (*Argemone platyceras*).

crésted tít *n.* 〘鳥類〙カンムリガラ (*Parus cristatus*) (ヨーロッパ産シジュウカラ科の鳥; 白黒の冠毛をもつ; crested titmouse ともいう).

crést·fàllen *adj.* **1** 〈鳥が〉とさかを垂れた, 〈馬が〉力なくうなだれている. **2** 失望[落胆]している, 元気のない (cf. chapfallen 2). **~·ly** *adv.* **~·ness** *n.* 〖1589〗

crést·fish *n.* 〘魚類〙アカナマダ (*Lophotus lacepedei*) (非常に細長い銀色の海産魚; 深紅色の長い背びれをもつ).

crést·ing *n.* **1** 椅子の背もたれの笠(かさ)木, また一般に家具の頂部中央につけた装飾彫刻. **2** 〘建築〙=crest 6. **3** (鋼鉄製甲冑の各部に)鎬(しのぎ)を打ち出すこと. 〖((1869)): ⇨ -ing¹〗

crést·less *adj.* **1** 飾冠のない; 家紋のない. **2** 身分の卑しい. 〖((1589–90)): ⇨ -less〗

crést tàble *n.* 〘建築〙(壁の頂(いただき)などの)笠(かさ)木[石].

crést tìle *n.* 〘建築〙棟飾り瓦 (cf. ridge tile).

crést vàlue *n.* 〘通信〙波高値.

crést vóltmeter *n.* 〘電気〙=peak voltmeter.

cres·yl /krésɪ̀l, krí:- | -sɪl/ *n.* 〘化学〙クレシル (⇨ tolyl). 〖((1863–72)) ← CRES(OL)+-YL〗

cre·syl·ic /krɪ̀sílɪk/ *adj.* 〘化学〙 **1** クレゾール (cresol) の[を含む]. **2** クレオソート (creosote) の[を含む]. 〖((1863–72)): ⇨ ↑, -ic¹〗

cresýlic ácid *n.* 〘化学〙クレゾール酸 (工業用クレゾールのこと; o-, m-, p- クレゾールのほかフェノールキシレノールを含む; 木材防腐剤などに用いられる). 〖1869〗

cre·ta·ceous /krɪ̀téɪʃəs, krɛ-, -ʃiəs/ *adj.* **1** 白亜(質)の (chalky). **2** [C-] 〘地質〙白亜紀[系]の: the *Cretaceous* period [system] 白亜紀[系]. — *n.* [the C-] 〘地質〙白亜紀[系]. **~·ly** *adv.* 〖((c1675)) □ L *crētāceus* chalklike (← *crēta* chalk: cf. crayon)+-ous〗

Cre·tan /krí:tn, -ṭən | -tn, -tən/ *adj.* **1** クレタ島 (Crete) の. **2** クレタ島人の. — *n.* クレタ島人 (うそつきと欲張りとで有名だった). 〖((1579)) □ L *Crētānus*: ⇨ Crete, -an¹〗

Crétan béar's-tàil *n.* 〘植物〙キバナヒメモウズイカ (*Celsia arcturus*) (Crete 島産ゴマノハグサ科セルシア属の丈の高い多年草).

Crétan búll *n.* 〘ギリシャ伝説〙クレタの雄牛 (Hercules の 12 功業の一つで捕えられた猛牛; 後に放たれ Marathon を荒らし回ったが Theseus に退治された).

Crétan múllein *n.* 〘植物〙ヒメモウズイカ (*Celsia cretica*) (地中海沿岸地方産ゴマノハグサ科の多年草; 花は赤い斑(はん)点のある黄色). 〖1952〗

Crétan spíkenard *n.* 〘植物〙シベリアからコーカサスまでの原産のオミナエシ科の多年草 (*Valeriana phu*) (白い花が咲き, 根は薬用).

Crete /krí:t/ *n.* クレタ(島) (エーゲ海の南方, ギリシャの南東にあるギリシャ領の島; 全島白亜質の山であるが, 山間部ではオリーブを産する; 古くここにミノス文明 (Minoan civilization) が栄えた; 面積 8,380 km², 主都 Canea; Candia ともいう; 現代ギリシャ語名 Kríti). 〖□ L *Crēta* □ Gk *Krḗtē* (原義) chalk〗

Créte, the Sea of *n.* クレタ海 (Crete 島と Cyclades 諸島の間のエーゲ海南部).

cre·tic /krí:tɪk | -tɪk/ *n.* 〘詩学〙=amphimacer. 〖((1603)) □ L *Crēticus* (*pēs*) Cretan (foot) ← *Crēta* (↑): ⇨ -ic¹〗

cre·ti·fi·ca·tion /krì:təfɪ̀kéɪʃən | -tɪ̀fɪ-/ *n.* 〘地質〙白亜化, 石灰化. 〖((1852–9)): ⇨ ↓, -cation〗

cre·ti·fy /krí:təfàɪ | -tɪ̀-/ *vt.* 〘地質〙白亜化する, 石灰化する. 〖((1859)) □ L *crētificāre* ← *crēta* chalk: ⇨ -fy〗

cre·tin /krí:tn | krétɪn, -tn/ *n.* **1** クレチン病患者. **2** 白痴, ばか (fool). 〖((1779)) □ F *crétin* □ Swiss-F *crestin* < L *Christiānum* 'CHRISTIAN' (i. e. human): 人間だけがかかる病気の意か〗

cre·tin·ism /krí:tənɪ̀zm, -tn- | krétɪn-, -tn-/ *n.* 〘病理〙クレチン病, クレチニスム (甲状腺の先天性機能低下により生じる病気; 胎児期・幼児期の初期に起こり, 体が小さく皮膚が異常にむくみ精神遅滞を起こす; cf. myxoedema). 〖((1801)): ⇨ ↑, -ism〗

cre·tin·oid /krí:tənɔ̀ɪd, -tn- | -tɪn-/ *adj.* クレチン病のような. 〖((1874)): ⇨ -oid〗

cre·tin·ous /krí:tənəs, -tn- | -tɪn-, -tn-/ *adj.* **1** クレチン病の[にかかった]. **2** クレチン病患者の[に関する]. **3** 《口語》大ばかな, まぬけな. **~·ly** *adv.* 〖((1839)): ⇨ -ous〗

cre·tonne /krí:tɑ(:)n, krɪ̀tɑ́(:)n | kretɔ́n, krɪ̀-, krétɔn/ *n.* クレトン更紗(さらさ) (一種の無光沢の丈夫な更紗木綿; 椅子覆い・窓掛けなどに用いる). 〖((1870)) □ F ~ ← *Creton* (フランス Normandy の村)〗

Cre·ü·sa /kriú:sə | -zə/ *n.* 〘ギリシャ神話〙クレウサ: **1** Jason の妻; Medea にねたまれて殺された. **2** Priam の娘で Aeneas の妻; Troy から逃げる途中行方不明になった. 〖□ L *Creūsa* □ Gk *Kréousa*〗

Creuse /krú:z; *F.* kʁø:z/ *n.* **1** クルーズ(川) (フランス中部の川; Plateau des Millevaches を発し, Vienne 川へ注ぐ (255 km)). **2** クルーズ (フランス中部の県; 県都 Guéret; 面積 5,606 km²).

Créutz·feldt-Já·kob disèase /krɔ́ɪtsfɛltjá:koub-, -kɑ(:)b- | -jǽkɔb-; *G.* kʁɔ́ʏtsfɛltjá:kɔp/ *n.* 〘病理〙クロイツフェルト ヤコブ病 (器質性痴呆や多様な神経症状を呈する致死的病気; 海綿状脳症; 狂牛病 (BSE) 感染などによる prion が原因とされる; ヒトの狂牛病も含められる; 略 CJD). 〖((1966)): ← *H. G. Creutzfeldt* (1885–1964) & *A. M. Jakob* (1884–1931): 最初にこの症例を報告したドイツの精神科医〗

cre·val·le /krɪ̀væ̀li, -lə/ *n.* (*pl.* ~, ~**s**) 〘魚類〙= cavalla 1. 〖((1897)) (変形) ← CAVALLA〗

creválle jàck *n.* 〘魚類〙米国 Florida 州西海岸産のシマアジ属の魚 (*Caranx hippos*) (重要な食用魚).

cre·vasse /krɪ̀væ̀s/ *n.* (*also* **cre·vass** /~/) **1** (氷河・雪原の)裂け目, 割れ目, クレバス (crack, fissure). **2** 《米》(川の堤防 (levee) の)裂け目, 破れ口 (breach). — *vt.* 《米》〈堤防など〉に割れ目を作る, 破れ口を生じさせる. 〖((1814)) □ F ~: ⇨ crevice〗

Crève·coeur /krɛvkɜ́:, kri:v-, -kʊ́ə | krɛvkɜ́:^(r); *F.* kʁɛvkœ:ʁ/, **Michel-Guillaume Jean de** *n.* クレブクール (1735–1813; 米国に住んだフランスの著述家・農業家; *Letters from an American Farmer* (1782); 筆名 J. Hector St. John).

crev·ice /krévɪ̀s | -vɪs/ *n.* (地面・岩・壁などの)裂け目, 割れ目 (crack). 〖((?a1350)) *crevace* □ OF (F *crevasse*) ← *crever* to break < L *crepāre* to crack, creak: ⇨ crepitate〗

crév·iced *adj.* 割れ目を生じた, 裂け目の入った. 〖(1558–68): ⇨ ↑, -ed 2〗

crew¹ /krúː/ *n.* **1** [集合的] **a** (艦船の)乗組員 (通例高級船員を除く): officers and ～ 高級下級全乗組員. **b** (ボートの)クルー, ボートチーム; (小型帆船の)操舵手補助員. **c** (列車・電車などの)乗務員: a train ～ 列車乗務員. **d** (飛行機・宇宙船の)搭乗員, 乗務員 (aircrew ともいう). **e** (大砲・機関銃を操作する)砲[銃]手(班), 砲(側)員. **2** [集合的] **a** 《口語》[しばしば軽蔑的に] 仲間, 連中 (set, gang): a dissolute ～ 放蕩仲間 / a motley ～ さまざまな連中の一組 / a disreputable ～ やくざ仲間, 愚連隊. **b** (共通の目的や仕事のために, または親方の下に集まった)一団, 集団 (group). **3** ボートレース (rowing). **4** 《古》武装部隊. — *vi.* 乗組員(の一員)を務める. — *vt.* **1** 〈船・飛行機などの〉乗組員(の一員)を務める. **2** …に乗組員を配する. 〖(*c*1437) *cr(e)ue* □ OF *creue* growth, increase (fem. p.p.) ← *croistre* (F *croître*) to increase < L *crescere* to grow (⇨ crescent): cf. accrue, increase〗

crew² *v.* 《英》 crow² 1 の過去形. ★ 今では主に *Luke* 22: 60 (While he yet spake, the cock crew. なお言い終えぬに, やがて鶏鳴きぬ)に関連して用いる. 〖OE *crēow*〗

créw cùt *n.* クルーカット (米国を起源とする角刈りの一種; crew haircut ともいう). 〖(1942): 航空機・ボートの乗員 (crew) などの髪の刈り方から〗

Crewe /krúː/ *n.* クルー (イングランド北西部 Cheshire 州南部の工業都市; 重要な鉄道乗換駅). 〖lateOE *Crev* ← Welsh *cryw* ford, stepping-stones〗

crew·el /krúːəl | krúːɪl/ *n.* **1** 刺繍用の甘より毛糸. **2** = crewelwork. **～·ist** /-lɪst | -lɪst/ *n.* 〖(1444) 《古形》 *creeal, crule* □ ? OF *escrouelle* (*de laine*) shreds (of wool)〗

créwel nèedle *n.* 刺繍用針 (大きい楕円形の針穴のあるやや大きな針).

créwel·wòrk *n.* クルーエル[毛糸]刺繍 (室内装飾などに用いられる). 〖1863〗

créw hàircut *n.* = crew cut. 〖1940〗

créw·less *adj.* 〈船など乗組員のいない. 〖(1889) ← CREW¹ + -LESS〗

crew·man /krúːmən, -mæ̀n/ *n.* (*pl.* **-men** /-mən, -mɛ̀n/) (飛行機・宇宙船などの)搭乗員; (船などの)乗組員; (軍の)砲[銃]手, 砲員. 〖1937〗

créw nèck [nèckline] *n.* クルーネック (船員の着ているセーターなどによくみられる首の回りにそった丸い襟ぐり; cf. boat neck). **créw-nèck** *adj.* **créw-nècked** *adj.* 〖1940〗

créw sòck *n.* [通例 *pl.*] ゴム編みの厚手のソックス. 〖(1948): ボートの乗組員たちが着用したことから〗

crib /kríb/ *n.* **1 a** 小児用寝台, サークルベッド (転がり落ちないように周囲に枠が付いている). **b** (家畜の)小屋 (stall). **c** (工場などの)道具[工具]置場. **d** (とうもろこし・塩などを入れる)箱, 入れ物 (bin), 入れ場 (多く板をすかして打ったもの). **e** 柳かご (osier). **f** 《俗》金庫 (safe). **2 a** (丸太)小屋 (hut); 狭い[小さい]部屋[家, スペース]. **b** 《NZ》週末用別荘. **c** 《俗》家, 店. ★ 通例次の句で: crack a ～ 人家に押し入る (cf. crib-cracker). **d** 《俗》淫売屋, 売春屋 (brothel). **e** (とうもろこしなどの)穀物倉庫. **3 a** まぐさおけ (manger), かいば入れ. **b** = crèche 3. **4** 《口語》**a** こそどろ, ささいな盗み. **b** (他人の作品からの)盗作, 剽窃(ひょうせつ) (plagiarism). **c** 《英》(古典・外国語などの)直訳参考書; (特に)とらの巻 (pony). **d** 《口語》カンニングペーパー (crib sheet). **5 a** 《英》(仕事場で労働者が食べる)弁当. **b** 《豪》食べ物 (food) (特に軽い食事). **6** (水中の)橋脚, 取水口. **7** 《米》(魚をとる)やな (weir), 魞(えり)類の魚捕(うおと)り部. **8** 〘鉱物〙 木(こ)積み. **9** 《米》〘土木〙 枠 (丸太・鋼材・コンクリートで井桁を組み, その中に土や石を詰めたもの; cf. cribwork 1). **10** 浮遊丸太の貯蔵所. **11** [the ～] 〘トランプ〙 **a** クリブ (cribbage で, 各自 2 枚の捨て札から成り, ゲーム後配り手の得点に加算される通例 4 枚の積み札). **b** 《口語》= cribbage. **12** 〘鉄道〙 隣り合った枕木の間の空間.
— *v.* (**cribbed; crib·bing**) — *vt.* **1** 《口語》**a** 〈他人の作品を〉盗用する (plagiarize): ～ a line from Milton ミルトンの一行を盗用する. **b** 盗む (pilfer). **2** (狭い所に)押し込める (shut up): But now I am cabin'd, ～*b'd*, confined. 今じゃ押し込められ, 閉じ込められ, 監禁されている (Shak., *Macbeth* 3. 4. 24). **3 a** 〈牛小屋などにまぐさおけを備える. **b** 〈穀物を〉倉庫[貯蔵所]に入れる. **4** …に(板・材木で)内張りをする. — *vi.* **1** 《口語》**a** 他人の作品を盗用する. **b** カンニングをする; とらの巻を使う: ～ *on* a history exam 歴史の試験でカンニングする / be caught ～*bing* カンニングの最中につかまる[見つかる]. **2** 〘獣医〙 = crib-bite. **3** 《英口語》不平をいう, こぼす (complain).
〖OE *crib(b)* < Gmc **krippja* (G *Krippe* manger) ← IE **ger-* curving, crooked (cf. cramp¹·², creep)〗

crib·bage /kríbɪdʒ/ *n.* 〘トランプ〙 クリベッジ (通常二人が 6 枚ずつ手札をもち, うち 2 枚ずつをクリブ (crib) として裏返して場に積んでから, 残りを交互に場に出して種々の組合わせを作り, その役点などを競うゲーム). 〖(1630): ⇨ ↑, -age〗

críbbage bòard *n.* 〘トランプ〙 クリベッジの得点表示盤. 〖1785〗

críb·ber *n.* **1** 盗用する人; カンニングする人; とらの巻を使う人. **2** 〘獣医〙 = crib-biter. 〖(1701): ⇨ -er¹〗

críb·bing *n.* **1** 《口語》**a** (他人の作品の)無断借用; カンニング(をやること), とらの巻使用. **b** 無断借用されたもの, 盗用されたもの. **2** 〘獣医〙 = crib-biting. **3** 〘鉱山〙 = crib 8. 〖(1791): ⇨ -ing¹〗

críb-bìte *vi.* (**crib-bit; -bit·ten, -bit**) 〘獣医〙 〈馬がまぐさおけをかんで荒く息を吸う悪癖がある, 鰭癖(さくへき)にふける. 〖(1844) 《逆成》 ← CRIB-BITER〗

críb-bìter *n.* 〘獣医〙 鰭癖(さくへき)のある馬 (まぐさおけをかむ癖のある馬; cf. windsucker). 〖1809〗

críb-bìting *n.* 〘獣医〙 鰭癖(さくへき) (馬がまぐさおけなどにかみついたままで荒く息を吸う癖; cribbing ともいう; cf. wind sucking). 〖1831〗

crib·bled /kríbḷd/ *adj.* (ふるいのような)孔模様の. 〖(1891) ← F *criblé* ← *crible* sieve〗

críb-cràcker *n.* 《俗》強盗 (burglar) (cf. crib 2 c). 〖1879〗

críb dèath *n.* 《米》〘医学〙 乳児の突然死 (《英》 cot death) (病名としては sudden infant death syndrome). 〖1966〗

cri·bel·lum /krɪbéləm/ *n.* (*pl.* **-la** /-lə/) 〘動物〙 篩板(しばん) (クモの出糸突起). 〖(1888) □ L ～ (指小形) ← *cribrum* sieve〗

cri·blé /kriːbléɪ; *F.* kʁible/ *adj.* (*also* **cri·blée** /～/) 〘美術〙 〈印刷用の版版など〉砂目模様をつけた, 無数の小さな点を打って梨地にした. 〖(1879) □ F ～ ← *crible* sieve〗

cri·bo /kríːboʊ | kríːbəʊ, kráɪb-/ *n.* 〘動物〙 = indigo snake. 〖(1871) ← ?〗

crib·ri·form /kríbrəfɔ̀ːm | -rɪ̀fɔːm/ (*also* **crib·rous** /kríbrəs/) *adj.* 〘植物・解剖〙 ふるい状の, 小孔質の. 〖(1741) ← L *cribrum* sieve + -FORM〗

críb shèet *n.* 《口語》カンニングペーパー (crib).

críb-wàll *n.* 《NZ》枠組壁 (適正な角度で枠を置くことにより建造された支え壁).

críb·wòrk *n.* **1** 〘土木〙 枠工, 井楼(せいろう)組 (丸太材を井桁に組む工作[組んだ工作物]; cf. crib 9). **2** いかだ地形(じぎょう); くさび座構造. 〖1873〗

cri·ce·tid /krɪsíːtɪd, -sét- | -tɪd/ *adj., n.* 〘動物〙 キヌゲネズミ科の(齧歯(げっし)動物). 〖(1960) ↓〗

Cri·cet·i·dae /krɪsétədiː | -tɪ-/ *n. pl.* 〘動物〙 キヌゲネズミ科. 〖← NL ～ ← *Cricetus* (属名: ← Slav. (cf. Czech *křeček* hamster) + -IDAE〗

Crich·ton /kráɪtn/, **James** *n.* クライトン (1560–82; スコットランドの文武兼備で多芸多才の放浪学者・詩人; フランス・イタリアなどで論争を挑み Mantua でけんかして殺された; 通称 the Admirable Crichton).

crick¹ /kríc/ *n.* 疼痛性筋肉リウマチ, (首や背中などの)筋肉[関節]痙攣(けいれん)[強直(きょうちょく)], ひきつり: get a ～ in the neck 首の筋を違える. — *vt.* **1** 〈首などに〉痙攣を起こす, …の筋を違える. **2** 〈首などを〉無理にねじる[曲げる]. 〖(*c*1424) ← ? ON〗

crick² /kríc/ *n.* 《米方言》 = creek 1.

Crick /kríc/, **Francis H(arry) C(ompton)** *n.* クリック (1916–2004; 英国の分子生物・物理学者; DNA の螺旋状の構造の発見に貢献; Nobel 医学生理学賞 (1962)).

crick·et¹ /kríkɪ̀t | -kɪt/ *n.* **1** クリケット. ★ 英国国技といわれ 11 人ずつの二組で行う戸外球戯; 二人の打手 (batsman) がおのおの別の打手線に出て, 一方の打手が投手の投げるボールが三柱門 (wicket) に当たらないよう打ち返す(つまり投手は三柱門を攻撃し, 打手はそれを防御しながら得点を重ねる): play ～ / a ～ match = a match at ～ クリケット試合. **2** 《英口語》公明正大なふるまい, フェアプレー (fair play): play ～ 公明正大にふるまう[行動する] / It's not (quite) ～. それは(あまり)フェア[公明正大]ではない. — *vi.* クリケットをする. 〖(1598) □ OF *criquet* bat (used in a ball game) ← ? *criquer* (↑): cf. MDu. *cricke* stick: 球を打つ音がコオロギの鳴き声と似ているところからか〗

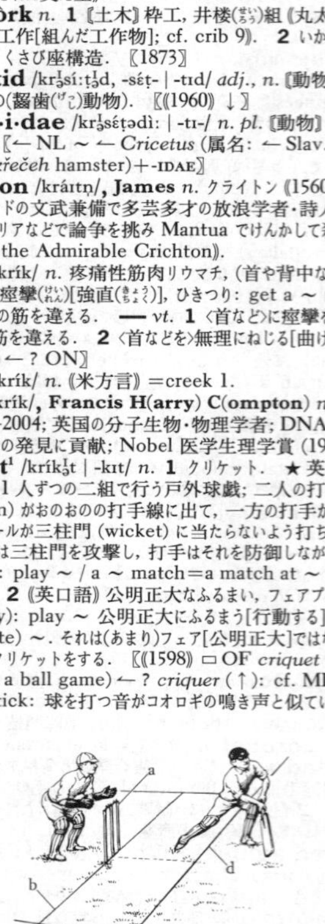

cricket¹ 1
a wicket b bowling crease c return crease d popping crease

1 bowler 2 wicketkeeper 3 point 4 1st slip 5 3rd man 6 cover point 7 mid off 8 long off 9 long on 10 mid on 11 short leg 12 long leg 13 3rd slip 14 long stop 15 2nd slip 16 batsmen 17 umpires

dimensions: a height above ground 28 in., width 9 in.; b 8 ft. 8 in.; b to b 22 yds.; b to d 4 ft.: c, d length unlimited

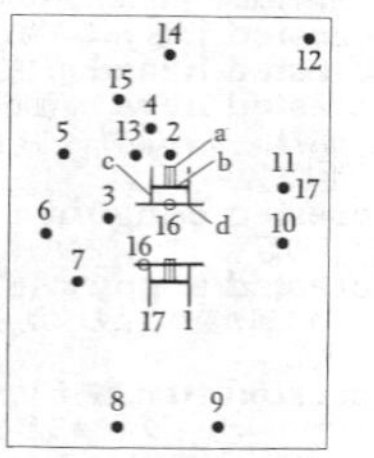

cricket field

crick·et² /kríkɪ̀t | -kɪt/ *n.* **1** 〘昆虫〙 **a** コオロギ (コオロギ科の昆虫の総称; イエコオロギ (house cricket), field cricket など; cf. tree cricket, mole cricket). 日英比較 英米では夏の虫とされ, また鳴き声を日本人のように情緒的に聞く習慣がない. たとえば *cricket* の一種である「鈴虫」は日本独特の昆虫であるが, 学名は別として日常的な英語名はなく, a "bell-ringing" *cricket* などのように引用符号付きで説明的に訳すしかない. **b** コオロギに類似したコオロギ科以外の昆虫の総称; (特に)キリギリス, バッタの類 (grasshopper): ⇨ Mormon cricket / (as) merry [lively] as a ～ (コオロギのように)至極快活[陽気]で. **2** (押すと)かちかち音を立てる金属製の玩具. **3** [C-] 〘商標〙 クリケット (米国 Gillette 社製の使い捨てライター). **4** 《米方言》低い木製の足台. 〖(*a*1325) *criket* □ (O)F *criquet* ← *criquer* to creak: 擬音語〗

crícket bàg *n.* クリケットバッグ (クリケットのバットその他を入れるスポーツバッグ).

crick·et·er /kríkɪ̀tə | -kɪtə^(r)/ *n.* クリケット競技者. 〖(*c*1742): ⇨ ↑, -er¹〗

crícket fròg *n.* 〘動物〙 コオロギガエル (*Acris gryllus*) (米国産の鳴き声がコオロギに似ている小形アマガエルの一種).

crick·et·ing /-ṭɪŋ | -tɪŋ/ *adj.* クリケット(用)の; クリケットをする.

crick·et·y /kríkɪ̀ṭi | -kɪti/ *adj.* 〈音が〉こおろぎのような. 〖(1835): ⇨ cricket², -y⁴〗

crick·ey /kríki/ *int.* = crikey.

cri·coid /kráɪkɔɪd/ *adj.* 〘解剖〙 (喉頭が)輪形の, 環状の (ringlike): the ～ cartilage 輪状軟骨. — *n.* 輪状軟骨. 〖(1746) ← NL *cricoīdēs* ← Gk *krikoeidḗs* ring-shaped ← *kríkos* ring: cf. circus〗

cri·co·pha·ryn·ge·al /kràɪkoʊfərínʤiəl, -færɪ̀nʤíːəl, -fɛr- | -kə(ʊ)fərɪ̀nʤiəl, -fərínʤiəl˝/ *adj.* 〘解剖〙 輪状(軟骨と)咽頭の. 〖← CRICOID + PHARYNGEAL〗

cri de coeur /kríː dəkɜ́ː | -dəkɜ́ː^(r); *F.* kʁidkœːʁ/ *F. n.* (*pl.* **cris d-** /kríː(z)-; *F.* ～/) 苦悶の叫び; 激しい抗議[訴え, 苦情]. 〖(1905) □ F ～ 'cry of the heart'〗

crí du chát sỳndrome /kríːduʃáː-, -də- | -du-, -də-; *F.* kʁidyʃa-/ *n.* 〘病理〙 ⇨ cat's cry syndrome. 〖*cri du chat*: □ F ～ 'cry of the cat'〗

cri du coeur /kríː dəkɜ́ː | -dəkɜ́ː^(r); *F.* kʁidykœːʁ/ *F. n.* (*pl.* **cris d-** /kríː(z)-; *F.* ～/) = cri de coeur.

cri·er /kráɪə | kráɪə^(r)/ *n.* **1** 叫ぶ人, 泣く人. **2 a** (公判廷の)廷吏 (cf. oyez). **b** (町内などの)触れ役 (town crier). **c** 広め屋, ちんどん屋; 呼び売り商人. 〖(?*c*1350) *criour* □ OF *criere*〗

cri·key /kráɪki/ *int.* 《俗》いやはや, これはこれは(驚いた) (cf. cripes, crimine): By ～! いやはや. 〖(1838) 《転訛》 ← CHRIST〗

Crile /kráɪl/, **George Washington** *n.* クライル (1864–1943; 米国の外科医・生理学者; 外科的ショック防止麻酔法を案出).

crim /krím/ *n.* 《俗》クリスマス (大人の使う幼児語). 〖《短縮》 ← CHRISTMAS¹〗

crim. 《略》 criminal.

crim·bo /krímboʊ | -bəʊ/ *n.* 《俗》 = crim.

crim. con. 《略》〘法律〙 criminal conversation. 〖1770〗

crime /kráɪm/ *n.* **1** (法律上の)罪, 犯罪 (cf. vice¹): a capital ～ 死刑に値する重罪, 死罪 / ～*s* against the State 国事犯 / be accused of a ～ 犯罪を告発される / commit a ～ 罪を犯す / put [throw] a ～ upon a person 人に罪を押しつける / turn to ～ 犯罪に走る. **2** 違反行為; 反道徳的行為 (sin): be steeped in ～ 罪に染まっている. **3 a** [集合的] 犯罪行為; 悪事, 犯行 (wrongdoing): take to a life of ～ 悪の道に走る. **b** 《口語》けしからんこと; 恥ずかしい[ばかげた]こと; 残念なこと: Such reckless spending is a ～. そのような濫費は恥ずかしいことだ.
crime against humánity 非人道的行為 (人間の大量虐殺など). (1945)
crime against náture 〘法律〙 自然に対する罪 (鶏姦・獣姦など, 不自然な性行為; cf. bestiality 2). (1828)
crime of pássion = crime passionel.
— *vt.* 〘軍事〙 軍律違反の罪に問う, (軍律違反の罪で)処罰する.
〖(*c*1250) □ (O)F ～ < L *crimen* judicial decision, charge, crime ← IE **krei-* to separate (L *cernere* to decide)〗

Cri·me·a /kraɪmíːə, krɪ̀- | kraɪ-, krɪ-/ *n.* **1** [the ～] クリミア(半島) (黒海の北岸から突き出したウクライナの半島; 黒海と Azov 海とを隔てる; 面積 25,500 km²; ロシア語名 Krym, Krim). **2** クリミア (同半島にあったソ連邦の自治共和国; 1945 年廃止, 1954 年ウクライナに編入).

Cri·me·an /kraɪmíːən, krɪ̀- | kraɪ-, krɪ-/ *adj.* クリミア(半島)の[に関する, の発祥に]. 〖(1855): ⇨ ↑, -an¹〗

Criméan Wár *n.* [the ～] クリミア戦争 (1853–56; 英国・フランス・トルコ・サルデーニャ対ロシアの戦争). 〖1855〗

críme fìction *n.* 犯罪小説, 推理小説. 〖1924〗

críme·less *adj.* 罪の無い, 無犯罪の (innocent). **～·ness** *n.* 〖(1590–1): ⇨ -less〗

crime pas·sion·el [pas·sion·nel] /kríːmpæ̀siənél, -pæʃə-; *F.* kʁimpasjɔnɛl/ *n.* (*pl.* **crimes pas·sion·els** /～/) 〘法律〙 痴情に基づく犯罪 (crime of passion ともいう). 〖(1910) □ F ～ 'crime of passion'〗

críme scène *n.* 《米》犯行現場.

críme shèet *n.* 〘英軍〙 (個人の)規則違反記録.

críme wàve *n.* 犯罪の波 (犯罪数の急増現象). 〖1920〗

críme writer *n.* 犯罪[推理]小説作家. 〖1946〗

crim·i·nal /krímənḷ, -mnəl | -mɪ̀nḷ/ *n.* (刑事上の)罪人, 犯人 (felon); 常習犯: a habitual ～ 常習犯. — *adj.* **1 a** 犯罪の, 犯罪に関する. **b** 〘法律〙 刑事上の (cf. civil 8 a): a ～ action [suit] 刑事訴訟 / ～ procedure [proceedings] 刑事訴訟[訴訟手続] / a ～ case 刑事事件, 刑事問題 / a ～ record 前科 / ～ jurisprudence 刑法学 / a ～ offense 刑事犯罪 / the ～ code 刑法典. **2** 犯罪的な, 罪になる, 罪を犯している: a ～ act 犯罪行為 / a ～ attempt 犯罪未遂 / ～ intent 犯意 / a ～ operation 犯罪[違法]行為[活動]; 《婉曲》堕胎 / the ～ class 犯罪者階級. **3** 《口語》**a** けしからん, 恥ずかしい, みっともない (disgraceful); 愚かな: It's ～ not to do so. そうしないとは言語道断. **b** 法外な, 途方もない (excessive): ～ prices. 〖(*c*1400) □ (O)F *criminel* // L *crīminālis*

← *crīmen* 'CRIME': ⇨ -al¹〛
críminal abórtion *n.* =illegal abortion.
críminal assáult *n.* 〘法律〙暴行罪; (特に)強姦罪.
críminal contémpt *n.* 〘法律〙裁判所侮辱罪 (裁判所の命令に服従しないなど, その権威を侵害する罪).
críminal conversátion *n.* 〘法律〙妻の姦通(罪) (adultery) (略 crim. con.). 〘1768〙
críminal cóurt *n.* 〘法律〙刑事裁判所, 刑事法廷. 〘1678〙
críminal dámage *n.* 器物損壊 (他人の所有物に対し故意の損傷を与えた罪).
crim·i·nal·ist /-nəl̩ɪst, -nl̩- | -nəlɪst, -nl̩-/ *n.* **1** 刑法学者. **2** 犯罪学者. 〘(*a*1631): ⇨ -ist〙
crim·i·nal·is·tic /krɪ̀mənəlístɪk, -nl̩-, -mnəl- | -mɪ̀nəl-, -nl̩-⁻/ *adj.* **1** 犯罪人の[に関する]. **2** 犯罪を犯す傾向のある, 犯罪癖の. 〘(1924): ⇨ -istic〙
crim·i·nal·is·tics /krɪ̀mənəlístɪks, -nl̩-, -mnəl- | -mɪ̀nəl-, -nl̩-/ *n.* (犯罪の科学的調査を取り扱う)犯罪科学. 〘(1949) (なぞり) ← G *Kriminalistik*: ⇨ -ics〙
crim·i·nal·i·ty /krɪ̀mənǽləti | -mɪ̀nǽlɪti/ *n.* **1** 犯罪性, 有罪 (guiltiness). **2** [しばしば *pl.*] (まれ) 犯罪の事実; 犯罪(行為) (guilt). 〘(1611) □ F *criminalité* // ML *crīminālitās*: ⇨ criminal, -ity〙
crim·i·nal·ize /krímənəlàɪz, -nl̩-, krímnəl- | -mɪ̀nəl-, -nl̩-/ *vt.* **1** 〈行為を〉有罪とする. **2** 〈人を〉有罪とする; 犯罪人として扱う. **3** 〈場所を〉法的禁止下におく.
crim·i·nal·i·za·tion /krɪ̀mənəl̩ɪzéɪʃən, -nl̩-, krɪ̀mnəl- | -mɪ̀nəlaɪ-, -lɪ-, -nl̩-/ *n.*
críminal láw *n.* 〘法律〙刑法, 刑事法 (cf. civil law 1). 〘1590〙
críminal láwyer *n.* 刑事専門弁護士. 〘1869〙
críminal líbel *n.* 〘法学〙犯罪的誹毀(ᵏᶦ)行為 (きわめて悪質な有害文書を出すこと).
crím·i·nal·ly /-mənəli, -nl̩i, -mnəli | -mɪnəli, -nl̩i/ *adv.* **1** 法を犯して, 犯罪的に. **2** 刑法上, 刑事上: proceed against a person ~ 人を相手取って刑事訴訟を起こす. 〘(1560): ⇨ -ly¹〙
críminal psychólogy *n.* 犯罪心理学.
críminal sýndicalism *n.* 〘法律〙犯罪的サンディカリズム (政治的変更や政府を転覆する目的で, 暴力行為を行ったり, 煽動したりする行為[主義]; 米国の多くの州で犯罪とされる).
crim·i·nate /krímənèɪt | -mɪ̀-/ *vt.* **1** 〈人〉に罪があるとする, 罪を負わせる; 告発[起訴]する. **2** …の有罪を証明する (incriminate): ~ oneself 自ら罪のあることを明らかにする. **3** (強く)とがめる, 非難する (censure). **crím·i·nà·tor** /-tə | -tə^(r)/ *n.* 〘(1645) ← L *crīminātus* (p.p.) ← *crīminārī* to bring a charge ← *crīmen* 'CRIME': ⇨ -ate³〙
crim·i·na·tion /krɪ̀mənéɪʃən | -mɪ̀-/ *n.* **1** 罪を負わせること; 告訴, 告発 (accusation). **2** (激しい)非難 (censure): ~*s* and recriminations 罪のなすり合い. 〘(1583) □ L *crīminātiō(n-)*: ⇨ ↑, -ation〙
crim·i·na·tive /krímənèɪtɪv, -nət- | -mɪ̀nət-, -nèɪt-/ *adj.* 罪を負わせる; 非難を込めた, 告発的な. 〘(*a*1734): ⇨ -ative〙
crim·i·na·to·ry /krímənətɔ̀ːri | -mɪ̀nətəri, -tri/ *adj.* 罪を負わせる; 非難する. 〘(1576) □ L *crīminātōrius*: ⇨ criminate, -ory¹〙
crim·i·ne /krímәni, kráɪ- | -mɪ̀ni/ *int.* (*also* **crim·i·ni** /~/) 《俗》これはこれは(驚いた), いやはや(とんでもない) (cf. crikey, cripes). 〘(1681) □ ? It. *crimine* crime // (混成) ? ← CHRIST+JIMINY〙
crim·i·no·gen·ic /krɪ̀mənoʊdʒénɪk | -nə(ʊ)-⁻/ *adj.* 〈制度・状況・土地が〉犯罪の原因となる, 犯罪を生む, 犯罪者的性向の. 〘← L *crimen, crimin-* 'CRIME'+-o-+-GENIC¹〙
crìm·i·nól·o·gist /-dʒɪ̀st | -dʒɪst/ *n.* 犯罪学者. 〘(1857): ⇨ ↓, -ist〙
crim·i·nol·o·gy /krɪ̀mənɑ́(ː)lədʒi | -mɪ̀nɔ́lədʒi/ *n.* 犯罪学, 刑事学 (cf. penology). **crìm·i·no·lóg·i·cal·ly** *adv.* **crim·i·no·log·ic** /krɪ̀mənəlɑ́(ː)dʒɪk, -nl̩- | -nəlɔ́dʒ-, -nl̩-⁻/ *adj.* **crim·i·no·log·i·cal** /krɪ̀mənəlɑ́(ː)dʒɪ̀kəl, -nl̩-, -kl̩ | -mɪnəlɔ́dʒɪ-⁻/ *adj.* 〘(1890) ← L *crimin-, crīmen* 'CRIME'+-LOGY〙
crim·i·nous /krímənəs | -mɪ̀-/ *adj.* 罪を犯した. ★ 主に次の句で: a ~ clerk 罪を犯した牧師, 破戒僧. 〘(*a*1460) □ AF ~=OF *crimineux* □ L *crīminōsus* faulty, blameworthy ← *crīmen* 'CRIME': ⇨ -ous〙
crim·i·ny /krímәni, kráɪm- | -mɪ̀ni/ *int.* =crimine.
crim·mer /krímə | -mə^(r)/ *n.* =krimmer.
crimp¹ /krímp/ *vt.* **1 a** 〈布などを〉縮らせる, …にひだ[しわ]を寄せる (wrinkle). **b** 〈毛髪を〉縮らせる, カールさせる. **c** 〈靴革などを〉(ある形に)癖をつける (特にブーツに必要): ~ *ing* machine 癖つけ機. **d** 〈取りたての魚〉に切れ目を入れ(て肉を縮らせ)る. **e** 〈金属の端などを〉折り曲げる. **f** 〈パイの皮などの端を〉つまみ合わせる. **2** (穀物の茎をローラーの間で)砕く. **3** 《米口語》邪魔する, 妨害する (cramp); 禁止する (inhibit). **4** 〘金属加工〙クリンプする, 縁曲げする (帯板から UO 曲げ加工して円管を作るときの予備加工として曲げる). — *vi.* 縮む. — *n.* **1** ひだ[折り目, 縮れ, 波形]をつけること. **2 a** [*pl.*] 縮らした毛 (cf. curl 1). **b** ひだ, 折り目 (fold). **c** 羊毛のような縮れ; (毛糸などの)捲縮. **d** (トタン板などの)波形. **3** 《米口語》邪魔(物), 妨害(物). ★ 主に次の句で: put a ~ in [into] …を邪魔[妨害]する. — *adj.* [限定的] 縮れた. 〘(*a*1398) *crimpe(n)* < OE *(ge)crympan* to curl ← *crump* crooked (cog. Du. *krimpen*) ← IE **ger-* curved: cf. cramp^{1, 2}〙
crimp² /krímp/ 《古》*n.* (人を誘拐して船員や兵士として売り込む)誘拐周旋業者 (通例下宿屋の主人など). — *vt.* (水夫または兵士にするために)〈人を〉誘拐する, 〈人を〉誘拐して船員[兵士]として売り込む. 〘(特殊用法)? ↑〙
crimp·er *n.* **1 a** 縮らす人. **b** 《俗》美容師 (hairdresser). **2 a** 縮らすもの. **b** ひだ[しわ]付け機[装置]. **c** (頭髪の)カールごて. **3** クリンパー (乾燥を容易にするために草の茎などを縮らせる農業用機械). 〘(1819) ← CRIMP¹+-ER¹〙
crímp·ing ìron *n.* (頭髪の)カールごて. 〘1858〙
crim·ple /krímpl̩/ *vt.* **1** 縮らせる; …にしわを寄らせる (wrinkle). **2** 〈髪を〉カールする. — *vi.* **1** 縮れる; しわが寄る. **2** 〈髪が〉カールする. — *n.* 《方言》しわ, ひだ, 縮れ. 〘(*a*1325): ⇨ crimp¹ (v.), -le³〙
Crim·plene /krímpliːn/ *n.* 〘商標〙クリンプリン (しわになりにくい合成繊維). 〘1959〙
crimp·y /krímpi/ *adj.* (**crimp·i·er; -i·est**) **1** 縮れた, 縮らした. **2** (縮み上がるほど)寒い: ~ weather.
crímp·i·ness *n.* 〘(1888) ← CRIMP¹+-Y⁴〙
crim·son /krímzən, -zn̩, -sən, -sn̩ | -zən, -zn̩/ *n.* **1** (やや紫に近い)深紅色, 濃紅色, クリムソン. **2** 深紅色顔料[染料]. — *adj.* **1** 深紅色の, 濃紅の. **2** 血なまぐさい (bloody): a ~ crime 血なまぐさい犯罪. **3** (怒りなどで)紅潮した, 真っ赤になった: His face was [He went] ~ with fury. 激怒のあまり彼の顔は真っ赤になった. **4** 激しい; ものすごい, 恐ろしい (lurid). — *vt.* 深紅色にする, 深紅色に染める. — *vi.* 深紅色になる; 〈顔が〉真っ赤になる (blush). **~·ly** *adv.* **~·ness** *n.* 〘(1416) *cremesin* □ OSp. *cremesín* □ Arab. *qírmiz* 'KERMES': cf. carmine〙
crímson clóver *n.* 〘植物〙ベニバナツメクサ, ベニバナウマゴヤシ (*Trifolium incarnatum*) (ヨーロッパ原産の一年生のクローバー; 米国では牧草として栽培される; Italian clover ともいう).
crímson flág *n.* 〘植物〙アフリカ南部原産アヤメ科の深紅の花が咲く多年草 (*Schizostylis coccinea*).
crímson láke *n.* クリムソンレーキ (種々の赤色木材の抽出液から作った鮮紅色—深紅色の顔料; 熱や光に弱いので現在ほとんど使用されない).
Crímson Rámbler *n.* 〘園芸〙クリムソンランブラー (つるバラの品種品; 花は赤).
crímson ságe *n.* 〘植物〙米国西部産シソ科ハッカ属の深紅色の花が咲く多年草 (*Salvia spathacea* (or *Audibertia grandiflora*)).
cri·nal /kráɪnl̩/ *adj.* 毛髪の[に関する]. 〘(1656) □ L *crīnālis* ← *crīnis* hair: ⇨ crinite¹, -al¹〙
crined /kráɪnd/ *adj.* 〘紋章〙〈人・馬が〉頭髪[たてがみ]の色が体の色と異なる: a horse argent, ~ or 金のたてがみの銀の馬. 〘(1572) ← F *crin* hair+-ED 2〙
crin·et /krín ɪ̀t/ *n.* 〘甲冑〙馬よろいの首当て (たてがみの部分の防具). 〘(1586) □ OF *crinete* ← *crin* (↑): ⇨ -et〙
cringe /kríndʒ/ *vi.* **1** (恐怖または卑屈さで)すくむ, 縮こまる, 畏縮する (shrink, cower); しりごみする ⟨*at, away, back*⟩. **2** へいへいする, ぺこぺこする, へつらう (fawn). **3** 《口語》(…に)うんざりする, うんざりしてたじろぐ ⟨*at*⟩. **4** 〘生理〙筋肉を不随意に収縮させる. — *vt.* **1** 《廃》縮こまらせる; ゆがめる (contort): ~ one's face. **2** 《古》ぺこぺこして出迎える[挨拶する]. — *n.* 卑屈な態度, ぺこぺこすること: perform ~*s* and congees ぺこぺこ頭を下げる.
críng·er *n.* **críng·ing·ly** *adv.* 〘(?*c*1200) *crenge(n)* ← OE *cringan* to bend ← IE **ger-* curved: cf. crinkle, crank¹〙
cringe-màking *adj.* 《英口語》うんざりさせる.
crin·gle /kríŋgl̩/ *n.* 〘海事〙(帆の縁や隅などに作り付けた)索目(ᵃⁱ) (ロープで作った小さな輪). 〘(1627) □ LG *kringel* (dim.) ← *kring* circle, ring: ⇨ ↑, -le¹〙
cri·ni- /kráɪnɪ̀, -ni/ 「髪 (hair)」の意の連結形. 〘← L *crīnis* hair〙
cri·nite¹ /kráɪnaɪt/ *adj.* **1** 毛髪状の. **2 a** 〘植物〙長くて細い毛のある. **b** 〘動物〙房毛のある, 軟毛のある. 〘(1600) □ L *crīnitus* (p.p.) ← *crīnīre* to provide with hair ← *crīnis* hair ← IE **sker-* to bend (⇨ circle)〙
cri·nite² /kráɪnaɪt, krín-/ *n.* ウミユリ (crinoid) の化石 (cf. encrinite). 〘← Gk *krínon* lily+-ITE¹〙
crin·kle /kríŋkl̩/ *vi.* **1 a** うねりくねる, 波立つ (ripple). **b** しわが寄る; 縮む (shrink): He smiled, with his eyes *crinkling* at the corners. 目尻にしわを寄せて笑った. **2** かさかさ音を立てる (rustle). — *vt.* うねり曲がらせる, …にしわを寄せる (wrinkle); 縮らせる (crimp): ~ the hair / ~ one's face / ~*d* paper ちりめん紙. — *n.* **1** しわ (wrinkle). **2** うねりくねり, 折曲がり (bend). **3** かさかさいう音. **4** 〘植物病理〙(ジャガイモ・イチゴなどの)モザイク病の一種, 縮葉病 (葉縁が縮んでさざ波状となり下巻きする). 〘(*c*1386) ← ? OE *crincan* to bend, yield (cf. crank¹, cringe)+-LE³〙
crínkle-cút *adj.* 〈野菜など〉波形に切った.
crínkle·ròot *n.* 〘植物〙北米産アブラナ科コンロンソウ属 (*Dentaria*) の多年草の総称 (*D. diphylla*, コンロンソウ (*D. leucantha*) など). 〘1847〙
crin·kly /kríŋkli/ *adj.* (**crin·kli·er; -kli·est**) **1 a** しわの多い; 〈織物の生地が〉縮れている (wrinkled); 波状の. **b** 〈毛髪など〉巻毛の, 縮れた. **2** かさかさ鳴る[音を立てる]. — *n.* 《俗》(しわくちゃの)老人. **crín·kli·ness** *n.* 〘(1827) ← CRINKLE+-Y⁴〙
crin·kum-cran·kum /kríŋkəmkrǽŋkəm/ 《古》*adj.* うねりうねった, ねじくれた (tortuous). — *n.* うねりくねったもの, もつれ合い, 複雑な[手の込んだ]もの. 〘(1761) (恣意的擬音語): ⇨ crinkle, crank¹〙
cri·noid /kráɪnɔɪd, krín-/ *adj.* **1** ユリのような形をした (lily-shaped). **2** 〘動物〙ウミユリ綱の. — *n.* 〘動物〙ウミユリ (sea lily) (棘皮(ᵏᶦᵏᵘ)動物門ウミユリ綱の動物).
cri·noi·dal /kraɪnɔ́ɪdl̩, krɪ̀- | kraɪnɔ́ɪdl̩, krɪ-/ *adj.* 〘(1836) □ Gk *krinoeidḗs* lilylike ← *krínon* lily: ⇨ crinum, -oid〙
Cri·noi·de·a /krɪ̀nɔ́ɪdiə, kraɪ- | -diə/ *n. pl.* 〘動物〙(棘皮(ᵏᶦᵏᵘ)動物門)ウミユリ綱. 〘← NL ~ ← Gk *krínon* lily: ⇨ -oidea: cf. *Crinoideans* (1835)〙
crin·o·line /krínəl̩ɪn | -lɪn/ *n.* **1** クリノリン (特に 19 世紀に用いた)スカートの裾(ˢᵒ), 袖の山, 帽子の縁などにはりをもたせるために使用する馬の毛または堅いシルクやコットンなどの布地). **2 a** クリノリンのペチコート. **b** (クリノリンで膨らました)フープスカート (hoopskirt). **c** フープを作る鋼や羽骨. 〘(1830) □ F ~ □ It. *crinolino* ← L *crīnis* hair (⇨ crinite¹)+*līnum* thread〙
cri·num /kráɪnəm/ *n.* 〘植物〙ハマユウ (ヒガンバナ科ハマオモト属 (*Crinum*) の植物の総称; ハマユウ (*C. asiaticum*) など; crinum lily ともいう). 〘← NL ~ ← Gk *krínon* lily ← ?〙
cri·ol·la /krióʊl(j)ə | -ɔ́ʊ-; *Sp.* krjóʎa, -ja, *Am.Sp.* -ja/ *n.* 女性の criollo (の). 〘□ Sp. ~ (fem.) ← *criollo* (↓)〙
cri·ol·lo /krióʊl(j)oʊ | -ɔ́ʊl(j)əʊ; *Sp.* krjóʎo, -jo, *Am.Sp.* -jo/ *n.* (*pl.* **~s**) **1** 中南米生まれ[在住]のスペイン人(系)の子孫 (cf. Creole). **2** 中南米在来の家畜; 特にアルゼンチン産の強健な馬の改良種. **3** 〘園芸〙[C-] クリオロ (カカオの品種名; 品質最良, 樹の生長は遅く病虫害に弱い). — *adj.* criollo の. 〘(1908) □ Sp. ~: ⇨ Creole〙
crios /krís/ *n.* 《アイル》(Aran 諸島の男性が身に着ける)多色のウールの帯.
cri·o·sphinx /kráɪəsfɪŋks/ *n.* (*pl.* **~·es, -o·sphinges** /-sfɪndʒiːz/) (古代エジプトの)雄羊の頭をもったスフィンクス (⇨ sphinx 1 a). 〘← *crio-* ram-headed (← Gk *kriós* ram)+SPHINX〙
crip /kríp/ *n.* 《米俗》**1 a** =cripple. **b** ちんば馬. **2** (pool で) 打ちやすくした球. **3** 簡単に勝てる相手, カモ. **4** 楽に単位が取れる講座. 〘*c*1915〙
cripes /kráɪps/ *int.* (*also* **cripe** /kráɪp/) 《俗》おやおや, これはこれは (驚き・不安・嫌悪・軽いののしりを表す; cf. crikey, crimine): By ~! これはこれは. 〘(1910) (変形) ← CHRIST〙
Crip·pen /krípən, -pn̩/, **Hawley Harvey** *n.* クリッペン (1862–1910; 英国在住中妻を毒殺し, 処刑された米国人医師; 無線の利用によって逮捕された最初の犯罪者; 通称 Doctor Crippen).
crip·ple /krípl̩/ *n.* **1 a** 手足の不自由な人, 身体障害者; (一般に)障害者. **b** 不具の動物. **2** 不完全なもの[人], 欠陥のあるもの[人]: an emotional ~ 情緒不安定な人. **3** 《米方言》(しばしば雑木などの生えた)沼地 (bog). **4** (窓掃除などの)足場. **5** 《俗》〘野球〙(ノーストライクスリーボール後などの)球威のない投球. — *adj.* 《古》不具の. — *vt.* **1** 不具にする (⇨ maim SYN): He is ~*d with* rheumatism. リューマチで体が不自由だ. **2** 損なう (impair, damage), 無力にする (disable), 弱める (weaken); …の勢いをそぐ, 戦闘力を失わせる: ~ output 生産高を減少させる / be financially ~*d* 財政上無能力となる / a ship ~*d* by a torpedo 魚雷によって戦闘力を失った軍艦.
críp·pler /-plə, -plə | -plə^(r), -pl-/ *n.* 〘n.: OE *crypel*: cf. creep / G *Krüppel*. — adj. & v. (*a*1325) ← n.〙
Críp·ple Créek /krípl̩-/ *n.* クリップルクリーク (米国 Colorado 州中部の都市; 1891 年来, 金鉱の中心地).
críp·pled *adj.* **1** 不具の: a ~ leg [arm, person]. **2** 深刻な打撃を受けた. 〘(*a*1325): ⇨ ↑, -ed 2〙
críp·ple·dom /-dəm/ *n.* 不具; 無能力. 〘(1860): ⇨ -dom〙
crip·pling /kríplɪŋ, -pl-/ *adj.* 勢いをそぐ, 害の大きい, 有害な (injurious). — *n.* 〘航空〙壁面座屈 (軸力材と薄板から成る航空機の構造が大きい荷重で破壊するときの破壊形態の一つで, ある部分の軸力材と付近の薄板が一緒に座屈してつぶれる現象). **~·ly** *adv.* 〘(1598): ⇨ -ing^{1, 2}〙
Cripps /kríps/, Sir (**Richard**) **Stafford** *n.* クリップス (1889–1952; 英国の政治家・弁護士・社会主義者; 蔵相 (1947–50)).
Cris·co /krískoʊ | -kəʊ/ *n.* **1** 〘商標〙クリスコ (米国 Procter & Gamble 社製のショートニング・サラダ[クッキング]オイル). **2** [時に c-] 《俗》太っちょ, でぶちゃん.
cris de coeur *n.* cri de coeur の複数形.
cris du coeur *n.* cri du coeur の複数形.
crise /kríːz/ *n.* 《戯言》=crisis 3.
crise de nerfs /kríːzdənéə | -néə^(r); *F* kʁizdənɛːʁ/ *n.* (*pl.* **crises d-** /~/) ヒステリー発作. 〘(1921) □ F ~ 'crisis of nerves'〙
cri·ses /kráɪsiːz/ *n. pl.* crisis の複数形.
Cri·sey·de /krɪ̀séɪdə | -də/ *n.* =Cressida.
cri·sis /kráɪsɪ̀s | -sɪs/ *n.* (*pl.* **cri·ses** /-siːz/) **1** (事態の)危機, 難局, 危急存亡(のとき), 重大局面: a cabinet [political] ~ 内閣[政界]の危機 / a financial ~ 財界[金融界]の危機 / a ~ of confidence (政治・経済などの)信用失墜 / a mid-life ~ 中年の危機 / bring … to a ~ …を危機に陥らせる / face a ~ 危機に直面する / come through a ~ 危機を乗り切る / be at a ~ point 危機に瀕(ʰᶦⁿ)している. **2** (重大な)分かれ目, 転換期; (小説などの)山場. **3** (物事の順調な進行を妨げる)重大ではないが不快な支障. **4** 〘医学〙**a** 分利 (病気がよくなるか悪くなるかの境目, 主に快復に向かう時期); (病気の)峠 (cf. lysis 1): pass the ~ 〈病気が〉峠を越す, 危険期を脱する. **b** 発症, クリーゼ, 激烈な発作 (paroxysm).

Crísis at Chrístmas 《英》クライシス アット クリスマス《クリスマス前に空き家などを使って貧しい人やホームレスの人たちに食べ物・衣料品などを与えたりするチャリティー運動を行う組織; 正式には Crisis と呼ばれる》.

〖(?*a*1425) □ L ～ □ Gk *krísis* decision ← *krínein* to separate, decide ← IE **skeri-* to cut, separate (⇨ critic, scrible)〗

C

crísis cènter *n.* 電話緊急相談センター《電話で危急の際の人生相談を行う》. 〖1898〗

crísis lìne *n.* 《米》緊急電話相談.

crísis mànagement *n.* 危機管理《社会的・政治的緊急事態に対する政府や経営者の対処法》.

crísis theòlogy *n.* 〘哲学〙危機神学《K. Barth, E. Brunner たちによって唱えられた一種の新正統主義 (neoorthodoxy); 人間と社会とに固有の諸矛盾から生じる人格的危機を克服するためには, 恩寵と神の言に対する信仰とが絶対に必要であることを説く; cf. dialectical theology》.

crísis theològian *n.*

crisp /krísp/ *adj.* (～·er; ～·est) **1 a** 〈パン・食べ物などが〉ぱりぱりする, かりかりする (⇨ fragile SYN); 〈野菜などが〉新鮮で締まった, ぐにゃっとしていない, ぱりっとした: ～ celery [lettuce] / a ～ biscuit かりかりするビスケット. **b** 〈紙・布地などが〉ぱりぱり音のする (crackling), ぱりっとした, 手の切れそうな: ～ clean sheets ぱりっとして清潔なシーツ / ～ bank notes 手の切れるような(新しい)紙幣. **c** 堅いが砕けやすい, もろい (brittle); さくさくする: ～ snow. **d** 〈ワインが〉すっきりした (dry): a ～ white wine. **2 a** 〈空気・天気などが〉体の引き締まるような, ひやりとする (cold); さわやかな, すがすがしい: a ～ winter morning. **b** 〈挙動・態度が〉てきぱきした, 生き生きした (lively); 〈抑揚・話しぶりが〉歯切れのいい (brisk); 〈文体が〉引き締まっている, きびきびした, 明快な, (寸鉄的で)鋭い, 簡潔な (sharp) (⇨ incisive SYN): ～ repartee てきぱきした応答[受け答え] / a ～ manner てきぱきした態度 / a ～ literary style 引き締まった文語体. **c** 〈身なり・様相が〉こざっぱりした, こぎれいな (neat), きちんとした: a ～ uniform. **d** くっきりした, 明確な: a ～ illustration. **3 a** 〈髪が〉堅く縮れている: ～ hair. **b** 〈波が〉騒ぎ立っている, さざ波が立つ: a ～ sea 波立っている海. **c** 〈皮膚の表面などが〉しわが寄った. **4** 〘テニス〙鋭くねらいたがわず打った. ― *vt.* **1 a** かりかりさせる, かりかりに焼く: ～ toast, pastry, etc. **b** ぱりぱりさせる. **c** 〈寒さが〉地面などを〉かりかりに凍らせる. **d** もろくする. **2 a** 〈毛髪などを〉(細かに)縮らせる (curl, crimp). **b** …にさざ波を立たせる. ― *vi.* **1 a** かりかりになる. **b** 〈地面などが〉かりかりに凍る. **c** ぱりぱりする. **2 a** (細かく)縮れる, くるくる巻く. **b** 〈水面が〉さざ波立つ (ripple). ― *n.* **1** [通例 *pl.*] 《英》かりかりに揚げた薄切りのじゃがいも, ポテトチップス (⇨ chip[1] *n.* 日英比較). **2** かりかり[ぱりぱり]のもの《特にクッキーなどの食品》: be burned to a ～ かりかりに焦げる. **3** デザートの一種《小麦粉・砂糖・バターなどを混ぜた砕けやすいトッピングを載せて焼いた果物》. **4** 《俗》(手の切れそうな)札. **～·ly** *adv.* **～·ness** *n.* 〖adj.: OE □ L *crispus* curled ← IE **(s)ker-* to turn (⇨ crest). ― v.: (?*c*1390) ← adj.〗

cris·pate /kríspeɪt, -pɪ̈t/ *adj.* 巻縮状の, 縮れた, へりがぎざぎざでしわになっている. 〖(1846) □ L *crispātus* (p.p.) ← *crispāre* to curl ← *crispus* (↑): ⇨ -ate[2]〗

cris·pat·ed /kríspeɪtɪ̈d | -tɪ̈d/ *adj.* =crispate.

cris·pa·tion /krɪspéɪʃən/ *n.* **1** 縮らせる[縮れる]こと; 巻き縮れ, 巻縮. **2** (振動などで生じる液体表面の)さざ波. **3** 〘医学〙(筋肉の収縮による)攣縮(れんしゅく), 性蟻走(ぎそう)感. 〖(1626): ⇨ -ation〗

crísp·brèad *n.* つぶしたライ麦または小麦で作った薄いかりかりのビスケット《甘みがないので, 低カロリーのダイエット食として推奨されることがある》. 〖1926-7〗

crisp·en /kríspən/ *v.* =crisp. 〖1943〗

crísp·er *n.* **1** 縮らす人[器械など]; (頭髪の)カールごて. **2** (冷蔵庫の野菜などを新鮮に保つ)引出し. 〖(1835): ⇨ -er[1]〗

crísp·hèad léttuce *n.* クリスプヘッドレタス《葉がぱりっとしていて, 堅く結球する》.

Cris·pi /kríspi, krí:s-; *It.* kríspi/, **Francesco** *n.* クリスピ《1819-1901; イタリアの政治家; 首相 (1887-91, 1893-96)》.

cris·pin /kríspɪ̈n | -pɪn/ *n.* 靴職人. 〖*c*1645 ↓〗

Cris·pin /kríspɪ̈n | -pɪn/ *n.* クリスピン《男性名》. 〖□ L *Crispinus* ← *crispus* curled (hair) (⇨ crisp): もとローマの家族名〗

Cris·pin /kríspɪ̈n | -pɪn/, Saint *n.* クリスピヌス《兄弟のクリスピニアヌス (Crispinian) と共にローマの貴族といわれ, 3 世紀末 Gaul で殉教した; 靴職人・鞍作り・製革工の守護聖人; 祝日は 10 月 25 日》. 〖*c*1645〗

Cris·pin·i·an /krɪspíniən/, Saint *n.* クリスピニアヌス (⇨ Saint CRISPIN).

crisp·y /kríspi/ *adj.* (crisp·i·er; -i·est) =crisp. **crísp·i·ly** *adv.* **crísp·i·ness** *n.* 〖(*a*1398): ⇨ crisp, -y[4]〗

crissa *n.* crissum の複数形.

criss·cross /krískrɔ̀(:)s, -krɑ̀(:)s | -krɔ̀s/ *vt.* **1** …に十字を記す; 十字模様にする; 〈肉などに〉十字の切り込みをつける. **2** …に交差する, 交差しながら動く; …を縦横に動く. **3** 縦横に動かす. ― *vi.* **1** 縦横に動く, 行ったり来たりする. **2** 〘アメフト〙(前方パスプレーなどで)クリスクロスをして走る. ― *adj.* 十字の, 〈特に多くの線が〉(十字形に)交差した: a ～ pattern 十字形模様. ― *adv.* **1** 十字形に, 交差して (crosswise). **2** 食い違って, 矛盾して (contrarily): Everything is going ～ with me. 私のする事なす事がみな食い違う. ― *n.* **1 a** 十のしるし, 十文字, 十字形 (christcross). **b** (文字を知らない人が署名の代わりに用いる)×じるし. **c** 十字形の模様. **2** 十字形交差: a ～ of streets 縦横に交差した街路. **3** 食い違い, 矛盾; 混乱. **4** 〘遊戯〙三目並べ (⇨ ticktacktoe 1). **5** 〘アメフト〙クリスクロス《バックス HB, FB が交差してボールがどちらかわからないように十文字のコースをとるプレー》; レシーバーがクリスクロスをして受ける前方パスプレー. 〖(1602) 《転訛》← CHRISTCROSS: 現在では単に CROSS[1] の加重形と感じられている; cf. zigzag〗

crìsscross-rów /-róu | -rəu/ *n.* [the ～] 《古》アルファベット (alphabet) 《昔の hornbook のアルファベットの初めに十字形が付いていたことから》. 〖1631〗

cris·sum /krísəm/ *n.* (*pl.* cris·sa /-sə/) 〘鳥類〙**1** 下尾筒《尾の付け根》. **2** [集合的] 尾の付け根の羽毛. **crís·sal** /-səl, -sl/ *adj.* 〖(1874) ← NL ～ ← L *crissāre* to move the haunches〗

cris·ta /krístə/ *n.* (*pl.* cris·tae /-ti:, -taɪ/) **1** 〘解剖・動物〙櫛(くし), 稜. **2** 〘生物〙クリスタ《ミトコンドリア (mitochondrion) の内膜がくしの歯のように内側に突出した部分》. 〖(1849-50) □ L ～ (↓)〗

cris·tate /krísteɪt, -tɪ̈t/ *adj.* **1** 〘動物〙とさか[冠毛]のある (crested). **2** 〘植物〙とさか状の. 〖(1661) □ L *cristātus* ← *crista* 'CREST (on the head of animals)': ⇨ -ate[2]〗

cris·tat·ed /krísteɪtɪ̈d | -tɪ̈d/ *adj.* =cristate. 〖1727〗

Cris·to·bal /krɪ̈stóubḷ | -táu-; *Am.Sp.* kristóβal/ *n.* クリストバル《パナマ中央部の, Panama 運河の大西洋岸にある港町》.

cris·to·bal·ite /krɪstóubəlàɪt | -táu-/ *n.* 〘鉱物〙クリストバライト, 方珪石《白色八面体の珪酸; 火山岩に含まれる》. 〖(1888) □ G *Cristobalit* ← Mex. *Cristóbal* (Pachuca 付近の発見地): ⇨ -ite[1]〗

crit /krít/ *n.* 《口語》=criticism; critique; 〘原子力〙critical mass. 〖略〗

crit. 《略》〘医学〙critical; criticism.

cri·te·ri·a /kraɪtí(ə)riə, krɪ̈- | kraɪtíər-/ *n. pl.* criterion の複数形.

cri·te·ri·on /kraɪtí(ə)riən, krɪ̈- | kraɪtíər-/ *n.* (*pl.* -ri·a /-riə/, ～s) **1** (判断の)標準, 規準 (⇨ standard SYN): This product fits every ～ of safety. この製品はすべての安全基準に適合している. **2** 特徴. ★《口語》では criteria が単数扱いになることがある. 〖(1613) □ Gk *kritḗrion* means for judging ← *kritḗs* decider, judge: ⇨ critic〗

critérion-rèferenced *adj.* 〘教育〙目標準拠の《設定した目標のうちどれだけ達成されたかを示す測定方式, 絶対評価制に相当; cf. norm-referenced》.

cri·te·ri·um /kraɪtí(ə)riəm | -tíər-/ *n.* 自転車レース《閉鎖された公道の競争路を数周する》.

crith /kríθ/ *n.* 〘物理・化学〙クリス《気体の質量の単位; 摂氏 0 度・1 気圧における水素 1 リットルの質量: =0.08987 g》. 〖(1865) □ Gk *krithḗ* barley corn, small weight〗

crit·ic /krítɪk | -tɪk/ *n.* **1 a** 批評家, 批判者. **b** (文芸・美術などの)批評家, 評論家, (古文書などの)鑑定家; 校訂家: an art ～ 美術批評家 / a Biblical ～ 聖書批評家 / a drama [literary, musical] ～ 演劇[文芸, 音楽]批評家 / ⇨ textual critic. **2** 酷評家, あら探し屋, 口やかましい人 (censurer, faultfinder). **3** 《古》**a** =criticism. **b** =critique. (□ F *critique*: ⇨ critique) ― *adj.* [限定的] critical A. 〖(1594-95) □ L *criticus* □ Gk *kritikós* able to discern and decide ← *kritḗs* judge ← *krínein* to separate, decide ← IE **skeri-* to separate, sift (⇨ certain)〗

crit·i·cal /krítɪ̈kəl, -kḷ | -tɪ-/ *adj.* **A** (cf. crisis) **1 a** 決定的な, 重大な (decisive) (⇨ acute SYN): ～ evidence 決定的証拠 / a ～ situation 重大な局面[形勢] / of ～ importance 非常に重要な. **b** (危機を乗り切るために)不可欠な (indispensable, crucial): ～ materials / be ～ to …に欠かせない. **2 a** 危機の, 危機一髪の, 際どい, 危ない (crucial); 〈病気が〉峠にある, 危篤の (dangerous): a ～ day 厄日 / a ～ eleven minutes 〘航空〙《航空事故が最も多発する》離着陸時の危険な 11 分間 / a ～ moment 危機, 際どい場合 / a ～ shortage 危機的な不足 / a ～ illness 重病 / The patient is ～. 病人は危篤である / be in a ～ condition 危機に面している, 〈病人が〉危篤[重態]である / take a ～ turn 危機に陥る, 危篤になる. **b** 経済的危機に瀕した. **3** いちかばちかの, 不確実な. **4 a** 〘物理〙臨界の: go ～ 臨界に達する. **b** 〘原子力〙臨界の《原子炉が連鎖反応を生じる限界にあることをいう》. **5** 〘数学〙臨界の: ⇨ critical value. **6** 〘生物〙分類の限界線にある: a ～ species 分類の困難な種.

B (cf. critic, criticism) **1 a** 批評の[に関する], 評論の; 批判的な, 批評的な: a ～ acumen 鋭い批評眼 / a ～ analysis 批評的分析 / a ～ eye 批評眼 / a ～ opinion 批評的意見 / a ～ writer 評論家, 批評家 / ⇨ critical philosophy. **b** 〔…を〕批判する, 批評する 〔*of*〕: an article ～ *of* the system その制度を批判した記事 / They were ～ *of* their country. 彼らは自国に批判的だった. **c** 批評家の[に関する]: a ～ essay 評論 / a ～ acclaim 評論家の称賛. **d** 鑑識眼のある, 目の高い: a ～ mind. **e** 異本のテキストや学問的修正を加えた, 本文校訂の: a ～ edition 校訂版. **2** きびしく批判する, 酷評的な (censorious); 口の悪い, 難癖をつけたがる, あら探しをする (faultfinding): be ～ *about* [*of*] …に難癖をつけ(たが)る / I am nothing, if not ～. 口の悪いのだけが私の取柄だ (Shak., *Othello* 2. 1. 120).

～·ness *n.* 〖(1595-96) ← CRITIC+-AL[1]〗

crítical ángle *n.* **1** 〘光学〙臨界角《全反射の起こる最小入射角》. **2** 〘航空〙臨界角《失速迎角などのようにその角度を境に機体の特性が急変する角度; stalling angle ともいう》. 〖1873〗

crítical apparátus *n.* =apparatus criticus.

crítical cónstants *n. pl.* 〘物理〙臨界定数《臨界点 (critical point) における温度・圧力・体積の値》.

crítical dámping *n.* 〘電気〙臨界制動, 臨界減衰. 〖1908〗

crítical dénsity *n.* 〘物理〙臨界密度, 限界密度.

crítical hóurs *n. pl.* 〘ラジオ〙クリティカルアワーズ《日の出後 2 時間と日没前 2 時間》.

crit·i·cal·i·ty /krìtɪ̈kǽləti | -tɪkǽlɪ̈ti/ *n.* **1** 〘物理〙臨界(性)《物理量が臨界状態にあること; cf. critical A 4》. **2** 危険な状態. 〖(1756) ← CRITICAL+-ITY〗

crít·i·cal·ly *adv.* **1** (cf. crisis) 際どく, 危なく; 危篤に, 危険状態に (dangerously); 〘物理〙臨界的に: be ～ ill 〈病人が〉危篤である. **2** (cf. criticism) 批評的に, 批判的に; 精密に (precisely); 酷評的に. **3** 決定的に. 〖(1654): ⇨ -ly[1]〗

crítical máss *n.* **1** 〘原子力〙臨界質量《原子炉で連鎖反応が持続しまたは原子爆弾が爆発を起こすのに必要最小限の核分裂物質の質量》. **2** (効果的に望ましい結果を得るための)最小必要量[数]. 〖1941〗

crítical páth *n.* 〘電算〙クリティカルパス, 臨界経路《critical path analysis を行う際のスケジュールを決定する要因となる経路》.

crítical páth anàlysis *n.* 〘電算〙クリティカルパスアナリシス, 臨界経路分析《日程計画を構成する各要素とその順序関係を分析して最短日程計画を作るとき, 最も余裕のない要素に着目して検討を行う方法; 略 CPA; cf. critical path, programme evaluation and review technique》.

crítical páth mèthod *n.* 〘経営〙クリティカルパスメソッド《日程計画に使われるネットワーク手法; 略 CPM》.

crítical períod *n.* 〘心理〙臨界期《ある発達段階が普通起きる時期; その時期に起きないと後の時期には起きにくくなる》.

crítical philósophy *n.* (Kant の) 批判哲学.

crítical póint *n.* **1** 〘物理化学〙臨界点《気体と液体が同じ密度をもつような特定の温度・圧力・体積で記述される点》. **2** 〘数学〙(関数の)臨界点《導関数が 0 になる点; 偏導関数がすべて 0 になる点》. 〖1876〗

crítical préssure *n.* 〘物理〙臨界圧. 〖1884〗

crítical rátio *n.* 〘統計〙棄却限界比《標本の値と平均との差の標準偏差に対する比の限界; これを超えれば帰無仮説は棄却される》.

crítical région *n.* 〘統計〙危険域, 棄却域《標本値がそこへ落ちると帰無仮説が棄却される領域》. 〖1951〗

crítical solútion témperature *n.* 〘物理化学〙臨界共溶温度, 臨界溶解温度, 臨界完溶点, 溶解臨界点.

crítical státe *n.* 〘物理化学〙臨界状態《物質に固有の温度・圧力の値をとったとき, 液相および気相の区別がちょうどつかなくなる状態; cf. critical point 1》. 〖1899〗

crítical témperature *n.* 〘物理化学〙臨界温度. 〖1869〗

crítical válue *n.* 〘数学〙臨界値《関数の臨界点 (critical point) における値》. 〖1909〗

crítical velócity *n.* 〘物理〙臨界速度, 限界速度, 限界流速.

crítical vólume *n.* 〘物理〙臨界体積. 〖1879〗

crit·ic·as·ter /krítɪ̈kæ̀stə, ←―― | krìtɪkǽstə(r, ―――/ *n.* へぼ[三文]批評家. 〖(1684) ← CRITIC+-ASTER[1]〗

crit·i·cise /krítɪ̈sàɪz | -tɪ̈-/ *v.* 《英》=criticize.

crit·i·cism /krítɪ̈sìzm | -tɪ̈-/ *n.* **1** 批評, 批判; 非難, あら探し (faultfinding): be beneath ～ 批評の価値がない / be beyond [above] ～ 非難[批評]の余地がない / defy every ～ いかなる批評をも退ける, 批評の余地がない / suffer harsh ～ from …から酷評を受ける. **2** 文芸[美術]批評; 評論, 評論文 (critique): ⇨ New Criticism. **3** 批評家の仕事. **4** 本文[テキスト]批評, 校訂 (textual criticism); (特に)聖書原典批評: ⇨ higher criticism. **5** 〘哲学〙批判論; 批判主義; (特に, Kant の) 批判哲学. 〖(1607) ← CRITIC+-ISM〗

crit·i·ciz·a·ble /krítɪ̈sàɪzəbḷ, ←――― | -tɪ̈-/ *adj.* 批判に値する; 批評の余地のある. 〖(1863): ⇨ ↓, -able〗

crit·i·cize /krítɪ̈sàɪz | -tɪ̈-/ *vt.* **1** 批評する, 批判する, 評論する. **2** 非難する, 酷評する, …のあら探しをする (censure). ― *vi.* **1** 批評する, 批評家として活躍する. **2** あら探しをする. **crít·i·cìz·ing·ly** *adv.* 〖(1649) ← CRITIC+-IZE〗

crít·i·cìz·er *n.* 批評家; 非難者. 〖*a*1680): ⇨ ↑, -er[1]〗

crit·i·co- /krítɪ̈kou | -tɪkəu/「批評的 (critical)」の意の連結形: *critico*historical 批判歴史的 / *critico*theologically 批判神学的に. 〖← CRITIC+-O-〗

cri·tique /krɪ̈tí:k/ *n.* **1** (文芸・美術作品などの)本格的な批評[論評](文書) 〔*of*〕. **2** 批評(法). ― *vt.* 《米》批評する (criticize). 〖(1702-21) □ F ～ □ Gk *kritikḗ* (*tékhnē*) critical (art) (fem.) ← *kritikós* 'CRITIC'〗

crit·ter /krítə | -tə(r/ *n.* (*also* **crit·tur** /～/) 《米方言・戯言》=creature; (特に)家畜; 牛, 馬; 《軽蔑》人 (person). 〖(1815) 《転訛》← CREATURE〗

Cri·vel·li /krɪvéli; *It.* krivélli/, **Carlo** *n.* クリベッリ《1430?-?94; ベネチア派の画家》.

criz·zle /krízḷ/ 《方言》*vi.* しわの寄った状態になる, ざらざらになる. ― *vt.* …の表面をざらざらにする, 表面にしわを寄らせる. 〖(1624) ← ?〗

CRO /sí:àːəóu | sì:à:(r)əu/ 《略》〘電気〙cathode-ray oscillograph; Chief Recruiting Officer; 《英》Commonwealth Relations Office 《1966 年 Commonwealth Office (連邦省)に併合され, ついで 68 年 Foreign and Commonwealth Office に併合された》; 《英》Criminal Records Office; 《英》Community Relations Officer.

Cróagh Pátrick /króuk-, króux- | kráuk-, kráux-/ *n.* クローホパトリック(山)《アイルランド北西部 Mayo 州にある山 (765 m): 聖パトリックがここで祈り断食をしたといわれる聖地》.

croak /króuk | kráuk/ *n.* **1** (カラス・カエルなどの)かーかー[がーがー]鳴く声. **2** しわがれ声, 泣き声; うらみ言, 泣き言. — *vi.* **1** 〈カラス・カエルなどがかーかー[がーがー]鳴く. **2** 〈人がが〉がー言う, しわがれ声でものを言う, (特に疲れたときに)ぶつぶつ言う; 不吉なことを言う. **3** 《俗》死ぬ, くたばる. — *vt.* **1** しわがれ声で告げる. **2** 《俗》殺す. 〚(*a*1325) *crouke(n)* 《擬音語》: cf. OE *cracettan* / ON *krāka* crow: ⇨ creak〛

cróak·er *n.* **1** がーがー鳴くもの《カエル・カラスなど》. **2** 悲観論者, 不平家 (grumbler); (特に)不吉な予言者. **3** 〚(1647) ← CROAK (vt. 2)〛《俗》医者 (doctor). **4** 〚魚類〛浮袋でカラスやカエルに似た音を出すニベ科の主に熱帯産の魚の総称《Atlantic croaker, freshwater drum など; cf. maigre²》.

croak·y /króuki | kráu-/ *adj.* (**croak·i·er**; **-i·est**) がーがー鳴く(ような); 〈声など〉しわがれた (hoarse). **cróak·i·ly** *adv.* **cróak·i·ness** *n.* 〚(*c*1850) ← CROAK + -Y⁴〛

Croat /króuæt, -ət | kráu-/ *n.* **1** = Croatian. **2** クロアチア人より成るアンシャンレジーム下のフランス軽騎兵連隊. 〚(1702) ← NL *Croatae* (pl.) ← Serbo-Croatian *Hrvat* < OSlav. *Chŭrvatinŭ* 《原義》mountaineer〛

Cro·a·tia /krouéiʃə | krau-/ *n.* クロアチア《もとユーゴスラビア連邦の構成共和国であったが, 1991 年独立; 公式名 the Republic of Croatia クロアチア共和国; 面積 56,538 km², 首都 Zagreb; セルビア・クロアチア語名 Hrvatska /*Serb./Croat.* xr̩va:tska:/》.

Cro·a·tian /krouéiʃən | krau-/ *adj.* **1** クロアチア(人)の. **2** クロアチア語の. — *n.* **1** クロアチア人 (Croat). **2** クロアチア語《クロアチアやボスニア ヘルツェゴビナで用いられる; ローマ字を用いる; ⇨ Serbo-Croatian》. 〚(1555) ← NL *Croatia* ← *Croatae*: ⇨ -ian〛

croc /krá(:)k | krɔ́k/ *n.* 《口語》= crocodile. 〚(1884) 略〛

cróc clìp *n.* = crocodile clip.

Cro·ce /króutʃei | kráu-; *It.* kró:tʃe/, **Be·ne·det·to** /benedétto/ *n.* クローチェ《1866–1952; イタリアの哲学者・歴史家・政治家》.

cro·ce·in /króusiɨn | kráusiın/ *n.* (*also* **cro·ce·ine** /~/) 〚染色〛クロセイン《オレンジまたは赤色酸性アゾ染料》. 〚← L *croceus* saffron-colored + -IN²〛

cro·chet /krouʃéi | kráuʃei, -ʃi/ *n.* **1** クローシェ編み, かぎ針編み: a ~ hook [needle] クローシェ編み用かぎ針 / fillet ~ ネット編み. **2** 〚建築〛crocket. — *vi.* クローシェ編みをする. — *vt.* クローシェ編みに編む, かぎ針で編む: ~ a shawl クローシェ編みでショールを編む. **~·er** /~ə | ~əʳ/ *n.* 〚(1846) □ F ~ 'hooked implement' (dim.) ← *croc* hook ← Gmc (⇨ crook¹): cf. crotch〛

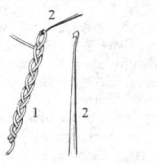

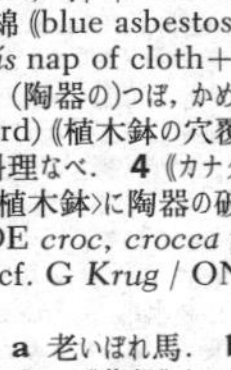

crochet
1 crochet
2 crochet hook

cro·chet·ing /krouʃéiɪŋ | kráuʃeɪŋ, -ʃiɪŋ/ *n.* クローシェ編みをすること.

croci *n.* crocus¹ 1 の複数形.

cro·cid·o·lite /krousídəlàit, -dl- | krausídəl-, -dl-/ *n.* 〚鉱物〛クロシドライト, 青石綿 (blue asbestos ともいう). 〚(1835) ← Gk *krokid-*, *krokís* nap of cloth + -LITE〛

crock¹ /krá(:)k | krɔ́k/ *n.* **1** (陶器の)つぼ, かめ(など). **2** 陶器の破片[かけら] (potsherd) 《植木鉢の穴覆いなどにする》. **3** 《英方言》(鉄製の)料理なべ. **4** 《カナダ》(ウイスキーなどの)一瓶. — *vt.* **1** 〈植木鉢〉に陶器の破片を入れる. **2** 料理なべに入れる. 〚OE *croc*, *crocca* pot ← ? IE **ger-* curving, crooked: cf. G *Krug* / ON *krukkr* jug〛

crock² /krá(:)k | krɔ́k/ *n.* **1 a** 老いぼれ馬. **b** 《英方言》年取った雌羊 (old ewe). **2 a** 《英俗》おいぼれ, 老弱者; 病弱者; 鬱(うつ)病患者. **b** 老朽車[船], ぽんこつ自動車[船]: an old ~. **3** 《俗》信じられない話, うそ, ほら (bull). ★ しばしば次の句で: That's a ~. それはうそだ. ***cróck of shít*** 《米卑》たわごと.
— *vt.* 《口語》そこなう, だめにする, 役に立たなくする (impair) 〈*up*〉: be ~*ed* だめになる; 廃人になる. — *vi.* 《口語》役に立たなくなる, だめになる 〈*up*〉.
〚(1528) □ ? MFlem. *krake* broken-down horse or person〛

crock³ /krá(:)k | krɔ́k/ *n.* **1** 染物から落ちる色. **2** 《方言》(なべや煙突などの)すす, 汚れ (soot). — *vt.* 《方言》すすで汚す (smudge). — *vi.* 〈染めた織物が〉色がはげて汚れる, 色落ちする. 〚(1657) ← ?〛

crocked /krá(:)kt | krɔ́kt/ *adj.* **1** 《米俗》酔っぱらった. **2** 《英俗》けがをした. 〚(1927): ⇨ crock²〛

crock·er·y /krá(:)k(ə)ri | krɔ́k-/ *n.* 〚集合的〛(家庭用の)瀬戸物, 陶器. 〚(1755) ← CROCK¹ + -ERY〛

crock·et /krá(:)kɪt | krɔ́kɪt/ *n.* 〚建築〛クロケット, 根葉飾, 唐草飾, こぶし花《ゴシック風の唐草模様の彫刻装飾》. **~·ed** /-tɨd | -tɪd/ *adj.* 〚(*c*1303) (1673) *croket* □ AF *croquet* (F *crochet*): ⇨ crochet〛

Croc·kett /krá(:)kɪt | krɔ́kɪt/, **David** *n.* クロケット (1786–1836; 米国の西部開拓者・政治家; 連邦下院議員 (1827–31; 1833–35); Alamo のとりでの防衛で敗れて戦死, 伝説的英雄ともなっている; ほら話で有名; 通称 Davy Crockett).

Crock·ford /krá(:)kfəd | krɔ́kfəd/ *n.* 《英口語》英国国教会聖職者名簿《正式には Crockford's Clerical Directory という》.

cróck·ing *n.* 〚染色〛クロッキング《染料が摩擦によりはげ落ちること》. 〚(1928) ← CROCK³ + -ING¹〛

Crock-Pot /krá(:)kpà(:)t | krɔ́kpɔ̀t/ *n.* 〚商標〛クロックポット《電気なべ; 低い温度でシチューを数時間かけて煮る場合などに用いる》.

crock·y /krá(:)ki | krɔ́ki/ *adj.* (**crock·i·er**; **-i·est**) 《口語》老朽の, 病弱な. 〚(1880) ← CROCK² + -Y⁴〛

croc·o·dile /krá(:)kədàɪl | krɔ́k-/ *n.* **1** 〚動物〛 **a** クロコダイル《クロコダイル属 (*Crocodylus*) のワニ類の総称; アフリカの Nile 川付近にいるナイルワニ (Nile crocodile), オーストラリアおよびアジアに生息するイリエワニ (*C. porosus*), 米国南部などにいるアメリカワニ (American crocodile) など》. **b** ワニ《ワニ目のあらゆる種類のもの; アリゲーター (alligator), ガビアル (gavial) など; cf. caiman》. **c** ワニ皮. **2** 《英口語》長い列; (特に, 教員に引率され 2 列になって歩く生徒の)長い列: a ~ (of school children) / proceed in a ~. **3** 《古》そら涙を流す人 (cf. crocodile tears). 〚(16C) □ ML *cocodrillum* (変形) ← L *crocodīlus* □ Gk *krokódeilos* lizard ← *krókē* pebble + *drîlos* earthworm ∽ (?*a*1300) *cocodrille* □ OF (F *crocodile*)〛

crocodile

alligator

crócodile bìrd *n.* 〚鳥類〛ナイルチドリ (*Pluvianus aegypticus*) 《アフリカ産; 日光浴をしているワニの背にとまり, その寄生虫を食べるツバメチドリ科の鳥》. 〚1868〛

crócodile clìp *n.* 〚電気〛= alligator clip.

Crócodile Ríver *n.* [the ~] クロコダイル川 (⇨ Limpopo).

crócodile shèars *n. pl.* 〚機械〛わに口シヤー (⇨ lever shears). 〚1884〛

crócodile tèars /-tìəz | -tɪ̀əz/ *n. pl.* そら涙 (false tears); 見せかけの悲しみ: shed [weep] ~. 〚(1563) クロコダイルは獲物をおびき寄せるために, または自分のえじきとなる動物を食いながら涙を流すという伝説から〛

croc·o·dil·i·an /krà(:)kədíliən, -ljən | krɔ̀k-ˊ/ *adj.* **1** 〚動物〛 **a** クロコダイル (crocodile) の; ワニ目(もく)の. **b** = loricate. **2** 偽りの, 不誠実な (insincere). — *n.* ワニ《ワニ目の動物の総称; crocodile, alligator, gavial など》. 〚(1632)〛 (1836) ← L *crocodīl(us)* + -IAN〛

cro·co·i·site /kroukóuɨsàɪt, krá(:)kou- | krə(ʊ)káui-, krɔ́kəu-/ *n.* = crocoite.

croc·o·ite /krá(:)kouàɪt | krɔ́kəu-/ *n.* 〚鉱物〛紅鉛鉱 ($PbCrO_4$) (red lead ore ともいう). 〚(1844) ← Gk *krokóeis* saffron-colored + -ITE¹〛

cro·cos·mi·a /krəká(:)zmiə | -kɔ́z-/ *n.* 〚植物〛クロコスミア《南アフリカ原産アヤメ科ヒオウギズイセン属 (*Crocosmia*) の草本; ヒメヒオウギズイセン (*C. montbretia*) など》. 〚← NL ~ (↓)〛

cro·cus¹ /króukəs | kráu-/ *n.* (*pl.* **~·es**; 1 ではまた **cro·ci** /-kì:, -kaɪ, -saɪ/) **1 a** クロッカス, ハナサフラン《クロッカス属 (*Crocus*) の植物の総称; サフラン (*C. sativus*) など; cf. autumn crocus》. **b** クロッカスの花《英国で春の花のさきがけ》. **c** クロッカスの球根. **2** サフラン色 (saffron). **3** 黄[赤]色の研磨剤《酸化鉄などの粉末 jeweler's rouge クロッカス; cf. colcothar》. 〚(*a*1398) □ L ~ □ Gk *krókos* saffron ← Sem. (Heb. *karkōm* / Arab. *kúrkum*)〛

crocus 1

cro·cus² /króukəs | kráu-/ *n.* 《俗》やぶ医者 (quack doctor). 〚(1785) (変形) ← CROAKER〛

crócus sàck *n.* = croker sack.

Croe·sus /krí:səs/ *n.* **1** クロイソス (?–546 B.C.; Lydia の最後の王 (560–546 B.C.); Babylon, Egypt と同盟; 巨大な富を有していたと伝えられる): (as) rich as ~ 大金持ちの / ~' wealth 巨万の富 / a regular ~ まるでクロイソス王のような大金持ち. **2** 大金持ち. 〚(1650) □ L ~ □ Gk *Kroîsos*〛

croft /krɔ́:ft, krá(:)ft | krɔ́ft/ *n.* 《英》 **1** (屋敷続きの囲い込んだ)小さな畑, 小牧草地: a ~ of land. **2** (小作人の耕す特にスコットランドの)小作地. **3** 《ランカシャー方言》荒地の一区画《もと, 日光に布地をさらした場所》. — *vi.* 小作地を耕す; 小作人となる. 〚OE (cf. MDu. *kroft* field on high and dry land) ← ? IE **ger-* curving (⇨ curl)〛

Croft /krɔ́:ft, krá(:)ft | krɔ́ft/ *n.* 〚商標〛クロフト《ポルトガル Croft 社製のポートワイン》.

cróft·er *n.* 《英》(特にスコットランド・イングランド北部の)小作人, 小農 (cf. cropper A 2). 〚(1799): ⇨ ↑, -er¹〛

cróft·ing *n.* 《英》小作(制), 小作地. 〚(1743) ← CROFT + -ING¹〛

Crofts /krɔ́:fts, krá(:)fts | krɔ́fts/, **Freeman Wills** *n.* クロフツ (1879–1957; 英国の推理小説家; *The Cask* (1920)).

Cróhn's disèase /króunz- | kráunz-/ *n.* 〚病理〛クローン病, 限局性回腸炎 (regional enteritis ともいう). 〚(1935) Burrill Bernard *Crohn* (1884–1983: 米国の医師)〛

crois·sant /krwɑ:sɑ́:(ŋ), -sɑ́:ŋ | ˊ—ˊ; *F.* kʁwasɑ̃/ *n.* クロワッサン《三日月形のパン》. 〚(1899) □ F ~ 'CRESCENT'〛

Croix de Guerre /krwɑ́:dəgéə | -dəgéəʳ; *F.* kʁwadgɛ:r/ *n.* 軍功章《フランス軍最高の勲章》. 〚(1915) □ F ~ 'cross of war'〛

cro·jack /krá(:)dʒɨk | krɔ́dʒ-/ *n.* 〚海事〛= crossjack.

cró·ker sàck /króukə- | kráukə-/ *n.* 《米南部》burlap 製のバッグ (crocus sack ともいう). 〚(1895) *croker*: (変形) ← CROCUS¹〛

Cro-Ma·gnon /kroumǽgnən, -nɑ(:)n, -mǽnjən, -jɑ(:)n | krəumǽjən, -jən, -mǽgnən, -nɔn; *F.* kʁomaɲɔ̃/ *n.* 〚人類学〛クロマニョン人(種) (Aurignacian 期に属する後期旧石器時代の長頭で背の高い人類). 〚(1869) ← *Cro-Magnon* (フランス南西部の Dordogne 県の洞穴の名; その中でこの原始人の遺骨が発見された)〛

crom·bec /krá(:)mbɛk | krɔ́m-/ *n.* 〚鳥類〛チビオムシクイ《アフリカ産のチビオムシクイ属 (*Sylvietta*) の鳴鳥》.

Crome /króum | kráum/, **John** *n.* クローム (1768–1821; 英国の近代風景画家の祖, また銅版画家; Old Crome として知られる).

Cro·mer /króumə | kráumə/ *n.* クローマー《イングランド東部 Norfolk 州沿岸のリゾート地》.

Cro·mer /króumə | kráuməʳ/, 1st Earl of *n.* ⇨ Evelyn BARING.

crom·lech /krá(:)mlɛk | krɔ́m-/ *n.* 〚考古〛 **1** = dolmen. **2** クロムレック, 環状列石 (⇨ stone circle). 〚(1603) □ Welsh ~ ← *crom* curved + *llech* flat stone〛

cro·mo·gly·cate /kròumouglárkeɪt | krəumə(ʊ)-/ *n.* 〚薬学〛= cromolyn sodium.

cró·mo·lyn sódium /króuməlɪ̀n- | kráu-/ *n.* 〚薬学〛クロモリンナトリウム《気管支拡張・アレルギー・気管支喘息・鼻炎などの予防薬》.

cro·mor·na /kroumɔ́ənə, krə- | krə(ʊ)mɔ́:-/ *n.* (オルガンの)クロモルナ音栓《クルムホルン (krummhorn) に似た音色を出す 8 フィートのリードストップ》. 〚(1694–96) □ F *cromorne* □ G *Krummhorn* ← *krumm* crooked + *Horn* 'HORN'〛

cro·morne /kroumɔ́ən, krə- | krə(ʊ)mɔ́:n/ *n.* **1** = cromorna. **2** = krummhorn. 〚1710〛

Cromp·ton /krá(:)m(p)tən, krʌ́m- | krʌ́m-, krɔ́m-/, **Rich·mal** /rítʃməl, -ml/ *n.* クロンプトン (1890–1969; 英国の児童文学作家; *Just William* (1922)).

Crompton, Samuel *n.* クロンプトン (1753–1827; 英国の発明家; ミュール精紡機 (spinning mule) を発明 (1779)).

Crom·well /krá(:)mwəl, -wɛl | krɔ́m-/, **Oliver** *n.* クロムウェル (1599–1658; 英国の将軍で清教徒の政治家; 清教徒革命に Ironsides を率いて活躍し, Independents の指導者となり, Charles 一世を処刑した後王党員を抑えイギリス共和国 (the Commonwealth) の護国卿 (Lord Protector) となった (1653–58); あだ名 Old Noll, 通称 Ironsides).

Cromwell, Richard *n.* クロムウェル (1626–1712; 英国の軍人・政治家; Oliver Cromwell の子; 父の没後共和国の護国卿を継いだが 8 か月で辞任した (1658–59)).

Cromwell, Thomas *n.* クロムウェル (1485?–1540; 英国の政治家; Henry 八世に仕えて修道院解散の立役者になったが, のち処刑された; 宗教改革の法案の大半の草稿を書いた; 称号 Earl of Essex).

Crómwell Cúrrent *n.* [the ~] クロムウェル海流《太平洋の赤道付近を西向きの表面海流とは逆に東流している潜流》. 〚Townsend *Cromwell* (1922–58): 米国の海洋学者〛

Crom·wel·li·an /krɑ(:)mwéliən | krəm-/ *adj.* **1** Oliver Cromwell の(時代の). **2** クロムウェル(様)式の《表面装飾を排除し, オーク材と皮を使った簡素な 17 世紀中期の家具様式にいう》. — *n.* Oliver Cromwell の部下[支持者, 崇拝者]. 〚(1725): ⇨ -ian〛

Cromwéllian cháir *n.* クロムウェル(様)式の椅子《背もたれが低く, 皮張りのシートとバックを鋲(びょう)留めし, ろくろ挽きの脚を備えたもの》. 〚1970〛

crone /króun | kráun/ *n.* **1** 老婆, しわくちゃばあさん. **2** 老いた雌羊. 〚(*c*1390) □ ? MDu. *croonje* old ewe □ ONF *carogne* (F *charogne*) 'CARRION'〛

Cro·nin /króunɨn | kráunɪn/, **A(rchibald) J(oseph)** *n.* クローニン (1896–1981; 英国の医師・小説家; *The Citadel* (1937), *The Keys of the Kingdom* (1941)).

Cronin, James Watson *n.* クローニン (1931– ; 米国の物理学者; Nobel 物理学賞 (1980)).

Cron·jé /krá(:)njei, krɔ́:n- | krɔ́n-; *Afrik.* kronjé:/, **Piet Arnoldus** *n.* クローニェ (1840?–1911; 南アフリカ共和国のボーア人の指導者; 英国の攻撃を Magersfontein で撃退).

cronk /krá(:)ŋk, krɔ́:ŋk | krɔ́ŋk/ *adj.* 《豪口語》 **1** 病気の; 不適の, 不調の. **2** 不正の (dishonest). 〚(1891) □ Yid. or G *krank* < MHG *kranc* weak: cf. crank¹〛

Cro·nus /króunəs, krá(:)n- | kráu-/ *n.* (*also* **Cro·nos**

/-nɑ(ː)s | -nɔs/)〘ギリシャ神話〙クロノス《巨人 (Titans) の一人で Uranus と Gaea の子; 父の王位を奪ったが, 後わが子 Zeus に退けられた; ローマ神話の Saturn に当たる》. 〘□ L ～ □ Gk *Krónos* ← ?〙

cro·ny /króuni | kráu-/ *n.* 古なじみ, 旧友, 親友; 気のおけない仲間. 〘《1663》 *chrony* □ Gk *khrónios* lasting ← *khrónos* time (⇨ chronic): もと学生俗語〙

C

cró·ny·ìsm /-nìizm/ *n.* **1** 友情 (friendship). **2** 《米》(政治などで, 能力に関係なく公職に登用するなどのえこひいき, 身びいき. 〘《1840》: ⇨ ↑, -ism〙

crook[1] /krúk/ *n.* **1** 《口語》不正を働く人, ぺてん師, 詐欺師; 泥棒. **2 a** 曲がった物. **b** かぎ, フック (hook). **c** 《スコット》(なべをつるす S 字型の) 自在かぎ (pothook). **d** (牧羊者のもつ) 柄の曲がったつえ. **e** ＝crosier 1 a. **3 a** (道・川などの) 屈曲, 屈折, 湾曲 (bend): have a ～ in one's back [nose] 背[鼻]が曲がっている. **b** 曲がり目, 屈曲部: the ～ of an umbrella handle 傘の柄の曲がった部分 / the ～ of one's arm 腕を曲げた内側の部分. **4**〘音楽〙**a** 調音管, 替管《金管楽器の音高を調節する; shank ともいう》. **b** (ファゴットなどで吹口の付いている曲がった) 吹口管. **5** 曲げること, 曲がること.

on the cróok 不正を働いて, 不正手段で (dishonestly). 《1879》

— *adj.* **1** 曲がった. **2** 不正な, 不正直な (crooked). **3** 《豪口語》具合が悪い. **4** 《豪口語》〈物が〉ひどい, 悪い (nasty, bad).

— *vt.* **1** (かぎのように) 曲げる, ゆがめる, 湾曲させる (bend). **2** 《俗》**a** 不正な手段で得る; 盗む, くすねる (steal). **b** だます (cheat). **c** 無効にする. **— *vi.*** 曲がる, 湾曲する. ***cróok one's élbow* [*líttle fínger*]** 《俗》酒を飲む, (特に) 深酒をする. 《1825》

〘《*a*1200》 *croke* □ ON *krōkr* hook, bend // ＜ OE **crōk* (cf. (*ġe*)*crōcod* crooked) ← IE **ger-* curving, crooked (⇨ crutch)〙

crook[2] /krúk/ *adj.* 《豪》**1 a** 病気の, 気分の悪い. **b** 不機嫌な, 怒った (angry): go ～ *at* [*on*] a person 人を怒る, 人にどなる. **2 a** 故障した, 調子のおかしい. **b** 不愉快な, ひどい. 〘《1898》 ↑〙

cróok·bàck *n.* 《廃》**1** せむし (humpback). **2** 曲がった背中. 〘1494〙

cróok·bàcked *adj.* 《廃》せむしの. 〘*c*1450〙

crook·ed /krúkɪd/ *adj.* **1** 曲がっている (curved), ゆがんだ, ねじれた (twisted). **2** 《口語》心の曲がった, 不正直な (dishonest); 不正手段で得た: ～ money 悪銭. **3 a** (年取って) 腰の曲がった. **b** 奇形の (deformed). **4** /《英》krúkt/〈つえなど〉曲がった柄のついた. **5** ＝crook². ***cróoked on …*** 《豪口語》…に怒って, 敵意を示して, 反対して, …がいやで.

～·ly *adv.* **～·ness** *n.* 〘《?*a*1200》 (なぞり) ← ON *krōkóttr* crooked: ⇨ crook¹, -ed 2: cf. OE (*ġe*)*crōcod*〙

cróoked stíck *n.* 《方言》役立たずの人, ぐうたら. 〘1846–48〙

Crookes /krúks/, Sir **William** *n.* クルックス《1832–1919; 英国の理化学者; 陰極線の特性を調査; 元素タリウム (thallium) を発見, クルックス管 (Crookes tube), 放射計などを発明した》.

Cróokes dárk spàce *n.* 〘電気〙クルックス暗部《真空放電で陰極と陰極光との間にできる暗層; cathode dark space ともいう; cf. Aston dark space》. 〘《1902》 ← *Sir William Crookes*〙

Cróokes glàss *n.* クルックスガラス《可視光線はほとんど吸収しない紫外線吸収ガラス; 紫外線吸収保護の眼鏡用》. 〘《1918》 ↑〙

Cróokes radiómeter *n.* 〘物理〙クルックス放射計《赤外線放射を検出する装置》. 〘1885〙

Cróokes ràys *n. pl.* 〘電気〙クルックス線《低圧気中放電管の陰極線; cf. cathode ray》. 〘《1896》 ↑〙

Cróokes spáce *n.* ＝Crookes dark space.

Cróokes tùbe *n.* 〘電気〙クルックス管《低圧放電管の一種》. 〘《*c*1885》 ↑〙

cróok·nèck *n.* 〘園芸〙首が長く曲がった形をしたカボチャ《summer crookneck, winter crookneck など》. 〘1784〙

croon /krúːn/ *vi.* **1 a** (口をマイクに近づけて) 低いささやくような声で歌う; 小声で感傷的に歌う. **b** つぶやく: ～ to oneself 小声で独り言を言う. **2** 《スコット・北英》**a** 〈牛などが〉うなる; ほえる (roar). **b** 嘆く (lament), 悲しむ (mourn). **— *vt.*** **1** 低くささやくような声で〈歌を〉歌う: ～ a lullaby. **2** 歌を歌ってあやす (lull): ～ a baby to sleep. **— *n.*** **1** 小声のつぶやき[歌声]. **2** (低くささやくような声で歌う) 感傷的な流行歌[ジャズソング]. 〘《?*c*1400》 *crone*(*n*) □ MDu. *krōnen* (Du. *kreunen*) to murmur, lament: 擬音語〙

cróon·er *n.* 低くささやくような声で歌う男性歌手[流行歌手], クルーナー《Bing Crosby がその典型》. 〘《1808》: ⇨ ↑, -er¹〙

crop /krɑ́(ː)p | krɔ́p/ *n.* **A 1 a** (栽培, 収穫する穀物・果樹・野菜・花などの) 作物, 収穫物: a ～ of corn, hay, apples, etc. / a rice [wheat] ～ 米[麦]作 / a growing ～ ＝ standing crop 1 / be in [out of] ～〈土地が〉作物が作ってある[ない] / land in [under] ～ 作物が作ってある[作付けてある] 土地 / ⇨ catch crop, white crop. **b** 畜産物: the lamb ～ / a ～ of wool. **2** (一度にまたは同時に発生する) 群れ (group); 集まり (collection): a large ～ of new students 大勢の新入生 / a ～ of applications どっと集まってくる申込み書. **3** (一地方・一季節の) 作物の全収穫高, 産額 (total yield): an abundant [a bumper, a good] ～ 豊作 / an average ～ 平年作 / a bad [poor] ～ 不作, 凶作. **B 1** (頭髪の) 刈込み, 短髪; いがぐり頭 (cf. Eton crop): a close ～ 短い刈込み / have [get] a ～ 短く刈り込んでもらう / give a ～ 短く刈り込んでやる. **2** 耳刻《羊などの耳を切って所有主の目じるしにしたもの》. **3 a** 腹部分を切除した牛皮を背線にそって切り分けた半裁. **b** 動物一頭分のなめし革. **4 a** 《スコット》(樹木・花などの) 先の部分, てっぺん. **b** ＝finial. **c** (鉱床の) 露頭 (outcrop), 鉱脈の露出. **5 a** (鳥の) 嗉嚢(そのう)《食道の後端の膨れた部分; cf. gizzard 1》. **b** (虫・下等動物の) えぶくろ (craw). **c** 《方言》(人間の) 胃袋 (stomach). **6 a** むちの柄 (whip handle). **b** 短い乗馬鞭《先のひも (lash) の代わりに革ひもの輪が付いている; riding crop ともいう》. **7** (ある種牡馬の) 産駒.

stíck in one's cróp ⇨ stick 成句.

— *v.* (**cropped; crop·ping**) **— *vt.*** **A 1** 収穫する, 取り入れる, 刈り取る. **2** 〈畑などに〉〈種・作物を〉植えつける, 作る (plant) 〔*with*〕: ～ a field *with* seed, wheat, etc. / a ～*ped* area 農作物地. **B 1 a** 〈樹木・枝・生垣・耳・尾・髪などを〉はさみ切る, 刈り込む (poll, clip): a ～*ped* head ざん切り頭, 坊主刈り頭. **b** (目じるしに)〈動物の耳などの端を切る; (見せしめに)〈人の耳〉の端を切る: ～ an animal's ear [tail]. **c** …の髪を刈る. **2 a** 〈物の端を〉切り取る. **b** 〈本の〉ページ[〈ページの〉へり]を裁ちすぎる: ～ pages [book]. **c** 〈写真など〉不要部分を裁ち落とす. **3** 〈動物が〉〈草地などの〉端を食い切る: ～ a meadow.

— *vi.* **A 1** 〈作物が〉できる, (よく) できる, 発芽する: The beans ～*ped* well this year. 今年は豆がよくできた. **2** 作物を作る; 小作人として働く. **B 1** 〈鉱脈が〉(地上に) 頭を出す, 露出する 〈*out, up*〉. **2** 〈問題・証拠・心配などが〉突然現れる, 持ち上がる 〈*out, up*〉: The subject ～*ped up* at dinner. その話題が食事時に持ち上がった. **3** 草を食う (graze).

〘OE *crop*(*p*) sprout, bunch, ear of corn, 《原義》round object ＜ Gmc **kruppa* (G *Kropf* / ON *kroppr*) ← IE **ger-* curving (⇨ curl)〙

SYN 収穫物: **crop** 穀物・果物・野菜など畑で栽培されている農作物 (2 種類以上は *crops*), またはその収穫高: vast fields of *crops* 農作物を植えた広大な畑 / We had a fine *crop* of potatoes this year. 今年はじゃがいもの出来がよかった. **harvest** 収穫された農作物, またはその収穫高: a poor *harvest* 不作. **yield** 土地・果樹・動物などによって産出された農産物; 投資などによる収益, 利回り: the annual *yield* of wheat 小麦の年間収穫量 / a cow's milk-*yield* 牛の牛乳産出量 / a *yield* of 5 percent 5 パーセントの利益. **produce** 特に農業によって生産されたもの: the *produce* of the fields 農作物. **product** 自然または人間によって生産されたもの: farm *products* 農産物 / metal *products* 金属製品.

---

cróp cìrcle *n.* ミステリーサークル《特に英国南部の穀物畑で, 倒れた穀物がつくる円形などの模様; 気象の力・地質学的な力, 地磁気の力, 超常的力によるなどといわれるが, いたずらという説もある》. 日英比較 「ミステリーサークル」は和製英語.

cróp-dùst *vt.* 〈畑〉に飛行機から殺虫[殺菌]剤を散布する.

cróp dùster *n.* 殺虫剤[殺菌剤]を飛行機から散布する人. 〘1939〙

cróp-dùsting *n.* 殺虫剤[殺菌剤]の空中散布.

cróp-èar *n.* 耳の端を切り取られた人; 耳刻を入れた家畜《豚・羊など》. 〘1596–97〙

cróp-èared *adj.* **1 a** 耳の端を切り取った《人間では見せしめのためにする》. **b** 耳刻を入れた《家畜では個体識別のためにする》. **2** 〈清教徒など〉(耳が現れるように) 髪を短く刈った, 短髪の. 〘《1530》: ⇨ ↑, -ed 2〙

cróp-fúll *adj.* 腹いっぱいの; いっぱいすぎる (overfull). 〘1632〙

cróp·lànd *n.* 農作物に適した土地; 耕地. 〘1846〙

cróp-mílk *n.* 〘動物〙ハト乳, 嗉嚢(そのう)乳 (⇨ pigeon's milk).

cróp-òver *n.* (西インド諸島の) 砂糖キビ刈り上げ祭.

cropped /krɑ́(ː)pt | krɔ́pt/ *adj.* 〈衣服が〉短い, ぴったりした: ～ pants 七分丈のズボン.

crópped tóp *n.* ＝crop top.

cróp·per *n.* **A 1** 作物を植えつける人; 作物を作る人. **2** (作物の一部をもらう約束で他人の土地を耕作する) 小作人 (cf. sharecropper, crofter). **3** 収穫のある作物: a good ～ よくできる作物 / a heavy ～ たくさん取れる作物 / a light ～ 出来高の少ない作物 / a poor ～ 収穫の少ない作物. **4** 〈毛皮を〉刈り込む人; 〘機械〙毛刈り機; (布・棒などの) 端切り機; (地金・鋳物の上部の) 切断機; (織物の) けば切り機. **5** [しばしば C-]〘鳥類〙《特に嗉嚢の大きい》家バト. **B** 《英口語》**1** (真っ逆さまに落ちる) 墜落, 逆落し; (特に) 落馬. **2** 大失敗. ***cóme* [*fáll, gét*] *a crópper*** 《口語》(1) (馬から) どうと落ちる. (2) 大へまをやる. 《1874》 〘《1483》: ⇨ ↑, -er¹〙

cróp·pie /krɑ́(ː)pi | krɔ́pi/ *n.* 〘魚類〙＝crappie. 〘1856〙

cróp·py /krɑ́(ː)pi | krɔ́pi/ *n.* **1** いがぐり頭の人. **2** 《英》断髪党員《1798 年フランス革命への同情のしるしに断髪したアイルランドの反逆者のあだ名》. 〘《1798》 ← CROP＋-Y²〙

cróp rotàtion *n.* 〘農業〙輪作《土地の消耗を防ぐなどの目的で異種の作物を順次に栽培すること》. 〘1909〙

cróp shèar *n.* 〘金属加工〙クロップシャー, 棒材せん断機《圧延工程中, 圧延材頭部の不良部分を切断する》.

cróp-spràỳing *n.* ＝crop-dusting.

cróp tòp *n.* クロップトップ《おなかの部分が露出するよう短くカットした女性用カジュアルウェア》.

cro·quem·bouche /krɑ̀(ː)kɑ̃ː(m)búːʃ, -kɑːm- | krɔ̀k-; *F.* kʀɔkɑ̃buʃ/ *n.* クロカンブッシュ《シュークリームを積み上げてカラメルで包んだケーキ》. 〘□ F ～ 'crunch in the mouth'〙

croque-mon·sieur /krɑ̀(ː)kməsjə́ː, -sjə́ː, -sjúː | krɔ̀kməsjə́ː(r, -músjəː(r, -sjə(r; *F.* kʀɔkməsjø/ *n.* クロックムッシュー《ハムとチーズをはさんだサンドイッチを軽く網焼き[型焼き]した[油で焼いた]もの》. 〘□ F ～ 'bite (a) man'〙

cro·quet /kroukéɪ | kráukeɪ, -ki/ *n.* **1** クロッケー《通例二人一組 (または個人) の 2 組で, 芝生の上で行われるゲーム; 交互に自分の木球を木づち (mallet) で打ち, 出発柱から折返柱の間に置かれた門 (hoops, wickets) を順序に従ってくぐらせ, 早くゴール (出発柱に当てる) した方が勝ちとなる》. **2** 〘クロッケー〙(相手の球の) 駆逐打球法《相手の球に自分の球を当てた場合, 自分の球を足で押さえたまま打って相手の球を駆逐すること》. **— *vt.*** 〈相手の球を〉駆逐する. **— *vi.*** 相手の球を駆逐する. 〘《1858》 □ F 《方言》～ hockey stick ＜ ONF *croket* (F *crochet*): ⇨ crochet〙

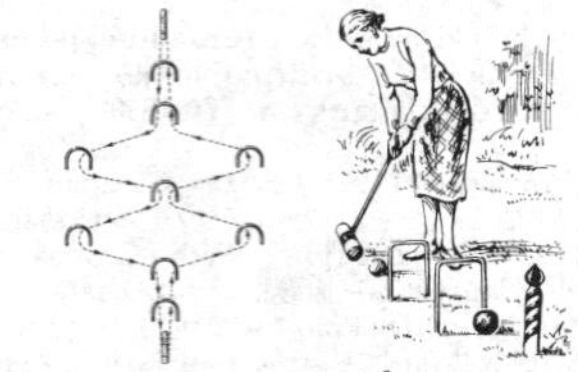

croquet 1

cro·quette /kroukét | krɔ-, krə(ʊ)-; *F.* kʀɔkɛt/ *n.* コロッケ: a potato ～ ジャガイモのコロッケ. 〘《1706》 □ F ～ ← *croquer* to crunch: ⇨ -ette〙

cro·qui·gnole /króukənòul, -njòul | kráukənəul, -njəul; *F.* kʀɔkiɲɔl/ *n.* クロキノール《カーラーを髪先から付け根の方に巻いて髪にウェーブをつける方法》. 〘《1932》 □ F ～ 'fillip'〙

cro·quis /kroukíː | krəu-; *F.* kʀɔki/ *F. n.* (*pl.* ～ /～(z); *F.* ～/)〘絵画〙クロッキー (sketch)《きわめて短時間に, 見たまま, 感じたままを描く手法, およびその作品[速描]; 特に女性のファッションデザイナーによって描かれた素描》. 〘《1805》 □ F ～ ← *croquer* to sketch〙

crore /krɔ́ə | krɔ́ː(r/ *n.* (*pl.* ～**s**, ～) 《インド》1000 万, クローレ; (特に) 1000 万 rupees (＝100 lakhs). 〘《1609》 □ Hindi *k*(*a*)*rōṛ* ＜ Prakrit *kroḍi* end, top〙

Cros·by /krɔ́(ː)zbi, krɑ́(ː)z- | krɔ́z-, krɔ́s-/ *n.* クロスビー《イングランド北西部 Merseyside 州の都市》. 〘ME *Crossebi* □ ON *Krossabýr* village with crosses: ⇨ cross¹, bylaw〙

Cros·by /krɔ́(ː)zbi, krɑ́(ː)z- | krɔ́z-, krɔ́s-/, **Bing** /bíŋ/ *n.* クロスビー《1904–77; 米国の歌手・映画俳優; *White Christmas* (1942); 本名 Harry Lillis Crosby》.

cro·sier /króuʒə | kráuziə(r, -ʒə(r/ *n.* **1** 〘キリスト教〙**a** 牧杖(ぼくじょう), 司教[主教]杖, 笏杖《bishop または abbot の職標; 牧羊者のもつ先端の曲がったつえ (crook) に似たもので,「神の子羊の群れを牧する」ことを表象したもの》. **b** (archbishop の) 十字づえ (cross). **2** 〘植物〙(ゼンマイなどの) 若葉の巻いた頭. 〘《?*a*1387》 *crocer* □ (i) OF *croisier* crossbearer ← *crois, croiz* ＜ L *crucem* 'CROSS¹' // (ii) □ OF *crocier* bearer of a bishop's crook ← *croce* crook: cf. crutch〙

cross[1] /krɔ́(ː)s, krɑ́(ː)s | krɔ́s/ *n.* **1 a** (昔ローマ人が処刑に用いた) はりつけ台, 十字架《元来は古代東方諸国の死刑のための道具》: die on the ～ はりつけになる. **b** [通例 the C-] (キリストがはりつけにされた) 十字架: *the* true [holy] *Cross* (キリストがはりつけにされた) 聖十字架. **2 a** はりつけ, 磔刑(たっけい) (crucifixion); [通例 the C-] (キリストの) はりつけ. **b** (キリストの) 受難, 贖罪(しょくざい). **c** 試練 (trial), 受難, 苦難 (suffering): bear [take (up)] one's ～ 十字架を負う, 受難に耐える (cf. *Matt.* 16: 24) / No ～, no crown. 《諺》苦難なくして栄冠なし. **3 a** 十字形, 十字記号. **b** (墓碑として, または町の中心・境界・市場などの標識として建てる) 十字標, 十字塔, 十字形の記念碑; 十字塔が建てられている場所: ⇨ market cross. **c** 十字 (架) 飾り; 十字勲章: ⇨ grand cross, Iron Cross, Military Cross, Victoria Cross. **d** 十字[十字架]をいただくつえ, 十字づえ《特に, archbishop の権標; cf. crosier 1》. **e** 十字軍の記章: take the ～ 十字軍に加わる. **f** ＝swastika. **4** [the C-] (十字架に象徴された) キリスト教 (Christianity): *the Cross* and the Crescent キリスト教とイスラム教 / a follower of *the Cross* キリスト教徒 / a preacher of *the Cross* キリスト教説教師 / a soldier [warrior] of *the Cross* 十字軍の戦士; キリスト教(伝道)の闘士 / fight for *the Cross* キリスト教のために戦う. **5** (誓言・祝福などのとき, 空中または額・胸などの上で切る) 十字のしるし: make the sign of the ～ 十字を切る. **6 a** 十字形の物 (＋, ×). **b** (無学者の署名の代用にする) 十文字: make one's ～ 〈文字の書けない者が〉十文字で署名する. **c** (kiss を表す) 十文字 (×) 《よく手紙の最後などに書く》: with plenty of ～*es*. **d** 解答が誤りであることを示すしるし (×) (cf. tick). **e** 〘紋章〙クロス《紋章図形に使用される ordinary としての十字の総称》: per ～ 十字に分ける. **7** 交差(点), 四つ辻. **8 a** (種族・家畜・飼鳥などの) 異種交配. **b** 混血児, 雑種 (hybrid, mongrel). **c** (様式の) 混交, 折衷, 中間物, あいのこ, どっちつかずのもの: a ～ between breakfast and lunch 朝飯とも昼飯ともつかないもの / My dog is a collie ～. 私の犬はコリーのあいのこだ. **9** 邪魔, 妨害 (thwarting): suffer a ～ in love 恋の邪魔をされる. **10** 《俗》**a** (ボクシングなどの) 八百長, なれあい勝負 (collusion). **b** 不正, 瞞着, ぺてん (fraud, swindle). ★ 主に on the cross の成句 (⇨ 成句 (2)). **11** 〘ボクシン

グ》クロスカウンター《相手のまっすぐなパンチに対する横のパンチ》. **12** 〘サッカー〙クロス[横断]パス《フィールドを横切って反対側のサイドへ出すパス》. **13** 《古》 **a** (貨幣の)十字印 (cf. pile[5]). **b** 十字印のついた貨幣《裏にブルゴント (Burgundy) の十字架のついたスペインの 8 レアール (real) 銀貨》. **14** 〘電気〙交差, 混線. **15** 〘機械〙十字継手《十字形の管継手》. **16** [the C-]〘天文〙 **a** 南十字星 (the Southern Cross). **b** 北十字星 (the Northern Cross). **17** 〘演劇〙舞台を横切ること. **18** 〘証券〙クロス売買《証券取引所において一証券業者が一顧客の売り注文と他の顧客の買い注文との間に売買を成立させること; cross-trade ともいう》.

on the cróss (1) 筋違いに (diagonally). (2) 《俗》不正を働いて (cf. *on the* SQUARE, *on the* CROOK[1]): be [live] *on the* ～ / go [get] *on the* ～ 不正を働く.

cróss and píle 《古》 (1) ＝HEADS or tails. (2) 金 (money). 《1584》

cróss of Cálvary [the ―] 〘キリスト教〙 ＝Calvary cross.

cróss of Lorráine [the ―] ＝Lorraine cross. 《*c*1889》

cróss of St. Pátrick [the ―] ＝St. Patrick's cross.

Cróss of Válour [the ―] (カナダの)勇士に対する最高栄誉賞 (略 CV).

crosses
1 Celtic
2 Greek
3 Latin
4 formée
5 patriarchal
6 St. Andrews

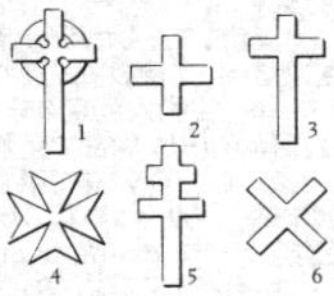

— *adj.* (**～·er**; **～·est**) **1** 横の, 斜めの, 横切った, 交差した (transverse, intersecting): ⇨ cross street. **2 a** 反対の (opposed), 逆の: a ～ wind 逆風. **b** 〈目的・意図などが〉相反する, 食い違った (contrary, opposed): ⇨ cross-purpose. **c** 《古》不利な, 不都合な (adverse, unfavorable): ～ luck [fortune] 不運. **3** 交互的な (reciprocal): a ～ debt (両者間で相殺すべき)相互的債務 / a ～ marriage 交差結婚《兄妹が他の兄妹と結婚するような結婚》. **4** 不機嫌な, 怒りっぽい (⇨ sullen **SYN**): a ～ word [reply] 意地の悪い言葉[返答] / look ～ 不機嫌な顔をする / be ～ *at* [*over, about*] something [*with* someone] ある事で[ある人に対し]機嫌が悪い / be (as) ～ as two sticks [as a bear with a sore head, as the devil] 非常に気むずかしい, ひどく不機嫌である. **5** いくつかのグループ[階級]にわたる[を扱った]: a ～ sample from 1,000 students 千人の学生を扱った実例. **6** 異種交配の (crossbred), 雑種の (hybrid). **7** 《英俗》不正直な, 不正な; いんちきな. **8** 〘クリケット〙〈バットが〉傾いて《カット打法の構えにいう》.

— *adv.* **1 a** 十文字に, 交差して, ぶっ違いに (crosswise). **b** [通例動詞の複合語の第 1 構成素として] 交差的に: *cross*breed. **2** 《古》横切って. **3** 《古》不都合に.

— *vt.* **1 a** (十文字に)交える, 交差させる, 十字に置く; 〈互いに〉交差する (intersect): The roads ～ each other. 道が交差している. **b** 一方の上に〈他のものを〉置く, 組み合わせる: ～ (one's) knife and fork, one's arms, etc. / ～ one leg over the other 脚を組む / ⇨ *cross one's* FINGERS. **c** 交差して[互い違いに]並べる: ～ dry twigs. **d** 〈馬・鞍〉にまたがる (bestride): ～ a horse, the saddle, etc. **2** 横切る, 横断する, 渡る, 越える (traverse): ～ a road, a river, a desert, etc. / ～ the line 赤道を横切る / A look of dismay ～*ed* her face. 当惑の表情が彼女の顔をよぎった / ～ the finish line 決勝線を越える. **3 a** …に十字のしるしをつける, 十字を書く. **b** (神の加護を祈るとき・誓言のとき・いやなものを見聞きしたときなどに)…に十字を切る: ～ one's brow 額に十字を切る / ～ oneself (額から胸にかけて)十字を切る / ⇨ *cross one's* HEART. **4 a** …に十字[×じるし]をつける. **b** 十字[×じるし]をつけて〔…から〕消す (cancel) 〔*off, out*〕: ～ his name *off* the list 表から彼の名を消す. **5 a** …に横線を引く; …に線を引いて消す (cancel). **b** 《英》〈小切手を〉線引きにする: ～ a cheque 小切手に横線を引く, 小切手を横線にする. **6** 〈人などを〉横切って運ぶ[連れていく], 渡らせる: ～ an old man at the intersection 交差点で老人を渡らせる. **7** 〈考えが〉〈心〉に浮かぶ, 〈人の胸を〉よぎる: Such an idea ～*ed* my mind. そんな考えが私の胸に浮かんだ. **8 a** …とすれ違う: ～ each other on the road 道ですれ違う. **b** 〈手紙・使者が〉(途中で)…と行き違う: Our letters have ～*ed* each other (in the mail). 手紙は途中で[郵送中に]行き違いになった. **9 a** 妨げる, 邪魔する, 逆らう (oppose): ～ a person's will 人の意志に逆らう / ～ a person in his wishes 人の希望に反する / be ～*ed* in love 恋に邪魔が入る, 失恋する. **b** 《俗》裏切る (betray); だます (deceive) 〈*up*〉. **10** 〈動植物を〉交配させる, 〈動物を〉交雑受精させる, 雑種にする (interbreed); 〈植物を〉異花受精させる (cross-fertilize) (cf. inbreed): ～ animals, birds, plants, etc. **11** 《廃》…と対決する, …に対抗する. **12** 〘海事〙〈帆げたを〉マストの適当な位置にセットする. **13** 〘電気〙交差させる, 混線させる. **14** 〘トランプ〙 (euchre で) (切札を)〈最初にめくられたスーツとは反対色のスーツ〉に切り替える. **15** 〘競馬〙斜行する. **16** 〘サッカー〙〈ボールを〉パスする.

— *vi.* **1** 互いに横切る, 交差する (intersect): The roads ～. **2** 道[川など]を越えていく, (一方から他方へ)渡る, 渡航する: ～ from Yokohama to San Francisco / ～ over to Europe ヨーロッパへ渡っていく / ～ over the mountain 山を越える. **3 a** 〈二つの手紙が〉行き違う: The letters ～*ed* (in the mail). **b** 〈列車などが〉すれ違う. **4** 交配する 〔*with*〕; 〈動物が〉雑種になる. **5** 〘演劇〙 (他の俳優の前を通って)舞台を横切る 〈*over*〉. **6** 〈電話が〉混線する. **7** 〘サッカー〙ボールを反対側のサイドにパスする.

cróss a brídge when one cómes to it (先走りしないで)そのときを待って処理する. ***cróss one's fíngers*** ⇨ finger 成句. ***cróss a person's hánd* [*pálm*]** (1) (ジプシーの占い師に運勢を占ってもらうために)占い師の手に十字を描いて〔金を〕渡す〔*with*〕. (2) 《口語》人に(賄賂として)金をそっとつかませる (bribe). 《1711》 ***cróss óut* [*óff*]** (1) 棒引きにする, 抹殺する (erase). (2) 取り消す (cancel). ***cróss óver*** (1) ⇨ *vi.* 2. (2) ⇨ *vi.* 5. (3) 〘生物〙乗り換える (⇨ crossing-over). (4) 〘競馬〙交配する. (5) (演奏家などが)スタイルを変え(て成功す)る. (6) (別の党などに)移る〔*from, to*〕. ***cróss a person's páth*＝*cróss the páth of a person*** ⇨ path 成句. ***cróss swórds*** ⇨ sword 成句. ***cróss the* [*one's*] *t's*** /tíːz/ ⇨ DOT *the i's and cross the t's*.

～·er *n.* **～·ness** *n.* 〘n.: ?*a*1200 *cros* ◻ ON *kross* ◻ OIr. *cros* ◻ L *cruc-, crux* cross, torture, trouble: CRUX と二重語. ― v.: (?*a*1200) ← (n.)〙

cross[2] /krɔ́(ː)s, krɑ́(ː)s | krɔ́s/ *prep.* ＝across. 〘(1551) (頭音消失) ← ACROSS〙

Cross /krɔ́(ː)s, krɑ́(ː)s | krɔ́s/ *n.* 〘商標〙クロス《米国製のボールペン・シャープペンシル・万年筆》.

Cross /krɔ́(ː)s, krɑ́(ː)s | krɔ́s/, **Richard Assheton** *n.* クロス《1823–1914; 英国の保守党の政治家; 内務大臣 (1874–80); 称号 1st Viscount Cross》.

Cross, Wilbur Lucius *n.* クロス《1862–1948; 米国の教育者・政治家; Yale 大学教授 (1902–30); 引退後 Connecticut 州知事 (1931–39)》.

cross-[1] /krɔ́(ː)s, krɑ́(ː)s | krɔ́s/「十字, 交差, 横断, 交配など」の意の複合語の第一要素.

cross-[2] /krɑ(ː)s, krɔ(ː)s | krɔs/ (母音の前にくるときの) crosso- の異形.

cross·a·ble /krɔ́(ː)səbḷ, krɑ́(ː)s- | krɔ́s-/ *adj.* **1** 横断可能な. **2** 交配できる. **cross·a·bil·i·ty** /krɔ̀(ː)səbíləṭi, krɑ̀(ː)s- | krɔ̀səbílʒ̇ti/ *n.* 〘(1865) ← CROSS[1]＋-ABLE〙

cróss àction *n.* 〘法律〙反対訴訟《係属中の同一の事件から生じた訴訟原因に基づいて被告が原告に対して提起した別の訴訟; cf. cross-bill, counterclaim》. 〘*c*1859〙

Cróss & Bláckwell *n.* 〘商標〙クロスアンドブラックウェル《英国 Cross & Blackwell 社製のスパゲティ類や豆の缶詰》.

cros·san·dra /krəsǽndrə | krɔsáːn-/ *n.* 〘植物〙クロッサンドラ《主にアフリカ原産のキツネノマゴ科ヘリトリオシベ属 (*Crossandra*) の樹木; インド原産のヘリトリオシベ (*C. infundibuliformis*) など温室で栽培; 黄・藤・橙色の大形の花をつける》. 〘← NL ～ ← Gk *krossoí* tassels, fringe: ⇨ -androus〙

cróss·àrm *n.* (十字架・電柱などの)横木, 腕木. 〘1909〙

cróss assèmbler *n.* 〘電算〙クロスアセンブラー《上位コンピューターで実行されるオブジェクトコードを生成するアセンブラー》.

cróss·bànd *adj.* 〘紡績〙右撚(ﾖ)りかけの, S 撚りかけの (cf. openband). 〘1849〙

cróss·bàr *n.* **1 a** 横木, かんぬき. **b** (サッカー・ラグビーなどのゴールや高跳びの)横木, バー, クロスバー. **2** 横じま, 横条. **3 a** (錨(ｲｶﾘ)の)横木[笄(ｺｳｶﾞｲ)] (anchor stock). **b** (A, H の文字のようなアルファベットの)横の棒. **c** 自転車の横棒, バー. **—** *vt.* …に横木を取り付ける, 横木で示す. 〘1557〙

cróssbar swìtch *n.* クロスバースイッチ《電話交換器の一種》.

cróss·bèak *n.* 〘鳥類〙＝crossbill. 〘1688〙

cróss·bèam *n.* **1** 〘建築〙大梁(ｵｵﾊﾞﾘ) (girder). **2** 〘土木〙横桁(ﾖｺｹﾀ). 〘1594〙

cróss·bèarer *n.* **1** 十字架を持つ人; (宗教的儀式や行列の)十字架奉持者 (crucifer). **2** (炉の鉄格子・橋の板張りなどを支える)横桁, 横梁(ﾖｺﾊﾞﾘ). 〘1540〙

cróss bèarings *n. pl.* 〘海事〙クロス方位法, 交差方位法《二つ以上の方位を測ってその交差線によって位置を求める方法》. 〘1809〙

cróss-bédded *adj.* 〘地質〙斜層理[偽層]のある[から成る].

cróss-bèdding *n.* 〘地質〙斜層理, 偽層 (false bedding).

cróss·bèlt *n.* 十字帯《両肩から反対側の腰に帯びた弾薬帯など; 時に一方の肩から反対側の腰に帯びたものをもいう》. 〘1797〙

cróss·bènch *n.* [通例 *pl.*] 〘英上院〙無所属[中立]議員の議席《他の議席と直角になっている; cf. front bench》: have the ～ mind 一党一派に偏しない. 〘1846〙

cróss·bènch·er *n.* 《英》無所属議員, 中立議員. 〘1885〙

cróss·bìll *n.* 〘鳥類〙イスカ《くちばし (bill) が食い違っているヒワ亜科イスカ属 (*Loxia*) の小鳥の総称; マツカサの種子を食う》. 〘*a*1672〙

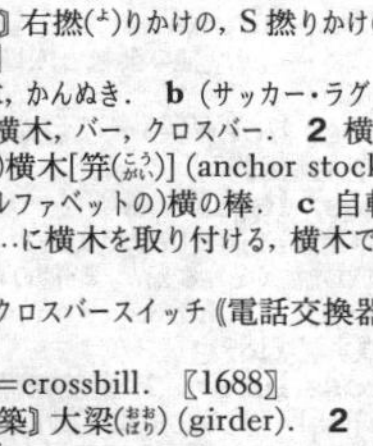

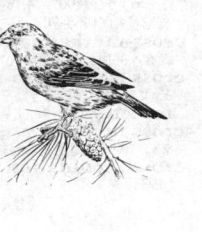

crossbill
(*L. curvirostra*)

cróss-bìll *n.* 〘法律〙反訴状《エクイティー裁判所の被告が同一事項につき原告または他の被告に対して出す補助的訴訟の訴状; cf. cross action》. 〘1637〙

cróss-bìrth *n.* 〘医学〙横位分娩(ﾌﾞﾝﾍﾞﾝ).

cróss bònd *n.* **1** 〘建築・石工〙(れんがの)十字積み (cf. diagonal bond). **2** 〘鉄道〙横ボンド, クロスボンド《相対するレールを電気的に接合するもの》. 〘1876〙

cróss·bònes *n. pl.* 〘解剖〙大腿骨[腕骨] 2 本を交差させた図形《普通頭蓋骨の下に置き, 死・危険を象徴する》: ⇨ SKULL and crossbones. 〘1798〙

cróss-bòrder *adj.* 国境を越える, 越境して行われる. 〘1894〙

cróss·bòw /-bòu | -bəʊ/ *n.* 弩(ｲｼﾕﾐ) (arbalest ともいう; cf. handbow). 〘(1415) ← CROSS[1]＋BOW[3]〙

cróssbow·man /-mən/ *n.* (*pl.* **-men** /-mən, -mɛ̀n/) 弩の射手; 弩で武装した兵士. 〘*c*1500〙

cróss·brèd *adj.* 交配種の, 雑種の (hybrid). **—** *n.* 雑種, 交配種《特に二つの純粋種の交配により生じた動物; cf. grade, purebred》. 〘1856〙

cróss·brèed *v.* (**cross·bred**) **—** *vt.* …と異種交配する, …の雑種を作る. **—** *vi.* 異種交配する. **—** *n.* ＝crossbred. 〘(1774) 1955〙

cróss-brìdging *n.* 〘建築〙振れ止め《根太(ﾈﾀﾞ)などを斜めにつなぎ止めて振れを防ぐ横木》.

cróss bùck *n.* 〘アメフト〙クロスバック《オフェンスプレーの一つで, バックスの一人がボールを受け取りスクリメージ斜め前方に進むこと》.

cross bún *n.* 《英》＝hot cross bun. 〘1733〙

cróss-búttock *n.* 〘レスリング〙腰投げ. 〘1690〙

cróss Cálvary *n.* 〘キリスト教〙＝Calvary cross.

cróss-chánnel *adj.* **1** 海峡横断の; [通例 cross-Channel] 英仏海峡横断の. **2** 海峡の向こう側の; [通例 cross-Channel] 英仏海峡の向こう側の. 〘1891〙

cróss-chèck *n.* **1** クロスチェックすること《資料・報告などを種々の角度から検討して確認すること》. **2** 〘アイスホッケー〙クロスチェック《スティックを相手の身体と交差させて阻止すること; 反則》. **—** *vt.* 〈資料・報告などを〉種々の角度から詳しく検討[調査]する, クロスチェックする. 〘1940〙

cróss còlor *n.* カラーテレビ受像機のゆがみ[ひずみ].

cróss compìler *n.* 〘電算〙クロスコンパイラー《それが作動しているのとは異なるコンピューターで実行されるオブジェクトコードを生成するコンパイラー》.

cróss-cómpound tùrbine *n.* 〘機械〙クロス(コンパウンド)タービン《大型火力発電所などで用いる, 高圧タービンと低圧タービンを組み合わせたタービン》.

cróss-connéct *vt.* 〈電線を〉交差接続する.

cróss-connéction *n.* 〘*a*1877〙

cróss-correlátion *n.* 〘統計〙相互相関《時間の連続における二つの任意変数間の相関関係》. 〘1920〙

cróss cóunter *n.* 〘ボクシング〙クロスカウンター《相手が左ストレートを打ってきたとき, その腕越しに右フックを相手のあごに打ち込むカウンターパンチ》. 〘1864〙

cross-country /krɔ́(ː)skʌ́ntri, krɑ́(ː)s- | krɔ́s-⁻/ *adj.* **1 a** クロスカントリーの, 田野横断の, 断郊の (cf. across *prep.* 1): a ～ race クロスカントリーレース, 断郊競走. **b** クロスカントリースポーツの: a ～ champion. **2** 国を横断[縦断]する: a ～ flight 横断[縦断]飛行. **—** *adv.* 田野を横断[縦断]して. **—** *n.* クロスカントリースポーツ; クロスカントリー競技. 〘1767〙

cróss-còuntry míll *n.* 〘金属加工〙クロスカントリー式ロール配列《圧延機をジグザグに配列して作業しやすくした多種少量向きのレイアウト》.

cróss-country skíing *n.* クロスカントリースキー《田野・森林など比較的平坦な所を滑走する》. **cróss-country skíer** *n.*

cróss·cóurt *adv.* **1** 〘バスケットボール〙コートの反対側に[の方に]. **2** 〘テニス〙クロス(コート)へ《相手コートへ対角線上に, または斜めに》: bang one's backhand ～ バックハンドでクロス(コート)へ打つ. **—** *adj.* **1** 〘バスケットボール〙コートの反対側への. **2** 〘テニス〙クロスコートの (cf. down-the-line 3): a ～ backhand. 〘1915〙

cróss-còusin *n.* 交差いとこ《親同士が兄妹または姉弟の間柄で, 互いに異性のいとこ(の片方); cf. parallel cousin》. 〘1889〙

cróss-cousin márriage *n.* 交差いとこ結婚. 〘1889〙

cróss-crósslet *n.* (*pl.* **～s, cross·es-**) 〘紋章〙十字形の各先端がそれぞれ十字形になったもの (cf. St. Julian cross). 〘1486〙

cróss-cúltural *adj.* さまざまの文化にかかわる[わたる], 異文化間の, 文化相互間の; 諸文化比較の: a ～ survey. **～·ly** *adv.* 〘*a*1942〙

cróss·cùrrent *n.* **1** (川などの)(主流とは別方向に流れる)逆流. **2** [通例 *pl.*] 対立する傾向, 反目: political ～*s*. **3** 〘電気〙横流. 〘1598〙

cróss-currícular *adj.* 《英》〘教育〙(アプローチの仕方が)複数の教科にまたがる.

cróss·cùt *adj.* **1** 〈のこぎりが〉横引きの; 目の交差した. **2** (木目に対して)横に引いた, 横[はす]に切った. **3** 〘海事〙クロスカットの《縦帆の後縁または横帆の両端の線(垂直)に対して直角に帆布の縫い目が走るような方式にいう》. **—** *n.* **1 a** 横断路. **b** 近道 (shortcut). **c** 〘鉱山〙立入(ﾀﾁｲﾘ)(坑道). **2** ＝crosscut saw. **3** ＝cross section 2. **4** 〘映画・テレビ〙切り返し《一つのシーンから他のシーンに切り替えて同時進行の二つの事件を描いたり, 過去と現在を混合させて劇的効果を高めること; 切り返しの場面[ショット]; inter cut ともいう; cf. cutback 2》. **—** *v.* (**cross·cut**; **-cut·ting**) **—** *vt.* **1** 横断する, 横切る. **2** 横引きのこぎりで切る. **3** 分ける, 分断する (divide). **4** 〘映画・テレビ〙…に切り返しをする. **—** *vi.* 〘映画・テレビ〙切り

返しをする. 〖1590〗
crósscut file *n.* (のこぎりの目立てに用いる)半丸やすり.
crósscut sáw *n.* 横引きのこぎり (cf. ripsaw). 〖1645〗
cróss dáting *n.* 〖考古〗クロスデイティング, 相互編年 (遺跡や層位の年代を, すでに年代の知られた他の遺跡・層位と比較することによって編成すること). 〖1937〗

cróss-dísciplinary *adj.* ＝interdisciplinary.
cróss-dréss *vi.* 異性の服を着る. **～·er** *n.* 〖*c*1920〗
cróss-dréssing *n.* **1** 服装倒錯 (transvestism) (異性の衣服を身に着けたがる傾向; cf. transvestite). **2** (ファッションとして)異性の服装を身に着けること. 〖1911〗
crosse /krɔ́(ː)s, krɑ́(ː)s | krɔ́s/ *n.* クロス (lacrosse 用のネットの付いた長柄のスティック). 〖(1867) ☐F ～ 'hooked stick' ＜ OF *croce*: ⇨ crosier〗
crossed /krɔ́(ː)st, krɑ́(ː)st | krɔ́st/ *adj.* **1** 十文字に置いた, 交差した; 〈小切手が〉横線引きの. **2** 妨げられた. **3** (電話が誤って)混線した. 〖(1529): ⇨ -ed〗
crossed bélt *n.* 〖機械〗クロスベルト, たすきがけベルト (滑車 (pulley) の回転方向が逆になるように 2 個の滑車の中間で交差するようにかけたベルト).
crossed chéque *n.* 〖英〗(普通小切手 (open check) に対して)横線[線引き]小切手. 〖1834〗
crossed nícols, c- N- *n. pl.* 〖光学〗直交ニコル (二つのニコルを組み合わせ, 一つを他の前におき, それらの偏光面が互いに垂直になるように配置した状態をいう).
cros·sette /krɔ(ː)sét, krɑ(ː)s- | krɔs-/ *n.* **1** 〖建築〗クロセット, 耳 (扉や窓の開口部上のアーキトレーブ (architrave) 上端の横に突出した部分; elbow, ear ともいう). **2** 〖石工〗迫石 (voussoir) の水平部. 〖(1730–36) ☐F ～ (dim.) ← *crosse* crutch: ⇨ crosse, -ette〗
cróss-examinátion *n.* **1** 詰問, 厳しい追及. **2** 〖法律〗反対尋問 (cf. examination-in-chief). 〖1824〗
cróss-exámine *vt.* **1** 〖法律〗〈相手方の証人〉に対して反対尋問をする (cf. examine-in-chief). **2** …に根掘り葉掘り質問する, 厳しく詰問[追及]する. **cróss-exáminer** *n.* 〖1664〗
cróss-èye *n.* 〖眼科〗**1** 内斜視 (convergent squint [strabismus], esotropia ともいう; cf. walleye 3). **2** [*pl.*] 内斜視眼. 〖1826〗
cróss-èyed *adj.* **1** 内斜視の, やぶにらみの (squint-eyed). **2** 〖俗〗＝cockeyed 1. 〖(1791): ⇨ ↑, -ed 2〗
cróss-fàde 〖映画・テレビ・ラジオ〗*n.* クロスフェード (一つの音や映像を次第にはっきりさせながら同時に他の音や像を次第に消していく方法; フェードイン (fade-in) とフェードアウト (fade-out) を同時に行うこと). **—** *vt.* クロスフェードさせる. 〖1937〗
cróss·fàll *n.* 〖土木〗(道路の)横断勾配.
cróss-fèed *n.* 〖機械〗横送り.
cróss-fértile *adj.* **1** 〖動物〗交雑[他家]受精(可能)の. **2** 〖植物〗異花[他花]受精(可能)の. 〖1929〗
cróss-fertilizátion *n.* **1** 〖動物〗交雑受精, 他家受精. **2** 〖植物〗異花受精, 他花受精 (cf. self-fertilization). **3** (異なった思想・文化などの, 生産的な)相互作用, 相互交換, 交流. 〖1876〗
cróss-fértilize *vt.* **1** 〖動物〗交雑[他家]受精させる. **2** 〖植物〗異花[他花]受精させる. **3** 〈異なった思想・文化などを〉(生産的に)相互に影響させる, 交流させる. **—** *vi.* **1** 〖動物〗交雑[他家]受精する. **2** 〖植物〗異花[他花]受精する. **3** 〈異なった思想・文化などが〉(生産的に)相互に影響しあう, 交流する. 〖1876〗
cróss-file 〖米〗*vi.* (2 政党以上, 特に民主・共和党)両党の予備選挙 (primary election) に立候補の登録をする. **—** *vt.* 〈人を〉2 党(以上)の予備選挙に立候補の登録をさせる. 〖1949〗
cróss fíllet *n.* 〖紋章〗クロスフィレット (極端に幅の狭い十字; quarterly の紋章のように cross によって盾を 4 分割し, 4 分された各 quarter に紋章図が描きやすいように cross を極端に細くしたもの).
cróss·fìre *n.* **1 a** 〖軍事〗十字火, 十字砲火, 交差射撃 (2 点以上の地点から一つの対象をねらって交差的に浴びせる砲火). **b** (質問などの)集中砲火; 激しいやりとり[応酬], 論戦. **c** 板ばさみの苦境: He was [got] caught in the ～ between his feuding relatives. 反目する親戚の間の板ばさみに立たされた. **2** (マホガニーなどの光沢のある板に木目と直角にできる)斑紋. **3** 〖野球〗クロスファイア (サイドスローからのホームベースを斜めに横切る投球). 〖*c*1859〗
cróss·flòw *n.* 〖機械〗クロスフロー (吸気口が排気口とは反対側にあるタイプのエンジンのシリンダーヘッド).
cróss gammádion *n.* 〖紋章〗＝cross CRAMPONNÉE.
cróss-gàrnet *n.* 〖古〗丁形ちょうつがい. 〖1659〗
cróss-gártered *adj.* 〖古〗(エリザベス朝時代の服装で)ひざのところで交差するガーターをした. 〖1601–02〗
cróss gràin *n.* (木材の)板目 (cf. straight grain).
cróss-gráined *adj.* **1** 〈木材が〉木目の不規則な[斜めの]. **2 a** 〈人が〉片意地の, 根性のねじけた (perverse). **b** 〈問題など〉扱いにくい. **～·ness** *n.* 〖1647〗
cróss guàrd *n.* 刀身と直交する鍔(つば). 〖1874〗
cróss hàir *n.* [通例 *pl.*] 〖光学〗＝cross wire. 〖*a*1884〗
cróss-hánded *adj.* 手を交差した; (バットを持ったときなどの)逆手の, 手の位置が反対の. **—** *adv.* 手を交差させて[して]. 〖1836〗
cróss·hàtch 〖美術〗*vt., vi.* 〈ペン画などに斜交[直交]平行線の陰影[あや目陰影]を付ける (cf. hatch³ 1). **—** *n.* あや目陰影. **cróss·hàtched** *adj.* 〖1888〗
cróss-hàtching *n.* 〖美術〗クロスハッチング (細かい平行線の交差によって陰影を入れること; あや目陰影の効果; cf. hatching² 2). 〖1822〗
cróss·hèad *n.* **1** 〖機械〗クロスヘッド (piston rod のピストンと反対側の端部に取り付けられるすべり子). **2** 〖ジャーナリズム〗＝crossheading. **3** 〖海事〗舵頭横木 (かじの軸頭につ付いている横木で, これを回してかじを取る). **4** 〖建築〗クロスヘッド (二つ以上のジャッキの支持力を伝えるための横架材). 〖1827〗
cróss·hèading *n.* 〖ジャーナリズム〗中見出し (新聞などで欄 (column) 一つをいっぱいに使って記事本文の前または中間に置く見出し; crosshead ともいう). 〖1898〗
cróss-immúnity *n.* 〖医学〗交差免疫 (A 菌への感染や予防接種で B 菌にも免疫ができるとき, A と B は交差免疫があるという).
cróss-immunizátion *n.* 〖医学〗交差免疫を与えること.
cróss-índex *vt.* 〈参考書や索引などに相互参照 (cross-reference) を付ける. **2** …に相互参照(表示)をする. **—** *vi.* 相互参照(表示)となる[が付いている]. **—** *n.* 相互参照 (他の箇所を参照させるための表示). 〖1892〗
cróss inféction *n.* 〖医学〗交差感染 (異なる伝染性疾患をもつ患者間の感染). 〖*c*1950〗
cross·ing /krɔ́(ː)sɪŋ, krɑ́(ː)s- | krɔ́s-/ *n.* **1** 横切ること, 横断; 渡航; 交差, 交切 (intersection): the Channel ～ 英仏海峡横断 / have a good [rough] ～ 渡航の際海が静穏である[荒れる]. **2 a** (道路の)交差点, 四つ辻. **b** 横断箇所, 横断歩道 (crosswalk). **c** (鉄道の)踏切 (level crossing); 鉄道の線路の立体交差した地点. **d** (川の)渡船所, 渡河点. **3** (教会内の)交差部, 十字交差部 (本堂 (nave) と翼廊 (transept) とが交差する部分). **4** 妨害(すること), 邪魔; 反対(すること). **5 a** 横に線を引くこと; 線を引いて抹消すること. **b** 〖英〗(小切手の)横線引き. **6** 異種交配, 交雑, かけ合わせ. **7** 〖古〗十字を切ること, 十文字を作ること. 〖(?*a*1425): ⇨ cross¹, -ing¹〗
cróssing fìle *n.* 両丸やすり (fish back file ともいう).
cróssing guàrd *n.* ＝school crossing guard.
cróssing-óver *n.* 〖生物〗(染色体の)乗換え (一つの染色体上の因子がそれと相同の染色体上に移ること; crossover ともいう; cf. linkage). 〖1912〗
cross·jack /krɔ́(ː)sdʒæk, krɑ́(ː)s-, krɔ́(ː)dʒɪk, krɑ́(ː)dʒ- | krɔ́sdʒæk, krɔ́dʒɪk/ *n.* 〖海事〗後檣(こうしょう)の下桁(けた)にかける大横帆 (crojack ともいう). 〖1626〗
cróss kéys *n. pl.* [単数扱い] 〖紋章〗2 個のかぎを十字交差した紋章図形 (特に, St. Peter の後継者としてのローマ教皇の紋章の盾の背後に配される). 〖*c*1550〗
cróss-kìck *n.* 〖ラグビー〗クロスキック (特に, センターへ向けての横蹴り). **—** *vi.* クロスキックする. 〖1927〗
cróss-láminated *adj.* 〖地質〗＝cross-bedded.
cróss láp *n.* 〖木工〗十字形相欠き継ぎ (cross lap joint ともいう).
cross-leg·ged /krɔ́(ː)slég(ɪ)d, krɑ́(ː)s-, -lɛ́gd | krɔ́s-lɛ́gd, -lég(ɪ)d⁻/ *adv., adj.* 脚を組んで[だ], あぐらをかいて[かいた]: sit ～ / squat ～ あぐらをかく. 〖*c*1530〗
cross·let /krɔ́(ː)slɪt, krɑ́(ː)s- | krɔ́s-/ *n.* 〖紋章〗＝cross-crosslet. 〖(?*a*1400) ☐ ONF *croiselette* (dim.) ← OF *crois* 'CROSS¹': ⇨ -let〗
cróss-lícense *vt.* 他の会社に〈特許〉の相互使用を認める. **—** *vi.* (他の会社と)相互特許使用契約をする. 〖1964〗
cróss lìcense *n.* (2 社が互いに特許を利用し合う)相互特許使用許可.
cróss·lìght *n.* **1 a** (一方の光源からの光で照らされていない部分を照らし出す)交差光, 十字光. **b** 互いに面している光源からくる光. **2** 他の角度からの観察, 別[いろいろな人]の見解: throw a ～ on politics 政治を別の角度から見直す. 〖1851〗
cróss·lìne *n.* **1** 交差線, 結線. **2** 〖ジャーナリズム〗(新聞の) 1 行見出し (副見出し, 小見出しにも使われる). **—** *adj.* 〖生物〗(2 純系の交配による) 2 純系の交雑系の. 〖*c*1400〗
cróss-linguístic *adj.* さまざまの言語にかかわる[にわたる], 通言語的な; 諸言語比較の. 〖1954〗
cróss-lìnk 〖化学〗*n.* 架橋結合, 橋かけ結合 (直鎖状の高分子同士の結合; その結果三次元網状構造となる). **—** *vt., vi.* 架橋結合する. 〖1936〗
cróss-lìnkage *n.* 〖化学〗**1** ＝cross-link. **2** 橋かけ結合過程. 〖1937〗
cróss-lìnked pólymer *n.* 〖化学〗橋かけ重合体. 〖1937〗
cróss-lòts *adv.* 〖米口語〗(道路によらないで)畑[野原, 空地など]を通って, 近道をして: cut ～ 近道する. 〖(1825): ⇨ cross²〗
cróss-lòt strút *n.* 〖建築〗切梁(きりばり) (基礎工事で掘り取った地盤を支えるために水平に架けられる支持材; cf. strut²).
cróss·ly *adv.* **1** 横に, 斜めに. **2** 逆に, 反対に; 不利に. **3** 不機嫌に; すねて, ぷんぷんして. 〖(1595) ← CROSS¹＋-LY¹〗
Cross·man /krɔ́(ː)smən, krɑ́(ː)s- | krɔ́s-/, **Richard** *n.* クロスマン (1907–74; 英国労働党の政治家・著述家; 社会福祉相 (1968–70)).
cróss-màrketing *n.* (銀行・保険会社などが)既存の顧客へ付加サービスを販売すること (cf. cross-selling).
cróss màtching *n.* 〖医学〗交差(適合)試験 (輸血のときに供血受血の適合性を検査すること). **cróss-màtch** *vt.* 〖1937〗
cróss mèmber *n.* 〖機械〗クロスメンバー (自動車のシャシーや他の構造物を補強する横材). 〖1922〗
cróss modulátion *n.* 〖通信〗混変調, 相互変調. 〖1933〗
cróss móline *n.* (*pl.* **crosses m-**) 〖紋章〗留金形十字 (cross ancrée (錨(いかり)形十字)とも呼ばれるが, 正しくは錨形の方が先端のカーブが深い; 八男を示す血統マーク (cadency mark)).
cróss multiplicátion *n.* 〖数学〗たすきがけ (第 1 の分数の分子に第 2 の分数の分母を, 第 2 の分数の分子に第 1 の分数の分母を掛け, 二つの積を求めること). 〖1703〗
cróss múltiply *vi.* 〖数学〗たすきがけする. 〖(1951) 〖逆成〗 ↑〗
cróss-nátional *adj.* 2 国以上の[に関する]. 〖1965〗
cróss-nódal *adj.* 感覚器官の間の相互作用に関係をもつ.
cros·so- /krɑ́(ː)sou, krɔ́(ː)s- | krɔ́səu/ 「ふさべり (fringe)」の意の連結形. ★ 母音の前では通例 cross- になる. 〖← NL ～ ← Gk *krossoi* tassels, fringe〗
cros·sop·te·ryg·i·an /krɑ(ː)sɑ̀(ː)ptərídʒiən, -dʒən | krɔsɔ̀p-/ *n.* 〖魚類〗総鰭(そうき)目の魚 (現生種は coelacanth のみで他は化石). **—** *adj.* 総鰭類に属する. 〖(1861): ⇨ ↓, -an¹〗
Cros·sop·te·ryg·i·i /krɑ(ː)sɑ̀(ː)ptərídʒiàɪ | krɔsɔ̀p-/ *n. pl.* 〖魚類〗総鰭(そうき)目. 〖(1861): ← NL *Crossopterygii* ← CROSSO-＋Gk *ptérugion* ((dim.) ← *ptérux* wing, fin)〗
cross·o·ver /krɔ́(ː)sòuvə, krɑ́(ː)s- | krɔ́sə̀uvə(r)/ *n.* **1** 〖音楽〗クロスオーバー (ジャズ・ロック・ラテンなどさまざまなスタイルが交錯して生じた新しい音楽の形態). **2** 交差路, 交差点. **3 a** 支持政党を別の政党に乗り換えて投票する人[こと]. **b** (芸能人が)別の分野で成功すること [*from, to*]. **4** (両肩から掛けて胸部で交差する)女性の肩掛け. **5** (配管で他のパイプとの交差に用いる) U 字型パイプ. **6** 〖鉄道〗渡り線 (平行している隣接した軌道をつなぐ線). **7** 〖生物・遺伝学〗**a** ＝crossing-over. **b** 交差型 (乗り換え現象によって生じた遺伝型). **8** 〖ダンス〗クロスオーバー (踊り手が場所を変えるのに踏むステップ; パートナーを変えるのに女性が踏むステップ). **9** 〖ボウリング〗クロスオーバー (右[左]投げでヘッドピンの左[右]に当たったボール). **10** ＝crossover network. **—** *adj.* [限定的] **1** 二つの部分が交差する: a ～ shawl. **2** 〖音楽〗クロスオーバーの; 〈歌手・音楽家などが〉初めに知られるようになった部門以外で人気が出た. **3** 二つ以上の様式[機能・目的]を兼ねそなえる. 〖(1795) ← CROSS OVER (⇨ cross¹ (v.) 成句)〗
cróssover distòrtion *n.* 〖電子工学〗交差ひずみ (入力インピーダンスが駆動インピーダンスよりはるかに大きいときの).
cróssover nètwork *n.* 〖電気〗クロスオーバーネットワーク (音響装置で異なるスピーカーに信号を伝えるために周波数帯を分離する回路).
cróssover prímary *n.* 〖米〗＝open primary.
cróssover válue *n.* 〖生物〗乗換え価 (二つの連鎖した遺伝子あるいは遺伝的標識形質の間で乗換えが起こる頻度; 略 COV).
cróss-ównership *n.* (一つの会社による新聞社とラジオ・テレビ会社の)同時所有. 〖1969〗
cróss·pàtch *n.* 〖口語〗気難し屋. 〖(*a*1700) ← CROSS¹ (adj.)＋PATCH² 2〗
cróss péen *n.* クロスピーン (ハンマーの頭部の刃の部分 (face の反対側) が柄に対して直角になっているもの). 〖*a* 1877〗
cróss·pìece *n.* (H や十字架などの)横棒, 横木, 横材. 〖(1607) ← CROSS¹＋PIECE〗
cróss-plàtform *adj.* 〖電算〗異なるプラットフォームに対応した: a ～ application.
cróss-plỳ *adj.* 〈タイヤが〉クロスプライの (コードを対角線状に何枚か重ねて張り合わせて強固にしたタイヤにいう; cf. radial-ply). **—** *n.* クロスプライのタイヤ. 〖1965〗
cróss-póllinate *vt.* 〖植物〗異花[他花]受粉させる. 〖*c*1900〗
cróss-pollinátion *n.* 〖植物〗異花[他花]受粉 (cf. self-pollination). 〖1882〗
cróss-póllinize *vt.* 〖植物〗＝cross-pollinate.
cróss pótent *n.* 〖紋章〗クロスポテント (先端が T 字形になった十字).
cróss préss *n.* 〖レスリング〗クロスプレス (相手の両肩をフロアにつけるのに体重を利用してするフォール).
cróss pròduct *n.* 〖数学〗**1** 外積, ベクトル積 (⇨ vector product). **2** ＝Cartesian product. 〖1929〗
cróss-púrpose *n.* **1** [通例 *pl.*] 反対の[矛盾した]目的; 意向の食い違い: be at ～*s* 互いに誤解する; 〈双方の議論・行動が〉食い違う. **2** [*pl.*; 単数扱い] とんちんかんな滑稽問答遊び. 〖1666〗
cróss-quéstion *vt.* 〈人〉に厳しい質問をする; 反対尋問する (cross-examine). **—** *n.* (反対尋問における)反問, 尋問. **～·er** *n.* 〖*a*1694〗
cróss·ràil *n.* (椅子などの背の)横木, 横金. 〖1836〗
cróss ràte *n.* 〖金融〗クロスレート, 第三国為替相場 (一般に英米為替相場を使用).
cróss rátio *n.* 〖数学〗十字比, 複比 (一直線上の 4 点 *A, B, C, D* から得られる二つの比 *AC*:*AD*, *BC*:*BD* の比; anharmonic ratio ともいう). 〖1881〗
cróss-reáction *n.* 〖医学〗交差反応. 〖1946〗
cróss-reáctive *adj.* 〖医学〗交差反応を呈する. **cróss-reactívity** *n.*
cróss-refér *vt.* 〈読者〉に(同一書中で)引照[相互参照]させる. **—** *vi.* 相互参照する. 〖(1879) 〖逆成〗 ← (↓)〗
cróss-réference *n.* (同一書中の)相互参照, 引照. **—** *vt.* **1** …に相互参照をつける. **2** 〈同一書中のある箇所〉に相互参照させる. **—** *vi.* 相互参照する, 引照する (cross-refer). 〖1834〗
cróss relátion *n.* 〖音楽〗＝false relation.
cróss-resístance *n.* 〖生物〗交差耐性, 随伴抵抗性

《ある薬品に対する耐性の突然変異によりそれに近縁の薬品にも耐性[抵抗性]になること》. 〘1946〙
cróss rhýthm *n.* 〘音楽〙＝polyrhythm. 〘1926〙
Cróss Ríver /krɔ́(ː)s-, krɑ́(ː)s- | krɔ́s-/ *n.* クロスリバー《ナイジェリア南東部, Guinea 湾に臨む州; 州都 Calabar; 旧名 South-Eastern State》
cróss·ròad *n.* 《米》 **1** (他の道路と直角に交わる)交差道路; (本通りに交差する)横町; わき道, 間道 (by-road). **2** [通例 *pl.*; 複数または単数扱い] **a** (道路の)交差点, 四つ辻, 十字路: be buried at a ～*s* 四つ辻に葬られる《英国では昔自殺者は教会の墓地に葬られることが許されず, 田舎道の十字路に葬られた》/ a store at the ～*s* 《米》四つ辻の店《四つ辻にある村の雑貨店は村人たちが世間話に花を咲かせる場所》. **b** 重大決意をすべき十字路, 岐路: stand [be] at the ～*s* 岐路に立つ, 分かれ道に立つ. **c** 集合点[地]; (活動などの)中心地; 焦点. 〘1719〙
Crossroads cáre attèndant schème *n.* 〘社会福祉〙(英国の)継続的な管理を必要とする身体障害者に有料の介護人を提供する制度.
cróss·rúff 〘トランプ〙 *n.* (ブリッジ・ホイストで)クロスラフ, 両切り作戦《味方同士が互いに片方にないスーツの札を出して切札で切らせること; またその戦法》. ― *vt.* 〈二つのスーツを〉クロスラフする. ― *vi.* クロスラフをする, 両切りでいく. 〘(1592)(1862): ⇨ ruff³〙
cróss sèa *n.* 〘海事〙三角波《波が2方向から来るために生じる干渉波で, 風向が変わったときとか陸からの返し波があるときなどに生じる危険な波》. 〘1866〙
cróss-séction *vt.* **1** …の断面図を作る. **2** 横断面に切る, 二分する. **3** 〘土木〙(鉄道や道路の土工量を求めるために)…の横断をとる. 〘1876〙
cróss sèction *n.* **1** (社会的集合体の)代表的な面: a ～ of American society [opinion] アメリカ社会[世論]の一断面[一面]. **2 a** 長軸に直角に切ること. **b** (長軸に直角に切った)横断(面): in ～ 断面図で. **c** 横に切断されたもの. **3** 〘測量〙横断面図《測量線に直角に切った地表の断面図》. **4** 〘造船〙断面図. **5** 〘物理〙断面積《素粒子・原子核・原子や分子などが互いに衝突するとき, 衝突の起こりやすさを示す量で面積の次元をもつ》. **cróss-séctional** *adj.* 〘1835〙
cróss-sèction pàper *n.* 方眼紙.
cróss-sèll *vt., vi.* (異なる商品・サービスを)相互販売[抱合わせ販売, クロスセリング]する.
cróss-sèlling *n.* 相互販売, 抱き合わせ販売, クロスセリング.
cróss slìde *n.* 〘機械〙(旋盤の)横送り台.
cróss-spàle *n.* (*also* **cróss-spàll**) 〘造船〙クロスポール《木造船建造のとき, 肋材を何本も並べた段階で, 各肋材が定位置を保っていられるように一時的にその頂部に釘付けしておく水平帯板》. 〘c1850〙
cróss-stàff *n.* (*pl.* ～**s**, **-staves**) **1** 〘キリスト教〙＝crosier 1. **2** 〘測量〙直角器, 叉桿(さかん), 矩杖(くじょう). 〘(*a*1438) 1874〙
cróss-stérile *adj.* 〘生物〙交雑不妊の, 交雑不稔の. **cróss-sterílity** *n.*
cróss-stitch *n.* (X 形の)十字縫い, 千鳥掛け, クロスステッチ (cf. catch stitch); クロスステッチで作られた刺繍(しゅう). ― *vt.* クロスステッチに縫う. ― *vi.* クロスステッチにする. 〘*c*1710〙
cróss strèet *n.* 交差道路; (本通りに交差する)横町. 〘1825〙
cróss-súbsidize *vt.* 〈採算の取れない事業[部門]を〉関連事業[部門]の収益で助成する. **cróss-subsidizátion** *n.* **cróss-súbsidy** *n.*
cróss tàg *n.* 《米》助け鬼《鬼と追われる人との間を人が通ればその人を鬼が追わなければならない鬼ごっこ》.
cróss-tàlk *n.* **1** (電話・ラジオ・テレビの)混線, 混信; 雑音, 漏話. **2** 会話, おしゃべり, 雑談. **3** 《英》掛合い問答; 当意即妙の言葉. 〘1887〙
cróss-tìe *n.* **1** 《米》(軌道の)横まくら木 (cf. sleeper 3). **2** (支えとなっている)横つなぎ材. 〘1813〙
cróss tòuch *n.* 《英》＝cross tag.
cróss-tówn 《米・カナダ》 *adj.* **1** (町の一端から一端へ)町を横切る: a ～ road [bus] 市内横断[縦断]道路[バス]. **2** 町をはさんで反対の位置にある. ― *adv.* 町を横切って. 〘(1886) ← CROSS²〙
cróss-tràde¹ *n.* 〘証券〙＝cross¹ 18. 〘*c*1923〙
cróss-tràde² *n.* 〘海運〙他国の港の間で行われる船舶輸送業務.
cróss-tráin *vt.* 複数の仕事[技能]に習熟するよう訓練する. 〘*c*1980〙
cróss tràining *n.* クロストレーニング《数種の運動やスポーツを組み合わせて行うトレーニング法; 特に 自分の専門種目の上達を目的として行われる》.
cróss·trèe *n.* [通例 *pl.*] 〘海事〙檣頭(しょうとう)横材《組立マストの場合に, 下のマストの頂部に取り付ける横木; 上のマストの下部を押さえると共に静索下端を張り出してマストに対する静索の角度を広げる役も果たす》. 〘1626〙
cróss-validátion *n.* 〘統計〙クロス確認《一つの標本 (sample) に対して成功した方法を他の標本に適用して確認すること》.
cróss váult [váulting] *n.* 〘建築〙交差[十字]ヴォールト《二つの半円筒形を直交させた形の架構》. 〘1850〙
cróss·vèin *n.* **1** 〘地質〙交差鉱脈《堆積岩の層理を横断する鉱脈》. **2** 〘昆虫〙(翅の)横脈.
cróss vìne *n.* 〘植物〙ツリガネカズラ (*Bignonia capreolata*)《米国南東部産ノウゼンカズラ科ツリガネカズラ属の常緑のつる性高木; 茎の横断面は十字形をなす; 観賞用に栽培》.
cróss-vóting *n.* **1** 交差投票《議会における投票のときに, 各議員を所属する政党の党議に拘束することなく, 自由に投票させる投票の形式》. **2** (自党への)反対投票. **3** 票割り《二つ以上の政党の候補者に投票を分割する行為》. 〘1884〙
cróss·wàlk *n.* 《米》横断歩道. 〘1744〙
cróss·wày *n.* [しばしば *pl.*] ＝crossroad. 〘1300〙
cróss·wàys *adv.* ＝crosswise. 〘1564〙
cróss·wind *n.* 横風 (cf. cross¹ *adj.* 2 a): ～ landing [takeoff] 横風着陸[離陸]. 〘1677〙
cróss wìre *n.* [通例 *pl.*] 〘光学〙十字線《望遠鏡などの光学器械の像面に取り付けた細い十字線で, 主軸や像の位置を決めるのに用いる; cross hairs ともいう》. 〘1866〙
cróss·wìse *adv.* **1** 横に, 斜めに (across, athwart). **2** 逆に, 逆らって, 意地悪く (contrarily). **3** 《古》十文字(形)に, ぶっ違いに. ― *adj.* 横断する, 斜めの. 〘(*c*1378): ⇨ -wise〙
cross·word /krɔ́(ː)swə̀ːd, krɑ́(ː)s- | krɔ́swə̀ːd/ *n.* ＝crossword puzzle.
cróssword pùzzle *n.* クロスワード(パズル)《与えられたかぎ (clues) をヒントに番号付きのます目に文字を入れる遊び; crossword ともいう》. 〘1914〙
cross·wort /krɔ́(ː)swə̀ːt, krɑ́(ː)s- | krɔ́swəːt/ *n.* 〘植物〙ヤエムグラ属の一種 (*Cruciata laevipes*). 〘(1578) ← CROSS-¹＋WORT²〙
cros·ti·ni /krɑ(ː)stíːni | krɔs-; *It.* krostíːni/ *n. pl.* クロスティーニ《トーストした[揚げた]パンの小片にトッピングを載せたもので, 前菜[カナッペ]として出される》. 〘It. ～ (pl.) ← *crostino* little crust〙
crot·al /krɑ́(ː)tl̩ | krɔ́tl̩/ *n.* 《スコット》地衣類の植物《ツイードなど紡毛織物を作るときに染料とする》. 〘(1778) ◻ Goe. ～ lichen〙
cro·ta·lar·i·a /kròʊtəlɛ́ᵊriə, -tl- | krəʊtəlɛ́ər-, -tl-/ *n.* 〘植物〙熱帯地方産マメ科タヌキマメ属 (*Crotalaria*) の植物の総称《ヒレタヌキマメ (*C. ovalis*), ヤハズマメ (*C. alata*) など; 花は観賞用》. 〘← NL ～ ← L *crotalum* ◻ Gk *krótalon* clapper: ⇨ -aria¹〙
cro·tale /króʊtəl, -tl | kráʊt-; *F.* kʁɔtal/ *n.* 〘音楽〙クロタル《調律された小さなシンバル》. 〘(1938) ◻ L *crotalum* bell, castanet // F *crotale*〙
crotch /krɑ́(ː)tʃ | krɔ́tʃ/ *n.* **1 a** フォーク状に先の分かれているもの. **b** (人間の)股(また). **c** (樹木などの)叉(また) (fork): sit in the ～ of a tree 木の叉に腰をかける. **d** 《米》(道・川の)分岐点. **e** (ズボン・パンツなどの)股下の縫い目; 股. **2** 〘海事〙＝crutch 4. **3** 〘玉突〙クロッチ《台のそれぞれの角から 4½ インチの点を結んだ区域》. **4** 股間, 陰部.
crotched /krɑ́(ː)tʃt | krɔ́tʃt/ *adj.* 〘(1539)《転用》← ? ME *croche* crosier, crook ◻ OF *croche* hook ← *croc* hook ◻ ON *krōkr* 'CROOK¹'〙
crotch·et /krɑ́(ː)tʃɪt | krɔ́tʃ-/ *n.* **1 a** 《口語》気まぐれ(な考え), 奇想, 酔狂 (⇨ caprice SYN). **b** たくらみ, ごまかし, 工夫 (trick). **2** 《英》〘音楽〙四分音符 (《米・カナダ》 quarter note): ⇨ crotchet rest 四分休止符. **3** 〘動物〙鉤状(こうじょう)器官. **4** 《廃》 **a** 小さなかぎ (small hook), かぎ形の仕掛け. **b** ＝brooch. 〘(*c*1332) *crochet* ◻ (O)F (dim.) ← *croc*: ⇨ ↑, -et〙
crotch·et·eer /krɑ̀(ː)tʃətíə | krɔ̀tʃɪtíə(r/ *n.* 奇癖家, 奇想家. 〘(1815): ⇨ ↑, -eer〙
crótchet rést *n.* 《英》〘音楽〙四分休止符.
crotch·et·y /krɑ́(ː)tʃəti | krɔ́tʃɪti/ *adj.* **1** 〈人が〉気まぐれな, 奇矯(ききょう)な: a ～ man. **2** 〈考えなど〉風変わりな. **3** 《口語》気難しい, 短気な. **crótch·et·i·ness** *n.* 〘(1825) ← CROTCHET＋-Y⁴〙
crótch·less *adj.* 《俗》〈パンティーが〉股のところが空いている, クロッチレスの. 〘(*c*1975) ← CROTCH＋-LESS〙
-crot·ic /krɑ́(ː)tɪk | krɔ́t-/「…の鼓動をもつ」意の形容詞連結形: polycrotic 多拍脈の. 〘← NL *-crotus* (← Gk *krótos* clapping)＋-IC¹〙
cro·ton /króʊtn̩ | kráʊtn̩/ *n.* 〘植物〙 **1** ハズ《トウダイグサ科ハズ属 (*Croton*) の熱帯植物の総称; ハズ (*C. tiglium*) など; その種子から croton oil を採る》. **2** クロトンノキ, ヘンヨウボク(変葉木) (*Codiaeum variegatum*)《熱帯産のトウダイグサ科の低木; 葉の色が美しく変化があるので, 観賞用として温室で栽培される; もとハズ属に入れられていた》. 〘(1751) ← NL ～ ← Gk *krotṓn* sheep tick ← ?: 形の類似から〙
cro·ton·al·de·hyde /kròʊtənǽldəhàɪd, -tn̩- | krəʊtənǽldɪ-, -tn̩-/ *n.* 〘化学〙クロトンアルデヒド (CH_3-CH=CHCHO)《刺激臭のある無色の液体》. 〘← *crotonic* (⇨ crotonic acid)＋ALDEHYDE〙
Cróton bùg *n.* 〘昆虫〙チャバネゴキブリ (⇨ German cockroach). 〘(1877) ← *the Croton* (1842 年 New York 市の水源となった川の名; この水源ができてから急にこの虫の数が多くなったためという)〙
Cro·to·ne /krətóʊni | -tə́ʊ-; *It.* krotóːne/ *n.* クロトーネ《イタリア南部, Calabria 州中部にある港町》.
cro·tón·ic ácid /kroʊtɑ́(ː)nɪk- | krəʊtɔ́n-/ *n.* 〘化学〙クロトン酸 (CH_3CH=CHCOOH)《白色結晶状の有機酸》. 〘(1838) *crotonic*: ◻ F *crotonique*: ⇨ croton, -ic¹〙
cróton òil *n.* ハズ油《ハズ (croton) の種子から採る黄褐色の油脂; 下剤・皮膚の発赤剤などに用いる》. 〘1831〙
crot·tle /krɑ́(ː)tl̩ | krɔ́tl̩/ *n.* 《スコット》＝crotal.
crouch /kráʊtʃ/ *vi.* **1 a** うずくまる, かがむ, しゃがむ 〈*down*〉: ～ over the fire. **b** 〈猫・短距離走者などが〉足を曲げて身をかがめる (cf. crouch start). **2** 卑屈に腰をかがめる, ぺこぺこする, へつらう (fawn): ～ to one's boss. ― *vt.* 《古》(卑屈にまたは恐怖で)〈頭・腰を〉低く下げる, すくませる. ― *n.* **1** かがむこと; 卑屈にぺこぺこすること. **2** うずくまった姿勢. 〘(?*c*1395) *crouche(n)* (混成) ? ← *couche(n)* to 'COUCH'＋*croke(n)* 'to CROOK¹'〙
cróuch stàrt *n.* 〘陸上競技〙クラウチングスタート《かがんだ姿勢からのスタート; crouching start ともいう; cf. standing start 2》. 〘1913〙
croup¹ /krúːp/ *n.* 〘病理〙クループ, 偽膜性咽頭炎《子供の喉頭や気管を冒す炎症; 激しい空咳(からせき)と呼吸困難を伴う》. 〘(1765) ← 《スコット》～ 'to cry hoarsely, croak': 擬音語か〙
croup² /krúːp/ *n.* **1** (四足獣, 特に馬・犬の)しり (rump). **2** 《廃》(人の)尻 (buttocks). 〘(?*a*1300) ◻ (O)F *crope* (F *croupe*) ← Gmc *kropf* (bird's) crop: cf. crop〙
croup³ /krúːp/ *vi.* 《スコット・北英方言》しゃがむ, うずくまる.
crou·pade /kruːpéɪd, ―́―/ *n.* 〘馬術〙クルーペイド《ブザード (pesade) またはルバード (levade) の静止の状態から, 四肢を腹の下に伸ばして垂直に近く跳びあがる》. 〘(1849) ◻ F ～ ← *croupe* (↑): ⇨ -ade〙
croupe /krúːp/ *n.* ＝croup².
crou·pi·er /krúːpièɪ, -piə | -piə(r, -pièɪ; *F.* kʁupje/ *n.* (*pl.* ～**s** /～z; *F.* ～/) **1** (賭博場で)賭金を集めたり支払ったりする係. **2** (宴席で食卓の下座につく)副司会者. 〘(1707) ◻ F 'servant, assistant, (原義) rider on the croup (of another's horse)' ← *croupe* (↑)〙
croup·ous /krúːpəs/ *adj.* 〘病理〙クループ性[様]の: ～ pneumonia クループ性肺炎. 〘(1853) ← CROUP¹＋-OUS〙
croup·y /krúːpi/ *adj.* (**croup·i·er**; **-i·est**) **1** クループのような, クループ性の: a ～ cough クループ性のせき. **2** クループにかかった[冒された]. 〘(1834) ← CROUP¹＋-Y⁴〙
crouse /krúːs/ *adj.* 《スコット・アイル》 **1** 大胆な (bold). **2** 活発な, 元気な (cheerful). 〘(*c*1300) *crus, crous(e)* ← ? MLG *krûs* (G *kraus*) curly, tangled〙
Crouse /kráʊs/, **Russel** *n.* クラウス (1893–1966; 米国の劇作家・ジャーナリスト; *State of the Union* (1945)).
crou·stade /kruːstɑ́ːd; *F.* kʁustad/ *n.* 〘料理〙クルースタード《香ばしくからからに揚げたパイやパンのカップ状のもの; 中に肉料理などを盛る》. 〘(1845) ◻ F ～ ← 《古》 *crouste* ＝*croûte* 'CRUST'〙
croute /krúːt; *F.* kʁut/ *n.* クルート《キャビアなどを載せて出すための小さなトースト[揚げたパン]》. 〘(1841) ◻ F ～ 'CRUST'〙
crou·ton /krúːtɑ(ː)n, ―́― | krúːtɔn, -tɔ̃ː(ŋ), -tɔːŋ; *F.* kʁutɔ̃/ *n.* 〘料理〙(*also* **croû·ton** /～/) クルトン《かりかりに焼いたり揚げたりしたパンの小片; スープに入れたり料理の付け合わせに用いたりする; cf. sippet》. 〘(1806) ◻ F *croûton* (dim.) ← *croûte* (⇨ crust)〙
crow¹ /króʊ | kráʊ/ *n.* **1** 〘鳥類〙カラス《カラス属 (*Corvus*) の各種の鳥の総称; ワタリガラス (raven), ミヤマガラス (rook), コクマルガラス (jackdaw), ハシボソガラス (carrion crow) など》: (as) black as a ～ 真っ黒い / ⇨ white crow / A ～ caws. からすがかーと鳴く / The ～ thinks her own bird fairest. 《諺》からすには自分の子が一番りっぱ,「親の欲目」. ★ ラテン語系形容詞: corvine. **2** カラス科に属するカケス (jay), カササギ (magpie), ホシガラス (nutcracker) など. **3** カラスに似た他科の鳥. **4** [通例軽蔑的に] **a** 《俗》黒人 (Negro): ⇨ Jim Crow. **b** 《豪俗》醜い女, ぶす, ばばあ: that old ～. **5** 《まれ》＝crowbar. **6** [the C-] 〘天文〙からす(烏)座 (⇨ Corvus).
as the crów flies 直線距離にして; 一直線に: It is about 15 miles to New York *as the* ～ *flies*. ニューヨークまでは直線距離にして約 15 マイルです. 〘1810〙 ***éat crów*** 《米・カナダ口語》自分の誤り[敗北]を認める; 屈辱を忍ぶ, 降参する (1812–14 年の対英戦争中, カラスの肉を食べさせられた兵士の逸話から) 〘1877〙. ***hàve a crów to plùck [pùll, pìck] with a person*** (1) 〈人〉に対して言い分がある, けちをつける. (2) 〈人〉と話をつけなければならないいやな[困った]ことがある. ***Stóne [Stíffen] the cróws!*** 《豪口語・英口語》へえ, おや (Stone me)《驚き・嫌悪を表す》. 〘1930〙
〘OE *crāwe* ← *crāwan* (↓)〙
crow² /króʊ | kráʊ/ *v.* (～**ed**, *vi.* 1 ではまた 《英》 **crew** /krúː/; ～**ed**) ― *vi.* **1** 〈雄鶏が〉鳴く, ときをつくる. **2 a** 〈人が〉歓声を発する, 勝どきをあげる. **b** 勝ち誇る; 大得意になる, (臆面もなく)自慢する 〔*over, about*〕 (⇨ boast¹ SYN): ～ *over* one's enemy 敵に勝ち誇る. **3** 〈赤ん坊が〉(喜んで)声をあげる. ― *vt.* 〈雄鶏が〉ときをつくって…を起こす 〈*up*〉. ― *n.* **1** 雄鶏の鳴き声 (cf. cockcrow 1). **2** 歓喜の叫び, 歓声, 赤ん坊の喜ぶ声. **～·er** *n.* **～·ing·ly** *adv.* 〘OE *crāwan* ← Gmc **krē(j)an* (Du. *kraaien* / G *krähen*) ← IE **gerə-* to cry hoarsely (擬音語)〙
Crow /króʊ | kráʊ/ *n.* (*pl.* ～**s**, ～) **1 a** [the ～(s)] クロー族《米国 Montana 州東部平原に居住したスー族 (Siouan) に属するアメリカインディアン》. **b** クロー族の人. **2** クロー族の言語. 〘(*c*1795)《なぞり》← Am.-Ind. (Siouan) *Absaroke* crow, bird people〙
crow·bait /króʊbèɪt | kráʊ-/ *n.* 《俗》役立たずの馬, 駄馬. 〘(1857) ← CROW¹＋BAIT¹〙
crów·bàr *n.* 重いかなてこ, かじや, バール. 〘(1748) その先がカラスの足に似ているため〙
crow·ber·ry /króʊbèri | kráʊb(ə)ri/ *n.* 〘植物〙 **1** ガンコウラン(岩高蘭) (*Empetrum nigrum*)《ガンコウラン科の小低木で高山植物; crakeberry ともいう》. **2** ガンコウランの実. **3** ＝bearberry 1. **4** ＝American cranberry. 〘(1597)《なぞり》← G *Krähenbeere*〙
crów·bìll *n.* 〘外科〙クロービル, 烏喙(うかい)鉗子(かんし)《銃弾の摘出などに使う》. 〘1611〙
crów blàckbird *n.* 〘鳥類〙＝grackle¹ 2. 〘1778〙
crów·bòot *n.* イヌイットの革製ブーツ.
crowd¹ /kráʊd/ *n.* **1** 群集, 大勢 (multitude); 人込み, 込合い (throng), 烏合(うごう)の衆. ★ 一つの集合体とみるときには単数扱いで, 個々の構成員を考えるときには複数扱い

C

となる: large ～*s* in a park 公園の中の人込み / in ～*s* 大勢で / Two's company, three's a ～. ⇨ company 3 a. **2** [集合的]《口語》 **a** (利害・習慣・職業などを共通にする)連中, 仲間, グループ (company, set): a jolly ～ 愉快な連中 / He does not belong to that ～. 彼はあの一味ではない. **b** 聴衆, 観客 (audience), 出席者 (attendance). **c** 群衆役の役者たち. **3** [the ～] 民衆, 大衆, 庶民 (populace): follow [go with, move with] *the* ～ 俗衆に従う, 大勢に倣(なら)う. **4** 多数, たくさん (multitude): a ～ of flies 群がるハエ / a ～ of papers and books on the desk 机の上の書類や書物の山 / a ～ of sail (状況の許す限り張った)たくさんの帆; 多数の帆船 / There were ～*s* of people in the streets. 街は大変な人出だった.

páss* (*múster*) *in a crówd 《口語》目立って水準以下ではない: That would *pass in a* ～. それは見劣りはしまい, まず普通程度だろう. (1711)

— *vi.* **1** 群がる, (大勢)寄り集まる, 込み合う (throng). **2 a** 押し寄せる, 押し入る, 押し進む: ～ into a room [through a gate] 大勢の人が部屋に[門から]押し入る / ～ on [upon]＝～ in upon …に殺到する / Memories ～*ed* (in) upon me. 思い出がどっと浮かんできた / ～ together 群がる. **b** 《米口語》急ぐ, せく (hurry): ～ on one's way. — *vt.* **1 a** 〈人・物が〉〈狭い場所〉にぎっしり詰まる: ～ a house [street] 〈人が〉家[街路]にいっぱいになる / Students ～*ed* the lecture hall. 学生が講堂にぎっしり詰まった / 18th century paintings ～*ing* the walls 壁面を埋める 18 世紀の絵画. **b** 〈家・部屋などに〉〈人・物を〉ぎっしり詰める, 押し込む (pack) 〔*with*〕: ～ a room *with* people [furniture] 部屋に人[家具]をぎっしり詰める. **c** 〈人・物を〉〔…に〕ぎっしり詰め込む, 押し込む 〔*into*〕: ～ persons [things] *into* a small room 狭い部屋に人[物]をぎっしり詰める. **2 a** 押す (push): You are ～*ing* me against the wall. 君は私を壁に押しつけている. **b** 押し出す, 押しのける; 締め出す 〈*out, off*〉: ～ a person *off* the platform 壇上から人を押しのける. **3** 《米口語》(うるさく)せがむ, 強要する; 急がせる (hurry): ～ work *upon* a person＝～ a person *with* work 人に仕事を押しつける / ～ a person *for* an answer [the payment] 人に返事[支払い]を迫る / be ～*ed with* work 仕事に忙殺される. **4 a** 〈ある年齢に〉近づく (approach): He is ～*ing* 70. そろそろ 70 に手が届く年だ. **b** …のすぐ近くに迫る: ～ a car. **c** 〘野球〙〈打者が〉〈ホームプレート〉にかぶさるように位置する: ～ the plate. **5 a** 〘海事〙〈帆を〉(速力を増すために風の許す限り)できるだけたくさん張る: ～ (on) sail. **b** 〈スピードを〉増す (increase) 〈*on*〉: ～ on speed.

crówd óut 〈ホールなどを〉満員にする, ぎゅうぎゅう詰める.

crowd·er /kráudə | -də(r)/ *n.* 〘n.: (1567) ← (v.). — v.: OE *crūdan* to press forward < Gmc **krūdan* (Du. *kruien*) ← IE **greut-* to push〙

SYN 群衆: **crowd** 秩序なく密集した多数の人々: He threaded through the *crowd*. 人込みの中を縫うように進んでいった. **throng** 特に押し合いへし合いする群衆 (格式ばった語): *Throngs* of people gathered to see the procession. 大勢の人々が行列を見に集まった. **multitude** おびただしい群衆: a great *multitude* 大変な人の群れ. **press** 密集した人の群れ (格式ばった語): There was a terrible *press* in the hall. 広間には人々がびっしりと詰め掛けていた. **swarm** 大勢で動き回る人々の群れ: a *swarm* of sightseers あちこち動き回る観光客の群れ. **horde** 《通例軽蔑》通例粗野で乱暴な人の群れ: *hordes* of vagrants 浮浪者の群れ. **mob** 破壊的行動をしかねない無秩序な群衆: subdue a *mob* 危険な群衆を鎮める. **host** 人や物の大きな集団: She has a *host* of friends. 彼女には多数の友人がある. **rabble** 騒々しく無秩序な群衆: At last the *rabble* broke up. ついにやじ馬が解散した.

---

crowd² /kráud, krúːd/ *n.* **1** ＝crwth. **2** 《英方言》バイオリン. 〘(?a1300) *croud* □ Welsh *crwth* fiddle ← IE **krut-* musical instrument〙

crówd contròl *n.* (警察などの)群衆整理[規制] 《デモのときなど》.

crowd·ed /kráudɪ̣d | -dɪd/ *adj.* **1** 込んでいる, 込み合っている, (大入り)満員の: a ～ house, room, theater, bus, etc. / ～ passengers on a bus バスに満員の乗客 / ～ solitude 群衆の中にいて覚える孤独感 / ～ streets 込み合っている街路. **2** 群がっている: ～ freckles. **3** 経験・事件などに満ちた, 多事な: a ～ life 波乱万丈の生涯 / a ～ day 多事な一日. **～·ly** *adv.* **～·ness** *n.* 〘(1612) ← CROWD¹＋-ED 2〙

crow·die /kráudi | -di/ *n.* 《スコット・北英》 **1** オートミールに水または牛乳などを加えた朝食用のかゆ, ポリッジ (porridge). **2** 乳漿(にゅうしょう)を搾(しぼ)って作ったチーズに似た食べ物, (スコットランド産の)カッテージチーズ. 〘(1862) ← ?〙

crówd·ing óut /-dɪŋ- | -dɪŋ-/ *n.* 〘金融〙クラウディングアウト《国債増発の結果, 市中金利が上昇して民間企業や個人の資金調達が困難になる現象》.

crówd-plèaser *n.* 大勢の人を楽しませるもの.

crówd pùller *n.* 《英口語》大勢の人を引きつける人[もの, 出来事].

crówd sùrfing *n.* クラウドサーフィン《コンサートなどで, 群集が頭上に伸ばした手の上を横になったまま移動していくこと》.

crow·dy /kráudi | -di/ *n.* 《スコット・北英》＝crowdie. 〘(1668) ← ?〙

crów-flòwer *n.* ＝crowfoot 3.

crow·foot /króufùt | kráu-/ *n.* (*pl.* **-feet** /-fìːt/, 3 では **～s**) **1** [通例 *pl.*] ＝crow's-foot 1. **2** (建築設計図などで)V 型マーク《先端が基点や寸法の範囲を示す》. **3** 〘植物〙 葉がカラスの足指のように深裂している植物の総称: **a** キンポウゲ科ウマノアシガタ属 (*Ranunculus*) の植物《ウマノアシガタ (*R. acris*), キンポウゲ (buttercup) など》. **b** フウロソウ属 (*Geranium*) の植物の総称. **4** 〘海事〙(甲板天幕 (awning) などの)つり索(一式). 〘*a*1400〙

crów·hòp *n.* 短いジャンプ; 《米》(馬の)脚をこわばらせ背を弓状にして行う跳躍. 〘(1897) ← CROW¹＋HOP¹〙

Crów Jím *n.* 《米俗》(黒人による)白人に対する逆差別 (cf. crow¹ 4 a, Jim Crow).

crów·kèeper *n.* **1** 《英方言》からす追い《からすを追うために雇われる人》. **2** 《廃》かかし (scarecrow). 〘1562〙

crown /kráun/ *n.* **1 a** (古代人が勝利・名誉の象徴として用いた)花冠, 葉冠 (wreath, garland), 栄冠; そのような名誉(の賜物): ⇨ civic crown 1 / No cross, no ～. ⇨ cross¹ 2 c. **b** 王冠, 宝冠 (diadem); (君主などが身に着ける)金・銀で飾った飾り輪《頭飾り・腕輪など》. **c** (スポーツのチャンピオンの)王位, タイトル. **d** (至上の)光栄, 天上の幸福: the martyr's ～ 殉教者のになう誉れ / the ～ of life 生命の冠《天上において受ける永遠の命; cf. *Rev.* 2: 10》. **2** [the ～, C-] **a** 帝王の位[身分], 皇位, 帝位: succeed to [relinquish] *the* ～ 王位を継承する[捨てる]. **b** 国王, 帝王, 女王, 君主 (monarch): an officer of *the* ～ (国王任命の)官吏 / the demise of *the* ～ 国王の崩御. **c** (君主国の)主権 (sovereignty); 国王の支配[統治]. **d** 〘法律〙検察当局, 起訴者側. **3** 王冠の図, 王冠章[飾り]. **4 a** 頂, 最頂部 (top); (特に)円頂. **b** (アーチ形の物の)最高部. **c** (車道横断面の)路頂. **d** (頭の)脳天, 頭 (head): the ～ of the head 頭のてっぺん, 脳天, 頭頂. **e** (帽子の)山, クラウン. **f** (山の)頂上, 絶頂 (summit). **5 a** 王冠の図[王冠じるし]のあるもの. **b** (英国のもとの) 5 シリング銀貨, クラウン銀貨《1551 年から 1946 年まで使用された》. **c** (ヨーロッパ数か国で用いられる)クラウン通貨(単位)《「王冠」の意であることから; ⇨ krone, krona, koruna》. **d** 20–30 グラム 33–50 ミリの銀貨の総称; ニッケル合金貨にも用いる. **e** クラウン(判)《印刷用紙の仕上げ寸法の一つ; 《英》では 15×20 インチ [381×508 mm], 《米》では 15×19 インチ [381×482.6 mm]; 昔この大きさの紙に王冠の透かし模様があった; crown cap ともいう》. **6** (完成・成就・発達などの)絶頂, 極致, 最後を飾るもの (consummation): the ～ of womanhood 女盛り / the ～ of one's labors 努力の終局を飾るもの《名誉ある完成》/ the ～ of the year 一年中での収穫期《最後を飾る秋》. **7** 〘歯科〙歯冠(歯にかぶせる金冠 (gold crown) など). **8 a** 王冠状のもの. **b** (ビール瓶などの王冠, キャップ, 栓(せん) (crown cap). **c** (時計の)りゅうず(竜頭)《button ともいう》. **d** (鳥の)とさか; 〘動物〙(ウミユリなどの)冠状部. **9 a** クラウン結び《ロープを形成する 3 本小索(ストランド)を組み結ぶ方法で, ロープの先端のほどけるのを防ぐ》. **b** ロープ端をげんこつのように結んで作る玉の仕上げの部分. **10** 〘海事〙＝anchor crown. **11** 〘植物〙 **a** 副(花)冠 (corona). **b** 樹冠《葉で覆われた樹木の頂上》. **c** 根頭(こんとう)《根が茎へ移行する部分》. **d** (イチゴ・アフリカスミレではしばしば)株. **12** 〘ガラス製造〙＝crown glass. **13** 〘宝石〙(ブリリアントカットにおいて)クラウン, 冠部《周稜より上の部分》. **14** 〘機械〙クラウン《平ベルト車の外周表面や歯車の歯面の中央につけられたわずかの突出した丸み; ベルトを中央に引き寄せる効果, 歯面が中央でかみ合う効果をもつ》. **15** 〘鉱山〙クラウン《ダイヤモンドドリル (diamond drill) の先端》.

crówn and ánchor (王冠・錨に 1 の目のしるしが四ついたさいころと同じしるしのついた盤とで行う)賭博の一種. (1880)

crówn of thórns (1) (キリストがかぶらされた)いばらの冠 (*Matt.* 27: 29). (2) 苦難, 不当な傷害. (3) 〘植物〙 Madagascar 島産針状のとげのあるトウダイグサ属の低木 (*Euphorbia milii*) 《しばしば観賞用に栽培》. (4) 〘動物〙オニヒトデ (*Acanthaster planci*) 《体表面は鋭いとげで覆われ, オーストラリアや沖縄沿岸のサンゴ礁を食い荒らす; crown-of-thorns starfish ともいう》.

— *adj.* [限定的] [しばしば C-] 《英》国王の, 王室の: a ～ appointment (高官などの)親任 / a ～ living 王室から下賜される聖職給 / a *Crown* demesne 王室御料地 / a *Crown* forest 御料林.

— *vt.* **1 a** 〈人に〉栄冠を授ける, 王冠をいただかせる. **b** [目的補語を伴って] 〈人を〉〈王位・チャンピオンなど〉につかせる: ～ a person king 人を王位につかせる / He was ～*ed* world champion. 彼は世界チャンピオンに正式に認められた. **c** (頭に)花冠などを置く. **2 a** 〈人に〉〔栄誉を〕担わせる, 〔光栄などで〕…に報いる (honor) 〔*with*〕: ～ a person *with* glory 人に栄誉で報いる / be ～*ed with* success 成功をもって報いられる, 成功の栄冠を得る. **b** 頂に載せる, 冠する (top, cap); …の頂を飾る, 飾る (adorn) 〔*with*〕: a mountain ～*ed with* snow 雪を頂いた山 / an island ～*ed with* beautiful white houses 頂上に美しい白い家のある島. **3** …の最後[有終の美]を飾る, 仕上げとなる; 完成する, 全うする (complete): ～ one's career *with* success 成功で生涯の有終の美を飾る / His speech ～*ed* the party. 彼のスピーチがパーティーの最後を飾った. **4 a** 〈屋根・道などを〉中高にする. **b** 〈歯〉に金冠をかぶせる: teeth ～*ed with* gold 金冠をかぶせた歯. **5** 〈ロープ〉にクラウン結びを作る (cf. *n.* 8). **6** 《俗》〈人〉の頭をなぐる. **7** 〘チェッカー〙〈ある駒(こま)〉に(別の駒を重ねて) king にならせる. — *vi.* **1** 〘チェッカー〙 king になる. **2** 〘医学〙(分娩の際)〈胎児が〉膣口に出現する. ***to crówn (it) áll*** 「画竜点睛」として, 加えるに, その上に; 《皮肉》挙句の果てに. (1665)

～·less *adj.* 〘n.: lateOE *crune* □ AF *cor(o)une*＝OF *coro(u)ne* (F *couronne*) < L *corōnam* wreath, crown □ Gk *korṓnē* anything bent. — v.: ME *coroune(n)* □ AF *coruner*＝OF *coroner* < L *corōnāre*: ⇨ coronation: CORONA と二重語〙

crówn àgent *n.* **1** (英国の)海外援助担当官[機関]; 《古》植民地財務担当官《英国内にあって植民地の財政や業務を担当》. **2** [C- A-] 《スコット法》公訴ソリシター《公訴提起の準備をするソリシター》. 〘1889〙

crówn àntler *n.* 〘動物〙雄鹿の角の一番上の枝角の先 (surroyal).

Crówn attórney *n.* 《カナダ》連邦政府の検察官.

crówn cám *n.* 〘機械〙クラウンカム《端面に凹凸のあるカム面をもつカム》.

crówn cánopy *n.* 〘林業〙林冠.

crówn càp *n.* **1** (ビール瓶などの)王冠, キャップ, 栓(せん): a ～ opener 栓抜き. **2** ＝crown 5 e. 〘1928〙

crówn cólony, C- C- *n.* 《英》直轄植民地.

crówn còrk *n.* ＝crown cap 1. 〘1845〙

Crówn Cóurt, c- c- *n.* [the ～] 〘法律〙(英国の)刑事法院《従来の巡回裁判所 (assizes) および四季裁判所 (quarter sessions) に代わって 1971 年に新設された》; (イングランドやウェールズの)巡回裁判所. 〘1827〙

crówn dàisy *n.* 〘植物〙シュンギク (*Chrysanthemum coronarium*) 《地中海沿岸原産キク科の一年草; 食用》. 〘1882〙

Crówn Dérby *n.* ＝Derby china. 〘1863〙

crowned *adj.* **1 a** 王冠をいただいた, 王位についた; 王冠飾りのある: ～ heads 国王と女王. **b** 〘紋章〙〈動物が〉冠を着けている (cf. insigned). **c** 王冠より生じる[に基づく]: ～ authority 王権. **2** [複合語の第 2 構成素として] …の頂部のある: a high-[low-] *crowned* hat 山の高い[低い]帽子 / a snow-*crowned* mountain 雪を頂く山. 〘(lateOE) (?c1200): ⇨ -ED 2〙

crówned cráne *n.* 〘鳥類〙カンムリヅル《アフリカ産カンムリヅル属 (*Balearica*) の鳥の総称; 後頭部に黄金色の冠毛がある》.

crówned pígeon *n.* 〘鳥類〙カンムリバト《New Guinea および周辺の島々の森林にすむカンムリバト属 (*Goura*) の大形のハト; 飼鳥ともされる》.

crown·er¹ /kráunə | -nə(r)/ *n.* **1** 栄養を与える人[物]. **2** (功績などの)最後を飾るもの; 仕上げる人, 完成者. **3** 《口語》 **a** (馬上などから)頭から逆さに落ちること, 逆落とし. **b** (逆落としによる)頭のけが. 〘(1440) *crounere*: ⇨ -er¹〙

crown·er² /krúːnə, kráu- | -nə(r)/ *n.* 《古・英方言》＝coroner: a ～'s quest 検死. 〘(?c1350) □ AF *cor(o)uner*: ⇨ coroner〙

crown·et /kráunɪ̣t | -nɪt/ *n.* 《廃》＝coronet. 〘?a1400〙

crówn èther *n.* 〘化学〙クラウンエーテル《錯体が王冠形のポリエーテル》.

crówn fìre *n.* (森林火災での)樹冠火(じゅかんか)《樹木の枝や葉の茂っている部分が燃える》. 〘1938〙

crówn gàll *n.* 〘植物病理〙根頭(こんとう)癌腫(がんしゅ)病《*Agrobacterium tumefaciens* 菌によるモモ・ブドウ・バラなどの地下茎や幹が膨らむ病気》. 〘1900〙

crówn gèar *n.* 〘機械〙クラウン[冠]歯車《かさ歯車 (bevel gear) の一種; ピッチ円錐の頂角が 180° で円板状》.

crówn glàss *n.* 〘ガラス製造〙クラウンガラス: **1 a** 厚さが不均一でわずかに凸面で吹管で吹いて造った手製のガラス. **b** ソーダ石灰ガラスで, フリントガラスに比べて屈折率が小さい光学ガラス《optical crown ともいう》. **2** 旧式のクラウン法で製造した窓ガラスガラス. 〘1706〙

crówn gràft *n.* 〘園芸〙普(ふ)接ぎ《台木の茎と根の境い目に穂木を接ぐこと; 台木上の接木位置による分類の一つ; cf. topworking, root graft》. 〘1727〙

crówn gréen *n.* (中央が少し高くなった)ローンボウリング用の芝生. 〘1904〙

crówn impérial *n.* **1** 帝王の冠 (emperor's crown). **2** 〘植物〙ヨウラクユリ (*Fritillaria imperialis*) 《イラン原産ユリ科バイモ属の植物; 観賞用に栽培される》. 〘1542〙

crówn·ing *adj.* **1** 一番上にある, 頂上をなす: a ～ point 頂点. **2** この上ない, 無上の, 最高の (supreme): one's ～ glory / the ～ folly 愚の骨頂. — *n.* **1** 王冠を授けること; 戴冠(式). **2** 〘東方正教会〙加冠の式, 戴冠式《結婚式のこと; 東方正教会の結婚式では司式者が新郎新婦の頭に金属製の冠を置く》. 〘(*a*1250): ⇨ -ing²·¹〙

crówn jéwels *n. pl.* [the ～] 王権の象徴としての宝石類《戴冠用の宝器(王冠・笏(しゃく))など; cf. regale² 2 a》. 〘1649〙

crówn·lànd *n.* (ハプスブルク帝国の)州《19 世紀中葉に一時使われた名称》. 〘(なぞり) ← G *Kronland*〙

crówn lánd *n.* **1** 王領, 王室御料地. **2** (英政府の)政府管理地[国有地], 直轄(植民)地. 〘*a*1625〙

crówn láw *n.* 《英》刑法 (criminal law). 〘1769〙

crówn léns *n.* 〘光学〙クラウンレンズ《crown glass で造ったレンズ; 特に, 色消し収束レンズとして用いるものをいう》. 〘1834〙

crówn mòlding *n.* 〘建築〙冠繰形, 蛇腹繰形.

crówn octávo *n.* 〘製本〙クラウンオクタボ(判), 八折判《本の大きさ; 5×7½ インチ [127×190.5 mm]; 略 crown 8 vo》.

Crówn Óffice *n.* [the ～] 〘英法〙 **1** 王座裁判所 (Court of King's Bench) 刑事部. **2** 大法官庁の国璽(こくじ)部 (Crown Office in Chancery). 〘1631〙

crówn-of-the-field *n.* 〘植物〙＝corncockle.

crówn-of-thórns stàrfish *n.* 〘動物〙オニヒトデ (⇨ CROWN of thorns (4)).

crówn·pìece *n.* **1** 物の頂点に付ける[を構成する]もの; (頂上の)留め飾り. **2** 馬勒(ばろく)の頂革(ちょうかく). 〘1648〙

Crówn Póint *n.* クラウンポイント《米国 New York 州北東部 Champlain 湖に臨む村; 独立戦争時の戦略的重要地点》. 〘(誤訳) ← F *Pointe à la Chevelure* scalping point〙

crówn prínce *n.* **1** (英国以外の)皇太子 (cf.

Prince of Wales). **2** (官職などの)次期有力候補. 〖1791〗

crówn príncess *n.* **1** 皇太子妃. **2** 女性の推定(王位)継承人. 〖1863〗

Crówn Prosecútion Sèrvice *n.* [the ~] (イングランド・ウェールズ) 公訴局 (一定の事件の訴追を担当する政府機関; 1986 年設置).

Crówn Prósecutor *n.* (カナダ) =Crown attorney.

crówn quárto *n.* (英)〖製本〗クラウンクォート(判), 四折判 (本の大きさ; $7^1/_2$×10 インチ [190.5×254 mm]; 略 crown 4to).

crówn róast *n.* 王冠形ロースト (子羊・子牛・豚などの骨付きあばら肉を丸く形づくり, 真ん中に詰め物をしたロースト; 骨に紙飾りを付ける). 〖*c*1909〗

crówn ròt *n.* 〖植物病理〗裾腐(すそぐされ)病 (*Phytophthora parasitica* 菌によって植物の根頭(こんとう)が腐る病気). 〖1924〗

Crówn Róyal *n.* 〖商標〗クラウンロイヤル (Joseph E. Seagram & Sons 社製のカナディアンウイスキー).

crówn rùst *n.* 〖植物病理〗燕麦冠銹(かんしゅう)病 (*Puccinia coronata* 菌によるカラスムギその他穀物類の病気; 葉に黄色の胞子を形成する). 〖1899〗

crówn sàw *n.* 冠(かん)のこぎり (円筒の縁に歯をつけた回転のこぎり).

crówn vál·la·ry /-vǽləri/ *n.* 〖紋章〗クラウンヴァレリー (敵を防ぐための柵を図形化した冠で, 敵陣に最初に突入した勇者に与えられたという). 〖*vallary*: □L *vallāris* ← *vallum* rampart+*-āris* '-ARY'〗

crówn vètch *n.* 〖植物〗=axseed. 〖*c*1900〗

crówn wàrt *n.* 〖植物病理〗結瘻(けつろう)病 (*Urophlyctis alfalfae* 菌によって根頭(こんとう)にこぶができるムラサキウマゴヤシの病気).

crówn whèel *n.* **1** 〖機械〗クラウン歯車, 冠歯車 (車の放射面に直角に歯をつけたもの). **2** 〖時計〗**a** 丸穴車 (ぜんまい巻上輪列の中の歯車の一つ; きち車および角穴車とかみ合う). **b** 冠形歯車 (古い機械時計の脱進機に使われる). 〖1647〗

crówn wítness *n.* [しばしば C-] (英) 検察側証人. 〖1859〗

crówn·wòrk *n.* **1** 〖築城〗冠塞 (前面に突き出した中央稜堡 (bastion) から左右の小稜堡を結んだ防御堡塁). **2** 〖歯科〗歯冠(補綴). 〖1677〗

crów phèasant *n.* 〖鳥類〗インドおよび中国産ホトトギス科バンケン属 (*Centropus*) の鳥の総称; (特に)オオバンケン (*C. sinensis*).

crów quìll *n.* 丸ペン (細書き用鉄ペン); (かつての)カラスの羽軸で作った細字用の羽根ペン. 〖1740〗

crów's-fòot /króuzfùt/ *n.* (*also* **crows·fòot**) (*pl.* **-feet** /-fìːt/) **1** [通例 *pl.*] 目じりのしわ, 「からすの足あと」. **2** 〖服飾〗かんぬき止め (三角形のサテンステッチで作り, ひだ止めや開口などの裂け止めまたは飾り刺繍として用いる). **3** 〖航空〗クローフート (飛行船などのガス袋の吊索にかかる張力を主索から支索へと分散させる組合わせ). **4** =caltrop 1. **5** 〖海事〗=crowfoot 4. 〖*c*1385〗

crow's-foot 2

crów's nèst *n.* **1** 〖海事〗(捕鯨船などのマストの上部に取り付けた)檣上(しょうじょう)見張座. **2** (陸上の)見張台. **3** 〖植物〗=wild carrot. 〖(1604) 1808〗

crów's-nèst mòdel *n.* 〖造船〗=hawk's nest model.

crów·stèp *n.* 〖建築〗いらか段 (corbiestep). **~ped** *adj.* 〖1822〗

crów·tòe *n.* 〖植物〗**1** (米) =toothwort 2. **2** (英) **a** =wood hyacinth. **b** =buttercup. 〖1562〗

Croy·don /krɔ́idn/ *n.* クロイドン (London 南部の自治区). 〖OE *Croǵedena* ← *crog* saffron+*denu* 'DEAN²'〗

croze /króuz | kráuz/ *n.* **1** おけ板の溝 (その中に鏡板 (barrelhead) がはまる). **2** おけ板の溝切り道具. 〖(1611) □? OF *croz* (F *creux*) hollow, groove〗

Cro·zét Íslands /krouzéi- | krəu-; *F.* kʀozɛ/ *n. pl.* [the ~] クローゼー諸島 (インド洋南部 Kerguelen 島の西南西ある諸島; フランス領).

cro·zier /króuʒə | kráuziə$^{(r}$, -ʒə$^{(r}$/ *n.* =crosier.

CRP 〖略〗(インド) Central Reserve Police.

Cr$ 〖記号〗〖貨幣〗cruzeiro(s).

CRT 〖略〗〖電子工学〗cathode-ray tube; (英) composite rate tax. 〖1941〗

cru /krúː; *F.* kʀy/ *n.* **1** (フランスの)ぶどう園, ぶどう酒の産地 (ぶどう酒の格付けに用いられる): a good ~ 上質のぶどう酒. **2** ワインの等級. 〖(1824) □F ~ 'producing field' ← *crû* (p.p.) ← *croître* to grow〗

cru·been /krùːbíːn/ *n.* (アイル) 動物の足, (特に)豚の足. 〖(1847) □Ir. Crūibin (dim.) ← *crúb* claw, paw〗

cruces *n.* crux の複数形.

cruces ansatae *n.* crux ansata の複数形.

cru·cial /krúːʃəl, -ʃl/ *adj.* **1** 万事を決定する, 決定的な (decisive); きわめて重大な: a ~ test 決定的な試練 / a ~ moment 決定的瞬間 / a thing of ~ importance きわめて重要なもの / His decision was ~ in ending the war. 終戦には彼の決断が決定的だった. **2** 厳しい, 困難な (severe) (cf. crux 1 a): a ~ period. **3** 《古》十字形の (cruciform). **4** 《俗》かっこいい, すてきな, すばらしい. 〖(1706) □F ~ ← L *cruc-*, *crux* 'CROSS¹': ⇨ -AL¹〗

crúcial incísion *n.* 〖外科〗十字切開(術). 〖1706〗

crú·cial·ly *adv.* 決定的に, 重大に: a ~ important factor 決定的に重要な要因.

crú·cian cárp /krúːʃən-/ *n.* 〖魚類〗ヨーロッパフナ (*Carassius carassius*) (ヨーロッパに生息するコイ科フナ属の魚; 単に crucian ともいう). 〖(1836) *crucian*: ← ? LG *karuse* (cf. Lith. *karusis*): ⇨ -an¹〗

cru·ci·ate /krúːʃièit/ *adj.* **1** 十字形の. **2** 〖植物〗(花弁が)十字形の: a ~ flower 十字花 (ナタネなど). **3** 〖昆虫〗(休止しているとき) (翅が)斜めに交差する. **~·ly** *adv.* 〖(1826) ← NL *cruciātus* (p.p.) ← *cruciāre* to crucify ← L *crux* 'CROSS¹': ⇨ -ate²〗

crúciate lígament *n.* 〖解剖〗(膝の)十字靭帯 (互いに交差して大腿骨を脛骨につなぐ一対の膝靭帯).

cru·ci·ble /krúːsəbḷ | -sɪ̀-/ *n.* **1** 〖冶金〗**a** るつぼ (melting pot). **b** (溶鉱炉の)湯だまり. **2** 厳しい試練: be in the ~ of affliction 辛苦の厳しい試練を受けている. 〖(?*a*1425) □ML *crucibulum* hanging lamp, melting pot ← ? L *cruci-* cross-shaped+*-bulum* (cf. *thūribulum* 'censer, THURIBLE'): (原義) ? 十字架像の前に置かれたランプ〗

crúcible fúrnace *n.* 〖冶金〗るつぼ炉.

crúcible stéel *n.* 〖冶金〗るつぼ鋼 (練鉄・木炭などをるつぼで溶製した優良鋼). 〖*c*1879〗

cru·ci·fer /krúːsəfə | -sɪ̀fə$^{(r}$/ *n.* **1** (宗教行事の行列などの)十字架奉持者 (crossbearer). **2** 〖植物〗アブラナ科 (Cruciferae) の植物 (cf. cress). 〖(1574) □LL ~ 'cross-bearing' ← L *cruc-*: ⇨ crucial, -fer〗

Cru·cif·er·ae /kruːsífəriː/ *n. pl.* 〖植物〗アブラナ科 (Brassicaceae ともいう). 〖← NL ~ (fem. pl.): ⇨ crucifer 2〗

cru·cif·er·ous /kruːsíf(ə)rəs/ *adj.* **1** 十字架になった. **2** 〖植物〗アブラナ科の. 〖(1656) ← CRUCIFER+-OUS〗

cru·ci·fix /krúːsəfìks | -sɪ̀-/ *n.* **1** キリストのはりつけ像の付いている十字架, 十字架像, キリストの磔刑(たっけい)像. **2** (キリスト教の象徴としての)十字架 (cross). **3** 〖体操〗(つり輪の)十字懸垂. 〖(*a*1200) □(O)F ~ □LL *crucifixus* fixed to the cross ← L *cruc-* 'CROSS¹'+*fixus* ((p.p.) ← *figere* 'to FIX')〗

cru·ci·fix·ion /krùːsəfíkʃən | -sɪ̀-/ *n.* **1 a** はりつけ (にすること[の状態]); 十字架上の死. **b** [the C-] キリストのはりつけ. **c** キリストのはりつけの画像, 十字架上のキリスト像. **2** 苦しい試練, 苦難; 厳罰; 激しい迫害, 拷問 (torture). 〖(*a*1410) □LL *crucifixiō(n-)*: ⇨ ↑, -xion〗

cru·ci·form /krúːsəfɔ̀əm | -sɪ̀fɔ̀ːm/ *adj.* 十字形の, 十字架状の: a ~ church 十字架状の聖堂 (平面が十字架状をしている). — *n.* 十字形. **~·ly** *adv.* 〖(1661) ← L *cruc-* 'CROSS¹'+-FORM〗

cru·ci·fy /krúːsəfài | -sɪ̀-/ *vt.* **1** はりつけ[磔刑(たっけい)]にする. **2** 責めさいなむ, 虐待する, いじめる (torture). **3** (情欲・俗念などを)抑制する, 殺す (mortify): ~ the lusts of the flesh 肉欲を制する (cf. *Gal.* 5:24). **4** 《俗》酷評する, 笑いものにする. **crú·ci·fi·er** *n.* 〖(*a*1325) *crucifie(n)* □(O)F *crucifier* □LL *crucifigere*: ⇨ crucifix, -fy〗

crú·ci·fỳ·ing *adj.* 責めさいなむ(ような), ひどく苦しい. 〖(1648): ⇨ ↑, -ing²〗

cruck /krʌ́k/ *n.* (英)〖建築〗(中世木造建築の)扠首(さす) (小屋組を指示する一対の太い弧を描いた部材). 〖(1888) ← *crok* 'CROOK¹'〗

crud /krʌ́d/ *n.* **1 a** 《口語》(ごみ・油などの)沈澱物, 塊; (特に)原子炉内の残留物. **b** 《俗》くだらないもの, 不愉快なもの, くず (rubbish); 不愉快な人. **2** 《方言》=curd. **3** 《俗》わけのわからない病気; 想像上の病気 (非標準的な語): jungle ~. — *v.* 《方言》=curd. — *int.* [不快・失望を表して] ちぇ, くそ. **crud·dy** /krʌ́di | -di/ *adj.* 〖(*a*1376) *crud*: ⇨ curd〗

crude /krúːd/ *adj.* (**crud·er**; **-est**) **1 a** 粗野な, 無骨な, ぞんざいな, 下品な (rude) (⇨ coarse SYN): ~ manners 無作法. **b** 仕上げをしてない, ぎこちない, 雑な, 生硬な: ~ writing. **c** 教養のない, 低俗な; 卑俗な: the ~ masses / ~ taste. **d** (音など)耳障りな. **e** (色が)不快感を与える, 毒々しい (garish). **2** (考え・理論など)(分析・理解の)不十分な, 粗末な, 未熟な (immature): a ~ theory, method, etc. / a ~ opinion 幼稚な意見. **3 a** (人工を加えない)天然のままの, 未加工の, 未調理の, 生(なま)の (raw): ~ copper 粗銅 / ~ (raw) materials 原料. **b** 精製してない, 粗製の: ~ salt 粗製塩 / ~ sugar 粗糖 / ~ rubber 生ゴム. **4** 雑な作りの (rough). **5 a** ありのままの, 露骨な, むき出しの (bald): a ~ fact. **b** 紛れもない, 全くの (sheer): ~ necessity. **6** 《古》(果物など)熟していない, 未熟の (unripe). **7** 《廃》未消化の (undigested). **8** 《古》〖文法〗語尾変化のない (uninflected). **9** 〖統計〗粗な, 普通の (母集団をグループ分けしないで求めた比率などについていう). — *n.* 原油, 原油 (crude oil). **~·ness** *n.* 〖(*c*1395) □L *crūdus* raw, hard, unprepared, harsh: ⇨ cruel, raw〗

crúde·ly *adv.* **1** 原料[天然]のままで, 加工しないで, 生(なま)で. **2** ありのままに; ぞんざいに; 露骨に. **3** 〖統計〗調整せずに. 〖(1638): ⇨ ↑, -ly¹〗

Cru·den /krúːdn/, **Alexander** *n.* クルーデン (1701–70; スコットランドの書籍商; 聖書コンコーダンス編集者).

crúde óil [petróleum] *n.* 原油. 〖1865〗

crúde túrpentine *n.* 生松脂(なまじょうし), テルペンチン (turpentine).

cru·di·tés /krùːdɪtéɪ | krúːdɪtèɪ; *F.* kʀydite/ *n. pl.* 〖料理〗(サラダドレッシングをかけて出す)生野菜のオードブル. 〖(1960) □F ~: cf. crudity〗

cru·di·ty /krúːdəti | -dɪ̀ti/ *n.* **1** 生のままの状態, 未熟; 生硬; 粗雑, ぞんざい; 露骨. **2 a** 未熟[粗雑, 生硬]な物; (芸術などの)未完成品. **b** 粗野[無作法]な言葉[行為]. 〖(?*a*1425) □(O)F *crudité* // L *crūditātem*: ⇨ crude, -ity〗

cru·el /krúːəl, krúːl | krúːəl, krúəl, krúːl/ *adj.* (**cru·el·er**, **-el·ler**; **-el·est**, **-el·lest**) **1 a** 人に苦痛を与えて平気な, 残酷な, 無慈悲な, 邪険な (inhuman): a ~ master 無情な主人 / be ~ to animals 動物を虐待する / be ~ only to be kind ただ人のためを思ってつらく当たる (cf. Shak., *Hamlet* 3. 4. 178) / It hurt me something ~. とても痛かった (cf. something *adv.* 2). **b** 他人の苦痛を喜ぶ, 残酷好きの: ~ satire. **2 a** (光景・運命・苦しみなど)むごい, ひどい, 悲惨な, 無残な (harsh): a ~ sight むごたらしい光景. **b** (規則など)厳しい, 容赦しない (severe). — *adv.* 《廃・方言》ひどく, べらぼうに, ばかに (very, badly, cruelly): be ~ cold やけに寒い. — *vt.* (豪俗) …の成功のチャンスをつぶす, 台なしにする (spoil). **~·ness** *n.* 〖(?*a*1200) □(O)F ~ < L *crūdēlem* cruel ← ?*crūdus* 'CRUDE'〗

C

SYN 残酷な: **cruel** 人や動物に対して意図的に苦しみを与え同情を示さない: Children are sometimes *cruel* to animals. 子供は時に動物に対して残酷だ. **atrocious** 極めて残酷な: an *atrocious* crime 極悪非道な犯罪. **brutal** けだものじみて残酷で乱暴なふるまいをする: a *brutal* killing 残忍な殺し. **inhuman** 人間にふさわしい感情が全くない: an *inhuman* treatment of children 非人間的な子供の扱い方. **pitiless** 同情や哀れみを全く示さない (格式ばった語): a *pitiless* tyrant 血も涙もない暴君. **ruthless** 敵や目下の者に非常に厳しい: *ruthless* Death 無慈悲な死神.
ANT humane, kind, pitiful.

crúel·héarted *adj.* 冷酷な; 無情な, 薄情な. 〖1594〗

Cru·el·la de Vil /kruélədəvíl | -də-/ *n.* クルエラドヴィル (童話および Disney の映画 *One Hundred and One Dalmatians* (1961) の中に登場して犬をいじめようとする女性).

cru·el·ly /krúːəli, krúːli | krúːəli, krúəli, krúːli/ *adv.* **1** 残酷に, 無残に. **2** ひどく, べらぼうに: be ~ crowded いやに混んでいる. 〖(*c*1375): ⇨ -ly¹〗

cru·el·ty /krúːəlti, krúːl- | krúːəlti, krúəl-, krúːl-/ *n.* **1** 残虐, 無情, 残忍, 無慈悲 (inhumanity, cruelness): mental ~ 精神的残忍 / the ~ of the fate 運命の冷酷[無情] / the ~ of a person's sufferings 苦難のむごたらしさ. **2** 残虐な行為, 無残な仕打ち, 虐待. **3** 〖法律〗(離婚の理由となる)精神上[肉体上]の虐待; 精神的暴行. 〖(?*a*1200) □OF *crualté* (F *cruauté*) < VL **crūdālitāte(m)*: ⇨ cruel, -ty〗

crúelty-frée *adj.* **1** (化粧品などが)動物実験をせずに[動物に害を与えずに]開発された. **2** 動物性食品を含まない, 菜食主義の.

cru·et /krúːɪt | krúːɪt/ *n.* **1 a** 薬味瓶, 薬味入れ (酢・油などの薬味を入れる通例ガラス製の食卓用の小瓶). **b** =cruet-stand. **2** 〖キリスト教〗祭瓶, 聖祭[祭壇]用瓶 (ミサ聖祭などに用いるぶどう酒または水を入れる小容器; ampulla ともいう). 〖(*c*1300) □AF **cruet* (dim.) ← OF *crue* earthen pot ← Gmc (cf. Du. *kruik* / G (方言) *Krauche*)〗

crúet-stànd *n.* 薬味入れの台, 薬味立て. 〖1793〗

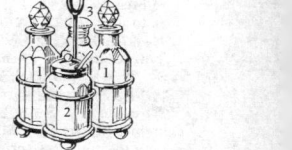

cruet-stand
1 cruets for vinegar or oil
2 mustard pot
3 pepper pot

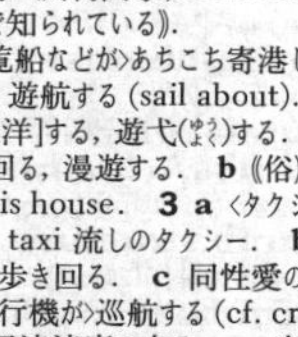

Cruft /krʌ́ft/, **Charles** *n.* クラフト (1852–1938; 英国の犬育種家; Cruft's Dog Show の創始者 (1891)).

Cruik·shank /krʊ́kʃæŋk/, **George** *n.* クルークシャンク (1792–1878; 英国の挿絵画家・諷刺画家; Dickens や Thackeray などの小説の挿絵で知られている).

cruise /krúːz/ *vi.* **1 a** (遊覧船などがあちこち寄港しながら, また目的地もなく)巡航する, 遊航する (sail about). **b** (軍艦が)(敵艦を求めて)巡航[巡洋]する, 遊弋(ゆうよく)する. **2 a** (これといった目的もなく)歩き回る, 漫遊する. **b** 《俗》行く, 出かける (go): ~ over to his house. **3 a** (タクシー・パトカーなどが)流す: a *cruising* taxi 流しのタクシー. **b** 《口語》ガール[ボーイ]ハントをして歩き回る. **c** 同性愛の相手を求めて歩き回る. **4 a** (飛行機が)巡航する (cf. cruising). **b** (自動車で)長距離を経済速度で走る. **c** 楽に勝ち進む (*to, into*) **5** (米)〖林業〗(木材調査のために)森林地を踏査する. — *vt.* **1** (場所を)巡航する: ~ the Mediterranean. **2 a** (飛行機を)巡航速度で飛ばす. **b** (自動車を)一定の速度で走らせる: ~ a car at 50 mph. **3 a** 《口語》(夜の盛り場などで)ガール[ボーイ]ハントをして歩く). **b** 同性愛の相手に近づく. **4** (米)〖林業〗(森林地を)踏査する. — *n.* **1** 巡航; 巡洋航海; 船旅での休暇: take a round-the-world ~ 世界一周航海をする / be on a ~ 巡航中である. **2** 漫歩, 漫遊, 旅行 (trip). 〖(1651) □Du. *kruisen* to cross, traverse ← *kruis* 'CROSS¹'〗

Cruise /krúːz/, **Tom** *n.* クルーズ (1962– ; 米国の俳優).

crúise càr *n.* (米) パトカー (squad car).

crúise contròl *n.* クルーズコントロール (自動車の速度

を一定に保つための自動速度制御装置). 〘1949〙
crúise lìner *n.* 巡航客船.
crúise mìssile *n.* 〘軍事〙 クルージングミサイル, 巡航ミサイル 《地表すれすれに定められた進路を飛んで目標に命中する有翼の小型ミサイル》. 〘1959〙
cruis·er /krúːzə | -zə^(r)/ *n.* **1 a** クルーザー, (居室・調理施設の完備した)行楽用のモーターボート[ヨット] 《cabin cruiser ともいう》; 飛行機. **b** 巡洋艦: an armored [a belted] ~ 装甲巡洋艦 / a converted ~ 改装[仮装]巡洋艦 / ⇨ battle cruiser, heavy cruiser. **2 a** 漫遊者, 旅行者 (traveler). **b** 流しのタクシー. **c** 《米》 パトカー (squad car). **d** 《俗》 (客をあさって町を歩く)売春婦. **3** 《米》 〘林業〙 森林踏査者. **4** 《英》 〘ボクシング〙 =cruiserweight, light heavyweight. 〘(1679) ☐ Du. *kruiser*〙
crúiser stèrn *n.* 〘海事〙 巡洋艦形船尾 《水線が長く造波抵抗の少ない高速艦用の船尾》. 〘1915〙
crúiser·wèight *n.* 《英》 〘ボクシング〙 =light heavyweight. 〘(1920) 巡洋艦が軍艦中 2 番目に重量があるのにちなむ〙
crúise shìp *n.* 巡航客船.
crúise·wày *n.* 《英》 遊覧巡航用の水路. 〘1967〙
crui·sie /krúːzi/ *n.* =cruizie.
crúis·ing *n.* **1** 巡航[漫遊]すること. **2** [形容詞的に] 巡航(速度)の: ~ speed 巡航速度 《トップスピードより遅い経済速度》 / ~ power 巡航パワー 《巡航速度におけるエンジンの出力》 / ~ performance 航続力. 〘(1690) ← CRUISE＋-ING[1]〙
crúising ràdius *n.* **1** (航空機・船の)航続半径. **2** (動物が一日の間に巣などから動き回る)行動半径. 〘1927〙
crui·zie /krúːzi/ *n.* 《スコット》 石油ランプ 《cruzie, cruisie ともいう》. 〘(*a*1774) ☐ ? *creuset* ☐ F *creuset* crucible〙
crul·ler /krʌ́lə | -lə^(r)/ *n.* **1** 《米・カナダ》 クルーラー 《小形の揚げ菓子; 小麦粉・卵・砂糖・バターなどで作った生地をリング形にねじってかりかりに揚げたもの; kruller ともいう》. **2** 《米北部・中部》 ドーナッツ. 〘(*c*1795) ← Du. *krullen* 'to CURL'＋-ER[1]〙
crumb /krʌ́m/ *n.* **1** [通例 *pl.*] (パンやケーキなどの)小片, 粉くず; パンくず, パン粉: ~ *s* from the table 食卓から落ちたパンくず / give ~*s* to the birds パンくずを鳥にやる. **2** パンの柔らかい中身 (cf. crust 1 a). **3** わずか, 小量 (bit): a ~ of rest わずかの[ほんの少しばかりの]休息 / ~*s* of learning 少しばかりの学問 / He didn't touch a ~. (料理に)少しも口をつけなかった. **4** [*pl.*] (砂糖・小麦粉・バター・香料で作った)ケーキの上部の飾り. **5** もろい質の土壌. **6** 《米俗》 **a** しらみ (louse). **b** (人間の)くず 《crumbum ともいう》. ***to a crúmb*** 細かに, 正確に; 完全に.
— *vt.* **1** 《まれ》 〈パンを〉小さく壊す, 崩す (crumble). **2** 〈料理〉にパン粉を振りかける, パン粉にまぶす; パン粉を入れて〈スープなどを〉濃くする. **3** 《口語》 〈食卓〉からパンくずを除く[払う]: ~ a table after a meal 食後テーブルのパンくずを払い取る.
— *adj.* 〈パイの皮が〉砂糖やビスケットくずなどで作られた.
〘n.: OE *crūma* < (WGmc) **crumō* (Du. *kruim* / G *krume*) ← IE **ger-* curving, crooked (cf. cramp[1,2]). — v.: OE *ġecrymman* ← (n.): *-b* は 16C 以来の添加 (cf. dumb, thumb, etc.)〙
crúmb-brùsh *n.* (食卓用)パンくず払いブラシ. 〘1884〙
crúmb·clòth *n.* パンくず受け布 《食卓の下に敷く厚織の綿布》. 〘1843〙
crum·ble /krʌ́mbl/ *vt.* 粉にする, ぼろぼろに崩す 〈*up*〉: ~ bread. — *vi.* **1** ぼろぼろに砕ける; ぼろぼろに崩れる: ~ to dust 崩れてちりになる. **2** 崩壊する (collapse); 〈勢力・名声・希望などが〉もろく消失する, 無に帰する, 滅びる (perish) 〈*away*〉. — *n.* **1 a** ぼろぼろに砕ける[砕けた]もの. **b** 微片 (particle), 破片 (fragment). **2** 《英》 そぼろ状の小麦粉の生地を振りかけて, オーブンで焼いた果物の甘煮: apple ~. **3** 《方言・まれ》 =crumb. 〘(*a*1475) *cremele(n)* (freq.) ← ME *crime(n)* < OE *ġecrymman* to crumble ← *crūma* 'CRUMB': ⇨ -le[3]: 今の形は CRUMB の影響で 16C から〙
crum·blings /krʌ́mblɪŋz, -bl-/ *n. pl.* 砕けた小片, 破片. 〘(1660): ⇨ ↑, -ing[1], -s[1]〙
crum·bly /krʌ́mbli, -bli/ *adj.* (**crum·bli·er**; **-bli·est**) ぼろぼろに崩れやすい, もろい (brittle): ~ soil. **crúm·bli·ness** *n.* 〘(1523) 《古形》 *cromly*: ⇨ crumb, -ly[2]〙
crúmb-ròll 《米俗》 小さく巻ける寝具.
crumbs /krʌ́mz/ *int.* 《英俗》 ひえっ, いやはや 《驚き・当惑を表す; by crumb(s) ともいう》. 〘(1892): cf. crummy[2]〙
crúmb strùcture *n.* 〘土壌〙 団粒[屑粒]状構造, 団粒構造 《耕作に好適》.
crum·bum /krʌ́mbʌ̀m/ *n.* =crumb 6 b.
crumb·y /krʌ́mi/ *adj.* (**crumb·i·er**; **-i·est**) **1** パンくずの多い, パンくずがたくさんついている: a ~ tablecloth. **2** パンの中身のような, (ふわりと)柔らかい (soft). **3** 《米俗》 =crummy[2] 1. **crúmb·i·ness** *n.* 〘(1731) ← CRUMB＋-Y[4]〙
crum·horn /krʌ́mhɔ̀ən | -hɔ̀ːn/ *n.* =krummhorn. 〘1694–96〙
crum·mie /krʌ́mi/ *n.* (*also* **crum·my** /~/) 《スコット・北英》 牛 (cow); (特に)角の曲がっている牛. 〘(1724) ← *crum* 《古形》 (⇨ crumb)＋-IE 1〙
Crúm·mock Wáter /krʌ́mək-/ *n.* クラモックウォーター(湖) 《イングランド北西部, Cumbria 州の Lake District にある湖》.
crum·my[1] /krʌ́mi/ *n.* =crummie.
crum·my[2] /krʌ́mi/ *adj.* (**crum·mi·er**; **-mi·est**) **1** 《俗》 **a** みすぼらしい, 薄汚い (filthy). **b** 安っぽい, 下等な (poor, inferior): a ~ bar. **2** 《英俗》 **a** ひどく気分が悪い, 意気消沈した: feel ~. **b** 〈女性が〉丸ぽちゃの, 胸が豊かな (buxom). **3** 《廃》 =crumbly.
— *n.* **1** 《俗》 =caboose 1 a. **2** 《カナダ》 森林作業員を運ぶ車. **crúm·mi·ness** *n.* 〘(1567) ← *crum* (↑)＋-Y[4]〙
crump /krʌ́mp/ *n.* **1 a** ぼりぼりかむ音. **b** (踏みつけられた雪の)ばりばりいう音. **2** 《英口語》 強打; ばったり倒れること. **3** 《英軍俗》 **a** (砲弾などの)爆発音. **b** 爆弾, 砲弾 (bomb, shell). — *vt.* **1** ぼりぼりかむ (crunch). **2** 重砲撃する. — *vi.* **1** 〈踏みつけた雪などが〉ばりばり音を立てる. **2** 《英軍俗》 〈爆弾・砲弾が〉ばりばり音を立てて爆発する, 炸裂(さく)する. — *adj.* 《スコット》 もろい, 砕けやすい (brittle). 〘(1646) 擬音語〙
crum·pet /krʌ́mpɪt | -pɪt/ *n.* **1 a** 《英》 クランペット 《鉄板で焼く丸くて平たい小形で軽いパン; 通例トーストにしてバターをつけて食べる; cf. pikelet[2]》. **b** 《スコット》 小麦粉の生地で作った甘い厚いケーキ. **2** 《英俗》 頭 (head, brain): barmy [balmy] on the ~ 頭の変な, 気の変な. **3** 《俗》 **a** 性的魅力. **b** 性交. **c** [集合的にも用いて] 女性, 性的魅力のある女[男]: a bit [piece] of ~ いい女.
nót wòrth a crúmpet 《豪俗》 全く無価値な.
〘(1694) ← ? ME *crompid (cake)* curled (cake) ← *crampen* to bend ← ? OE *crump, crumb* ← Gmc **krumbo-* ← IE **ger-* crooked: cf. crimp[1]〙
crúmp hòle *n.* 《軍俗》 爆弾でできた大穴, 弾孔. 〘1915〙
crum·ple /krʌ́mpl/ *vt.* **1** しわにする, しわくちゃにする; 〈紙などを〉もんでくしゃくしゃにする (wrinkle) 〈*up*〉: A smile ~*d* his face. 笑って顔をしわくちゃにした / ~ the paper into a ball 紙をくしゃくしゃに丸める. **2** へばらす, 参らす, たたきのめす (overwhelm) 〈*up*〉: The obstacle ~*d* her. その障害に彼女は参ってしまった. — *vi.* **1** (もまれて)くしゃくしゃになる, しわくちゃになる; 縮む: When her baby laughed, her face ~*d* up. 赤ん坊が笑うと彼女の顔も笑みでしわくちゃになった. **2** つぶれる, 崩れる, 参る (collapse) 〈*up*〉. — *n.* (もまれてできた)しわ. 〘(*a*1325) *crumple* (*n*) (freq.) ← *crumpe(n)* to crook, curl up ← OE *crump*bent, crooked〙
crúm·pled *adj.* **1** しわくちゃの, くしゃくしゃになった: a ~ roseleaf ⇨ roseleaf 成句. **2** 〈牛の角などが〉ねじれた, 曲がっている (bent): a ~ horn. **3** (倒れて)うずくまった. 〘(*a*1325): ⇨ ↑, -ed 2〙
crúmple zòne *n.* 衝撃吸収帯, クランプルゾーン 《車の先端および最後部にあって, 衝突時につぶれて衝撃を吸収する》.
crum·ply /krʌ́mpli/ *adj.* (**crum·pli·er**, **-pli·est**) **1** しわだらけの, しわくちゃの. **2** しわになりやすい, すぐしわになる. 〘(1847–78) ← CRUMPLE＋-Y[4]〙
crunch /krʌ́ntʃ/ *vt.* **1** ぼりぼりかむ, ばりばり[がりがり]かみ砕く. **2 a** 〈砂利道・氷の張った道などを〉ざくざく踏みつける. **b** 〈車輪が〉じゃりじゃり〈道〉にきしる: heavy wheels ~*ing* a stony road 石ころ道をじゃりじゃりときしむ重い車輪. **3** 〘電算〙 〈大量のデータを〉高速処理する. — *vi.* **1** ぼりぼり(音を立てて)食う, がりがりかむ. **2 a** ばりばり踏み砕く[踏み分ける]. **b** ざくざく砕きながら進む 〈*along, up, through*〉. **c** 〈砂利・氷などが〉ざくざく砕ける. — *n.* **1** 《口語》 [the ~] (一触即発の)緊張状態, 危機, 土壇場, 最終段階, ピンチ; 経済的危機, 財政上の逼迫(ひっ): *the* energy ~ エネルギー危機 / New York City's fiscal ~. **2** かみ砕くこと[音], ばりばり, がりがり. **3** ざくざく踏み砕くこと[音], 砕き進むこと[音].
when* [*if*] *it cómes to the crúnch*＝*when* [*if*] *the crúnch cómes いざという時. 《1960》
— *adj.* 《口語》 重大な, 危機的な (craunch).
~·a·ble *adj.* 〘(1801) 《変形》 ? ← CRAUNCH (擬音語): cf. munch, crush〙
crúnch·er *n.* **1** ぼりぼり[ばりばり]音を出す人[もの]. **2** 《俗》 最後[とどめ]の一撃. 〘(1946): ⇨ ↑, -er[1]〙
crunch·ie /krʌ́ntʃi/ *n.* 《南ア俗・軽蔑》 =Afrikaner.
Crunch·ie /krʌ́ntʃi/ *n.* 〘商標〙 クランチー 《英国 Cadbury-Schweppes 社製の子供向けチョコレート》.
crunch·y /krʌ́ntʃi/ *adj.* (**crunch·i·er**; **-i·est**) ぼりぼり[ばりばり, がりがり]いう. **crúnch·i·ness** *n.* **crúnch·i·ly** *adv.* 〘(1892) ← CRUNCH＋-Y[4]〙
cru·node /krúːnoʊd | -nəʊd/ *n.* 〘数学〙 結節点 (node). 〘(1873) ← L *crux* 'CROSS[1]'＋NODE〙
cru·or /krúːɔə | -ɔː^(r)/ *n.* 〘生理〙 (凝)血塊, 血餅. 〘(1656) ☐ L ~〙
crup·per /krʌ́pə | -pə^(r)/ *n.* **1** しりがい, しり当て 《馬の尾の下を通して鞍(くら)に結ぶ革具》. **2 a** (馬の)しり (croup). **b** 《戯言》 《口語》 (人間の)しり (buttocks). 〘(*c*1330) *croupere* ☐ AF *cropere*＝OF *cropiere* (F *croupière*) ← *crope* (F *croupe*): ⇨ croup[2]〙
crura *n.* crus の複数形.
cru·ral /krʊ́(ə)rəl | krʊ́ər-/ *adj.* 〘解剖〙 脚部の, 下腿(たい)の; 大腿部の (femoral): the ~ artery 下腿動脈. 〘(1599) ☐ L *crūrālis* ← *crūr-, crūs* leg ← ?: ⇨ -al[1]〙
crúral séptum *n.* 〘医学〙 大腿中隔.
crus /krʌ́s, krúːs/ *n.* (*pl.* **cru·ra** /krʊ́(ə)rə | krʊ́ərə/) **1** 〘解剖・動物〙 脚, 下腿 《ひざとくるぶしの中間》; すね. **2** 脚に似た部分, 脚部. 〘(*a*1687) ☐ L *crūs* (↑)〙
cru·sade /kruːséɪd/ *n.* **1** (弊風などに対する)改革運動, 廓清運動 (campaign): a ~ against drunkenness＝a temperance ~ 禁酒運動 / a ~ against tuberculosis 結核撲滅運動 / vice ~ 売春撲滅運動. **2** [時に C-] 十字軍 《トルコ人に奪われた聖地奪還のためにヨーロッパのキリスト教徒が 11–13 世紀に派兵した遠征軍》. **3** (教皇の認可した宗教上の)聖戦. — *vi.* **1** 改革[廓清]運動に参加する. **2** 十字軍[聖戦]に加わる. 〘(1577) 《古形》 *crusada* 《混成》 ← Sp. *cruzada* (← *cruzar* to bear the cross ← *cruz* 'CROSS[1]')＋F *croisade* (《変形》 ← *croisée* (p.p.) ← *croiser* to bear the cross ← *crois* 'CROSS[1]': ⇨ -ade〙
cru·sad·er /kruːséɪdə | -də^(r)/ *n.* **1** 改革[廓清]運動者. **2** 十字軍[聖戦]の従軍騎士, 十字軍戦士. 〘(1743): ⇨ ↑, -er[1]〙
cru·sa·do /kruːséɪdoʊ | -dəʊ; *Port.* kruzáðu/ *n.* (*pl.* ~**es**, ~**s** /~z/) クルセード 《ポルトガルの昔の金[銀]貨: この金貨を発行した Alfonso 五世がトルコに対する十字軍に参加したことを記念して裏面に十字架の図案がついていた; 銀貨は John 四世のときに発行》. 〘(*c*1500) ☐ Port. *cruzado* marked with the cross: ⇨ crusade〙
cruse /krúːz, krúːs | krúːz/ *n.* 《古》 (水・油・はちみつなどを入れる)陶製の小さなつぼ, 小瓶: ⇨ widow's cruse. 〘(*c*1275) *crouse* < OE *crūse* // ☐ (M)LG *krūse* ☐ IE **ger-* crooked: cf. ON *krūs*〙
crush /krʌ́ʃ/ *vt.* **1 a** (圧力で形が変わるほど)押しつぶす, 押し砕く (⇨ break[1] SYN): ~ a box, hat, etc. / be ~*ed* flat ぺちゃんこにつぶれる[つぶされる] / be ~*ed* to death 圧死する. **b** つぶす, 圧搾する, 搾る (press, squeeze), 搾り取る[出す] 〈*out*〉: ~ grapes for wine ぶどう酒を造るためにぶどうをつぶす / ~ (*out*) the juice from the grapes ぶどうから汁を搾り取る. **c** 〈革の粒理(りゅう)を〉つぶす: ~*ed* levant つや出しレバント革. **2 a** 〈敵軍・反乱などを〉壊滅させる, 打ち滅ぼす, 鎮圧する (vanquish completely) 〈*down*〉: ~ (*down*) all opposition すべての反対を打ち破る. **b** ひどく圧迫する, 弾圧する (oppress). **c** 〈人を〉(精神的に)打ちひしぐ; 〈希望・向上心などを〉くじく (damp): be ~*ed with* shame 恥ずかしさで小さくなる / She was ~*ed with* grief. 悲嘆に暮れた / ~ a person's ambition 人の野心を打ち砕く. **d** 侮辱する, 罵倒する. **3** (ひいたり, ついたりして)粉にする, 粉砕する (pulverize) 〈*up*〉: ~ (*up*) rock 岩石を砕いて粉末にする / ~ sugar 塊を砕いて砂糖にする / ~*ed* garlic つぶしたにんにく. **4** 強く抱きしめる, 抱擁する: ~ one's child to one's breast 子供を胸に抱きしめる. **5** 押し込む, 詰め込む (crowd): ~ people *into* the train / ~ clothes *into* a box. **6** 〘製紙〙 〈紙の地合いを〉砕く, つぶす: a ~*ed* finish 砕け模様仕上げ. **7** 《古》 〈酒などを〉飲む; 飲み干す (cf. discuss 3, crack 6): ~ a cup of wine (Shak., *Romeo* 1. 2. 80). — *vi.* **1** つぶれる; しわくちゃになる: An egg ~*es* easily. 卵はつぶれやすい. **2** 〈群衆が〉押し合って入る, 殺到する: ~ into …に押し入る / The crowd ~*ed* in when the doors opened. 戸口が開くと群衆は殺到した. **3** 突進する 〔*against*〕. **4** 《廃》 =crash[1].
— *n.* **1 a** 押しつぶすこと, 搾り出し. **b** 粉砕. **c** 圧倒, 圧服, 壊滅, 鎮圧. **2 a** 群衆 (crowd), (多数の)押し合い, 殺到. **b** 《口語》 込み合った会合[宴会], 大パーティー. **c** 《俗》 仲間, 連中, グループ (group). **d** 《俗》 部隊 (unit). **3 a** 〘商標〙 クラッシュ 《米国 Crush International 社製の清涼飲料》. **b** 果汁(飲料), スカッシュ (squash): lemon [orange] ~. **4** 《口語》 **a** ほれ込み, のぼせ上がり, 一目ぼれ (⇨ love SYN): have [get] a ~ *on* a person 人にすっかりほれ込む[うつつを抜かす]. **b** ほれ込んだ相手: a person's ~. **5** 《豪》 (焼印を押すために家畜を一列に通す)板囲いの通路 《crush-pen ともいう》.
〘v.: (*a*1349) *crushe(n)* ☐ AF *crussir*＝OF *cruissir* to break, crash < VL **cruscire* ← ? Gmc. — n.: (*a*1338) (1599) ← (v.)〙
crush·a·ble /krʌ́ʃəbl/ *adj.* **1** 押しつぶすことのできる. **2** 〈衣服など〉(形を崩さないで)たたむ[まとめる]ことのできる: a ~ dress material. **crush·a·bil·i·ty** /krʌ̀ʃəbílətɪ | -lɪ̀ti/ *n.* 〘(1863): ⇨ ↑, -able〙
crúsh bàr *n.* 《英》 (劇場の)バー. 〘(1954) 幕間(まく)に込み合うことから〙
crúsh bàrrier *n.* 《英》 群集を制止するためのさく[障壁]. 〘1909〙
crúshed léather *n.* しぼつけ革 《型押し・もみ・その他の方法で革の銀面模様を強調した革》. 〘1939〙
crúshed stráwberry *n.* 黄みがかった深紅色. 〘1881〙
crúshed vélvet *n.* 〘紡織〙 クラッシュトベルベット 《表面にしわ出し加工をしたビロード》.
crúsh·er *n.* **1 a** 押しつぶす人[物]. **b** (岩石などの)破砕機, クラッシャー. **2** 《口語》 **a** 痛烈な一撃, 痛打. **b** ぎゃふんと参らせる議論[事柄]. 〘(1598) ☐ CRUSH＋-ER[1]〙
crúsh hát *n.* **1** 曲げたり折ったりできる柔らかい素材の帽子 《ソフトなフェルト帽など》. **2** =opera hat. 〘1838〙
crush·ing /krʌ́ʃɪŋ/ *adj.* **1** 圧倒的な, さんざんな; 決定的な, ぐうの音も出ない: a ~ defeat (再び立つことのできないような)大敗北 / a ~ sorrow 打ちひしがれるような悲しみ / a ~ retort 返す言葉もないような返答. **2** 押しつぶす; 押し砕く, 粉砕する. **~·ly** *adv.* 〘(1577) ← CRUSH＋-ING[2]〙
crúshing stréngth *n.* 〘機械〙 破砕強さ.
crúsh-pèn *n.* =crush 5. 〘1856〙
crúsh-ròom *n.* 《英》 (劇場などの)たまりの間, 幕間の休憩所, (遊歩できる)廊下 (foyer). 〘1806〙
crúsh zòne *n.* =crumple zone.
crú·sian cárp /krúːʃən-/ *n.* =crucian carp.
cru·sie /krúːzi/ *n.* =cruizie. 〘*a*1774〙
cru·si·ly /krúːsəli, -zə- | -sɪ̀-, -zɪ̀-/ *adj.* (*also* **cru·sil·ly** /~/) 〘紋章〙 盾一面にクロス (cross) をちりばめた. 〘(1572) ☐ OF *crusillié* ← *croisille* (dim.) ← *croix* 'CROSS[1]'〙
Crusoe, Robinson *n.* ⇨ Robinson Crusoe.
crust /krʌ́st/ *n.* **1 a** パンの皮[堅い外皮] (cf. crumb 2): ⇨ upper crust. **b** 固くなったパン(の一片): without a ~ パンのかけらさえなく. **c** 乏しい食物. **d** 《豪・英口語》 ぎりぎりの生計: earn one's ~ 生計をかせぐ. **2** パイの皮. **3 a** 物の固くなった[堅い]表面[外皮]. **b** クラスト, 雪殻,

硬雪, 堅雪《積雪の表面が風や日射などの影響によって堅くなったもの》. **c** (土壌の)皮殻《乾燥したときに表面にできる堅い砕けやすい土層》. **d** かさぶた, 痂皮(かひ) (scab). **e** 酒あか《ワインの瓶の内側に生じる薄皮; cf. beeswing 1》. **4** 〘地質〙地殻 (earth's crust)《地表下 30–35 km, 海面下約 5 km までをいう; cf. lithosphere sial, sima》. **5 a** 《俗》鉄面皮, 厚かましさ (impudence): He had the ~ to order me. 厚かましくも私に命令した. **b** (自己防衛的な)よそおい, 仮面,「殻」: a ~ of indifference 無関心な装い. **6** 《古》つっけんどんな人. **7** 〘動物〙甲殻, 外殻. **— vi.** 堅い外皮を生じる; かさぶたになる; クラスト[硬結]する (cf. crusted): Dirt ~*ed* on the glass. ちりがガラスの上に固まりついた / The snow has ~*ed* over. 雪が地面に凍りついた. **— vt.** 〈表面〉に堅い外皮を生じる; 外皮[外殻]で覆う, 外皮で包む. 〘(?*a*1325) *crouste* ◻ OF (F *croûte*) < L *crūstam* shell, crust ← ? IE **kreus-* to begin to freeze, form a crust〙

Crus·ta·ce·a /krʌstéɪʃiə, -ʃə/ *n. pl.* 〘動物〙甲殻綱. 〘(1814) ← NL ~ (neut. pl.) ← *crustāceus* hard-shelled ← L *crūsta* (↑)〙

crus·ta·cean /krʌstéɪʃən | -ʃən, -ʃiən/ *adj., n.* 〘動物〙甲殻綱の(動物)《エビ・カニなど》. 〘(1835): ⇨ ↑, -an¹〙

crus·ta·ceous /krʌstéɪʃəs | -ʃəs, -ʃiəs/ *adj.* **1** 甲殻[皮殻]の; 皮殻のような, 甲殻[皮殻]のある, 皮殻で覆われた. **2** 〘動物〙甲殻綱の (crustacean); 甲殻綱のような. **3** 〘植物〙硬脆(こうぜい)質の. 〘(1646) ← NL *crustāceus* hard-shelled: ⇨ Crustacea〙

crust·al /krʌ́stḷ/ *adj.* **1** 外皮[外殻]の. **2** 〘地質〙地殻の: ~ movement 地殻変動. 〘(1860) ← L *crusta* + -AL¹〙

crúst·ed *adj.* **1** 外皮を生じた, 外殻[外皮]のある. **2** 〈ぶどう酒が〉(年数を経て瓶に)酒あかを生じた, よく枯れた (matured): ~ wine. **3** 古色を帯びた, 古めかしい (antiquated); 凝り固まった, こちこちの (inveterate): ~ habits 凝り固まった性癖 / a ~ prejudice かびの生えた[古臭い]偏見 / a ~ Tory 頑固な保守家. 〘(*a*1382) ← CRUST + -ED〙

crust·ie /krʌ́sti/ *n.* 《英口語》=crusty.

crust·i·fi·ca·tion /krʌ̀stəfɪkéɪʃən | -tʃfɪ-/ *n.* =incrustation.

crus·tose /krʌ́stoʊs | -təʊs/ *adj.* 〘植物〙殻状の《チズゴケなど岩石の表面に葉状体が殻状に拡がる》. 〘(1879) ◻ L *crustōsus* ← *crusta* 'CRUST'〙

crust·y /krʌ́sti/ *adj.* (**crust·i·er**; **-i·est**) **1 a** 外皮のある. **b** 外皮の堅い, 堅くてもろい; 〈パンが〉皮が堅い. **c** 〈雪が〉表面が堅くなった, 硬雪状態の. **2** かたくなな, 怒りっぽい; つっけんどんな, ぶっきらぼうな (surly): a ~ person 無愛想な人. **3** 〈ぶどう酒が〉酒あかを生じた, よく枯れた. **4** 下品な, 下卑た: a ~ joke. **— n.** 《英口語》浮浪者, ホームレス. **crúst·i·ly** /-təli, -tḷi | -tʃli, -tḷi/ *adv.* **crúst·i·ness** *n.* 〘(*a*1400): ⇨ crust, -y¹〙

crutch /krʌ́tʃ/ *n.* **1 a** [通例 *pl.*] 松葉づえ, しゅもくづえ: a pair of ~*es* / on ~*es* 松葉づえをついて. **b** 支え (prop); 精神的な支え: the ~ of one's declining years 老後の頼り. **2** (婦人用鞍 (sidesaddle) の)足かけ. **3 a** 松葉づえ形のもの[支え]. **b** 《英》(人間・動物の)股(また) (crotch). **c** (衣服の)股の部分. **4** 〘海事〙**a** 帆桁(ほげた)を支える叉柱(さちゅう). **b** 《英》クラッチ《叉状をしたオール受けの金具》. **c** 船尾肘(ちゅう)板. **— vt. 1** 松葉づえで支える; …につっかい棒をする. **2** 支える (prop up). **3** 《豪俗》羊の臀部の毛を刈り取る. 〘OE *cryċċ* < Gmc **krukjō(n)* (Du. *kruk* / G *Krücke*) ← IE **ger-* crooked: cf. cramp¹·², curl, crook¹〙

crutched *adj.* **1** しゅもくづえにすがった. **2** 支柱で支えた. 〘(1707): ⇨ ↑, -ed〙

Crútched Fríars *n. pl.* 十字架修道会《修道士が十字架を持ったり身につけたりしていた修道会; 17 世紀中期活動を禁止された》.

crútch·ings *n. pl.* 《豪・NZ》羊の臀部から刈り取った毛.

cruth /krúːθ/ *n.* =crwth.

crux /krʌ́ks, krʊ́ks/ *n.* (*pl.* **~·es**, **cru·ces** /krúːsiːz/) **1 a** 難問題, (解き難い)なぞ (puzzle) (cf. crucial 2): a textual ~ 本文の難解な箇所. **b** 最も重要な点, 肝心なところ; 中心点: the ~ of the problem [matter]. **2** [C-] 〘天文〙みなみじゅうじ(南十字)座《南十字星を含む; the Southern Cross ともいう》. **3** 〘登山〙最大の難所. **4** 《まれ》十字架 (cross). 〘(1718) ◻ ML ~ (*interpretum*) torture (of interpreters): CROSS¹ と二重語〙

crúx an·sá·ta /-ænséɪtə, -sáː- | -tə/ *n.* (*pl.* **cru·ces an·sa·tae** /-séɪtiː, -sáːtaɪ/) 〘考古・美術〙輪頭十字, エジプト十字《古代エジプト美術で, 上に伸びた部分が輪形の十字架, 十字形; 生命の象徴; ankh ともいう》. 〘(1841) ◻ L *crux ansāta* ansate cross〙

Cruyff /krɔɪf, kráɪf; *Du.* krœ́ɪf/, **Johan** *n.* クロイフ (1947– ; オランダのサッカー選手; World Cup 最優秀選手 (1974)).

cru·za·do /kruːzáːdoʊ, -duː | -dəʊ, -duː; *Port.* kruzáðu; *Braz.* kruzádu/ *n.* (*pl.* **~es**, **~s**) **1** =crusado. **2** クルザード《ブラジルの旧通貨単位; =100 centavos》. 〘(1986) ◻ Port. ~: ⇨ crusado〙

cru·zei·ro /kruːzéᵊroʊ, -zéɪru: | -zéərəʊ; *Port.* kruzéiru; *Braz.* kruzéiru/ *n.* (*pl.* **~s** /~z; *Braz.* ~s/) **1** クルゼイロ《ブラジルの旧通貨単位; =100 centavos; 記号 $, Cr$》. **2 1** クルゼイロ貨. 〘(1927) ◻ Port. ~ ← *cruz* 'CROSS¹'〙

cru·zie /krúːzi/ *n.* =cruizie.

crwth /krúːθ/ *n.* クルース《古代ケルト人に起源を発しウェールズ地方では 19 世紀まで使用されていたバイオリンに似た 6 弦の楽器; crowd ともいう》. 〘(1837) ◻ Welsh ~: cf. crowd²〙

cry /kráɪ/ *vi.* **1** (悲しんで, 苦しんで)泣く, 声を上げて泣く; 涙を出す (weep), すすり泣く (sob): ~ for joy うれし泣きする. **2 a** 〈人が〉大声で呼ぶ; 叫ぶ, どなる (shout) 〈*out*〉: ~ aloud 大声で叫ぶ / ~ (*out*) *for* help [mercy] 大声で助け[慈悲]を求める / ~ (*out*) (to Heaven) *against* injustice 不正に対して反対の声を上げる. 日英比較 英語の *cry* は日本語の「泣く」と「叫ぶ」の両方の意味をカバーするが *cry* は喜び, 悲しみ, 苦しみ, 痛みなどの感情の表れとしての叫びをいう. 単に何かを大声で言う場合は shout を用いる. 日本語では「大声で言う」「どなる」などがこれに近い. また, *cry* は, たとえば驚いて「あっ!」と小声で叫ぶとか, あるいは声を出さなくても「心の中で叫ぶ」などの意味にも用いられるので, 大声で叫ぶ意味を明確にするには *cry* out [aloud] のようにいう. **b** (悲しみ, 苦しみの)叫び声を上げる. **c** 〈鳥獣が〉鳴き騒ぐ. **d** 〈猟犬が〉ほえる (yelp). **3 a** 泣いて〔…を〕求める, 〔…が〕欲しくて泣く〔*for*〕: ⇨ *cry for the* MOON. **b** 〈事態などが〉〔…を〕大いに必要とする, 〔…の〕改善を求める 〈*out*〉〔*for*〕: This state of things is ~*ing out for* reform. この事態は改革しなければならない / This *cried out for* planning. このことは計画の改善を必要とした. **— vt. 1** 大声で叫ぶ (shout); 叫んで〈…と〉言う 〈*that*〉: ~ 'Murder!'「人殺し」と叫ぶ / He *cried* (*out*) *that* he would not go. 彼は「行きません」と大声で叫んだ. **2 a** 大声で触れる[報じる] (proclaim) 〈*out*〉: ~ the news all over town 町中にその報道を触れまわる. **b** 〈品物を〉呼び売りする. **3** 泣いて…する: ~ oneself [one's eyes] out 目を泣きつぶす / ~ oneself to sleep 〈子供などが〉泣き寝入りする / ~ one's heart out 胸が張り裂けるばかりに泣く. **4** 《古》哀願する (implore). ★ 次の句で: ~ (a person) pardon [mercy] (人に)許し[慈悲]を求める / ~ quarter 助命を求める (cf. quarter B 1). **5** 《廃》ほめる, ほめそやす (extol) (cf. CRY *up*).

cry about =CRY *over*. ***cry báck*** (1) 〈猟犬が〉後戻りする, 引き返す. (2) 〈動物などが〉先祖返りをする. ***crý dówn*** けなす, 非難する, やじり倒す (depreciate). ***crý in one's béer*** 悲しみに暮れる; (酔って)涙もろくなる. ***crý óff*** (*vi.*) 《英口語》〔取引などから〕言い訳をして断る, 手を引く〔*from*〕. — (*vt.*) 〈取引・約束などを〉取り消す: ~ *off* attending a meeting 出席を取りやめる. ***crý over*** 〈不幸などを〉嘆く: ~ *over* one's misfortune(s) / ~ *over* one's losses 損失を嘆く / It is no use ~*ing over* spilt milk. ⇨ milk 1. ***crý quits*** ⇨ quits 成句. ***crý úp*** ほめ立てる, ほめそやす (extol). ***for crýing òut lóud*** 《口語》(1) おやまあ, あきれた, (そんな)ばかな: *For* ~*ing out loud*, who said so? 何だと, そんなこと言ったのはだれだ. (2) 後生だから: *For* ~*ing out loud*, stop it! 後生だからもうやめてくれ. (1924) ***give sòmething to crý abòut*** 《口語》《(大したことでもないのに)泣いている子供などに折檻(せっかん)する (punish): If you don't stop crying, I'll *give you something to* ~ *about*. 泣くのをやめないと(ほんとに)お仕置きしますよ.

— n. 1 a 叫び, 大声 (shout): give [raise] a ~ 叫ぶ, 一声立てる. **b** (悲しみ・苦しみなどの)叫び声; (幼児の)泣き声: utter [give] a ~ of surprise 驚きの叫び声を上げる. **c** (鳥獣の)鳴き声. **2** 声を上げて泣くこと, 泣き叫ぶ声; すすり[しゃくり]泣き (weeping): have a good ~ 存分に[泣きたいだけ]泣く / She needs a good ~. 存分に泣いたらよい, 泣いたら気が晴れるだろう. **3** [通例 *pl.*] 嘆願, 哀願 (appeal): be deaf to a person's *cries* 人の嘆願に耳を貸さない / There were *cries for* bread. パンを求める声があった. **4 a** 呼び売りの声, 触れ回る声: the *cries* of London ロンドンの呼び売りの声 / street *cries* 町の呼び売りの声. **b** 鬨(とき)の声, 雄たけび (battle cry). **c** (政党などの)標語, スローガン (slogan): The ~ was "Bring back hanging!"「絞首刑を復活せよ」というのがスローガンだった. **5 a** 風評, うわさ (rumor): The ~ goes *that* you will marry her. あなたがあの女性と結婚するというのうわさがある. **b** 世論《要求・不満の声》: a ~ *for* reform [*against* a measure] 改革要求[法案反対]の声. **c** [the ~] 《口語》大流行, 大もて (the fashion): It's all *the* ~ this season. それはこの季節の大流行. **6 a** (古) 宣言, 告示 (proclamation), (町の触れ役による)布告. **b** [*pl.*] 《スコット》結婚式予告 (banns). **7** 《廃》騒ぎ, 喧騒 (clamor). **8** 〘狐狩〙**a** (猟犬の)ほえる声. **b** (猟犬の)一群 (pack): a ~ of hounds.

a fár crý 遠距離 (a long way); 非常な相違〔*from*〕: His conduct was *a far* ~ *from* his commitments. 彼の行動は公約とは大違いだった / Her house now is *a far* ~ *from* the one she had before! 今の家は以前の家とは段違いだ. (1850) ***áll crý and nó wóol*** =***móre crý than wóol*** =***múch*** [***a gréat***] ***crý and líttle wóol*** 《諺》空騒ぎ,「大山鳴動してねずみ一匹」(much ado about nothing). ***in full crý*** (1) 〈猟犬が〉一斉に(ほえ立てながら)追跡して. (2) 総がかりで, 一斉に. (1684) ***within crý*** (***of***) (…から)呼べば聞こえる所に, 近くに. (1632)

〘v.: (?*a*1200) *crie*(*n*) ◻ (O)F *crier* < L *quirītāre* to wail, 《原義》implore the help of Roman citizens ← ? *Quirītēs*: ⇨ Quirites. — n.: (*c*1280) ◻ (O)F *cri*〙

SYN 泣く: **cry** (一般的な語), **weep** 悲しみ・苦痛などで涙を流す: The woman *cried* bitterly. 女はさめざめと泣いた. / She *wept* for joy. うれし泣きした. **sob** 小刻みに息をしながら騒々しく泣く: The girl *sobbed* hysterically. 少女はヒステリックに泣きじゃくった. **wail** 大きくかん高い長い泣き声を上げる: The child began to *wail* with pain. 子供は痛みでおいおん泣きだした. **whimper** 赤ん坊や仔犬のように, 弱々しい哀れっぽい声を立てる: The child *whimpered* in fright. 子供はおびえてしくしく泣いた. **blubber** (わがままを通してもらえない子供のように)途切れ途切れに不明瞭なことを言いながらぎゃーぎゃー泣く: He *blubbered* like a child. 子供のようにぎゃーぎゃー泣いた.

cry- /kraɪ/ (母音の前にくるときの) cryo- の異形.

crý·bàby *n.* **1** 泣き虫, 弱虫《特に子供》. **2** 《口語》(失敗などに)ぐちる人, ぐちをこぼす人. 〘1851〙

crý·er *n.* =crier.

crý·ing *adj.* **1** 大声で叫ぶ; 泣き叫ぶ. **2** 緊急な, 捨てておけない (urgent): a ~ evil ほっておけない害悪 / a ~ need [want] 差し迫った必要. **3** 悪らつな, 悪名高い: a ~ shame ひどい不面目. **~·ly** *adv.* 〘(*a*1398): ⇨ -ing²〙

crýing bìrd *n.* 〘鳥類〙=limpkin.

crýing wèed *n.* 《米俗》マリファナ (marijuana).

cry·mo·ther·a·py /kràɪmoʊθérəpi | -mə(ʊ)-/ *n.* 〘医学〙=cryotherapy. 〘◻ F *crymothérapie* ← Gk *krūmós* frost, cold: ⇨ therapy〙

cry·o- /kráɪoʊ | -əʊ/「寒冷 (cold); 氷結 (freezing)」の意の連結形. ★ 母音の前では通例 cry- になる. 〘← Gk *krúos* icy cold, frost ← IE **kreus-* to beginto freeze, form a crust: ⇨ -o-〙

crỳo·biólogy *n.* 低温生物学. **crỳo·biológical** *adj.* **crỳo·biológically** *adv.* **crỳo·biólogist** *n.* 〘(1960): ⇨ ↑, biology〙

crỳo·cáble *n.* 〘電気〙(電導性を高めた)極低温ケーブル.

crỳo·chémistry *n.* 低温化学. **crỳo·chémical** *adj.* **crỳo·chémically** *adv.*

crỳo·electrónics *n.* (極)低温電子工学. **crỳo·electrónic** *adj.*

cry·o·gen /kráɪədʒən, -dʒèn/ *n.* 寒剤, 冷凍剤 (refrigerant). 〘(1875): ⇨ cryo-, -gen〙

cry·o·gen·ic /kràɪədʒénɪk⁻/ *adj.* **1** 低温の, 低温に関する. **2 a** 低温を必要とする. **b** 低温貯蔵を必要とする; 低温貯蔵用の. **crỳ·o·gén·i·cal·ly** *adv.* 〘(1896) ← CRYO- + -GENIC¹〙

cry·o·gen·ics /kràɪədʒénɪks/ *n.* 低温学. 〘(*c*1934): ⇨ ↑, -ics〙

cryogénic súrgery *n.* =cryosurgery.

crỳo·glóbulin *n.* 〘医学〙クリオ[寒冷]グロブリン《低温で沈澱し, 温めると再溶解する異常なグロブリン》. 〘1947〙

crỳo·hýdrate *n.* 〘化学〙含水晶, 氷晶《水と塩類を混ぜて冷却したとき氷晶点 (cryohydrate point) で析出する一定割合の氷と塩類の共融混合物の一つ》. 〘(1874) ← CRYO- + HYDRATE〙

cry·o·lite /kráɪəlàɪt/ *n.* 〘鉱物〙氷晶石 (Na_3AlF_6)《グリーンランド産》. 〘(1801) ← CRYO- + -LITE〙

cry·ol·o·gy /kraɪɑ́(ː)lədʒi | -ɔ́l-/ *n.* 氷雪学. 〘(1947) ← CRYO- + -LOGY〙

cry·om·e·ter /kraɪɑ́(ː)mətə | -ɔ́mɪtə(r)/ *n.* 〘物理〙(寒度を測る)低温(用温度)計. **cry·óm·e·try** /-ɑ́(ː)mətri | -ɔ́m-/ *n.* 〘← CRYO- + -METER¹〙

cry·on·ics /kraɪɑ́(ː)nɪks | -ɔ́n-/ *n.* 〘医学〙人間[人体]冷凍術. **cry·on·ic** /kraɪɑ́(ː)nɪk | -ɔ́n-/ *adj.* 〘(1967) ← CRYO(BIOLOGY) + -*nics* (cf. electronics): ⇨ -ics〙

cryónic suspénsion *n.* (人間の)死体冷凍保存術《後日, 医学の進歩で蘇生できるという考えから》.

cry·o·phile /kráɪoʊfàɪl | kráɪə(ʊ)-/ *n.* 〘生物〙好冷性の微生物. 〘← CRYO- + -PHILE〙

cry·o·phil·ic /kràɪoʊfílɪk | kràɪə(ʊ)-⁻/ *adj.* 〘生物〙好冷性の. 〘(1942) ← CRYO- + -PHILIC〙

cry·o·phyte /kráɪəfàɪt/ *n.* 〘植物〙(雪や氷上に生長する)氷雪植物《コケ類・藻類, 特に赤雪藻 (red snow) など》. 〘(1909) ← CRYO- + -PHYTE〙

crỳo·plánkton *n.* 〘生物〙氷雪プランクトン《雪や氷の表面の解けた部分に生育するプランクトン》. 〘*c*1930〙

crỳo·precípitate *n.* 〘化学〙溶液を冷却してできる沈澱物. **crỳo·precipitátion** *n.*

crỳo·preservátion *n.* 低温保存. 〘1972〙

crỳo·presérve *vt.* 低温保存する. **crỳo·presérver** *n.* **crỳo·presérved** *adj.*

crýo·pròbe *n.* 〘外科〙冷凍ゾンデ. 〘(1965) ← CRYO- + PROBE〙

crỳo·protéctant *n.* 凍結防止剤.

crỳo·protéctive *adj.* 凍結から守る, 対冷却性の. 〘(1967) ← CRYO- + PROTECTIVE〙

crýo·pùmp *n.* 〘物理〙クライオポンプ《極低温での気体の吸着凍結を利用した真空ポンプ》. 〘(1961) ← CRYO- + PUMP¹〙

cry·o·scope /kráɪəskòʊp | -skɔ̀ʊp/ *n.* 氷点計, 結氷点測定器. 〘(1920) ← CRYO- + -SCOPE〙

cry·os·co·py /kraɪɑ́(ː)skəpi | -ɔ́s-/ *n.* 〘医学・化学〙凝固点降下法, 氷点法. **cry·o·scop·ic** /kràɪəskɑ́(ː)pɪk | -skɔ́p-⁻/ *adj.* 〘(1900) ← CRYO- + -SCOPY〙

cry·o·sorp·tion /kràɪoʊsɔ́ːpʃən | -ə(ʊ)sɔ́ːp-/ *n.* 〘物理〙低温吸着《極低温での気体分子の吸着》.

cry·o·stat /kráɪəstæ̀t/ *n.* 〘物理〙低温保持装置《自動的に調節して常に一定の低温度を保つ装置; cf. thermostat》. 〘(1913) ← CRYO- + -STAT〙

crỳo·súrgery *n.* 〘医学〙冷凍外科, 凍結外科《患部を液体窒素などで凍結して処置する方法; cryogenic surgery ともいう》. **crỳo·súrgeon** *n.* **crỳo·súrgical** *adj.* 〘(1962) ← CRYO- + SURGERY〙

crỳo·thérapy *n.* 〘医学〙寒冷療法 (cf. thermotherapy). 〘(1926) ← CRYO- + THERAPY〙

cry·o·tron /kráɪoʊtrɑ̀(ː)n | kráɪə(ʊ)trɔ̀n/ *n.* 〘電子工学〙クライオトロン《磁界の有無, 強弱により極低温下で超電導性が生じたり生じなかったりすることを利用するスイッチ素子》. 〘(1956) ← CRYO- + -TRON〙

cry·o·tur·ba·tion /kràɪoʊtəːbéɪʃən | -ə(ʊ)təː-/ *n.*

〖地質〗＝congeliturbation. 〘1946〙

crypt /krípt/ *n.* **1** 穴蔵; (特に, 教会の)聖堂[教会堂]地下室, クリプト《聖堂の地下に作られ, 小礼拝堂または納骨所として用いられる; cf. hypogeum 2》. **2** 〖解剖〗陰窩(いんか), 凹窩, 腺窩, 歯胚洞. **～·al** /-tḷ/ *adj.* 〘(?a1425)〙(1789) ◻ L *crypta* ◻ Gk *krúptē* vault (fem.) ← *kruptós* hidden ← *krúptein* to hide ← IE **krāu-* to conceal〙

crypt- /krɪpt/ (母音の前にくるときの) crypto- の異形.

crỳpt·aesthésia *n.* ＝cryptesthesia.

crypt·análysis *n.* **1** 暗号解読. **2** 暗号解読法. **crỳpt·analýtic** *adj.* **crỳpt·analýtical** *adj.* **crỳpt·analýtically** *adv.* 〘(1923) ← CRYPT(OGRAM)＋ANALYSIS〙

crỳpt·ánalyst *n.* 暗号解読者. 〘(1921) ← CRYPT＋ANALYST〙

crỳpt·analýtics *n.* ＝cryptanalysis 2.

crỳpt·ánalyze *vt.* 〈暗号を〉解読する.

crypt·esthésia *n.* 〖心霊〗(精神感応または透視による)超感覚的認識, 霊知 (clairvoyance, telepathy など). 〘(1923) ← CRYPTO-＋ESTHESIA〙

cryp·tic /kríptɪk/ *adj.* **1 a** 秘密の, 隠れた (secret). **b** あいまいな, なぞのような, 神秘的な (mysterious): a ～ remark なぞめいた言葉. **2** 暗号を用いた. **3** 簡潔な, 短い (short); ぶっきらぼうな (abrupt). **4** 〖動物〗身を隠すに適した: ～ coloring 保護色. — *n.* ＝cryptogram. 〘(1605) ◻ LL *crypticus* ◻ Gk *kruptikós* fit for concealing ← *kruptós*: ⇨ crypt, -ic¹〙

crýp·ti·cal /-tɪ̀kəl, -kḷ | -tɪ-/ *adj.* ＝cryptic. **～·ly** *adv.* 〘1613〙

cryp·to /kríptou | -əu/ *n.* (*pl.* **～s**) 《口語》 **1** (政綱や政党の)秘密結託者. **2** ＝crypto-Communist. — *adj.* ＝cryptographic. 〘(1946) ↓〙

cryp·to- /kríptou | -əu/ 「隠れた; 見えない; 秘密の; 公言してない; 神秘的な; 暗号(解読)の」の意の連結形: *crypto*-Christian 隠れキリシタン. ★ 母音の前では通例 crypt- になる. 〘← Gk *kruptós* hidden, secret: ⇨ crypt〙

crỳpto·bíont *n.* 〖生態〗陰蔽(生活ができる)生物.

crỳpto·biósis *n.* 〖生物〗クリプトビオシス《低温のような極限状態下で, 生物の物質交代が可逆的に停止し, 一種の休眠状態になる現象》. **crỳpto·biótic** *adj.* 〘(1959) ← CRYPTO-＋-BIOSIS〙

Cryp·to·ce·ra·ta /krìptousərá:tə, -réɪ- | -tə(u)sərá:tə, -réɪ-/ *n. pl.* 〖昆虫〗隠角群《半翅目・半翅亜目中の1群; 触角は短く複眼下の凹みに収められる; タガメ・コオイムシ・タイコウチ・ミズカマキリなど水生半翅類のほとんどを含むがアメンボ類は含まない》. 〘← NL ～ ← CRYPTO-＋Gk *kéras* 'HORN': ⇨ -ata〙

crỳpto·clástic *adj.* 〖岩石〗〈岩石が〉隠微砕屑(さいせつ)性の《肉眼には見えないような砕屑片から成るものにいう》. 〘(1882) ← CRYPTO-＋CLASTIC〙

cryp·to·coc·co·sis /krìptoukɑ(:)kóusɪ̀s | -tə(u)kɔkóusɪs/ *n.* (*pl.* **-co·ses** /-si:z/) 〖病理〗クリプトコックス症《酵母菌の一種 (*Cryptococcus neoformans*) によって皮膚・髄膜などを冒す病気; torula, torulosis ともいう》. 〘(1938) ← NL ～ ← *Cryptococcus* (属名: ⇨ crypto-, -coccus)＋-OSIS〙

crỳpto·cóccus *n.* 〖植物〗酵母状不完全菌類《人体に寄生して病害を起こす種類がある》. **crỳpto·cóccal** *adj.* 〘(1833) ← NL ～〙

crỳpto-Cómmunist *n.* 共産主義秘密同調者, 共産党秘密党員. 〘1946〙

crỳpto·crýstalline *adj.* 〖岩石〗〈岩石が〉隠微晶質の, 潜晶質の《ひとつひとつの結晶が顕微鏡下でも識別できないほど微細なものにいう; cf. microcrystalline》. 〘(1862) ← CRYPTO-＋CRYSTALLINE〙

cryp·to·gam /kríptəgæ̀m | -tə(u)-/ *n.* 〖植物〗隠花植物《古い分類によるコケ類・藻類・菌類などの総称; cf. phanerogam》. 〘(1847) ◻ F *cryptogame* ← NL *cryptogamia* (↓)〙

Cryp·to·gam·i·a /krìptəgǽmiə, -géɪ- | -tə(u)-/ *n. pl.* 〖植物〗隠花植物門《生殖器官として花をもたない植物群の総称; 羊歯・蘚苔・菌・藻類を含む; cf. Phanerogamia》. 〘(1753) ← NL ～: ⇨ crypto-, -gam, -ia²〙

cryp·to·gam·ic /krìptəgǽmɪk | -tə(u)-ˈ-/ *adj.* 〖植物〗隠花の. 〘(1830): ⇨ ↑, -IC¹〙

cryp·tog·a·mist /krɪptɑ́(:)gəmɪ̀st | -tɔ́gəmɪst/ *n.* 隠花植物学者.

cryp·tog·a·mous /krɪptɑ́(:)gəməs | -tɔ́g-/ *adj.* 〖植物〗＝cryptogamic. 〘1829〙

cryp·to·gen·ic /krìptədʒénɪk | -tə(u)-ˈ-/ *adj.* 〖医学〗病因の不明な (cf. phanerogenic). 〘(1908) ← CRYPTO-＋-GENIC¹〙

cryp·to·gram /kríptəgræ̀m | -tə(u)-/ *n.* **1** 暗号文. **2** 暗号記号, 暗号. **cryp·to·gram·mic** /krìptəgrǽmɪk | -tə(u)-ˈ-/ *adj.* 〘(1880) ◻ F *cryptogramme*: ⇨ crypto-, gram〙

cryp·to·graph /kríptəgræ̀f | -tə(u)grà:f, -græ̀f/ *n.* **1** ＝cryptogram. **2** 暗号書記法, 暗号 (cipher). **3** 暗号作成[解読]装置. — *vt.* 暗号にする. 〘(a1849) (逆成) ← CRYPTOGRAPHY〙

cryp·tog·ra·pher /krɪptɑ́(:)grəfə | -tɔ́grəfə(r/ *n.* 暗号使用[作製]者. 〘(1641) ← NL *cryptographia* 'CRYPTOGRAPHY'＋-ER¹〙

cryp·to·graph·ic /krìptəgrǽfɪk | -tə(u)-ˈ-/ *adj.* **1** 暗号の[に関する, を使用した]. **2** 暗号書記法の. **cryp·to·gráph·i·cal** *adj.* **crỳp·to·gráph·i·cal·ly** *adv.* 〘(1824) ← CRYPTOGRAPH＋-IC¹〙

cryp·tóg·ra·phist /-fɪ̀st | -fɪst/ *n.* ＝cryptographer. 〘a1849〙

cryp·tog·ra·phy /krɪptɑ́(:)grəfi | -tɔ́g-/ *n.* **1 a** 暗号(書記)法. **b** 暗号解読法. **2** 暗号文. 〘(c1635) ← NL *cryptographia*: ⇨ crypto-, -graphy〙

cryp·to·lith /kríptəlɪθ | -tə(u)-/ *n.* 〖病理〗腺窩結石. 〘← CRYPTO-＋-LITH〙

cryp·tol·o·gy /krɪptɑ́(:)lədʒi | -tɔ́l-/ *n.* **1** 暗号学, 暗号研究. **2** ＝cryptography 1. **cryp·to·log·ic** /krìptəlɑ́(:)dʒɪk | -lɔ́dʒ-ˈ-/ *adj.* **crỳp·to·lóg·i·cal** *adj.* **cryp·tól·o·gist** /-dʒɪ̀st | -dʒɪst/ *n.* 〘(c1645) ← crypto-＋-LOGY〙

cryp·to·me·ri·a /krìptəmí°riə | -tə(u)míər-/ *n.* 〖植物〗スギ属, 特にスギ (Japanese cedar). 〘(1841) ← NL ～ ← CRYPTO-＋Gk *méros* part＋-IA¹〙

cryp·to·mne·sia /krìptɑ(:)mní:ʒə | -təmní:ziə, -ʒə/ *n.* 〖心理〗潜伏記憶《過去に経験したことを思い出したとき, それが未経験のことのように感じられること》. **cryp·tom·ne·sic** /krìptɑ(:)mní:zɪk, -sɪk | -təm-ˈ-/ *adj.* 〘(c1900) ← NL ～: ⇨ crypto-, -mnesia〙

cryp·to·nym /kríptənɪ̀m | -tə(u)-/ *n.* 匿名. **cryp·ton·y·mous** /krɪptɑ́(:)nəməs | -tɔ́nɪ̀-/ *adj.* 〘(1876) ← CRYPTO-＋-ONYM〙

cryp·to·phyte /kríptəfàɪt/ *n.* 〖植物〗地中植物《芽が地中, 時には水中で生じる植物》. **cryp·to·phyt·ic** /krìptəfítɪk | -tɪk-ˈ-/ *adj.* 〘(1913) ? ◻ F ～: ⇨ crypto-, -phyte〙

cryp·to·pine /kríptəpàɪn/ *n.* 〖化学〗クリプトピン ($C_{21}H_{23}NO_5$)《アヘンおよびケシ科ヤブケマン属 (*Carydalis*) の植物から得られる無色結晶性アルカロイド》. 〘← CRYPTO-＋OP(IUM)＋-INE³〙

crypt·or·chid /krɪptɔ́əkɪ̀d | -ɔ́:kɪd/ 〖医学〗 *n.* 潜伏睾丸患者. — *adj.* 潜伏睾丸の. 〘(1874) ← NL *cryptorchid-* ← *cryptorchis*: ⇨ crypto-, orchis〙

crypt·ór·chi·dism /-dɪzm/ *n.* (*also* **crypt·or·chism** /-ɔ́əkɪzm | -ɔ́:-/) 〖医学〗潜伏[停留]睾丸(症), 潜睾, 睾丸下降不全. 〘(c1880) ← NL *cryptorchidismus* ← CRYPTO-＋*-orchidismus, -orchismus* (← Gk *órkhis* testicle (⇨ orchid)＋*-ismus* '-ISM')〙

crỳpto·sporídium *n.* 〖動物〗クリプトスポリジウム《球虫類クリプトスポリジウム属 (*C-*) の原虫; 日和見感染を起こす》. 〘(c1915) ← CRYPTO-＋SPORIDIUM〙

crỳpto·volcánic *adj.* 〖地質〗潜火山性の《狭い範囲の岩石が火山作用によって破砕されたように見えるが, 実際には火山物質は見当たらない》: a ～ structure 潜火山性構造. 〘(1921) ◻ G. *kryptovulkanish* ← CRYPTO-＋VOLCANIC〙

crỳpto·xánthin *n.* 〖化学〗クリプトキサンチン ($C_{40}H_{55}$-OH)《植物の果実・バター・卵黄などに含まれるカロチノイドの一つ; ビタミンA効果がある》. 〘(1934) ◻ G. *kryptoxanthin* ← CRYPTO-＋XANTHIN〙

cryp·to·zo·ic /krìptəzóuɪk | -tə(u)zóu-ˈ-/ *adj.* **1** 〖生態〗〈昆虫・動物など〉(地中や樹木の中など)暗所に生息する, 陰性の. **2** [C-] 〖地質〗陰生代の (Precambrian). — *n.* [C-] 〖地質〗陰生代 (Precambrian) (cf. Phanerozoic). 〘(1895) ← CRYPTO-＋-ZOIC〙

cryp·to·zo·ite /krìptəzóuaɪt | -tə(u)zóu-/ *n.* 〖動物〗マラリア原虫などに見られるような組織型に移行するスポロゾイト[種虫]. 〘← CRYPTO-＋ZOO-＋-ITE¹〙

crỳpto·zoólogy *n.* (雪男 (yeti) など)未確認動物の研究. **crỳpto·zoólogist** *n.* 〘c1955〙

cryp·to·zy·gous /krɪptəzáɪgəs | krìptə(u)-ˈ-/ *adj.* 〖人類学〗頭蓋が顔幅より大きい. **cryp·to·zy·gy** /kríptəzàɪgi, -dʒi | krípta(u)-/ *n.* 〘(1878) ← CRYPTO-＋-ZYGOUS〙

cryst. (略) crystalline; crystallography.

crys·tal /krístḷ/ *n.* **1 a** 結晶, 結晶体. **b** 結晶(物); 結晶糖《精製糖の一種》: snow ～*s* 雪の結晶 / salt ～ 塩の結晶. **2** 水晶《rock crystal ともいう》: (as) clear as ～ 澄み切って; 〈文意など〉全く明瞭で (cf. crystal-clear). **3 a** クリスタルガラス (crystal glass)《無色透明なガラス; 一般的には研磨とカット加工を施した工芸品をいう》. **b** [集合的] クリスタルガラス製品; クリスタルガラス製食器類, 高級ガラス器; (高級な)カットガラス: silver and ～ 銀とガラスの食器. **4 a** 水晶製品《装飾品など》: a necklace of ～*s* 水晶の首飾り. **b** (占い用)水晶球: ⇨ crystal gazing. **5 a** 水晶のように澄んだもの《水など》. **b** 《廃》透明な氷. **6 a** 〖時計〗watch case の一様式. **b** 〖時計〗＝watch glass. **c** 〖電気〗＝crystal oscillator. **7** 〖電子工学〗 **a** (受信機検波用)鉱石, 鉱石検波器, ダイオード検波器. **b** (高安定発振器用)水晶(振動子). **8** 〖薬学〗粉末メタンフェタミン《覚醒剤》.
— *adj.* **1 a** 水晶の, 水晶質の, 水晶製の. **b** クリスタル[カット]グラス製の. **2** 水晶のような; 清く透明な, 透き通った, 澄んだ (clear, transparent): in the ～ water. **3** (結婚15年記念の)水晶婚式の: ⇨ crystal wedding. **4** 〖電子工学〗 **a** 鉱石を使用する, 鉱石式の. **b** 水晶(発振)式の: ⇨ crystal oscillator.
— *vt.* (**crys·taled, -talled; -tal·ing, -tal·ling**) **1** 水晶にする, 結晶させる. **2** 水晶[結晶]で覆う.
～·like *adj.* 〘OE *cristalla* ◻ L *crystallum* ◻ Gk *krústallos* ice, crystal ← *krúos* frost (⇨ CRYO-)〙

Crys·tal /krístḷ/ *n.* クリスタル《女性名》. 〘↑〙

crýstal áxis *n.* 〖結晶〗結晶軸.

crýstal báll *n.* **1** (水晶占いに使う)水晶[ガラス]球. **2** 未来を占う手段[方法]. 〘1855〙

crýstal clàss *n.* 〖結晶〗結晶族《point group ともいう》.

crystal-clear /krístḷklíə | -klíə(r/ *adj.* **1** 水晶のように澄んだ, 澄み切った. **2** 全く明瞭な. 〘c1520〙

crýstal clóck *n.* 水晶時計 (quartz-crystal clock). 〘1937〙

crýstal cóunter *n.* 〖電子工学〗粒子検出器, クリスタルカウンター.

crýstal detéctor *n.* 〖電子工学〗鉱石検波器《復調器 (demodulator) の一種》. 〘1908〙

crýstal fòrm *n.* 〖結晶〗結晶形.

crýstal gàzer *n.* 水晶占い者 (scryer). 〘1898〙

crýstal gàzing *n.* **1** 水晶占い《水晶またはガラスの球などを凝視して幻像を呼び起こし未来を予言する法; cf. crystal 4 b》. **2** 十分な資料によらない予言, 占い的予測. 〘1889〙

crýstal glàss *n.* クリスタルガラス: **a** 無色透明なガラス. **b** 深くカットしてあるために輝きがある工芸用ガラス. 〘1594〙

crýstal hábit *n.* 〖結晶〗晶相, 晶癖《結晶の外形的特徴; cf. crystal form》.

crýstal héaling *n.* クリスタル療法《pulsar crystals (発振水晶) がもつ(とされると信じられている)治療力を利用した各種療法; 米国西海岸を発祥地として1980年代に英語圏に広まった; crystal therapy [treatment]ともいう》. **crýstal héaler** *n.*

crys·tal·ize /krístəlàɪz, -tḷ-/ *v.* ＝crystallize.

crys·tall- /krístəl, -tḷ/ (母音の前にくるときの) crystallo- の異形.

crýstal làttice *n.* 〖結晶〗結晶格子《結晶の各構造単位から等価な点を選んだときに得られる三次元周期の格子》. 〘1926〙

crys·tal·lif·er·ous /krìstəlíf(ə)rəs, -tḷ-ˈ-/ *adj.* 水晶を産する[含む]. 〘(1882) ← CRYSTALL-＋-FEROUS〙

crys·tal·lig·er·ous /krìstəlídʒ(ə)rəs-ˈ-/ *adj.* ＝crystalliferous. 〘1885〙

crys·tal·line /krístəlɪ̀n, -làɪn, -lì:n, -tḷ- | -təlàɪn, -tḷ-/ *adj.* **1** 水晶から作られた, 水晶製の. **2** 水晶のような: **a** 透明な (transparent). **b** 輪郭のはっきりした, 明快な (clear-cut). **3 a** 結晶(質)の, 結晶状の. **b** 〈岩などが〉結晶体から成る, 結晶体を含む. — *n.* 結晶質 (cf. amosphous). 〘(a1398) ◻ (O)F *cristallin* ∥ L *crystallīnus* ◻ Gk *krustállinos* of crystal: ⇨ crystal, -ine¹〙

crýstalline cóne *n.* 〖動物〗円錐晶体, 錐状晶体, 水晶錐体《節足動物の複眼を構成する個眼のガラス体》.

crýstalline héaven *n.* 〖天文〗(古代ギリシャのプトレマイオス説 (Ptolemaic system) で)透明球体《天の外圏と恒星界との中間に存在すると想像された二つの透明な球体の一つ; crystalline sphere ともいう》. 〘a1398〙

crýstalline léns *n.* 〖解剖〗(目の)水晶体 (⇨ eye 挿絵). 〘1794〙

crýstalline sphére *n.* 〖天文〗＝crystalline heaven. 〘1667〙

crýstalline stýle [stýlet] *n.* 〖動物〗晶体, 晶桿《二枚貝類の消化器官としての細長い半透明の棒》. 〘1864〙

crys·tal·lin·i·ty /krìstəlínəṭi | -nɪ̀ti/ *n.* 結晶化(の程)度. 〘(1881) ← CRYSTALLINE＋-ITY〙

crys·tal·lite /krístəlàɪt, -tḷ-/ *n.* **1** 〖鉱物〗晶子, 結晶子《顕微鏡的物体で結晶の初期的形成物》. **2** 〖物理化学〗クリスタライト, 晶子, 微結晶《結晶性高分子固体を構成する個々の小結晶》. **crys·tal·lit·ic** /krìstəlítɪk, -tḷ- | -tɪk-ˈ/ *adj.* 〘(1805) ◻ G *Kristallit*: ⇨ crystallo-, -ite¹〙

crys·tal·liz·a·ble /krístəlàɪzəbḷ, -tḷ-/ *adj.* 結晶にすることのできる. **crỳs·tal·lìz·a·bíl·i·ty** /-bíləṭi | -lɪ̀ti/ *n.* 〘(1781) ← CRYSTALLIZE＋-ABLE〙

crys·tal·li·za·tion /krìstəlɪ̀zéɪʃən, -tḷ- | -təlaɪ-, -lɪ-, -tḷ-/ *n.* **1** 具体化. **2** 結晶化(過程), 晶化(作用); (液相からの)晶出, 結晶生成; (溶液からの)析出, 晶析. 〘(1665): ⇨ ↓, -ation〙

crys·tal·lize /krístəlàɪz, -tḷ-/ *vt.* **1** 〈思想・計画などを〉明確にする, 具体化する. **2** 結晶させる, 晶化させる. **3** 〈果物などを〉砂糖漬けにする. — *vi.* **1** 結晶する, 晶化する 〈*out*〉. **2** 〈思想・計画などが〉明確な形を取る, 具体化する 〈*out*〉: Public opinion ～*d* slowly. 世論は徐々にまとまってきた. **crýs·tal·lìz·er** *n.* 〘(1598) ← CRYSTALLO-＋-IZE〙

crýs·tal·lìzed *adj.* **1** 〈果物など〉砂糖漬けの; 結晶化した: ～ fruit [ginger] 砂糖漬けの果物[しょうが]. **2** 具体化した, 明確な.

crys·tal·lo- /krístəlou, -tḷ- | -təlau, -tḷ-/「水晶の, 結晶の (crystal)」の意の連結形. ★ 母音の前では通例 crystall- になる. 〘← Gk *krústallos* 'CRYSTAL'〙

crỳstallo·génic *adj.* 結晶生成[発生]の. 〘(1837) ← CRYSTALLO-＋-GENIC¹〙

crys·tal·log·e·ny /krìstəlɑ́(:)dʒəni, -tḷ- | -təlɔ́dʒɪ-, -tḷ-/ *n.* 結晶生成論. 〘(1837) ← CRYSTALLO-＋-GENY〙

crys·tal·log·ra·pher /krìstəlɑ́(:)grəfə, -tḷ- | -təlɔ́grəfə(r, -tḷ-/ *n.* 結晶学者. 〘(1804) ← CRYSTALLO-＋-GRAPHER〙

crys·tal·lo·graph·ic /krìstələgrǽfɪk, -tḷ-ˈ-/ *adj.* 結晶学的な, 結晶学(上)の. 〘(1804) CRYSTALLO-＋-GRAPHIC〙

crỳs·tal·lo·gráph·i·cal /-fɪ̀kəl, -kḷ | -fɪ-ˈ-/ *adj.* ＝crystallographic. **～·ly** *adv.* 〘1801〙

crýstallographic áxis *n.* 〖結晶〗結晶軸. 〘1857〙

crys·tal·log·ra·phy /krìstəlɑ́(:)grəfi, -tḷ- | -təlɔ́g-, -tḷ-/ *n.* 結晶学. 〘(1802) ← CRYSTALLO-＋-GRAPHY〙

crys·tal·loid /krístəlɔ̀ɪd, -tḷ-/ *adj.* 結晶状の, 結晶体[質]の. — *n.* **1** 〖物理化学〗晶質, クリスタロイド (cf. colloid). **2** 〖植物〗仮晶体《穀や豆の胡粉層に含まれる結晶状の蛋白質体》. 〘(1861) ← CRYSTALLO-＋-OID〙

crys·tal·loi·dal /krìstəlɔ́ɪdḷ, -tḷ- | -təlɔ́ɪdḷ, -tḷ-ˈ/

adj. **1** 〘物理化学〙晶質 (crystalloid) の. **2** 〘植物〙仮晶体の. 〘(1861): ⇨ ↑, -ai[1]〙
Crys·tal·lose /krístəlòus, -tl- | -tələus, -tl-/ *n.* 〘商標〙クリスタローズ《saccharin sodium の商品名》. 〘← CRYSTALLO-＋-OSE[2]〙
crýstal méth *n.* 《俗》メタンフェタミン(methamphetamine)の粉末状結晶.
crýstal micróphone *n.* クリスタルマイク《圧電性結晶を使用したマイク》. 〘1933〙
crýstal óscillator *n.* 〘電気〙水晶発振器.
Crýstal Pálace *n.* **1** [the ～] 水晶宮《1851 年の第 1 回万国博覧会の建物として London の Hyde Park に建てられ, 後に近郊 Sydenham に移された; Joseph Paxton の設計で主として鉄骨ガラス張りの建築物で展覧会・音楽会などに使用していたが, 1936 年焼失》. **2** 水晶宮を模倣して建てた鉄とガラス製の展覧会用の建物.
crýstal píckup *n.* (レコードプレーヤーの)クリスタルピックアップ.
crýstal pléat *n.* クリスタル プリーツ《きちっとプレスしてひだ山がきれいに立ったプリーツ》. 〘1976〙
crýstal sánd *n.* 〘建物〙砂晶, 結晶砂.
crýstal sèt *n.* 〘電子工学〙鉱石受信機. 〘1924〙
crýstal sỳstem *n.* 〘結晶〙結晶系《結晶の対称性を表現する体系; 6 つに分類される》.
crýstal tèa *n.* 〘植物〙**1** 北米原産バラ科キジムシロ属の白い小花をつける三小葉の多年草 (*Potentilla tridentata*). **2** ＝Labrador tea.
crýstal thérapy [tréatment] *n.* ＝crystal healing.
crýstal víolet, C- V- *n.* 〘染色〙クリスタルバイオレット《トリフェニルメタン系塩基性染料; gentian violet ともいう》. 〘*c*1893〙
crýstal vísion *n.* **1** 水晶占い (crystal gazing). **2** 水晶占いに現れる幻像. 〘1889〙
crýstal wédding *n.* 水晶婚式《結婚 15 周年の記念式[日]; ⇨ wedding 4》.
cS, cs 《略》〘物理〙centistoke.
Cs 《略》〘気象〙cirrostratus.
Cs 《記号》〘化学〙cesium.
CS 《略》capital stock; 〘冶金〙carbon steel; casein; 〘冶金〙cast steel; Certificate in Statistics; 《英》chartered surveyor; Chemical Society; chief of staff; chief secretary; Christian Science; Christian Scientist; City Surveyor; civil servant; civil service; 〘法律〙Clerk of Session; Clerk to the Signet; close shot; 〘陸軍〙close support 近接支援; College of Science; commissary of subsistence (軍隊の)物品[生活用品]販売所; 〘英法〙Common Serjeant; Conchological Society of Great Britain and Ireland; 〘心理〙conditioned stimulus 条件刺激; Confederate States; Congregation of Salesians; Cooperative Society; cotton seed; county seat; county surveyor; 〘スコット法〙Court of Session; cruiser squadron 巡洋艦戦隊; *L.* Custōs Sigillī (＝Keeper of the Seal).
cs. 《略》capital stock; case; census; consciousness; consul; Count of Session.
C/s, cs. 《略》cases.
C/S, c/s 《略》〘電気〙cycles per second.
C/S, CS 《略》colliery screened (石炭の取引で)山元精炭.
C$ 《記号》〘貨幣〙cordoba(s).
CSA 《略》《英》Child Support Agency; Confederate States of America.
csar·das /tʃáːədɑːʃ, -dæʃ | tʃáːdæʃ, záːdæs, -dəs; *Hung.* tʃáːrdɑːʃ/ *n.* (*pl.* ～) ＝czardas. 〘1860〙
CSB 《略》chemical stimulation of the brain.
csc 《略》〘数学〙cosecant.
CSC 《略》Civil Service Commission; 〘カトリック〙*L.* Congregātiō Sanctae Crucis (＝Congregation of the Holy Cross) 聖十字架(修道)会; Conspicuous Service Cross 殊勲十字章《今は DSC》.
CSCE 《略》Conference on Security and Cooperation in Europe.
csch 《記号》《米》〘数学〙hyperbolic cosecant.
CSD 《略》Civil Service Department.
CSE /síːèsíː/ 《略》《英》Certificate of Secondary Education《1988 年に GCSE に代わった》. 〘1963〙
Ć-sèction *n.* 《米口語》＝Cesarean.
CSEU 《略》Confederation of Shipbuilding and Engineering Unions.
CSF 《略》〘解剖〙cerebrospinal fluid.
Ć Ś gàs *n.* 〘化学〙催涙ガス《化学名 ortho-chlorobenzal malononitrile; 軍事または暴動鎮圧用》. 〘(1970) ← (B.B.) *C*(*orson*) & (R.W.) *S*(*toughton*) (共に米国の化学者)〙
CSI 《略》Companion of the Order of the Star of India.
CSIRO 《略》(オーストラリアの) Commonwealth Scientific and Industrial Research Organization. 〘1949〙
csk 《略》cask; countersink.
CSM 《略》Command Sergeant Major; command and service module; 《英》Committee on Safety of Medicines; Company Sergeant Major.
CSN 《略》Confederate States Navy.
CSO 《略》Central Statistical Office; 〘陸軍〙Chief Signal Officer 通信隊長; Chief Staff Officer 先任[首席]幕僚; Community Service Order.
CSP 《略》Chartered Society of Physiotherapists; Council for Scientific Policy.
C-SPAN /síːspæ̀n/ *n.* C-スパン《米国のケーブルテレビチャンネル; 連邦議会本会議や各種委員会の模様を中継する》. 〘《頭文字》← *C*(*able*) *S*(*atellite*) *P*(*ublic*) *A*(*ffairs*) *N*(*etwork*)〙
Ć sprìng *n.* (馬車の車体の下などにつける) C 字型スプリング.
CSR 《略》《豪》Colonial Sugar Refining Company.
CSS 《略》《英》Certificate in Social Service; College Scholarship Service.
C.Ss.R. 《略》〘カトリック〙*L.* Congregātiō Sanctissimī Redemptōris (＝Congregation of the Most Holy Redeemer) レデンプトール会.
CST 《略》《米》Central Standard Time 中央標準時.
Ć-stàge résin *n.* 〘化学〙C 樹脂 (⇨ resite).
Ć-strèam *n.* 〘教育〙(能力別クラスで) C コース《しばしば最下級》.
CSU 《略》《英》Civil Service Union.
Ć supplỳ *n.* 〘電子工学〙C 電源 (⇨ C power supply).
CSV 《略》Community Service Volunteer.
CSYS 《略》《スコット》Certificate for Sixth Year Studies.
ct 《略》carat(s); caught; cent(s); circuit; county; *F.* courant (＝the present month); court; credit; current.
CT 《略》〘金融〙cable transfer; 〘医学〙cell therapy; Central Time; certificated teacher; certified teacher; code telegram; commercial traveller; computerized tomography; 〘米郵便〙Connecticut (州).
ct. centum; certificate.
Ct. 《略》carat(s); Connecticut; Count; Court.
CTA, c.t.a. 《略》〘法律〙*L.* cum testamentō annexō (＝with the will annexed) 遺言執行人のないときの遺産管理人 (administrator).
CTC 《略》〘鉄道〙centralized traffic control; city technology college; 《英》Cyclists' Touring Club.
cten- /tɛn, tiːn | tiːn, tɛn/ (母音の前にくるときの) cteno- の異形.
cte·nid·i·um /tɪ̆nídiəm | tɪníd-/ *n.* (*pl.* **-i·a** /-diə | -diə/) 〘動物〙櫛鰓(くしえら), 本鰓《腹足類の鰓; 本来は対になっていて, その付近に嗅覚器がある》. 〘(1883) ← NL ～: ⇨ cteno-, -idium〙
cten·i·zid /ténəzɪ̆d | -nɪzɪd/ *adj.*, *n.* 〘動物〙トタテグモ科の(クモ). 〘↓〙
cte·niz·i·dae /tɪ̆nízədiː | tɪnízɪ-/ *n. pl.* 〘動物〙トタテグモ科. 〘← NL ～ ← *Cteniza* (属名: ← Gk *ktenídion* (dim.) ← *kteís* comb)＋-IDAE〙
cten·o- /ténou, tiːn- | -nəu/ 〘動物〙「櫛(くし) (comb)」の意の連結形. ★ 母音の前では通例 cten- になる. 〘← Gk *kten-*, *kteís* comb〙
cte·noid /tíːnɔɪd, tén-/ *adj.* 〘動物〙櫛形の; へりが(櫛の歯のように)ぎざぎざの; ぎざぎざのうろこ[歯]のある: ～ scales 櫛鱗(しつりん)《櫛の歯のような刺状突起のあるうろこ》/ ～ fishes 櫛鱗をもった魚. 〘(1847) ◻ Gk *ktenoeidḗs* comb-shaped: ⇨ cteno-, -oid〙
Cte·noph·o·ra /tɪ̆nɑ́(ː)fərə | tɪnɔ́f-/ *n. pl.* 〘動物〙有櫛(ゆうしつ)動物門. 〘(1855) ← NL ～: ⇨ cteno-, -phora〙
cte·noph·o·ran /tɪ̆nɑ́(ː)fərən | tɪnɔ́f-/ *adj.*, *n.* 〘動物〙有櫛(ゆうしつ)動物門の(動物). 〘(1877): ⇨ ↑, -an[1]〙
cten·o·phore /ténəfɔ̀ə, tíːn- | tíːnəfɔ̀ː(r, tén-/ *n.* 〘動物〙有櫛(ゆうしつ)動物門のクラゲ《comb jelly ともいう》. 〘(1882) ← CTENO-＋-PHORE〙
Ctes·i·phon /tésəfɑ̀(ː)n, tíːs- | tésɪfɔn/ *n.* クテシフォン《イラクの Baghdad 南方 Tigris 川に臨む廃都, Seleucia の対岸; パルチア (Parthia) およびササン朝ペルシャの首都》.
ctg. 《略》cartage.
ctn 《略》carton; 〘数学〙cotangent.
CTO 《略》〘郵趣〙canceled to order (⇨ canceled).
cto. 《略》〘音楽〙concerto.
c. to c. 《略》center to center.
CTOL /síːtɔ̀(ː)l, -tɑ̀(ː)l | -tɔl/ *n.* 〘航空〙シートール《例えば 1500 m 以上といった普通の長さの滑走路で離着陸する航空機; cf. STOL》. 〘《頭字語》← *c*(*onventional*) *t*(*ake*) *o*(*ff and*) *l*(*anding*)〙
CTR 《略》Control Traffic Zone《空港近くの交通規制区域》.
ctr. 《略》center; counter.
cts 《略》carats; centimes; cents; certificates; crates.
ĆT scàn /síːtíː-/ *n.* CT スキャン (⇨ CAT scan). 〘1974〙
ĆT scànner *n.* CT スキャナー, X 線体軸断層撮影装置《CAT scanner ともいう》.
CTT 《略》capital transfer tax.
CTV /síːtìːvíː/ 《略》Canadian Television Network.
cu 《記号》Cuba《URL ドメイン名》.
Cu 《略》cubic; cumulative; 〘気象〙cumulus.
Cu 《記号》〘化学〙*L.* cuprum (＝copper).
CU 《略》Cambridge University; 〘映画・テレビ〙close-up; control unit; Cornell University; customs union.
cua·dri·lla /kwɑːdríː(l)jə; *Sp.* kwaðríʎa, -ja, *Am.Sp.* kwaðríja/ *n.* **1** カドリーラ《闘牛場でマタドール (matador) を助ける闘牛士の一団; 3 人の banderillero と 2 人の picador から成る》. **2** (一般に)付添人, 仲間. 〘(1841) ◻ Sp. ～ 'division of army into four parts for distribution of booty' (dim.) ← *cuadra* square〙
cua·tro /kwɑ́ːtrou, kwǽtrou | kwǽtrəu, kwɑ́ː-; *Am.Sp.* kwátɾo/ *n.* (*pl.* **～s**) 〘音楽〙クアトロ《プエルトリコのギターの一種》. 〘(1955) ◻ Sp. ～ 'four'〙
cub /kʌ́b/ *n.* **1 a** (キツネ・クマ・トラなどの)肉食獣の子, 幼獣 (whelp). **b** サメの子. **2** 若者; (特に, 無作法な, しつけの悪い)子供, 若造: a mischievous young ～ いたずら小僧 / ⇨ UNLICKED cub. **3** 《口語》**a** 見習い, 新米 (apprentice). **b** ＝cub reporter. **4** [C-] ＝cub scout. — *adj.* [限定的]《口語》見習いの, 新米の, かけ出しの: a ～ engineer 新米の技師 / a ～ pilot 見習操縦士. — *vi.* (**cubbed**; **cub·bing**) **1** 〈母獣が〉子を産む. **2** (猟期の初めに)子狐狩りをする. 〘(1530) (古形) *cubbe* ← ? Celt: cf. Ir. *cuib* whelp / Gael. *cū* dog〙
cub. 《略》cubic.
cub- /kjuːb/ (母音の前にくるときの) cubo- の異形.
Cu·ba /kjúːbə; *Am.Sp.* kúβa/ *n.* キューバ《米国 Florida 半島の南方にある西インド諸島中最大の島, 付近の島と共に共和国を成す; 面積 114,524 km², 首都 Havana; 公式名 the Republic of Cuba キューバ共和国》.
cub·age /kjúːbɪdʒ/ *n.* ＝cubature. 〘(1840) ← CUBE[1]＋-AGE〙
Cu·ba li·bre /kjúːbəlíːbrə; *Am.Sp.* kúβalíβɾe/ *n.* 《米》キューバリーブレ《コーラ飲料にラム酒とライムジュースを混ぜた飲み物》. 〘(1898) ◻ Sp. ～ 'free Cuba'〙
Cu·ban /kjúːbən, -bn̩/ *adj.* **1** キューバ(島)の. **2** キューバ人の. — *n.* キューバ(島)の住民, キューバ(島)人. 〘(1829) ← CUBA＋-AN[1]〙
Cúban éight *n.* 〘航空〙宙返り横転 8 字飛行.
Cu·ban·go /kuːbǽŋgou; *Port.* kuβɐ̃gu/ *n.* [the ～] クバンゴ(川)《Okovanggo のポルトガル語名》.
Cúban héel *n.* キューバンヒール《婦人靴のかかとの内側が鉛直で外側が少し湾曲した中ヒール; cf. French heel, Spanish heel, spike heel》. 〘1908〙
Cúban líly *n.* 〘植物〙オオルツボ, シーラ (*Scilla peruviana*)《地中海沿岸原産ユリ科ルツボ属の球根植物》.
Cúban míssile crìsis *n.* [the ～] キューバミサイル危機《1962 年 10 月, キューバに建設中のソ連のミサイル基地をめぐり米ソが対立した事件; Kennedy 政権は海上封鎖を実施, 核戦争の危機が懸念されたが, Kennedy のキューバ不侵攻の保障と Khrushchev のミサイル撤去の発表で危機は回避された》.
Cúban píne *n.* 〘植物〙カリブマツ (*Pinus caribaea*)《米国南東部, Bahama 諸島, キューバ等に産するマツ》.
Cúban róyal pálm *n.* 〘植物〙キューバダイオウヤシ (*Roystonea regia*)《熱帯アメリカ原産の大形ヤシ; 街路樹用》.
cu·ba·ture /kjúːbətʃùə, -tʃə | -tjùə(r, -tʃə(r/ *n.* **1** 立体求積法. **2** 体積, 容積 (volume). 〘(1679) ← CUBE[1]＋(QUADR)ATURE〙
cúb·bing *n.* 《英》＝cub-hunting. 〘1882〙
cúb·bish /-bɪʃ/ *adj.* **1** 幼獣のような. **2** 無作法な, 世間見ずの, 粗野な. **～·ly** *adv.* **～·ness** *n.* 〘(1819) ← CUB-＋-ISH[1]〙
cub·by /kʌ́bi/ *n.* ＝cubbyhole 1. 〘*c*1859〙
cub·by·hole /kʌ́bihòul | -hə̀ul/ *n.* **1 a** こちんまりした[気持ちのいい]場所. **b** 狭苦しい場所[部屋, 家]; 押入れ(など). **2** (机・小だんすなどの)書類入れ用区画; 整理棚, 分類棚 (pigeonhole). 〘(1825) ← 《廃・方言》*cub* stall, pen (← ? LG)＋HOLE〙
CUBC 《略》Cambridge University Boat Club.
cube[1] /kjúːb/ *n.* **1 a** 立方体, 正六面体. **b** 〘数学〙立方, 3 乗: the ～ of x＝x^3 / The ～ of 3 equals 27. 3 の 3 乗は 27 / 6 feet ～ 6 フィート立方《216 立方フィート》. **c** ＝cubature. **2 a** 立方形のもの《さい・敷石・木れんが・角砂糖など》: a ～ of ice 角氷 1 個. **b** [通例 *pl.*] 《俗》さいころ (die). **3** [*pl.*] 〘自動車〙立方インチ《自動車エンジンの行程体積を表すのに用いられる》. **4** 〘写真〙＝flashcube. — *adj.* [限定的] 〘数学〙3 乗の. — *vt.* **1 a** 小立方体にする; さいの目に切る: ～ sugar 砂糖を(圧搾して)角砂糖にする / ～ potatoes じゃがいもをさいの目に切る. **b** (筋を切ってやわらかくするために)〈肉に〉さいの目の切り目を入れる: ～ meat. **2** 〘数学〙**a** 〈数を〉3 乗する: ～ a number ある数を 3 乗する / Three ～*d* equals twenty seven. ＝3^3＝27. 3 の 3 乗は 27. **b** …の体積を求める: ～ a solid ある立体の体積を求める. **cúb·er** *n.* 〘(1551) ◻ F ～ ◻ LL *cubus* ◻ Gk *kúbos* cube, die ← ? Sem. (Arab. *ka'b*)〙
cu·be[2] /kjúːbeɪ, ─ˊ/ *n.* (*also* **cu·bé** /～; *Am.Sp.* kuβé/) 〘植物〙キュベ《熱帯アメリカ産マメ科 *Lonchocarpus* 属の植物; (特に) *L. utilis* と *L. urucu*; その根の抽出液は殺虫剤や魚用の毒薬の原料になるロテノン (rotenone) を含有している》. 〘(1924) ◻ Am.-Sp. *cubé*〙
cu·beb /kjúːbɛb/ *n.* **1** クベバ《ジャワ・ボルネオなどに産するつるのあるジャワコショウ (*Piper cubeba*); その未熟の実を乾燥させたもの; 薬用または香辛料として用いた》. **2** クベバ入りの巻たばこ《cubeb cigarette ともいう》. 〘(?*a*1300) *cucube*, *quibib*(*e*) ◻ (O)F *cubèbe* < VL **cubēba*(*m*) ◻ Arab. *kabāba*[h]〙
cúbe róot *n.* 〘数学〙立方根, 3 乗根: The ～ of 27 is 3. ＝$\sqrt[3]{27}$＝3. 27 の立方根は 3. 〘1696〙
cúbe stèak *n.* キューブステーキ《食べやすくするためにさいの目状に切り目を入れたステーキ》. 〘1930〙
cúbe sùgar *n.* 角砂糖.
cúb-hùnting *n.* (狩猟期の初めに猟犬の訓練のために行われる)子狐狩 (cubbing). 〘1858〙
cu·bi- /kjúːbɪ̆, -bi/ cubo- の異形 (⇨ -i-).
cu·bic /kjúːbɪk/ *adj.* **1** 立方体の, 正六面体の (cube-shaped): ～ sugar 角砂糖. **2** 〘数学〙立方の, 3 次元の, 3 乗の (略 c, cu.): a ～ centimeter [inch, meter] 立方センチメートル[インチ, メートル] / ⇨ cubic foot. **3** 〘結晶〙立方[等軸]晶系の (isometric): the ～ system 立方[等軸]晶系. — *n.* 〘数学〙三次曲線; 三次式; 三次方程式 (cubic equation); 三次関数. **～·ly** *adv.* 〘(*a*1500) ◻ (O)F *cubique* // L *cubicus* ◻ Gk *kubikós*: ⇨ cube[1], -ic[1]〙
cú·bi·cal /-bɪ̆kəl, -kl̩ | -bɪ-/ *adj.* **1** ＝cubic; (特に)立方体の, 正六面体の. **2** 体積の, 容積の. **～·ly** *adv.* **～·ness** *n.* 〘(*a*1500): ⇨ ↑, -al[1]〙
cúbic cóntent *n.* 体積, 容積, 容量 (volume).

C

cúbic equátion *n.* 〖数学〗三次方程式. 〖1727–51〗

cúbic fóot *n.* 立方フィート《体積の単位; 1728 立方インチ, 0.0370 立方ヤード; 0.028 m³; 略 cu.ft., ft³》. 〖1551〗

cúbic jóint *n.* 〖地質〗方状節理《花崗岩などに見られる六面体状の規則正しい割目》.

cu·bi·cle /kjúːbɪkl | -bɪ-/ *n.* **1** (寄宿舎などの部屋の一部または全部を仕切った)寝室. **2 a** 小区画, 小室: a telephone ～. **b** (図書館の)キャレル (carrel). **c** (プールなどの)脱衣場. **3** 〖電気〗キュービクル《開閉装置・制御装置を納める箱》. 〖(c1450) ☐ L *cubiculum* sleeping chamber ← *cubāre* to lie down ← IE **keu-* to bend (cf. cube¹): ⇨ -cle〗

cúbic méasure *n.* 〖数学〗体[容]積の単位; 体積の度量法《cubic inch, cubic centimeter などのような体積の単位; また, メートル法, ヤードポンド法などにおける体積の単位系》. 〖1660〗

cu·bic·u·lum /kjuːbíkjʊləm/ *n.* (*pl.* **-u·la** /-lə/) 〖考古〗(ローマ帝国時代の地下墓地 (catacomb) の)埋葬室. 〖(1832) ☐ L ～: ⇨ cubicle〗

cu·bi·form /kjúːbəfɔ̀ːm | -bɪ̀fɔ̀ːm/ *adj.* 立方形の, 正六面体状の (cube-shaped). 〖(1730–36) ← CUBE¹＋-FORM〗

Cub·ism, c- /kjúːbɪzm/ *n.* 〖美術〗立体派, 立体主義, キュービズム《20 世紀初頭フランスに起こった美術運動; 自然の再現的描写から脱し, 対象を分析し画面に再構成する; Picasso, Braque, Gris などによって始められ, 現代美術に大きな影響を与えた》. 〖(1911) ☐ F *cubisme*: ⇨ cube¹, -ism〗

cúb·ist /-bɪ̀st | -bɪst/ *n.* 立体派芸術家[画家, 彫刻家]: the ～s 立体派. — *adj.* **1** 立体派の, キュービズムの: a ～ picture. **2** 幾何学的図形[模様]から成る[で飾られた]. 〖(1911) ☐ F *cubiste*: ⇨ cube¹, -ist〗

cu·bis·tic /kjuːbístɪk/ *adj.* ＝cubist. 〖1915〗

cu·bís·ti·cal·ly *adv.* **1** 立体派風に. **2** 幾何学的図形で. 〖(1924): ⇨ ↑, -ically〗

cu·bit /kjúːbɪ̀t | -bɪt/ *n.* 腕尺, キュービット《昔の長さの単位; ひじから中指の先端までの長さ; 約 17–21 インチ》: add a ～ to one's stature 身の丈 1 尺を加える (cf. *Matt.* 6: 27). 〖(a1338) ☐ L *cubitum* elbow, ell: cf. cubicle〗

cu·bi·tal /kjúːbɪ̀tl | -bɪtl/ *adj.* 〖解剖・昆虫〗cubitus の. — *n.* 〖鳥類〗次列風切羽 (secondary). 〖(a1425) ☐ L *cubitālis*: ⇨ ↑, -al¹〗

cubiti *n.* cubitus の複数形.

cu·bi·tiere /kjùːbətjéə | -bɪtjéə^(r); *F.* kybitjɛːʁ/ *n.* 〖甲冑〗(鎧(よろい)の)ひじ当て. 〖☐ F *cubitière* ← L *cubitum* (↓)〗

cu·bi·tus /kjúːbətəs | -bɪt-/ *n.* (*pl.* **-bi·ti** /-tàɪ/) **1** 〖解剖〗 **a** ひじ. **b** 前腕 (forearm). **c** 尺骨 (ulna). **2** 〖昆虫〗肘脈(ちゅうみゃく)《翅脈の一つ》. 〖(1826) ☐ ～ (変形) ← *cubitum* elbow: ⇨ cubit〗

cúb·màster *n.* カブ隊長《米国のボーイスカウトのカブスカウト (cub scout) の隊長》. 〖1921〗

cu·bo- /kjúːbou | -bəu/「立方形; 3 乗の, 3 次の」の意の連結形. ★ 時に cubi-, また母音の前では通例 cub- になる. 〖← NL ～ ← Gk *kúbos*: ⇨ cube¹〗

cu·boid /kjúːbɔɪd/ *adj.* **1** 立方形の, さいころ形の: the ～ bone 立方骨. **2** 〖解剖〗立方骨の. — *n.* **1** 〖解剖〗立方骨. **2** 〖数学〗直方体 (rectangular parallelepiped). 〖(1706) ← NL *cuboides* ← Gk *kuboeidḗs*: ⇨ cube¹, -oid〗

cu·boi·dal /kjuːbɔ́ɪdl̩ | -dl/ *adj.* ＝cuboid. 〖1803〗

cubóidal epithélium *n.* 〖生物〗立方[被蓋]上皮.

Cu-bop /kjúːbɑ̀(ː)p | -bɔ̀p/ *n.* 〖ジャズ〗キューバップ《1940 年代キューバのリズムと bop が結びついてできた音楽; cf. Afro-cuban》.

cúb repòrter *n.* 《口語》新米[駆け出し]の新聞記者. 〖1899〗

Cubs /kʌ́bz/ *n.* 〖商標〗カブス《米国 RJR Nabisco 社製のシリアル》.

cúb scòut, C- S- *n.* カブスカウト《ボーイスカウト運動の 8–10 歳の年少隊員; 単に Cub ともいう》. 〖c1935〗

cu·ca·ra·cha /kùːkəráːtʃə; *Sp.* kukaɾátʃa/ *n.* ゴキブリ (cockroach).

cu·chi·fri·to /kùːtʃɪfríːtou | -təu; *Am.Sp.* kutʃi-fríto/ *n.* クチフリット《角切りにした豚肉の揚げ物》. 〖(c1965) ☐ Am.-Sp. ～〗

Cu·chu·lain /kuːkʌ́lɪ̀n, kuːkʌ́l-, -xʌ́l- | -lɪn/ *n.* (*also* **Cu·chu·lainn, Cu·chul·lain, Cu·chul·lin** /～/) 〖アイル伝説〗クークリン《独力で祖国を外敵の侵略から守ったという英雄の名》. 〖☐ Ir. ～〗

cu·ci·na /kuːtʃíːnɑː; *It.* kutʃíːna/ *n.* 料理(法).

cúck·ing stòol /kʌ́kɪŋ-/ *n.* 懲罰椅子《もと, 口やかましい女性・不貞女・不正商人などを縛りつけてその家の前に据えておき衆人のあざけりの的にしたり, 時には水中に突っ込んだりした責め道具; cf. ducking stool》. 〖(?a1189) *cuk(inge) -stole* ← ? (廃) *cuck* to void excrement ☐ ON **kūka* to defecate: ⇨ stool〗

cuck·old /kʌ́kəld, -kould | -kəuld, -kəld/ *n.* 不貞な女性の夫, 女房を寝取られた男, コキュ. — *vt.* 〈妻が〈夫〉に不義をする; 〈男が〉(人妻と通じて)〈その夫を〉寝取られ男にする. **～·er** *n.* 〖(c1250) *cokewold* ☐ AF **cucuald* ＝OF *cucuault* ← *cucu* 'CUCKOO'＋*-ault* (pejorative suf.) ← Gmc: カッコウが他の鳥の巣に卵を産むことからとも, またその雌鳥が雄鳥に不実だからともいわれる〗

cuck·old·ry /kʌ́kəldri, -koul- | -kəul-, -kəl-/ *n.* 妻に不義をされること, 妻の不義. 〖(1529): ⇨ ↑, -ry〗

cúckold's knót *n.* 〖海事〗円材などをロープで縛る結索法の一つ. 〖1847–78〗

cuck·oo /kúːkuː, kúk- | kúk-/ *n.* (*pl.* ～**s**) **1** 〖鳥類〗 **a** カッコウ (*Cuculus canorus*)《早春のころに来て他の小鳥の巣に産卵する》: the ～ in the nest 愛の巣の侵入者. **b** ホトトギス科の鳥類の総称《オオハシカッコウ (ani), クロハシカッコウ (blackbilled cuckoo), バンケン (coucal) など》. **2** 《俗》まぬけ, ばか者 (fool). **3 a** カッコウの鳴き声; それをまねた声. **b** かっこう笛. — *adj.* **1** カッコウのような; カッコウの[に関する]. **2** 《口語》 **a** まぬけな (stupid); 気が変で (crazy). **b** (なぐられて)意識のもうろうとしている, 意識を失った: knock a person ～. — *vi.* 〈カッコウがかっこうかっこうと鳴く; 〈時計がかっこうかっこうと鳴る. — *vt.* 単調に繰り返す. 〖(a1300) *cucu, cukkow* ☐ OF *cucu* (F *coucou*) ∽ OE *ġēac*: cf. G *Kuckuck* / L *cucūlus* / Gk *kókkūx*: 《擬音語》〗

cuckoo 1 a

cúckoo bèe *n.* 〖昆虫〗キマダラハナバチ《キマダラハナバチ科の, 幼虫のときは他のハナバチ類の巣に寄生するハチの総称》. 〖1839〗

cúckoo clòck *n.* はと[かっこう]時計《カッコウの鳴き声で時を報じる》. 〖1789〗

cúckoo·flòwer *n.* 〖植物〗春, カッコウの鳴くころに咲く種々の草花の総称: **a** タネツケバナ (*Cardamine pratensis*) (⇨ lady's-smock). **b** ＝ragged robin. 〖1578〗

cúckoo·pìnt /-pàɪnt, -pìnt/ *n.* (*pl.* ～) 〖植物〗テンナンショウに似たサトイモ科の植物 (*Arum maculatum*)《根茎は生ではやや有毒だが, 焼いて食用とする; lords-and-ladies, wake-robbin ともいう》. 〖(1551) (尾音消失) ← (c1450) *cuckoopintle*: ⇨ cuckoo, pintle〗

cúckoo shrìke *n.* 〖鳥類〗オニサンショウクイ《ヨーロッパ産サンショウクイ科の鳴禽(めいきん)の総称》.

cúckoo spìt [spìttle] *n.* **1** アワフキムシの泡《幼虫は草の茎などにつけたつばきのような泡を巣にする; frog spit ともいう》. **2** 〖昆虫〗アワフキムシ (spittle insect). 〖1592〗

cúckoo wàsp *n.* 〖昆虫〗セイボウ《セイボウ科のハチの総称; 他のハチの巣に卵を産む》.

cu. cm. 《略》cubic centimeter(s).

Cu·cu·li /kjúːkjʊlàɪ/ *n. pl.* 〖鳥類〗ホトトギス目, カッコウ目. 〖← NL ～ (pl.) ← L *cucūlus* (↓)〗

Cu·cu·li·dae /kək(j)úːlədìː | kjuːkjúːlɪ-/ *n. pl.* 〖鳥類〗ホトトギス科, カッコウ科. 〖← NL ～ ← L *cucūlus* (↓)＋-IDAE〗

cu·cu·li·form /kək(j)úːləfɔ̀ːm | kjuːkjúːlɪ̀fɔ̀ːm/ *adj.* 〖鳥類〗ホトトギス目の, カッコウ目の. 〖← L *cucūlus* cuckoo＋-FORM〗

Cu·cu·li·for·mes /kək(j)ùːləfɔ́əmiːz | kjuːkjùːlɪ-fɔ́ː-/ *n. pl.* 〖鳥類〗ホトトギス目, カッコウ目. 〖← NL ～ (pl.): ↑〗

cu·cul·late /kjúːkəlèɪt, -lɪ̀t/ *adj.* **1** 僧帽 (cowl) をかぶった. **2** 〖昆虫〗僧帽をいただく. **3** 〖植物〗僧帽状の, ずきん状の. 〖(1794) ☐ LL *cucullātus* ← L *cucullus* hood: ⇨ cowl¹, -ate²〗

cu·cul·lat·ed /kjúːkəlèɪtɪ̀d | -tɪd/ *adj.* ＝cucullate. 〖1646〗

cu·cum·ber /kjúːkʌmbə, -kəm- | kjúːkʌmbə^(r)/ *n.* 〖植物〗 **1 a** キュウリ (*Cucumis sativus*): (as) cool as a ～ 涼しい; 冷然とした, 涼しい顔で, 落ち着き払った. **b** キュウリに似た植物(の実). **2** ＝cucumber tree. 〖(1535) ☐ OF *co(u)combre* (F *concombre*) ☐ L *cucumer, cucumis* (cf. Gk *kúkuos* (変形) ← *sikúē* cucumber) ∽ (c1384) *cucumer* ☐ L〗

cúcumber bèetle *n.* 〖昆虫〗ハムシ科ウリハムシ属 (*Aulacophora*) の甲虫の総称《成虫はキュウリやカボチャなどウリ類の葉を, 幼虫は根や茎を食害する》. 〖1841〗

cúcumber mosàic *n.* 〖植物病理〗ウリ類モザイク病《ウリ類がウイルスに冒され, 葉は変形, 斑点を生じ, 果実は矮小化し, 凹凸・斑紋を生じる》. 〖1916〗

cúcumber trèe *n.* 〖植物〗 **1** アメリカ産の黄緑色の花をつけるモクレンの一種 (*Magnolia acuminata*). **2** ＝tulip tree. **3** ナガバノゴレンシ (*Aerrhoa bilimbi*)《カタバミ科ゴレンシ属の木; その果実はキュウリに似て食べられる》. 〖c1782〗

cu·cu·mi·form /kjuːkjúːməfɔ̀əm | -mɪ̀fɔ̀ːm/ *adj.* キュウリみたいな形をした. 〖(1826) ← L *cucumis* 'CUCUMBER': ⇨ -form〗

cu·cur·bit /kjuːkə́ːbɪ̀t | -kə́ːbɪt/ *n.* **1** ウリ科の植物の総称《カボチャ, ヒョウタンなど》. **2** 〖化学〗(昔使われた)蒸留びん. 〖(c1395) *cucurbite* ☐ (O)F ☐ L *cucurbita* 'GOURD'〗

Cu·cur·bi·ta·ce·ae /kjuːkə̀ːbətéɪsiìː | -kə̀ːbɪ-/ *n. pl.* 〖植物〗(双子葉植物ウリ目)ウリ科. **cu·cùr·bi·tá·ceous** /-ʃəs^(-)/ *adj.* 〖← NL ～ ← L *cucurbita* (↑)＋-ACEAE〗

cucúrbit wílt *n.* 〖植物病理〗*Erwinia tracheiphila* 菌によるキュウリ類の腐敗[腐れ]病.

Cú·cu·ta /kúːkʊtə, -tɑ̀ː | -tə, -tɑ̀ː; *Am.Sp.* kúkuta/ *n.* ククタ《コロンビア北東部, ベネズエラ国境の近くにある都市; コーヒーの産地, 石油も産出; 公式名 San José de Cúcuta》.

cud /kʌ́d/ *n.* **1 a** 食い戻し《反芻(はんすう)動物が第一胃から口中に戻してかむ食物》. **b** 食い戻したもの. **2** かみたばこの一かみ.

chéw the cúd (1) 〈牛などが〉反芻する, にれかむ (ruminate). (2) よく思案する, 反省する (ponder). ***lóse one's cúd*** 反芻をやめる. 〖1382〗

〖OE *cudu, cwidu* ← Gmc **kwiðu-* (G *Kitt* cement, putty) ← IE **gʷet-?* resin (L *bitūmen* 'BITUMEN'): ⇨ quid²〗

cud·bear /kʌ́dbɛə | -bɛə^(r)/ *n.* **1** カドベア《種々な地衣 (特に *Lecanora tartarea*) から採る紫色またはすみれ色の染料》. **2** カドベアを採る地衣類. 〖(1764) (変形) ← *Dr. Cuthbert Gordon* (18 世紀末にこの染料を発見したスコットランドの化学者)〗

cúd-chèwer *n.* 反芻動物《牛・羊など》. 〖1927〗

cud·die /kʌ́di, kʌ́di | kʌ́di/ *n.* 《スコット》＝cuddy².

cud·dle /kʌ́dl̩ | -dl/ *vt.* (愛情をこめて)抱きしめる, 抱いてかわいがる (hug) (⇨ caress SYN). — *vi.* ぴったり寄り添って寝る, 抱き合って寝る, くっつき合う (nestle) 〈*together, up*〉. — *n.* 抱きしめること, 抱擁; 寄り添うこと (hug). 〖(c1520) ← ? (方言) *couth* snug (＜ ME *couthe* (adj.) well-known, familiar＋-LE³: cf. couthie, fondle〗

cud·dle·some /kʌ́dl̩səm | -dl-/ *adj.* 抱きしめたいような; かわいい (lovable): a ～ girl. 〖(1876): ⇨ ↑, -some〗

cud·dly /kʌ́dli, -dli/ *adj.* (**cud·dli·er; -dli·est**) **1** ＝cuddlesome. **2** 抱きしめるのが好きな. 〖(1863) ← CUDDLE＋-Y⁴〗

cud·dy¹ /kʌ́di | -di/ *n.* **1** 〖海事〗 **a** (船尾の下甲板にある高級船員や一, 二等船客用の)食堂兼社交室 (saloon). **b** (小さな船の前部または後部にある)小船室兼料理室. **2** 小室; 食器室 (cupboard). 〖(1660) ☐ Du. (古形) *kajute* ☐ (O)F *cahute* ← ?: cf. cubbyhole〗

cud·dy² /kʊ́di, kʌ́di | kʌ́di/ *n.* 《スコット》 **1** ろば (donkey). **2** ばか, とんま (fool); 無骨者 (lout). 〖(1714–15) ← *Cuddy* (dim.) ← CUTHBERT〗

cud·dy³ /kʌ́di | -di/ *n.* 〖魚類〗タラ科の魚の幼魚.

cudg·el /kʌ́dʒəl, -dʒl/ *n.* **1** (武器または懲罰用に用いる)こん棒 (cf. club² 1 a). **2** [*pl.*] ＝cudgel play.

tàke up the cúdgels (1) こん棒を取って戦う. (2) 〔…のために〕敢然と戦う; 〔…を〕強く弁護する 〔*for*〕. 〖1654〗

— *vt.* (**cudg·eled, -elled; -el·ing, -el·ling**) こん棒で打つ: ～ one's brain(s) ⇨ brain 成句.

～·er, ～·ler /-lə | -lə^(r)/ *n.* 〖OE *cyċgel* ＜ ? Gmc **kuggila* (G *Kugel* ball) ← ? IE **ku-* a round object (Gk *gûros* ring)〗

cúdgel plày *n.* 棒術試合. 〖1636〗

cud·ger·ie /kʌ́dʒəri/ *n.* 《豪》 **1** ミカン科の熱帯樹 (*Flindersia schottina*). **2** ウルシ科の多雨林樹 (*Euroschinus falcatus*). 〖(1884): 先住民語〗

cúd·wèed *n.* 〖植物〗キク科ハハコグサ属 (*Gnaphalium*) の温帯性植物の総称; (特に)ヨーロッパ産で雑草として広く分布しているチチコグサの一種 (*G. sylvaticum*)《草全体に軟らかい綿毛が覆う》. 〖1548〗

cue¹ /kjúː/ *n.* **1 a** 〖演劇〗きっかけ, キュー《役者の登場・発言・照明・擬音などの合図となるせりふなどの文句または仕草》. **b** 〖音楽〗演奏指示楽節《演奏を休止している楽器が再び合奏に加わりやすいように, 休止の終わりに小音符で他の楽器の旋律を書いたもの》. **2 a** きっかけ, 手掛かり, 合図, 暗示 (hint); 指示, 手引き (lead, direction): find a ～ *to* a mystery / give a person his ～ 人に暗示を与える, 入れ知恵する / take one's ～ from a person 人に見習う. **b** 行動をしむけるもの, 刺激 (stimulus). **3** (まれ・古) (やらねばならない)役割, 役目, 役 (part). **4** 《古》気分, 機嫌 (humor): be in good ～ 機嫌[気分]がよい / not in the (right) ～ *for* [*to* do] it 気分が向かない. **5** 〖心理〗手掛かり(刺激)《生体の行動をある方向に導く手掛かりとなる刺激》.

miss a [*one's*] ***cúe*** (1) きっかけを失う, 合図に応じない. (2) 《口語》要点をつかめない. (***right***) ***on cúe*** ちょうどいい時に, うまいタイミングで.

— *vt.* **1** 〖演劇〗…にきっかけを与える. **2** 〈音楽・対話などを〉挿入する 〈*in*〉: ～ *in* music. **3** …に情報・助言を与える. — *vi.* 〖映画〗撮影開始のキュー[合図]を出す.

cúe a person in 《口語》人に知らせる, 情報を与える 〔*on*〕.

〖(1553) ← ? L *q(uando)* when (to come in): もと役者の登場を示すのに用いられた〗

cue² /kjúː/ *n.* **1 a** (玉突きの)キュー. **b** (シャッフルボード (shuffleboard) で)円盤を進めるのに使う頭部が凹形の長い棒. **2** ＝queue. — *vt.* **1** 組む, 編む (braid, twist): ～ the hair. **2** 〖玉突〗キューで〈的球を〉打つ. — *vi.* **1** 列を作る (queue) 〈*up*〉. **2** 〖玉突〗キューで打つ; キューを使う. 〖(1731) ☐ F *queue* 'QUEUE'〗

cúe bàll *n.* 〖玉突〗突き玉, 手玉《通例白玉; cf. object ball》. 〖1881〗

cúe-bíd *vt.* 〖トランプ〗(ブリッジで)〈あるスーツのボイド (void) などを〉キュービッドに示す.

cúe bìd *n.* 〖トランプ〗(ブリッジで)キュービッド《敵側のビッドしたスーツをビッドすることにより, そのスーツを相手に 1 枚も取られないことをパートナーに伝える取決め (convention); 通例そのスーツがボイド (void) かエース 1 枚である場合に使われる》. 〖1932〗

cue·ca /kwéɪkə, kwéɪ-; *Am.Sp.* kwéka/ *n.* クエカ《南米, 特にチリの男女ペアで踊る陽気なダンス(音楽)》. 〖(1912) ☐ Am.Sp. ～ ← *zamacueca* (Am. Indian のダンス)〗

cúe càrd *n.* キューカード《テレビなどで視聴者に見えないようにセリフや指示・合図を書いて出演者らに示すカード》. 〖1954〗

cue·ing /kjúːɪŋ/ *n.* ＝foldback.

cue·ist /kjúːɪ̀st | -ɪst/ *n.* 玉突き家, ビリヤード競技者 (billiardist). 〖(1870) ← CUE²＋-IST〗

Cuen·ca /kwéŋkə; *Am.Sp., Sp.* kwéŋka/ *n.* クエンカ:

1 エクアドル南西部の都市. 2 スペイン中東部の県; その県都.

Cuer·na·va·ca /kwὲənəváːkə | kwὲə-; *Am.Sp.* kwerna βáka/ *n.* クエルナバカ《メキシコ中南部にある Morelos 州の州都》.

cues·ta /kwéstə; *Am.Sp.* kwésta/ *n.* 《米南西部》傾斜台地, ケスタ《台地の一方が急傾斜の崖をなし他方が緩傾斜をなす丘陵》. 〖(1818) □ Sp. ~ < L *costam*: ⇨ coast〗

cuff[1] /kʌ́f/ *n.* **1 a** 《米・カナダ・豪》(ズボンのすその)折返し《英》turnup): ~*s* on [of] one's trousers. **b** (ワイシャツ・ブラウスなどの)カフス. **c** (手首回りの)袖口. **d** カフ《(靴下の上部の)折返し[上]の部分》. **2 a** (長手袋の)腕回り《手首から腕にかぶさる部分》. **b** そでカバー. **3** = collar 7. **4** [通例 *pl.*]《口語》手錠 (handcuffs). **5** 〘医学〙(血圧計の)カフ. ***òff the cúff*** 《口語》(1) 準備なしで, 即席で (impromptu) (cf. off-the-cuff). (2) 非公式に情報提供して. 《(1938)》 ***on the cúff*** 《俗》(1) 掛け売りで, 掛けで (on credit), 月賦払いで. (2) ただで, 金を払わずに. 《(1927)》 ***shóot*** *one's* ***cúffs*** ⇨ shoot[1] 成句.
— *vt.* **1** カフスで留める, …にカフス[そで口]をつける. **2** …に手錠をかける (handcuff).
cuffed /~t/ *adj.* **~·less** *adj.* 〖(*a*1376) *coffe, cuffe* hand covering, glove □ ? ML *cuphia* headdress: ⇨ coif〗

cuff[2] /kʌ́f/ *vt.* 〈頭・顔などを〉平手で打つ, 〈人〉の横っ面を張る, なぐる (⇨ blow[2] SYN). — *vi.* 戦う, 組打ちする (fight). — *n.* ぴしゃりと打つこと, 平手打ち: be at ~*s* なぐり合いをしている / go [fall] to ~*s* なぐり合い[けんか]をする / ~*s* and kicks 打ったり けったり. 〖(1530) ← ? ON: cf. Swed. *kuffa* to knock, thrust〗

cúff bùtton *n.* [通例 *pl.*] そで口のボタン, カフスボタン.

cúff lìnk *n.* [通例 *pl.*] (飾りのついた)カフスリンク[ボタン]《英》sleeve link). 〖1897〗

cuf·fuf·fle /kəfʌ́fl/ *n.* = kerfuffle.

Cu·fic /k(j)úːfɪk/ *adj., n.* = Kufic.

cu. ft. 《略》cubic foot [feet].

Cui /kwíː; *Russ.* kʲuí, *F.* kɥi/, **César** *n.* キュイ《1835–1918; フランス系のロシアの作曲家, 五人組 (the Five) の一人》.

Cu·ia·bá /kùːjəbáː; *Braz.* kuiabá/ *n.* **1** クヤバ《ブラジル西部, Cuiabá 川に臨む港市; Mato Grosso 州の州都》. **2** [the ~] クヤバ(川)《ブラジル南西部の川》.

cui bo·no /kwíːbóunou | kúːibáunəu, kwíː-, -bón-/ *L.* **1 a** それによってだれが利益を得た[得る]か. **b** だれがしでかしたか, 犯人はだれだ. **2** 《誤用》何の役に立つのか. 〖(1604) □ L ~ 'To whom (is or was it) for a benefit (*i.e.* Who profits or profited by it)?'〗

cu. in. 《略》cubic inch(es).

cui·rass /kwɪ̀ræ̀s, kju-/ *n.* **1** 〘甲冑〙**a** 胴鎧(よろい)(breastplate と backplate のそろったもの; cf. corselet[2]; ⇨ hoplite 挿絵). **b** 胸甲, 胸当て (breastplate). **2** (軍艦の)装甲. **3** 〘動物〙保護板. **4** 〘医学〙= cuirass respirator. — *vt.* 鎧を〈身〉につける[まとう]. 〖(17C) □ F *cuirasse* ← *cuir* hide < L *corium* 'CORIUM' ∞ (1450) *curas(se)* □ OF *curas*〗

cui·ras·sier /kwɪ̀rəsíə, kwírəsiə | kwɪ̀rəsíə(r), kjù(ə)r-/ *n.* (17 世紀の)重甲装騎兵, 重騎兵, 甲騎兵. 〖((1551)) (1625) □ F ~: ⇨ ↑, -ier[2]〗

cuirass respirator *n.* 〘医学〙呼吸補助器, 人工肺. 〖1939〗

cuir-bouil·li /kwɪ̀əbuːjíː | kwɪ̀ə-; *F.* kɥiʀbuji/ *n.* キュイールブーイー《14 世紀以前に武具として用いた革; 蠟(ろう)に浸して硬くしたもの》. 〖1375〗

cui·rie /kwíəri | kwíəri/ *n.* 〘甲冑〙(中世の鎖かたびらの上につける)革製の胸当て. 〖(15C) □ OF *cuiriée* ← *curas* 'CUIRASS'〗

Cui·se·naire ròd /kwɪ̀zənέə-, -zŋ- | -zənéə-, -zŋ-; *F.* kwizenεːʀ/ *n.* キジネアロッド, キジネア棒《1–10 cm の彩色の施された算数用教材; Cuisenaire colored rod ともいう》. 〖(1954) ← *Cuisenaire* (商標)〗

cuish /kwíʃ/ *n.* 〘甲冑〙= cuisse.

Cui·si·nart /kwíːzənɑ̀ət, -zŋ- | -nɑ̀ːt/ *n.* 〘商標〙クウィジナート《米国 Cuisinart 社製のフードプロセッサー》.

cui·sine /kwɪzíːn; *F.* kɥizin/ *n.* **1** 料理法; 料理: an excellent ~ すばらしい料理. **2** 《古》(ホテルなどの)料理場, 調理部, 板場 (kitchen). 〖(1786) □ F ~ 'kitchen, cooking' < L *coquīnam* kitchen ← *coquere* to cook: ⇨ kitchen〗

cuisine min·céur /-mæ̃(n)sə́ː, -mæn- | -sə́ː(r); *F.* -mε̃sœːʀ/ *n.* 〘料理〙(バター・クリーム・砂糖などを極力抑えた)軽くてあっさりしたフランス料理.

cuisse /kwís/ *n.* 〘甲冑〙(鎧(よろい)の)もも当て (⇨ armor 挿絵). 〖(*c*1425) *cusche* (逆成) ← (*a*1338) *quyssewes* □ OF *cuisseaux* (pl) ← *cuissel* ← *cuisse* thigh < L *coxam* hip〗

cuit /kít, kúːt/ *n.* 《スコット》足首.

cuit·tle /kúːtl, kʌ́tl | -tl/ *vt.* (*also* **cui·tle** /~/) 《スコット》〈人を〉甘言で誘う, 口車に乗せる. 〖(*c*1565) ← ?〗

cui-ui /kwíːwiː/ *n.* 〘魚類〙米国 Nevada 州産サッカー科の淡水産食用魚 (*Chasmistes cujus*). 〖← N-Am.-Ind.〗

cuke /kjúːk/ *n.* 《口語》キュウリ. 〖(1903) (短縮) ← CUCUMBER〗

Cu·kor /kjúːkə | -kə(r)/, **George (Dewey)** *n.* キューカー《1899–1983; 米国の映画監督; *A Star Is Born* (1954), *My Fair Lady* (1964)》.

Cul·bert·son /kʌ́lbətsən, -tsŋ | -bət-/, **E·ly** /fːlaɪ/ *n.* カルバートソン《1891–1955; 米国のブリッジの名手・著述家; 特に contract bridge の大成者》.

culch /kʌ́ltʃ/ *n., vt.* = cultch. 〖1736〗

cul·chie /kʌ́ltʃi/ *n.* 《アイル口語》肉体労働をする荒くれ男, 田舎者.

Cul·dee /kʌ́ldiː | ─ ─/ *n.* クルデ《8–12 世紀にアイルランド・スコットランド・ウェールズに存在した隠者の一団に属する者; 通例 13 名(キリストと 12 弟子の数)を 1 集団として共住生活をした》.

cul-de-lampe /kʌ̀ldəlǽmp, kúl-; *F.* kyldəlɑ̃ːp/ *n.* (*pl.* **culs-d-** /~/) 〘印刷〙= tailpiece 3. 〖(1727–51) □ F ~ (原義) bottom of lamp〗

cul-de-sac /kʌ́ldəsæ̀k, kúl-, ─ ─ ─; *F.* kydsak, kytsak/ *n.* (*pl.* **culs-d-** /~/, **~s** /~s/) **1** 袋小路, 行き止まり(道) (blind alley) (cf. thoroughfare 1). **2** (それ以上前進する術のない)窮地, 窮境. **3** 〘軍事〙三方包囲《後退のほかない窮地》. **4** 〘解剖〙盲管, 盲嚢(のう). 〖(1738) □ F ~ (原義) bottom of sack〗

cul·do·scope /kʌ́ldəskòup | -skəup/ *n.* 〘医学〙クルドスコープ, ダグラス窩(か)検鏡《子宮や卵巣の検査用内視鏡》.
cul·dos·co·py /kʌldá(ː)skəpi | -dɔ́s-/ *n.*

-cule /kjùːl/ *suf.* 指小辞的名詞語尾: animal*cule*, corpus*cule*. ★ -cule の異形である -cole の方には arti*cle*, mira*cle*, specta*cle* などのように「小」の意が失われた場合も多い. 〖□ F ~ // L *-culus* (masc.), *-culum* (neut.), *-cula* (fem.)〗

Cu·léb·ra Cút /kuléːbrə-/ *n.* クーレブラカット《Gaillard Cut の旧名》.

cu·let /kjúːlɪ̀t | -lɪt/ *n.* **1** 〘宝石〙キューレット《ブリリアントカットの宝石の底面をなす小面》. **2** 〘甲冑〙(鎧(よろい)の)しり当て. 〖(1678) □ F ~ (dim.) ← *cul* bottom < L *cūlum*: ⇨ -et〗

cu·lex /kjúːlɛks/ *n.* (*pl.* **cu·li·ces** /-ləsìːz | -lɪ-/) 〘昆虫〙イエカ《イエカ属 (*Culex*) のカの総称; ヨーロッパ・北アメリカに最も普通なアカイエカ (*C. pipiens*) など》. 〖(1483) □ L ~ 'gnat' ← ?: cf. OIr. *cuil*〗

Cu·lia·cán /kùːljəkáːn; *Am.Sp.* kuljakán/ *n.* クリアカン《メキシコ北西部の都市; Sinaloa 州の州都》.

culices *n.* culex の複数形.

cu·lic·id /kjuːlísɪ̀d | -sɪd/ 〘昆虫〙*n.* カ, イエカ《カ科の昆虫の総称》. — *adj.* カ科の[に関する]. 〖(1901) ↓〗

Cu·lic·i·dae /kjuːlísədiː | -sɪ-/ *n. pl.* 〘昆虫〙(双翅目)カ科. 〖← NL ~ ← L *culic-, culex* gnat + -IDAE〗

cu·li·cine /kjúːləsàɪn, -sɪ̀n | -lɪsaɪn, -sɪn/ 〘昆虫〙*adj.* イエカ属 (*Culex*) または近似の属の[に関する]. — *n.* イエカ属のカ. 〖(1911) ← L *culic-* (↑) + -INE[1]〗

cul·i·nar·i·an /kʌ̀lənέəriən, kjùːl- | -lɪnέər-/ *n.* 料理人, コック (cook). 〖(1949): ⇨ ↓, -an[1]〗

cul·i·nar·y /kʌ́lənèri, kjúːl- | -lɪnəri/ *adj.* **1** 調理[料理]の[に関する]; 料理用の: ~ art 料理法, 割烹(かっぽう)術 / ~ vegetables 野菜類. **2** 台所の[に関する]. 〖(1638) □ L *culīnārius* ← *culīna* kitchen: ⇨ cook, -ary〗

cull[1] /kʌ́l/ *vt.* **1 a** 〈最上のものを〉えり出す[抜く, 分ける, 集める], 抜粋する (⇨ choose SYN): ~ the choicest lines from a poem. **b** 〘林業〙伐採すべき樹木を選び出す. **2** (増えすぎないように)動物を間引く. **3** 〈花などを〉摘む (pick), 摘み集める. **4** 〈家畜などを〉質の悪いものを選んで殺す, 淘汰する; 品質によって選び出す. — *n.* **1** [通例 *pl.*] **a** (品質不良品として)えりのけられた家畜《羊など》. **b** (劣等物・not として)えりのけられた物, きずもの《狂いのある材木, 小粒のカキ (oyster), 果物など》. **2** (花などの)摘み取り; 摘み集め (culling); 選び集めたもの. **~·er** *n.* 〖(?*a*1200) *culle(n), coile(n)* □ OF *cuillir, coillier* < L *colligere* 'to COLLECT': cf. coil[1]〗

cull[2] /kʌ́l/ *n.* 《俗・英方言》= cully 1. 〖(1698) (尾音消失) ← CULLY〗

Cul·len /kʌ́lən | -lɪ̆n/ *n.* カレン《男性名》. 〖ME *Cologne* ← COLOGNE: 地名および家族名から〗

Cullen, Coun·tee /kauntéɪ/ *n.* カレン《1903–46; 米国の黒人詩人; *Color* (1925)》.

cul·len·der /kʌ́ləndə | -lɪ̆ndə(r)/ *n.* = colander.

cul·let /kʌ́lɪ̀t/ *n.* 〘ガラス製造〙(溶解を助けるための)ガラスくず, カレット. 〖(1817) □ F *collet* little neck (dim.): ⇨ collet〗

cúll·ing /-lɪŋ/ *n.* **1** 摘み取り, 花摘み, 採集. **2 a** 選択; えりのけ. **b** [通例 *pl.*] えりのけた物. 〖(1440): ⇨ cull[1], -ing[1]〗

cul·lion /kʌ́ljən/ *n.* **1** 〘植物〙ラン (orchid). **2** 《古》下劣な人間. **3** 《廃》= testis. — *adj.* 《古》卑劣な, 下等な. 〖(*c*1390) *coill(i)on* □ OF *coillon* (F *couillon*) ← L *cōleus* testicle □ Gk *koleós* sheath〗

cul·lis /kʌ́lɪ̆s | -lɪs/ *n.* 〘建築〙**1** (屋根の)樋(とい) (gutter); 溝 (channel). **2** (劇場の)舞台後方の両袖の間. 〖(1838) □ F *coulisse*: ⇨ coulisse〗

Cul·lód·en Móor /kəlá(ː)dŋ-, kʌ-, -lóu- | -lɔ́dŋ-, -lə́u-/ *n.* カロデンムーア《スコットランド Highland 州南西部の沼沢地; Jacobite 軍がイングランド軍に敗北した (1746) 古戦場; cf. forty-five 4》. 〖*Culloden*: 《スコット》~ (原義) at the back of the little pool ← Gael. *cūl* back + *lodan* little pool〗

cul·ly /kʌ́li/ *n.* **1** 《古》薄のろ, まぬけ (dupe, simpleton). **2** 《俗》仲間, 相棒 (mate, pal). — *vt.* 《古》だます, 欺く (cheat). 〖(1664) (短縮) ← ? CULLION〗

culm[1] /kʌ́lm/ *n.* 〘植物〙稈(かん)《イネ・ムギ・タケのような中空で節のある茎》. — *vi.* 稈茎になる. 〖(1657) □ L *culmus* stalk, stem (of grain, etc.): cf. haulm〗

culm[2] /kʌ́lm/ *n.* **1** 炭塵(たんじん), 粉炭 (slack). **2** くず炭; (特に)無煙炭の粉炭, 下等無煙炭. **3** [しばしば C-] 〘地質〙クルム(層)《ヨーロッパの下部石炭系の頁岩(けつがん)・砂岩層; culm measures ともいう》. 〖(1348) *colme* ← ? *cole* 'COAL': cf. G *Qualm* / Du. *kwalm* reek, smoke〗

cul·mif·er·ous /kʌlmíf(ə)rəs/ *adj.* 〘植物〙稈(かん) (culm) をもった[生じる]. 〖(1704) ← CULM[1] + -I- + -FEROUS〗

cul·mi·nant /kʌ́lmənənt | -mɪ̆-/ *adj.* **1** 最高点[絶頂]にある. **2** 〘天文〙正中[南中]している, 子午線上の. 〖(1605) □ LL *culminantem* (pres.p.) ← *culmināre* (↓): ⇨ -ant〗

cul·mi·nate /kʌ́lmənèɪt | -mɪ̆-/ *vi.* **1** 最高点[極点]に達する, 絶頂に達する; 最高潮に達する, (隆盛などの)極に達する, 全盛を極める; ついに[結局]〔…と〕なる〔*in, with*〕: Animal life ~*s in* man. 動物が最高度に発達して人間となる / Her jealousy ~*d in* murder. 彼女の嫉妬は結局殺人となった. **2** 〘天文〙〈天体が〉正中する, 南中する.
— *vt.* 完結させる, …の最後を飾る, 頂上につく[達する]; …の頂上を覆う (cap). 〖(1647) ← LL *culminātus* (p.p.) ← L *culmināre* to culminate ← *culmen* top: ⇨ column, -ate[3]〗

cul·mi·na·tion /kʌ̀lmənéɪʃən | -mɪ̆-/ *n.* **1 a** 最高潮に達すること; 成就: the ~ of one's career, efforts, hopes, etc. **b** (達し得る, または達し得た)最高点, 頂点, 頂上 (⇨ top SYN); 真っ盛り, 全盛, 極致. **2** 〘音声〙頂点《音節の最強部》. **3** 〘天文〙(天体の日週運動における)子午線通過, 南中, 正中. 〖(1633) ← LL *culminātus* (↑): ⇨ -ation〗

cúlm mèasures *n. pl.* [しばしば C- M-] 〘地質〙= culm[2] 3. 〖1837〗

cu·lottes /kúːlɑ(ː)ts, kjúː-, ─ ─ | kjuːlɔ́ts, kuː-; *F.* kylɔt/ *n. pl.* キュロット《すそにフレヤーが入っていてスカートにみえるパンツ; 女性がスポーツなどで着用する; cf. sansculotte》. **cú·lotte** /-t/ *adj.* 〖(1842) □ F ~ (dim.) ← *cul* bottom < L *cūlum*: cf. culet〗

cul·pa /kúlpə, kʌ́l- | kúlpə, -pɑː/ *n.* (*pl.* **cul·pae** /kúlpaɪ, kʌ́lpiː | kúlpiː/) **1** 過失 (fault); 罪 (guilt). **2** 〘法律〙過失, 過誤 (negligence). 〖(*c*1250) □ L ~ 'fault, blame' ← ?〗

cul·pa·bil·i·ty /kʌ̀lpəbíləti | -lɪ̆ti/ *n.* 過失あること, とがめられるべき[罪となる]状態; 有罪性. 〖(1675): ⇨ ↓, -ity〗

cul·pa·ble /kʌ́lpəbl/ *adj.* **1** 過失のある, 責められるべき (blameworthy), 不埒(ふらち)な (reprehensible): ~ homicide 故殺 / ~ negligence 怠慢罪, 不行届き / hold a person ~ 人を悪い[けしからぬ]と思う. **2** 《廃》有罪の (guilty). **~·ness** *n.* 〖(14C) □ L *culpābilis* blameworthy ← *culpa* fault ∞ (*c*1280) *coupable* □ (O)F〗

cúl·pa·bly /-bli/ *adv.* 不届き至極に, ふらちにも (reprehensibly). 〖(16..): ⇨ ↑, -ly[1]〗

culpae *n.* culpa の複数形. 〖□ L ~〗

Cul·pep·er /kʌ́lpɛ̀pə | -pə(r)/, **Nicholas** *n.* カルペパー《1616–54; イングランドの医師; College of Physicians の薬局方 (Pharmacopoeia) の英訳 (1649) と著書 *The English Physician Enlarged* (1653) は広く読まれた》.

cul·prit /kʌ́lprɪ̆t/ *n.* [the ~] **1** 犯罪者, 犯人, 罪人 (offender). **2** 〘法律〙(正式事実審理を待つ)被告人, 未決囚. **3** (問題・事件の)元凶, 原因. 〖(1678) □ AF *cul. prit* (略) ? ← *Culpable, prit (d'avérer nostre bille.)* (You are) guilty, (I am) ready (to prove our case.) ← *culpable* 'CULPABLE' + *pri(s)t* = OF *prest* (F *prêt*) (< LL *praestum*)〗

cult /kʌ́lt/ *n.* **1** 〘社会学〙カルト《排他的イデオロギー, 聖なる象徴崇拝中心の儀式形態を特徴とし, 伝統的な組織宗教団に対立する, 新宗教運動の中のゆるやかな組織性をもつ集団; 包容性・大衆性・認識論的個人主義を特徴とする; cf. sect 1》. **2 a** (宗教的な)崇拝 (worship): the ~ of Apollo アポロ崇拝 / an idolatrous ~ 偶像崇拝. **b** (体系化された)礼拝(式). **c** [集合的] 儀式, 祭式 (rites, ceremonies). **3 a** (ある人または物に対する)崇拝, あこがれ, 礼賛; [軽蔑的に] (一時的な)流行, 熱狂, …熱: the ~ of beauty [nature] 美の礼賛[自然崇拝] / a ~ of Browning ブラウニング熱 / the ~ of the jumping cat 日和見主義 (cf. the CAT *jumps*) / the ~ of baseball 野球狂 / a Shakespearian ~ シェークスピア熱. **b** 崇拝[礼賛]の対象. **c** [集合的] 崇拝[礼賛]者の集まり (sect). **4 a** 邪教. **b** [集合的] 邪教徒の集団. **5** 宗教で病気を治す方法. **cult·ic** /kʌ́ltɪk/ *adj.* 〖(1617) □ F *culte* // L *cultus* culture, worship (p.p.) ← *colere* to till (⇨ colony)〗

cultch /kʌ́ltʃ/ *n.* **1** (カキの卵を付着させるために, 養殖場の水底に敷く)カキ殻や砂利. **2** (カキの)卵. **3** 《ニューイングランド》ごみ, がらくた, くず (rubbish). — *vt.* 〈カキ養殖場の水底にカキ殻や砂利を敷く. 〖(1667) □ ? OF *culche* bed: ⇨ couch[1]〗

cul·chie /kʌ́ltʃi/ *n.* 《アイル口語》田舎者.

cul·tel·lus /kʌltéləs/ *n.* (*pl.* **-tel·li** /-laɪ, -liː/) 〘動物〙刀状刺針《吸血バエなどの刀身状刺針》. 〖(1899) ← NL ~ (dim.) ← L *culter* knife〗

culti *n.* cultus[2] の複数形.

cul·ti·gen /kʌ́ltɪ̆dʒɪ̆n, -dʒɛ̀n | -tɪ-/ *n.* 〘植物〙培養種(の植物), 培養変種《原種がはっきりせず栽培によってのみ知られている植物; cf. indigene 2》. 〖(1924) ← CULTI(VATE) + -GEN〗

cult·ism /kʌ́ltɪzm/ *n.* **1** 崇拝[礼賛, 熱狂]主義[傾向]. **2** 崇拝 (worship). 〖(1887) ← CULT + -ISM〗

cúlt·ist /-tɪ̆st | -tɪst/ *n.* (宗派・流行などの)崇拝者, 礼賛者. 〖(1839) ← CULT + -IST〗

cul·ti·va·ble /kʌ́ltəvəbl | -tɪ̆-/ *adj.* **1** 〈土地・国土など〉耕地できる, 耕作に適する. **2** 〈果樹・草木など〉栽培[培養]できる. **3** 〈能力など〉啓発できる. **cul·ti·va·bil·i·ty** /kʌ̀ltəvəbíləti | -tɪ̆vəbílɪ̆ti/ *n.* 〖(1682) □ F ~ ← *cultiver* 'to CULTIVATE': ⇨ -able〗

cul·ti·var /kʌ́ltəvɑ̀ə | -tɪ̆vɑ̀ː(r)/ *n.* 〘植物〙栽培変種植物. 〖(1923) (混成) ← CULTI(VATED) + VAR(IETY)〗

C

cul·ti·vat·a·ble /kʌ́ltəvèɪṭəbl | -tɪ̀vèɪt-/ *adj.* ＝cultivable. 〖1847〗

cul·ti·vate /kʌ́ltəvèɪt | -tɪ̀-/ *vt.* **1 a** 〈田畑を〉耕す, 耕作する (till);〈土地を〉開墾する: ～ a farm, one's fields, etc. **b** 〈栽培中の作物を〉中耕する,〈作物〉のまわりの土地を耕運機で耕す. **2 a** 〈作物を〉栽培する. **b** 〈菌・魚・貝類などを〉養殖する, 培養する (raise). **3 a** 〈才能・趣味・風俗・習慣などを〉養成する,〈品性を〉洗練する, 陶冶(とうや)する (develop, refine) (cf. cultivated 2): ～ one's abilities. **b** 〈文学・技芸を〉修める, みがく (pursue). **c** 〈人を〉教化する, 啓発する (enlighten),〈人〉に教養をつける. **4 a** 〈知己・交際を〉求める, 深める: ～ a person's acquaintance [friendship] 人との(一層の)交際を求める / ～ the society of a person 人と親しくなろうとする. **b** 〈人〉と親しくなろうとする, 親交を求める: ～ a person. **5** 〈芸術・学術などを〉奨励する (encourage), …の発達[助成]に努める (further, promote): ～ the arts and sciences. 〖(1620–55) ← ML *cultivātus* (p.p.) ← *cultivāre* to till ← *cultivus* tilled ← L *cultus* (p.p.) ← *colere* to till: ⇨ cult, colony〗

cul·ti·vat·ed /kʌ́ltəvèɪṭɪd | -tɪ̀d/ *adj.* **1** 耕作された; 栽培された: ～ land 耕地 / ～ plants 栽培植物. **2** 教化[洗練]された (polished, refined); 教養のある: a ～ mind, taste, voice, person, etc. 〖(1665): ⇨ ↑, -ed 2〗

cul·ti·va·tion /kʌ̀ltəvéɪʃən | -tɪ̀-/ *n.* **1** 耕作; 開墾: be under ～ 〈土地が〉耕作されている / bring … under ～ 〈土地を〉開墾する. **2** 栽培 (raising); 養殖; 培養, 培養菌: the ～ of crops, oysters, bacteria, etc. **3** 養成, 教養, 教化; 洗練, 高雅, 上品 (refinement): the ～ of the mind, manners, etc. / a person of considerable ～ 教養の高い人. **4** 知己・交際を求めること. 〖(*a*1700) ← CULTIVATE＋-ATION〗

cúl·ti·và·tor /-tə | -tə^(r)/ *n.* **1 a** 耕作人; 栽培者. **b** 養成者, 開拓者; 研究者, 修養者. **2** 中耕機, 耕運機, カルティベーター. 〖(1665) ← CULTIVATE＋-OR²〗

cul·trate /kʌ́ltreɪt/ *adj.* (ナイフの刃のように)尖った, ナイフ状の. 〖(1856–58) ◻ L *cultrātus* ← *culter* knife〗

cul·trat·ed /kʌ́ltreɪṭɪd | -tɪd/ *adj.* ＝cultrate. 〖1797〗

cul·tur·a·ble /kʌ́ltʃ(ə)rəbl/ *adj.* ＝cultivable. 〖(1796) ← CULTURE (v.)＋-ABLE〗

cul·tur·al /kʌ́ltʃ(ə)rəl/ *adj.* **1** 教養の[に関する]; 人文上の: ～ studies 教養科目. **2** 文化の[に関する]: ⇨ culture area / ～ a attaché 文化担当外交官[大使館員] / ～ conflict 文化摩擦 / ～ contact 文化接触 / a ～ zone 文化圏 / ～ Judaism 文化的ユダヤ主義, 文化現象としてのユダヤ主義. **3** 培養上の; 栽培の: a ～ variety 培養変種. **4** 人工の (man-made). **～·ly** *adv.* 〖(*c*1864) ← CULTURE＋-AL¹〗

cúltural anthropólogist *n.* 文化人類学者.

cúltural anthropólogy *n.* 文化人類学 (cf. physical anthropology). 〖1923〗

cúltural chánge *n.* 〖社会学〗文化変動.

cúltural lág *n.* 〖社会学〗文化的遅滞《物質文化の進展に即応しない精神文化の発展の遅れ; W. F. Ogburn の理論》.

cúltural revolútion *n.* **1** 文化革命. **2** [the C- R-] (中国の)プロレタリア文化大革命《毛沢東などを主導者として中国で行われた政治的・思想的闘争 (1966–76)》. 〖1966〗

cúltural revolútionary *n.* 文化革命の主唱[支持]者.

cúltural sociólogy *n.* 文化社会学.

cul·tu·ra·ti /kʌ̀ltʃəráːtiː, -réɪtaɪ | -ráːtiː/ *n. pl.* 文化人たち, 文化人階級. 〖(1964) ← CULTURE: *literati* にならった造語〗

cul·ture /kʌ́ltʃə | -tʃə^(r)/ *n.* **1 a** (ある国・ある時代の)文化, 精神文明 (cf. Kultur, civilization 1 a): Greek ～ ギリシャ文化 / primitive ～ 原始文明. **b** 文化, カルチャー《人間集団が社会などから習得し, 伝承される信仰・伝統・習俗などの外面的また内面的生活様式の総体》: ⇨ (the) two cultures. **2 a** 教養《教育と修養による人間の能力の総合的発達状態》: a person of considerable ～ 教養の高い人. **b** 教化, 洗練 (refinement). **3** (心身の)訓練 (training), 修養: the ～ of mind and body 心身の修養 / intellectual [physical] ～ 知[体]育 / moral ～ 徳育. **4** 〖生物〗**a** (細菌・小動物・組織の)培養: the ～ of bacteria / a ～ fluid 培養液. **b** 培養菌. **c** 培養基. **5 a** (特に品種改良を目的とする)養殖, 飼育; 栽培 (cultivation): the ～ of oysters＝oyster ～ カキ養殖 / the ～ of silk＝silk ～ 養蚕 / the ～ of the vine ぶどう栽培 (cf. viticulture). **b** 耕作 (tillage).
— *vt.* **1** ＝cultivate. **2** 〖生物〗〈細菌などを〉培養する.
～·less *adj.* 〖(?1440) ◻ (O)F ～ ∥ L *cultūra* care, cultivation ← *colere* to till: ⇨ cult, -ure〗

cúlture àrea *n.* 〖社会学〗文化地域《同質[類似]の文化の存在する地域》.

cúlture-bòund sỳndrome *n.* 〖精神医学〗文化結合症候群《特定の文化集団に特徴的な, 特定の文化要因に基づく病的反応》.

cúlture cènter *n.* 〖文化人類学〗文化中心点《一つの文化圏内において, その圏内文化の特性が最も密に分布している地域; この文化圏内の文化はそこから周辺へ広がったものと推定される》. 日英比較 英語では「教養講座(施設)」の意味で使われない.

cúlture còmplex *n.* 〖社会学〗文化複合(体)《culture traits の一定の組合わせから成る複合体》.

cul·tured /kʌ́ltʃəd | -tʃəd/ *adj.* **1** 教養のある; 洗練された (refined): speak with a ～ accent. **2** 栽培された; 培養された; 養殖された. **3** 耕作された (cultivated). 〖(1743–46) ← CULTURE＋-ED 2〗

cúltured péarl *n.* 養殖真珠 (cf. SIMULATED pearls). 〖1921〗

cúlture fàctor *n.* 文化的要因.

cúlture fèature *n.* (一地域の)人工的特徴《道路・橋・家など》.

cúlture gàp *n.* 二つの文化間の違い[ずれ], カルチャーギャップ.

cúlture hèro *n.* 〖文化人類学〗文化英雄: **a** 道具の発明者・文化の創始者として伝承されている神話[伝説]的人物. **b** ある文化集団の理想を具現する伝説的人物. 〖*c*1945〗

cúlture làg *n.* 〖社会学〗＝cultural lag.

cúlture mèdium *n.* 〖細菌〗培養基. 〖*c*1880〗

cúlture mỳth *n.* 〖文化人類学〗文化神話《道具の発明その他文化の発達を物語る神話》.

cúlture pàttern *n.* 〖文化人類学〗文化様式, 文化類型《ある文化を構成する種々の文化的特徴》.

cúlture pèarl *n.* ＝cultured pearl. 〖1921〗

cúlture shòck *n.* 文化[カルチャー]ショック《異文化に接したときに感じる不安または当惑》. 〖*c*1940〗

cúlture specífic sỳndrome *n.* 〖精神医学〗文化特異症候群《特異的文化環境における行動障害》.

cúlture tràit *n.* 〖社会学〗文化特徴《文化の要素的特質; cf. culture complex》.

cúlture vùlture *n.* 《戯言・俗》えせ文化人, 文化人気取りの人. 〖1947〗

cúl·tur·ist /-tʃ(ə)rɪst | -rɪst/ *n.* **1** 栽培者[家]; 培養者[家] (cultivator). **2** 教化する人; 文化主義者[擁護者]. 〖(1828) ← CULTURE＋-IST〗

cul·tu·rol·o·gy /kʌ̀ltʃərɑ́(ː)lədʒi | -rɔ́l-/ *n.* 文化学. **cul·tu·ro·log·i·cal** /kʌ̀ltʃ(ə)rəlɑ́(ː)dʒɪkəl, -kl | -lɔ́dʒɪ-ˈ-/ *adj.* 〖(1939) ◻ G *Kulturologie*: ⇨ culture, -logy〗

cul·tus¹ /kʌ́ltəs/ *n.* (*pl.* ～, ～·es) 〖魚類〗＝lingcod. 〖◻ N-Am.-Ind. (Chinook) *kúltus* worthless〗

cul·tus² /kʌ́ltəs/ *n.* (*pl.* ～·es, cul·ti /-taɪ, -tiː/) 《カトリック》祭式 (cult). 〖(1640) ◻ L ～: ⇨ cult〗

cúltus cód *n.* 〖魚類〗＝lingcod. 〖1884〗

cul·ver /kʌ́lvə | -və^(r)/ *n.* 《古・詩》〖鳥類〗ハト (pigeon). 〖OE *culfre* ◻ ? VL **columbra*＝L *columbula* (dim.) ← *columba* dove: ⇨ Columba〗

cúlver hòle *n.* 〖石工〗(木材などを支承する)受穴. 〖1565–73〗

cul·ver·in /kʌ́lvərɪn | -rɪn/ *n.* **1** カルバリン銃《中世末期の大型火縄銃; hand culverin ともいう》. **2** カルバリン砲, 長砲, 蛇砲《17 世紀では 17 ポンド砲; 大きいものから順に culverin, demiculverin, saker》. 〖(1443) ◻ (O)F *coule(u)vrine* ← *couleuvre* < VL **colobra(m)*＝L *colubram* snake ← ? : ⇨ -ine¹〗

Cúl·ver's róot [phýsic] /kʌ́lvəz- | -vəz-/ *n.* 〖植物〗北米東部産のクガイソウ属の一種 (*Veronicastrum virginicum*)《根が下剤として用いられる》; その根. 〖(1866) ← *Dr. Culver* (その根をはじめて下剤に用いた 18 世紀初頭の米国の医者)〗

cul·vert /kʌ́lvət | -vət/ *n.* **1** (道路・鉄道の築堤・運河などの下を横切る)排水渠(きょ), 暗渠. **2** 〖鉄道〗カルバート, みぞ橋《極めて短い橋》. **3** 〖電気〗線渠《電線を通す地下のパイプ》, コンジット (conduit). 〖(1773) 考案者の名からか〗

culvert 1

cum¹ /kʌm, kʊm/ *prep.* **1** …を伴った (with), …付き (including): a dwelling-*cum*-workshop 工場付き住宅 / a bed-*cum*-sitting room 寝室兼居間. **2** 〖証券〗…付き (including) (cf. ex¹ 2 b): ⇨ cum dividend, cum new, cum rights. **3** 《英》[連合教区の名に用いて] …と連合した: Stow-*cum*-Quy Stow と Quy の連合教区.
— *adj., adv.* **1** ＝cum laude. **2** 〖証券〗＝cum dividend. 〖(1589) ◻ L ～ 'with' < IE **kom* beside, near, by, with: cf. com-〗

cum² /kʌ́m/ *vi.* 《卑》オルガスムに達する, いく (come).
— *n.* オルガスム (come); 精液; 愛液; ねばねば[ぬるぬる]したもの. 〖《変形》← COME〗

cum. 《略》cumulative.

Cu·ma·ce·a /kjuːméɪʃiə/ *n. pl.* 〖動物〗クマ目《甲殻類の 1 目》. 〖← NL ～ ← *Cuma* (属名: ← Gk *kûma* sprout, wave)＋-ACEA〗

cu·ma·cean /kjuːméɪʃən/ *adj., n.* 〖動物〗クマ目の(動物)《海にすむ甲殻類》.

Cu·mae /kjúːmiː/ *n.* クーマイ《イタリア南西部 Naples の西にあった古代都市; イタリアにおける最古期のギリシャ植民地といわれる》. 〖◻ L *Cūmae* ◻ Gk *Kúmē*〗

Cu·mae·an /kjuːmíːən/ *adj.* クーマイの巫女の. 〖(1731): ⇨ ↑, -an¹〗

Cumáean síbyl *n.* クーマイの巫女(みこ)《Cumae の町の女予言者; その予言力で有名であった; ローマ王 Tarquin the Proud (534–510 B.C.) がこの女予言者から Sibylline Books を買ったことは有名》. 〖1870〗

Cu·ma·ná /kùːmənáː; *Am.Sp.* kumaná/ *n.* クマナ《ベネズエラ北東部の都市; 南北では最も古いヨーロッパ人による植民地》.

Cu·ma·na·go·to /kuːmɑ̀ːnəgóuṭou | -gə́utəu; *Am.Sp.* kumanaɣóto/ *n.* (*pl.* ～s, ～) **1 a** [the ～(s)] クマナゴト族《ベネズエラに住むカリブ人》. **b** クマナゴト族の人. **2** クマナゴト語. 〖◻ Sp. ～ ← Am.-Ind.〗

cu·ma·rin /k(j)úːmərɪn | -rɪn/ *n.* 〖化学〗＝coumarin.

cu·ma·rone /k(j)úːməròun | -rəun/ *n.* 〖化学〗＝coumarone.

Cumb, Cumb. 《略》Cumberland; Cumbria.

cum·ber /kʌ́mbə | -bə^(r)/ *vt.* **1 a** 邪魔する, 妨害する (hamper, hinder). **b** 〈場所を〉ふさぐ (block up): Stones ～*ed* the road. 石が道をふさいだ. **c** 〈人〉に余分に負担をかける〔*with*〕: ～ oneself *with* a lot of luggage たくさんの手荷物を持て余す. **2** 《古》(足手まといとなって)〈人を〉困らせる, 悩ます, 煩わせる (trouble). — *n.* **1** 邪魔物, 厄介物 (encumbrance). **2** 妨害, 邪魔 (hindrance). **3** 《古》苦労, 不便; 心労 (worry). **～·er** /-bərə | -rə^(r)/ *n.* 〖(*c*1300)《頭音消失》← *acombre(n)* ◻ (O)F *encombrer* 'to ENCUMBER'〗

Cum·ber·land /kʌ́mbələnd | -bə-/ *n.* **1** カンバーランド《イングランド北西部の旧州; 面積 3,937 km²; 1974 年に Cumbria 州の一部となる; 州都 Carlisle》. **2** カンバーランド《米国 Maryland 州北西部の都市》. **3** [the ～] カンバーランド(川)《米国 Kentucky 州南東部から Tennessee 州の北部を流れて Kentucky 州で Ohio 川に注ぐ川 (1,106 km)》. 〖OE *Cumbraland*《原義》the land of the Cumbrians (i.e. Britons) ← *Cumbras* ◻ Welsh *Cymry* the Welsh〗

Cum·ber·land /kʌ́mbələnd | -bə-/, **Richard** *n.* カンバーランド (1631–1718; 英国の神学・哲学者; Peterborough の司教 (1691–1718)).

Cumberland, William Augustus *n.* カンバーランド (1721–65; 英国の軍人; George 二世の子; 通称 Butcher Cumberland).

Cúmberland Gáp *n.* [the ～] カンバーランドギャップ《米国 Cumberland 山脈中 Virginia, Kentucky, Tennessee 三州の境にある山道 (500 m)》.

Cúmberland Móuntains *n. pl.* [the ～] カンバーランド山脈《米国 Appalachian 山脈の西部の高原; 大部分は Kentucky, Tennessee 両州にある; 最高地点海抜 1,263 m》.

Cúmberland Plateáu *n.* [the ～] カンバーランド高原 (Cumberland Mountains).

Cúmberland sàuce *n.* カンバーランドソース《オレンジ・レモン・カランツゼリー・ワイン・からしで風味をつけた冷たいソース; 狩りの獲物の料理に用いる》.

Cúmberland sàusage *n.* 《英》カンバーランドソーセージ《もとは Cumberland 産のあらびき肉のソーセージ》.

Cum·ber·nauld /kʌ̀mbənɔ́ːld, -nάːld | -bənɔ́ːld/ *n.* カンバーノールド《スコットランド南部 Glasgow 北東の町; Glasgow への人口集中を分散させるため, 1955 年に造られた》.

cum·ber·some /kʌ́mbəsəm | -bə-/ *adj.* **1** (重くてまたはかさ張って)扱いにくい, 手に負えない, 厄介な (unwieldy, clumsy) (⇨ heavy¹ SYN). **2** 重々しい, 動きの遅い. **3** 邪魔な (burdensome); うるさい, 煩わしい (troublesome): ～ legal procedures. **～·ly** *adv.* **～·ness** *n.* 〖((1375)) (1594): ⇨ cumber, -some¹〗

cum·bi·a /kúmbiə/ *n.* 〖音楽〗クンビア《サルサ (salsa) に似たコロンビア起源のダンス音楽》. 〖(*c*1945) ◻ Colombian Sp. ～ ← ? Sp. *cumbé*〗

cum·brance /kʌ́mbrəns/ *n.* 邪魔, 厄介 (trouble). 〖(?*a*1300) ← CUMBER＋-ANCE〗

Cum·bri·a /kʌ́mbriə/ *n.* カンブリア: **1** イングランド北西部の州; 1974 年に新設, 旧 Cumberland, Westmorland 両州および旧 Lancashire, Yorkshire 州の一部よりなる; イギリス最初の原子力発電所所在地; 面積 6,806 km², 州都 Carlisle. **2** 中世ケルト人の王国 (⇨ Strathclyde 2). 〖↓〗

Cum·bri·an /kʌ́mbriən/ *adj.* **1** カンバーランド (Cumberland) (人)の. **2** (英国古代の)カンブリア王国[人]の. — *n.* **1** カンバーランド人. **2** (英国古代の)カンブリア人; カンブリア(州)の人. 〖(1747) ← ML *Cumbria* (英国 Cumberland の大部分を占めていた地域) ← Welsh *Cymry* the Welsh＋-IA¹: ⇨ -ian〗

Cúmbrian Móuntains *n.* [the ～] カンブリア山地《イングランド北西部の, 主に Cumbria 州および Lancashire 州にある》.

cum·brous /kʌ́mbrəs/ *adj.* ＝cumbersome (⇨ heavy¹ SYN). **～·ly** *adv.* **～·ness** *n.* 〖(*c*1390): ⇨ cumber, -ous〗

cum div. 《略》〖証券〗cum dividend. 〖1877〗

cùm dívidend *adv., adj.* 〖証券〗配当付きで[の] (略 c.d., c. div., cum div.) (cf. ex dividend).

cu·mene /kjúːmiːn/ *n.* 〖化学〗クメン《石油中にある透明の液体; ガソリン添加剤に用いる》. 〖(1863–72) ◻ L *cumīnum* 'CUMIN': ⇨ -ene〗

cum gra·no sa·lis /kʊmgráːnousáːlɪs | kʊmgráːnəusáːlɪs, kʌmgréɪnəuséɪ-/ *L. adv.* いく分割引して, 控え目に: Take things ～. ものごとは話半分に聞いておけ. 〖(1653) ← L *cum grānō salis* with a grain of salt〗

cum·in /kʌ́mɪn, k(j)úː- | -mɪn/ *n.* 〖植物〗ヒメウイキョウ (*Cuminum cyminum*)《セリ科のウイキョウに似たエジプト産の多年草; 果実は芳香豊かで, 東洋で薬味・薬用にする》. 〖(12C) ◻ OF *cumin* < L *cumīnum* ◻ Gk *kúminon* ← Sem. (Heb. *kammōn*) ∞ OE *cymen* ◻ LL: cf. kümmel〗

cum láu·de /kʊmláudi, -dia, -lɔ́ː-, -láː-, -deɪ | kʌmlɔ́ːdi, kum-, -lɔ́ː-, -di/ *adv., adj.* 《米》優等で[の]《卒業証書などに用いる句で優等の下位を示す; cf. magna cum laude, summa cum laude》. 〖(1893) ← NL ～ 'with praise'〗

cum·mer /kʌ́mə | -mə(r/ *n.* 《スコット》 **1** 代母 (godmother). **2** 女性の仲よし. **3** 女性 (woman), 娘, 女の子 (girl); 魔女 (witch). **4** 助産婦, 産婆 (midwife). 〖(*c*1303) *commare* ▭ (O)F *commère* godmother, gossip < LL *commātrem*: ⇨ com-, mater〗

cum·mer·bund /kʌ́məbʌ̀nd | -mə-/ *n.* カマーバンド: **a** インド人がベルトの代わりに用いる幅広のサッシュベルト. **b** 男子夜会服にチョッキの代用にするシルク地などの幅広サッシュベルト (cf. dinner jacket). 〖(1616) ▭ Hindi & Pers. *kamarband* loin band〗

cum·min /kʌ́mɪ̀n | -mɪn/ *n.* 〘植物〙 ＝cumin.

Cum·mings /kʌ́mɪŋz/, **E(dward) E(st·lin)** /ɛ́stlɪ̀n | -lɪn/ *n.* カミングズ (1894–1962; 米国の詩人・小説家・画家; *The Enormous Room* (小説, 1922), *Tulips and Chimneys* (詩集, 1923); 筆名は e e cummings).

cum·ming·ton·ite /kʌ́mɪŋtənàɪt/ *n.* 〘鉱物〙 カミングトン閃石 ((Fe, Mg)$_7$Si$_8$O$_{22}$(OH)$_2$) 《暗緑色または褐色の角閃石の一種》. 〖← *Cummington* (米国 Massachusetts 州にあるその発見地)＋-ITE[1]〗

cùm néw *adv., adj.* 〘証券〙 新株引受権付きで[の].

cum·quat /kʌ́mkwɑ(ː)t | -kwɔt/ *n.* ＝kumquat.

cùm ríghts *adv., adj.* 〘証券〙 (新株引受)権利付きで[の] (cf. ex rights).

cum·shaw /kʌ́mʃɔː, -ʃɑː | -ʃɔː/ *n.* 心付け, チップ. 〖(*c*1810) ▭ Pidgin-E ～ ▭ Chin. (Amoy) *kam sia* ＝ Mandarin *kan hsieh* (感謝)〗

cu·mul- /kjúːmjʊl/ (母音の前にくるときの) cumulo- の異形.

cu·mu·lant /kjúːmjʊlənt/ *n.* 〘統計〙 累積率. 〖(1853) ▭ L *cumulantem* (pres.p.) ← *cumulāre* (↓): ⇨ -ant〗

cu·mu·late /kjúːmjʊlèɪt/ *v.* **— *vt.*** **1** 積み重ねる, 積み上げる, 集積する (accumulate). **2** 累加する. **3** 〈既刊のカタログなどを〉次号で合併する, 一つにまとめる. **— *vi.*** 積もる, 堆積する. **—** /kjúːmjʊlɪ̀t, -lèɪt/ *adj.* 積み重ねた, 積み上げた. **～·ly** *adv.* 〖(1534) ▭ L *cumulātus* (p.p.) ← *cumulāre*: cf. cumulus〗

cú·mu·làt·ed /-lèɪtɪ̀d | -tɪ̀d/ *adj.* **1** ＝cumulate. **2** 〘化学〙 集積した 《allene のように同一炭素に二重結合が 2 個あるの意》. 〖(1642): ⇨ ↑, -ed〗

cu·mu·la·tion /kjùːmjʊléɪʃən/ *n.* 積み重ね, 積み重なり, 集積, 蓄積. 〖(1616) ← CUMULATE＋-ION〗

cu·mu·la·tive /kjúːmjʊlətɪv, -lèɪt- | -tɪv/ *adj.* **1 a** 累積する, 累加する; 累積による, 累加により力を増す: a ～ effect of daily study 毎日の勉強の累積的効果 / ～ labor 蓄積労働 / a ～ medicine 漸加薬 《少量ずつの継続投与後, 急に強い作用を起こす薬》. **b** 蓄積部分から成る. **2** 〈索引など〉既刊の分も組み入れた: a ～ book index 図書累積索引. **3 a** 〘証券〙 〈優先配当が〉累積的な 《優先配当の未払分の累積額が普通株配当に優先する》: ⇨ cumulative preference share [stock]. **b** 〈未払い分の利子・配当額が〉累積的な. **4** 〘法律〙 〈犯罪が〉反復された, 〈投票が〉累積された: a ～ offense 反復犯罪 《同種の行為を繰り返して犯すことで成立する犯罪》 / ～ proof 重複立証 / a ～ sentence 併科刑宣告. **5** 〘統計〙 累積の 《確率変数のある値以下の値の度数[密度]を加えた[積分した]》. **～·ly** *adv.* **～·ness** *n.* 〖(1605) ← CUMULATE＋-IVE〗

cúmulative distribútion fùnction *n.* 〘統計〙 ＝distribution function. 〖*c*1965〗

cúmulative érror *n.* 〘統計〙 累積誤差. 〖1887〗

cúmulative évidence *n.* **1** 累積証拠 《各部分が補強し合ってより強い効果を生む証拠》. **2** 重複証拠 《すでに提出された証拠と同じ性質の証拠》.

cúmulative préference shàre [stòck] *n.* 《英》 累積的優先株.

cúmulative scóring *n.* 〘トランプ〙 累積得点法 《duplicate bridge における優勢判定法の一つで, 各テーブルでの得点の単純合計により各ペアーの順位を決める》.

cúmulative témperature *n.* 〘気象〙 積算温度 《1 週間または 1 か月間一定温度(例えば 6°C)を超えた温度の総和》.

cúmulative vóting *n.* 〘政治〙 累積投票法 《投票権頭割制度; 各選挙人に被選区の定数と同数の投票数を与え, その投票全部を一人の候補者に投票しても, 数人の候補者に分けても, 投票者の随意とする投票法》. 〖*c*1850〗

cu·mu·let /kjúːmjʊlɪ̀t/ *n.* [時に C-] 白い家バトの一種. 〖(19C) ← CUMULUS＋-ET〗

cumuli *n.* cumulus の複数形.

cu·mu·li- /kjúːmjʊlɪ̀, -li/ cumulo- の異形 (⇨ -i-).

cu·mu·li·form /kjúːmjʊləfɔ̀ːm | -lɪ̀fɔ̀ːm/ *adj.* 積雲状の. 〖(1885) ← CUMULO-＋-FORM〗

cu·mu·lo- /kjúːmjʊloʊ | -ləʊ/ 「積雲 (cumulus); 積雲と…との; かたまり (mass)」の意の連結形. ★ 時に cumuli-, また母音の前では通例 cumul- になる. 〖← NL ～ ← L *cumulus*: ⇨ cumulus〗

cùmulo·círrus *n.* (*pl.* ～) 〘気象〙 ＝cirrocumulus.

cùmulo·nímbus *n.* (*pl.* ～) 〘気象〙 積乱雲, 入道雲 (略 Cb, Cn): ～ mammatus 乳房状積乱雲 (略 Cm) (⇨ cloud 挿絵). 〖1887〗

cumulonímbus cálvus *n.* (*pl.* ～) 〘気象〙 無毛積乱雲.

cumulonímbus capillátus *n.* (*pl.* ～) 〘気象〙 多毛積乱雲.

cùmulo·strátus *n.* (*pl.* ～) 〘気象〙 ＝stratocumulus. 〖1803〗

cu·mu·lous /kjúːmjʊləs/ *adj.* **1** 積雲様の. **2** ＝cumulative. 〖(1815) ← CUMULO-＋-OUS〗

cu·mu·lus /kjúːmjʊləs/ *n.* (*pl.* **cu·mu·li** /-làɪ, -lìː/, ～) **1** 堆積, 蓄積, 累積 (heap). **2** 〘気象〙 積雲 (⇨ cloud 挿絵) (cf. cirrus, stratus). 〖(1659) ▭ L ～ 'heap' ← IE *keuə- to swell〗

cúmulus congéstus *n.* (*pl.* ～) 〘気象〙 雄大積雲.

cúmulus fráctus *n.* (*pl.* **cúmuli fráctus**) 〘気象〙 断片積雲 (⇨ fractocumulus).

cúmulus húmilis *n.* (*pl.* **cumuli hu·mi·les** /-lɪ̀ːz/) 〘気象〙 偏平積雲.

cúmulus medíocris *n.* (*pl.* ～) 〘気象〙 並積雲 《雄大積雲になる前の積雲》.

Cu·na /kúːnə/ *n.* (*pl.* ～, ～**s**) クナ族 《パナマに住むアメリカインディアン》; クナ語 《Chibcha 語族の一つ》.

Cu·nard /kjuːnɑ́ːd | -nɑ́ːd/, **Sir Samuel** *n.* キュナード (1787–1865; カナダ生まれの英国の船主; 英米を結ぶ航路 Cunard Line を開始).

Cu·nard·er /kjuːnɑ́ːdə | -nɑ́ːdə(r/ *n.* 英国キュナード汽船会社 (Cunard Line) の汽船. 〖(1850) ↑〗

Cu·nax·a /kjuːnǽksə/ *n.* クナクサ 《古代バビロニア帝国の都市; Cyrus the Younger と Artaxerxes 二世との間に有名な合戦が行われた (401 B.C.)》.

cunc·ta·tion /kʌŋ(k)téɪʃən/ *n.* 《まれ》 遅延 (delay).

cunc·ta·tive /kʌ́ŋ(k)teɪtɪv, -tət- | -tətɪv, -teɪt-/ *adj.* 〖(1585) ▭ L *cunctātiō(n-)* ← *cunctārī* to delay ← IE *konk- 'to HANG'〗

cunc·ta·tor /kʌŋ(k)téɪtə | -tə(r/ *n.* 遅延者, 緩慢な人 (delayer). 〖(1654) ▭ L *cunctātor*: ⇨ ↑, -ator〗

cun·dy /kʌ́ndi/ *n.* 《スコット》 **1** 遮蔽(しゃへい)排水溝. **2** トンネル, 通路. 〖⇨ conduit〗

cu·ne·al /kjúːniəl/ *adj.* くさびの; くさび形の (wedge-shaped). 〖(1578) ← NL *cuneālis* ← L *cuneus* (↓): ⇨ -al[1]〗

cu·ne·ate /kjúːnièɪt, -niɪ̀t/ *adj.* **1** くさび形の. **2** 〘植物〙 〈葉が〉くさび状の. **～·ly** *adv.* 〖(1810) ▭ L *cuneātus* (p.p.) ← *cuneāre* to form into the shape of a wedge ← *cuneus* wedge: ⇨ -ate[2]〗

cu·ne·at·ed /kjúːnièɪtɪ̀d | -tɪ̀d/ *adj.* ＝cuneate. 〖1727〗

cu·ne·at·ic /kjùːniǽtɪk | -tɪk⁻/ *adj.* ＝cuneiform. 〖1851〗

cunei *n.* cuneus の複数形.

cu·ne·i·form /kjúːnɪ̀əfɔ̀ːm, -niɪ̀- | -fɔ̀ːm/ *adj.* **1** くさび状[形]の: ～ bones 〘解剖〙 楔(けつ)状骨 / ～ characters くさび形文字, 楔形(けっ)文字. **2** 楔形文字の[で書かれた]: ～ writings. **— *n.*** **1** 楔形文字 《古代西アジアで使われたくさび形の字画をもった文字》. **2** 〘解剖〙 楔状骨. 〖(1677) ▭ F *cunéiforme* ∥ ← NL *cuneiformis* ← L *cuneus* (↓)＋-FORM〗

Cu·ne·ne /kuːnéɪnə, kju-/ *n.* [the ～] クネネ川 《アンゴラ南西部を南流したのち 西流して大西洋に注ぐ川; 下流部はナミビアとの国境をなす》.

Cu·ne·o /kúːnioʊ | -niəʊ; *It.* kúːneo/ *n.* クーネオ 《イタリア北西部, Piedmont 州西部の都市》.

cu·ne·us /kjúːniəs/ *n.* (*pl.* **cu·ne·i** /-niàɪ/) **1** くさび; くさび状の物. **2** 〘解剖〙 (大脳後頭葉の) 楔(けつ)状葉. **3** 〘昆虫〙 楔状部 《半翅類の前翅にあるくさび状の部分》. 〖▭ L ～ 'wedge': ⇨ coin〗

Cu·nha /kúːnjə; *Port.* kúɲə/, **Tris·tão da** /trɪʃtɑ̃ʊ̃də/ *n.* クーニャ (1460–1540; ポルトガルの航海者・探検家; Tristan da Cunha 諸島を発見 (1506)).

cu·nic·u·lus /kjuːníkjʊləs/ *n.* (*pl.* **-u·li** /-làɪ, -lìː/) **1 a** (ウサギの穴・鉱道のような)地下道. **b** (古代ローマの) 暗渠(あんきょ). **2** 〘病理〙 虫道 《疥癬(かいせん)虫の潜行した皮下のトンネル》. 〖(1670) ▭ L *cuniculus* rabbit: ⇨ coney〗

cu·nit /kjúːnɪ̀t | -nɪt/ *n.* 〘林業〙 キュニット 《木材の量の単位; ＝100 cubic feet》. 〖(1953) ← C (100)＋UNIT〗

cun·je·voi /kʌ́ndʒəvɔ̀ɪ/ *n.* 《豪》 **1** インドクワズイモ (*Alocasia macrorrhiza*) 《サトイモ科; 熱帯アジア・豪州産》. **2** 〘動物〙 ホヤ (sea squirt). 〖(1889) 《原住民語》〗

cun·ner /kʌ́nə | -nə(r/ *n.* 〘魚類〙 **1** ギザミベラ (*Crenilabrus melops*) 《イギリス海峡・地中海などに生息するベラ科の魚の一種》. **2** 米国東部海岸に生息するベラ科の魚の一種 (*Tautogolabrus adspersus*). 〖(1602) ← ?〗

cunni *n.* cunnus の複数形.

cun·ni·linc·tus /kʌ̀nəlíŋ(k)təs | -nɪ̀-/ *n.* ＝cunnilingus.

cun·ni·lin·gus /kʌ̀nəlíŋgəs | -nɪ̀-/ *n.* ク(ン)ニリングス, 吸陰 《女性性器接吻; cf. fellatio》. **cun·ni·lingue** /kʌ́nəlɪŋ | -nɪ̀-/ *vt., vi.* 〖(1887) ← NL ～ ← L *cunnus* vulva, 《原義》 sheath＋*lingere* 'to LICK'〗

cun·ning /kʌ́nɪŋ/ *adj.* **1** 狡猾(こうかつ)な, 悪賢い, ずるい, 陰険な (⇨ sly SYN). **2** 《米口語》 〈子供・小動物などが〉かわいらしい, 魅力のある (attractive); 〈物が〉気のきいた, おもしろい (dainty): a ～ little baby, chair, etc. **3** 《古》 **a** (目的達成に)巧妙な, 器用な (ingenious). **b** 老練な, 巧みな (skillful). **4** 《廃》 **a** 学識[知識]のある. **b** 魔法の知識のある. **— *n.*** **1** 狡猾, ずるさ, 悪知恵, 陰険 (⇨ deceit SYN): low ～ ひきょうな手段. 日英比較 日本語の「カンニング」は和製英語. 英語では cheating. **2** 《古》 **a** 巧妙 (ingenuity). **b** 熟練, 腕前 (skill). **3** 《廃》 **a** 知識, 学識 (knowledge). **b** 魔法. **～·ly** *adv.* **～·ness** *n.* 〖(*c*1300) *conning* (pres.p.) ← *conne*(*n*) < OE *cunnan* to know (⇨ CAN[1]): ⇨ -ING[2]〗

Cun·ning·ham /kʌ́nɪŋhæ̀m, -nɪŋəm | -nɪŋəm/, **Allan** *n.* カニンガム (1784–1842; スコットランド生まれの英国の詩人).

Cunningham, Merce /mə́ːs | mɜ́ːs/ *n.* カニングハム (1919– ; 米国の舞踊家・振付師; 前衛作曲家 John Cage と組み実験的なモダンバレエを創始).

Cun·ning·hame Gra·ham /kʌ́nɪŋhæ̀m-gréɪəm, -nɪŋəm- | -ŋəm-/, **Robert Bon·tine** /bɑ(ː)ntíːn | bɔn-/ *n.* カニンガム グレアム (1852–1936; スコットランド生まれの英国の作家・政治家・社会運動家; *Scottish Stories* (1914)).

cun·nus /kʌ́nəs/ *n.* (*pl.* **cun·ni** /-naɪ, -niː/) 〘解剖〙 陰門, 陰裂. 〖▭ L ～ 'vulva'〗

cunt /kʌ́nt/ *n.* 《卑》 **1** 女性性器; 膣 (vagina). **2** 《俗》 **a** 性交の対象としての女性; [軽蔑的に] 女性 (woman). **b** いやなやつ, 卑劣なやつ. **c** 性交 (coitus). 〖(*a*1325) *cunte* ← ? LG (MDu. & MLG *kunte*) ← ? IE *ku-, *gēu- hollow space: cf. ? OE *cunte* chink, slit / L *cunnus* vulva〗

cunt·line /kʌ́ntlaɪn, -lɪ̀n | -laɪn/ *n.* ＝contline.

cup /kʌ́p/ *n.* **1 a** (茶・コーヒー用の, 通例取っ手付きの) 茶碗, カップ (cf. mug): ⇨ teacup, coffee cup / a breakfast ～ 朝食用茶碗 《普通のものの約 2 倍大》 / drink water out of a paper ～ 紙コップで水を飲む / a ～ and saucer /kʌ́pənsɔ́ːsə, kʌ̀p-, -pm- | -sə(r/ 皿付きの茶碗. **b** (ぶどう酒などに用いた脚と基部のついた陶製または金属製の)さかずき, 洋杯: ⇨ loving cup, standing cup. **c** 聖餐杯, 聖杯 (chalice). **2** 茶碗[計量カップ]1 杯(分の量) (cupful) 《料理では 1/2 pint に相当》: a ～ of coffee / ⇨ *a* [*a person's*] CUP *of tea* / half a ～ of water 茶碗に半杯の水 / two ～*s* of flour [rice] 小麦粉[米]カップ 2 杯. **3 a** 杯状の物. **b** 〘生物〙 杯状の器官・構造; (骨の)杯状窩(か) (socket). **c** (花の)萼(がく) (calyx). **d** (どんぐりの)殻斗(かくと) (cupule) (cf. acorn cup). **e** (地面の)くぼみ. **f** (ブラジャーの)カップ 《A cup が最小で B, C, と順に大きさを増す》: the ～*s* of a brassiere. **g** (運動選手の用いる)カップ状サポーター. **4** [時に C-] (競技の)優勝杯, カップ; 《英》 優勝杯争奪戦: the *Cup* Final 決勝戦 / the Davis ～ tournament (テニスの)デビスカップ試合 / win the ～ 優勝する. **5 a** 茶碗[カップ]の中身; 中身の入った茶碗[カップ]. **b** (聖餐の)聖別されたぶどう酒, 聖杯 (chalice). **c** カップ型の食器に盛られた食物: a fruit ～. **6** [通例 *pl.*] 飲酒 (drinking); 宴会: the ～*s* that cheer but not inebriate 快く興奮させてしかも酔わせない飲み物 《茶》 (Cowper, *The Task*, "The Winter Evening") / over one's ～*s* 酒を飲みながら / ⇨ *in one's* CUPS. **7** (苦難・喜悦などの)人生の経験 (experience), 運命の杯 (cf. *Ps.* 23:5; *Isa.* 51:17; *Matt.* 20:22; *John.* 18:11): drain [drink] the ～ of sorrow [pleasure, life] to the bottom [dregs] 悲しみの苦杯[歓楽の美酒, 浮世の辛酸]をなめつくす / drain the ～ of humiliation 屈辱の限りを受ける / drink a bitter ～ 苦杯をなめる, 苦い経験をする / His ～ of bitterness [happiness] is full. 彼は不幸のどん底にある[幸福の絶頂にある] / His ～ runs over [overflows]. 幸福が身に余る. **8** カップ 《シャンペン・ぶどう酒・りんご酒などをベースにして種々の香料・甘味を加えて氷で冷やしたポンチに似た飲料; 通例ボールからでなく水差しで注いで飲む》: a champagne [cider] ～ / ⇨ claret cup. **9** 〘数学〙 カップ 《二つの集合の結び (join) を表す ∪ の記号》. **10** [the C-] 〘天文〙 コップ座 (⇨ Crater 2). **11** 〘ゴルフ〙 **a** カップ 《グリーン上のホールに挿す金属製の球受け》. **b** ホール. **12** 〘医学〙 吸い玉 (cupping glass). **13** 〘金属加工〙 (深絞り加工した)底付き円筒状のカップ 《特に深絞り加工の第一工程でできたもの》.

a cúp of téa (1) お茶 1 杯. (2) ⇨ tea 成句. ***betwèen (the) cúp and (the) líp*** 達成[完成]目前で (cf. slip[1] *n.* 2 a). (1777) ***a person's cúp of téa*** ⇨ tea 成句. ***in one's cúps*** 酔って(いるときに) (drunk).

cúp and báll (1) 拳玉(けんだま); 拳玉遊び: play (at) ～ *and ball*. (2) 〘地質〙 火成岩の柱状節理 (columnar joint) の交差面の一方が凸形, 他方が凹形をなすもの. (1760)

cúp and cóver 《英》 (エリザベス朝・ジェームズ朝の家具の支柱を飾る)メロン[球根]形の挽(ひ)き物.

— *v.* (**cupped**; **cup·ping**) **— *vt.*** **1** 茶碗[カップ]で受ける, カップ[手のひら]ですくう; カップ(状のもの)に入れる: ～ water from a spring 泉の水をすくい上げる. **2** 杯状にする[へこませる]; カップ状に置く[載せる]: ～ one's chin in (the hollow of) one's hand あごを手のひらの中に載せる / ～ one's hands behind one's ears (よく聞こえるように)耳に両手を当てる / ～ one's hands to shout 口に手を当てて叫ぶ. **3** 《古》 〘医学〙 〈患者に〉吸角子 (cupping glass) をつけて血を採る. **4** 〘ゴルフ〙 **a** (打球のとき)〈地面を〉打つ, すくう. **b** [通例 p.p. 形で] 〈ボールを〉地面のくぼみに打ち込む. **5** 〘金属加工〙 絞り加工で作る 《板からカップ状の製品を作る加工方法にいう; cf. deep-draw》. **— *vi.*** **1** 杯状をなす. **2** 〘医学〙 吸角子で放血する: practice ～*ping*. **3** 〘ゴルフ〙 クラブで地面をすくう.

〖OE *cuppe* ▭ ML *cuppa* cup ← L *cūpa* vat, tub, cask ← IE *keu- to bend; round or hollow object (Gk *kúpē* ship / Skt *kūpa* hollow)〗

CUP 《略》 Cambridge University Press.

cúp-and-ríng scùlpture *n.* 〘考古〙 杯状彫刻. 〖1867〗

cúp-and-sáucer vìne *n.* 〘植物〙 ＝cathedral bells.

Cu·par /kúːpə | -pə(r/ *n.* クーパー 《スコットランド東部 Fife 州の Tay 湾に近い町》.

cúp·bèarer *n.* (宮廷・貴族などの宴席での)酌人(しゃくにん), 酌取り (cf. Ganymede). 〖*a*1425〗

cup·board /kʌ́bəd | -bəd/ *n.* 食器棚, 食器だんす; 小さな戸棚, 小押入れ. ***a skéleton in the cúpboard*** ⇨ skeleton 成句. ***The cúpboard is báre.*** あげるものは何もない (お金など). 〖(1375): ⇨ cup, board (n.): 《原義》 table, sideboard〗

cúpboard lòve *n.* 欲得ずくの愛情 《子供がお菓子ほしさから「おばさん大好き」などと言う場合など》.

cúpboard lòver *n.* 〖1757〗

cúp·càke *n.* カップケーキ 《材料をカップ状の型に入れて焼

いたケーキ). 〘1828〙
cúp còral n. 〘動物〙(単一のポリプからなる)杯状サンゴ《イシサンゴ目チョウジガイ科 *Caryophyllia* 属の数種の単体サンゴ》.
cúp dày n. 優勝杯競馬日. 〘1860〙
cu·pel /kjuːpéɫ, kjúːpəl, -pɫ | kjúːpəl, -pɫ, kjuːpéɫ/ n. 〘冶金〙 1 (金銀試金用の)灰皿, 灰吹き皿《灰吹き法で用いる骨灰製の皿》. 2 金属を精錬するための炉. — vt. (cu·peled, -pelled; -pel·ing, -pel·ling) 灰皿[灰吹き皿]で精製する. **~·er, cu·pél·ler** /-lə, -lə | -lə(r), -lə(r)/ n. 〘(1605) □ F *coupelle* □ LL *cūpella* (dim.) ← L *cūpa* cask: ⇨ cup〙
cu·pel·la·tion /kjùːpəléɪʃən | -pɪ̀-/ n. 〘冶金〙 灰吹き法《灰吹き皿を使用する金銀と鉛の酸化分離法》. 〘(*a*1691): ⇨ ↑, -ation〙
cup·fer·ron /kʌ́pfəràː(ː)n, k(j)úːp- | -rɒ̀n/ n. 〘化学〙 クペロン, クフェロン ($C_6H_5N(NO)ONH_4$)《無色結晶性のアンモニウム塩; 鉄・チタン・ジルコニウムなどの分析試薬》. 〘(1910) ← CUP(RIC) + FERR(IC) + -ON¹〙
cúp fìnal n. 1 (優勝杯を争う)優勝決定戦. 2 [the C- F-] 《英》 カップファイナル《サッカー優勝決定戦》. 〘1905〙
cup·ful /kʌ́pfʊ̀l/ n. (pl. ~s, cups·ful) 1 茶碗[カップ] 1 杯(分の量) (*of*). 2 計量カップ 1 杯(分の量) (=《米》 1/2 pint, 8 ounces; 《英》 10 ounces). 〘(*c*1150): ⇨ cup, -ful²〙
cúp fùngus n. 〘植物〙 チャワンタケ《子実体が茶碗形をしているチャワンタケ科のキノコ》. 〘*c*1905〙
cúp·hòlder n. 優勝杯保持[獲得]者. 〘1910〙
Cu·pid /kjúːpɪ̀d | -pɪd/ n. 1 〘ローマ神話〙 キューピッド《Venus の子で恋愛の媒介神; 通例裸体で翼の生えた美童子が弓矢をもった姿で表される; その気まぐれに放つ矢に当たった者はだれでも恋に落ちるという; ギリシャ神話の Eros にあたる; cf. Kama²》: ⇨ Cupid's bow 1. 2 [c-] (特にバロック芸術における)キューピッドの絵姿[彫像].
plày cúpid (…の)愛の仲立ちをする (*to*).
Cúpid and Psýche キューピッドとサイキ《Apuleius の *Golden Ass* 中の物語の一つ; 美少女 Psyche に魅せられた Cupid が, 夜ごとに彼女を訪れるうちに, 自分の寝姿を盗み見られたのを怒って去り, Psyche がそれを追って世界を駆け巡る話; 多くの英詩文の題材になっている》.
〘(*c*1350) □ L *Cupīdō*: *cupīdō* desire, love (← L *cupere* to desire) の擬人化〙

Cupid

cu·pid·i·ty /kjuːpɪ́dəti, kjuː- | -dɪ̀ti/ n. 1 (特に富に対する)貪欲, 強欲 (greed, avarice). 2 〘古〙 大欲; 色欲. 〘(1436) □ (O)F *cupidité* □ L *cupiditātem* desire ← *cupidus* desirous ← *cupere*: ⇨ Cupid, -ity〙
Cúpid's bów /-bóʊ | -bə́ʊ/ n. 1 キューピッドの弓. 2 二重弓形の形のよい(上)唇の線: a ~ mouth. 〘1858〙
cúpid's dárt n. 〘植物〙 =blue succory. 〘1910〙
cúp lèather n. 〘機械〙 U パッキン《水圧シリンダーやポンプなどの, 断面が U 字[カップ]形のパッキン》. 〘1889〙
cúp lìchen n. 〘植物〙 子器が盃状をなす地衣類の総称《チャシブゴケ科チャシブゴケ属の *Lecanora tartarea*, ハナゴケ科ハナゴケ属 (*Cladonia*) の植物など; cup moss ともいう》.
cúp·lìke adj. コップ状の: a ~ depression 椀状のくぼ地.
cúp mòss n. 〘植物〙 =cup lichen. 〘1597〙
cu·po·la /kjúːpələ, -plə/ n. 1 〘建築〙 a クーポラ, 半球天井, 小丸天井. b (屋根の上につけた)頂塔 (lantern). 2 〘解剖・動物〙 丸屋根状の隆起[器官] (cupula ともいう). 3 〘冶金〙 溶銑炉, キューポラ (cupola-furnace ともいう). 4 〘軍事〙 (軍艦・要塞の)(丸屋根蓋形)回転砲塔, (戦車の)天蓋. — vt. …に cupola をつける. **~ed** adj. 〘(1549) □ It. ~ 'dome' □ LL *cūpula* (dim.) ← *cūpa* 'CUP'〙
cup·pa /kʌ́pə/ n. 〘英口語〙 1 1 杯 (cup of): a ~ tea. 2 1 杯のお茶 (cup of tea): have a ~. 〘(1925) 《短縮》 ← *cup of*〙
cupped adj. 茶碗[カップ]状の (cup-shaped). 〘(1796) ← CUP + -ED 2〙
cup·per¹ /kʌ́pə | -pə(r)/ n. 〘医学〙 吸角法施術者. 〘(1812) ← CUP + -ER¹〙
cúp·per² n. 《俗》 (Oxford 大学で)優勝杯争奪学寮対抗シリーズ. 〘(1900) ← *cup* (*tie*) + -ER¹: cf. rugger〙
cup·per³ /kʌ́pə/ n. =cuppa.
cúp·ping n. 〘医学〙 吸いふくべ放血法, 吸角法《吸角子[吸い玉]を掛けること; 放血を伴わない dry cupping と, 伴う wet cupping とがあるが, 現在ではほとんど用いない》. 〘(*a*1398) ← cup (vt.) 3〙
cúpping glàss n. 〘医学〙 吸角子, 吸い玉. 〘1545〙
cúp plànt n. 〘植物〙 ツキヌキオグルマ (*Silphium perfoliatum*) 《北米東部原産キク科の多年草》. 〘1846〙
cup·py /kʌ́pi/ adj. (cup·pi·er; -pi·est) 1 (茶碗[カップ]のように)くぼんだ, 中低の (hollow). 2 〈地面が〉穴の多い, 穴だらけの. 〘(1882) ← CUP + -Y¹〙
cupr- /k(j)uːpr | kjuː-/ (母音の前にくるときの) cupro- の異形.
cu·pram·mo·ni·um /k(j)ùːprəmóʊniəm | kjùː-prəmə́ʊ-/ n. 〘化学〙 1 銅アンミン錯イオン; (特に)テトラアンミン銅 (II) イオン ($Cu(NH_3)_4$). 2 =cuprammonium rayon. 〘(1862) ← CUPRO- + AMMONIUM〙
cuprammónium ráyon n. 〘化学〙 銅アンモニアレーヨン. 〘(1927) 1964〙
cu·prene /k(j)úːpriːn | kjúː-/ n. 〘化学〙 クプレン《アセチレンを還元銅に通じて, 熱すると生じる固体重合体》. 〘□ F *cuprène*: ⇨ cupro-, -ene〙
cu·pre·ous /k(j)úːpriəs | kjúː-/ adj. 銅を含んだ, 銅質の; 銅のような; 銅色の, 赤褐色の. 〘(1666) ← L *cupreus* (← *cuprum* 'COPPER¹') + -OUS〙
cu·pres·sus /kjʊprésəs/ n. 〘植物〙 =cypress¹ 1.
cu·pri- /k(j)úːprɪ̀, -pri | kjúː-/ 「銅 (copper); 第二銅を含んだ」の意の連結形.
cu·pric /k(j)úːprɪk | kjúː-/ adj. 〘化学〙 第二銅[銅(II) (Cu^{II})] の: ~ nitrate=copper nitrate. 〘(1799) ← CUPRO- + -IC¹〙
cúpric ácetate n. 〘化学〙 =copper acetate.
cúpric cítrate n. 〘化学〙 クエン酸第二銅 (⇨ copper citrate).
cúpric cýanide n. 〘化学〙 シアン化第二銅 (⇨ copper cyanide b).
cúpric hydróxide n. 〘化学〙 水酸化第二銅 (⇨ copper hydroxide).
cúpric nítrate n. 〘化学〙 硝酸第二銅 (⇨ copper nitrate).
cúpric óxide n. 〘化学〙 酸化第二銅 (⇨ copper oxide b).
cúpric súlfate n. 〘化学〙 =copper sulfate.
cúpric súlfide n. 〘化学〙 =copper sulfide.
cu·prif·er·ous /k(j)uːprɪ́f(ə)rəs | kjuː-/ adj. 銅を含有する; 銅を産する. 〘(1784) ← CUPRO- + -FEROUS〙
cu·prite /k(j)úːpraɪt | kúː-/ n. 〘鉱物〙 赤銅鉱 (Cu_2O) (red copper ore ともいう). 〘(1850): ⇨ ↓, -ite¹〙
cu·pro- /k(j)úːproʊ | kjúːprəʊ/ 「銅 (copper); 銅と…との」の意の連結形. ★ 母音の前では通例 cupr- になる. 〘← L *cuprum* 'COPPER¹'〙
cùpro·níckel n. 〘冶金〙 白銅《特に, 銅 70% とニッケル 30% の合金; 特に英国銀貨に使用される》. — adj. 白銅の: a ~ coin 白銅貨. 〘1900〙
cu·prous /k(j)úːprəs | kjúː-/ adj. 〘化学〙 第一銅 (Cu^I) の[に関する, を含む]. 〘(1669) ← CUPRO- + -OUS〙
cúprous cýanide n. 〘化学〙 シアン化第一銅 (⇨ copper cyanide a).
cúprous óxide n. 〘化学〙 酸化第一銅 (⇨ copper oxide a).
cu·prum /k(j)úːprəm | kjúː-/ n. 〘化学〙 =copper¹ 1. 〘□ L ~: ⇨ copper¹〙
cúp shàke n. 〘林業〙 =ring shake.
cup tie /kʌ́ptàɪ/ n. 《英》〘サッカー〙 優勝杯争奪戦[トーナメント] (cf. tie 6 c). 〘1895〙
cúp-tìed adj. 〘スポーツ〙 1 〈チームが〉優勝杯戦に出るため別の試合に出場できない. 2 〈選手が〉(資格がないので)優勝杯戦に出場できない. 〘1970〙
cu·pu·la /kjúːpjʊlə/ n. (pl. cu·pu·lae /-lìː/) 〘解剖・動物〙 =cupola 2. 〘← NL *cūpula* ← LL 'small tub'〙
cu·pu·lar /kjúːpjʊlə | -lə(r)/ adj. =cupulate. 〘1870〙
cu·pu·late /kjúːpjʊlèɪt/ adj. 1 小さなカップ型をした. 2 〈動物・植物が〉 cupule を有する. 〘1835〙
cu·pule /kjúːpjuːɫ/ n. 1 〘植物〙 杯状部, (ドングリなどの)殻斗(かくと) (acorn cup). 2 〘動物〙 (杯状の)吸盤. 〘(1826) (変形) ← CUPOLA〙
cur /kə́ː | kə́ː(r)/ n. 1 雑種犬, 野良犬, 野犬; (特に)かみつく性質の悪い犬 (cf. mongrel 1). 2 やくざな人間, ろくでなし. 〘(?*a*1200) *curre* ← ? ON *kurr* grumbling & *kurra* to grumble (擬音語) ?〙
cur. 《略》 currency; current.
cur·a·bil·i·ty /kjʊ̀ᵊrəbɪ́ləti | kjʊ̀ərəbɪ́lɪ̀ti, kjɔ̀ːr-/ n. 〘医学〙 治療[根治]可能性. 〘(1807–26): ⇨ ↓, -ity〙
cur·a·ble /kjʊ́ᵊrəbɫ | kjʊ́ər-, kjɔ́ːr-/ adj. 治療(ちりょう)できる, 〈病気・悪癖など〉治せる, 治る (remediable). **~·ness** n. **cúr·a·bly** adv. 〘(*a*1398) □ (O)F ~ // L *cūrābilis*: ⇨ cure, -able〙
cu·ra·çao /k(j)ʊ́ᵊrəsòʊ, -sàʊ, ˌ-ˌ-ˊ | kjʊ́ərəsàʊ, kjɔ́ːr-, -sàʊ, ˌ-ˌ-ˊ/ n. 1 キュラソー《curaçao orange の皮で味をつけたリキュール》. 2 〘植物〙 =curaçao orange. 〘(*c*1810) ← *Curaçao* (↓)〙
Cu·ra·çao /k(j)ʊ́ᵊrəsòʊ, -sàʊ, ˌ-ˌ-ˊ | kjʊ́ərəsàʊ, kjɔ́ːr-, -sàʊ, ˌ-ˌ-ˊ/ n. 1 クラサオ[キュラソー](島)《ベネズエラ北西沖にある Netherlands Antilles の主島; 面積 444 km², 主都 Willemstad》. 2 クラサオ, キュラソー《Netherlands Antilles の旧名》.
curaçao órange n. 〘植物〙 ダイダイ(の実) (sour orange). 〘1810〙
cu·ra·çoa /k(j)ʊ́ᵊrəsòʊ(ə), ˌ-ˌ-ˊ(-) | kjʊ̀ərəsə́ʊ(ə), kjɔ̀ːr-, ˌ-ˌ-ˊ(-)/ n. =curaçao.
cu·ra·cy /kjʊ́ᵊrəsi | kjʊ́ərəsi, kjɔ́ːr-/ n. (教区の)副牧師[補助司祭] (curate) の職[任期]. 〘(1682) ← CUR(ATE) + -ACY〙
Cur. adv. vult =CAV.
cur·agh /kə́ːrə, -rəx | kʌ́r-/ n. 《アイル・スコット》 =coracle.
cu·ran·de·ra /kùːrɑːndéːrə; *Am.Sp.* kuɾandéɾa/ n. curandero の女性形.
cu·ran·de·ro /kùːrɑːndéːroʊ | -rəʊ; *Am.Sp.* kuɾandéɾo/ n. クランデロ《ラテンアメリカの現地の男性呪医(じゅい), 祈禱(きとう)師》. 〘(1943) ← Sp. *curar* to cure ← L *cūrāre*〙
cu·ra·re /k(j)ʊráːri | kjʊ(ə)-/ n. (*also* **cu·ra·ra** /kjʊráːrə | kjʊ(ə)r-/, **cu·ra·ri** /~/) 1 クラーレ《マチン科のマチン (*Strychnos toxifera*) またはパレーラ (pareira) から採る猛毒の黒褐色の樹脂状物質; 南米インディアンは毒矢のやじりに塗る》. 2 〘植物〙 クラーレを採る植物《マチン科バリエラ属 (*Chondrodendron*), フジウツギ科マチン属 (*Strychnos*) の植物など》. 〘(1777) □ Port. ~ □ Carib *kurari*〙
cu·ra·rine /kjʊráːrɪ̀n, -riːn | kjʊ(ə)ráːriːn, -rɪn/ n. 〘薬学〙 クラリン ($C_{19}H_{26}ON_2$) 《クラーレ (curare) から得られるアルカロイド; 猛毒; 筋肉緩和剤として用いられた》. 〘(1863–72): ⇨ ↑, -ine¹〙
cu·ra·rize /kjʊráːraɪz | kjʊ(ə)r-/ vt. 〘医学〙 クラーレ (curare) で麻痺させる. **cu·ra·ri·za·tion** /kjʊràːrɪ̀zéɪʃən | kjʊ(ə)ràːraɪ-, -rɪ-/ n. 〘(1875) ← CURARE + -IZE〙
cu·ras·sow /kjʊ́ᵊrəsòʊ | kjʊ́ərəsə̀ʊ, kjɔ́ːr-/ n. 〘鳥類〙 ホウカンチョウ(鳳冠鳥) 《北米・中南米産キジ目ホウカンチョウ科の鳥類の総称; メスグロホウカンチョウ (*Crax alector*) など; cf. guan》. 〘(1685) ← *Curaçao*〙
cu·rate /kjʊ́ᵊrɪ̀t, -reɪt | kjʊ́ərɪ̀t, kjɔ́ːr-/ n. 1 a 〘英国国教会〙 副牧師, 助任牧師; 〘カトリック〙 補助[助任]司祭《教区牧師の補佐または代理をする代理牧師》: a ~ in charge (教区の)代理牧師《incumbent が執務できない期間に任命される》/ a perpetual ~ 〘古〙 =vicar. b 教区牧師. 2 〘古〙 聖職者 (ecclesiastic). 3 《英・戯言》 小型火かき棒. 4 《アイル口語》 バーテンの助手. 〘(?1382) □ ML *cūrātus* one entrusted with care (of souls) ← L *cūra*: ⇨ cure (n.), -ate¹〙
cúrate's égg n. [the ~] 《英・戯言》 玉石混交. ★ しばしば次の句で: good in parts (, like *the* ~) (副牧師のもらった卵のように)玉石混交で. 〘(1905) 主教から腐りかかった卵をもらった副牧師 (curate) が上等な (excellent) ところもあると答えたとの話から; Punch 誌の漫画に由来する〙
cur·a·tive /kjʊ́ᵊrətɪv | kjʊ́ərət-, kjɔ́ːr-/ adj. 〘医学〙 治療の[に関する], 病気を治す[にきく] (cf. prophylactic): ~ effect / be ~ *of* disease 病気を治す力がある. — n. 医薬; 治療法; 治療を施す人. **~·ly** adv. **~·ness** n. 〘(?*a*1425) □ (O)F *curatif* □ ML *cūrātīvus*: ⇨ curate, -ative〙
cu·ra·tor /kjʊ́ᵊreɪtə, kjuréɪ-, kjʊ́ᵊrə- | kjʊ(ə)réɪtə(r), kjɔːr-/ n. 1 a (博物館・図書館などの)管理者, 館長, 主事, 学芸員 (keeper, custodian). b 監督 (overseer); 支配人 (manager). 2 (大学などの)幹事, 評議員. 3 《スコット》〘法律〙 (未成年者・心神喪失者・浪費者などの)保佐人, 後見人 (guardian). 4 《豪》〘クリケット〙 グラウンドの管理人. **cu·ra·to·ri·al** /kjʊ̀ᵊrətɔ́ːriəl | kjʊ̀ərətɔ́ːr-, kjɔ̀ːr-/ adj. 〘(?*c*1375) □ AF *curatour* = (O)F *curateur* // L *cūrātōr* guardian: ⇨ cure, -ator〙
cúrator·ship n. curator の地位[職, 身分]. 〘(1590): ⇨ ↑, -ship〙
cu·ra·trix /kjʊréɪtrɪks | kjʊ(ə)r-, kjɔːr-/ n. (pl. **cu·ra·tri·ces** /kjʊréɪtrəsìːz, kjʊ̀ᵊrətráɪsiːz | kjʊ(ə)réɪtrɪ̀sìːz, kjɔːr-, kjʊ̀ərətráɪsiːz, kjɔːr-/) 女性の curator. 〘(1846) □ LL *cūrātrix* (fem.) ← L *cūrātor*〙
curb /kə́ːb | kə́ːb/ n. 1 制御, 拘束, 抑制 (check): put [keep] a ~ on …を制限[抑制]する. 2 a (馬具の)大勒衛(たいろくはみ), 止めぐつわ (curb bit ともいう): a ~ rein 大勒衛に結んだ手綱(たづな), 大勒手綱(たいろくたづな). b くつわ鎖 (curb chain ともいう). 3 《米》 (歩道の縁に沿って並べた)縁(ふち)石, へり石 (curbstone) (《英》 kerb). 4 a (屋根などに設けられた開口部を強化する)囲い枠組み, 化粧ぶち. b (井戸の)井桁(いげた), 井筒. c 《英》 炉ぶち (炉 (fireplace) の火床 (hearth) の周囲の盛上がり). d 〘建築〙 =purlin plate. 5 〘証券〙 a [C-] カーブ市場《街頭取引から始まったのでそう呼ばれた名称》. b [the C-] カーブ取引所 (New York 市にある American Stock Exchange の俗称). 6 〘獣医〙 (馬の後脚飛節後面に生じる)飛節後腫(こぶ) 《跛行の原因となる》. — vt. 1 拘束する, 抑制する (⇨ restrain SYN): ~ inflation インフレに歯止めをかける. 2 〈馬に〉大勒衛[くつわ鎖]をつける; 〈馬を〉くつわ鎖で制御する. 3 〈歩道〉に縁石を付ける (《英》 kerb). 4 〈井戸などに〉囲い枠組みをつける. 5 〈犬を〉(排泄のために)道端[排水溝]へ連れて行く. 〘(1477) ← (O)F *courber* < L *curvāre* 'to CURVE'〙
cúrb bìt n. =curb 2 a. 〘1688〙
cúrb bròker n. 《米》 (証券の)場外取引仲買人 (cf. curb 5).
cúrb chàin n. =curb 2 b. 〘1833〙
cúrb·ing n. 《米》 1 歩道の縁石 (curb) 材料. 2 [集合的] 縁石 (curbstones). 〘(1838) ← CURB + -ING¹〙
cúrb·lìne n. (歩道と車道の間の)縁石線.
cúrb pìn n. 〘時計〙 ひげ受け (⇨ regulator pin). 〘1874〙
cúrb ròof n. 〘建築〙 (マンサード屋根 (mansard roof), 腰折れ屋根 (gambrel roof) などの)二段勾配屋根.
cúrb sèrvice n. (路傍に駐車して車内で待つ客へ品物・飲食物を届ける)お届けサービス. 〘1931〙
cúrb·sìde n. (舗道の) 縁石側; 舗道 (sidewalk). — adj. 1 縁石(側)の. 2 街角の, 泥臭い.
cúrb·stòne 《米》 n. (歩道の)縁石, へり石 (《英》 kerbstone). — adj. [限定的] 1 (店をもたず)街頭で商売する: a ~ broker=curb broker. 2 ほんの思いつきの; 経験や知識に基づかない, 素人の: ~ opinion 街の意見, 市井の声. 〘1791〙
cúrb wèight n. (自動車の)車両全備重量《通常備品・燃料・オイル・冷却液を含む》.
curch /kə́ːtʃ | kə́ːtʃ/ n. 《スコット》 =kerchief 1. 〘(1447) 《逆成》 ← *curches* □ OF *couvrechés* (pl.) ← *couvrechef* 'KERCHIEF'〙
cur·cu·li·o /kəːkjúːliòʊ | kəːkjúːliə̀ʊ/ n. (pl. ~s) 〘昆虫〙 ゾウムシ《ゾウムシ科の昆虫の総称; 果樹の害虫》.

〖(1756) □ L *curculiō* weevil: cf. L *circulus* (⇨ circle)〗

cur·cu·ma /kə́ːkjʊmə | kə́ː-/ *n.* 〘植物〙 **1** インド産ショウガ科ウコン属 (*Curcuma*) の植物の総称; (特に)ウコン (*C. domestrica*) 《根茎の粉末 turmeric は黄色染料またカレー粉の着色料》. **2** ガジュツ (*C. zedoaria*) 《根茎は香料, 薬用》. 〖(1617) ← NL ← Arab. *kúrkum*: cf. crocus[1]〗

cúrcuma pàper *n.* 〘化学〙 =turmeric paper.

cur·cu·min /kə́ːkjʊmɪ̀n | kə́ːkjʊmɪn/ *n.* 〘化学〙 クルクミン ($C_{21}H_{20}O_6$) 《ウコンの根茎 (turmeric) に含まれるオレンジ色の結晶; 食品着色剤; クルクマ紙用試薬》. 〖(1850) □ G *Curcumin* ← NL *Curcuma*: ⇨ curcuma, -in[1]〗

curd /kə́ːd | kə́ːd/ *n.* **1** [しばしば *pl.*] 凝乳 《牛乳に rennet を加えて凝固させたもの; チーズの原料; cf. junket 1, whey》: ~*s* and whey 凝乳状の食品. **2** 凝乳状食品, (凝乳状の)凝結物: bean ~ 豆腐. **3** (カリフラワー・ブロッコリーなどのように)食用にする未熟な花部. **—** *vt.* 凝結させる; 固める (curdle). **—** *vi.* 凝結する. 〖(15C) *curd* 《音位転換》 ← (*a*1376) *crud* ← ? IE **greut-* to compress: cf. Gael. *gruth* curds〗

cúrd chèese *n.* 《英》 =cottage cheese.

cur·dle /kə́ːdl̩ | kə́ːdl/ *vi.* **1 a** 〈牛乳が〉固まって凝乳になる. **b** 〈血などが〉(凝乳状に)凝結する (coagulate): ~ the [a person's] blood ⇨ blood 成句 / The sight made my blood ~. その光景を見て私は血の凍る思いがした. **2** 悪化する (sour). **—** *vt.* **1 a** 〈牛乳を〉固まらせる, 凝乳にする. **b** 凝結させる (coagulate). **2** 悪化させる (embitter). **cúr·dler** /-dlə, -dlə | -dlə(r), -dlə(r)/ *n.* 〖(*c*1590) ← CURD (v.)+-LE[3]〗

cúrd sòap *n.* カードソープ 《獣脂を鹸化(けんか)して造った硬質の石鹸》. 〖1794〗

curd·y /kə́ːdi | kə́ːdi/ *adj.* (**curd·i·er; -i·est**) 凝乳状の, こごりのできた; 凝乳質の. **cúrd·i·ness** *n.* 〖(1509) ← CURD+-Y[4]〗

cure /kjʊ́ə | kjʊ́ə(r), kjɔ́ː(r)/ *n.* **1 a** 治療 (remedy); (特殊な)療法, 治療法; 治療剤: the [a] cold-water [hot-water] ~ 水治[温湯]療法 (cf. hydropathy, hydrotherapy) / ⇨ faith cure, grape cure, rest cure / undergo a ~ 治療を受ける. **b** 治癒, 平癒, 回復: a complete ~ 全快 / the ~ of a disease [patient] 病気[患者]の治癒 / be beyond [past] ~ 治療の見込みがない. **c** 療養; 療養期間. **d** 温泉場, 湯治場 (spa). **2** 救済法[策], 矯正法 (remedy): a ~ for unemployment 失業問題の解決法 / a good ~ for lying うそつきを直す妙法 / The best ~ for tiredness is a good night's sleep. 疲労回復に一番よいのはよく寝ることです. **3** (肉類・魚類などの塩漬け・燻製などによる)保存(法). **4** (ゴムの)加硫, 硬化 (vulcanization ともいう). **5** 〘キリスト教〙 **a** 魂の救済; (教区における)信仰の監督. **b** 牧師職; 管轄教区; 〘カトリック〙 司牧; 司牧職: the ~ of souls 司牧職 / obtain [resign] a ~ 《古》 (ある教区の)牧師になる[をやめる]. **6** 〘海事〙 商船乗組員の勤務中に生じた傷病に対しての査定による医療.

take the cúre (依存症脱却のため)治療を受ける; 《古》 湯治療養する.

— *vt.* **1** 〈患者・病気を〉いやす, 治す (cf. heal): ~ a patient, disease, etc. / The patient [disease] is beyond [past] *curing*. その患者[病気]は治療することができない. **b** 〈患者〉の〈病気を〉治す 〔*of*〕: ~ a patient *of* a disease / be ~*d of* a disease 病気が治る. 日英比較 日本語の「治す」は病気と傷の療法に用いるが, 英語ではこの二つにそれぞれ異なった語を用いる. ⇨ SYN. **2 a** 〈悪癖・弊風などを〉矯正する, 直す, 〈苦悩を〉除く (remedy): ~ social ills. **b** 〈人〉の〈悪癖・弊風などを〉直す, 除く 〔*of*〕: ~ a person *of* a bad habit 人の悪い癖を直す / ~ oneself *of* a bad habit 悪い癖を自分で直す. **3** 〈肉類・魚類など〉に(乾燥・燻製・塩漬けによる)保蔵処理をする; 保蔵処理によって保存する (preserve): ~ fish, beef, grapes, tobacco, etc. **4 a** 〈ゴムを〉加硫させる, 硬化する (vulcanize). **b** 〈コンクリート・プラスチックを〉固める. **—** *vi.* **1** 病気を治す; (転地などをして)保養する. **2** 病気が治る, 治癒する. **3** 〈食品などが〉保存に適当な状態になる: The hay is *curing* in the sun. 干し草が日なたで乾いている. **4 a** 〈ゴムが〉加硫される, 硬化する. **b** 〈コンクリート・プラスチックが〉固まる. 〖n.: (?*a*1300) □ (O)F ~ < L *cūram* care, healing < OL *coira* ← ?. — v.: (*c*1378) *cure(n)* □ (O)F *curer* to take care, heal < L *cūrāre* ← *cūra*〗

SYN 治す: **cure** 〈病気を〉治して健康にする: The treatment *cured* his headache. その治療で頭痛が治った. **heal** 〈傷・けがを〉治す 《*cure* よりも局部的》: The ointment will *heal* slight burns. この軟膏で軽いやけどは治る. **remedy** 《古風》 〈病気・負傷などを〉緩和するために薬物その他の治療を行う: *remedy* a disease 病気を治療する.

cu·ré /kjʊəréɪ, kjʊ́ᵊreɪ | kjʊ́əreɪ, kjɔ́ː-; *F.* kyʀe/ *n.* (フランスの)教区司祭 (parish priest). 〖(1655) □ F ~ □ ML *cūrātus*: ⇨ curate〗

cúre-àll *n.* 万能薬, 万病薬 (panacea). 〖*c*1785〗

cúre·less *adj.* 治療法のない, 不治の (incurable); 救済[矯正]できない. 〖(*a*1541) ← CURE+-LESS〗

cur·er /kjʊ́ᵊrə | kjʊ́ərə(r), kjɔ́ː-/ *n.* **1 a** 乾物[燻製品]製造者: a bacon ~ / a fish ~. **b** (ゴムの)硬化業者. **2** 治療者; 治療器. 〖(1581) ← CURE+-ER[1]〗

cu·ret /kjʊrét | kjʊ(ə)r-/ *n.*, *vt.* (**cu·ret·ted; -ret·ting**) 〘外科〙 =curette.

cu·ret·tage /kjʊ̀ᵊrətɑ́ːʒ, kjʊrétɪdʒ | kjʊ̀ərɪ̀tɑ́ːʒ, kjʊ(ə)rétɪdʒ; *F.* kyʀɛtaːʒ/ *n.* 〘外科〙 掻爬(そうは)(術) (curette でかきとること). 〖(1897) □ F ~: ⇨ ↓, -age〗

cu·rette /kjʊrét | kjʊ(ə)r-; *F.* kyʀɛt/ *n.* 〘外科〙 キュレット, 有窓鋭匙(ひ), 掻爬(そうは)器. **—** *vt.*, *vi.* キュレットでかき取る, 掻爬する. **~·ment** *n.* 〖(1753) □ F ~ ← *curer* to cleanse: ⇨ cure, -ette〗

curf /kə́ːf | kə́ːf/ *n.* =kerf. 〖1839〗

cur·few /kə́ːfjuː | kə́ː-/ *n.* **1 a** (戒厳令などの際の)消灯令, 夜間の外出禁止: *Curfew* is ordered from 6.30 p.m. to 6 a.m. 夜 6 時半から朝 6 時まで消灯[夜間外出禁止]令がしかれた. **b** 夜間外出禁止時間; 外出禁止が始まる時刻, 門限. **c** 〘航空〙 (航空機の)飛行制限時間. **2 a** (中世ヨーロッパの消灯消火の合図の)晩鐘. **b** 晩鐘用の鐘; 暮鐘 (evening bell) 《ある場合にはこの鐘の後, 子供などが街路に出ていることを禁じる》. **c** 晩鐘の鳴る時刻. **3** 炉床にかぶせる(消火・火災防止用)金属カバー. 〖(*c*1330) *curfeu* □ AF *coeverfu* ← OF *cuevrefeu* cover the fire! ← *covrir* 'to COVER' +*feu* fire (< L *focum* hearth: ⇨ focus)〗

cúrfew-bèll *n.* 晩鐘 (cf. curfew 2). 〖*c*1330〗

cúrfew làw *n.* 消灯令; 夜間外出禁止令. 〖1897〗

cu·ri·a /kjʊ́ᵊriə | kjʊ́ər-, kjɔ́ːr-/ *n.* (*pl.* **cu·ri·ae** /-riìː, -riàɪ/) **1 a** クリア族区 《古代ローマの 3 部族の行政区; 各部族は 10 クリアに区分された》. **b** クリアの会合所 《ここで各クリア独特の礼拝などが行われた》. **c** (古代ローマの)元老院議事堂 (senate house). **d** (古代イタリア各都市の)元老院 (senate). **2 a** 〘英史〙 《ノルマン朝時代の国王・地方領主の》法廷 (cf. Curia Regis). **b** (中世ヨーロッパの)封臣会議, 国王評議会; 国王裁判所. **3** 〘カトリック〙 **a** [the C-] ローマ教皇庁 (Roman Curia); 司教区・修道会の(管区)本部. **b** ローマ教皇宮殿. **c** [集合的] 司教の行政補佐. **cú·ri·al** /-riəl/ *adj.* 〖(*a*1425) □ L *cūria* division of Roman tribe, ML court〗

cu·ri·age /kjʊ́ᵊriɪdʒ | kjʊ́ər-/ *n.* 〘物理〙 キュリー (curie) で表された放射能の強さ. 〖← CURIE+-AGE〗

cu·ri·al·ism /kjʊ́ᵊriəlɪzm | kjʊ́ər-/ *n.* 教皇庁中心主義 (ultramontanism) 《中央集権的で, 地方教皇庁の考え方・分権を認めない》. 〖(1870): ⇨ curia, -ism〗

Cúria Ré·gis /-ríːdʒɪs | -dʒɪs/ *n.* (*pl.* **Curiae R-**) [the ~] 〘英史〙 王政庁, 国王評議会 《中世の国王直属の領臣 (tenants-in-chief) の会議; 直臣全員が出席する great council とそのなかの一部の側近によって構成される small council があった》. 〖(1874) □ ML *Cūria Rēgis* 'king's CURIA'〗

Cúria Ro·má·na /-roʊméɪnə, -mɑ́ː- | -rə(ʊ)-/ *n.* [the ~] =Roman Curia. 〖□ L *Cūria Rōmāna*〗

cu·rie /kjʊ́ᵊri, -riː, kjʊríː | kjʊ́əri, -riː/ *n.* 〘物理〙 キュリー 《放射性物質の放射能の強さを表す単位; 毎秒 370 億個の割合で崩壊する放射性物質が 1 curie で, ラジウム 1 グラムがほぼこれに当たる; 略 Ci; cf. roentgen》. 〖(1910) ← *Marie Curie*〗

Cu·rie /kjʊ́ᵊri, -riː, kjʊríː | kjʊ́əri, -riː; *F.* kyʀi/, **Eve Denise** *n.* キューリー (1904– ; フランスのピアニスト・作家; キューリー夫妻の次女; *Madame Curie* 「キューリー夫人伝」 (1937)).

Curie, Marie *n.* キュリー (1867–1934; ポーランド生まれのフランスの物理化学者; 夫 Pierre と共にラジウムを発見 (1898); Nobel 物理学賞(夫と共同で) (1903), 化学賞(単独で) (1911)).

Curie, Pierre *n.* キュリー (1859–1906; フランスの物理化学者; Marie Curie の夫).

Cúrie pòint *n.* 〘物理〙 キュリー点 《磁気変態の起こる温度; Curie temperature ともいう》. 〖(1911) ← *P. Curie*〗

Cúrie's láw *n.* 〘物理〙 キュリーの法則 《常磁性体の磁化率は絶対温度に逆比例するという法則; 1896 年 Pierre Curie が発見》. 〖↑〗

Cúrie tèmperature *n.* 〘物理〙 キュリー温度 (⇨ Curie point). 〖(1960) ↑〗

Cúrie-Wéiss làw /-wáɪs-, -váɪs-; *F.* -vais, -vɛs/ *n.* 〘物理〙 キュリーワイスの法則 《キュリーの法則 (Curie's law) を一般化したもので, 磁化率の温度依存性を表す》. 〖← *P. Curie & Pierre-Ernest Weiss* (1865–1940: フランスの物理学者)〗

cu·ri·o /kjʊ́ᵊriòʊ | kjʊ́əriə̀ʊ, kjɔ́ːr-/ *n.* (*pl.* ~**s**) 骨董品. 〖(1851) 《略》 ← CURIOSITY〗

cu·ri·o·sa /kjʊ̀ᵊrióʊsə, -zə | kjʊ̀əriə́ʊsə/ *n. pl.* **1** 珍本; 好色本. **2** 珍しい物, 珍品. 〖(1883) □ L *cūriōsa* (neut. pl.) ← *cūriōsus*: ⇨ curious〗

cúrio shòp *n.* =curiosity shop. 〖1920〗

curiosi *n.* curioso の複数形. 〖(1806) □ It. ~〗

cu·ri·os·i·ty /kjʊ̀ᵊriɑ́(ː)səṭi, -sti | kjʊ̀əriɔ́sɪ̀ti, kjɔ̀ːr-/ *n.* **1** 好奇心, 物好き, せんさく好き; 知識欲: intellectual ~ 知的好奇心 / out of [from] ~ 好奇心から, 物好きに / with ~ 物珍しそうに; 好奇心にかられて / She has a ~ *to* know everything. 彼女はなんでも知りたがる. **2** 珍奇な物, 珍しい物, 骨董品; 珍しい特徴[面]. **3** 珍奇, 珍しさ. **4** 《廃》 **a** 綿密さ, 細心; 精巧. **b** 気むずかしさ. 〖(?*c*1378) □ OF *curioseté* (F *curiosité*) □ L *cūriōsitātem*: ⇨ curious, -ity〗

curiósity shòp *n.* 骨董店. 〖1818〗

cu·ri·o·so /kjʊ̀ᵊrióʊsoʊ, -zoʊ | kjʊ̀əriə́ʊsəʊ, kjɔ̀ːr-, -zəʊ/ *n.* (*pl.* ~**s, -o·si** /-siː, -ziː/) 美術品愛好[鑑識]家, 骨董収集家 (virtuoso). 〖(1658–72) □ It. ~ 'curious person'〗

cu·ri·ous /kjʊ́ᵊriəs | kjʊ́ər-, kjɔ́ːr-/ *adj.* **1 a** 〔…を〕知りたがる 〔*about*〕 (↔ incurious, uncurious): be ~ *about* the origin of the world 世界の起源を知りたがる. **b** [通例 be ~ *to* know [learn, etc.] として] しきりに知りたがる: I *am* ~ *to know* if it is true. それが本当であるかどうか知りたいのだが. **2** ものを知りたがる; 好奇心の強い, もの好きな, もの見高い, せんさく好きな (inquisitive, nosy) (↔ uncurious): a ~ student 知識欲旺盛な学生 / ~ neighbors もの見高い近所の人々 / hide things from ~ eyes 見たがる人の目につかぬようにものを隠す / a person of a ~ disposition 根掘り葉掘り聞かなければすまない性質の人 / steal a ~ look at …をもの珍しそうにそっとのぞいて見る. **3** 好奇心をそそるような, 珍しい; 不思議な, 奇妙な, 変わった (⇨ strange SYN): a ~ coincidence 奇妙な暗合 / a ~ sight [spectacle] 不思議な光景 / a ~ person 変人 / ~ to say 妙な話だが, 不思議なことには / *Curious* to say, he was there on the night of the murder. 奇妙なことには, 殺人のあった夜彼はそこにいた / It's a very ~ thing that …とは全く妙なことだ. **4** (本屋の目録などで) 〈本が〉珍書の; 好色本の (erotic). **5 a** 《まれ》 綿密な, 入念な; 手の込んだ, 精巧な (elaborate); 精密な (subtle): a thing of ~ workmanship 手の込んだ細工の品物. **b** 《廃》 深遠な (abstruse). **6** 《廃・方言》 好みのむずかしい (fastidious). *cúriouser and cúriouser* いよいよ奇妙な, 奇妙きてれつな 《L. Carroll の *Alice's Adventures in Wonderland* に出る句から》. 〖(1865)〗

~·ness *n.* 〖(*c*1300) □ OF *curios, curius* (F *curieux*) < L *cūriōsum* careful, diligent, eager ← *cūra* care: ⇨ cure, -ious〗

SYN 好奇心の強い: **curious** 《よい意味で》 興味をもって物事を知りたがる; 《悪い意味で》 他人のことをいろいろと詮索したがる: He's always *curious* to learn. いつも好奇心をもって知りたがっている / She's too *curious* about other people's affairs. 他人のことをやたらに知りたがる. **inquisitive** 《悪い意味で》 いろいろと質問をして, 特に他人のことを知りたがる: We have a very *inquisitive* neighbor. 近所にひどく詮索好きな人がいる. **meddlesome** 《悪い意味で》 他人のことによけいなおせっかいをする: a *meddlesome* old woman おせっかいなおばあさん. **prying** 《悪い意味で》 特に他人の秘密を見つけだそうとする: I hate her *prying* eyes. 彼女の詮索好きな目つきがきらいだ. **nosy** 《口語; 悪い意味で》 自分に関わりのないことに興味を持ち, 嗅ぎまわろうとする: a *nosy*, disgusting reporter 詮索好きな, 嫌なレポーター. **ANT** incurious, uninterested.

cu·ri·ous·ly /kjʊ́ᵊriəsli | kjʊ́ər-, kjɔ́ːr-/ *adv.* **1** もの珍しそうに, 不思議そうに, 物好きに, 好奇心に駆られて (↔ uncuriously, incuriously). **2** 奇妙に, 不思議に: ~ enough 妙なことに. **3** 《古》 入念に, 丹念に, 巧妙に, 精巧に (carefully, delicately): something ~ made 精巧に作られたもの. 〖(1340): ⇨ ↑, -ly[1]〗

cu·rite /kjʊ́ᵊraɪt | kjʊ́ər-/ *n.* 〘鉱物〙 キュライト (2PbO, $5UO_3$, $4H_2O$) 《閃ウラン鉱から生じた二次的ウラン鉱物》. 〖(1922) □ F ~ ← *Pierre Curie*〗

Cu·ri·ti·ba /kʊ̀ᵊrətíːbə | kʊ̀əri-; *Braz.* kuːɾitʃíba/ *n.* クリティバ 《ブラジル南部の都市; Paraná 州の州都》.

cu·ri·um /kjʊ́ᵊriəm | kjʊ́ər-, kjɔ́ːr-/ *n.* 〘化学〙 キュリウム 《1944 年発見の放射性元素; 記号 Cm, 原子番号 96》. 〖(1946) ← NL ~ ← *Pierre & Marie Curie*: ⇨ -ium〗

Cu·ri·us Den·ta·tus /kjʊ́ᵊriəsdɛntéɪṭəs, kʊ́ᵊriəsdɛntɑ́ːṭ- | kjʊ̀əriəsdɛntéɪt-, kʊ̀əriəsdɛntɑ́ːt-/, **Marcus** *n.* キュリウスデンタトゥス (?–270 B.C.; ローマの執政官 (consul); 倹約有徳の模範とされている)).

curl /kə́ːl | kə́ːl/ *n.* **1** (頭髪の)巻き毛; [*pl.*] 巻き毛の頭髪 (cf. crimp[1] 2 a): The girl has long ~*s* over her shoulders. その少女は長い巻き毛を肩に垂らしている. **2** カールする[巻く, ねじる]こと; カールした[波打った, ねじれた]状態: a ~ of the lip(s) 口をゆがめること 《軽蔑の表情》 / keep one's hair in ~ 髪をカールにしておく. **3 a** 巻き毛状の物, らせん状(物), 渦巻き形, うねり; 流水の渦: a ~ of smoke from a cigarette たばこから上がる煙の渦巻き / the ~ of a wave 波のうねり. **b** 巻きひげ[つる] (tendril). **4** 〘植物病理〙 萎縮病 《ジャガイモなどがウイルスに冒されて葉が縮れて巻き上がる病気》. **5** 〘数学〙 =rotation 6. **6** 〘アーチェリー〙 急カーブしたそりのある弓. **7** 〘サーフィン〙 波頭がせり出して砕け散るときにできる中空の波頭.

out of cúrl (1) 〈髪が〉カールが取れて. (2) 〈人が〉元気を失って, がっかりして: go *out of* ~ 元気を失う.

— *vt.* **1** 〈毛髪などを〉カールさせる, 巻き毛にする; 〈ひげを〉ひねる. **2** ねじ曲げる, うずくまらせる (twist): ~ the [one's] lip(s) ⇨ lip 成句 / lie ~*ed* on the sofa ソファーにうずくまる. **3** 《廃》 巻き毛をつけて[つけたように]飾る.

— *vi.* **1 a** 〈髪などが〉(巻き毛状に)カールする; 〈煙などが〉渦巻く; 〈つるなどが〉巻き付く. **b** 縮こまる, 丸く波打つ. **2 a** 〈道が〉曲がりくねる. **b** 〈ボールが〉カーブする (curve). **3** 〈唇が〉ゆがむ, への字になる. **4** カーリングをする (⇨ curling).

cúrl a person's háir =*make a person's* HAIR *curl*.

cúrl úp (*vi.*) (1) 〈葉などが〉巻き上がる, 縮れ上がる, まくれる. (2) 丸くなって寝る, 縮こまる; 脚を引っ込めて座る, くつろぐ. (3) 《口語》 〈人が〉のびる, ぺしゃんこになる, 参る (collapse). (4) 《口語》 (恐怖・恥ずかしさで) 身をよじる; いたたまれない気になる; 吐き気を催す. (*vt.*) (1) 巻き上げる, 折り曲げる, 縮らす. (2) 〈体を〉丸くする: ~ oneself *up* 丸くなって寝る, 縮こまる. (3) 《口語》 〈人を〉のす, 倒す, ぺしゃんこにする. (4) 《口語》 (恐怖・恥ずかしさで) 〈身を〉よじらす; いたたまれない気にさせる, 吐き気を催させる.

〖n.: (1600–01) ← (v.). — v.: (1447) 《音位転換》 ← (*c*1380) *crulle(n)* to curl, bend ← *crul* curly □ (M)Du. *krul*: cf. MHG *krol* curly〗

curled *adj.* **1** 巻き毛の, カール状の (curly), 渦巻いた. **2 a** 〘植物〙 葉が縮れ上がった. **b** 〘植物病理〙 〈ジャガイモが〉萎縮病にかかった. **cúrl·ed·ness** /-lɪ̀dnɪ̀s, -ld-/ *n.* 〖(*c*1380): ⇨ ↑, -ed 2〗

cúrled háir *n.* 巻き毛; (ふとんの入れ毛にする)くず毛, 馬のすき毛. 〖*c*1380〗

cúrled mállow *n.* 〘植物〙 オカノリ, ハタケナ, ノリナ

C

(*Malva verticillata* var. *crispa*)《ヨーロッパ原産アオイ科フユアオイの栽培品種; 縁の縮れた葉をつけ, 食用となる》.
cúrled páperwork *n.* =rolled paperwork.
cúrl·er /-lə | -lə(r)/ *n.* **1 a** カールさせる人. **b** (毛髪用)カーラー, カールクリップ. **2** カーリング (curling) 競技者. 〘(1638) ← CURL + -ER¹〙
C
cur·lew /kə́:l(j)u: | kə́:l-/ *n.* (*pl.* ~**s**, ~)〘鳥類〙ダイシャクシギ《ダイシャクシギ属 (*Numenius*) の鳥類の総称; ダイシャクシギ (common curlew), ホウロクシギ (*N. madagascuriensis*) など》. 〘(c1340) *curleu* ◻ (O)F *courlieu* (変形) ← *coulris* (擬音語)〙
Cur·ley /kə́:li | kə́:-/, **James M(ichael)** *n.* カーリー《1874–1958; 米国の政治家(民主党); Boston 市長, Massachusetts 州知事, 連邦下院議員を歴任》.
curl·i·cue /kə́:lɪ̀kjù: | kə́:lɪ-/ *n.* 装飾的な渦巻き; (特に)文字の渦巻き形の飾り書き (flourish). — *vt.* 装飾的渦巻きで飾る. — *vi.* 〈文字が〉渦巻き形をなす. 〘(1843) ← CURLY + CUE²〙
curl·ing /kə́:lɪŋ | kə́:l-/ *n.* 〘スポーツ〙カーリング《スコットランドで生まれたボウリングに似た氷上遊戯; 4 名一組の 2 チームで行われ, 平円形の石または鉄 (curling stone) を標的 (tee) に向けて氷上を滑らせる; 標的のまわりのハウス (house) に入れば得点となる》. 〘(1620) ← CURL + -ING¹: cf. Flem. *krullebol* curl-bowl, wooden ball used in *bolspel*〙

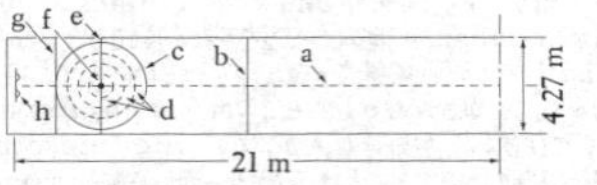

diagram of half a curling rink
a center line b hog score c outer circle d house e sweeping score f tee g back score h foot score

cúrling ìron *n.* [通例 *pl.*] (頭髪用)カールごて, ヘアアイロン. 〘1616〙
cúrling-pìns *n. pl.* (頭髪用)カールピン. 〘1909〙
cúrling stòne *n.* カーリングストーン《カーリングに使用する曲がった柄のついた平円形の重い石, 鉄製のものもある; 15–18 kg》. 〘1620〙

curling stone

cúrling tòngs *n. pl.* =curling iron. 〘1763〙
cúrl·pàper *n.* [通例 *pl.*] (毛巻き用)カールペーパー, 毛巻き紙《カールさせる毛髪を数時間固く巻き付けておく紙》: with one's hair in ~*s* 髪をカールペーパーに巻いて. 〘*a*1817〙
curl·y /kə́:li | kə́:li/ *adj.* (**curl·i·er**; **-i·est**) **1** 巻き毛の, 縮れ毛の, カールする: a ~ head. **2 a** 〈葉など〉渦巻き状の, うねっている. **b** 〘植物病理〙〈ジャガイモの葉など〉(萎縮病にかかって)縮れた. **3** 〈木材など〉木目が不規則な, 波状木目の. **4** 《豪》〈問題など〉難しい, ひねくれた. **cúrl·i·ly** /-lɪ̀li/ *adv.* **cúrl·i·ness** *n.* 〘(c1720) ← CURL + -Y¹〙
cúrly brácket *n.* ブレース ({ または }).
cúrly-còated retríever *n.* カーリーコーテッドレトリーバー《四つの猟犬種によって英国で作出されたイヌ; 短い巻き毛をもつ》. 〘1885〙
cur·ly·cue /kə́:lɪ̀kjù: | kə́:lɪ-/ *n.* =curlicue.
cúrly·hèad *n.* **1** 縮れ毛の人. **2** [*pl.*]〘植物〙⇨ curlyheads. 〘1827〙
cúrly·hèads *n.* (*pl.* ~)〘植物〙米国東部産キンポウゲ科センニンソウ属の低木 (*Clematis ochroleuca*) (果実に縮れた長い毛がある).
cúrly kále *n.* 葉が縮れてカールしているキャベツ.
cúrly lòcks *n.* (*pl.* ~) 縮れ毛の人.
cúrly pálm *n.* 〘植物〙ベルモアホエア, ベルモアヤシ (*Howea belmoreana*) (Lord Howe 島原産のヤシ).
cúrly-pàte *n.* 巻き毛頭[縮れ毛]の人. 〘1868〙
cúrly tòp *n.* 〘植物病理〙カーリートップウイルス(ビート巻き先端ウイルス)によるビート(特に, 甜菜)の葉が巻縮する病気. 〘1901〙
Curme /kə́:m | kə́:m/, **George Oliver** *n.* カーム《1860–1948; 米国の英語およびドイツ語学者・文法学者; *Syntax* (1931)》.
cur·mud·geon /kə(:)mʌ́dʒən | kə(:)-/ *n.* **1** 意地の悪い人[じいさん]. **2** 《古》けちんぼう. 〘(1577) ← ?: 人名からか: cf. 《スコット》*curmurring* a source of grumbling & *curmullyit* dark, ill-favored fellow〙
cur·múd·geon·ly *adj.* **1** 意地の悪い (churlish). **2** 《古》けちんぼうの. 〘(1590): ⇨ ↑, -ly²〙
curn /kə́:n | kə́:n/ *n.* 《スコット》 **1** 穀粒 (grain). **2** 少数; 少量. 〘(*a*1325) *curne* (変形) ← *come* 'CORN¹': cf. kernel〙
Cur·now /kə́:naʊ | kə́:-/, **Allen** *n.* カーノー《1911– ; ニュージーランドの詩人; アンソロジー編者; 本名 Thomas Allen Curnow》.
curr /kə́: | kə́:(r)/ *vi.* (鳩のように)ごろごろ言う, 低くうなる. 〘(1677) 擬音語: cf. Dan. *kurren* to coo〙
cur·rach¹ /kə́:rə(x) | kʌ́r-/ *n.* 《アイル・スコット》= curragh¹.
cur·rach² /kə́:rə(x) | kʌ́r-/ *n.* 《アイル》=curragh².
cur·ragh¹ /kə́:rə(x) | kʌ́r-/ *n.* 《アイル・スコット》=coracle. 〘(?c1450) *currok* ◻ Ir.-Gael. *currach*: cf. coracle〙
cur·ragh² /kə́:rə(x) | kʌ́rə/ *n.* 《アイル》沼沢地. 〘(1664) ◻ Ir. *corrach* marsh // Manx *curragh* fen〙
Cur·ragh /kə́:rə(x) | kʌ́rə/ *n.* [the ~] カラッハ《アイルランド東部 Kildare 州にある平野; Dublin の南西約 50 km; 練兵場と有名な競馬場がある》. 〘↑〙
cur·ra·jong /kə́:rədʒɔ̀(:)ŋ, -dʒɑ̀(:)ŋ | kʌ́rədʒɔ̀ŋ/ *n.* 〘植物〙=kurrajong.
curran /kə́:n | kə́:n/ *n.* 《スコット》=curn.
cur·rant /kə́:rənt | kʌ́r-/ *n.* **1** 種なしの小粒の干しぶどう (Levant 地方産で料理用; cf. raisin 1). **2 a** 〘植物〙フサスグリ《ユキノシタ科スグリ属 (*Ribes*) の各種の低木; クロフサスグリ (black currant), アカフサスグリ (red currant) など》. **b** フサスグリの実《主にジャム・ゼリー用》. 〘(1381) (*reisins of*) *corauns* ◻ AF *raisins de corauntz* raisins of Corinth = OF *raisins de Corinthe* grapes of Corinth: 今の形 *-t* はその原産地 *Corinth* との連想で 16C から〙
cúrrant bòrer *n.* 〘昆虫〙小形黄色のスカシバガの一種 (*Ramosia tipuliformis*) の幼虫《スグリ (currant), セイヨウスグリ (gooseberry) などの茎に穿孔する》. 〘1867〙
cúrrant bùn *n.* **1** 《英》干しぶどう入りの甘みのあるロールパン. **2** 《スコット》=black bun. 〘1788〙
cúrrant gàll *n.* 〘植物〙オークの葉や雄花に膜翅類の昆虫によって生ずる未熟なスグリのような虫こぶ.
cúrrant tomàto *n.* 〘植物〙フサスグリトマト (*Lycopersicon pimpinellifolium*) (ペルー産小粒の実のなる野生トマトの一種); その実.
cúrrant·wòrm *n.* 〘昆虫〙スグリの葉や実を食うハバチ・キトビエダシャクなどの幼虫. 〘1867〙
cur·ra·wong /kə́:rəwɔ̀(:)ŋ, -wɑ̀(:)ŋ | kʌ́rəwɔ̀ŋ/ *n.* 〘鳥類〙フエガラス《豪州産のフエガラス科フエガラス属 (*Strepera*) のカラスに似た鳴禽 3 種の総称; bell magpie ともいう》. 〘(1926) 《現地語》〙
cur·ren·cy /kə́:rənsi, -rəntsi | kʌ́r-/ *n.* **1 a** 現金通貨 (current money); 通貨流通額: gold ~ 金貨 / metallic ~ 金属通貨, 硬貨 / paper ~ 紙幣 / in ~ 通貨で / ⇨ hard currency. **b** 紙幣. **c** 貨幣代用物. **d** 《豪》植民地時代の通貨《英本国の stering とは異なる通貨》. **2 a** (貨幣の)流通, 通用 (circulation): be in ~ 流通している / restrict the ~ of bank notes 紙幣の通用を制限する. **b** (言語・思想・風説などの)流布, 流行, 普及 (prevalence), 通用: the ~ of a word, a phrase, ideas, reports, etc. / gain [lose] ~ 通用し出す[しなくなる] / give ~ to …を通用[流布]させる / enjoy [have] a general [long, wide] ~ 一般に[長く, 広く]通用[流布]している / in common ~ 一般に通用して. **c** 《まれ》流行[流布, 通用]している期間. **3** 《豪俗》(英本国からの移民と区別して)生粋のオーストラリア人. 〘(1657) ← ML *currentia*: ⇨ current, -ency〙
cúrrency bònd *n.* 〘財政〙(発行国通貨払いの)債券 (cf. gold bond).
cúrrency dòctrine *n.* 〘経済〙通貨主義《銀行券の発行は正貨物準備の下でのみすべきであるという主張; currency principle ともいう; cf. banking doctrine》.
cúrrency nòte *n.* =treasury note 1. 〘1891〙
cúrrency prìnciple *n.* 〘経済〙=currency doctrine.
cúrrency ùnit *n.* 〘経済〙=monetary unit.
cur·rent /kə́:rənt | kʌ́r-/ *adj.* **1** 現在一般に行われている, 流布している, 今流行している (⇨ prevailing SYN): ~ opinions, rumors, reports, etc. / ~ superstitions 今流行の迷信 / ~ English 日常英語, 時事英語 / ~ news 時事ニュース / ~ thought 時代思想 / ~ topics 今日の話題 / ~ events 時事 ⇨ current affairs / the ~ price 時価, 現在価格 / the ~ rate of interest 現行の利子率, 現在の市場金利 / Is that sense still ~ [in ~ use]? その意味は今でも使われているの. **2** 今の, 目下の, 現在の (present); 最近の: the ~ month [year] 本月[年] / the ~ issue [number] of a magazine 雑誌の最近号《今月号, 今週号》/ the 10th ~ [curt.] 本月十日 / ~ expenses 経常(経)費. **3** 〈貨幣が〉流通している: ~ money 流通通貨. **4** 〘電算〙〈ディレクトリーやドライブがカレントの, 現用の《特に指定されないときにシステムが参照する》. **5** 《古》流れる, 流動する (flowing); 流暢な (fluent). **6** 《廃》ほんものの (genuine), 正真正銘の (authentic).
— *n.* **1** (特定の方向への)流動, 流れ (flow, stream); 潮流, 海流; 気流: great ocean ~*s* 大洋の大海流 / a strong ~ in the river 川の強い流れ / the Japan *Current* 日本海流, 黒潮 / a violent ~ of air 激しい気流. **2** 時の流れ (course); 傾向, 風潮 (⇨ tendency SYN): the ~ of time [the times] 時の流れ / the ~ of events 事件の推移 / the ~ of opinion 世論の大勢 / swim [go] with [against] the ~ 世の風潮[天下の大勢]に従う[逆らう]. **3** 〘電気〙 **a** 電流: ⇨ alternating current, conduction current, convection current 2, direct current, galvanic current. **b** 電流の強さ.
~·ness *n.* 〘(c1550) ◻ L *currentem* (pres.p.) ← *currere* to run, flow ← IE **kers-* to run (⇨ car) ∞ (?*a*1300) *curraunt* ◻ OF *corant, curant* (pres.p.) ← *courre*: ⇨ -ent〙
cúrrent accóunt *n.* **1** 《英》〘銀行〙当座勘定, 当座預金 (《米・カナダ》checking account). **2** 〘会計〙= book account 1. 〘1846〙
cúrrent affáirs *n. pl.* [しばしば単数扱い] 時事問題; [形容詞的に] 時事問題の.
cúrrent amplificàtion *n.* 〘電気〙電流増幅.
cúrrent àmplifier *n.* 〘電気〙電流増幅器.
cúrrent ássets *n. pl.* 〘会計〙流動資産《現金および通常の営業活動で 1 年以内に現金化される資産; cf. fixed assets》. 〘*c*1909〙
cúrrent bàlance *n.* 〘電気〙電流天秤(ぐん).
cúrrent collèctor *n.* 〘電気〙集電装置. 〘1889〙
cúrrent cóst *n.* 時価.
cúrrent dènsity *n.* 〘電気〙電流密度.
cur·ren·te cal·a·mo /kəréntɪkǽləmòʊ | -tɪkǽləməʊ/ *L.* すらすらと; 即座に, 無造作に (offhand). 〘(1776) ◻ L ~ 'with a running pen'〙
cúrrent intènsity *n.* 〘電気〙電流の強さ《current strength ともいう》.
cúrrent liabílities *n. pl.* 〘会計〙流動負債《支払期限が一年以内の負債; 短期借入金・買掛金など; cf. fixed liabilities》.
cúrrent lìmiter *n.* 〘電気〙電流制限器.
cúrrent-lìmiting reáctor *n.* 〘電気〙限流リアクトル.
cur·rent·ly /kə́:rəntli | kʌ́r-/ *adv.* **1** 現在は, 今日 (now). **2** 一般に(行われて), 広く (generally): It is ~ believed that …と一般に信じられている. **3** 流れるように, 流暢に (fluently). 〘(*c*1443): ⇨ -ly¹〙
cúrrent màrk *n.* 〘地質〙=current ripple.
cúrrent mèter *n.* 測流器, 流速計, 流量計. 〘1868〙
cúrrent óperating perfórmance cóncept *n.* 〘会計〙当期業績主義《期間利益の計算から, 前期損益修正や臨時損益項目を除外して, 短期の正常収益力を示す期間利益を計算すべきであるとする考え方; cf. all-inclusive concept》.
cúrrent rátio *n.* 〘経済・会計〙流動比率《流動資産の流動負債に対する割合で, 企業の短期財務安全性を判断するための比率》.
cúrrent rìpple *n.* 〘地質〙カレントリップル《流れによって砂洲・平らな干潟・浜辺などに作られる非対称の砂紋; current mark ともいう》.
cúrrent strèngth *n.* 〘電気〙=current intensity.
cúrrent transfòrmer *n.* 〘電気〙変流器.
cur·ri·cle /kə́:rɪ̀kl | kʌ́rɪ-/ *n.* 二頭立て二輪の屋根なし馬車. 〘(1682) ◻ L *curriculum* a running, race chariot ← *currere* to run: ⇨ -cle〙
cur·ric·u·lum /kəríkjʊləm/ *n.* (*pl.* **-u·la** /-lə/, ~**s**) **1** 教育課程, (学校の)全教科課程, カリキュラム. 日英比較 日本語では「カリキュラム」は「総括的な意味での教育課程」を表し,「シラバス」(syllabus) は「より具体的なレベルの教授内容」を表すが, 英語では, 両者が同様の指示対象を表す場合もある. **2** (学位・資格を得るための特定の)履修課程. **3** (クラブ活動・ホームルーム活動を含む)全般的学校活動. **4 a** 一般教育, しつけ. **b** 活動予定.
cur·ric·u·lar /kəríkjʊlə | -lə(r)/ *adj.* 〘((1633)) (1824) ◻ L ~ ('race-)course, chariot' ← *currere* to run (⇨ current)〙
curriculum vi·tae /kəríkjʊləmváɪtiː, -tiː, -váɪtì | -víːtaɪ, -teɪ, -váɪtiː/ *n.* (*pl.* **curricula v-**) 履歴 (career); 履歴書 (略 c.v.). 〘(1902) ◻ L ~ 'course of life'〙
cur·rie /kə́:ri | kʌ́ri/ *n.* =curry¹.
cúr·ried *adj.* カレー粉で調理した: ~ food カレー料理. 〘(1855) ← CURRY¹ + -ED 2〙
cur·ri·er /kə́:riə | kʌ́riə(r)/ *n.* **1** (なめし革の)仕上げ工, 製革工, 革屋 (leather dresser). **2** 《まれ》馬に櫛(くし)[ブラシ]をかける人, 馬の手入れをする人. 〘(c1360) 《混成》← (i) ME *curr(e)iour* ◻ OF *conreeur currier* ← *conreer* (異形) ← *correier* 'to CURRY²') + (ii) ME *corier* ◻ OF *corier* < L *coriārium* leather (⇨ CUIRASS): ⇨ -ER¹〙
Cur·ri·er /kə́:riə | kʌ́riə(r)/, **Nathaniel** *n.* カリアー《1813–88; 米国の石版画家》.
Cúrrier and Íves *n.* カリアー アンド アイブズ《Nathaniel Currier (1813–88) と James Merritt Ives (1824–95) の石版印刷会社 (1834 年ニューヨークに創設); 米国の歴史風俗事情などの版画を製作》; その版画.
cur·ri·er·y /kə́:riəri | kʌ́r-/ *n.* **1** なめし革仕上げ工場; 製革所. **2** 製革職, 皮なめし職. 〘(c1889) ← CURRIER + -ERY〙
cur·ri·jong /kə́:rədʒɔ̀(:)ŋ, -dʒɑ̀(:)ŋ | kʌ́rɪdʒɔ̀ŋ/ *n.* 〘植物〙=kurrajong.
cur·rish /kə́:rɪʃ | kə́:r-/ *adj.* **1** 野犬[駄犬]のような. **2** 卑劣な, 下劣な (churlish, base); 軽蔑すべき (contemptible). **3** 意地の悪い (bad-tempered). **~·ly** *adv.* **~·ness** *n.* 〘(*a*1500): ⇨ cur, -ish¹〙
cur·ry¹ /kə́:ri | kʌ́ri/ *n.* **1** カレー料理: vegetable ~ 野菜カレー. 日英比較 日本語の「カレーライス」は *curry* and rice または *curry* with rice という. **2** カレー粉 (curry powder). **3** カレーソース (curry sauce). ***give a person cúrry*** 《豪俗》〈人を〉どなりつける; 〈人を〉どつく. (1941) — *vt.* 〈肉・魚・卵・野菜などを〉カレー料理にする, カレー粉を用いて調理する. 〘(1598) ◻ Tamil *kari* sauce〙
cur·ry² /kə́:ri | kʌ́ri/ *vt.* **1** 〈馬など〉に馬ぐし[くし, ブラシ]をかける, 〈馬・牛の毛〉にくしをかける, (くしで)〈馬〉の手入れをする. **2** 〈なめし革を〉仕上げる. **3** 〈人を〉打つ (beat). ***cúrry fávor with*** ⇨ favor 成句. 〘(c1300) *curreie(n)* ◻ OF *correier, conreder* (F *corroyer*) to put in order < VL **conredāre* ← *con-* 'COM-' + **redāre* to make ready (← Gmc: cf. ready)〙
Cur·ry /kə́:ri | kʌ́ri/, **John Steu·art** /stú:ət, stjú:- | stjú:ət/ *n.* カリー《1897–1946; 米国の画家; 田園地帯の作品で知られる》.
cúrry·còmb *n.* 馬ぐし, 鉄ぐし, 毛ぐし. — *vt.* 〈馬〉に馬ぐしをかける. 〘1573〙
cúrry lèaf *n.* 〘植物〙カレーリーフ, ナンヨウサンショウ (*Murraya koenigii*) 《インド・スリランカ原産のミカン科の低木; 葉は香辛料として利用される》.

cúrry plànt *n.* 〘植物〙ムギワラギク属の小低木 (*Helichrysum angustifolium*)《南欧原産; 細いシルバーグレーの葉をもち, 黄色の小さな花をつけ, 強いカレーの香りがする》.

cúrry pòwder *n.* カレー粉. 〘1810〙

cúrry pùff *n.* 〘料理〙カレーパフ《カレー粉で味付けをした肉と野菜をパイ皮で包んだマレーシア料理》.

cúrry sàuce *n.* カレーソース《カレー粉で調味したソース》. 〘1845〙

curse /kə́ːs | kə́ːs/ *n.* **1 a** のろい (malediction): be under a ～ のろわれている, たたりを受けている / call down [lay, put] a ～ on [upon] a person＝lay [put] a person under a ～ 人にのろいをかける / A ～ on it! 畜生, くそ / *Curses!* 畜生 / *Curses*, like chickens, come home to roost. 《諺》「人をのろわば穴二つ」. **b** のろいの言葉; 悪態, 毒舌, ののしり (Blast!, Damn!, Confound it! などの類). **2** のろわれるもの[人]; (のろいの招いた)たたり, 災い, 災禍; (のろいとなる)災害のもと[たね] (bane, scourge): Drink is the ～ of the working class. 酒は労働者階級ののろい[破滅のもと]である / He is [They are] a ～ to the whole family. 彼[彼ら]は家族にとって大の厄介者だ. **3** 〘宗教〙上ののろい, 破門, アナテマ (anathema). **4** [the ～]《俗》月経 (期間) (menses). ★ 主に女性の婉曲語: I can't tonight. I've got *the* ～. 今夜は駄目, 生理なの.
nót be wórth a cúrse 《口語》全く値うちがない 〘(1826) *curse*: 《変形》? ← CRESS〙. ***nót càre [give] a cúrse for*** 《口語》…は少しもかまわない, どうなってもよい.
cúrse of Cáin [the ―] 永遠の流浪《カインの受けた刑罰; cf. *Gen.* 4: 11–12》: be cursed with *the* ～ *of Cain* 永遠に流浪する運命をになっている.
cúrse of Scótland 〘その形がスコットランドの法律家で1692年の Glencoe 大虐殺に荷担した Sir John Dalrymple (*d.* 1707) の紋章と類似していることからか〙[the ―] (トランプの)ダイヤの 9.
― *v.* (**cursed**, 《古》 **curst** /kə́ːst | kə́ːst/) ― *vt.* **1 a** のろう: ～ the day one was born 生まれた日を(凶日として)のろう (cf. *Job.* 3: 1–3) / *Curse* it! 《口語》畜生, くそ / *Curse* you [them]! くたばれ, くそくらえ. **b** …に不敬の言を吐く (blaspheme); …に悪態をつく, ののしる. **2** [通例 p.p. 形で] …にたたる, 災いする, 苦しめる, 悩ます〔*with*〕: We were ～*d with* misfortunes. 不運に苦しめられた. **3** 〘宗教〙破門する (excommunicate): ～ by bell, book, and candle ⇨ bell¹ 成句. ― *vi.* **1** のろう (swear)〔*at*〕: ～ *at* a person. **2** (Blast!, Damn! などの)悪態をつく, ののしる: ～ and swear 悪口雑言する / He ～*d* loudly. 大声で悪態をついた. **cúrs·er** *n.*
〘n.: lateOE *curs* a curse ← ?: cf. ONF *curuz* (＝OF *coroz*) anger ← *curcier* (＝OF *corocier*) to call down wrath upon < VL **corruptiāre* (⇨ corrupt). ― v.: lateOE *cursian* ← (n.)〙

SYN のろう: **curse** 〈人や物〉の上に災いの降りかかることを祈る: He *cursed* the day he was born. 生まれた日を呪った. **damn** 《*curse* よりも意味が強い》: He *damned* the difficult situation he was in. 自分の置かれた苦境をののしった. **imprecate** 復讐心から〈災いが〉他人の上に降りかかることを祈る《格式ばった語》: *imprecate* evil upon a person 災いが人に降りかかるように祈る. **anathematize** 〈教会の権威者が〉公式にのろう; 一般には, 〈牧師や道学者が〉強く弾劾する《格式ばった語》: *anathematize* the violation of a treaty 条約違反を強く弾劾する.
ANT bless.

---

curs·ed /kə́ːsɪ̰d, kə́ːst | kə́ːsɪ̰d, kə́ːst/ *adj.* **1** のろわれた, たたられた, 罰当たりの (damned): *Cursed* be the man who …する人はのろわるべきかな. **2** のろうべき, いまいましい (damnable, accused), 憎々しい (hateful); ひどい, 極悪の (wicked). ★《口語》では単にいらだちを表す語として用いる: a ～ nuisance いまいましい迷惑, 迷惑千万 / This ～ weather! このいまいましい天気. **3** /kə́ːst/《古・方言》意地悪の, たちの悪い (ill-tempered). ★ この意味には通例 curst を用いる. ***be cúrsed with*** …で苦しめられている.
～·ness *n.* 〘(?*a*1200): ⇨ ↑, -ed 2〙

cúrsed crówfoot *n.* 〘植物〙タガラシ (*Ranunculus sceleratus*)《水湿地, 田に生えるキンポウゲ科の雑草》.

curs·ed·ly /kə́ːsɪ̰dli, kə́ːst- | kə́ːsɪ̰d-, kə́ːst-/ *adv.* **1** のろわれて, たたられて. **2** いまいましく, ばかに, べらぼうに (confoundedly): ～ hot weather. 〘(*c*1386): ⇨ -ed 2, -ly¹〙

curs·es /kə́ːsɪ̰z | kə́ːs-/ *int.* (しばしばおどけて)やれやれ, くそ, ちくしょう《失望・落胆の言葉》.

cúrse wòrd *n.* **1** のろいの言葉, 不敬な言葉. **2** 鼻持ちならぬ言葉, きざな[不快な]言葉.

cur·sil·lo /kəːsíː(l)joʊ | kəːsíː(l)jəʊ/ *n.* [しばしば C-] クルシリョ: **1** カトリックにおける刷新運動で, 精神生活を深め, 日々の生活様式を改めようとするもの. **2** この運動に参加する第 1 段階とされる 3 日間の集会. 〘(1959) ◻ Sp. ～《原義》little course〙

cúrs·ing *n.* のろい; ののしり (⇨ blasphemy **SYN**). 〘OE *cursung*〙

cur·sive /kə́ːsɪv | kə́ː-/ *adj.* **1** 続け書きの (running), 筆記体の (cf. uncial): ～ characters 続け(書き文)字 / a ～ hand 続け書き, 筆記体. **2** 〘印刷〙カーシブの.
― *n.* **1** 続け書き書体, 草書体, カーシブ(書体) (cursive script); 続け書きの写本[原稿など]. **2** 〘印刷〙カーシブ《手書き書体をまねた活字書体》. **～·ly** *adv.* **～·ness** *n.* 〘(adj.: 1784; n.: 1861) ◻ ML *cursīvus* ← L *cursus* a running ← *currere* to run: ⇨ current, -ive〙

cur·sor /kə́ːsə | kə́ːsə(r/ *n.* **1** 滑子, カーソル《数学・天文・測量器械などの前後に滑動する部品》. **2** 〘電算〙カーソル《表示画面上を動き, 入力位置を示す四角・縦線・矢印など》. 〘(1305) (1594) ◻ L ～ 'runner' ← *currere* (↑)〙

cur·so·ri·al /kəːsɔ́ːriəl | kəː-/ *adj.* 〘動物〙走行に適した; 走行器官のある (cf. fossorial): ～ birds 走鳥類《ダチョウ (ostrich), ヒクイドリ (cassowary) など》/ ～ insects 走る昆虫《飛ばない昆虫》. 〘(1836) ← L *cursōrius* 'CURSORY'＋-AL¹〙

cur·so·ri·ly /kə́ːs(ə)rəli | kə́ːs(ə)rɪ̰li/ *adv.* (ざっと)一通り, そそくさと, ぞんざいに, ざっと. 〘(1565) ← L *cursōrius* (⇨ cursory)＋-LY¹〙

cur·so·ry /kə́ːs(ə)ri | kə́ː-/ *adj.* 急ぎの (rapid), そそくさとした (hasty); ぞんざいな, おおざっぱな (careless) (⇨ superficial **SYN**): a ～ inspection 粗略な視察, ざっと目を通す(通り一遍の)検閲 / ～ reading ざっと読むこと / give a ～ glance at …にざっと目を通す. **cúr·so·ri·ness** *n.* 〘(1601) ◻ L *cursōrius* hasty ← *cursor* runner: ⇨ cursor, -ory¹〙

curst /kə́ːst | kə́ːst/ *v.* 《古》curse の過去形・過去分詞.
― *adj.* ＝cursed 3.

cur·sus /kə́ːsəs | kə́ː-/ *n.* (*pl.* **cur·si** /-saɪ, -siː/) 〘考古〙カーサス《並行する二つの土手の外側に深い溝を掘った形で残っている新石器時代の遺跡; 英国に存在するがまだその使途は解明されていない》.

curt /kə́ːt | kə́ːt/ *adj.* (～·**er**; ～·**est**) **1** 〈言行など〉ぶっきらぼうな, ぞんざいな, そっけない (abrupt) (⇨ blunt **SYN**). **2** 〈文体が〉簡略な, 簡潔な (terse). **3** 《古》短い (short), 短く裁った, 短縮した (shortened). **～·ly** *adv.* **～·ness** *n.* 〘(1630) ◻ L *curtus* shortened, short, incomplete: ⇨ short〙

Curt /kə́ːt | kə́ːt; G. kʊʁt/ *n.* カート《男性名》. 〘(dim.) ← CURTIS〙

curt. 《略》current (＝this month).

cur·tail¹ /kə(ː)téɪl | kə(ː)-/ *vt.* **1 a** 切り詰める (⇨ shorten **SYN**); 〈講演・休日・操業などを〉短縮する. **b** 〈語などを〉省略する (abbreviate). **2 a** 〈費用などを〉切り詰める, 削減する, 節減する (reduce): have one's salary ～*ed* 俸給を削減される. **b** 〈人〉から〔権利などを〕奪う, 縮小する (deprive)〔*of*〕: ～ a person *of* his privilege 人の特権を奪う. **～·er** /-lə | -lə(r/ *n.* 〘(?*c*1471) *curtaile(n)* to restrict, limit《混成》? ← OF *courtau(l)d* (F *courtaud*) shortened, decked (⇨ curtal)＋ME *taille(n)* to cut (◻ OF *taillier*: ⇨ tail²)〙

cur·tail² /kə́ːteɪl | kə́ː-/ *n.* 〘建築〙巻鼻《手すりの端などの渦巻状になった部分》. 〘《通俗語源》? ← CURTAL〙

cur·táiled *adj.* 〈話・語など〉省略した, 短縮した: ～ words 短縮語《例: bike, bus, cinema, flu, mob, soccer など; cf. clipped form》. 〘(1561) ← CURTAIL¹＋-ED〙

cur·táil·ment *n.* 短縮, 縮小; 削減. 〘(1794) ← CURTAIL¹＋-MENT〙

cúrtail stèp /kə́ːteɪl- | kə́ː-/ *n.* 〘建築〙巻鼻段《両端を親柱の回りを巻き込む形に仕上げた(階段の)最下段》. 〘1736〙

cur·tain /kə́ːtn̩, -tn̩ | kə́ːtn̩, -tn̩/ *n.* **1 a** カーテン, 窓掛け. 日英比較 日本語では生地の厚さにかかわらず, 窓掛けは「カーテン」とよぶが, 英語では薄手のものを *curtain*, 厚手のものは drapes (複数形で)という. **b** 幕状に覆うさえぎるもの: a ～ of cloud [smoke] 雲[煙]の幕 / a ～ of fire ＝curtain-fire / ⇨ iron curtain, bamboo curtain. **2 a** 《劇場の幕, 緞帳(どんちょう)》: call an actor before the ～ (幕が下りたとき観客が喝采(かっさい)して)役者を幕前に呼び出す / *Curtain!* ここで幕《話し手が今述べた劇的な場面に聞き手の注意を引くための間投詞; cf. tableau 1》/ The ～ falls [drops, is dropped, comes down]. 幕が下りる《一幕終わる, 終演となる》; 物語が終わる; (人の)一生が終わる / The ～ rises [is raised, goes up] at 6 p.m. 午後 6 時開幕. **b** 開演; 開演時間. **c** 終幕, 終演, 幕切れ. **d** 劇の最終場の効果: strong [weak] ～. **e** (テレビ・ラジオ番組で)場面の終わりを告げる音楽. **f** ＝curtain call. **3** [*pl.*] 《俗》終わり, 一巻の終わり (end); (特に)死 (death). **4** 〘築城〙幕壁《二つの稜堡(りょうほ)間をつなぐ防壁》. **5** 〘建築〙**a** 隔壁, 間壁. **b** ＝curtain wall.
behind the cúrtain 黒幕にいて, 秘密に, こっそり. (1677)
bring dówn the cúrtain on ⇨ *ring down the* CURTAIN. ***dráw a cúrtain òver*** (1) カーテンを引いて〈窓・ドア〉を覆う. (2) (後は言わないで)〈話〉を幕にする, おしまいにする; …を隠す. ***dráw [dróp] the cúrtain*** (1) 幕[カーテン]を引く[下ろす]. (2) 秘密にしておく, 隠す. (1509)
lift [ráise] the cúrtain (1) 幕を引き上げる, 幕を開けて見せる. (2) 打ち明けて話す, 秘密を明かす〔*on*〕. ***ring dówn the cúrtain*** (1) 幕を下ろす指図をする. (2) 幕を下ろす. (1772) (3) 《口語》〔…の〕結末をつける〔*on*〕. (1916) ***ring úp the cúrtain*** (1) 幕を上げる指図をする. (2) 幕を上げる. (3) 《口語》行動を開始する.
― *vt.* **1** …の幕を張る, カーテンをつける. **2** 幕[カーテン]で覆う[仕切る, さえぎる]〈*off*〉: ～ *off* part of a room 部屋の一部を幕で仕切る / The window was ～*ed with* blinds. 窓は日よけで覆われていた.
〘(?*a*1300) *curtin(e)* ◻ OF *cortine* (F *courtine*) < LL *cortinam* little court, enclosure《なぞり》← Gk *aulaía* curtain ← *aulḗ* court: cf. court〙

cúrtain bòard *n.* 防火幕 (fire curtain).

cúrtain càll *n.* カーテンコール《幕切れに喝采(かっさい)して役者を幕前に呼び出すこと》; (カーテンコールによる)再登場. 〘1884〙

cúrtain-fàll *n.* **1** (芝居の)幕切れ, 終幕. **2** (事件の)結末, 大団円. 〘1900〙

cúrtain-fìre *n.* 〘軍事〙弾幕(砲火) (barrage).

cúrtain hòok *n.* カーテンフック.

cúrtain lècture *n.* 《古》(ベッドの中などで妻が夫にこっそり言う)寝室説法[小言]. 〘1633〙

cúrtain lìne *n.* 〘演劇〙幕を下ろすきっかけのせりふ, しめくくりの一言, 落ち (tag line). 〘1939〙

cúrtain mùsic *n.* 〘演劇〙幕間(まくあい)音楽《カーテンを上げる直前の前奏; 主に 17–18 世紀の劇場で演奏された》.

cúrtain ràil *n.* ＝curtain rod.

cúrtain ràiser *n.* **1** 開幕劇, 前狂言《しばしば短い一幕物》. **2** 大事の先ぶれになる小事. 〘(1886)《なぞり》← F *lever de rideau*〙

cúrtain rìng *n.* カーテン(つりの)リング.

cúrtain ròd *n.* カーテンレール.

cúrtain shùtter *n.* 〘写真〙カーテンシャッター, フォーカルプレーンシャッター.

cúrtain spèech *n.* 〘演劇〙**1** (芝居の)最後のせりふ. **2** (芝居の終わりに役者・作者などが)幕前でする挨拶.

cúrtain-úp *n.* 《英》(芝居などの)幕あき, 開幕.

cúrtain wàll *n.* **1** 〘建築〙カーテンウォール, (プレハブの)非荷重負担壁. **2** 城壁の外に設けた防御用の低壁. 〘1853〙

cur·tal /kə́ːtl̩ | kə́ːtl̩/ *adj.* **1** 《古》短衣を着た: a ～ friar 短衣の修道士. **2** 《廃》短い, 短く切った; 短く切った尾をした. ― *n.* **1** カートール《16 世紀の複簧(ふくこう)低音木管楽器; bassoon の出現により消滅》. **2** 《廃》尾を切った犬[馬]. 〘(*a*1509) ◻ F《古形》*courtault, -auld* ← *court* short (< L *curtum*)＋*-ault* (< LL *-aldum* ◻ Gmc **-ald* (suf.))〙

cúrtal àx *n.* 《古》＝cutlass 1. 〘(1579–80)《古形》*courtelax, curtilax*《変形》← CUTLASS〙

cur·ta·na /kəːtéɪnə, -tɑ́ːnə | kəː-/ *n.* 無先刀《英国王戴冠式に仁慈の表章として王の前に奉持する先のない剣; sword of mercy ともいう》. 〘(*a*1460) ◻ Anglo- L *curtāna* (*spada*) curtailed (sword) ◻ AF *curtain*＝OF *co(u)rtain* (Roland の剣の名: 鉄塊に突き刺した際に先がかけたためにこの名がある) ← *cort, curt* (F *court*) short: cf. curt〙

cur·tate /kə́ːteɪt | kə́ː-/ *adj.* 短縮した; 比較的短い. 〘(1676) ◻ L *curtātus* (p.p.) ← *curtāre*: ⇨ curt, -ate²〙

cur·te·sy /kə́ːtəsi | kə́ːtɪ̰si/ *n.* 〘法律〙鰥(かん)夫産《妻の死後, 土地・財産を夫が受けたその一生の間の保有権; ただし子のあるときに限られた; 1925 年廃止; curtesy initiate ともいう》. 〘(1523)《変形》← COURTESY〙

cur·ti·lage /kə́ːtəlɪdʒ, -tl̩- | kə́ːtɪ̰l-, -tl̩-/ *n.* 〘法律〙住宅付属庭地, 宅地. 〘(?*c*1300) ◻ AF *curtilage*＝OF *co(u)rtillage* ← *co(u)rtil* small court ← *cort*: ⇨ court〙

Cur·tin /kə́ːtn̩ | kə́ːtɪn/, **John (Joseph Ambrose)** *n.* カーティン (1885–1945; オーストラリア労働党の政治家, 首相 (1941–45)).

Cur·tis /kə́ːtɪ̰s | kə́ːtɪs/ *n.* カーティス《男性名; 米国に多い》. 〘◻ ONF *Curteis*＝OF *Corteis*: ⇨ courteous〙

Cur·tis /kə́ːtɪ̰s | kə́ːtɪs/, **Charles** *n.* カーティス (1860–1936; 米国の政治家; 副大統領 (1929–33)).

Curtis, George William *n.* カーティス (1824–92; 米国の作家・編集者・改革者; *Prue and I* (1856)).

Cur·tiss /kə́ːtɪ̰s | kə́ːtɪs/, **Glenn (Hammond)** *n.* カーティス (1878–1930; 米国の航空機製作者・飛行家, 米国航空界の開拓者の一人).

Cur·ti·us /kʊ́ətsiəs, kə́ːtiəs | kə́ːtiəs, -tsiəs; G. kʊ́ʁtsiʊs/, **Ernst** *n.* クルチウス (1814–96; ドイツの考古学者・歴史家).

Cur·tiz /kə́ːtɪ̰s | -tɪs/, **Michael** *n.* カーティス (1888–1962; ハンガリー出身の米国の映画監督; *Casablanca* (1942)).

cúr·tle àx /kə́ːtl̩- | kə́ːtl̩-/ *n.* ＝curtal ax. 〘1579–80〙

curt·sy /kə́ːtsi | kə́ːtsi/ *n.* (*also* **curt·sey** /～/) **1** (ひざを少し曲げ体をちょっと下げる女性の)会釈[おじぎ]: drop [make, bob] a ～ 〈女性が〉(ひざを少し曲げて)おじぎをする. **2** (女性が高貴の人に対して左足を引きひざを曲げて体を下げる)敬礼, おじぎ: make one's ～ to the queen 〈女性が〉(宮中で)女王に拝謁する. ― *vi.* 〈女性が〉おじぎをする: ～ to the queen. 〘(1528)《短縮》← COURTESY〙

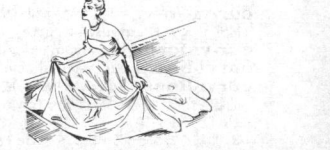

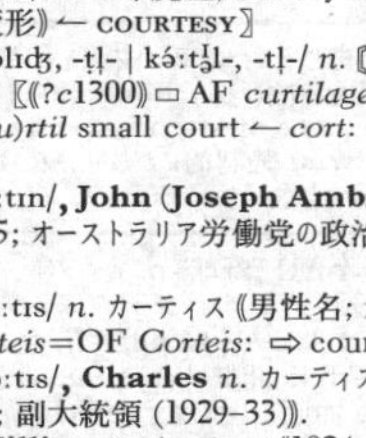

curtsy 2

cu·rule /kjúᵊruːl | kjúər-/ *adj.* (古代ローマの)大官椅子 (curule chair) に座る資格のある; 高位高官の: a ～ office (大官椅子に着席できる)高官職. 〘(1600) ◻ L *curūlis* ← *currus* chariot ← *currere* to run (⇨ current)〙

cúrule chàir *n.* (古代ローマの)大官椅子《象牙をはめこんだ床几(しょうぎ)形のもの》. 〘(1781)《なぞり》← L *sella curūlis* (↑)〙

cur·va·ceous /kəːvéɪʃəs | kəː-/ *adj.* (*also* **cur·va·cious** /～/) 《口語》〈女性が〉曲線の美しい, 曲線美の; セックスアピールのある. **～·ly** *adv.* 〘(1936) ← CURVE＋-ACEOUS〙

cur·va·tion /kəːvéɪʃən | kəː-/ *n.* ＝curvature. 〘(1656) ◻ L *curvātiō(n-)*: ⇨ curve, -ation〙

cur·va·ture /kə́ːvətʃə, -tʃʊə | kə́ːvətʃə(r, -tjʊə(r/ *n.* **1 a** 曲げる[曲がる]こと. **b** 曲がっている状態, 湾曲, 湾曲形. **2** 〘医学〙(体の器官の)湾曲(部); 異常な湾曲: ～ of the spine 脊柱の湾曲. **3** 〘物理・数学〙曲率, 曲度: ～ of space (相対性原理における)空間のゆがみ / integral ～

C

全曲率 / ⇨ RADIUS of curvature, CIRCLE of curvature.
cúrvature of field〘光学〙像面の湾曲収差《レンズ等の結像系の収差 (aberration) の一種; 光軸に垂直な一つの平面物体の像面が一つの曲面になる収差》.
〘(?a1425) □ L *curvātūra* ← *curvāre* (↓): ⇨ -ure〙

curve /kə́ːv | kə́ːv/ *n.* **1** 曲線, カーブ; 曲線運動: a catenary ～ 懸垂線 / a hyperbolic ～ 双曲線. **2** 曲がり, そり, 屈曲; 湾曲部[箇所]: a ～ in a road [in the course of a river] 道[川筋]の曲がり / make a big～ 大きくカーブする. **3 a** 曲線状のもの. **b** 曲線規, 雲形定規 (French curve). **c** [通例 *pl.*]《米》(女性の)曲線美: a woman with ample ～s 豊かな曲線美の女性. **d** [*pl.*]《米》括弧, パーレン (parentheses). **4**〘統計〙(統計)曲線. **5**〘教育〙相対評価《クラス全体の成績が一定の曲線を描くように成績をつけること; cf. absolute *adj.* 12》. **6**〘写真〙=characteristic curve 2. **7** (野球・ボウリングなどの)カーブ(ボール); 曲線の球道: break [spin] a ～ カーブを投げる. **8**《米》ぺてん, ごまかし, いんちき (deception).
thrów** a person **a cúrve (予期せぬ質問・行動などで)人の意表をつく.
cúrve of buóyancy〘造船〙浮力曲線.
cúrve of displácement〘造船〙排水量曲線.
cúrve of flotátion〘造船〙浮面心曲線《一定喫水のもとで, ある角度内で傾斜した場合の浮心の移動状況を示す曲線》.
cúrve of lóads〘造船〙荷重曲線.
cúrve of longitúdinal shéaring strèsses〘造船〙縦剪断(せんだん)応力曲線《船体各部の受ける剪断応力を示す曲線》.
cúrve of resístance〘造船〙抵抗曲線.
cúrve of wéights〘造船〙重量曲線.
— *adj.*《古》=curved.
— *vt.* **1** (曲線的に)曲げる, 湾曲させる, 曲線状にする: ～ one's mouth [lips]. **2**〘教育〙相対評価で〈試験〉の成績をつける. **3 a** 〈球を〉ひねる, カーブさせる. **b**〘野球〙〈バッター〉にカーブを投げる. — *vi.* 曲がる, 湾曲する; 曲線[カーブ]を描く.
〘n.: (1696)《略》← *curve line*: *curve*:《廃》adj.: (?a1425) *curve* curved □ L *curvus* bent ← IE *(s)ker- to turn, bend (L *circus* 'CIRCLE' / Gk *kurtós* curved). — v: (1594) □ L *curvāre* to bend, curve ← *curvus*〙

SYN 曲げる: **curve** 曲線を作るように曲げる: *curve* a wire 針金を曲げる. **bend** 〈まっすぐな物を〉湾曲させる: *bend* a piece of wire into a ring 1 本の針金を曲げて輪にする. **twist** 強制的にねじ曲げる: He *twisted* my arm. 私の腕をねじ曲げた.

---

cúrve·bàll〘野球〙*n.* カーブ(ボール). — *vt.* =curve 3.〘1905〙
curved /kə́ːvd | kə́ːvd/ *adj.* 曲がった, 湾曲した, 曲線状の: a ～ line 曲線 / a ～ rule 曲線規, 雲形定規 / a ～ surface 曲面. **cúrv·ed·ly** /-v̩dli, -vd-/ *adv.* **cúrv·ed·ness** /-v̩dn̩s, -vd-/ *n.*〘(?a1425): ⇨ curve, -ed 2〙
cúrved knífe-tòoth hárrow *n.* =acme harrow.
cúrve fìtting *n.*〘数学・統計〙曲線の当てはめ《二次曲線とか指数曲線などのような与えられた種類の曲線のうち, 平面上の与えられたいくつかの点にもっともよく当てはまるものを見出すこと》.〘1924〙
curve·some /kə́ːvsəm | kə́ːv-/ *adj.* =curvaceous.〘(1935) ← CURVE+-SOME¹〙
cur·vet /kə(ː)vét | kəː-/ *n.*〘馬術〙クルベット, 跳躍 (high levade)《高等馬術の一つ; 馬が後肢の諸関節を伸ばして前身を持ち上げ, 前肢が下りかけたときに後肢で前方に飛び上がる優美な跳躍, またはその起立した姿勢》: cut a ～ 跳躍する. — *v.* (**cur·vet·ted, -vet·ed; -vet·ting, -vet·ing**) — *vi.* **1 a** 〈馬が〉(クルベット姿勢で)跳躍する, 騰躍する. **b** 〈騎手が〉馬を跳躍させる: ～ on a horse 馬で騰躍する. **2** 〈子供などが跳ね回る (prance). — *vt.* クルベット姿勢で〈馬を〉跳躍させる.〘(1575) □ It. *corvetta* (dim.) ← *corvo* curve < L *curvum* curved: ⇨ curve, -et〙
cur·vi- /kə́ːv̩, -vi | kə́ː-/「湾曲した (curved)」の意の連結形.〘← L *curvus*: ⇨ curve〙
cur·vi·form /kə́ːvəfɔ̀əm | kə́ːv̩fɔ̀ːm/ *adj.* 湾曲形の.
cùrvi·líneal *adj.* =curvilinear.〘1656〙
cùrvi·línear *adj.* **1** 曲線から成る, 曲線で囲まれた, 曲線を作る, 曲線を描いて動く (cf. rectilinear): a ～ angle〘数学〙曲線角. **2** 曲線で作られた, 曲線型[式]の. **3** 曲線を特徴とする: the ～ style〘建築〙(英国ゴシックの) 装飾式 (decorated style) 末期の様式. **～·ly** *adv.*
cùrvi·lineárity *n.*〘(1710) ← CURVI-+LINEAR〙
curvilínear coórdinates *n. pl.*〘数学〙曲線座標.
cúrvilinear mótion *n.*〘物理〙曲線運動.〘a1746〙
curv·y /kə́ːvi | kə́ː-/ *adj.* (**cur·vi·er; -vi·est**) **1** 曲がった, 曲線の. **2**《口語》曲線美の (curvaceous): a ～ shape.〘(1902) ← CURVE+-Y⁴〙
Cur·zon /kə́ːzən, -zn̩ | kə́ː-/, **George Nathaniel** *n.* カーゾン《1859–1925; 英国の政治家, インド総督 (1899–1905), 枢密院議長 (1916–19), 外相 (1919–24) などを歴任; 称号 1st Marquis Curzon of Kedleston /kédl̩stən/》.
Cur·zon /kə́ːzən, -zn̩ | kə́ː-/, **Sir Clifford** *n.* カーゾン《1907–82; 英国のピアニスト》.
Cúrzon Lìne *n.* [the ～] カーゾン線《1920 年英国の Lloyd George がポーランドに提案し, 後に外相 G. N. Curzon が完成したポーランドとロシアの国境線》.
Cus·co /kúːskoʊ | kúskəʊ, kúːs-/ *n.* =Cuzco.
cus·cus¹ /kʌ́skəs/ *n.*〘植物〙=khuskhus.〘1810〙
cus·cus² /kʌ́skəs/ *n.*〘動物〙=phalanger.〘(1662) ← NL ～ ← New Guinea (現地語)〙
cu·sec /kjúːsɛk/ *n.* キュセック《流量の単位; 毎秒 1 立方フィート》.〘(c1903) ← *cu*(*bic foot per*) *sec*(*ond*)〙
Cu-7 /kjúːsévən/ *n.*〘商標〙キューセヴン《米国 G. D. Searle 社製の子宮内装壙避妊薬》.
cush¹ /kʊ́ʃ/ *n.*《米俗》金(かね) (money).
cush² /kʊ́ʃ/ *n.*《口語》〘玉突〙=cushion 3 b.〘(1895)《略》← CUSHION〙
Cush /kʌ́ʃ, kʊ́ʃ/ *n.*〘聖書〙**1** クシ《Ham の長男; cf. *Gen.* 10:6》. **2** クシ《Cush の子孫が住んだといわれる地方で, 紅海西岸地方といわれる; 旧約聖書では Ethiopia のこと》. **Cush·ite** /kʊ́ʃaɪt, kʌ́ʃ-/ *adj., n.*〘□ Heb. *Kūš*〙
cush·at /kʌ́ʃət, kʊ́ʃ- | kʌ́ʃət/ *n.*《スコット》〘鳥類〙=ringdove 1.〘OE *cūscote* ← ? *scēotan* 'to SHOOT'〙
cu·shaw /kəʃɔ́ː, kʊ-, -ʃáː | -ʃɔ́ː/ *n.*《米》〘植物〙ミクスタカボチャ (*Cucurbita mixta*)《pumpkin の一種; cushaw pumpkin ともいう》.〘(1588)《1698》《頭音消失》←《廃》*coscushaw* ← N-Am.-Ind. (Algonquian)〙
cush-cush /kʊ́ʃkʊʃ/ *n.*〘植物〙熱帯アメリカ産のヤマノイモの一種 (*Dioscorea trifida*)《yampee ともいう》.〘(1871): 現地語〙
Cush·ing /kʊ́ʃɪŋ/, **Caleb** *n.* クッシング《1800–79; 米国の弁護士・外交官; 中国の対米門戸開放の条約を結んだ》.
Cushing, Harvey (**Williams**) *n.* クッシング《1869–1939; 米国の神経外科医》.
Cushing, Peter (**Wilton**) *n.* カッシング《1913–94; 英国の俳優; Dracula (吸血鬼ドラキュラ, 1958) などのホラー映画で活躍》.
Cúshing's disèase [sýndrome] *n.*〘病理〙クッシング病[症候群], 下垂体好塩基細胞腺腫《副腎皮質の障害・糖尿病・高血圧症・肥満症を起こす》.〘(1934) ↑ *Harvey Cushing*〙
cush·ion /kʊ́ʃən/ *n.* **1 a** クッション, 座ぶとん. **b** 安楽 (ease) [ぜいたく (luxury)]の象徴. **2 a** クッション状の物. **b** (聖書・置物などの)台ぶとん, まくら. **c** (レースを作るときに使う)台まくら. **d** =pincushion. **e** たぼ, 入れ毛 (rat). **f** (スカートの)腰当て (cf. bustle²). **g** クッション型のキャンディー. **3 a** クッションのように衝撃・摩滅を防ぐもの. **b** (玉突台の)クッション《弾力のある縁》. **c** クッション《ピアノのハンマーの尖端に付いているフェルト》. **d** (空気入りゴムタイヤの)クッション《柔軟で弾力のあるゴムの層》. **e** (切断する際に)金箔を載せる台. **f** (靴の中に入れる柔らかい敷皮. **g** (落下する水の勢いを吸収する)人工池. **h** 空気クッション. **i** (金属プレス加工用の)クッション. **4 a** 緩和するもの. **b** 心痛を和らげるもの. **c** 経済不況を和らげるもの, 緩和策, 景気対策; 準備金: provide a ～ against crop failure 不作の緩和策を講じる. **d** 患者の苦痛を和らげる薬[治療]. **5 a** 体のクッション状の部分. **b** (豚・牛・馬などの)しりの軟肉部. **c** 馬蹄(ばてい)軟骨, 蹄叉(ていさ) (frog). **d** 親指の付け根のふくらみ (ball). **6**〘植物〙葉枕(ようちん) (pulvinus). **7**〘建築〙方円柱頭《上半が方形, 下半が半球形にすぼまっているもので, ロマネスク建築(ノルマン建築)に多い》. **8**〘解剖・動物〙褥(じょく), 褥様構造. **9**〘テレビ・ラジオ〙クッション《番組を予定時間通りに終わらせるためにとってある音楽や放送原稿の調整部分》. **10**《カナダ》〘アイスホッケー〙凍ったリンク面. **11**〘航空〙(ホーバークラフトなどを浮揚させる)空気クッション.
— *vt.* **1 a** 〈衝撃・騒音などを〉緩和する, 和らげる; 〈損害などから〉保護する 〈*from, against*〉: ～ the blow, shock, inflation, etc. / The city was ～*ed from* [*against*] the effects of the disaster by the precautionary measures. 予防策により市の被害が防げた. **b** (衝撃を避けるために)〈ピストンを〉気体のクッションで押さえる. **2** 〈人を〉座ぶとんに座らせる; クッションで支える 〈*up*〉. **3** …にクッションを備える[入れる, 当てがう]. **4 a** (クッションなどで)覆う, 隠す. **b** 〈不平などを〉そっと抑える. **5**〘玉突〙〈球を〉クッションにつけて[置く.
～·less *adj.*〘(1302–3) *cushin* □ OF *coissin* (F *coussin*) < VL *coxinu(m) hip rest ← L *coxa* hip (⇨ coxa): cf. L *culcita* 'QUILT'〙
cúshion càpital *n.*〘建築〙**1** 方円柱頭. **2** まくら付き柱頭.〘1835〙
cúshion·cràft *n.*〘航空〙=ground-effect machine.
cúshion cùt *n.*〘宝石〙クッション型《ブリリアントカットの旧型; 角を円くした四角に近い形のガードルの輪郭をもつ; 元来古い宝石のカットタイプ》.
cúsh·ioned *adj.* **1** クッションを置いた[で支えた]; 詰め物をした (padded). **2** 〈声が〉柔らかな, 響きのよい (velvety): a ～ voice. **3** 保護された; 快適な. **4** 〈空気が〉クッションになった; 空気クッションによる: a ～ landing on the moon 月への軟着陸.〘(?1754) ← CUSHION+-ED 2〙
cúshion·flòwer *n.*〘植物〙オーストラリア特産の赤黄色の大形球状花をつけるヤマモガシ科の常緑低木 (*Hakea laurina*).
cúshion pìnk *n.*〘植物〙コケマンテマ (⇨ moss campion 1).〘1863〙
cúshion ràfter *n.*〘建築〙=auxiliary rafter 2.〘1819〙
cúshion spùrge *n.*〘植物〙ヨーロッパ原産トウダイグサ科の多年草 (*Euphorbia epithymoides*)《観賞用》.
cush·ion·y /kʊ́ʃəni/ *adj.* **1** クッションのような; 柔らかい, ふんわり[やんわり]した. **2** クッションをもった, クッションを備えた.〘(1839–47): ⇨ -y⁴〙
Cush·it·ic /kəʃítɪk, kʊ- | kʊʃít-, kʌ-/ *n.* クシト[クシ]語(群)《ハム語族の一つで Somaliland, Ethiopia などの言語》. — *adj.* **1** クシト[クシ]語(群)の. **2** クシト人の.〘(1910) ← CUSH+-ITE¹+-IC¹〙
cush·y /kʊ́ʃi/ *adj.* (**cush·i·er; -i·est**)《口語》**1** 〈仕事などが〉たやすい, 楽な (easy), 楽しい (pleasant): a ～ job 楽しい仕事. **2**《英》〈傷が〉軽い. **cúsh·i·ly** /-ʃɪli/ *adv.* **cúsh·i·ness** *n.*〘(1915) ← Hindi *khūsh* pleasant: ⇨ -y⁴〙
cusk /kʌ́sk/ *n.* (*pl.* ～, ～**s**)〘魚類〙**1**《米・カナダ》=torsk. **2** =burbot.〘(1616)《変形》← ? TUSK〙
cúsk èel *n.*〘魚類〙アシロ科の魚.
CUSO /kjúːsoʊ | -səʊ/ *n.* カナダボランティア大学生海外派遣局.〘頭字語〙← *C*(*anadian*) *U*(*niversity*) *S*(*ervices*) *O*(*verseas*)〙
cusp /kʌ́sp/ *n.* **1** 尖頭(せんとう), 先端 (point), とがった先. **2**〘天文〙(三日月などの)先端. **3**〘建築〙いばら《ゴシック風の tracery において内側の二つの曲線が出合う突出点》. **4**〘数学〙(曲線の)尖点《曲線の二つの分枝が, 正反対の向きの接線をもつようにつながる点》. **5**〘生物〙(葉などの)先端, 尖頭. **6**〘歯科〙咬頭《臼歯歯冠のとがった部分》. **7**〘解剖〙(心臓弁膜の)尖, 尖頭. **8**〘占星〙宿(しゅく) (house) または宮(きゅう) (sign) の開始点. ***on the cúsp*** 〔…の〕始まりの[で]〔*of*〕; 過渡期の[で]〔*between*〕. **～·al** /-pəl, -pl̩/ *adj.* **～ed** *adj.*〘(1585) □ L *cuspis* point ← ?〙
cus·pate /kʌ́speɪt, -p̩t/ *adj.* 先のとがった, 尖形の.〘(1896): ⇨ ↑, -ate²〙
cus·pat·ed /kʌ́speɪt̬ɪd | -t̬ɪd/ *adj.* =cuspate.〘1848〙
cus·pid /kʌ́sp̩d | -pɪd/ *n.*〘解剖〙(人間の)犬歯 (canine tooth). — *adj.* 尖頭(せんとう) (cusp) の;〘解剖〙犬歯の (cuspidate).〘(1743)《逆成》← BICUSPID: cf. F *cuspide*〙
cus·pi·dal /kʌ́spəd̩l | -pɪdl̩/ *adj.* **1** 先のとがった (cuspidate), 尖頭のある[に似た]. **2**〘数学〙尖点をなす, 尖点の.〘(1647)《1874》: ⇨ ↑, -al¹〙
cus·pi·date /kʌ́spədèɪt | -pɪ-/ *adj.* 先のとがっている, 尖端(せんたん)のある: a ～ leaf〘植物〙尖頭葉 / a ～ tooth〘解剖〙犬歯.〘(1692) ← NL *cuspidātus* ← L *cuspis* point: ⇨ cusp, -ate²〙
cus·pi·dat·ed /kʌ́spədèɪt̬ɪd | -pɪdèɪt-/ *adj.* =cuspidate.〘1668〙
cus·pi·da·tion /kʌ̀spədéɪʃən | -pɪ-/ *n.*〘建築〙いばら (cusp) 装飾.〘(1848): ⇨ -ation〙
cus·pi·dor /kʌ́spədɔ̀ə | -pɪdɔ̀ː(r)/ *n.*《米》たんつぼ (spittoon).〘(1735) □ Port. ～ ← *cuspir* ← L *conspuere* to spit ← *con-* 'COM-'+*spuere* to spit out〙
cuss¹ /kʌ́s/《口語》*n.* のろい, 悪口 (curse): not care a ～ 少しもかまわない. — *vt.* ののしる, …に悪態をつく, けなす (curse) 〈*out*〉. — *vi.* のろう, 毒づく.〘(1815)《転訛》← CURSE〙
cuss² /kʌ́s/ *n.*《軽蔑》(人・動物を指して)やつ, 野郎 (fellow): a queer ～ 変なやつ.〘(1775)《短縮》? ← CURSE〙
cuss·ed /kʌ́s̩d/ *adj.*《口語》**1** 意地の悪い; つむじ曲がりの, 強情な (perverse), 嫌な (annoying). **2** =cursed. **～·ly** *adv.* **～·ness** *n.*〘(1840)《転訛》← CURSED〙
cus·so /kúsoʊ, kúː-, kʌ́s- | -səʊ/ *n.* (*pl.* ～**s**)〘薬学〙クッソ (⇨ brayera).〘□ Amharic *kussu*〙
cúss·wòrd *n.*《米》**1** のろいの言葉, 悪態 (oath). **2** =cuss¹.〘1872〙
cus·tard /kʌ́stəd | -təd/ *n.* カスタード: **a** 卵・牛乳・砂糖・香味料などを合わせて混ぜたもの; またそれを焼いた[蒸した, 凍らせた]もの. **b** 同様の材料を用いたデザート用のソースまたはクリーム.〘(c1353) *c*(*r*)*ustade* □ AF *crustade ← *cruste*=OF *crouste* 'CRUST': ⇨ -ade: 今の形は MUSTARD などとの類推による音位転換形で 15C から〙
cústard àpple *n.*〘植物〙**1 a** 西インド諸島産バンレイシ科の半落葉性低木の総称, (特に)ギュウシンリ(牛心梨) (*Annona reticulata*)《bullock's-heart ともいう》. **b** ギュウシンリの食用果実. **2** =sweetsop 1. **3** =papaw 1.〘(1657) 風味と色にちなむ〙
cústard cùp *n.* カスタードカップ《カスタードを焼くのに用いる耐熱性容器》.〘1825〙
cústard glàss *n.*〘ガラス製造〙淡黄色の不透明ガラス.
cústard-píe *adj.* どたばた喜劇の (slapstick).〘(1940) 昔, 喜劇映画でこのパイの投げ合いをしばしば演じたところから〙
cústard píe *n.* カスタードパイ.〘1832〙
cústard pòwder *n.*《英》粉末カスタード《牛乳と砂糖を加えてデザート用のソースとして用いる》.〘1852〙
cústard púdding *n.* カスタードプディング.〘1728〙
Cus·ter /kʌ́stə | -tə(r)/, **George** (**Armstrong**) *n.* カスター《1839–76; 米国の将軍; Little Bighorn における Sioux 族との戦いで戦死》.
Cúster Báttlefield Nátional Mónument *n.* =Little Bighorn Battlefield National Monument.
custodes *n.* custos の複数形.〘□ L *custōdēs*〙
cus·to·di·al /kʌstóʊdiəl | -táʊdi-/ *adj.* **1** 保管の, 保存の; 保護管理上の. **2** 拘留の, 監禁の. — *n.* 聖宝 (relics) の容器.〘(1772) ← CUSTODY+-AL¹〙
custódial séntence *n.* 拘留判決, 留置刑.
cus·to·di·an /kʌstóʊdiən | -táʊdi-/ *n.* **1 a** (公共建造物などの)管理人. **b** 守衛. **2** (文書などの)保護者[人]. **3 a** (孤児などの)保護者, 後見人; 監視人. **b** (公権・伝統などの)守護者, 監督者: a ～ of human rights.〘(1781) ← CUSTODY+-AN¹〙
custódian·shìp *n.* **1** custodian の任務[仕事]. **2**《英》児童法 (Children's Act) (1975) における子供の保護, 後見.〘(1858): ⇨ ↑, -ship〙

cus·to·dy /kʌ́stədi | -di/ n. **1** 保管, 管理; (後見人としての)保護[監督・養育](の義務・権利) (guardianship): be (placed) in the ～ of …に保管されている; …に保護[監督・養育]されている; 〈子供など〉…に養育されて[引き取られて]いる / have the ～ of …を保管している; …を保護[監督・養育]する(義務・権利がある). **2** 拘留, 監禁: be in ～ 監禁されている, 拘留中である / keep [hold] a person in ～ 人を拘留[監禁]しておく / take a person into ～ 人を収監[拘引]する. 〚((1453)) ◻ L *custōdia* ← *custōd-, custōs* guardian: ⇨ custos, -y¹〛

cus·tom /kʌ́stəm/ n. **1** [集合的にも用いて] (長期間にわたって繰り返し行われてきた個人または社会の)慣習, 風習, しきたり, 習わし (convention) (⇨ habit¹ **SYN**): the ～ of trade 商慣習 / ～ and practice (労働)慣行 / as his ～ then was (それが)彼の当時の習慣であったが(その通りに) / as is one's ～ いつものように / by ～ 慣習上[に従って] / It is my ～ to do so.＝I make it a ～ to do so. 私はいつもそうすることにしている, そうするのが慣例だ. **2** 繰返し; 反復練習: *Custom* makes all things easy. 何事も繰り返せば容易になる. **3 a** (商店などの)愛顧, ひいき, 引立て (patronage): draw ～ to one's store 店の得意先を作る / give one's ～ to …に愛顧を与える, …をひいきにする, …の得意になる / withdraw one's ～ ひいきにするのをよす, (店から)買わないようにする. **b** [集合的] 顧客, (団体の)得意先: have plenty of ～ 〈商店・ホテルなどが〉得意先が多い. **4** [*pl.*] **a** 関税 (import duties): ⇨ BUREAU of Customs. **b** [通例単数扱い] 税関 (customhouse). **5** 《廃》(封建時代に小作人が領主に払った)貢租(ᵏᵒ) (tribute, toll). **6** カスタムカー, 注文製の自動車. **7** 〖社会学〗慣習. **8** 〖法律〗(不文法とみなされる)慣行, 慣例, 慣習.
cústom of mérchants [the ―] ＝law merchant.
― *adj.* [限定的] 《米》注文の, あつらえで作った (custom-made); あつらえの仕事をする, あつらえ品を売る (《英》bespoke) (cf. ready-made): ～ clothes, shirts, shoes, trousers, etc. / ～ work 注文[あつらえ]の仕事[製品] / a ～ tailor 注文服仕立屋.
〚((?a1200)) *custume, costume* ◻ OF (F *coutume*) < L *consuētūdinem* custom (⇨ consuetude): COSTUME と二重語〛

cus·tom·a·ble /kʌ́stəməbḷ/ *adj.* 《まれ》関税を課し得る, 関税のかかる. 〚((c1303)) ◻ OF *c(o)ustumable*: cf. customary〛

cus·to·mal /kʌ́stəməl, -mḷ/ n. ＝custumal.

cus·tom·ar·i·ly /kʌ̀stəmérəli, ←―――― | kʌ́stəm(ə)rəli, kʌ̀stəmér-/ *adv.* 習慣的に, 習慣上, 慣例上, 常習的に, 通例 (habitually). 〚((a1612)): ⇨ ↓, -ly¹〛

cus·tom·ar·y /kʌ́stəmèri | -m(ə)ri/ *adj.* **1** 慣習に従った, 習慣的な, 通例の, 常習的な, しきたりの (⇨ usual **SYN**): a ～ practice / It was ～ for me to leave at midday on Saturday. 土曜日は正午で退出するのが私の決まりだった. **2** 〖法律〗慣例による, 慣習法上の: a ～ law 慣習法. **3** 〖文法〗〈動詞(の相)が〉習慣的行為を表す. ― n. **1** (荘園・都市などの)慣習法; 慣習法集. **2** 〖文法〗(動詞の)習慣相. **cús·tom·àr·i·ness** n. 〚adj.: ((1523)) ◻ ML *customārius* ← *custuma* ◻ AF *custume* (⇨ custom, -ary) ∞ ME *custumable* customary ◻ OF. ― n.: ((1413-19)) ◻ ML *customārius*〛

cústomary constitútion n. 〖法律〗＝unwritten constitution.

cústom-búilt *adj.* 〈自動車など〉注文生産の, あつらえの. 〚1925〛

cus·tom·er /kʌ́stəmə | -mə(r)/ n. **1 a** 顧客, 得意先, 取引先: The ～ is always right. お客さまは常に正しい(お客さまは神さまです). 日英比較 日本語の「お客さま」と違って呼びかけとしては用いられない. また, 日本語では「顧客」という意味で, あらゆる店の「客」を指すことができるが, 英語では, この語が「固定客・お得意様」の意であるのに対して, 通常の客は shopper といい, また, 弁護士事務所などの専門的職業の人のところへ相談や依頼に来る者は client といい, ホテルの宿泊客は guest という. **b** (劇場・レストラン・図書館などに)よく行く[来る]人. **2** 《口語》[queer, awkward などの限定詞を伴って] やつ, 人 (fellow, chap): an awkward [ugly] ～ 手に負えないやつ, 嫌な男 / a queer ～ おかしな[変な]男 / a tough ～ 手ごわい相手. **3** 《廃》売春婦. **4** 《廃》税関吏. 〚((a1399)) ◻ AF *custumer*〛

cústomer's bròker [màn] n. 《米》〖証券〗証券外務員[セールスマン] (cf. registered representative).

cústom·hòuse n. 《米》税関. 〚a1490〛

cústomhouse bròker n. 税関貨物取扱業者, 通関代理業者 《荷出人・荷売人のために品物や商品の通関手続きをする人[商会]》.

cus·tom·ize /kʌ́stəmàɪz/ *vt.* あつらえて作る[変える], 注文で作る. **cús·tom·iz·er** n. 〚1926 ← CUSTOM＋-IZE〛

cústom-máde *adj.* あつらえで作った, あつらえの, オーダー(メイド)の (made-to-order). 〚1855〛

cústom-máke *vt.* 注文で作る.

cústom òffice n. 税関(事務所) (customhouse). 〚1844〛

cus·toms /kʌ́stəmz/ n. *pl.* ⇨ custom 4.

Cústoms and Éxcise n. [the ～] (英国の)関税消費税庁.

cústoms dùty n. 関税.

cústoms hòuse n. 《米》＝customhouse.

cústoms ùnion n. 関税同盟 《2 国以上が結合して相互の関税制限を撤廃し諸外国に対しては同一の関税政策をとる; cf. Benelux Economic Union》. 〚1903〛

cústom-táilor *vt.* ＝customize. 〚1895〛

cústom tràde n. **1** 上得意のひいき. **2** [the ～; 集合的] **a** (劇場・レストラン・商店などの)上得意. **b** 金持ち連, 上流人. 〚もと, 金持ちが自家用馬車で乗りつけたことから〛

cus·tos /kʌ́stɑ(:)s, kʊ́stous | kʌ́stɒs, -təus/ n. (*pl.* **cus·to·des** /kʌstóudiːz, kʊstóudeɪs | kʌstə́udiːz/) **1** 監視人, 管理者 (guardian, custodian). **2** フランシスコ修道会の管区長. 〚((c1450)) ◻ L *custōs* keeper ← ? IE *(*s*)*keu-* to cover: ⇨ custody〛

cústos mó·rum /-mɔ́ːrəm/ L. n. (*pl.* **custodes m-**) 風紀の監視人, 風紀監察官. 〚◻ L *custōs mōrum* keeper of morals〛

cústos rot·u·ló·rum /-rɑ̀(:)tʃʊlɔ́ːrəm, -rɑ̀(:)tə-, -ròutə- | -rɒtjʊ-/ L. n. (*pl.* **custodes r-**) 〖英法〗州首席治安判事. 〚((1542-43)) ◻ L *custōs rotulōrum* keeper of rolls〛

cus·tu·mal /kʌ́stəməl, -tʃʊ-, -mḷ | -tjʊ-/ n. ＝customary. 〚((1402)) ◻ ML *custumālis* ← *custuma* ◻ OF *custome* 'CUSTOM': ⇨ -al¹〛

cut /kʌ́t/ v. (～; **cut·ting**) ― *vt.* **1 a** (鋭い刃物などで)切る, 傷つける (cf. break¹ *vt.* 1): ～ oneself (誤って)身を切る, けがをする / ～ something open＝～ open something ものを切り開く / We ～ the diver free (of the cable). (太索(ᶠᵗᵒ)を切って)ダイバーを自由にしてやった / ～ a person's throat ⇨ throat 成句 / The knife ～ his finger.＝He ～ his finger *on* the knife. ナイフで指を切った. **b** (むちなどで身を切るほど)強く打つ: ～ a horse *with* a whip むちで強く馬を打つ. **c** 〈寒風が〉…の肌をつんざく, の身を切るように痛い: The icy wind ～ me to the bone. 冷たい風が骨までしみた. **d** …に身を切られる思いをさせる, 痛切に感じさせる: ～ a person to the heart [quick] しみじみ感じさせる, 悲痛な思いをさせる.
2 a 切断する, 切り離す (sever): ～ string 糸を切る. **b** 〈作物・草などを〉刈る, 刈り取る (mow); 〈土地が〉収穫物として産出する (yield): ～ a crop, hay, corn, etc./ The land ～s twenty tons of hay. その土地は 20 トンの干し草を産出する. **c** はさみ切る, 刈り込む (trim); 〈草花などを〉摘み取る, 切り取る: ～ flowers, grapes, asparagus, etc. **d** 〈木材などを〉切る (fell): ～ (down) timber [trees] 木を切る. **e** 〈肉・菓子などを〉薄く切る, 切り分ける, 切り取る (carve): ～ a slice of cake, a piece of cheese, a joint of meat, etc. / ～ the cake *in* two [*into* halves] ケーキを二つ[真っ二つ]に切る / ～ meat 肉を切り分ける / Please ～ me another slice.＝Please ～ another slice for me. もう一切れ切って下さい. **f** 《口語》〈もうけ・利得など〉の分け前を分ける; 〈分け前を〉受け取る: ～ the profits three ways 利益を 3 等分する. **g** 〖製本〗〈小口を〉化粧裁ちする, 裁ちそろえる; 〈袋状の小口を〉(ペーパーナイフなどで)切り開く (cf. uncut 5): ～ (the pages of) a book / This book is not ～. この本はページが切ってない.
3 a …の一部を切る[切って整える] (trim); 〈髪を〉刈る: ～ one's nails つめを切る / have [get] one's hair ～ 散髪する / ～ a lawn short 芝生を短く刈り込む. **b** 〈費用などを〉切り詰める, 削減する (curtail); 〈値を〉切り下げる (reduce): ～ expenses, prices, rates, etc. (cf. cut-rate) / ～ taxes by 1% 税を 1% 下げる. **c** (映画・テレビ・ラジオで)〈ある部分を〉カットする 〔*from*〕; 編集する: ～ a scene *from* a movie 映画の一場面をカットする. **d** (一部を削除して)縮める (abridge, shorten), 〈記事・談話などを〉切り除く, 切り詰める (excise): ～ a newspaper article / ⇨ *cut* SHORT / ～ (out) a passage from an article 記事から一節を削る. **e** 溶かす (dissolve); 液化する: ～ grease *with* alcohol. **f** 《酒類を》薄める, 弱める (weaken): ～ whiskey *with* water.
4 a (岩などを)切り割って〈跡を〉つける; 〈道などを〉切り開く; 掘る, 掘りぬく: ～ steps in [into] rock 岩に足がかりを刻む / ～ a road through a hill 山の中に道を切り開く / ～ a dike 溝を掘る. **b** 〈衣服を〉裁つ, 裁断する (cf. CUT *out* (2)): ～ a coat コート[上衣]を裁断する / ～ one's coat according to one's cloth 身分相応に暮らす / ～ (out) a pattern 型紙を裁つ. **c** 〈レコードに〉録音する: ～ a (phonograph) record 〈歌手などが〉レコードに吹きこむ. **d** 〈ガラス・宝石などを〉切って形を整える, カットする: ～ a diamond. **e** 〈石・像などを〉刻む, 彫る (carve): ～ stone [glass] into various forms 石[ガラス]を刻んでいろいろな形にする / ～ one's name on [into] a tree 樹木に名を彫りつける. **f** 〈原紙を〉切る. **g** 〈道具が〉〈物〉に(うまく)食い込む.
5 a [～ one's way として] 〔水などを〕切って進む, 突き進む; 〈障害などを〉切り抜けて進む 〔*through*〕: The ship ～ *her way through* (the waves). 船は(波を切って)突き進んだ. **b** 〈野原などを〉横切る, 横切って通る.
6 a 〈輸送・連絡・供給などを〉断つ (break): ～ the transportation [supply] lines 輸送[供給]ラインを断つ. **b** 〖映画・テレビ〗(カメラや演技者の動きを止めて)〈シーン〉の撮影を停止[中止]する. **c** 《口語》〈講義などを〉(無断で)欠席する, すっぽかす, さぼる: ～ a meeting, lecture, class, etc. **d** 《口語》よす, やめる (stop) 〈*out*〉: *Cut* the nonsense [kidding]. 馬鹿を言うのは[冗談は]やめろよ / ⇨ CUT *out* (*vt.*) (4). **e** 《口語》〈関係・交際を〉断ち切る, 断つ (sever); 〈知合いの間柄を〉無視する (ignore); …に(故意に)知らない振りをする, (知らないような顔をして)避ける: ～ connections [acquaintances] 人と絶交する / ～ a person in the street 道で人と会って知らん顔をする / ～ a person dead ⇨ dead *adv.* 1. **f** 《口語》〈液体の流れ・エンジンを〉止める, 切る. **g** 〈信号を〉無視する. **h** 去勢する (castrate): This horse ought to be ～. この馬は去勢しなければならない. **i** 〖ラジオ・テレビ〗〈番組〉の放送[放映]をやめる[中止する].
7 〖トランプ〗 **a** 〈カードの山を〉カットする 《親[切札]を決めるため, あるいはカードの順序を変えて不正を防止するために, 一山のカードを二分または三分して上下を入れ替える》. **b** 〈カードを〉引く 《親・パートナーなどを決めるためにカードの山から 1 枚引く》.
8 〈歯を〉生やす: ～ a tooth 歯が生える / ～ one's eyeteeth [wisdom teeth] ⇨ eyetooth [wisdom tooth] 成句 / ～ one's teeth on ⇨ tooth 成句.
9 〈線などが〉…と交差する, 交わる (cross, intersect): The two lines ～ each other. 2 線が交わっている.
10 a (テニスなどで)〈ボールを〉切る, カットする 《ラケットなどを上から斜めに振りおろしてボールに逆回転を与えるように打つ》. **b** 〖クリケット〗〈ボールを〉打手の右側 (off side) の方向へカット打法で打つ. **c** (サッカーなどで)〈パスを〉カットする. **d** (ビリヤードで)〈球を〉角度を付けて打つ. **11 a** 〈車などの〉方向を(急に)変える (turn). **b** …に近づく (skirt), のへり[近く]を通る. **12** [通例否定構文で] 処理する, 扱う (manage): I can*not* ～ the work. その仕事は扱いかねる. **13** 〈ある動作を〉する; …を示す: ～ a caper 跳ね回る / ～ a brilliant figure 異彩を放つ.
― *vi.* **1** 切る, 切断する; 肉[菓子など]を切る, 切り取る, 切り分ける; 裁断する.
2 a 〈刃物が〉切れる; 切れ味が…だ: This knife ～*s* well. このナイフはよく切れる / This razor won't ～. このかみそりは切れ味が悪い. **b** 〈物が〉切られる, 切れる: The cheese ～*s* easily. そのチーズは楽に切れる.
3 a (むち・刃物などで)〈人などを〉強く打つ, 傷つける (slash) 〔*at*〕: ～ *at* the enemy. **b** (身を切るように)身に食い入る, ぴりぴりする; 〈寒風が〉肌にしみる: The lash ～ like a knife. むちは刃物のように痛かった / The wind ～*s* keenly. 風は肌にしみるようだ. **c** 〈衣服・カラーなどが〉体に食い込むような効果をもつ: The collar ～*s* at the neck. そのカラーは首に食い込んでくる. **d** 身を切られる思いをさせられる, 感情を傷つけられる: The remark [criticism] ～ deep. その評言は痛烈にこたえた / That ～*s* at all my hopes. それで私の希望はめちゃめちゃだ.
4 a 〈船などが〉押し切って進む, 通過する (pass) 〔*through*〕: ～ *through* the water. **b** 〖野原などを〗突っ切って通る, 近道する 〔*through, across*〕: He ～ *through* the crowd. 人込みを突き抜けた / ～ *across* the field 野原を横切って通る. **c** 《口語》急いで去る, 走り去る (make off): *Cut!* 行ってしまえ.
5 (テニス・クリケットなどで)ボールを切る, カットする, カット打法で打つ (cf. *vt.* 10 a, b). **6 a** 急に向きを変える, 曲がる, それる (turn): ～ *to* the right 右に曲がる. **b** 〖映画・テレビ・ラジオ〗〔別の場面・音声などに〕切り換える 〔*to*〕 (cf. cutaway *n.* 3): This part is boring; ～ to the chase. この部分は退屈だ. 追跡場面に切り換えよ. **7** 〈歯が〉生える.
8 a 授業[講義など]をさぼる[休む]. **b** 〈機械・エンジンが〉止まる (stop). **c** 〖映画・テレビ〗撮影をやめる: *Cut!* カット. **9** 〖トランプ〗カットする (cf. *vt.* 7): ～ *for* deal [partners] カットして親[パートナー]を決める. **10** 〖絵画〗〈色などが〉きわだち過ぎる. **11** 〈馬が〉反対の脚をぶつけてひづめの上を負傷する. **12** 〈ぶん取り品・利益などを〉分ける.
cut across … (1) ⇨ *vi.* 4 b. (2) 〈視野などを〉さえぎる; 阻む. (3) …と食い違う, (…の範囲)を越える, …を無視する. (4) 〈問題・感情などが〉(広く)…に及ぶ, (階級などを越えて)影響する. ***cút alóng*** 《英口語》急いで行く. ***Cút and cóme agáin.*** 《口語》何度でも好きなだけ取ってお上がりなさい 《肉・パイなどがどっさりあるときにいう; cf. cut-and-come-again》. ***cút and contríve*** (わずかな収入で)うまく切り盛りしてやっていく. ***cút and cóver*** 〖土木〗開削埋戻しをする 《地下鉄・下水渠(ᵏᵒ)などの工法の一つ》. ***cút and fíll*** 〖土木〗切取り盛土を行う (cf. CUT and fill). ***cút and rún*** (1) 〖海事〗〈船が〉(錨を揚げる間もなく)錨綱を切って出帆する. (2) 《口語》大急ぎで逃げ出す; 急いで行く (make off). ((1704)) ***cút at*** …に切りつける; 鋭く打つ. ***cút awáy*** (*vt.*) (1) 切り払う, 切ってのける 〔*from*〕: ～ *away* the branches. (2) 切り続ける. ― (*vi.*) 《口語》逃げ出す, そそくさと立ち去る. ***cút báck*** (*vt.*) (1) 〈数量・費用などを〉切り詰める, 削減する (cut down); [通例受身で] 〈語を〉縮める: ～ *back* production, expenditure, etc. (2) (端を切って)短くする, 切り詰める; 〈木の枝・茂みを〉刈り込む. (3) (映画・テレビ・小説などで)切り返す (⇨ cutback 2). ― (*vi.*) (1) 切り詰める. (2) (筋が一旦切れて)〈話が〉前[元の話]へ戻る. (3) 〖アメフト〗カットバックする (⇨ cutback 3). ***cút báck on*** 減らす; 〈酒・タバコなどを〉控える: ～ *back on* personnel [production] 人員[生産]を減らす. ***cút dówn*** (*vt.*) (1) 〈費用などを〉削減する; 〈相手に〉〔…まで〕値下げさせる 〔*to*〕. (2) 〈木を〉伐り倒す; (刀で)切り倒す (fell): ～ *down* timber [trees] 立木を切り倒す. (3) 〈人を〉殺す (kill); 傷つける, 破壊する (destroy). (4) 《口語》〈人・論拠などを〉こきおろす. (5) 〈衣服〉のサイズを切り詰める; 仕立て直す (remodel). (6) …よりすぐれる, 秀でる (excel). ― *vi.* 減らす, 切り詰める. ***cút dówn on*** …を減らす, 減じる: ～ *down on* air pollution [production, fuel consumption, smoking, expenses] 大気汚染[生産量, 燃料消費量, 喫煙量, 費用]を減らす. ***cút dówn to a size*** ⇨ size 成句. ***cút ín*** (*vi.*) (1) 〔話などを〕さえぎる, さしはさむ 〔*on*〕. (2) 突然入って来る; 〔パーティに〕押しかける 〔*on*〕; 〈人・自動車などが〉(横合いから)割り込む. (3) 《口語》(肩をたたいて) 〔ダンス中の人に〕踊り相手との交代を求める 〔*on*〕. (4) 〖トランプ〗(カットの結果高い札を引き当て)ゲームに加わる (cf. CUT *out* (*vi.*) (4)). (5) 〈モーター・エンジンが〉自動的に作動する[スイッチが入る]. ― (*vt.*) (1) 刻み込む. (2) (パイ生地などを作るとき)〈バター・ショートニングなどを〉(ナイフ・へらで)小麦粉に刻み入れる. (3) 《口語》〈仲間を〉〈もうけなどに〉入れる, 加える; 〈人〉に〈もうけなどの〉分け前をやる (include) 〔*for, on*〕: ～ a person *in on* the spoils [profits] 人にぶん取り品[利益]の分け前をやる. (4) 皮下脂肪を取るために〈鯨を〉切り開く. (5) …に電流を流す, 回路を接続する, 作動させる. ***cút in líne*** 列に割り込む. ***cút ínto*** (1) 〈ケーキな

C

どにナイフを入れる, 〈ナイフが〉…に入る. (2) 〈話・列などに〉割り込む, 〈仕事などが〉時間に食い込む: Our work ~*s into* our leisure time. 仕事が余暇に食い込む. ***cút it*** 《米口語》首尾よくや(ってのけ)る. ***cút it fíne*** ⇨ fine 成句. ***cút lóose*** ⇨ loose 成句. ***cút óff*** (*vt.*) (1) 切り離す; 〈枝などを〉切り取る, 〈髪を〉カットする; 削除する: ~ a person's head *off* 人の首をはねる. (2) 中断する (stop), 〈ガス・電気などの〉供給を絶つ; 〈援助などを〉打ち切る; 〈通話・連絡・眺望などを〉さえぎる; 〈エンジンなどを〉切る, 遮断する (interrupt): Our retreat was ~ *off* by the enemy. 敵に退路を絶たれた / ~ *off* a telephone connection 電話の通話を切る / ~ *off* food [money] 食糧[金]の供給を絶つ. (3) 〈天災などが〉〈地域・人を〉孤立させる; 〈秘境などを〉隔絶する; 〈世間・家族などから〉孤立させる, 〈…〉と縁を切る, 仲間外れにする: ~ oneself *off* from the world 世間との関係を絶つ. (4) 急に止める, 打ち切りにする; 〈通話中の人〉の電話を切る; 〈…〉の話をさえぎる. (5) 〈負傷・急変などが〉〈人〉の命を絶つ, 殺す: be ~ *off* in one's prime 若い盛りに死ぬ. (6) 廃嫡(はいちゃく)する, 勘当する (disinherit): I'll ~ you *off* without a penny if you insult me! 私を侮辱すると一文もやらずに勘当するぞ. (7) 『野球』カットする (cf. cutoff 8). (8) 《米》〈車・運転者が〉〈…〉の前に急に割り込む. (9) 《米口語》〈酔客〉に酒を出すのをやめる. — (*vi.*) (1) 急いで去る. (2) 止まる, 停止する. ***cút ón*** 《米南部》〈明かりを〉つける. ***cút óut*** (*vt.*) (1) 切り抜く; 切り開く; 切り取る: ~ *out* a picture in [from] a magazine 雑誌の写真を切り抜く. (2) 切って[刻んで, 掘って]作る; 〈衣服を〉裁断する, 裁つ (cf. *vt.* 4 b): ~ *out* a dress. (3) 取り除く, 削る, 省く (cf. *vt.* 3 d); 〈光・音を〉遮断する; 〈本・映画などの一部を〉削除する. (4) 《口語》よす, 〈酒・タバコなどを〉やめる: ~ *out* drinking / Cut it [that] *out!* (そんなこと)やめ[よし]なさい; 黙りなさい. (5) 《口語》〈他人〉に取って代わる, 〈人を〉出し抜く. (6) 《口語》[受身で] 〈人・仕事を〉予定する, 準備する 〔*for*〕; 適している 〔*for*〕 / 〈*to* do [be]〉: be ~ *out for* the job その仕事に適任である / ⇨ *have one's* WORK *cut out* (*for one*) / I am not ~ *out to* be a teacher. 私は教師には向いていない. (7) 〈敵船を〉拿捕する. (8) 〈人〉から〈物を〉奪う, だまし取る (deprive) 〔*of*〕: ~ a person *out of* his inheritance 遺産をだまし取る. (9) 切り離す (disconnect). (10) 〈人を〉〈遺言状から〉外す〔*of*〕. (11) 《米・豪》〈家畜を〉群れから離す; 〈家畜を〉間引く. (12) 《口語》〈エンジンなどを〉止める. (13) 『印刷』(主題を目立たせるため写真・絵から)〈背景などを〉カットする, 取り除く. — (*vi.*) (1) 〈エンジンなどが〉止まる, 停止する; 〈クーラーなどが〉自動的に止まる. (2) (追い越しなどのため)車線を突然飛び出す; 速度をあげる. (3) 《俗》逃げ出す, ずらかる. (4) 『トランプ』(人数が余ったとき)カットしてゲームを抜ける人を決める; カットの結果低い札を引き当てゲームから抜ける (cf. CUT *in* (*vi.*) (4)). (5) 《豪》〈道路などが〉途切れる, 行き止まりになる. ***cút … óut of*** — 〈…〉に—をやめさせる. ***cút óver*** (1) 『林業』〈森林を〉伐採する. (2) 『機械』連動開閉する《機械装置などの連結で, 一方が入れば他方は必ず外れるように安全連動する》. ***cút róund*** 《米口語》これ見よがしに[得意げに]ふるまう; 元気にやる. ***cút shórt*** ⇨ short *adv.* 成句. ***cút to píeces*** [***ríbbons, shréds***] (*vt.*) (1) こなごなに切る, 切りさいなむ; 〈敵軍を〉粉砕する. (2) 〈新著などを〉酷評する, めちゃめちゃにやっつける. (1632) ***cút thróugh*** (1) 理解する. (2) ⇨ *vt.* 5 a. ***cút únder*** 《口語》〈他のもの〉よりも安売り[割引]する. ***cút úp*** (*vt.*) (1) 切り分ける, 切り裂く[刻む]. (2) [しばしば受身で] …にひどく傷を負わせる; …の感情を傷つける. (3) 分断する. (4) 〈敵軍を〉壊滅させる, 粉砕する. (5) 《米口語》酷評する, さんざんにやっつける (censure). (6) [通例受身で] 悲しませる (distress): He was terribly ~ *up at* [*about, over*] the news. その知らせを聞いてひどく悲観した. (7) 《英》〈車〉の前に無理に割り込む. (8) 《米》〈騒ぎ・いたずらを〉起こす (perform). — (*vi.*) (1) 細かく切れる, 切り刻める: The radish ~*s up* easily. 大根は簡単に細かく切れる. (2) 裁断される, 裁てる: This cloth will ~ *up* into several suits. この布地は数着の服が裁てる. (3) 《米俗》(注意を引くために)ふざけ回る, おどける. (4) [rough, bad, nasty, ugly, rusty などを伴って] 《英口語》(ひどく)怒る, 乱暴にふるまう. (5) 《英俗》分け前が(どっさり, わずかに)ある; 遺産を(どっさり, わずかに)残す: ~ *up for* a million dollars 百万ドルを残して死ぬ / ~ *up* fat [big, large, rich, well] 遺産をどっさり残して死ぬ.

— *n.* **1 a** 切り口 (gash), 切り傷 (cf. bruise 1); 切り目, 刻み目 (notch): a smooth ~ / a ~ in a person's finger 指の傷. **b** (もみじの葉などの)切れ込み. **c** 切通し, 掘割 (channel). **d** 通り抜け道, 横断路: a railway ~. **e** [通例 a short ~ として] 近道. **f** 《英》運河, 掘割, 堀.
2 a (ナイフ・剣・むちなどの)切りつけ, 一切り, 一撃 (blow): make [give] a ~ with a sword 剣で切りつける / give a person a sharp ~ with a whip 人を鋭くむち打ちする. **b** 無情な仕打ち, 辛辣な皮肉: This is a ~ *at* me. これは私へのあてつけだ / the most unkindest ~ of all この上ない無情な仕打ち (Shak., *Caesar* 3. 2. 187). **c** 『フェンシング』カット, 切り, クードトランシャン《サーブルの刃による攻撃》.
3 a (切り取った)切片; (工作機械で削り取られた)金属片. **b** (肉の)部位; (肉の)切り身, 肉片 (slice); 《米》(骨付きの)大きな切り身 (joint) 《店で売るときの単位》: have [take] a ~ 一切れの肉で食事をすます, 簡単な食事をする / a prime ~ (of beef) 極上牛肉. **c** 《口語》分け前 (share), 配当, ボーナス; 『野球』(チーム全体の得た特別割増金の)プレーヤー一人の分け前: take [get] one's ~ of the spoils [profits] 戦利品[利益]の分け前をもらう / His ~ is 10%. 彼の分け前は 1 割だ. **d** (くじ引き用に作った長短の)わら[棒, 紙]: draw ~*s* くじを引く. **e** 家畜の群れから引き離された動物. **f** [*pl.*] 交際を断った者同士.
4 a カット, 挿絵; 印画, 版画 (cf. plate 7). 日英比較 挿絵の意味での日本語の「カット」に当たる英語は, illustration のほうが一般的である. **b** 『印刷』版《金属版・木版・凸版など; 《英》block》.
5 《米・カナダ》(木材の)伐採量; (羊毛の)刈取り高; 作物の刈入れ高: a ~ of timber / this year's ~ of wool 今年の羊毛収穫高. **6** 《口語》**a** (人を)故意に避けること, 知らない振り (slight): give a person the ~ direct (人と顔を合わせながら)全く知らない振りをする, (赤の他人のように)見向きもしない. **b** 《米口語》(授業などを)さぼること, すっぽかし, 欠席. **7 a** (経費の)削減, 節約, 値引き, 割引き (reduction), (賃金の)引下げ: a ~ in expenses, personnel, prices, wages, etc. / Some staff ~*s* are inevitable. ある程度のスタッフ削減は避けられない / a 1 percent ~ in income tax(es) 所得税の 1 パーセント削減. **b** (映画などの)カット, 切取り, (上演のための)台本の削除 (excision): the director's ~. **c** (テレビ・映画の)突然の画面の変化. **8 a** (衣服のデザインを特徴づける)裁断の仕方; 型, 様式 (style): the ~ of a person's clothes, hair, etc. / a garment of old-fashioned [the latest] ~ 古風なスタイルの[斬新な型の]服. **b** (髪の)刈り方 (haircut). **c** (宝石の)カット. **d** (船の)艤装の型: the ~ of a ship's rigging. **9 a** レコード盤(の録音). **b** 《口語》レコードに入れられた音楽[曲]: the best ~ in the album. **10 a** 『球技』(ボールの)カット, 切ること, (カットしたボールの)回転, スピン; (クリケットで)カット打法 (cf. *vt.* 10 b). **b** 『野球』強振 (swipe): make [take, have] a ~ at the ball バットを強振する. **11** 『ダンス』カット《一方の足で切り除くようにして足の位置を変える動作》. **12** 『トランプ』カット; カットの番《通例, 親 (dealer) の右隣》; カットして出た札[結果] (cf. *vt.* 7). **13** 『紡織』違う生地を比較するのに用いる標準的な長さ. **14** 『演劇』舞台の溝《背景などを上下する》. **15** =power cut. **16** 『化学』(精油などにおける)留分 (fraction). **17** やすりの目; その荒さ[細かさ]. **18** 《廃》[侮蔑的に] 去勢馬: call me ~.
a cút abòve [***belòw***] 《口語》…より一段うわて[下]で: *a ~ above* one's neighbors 近所[他]の人より一段高い身分 / be *a ~ above* doing such a mean thing そんな卑劣な行為をいさぎよしとしない. (1818) ***the cút and thrúst*** (1) (剣で)切ったり突いたりすること; 激戦. (2) (人生などの)苦闘; (議論などの)活発なやりとり 〔*of*〕: enjoy *the ~ and thrust* of politics 政治論議の活発なやりとりを楽しむ. (1840) ***the cút of a person's jíb*** 《口語》風采, 身なり, 人品.
cút and fill 『土木』切取り盛土断面《築堤工事の場合など一つの断面が切取りと盛土とがあるような断面; cf. CUT *and fill*》.
— *adj.* **1 a** 切った, 切り傷のある: a ~ cheek 切り傷のあるほお. **b** 切り離した, 切り取った, 刈った, はさみを入れた: ~ nails 切ってあるつめ. **c** 裁断した, 裁った. **d** 切り刻んだ, 刻んだ; 短く[小さく]切った: ~ tobacco 刻みたばこ / a pile of ~ firewood 短く切ったたきぎの山. **e** 切りみがいた; 切り子細工の: a ~ diamond. **2** 〈容貌が〉くっきりした: finely ~ features くっきりと美しい容貌. **3** 切り詰めた, 削減した (curtailed): ~ expenses 切り詰めた費用 / at ~ rates [prices] 割引で / a brutally ~ text めったやたらにカットされたテキスト. **4** 〈酒が〉薄められた. **5** 去勢した (castrated): a ~ horse 去勢馬. **6** 《口語》酔った. **7** 『植物』〈葉が〉鋭浅裂の, 切れ込んだ (incised). ***cut and dried*** =cut-and-dried.
〘v.: (?a1300) *cutte*(*n*), *kitte*(*n*), *kette*(*n*) < lateOE **cyttan* ← ? Gmc **kut*- (cf. Swed. 《方言》*kata* to cut & Icel. *kuta* to cut with a knife ←?). — n.: (*c*1490) ← (v.)〙
cut- /kju:t/ (母音の前にくるときの) cuti- の異形.
cút-and-come-agáin *n.* 《口語》**1** たっぷりあること, 豊富; 無尽蔵 (abundance) (cf. CUT *and come again*). **2** 『植物』=ten-week stock. 〘1738〙
cút-and-cóver *adj.* 『土木』開削埋戻しの (cf. CUT *and cover*). 〘1839〙
cút-and-dríed[-drý] *adj.* **1** 明白な, 決着のついた. **2** 〈物事が〉あらかじめ用意[お膳立て]された; 新鮮味のない, 型にはまった, 月並みな. 〘1710〙
cút-and-páste *adj.* **1** =scissors-and-paste. **2** 『電算』切り張りの手法を用いた.
cút and páste 『電算』*n.* (データの一部の)切り張り, カット アンド ペースト. — *vt.* 〈文章や画像の一部を〉切り張りする.
cút and thrúst *n.* **1** 『フェンシング』カットと突き《剣の刃と剣先を使うテクニック》. **2** 活発な意見交換, 意見のやりとり. 〘1840〙
cút-and-trý *adj.* 実験による; 経験的な (empirical). 〘1903〙
cu·ta·ne·ous /kju:téɪniəs, kjʊ-/ *adj.* 皮膚の[に関する]; 皮膚を冒す[に存在する]. **~·ly** *adv.* 〘(1578) ← NL *cutāneus* ← L *cutis* skin: ⇨ cutis, -ous〙
cutáneous quíttor *n.* 『獣医』(有蹄動物の)化膿性感染症《ひづめの上部の軟骨組織の急性炎症を特徴とし, 皮膚の化膿・懐死と跛行(はこう)をもたらす》.
cút·awày *adj.* **1** (服飾のデザインでドレスや上着の一部を)斜めに裁った, (ウエスト前部からひざ裏まで)裁ち落した型の. **2** 〈機械など〉切る操作をする: a ~ harrow. **3** 〈模型・図解など〉(内部が見えるように)外部の一部を切り取った. — *n.* **1** =morning coat. **2** (内部が見えるように)外部の一部を切り取った模型[図解]. **3** 『映画・テレビ・ラジオ』画面の転換[挿入]《画面が途中で関連または同時進行中の他の画面に切り換わること; cf. cut *vi.* 6 b》. 〘adj.: (1841) — n.: (1849)〙
cútaway cóat *n.* =morning coat. 〘1841〙
cút·bàck *n.* **1** 縮小, 削減 (reduction): a ~ in production. **2** 《米》(映画・テレビ・小説などの)カットバック, 切返し《空間や時間の異なる二つ以上の事件を, ショットを交互に積み重ねて平行描写する編集上の手法; cf. flashback 1 a, cutaway *n.* 3》. **3** 『アメフト』カットバック《ボールキャリアーが前面から来る相手を避けるため右後方からすばやくスクリメージラインに突入すること; cf. CUT *back* (*vi.*) (3)》. **4** 『サーフィン』カットバック《波乗り板を波の方へ方向転換すること》. 〘1897〙
cút bàlance *n.* 『時計』切りテンプ (⇨ compensation balance).
cút·bànk *n.* 『地質』(浸食によって造られた川の曲がり目の)険しい川岸, 切り立った崖.
cutch /kʌ́tʃ/ *n.* =catechu. 〘1759〙
Cutch /kʌ́tʃ/ *n.* =Kutch.
cut·cher·ry /kʌtʃéri, kʌ́tʃəri | kʌ́tʃəri/ *n.* (*also* **cut·cher·y** /~/) 《インド》**1** 役所, 官庁 (public office); 裁判所 (courthouse). **2** (農園などの)事務所 (office). 〘(1610) □ Hindi *kachahri* court-house office〙
cút·dòwn *n.* **1** 減少 (decrease), 節減 (reduction), 縮小 (diminution). **2** 『医学』静脈切開《皮膚切開を加えて静脈を露出すること》. 〘1888〙
cút dróp *n.* 『劇場』舞台奥も見えるようになった切れ目のある背景幕. 〘1961〙
cute /kjúːt/ *adj.* (**cut·er; -est**) 《口語》**1** 〈子供・小動物・品物など〉きれいな, かわいい (pretty): a ~ little girl, hat, etc. **2** 利口な, はしっこい, 気のきいた, 機敏な (clever). **3** 《米・カナダ》気取った, きざな, 不自然な (artificial). **4** 《米》性的に魅力がある. **5** めそめそした, 感傷的な (mawkish). ***gèt cúte with*** …をだまそうとする: Don't *get* ~ *with* me. 人をなめるな.
~·ly *adv.* **~·ness** *n.* 〘(*c*1620) 《頭音消失》← ACUTE〙
cutes *n.* cutis の複数形.
cutes anserinae *n.* cutis anserina の複数形.
cute·sie /kjúːtsi/ *adj.* =cutesy.
cutes verae *n.* cutis vera の複数形.
cute·sy /kjúːtsi/ *adj.* 利口ぶった, きざな, 気取った (mannered). **~·ness** *n.* 〘(1914) ← CUTE+-SY〙
cútesy-píe *adj.* =cutesy.
cútesy-pòo *adj.* 《米俗》=cutesy. 〘*c*1970〙
Cu·tex /kjúːtɛks/ *n.* 『商標』キューテックス《米国製のマニキュアと除光液》.
cut·ey /kjúːti | -ti/ *n.* 《俗》=cutie.
cút-èye *n.* 《カリブ》相手の視線を捕らえ目を閉じたり, そらしたりして相手を無視する侮辱的なしぐさ.
cút fìlm *n.* 『写真』カットフィルム (⇨ sheet film).
cút flówer *n.* 切り花. 〘1902〙
cút-gràss *n.* 『植物』葉のへりが細かいのこぎりの歯のようになっていて引けば手を切るような植物の総称《特に, イネ科サヤヌカグサ属 (*Leersia*) のエゾノサヤヌカグサ (*L. oryzoides*) など》. 〘*c*1818〙
cút gláss *n.* カットグラス(の器物). — *adj.* 〈アクセントが〉上流階級の, 上品な. 〘1800〙
Cuth·bert /kʌ́θbət | -bət/ *n.* カスバート《男性名》. 〘OE *Cūðbeorht* ← *cūð* noted, famous ((p.p.) ← *cunnan* 'CAN[1]') + *beorht* 'BRIGHT'〙
Cuthbert, Saint *n.* 聖カスバート《634?–87; イングランドの北部で布教した修道士; Lindisfarne の主教; 祝日は 3 月 20 日》.
cút hùnter *n.* 『時計』カットハンター (⇨ half hunter).
cu·ti- /kjúːtɪ, -ti | -tɪ, -ti/「皮膚 (skin); クチクラ (cuticle)」の意の連結形. ★ 母音の前では通例 cut- になる. 〘← L *cutis* (↓)〙
cu·ti·cle /kjúːtɪkl | -tɪ-/ *n.* **1** 『解剖・動物』クチクラ, 角皮《動物の体表を覆う上皮細胞が外表面に向かって分泌する硬い膜様物質; 外表から順に上クチクラ (epicuticle), 外クチクラ (exocuticle), 内クチクラ (endocuticle) の 3 層に区別される》. **2** (つめの付け根を覆う)あま皮. **3** 外膜, 外皮. **4** 『植物』上皮, クチクラ《植物体の表皮細胞の最外層をなすクチン質 (cutin) の薄膜》.
cu·tic·u·lar /kju:tíkjʊlə | -lə(r)/ *adj.* 〘(1615) □ L *cuticula* (dim.) ← *cutis* skin ← IE *(*s*)*keu*- to cover: ⇨ cutis, -cle〙
cúticle nìppers *n. pl.* (つめの)あま皮切り.
cu·ti·col·or /kjúːtəkʌ̀lə | -tɪkʌ̀lə(r)/ *adj.* 皮膚色の. 〘← CUTI-+COLOR〙
cu·tic·u·la /kju:tíkjʊlə/ *n.* (*pl.* **-u·lae** /-liː/) **1** 『解剖・動物』=cuticle 1. **2** 『昆虫』クチクラ《昆虫の体の外表部を覆う硬い層》. 〘(1621): ⇨ cuticle〙
cutícular transpirátion *n.* 『植物生理』クチクラ蒸散《微量に行われるクチクラで覆われた植物体からの蒸散》.
Cu·ti·cu·ra /kjùːtəkjʊ́(ə)rə | -tɪkjʊ́ərə, -kjɔ́ːrə/ *n.* 『商標』キューティクラ《英国 Cuticura Laboratories 社製のスキンケア製品》.
cut·ie /kjúːti | -ti/ *n.* **1** 《口語》かわいらしい娘[女性], かわいこちゃん. **2** 《米俗》**a** 相手を出し抜こうとする選手(など), 策士. **b** 策略. 〘(1768) ← CUTE+-IE〙
cútie-pìe *adj.* 《口語》憎たらしいほどかわいい.
cútie pìe *n.* 《俗》**1** 魅力的な人; 恋人 (sweetheart). **2** 『物理』可搬型ガンマ[ベータ]線検出器. 〘*c*1930〙
cu·tin /kjúːtn | -tɪn/ *n.* 『生化学』クチン質, 角皮素《植物体の表皮をおおうヒドロキシン C_{18} 脂肪酸》. 〘(1863–72) ← NL ~ ← L *cutis* skin, outside+-IN[2]〙
cút-ìn *adj.* **1** 差し込みの: a ~ illustration 挿絵. **2** ダンス中に割り込まれた. — *n.* **1 a** 差し込むもの. **b** 『印刷』組込み(物)《組版中に組み込んだ見出しや挿絵》. **c** 『映画・テレビ』切り込み画面《cut-in leader ともいう》; (画面の途中に挿入される)別の画面. **d** 『ラジオ・テレビ』(ネットワーク番組に)地方局が差し込むコマーシャル. **2** (ダンスのときの)割込み《踊っている二人の間に割り込んで相手を

横取りすること; cf. CUT *in* (*vi.*) (3)). 〖(1883) ← *cut in* (⇨ cut (v.) 成句)〗

cu·tin·i·za·tion /kjùːtənɪzéɪʃən, -tn- | -tənaɪ-, -nɪ-/ *n.* **1** 〖生化学〗クチクラ化. **2** 〖植物生理〗クチン化《植物細胞膜がクチクラ化する現象》. 〖(1890): ⇨ ↓, -ation〗

cu·tin·ize /kjúːtənàɪz, -tn- | -tən-, -tn-/ *vt., vi.* 〖生化学〗クチン化する. 〖(c1885) ← CUTIN＋-IZE〗

cú·tin·ized *adj.* クチン化した: ～ epidermal cells. 〖(1901): ⇨ ↑, -ed 2〗

cu·tis /kjúːtɪs | -tɪs/ *n.* (*pl.* **cu·tes** /-tiːz/, ～·**es**) 〖解剖〗皮膚; 果皮. 〖(1603) □ L ～ '(true) skin' ← IE *(*s*)*keu-* to cover (⇨ hide[1,2])〗

cútis an·se·rí·na /-ænsəráɪnə/ *n.* (*pl.* **cutes an·se·ri·nae** /-niː/) 〖医学〗鳥肌, 鵞皮(がひ) (gooseflesh). 〖← NL *cutis anserina* 'ANSERINE skin'〗

cútis vé·ra /-víərə | -víərə/ *n.* (*pl.* **cutes ve·rae** /-riː/) 〖解剖〗＝cutis. 〖□ L ～ 'true skin'〗

cut·lass /kʌ́tləs/ *n.* (*also* **cut·las** /～/) **1** カットラス, 舶刀《backsword または saber の一種; 18 世紀では船乗りが用いた》. **2** ＝machete 1. 〖(1594) □ F *coutelas* < VL **cultellāceu*(*m*) (It. *coltellaccio*) ← L *cultellus* (dim.) ← L *culter* knife: ⇨ colter〗

cutlass 1

cútlass·fìsh *n.* 《米》〖魚類〗タチウオ科の魚の総称; (特に)タチウオ (*Trichiurus lepturus*) (hairtail, scabbard fish ともいう). 〖1884〗

cút·lèaf blàckberry *n.* 〖植物〗ヨーロッパ原産の葉に深い切れ込みがある常緑のキイチゴの一種 (*Rubus laciniatus*).

cut·ler /kʌ́tlə | -lə(r)/ *n.* 刃物師, 刃物屋. 〖(*a*1400) *cuteler* □ AF *cuteler*＝(O)F *coutelier* knife-maker ← OF *coutel* (F *couteau*) < L *cultellum* (dim.) ← *culter* 'COULTER'〗

cut·ler·y /kʌ́tləri/ *n.* **1** [集合的]; (特に)食卓用金物類《ナイフ・フォーク・スプーンなど》, 刃物類: plate and ～. **2** 刃物職. 〖(1340) □ (O)F *coutellerie*: ⇨ cutler, -y[1]〗

cut·let /kʌ́tlɪt/ *n.* **1 a** (焼いたりフライにするための子牛や羊の)薄い切り身. **b** (薄い肉の切り身を卵とパン粉にまぶして揚げた)カツレツ. **2** (ひき肉で作った)カツレツ型のコロッケ. **3** (タラなどの)頭と胴の間を輪切りにした切り身. 〖(1706) □ F *côtelette* < OF *costelette* (dim.) ← *coste* (F *côte* rib) < L *costam* ← IE **kost-* bone: ⇨ -let: 英語では CUT と連想された〗

cút·lìne *n.* 〖新聞〗(写真・挿絵などの)説明文 (legend, caption). 〖1943〗

cút·lìps mínnow *n.* 〖魚類〗米国北東部産の下唇が三つに裂けているコイ科の魚 (*Exoglossum maxillingua*) (単に cutlips ともいう).

cút lúnch *n.* 《豪》サンドイッチの弁当. ***cárry a cút lúnch*** 正直に働いてかせぐ.

cút·mèter *n.* 〖機械〗削り速度計《工作機械の切削速度を示す回転速度計》.

cút mòney *n.* 《米》分割貨幣《18 世紀から 19 世紀初めごろまで西インド諸島や米国のある地方などでスペインドルを二分・四分・八分・十二分して小銭代用に使ったもの》. 〖1809〗

cút nàil *n.* 切りくぎ, 船くぎ《頭のない長方形のくぎで, 鋼板から切って作る》. 〖*c*1785〗

cut·off /kʌ́tɔ̀(ː)f, -ɑ̀(ː)f | -tɔ̀f/ *n.* **1 a** 停止点, 限界点. **b** (会計の)締切日, 中断の期限; 決算日. **2 a** 切断; 遮断. **b** (運転・供給などの)中断, 停止, 打切り. **3** 《米》近道 (shortcut). **4 a** 切断[遮断]装置. **b** 切断された金属・プラスチックの残り. **c** (連発ライフル銃の)弾薬供給停止装置《これによって連発銃が単発銃になる》. **5** 〖機械〗(蒸気などの通過の)締切り; (弁の)締切り. **6** 〖地理〗**a** (曲流の)切断《川の湾曲部が切り離されて上流と下流が直通路で接続すること》. **b** 切断曲流 (cutoff meander). **c** ＝oxbow lake. **7** 〖電子工学〗カットオフ《電子管・半導体素子などの電流が流れなくなること》. **8** 〖野球〗カットオフ《外野手の本塁送球を内野手が途中で中断すること》. **9** [*pl.*] 《短縮》← *cut-off blue jeans*》**a** (ひざから下を切り取った)ジーンズ. **b** (すそかがりをしていない)半ズボン. — *adj.* **1** 切断された; 遮断[除外]された. **2** 近道の. 〖1741〗

cútoff fréquency *n.* 〖電子工学〗**1** 遮断周波数《著しい減衰なく伝送される周波数の限界》. **2** 導波管 (waveguide) が力を弱めることなく伝送できる低周波. 〖1926〗

cút·òut *n.* **1 a** 切抜き; (収集のため)封筒から切り取った使用済み切手. **b** [通例 *pl.*] (映画などに用いる)切抜き絵; 切抜き細工. **c** (脚本・映画フィルムなどの)カットされた部分, 削除部分. **2 a** (家畜などを)引き離すこと. **b** 離した動物を集める場所. **3** 〖機械〗(内燃機関の)排気弁, 排気切替器. **4** 〖電気〗カットアウト, 安全器. **5** (目録から削除された)廃盤レコード. **6** 《豪》羊毛刈り (shearing) の終了[完了]. 〖1851〗

cútout bòx *n.* 〖電気〗安全器箱, カットアウトボックス《中にヒューズ付きのスイッチを取り付けた箱》.

cútout swìtch *n.* 〖電気〗カットアウトスイッチ, 安全器.

cút·òver *n.* **1** 材木を伐採した土地. **2** 〖電気〗(直流から交流への, また電話交換方式で古いものから新しいものへの)切換え. **3** 〖フェンシング〗クーペ《相手の剣先を通過させて反対側を攻撃すること》. — *adj.* 材木を伐採した: a ～ forest. 〖n.: (1897). — adj.: (1899)〗

cút-príce *adj.* **1** 〈品物が〉安売りの, 特価の. **2** 〈店が〉特価品を扱う. 〖1897〗

cút·pùrse *n.* 《古》すり (pickpocket), きんちゃく切り. 〖*c*1350〗

cút-ráte *adj.* 《米》**1** 〈品物・店などが〉割引の, 安売りの: ～ fares 割引運賃[料金] / a ～ drugstore 安売りのドラッグストア. **2** 安っぽい, 二流どころの; まがいの. 〖1881〗

CUTS /kʌ́ts/ *n.* 〖電算〗(ユーザー用)磁器テープシステム. 〖《頭字語》← *C*(*omputer*) *U*(*sers'*) *T*(*ape*) *S*(*ystem*)〗

cút shéet fèed *n.* 〖電算〗(プリンターの)自動給紙装置.

cút stóne *n.* 〖石工〗切石《特定の大きさに加工済みの石材》.

cút stríng *n.* ＝bridgeboard.

cút súgar *n.* ＝cube sugar.

cut·ta·ble /kʌ́təbl | -tə-/ *adj.* 切ることのできる, カットのできる. 〖(*c*1449): ⇨ cut, -able〗

Cut·tack /kʌ́tæk/ *n.* カタック《インド東部 Orissa 州の都市; 1948 年まで州都》.

cut·tage /kʌ́tɪdʒ | -tɪdʒ/ *n.* 〖園芸〗挿し木, 挿し木(による繁殖)技術.

cut·ter /kʌ́tə | -tə(r)/ *n.* **1 a** 切る道具. 〖日英比較〗日本語の「カッターシャツ」は和製英語. 英語では long-sleeved sport(s) shirt という. **b** 裁断器, (裁断機の)刃. **c** ＝cutting head. **d** ＝cutting stylus. **2 a** 切る人. **b** 石工; 彫刻家. **c** ガラス切り工. **d** 宝石研磨工. **e** (仕立屋の)裁断師: a tailor's ～. **f** (映画などの)フィルム編集者. **3** 〖海事〗**a** カッター《軍艦付属のオールを備えた雑役艇; 帆も張れる》. **b** (1 本マストの前後に比較的大きい縦帆をかけた)快走帆艇の一種. **c** 《米》税関[密輸]監視船《coast guard に属する軽武装の沿岸警備用小型船; cf. revenue cutter》. **4** 切歯, 門歯 (incisor) (cf. grinder 3 a). **5** 《米》小型馬そり《一頭または二頭立てで一・二人乗り》. **6** 砂の多い粘土を用い比較的低温で焼成した軟質れんが《どのような形にでも切断できるのでこの名称がある; cutterbrick, rubber, rubber-brick ともいう》. **7 a** 下等な牛肉. **b** 下等な食肉動物. **8** (ヒレ肉などを取るための) 68–82 キロのブタ. 〖(1177): ⇨ cut, -er[1]〗

cútter bàr *n.* 〖機械〗刃物棒《裁断機の歯を保護する細長い板》.

Cút·ter classificàtion /kʌ́tə- | -tə(r)-/ *n.* [the ～] 〖図書館〗カッター分類法 (⇨ expansive classification). 〖← *C. A. Cutter* (1837–1903: 米国の司書)〗

cútter·hèad *n.* 〖機械〗カッターヘッド《旋盤などで工具をしっかりと保持する部分品》. 〖1833〗

Cútter nùmber *n.* 〖図書館〗カッター著者番号《著者の姓のつづり字を簡易な記号に置き換え, それに従って図書を配列する》. 〖⇨ Cutter classification〗

cútter-rìgged *adj.* 縦帆式の, カッター型帆装の. 〖1799〗

cút·thròat *n.* **1** 人殺し (murderer); 人非人, 殺し屋. **2** 西洋かみそり (cf. safety razor). **3** 〖トランプ〗三つどもえ戦《ペアーを組まず各自が単独勝利を狙うゲームの総称; 特に, 本来 4 人が 2 組に分かれて争うゲームを 3 人で行う場合にいう》. **4** 〖魚類〗＝cutthroat trout. — *adj.* **1** 人殺しの, 殺人の (murderous). **2 a** 乱暴な, 凶暴な (cruel); むごい, 無慈悲な (ruthless). **b** 〈競争など〉激烈な: a ～ competition. **3** 〈かみそりが〉西洋かみそり式の: a ～ razor 西洋かみそり. **4** 〖トランプ〗三つどもえの, 3 人でする (three-handed): ～ bridge [euchre]. 〖1535〗

cútthroat fìnch *n.* 〖鳥類〗イッコウチョウ(一紅鳥) (*Amadina fasciata*)《アフリカ産のカエデチョウ科の鳥》. 〖(1872): *cut* (p.p.) ← CUT〗

cútthroat tròut *n.* 〖魚類〗カットスロート(トラウト) (*Salmo clarki*)《北米西海岸の湖や川にすむニジマス属のマス; あごの下に切り傷のような斑紋がある》. 〖1891〗

cút tíme *n.* 〖音楽〗＝alla breve. 〖1951〗

cut·ting /kʌ́tɪŋ | -tɪŋ/ *n.* **1 a** 《英》(新聞などの)切抜き (《米》clipping): a newspaper [press] ～ 新聞の切抜き. **b** 《英》(鉄道・道路用の)切通し (excavation); 掘削, 切取り, 根切り《基礎となる地盤面以下を掘削すること》. **c** 切り取ったもの. **d** 裁ちくず; 刈毛. **2** 〖園芸〗(挿し木にする)切穂, さし穂. **3 a** 切断; 裁断(法). **b** 切取り; 伐採; 刈入れ (harvest). **4** 〖映画〗フィルム[録音テープ, レコード]の編集, カッティング. — *adj.* **1** 痛烈な, 皮肉な (⇨ incisive SYN): a ～ remark, reply, etc. **2** (よく)切れる, 鋭利な: a ～ blade. **3** 身を切るような, 肌をつんざくような, 骨にしみ入る, ひどく寒い: a ～ wind. **4** 激しい, 鋭い: a ～ pain 激痛. **～·ly** *adv.* 〖(?*c*1350): ⇨ -ing[1,2]〗

cútting àngle *n.* 〖機械〗削り角.

cútting blòwpipe *n.* 〖機械〗＝cutting torch.

cútting bòard *n.* 裁断台; まな板. 〖1825〗

cútting édge *n.* **1** 最先端: at [on] the ～ of ...の最先端に. **2** 刺激, 動機づけ. **3** 刃先. **4** (言葉の)切れ味, 鋭さ. 〖1825〗

cútting-èdge *adj.* 最先端の.

cútting gràss *n.* **1** 〖植物〗**a** 《豪》カヤツリグサ科ヒトモトススキ属の植物 (*Cladium psittacorum*). **b** カヤツリグサ科シンジュガヤ属の植物 (*Scleria flagellum-nigrorum*). **2** 《西アフリカ》〖動物〗＝cane rat. 〖1831〗

cútting hèad *n.* (円盤録音の際に録音針 (cutting stylus) を駆動する)カッター.

cútting hòrse *n.* 《米》牛を群れから分けるために調教された馬. 〖1881〗

cútting òil *n.* 〖機械〗切削油《金属材料を切削加工するときに用いる潤滑油》. 〖1917〗

cútting plìers *n. pl.* [しばしば単数扱い] ペンチ, プライヤー.

cútting ròom *n.* (撮影フィルムなどの)編集室.

cútting stỳlus *n.* (レコード原盤に音溝を刻む)録音針. 〖1926〗

cútting tòrch *n.* 〖機械〗切断トーチ.

cut·tle[1] /kʌ́tl | -tl/ *n.* **1** 〖動物〗＝cuttlefish. **2** ＝cuttlebone. 〖OE *cudele* cuttlefish ← Gmc **k*(*e*)*ud-* ← IE **gēu-* a hollow space or object (⇨ cod[3]): その墨袋から〗

cut·tle[2] /kʌ́tl | -tl/ *vt.* **1** 〈布を〉仕上げがすんだ後, 表を中心にしてたたむ. **2** 〈布を〉縮充の後広げておく.

cúttle·bòne *n.* イカの甲《磨き粉・小鳥の飼料に用いる》. 〖1547〗

cúttle·fìsh *n.* 〖動物〗**1** イカ《十腕形類の軟体動物で厚い石灰質の甲をもつ軟体動物の総称》; (特に)コウイカ (*Sepia esculenta*), モンゴウイカ (*S. officinalis*) などコウイカ属のイカ. 〖日英比較〗日本語では「イカ」を 1 語ですますが, 英語では二つに分けて, *cuttlefish* が「体が短く, 厚い石灰質の甲をもったコウイカ類」, squid が「体が細長く, 薄い軟甲をもったヤリイカ類, スルメイカ類」などを指す. **2** タコ (octopus), イカ (squid) など頭足類の軟体動物の総称. 〖1591〗

cut·ty /kʌ́ti | -ti/ *adj.* 《スコット・北英》**1** 短く切った (curtailed); 短い (short). **2** 怒りっぽい (testy). — *n.* **1** 《英》(陶製の)短いパイプ. **2** 《スコット・アイル》短いさじ. **3 a** ずんぐりした女性. **b** いたずらっぽい女性, おてんば娘. **c** 《口語》身持ちの悪い女性, あばずれ女. 〖(1660) 《スコット》～ ← CUT (v.)＋-Y[2,4]〗

cútty gràss *n.* 《NZ》〖植物〗＝cutting grass 1.

cútty sárk *n.* 《スコット》**1** (女性用の)短い外衣または下着《シャツやスリップなど》. **2** 女性; 蓮っぱな女, おてんば娘 (hussy). 〖1779〗

Cút·ty Sárk /kʌ́tisáək | -tisáːk/ *n.* **1** [the ～] カティーサーク号《南中国から茶の輸入に従事して快速の記録を立てた英国の 3 本マストの大型快速帆船; 1869 年建造; 現在 Greenwich に係留されている; cf. tea clipper》. **2** 〖商標〗カティーサーク《スコットランド Berry Bros. & Rudd 社製のブレンデッドウイスキー》. 〖船首部に刻まれた Burns の *Tam O' Shanter* の一節 (Whene'er ... *cutty-sarks* run in your mind / Think ...) から; 帆檣(はんしょう)の先端に cutty sark をなびかせたこともあった〗

cútty stòol *n.* 《スコット》**1** 低い三脚式腰掛け. **2** (昔スコットランドの教会で不貞の女などを罰するときに着席させた)腰掛け (stool of repentance ともいう). 〖*a*1774〗

cút·ùp *n.* 《口語》おどけ者, ちゃめ; 見せびらかす人. — *adj.* 打ちひしがれた, がっくりした. 〖1782〗

cút-up techníque *n.* カットアップ技法《小説家の W. Burroughs が広めた技法で, 切り取った行やページを並べ替えて作品を作る》.

cút vélvet *n.* **1** けばの輪が切ってあるビロード. **2** カットベルベット《シフォン・ボイルなどの地組織がすけて見えるブロケード柄のビロード》.

cút·wàter *n.* **1** (船首の)水切り, 水押(みよし). **2** (橋脚の)水よけ. 〖1644〗

cút·wòrk *n.* **1** カットワーク(刺繍)《ボタンホールステッチで模様のふちを刺繍したのち, 模様の地を切り抜いて, 透かし模様を作る》. **2** カットワーク《洋裁の装飾的な細工; 素材の地を図案に従い切り抜いたあとに別に作った模様をはめ込む》. **3** 〖服飾〗＝point coupé 1. **4** 透かし彫り. 〖1470〗

cút·wòrm *n.* 〖昆虫〗ヨトウムシ(夜盗虫)《ヤガ科の数種のガの幼虫の総称; 夜間活動し植物の根元を食い切る害虫》. 〖1808–79〗

cu·vée /kjuːvéɪ; *F.* kyve/ *n.* (*also* **cu·vee** /～/) キュヴェ《たる詰めの混合ぶどう酒; フランスのぶどう酒にいう》. 〖(1833) □ F ～ ← *cuve* (↓)〗

cu·vette /kjuːvét; *F.* kyvɛt/ *n.* (*pl.* ～**s** /～s; *F.* ～/) **1** 浅い水ばち. **2** キュヴェット《カメオのような浮き彫りをした準宝石または宝石; cf. chevee》. **3** キューベット《分光測, 光度測定で用いる小型のガラス管》. 〖(1678) □ F ～ (dim.) ← *cuve* < L *cūpam* vat: ⇨ cup, -ette〗

Cu·vi·er /k(j)úːvièɪ; *F.* kyvje/, Baron **Georges** (**Léopold Chré·tien** /kretjɛ̃/ **Frédéric Da·go·bert** /dagɔbɛːʁ/) *n.* キュヴィエ (1769–1832; フランスの博物学者; 古生物学・比較解剖学の創始者).

Cux·ha·ven /kúkshɑ̀ːvən; *G.* kʊkshá:fn/ *n.* クックスハーフェン《ドイツ北部, Elbe 河口の港湾都市》.

Cu·ya·bá /kùːjɑːbɑ́ː; *Braz.* kuiabá/ *n.* ＝Cuiabá.

Cúy·a·ho·ga Fálls /káɪəhòugə- | -hə̀u-/ *n.* カイヤホガフォールズ《Ohio 州北東部, Cleveland の南の都市》.

cu. yd. 《略》cubic yard(s).

Cuyp /káɪp, kɔ́ɪp; *Du.* kœyp/, **Ael·bert** /áːlbərt/ *n.* コイプ (1620?–91; オランダの風景・動物画家).

Cuz·co /kúːskou | kúskəu, kúːs-; *Am.Sp.* kúsko/ *n.* クスコ《ペルー南部の都市; Inca 帝国の首都》.

cv 《記号》Cape Verde (URL ドメイン名).

CV 《略》〖物理〗calorific value; 《カナダ》Cross of Valour 武勲十字勲章.

cv. 《略》convertible; cultivated variety.

c.v. 《略》*F.* cheval-vapeur (＝horsepower); chief value; *L.* crās vespere (＝tomorrow evening); *L.* curriculum vītae, cursus vītae (＝course of life).

CVA /síːvìːéɪ/ 《略》〖医学〗cerebrovascular accident 脳血管発作, 脳卒中; Columbia Valley Authority.

CVO 《略》Commander of the Victorian Order.

CVS 《略》chorionic villus sampling 〖医学〗絨毛(じゅうもう)膜絨毛採取(法).

CVT 《略》〖自動車〗continuously variable transmission 連続可変トランスミッション[伝動装置], 無段変速機.

cvt. 《略》convertible.

CW /síːdʌ́bljùː/ *n.* 《口語》＝Morse code.

CW 《略》chemical warfare; chief warrant officer; 〖通信〗continuous wave(s).

cw. 《略》〘通信〙clockwise.
CWA 《略》Civil Works Administration (米国)土木事業局; Communications Workers of America; 《豪》Country Women's Association.
CWB 《略》Central Wages Board (英国)中央賃金委員会.
Cwlth. 《略》Commonwealth.
C
cwm /kúːm | kúm, kúːm; *Welsh* kúm/ *n.* **1** 〘地質〙=cirque 1. **2** 《ウェールズ》谷. 〖《1853》□ Welsh *cwm(m)* valley: ⇨ combe〗
Cwm·bran /kumbrάːn, kuːm-/ *n.* クームブラーン《ウェールズ南東部, Gwent 州中部の都市》.
CWO 《略》Chief Warrant Officer.
c.w.o. 《略》〘商業〙cash with order 注文時現金払い.
cwr 《略》〘鉄道〙continuous welded rail 連続溶接レール, ロングレール.
CWS 《略》〘陸軍〙Chemical Warfare Service《米》化学戦研究部; Cooperative Wholesale Society.
cwt ★ hundredweight(s) と読む. 《略》hundredweight(s). 〖← L *c(entum)* hundred＋w(EIGH)T〗
CX 《記号》〘航空〙⇨ Cathay Pacific Airways.
cy 《略》〘化学〙cyanide; capacity; currency; 〘電算〙cycle.
cy 《記号》Cyprus《URL ドメイン名》.
Cy /sάɪ/ *n.* サイ《男性名》. 〖(dim.) ← CYRIL // CYRUS〗
CY 《略》calendar year.
Cy. 《略》County.
-cy /si/ *suf.* 性質・状態・階級・身分などを表す抽象名詞を造る (cf. -hood, -ship): **1** -t または -n で終わる名詞に付く: bankruptcy, captaincy. **2** 動詞から名詞を造る (cf. -ancy): occupancy (← occupy) / vacancy (← vacate). **3** -ant, -ent, -te, -tic などで終わる形容詞に対応する名詞を造る (cf. -ce): ascendancy (← ascendant) / expediency (← expedient) / adequacy (← adequate) / lunacy (← lunatic). 〖ME *-cie* □ OF (F *-tie*) □ ML *-cia*=L *-tia* // Gk *-k(e)ia*, *-t(e)ia*: cf. -acy, -ancy, -ency〗
cy·an /sάɪæn, -ən/ *n.* 青緑色, シアン《赤の補色》. — *adj.* 青緑[シアン]色の. 〖《1889》□ Gk *kúanos* dark blue〗
cy·an- /sάɪən/ (母音または h の前にくるときの) cyano- の異形.
cy·an·a·mide /saɪǽnəmɪ̀d, -màɪd | -màɪd, -mɪd/ *n.* (*also* **cy·an·a·mid** /saɪǽnəmɪ̀d | -mɪd/) 〘化学〙**1** シアン化アミド, シアナミド ($CNNH_2$). **2** カルシウムシアナミド《calcium cyanamide の商用語》. 〖《1838》← CYANO-＋AMIDE〗
Cy·a·nan·throl /sàɪənǽnθrɔ(ː)l | -θrɔl/ *n.* 〘商標〙シアナントロール《青色のアントラキノン系酸性染料の商品名》. 〖← CYANO-＋ANTHRA-＋-OL[1]〗
cy·a·nate /sάɪənèɪt/ *n.* 〘化学〙シアン酸塩[エステル]. 〖《1845-46》← CYANO-＋-ATE[1]〗
cýan blúe *n.* 穏やかな緑がかった青[青がかった緑], シアンブルー. 〖1879〗
cy·an·ic /saɪǽnɪk/ *adj.* **1** 〘化学〙シアンの, シアンを含む. **2** 〘植物〙青色の (blue)《花の色の二大別の一つ; cf. xanthic 1》. 〖《1832》← CYANO-＋-IC[1]〗
cyánic ácid *n.* 〘化学〙シアン酸 (HOCN) (cf. isocyanic acid, fulminic acid). 〖1832〗
cy·a·nide /sάɪənὰɪd/ *n.* (*also* **cy·a·nid** /-nɪ̀d | -nɪd/) *n.* 〘化学〙**1** シアン化物, 青酸塩 (prussiate). **2 a** =potassium cyanide. **b** =sodium cyanide. **3** =nitrile. — *vt.* シアンで処理する. **cy·a·ni·da·tion** /sàɪənɪ̀déɪʃən | -nɪ-/ *n.* 〖《1826》← CYANO-＋-IDE[2]: cf. G *Cyanid*〗
cýanide pròcess *n.* 〘冶金〙青化法, シアン化法《シアン化物の水溶液を利用して鉱石中の金・銀を溶解させ亜鉛粉を加えて沈澱させて金銀を抽出する法》. 〖1890〗
cy·a·nine /sάɪənìːn, -nɪ̀n | -nìːn, -nɪn/ *n.* (*also* **cy·a·nin** /sάɪənɪ̀n | -nɪn/) 〘化学〙**1** シアニン, キノリンブルー ($C_{29}H_{35}IN_2$)《紫青色素》. **2** シアニン染料 (cyanine dye) ($(-CH{=}CH-)_n$ の構造をもつ染料, 色増感色素として用いられる). 〖《1872》← CYANO-＋-INE[3]〗
cy·a·nite /sάɪənàɪt/ *n.* 〘鉱物〙藍(らん)晶石, カイアナイト (Al_2SiO_5). **cy·a·nit·ic** /sàɪənítɪk | -tɪk⁻/ *adj.* 〖《1794》← CYANO-＋-ITE[1]〗
cy·a·nize /sάɪənàɪz/ *vt.* 〘化学〙シアン化する. 〖《1881》← CYANO-＋-IZE〗
cy·a·no /sάɪənòu | -nəu/ *adj.* 〘化学〙シアノ基 (-CN) を含む. 〖《1929》↓〗
cy·a·no- /sάɪənou | -nəu/ 次の意味を表す連結形: **1** 「青の (blue), あい色の (dark-blue)」. **2** 〘化学〙**a**「シアン化物 (cyanide)」. **b**「シアン基 (-CN)」. ★ 母音の前では通例 cyan- になる. 〖← Gk *kúanos* dark-blue substance ← ? : ⇨ -o-.〗
cỳano·ácrylate *n.* 〘薬学〙シアノアクリラート《傷口をふさぐのに使用する医療用の重合形接着剤》. 〖《1963》← CYANO-＋ACRYLATE〗
cỳano·bactérium *n.* (*pl.* **-ria**) 〘生物〙藍色細菌, シアノバクテリア. 〖1974〗
cỳano·bénzene *n.* 〘化学〙シアノベンゼン (⇨ benzonitrile).
cy·a·no·chroi·a /sàɪənoukrɔ́ɪə, -nə- | -nə(u)-/ *n.* 〘病理〙=cyanosis. 〖← CYANO-＋Gk *khroía* skin〗
cỳano·cobálamin *n.* (*also* **cyano·cobalmine**) 〘生化学〙シアノコバラミン (⇨ vitamin B_{12}). 〖《1950》← CYANO-＋COBALAMIN〗
cỳano·dérma *n.* 〘病理〙=cyanosis. 〖← CYANO-＋-DERMA〗
cỳano·éthylate *vt.* 〘化学〙シアノエチル化する.
cỳano·ethylátion *n.* 〖《1942》← CYANO-＋ETHYLATE〗
cy·an·o·gen /saɪǽnədʒɪ̀n, -dʒèn/ *n.* 〘化学〙**1** シアン, ジシアン ($(CN)_2$)《可燃性有毒ガス; 化学兵器として用いられる》. **2** シアン (-CN)《1 価の基》. 〖《1826》□ F *cyanogène*: ⇨ cyano-, -gen〗
cy·a·no·gen·a·mide /sàɪənoudʒénəmɪ̀d, -màɪd | -nə(u)dʒénəmàɪd, -mɪd/ *n.* 〘化学〙=cyanamide. 〖⇨ ↑, amide〗
cyánogen brómide *n.* 〘化学〙臭化シアン, ブロムシアン (CNBr)《無色の有毒揮発性の結晶でわずかに水に溶ける; 殺虫剤に使う》.
cyánogen chlóride *n.* 〘化学〙塩化シアン (CNCl)《無色の気体, 有毒; 記号 CC》.
cỳano·génesis *n.* 〘化学・植物〙(ビワ・ウメなどの果実による)シアン化物の形成. 〖《1939》← CYANO-＋-GENESIS〗
cỳano·genétic *adj.* 〘化学・植物〙=cyanogenic. 〖1902〗
cỳano·génic *adj.* 〘化学・植物〙シアン化物を作ることのできる. 〖1961〗
cýano gròup *n.* 〘化学〙シアン群[基] (-CN).
cỳano·guánidine *n.* 〘化学〙シアノグアニジン (⇨ dicyandiamide). 〖← CYANO-＋GUANIDINE〗
cy·a·no·hy·drin /sàɪənouhάɪdrɪ̀n, -nə- | -nə(u)-hάɪdrɪn/ *n.* 〘化学〙シアノヒドリン《シアノ基 (-CN) と水酸基とを含む化合物》. 〖《1925》← CYANO-＋HYDRO-＋-IN[2]〗
cy·a·nom·e·ter /sàɪənά(ː)mətə | -nɔ́mɪ̀tə[r]/ *n.* シアン計《空などの青さを測る青度測定器》. 〖《1829》← CYANO-＋-METRE[1]: cf. F *cyanomètre*〗
cy·a·nop·a·thy /sàɪənά(ː)pəθi | -nɔ́p-/ *n.* 〘病理〙=cyanosis. 〖← CYANO-＋-PATHY〗
Cy·a·noph·y·ta /sàɪənά(ː)fəṭə | -nɔ́fɪtə/ *n. pl.* 〘植物〙藍藻植物門. 〖← NL ～ ← CYANO-＋Gk *phuta* ((pl.) ← *phuton* plant)〗
cy·a·no·phyte /saɪǽnoufàɪt | -nə(u)-/ *n.* 〘生物〙藍藻類の総称 (cf. blue-green alga).
cỳano·plátinite *n.* 〘化学〙シアン化白金 (II) 酸塩 (⇨ platinocyanide).
cy·a·nose /sάɪənòus, -nòuz | -nəus/ *n.* 〘鉱物〙胆礬(たんばん) (⇨ chalcanthite). 〖《1844》□ F ～ □ Gk. *kúanos* dark-blue mineral: ⇨ cyano-, -ose[2]〗
cy·a·nosed /sάɪənòust, -nòuzd | -nəust/ *adj.* 〘病理〙チアノーゼになった[かかった]. 〖《1857》: ⇨ ↓, -ed 2〗
cy·a·no·sis /sàɪənóusɪ̀s | -náusɪs/ *n.* (*pl.* **-no·ses** /-siːz/) 〘病理〙チアノーゼ, 青色症《血液中の酸素欠乏のために皮膚・粘膜が暗紫色を呈する状態; cf. blue baby》.
cy·a·not·ic /sàɪənά(ː)ṭɪk | -nɔ́t-⁻/ *adj.* 〖《1834》← NL ～ ← Gk *kuanōsis*: ⇨ cyano-, -osis〗
cy·an·o·type /saɪǽnəṭàɪp/ *n.* 青写真(法) (blueprint). 〖《1842》← CYANO-＋-TYPE〗
cy·a·nu·rate /sàɪən(j)ʊ́ə-rèɪt, -rɪ̀t | -njʊ́ər-/ *n.* 〘化学〙シアヌル酸塩[エステル]. 〖⇨ ↓, -ate[1]〗
cy·a·nu·ric /sàɪən(j)ʊ́ərɪk | -njʊ́ər-⁻/ *adj.* 〘化学〙シアヌル酸の, シアヌル酸から誘導された. 〖《1838》← CYANO-＋URIC〗
cyanúric ácid *n.* 〘化学〙シアヌル酸 ($C_3N_3(OH)_3$)《尿から得られる》. 〖1838〗
cy·ath- /sάɪəθ/ (母音の前にくるときの) cyatho- の異形.
cyathia *n.* cyathium の複数形.
cy·ath·i·form /saɪǽθəfɔ̀əm | -θɪ̀fɔ̀ːm/ *adj.* 〘生物〙杯状の. 〖《1776》: ⇨ ↓, -form〗
cy·ath·i·um /saɪǽθiəm/ *n.* (*pl.* **-i·a** /-θiə/) 〘植物〙杯状花序. 〖← NL ～ ← Gk *kuátheion* (dim.) ← *kúathos* cup: ⇨ -ium〗
cy·a·tho- /sάɪəθou | -θəu/「杯 (cup); 杯状の (cup-shaped)」の意の連結形. ★ 母音の前では通例 cyath- になる. 〖← NL ～ ← Gk *kúathos* (↑)〗
Cyb·e·le /síbəliː, -li | -bɪ̀li/ *n.* 〘神話〙キュベレ《Phrygia その他小アジア地方の女神; 神々の母である大神で the Great Mother of the Gods と呼ばれ, 穀物の実りを表象する; ギリシャ神話では Rhea または Demeter と同一視されることもある》. 〖□ L *Cybelē* □ Gk *Kubélē*〗
cy·ber- /sάɪbə | -bə[r]/「コンピューターの, コンピューター網の」の意の連結形: *cyber*nation.
cyber·café /sάɪbəkæfèɪ, ⌐⌐⌐⌐ | sάɪbəkǽfeɪ, -fi/ *n.* サイバーカフェ, 電脳喫茶《喫茶店にコンピューターの端末があり, インターネットなどができるようになっている》. 〖1994〗
cy·ber·cul·ture /sάɪbəkʌ̀ltʃə | -bəkʌ̀ltʃə[r]/ *n.* サイバーカルチュア《サイバネーション (cybernation) による社会[文化]》. **cy·ber·cul·tur·al** /sàɪbəkʌ́ltʃ(ə)rəl | -bə-⁻/ *adj.* 〖← CYBER(NETICS)＋CULTURE〗
cy·ber·nate /sάɪbənèɪt | -bə-/ *vt.* サイバネーション化する. 〖《1962》← CYBERNET(ICS)＋-ATE[3]〗
cý·ber·nàt·ed /-ṭɪ̀d | -tɪ̀d/ *adj.* サイバネーションによる[にかかわる]: a ～ society. 〖《1962》: ↑〗
cy·ber·na·tion /sàɪbənéɪʃən | -bə-/ *n.* 〘電算〙サイバネーション《コンピューターなどを使用した高度な自動制御》. 〖《1962》(混成) ← CYBERN(ETICS)＋(AUTOM)ATION〗
cy·ber·net·ic /sàɪbənéṭɪk | -bənét-⁻/ *adj.* サイバネティクスの. 〖《1951》(逆成) ← CYBERNETICS〗
cỳ·ber·nét·i·cal /-ṭɪ̀kəl, -kl̩ | -tɪ-⁻/ *adj.* =cybernetic. **～·ly** *adv.*
cy·ber·ne·ti·cian /sàɪbənətíʃən | -bə-/ *n.* =cyberneticist. 〖1951〗
cỳ·ber·nét·i·cist /-ṭəsɪ̀st | -tɪsɪst/ *n.* サイバネティクス学者. 〖《1948》: ⇨ ↓, -ist〗
cy·ber·net·ics /sàɪbənéṭɪks | -bənét-/ *n.* サイバネティクス《生物の制御機構と機械の制御機構の共通原理を究明する学問; 米国 MIT の Norbert Wiener 教授が提唱した; cf. bionics, feedback 2》. 〖《1948》← Gk *kubernḗtes* steersman (← *kubernân* to steer: ⇨ govern)＋-ICS〗
cỳber·phóbia *n.* コンピューターに対する恐怖, コンピューター恐怖症[嫌悪症].
cy·ber·porn /sάɪbəpɔ̀ən | -bəpɔ̀ːn/ *n.* サイバーポルノ《インターネット上のポルノ》.
cy·ber·punk /sάɪbəpʌ̀ŋk | -bə-/ *n.* **1 a** サイバーパンク《特に 1980 年代以降の SF で, コンピューターの浸透で変容した(未来)社会をロックミュージック・犯罪小説・映画などのサブカルチャーの影響下で否定的に描いたもの》. **b** サイバーパンク作家. **2** (反体制的)ハッカー. 〖1984〗
cýber·sèx *n.* サイバーセックス《コンピューターを通じて行なう性的な行為・展示・会話》.
cýber·spàce *n.* サイバースペース, 電脳空間《コンピューターネットワークで結ばれた世界, またはコンピューターの作り出す仮想現実環境》.
cýber·tèrrorism *n.* サイバーテロ《ネットワークなどを通じて政府や公共機関のコンピューターシステムに侵入し, データ破壊などを行うこと》.
cy·borg /sάɪbɔəg | -bɔːg/ *n.* サイボーグ《宇宙空間のような特殊な環境に適合するため, 生体機能の一部を人工器官で担うように改造された人間[動物]》. 〖《1960》(混成) ← CYB(ERNETIC)＋ORG(ANISM)〗
cyc. 《略》cycles; cycling; cyclopedia; cyclopedic.
cy·cad /sάɪkæd, -kəd/ *n.* 〘植物〙ソテツ科の植物の総称; (特に)ソテツ (*Cycas revoluta*) (cf. sago palm). 〖《1845》← NL *Cycad-*, *Cycas* ← Gk *kúkas*=*kóikās* (acc. pl.) ← *kóix* an Egyptian palm tree〗
Cy·ca·da·ce·ae /sàɪkədéɪsiː, sìk-/ *n. pl.* 〘植物〙ソテツ科. **cỳ·ca·dá·ceous** /-ʃəs⁻/ *adj.* 〖← NL ～: ⇨ ↑, -aceae〗
Cy·ca·da·les /sàɪkədéɪliːz, sìk-/ *n. pl.* 〘植物〙(裸子植物)ソテツ目. 〖← NL ～: ⇨ cycad, -ales〗
cy·cad·e·oid /saɪkǽdiɔ̀ɪd | -di-/ *n.* 〘植物〙キカデオイデア《中生代に栄えて絶滅したソテツの仲間; *Cycadeoidea*, *Bennettites* 属などの化石植物》. 〖《1928》← NL *Cycadeoidea*: ⇨ cycad, -oid〗
cy·cad·o·phyte /saɪkǽdəfàɪt | -də-/ *n.* 〘植物〙ソテツ植物《現生のソテツ (cycas) を始め, 中世代に栄えたソテツ類の化石植物を含む一群》. 〖《1911》← NL *Cycadophytae*: ⇨ Cycadales, -phyte〗
cy·cas /sάɪkæs, -kəs/ *n.* 〘植物〙ソテツ《ソテツ属 (*Cycas*) の植物の総称; ソテツ (*C. revoluta*) など》. 〖⇨ cycad〗
cy·ca·sin /sάɪkəsɪ̀n | -sɪn/ *n.* 〘化学〙サイカシン ($C_8H_{16}N_2O_7$)《ソテツ (cycad) 中に存在するグルコシド; 有毒》. 〖《*c*1965》: ⇨ ↑, -in[2]〗
Cy·chre·us /sάɪkriəs, -kruːs/ *n.* 〘ギリシャ神話〙キュクレウス《Poseidon と Salamis の子; 半人半蛇の Salamis 王》. 〖□ L ～ □ Gk *Kukhreús*〗
cy·cl- /sάɪkl/ (母音の前にくるときの) cyclo-[1] の異形.
Cyc·la·des /síklədìːz, sάɪk-/ *n.* [the ～; 複数扱い] キクラデス諸島《Delos 島を中心とするエーゲ海南部のギリシャ領の諸島; 現代ギリシャ語名 Kikladhes; 面積 2,572 km^2, 主都 Hermoupolis /hɛrmúpolis/》.
Cy·clad·ic /sɪ̀klǽdɪk, saɪk- | sɪklǽd-, saɪk-/ *adj.* **1** キクラデス諸島 (Cyclades) の. **2** (青銅器時代の)キクラデス (Cyclades) 文明の.
cy·cla·mate /sάɪkləmèɪt, sík-/ *n.* 〘化学〙チクロ, シクラメイト《甘味剤・食品添加物として用いられたが現在では使用禁止》. 〖《1951》(混成) ← CYCL(OHEXYL)＋(*sulf*)*amate* (← SULF(ANIL)AM(IDE)＋-ATE[1])〗
cy·cla·men /sάɪkləmən, sík-, -mèn | sík-, sάɪk-/ *n.* 〘植物〙シクラメン《サクラソウ科シクラメン属 (*Cyclamen*) の観賞用植物の総称; シクラメン(旧名ブタノマンジュウ) (*C. persicum*) など; cf. sowbread》. 〖《1543》← NL ～ ← Gk *kuklάminos* ← ? *kúklos* circle (その球根の形から か)〗
cýclamen áldehyde *n.* 〘化学〙シクラメンアルデヒド ($C_3H_7C_6H_4CH_2CH(CH_3)CHO$)《無色の液体; スズランのような香りがある; 石鹸などの香料にする》.
cy·clase /sάɪkleɪs, -kleɪz | -kleɪs/ *n.* 〘生化学〙チクラーゼ《有機化合物を環状化させる酵素; adenyl cyclase など》. 〖《1946》← CYCLO-[1]＋-ASE〗
cy·claz·o·cine /saɪklǽzəsìːn, -sɪ̀n | -sìːn, -sɪn/ *n.* 〘薬学〙シクラゾシン ($C_{18}H_{25}NO$)《モルヒネなど習慣性鎮痛剤の効果を抑える鎮痛剤》. 〖《1966》← CYCLO-[1]＋*azocine* (C_7H_7N)〗
cy·cle[1] /sάɪkl/ *n.* **1 a** (一連の現象が完成する)循環期, 周期: the ～ of eclipses 日月食の循環期《約 6,585 日》/ ⇨ Metonic cycle, solar cycle / move in a ～ 周期的に循環する. **b** (季節・事件などの)反覆, 一回り (round): the ～ of the seasons [the year] 季節[年]の一回り[循環] / a ～ of events 事件の反覆 / a ～ of human life (生まれては死に生まれては死ぬ)人生の変転. **2** 長年月 (age). **3 a** 同一テーマを扱う文学作品群: a sonnet ～. **b** (神話・伝説などの英雄を主題とする)一群[一団]の詩歌, 伝説[物語]群 (cf. song cycle): the Arthurian ～ of romances アーサー王(をめぐる)伝奇物語集成 / the Trojan ～ トロイ戦争詩歌群. **c** 奇跡劇 (miracle play) 群. **4** 〘電気〙周波; サイクル (cycles per second): ～*s* per second サイクル毎秒《振動数・周波数の単位; 記号 c/s; 現在は hertz を用いる》. **5** 〘植物〙(輪生葉序の)一回旋. **6** 〘物理〙循環過程 (cyclic process); (一周期を完成する)周期的現象; 周期. **7** 〘数学〙**a** サイクル, 輪体; 循環, 巡回置換 (cyclic permutation). **b** 自閉線, 閉括線. **8** 〘野球〙サイクルヒット《打者が一試合中に単打・二塁打・三塁打・本塁打を打つこと; hat trick ともいう》: hit for the ～ サイクルヒットを放つ. **9** 《古》〘天文〙天体の軌道上の一周. **10** 〘電算〙周期, サイクル《1 組の事象が完了する時間間隔, また同一順序で繰り返される一連の動作; 略 c., cy.). **11**〘言語〙(変形文法の)循環規則.

cýcle of erósion〘地質〙(地形の)浸食輪廻(ᵇᵃ). ⟦1904⟧

cýcle of indíction [the ―] (ローマ暦の) 15 周年, 15 年紀 (cf. indiction 1). ⟦1824⟧

― *vi.* 循環する, 輪回する, 回帰する, 周期運動[変化]をする. ― *vt.* 循環させる.

⟦(*a*1387) *cicle* □ (O)F *cycle* // LL *cyclus* □ Gk *kúklos* circle ← IE **kwel-* to revolve (⇨ wheel)⟧

cy·cle² /sáɪkḷ, síkḷ | sáɪkḷ/ *vi.* 自転車[三輪車, オートバイ]に乗る (cf. cycling 1 a): go *cycling* サイクリングに行く. ― *n.* **1** 自転車 (bicycle). **2** オートバイ (cf. motorcycle). **3** 三輪車 (tricycle). ⟦(1870)(略) ← BICYCLE⟧

cýcle·càr *n.* サイクルカー《無蓋のオート三輪[四輪]車》. ⟦1913⟧

cýcle làne *n.* 《英》 =bike lane.

cy·cler /sáɪklə, sík- | sáɪklə(r)/ *n.* 《米》 =cyclist. ⟦1884⟧

cýcle rickshaw *n.* 輪タク (pedicab).

cy·cle·ry /sáɪkləri, sík- | sáɪkl-/ *n.* 自転車屋[店]. ⟦(1897) ← CYCLE²+-ERY⟧

cýcle shòp *n.* =cyclery.

cýcle-tràck *n.* =cycleway. ⟦1916⟧

cýcle·wày *n.* 自転車用道路. ⟦1899⟧

cy·clic /sáɪklɪk, sík-/ ★《英》では /sík-/ の発音が増加している. *adj.* **1** 循環する; 循環(期)の[に関する]; 周期的な[に動く, に起こる] (cf. secular 3 b): twenty ~ years 20 年周期. **2** (同一の神話・伝説などを主題とする)物語[詩歌]群の[に関する, に属する]: a ~ narrative / ⇨ cyclic poets. **3**〘植物〙輪状の: a ~ flower 輪生花 / ~ arrangement (葉の)輪状配列. **4**〘化学〙環式の (cf. heterocyclic, homocyclic): ~ compounds 環式化合物. **5**〘数学〙巡回の, 円の. **6**〘言語〙(変形文法で)循環規則性の. **cy·clic·i·ty** /saɪklísəti, sɪk- | -sɪ̀ti/ *n.* **~·ly** *adv.* ⟦(1794) □ F *cyclique* // L *cyclicus* □ Gk *kuklikós* circular: ⇨ cycle¹, -ic¹⟧

cy·cli·cal /sáɪklɪkəl, sík-, -kḷ | -lɪ-/ *adj.* **1** =cyclic. **2**〘経済〙循環的な, 景気変動と関連した. **~·ly** *adv.* ⟦(1817): ⇨ ↑, -al¹⟧

cýclical unemplóyment *n.* 循環的失業.

cýclic ÁMP *n.*〘生化学〙サイクリック AMP《アデニル酸 (adenyl acid) のリン酸が 3′, 5′ の双方と結合し環状となっているもの; ホルモン作用の仲介をする; 略 CAMP; adenosine monophosphate ともいう》. ⟦1966⟧

cýclic chórus *n.*〘古代ギリシャ〙輪舞唱《Dionysus の祭壇の回りを輪になって踊りながらする頌歌(ˢʰᵒ)合唱》. ⟦1846⟧

cýclic gróup *n.*〘数学〙巡回群《そのすべての元が一つの元の累乗の形に書けるような群》.

cýclic permutátion *n.*〘数学〙巡回置換《*a* を *b* に, *b* を *c* に, *c* を *a* に変えるというふうに, 円環状に変える置換; 物の個数がもっと多いときも同様》.

cýclic pítch contròl *n.*〘航空〙(ヘリコプターの)サイクリックピッチ制御《回転翼機が前進飛行をするときに, ローター翼の揚力を釣り合わすため翼のピッチ角を回転方位角に合わせて周期的に変化させること; cf. collective pitch control》. ⟦1944⟧

cýclic pítch lèver *n.*〘航空〙サイクリックピッチレバー《サイクリックピッチ制御操作レバー; cf. collective pitch lever》. ⟦1962⟧

cýclic póets *n. pl.* **1** Homer に次いで Troy 戦争を歌った詩人たち. **2** 同一主題で書く詩人群.

cýclic redúndancy chèck *n.*〘電算〙周期[巡回]冗長検査 (略 CRC).

cýclic shíft *n.*〘電算〙循環桁送り《コンピューター中のデータの桁を移動し, はみ出した桁は他方の端に移すこと》.

cy·clin /sáɪklɪ̀n | -klɪn/ *n.*〘生化学〙サイクリン《細胞周期 (cell cycle) の制御に関する蛋白質》. ⟦(*c*1975) ← CYCLE¹+-IN²⟧

cy·cling /sáɪklɪŋ, sík-, -kl- | sáɪk-/ *n.* **1 a** 自転車[三輪車, オートバイ]を乗り回すこと, サイクリング (cf. cycle² *vi.*). 日英比較 日本でいう「サイクリング」は《米》では bike-riding というのが普通: (例) go bike-riding. ⇨ bike 1 日英比較. **b** 自転車競走 (bicycle race, bicycle racing ともいう). **2** 円運動. **3**〘物理〙繰返し, サイクル: thermal ~ 熱サイクル. ⟦(1883) ← CYCLE²+-ING¹⟧

cy·clist /sáɪklɪ̀st, -kḷ- | -lɪst/ *n.* 自転車[三輪車, オートバイ]乗り, サイクリスト (cf. bicyclist). ⟦(1882) ← CYCLE²+-IST⟧

cy·cli·tol /sáɪklətɔ̀(ː)l, sík- | sáɪklɪtɒl/ *n.*〘化学〙シクリトール, 環状糖《イノシトールなどのような環状の糖アルコールを意味する》. ⟦(1943) ← CYCLO-¹+(INOS)ITOL⟧

cy·cli·za·tion /sàɪklɪ̀zéɪʃən, sɪk- | sàɪklaɪ-, -klɪ-/ *n.*〘化学〙環化. ⟦(1909): ⇨ ↓, -ation⟧

cy·clize /sáɪklaɪz, sík- | sáɪ-/ *vt., vi.*〘化学〙環化する. ⟦(1934) ← CYCL(IC)+-IZE⟧

cý·clized rúbber *n.*〘化学〙環化ゴム《接着剤・印刷インク・塗料などに用いる; cyclorubber ともいう》. ⟦1954⟧

cy·cli·zine /sáɪkləzìːn | -klɪ-/ *n.*〘薬学〙シクリジン ($C_{18}H_{22}N_2$)《吐き気・動揺病用抗ヒスタミン剤》. ⟦← CYCLO-¹+-I-+(PIPERA)ZINE⟧

cy·clo /síːkloʊ, sík- | -kləʊ/ *n.* (*pl.* ~s) 三輪タクシー《三輪の座席付きまたは人力のタクシー》. ⟦(1964) ↓⟧

cy·clo-¹ /sáɪkloʊ, sík- | -kləʊ/ 次の意味を表す連結形: **1**「円; 環」: *cyclo*tron. **2**「(車輪の)回転」. **3**〘化学〙「環式(化合物)」. **4**〘解剖〙「毛様体」. ★ 母音の前では通例 cycl- になる. ⟦← Gk *kúklos* circle: ⇨ cycle¹⟧

cy·clo-² /sáɪkloʊ, sík- | sáɪkləʊ/「自転車」の意味を表す連結形: *cyclo*-cross.

cỳclo·acétylene *n.*〘化学〙シクロアセチレン《環式炭化水素で三重結合が 1 個あるもの》.

cỳclo·addítion *n.*〘化学〙付加環化《付加して環式の化合物をつくるような反応》. ⟦1963⟧

cỳclo·aliphátic *adj.*〘化学〙=alicyclic. ⟦1936⟧

cỳclo·álkane *n.* =cycloparaffin.

cỳclo·bútane *n.*〘化学〙シクロブタン (C_4H_8)《4 員環の炭化水素; tetramethylene ともいう》.

cy·clo·ceph·a·ly /sàɪkloʊséfəli, sɪk- | -klə(ʊ)séf-, -kéf-/ *n.*〘病理〙輪状脳症.

cýclo-cròss *n.* シクロクロス《自転車に乗って行うクロスカントリーレース; 途中自転車をかかえて障害を乗り越えたりもする》. ⟦1953⟧

cỳclo·díene *n.*〘薬学〙シクロジエン《塩素系殺虫剤》. ⟦(1942) ← CYCLO-¹+-DIENE⟧

cỳclo·génesis *n.*〘気象〙低気圧の発生[発達] (cf. cyclolysis). ⟦(*c*1938) ← NL ~ ← CYCLO(NE)+-GENESIS⟧

cy·clo·graph /sáɪkloʊgræ̀f, sík- | sáɪklə(ʊ)grɑ̀ːf, -græ̀f/ *n.*〘数学〙円弧規 (arcograph). ⟦(1823) ← CYCLO-¹+-GRAPH⟧

cỳclo·héxane *n.*〘化学〙シクロヘキサン (C_6H_{12})《無色の液体; 6 員環飽和炭化水素; 溶剤, アジピン酸の製造に用いる》. ⟦(*c*1909) ← CYCLO-¹+HEXANE⟧

cỳclo·héxanol *n.*〘化学〙シクロヘキサノール ($C_6H_{11}OH$)《無色の液体; 溶剤として用いる》. ⟦⇨ ↑, -ol¹⟧

cỳclo·héxanone *n.*〘化学〙シクロヘキサノン ($C_6H_{10}O$)《芳香を有する無色の液体; 溶剤用》. ⟦(*c*1909) ← CYCLO-¹+HEXA(NE)+-ONE⟧

cỳclo·héxene *n.*〘化学〙シクロヘキセン (C_6H_{10})《無色の液体; 6 員環不飽和炭化水素; tetrahydrobenzene ともいう》.

cỳclo·héx·i·mide /-héksəmàɪd, -mɪ̀d | -sɪmàɪd, -mɪd/ *n.*〘薬学〙シクロヘキシミド ($C_{15}H_{23}NO_4$)《ある種の土壌細菌から得た農業用殺菌剤》. ⟦(1950) ← CYCLOHEX(ANONE)+IMIDE⟧

cỳclo·héxyl *n.*〘化学〙シクロヘキシル (C_6H_{11})《シクロヘキサンから水素を 1 個除いた基》. ⟦← CYCLO-¹+HEXYL⟧

cy·clo·hex·yl·a·mine /sàɪkloʊhɛksɪ́ləmìːn, sɪk- | sàɪklə(ʊ)-/ *n.*〘化学〙シクロヘキシルアミン ($C_6H_{11}NH_2$)《有機合成などに用いられる薬品》. ⟦(1943): ⇨ ↑, amine⟧

cy·cloid /sáɪklɔɪd/ *n.* **1 a**〘数学〙サイクロイド, 擺線(ʰᵃⁱ)《円が一つの直線上をすべらずにころがるとき, その周上の 1 点が描く曲線; cf. trochoid 1》. **b** 円状[形]のもの: a cloud ~. **2**〘魚類〙円鱗(ʳⁱⁿ)魚. **3**〘精神分析〙=cyclothyme. ― *adj.* **1** 丸い, 円形の (circular). **2**〘動物〙(魚の鱗(ᵘʳᵒ)が)円形の; 円形の鱗のある. **3**〘精神分析〙=cyclothymic. ⟦(1661) □ F *cycloïde* □ Gk *kukloeidḗs* like a circle: ⇨ cycle¹, -oid⟧

cy·cloi·dal /saɪklɔ́ɪdḷ | -dḷ/ *adj.* **1**〘数学〙サイクロイドの, 擺線(ʰᵃⁱ)(状)の. **2**〘魚類〙=cycloid 2. **~·ly** /-dḷi, -dli | -dḷi, -dli/ *adv.* ⟦(1704): ⇨ ↑, -al¹⟧

cyclóidal péndulum *n.*〘物理〙サイクロイド振り子. ⟦1830⟧

cyclóidal propéller *n.*〘海事〙サイクロイド推進器《可変ピッチプロペラーを使い, その方向も変えられる; 船外機で, これによって操舵も楽にできる》.

cy·clol·y·sis /saɪklɑ́(ː)ləsɪ̀s | -klɔ́lɪ̀sɪs/ *n.* (*pl.* **-y·ses** /-sìːz/)〘気象〙低気圧の消滅[衰弱] (cf. cyclogenesis). ⟦← CYCLO(NE)+-LYSIS⟧

cy·clom·e·ter /saɪklɑ́(ː)mətə | -klɔ́mɪ̀tə(r)/ *n.* **1** 円弧測定器. **2** 車輪回転記録器, 走行距離計《自転車などに取り付ける; cf. odometer, speedometer 2》.

cy·clo·met·ry /saɪkrɑ́(ː)mətri/ *n.* ⟦(1815) ← CYCLO-¹+-METER¹⟧

cy·clo·nal /saɪklóʊnḷ | -kləʊ-/ *adj.* 旋風 (cyclone) の[のような]. ⟦(1881): ⇨ ↓, -al¹⟧

cy·clone /sáɪkloʊn | -kləʊn/ *n.* **1 a**〘気象〙温帯性低気圧, 旋風, サイクロン. ★ ただし, インド洋方面では熱帯性低気圧のことを cyclone という. **b** (一般に)暴風 (cf. hurricane, typhoon). **c** 《米中西部》大竜巻 (tornado). **2** サイクロン, 遠心分離機[装置] (cyclone collector, cyclone separator ともいう). ― *adj.* 《豪》《フェンスなどが波形番線鉄鋼の. ⟦(1848) □ Gk *kuklôn* (pres.p.) ← *kuklóein* to circle round, whirl ← *kúklos* 'CYCLE¹'⟧

cýclone cèllar *n.* 《米》(草原地帯における)旋風[大竜巻]避難用地下室. ⟦1887⟧

cýclone cènter *n.* 旋風の中心.

cýclone collèctor [séparator] *n.* =cyclone 2.

cy·clon·ic /saɪklɑ́(ː)nɪk | -klɔ́n-/ *adj.* **1** 旋風の, 旋風性の, 旋風的な. **2** 〈怒りなど〉激しい, 強烈な. ⟦(1860) ← CYCLONE+-IC¹⟧

cy·clón·i·cal /-nɪ̀kəl, -kḷ | -nɪ-/ *adj.* =cyclonic. **~·ly** *adv.* ⟦1881⟧

cyclónic stórm *n.*〘気象〙=cyclone 1.

cy·clo·nite /sáɪklənàɪt, sík- | sáɪ-/ *n.* サイクロナイト《強力高性能爆薬または殺鼠剤として用いられる; hexogen, RDX ともいう》. ⟦(1923) ← CYCLO(TRIMETHYLENETRI)NIT(RAMIN)E⟧

cy·clo·oc·ta·tet·ra·ene /sàɪkloʊɑ̀(ː)ktətétrəìːn, sɪk- | sàɪklə(ʊ)ɔ̀k-/ *n.*〘化学〙シクロオクタテトラエン (C_8H_8)《黄色の液体; 環式の炭化水素でアセチレンの重合でつくられる; スチレンに異性化する》. ⟦← CYCLO-¹+OCTA-+TETRA-+-ENE⟧

cỳclo·ólefin *n.*〘化学〙シクロオレフィン, シクロアルケン《オレフィン二重結合 1 個を有し環式構造をなす不飽和炭化水素の総称; 一般式 C_nH_{2n-2}》. **cỳclo·olefínic** *adj.* ⟦(*c*1929) ← CYCLO-¹+OLEFIN⟧

cy·clo·pae·di·a /sàɪkləpíːdiə | -klə(ʊ)píːdiə/ *n.* =cyclopedia. ⟦1610⟧

cy·clo·pae·dic /sàɪkləpíːdɪk | -klə(ʊ)píːdɪk⁻/ *adj.* =cyclopedic. ⟦*a*1843⟧

cỳ·clo·páe·dist /-dɪ̀st | -dɪst/ *n.* =cyclopedist.

cỳclo·páraffin *n.*〘化学〙シクロパラフィン, シクロアルカン《3 個以上のメチレン基をもつ脂環式化合物の総称; 一般式 C_nH_{2n}》. ⟦(1900) ← CYCLO-¹+PARAFFIN⟧

C

cy·clo·pe·an /sàɪkləpíːən, saɪklóʊpiən | sàɪklə(ʊ)píːən⁻, saɪkləʊpiən/ *adj.* **1** [しばしば C-] (一つ目の巨人)キュクロープス (Cyclops) の(ような). **2** 巨大な (huge, gigantic): a ~ task. **3**〘建築〙巨石の, サイクロプス式の《巨大な石がモルタルを用いないで積んである太古の遺跡の石積み法をキュクロープス族の仕業だという伝説に従っていう》. **4**〘病理〙単眼症の. ⟦(1626) ← L *Cyclōpēus* (□ Gk *Kuklṓpeios*)+-AN¹: ⇨ Cyclops⟧

cyclopean cóncrete *n.*〘土木〙巨石コンクリート《大石を埋め込んだコンクリート》.

cy·clo·pe·di·a /sàɪkləpíːdiə | -klə(ʊ)píːdiə/ *n.* 百科全書, 百科事典. ⟦(1636)(頭音消失) ← ENCYCLOPEDIA⟧

cy·clo·pe·dic /sàɪkləpíːdɪk | -klə(ʊ)píːdɪk⁻/ *adj.* **1** 百科事典[全書]的な. **2** 広範な, 該博な, 多種多様な: ~ knowledge 該博な知識. **cỳ·clo·pé·di·cal·ly** *adv.* ⟦(*a*1843): ⇨ ↑, -ic¹⟧

cỳ·clo·pé·dist /-dɪ̀st | -dɪst/ *n.* 百科事典編集者.

cỳclo·pentadíene *n.*〘化学〙シクロペンタジエン (C_5H_6)《コールタールの分留によりできる無色の液体; 合成原料・プラスチックの製造に用いる》. ⟦← CYCLO-¹+PENTADIENE⟧

cỳclo·péntane *n.*〘化学〙シクロペンタン (C_5H_{10})《石油原油から得られる無色の液体; pentamethylene ともいう》. ⟦← CYCLO-¹+PENTANE⟧

Cyclopes *n.* Cyclops の複数形.

cỳclo·phós·pha·mide /-fɑ́(ː)sfəmàɪd, -mɪ̀d | -fɔ́sfəmàɪd, -mɪd/ *n.*〘化学〙シクロフォスファミド ($C_7H_{15}Cl_2N_2O_2P$)《リンパ腫などの抗腫瘍剤》. ⟦(1960) ← CYCLO-¹+PHOSPHO-+AMIDE⟧

cy·clo·pi·a /saɪklóʊpiə | -kləʊ-/ *n.*〘病理〙一つ目奇形, 単眼症. ⟦(1849–52) ← NL ~: ⇨ Cyclops, -ia¹⟧

cy·clo·pi·an /saɪklóʊpiən | -kləʊ-/ *adj.* =cyclopean. ⟦1835⟧

cy·clop·ic /saɪklɑ́(ː)pɪk | -klɔ́p-/ *adj.*〘病理〙=cyclopean 4. ⟦1879⟧

cy·clo·ple·gi·a /sàɪkləplíːdʒiə, sɪklə-, -dʒə | -/ *n.*〘病理〙毛様体筋麻痺. **cy·clo·ple·gic** /sàɪkləplíːdʒɪk, sɪk- | -klə(ʊ)-⁻/ *adj.* ⟦(1902) ← CYCLO-¹+-PLEGIA⟧

cỳclo·própane *n.*〘化学〙シクロプロパン (C_3H_6)《無色のガス; 麻酔剤として用いる; trimethylene ともいう》. ⟦(1894) ← CYCLO-¹+PROPANE⟧

Cy·clops /sáɪklɑ(ː)ps | -klɒps/ *n.* (*pl.* ~, **Cy·clo·pes** /saɪklóʊpiːz | -kləʊ-/) **1**〘ギリシャ伝説〙キュクロープス《一つ目の巨人; この種族はもと Sicily に住んでいたが, 後 Etna 山のふもとで Vulcan の助手となり Zeus の火矢を作ったと伝えられる; cf. Polyphemus》. **2** [c-] 単眼症患者; 一つ目小僧. **3** [c-]〘動物〙節足動物門キクロプス科 *Cyclops* 属のケンミジンコ類の動物の総称 (cf. water flea). ⟦(1513) □ L *Cyclōps* □ Gk *kúklōps* round eye ← *kúklos* 'CYCLE¹'+*ṓps* eye⟧

cy·clo·py /sáɪkləpi/ *n.*〘病理〙=cyclopia.

cy·clo·ra·ma /sàɪkləræ̀mə, -rɑ́ːmə | -rɑ́ːmə/ *n.* **1** 円形パノラマ. **2**〘劇場〙(空の効果を出すために舞台奥に張る)空バック, 空幕, ホリゾント (cf. sky-dome). **cy·clo·ram·ic** /sàɪkləræ̀mɪk, -rɑ́ːm- | -rɑ́ːm-⁻/ *adj.* ⟦(1840) ← CYCLO-¹+(PANO)RAMA⟧

cỳclo·rúbber *n.*〘化学〙=cyclized rubber.

cỳclo·sérine *n.*〘生化学〙サイクロゼリン ($C_3H_6N_2O_2$)《糸状菌 *Streptomyces* で生産される抗生物質》. ⟦(1952) ← CYCLO-¹+SERINE⟧

cycloses *n.* cyclosis の複数形.

cỳclo·sílicate *n.*〘鉱物〙サイクロケイ酸塩 (SiO_4 四面体頂点の共有が環状をなしているもの; ringsilicate ともいう; cf. inosilicate, nesosilicate, phyllosilicate, sorosilicate, tectosilicate).

cy·clo·sis /saɪklóʊsɪ̀s | -kləʊsɪs/ *n.* (*pl.* **cy·clo·ses** /-siːz/)〘生物〙原形質環流, 細胞質環流《植物細胞内で見られる原形質流動》. ⟦(1835) □ Gk *kúklōsis*: ⇨ cyclo-¹, -osis⟧

cy·clo·spo·rine /sàɪkloʊspɔ́ːrɪ̀n | -klə(ʊ)spɔ́ːrɪn/ *n.* (*also* **cy·clo·spo·rin** /~/)〘薬学〙シクロスポリン《免疫抑制薬; 臓器移植の拒絶反応防止などに使われる; cyclosporin-A ともいう; cf. antirejection》. ⟦(1976): ⇨ cyclo-¹, spore, -in²⟧

cy·clos·to·mate /saɪklɑ́(ː)stəmɪ̀t, -mèɪt | -klɔ́s-/ *adj.* =cyclostomatous. ⟦← CYCLO-¹+STOMO-+-ATE²⟧

cy·clo·stom·a·tous /sàɪkləstɑ́(ː)mətəs | -stɔ́mət-/ *adj.* **1** 丸い口をもった. **2**〘魚類〙円口綱の (cf. cyclostome). ⟦(1839–47): ⇨ ↑, -ous⟧

cy·clo·stome /sáɪkləstòʊm, -kloʊ- | -klə(ʊ)stəʊm/ *adj., n.*〘魚類〙円口綱の(魚). ⟦(1835) ← CYCLO-¹+-STOME⟧

cy·clos·to·mous /saɪklɑ́(ː)stəməs | -klɔ́s-/ *adj.* =cyclostomatous. ⟦1826⟧

cy·clo·stroph·ic /sàɪkloʊstrɑ́(ː)fɪk, sɪk- | sàɪklə(ʊ)strɔ́f-⁻/ *adj.*〘気象〙旋衡の《回転性の風に働く遠心力を表す》. ⟦(1916) ← CYCLO-¹+STROPHIC⟧

cýclo·stỳle¹ *n.* (謄写用原紙を切るための)先に小さな歯車の付いたペン; その謄写器. ― *vt.* cyclostyle で謄写す

る. 〘(1883)← CYCLO-[1]+-STYLE[2]〙

cýclo·stỳle[2] *n.* 〘建築〙(中庭などを囲む)円周列柱. 〘← CYCLO-[1]+-STYLE[1]〙

cy·clo·thyme /sáɪkləθàɪm, sík-, -klo(ʊ)- | sáɪklə(ʊ)-/ *n.* 〘精神分析〙循環気質(の患)者. 〘(1925)《逆成》↓〙

C

cy·clo·thy·mi·a /sàɪkləθáɪmiə, sík-, -kloʊ- | sàɪklə(ʊ)-/ *n.* 〘精神分析〙循環気質《気分が交互に興奮したり沈んだりする状態を特徴とする気質; cf. MANIC-DEPRESSIVE psychosis》. 〘(1921)← NL ~ ← G *Zyklothymie*: ⇨ cyclo-[1], -thymia〙

cy·clo·thy·mic /sàɪkloʊθáɪmɪk, sìk- | sàɪklə(ʊ)-ˉ/ *adj.* 〘精神分析〙循環気質の. 〘(1923): ⇨ ↑, -ic[1]〙

cy·clo·tom·ic /sàɪklo(ʊ)tá(:)mɪk, sìk- | sàɪklə(ʊ)tɔ́m-ˉ/ *adj.* **1** 〘外科〙毛様体切開(術)の. **2** 〘数学〙円分の, 円分法の (⇨ cyclotomy 2): a ~ polynomial 円分多項式《p が素数の時 $x^{p-1}+x^{p-2}+\dots+x+1$ という形の多項式》. 〘(1879): ⇨ ↓, -ic[1]〙

cy·clot·o·my /saɪklá(:)təmi | -klɔ́t-/ *n.* **1** 〘外科〙毛様体切開(術). **2** 〘数学〙円分法《円周を等分することに関する数学的理論》. 〘(1879)← CYCLO-[1]+-TOMY〙

cýclo·trimèthylene·trinitramíne *n.* 〘化学〙シクロトリメチレントリニトロアミン (cyclonite). 〘← CYCLO-[1]+TRIMETHYLENE+TRINITRAMINE〙

cy·clo·tron /sáɪklətrɑ̀(:)n | -klə(ʊ)trɔ̀n/ *n.* 〘物理〙サイクロトロン, イオン加速装置《イオンを高エネルギーに加速して, 標的物質にあてることにより核反応を起こさせたり人工放射能を作りだしたりする装置》. **cy·clo·tron·ic** /sàɪklətrá(:)nɪk | -klə(ʊ)trɔ́n-ˉ/ *adj.* 〘(a1935)← CYCLO-[1]+-TRON: その中での荷電粒子のらせん状運動にちなむ〙

cýclotron résonance *n.* 〘物理〙サイクロトロン共鳴《磁場の中を軌道運動している荷電粒子が, その軌道の振動数に等しい周波数の電磁波を(共鳴的に)吸収すること》.

cy·der /sáɪdə | -də(r)/ *n.* 《英》=cider.

Cy·dip·pe /saɪdípi/ *n.* 〘ギリシャ神話〙キュディッペー: **a** Argos の Hera の女神官. **b** 海のニンフ. 〘(1835-36)◻ L *Cȳdippē* ◻ Gk *Kudíppē*〙

Cyd·nus /sídnəs/ *n.* [the ~] キュドノス(川)《小アジア南東部の古国 Cilicia の歴史上の川で古代の都 Tarsus を貫流した》. 〘◻ L ~ ◻ Gk *Kúdnos* (原義) glorious ← kûdos glory〙

cy·e·sis /saɪí:sɪs | -sɪs/ *n.* (*pl.* **cy·e·ses** /-si:z/) 妊娠 (pregnancy). 〘← NL ~ ← Gk *kúēsis* ← *kúein* to be pregnant: ⇨ -sis〙

cyg·net /sígnɪt/ *n.* 白鳥のひな, 白鳥の子. 〘(c1400) *signett* ◻ AF **cignet* ← OF *cigne* (F *cygne*) < ML *cicinum*=L *cy̆gnus, cycnus* swan ◻ Gk *kúknos* ← ? IE **keuk-* to be white: ⇨ -et〙

Cyg·nus /sígnəs/ *n.* 〘天文〙はくちょう(白鳥)座《北天の大星座; α 星はデネブ (Deneb) (1.3 等); the Swan ともいう; cf. Northern Cross》. 〘◻ L ~ (↑)〙

Cýgnus Lóop *n.* [the ~]〘天文〙はくちょう(白鳥)座のループ《白鳥座に含まれる超新星 (supernova) の残存》.

cyk, CYK 《略》consider yourself kissed.

cy·klus /tsú:klus; G. tsý:klus/ *n.* 〘音楽〙**a** 連続演奏会, チクルス《例えばベートーベンのピアノソナタ全曲演奏など, 特定の目的をもった一連の演奏会》. **b** 連作(歌)曲集 (song cycle)《いくつかの小品が集まって一つのテーマをもつ作品になっているもの》. 〘◻ LL *cyclus* ◻ Gk κύκλος circle〙

cyl. 《略》cylinder; cylindrical.

cylices *n.* cylix の複数形.

cyl·in·der /sílɪ̣ndə | -də(r)/ *n.* **1** 〘数学〙円柱, 円筒, 円柱[円筒]面; 柱, 筒, 柱[筒]面: an oblique ~ 斜柱 / ⇨ right cylinder. **2 a** 円柱[円筒]形の物. **b** (ポンプ・エンジンなどの)シリンダー, 気筒 (cf. cylinder block): a steam ~ 蒸気シリンダー. **c** (輪胴[回転]式ピストルの)回転弾倉, シリンダー. **d** (昔の蓄音機の円筒形の)ろう管. **e** 〘印刷〙(輪転印刷機の)圧胴 (impression cylinder). **f** シリンダー錠の円筒形の部分. **g** 〘電算〙シリンダー《ディスク装置で, 同じ半径をもつトラックで形成される仮想の円筒》. **3** ボンベ: a gas ~ / an oxygen ~ 酸素ボンベ. **4** 〘考古〙(西アジアで用いた)シリンダーシール, 円筒印章《石などの円筒に線状模様を陰刻したもので, 柔らかい粘土板 (clay tablet) 上にころがして捺印し浮き彫りのような図柄を得る; cylinder seal ともいう》. **5** 〘紡織〙シリンダー《たてメリヤス織, ジャカード織, カード織などに用いる部品》. **6** 《英》(家庭用の)給湯シリンダー (hot-water cylinder). ***on áll [fóur, síx] cýlinders*** エンジンを全開して; 全力を挙げて[出して], 快調に: work [operate] *on all* ~*s*. (1932) 〘(1570)◻ F *cylindre* ◻ L *cylindrus* ◻ Gk *kúlindros* roll, roller ← *kulíndein* to roll ← ? IE **(s)kel-* crooked〙

cýlinder blòck *n.* 〘機械〙シリンダーブロック《数個のシリンダーを一体として作ったもの; 単に block ともいう》. 〘1923〙

cýl·in·dered *adj.* [通例複合語の第 2 構成素として] …気筒の, …シリンダー付きの: a 4-*cylindered* engine. 〘(1899)← CYLINDER+-ED[2]〙

cýlinder escàpement *n.* 〘時計〙シリンダー脱進機《てん真に切欠き円筒をもつ直進脱進機; horizontal escapement ともいう; cf. deadbeat escapement》. 〘1807〙

cýlinder hèad *n.* 〘機械〙シリンダーヘッド《往復動内燃機関のシリンダー上部に取り付けられるふたで, これに吸気弁・排気弁・点火栓または燃料噴射弁等が装着される; 単に head ともいう》. 〘1884〙

cýlinder lòck *n.* シリンダー錠. 〘1878〙

cýlinder machìne *n.* 〘製紙〙丸網抄紙機. 〘1860〙

cýlinder òil *n.* 〘化学〙シリンダー油《蒸気機関のシリンダーに用いる潤滑油》.

cýlinder prèss *n.* 〘印刷〙円圧印刷機 (flat-bed press), シリンダー印刷機. 〘1859〙

cýlinder-relèasing bólt *n.* (輪胴式ピストルの)遊底.

cýlinder sàw *n.* =crown saw. 〘1851〙

cýlinder sèal *n.* 〘考古〙=cylinder 4. 〘1887〙

cy·lindr- /sɪ̣líndr | sɪ-/ (母音の前にくるときの) cylindro- の異形.

cy·lin·dric /sɪ̣líndrɪk/ *adj.* =cylindrical. 〘1688〙

cy·lin·dri·cal /sɪ̣líndrɪ̣kəl, -kḷ | -drɪ-/ *adj.* 円柱の; 円筒形の, 円柱[円筒]状の: a ~ lens 円柱レンズ / a ~ surface 円柱面 / a ~ condenser 円筒形コンデンサー. **~·ly** *adv.* **~·ness** *n.* **cy·lin·dri·cal·i·ty** /sɪ̣lìndrɪ̣kǽləṭi | -drɪkǽlɪ̣ti/ *n.* 〘(1646)← NL *cylindricus* (⇨ cylinder, -ic[1])+-AL[1]〙

cylíndrical coefficient *n.* 〘造船〙=longitudinal coefficient.

cylíndrical coórdinates *n. pl.* 〘数学〙円柱座標. 〘c1934〙

cylíndrical projéction *n.* 〘地図〙円筒[投影]図法《地球に外接する円筒面を投影面とした図法》. 〘1866〙

cyl·in·drite /sílɪ̣ndràɪt, sɪ̣líndraɪt/ *n.* 〘鉱物〙円柱錫鉱 ($Pb_3Sn_4Sb_2S_{14}$). 〘(1893)◻ G *Kylindrit*: ⇨ cylinder, -ite[1]〙

cy·lin·dro- /sɪ̣líndroʊ | sɪ̣líndrəʊ/「円筒形の; 円筒形と…との」の意の連結形. ★ 母音の前では通例 cylindr- になる. 〘← NL ~ ← Gk *kúlindros*: ⇨ cylinder〙

cyl·in·droid /sílɪndrɔ̀ɪd | -lɪn-/ *n.* 〘数学〙準円柱《円柱状の立体; 楕円柱など》. **—** *adj.* 円柱状の, 円柱様の. 〘(1663)← CYLINDRO-+-OID〙

cyl·in·dro·ma /sɪ̀ləndróʊmə | -lɪndrə́ʊ-/ *n.* 〘病理〙円柱腫, ビルロート腫. **cyl·in·drom·a·tous** /sɪ̀ləndrá(:)məṭəs | -lɪndrɔ́mət-ˉ/ *adj.* 〘(1876)← CYLINDRO-+-OMA〙

cy·lix /sáɪlɪks, síl-/ *n.* (*pl.* **cyl·i·ces** /sáɪlɪ̣sì:z, síl-/) = kylix. 〘(1850)◻ Gk *kúlix*〙

Cyl·le·ne /sɪ̣lí:ni/ *n.* 〘ギリシャ神話〙**1** キュレーネー《Hermes を育てたとされるニンフ》. **2** キュレーネー(山)《Arcadia の山; Hermes の誕生地》. 〘◻ L *Cyllēnē* ◻ Gk *Kullḗnē*〙

Cyl·le·ni·an /sɪ̣lí:niən/ *adj.* **1** キュレーネー (Cyllene) (山)の. **2** 〘ギリシャ神話〙《Cyllene 山で生まれたと伝えられる》Hermes の. 〘(1738): ⇨ ↑, -ian〙

Cym. 《略》Cymric.

cym- /saɪm/ (母音の前にくるときの) cymo- の異形.

cy·ma /sáɪmə/ *n.* (*pl.* **cy·mae** /-mi:/, ~**s**) **1** 〘建築〙波線形, シーマ, キュマチウム (cymatium); 反曲線 (ogee). **2** 〘植物〙=cyme. 〘(1563)← NL ~ ← Gk *kûma* wave, (原義) something swollen (cf. cyesis)〙

cy·ma·graph /sáɪməgræ̀f | -grɑ̀:f, -græ̀f/ *n.* 〘医学〙=cymograph. 〘1837〙

cy·mar /sɪ̣mɑ́ə | sɪmɑ́:(r)/ *n.* =simar 1 b. 〘(1697)(変形)← SIMAR〙

cýma réc·ta /-réktə/ *n.* 〘建築〙正シーマ《凹曲線の上に凸曲線のつながる反曲線繰形; Doric cyma ともいう》. 〘(1703)◻ L *cyma rectā* right wave〙

cýma re·vér·sa /-rɪ̣vɚ́:sə | -vɔ́:-/ *n.* 〘建築〙反シーマ《凸曲線の上に凹曲線のつながる反曲線繰形; Lesbian cyma ともいう》. 〘(1563)◻ L ~ 'inverted wave'〙

cymatia *n.* cymatium の複数形.

cy·ma·ti·um /saɪméɪʃiəm, -ʃəm | sɪméɪtiəm, -ʃiəm/ *n.* (*pl.* **-ti·a** /-ʃiə, -ʃə | -tiə, -ʃiə/) 〘建築〙キュマチウム《じゃばら上部装飾で正シーマ (cyma recta) の形をしているもの》. 〘(1563)◻ L *cȳmatium* ◻ Gk *kumátion* (dim.) ← *kûma* wave: ⇨ cyma〙

cym·bal /símbəl, -bḷ/ *n.* [通例 *pl.*] シンバル《真鍮(しんちゅう)または青銅製の打楽器》. **~·er** /-bələ, -blə | -bələ(r), -blə(r)/ *n.* **cym·bal·eer** /sìmbəlíə | -líə(r)/ *n.* **~·lìke** *adj.* 〘OE *cimbala* ◻ L *cymbalum* ◻ Gk *kúmbalon* ← *kúmbē* cup, hollow vessel ← IE **keu-* to bend; hollow vessel: cf. (O)F *symbale*〙

cým·bal·ist /-bəlɪ̣st, -bḷ- | -bəlɪst, -bḷ-/ *n.* シンバル奏者. 〘(1656): ⇨ ↑, -ist〙

cym·ba·lo /símbəlòʊ | -lə̀ʊ/ *n.* (*pl.* ~**s**) 〘楽器〙= dulcimer. 〘1879〙

cym·ba·lom /símbələm/ *n.* 〘楽器〙=cimbalom. 〘◻ Hung. *cimbalom* ◻ It. *cembalo*: ⇨ cembalo〙

Cym·be·line /símbəlì:n | -bɪ̣-/ *n.*「シンベリーン」《Shakespeare 作のロマンス劇 (1609-10)》.

cym·bid·i·um /sɪmbídiəm | -di-/ *n.* (*pl.* ~, **-i·a** /-diə | -diə/) 〘植物〙シンビジウム《ユーラシア大陸産のラン科シュンラン属 (*Cymbidium*) の植物の総称; 園芸界では, 特に温室で栽培する一群の種を指す》. 〘(1815)← NL ~ ← L *cymba* (◻ Gk *kúmbē* boat: ⇨ cymbal)+-IDIUM〙

cym·bi·form /símbəfɔ̀əm | -bɪ̣fɔ̀:m/ *adj.* 〘解剖・植物〙ボート形, 舟形の (boat-shaped). 〘(1836)← Gk *kúmbē* (↑)+-FORM〙

cym·bo·ceph·a·ly /sìmboʊséfəli, -bə- | -bə(ʊ)séf-, -kéf-/ *n.* 〘人類学〙(頭の)舟形; 舟状頭《前頭部が斜めで後頭部は後方に突き出し, かつ異常に長い頭》.

cym·bo·ce·phal·ic /sìmboʊsɪ̣fǽlɪk, -se- | -bə(ʊ)se-, -sɪ̣-, -ke-, -kɪ-ˉ/ *adj.* **cỳm·bo·céph·a·lous** /-ləsˉ/ *adj.* 〘← *cymbo-* (《連結形》← Gk *kúmbē* boat: ⇨ cymbal)+CEPHALO-+-Y[1]〙

cyme /sáɪm/ *n.* 〘植物〙**1** 集散花序《頂端がまず開花, 順次に下方に及ぼす方式の花のつき方をする花序; cf. umbel, raceme》. **2** 集散花. **cy·mif·er·ous** /saɪmíf(ə)rəs/ *adj.* 〘(1725)◻ F *cime, cyme* top, summit < VL **cima(m)*=L *cȳma* young sprout of a cabbage ◻ Gk *kûma* anything swollen, wave: ⇨ cyma〙

cy·mene /sáɪmi:n/ *n.* 〘化学〙シメン, シモール ((CH_3)$_2$-$CHC_6H_4CH_3$)《o-, m-, p- の 3 種の異性体がある; 種々の植物芳香油の中に存在する》. 〘(1863-72)◻ F *cymène* ← Gk *kúminon* 'CUMIN': ⇨ -ene〙

cym·ling /símlɪŋ, símlɪ̣n | símlɪŋ/ *n.* 〘園芸〙果形はホタテガイのように縁どりされ, 通例円盤状をなすカボチャの一種《summer squash の一種; 未熟果を食用とする; pattypan squash ともいう》. 〘(1779)《変形》? ← SIMNEL〙

cy·mo- /sáɪmoʊ | -məʊ/ 次の意味を表す連結形: **1**「波 (wave)」: *cymo*scope. **2** 〘植物〙「集散花序 (cyme); 房 (cluster)」. ★ 母音の前では通例 cym- になる. 〘← F ~ ← Gk *kûma* wave〙

cy·mo·gene /sáɪmədʒì:n | -mə(ʊ)-/ *n.* 《米》〘化学〙シモゲン《揮発性・可燃性の石油蒸留液》. 〘(1886): ⇨ ↑, -gene〙

cy·mo·graph /sáɪməgræ̀f | -mə(ʊ)grɑ̀:f, -græ̀f/ *n.* **1** 〘医学〙=kymograph. **2** 〘建築〙カイモグラフ《繰形 (molding) をトレースするための道具》. **cy·mo·graph·ic** /sàɪməgrǽfɪk | -mə(ʊ)-ˉ/ *adj.*

cy·moid[1] /sáɪmɔɪd/ *adj.* 〘建築〙シーマ (cyma) 状の. 〘(1815)← CYMA+-OID〙

cy·moid[2] /sáɪmɔɪd/ *adj.* 〘植物〙集散花序 (cyme) 状の. 〘← CYMO-+-OID〙

cy·mo·phane /sáɪməfèɪn/ *n.* 〘鉱物〙金緑石 (chrysoberyl)《特に, 蛋白光を有するものをいう》. 〘(1804)← CYMO-+-PHANE: cf. phantasm〙

cy·mo·scope /sáɪməskòʊp | -skə̀ʊp/ *n.* 〘電気〙検波器. 〘(1906)← CYMO-+-SCOPE〙

cy·mose /sáɪmoʊs | -məʊs/ *adj.* 〘植物〙集散花(序)の; 集散状の. **~·ly** *adv.* 〘(1807)◻ L *cȳmōsus* full of shoots: ⇨ cyme, -ose[1]〙

cy·mous /sáɪməs/ *adj.* 〘植物〙=cymose.

Cym·ric /kímrɪk, kám-/ *adj.* **1** キムリック人 (Cymry) の, ウェールズ種族の. **2** ウェールズ語の. **—** *n.* ブリトン語群 (Brythonic); (特に)ウェールズ語 (Welsh). 〘(1839): ⇨ Cymry, -ic[1]〙

Cym·ru /kámri, kím-; *Welsh* kə́mri, -ri/ *n.* カムリ《Wales を意味するウェールズ語》. 〘◻ Welsh ~〙

Cym·ry /kámri, kím-; *Welsh* kə́mri, -ri/ *n.* [複数扱い] キムリック人, ウェールズ種族《ケルト族の分派で, コーンウォール人 (Cornish) やブルターニュ人 (Bretons) もこれに属する; cf. Brythonic》. 〘(c1685)◻ Welsh ~ 'the Welsh' (pl.) ← *Cymro* < OWelsh **kombrog* fellow-countryman ← *kom-* 'COM-'+**brog* (Welsh *bro*) region: cf. Cambrian〙

cyn- /saɪn, sɪn/ (母音の前にくるときの) cyno- の異形.

Cyn·a·ra /sínərə, sɪnɑ́:rə/ *n.* シナラ《女性名》. 〘◻ Gk *kinára* artichoke: Ernest Dowson の詩で一般的になった〙

Cyn·e·wulf /kínəwʊ̀lf | -nɪ̣-/ *n.* キネウルフ《8 世紀末から 9 世紀にかけて活躍したアングロサクソンの詩人》. 〘OE ~ ← *cyne-* kingly+*wulf* 'WOLF'〙

cyng·han·edd /kəŋhǽneð, kʌŋ-, -hɑ́:n-; *Welsh* kəŋháneð/ *n.* (*pl.* **cyng·a·nedd·ion** /kʌ̀ŋənéðjən; *Welsh* kəŋanéðjɔn/) 〘詩学〙カンハネズ《ウェールズ詩でアクセント, 頭韻, 行中韻などに関する技法; G. M. Hopkins の詩法に影響を与えた》. 〘(1849)◻ Welsh ~ ← *cym-* 'COM-'+*canu* 'to CHANT'〙

cyn·ic /sínɪk/ *n.* **1** (人間の行為をすべて利己心に帰するような)皮肉屋, 冷笑家, すねもの. **2** [C-] **a** キニク[犬儒]学派の人. **b** [the ~s]〘哲学〙キニク[犬儒]学派《Socrates の門下 Antisthenes を祖とする小 Socrates 学派の一つ; Socrates が理想とした「独立自由な人格」という考えを一方的に発展させて原始的・反文化的な禁欲的消極主義を唱え, ついにこじきの生活を理想としてこれを実行する者ができたので, その「犬のような生活」から「犬儒学派」という名も生まれたという》. **—** *adj.* **1** =cynical 1. **2** [C-] 犬儒学派の, 犬儒学派的な: the ~ School 犬儒学派. **3** 〘医学〙犬のような. ★ 主に cynic spasm の句で用いる. **4** [C-]〘天文〙シリウス (Sirius) の. 〘(1547-64)◻ L *cynicus* ◻ Gk *kunikós* doglike ← *kúōn* dog ← IE **kwon-* dog (OE *hund* 'HOUND[1]' / L *canis* dog): ⇨ -ic[1]〙

cyn·i·cal /sínɪ̣kəl, -kḷ | -nɪ-/ *adj.* **1 a** 人間の行為をすべて利己心に帰するような, 人間の善性を信じない. **b** 皮肉な, 冷笑的な, 世をすねた, シニカルな (⇨ sarcastic SYN): be ~ about sincerity 誠実ということを信じない[冷笑する]. **2** [C-]〘哲学〙キニク学派の. **~·ly** *adv.* **~·ness** *n.* 〘(1584): ⇨ ↑, -al[1]〙

cýn·i·cìsm /-nɪ̣sɪzm/ *n.* **1** [C-]〘哲学〙キニク主義, 犬儒哲学 (⇨ cynic 2 b). **2 a** 皮肉, 冷笑(癖). **b** 皮肉な言葉[ふるまい]. 〘(1672)← CYNIC+-ISM〙

cýnic spásm *n.* 〘医学〙痙笑(けいしょう), 笑筋痙攣(けいれん). 〘1684〙

cy·no- /sáɪnoʊ, sín-/「犬 (dog)」の意の連結形: *cyno*cephalous. ★ 母音の前では通例 cyn- になる. 〘← Gk *kúōn* dog: ⇨ cynic〙

cynocephali *n.* cynocephalus の複数形.

cỳno·cephálic *adj.* =cynocephalous. 〘1887〙

cỳno·céphalous *adj.* 犬頭の; 犬づらの. 〘(1831): ⇨ cyno-, -cephalous〙

cy·no·ceph·a·lus /sàɪnoʊséfələs, sìn- | sàɪnə(ʊ)séf-, -kéf-/ *n.* (*pl.* **-a·li** /-làɪ/) **1** 〘伝説〙犬頭種族の人. **2** 〘動物〙ヒヒ (baboon). 〘(?a1300) *cinocephales* (pl.) ◻ L *cynocephalus* ◻ Gk *kunoképhalos*: ⇨ cyno-, -cephalous〙

cyn·o·dont /sáɪnoʊdɑ̀(:)nt | -nə(ʊ)dɔ̀nt/ *n.* 〘古生物〙

犬歯類《三畳紀の直立爬虫類の一種》. 〖(*c*1875) ← CY-NO-＋-ODONT〗

cyn·o·glos·sum /sìnouglɑ́(ː)səm, sàɪn-, -glɔ́(ː)s- | sàɪnə(ʊ)glɔ́s-/ *n.* 〘植物〙オオルリソウ《ムラサキ科オオルリソウ属 (*Cynoglossum*) の植物の総称; シナワスレナグサ (*C. amabile*), hound's-tongue など》. 〖← NL ～ ← CY-NO-＋Gk *glôssa* tongue〗

cy·no·mol·gus /sàɪnəmɑ́(ː)lgəs, sìn- | sàɪnə(ʊ)mɔ́l-/ *n.* (*pl.* **-mol·gi** /-gaɪ, -dʒaɪ/) 〘動物〙マカクザル (macaque); (特に)カニクイザル (crab-eating macaque)《南西アジア・ボルネオなどに生息するカニの好きなサル; cf. machin》. 〖← NL ～《変形》← *cynamolgus* ← L *Cynamolgi* a wild tribe of Ethiopia ◻ Gk *Kunamolgoí* 《原義》dog-milkers〗

cy·noph·i·list /saɪnɑ́(ː)fəlɪst, sɪ- | saɪnɔ́fɪlɪst/ *n.* 愛犬家. 〖← CYNO-＋-PHIL＋-IST〗

cy·no·sure /sáɪnəʃùə, sín- | -sjùə(r), -ʃùə(r)/ *n.* **1** 衆目注視的的, 万人嘆賞的的, 注目の焦点: the ～ of all eyes [the world] 世間の注目を集めているもの (cf. Milton, *L'Allegro* 80). **2** 《古》道しるべとなるもの, 指針, 目標. **3** 《古》〘天文〙[C-] **a** ＝Ursa Minor. **b** ＝North Star. **cy·no·sur·al** /sàɪnəʃúˑrəl, sìn- | -sjúər-, -ʃúər-ˈ/ *adv.* 〖(1596) ◻ F ～ ∥ L *Cynosūra* ◻ Gk *Kunósoura* Ursa Minor, 《原義》dog's tail ← *kunós* dog's ((gen.) ← *kúōn* dog)＋*ourá* tail〗

Cyn·thi·a[1] /sínθiə/ *n.* シンシア《女性名》. 〖↓〗

Cyn·thi·a[2] /sínθiə/ *n.* **1** ＝Artemis, Diana. **2** 《詩》月 (moon). 〖◻ L *Cynthia* (*dea*), the Cynthian (goddess) ◻ Gk *Kunthíā* (fem.) ← *Kúnthos* Cynthus (Artemis すなわち Diana の誕生の地である Delos 島の山の名)〗

Cyn·wulf /kínwʊlf/ *n.* ＝Cynewulf.

CYO 《略》Catholic Youth Organization カトリック青年会.

Cyp·er·a·ce·ae /sìpəréɪsiiː, sàɪp-/ *n. pl.* 〘植物〙(単子葉植物イネ目)カヤツリグサ科《sedge, bulrush, cotton grass など》. **cỳp·er·á·ceous** /-ʃəs-ˈ/ *adj.* 〖← NL ～ ← *Cyperus* (属名: ← L *cypērus* ◻ Gk *kúpeiros* a kind of marsh plant)＋-ACEAE〗

cy·phel /sáɪfəl, -fl/ *n.* 〘植物〙ケルレリア (*Minuartia* [*Cherleria*] *sedoides*)《ヨーロッパの岩山にクッションをつくるナデシコ科タカネツメクサ属の緑色の花をつける多年草》. 〖(?lateME) ◻ ? Gk *kúphella* (pl.) the hollows of the ears〗

cy·pher /sáɪfə | -fə(r)/ *n., v.* 《英》＝cipher.

cýpher·pùnk *n.* サイファーパンク《人に見られず親書を送るのを万人の権利とする立場から暗号技術の規制に反対する者》. 〖(*c*1995): cyberpunk からの連想〗

cy·pho·nau·tes /sàɪfənɔ́ːtiːz, -nɑ́ː- sìf- | -nɔ́ː-/ *n.* (*pl.* **-nau·tae** /-teɪ/) 〘動物〙キフォナウテス《コケムシ類の浮遊性幼生》. 〖← NL ～ ← Gk *kūphós* crooked＋*naútēs* sailor (← *naûs* ship)〗

cy pres /síːpréɪ, sáɪ-/ (*also* **cy-press** /～/) 〘法律〙 *adj., adv.* (遺言書などの解釈の場合, 作成者の意思に)なるべく近い[く]. — *n.* ＝cy pres doctrine. 〖(*c*1481) ◻ AF ～ ＝F *si près* as nearly as may be〗

cý prés dòctrine *n.* [the ～] 〘法律〙近似の原則《違法などの理由により遺言書などによる財産処分の実行ができない場合, それに最も近い合法的で相当な方法を採るというエクイティー (equity) 上の解釈原則》.

cy·press[1] /sáɪprɪs/ *n.* **1 a** 〘植物〙ヒノキ科シダレイトスギ属 (*Cupressus*) の植物の総称《セイヨウヒノキ (Italian cypress), アリゾナイトスギ (Arizona cypress), シダレイトスギ (*C. funebris*) など; しばしば喪の象徴として墓地に植えられる》. **b** [集合的] (喪の象徴としての)シダレイトスギの枝[小枝]. **2** 〘植物〙類似の針葉樹数種の総称《ヒノキ (Japanese cypress), ラクウショウ (bald cypress) など》. **3** シダレイトスギ材. 〖(17C) ◻ LL *cypressus* ◻ Gk *kupárissos* ∽ (?*a*1300) *cipres*(*se*) ◻ OF *cipres* (F *cyprès*)〗

cy·press[2] /sáɪprɪs/ *n.* 《廃》絹または絹の紗(しゃ)《昔は黒く染めて喪服や喪のためのベールなどに用いた》. 〖(1398) ME *cipre*(*s*) fine gauze ◻ AF *cipres* ← OF *Cypre* (F *Chypre*) Cyprus〗

Cy·press /sáɪprɪs/ *n.* サイプレス《米国 California 州南西部, Los Angeles 南東の都市》.

cýpress mòss *n.* 〘植物〙ヨーロッパやアメリカの山岳地帯に分布するヒカゲノカズラの一種 (*Lycopodium alpinum*). 〖1640〗

cýpress pìne *n.* 〘植物〙マオウヒバ《オーストラリア産ヒノキ科マオウヒバ属 (*Callitrus*) の常緑針葉樹の総称》. 〖1847〗

cýpress vìne *n.* 〘植物〙ルコウソウ (*Quamoclit pennata*)《熱帯原産のヒルガオ科の観賞用つる性植物》. 〖1819〗

Cyp·ri·an[1] /sípriən/ *adj.* **1** キプロス (Cyprus) 島の (Cypriot): the ～ goddess ⇨ *n.* 2. **2 a** Aphrodite 崇拝の. **b** 《古》[しばしば c-] みだらな (lewd). — *n.* **1** キプロス島人 (Cypriot). **2** [the ～] キプロス(島)の女神 (Aphrodite (＝Venus) のこと). **3** 《廃》[しばしば c-] みだらな人; 売春婦, 踊り子. 〖(1598) ◻ L *Cypri*(*us*) 'of CYPRUS'＋-AN[1]: この島は恋の女神 Aphrodite の生地で, その祭式で有名であった〗

Cyp·ri·an[2] /sípriən/ *n.* シプリアン《男性名》. 〖◻ L *Cypriānus* of Cyprus: Saint Cyprian の名より〗

Cyp·ri·an /sípriən/, Saint *n.* キプリアヌス (200?–58; カルタゴの司教; ローマ帝 Valerian の命により殉教).

cyp·ri·nid /síprənɪd | -prɪnɪd/ *n., adj.* 〘魚類〙コイ科の(魚) (carp, tench, roach, rudd, dace など). 〖(*c*1889) ← L *cyprinus* (◻ Gk *kuprînos* carp)＋-ID[2]〗

cy·prin·o·dont /sɪprínədɑ̀(ː)nt | sɪprínədɔ̀nt/ *n., adj.* 〘魚類〙キプリノドン科の(魚) (guppy, killifish, swordtail など). 〖(1857) ← L *cyprinus* (↑)＋-ODONT〗

cyp·ri·noid /síprənɔ̀ɪd | -prɪ-/ *n.* 〘魚類〙コイと近縁の魚; コイに似た魚 (electric eel, loach など). — *adj.* コイと近縁の, コイに似た. 〖(1849–52) ← L *cyprīnus* carp: ⇨ -oid〗

Cyp·ri·ot /sípriət, -ɑ̀(ː)t | -ət/ (*also* **Cyp·ri·ote** /-òut, -ət | -əʊt/) *adj.* **1** キプロス島 (Cyprus) の. **2** キプロス島人[語]の. — *n.* **1** キプロス島人. **2** キプロス島語《ギリシャ語のキプロス島方言》. 〖(1599) ◻ Gk *Kupriṓtēs*〗

Cýpriot sýllabary *n.* 〘言語〙キプロス音節文字《紀元前 1000 年代にギリシャ語および未知の言語を表記するためにキプロス島で用いられた音節文字》.

cyp·ri·pe·di·um /sìprɪpíːdiəm | -di-/ *n.* (*pl.* ～**s**, **-di·a** /-diə | -diə/) 〘植物〙 **1** アツモリソウ, シプリペジウム《ラン科アツモリソウ属 (*Cypripedium*) の植物の総称; アツモリソウ (*C. macrathum*) など; 園芸界ではシプという; cf. lady's slipper》. **2** ラン科パフィオペディラム属 (*Paphiopedilum*) の多年草. 〖(1775) ← NL ～ ← L *Cypris* (◻ Gk *Kúpris* Aphrodite)＋*ped*-, *pēs* foot＋-IUM〗

Cy·pro- /sáɪprou | -prəʊ/「キプロス島の (Cyprian)」の意の連結形. 〖← Gk *Kúpros*: ⇨ Cyprus〗

cy·pro·hep·ta·dine /sàɪprouhéptədìːn, -prə- | -prə(ʊ)-/ *n.* 〘薬学〙シプロヘプタジン《ヒスタミンおよびセロトニン拮抗薬; 喘息・アレルギー疾患に使用する》. 〖(1971) ← CY(CLIC)＋*pro*- (← ?)＋HEPTA-＋(PIPERI)DINE〗

cy·prot·er·one /saɪprɑ́(ː)təròun | -prɔ́tərəʊn/ *n.* 〘生化学〙キプロテロン《男性ホルモン分泌を抑制する合成ステロイド》. 〖(1966) ← ? *cypro* ? Aphrodite (cf. Cypro-)＋(ANDROS)TERONE〗

cy·prus /sáɪprəs/ *n.* 《廃》＝cypress[2].

Cy·prus /sáɪprəs/ *n.* キプロス《トルコの南方に当たる地中海東部の島で英連邦内の共和国; もとは英国の植民地であったが, 1960 年独立; 女神 Aphrodite (＝Venus) は海の泡から生まれたのちにこの島に上陸したと伝えられる (cf. Cyprian[1], Kithira); 面積 9,251 km², 首都 Nicosia; 公式名 the Republic of Cyprus キプロス共和国》. 〖(?*c*1375–*a*1390) *Cypre*(*s*) ◻ L ～ ◻ Gk *Kúpros* 《原義》? the island of cypress trees〗

cyp·se·la /sípsələ/ *n.* (*pl.* **-se·lae** /-lìː/) 〘植物〙下粒痩果(そうか), 菊果, 小粒果《癒合心皮, 下位子房から生じる単練子果》. 〖(1870) ← NL ～ ← Gk *kupsélē* hollow vessel〗

Cyr·a·no /sírənòu | sírənəʊ, sɪ́rɑːnəʊ/ *n.* シラノ《男性名》. 〖◻ Gk *Kurḗnē* from Cyrene〗

Cy·ra·no de Ber·ge·rac /sírənòudəbɜ́ːʒəræ̀k | -nəʊdəbɜ́ː-, -béəʒ-; *F.* siʁanodbɛʁʒəʁak/, **Sa·vi·nien de** /savinjɛ̃d/ *n.* シラノ ド ベルジュラック (1619–55; フランスの作家・軍人; *Histoire comique des états et empires de la Lune*「月世界旅行記」(1656); Edmond Rostand 作の同名の劇 (1897) の大鼻の主人公として有名).

Cy·re·na /saɪríːnə/ *n.* サイリーナ《女性名》. 〖↓〗

Cyr·e·na·ic /sìrənéɪɪk, sàɪr- | sàɪ(ə)rɪ-, sɪ̀r-/ *adj.* **1** キレナイカ (Cyrenaica) の; (特に)その主都キレネ (Cyrene) の. **2** キレネ学派の: ～ philosophy キレネ哲学 / the ～ school キレネ学派. — *n.* **1** キレナイカの人. **2 a** キレネ学派の人. **b** [the ～s] 〘哲学〙キレネ学派《小 Socrates 派の一つ; Socrates が唱導した「独立自由な人格的価値」の内容が「幸福」にあるとし,「快楽」を道徳原理として信奉実践した; 紀元前 4 世紀ごろ Cyrene の哲学者 Aristippus の創唱による》. **Cỳr·e·ná·i·cìsm** /-néɪəsìzm | -néɪɪ-/ *n.* 〖(1586) ◻ L *Cyrēnaicus* ◻ Gk *Kūrēnaikós* of Cyrene ← *Kurḗnē*: ⇨ -ic[1]〗

Cyr·e·na·i·ca /sìrənéɪəkə, sàɪr- | sàɪ(ə)rɪnéɪɪkə, sɪ̀r-, -nɑ́ɪɪ-/ *n.* キレナイカ《北アフリカ, リビア北東部に当たる古代の一地方; 紀元前 7 世紀ギリシャ人が植民, のちローマ領となる; cf. Barca》.

Cy·re·ne /saɪríːni, -niː | saɪ(ə)ríːni/ *n.* キュレーネ《北アフリカ Cyrenaica 地方にあった古代ギリシャの植民都市》.

Cyr·il /sírəl | -rɪl/ *n.* シリル《男性名; 愛称形 Cy》. 〖◻ L *Cyrillus* ◻ Gk *Kūrillos* ← *kúrios* lord: cf. church〗

Cyr·il /sírəl | -rɪl/, Saint *n.* 聖キュリロス (827–69; Moravia 人に布教したギリシャの伝道者; スラブ語の表記のためにギリシャ文字を変形した Cyrillic alphabet を創案したと伝えられる; 兄 Saint Methodius と共に the Apostles of the Slavs と呼ばれた).

Cy·ril·la /sɪrílə/ *n.* シリラ《女性名》. 〖(fem.) ← CYRIL〗

Cy·ril·lic /sɪrílɪk/ *adj.* **1** Saint Cyril の. **2** キリル文字[字母] (Cyrillic alphabet) の[で書かれた]. — *n.* ＝Cyrillic alphabet. 〖(1842) ← *Saint Cyril*＋-IC[1]〗

Cyríllic álphabet *n.* [the ～] 〘言語〙キリル文字[字母]《もと古期教会スラブ語 (Old Church Slavonic) に用いられた文字[字母]で, 今のロシア語・ブルガリア語・セルビア語の字母のもととなった; Saint Cyril の創案によると伝えられる; cf. Glagolitic》. 〖1842〗

Cýril of Alexándria *n.* [Saint ～] アレクサンドリアのキュリロス (*c*375–444; Alexandria の大主教; 祝日 2 月 9 日).

cyrt- /səːt | sɜːt/ (母音の前にくるときの) cyrto- の異形.

cyr·to- /sə́ːtou | sɜ́ːtəʊ/「湾曲した (bent); 弓状の (curved); 弓状のもの」の意の連結形. ★ 母音の前では通例 cyrt- になる. 〖← Gk *kurtós* curved〗

cyr·tom·e·ter /sətɑ́(ː)mətə | sə(ː)tɔ́mɪtə(r)/ *n.* 〘医学〙(胸部・手などを計る)湾曲度計. 〖(1870): ⇨ ↑, -meter[1]〗

cyr·to·sis /sətóusɪs | sə(ː)tə́ʊsɪs/ *n.* 〘病理〙尖峰症 (kyphosis)《脊柱の後湾》. 〖← NL ～: ⇨ cyrto-, -osis〗

Cy·rus /sáɪrəs | sáɪ(ə)r-/ *n.* サイラス《男性名; 愛称形 Cy》. 〖◻ L *Cȳrus* ◻ Gk *Kûros* ◻ OPers. *Kūrush* sun〗

Cy·rus /sáɪrəs | sáɪ(ə)r-/ *n.* キュロス, キルス: **1** キュロス大王 (?–529 B.C.), アケメネス朝ペルシャ王 (559–529 B.C.); ペルシャ帝国の建設者; 通称 Cyrus the Elder [Great]. **2** (424–401 B.C.) ペルシャの州長官; 大軍を率いて兄であるペルシャ王 Artaxerxes 二世と戦ったが, Cunaxa で戦死した; 通称 Cyrus the Younger (cf. anabasis 2, katabasis 1).

C

cyst /síst/ *n.* **1** 〘病理〙嚢胞, 嚢腫. **2** 〘生物〙包嚢(ほうのう), 被嚢, 嚢子: the urinary ～ 〘解剖〙膀胱(ぼうこう). **3** (細胞・幼虫などを包む)厚い保護膜. 〖(1713) ← NL *cystis* ← Gk *kústis* bladder, bag ← IE **kwes*- 'to WHEEZE'〗

cyst- /sɪst/ (母音の前にくるときの) cysto- の異形.

-cyst /sɪst/「袋; 包嚢(ほうのう) (bladder)」の意の名詞連結形. 〖← Gk *kústis* bladder: ⇨ cyst〗

cys·ta·mine /sístəmìːn, -mɪn | -mìːn, -mɪn/ *n.* 〘薬学〙シスタミン ($(H_2NCH_2CH_2)_2S_2$)《放射線障害防御薬》. 〖← CYST(INE)＋AMINE〗

cys·ta·thi·o·nine /sìstəθáɪənìːn/ *n.* 〘生化学〙シスタチオニン ($S(CH_2CH_2CH(NH_2)COOH)_2$)《システインからメチオニンが生合成されるときの中間体; シスタチオナーゼが欠損するとこの濃度が高まる》. 〖← CYST(EINE)＋(ME)THIONINE〗

cys·te·a·mine /sɪstíːəmɪn | -mɪn/ *n.* 〘生化学〙システアミン ($(HS)CH_2CH_2(NH_2)$)《癌治療の際の放射線障害予防に用いられた》. 〖(1943) ← CYSTE(INE)＋AMINE〗

cys·tec·to·my /sɪstéktəmi/ *n.* 〘外科〙 **1** 嚢胞(のうほう)切除(術). **2** 膀胱(ぼうこう)切除(術). **3** 胆嚢切除(術). 〖(1891) ← CYSTO-＋-ECTOMY〗

cys·te·ine /sístiìːn/ *n.* 〘生化学〙システイン ($HSCH_2CH(NH_2)COOH$)《cystine が還元されて [s-s 結合が切れて] 生じるアミノ酸》. **cys·te·in·ic** /sìstiíːnɪk-ˈ/ *adj.* 〖(1884) ← CYST(INE)＋-EINE〗

cys·ti- /sístɪ, -ti/ cysto- の異形 (⇨ -i-).

cyst·ic /sístɪk/ *adj.* **1** 包嚢(ほうのう)の(ある), 包嚢に包まれた; 嚢胞性の(ある). **2** 〘解剖〙胆嚢 (gallbladder) の; 膀胱(ぼうこう) (urinary bladder) の. 〖(1634) ◻ F *cystique* ← NL *cysticus*: ⇨ cysto-, -ic[1]〗

cysticerci *n.* cysticercus の複数形.

cys·ti·cer·coid /sìstɪsə́ːkɔɪd | -tɪsɜ́ː-/ *n.* 〘動物〙キスチケルコイド, 擬嚢尾虫《円葉条虫類の幼生(中間宿主である節足動物などに寄生する嚢虫)の一形態》. 〖(1858): ⇨ cysticercus, -oid〗

cys·ti·cer·co·sis /sìstɪsə(ː)kóusɪs | -tɪsə(ː)kə́ʊsɪs/ *n.* (*pl.* **-co·ses**) 〘医学〙嚢虫(のうちゅう)症. 〖(1905) ← NL ～: ⇨ ↓, -osis〗

cys·ti·cer·cus /sìstɪsə́ːkəs | -tɪsɜ́ː-/ *n.* (*pl.* **-cer·ci** /-saɪ/) 〘動物〙キスチケルクス, 嚢尾(のうび)虫《テニア属条虫などの幼生(中間宿主である脊椎動物に寄生する嚢虫)の一形態; cf. hydatid, coenurus》. 〖(1841–71) ← NL ～ ← CYSTO-＋Gk *kérkos* tail〗

cýstic fibrósis *n.* 〘病理〙嚢胞(のうほう)性線維症 (⇨ mucoviscidosis). 〖1938〗

cýstic mastítis *n.* 〘医学〙嚢胞性乳腺炎.

cys·tid·i·um /sɪstídiəm | -di-/ *n.* (*pl.* **-i·a** /-diə | -diə/, ～**s**) 〘植物〙剛毛体, 嚢状体《キノコのかさの子実層の上に突き出るふくれた菌糸端》. 〖(1858) ← NL ～: ⇨ cysto-, -idium〗

cys·tine /sístiːn, -tɪn | -tiːn, -tɪn/ *n.* 〘生化学〙シスチン ($[-SCH_2CH(NH_2)COOH]_2$)《硫黄含有アミノ酸で骨格性蛋白質中に多い》. 〖(1843) ← CYSTO-＋-INE[3]: はじめ尿石の中に発見されたことから〗

cys·tin·u·ri·a /sìstɪnúˑriə, -njúˑr- | -tɪnjúər-/ *n.* 〘病理〙シスチン尿(症). **cys·ti·nu·ric** /sìstɪnúˑrɪk, -njúˑr- | -tɪnjúər-ˈ/ *adj.* 〖(1853) ← NL ～: ⇨ ↑, -uria〗

cys·ti·tis /sɪstáɪtɪs | -tɪs/ *n.* (*pl.* **cys·tit·i·des** /sɪstítədìːz | -tɪd-/) 〘病理〙膀胱(ぼうこう)炎. 〖(1776–83) ← CYSTO-＋-ITIS〗

cys·to- /sístou | -təʊ/「胆嚢(たんのう); 膀胱; 包嚢 (sac)」の意の連結形. ★ ときに cysti-, また母音の前では通例 cyst- になる. 〖← Gk *kústis* bladder〗

cys·to·carp /sístəkɑ̀ːp | -tə(ʊ)kɑ̀ːp/ *n.* 〘植物〙嚢果(のうか). **cys·to·car·pic** /sìstəkɑ́ːpɪk, -tou- | -tə(ʊ)kɑ́ː-ˈ/ *adj.* 〖(1875): ⇨ ↑, -carp〗

cys·to·cele /sístəsìːl | -tə(ʊ)-/ *n.* 〘病理〙膀胱瘤, 膀胱ヘルニア. 〖(1811) ← CYSTO-＋-CELE[1]〗

cys·tog·ra·phy /sɪstɑ́(ː)grəfi | -tɔ́g-/ *n.* 〘医学〙膀胱 X 線造影[撮影](法). 〖← CYSTO-＋-GRAPHY〗

cys·toid /sístɔɪd/ *adj., n.* 嚢胞(のうほう)状の(組織). 〖(1871) ← CYSTO-＋-OID〗

cys·to·lith /sístəlɪθ | -tə(ʊ)-/ *n.* **1** 〘病理〙膀胱結石. **2** 〘植物〙鍾乳体《細胞内壁につく柄をもった石灰化した分泌物の塊》. **cys·to·lith·ic** /sìstəlíθɪk-ˈ/ *adj.* 〖(*c*1840) ◻ G *Zystolith*: ⇨ cysto-, -lith〗

cys·to·ma /sɪstóumə | -tə́ʊ-/ *n.* (*pl.* ～**s**, ～**·ta** /～tə | ～tə/) 〘病理〙嚢腫(のうしゅ). 〖(1872) ← NL ～: ⇨ cysto-, -oma〗

cys·to·scope /sístəskòup | -skə̀ʊp/ *n.* 〘医学〙膀胱鏡. — *vt.* 膀胱鏡で調べる. 〖(1889) ← CYSTO-＋-SCOPE〗

cys·to·scop·ic /sìstəskɑ́(ː)pɪk | -skɔ́p-ˈ/ *adj.* 膀胱鏡の. 〖(1889): ⇨ ↑, -ic[1]〗

cys·tos·co·py /sɪstɑ́(ː)skəpi | -tɔ́s-/ *n.* 膀胱鏡検査(法). 〖(1908) ← CYSTO-＋-SCOPY〗

cys·tot·o·my /sɪstɑ́(ː)təmi | -tɔ́t-/ *n.* 〘外科〙膀胱切開(術); 胆嚢切開(術); (眼球の)水晶体被膜切開. 〖(1721) ← CYSTO-＋-TOMY〗

C

cyt- /saɪt/ (母音の前にくるときの) cyto- の異形.

cy·tase /sáɪteɪs, -teɪz | -teɪs/ *n.* 【生化学】 サイターゼ: **a** 白血球から出される細菌崩壊物質 alexin のこと. **b** いろいろな植物の種子中にみられる細胞壁を分解する酵素類. 〘(1895): ⇨ cyto-, -ase〙

cy·tas·ter /sáɪtæstə, ―⌐― | -tə(r/ *n.* 【生物】 細胞質星状体. 〘(1892) ← CYTO-+-ASTER²〙

-cyte /⌐―saɪt/ 「細胞 (cell)」の意の名詞連結形: leucocyte. 〘← Gk *kútos* receptacle, jar〙

Cy·the·ra /s ̩θí°rə | -θíərə/ *n.* キュテラ(島) 《ギリシャの Peloponnesus 半島の南端にある島; Aphrodite (=Venus) はこの島の近くの海上で生まれたのちに, この島に上陸したと伝えられ古来この女神の聖地とされる; ギリシャ語名 Kíthira). 〘□ L *Cythēra* (↓)〙

Cyth·er·e·a /sìθərí:ə/ *n.* 【ギリシャ・ローマ神話】 キュテレイア, Cythera の女神 《Aphrodite (=Venus) の別名》. 〘□ L *Cytherēa* ← *Cythēra* □ Gk *Kúthēra* (Aphrodite 崇拝で知られるエーゲ海の島)〙

Cyth·er·e·an /sìθərí:ən⌐/ *adj.* **1** 恋の女神 Aphrodite (=Venus) の. **2** 金星 (Venus) の. ― *n.* Aphrodite (=Venus) の崇拝者. 〘(1751) ← L *Cytherēa*: ⇨ ↑, -an¹〙

cy·ti·dine /sítədì:n, sáɪt- | -tɪ-/ *n.* 【生化学】 シチジン ($C_9H_{13}N_3O_5$) 《チトシンにリボースが加わったヌクレオシド》. 〘(1911) ← CYT(OSINE)+-IDINE〙

cý·ti·dyl·ic ácid /sítədìlɪk-, sáɪt- | -tɪ-/ *n.* 【生化学】 シチジル酸 ($C_9H_{14}N_3O_8P$) 《チトジンのリン酸エステル; リボ核酸を構成するピリミジンヌクレオチド》. 〘← CYTID(INE)+-YL+-IC¹〙

cyt·i·sus /sítəsəs | saɪtí:səs, sítɪ-/ *n.* 【植物】 エニシダ属 (*Cytisus*) の低木. 〘(1548) □ L ～ □ Gk *kýtisos* a shrubby leguminous plant〙

cy·to- /sáɪtoʊ | -təʊ/ 「細胞 (cell); 細胞質 (cytoplasm)」の意の連結形. ★ 母音の前では通例 cyt- になる. 〘← Gk *kútos* receptacle, etc: cf. -cyte〙

cỳto·architectónics *n.* [単数または複数扱い] 【生物】 =cytoarchitecture. 〘*c*1950〙

cỳto·árchitecture *n.* 【生物】 細胞構造.

cỳto·chémistry *n.* 細胞化学. **cỳto·chém·ical** *adj.* **cỳto·chémically** *adv.* 〘1905〙

cỳto·chiméra *n.* 【生物】 細胞キメラ 《種々の染色体数の細胞がまざっている個体》. 〘⇨ cyto-, chimera〙

cýto·chròme *n.* 【生化学】 チトクローム, シトクローム, サイトクローム 《色素蛋白質で, 細胞呼吸の酸化還元反応を助ける; 少なくとも A, B, C の 3 種がある》. 〘1925〙

cýtochrome C *n.* 【生化学】 チトクローム C 《チトクローム系で容易に可溶化する細胞色素》. 〘1940〙

cýtochrome óxidase *n.* 【生化学】 チトクローム酸化酵素 《チトクローム系最後の還元チトクローム A を酸化する酵素またはそれらの複合体; 直接 O_2 分子をとらえ水にする; respiratory enzyme ともいう》. 〘1942〙

cýtochrome redúctase *n.* =flavoprotein.

cýtochrome sỳstem *n.* 【生化学】 チトクローム系 《数段階の酸化還元の共軛反応を連鎖した好気呼吸の末端の系》. 〘1957〙

cy·toc·la·sis /saɪtá(:)kləsəs, sàɪtəklέɪ- | saɪtɔ́kləsɪs, sàɪtəklέɪ-/ *n.* 【病理】 細胞破壊. **cy·to·clas·tic** /sàɪtəklǽstɪk | -tə(ʊ)-⌐/ *adj.* 〘← CYTO-+-CLASIS〙

cỳto·differentiátion *n.* 【生物】 細胞分化. 〘1959〙

cỳto·génesis *n.* 【生物】 細胞形成[発生]. 〘1859〙

cỳto·genétic *adj.* 細胞遺伝学の. 〘1931〙

cỳto·genétical *adj.* =cytogenetic. **～·ly** *adv.* 〘1951〙

cỳto·genéticist *n.* 細胞遺伝学者. 〘1957〙

cỳto·genétics *n.* [単数扱い] 細胞遺伝学. 〘1931〙

cy·to·ge·ny /saɪtá(:)dʒəni | -tɔ́dʒ-/ *n.* =cytogenesis.

cy·to·kine /sáɪtoʊkàɪn | -tə(ʊ)-/ *n.* 【生化学】 サイトカイン 《リンパ球やその他の免疫担当細胞などから分泌される活性液性因子の総称》. 〘← CYTO-+Gk *kineîn* to move〙

cỳto·kinésis *n.* 【生物】 細胞質分裂 《有糸核分裂などに続いて起こる細胞質の分裂; cf. mitosis》. **cỳto·ki·nétic** *adj.* 〘1919〙

cỳto·kínin *n.* 【生化学】 サイトカイニン, シトキニン 《植物の細胞分裂を促進する物質の総称; cf. kinetin》. 〘(1965) ← CYTO-+KININ〙

cy·tól·o·gist /-dʒəst | -dʒɪst/ *n.* 細胞学者. 〘(1895): ⇨ ↓, -ist〙

cy·tol·o·gy /saɪtá(:)lədʒi | -tɔ́l-/ *n.* **1** 細胞学. **2** [集合的] 細胞現象[進展]. **cy·to·log·ic** /sàɪtəlá(:)dʒɪk | -təlɔ́dʒ-⌐/ *adj.* **cỳ·to·lóg·i·cal** /-dʒɪkəl, -kl̩ | -dʒɪ-⌐/ *adj.* **cỳ·to·lóg·i·cal·ly** *adv.* 〘(1889) ← CYTO-+-LOGY〙

cy·to·ly·sin /sàɪtəláɪsn̩, -tl̩-, -sn̩ | sàɪtəláɪsɪn/ *n.* 【生化学】 シトリシン, 細胞溶解素 《細胞を溶解する性質をもつ物質あるいは抗体》. 〘(*c*1903): ⇨ ↓, -in²〙

cy·tol·y·sis /saɪtá(:)ləsəs | -tɔ́ləsɪs/ *n.* 【生理】 細胞溶解, 細胞崩壊, 細胞分解. **cy·to·lyt·ic** /sàɪtəlítɪk | -təlít-⌐/ *adj.* 〘(1907) ← CYTO-+-LYSIS〙

cy·to·me·gal·ic /sàɪtoʊmɪgǽlɪk, -tə- | -tə(ʊ)-⌐/ *adj.* 【生物】 巨細胞化の. 〘(1952) ← CYTO-+MEGALO-+-IC¹〙

cytomegálic inclúsion disèase *n.* 【病理】 巨細胞性封入体病 《cytomegalovirus による新生児の重篤な疾患》.

cỳto·mégalo·vìrus *n.* サイトメガロウイルス 《感染により, 核内に封入体を生じたり, 巨細胞化を起こさせたりする一群のウイルス》. 〘(1963) ← CYTO-+MEGALO-+VIRUS〙

cytomegalovírus disèase *n.* =cytomegalic inclusion disease.

cỳto·mémbrane *n.* 【生物】 細胞にある膜, 生体膜 《細胞膜・小胞体膜・核膜・ゴルジ体膜などをいう》. 〘1962〙

cỳto·morphólogy *n.* 【生物】 細胞形態学. **cỳto·morphológical** *adj.*

cy·ton /sáɪtɑ(:)n | -tɒn/ *n.* (*also* **cy·tone** /-toʊn | -təʊn/) 細胞 (cell); (特に)神経細胞体. 〘← CYTO-+-ON¹ (cf. proton)〙

cyto·path·ic /sàɪtoʊpǽθɪk | -tə-⌐/ *adj.* 【病理】 細胞変性の. 〘1952〙

cỳto·pathogénic *adj.* 細胞に異状変化を引き起こす, 細胞破壊の. **cỳto·pathogenícity** *n.* 〘1952〙

cỳto·pathólogy *n.* 【病理】 細胞病理学. **cỳto·pathológic** *adj.* **cỳto·pathológical** *adj.* 〘1936〙

cy·to·pe·ni·a /sàɪtoʊpí:niə | -tə(ʊ)-/ *n.* 【病理】 血球減少(症). **cy·to·pe·nic** /sàɪtoʊpí:nɪk | -tə(ʊ)-⌐/ *adj.* 〘← CYTO-+-PENIA〙

cy·toph·a·gy /saɪtá(:)fədʒi | -tɔ́f-/ *n.* 【生理】 食細胞作用 《一細胞内に他の細胞を貪食する現象》.

cỳto·phárynx *n.* (*pl.* **-pharynges**, ～**·es**) 【動物】 細胞咽頭 《繊毛虫類や鞭毛虫類の摂食用の細胞器官》.

cỳto·phílic *adj.* 【生物】 好細胞性の. 〘*c*1909〙

cỳto·photómetry *n.* 【生物】 細胞測光法. **cỳto·photométric** *adj.* **cỳto·photométrical** *adj.* **cỳto·photométrically** *adv.* 〘1955〙

cy·to·plasm /sáɪtəplæzm̩ | -tə(ʊ)-/ *n.* 【生物】 細胞質. **cy·to·plas·mic** /sàɪtəplǽzmɪk | -tə(ʊ)-⌐/ *adj.* **cy·to·plás·mi·cal·ly** /-mɪkəli, -kli | -mɪ-/ *adv.* 〘(1874) □ G *Zytoplasma*: ⇨ cyto-, -plasm〙

cytoplásmic herédity [inhéritance] *n.* 【生物】 細胞質遺伝.

cy·to·plast /sáɪtəplæst | -tə(ʊ)-/ *n.* 【生物】 細胞質体, サイトプラスト, 細胞原形質 (cf. protoplast 2). **cy·to·plas·tic** /sàɪtəplǽstɪk | -tə-⌐/ *adv.* 〘1891〙

cy·to·sine /sáɪtəsì:n, -sn̩ | -tə(ʊ)-/ *n.* 【生化学】 シトシン, チトシン, サイトシン ($C_4H_5N_3O$) 《RNA, DNA などに含まれるピリミジン塩基の一つ; 細胞の物質交代に関与する》. 〘(1894) ← CYTO-+-OSE²+-INE³〙

cỳto·skéleton *n.* 【生理】 細胞骨格 《細胞の形態と運動を支配する繊維性蛋白質組織》. 〘1940〙

cy·to·sol /sáɪtəsɔ̀(:)l | -təsɔ̀l/ *n.* 【生化学】 ゾル性細胞質 《ホモジェネートした組織の超遠心分離した上澄み部分で, 細胞質の液状部》. 〘(1970) ← CYTO-+SOL⁴〙

cy·to·some /sáɪtəsòʊm | -tə(ʊ)sàʊm/ *n.* 【生物】 =cytoplast. 〘□ G *Zytosom*: ⇨ cyto-, -some³〙

cỳto·státic *adj.* 【生物】 細胞分裂を妨げる[遅らせる]. 〘1949〙

cy·to·stome /sáɪtəstòʊm | -tə(ʊ)stàʊm/ *n.* 【動物】 細胞口 《原生動物の摂食用開口部》. **cy·tos·to·mal** /saɪtá(:)stəməl, -ml̩ | -tɔ́s-/ *adj.* 〘□ G *Zytostom*: ⇨ cyto-, -stome〙

cy·to·tax·is /sàɪtətǽksəs | -tə(ʊ)tǽksɪs/ *n.* 【生物】 細胞走性, 走細胞性 《細胞どうしが相互に引き合ったり, 反発し合ったりする性質》.

cỳto·taxónomy *n.* 【生物】 細胞分類学. **cỳto·taxonómic** *adj.* **cỳto·taxonómically** *adv.* 〘1930〙

cyto·tech /sáɪtətèk, -toʊ- | -tə(ʊ)-/ *n.* 【医学】 =cytotechnologist. 〘略〙

cỳto·techníc ian *n.* 【医学】 =cytotechnologist.

cỳto·technólogist *n.* 【医学】 細胞検査技師. 〘(1961) ← CYTO-+TECHNOLOGIST〙

cỳto·technólogy *n.* 【医学】 細胞検査(術) 《細胞を調べ癌(がん)などの異常を発見する検査》.

cỳto·tóxic *adj.* **1** 【医学】 細胞毒(素)の[に関する]. **2** 細胞に有毒な. **cỳto·toxícity** *n.* 〘1904〙

cỳto·tóxin *n.* 【医学】 細胞毒(素) 《細胞に毒性の影響を与える物質》. 〘1902〙

cỳto·trópho blast *n.* 【生物】 細胞栄養芽層 《哺乳動物で胎児に一番近い胎盤; cf. syntrophoblast》. **cỳ·to·trophoblástic** *adj.* 〘← CYTO-+TROPHOBLAST〙

cy·to·trop·ic /sàɪtoʊtrá(:)pɪk | -tə(ʊ)trɔ́p-⌐/ *adj.* 【生物】 **1** 向細胞性の 《細胞がお互いに成長することにいう》. **2** 細胞親和性の 《ウイルスなどが細胞に親和性をもつことにいう》.

cy·to·vi·rin /sàɪtəváɪrɪn | -tə(ʊ)váɪərɪn/ *n.* サイトビリン 《放線菌の一種 (*Streptomyces olivochromogenes*) の生産する抗生物質; タバコモザイク病ウイルスに効果がある》. 〘← CYTO-+VIR(US)+-IN²〙

cỳto·zóon *n.* 【生物】 細胞寄生原虫. 〘← CYTO-+-ZOON〙

Cý Yóung Awàrd /sáɪjʌ́ŋ-/ *n.* サイヤング賞 《米国大リーグの最優秀投手に毎年贈られる賞; 大投手 Cy Young (1867–1955) を記念する賞》.

Cyz·i·cus /sízɪkəs/ *n.* キジクス 《小アジア北西, Marmara 海に臨む古代ギリシャの植民都市》.

CZ 《記号》 Czech Republic 《URL ドメイン名》.

CZ 《略》 Canal Zone (Panama).

czar /záə, tsáə | zá:(r, tsá:(r; *Russ.* tsárʲ/ *n.* **1 a** 皇帝, 国王 (emperor, king). **b** [C-] (帝政時代の)ロシア皇帝, ツァー. **2** [しばしば C-] 専制君主 (autocrat); 独裁者. **3** 《口語》 第一人者, …王 (leader): a financial ～ 財界の大立物. 〘(1555) □ Russ. *tsar′* < OSlav. *tsēsarĭ* □ L *Caesar*: cf. Caesar¹, kaiser〙

czar·das /tʃáədɑ:ʃ, -dæʃ | tʃá:dæʃ, zá:dæs, -dəs; *Hung.* tʃá:rda:ʃ/ *n.* (*pl.* ～) **1** 【音楽】 チャルダーシュ 《ハンガリーの民俗舞曲; ゆるやかなテンポの導入部と, 急速で激しいリズムの主部からなる》. **2** 【ダンス】 チャルダーシュの舞踏. 〘(1860) □ Hung. *csárdás*〙

czár·dom /-dəm | -dəm/ *n.* **1** czar の地位[権力]. **2** czar の国土. 〘(1841) ← CZAR+-DOM〙

czar·e·vitch /zá:rəvɪtʃ, tsá:- | -rɪ-; *Russ.* tsarʲévʲitʃ/ *n.* (帝政時代の)ロシア皇子. 〘(1710) □ Russ. *tsarevich* Czar's son〙

cza·rev·na /zɑ:révnə, tsɑ:-; *Russ.* tsarʲévnə/ *n.* (帝政時代の)ロシア皇女; ロシア皇太子妃. 〘(1880) □ Russ. *tsarevna* Czar's daughter〙

cza·ri·na /zɑ:rí:nə, tsɑ:-; *Russ.* tsarʲínə/ *n.* (帝政時代の)ロシア皇后. 〘(1717) □ It. ～ □ G *Czarin, Zarin* (fem.) ← *Czar, Zar* Czar □ Russ. *tsar′* 'CZAR'〙

czar·ism /zá:rɪzm, tsá:-; *Russ.* tsarʲízm/ *n.* 専制[独裁]政治; (特に)ロシアの帝政. 〘(1855) ← CZAR+-ISM〙

czár·ist /-rəst | -rɪst; *Russ.* tsarʲíst/ *n.* 専制[独裁]政治支持者, 皇帝支持者. ― *adj.* **1** [C-] (ロシア)帝政の; ロシア皇帝の: *Czarist* Russia 帝政ロシア. **2** 独裁(者)の, 独裁的な (autocratic), 専制的な (dictatorial).

czar·is·tic /zɑ:rístɪk, tsɑ:-/ *adj.* =czarist.

cza·rit·za /zɑ:rítsə, tsɑ:-; *Russ.* tsarʲítsə/ *n.* =czarina.

Czech /tʃék; *Czech.* tʃɛx/ *n.* **1** チェック人 《主に Bohemia および Moravia に住むスラブ族の人》. **2** チェコ語, チェック語 《Bohemia や Moravia で用いられているスラブ語で, Slovak に近い》. ― *adj.* **1** チェック人の. **2** チェコ語の. 〘(1841) □ Pol. ～ □ Czech *Čech* of the people of Bohemia〙

Czech. 《略》 Czechoslovak; Czechoslovakia; Czechoslovakian.

Czech·ish /tʃékɪʃ/ *adj.* =Czech. 〘1884〙

Czech·o·slo·vak /tʃèkəslóʊvɑ:k, -koʊ-, -væk | -kə(ʊ)sláʊvæk⌐/ *n.* チェコスロバキア人. ― *adj.* チェコスロバキア(人)の. 〘(1917) ← CZECH+-O-+SLOVAK〙

Czech·o·slo·vak·i·a /tʃèkoʊsloʊvá:kiə, -kə-, -vǽk- | -kə(ʊ)slə(ʊ)vǽk-, -vá:k-/ *n.* チェコスロバキア 《ヨーロッパ中部にあった共和国; 1993 年にチェコ共和国 (Czech Republic) とスロバキア共和国 (Slovak Republic) に分離》. 〘← CZECH+-O-+SLOVAKIA〙

Czech·o·slo·vak·i·an /tʃèkoʊsloʊvá:kiən, -kə-, -vǽk- | -kə(ʊ)slə(ʊ)vǽk-, -vá:k-⌐/ *n.*, *adj.* =Czechoslovak. 〘1920〙

Czéch Repúblic *n.* [the ～] チェコ共和国 《ヨーロッパ中東部の国; 1993 年にスロバキアと分離独立; 首都 Prague》.

Czekh /tʃék/ *n.*, *adj.* =Czech.

Czer·no·witz /*G.* tʃέɐnovɪts/ *n.* チェルノヴィッツ 《Chernovtsy のドイツ語名》.

Czer·ny /tʃέəni, tʃə́:- | tʃá:-, zá:-, tʃεə-; *G.* tʃέɐni/, **Karl** *n.* チェルニー (1791–1857; オーストリアのピアニスト・作曲家・ピアノ教則本編集者).

Czę·sto·cho·wa /tʃènstəkóʊvə | -kóʊ-; *Pol.* tʃɛ̃stɔxɔ́va/ *n.* チェンストホバ 《ポーランド南部, Warta 河畔の工業および宗教都市; ヤスナ・グーラ修道院の「黒い聖母像 (マドンナ)」は有名》.

D d

D, d /díː/ *n.* (*pl.* **D's, Ds, d's, ds** /～z/) **1** 英語アルファベットの第 4 字. ★ 通信コードは Delta. **2** 〖音楽〗 **a** ニ音, (ドレミ唱法の)レ音; ニ音の弦[鍵(けん)], (パイプオルガンの)パイプ: *D* sharp 嬰(えい)ニ音《記号は D♯》/ *D* flat 変ニ音《記号は D♭》. **b** ニ調: *D* major [minor] ニ長[短]調 (cf. key^1 3 a). **3** (活字・スタンプなどの) D または d 字. **4** [D] D 字形(のもの): a *D*-trap 〖機械〗D 形防臭弁 / a *D* valve 〖機械〗D 形滑り弁. **5** 文字 d が表す音《dog, sad などの [d]》. **6** (連続したものの)第 4 番目(のもの): vitamin *D*. **7 a** (ローマ数字の) 500 《(1,000 (M) の半分の意から》: *CD*＝400 / *DCC*＝700 / *MDLXIV*＝1564. **b** (D̄ という記号で) 500,000; (時として) 5,000. **8** 〖玉突〗ディー《snooker に用いる玉突台上の直径約 22 インチの半円の部分》. 〚OE *D*, *d* ▭ L (Etruscan を経由) ▭ Gk *Δ*, *δ* (*délta*) ▭ Phoenician △; cf. Heb. ד (*dáleth*) 《原義》 door: ⇨ A^1 ★〛

d 《記号》〖化学〗 dextro; 〖物理〗 deuteron; 〖数学〗 differential operator; 〖数学〗 第 4 の既知数[量] (cf. a, b, c).

d, d. 《略》 deci-; day; diameter; departure; depart(s).

D 《記号》 **1** [時に d] 〖教育〗(学業成績の評語として)可, 4 級《最低合格点》. **2** (富裕度が第 4 位の) D 階層. **3** (サイズ番号の) D: **a** 靴幅を示す《C より幅広く E より狭い》. **b** ブラジャーのカップのサイズを示す《C より大きく, DD より小さい》. **c** (男子用パジャマの)特大. **4** 〖電気〗 **a** debye. **b** electric displacement. **c** 単 1 (乾電池のサイズ). **5** derivative. **6** 〖化学〗 **a** deuterium. **b** didymium. **7** 〖数学〗 differential coefficient. **8** 〖貨幣〗 dalasi(s); dinar(s); dong. **9** 〖物理〗 dispersion. **10** 〖航空〗 drag.

D, D. 《略》 December; Democrat; Democratic.

d. 《略》〖系図〗 dam; damn; date; daughter; dead; deceased; deciduous; decree; degree; dele; delete; delta; *L.* dēnārius (＝penny), dēnāriī (＝pence); 〖物理〗 density; depth; desert(ed); 〖音楽〗 *It.* destra (＝right hand); 〖トランプ〗 diamonds; died; dime; director; distance; dividend; dollar(s); drama; drive; driving; drizzle; drizzling; 〖音楽〗 *F.* droite (＝right hand); duke; dump; dyne.

D. 《略》 Dame; *G.* Damen (＝Ladies); 〖製紙〗 demy; Department; destroyer; *L.* Deus (＝God); Deutschland; dimensional (⇨ 3-D); *It.* Diretto (＝slow train); distinguished; division 〖米陸軍〗師団, 〖米海軍〗隊; Doctor; *L.* Dominus (＝Lord); Don; Dowager; Duchess; Duke; Dutch.

d., D. 《略》〖処方〗 *L.* da ((imper.) ← *dare* to give); deacon; decision; deliver(ed); deputy; depart(s); departure; deserter; dialect; dialectal; 〖光学〗 diopter; 〖演劇〗 door; dorsal; dose; drachma(s), drachmae.

d' /də, d/ *v.* 《口語》助動詞 do または did の二人称の縮約形: What *d'*you (＝do you) mean? / *D'*you (＝Did you) go there yesterday?

'd /d/ *v.* 《口語》 **1** had または would (最近ではしばしば should) の縮約形 (cf. 'ld): I'*d* (＝I would) like to go. / You'*d* (＝You had) better go. **2** 助動詞 did の縮約形: Where'*d* you go yesterday?

d- /díː/ *pref.* 〖化学〗 **1** [通例イタリック体で]「右旋(光)性の (dextrorotatory)」の意: *d*-limonene. **2** [通例小型頭文字 D- で] 一番簡単な光学活性糖の D- グリセリンアルデヒドと同じ立体配置をもつことを示す: D-glucose. 〚← DEXTRO-〛

d— /díː, dǽm/ ⇨ damn *vt.* 1 b. ★ damn の語をはばかる書き方; d—n /dǽm, díːn/ ともする; damned は d—d /díːd, dǽmd/ とする (cf. blank *adj.* 7 b).

-d^1 /d/ 過去形・過去分詞語尾 -ed の縮約形: hear*d*.

-d^2 (略語において) ＝-ed: rec*d*. (＝received) / lt*d*. (＝limited).

-d^3 (序数の 2, 3 を表すとき) ＝-nd^1, -rd: March 2*d* / 33*d* Street.

-'d /d/ ＝-ed. ★ 通例語幹が母音で終わる語に用いる (cf. -d^1): toga'*d*, O.K.'*d*.

da^1 /dáː/ *n.* 《英口語》＝dad^1.

da^2 /dáː; *Russ.* dá/ *Russ. adv.* はい (yes), ええ (cf. nyet). 〚▭ Russ. ～〛

da 《略》 deca-, deka-.

DA /díːéɪ/ *n.* 《俗》＝ducktail. 〚1951〛

DA 《略》 Defence Act; delayed action (bomb); deposit account; deputy advocate; deputy assistant; Dictionary of Americanisms; Diploma of Art; dissolved acetylene; 《米》 district attorney; Doctor of Arts; do(es)n't answer; duck's arse.

DA 《記号》〖貨幣〗 Algerian dinar(s).

da. 《略》 daughter; day(s).

Da. 《略》 Danish; 〖聖書〗 Daniel.

D/A 《略》 days after acceptance; deposit account; digital to analog; 〖貿易〗 documents against [for] acceptance (手形)引受書類渡し (cf. D/P).

dab^1 /dǽb/ *vt.* (**dabbed; dab·bing**) **1** (手などで)軽くたたく, 軽くとんとん打つ; 〈鳥などが〉つつく: ～ (the sweat off) one's forehead *with* a handkerchief (汗を取るために)額をハンカチではたく. **2** …に〈柔らかい物・湿った物などを〉軽くはたくように当てる; …に〈リント布などを〉ぺっとり当てる 〔*with*〕, 〈柔らかい物などを〉〔…に〕当てる 〔*on, against*〕: ～ a brush *on* paper＝～ paper *with* a brush 紙に筆を当てる / ～ *off* a stain *with* a wet cloth 湿った布で汚れを軽くたたいて落とす / ～ a sore *with* fine lint 傷口に柔らかいリントを当てる / ～ a plaster to be wetted and ～*bed on* ぬらして張りつける膏薬 / ～ a plaster *in* water 膏薬を水で軽くぬらす. **3** 〈ペンキ・バター・香水などを〉(こすりつけないで)べたべた塗る: ～ butter *on* bread パンにバターをぺったり塗る / ～ glue *over* [*on*] paper 紙にのりをぺったり塗る. **4** 〈石細工を〉(のみなどでつついたりして)表面の仕上げをする. — *vi.* 〔…を〕軽くたたく, はたく 〔*at*〕; 〈鳥などが〉〔…を〕つつく 〔*at*〕: She ～*bed at* her nose *with* a powder-puff. 鼻をパフではたいた. — *n.* **1** 軽くこつこつ[ぱたぱた, とんとん]たたくこと, 軽打; (くちばしでの)一つつき, ついばみ: give a ～ with the beak くちばしでついばむ. **2** (海綿・ハンカチなどでの)軽いたたきつけ, 押し当て: a ～ *of* powder 粉おしろいの一はたき. **3** (ペンキ・膏薬などの)少量, 小さい塊, 一塗り; (一般に)少量, ちょっぴり: a ～ *of* paint 少量のペンキ / a ～ *of* butter バターの小片 / a ～ *of* glue 少量ののり. **4** 穴あけ機, 打印機. **5** [通例 *pl.*] 《英俗》指紋 (fingerprints). 〚(?*a*1300) ME *dabbe(n)* 《擬音語》?: cf. Norw. *dabba* to tap with the foot / G *tappen* to grope / MDu. *dabben* to tap〛

dab^2 /dǽb/ *n.* 〖魚類〗マコガレイ《マコガレイ属 (*Limanda*) の魚類の総称; マガレイ (*L. herzensteini*)・スナガレイ (*L. punctatissima*) など》. 〚(1419) ← ?: cf. dab^1〛

dab^3 /dǽb/ *n.* 《英口語》じょうず, 名人, 達人: a ～ *at* tennis, cooking, mending tools, etc. — *adj.* じょうずな, 名人の. 〚(1691) ▭ ? F 《俗》 *dabe* king ← *dabo* boss ← L *dabō* I will give // 《異分析・変形》? ← ADEPT: cf. dabster〛

DAB 《略》 Dictionary of American Biography 米国人名辞典 (cf. DNB).

dáb·ber *n.* **1** 軽打する人[もの]; (インク・絵の具などの)塗り手. **2** タンポン《版画家などが版面にインクや絵の具を付けるための道具》. **3** 〖印刷〗(剛毛の)打ち刷毛《組版の上に置いた湿紙型原紙をたたくための刷毛》. **4** 〖印刷〗＝ink ball. 〚(*c*1790) ← DAB^1＋-ER^1〛

dab·ber·locks /dǽbəlɑ̀(ː)ks | -bəlɔ̀ks/ *n. pl.* ＝badderlocks.

dab·ble /dǽbl/ *vi.* **1** 〔…を〕(道楽に)ちょっとやる, やって[かじって]みる 〔*in, at, with*〕: ～ *in* [*at, with*] politics, poetry, art, Greek, etc. **2 a** 水遊びをする, 泥いじりする. **b** 〈鴨などが〉えさをとるために水の底をつつく. — *vt.* **1** 〈水などを〉はねかす; はねかしてぬらす: be ～*d with* mud 泥をはねかけられる. **2** 〔水などの中で〕〈手足などを〉ばちゃばちゃさせる 〔*in*〕: ～ one's hands *in* the water. 〚(1557) ▭ Du. 《廃》 *dabbelen* (freq.) ← MDu. *dabben*: cf. dab^1, -le^3〛

dáb·bler /-blə, -blə | -blə^r, -blə^r/ *n.* **1 a** 水遊びをする人. **b** (mallard や shoveler のような) 水面ガモ (cf. diving duck). **2** 道楽半分[物好き]に事をする人, …道楽, へたの横好き, しろうと (⇨ amateur SYN): a ～ *in* [*at*] wood engraving しろうと木版家. 〚(1611): ⇨ ↑, -er^1〛

dáb·bling /-blɪŋ, -blɪŋ/ *n.* (道楽に)ちょっとやること, ちょいとかじること. 〚(1677) ← DABBLE＋-ING^1〛

dàbbling dúck *n.* ＝dabbler 1 b.

dáb·chick *n.* 〖鳥類〗(小形の)カイツブリ《特に, 英国ではカイツブリ (*Tachybaptus ruficollis*), 米国ではオビハシカイツブリ (*Podilymbus podiceps*) をいう》. 〚(*c*1550) *dapchick(e), dop-, dip-* ← *dab-* (← ? (*dive-*)*dap* 'DIDAPPER')〛

dáb hànd *n.* ＝dab^3: I'm a ～ when it comes to cars. 車のことならお手のもの. 〚*c*1828〛

Dabs /dǽbz/ *n.* 《英俗》ロンドン警視庁指紋部 (Fingerprint Department of New Scotland Yard). 〚⇨ dab^1 (n.) 5〛

dab·ster /dǽbstə | -stə^r/ *n.* **1** 《方言》じょうず, 達人 (dab). **2** 《米口語》＝dabbler 2. **3** 《英》＝daubster. 〚(1708) ← DAB^3＋-STER〛

DAC 《略》〖電算〗 digital-to-analog converter デジタルアナログ変換器.

da ca·po /dɑːkɑ́ːpoʊ, də- | -kɑ́ːpəʊ; *It.* dakáːpo/ *adv.* 〖音楽〗ダカーポ, 初めから(繰り返して) (略 DC, d.c.). 〚(1724) ▭ It. ～ '(repeat) from the head' ← *da* from＋*capo* beginning ← L *caput* head〛

Dac·ca /dǽkə, dɑ́ːkə | dǽkə, dɑ́ːkɑː/ *n.* ＝Dhaka.

d'ac·cord /dækɔ́ə, daː- | -kɔ́ː^r; *F.* dakɔːʁ/ *F. adv.* 同意[一致]して, 調子が合って. — *int.* よろしい, それで決まった, 承知した. 〚▭ F ～ 'in ACCORD'〛

dace /déɪs/ *n.* (*pl.* ～, **dac·es**) 〖魚類〗 **1** デイス (*Leuciscus leuciscus*) 《ヨーロッパ産のコイ科の魚》. **2** 米国産のコイ科のアブラハヤに似た魚の総称. 〚(*a*1450) *darse* ▭ OF *darz, dars* (nom. sing. or acc. pl.) ← *dart* 'DART': この魚の泳ぎ方にちなむ〛

da·cha /dɑ́ːtʃə | dǽtʃə; *Russ.* dátʲə/ *n.* ダーチャ《特に夏場に使う, ロシアの田舎の邸宅・別荘》. 〚(1896) ▭ Russ. ～ 《原義》 act of giving〛

Da·chau /dɑ́ːkaʊ | dǽk-, dǽx-; *G.* dáxau/ *n.* ダッハウ《ドイツ Munich 付近の都市; ナチス政権最初の強制収容所 (1933–45) が置かれた》.

dachs·hund /dɑ́ːks(h)ʊ̀nd, -hʊ̀nt, dɑ́ːksənd | dǽksənd, -snd, dǽʃənd, dǽkshʊ̀nd, -hʊ̀nt; *G.* dákshʊnt/ *n.* (*pl.* ～**s, dachs·hun·de** /-hʊ̀ndə; *G.* -hʊndə/) ダックスフント《胴が長く足が短いドイツ原産のイヌ》. 〚(*c*1881) ▭ G ～ ← *Dachs* badger＋*Hund* 'dog, HOUND'〛

Da·ci·a /déɪʃiə, -ʃə | -siə, -ʃiə, -ʃə/ *n.* ダキア《南ヨーロッパ, カルパチア (Carpathian) 山脈と Danube 川との間の地域; 古代の王国で後ローマの属州 (106–270 年)》.

Da·ci·an /déɪʃiən, -ʃən | désiən, -ʃiən, -ʃən/ *adj.* ダキア(人)の. — *n.* ダキア人. 〚(*a*1666): ⇨ ↑, -an^1〛

da·cite /déɪsaɪt/ *n.* 〖岩石〗石英安山岩. **da·cit·ic** /dèɪsɪ́tɪk | -tɪk$^-$/ *adj.* 〚(1879) ← *Dacia* (この地で初めて発見されたことから)＋-ITE〛

da·coit /dəkɔ́ɪt/ *n.* (インド・ミャンマーの)強盗団員, (徒党を組んで人家を襲う)強盗. 〚(1810) ▭ Hindi *ḍākāit* ← *ḍākā* gang robbery ← Skt **daṣṭaka* crowded ← ?〛

da·coit·age /dəkɔ́ɪtɪdʒ | -tɪdʒ/ *n.* ＝dacoity. 〚1887〛

da·coit·y /dəkɔ́ɪti | -ti/ *n.* (インド・ミャンマーの徒党を組んで行う)強盗行為, 強奪. 〚(1818) ▭ Hindi *ḍakāitī*: ⇨ dacoit, -y^3〛

Da·co·ta /dəkóʊtə | -kə́ʊtə/ *n., adj.* ＝Dakota.

dac·quoise /dɑ́ːkwɑ́ːz, dæ-; *F.* dakwaːz/ *n.* 〖料理〗ダクワーズ《ナッツ入りの焼いたメレンゲの間にバタークリームをはさんで重ねたデザート》.

Da·cron /déɪkrɑ(ː)n, dǽk- | dǽkrɒn, déɪ-/ *n.* 〖商標〗ダクロン《ポリエステル繊維の一種; 英国の Terylene, 日本のテトロンに同じ》. 〚1951〛

dac·ry- /dǽkri/ (母音の前にくるときの) dacryo- の異形.

dacrya *n.* dacryon の複数形.

dac·ry·a·gogue /dǽkriəgɑ̀g, -gɔ̀ːg | -riəgɒ̀g/ 〖医学〗 *adj.* 催涙性の. — *n.* 流涙促進薬, 催涙剤. 〚← DACRYO-＋-AGOGUE〛

dac·ry·o- /dǽkrioʊ | -riəʊ/「涙」の意の連結形: *dacryo*cyst. ★ 母音の前では通例 dacry- になる. 〚← NL ～ ← Gk *dákru, dákruon* 'TEAR^2': cf. lachry-(mal)〛

dac·ry·o·cyst /dǽkrioʊsɪ̀st | -riə(ʊ)-/ *n.* 〖解剖〗涙嚢(るいのう). 〚⇨ ↑, -cyst〛

dàcryo·cystítis *n.* 〖病理〗涙嚢(るいのう)炎. 〚(1848) ← NL ～: ⇨ ↑, -itis〛

dac·ry·on /dǽkriɑ̀(ː)n | -riɒ̀n/ *n.* (*pl.* **-ry·a** /-riə/) 〖解剖〗涙点, ダクリオン《鼻根で涙骨と前頭骨が出合う点》. 〚(1878) ← NL ～ ← Gk *dákruon*: ⇨ dacryo-〛

dac·ry·or·rhe·a /dæ̀kriəríːə | -riə(ʊ)-/ *n.* 〖病理〗流涙(過多). 〚← DACRYO-＋-RRHEA〛

dac·tyl /dǽktɪ̀l, -tl | -tɪl, -tl/ *n.* **1** 〖詩学〗(古典詩の)長短短格 (—◡◡); (英詩の)強弱弱[揚抑抑]格 (´××) (例: Trávelling | páinfully | óver the | rúgged road — Southey; cf. foot *n.* 6). **2 a** 〖動物〗手指; 足指. **b** 〖昆虫〗＝dactylus. 〚(*c*1384) *dactile* ▭ L *dactylus* ▭ Gk *dáktulos* finger, toe, date^2, dactyl ← ?: 指関節と同じく音節数が三つあることから〛

Dac·tyl /dǽktɪ̀l, -tl | -tɪl, -tl/ *n.* (*pl.* ～**s, -tyl·i** /-təlàɪ, -tl- | -tɪl-/) 〖ギリシャ神話〗ダクテュロス《Crete 島の Ida 山に住む冶金の術にすぐれた山の精》. 〚▭ L *Dactylī* ▭ Gk *dáktuloi* (pl.) ← dáktulos (↑): その数が 10 人だったことから〛

dac·tyl- /dǽktɪ̀l, -tl | -tɪl, -tl/ (母音の前にくるときの) dactylo- の異形.

dactyli *n.* dactylus の複数形.

-dac·tyl·i·a /dæktɪ́liə/「指・足指が…である[…本ある]こと[状態]」の意の名詞連結形. 〚← NL ～ ← Gk *dáktulos* finger, toe＋NL *-ia* '-y^3'〛

dac·tyl·ic /dæktɪ́lɪk/ 〖詩学〗 *adj.* 強弱弱[長短短]格の (cf. dactyl 1). — *n.* [通例 *pl.*] 強弱弱[長短短]格の詩. **dac·týl·i·cal·ly** *adv.* 〚(1589) ▭ L *dactylicus*: ⇨ dactyl, -ic^1〛

dac·tyl·i·o- /dæktɪ́lioʊ | -liəʊ/「指輪, 宝石」の意の連結形. 〚← Gk *daktúlios* finger ring ← *dáktulos* finger〛

dac·tyl·i·o·glyph /dæktɪ́liəglɪ̀f/ *n.* **1** 指輪(宝石)彫刻師. **2** (指輪・宝石に刻んだ)彫刻師の銘. 〚▭ Gk *daktulioglúphos*: ⇨ ↑, -glyph〛

dac·tyl·i·og·ra·phy /dæktɪ̀liɑ́(ː)grəfi | -liɒ́g-/ *n.*

指輪(宝石)彫刻法. 〘← DACTYLIO-+-GRAPHY〙

dac·ty·li·tis /dæ̀ktəláɪtəs | -tḷáɪtɪs/ *n.* 〘病理〙(手·足の)指炎. 〘(1861): ⇨ ↓, -itis〙

dac·ty·lo- /dǽktəloʊ | -tḷəʊ/「指·足指」の意の連結形: *dactylo*nomy /dæ̀ktəlɑ́(ː)nəmi | -tɪlɔ́n-/ 指上計算法. ★ 母音の前では通例 dactyl- になる: *dactyl*itis. 〘← Gk *dáktulos* finger〙

dac·tyl·o·gram /dæktíləgræ̀m | dæktílə(ʊ)-, ⌐⌐—⌐/ *n.* 指紋. 〘(1913): ⇨ ↑, -gram〙

dac·ty·log·ra·phy /dæ̀ktəlɑ́(ː)grəfi | -tḷɔ́g-/ *n.* 指紋学, 指紋研究. **dàc·ty·lóg·raph·er** *n.* **dac·ty·lo·graph·ic** /dæ̀ktḷəgrǽfɪk, dæktìlə-⌐/ *adj.* 〘← DACTYLO-+-GRAPHY〙

dac·ty·lol·o·gy /dæ̀ktəlɑ́(ː)lədʒi | -tḷɔ́l-/ *n.* 手話(法)《指文字 (manual alphabet) を用いて行う; finger spelling ともいう》. 〘(1656) ← DACTYLO-+-LOGY〙

dàctylo·mégaly *n.* 〘病理〙(手·足の)巨指(症). 〘← DACTYLO-+-MEGALY〙

dac·ty·lop·o·dite /dæ̀ktəlɑ́(ː)pədàɪt | -tḷɔ́p-/ *n.* 〘動物〙(節足動物の関節肢の末端にある)指節. 〘(1870) ← DACTYLO-+-POD[1]+-ITE[1]〙

dac·ty·los·co·py /dæ̀ktəlɑ́(ː)skəpi | -tḷɔ́s-/ *n.* 指紋鑑定[分類]. 〘(1908) ← DACTYLO-+-SCOPY〙

-dac·ty·lous /dǽktələs/「…の指[足指]を有する」の意の形容詞連結形. 〘⇨ dactylo-, -ous〙

dac·ty·lus /dǽktḷəs/ *n.* (*pl.* **-ty·li** /-làɪ, -lìː/) 〘昆虫〙指, 趾(し). 〘← NL ~: ⇨ dactyl〙

-dac·ty·ly /dǽktḷi/ =-dactylia.

dad[1] /dǽd/ *n.* 《口語》[特に呼び掛けで] おとうちゃん, パパ (daddy) (cf. mom). ★ 単に親愛の意を込めて他の人にも用いられる. **Dád and Dáve** 《豪》第二次世界大戦以前の素朴な田舎者. 《オーストラリアの作家 Steele Rudd (1868–1935) の農民物語に出てくる父子から》 〘(?a1500) *dadde* (小児語): cf. L *tata* father / Gk *táta* / Skt *tata* (*tāta*)〙

dad[2] /dǽd/ *int.* 《米口語·婉曲》=God 4: *Dad* blame it! えい, いまいましい. ★ 次のように連結形で用いることも多い: *dad*-blasted, *dad*-blamed, *dad*-burned, etc. 〘(1678)《変形》← GOD〙

dad[3] /dǽd/ *vt.* 《スコット·英北部》=hit, beat[1]. 〘(a1572): 擬音語?〙

dad[4] /dǽd/ *n.* 《スコット》大きな塊. 〘(1785) ↑〙

dad·a[1] /dǽdə, dɑ́ː- | -də/ *n.* 《口語·小児語》=dad[1].

da·da[2] /dɑ́ːdɑː/ *n.* 《インド》父方の祖父; 兄, 男のいとこ; 年長の男性に対する敬称; (不良仲間の) 兄貴(分). 〘⊏ Hindi *dādā*〙

Da·da, d- /dɑ́ːdɑː; *F.* dada/ *n.* 〘文学·芸術〙ダダ, ダダイズム (Dadaism) 《1916 年から 22 年ごろにかけてヨーロッパで流行した虚無主義的文芸運動; 知性の支配を離れた本能的表現を唱え, 後に超現実派に転じた》. 〘(1916) ⊏ F ~ 'hobby (horse)' 《変形》← *dia dia* gee-gee, gee-ho: あらゆる既成観念を追い散らすという意味からか; 一説に評論雑誌 *Dada* から: ⇨ Tzara〙

Da·da·ism, d- /dɑ́ːdɑːɪzm/ *n.* 〘文学·芸術〙ダダイズム (⇨ Dada). 〘(1919) ⊏ F *dadaïsme*: ⇨ ↑, -ism〙

Dá·da·ist, d- /-ɪ̀st | -ɪst/ *n.* 〘文学·芸術〙ダダイズム派の芸術家, ダダイスト, ダダ. **Da·da·is·tic** /dɑ̀ːdɑːístɪk⌐/ *adj.* **Da·da·is·ti·cal·ly** /dɑ̀ːdɑːístɪkəli, -kḷi/ *adv.* 〘(1920) ⊏ F *dadaïste*〙

dád-blámed[-blásted] *adj., adv.* =dad-burned.

dád-búrned *adj., adv.* 《米口語》[怒り·驚き·嫌悪などを表して] ひどい, いまいましい; いまいましくも (damned): a ~ fool 大ばか者 / It's ~ cold. やけに寒い. 〘(1884) ← DAD[2]〙

Dád·dies Sáuce /dǽdiz- | -diz-/ *n.* 〘商標〙ダディーズソース《英国製の家庭用ソース》.

dad·dle /dǽdḷ | -dl/ *vt., vi.* 《英方言》(時間などを)むだに過ごす, ぶらぶらして費やす. 〘(1787) ←《方言》*dadder* to quake+-LE[3]: cf. dawdle〙

dad·dy /dǽdi | -di/ *n.* **1** 《口語》**a** =dad[1]. **b** 最も古い[重要な]人[物]. **2** 《俗》=sugar daddy. 〘(?a1500) ← DAD[1]+-Y[2]〙

dáddy lónglegs *n.* (*pl.* ~) **1** 《英口語》かとんぼ, ガガンボ (crane fly). **2** 《米口語》=harvestman 2. **3** 《戯言》足の長い人, 「足ながおじさん」. 〘a1814〙

da·do /déɪdoʊ | -dəʊ/ *n.* (*pl.* ~**es**, ~**s**) **1** 〘建築〙腰羽目《壁の下部を板材と桟で張ったもの》. **2** 〘建築〙ダド, 台胴《円柱下部の方形台座の腰羽目の部分; die ともいう》. **3** 〘木工〙**a** 大入れ, 追入れ《柱·かまちなどに切り込んだ細い溝》. **b** 大入れ継ぎ《溝に板を差し込む接合法; dado joint ともいう》. — *vt.* **1** …に腰羽目[柱趾(ちゅうし)]を付ける. **2** 〈板·柱を〉大入れに差し込む. **3** 〈板·柱〉に大入れをつける. 〘(1664) ⊏ It. ~ 'die, cube, pedestal' < L *datum* given: cf. die[2]〙

dádo hèad *n.* 〘木工〙羽目切りの刃物《板に溝をつけるための 2 枚の丸のこと削り機 (chipper) から成る動力木工機》.

Da·dra and Na·gar Ha·ve·li /dədrɑ́ːənnʌ̀gərəvéli | dɑ́ːdrəənnɑ́ːgəhəvéɪli/ *n.* ダドラナガルアヴェリ《インド西部, Cambay 湾に臨む連邦直轄地; 面積 489 km²》.

dae /déɪ/ *vt., vi.* 《スコット》=do[1].

DAE 《略》Dictionary of American English.

dae·dal /díːdḷ | -dl/ *adj.* 《詩》**1** 巧みな, 巧妙な (ingenious): the ~ hand of Nature 自然の巧妙な手. **2** 複雑な, 手の込んだ. **3** さまざまの, 変化に富んだ. 〘(1590) ⊏ L *daedalus* ⊏ Gk *daídalos* skillful ← IE **del-* to split〙

Dae·da·la /díːdələ, -dḷə | -dələ/ *n.* [時に複数扱い] ダイダラ《古代 Boeotia で行われた Hera と Zeus の和解をたたえる祭り; 6 年ごとの小ダイダラ (Little Daedala) と 59 年ごとの大ダイダラ (Great Daedala) がある》.

Dae·da·li·an /diːdéɪliən/ *adj.* (*also* **Dae·da·lean** /~/) (Daedalus の造った) 迷路のような, 複雑な, 手の込んだ. 〘(1598) ⇨ Daedalus, -ian〙

Dae·dal·ic /diːdǽlɪk/ *adj.* =Daedalian.

Dae·da·li·on /diːdéɪliɑ̀(ː)n | -liɔ̀n/ *n.* 〘ギリシャ神話〙ダイダリオーン《暁の明星 Phosphor の子; 娘 Chione の死を悲しみ自殺し, Apollo によってハゲタカに変えられた》. 〘⊏ L *Daedaliōn* ⊏ Gk *Daidalíōn*〙

Daed·a·lus /dédələs, -dḷ- | díːdəl-, -dḷ-/ *n.* 〘ギリシャ神話〙ダイダロス《Crete 島の迷宮 Labyrinth を作ったアテネの名工匠; ⇨ Icarus》. 〘(c1630) ⊏ L ~ ⊏ Gk *Daídalos* (原義) cunning worker: cf. daedal〙

dae·mon /díːmən | díː-, dáɪ-, déɪ-/ *n.* **1** 〘ギリシャ神話〙=demon[1] 5. **2** =demon[1] 4. **3** 《古》=demon[1] 1. 〘(1852) ⊏ L *daemōn* ⊏ Gk *daímōn*: ⇨ demon[1]〙

dae·mo·ni·an /diːmóʊniən | -məʊ-/ *adj.* =demonian.

dae·mon·ic /diːmɑ́(ː)nɪk | -mɔ́n-/ *adj.* =demonic. 〘⊏ L *daemonicus*: ⇨ daemon, -ic[1]〙

dae·mo·nol·o·gy /dìːmənɑ́(ː)lədʒi | -nɔ́l-/ *n.* =demonology.

dae·va /déɪvə, díː-; *Hindi* ḍéːʋ/ *n.* 〘ヒンズー教〙=deva[2].

Dae·woo /dèʊúː/ *n.* 大宇(だう)グループ (~ Corp.) 《韓国の代表的な財閥; 1967 年に金宇中によって設立され, 総合商社を中心に重化学工業·先端技術産業に進出をはかっている; 本社 Seoul》.

d.a.f. 《略》described as follows.

daff[1] /dǽf/ *vt.* **1** 《古》押しのける (thrust aside): ~ the world aside 浮世を捨てる (cf. Shak., *1 Hen IV* 4. 1. 96). **2** 《廃》=doff 1. 〘(1596–97)《変形》← DOFF〙

daff[2] /dǽf/ *vi.* 《スコット》おもしろ半分に話す, 戯れる. 〘(1535) ← ME *daffe* fool, coward: cf. daft〙

daff[3] /dǽf/ *n.* 《口語》=daffodil.

daf·fa·dil·ly /dǽfədìli/ *n.* 《詩·方言》=daffodilly.

daf·fa·down·dil·ly /dǽfədàʊndíli/ *n.* 《詩·方言》=daffodil. 〘(1573) ← DAFFODILLY の戯言的変形〙

daf·fo·dil /dǽfədɪl/ *n.* **1** 〘植物〙スイセン属 (*Narcissus*) の植物の総称; (特に)ラッパズイセン (*N. pseudo-narcissus*) 《淡黄色でらっぱ状の花をつける; Lent lily ともいう; Wales の国章; cf. narcissus, jonquil》. **2** 水仙色, カナリヤ色 (明るい黄色; jonquil ともいう). — *adj.* 水仙色をした, 淡黄色の. 〘(1548)《変形》← ME *affodill* ⊏ ML *affodillus*=L *asphodelus* 'ASPHODEL'〙

Daf·fo·dil /dǽfədɪl/ *n.* ダフォディル《女性名》. 〘↑〙

dáffodil gàrlic *n.* 〘植物〙南ヨーロッパ原産の白い花の咲くユリ科ネギ属の植物 (*Allium neapolitanum*).

daf·fo·dil·ly /dǽfədìli/ *n.* 《詩·方言》=daffodil. 〘(1579)《変形》← DAFFODIL: LILY の影響による〙

daf·fo·down·dil·ly /dǽfədàʊndíli/ *n.* 《詩·方言》=daffadowndilly.

daf·fy[1] /dǽfi/ *adj.* (**daf·fi·er**; **-fi·est**) 《米口語·英俗》**1** ばかな; うすのろの; 気の狂った(ような) (crazy): be ~ *about* a woman 女に夢中である. **2** 浮かれ[狂い]騒ぐ. **dáf·fi·ness** *n.* 〘(1884) ←《廃》*daff* fool+-Y[4]: cf. daff[2]〙

daf·fy[2] /dǽfi/ *n.* 《口語》=daffodil.

Daf·fy /dǽfi/ *n.* ダフィ《女性名》. 〘(dim.) ← DAFFODIL // DAPHNE〙

daf·fy·down·dil·ly /dǽfidàʊndíli/ *n.* 《詩·方言》=daffadowndilly.

daft /dǽft | dɑ́ːft/ *adj.* (**more** ~, **most** ~; ~**er**, ~**est**) **1** 《口語》ばかな, 愚かな, まぬけの (silly); 狂ったような, 気のふれた (crazy): go ~ 気がふれる, 発狂する / (as) ~ as a brush ひどくばかな. **2** 《スコット》狂い騒ぐ (frivolously gay): ⇨ daft days. **3** 《口語》大好きな, 目がない (*about*). **4** 《俗》うわついた, 軽薄な. — *adv.* 《口語》ばからしく. **~·ly** *adv.* **~·ness** *n.* 〘ME *daffte* mild, stupid < OE *ġedæfte* gentle, meek < Gmc **ʒadaftjaz* ← **ʒadafti* fitting ← IE **dhabh-* to fit together: cf. deft〙

dáft dàys *n. pl.* 《スコット》お祭り騒ぎの期間; (特に)クリスマスシーズン. 〘a1774〙

dag[1] /dǽg/ *n.* **1** 《豪》変わった面白い人, 変人, 奇人. **2** 《豪口語》服装のだらしない人. **3** 《豪口語》前向きでない人. **4** [通例 *pl.*] 《英·豪》=daglock. **5** 《古·廃》**a** 垂れ下がった先端[断片]. **b** (中世の衣服などの)縁飾り《木の葉形や鋸歯状に切込みを入れたもので, 花びら·木の葉形の布片をアップリケしたもの》. **6** 《NZ 口語》ユーモアのある人. — *vt.* **1** 〈衣服など〉に(ぎざぎざの切込み模様やアップリケの)縁飾りをする. **2** 《英》〈羊など〉のよごれた垂れ毛を刈り取る. 〘(c1378) *dagge* ← ?: cf. OF *dague* dagger〙

dag[2] /dǽg/ *n.* (17 世紀の)騎兵用ピストル. 〘1561〙

dag 《略》decagram(s).

da·ga·ba /dɑ́ːgəbə/ *n.* =dagoba.

da Gama, Vasco *n.* ⇨ Gama.

Da·gan /dɑ́ːgɑːn/ *n.* 〘バビロニア神話〙ダガン《古代メソポタミアで崇拝された神で, バビロニアでは水神であったが, ヘブライ, フェニキアでは穀物神とされた》. 〘⊏ Akkad. *Dagān*: cf. Dagon〙

Dag·en·ham /dǽg(ə)nəm/ *n.* ダガナム《イングランド Greater London の自治区 Barking and Dagenham の一部》. 〘OE *Dæccanhaam* 'the village of *Dæcca* (人名)'〙

Da·ge·stan /dæ̀gəstǽn, dɑ̀ːgəstɑ́ːn | dɑ̀ːgɪ̆stɑ́ːn; *Russ.* dəgʲɪstán/ *n.* **1** ダゲスタン《ロシア連邦南西部, カスピ海に臨む共和国; 面積 50,300 km², 首都 Makhachkala》. **2** ダゲスタン(織)《Dagestan 産の, へりがぎざぎざで通例パステル調の, 花模様·幾何学的模様, 緻密な織りを特色とするじゅうたん》.

Da·ge·stan·i·an /dæ̀gəstǽniən, dɑ̀ːgəstɑ́ːn- | dɑ̀ːgɪ̆stɑ́ːn-⌐/ *n.* ダゲスタン人; ダゲスタン語. — *adj.* ダゲスタンの; ダゲスタン人[語]の. 〘⇨ ↑, -ian〙

dag·ga /dǽgə, dɑ́ːgə | dǽxə, dʌ́xə, dɑ́ːxə, -gə/ *n.* 《アフリカ》〘植物〙**1** =hemp 1. **2** カンエンキセワタ (*Leonotis leonurus*) 《アフリカ産シソ科の植物》; その近縁の植物 (*L. orata*) 《毒性がなくタバコの代わりとして用いる》. 〘(1670) ⊏ Afrik. ~ 'hemp' ⊏ Khoikhoi *dageb*〙

dag·ger /dǽgə | -gə^(r)/ *n.* **1** 短剣, 短刀, あいくち. **2** 〘印刷〙ダガー, 短剣符 (†) 《第 2 番目の参照記号や死去したことを示す記号として用いる; obelisk ともいう》: ⇨ double dagger.

at dággers dráwn (…と)互いに剣を抜き合って, 今にも戦いそうな状態で, にらみ合いの姿で, (…に)はなはだしい敵意を抱いて (*with*). ***lóok dággers at*** 〈人〉をすごい目でにらみつける. ***spéak dággers to*** 〈人〉に(胸を刺すように)とげとげしく言う, …に毒舌を吐く (cf. Shak., *Hamlet* 3. 2. 396).

— *vt.* **1** 短剣で刺す. **2** 〘印刷〙…に短剣符をつける. 〘(c1387–95) *daggere* ← ? (O)F *dague* dagger ⊏ Prov. & It. *daga* < ? VL **Dacam* Dacian knife ← L *Dācus* Dacian: ⇨ -er[1]〙

dagger 1

dágger bòard [plàte] *n.* 〘海事〙小型垂下竜骨《ヨットなどにつけて船体の重心の位置を調節し併せて横流れを防ぐ; 上下に移動ができ, また取り外すことのできる重板》.

dágger fèrn *n.* 〘植物〙=Christmas fern.

dag·gle /dǽgḷ/ *vt.* 《古》**1** (泥の中を引きずって)よごす. **2** (水を振りかけたりはねかけたりして)ぬらす. — *vi.* (泥の中を)引きずって歩く. 〘(1530) (freq.) ←《方言》*dag* to bemire (cf. dag[1]): ⇨ -le[3]〙

dag·gy /dǽgi/ *adj.* **1** 《豪》〈羊·羊毛が〉糞でよごれた. **2** 《豪口語》だらしない, きたならしい, 不快な; 野暮ったい; ばか(みたい)な, 変な. **3** 《米俗·豪俗》嫌な, 退屈な. 〘(1923) ← DAG[2]+-Y[4]〙

Da·ghe·stan /dæ̀gəstǽn, dɑ̀ːgəstɑ́ːn | dɑ̀ːgɪ̆stɑ́ːn; *Russ.* dəgʲɪstán/ *n.* =Dagestan.

dág·lòck *n.* (羊などの)汚れた垂れ毛. 〘(1623) ← DAG[1]+LOCK[1]〙

Dag·mar /dǽgmɑə | -mɑː^(r)/ *n.* ダグマー《女性名》. 〘⊏ Dan. ~ (原義)? glory of the Danes〙

da·go, D- /déɪgoʊ | -gəʊ/ *n.* (*pl.* ~**s**, ~**es**) 《俗·軽蔑》色の浅黒い外国人; (特に)イタリア[スペイン, ポルトガル]系の人 (cf. spik). 〘(1723) *dego*, *Diego* ⊏ Sp. *Diego* 'JAMES'〙

da·go·ba /dɑ́ːgəbə/ *n.* 《インド》〘仏教〙ダゴバ《仏舎利を安置する堂》; 卒塔婆(そとば) (cf. stupa). 〘(1806) ⊏ Singhalese *dāgaba* < Pali *dhātugabbha* ← Skt *dhātugarbha* ← *dhātu* ashes (← IE **dhē-* to set)+*garbha* inner chamber (← IE **gʷelbh-* womb)〙

Da·gon /déɪgɑ(ː)n | -gɔn, -gən/ *n.* 〘聖書〙ダゴン《ペリシテ人 (Philistines) の半人半魚の主神; 農業の神; cf. *Judges* 16:23》. 〘(c1384) ⊏ L ~ ⊏ Gk *Dagṓn* ⊏ Heb. *dāghōn* ← ? *dāghān* corn: Heb. *dāgh* fish と連想〙

dágo réd, D- r- *n.* 《俗》(特に, イタリアの)安い赤ぶどう酒, 安物のキャンティ (Chianti). 〘(1906) イタリア人が好んで飲む大衆酒であるところから: ⇨ dago〙

Da·guerre /dəgéə | -géə^(r); *F.* dagɛːʁ/, **Louis Jacques Man·dé** /mɑ̃de/ *n.* ダゲール《(1789–1851; フランスの画家; daguerreotype 写真術を発明 (1838)》.

da·guerre·o·type /dəgérətàɪp, -roʊ- | -rə(ʊ)-/ *n.* (昔の)銀板写真(法), ダゲレオタイプ. — *vt.* 銀板写真にとる. **da·guerre·o·typ·y** /dəgérətàɪpi, -roʊ- | -rə-/ *n.* 〘(1839) ⊏ F *daguerréotype* ← L: ⇨ ↑, -type〙

da·guérre·o·tỳp·er *n.* 銀板写真師. 〘1864〙

da·guérre·o·tỳp·ist /-pɪ̆st | -pɪst/ *n.* =daguerreotyper.

Dag·wood /dǽgwʊd/ *n.* ダグウッド《米国の漫画の女主人公 Blondie の夫; 姓は Bumstead; 頼りない中産階級白人男性の典型》.

Dágwood sàndwich *n.* 《米俗》ダグウッドサンドイッチ《雑多なものをはさんだ厚いサンドイッチ; 単に Dagwood ともいう》. 〘(c1975): Dagwood (↑) が作る大きなサンドイッチから〙

dah[1] /dɑ́ː/ *n.* (ミャンマー人の)大型ナイフ《木などを切るのに用いる》. 〘(1832) ⊏ Burm. *dā*〙

dah[2] /dɑ́ː/ *n.* 〘通信〙ダー《モールス信号で使うトンツーのツー; 無線信号や電信で長点 (dash) を口頭で言い表すための表現; cf. dit[2]》. 〘(1940)《擬音語》〙

DAH 《略》Dictionary of American History.

da·ha·be·ah /dɑ̀ː(h)əbíːə/ *n.* (*also* **da·ha·bee·yah** /dɑ̀ː(h)əbíːjə/, **da·ha·bi·ah** /~/, **da·ha·bi·eh** /~/) ナイル川の屋形船《もとは三角帆つきの船であったが, 今では蒸気機関またはエンジンで動く》. 〘(1846) ⊏ Arab. *dhahabīyah* the golden (i.e.gilded barge)〙

da·hi /dɑ́hiː/ *n.* 《インド》ヨーグルト, ダヒ. 〘⊏ Hindi ~ 'curds'〙

Da Hinggan Ling /dɑ́ːhɪŋgɑ́ːnlɪ́ŋ/ *n.* 大興安嶺《中国北東部内蒙古自治区北東部を走る山脈》.

dahl /dɑ́ːl/ *n.* =dhal.

Dahl /dɑ́ːl, **Ro·ald** /róʊəld | rə́ʊ-/ *n.* ダール《(1916–90; 英国の作家; 意外な結末の短編小説で知られる; 短編集ほ

か多数の長編小説, 子供向け物語を書いている; *Someone Like You* (1953)).

Dahl·berg /dɑ́ːlbəːg | -bəːg/, **Edward** *n.* ダールバーグ (1900–77; 米国の小説家・評論家; *Bottom Dogs* (1930)).

dahl·ia /dǽljə, dɑ́ːl-, déɪl- | déɪliə, -ljə/ *n.* **1** 〘植物〙ダリア《キク科ダリア属 (*Dahlia*) の多年草の総称》; ダリアの花[球根]: ⇨ blue dahlia. **2** ダリア色《濃紫色》. — *adj.* ダリア色の. 〚(1804) ← NL ～ ← *A. Dahl* (18 世紀スウェーデンの植物学者): ⇨ -ia¹〛

Da·ho·me·an /dəhóumiən | -hə́ʊ-/ *adj.* (*also* **Da·ho·man** /-mən/) ダオメー共和国の; ダオメー人の. — *n.* ダオメー人. 〚(1793): ⇨ ↓, -ean〛

Da·ho·mey /dəhóumi | -hə́ʊ-; *F.* daɔmɛ/ *n.* ダオメー (1975 年までの Benin の旧名).

da·hoon /dəhúːn/ *n.* 〘植物〙米国南部産モチノキ属の半常緑低木 (*Ilex cassine*)《高さ 9 m に及ぶ; 葉は茶の代用; cf. yaupon》.

da·hú·ri·an lárch /də̀h(j)ʊ́ᵊriən- | -h(j)ʊ́ər-/ *n.* 〘植物〙グイマツ (*Larix gmelini*)《シベリア原産カラマツ属の落葉高木》. 〚*dahurian*: ← *Dahuria* (Siberia 南部の一地方)＋-AN¹〛

Dail Eir·eann /dɔɪlέᵊrən, dɔ́ːl-, dáɪl-, -éɪrən | -έərən; *Irish* dáːlʲéːrʲən/ *n.* [the ～] (アイルランド共和国の)下院《単に Dail ともいう; cf. Seanad Eireann, Oireachtas》. 〚(1919) □ Ir. ～ ← *dāil* assembly＋*Ēireann* ((gen.) ← *Ēire* Ireland, Erin)〛

dai·ly /déɪli/ *adj.* **1** 毎日の, 日々の: a ～ event 日々の出来事 / a ～ help [maid, girl, woman] 通いのお手伝いさん / do one's ～ chores [round] 毎日の仕事をする / ⇨ daily bread. **2** 《新聞など》日刊の: a ～ (news)paper. **3** 1 日ごとの, 1 日勘定の: ～ instalments 日掛け / ～ interest 日歩(ひぶ) / do something on a ～ basis 1 日勘定で何かをする. — *adv.* 毎日, 日々, 日ごとに, 不断に (every day): This happens ～. / do something ～. — *n.* **1** 日刊新聞 (daily newspaper). **2** [しばしば *pl.*]〘映画〙＝rush¹ *n.* 8. **3** 《英口語》＝DAILY help (⇨ *adj.* 1). **dái·li·ness** *n.* 〚(1421): ⇨ day, -ly¹·²〛

dáily bréad *n.* [通例 one's ～] 日々の糧(かて), 生計: earn *one's* ～ 生活費を稼ぐ / Give us this day *our* ～. われらの日用の糧を今日も与えたまえ (*Matt.* 6:11).

dáily-bréad·er /-brédə | -də⁽ʳ⁾/ *n.* 《英口語》賃金生活者, 勤労者. 〚1906〛

dáily dóuble *n.* 〘競馬〙重勝式の賭け, 二重勝《2 レース(通例第 1–2 レース)連続の勝馬を選んで 2 レースとも当たった者が払戻金をもらうという方式の賭け; cf. twin double》. 〚1942〛

dáily dózen *n.* [one's ～, the ～]《口語》**1** (通例朝行う)毎日[日課]の(柔軟)体操《もと 12 種類の組合わせから成っていた》: do one's ～. **2** 毎日の仕事. 〚1919〛

Dáily Expréss, The *n.* 「デイリーエクスプレス」《英国のタブロイド版日刊新聞; 1900 年創刊》.

Dáily Máil, The *n.* 「デイリーメール」《英国のタブロイド版日刊新聞; 1896 年創刊》.

Dáily Mírror, The *n.* 「デイリーミラー」《英国のタブロイド版日刊新聞; 1903 年創刊》.

dáily ráte *n.* 〘海事〙(クロノメーターの)日差《クロノメーターの数日にわたる遅速の量を平均して 1 日の遅速量としたもの》.

Dáily Télegraph, The *n.* 「デイリーテレグラフ」 (1855 年 London で創刊された新聞; 保守党系).

dai·mi·o /dáɪmjoʊ | -mjəʊ/ *n.* (*pl.* ～s, ～) ＝daimyo.

Daim·ler /déɪmlə | -lə⁽ʳ⁾; *G.* dáɪmlɐ/ *n.* 〘商標〙ダイムラー《ドイツ製高級自動車; ⇨ Benz》. 〚← *Gottlieb Daimler* (1834–1900: はじめて自動車に内燃機関を取り付けた (1885) ドイツ人技師)〛

Dáimler·Chrýsler *n.* ダイムラークライスラー(社) (1998 年ドイツの Daimler-Benz 社と米国の Chrysler 社が合併して成立した自動車メーカー).

dai·mon /dáɪmən | díː-, dáɪ-, déɪ-/ *n.* ＝demon¹ 4, 5.

dai·mon·ic /diːmɑ́(ː)nɪk | -mɔ́n-/ *adj.* ＝demonic.

dai·my·o /dáɪmjoʊ | -mjəʊ/ *n.* (*pl.* ～s, ～) (日本の)大名. 〚(1727) □ Jpn.〛

dáin·ti·ly /-təli, -ṭli | -tɪ̀li, -tli/ *adv.* **1** 優美に; 繊細に: be ～ dressed 優雅な服装をしている. **2** 風味よく. **3** (食物の選択に対して)きわめて潔癖に, えり好みして, 凝って: eat ～ 食べ物に凝る. **4** きちょうめんに. 〚(*c*1300): ⇨ dainty, -ly¹〛

dáin·ti·ness *n.* **1** 味のよいこと, うまさ. **2** きれい, 優美, 優雅, 雅趣. **3** (感情・趣味の)繊細, 潔癖, 贅沢(ぜいたく), 好み, 気難しさ. **4** きちょうめん. 〚(1530) ← DAINTY＋-NESS〛

dain·ty /déɪnṭi, déɪni | déɪnti/ *adj.* (**dain·ti·er**; **-ti·est**) **1** きゃしゃで美しい, 上品な, 優美な; 繊細な, 優雅な (elegant); さっぱりした, きれいな (⇨ delicate SYN): a ～ flower, costume, hand, etc. **2** 《文語》おいしい, 美味な, 風味のよい (delicious): ～ bits 美味, 珍味. **3** 〈人・動物が(好みについて)〉潔癖な, えり好みする, 気難しい (fastidious); (趣味の)凝った, 〈服装などを〉いやに気にする (finical) 〔*about*〕: a ～ feeder 口のおごった人 / be ～ *about* one's food 食べ物の好みが難しい / be born with a ～ tooth 生まれつき食べ物の好みが贅沢(ぜいたく)だ. — *n.* おいしい物《菓子など》; 珍味の食品, 美味. 〚(?*a*1200) *deinte* dignity □ AF *dainté*＝OF *deintié* delicacy, dignity, honor ＜ L *dīgnitātem* 'worthiness, DIGNITY'〛

SYN 好みがやかましい: **dainty** 〈人や動物が〉特に食物の好みがやかましい: A koala is *dainty* feeder. コアラは食物の好き嫌いが激しい. **nice** 趣味が繊細でうるさい: She is too *nice* in her dress. 服装にやかましすぎる. **particular** 細部について自分の標準に一致しないと満足しない: He is very *particular* about coffee. コーヒーについてはとてもうるさい. **fastidious** 《軽蔑》万事きちんとしているのが好きで嫌になるほど細部にこだわる《格式ばった語》: He is *fastidious* about his appearance. 身なりに小難しい. **finicky, finicking, finical** 《口語・軽蔑》＝*fastidious*: a *finicky* eater 食物にひどくうるさい人. **squeamish** 道徳・上品・慎みなどに関して過度にやかましい: Why should he be *squeamish* about such trifles? そんなつまらないことでなぜ気難しいのか. **fussy** つまらないことにこだわって気難しい: a *fussy* old woman こせこせした老婦人. **pernickety** 《口語》＝*fussy*. **ANT** coarse, vulgar.

dai·qui·ri, D- /dǽkəri, dáɪk- | -kɨ̀-; *Am.Sp.* daikíri/ *n.* ダイキリ《ラム・ライム[レモン]ジュース・砂糖で作るカクテル》. 〚(1920) ← *Daiquirí* (Cuba 島にあるラム酒の産地名)〛

Da·i·ra /deɪáɪrə/ *n.* 〘ギリシャ神話〙ダイラ《大洋神 Oceanus の娘》.

Dai·ren /dàɪrén/ *n.* ＝Dalian.

dair·y /dέᵊri, dǽri | déəri/ *n.* **1** (都市の)乳製品販売所《クリーム・バター・チーズなどを取り扱う》; 乳業会社; 牛乳店. **2** (酪農場内の)搾乳場, バター・チーズ製造場. **3** [集合的] 乳製品 (dairy products)《ユダヤ人の宗教上の食事で肉と区別して用いる》. **4** 搾乳; 製酪業, 酪農. **5 a** 酪農場 (dairy farm): ～ cows 酪農場の乳牛 / ～ stock ＝dairy cattle. **b** [集合的] (酪農場の)乳牛 (dairy cows). — *adj.* 牛乳の, 乳製品の. 〚(*c*1300) *deierie* ← *daie, deie* dairymaid, female servant ＜ OE *dǣge* breadmaker (cf. lady) ＜ Gmc **daiʒjōn* ← IE **dheigh-* to knead clay: ⇨ dough, -ery〛

dáiry brèed *n.* 〘畜産〙乳用種.

dáiry càttle *n.* [集合的] (beef cattle と区別して) 乳牛. 〚1895〛

dáiry crèam *n.* (酪農場製の)生クリーム.

dáiry fàctory *n.* (豪・NZ) 酪農工場, 乳製品工場.

dáiry fàrm *n.* 酪農場. 〚1784〛

dáiry fàrmer *n.* 酪農業者. 〚1790〛

dáiry fàrming *n.* 酪農業.

dáir·y·ing *n.* 酪農場の仕事; 酪農場経営, 酪農業. 〚(1649): ⇨ -ing¹〛

dáiry·màid *n.* (まれ) 酪農場で働く女性; 乳搾りの女性. 〚1599〛

dáiry·man /-mən, -mæ̀n/ *n.* (*pl.* **-men** /-mən, -mɛ̀n/) **1 a** 酪農場で働く男性; 乳搾りの男性. **b** 酪農場主, 酪農経営者. **2** 酪産物販売商人, 牛乳屋. 〚*c*1617〛

dáiry pròducts *n. pl.* 乳製品, 酪産品.

dáiry·wòman *n.* **1** 酪農場で働く女性. **2** 乳製品を売る女性. 〚1609〛

da·is /déɪɪ̀s, dáɪ- | déɪɪs, déɪs/ *n.* **1** (大広間・客間・食堂などで貴賓用に部屋の一端に設けた)台座, 上段, 壇, 高座,「ひな壇」. **2** (講堂の)教壇, 演壇. 〚(*a*1259) *deis* □ OF (F *dais*) table ＜ LL *discum* 'table, (L) DISK, DISH': ⇨ discus〛

dai·shi·ki /daɪʃíːki/ *n.* ＝dashiki.

dai·sied /déɪzid/ *adj.* ヒナギクの咲いている, ヒナギクで飾った: a ～ lawn. 〚(1609–10) ← DAISY＋-ED 2〛

dai·sy /déɪzi/ *n.* **1** 〘植物〙ヒナギク, エンメイギク (*Bellis perennis*)《米国では English daisy ともいう》. **2** 〘植物〙ヒナギクに似た植物: **a** フランスギク (*Chrysanthemum leucanthemum*) (oxeye daisy, marguerite, moon daisy ともいう). **b** キク科シオン属 (*Aster*) の各種野生植物の総称: ⇨ Michaelmas daisy. **3** 《俗》第一級品, すてきなもの, 逸品, 第一級の人物: a dainty ～ とびきりおいしいもの / He is a real ～. 彼は真に第一級の人だ. **4** 《米》＝daisy ham. **5** 円形のチーズの一種《通例直径 30–35 cm, 重さは 8–11 kg》. (*as*) *frésh as a dáisy* 元気でぴちぴちしている, 全然疲れていない. *púshing* [*kícking*] *úp* (*the*) *dáisies*＝*ùnder the dáisies* 《英俗》葬られて, 死んで. *túrn* (*úp*) *one's tóes to the dáisies* ⇨ toe 成句. — *adj.* [限定的] **1** ヒナギクのような. **2** 《米俗》りっぱな, すてきな: a ～ girl. 〚(*a*1387) *dayesye, daies eie* ＜ OE *dæges ēage* day's eye, i.e. the sun (その花が朝開き, 形も太陽に似ていることにちなむ): ⇨ day, eye〛

Dai·sy /déɪzi/ *n.* デイジー《女性名; 19 世紀に多い》. 〚↑: cf. F *Marguerite* (原義) daisy (⇨ Margaret)〛

dáisy bùsh *n.* 〘植物〙デージーブッシュ《オーストラリア・ニュージーランド産のキク科オレアリア属 (*Olearia*) の各種常緑樹の総称》.

dáisy·chàin *vt.* 〘電算〙〈機器を〉デイジーチェーン方式でつなげる (cf. daisy chain 4). 〚↓〛

dáisy chàin *n.* **1** ヒナギクの花輪[花綵(はなづな)]《鎖のようにつないだヒナギク; 子供が首飾りなどにする》. **2** 《米》(女子大学で祝賀の日などに選抜された学生たちが持つ)ヒナギクの大花綵; 選ばれて大花綵を持つ女学生. **3** (事件・項目・段階などの)連鎖: a ～ of anecdotes 一連の逸話. **4** 〘電算〙デイジーチェーン《複数の周辺機器をコンピューターに接続する際, 1 つのポートから数珠つなぎにしていく方式》. 〚1841〛

dáisy cùtter *n.* **1** 跑(だく)を踏むとき足をわずかしか上げない馬. **2** (野球・クリケット・テニスなどの)地をかすめて飛ぶ強烈な球. **3** 《軍俗》(人員殺傷を目的とした)破片爆弾, 対人爆弾. 〚1791〛

dáisy fléabane *n.* 〘植物〙キク科ムカシヨモギ属 (*Erigeron*) の植物の総称《ヒメジョオン (*E. annuus*), ヘラヒメジョオン (*E. strigosus*) など》. 〚1848〛

dáisy hàm *n.* 《米》デイジーハム《骨を抜いて燻製にした豚の肩肉》. 〚*c*1938〛

dáisy whèel *n.* デイジーホイール《活字が放射状のスポークの端にヒナギクの花弁のように並んだ, プリンター・タイプライターの円盤形印字エレメント; printwheel ともいう》. 〚1977〛

dáisy whèel printer *n.* デイジーホイールプリンター (daisy wheel を用いたプリンター).

dak /dɔ́ːk, dɑ́ːk | dɑ́ːk, dɔ́ːk, dǽk; *Hindi.* ḍɑːk/ *n.* (*also* **dâk** /～/) 《インド》(汽車・かごなどによる)リレー輸送; 駅伝; (郵便物や旅客の)交代輸送人[馬]; (駅伝で運ばれる)郵便物. *trável dák* 継ぎ馬[かご]で旅行する. 〚(1727) □ Hindi *ḍāk*〛

Dak. 《略》Dakota.

Da·kar /dɑkɑ́ə, dǽkɑə | dǽkɑː⁽ʳ⁾, -kə⁽ʳ⁾; *F.* dakaːʁ/ *n.* ダカール《アフリカ中部セネガル西部の海港で同国の首都; もと French West Africa の首都》.

dák bòat *n.* 《インド》郵便船.

dák búngalow *n.* 《インド》(駅前の)旅人宿. 〚1853〛

dá·ker-hèn /déɪkə- | -kə-/ *n.* 《英方言》＝corncrake. 〚(1552) *daker*: ← ?〛

dakh·ma /dɑ́ːkmə/ *n.* ＝TOWER of silence. 〚(1865) □ Pers. ～ ← Avest. *daxma*- funeral place〛

Da·kin /déɪkɪ̀n | -kɪn/, **Henry Drys·dale** /dráɪzdeɪl/ *n.* デーキン (1880–1952; 英国の化学者).

Dá·kin's solùtion /déɪkɪ̀nz- | -kɪnz-/ *n.* 〘薬学〙(希)デーキン液《次亜塩素酸ナトリウム (NaClO) の 0.5% 液で, 防腐剤・消毒剤用; 第一次大戦中に化膿(かのう)した傷口の処置に用いられた》. 〚(1920) ↑ *Henry D. Dakin* (発明者)〛

da·koit /dəkɔ́ɪt/ *n.* ＝dacoit.

da·koit·y /dəkɔ́ɪṭi | -ti/ *n.* ＝dacoity.

Da·ko·ta /dəkóuṭə | -kə́ʊtə/ *n.* (*pl.* ～, ～s) **1 a** [the ～(s)] ダコタ族《北米インディアンのスー族 (Sioux) の一支族》. **b** ダコタ族の人. **2** ダコタ語. **3** ダコタ《米国の中西部の地方, 1889 年 North Dakota と South Dakota の 2 州に分かれた; ⇨ United States of America 表》; [the ～s] 南北両ダコタ州. — *adj.* **1** ダコタ族の; ダコタ語の. **2** ダコタ地方の; 南[北]ダコタ州の; 南北両ダコタ州の. 〚(1804) □ N.-Am.Ind. (Dakota) *dakóta* allies ← *da* to regard as＋*koda* friend〛

Da·ko·tan /dəkóuṭn, -tən | -kə́ʊtn, -tən/ *adj., n.* ダコタ(州)の(人). 〚(1884): ⇨ ↑, -an¹〛

Daks /dǽks/ *n.* **1** 〘商標〙ダックス《英国 Daks-Simpson 社製の衣料品; 特にズボン》. **2** [d-]《英俗・豪俗》ズボン. 〚(1933) ← DA(D)¹＋(*slac*)*ks*〛

dal¹ /dɑ́ːl/ *n.* 〘植物〙＝dhal.

dal² /dɑ́ːl/ *n.* ダール《アラビア語アルファベットの第 8 字; ⇨ alphabet 表》.

dal 《略》decaliter(s).

Da·la·di·er /dəlɑ́ːdièɪ, dæ̀lədjéɪ; *F.* daladje/, **Édouard** *n.* ダラディエ (1884–1970; フランスの政治家; 首相 (1933, 1934, 1938–40)).

Da·lai La·ma /dɑ́ːlaɪlɑ́ːmə, dǽl- | dǽl-, dɑ́ːl-/ *n.* ダライラマ: **1** チベットのラマ教の教主で統治者; 14 世紀ごろからの称号. **2** (1935–) 第十四世 (1940–); 1959 年インドに亡命しチベット解放運動を指導; 本名 Tenzin Gyatso; Nobel 平和賞 (1989). 〚(1698) □ Tibetan ～ ← Mongolian *dalai* ocean＋Tibetan *blama* chief priest (⇨ lama¹)〛

da·lan /dəlɑ́ːn/ *n.* 〘建築〙(ペルシャ・インド建築で, 客を迎えるための)ベランダ, 玄関. 〚□ Pers. *dālān* vestibule, covered way〛

dal·a·pon /dǽləpɑ̀(ː)n | -pɔn/ *n.* 〘化学〙ダラポン ($C_3H_4Cl_2O_2$)《雑草の除草剤》.

da·la·si /dəlɑ́ːsi/ *n.* (*pl.* ～) **1** ダラシ《ガンビアの通貨単位; ＝100 bututs; 記号 D》. **2** 1 ダラシ硬貨[紙幣]. 〚(1966) ← Gambia (現地語)〛

Dalcroze ⇨ Jacques-Dalcroze.

dale /déɪl/ *n.* **1** 《詩・北英》(特に北部の)谷 (valley): o'er hill and ～ 山越え谷越えて. **2** 《米》(連丘に一部囲まれた)小谷 (⇨ vale¹ 1). 〚OE *dæl* valley ＜ Gmc **dalam* (Du. *dal* / G *Tal*) ← IE **dhel-* a hollow〛

Dale /déɪl/ *n.* デール: **1** 男性名. **2** 女性名. 〚↑〛

Dale /déɪl/, Sir **Henry Hal·lett** /hǽlɪ̀t/ *n.* デール (1875–1968; 英国の生理学者; Nobel 医学生理学賞 (1936)).

Dale, Sir **Thomas** *n.* デール (?–1619; Virginia 植民地の英国総督 (1614–16)).

Da·lek /dɑ́ːlɛk, -lɪ̀k | -lɛk, -lɪk/ *n.* ダーレック《円錐台形のロボットのような外見の架空生物; 1963 年 BBC の SF テレビ番組 *Dr. Who* で登場した; 耳ざわりな単調な声で話し, 攻撃的である》.

d'A·lem·bert /dæ̀ləmbέə | -bέə⁽ʳ⁻⁾; *F.* dalɑ̃bɛːʁ/, **Jean Le Rond** /-lə ʁɔ̃/ *n.* ダランベール (1717–83; フランスの数学者・哲学者・著述家; Diderot と共に *Encyclopédie*「百科全書」の編者).

d'A·lem·bert·i·an /dæ̀ləmbέəṭiən | -bέət-/ *n.* 〘物理〙ダランベルシャン, ダランベール演算子《波動運動を表す微分演算子; 記号 □》. 〚⇨ ↑, -ian〛

d'Alembért's páradox /dǽləmbὲəz- | -bὲəz-/ *n.* 〘力学〙ダランベールのパラドックス《静止している完全流体中を物体が一定の速度で運動するときには, その物体には抵抗力が働かないという流体力学的な結果をいう》.

d'Alembért's prínciple *n.* 〘物理〙ダランベールの原理《慣性力という概念を用いて動力学を静力学的に取り扱えるという原理》.

Da·lén /dəléɪn; *Swed.* daléːn/, **Nils Gustaf** /níls gə̀stav/ *n.* ダレーン (1869–1937; スウェーデンの物理学者; Nobel 物理学賞 (1912)).

Dales /déɪlz/ *n. pl.* [the ～; 時に d-] ＝Yorkshire Dales.

dáles·fòlk /déɪlz-/ *n. pl.* ＝dalespeople. 〘*dales*: (gen.) ← DALE〙

dáles·man /-mən, -mæ̀n/ *n.* (*pl.* **-men** /-mən, -mɛ̀n/)《英》(イングランド北部, 特に Yorkshire, Cumbria, Derbyshire などの丘陵地帯の) 谷間の住人; (同地方谷間の)小地主. 〘1769〙

dáles·pèople *n. pl.* 谷間に住む人たち. 〘1883〙

Dáles póny *n.* デイルズポニー《英国 Pennines 山脈産の大きくて頑強なポニー》.

D

da·leth /dɑ́ːlɛθ/ *n.* ダーレス《ヘブライ語アルファベット 22 字中の第 4 字: ד (ローマ字の D に当たる); daled ともいう; ⇨ alphabet 表》. 〘□ Heb. *dāleth* ← *déleth* door: cf. D, d〙

Dal·glish /dælglíːʃ, dəl-/, **Kenny** *n.* ダルグリーシュ《1951– ; スコットランド出身のサッカー選手・監督; 本名 Kenneth Mathieson Dalglish》.

dal·gyte /dǽlgaɪt/ *n.*《豪》＝rabbit bandicoot. 〘(1840) ← Austral.《原住民語》*dalgayt*〙

Dal·hou·sie /dælháuzi, -húː-/, 1st Marquis and 10th Earl of *n.* ダルハウジー《英国の政治家; J. A. B. Ramsay (1812–60) の称号; インド総督 (1847–56)》.

Dalhousie, 9th Earl of *n.* ダルハウジー《英国の将軍 George Ramsay (1770–1838) の称号; カナダ植民地総督 (1819–28)》.

Da·li /dɑ́ːli; *Sp.* dalí; *Catalan.* dəlí/, **Salvador** *n.* ダリ《(1904–89; スペインの超現実主義画家》.

Da·lian /dɑ̀ːliǽn, dɑːljɛ́n; *Chin.* tàlién/ *n.* 大連(ダーリェン)《中国北東部遼寧省 (Liaoning) 遼東半島南端部と周辺諸島から成る工業・港湾都市; 1950 年にこの東部地区である旧大連と旅順を合併して旅大市 (Lüda) となり, 1981 年に大連と改称》.

Da·li·lah /dɪláɪlə/ *n.* (*also* **Da·li·la** /～/)【聖書】＝Delilah.

Da·lit /dɑ́ːlɪt | -lɪt/ *n.* ダリト, ダリット《インドの伝統的なカースト制度における最下層民》. 〘□ Hindi < Skt *dalita* oppressed〙

dal·lan /dəlɑ́ːn/ *n.*【建築】＝dalan.

Dal·la·pic·co·la /dɑ̀ːlɑːpíːkoulə | dælәpík(ə)lə; *It.* dallapíkkola/, **Luigi** *n.* ダラピッコラ《1904–75; 主に十二音音楽 (twelve-tone music) 技法に立つイタリアの作曲家; *Volo di notte*「夜間飛行」(歌劇, 1940 年初演)》.

Dal·las[1] /dǽləs | -ləs/ *n.* ダラス《米国 Texas 州北東部の都市; 石油中心地で大綿花市場; 1963 年 J. F. Kennedy 大統領暗殺の地》. 〘← *G. M. Dallas*〙

Dal·las[2] /dǽləs | -ləs/ *n.* ダラス《男性名》. 〘←? Sc.-Gael. *daileass* (from the) ravine: または地名 (Sc.-Gael.《原義》meadow stance) から〙

Dal·las /dǽləs/, **George Miff·lin** /míflɪn | -lɪn/ *n.* ダラス《1792–1864; 米国の弁護士・外交官; 副大統領 (1845–49)》.

dalle /dɑ́ːl; F. dal/ *n.*《米・カナダ》《古》舗装用板石. 〘(1855) □ LDu. ～＝Du. *deel* 'DEAL¹'〙

dalles /dǽlz/ *n. pl.* (峡谷の両側の)絶壁; (岩底が平らな)峡谷を流れる急流. 〘□ Canad.-F ～ (pl.) ← F *dalle* gutter ← Gmc **del-* ← IE **dhel-* a hollow: cf. dale〙

dal·li·ance /dǽliəns/ *n.* **1** ふざけ, いたずら. **2** 恋の戯れ, いちゃつき. **3**《廃》時間の浪費. 〘(*a*1349): ⇨ dally, -ance〙

Dál·lis gràss /dǽlɪs- | -lɪs-/ *n.*【植物】シマススズメノヒエ (*Paspalum dilatatum*)《イネ科スズメノヒエ属の牧草; 乳牛用に米国南部で栽培; Dallas grass ともいう》. 〘1907〙

Dáll shéep /dɔ́ːl-, dɑ́ːl-| dɔ́ːl-/ *n.*【動物】ドールシープ (*Ovis dalli*)《北米北西部山岳地方の白い大きな野生羊; Dall's sheep ともいう》. 〘(1887) ← *W. H. Dall* (1845–1927: 米国の博物学者)〙

dal·ly /dǽli/ *vi.* **1** (…と)ふざける, 戯れる, (特に, 女性と)いちゃつく (*with*). **2** (…を)もてあそぶ (*with*); (誘惑などに)手を出す (*with*): ～ *with* temptation, danger, etc. **3** ぶらぶら過ごす; (仕事・食事などで)ぐずぐずする (*over*). — *vt.* 《時間を》ぶらぶらして費やす, 浪費する: ～ *away* one's time. **dál·li·er** *n.* 〘(?*a*1300) *dalie(n)* □ AF & OF *dalier* to chat, talk ←? Gmc (cf. G《廃》*dallen, tallen* to talk foolishly)〙

Dal·ly /dǽli/ *n.* (*pl.* **-lies**)《豪・NZ 口語》ユーゴスラビア南西部からの移民. 〘(1940)《省略》← DALMATIAN〙

Dal·mane /dǽlmeɪn/ *n.*【商標】ダルメーン《米国製の不眠症用催眠薬》.

Dal·ma·tia /dælméɪʃə, -ʃiə/ *n.* ダルマチア《クロアチア南部アドリア海沿岸の一地方; 石油産業の中心地; 面積 12,732 km²》.

Dal·ma·tian /dælméɪʃən, -ʃn, -ʃiən/ *adj.* ダルマチア (Dalmatia) の. — *n.* **1** ダルマチア人. **2** ダルメシアン《短毛のポインターに似た, 全身白色で黒または赤褐色の小さな斑点があるイヌ; carriage dog, coach dog ともいう》: spotted like a ～ ダルメシアンのように斑点に覆われた; 移り気の, 気分にむらがある. **3** ダルマチア語《ラテン口語から発達したロマンス語 (Romance) の一つ; 19 世紀末に死語となった》. 〘(1581): ⇨ ↑, -an¹〙

dal·mat·ic /dælmǽtɪk | -tɪk/ *n.* **1** ダルマチカ《ビザンチンの服装の一部で広袖の丈の長いゆるやかな外衣》. **2**【カトリック】ダルマチカ《ミサのとき deacon が, また特殊な儀式に bishop が chasuble の下に着用する聖職者用祭服》. **3** ダルマチカ《英国(女)王などが国家的儀式に着用する豪華なローブ》. 〘(1415) □ (O)F *dalmatique* ∥ L *dalmatica* (*vestis*) (robe) of Dalmatian wool: ⇨ -ic¹〙

Dal·rym·ple /dælrímpl, ←――/, Sir **James** *n.* ダルリンプル《1619–95; スコットランドの法律学者; 称号 1st Viscount Stair》.

dal se·gno /dɑːlséɪnjou, -sɛ́n- | dælsɛ́njəu, dɑː-; *It.* dalséɲɲo/ *It. adv.*【音楽】ダルセーニョ, 𝄋 記号のところから(繰り返せ) (略 DS, d.s.): *DS* al fine 𝄋 印から終わりまで(繰り返せ). 〘(*c*1854) □ It. ～ '(go back to repeat) from the sign' (← *da* from＋*il* the＋*segno* (< L *signum* 'SIGN')〙

dal·ton /dɔ́ːltən, dɑ́ː-, -tn | dɔ́ː-/ *n.*【物理】ダルトン, ドルトン《原子質量単位 (atomic mass unit) の別称》. 〘1928〙

Dal·ton /dɔ́ːltn, dɑ́ː-, -tən | dɔ́ːltən, dɔ́l-, -tn, -tən/ *n.* ダルトン《男性名》. 〘← OE *dæltūn*《原義》(from the) valley estate: ⇨ dale, -ton〙

Dal·ton /dɔ́ːltn, dɑ́ː-, -tən | dɔ́ːltən, dɔ́l-, -tn/, **John** *n.* ドルトン《1766–1844; 英国の化学者・物理学者; 原子論の創唱者; 赤緑色盲であったが, その発見者となった; cf. daltonism》.

Dal·to·ni·an /dɔːltóuniən, dɑː- | dɔːltə́u-, dɔl-/ *adj.* **1** John Dalton (の原子論)の. **2** daltonism の[に関する]. 〘(1813): ⇨ ↑, -an¹〙

dál·ton·ìsm, D- /-tənìzm, -tn- | -tən-, -tn-/ *n.* **1**【病理】赤緑色盲. **2** (一般に)色盲. **dal·ton·ic** /dɔːltɑ́(ː)nɪk, dɑː- | dɔːltɔ́n-, dɔl-/ *adj.* 〘(1841) □ F *daltonisme*: ⇨ John Dalton, -ism〙

Dálton plàn *n.* [the ～]【教育】ドルトン案[式]《1920 年米国の Helen Parkhurst /pɑ́əkhəːst | pɑ́ːkhɜːst/ (1887–1973) が初めて試みた教授方式で, 生徒は能力に応じて 1 か年の学業を 1 か月分ずつ割り当てられ, それを各自が自発的に学習する; Dalton System ともいう》. 〘(1920) ← *Dalton* (この方式が初めて試みられた Massachusetts 州の町)〙

Dálton's láw *n.*【物理】ドルトンの法則, 分圧の法則《混合気体の圧力は, 各成分気体がその混合気体と同じ温度や容積において示す圧力の総和に等しいという法則; 正式には Dalton's law of partial pressures という》. 〘← *John Dalton*〙

Da·ly /déɪli/, **(John) Augustin** *n.* デーリー《1838–99; 米国の劇作家・批評家・劇場経営者》.

dam[1] /dǽm/ *n.* **1** ダム, せき: a storage ～ 貯水ダム / water over the ～ ⇨ water 成句. **2** せき止め水《ダム内の貯水》. **3** せき止めるもの, 障害 (barrier). **4**【歯科】＝rubber dam. — *vt.* (**dammed**; **dam·ming**) **1** 〈川・谷など〉にせきを設ける, せき止める 〈*up, out*〉. **2** 〈流れなどを〉さえぎる, せき止める; 〈感情などを〉抑える 〈*up, back*〉: ～ *up* a person's eloquence 人の雄弁をさえぎる / ～ *back* one's tears 涙を抑える. 〘(?*c*1380) □ (M)LG & (M)Du. ～ (cf. *Amsterdam*) ← Gmc **dammjan* to dam: cf. OE *fordemman* to stop up〙

dam[2] /dǽm/ *n.* **1** (四足獣の)母獣, 雌親 (略 d.) (cf. sire 1 a). **2**《古》子持ち女性, 女親, 母. 〘(?*a*1200) *dam(me)* (変形) ← DAME〙

dam[3] /dǽm/ *v., adv., adj.* ＝damn. ★ damfool, damme, dammit のように結合形でしばしば用いる.

Dam /dǽm, dɑ́ːm; *Dan.* dám'/, **(Carl Peter) Henrik** *n.* ダム《1895–1976; デンマークの生化学者; Nobel 医学生理学賞 (1943)》.

dam《略》decameter.

dam·age /dǽmɪdʒ/ *n.* **1** 損害, 損傷 (injury); 損失, 被害 (loss): cause [do, inflict] ～ 損害を与える / sustain great ～ 大損害を受ける / severe [slight] ～ done to one's property [reputation] 財産[名声]に加えられた大[軽微な]損害 / smoke ～ 煙害 / war ～(s) 戦禍, 戦災 / The ～ is done.《諺》害はなされた.「すでに手遅れだ」. **2** [*pl.*]【法律】損害賠償(金): claim [pay] ～*s* 損害賠償を請求する[支払う] / a claim for ～*s* 損害賠償の請求 / direct [general] ～*s* (損害の直接的結果のために支払われる)直接[一般的]損害賠償金 / indirect [special] ～*s* (損害の間接的結果のために支払われる)間接損害賠償金. **3** [the ～(s)]《口語》勘定, 費用, 代価: What's *the* ～?＝What are *the* ～*s*? 費用はいくらか / stand *the* ～ (飲食店などで)勘定を払う. — *vt.* **1** 〈有形物・無形物〉に損害を与える, 害する (⇨ injure SYN): ～ a person's property, appearance, prospects, reputation, etc. / a badly ～*d* trunk ひどく壊れたトランク / war-*damaged* cities 戦災都市 / My luggage was ～*d* in transit. 荷物は運送中に破損した / ⇨ damaged goods / get ～*d* 損傷する, 傷つく. **2** 〈人など〉の体面[名声]を傷つける, 中傷する. **3** 〈身体を〉傷つける: His nose was rather ～*d* by the blow. 殴られて鼻にかなりひどいけがをした. — *vi.* 傷つく, 傷む.

dám·ag·er *n.* 〘n.: (?*a*1300) □ OF ～ (F *dommage*) ← *dam(me)* < L *damnum* harm, loss ←? IE **dapno-* ← **dap-* to apportion: ⇨ -age. — v.: (*c*1330) □ OF *damagier* ← (n.)〙

dam·age·a·ble /dǽmɪdʒəbl/ *adj.* 傷みやすい, 損害を受けやすい. **dam·age·a·bil·i·ty** /dæ̀mɪdʒəbíləti | -lɪti/ *n.* 〘(1474) □ OF ～ ← *damagier*: ⇨ damage, -able〙

dámage contròl *n.*【軍事】(応急)被害対策, 被害応急法《艦艇・飛行機などに損傷を受けた場合即座に被害を最小限度に食い止めること, またはその方法; この任務の士官を damage-control officer という》. 〘1959〙

dám·aged *adj.* **1** 損傷[損害]を受けた, 傷んだ. **2**《俗》**a** 〈女性が〉きずものにされた[なった]. **b** 酔った. 〘(1771) ← DAMAGE＋-ED 2〙

dámage depòsit *n.* (アパートなどの)保証金.

dámaged góods *n. pl.* **1** きずもの, 傷んだ商品. **2** [単数または複数扱い]《俗》きずもの(の女性); 再婚者《女性》: She is ～. 〘1809〙

dámage féa·sant /-fíːzənt, -znt/ 【英法】*n.* 加害《他人の動物または物件がある人の土地に加えた損害; 土地所有者は損害賠償額を受け取るまでその動物[物件]を保有することができる》. — *adv.* 土地[財産]への加害を根拠として. 〘(*c*1575) □ OF *damage fesant* doing damage〙

dámage limitátion *n.* ＝damage control.

dámage limitátion èxercise *n.* (政治的スキャンダルなどの)被害を食い止めようとすること.

dám·ag·ing *adj.* (…に)損害を与える, 有害な, 中傷的な (*to*); めちゃめちゃにする, ひどい: a ～ effect 悪影響 / ～ stories 人を不利に陥れる話 / a ～ admission ～ (自分が)不利になる自白. **～·ly** *adv.* 〘(1828) ← DAMAGE＋-ING²〙

da·man /dǽmən/ *n.*【動物】**1** シリアハイラックス (*Procavia syriaca*)《パレスチナ・シリア産のウサギ大の草食有蹄(ゆうてい)動物ハイラックス (hyrax) の一種》. **2** 数種のハイラックスの総称. 〘(1738) □ Arab. *damān* (*Isrā'īl*) sheep (of Israel)〙

Da·man /dəmɑ́ːn, -mǽn | dəmǽn/ *n.* ダマン《インド北西部 Gujarat の海岸の小地方, もとポルトガル領インドの一地区で, 1962 年インドに併合; 面積 72 km²; 主都 Daman; ポルトガル語名 Damão; ⇨ Goa》.

Da·man·hūr /dæ̀mənhúə | -húə(r)/ *n.* ダマンフール《エジプト北部の Alexandria 近くの都市》.

Da·mão /*Port.* dəmɐ̃ú/ *n.* Daman のポルトガル名.

dam·ar /dǽmə, -mɑə | -mə(r), -mɑː(r)/ *n.*【化学】＝dammar.

Da·ma·ra /dəmɑ́ːrə/ *n.* **1** (*pl.* ～, ～**s**) ダマラ人《南西アフリカのネグロイドの人; Bergdama ともいう》. **2** ダマラ語《ナマ語 (Nama) の一方言》. 〘1801〙

Da·ma·ra·land /dəmɑ́ːrəlæ̀nd/ *n.* ダマーラランド《ナミビア中央部の高原地帯》.

Dam·a·scene /dǽməsìːn, ⸗―⸗/ *adj.* **1** ダマスカス (Damascus) の. **2** [d-] (ダマスカス刀剣のような)波状模様のある. — *n.* **1** ダマスカス人. **2** [d-] (ダマスカス刀剣の)波状模様. **3** [d-]【植物】＝damson 1. **4**【鳥類】ダマシーン《銀色の羽毛の鑑賞用ハト》. — *vt.* [d-] [主に p.p. 形で] 〈ダマスカス刀剣の刃〉に波状模様を浮かせる; 〈鉄〉の地に金銀の象眼細工で模様をあしらう. 〘(adj.: 1541; n.: *c*1375) □ L *Damascēnus* □ Gk *Damaskēnós* of Damascus ← *Damaskós* (↓)〙

Da·mas·cus /dəmǽskəs | -mǽs-, -mɑ́ːs-/ *n.* **1** ダマスカス《シリアの南西部にある同国の首都, 現存する世界最古の都市の一つとされる; フランス語名 Damas /damaːs/》. **2** ＝Damascus steel. — *adj.* ダマスカス製[産]の. 〘□ L ～ □ Gk *Damaskós* ← Sem. (cf. Heb. *Dammé-śeq*)〙

Damáscus bláde *n.* ダマスカス刀剣《Damascus steel で作った刀剣; Damascus sword ともいう》.

Damáscus stéel *n.* ダマスカス鋼《ダマスカス産の鋼で波状の文様があり刀剣の製作に用いた》. 〘*c*1727〙

dam·ask /dǽməsk/ *n.* **1** ダマスク(織)《緞子(どんす)で文様を表した綾子(りんず)に似た紋織物; テーブルクロス・カーテン・服地などに用いる》. **2 a** ＝Damascus steel. **b** ダマスカス鋼の波状模様. **3** ダマスクバラ色, とき色, 淡紅色. **4** [D-]【園芸】ダマスク《欧亜系ヨーロッパスモモ (*Prunus domestica*) に属するスモモの品種名; 最古の品種の一つで干スモモ用に今でも広く栽培される》. — *adj.* **1** ダマスク織の, 紋織の: ～ cloth ダマスク織, 紋織 / a ～ towel 花模様タオル. **2** ダマスカス鋼製の, 波状模様のついた: a ～ sword (刃に波状の文様のある)ダマスカス鋼刀 (cf. Damascus blade). **3** ダマスクバラ色の, 淡紅色の. — *vt.* **1** ＝damascene. **2** …にダマスク織風の花模様をつける. **3** 〈ほおを〉赤らめる. 〘(*c*1250) *Damaske* □ L *Damascus*: ⇨ Damascus〙

dam·as·keen /dǽməskìːn, ⸗―⸗/ *vt.* ＝damascene. 〘(1551) □ F *damasquiner* ← *damasquin* 'of DAMASCUS'〙

Dámask róse *n.*【園芸】ダマスク系バラ (*Rosa damascena*)《最古のバラの一系統で, 現在のバラの重要な祖先; 香りのよい淡紅色のバラ》. 〘*c*1540〙

dámask stéel *n.* ＝Damascus steel.

dam·as·sin /dǽməsɪn | -sɪn/ *n.* ダマシン(織)《金糸・銀糸の花模様のついたダマスク織》. 〘(1839) ← F *damas* 'DAMASK'＋-INE²〙

Dam·a·vand /dǽməvæ̀nd/ *n.* ＝Demavend.

Dám Bùsters *n. pl.* [the ～] ダム破壊隊《第二次大戦中ドイツのダムを爆撃して放水し, ドイツ工業に打撃を与えた英国空軍の飛行中隊; このタイトルで映画化された (1954)》. 〘1943〙

dame /déɪm/ *n.* **1**《米》女性 (woman). **2** [D-]《英》knight または baronet の夫人の正式の敬称 (cf. sir 2): Sir George and *Dame* Alice X. **3** [D-] dame grand cross または dame commander に叙せられた女性に対する敬称《Sir の場合と同様必ず Christian name の前に付ける》: *Dame* Ellen Terry. **4**《古・詩・戯言》**a** (女子修道院長など権力や身分のある)貴婦人, 淑女 (lady). **b** [D-] (一般に)身分のある婦人に対する敬称. ★ 今は次のように擬人化した場合に限られる: *Dame* Fortune / *Dame* Nature. **5** (年輩の)既婚女性: an old ～ 老婦人. **6**《英》(パントマイムで通例男優の演じる)喜劇の女形 (pantomime dame). **7** (ベネディクト会・シトー会などの)修道女, デイム. **8**《英》(Primrose League の) 上流婦人会員. **9** (昔 dame school を経営した) 女教師. **10**《英》(Eton 校で)寮母《もとは男子の舎監にも用いた》; (教師の)夫人, 奥さん. **11**《古・方言》(一家の)主婦. 〘(?*a*1200) □ (O)F ～ < L *dominam* lady, mistress (fem.) ← *dominus* lord ← IE **dem-* house(hold): cf. Dan⁴, danger, timber〙

dáme commánder *n.* (英国の, バス勲位などの)(女性の)二等勲爵士, 最上級勲功章受勲者: a *Dame Commander* of (the Order of) the Bath. 〘1917〙

dáme gránd cróss *n.* (英国の, 大英帝国勲位など

の)(女性の)一等勲爵士, 最上級勲功章受勲者: a *Dame Grand Cross* of (the Order of) the British Empire. 〖1917〗

dáme schòol *n.* デームスクール《英米で昔婦人が私宅を解放して近所の児童を対象に経営した簡易な初等教育施設》. 〖1817〗

dáme's víolet [rócket] *n.* 〖植物〗ハナスズシロ, ハナダイコン (*Hesperis matronalis*)《ヨーロッパ原産アブラナ科の多年草; 花は淡紫色か白色; damewort, sweet rocket ともいう》. 〖1578〗

dám·fòol /dǽm-/《口語》*n.* ばかな[愚かな]やつ, 大ばか. — *adj.* 大ばかな, この上なく間の抜けた. 〖(1881) ← *damned fool*〗

dám·fóolish *adj.*《口語》=damfool.

Da·mi·an /déɪmiən/ *n.* デーミアン《男性名; カトリック教徒に多い》. 〖□ Gk *Damianós*《原義》tamer: 303 年に Syria で殉教した聖人の名〗

dam·i·an·a /dæ̀miǽnə, -ɑ́:nə, -éɪnə/ *n.* 〖薬学〗ダミアナ《熱帯アメリカ・米国 California 州・Texas 州産トルネラ科の植物 (*Turnera diffusa*) の乾燥した葉; 以前は強精[催淫]剤, 利尿剤》. 〖□ Am.-Sp. ～〗

Da·mi·en de Veus·ter /déɪmiəndəvjú:stə | -stə(r; *F.* damjɛ̃dvœstɛ:ʁ/, **Joseph** *n.* ダミアン ド ブステール (1840–89; ベルギーのカトリックの宣教師; 1873 年より Molokai 島でハンセン病患者に布教し, 後この病気に感染して死亡; 通称 Father Damien).

Dam·i·et·ta /dæ̀miétə | -tə; *Arab.* dumjá:tʕ/ *n.* ダミエッタ《エジプト北部, Nile 川の三角洲上の都市》.

dam·mar /dǽmə, -mɑə | -mə(r, -mɑ:(r/ *n.* 〖化学〗**1** ダンマル, ダマール《東南アジアや東インド諸島産フタバガキ科のラワンに類する *Shorea* 属・*Hopea* 属・*Balanocarpus* 属の木から主に得られる硬質の樹脂で無色ワニスの原料》. **2** オーストラリア・ニュージーランド・東インド諸島産の *Agathis* 属の木から得られる同様の樹脂. 〖(1698) □ Malay *damar* resin〗

dam·me /dǽmi/ *int.*《俗》=dammit. 〖(1618)《変形》← *damn me!*〗

dam·mer /dǽmə | -mə(r/ *n.* 〖化学〗=dammar.

dam·mit /dǽmɪ̀t | -mɪt/ *int.*《俗》ちくしょう, くそ. **(as) néar as dámmit**《口語》大体, ほぼ; すんでのところで, 危うく. 〖(1908)《変形》← *damn it!*〗

damn /dǽm/ (cf. bless) *vt.* **1 a** ('damn' と言って) のろう, ののしる (⇨ curse SYN): He ～*ed* his men right and left. 部下に八つ当たりに当たり散らした. **b**《俗》[仮定法または命令法で, 間投詞的にののしりに用いて]: (May) God ～ them! 神様が彼らをのろいたまわんことを: God ～ it (to hell)! = *Damn* it (all) (to hell)! いまいましい, くそ, ちくしょう (cf. goddam) / You should have known better, ～ it [you]! どうしてもっと気をつけなかったんだ, このばか / *Damn* you (to hell)! こんちくしょう / I'll see him ～*ed* (in Hell) first! ⇨ see¹ 成句. / *Damn* and blast (it [you])! こんちくしょう / *Damn* your eyes! こんちくしょう, くたばりやがれ / *Damn* this rain! いまいましい雨だ / (and) ～ the consequences [expense] (結果や費用など)厄介なことは気にすることはない《しばしば命令文などの後に用いる》. ★ はばかって d—n /dǽm, dí:n/ または d— /dí:, dǽm/ と書くことがある. **2** けしからぬ[不道徳だ, 非合法的だ, 有害だ]と判定する, よくないと決めつける; 酷評する, けなす, 評して葬る (condemn, criticize): Report *Damns* Government Plan As "Too Little Too Late" 報道筋, 政府計画を「小規模すぎ遅すぎ」と酷評す / ⇨ *damn with faint* PRAISE. **3** ...の破滅のもととなる, 破滅させる: That ～*ed* all his prospects. そのために前途を棒に振ってしまった. **4 a** 不幸に運命づける, 不運に陥れる; 〈神が〉〈人を〉永遠の罰に処する, 地獄に落とす: They were ～*ed to* be slaves from the start. 彼らは奴隷になるように初めから運命づけられていた. **b**《廃》有罪と判決する.

— *vi.* **1** 'damn' という語を使う, のろう, ののしる: curse and ～ (「いまいましい」とか「ちくしょう」とか言って)のろう, ののしる. **2** [間投詞的にののしりに用いて]《俗》いまいましい, しまった, ちくしょう (cf. *vt.* 1 b): Oh, ～!

as néar as dámn it《英口語》すんでのところで, もう少しで: I got the answer right, or *as near as* ～ *it*. = I *as near as* ～ *it* got the answer right. もう少しでその正解が出せたのに. ***dámn áll*** = damn-all. ***I'll be [I'm] dámned!***《口語》これは驚いた; いまいましい: Well, *I'll be* ～*ed!* ***I'll be [I'm] dámned if ...***《口語》[if 節の内容を強く否定して] 絶対に...しない[でない]: *I'll be* ～*ed if* I do such a thing. 死んでもそんなことするもんか / *I am* ～*ed if* it's true. それが本当であってたまるものか.

— *n.* **1** [a ～; 否定構文で]《口語》ほんの少し[ちょっと](も): *not* worth *a* ～ 何の価値もない / I *don't* care [give] *a* ～. 少しも構わない. **2** (のろいとして) 'damn' と言うこと; ののしり.

— *adj., adv.*《口語》=damned, goddam: That was a ～ fine cup of coffee, ma'am! とても結構なコーヒーでした, 奥様 / I hate this ～ rain! この雨なんか大嫌いだ / He's a ～ fool! 彼は大ばかだ / That was a ～ fool thing (for him) to do! (彼は)とんでもないばかげたことをしたものだ / I ～ near got the answer right! もう少しでその正解が出せたのに / You were ～ lucky to get this job! この仕事が得られて君は全く幸運だった / He didn't do a ～ thing—not one ～ thing! 彼は何もしなかった—何一つね.

dámn wéll《口語》実にはっきりと, 確かに: You'll ～ *well* get it finished by Monday or else! それを月曜までにちゃんと仕上げなさいよ, さもないと / Do you like it?—No, I ～ *well* do NOT! それ好きですか—いや, 断然嫌いだね.

〖v.: (?c1200) ME *damne(n), dampne(n)* □ (O)F *damner, dampner* □ L *damnāre* to condemn, doom ← *damnum* loss, harm: cf. damage. — n.: (1619) ← (v.). — adj., adv. ← DAMNED〗

damna *n.* damnum の複数形.

dam·na·ble /dǽmnəbl/ *adj.* **1** 地獄に落ちるべき. **2** のろわしい, 忌まわしい, けしからぬ, 憎むべき: ～ heresy. **3**《口語》いまいましい, ひどい. **～·ness** *n.* **dam·na·bil·i·ty** /dæ̀mnəbílə̀ti | -lɪ̀ti/ *n.* 〖(c1303) □ (O)F ～ □ LL *damnābilis*: ⇨ damn, -able〗

dám·na·bly /-bli/ *adv.* **1** 地獄に落ちるほどに. **2** のろわしく (detestably), 忌まわしく, 言語道断に. **3**《口語》いまいましく, ひどく, べらぼうに, やけに: It's ～ hot. ひどく暑い. 〖(c1390): ⇨ ↑, -ly¹〗

dámn-áll *n.*《英俗》全く(何も)ない (nothing at all) (cf. all *pron.* 3): I did ～. 全く何もしなかった / He knows ～. 全然知らない.

dam·na·tion /dæmnéɪʃən/ *n.* **1 a** 〖神学〗永遠の罰, 定罪, 断罪, 天罰 (cf. salvation 1): *Damnation* [May ～] take it [you]! こんちくしょう. **b** 破滅, 滅亡. **2** 地獄に落ちる罪, 永遠の罰を受けるべき罪. **3** 〔...を〕の][のしること, 悪評によって葬ること, 酷評〔*of*〕: the ～ *of* a book, play, etc.

in damnátion《俗》[怒りを強調して] 一体(全体): What *in* ～ are you talking about? 一体全体何の話だ.

— *int.* =damn *vi.* 2 (cf. botheration).

〖(?c1300) □ (O)F ～ □ L *damnātiō(n-)*: ⇨ damn, -ation〗

dam·na·to·ry /dǽmnətɔ̀:ri | -təri, -tri/ *adj.* **1** 厳しい非難の[を表す, を含む]. **2** 破滅的な, きわめて不利な: ～ evidence きわめて不利な証拠. **3** 〖神学〗永遠の罰の[を申し渡す], 呪いの, 呪詛(じゅそ)的な. 〖(1682) ← L *damnātus* ((p.p.) ← *damnāre* 'to DAMN') + -ATORY〗

damnd·est /dǽmdɪ̀st/ *adj.* =damnedest (⇨ damned *adj.* 1 c, d).

damned /dǽmd/ *adj.* (～·er; ～·est, damnd·est) **1**《口語》**a** 忌まわしい, 嫌でたまらない, 憎むべき: It's a ～ shame. 実に残念だ. **b** [しばしば強意的な添え語として] いまいましい, ばかばかしい; 全くの, 底なしの, 途方もない (cf. goddamned). ★ しばしばはばかって d—d /dí:d, dǽmd/ と書く (cf. bloody): a ～ lie 途方もないうそ, しらじらしいうそ / None of your ～ nonsense! そんなばかなことはよせ / You ～! こんちくしょう. **c** [最上級で強意的に]: That's the ～*est* [*damndest*] story you ever heard. そんな途方もない話は聞いたこともない. **d** [最上級で名詞的に] 最大限度, 最善: do [try] *one's* ～*est* [*damndest*] 精いっぱいにやる, 最善を尽くす. **2 a** 永遠の罰に定められた, 地獄に落とされた: ～ souls 地獄に落ちて永遠に救われない霊魂. **b** [the ～; 名詞的に] 地獄に落ちた亡者たち.

— *adv.*《口語》[強意語として] いまいましいほど, いやに, ものすごく, 実に. ★ しばしばはばかって d—d と書く: ～ funny / a ～ silly remark とんでもないたわごと / It was so ～ hot. べらぼうに暑かった. 〖(c1390) (p.p.) ← DAMN〗

damned·est /dǽmdɪ̀st/ *adj.* [the ～]《米口語》ひどく変わっている, とても驚くべき. — *n.* [one's ～]《口語》最善: do [try] *one's* ～ 最善を尽くす.

dámned yánkee *n.*《米戯言》=damyankee.

dam·ni·fi·ca·tion /dæ̀mnəfɪ̀kéɪʃən | -nɪ̀fɪ-/ *n.* 〖法律〗損傷(行為), 侵害(行為). 〖(1628) □ F ～ ← LL *damnificātus* (p.p.): ⇨ ↓, -ation〗

dam·ni·fy /dǽmnəfàɪ | -nɪ̀-/ *vt.* 〖法律〗損傷する, 侵害する. 〖(1512) □ OF *damnifier* □ L *damnificāre* to injure: ⇨ damn, -fy〗

damn·ing /dǽmɪŋ, dǽmnɪŋ/ *adj.* 地獄に落ちる(ような), 破滅となる; 罰を免れない: A ～ bit of evidence against him was discovered. 彼に対するのっぴきならない一つの証拠が発見された. **～·ly** *adv.* 〖(1599) ← DAMN + -ING²〗

dam·no·sa he·red·i·tas [hae·red·i·tas] /dæmnóusəhərédɪ̀tæs | -nóusəhɪ́rɛdɪ-/ *L. n.* 〖ローマ法〗利益にならぬ[負担の多い]相続財産《破産管財人が債権者に対して利益にならぬとして否認する財産を指す場合に用いられる》. 〖(1848) □ L *damnōsa hērēditās* damaging inheritance〗

dam·num /dǽmnəm/ *n.* (*pl.* **dam·na** /-nə/) 〖法律〗損失, 損害. 〖(1828) □ L ～: ⇨ damn〗

damn·yan·kee /dæ̀mjǽŋki/ *n.*《米戯言》=damyankee.

Dam·o·cle·an /dæ̀məklí:ən⁻/ *adj.* ダモクレス (Damocles) の(ような).

Dam·o·cles /dǽməklì:z/ *n.* 〖ギリシャ伝説〗ダモクレス《Syracuse の Dionysius 王の廷臣; あるときあまり王の幸福を賛美したので, 王は宴席で彼を王座につかせその頭上に毛髪 1 本で抜身の剣をつるし, 王の身辺には絶えず危険の迫っていることを悟らせたという》: the [a] sword [Sword] of ～ =*Damocles'* sword (一髪にかかっている)ダモクレスの頭上の剣; 常に身に迫る危険. 〖(1747) □ L *Damoclēs* □ Gk *Dāmoklês* ← *dêmos* people + *kléos* fame〗

Dam·o·dar /dǽmədɑ̀ə | -dɑ̀:(r/ *n.* [the ～] ダモダル(川)《インド北東部 Bihar 州に発し, West Bengal 州 Calcutta 近くで Hooghly 川に合流; Damodar Valley は重工業の中心地》.

dam·oi·selle /dæ̀məzél | -mə(ʊ)-/ *n.* =damsel.

Da·mon /déɪmən/ *n.* デーモン《男性名》. 〖□ L *Dāmon* □ Gk *Dámōn* (↓)〗

Dámon and Pýth·i·as /-píθiəs | -θiæs/ *n.* [複数扱い] **1** 〖ギリシャ伝説〗ダモンとピュティアス《紀元前 4 世紀, Pythias は Syracuse の Dionysius 王によって死刑を宣告されたが, 家事の整理をするために帰宅している間彼の友人 Damon がその代わりに獄に入り忠実に友の戻るのを待った; 王は彼らの信義の厚いのに感じてその罪を許したという》. **2 a** 信義に厚い二人の友; 無二の親友. **b** [形容詞的に]〈友・友情など〉信義に厚い, 無二の親友の: ～ friendship 刎頸(ふんけい)の交わり.

dam·o·sel /dǽməzèl | -mə(ʊ)-/ *n.* (*also* **dam·o·zel** /～/) =damsel.

damp /dǽmp/ *adj.* (～·er; ～·est) **1** 湿気のある, 湿っぽい (⇨ wet SYN): ～ air / a ～ cellar 湿っぽい地下室 / a ～ day じめじめした日. **2**《古》気をくじかれた, 心の沈んだ (depressed).

— *n.* **1** 水気, 湿り, 湿気;《古》もや, 霧. **2** [通例 *pl.*] (地面から発する)毒気; (鉱山の)有毒ガス: black ～ 炭酸ガス / ⇨ chokedamp, firedamp. **3** [通例 a ～]《古》落胆, 失望, 元気をなくさせるもの, 邪魔もの: cast [strike] *a* ～ over [on, into] trade 貿易に暗い影を投じる / strike *a* ～ into company 座をしらけさせる.

— *vt.* **1** ...に毒気をかける; 息詰まらせる. **2** 〈火・音などを〉鈍らせる, 弱める, ...の火を消す: ～ a furnace 暖炉の火を消す (⇨ DAMP *down*). **3** 〈人の〉気を腐らせる, 〈意気・熱意・希望・勇気などを〉鈍らす, くじく: ～ a person, a person's spirits, ardor, etc. **4** 湿らせる: ～ clothes. **5** 〖音楽〗〈弦・太鼓の〉振動を止める; 〈ピアノの弦〉に止音器 (damper) を付ける. **6** 〖物理・電気〗...の振幅を減衰させる, 制動させる: ～*ed* oscillation 減衰振動. — *vi.* **1** 湿る. **2** 〖物理・電気〗(振幅が)減衰する.

dámp dówn (1) (炉の口を締めたりぬれた石炭や灰などを火に載せて)...の火力を落とす; 〈火を〉いける. (2) 〈洗濯物〉に霧を吹いてたたんでおく《湿りを行き渡らせるため》. (3) 静める, 弱める: ～ *down* inflations インフレを鎮静させる.

dámp óff 〖植物病理〗〈植物が〉(湿気が多すぎて)立枯れ病にかかって枯れる (⇨ damping-off).

〖(1316) □ (M)LG ～ 'vapor' ← (WGmc) *þamp- (G *Dampf* steam)〗

dámp còurse *n.* 〖建築〗防湿層《壁体の下部に設けるスレートなど防湿材料の層; damp-proof course ともいう》. 〖1876〗

dámp-drý *vt.* 〈洗濯物を〉少し湿気を残して乾かす; 生乾きにする. — *adj.* 〈洗濯物を〉生乾きにした. 〖1961〗

damp·en /dǽmpən, -pn/《米》*vt.* **1** 〈人の〉気を腐らせる, 〈意気・熱意などを〉鈍らせる, 弱める, 静める 〈*down*〉: ～ a person's enthusiasm 人の熱意に水を差す / ～ inflations インフレを鎮静させる. **2** 湿らせる (⇨ wet SYN): ～*ing* weather じめじめした天候. **3** 〖音楽〗〈弦・太鼓〉の振動を止める. **4** 〖物理・電気〗=damp 6. — *vi.* **1** 湿る. **2** 〈熱意などが〉さめる. **～·er** *n.* 〖(1547) ← DAMP + -EN¹〗

damp·er /dǽmpə | -pə(r/ *n.* **1** 湿らす人[物]. **2** 勢いをくじくもの[人], 水を差す人[事]; やじ, まぜっかえし, けち, けちをつけるもの: put a ～ on ...の勢いをそぐ, ...にけちをつける. **3** (切手やレッテルなどの)湿し具; (ストーブの)節気弁, (炉の)風戸(かざと), ダンパー; (電気ストーブの)温度調節器. **4** 〖楽器〗(ピアノ・チェンバロの)ダンパー, 止音器《弦の振動を止める装置》, (弦楽器・金管楽器・打楽器などの)弱音器 (mute). **5 a** 〖工学〗(機械・電気計器などの)制動子, ダンパー《振動を減衰させるもの》. **b**《英》=shock absorber 1 a. **6**《米俗》=cash register. **7**《豪》手づくりパン《イーストが入らない小麦粉と水の生地を平たくまとめ, 熱い灰の中で焼いて作る; cf. devil-on-the-coals》. **8**《米俗》酒; 飲み物. 〖(1748) ← DAMP + -ER¹〗

dámper pèdal *n.* ダンパーペダル《ピアノのすべての damper を上げ, 弦を自由に振動させるペダル; loud pedal, sustaining pedal ともいう; cf. soft pedal》.

dámper wìnd·ing /-wàɪndɪŋ/ *n.* 〖電気〗制動巻線《同期発電機・磁気増幅器などに安定化の目的で加えられる巻線または導体; 同期電動機では誘導機として始動トルクを出す目的の導体; amortisseur ともいう》. 〖1920〗

Dam·pi·er /dǽmpiə | -piə(r/, **William** *n.* ダンピア (1652–1715; 英国の航海家・探検家・海賊; *A New Voyage Round the World* (1697)).

dámp·ing *n.* **1** 湿りけを与えること: a ～ machine (織物のつや出しや幅出し用の)加湿機. **2** 落胆させること. **3** 〖電気〗制動, (振動の)減衰: a ～ coil 制動コイル / a ～ constant [factor] 減衰定数[率] / a ～ device 制動[緩衝]装置. 〖(1756) ← DAMP + -ING¹〗

dámping-óff *n.* 〖植物病理〗立枯れ病, 腰折れ病《苗や若木が寄生菌によって多く茎の基部が冒されやがて枯死する》. 〖(1890) ← *damp off* (⇨ damp (v.) 成句)〗

dámp·ish /-pɪʃ/ *adj.* 湿り気味の, 湿っぽい, しっとりした. **～·ness** *n.* 〖(1577) ← DAMP + -ISH¹〗

dámp·ly *adv.* しっとりと湿って, じとじとして. 〖(1887) ← DAMP + -LY¹〗

dámp·ness *n.* 湿気, 湿りけ. 〖(1665) ← DAMP + -NESS〗

dámp·pròof *adj.* 耐湿性の, 防湿性の: a ～ course = damp course. — *vt.* 耐湿[防湿]性にする. 〖(1870) ← DAMP + -PROOF〗

dámp squíb *n.*《英口語》評判倒れのもの, 期待はずれ, 竜頭蛇尾.

damp·y /dǽmpi/ *adj.* =dampish. 〖(1600) ← DAMP + -Y⁴〗

Dam·rosch /dǽmrɑ(:)ʃ | -rɔʃ/, **Walter (Johannes)** *n.* ダムロッシュ (1862–1950; ドイツ生まれの米国の作曲家・指揮者).

dam·sel /dǽmzəl, -zl/ *n.* 《古・詩》(特に身分のある)少女, 乙女. ***a dámsel in distréss***《戯言》困っている(若い)女性《捕らえられた乙女を騎士が助ける物語から》. 〖(?c1225) *dam(e)isele* □ OF *damisele* (F *demoiselle*) young lady《変形》← *danzele* < VL **dominicellam* (dim.) ← L *domina* mistress, lady: ⇨ dame〗

dámsel bùg *n.* 〖昆虫〗マキバサシガメ《半翅目マキバサシガメ科の昆虫の俗称; 褐色または黒色の小さなカメムシ類で, 小昆虫を捕食する益虫》.

D

dámsel·fìsh *n.* 〘魚類〙スズメダイ科の熱帯魚の総称《鮮やかな色彩のものが多く, さんご礁に生息する》. 〚1904〛

dámsel·flỳ *n.* 〘昆虫〙均翅亜目のトンボの総称《カワトンボやイトトンボなど; 一般のトンボ (dragonfly) と異なり静止時に翅を閉じる》. 〚1815〛

dám·sìte *n.* ダムサイト, ダム建設用地.

dam·son /dǽmzən, -zn̩/ *n.* **1 a** 〘植物〙インシチチアスモモ (*Prunus insititia*) 《欧亜系スモモの一種》. **b** インシチチアスモモの実. **2** 〘園芸〙[D-] **a** ダムソン《インシチチアスモモに属し, 紀元前に小アジアで生じた古い品種; 黒紫色, 果皮に渋みがあり干スモモ用》. **b** [the Damsons] ダムソン群《インシチチアスモモに属する園芸品種群の一つ; cf. bullace 1》. **3** 暗紫色. — *adj.* 暗紫色の. 〚(*c*1390)《変形》← (*c*1375) *damascene* ▭ L *damascēnum* (*prūnum*) (plum) of Damascus: ⇨ Damascene〛

dámson chéese *n.* 西洋スモモの一種インシチチアスモモ (damson plum) のジャム《チーズと同様の固さであることからこう呼ばれる》. 〚*c*1803〛

dámson plúm *n.* =damson 1.

dam·yan·kee /dæ̀mjǽŋki/ *n.* 《米戯言》(特に) New England 出身の米国人; 《一般に》米国人, ヤンキー. ★ もと南北戦争後に南部人が北部人を軽蔑して用いた語. 〚← *damned Yankee*〛

dan[1] /dǽn/ *n.* =dan buoy.

dan[2] /dɑ́ːn/ *n.* (柔道・将棋・剣道・空手などの)段; 有段者. 〚(1941) ▭ Jpn〛

Dan[1] /dǽn/ *n.* ダン《古代パレスチナ北端の都市》. ***from Dán (èven) to Beershéba*** 果てから果てまで (Beersheba はもとパレスチナの南端; cf. *Judges* 20: 1; 2 *Sam.* 24: 2).

Dan[2] /dǽn/ *n.* ダン《男性名》. 〚(dim.) ← DANIEL〛

Dan[3] /dǽn/ *n.* 〘聖書〙 **1** ダン《Jacob の第 5 子; cf. *Gen.* 30: 6》. **2** ダン族《ダンを祖とするイスラエルの十二支族の一つ; cf. *Josh.* 19: 40》.

Sóns of Dán [the —] =Danite.

〚(1738) ▭ Heb. *Dān*《原義》judge ← *dīn* to judge〛

Dan[4] /dǽn/ *n.* 《古》Master, Sir に相当する敬称: ~ Cupid (cf. Shak., *Love's L L* 3. 1. 180). 〚(*a*1300) ▭ OF ~ < L *dominum* master, lord ← *domus* house: cf. don[2]〛

Dan. 《略》Daniel (旧約聖書の)ダニエル書; Danish; Danzig.

Da·na /déɪnə, dǽnə | dɑ́ː-/ *n.* デーナ: **1** 男性名. **2** 女性名. ★ 米国では /déɪnə/ が, カナダでは /dǽnə/ が普通. 〚《原義》man from Denmark or descendant of Daniel〛

Da·na /déɪnə/, **Charles Anderson** *n.* デーナ《1819–97; 米国のジャーナリスト・編集者・著述家; cf. Brook Farm》.

Dana, Edward Salisbury *n.* デーナ《1849–1935; 米国の鉱物学者・物理学者》.

Dana, James Dwight *n.* デーナ《1813–95; 米国の地質学者・鉱物学者; E. S. Dana の父》.

Dana, Richard Henry, Jr. *n.* デーナ《1815–82; 米国の法律家・著述家; *Two Years Before the Mast* (1840)》.

Dan·a·ë /dǽneɪiː | -neɪiː, -niː/ *n.* (*also* **Dan·a·e** /～/) 〘ギリシャ神話〙ダナエー《Argos の王 Acrisius の娘; 父のために青銅の塔の中に閉じ込められていたが, Zeus が金のにわか雨となって彼女を訪れ, Danaë は Perseus を生んだ》. 〚▭ L *Danaē* ▭ Gk *Danáē*《原義》she who judges: cf. Danaus〛

Danaid *n.* Danaides の単数形.

Da·na·i·dae /dənéɪɪ̀dìː, dæ- | -néɪɪ-/ *n. pl.* 〘ギリシャ神話〙=Danaides.

Da·na·i·des /dənéɪədìːz, dæ-/ *n. pl.* (*also* **Da·na·ids** /dənéɪɪ̀dz/) (*sing.* **Dan·a·id** /dǽniɪd, -neɪ-/) 〘ギリシャ神話〙ダナイスたち, ダナイデス《Danaus の 50 人の娘; Aegyptus の 50 人の息子に嫁いだが, Hypermnestra を除く 49 人は父の命令で婚礼の夜自分たちの夫を殺したために, Hades で底のない器に永遠に水を汲み込む刑に処せられた》.

Dan·a·id·e·an /dæ̀niɪ́dìən, -ɪdíːən⁻ | dənéɪdiən, dæ̀niədíːən⁻/ *adj.* 〚(*a*1628) ▭ L ～ ▭ Gk *Danaídes* (pl.) ← *Danaós* 'DANAUS'〛

Dan·a·kil /dǽnəkɪ̀l, -kl̩ | -kɪl, -kl̩/ *n.* (*pl.* ～, ～**s**) ダナキル族[語]《Afar 族の別名》. 〚(1875) ← ? Arab.〛

Da Nang /dɑːnɑ́ːŋ, -nǽŋ | -nǽŋ, -nɑ́ːŋ; *Viet.* ²dɑː-nǎŋ/ *n.* (*also* **Da·nang** /～/) ダナン《ベトナム中東部にある港湾都市; 旧フランス語名 Tourane》.

Dan·a·us /dǽniəs, dǽneɪ-/ *n.* 〘ギリシャ神話〙ダナオス (Argos の王家の祖; ⇨ Danaides). 〚▭ L ～ ▭ Gk *Danaós* ← ? Heb. *Dān*: ⇨ Dan[3]〛

dán bùoy *n.* **1** (漁場で使われる一時的な)目印ブイ, 標識浮標. **2** 〘海軍〙(掃海作戦・対潜作戦で使われる一時的な)標識浮標, 浮標標識旗 (cf. dan layer). 〚1916〛

dan·bur·ite /dǽnbəràɪt/ *n.* 〘鉱物〙ダンビュライト ($CaB_2(SiO_4)_2$) 《黄色から無色の柱状結晶をなす鉱物, トパーズに似ている》. 〚(1839) ← *Danbury* (米国 Connecticut 州の地名)+-ITE[1]〛

Dan·bu·ry /dǽnbèri, | -b(ə)ri/ *n.* ダンベリー《米国 Connecticut 州南西部 Bridgeport 近くの都市》.

dance /dǽns, dǽnts | dɑ́ːns, dɑ́ːnts/ *vi.* **1** (ステップを踏み音楽に合わせて)踊る, 舞う, ダンス[舞踏]をする: ～ around 踊り回る[まくる] / ～ away どんどん踊る, 踊り続ける / ～ off 踊りながら行ってしまう / go *dancing* 踊り[ダンス]に行く / Will you ～ with me? 踊っていただけますか / Shall we ～? 踊りませんか / Let's ～. 踊りましょう / ～ to a tune 曲に合わせて踊る / She ～*d* in "Swan Lake". 彼女は「白鳥の湖」を踊った. **2** 跳ね回る, 小躍りする, 踊る: ～ *for* [*with*] joy, pain, etc. / ～ up and down あちこち跳ね回る. **3** 〈木の葉・波・ごみなどが〉舞う, 踊る, ゆらゆら揺れる, ちらちらする; 〈心臓・血液などが〉躍動[鼓動]する: leaves *dancing* in the wind 風に揺れる[舞う]木の葉 / shadows *dancing* on the grass 芝生の上にゆらゆらする影 / *dancing* shadows 揺らめく影 / His heart ～*d* with joy. うれしくて胸が躍った. — *vt.* **1** 〈舞を〉舞う, 〈あるダンスを〉踊る: ～ the waltz / ～ "Swan Lake"「白鳥の湖」を踊る / ～ a part in "Swan Lake"「白鳥の湖」のある役を踊る. **2** …に踊らせる: ～ a bear 熊にダンスをさせる / He ～*d* her out of the room. 踊りながら彼女を部屋から連れ出した. **3** 〈子供を〉揺すってあやす. **4** 踊って(…に)なる, 踊って…させる 〔*into, to*〕: ～ *oneself into* a person's favor 踊って人に気に入られる / She ～*d herself to* exhaustion. 踊ってくたくたになった, くたくたになるまで踊った / ～ the night away 一夜を踊り明かす.

dánce atténdance* (*up*)*on a person ⇨ attendance 成句. ***dánce awáy* [*óff*]** (1) ⇨ *vi.* 1. (2) 〈時・金などを〉踊りに費やす; 踊って〈憂さ・悩みなどを〉忘れる: ～ one's cares *away* / ～ one's head *off* 頭がばかになるほど踊る. ***dánce on a rópe*=*dánce upon nóthing* [*áir*]** 絞首刑に処せられる. (1839) ***dánce to a person's pípe* [*píping*]** 人の言うなりになる, 人の煽動に乗る (cf. *Matt.* 11: 17). (1562) ***dánce to a person's túne* [*whístle*]** =DANCE *to a person's pipe*.

— *n.* **1 a** ダンス, 舞踊, 舞踏; (ダンスの)旋回運動; 1 回のダンス, ひと踊り: a ballet ～ バレエ / May I have the next ～? 次は私と踊っていただけますか / ⇨ country-dance, folk dance, social dance, sword dance. **b** (動物・鳥の求愛行動やみつばちがみつの在りかを示す)踊るような動作, 旋回運動. **2** 舞踏会, ダンスパーティー: have [go to] a ～ 舞踏会を催す[に行く]. 日英比較 英語では dancing party ともいうが, 一般には *dance* という. また, 正式で華やかなものは ball という. **3** 〘音楽〙ダンス曲, 舞曲. **4** [the ～] **a** 舞踊術. **b** (モダン)バレエ, 舞踊劇.

léad a person a* (*prétty* [*jólly, mérry*]) *dánce 《英口語》(1) 〈人を〉さんざん引き回す. (2) 〈人に〉さんざん迷惑をかける. (*a*1529) ***léad the dánce*** (1) (複雑な)ダンスの先導をする, 先に立って踊る. (2) (行動の)先頭に立つ, 率先する. (*c*1325)

dánce of déath, D- of D- [the —] 死の舞踏 (danse macabre) 《死と無常を表現する中世芸術のモチーフ; 骸骨姿の「死」がさまざまな生者と手を取り合って踊ったりする図像が有名》; これを主題とする(中世の)美術[音楽]. (1631)

dánce of jóy [the —] 喜びのダンス《米国で 5 月 1 日の花祭りに野外で踊る folk dance の一種》.

dánce of the séven véils 7 枚の薄い着衣を脱いでいく踊り.

〚v.: (?*a*1300) ME *daunce*(*n*) ▭ (O)F *danser* ▭ ? Frank. **dintjan* to move here and there: cf. OHG *dansōn* to stretch out (one's limbs). — n.: (?*a*1300) ▭ OF ～ ← (v.)〛

Dance /dǽns | dɑ́ːns, dǽns/, **George** *n.* ダンス《1741–1825; 英国の古典主義建築家》.

dance·a·ble /dǽnsəbl̩ | dɑ́ːns-/ *adj.* 踊りに適した: a ～ song. 〚(1860): ⇨ dance, -able: cf. F *dansable*〛

dánce bànd *n.* ダンスの伴奏をするバンド.

dánce càrd [prògram] *n.* 舞踏会の予定表[プログラム]《ダンスパーティーで踊りの名と申し込みを受けた相手(の男性)の名とを書き込む予定表》. 〚1895〛

dánce dràma *n.* 舞踊劇. 〚1924〛

dánce flòor *n.* (レストラン・ナイトクラブなどの)ダンス(用)フロア.

dánce fòrm *n.* 〘音楽〙舞曲形式《18 世紀の組曲で大部分の楽章に用いられた二部形式》.

dánce hàll *n.* ダンスホール, 舞踏場. 〚1858〛

dánce hòuse *n.* 《米》(いかがわしい)ダンスホールのある家[店]. 〚1848〛

dánce mùsic *n.* ダンス曲, 舞曲. 〚1860〛

dánce pàlace *n.* (華やかな)ダンスホール, 舞踏場.

danc·er /dǽnsə, dǽntsə | dɑ́ːnsə^(r), dɑ́ːnts-/ *n.* **1** 踊る人, 踊り手; (専門の)舞踊家, ダンサー, 踊り子 (cf. danseuse): She's a terrific ～. ダンスがとてもうまい. **2** [*pl.*] 《俗》階段 (stairs). **3** [the ～s] 《英方言》北極光 (aurora borealis). 〚(1130)》(1440): ⇨ -er[1]〛

danc·er·cise /dǽnsəsàɪz | dɑ́ːnsə-/ *n.* ダンササイズ《健康増進のための一種のジャズダンス》.

dánce stèp *n.* ダンスのステップ. 〚1920〛

dánce stùdio *n.* ダンススタジオ[教室, 練習所].

dan·cette /dænsét, ⸗⸗/ *n.* 〘建築〙山形繰形, 雁木(がんぎ)飾り, 雁木繰形《ロマネスク装飾に多く見られるジグザグ形の繰形山形 (zigzag molding)》. 〚(1838) ↓〛

dan·cet·té /dænsətéɪ⁻, dænsətéɪ | dænsétei, dæ̀nsɪ̀téɪ⁻/ *adj.* (*also* **dan·cet·tée** /～/, **dan·cet·ty** /dǽnsèti | -ti/) 〘紋章〙山形の. 〚(1610)《転訛》← F *danché* indented < LL **denticātum* ← L *dēns* 'TOOTH'〛

danc·ing /dǽnsɪŋ, dǽnts- | dɑ́ːnsɪŋ, dɑ́ːnts-/ *n.* ダンス(の練習), 舞踊(法), 舞踏(法). 〚(?*a*1325): ⇨ -ing[1]〛

dáncing disèase *n.* 〘病理〙(一種の)舞踏狂.

dáncing girl *n.* (職業的)女性ダンサー; (特に東洋の)踊り子 (nautch girl), 舞子. 〚1760〛

dáncing hàll *n.* =dance hall.

dáncing mània [màlady] *n.* 〘病理〙(一種の)舞踏狂《中世のヨーロッパで蔓延した流行性の状態で, しばしば宗教的興奮を伴った》.

dáncing màster *n.* (男性の)ダンス教師, 舞踊の先生, 踊りの師匠. 〚1651〛

dáncing mistress *n.* 女性ダンス教師, 踊りの女性師匠.

dáncing pàrtner *n.* ダンス[踊り]の相手[パートナー].

dáncing pàrty *n.* ダンスパーティー, 舞踏会. ★ 今は dance のほうが普通 (⇨ dance *n.* 2 日英比較).

dáncing plàgue *n.* 〘病理〙=dancing mania.

dáncing ròom *n.* 舞踏室, 舞踊場.

dáncing schòol *n.* ダンス教習所, 舞踊学校. 〚1580〛

dáncing shòe *n.* [通例 *pl.*] ダンス靴.

D and C /díːən(d)síː/ *n.* 〘医学〙(子宮頸管の)拡張と(内膜の)掻爬(そうは)《診断・治療またはしばしば妊娠中絶の目的で行う》. 〚← *d*(*ilation*) *and c*(*urettage*)〛

dan·de·li·on /dǽndəlàɪən, -dl̩-/ *n.* **1** 〘植物〙 **a** セイヨウタンポポ (*Taraxacum officinale*). **b** タンポポ《キク科タンポポ属 (*Taraxacum*) の植物の総称》. **2** 鮮やかな黄色. 〚(1373) *dent de lion* ▭ (O)F *dent de lion* lion's tooth《なぞり》← ML *dēns leonis*: 葉の形から: ⇨ dental, lion〛

dándelion clòck *n.* タンポポの綿毛のような頭, タンポポぼうず (clock). 〚(1876): ⇨ clock[1]〛

dándelion cóffee *n.* タンポポコーヒー《乾燥させたタンポポの根でつくった飲み物》. 〚1852〛

dándelion grèens *n. pl.* (サラダ用・香草としての)タンポポの若葉. 〚1887〛

dan·der[1] /dǽndə | -də^(r)/ *n.* (頭の)ふけ (dandruff). 〚(1650)《短縮?》〛

dan·der[2] /dǽndə | -də^(r)/ *n.* 《口語》かんしゃく, 怒り (temper): get [have] one's [a person's] ～ up かんしゃくを起こす[起こさせる]. 〚(1831)《転用》? ← *dander* ferment of working molasses《変形》← DUNDER //《転用》? ← *dander* (変形) ← DANDRUFF.〛

dan·der[3] /dǽndə | -də^(r)/ *n.* **1** 《スコット》ぶらぶら歩き, 散歩 (stroll). **2** 《英方言》震えの発作. — *vi.* 《スコット》ぶらつく. 〚(*a*1600) ← ? (cf. daddle): ⇨ -er[4]〛

dan·di·a·cal /dændáɪəkəl, -kl̩/ *adj.* しゃれ男 (dandy) らしい, しゃれ者の, めかし込んだ, しゃれた. **～·ly** *adv.* 〚(1831) ← DANDY[1]+(DEMON)IACAL〛

Dán·die Dín·mont térrier /dǽndidínmɑ(ː)nt- | -dínmɒnt-, -mənt-/ *n.* ダンディーディンモントテリア《イングランドとスコットランド国境の, 長毛のテリアの地犬から作出された, 胴が長く足の短いテリア; Dandie Dinmont または Dandie ともいう》. 〚(1826)》(1848) ← *Dandie* (*Andrew*) *Dinmont*: Scott 作 *Guy Mannering* 中の人物; その飼い犬である 2 頭のテリアを祖とするもの〛

dan·di·fi·ca·tion /dæ̀ndəfɪkéɪʃən | -dɪ̀fɪ-/ *n.* 《口語》めかし, しゃれ(た身なり). 〚(1827) ← DANDIFY + -ICATION〛

dán·di·fìed *adj.* 《しばしば軽蔑》めかし込んだ, 《いきに》しゃれた, スマートな: a ～ costume, gentleman, etc. 〚(1826): ⇨ ↓, -ed 2〛

dan·di·fy /dǽndɪ̀fàɪ/ *vt.* しゃれ男 (dandy) 風に装わせる, しゃれさせる. 〚(1823) ← DANDY[1]+-FY〛

dan·di·prat /dǽndipræ̀t/ *n.* **1** ダンディプラット《16 世紀初頭英国の小型銀貨; 約 2 ペンスに相当》. **2** 《古》 **a** 子供(のような大人); 小人. **b** 精神年齢の低い人, つまらない人. 〚(*c*1520)?〛

dan·dle /dǽndl̩/ *vt.* **1** 〈赤ん坊などを〉(抱いたりひざの上で揺すぶったり上下させて)あやす (dance) (⇨ caress SYN): ～ a child in one's arms 子供を腕に抱いてあやす. **2** 甘やかす, かわいがる, 愛撫する (fondle). **dán·dler** /-dlə, -dlə | -dlə^(r), -dlə^(r)/ *n.* 〚(1530) ← ?: cf. It. *dandolare* to dandle: cf. Flem. *danderen* to bounce a ball〛

Dan·dong /dɑ̀ːndʊ́ŋ; *Chin.* tāntʊ̄ŋ/ *n.* 丹東(タントン)《中国遼寧省 (Liaoning) 南東部, 鴨緑江 (Yalu Jiag) 河口の港市; 旧名安東 (Andong)》.

dan·driff /dǽndrɪ̀f | -drɪf/ *n.* =dandruff.

dan·druff /dǽndrəf | -drʌf, -drəf/ *n.* (頭の)ふけ (scurf): a galloping ～ 《米俗》けじらみ. 〚(1545) ← *dand-* (← ?)+ME *roufe* scab (▭ ON *hrufa*)〛

dan·druff·y /dǽndrəfi | -drʌfi, -drə-/ *adj.* ふけの多い, ふけのような. 〚(1858): ⇨ ↑, -y[4]〛

dan·dy[1] /dǽndi/ *n.* **1** しゃれ男, めかし屋, ダンディ, ハイカラ; 身なりのよい男性. ★ やや軽蔑的でだんだん用いられなくなった. **2** 《口語》すばらしいもの; [the ～] 最上のもの, 当を得ていること: The race was a ～. レースは実にすばらしかった. **3** 《英》〘海事〙ダンディ艇《艇尾に小さいマストを付加しこれにラグスル (lugsail) を張った cutter または sloop》; ダンディ艇の艇尾の lugsail; ダンディ艇の最後部の補助帆 (jigger). **4** 《英》=dandy cart.

— *adj.* (**dan·di·er, -di·est; more** ～, **most** ～) **1** 《口語》すばらしい, すてきな: fine and ～ とてもすてきな. **2** 《まれ》〈人が〉おしゃれな, ハイカラな; きちんとした.

— *adv.* 《米口語》すばらしく.

dán·di·ly /-dɪ̀li/ *adv.* 〚(*c*1780)《略》← ? JACK-A-DANDY〛

dan·dy[2] /dǽndi/ *n.* 《インド》(竹ざおにつるして二人でかつぐ山地用の)布製のかご. 〚(1685) ▭ Hindi *ḍāṇḍī* ← *ḍaṇḍ* oar, staff ← Skt *daṇḍa*〛

dan·dy[3] /dǽndi/ *n.* (小さなつえを持った)シバ教 (Sivaism) の行者(ぎょうじゃ). 〚(1832) ▭ Skt *daṇḍin*《原義》having a staff (↑)〛

dan·dy[4] /dǽndi/ *n.* 《口語》〘病理〙=dandy fever. 〚(1828)《転訛》← DENGUE〛

dándy brùsh *n.* (馬の手入れに使う)根櫛(ねぐし), 根ブラシ《木の台に丈夫な剛毛やナイロンなどの毛を植えつけたブラシで乾いた泥や汚物を取り除くのに用いる》. 〚(1841) ← ? DANDY[1]〛

dándy càrt *n.* 《英》(牛乳配達に用いる)ばね付き荷車, 牛乳配達車. 〚(1861) ← DANDY[1]〛

dándy féver *n.* 《口語》〘病理〙=dengue. 〚(1828) ← DANDY[4]〛

dán·dy·ish /-diɪʃ/ *adj.* めかし屋の, おしゃれな. **～·ly**

adv. 〖(1826) ← DANDY[1]＋-ISH[1]〗

dán·dy·ìsm /-dìːɪzm/ *n.* **1** 非常なおめかし, ハイカラ好み, 粋(いき): affect ~ ハイカラぶる. **2**〘文学・美術〙ダンディズム《特に 19 世紀の英仏において, 外見や物腰の洗練で禁欲的・貴族主義的な洗練を志向した美意識》. 〖(1819) ← DANDY[1]＋-ISM〗

dándy ròll [ròller] *n.*〘製紙〙ダンディーロール《紙面を滑らかにしたり, 漉(す)入れをするために, 長網抄紙機に取り付けた金網張中空のロール》. 〖(1839) ← DANDY[1]〗

Dane /déɪn/ *n.* **1** デンマーク人; デンマーク系の人. **2** デーン人《9–11 世紀に英国を侵略したスカンジナビア人》. **3** ＝Great Dane. 〖(*a*1338) □ ON *Danir* (pl.) ← *Danr* ← ? Gmc **dan-* low ground ← IE **dhen-* ∽ OE *Dene* (*pl.*) the Danes (cf. Denmark)〗

Dane /déɪn/, **Clemence** *n.* デーン《1888–1965; 英国の女流小説家・劇作家; 本名 Winifred Ashton》.

Dan·e·brog /dǽnəbrɔ̀ː(ː)g | -nɪbrɔ̀g; *Dan.* dǽːnə-bʁoːˀ/ *n.* ＝Dannebrog.

Dane·geld /déɪngèld/ *n.* (*also* **Dane·gelt** /-gèlt/) **1 a**〘英史〙デーン税《本来は 991 年から 1012 年の間デーン人 (Dane) に貢ぐためまたはデーン人の侵入を防ぐための軍費として課せられた租税であったが, 後には地租として, ノルマン人によって 1163 年まで引き続き課せられた; 税率は一般的には 1 ハイド (hide) につき 2 シリング; ⇨ geld[1]》. **b** 税金. **2** 贈賄による機嫌取り. 〖lateOE □ ON **Danagjald* ← *Dana* ((gen.) ← *Danir* 'DANES')＋*gjald* tribute (cf. yield)〗

dáne·hòle *n.*〘考古〙＝denehole.

Dane·law /déɪnlɔ̀ː, -lɑ̀ː | -lɔ̀ː/ *n.* (*also* **Dane·la·ga** /-lɑ̀ːgə/, **Dane·lagh** /-lɔ̀ː, -lɑ̀ː | -lɔ̀ː/) [the ~]〘英史〙**1** デーン法《9–11 世紀にデーン人に占領されたイングランド北東部地方に行われた》. **2** デーン法の施行された地方《イングランドの半分近くに及んだ》. 〖ME *Dene lawe* < OE *Dena lagu* law of the Danes ← *Dena* ((gen.) ← *Dene* 'DANES')＋*lagu* 'LAW[1]'〗

dane·wort /déɪnwə̀ːt | -wɔ̀ːt/ *n.*〘植物〙サンブクス エブルス (*Sambucus ebulus*)《ヨーロッパ・アジア産スイカズラ科ニワトコ属の低木; ソクズに近縁で, 桃色をおびた白い花をつける》. 〖(*a*1491) ← DANE＋WORT: デーン人との戦いで戦死者のでたところから生じたとの言い伝えから〗

dang[1] /dǽŋ/ *vt.*〘俗〙＝damn: *Dang* me! — *n.*〘俗〙＝damn. — *adj., adv.*〘婉曲〙＝damned. 〖(1793–97)《混成》← DAMN＋HANG〗

dang[2] *v.* ding[2] の過去形.

danged *adj., adv.*〘俗・婉曲〙＝damned.

dan·ger /déɪndʒə | -dʒə(r)/ *n.* **1** 危険(にさらされること), 危険状態, 危難: the ~*s* of a journey 旅行に伴う危険 / escape from ~ 危険から脱する / be exposed to great ~ 非常な危険にさらされる / There is a [no] ~ of failure. 失敗しそうだ[しそうにない] / The ~ past and God forgotten.《諺》危険が去れば神様も忘れられる, 「のど元過ぎれば熱さを忘れる」/ run the ~ of …の危険を冒す. **2** 危険の原因となるもの; 脅威;〘海事〙(航海上の)危険物, 暗礁: ~*s* to health 健康に対する脅威 / They are a permanent ~ to society. 社会に対する永久の脅威だ / ~*s* of the sea 海の危険. **3** 危険警戒指示: The signal is *at* ~. 信号は危険と出ている, 信号は赤だ / *Danger*: Falling Rocks! 危険: 落石注意. **4 a**《古》(特に害悪をもたらす)権力, 支配. **b**《廃》(飛び道具などの)届く範囲.

in dánger 危険にさらされて; 〔…の〕危険[恐れ]があって〔*of*〕: put a person *in* ~ 人を危険に陥らせる / His life is *in* ~. 彼の生命は危ない / They are *in* ~ *of* death. 死の危険にさらされている / He is *in* ~ *of* his life. 生命を失う恐れがある, 生命が危険だ / The boat was *in* constant ~ *of* sinking. ボートは始終沈没の恐れがあった / You are *in* no ~ *of* robbery. 泥棒にあう心配はない. ***òut of dánger*** 危険を脱して; 〔…の〕危険がない〔*of*〕: Out of debt, *out of* ~.《諺》借金がなくなれば危険もなくなる.

— *vt.*《古》危険にさらす[陥らせる] (endanger).

~·less *adj.*

〖(?*a*1200) ME *daunger* □ AF *da(u)nger*＝OF *dangier* power, domination < VL **dominiārium* ← L *dominium* lordship, power ← *dominus* lord:《原義》「領主の権力」から「危害を加えうる力」さらに「危険」の意に転義〗

SYN 危険: **danger**「危険」を表す最も一般的な語: Miners at work are always in *danger*. 就業中の鉱員は常に危険にさらされている. **peril** 差し迫った大きな危険《格式ばった語》: He was in great *peril*. 大変な危機に陥っていた. **jeopardy** 失敗・損失・傷害などの危険にさらされている状態《格式ばった語》: Their lives were in *jeopardy*. 彼らは生命の危険にさらされていた. **hazard** 通例偶発的な健康・安全・計画・名声などに対する危険: The life of an aviator is full of *hazards*. 飛行家の生活は危険に満ちている. **risk** 通例個人の自由意志で冒す危険: Don't take a *risk* when you are driving. 車を運転するときは危険を冒してはならない. **ANT** safety, security.

dánger àngle *n.*〘海事〙危険角《既知の 2 点間の角度を船から水平または垂直に測って危険水域を避ける, その限界角》. 〖1892〗

dánger lìne *n.* 危険線《安全地域から危険地域に入る境界線》. 〖1890〗

dánger lìst *n.* (病院の)重患名簿, 危篤患者リスト. ***on* [*òff*] *the dánger list***《口語》〈入院患者など〉危篤で[危篤を脱して].

dánger mòney *n.* 危険手当《危険な作業に従事する場合に支払われる特別手当》. 〖1942〗

dan·ger·ous /déɪndʒ(ə)rəs/ *adj.* **1**〈物事が〉危険を伴う, 危険な, 危ない: a ~ road, voyage, etc. / ~ driving 危険な運転 / a ~ drug 危険薬物, (特に)麻薬 / The river is ~ *to* swim in.＝That's a ~ river to swim in.＝It's ~ to swim in that river. あの川は泳ぐには危険だ. **2**〈人・動物など〉(危)害を加える恐れのある, 危険な, 物騒な: a ~ dog [man] / a ~ object [thing]〘法律〙危険物 / Such men are ~. あんな[そんな]人間は危険だ (Shak., *Caesar* 1. 2. 194). **3**《古・方言》〈病気が〉(危険なほど)重い, 〈人が〉危篤の, 重態の: a ~ illness. **~·ness** *n.* 〖(?*a*1200) □ AF *da(u)ngerous*＝OF *dangereus* (F *dangereux*): ⇨ danger, -ous〗

Dángerous Drúgs Àct *n.* 危険薬物取締法, (特に)麻薬取締法.

dán·ger·ous·ly *adv.* 危険なほど, 危うく, 危なく, 際どく: drive ~ 危険な運転をする / be ~ near the edge 際どい縁の所にある / be ~ ill 危篤である / live ~ いつも危険なことをする, 身の危険を顧みないでいる. 〖(*c*1540): ⇨ -ly[1]〗

dánger pày *n.*《米》危険手当.

dánger pòint *n.* 危険地点. 〖1835〗

dánger sìgnal *n.* **1** 危険信号, 赤信号. **2**《英俗》赤鼻. 〖1848〗

dánger zòne *n.*〘軍事〙危険区域[空域]. 〖1907〗

dan·gle /dǽŋgl/ *vi.* **1** ぶら下がる: ~ in the wind 風に吹かれてぶらぶらする / apples *dangling* on a tree [from a branch] 木に[枝から]ぶら下がっているりんご. **2** (誘惑などの目的をもって)〔人に〕付きまとう〔*after, about, round*〕: ~ *after* a person 人の後に付きまとう / ~ *around* a person 人の回りに付きまとっている. **3**〘文法〙ぶら下がる, 懸垂する《文中の他の構造と統語論的に関係なく生起することをいう》. — *vt.* ぶら下げる; 〈人の欲しいものを〉〔目の前で〕ぶらぶらさせて見せる, 見せびらかす〔*before, in front of*〕: ~ a toy *before* a child / ~ bright prospects *before* a person [a person's eyes] 明るい前途を人の目の前にちらつかせる.

kéep a person dángling 人を不安定な状態にしておく: Don't *keep me dangling* (in suspense): I want a straight answer! 不安にしないでくれ, 率直に答えてほしい.

— *n.*《まれ》**1** ぶら下がる[下げる]こと. **2** ＝dangler. 〖(*c*1590) ← ? Scand.: cf. Dan. *dangle* / Swed.《方言》*dangla* to swing, dangle, bob up and down〗

dan·gle·ber·ry /dǽŋglbèri, -bəri | -bəri/ *n.*〘植物〙アメリカホツツジ (*Gaylussacia frondosa*)《北米原産の落葉低木, 実は甘くて芳香がある》. 〖⇨ ↑, berry〗

dán·gler /-glə, -glə | -glə(r), -glə(r)/ *n.* **1** (ぶらぶら)ぶら下がる物. **2** 後を付け回す人, (腰ぎんちゃくみたいに)付きまとう人, 女の尻を追う男. 〖(1727) ← DANGLE＋-ER[1]〗

dán·gling /-glɪŋ, -glɪŋ/ *adj.* **1** ぶら下がる. **2**〘文法〙懸垂の: ⇨ dangling participle. **~·ly** *adv.* 〖(1595) ← DANGLE＋-ING[2]〗

dángling párticiple *n.*〘文法〙懸垂分詞《Curme の用語; 文の主語と文法的に結合されずに副詞的に用いられた分詞; 例: *Sitting* on the porch, a beautiful moon can be seen.;《英》misplaced modifier ともいう; cf. pendent 5》.

Dan·iel /dǽnjəl; *F.* danjɛl, *G.* dáːnjeːl, -njɛl; *Am. Sp.* danjél/ *n.* **1** /(英)ではまた -nɪəl/ ダニエル《男性名; 愛称形 Dan[2], Danny; Irish の Domhnall, Welsh の Deiniol の代わりに用いられる》. **2**〘聖書〙**a** ダニエル《紀元前 6 世紀のヘブライの預言者》. **b** (旧約聖書の)ダニエル書 (The Book of Daniel) (略 Dan.). **3** (ダニエルのような)公式な名裁判官 (cf. *Susanna* 45–64; Shak., *Merch V* 4. 1. 223, 333).

Dániel and Susánna〘聖書〙＝Susanna 1.

〖□ LL *Daniēl* □ Gk *Daniḗl* □ Heb. *Dānīʾēl*《原義》God is my judge〗

Daniel, Samuel *n.* ダニエル《1562–1619; 英国の詩人・劇作家; *Delia* (1592), *Civil Wars* (1595, 1609)》.

Dan·iel·a /dænìélə, -jélə/ *n.* ダニエラ《女性名; 異形 Danella, Daniella, Danielle》. 〖(fem.) ← DANIEL〗

Dán·iell cèll /dǽnjəl-/ *n.*〘電気〙ダニエル電池《硫酸銅の溶液中に銅板(陽極), 硫酸亜鉛の溶液中に亜鉛棒(陰極)を用いた電池で, 起電力は約 1.1 ボルト》. 〖← *John F. Daniell* (1790–1845: 英国の化学者・物理学者, その発明者)〗

Dan·iels /dǽnjəlz/, **Josephus** *n.* ダニエルズ《1862–1948; 米国のジャーナリスト・政治家; 海軍長官 (1913–21), メキシコ大使 (1933–41)》.

Da·ni·lo·va /dəníːləvə, -loʊvə | -lə(ʊ)və; *Russ.* danʲíləvə/, **A·lek·san·dra** /alʲɪksándrə/ *n.* ダニロヴァ《1904–97; ロシア生まれの米国のバレリーナ・振付師》.

da·ni·o /déɪniòʊ | -niəʊ/ *n.* (*pl.* **~s**)〘魚類〙ダニオ《東南アジア産コイ科の小形の観賞用熱帯魚の総称; 銀と青のしまのあるものをゼブラダニオ (zebra danio), 美しい光沢のあるものをパールダニオ (pearl danio) という》. 〖(1889) ← NL *Danio* (属名) ← ? E. Ind. (現地語)〗

Dan·ish[1] /déɪnɪʃ/ *adj.* デンマーク(人, 語)の, デーン人[族]の (略 Dan., Da.): a ~ dog＝Great Dane. — *n.* **1** デンマーク語《ゲルマン語派の北ゲルマン語群に属する; 略 Dan.; cf. Old Danish》. **2** [the ~; 複数扱い] デンマーク人《全体》. 〖(*a*1121) *dan(a)is* □ AF *danes*＝OF *daneis* (F *danois*) < ML *Danēnsis* < LL *Dani* Danes ∽ OE *Denisc* < Gmc **daniskaz* (Dan. *dansk*): ⇨ Dane, -ish[1]〗

Dan·ish[2], **d-** /déɪnɪʃ/ *n.* ＝Danish pastry.

Dánish blúe *n.* デーニッシュ ブルー《青紋チーズの一種》. 〖1948〗

Dánish lóaf *n.*《英》デーニッシュ ローフ《上部に裂け目が入った大きな白いパン》.

Dánish módern *n.* デーニッシュモダン《無装飾・簡潔で機能的なデンマークの家具様式; 1960 年以後世界的人気を博した》. 〖1969〗

Dánish óil *n.* 家具ふきオイル, デニッシュオイル《桐油と他の植物油との混合油》.

Dánish pástry *n.* デニッシュペストリー《バターを多く用いたパン生地を焼き上げたパイ状のもの; フルーツやナッツ, チーズなどを加えることが多い》. 〖1928〗

Dánish Wèst Índies *n. pl.* [the ~] デンマーク領西インド諸島《17 世紀から 1917 年までの Virgin Islands of the United States の旧名》.

Dan·ite /dǽnaɪt/ *n.* **1** (イスラエルの十二支族の一つ)ダン族の人 (cf. *Judges* 13: 2). **2 a** [the ~s] ダナイト団《1838 年頃米国 Missouri 州でモルモン教徒によって結成され, 暴力による非モルモン教徒迫害を目指したと言われる秘密結社; Danite Band [Society] ともいう》. **b** ダナイト団員. — *adj.* ダン部族の. 〖(1535) ← DAN[3]＋-ITE[1]〗

D

D'Án·jou péar /dǽndʒuː-, dɑ́ː(n)ʒuː-, dɑ́ːn-/ *n.* ＝Anjou pear.

dank /dǽŋk/ *adj.* (~·er; ~·est) 湿った, びしょびしょした, 湿っぽい; (いやに)じめじめした, じめじめして気持ちが悪い: a ~ wind / the cold ~ climate of England イングランドの寒くじめじめした気候. — *n.* **1** 湿っぽいこと. **2** 沼沢地. **~·ly** *adv.* **~·ness** *n.* 〖(?*a*1400) ← ON: cf. Swed. *dank* marshy spot, *dänka* to moisten / ON *døkk* pit, pool〗

dan·ke /dɑ́ːŋkə; *G.* dáŋkə/ *G. int.* ありがとう (thank you). 〖□ G ~ ← *danken* 'to THANK'〗

danke schön /ˊ−ʃéːn, -ʃéɪn | -ʃɜ́ːn; *G.* ˊ−ʃǿːn/ *G. int.* どうもありがとう (thank you very much). 〖□ G ~〗

Danl.《略》Daniel (旧約聖書の)ダニエル書.

dán làyer *n.*《英》標識敷設船 (cf. dan buoy 2). 〖1942〗

Dan·mark /*Dan.* dánmɑɡ/ *n.* ダンマルク《Denmark のデンマーク語名》.

Dan·ne·brog /dǽnəbrɔ̀ː(ː)g | -brɔ̀g; *Dan.* dánə-bʁoːˀ/ *n.* **1** デンマーク国旗《赤地に白十字; 赤い角形のデンマークの商船旗を指すこともある》. **2** デンマークの勲位[勲章]の一種. 〖□ Dan. ~ ← *Danne* Danes (< ON *Dana* (gen. pl.) ← *Danr* 'DANE')＋*brog* cloth〗

Dán·ner pròcess /dǽnə- | -nə-/ *n.*〘ガラス製造〙ダンナー法《一様な太さのガラス管を自動的に量産する方法》. 〖← *Edward Danner* (d. 1952: 米国の発明家)〗

D'An·nun·zio /dɑːnúntsiòʊ | dænúntsiəʊ; *It.* dannúntsjo/, **Gabriele** *n.* ダヌンツィオ《1863–1938; イタリアの詩人・小説家・劇作家・軍人; 第一次大戦後 Fiume を占領統治した (1919–21); *Canto Nuovo*「新しき歌」(1882), *Il Trionfo della Morte*「死の勝利」(1894)》.

dan·ny /dǽni/ *n.*《方言》手, (子供に向かって)お手々. 〖《転訛》? ← *dandy* (*hand* の幼児訛りの発音から)〗

Dan·ny /dǽni/ *n.* ダニー: **1** 男性名. **2** 女性名. 〖1: (dim.) ← DANIEL. — 2: (dim.) ← DANIELA〗

Da·no- /déɪnoʊ | -nəʊ/「デンマークと…との (Danish and …)」の意の連結形: *Dano*-Eskimo. 〖← LL *Danī* Danes＋-o-〗

Dáno-Norwégian *n.* (デンマーク語に基づいた)ノルウェー標準語. — *adj.* ノルウェー標準語の. 〖1892〗

danse du ven·tre /dɑ́ː(n)sd(j)uːvɑ́ː(n)tr(ə), dɑ́ːns-, -vɑ́ːn-; *F.* dɑ̃sdyvɑ̃ːtʁ/ *F. n.* (*pl.* **danses du ven·tre** /~/) ＝belly dance. 〖(1893) □ F ~: ⇨ dance, venter[1]〗

dánse ma·cá·bre /-məkɑ́ːbr(ə); *F.* -makɑːbʁ, -kabʁ/ *F. n.* (*pl.* **danses macabres** /~/) [the ~] ＝DANCE of death. 〖(15C) □ F ~: ⇨ dance, macabre〗

dan·seur /dɑːnsə́ː, -sʊ́ə | -sɜ́ː(r); *F.* dɑ̃sœːʁ/ *F. n.* (*pl.* **~s** /~z; *F.* ~/) (バレエの)男性ダンサー. 〖(1828) □ F ~ 'dancer': cf. danseuse〗

danséur nó·ble /-nóʊbl | -nə́ʊ-; *F.* -nɔbl/ *F. n.* (*pl.* **danseurs nobles** /~/) (プリマ(バレリーナ)の相手役としての)男性ダンサー. 〖(1943) □ F ~〗

dan·seuse /dɑːnsúːz, -sʊ́z | -sɜ́ːz; *F.* dɑ̃søːz/ *F. n.* (*pl.* **~s** /~ɪ̀z; *F.* ~/) (バレエの)女性ダンサー, バレリーナ. 〖(1828) □ F ~ (fem.) ← *danseur* ← *danser* 'to DANCE'〗

Dan·sker /dǽnskə | -kə(r)/ *n.*《Shak》デンマーク人. 〖(1600–01) □ Dan. ~ 'Danish' ← *Danks* Danish〗

Dan·te[1] /dɑ́ːnteɪ, dǽnti | dǽnti, dɑ́ːn-, -teɪ; *It.* dánte/ *n.* ダンテ《男性名》. 〖□ It. ~ (dim.) ← *Durante* ← L *dūrāntem* lasting (pres.p.) ← *dūrāre* to last, endure〗

Dan·te[2] /dɑ́ːnteɪ, dǽnti | dǽnti, dɑ́ːn-, -teɪ; *It.* dánte/ *n.* ダンテ《1265–1321; イタリアの詩人; *La Vita Nuova*「新生」(1290–94), *Il Convivio*「饗宴」(1304–08), *La Divina Commedia*「神曲」(1307–21); 正式には Dante Alighieri; ⇨ Alighieri》.

Dan·te·an /dɑ́ːntiən, dǽn- | dǽntiən, dɑ́ːn-/ *adj.* ＝Dantesque. — *n.* ダンテ (Dante) の学徒[研究家, 崇拝者]. 〖(1785) ← DANTE[2]＋-AN[1]〗

Dánte chàir *n.* ダンテチェア《イタリアルネサンス様式の椅子, 脚が X 型でひじ掛けと背もたれがある》. 〖← DANTE[2]〗

Dan·tés·ca chàir /dɑːntéskə-, dæn-; *It.* dantéska-/ *n.* ＝Dante chair. 〖*Dantesca*: □ It. *dantesca* (fem.) (↓)〗

Dan·tesque /dɑ̀ːntésk, dæ̀n- | dæ̀n-, dɑ̀ːn-ˊ/ *adj.* ダンテの(作品, 文体の)ような《寓意的で想像力に富み学識のある》; ダンテ風の. 〖(1813) □ It. *dantesco*: ⇨ Dante[2], -esque〗

dan·tho·ni·a /dænθóʊniə | -θə́ʊ-/ *n.*〘植物〙イネ科ダントニア属 (*Danthonia*) の多年草の総称《葉は細長く, 小さな円錐花または小花の密集した総状花をつける; オーストラ

D

リア・ニュージーランド・北米などに分布). 〘(1910) ← *Étienne Danthoine* (19 世紀のフランスの植物学者)〙

Dan·tist /dǽntɪ̣st | -tɪst/ *n.* ダンテ学者. 〘(1889) ☐ It. *dantista*: ⇨ Dante[2], -ist〙

Dan·ton /dɑːntɔ́ːn, -tóun | dǽntən, -tən; *F.* dɑ̃tɔ̃/, **Georges Jacques** *n.* ダントン (1759-94; フランスの法律家で革命指導者の一人; 1792 年司法大臣として恐怖時代に暴威を振るった; 後 Robespierre に憎まれ断頭の刑に処せられた).

Da·nu /dɑ́ːnuː/ *n.* 〖アイル伝説〗ダヌー (Tuatha De Danann の母である女神の名). 〘☐ Ir. ~: cf. Welsh *Don*〙

Dan·ube /dǽnjuːb/ *n.* [the ~] ドナウ(川), ダニューブ(川) (ヨーロッパ第二の大河, ドイツの南西部 Black Forest に源を発し東流して 8 か国を経て黒海に注ぐ (2,860 km); ドイツ語名 Donau; 旧名 Danubius, Ister). 〘☐ LL *Dānubius*=L *Dānuvius* ← Celt.: cf. IE **dā-* river〙

Dan·u·bi·an /dænúːbiən, də-, -njúː- | -njúː-/ *adj.* ドナウ (Danube) 川の, ダニューブ川の. 〘(1847) ← LL *Dānubius* (↑): ⇨ -an[1]〙

Dan·ville /dǽnvɪl/ *n.* ダンビル: **1** 米国 Illinois 州東部の都市. **2** 米国 Virginia 州南部の都市. 〘1: ← *Dan Beckwith* (その建設者). — 2: ← *Dan River* ← ? N-Am-Ind. *dannaha* muddy water: ⇨ -ville〙

Dan·zig /dǽntsɪg | dǽnsɪg, -tsɪk, -sɪg; *G.* dántsɪç/ *n.* **1** ダンチヒ (Gdańsk のドイツ語名). **2** 〖鳥類〗ダンチヒ (ダンチヒ産の鑑賞用ハトの一種).

Frée Cíty of Dánzig [the —] ダンチヒ自由市 (1920 年ベルサイユ条約によってできた国際連盟管理下の自治地域; ダンチヒ港を含み面積 1,893 km^2; 後ドイツに併合され (1939-45) 今はポーランド領 Gdańsk).

Dan·zig·er Gold·was·ser /dǽntsɪgəgóultvɑ̀ːsə, dǽn-, dǽnsɪg- | dǽntsɪgəgə́ultvɑ̀ːsə(r; *G.* dántsɪgɐgɔ́ltvàsɐ/ *n.* ダンチガーゴルトヴァッサー (柑橘(かんきつ)類の皮や薬草で風味をつけた金箔入りの無色のリキュール). 〘☐ G ~ 'goldwater of Danzig': 金箔は万病の薬と信じられたことから〙

Dao·de Jing /dáudədʒíŋ; *Chin.* tautə́tɕíŋ/ *n.*「道徳経」(老子の書; Laozi).

dap[1] /dǽp/ *v.* (**dapped**; **dap·ping**) *vi.* **1** (魚釣りで)えさをそっと水の上に浮き沈みさせて魚を釣る. **2 a** 〈水面に沿って投げられた〉小石などが水を切る, 弾む. **b** 〈ボールが〉(地面に)弾む. **3** 〈鳥が〉ちょいと潜る. **— *vt.*** **1** 〈えさを〉水面にちょっと入れたり出したりする. **2 a** 〈石を〉(水面に)弾ませる: ~ stones 水切り遊びをする. **b** 〈ボールを〉(地面に)弾ませる. **3** 〖木工〗(他の木材をはめ込むため)〈木材〉に切り欠き[切り込み]をつける. **— *n.*** **1** (ボールの)はずみ; (水切りの小石などの)弾み. **2** 〖木工〗(木材につける)切り欠き, 切り込み. **3** (水中にちょっと落とす)魚釣りのえさ. 〘(1653) (変形) ← ? DAB[1]〙

dap[2] /dǽp/ *n.* 《英南西部》=plimsoll. 〘(転用) ↑〙

daph·ne /dǽfni/ *n.* 〖植物〗ジンチョウゲ (ジンチョウゲ科ジンチョウゲ属 (*Daphne*) の植物の総称; 香りがよいので sweet-smelling daphne ともいう). 〘(*c*1405) ☐ L ~ ☐ Gk *dáphnē* laurel〙

Daph·ne /dǽfni/ *n.* **1** ダフネ (女性名). **2** 〖ギリシャ神話〗ダフネー, ダフネ (Apollo に追われて月桂樹に化したという nymph). 〘(*c*1430) ↑〙

daph·ni·a /dǽfniə/ *n.* 〖動物〗ミジンコ (ミジンコ属 (*Daphnia*) の鰓脚類の総称; ミジンコ (*D. pulex*) など; cf. water flea). 〘(1847) ← NL ~: ⇨ ↑, -ia[2]〙

Daph·nis /dǽfnɪ̣s | -nɪs/ *n.* 〖ギリシャ神話〗ダフニス, ダフニス (Hermes の息子で Sicily 島の羊飼い, 牧歌の創始者という). 〘☐ L ~ ☐ Gk *Dáphnis*: cf. Gk *dáphnis* bayberry ← *dáphnē* 'DAPHNE'〙

Dáphnis and Chlóë *n.* [複数扱い] ダフニスとクロエー (2 世紀または 3 世紀頃のギリシャの Longus 作といわれる牧歌的ロマンスに登場する純真な恋人たち).

Da Pon·te /dɑːpɑ́(ː)nteɪ, də- | -pɔ́n-; *It.* dapónte/, **Lo·renzo** *n.* ダ ポンテ (1749-1838; イタリアの詩人・歌劇台本作者; 本名 Emanuele Conegliano /koneʎʎáːno/).

dap·per /dǽpə | -pə(r/ *adj.* **1 a** 〈風采(ふうさい)・服装が〉きりっとした, こざっぱりした: be ~ in dress [appearance] 服装[風采]が粋(いき)だ. **b** いやにめかし込んだ. **2** 〈人が〉小柄ですばしこい; (特に)〈小柄な人が〉すばしこい, ちょこまかした. **~·ly** *adv.* **~·ness** *n.* 〘(1440) *daper* pretty, elegant ☐ MLG & (M)Du. *dapper* heavy, brave, sprightly ← IE **dheb-* dense, firm〙

dap·ple /dǽpḷ/ *adj.* =dappled. **— *n.*** **1** まだら, ぶち. **2** (毛に)ぶちのある動物 (馬・鹿・ろばなど). **— *vt.***, *vi.* まだらにする[なる], ぶちにする[なる]: Sunlight ~*d* the leaves. 陽が当たって木の葉はまだらになった. 〘(1551) (略) ← ? DAPPLE-GRAY: cf. ON *depill* spot, dot ← *dapi* pool〙

dápple báy *n.* 栗色にぶちのある馬, 連銭(れんぜん)栗毛(の馬). 〘(1835) dapple-gray にならった語〙

dáp·pled *adj.* まだらの, ぶちの: a ~ shade (日が漏れて)まだらになった日陰 / a ~ horse [deer] (毛に)ぶちのある馬[鹿]. 〘(?*a*1425): ⇨ ↓, -ed〙

dápple-gráy *adj.*, *n.* 灰色に黒斑のある(馬), 連銭芦毛(あしげ)の(馬). 〘(*c*1390) (変形) ← ? **dappel-gray* apple-gray (なぞり) ← ON *apalgrār* ← *apall-*, *epli* 'APPLE'+*grār* 'GRAY'〙

Dap·sang /dʌ̀psʌ́ŋ/ *n.* ダプサン (K2 峰の別称).

dap·sone /dǽpsoun | -səun/ *n.* 〖薬学〗ダプソーン (ハンセン病やヘルペスに似た皮膚炎の治療薬の商品名). 〘(1952) ← *d*(*i*)*a*(*minodi*)*p*(*henyl*) *s*(*ulf*)*one*〙

DAR /díːèiáə | -ɑ́ː(r/ (略) Daughters of the American Revolution.

dar·af /dǽrəf, dér- | dǽr-/ *n.* 〖物理〗ダラフ (1 ファラドの逆数に等しいエラスタンスの単位). 〘(逆綴り) ← FARAD〙

darb /dɑ́əb | dɑ́ːb/ *n.* 《米俗》素晴らしいもの[人], 目覚ましいもの[人]: a ~ of a story [lulu] 素晴らしい話[美人]. 〘(変形) ← ? DAB[2]〙

dar·bies /dɑ́əbiz | dɑ́ː-/ *n. pl.* 《英俗》手枷(てかせ), 手錠: clap on the ~ 手錠をかける. 〘(1673) (略) ← ? *Father Derby's* [*Darby's*] *bands* a rigid form of usurer's bond ← *Darby* (人名・地名)〙

d'Ar·blay /dɑ́əbleɪ | dɑ́ː-; *F.* daʁblɛ/, **Madame** *n.* ダーブレー夫人, マダム ダルブレー (F. Burney の結婚後の呼び名).

dar·by /dɑ́əbi | dɑ́ː-/ *n.* (塗ったしっくいをならす左官屋の)こて. 〘(1819) ← DARBY〙

Dar·by /dɑ́əbi | dɑ́ː-/ *n.* ダービー (男性名). 〘☐ Ir. *Diarmaid* freeman: DARBY AND JOAN との連想もある〙

Dar·by /dɑ́əbi | dɑ́ː-/, **John Nelson** *n.* ダービー (1800-82; 英国の神学者; Plymouth Brethren の創始者).

Dárby and Jóan *n.* [複数扱い] 好一対の(仲むつまじい)老夫婦: ~ Club 老人クラブ / be like ~ 《英戯言》〈老夫婦が〉仲がよい. 〘(1773) 1735 年 *Gentleman's Magazine* に出た物語詩の中の主人公老夫婦〙

Dar·by·ite /dɑ́əbiàɪt | dɑ́ː-/ *n.* **1** [the ~s] ダービー派 (⇨ Plymouth Brother). **2** ダービー派の一員. 〘(1876) ← *John Nelson Darby*+-ITE[1]〙

d'Arc /dɑ́ək | dɑ́ːk; *F.* daʁk/, **Jeanne** *n.* =Joan of Arc.

Dar·cy /dɑ́əsi | dɑ́ː-/ *n.* ダーシー (男性名; 異形 Darsey). 〘← AF (*Norman*) *d'Areci* ← *Arcy* (フランス北西部の La Manche の地名)〙

Dard /dɑ́əd | dɑ́ːd/ *n.* (*pl.* ~, ~s) **1 a** [the ~(s)] ダルド族 (Indus 川上流地域に住むインドアリアン人). **b** ダルド族の人. **2** ダルド語群 (アフガニスタン北東部, パキスタン北西部, カシミールにわたる Indus 川上流地域で話される言語群で, インド語派に属す). 〘1873〙

Dar·dan /dɑ́ədṇ | dɑ́ː-/ *adj.*, *n.* 《古》=Trojan. 〘(1601-02) ☐ L *Dardanus*, *Dardanius* ☐ Gk *Dárdanos*: ⇨ Dardanus, -an[1]〙

Dar·da·nelles /dɑ̀ədənélz, -dṇ- | dɑ̀ːdə-, -dṇ-/ *n. pl.* [the ~; 単数または複数扱い] ダーダネルス(海峡) (Marmara 海とエーゲ海を結ぶトルコの海峡; 古代にはヨーロッパとアジアの境をなすとみなされた; 長さ約 61 km, 幅 1.2-6.4 km; 古名 Hellespont).

Dar·da·ni·an /dɑədéɪniən | dɑː-/ *adj.*, *n.* =Trojan. 〘(1596): ⇨ ↓, -ian〙

Dar·da·nus /dɑ́ədənəs, -dṇəs | dɑ́ːdən-, -dṇ-/ *n.* 〖ギリシャ神話〗ダルダノス (Zeus の息子; トロイ人の先祖で Troy の近くに都市 Dardanus を建てたといわれる). 〘☐ L ~ ☐ Gk *Dárdanos*〙

Dar·dic /dɑ́ədɪk | dɑ́ːd-/ *n.* =Dard.

dare[1] /déə | déə(r/ *v.* (**dared**, 《古》**durst** /də́ːst | də́ːst/; **dared**) **— *vt.*** **1** あえて…する勇気がある, 思い切って[恐れずに]…する, 生意気にも[ずうずうしくも]…する. ★ 疑問・否定構文では助動詞としても用い, またその場合本動詞でも to のない Infinitive を用いることがあるが, 今日では肯定文はもちろんすべての場合に本動詞として to のある Infinitive を用いる傾向がある: *Dare* he go?=Does he ~ (*to*) go? 彼は行く勇気があるのか / He ~ not [~n't] come.=He does not ~ (*to*) come. 彼は来る勇気がない / How ~ you say such a thing! よくもそんなことが言えるもんだね / They ~*d* not come.=They did not ~ (*to*) come. 来る勇気がなかった / He knew it was true, but he ~*d* not say so. 本当だとは知っていたが, そう言う勇気がなかった / He won't ~ (*to*) deny it. あえてそれを否定しようとしない / You ~ *to* come now!—I do. よくもまあ来たもんだね—そうともさ / I have never ~*d* (*to*) contradict him. 彼にあえて反対したことは一度もない / None *durst* speak. 《古》=None ~*d to* speak. あえて口をきく者はいなかった / Don't (you) ~ (*to*) touch me! この私に触れないで / I would do if I ~*d* (to). できればするのだが(怖くて手が出せない) / He ~*s to* insult me! 失礼にも私を侮辱する / I ~ not be seen with her. 彼女と一緒にいるところを人に見られる勇気はない / Just let him ~ *to* lay a finger on you! あいつめ, 君に指一本触れてみろ(承知しないから). **2** 〈危険などに〉勇敢に立ち向かう, 物ともしない; 断じてする: ~ any danger どんな危険をも冒す / ~ a person's anger 人の怒りを物ともしない / ~ a leap 思い切って跳んでみる. **3 a** (できるものならやってみろと)〈人に〉挑む (defy): He ~*d* me to my face. 私に面と向かって挑んだ / He ~*d* me to a fight. 私にけんかを吹っかけた. **b** [to 不定詞を伴って] 〈人に〉…してみろと挑む: I ~ you *to* jump over the stream.=Jump over the stream; I ~ you (to)! 小川が跳び越せるものなら越してみろ / I will do it if I am ~*d* to. (人から)挑まれるならすることは辞さない. **— *vi.*** (…する)勇気がある: You wouldn't ~! 君にはやってみる勇気はないだろう / How ~ you! よくもまあ厚かましい / Let him do it if he ~ [~s]! やれるものならやらせてみろ. ★ これは不定詞を落とした用法から.

dáre I sáy* [*suggést*] *it あえて言えば, 言わせてもらえば. ***I dàre sáy*** [*that*-clause を伴って] 恐らく…だろうと思う, 多分 (cf. daresay)

語法 (1) that-clause の that は常に省略される. (2) しばしば挿入句として用いられる. (3) しばしば皮肉に用いられる: *I ~ say* this is the best of its kind.=This is the best of its kind, *I ~ say*. 多分この種のものでは最上のものだろう.

I dàre swéar 《英古》[*that*-clause を伴って] …と確信する.

— *n.* **1** 危険な[無謀な]ことをやれるならやってみろと挑むこと, 挑戦, 思い切ったこと[行為]: give a ~ やれるならやってみろという / accept a ~ 挑戦に応じる / take a ~ 思い切ったことをする / do something for [on, as] a ~ 無茶なことをやれるならやってみろと言われてやる. **2** 《まれ》気概, 気力. 〘ME *dar* (3rd sing. pres.) < OE *dear*(*r*) (1st & 3rd pers. sing. pres.) ← *durran* to dare ← Gmc **ders-*, **durs-* ← IE **dhers-* to venture, be bold (L *infestus* 'hostile, INFEST' / Gk *tharseîn* to be bold; cf. OHG *giturran*): *dare* は元来過去形であるため, 三人称・単数・現在形も *dare* であるが, 今日では *dares* をも用いる〙

SYN 立ち向かう: **dare** 勇敢に〈危険などに〉立ち向かう: He *dared* to point out her mistake. 彼は敢然と彼女の誤りを指摘した. **face** 事実を直視して立ち向かう: *face* the enemy [difficulty] 敵[困難]に立ち向かう. **brave** 〈敵・苦痛・困難〉にひるまずに立ち向かう (格式ばった語): They *braved* the storm. あらしをものともしなかった. **defy** 大胆に[おおっぴらに]反対する: Are you *defying* his authority? 彼の権威に楯突くつもりかね. **confront** 〈敵や危険〉に大胆に立ち向かう (格式ばった語): *confront* a danger 危険に立ち向かう.

dare[2] /déə | déə(r/ 《廃》*vi.* 潜む; 立ちすくむ. **— *vt.*** 目をくらませて捕まえる. 〘OE *darian* to lurk, be hidden〙

Dare /déə | déə(r/, **Virginia** *n.* デア (1587-?; 北米植民地で英国人を両親として最初に生まれた子供).

dáre·dèvil *adj.*, *n.* (特に見せびらかしのために)向こう見ずの[命知らずの, がむしゃらな](人). 〘(1794) ← (*one ready to*) *dare* (*the*) *devil*〙

dáre·dèvilry *n.* =daredeviltry. 〘1859〙

dáre·dèviltry *n.* 向こう見ず, がむしゃらな勇気. 〘1881〙

daren't /déərənt, déənt | déənt/ 《口語》dare not の縮約形.

dar·er /déərə | déərə(r/ *n.* 向こう見ずの人; 挑む人. 〘1614〙

dàre·sáy *vt.* [I ~ として] =I DARE *say*. 〘*a*1325〙

Dar es Sa·laam /dɑ́ːrɛssəlɑ́ːm/ *n.* ダルエスサラーム (アフリカ東部のタンザニア東部にある海港で同国の首都).

Dar·fur /dɑəfúə | dɑːfúə(r/ *n.* ダルフル (スーダン西部の地方; もと王国で 1874 年エジプトに征服され 1898 年 Anglo-Egyptian Sudan (⇨ Sudan) に統合された; 面積 496,369 km^2, 主都 El Fasher /ɛlfǽʃiə | -ʃiə(r/).

darg /dɑ́əg | dɑ́ːg/ *n.* **1** 《スコット・北英》1 日の仕事. **2** 《豪》一定量の割当て仕事, (作業)ノルマ. 〘(*c*1425) *dawerk* (語中音消失) ← *daiwerk* < OE *dæġweorc*: ⇨ day, work〙

dar·ga /də́ːgə, dɑ́ə- | dɑ́ː-, dɑ́ː-/ *n.* 〖ヒンズー教〗聖地 (聖人の埋葬[火葬]された土地); (そこに建てられた)聖堂. 〘☐ Hindi *dargāh* ☐ Pers. (原義) royal gate ← *dar* door, gate〙

dar·gah /də́ːgɑː | dɑ́ː-/ *n.* 〖イスラム教〗聖人の墓, 聖廟. 〘☐ Pers.〙

dargue /dɑ́əg | dɑ́ːg/ *n.* =darg.

Da·ri /dɑ́ːri/ *n.* ダリー語 (アフガニスタンで使われるペルシャ語).

Da·ri·a /dəráɪə/ *n.* ダライア (女性名). 〘(fem.) ← DARIUS〙

dar·ic /dǽrɪk, dér- | dǽr-/ *n.* **1** ダリック (古代ペルシャの通貨単位). **2 1** ダリック金貨 (ダリウス一世が発行, 表面にダリックの像を描く). 〘(1566) ☐ Gk *dāreikós* ← ? *Dāreîos* Darius I: ⇨ -ic[1]〙

Dar·i·en /dέəriən, déri-, ─ ─ ́ | déəriən, dǽr-; *Sp.* daɾjén/, **the Gulf of** *n.* ダリエン湾 (パナマとコロンビアの間のカリブ海にある湾).

Darien, the Isthmus of *n.* ダリエン地峡: **1** パナマ地峡 (Isthmus of Panama) の旧名. **2** 東の Darien 湾と西の San Miguel 湾との間のパナマ東部の地峡.

dar·ing /déərɪŋ | déər-/ *adj.* **1** 斬新(ざんしん)な, 急進的な, 前衛的な: a ~ dress designer 前衛的な服飾デザイナー. **2** 勇敢な, 大胆な; 向こう見ずの, ずぶとい: a ~ adventurer 勇敢な冒険者 / a ~ attempt 大胆な[思い切った]企て. **—** *n.* (冒険的な)勇気, 大胆不敵さ, 豪胆. **~·ness** *n.* 〘(*c*1385): ⇨ dare[1], -ing[1, 2]〙

dár·ing·ly *adv.* 勇敢に, 大胆(不敵)に, 敢然と. 〘(1605): ⇨ ↑, -ly[1]〙

Da·rí·o /dɑːríːou | -əu; *Sp.* darío/, **Ru·bén** /ruβén/ *n.* ダリオ (1867-1916; ニカラグアの詩人・外交官; スペイン語文学 modernism の創始者; 本名 Félix Rubén García Sarmiento; *Azul* (詩文集 1888), *Obras escogidas*「自選集」(1910)).

dar·i·ole /dǽriòul, dér- | dǽriəul; *F.* daʁjɔl/ *n.* ダリオール: **1** 小さなパイケースの中にクリームなどを詰めた菓子. **2** (ダリオールを焼くときの)型 (dariole mould ともいう). 〘(1345) ☐ (O)F *dariole*: ⇨ -ole[2]〙

Da·ri·us /dəráɪəs, dǽri-, déri- | dəráɪəs, déəri-, dǽri-, dɑ́ːri-; *F.* daʁjys/ *n.* ダライアス (男性名). 〘☐ L *Dārīus* ☐ Gk *Dāreîos* ☐ OPers. *Dārayava(h)ush* he who holds firm the good〙

Da·ri·us I /dəráɪəs-/ *n.* ダリウス一世 (550?-486 B.C.; ペルシャ王 (521-486 B.C.), 2 回ギリシャに侵入したが Marathon の戦いで敗れた (490 B.C.); 通称 Darius the Great; Darius Hystaspis /hɪstǽspɪ̣s | -pɪs/ ともいう).

Darius II *n.* ダリウス二世 (?-404 B.C.; ペルシャ王 (424-404 B.C.); Artaxerxes 一世の子; Darius Ochus /óukəs | ə́u-/ ともいう).

Darius III *n.* ダリウス三世 (380?-330 B.C.; アケメネス朝 (Achaemenid) 最後のペルシャ王 (336-330 B.C.); Alexander 大王のために征服された; Darius Codomannus /kɑ̀(ː)dəmǽnəs | kɔ̀d-/ ともいう).

Dar·jee·ling /daəʤíːlɪŋ | dɑː-/ *n.* **1** ダージリン《インド West Bengal 州にある避暑地; 海抜 2,286 m》. **2** ダージリン紅茶《上記の土地でとれる紅茶; Darjeeling tea ともいう》. 〖2: (1907)〗

dark /dɑ́ək | dɑ́ːk/ *adj.* (**~·er**; **~·est**) **1 a** 暗い, 暗黒の, 闇(ﾔﾐ)の: a ~ room 暗い部屋 / It's getting ~ earlier these days. このごろは暗くなるのがだんだん早くなっている / ~*er* and ~*er* だんだん暗く / (as) ~ as Erebus ⇨ Erebus 2 / ~ clouds threatening rain 今にも雨になりそうな暗雲. **b** 《米》(照明が消されていることから)〈劇場・競技場など〉閉められた, 閉鎖している (closed): This theater is ~ tonight. この劇場は今夜は休みだ. **2 a** 〈色彩が〉薄黒い, 黒ずんだ (↔ light, pale): ~ colors 暗色 / a ~ blue 暗青色, 紺 / a ~ red 深紅 / ⇨ dark glasses. **b** 〈人・皮膚・目・毛髪など〉色の黒い, 黒褐色の (cf. brunet, blond, fair[1] 5): a ~ complexion 浅黒い顔色 / ~ hair 黒髪 / a ~ man (白人について)髪が黒(褐)色で, しばしば肌が浅黒い人. 日英比較 肌の色を指す場合, 英語では, *dark* と black は区別する. **3** (知的・道徳的に)暗黒の, 暗愚な, 無知蒙昧(ﾓｳﾏｲ)の: ~ souls 暗愚な心[人たち] / the ~*est* ignorance 全くの無知. **4** 秘した, 隠した; 一般に知られていない, 不明な (obscure); 秘密主義の, 無口な: a ~ secret だれにもわからない秘密 / a ~ purpose 秘密の目的 / keep a thing ~ 事を秘しておく / keep ~ about something あることについて黙っている / ⇨ dark horse. **5** 腹黒い, 陰険な, 凶悪な (evil): ~ deeds [doings] 悪事, 非行. **6** (顔色の)曇った, 喜びのない, 憂鬱(ﾕｳｳﾂ)な (gloomy); 陰気な (dismal); 陰険な, 険しい (threatening): ~ frowns 陰気なしかめつら / a ~ scowl 険を含んだ怖い顔 / look on the ~ side of things 物事の暗黒面を見る, 事物を暗く[悲観的に]考える (cf. sunny 2) / in a ~ humor [temper] 不機嫌で / His face was ~ with anger. 怒りで険しい表情をしていた. **7** 意味が明らかでない, なぞのような, わかりにくい: a ~ saying 曖昧な言葉, なぞめいた言葉 (cf. *Ps.* 78: 2; *Prov.* 1: 6) / a ~ passage 意味のはっきりしない箇所. **8** 〈声・音が〉深みのある, 沈んだ: a beautifully ~ contralto 大変深みのあるコントラルト. **9** 〖音声〗 **a** 〈[l] の音が〉暗い (↔ clear): ⇨ dark l /-ɫ/. **b** 〈母音が〉後舌の, 後舌母音の. **10** 〖ラジオ・テレビ〗〈放送局が放送していない, 放送停止の. **11** 未開の.

dárk níght of the sóul [the —] 霊魂の暗夜《神秘体験への過程で魂が神から見放された状態になること》. (1864)

— *n.* **1 a** [通例 the ~] 闇, 暗がり: be afraid of *the* ~ 暗がりを怖がる / wander around in *the* ~ 暗がりの中をさまよい歩く. **b** [通例無冠詞] 夜, 夕暮れ: after [before] ~ 暗くなってから[ならないうちに] / at ~ 夕暮れ時に. **2** 秘密, 不分明; 無知. **3** 〖美術〗暗い色, 濃い陰, 陰影, くま: the lights and ~*s* of a picture 絵の明暗.

in the dárk 暗がりで; 知らずに, わからずに; 秘密[内密]に: a shot *in the* ~ ⇨ shot[1] 成句 / be *in the* ~ about a person's intentions 人の意図がわからない / keep [leave] a person *in the* ~ 人に知らさずにおく, 人を蚊帳(ｶﾔ)の外に置く / take a leap [step] *in the* ~ 向こう見ずなことをする / whistle *in the* ~ 《口語》(窮地にありながら)強がってみせる, やせ我慢をする.

dárk of the móon [the —] 〖天文〗新月に近く, 月が見えない期間.

— *vt.*, *vi.* 《廃・詩》=darken.

— *adv.* 暗く.

〖ME *derk* < OE *deorc* dark ← Gmc **derkaz* (cf. OHG *tarkenen* (G *tarnen*) to conceal) ← IE **dher*- to make muddy; darkness (Gk *trākhús* rough: ⇨ trachea)〗

SYN 暗い: **dark** 十分な明るさがないため物がはっきり見えない: a *dark* night 暗い夜. **dim** 薄ぼんやりして物が不明瞭にしか見えない: a *dim* room 薄暗い部屋. **dusky** 《文語》たそがれ時のように灰色がかってほの暗い: a *dusky* autumn evening ほの暗い秋の夕暮. **obscure** はっきりと見えない: an *obscure* hallway 薄暗い廊下. **murky** 霧・煙が立ち込めてどんよりと暗い: the *murky* sky over Paris パリを覆うどんよりした空. **gloomy** 陰気に暗い: a *gloomy* church 薄暗い教会. **ANT** light, bright.

---

dárk adaptàtion *n.* 〖生理〗暗順応《暗い所に入ったとき次第に目の光感受性が増す現象; cf. light adaptation》. 〖1909〗

dárk-adàpted *adj.* 〖生理〗〈目が〉暗がりに慣れた, 暗順応した. 〖1909〗

Dárk Áges *n. pl.* **1 a** [the ~] 暗黒時代《西ローマ帝国の滅亡(476 年)から紀元 1000 年頃までのヨーロッパ中世初期の旧称; この期間を知的暗黒時代と考えたことによる; 時に文芸復興期までのヨーロッパ中世全体を指す; cf. Middle Ages》. **b** (一般に)暗黒時代. **2** 青銅器時代と歴史時代との間の空白期 (Dark Age ともいう). 〖1687〗

dárk chócolate *n.* ブラックチョコレート《ミルクの入っていないチョコレート; 《英》plain chocolate》.

dárk cómedy *n.* **1** 暗黒喜劇《Shakespeare の中期の喜劇; *All's Well That Ends Well*, *Measure for Measure*, *Troilus and Cressida* など悲観的な傾向を示す作品》. **2** 現代の不条理でグロテスクな面を扱った喜劇作品.

Dárk Cóntinent *n.* [the ~] 暗黒大陸《実情がヨーロッパ人にほとんど知られずにいた 19 世紀以前のアフリカ大陸の呼称》.

dárk cúrrent *n.* 〖電気〗暗流, 暗電流《光電管や光電池で光入射量零の状態で流れる電流》. 〖1914〗

dárk dáy *n.* **1** (密雲や濃霧のための)暗黒日. **2** [*pl.*] (日暮れの早い)冬の日. **3** [*pl.*] 不吉の日, 悲運の時, 失意の時代.

dark·en /dɑ́əkən | dɑ́ː-/ *vt.* **1** 暗くする: ~ a room. **2** 薄黒くする, 黒ずませる: ~ the color 色をくすませる. **3** 〈意味などを〉ぼんやりさせる, 曖昧にする. **4** 〈顔などを〉(悲しみなどで)陰気[陰鬱(ｲﾝｳﾂ)]にする, 〈心・希望などを〉暗くする, 憂鬱(ﾕｳｳﾂ)にする, 〈名声などを〉汚す: ~ mirth 笑いさざめきに影を落とす. **5** …の目を見えなくする, 盲目にする. — *vi.* **1** 〈空などが〉黒くなる, 黒ずむ; 暗くなる. **2** 〈顔などが〉暗くなる, 陰気になる. **3** ぼんやりする; 曖昧になる, 不明瞭になる. **4** 盲人になる. 〖(*a*1300): ⇨ dark, -en[1]〗

dark·ened /dɑ́əkənd | dɑ́ː-/ *adj.* 〈建物など〉明かりの消えた, 暗い: a ~ room 暗くした部屋.

dark·en·er /-k(ə)nə | -nə[(r)]/ *n.* 暗くする人[もの]. 〖(1611): ⇨ darken, -er[1]〗

dark·ey /dɑ́əki | dɑ́ːki/ *n.* =darky. 〖⇨ -ey〗

dárk-éyed *adj.* 黒目の: a ~ woman. 〖1604–5〗

dárk-fíeld *adj.* (顕微鏡の)暗視野の (cf. bright-field). 〖1865〗

dárk fìeld *n.* (顕微鏡の)暗視野《照明光が直接対物レンズに入らないようにした場合の視野》.

dárk-field illuminàtion *n.* (顕微鏡の)暗視野照明《照明光が直接対物レンズに入らないように光軸に傾いた光束で標本を照らし, 散乱光のみを観察する照明法で微小粒子の存在の観察に適する》. 〖1865〗

dárk-field micróscope *n.* =ultramicroscope.

dárk-field micróscopy *n.* 〖細菌〗暗視野顕微鏡法《照明の工夫で細菌などが暗い背景の中に輝いて見える観察法》.

dárk glásses *n. pl.* サングラス, 色眼鏡. 〖1867〗

Dar·khan /dɑəkɑ́ːn, -xɑ́ːn | dɑː-/ *n.* ダルハン《モンゴル北部の工業都市; 人口は Ulan Bator に次いで同国第 2 位で, 特別市》.

dárk hórse *n.* ダークホース: **1** (競馬での)穴馬. **2** 《米》(政界・選挙などで)意外な力量をもった新候補者, 思いがけない有力な競争相手. **3** 隠れた人物, (特に)意外な才能[能力]の持ち主. 〖1831〗

dárk-hòuse *n.* 《廃》狂人収容所.

dark·ie /dɑ́əki | dɑ́ːki/ *n.* =darky.

dark·ish /-kɪʃ/ *adj.* やや暗い, 薄暗い (dusky); 黒ずんだ. 〖(?*c*1425): ⇨ -ish[1]〗

dárk l /-ɫ/ *n.* 〖音声〗暗い 'l'. ★ 巻頭の「発音解説」参照.

dárk lántern *n.* (半球レンズ付きの)手提げランプ《一方向だけを照らし, また, 必要に応じて遮光できるようにした角灯》. 〖1650〗

dar·kle /dɑ́əkl | dɑ́ː-/ *vi.* 《文語》 **1** 暗闇の中に潜む, ぼんやり見える. **2** 暗くなる, 黒ずむ, 薄暗くなる, 曇る. **3** 〈顔色・気持ちが〉暗くなる, 険悪になる. 〖(1800) 《逆成》← DARKLING (adv.)〗

dark·ling /dɑ́əklɪŋ | dɑ́ːk-/ 《文語》 *adv.* 暗中に, (薄)暗がりに: sit ~ / go ~. — *adj.* **1** (薄)暗い, (次第に)暗くなってゆく; 暗い陰のある, くすんだ: a ~ wood, forest, path, etc. **2** 暗がりの中での, 暗中の: a ~ journey. 〖(?*a*1400): ⇨ dark, -ling[2]〗

dárkling bèetle *n.* 〖昆虫〗ゴミムシダマシ《ゴミムシダマシ科の甲虫の総称; この科に属するコメノゴミムシダマシの幼虫を mealworm と称し, 小鳥・小形哺乳類などのえさにする》. 〖1816〗

dark·ly *adv.* **1** 暗く; 黒く, 黒ずんで. **2** 陰気に; 険悪に, おどすような顔つきで: look ~ at a person 陰気な[険悪な]顔をして人を見る. **3** ひそかに (secretly), そっと: an idea held ~ in one's mind ひそかにいだいている考え. **4** ぼんやりと, 曖昧に; それとなく, どことなく, おぼろげに: see through [as in] a glass ~ 鏡で見るようにおぼろに見る (cf. *1 Cor.* 13: 12). 〖OE *deorclīce*: ⇨ dark, -ly[1]〗

dárk màtter *n.* 〖天文〗ダークマター, 暗黒物質《電磁波による通常の方法では直接観測されない星間物質; 宇宙の質量の大半を占めると考えられている; cf. missing mass》. 〖1982〗

dárk mèat *n.* 黒っぽい赤身肉: **1** 猟鳥獣 (game) の肉 (cf. white meat, red meat). **2** 鶏・七面鳥などの腿(ﾓﾓ)肉のように色の濃い肉 (cf. light meat).

dárk mìneral *n.* 〖鉱物〗有色鉱物, 鉄苦土鉱物《鉄・苦土(マグネシウム)を主成分として含み, 肉眼で認められる程度以上の結晶粒で暗色に見える鉱物の総称》.

dárk nébula *n.* 〖天文〗暗黒星雲 (absorption nebula).

dark·ness /dɑ́əknəs | dɑ́ːk-/ *n.* **1** 暗さ, 黒さ, 暗黒, 暗闇; 暗黒界: in the ~ / palpable ~ (手で触れるほどの)真暗闇, 真の闇 (cf. *Exod.* 10: 20) / make ~ visible 辺りの暗さをかえって引き立たせる (⇨ *the* DARKNESS *visible*) / The windows were all in ~ save one on the lower floor. 窓は一階の一つを除いてすべて明かりが消えていた / ⇨ PRINCE of Darkness. **2** 心の闇, 暗愚, 無知: walk in ~ 盲目的な行動をする, 無知な生活をする (*John* 12: 35). **3** 腹黒さ, 邪悪: deeds of ~ 悪事, 罪悪. **4** 不明瞭, 曖昧: the ~ of a subject 主題の曖昧さ. **5** 盲目. **6** 秘密. **7** 〖音声〗 **a** ([l] 音の)暗さ (⇨ dark l /-ɫ/). **b** (母音の)後舌性.

cást into óuter dárkness 真暗闇の中に放り出す, 追い出す, 追放する (*Matt.* 25: 30). *líghten a person's dárkness* 人を元気づける. *the dárkness vísible* 真暗闇 (J. Milton, *Paradise Lost*).

〖OE *deorcnes*: ⇨ dark, -ness〗

dárk ráys *n. pl.* (紫外線や赤外線のような目に見えない)暗輻射線, 不可視光線.

dárk reàction *n.* 〖植物〗暗反応《光合成の過程で光とは直接関係しない反応段階》. 〖1927〗

dárk réd sílver óre *n.* 〖鉱物〗=pyrargyrite.

dark·room /dɑ́əkrùːm, -rùm | dɑ́ːk-/ *n.* 〖写真〗(写真現像用の)暗室. 〖1841〗

dárk-skínned *adj.* 皮膚の黒い. 〖1885〗

dárk slìde *n.* 〖写真〗取枠; (露光を行うための)滑動するシャッター. 〖1887〗

dárk smóke *n.* (工場の煙突などから出る)黒煙. 〖1954〗

dark·some /dɑ́əksəm | dɑ́ːk-/ *adj.* 《詩》 **1** 暗い, 薄黒い. **2** 陰気な, 憂鬱(ﾕｳｳﾂ)な. **3** 邪悪な. **4** 意味の曖昧な, 解し難い. 〖(1530) ← DARK+-SOME[1]〗

dárk spáce *n.* 〖電気〗(放電における)暗黒部: ⇨ Aston dark space, Crookes dark space.

dárk stár *n.* 〖天文〗暗黒星《連星系などの一員で暗いため見えない星》.

dárk·tòwn *n.* 《軽蔑》(都市の)黒人居住地域.

dárk-tràce tùbe *n.* 〖電子工学〗ダークトレース管《ブラウン管の一種で普通のものとは逆に電子ビームの当たったところが黒くなるもの; skiatron ともいう》.

dark·y /dɑ́əki | dɑ́ːki/ *n.* **1** 《口語・軽蔑》黒人, 黒んぼ (Negro). **2** 《英俗》=dark lantern. **3** 《豪軽蔑》オーストラリア先住民 (Aborigine). 〖(1775) ← DARK+-Y[2]〗

Dar·lan /daəlɑ́ː(ŋ), -lɑ́ːŋ | dɑː-; *F.* dablɑ̃/, **Jean Louis Xavier François** *n.* ダルラン《1881–1942; フランスの海軍司令長官; Vichy 政権の有力者としてナチスに協力; 暗殺された》.

Dar·lene /daəlíːn | dɑ́ːliːn/ *n.* ダーリーン《女性名; 異形 Darleen; 米国に多い》. 〖cf. Darrell〗

dar·ling /dɑ́əlɪŋ | dɑ́ː-/ *n.* かわいい人, いとしい人, 最愛の人; お気に入り(の人[動物, 物]); かわいらしい人: a perfect ~ 全くかわいい者 / (My) *Darling*! [呼び掛け] ねえおまえ[あなた]. ★《英》他人でも親しみを込めて用いることがある / the ~ of the town=the town ~ 町の人気者 / the ~ of all hearts 万人の愛情を一身に集めている人 / the ~ of fortune 運命の寵児(ﾁｮｳｼﾞ), 幸運児. — *adj.* **1** 〈人が〉最愛の, いとしい; お気に入りの. **2** 《口語》〈人・物など〉魅力的な, かわいい, すてきな: a ~ baby, boy, dress, etc. **3** 《まれ》切望する; 心に抱いている: one's ~ hopes, aspirations, etc. **~·ly** *adv.* **~·ness** *n.* 〖ME *derling* < OE *dēorling*: ⇨ dear[1], -ling[1]〗

Dar·ling /dɑ́əlɪŋ | dɑ́ː-/ *n.* [the ~] ダーリング(川)《オーストラリア南東部を流れる川; 2,700 km; Murray 川に合流》.

Dar·ling /dɑ́əlɪŋ | dɑ́ː-/, **Grace Horsley** *n.* ダーリング《1815–42; 1838 年に Northumberland 州 Farne 諸島で難破した船 (Forfarshire) の水夫たちを灯台守の父と一緒に救った勇敢な英国女性》.

Dárling Dówns *n. pl.* ダーリングダウンズ《オーストラリア北東部 Queensland 州南東部の高原で, 肥沃な黒土地帯》.

Dárling Ránge *n.* [the ~] ダーリング山脈《オーストラリア Western Australia 州南西岸沿いの低い山脈》.

Dar·ling·ton /dɑ́əlɪŋtən | dɑ́ː-/ *n.* ダーリントン《イングランド北東部 Durham 市南方の工業都市; Stephenson の最初の汽車はここから東方にある Stockton-on-Tees との間を走った (1825)》. 〖OE *Dearþingtun* 《原義》'the village of the people of *Dēornōþ* (人名)': ⇨ -ing[3], -ton〗

Dar·mes·te·ter /dɑ̀əmɛstətéə | dɑ̀ːmɛstətéə[(r)]; *F.* daʁmɛstətɛːʁ/, **Arsène** *n.* ダルメステテール《1846–88; フランスの言語学者》.

Darm·stadt /dɑ́əmstæt, -ʃtæt | dɑ́ːm-; *G.* dáʁmʃtat/ *n.* ダルムシュタット《ドイツ南西部 Hesse 州の都市》.

darn[1] /dɑ́ən | dɑ́ːn/ *vt.* 〈布地・編物などの(ほころび)を〉繕う, かがる (⇨ mend SYN): ~ a sock, hole, etc. — *vi.* ほころびを繕う. — *n.* (ほころびの)繕い, かがり(細工), かがったところ. 〖(*c*1600) ▭ ? F《方言》*derner*, *darner* to mend ← Bret. *darn* piece // 《変形》← ? 《廃》*dern* < ME *dernen* < OE *diernan* to hide ← *dierne* 'hidden, DERN'〗

darn[2] /dɑ́ən | dɑ́ːn/ 《口語・婉曲》 *vt.*, *vi.* =damn: *Darn* it! ちえっ, いまいましい. — *adj.*, *adv.* =darned. — *n.* [a ~; 否定構文で] ちっとも: I *don't give* [*care*] *a* ~. そんな事へいちゃらだ. 〖(1781) 《変形》← DAMN〗

dar·na·tion /daənéɪʃən | dɑː-/ *int.* 《口語・婉曲》= damnation. 〖1798〗

darned /dɑ́ənd | dɑ́ːnd/ 《俗・婉曲》 *adj.*, *adv.* (時に **~·er**; 通例 **darnd·est**, **~·est**) =damned. 〖(1807) (p.p.) ← DARN[2]〗

dar·nel /dɑ́ənl̩ | dɑ́ː-/ *n.* 〖植物〗イネ科ドクムギ属 (*Lolium*) の一年生または多年生草本数種の総称; (特に)ドクムギ (*L. temulentum*). 〖(*c*1300) ← ? OF: cf. F《方言》*darnelle* ← Gmc (cf. OE *dysig* 'foolish, DIZZY'): 知覚を麻痺させるところから〗

Dar·nell /dɑ́ənl̩, daənél | dɑːnél/ *n.* ダーネル《男性名》. 〖← OE *derneheahh* (from the) hidden nook〗

dárn·er *n.* **1** ほころびを繕う人; かがる人. **2** かがり針; かがり道具. 〖(1611) ← DARN[1]+-ER[1]〗

dárn·ing *n.* ほころび繕い, かがり細工; かがり物. 〖(1611) ← DARN[1]+-ING[1]〗

dárning báll [ègg] *n.* かがりまり[卵]《卵形の木製品で靴下などをかがるときに用いる》. 〖1897〗

dárning-làst *n.* かがり台《まつたけ形の木製品で darning ball と同様に用いる》.

dárning mùshroom *n.* 《英》=darning ball.

dárning nèedle *n.* **1** かがり針. **2** 《米方言》トンボ (dragonfly). 〖1761〗

dárning stìtch *n.* ダーニングステッチ《日本の刺し子に使う縫い方で, 刺繍の模様を埋めたり, ほころびを繕うときなどに用いる; cf. running stitch》. 〖1881〗

Darn·ley /dɑ́ənli | dɑ́ːn-/, **Lord** *n.* ダーンリー《1545–67; スコットランドの貴族で女王 Mary Stuart の二人目の夫, 英国王 James 一世の父; 妻の寵臣 Rizzio の殺害に加わり, その翌年 Edinburgh 郊外の家で爆殺された; Both-

D

well が下手人と考えられている; 本名 Henry Stewart [Stuart]》.

dárn tóo·tin' /-tú:tɪn | -tɪn/ 《米口語》 *int.* そうだとも《強い同意・賛成を表す》. — *adv.* [強意的に] まったく, えらい. — *adj.* 正しい.

da·ro·gha /dɑ:róugɑ: | -róu-/ *n.* (*also* **da·ro·ga** /〜/) 《インド》 **1** 管理者, 監督者. **2** (警察・税務署などの)署長. 〘(1634) ◻ Hindi *daroga* ◻ Pers. *dāroga*〙

dar·raign /dəréɪn/ *vt.* =deraign.

Dar·rell /dǽrəl, dέr- | dǽr-/ *n.* ダレル《男性名; 異形 Daryl》. 〘《原義》 little dear or brave one〙

Dar·rieux /dɑ̀:riə́:, dæ-; *F.* daʀjø/, **Da·nielle** /danjɛl/ *n.* ダリュー《1917– ; フランスの女優》.

Dar·row /dǽrou, dέr- | dǽrəu/, **Clarence** (**Seward**) *n.* ダロー《1857–1938; 米国の弁護士・作家》.

dar·shan /dɑ́əʃən, dɑ́:- | dɑ́:-, dɑ́:-/ *n.* **1** 古代インドの哲学体系. **2** 《ヒンズー教》(偉人や聖者を見て得られる)功徳. 〘(1920) ◻ Hindi *darśān* ← Skt *darśana* act of seeing〙

D'Ar·son·val galvanómeter, d'A- g- /dɑ́əsənvɔ̀:l-, -sɒ-, -vɑ̀:l- | dɑ́:sənvɔ̀:l, -sɒ-; *F.* daʀsɔ̃val-/ *n.* 《電気》 ダルソンバール検流計, 可動コイル形検流計《固定された永久磁石の間に可動コイルをつるした最も普通の検流計》. 〘← *J. A. d'Arsonval* (1851–1940: フランスの物理学者)〙

dart /dɑ́ət | dɑ́:t/ *n.* **1 a** (投げ矢遊びなどの)投げ矢, ダート (cf. bolt[1] 3 b): (as) straight as a 〜 矢のようにまっすぐな[に]. **b** 《古》(特に, 軽く短い)投げ槍. **2** [*pl.*; 単数扱い] 投げ矢遊び, ダーツ《丸い木盤 (dartboard) の的に重りの付いたダート(矢)を投げる》. **3 a** 投げ槍のように突き刺すもの《昆虫の針など》. **b** 《動物》 交尾矢, 恋矢《カタツムリ類の石灰質の針状の交尾補助器; love arrow ともいう》. **4** 急激な動き; 投射: make a 〜 for …に向かって突進する. **5** [通例 *pl.*] 《洋裁》 ダーツ. **6** (刺すような)鋭い言葉, 険しい顔つき. **7** 《豪俗・廃》 計画 (plan).
— *vi.* (投げ矢のように)飛ぶ, 飛んでいく; 突進する: 〜 *away* [*off*] 駆け去る / 〜 *at* an opponent 相手に向かって突進する / 〜 *into* a room 部屋に駆け込む / 〜 *through* the air 空中を矢のように飛んでいく. — *vt.* 〈槍・矢などを〉投げる, 射る; 〈光・視線などを〉放つ, 射出する: 〜 a glance [an angry look] *at* a person 人を一目[怒った目で]じろりと見る / 〜 *out* a spear 槍を突き出す / The sun 〜*s* (*forth*) its beams. 太陽は光線を放射する.
〜·ing *adj.* **〜·ing·ly** *adv.*
〘*n.*: (?*a*1300) ◻ OF 〜 (F *dard*) ◻ (Frank.) **darođ* < Gmc **daroþuz spear, lance* (OHG *tart* / OE *daroþ*) ← ? IE **dhō-* sharp. — v.: (*c*1385) *darte*(*n*) ← (n.)〙

D'Ar·ta·gnan /dɑ̀ətɑ:njɑ́:(ŋ), -tæ-, -njɑ́:ŋ | dɑ̀:-; *F.* daʀtaɲɑ̃/ *n.* ダルタニアン《Dumas père 作 *Les Trois Mousquetaires*「三銃士」に登場する三銃士の友人》.

dárt·bòard *n.* ダート盤《投げ矢遊び (darts) の標的となるコルクなどの木盤》. 〘1901〙

dárt·er /-tə | -tə(r)/ *n.* **1** 素早く動くもの; 槍[矢]投げ兵; ダートをする人. **2** 《魚類》 矢魚《北米産スズキ目パーチ科のうち *Etheostoma* 属 (85 種)と *Percina* 属(うち 4 種)の小淡水魚の総称; 岩の間や砂の中から矢のように飛び出してくる》: ⇨ snail darter. **3** 《鳥類》 =snakebird. 〘(1565–73) ← DART＋-ER[1]〙

Dart·ford /dɑ́ətfəd | dɑ́:tfəd/ *n.* ダートフォード《イングランド南東部 Kent 州北西部の都市》. 〘OE *Tarentefort* 《原義》 'FORD over the Darent River'〙

Darth Va·der /dɑ̀əθvéɪdə | dɑ̀:θvéɪdə(r)/ *n.* ダースベーダー《SF 映画 *Star Wars* のシリーズに登場する悪役の武将》.

dar·tle /dɑ́ətl | dɑ́:tl/ *vt., vi.* 何度も投げる[射る, 飛ぶ, 突進する], 連射する. 〘(1855) (freq.) ← DART: ⇨ -le[3]〙

Dart·moor /dɑ́ətmuə, -mɔə | dɑ́:tmɔ:(r), -muə(r)/ *n.* **1** ダートムーア《イングランド南西部 Devon 州の岩の多い不毛の高原; 海抜 430 m, 面積 945 km²; 一帯は国立公園に指定されている》. **2** [the 〜] (同地にある)ダートムーア刑務所. **3** ダートムーア: **a** 英国原産の一品種の羊《角がなく毛が長い》. **b** =Dartmoor pony. 〘ME *Dertemora* 《原義》 'the MOOR on the Dart River'〙

Dártmoor Nátional Párk *n.* ダートムーア国立公園《イングランド Devon 州にあり, 花崗岩の岩山・有史前の遺物などで有名, 1951 年指定; 面積 945 km²》.

Dártmoor póny *n.* ダートムーアポニー《頑健でむく毛のポニー》. 〘(1831) Dartmoor 産であることから〙

Dártmoor príson *n.* [the 〜] =Dartmoor 2.

Dart·mouth /dɑ́ətməθ | dɑ́:t-/ *n.* ダートマス: **1** イングランド南西部 Devon 州南部の海港. **2** [the 〜] ダートマス海軍兵学校《同地にある英国海軍兵学校 (Royal Naval Cadet Training College)》. **3** カナダ Nova Scotia 州南部にある都市. 〘OE *Dertamuða* 《原義》 'the MOUTH of the Dart River'〙

Dártmouth Cóllege *n.* ダートマス大学《米国 New Hampshire 州にある私立大学; Ivy League の一つ》.

dárt thròwer *n.* 《文化人類学》 =throwing-stick 1.

Dar·von /dɑ́əvɑ(:)n | dɑ́:vɒn/ *n.* 《薬学・商標》 **1** ダルボン《塩酸プロポキシフェン; 鎮痛剤》. **2** ダルボン配合剤《ダルボンと phenacetin, aspirin, caffeine 入り; Darvon Compound ともいう》.

Dar·win /dɑ́əwɪn | dɑ́:wɪn/ *n.* ダーウィン《オーストラリア Northern Territory の主都; Timor 海に面する港市; 旧名 Palmerston》.

Dar·win /dɑ́əwɪn | dɑ́:wɪn/, **Charles** (**Robert**) *n.* ダーウィン《1809–82; 英国の博物学者; 進化論の提唱者 (cf. A. R. Wallace); *Zoology of the Voyage of the Beagle* (1840), *On the Origin of Species by means of Natural Selection* (1859)》.

Darwin, Erasmus *n.* ダーウィン《1731–1802; 英国の博物学者・医師・詩人; C. R. Darwin の祖父で, 進化論の先駆者のひとり》.

Darwin, Sir **George Howard** *n.* ダーウィン《1845–1912; 英国の物理学者・天文学者; C. R. Darwin の次男》.

Dar·win·i·an /dɑəwíniən | dɑ:-/ *adj.* **1** ダーウィンの. **2** ダーウィン説の. — *n.* ダーウィン説の信奉者. 〘(1860) ← *C. R. Darwin*〙

Darwínian théory *n.* =Darwinism.

darwínian túbercle *n.* 《解剖》 ダーウィン結節[隆起]; 耳介(じかい)結節《特に耳輪 (helix) の後上部に見られる鈍い突起, 目立つのは異常とされる》. 〘(1890) ← *C. R. Darwin*〙

Dár·win·ìsm /-nɪzm/ *n.* ダーウィン説, ダーウィニズム《自然選択と適者生存を根底とする生物進化論》; (一般に)生物進化論. 〘(1864): ← *C. R. Darwin*〙

Dár·win·ist /-nɪst | -nɪst/ *n., adj.* ダーウィン学徒(の). 〘(1883): ⇨ -ist〙

Dar·win·is·tic /dɑ̀əwɪnístɪk | dɑ̀:wɪ-/ *adj.* ダーウィン風の, ダーウィン説の. 〘(1875): ⇨ ↑, -ic[1]〙

Dar·win·ite /dɑ́əwɪnàɪt | dɑ́:wɪ-/ *n.* **1** =Darwinist. **2** Darwin 市民. 〘(1862): ⇨ -ite[1]〙

Dárwin's finch *n.* 《鳥類》 ダーウィンフィンチ (⇨ Galápagos finch). 〘1947〙

Dárwin túlip *n.* 《園芸》 ダーウィンチューリップ《チューリップの品種名, 花は大輪でコップ形》. 〘(1889) ← *C. R. Darwin*〙

das. 《略》 decastere(s).

DASD /déɪzdi:/ *n.* 《電算》 直接アクセス記憶装置, 直接呼出し装置. 〘《頭字語》 ← *D*(*irect*) *A*(*ccess*) *S*(*torage*) *D*(*evice*)〙

Da·se·hra /dʌ́sərə/ *n.* (*also* **Da·sa·ra** /〜/, **Da·sa·hra, Da·sa·ha·ra** /dʌ̀səhárə, dʌ̀ʃ-/) ダサラ《ヒンズー教の 10 日間の祭り; 悪に対する善の勝利を象徴する; もとは Ganges 川を, 後には Durga をたたえて 9 月から 10 月に相当する Asin の月に行われる; Dusserah ともいう》. 〘◻ Skt *daśaharā* 《原義》 that which takes away ten (sins) ← *daśa* ten＋*harā* ((fem.) ← *hara* carrier)〙

Da·sein /dɑ́:zàɪn; *G.* dɑ́:zaɪn/ *n.* 《哲学》 (ヘーゲル哲学で)現存在, 定有; (実存主義で)人間存在. 〘(1846) 《なぞり》 ← G *da* there＋*sein* being〙

dash[1] /dǽʃ/ *vi.* **1** (激しく)突進する, 猛進する, 急行する 〈*along, up, down, on, in, out, off,* etc.〉: He 〜*ed* upstairs. 二階へ駆け上がった / Good-bye: I have to [must] 〜. さようなら, 急いで行かなければ. **2** 打ちつける, 衝突する: waves 〜*ing on* [*against*] the rocks 岩に打ちつける波. **3** 威勢よくふるまう, さっそうとやる, 派手な服装をする.
— *vt.* **1** (激しく)打ちつける, ほうりつける, はね飛ばす, 投げつける 〈*away, down, off, out,* etc.〉: 〜 *away* one's tears 手早く涙を払う[ぬぐう] / 〜 something *to* the ground [*against* the wall] 物を地面[壁]に打ちつける. **2 a** 打ち砕く, 粉砕する: 〜 a mirror *to* pieces 鏡を粉々に打ち砕く. **b** 〈希望・計画などを〉打ち砕く, くじく: 〜 a person's spirits [hopes]. **3 a** 〈水などを〉勢いよくかける; はねかける, はね散らす: 〜 water *in* [*over*] a person's face 人の顔に水をぶっかける / 〜 color *on* [*onto*] a canvas カンバスにぞんざいに色をなすりつける. **b** 〔…を〕…にはねかける 〔*with*〕: a landscape 〜*ed with* sunlight さっと日のさしている景色. **4** …に〔…を〕混ぜる, さす 〔*with*〕: tea 〜*ed with* brandy ブランデーを少し入れた紅茶 / joy 〜*ed with* pain 幾分の苦しみを伴う喜び. **5** 恥じさせる, 赤面させる, まごつかせる (confuse). **6** 《英口語・婉曲》 =damn 《damn を d— と略書する習わしから》: *Dash* it (all)! いまいましい / I'll be 〜*ed* if … 死んでも…はしない (cf. dashed).
be dáshed to the gróund ⇨ ground[1] 成句. ***dásh óff*** [***dówn***] (1) ⇨ *vi.* 1, *vt.* 1. (2) 〈絵・文などを〉書きなぐる[飛ばす, まくる], 〈仕事などを〉さっと仕上げる: 〜 *off* an essay [a letter, a drawing] 小論[手紙, 絵]を一気に書き[描き]上げる / 〜 *off* a drink 一杯ぐいと飲み干す. ***dásh óut*** (1) ⇨ *vi.* 1, *vt.* 1. (2) 水をかけて消す; 《古》 削除する (strike out).
— *n.* **1 a** 突進, ダッシュ, 猛進; 突貫, 突撃: make a 〜 *for* the goal [*at* the enemy] 決勝点に向かって突進[敵をめがけて突撃]する / If we want to make the train we'll have to make a 〜 *for* it. もしその列車に間に合いたいなら, 大急ぎで行かねばならない. **b** 《古》 猛烈な一撃. **2** 《米》 《競技》 短距離競走 (sprint): the 100-yard 〜 百ヤード競走. **3** [a 〜] **a** (さっとたらし込む)注入, 少量の加味: add a 〜 *of* salt 少量の塩を加える / tea with *a* 〜 *of* whiskey ウイスキーを少量混ぜた紅茶 / whiskey with just *a* 〜 *of* soda ソーダを少量加えたウイスキー. **b** 少量, 気味 (touch): red with *a* 〜 *of* purple (in it) 紫がかった赤 / There is *a* 〜 *of* eccentricity in his character. 彼の性格には少々奇抜なところがある. **4 a** (句読点の)ダッシュ (—). ★ 文を途中で切って他の語句を挿入する場合などに用いる. ほぼコンマに相当するが, コンマより分断力が強い. **b** 《音楽》 ダッシュ (ˇ) 《staccato 奏法[唱法]を指示する記号, 符頭の上または下につける》. **c** 《通信》 (モールス符号の)長符, 長点, ツー (—) (cf. dot[1] 1 c). **5** 《口語》 =dashboard 1 a. **6** (水が)激しく(ざーっと)ぶつかること, 水の打ちつける音: the 〜 *of* rain *against* the windowpane 窓ガラスにざーっと降り注ぐ雨(の音) / the 〜 *of* the waves *on* the rocks 岩を打つ波の音. **7** 鋭気, 気力, 元気: He has both skill and 〜. 技能もすぐれ気力も十分だ. **8** さっそうとした風采, 見栄え. ★ 通例次の句で: cut a 〜 派手な身なりをする, 精彩を放つ, ひときわ目立つ; 見えを張る. **9** (ペン・毛筆による)さっと書いた一筆, 筆勢; 抹消(の線). **10** 《米》 《数学》 ダッシュ符号 (ʹ) (prime 7 b).
at a dásh 一撃のもとに; 一気に, 一気呵成(かせい)に: go off *at a* 〜 さーっと突進する.
〘(?*a*1300) ME *dashe*(*n*) ← ? ON (cf. Dan. *daske* / Swed. *daska* to beat, drub, slap, flap): または擬音語か〙

dash[2] /dǽʃ, dɑ́:ʃ/ *n.* (アフリカ西部で現地人の召使などに与える)心付け, チップ. — *vt.* …にチップをやる. 〘(1788) 《転訛》 ← W-Afr. 《現地語》 *dashee, dasje* gift ◻ Port. *das* (2nd pers. sing.) ← *dar* to give < L *dare*: cf. date[1]〙

Dash[1] /dǽʃ/ *n.* 《商標》 ダッシュ《米国製の洗濯用洗剤》.

DASH, Dash[2] /dǽʃ/ *n.* 対潜(水艦)無人ヘリコプター《小型・軽量の遠隔操縦ヘリコプターで, 駆逐艦から行動し, 対潜水艦兵器を投下することができる》. 〘《頭字語》 ← *Drone Anti-Submarine Helicopter*〙

dash·board /dǽʃbɔ̀əd | -bɔ̀:d/ *n.* **1 a** (自動車・飛行機の操縦席前の)計器盤, ダッシュボード《単に dash ともいう; 《英》 では fascia ともいう》. **b** 仕切板. **2** (馬車などの)泥よけ, (そりなどの)雪よけ (splashboard); (船首の)波よけ板; (壁端の)雨よけ板. 〘1846〙

dashed[1] /dǽʃt/ 《英口語》 [強意語として] *adj.* = damned *adj.* 1. — *adv.* =damned. 〘(1646) (p.p.) ← DASH[1] (vt. 6)〙

dashed[2] *adj.* 《数学》 ダッシュ符号付きの. 〘(1859): ⇨ dash[1], -ed 2〙

da·sheen /dæʃí:n, də-/ *n.* 《植物》 サトイモ (*Colocasia antiquorum var. esculenta*) 《アジア原産; taro ともいう》. 〘(1899) ◻ F *de Chine* of China〙

das heisst /dɑ:shάɪst; *G.* dashάɪst/ *G.* すなわち (that is) (略 d.h.). 〘◻ G 〜 'that is (called)'〙

dásh·er *n.* **1** 突進 (dash) する人. **2** 《口語》 さっそうとした人, 派手な男性[女性]. **3** バター製造用の攪乳(かくにゅう)器, アイスクリーム製造器, 攪拌(かくはん)器, 泡立て器. **4** 《米口語》 泥よけ (dashboard). 〘(?*a*1325): ⇨ dash[1], -er[1]〙

dásher bòard *n.* (アイスホッケーなどで)観客席とリンクをしきる板.

da·shi·ki /dəʃí:ki, dɑ:-/ *n.* ダーシーキ《アメリカ黒人の着用するゆったりとした派手な色のワンピースの衣服》. 〘(1968) ← Afr. (Yoruba) *danshiki*〙

dash·ing /dǽʃɪŋ/ *adj.* **1** さっそうとした, 派手な, 粋(いき)な. **2** 威勢のいい, はやり立つ, 勇み肌の: a 〜 spirit 勇敢な気性の人. **3** 打ちつける, はね散らす: 〜 waves.
〜·ly *adv.* 〘(?*c*1380): ⇨ -ing[2]〙

dásh lìght *n.* (自動車の)計器盤の照明灯. 〘1935〙

dásh·pòt *n.* 《機械》 ダッシュポット, はじきつぼ《機械部分の衝撃的な運動を緩和する装置; 空気・油などの液体を封入したシリンダーとピストンから成る》. 〘1861〙

Dasht-e-Ka·vir /dɑ̀:ʃtikɑ:víə | -kævíə(r)/ *n.* (*also* **Dasht-i-Ka·vir** /〜/) [the 〜] カビール砂漠《イラン北部中央の大きな鹹(かん)[塩]砂漠; 面積 47,000 km²》.

Dasht-e-Lut /dɑ̀:ʃtilú:t/ *n.* (*also* **Dasht-i-Lut** /〜/) [the 〜] ルート砂漠《イラン中央から東南部にかけて広がる一大砂漠; 面積 52,000 km²》.

dash·y /dǽʃi/ *adj.* (**dash·i·er; -i·est**) 派手な, 派手好みの, 粋(いき)な (showy). 〘(1822): ⇨ -y[4]〙

Das Ka·pi·tal /dɑ:skɑ̀:pɪtɑ́:l, -kǽpɪtæ̀l; *G.* daskapitá:l/ *n.* 「資本論」 (1867; Karl Marx の著作; 社会主義運動に大きな影響を与えた).

das·n't /dǽsn̩t/ (*also* **dass·n't** /dǽsn̩t/, **das·sent** /dǽsn̩t/) 《米方言》 dare not の縮約形.

das·sie /dǽsi/ *n.* **1** 《動物》 アフリカ産のハイラックス属 (*Procavia*) のイワダヌキの総称《ケープハイラックス (*P. capensis*) など》. **2** 《魚類》 サルゴ (*Diplodus sargus*) 《サハラ沖に分布するタイ科アフリカチヌ属の沿岸魚》. 〘(1786) ◻ Afrik. 〜 (dim.) ← *das* hyrax〙

das·tard /dǽstəd | dǽstəd, dɑ́:s-/ *n.* 《古》 卑怯者, 腰抜け, 卑劣漢. 〘(1440) ← ? ON *dæst*(*r*) exhausted ((p.p.) ← *dæsa* to groan) ← ?IE **dhe-* to vanish＋-ARD〙

dás·tard·ly *adj.* 《古》 卑怯な, 卑劣な: a 〜 crime.
dás·tard·li·ness *n.* 〘(1567): ⇨ ↑, -ly[2]〙

da·stoor /dəstúə | -túə(r)/ *n.* =dastur[1].

da·stur[1] /dəstúə | -túə(r)/ *n.* 《インド》 **1** 慣例, 慣習. **2** (周旋人などの)(一定の)手数料. 〘(1681) ◻ Hindi *dastūr* custom〙

da·stur[2] /dəstúə | -túə(r)/ *n.* パルシー教 (Parsiism) の高僧. 〘◻ Pers. *dastūr*〙

das·y- /dǽsɪ, dǽsi/「密な (thick), 粗い (rough), 毛深い (shaggy)」の意の連結形. 〘← NL 〜 ← Gk *dasús* hairy, thick: cf. dense〙

da·sym·e·ter /dæsímətə, də- | -mɪtə(r)/ *n.* (昔の)ガス密度計. 〘(1872): ⇨ dasy-, -meter[1]〙

das·y·phyl·lous /dæ̀səfíləs | -sɪ-/ *adj.* 《植物》 **1** 葉がこんだ[密な]. **2** 密毛のある葉をもった. 〘⇨ dasy-, -phyllous〙

das·y·ure /dǽsijùə | -jùə(r)/ *n.* 《動物》 フクロネコ《オーストラリア・Tasmania 産フクロネコ科フクロネコ属 (*Dasyurus*) の地上肉食性有袋類; フクロネコ (*D. viverrinus*) など; native cat ともいう》. 〘(1839–47) ◻ F 〜 ← NL *Dasyūrus*: ⇨ dasy-, -urus〙

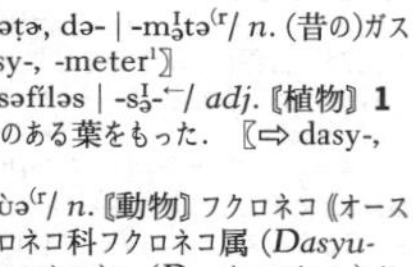

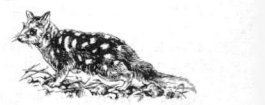

dasyure
(*Dasyurus viverrinus*)

DAT /dǽt, dí:èɪtí:/ 《略》 differential aptitude test 適性判別テスト; digital audiotape.

dat. 《略》 《文法》 dative.

da·ta /déɪtə, dǽtə, dɑ́:tə | déɪtə, dɑ́:tə/ *n.* **1** [複数また

は単数扱い ⇨ datum〕資料, データ; (観察によって得られた)事実, 知識, 情報 (facts), 覚え書き (notes). ★ 最近では特に《米》では単数扱いが多くなっている: gather ～ on …に関するデータを集める / a ～ book 参考資料書 / *These* ～ *are* [*This* ～ *is*] incorrect. このデータは不正確だ. **2** 〘電算〙データ《コンピューターに打ち込む何らかの意味をもった数字・文字・記号など》: ⇨ databank, data processing. 〘(1646) □ L ～ (pl.): ⇨ datum〙

dáta·bànk *n.* 〘電算〙データバンク《大量に蓄積されたデータ; それを利用者に提供する機関; cf. database》. 〘1966〙

da·ta·base /déɪtəbèɪs, dǽtə-, dɑ́ːtə- | déɪtə-, dɑ́ːtə-/ *n.* 〘電算〙データベース《検索利用できるように分類・整理されたデータの集合; cf. databank》.

dátabase mànagement *n.* 〘電算〙データベース管理: ～ system データベース管理システム. 〘1964〙

dat·a·ble /déɪtəbl | -tə-/ *adj.* **1** 時日[時代]を推定[測定]できる. **2** 《口語》デートしたくなるような: a ～ girl. 〘1837〙

dáta·bùs *n.* 〘電算〙データバス. 〘cf. bus 5〙

dáta càpture *n.* 〘電算〙データ収集.

dáta communicátion tèrminal *n.* 〘電算〙データ通信端末(装置).

dáta comprèssion *n.* 〘電算〙データ圧縮.

dáta díctionary *n.* 〘電算〙データ辞書《データベースを管理するために構造・インデックスなどの情報を記述したファイル; data directory ともいう》.

dáta dìsk *n.* 〘電算〙データディスク《データ保存用ディスク》.

dáta diskètte *n.* 〘電算〙データディスケット《データ保存用フロッピーディスク》.

dáta·flòw *n.* 〘電算〙データフロー《コンピューターのオペレーションをプロセス単位に分離し, その間でデータを共有させることにより並列処理を行うこと》.

dáta·glòve *n.* 〘電算〙データグローブ《virtual reality や遠隔ロボット操作で, 手の向きや指の動きを取得するセンサーの付いた手袋》.

da·tal /déɪtl | -tl/ *n.* (主に炭鉱の)日給制, 日払い制. 〘(1560) *daytale*: ⇨ day, tale[1]〙

dáta lìnk *n.* 〘電算〙データリンク《コンピューターなどとの通信のために設けられた通信線; 略 D/L》.

da·tal·ler /déɪtələ, -tlə | -tələ(r, -tl-/ *n.* 《英方言》日雇い労働者, (特に炭鉱の)日雇い. 〘⇨ datal, -er[1]〙

dáta·lògger *n.* データロガー《計測値などの物理量を継続的に記録する装置》.

da·ta·ma·tion /dèɪtəméɪʃən | -tə-/ *n.* 〘電算〙自動データ処理. 〘← DATA＋(AUTO)MATION〙

dáta pèn *n.* データペン《ラベルやパッケージの磁気コードを読み取る装置》.

Dáta·pòst /déɪtə-, dǽtə-, dɑ́ːtə- | déɪtə-, dɑ́ːtə-/ *n.* 〘商標〙データポスト《英国の速達便の一種; 速達小包などを夜間配達する》.

dáta pròcessing *n.* 〘電算〙データ処理《コンピューターなどにより, データを処理する過程; 略 DP; cf. information processing》. 〘1954〙

dáta pròcessor *n.* 〘電算〙データ処理装置.

Dáta Protéction Àct *n.* [the ～]《英》データ保護法《コンピューターに保存された個人情報保護を定めた法》.

da·ta·ry /déɪtəri | -tə-/ *n.* 〘カトリック〙**1** ローマ教皇庁掌璽(しょうじ)院《聖職禄付き聖職を志望する者の適格審査に当たる教皇庁の部局》. **2** ローマ教皇庁掌璽院長. 〘(1527) □ ML *datārius* (the officer), *datāria* (the office) ← *data* 'DATE[1]': ⇨ -ary〙

dáta sèt *n.* 〘電算〙データセット: **1** データ処理上 1 単位として扱う一連のレコード. **2** データ通信で用いられるアナログからデジタルまたはその逆の変換器.

dáta strùcture *n.* 〘電算〙データ構造. 〘1963〙

dáta wárehouse *n.* 〘電算〙データウェアハウス《組織内のばらばらなデータを集積統合し, 情報分析・意志決定支援に供するもの》.

dat·cha /dɑ́ːtʃə | dǽtʃə; *Russ.* dátʲʃə/ *n.* ＝dacha.

date[1] /déɪt/ *n.* **1** 日付, 年月日(の表示)《しばしば場所も含む》: a person's birth ～＝the ～ of a person's birth 生年月日 / What's the ～ (today)?＝What ～ is it today?＝What's today's ～? きょうは何日ですか (cf. What day is (it) today?) / What's the closing ～ of [for] the contest? コンテストの閉会日はいつですか / What's the last [final] ～ for Christmas mail? クリスマス郵便物の最終日はいつですか / This milk [idea] is past its sell-by ～. このミルクは賞味期限が切れている[考えは役に立たなくなっている].

> 語法 日付の書き方として代表的なものを次に示す: (1) April 10, 2001《現代の正式な書き方》. (2) Apr. 10th, 2001《やや旧式な書き方》. (3) Apr. 10, 2001《現代の最も普通な書き方; 米国では 1st, 2nd, 3rd, 4th … とせずに単に 1, 2, 3, 4 … と記す方がよいとされている》. (4) 10 April 2001《特に米国の軍関係者・科学者が好んで用いる書き方》. (5) 4/10/2001; 4/10/01《米国式の簡略な書き方; 月・日・年の順》. (6) 10/4/2001; 10/4/01 [時に X–4–01]《英国および北欧式の簡略な書き方; 日・月・年の順》.

2 期日, 日取り; 期限: at an early ～ 近々 / at a later ～ (これから)いつか, 後日 / without ～《米》日を決めずに, 無期限に (without day) / The ～ is set for May 10. 期日は 5 月 10 日と決められた / Have they set a ～ for their wedding yet? 彼らはもう結婚式の日取りを決めましたか. **3** 《口語》**a** (日時を指定した, 特に異性との)会う約束, デート; (一般に)会合の約束: a dinner [lunch] ～ ディナー[ランチ]を食べるデート / ⇨ blind date 1, double date / go (out) *on* a ～ デートに行く / have [make] a ～ for dinner *with* a person 人と食事の約束がある[をする] / break [keep] a ～ *with* …とのデート[会合の約束]を破る[守る]. 日英比較 日本語の「デートコース」は和製英語. 英語では popular place for young couples to go on *dates* などという. **b** 《米》デートの相手: Bessy is his ～. / one's occasional dinner ～ 時々夕食を共にする相手.
4 a 年代, 時代. **b** 期間; 生存期間. **c** 《古》終わり, 終末.
5 [*pl.*] (人の)生没年, (物事の)始まりと終わりの年; (王などの)統治期間: Milton's ～*s* are 1608 to 1674.
6 (商業文で)当日, 同日; 《口語》本日 (today).
7 《口語》出演契約; 出演.
bring* [*kéep*] *up to dáte (1) 最新のものにする[しておく], 現代化する[しておく]; 〈人〉に〔…について〕最新の情報を与える[与えておく]〔*on*〕. (2) 〈遅れていた仕事などを〉仕上げる.
dòwn to dáte ＝*up to* DATE. ***it's a dáte***《口語》それで決まりだ. ***òut of dáte*** 時代遅れの, すたれた, 旧式の (cf. out-of-date): go [be] *out of* ～ すたれる. ***to dáte*** 今日まで(のところ): the progress made *to* ～ 今日までの進歩. ***ùp to dáte*** (1) 今日まで(の), 今まで(の). (2) 最新式に[の] (cf. up-to-date): get [be, keep] *up to* ～ on …の最新の情報を知る[に通じている].

dáte of récord [the ―] 〘商業〙(配当などの)権利確定期日, 割当日, 基準日.

― *vt.* **1** …の時日を定める; …の年代を算定[推定]する: It is very hard to ～ this vase. この壺の年代を決めることはきわめて困難だ. **2** …に年月日を書く, 日付を記入する: a bill [letter] ～*d* the 30th of January 1 月 30 日付の手形[手紙]. **3** 《口語》〈人〉の年をはっきりと示す: His language surely ～*s* him. 言葉遣いで彼の年がわかる. **b** 〈文学作品・絵画などの〉時代[時期]を示す: The characteristic style ～*s* his woks. 独特な文体で彼の作品の時期がわかる. **c** 〈芸術家・芸術作品などを〉古く[時代遅れに, 一時的なものに]する, …の新鮮味を失わせる. **4** 《口語》〈特に, 異性〉とデートする, 会う約束をする: be ～*d up* for the weekend 週末は約束でいっぱいである / She ～*d* David on Saturday night. 土曜日の夜デービッドとデートした / She's *dating* David now. 彼女は今デービッドとよく会っている / She and David are *dating* each other. 彼女とデービッドはデートする仲だ.
― *vi.* **1 a** 〈ある時代から〉始まる〔*from*〕: This custom ～*s from* before the war. この習慣は戦前に始まったものだ. **b** [～ *back* として]〈起源を推定して年代が〉〔ある時代に〕さかのぼる〔*to*〕: The foundations of Oxford and Cambridge ～ *back to* the 12th century. **2** 《口語》古くさくなる, 時代遅れになる[である], 時代がかる; 〈芸術・文体などが〉ある時代のものと認められる. **3** 《口語》〔異性と〕デートする, 会う約束をする〔*with*〕: She is *dating with* David. 彼女はデービッドとよく会っている. **4** 日付がある.
〘(*c*1325) ME □ (O)F ～ □ ML *data* (things) given, announced (fem.p.p.) ← *dare* to give ← IE **dō-* to give (Gk *dídōmi* I give / Skt *dadāti* (he) gives)〙

date[2] /déɪt/ *n.* **1** 〘植物〙ナツメヤシ (*Phoenix dactylifera*) (date palm ともいう). **2** ナツメヤシの実. 〘(*c*1300) □ OF ～ ＜ L *dactylum* □ Gk *dáktulos*《原義》finger: その形から: ⇨ dactyl〙

date·a·ble /déɪtəbl | -tə-/ *adj.* ＝datable.

dáte·bòok *n.* (新聞記者の)予定などをメモしておく手帳; (一般に)予定帳: check on one's ～.

dáte-còding *n.* 日付表示《食品をいつまでに食べればよいかを包装物に略記日付で記すこと》.

dát·ed /-tɪ̣d | -tɪ̣d/ *adj.* **1** 日付のある, 日付のついた: a ～ document 日付のある文書. **2** 時代遅れの[になった], 旧式の: a ～ novelist. **～·ly** *adv.* **～·ness** *n.* 〘(1586) (p.p.) ← DATE[1]〙

Da·tel, D- /déɪtel/ *n.* 〘商標〙デイテル《英国の郵政公社 (Post Office) が加入企業に提供する高速度の viewdata; cf. Prestel》.

dáte·less *adj.* **1** 日付のない; 年代[時期]のわからない. **2** 《詩》無限の, 永遠の (endless). **3** いつごろのものかわからないほど古い, 太古からの: ～ hills. **4** いつまでも興味のうせない, 古くさくならない. **5** 《米口語》(デート・会合の)約束のない, 約束[交際]相手のない. **6** 《英方言》頭の変な, ばかな; ちんぷんかんぷんな, ぼけた. 〘(1593): ⇨ -less〙

dáte·lìne *n.* **1** (新聞記事・手紙などの冒頭の)日付記入線《日付や場所を書くところ》; (執筆・発行などの)日付と場所. **2** ＝date line. ― *vt.* …に日付[発信地など]を付ける: a London ～*d* dispatch ロンドン発電報. 〘1880〙

dáte lìne *n.* 日付変更線《180 度の子午線; 東から西にこの線を過ぎるときは日付を一日進ませ, 逆の場合には同じ日を二日繰り返す; 実際には Bering 海付近および Samoa, New Zealand 付近においてこの線は多少出入りのあるものを国際日付変更線 (international date line) としている》. 〘1880〙

date·man·ship /déɪtmənʃɪp/ *n.* デートに女性を連れ出す手腕.

dáte·màrk *n.* 日付印; 製造年月日印. 〘1850〙

dáte mùssel *n.* 〘貝類〙イシマテガイ (*Lithophaga* 属の二枚貝, ナツメヤシの実に似たヨーロッパシギノハシ (*L. lithophaga*) など). 〘← DATE[1]: この貝が指の形をしていることから; また, 海岸の岩石中に穴をあける習性があり隆起した岩にこの穴が残り, かつてそこが海岸であったことを示すことから得た名ともいう〙

dáte pàlm *n.* 〘植物〙＝date[2] 1.

dáte plùm *n.* 〘植物〙カキ (persimmon), (特に)マメガキ (*Diospyros lotus*)《アジア産で黄色または紫色の小さい食用の実をつける》.

dát·er /-tə | -tə(r/ *n.* **1** 日付印字器, 日付スタンプ. **2** デートをする人. 〘(1611) ← DATE[1]＋-ER[1]〙

dáte ràpe *n.* デートレイプ《知人, 特にデート相手の男性による強姦(ごうかん)》. **dáte-ràpe** *vt.*

dáte shèll *n.* 〘貝類〙＝date mussel.

dáte slìp *n.* 〘図書館〙日限票《帯出日または返却日を記載するために図書館資料に張り付けられた紙片》.

dáte-stàmp *vt.* 〈郵便物〉に日付印を押す. 〘1928〙

dáte stàmp *n.* 郵便日付印. 〘1879〙

dáte trèe *n.* 〘植物〙＝date[2] 1.

dát·ing /-tɪŋ | -tɪŋ/ *n.* **1** 日付記入; 〘商業〙(特に)先日付: a ～ machine [perforator] 日付印字[打抜き]器. **2** 《口語》(異性と)会うこと, デート. **3** (考古学や地質学の)時代測定(法), 年代測定(法). 〘(1678): ⇨ -ing[1]〙

D

dáting àgency *n.* 恋人紹介所[業者].

dáting bàr *n.* 《口語》デート向きの酒場.

da·tiv·al /dətáɪvəl, deɪ-, -vl/ *adj.* 〘文法〙与格の, 与格的な. 〘(1818): ⇨ ↓, -al[1]〙

da·tive /déɪtɪv | -tɪv/〘文法〙*adj.* 与格の (略 dat.): the ～ case 与格《名詞・代名詞が間接目的語となっているときの格》/ a ～ verb ⇨ verb. ― *n.* 与格, 与格形, 与格の語《例: I gave the boy an apple. における boy》: ⇨ ethical dative. 〘(*c*1434) □ L *datīvus* given, of giving ← *dare* to give: ⇨ date[1], -ive〙

dátive ábsolute *n.* 〘文法〙絶対与格, 独立与格構文《ラテン語の ablative absolute を模倣したもので, OE から ME にかけて多く用いられた; 例: *Him sprecrendum,* hīe cōmon. (＝He speaking, they came)》. 〘1870〙

dátive bónd *n.* 〘物理化学〙供与結合 (coordinate bond). 〘1929〙

dá·tive·ly *adv.* 〘文法〙与格的に, 与格として. 〘(1846) ← DATIVE＋-LY[1]〙

da·to /dɑ́ːtoʊ | -təʊ/ *n.* (*pl.* **～s**) (フィリピン諸島南部や中央マレーシアなどのある種族の)社会的・宗教的指導者[貴族層]の称号. 〘(1820) □ Sp. ～ □ Tagalog *datò* ruling head of clam〙

dat·o·lite /dǽtəlàɪt, -tl̩- | -təl-, -tl̩-/ *n.* 〘鉱物〙ダトライト, ダトー石(せき) ($Ca_2B_2SiO_9(OH)_2$)《単斜晶系の鉱物, 塩基性火成岩中の二次的鉱物として産出する》. 〘(1808) □ G *Datolith* ← Gk *dateisthai* to divide: ⇨ -ite[1]〙

Da·tong /dɑ̀ːtʊ́ŋ; *Chin.* tàtʰʊ́ŋ/ *n.* 大同(だいどう)《中国山西省 (Shanxi) 北部の都市; 磨崖仏で有名な雲崗(うんこう)石窟が郊外にある》.

dat·to /dɑ́ːtoʊ | -təʊ/ *n.* (*pl.* **～s**) ＝dato.

da·tu /dɑ́ːtuː/ *n.* ＝dato.

Da·tuk /dætʊ́k/ *n.* ダツク《マレーシアにおける高位の騎士の称号; 女性形は Da·tin /dætín/》. 〘← Malay *datu* chief〙

da·tum /déɪtəm, dǽt-, dɑ́ːt- | déɪt-, dɑ́ːt-/ *n.* (*pl.* **da·ta** /déɪtə | -tə/, 3, 4 では通例 **～s**) **1** [*pl.*] ⇨ data. **2** [通例 *pl.*]〘論理〙与件, 所与, 既知の事実. **3** 〘数学〙既知数. **4** 〘測量〙＝datum plane. **5** 〘心理〙＝sense-datum. 〘(1646) □ L ～ 'given' (neut.p.p.) ← *dare* to give: ⇨ date[1]〙

dátum lèvel *n.* 〘測量〙＝datum plane.

dátum lìne *n.* 〘測量〙基本水準線.

dátum plàne *n.* 〘測量〙基本水準面《海図の基準面》.

dátum pòint *n.* 〘測量〙基準点.

da·tu·ra /dətúᵊrə, -tjúᵊrə | -tjúərə/ *n.* 〘植物〙ナス科チョウセンアサガオ属 (*Datura*) の植物の総称《有毒; cf. stramonium》. 〘(1563) ← NL ～ ← Hindi *dhatūra* □ Skt *dhattūra* ← ?〙

dau. /dɔ́ː, dɑ́ː | dɔ́ː/《略》daughter.

daub /dɔ́ːb, dɑ́ːb | dɔ́ːb/ *vt.* **1** 〔…に〕〈泥や塗料を〉塗りつける〔*on*〕; 〔…を〕〈壁などに〉塗る, なすりつける〔*with*〕: ～ plaster *on* a wall＝～ a wall *with* plaster 壁にしっくいを塗りつける. **2** 〈泥・絵の具などで〉よごす〔*with*〕. **3** 〈絵に〉絵の具をまずく塗る, 塗りたくる; へたに描く: a poor picture carelessly ～*ed over* ぞんざいに絵の具をなすりつけたへたな絵. **4** 《廃・方言》外見をごまかす, ふりをする. ― *vi.* **1** へたな絵をかく. **2** 《古》見せかける. ― *n.* **1** 塗ること. **2** (泥のような)塗料. **3** 塗りつけたもの; へたな絵; よごれ, 斑点. **4** 粗悪な塗料用材料, (特に)安物のしっくい. **5** 《俗》へぼ絵描き. 〘(?*c*1380) *daube(n)* □ OF *dauber* ＜ L *dēalbāre* to whitewash, plaster ← DE-[1]＋*albus* white (cf. album)〙

daube /dóʊb | dɔ́ub; *F.* doːb/ *n.* 〘料理〙ドーブ《赤ワインを加えて蒸し煮にした牛肉・野菜のシチュー》. 〘(1723) □ F ～ ← ? It. *addobbo* seasoning, sauce // □ Sp. **doba* ← *dobar* to stew〙

dáub·er *n.* **1** 壁に壁土を塗る人; へぼ絵かき. **2** 塗り刷毛(はけ), 塗り道具. 〘(*c*1384): ⇨ daub, -er[1]〙

daub·er·y /dɔ́ːbəri, dɑ́ːb- | dɔ́ːb-/ *n.* **1** 絵の具の塗りたくり, へぼ絵. **2** いいかげんなやりかた, ごまかし. 〘(1546) ← DAUB＋-ERY〙

Dau·bi·gny /dòʊbinjíː | dəʊ-; *F.* dobiɲi/, **Charles François** *n.* ドービニ《1817–78; フランスのバルビゾン派 (Barbizon school) の風景画家》.

daub·ry /dɔ́ːbri, dɑ́ːb- | dɔ́ːb-/ *n.* ＝daubery.

daub·ster /dɔ́ːbstə, dɑ́ːb- | dɔ́ːbstə(r/ *n.* へぼ絵かき. 〘(1853) ← DAUB＋-STER〙

daub·y /dɔ́ːbi, dɑ́ːbi | dɔ́ːbi/ *adj.* (**daub·i·er, -i·est**; more ～, most ～) **1** 〈絵が〉絵の具を塗りつけた, へたな. **2** べたべたする, べたつく. 〘(1697): ⇨ -y[4]〙

daud /dɔ́ːd, dɑ́ːd | dɔ́ːd, dɔ́d/ *n.* 《スコット》塊, 厚く切ったもの. 〘(1785) ← dad[2]〙

Dau·det /doudéɪ | dóʊdeɪ; *F.* dodɛ/, **Alphonse** *n.* ドーデ《1840–97; フランスの小説家: *Lettres de mon moulin*「風車小屋便り」(1868), *Tartarin de Tarascon*「タルタランドタラスコン」(1872)》.

Daudet, Léon *n.* ドーデ《1867–1942; フランスの小説家・ジャーナリスト; Alphonse Daudet の子》.

dau·er·schlaf /dáuəʃlàːf | dáuə-; G. dáuɐʃlàːf/ n. 〘医学〙持続睡眠(療法). 〖□ G ～ ← *dauern* to last＋*Schlaf* 'SLEEP'〗

Dau·ga·va /Lat. dáugava/ n. [the ～] ダウガヴァ(川)《Dvina のラトビア語名》.

Dau·gav·pils /dáugəfpìlz | -gæf-; Lat. dáugafpɪls/ n. ダウガフピルス《ラトビア共和国南東部の Western Dvina 川に臨む都市; 旧名 Dvinsk》.

daugh·ter /dɔ́ːtə, dáː- | dɔ́ːtə^(r)/ n. **1 a** 娘 (cf. son¹): She is the ～ of a merchant [a merchant's ～]. / Your loving ～, (あなたを)愛する娘より《手紙の結びのあいさつ》. **b** 義理の娘 (daughter-in-law, stepdaughter); 養女 (adopted daughter). **2** (女子の)子孫: a ～ *of* Abraham アブラハムの娘, ユダヤ女性 / a ～ *of* Eve イブの娘, 女性. **3** (ある国・土地などの)女性: ～*s* of Jerusalem エルサレムの女性たち (*Song of Solomon* 1:5, etc.). **4 a** (精神的な意味などでの)娘 (cf. *adj.* 1): a ～ *of* the church 教会の女性信者 / the ～*s* of Smith College スミス女子大の出身者たち. **b** (事件などの)生んだ女性: a ～ *of* the French Revolution フランス革命の生んだ女性. **c** 所産, 賜物. **5** 《古》**a** 乙女 (maiden). **b** [呼び掛け; しばしば D-]《古》娘さん. **6 a** 〘物理〙＝daughter element. **b** 〘生物〙第一世の子.

a dáughter of the hórseleech (ヒルのように)ひどく貪欲な人, 飽(*)くなき人 (cf. *Prov.* 30:15).

Dáughters of the Américan Revolútion [the —] 米国愛国婦人会《1890 年首都 Washington で組織; 会員は独立革命の参加者の子孫; 略 DAR; cf. SAR》.

— *adj.* [限定的] **1** 娘としての, 娘らしい; 娘のような関係にある: a ～ nation / ～ languages 分系的言語, 派生言語《ラテン語から出たフランス語・スペイン語など》. **2** 〘生物〙(性にかかわらず)第一世の子の.

～·less *adj.* **～·lìke** *adj.*

〖OE *dohtor* < Gmc **doχtēr*, **dhuktēr* (Du. *dochter* / G *Tochter*) < IE **dhug(h)əter* (Gk *thugátēr*)〗

dáughter céll n. 〘生物〙娘細胞, 嬢細胞《もとの細胞 (mother cell) に対して, 細胞分裂の結果生じた 2 個の新しい細胞をいう》.

dáughter cómpany n. 子会社.

dáughter élement n. 〘物理〙娘元素《放射性元素の崩壊によって生じる元素; cf. parent element》. 〖1926〗

dáughter·hòod n. **1** 娘としての身分; 娘のころ, 娘時代. **2** [集合的] 娘たち (daughters). 〖(1835): ⇨ -hood〗

daugh·ter-in-law /dɔ́ːtərɪnlɔ̀ː, dáːtənlà: | dɔ́ːtə(r)ɪnlɔ̀ː, -trɪn-/ n. (*pl.* **daughters-in-law**) **1** 義理の娘, 嫁, (親からみて)息子の妻 (cf. son-in-law). **2** 《俗用》＝stepdaughter. 〖*c*1384〗

dáugh·ter·ly *adj.* 娘としての; 娘らしい, 娘のような: ～ affection. **dáugh·ter·li·ness** n. 〖*a*1535〗

dáughter núcleus n. 〘生物〙(核分裂でできた)娘核.

dauk /dɔ́ːk, dáːk | dɔ́ːk; Hindi. dáːk/ n. 《インド》＝dak.

Dáu·li·an bírd /dɔ́ːliən-, dáː- | dɔ́ː-/ n. 〘鳥類〙＝nightingale 1. 〖*Daulian*: ← NL *Daulias* □ Gk *Daulías* woman of Daulis (＝Procne): ⇨ -an¹〗

Dau·mier /doumjéɪ | dəu-; F. domje/, **Honoré** n. ドーミエ《1808–79; フランスの画家・版画家, 諷刺的な作品で知られる》.

daun·cy /dɔ́ːnsi, dáːn- | dɔ́ːn-/ *adj.* 《米・方言》病身の, 虚弱な (sickly). 〖(1846)《変形》← DONSIE〗

dau·no·my·cin /dɔ̀ːnəmáɪsɪn, dàː-, -sn | dɔ̀ːnə(ʊ)máɪsɪn/ n. 〘生化学〙ダウノマイシン ($C_{27}H_{29}NO_{10}$)《急性白血病の治療に用いる抗癌性抗生物質》. 〖(1964) ← *dauno-* (← *Daunus*＋-MYCIN)〗

dau·no·ru·bi·cin /dɔ̀ːnərúːbəsɪn, -sn | dɔ̀ːnə(ʊ)rúːbɪsɪn/ n. ダウノルビシン《daunomycin の別名》. 〖(*c*1968): ← *dauno-* (↑)＋*rubi(do)-* (← L *rubidus* red)＋*-(my)cin*〗

daunt /dɔ́ːnt, dáːnt | dɔ́ːnt/ *vt.* **1** おじけづかせる, 恐れさせる (⇨ dismay SYN); ひるませる, …の鋭気[気力]をくじく: be ～*ed* by the difficulty その困難におじけづく. **2** 威圧する, 脅かす: ～ a bully with a look 暴れ者をにらみつけて脅す.

nóthing dáunted 《文語》少しも恐れず.

～·er /-tə | -tə^(r)/ n. 〖(?*a*1300) *daunte(n)* □ AF *daunter*＝OF *danter* (異形) ← *donter* (F *dompter*) < L *domitāre* to tame (freq.) ← *domāre* 'to TAME, vanquish, subdue'〗

daunt·ing /dɔ́ːntɪŋ, dáːnt-, -nɪŋ | dɔ́ːnt-/ *adj.* 〈仕事など〉やっかいな, 重荷の; やる気をなくさせる: a ～ prospect (気が引けるような)暗い見通し. **～·ly** *adv.*

dáunt·less *adj.* びくともしない, 豪胆な; 不屈の (⇨ brave SYN): ～ courage. **～·ly** *adv.* **～·ness** n. 〖(1590–91): ⇨ ↑, -less〗

dau·phin /dɔ́ːfɪn, dáː-, doufǽn | dɔ́ːfɪn, dɔ́ʊ-, -fæ̃(ŋ), -fæŋ; F. dofɛ̃/ n. **1** 〘フランス史〙ドーファン《フランス王太子の称号; 1349–1830 年の王朝において王統第一王子》. **2** [D-]〘紋章〙フランス王太子の紋章. 〖(1418) □ (O)F ～ ← *Dauphiné* (Viennois の領主の称号) ← OF *dalfin* 'DOLPHIN': 3 頭のイルカを紋章とする Dauphiné 伯爵の領地を 1347 年にフランス王家に併合したのにちなむ〗

dau·phine /dɔ́ːfiːn, dɑː-, dou- | dɔ́ːfiːn, dɔ́ʊ-, -fɪn; F. dofin/ n. 〘フランス史〙＝dauphiness.

Dau·phi·né /dòufiːnéɪ | dɔ́ːfɪnèɪ, dɔ́ʊ-, ⏤⏤⏤; F. dofine/ n. ドーフィネ《フランス南東部の地方で Provence の北方; かつての州》.

dau·phin·ess /dɔ́ːfɪnɪ̀s, dáː- | dɔ́ːfɪnɪs, -nès/ n. 〘フランス史〙フランス皇太子妃の称号. 〖(1548) (fem.) ← DAUPHIN〗

daur /dɔ́ə | dɔ́ː^(r)/ *vt., vi.* 《スコット》＝dare¹.

Daus·set /douséɪ | dəu-; F. dosɛ/, **Jean-Baptiste-Gabriel-Joachim** n. ドーセット《1916– ; フランスの医学者; Nobel 生理学医学賞 (1980)》.

daut /dɔ́ːt, dáːt | dɔ́ːt/ *vt.* 《スコット》やさしくなでる, 愛撫する; 大事にする, かわいがる. 〖(1500–20) ← ?〗

Dau·zat /douzáː | dəu-; F. doza/, **Albert** n. ドーザ《1877–1955; フランスの言語学者》.

DAV /dìːèɪvíː/ 《略》Disabled American Veterans 米国傷痍(しょうい)軍人団.

Da·vao /dɑːváu, dáːvau, ⏤⏤ | dævá:əu, də-/ n. ダバオ《フィリピン諸島中の Mindanao 島南東部の海港》.

Dave /déɪv/ n. デーブ《男性名》. 〖(dim.) ← DAVID〗

da·ven /dáːvən/ *vi.* (儀式的性格を帯びた)ユダヤ人特有の祈りを唱える, 祈りを先導する. 〖(1930) □ Yid. *davnen* to pray, worship〗

D'Av·e·nant /dǽvənənt | -vɪ̵n-/ (*also* **Dav·e·nant** /～/), Sir **William** n. ダベナント《1606–68; 英国の劇作家・詩人, *The Siege of Rhodes* (1656) により英国オペラを創始; *The Wits* (1636)》.

dav·en·port /dǽvənpɔ̀ət | -pɔ̀ːt/ n. **1** 《米》(寝台にもなる)長椅子, 大型ソファー. **2** 《英》(19 世紀前期のちょうつがい式の傾斜蓋と側面に引き出しを備えた)書き物机. 〖(1853) ← ? *Davenport* (その製造者)〗

Dav·en·port /dǽvənpɔ̀ət | -pɔ̀ːt/ n. ダベンポート《米国 Iowa 州東部の都市, Mississippi 川に臨む》. 〖19 世紀の毛皮交易商 *Col. G. Davenport* にちなむ〗

Dav·en·port /dǽvənpɔ̀ət | -pɔ̀ːt/, **John** n. ダベンポート《1597–1670; 清教徒の牧師で米国 Connecticut 州 New Haven の創建者の一人》.

Dav·en·try /dǽvəntri/ n. ダベントリ《イングランド Northamptonshire 州の古い町で BBC の放送局がある》. 〖OE *Daventrei* ← ?〗

Da·vey /déɪvi/ n. デービー《男性名》. 〖(dim.) ← DAVID〗

Da·vid /déɪvɪ̵d | -vɪd; Du. dáːvɪt, F. david, G. dáːfɪt, -vɪt, Sp. daβí(ð), Russ. davʲít/ n. **1** デービッド《男性名; 愛称形 Dave, Davey, Davy, (ウェールズ) Taffy; 異形(ウェールズ) Daffyd, Dafod, Dai, Dawfydd》. **2** 〘聖書〙ダビデ《ベツレヘムの Jesse の末子, Goliath を殺した; サウル (Saul) の跡を継ぎ国都を Jerusalem に定め約 40 年間イスラエルの王となる(紀元前約 1000 年頃); 旧約聖書中の「詩篇 (Psalms)」の作者と伝えられる》.

Dávid and Jónathan 無二の親友 (cf. *1 Sam.* 18:1).

Da·vid·ic /dəvídɪk, deɪ- | -dɪk/ *adj.* 〖□ LL *Dāvīd* □ Heb. *Dāwīdh* (原義)? beloved, friend〗

Da·vid /déɪvɪ̵d | -vɪd/, Saint n. デービッド《?–?601; ウェールズの司教, 同地方の教化に尽くし多数の会堂を建てた; ウェールズの守護聖人, 七守護聖人 (SEVEN Champions of Christendom) の一人; 祝日 3 月 1 日》.

Da·vid /dɑːvíːd, dæ-; F. david/, **d'An·gers** /dɑ̃ʒe/ n. ダビド《1788–1856; フランスの彫刻家; 本名 Pierre Jean David》.

Da·vid /déɪvɪ̵d | -vɪd/, **Elizabeth** n. デービッド《1913–92; 英国の料理研究家》.

Da·vid /dɑːvíːd, dæ-; F. david/, **Jacques Louis** n. ダビド《1748–1825; フランスの新古典主義画家》.

Da·vid I /déɪvɪ̵d | -vɪd/ n. デービッド一世《1084–1153; スコットランド王 (1124–53); イングランド王 Henry 一世の死後, 同王の娘 Matilda を擁立して Stephen 王と争ったが失敗した》.

David II n. デービッド二世《1324–71; スコットランド王 (1329–71); Edward de Baliol によってフランスに追放される (1334–41)》.

Da·vi·da /dəvíːdə | -də/ n. ダビーダ《女性名; 愛称形 Vida, 異形 Davina》. 〖(fem.) ← DAVID〗

Da·vid·son /déɪvɪ̵dsən, -sn | -vɪd-/, **Jo** *or* **Joseph** n. デービドソン《1883–1952; 米国の彫刻家》.

Davidson, John n. デービドソン《1857–1909; スコットランド出身の詩人・劇作家; *Fleet Street Eclogues* (1893)》.

Da·vies /déɪviːs | -vɪs, -viːz/, Sir **Peter Maxwell** n. デービス《1934– ; 英国の作曲家; 技法のかなりの部分を中世音楽に負う; *Taverner* (歌劇, 1970)》.

Da·vies, William Henry n. デービス《1871–1940; ウェールズ生まれの英国の叙情詩人; *The Autobiography of a Super-Tramp* (自伝, 1908)》.

Davies, (William) Robertson n. デービス《1913–95; カナダの小説家・劇作家》.

da Vignola, Giacomo n. ⇨ Vignola.

Da·vi·na /dəvíːnə/ n. ダビーナ《女性名; スコットランドに多い》. 〖(fem.) ← DAVID〗

da Vin·ci /də víntʃi; It. davíntʃi/, **Leo·nardo** n. ダビンチ《1452–1519; イタリアルネサンス盛期の画家・彫刻家・建築家・科学者; *The Last Supper* (1495–97), *Mona Lisa* (*La Gioconda*) (1503–06)》.

Da·vis¹ /déɪvɪ̵s | -vɪs/ n. デービス《男性名》. 〖もと家族名《短縮》← ME *Davyson* 'SON¹ of DAVID'〗

Da·vis² /déɪvɪ̵s | -vɪs/ *adj.* [限定的] **1** 潜水艦脱出のための: the ～ (submarine) apparatus. **2** (深海潜水における)減圧のための: the ～ chamber 減圧室. 〖(1931) ← *Sir R. H. Davis* (1870–1965: その発明者)〗

Da·vis, Angela (Yvonne) n. デービス《1944– ; 米国の黒人女性左翼活動家》.

Davis, Bette n. デービス《1908–89; 米国の映画女優; 本名 Ruth Elizabeth Davis》.

Davis, Sir **Colin** n. デービス《1927–2013; 英国の指揮者》.

Davis, Dwight F(illey) n. デービス《1879–1945; 米国の官僚・テニス選手; 陸軍長官 (1925–29); 1900 年にのちにテニスの国際試合の優勝杯となる Davis Cup を寄贈》.

Davis, Jefferson n. デービス《1808–89; 米国の政治家, 南北戦争時の南部連邦大統領 (1861–65)》.

Davis, Joe n. デービス《1901–78; 英国のビリヤードおよびスヌーカー (snooker) の名手; スヌーカー世界チャンピオン (1927–46), ビリヤード世界チャンピオン (1928–33)》.

Davis, John n. デービス《1550?–1605; 英国の航海家: Falkland 諸島を発見 (1592)》.

Davis, Miles (Dewey) n. デービス《1926–91; 米国の黒人ジャズトランペット奏者・作曲家》.

Davis, Richard Harding n. デービス《1864–1916; 米国のジャーナリスト・小説家・編集者》.

Davis, Steve n. デービス《1957– ; 英国のスヌーカープレーヤー; 世界チャンピオン (1981, 83–84, 87–89); 沈着冷静なプレーで知られる》.

Dávis Cúp n. [the ～] **1** デビスカップ《1900 年 D. F. Davis が英米対抗テニス試合の優勝賞杯として寄贈した大銀杯》. **2** デビスカップ争奪戦, デ杯戦《1904 年以降英米両国間に限らず世界を 4 つのゾーンに分けトーナメント方式で争う, 男子の国別対抗テニス選手権試合の通称; 正式名 the International Lawn Tennis Championships》. 〖1901〗

Da·vis·son /déɪvɪ̵sən, -sn | -vɪ-/, **Clinton Joseph** n. デービソン《1881–1958; 米国の物理学者; Nobel 物理学賞 (1937)》.

Dá·vis·son-Gér·mer expèriment /-gɜ́ːmə- | -gɜ́ːmə^(r)-/ n. 〘物理・結晶〙デービソンガーマーの実験《結晶による電子線回折により電子線が波の性質をもつことを証明した実験 (1927)》. 〖← *C. J. Davisson*＋*L. H. Germer*: ともに米国の物理学者〗

Dávis Stráit n. [the ～] デービス海峡《Greenland と Baffin Island との間の海峡》. 〖← *John Davis* (その発見者)〗

da·vit /dǽvɪ̵t, déɪv- | -vɪt/ n. 〘海事〙**1** ダビット, 鈎(かぎ)柱《ボートや錨などを上げ下ろしするための吊り柱, 2 本一組》. **2** 《古》＝fish davit. 〖(1373) □ AF & OF *daviot* (dim.) ← *Davi* David: cf. *1 Sam.* 19:12〗

Dav·itt /dǽvɪ̵t | -vɪt/, **Michael** n. ダビット《1846–1906; アイルランドの政治家; Land League の創設者》.

Da·vos /dɑːvóus | dævə́us, dáːvɔs; G. davóːs/ n. ダボス《スイス東部 Graubünden 州にある谷間の保養地, ウィンタースポーツの行楽地》.

Da·vout /dəvúː; F. davu/, **Louis Nicolas** n. ダブー《1770–1823; フランスの軍人, Napoleon 一世の下で元帥となる; 称号 Duc d'Auerstaedt /dykdawərstɛt/, Prince d'Eckmühl /prɛ̃sdekmyl/》.

da·vy /déɪvi/ n. 《俗》＝affidavit: take one's ～ *that* [*to* the fact] …と[その事実を]誓う. 〖(1764)《縮約》← AFFIDAVIT〗

Da·vy /déɪvi/ n. デービー《男性名》. 〖(dim.) ← DAVID〗

Da·vy /déɪvi/, Sir **Humphry** n. デービー《1778–1829; 英国の化学者・物理学者; cf. Davy lamp》.

Dávy Jònes n. 《俗》〘海事〙(伝説上の)海の悪魔, 海の悪霊《船員がつけたユーモラスな名称》. 〖(1751) ← ?: cf. *Jonah* 2:3, 5〗

Dávy Jònes's lócker n. 海底; (特に海で死ぬ人の墓場としての)海: go (down) [be sent] to ～ 海の藻くずとなる. 〖(*c*1777) ↑〗

Dávy làmp n. デービー灯《初期の鉱山用安全灯の一種で炎のまわりを金網で囲ってメタンの着火温度以上にならないようにしたもの》. 〖(1817) ← *Sir H. Davy* (その発明者)〗

Dávy's lócker n. ＝Davy Jones's locker. 〖1839〗

daw¹ /dɔ́ː/ n. 《古・方言》＝jackdaw. 〖(?*a*1425) *dawe* < ? OE **dāwe*, (WGmc) **dagwōn*, *daχwōn* (OHG *tāha*)〗

daw² /dɔ́ː, dáː | dɔ́ː/ *vi.* (～**ed**; ～·**en** /～ən/)《廃・スコット》＝dawn.

daw·dle /dɔ́ːdl̩, dáː- | dɔ́ː-/ *vi.* **1** ぶらぶらして時を過ごす, ぐずぐずする (⇨ loiter SYN): ～ *over* one's work だらだら仕事をする. **2** ぶらぶら歩く. — *vt.* 〈時を〉空費する 〈*away*〉: ～ *away* the hours. — n. **1** ぶらぶら(時を空費)すること. **2** ＝dawdler. **dáw·dlin·gly** /-dlɪŋ-, -dl-, | dl-, -dl-/ *adv.* 〖(*a*1656) ← ?: cf. 《方言》*daddle* to totter like a baby〗

dáw·dler /-dlə, -dlə | -dlə^(r), -dlə^(r)/ n. のろま, ぐず; 怠け者. 〖(1818): ⇨ ↑, -er¹〗

Dawes /dɔ́ːz, dáːz | dɔ́ːz/, **Charles Gates** /géɪts/ n. ドーズ《1865–1951; 米国の政治家・財政家, 副大統領 (1925–29), Dawes plan の立案者; Nobel 平和賞 (1925)》.

Dáwes plàn n. [the ～] ドーズ案《第一次大戦後のドイツ賠償案が支払能力を超えていたために作成された改定案, 1924–29 年実施; cf. Young plan》.

dawg /dɔ́ːg, dáːg | dɔ́ːg/ n. 《口語》＝dog. 〖1898〗

dawk /dɔ́ːk, dáːk | dɔ́ːk/ n. ＝dak.

dawn /dɔ́ːn, dáːn | dɔ́ːn/ n. **1** 夜明け, あけぼの, 黎明(れいめい): at ～ 明け方に / at (the) break [the crack] of ～ 夜明けに / from ～ till [to] dusk [dark] 夜明けから夕暮れまで / *Dawn* is breaking. 夜が明けようとしている / get up with the ～ 夜明けとともに起きる / ～ light 夜明けの光. ★ ラテン語系形容詞: auroral. **2** [通例 the ～] (物事の)発端, 始め, 始まり; 黎明, 曙(しょ)光, 夜明け: *the* ～ *of* intelligence [civilization, hope, peace, a new era] 人知[文明, 希望, 平和, 新時代]の曙光 / before [since] *the* ～ of history 有史以前[以来]. **3** 《口語》突然の悟り, ひらめき, ぴんとくること.

a fálse dáwn 偽りの夜明け, あてにならない期待, ぬか喜び, 一時的な成功. ***cáme the dáwn*** (1) (苦難のあとで)光が見えてきた, 峠を越した. (2) わかってきた, ぴんときた. 〖1927〗

— *vi.* **1** 夜が明ける, 空が白む: the ～*ing* light 夜明けの光 / It [Day, Morning] ～*s*. 夜が明ける, 空が白む. **2 a** 〈才知・意識・文化などが〉(徐々に)発達し始める, 現れ始める, 兆す: ～*ing* consciousness [intelligence] 現れ始めた意識[理知] / All at once a suspicion ～*ed* in my mind. たちまち私の心に疑いの念が兆した / A new era has ～*ed* [is ～*ing*] (for humanity). (人類にとって)新時代が現れ始めた[始めかけている]. **b** 〈物が〉現れ出す, 見え出す: a ～*ing* mustache そろそろ生え出した口ひげ. **3** 〈事が〉〔人(の心)に〕わかり始める〔*on, upon*〕: *It* has ～*ed* (*up*)*on* me *that* ...ということが私にわかってきた.

～·lìke *adj.* 〖(1449)《逆成》← DAWNING: cf. ME *daue(n)* < OE *dagian* to dawn〗

Dawn /dɔ́ːn, dáːn | dɔ́ːn/ *n.* ドーン《女性名; 19 世紀末から使われ始めた》. 〖↑〗

dáwn chòrus *n.* **1** 暁の合唱《夜明けの小鳥のさえずり》. **2** (オーロラなどに関係のある)早朝のラジオ電波障害.

daw·ney /dɔ́ːni, dáː- | dɔ́ː-/ *adj.* 《アイル》〈人が〉鈍感な, 鈍い; 無関心な. 〖?〗

dáwn·ing *n.* **1** 夜明け, あけぼの; 東天, 東方. **2** (物事の)兆し, 出現, 始まり: the ～ of a new era [culture] 新時代[文化]の黎明(れいめい). 〖(*c*1250) *dauninge*《変形》← *dauinge* < OE *dagung* ← *dagian* ← (Gmc) **dazaz* (cf. day): ⇨ -ing¹: -*n*- は ON (cf. Swed. & Dan. *dagning*) または evening の影響〗

dáwn patròl *n.* **1** 〖軍事〗払暁偵察(飛行)《早朝にその日の敵軍の位置や動きを偵察するために行う》. **2** (ラジオ・テレビの)早朝番組担当職員.

dáwn ráid *n.* **1** 《英》〖証券〗暁の急襲《取引開始直後に特定の会社の株を大量に買い占めること; 企業乗っ取りの目的でなされる》. **2** (警察などの)早朝の攻撃[手入れ], 朝駆け.

dáwn rédwood *n.* 〖植物〗中国産のヌマスギ科の針葉樹 (*Metasequoia glyptostroboides*)《米国 California 産のアメリカスギに似ている; 長い間絶滅したと考えられていたが今では米国にも広まっている》. 〖1948〗

Daw·son /dɔ́ːsən, dáː-, -sṇ | dɔ́ː-/ *n.* ドーソン《カナダ北東部の都市; Yukon 川と Klondike 川の合流点近くにある; もと Yukon Territory の首都》. 〖カナダの地質学者 G. M. Dawson (1849–1901) にちなむ〗

Daw·son /dɔ́ːsən, dáː-, -sṇ | dɔ́ː-/, **Sir John William** *n.* ドーソン《1820–99; カナダの地質学者・博物学者・教育者》.

Dáwson Créek *n.* ドーソンクリーク《カナダ British Columbia 州北東部の町, Alaska Highway の起点》.

dawt /dɔ́ːt, dáːt | dɔ́ːt/ *vt.* 《スコット》=daut.

Da Xing'an Ling /dɑːhìŋɡáːnlíŋ; *Chin.* tàɕīŋānlíŋ/ *n.* =Da Hinggan Ling.

day /déɪ/ *n.* **1 a** 一日, 一昼夜, 日: every ～ 毎日 / for ～*s* (and ～*s*) 何日も / He'll come back any ～ now. いつ帰ってきてもおかしくない / every other ～=every second ～ 一日置きに / one (fine) ～ (過去, 時に未来の)ある日, 他日 / the ～ after the following [next] ～ その次の日(に), 翌日(に) / the other ～ 先日, 過日 / the previous ～=the ～ before その前日 / some ～ いつかそのうちに, 他日 / He'll come back one of these ～*s*. そのうちに彼は帰って来るだろう / in a ～ 一日で, 短日月に, 一朝一夕に / (the) ～ after tomorrow 明後日, あさって / (the) ～ before yesterday 一昨日, おととい《★ 上の 2 例で the を略すのは《米》》/ It happened the ～ after [the next ～, (on) the following ～]. それは翌日に起こった / It happened the ～ before [(on) the preceding ～]. それは前日に起こった / a creature of a ～ 一日限りの(短命の)動物 / ⇨ day's work / There was a furious storm the ～ we crossed the channel. 我々が海峡を渡った日に猛烈な嵐に出くわした《★ the day は 'on the day when' の意》/ I never know what will happen from one ～ to another [the next]. (毎日)明日は何が起こるかとおちおちできない / I'm having an off ～: can I have [take] the ～ off? 私は非番の日があります. その日休暇を取ることができますか / I've had a wonderful ～! すてきな一日だった / Those were black [dark] ～*s* indeed! そのころは本当に不吉な日々だった / During [in] the darkest ～*s* of my life 私の人生で最も暗い時代に / He doesn't look a ～ older [over 35]! 彼は少しも年を取ったように [35 歳以上に]見えない / a hard [good] *day's* work 一日の重労働[たっぷり一日分の仕事] / a fair *day's* work for a fair *day's* pay 適正な日給で一日分のかなりの仕事. ★ ラテン語系形容詞: diurnal. 日英比較 生活のサイクルが伝統的に曜日中心なので, What *day* is it today? は, 一般には What *day* of the week is it today? の意味で, 曜日を尋ねる表現として理解される. 何日かと日付を尋ねるときは, What's the date today? または What day of the month is it today? などを用いる. **b** 〖天文〗(地球以外の)天体の 1 日《その 1 回の自転に要する時間》: The moon's ～ is 27 solar ～*s*. 月の 1 日は 27 太陽日である.

2 a 日中, 昼(間); 日光: in broad ～ 昼日中に, 真っ昼間に / before ～ 夜明け前に / all ～ (long)=all the ～ long=the whole ～ (long) 日中ずっと, 終日, 一日中 / ～ and night=night and ～ ⇨ night 成句 / during the ～ 日中 / (as) clear [plain] as ～ 昼のように明るい; きわめて明白で / *Day* breaks [dawns]. 夜が明ける. **b** [D-] 〖ギリシャ神話〗昼の神 (Nyx の子; cf. Hemera).

3 [しばしば *pl.*] 時代; [the ～] 現代, 当代 (cf. hour 3): *in* the ～*s* of Queen Elizabeth I エリザベス一世の時代に / *in* ～*s* to come 将来において / *in* ～*s* gone by=*in* (the) olden ～*s* 昔 / The good old ～*s* have [are] gone for good. 古きよき時代は永久に去ってしまった / *in* those ～*s* そのころ / these ～*s* このごろは / *at the* present ～ 今の時代 / men and women of *the* ～ 時の人《当代の重要人物》/ *in the* ～*s* of the telephone and telegraph 電話と電報の時代に / It is incredible that some people (should) still believe in ghosts *in* this ～ and age. 今時幽霊の存在を信じている人がいるとは信じられない / Don't worry: it's early ～*s* yet. 心配するな. まだ早い.

4 a 特定の日; 祭日, 祝日; 催し日; 期日, 約束の日, 日取り: assign [fix, set] a ～ 日を定める / one's ～ (毎週 1 回の)面会日 / keep one's ～ 期日[約束]を守る / name the ～ (特に女性が自分の結婚の)日取りを決める / ⇨ Christmas Day, Armistice Day, Memorial Day, New Year's Day, payday, red-letter day. **b** [the ～] 《スコット》きょう, 今日 (today).

5 労働[勤務]時間の 1 日: an eight-hour ～ (1 日) 8 時間労働 / by the ～ 1 日いくらで, 日決めで / ⇨ working day.

6 1 日の行程: The boat was seven ～*s* out of port. 船は港を出て 7 日目であった.

7 [通例 the ～] (ある日に起こる)戦い, 勝負: win [carry] *the* ～ 勝つ / lose *the* ～ 負ける / *The* ～ is [is going] against us. 形勢は我が軍[我が方]に不利 / *The* ～ is ours! 勝利はこちらのもの.

8 a [しばしば *pl.*] (人の)一生: end one's ～*s* 一生を終える, 晩年を過ごす / in one's last ～*s* 晩年において / ⇨ *in all one's* BORN *days*. **b** 活動時代, 盛りの時代; 幸運の時, 景気のよい時: He was a great singer *in* his ～. 彼は若いころはすばらしい歌手だった / I read much *in* my ～. 若いころは大の読書家だった / It's not your ～ today. もう君の時代ではない / Every dog has his [its] ～. 《諺》だれにも栄える時があるものだ / Don't worry: it'll be all right *on* the ～! 心配するな. 時が来ればうまくいくよ.

9 (窓の)一区切り.

10 初め, すべり出し, スタート: a new ～ for the two of them 二人にとって新しい門出 / A new ～ is dawning [has dawned] (for humanity). (人類にとって)新しい出発の時が来つつある[来た].

11 (鉱山の上の)地表.

áll in the* [*a*] *dáy's wórk 当り前のことで. 《1820》 ***(as) háppy* [*mérry*] *as the dáy is lóng*** 非常に幸福で(多いに浮かれて). ***at the énd of the dáy*** つまるところ. ***be námed on* [*in*] *the sáme dáy*** =*be mentioned in the same* BREATH. ***between twó dáys*** 夜通し. ***by dáy*** 昼間(に), 日中(は) (cf. *by* NIGHT): London *by* ～ is different from London by [at] night. 昼間のロンドンは夜のロンドンと異なる. ***cáll it a dáy*** 《口語》(1) これで今日は終りにする; 仕事を一応おしまいにする: Let's *call it a* ～. 今日はここまでにしよう. (2) 不足を言わない, 満足する. 《1919》 ***dáy abóut*** 隔日に, 一日置きに (every other day). ***dáy àfter dáy*** (同じ状態が)次の日も次の日も, 毎日毎日. ★ day by day と同様に副詞句として用いるほかに, 名詞的に主語としても用いる: *Day after* ～ went by, and still no answer arrived. 一日一日が過ぎて行ったが返事が来なかった. 《1830》 ***dáy and níght*** ⇨ night 成句. ***dáy by dáy*** (変化が)一日一日と, 日毎に, 日々 (cf. NIGHT *by night*): *Day by* ～ things are going worse. 一日一日事態が悪化している. 《1362》 ***dày ín*(,) *dày óut=dày in and dày óut*** 明けても暮れても, 毎日毎日. 《1828》 ***dáy of rést*** 安息日; 日曜日. ***for the dáy*** (その) 1 回だけ(は), きょうはこれでおしまいとして: She went to Tokyo *for the* ～. 彼女は東京へ日帰りで出かけた / My work is over *for the* ～. きょうの私の仕事は済んだ. ***(from) dáy to dáy*** 一日一日と; その日その日で, 当座しのぎに (cf. day-to-day): The weather changes *from* ～ *to* ～. 天気は一日一日変わる / He just made his plans *from* ～ *to* ～. (将来の見通しがなく)その日その日で計画を立てるだけだった. ***from Dáy 1* [*One*]** 最初から. ***from óne dày to anóther* [*the néxt*]** ⇨ 1 a. ***have hád one's* [*its*] *dáy*** 盛時を過ぎた, 流行遅れである: These old habits *have had their* ～. これらの昔の習慣はもうすたれた. 《1841》 ***have séen* [*knówn*] *bétter* [*one's bést*] *dáys*** 〈人が〉(今は落ちぶれているが)昔はよい時もあった; 〈衣服・家などが〉今では着古されてくたびれて[がたがきて]いる: He *has seen better* ～*s*. 彼にももっと羽振りのよい時代があった / The old house *had seen its best* ～*s*. その古びた家は今は見る影もなかった. 《*c*1590》 ***if a dáy*** ⇨ if 成句. ***if he's* [*she's, it's, they're*] *a dáy*** ⇨ if 成句. ***It's éarly dáys.*** 時期尚早でどうなるかわからない. ***it's nót évery dáy* (*that*)** ...はざらにあることではない. ***It's nót a person's dáy*** 《口語》...はついてない, ...の厄日だ. ***láte in the dáy*** ⇨ late *adj.* 成句. ***(líve to) sée the dáy (when)*** ... 生き(永らえ)て...を見る. ***màke a dáy of it*** 《口語》一日楽しく遊ぶ[浮かれ騒ぐ]. ***màke a person's dáy*** 人を喜ばせる. ***nót hàve áll dáy*** ぐずぐずしている時間がない. ***of the dáy*** (レストランのメニューで)本日の. ***óne of thèse (fíne) dáys*** いつか, そのうちに, 近日中に (⇨ 1 a). 《1535》 ***óne of thóse dáys*** 《口語》何もかもうまくいかない日, ついていない日. 《1936》 ***sáve the dáy*** どたんばで勝利[成功]を収める. ***Thát will* [*Thát'll*] *be the dáy.*** 《口語》待つだけの価値がある; 《反語》そんなことはありそうもない, まさか. 《1941》 ***the dáy of smáll thìngs*** 物事がすべて小規模な時代, 取るに足らぬ時代 (Zech. 4:10). ***thís dày wéek* [*mónth, yéar*]** 来週[来月, 来年]の今日; 先週[先月, 昨年]の今日. ***Thóse were the dáys!*** 昔[あのころ]はよかった; 《反語》昔はひどかった. 《1922》 ***to the* [*a*] *dáy*** 1 日もたがわずに, きっかり: five years ago *to the* (*a*) ～ ちょうど 5 年前. ***to this* [*that*] *dáy*** 今日[その日]に至るまで: *To this* ～ no one knows [has found out] the truth. 今日までだれも真相を知らない[を突きとめたものはない]. 《1662》 ***tùrn níght into dáy*** ⇨ night 成句. ***withòut dáy*** 日限を切らずに, 無期限に (sine die) 《《米》では without date ともいう》.

dáy in cóurt (1) 〖法律〗法廷出頭日《法廷で弁論をするために指定された日》. (2) 意見[論証]を述べる機会, 適正な裁判を受ける機会: prepare for one's ～ *in court* 自分の見解を表明する日に備える. (3) 《米口語》発言の機会: Don't worry: we'll give you your ～ *in court!* 心配するな. 発言の機会を与えるから.

dáy of áction 《英》(抗議)ストの一日.

Dáy of Atónement [the ―] =Yom Kippur. 《1611》

Dáy of Júdgment [the ―] =Judgment Day. 《*c*1525》

dáy of réckoning [the ―] (1) 勘定[決算]日. (2) (過去に犯した誤り・罪の)報いを受けねばならない日. (3) 最後の審判日 (Judgment Day). (4) 成否が決まる日.

Dáys of Áwe 〖ユダヤ教〗=High Holidays.

dáys of gráce (手形などの支払期日後の)猶予日, 恩恵日《通例 3 日間》. 《(1726)《なぞり》← L *diēs grātiae*》

— *adj.* **1** 昼間の, 平日の: ⇨ day school. **2** 通いの: a ～ patient 外来患者.

〖OE *dæg* < Gmc **dazaz*《原義》? time when the sun is hot (Du. *dag* / G *Tag* / Dan & Swed. *dag*) ← IE **dhegh-* to burn (L *fovēre* to warm / Gk *téphrā* ashes / Skt *nidāgha* heat, summer) // ← IE **agh-* day〗

Day /déɪ/, **Clarence Shep·ard, Jr.** /ʃépəd | -pəd/ *n.* デイ《1874–1935; 米国のユーモア小説作家; *Life With Father* (1935)》.

Day, Doris *n.* デイ《1924– ; 米国の歌手・女優; 本名 Doris Kappelhoff》.

Day, Sir Robin *n.* デイ《1923–2000; 英国の放送ジャーナリスト》.

Day, Thomas *n.* デイ《1748–89; 英国の社会改革家・児童文学作家; *The History of Sandford and Merton* (1783–89)》.

Day·ak /dáɪæk/ *n.* (*pl.* ～, ～s) **1 a** [the ～(s)] ダヤク族《Borneo 先住民の一種族》. **b** ダヤク族の人. **2** ダヤク語. 〖(1836) □ Malay *dayak* up-country ← *darat* land〗

da·yan /dɑːjáːn, daɪ- | daɪǽn, -áːn/ *Heb. n.* (*pl.* **da·ya·nim** /-nɪ̀m | -nɪm/) ユダヤ人の宗教裁判官. 〖(1880) □ Heb. *dayyān* judge: ⇨ Dan³〗

Da·yan /dɑːjáːn | daɪǽn, -áːn/, **Moshe** *n.* ダヤン《1915–81; イスラエルの軍人・政治家; 国防相 (1967, 1969–74, 外相 (1977–79)》.

dáy bèacon *n.* 〖海事〗昼標《点灯装置のない航路標識》.

dáy·bèd *n.* デイベッド《壁に沿って置かれる昼間の休息用の長椅子; 17 世紀から 18 世紀にヨーロッパ諸国で流行した》; 寝台兼用のソファー, ソファーベッド. 〖1592–93〗

dáy·bìll *n.* 芝居などの広告[宣伝]ポスター (cf. playbill). 〖1824〗

dáy blìndness *n.* 〖病理〗=hemeralopia (↔ night blindness).

dáy bòarder *n.* 《英》(寄宿学校の)通学生《寄宿舎に入らないで食事だけを学校の賄いでする》.

dáy·bòok *n.* **1** 日誌, 日記 (diary). **2** 〖簿記〗取引日記帳. 〖1580〗

dáy bòy *n.* 《英》**1** (寄宿学校の)男子の通学生, 通学男子生徒 (cf. boarder 1 a). **2** (住込みに対し)通いの男性の使用人[店員, 召使]. 〖1848〗

dáy·brèak *n.* 夜明け: at [toward] ～ 夜明けに[頃に]. 〖1530〗

dáy-by-dáy *adj.* 毎日毎日の, 日ごとの: the ～ entries of one's diary 日記の毎日毎日の書き込み事項.

dáy càmp *n.* (子供用の)昼間キャンプ《宿泊設備がなく平日の日中だけ使われる: cf. summer camp》.

dáy-càre /déɪkèə | -kèə(r)/ *adj.* 《米》託児の, 保育の: ～ services 託児機関.

dáy càre *n.* **1** 《英》デイケア《未就学児童・高齢者・身体障害者などに対して, 専門的訓練を受けた職員が家族に代わって行う仕事日の昼間介護》. 日英比較 「デイサービス」(病人や痴呆性老人などに在宅看護を行う様々なサービス)は和製英語. 英語では adult *daycare* という. **2** 《NZ》=day-care center. 〖1947〗

dáy-care cènter *n.* 介護[福祉]センター.

dáy·cènter *n.* デイセンター《高齢者・身体障害者に対して娯楽などを提供する福祉センター》. 〖1961〗

dáy-clèan *n.* 《カリブ・アフリカ西部口語》晴天の夜明け, 明け方.

dáy clòck *n.* 日巻き時計. 〖1859〗

dáy còach *n.* 《米》(列車の)普通客車 (cf. lounge car, parlor car).

dáy-dàwn *n.* 《詩文》夜明け (daybreak). 〖1813〗

dáy·dream /déɪdrìːm/ *n.* 白日夢, 空想, 夢想.
— *vi.* 空想に耽(ふけ)る. — *vt.* [～ *oneself* で] 空想に耽る. **～·lìke** *adj.* **～·y** /-mi/ *adj.* 〖1685〗

dáy·drèamer *n.* 空想[夢想]家. 〖1849〗

dáy·flòwer *n.* 〖植物〗咲いたその日のうちにしぼむ花の総称《ツユクサ (*Commelia communis*)・ムラサキツユクサ (spiderwort) など》. 〖*c*1688〗

dáy·flỳ *n.* 〖昆虫〗カゲロウ《蜉蝣(ふゆう)目に属する昆虫の俗称》. 〖1601〗

dáy gìrl *n.* 《英》**1** (寄宿学校の)女子の通学生, 通学女子生徒. **2** 通いのお手伝い[女性店員など].

Day-Glo /déɪɡlòu | -ɡlə̀u/ *n.* 〖商標〗デイグロー《蛍光顔料を含んだ印刷用インク・塗料の一種》. — *adj.* [d- g-] (日中の光の中で輝く)明るいオレンジ[緑, ピンク]色の. 〖1951〗

dáy-glòw *n.* 〖気象〗昼間大気光. 〖*c*1960〗

dáy hòspital *n.* 《英》(昼間だけの)外来(患者専用)病院. 〖1843〗

dáy jèssamine [**jàsmine**] *n.* 〖植物〗ナス科ヤコウボクの一種 (*Cestrum diurnum*)《西インド諸島産; その

白い花は日中に芳香を放つ).
dáy jòb *n.* (主たる収入源の)本業: You're a good writer but don't give up your ～ just yet! あなたはすぐれた作家だが, 今すぐには本業をやめないようにしなさい.
dáy làbor *n.* **1** 日雇い労働[仕事]. **2** [集合的] 日雇い労働者たち. 〖*c*1449〗
dáy làborer *n.* 日雇い労働者. 〖1548〗
dáy lètter *n.* 《米》昼間発送電報 《低料金だが少し配達が遅くなる; cf. lettergram, night letter》. 〖*c*1913〗
Day-Le·wis /déɪlúːɪs | -ɪs/, **Cecil** *n.* ルイス 《1904–72; アイルランド生まれの英国の詩人・批評家, Nicholas Blake の筆名で推理小説家; 桂冠詩人 (1968–72); *Collected Poems, 1929–1933* (1935)》.
day·light /déɪlàɪt/ *n.* **1 a** 昼の光, 日光 (cf. sunlight, sunshine). **b** 〖写真〗デーライト, 昼の光 《太陽の直射光と空からの光の混合された光》. **2** 夜明け: at ～ 夜明けに. **3** 昼, 昼間: in broad ～ 真っ昼間に, 白昼; 公衆の面前で. **4** 明らかさまであること, 周知; (はっきりしていなかったことに対する)知識, 理解. **5** (仕事などの)完了のめど. **6** はっきり見えるすき間, あき 《ボートレースのボートとボートの間隔, 酒と杯の縁の間, 乗馬者と鞍のすき間など》. **7** [*pl.*] 《俗》目 (eyes); 視力; 頭の働き, 気転; (誇張的に)意識, 活動力, 生命: The horse worked his ～*s* out. 馬は働き疲れて死んでしまった.
béat* [*fríghten, knóck, scáre*] *the* (*líving*) *dáylights òut of* a person** 《俗》〈人を〉(気絶するほど)ひどくたたきのめす[びっくりさせる] (cf. *n.* 7). ***búrn dáylight 《古》明るいうちにともしびをともす《時[精力]を浪費する, むだなことをする》. ***lèt dáylight into*** (1) …に光を入れる; …に穴を明ける. (2) …を明るみに出す, 世間に知らせる. (3) 《口語》〈人〉を撃つ, 刺す, (撃ち・刺し)殺す: He said he would *let* ～ *into* me. 彼は土手っ腹に風穴を空けてやるぞと言った. ***Nò dáylight!*** なみなみと(縁まで)つぎましょう 《乾杯の前に toastmaster の言う言葉; cf. *n.* 6, heeltap 2 a》. ***sée dáylight*** (1) 《口語》解決[完成]の曙光(しょこう)を認める, やまが見える; 理解する〔*into, through*〕. (2) 〈本などが〉日の目を見る, 出版[公表]される.
— *adj.* [限定的] **1** 〖写真〗〈フィルムが〉昼光用の, デーライトの. **2** 昼間の: the ～ hours.
— *vt.* **1** …に日光を与える, 日光にさらす. **2** …の見通しをよくするため(樹木などの)障害物を取り除く. — *vi.* 日光を与える.
〖(?*c*1150) *dæi liht*〗
dáylight fàctor *n.* 〖光学〗昼光率 《直射日光を除く全天空光による屋外水平面照度に対する, 屋内のある場所における天空光による水平面照度の比; 採光の基準に用いる》. 〖1915〗
dáy·lìghting *n.* **1** 〖建築〗昼光照明, 採光(照明). **2** 《口語》(通例規則違反の)昼間の副業[サイドビジネス]. 〖1894〗
dáylight làmp *n.* 昼光電球.
dáylight-lóading *adj.* 〖写真〗〈フィルムのカートリッジなどが〉日中装填(そうてん)の 《暗室を必要とせず, 明るい所で取り扱えるものにいう》. 〖1902〗
dáylight róbbery *n.* **1** 白昼の強盗. **2** 《口語》法外な代金(請求), ぼること.
dáylight sàving *n.* 《米》日光節約, 日照活用[利用] 《夏季に時計を1時間進めて昼間時間を有効に利用する制度》. 〖1908〗
dáylight-sáving tìme *n.* [しばしば D- S- T-] 《米》 (夏季に時計を1時間進めて昼間の時間を多く利用する)日光節約[利用]時間, 夏時間 《《英》summer time という; 《米》daylight time, daylight savings, daylight savings time ともいう; 略 DST》. 〖*c*1905〗
dáy lìly *n.* 〖植物〗**1** ユリ科キスゲ属 (*Hemerocallis*) の植物の総称 《1日で花がしぼむのでこの名がある; ワスレグサ (*H. aurantiaca*) など》. **2** =plantain lily. 〖1597〗
dáy lòan *n.* 当日貸付け 《通例無担保の約束手形だけで貸付け, 同日中に返済が行われる》.
dáy·lòng *adj.* 終日の: a ～ search [session].
— *adv.* 終日 (cf. all DAY long). 〖1855〗
dáy·man /-mən, -mæ̀n/ *n.* (*pl.* **-men** /-mən, -mèn/) **1** =day laborer. **2** 〖海事〗デイマン, 当直外員 《昼間引き続き働く代わりに夜の当直を免ぜられている乗組員; 料理人・乗客係・補給係など; idler ともいう》. 〖1880〗
day·mare /déɪmèə | -mèə^(r)/ *n.* 覚醒夢, 白昼夢. 〖(1737) ← DAY＋(NIGHT)MARE〗
dáy·màrk *n.* 〖航空〗(日中操縦士に見える)昼間航空標識, 昼標.
dáy nàme *n.* 《アフリカ西部》誕生日名 《人の生まれた曜日などを示す名前》.
dáy-nèutral *adj.* 〖植物生理〗〈植物が〉中日(ちゅうじつ)性の 《日照量の変化に関係なく発育・開花する; cf. long-day, short-day》. 〖1941〗
dáy nùrsery *n.* 保育所, 託児所; 昼の子供部屋. 〖1844〗
dáy óff *n.* 《口語》非番, 休日.
dáy-ón *n.* 《俗》〖英海軍〗日直(士官). 〖1914〗
Dáy Óne, d- o- *n.* 《口語》最初, 初日 《また Day 1》. 〖1971〗
dáy óut *n.* 外出日, (雇人の)休暇日; 日帰り旅行[遠足], 外(の行楽)で過ごす一日, 休日のおでかけ.
dáy òwl *n.* 〖鳥類〗昼行性のフクロウ 《オナガフクロウ (hawk owl), コミミズク (short-eard owl) など》. 〖1840〗
dáy·pàck *n.* デイパック 《日帰りハイキング用の小型ナップザック》.
dáy pàss *n.* 一日利用券 《終日何度でも乗れる》.
dáy pùpil *n.* 《英》(寄宿学生主体の学校の)通学生.
dáy relèase *n.* 《英》研修休暇制度 《労働者の研修のための週1,2回の有給休暇制度》: the ～ course. 〖1945〗
dáy retúrn *n.* 《英》通用当日限りの(割引)往復切符.
dáy-retúrn *adj.* 〖1973〗
dáy·ròom *n.* (寄宿学校・兵舎などで読書・書きものなどのできる)日中娯楽室. 〖1823〗
days /déɪz/ *adv.* 《米口語》(いつも)昼間(に), 日中; いつでも: They sleep ～ and work nights. 昼間寝て夜働く. 〖ME *daies* < OE *dæġes* (gen.) ← *dæġ* 'DAY': ⇨ -s² 1〗
dáy·sàck *n.* 《英》小型リュックサック (daypack).
dáy sàiler *n.* (寝具の備えのない)小型船.
dáy schòlar *n.* =day student. 〖1833〗
dáy schòol *n.* 昼間学校 (cf. night school); 平日学校 (cf. Sunday school); 通学学校 (cf. boarding school). 〖*a*1785〗
dáy shàpe *n.* 〖海事〗昼標 《昼間の航路標識としての形象やブイなど》.
dáy shìft *n.* **1** (昼夜交替制度の)昼間勤務, 昼番(時間) (cf. night shift) **2** [集合的に] 昼番勤務者.
dáy·sìde *n.* **1** 〖新聞〗昼番, 昼間勤務組 《夕刊を出すために日中働く記者・職員; cf. nightside》. **2** 〖天文〗惑星の太陽に面した側. 〖1: (1927). 2: (1963)〗
days·man /déɪzmən/ *n.* (*pl.* **-men** /-mən, -mèn/) 《古》**1** 仲裁人, 調停者 (arbiter). **2** =day laborer. 〖(1489) ← *day* (*fixed for trial*)＋-s² 2＋MAN: cf. craftsman, etc.〗
dáy·sprìng *n.* 《古・詩》=dawn. 〖?*a*1300〗
dáy·stàr *n.* **1** 明けの明星 (morning star). **2** [the ～] 《詩》太陽. 〖OE *dæġsteorra*〗
dáy stùdent *n.* (宿泊設備のある大学 (residential college) の寄宿生に対して)通学生. 〖1883〗
dáy sùrgery *n.* (入院の必要のない)小手術, 日帰り手術.
dáy's wórk *n.* **1** 1日(分)の仕事. **2** 〖海事〗日誌算法 《毎日船の位置を推測するため, 日誌記載事項をもとに行う計算》.
a góod dày's wórk 1日たっぷりの仕事, 十分な仕事: We have done *a good* ～. (今日は)たっぷり仕事をやってのけた. ***áll in the* [*a*] *dáy's wórk*** [しばしば皮肉に] (いやなことだが)全く日常の[普通の, 当り前の]ことで, 珍しくもないことで. 〖1738〗
〖1592〗
dáy tànk *n.* 〖ガラス製造〗データンク 《24時間で仕込みと成形が終わるように設計された不連続操業の溶融装置》.
dáy tìcket *n.* =day return. 〖1846〗
day·time /déɪtàɪm/ *n.* 昼, 昼間 (↔ nighttime): the ～ population (都心などの)昼間人口 / in the ～ 昼間に.
— *adj.* 昼間に行われる: ～ flights 昼間飛行. 〖1535〗
dáy·tìmes *adv.* 《米》昼間に. 〖(1854): ⇨ -s² 1〗
day-to-day /dèɪtədéɪ | -tə-ˊ/ *adj.* **1** 日々の: ～ work 〖土木〗日割勘定仕事 / ～ occurrences 日々の出来事. **2** 〖商業〗当座の, 日切りの: a ～ advance 当日貸, 当座貸. **3** その日暮らしの: an aimless ～ existence 当てのないその日暮らしの生活. 〖1883〗
dáy-to-dày lóan [**móney**] *n.* 《英》〖金融〗=call loan.
Day·ton /déɪtn/ *n.* デートン 《米国 Ohio 州南西部の工業都市》. 〖米国の将軍 *Elias Dayton* (1737–1807) または創設者の一人 *Jonathan Dayton* (1760–1824) にちなむ〗
Day·tó·na Béach /deɪtóunə- | -tóu-/ *n.* デートナビーチ 《米国 Florida 州北東部の都市で行楽地; 海浜のレーシングサーキットでも有名》. 〖建設者の *Mathias Day* にちなむ: ⇨ -ton, -a¹〗
dáy tràder *n.* デイトレーダー 《1日の間に株の売買を繰り返し利ざやをかせぐ投機家》.
dáy trìp *n.* 《英》日帰り旅行. 〖1903〗
dáy-trìpper *n.* 《英》日帰りの旅行者. 〖1897〗
Da Yun·he /dáː jùnhɔ́ː; *Chin.* tàỳìnxɤ́/ *n.* 大運河 《Grand Canal の中国名》.
dáy·wèar *n.* 昼間用の衣服[化粧], デイウェア.
— *adj.* 昼間用の: ～ dresses.
dáy·wòrk *n.* **1** 昼間の仕事 (↔ nightwork). **2** 日雇い仕事. 〖OE *dæġweorc*〗
dáy·wòrker *n.* **1** 昼間働く人 (↔ nightworker). **2** 日雇い労働者.
daze /déɪz/ *vt.* **1** 〈打撃・恐怖・突然の事などが〉〈人〉に気が遠くなる思いをさせる, ぼうっとさせる (stupefy); まごつかせる, 困惑させる: be ～*d with* grief [happiness] 悲しみに打ちひしがれる[幸福で有頂天になる] / with a ～*d* look on his face ぼうっとした表情で. **2** 〈光が〉…の目をくらませる, まぶしくする (dazzle): ～ a person blind まぶしくして目をくらませる. — *n.* [a ～] ぼうっとした状態, 眩惑: be in *a* ～ ぼーっとして[気を失って]いる, 目がくらんでいる. 〖(?*c*1380) ME *dase*(*n*) ◻ ON *dasask* to become weary: cf. Dan. *dase* doze, mope〗
dazed /déɪzd/ *adj.* ぼうっとした, ぼうぜんとした.
dáz·ed·ly /-zɪ̀dli/ *adv.* ぼうっとして; 目がくらんで. 〖(*c*1400): ⇨ ↑, -ed 2, -ly¹〗
da·zi·bao /dáːdʒɪ̀bàu | -dʒɪ-/ *n.* (中国の)大字報, 壁新聞 (wallposter). 〖(*c*1970) ◻ Chin. *dàzì* (大字)＋*bào* (新聞)〗
daz·zle /dǽzl/ *vt.* **1** 〈才能・美しさ・輝きなどが〉…の目をくらませる, 眩惑させる, 驚嘆させる. **2** 〈光などが〉まぶしくする, 〈人〉の目をくらませる. **3** 〈船体などに〉迷彩を施す, カモフラージュする. — *vi.* **1** (美しく輝かしい有様で)印象的である, 感嘆する. **2** 輝く, 照り映える. **3** 《古》(光やはでやかさで)目がくらむ, 眩惑される. — *n.* **1** 〈才能・美しさ・輝きなどで〉目をくらむこと, 目がくらむこと, 眩惑. **2** まぶしさ; まぶしい光. **～·ment** *n.* 〖(1481) *dasel*(*l*) (freq.) ← DAZE: ⇨ -le³〗
dázzle pàint *n.* (船体などに施す)迷彩. 〖1921〗
dáz·zler /-zlə, -zlə | -zlə^(r), -zl-/ *n.* **1** 目立つ人, はでな女性. **2** 注目される行為.
dázzle sỳstem *n.* 〖造船〗迷装法, 迷彩塗装法.
daz·zling /dǽzlɪŋ, -zl-/ *adj.* 目もくらむばかりの, まぶしいほどの, 眩惑的な: a ～ smile. — *adv.* 目もくらむばかりに: ～ white. **～·ly** *adv.* 〖(1571) ← DAZZLE＋-ING²〗
dB, db 《略》decibel(s).
Db 《記号》〖化学〗dubnium.
DB 《略》dark blue; daybook; deals and battens; *L.* Dīvīnitātis Baccalaureus (=Bachelor of Divinity); Domesday Book; double-barreled.
D/B, d.b. 《略》daybook.
dBA, DBA 《略》decibel, adjusted 調整デシベル. 〖1968〗
d.b.a., dba 《略》doing business as [at].
D.B.A. 《略》Doctor of Business Administration.
DBCP 《略》dibromochloropropane 《殺虫剤》. 〖1967〗
DBE 《略》Dame Commander of (the Order of) the British Empire.
-'d better /dbétə | dbétə^(r)/ =had better.
DBH, Dbh. 《略》〖林業〗diameter at breast height, diameter breast high 胸高直径.
DBI /díːbìːáɪ/ *n.* 〖商標〗ディービーアイ 《phenformin の商品名》.
D Bib 《略》Douay Bible.
dbl. 《略》double.
DBMS 《略》database management system.
DBS 《略》direct broadcasting by satellite; direct broadcasting satellite.
dbx, DBX *n.* /díːbìːéks/ 〖商標〗dbx システム 《テープ録音・放送におけるノイズ低減システム》.
d.c. 《略》dead center; double column; double crochet; 〖海事〗drift correction 偏流値修正.
DC /díːsíː/ 《略》コロンビア特別区 (⇨ District of Columbia).
DC 《略》〖音楽〗da capo; death certificate; decimal classification; decimal currency; depth charge; deputy chief; deputy commissioner; deputy consul; deputy counsel; 〖図書館〗Dewey Classification; diagnostic center; diplomatic corps; 〖電気〗direct current (cf. AC); Disarmament Conference; Disciples of Christ; District Commissioner; District Court; Doctor of Chiropractics; Detective Constable.
D/C 《略》〖海事〗deviation clause 航路変更約款.
DCB 《略》Dame Commander of (the Order of) the Bath.
DCC 《略》digital compact cassette デジタルコンパクトカセット 《従来の音楽用コンパクトカセットと同じサイズのデジタル録音媒体》.
DCD 《略》digital compact disc.
DCF 《略》〖会計〗discounted cash flow.
DChE 《略》Doctor of Chemical Engineering.
DCL 《略》Doctor of Canon Law; Doctor of Civil Law.
DCM 《略》〖英陸軍〗Distinguished Conduct Medal 功労章; District Court Martial 地方軍法会議. 〖1914〗
DCMG 《略》《英》Dame Commander of the Order of St. Michael and St. George.
DCS 《略》〖電算〗data collecting system データ収集システム; 〖医学〗dorsal column stimulator 脊椎刺激装置 《脊椎神経を刺激して痛みを緩和する装置》.
DCVO 《略》Dame Commander of the Royal Victorian Order.
dd 《略》dated; dedicated; delivered; drilled.
DD 《略》Department of Defense; deputy director; Diploma in Dermatology; *It.* direttissimo (=fast train); discharged dead; dishonorable discharge; *L.* Dīvīnitātis Doctor (=Doctor of Divinity); 〖製紙〗double demy; direct debit.
DD 《記号》ブラジャーのカップサイズの一つ 《D の上》.
d.d. 《略》… days after date 日付後…日払; delayed delivery; delivered dock; *L.* dōnō dedit (=gave as a gift); 〖造船〗dry dock; due date.
d/d, D/D 《略》〖手形〗… days after date 日付後…日払; demand draft 要求払手形, 送金小切手 (demand bill).
d—d /díːd, dǽmd/ *adj., adv.* ⇨ damned *adj.* 1 b, *adv.* (cf. d—).
DDA 《略》〖薬学〗dideoxyadenosine.
Ď dày, Ď Dày /díː-/ *n.* 〖軍事〗**1** (第二次大戦で連合軍による)北フランス奪回作戦開始日, D デイ 《1944年6月6日》. **2** 作戦計画実施日, 行動開始予定日, D 日 《行動開始予定日を D とし, その翌日, 2日目, 3日目…をそれぞれ D＋1, D＋2, D＋3 … で表す》. **3** 復員日 (day of demobilization). **4** 《英》=Decimal Day. 〖(1918) *D* は *day* の頭文字から?, または *the day* の転訛?〗
DDBS 《略》〖電算〗distributed database.
DDC 《略》〖図書館〗Dewey Decimal Classification; 〖電算〗direct digital control.
DDC, ddC 《略》〖薬学〗dideoxycytidine.
DDD /díːdìːdíː/ *n.* 〖化学〗ディーディーディー (($(ClC_6H_4)_2CHCHCl_2$) 《無色・結晶性の殺虫剤; DDT に近い関係にあるがこの方が動物に及ぶ害が少ないと考えられている; TDE ともいう》. 〖(1946) 《頭字語》← *d*(*ichloro-*)*d*(*iphenyl-*)*d*(*ichloro-ethane*)〗
DDD 《略》deadline delivery date; direct distance dialing; *L.* dat, dicat, dedicat (=he gives, devotes, and dedicates); *L.* dono dedit dēdicāvit (=he gave and consecrated as a gift).

DDE /díːdìːíː/ *n.* 〘化学〙ディーディーイー (($(ClC_6H_4)_2C_2Cl_2$)〘DDT より毒性の少ない殺虫剤〙. 〖(1949)〘頭字語〙← *d(ichloro-)d(iphenyl-dichloro-)e(thylene)*〗
DDE〘略〙〘電算〙dynamic data exchange.
DDI, ddI /díːdìːáɪ/ *n.* 〘薬学〙DDI ($C_{10}H_{12}N_4O_3$)〘エイズの治療に用いる抗レトロウイルス薬〙. 〖〘略〙← *d(i)d(e-oxy)i(nosine)*〗
DDI〘略〙divisional detective inspector.
DDP〘略〙〘電算〙distributed data processing.
DDR〘略〙ドイツ民主共和国〘旧東ドイツのドイツ語公式名 Deutsche Demokratische Republik の略称〙.
DDS〘略〙Doctor of Dental Surgery; Dewey Decimal System.
DDSc〘略〙Doctor of Dental Science.
DDT /díːdìːtíː/ *n.* 〘化学〙ディーディーティー (($(ClC_6H_4)_2CHCCl_3$)〘無色・結晶性の防疫用・農業用殺虫剤〙. 〖(1943)〘頭字語〙← *d(ichloro-)d(iphenyl-)t(richloroethane)*〗
DDVP /díːdìːvìːpíː/ *n.* 〘化学〙=dichlorvos. 〖(1954)〘頭字語〙← D(IMETHYL)+D(ICHLORO-)+V(INYL)+P(HOSPHATE)〗
de[1] /diː, dɪ/ *prep.* down from, from, off などの意でラテン語副詞句を造る: *de* facto (in fact; actual) / *de* jure (by right; legal) / *de profundis* (out of the depths (of sorrow, etc.)). 〖□ L *dē*: ⇨ de-[1]〗
de[2], **De** /də; F. d(ə), *It., Sp.* de, *Port.* dɯ, *Braz.* dʒi/ *prep.* of, from の意 (cf. von): coup *de* main. ★(1) 次に母音がくると d' (また D') となる: coup *d'*état. (2)〘特に貴族出身の〙フランス系の人名の姓〘元来は出身地名〙に付ける (cf. von, van[5]): Guy *de* Maupassant / Jeanne *d'*Arc / *d'*Alembert. 〖□ F, It., Sp. & Port. ～ < L *dē* (↑)〗
de〘記号〙Germany〘URL ドメイン名〙.
De〘略〙〘聖書〙Deuteronomy.
DE /dìːíː/ *n.* 〘海軍〙護衛駆逐艦. 〖〘頭字語〙← *d(estroyer) e(scort vessel)*〗
DE〘略〙deflection error;〘米郵便〙Delaware (州);〘英〙Department of Employment;〘フットボール〙defensive end; Doctor of Engineering; Doctor of Entomology;〘製紙〙double elephant; dynamical engineer; dynamite engineer.
de-[1] /dɪ/ ★「除去, 分離, 由来」などの意味が特に明確なときには /diː/ と発音されることが多い. *pref.* ラテン語系の動詞[名詞, 形容詞]に付いて次の意味を含む動詞[名詞, 形容詞]を造る. **1** 下降 (down from): *de*bus, *de*train / *de*pend (=hang down) / *de*scend (=climb down). **2** 分離 (off, aside, away from): *de*cline (=turn aside) / *de*duce (=lead away) / *de*sist (=stand off) / *de*ligate (=send away from oneself) / *de*throne (=remove from a throne). **3** 強意 (completely, thoroughly): *de*clare, *de*finite, *de*relict, *de*nude. **4** 悪化, 低下; 非難, 軽蔑: *de*value, *de*ceive, *de*lude, *de*ride, *de*test. **5** 除去: *de*flower, *de*frost, *de*hydrate. **6**〘化学〙1 個以上の原子を除去して得られる分子を含む: *de*oxyribose. **7**「反…, 非… (un-)」〘特に -ize, -ify で終わる動詞に付いて動詞の意味を反対にすることが多い〙: *de*centralize, *de*vocalize, *de*calcify; *de*code, *de*compose, *de*control, *de*merit. **8**〘特に -al, -ative で終わる文法用語で〙「…由来の, …派生の」の意: *de*verbative. 〖ME □ (O)F *dé-* // L *dē-* ← *dē* (away) from < ? IE **de-, *do-* (OE *tō* 'TO' / L **dēter* bad (cf. deteriorate))〗
de-[2] /dɪ/ *pref.* 分離・離脱の意を表すフランス語系の接頭辞: *de*fy, *de*range, *de*velop. ★一般には de-[1] と混同されている. 〖ME □ OF *de(s)-* (F *dé-*) < L *dis-*: ⇨ dis-[1]〗
dea /díː/ *n.*〘米口語〙=deacon 1. 〖1821〗
DEA〘略〙〘米〙Drug Enforcement Administration.
deac /díːk/ *n.*〘米口語〙=deacon 1. 〖1821〗
dè·accéssion〘米〙*vt., vi.* 〈作品コレクションの一部を〉〘新規購入資金を得るために〙売却する. **—** *n.* 売却. 〖(1972) ← DE-[1]+ACCESSION〗
de·a·cet·y·late /dìːəsétəlèɪt, -tḷ- | -tɪ̀l-, -tl-/ *vt.*〘化学〙〘加水分解によって〙…からアセチル基を離脱させる, 脱アセチルする. 〖← DE-[1]+ACETYLATE〗
de·a·cid·i·fy /dìːəsídəfàɪ, -æs- | -dɪ̀-/ *vt.*〘化学〙脱酸する. **de·a·cid·i·fi·ca·tion** /dìːəsìdəfɪkéɪʃən, -æs- | -dɪ̀fɪ-/ *n.* 〖(1786) ← DE-[1]+ACIDIFY〗
dea·con /díːkən/ *n.* **1** 司祭 (priest) の下の聖職位: **a**〘カトリック〙助祭〘priest の次の位; cf. major order〙. **b**〘英国国教会・聖公会〙執事, ディーコン. **c**〘東方正教会〙補祭, 輔祭. **d**〘プロテスタント〙牧師になるための訓練を受けている人. **2 a**〘長老派教会〙執事〘長老 (elders) と区別して教会の俗事を扱う平信徒〙. **b**〘組合教会など〙牧師補佐役. **c**〘モルモン教〙執事〘アロン神権 (Aaronic priesthood) の職の一つ〙. **3**〘スコット〙〘職業組合の〙組合長. **4**〘米口語〙生まれて間もない若い子牛; その皮. **—** *vt.* **1**〘米口語〙〈詩編や賛美歌などを〉会衆が歌う前に 1 行ずつ朗読する 〈*off*〉. **2**〘米古俗〙〈果物・野菜などを〉良いものを上にしてさも上等に見えるように荷造りする; …に粗悪品を混ぜる, ごまかす. **3**〘ニューイングランド〙〈豚などを〉去勢する. 〖OE *dēacon, dīacon* □ LL *diāconus* □ Gk *diākonos* servant, minister, deacon ← *dia*thoroughly +*-konos* (cf. *egkoneîn* to be active)〗
Dea·con /díːkən/, **Henry** *n.* ディーコン (1822–76; 英国の科学者; 塩酸の接触酸化作用で塩素を製造した).
dea·con·ate /díːkənɪ̀t/ *n.* deacon の地位[職]. 〖(1882–83): ⇨ deacon, -ate[1]〗
dea·con·ess /díːkənɪ̀s | dìːkənés, díːkənɪs, -nɪ̀s/ *n.* 〘プロテスタント〙女性牧師補; 〘教会雑務を助ける〙女性執事; 〘教会の〙社会事業婦人会員, 女子奉仕団員. 〖(*a*1425)〘なぞり〙← LL *diāconissa*: ⇨ deacon, -ess〗
déacon·hòod *n.* deacon の職[身分]. 〖*c*1384〗
dea·con·ry /díːkənri/ *n.* **1** deacon の職; deacon および deaconess による救済事業. **2**〘集合的〙=deacon. 〖(?*c*1425) ← DEACON+-RY〗
déacon's bènch *n.* 〘細長い板を縦に並べた背もたれとひじ掛けのある〙教会の執事用のベンチ. 〖1922〗
déacon·shìp *n.* =deaconhood. 〖1565〗
de·ac·ti·vate /dìːǽktəvèɪt | -tɪ̀-/ *vt.* **1**〘米〙〈軍隊〉の現役任務を解く, 解隊する, 復員させる. **2**〘化学〙〈化学薬品・触媒・酵素を〉不活性にする, …から活性をなくする, 不旋光性にする. **3**〈爆発物などの〉効力をなくする, 爆裂しないようにする, 無害にする. **dè·ác·ti·và·tor** /-tə | -tə(r)/ *n.* 〖(1904) ← DE-[1]+ACTIVATE〗
de·ac·ti·va·tion /dìːæ̀ktəvéɪʃən | -tɪ̀-/ *n.* **1**〘部隊の〙解散, 解隊. **2**〘化学〙不活性化.
dead /déd/ *adj.* **1**〈人・動植物が〉死んだ, 死んでいる (↔ alive, live, living); 死者の; 生命のない, 死物の; 枯死した, 枯れた: a ～ body 死体 (cf. *over my* DEAD *body*) / ～ leaves 枯葉 / a ～ hedge 枯枝などで作った垣根 (cf. quick hedge ⇨ quick *adj.* 5 c) / be ～=have died / be ～ and buried [gone] とうに死んでしまった, けりがついた / be ～ and done for 死んで片づいた / fall down [drop (down)] ～ 死んで倒れる / Drop ～!〘口語〙くたばれ / shoot a person ～ 人を射殺する / (as) ～ as a doornail [as a herring, as four o'clock, as a nit]=〘英〙(as) ～ as mutton 完全に死んで / (as) ～ as the [a] dodo ⇨ dodo 1 / *Dead* men tell no tales.〘諺〙死人に口なし〘秘密を知る者は殺せ; cf. Stone-dead hath no fellow. ⇨ stone-dead〙/ They've been ～ many years now. 彼らが死んでから何年にもなる / ～ on arrival 病院到着時にすでに死亡して(いた), 即死の (略: DOA).
2 a 生気[気力, 活力, 活気]のない, 〘精神的に〙死んだ: a ～ description 精彩のない描写 / ～ forms〘精神のない〙死んだ形式, 虚礼 / a ～ party 楽しいところの全然ない会, 全く盛り上がりを欠いたパーティー / This town is ～ at night! この町は夜は活気がない. **b**〈市場など〉沈滞した: a ～ market / a [the] ～ season〘社交・取引などの〙さびれた季節, 夏枯れ時. **c**〘口語〙運の尽きた, 不運の.
3 a〈法律など〉効力を失った, 空文の: a ～ law. **b**〈飲料など〉気の抜けた: ～ beer. **c**〈ボールなど〉弾力を失った, 弾まない; 〈ボールが〉(着地して) (cf. 6 a): a ～ ball. **d**〈火が〉消えた; 〈マッチ・たばこなど〉火の消えた[つかない]: a ～ cigar [coal] 火の消えた葉巻[石炭] / a ～ match 火のつかないマッチ. **e**〈火山が〉活動を止めた (dormant): a ～ volcano 休火山.
4 a〈言語・慣習など〉すたれた, 古くなった, 死滅した (obsolete) (↔ living, active): ～ customs 今はすたれた習慣 / ～ ideologies すたれたイデオロギー / ⇨ dead language. **b** 使い切った, 機能を停止した: a ～ mine 廃坑. **c**〈車軸などが〉運動を伝えない.
5 a〈人・感覚などが〉麻痺した, 無感覚の, 感じない, 感応しない: ～ fingers〘寒さなどで〙無感覚になった[しびれた]指 / in a ～ faint 全く気を失って / be ～ *to* reason 理屈を言っても通じない, 理屈がわからない, 理性がない / be ～ *to* pity 哀れみの心がない / be ～ *to* sin 罪の意識がない, 罪悪感がない / ⇨ *dead to the* WIDE, *dead to the* WORLD / He is ～ from the neck up.〘口語〙頭の方はまるで空っぽだ. **b**〈通信などが〉麻痺した, 不通の: The telephone (line) has gone ～. 電話が不通になった.
6〘球技〙**a**〘試合で〙〈ボールが〉死んで(いる), アウトの (out of play) (cf. 3 c, live[2] 13): ⇨ dead-ball. **b**〈競技者が〉一時的にプレーを停止された.
7〈音・色・光・香りなど〉鈍い, さえない, 重苦しい (dull): a ～ sound 鈍い音 / ～ yellow さえない黄色 / ～ gold いぶし金 / a ～ eye どんよりとした目.
8 a 絶対に確実な, 正確な: ⇨ *the dead* SPIT[1] *of* / ⇨ dead center 1, dead shot. **b** 全く高低のない, まっすぐな: a ～ level 少しの凹凸もない水平面; 完全な画一性 / in a ～ line 一直線に. **c** 突然な, 唐突な: come to a ～ stop [halt] ぱったり止まる. **d** 取り返しのつかない, 絶対的な; [強意的に] 完全な, 全くの: a ～ silence 完全な沈黙, 全くの静けさ / a ～ secret 全くの秘密 / (a) ～ calm 全くの無風, べた凪(なぎ) (cf. 10) / with ～ certainty 確信をもって; きっと, 間違いなく / in ～ earnest 大まじめで, 真剣に / ⇨ dead loss.
9〘口語〙〘死んだように〙ぐったり疲れた, 疲れきった.
10〘死んだように〙動かない, 静まり返っている; 死んだも同様な: a ～ river よどんで流れない川 / the ～ hours (of the night) 人の寝静まった時刻, 真夜中, 丑(うし)三つ時 / fall ～〈風がなぐ (cf. 8 d) / a ～ sleep〘死んだように〙ぐっすり眠った眠り / ⇨ dead water.
11 共鳴[反響]のない; 〘ラジオ・テレビ〙〈スタジオが〉音の残響が残っていない, 吸音性の (cf. live[2] 12): a ～ floor 反響のない床 / ⇨ dead room, dead wall.
12 a 非生産的な, もうからない, 売れない: ⇨ deadstock. **b**〈土地が〉不毛の (barren): ～ soil.
13 出入口のない, ふさがった: a ～ hole 突き抜けていない穴, 非貫通孔 / a ～ street 行き止まりの街路, 袋小路 / ⇨ dead end, dead wall.
14〘電気〙電源に接続していない, 電流の通じていない; 電荷のない: a ～ wire.
15〘法律〙市民権を奪われた; 〘特に〙財産権を失った.
16〘印刷〙**a** 使用済みの; 不用の: ～ type 使用済みの活字 / ⇨ dead matter 1. **b**〘印刷インクが付かないように〙補刻された, 補刻の: ⇨ dead metal.
17〘英〙〘ゴルフ〙〈ボールが〉〘次のパットで〙ホールイン確実な〘位置にある〙.
18〘トランプ〙=*out of* PLAY (2).
19〘軍事〙〘地形などにより〙遮蔽(しゃへい)されている, 死角になった.
cút a person déad〘口語〙人に対して知らん顔をする.
déad in the wáter〘口語〙実行不可能な, 少しも進まずに: With no real public support, the government's plan was ～ *in the water*. 真の大衆の支持がなかったので政府の計画は実行不可能だった. *for déad* 死んだものとして: Her relatives gave her up *for* ～. 肉親たちは彼女を死んだものとしてあきらめた. *mòre déad than alíve* 死んだも同然で. *óver my déad bódy*〘口語〙私の目の黒いうちは[だれが何と言っても, 絶対に]…させない: *Over my ～ body* you'll marry her! 絶対に結婚なんてさせないぞ. *wáke the déad*〈音・声が〉(死者も目を覚ますほど)大きい, やかましい. *wouldn't be séen* [*cáught*] *déad*〘口語〙(…するのは)死ぬほど嫌だ, 我慢ができない: I *wouldn't be seen* [*caught*] ～ in a place like that! そんなところは大嫌いだ. 〖1931〗
— *adv.* **1** 全く, 完全に: ～ asleep ぐっすり眠って / ～ drunk へべれけで / ～ straight まっすぐに[な] / ～ tired ぐったり疲れて / ～ serious [earnest] 大まじめな / ～ boring 全くうんざりするような / ～ funny 全くおかしな / I'm a ～ hard worker. 私は本当に働き者だ / ～ sure [certain] 絶対に確かで, 信じきって / ～ easy〘英口語〙いとも容易で / His face was [went] ～ white. 彼の顔は真っ青だった[になった]. **2** 真っ向から, まっすぐに; 正に, ちょうど: The port was ～ *ahead*. 港は真っ正面に見えた / They were ～ (set) *against* the plan. 彼らはその計画に真っ向から反対した / He is ～ set on becoming a scholar. 学者になろうと固く決心している (cf. dead set). **3** ぴたりと, ぱったりと; 急に: stop ～.
déad slów〘海事〙極微速で[の]. *déad ón* 全く正しい, 正にそのとおりで. *déad to ríghts*〘古・米〙その場で, 現行犯で.
— *n.* **1** [the ～; 通例集合的] 死者: *the* ～ and the living 死者と生者 / the quick and *the* ～ 生者と死者 / rise from *the* ～ 復活する, よみがえる. **2**〘死のように〙静寂な[陰気な, 寒々とした]時, 最も生気のない時間: at [in the] ～ *of* night 真夜中に, 「丑(うし)三つ時」に / in the ～ *of* winter 真冬に. **3**〘米俗〙=dead letter 2. **4**〘金属加工〙押し湯〘鋳物が冷却し収縮するときに鋳引けができないようにするための湯だまり〙.
léave for déad〘口語〙はるかに引き離す.
〖ME *ded* < OE *dēad* < Gmc **dauðaz* (Du. *dood* / G *tot*) ← IE **dhoutós* (p.p.) ← **dheu-* 'to DIE[1]'〗

SYN 死んでいる: **dead**〈人や物が〉生命を失っている〘一般的な語〙: a *dead* person 死人 / a *dead* tree 枯木 / a *dead* language 死語. **deceased**〘法律〙最近死んだ〘格式ばった語〙: his *deceased* wife 彼の亡妻. **departed** 最近死んだ〘主に宗教用語〙: the *departed*〘最近〙死んだ人[人々]. **late** [the または所有格の後で] 最近死んだ: the *late* Mr. Green 故グリーン氏 / her *late* husband 彼女の最近亡くなった夫. **defunct**〈人が〉死んでいる, 〈物が〉現存[流通]していない: the *defunct*〘法律〙〘今論じている〙故人 / a *defunct* magazine 廃刊になった雑誌. **extinct**〈種族・人種が〉絶滅した: The dinosaur is an *extinct* animal. 恐竜は絶滅した動物である. **inanimate**〈物が〉元来生命のない: Rock is an *inanimate* object. 石は無生物だ. **lifeless** 元来または現在生命のない: a *lifeless* robot 生命のないロボット / a *lifeless* body 死体. **ANT** alive, living.

déad áir *n.* **1**〘鉱山〙酸欠空気. **2**〘俗〙〘ラジオ・テレビ〙デッドエアー〘送信機械の故障などによる放送の中断状態〙; 沈黙の時間. 〖*c*1943〗
déad-áir spàce *n.*〘建築〙断熱空気層. 〖1902〗
déad-alíve *adj.* 〈人・場所・事業などが〉死んだも同様な, 活気[刺激]のない, 退屈な, 不景気な. 〖1591〗
déad-and-alíve *adj.* =dead-alive. 〖1854〗
déad ángle *n.*〘軍事〙死角〘射程内にありながら直接射撃のできない角度; cf. dead space 1〙.
déad-annéal *vt.*〘冶金〙〈鋼などを〉(その靭性(じんせい)・延性をよくするために)きわめてゆっくり焼きなます.
déad áxle *n.*〘自動車〙固定車軸, 死軸〘荷重を支持するが, 回転はしない車軸; cf. live axle〙.
déad-báll *n.*〘スポーツ〙試合(一時)停止球. 日英比較 日本語の「デッドボール」は, 英語では a pitch which hits the batter, hit by a pitch という. 英語の *dead-ball* は, 「有効ではないボール」の意であり, 日本語の「デッドボール」とは意味が全く異なる. また, 「デッドボールを受けた選手」は, hit batter, hit batsman, batter hit by a pitch という.
déad-báll lìne *n.* **1**〘ラグビー〙死球線〘ゴールラインの後方 25 ヤード以内にゴールラインと平行に引かれた線〙. **2**〘サッカー〙ゴールライン. 〖1892〗
déad bánd *n.*〘電気〙=neutral zone 4.
déad bát *n.*〘クリケット〙デッドバット〘ボールが遠くへ飛ばないようにゆるく握ったバット〙.
déad·bèat[1] *n.* **1** 資産のない人, 一文なし. **2**〘米口語〙ふだつきの(勘定の)踏み倒し屋; 居候 (sponge). **3**〘米口語〙なまけ者, のらくら者 (loafer). **4**〘時計〙=deadbeat escapement. **—** *adj.* 一文なしの. 〖(1863) ← DEAD (adv.)+BEAT[1] (v.)〗
déad·bèat[2] *adj.* **1**〘機械〙速示の〘計器の指針が余り振れずにすぐに目盛に表れるような〙: a ～ instrument 速示計器. **2**〘時計〙直進の. 〖(1874) ← DEAD+BEAT[1] (n.)〗
déad béat〘口語〙*adj.* 疲れきった; 落ち目の, 惨敗した (cf. beat[1] *adj.*). **—** *n.* 疲れきった人, 落ち目の人. 〖(1821) ← DEAD (adv.)+BEAT[1] (p.p.)〗
déadbeat escápement *n.*〘時計〙直進脱進機〘動作中がんぎ車に後退を生じない形式の脱進機; cf. anchor escapement〙. 〖1874〗

déad bòlt *n.* =deadlock 3. 〖*c*1902〗
déad·bòrn *adj.* 死産の. 〖OE *dēadboren*〗
déad·bòy *n.* ⇨ deadman 4.
déad cát *n.* 批判, 酷評; 非難.
déad-càt bóunce *n.* 《俗》(下落基調の相場や株価の)一時的反騰.
déad cénter *n.* **1** (平らな物の)真ん真ん中 (cf. dead *adj.* 8 a): the ~ *of* a circle 円のちょうど中心. **2** 〖機械〗 **a** (クランクの)死点 (dead point). **b** 止まりセンター, 不動中心《旋盤の心押軸のセンター (center)》. 〖1874〗

Déad Céntre *n.* [the ~] 《豪口語》=Dead Heart.
déad cólor [cóloring] *n.* (油絵の)下塗り. 〖1658〗
déad dóg *n.* **1** 無用の長物. **2** 《米俗》くだらないやつ.
déad-drúnk *adj.* 酔いつぶれた. 〖1599〗
déad-drúnkenness *n.* 泥酔. 〖1837〗
déad dúck [pígeon] *n.* 《俗》全く役に立たなくなった[だめな]人物, 望みのない人[物]. 〖1829〗
déad éarth *n.* 〖電気〗=dead ground 2. 〖1863〗
dead·en /dédn/ *vt.* **1** 〈活気・感受性・感情などを〉殺す, そぐ, 減殺する, 無感覚にする: ~ the senses 鈍感にする. **2** 〈音・光沢・香り・苦痛などを〉消す, 弱める, 〈振動・音響などを〉鈍くする; 〈酒などの〉気を抜く; 〈壁・床・天井などを〉防音にする: ~ the polish 磨きを鈍らせる / ~ beer ビールの気を抜く / ~ the footfall 足音を消す. **3** 〈速力を〉落とす: ~ a ship's headway. ― *vi.* **1** 死滅する. **2** 〈音・活気などが〉消滅する, 弱まる. **~·er** /-dnə, -dnə | -dnə(r, -dn-/ *n.* **~·ing·ly** /-dnɪŋli, -dn-/ *adv.* 〖(1665) ← DEAD+-EN[1] ∞ ME *deden* < OE *dēadian*〗
dead-end /dédénd/ *adj.* [限定的] **1** 〈道路など〉行き止まりの: a ~ street 袋小路. **2** 〈政策・行動など〉行き詰まりの, 進歩[発展]の見込みのない: a ~ plan 将来の展望のない計画 / a ~ job 将来性のない職. **3** 《米口語》貧民窟の, どん底生活の; 貧乏で反社会的になった, 無法な: a ~ kid (貧民窟や裏町に住んでいるような汚いなりをした)浮浪児; ちんぴら. ― *vt., vi.* 行き止まりにする[なる]. 〖(1889) New York の貧民街を扱った Sidney Kingsley の戯曲 *Dead End* (1935) から〗
déad énd *n.* **1** (管などの)閉じた一端; (通路などの)行き止まり, 袋小路; (鉄道支線の)終端. **2** (政策・行動などの)行き詰まり, 窮境. **3** 〖ラジオ・テレビ〗スタジオ内で効率の高い吸音材が施してある(音の反響がない)部分 (cf. live end). 〖1886〗
dead·en·ing /dédnɪŋ, -dn-/ *n.* **1** 防音[つや消し]材料. **2** 《米》木を枯らして作った森林の開墾地. 〖(1800): ⇨ -ing[1]〗
déad·er /-də | -də(r/ *n.* 《口語》死体 (corpse). 〖(1853) ← DEAD+-ER[1]〗
déad·èye *n.* **1** 〖海事〗三つ目滑車, デッドアイ《マストの支索下端で, これを締めつけるための車のない一種のテークル装置》. **2** 《米俗》射撃の名手 (dead shot). 〖1748〗
déad·fàll *n.* 《米》**1** (上から丸太などが落ちて獲物を取る)落としわな (cf. downfall 5). **2** (森林の)倒れ木; 倒れ木でふさがった地帯. **3** 《俗》低級な酒場, 秘密の賭博場. 〖1611〗
déad fínish *n.* 《豪》**1** 《口語》(辛抱・成功などの)限界. **2** 踏み込めないほど繁茂したアカシアなどの茂み. 〖1881〗
déad fíre *n.* 〖気象〗=St. Elmo's fire. 〖1854〗
déad flát *n.* 〖造船〗デッドフラット, (船体中央の)平行部《船体の横断面で相当の距離の間変化がない部分》.
déad fréight *n.* 〖海運〗空荷運賃, 不積み運賃《予約したよりも船荷の量が少なかったときに, 不足分に対して支払われる違約賠償金》. 〖1730–36〗
déad-frònt swítchboard *n.* 〖電気〗死面盤《盤面に通電部分が露出しないようにした配電盤》.
déad gróund *n.* **1** 〖軍事〗=dead space 1. **2** 〖電気〗完全地気, 全地気《抵抗などを経ずに直接接地してしまう事故; dead earth ともいう》.
déad hánd *n.* **1** 〖法律〗死手譲渡 (⇨ mortmain 1.) **2** (現在に対する)過去の圧迫感, (生者に対する)死者の圧迫感. **3** [D- H-] 〖病理〗=Raynaud's disease. 〖(*a*1325) (なぞり) ← ML *mortua manus*〗
déad·hèad 《口語》*n.* **1** 《米》無賃乗客; (招待券持参の)無料入場者 (cf. paper 11). **2** 能なし; ばか, のろま; 退屈な人. **3** 《米》回送(列)車; 無乗客機. **4** 《米》(ほとんど水面には現れない)漂流丸太材. **5** 《英》枯れた(頭状)花. **6** 〖海事〗=bollard. **7** 〖冶金〗押湯(おしゆ)《鋳物の巣の発生を防ぐための部分, 凝固後本体から切り離す》. ― *vi.* **1** 無料切符を使う, 無賃乗車する. **2** 《米口語》〈列車・飛行機などが〉無乗客無貨物運行する, 空回送[飛行]する, 空車で走る. ― *vt.* **1** 〈人を〉無賃乗車させる. **2** 《米口語》空車で走らせる[引っ張る]. **3** 《英》〈草花〉の枯れた花を取り除く[切り取る]. ― *adv.* **1** 無賃乗車で, 金を払わずに. **2** 《米》空車で. 〖1576〗
Déad Héart *n.* [the ~] 《豪口語》(オーストラリア大陸の)奥地.
déad-héat *vi.* (競走で)(優勝または同位を)分け合う 〔*for*〕. **~·er** *n.* 〖1887〗
déad héat *n.* (競走で)引き分け; (一般に)タイ, 無勝負. 日英比較 日本語の「デッドヒート」(激しい競り合い)とは意味が異なる. 日本語の「デッドヒート」に相当する英語は close [heated] race [game, contest] など. 〖1796〗
déad hórse *n.* (死んだ馬のように)役に立たないもの, 古臭い話題, つまらない問題. ★ 主に次の成句で: ***flóg a déad hórse*** (1) 話[話題]を蒸し返す. (2) むだ骨を折る. ***páy for a déad hórse*** 古い借金を返す. ***wórk for a déad hórse=wórk the déad hórse*** (賃金先払いの)後働きをする. 〖1638〗
déad·hòuse *n.* (病院・警察署の)死体仮安置所. 〖1812〗

De·a Di·a /díːədáɪə, déɪədíːə/ *n.* 〖ローマ神話〗デアディーア《農業の女神; Arval Brothers によって祭られる; 主な祭日は 5 月》.
déad kéy *n.* (タイプライターの)デッドキー《アクセント記号などを打ってもキャリッジの動かないキー》.
déad lánguage *n.* 死語《過去のある時期以後全く使用されなくなった言語; ヒッタイト語・エトルリア語など; ↔ living language》.
déad-lèaf bútterfly *n.* 〖昆虫〗コノハチョウ (*Kallima inachus*)《タテハチョウ科コノハチョウ属のチョウ; 翅の裏の模様が枯葉に似ている》; コノハチョウ属のチョウ数種の総称.
déad·lèg 《英口語》*n.* (大腿部にひざげりを受けたあとの)脚のしびれ. ― *vt.* (ひざげりで)〈人〉の大腿部をしびれさせる.
déad létter *n.* **1** **a** 〖法律〗空文, 死文. **b** 形骸化した慣行. **2** (宛先不明の)配達還付不能郵便物. **3** もはや問題[話題]にならないもの. 〖1579〗
déad létter bòx *n.* (受取人と直接会うことのない)秘密文書などの受け渡し場所
déad-létter òffice *n.* (郵便本局の)配達不能郵便課. 〖1812〗
déad líft *n.* **1** (てこも滑車も用いない)力一杯の引揚げ. **2** 〖重量挙〗**a** デッドリフト《バーベルを床から大腿上部まで一気に持ち上げる運動》. **b** デッドリフト競技. **3** 《古》必死の努力(を要するような仕事[状況]). ★ 通例次の成句で: ***at a déad líft*** 《古》救いようのない状態で, 窮地にあって, せっぱ詰まって(いる). 〖(1567) 〗 〖1551〗
déad·lìght *n.* **1** 〖海事〗**a** 内蓋《ガラスの保護, 浸水の防止または灯光の漏れを防ぐための船窓の蓋; 木製または鋼鉄製》. **b** (甲板・船体などにはめ込んだ厚ガラスの)明り取り. **2** あけることのできない天窓. **3** [*pl.*] 《俗》目 (eyes). 〖1726〗
dead·line /dédlàɪn/ *n.* **1** (新聞・雑誌の)原稿締切り時間; (一般に)最終期限: the five o'clock ~ 5 時の締切り / The ~ nears. 締切りが近づく / set no specific ~ 特に締切りを設けない / meet [make, beat] a ~ 締切りに間に合う / miss a ~ 締切りに遅れる / work to a ~ 締切りに間に合わせる. **2** 死線, 射殺線《監獄や営倉の内部またはその周囲に画した限界線でそれを越えると射殺される》. **3** 〖銀行〗準備金限界線《銀行の準備金が不足となる限界》. **4** 越えてはならない線, 越えられない線, デッドライン. **5** 〖軍事〗修理待機器材[車両]《修繕または定期整備のため集めた戦車などの車両または火砲群》. ― *vt.* 〖軍事〗修理待機をさせる, (修理・整備などのため)〈戦車・火砲など〉の使用を禁止する. 〖1860〗
déad·li·ness *n.* **1** 致命的なこと. **2** (殺さねばやまないほどの)執念深さ. **3** 猛烈さ. 〖(?*a*1200) ← DEADLY +-NESS〗
dead lóad *n.* **1** 〖工学〗死荷重, 静荷重, 固定荷重《構造物・車両・飛行機などのそれ自身の重さ; cf. live load》. **2** (工場のまだ応じていない)注文, 受注残高. **3** [*pl.*] 《米口語》たくさん 〔*of*〕 (cf. load 3 a): ~*s of* houses [money]. 〖1869〗
déad lóan *n.* 貸倒れ金, 廃滞貸金.
dead·lock /dédlɑ̀(ː)k | -lɔ̀k/ *n.* **1** (交渉などの)行き詰まり; 停頓: at a ~ 行き詰まって / come to a ~ 行き詰まる / bring a ~ to an end 行き詰まりを打開する / resolve [break] the ~ between ...の間の行き詰まりを打開する / The armies were checked in ~. 両軍は対峙(たいじ)したまま動きがとれなかった. 日英比較 日本語では「デッドロック」の「ロック」を rock (岩)と誤って解し, 「デッドロックに乗りあげる」などというが, 「デッドロック」に当たる英語は *deadlock* である. **2** 《米》同点, 引き分け (tie, draw). **3** 本締め錠《ドアの内側に付いている安全錠; cf. snap lock, spring lock》. **4** 〖電算〗デッドロック《コンピューター内で同時に活動している複数のプロセスが同一の資料を求めて競合したため中断すること》. ― *vt., vi.* 停頓させる[する], 全く行き詰まらせる[行き詰まる]. **~ed** *adj.* 〖1779〗
déad lóss *n.* **1** 丸損. **2** 《口語》全くつまらない人[物], 全然駄目な人[物], 少しも役に立たない仲間. 〖1757〗
dead·ly /dédli/ *adj.* (**dead·li·er, -li·est; more ~, most ~**) **1** 致命的な, 致死の (⇨ fatal SYN): a ~ blow / ~ bacteria / a ~ disease 命取りの病気 / (a) ~ poison 猛毒 / a ~ weapon 凶器 / ~ criticism 致命的な酷評. **2** (憎しみのため)相手の命をねらう[を絶対に許そうとしない]; 執念深い: a ~ enemy [foe] / be ~ enemies to each other (互いに)不倶戴天の敵同士である / a ~ combat 互いに命をかけての戦い, 死闘 / ~ scorn 執念深い軽蔑. **3** 《口語》うんざりする, 退屈な (boring). **4** はなはだ有害な, 破壊的な: ~ influence 非常な悪影響. **5** はなはだしい (excessive); 全くの, 徹底的な (utter); 耐え難い: ~ dullness たまらない退屈 / in ~ haste 恐ろしく急いで / with ~ gravity ひどく真面目に / It's perfectly ~. 全くやり切れない. **6** 全く正確な: with ~ aim [accuracy] 寸分たがわぬ狙いを定めて. **7** 死のような (deathlike, deathly), 死人のような: ~ paleness [pallor] / a ~ silence. **8** 来世で救われない, 地獄に落ちる (cf. venial 1): ⇨ deadly sins.
― *adv.* **1** 恐ろしく, ひどく: ~ dull / ~ accurate. **2** 死人のように, 死んだように: ~ pale. **3** 《古》致命的に. 〖ME < OE *dēadlīc*: ⇨ dead, -ly[1,2]〗
déadly níghtshade *n.* 〖植物〗**1** =belladonna 1 a. **2** =black nightshade. 〖1578〗
déadly síns *n. pl.* [the ~] 〖神学〗罪源, 大罪, 地獄に落ちる罪悪《pride, covetousness, lust, anger, gluttony, envy, sloth の七つで霊的な死をもたらすとされる; seven deadly sins ともいう; cf. deadly 8, cardinal virtues》. 〖?*a*1200〗
déad·man /-mæ̀n, -mən/ *n.* (*pl.* **-men** /-mèn, -mən/) **1** 〖土木〗**a** (壁・シートパイルなどの)地中アンカー. **b** (柱[マスト]を立てる[倒す]際に一時的にそれを支える, 松葉づえ形の)支柱. **2** 〖海事〗デッドマン《荷物を船外に降ろした後, デリックを内側に引っ張る単索》. **3** 〖機械〗デッドマン装置《運転者がハンドルやペダルから手や足を離した場合に列車や機械を自動的に停止させる非常制御装置; deadman control ともいう》: ⇨ dead man's handle, deadman's pedal. **4** 〖登山〗《雪の中に埋め込んで確保点とする金属の板状の道具; この穴にワイヤーを通して支点とし, ザイルを通す; 小型のものは deadboy という》. 〖1825〗

déad mán *n.* **1** 死人. **2** がに (かにのえら, 食用にはならない). **3** [通例 *pl.*] 《口語》(酒の)空き瓶; ビールの空き缶. 〖*a*1325〗
déadman contról *n.* 〖機械〗=deadman 3.
déadman's cúrve *n.* (事故の多い)魔のカーブ.
déad-màn's fíngers *n.* (*pl.* ~) **1** 〖植物〗ヨーロッパ産の青白い指状根のあるラン科ハクサンチドリ属 (*Orchis*) の数種の多年草の総称. **2** =dead man 2. 〖1600–01〗
déad-màn's flóat *n.* 〖水泳〗伏浮き《特に初歩の水泳で顔をうつむけ, 両脚を後方に開き, 両腕を前方に広げて浮かぶこと; prone float ともいう》. 〖*c*1946〗
déadman's hánd *n.* **1** 〖植物〗**a** =male orchis. **b** =male fern 1. **2** 〖トランプ〗(ポーカーで)エースと 8 のツーペアー《Wild Bill Hickok がこの手を持っていて暗殺されたことからといわれる》. 〖1755〗
déad màn's hándle *n.* 〖機械〗(列車などの)デッドマンハンドル (cf. deadman 3). 〖1908〗
déadman's pédal *n.* 〖機械〗デッドマンペダル (cf. deadman 3).
déad márch *n.* (特に軍隊の)葬送曲, 葬送行進曲. 〖1603〗
déad maríne *n.* 《豪俗》(酒の)空き瓶. 〖1880〗
déad mátter *n.* **1** 〖印刷〗**a** (解版直前の)廃版. **b** =foul matter. **2** 〖化学〗無機物.
déad méat *n.* 死体 (corpse).
déad-mèn's-fíngers *n.* (*pl.* ~) =dead-man's fingers.
déad métal *n.* 〖印刷〗枕, デッドメタル《紙型や電型取りをするとき, 原版の空白部分に入れる活字と同じ高さの金具》.
déad-métal àrea *n.* 〖印刷〗(インクが付かないように補刻された凹版面の)空白部分.
déad métaphor *n.* 〖修辞〗死んだ隠喩《頻繁に使用されるため比喩であると意識されなくなった常套(じょうとう)的隠喩; cf. living metaphor》. 〖1922〗
déad múzzler *n.* 〖海事〗=muzzler 2.
déad·ness *n.* **1** 死, 死の状態. **2** (死んだような)生気のなさ, 無活気, 無感覚. **3** (光沢・色などの)どんよりとしていること; (酒などが)気の抜けたこと. 〖(1607): ⇨ -NESS〗
déad néttle *n.* 〖植物〗シソ科オドリコソウ属 (*Lamium*) の植物の総称《葉がイラクサ (nettle) に似ているが葉に刺毛がない》. 〖*a*1398〗
déad-òn-arrível *n.* 〖電子工学〗(電子回路などの)初期不動作. 〖(転用) ← *dead on arrival* (*at a hospital*): cf. DOA〗
déad·pàn 《口語》*adj., adv.* **1** 〈人・顔・表情など〉無表情な[に] (expressionless(ly)), まじめくさった. **2** 〈話などをするの〉感情を表さない(で), くそまじめな[で]: a ~ account of a child's death 子供の死についての感情を抑えた(淡々とした)説明. ― *vi.* 無表情な顔をする. ― *vt.* 無表情な顔で言う. **~·ner** *n.* 〖1928〗
déad pàn *n.* **1** 《口語》無表情な顔(をした人) (cf. poker face). **2** 無表情な顔でのふるまい; 無表情な顔で行う演技[喜劇]. 〖1933〗
déad pígeon *n.* =dead duck.
déad pláte *n.* 口板《ボイラーの火格子前端, たき口部分に取り付けられた鉄板》. 〖1855〗
déad póint *n.* 〖機械〗(クランクの)死点. 〖1830〗
déad púll *n.* =dead lift.
déad-réckon *vi.* 〖海事・航空〗推測航法をとる. **~·er** *n.*
déad réckoning *n.* **1** 〖海事・航空〗推測航法《既知の一地点を基準として, その地点通過後の速度と航海[飛行]時間とから現在位置を推算する航法》. **2** 推測航法で測った位置. **3** =guesswork. 〖1613〗
déad ríngér *n.* 《俗》まるきりそっくりな人[もの] (cf. ringer[1]). 〖*c*1890〗
déad·rìse *n.* 〖造船〗船底勾配《船体中央横断面において船底部フレームラインが基線(水平)に対してもつ傾斜》.
déad róasting *n.* 〖冶金〗完全焙焼(ばいしょう)《硫化鉱を完全に酸化物に変える焙焼》.
déad róom *n.* 〖音響〗無響室《壁・床・天井などからの音の反射をほとんどなくした音響実験室》. 〖1835〗
Déad Séa *n.* [the ~] 死海《イスラエルとヨルダンとの間にある湖面の海抜が世界で最も低い塩湖; 長さ 82 km, 幅 18 km, 面積 1,020 km², 湖面の高さ海面下 397 m; 塩分 25 %; 聖書名 Salt Sea》. 〖(*c*1250) (なぞり) ← LL *Mare Mortuum* (なぞり) ← Gk *nekrà thálassa*〗
Déad Sèa ápple [frúit] *n.* [the ~] =APPLE of Sodom (2). 〖1817〗
Déad Séa Scrólls *n. pl.* [the ~; 単数扱い] 死海写本, 死海文書《1947 年死海付近の Qumran で偶然発見された, 旧約聖書本文の古い写しの一部を含む重要な資料》. 〖1949〗
déad sét *n.* **1** 〔...を得ようとしての〕真正面からの攻撃; 粘り強い努力; 熱心な求婚 〔*at*〕: make a ~ *at* a person (特に議論・嘲笑で)人を猛烈に攻撃する; 〈特に女性が〉異性に熱心に求婚する / make a ~ *at winning* the game 試合に勝とうと粘り強い努力をする. **2** 強い反抗的態度. **3** (故障による状況などの)行き詰まり: be at a ~. **4** 〖狩猟〗

(猟犬が獲物をねらう)不動の姿勢. ── *adj.* [通例 be ～ で] 固く心を決めた〔*on, against*〕; 〈猟犬が〉不動の姿勢をとって. ── *adv.* 断固として, 固く心を決めて. ── *int.* 《豪俗》実に, まったく. 〚(1725) ← *dead set*: ⇨ dead (adv.) 2〛

déad shéave *n.* 〖海事〗デッドシーブ《ロープにかかる力の方向だけを変える回転部分のない半滑車》. 〚1857〛

dead shórt círcuit *n.* 〖電気〗完全短絡.

déad shót *n.* **1** 命中弾, 必中弾. **2** (百発百中の)射撃の名手.

déad·smóoth *adj.* **1** 非常に滑らかな. **2** (やすりなどの用具が同一種類の他のものに比較して)一段とすべすべした. 〚1874〛

déad sóldier *n.* 《俗》=dead marine. 〚*c*1915〛

déad spáce *n.* **1** 〖軍事〗死界, 死角《射程内にありながら射撃することのできない範囲; cf. dead angle, dead water》. **2** 〖生理〗死腔(しこう)《呼吸器の中で酸素と炭酸ガスの交換に関与しない部分》. **3** 〖外科〗死腔《手術や傷の処置後に消滅せずに残った洞状の部分》. **4** 〖造船〗(船腹の)空所《他の荷物を引き出すためなどの理由で荷物を積むことのできない空所》. **5** 〖建築〗デッドスペース《柱のまわりなどの利用できない空間; 集会場などで音の聞こえない部分》. 〚1887〛

déad spòt *n.* 〖ラジオ・テレビ〗 **1** デッドスポット《受信不可能な地帯; cf. blind spot 3》. **2** 放送の休止状態; 受信機の故障や送信の中断でブラウン管に映像の出ない現象 (cf. blackout 5).

déad stéel *n.* 〖冶金〗死鋼《溶融点近くまで加熱し, 燃焼組織 (burnt structure) となった鋼で, 再溶解しないかぎり使用できない》.

déad·stíck *n.* (エンジン停止のため)回転が止まったプロペラ. 〚1932〛

déad·stick lánding *n.* エンジン[プロペラ]停止の状態で行う着陸. 〚*c*1917〛

déad·stóck *n.* **1** 死蔵[不良]在庫, 売れ残り品. **2** 〖農業〗農場施設[設備], 農具 (cf. livestock). 〚1836〛

déad tìme *n.* 〖電子工学〗不動時間《指令を与えてから動作が始まるまでの時間》. 〚1909〛

déad wágon *n.* 《米》霊柩車. 〚1894〛

déad wáll *n.* **1** 窓のない壁, 平壁. **2** 吸音性の壁.

déad wáter *n.* **1** 死水, 静水, 止水, 流れない水. **2** 〖海事〗航跡渦流. **3** 〖海事〗小潮 (neap tide). **4** 〖軍事〗砲火の届かない水面 (cf. dead space 1). 〚1561〛

déad·wéight *n.* **1** 自力で動けない人や物の重さ. **2** 重荷, 重量品. **3** 〖工学〗=dead load. **4** 〖海事〗(船の)載貨重量; (重量による)船運賃. **5** 資産でまかなえない借金; 重荷, 厄介なもの, うっとうしいもの; 役に立たない人: the ～ of debt. 〚1660〛

déad·wèight capácity *n.* 〖海事〗載貨重量トン数《満載状態の排水量と, 無載荷状態の排水量との差》. 〚1902〛

déadweight sáfety vàlve *n.* 〖機械〗おもり安全弁. 〚1904〛

déadweight tónnage *n.* 〖海事〗=deadweight capacity.

dead whíte *n., adj.* **1** 艶(つや)のない[輝きのない]白(の). **2** 純白(の). **3** 顔面蒼白(の); 真っ青(の): He went ～. 顔面蒼白になった. 〚1794〛

dead wínd *n.* **1** 《廃》〖海事〗真向かい風, 逆風 (head wind). **2** 無風《台風の目の中など》.

déad·wòod *n.* **1** (立木の)枯枝; 枯木. **2** 使用に耐えないもの; 無用の[人], 厄介もの; 無意味な語句. **3** [*pl.*] 〖造船〗力材《木船の船首材および船尾材の各根元と竜骨の末端とを固く連結させるための埋め木材》. **4** 〖ボウリング〗レーン上に倒れているピン.

cút óut* (*the*) *déadwood 無用な部分を除く, 不要な人員を整理する. ***hàve the déadwood on*** 《米西部口語》…に対して断然有利な立場にある; 〈人〉に対して動かぬ証拠を握っている. 《1851》 〚1727–52〛

déad wòrk *n.* 〖鉱山〗採鉱以外で必要な仕事. 〚1653〛

de·aer·ate /dìːɛ́ᵊreɪt | -éər-/ *vt.* **1** …から気体(酸素など)を取り除く. **2** (真空での機械的攪拌とか常圧での加熱などによって)〈液体〉から気泡を取り除く[抜く]. 〚(1791) ← DE-¹+AERATE〛

de·aer·a·tion /dìːɛᵊréɪʃən | -eər-/ *n.* 脱気《液体中の気体を除去すること》. 〚(1830): ⇨ ↑, -ion〛

dè·áer·a·tor /-tə | -tə(r)/ *n.* 脱気機. 〚(1940) ← DEAERATE+-OR²〛

deaf /déf/ *adj.* (～·er; ～·est) **1** 耳の不自由な, 耳の聞こえない: ⇨ deaf-and-dumb / the ～ 耳の聞こえない人々 / be ～ *in* one ear [(文語) *of* an ear] 片方の耳が聞こえない / (as) ～ as an adder [a door, a door post, a post, a stone] 全く耳が聞こえない. **2** 耳が遠い, よく聞こえない. **3** 〔嘆願・忠告などに〕耳を傾けない, 聞こうとしない〔*to*〕: be ～ *to* all appeal [advice] あらゆる訴え[忠告]に耳を貸さない / be ～, dumb, and blind 見ざる言わざる聞かざるを通す / ⇨ *fall on deaf* EARS, *turn a deaf* EAR. **4** 《英方言》実ってない, 実のはいっていない, 粃(しいな)の. **～·ish** /-fɪʃ/ *adj.* 〚OE *dēaf* < Gmc **dauƀaz* (Du. *doof* / G *taub*) ← IE **dheu-* to rise in a cloud (L *fūmus* smoke / Gk *tuphlós* blind & *tûphein* to smoke)〛

déaf-àid *n.* 補聴器 (hearing aid). 〚1934〛

déaf-and-dúmb 《差別的》*adj.* 聾啞(ろうあ)の; 聾啞者(用)の. ── *n.* 聾啞者. 〚?*a*1200〛

déaf-and-dùmb álphabet *n.* =manual alphabet.

déaf-blínd *adj.* 耳と目の不自由な, 視聴覚障害の.

deaf·en /défən/ *vt.* **1** 〈人〉の耳を聞こえなくする. **2** 《古》〈音・声などを〉(他の一層大きな音・声などで)消す, 鈍くする, 聞こえなくする. **3** 〈壁・床などに〉防音装置を施して音響を防ぐ. ── *vi.* [通例 ～*ing* で] 耳を聞こえなくする. 〚(1598) ← DEAF+-EN¹〛

déaf·en·ing /-f(ə)nɪŋ/ *n.* (壁・床などに施す)防音(装置); 防音材料, 音響止め. ── *adj.* 耳を聾(ろう)するばかりの, 耳をつんざくほど(高音)の, ものすごく騒々しい: ～ applause. **～·ly** *adv.* 〚(1598): ⇨ -ing¹·²〛

déaf·ly *adv.* 耳が聞こえないで[かのように]. 〚(*a*1383): ⇨ -ly¹〛

déaf-múte *n.* 聾啞(ろうあ)者. ── *adj.* 聾啞の. **～-ness** *n.* 〚1837〛

déaf-mútism *n.* 聾啞状態. 〚1865〛

déaf·ness *n.* 耳の聞こえない[遠い]こと. 〚(*a*1398): ⇨ -ness〛

déaf nút *n.* **1** 〖植物〗仁(じん) (kernel) のない堅果. **2** 利益にならないもの, 無価値なもの.

déaf withòut spéech *adj.* 聾啞(ろうあ)の. ── *n.* [the ～] 聾啞者.

Dea·kin /díːkɪn | -kɪn/, **Alfred** *n.* ディーキン (1856–1919; オーストラリアの政治家; 首相 (1903–04, 1905–08, 1909–10); オーストラリアの連邦化の推進者).

deal¹ /díːl/ *n.* **1** 《口語》 **a** (相互の利益を計った)協約; (訴訟などでの)示談; 《米》不正取引, 密約 (job): do 《英》[make 《米》, cut (口語), strike] a ～ with …と協定[取引]をする / a good ～ 有利な取り決め; 《米俗》楽な仕事, 快適な事 / Good ～! 《米俗》そりゃうれしい; よろしい, 承知した (I agree.) / It's a ～! 《口語》よし決まった, 約束したぜ. **b** (協定による)売買行為, (特に有利な)取引: ⇨ *a big* DEAL¹ / ⇨ package deal. **c** (取引上などの)取扱い; (人に対する)扱い, 待遇: get a rough [bad] ～ (境遇・運命などの)ひどい仕打ち[つらい目, 不運]を受ける / a new ～ for health-care 医療上の新機軸[制度] / ⇨ raw deal, square deal. **2** [通例 D-] (政治・経済上の)政策: ⇨ Fair Deal, New Deal. **3** 〖トランプ〗 **a** 札を配ること, 配る行為. **b** 配る番[権利]: Whose ～ is it? だれの配る番か. **c** [集合的] 配られた札, 手札 (hand). **d** (札が配られてからそのゲームが終わるまでの)一勝負: Four ～*s* were played. ゲームが4回行われた. **4** 《俗》(少量の取引単位の)麻薬. **5** 《廃》部分, 分け前.

a big déal 《口語》(1) 大きな[大事な]取引. (2) [皮肉にも用いて] 重大事, おもしろいこと[もの], 大したもの: make *a big* ～ out of nothing 何でもない事をひどく問題視する, つまらぬことから騒ぎをする / Don't worry: it's no *big* ～. 心配するな. 大したことじゃない. ★ しばしば冠詞を省き皮肉・嘲笑の意をこめ感嘆詞的に用いる: *Big* ～! 大したものさ, 驚かせるね, いやご立派. (3) 《米》大人物, 大物, 名士. 《1928》 ***gét* [*háve*] *the bést of the déal*** 《口語》勝つ, うまくやる, (取引などで)得をする. ***Whát's the déal?*** 《米口語》どうした, 何事だ.

── *v.* (**dealt** /délt/) ── *vt.* **1 a** 〖トランプ〗〈札を〉配る, 分ける: ～ (out) five cards *to* each player=～ each player five cards 一人に5枚ずつ札を配る. **b** [通例 ～ *out* として] 〔…に〕(分け前として)与える, 授ける (dole)〔*to*〕; 〈罰などを〉加える: ～ *out* alms *to* the poor 貧民に施しをする. **2** [通例二重目的語を主として] 〈人に〉打撃・仕打ちなどを〉加える, 与える: ～ a person a blow 人に一撃を加える, 人を打つ; 人に打撃を加える, 人を苦しい[不幸な]目に遭わす / ～ a crushing blow to a person's hopes 人の希望に壊滅的な打撃を加える / I *dealt* him a scolding. 私は彼をしかりつけた. **3** 《俗》〈麻薬を〉密売する: ～ drugs. **4** 《口語》〈人を〉〔トランプ・仕事などに〕仲間入りさせる, 仲間に加える〔*in*〕: Father *dealt* me *in* the business. 父は私を事業に参加させてくれた / He asked me to ～ him *in*. 彼は自分も加えてくれと言った. ── *vi.* **1** 〈人・会社が〉〔品物を〕商う, 売買する〔*in*〕; 〔場所・店で〕商売をする〔*at*〕; 〔人・会社と〕取引する〔*with*〕: He ～*s in* silk goods. 絹織物を商っている / We refused to ～ *with* the firm. その商会との取引を断った. **2 a** 〔問題・人を〕処理する, 扱う〔*with*〕; 〔人を〕処置する, 処罰する〔*with*〕: ～ *with* a difficult problem 難問題を処理する / ～ harshly *with* the rebels 叛乱者を厳しく処分する / He is hard [a hard person] to ～ *with*. 彼はつき合いにくい[始末におえない] / I'll ～ *with* you in a minute. すぐにお前にお仕置きをしてやろう. **b** 〈本・講演などが〉〔主題を〕扱う, 論じる〔*with*〕: This book ～*s with* medieval history. この本は中世史を扱っている. **3** 〔人に対し〕行動する, ふるまう〔*with, by*〕: ～ kindly [fairly] *with* others 他人に対して親切に[公平に]ふるまう / Let us ～ justly in this case. この事件では公正に行動しよう. **4** 〔…に〕従事する[関係する], 関係する〔*in*〕: ～ *in* politics 政治に従事[関係]する. **5** 〖トランプ〗札を配る: It's my turn to ～. 私が配る番だ / Don't ～ from the bottom of the deck! だますな / ～ *off* (ポーカーで)手札を配り終わる. **6** 《俗》麻薬の密売をする. **7** 《古》〔…と〕(しばしば秘密の[腹黒い])関係を結ぶ, 取引をする〔*with*〕: ～*ing with* witches and *with* conjurers 魔女や魔術師と相計り (Shak., *2 Hen VI* 2. 1. 168).

〚ME *dele(n)* < OE *dǣlan* to divide, share < Gmc **dailjan* (Du. *delen* / G *teilen*) ← **dail-* (↓)〛

deal² /díːl/ *n.* 《口語》 **1** [通例 a good [great] ～ として] 分量, 額 (amount): He reads *a good* [*great*] ～. 相当な[大変な]読書家だ / He took [went to] *a good* ～ *of* trouble to find the house. その家を見つけるのに少しも労を惜しまなかった / It was *a good* ～ *of* trouble finding [to find] the house. その家を見つけるのは大変な手間だった.

〚語法〛 (1) a good [great] ～ of に続く名詞は不可算名詞: a good [great] ～ of money. (2) a good [great] ～ は副詞句になることがある: I feel *a great* ～ better this morning. けさはいつもよりもずっと気分がよい / It's *a good* ～ farther. ずっと遠い. (3) 《口語》では, 特に肯定平叙文の場合, a good [great] ～ (of) が much, a lot に代わって好んで用いられる (cf. *a good* [*great*] MANY).

2 [a ～] 多量 (a lot): talk *a* ～ *of* nonsense ばかなことばかり言う.

〚ME < OE *dǣl* part < Gmc **dailiz* (Du. *deel* / G *Teil*) ← **dail-* ← ? IE **dail-* to divide: ⇨ dole¹〛

deal³ /díːl/ *n.* **1** 〖林業〗(規格寸法に合わせて切った)松あるいは樅(もみ)の厚板. **2** [集合的] 松[樅]板. **3** 松[樅]材. **4** 軟木材 (softwood timber). ── *adj.* 松[樅]材の: a ～ table / a ～ coffin 樅材の柩(ひつぎ). 〚(1393) *dele* ◻ MLG & MDu. *dele* board ← Gmc **þel-*: ⇨ thill〛

Deal /díːl/ *n.* ディール《イングランド南東部, Kent 州東部の町; アングロサクソン時代の五港 (Cinque Ports) の一つ》.

de·a·late /dìːéɪleɪt, -lɪ̀t/ *n.* 〖昆虫〗棄翅(きし)昆虫《アリ・シロアリなどのように婚姻飛行 (nuptial flight) 後, 自分で翅を剝奪する昆虫》. ──*adj.* (アリ・シロアリなどが)翅を捨てた. 〚← DE-¹+ALATE〛

de·a·lat·ed /dìːéɪleɪtɪd | -tɪ̀d/ *adj.* 〖昆虫〗棄翅する, 棄翼した. 〚(1904): ⇨ ↑, -ed〛

de·a·la·tion /dìːeɪléɪʃən/ *n.* 〖昆虫〗棄翅, 棄翼.

de·al·co·hol·ize /dìːǽlkəhɔ(ː)làɪz, -hɑ(ː)l- | -hɔl-/ *vt.* (化学的処理で)〈ワインなど〉からアルコール分を除去する. 〚(1866) ← DE-¹+ALCOHOLIZE〛

deal·er /díːlə | -lə(r)/ *n.* **1** 商う人, 商人, …商, ディーラー, 扱い業者, 問屋: a furniture ～=a ～ *in* furniture 家具商 / a horse ～ 馬喰(ばくろう) / a ～ *in* tobacco たばこ商 / a wholesale [retail] ～ 卸[小売]商. **2** [the ～] 〖トランプ〗配り手, 「親」. **3** 《米》〖経済〗ディーラー《自己売買を専門とする証券業者; cf. broker 1》. **4** (他人に対して)ある特定の行動[ふるまい]をする人: a fair [plain] ～ 正直に行動する人 / ⇨ double-dealer. **5** 《俗》麻薬密売人 (pusher). 〚OE *dǣlere*: ⇨ deal¹, -er¹〛

dealer·ship /díːləʃɪp | -lə-/ *n.* 《米》 **1** (販売権のある)販売(代理)店, 配給店: a Ford ～ フォード車のディーラー. **2** (ある生産品のある地域における)販売業[権]〔*for*〕. 〚(1916): ⇨ -ship〛

déal·fish *n.* 〖魚類〗フリソデウオ科サケガシラ属の一種 (*Trachypterus arcticus*)《体はリボン状で全長 25 m に達するものもある; 大西洋産》. 〚(1845) ← DEAL³+FISH: 死骸が板に似ているところから〛

deal·ing /díːlɪŋ/ *n.* **1** (他人に対する)行動, 仕打ち: ⇨ double-dealing. **2** [通例 *pl.*] (他人との)つき合い, 交際; 交渉, 関係; 取引, 売買 (transactions): have [have no] ～*s with* …と(取引)関係がある[ない]. **3** (トランプ札などの)配り分け. 〚(*c*1378): ⇨ -ing¹〛

déaling bòx *n.* 〖トランプ〗=box¹ 16. 〚1897〛

déaling ròom *n.* 〖金融〗ディーリングルーム《金融機関などの債券や為替の取引室》.

dealt /délt/ *v.* deal¹ の過去形・過去分詞.

Dé·a Marí·ca /déɪə-, díːə-/ *n.* 〖ローマ神話〗ディアマリカ (⇨ Marica).

de·am·bu·la·tion /dìːæmbjʊléɪʃən/ *n.* 《まれ》出歩くこと, 散歩 (promenade). 〚(*a*1529) ◻ L *deambulātiō(n-)*: ⇨ de-¹, ambulation〛

de·am·bu·la·to·ry /dìːǽmbjʊlətɔ̀ːri | -æmbjʊléɪtəri, -ǽmbjʊlə-, -tri/ *n.* =ambulatory 1. 〚(*a*1420) ◻ LL *deambulātōrium*: ⇨ de-¹, ambulatory〛

de-A·mer·i·can·ize /dìːəmérɪkənàɪz/ *vt.* 〈戦争など〉へのアメリカの関与を減らす, 脱アメリカ化する, …のアメリカ色を排除する (cf. desovietize). 〚(1966) ← DE-¹+AMERICANIZE〛

de A·mi·cis /dèɪəmíːtʃɪ̀s | -tʃɪs; *It.* deamíːtʃis/, **Edmondo** *n.* デアミーチス (1846–1908; イタリアの小説家・旅行記作者; *Il Cuore*「クオレ」(1886)).

de·am·i·dase /dìːǽmədèɪs, -dèɪz | -ǽmɪdèɪs/ *n.* 〖生化学〗デアミダーゼ《酸アミドを酸とアンモニアに加水分解する反応を触媒する酵素; desamidase ともいう》.

de·am·i·nase /dìːǽmənèɪs, -nèɪz | -ǽmɪ-/ *n.* 〖生化学〗デアミナーゼ《脱アミノ反応を触媒する酵素の総称; desaminase ともいう》. 〚(1920) ← DE-¹+AMINO-+-ASE〛

de·am·i·nate /dìːǽmənèɪt | -mɪ̀-/ *vt.* 〖化学〗〈アミノ化合物〉からアミノ基 (NH_2) を取り去る, 脱アミノする. 〚(1926) ← DE-¹+AMINATE〛

de·am·i·na·tion /dìːæmənéɪʃən | -mɪ̀-/ *n.* 〖化学〗脱アミノ. 〚(1912): ⇨ ↑, -ion〛

de·am·i·nize /dìːǽmənàɪz | -mɪ̀-/ *vt.* 〖化学〗=deaminate. **de·am·i·ni·za·tion** /dìːæmənɪ̀zéɪʃən | -mɪ̀naɪ-, -nɪ-/ *n.* 〚← DE-¹+AMINO-+-IZE〛

dean¹ /díːn/ *n.* **1 a** (大学の)学部長. **b** 《米》(大学の)学生[補導]部長; 学部事務長: the ～ of men [women] 男子[女子]学生部長. **2 a** 〖英国国教会〗(大聖堂 (cathedral) や参事会管理の聖堂 (collegiate church) の)首席[主任]司祭, (大)聖堂参事会長《bishop のすぐ下の地位》. **b** 〖カトリック〗地方司教代理《管区内の一地域において司教権の一部を代理する》. **3** 《英》=rural dean. **4** 《英》(Oxford, Cambridge 両大学の)学生監. **5** 《米》(団体の)最古参者, 長老, 重鎮: the ～ of the diplomatic corps. ── *vi.* dean となる.

Déan of Fáculty スコットランド弁護士協会会長.

déan of guíld ギルド長《スコットランド自治都市の同業組合の名目上の組合長》.

〚(*c*1330) *deen, dene* ◻ OF *deien* (F *doyen*) < LL *decānum* superior set over ten (monks) ◻ Gk *dekānós* chief of a division of ten (monks) ← *déka* 'TEN': cf. doyen〛

dean² /díːn/ *n.* 《英方言》=dene². 〚OE〛

Dean¹ /díːn/ *n.* ディーン《男性名; 異形 Deane》. 〚← OE *dene, denu* (dweller in the) valley // ME *deen*

《原義》the dean's son: ⇨ dean[1]》
Dean[2] /díːn/, **Christopher** *n.* ⇨ Torvill and Dean.
Dean /díːn/, **Forest of** *n.* ディーンの森《イングランド南西部 Gloucester 州西部, Severn 川と Wye 川の間にある森林地域; 昔の王室の御料林》.
Dean, James (Byron) *n.* ディーン《1931–55; 米国の映画俳優; *East of Eden* (1955); 自動車事故で死去》.
Deane /díːn/, **Silas** *n.* ディーン《1737–89; アメリカの法律家・外交官; アメリカ独立のためにフランスの援助を得ることに成功した》.
dean·er /díːnə | -nə(r)/ *n.* ＝deener.　〘1839〙
dean·e·ry /díːn(ə)ri/ *n.* **1** dean の職. **2** dean の邸宅. **3**〔英国国教会〕＝rural deanery.　〘(*c*1425): ⇨ dean[1], -ery〙
de-an·gli·cize /dìːǽŋgləsàɪz | -glɪ̀-/ *vt.* 脱英国化する, …の英国色を排除する.　**de-an·gli·ci·za·tion** /dìːæ̀ŋgləsɪ̀zéɪʃən | -glɪ̀saɪ-, -sɪ-/ *n.*　〘(1883) ← DE-[1]＋ANGLICIZE〙
déan·ship *n.* dean の職[位].　〘(1588): ⇨ -ship〙
déan's lìst *n.* (大学の)優等生名簿《通例学期末または学年末に大学で作成する》.〘*c*1926〙
dear[1] /díə | díə(r)/ *adj.* (～·er; ～·est) **1** 親愛な, かわいい, いとしい; 愛らしい; 魅力的な, 美しい: my ～ children [country] 私の愛する子供たち[国] / a ～ little thing かわいらしい赤ん坊[子供] / My ～ fellow! おい君 / hold a person ～ 人をかわいいと[いとしく]思う / one of my oldest and ～*est* friends 私の最も古くからの最も親愛なる友人達の中の一人 / You are very ～ to me. 私はあなたをとてもかわいく思う.
2 心からの (heartfelt); 大事な; 真剣な (earnest): a person's ～*est* wish 心からの願い / one's ～*est* possessions 最も大事な所有物 / Nothing is ～*er to* me. 私にはこれ以上大事なものはない.
3 (手紙などの敬称として)…様: *Dear* Sir / My ～ Sir / *Dear* Mrs. Jones ジョーンズ夫人様.　★ 手紙の書出しの常用形式文句: (1) Dear Sir [Madam] は面識のない人や目上の人に, Dear Sirs は団体や会社あてに用いる.　(2) Dear Mr. … は英国では形式的, 米国では親愛的であり, My ～ Mr. … は英国では親愛的, 米国では形式的である; 口語の呼掛けとして用いるときには時に皮肉の意を含む, また名詞の後に用いれば親愛または滑稽の意を表す: Auntie ～.
4 a [通例叙述的]〈商品が〉(ばかに)高い, 割高な, 法外な(値段の) (expensive) (↔ cheap): ～ rice / Beef is very ～ now. 牛肉は今とても高い. **b** [通例叙述的]〈値段が〉高すぎる, 高い (expensive): a ～ price / Even one pound is too ～ *for* this vase. この花瓶は 1 ポンドでも高すぎる. **c**〈店(の商品)が〉ひどく高い: a very ～ boutique 法外な値段のブティック. **d**〈借金が〉高利の: ～ money 高利の金 (↔ cheap money). **e**〈勝利など〉多大な犠牲を払った. **5**《廃》高貴な (noble).
for déar life (1) 命あっての物種と, 命からがら: run *for* ～ *life*. (2) 一生懸命に, 猛烈に: work *for* ～ *life*.
— *n.* **1** [呼び掛け] いとしい人, かわいい人 (darling): O my ～! / Do you promise?—Yes, my ～. 約束してくれる—ええ, するわよ / an old ～ ばあさん《無作法な呼び掛け》. **2** 愛する者, かわいらしい人[もの], 大事な[ありがたい]人[もの]; 愛人, 恋人: a shepherd and his ～ 羊飼いと彼の恋人 / What ～*s* they are! なんてかわいらしいこと / There's [That's] a ～. ね, いい子だから(してくれ). (よくしてくれて)いい子だね / Would you be a ～ and answer the phone? いい子だから電話に出ておくれ / You're a ～. いい子だね.
déar knóws ⇨ know[1] 成句.
— *adv.* **1** 高く, 高価に (cf. dearly 3): buy cheap and sell ～ (この場合通例 dearly は用いない) / pay ～ for one's experience [errors] 自分の過ちのために高価な犠牲を払う[ひどい目に遭う], 痛い目にあって[高い授業料を払って]賢くなる[思い知る] / It will cost him ～. 高いものにつくだろう, ひどい目に遭うだろう. **2**《詩・文語》＝dearly 1.
— *int.* おや, まあ《驚き・哀れみ・あせり・困惑・軽蔑・同情などを表す》: Dear, ～! ＝*Dear* me! ＝Oh ～! おやおや, あらまま; しまった / Oh ～, no! いやはや, とんでもない.
〘OE *dēore*, (WS) *dīere* precious, beloved ＜ Gmc **deurjaz* (Du. *dier* / G *teuer* / ON *dȳrr*) ← ?〙
dear[2] /díə | díə(r)/ *adj.* (～·er; ～·est)《古》つらい, 厳しい.　〘OE *dēor* brave, severe ← ?〙
Déar Áb·by /-ǽbi/ *n.*〔商標〕ディアアビー, アビーさん《米国の新聞の人生相談回答者 Abigail Van Buren (本名 Pauline Friedman Phillips) の愛称; そのコラム名》.
Dear·born /díəbɔən, -bən | díəbɔːn, -bən/ *n.* ディアボーン《米国 Michigan 州南東部 Detroit 市郊外の町; Ford 自動車工場がある》.〘Jefferson 大統領当時の陸軍大臣 *Henry Dearborn* にちなむ〙
Déarborn Héights *n.* ディアボーンハイツ《米国 Michigan 州南東部 Detroit 市郊外の町》.
dear·est /dí(ə)rɪ̀st | díər-/ *n.* [しばしば my ～ として呼び掛けで]《古》最愛の人, いとしいきみ.
dear·ie /dí(ə)ri/ *n.*《口語》＝deary.
Déar Jóhn *n.*《米口語》**1** (妻から兵役中の夫にあてた)離婚要求書; 他の男との結婚を通知する恋人からの手紙. **2** (一般に)絶交状 (*Dear John* letter ともいう).　〘(1945) 手紙の書出しの *Dear John* にちなむ〙
dear·ly /díəli | díə-/ *adv.* **1** 愛情を込めて, いとおしく, 深く: love a person ～. **2** 心から, 熱心に: We ～ want peace. **3** 高価に (cf. dear[1] *adv.* 1): It has been ～ bought. 大きい犠牲を払って得たのだ.　〘OE *dēorlīċe*〙
déar·ness *n.* **1** 高価であること (costliness). **2** かわいさ, 愛すべき性質. **3** 親愛の情.　〘(?*a*1350): ⇨ -ness〙
dearth /dɜ́ːθ | dɜ́ːθ/ *n.* [単数形で] **1** (人・物の)不足, 欠乏 (scarcity): a ～ *of* food / a water [paper] ～ 水[紙]不足. **2** 食物の不足, 飢饉 (famine): in time of ～ 飢饉の時に. **3**《廃》高価.　〘(*c*1250) *dērthe* dearness (in price) ＜ Gmc **deuriþō*: ⇨ dear[1], -th[2]〙
dear·y /dí(ə)ri | díəri/ *n.*《口語》[通例呼び掛け] かわいい人.　★ 通例女性が用い, 現在では時に皮肉または滑稽の意味合いを含む.
Déary mé! おやおや, あらまあ; しまった.〘1785〙
〘(1681) (dim.) ← DEAR[1]: ⇨ -y[2]〙
dea·sil /díːzəl, déz-, -zɪ̀/《スコット》*adv.* 右回りに (clockwise).　— *n.* 時計[右]回り.　〘(1771) ☐ Sc.-Gael. *deiseil* ← *deas* right hand〙
de·as·pi·rate /dìːǽspərèɪt | -pɪ̀-/ *vt.*〔音声〕非帯気(音)化する, 気音で発音する.　〘(1876) ← DE-[1]＋ASPIRATE〙
de·as·pi·ra·tion /dìːæ̀spəréɪʃən | -pɪ̀-/ *n.*〔音声〕非帯気(音)化.　〘(1879): ⇨ ↑, -ion〙
death /déθ/ *n.* **1 a** 死ぬこと, 死, 死亡; 死に方, 死にざま.　★ 時には比喩的にも用いる: brain ～ 脳死 / spiritual ～ 精神的死 / ⇨ ACCIDENTAL death, civil death / a field of ～ 戦場, 修羅(しゅら)場 / die the ～ ⇨ 成句 / (die) a natural ～ ⇨ natural 3 a / (die) a violent ～ ⇨ violent 4 / A great many ～*s* are reported. 大勢の人が死んだとのことだ / *Death* pays all debts.《諺》死ねば勘定は済む,「死者を恨まず」/ *Death* to the enemies of the working class! 労働者階級の敵に死を / till ～ do us part《米》＝till ～ us do part《英》死が私たち[二人]を分かつまで《結婚式での誓約の文句》.　★ ラテン語系形容詞: fatal, lethal, mortal.　日英比較 日本語の「デスマッチ」(プロレスなどで, 勝負または決着が着くまで時間の制限なく行う試合)は和製英語. 英語では, professional wrestling match to the finish with no time limit という. また, 一般的に「生きるか死ぬかの戦い」の場合には, life-and[-or]-*death* battle という. **b** (植物の)枯死. **2** 死んでいること, 死んだ状態: lie still in ～ 死んで動かない / (as) pale [still] as ～ (死人のように)真っ青で / (as) silent as ～ 死のように沈黙して. **3** [the ～] 滅亡, 破滅, 終り: *the* ～ *of* a language ある言語の死滅 / be [spell] *the* ～ *of* one's hopes 希望の喪失となる / ⇨ *be the* DEATH *of* (2). **4** 死の原因: ⇨ *be the* DEATH *of* (1). **5** 殺人, 人殺し, 流血. **6** [D-] 死神《手に大鎌 (scythe) を持った黒服の骸骨で表される》: ⇨ DANCE of death. **7**《廃》疫病 (pestilence): ⇨ Black Death. **8** 非現実的で本当と思えないこと, 幻影. **9** 死のように恐ろしい状況[経験], ひどいこと.

Death 6

a fáte wòrse than déath ⇨ *worse than* DEATH.　***(as) súre as déath*** ⇨ sure *adv.* 成句.　***at déath's dóor*** 死に瀕して; 重病で: be [lie] *at* ～'*s door* 死に瀕している, 重態である.〘1535〙　***be déath on***《口語》(1) …をひどく嫌う, …にひどく反対する: They *were* ～ *on* tax evaders [evasion]. 脱税者[脱税]が大嫌いだ / He's ～ *on* students who turn up late. 彼は遅刻する学生にとても厳しい. (2) …にかけてはすごい腕をもっている; …に大いにききめがある: This medicine *is* ～ *on* colds. (3) …が大好きである: They *were* ～ *on* their uncle. おじさんが大好きだった.〘1839〙　***be in at the déath*** (1) 《猟犬がきつねなど獲物をかみ殺す時その場にいて》獲物の死を見届ける.〘1788〙 (2) (出来事の)結末[完成]を見極める.〘1919〙　***be the déath of*** (1) …の死因となる, …を殺す; …を死ぬほど苦しめる, …に憂き目を見せる. (2) …の破滅である: Complacency *is the* ～ *of* the artist. 自己満足にひたるようになったら芸術家はおしまいだ.　***cátch one's déath (of cóld)***《口語》(無理をしたりして)ひどい風邪を引く, 風邪を引き込む: You will *catch your* ～ *of cold*. 今にひどい風邪を引くぞ.〘1872〙　***déath in lífe*** 生きながらの死, 死んだも同然の生活 (living death).〘1958〙　***díe a [the] déath*** (1)《英》〈流行などがすたれる, 消滅する. (2)《口語》〈俳優・出し物などが〉(急に)受けなくなる. (3)《口語》〈人が(急に)首になる. (4)《古》処刑される, 殺される (cf. *Matt.* 15: 4).〘1535〙　***dó to déath*** (1)《古》〈人を〉死刑にする, 殺す. (2) 何回も繰り返し過ぎておもしろくなくする: This sort of story has been *done to* ～. この種の話はもうたくさんだ[うんざりする].〘1882〙　***féel lóok like déath (wármed úp [《米》óver])***《口語》死にそうなくらい具合が悪い[悪く見える], 疲れ切っている[見える].〘1939〙　***Gód's déath!*** ＝(略して) ***'s déath!***《古》やっ, 驚いた, しまった.　***in the déath***《俗》とうとう, ついに (in the end).〘1958〙　***like grím déath*** 頑強に: hang [hold] on *like grim* ～ しっかりしがみつく, 死んでも放さない.〘1836〙　***síck to déath*** (1) 重病で, 危篤で (cf. 2 *Kings* 20: 1). (2) 〔…に〕すっかり飽き飽き[うんざり]して〔*of*〕.〘1890〙　***to déath*** (1) 死ぬまで: work oneself [one's staff] (half) *to* ～ ひどく働きすぎる[職員を死ぬほど働かせる] / ride a horse *to* ～ 馬を乗りつぶす / be burned [frozen, starved] *to* ～ 焼死[凍死, 餓死]する / put a person *to* ～ 人を死刑にする, 人を殺す / shoot [strike] a person *to* ～ 人を射殺する[殴り殺す] / stone a dog *to* ～ 石をぶっつけて犬を殺す. (2) 死ぬほど, 耐えられないほど, とても: love a person *to* ～ / be bored [tired] *to* ～ ひどくうんざりする[疲れ切る] / laugh oneself *to* ～ 死にそうになるほど[腹をかかえて]笑う / ⇨ FLOG *to death*, TALK *to death*, TICKLE *to death*.　***to the déath*** 命のある限り, 最後まで, あくまで: fight *to the* ～ 最後まで戦う, 戦って死ぬ.〘*c*1384〙　***wórse than déath***〈不幸など〉死よりも悪い[つらい]: a fate *worse than* ～《戯言》死よりも悪い運命《特に女性が辱(はずか)しめられたりしたときに用いる》.〘1653〙
〘OE *dēaþ* ＜ Gmc **dauþuz* (Du. *dood* / G *Tod* / ON *dauðr*) ← IE **dheu-* 'to DIE[1]': ⇨ -th[2]〙
death àdder *n.*〔動物〕デスアダー (*Acanthophis antarctica*)《オーストラリア産のコブラ科の毒ヘビ》.〘1860〙
death ágony *n.* 死[断末魔]の苦しみ.〘1883〙
déath·bèd *n.* 死の床; 臨終: one's ～ confession《軽蔑》臨終の告白 / on [at] one's ～ 死に臨んで, 死にかかって.〘OE *dēaþ-bed(d)* grave〙
déathbed repéntance *n.* 臨終の懺悔(ざんげ); 遅すぎた後悔, おそまきの政策転換.〘1691–98〙
death bèll *n.* ＝death knell.〘1781〙
death bènefit *n.*〔保険〕死亡保険金《被保険者が死亡した場合に支払われる保険金》.〘1921〙
déath·blòw *n.* 致死の打撃, 命取り; 致命的な打撃: deal a ～ to a person 人に致命的な打撃を与える.〘1795〙
death càmas [càmass] *n.*〔植物〕米国西部産で羊などの草食動物に中毒を起こさせる球根植物の総称 (ユリ科リシリソウ属の; *Zigadenus venenosus* や *Z. glaucus* など).〘1889〙
death càmp *n.* (多数の人が殺される)死の収容所《ナチスによるユダヤ人強制収容所など》.〘1944〙
death càndle *n.* ＝corpse candle 1.
death càp [àngel] *n.*〔植物〕タマゴテングタケ (*Amanita phalloides*)《キノコのうち最も猛毒な種類》.〘1925〙
death cèll *n.* 死刑囚独房.
death certìficate *n.* (医師の署名入りの)死亡証明書《死亡時刻および場所・死因などが記入されている》.
death chàir *n.*《米》＝electric chair.〘1890〙
death chàmber *n.* **1** 人の死んだ部屋. **2** (刑務所内の)処刑室.
death cùp *n.* **1** 毒杯. **2**〔植物〕＝destroying angel 1 a.〘1904〙
death dàmp *n.* 死汗《死の直前の冷や汗》.
déath·dày *n.* 死亡の日, 命日.〘OE *dēaþdæġ*〙
déath-dèaling *adj.* 致死的な, 致命的な.
death dùty *n.*《英》〔法律〕＝inheritance tax.〘1881〙
death fèud *n.* 殺さずにはおかれない恨み.〘1820〙
death fìre *n.* 鬼火.〘1796〙
death·ful /déθfəl, -fl/ *adj.* **1** 死のような. **2**《古》必ず死ぬ (mortal). **3**《古》致命的な, 殺人的な.〘(*a*1250): ⇨ -ful[1]〙
death fùtures *n. pl.*《米俗》死亡先物《末期的症状の患者の生命保険証書を割引で買い取ること; 患者死亡時に保険金満額を受け取れるので有利な投資となる》.
death grànt *n.*《英》〔保険〕(近親者・遺言執行者に支払われる)死亡給付金.〘1946〙
death hòuse *n.* **1** (人の)死亡場所. **2**《米口語》(刑執行前の)死刑囚監房.〘1920〙
death ìnstinct *n.*〔精神医学〕死の本能, 自己破壊の本能 (cf. life instinct).〘*c*1915〙
death knèll *n.* **1** 死[葬儀]を報じる鐘, 弔鐘 (passing bell). **2** (死・終末・破滅の)前触れ, 前兆, 予兆: sound the ～ for [of] …の終わりを告げる.〘1814〙
déath·less *adj.* 不死の, 不滅の, 永久の (immortal).　**～·ly** *adv.*　**～·ness** *n.*　〘(1598): ⇨ -less〙
death lìght *n.* ＝death fire.〘1823〙
déath·lìke *adj.* 死のような, 死んだような: a ～ silence.〘(1548): ⇨ -like〙
death·ly /déθli/ *adj.* **1** 死のような (deathlike): a ～ silence. **2** 致死の, 致命の (fatal); 残忍な. **3**《詩》死の.　— *adv.* **1** 死のように, 死んだように: be ～ pale 死人のように青白い. **2** 非常に, 全く (utterly): be ～ afraid.　**déath·li·ness** *n.*　〘OE *dēaþlīċ(e)*: ⇨ death, -ly[1,2]〙
death màsk *n.* デスマスク, 死面《石膏などにかたどった死者の面形; cf. life mask》.〘1877〙
death pènalty *n.* [the ～] 死刑.
déath·plàce *n.* (人の)死に場所, 最後の地 (cf. birthplace).〘1830〙
death pòint *n.*〔生物〕致死点《生物や原形質が生存できない限界温度》.
death ràte *n.* 死亡率《(特に米) mortality rate ともいう》: the ～ from heart disease 心臓病による死亡率.〘1859〙
death ràttle *n.* 臨終喉声(こうせい), 死前喘鳴(ぜんめい)《臨終の際にのどの中で鳴る音》.〘1822〙
death ràу *n.* (遠距離で人を殺すと想像される)殺人光線.〘1919〙
death ròll *n.*《英》(ある団体などの戦争・事故などによる)死亡者名簿, (巻き物式の)過去帳.〘1864〙
death rów /-róu | -rə́u/ *n.*《米》(一並びの)死刑囚監房, 死刑囚棟.〘1950〙
death sànd *n.*〔軍事〕殺人砂《放射能を含む砂・塵など》, (放射能の)死の灰.
death sèat *n.*《米俗・豪俗》(自動車の)助手席.
death sèntence *n.* 死刑宣告.
déath's-hèad *n.* しゃれこうべ《死の表象》; 頭蓋(ずがい)骨の画[彫刻].〘1596–97〙
déath's-head móth [háwkmoth] *n.*〔昆虫〕**1** ドクロメンガタスズメ (*Acherontia atropos*)《ヨーロッパ産スズメガ科メンガタスズメ属のガ; 暗い色で胸背にどくろ状の斑

紋がある). 2 メンガタスズメ《メンガタスズメ属のガの総称》. 〚1781〛

déaths·man /-mən/ n. (pl. **-men** /-mən, -mèn/) 《古》死刑執行人 (executioner). 〚(1589): ⇨ -s[2]〛

death squàd n. 1 暗殺隊《中央アメリカの軍事政権下などで政治的な反対者などを殺す集団》. 2 =firing party 2. 〚1969〛

déath stàr n. 星形手裏剣《星形の薄い金属板で, 先端を鋭くとがらせた武器; throwing star ともいう》.

déath tàx n. 《米》〖法律〗=inheritance tax. 〚1937〛

déath thròe n. 断末魔の苦しみ: be in one's ～ 断末魔の苦しみの中にある, 苦境の中で必死になってもがいている. 〚a1325〛

déath tòll n. (事故・戦争などの)死亡者数.

déath·tràp n. 死の落し穴《人の気づかない危険箇所・建築物・危険物・危険な環境など》: the ～ of sailing vessels (よく船が遭難する)船の難所. 〚1835〛

Déath Válley n. 死の谷, デスヴァレー《米国 California 州南東部と Nevada 州南部に広がる酷暑の砂漠地帯; 南北約 225 km, 幅 10–30 km; 西半球で最も低い土地で海面下 86 m》.

Déath Válley Nátional Mónument n. デスヴァレー国定記念物《Death Valley および周囲の山々から成る地域》.

déath wàrrant n. 1 〖法律〗死刑執行令状. 2 (医者の)臨終の宣言; (生命・幸福・予想などを絶望とする)致命的事件[打撃], 止(とど)め, 引導. *sign one's ówn déath wàrrant* (愚行などによって)自ら死[損失]を招く. 〚(1757)〛 〚1692〛

déath·wàtch[1] n. 1 臨終の看取り; (死者の)通夜 (vigil). 2 死刑囚の監視人. 3 《米》(重大発表などのため待機している)記者団. 〚c1890〛

déath·wàtch[2] n. 〖昆虫〗1 シバンムシ《シバンムシ科の甲虫の総称; 家屋の木材を荒らす; deathwatch beetle ともいう》. 2 コナムシ (book louse). 〚(1646) ← WATCH (n.) 6: 雄が雌を呼ぶときに木材に頭を打ちつけて出すカチカチという音が死を予報するとの俗説から〛

déath wìsh n. 〖心理〗死の願望《意識的または無意識的に他人または自分の死を願うこと》. 〚(1896) 《なぞり》← G *Todeswunsch* wish of death〛

déath wòund n. 致命傷. 〚?a1300〛

death·y /déθi/ adj. 《まれ》=deathly. 〚1796〛

Deau·ville /dóʊvɪl, -viːl | dáʊ-; F. dovil/ n. ドービル《フランス北西部, Le Havre の南方, イギリス海峡に臨む避暑地》.

deave /díːv/ vt. 《スコット》1 (騒音などで)〈人〉の耳を聞こえなくする (deafen). 2 〈人を〉(特に騒音で)悩ます, 苦しめる (worry). 〚OE *dēafian* ← *dēaf* 'DEAF'〛

deb /déb/ n. 1 《口語》=debutante. 2 《米俗》街の非行少年仲間の少女, 「ずべ公」. 〚(1922) 《略》← DEBUTANTE〛

Deb /déb/ n. デブ《女性名》. 〚(dim) ← DEBORAH〛

deb. 《略》debenture; debit; debut; 《英口語》debutante.

de·ba·cle /dɪbáːkl̩, deɪ-, -bǽkl̩ | deɪ-, dɛ-, dɪ-, déɪbɑː-/ n. (also **dé·bâ·cle** /～/; F. debaːkl/) 1 (政府などの)瓦解; (軍勢の)総くずれ (rout); (市場の)崩壊, 崩落, 暴落; (しばしば滑稽な)大失敗. 2 (川の)氷が割れること. 3 〖地質〗(川の氷が割れて起こる)大出水, (岩が割れるなどして起こる)山津波. 〚(1802) ⊏ F *débâcle* ← *débâcler* to unbar ← *dé-* 'DIS-[1]' + *bâcler* to bar (← L *baculum* stick, rod)〛

de·bag /dìːbǽg/ vt. (**de·bagged; de·bag·ging**) 《英俗》(冗談・罰・新入生いじめとして)…にズボンを脱がせる, …のズボンをはぎとる. 〚(1914) ← DE-[1] + BAG[1]〛

De·Ba·key /dəbéɪki/, **Michael Ellis** n. ドベーキー《1908–　; 米国の心臓外科医》.

de·bar /dɪbáə, dìː- | -báː(r)/ vt. (**de·barred; de·bar·ring**) 1 〈人を〉(…から)除外する, 締め出す (*from*): ～ a person *from* a place, condition, etc. 2 〈人〉に(…することを)禁じる; 妨げる (*from*) (⇨ exclude SYN): ～ a person *from* doing something. 〚(?a1405) ⊏ OF *desbarrer* (F *débarrer*) ← *des-* 'DIS-[1]' + *barrer* 'to BAR[1]'〛

de·bark[1] /dɪbáək, dìː- | -báːk/ v. =disembark. 〚(1654) ⊏ F *débarquer* ← *dé-* 'DIS-[1]' + *barque* 'BARK[3]'〛

de·bark[2] /dìːbáək | -báːk/ vt. 樹皮をはぐ. 〚(1742) ← DE-[1] + BARK[2]〛

de·bar·ka·tion /dìːbaəkéɪʃən | -baː-/ n. =disembarkation. 〚1756〛

de·bár·ment n. 除外, 禁止, 防止. 〚(a1655) ← DEBAR + -MENT〛

de·base /dɪbéɪs/ vt. 1 〈品性・人格などを〉落とす, 〈人を〉卑しくする (degrade); [～ oneself で] 品性を落とす, 面目を失う. 2 〈物〉の質・価値などを下げる, 低下させる (⇨ degrade SYN). 3 (卑金属含有物をふやすことによって)〈貨幣〉の価値を下げる; 〈貨幣単位〉の交換価値を下げる. 〚(1565) ← DE-[1] + BASE[2]〛

de·básed adj. 1 品位[品質]の低下した, 劣悪な, 卑しい. 2 〖紋章〗(上下が)逆になった, 逆様の. **～·ness** n. 〚(1594): ⇨ ↑, -ed 2〛

de·báse·ment n. (品位・品質の)低下, 堕落 (degradation): ～ *of* coinage [currency] (混ぜ物による)貨幣[通貨]の品質低下. 〚(1593) ← DEBASE + -MENT〛

de·bás·er n. (商品などの)質を落とす人; 変造者. 〚(1611) ← DEBASE + -ER[1]〛

dé·bat /deɪbáː; F. deba/ n. 〖詩学〗論争詩《寓意的人物がある問題について議論を交わす中世詩の一形式; cf. tenson》. 〚⊏ F ～ 'DEBATE'〛

de·bat·a·ble /dɪbéɪtəbl̩ | -tə-/ adj. (also **de·bate·a·ble**) 1 (正規の)討論にふさわしい, 両者に十分言い分のある. 2 論争の余地のある, 異論のある. 3 〈土地や領土が〉論争[係争]中の (disputed): ～ ground [land] 係争の(起こりやすい)国境地帯, 係争地; 論争点. 〚(1492) ⊏ OF *debatable* (← *debat(t)re* // Anglo-L *debatābilis* ← ME *debate(n)* (↓): ⇨ -able〛

de·bate /dɪbéɪt/ vi. 1 a (特に議会や集会で)(問題などを)討論する, 討議する (*on, upon, about*) (⇨ discuss SYN): ～ *on* a question [proposal] 問題[提案]について討論する. b 討論に参加する. 2 熟慮する: ～ with oneself=～ in one's own mind 熟考する. 3 《廃》戦う, 争う (fight). — vt. 1 a 〈問題などを〉討議する (argue): a hotly ～*d* question 熱心に討議された問題 / I (hotly) ～*d* the issue [matter, question] with him. 私はその問題を彼と(熱心に)討議した. b 〈人〉と論争する: I ～*d* him on the issue. その問題について彼と討論した. 2 熟考する: ～ a matter in one's mind / ～ whether [where] to go 行くべきか[どこへ行くべきか]をじっくり考える. 3 《古》争う, 抗争する: ～ the victory. — n. 1 (特に議会などの)討論, 討議; 論争 (⇨ argument SYN): be in ～ 〈事が〉不確実である, 意見が分かれている / be open to ～=be a matter for ～ 議論の余地がある / have [hold] a ～ *on* public affairs 公事を論じる / open [close] the ～ 討論の皮切りをする[を終結させる] / a Senate [Congressional, Parliamentary, Commons] ～ 上院[米国連邦議会, 議会, 下院]の討議. 2 (賛成・反対の双方に分かれてする正規の)討論会, 討論コンテスト; (学校の教科としての)討論法, 論議術. 3 熟慮, 熟考: hold ～ with oneself ひとりで熟考する. 4 《古》争い, 闘争 (strife). **～·ment** n. 〚v.: (c1380) *debate(n)* ⊏ (O)F *débattre* to fight ← DE-[1] + *battre* to beat (⊏ L *battere* 《変形》← *batuere*: ⇨ battle[1]). — n.: (a1325) ⊏ (O)F *débat* ← *débattre*〛

de·bát·er /-tə | -tə(r)/ n. 討論(参加)者, 討議者. 〚(c1395) ⊏ AF *debatour*=OF *debateur*: ⇨ ↑, -er[1]〛

de·bát·ing pòint /-tɪŋ- | -tɪŋ-/ n. (必ずしも本質的ではないが)討論の話題になる事柄; 相手を煙に巻くような主張: That's a good ～, but it's not really relevant. それは立派に討論の話題になる事柄だが, しかし本件とは直接関連がない. 〚1927〛

debáting society n. (大学などの)討論部[クラブ, 研修会]. 〚1792〛

de·bauch /dɪbɔ́ːtʃ, -báːtʃ | -bɔ́ːtʃ/ 《文語》vt. 1 〈人を〉(道徳的に)堕落させる (⇨ corrupt SYN); 〈趣味・判断などを〉不純にする, 汚す. 2 〈女を〉たらし込む, 誘惑する (seduce). 3 《古》(そそのかして)裏切らせる (make disloyal). — vi. 酒色に耽(ふけ)る, 放蕩する. — n. 酒色に耽ること, 道楽, 放蕩; 乱飲乱舞の酒宴, ばか騒ぎ. 〚(a1595) ⊏ F *débaucher* < OF *desbauchier* 《原義》to rough-hew (timber) into a beam ← *des-* 'DE-[1]' + *bauch* (F *bau*) beam〛

de·báuched adj. 堕落した; 放蕩な, 身を持ちくずした. **de·báuch·ed·ly** /-tʃɪ̀dli, -tʃt-/ adv. **de·bauch·ed·ness** /-tʃɪ̀dnɪ̀s, -tʃt-/ n. 〚(1598): ⇨ ↑, -ed〛

deb·au·chee /dèbɔːʃíː, -bɑː-, dɪbɔ̀ːtʃíː, -bɑ̀ː- | dèbɔːtʃíː, dɪ̀bɔː-, -ʃíː/ n. 放蕩者, 道楽者. 〚(a1661) ⊏ F *débauché* (p.p.) ← *débaucher* 'to DEBAUCH'〛

de·báuch·er n. 道楽者; 誘惑者 (seducer). 〚(1614) ← debauch + -er[1]〛

de·bauch·er·y /dɪbɔ́ːtʃ(ə)ri, -báː- | -bɔ́ː-/ n. 1 放蕩, 酒色に耽(ふけ)ること, 道楽. 2 [*pl.*] 飲めや歌えのどんちゃん騒ぎ. 3 《古》背任, 背徳, 不徳, 堕落. 〚(1642): ⇨ debauch, -ery〛

de·báuch·ment n. 堕落; 放蕩; 誘惑. 〚(1606) ⊏ F *débauchement*: ⇨ debauch, -ment〛

deb·by /débi/ n. (also **deb·bie** /～/) 《口語》=deb 1. 〚(1920) ← DEB + -Y[4]〛

Deb·by /débi/ n. デビー《女性名》. 〚(dim.) ← DEBORAH〛

de·be /débe/ n. 《アフリカ東部》缶詰の缶 (tin).

de·beak /dìːbíːk/ vt. (共食い・けんかなどの防止のため)〈鳥〉の上くちばしの尖端を取り除く. 〚(1937) ← DE-[1] + BEAK (n.)〛

de Beauvoir n. ⇨ Simone de BEAUVOIR.

de be·ne es·se /dèɪbèniési, dəbìːniːésɪ/ adv. 〖法律〗暫定的効力を有して, 条件付きで. 〚(1603) ⊏ ML *dē bene esse* of well being〛

de·ben·ture /dɪbéntʃə | -tʃə(r)/ n. 〖経済〗1 債務証書《特に政府担当官の署名のあるものをいう》. 2 《英》社債, 社債券. 3 《米》〖証券〗=debenture bond. 4 《古》(税関の)もどし税証明書 (略 deb., deben.). 〚(1437) ⊏ L *dēbentur* (they) are due (3rd pers. pres. pl. pass.) ← *dēbēre* to owe: cf. debt〛

debénture bònd n. 《米》〖証券〗無担保社債《単に debenture ともいう; cf. mortgage bond》. 〚1870〛

debénture stòck n. 《英》〖証券〗無償還社債《社債の一種であるが一般に無期限であって, その点が株式に似ている》. 〚1863〛

de Bergerac, Cyrano n. ⇨ Cyrano de Bergerac.

deb·ile /débɪ̀l/ adj. 《古》弱い (weak). 〚(1536) L *dēbilis* weak〛

de·bil·i·tate /dɪbílətèɪt | -lɪ̀-/ vt. 〈人・体を〉衰弱させる, 弱らせる; 〈組織などを〉弱体化させる. **de·bíl·i·tà·tive** /-tɪv | -tɪv/ adj. 〚(1533) ← L *dēbilitātus* (p.p.) ← *dēbilitāre* to render weak ← *dēbilis* weak〛

de·bíl·i·tàt·ed /-tɪ̀d | -tɪ̀d/ adj. 衰弱した, 消耗した. 〚(1611): ⇨ ↑, -ed〛

de·bíl·i·tàt·ing /-tɪŋ | -tɪŋ/ adj. 〈病気・天候など〉悪化させる, 衰弱させる. 〚(1674) ← DEBILITATE + -ING[2]〛

de·bil·i·ta·tion /dɪbìlətéɪʃən | -lɪ̀-/ n. 虚弱にする作用; 衰弱, 虚弱; 弱体化. 〚(?a1425) ⊏ (O)F *débilitation* ⊏ L *dēbilitātiō(n-)*: ⇨ debilitate, -ation〛

de·bil·i·ty /dɪbíləti | -lɪ̀ti/ n. (肉体的機能の)衰弱 (weakness), 虚弱: nervous ～ 神経衰弱. 〚(?a1425) *debylite* ⊏ (O)F *débilité* ⊏ L *dēbilitātem* weakness ← *dēbilis* weak: ⇨ -ity〛

deb·it /débɪ̀t | -bɪt/ n. 1 〖簿記〗借方《帳簿の左側》(略 dr.) (↔ credit); 借方記入; 借方項目(の合計額): a ～ memorandum [memo] 借方票 / a ～ entry 借方記入 / a ～ slip 支払い伝票 / the ～ side 借方 (cf. credit side), 借方欄 / enter an item to a person's ～ [to the ～ of a person's account] 人名勘定の借方に記入する / be in ～ 〈口座が〉超過引出しになっている. 2 短所, 欠点 (drawback). — vt. 〖簿記〗…の借方に(ある金額を)記入する (*with*); 〈ある金額を〉(…の)借方に記入する (*against, to*) (↔ credit): ～ a person [a person's account] *with* a sum=～ a sum *against* [*to*] a person ある金額を人名勘定の借方に記入する. 〚(1455) ⊏ L *dēbitum* something owed (neut. p.p.) ← *dēbēre*: ⇨ debt〛

débit càrd n. 〖金融〗デビットカード《銀行が発行するカードで, 預金の出し入れや物品の購入代金の口座引落としができる》. 〚1975〛

déb·i·tor /-tə | -tə(r)/ n. 《廃》=debtor. 〚1484〛

de·blur /dìːblə́ː | -blə́ː(r)/ vt. …のぼけを除く.

dé·boî·té /dèɪbwɑːtéɪ; F. debwate/ n. (pl. **～s** /～(z); F. ～/) 〖バレエ〗デボアテ《足をそろえてつま先で立ち, 跳躍して一方の足を他方の足の後ろに回すステップ; cf. emboîté》. 〚⊏ F ～ 'dislocated'〛

deb·o·nair /dèbənéə | -bənéə(r)/ adj. (also **deb·o·naire** /～/) 1 〈男性が〉やさしくてあいそのよい; 丁重な, 礼儀正しい; 上品な, 優雅な. 2 〈人・態度など〉愉快な, 快活な, 晴れやかな; のんきな, 屈託のない, こともなげな (nonchalant). **～·ly** adv. **～·ness** n. 〚(?a1200) *debonere* ⊏ OF *debonaire* (F *débonnaire*) ← *de bon aire* of good breed (of hawks): ⇨ bonne, air[1]〛

de·bone /dìːbóʊn | -bə́ʊn/ vt. …の骨を除く. **dè·bón·er** n. 〚(1944) ← DE-[1] + BONE〛

de bo·nis non /deɪbóʊnɪ̀snáː(ː)n, dìː-, deɪ- | -bə́ʊnɪsnɔ́n/ L. adj. 〖法律〗承継遺産管理の, 未管理遺産の《de bonis non administratis の省略形》: an administrator ～ 承継遺産管理人. 〚⊏ L *dē bonis non* (↓)〛

de bónis non ad·min·i·stra·tis /-ædmɪ̀nɪ̀stráːtɪ̀s, -əd-, -stréɪ- | -nɪ-, -tɪs/ L. adj. 〖法律〗=de bonis non. 〚⊏ L *dē bonis non administrātis* of the goods not administered〛

de bonne grâce /dəbɔ́(ː)ngráːs | -bɔ́n-; F. dbɔngʁɑːs/ F. adv. 丁重に, あいそよく (graciously). 〚⊏ F ～ 'of good grace'〛

de Bo·no /dəbóʊnoʊ | -bə́ʊnəʊ/, **Edward (Francis Charles Publius)** n. デボノ《1933–　; マルタ生まれの英国の医学者・心理学者; 水平思考 (lateral thinking) の提唱者》.

Deb·o·rah /déb(ə)rə/ n. 1 デボラ《女性名; 愛称形 Deb, Debby, Debbie; 異形 Debra》. 2 〖聖書〗デボラ: a イスラエル人の解放に尽くした女預言者; cf. *Judges* 4–5. b Rebekah の乳母; cf. *Gen.* 35:81. 〚⊏ LL *Debbora* ⊏ Heb. $D^{e}bh\bar{o}r\bar{a}^{h}$ 《原義》bee〛

de·bouch /dɪbáʊtʃ, -búːʃ/ vi. 1 〈川・流れなどが〉(狭い所から広い所へ)流れ出る, 展開する: The river ～*es into* a larger river. 2 〖軍事〗〈軍隊が〉(森林・谷間などから平地へ)進出する. 3 〈人が〉(狭い所, 特に地下鉄などから広い所へ)出て来る[現れる]. — vt. 流出させる. — n. =débouché. 〚(1745) ⊏ F *déboucher* to pour out < OF *desbouchier* ← *des-* 'DE-[1]' + (O)F *bouche* mouth (< L *buccam* cheek, mouth: ⇨ buccal)〛

dé·bou·ché /dèɪbuːʃéɪ; F. debuʃe/ n. 1 〖軍事〗(要塞などの)進出口. 2 出口: a ～ *for* the crowd. 3 (商品の)はけ口, 販路 (market): a ～ *for* goods. 〚(1760) ⊏ F ～ (p.p.) ← *déboucher* (↑)〛

de·bóuch·ment n. 1 a 流出. b 〖軍事〗進出. 2 a (河川の)流出口. b 〖軍事〗進出箇所. 〚(1827) ⊏ F *débouchement*: ⇨ debouch, -ment〛

de·bou·chure /dɪbùːʃúə, ⌐‐⌐ | dèɪbuːʃúə(r)/ n. =debouchment 2 a. 〚(1844) 《混成》? ← DEBOUCH(MENT) + (EMBOUCH)URE〛

Deb·ra /débrə/ n. デブラ《女性名; 愛称形 Debby》. 〚《異形》← DEBORAH〛

De·bre·cen /débrətsèn, ⌐‐⌐ | ⌐‐⌐; Hung. débrɛtsɛn/ n. デブレツェン《ハンガリー中東部の農業地帯の中心にある都市》.

De·brett /dɪbrét/ n. デブレット貴族年鑑《1802 年発刊; cf. Burke's Peerage》. 〚(1848) ← *John Debrett* (c1750–1822: その編纂者)〛

De·breu /dəbrúː; F. dəbʁø/, **Gerard** n. ドブルー《1921–　; フランス生まれの米国の経済学者; Nobel 経済学賞 (1983)》.

de·bride /dɪbríːd, deɪ-/ vt. 〖外科〗…に創面切除(術)をほどこす, 創傷清拭[清浄化]をする, 〈挫滅(ざめ)[壊死]組織を〉(健康部より)除去する. 〚(1829) ⊏ F *débrider* ← DE-[1] + *bride* 'bridle'〛

de·bride·ment /dɪbríːdmənt, deɪ-, -mɑ̃ː(ŋ), -mɑːŋ; F. debʁidmɑ̃/ n. 〖外科〗創面切除(術). 〚(1842) ⊏ F ～: ⇨ ↑, -ment〛

de·brief /dìːbríːf/ vt. [通例受身で] 《口語》〈特定の任務を帯びた軍人・飛行士・外交官などから(帰還・帰任後)報告を受ける, 結果を報告させる, 情報を受ける; 情報を受けて公表の制限を指令する. 〚(1945) ← DE-[1] + BRIEF〛

dè·bríef·ing n. (特定任務終了後の)体験資料の聴取. 〚(1945): ⇨ ↑, -ing[1]〛

de·bris /dəbríː, déɪbriː | déɪbriː, déb-; F. dəbʁi/ n.

(*pl.* ~ /~z; *F.* ~/) (*also* **dé·bris** /~/) **1 a** 破壊の跡，残骸，(破壊物の)砕片，破片，瓦礫(がれき)，がらくた． **b** 〔国家・体制などの〕滅亡[崩壊]の跡 〔*of*〕． **2 a** 〔地質〕(山または絶壁のふもとに積もった)岩石の砕片，岩屑(がんせつ) (cf. detritus). **b** 〔登山〕(なだれ落ちて)積もった氷塊． **c** 廃石． **3** 〔病理〕破片，挫滅[壊死]組織片． **4** 〔歯科〕残渣(ざんさ)． 〚(1708) □ F *débris* ← *débriser* to break down < OF *debrisier* ← DE-¹+*briser* to break: cf. bruise〛

debrís bùg *n.* 〔昆虫〕トコジラミ科 (Cimicidae) の昆虫 (野菜のくずが堆積した場所などにいてトビムシなどの節足動物を食べる).

D

de Bro·glie /dəbrɔ́ɪ | dəbrə́ugli; *F.* dəbʀɔj/, **Louis Victor** *n.* ⇨ Broglie.

de Bróglie equàtion *n.* 〔物理〕ドブロイの方程式 (ドブロイ波の運動を記述する方程式). 〚← *L. V. de Broglie*〛

de Bróglie wàve *n.* 〔物理〕ドブロイ波，物質波 (電子などの粒子の波; matter wave ともいう). 〚(1927) ↑〛

de·brouil·lard /dèɪbru:jáə | -já:ʳ; *F.* debʀujaːʀ/ *F. n., adj.* 困難を切り抜けるのが巧みな(人)，困難を乗り切る才覚のある(人). 〚□ F ~: ⇨ -ard〛

de·bruised /dɪbrúːzd | dɪ-/ *adj.* 〔紋章〕図形の上に ordinary (fess, bend などの幾何学的図形)を重ねた (oppressed). 〚(1572) (p.p.) ← (廃) *debruise* to break down □ ONF *debruisier* = OF *debrisier*: ⇨ de-¹, bruise〛

Debs /débz/, **Eugene Victor** *n.* デブズ (1855–1926; 米国の労働運動の指導者; 米国社会民主党 (Social Democratic Party of America) の創設に尽くした (1898)).

debt /dét/ *n.* **1** 借金，負債; 債務; 借金状態: a bad ~ 貸倒れ(金)，不良貸付け / a floating ~ 一時借入金 / a good ~ ⇨ good *adj.* 13 a / ⇨ funded debt, national debt / collect a ~ 貸金を取り立てる / contract [incur] ~*s* 債務を負う / pay off a ~ 借金を払い終える / be *in* ~ 借金がある / be $2,000 *in* ~ = (口語) be *in* ~ to the tune of $2,000 借金が 2,000 ドルもある / be deep *in* ~ ひどい借金がある (cf. 2) / be in a person's ~ = be *in* ~ to a person 人に借金している / get [run] *into* ~ = fall [go] *into* ~ 借金する / run up a ~ (of $2,000) = run up a $2,000 ~ 借金を (2,000 ドル)ためる / get *out of* ~ 借金から足を洗う / keep [stay] *out of* ~ 借金せずに暮らす / Short ~*s* make long friends. (諺) 貸借の勘定の決済が早ければ交友が長続きする． **2** (他人に)負うているもの，おかげ，恩義; 恩義のあること: I owe you a ~ of gratitude. 君には恩義がある / be deep *in* ~ 大恩を負うている (cf. 1) / be *in* a person's ~ (for past favors) (過去にお世話になって)人に恩を受けている / be *out of* ~ 負うところがない． **3** 〔神学〕負債(おいめ)，罪 (trespass): Forgive us our ~*s*. われらの負債を許したまえ (*Matt.* 6:12).

a débt of hónor 面目にかけて支払うべき借金 (法律的には取り立てることができないものでその支払い義務は面目上のもの，賭博の借金など). (1646) ***páy the débt of náture*** = ***páy*** *one's* ***débt to náture*** 死ぬ. 〚(1494) (なぞり) ← L *dēbitum nātūrae reddere*〛 ***pay*** *one's* ***debt*** (***to society***) 服役する: Now that he's *paid* his *debt to society*, he's a freeman again. 彼は服役を済ませたのだから再び自由の身だ．

~·less *adj.* 〚(15C) □ F (廃) *debte* ∽ (?*a*1200) *det(t)e* □ (O)F *dette* < VL **dēbita(m)* = L *dēbitum* what is due, obligation (neut. p.p.) ← *dēbēre* to owe ← DE-¹+*habēre to have* (← IE **ghebh-* to give or receive: ⇨ give, habit¹)〛

débt collèctor *n.* 貸金取立て人，借金取り. 〚*a*1852〛

débt·ed /-tɪ̣d | -tɪ̣d/ *adj.* (廃) 借りのある (indebted). 〚(*c*1375): ⇨ debt, -ed 2〛

débt issue *n.* 固定的債務，長期負債 (社債など).

débt lìmit *n.* (米) **1** 公債発行限度 (公債発行枠). **2** (連邦・州・地方政府の)債務限度.

débt mànagement *n.* 〔財政〕国債[公債]管理.

debt·or /détə | -təʳ/ *n.* **1** 借主，負債者，債務者 (↔ creditor): a ~ country = a debtor nation. **2** 〔簿記〕借方 (帳簿の左側; 略 dr.): ~ and creditor 借方と貸方 / a ~ balance 借方残高 / the ~ side (左方の)借方欄. **3** 義理[義務]を負う人. 〚(16C) ← DEBT+-OR² ∽ (?*a*1200) *dettour* □ OF *detor* < L *dēbitōrem* ← *dēbitum*〛

débtor nàtion *n.* 債務国 (cf. creditor nation).

débt sèrvice *n.* 債務元利未払い金総額，年間元利支払い総額 (長期借入金などに対する年間の利払い額と元本返済額の合計).

de·bug /dìːbʌ́g/ *vt.* (**de·bugged**; **de·bug·ging**) **1** …から害虫を除く，除虫する． **2** 〈機械・計画など〉から欠陥[誤り]を発見して取り除く (たとえばコンピューターのプログラムの誤り (bug) を取り除く). **3** (俗) 〈部屋・建物〉の盗聴器を摘発して没収する． — *n.* 〔電算〕デバッグ (コンピューター(プログラム)の中の誤り[欠陥]を見つけて直すこと). 〚(1944) ← DE-¹+BUG¹〛

de·bug·ger /dìːbʌ́gə | -gəʳ/ *n.* 〔電算〕デバッガー (コンピュータープログラムの誤り[欠陥]を取り除くソフト[機能]).

de·bunk /dìːbʌ́ŋk/ *vt.* (口語) 〈名士・制度・慣習など〉の正体を暴露する，仮面をはぐ; 〈学説など〉の虚偽をあばく． **~·er** *n.* 〚(1923) ← DE-¹+BUNK³〛

de·burr, -bur /dìːbə́ː | -bə́ːʳ/ *vt., vi.* 〈機械加工品〉のかえり[まくれ，ばり]を取り除く; 〈羊毛〉の汚れやくずを取り除く. 〚← DE-¹+BURR¹〛

de·bus /dìːbʌ́s/ *vt., vi.* (**de·bused, de·bussed**; **~·ing, de·bus·sing**) (俗) (自動車・バス・トラックなどから)(人・品物などを)降ろす; 降りる. 〚(1915) ← DE-¹+BUS: cf. detrain〛

De·bus·sy /dèɪbjuːsíː, ⸗⸗⸗, dəbúːsi | dəbúːsi, -bjúː-; *F.* dəbysi/, **Claude A·chille** /aʃil/ *n.* ドビュッシー (1862–1918; フランスの印象主義の作曲家; *Pelléas et Mélisande*「ペレアスとメリザンド」(歌劇, 1902), *Prélude à l'après-midi d'un faune*「牧神の午後への前奏曲」(1892–94)).

De·bus·sy·an /dèɪbjuːsíːən⁻, dəbúːsiən | dəbúːsiən, -bjúː-/ *adj.* ドビュッシー風の． — *n.* ドビュッシーの信奉者[崇拝者]. 〚(1923): ⇨ ↑, -an¹〛

de·but, dé·but /deɪbjúː, ⸗⸗ | déɪbjuː, -buː, débjuː; *F.* deby/ *n.* 女性が初めて正式に社交界に出ること; (歌手・俳優などの)初舞台，初出演，デビュー; 社会生活の第一歩，初仕事，就職のし初め; 初登場: make one's ~ デビューする，初舞台を踏む; 初登場する / a ~ performance 初舞台． — *vi.* デビューする，初登場する． — *vt.* 初めて公けにする，初舞台に出す，初演する: They will ~ their new models at the spring show. 春の展示会で新型を披露する予定だ. 〚(1751) □ F *début* ← *débuter* to make the first stroke in a game, make one's first appearance ← DE-¹+*but* 'goal, BUTT³'〛

deb·u·tant, dé·bu·tant /débjutàːnt, ⸗⸗⸗ | débjutàː(ŋ), -tàːŋ, déɪb-, -tàːnt; *F.* debytɑ̃/ *n.* (*pl.* **~s** /~s | ~z; *F.* ~/) (*also* **dé·bu·tant** /~/) 初めて社交界に出る男性; 初舞台を踏む俳優，初出演の音楽家. 〚(1821) □ F *débutant* (pres. p.) ← *débuter* (↑)〛

deb·u·tante /débjutàːnt, ⸗⸗⸗ | débjutàː(n)t, déɪb-, -tàːnt; *F.* debytɑ̃ːt/ *n.* (*pl.* **~s** /~s; *F.* ~/) 初めて社交界に出る年ごろの女性，(特に英国で)初めて宮廷に伺候する上流家庭の娘; 初舞台を踏む女優，初出演の女性歌手 ((口語) では deb, debby ともいう). 〚(1801) □ F *débutante* (fem.): ↑〛

de·bye /dɪbáɪ/ *n.* 〔電気〕デバイ (⇨ debye unit; 記号 D). 〚(*c*1930) ↓〛

De·bye /dɪbáɪ; *Du.* dəbɛ́iə/, **Peter Joseph William** *n.* デバイ (1884–1966; オランダ生まれのドイツの物理学者・化学者, 1940 年以降米国に在住した; Nobel 化学賞 (1936)).

Debýe léngth *n.* 〔物理〕デバイの長さ (電解質溶液やプラズマ中の静電遮蔽の生じる長さ). 〚↑〛

Debýe-Schérrer mèthod *n.* 〔物理・結晶〕デバイシェラー法 (粉末結晶を用いる X 線回折法). 〚(1918) ← *P. J. W. Debye, P. Scherrer*〛

Debýe témperature *n.* 〔物理化学〕デバイ温度 (それぞれの固体に固有な特性温度; characteristic temperature ともいう). 〚(1944) 1955) ← *P. J. W. Debye*〛

debýe ùnit *n.* 〔電気〕デバイユニット (双極子モーメントの大きさを表す単位, 10^{-18} 静電単位に等しい; debye ともいう). 〚(1934) ← *P. J. W. Debye*〛

dec. (略) decade; 〔処方〕L. dēcantā (=pour off); deceased; decimal; decimeter(s); declaration; declared; declension; declination; decorated; decoration; decorative; decrease; decrescendo.

Dec. (略) December.

dec- /dɛk/ (母音の前にくるときの) deca- の異形.

dec·a- /dékə/「十 (ten), 十倍 (tenfold)」の意の連結形 (cf. decem-). ★ 母音の前では通例 dec- になる. 〚□ L ~ ← Gk *déka* 'TEN'〛

dec·a·dal /dékədḷ | -dḷ/ *adj.* 十の，十から成る; 十年間の. 〚(1753): ⇨ ↓, -al¹〛

dec·ade /dékeɪd, dɛkéɪd, dɪkéɪd | dékeɪd, -kɪd, dɛkéɪd, dɪ-/ ★ 3 ではまた /dékəd/ とも発音される. *n.* **1** 十年(間): several ~*s* 数十年(間) / for ~*s* 長い間，何十年(間)も. ★ 正式には 1921–30 などのように 1 で終る年から 10 年間を指すが，一般には 1920–29 のように 0 で終る年から 10 年間を指す. **2** 十個[人]の一組; 十巻，十編. **3** 〔カトリック〕ロザリオ (rosary) を構成する 15 組の一つ (小珠 10 個と大珠 1 個でできている). **4 a** 〔電子工学〕(分圧・信号発生などのための) 10 個一組の抵抗[スイッチなど]. **b** (計数などのための) 10 個一組の電子デバイス. **c** (周波数特性を表すときの周波数の) 1 桁. 〚(?*c*1451) □ (O)F *décade* □ L *decad-, decas* □ Gk *dekás* a group of ten ← *déka* 'TEN'〛

dec·a·dence /dékədəns, dɪkéɪ-, -dns | dékədəns, -dṇs/ *n.* **1** 衰微，衰退，退歩，堕落，頽廃(たいはい): moral ~ 道徳の頽廃 / an age of ~ 退廃の世. **2** 〔芸術〕(文芸上の)デカダン運動，デカダンス (19 世紀末にフランスを中心にヨーロッパに広まった風潮で，既成の価値観に反する頽廃的文化に美的動機を求めた). 〚(1549) □ (O)F *décadence* □ ML *dēcadentia* falling down ← VL **dēcadēre* 'to DECAY': ⇨ -ence〛

déc·a·den·cy /-dənsi, -dn- | -dənsi, -dn-/ *n.* = decadence. 〚(1632): ⇨ -ency〛

dec·a·dent /dékədənt, -dṇt, dɪkéɪ- | dékədənt, -dṇt/ *adj.* **1** 堕落[衰退]に向かっている，頽廃(たいはい)的な. **2** 〔芸術〕頽廃期の，デカダン派の. — *n.* **1** 頽廃的な人. **2** デカダン派の作家・詩人・芸術家 (この派に属する著名な作家・詩人は Baudelaire, Verlaine, Rimbaud など). **~·ly** *adv.* 〚(1837) □ F *décadent* (逆成) *décadence* (↑): ⇨ -ent〛

de·caf /díːkæf/ *n.* (口語) カフェイン抜きのコーヒー[コーラなど]. 〚(1984) (略) ← *decaffeinated*〛

de·caf·fein·ate /dìːkǽfɪnèɪt, dɪ- | dìː-, dɪ-/ *vt.* 〈コーヒーなど〉からカフェインを取り除く[減らす]: ~*d* coffee. 〚(1934): ⇨ de-¹〛

dec·a·gon /dékəgɑ̀(ː)n | -gən, -gɔ̀n/ *n.* 〔数学〕(特に正)十角[辺]形. 〚(1613–39) ← ML *decagōnum*: ⇨ deca-, -gon〛

de·cag·o·nal /dɛkǽgənḷ/ *adj.* 十角形の; 十辺を有する. **de·cág·o·nal·ly** *adv.* 〚(1571): ⇨ ↑, -al¹〛

dec·a·gram /dékəgræ̀m/ *n.* デカグラム (=10 grams). 〚(1810) □ F *décagramme*: ⇨ deca-, gram²〛

dec·a·he·dron /dèkəhíːdrən | -hédrən, -híː-/ *n.* (*pl.* **~s, -he·dra** /-drə/) 〔数学・結晶〕十面体. **dèc·a·hé·dral** /-drəl⁻/ *adj.* 〚(1828) ← NL ~: ⇨ deca-, hedron〛

dec·a·hy·drate /dèkəháɪdreɪt, -drɪ̣t/ *n.* 〔化学〕十水化物，十水和物 (化学式中に水分子を 10 含んだ水化物). 〚(1902) ← DECA-+HYDERATE〛

dèca·hỳdro·náphthalene *n.* 〔化学〕デカヒドロナフタリン ($C_{10}H_{18}$) (無色の液体，溶剤に用いる). 〚(1877) ← DECA-+HYDRO-+NAPHTHALENE〛

de·cal /díːkæl, dɪkǽl | dɪkǽl, díːkæl/ *n.* (米) = decalcomania. — *vt.* 〈図案などを〉(転写紙を使って)転写する. 〚(1937) (略) ← *decalcomania*〛

de·cal·ci·fi·ca·tion /dìːkæ̀lsəfɪkéɪʃən | -sɪ̣fɪ-/ *n.* 脱灰，カルシウム除去. 〚(1859): ⇨ ↓, -fication〛

de·cal·ci·fy /dìːkǽlsəfàɪ | -sɪ̣-/ *vt.* 〈骨・土などを〉脱灰する，〈骨・土など〉からカルシウムを除去する. **de·cál·ci·fì·er** *n.* 〚(1847–49) ← DE-¹+CALCIFY〛

de·cal·co·ma·ni·a /dìːkæ̀lkəméɪniə, dɪ-/ *n.* **1** デカルコマニア (磁器などに転写するための絵や模様が印刷されている紙); 転写紙 (transfer paper). **2** デカルコマニア (移し絵用の転写紙に印刷されている絵や模様). **3** デカルコマニア，移し絵，転写印刷 (移し絵用の転写紙に印刷された絵や模様を磁器などに転写する方法). 〚(1864) □ F *décalcomanie* ← *décalco-* (← *décalquer* to transfer a tracing of)+*manie* 'MANIA': ⇨ -ia¹〛

de·ca·les·cence /dìːkəlésəns, -sṇs/ *n.* 〔物理〕減輝，(加熱中の鉄などの金属が一定の温度を超えるとき急に起こる)熱の吸収. **de·ca·les·cent** /dìːkəlésənt, -sṇt⁻/ *adj.* 〚(1893) ← DE-¹+CALESCENCE〛

dec·a·lin /dékəlɪ̣n | -lɪn/ *n.* 〔化学〕= decahydronaphthalene. 〚(1920) (縮約・変形): ⇨ -in²: 商標名〛

dec·a·li·ter /dékəlìːtə | -təʳ/ *n.* デカリットル (=10 liters). 〚(1810) □ F *décalitre*: ⇨ deca-, liter〛

Dec·a·logue, d- /dékəlɔ̀(ː)g, -lɑ̀(ː)g | -lɒg/ *n.* (*also* **Dec·a·log, d-** /~/) **1** [the ~] (モーセの)十戒 (the Ten Commandments) (cf. *Exod.* 20:2–17; *Deut.* 5:6–21). **2** [d-] 拘束力を持っている一連の基本的規則. 〚(*c*1384) □ (O)F *décalogue* ∥ LL *decalogus* □ Gk *dekálogos* ← *deka-* 'DECA-'+*lógos* word (⇨ logos)〛

De·cam·er·on /dɪkǽm(ə)rən, dɛ-/ *n.* **1** [The ~]「デカメロン」，「十日物語」(Giovanni Boccaccio 作 *Il Decamerone* (1353) の英訳名，百話集). **2** [d-] (デカメロン式の)風流譚. 〚(1609) □ It. *Decamerone* ← Gk *déka* ten+*hēméra* day〛

Dec·a·mer·on·ic, d- /dɪkæ̀mərɑ́(ː)nɪk, dɛ- | -rɔ́n-⁻/ *adj.* デカメロン式の，好色文学的な.

de·cam·er·ous /dɪkǽmərəs, dɛ- | dɪ-, dɛ-/ *adj.* 十の部分から成る; 〔植物〕〈花が〉十の部分から成る，十数性の (通例 10-merous と書く). 〚(1882) ← DECA-+-MEROUS〛

dec·a·me·ter¹ /dékəmìːtə | -təʳ/ *n.* デカメートル (=10 meters). 〚(1810) □ F *décamètre*: ⇨ deca-, meter¹〛

de·cam·e·ter² /dɪkǽmətə, dɛ- | dɪkǽmɪ̣təʳ, dɛ-/ *n.* 〔詩学〕十歩格(の詩) (1 行 10 詩脚から成る詩行; cf. meter³ 1 b). 〚(1821) □ F *décamètre* □ Gk *dekámetron*: deca-, -meter²〛

décameter wàve *n.* 〔電気〕デカメートル波，短波 (波長が 10 m–100 m の電波).

dec·a·me·tho·ni·um /dèkəmɪ̀θóuniəm | -θə́u-/ *n.* 〔化学〕デカメトニウム ($C_{16}H_{38}N_2I_2$) (骨格筋弛緩の目的で外科手術に用いる). 〚(1949) ← DECA-+METHONIUM〛

dec·a·met·ric /dèkəmétrɪk⁻/ *adj.* 〔電気〕デカメートル波の，短波の. 〚(1950) ← DECAMETER¹+-IC¹〛

de·camp /dɪkǽmp, dɪ̣- | dìː-, dɪ-/ *vi.* **1** 〈軍隊が〉(ひそかにまたは急に)野営を引き払う. **2** (一般に)(ひそかに)逃亡する，出奔する，逐電(ちくでん)する (abscond). **~·ment** *n.* 〚(1676) □ F *décamper*: ⇨ de-¹, camp¹〛

dec·an¹ /dékən/ *n.* 〔占星〕十分角 (黄道十二宮 (signs of the zodiac) の各々の宮 (30 度)の 3 分の 1 (10 度)). 〚(1569) □ L *decānus*: ⇨ dean¹〛

de·can² /dɪkǽn/ *vt.* 〔原子力〕(再処理の前に使用済み核燃料)からマグノックス外装被覆 (magnox) を取り除く.

de·ca·nal /dɪkéɪnḷ, dékə-/ *adj.* **1** dean¹ の; deanery の. **2** = decani 2. **~·ly** *adv.* **de·can·i·cal·ly** /dɪkǽnɪkəli, -kḷi | -kǽnɪ-/ *adv.* 〚(1707) □ ML *decānus* 'DEAN¹'+-AL¹〛

dec·ane /dékeɪn/ *n.* 〔化学〕デカン ($C_{10}H_{22}$); (特に) n-デカン ($CH_3(CH_2)_8CH_3$). 〚(1875) ← DECA-+-ANE²〛

décane·di·o·ic ácid /-daɪòuɪk- | -əuɪk-/ 〔化学〕= sebacic acid.

de·ca·ni /dɪkéɪnaɪ, dɛ- | dɪ-, dɛ-/ *adj.* **1** = decanal 1. **2** (↔ cantoris) **a** 〔教会〕(内陣 (chancel) の)南側の (cf. *n.* 1). **b** 〔音楽〕南側聖歌隊の歌うべき. — *n.* (↔ cantoris) 〔教会〕 **1** (内陣の) dean の席 (祭壇に向かって右側); (内陣の)南側. **2** 南側聖歌隊. 〚(1760) □ ML *decānī* of the dean (gen.) ← *decānus* 'DEAN¹'〛

déc·a·no·ic ácid /dékənòuɪk- | -nəu-/ *n.* 〔化学〕デカン酸 (カプリン酸 (capric acid) の正式名). 〚*decanoic* ← DECANE+-OIC〛

de·cant /dɪkǽnt, dìː-/ *vt.* **1** 〈溶液〉の上澄みを静かに注ぐ. **2** 〈液体を〉一つの瓶から他の瓶へ注ぐ，〈特に，瓶詰めのワインを〉デカンター (decanter) に移す. **3** 〈人・物を〉(中から外へ)移す，降ろす. **4** 〈改築中の人など〉に住居をあてがう，仮住いをさせる. 〚(1633) □ ML *dēcanthāre* ← DE-¹+L *canthus* (□ Gk *kánthos* angular beak of a jug: ⇨ cant¹)〛

de·can·ta·tion /dìːkæntéɪʃən/ *n.* 傾瀉(けいしゃ)法，デカン

テーション《容器を傾け溶液の上澄みを静かに流し去ること》. 〖(1641) □ ML *dēcantātiō(n-)*: ⇨ ↑, -ation〗

de·cant·er /dɪkǽntə, dìː- | -tə(r/ *n.* デカンター《ワインなどを入れておく，卓上用のガラス瓶; 栓付きで，装飾を施したものが多い》. 〖(1712) ← DECANT＋-ER[1]〗

decanter

dec·a·phyl·lous /dèkəfíləs⁻/ *adj.* 〘植物〙十葉の. 〖(1793) ← DECA-＋-PHYLLOUS〗

de·cap·i·tate /dɪkǽpətèɪt, dìː- | -pɪ-/ *vt.* **1** 《罰として》〈人〉の首を切る，打ち首にする. **2** 《米口語》《主に政治的な理由で突然》免職にする，首[お払い箱]にする. **3** 〈攻撃などを〉粉砕[破壊]する. 〖(1611) ← LL *dēcapitātus* (p.p.) ← *dēcapitāre* to behead ← DE-[1]＋L *capit-*, *caput* head: ⇨ -ate[3]〗

de·cap·i·ta·tion /dɪkæ̀pətéɪʃən, dìː- | -pɪ-/ *n.* 斬首(ざんしゅ); 《米口語》《突然の》免職，罷免. 〖(1650) □ ML *dēcapitātiō(n-)*: ⇨ ↑, -ation〗

de·cáp·i·tà·tor /-tə | -tə(r/ *n.* 首切り人; 《米口語》《突然》解雇[罷免]する人. 〖(1820): ⇨ -or[2]〗

dec·a·pod /dékəpɑ̀(ː)d | -pɔ̀d/ *adj.*, *n.* 十脚目の(動物)《エビ・カニなどの節足動物》; 十腕目の(動物)《イカなどの軟体動物》. **de·cap·o·dal** /dɪkǽpədl | -dl/ *adj.* **de·cap·o·dan** /dɪkǽpədn, dɛ-/ *adj.* **de·cáp·o·dous** /-dəs/ *adj.* 〖(1835) □ F *décapode* □ ML *decapoda*: ⇨ deca-, -poda〗

De·cap·o·lis /dɪkǽpəlɪs | dɛkǽpəlɪs, dɪ-/ *n.* [the ～] デカポリス《古代 Palestine の北東部にあった一地方; 紀元前 1 世紀のころ Damascus を含むギリシャの 10 都市の連盟があったところ; cf. *Matt.* 4: 25》. 〖⇨ deca-, -polis〗

de·cap·su·late /dìːkǽpsəlèɪt, -sjʊ- | -sjʊ-/ *vt.* **1** 〘外科〙〈特に腎臓〉の被膜を剝離(はくり)する. **2** …の被膜をはぐ. **de·cap·su·la·tion** /dìːkæ̀psəléɪʃən, -sjʊ- | -sjʊ-/ *n.* 〖(1907) ← DE-[1]＋CAPSULE＋-ATE[3]〗

de·car·bon·ate /dìːkɑ́əbənèɪt | -kɑ́ː-/ *vt.* 〘化学〙 **1** 〈溶剤など〉から二酸化炭素[炭酸]を除去する，脱炭酸する. **2** 《まれ》＝decarbonize. **de·car·bon·a·tion** /dìːkɑ̀əbənéɪʃən | -kɑ̀ː-/ *n.* **dè·cár·bon·à·tor** /-tə | -tə(r/ *n.* 〖(1831) ← DE-[1]＋CARBONATE〗

de·car·bon·i·za·tion /dìːkɑ̀əbənɪzéɪʃən | -kɑ̀ː-bənaɪ-, -nɪ-/ *n.* 炭素除去，脱炭素. 〖(1831): ⇨ ↓, -ization〗

de·car·bon·ize /dìːkɑ́əbənàɪz | -kɑ́ː-/ *vt.* 〈内燃機関など〉から炭素を除く，脱炭素処理をする. **dè·cár·bon·iz·er** *n.* 〖(1825) ← DE-[1]＋CARBONIZE〗

de·car·box·yl·ase /dìːkɑəbɑ́(ː)ksəlèɪs, -lèɪz | -kɑː-bɔ́ksɪ-/ *n.* 〘生化学〙カルボキシル基分解酵素，脱炭酸酵素《(特にアミノ酸の)カルボキシル基 (-COOH) から CO_2 を取り除く酵素の総称》. 〖(1940) ← DE-[1]＋CARBOXYL＋-ASE〗

de·car·box·yl·ate /dìːkɑəbɑ́(ː)ksəlèɪt | -kɑːbɔ́k-sɪ-/ *vt.* 〘化学〙…から炭酸基[カルボキシル基] (-COOH) を除去する. 〖(1922) 《逆成》↓〗

de·car·box·y·la·tion /dìːkɑəbɑ̀(ː)ksəléɪʃən | -kɑːbɔ̀ksɪ-/ *n.* 〘化学〙炭酸基除去，脱カルボキシル化. 〖(1922) DE-[1]＋CARBOXYL＋-ATION〗

de·car·bu·ri·za·tion /dìːkɑ̀əbjʊrɪzéɪʃən | -kɑ̀ːbjʊraɪ-, -rɪ-/ *n.* 〘冶金〙《鉄合金の表面などから》炭素を除去すること，脱炭. 〖(1856): ⇨ ↓, -ation〗

de·car·bu·rize /dìːkɑ́əbəràɪz, -bjʊ- | -kɑ́ːbjʊr-/ *vt.* 〘冶金〙〈鉄合金の表面など〉から炭素を除去する，脱炭する. 〖(1856) ← DE-[1]＋CARBURIZE〗

dec·are /dékɛə, -kɑə | -kɑː(r, -kɛə(r; *F.* dekaːʁ/ *n.* デカール (＝10 ares). 〖(1810) □ F *décare*: ⇨ deca-, are[2]〗

de·car·tel·i·za·tion /dìːkɑ̀ətɛlɪzéɪʃən, -tl- | -kɑ̀ːtəlaɪ-, -lɪ-/ *n.* 〘経済〙《独占禁止法による》企業集中排除，カルテルなどの解体[解散]. 〖(1947) ← DE-[1]＋CARTELIZATION〗

de·car·tel·ize /dìːkɑ́ətəlàɪz, -tl- | -kɑ́ːtəl-, -tl-/ *vt.* 〘経済〙〈巨大なトラスト・市場の独占支配などを〉排除する，…のカルテルを解体[解散]する. 〖← DE-[1]＋CARTELIZE〗

dec·a·stere /dékəstɪə | -stɪə(r/ *n.* デカステール (＝10 steres＝10 m³). 〖□ F *décastère*: ⇨ deca-, stere〗

dec·a·style /dékəstàɪl/ 〘建築〙 *adj.* 〈portico など〉(正面に)十本の円柱をもつ，十柱式の (cf. distyle). ― *n.* 十柱式の portico. 〖(1721–51) □ L *decastȳlus* □ Gk *dekástulos*: ⇨ deca-, -style[2]〗

de·cas·u·a·lize /dìːkǽʒuəlàɪz, -ʒʊl- | -ʒuəl-, -ʒʊl-, -zjuəl-, -zjʊl-/ *vt.* 《英》〈労働・仕事など〉から臨時雇いの雇用をやめる: ～ labor. **de·cas·u·a·li·za·tion** /dìːkæ̀ʒuəlɪzéɪʃən, -ʒʊl- | -ʒuəlaɪ-, -ʒʊl-, -zjuəl-, -zjʊl-, -lɪ-/ *n.* 〖(1907) ← DE-[1]＋CASUAL＋-IZE〗

dèca·syllábic *adj.* 10 音節(の詩行)から成る. ― *n.* 10 音節の詩行. 〖(a1771) ← DECA-＋SYLLABIC 《なぞり》← F *décasyllabique* □ Gk *dekasúllabos*〗

dèca·sýllable *adj.* ＝decasyllabic. ― *n.* 10 音節語[詩行]. 〖(1837–39) ← DECA-＋SYLLABLE〗

de·cath·lete /dɪkǽθliːt, dɛ-/ *n.* 〘スポーツ〙十種競技選手 (cf. pentathlete). 〖(1968) 《混成》← ↓＋ATHLETE〗

de·cath·lon /dɪkǽθlən, -lɑ(ː)n | -lɔn/ *n.* 〘スポーツ〙《男子の》十種競技《100 m・400 m・1500 m 競走・110 m 障害・槍投げ・円盤投げ・砲丸投げ・棒高跳び・走り高跳び・走り幅跳び; cf. pentathlon》. 〖(1912) □ F *décathlon* ← DECA-＋Gk *âthlos* contest (cf. athlete)〗

de·ca·thol·i·cize /dìːkəθɑ́(ː)ləsàɪz | -θɔ́lɪ-/ *vt.* …のカトリック的性質を除く[脱する]. 〖(1794) ← DE-[1]＋CATHOLICIZE〗

dec·at·ing /dékətɪŋ | -kət-/ *n.* 〘紡織〙デカタイジング《毛織物などに熱湯や蒸気をあてて行う仕上げ工程の一種; 幅・長さを整え，光沢・柔軟性を与える》. 〖← F *décatir* to steam (← DE-[1]＋*catir* to press)＋-ING[1]〗

dec·at·ize /dékətàɪz/ *vt.* 〘紡織〙〈毛織物〉にデカタイジングを施す. 〖(1907) ← F *décatir* (↑)＋-IZE〗

déc·at·ìz·ing *n.* 〘紡織〙＝decating. 〖1921〗

De·ca·tur /dɪkéɪtə | -tə(r/ *n.* ディケーター: **1** 米国 Alabama 州北部 Tennessee 川中流左岸の都市. **2** 米国 Illinois 州中東部の商工業都市; A. Lincoln が大統領候補として承認を得た地. 〖↓〗

De·ca·tur /dɪkéɪtə | -tə(r/, **Stephen** *n.* ディケーター《1779–1820; 米国の海軍軍人》.

De·cáu·ville tráck /dɪkóʊvɪl-, -viːl- | -kə́ʊ-/ *n.* 〘鉄道〙ドゥコーヴィル式鉄道《鉱山・土木現場などで使用する簡便鉄道》. 〖← *Paul Decauville* (1846–1922: 考案者のフランスの技師)〗

de·cay /dɪkéɪ/ *vi.* **1** 腐る，腐敗する，朽ちる; 《くずれて》ぼろぼろになる: The bruised apples ～*ed* quickly. 傷のついたリンゴはすぐに腐ってしまった / ～*ing* organic matter 腐敗する有機物 / the ～*ing* fabric of our apartment house [institutions] 我々のアパート[施設]の腐食しつつある基礎構造. **2** 齲食(うしょく)になる，虫歯になる: a ～*ing* tooth (進行中の)虫歯. **3** 〈質・体力・活動などが〉衰える，衰退する; 堕落[退化]する. **4** 〘物理〙〈原子核・素粒子が〉(放射性)崩壊する; 〘電子工学〙〈電流・電圧が〉減少する; 〈磁束が〉減衰する. **5** 〘宇宙〙〈人工衛星が〉(大気摩擦で)速度を落とす. ― *vt.* 腐敗[衰弱]させる; 〘物理〙〈原子核・素粒子を〉(放射性)崩壊させる. ― *n.* **1 a** 腐れ，腐朽，腐蝕; (特に)好気的腐敗. **b** 腐敗[腐朽]物質. **c** 齲食，虫歯: Our dentifrice fights tooth ～ three ways! 我が社の歯磨き剤は虫歯と三つの方法で戦います. **2** 《国家・家族などの》衰微，衰亡; 《体力・活力などの》減退，衰弱，衰え: senile ～ 老衰 / be *in* ～ 朽ち果てて[衰えて]いる / go *into* [fall *into*] (a state of) ～ 朽ち果てる，荒れ果てる，衰微する / problems of inner-city ～ 都心部の荒廃の問題. **3** 〘物理〙 **a** 《原子核・素粒子の》(放射性)崩壊: ⇨ radioactive decay. **b** 《電流の》減少; 《磁束の》減衰. **4 a** 《廃》《数・量・力などの》減少. **b** 〘宇宙〙《大気摩擦による人工衛星の速度減少. **5** 〘音楽〙音が消えること. **6** 《廃》破壊，死. **～·er** *n.* 〖v.: (1475) ME *decaie(n)* □ OF *decair* 《異形》← *dechaoir* (F *déchoir*) to fall < VL **decadēre* ← DE-[1]＋L *cadere* to fall (⇨ case[1]). ― n.: (1442) □ AF *decai* ∥ ← *decaie(n)* (v.)〗

SYN 腐食する: **decay** 〈植物・木片・肉などの組織が〉変化して本来の機能を果たさなくなる: My tooth have begun to *decay*. 歯が虫歯になり始めた. **rot** 〈特に動植物が〉細菌などの作用で腐敗する: The fruit *rotted* on the vines. 果物はつるになったまま腐った. **putrefy** 〈動物質が〉腐って悪臭を放つ《格式ばった語》: *putrefying* corpses 腐敗しかけている死体. **spoil** 〈食品がいたんで食べられなくなる《一般的な語》: Fish *spoils* quickly. 魚はすぐいたむ[腐る]. **molder** 〈建物・死体・紙などが〉自然に朽ちて崩壊する: Old buildings *molder* away. 古い建物は徐々に崩壊する. **disintegrate** 分解してばらばらになる: Rocks *disintegrate*. 岩は分解する. **decompose** 化学変化を被って腐り始める: Bodies *decompose* after death. 肉体は死後腐り始める.

de·cay·a·ble /dɪkéɪəbl/ *adj.* 腐敗する，朽ちやすい. 〖(1617): ⇨ ↑, -able〗

decáy cònstant *n.* 〘物理〙崩壊定数《放射性原子核や不安定な素粒子などの単位時間あたりの崩壊確率; disintegration constant ともいう》. 〖1931〗

de·cáyed *adj.* **1** 腐った，朽ちた (rotten): ～ organic matter 腐敗した有機物 / a ～ social fabric 腐敗した社会機構 / a ～ piano おんぼろピアノ / a ～ house 朽ちてぼろぼろになった家. **2** 衰微した，落ちぶれた. **3** 齲食(うしょく)になった，虫歯になった: a ～ tooth 虫歯. 〖(1513) ← DECAY＋-ED〗

decáy sèries *n.* 〘物理・化学〙＝radioactive series.

Dec·ca /dékə/ *n.* **1** 〘海事・航空〙デッカ航法. **2** 〘商標〙デッカ《英国のレコード会社 Decca International のレーベル; 米国のレコード会社 Decca Records, Inc. のレーベル》. ― *adj.* デッカ航法の. 〖1: (1946) ← *Decca Co.* (この航法を開発した英国の会社名)〗

Dec·can /dékən, -kæn; *Hindi.* ḍekkʰɪn, deːkən/ *n.* [the ～] **1** デカン(半島)《インドの Narmada 川以南の半島》. **2** デカン(高原)《東西 Ghats 山脈の間に位置する Narmada 川と Kistna 川の間の三角形の高原; Deccan Plateau ともいう》.

Décca sỳstem *n.* [the ～] 〘海事・航空〙デッカ航法方式《数個の地上発信局が同時に発する電波を利用して行う長距離航法》. 〖1946〗

decd. 《略》deceased.

de·cease /dɪsíːs/ 《文語》〘法律〙 *n.* 死去，死亡《法律上の死亡 (civil death) を含まない》. ― *vi.* 死亡する (⇨ die SYN). 〖(a1338) □ deces □ (O)F *décès* □ L *dēcessus* departure, death (p.p.) ← *dēcēdere* to depart: ⇨ de[1], cede〗

de·ceased /dɪsíːst/ 《文語》〘法律〙 *adj.* 故人となった，死去した; 故…; (特に)最近亡くなった (⇨ dead SYN): the ～ father [wife] 亡父[妻]. ― *n.* (*pl.* ～) [通例 the ～] 死者，故人，(最近)亡くなった人々: the remains of (*the*) ～ 故人の遺骸[遺骨] / the names of *the* ～ 死(亡)者たちの名前. 〖(c1489): ⇨ ↑, -ed〗

de·ce·dent /dɪsíːdənt, -dnt | -dənt, -dnt/ *n.* 《米》〘法律〙死者，故人 (deceased person). 〖(1599) □ L *dēcēdentem* (pres.p.) ← *dēcēdere* to die: ⇨ decease〗

decédent's estáte *n.* 〘法律〙遺産.

de·ceit /dɪsíːt/ *n.* **1** 欺瞞(ぎまん)(性)，ぺてん，ごまかし，偽り; 策略 (trick): practice ～ on …をぺてんにかける，裏切る. **2** 人を誤らせるような外見. 〖(?a1300) *deceite* □ OF < L *dēceptam* (p.p.) ← *dēcipere* 'to DECEIVE'〗

SYN 欺瞞: **deceit** 故意に人をだますこと: *Deceit* and sincerity cannot live together. 欺瞞と誠実は両立しえない. **duplicity** うわべと腹の中が相反する言葉や行為《格式ばった語》: To flatter a man whom one despises is *duplicity*. 軽蔑している人にお世辞を言うのはふた心である. **cunning** 巧みに人をだます能力: He is full of *cunning*. 彼は奸智にたけている. **guile** 非常に狡猾(こうかつ)で人を上手に欺く性質《格式ばった語》: a person full of *guile* まったく腹黒い人.

de·ceit·ful /dɪsíːtfəl, -fl/ *adj.* **1** 〈人が〉人をだます，ぺてんの，詐欺の; 〈行為・言語など〉偽りの，ずるい，(特に)信用できない (⇨ dishonest SYN). **2** 〈外見が〉人を誤らせるような. 〖(c1450): ⇨ ↑, -ful[1]〗

de·céit·ful·ly /-fəli/ *adv.* 偽って，欺いて; 欺くように，だますつもりで. 〖(c1450): ⇨ ↑, -ly[1]〗

de·céit·ful·ness *n.* ぺてん師根性; ずるさ，不実. 〖(a1450) ← DECEITFUL＋-NESS〗

de·ceiv·a·ble /dɪsíːvəbl/ *adj.* だますことのできる，だまされやすい，詐欺にかかりやすい. **de·céiv·a·bly** *adv.* **～·ness** *n.* **de·ceiv·a·bil·i·ty** /dɪsìːvəbíləti | -lɪti/ *n.* 〖((c1303)) (1646) □ OF *decevable*: ⇨ ↓, -able〗

de·ceive /dɪsíːv/ *vt.* **1** だます，欺く，ぺてんにかける，惑わす: I have been ～*d in* him. あの男を見損なっていた / be ～*d* by appearances 外見に惑わされる / ～ oneself 思い違いをする，空頼みをする，自己欺瞞(ぎまん)をする / ～ a person *into doing* 人をだまして…させる / His ears did not ～ him. 聞き違いではなかった / Have my eyes ～*d* me? [驚きを表して] 私の目の錯覚でしょうか. **2** 《配偶者などに対して》不倫を働く，裏切る: a ～*d* wife [husband] 裏切られた妻[夫]. **3** 《古》〈期待などを〉裏切る. **4** 《古》〈時を〉過ごす (while away); 〈気を〉紛らす (beguile). ― *vi.* 人を欺く，詐欺を行う: Advertisements must not ～. 広告に偽りがあってはならない. **de·céiv·ing** *n.*, *adj.* 〖(c1300) *deceive(n)* □ OF *deceveir* (F *décevoir*) < L *dēcipere* to beguile, catch, ensnare ← DE-[1]＋*capere* to take〗

SYN 欺く: **deceive** 真実を隠したり歪めたりしてだます: He *deceived* me into doing it. 私をだましてそれをさせた. **cheat** 利益・便宜を得るために〈人を〉欺く《一般的な語》: He *cheated* me at cards. トランプで私をごまかした. **mislead** 偽りや間違ったことを教えて〈人を〉真でないことを信じさせる: He was *misled* by the sign into going to the wrong door. 標識につられて間違った戸口へ向かった. **beguile** 目先のえさで〈人を〉欺く《格式ばった語》: His pleasant way *beguiled* me into thinking that he was my friend. 彼の感じのよい態度につられて，ついわが友だと思ってしまった. **delude** 〈人〉の心・判断を誤らせて偽りを真だと受け取らせる《格式ばった語》: Her beauty *deluded* him to folly. 彼女の容色に迷ってばかなことをした. **betray** 忠実を装って〈人〉の信頼を裏切る: Judas *betrayed* his master Christ. ユダは師キリストを裏切った.
ANT undeceive, enlighten.

de·céiv·er *n.* 詐欺師 (impostor): Men were ～*s* ever. 男心は変わりやすいが常だ，「男心と秋の空」(Shak., *Much Ado* 2. 3. 63). 〖(c1384) *deceivour* □ OF *deceveor*: ⇨ ↑, -or[2]〗

de·céiv·ing·ly *adj.* 欺いて，偽って. 〖(14C) ← DECEIVE＋-ING[2]＋-LY[1]〗

de·cel·er·ate /dɪsélərèɪt, dìː-/ *vt.* **1** 〈機関など〉の速度を落とす，減速する (↔ accelerate). **2** 〈計画など〉の進行の速度を遅らす. ― *vi.* (アクセルから徐々に足を離して)速度を落とす. 〖(1899) ← DE-[1]＋(AC)CELERATE ∥ 《逆成》← *deceleration*〗

de·cel·er·a·tion /dɪsèləréɪʃən, dìː-/ *n.* 減速，減速度 (↔ acceleration). 〖(1897) ← DE-[1]＋(AC)CELERATION〗

deceleration lane *n.* (高速道路の)減速車線 (cf. acceleration lane).

dè·cél·er·à·tor /-tə | -tə(r/ *n.* 減速機. 〖(1907) ← DECELERATE＋-OR[2]〗

de·cel·er·om·e·ter /dìːsèlərɑ́(ː)mətə | -rɔ́mɪtə(r/ *n.* (車の)減速計. 〖(1924) ← DECELERATE＋-METER〗

de·cel·er·on /diːsélərɑ̀(ː)n | -rɔ̀n/ *n.* 〘航空〙制動兼補助翼《エアブレーキ兼用の補助翼》. 〖← DECELER(ATE)＋(AILER)ON〗

de·cem- /dɪsém/「10 (ten)」の意の連結形 (cf. deca-). 〖□ F *décem-* ∥ L ～ *decem* (↓)〗

De·cem·ber /dɪsémbə | -bə(r/ *n.* 12 月 (略 Dec., D). 〖lateOE ～ □ (O)F *décembre* ∥ L *December* (*mēnsis*) 《原義》the tenth month (F *décembre*) < **decemmembris* ← *decem* 'TEN': 古代ローマ暦では 3 月を年始として計算したので現在の 12 月は第 10 番目の月であった〗

De·cem·brist /dɪsémbrɪst | -brɪst/ *n.* 〘ロシア史〙十

D

二月党員, デカブリスト《1825年12月, ロシアの Nicholas I 世の専制政治の打倒と農奴制の廃止を目指して武装蜂起を企てた革命家; 中心となったのは貴族出身のエリート》. 〘(1877)《なぞり》← Russ. *dekabrist*〙

de·cem·vir /dɪ̀sémvə | -və^(r)/ *n.* (*pl.* ~**s**, **-vir·i** /-vəràɪ/) **1** 〚ローマ史〛十大官の一人《特に紀元前 451–450 年法典編纂(へんさん)にあずかった執政官》. **2** 十名で構成される(権威ある)団体[委員会]の一員. 〘(?a1439) □ L ~ 《逆成》← *decemvirī* (pl.) ← *decem* 'TEN' + *virī* men (cf. virile)〙

de·cem·vi·ral /dɪ̀sémvərəl | -vɪ̀-/ *ad.* 〚ローマ史〛十大官の. 〘(1600) □ L *decemvirālis*: ⇨ ↑, -al¹〙

de·cem·vi·rate /dɪ̀sémvərɪ̀t, -rèɪt | -v(ə)r-/ *n.* 〚ローマ史〛十大官の職[任期]; 十頭政治; 執政官の十人団. 〘(1620) □ L *decemvirātus*: ⇨ decemvir, -ate¹〙

decemviri *n.* decemvir の複数形.

de·cen·a·ry /dɪ̀sénəri, dɛ-, diː-/ *n.*, *adj.* 〚英史〛十家組(の). 〘(1647) □ ML *decēnārius* ← *decēna, decenna* tithing ← *decem* 'TEN': ⇨ -ary〙

de·cen·cy /díːsənsi, -snsi, -səntsi, -sntsi/ *n.* **1** 行儀よさ, 礼儀正しさ, 上品; 体裁, 品位 (⇨ decorum SYN): for ~'s sake 体面上 / a breach of ~ 無礼, 無作法 / offenses against public ~ 風俗壊乱 / have the (common) ~ *to* do …する礼儀をわきまえている / *Decency* forbids. 《掲示》小便無用(など) / He has no sense of ~. 彼には良識のかけらもない. **2** [the decencies (of life)] **a** 礼儀, 作法 (proprieties). **b** 人並みの暮しに必要なもの, 恒産. **3** 《口語》親切, 寛大さ. **4** 《古》適切. 〘(1567) □ L *decentia*: ⇨ decent, -ency〙

de·cen·na·ry¹ /dɪ̀sénəri, dɛ-, diː-/ *adj.* =decennial. — *n.* 十年間. 〘(1822) ← L *decennis* of ten years (⇨ decennium) + -ARY〙

de·cen·na·ry² /dɪ̀sénəri, dɛ-, diː-/ *n.*, *adj.* 〚英史〛=decenary.

decennia *n.* decennium の複数形.

de·cen·ni·ad /dɪ̀séniæ̀d, dɛ-, diː-/ *n.* =decennium. 〘(1864) ← L *decennis* (⇨ decennium) + -AD¹〙

de·cen·ni·al /dɪ̀séniəl, dɛ-, diː-/ *adj.* 十年間の, 十年ごとの: a ~ period 十年の期間 / a ~ census 十年ごとの人口調査 / ~ games 十年に1回の競技会. — *n.* 《米》十年祭; その祝典. 〘(1656) ← L *decennium* 'DECENNIUM' + -AL¹〙

de·cén·ni·al·ly /-niəli/ *adv.* 十年期に, 十年ごとに. 〘(1874): ⇨ ↑, -ly¹〙

de·cen·ni·um /dɪ̀séniəm, dɛ-, diː-/ *n.* (*pl.* ~**s**, **-ni·a** /-niə/) 十年間 (decade の方が普通). 〘(1685) □ L ~ ← *decennis* of ten years ← *decem* 'TEN' + *annus* year (cf. annual): cf. centennium〙

de·cent /díːsənt, -snt/ *adj.* **1 a** まあまあの, 人並みの, 世間並みの, 恥ずかしくない程度の, 適当な: a ~ income [salary] 世間並みの収入[給料] / at a ~ distance from here ここからまあまあの距離の所に / He got a ~ grade on the exam. 彼は試験でまあまあの成績を収めた. **b** 《口語》結構な, なかなかよい, 好ましい: a very ~ fellow なかなかいい男 / a ~ meal 結構な食事. **2** (↔indecent) **a** 〈人・言語・思想・行状・服装など〉穏当な, 慎みのある, 上品な(⇨ chaste SYN); 下品なところのない, 無作法でない: a ~ suit of clothes 上品な衣服 / ~ language (みだらでない)上品な言葉 / He is ~ *in* conduct [conversation]. 行儀[会話]が上品である. **b** 《口語》〈人に見られても恥ずかしくない程度に〉衣服を身につけた, ちゃんとした: She looked ~ on the beach. 浜辺でちゃんと服を着ているようだった / Are you ~ now? 服をきちんと着ましたか, 着替えは済みましたか / Get ~. ちゃんと服を着なさい. **3** 相当な身分の, かなりりっぱな: a ~ family 相当な身分の家 / quite a ~ house なかなか豪勢な家 / live in ~ conditions 相当りっぱな生活をする. **4 a** 《口語》親切な (kind); 寛大な, やかましくない (generous): a ~ headmaster / It's awfully ~ *of* you. これはご親切さま / They've always been very ~ to me. 彼らはこれまで常に私にとても親切であった. **b** 〈扱いなどが〉公平な (fair); 思いやりのある: ~ treatment 公平な取り扱い.
dó the décent thing (世間的にみて)しかるべきことをする.
~**·ness** *n.* =decency 1, 3. 〘(1539) □ (O)F *décent* ∥ L *decentem* becoming, seemly, fitting (pres. p.) ← *decēre* to be proper ← IE **dek-* to take〙

de·cen·ter /diːséntə | -tə^(r)/ *vt.* …の中心をはずす; 中心からそらす.

dé·cent·ish /-tɪʃ | -tɪʃ/ *adj.* 《英》やや上品な. 〘(a1814) ← DECENT + -ISH¹〙

dé·cent·ly *adv.* **1** 見苦しくないように, 相当に (becomingly): be ~ clothed 見苦しくない服装をしている. **2** 正しく, 上品に, 端正に (properly). **3** 《口語》やさしく, 親切に; 気前よく. 〘(1552) ← DECENT + -LY¹〙

de·cen·tral·i·za·tion /diːsèntrəlɪ̀zéɪʃən | -laɪ-, -lɪ-/ *n.* **1** 分散, 分立制; 集中排除; 権限委譲, 分権化, 地方分権. **2** (人口・産業などの)(地方)分散化, 都市集中排除: economic ~ 経済力集中排除. 〘(1846): ⇨ ↓, -ation〙

de·cen·tral·ize /diːséntrəlàɪz/ *vt.*, *vi.* **1** (行政権・組織・産業などを)分散させる, (…の)中央集権を解く. **2** (人口・都市などを)分散する. **de·cen·tral·ist** /diːséntrəlɪst | -lɪst/ *n.*, *adj.* 〘(1851) ← DE-¹ + CENTRAL + -IZE ∥ 《逆成》← *decentralization*: cf. F *décentraliser*〙

dè·cén·tral·ìzed *adj.* 分散した; 地方分権化した.

decéntralized prócessing *n.* 〚電算〛分散データ処理《集中せずに分散した箇所でデータを処理すること》.

de·cep·tion /dɪ̀sépʃən/ *n.* **1** だます[だまされる]こと, だまし, 欺き, 惑わし: practice ~ on a person 人をだます. **2** 詐欺, ぺてん (fraud); うそ, ごまかし: There is no ~. 種も仕掛けもありません. **3** ごまかし物, まやかし物, 偽物 (sham). **4** 期待はずれ, 幻滅. ~**·al** /-ʃənl, -ʃnəl/ *adj.* 〘(c1412) *decepcioun* □ (O)F *déception* ∥ L *dēceptiō(n-)* ← *dēceptus* (p.p.) ← *dēcipere* 'to DECEIVE': ⇨ -tion〙

SYN ごまかし: **deception** 人を欺く言葉や行為《最も意味の広い語》: A magician uses *deception*. 手品師はごまかしを使う. **fraud** 人をだまして財産・権利などを奪う行為: The whole affair was a *fraud*. 事件はすべていかさまだった. **subterfuge** 難局を避けるための策略《格式ばった語》: Her headache was only a *subterfuge* to avoid taking the test. 彼女の頭痛は試験を受けまいとする口実にすぎなかった. **trickery** 策略・ぺてんを使って人をだます行為《格式ばった語》: I cannot stand their *trickeries*. 彼らのごまかしには我慢ならぬ. **chicanery** 特に訴訟において三百代言的な手段を弄すること: Only a dishonest lawyer will use *chicanery* to win a lawsuit. 訴訟に勝つために三百代言を弄するのは不正直な弁護士だけだ. **double-dealing** 特に商取引において二枚舌を使うこと: They accused him of *double-dealing*. 彼が二枚舌を使ったと非難した.

de·cep·tious /dɪ̀sépʃəs/ *adj.* 《まれ》=deceitful. 〘□ F 《廃》*deceptieux*: ⇨ -ous〙

de·cep·tive /dɪ̀séptɪv/ *adj.* 人を欺くような, 人を誤解させる; 当てにならない, ごまかしの, 見かけによらない, 人を迷わす: Appearances are ~. ⇨ appearance 2 a. 〘(1611) □ F † *déceptif* □ LL *dēceptīvus* ← L *dēceptus* (↑): ⇨ -ive〙

decéptive cádence *n.* 〚音楽〛偽終止《属和音から主和音以外の和音へ進む終止形; suspended cadence ともいう》.

de·cép·tive·ly *adv.* 欺くように; 偽って. 〘(1825) ← DECEPTIVE + -LY¹〙

de·cép·tive·ness *n.* 偽りの多いこと, 当てにならないこと. 〘(1837) ← DECEPTIVE + -NESS〙

de·cer·e·brate /diːsérəbrèɪt | -rɪ̀-/ *vt.* …から大脳を切除する, 除脳する; 脳の活動を不可能にする. — *adj.* /dìːsɪ̀ríːbrɪ̀t, diːsérə- | dìːsɪ̀ríːbrɪ̀t, diːsérɪ̀-/ 除脳した, 除脳症状を呈する. — *n.* 除脳動物; 除脳者.

de·cer·e·bra·tion /diːsèrəbréɪʃən | -rɪ̀-/ *n.* 〘(1897) ← DE-¹ + CEREBRO- + -ATE³〙

de·cern /dɪ̀sə́ːn | -sə́ːn/ *vt.* **1** 《まれ》=discern. **2** 〚スコット法〛判決する. — *vi.* 《廃》はっきり見分ける (discern). 〘(c1425) □ (O)F *décerner* □ L *dēcernere* 'to decide, DECREE'〙

de·cer·ti·fy /diːsə́ːtəfàɪ | -sə́ːtɪ̀-/ *vt.* …から証明[保証]を取り消す. **de·cer·ti·fi·ca·tion** /diːsə̀ːtəfɪ̀kéɪʃən | -sə̀ːtɪ̀fɪ-/ *n.* 〘(1918) ← DE-¹ + CERTIFY〙

dé·ché·ance /dèɪʃeɪɑ́ː(n)s, -ɑ́ːns; *F.* deʃeɑ̃ːs/ *F. n.* (財産などの)没収 (forfeiture). 〘□ F ~ ← *déchoir* to fall < VL **dēcadēre*〙

dech·en·ite /dékənàɪt/ *n.* 〚鉱物〛=descloizite. 〘(1851) □ G *Dechenit* ← *Heinrich von Dechen* (1800–89: ドイツの地質学者): ⇨ -ite¹〙

de·chlo·ri·da·tion /diːklɔ̀ːrədéɪʃən | -klɔ̀ːrɪ̀-/ *n.* 〚医学〛塩素[食塩]除去, 脱塩素(作用), 無塩療法《食餌から塩分を除去する療法》.

de·chlo·ri·dize /diːklɔ́ːrədàɪz | -klɔ́ːrɪ̀-/ *vt.* 〚医学〛…に脱塩法[無塩療法]を行う. 〘← DE-¹ + CHLORIDIZE〙

de·chlo·ri·nate /diːklɔ́ːrənèɪt | -klɔ́ːrɪ̀-/ *vt.* 〚化学〛…から塩素を除去する. 〘(1941) ← DE-¹ + CHLORINATE〙

de·chlo·ri·na·tion /diːklɔ̀ːrənéɪʃən | -klɔ̀ːrɪ̀-/ *n.* 〚化学〛脱塩素.

de·chris·tian·ize /diːkrístʃənàɪz | -krístʃən-, kríʃ-, -stiə-/ *vt.* …のキリスト教的特質を失わせる, 非キリスト教化する. 〘(1834) □ ? F *déchristianiser* ← DE-² + *christianiser* to Christianize (← L *christiānus* 'CHRISTIAN')〙

dec·i- /désɪ̀, -si/ メートル法で単位の $^1/_{10}$ の意の連結形: *decigram, decimeter*. 〘□ F *déci-* ← L *decimus* tenth ← *decem* ten: ⇨ deca-〙

Dé·ci·an persecútion /díːʃiən-, déʃ-, ʃən/ *n.* [the ~] デキウスの迫害《ローマ皇帝 Decius 時代 (249–51) のキリスト教徒の迫害》. 〘1695〙

dec·i·are /désiɛ̀ə, -siɛ̀ə | -ɑ̀ː^(r), -ɛ̀ə^(r); *F.* desjaːʁ/ *n.* デシアール《面積の単位; $=^1/_{10}$ are $=10\,m^2$》. 〘□ F *déciare*: ⇨ deci-, are²〙

dec·i·bar /désəbɑ̀ə | -sɪ̀bɑ̀ː^(r)/ *n.* 〚気象〛デシバール《気圧の単位; $=^1/_{10}$ bar》. 〘(1910) ← DECI- + BAR³〙

dec·i·bel /désəbèl, -bəl, -bl | -sɪ̀-/ *n.* 〚電気・物理〛デシベル《量の大きさを対数的に測る単位; 基準パワー P_0 に対し P のパワーを持つ量を $10 \log P/P_0$ デシベルと表現し, 電力・音などの大きさの表現に用いる; 略 dB, db; cf. bel², dBA》.
ráise the décibel lèvel 《米俗》〔…を〕もっと目立たせる, 強化する 〔*of*〕. 〘(1928) ← DECI- + BEL²〙

de·cid·a·ble /dɪ̀sáɪdəbl | -də-/ *adj.* **1** 決定できる. **2** 〚論理〛〈任意の命題が〉決定可能な《ある形式的体系に属する任意の命題がその体系内で成立するかどうかを確定する機械的な手続きが存在する》. **de·cid·a·bil·i·ty** /dɪ̀sàɪdəbíləti | -dəbílɪ̀ti/ *n.* 〘(1594): ⇨ ↓, -able〙

de·cide /dɪ̀sáɪd/ (cf. determine) *vt.* **1 a** [しばしば *wh*-word + to do を伴って] 決心する, 決意する: He ~*d which* way *to* go. どちらの道を通るかを決めた. **b** [*to* do を伴って]〈…しようと〉決心する, 〈…すること〉にする: She ~*d to* stay at home. 彼女は家にいることにした. **c** [*that*-clause を伴って]〈…と〉判定[推定]する, 考える: I ~*d that* there would be nothing for it but to obey him. この際彼の言いなりになるより仕方がないと考えた. **2** 〈問題・争議・訴訟事件など〉に決着をつける, 判決[裁定]する; 〈戦争を〉終結させる: ~ the case against [for, in favor of] the plaintiff その事件を原告に不利[有利]に判決する / The atomic bomb ~*d* the war. その原子爆弾により戦争は終結した / ~ an issue 争点に決着をつける. **3** 〈人〉に決定[決意]させる: That ~*d* me (*to* go). それで(出かけようという)決心がついた. — *vi.* 決定する, 決める, 決心する: ~ *between* the two ways 二つの道のどちらをとるかを決める / ~ *about* [*on*] the date 日取りのことを決める / ~ *on* [*upon*] a course of action ある行動を決意する / What date have you ~*d on*? 何日にすると決めましたか / He has ~*d against* (making) a trip to Europe. 彼はヨーロッパ旅行をしないことに決めた. 〘(a1393) *decide(n)* □ (O)F *décider* ∥ L *dēcīdere* to cut off, determine ← DE-¹ + *caedere* to cut〙

SYN 決定する: **decide** 討議・熟慮の末に〈疑問・論争などに〉けりをつける: The matter has been quite *decided*. その問題はすっかり片がついた. **determine** 〈行動方針・問題を〉決定する《格式ばった語で, 決定に至る過程に重きをおく; *decide* より意味が強い》: One's course of action is often *determined* by circumstances. 人の行動方針はしばしば周囲の事情で決まる. **settle** 〈疑念・論争を〉最終的に帰結させる: The dispute was peacefully *settled*. その係争は穏やかに解決された. **conclude** 慎重な調査や推理の後で結論を出す: From the evidence we *concluded* that he was innocent. 証拠から推して彼が無実であるという結論に達した. **resolve** 〈問題・論争・困難〉の解決策を見つける: The controversy has not yet been *resolved*. その論争はまだけりがついていない.
ANT waver, hesitate.

de·cíd·ed /-dɪ̀d | -dɪ̀d/ *adj.* **1** 決定的な, 断固とした, 果断の (resolute): ~ opinions [views] 断固たる意見 / a man of ~ character 果断な性格の人. **2** はっきりした, 明確な: a ~ victory [success, advantage] 明確な勝利[成功, 利点] / a ~ difference はっきりした相違.
~**·ness** *n.* 〘(1790): ⇨ ↑, -ed〙

SYN 決定的な: **decided** (受動的に)明確で疑う余地のない: His height gave him a *decided* advantage. 長身が彼にとって決定的な利点となった. **decisive** (能動的に)明白な結果を生じる: the *decisive* evidence 決め手となる証拠. **ANT** dubious, doubtful, questionable.

de·cid·ed·ly /dɪ̀sáɪdɪ̀dli | -dɪ̀d-/ *adv.* 決定的に, 断然; 確かに, 疑いなく: ~ uneasy (どうも)不安でしようがない / ~ different 確かに違う / lurch ~ to the right 決定的に右に傾く. 〘(1790): ⇨ ↑, -ly¹〙

de·cíd·er /-də | -də^(r)/ *n.* **1** 決定者, 裁決者. **2** 決勝競技. 〘(1592) ← DECIDE + -ER¹〙

de·cíd·ing /-dɪŋ | -dɪŋ/ *adj.* 決定的な (decisive). 〘(1658–59) ← DECIDE + -ING²〙

de·cid·u·a /dɪ̀sídʒuə | -djuə/ *n.* (*pl.* ~**s**, **-u·ae** /-dʒuìː | -dju-/) 〚解剖・動物〛脱落膜《分娩のとき失われる子宮粘膜》. **de·cíd·u·al** /-dʒuəl | -dju-/ *adj.* 〘(1785) ← NL *dēcidua* (fem.) ← L *dēciduus*: ⇨ deciduous〙

de·cid·u·ate /dɪ̀sídʒuèɪt | -dju-/ *adj.* 〚解剖・動物〛**1** 子宮脱落膜 (decidua) のある. **2** 〈胎盤が〉一部分子宮脱落膜からできた. 〘(1868): ⇨ ↑, -ate²〙

de·cid·u·ous /dɪ̀sídʒuəs | -dju-/ *adj.* **1** 〚動物〛脱落性の; 〈葉・歯・角など〉(ある時期に)落ちる, 抜ける, 抜け替わる (↔ persistent): a ~ tooth=milk tooth. **2** 〚植物〛落葉性の (↔ evergreen): a ~ tree 落葉樹. **3** 束(つか)の間の, はかない (ephemeral). ~**·ly** *adv.* ~**·ness** *n.* 〘(1656) □ L *dēciduus* falling down ← *dēcidere* to fall off ← DE-¹ + *cadere* to fall: ⇨ -ous〙

dec·i·gram /désɪ̀græ̀m/ *n.* デシグラム ($=^1/_{10}$ gram) (1.5432 grains または 0.003527 ounce). 〘(1810) □ F *décigramme*: ⇨ deci-, gram²〙

dec·ile /désaɪl, -sɪ̀l | -saɪl/ 〚統計〛*n.* デシル, 十分位数《全度数を 10 等分する 9 個の数値の任意の一つ; cf. percentile》. — *adj.* デシルの. 〘(1674) (1882) ← L *decem* ten + -ILE²〙

dec·i·li·ter /désəliːtə | -sɪ̀liːtə^(r)/ *n.* デシリットル《容量の単位; $=^1/_{10}$ リットル; 3.39 fluid ounces または 6.1025 cubic inches》. 〘(1801) □ F *décilitre*: ⇨ deci-, liter〙

de·cil·lion /dɪ̀síljən | -ljən, -liən/ *n.* 10^{33}; 《英古》10^{60} (⇨ million 表). — *adj.* decillion の. 〘(1847) ← DECI- + (M)ILLION〙

de·cil·lionth /dɪ̀síljənθ | -ljənθ, -liənθ/ *adj.*, *n.* decillion 分の一(の). 〘(a1845): ⇨ ↑, -th¹〙

decim. 《略》decimeter(s).

dec·i·mal /dés(ə)məl, -ml | -sɪ̀-/ *adj.* **1 a** 〚数学〛十[十分の一]を基礎とする, 十進法の; 小数の (cf. duodecimal). **b** 〈通貨が〉十進法の[による], 十進制の: ~ coinage / go ~ 十進法を採用する. **2** 十部門の: ⇨ decimal classification. — *n.* 〚数学〛小数; [*pl.*] 十進算: an infinite ~ 無限小数 / to 3 places of ~*s* 小数第 3 位まで / ⇨ circulating decimal, recurring decimal, repeating decimal. 〘(1608) □ ML *decimālis* ← L *decimus* tenth ← *decem* 'TEN': ⇨ -al¹〙

décimal aríthmetic *n.* 〚数学〛十進算, 小数算術. 〘1608〙

décimal classificàtion *n.* 〚図書館〛十進分類法《すべての主題を 10 区分し, 0–9 の数字をあてた図書分類法; 1876 年に M. Dewey が創案; Dewey decimal classification, decimal system ともいう》. 〘1876〙

décimal cúrrency *n.* 十進法通貨. 〘1963〙

Décimal Dày *n.* 《英》十進法の日《英国の通貨制度が

十進法に移行した日; 1971 年 2 月 15 日; D day, D Day ともいう》.
décimal fràction *n.* 〖数学〗小数 (cf. common fraction). 〚1660〛
déc·i·mal·ìsm /-məlìzm/ *n.* 十進法, 十進制. 〚(1864): ⇨ -ism〛
déc·i·mal·ist /-lɪ̀st | -lɪst/ *n.* 十進法[制]主張[主義]者. 〚(1859): ⇨ -ist〛
dec·i·mal·i·za·tion /dèsəməlɪ̀zéɪʃən | -sɪ̀məlaɪ-, -lɪ-/ *n.* 十進法化, 十進制[メートル法]採用. 〚(1855): ⇨ -ization〛
dec·i·mal·ize /désəməlàɪz | -sɪ̀-/ *vt.* 十進法[制]にする; (特に)メートル法にする: ～ the currency. 〚(1856): ⇨ -ize〛
déc·i·mal·ly /-məli/ *adv.* 〖数学〗十進法で; 小数的に, 小数(の形)で. 〚(1692): ⇨ -ly[1]〛
décimal notátion *n.* 〖数学〗十進記数法, 十進表記(法). 〚1841〛
décimal numerátion *n.* 〖数学〗十進法.
décimal plàce *n.* 〖数学〗小数位: to the third ～ 小数第 3 位まで. 〚1706〛
décimal pòint *n.* 〖数学〗小数点. 〚*c*1864〛
décimal sỳstem *n.* [the ～] **1** (度量衡・通貨などの)十進制. **2** (記数法や命数法としての)十進法. **3** 〖図書館〗=decimal classification. 〚1842〛
dec·i·mate /désəmèɪt | -sɪ̀-/ *vt.* **1** 〈疫病・戦争などが〉…の多くの人を殺す; 〈組織などを〉大幅に削減する: Famine ～*d* the population. 飢饉で大多数の住民が死んだ. **2** (特に古代ローマの軍隊で上官抵抗などの処罰として)〈反乱グループなどの〉10 人に 1 人を(抽選で)選んで殺す. **3** 《廃》…の 10 分の 1 を取る[徴収する]. **déc·i·mà·tor** /-tə | -tə(r)/ *n.* 〚(1600) ← L *decimātus* (p.p.) ← *decimāre* to take the tenth man ← *decimus* tenth ← *decem* 'TEN': ⇨ -ate[3]〛
dec·i·ma·tion /dèsəméɪʃən | -sɪ̀-/ *n.* **1** (特に古代ローマでの) 10 人に 1 人の処刑 (cf. decimate 2). **2** 多数の人の死亡; 多くの動物の絶滅. 〚(1549) □ (O)F *décimation* ∥ *decemātiō(n-)*: ⇨ ↑, -ation〛
dec·i·me·ter /désəmìːtə | -sɪ̀mìːtə(r)/ *n.* デシメートル (=$^1/_{10}$ meter=10 cm). 〚(1809) □ F *décimètre*: ⇨ deci-, meter[1]〛
dec·i·me·tric /dèsəmétrɪk | -sɪ̀-ˊ-/ *adj.* 〈電磁波が〉デシメートル波の《波長 0.1–1 m の電磁波》. 〚(1966) ← DECI-+METRIC〛
dec·i·mil·li- /désəmìlɪ̀, -li | -sɪ̀-/「10^{-4} 倍, 一万分の一」の意の連結形. 〚⇨ deci-, milli-〛
dec·i·mo·sex·to /dèsəmouséksto*u* | -sɪ̀məuséks-təu/ *n.* (*pl.* ～s) 〖製紙〗=sixteenmo. 〚(1599) □ L ～ (abl.) ← *decimus sextus* sixteenth: ⇨ ↓, sext〛
dec·i·mus /désəməs | -sɪ̀-/ *adj., n.* **1** (処方で)第十(の) (cf. primus[1] 1). **2** 《英》〖教育〗(男子同姓生徒中)10 番目(の). 〚□ L ～ 'tenth' ← *decem* 'TEN'〛
de·ci·pher /dɪ̀sáɪfə, dì:- | -fə(r)/ *vt.* **1** 解読する, 〈暗号文を〉普通の文に書き直す, 翻訳する (↔ encipher): ～ a coded message 暗号化されたメッセージを解読する. **2** 〈難解な文字や古代の碑文などを〉判読する, 読み解く: ～ an old manuscript 古文書を判読する. **3** 〈謎・神秘などを〉解く, 悟る: ～ a riddle / ～ the mystery of nature 自然の秘密を悟る. **—** *n.* **1** 暗号文で書かれた秘密通信. **2** 暗号文の翻訳, 解読. **～·er** /-fərə | -rə(r)/ *n.* 〚(1528) ← DE-[1]+CIPHER: cf. F *déchiffrer*〛
de·ci·pher·a·ble /dɪ̀sáɪf(ə)rəbl, dì:-/ *adj.* 解きうる, 判読できる. **de·ci·pher·a·bil·i·ty** /dɪ̀sàɪf(ə)rəbíləṭi, dì:- | -lɪ̀ti/ *n.* 〚(1607): ⇨ ↑, -able〛
de·ci·pher·ment *n.* (暗号文の)解読, 翻訳; (象形文字・碑文などの)判読. 〚(1846): ⇨ -ment〛
de·ci·sion /dɪ̀síʒən/ *n.* **1 a** 決定, 判定, 解決: the ～ *of* a question 問題の解決 / ～ by majority 多数決 / come to a ～ 解決がつく, 決定する. **b** 〖ボクシング〗判定勝ち: win (on) a ～ 判定勝ちをする. **2** 決心, 決意 (determination): He was forced to make a grave ～. 彼は重大な決断を迫られた. **3** 決議, 決定書; 判断: a juridical ～ =a ～ of the court 裁判所の判断: This was the ～ of the court. 裁判所はこう判断を下した. **4** 決断(力), 果断 (firmness): a man *of* ～ 果断の人 / He answered *with* ～. 彼はきっぱりと答えた / He lacks ～ of character. 果断な性格を欠く《決断力に欠ける》. **～·al** /-ʒnəl, -ʒənl/ *adj.* 〚(*c*1454) □ (O)F *décision* ∥ L *dēcīsiō(n-)* ← *dēcīsus* (p.p.) ← *dēcīdere* 'to DECIDE': ⇨ -sion〛
decísion-màker *n.* 意思決定者. 〚1938〛
de·ci·sion-mak·ing /dɪ̀síʒənmèɪkɪŋ/ *n., adj.* 意思決定(の). 〚1953〛
decísion suppòrt sỳstem *n.* 〖電算〗意思決定支援システム《経営の意思決定に必要な情報をコンピューターで提供するシステム; 略 DSS》.
decísion tàble *n.* 〖数学〗決定表, 算定条件表. 〚1970〛
decísion thèory *n.* 〖商業〗意思決定理論. 〚1961〛
de·ci·sive /dɪ̀sáɪsɪv, -zɪv/ *adj.* **1 a** (問題に)解決を与えるような; 決定的な (cf. deciding) (⇨ decided SYN): a ～ vote [ballot] 決定(投)票 / a ～ battle [action] 決戦 / be ～ of … …を決する, を終局に導く / ～ proof [evidence] 確証, 決定的証拠 / the ～ factor [consideration] 決定的な要因[考察]. **b** 将来を決定する, 運命を決める, きわめて重大な: a ～ moment in her career 彼女の生涯の決定的瞬間. **2** 〈差違などは〉はっきりした; 〈返事など〉きっぱりとした: ～ superiority はっきりした優越 / give a ～ answer きっぱり答える. **3** 〈性格・思想など〉断固とした, 果敢な: Should a manager be more ～? 支配人はもっと果敢であるべきか. **～·ness** *n.* 〚(1611) □ ML *dēcīsivus* ← L *dēcīsus*: ⇨ decision, -ive; cf. F *décisif*〛
de·cí·sive·ly *adv.* 決定的に, 断固として; 断然. 〚(1651): ⇨ ↑, -ly[1]〛
dec·i·stere /désɪ̀stɪə | -stɪə(r)/ *n.* デシステール《体積の単位; =$^1/_{10}$ stere》. 〚(1810) □ F *décistère*: ⇨ deci-, stere〛
Dec·i·us /díːʃiəs, -ʃəs, -siəs/ *n.* デキウス《201–51; ローマ皇帝 (249–51); キリスト教徒を迫害 (⇨ Decian persecution); 全名 Gaius Messius Quintus Trajanus Decius》.
de·civ·i·lize /dìːsívəlàɪz | -vɪ̀-/ *vt.* …から文明を奪う, (文明状態から)未開状態に戻す. 〚(1831) ← DE-[1]+CIVILIZE〛
deck /dék/ *n.* **1 a** (電車・建物などの)階層, 階; (バスなどの)床, 客室; 橋床《人や車の通る部分》. 日英比較「客車の端にある出入り口の床」を日本語では「デッキ」というが, 英語では platform という. **b** (図書館の書庫の)床. **c** 雲の層. **2** 〖海事〗甲板(かんぱん), デッキ: the middle ～ 中甲板 / ⇨ forecastle deck, lower deck, main deck, upper deck. **3 a** (レコードプレーヤーの)デッキ《ターンテーブル・ピックアップの載っている台》. **b** =tape deck 1 b. **4** 《米》(トランプの)一組 (《英》pack): a ～ *of* cards / ⇨ cold deck. **5** 《米》陸(おか)屋根; (列車の客車・昔の駅馬車の)屋根. **6** 《米俗》(ヘロインなどの)麻薬を入れた小さな包み[箱]《特に 3 グレイン (grain) はいった》. **7** 〖印刷〗デッキ《上下に積み重ねた形式の輪転機の各層》. **8** 〖新聞〗そで見出し (cf. bank[3] *n.* 5, subhead 2). **9** [the ～] 《英俗》地面, 地; 《俗》〖英空軍〗陸地 (cf. ditch 6 a). **10** 〖野球〗ウェイティングサークル《次打者の待機する所定の場所》: ⇨ on DECK (2). **11** 〖電算〗デッキ《特定目的のため穿孔した一連のカード; pack ともいう》.
above déck(s) 正甲板の上へ. ***below déck(s)*** 〖海事〗正甲板の下(へ), 船倉(へ). ***betwèen décks*** 甲板と甲板の間に, 上下の甲板の間で. ***cléar the décks (for áction)*** 《口語》(1) 〖海事〗〈軍艦が〉(戦闘準備のため)甲板を片付ける, 戦闘準備をする. (2) 作業[活動]の準備をする. 〚1857〛 ***hít the déck*** 《米俗》(1) (けがなどを避けるために, 地面・床などに)身を投げかける; 地面に伏せる. (2) ベッドから起き上がる, 起床する. (3) 行動の準備をする. (4) 打ちのめされる. ***on déck*** (1) 上甲板上に(出て), 当直[作業]用意をして: go *on* ～ 甲板に出る; 当直する (cf. below *adv.* 3 b) / All hands *on* ～! 総員甲板へ. (2) 《口語》(いざという時の)用意を整えて, 待機して; 〖野球〗次の打者として順を待って: Jones is at bat and Smith *on* ～. ジョーンズが打席にはいり次打者スミスが控えている. (3) 《俗》生きている: be still *on* ～ まだ生きている. ***stáck the décks*** ⇨ stack 成句. ***swéep the déck(s)*** (1) 〈波が〉甲板を洗う. (2) 〈砲火が〉甲板の上を一掃する, 甲板を掃射する.
— *vt.* **1** [しばしば ～ *oneself* または受身で] 美しく装う, 飾る; 装飾する 〈*out, up*〉 (⇨ adorn SYN): ～ a street *with* flags [a room *with* flowers] 街路を旗で[部屋を花で]飾る / a man ～*ed out* in his Sunday best よそ行きを着込んだ男 / The girls ～*ed themselves* [*were* ～*ed*] *out with* jewels. 少女たちは宝石で身を飾り立てた[立てていた] (cf. bedeck). **2** 〖造船〗…に甲板を張る[設ける]. **3** 《古》覆う, かぶせる (cover). **4** 《米俗》打ち倒す.
— *adj.* 〖土木〗橋の主桁の上方に路面のある (cf. through *adj.* 3): ⇨ deck bridge.
〚n.: (1466) □ MDu. *dec* covering, roof < Gmc **pak-jam* 'THATCH'. — v.: (1513) □ Mdu. *dekcen* to cover < Gmc **pakjan* (OE *peccan* to thatch / G *decken*)〛
déck-áccess *adj.* 各階の住居の入口がすべてその階のひと続きのバルコニーに通じている.
déck bèam *n.* 〖造船〗甲板ビーム《甲板を支える梁材》. 〚1858〛
déck bòlt *n.* 〖造船〗甲板ボルト《木甲板を鋼甲板面または甲板ビーム上に取り付けるボルト》.
déck brìdge *n.* 〖土木〗上路橋(じょうろきょう)《通路が橋の支持桁などの上方にあるもの; cf. through bridge》.
déck cábin *n.* 甲板船室. 〚1902〛
déck càrgo *n.* 甲板積み貨物. 〚1861〛
déck·chàir *n.* デッキチェア《甲板・庭園などで使う軽量の折りたたみ椅子》. 〚1884〛
déck depàrtment *n.* 〖海事〗甲板部《商船の乗員のうちで, 船の操縦・航海・荷役・船体の整備などに従事する部門》.
deck·el /dékəl, -kl/ *n.* 〖製紙〗=deckle.
deck·er /dékə | -kə(r)/ *n.* **1** 装飾者[物]: a table ～ 食卓を整える召使い. **2** 《口語》甲板水夫; 甲板船客. **3** [複合語の第 2 構成素として] (…層の)甲板のある船[艦]; …階の乗物[建物]: a single-*decker* 単層船 / a double-*decker* 二階付き電車[二階建てバス] / a three-*decker* 三層艦 (cf. deck *n.* 2) / a three-*decker* novel 3 巻ものの小説. **4** アパート. **5** 〖製紙〗=wet machine. 〚(1555) ← DECK (v., n.)+-ER[1]〛
Deck·er /dékə | -kə(r)/, **Thomas** *n.* ⇨ Thomas DEKKER.
déck·hànd *n.* **1** 〖海事〗甲板員, 水夫; 《英》海上勤務経験が 1 年以上で 17 歳を超えた水夫; ヨットの乗務助手. **2** 〖劇場〗舞台係. 〚1844〛
déck·hèad *n.* 〖海事〗甲板の裏面. 〚1881〛
déck hòok *n.* 〖海事〗デッキフック《甲板に取り付けてあるフック; 甲板上の作業のとき索端や滑車などを止めるのに用いる》. 〚*c*1850〛
déck hòrse *n.* 〖海事〗デッキホース《ヨットなどで後檣(しょう)縦帆 (spanker) などのブームのすべり環をはめるため甲板上に設けられた ⊓ 型鉄棒》.
déck·hòuse *n.* 〖海事〗甲板室《甲板上に作られた室で, 一方の船側から他方の船側に達するほどの大きさはないもの; cf. cabin house》. 〚1856〛
déck·ing *n.* 〖土木〗敷板, 橋床 (deck) の表面仕上げ材料; 根太板・屋根葺き材料《コンクリート・石綿・鋼・鉄など》. 〚(1531): ⇨ -ing[1]〛
deck·le /dékl/ *n.* 〖製紙〗 **1 a** デッケル, 定型器《漉桁(すけた)に取り付ける木製の枠; これによって手漉紙の大きさが決まる》. **b** デッケル《紙幅を一定に保つために, 抄紙機のワイヤーの両側に取り付けるエンドレスのゴムバンド》. **2** 抄紙機のデッケル間の紙幅; ウェブ(巻取紙)の幅. **3** =deckle edge. **4** (ステーキなどの)肉の表層部分. **—** *vt.* **1 a** (デッケルで)〈紙〉の幅を決める. **b** …にデッケル耳を付ける. **2** 〈製紙機〉にデッケルを装填する[取り付ける]. 〚(1810) □ G *Deckel* (dim.) ← *Decke* cover: ⇨ deck〛
déckle édge *n.* 〖製紙〗耳付き, デッケル耳《未裁断のままの手漉(す)きの紙のぎざぎざのへり; 機械漉紙に人工的に付けたぎざぎざのへり; しばしば装飾として使われる》. 〚1874〛
déckle-èdged *adj.* 〖製紙〗〈紙・写真など〉耳付きの. 〚1888〛
déckle stràp *n.* 〖製紙〗=deckle 1 b. 〚1810〛
déck lìght *n.* 〖海事〗甲板明かり取り《甲板の一部に厚いガラスをはめ込んで, 甲板下に明かりを取る装置》. 〚1849〛
déck lòad *n.* 〖海事〗上甲板積荷, 甲板積み(貨物). 〚1757〛
déck lòg *n.* 〖海事〗甲板部(航海)日誌.
déck òfficer *n.* 〖海事〗甲板部士官《一・二等航海士など》.
déck pàssage *n.* 甲板渡航 (cf. deck passenger). 〚1828〛
déck pàssenger *n.* 甲板船客《船室を取らずに甲板の上にいる最低運賃の船客》, 三等船客 (cf. steerage passenger). 〚1824〛
déck pìpe *n.* **1** 〖海事〗=chain pipe. **2** 〖海軍〗=monitor 8. 〚*c*1860〛
déck quòit *n.* [～s, 単数扱い] デッキ輪投げ《船の甲板でロープ[ゴム]の輪を用いる輪投げ》; デッキ輪投げのロープ[ゴム]の輪. 〚1907〛
déck ròof *n.* 〖建築〗陸(ろく)屋根《屋根面が水平またはそれに近い屋根》.
déck shòe *n.* [通例複数形で] ズック靴, デッキシューズ.
déck stòpper *n.* 〖海事〗(甲板上の)錨鎖止め. 〚*c*1860〛
déck strìnger *n.* 〖造船〗デッキストリンガー, 梁上側板. 〚1874〛
déck tènnis *n.* デッキテニス《しばしば客船の甲板でするテニスやバドミントンに類似した遊び》. 〚1927〛
déck wàtch *n.* 〖海事〗 **1** =hack watch. **2** 甲板当直員 (甲板上の諸作業を担当する当直者). 〚1856〛
decl. 《略》〖文法〗declension.
de·claim /dɪ̀kléɪm/ *vt.* 〈詩文を〉(劇的に)朗読[暗誦]する, 修辞的効果を考えて発音する; (雄弁に)弁じたてる.
— *vi.* **1** (美辞麗句を連ねて)演説する, 熱弁をふるう; もったいぶったり, いばりちらすようにして話す. **2** 〔…を〕激しく非難[抗議]する 〔*against*〕: ～ *against* a person [the government] 人[政府]を非難する. **3** 修辞的朗読法を練習する: We ～ twice a week. **～·er** *n.* 〚(*c*1385) *declame(n)* □ (O)F *déclamer* ∥ L *dēclāmāre* to cry aloud: ⇨ de-[1], claim〛
dec·la·ma·tion /dèkləméɪʃən/ *n.* **1** 劇的朗読(法), 暗誦, 雄弁術. **2** (美辞麗句を連ね劇的な所作を伴う)演説, 熱弁; (形式張った)挨拶(あいさつ). **3** 〖音楽〗デクラマション《歌の音楽的な面よりも, 歌詞の意味・自然な言い回し・抑揚・韻律を尊重し, それを忠実に守る朗唱》. 〚(*a*1387) □ (O)F *déclamation* ∥ L *dēclāmātiō(n-)*: ⇨ ↑, -ation〛
de·clam·a·to·ry /dɪ̀klǽmətɔ̀ːri, -təri, -tri | -təri, -tri/ *adj.* **1** 雄弁術的な, 劇的朗誦風の, 熱弁的な. **2** 〈文が〉修辞的に凝った, 凝り過ぎてぎこちない. **de·clám·a·tò·ri·ly** *adv.* 〚(1581) □ L *dēclāmātōrius* ← *dēclāmātus* (p.p.): ⇨ declaim, -ory[1]〛
de·clar·a·ble /dɪ̀kléᵊrəbl | -kléər-/ *adj.* **1** 宣言[言明]できる. **2** 〖税関〗〈品物が〉申告できる[すべき]. 〚(1646) ← DECLARE+-ABLE〛
de·clar·ant /dɪ̀kléᵊrənt | -kléər-/ *n.* 〖法律〗正式に宣言する人, 申告者; 請求趣旨申し立てをする人, 原告 (cf. declaration 3); 《米》米国帰化申請者《米国への帰化を署名宣誓する人》. 〚(1681) ← DECLARE+-ANT〛
dec·la·ra·tion /dèkləréɪʃən/ *n.* **1** 公表, 声明, 言明; 布告, 告知〔*of*〕; (愛の)告白; 宣言(書): make a ～ 布告[宣言]する / a ～ *of* war 宣戦布告 / a ～ *of* love 愛の告白 / the ～ *of* a state of emergency 非常事態宣言 / a ～ *of* intent 〖法律〗意思表示 / the ～ *of* the poll 選挙投票結果公表. **2** 〖税関〗(課税品の)申告; 〖税法〗(所得税の)申告. **3** 〖法律〗 **a** (第一審における原告の行う)請求趣旨申し立て(書), 申告(書)《英国では statement of claim という》. **b** 原告の最初の訴答 (cf. plea). **c** (法廷外で宣誓に縛られずに行った証人の)供述, 宣言《情況によって証拠にされうる; oath と区別される》. **d** (裁判の)宣言部分《裁判で, 法律上の問題について, 裁判所の判断を述べた部分》. **4** 〖トランプ〗 **a** (一般にゲームの種類・切札・手役・上がり・得点などの)宣言, 申告. **b** (1) (whist で) 切札の宣言; その切札 (cf. make *n.* 7 c). (2) (ブリッジで)最終取決め: a heart ～ ハートを切札にするという取決め. **c** (rummy 系, pinochle 系のゲームで)さらし宣言《競技中特定の組合せの札をさらしてその種類あるいは得点を宣言すること》. **5** 〖クリケット〗(攻撃側がイニングの途中で行う)イニング終了宣言.
Declarátion of Húman Rìghts [the —] 世界人権宣言《1948 年 12 月国連第 3 回総会で採択された宣言で, 人間はすべて平等であり差別されてはならないことおよび言論・集会・教育の自由を規定; 正式には the Universal [United Nations] Declaration of Human Rights》.
Declarátion of Indepéndence [the —] (米国の)独

D

立宣言(書)《北米の13の植民地がイギリスからの自由と独立を宣言したもので，1776年7月4日第2回大陸会議で採択；主に T. Jefferson が起草し，56人が署名；この日は米国の独立記念日 (the Fourth of July) となる》．
Declarátion of Indúlgence [the —] (英国の)信仰寛容の宣言《1662, 1672年に Charles 二世が，1687, 1688年に James 二世が発布したもの》．
Declarátion of Ríghts [the —] (英国の)権利(の)宣言《1689年名誉革命の際，仮議会 (Convention) が William 三世と Mary 二世に対し，即位の条件の一つとして提出した国民の権利の宣言，同年秋，改めて BILL of Rights として制定された》．
〖(c1340) □ L *dēclārātiō(n-)* ← *dēclārātus* (p.p.): ⇨ declare, -ation〗

de·clar·a·tive /dɪ̆klǽrəṭɪv, -klέr- | -klǽr-, -kléər-/ 〘文法〙 *adj.* 平叙の: a ~ sentence 平叙文《単にある事実を述べる文; cf. INTERROGATIVE sentence, IMPERATIVE sentence, EXCLAMATORY sentence》. **—** *n.* 平叙文. **~·ly** *adv.* 〖(c1445) □ L *dēclārātīvus* ← *dēclārātus*: ⇨ ↑, -ive〗

de·clar·a·tor /dɪ̆klǽrəṭə, -klέr- | -klǽrəṭə(r)/ *n.* 〘スコット法〙 司法上確定した権利・地位などを獲得する行為. 〖1567〗

de·clar·a·to·ry /dɪ̆klǽrətɔ̀ːri, -klέr-, -təri, -tri | -klǽrətəri, -kléər-, -tri/ *adj.* **1** 宣言[布告]する，陳述的な，断定的な (assertive). **2** 〘法律〙 既存のものを確認(宣言)する (cf. enactory): a ~ act [statute] 宣言的制定法《判例法の抵触・矛盾・疑義などを統一的に解決する目的で制定され，新たな規定を含まないもの》/ a ~ judgment 確認[宣言]判決《権利の存在を確認するにとどまる判決》. **3** 〘文法〙 平叙の (declarative). 〖(1440) □ ML *dēclārātōrius*: ⇨ declaration, -ory¹〗

de·clare /dɪ̆kléə | -kléə(r)/ *vt.* **1** [しばしば *that*-clause または目的語＋*to* do を伴って] 言明する，断言する (⇨ assert SYN): He ~*d* his innocence [~*d* himself (*to* be) innocent, ~*d that* he was innocent]. 自分の潔白なことを言明した / "No, it's a lie," he ~*d*.「いや，それはうそだ」と彼は強く言った. **2** [しばしば目的語＋補語を伴って] **a** 宣言する，布告する，公表する: ~ independence 独立を宣言する / ~ war on [against] …に対して宣戦を布告する / ~ an interest 《議員が》企業団体などと関係していることを告白する / She was ~*d* guilty. 有罪と宣告された. **b** [~ *oneself* として] 自分の所信[態度，立場]を表明する，意思表示をする; 自ら名乗る，身の証(あかし)を立てる，身分を明かす; 愛の告白をする; 党員として登録[公示]する: He ~*d himself* king. 自ら国王だと宣言した[名乗った]. **3** 〈所得額などを〉申告する; (税関で)〈課税品を〉申告する: ~ one's income [a camera] 所得額を[カメラを課税品として]申告する / Anything to ~? 申告する必要があるものをお持ちですか. **4** 示す，表す (reveal): The heavens ~ the glory of God. もろもろの天は神の栄光を表す (*Ps.* 19: 1). **5** 〈配当〉の支払いを公表[告知]する: ~ a dividend ⇨ dividend 1. **6** 〘トランプ〙 **a** (一般に)〈手役・得点などを〉申告する，申し出る. **b** (ブリッジで)…と言う，…とビッド (bid) する; (特に contract が成立した場合)〈そのスーツ[ノートランプ]を〉最初に宣言する. **c** ＝meld¹. **7** 〘クリケット〙 〈キャプテンが〉中途で…の終止を宣する. **8** 〈特定の年のワインを〉優良と決める. **—** *vi.* **1** 宣言する; 断言する，言明する: ~ *for* [*against*] a proposal 提案に賛成[反対]を唱える / I ~ (to goodness)! 《口語》全くその通りだ / Well, I ~! 《口語・古》 [感嘆詞的に] これは驚いた[困った]，まさか. **2** 〘トランプ〙 **a** (一般に)手役・得点などを宣言する，申告する. **b** (ブリッジで)何かビッドする. **c** ＝meld¹. **3** 〘クリケット〙 中途でイニングの終止を宣する. ***decláre óff*** 《口語》 (*vt.*) 〈契約などを〉解消する，取り消す (cancel); (*vi.*) 解約[取消し]を申し出る，(争いなどから)手を引く.
〖(a1338) *declare(n)* □ (O)F *déclarer* // L *dēclārāre* to make clear ← DE-¹＋*clārāre* (← *clārus* 'CLEAR')〗

SYN 宣言する: **declare** 明確にまたは公的に知らせる: The chairman *declared* the meeting closed. 議長は閉会を宣言した. **proclaim** 〈国家的に重要なことを〉公式に発表する: John was *proclaimed* king. ジョンは国王だと布告された. **publish** 特に印刷して公に発表する: *publish* the notice of a death 死亡を公表する. **promulgate** 〈新しい法令・思想を〉公表して広く知らせる《格式ばった語》: *promulgate* a policy of nonproliferation 核兵器拡散防止の政策を広く公けにする.
ANT suppress, repress, hide.

de·clared *adj.* 宣言[言明]した，自ら認めた，公然の (professed); 申告した: one's ~ intentions 表明した意思 / ~ trust 明示信託 / The President is a ~ candidate for re-election. 現大統領は再選をめざすと公然と宣言している. 〖(1651): ⇨ ↑, -ed〗

de·clar·ed·ly /dɪ̆kléᵊrɪ̆dli | -kléər-/ *adv.* 公然と. 〖(1644): ⇨ ↑, -ly¹〗

de·clar·er /dɪ̆kléᵊrə | -kléərə(r)/ *n.* **1** 宣言[言明]者，発表者; 申告者. **2** 〘トランプ〙 宣言者; (特に，コントラクトブリッジで)デクレアラー《最終ビッドで決定した切札[ノートランプ]を最初に宣言した人; パートナーの手を卓上に開き，自分の手と合わせて一人で二人を相手にプレーする; cf. dummy 9 a》. 〖(c1456) ← DECLARE＋-ER¹〗

de·class /dìːklǽs | -kláːs/ *vt.* 〈人を〉社会的地位から落とす，…の身分を剥奪する. **~ed** *adj.* 〖(1888) □ F *déclasser*: ⇨ de-¹, class〗

dé·clas·sé /dèɪklæséɪ | deɪklǽseɪ, -kláːs-, ←—; *F.* deklase/ (*also* **dé·clas·sée** /~/) *adj.* (社会の)落伍者である，零落した. **—** *n.* 社会的地位を失った人，落ちぶれた人，落伍者. ★ 女性を指すときは déclassée を用いることが多い. 〖(1887) □ F ~ (p.p.) ↑〗

de·clas·si·fy /dìːklǽsəfàɪ | -sɪ̆-/ *vt.* 〈書類・暗号などを〉機密情報のリストから除く，…の秘密を解除する: newly *declassified* documents 新たに機密リストから除かれた文書. **de·clas·si·fi·ca·tion** /dìːklæ̀səfɪ̆kéɪʃən | -sɪ̆fɪ-/ *n.* **dè·clás·si·fì·a·ble** /-fàɪəbl/ *adj.* 〖(1865) ← DE-¹＋CLASSIFY〗

dè·cláw *vt.* 〈猫など〉の爪先を取り除く《飼い猫が家具などを傷つけないように行う》.

de·clen·sion /dɪklénʃən/ *n.* **1** 傾くこと. **2** 傾斜，下り坂. **3** 転落，堕落; 衰微，頽廃(たいはい): the ~ of virtue 道徳の頽廃. **4** 〘文法〙 **a** 語形変化《名詞・代名詞・形容詞の性・数・格による屈折変化のこと; 略 decl.; cf. conjugation 2, inflection 3》. **b** (個々の名詞・形容詞などの)語尾変化形表. **c** 同一・類似の語尾変化をする名詞・形容詞の語類: the first ~ in Latin ラテン語の第一変化型. **5** 《まれ》(ていねいな)辞退. **6** (標準などからの)逸脱，それ. 〖(c1434) *declenson* (変形) ← (O)F *déclinaison* □ L *dēclīnātiō(n-)* ← *dēclīnātus* (p.p.) ← *dēclīnāre* 'to DECLINE': ⇨ -sion〗

de·clén·sion·al /-ʃnəl, -ʃənl/ *adj.* 〘文法〙 語形変化の，語尾屈折の. **~·ly** *adv.* 〖(1856): ⇨ ↑, -al¹〗

de·clin·a·ble /dɪ̆kláɪnəbl/ 〘文法〙 *adj.* 語尾変化をする，格変化をもつ (↔ indeclinable). **—** *n.* 変化詞. 〖(a1449) □ (O)F *déclinable*: ⇨ decline, -able〗

dec·li·nate /déklənèɪt, -nɪ̆t | -lɪ̆-/ *adj.* 〈植物など〉下[わきに]曲がった[傾いた]. 〖(1810) □ L *dēclīnātus* (p.p.) ← *dēclīnāre* 'to DECLINE': ⇨ -ate²〗

dec·li·na·tion /dèklənéɪʃən | -lɪ̆-/ *n.* **1** (下方に)傾く[傾ける]こと，傾き. **2 a** 〘測量〙 磁気偏角《magnetic declination ともいう》. **b** 偏差《磁針が真北から偏倚(へんい)する水平角》. **3** 〘天文〙 赤緯《天球上の星の位置を赤道から北または南に向けて測った角距離》. **4** 《米》(官職などの)正式の辞退; 丁寧な断り. **5** (一定方向・基準などからの)逸脱，ずれ. **6** 《古》衰退，下落，堕落. **dèc·li·ná·tion·al** /-ʃnəl, -ʃənl⁻/ *adj.* 〖(c1395) □ (O)F *déclination* // L *dēclīnātiō(n-)*: ⇨ decline, -ation〗

dec·li·na·tor /déklənèɪṭə | -lɪ̆nèɪtə(r)/ *n.* 〘測量〙 ＝declinometer. 〖1727–51〗

de·clin·a·to·ry /dɪ̆kláɪnətɔ̀ːri | -təri, -tri/ *adj.* 辞退の. 〖(1673) □ ML *dēclīnātōrius*: ⇨ decline, -atory〗

de·clin·a·ture /dɪ̆kláɪnətʃə | -tʃə(r)/ *n.* (官職などの)正式の辞退. 〖(1637–50): ⇨ ↑, -ure〗

de·cline /dɪ̆kláɪn/ *vi.* **1 a** 〈地位・勢力・人(の健康)などが〉下り坂になる，衰微する，衰える，堕落する; 減退する (⇨ wane SYN): be in *declining* circumstances 身代が傾きつつある / one's *declining* fortunes 衰運 / The country ~*d* (in importance) *to* the rank of a second-class power. その国は(衰微して)二流国に転落した. **b** 卑しい[不道徳な]行動に身を落とす，身を持ちくずす. **2** (丁寧に)断る (↔ accept): ~ with thanks 《しばしば反語》せっかくだがと断る，ていよく断る. **3** (…の方へ)傾く，下を向く，垂れる (*to, toward*). **4** 〈夕日が〉傾く (sink); 〈一生・一年・一日などが〉終り[暮]に近づく: The day was fast *declining* (*to* its close). 日はずんずん傾いていた / the *declining* day 傾く日，日暮れ / one's *declining* years 晩年. **5** 逸(そ)れる. **6** 〘経済〙 値下がりする，下落する. **7** 〘文法〙 格[語形]変化がある. **—** *vt.* **1** 〈挑戦・招待・申し出などを〉(丁寧に)断る，辞退する，応じない; 同意しない: ~ a challenge, an invitation, a proposal, etc. / ~ *to* do [*doing*] something. **2** (下方や横へ)傾ける，〈頭を〉がっくり垂れる. **3** 〘文法〙 〈名詞・代名詞・形容詞を〉格変化させる (cf. conjugate 1); 格変化を暗誦する[示す].
— *n.* **1** 衰微，衰え，退歩，堕落: a ~ of [in] health 健康の衰え / the ~ of art [faith, civilization] 芸術[信仰，文明]の衰微. **2** 下り傾斜，下り坂. **3** [通例 the ~] (日が)傾くこと，(人生の)終りごろ: in *the* ~ of one's life 晩年に. **4** 減退; 下落: a ~ in prices 物価の下落. **5** 衰弱，消耗; 《古》消耗病，(特に)肺病: fall [go] into a ~ 肺病になる; 衰える / die of ~ 肺病で死ぬ.
fáll* [*gó*] *into a decline 衰弱[衰退]する. (1711) ***in decline*** 減少[衰退]している. ***on the decline*** 下向きで; 下り坂で.
〖v.: (a1376) *decline(n)* □ (O)F *décliner* □ L *dēclīnāre* to bend down, deviate from ← DE-¹＋*clīnāre* to bend (⇨ lean¹). — n.: (a1325) □ (O)F *déclin* ← *décliner* to decline〗

SYN 断る: **decline** 〈招待・提案などを〉丁重に断る《格式ばった語》: I *declined* the invitation to the party. そのパーティーへの招待を断った. **refuse** 〈依頼・要求などを〉きっぱりと，時にぶっきらぼうに断る: He *refused* to go. 行くのはいやだと言った. **spurn** 〈人・申し出などを〉軽蔑してはねつける: The judge *spurned* the bribe. 判事はわいろをはねつけた. **reject** 受諾を積極的に拒む: He has decidedly *rejected* the offer. その申し入れを断固はねつけた. **repudiate** 受諾・承認を拒否する《格式ばった語》: I *repudiate* the imputation. その非難は認めがたい.
ANT accept, take, consent, acquiesce.

de·clín·er *n.* 辞退者. 〖(1601): ⇨ ↑, -er¹〗

de·clín·ing-bálance mèthod *n.* 〘経営〙 ＝fixed percentage method.

dec·li·nom·e·ter /dèklənɑ́(ː)məṭə | -lɪ̆nɔ́mɪ̆tə(r)/ *n.* 〘測量〙 方位角計，磁針偏差計. 〖(1858) ← *declino-* (← L *dēclīnāre* 'to DECLINE')＋-METER¹〗

de·cliv·i·tous /dɪ̆klívəṭəs | -vɪ̆təs/ *adj.* 下傾の，下向き傾斜の，斜降的な，下り坂の，かなり急勾配の. 〖(1799): ⇨ ↓, -ous〗

de·cliv·i·ty /dɪ̆klívəṭi | -vɪ̆ti/ *n.* 下向き傾斜，下り勾配; 下り坂 (↔ acclivity). 〖(1612) □ L *dēclīvitātem* slope ← *dēclīvis* sloping down ← DE-¹＋L *clīvus* slope: ⇨ -ity〗

de·cli·vous /dɪ̆kláɪvəs | dɪ-/ *adj.* 〈特に動物の外形が〉下に(急に)傾いた，下方傾斜面のある. 〖(1684) ← L *dēclīvis* (↑)＋-OUS〗

de·clutch /dìːklʌ́tʃ/ *vi.* (自動車の)クラッチを放す[切る]. 〖(1905) ← DE-¹＋CLUTCH¹〗

dec·o /deɪkóu, ←—, dékou | dékəu, déɪ-/ *n.* ＝art deco. **—** *adj.* アールデコ (art deco) 調の. 〖(1969) (略) ← *art deco*〗

de·coct /dɪ̆kɑ́(ː)kt | -kɔ́kt, dìː-/ *vt.* **1** 〈薬草などを〉煮出す，煎(せん)じる，…のエキスを煮出す. **2** 《廃》煮る; 煮えたぎらせる. 〖(?a1425) ← L *dēcoctus* (p.p.) ← *dēcoquere* to boil down ← DE-¹＋*coquere* 'to COOK'〗

de·coc·tion /dɪ̆kɑ́(ː)kʃən | -kɔ́k-/ *n.* **1** 煎(せん)じ出し. **2** 煎じ汁，浸出液; 振出し薬，煎薬; 煮出し物. 〖(1373) □ (O)F *décoction* // LL *dēcoctiō(n-)*: ⇨ ↑, -tion〗

de·code /dìːkóud | -kə́ud/ *vt.* **1** 〈暗号電報などを〉普通文に翻訳する，復号する《符号化した信号を元に戻す》; 〘電算〙 解読する (↔ encode); 〘通信〙 〈変調された通信を〉復調する. **2** (特に外国語の)語句の構造を分析・理解する. **—** *vi.* 解読(作業を)する. 〖(1896) ← DE-¹＋CODE〗

dè·cód·er /-də | -də(r)/ *n.* **1 a** (暗号文の)解読者. **b** 符号解読器; (電話暗号の)自動解読装置. **2** 〘通信・電算〙 復号器，デコーダー《符号列として送られた信号を元の信号に戻したり，デジタルとアナログを変換する装置; cf. encoder 2》. 〖(1920): ⇨ ↑, -er¹〗

de·coke /dìːkóuk | -kə́uk/ 《英口語》 *vt.* ＝decarbonize. **—** *n.* ＝decarbonization. 〖(1928) ← DE-＋COKE²〗

de·col·late /dɪ̆kɑ́(ː)leɪt, dékəlèɪt | dɪ̆kɔ́l-, dékəlèɪt, dìːkəléɪt/ *vt.* **1** 《古》…の首をはねる. **2** 〈連続用紙などを〉分離する，切り離す. 〖(1464) ← L *dēcollātus* (p.p.) ← *dēcollāre* to behead ← DE-¹＋*collum* neck (⇨ collar): ⇨ -ate³〗

de·cól·lat·ed /-ṭɪ̆d | -tɪ̆d/ *adj.* 頭の取れた[摩滅した]; 〈巻き貝が〉端が取れた. 〖(1662): ⇨ ↑, -ed 2〗

de·col·la·tion /dìːkɑ(ː)léɪʃən | -kɔl-/ *n.* 首をはねること，斬(ざん)首. 〖(?c1308) □ (O)F *décollation* // LL *dēcollātiō(n-)*: ⇨ decollate, -ation〗

de·cól·la·tor /-ṭə | -tə(r)/ *n.* 首切り執行人. 〖(1843) ← DECOLLATE＋-OR²〗

de·colle·ment /dèɪkɔ(ː)lmɑ́ː(ŋ), -mɑ́ːŋ | -kɔl-; *F.* dekɔlmɑ̃/ *n.* **1** 〘医学〙 (骨端・胎盤・網膜などの)解離，剥離(はくり)，デコルマン. **2** 〘地質〙 デコルマン《ある地層が横圧力によってその下の地層から分離し，横方向に滑動してできる構造; cf. nappe》. 〖(1842) □ F ~ ← *décoller* to unstick ← DE-²＋*coller* to stick〗

dé·col·le·tage /dèɪkɑ(ː)lətɑ́ːʒ, ←(—)—, -lət- | -kɔl-; *F.* dekɔltaːʒ/ *F. n.* (*also* **de·col·le·tage** /~/) 〘服飾〙 **1** デコルタージュ《衣服のネックラインを大きくくって襟元と肩あるいは背をあらわにすること》. **2** デコルタージュのドレス (cf. décolleté). 〖(1894) □ F ~ ← *décolleter* (↓)〗

dé·col·le·té /dèɪkɑ(ː)lətéɪ, -kɑ(ː)ltéɪ | -kɔl-, -kɔlɪ̆-; *F.* dekɔlte/ *F. adj.* (*also* **de·col·le·te** /~/) **1** 〘服飾〙 〈婦人服が〉デコルテの，ネックライン[襟(えり)ぐり]を大きくくった: a robe ~ ローブデコルテ《女性の正装用夜会服》. **2** 〈女性が〉襟元をくった服を着た. **—** *n.* ＝décolletage. 〖(1831) □ F ~ (p.p.) ← *décolleter* to bare the neck of ← DE-¹＋*collet* collar (← *col* neck)〗

de·co·lo·ni·al·i·za·tion /dìːkəlòuniəlɪ̆zéɪʃən | -ləuniəlaɪ-, -lɪ-/ *n.* ＝decolonization.

de·col·o·ni·za·tion /dìːkɑ̀(ː)lənɪ̆zéɪʃən | -kɔ̀lənaɪ-, -nɪ-/ *n.* 非植民地化; 植民地的地位からの解放. 〖(1938) ← DE-¹＋COLONIZATION〗

de·col·o·nize /dìːkɑ́(ː)lənàɪz | -kɔ́l-/ *vt., vi.* 非植民地化する. 〖(1963) ← DE-¹＋COLONIZE〗

de·col·or /dìːkʌ́lə | -lə(r)/ *vt.* …から色を抜く，漂白[脱色]する. 〖(c1618) □ L *dēcolōrāre* to deprive of color ← DE-¹＋*colōrāre* 'to COLOR': cf. discolor〗

de·col·or·ant /dìːkʌ́lərənt/ *adj.* 脱色の，漂白する. **—** *n.* 脱色[漂白]剤. 〖(1864) ← DECOLOR＋-ANT〗

de·col·or·a·tion /dìːkʌ̀ləréɪʃən/ *n.* 色抜き，漂白，脱色.

de·col·or·i·za·tion /dìːkʌ̀lərɪ̆zéɪʃən | -raɪ-, -rɪ-/ *n.* 〘染色〙 **1** 色抜き(法)，脱色(法). **2** 退色. 〖(1871) ← DE-¹＋COLORIZATION〗

de·col·or·ize /dìːkʌ́ləràɪz/ *vt.* ＝decolor. 〖1836–39〗

de·cól·or·iz·er *n.* 脱色[漂白]剤. 〖(c1865): ⇨ ↑, -er¹〗

de·com·mis·sion /dìːkəmíʃən/ *vt.* **1** 〈船などの〉就役を解く，退役させる. **2** 〈工場設備などを〉取りこわす; 〈原子炉を〉廃炉にする. 〖(1922) ← DE-¹＋COMMISSION〗

de·com·mu·nize /dìːkɑ́(ː)mjunàɪz | -kɔ́m-/ *vt.* 非共産化する. **de·com·mu·ni·za·tion** /dìːkɑ̀(ː)mjunɪ̆zéɪʃən | -kɔ̀mjunaɪ-, -nɪ-/ *n.*

decomp. (略) decomposition.

de·com·pen·sate /dìːkɑ́(ː)mpənsèɪt, -pen- | -kɔ́m-/ *vi.* 〘医学〙 〈心臓が〉代償不全になる. **de·com·pen·sa·to·ry** /dìːkəmpénsətɔ̀ːri | -kəm-pénsətəri, -kɔ́mpensèɪ-, -pən-, -tri/ *adj.* 〖(1938) ← DE-¹＋COMPENSATE〗

de·com·pen·sa·tion /dìːkɑ̀(ː)mpənséɪʃən, -pen- | -kɔ̀m-/ *n.* 〘医学〙 (特に心臓の)代償不全《欠陥を補っていた機能上のやりくりがつかなくなって，呼吸困難や浮腫などが現れること》; 〘精神医学〙 補償作用喪失《心的混乱を避けようとする防衛機制を失うこと》. 〖(1905) ← DE-¹＋COMPENSATION〗

de·com·plex /dìːkɑ(ː)mpléks, -kəm- | -kɔ́mpleks/ *adj.* 非常に複雑な部分[要素]から成り立った. 〘(1748) ← DE-¹ 3＋COMPLEX〙

de·com·pos·a·ble /dìːkəmpóuzəbl | -pə́uz-/ *adj.* 分解できる, 分析できる. **dè·com·pòs·a·bíl·i·ty** /-zəbíləti | -lɪ̀ti/ *n.* 〘(1784): ⇨ ↓, -able〙

de·com·pose /dìːkəmpóuz | -pə́uz/ *vt.* **1** 〔成分・元素に〕分解[還元]する〔*into*〕: ~ water *into* hydrogen and oxygen 水を水素と酸素に分解する. **2** 変質[腐敗]させる, 腐朽させる. **3** 〈思想・動機などを〉分析する. — *vi.* 分解する; 変質する, 腐敗する (⇨ decay SYN): Fallen leaves ~. 落葉は腐る. 〘(*a*1751) □ F *décomposer* ← DE-¹＋*composer* 'to COMPOSE'〙

dè·com·pósed *adj.* **1** 分解[腐敗]している: a ~ body 腐乱死体. **2** 〈鳥の冠毛や羽根が〉羽枝がくっついていない, 分岐した (separate). 〘(1846): ⇨ ↑, -ed〙

dè·com·pós·er *n.* **1** 分解[腐敗]する人[もの]. **2** 〘生態〙分解者《緑色植物(生産者 producer)・動物(消費者 consumer)の死体などに含まれる有機物を分解して無機物にするバクテリア・菌類など》. 〘(1821) ← DECOMPOSE＋-ER¹〙

de·com·po·site /dìːkəmpɑ́(ː)zɪt, -kɑ(ː)m- | -kɔ́mpəzɪt, -sɪt, -zàɪt, -sàɪt/ *n.*, *adj.* ＝decompound. 〘(1622) □ LL *dēcompositus*《なぞり》← Gk *parasúnthetos*: ⇨ de-¹, composite〙

de·com·po·si·tion /dìːkɑ̀(ː)mpəzíʃən | -kɔm-/ *n.* **1** 分解, 解体, 還元. **2** 腐敗, 腐朽, 変質. **~·al** /-ʃnəl, -ʃənl⁻/ *adj.* 〘(1659) □ F *décomposition*: ⇨ ↑, -tion〙

decomposítion poténtial [vóltage] *n.* 〘物理・化学〙分解電圧《定常的に電気分解を維持するのに必要な最低電圧》.

de·com·pound /dìːkɑ(ː)mpáund, -kəm-, -kɑ́(ː)mpaund | -kəmpáund, -kɔm-, kɔ́mpaund/ *vt.* 分解する《decompose の方が普通》.
— /dìːkɑ́(ː)mpaund | -kɔ́m-/ *n.* 複混合物; 二重複合語, 再合成語, 合成語由来派生語 (例: newspaperman, railroader).
— /dìːkɑ́(ː)mpaund, dìːkɑ(ː)mpáund, -kəm- | dìːkəmpáund⁻/ *adj.* **1** 複[再]混合の, 混合物と混ざった. **2** 〘植物〙〈葉が〉数回複葉の, 再複葉の. 〘(*c*1450) ← DE-¹＋COMPOUND〙

de·com·press /dìːkəmprés/ *vt.* **1** …を減圧する. **2** 〈潜水夫などを〉通常の大気圧に戻す. 〘(1905)《なぞり》← F *décomprimer*: ⇨ de-¹, compress〙

de·com·pres·sion /dìːkəmpréʃən/ *n.* **1** 減圧《潜水夫などを作業後に通常の大気圧に戻すこと》. **2** 〘医学〙開頭減圧(術)《頭蓋骨や体腔の過剰内圧を減少させる操作》. 〘(1905) □ F *décompression*: ⇨ ↑, -sion〙

decompréssion chàmber *n.* 減圧室, 気圧調節室 (cf. Davis²). 〘1932〙

decompréssion sìckness [ìllness] *n.* 〘病理〙減圧症《caisson disease ともいう; cf. bend¹ *n.* 4, aeroembolism》. 〘1941〙

dè·com·prés·sor *n.* 《エンジンの》圧力軽減装置, 減圧装置. 〘(1919) ← DECOMPRESS＋-OR²〙

de·con·cen·trate /dìːkɑ́(ː)nsəntrèɪt, -sɛn- | -kɔ́nsən-, -sɛn-/ *vt.* **1** ＝decentralize. **2** 《カルテルなどの》集中を排除する. **de·con·cen·tra·tion** /dìːkɑ̀(ː)nsəntréɪʃən, -sɛn- | -kɔ̀nsən-, -sɛn-/ *n.* 〘(1889) ← DE-¹＋CONCENTRATE〙

de·con·di·tion /dìːkəndíʃən/ *vt.* **1** 〈人〉の体調を狂わせる, 健康を損ねる. **2** 〘心理〙〈人〉の条件反射を除去する[転換する]. **3** 〈人を〉もとの正常な状態に戻す. 〘(1940) ← DE-¹＋CONDITION〙

dè·con·dí·tion·ing /-ʃ(ə)nɪŋ/ *n.* 〘心理〙脱条件付け《条件反射の除去》. 〘(1940): ⇨ ↑, -ing¹〙

de·con·gest /dìːkəndʒést/ *vt.* **1** 〘医学〙…の充血を緩和する. **2** 〈往来・都市などの〉混雑[過密]をなくする[緩和する]. **de·con·ges·tion** /dìːkəndʒéstʃən, -dʒéʃtʃən/ *n.* **de·con·ges·tive** /dìːkəndʒéstɪv⁻/ *adj.* 〘(*c*1955) ← DE-¹＋CONGEST〙

de·con·ges·tant /dìːkəndʒéstənt/ *n.* 〘薬学〙充血除去薬《鼻づまりなどの解消のために用いられる》. — *adj.* 《特に鼻の》充血を緩和する. 〘(1947) ← DE-¹＋CONGEST＋-ANT〙

de·con·se·crate /dìːkɑ́(ː)nsəkrèɪt | -kɔ́n-/ *vt.* 〈教会堂などを〉俗用に使う. **de·con·se·cra·tion** /dìːkɑ̀(ː)nsəkréɪʃən | -kɔ̀n-/ *n.* 〘(1876)《なぞり?》← F *déconsacrer*: ⇨ de-², consecrate〙

de·con·struct /dìːkənstrʌ́kt/ *vt.* **1** 〈テキストを〉脱構築する, ディコンストラクションの方法で分析する. **2** 〈物を〉分解する, 解体する. **dè·con·strúc·tive** /-tɪv⁻/ *adj.* 〘(1973)《逆成》← deconstruction〙

de·con·struc·tion /dìːkənstrʌ́kʃən/ *n.* 脱構築, ディコンストラクション, 解体批評《1960年代にフランスから広まった批評の方法論; 西欧の形而上学的思考を批判する立場から, 対象となるテキストの意味の一貫性・全体的完結性を否定し, その内的矛盾・不整合に焦点を当てることで多元的読解を試みる》. **~·ism** /-ʃənɪzm/ *n.* **~·ist** /-ʃ(ə)nɪst | -nɪst/ *n.*, *adj.* 〘(1882) ← DE-¹＋CONSTRUCTION〙

de·con·tam·i·nate /dìːkəntǽmənèɪt | -mɪ̀-/ *vt.* **1** …の汚染を除く, 浄化する, 〈地域・建物・衣服〉の毒ガスを除去する. **2** 〈放射を受けた物質〉の放射能を除去する. **3** 《出版に際して》〈機密文書〉の極秘箇所を削除する. **de·con·tam·i·na·tion** /dìːkəntæ̀mənéɪʃən | -mɪ̀-/ *n.* **dè·con·tám·i·nà·tor** /-tə | -tə(r)/ *n.* **dè·con·tám·i·nant** /-kəntǽmənənt⁻/ *n.* **dè·con·tám·i·nà·tive** /-kəntǽmənèɪtɪv, -nət- | -mənət-⁻/ *adj.* 〘(1936) ← DE-¹＋CONTAMINATE〙

de·con·tex·tu·al·ize /dìːkɑ(ː)ntékstʃu(ə)làɪz, -kən- | -kɔntékstju(ə)l-, -kən-, -tʃu(ə)l-/ *vt.* 文脈から切り離して考える. **de·con·tex·tu·al·i·za·tion** /dìːkɑ(ː)ntèkstʃu(ə)ləzéɪʃən, -kən- | -kɔntèkstju(ə)laɪ-, -kən-, -tʃu(ə)l-, -lɪ-/ *n.*

de·con·trol /dìːkəntróul | -trə́ul/ *vt.* (**de·con·trolled**; **-trol·ling**) 《政府などによる》〈物価などの〉管理を解く, 統制解除する. — *n.* 管理[統制]解除. 〘(1919) ← DE-¹＋CONTROL〙

de·con·vo·lu·tion /dìːkɑ̀(ː)nvəlúːʃən | -kɔ̀nvəlúː-, -ljúː-/ *n.* デコンヴォルーション《機器データなどの複雑な信号を機器ノイズの除去によって簡略化すること》.

de·cor /deɪkɔ́ə, ⁻⁻ | déɪkɔː(r), dék-, dɪkɔ́ː(r); F. dekɔːʁ/ F. *n.* (also **dé·cor** /~/) **1** 装飾; 舞台装置: interior ~ 室内装飾. **2** 装飾品. **3** 《室内の》装飾設計, 装飾様式. 〘(1897) □ F ~ ← *décorer* to decorate □ L *decorāre* (↓)〙

dec·o·rate /dékərèɪt/ *vt.* **1** 飾る, 装飾する, 《特に》〈教会などを〉〈花で〉飾る〔*with*〕(⇨ adorn SYN); 〈部屋などに〉壁紙を張る, 〈家などに〉ペンキ[しっくい]を塗る: ~ a cake ケーキに飾り付けをする / ~ a room *with* flowers [pictures] 部屋を花[絵]で飾る, 部屋に花[絵]を飾る. **2** …の飾りとなる: the old picture which ~*s* the room 部屋の飾りとなっている古い絵. **3** …に勲章を授ける, 叙勲する: ~ a solider *with* a medal *for* his services 功により軍人に勲章を授ける. **4** 〈結晶〉に《構造上の欠陥を示すために》金属膜を蒸着させる. 〘(1530)《1782》← L *decorātus* (p.p.) ← *decorāre* to decorate ← *decor-*, *decus* ornament: ⇨ -ate³〙

déc·o·ràt·ed /-tɪd | -tɪd/ *adj.* **1** 装飾された. **2** 勲章を授けられた, 叙勲された: a much-*decorated* general 多くの勲章を受けている将軍. 〘(1727) ↑〙

décorated stýle, D- s- *n.* 〘建築〙装飾式《英国14世紀ごろのゴシック様式で曲線に富むトレーサリー (tracery) と花模様を特色とする; decorated architecture ともいう》. 〘1812〙

dec·o·ra·tion /dèkəréɪʃən/ *n.* **1 a** 飾り, 装飾, 装飾法: ~ display (店の)装飾陳列. 日英比較 日本語の「デコレーションケーキ」は和製英語. 一般に英語では, birthday cake, wedding cake, Valentine cake のように, ケーキの用途を明示した語を付けて用いる. 飾りをつけたケーキなら decorated cake というのは可能. **b** ＝interior decoration. **2** 装飾物, 《特に部屋などに張った》壁紙, 《家などに塗った》ペンキ; [*pl.*] 《祝賀の際の式場・街路などの》飾り付け《旗・花輪など》. **3** 《武勲をたてた軍人に贈られる》勲章. 〘(?*a*1425) □ (O)F *décoration* ∥ LL *decorātiō(n-)*: ⇨ decorate, -tion〙

Decorátion Dày *n.* ＝Memorial Day 1. 〘1871〙

dec·o·ra·tive /dék(ə)rətɪv, -kərèɪt- | -k(ə)rət-/ *adj.* **1** 装飾の, 装飾的な: ~ art [painting] 装飾美術[画] / ~ illumination [light] 電飾. **2** 〈婦人服など〉派手な. **~·ness** *n.* 〘(?*a*1425) □ (O)F *décoratif* ∥ L *decorātivus*: ⇨ -ative〙

déc·o·ra·tive·ly *adv.* 装飾として; 装飾的に. 〘(1882): ⇨ ↑, -ly¹〙

dec·o·ra·tor /dékərèɪtə | -tə(r)/ *n.* 装飾者; 《米》室内装飾業者, インテリアデザイナー; 《英》(塗装・壁紙張りなどをする)内装業者 (cf. interior decorator, upholsterer). — *adj.* 〈家具・色など〉室内装飾に向いた: ~ fabrics. 〘(1755) ← DECORATE＋-OR²〙

dec·o·rous /dék(ə)rəs, dɪkɔ́ːr- | dék(ə)r-, dɪkɔ́ːr-/ *adj.* 〈風采・態度・言語など〉礼儀正しい, 端正な, 丁重な, 上品な (decent): a ~ mansion 瀟洒(しょうしゃ)な邸宅. **~·ly** *adv.* **~·ness** *n.* 〘(1664) □ L *decōrus* becoming, proper ← *decor* grace ← IE **dek-* to take: ⇨ -ous〙

de·cor·ti·cate /dìːkɔ́ətəkèɪt | -kɔ́ːtɪ-/ *vt.* **1** …から樹皮[鞘(さや), 殻など]をはぎ取る, …の皮をむく. **2** 〘外科〙〈器官など〉から皮質を取り除く, 剝皮する. **de·cor·ti·ca·tion** /dìːkɔ̀ətəkéɪʃən | -kɔ̀ːtɪ-/ *n.* **de·cór·ti·cà·tor** /-tə | -tə(r)/ *n.* 〘(1611) ← L *dēcorticātus* (p.p.) ← *dēcorticāre* ← DE-¹＋*cortex* bark: ⇨ -ate³〙

de·co·rum /dɪkɔ́ːrəm/ *n.* **1** 《風采・態度・言語などの》上品, 端正. **2** 《立派な》行儀作法, エチケット; [しばしば *pl.*] 《社交場などの》礼儀: disturb the ~ of a meeting. **3** 〘文学〙《古典と自然の規範に則した》端正な節度. 〘(*a*1568) □ L *decōrum* (neut.) ← *decōrus*: ⇨ decorous〙

SYN 礼儀作法: **decorum** 行為・作法・服装などを律する堅苦しい形式的な規則: You behave with *decorum* when you do what is proper. 適切なことをすれば立派にふるまうことになる. **propriety** ふるまいや素行が正しいこと《格式ばった語》: offend against public *propriety* 公序良俗に背く. **decency** 慎み・上品などの要件を守ること: To appear naked in public is an offence against *decency*. 裸で人前に出るのは慎みに欠けることだ. **dignity** 地位や自尊心にふさわしいふるまい: It is beneath the *dignity* of a professor to use slang. 俗語を使うのは教授の体面にかかわる. **etiquette** 特定の階級または職業における丁寧なふるまいの規則: a breach of *etiquette* 非礼.
ANT indecorum, license.

de·cou·page /dèɪkuːpɑ́ːʒ; F. dekupaːʒ/ *n.* (also **dé·cou·page** /~/) デクパージュ, デコパージュ《紙・リノリウム・プラスチックなどの切り抜き張り絵の装飾法で, ワニスやラッカーで塗装仕上げをする》. — *vt.* 〈壁などを〉デクパージュで飾る. 〘(1946) □ F *découpage* ← DE-¹＋*couper* to cut: ⇨ -age〙

de·cou·ple /dìːkʌ́pl/ *vt.* **1** 切り離す (separate), 分離[分断]する (disjoin). **2** 《地下で行うことにより》〈核爆発〉の衝撃[爆発音]を和らげる[吸収する]. **3** 〘電気〙…の結合を減らす: a *decoupling* circuit 減結合回路《増幅器の出力側の影響が入力側に及んで発振してしまうような現象を防ぐための回路》. **4** 〘物理〙…の相互作用[結合]を断つ. **dè·cóu·pling** /-plɪŋ, -pl-/ *n.* 〘((1602)) (1931) □ F *découpler* to uncouple〙

de·coy /díːkɔɪ, dɪkɔ́ɪ/ *n.* **1** 《鴨(かも)などを》わなにおびき寄せる仕掛け, 誘引物; おとり, 媒鳥, 《おとりに使う》模型の鳥: a ~ bird. **2** おとりに使われる物[人], えさ: a police ~ おとり刑事 / a ~ girl (客引きの)おとりの女. **3** 《鴨猟などの》おとり池, おびき場所. **4** 〘軍事〙 **a** 偽構築物, おとり《敵の攻撃をそらすためのもの》. **b** 《レーダー探知機を混乱させるための》おとり《おとり(飛行)機・ミサイル・金属片など》.
— /dɪkɔ́ɪ, díːkɔɪ | dɪkɔ́ɪ/ *v.* — *vt.* 〈人などを〉おびき寄せる, おとりで誘う, 誘惑する (⇨ lure¹ SYN): ~ ducks *into* a net / ~ troops *into* an ambush / ~ *out* [*away*] おびき出す, 釣り出す. — *vi.* おびき寄せられる, わなにはまる, 誘惑される. 〘(1625) □ Du. *de kooi* the cage ← *de* the＋*kooi* (□ LL *cavea* 'CAGE')〙

décoy dùck *n.* **1** 〘狩猟〙おとり鴨. **2** おとり役. 〘1625〙

de·cóy·er *n.* おとりを仕掛ける人.

décoy shìp *n.* ＝Q-boat. 〘1915〙

decr. 《略》decrescendo.

de·crab /dìːkrǽb/ *n.* 〘航空〙デクラブ《横風中で着陸しようとする飛行機が, 接地の直前機首を振って滑走路の方向に向けること》. 〘← DE-¹＋CRAB¹ (v.)〙

de·crease /dɪkríːs, diː-, díːkriːs/ ★ increase (*v.*) と対照させるときには /⁻⁻/ のアクセントをとることが多い.
— *vi.* 減少する, 減じる; 縮小する; 〈力などが〉衰える; 〈寒暖計の温度などが〉下がる (↔ increase): ~ in size [extent, number] 大きさ[広さ, 数]が減る / The population of the country is *decreasing*. その国の人口は減少してきている / The company has reported ~*d* profits. その会社は減益を報告した. — *vt.* **1** 減少させる, 低下させる; 〈力などを〉衰えさせる: It is necessary to ~ the number of the employees. 従業員の数を減らすことが必要だ. **2** 〘編物〙《二目を一緒に編み合わせて》〈目数を〉減らす.
— /díːkriːs, dɪkríːs, diː-/ *n.* **1** 減少; 縮小, 減退: a small ~ *in* production 少しばかりの生産減少 / a 2% ~ in the death rate 死亡率の2%減. **2** 減少量, 減少額. ***on the decrease*** 減少しつつ(ある), 減少して: Cases of this nature are *on the* ~. こういう種類の事件は減少しつつある.
〘(*c*1380) *decrese(n)* □ OF *de(s)creiss-* (stem) ← *de(s)creistre* (F *décroître*) < VL **discrēscere*＝L *dēcrēscere* to grow less ← DE-¹＋*crēscere* to grow (cf. crescent)〙

SYN 減少する: **decrease** 量・大きさ・力が次第に少なくなる[する]: The war *decreased* the population. 戦争で人口が次第に減少した. **dwindle** 数・大きさ・力が次第に減少して消失しかける: Our savings *dwindled*. わが家の貯金が残り少なになった. **lessen** 大きさ・量・程度・重要性が少なくなる《過程を強調する》: His energy *lessened* gradually with age. 年をとるにつれて精力が衰えていった. **diminish** 外的な原因によって減少する《格式ばった語》: The heat *diminished* as the sun went down. 太陽が沈むにつれて暑さが減じた. **reduce** 通例人為的に大きさ・量・程度を少なくする: The amount has been *reduced* by one half. 額は半減された. **abate** 〈強大・過剰なものが〉軽減する《格式ばった語》: The storm has *abated*. あらしが収まった.
ANT increase, multiply, extend.

de·créas·ing *adj.* **1** 減少する, 減少していく: a ~ population. **2** 〘数学〙減少の (cf. increasing): a ~ function 減少関数. 〘(*c*1600): ⇨ ↑, -ing²〙

de·créas·ing·ly *adv.* 漸減的に. 〘(1822): ⇨ ↑, -ly¹〙

decréasing retúrns *n. pl.* 〘経済〙収穫逓減 (↔ increasing returns): the law of ~ 収穫逓減の法則 / ~ to scale 規模に関する収穫逓減.

de·cree /dɪkríː/ *n.* **1** 法令, 律令, 制令, 布告 (⇨ law SYN). **2** 〘法律〙 **a** 《ローマ皇帝・衡平法裁判所の》命令, 判決 (cf. judgment 1): the final ~ 終局判決 / an Imperial [a Royal] ~ 勅令. **b** 《裁判所の》判決 (judgment). **3** 〘キリスト教〙《教皇・教会会議・司教などの発する》教令, 法令, 宗令; [D-; しばしば *pl.*] 教書, 教[法]令集. **4** 〘神学〙神の意志, 神意, 神慮, 天命; 《運命などの》定め, 掟(おきて): a divine ~ 神意, 天命. — *v.* (~d; ~·ing) — *vt.* **1** 《法令として》布告する. **2** 〘法律〙判決する. **3** 〈天が〉命じる, 〈運命が〉定める (ordain): Fate ~*d that* he (should) die. 彼は死ぬ運命であった. — *vi.* 法令[布告]を発する. **de·cré·er** *n.* **~·a·ble** /-əbl/ *adj.* 〘(*c*1303) *decre* □ OF《異形》← *decret* (F *décret*) □ L *dēcrētum* (neut. p.p.) ← *dēcernere* to determine ← DE-¹＋*cernere* to separate, decide (cf. certain)〙

decrée ábsolute *n.* 〘法律〙離婚確定判決.

decrée-làw *n.* 法令, 省令, 政令. 〘1926〙

decrée ní·si /-náɪsaɪ, -níːsiː/ *n.* 〘法律〙離婚[婚姻無効]仮判決《一定期間内 (通例6か月, 裁判所の裁量で3か月に短縮できる) に相手方の異議がなければ確定判決 (decree absolute) となる》. 〘(1860) *nisi*: □ L ~ 'unless' ← *nē-* not＋*sī* if〙

de·creet /dɪkríːt/ *n.* 〘スコット法〙終局判決. 〘(*c*1380)《異形》← DECREE〙

dec·re·ment /dékrəmənt | -krɪ̀-/ *n.* (↔ increment)

1 漸減, 減少, 消耗. 2 減り高, 減少量. 3 〘数学〙減分, 減少値. 4 〘物理・電気〙減衰率. 5 〘紋章〙下弦の月. — /dékrəmènt/ *vt.* …の減少を示す. **de·cre·ment·al** /dèkrəméntl | -krɪ̀-méntl⁻/ *adj.* 〘(1610) □ L *dēcrēmentum* ← *decre-* (stem) ← *dēcrēscere* 'to DECREASE': ⇨ -ment〙

de·crem·e·ter /dékrəmìːtə, dɪkrémə- | dékrɪmìː-tə(r)/ *n.* 〘電気〙減衰計, 減幅計 (振動電流の減衰率を測定するもの). 〘(1913) ← DECRE(MENT)+-METER〙

D

de·cre·ol·ize /dìːkríːəlàɪz, -kríːoʊl- | -kríːə(ʊ)l-, -kréɪ-/ *vt.* 〘言語〙非クリオール化する, 独自の言語とする. **de·cre·ol·i·za·tion** /dìːkrìːəlɪzéɪʃən, -krìːoʊl- | -krìːə(ʊ)laɪ-, -krèɪ-, -lɪ-/ *n.*

de·crep·it /dɪkrépɪt | -pɪt/ *adj.* 1 〈人が〉老いぼれの, 老衰した, よぼよぼの (⇨ weak SYN). 2 〈建物など〉(古くなって)がたがたの: ~ tables. **~·ly** *adv.* 〘(*a*1439) □ (O)F *décrépit* // L *dēcrepitus* broken down, worn out, infirm ← DE-¹+*crepitus* noise: ⇨ crepitus〙

de·crep·i·tate /dɪkrépətèɪt | -pɪ-/ *vt.* 〈塩などを〉煆(ᵏ)焼[焙(ᵇ)焼]してぱちぱちいわせる; ぱちぱちいわなくなるまで煆焼[焙焼]する. — *vi.* 〈塩などが〉ぱちぱちと音をたてて焼ける. **de·crep·i·ta·tion** /dɪkrèpətéɪʃən | -pɪ-/ *n.* 〘(1646) ← NL **dēcrepitātus* crackled down ← DE-¹+L *creipitātus* ((p.p.) ← *crepitāre* to crackle ← *crepāre* to rattle)〙

de·crep·i·tude /dɪkrépətùːd, -tjùːd | -pɪtjùːd/ *n.* 老いぼれ(の状態), 老衰, もうろく; 老朽. 〘(1603) □ (O)F *décrépitude*: ⇨ decrepit, -tude〙

decresc. 《略》decrescendo.

de·cres·cence /dɪkrésəns, -sns/ *n.* 1 減少. 2 〘天文〙(月の)欠けること (waning). 〘(1872) □ L *dēcrēscentia*: ⇨ decrescent, -ence〙

de·cre·scen·do /dìːkrɪʃéndoʊ, dèɪ- | -dəʊ; *It.* dekreʃʃéndo/ *It. adj., adv.* (↔ crescendo) 1 〘音楽〙次第に弱い[く], デクレシェンド (diminuendo) (略 decr., decresc.; 記号 >). 2 (感情や動作について)漸次に弱まる[弱めて]. 3 〘音声〙(二重母音が)下降の. — *n.* (*pl.* ~s) 1 〘音楽〙デクレシェンド(の楽節). 2 下降進展 (anticlimax), (感動などの)漸降. 〘(1806) □ It. ~ (ger.) ← *decrescere* 'to DECREASE'〙

de·cres·cent /dɪkrésənt, -snt/ *adj.* (↔ increscent) 1 漸減的な. 2 〘天文〙〈月が段々欠けていく. 3 〘紋章〙〈月が〉三日月でその先が表面から見ての右側 (sinister side) を向いている. — *n.* 〘天文〙下弦の月. 〘(1610) □ L *dēcrēscentem* (pres.p.) ← *dēcrēscere* 'to DECREASE'〙

de·cre·tal /dɪkríːtl | -tl/ *adj.* 法令の, 法令的な. — *n.* 〘カトリック〙教皇令, ローマ教皇の教書; [*pl.*] 教令集, 教皇書簡, 大勅書 (教会法 (canon law) の一部を成す). 〘(*a*1338) *decretale* □ (O)F *décrétal* □ LL *dēcrētālis* 'of a DECREE': ⇨ -al¹〙

de·cre·tist /dɪkríːtɪst | -tɪst/ *n.* 教会法 (canon law) に明るい人, 教会法学者 (canonist); (中世の大学の)法学生. 〘(?*a*1387) □ OF *décrétiste* // ML *dēcrētista*: ⇨ decree, -ist〙

de·cre·tive /dɪkríːtɪv | -tɪv/ *adj.* 法令の性質を持った, 法令的な. **~·ly** *adv.* 〘(1609) ← L *dēcrēt-* (↓)+-IVE〙

dec·re·to·ry /dékrətɔ̀ːri | dékrɪtəri/ *adj.* 法令 (decree) の性質[効力]を持った, 法令によって定められた. 〘(1577) □ LL *dēcrētōrius* ← L *dēcrēt-*: ⇨ decree, -ory¹〙

De·cre·tum /dɪkríːtəm | -təm/ *n.* 〘カトリック〙(特に修道士 Gratian によって編まれた)教令集 (教会法大全 (Corpus Juris Canonici) の一部を成す). 〘(1602): ⇨ decree〙

de·cri·al /dɪkráɪəl | dɪ-/ *n.* (口汚ない公然たる)非難, 罵倒(ᵇ). 〘(1711) ← DECRY+-AL²〙

de·crí·er *n.* 非難者. 〘(1698) ← DECRY+-ER¹〙

de·crim·i·nal·ize /dìːkrímənəlàɪz, -nl-, -mnəl- | -mɪnəl-, -nl-/ *vt.* 犯罪の枠[処罰の対象]から外す,「解禁」する; 処罰を減じる. **dè·crìm·i·nal·i·zá·tion** /-nəlɪzéɪʃən | -laɪ-, -lɪ-/ *n.* 〘(1969) 《逆成》← decriminalization〙

de·crus·ta·tion /dìːkrʌstéɪʃən/ *n.* 外皮[殻]の除去 (↔ incrustation). 〘(1611) ← LL *dēcrustātus* ((p.p.) ← *dēcrustāre* to remove the crust of: ⇨ de-¹, crust)+-ATION〙

de·cry /dɪkráɪ/ *vt.* 1 (公然と)非難する, けなす (censure). 2 〈貨幣など〉の価値を下げる. 〘(1617) □ F *décrier* < OF *descrier* to cry out: ⇨ de-¹, cry〙

de·crypt /dìːkrípt, dɪ-/ *vt.* 〈暗号を〉(通例鍵 (key) を知らないで)解読する; 〈故意にひずみをつけたテレビなどの信号を〉復号する, 解読できるようにする. **~·ed** /-tɪd/ *adj.*

de·cryp·tion /dìːkrípʃən/ *n.* 〘(1935) ← DE-¹+CRYPT: cf. It. *decriptare*〙

de·cryp·to·graph /dìːkríptəgræf | -grɑ̀ːf, -græf/ *vt.* =decrypt.

-dec·tes /déktiːz/ 〘動物〙(分類学上の名称として)「…を嚙むもの (biter)」の意の名詞連結形. 〘← NL ~ ← Gk *dēktēs* biter ← *dáknein* to bite〙

de·cu·bi·tus /dɪkjúːbɪtəs | -təs/ *n.* (*pl.* **-bi·ti** /-tàɪ/) 1 〘医学〙臥位. 2 〘病理〙=decubitus ulcer. 〘(1866) ← NL ~ ← L *dēcumbere* to lie down: ⇨ decumbent〙

decúbitus úlcer *n.* 〘病理〙褥瘡(ᶜᵏ), 床ずれ (一般には bedsore, pressure sore).

de Cuéllar ⇨ Pérez de Cuéllar.

dec·u·man /dékjʊmən/ *adj.* 1 第十番目の; 〈波が〉巨大な (第十番目の波が一番大きいと考えられていたので): a ~ wave 大波. 2 (古代ローマの)第十(歩兵)隊 (cohort) の: the ~ gate (第十隊営舎の)大きな営門. 〘(1659) □ L *decumānus* (変形) ← *decimānus* of the tenth, the tenth part or cohort ← *decimus* tenth part ← *decem* 'TEN': ⇨ -an¹〙

de·cúm·bence /-bəns/ *n.* =decumbency. 〘1646〙

de·cum·ben·cy /dɪkʌ́mbənsi/ *n.* 横臥(ᵒ)の状態[姿勢]. 〘(1646) ← L *dēcumbere* (↓)+-ENCY〙

de·cum·bent /dɪkʌ́mbənt/ *adj.* 1 寝ころんだ, 横臥(ᵒ)の. 2 〘植物〙〈枝や幹が〉偃臥(ᵉⁿ)状の, 傾伏の (地をはいながら先は立っている; cf. erect 3). 3 〈動物の毛が〉ねている. **~·ly** *adv.* 〘(1641) □ L *dēcumbentem* (pres. p.) ← *dēcumbere* to lie down ← DE-¹+*cumbere* to lie'〙

dec·u·ple /dékjʊpl/ *adj.* 10 倍の; 10 (個)から成る. — *n.* 10 倍(量). — *vt., vi.* 10 倍にする[なる]. 〘(?*c*1425) □ (O)F *décuple* □ L *decuplus* tenfold: ⇨ decem-, -ple: cf. double〙

de·cu·ri·on /dɪkjʊ́(ə)riən | dekjʊ́ər-, dɪ-/ *n.* 〘ローマ史〙十人隊 (decury) の長; (古代ローマのイタリアや属州の都市の)参事会議員. 〘(*c*1384) □ L *decuriō(n-)* ← *decuria* 'DECURY'〙

de·cur·rent /dɪkə́ːrənt | -kʌ́r-/ *adj.* 下方に伸びた; (特に) 〘植物〙(アザミなどのように)〈葉が〉沿下の, 沿着の (翼状に茎の付着点を越えて下に伸びている): ~ leaves 沿下葉. **~·ly** *adv.* 〘((?*a*1425)) (1753) □ L *dēcurrentem* running down: ⇨ de-¹, current〙

de·cur·sive /dɪkə́ːsɪv | -kə́ː-/ *adj.* =decurrent. 〘(1828) ← NL *decursivus* ← L *dēcursus* (p.p.) ← *dēcurrere* ← DE-¹+*currere* to run: ⇨ -ive〙

de·curved /dìːkə́ːvd | -kə́ːvd/ *adj.* 〈鳥のくちばしなど〉下方に曲がった: a ~ bill. 〘(1835) (部分訳) ← LL *dēcurvātus* ← DE-¹+*curvātus* ((p.p.) ← *curvāre* 'to CURVE')〙

dec·u·ry /dékjʊri | -kjʊ(ə)ri/ *n.* 1 〘ローマ史〙十人隊 (10 人の男子から成る集団). 2 裁判官・クリア (curia) などの集団[区分]. 〘(1533) □ OF *decurie* // L *decuria* a company of ten ← *decem* 'TEN'〙

de·cus·sate /dékəsèɪt, dɪkʌ́seɪt | dɪkʌ́seɪt, diː-, dékəsèɪt/ *vt., vi.* (…に)X 形[十字形]に交わる. — /dékəsèɪt, dɪkʌ́sɪt | dɪkʌ́seɪt, diː-, -sɪt/ *adj.* 1 直角に交わる, X 形[十字形]の. 2 〘植物〙十字対生の: ~ leaves 十字対生葉. **~·ly** *adv.* 〘(1658) □ L *decussātus* (p.p.) ← *decussāre* to divide crosswise in the form of X ← *decussis* the figure X ← *decem* 'TEN'+*assem*, *ās* copper coin (⇨ as²)〙

de·cus·sa·tion /dèkəséɪʃən, dìː-/ *n.* 1 十字形 [X 状]の交わり. 2 〘解剖〙交叉, キアスマ. 〘(1656) □ L *decussātiō(n-)*: ⇨ ↑, -ation〙

dec·yl /désɪl, díː- | désaɪl, -sɪl/ *n.* 〘化学〙デシル(基) (デカン (decane) から水素原子 1 個を除去した 1 価の基). 〘(*c*1850) ← Gk DEK(A) 'ten'+-YL〙

DEd 《略》Doctor of Education.

ded. 《略》dedicate; dedicated; dedication; deduce; deduct; deduction.

de·dal /díːdl | -dl/ *adj.* 《古》=daedal.

De·da·li·an /diːdéɪliən/ *adj.* 《古》=Daedalian.

de·dans /dədɑ́ː(ŋ), -dɑ́ːŋ; *F.* dədɑ̃/ *F. n.* (*pl.* ~) (コートテニス場のサーブ側の後方の)観覧席; [the ~] (コートテニスの)観覧者たち. 〘(1706) □ F ~ 'inside'〙

De·de·kind /déɪdəkɪnd; *G.* déːdəkɪnt/, **(Julius Wil·helm) Richard** *n.* デデキント (1831–1916; ドイツの数学者).

Dédekind cùt *n.* 〘数学〙デデキントの切断 (有理数全体を互いに素な二つの集合に分け, 一方の集合の数が常に他方の数より小さいようにしたもの). 〘↑〙

de·den·dum /dɪdéndəm/ *n.* (*pl.* **-den·da** /-də/, ~s) 〘機械〙(歯車の)歯元 (cf. addendum, pitch¹ 10 a); 歯元のたけ (ピッチ円より内側にある歯の部分の高さ). 〘(1901) □ L *dēdendum* (a thing) to be delivered (gerundive) ← *dēdere* ← DE-¹+*dare* to give (⇨ date¹): cf. addendum〙

dedéndum cìrcle *n.* 〘機械〙(歯車の)歯元円, 歯底円 (cf. addendum circle). 〘1909〙

ded·i·cate /dédɪkèɪt | -dɪ-/ *vt.* 1 〈時・一生などを〉〈事業などに〉ささげる, ゆだねる 〔*to, to doing*〕 (⇨ devote SYN): ~ one's time [one's life, oneself] to business [politics, improving the environment] 事業[政治, 環境改善]に専念する / We are ~*d* to world peace. 我々は世界平和に身をささげる. 2 〈書物・作曲などを〉〈人に〉献題する, 献呈する; 〈レコードなどを〉(特定の人にあてて)ラジオで掛ける[リクエストする] 〔*to*〕: *Dedicated to* Mr. A 本書を A 氏にささぐ. 3 〈教会などを〉〈神に〉奉納する, 献納する 〔*to*〕: ~ a church to God 会堂を神にささげる / ~ a memorial 記念物を献じる, 記念碑を建てる. 4 《米》〈新築の建造物などを〉公式に開く, 開所する; 〈記念碑などの〉除幕式を行う. 5 〘法律〙〈私有地を〉公共の用に供する. 6 《米》〈お金などを〉特定の目的のために取り分ける. — *adj.* 《詩・古》= dedicated. 〘(*c*1390) □ L *dēdicātus* (p.p.) ← *dēdicāre* to set apart ← DE-¹+*dicāre* to proclaim (← *dīcere* to say: cf. diction): ⇨ -ate³〙

ded·i·cat·ed /dédɪkèɪtɪd | -dɪ-, -tɪd/ *adj.* 1 〈人など〉(ある理想・主義・目的に)打ち込んだ, ひたむきな, 熱心な: a ~ linguist 熱心な語学者 / a life of ~ patience 専心忍耐の一生. 2 〈装置・場所などが〉特定の目的用の; 専用の: a ~ parking space 駐車専用スペース. **~·ly** *adv.* 〘(1593–99): ⇨ ↑, -ed〙

ded·i·ca·tee /dèdɪkətíː | -dɪ-/ *n.* 献呈を受ける人. 〘(1760–72) ← DEDICATE+-EE¹〙

ded·i·ca·tion /dèdɪkéɪʃən | -dɪ-/ *n.* 1 献身: one's ~ *to* one's job / with ~ 献身的に / This job requires a lot of ~. この仕事は多くの献身を必要とする / have the ~ *to* do 献身的に…する. 2 (書物・作曲などの)献呈(の辞), 献題. 3 奉納, 献納; 奉献日[祭]: ⇨ FEAST of Dedication. 4 《米》開所(式). 5 〘法律〙献地 (私有地を公共の目的に提供すること). **~·al** /-ʃnəl, -ʃənl⁻/ *adj.* 〘(*c*1384) □ (O)F *dédication* // L *dēdicātiō(n-)*: ⇨ dedicate, -ation〙

ded·i·ca·tive /dédɪkèɪtɪv, -kət- | -dɪkət-, -kèɪt-/ *adj.* =dedicatory. 〘1655〙

déd·i·cà·tor /-tə | -tə(r)/ *n.* 1 奉納者, 献納者, 寄進者. 2 (著書・作曲などの)献呈者. 〘(1596) □ L *dēdicātor*: ⇨ dedicate, -or²〙

ded·i·ca·to·ry /dédɪkətɔ̀ːri | -dɪkətəri, -kèɪ-, dèdɪkéɪ-, -tri/ *adj.* 1 献呈の. 2 奉献の, 奉納[献納]の(ための). 〘(1565): ⇨ ↑, -ory¹〙

de dic·to /deɪdíktoʊ | -təʊ/ *L. adj.* 〘論理・言語学〙〈解釈が〉言表的な (↔ de re) (Mary says that a man she knows is a musician. という文は, a man she knows という名詞句に関して二通りにあいまいである. 一つはメアリーが使った言葉をそのまま伝えているという解釈で, もう一つは例えばメアリーは Sam is a musician. と言ったのに, 伝達者が Sam の部分を a man she knows に置き換えて伝えているという解釈である. 前者を言表的解釈といい, 後者を事象的解釈という).

de·dif·fer·en·ti·ate /dìːdìfərénʃièɪt/ *vi.* 〘生物〙脱分化[逆分化]する. 〘(1917) 《逆成》↓〙

de·dif·fer·en·ti·a·tion /dìːdìfərènʃiéɪʃən, -si-/ *n.* 〘生物〙(特に植物の) 脱分化, 逆分化 (分化により生じた固有の性質や形態が失われて, 分化しない一般的な状態に戻ること; しばしば大きな変化の前段階). 〘(1915) ← DE-¹+DIFFERENTIATION〙

de·do·lo·mit·ize /dìːdóʊləmətàɪz, -dɑ́(ː)l- | -dɔ́ləmɪ-/ *vt.* 〘化学〙脱ドロマイト化する (白雲石の炭酸マグネシウムが, マグネシウムの酸化物・水酸化物・珪酸塩に変化する). 〘(1903) ← DE-¹+DOLOMITE+-IZE〙

de·duce /dɪdúːs, -djúːs | -djúːs/ *vt.* 1 〘論理〙演繹(ᵉⁿ)する, (演繹的に)推論[推断, 推理]する (↔ induce; cf. deduction) (⇨ infer SYN): ~ *from* the fact *that* …という事実から…と推論する. 2 《古》…の系統[年代]を跡づける, 由来を尋ねる: I ~*d* my descent *from* 1873 *to* the present time. 1873 年から現在までの家系をたどってみた. 〘(1410) □ L *dēdūcere* to lead down, derive ← DE-¹+*dūcere* to lead: ⇨ duct〙

de·duc·i·ble /dɪdúːsəbl, -djúː- | -djúːsəbl, -sɪ-/ *adj.* 1 (演繹(ᵉⁿ)的に)推論[推理, 推断]できる, 推定[推知]できる 〔*from*〕. 2 =deductible. **de·duc·i·bil·i·ty** /dɪdùːsəbíləti, -djùːs- | dɪdjùːsɪbíləti/ *n.* **~·ness** *n.* 〘(1613) ← L *dēdūcere* to DEDUCE+-BLE〙

de·duct /dɪdʌ́kt/ *vt.* 1 〔給料などから〕〈一部を〉差し引く, 天引きする, 控除する 〔*from, out of*〕 (cf. deduction): ~ 15% *from* the royalties 印税から 15 パーセント引く. ★ 単なる数には今は subtract を用いる: *subtract* 3 *from* 10. 2 (演繹(ᵉⁿ)的に)推論する. — *vi.* 〔値打ちなどを〕減じる, 減らす作用をする (detract) 〔*from*〕: This does not ~ *from* his merit. このために彼の真価が落ちるものではない. 〘(*c*1412) ← L *dēductus* (p.p.) ← *dēdūcere* to lead down, withdraw: ⇨ deduce〙

de·duct·i·ble /dɪdʌ́ktəbl | -dʌ́ktɪ-/ *adj.* 1 差し引くことのできる, 控除できる. 2 (所得税計算において)税控除を受けうる: items [amounts] ~ *from* taxable income 課税収入から控除できる品目[総額]. — *n.* 〘保険〙控除免責歩合 (保険者が損害を塡補する場合に控除する一定金額; その金額までの損害は被保険者が負担する); 控除約款 (deductible clause) (控除免責歩合を定めた約款で, 損害がそれ以下の場合は保険会社が損害保障をしないことを定めたもの; cf. franchise clause). **de·duct·i·bil·i·ty** /dɪdʌ̀ktəbíləti | -tɪbílɪti/ *n.* 〘(1856): ⇨ ↑, -ible〙

de·duc·tion /dɪdʌ́kʃən/ *n.* 1 差引(高), 控除(額) (cf. deduct). 2 a 〘論理〙演繹(ᵉⁿ)(法), 演繹法による結論[推論] (↔ induction). b (一般に)推論, 結論. 〘(?*a*1425) □ (O)F *déduction* // L *dēductiō(n-)* drawing off: ⇨ deduct, -tion〙

dedúction thèorem *n.* [the ~] 〘論理〙演繹定理. 〘1941〙

de·duc·tive /dɪdʌ́ktɪv/ *adj.* 1 〘論理〙演繹(ᵉⁿ)の, 演繹的な (↔ inductive): ~ inference [reasoning] 演繹的推論[演繹推理]. 2 (一般に)推理的な, 推論の. 〘(1646) □ F *déductif* // L *dēductīvus*: ⇨ -ive〙

de·dúc·tive·ly *adv.* 推定[推理]的に; 演繹的に. 〘(*a*1641): ⇨ ↑, -ly¹〙

dedúctive mèthod *n.* 〘論理〙演繹(ᵉⁿ)的方法, 演繹法. 〘*a*1862〙

de Duve /dədúːv; *F.* dədyv/, **Christian-René** *n.* ド デューブ (1917–2013; ベルギーの生化学者; リソソーム (lysosome) を発見; Nobel 生理学医学賞 (1974)).

dee¹ /díː/ *n.* 1 D の字. 2 (馬具の) D 字形金具, D 形託鐶(ᵏᵃⁿ), むながい託鐶 (鞍の前橋部両側についている D 形金具, むながいを取り付けたり, 狩猟の際, ラッパ・水筒・弁当箱・猟犬を 2 頭ずつつなぐひもなどを取り付ける). 3 《婉曲》'd—' の発音. 4 〘物理〙(サイクロトロンの) D 形電極. 5 D 字形のもの. 〘(1794) ← D /díː/〙

dee² /díː/ *vi.* 《スコット》= die¹.

Dee¹ /díː/ *n.* [the ~] ディー川: 1 スコットランド北東部の Cairngorm 山脈に発し, Aberdeen で北海に注ぐ (145 km). 2 ウェールズの北部に発しイングランド西部に流れる川; Irish Sea に注ぐ (110 km). 3 スコットランド南部の川; 南流して Solway Firth に注ぐ (80 km). 〘← ? Celt. *Dēvā* the goddess; the holy river: cf. L *dīvus* god〙

Dee² /díː/ *n.* ディー《女性名》. 〖← Welsh *du* dark one〗

Dee, John *n.* ディー《1527–1608; 英国の数学者; Elizabeth 1 世付きの占星術師・霊媒として知られる》.

deed /díːd/ *n.* **1** 行為, 行動; 実行, 行い: a good [noble] ～ 立派な[高潔な]行為 / be kind in word and ～ 言行共に親切である. ★ act, conduct よりは重要な行為を指す. **2** 功績, 偉業, 勲功: a ～ of arms 武勲. **3** 事実: in ～ and not in word 言葉ではなくて実際上 / in ～ as well as in word 言行共に / We want ～*s*, not (just) words! 我々は(単に)言葉ではなく, 実がほしいのだ. **4** 〚法律〛捺(なつ)印証書, 証文: a ～ of contract 契約書 / a ～ of transfer 譲渡証書 / a trust ～ 信託証書 / a ～ of association 《英》株式会社の定款 / ⇨ title deed.
one's góod déed for the dáy 《戯言》(毎日行うべき)一日の善行, 一日一善. ***in déed*** 実行上, 事実上 (cf. 1, 3). (*a*1325) ***in (véry) déed*** 《古》実際に (in fact) (cf. indeed). (1387–1400)
déed of cóvenant 〚法律〛約款(やっかん)捺印証書.
— *vt.* 《米》捺印証書を作成して〈財産を〉譲渡する: ～ property to a person = ～ a person property. 証書にして財産を譲渡する.
〖OE *dēd, dǣd* < Gmc **dǣdiz* (Du. *daad* / G *Tat*) ← IE **dhē-* to set, put: ⇨ do¹〗

déed·less *adj.* 《古》行動的でない; 功績のない; 活動しない. 〖(1598): ⇨ ↑, -less〗

déed pòll *n.* (*pl.* **～s, deeds p-**) 〚法律〛(一方の当事者が一枚の紙に作成する)単独[平型]捺印証書, 平型《代理権の付与・姓名の変更などの際に用いられる》. 〖(1588) この方式の証書は端の切取り線が歯型でなく平らになっていることから; cf. poll², indenture 1〗

deed·y /-di/ *adj.* (**deed·i·er, -i·est**) 《英方言》 **1** 活動的な, よく働く, 勤勉な. **2** 熱心な, まじめな. 〖(*a*1456): ⇨ deed, -y⁴〗

dee·jay /díːdʒèɪ/ *n.* 《口語》=disc jockey. 〖(*c*1940) 略称 DJ の発音〗

deek¹ /díːk/ *n.* 《米俗》デカ, 刑事, 探偵 (detective). 〖《変形》? ← *dick* 《変形》← DETECTIVE: ↑ と連想?〗

deek² /díːk/ *vt.* 《英方言》[命令形で] 見る (look at): *Deek* that! あれを見よ.

deem /díːm/ *vt.* **1** 《文語》〈…だと〉思う, みなす: ～ it one's duty to do …することを自分の義務と思う / I ～ it a favor if you will do so. そうしていただければありがたく存じます / It was ～*ed* to be enough. 十分だと思われた. **2** 《古》〈…することを〉期待する, 望む (hope) 〈*to do*〉. — *vi.* 《文語》〔…のことを〕考える〔*of*〕: ～ highly *of* …を尊敬する, 高く買う. — *n.* 《廃》判断, 意見, 憶測. 〖OE *dēman* < Gmc **dōmjan* (Du. *doemen* / Goth. *dōmjan*) ← **dōmaz* 'DOOM¹'〗

deem·er /díːmə | -mə(r)/ *n.* 《米俗》 **1** 10 セント玉 (dime); 10; けちなチップ. **2** けちなチップを出す人, けちん坊.

de-em·pha·sis /dìːémfəsɪs | -sɪs/ *n.* **1** 〔…を〕あまり重視[強調]しないこと〔*on*〕. **2** 〚通信〛ジエンファシス《エンファシス通信系の受信側で特定の周波数が強調された信号をもとの信号に戻すこと; cf. emphasis 5, preemphasis》. 〖(1940) ← DE-¹+EMPHASIS〗

de-em·pha·size /dìːémfəsàɪz/ *vt.* 重要でなくする, あまり強調しない[重きを置かない]ようにする. 〖(1938) ← DE-¹+EMPHASIZE〗

deem·ster /díːmstə | -stə(r)/ *n.* (英国の Man 島の)裁判官《2 名の chief justices の中の一人》. **～·shìp** *n.* 〖((*a*1325)) (1611) *dem(e)ster(e)*: ⇨ deem, -ster〗

dee·ner /díːnə | -nə(r)/ *n.* 《豪俗》1 シリング貨. 〖(1851) ← ?: cf. denarius, denier²〗

de-en·er·gize /dìːénədʒàɪz | -nə-/ *vt.* 〈電気器具〉の電気を切る. 〖(1925) ← DE-¹+ENERGIZE〗

deep /díːp/ *adj.* (**～·er; ～·est**) **1** 深い, 底深い (↔ shallow): a ～ river, sea, etc. / a ～ spring of water 深い地下からわいてくる泉 / a lane ～ in snow 深く雪に埋まった小道 / The snow lay ～ in the lane. 雪が小道に深く積もった / How ～ is the pond? その池の深さはどのくらいか / The lake is ～*est* here. / the ～ end of a pool プールの深い所 / ～ in a person's heart 人の心の奥深くに.
2 [通例数量を示す語句を伴って] 深さが…ある, 奥行が…の, …重の, …列の: a ditch 6 feet ～ = a 6-foot-*deep* ditch 深さ 6 フィートの溝 / a plot of land 100 ft ～ = a 100-foot-*deep* plot of land 奥行 100 フィートの地所 / drawn up eight ～ 8 列に並んで / soldiers four rows ～ 4 列に並んだ兵士 / She's inches ～ in makeup. 彼女は厚化粧している / I am three ～ already. 《英口語》(会などの)約束がすでに三つ重なっている.
3 奥行のある[深い], かなり厚さのある; 幅広い: a ～ shelf / a ～ border 幅の広いへり / a ～ forest 奥深い森林.
4 a 奥まった, 人里遠く離れた: a house ～ in the valley 谷の奥深くにある家 / ～ in the mountains [country] 遠く山奥[田舎]に. **b** (地球・太陽から)遠く離れた (cf. deep space). **c** はるか昔の: the ～ past 遠い過去.
5 a 深く[低く]まで達する: a ～ dive 深い潜水. **b** 低く身体を曲げた: a ～ bow [curtsy] 深いおじぎ.
6 a 〈意味・学問・知識など〉深遠な, 奥底の計り知れない: a ～ thought, mind, problem, etc. / ～ learning / the ～*er* causes (表面的でない)もっと内にひそんだ原因 / a ～ mystery 計り知れない不可思議 / the ～*er* meaning of his statement 彼の言葉のもっと奥の意味. **b** 深く見通す: a ～ gaze. **c** はっきりしない, 神秘的な (murky): ～ dark secrets / The affair was very ～. その事件はひどく謎めいて[入り組んで]いた.
7 a 〔考えなどに〕〔深く〕没頭した; 〔借金などに〕深くはまり込んだ (involved) 〔*in*〕: be ～ *in* thought 深い思いに耽っている / ～ *in* talk [a book] 話[本]に夢中になっている / be ～ *in* debt 借金で首が回らない. **b** (飲酒が)度を越した (excessive) (cf. *adv.* 1): ～ drinking 深酒 / a ～ drinker 大酒飲み.
8 a 〈眠り・呼吸など〉深い: ～ breathing 深呼吸 / a ～ sleep 熟睡 / give [heave] a ～ sigh 深いため息をつく. **b** 〈夜・季節など〉深まった, 進んだ (↔ young, early): It was ～ night. 夜も更けていた / A ～ dusk descended over [on] the street. 色濃い夕闇が街路に降りてきた.
9 a 〈感情など〉深く感じる, 痛切な, 深刻な, 心からの, 根深い: ～ sorrow, gratitude, etc. / ～ disgrace 大恥辱 / ～ affections 心からの情愛 / ～ feelings / in ～ mourning. **b** 〈程度・重要性など〉非常に大きい, 根本的な: a ～ contrast 大きな差異.
10 ずる賢い, たくらみの深い, 腹黒い (artful): a ～ plot [design] 深いたくらみ / a ～ one 《俗》ずるい[食えない]やつ.
11 〈音響・声など〉太く低い, 低音の, 荘重な: a ～ voice.
12 〈色など〉濃い (rich), 深い《彩度が高く明度が低い; ↔ pale, faint, thin》: ～ blue / sport a ～ tan 濃い日焼けを見せびらかす.
13 大幅な (large, big).
14 〚医学〛深部の, 皮下の (subcutaneous).
15 〚言語〛深層の: ⇨ deep structure.
16 〚野球〛本塁から遠い[遠く離れた], 深い: a hit to ～ right field 右翼の深いところへのヒット.
17 〚クリケット〛 **a** 〈野手の(位置)が〉通常の守備位置よりも打者から離れた, 深い位置の. **b** その位置を守る野手の.
18 a 〚テニス・サッカー〛相手のコート[フィールド]の深い位置への: a ～ volley. **b** 〚アメフト〛自分のチームのフロントラインから遠い.
in [into] déep wáter(s) ⇨ water 成句. ***thrów a person in at the déep ènd*** 《口語》人を急にむずかしい事に当たらせる.
— *n.* **1** [通例 *pl.*] 《文語》(海や川の)深み, 深い所, ふち, 深淵(しんえん); 深い谷; 奥まった所. **2** [the ～] (空間・時間などの)果てしない広がり; 《詩》 **a** わだつみ, 海原: *the* great [mighty] ～ 大海原 / monsters [wonders] of *the* ～ 海の怪物[驚異]. **b** 空, 大空: *the* azure ～ 紺碧(こんぺき)の空, 蒼穹(そうきゅう). **c** (夜や季節などの)さなか, 真ん中, 最中 (depth): in *the* ～ of winter [night] 真冬[真夜中]に.
3 〚海事〛測鉛線 (lead line) 上の目盛りの付けてない水深を得たときに冠する言葉 (cf. mark¹ n. 13): (By the) ～ four [six, eight …]! (目盛りを飛んで)四つ[六つ, 八つ…]. ★ 測鉛線上の 2, 3, 5, 7, 10, 13, 15, 17, 20, 25 尋(ひろ)の箇所の目盛り (mark) の水深を得たときは 'Mark' を冠して水深を唱える: (By the) mark, two [three, five …]! (目盛りの)二つ[三つ, 五つ…]《ただし日本では単にメートル単位の数のみ唱える》. **4** 〚地理〛海淵(かいえん)《海溝 (trench) 中の特に深い部分》. **5** [the ～] 〚クリケット〛投手の後方の境界線付近にある野手の位置.
be in déep 《口語》深くはまり込んでいる, のっぴきならずかかわり合っている.
— *adv.* (**～·er; ～·est**) **1** 深く (deeply): dig ～ / go ～ into a subject 問題を深く掘り下げる[研究する] / be ～ asleep ぐっすり眠っている / drink ～ 大酒を飲む / Still waters run ～. 《諺》音なし川は水深し (cf.「浅き瀬にこそあだ波(なみ)は立て」), 賢者はむやみにしゃべらない《思慮深いことだけでなく, ずる賢いことについていうこともある》. **2** 〚野球〛本塁から遠い距離のところで, 深いところに (cf. *adj.* 16): The center fielder was playing ～. センターは深く守っていた / a hit ～ to right field 右翼の深いところへのヒット.
3 遅くまで (late): talk ～ into the night 夜更けまで話す.
déep dówn 《口語》心の底では, 本心では: He is a very kind man ～ *down*. 彼は本心はとても親切な人です / *Deep down* you know I'm right. 本心では私が正しいことをご存じですね. ***déep in the pást*** ずっと昔 (long ago).
〖adj., n.: OE *dēop* < Gmc **deupaz* (Du. *diep* / G *tief*) ← IE **dheub-* deep, hollow: cf. dip, dive. — adv.: OE *dēope* ← *dēop* (adj.)〗

SYN 深い: **deep** 文字通りにも比喩的にも深い《最も一般的な語》: a *deep* pond 深い池 / a *deep* meaning 深い意味. **profound** 非常に深い《特に比喩的に》: a *profound* abyss 深淵 / a *profound* sleep 非常に深い眠り. **abysmal** 《通例比喩的》測り知れないほど深い: *abysmal* precipices 奈落のような断崖絶壁 / *abysmal* ignorance 底抜けの無知. **ANT** shallow, superficial.

-deep /díːp←/ *adj.* [複合語の第 2 構成要素として] …の深さまでつかって: ankle-*deep* in water 水に足首までつかって.

déep béd *n.* (特に野菜を栽培するための)苗床《初めに 2 倍の深さに掘り起こし大量に堆肥や肥料を施す》.

déep-bódied *adj.* 〈動物, 特に魚が〉体高の高い.

deep bréathing *n.* (特に体操の)深呼吸. 〖1904〗

déep-brówed *adj.* (知力を示して)額が広くりっぱな: *deep-brow'd* Homer (Keats, *On First Looking into Chapman's Homer*). 〖*a*1821〗

déep-chésted *adj.* 胸の厚い; 〈声が〉太い, 胸声の, 胸の奥底からの. 〖1838〗

déep-dìsh *adj.* (天火を使って)深皿で焼いた: ～ pie ディープディッシュパイ《底皮がなく, 中身は通例フルーツ; 具がたくさん入る》/ a ～ pizza. 〖1918〗

déep-dráw *vt.* 〚金属加工〛深絞り加工する《金属板をコップ状に成形する》.

déep-dráwing *n.* 〚金属加工〛深絞り (cf. cup 13). 〖1925〗

déep-dráwn *adj.* **1** 〈ため息など〉深く吸い込んだ. **2** 〚金属加工〛〈金属が〉深絞り加工された[に適した]. 〖1813〗

déep-dýed *adj.* 《軽蔑》濃く染まった; 〈人が〉深く悪に染まった, 極悪の: a ～ villain. 〖1818〗

deep·en /díːpən, -pn̩/ *vt.* 深くする, 深める; 奥行を深める; 〈色を〉濃くする; 〈印象・知識・悲しみなどを〉深める, 深刻にする; 〈音などを〉低める: Let's ～ the question! その問題を深く考えてみよう. — *vi.* 深くなる; 〈色が〉濃くなる; 〈暗さ・不安などが〉深まる; 〈音・声が〉太く低くなる; 〈戦いなどが〉深刻になる; 〚気象〛気圧が下がる: The interest ～*s*. 興味がつのる, ますます佳境にはいる / The dusk ～*ed* into night. 夕やみが濃くなって夜となった / in ～*ing* dusk / a ～*ing* crisis. **～·er** *n.* 〖(*a*1605): ⇨ deep, -en¹〗

déep-ètch pláte *n.* 〚印刷〛平凹版《耐刷力を高めるために, 画線の部分をほんの少し凹ませた平版; cf. albumen plate》.

deep fát *n.* (材料が十分つかるくらいの)たっぷりの揚げ油: fry in ～. 〖1921〗

déep-fàt-frý *vt., vi.* =deep-fry. **～·er** *n.* **～·ing** *n.* 〖1955〗

déep-félt *adj.* (衷心から)深く感じた, 深刻な: ～ unhappiness.

deep field *n.* 〚クリケット〛=long field. 〖1870〗

deep flóor *n.* 〚海事〛深肋板, ディープフロア《船の前後部ピークタンク (peak tanks) 内の肋板》.

deep fócus *n.* 〚映画〛ディープフォーカス《被写界深度の深い映画撮影法; 近景から遠景までシャープに見える》.

Deep·freeze /díːpfrìːz, ←−|←−/ *n.* 〚商標〛ディープフリーズ《米国製の急速冷凍庫》.

déep-fréeze *vt.* (**-freezed; -froze, -frozen**) **1** =quick-freeze. **2** 〈食物を〉冷凍する. — *n.* (急速)冷凍庫. **déep-fréezing** *n.* 〖1943〗

deep fréeze *n.* **1** (急速)冷凍庫《低温による食品の長期冷凍保存用》. **2** (急速冷凍庫による)冷凍保存. **3** 停止[中止, 休止]状態, 凍結: a bill in ～ 凍結中の法案. 〖1948〗

déep-fréezer *n.* (急速冷凍保存式の)冷蔵庫, 冷凍庫. 〖1949〗

deep-frý *vt., vi.* (*also* **déep frý**) 油をたっぷり使って(食品を)揚げる (cf. sauté). **～·ing** *n.* 〖1922〗

deep frýer *n.* (deep frying 用の)深なべ《しばしば中に網かごがつく; deep frying pan ともいう》. 〖1950〗

deep frýing bàsket *n.* deep frying 用の手付きの金属製のかご《材料を中に入れ, 油に浸して揚げ, そのまま引き上げる》.

déep-góing *adj.* 根本的な, 基本的な (fundamental).

deep·ie /díːpi/ *n.* 《口語》立体映画, 3D 映画. 〖(1953): cf. -ie〗

déep·ish /-pɪʃ/ *adj.* 少し深い, (やや)深目の. 〖(1878) ← DEEP+-ISH¹〗

déep-kíss *vt., vi.* (…に) deep kiss をする.

deep kíss *n.* ディープキス《舌などを用いた濃厚な接吻; soul kiss, French kiss ともいう》. 〖1951〗

déep-láid *adj.* 〈陰謀など深くたくらんだ, 深い魂胆のある: a ～ plot, scheme, etc. 〖1768–74〗

déep-lítter *adj., n.* 《英》〚養鶏〛ピート床式[堆積敷藁法]鶏舎(の): ～ system / ～ eggs. 〖1946〗

deep·ly /díːpli/ *adv.* **1** 深く: dig ～. **2** (色が)濃く: ～ red. **3** (音調が)太く低く: hounds baying ～ 太い声で吠えている猟犬 / breathe ～ 深呼吸する. **4** 徹底的に, 深刻に, 非常に, 深く (profoundly); (陰謀など)深くたくらんで, 巧妙に: sleep [think] ～ / be ～ versed in …に精通している / feel ～ 痛感する / ～ in debt 借金で首が回らない / a ～ planned murder 巧妙に計画された殺人. 〖OE *dēoplīċe*: ⇨ deep, -ly¹〗

déeply héld *adj.* 〈信念・意見など〉確固たる, ゆるがない.

deeply róoted *adj.* =deep-rooted.

déep·mòst *adj.* 《古》最深の (deepest). 〖1810〗

deep móurning *n.* 正式喪服《第一期の服喪中に着る光沢のない全黒色の喪服; cf. half mourning》; 黒ずくめの喪服で表される深い哀悼[喪]. 〖1722〗

déep-móuthed /-máʊðd, -máʊθt/ *adj.* 〈猟犬が〉ほえ声の低く太い: ～ dogs. 〖1593–94〗

déep·ness *n.* **1** 深さ, 深度. **2** 奥深さ. **3** 深奥, 深遠, 玄妙. 〖OE *dēopnes*: ⇨ deep, -ness〗

Déep Nórth *n.* 《豪》[the ～] 最も保守的なクイーンズランド (Qld). 〖米国の Deep South のもじり〗

deep pócket *n.* [通例 *pl.*] 《米口語》豊富な資金, ドル箱.

déep-réad /-réd/ *adj.* 学識の深い, 〔…に〕精通した〔*in*〕. 〖1639〗

déep-róoted *adj.* **1** 根の深い, 深く根ざした. **2** 〈感情・習癖・確信・偏見など〉根深い, 根底の深い (⇨ chronic SYN): ～ hatred. **～·ness** *n.* 〖*c*1412〗

deep scáttering láyer *n.* 〚海洋〛深海散乱層, 幻海底, 幽霊海底《深い海のあちこちに見られる海洋生物の凝縮物に起因すると考えられる音響散乱層》.

déep-séa *adj.* 深海の, 遠洋の: a ～ fish 深海魚 / ～ fishery [fishing] 深海[遠洋]漁業 / a ～ diver 深海潜水夫 / a ～ fisherman 遠洋漁民. 〖1626〗

déep-sèa léad /-léd/ *n.* 〚海事〛(深海用)重測鉛《重錘とひもを使って人の手で直接水深を測る装置のうち, 特に重い錘を使って深い水深を測るためのもの》.

déep-sèa smélt *n.* 〚魚類〛深海性のソコイワシ科の魚類の総称.

deep-seated /díːpsíːtɪd | -tɪd/ *adj.* **1** 〈原因・病気・感情など〉根深い, 根底の深い (⇨ chronic SYN): a ～ abscess / a ～ disease 慢性病. **2** 深層の: ～ earthquakes. 〖1741〗

deep sensibílity *n.* 〚精神医学〛深部知覚《身体内部に存在する受容器によって起こる感覚》.

déep-sét *adj.* **1** 深くくぼんだ: ～ eyes / a ～ fireplace 壁に深くはめ込んだ暖炉. **2** 根深い, 根強い. 〖*a*1393〗

déep-síx *vt.* 《俗》 **1** 船から海へ投棄する. **2** 放棄する

(discard), 打ち捨てる; 取り除く. **3** 〈要求・提案などを〉拒絶する; 〈告訴を〉取り下げる. **4** 抹殺する. 〖1952〗

déep síx *n.* 《俗》 **1** 水葬: give a person a ~ 人を水葬にする. **2** 放棄, 打ち捨てること. ★ 特に次の句で用いられる: give ... the ~ …を打っちゃってしまう, 放り出す, 葬る. 〖(c1915) ← DEEP+? *six* (*fathoms*)〗

déep-slót mòtor *n.* 〘電気〙深みぞ電動機 《誘導電動機の一種で始動特性のすぐれたもの》.

Déep Sóuth, d- S- *n.* [the ~] ディープサウス, 深南部 《米国 Georgia, Alabama, Mississippi, Louisiana の最南部諸州; 保守的で典型的な南部的 (Southern) 特徴をもっと考えられている》.

D

déep spáce *n.* (地球からはるか遠い)宇宙空間, 深淵宇宙 (cf. outer space). 〖1952〗

déep strúcture *n.* 〘言語〙深層構造 《生成文法で現実の発話の背後にあると考えられる基底構造; 現在は認められていない; cf. surface structure》. 〖1960〗

déep tánk *n.* 〘海事〙ディープタンク 《水・油などを積むため艙内や甲板間に設けられた深い水槽》. 〖1909〗

déep thróat *n.* 《米》内部告発者 《特に政府の犯罪を告発する高官》. 〖(1973) Watergate 事件の情報提供者の仮名より〗

déep tránce *n.* 深い催眠状態. 〖1892〗

déep·wàter *adj.* 深海の (deep-sea); 〈港が〉外洋航海船が寄港できる.

déep wéll *n.* 深井戸 《深さ 6–7 m 以上の井戸で普通の揚水ポンプでは汲上げ困難なもの》.

deer /díə | díə^(r)/ *n.* (*pl.* ~, 時に ~s) **1** 〘動物〙 **a** シカ 《シカ科の動物の総称; cf. stag, hart, buck[1]; hind[1], doe, red deer; calf[1], fawn[1]; venison》: a herd of ~ 鹿の一群 / run like a ~ すばしこく走る / stalk ~ (そっと忍び寄って)鹿を狩る. **b** 《カナダ北部》=caribou. **2** 《廃》(一般に)動物, (特に)小形哺乳動物; つまらない物 / and such small ~ その他つまらないもの[人たち], その他大勢, 等々 (cf. Shak., *Lear* 3. 4. 143). ★ ラテン語系形容詞: cervine. 〖OE *dēor* beast, animal < Gmc **deuzam* (Du. *dier* / G *Tier* / Goth. *diuzam* (dat.pl.)) < IE **dheusom* 《原義》breathing creature (cf. animal) ← **dheu-* to rise in a cloud: cf. deaf, dust, fume〗

déer·bèr·ry /-bèri | -b(ə)ri, -bèri/ *n.* 〘植物〙米国東部産ツツジ科スノキ属 (*Vaccinium*) の低木の総称 《特に *V. caesium* または *V. stamineum*; 乾燥地の林や低木林に生じる》; 食用になるその果実. 〖1814〗

Deere /díə | díə^(r)/, **John** *n.* ディア (1804–86; 米国の発明家・企業家; 農器具の製造で有名).

déer fènce *n.* 鹿猟場の囲い. 〖1884〗

déer fèrn *n.* 〘植物〙シシガシラ科ヒリュウシダ属の一種 (*Blechnum spicant*) 《ヨーロッパ・北アメリカ西部にみられる常緑のシダ; しばしば鹿の食用に栽培される》.

déer·flỳ *n.* (ウシアブ類やメクラアブ類など鹿・家畜や人間などにつく双翅類の)吸血性アブ類の俗称. 〖1853〗

déer-fly fèver *n.* 〘病理・獣医〙=tularemia. 〖1937〗

déer fòrest *n.* 鹿猟用森林. 〖1854〗

déer·gràss *n.* 〘植物〙ミネハリイ (*Trichophorum caespitosum*) 《水湿地に生えるカヤツリグサ科の多年草》. 〖1866〗

déer·hòund *n.* ディアハウンド 《スコットランド原産で鹿狩りに多く用いられたイヌ; greyhound に似ているがひとまわり大きい》. 〖1818〗

déer lick *n.* 《米》鹿が塩分を求めてなめに来る場所 《湿地・泉など; cf. salt lick》. 〖1778〗

déer mòuse *n.* 〘動物〙=white-footed mouse. 〖1833〗

déer nèck *n.* 鹿首(しかくび)(の馬) 《やせて不格好な馬の首; 上縁が凹に下縁が凸に湾曲している首で, 騎乗しにくいとされる》.

déer pàrk *n.* (狩猟用に鹿を放し飼いにしてある)鹿猟園. 〖1838〗

déer·skìn *n.* 鹿皮(の服). — *adj.* 鹿皮製の. 〖1396〗

déer·stàlker *n.* **1** (こっそり忍び寄ってしとめる)鹿猟師. **2** (前と後にひさしがあり, 時に耳覆いのついた)ハンチングキャップ 《狩猟用; deerstalker hat ともいう》. 〖*c*1810〗

déer·stàlking *adj., n.* (こっそり忍び寄ってしとめる)鹿猟(の). 〖1816〗

déer·yàrd *n.* 冬に鹿の集まる所. 〖1849〗

de-es·ca·late /dìːéskəlèɪt/ *vt.* 〈戦争・計画など(の規模・範囲・広がりなど)を〉段階的に縮小する; 〈緊張などを〉緩和する: ~ tension. — *vi.* (範囲・規模などを)段階的に縮小する. **de-es·ca·la·tion** /dìːèskəléɪʃən/ *n.*

dè-és·ca·là·tor /-tə | -tə^(r)/ *n.* 〖(1964) ← DE-[1]+ESCALATE〗

de-es·ca·la·to·ry /dìːéskələtɔ̀ːri | -lèɪtəri, -lət-, -tri/ *adj.* (規模・範囲などを)段階的に縮小する, 縮小を唱える, 縮小的な. 〖(1968) ← DE-ESCALATE+-ORY[1]〗

de·e·sis /diːíːsɪs | -sɪs/ *n.* (*pl.* **de·e·ses** /-siːz/) 〘キリスト教〙デエシス 《聖母マリアとバプテスマのヨハネの間の王座についているキリストの聖画像; 特に東方教会において重視》. 〖□ Gk *déēsis* entreaty, prayer ← *déin* to lack, miss〗

deet /díːt/ *n.* 《米》ディート 《防虫剤 diethyl toluamide の俗称》. 〖(1961) ← *d*(*iethyl*) *t*(*oluamide*)〗

de-ex·ci·ta·tion /dìːèksaɪtéɪʃən, -sə- | -sɪ-, -saɪ-/ *n.* 〘物理〙下方遷移 《原子または分子などがエネルギーの低い状態に遷移すること》. 〖(1964) ← DE-[1]+EXCITATION〗

de-ex·cite /dìːɪksáɪt, -ɛk-/ *vt.* 〘物理〙下方遷移させる. 〖(1960) ← DE-[1]+EXCITE〗

def[1] /déf/ *adv.* 《米俗》全く. 〖《略》← DEFINITELY〗

def[2] /déf/ *adj.* 《米俗》最高の, いかした, すてきな. 〖*c*1975〗

def. 《略》defective; defendant; defense; defensive; deferred; deficit; defined; definite; definition; *L.* defunctus (=deceased).

de·face /dɪféɪs/ *vt.* **1** …の外観を汚損する, 醜くする. **2** 〈銘刻などを〉摩損する, すり消す, (すり消して)読みにくくする. **3** 〈価値・影響力などを〉損なう. **de·fác·er** *n.* 〖(1340) *deface*(*n*) □ (O)F 《廃》*defacer* 《異形》← *desfacer*: ⇨ de-, face〗

SYN 外観を損なう: **deface** 〈物〉の表面を汚す 《格式ばった語》: The monument was *defaced* with red paint. 記念碑は赤ペンキで汚されていた. **disfigure** 美しさを損なう 《格式ばった語》: The accident left her face *disfigured*. その事故で彼女の顔は醜くなっていた.

de·face·a·ble /dɪféɪsəbl/ *adj.* (外観を)汚損しがちな[されやすい]. 〖(1889): ⇨ ↑, -able〗

de·fáce·ment *n.* 破損(物). 〖(1561) ← DEFACE+-MENT〗

de fac·to /dɪfǽktoʊ, dèɪ-, dìː- | dèɪfǽktəʊ, dìː-/ *L. adv.* (↔ de jure) 事実上. — *adj.* (合法的でないが)事実上の: a ~ government, president, etc. / ~ standard 〘電算〙(ある業界での)事実上の標準(規格). — *n.* 《豪》(*pl.* ~s) 同棲中のカップル(の片方); 恋人 (lover). 〖(1601) □ L *dē factō* from the fact: ⇨ fact〗

def·ae·cate /défɪkèɪt | déf-, díːf-/ *v.* =defecate.

de·fal·cate /dɪfǽlkeɪt, -fɔ́ːl-, -fɑ́ːl-, défəl- | díː-fælkeɪt, -fɔːl-, diːfǽlkeɪt/ *vt.* 《古》削減する, 切り詰める. — *vi.* 〘法律〙委託金を使い込む, 横領する. 〖(1540–41) (1864) ← ML *dēfalcātus* (p.p.) ← *dēfalcāre* to cut off: ⇨ de-[1], falcate〗

de·fal·ca·tion /dìːfælkéɪʃən, dɪ-, -fɔːl-, -fɑːl-, dèfəl- | dìːfælkéɪʃən, -fɔːl-/ *n.* **1** 〘法律〙 **a** 使い込み, 委託金着服; 背任. **b** (不当流用による)欠損; 不当流用額, 私消金. **2** 約束を果たさないこと, 期待に背くこと. 〖(?c1451) □ ML *dēfalcātiō*(*n*-): ⇨ ↑, -ation〗

de·fál·ca·tor /-tə | -tə^(r)/ *n.* 〘法律〙委託金着服者. 〖(1813) ← DEFALCATE+-OR[2]〗

def·a·ma·tion /dèfəméɪʃən | dèf-, dìːf-/ *n.* 名誉毀損(きそん), 侮辱 (calumny) 《法律上は libel と slander を含む》: ~ of character 名誉毀損 / file ~ suits against ... に対して名誉毀損の訴訟を起こす. 〖(c1303) □ (O)F *diffamation* ∥ ML *diffāmātiō*(*n*-) ← L *diffāmātus* (p.p.) ← *diffāmāre*: ⇨ defame, -ation〗

de·fam·a·to·ry /dɪfǽmətɔ̀ːri | -təri, -tri/ *adj.* 名誉を傷つけるような, 中傷的な. **de·fam·a·tor·i·ly** /dɪfæ̀mətɔ́ːrəli, dɪfǽmətɔ̀ːrəli | dɪfǽmətərəli, -ətrəli/ *adv.* 〖(1592) □ ML *diffāmātōrius* ← L *diffāmātus*: ⇨ ↑, -ory[1]〗

de·fame /dɪféɪm/ *vt.* **1** (悪意のまたは虚偽の評判を立てて)〈人・団体などの〉名誉を傷つける, 中傷する. **2** 《古》…の面目を失わせる, 侮辱する. **3** 《古》訴える, 責める (accuse). 〖(c1303) *defame*(*n*), *diffame*(*n*) □ (O)F *diffamer*, OF def(f)amer □ L *diffāmāre* to spread an evil report: ⇨ dis-[1], fame〗

de·famed /dɪféɪmd/ *adj.* 〘紋章〙〈ライオンなど〉尾のない. 〖(1863): ⇨ ↑, -ed 2〗

de·fám·er *n.* 悪口を言う人, 誹謗(ひぼう)者. 〖(c1340) ← DEFAME+-ER[1]〗

de·fang /dìːfǽŋ/ *vt.* **1** 〈毒蛇などの〉牙を抜く. **2** 無害化[弱体化]する. 〖(1953) ← DE-[1]+FANG〗

def art 《略》definite article.

de·fat /dìːfǽt/ *vt.* (**de·fat·ted; de·fat·ting**) …から脂肪を除く, 脱脂する. 〖(1919) ← DE-[1]+FAT〗

de·fat·ted /dìːfǽtɪd | -tɪd/ *adj.* 脂肪(分)を取った[除いた], 脱脂した: ~ milk powder 脱脂粉乳. 〖(1923): ⇨ de-[1]〗

de·fault /dɪfɔ́ːlt, -fɑ́ːlt | -fɔ́ːlt, -fɒ́lt/ *n.* **1** (義務などの)怠慢, 不履行, 違約. **2** 〘法律〙懈怠(けたい), 債務不履行, 遅滞: go into ~ 債務不履行に陥る. **3** 〘法律〙(裁判期日の)欠席: judgment by ~ 欠席判決 / make ~ (出廷すべき場合に)欠席する / suffer a ~ 欠席判決を申し渡される. **4** 不足, 欠乏, 欠如. **5** 〘電算〙デフォルト, 初期設定, 既定値 《特に指示しない限り, コンピューター内部にあらかじめ設定されている標準的な値》. **6** (競技への)不出場, 欠場, 試合放棄, 棄権, 退場: win [lose] a game by ~ 不戦勝[敗]になる. **7** 《古》過失, 誤り.

in default of …不履行の場合には, …がない場合には; …がないので. 〖(a1393)〗

— *vi.* **1** 〈義務・債務・約束などの〉履行を怠る 〔*in, on*〕. **2** 〘法律〙(裁判に)欠席する; 欠席裁判で負ける. **3** (競技に)欠席[欠場]する, 不戦敗になる, 棄権して負ける.

— *vt.* **1** 〈義務などを〉履行しない, 〈債務を〉怠る, 滞納する: ~ a dividend 配当の支払を怠る / the ~*ed* loan 焦げつき融資. **2** 〘法律〙〈訴廷〉に欠席する; 〈人を〉欠席裁判に付する. **3** 〈競技〉に欠場する, 〈競技〉で不戦敗になる, 棄権して〈試合〉に負ける: The team ~*ed* the game [race]. そのチームは不戦敗となった.

default to 〘電算〙デフォルト[既定値]で…となる.

〖n.: (15C) ∽ (a1250) *defaut*(*e*) □ OF *defaute* ← *défaillir*. — v.: (c1384) *defaut*(*en*) □ OF *defaut* (3rd sing. pres.) ← *défaillir* to be wanting ← DE-[1]+*fallir* 'to FAIL': cf. fault〗

de·fáult·er /-tə | -tə^(r)/ *n.* **1** 怠慢者, 不履行者 (delinquent); (特に)契約不履行者, 債務不履行者, 滞納者. **2** 背任行為者; 委託金着服者 (defalcator). **3** (裁判の)欠席者. **4** 〘英軍〙軍規違犯者, 軍事裁判有罪者. 〖(1666–67): ⇨ ↑, -er[1]〗

defáult shèet *n.* 《古》〘英軍〙=conduct sheet.

de·fea·sance /dɪfíːzəns, -zns/ *n.* 〘法律〙 **1** 無効にすること, (条件・権利などの)廃棄, 破棄. **2** 権利消滅条件, 契約解除条件; その証書, 書類. 〖(1428) □ OF *defesance* ← *de*(*s*)*fesant* (pres.p.) ← *de*(*s*)*faire* to undo: ⇨ defeat, -ance〗

de·fea·si·bil·i·ty /dɪfìːzəbíləti | -zɪbíləti/ *n.* 廃棄[破棄]の可能性; 被解除性. 〖(1885): ⇨ ↓, -ity〗

de·fea·si·ble /dɪfíːzəbl | -zɪ-/ *adj.* 〘法律・哲学〙無効にできる; 廃棄[破棄, 解除]できる. **~·ness** *n.* 〖(c1321) □ AF ~ ← OF *desfais-*, *de*(*s*)*faire*: ⇨ defeasance, -ible〗

de·feat /dɪfíːt/ *vt.* **1** 〈敵・相手を〉破る, 負かす (⇨ conquer **SYN**): The ~*ed* army retreated. 敗北した軍隊は退却した. **2** 〈計画・希望・議論などを〉くつがえす, くじく (⇨ frustrate **SYN**); 〈問題・仕事などが〉〈人〉の手に負えない; 〈法案を〉否決する: ~ a person's plans [object, ends, hopes] 計画[目的, 希望]をだめにする / ~ one's own purpose みずから失敗を招く / The task has ~*ed* me [my best efforts]. その任務は私の手に負えなかった[私の最善の努力をくじいてしまった]. **3** 〘法律〙〈条件などを〉破棄する, 無効にする. **4** 《古》損なう, 破壊する. **5** 《廃》醜くする.

— *n.* **1** 打ち負かすこと, 打破, 勝利. **2** 打ち負かされること, 負け, 敗戦, 敗北 (↔ victory): suffer (a) ~ 敗北する / inflict ~ on the enemy 敵を敗北させる. **3** (希望・計画・議論などの)失敗, 挫折, 頓挫(とんざ). **4** 〘法律〙破棄, 無効. **5** 《廃》破壊: make a ~ *on* …を破壊する.

~·er /-tə | -tə^(r)/ *n.* 〖(c1380) *defete*(*n*) □ AF *defeter* ← OF *de*(*s*)*fait* (p.p.) ← *de*(*s*)*faire* (F *défaire*) < ML *disfacere* to undo ← DIS-[1]+L *facere* to do〗

de·féat·ism /-tɪzm/ *n.* (戦争中の)敗北主義, 敗北主義運動[行動]; (一般に)敗北主義. 〖(1918) □ F *défaitisme*〗

de·féat·ist /-tɪst | -tɪst/ *n.* 敗北主義者. — *adj.* 敗北主義の: a ~ attitude. 〖(1918) □ F *défaitiste*〗

de·fea·ture /dɪfíːtʃə | -tʃə^(r)/ *vt.* (見てわからないほど)…の形を傷つける. — *n.* **1** 《古》形[外観]を傷つけること. **2** 《廃》打破. 〖(1592–93) □ OF *deffaiture* unmaking: ⇨ defeat, -ure〗

def·e·cate /défɪkèɪt | déf-, díːf-/ *vt.* **1** (腸から)排便する. **2** …から不純物(など)を取り除く, 清める. — *vi.* **1** 便通する, 脱糞(だっぷん)する. **2** 清くなる, 澄む. 〖(c1485) ← L *dēfaecātus* (p.p.) ← *dēfaecāre* to cleanse from dregs ← DE-[1]+*faex* dregs: ⇨ -ate[3]〗

def·e·ca·tion /dèfɪkéɪʃən | dèf-, dìːf-/ *n.* **1** 清浄化, 浄化. **2** 排便, 脱糞(作用). 〖(1649) □ LL *dēfaecātiō*(*n*-): ⇨ ↑, -ation〗

déf·e·cà·tor /-tə | -tə^(r)/ *n.* 清浄器, 濾(こ)過装置. 〖(1864) ← DEFECATE+-OR[2]〗

de·fect[1] /díːfɛkt, dɪfékt/ *n.* **1** 欠陥, 欠乏, 不足; 欠けていること: *in* ~ 欠けている. **2** 欠点, 短所, 弱点; きず 〔*of, in*〕: a ~ *in* a mechanism メカニズムにありがちな[つきものの]欠陥. **3** 欠陥 《結晶格子の不連続性》.

in defect of …がないので, …がない場合は.

〖(?a1425) ← L *dēfectus* (p.p.) ← *dēficere* to be wanting ← DE-[1]+*facere* to make (⇨ fact)〗

SYN 欠陥: **defect** 本質的な不完全さ, 不十分さ, 欠陥: No person is without *defects*. 欠点のない人はいない. **blemish** 外観を損なう表面上の不完全さ: a *blemish* on the face 顔のしみ / the only *blemish* on his record 彼の経歴の唯一の汚点. **flaw** 構造的または実質的な不完全さ: Jealousy is a great *flaw* in her character. 嫉妬心が彼女の性格上の大きな欠点である. **imperfection** 完全さを損なう局部的な欠点: I noted several *imperfections* in his essay. 彼の論文にいくつかの不備が認められた.
ANT perfection, excellence.

de·fect[2] /dɪfékt/ *vi.* 〔国・党・主義などから〕逃げる, 逃走[脱走, 脱会]する; (特に)共産主義国から非共産主義国[またはその逆]へ脱出[亡命]する 〔*from*〕; 〔敵に〕走る, 逃げる 〔*to*〕. 〖(1579) ← L *dēfectus* (↑)〗

de·fec·tion /dɪfékʃən/ *n.* **1** 欠点, 落度, 義務不履行, 怠慢. **2** (党などからの)退脱, 脱党, 脱会 〔*from*〕; 亡命 〔*from*〕; 〔指導者・主義などに対する〕背反, 背教, 背信, 変節 〔*from*〕. 〖(1429) □ L *dēfectiō*(*n*-): ⇨ ↑, -tion〗

de·fec·tive /dɪféktɪv/ *adj.* **1** 欠点[欠陥]のある, 不備な, 不完全な: ~ hearing [sight] 不完全な聴力[視力] / ~ packing 不完全荷造り[包装] / a thing of ~ quality きず物. **2** (肝要な点が)欠けている, 足りない: ~ *in* humor ユーモアが欠けて. **3** 〘文法〙〈動詞が〉活用[変化] (conjugation) のある部分の欠けた: ~ verbs 欠如動詞 《語形変化の不完全な may, can, will, shall など》. **4** 〘心理〙身体または精神に欠陥のある. — *n.* **1** (身体または精神に)欠陥のある人. **2** 〘文法〙欠如動詞. **3** 〘統計〙不良品. **~·ly** *adv.* **~·ness** *n.* 〖(1345–46) □ (O)F *défectif* ∥ LL *dēfectīvus*: ⇨ defect[1], -ive〗

deféctive númber *n.* 〘数学〙=deficient number.

deféctive yéar *n.* 〘ユダヤ暦〙353 日の平年; 383 日の閏(うるう)年.

de·fec·tor /dɪféktə | -tə^(r)/ *n.* **1** 脱走[脱会]者; 亡命者. 日英比較 日本語の「亡命(する)」は政治的な亡命も軍人・役人などが敵側につくことも意味するが, 英語では政治的に亡命するのは obtain [seek] political asylum, 軍人・役人などが脱出して敵側につくのは defect という. そして, 政治的亡命者は political refugee, 離反して敵側についた人は *defector* という. **2** 〘法律〙召喚されて出頭しない人. 〖(1662) □ L *dēfector*: ⇨ defect[2], -or[2]〗

de·fec·to·scope /dɪféktəskòʊp | -skəʊp/ *n.* 〘鉄道〙レール探傷器. 〖← DEFECT[1]+-(O)SCOPE〗

de·fem·i·nize /dìːfémənàɪz | -mɪ-/ *vt.* …から女性の

特質を奪う, …の女性らしさを失わせる, 非女性化する, 男性化する. 〖《1907》← DE-¹+L *femina* woman+-IZE〗

de·fence /dɪ̣fέns, -fέnts/ *n.*, *vt.* 《英》=defense.

de·fend /dɪ̣fέnd/ *vt.* **1** 守る, 防御[防衛]する, 守備する: the ~*ing* army / a well-*defended* fortress 守備が十分な要塞 / The sea ~*s* Britain *from* invasion. ブリテン島は海によって侵入から守られている / You must ~ your country *against* the enemy. / ~ oneself *against* [*from*] temptation 誘惑から自分を守る. **2** 〈行為·意見·主義などを〉正当だと論じる, 弁護[擁護]する: ~ a theory, one's conduct, etc. / He ~*ed* himself *against* the false accusation. 自分の立場を弁護して誤った非難をはねのけた. **3** 〖法律〗 **a** 〈弁護人が〉〈被告〉のため抗弁[答弁]する, 〈被告〉の弁護人を務める. **b** 〈告訴·請求などに〉対抗する; 〈訴訟を〉争う: ~ a suit. **4** 〖スポーツ〗 **a** 〈ポジション·ゴールを〉守る. **b** 〈タイトルを〉防衛する. **5** 《古》 禁止する, 禁じる (forbid): God ~ *that* I should ever do such a thing! そのような事は絶対にしない. — *vi.* 防御する; 弁護[抗弁]する; 〖スポーツ〗 守る. 〖《*c*1250》 *defende(n)* ◻ (O)F *défendre* < L *dēfendere* to ward off ← DE-¹+-*fendere* to strike: cf. offend〗

SYN 防御する: **defend** 現実の攻撃を撃退しようと積極的に努力する: They *defended* the city against the enemy. 町を敵から防いだ. **guard, safeguard** 安全を保つために警戒·監視を怠らない《格式ばった語》: The soldiers *guarded* the palace. 兵士たちが王宮を守っていた / *safeguard* the ozone layer オゾン層を守る. **protect** 間に防壁などの保護手段を設けて危険·危害から身を防ぐ: A fence *protected* my garden. 私の庭は柵で守られていた. **shield** *protect* とほぼ同義だが, 差し迫った危険·危害から身を守るというニュアンスがある: Her parasol *shielded* her from the sun. 日傘が日差しから彼女を守っていた. **preserve** 〈人を〉危害·危険から保護する《格式ばった語》: May God *preserve* us from danger! 神が危険からお護りくださいますように.
ANT attack, combat.

de·fend·a·ble /dɪ̣fέndəbḷ/ *adj.* =defensible. 〖1611〗

de·fen·dant /dɪ̣fέndənt/ *n.* 〖法律〗 被告(人) (cf. accused; ↔ plaintiff). — *adj.* 被告方[側]の. 〖《*n.*: *c*1390; *adj.*: ?*c*1300》 ◻ (O)F *défendant* (pres. p.) ← *défendre*: ⇨ -ant〗

de·fend·er /dɪ̣fέndə | -də^(r)/ *n.* **1** 防御者, 守備者. **2** 守護者, 擁護者. **3** 〖スポーツ〗 選手権保持者 (↔ challenger). **4** 〖スコット法〗 **a** 被告(人) (defendant) (↔ pursuer). **b** 被告弁護士. **5** 〖トランプ〗 ディフェンダー《ブリッジでペアを組んでデクレアラーと戦う二人のプレーヤー》.

Defénder of the Fáith [the —] 信仰の擁護者《英国国王の伝統的称号; もと Henry 八世が Luther に反対する論文を書いて, 1521 年ローマ教皇 Leo X から与えられた称号; 一時廃棄されたが後また議会に承認されて今日に及んでいる; cf. DF》. 《1528》
〖《*c*1300》 ◻ AF *defendour*=OF *defendeor* (F *défendeur*)〗

de·fen·es·trate /dìːfέnəstrèɪt | -nɪ̣s-/ *vt.* 〈物·人を〉窓から外へほうり出す. 〖《1620》《逆成》 ↓〗

de·fen·es·tra·tion /dìːfènəstréɪʃən | -nɪ̣s-/ *n.* 《物·人を》窓から外へほうり出すこと.

Defenestrátion (of Prágue) [the —] 《三十年戦争のきっかけとなった》プラハ王宮窓外放出事件 (1618) 《ボヘミアのプロテスタントたちがカトリックの代官を宮殿の窓から突き落とした》.
〖《1620》 ← NL *dēfenestrātiō(n-)* ← DE-¹+L *fenestra* window (⇨ fenestra)〗

de·fense, 《英》 **de·fence** /dɪ̣fέns, -fέnts, díːfɛns, -fɛnts | dɪ̣fέns, -fέnts/ ★《米》の /díːfɛns, -fɛnts/ は特に競技で óffense と対比してよく使われる (⇨ offense ★). *n.* **1 a** 防ぐこと[力], 防御(力), 防衛(力), 守備(力) 〔*of*〕 (↔ attack, offense): *in* ~ *of* …を守るため / speak *in* ~ *of* …の弁護をする / speak in a person's ~ 人の弁護をする / a ~ *against* an enemy, an attack, etc. / a legal ~ 正当防衛 / national ~ 国防 / offensive ~ 攻勢防御 / fix [establish] a line of ~ 防御線を設定する / the cheap ~ of nations 金のかからない国防 (E. Burke, *Reflections on the Revolution in France*) / put oneself in the state of ~ 防御の身構えをする / He came to my ~. 彼は私の弁護に回ってくれた / He stood firm in my ~. 彼は断固として私の味方についてくれた / Offense is the best ~. =The best ~ is offence. 攻撃は最大の防御, 機先を制する者が勝ち / the *Defense* Agency (日本の)防衛庁 / the Department [Secretary] of *Defense* (米国の)国防総省[長官] / the Ministry [Secretary (of State)] of *Defence* (英国の)国防省[大臣]. **b** 防衛されていること[状態]. **c** [限定的形容詞として] 防衛の: the ~ budget / ~ spending. **2 a** 防御物; [*pl.*] 〖軍事〗 防備, 防御施設 (堡(ほ)塁·砲台·塹壕(ざんごう)など): It is in the minds of men that the ~*s* of peace must be constructed. 人間の心の中にこそ平和の防壁を築かなければならない (UNESCO 憲章中の一節). **b** [通例 *pl.*] 防御[防衛]計画[政策], 防備体制; 国防: the inadequate ~*s* of the land 国土の不十分な防備体制. **3** 〖法律〗 **a** [通例単数] (被告の)抗弁: That he did not know is no ~. 知らなかったということは抗弁にならない. **b** (原告の最初の訴答に対する)被告の第一の訴答 (cf. pleading 2 c). **4 a** [the ~; 集合的] 〖法律〗 被告側《被告とその弁護士; ↔ prosecution》: counsel for the ~=the ~ counsel 被告側弁護士. **b** (被告側の)防御活動. **5** 護身術《フェンシング·ボクシング·柔道など》: the science [art] of ~ 護身術. **6** 〖スポーツ〗 防御, ゴールの守備(員); ディフェンス《守備側のチームまたはプレーヤー》; 守備位置. **7** 〖クリケット〗 投手(側)の攻撃に対する打者(側)の防御, 打者側一体; 打撃. **8** 〖チェス〗 **a** 防御すること. **b** 黒が選択する布局の駒組. **9** 〖心理〗 =defense mechanism 2.

defénse in dépth 〖軍事〗 縦深防御, 深層防御《陣地を縦に深く重ねた複雑な抵抗線》. 《1941》

Defénce of the Réalm Àct [the —] 〖英法〗 戦時国土防衛法《第一次大戦中政府に国防上広範な権限を委任したもの; 1914–21; 略 DORA》.

— *vt.* 《米口語》 (フットボールなどの競技で)〈相手の攻撃を〉防ぐ, …に対する防御体制をとる.
〖《?*a*1300》 *defens, defense* ◻ OF *defens*, (O)F *défense* ◻ LL *dēfensum, dēfensa* prohibition ← *defensus* (p.p.) ← L *dēfendere* to ward off: ⇨ defend〗

defénse bònd *n.* 〖経済〗 国防債券《国土防衛のために政府が発行する》. 〖1941〗

defénse·less, 《英》 **defénce·less** *adj.* 防御のすべ[防備]のない. **~·ly** *adv.* **~·ness** *n.* 〖《*c*1530》: ⇨ -less〗

defénse·man /-mən, -mæ̀n/ *n.* (*pl.* **-men** /-mən, -mɛ̀n/) 《米》 (ホッケー·ラクロスなどの)ディフェンス, 守備員. 〖1895〗

defénse mèchanism *n.* **1** 〖生理〗 防衛機構《抗毒素を作って病原菌に対抗する類の有機体の防衛活動》. **2** 〖心理〗 防衛機制《不快な観念や衝動が意識圏内にはいることを防ごうとする心理的なメカニズム; 抑圧·昇華など; cf. escape mechanism》. 〖1913〗

de·fen·si·bil·i·ty /dɪ̣fɛ̀nsəbíləti | -sɪ̣bílɪ̣ti/ *n.* 防御[弁護]の可能性. 〖《1846》: ⇨ ↓, -ity〗

de·fen·si·ble /dɪ̣fέnsəbḷ | -sɪ̣-/ *adj.* **1** 防御[守備]できる. **2** 擁護[弁護]できる. **~·ness** *n.* **de·fén·si·bly** *adv.* 〖《15C》 ◻ LL *dēfensibilis* ← *dēfēnsus* ∽ 《1297》 *defensable* ◻ (O)F *défensable* ◻ LL *dēfensābilis*: ⇨ defense, -ible〗

de·fen·sive /dɪ̣fέnsɪv, -fέntsɪv, díːfɛn-, -fɛnts- | dɪ̣fέnsɪv, -fέnts-/ ★《米》の /díːfɛnsɪv, -fɛntsɪv/ は特に競技で óffensive と対比してよく使われる (⇨ offensive ★). *adj.* (↔ offensive) **1** 防御的な, 防備用の, 守勢上の: a ~ alliance 防御同盟 / ~ arms 防御武器 / ~ war [warfare] 防御戦 / ~ works 防御工事. **2** 〈言葉·態度など〉守勢の, 守備の, 受け太刀の. **3** 〖心理〗 防衛的な. **4** 〖経済〗 食糧品など市況の影響は受け難いが消費者に欠くことのできない必需品を生産する産業の. **5** 〖トランプ〗 **a** (ブリッジで)防御側の: ~ bidding 相手がオープンした後のビッドの仕方 (cf. overcall *n.* 1). **b** 防御側の戦力となる. — *n.* **1** [the ~] 守勢; 弁護: assume *the* ~ 守勢をとる / be [go] *on the* ~ 守勢をとる; (批判などに対し)むきになっている[なる] / put … *on the* ~ …に守勢をとらせる. **2** 防御物. **~·ly** *adv.* **~·ness** *n.* 〖《*a*1400》 ◻ (O)F *défensif* // ML *dēfensivus*: ⇨ defense, -ive〗

defénsive báck *n.* 〖アメフト〗 ディフェンシブバック《守備側の最後列のプレーヤー; 特に相手のパスレシーバーにつく; そのポジション》.

defénsive grenáde *n.* 〖軍事〗 防御用手榴弾《強い爆発力を有し, 掩蓋(えんがい)の中などから投げるのに用いる; 破片手榴弾 (fragmentation grenade) に対するもの》.

defénsive médicine *n.* 自衛的医療《医療過誤訴訟の可能性を避けるために医師が過剰な検査·診断を行うこと》.

defénsive tríck *n.* 〖トランプ〗 (ブリッジで)防御札, 防御側の必勝札 (winner) (cf. playing trick).

de·fen·so·ry /dɪ̣fέns(ə)ri/ *adj.* 《まれ》 =defensive. 〖《?*a*1425》 ◻ LL *dēfensōrius*: ⇨ defense, -ory¹〗

de·fer¹ /dɪ̣fə́ː | -fə́ː^(r)/ *v.* (**de·ferred; de·fer·ring**) — *vt.* **1** 延ばす, 延期する (⇨ delay **SYN**); 据え置く. **2** 《米》 一時的に…の徴兵を延期する. — *vi.* 延びる, 長びく, ぐずぐずする. 〖《*c*1375》 *differre(n)* ◻ (O)F *différer* ◻ L *differre* ← *dif-* 'DIS-'+*ferre* to carry: cf. differ〗

de·fer² /dɪ̣fə́ː | -fə́ː^(r)/ *v.* (**de·ferred; de·fer·ring**) — *vi.* 〔…に〕敬意を払う, 敬意を払って譲る, 〔人(の意見)に〕従う (submit) 〔*to*〕: ~ *to* a person [his opinion] 人[彼の意見]に従う. — *vt.* 〔人などに〕…の決定を任せる 〔*to*〕. 〖《*a*1447》 ◻ (O)F *déférer* ◻ L *dēferre* to report, accuse ← DE-¹+*ferre* to carry〗

de·fer·a·ble /dɪ̣fə́ːrəbḷ | -fə́ːr-/ *adj.* =deferrable.

def·er·ence /déf(ə)rəns, -rənts/ *n.* **1** 〔目上の人やその意見などに〕服すること, 服従 〔*to*〕: blind ~ 盲従. **2** 敬意, 尊敬 (⇨ honor **SYN**): *in* ~ *to* your wishes ご希望に従って[敬意を払って] / with all due ~ *to* you おことばではございますが, 失礼ながら / pay [show] ~ *to* …に敬意を払う[表する] / treat with ~ 恭しく取り扱う. 〖《1647》 ◻ F *déférence*: ⇨ defer², -ence〗

def·er·ent¹ /déf(ə)rənt/ *adj.* 《まれ》 =deferential. 〖《1822》《逆成》 ↑〗

def·er·ent² /déf(ə)rənt/ *adj.* **1** 送り出す, 輸出の. **2** 〖解剖〗 精管の: a ~ duct 精管. — *n.* 〖天文〗 (プトレマイオス系の)従円《地球を取り巻く円で, 天体または天体の周転円の中心がその円周上を運行すると考えられた》. 〖《1626》 ◻ L *dēferentem* (pres.p.) ← *dēferre* to carry down: ⇨ defer², -ent〗

def·er·en·tial /dèfərénʃəl, -ʃl⁻/ *adj.* 敬意を表する, 恭しい. **~·ly** *adv.* 〖《1822》 ← DEFERENCE: *prudence prudential* などの類推〗

de·fer·ment /dɪ̣fə́ːmənt | -fə́ː-/ *n.* **1** 延期, 繰延べ; 据置き. **2** 《米》 徴兵延期[猶予]. 〖《1612》 ← DEFER¹+-MENT〗

de·fer·ra·ble /dɪ̣fə́ːrəbḷ | -fə́ːr-/ *adj.* 延期できる; 《米》 (徴兵制度で)猶予できる. — *n.* 《米》 徴兵猶予有資格者. 〖《1943》 ← DEFER¹+-ABLE〗

de·fer·ral /dɪ̣fə́ːrəl | -fə́ːr-/ *n.* 延期, 据置き: a ~ of wages 給料遅[後]配. 〖《1895》 ← DEFER¹+-AL²〗

de·férred *adj.* **1** 延ばした, 繰延べの. **2** 〖証券〗 (株式が, 配当について)後配の, 据置きにした. **3** 《米》 徴兵を猶予されている. 〖《1651》 ← DEFER¹+-ED〗

deférred annúity *n.* 据置き年金 (cf. immediate annuity).

deférred ássets *n. pl.* 〖簿記〗 繰延資産.

deférred íncome *n.* **1** 〖会計〗 繰延収益《前受け金など》. **2** 〖簿記〗 前受け収益《地代·家賃·利息などすでに支払いを受けたが, 決算日になって, まだ役務を提供していない前受分》.

deférred páy [páyment] *n.* **1** 《英》 退官賜金, 据置き払い《下士官兵の給料の一部を積立て, 除隊または死亡の際に払う》. **2** 〖経済〗 延べ払い. 〖1863〗

deférred révenue *n.* 〖簿記〗 =deferred income 2.

deférred sávings *n. pl.* 据置き貯金.

deférred séntence *n.* 〖法律〗 刑の宣告猶予《刑事被告人への刑の宣告を猶予し, 保護観察 (probation) に対して, 無事に所定の期間を経過したときは刑の宣告を免れるという処分; cf. suspended sentence》.

deférred sháre [stóck] *n.* 〖証券〗 後配株, 劣後株: **a** 《英》 配当について普通株より後順位にある株式 (cf. preferred share). **b** 《米》 発行後, 一定期間または一定条件が満たされるまでの間, 配当が支払われない株式. 〖1796〗

deférred télegram *n.* 間送電報《局で事務の閑散なときに送る料金の安い電報》.

de·fér·rer /-fə́ːrə | -fə́ːrə^(r)/ *n.* 延期する人, 長引かせる人. 〖《1552》 ← DEFER¹+-ER¹〗

de·fer·vesce /dìːfəvés, dèfə- | -fə-/ *vi.* 熱が下がる. 〖《1859》《逆成》 ↓〗

de·fer·ves·cence /dìːfəvésəns, dèfə-, -sṇs | -fə-/ *n.* 〖医学〗 下熱期. 〖《1721》 ◻ G *Deferveszenz* ◻ L *dēfervēscens* (pres.p.) ← *dēfervēscere* to stop boiling ← DE-¹+*fervēscere* to begin to boil〗

de·feu·dal·ize /dìːfjúːdəlàɪz, -dl- | -dəl-, -dl-/ *vt.* …の封建制度を撤廃する, 封建的性質を除く.

de·fi·ance /dɪ̣fáɪəns, -ənts/ *n.* **1** 挑み, 挑戦 〔*to*〕. **2** (目上·権威などに対する)公然の反抗, 反対: be at open ~ with …に公然と反抗している. **3** 無視, 蔑視 〔*of*〕: *in* ~ *of* convention [danger] 慣習[危険]を無視して[にかまわずに]. ***bid defiance to*** …に挑みかかる; …を無視する. 《1667》 ***sét at defiance*** 無視する. 《1621》 〖《?*a*1300》 ◻ (O)F *défiance* ← *défier* 'to DEFY': ⇨ -ance〗

de·fi·ant /dɪ̣fáɪənt/ *adj.* **1** 反抗的な, けんか腰の; 大胆な, 傲慢(ごうまん)な: a ~ look, attitude, manner, etc. **2** 無視する: be ~ *of* …を無視する. **~·ly** *adv.* **~·ness** *n.* 〖《*a*1837》 ◻ F *défiant* (pres.p.) ← *défier* (↑)〗

de·fi·bril·late /dìːfáɪbrəlèɪt, -fíb- | -rɪ̣-/ *vt.* 〖医学〗 (電気ショックなどで)〈心臓〉の細動を除去する.

de·fi·bril·la·tive /dìːfáɪbrəlèɪtɪv, -fíb- | -rɪ̣t-/ *adj.* **de·fi·bril·la·to·ry** /dìːfáɪbrələtɔ̀ːri, -fíb- | -təri, -tri/ *adj.* 〖《*c*1930》 ← DE-¹+FIBRILLATE〗

de·fi·bril·la·tion /dìːfàɪbrəléɪʃən, -fìb- | -rɪ̣-/ *n.* (心臓の)除細動, 細動除去.

de·fi·bril·là·tor /-tə | -tə^(r)/ *n.* 〖医学〗 (心臓の)細動除去[除細動]器[剤]. 〖《1952》 ← DEFIBRILLATE+-OR²〗

de·fi·brin·ate /dìːfáɪbrənèɪt, -fíb- | -rɪ̣-/ *vt.* 〖医学〗 〈血液〉から線維素を除去する. **de·fi·brin·a·tion** /dìːfàɪbrənéɪʃən, -fìb- | -rɪ̣-/ *n.* 〖《*c*1845》 ← DE-¹+FIBRIN+-ATE³〗

de·fi·cience /-ʃəns/ *n.* =deficiency. 〖1605〗

de·fi·cien·cy /dɪ̣fíʃənsi, -ʃəntsi/ *n.* **1** 不足, 欠乏 〔*of, in*〕: a ~ *of* food. **2** (精神的·肉体的な)欠陥: moral ~. **3** 不足分[量], 不足額: a ~ *of* $100 / make good [make up for, fill up] a ~ 不足分を補う. **4** 欠損. **5** 〖生物〗 欠失《染色体の一部が欠けて失われること》. 〖《1634》 ◻ LL *dēficientia*: ⇨ deficient, -ency〗

deficiency accòunt *n.* 〖経営〗 欠損金勘定, 欠損金計算書《赤字企業の貸借対照表を補う計算書; 資産の評価額と債権者の請求額に対する不足額とを示し, 時には財政困難の原因を明らかにする》. 〖1887〗

deficiency disèase *n.* 〖病理〗 欠乏(症), 欠乏(性)疾患《日常の飲食物中のアミノ酸·無機物·ビタミン類などの欠乏やそれらを新陳代謝できないことから生じる病気; 壊血病·佝僂(くる)病·ペラグラなど》; 欠失, 欠損. 〖1912〗

deficiency jùdgment *n.* 〖法律〗 不足金判決《抵当物処分後さらに残った債権者のための不足金に関する判決》.

deficiency pàyment *n.* 《英》 (政府が農家に支払う)補給金, 助成金《政府が農家に基準取引価格(最低価格)と標準的生産価格(保証価格)との差額を支払う制度》. 〖1932〗

deficiency stàtement *n.* 〖経営〗 =deficiency account. 〖1887〗

de·fi·cient /dɪ̣fíʃənt/ *adj.* **1** 〔肝要なあるものが〕不足している, 不十分な 〔*in*〕: be ~ *in* energy [intellect] 精力[知力]が欠けている. **2** 欠陥のある: be mentally [bodily, morally] ~ 知能的[身体的, 道徳的]に欠陥がある. **3** 《英》 標準以下の; まぬけの. **4** 〖生物〗 欠失がある. — *n.* 欠陥のある人[物]: a bodily ~ 身体的欠陥のある人. 〖《1581》 ◻ L *dēficientem* (pres.p.) ← *dēficere* to be wanting: ⇨ defect¹〗

de·fi·cient·ly *adv.* 不十分に, 不完全に. 〖《1702》: ⇨ ↑, -ly¹〗

D

D

deficient númber *n.* 〔数学〕輸数, 不足数《その正の約数の和が自分自身より小であるような自然数, 例えば 8 など; cf. abundant number, perfect number》. 〘1727–51〙

def·i·cit /défəsɨt | défɨsɨt, dɨfí-/ *n.* **1** 不足額, 赤字, マイナス勘定, (資産に対する)負債額の超過, (収入額に対する)支出額の超過, 欠損金, 損失金《未処分利益 a/c がマイナスになる場合》: a ~ of $800 millon 8 億ドルの赤字 / cover [reduce] the ~ 欠損を埋める[減らす]. **2** (物資などの)不足(量)〔*in, of*〕: a ~ *in* [*of*] oil 石油の不足. 〘(1782) ◻ F *déficit* ◻ L *dēficit* it is wanting ← *dēficere*: ⇨ defect[1]〙

déficit fináncing *n.* 〔財政〕(政府の)赤字財政(政策)《compensatory finance, pump priming ともいう》.

déficit-rídden *adj.* 赤字に悩まされている.

déficit spénding *n.* 〔財政〕(政府の)赤字財政支出, 超過支出. 〘1938〙

de fi·de /diːfáɪdi, deɪfíːdeɪ | dɪfáɪdi, diː-, deɪfíːdeɪ/ *L. adj.* 〔カトリック〕〈教義が〉信仰箇条として守るべき《神によって啓示され, それを無条件に信じることが義務づけられる教義について用いられる》. 〘(1638) ◻ L *dē fide* according to faith: ⇨ de[1], fidelity〙

de·fi·er *n.* 挑む人; 無視する人. 〘(1585) ← DEFY + -ER[1]〙

def·i·lade /dèfəléɪd, ⌐⌐⌐/ 〔築城〕*vt.* 遮蔽(しゃへい)する, 〈堡塁(ほうるい)·部隊を〉砲火が防げるように配置する. — *n.* 遮蔽, (縦射に対して)堡塁を守ること. 〘(1828) ← DE-[1] + (EN)FILADE〙

de·file[1] /dɨfáɪl/ *vt.* **1** 汚す, 汚染する, 不潔にする (⇨ contaminate SYN). **2** …の美観[純粋さ, 完璧さ]を損なう. **3** 〈名誉·評判などを〉汚す. **4** 儀式用としてふさわしくなくする; …の神聖を汚す, 冒瀆(ぼうとく)する: ~ a holy place with blood 聖地(の神聖さ)を流血で汚す. **5** 《古》〈女性を〉凌辱する, 暴行する, 純潔を奪う. **~·ment** *n.*
de·fil·er /-lə | -lə(r)/ *n.* 〘(a1400) *defile(n)* (混成)? ← *befile(n)* (< OE *befȳlan* to befoul ← *fūl* 'FOUL') + ME *defoulen* to pollute (◻ OF *def(o)uler* to trample)〙

de·file[2] /dɨfáɪl, díːfaɪl/ *vi.* 〔軍事〕〈軍隊が〉縦列行進する, 一列縦隊で進む. — *n.* **1** (縦列行進で通れる程度の)狭い路, 隘路(あいろ), (特に山·岩壁などの間の)狭い谷道. **2** (兵隊などの)一列縦隊[幅の狭い縦隊]での行進. 〘v.: (1705) ◻ F *défiler* ← DE-[1] + *file* 'FILE'. — n.: (1685) ◻ F *défilé* (p.p.) ← (v.)〙

de·fin·a·ble /dɨfáɪnəbl/ *adj.* **1** (範囲を)限定できる. **2** 定義[説明]できる. **de·fin·a·bil·i·ty** /dɨfàɪnəbíləti | -lɨti/ *n.* **de·fin·a·bly** *adv.* 〘(a1660): ⇨ ↓, -able〙

de·fine /dɨfáɪn/ *vt.* **1** 〈語·概念などの〉定義をする, 定義を下す, 意味を明確にする: ~ a word 語(の意味)を定義する. **2** 〈境界·範囲などを〉限定する; 〈物の輪郭·形状などを〉定める, はっきり示す: ~ a boundary 境界を定める. **3** 〈真意·本務·立場などを〉明らかにする, 明示する: ~ one's meaning [position] 自分の言う意味[立場]を明らかにする. **4** 〈性質などが〉定義づける, …の定義[弁別的特徴]となる: Bravery ~s the soldier. 軍人の特徴は勇気である. — *vi.* (語などの)定義を下す, 意味を明確にする.
de·fin·er *n.* 〘(c1380) *diffyne(n)* ◻ (O)F *definer* ◻ VL **dēfināre* = L *dēfīnīre* to limit, determine: ⇨ de-[1], finis〙

de·fine·ment *n.* 《まれ》定義; 描写 (description).

de·fin·i·en·dum /dɨfìniéndəm/ *n.* (*pl.* **-en·da** /-də/) (↔ definiens) **1** 定義[限定]された[されるべき]もの; 辞書の見出し語. **2** 〔論理〕定義される項; 被定義項《定義において定義されるほうの語句》. 〘(1871) ◻ L *dēfiniendum* (neut. ger.) ← *dēfīnīre* (↑)〙

de·fin·i·ens /dɨfíniènz/ *n.* (*pl.* **-i·en·ti·a** /dɨfìniénʃiə/) (↔ definiendum) **1** 定義するもの; (辞書の)定義. **2** 〔論理〕定義する項; 定義項. 〘(1871) ◻ L *dēfīniēns* (pres.p.) ← *dēfīnīre* (↑)〙

de·fin·ing *adj.* 〔文法〕限定的 (restrictive)《語·句の指示を限定する》: a ~ clause 限定節. 〘(1773) ← DEFINE + -ING[2]〙

defining móment *n.* (人·集団などの本質[正体]が明らかになる)決定的な瞬間.

def·i·nite /déf(ə)nɨt/ *adj.* **1** 明確に限定された, 一定の: a ~ term [time, date, place] / a ~ aim in life 確たる人生目標. **2** 明確な, 確かな, 確実な (⇨ explicit[1] SYN); はっきりした, 明白な; [that 節を伴って] 〈…を〉確信した (↔ vague): a ~ answer 確答 / She was very ~ in her answer [~ about it, ~ that she would not agree]. **3** 〔数学〕定符号の. **4** 〔植物〕**a** 〈花序が〉定数の, 有限の《花弁の倍数で普通 20 以下》: ~ inflorescence 有限花序. **b** 〈花が〉有限花序の, 集散花序の. **5** 〔文法〕〈形容詞が〉限定的な, 限定する (this, that, the など). **~·ness** *n.* 〘(a1500) ◻ L *dēfīnītus* (p.p.) ← *dēfīnīre* (⇨ define)〙

définite árticle *n.* 〔文法〕定冠詞《英語では the; cf. indefinite article》. 〘1765〙

définite descríption *n.* 〔論理·哲学〕確定記述《「富士山」を「日本一高い山」で代置するように, 唯一固有の対象を固有名詞を用いずにその唯一独自の属性で記述し, 代置して, unicorn のような有名無実の対象を含む文を偽とする; B. Russell の理論》. 〘1911〙

définite íntegral *n.* 〔数学〕定積分《積分する区間の上端が定まっている積分; ↔ indefinite integral》. 〘1860〙

def·i·nite·ly /déf(ə)nɨtli/ *adv.* **1** 《口語》**a** 確かに, 全く, 断然 (positively). **b** [間投詞的に] 全くその通り; [~ not として] 全く違うよ, とんでもない (certainly not). **2** 限定的に; 確定的に; 明確に. 〘(1581) ← DEFINITE + -LY[1]〙

définite quadrátic fórm *n.* 〔数学〕定符号二次形式.

définite ténse *n.* 〔文法〕定時制《確定した時期を表す動詞の形で progressive form のこと; cf. indefinite tense 1》.

définite-tíme *adj.* 〔電気〕〈継電器[リレー]が〉定限時の.

def·i·ni·tion /dèfəníʃən | -fɨ-/ *n.* **1** 定義, 限定: give a ~ of …の定義を下す / What's the ~ of …? …の定義は何ですか / ~s in use=contextual ~s 文脈的定義. **2** はっきりさせること[力], 描写(力), 説明(力); (境界などの)限定; (輪郭などの)明確さ. **3 a** 〔光学〕(レンズの)描写力, 解像力. **b** (ラジオ·テレビなどの)鮮明度, 精細度; (無線通信の)感応度: a high-*definition* television 高品位テレビ, ハイビジョンテレビ.
by definition (1) 定義によれば[よって]; 当然. (2) 《皮肉》定義上は, 当然: *By* ~, a photographer takes photographs. 写真家であるからには, 写真を撮るのは当然だ.
~·al /-ʃnəl, -ʃənl/ *adj.* 〘(c1384) *definicion* ◻ (O)F *définition* ◻ L *dēfīnītiō(n-)*: ⇨ definite, -tion〙

de·fin·i·tive /dɨfínətɪv | -tɪv/ *adj.* **1** 限定的な; (性格などを)明示する: a ~ name (ふさわしい)呼び名. **2** 決定的な, 最後的な; 〈テクストなど〉最も権威のある, 完全で正確な: a ~ answer [sentence] 決定的[最終的]な返事[判決]. **3** 一定の, 明確な. **4** 〔生物〕**a** 〈形質など〉完全に発達した形態を持った (cf. primitive, primordial). **b** (種々の変化を経て)最後に完成した, 最後の, 終結の: ~ organs 完全器官 / ⇨ definitive host. **5** 〔郵趣〕(記念切手や特殊切手と区別して)普通切手の cf. commemorative). — *n.* **1** 〔文法〕限定語. **2** 〔郵趣〕普通切手.
~·ness *n.* 〘(c1390) ◻ (O)F *définitif* ◻ L *dēfīnītīvus*: ⇨ definite, -ive〙

definitive edítion *n.* (著書の)決定版, 定本. 〘1882〙

definitive hóst *n.* 〔生物〕固有宿主《寄生者の正常な宿主; cf. intermediate host》. 〘1901〙

de·fin·i·tive·ly *adv.* 限定的に, 決定的に; 終局的に. 〘(1529) ← DEFINITIVE + -LY[1]〙

definitive plúmage *n.* 〔鳥類〕完羽《一度生えると死ぬまで変化しない羽毛》.

def·in·i·tize /défənətàɪz, dɨfín- | défɨnɨ-/ *vt.* 明確化する, 具体化する. 〘(1876) ← DEFINITE + -IZE〙

de·fin·i·tude /dɨfínətùːd, -tjùːd | -nɨtjùːd/ *n.* 明確さ, 精確さ. 〘(1836) ← DEFINITE + -(T)UDE〙

def·la·grate /défləgrèɪt | déf-, díːf-/ *vt., vi.* 〔化学〕(急激に)爆燃させる[する], 突燃させる[する]. 〘(1727) ← L *dēflagrātus* (p.p.) ← *dēflagrāre* ← DE-[1] + *flagrāre* to blaze: cf. flagrant〙

def·la·gra·tion /dèfləgréɪʃən | dèf-, dìːf-/ *n.* 〔化学〕爆燃, 突燃《木炭と硝石の混合物を熱したときのように強い光と熱とを発して急激に燃焼すること》. 〘(1607) ◻ L *dēflagrātiō(n-)*: ⇨ ↑, -ation〙

de·flate /dɨfléɪt, diː-/ *vt.* **1** 〈ふくれた物を〉すぼませる; 〈タイヤ·気球などから〉空気[ガス]を抜く: ~ a tire / become ~*d* (空気·ガスなどが抜けて)収縮する. **2** 〔経済〕〈膨張した通貨を〉収縮させる, 〈物価を〉引き下げる (↔ inflate; cf. reflate, disinflate), 〈貨幣価値表示の経済量を〉実質化する. **3** 〈希望·自信などを〉そぐ, くじく, 〈人を〉意気消沈させる; 参らせる; 〈量·規模·重要性などを〉減ずる, 縮小する. — *vi.* **1** 空気が抜ける, 収縮する, 〈ふくれた物が〉すぼむ. **2** 自信を失う. **3** 〔経済〕金融引締め[デフレ]政策を敷く. **de·flát·ed** /-tɨd | -tɨd/ *adj.* 〘(1891) ← DE-[1] + (IN)FLATE〙

de·flát·er /-tə | -tə(r)/ *n.* =deflator.

de·fla·tion /dɨfléɪʃən, diː-/ ★ inflation と対比するときには /diːfléɪʃən/ または /díːflèɪʃən/ と発音される. *n.* **1** 〔経済〕デフレーション, デフレ, 通貨収縮, (物価の)引き下げ, 金融梗塞(こうそく), 不況 (↔ inflation; cf. disinflation). **2** 空気[ガス]を抜くこと; (気球の)ガス放出; (膨張物の)収縮. **3** 〔地質〕乾食, デフレーション, 風食(作用) (⇨ wind erosion). 〘(1891): ⇨ ↑〙

de·fla·tion·ar·y /dɨfléɪʃənèri, diː- | -ʃ(ə)nəri/ *adj.* 通貨収縮的な: ~ policy デフレ政策 / a ~ spiral ⇨ spiral *n.* 6. 〘(1920): ⇨ ↑, -ary〙

deflátionary gáp *n.* 〔経済〕デフレギャップ《完全雇用に必要な有効需要水準よりも現実の有効需要水準が低いときの両者の差》.

de·flá·tion·ist /-ʃ(ə)nɨst | -nɪst/ *n., adj.* デフレ論者(の). 〘(1921) ← DEFLATION + -IST〙

de·flá·tor /-tə | -tə(r)/ *n.* **1** deflate させる人[もの]. **2** 〔経済〕デフレーター, 実質化因子《物価変動による貨幣価値の変化を修正するために用いられる物価指数》. 〘(1896) ← DEFLATE + -OR[2]〙

de·flect /dɨflékt/ *vt.* **1** 〈弾丸·ボールなどの〉方向[進路]を変えさせる[そらす]; 〈光線などを〉(一方に)そらす, 偏向させる, かたよらせる〔*from*〕. **2** 〈批判·怒りなどを〉そらす; 〈人の〉関心をそらす; ゆがめる (swerve): ~ a person's thoughts / ~ the judgment by hope, fear, etc. / ~ a person *from* his purpose 人に目的を果たさせないようにする. — *vi.* 〈光線·ボールなどが〉〈進路から〉それる, 偏向する, かたよる〔*from*〕. 〘(c1555) ◻ L *dēflectere* ← DE-[1] + *flectere* to bend: cf. flex〙

de·fléct·ed *adj.* 下に曲がった, 下にゆがんだ. 〘(1828): ⇨ ↑, -ed 2〙

de·fléct·ing còil *n.* 〔電気〕偏向コイル《テレビ用ブラウン管中の電子流を曲げるためのコイル》.

deflécting fòrce *n.* 〔気象〕=Coriolis effect. 〘1796〙

deflécting plàte *n.* 〔電気〕偏向板《ブラウン管中の電子流を曲げるための電極》.

de·flec·tion, 《英》**de·flex·ion** /dɨflékʃən/ *n.* **1** それ, 反(そ)り, ゆがみ, かたより. **2** 〔物理〕たわみ, 偏差, 偏向, 振れ. **3** 〔航空〕(主翼の)屈撓(くっとう). **4** 〔電子工学〕偏向《電子ビームに磁界や電界をかけてその進む方向を曲げること》. **5** 〔スポーツ〕(ボールなどの)それ《意図しない方向へのバウンド》. 〘(1603) ◻ LL *dēflexiō(n-)*: ⇨ deflect, -tion〙

defléction yòke *n.* 〔電子工学〕偏向ヨーク《電子線を磁界で偏向させるためのコイルを巻く鉄心またはコイル群全体》.

de·flec·tive /dɨfléktɪv/ *adj.* それ[ゆがみ]を生じ(させ)る. 〘(1813) ← DEFLECT + -IVE〙

de·flec·tom·e·ter /dɨflɛktɑ́(ː)mətə | -tɔ́mɨtə(r)/ *n.* 〔機械〕たわみ計《試験片のたわみを測定する; cf. extensometer》. 〘(1836): ⇨ -meter〙

de·fléc·tor *n.* **1** 〔機械〕(気流·燃焼ガス調節用)デフレクター, そらせ板, 変流器, 転向装置[器]. **2** 〔海事〕(コンパス自差修正用)偏針儀《船首方位の変化によって変わるコンパスの指北力を比較する計器》. 〘(1837) ← DEFLECT + -OR[2]〙

de·flexed /díːflekst, dɨflékst/ *adj.* **1** =deflected. **2** 〔生物〕下曲の, 急に下方に折れ曲がった, 反(そ)り返った. 〘(1826) ← L *dēflexus* (p.p.) ← *dēflectere*: ⇨ deflect〙

de·flex·ion /dɨflékʃən/ *n.* =deflection. 〘1603〙

de·floc·cu·lant /dìːflɑ́(ː)kjulənt | -flɔ́k-/ *n.* 〔窯業〕解膠(かいこう)剤, 解凝剤《泥漿(でいしょう)を分散させるために加える電解質, 例えば水ガラスや炭酸ソーダなど》. 〘(1930): ⇨ ↓, -ant〙

de·floc·cu·late /dìːflɑ́(ː)kjulèɪt | -flɔ́k-/ 〔物理·化学〕*vt.* 解膠(かいこう)する; 〈コロイドなどの〉凝集を防止する. — *vi.* 解膠する《凝結したコロイド粒子などが溶液の状態に戻る》. 〘(1907) ← DE-[1] + FLOCCULATE〙

de·floc·cu·la·tion /dìːflɑ̀(ː)kjuléɪʃən | -flɔ̀k-/ *n.* 〔物理·化学〕解膠(かいこう)《凝結したコロイド粒子などをコロイド溶液の状態に戻すこと》. 〘(1904) ← DE-[1] + FLOCCULATION〙

de·floc·cu·lent /dìːflɑ́(ː)kjulənt | -flɔ́k-/ *n.* 〔窯業〕=deflocculant. 〘← DEFLOCCUL(ATE) + -ENT〙

de·flo·rate /défləreɪt, dɨflɔ́ːreɪt | défləreɪt, dɨflɔ́ːreɪt/ *vt.* =deflower. 〘(1464) ← L *dēflōrātus* (p.p.) ← *dēflōrāre* to deflower ← DE-[1] + *flōs* 'FLOWER'〙

def·lo·ra·tion /dèfləréɪʃən, dìː- | dìːflɔːr-, dèf-/ *n.* **1** 花をもぎ取る[摘む]こと, 摘花; 美を奪うこと. **2** 《古》(名文句などの)抜粋; (その抜粋した)詞華集. **3** 処女を奪うこと. 〘(16C) ◻ LL *dēflōrātiō(n-)* ∽ (a1387) *defloracion* ◻ OF: ⇨ ↑, -ation〙

de·flow·er /dìːfláuə, dɨ- | -fláuə(r)/ *vt.* **1** …の処女性を奪う, 〈処女を〉犯す. **2** …から花をもぎ取る, 花を散らす: The wind ~*ed* the trees. 風で木の花が散ってしまった. **3** …の美を奪う, (…の新鮮味などを)そこなう. **~·er** /-fláuᵊrə | -fláuərə(r)/ *n.* 〘(a1384) *deflore(n)* ◻ (O)F *déflorer* to remove the flowers from, ravish // LL *dēflōrāre*: ⇨ deflorate〙

def·lu·ent /défluːənt | -luənt/ *adj., n.* (氷河の下端など)切れて落ちる(部分). 〘(1652) ◻ L *dēfluentem* (pres. p.) ← *dēfluere* to flow down: ⇨ de-[1], fluent〙

de·foam /dìːfóum | -fə́um/ *vt.* …の泡を取り除く, 消泡する. **~·er** *n.*

de·fo·cus /dìːfóukəs | -fə́u-/ *v.* (**de·fo·cused, de·fo·cussed; ~·ing, de·fo·cus·sing**) — *vt.* 〈レンズなどの〉焦点をぼかす. — *vi.* 〈レンズなどが〉焦点がぼける. — *n.* (特に, 映画の画面などのわざと)ぼかした映像. 〘(1935) ← DE-[1] + FOCUS[1]〙

De·foe /dɨfóu | -fə́u/ (*also* **De Foe** /~/), **Daniel** *n.* デフォー《1660?–1731; 英国の小説家·ジャーナリスト; *Robinson Crusoe* (1719), *Moll Flanders* (1722)》.

de·fog /dìːfɑ́(ː)g, -fɔ́(ː)g | -fɔ́g/ *vt.* (**de·fogged; de·fog·ging**) 〈自動車の窓ガラスなどの〉曇りを取り除く《熱線入りのガラスを用いる》; 《口語》〈話·問題点などを〉わかりやすくする, 明らかにする. 〘(1904) ← DE-[1] + FOG[1]〙

de·fóg·ger *n.* 《米》(自動車などの窓の)曇り取り装置 (《英》demister).

de·fo·li·ant /dìːfóuliənt | -fə́u-/ *n.* **1** (落葉植物の)落葉準備(期). **2** 枯葉剤, 落葉剤《人工的に植物の葉を落とす薬剤; ゲリラ戦を防ぐために森林地帯にまく化学剤など; cf. defoliation 2》. 〘(1943) ← DEFOLI(ATE) + -ANT〙

de·fo·li·ate /dìːfóuliɨt, -lièɪt | -fə́u-/ *adj.* 葉を失った; 葉の落ちた. — /dìːfóulièɪt | -fə́u-/ *v.* — *vt.* **1** 〈木〉から葉を落とす, 落葉させる. **2** …に枯葉剤をまく. — *vi.* 落葉する. **de·fó·li·à·tor** /-tə | -tə(r)/ *n.* 〘(1791) ← LL *dēfoliātus* (p.p.): ⇨ de-[1], foliate〙

de·fo·li·a·tion /dìːfòuliéɪʃən/ *n.* **1** 葉の脱落; 落葉. **2** 〔軍事〕枯葉作戦《化学剤を森林地帯に散布して葉を枯らす; 米国がベトナム戦争で行った》. 〘(1659) ← LL *dēfoliātus*: ⇨ ↑, -tion〙

de·force /dɨfɔ́əs | -fɔ́ːs/ *vt.* 〔法律〕**1** 〈他人の不動産を〉不法に占有する. **2** 〈他人〉の不動産の適法な占有を不法に侵害する. 〘(c1437) ◻ AF *deforcer* = OF *deforcier* ← DE-[1] + *forcier* 'to FORCE[1]'〙

de·fórce·ment *n.* 〔法律〕不動産の不法占有《適法な占有の侵害, 価額を低下させる行為などを含む》. 〘(1581) ◻ AF ~: ⇨ ↑, -ment〙

de·for·ciant /dɨfɔ́əʃənt | -fɔ́ː-/ *n.* 〔英法〕**1** 不法占有者《正当な所有者を排除してその財産(主として土地)を占有する人》. **2** 和解譲渡人《土地の和解譲渡 (fine) が行われるとき, その仮装の契約違犯に基づく訴訟の被告とされる者; 1833 年廃止》. 〘(1437) ◻ AF *deforceant* (pres.p.) ← *deforcer* 'to DEFORCE'〙

de·for·est /dìːfɔ́(ː)rɨst, -fɑ́(ː)r- | -fɔ́r-/ *vt.* 〈土地〉から山

林[樹木]を切り払う,《森林地を》切り開く. 〖《1538》← DE-¹+FOREST〗

De For·est /dɪfɔ́(ː)rɪ̀st, -fɑ́(ː)r- | -fɔ́r-/, **John William** *n.* デフォレスト《1826–1906; 米国の小説家; *Miss Ravenel's Conversion from Secession to Loyalty* (1867)》.

De Forest, Lee *n.* デフォレスト《1873–1961; ラジオ・トーキー・テレビ・電信・電話などに改良を加えた米国の発明家》.

de·for·est·a·tion /dìːfɔ̀(ː)rɪ̀stéɪʃən, -fɑ̀(ː)r- | -fɔ̀r-/ *n.* 森林伐採[破壊], 山林開拓. 〖《1874》← DEFOREST+-ATION〗

dè·fór·est·er *n.* 森林伐採[開拓]者. 〖《1880》← DEFOREST+-ER¹〗

de·form /dɪfɔ́əm, dìː- | -fɔ́ːm/ *vt.* **1** 醜悪にする, 醜くする. **2** 形状を損なう, 不恰好にする; 《顔つきなどを》ゆがめる. **3** 〖物理〗《力を加えて》《物体を》変形させる, ひずませる. **4** 〖芸術〗デフォルメする. — *vi.* 形が損われる. **~·a·ble** /-məbl/ *adj.* **de·fòrm·a·bíl·i·ty** /-məbíləti | -lɪ̀ti/ *n.* 〖《*a*1400》□ OF *de(s)former* (F *déformer*) □ L *dēformāre* to disfigure: ⇨ de-¹, form〗

SYN ねじ曲げて変形させる: **deform** 形状・外観・性格などを(圧力をかけて)損なう: Shoes that are too tight *deform* the feet. あまり窮屈な靴は足の形を悪くする. **distort** ねじ曲げていびつにする《格式ばった語; 比喩的にも》: Rage *distorted* his face. 激怒で彼の顔が引きつった. **contort** 乱暴にねじって醜くする《*distort* よりも意味が強い; 格式ばった語; 比喩的にも》: His face was *contorted* with pain. 彼の顔は苦痛のためにゆがんだ. **warp** 材木が乾燥する時のように, 形を曲げる《比喩的にも》: The hot sun had *warped* the boards. 暑い日差しのために板がそり返った / His judgement is *warped* by prejudice. 彼の判断は偏見のためにゆがんでいる.

de·for·mal·ize /dìːfɔ́əməlàɪz, -ml- | -fɔ́ː-/ *vt.* …の堅苦しさをより少なくする, よりくだけたものにする. 〖《1880》← DE-¹+FORMALIZE〗

de·for·ma·tion /dìːfɔəméɪʃən, dèfə- | dìːfɔː-, dèfə-/ *n.* **1** 形状を損なうこと, 形の崩れたこと, (形の)醜悪化, 不恰好. **2** 奇形, いびつ. **3** 〖物理〗変形(量), ひずみ. **4** 〖芸術〗デフォルマシオン《対象の自然[本来]の調和を無視して表現すること》. **~·al** /-ʃnəl, -ʃənl/ *adj.* 〖《*a*1449》□ (O)F *déformation* ∥ L *dēfōrmātiō(n-)*: ⇨ deform, -ation〗

de·for·ma·tive /dɪfɔ́əmətɪv | -fɔ́ːmət-/ *adj.* 醜くなる傾向のある. 〖《1641》← DEFORM+-ATIVE〗

de·formed /dɪfɔ́əmd, dìː- | -fɔ́ːmd/ *adj.* **1** 形状を損じた, 形の崩れた[ゆがんだ], 奇形の; 身体の形状に障害がある; 不恰好な, 醜い. **2** 不快な, 醜悪な, 不自然な: a ~ personality 不快な性格. **de·fórm·ed·ly** /-mɪ̀d-, -md-/ *adv.* **de·fórm·ed·ness** /-mɪ̀d-, -md-/ *n.* 〖《*c*1400》← DEFORM+-ED 2〗

defórmed bár *n.* 〖建築〗異形鉄筋《鉄筋コンクリートで結合力を強めるため表面に凹凸をつけた鋼鉄棒》.

de·for·me·ter /dɪfɔ́əmɪ̀tə | -fɔ́ːmiːtə(r)/ *n.* ひずみ測定器《模型を用いて建築構造物などのわずかなひずみを測る器械》. 〖《1927》← DEFOR(MATION)+-METER¹〗

de·for·mi·ty /dɪfɔ́əməti, dìː- | -fɔ́ːmɪ̀ti/ *n.* **1** 不恰好, 醜状. **2** 奇形, 形状不良; 身体の形状の障害(者). **3** 醜悪, いやらしさ. **4** (人格・制度・芸術上などの)欠陥, ゆがみ: the ~ of one's nature / *deformities* of the representative system. 〖《*c*1400》□ OF *deformité* □ L *dēfōrmitātem*: ⇨ deform, -ity〗

de·frag·ment /dìːfrǽgmənt, -frægmént | -fræg-mént/ *vt.* 〖電算〗《記憶装置などを》デフラグする《fragmentation を解消する》. **dè·frag·mentá·tion** /-frægmɛntéɪʃən/ *n.*

de·fraud /dɪfrɔ́ːd, dìː-, -frɑ́ːd | -frɔ́ːd/ *vt.* 《権利・物などを》…から欺いて巻き上げる, 詐取する〔*of*〕: ~ a person *of* something 人から物をだまし取る / be ~*ed of* …を詐取される. — *vi.* 詐取する: with intent to ~ 〖法律〗詐取の意思をもって. **~·er** /-də | -də(r)/ *n.* **~·ment** /-mənt/ *n.* **de·frau·da·tion** /dìːfrɔːdéɪʃən, dɪfrɔː-, -frɑː- | -frɔː-/ *n.* 〖《*a*1376》*defraude(n)* □ OF *defrauder* ∥ L *dēfraudāre*: ⇨ de-¹, fraud〗

de·fray /dɪfréɪ/ *vt.* **1** 《経費・費用などを》支払う, 負担する, 支出する: The expenses are ~*ed* by the company. 費用は会社もちである. **2** 〖古〗《人などの》費用を払う. **~·er** *n.* 〖《1536》□ F *défrayer* < OF *desfraier* to pay costs ← *des-* 'DIS-¹'+*frai* cost, 《原義》damage caused by breaking something (< L *fractum*: ⇨ fraction)〗

de·fray·a·ble /dɪfréɪəbl/ *adj.* 支払える, 負担[支出]できる. 〖《1886》: ⇨ ↑, -able〗

de·fray·al /dɪfréɪəl/ *n.* 支払い, 負担, 支出. 〖《1820》: ⇨ defray, -al²〗

de·fráy·ment *n.* =defrayal. 〖《1547》□ OF *defrayement*: ⇨ defray, -ment〗

de·freeze /dìːfríːz/ *vt.* (**de·froze** /-fróuz | -frə́uz/; **de·froz·en** /-fróuzən, -zn | -frə́u-/) =defrost. 〖1901〗

de·frock /dìːfrɑ́(ː)k | -frɔ́k/ *vt.* …に聖服を脱がせる, …から聖職を奪う. **de·fróck·ed** /-frɑ́(ː)kt | -frɔ́kt/ *adj.* 〖《1581》□ F *défroquer* ← DE-¹+FROCK〗

de·frost /dìːfrɔ́(ː)st, -frɑ́(ː)st | -frɔ́st/ *vt.* **1** 《冷蔵庫などから霜[付着氷]を除去する, の霜取りをする, 除霜する. **2** 《米》《自動車・飛行機の窓ガラスなど》から曇りを取り除く (defog, 《英》demist). **3 a** 《冷凍食品などを》解凍する, 戻す, 解かす. **b** …の凍結を解除する. — *vi.* 《氷・霜などが》解ける; 《冷凍食品が》解凍状態になる, 解凍する. 〖《1895》← DE-¹+FROST〗

dè·fróst·er *n.* **1** (冷蔵庫などの)霜取り器[装置]. **2** 《米》(自動車・飛行機の風防ガラスなどの)デフロスター, 霜[曇り]取り装置, 除霜装置, 除曇装置 (《英》demister) 《熱線入りのガラスや温風などを利用する》. 〖《1927》: ⇨ ↑, -er¹〗

defroze *vt.* defreeze の過去形.

defrozen *vt.* defreeze の過去分詞.

deft /déft/ *adj.* (~·er; ~·est) 《人・行為など》巧みな, 手際のよい, 器用な (↔ awkward) (⇨ dexterous SYN): ~ fingers 器用な指先 / a ~ performance 巧妙な演技. 〖ME *defte, dafte* < OE (*ge*)*dæfte* meek, gentle: ⇨ daft〗

déft·ly *adv.* 手際よく, 器用に, 巧みに. 〖《*c*1460》: ⇨ ↑, -ly¹〗

déft·ness *n.* 手際のよさ, 器用さ, 巧妙: ~ in typewriting. 〖《(1612)》《1853》← DEFT+-NESS〗

de·funct /dɪfʌ́ŋ(k)t/ 《文語》*adj.* **1** この世を去った, 故人となった (⇨ dead SYN). **2** 今はない, 消滅した; すたれた, 通用しない: a ~ company 抹消会社《業務を中止し登記簿から消された会社》/ a newspaper now ~ 今はなくなった新聞 / a ~ practice すたれた慣習 / a ~ theory 通用しなくなった理論. — *n.* [the ~] (今話題になっている)故人. **~·ness** *n.* 〖《1548》□ L *dēfunctus* (p.p.) ← *dēfungī* to accomplish one's duty ← DE-¹+*fungī* to perform (cf. function)〗

dè·fúnc·tion *n.* 《まれ》死. 〖《1599》□ L *dēfunctiō(n-)*: ⇨ ↑, -tion〗

de·func·tive /dɪfʌ́ŋ(k)tɪv/ *adj.* =funereal. 〖1600–01〗

de·fuse /dìːfjúːz/ *vt.* **1** 《爆弾・機雷など》から信管を取り除く. **2** 無害にする. **3** 《危機・緊迫した状態など》から起こる不安を取り除く, 平穏化する, 《緊張などを》静める, 緩和する: ~ the tense mood 緊張状態を和らげる. 〖《1943》← DE-¹+FUSE²〗

de·fu·sion /dìːfjúːʒən/ *n.* 〖精神分析〗衝動分離《普通は一つの衝動に融合している生の本能と死の本能が分離すること》. 〖《1927》← DE-¹+FUSION〗

de·fuze /dìːfjúːz/ *vt.* =defuse.

de·fy /dɪfáɪ/ *vt.* **1** 《人・秩序・伝統などを》物ともしない, 無視する, 侮る; …に公然と反抗する (⇨ dare¹ SYN): ~ convention 因襲に逆らう / ~ the law [public opinion] 法[世論]を無視する / ~ one's parents 親を侮る, 親を親とも思わない. **2** 《物・事が》《解決・企図などを》拒む, 不可能にする: ~ every criticism いかなる批評をも退ける, 批評の余地がない / ~ one's age [the years] 年齢より若く見える / The problem *defies* solution. その問題はどうしても解決できない / The door *defies* all attempts to open it. その戸はどうしても開かない / Her beauty *defies* description. 彼女の美しさは筆舌に尽くしがたい. **3** [通例, 目的語+*to* do を伴って] (…をすることができるならやってみよと)《人》に挑む: He *defied* me *to* answer his question. 彼は私に質問に答えられるものなら答えてみろと言った. **4** 〖古〗《人》に戦いを挑む, 挑戦する (cf. defier). — /《米》ではまた díːfàɪ/ *n.* 《米口語》挑戦. 〖《?*a*1300》*defie(n)* □ (O)F *défier* < VL **disfīdāre* ← DE-²+*fier* (< VL **fīdāre*=L *fīdere* to trust: ⇨ -fy)〗

deg. 《略》degree(s).

dé·ga·gé /dèɪgɑːʒéɪ; *F.* degaʒe/ *adj.* **1** 《態度など》堅苦しくない, ゆったりした, くつろいだ. **2** (一般の関心事などに)かかわらない, 超然とした, 無関心な (detached). **3** 〖バレエ〗デガジェ《第5ポジションからポアント (pointe) を滑らせ前方[側方, 後方]へと伸ばす脚にいう》. 〖《1696》□ F ~ (p.p.) ← *dégager* to disengage: ⇨ de-², gage¹〗

de·gas /dìːgǽs/ *vt.* (**de·gassed; de·gas·sing**) **1** …からガスを取り去る, 脱気する; 《真空管》のガスを抜く, 真空にする. **2** 《ガスまたはその有害性を》化学処理する. **dè·gás·ser** *n.* 〖《1928》← DE-¹+GAS¹〗

De·gas /dəgɑ́ː | dəgɑ́ː, déɪgɑː; *F.* dəga/, (**Hi·laire Ger·main** /ilɛːʁʒɛʁmɛ̃/) **Edgar** *n.* ドガ《1834–1917; フランスの印象派の画家; 踊り子や競馬の絵で有名》.

de·gas·i·fy /dìːgǽsəfàɪ | -sɪ̀-/ *vt.* =degas. **de·gas·i·fi·ca·tion** /dìːgæ̀səfɪ̀kéɪʃən | -sɪ̀fɪ-/ *n.* 〖《1901》← DE-¹+GASIFY〗

dè·gás·sing *n.* 〖冶金〗脱ガス処理《鋳造する前に金属中に溶解しているガスを除く工程》. 〖《1920》← DEGAS+-ING¹〗

de Gaulle, De G- /dɪgɔ́ːl, -gɑ́ːl, -góul | -gə́ul, -gɔ́ːl; *F.* dəgoːl/, **Charles** (**André Joseph Marie**) *n.* ドゴール《1890–1970; フランスの将軍・政治家; 第二次大戦中 London に置かれた自由フランス政府の首席 (1940–45), 首相 (1958), 第五共和制初代大統領 (1959–69)》.

de Gáull·ism /-lɪzm/ *n.* =Gaullism. 〖1943〗

de Gáull·ist /-lɪ̀st | -lɪst/ *n.* =Gaullist. 〖1944〗

de·gauss /dìːgáus/ *vt.* **1** 〖海事〗《磁気機雷を防ぐために》《船体》の鋼鉄に排磁[消磁]装置を施す (cf. deperm): a ~*ing* belt [cable, girdle] 排磁帯《船体のまわりに電線を巻き電流を通して船体磁場を中和する》. **2** 《テレビの受信機など》に排磁装置を施す (demagnetize). 〖《1940》← DE-¹+GAUSS〗

dè·gáuss·er *n.* 〖海事〗排磁[消磁]装置, ディガウサー.

de·gen·er·a·cy /dɪdʒén(ə)rəsi/ *n.* **1** 退化; 堕落, 退歩; 衰退, 頽廃. **2** 〖物理〗縮退: **a** 複数個の量子力学的固有状態が共通の固有値をもつこと. **b** ボーズ粒子・フェルミ粒子が低温で古典統計と著しく異なる性質を示す状態. **3** 性的倒錯. 〖《1664》: ⇨ ↓, -acy〗

de·gen·er·ate /dɪdʒénərèɪt/ *vi.* **1** 〔…から〕退歩する〔*from*〕; 〔…へ〕堕落する, 頽廃する, 悪くなる〔*into*〕: Liberty often ~*s into* lawlessness. 自由はややもすると放縦になる / The meeting ~*d into* a shouting match. 会合はもめてどなり合いになってしまった. **2** 〖生物〗**a** 〔…へ〕退化する〔*to*〕. **b** 退行的進化をする. **3** 〖病理〗変性[変質]する. **4** 〖物理〗《固有値・フェルミ粒子が》縮退する. — /dɪdʒén(ə)rɪ̀t/ *adj.* **1 a** 退化[退歩]した; 堕落した: a ~ priest. **b** 変質した. **2** 〖物理〗《固有値が》縮退の; 《フェルミ粒子が》縮退の (cf. degeneracy 2). **3** 〖数学〗退化した《本質的な要素の幾つかが0に等しいため, 一般のものよりも簡単であることについていう》. **4** 〖天文〗縮退した物質から成る: a ~ star 縮退星. **5** 〖生物〗退化[変性]した. **6** 〖遺伝〗縮重[縮退]した《二つ以上の遺伝暗号が一つのアミノ酸に対応する》. — *n.* **1 a** 退化物; 退化動物. **b** 堕落[退歩]者. **c** 変質した物. **2** 変質者. **~·ly** *adv.* **~·ness** *n.* 〖《1494》□ L *dēgenerātus* departed from its race (p.p.) ← *dēgenerāre* ← DE-¹+*gener-, genus* birth, race: cf. kind¹〗

degénerate státe *n.* [通例 *pl.*] 〖物理〗縮退状態.

de·gen·er·a·tion /dɪdʒènəréɪʃən/ *n.* **1** 堕落, 退歩, 頽廃. **2** 〖生物〗退化. **3** 〖病理〗(細胞・組織の)変性, 変質: ⇨ fatty degeneration. **4** 〖数学・物理〗縮退, 退化. **5** 〖電子工学〗負帰還 (negative feedback). 〖《?1481》□ F *dégénération* ∥ LL *dēgenerātiō(n-)*: ⇨ degenerate, -ation〗

de·gen·er·a·tive /dɪdʒén(ə)rətɪv, -nərèɪt- | -tɪv/ *adj.* 退化的な, 退行性の; 堕落した, 退歩的な; 〖病理〗変性の: ~ syphilis 変性梅毒. 〖《1846》← DEGENERATE+-IVE〗

degénerative jóint disèase *n.* 〖病理〗=osteoarthritis.

de-Ger·man·ize /dìːdʒə́ːmənàɪz | -dʒə́ː-/ *vt.* 《米》《場所など》からドイツ人を撤去させる. 〖《1892》← DE-¹+GERMANIZE〗

de·gla·ci·a·tion /dìːgleɪʃiéɪʃən, -si- | -si-/ *n.* 《氷河の》退氷. **dè·glá·ci·àt·ed** /-gléɪʃièɪtɪ̀d, -si- | -sièɪt-/ *adj.*

de·glam·or·ize /dìːglǽməràɪz/ *vt.* 《女性など》の魅力を奪う. 〖《1938》← DE-¹+GLAMORIZE〗

de·glaze /dìːgléɪz/ *vt.* **1** 《陶磁器など》の上薬を取り除く《つや消し仕上げのために》. **2** 〖料理〗《焼肉などのフライパン》にワインなどを加えて付着した汁などを煮溶かす《肉汁と混ぜてソースとするために》. 〖《*c*1889》← DE-¹+GLAZE〗

de·glu·ti·nate /dìːglúːtənèɪt, -tn- | -tɪn-, -tn-/ *vt.* 《小麦粉など》から麩(ふ)質を抜き出す. **de·glu·ti·na·tion** /dìːglùːtənéɪʃən, -tn- | -tɪn-, -tn-/ *n.* 〖《(1609)》(1889) ← L *dēglūtinātus* (p.p.) ← *dēglūtināre* to deglutinate ← DE-¹+*glūtināre* to glue (← *glūten* glue)〗

de·glu·ti·tion /dìːgluːtíʃən/ *n.* 〖古〗〖生理〗嚥下(えんげ)(力), 飲み下す作用. 〖《1650》□ F *déglutition* ← L *dēglūtītus* (p.p.) ← *dēglūtīre* to swallow down ← DE-¹+*glūtīre* to swallow: ⇨ -tion〗

dé·gour·di /dèɪguədíː | -guə-; *F.* deguʁdi/ *n.* 〖窯業〗素焼(すやき)《長石質磁器を予め低温で焼くこと; cf. full fire》. 〖□ F ~ ← *dégourdir* to remove the stiffness of ← DE-²+*gourd* numb (< LL *gurdum*)〗

dé·goût /deɪgúː; *F.* degu/ *F. n.* 嫌い, 嫌気 (distaste). 〖《1716》□ F ~: ⇨ disgust〗

de·grad·a·ble /dɪgréɪdəbl | -də-/ *adj.* (化学的に)分解できる; (有機合成において)減成しうる (cf. biodegradable). **de·grad·a·bil·i·ty** /dɪgrèɪdəbíləti | -dəbílɪ̀ti/ *n.* 〖《1963》← DEGRADE+-ABLE〗

deg·ra·da·tion /dègrədéɪʃən/ *n.* **1** 段階を下げること, 降職, 左遷, 罷免: the ~ *of* a general / advancement and ~ 昇進と左遷. **2** (名誉・地位・価値などの)低落, 下落. **3** (性質・品質などの)低下, 頽廃, 堕落. **4** (発達などの)退歩, 衰退. **5** 〖生物〗退化, 退行. **6** 〖地質〗(風化作用・浸食作用による岩石の)崩壊, デグラデイション; 地表の低下; (河底の)減均作用 (cf. aggradation). **7** 〖化学〗(複合化合物の)分解, 減成, 変質. **8** 〖物理化学〗(エネルギーの)劣化, 散逸. **9** 〖カトリック〗(司祭の)聖職位剝奪.

degradátion of énergy 〖物理化学〗エネルギー劣化の原理《有効エネルギーの漸減法則》.

〖《*a*1535》□ (O)F *dégradation* ∥ LL *dēgradātiō(n-)*: ⇨ ↓, -ation〗

de·grade /dɪgréɪd/ *vt.* **1** /《米》ではまた dìː-/ 《人》の位[地位]を下げる, 降職する, 降格させる, 左遷する; 退ける, 罷免する (demote): ~ a person *from* a position of honor [*to* a lower position] 人を名誉ある地位から退ける[低い地位に下げる]. **2** [しばしば ~ *oneself* で]《人を》卑しくする, 堕落させる: Don't ~ *yourself* by telling a lie. うそを言って自分の品位を下げるな / It ~*s* a man to think too much about money. 余り金銭のことを考えると人間の品性が下劣になる. **3** …の面目を失わせる, 評判を落とさせる, 不人気にする. **4** 《価値・価格などを》落とす, 下げる. **5** 〖生物〗退化[退行]させる. **6** 〖物理化学〗《エネルギーを》(役に立たない形に)劣化[散逸]させる. **7** 〖化学〗《化合物を》分解する, 減成する. **8** 〖地質〗《風化・浸食作用によって》崩壊させる. — *vi.* **1** 地位[身分]が下がる; 位階を失う. **2** 堕落する, 品位を落とす. **3** 〖生物〗退化[退行]する. **4** 《英》(ケンブリッジ大学で)優等学位志願の受験を1年延ばす. — *n.* 〖生物〗退化, 退行. **de·grád·er** /-də | -də(r)/ *n.* 〖《*c*1325》*degrade(n)* □ (O)F *dégrader* □ LL *dēgradāre* reduce in rank: ⇨ de-¹, grade〗

SYN 価値を下げる: **degrade** 《人》の徳性・自尊心などを低下させる: You *degrade* yourself when you tell a lie. うそを言うと品位が下がる. **abase** 《文語》自ら好んで卑下させる: He *abased* himself before his superiors. 目上の者の前では努めて腰を低くした. **debase** 品質・価値・品性を低下させる: He *debased* his character by evil actions. 彼は非行によって品性を落とした. **humble** 人の

D

高慢心を低め, 卑下の気持ちを起こさせる: One *humbles* oneself before God. 人は神の前ではへりくだる. **humiliate** 〈人〉の自尊心を打ち砕き, 屈辱感を起こさせる: The boxer was *humiliated* by defeat. ボクサーは敗北して屈辱を感じた.
ANT uplift, exalt, dignify.

de·grád·ed /-dɪ̣d | -dɪd/ *adj.* 1 /《米》ではまた dìː-/ 位を落とされた, 位が下がった; 左遷された. 2 品格の落ちた, 堕落した (debased); 卑俗化した, 下劣な: a ～ taste. 3 〘生物〙退化[退行]した. 4 〘地質〙崩壊した. **～·ly** *adv.* **～·ness** *n.* 〘(1395): ⇨ ↑, -ed 2〙

de·grád·ing /-dɪŋ | -dɪŋ/ *adj.* 品位を落とす, 品格を下げる(ような), 下劣な, 不面目な (debasing): a ～ motive 下劣な動機. **～·ly** *adv.* 〘(1684) ← DEGRADE＋-ING[2]〙

de·gran·u·la·tion /dìːgrænjʊléɪʃən/ *n.* 〘医学〙(白血球などの)顆粒(ｶﾘｭｳ)消失, 脱顆粒. 〘(c1941) ← DE-[1]＋GRANULATION〙

de·gras /deɪgrɑ́ː; *F.* degʁa/ *n.* (*pl.* ～ /-grɑ́ːz; *F.* ～/) 〘化学〙デグラス《天然メロン油 (moellon) と他の油脂との混合物; 皮革の加脂用》. 〘(1882) □ F *dégras*《逆成》← *dégraisser* to remove the fat: ⇨ de-[1], grease〙

de·grease /dìːgríːs, -gríːz/ *vt.* 1 …の油[脂]などを取り去る: ～ a stove. 2 〘化学〙(化学的処理によって)…の油を除去する. **de·gréas·er** *n.* 〘(1889) ← DE-[1]＋GREASE (n.)〙

de·gree /dɪgríː/ *n.* 1 度合, 程度: *in* a ～ 少しは / *in* some ～ 幾分か / not *in* the slightest [least, smallest] ～ 少しも…ない / *in* [*to*] a greater or less(er) ～ 程度の差はあるが多少とも / *to* a certain ～＝*to* some ～ ある程度まで / *to* a high [the highest] ～ 高度に, 非常に / *to* the last ～ 極度に / *to* a ～ previously unknown 以前には知られなかったほどに[の] / *To* what ～? どの程度? / You should also accept some ～ *of* responsibility. 君もある程度の責任を負うべきだ / ⇨ third degree, third-degree burn. 2 (角・弧・経緯度・温度計・アルコール濃度・比重などの)度《45° のようにして表す; 0° は zero degrees と読む》; 率: 50 ～*s* of latitude [longitude] 緯度[経度] 50 度 / 4 ～*s* above [below] zero / ⇨ DEGREE of frost. 3 学位, 称号: get [take, earn] a BSc ～ 理学士の学位を取得する / the ～ of doctor [PhD] 博士号 / an honorary ～ 名誉学位 / a doctor's [master's, bachelor's] ～ 博士[修士, 学士]号 / a first ～ 《英》第一学位《大学卒業で得られる最初の学位; 通例 BA, BSc》/ a higher ～ 《英》高学位《first ～ よりも上の学位; MA, PhD などの修士号・博士号のこと》/ He took his three ～*s* at Harvard. 彼は学位を三つ(学士・修士・博士)ともハーバードで取得した. 4 〘法律〙(罪の)軽重の程度, 犯罪の等級: murder *in* the first [second] ～＝first-[second-]*degree* murder ⇨ murder 1 a. 5 《文語》階級, 位階, 地位: a man *of* high [low] ～ 身分の高い[低い]人 / people *of* every ～ あらゆる階級の人々. 6 相対的条件, 資格, あり方, 度合: Each of them is useful *in* his ～. 彼らはそれぞれ自分なりの度合において有用である. 7 親等: ～*s* of consanguinity [kinship] 親等 / a relation *in* the fourth ～ 四親等 / ⇨ forbidden degree, prohibited degree. 8 〘数学〙次; 次数: a term of the third ～ 3 次の項. 9 〘音楽〙度《音階における音の順位, 音程を表す単位》. 10 〘文法〙(形容詞・副詞の比較変化形の)級: the ～*s* of comparison 比較の級 / the positive [comparative, superlative] ～ 原[比較, 最上]級. 11 a 《廃》(階段の)一段. b 〘紋章〙(Calvary cross などの)段.
by degrées 次第に, だんだん. (1563–67) ***óne degrée ùnder*** 《口語》少し具合が悪い, 気分がすぐれない. ***to a degrée*** (1) 幾分か, 多少 (somewhat). (2) [形容詞に後置して] 《口語》非常に, 大いに, 極度に (exceedingly).
degrée of fréedom (1) 〘物理・化学〙自由度《物体や物質体系の位置状態などを規定する変数のうち自由に変えられるものの数. たとえば, n 個の質点系の力学的自由度は 3n, 熱平衡状態にある気体の熱力学的自由度は 2 (温度と圧力) である》. (2) 〘統計〙自由度《標本分布を表す式に含まれ, 自由に変えうる自然数》. (1867)
degrée of fróst 《英》〘気象〙氷点下 (cf. frost 2).
de·gréed *adj.*
〘(?a1200) *degre* □ (O)F *degré* < VL **dēgradu(m)*: ⇨ de-[1], grade〙

degrée-dày *n.* 〘気象〙度日(ﾄﾞﾆﾁ)《ある日の度日とは, その日の平均気温と基準温度との差; ある期間についていうときは, その期間の各日の度日の代数和; 燃料消費量などの指標》. 〘1930〙

degrée dày *n.* (大学における) 学位授与日. 〘1832〙

degrée·less *adj.* 1 度の目盛りがついていない, 度で測りえない. 2 学位のない, 無称号の. 〘(1825): ⇨ -less〙

de·green·ing /dìːgríːnɪŋ/ *n.* 〘園芸〙催色《レモン等の果実の緑色を人工的になくし, 果実特有の色を出す》.

de·gres·sion /dɪgréʃən, dìː-/ *n.* 1 下降. 2 (課税の)逓減(ﾃｲｹﾞﾝ), 累減. 〘(1486) (1896) □ ML *dēgressiō(n-)* ← L *dēgressus* (p.p.) ← *dēgredī* to descend ← DE-[1]＋*gradī* to go〙

de·gres·sive /dɪgrésɪv, dìː-/ *adj.* 逓減的な, 累減の: ～ taxation 逓減課税. **～·ly** *adv.* 〘(1886) □ L *dēgressivus* (p.p.) ← *dēgredī* to descend〙

de·grin·go·lade /deɪgrǽ(ŋ)gəlɑ́ːd, -græŋ- | -gə(ʊ)-; *F.* degʁɛ̃gɔlad/ *F. n.* (勢力・地位などの急激な)下降, 急落; (急激な)衰え, 没落. 〘(1883) □ F *dégringolade* ← *dégringoler* to tumble: ⇨ -ade〙

de·grin·go·ler /deɪgrǽ(ŋ)gəléɪ, -græŋ- | -gə(ʊ)-; *F.* degʁɛ̃gɔle/ *F. vi.* (急激に)下降する, 急落する. 〘↑〙

de·gu /déɪguː/ *n.* 〘動物〙デグー (*Octodon*)《南米南部産テンジクネズミ亜目デグー科デグー属の小形の齧歯動物》. 〘(c1850) ← Am.-Sp. < South-Am. Indian *deuñ*〙

de·gum /dìːgʌ́m/ *vt.* (**de·gummed; -gum·ming**) …からゴム(質)を取り除く; (絹・毛糸などから)セリシン (sericin) を除いて精練する. **dè·gúm·mer** *n.* 〘(1887) ← DE-[1]＋GUM[1]〙

de·gust /dɪgʌ́st, dìː-/ *vt., vi.* 《まれ》賞味する, (…の)味をみる. 〘(1623) □ L *dēgustāre* to taste ← DE-[1]＋*gustāre* to taste〙

de·gus·tate /dɪgʌ́steɪt, dìː-/ *v.* ＝degust. **de·gus·ta·tion** /dìːgʌstéɪʃən/ *n.* 〘(1599) ← L *dēgustātus* (p.p.) ← *dēgustāre* (↑)〙

de·hair /dìːhéə | -héə(r)/ *vt.* 〈動物の毛皮〉の毛を取り除く, 除毛[脱毛]する.

de haut en bas /dəoʊtɑ̃ː(m)bɑ́ː, -tɑːm- | -ə́ʊ-; *F.* dəotɑ̃bɑ/ *F. adv., adj.* 1 上から下まで(の). 2 威張った[尊大な]態度で(の). 〘(1696) □ F ～ 'from top to bottom'〙

de Hav·il·land /dɪhǽvələnd/, Sir **Geoffrey** *n.* デハビランド (1882–1965; 英国の航空機設計家・航空機製造会社経営者; 第二次大戦中の Mosquito 軽爆撃機と最初の大型ジェット旅客機 Comet (1949) などを設計).

de Havilland, Olivia (Mary) *n.* デハビランド (1916– ; 米国の女優; Joan Fontaine の姉).

de·hire /dìːháɪə | -háɪə(r)/ *vt.* 《米》〈人〉と雇用関係を絶つ, やめさせる. 〘(1965) ← DE-[1]＋HIRE〙

de·hisce /dɪhís, dìː-/ *vi.* 1 口を開く. 2 〘生物〙〈特に草木の種皮または果実が〉裂開する. 3 〘外科〙縫合創が哆開(ｼｶｲ)する. — *vt.* …に口を開かせる. 〘(1657) □ L *dēhiscere* ← DE-[1]＋*hiscere* to open slightly (↔ *hiāre* 'to gape, YAWN')〙

de·his·cence /dɪhísəns, dìː-, -sns/ *n.* 〘生物〙裂開. 〘(1828) ← NL *dehiscentia*: ⇨ ↓, -ence〙

de·his·cent /dɪhísənt, dìː-, -snt/ *adj.* 〘生物〙裂開性の, 先端が開いた: a ～ fruit 裂開果. 〘(1649) □ L *dēhiscentem* (pres.p.) ← *dēhiscere*: ⇨ dehisce, -ent〙

de·horn /dìːhɔ́ən | -hɔ́ːn/ *vt.* 1 〈牛〉から角を取る; …の角の成長を妨げる; 〈果樹などを〉強く刈り込む. 2 《軍俗》＝defuse 1. — *n.* 《米俗》1 (特に密造酒・変性アルコールを飲む)飲んだくれ, 大酒飲み. 2 密造酒, 変性アルコール. 3 世界産業労働者組合 (IWW) に有害なもの, (特に)アルコール, ギャンブル《1920 年代の用語》. **～·er** *n.* 〘(1888) ← DE-[1]＋HORN〙

de·hort /dɪhɔ́ət | -hɔ́ːt/ *vt.* 《古》〈…を〉思いとどまるように〈人〉に説きつける, 諫(ｲｻ)める, 諫止(ｶﾝｼ)する 〔*from*〕; 〈行動を〉避けるように忠告する. **～·er** /-tə | -tə(r)/ *n.* 〘(a1533) □ L *dēhortārī* ← DE-[1]＋*hortārī* to urge (cf. hortation)〙

de·hor·ta·tion /dìːhɔətéɪʃən | -hɔː-/ *n.* 《古》諫言(ｶﾝｹﾞﾝ), 諫止. 〘(1529) □ LL *dēhortātiō(n-)* ← *dēhortātus* (p.p.): ⇨ ↑, -ation〙

de·hor·ta·tive /dɪhɔ́ətətɪv | -hɔ́ːtət-/ *adj.* 《まれ》諫(ｲｻ)めの, 諫言(ｶﾝｹﾞﾝ)の. 〘(1620) □ L *dēhortātīvus*: ⇨ ↑, -ive〙

de·hor·ta·to·ry /dɪhɔ́ətətɔ̀ːri | -hɔ́ːtətəri/ *adj.* ＝dehortative. 〘(1576) □ L *dēhortātōrius* ← *dēhortārī*〙

Deh·ra Dun /déərədúːn | déər-/ *n.* デラドゥーン《インド北部 Uttar Pradesh 北西部の市》.

de·hu·man·i·za·tion /dìːhjùːmənəzéɪʃən, dìːjùː- | dìːhjùːmənaɪ-, -nɪ-/ *n.* 人間性抹殺, 非人間化.

de·hu·man·ize /dìːhjúːmənàɪz, dìːjúː- | dìːhjúː-/ *vt.* …の人間性[人間らしさ]を失わせる, 獣的[冷酷]にする. **dè·hú·man·ìz·ing** *adj.* 〘(1818) ← DE-[1]＋HUMANIZE〙

de·hu·mid·i·fi·ca·tion /dìːhjuːmìdəfəkéɪʃən, dìːjuː- | dìːhjuːmìdɪfɪ-/ *n.* 除湿, 減湿; (軍艦の内部などの)脱湿. 〘(1932) ← DEHUMIDIFY＋-FICATION〙

dè·hu·míd·i·fi·er *n.* 除湿[脱湿]器[剤]. 〘(1921): ⇨ ↓, -er[1]〙

de·hu·mid·i·fy /dìːhjuːmídəfàɪ, dìːjuː- | dìːhjuːmídɪ-/ *vt.* 〈大気などから〉湿気を取り除く; 〈軍艦の内部などを〉乾燥させる. 〘(1927) ← DE-[1]＋HUMIDIFY〙

de·hydr- /dìːháɪdr/ (母音の前にくるときの) dehydro- の異形.

de·hy·drant /dìːháɪdrənt/ *n.* 脱水剤.

de·hy·drase /dìːháɪdreɪs, -dreɪz | -dreɪs/ *n.* 〘生化学〙脱水素酵素《有機物の嫌気的酸化分解をする酵素の一つ; 現在は dehydrogenase と dehydratase とに区別して用いられる》. 〘(1914): ⇨ dehydro-, -ase〙

de·hy·dra·tase /dìːháɪdrətèɪs, -tèɪz | -tèɪs/ *n.* 〘生化学〙デヒドラターゼ《脱水化物酵素; 例えば homoserine や threonine の脱アミノを触媒する》. 〘(1953): ⇨ ↓, -ase〙

de·hy·drate /dìːháɪdreɪt, -drɪ̀t/ *vt.* 1 〘化学〙脱水する: ～ alcohol. 2 a (貯蔵のため)〈野菜など〉から水分を抜く. b 〈身体・組織〉から水分を取り除く. 3 …の活力[妙味, 風味]をなくさせる, つまらなくする. — *vi.* 1 水分[湿気]が抜ける. 2 脱水症になる. **dè·hý·dra·tor** /-tə | -tə(r)/ *n.* 〘(1876) ← DE-[1]＋HYDRATE〙

dè·hý·drat·ed /-tɪ̣d | -tɪd/ *adj.* 1 脱水した: ～ tar 脱水タール《コールタールを脱水したもの; 防水剤・道路舗装用》. 2 水分を抜いた: ～ eggs [vegetables] 乾燥卵[野菜] / ～ milk 粉乳. 〘(1884): ⇨ ↑, -ed 2〙

de·hy·dra·tion /dìːhaɪdréɪʃən/ *n.* 1 脱水(作用). 2 (特に嘔吐などによる身体の異常な)脱水(症). 〘(1854) ← DEHYDRATE＋-ION〙

de·hy·dro- /dìːháɪdroʊ | -drəʊ/「脱水素の; 脱水した」の意の連結形. ★ 母音の前では通例 dehydr- になる. 〘← DE-[1]＋HYDRO-〙

de·hy·dro·chlo·ri·nase /dìːhàɪdrəklɔ́ːrənèɪs, -nèɪz | -drə(ʊ)klɔ́ːrɪnèɪs/ *n.* 〘化学〙デヒドロクロリナーゼ《DDT のような塩素化された炭化水素から塩化水素を取り除く酵素》. 〘(1956) ← DE-[1]＋HYDRO-＋CHLORINE＋-ASE〙

de·hy·dro·chlo·ri·nate /dìːhàɪdrəklɔ́ːrənèɪt | -drə(ʊ)klɔ́ːrɪ-/ *vt.* 〘化学〙脱塩化水素反応をする. **de·hy·dro·chlo·ri·na·tion** /dìːhàɪdrəklɔ̀ːrənéɪʃən | -drə(ʊ)klɔ̀ːrɪ-/ *n.* 〘⇨ ↑, -ate[3]〙

de·hy·dro·cho·les·ter·ol /dìːhàɪdrəkəléstərɔ̀(ː)l, -ròʊl | -drə(ʊ)kəléstərɔ̀l/ *n.* 〘生化学〙デヒドロコレステロール《皮膚に存在するコレステロール; 紫外線照射によってビタミン D_3 になる》. 〘(c1935)〙

dehỳdro·fréezing *n.* 脱水急速冷凍法《食品貯蔵のため, 水分を一部除去し, 急速凍結させる冷凍法》. 〘← DEHYDRO-＋FREEZING〙

de·hy·dro·ge·nase /dìːhaɪdrɑ́(ː)dʒənèɪs, -háɪdrə-, -nèɪz | -haɪdrɔ́dʒɪneɪs, -háɪdrə-/ *n.* 〘生化学〙デヒドロゲナーゼ, 脱水素酵素《有機化合物の水素が除去される反応を触媒する酵素》. 〘(1923) ← DE-[1]＋HYDROGEN＋-ASE〙

de·hy·dro·ge·nate /dìːhaɪdrɑ́(ː)dʒənèɪt, -háɪdrə- | -haɪdrɔ́dʒ-, -háɪdrə-/ *vt.* 〘化学〙〈水素化合物〉から水素を除去する. 〘(1850): ⇨ ↑, -ate[3]〙

de·hy·dro·ge·na·tion /dìːhaɪdrɑ̀(ː)dʒənéɪʃən | -haɪdrɔ̀dʒ-, -hàɪdrə-/ *n.* 〘化学〙脱水素. 〘(1866): ⇨ ↑, -ion〙

de·hy·dro·gen·ize /dìːhaɪdrɑ́(ː)dʒənàɪz, -háɪdrə- | -haɪdrɔ́dʒ-, -háɪdrə-/ *vt.* 〘化学〙＝dehydrogenate. **de·hy·dro·gen·i·za·tion** /dìːhaɪdrɑ̀(ː)dʒənəzéɪʃən, -hàɪdrə- | -haɪdrɔ̀dʒənaɪ-, -hàɪdrə-, -nɪ-/ *n.*

dehỳdro·rétinol /-rétənɔ̀(ː)l | -tɪnɔ̀l/ *n.* 〘生化学〙デヒドロレチノール (Vitamin A_2).

de·hyp·no·tize /dìːhípnətàɪz/ *vt.* …から催眠術を解く, 催眠状態から目ざめさせる. **de·hyp·no·ti·za·tion** /dìːhìpnətəzéɪʃən | -taɪ-, -tɪ-/ *n.*

De·ia·ni·ra /dèɪənáɪrə, dìːə- | -náɪ(ə)r-/ *n.* 〘ギリシャ神話〙デーイアネイラ《Hercules の妻; cf. Nessus》. 〘□ L ～ □ Gk *Dēiáneira*《原義》destroyer of her husband ← *dḗios* hostile＋*anḗr* man, husband〙

de·ice /dìːáɪs/ *vt.* (*also* **de-ice** /～/) 防氷[除氷]する; 〘航空〙〈翼〉に除氷[防氷]装置を施す, ディアイサーを付ける. 〘(1934) ← DE-[1]＋ICE〙

dè·íc·er *n.* (*also* **dè-ícer**) 氷結防止器; 〘航空〙(特に翼の)防氷[除氷]装置, ディアイサー (cf. anti-icer, boot[1] 8); 除氷[防氷]剤. 〘(1932): ⇨ ↑, -er[1]〙

de·i·cide /díːəsàɪd, déɪ- | déɪɪ-, díː-/ *n.* 1 神を殺すこと; キリストの磔(ﾀｸ). 2 神(のシンボルとしての人または動物)を殺す[殺した]人; キリストの磔に関与した人. **de·i·ci·dal** /dìːəsáɪdḷ, dèɪə- | dèɪɪsáɪdḷ, dìːɪ-/ *adj.* 〘(1611) □ (eccl.) L *deicīda* ← L *deus* god: ⇨ -cide〙

De·ic·o·ön /diːíkouɑ̀(ː)n | -kəʊɔn/ *n.* 〘ギリシャ神話〙デーイコーン《Hercules と Megara (Creon の娘) の息子, 狂った父親 Hercules に殺された》. 〘□ Gk *Dēikóōn*〙

deic·tic /dáɪktɪk, déɪk-/ *adj.* 1 〘論理〙直接証明[直証]的な (cf. elenctic). 2 〘文法〙直示的な《場面内の事物・時・場所などを直接に指示する用法; I, you; now, then; here, there などに直示用法が見られる; cf. anaphoric, cataphoric》. — *n.* 直示語, 直示用法. **déic·ti·cal·ly** *adv.* 〘(1828) □ Gk *deiktikós* direct ← *deiktós* capable of proof ← *deiknūnai* to show: ⇨ -ic[1]〙

deid /díːd/ *adj.* 《スコット》＝dead.

De·i·da·mi·a /dìːɪdəmáɪə | dìːɪdə-/ *n.* 〘ギリシャ神話〙デーイダメイア《Lykomedes の娘, Achilles との間に息子 Neoptolemus を生んだ》. 〘□ L *Dēidamīa* □ Gk *Dēidámeia*〙

deif /díːf/ *adj.* 《スコット》＝deaf.

de·if·ic /dìːífɪk, deɪ- | deɪ-, diː-/ *adj.* 1 神化する; 神として祭る. 2 神の(ような), 神性の. 〘(1490) □ (O)F *déifique* ∥ (eccl.) L *deificus* god-making, sacred ← *deus* god: ⇨ -fic〙

de·i·fi·ca·tion /dìːəfəkéɪʃən, dèɪ- | dèɪɪ-, dìː-/ *n.* 1 神とてあがめる[祭る]こと; 神聖視, 神格化. 2 神格化の状態. 3 神格化したもの, 神の化身. 〘(a1393) □ LL *deificātiō(n-)*: ⇨ deify, -fiction〙

de·i·form /díːəfɔ̀əm, déɪə- | déɪɪfɔ̀ːm, díː-/ *adj.* 神の姿の; 神のような. 〘(1642) □ ML *deiformis* ← L *deus* god: ⇨ -form〙

de·i·fy /díːəfàɪ, déɪə- | déɪɪ-, díː-/ *vt.* 1 神として祭る[あがめる]; 神格化する. 2 a 神のように扱う[崇拝する], 偶像視する. b 理想化[視]する (idealize): ～ science. — *vi.* 神聖になる. **dé·i·fi·er** *n.* 〘(c1340) *deifie(n)* □ (O)F *déifier* □ LL *deificāre* ← L *deus* god: ⇨ -fy〙

Deigh·ton /déɪtn, dáɪ-/, **Len** *n.* デイトン (1929– ; 英国のスパイ小説作家; *The Ipcress File* (1962), *Funeral in Berlin* (1964), *Berlin Game* (1983)).

deign /déɪn/ *vi.* [*to do* を伴って] 1 〈貴人・目上の人が〉もったいなくも[かたじけなくも]…したもう, …して下さる, …遊ばされる, 親切に[快く]…する: The King ～*ed to* accept the offer. 国王はおそれ多くもその提案をお受けになった. 2 [しばしば否定構文で] あえて身を低くして[誇りを捨てて, 恥を忍んで]…する (⇨ stoop[1] SYN): He doesn't ～ *to* acknowledge his old friends. 旧友を顧みようともしない. — *vt.* 1 [主に否定構文で] (下し)賜わる, 快く与える: ～ *no* reply お答え下さらない. 2 《廃》身を低くして受け入れる (cf. disdain). 〘(c1300) *dei(g)ne(n)* □ OF *degnier* (F *daigner*) < L *dignārī* to deem worthy ← *dignus* worthy: cf. dignity〙

De·i gra·ti·a /déɪiːgrɑ́ːtiɑ̀ː, díːaɪgréɪʃɪə | déɪiː-grɑ́ːtiə, díːaɪgréɪʃɪə/ *L. adv.* 神の恵み[神恩]によって (略

DG). 〖□L *Deī grātiā* by the grace of god: cf. deity, grace〗

deil /díːl/ *n.* 《スコット》 **1** =devil. **2** いたずら好きの人. 〖(1500–20)《異形》← DEVIL〗

Dei·mos /dáɪmɑ(ː)s | -mɒs/ *n.* **1** 〖ギリシャ神話〗 デイモス《恐怖の神; 争いの神 Ares の息子で Phobos と兄弟》. **2** 〖天文〗 デイモス《火星 (Mars) の第 2 衛星で, 小さい方の衛星; cf. Phobos》. 〖□Gk *Deimós*《原義》fear〗

dein- /deɪn/ (母音の前にくるときの) deino- の異形 (⇨ dino-¹).

de·in·dex /dìːíndɛks/ *vt.* 〈賃金・年金などを〉物価スライド制からはずす. 〖(1979) ← DE-¹+INDEX〗

de·in·dus·tri·al·i·za·tion /dìːɪndʌ̀striəlɪzéɪʃən | -ɪndʌ̀striəlaɪ-, -lɪ-/ *n.* (敗戦国などの)工業力を破壊[縮減]すること; (ある地域の)製造業の衰退, 産業の空洞化. 〖(1940) ← DE-¹+INDUSTRIALIZATION〗

de·in·dus·tri·al·ize /dìːɪndʌ́striəlàɪz/ *vt.* **1** 工業[産業]を衰退させる; 脱工業化させる. **2** (敗戦国などの)工業力を破壊[縮減]する. — *vi.* 工業[産業]が衰退する; 脱工業化する.

de·ink /dìːíŋk/ *vt.* (再生利用のために)〈廃紙など〉のインクを抜く.

dei·no- /dáɪnoʊ | -nəʊ/ =dino-¹.

dei·non·y·chus /daɪnɑ́nɪkəs | -nɔ́nɪ-/ *n.* 〖古生物〗 デイノニクス《北米西部白亜紀の *Deinonychus* 属の二足歩行をする肉食性の小形恐竜; 後肢の第 2 指に巨大な大鎌状のつめがある》. 〖NL (Gk *deinos* terrible+*-onychos* -clawed)〗

dei·no·the·ri·um /dàɪnəθíᵊriəm | -nə(ʊ)θíər-/ *n.* 〖古生物〗 デイノテリウム, 恐獣《ヨーロッパとアジアの中新世・鮮新世に栄えた長鼻目恐獣亜目デイノテリウム科デイノテリウム属 (*Deinotherium*) のゾウに似た動物の総称》. 〖(1835) ← NL ～: ⇨ dino-¹, -therium〗

de·in·sti·tu·tion·al·ize /dìːɪnstətúːʃ(ə)nəlàɪz, -tjúː- | -stɪtjúː-/ *vt.* **1** …から制度化を解く, 非制度化する. **2** 〈心身障害者を〉施設から開放する, 脱施設化する.

de·in·sti·tu·tion·al·i·za·tion /dìːɪnstətùːʃ(ə)nəlɪzéɪʃən, -tjùː- | -stɪtjùːʃ(ə)nəlaɪ-, -lɪ-/ *n.* 〖(1967) ← DE-¹+INSTITUTIONALIZE〗

De·ï·on /díːɑ̀(ː)n | díːɪɔ̀n/ *n.* 〖ギリシャ神話〗 デーイオーン《Aeolus と Enarete の息子; Phocis の王となった》. 〖□Gk *Dēíōn*〗

de·i·on·i·za·tion /dìːàɪənɪzéɪʃən | -naɪ-, -nɪ-/ *n.* 〖化学〗 消イオン《放電管中のイオンが消滅すること》. 〖(1919): ⇨ ↓, -ation〗

de·i·on·ize /dìːáɪənàɪz/ *vt.* 〖化学〗 **1** (イオン交換により)〈水・気体など〉からイオンを除去する, 消イオンする. **2** 〈イオン化した気体を〉イオン化のないもとの状態に戻す.

dè·ion·iz·er *n.* 〖(1906) ← DE-¹+ION+-IZE〗

De·ï·o·pe /diːáɪəpiː/ *n.* 〖ギリシャ神話〗 デーイオペー《Triptolemus の娘》. 〖□Gk *Dēiópē*〗

De·ïph·i·lus /diːífələs | -fɪ-/ *n.* 〖ギリシャ神話〗 =Thoas 2. 〖□Gk *Dēíphilos*〗

De·ïph·o·be /diːífəbiː/ *n.* デーイポベー《*Aeneid* において, Glaucus の娘》. 〖□L *Dēiphobē* □Gk *Dēiphóbē*〗

De·ïph·o·bus /diːífəbəs/ *n.* 〖ギリシャ伝説〗 デーイポボス《Priam と Hecuba の間の息子, Paris の死後 Troy の Helen と結婚し, Menelaus に殺された》. 〖□L *Dēiphobus* □Gk *Dēíphobos*〗

De·i·phon·tes /dìːəfɑ́(ː)ntiːz | -ɪfɔ́n-/ *n.* 〖ギリシャ神話〗 デーイポンテース《Agos 王 Temenus の娘 Hyrnetho の夫, 王から実子をさしおいて王権を譲られた》. 〖□Gk *Dēiphóntēs*〗

deip·nos·o·phist /daɪpnɑ́(ː)səfɪst | -nɔ́səfɪst/ *n.* 食事の席で話の上手な人. 〖(1656) □Gk *deipnosophistḗs* ← *deîpnon* dinner+*sophistḗs* (⇨ sophist): Athenaeus の作品 *Deipnosophistai* (c A.D. 228) から〗

De·ïp·y·le /diːípəliː | -pɪ-/ *n.* 〖ギリシャ神話〗 デーイピュレー《Adrastus の娘, Tydeus の妻で Diomedes の母》. 〖□Gk *Dēipúlē*〗

De·ïp·y·lus /diːípələs | -pɪ-/ *n.* 〖ギリシャ神話〗 デーイピュロス《Priam の孫息子》. 〖□Gk *Dēípulos*〗

Deir·dre /díədrə, -drɪ | díədri, -dreɪ; *Ir.* dʲérʲdʲrʲə/ *n.* **1** ディアドリ《女性名; Celtic Revival 後女優の芸名によく使われる》. **2** 〖アイル伝説〗 デイルドレ《Ulster の王 Conchobar の妻となる直前に恋人と共にスコットランドに逃げ, 後に許されて帰ったが恋人を殺され, 自殺した; しばしばアイルランドの象徴とされる》. 〖□OIr. *De(i)dru*《原義》the raging one〗

de·ism /díːɪzm, déɪ- | déɪ-, díː-/ *n.* 〖哲学〗 理神論, 自然神論[神教]《キリスト教からその神秘性, 反[超]理性的伝承性を除去し, 神・啓示等すべてを理性や自然と両立する限りにおいて容認・擁護しようとする立場; 17–18 世紀英国・ヨーロッパ大陸の自由思想家たちの所説; cf. theism¹ 2》. 〖(1682) ← L *deus* god (cf. F *déisme*): ⇨ -ism〗

dé·ist /-ɪst | -ɪst/ *n.* 〖哲学〗 理神論者, 自然神教信奉者 (cf. theist). 〖(1621) □F *déiste* ← L *deus* god: ⇨ -ist〗

de·is·tic /diːístɪk, deɪ- | deɪ-, diː-/ *adj.* 〖哲学〗 理神論(者)的な, 自然神教上の. **de·ís·ti·cal·ly** *adv.* 〖(1795): ⇨ ↑, -ic¹〗

de·ís·ti·cal /-tɪkəl, -kl | -tɪ-/ *adj.* 〖哲学〗 =deistic. 〖1741〗

de·i·ty /díːəti, déɪ- | déɪɪti, díː-/ *n.* **1** [しばしば D-] 神位, 神格, 神性. **2** 神: pagan *deities* (種々の)邪神, 異教の神々. **3** [the D-] (特に, 自然神教用語として)宇宙創造の神, 天帝 (the Supreme Being). **4** この上なく善[強力, 偉大]であるもの, 神としてたたえられる[崇拝される]人[もの]; (ある分野で)強大な力[影響力]をもつ人[もの]. 〖(c1300) *deite* □(O)F *déité* □LL *deitātem* ← L *deus* god ← IE **deiw-* to shine (Skt *deva* god & *dyaus* sky, day): ⇨ -ity〗

deix·is /dáɪksɪs | -sɪs/ *n.* 〖文法〗 ダイクシス, 対象指示, 直示 (cf. deictic *adj.* 2). 〖(1949) □Gk *deîksis* reference〗

dé·jà vu /dèɪʒɑːvúː, -vjúː; *F.* deʒavy/ *n.* (*also* **dé·jà vue** /～/) **1** 〖心理〗 既視, 既視感《実際は一度も経験したことがないのに, ある体験を以前にしたことがあるという感じがするような錯覚; cf. paramnesia》. **2** (話の場面・映画技法などが)よく見たようなもの, ありふれたもの, 時代遅れのもの. 〖(1903) □F ～ 'already seen'〗

de·ject /dɪdʒékt/ *vt.* **1** [通例 受身で] …の元気をくじく, 気力を落とさせる, 落胆させる: They *were* ～*ed* at the news. その知らせを聞いてがっくりした (cf. dejected). **2** 《古》 投げ捨てる, 打ち倒す. — *adj.* 《古》 =dejected. 〖(a1420) ← L *dējectus* (p.p.) ← *dē(j)icere* to cast down ← DE-¹+*jacere* to throw〗

de·jec·ta /dɪdʒéktə/ *n. pl.* 排泄(はいせつ)物, 糞便(ふんべん). 〖(1887) ← NL ～ (neut. pl.) ← L *dējectus* (↑)〗

de·jéct·ed *adj.* 〈人・顔つきなど〉気落ちした, 落胆した, 元気がない (⇨ sad SYN): a ～ expression がっくりした表情 / He felt sad and ～. 悲しい滅入った気分だった. **～·ness** *n.* 〖(1581) ← DEJECT+-ED 2〗

de·jéct·ed·ly *adv.* すごすごと, 落胆して. 〖(1611): ⇨ ↑, -ly¹〗

de·jec·tion /dɪdʒékʃən/ *n.* **1** 失意, 落胆, 憂鬱(ゆううつ). **2** 〖医学〗 排便, 便通; 排泄(はいせつ)物, 糞便(ふんべん). 〖(a1420) □L *dējectiō(n-)*: ⇨ deject, -tion〗

dé·jeu·ner /déɪʒənèɪ, ⌐—⌐ | déɪʒə(ː)nèɪ; *F.* deʒœne/ *F. n.* (*pl.* **～s** /～z; *F.* ～/) **1** (特に, 遅い)朝食. **2** (ヨーロッパ大陸で)昼食. 〖(1787) □F ～ < OF *desjeuner* to break one's fast ← *des-* 'DIS-¹'+*jeun* a fasting (< L *jējūnum* 'JEJUNE'): cf. dine〗

de ju·re /diːdʒʊ́ᵊri, deɪdʒʊ́ᵊreɪ, deɪjʊ́ᵊreɪ | deɪdʒʊ́əreɪ, diː-, -ri/ *adv.* (↔ de facto) 道理上, 権利上; 正当に; 法律上. — *adj.* **1** 法律上の; 道理上の. **2** 正しい, 正義に基づく; 適法[合法]の. 〖(1611) □L *dē jūre* ((ablat.) ← *jūs* law): ⇨ de¹, jus²〗

dek- /dɛk/ (母音の前にくるときの) deka- の異形.

dek·a- /dékə/ =deca-. ★ 母音の前では dek- になる.

dek·a·gram /dékəgræ̀m/ *n.* =decagram.

De Kalb /dɪkǽlb; *G.* dəkálb/, **Johann** *n.* ディカルブ《1721–81; 米国独立戦争に参加したドイツ生まれのフランスの将軍; 通称 Baron De Kalb》.

dek·a·li·ter /dékəlìːtə | -təʳ/ *n.* =decaliter.

dek·a·me·ter /dékəmìːtə | -təʳ/ *n.* =decameter¹.

deke /díːk/ 《米》 *n.* (ホッケーなどで)フェイント. — *vi., vt.* (相手を)フェイントでひっかける.

Dek·ker /dékə | -kəʳ/, **Thomas** *n.* デッカー《1572?–?1632; 英国の劇作家; *The Shoemaker's Holiday* (1599 初演)》.

dek·ko /dékoʊ | -kəʊ/ 《英俗》 *n.* (*pl.* **～s**) 一目見ること: Let's have [take] a ～ *at* it. それをちょっと見よう. — *vt.* 一目見る, のぞく, 見る. 〖(1894) □Hindi *dekho* (imper. pl.) ← *dekhnā* to look ← Skt *dṛś*: cf. dragon〗

de Klerk /dəklɛ́ək | -kléək; *Afrik.* dəklɛ́rk/, **Frederik Willem** *n.* デクラーク《1936– ; 南アフリカ共和国の政治家; 国民党党首 (1989–97), 大統領 (1989–94); Mandela と共に Nobel 平和賞 (1993)》.

de Koo·ning /dəkóʊnɪŋ, -kúː- | -kúː-/, **Willem** *n.* デクーニング《1904–97; オランダ生まれの米国の抽象表現主義の画家》.

De Ko·ven /dɪkóʊvən | -kə́ʊ-/, **(Henry Louis) Reginald** *n.* デコーベン《1859–1920; 米国の作曲家》.

de Kruif /dɪkráɪf/, **Paul (Henry)** *n.* デクライフ《1890–1971; 米国の細菌学者・著述家; *Microbe Hunters* (1926), *Hunger Fighters* (1928)》.

del¹ /dɛl; *Sp.* del/ *prep.* **1** スペイン語で前置詞 de+定冠詞 el との縮約形で人名に使う: Salvador ～ Campo. **2** イタリア語で前置詞 di+定冠詞 il の縮約形で人名に使う: Mario ～ Monaco.

del² /dɛl/ *n.* 〖数学〗 微分作用素《記号 ∇》. 〖(1901)《略》← DELTA〗

del. 《略》 delegate; delegation; delete; delineavit; deliver; delivery.

Del. 《略》 Delaware.

De la Beche /dəlæbíːtʃ/, Sir **Henry Thomas** *n.* デラビーチ《1796–1855; 英国の地質学者; Geological Survey of Great Britain の初代責任者 (1835)》.

de·la·bi·a·li·za·tion /dìːlèɪbiəlɪzéɪʃən | -laɪ-, -lɪ-/ *n.* 〖音声〗 非円唇化《唇の丸め (rounding) を除くこと》. 〖(1907): ↓, -ation〗

de·la·bi·al·ize /dìːléɪbiəlàɪz/ *vt., vi.* 〖音声〗 非円唇化する. 〖(1875–76) ← DE-¹+LABIAL+-IZE〗

De·la·croix /déləkrwɑ̀ː, ⌐—⌐; *F.* dəlakʁwa/, **(Ferdinand Victor) Eugène** *n.* ドラクロワ《1798–1863; フランスのロマン派の代表的な画家》.

Dél·a·go·a Báy /déləgòʊə- | -gə̀ʊə-/ *n.* デラゴア湾《アフリカ南東部 Mozambique 南部のインド洋に面した入江, 奥に Maputo がある》.

de·laine /dɪléɪn/ *n.* **1** モスリン, メリンス. **2** 上等な梳毛(そもう)糸織物に用いられる羊毛. **3** [D-] デレーヌ(メリノ)《米国産のメリノ系の一品種の羊; Delaine Merino ともいう》. 〖(1840)《略》← *muslin delaine* □F *mousseline de laine* ('MUSLIN of wool')〗

de la Mare /dèləméə, dèl- | dèləméəʳ, dèlə-, déləmèəʳ/, **Walter (John)** *n.* デ・ラ メア《1873–1956; 英国の詩人・小説家; *Songs of Childhood* (1902), *Peacock Pie* (1913)》.

de·lam·i·nate /dìːlǽmənèɪt | -mɪ-/ *vi.* **1** 薄片[薄い層]に裂ける. **2** 〖生物〗 葉裂する. 〖(1877) ← DE-¹+LAMINATE〗

de·lam·i·na·tion /dìːlæ̀mənéɪʃən | -mɪ-/ *n.* **1** 薄片[薄い層]に裂けること. **2** 〖生物〗 葉裂《胚の表面にある細胞層が内部に新しい細胞層を作ること》, 葉裂法. 〖(1877): ⇨ ↑, -ion〗

De·land /dɪlǽnd/, **Margaret** *n.* ディランド《1857–1945; 米国の女流小説家; *John Ward, Preacher* (1888); 本名 Margaretta Wade Deland》.

De·lá·ney Amèndment [clàuse] /dɪléɪni-/ *n.* 《米》 ディレーニ修正条項《食品・医薬品・化粧品法 (Food, Drug and Cosmetic Act) の修正条項 (1958); 発癌性物質の添加を全面的に禁止》. 〖← *James J. Delaney* (1901–87; 連邦下院議員で同条項の起草者)〗

De·la·roche /dɛlɑːróʊʃ, -lə-, -rɑ́(ː)ʃ | dèlərɔ́ʃ, -rə́ʊʃ, dɛlə-; *F.* dəlaʁɔʃ/, **(Hip·po·lyte** /ipɔlit/**) Paul** *n.* ドラローシュ《1797–1856; フランスの画家》.

dé·lasse·ment /dèɪlæsmɑ́ː(ŋ), -mɑ́ːŋ; *F.* delɑsmɑ̃/ *F. n.* くつろぎ, 休養 (relaxation). 〖(1804) □F ～ ← *délasser* ← DE-¹+*las* weary〗

de·late /dɪléɪt/ *vt.* 《古》 **1** 〈人を〉密告する, 告発する; 告訴する (accuse). **2** 言いふらす; 広く知らせる. **3** 委任[委託]する. 〖(c1485) ← L *dīlātus* (p.p.) ← *dēferre* 'to DEFER²': ⇨ -ate³〗

de·lát·er /-tə | -təʳ/ *n.* =delator.

de·la·tion /dɪléɪʃən/ *n.* 密告, 告発; 告訴. 〖(1578) □L *dēlātiō(n-)*: ⇨ ↑, -ation〗

de·la·tive /dɪléɪtɪv | -lèɪt-/ *adj.* 〖文法〗 降格の《ある位置から下に向かう運動を示す》. 〖← L *dēlātus* (⇨ delate)+-IVE〗

de·lá·tor /-tə | -təʳ/ *n.* 《スコット》 密告者; (特に)密告を商売にする人, 密告屋. 〖(1410) □L *dēlātor*: ⇨ delate, -or²〗

De·lau·nay /dəlɔːnéɪ, -lɑː- | -lɔ́ː-; *F.* dəlonɛ/, **Robert** *n.* ドローネ《1885–1941; フランスの画家; オルフィスム (Orphism) の創始者》.

De·la·vigne /dèləvíːnjə, -víːn; *F.* dəlaviɲ/, **(Jean Fran·çois) Ca·si·mir** /kazimiːr/ *n.* ドラビーニュ《1793–1843; フランスの劇作家・詩人》.

Del·a·ware¹ /déləwɛ̀ə | -wɛ̀əʳ/ *n.* **1** デラウェア《米国東部の大西洋岸の州 (⇨ United States of America 表)》. **2** デラウェア《Cherry Hill の旧名》. **3** [the ～] デラウェア(川)《米国 New York 州南東部 Catskill 山地に発する川; Pennsylvania 州と New Jersey 州の境を流れ Delaware 湾に注ぐ (450 km)》. 〖← DE LA WARR (その通称 Lord Delaware にちなむ河川名から)〗

Del·a·ware² /déləwɛ̀ə | -wɛ̀əʳ/ *n.* **1** (*pl.* **～, ～s**) **a** [the ～(s)] デラウェア族《アメリカインディアンの Algonquian 族の一部族; もと Delaware 川流域と New Jersey 州の大部分, Manhattan 島などに住んでいた; アメリカインディアン語名では Lenape ともいう》. **b** デラウェア族の人. **2** デラウェア語《Algonquian 語族に属する》. **3** 〖園芸〗 デラウェア《赤みがかった小粒の米国産ブドウの品種名》. — *adj.* デラウェア族[語]の. 〖(1709) ↑〗

Del·a·war·e·an /dèləwɛ́ᵊriən | -wɛ́ər-⌐/ *adj.* (米国) Delaware 州(人)の. — *n.* Delaware 州人.

Délaware Báy *n.* デラウェア湾《米国 Delaware 州東部と New Jersey 州南部の中間にある入江》.

Délaware Wáter Gàp *n.* [the ～] デラウェア峡谷《米国 Pennsylvania 州東部と New Jersey 州北西部の境で Delaware 川が Appalachian 山脈を横断する深さ約 457 m, 長さ 3 km の峡谷, 風景がよい》.

Del·a·war·i·an /dèləwɛ́ᵊriən | -wɛ́ər-⌐/ *adj., n.* =Delawarean.

De La Warr /dèləwɛ̀ə, ⌐—⌐ | dèləwɛ̀əʳ, ⌐—⌐, dəlɑːwɛ́əʳ/, **Thomas West** *n.* デラウェア《1577–1618; 北米 Virginia 植民地初代の英国総督 (1610–11); 称号 3rd (or 12th) Baron De La Warr; 通称 Lord Delaware》.

de·lay /dɪléɪ/ *vt.* **1** …の進行[到着など]を遅らせる (⇨ retard SYN): The train was ～*ed* by a heavy snowfall. 列車は大雪のために延着した / Many things have ～*ed* the project. いろいろなことでその計画は遅れた. **2** 延期する, 繰り延べる: ～ one's journey [departure] / Don't ～ answer*ing* this letter. この手紙の返事をすぐ下さい. **3** 《古》〈人を〉待たせる. — *vi.* **1** ぐずぐずする, 手間取る, 遅れる (⇨ loiter SYN): Don't ～: act today! ぐずぐずするな. 今日行動しろ. **2** ちょっと休む[立ち止る]. — *n.* **1** 遅滞, 遅延; 猶予, 延引: without (a moment's) ～ (一刻の)猶予なく, ぐずぐずせずに, 即刻 《(a1250) (なぞり) ← OF *sans délai*》 / Circumstances admit of no ～. 事態は一刻の猶予も許さない / They'll brook no ～. 一刻の猶予も許さないだろう. **2** 遅延[延引]時間[期間]: a ～ of 30 minutes=a 30 minute ～ 30 分の遅延. **3** 《アメフト・サッカー・ラグビー》 ディレー《ボール保持者またはパスを受けるプレーヤーが一瞬タイミングをはずすトリックプレー》.

～·a·ble /～əbl/ *adj.* **～·er** *n.* **～·ing** *adj.* **～·ing·ly** *adv.* 〖v.: (?a1300) *delaie(n)* □OF *delayer*《変形》← *deslaier* ← *des-* 'DIS-¹'+*laier* to leave《変形》(← ? *laissier* < L *laxāre* to slacken ← *laxus* 'LAX¹'). — n.: (a1250) □(O)F *délai* ← (v.)〗

SYN 延期する: **delay** 〈早速なすべきことを〉適当な時期まで延ばす《しばしば非難の意味を含む》: I *delayed* seeing the dentist. 歯医者に行くのを先へ延ばした. **defer** 好機を待つために将来のある時まで延ばす: I *deferred* going to London until I had more time. もう少し暇ができるまでロンドンへ行くのを延ばした. **postpone** 通例一定の時期まで故意に延期する: We *postponed* our meeting for a week. 集会を 1 週間延期した. **suspend** 〈決定の実行

を)一時延期する: *suspend* punishment 処罰を一時延期する. **put off** 《口語》＝*postpone*: He *put off* going till next week. 来週まで行くのを延ばした.
ANT hasten, hurry, speed.

deláy [deláyed] áction *n.* **1** (ロケットや砲弾などの)延期[遅延]作動. **2** (カメラの)セルフタイマー方式, 時限シャッター式.
deláyed-áction *adj.* [限定的] **1** 〈砲弾・ロケットなど〉遅延作動の, 延期作用の, 遅発[時限]爆発の《目標に当たってから一定の間隔を置いて爆発する》: a ～ bomb 延期爆弾, 遅発爆弾, 時限爆弾 (time bomb). **2** 《写真》時限装置[セルフタイマー]の: Most cameras are equipped with a ～ adjustment. たいていのカメラには時限装置がついている. 〚1892〛
deláyed álpha pàrticle *n.* 《物理》遅発アルファ粒子.
deláyed dróp [júmp] *n.* 《航空》開傘遅延(降下)《パラシュートで降りる際, 着地までの時間を短縮するため, 開き綱を引くのを意図的に遅らせる降下》. 〚1942〛
deláyed néutron *n.* 《物理》遅発中性子《核分裂後やや遅れて放出される中性子; 原子炉を制御するのに重要》. 〚1941〛
deláyed spéech *n.* 《精神医学》言語遅滞《言語生活の発達が遅れている子供の言語障害の一つ》.
de·láy·ing àction *n.* 《軍事》遅滞行動《撤収する際に敵との決戦を避けながら, その前進を妨害し時間をかせごうとするもの》.
deláying tàctics *n. pl.* (議案通過阻止などの)引延ばし作戦[戦術].
deláy line *n.* 《電気》遅延線《信号を一定時間遅れさせるための線路》. 〚1947〛
deláy scrèen *n.* 《電子工学》(ブラウン管の電子ビームによる画像情報を蓄積する)残光スクリーン.
Del·brück /délbrʊk; *G.* délbʁʏk/, **Max** *n.* デルブルック (1906–81; ドイツ生まれの米国の微生物学者(初めは物理学者); Nobel 医学生理学賞 (1969)).
del cre·de·re /dɛlkréidəri | -kréidəri, -kréd-, -dri/ *adj., adv.* 《商業》買主の支払い(能力)保証の(下に): a ～ account 保証金勘定 / a ～ agent 買主支払い能力[売先資力]保証代理人 / a ～ commission 代金支払い保証手数料. — *n.* 売先信用保証(料). 〚(1797) □ It. ～ 'of belief or trust' ← *del-* of the＋*credere* belief〛
de·le /dí:li:, -li/ 《印刷・校正》 *vt.* (～d; ～·ing) **1** [命令形で] 〈指示した文字・語を〉トル, 削除する. **2** …に「トル」の記号をつける. — *n.* (欄外に示す)「トル」の記号 (₰, ₰). 〚(1705) □ L *dēlē* (imper. sing.) ← *dēlēre* 'to wipe off, DELETE'〛
de·lec·ta·bil·i·ty /dɪlɛ̀ktəbíləti | -lɪ̀ti/ *n.* **1** 《文語》(大いなる)楽しさ, 快さ; すばらしさ; 美味. **2** [通例 *pl.*] 快いもの, 楽しいこと. 〚(?*a*1450): ⇨ ↓, -ity〛
de·lec·ta·ble /dɪléktəbl/ *adj.* **1 a** 《文語》(大いに)楽しい, 愉快な (delightful); すばらしい. **b** 《英皮肉》不愉快な, いやな. **2** 《文語》美味な, おいしい (⇨ delicious SYN). — *n.* 《米》楽しいもの; おいしいもの. **～·ness** *n.* **de·léc·ta·bly** *adv.* 〚(*a*1396) □ (O)F *délectable* □ L *dēlectābilis* ← *dēlectāre* 'to DELIGHT' (⇨ -able) ∽ ME *delitable* □ OF〛
Deléctable Móuntains *n. pl.* [the ～] 喜びの山々《Bunyan 作 *Pilgrim's Progress* に出てくる景勝の連山; Celestial City がその上から見えたという》. 〚1684〛
de·lec·tate /dɪlékteɪt/ *vt.* 《文語・戯言》喜ばせる, 楽しませる (entertain). 〚(1802) ← L *dēlectātus* (p.p.) ← *dēlectāre* 'to DELIGHT'〛
de·lec·ta·tion /dì:lɛktéɪʃən/ *n.* 《文語》歓喜, 喜び; 楽しむこと, 楽しみ (enjoyment), 愉快: for a person's ～. 〚(?*c*1350) □ (O)F *délectation* // L *dēlectātiō(n-)*: ⇨ ↑, -ation〛
de·lec·tus /dɪléktəs/ *n.* (学習用)ラテン[ギリシャ]作家抜粋書, ラテン[ギリシャ]文抄本. 〚(1828) □ L *dēlectus* (p.p.) ← *dēligere* to pick out ← DE-¹＋*legere* to choose (⇨ legend)〛
De·led·da /dəlédə, -léɪ- | -də; *It.* delédda/, **Gra·zia** /gráttsja/ *n.* デレッダ (1875–1936; イタリアの小説家; Nobel 文学賞 (1926)).
del·e·ga·ble /déləgəbl/ *adj.* 〈職権など〉代理人に委任しうる, 委託できる. 〚(1660) ← DELEGATE＋-ABLE〛
del·e·ga·cy /déləgəsi/ *n.* **1** 代表任命, 代表委任, 代表権, 代表派遣. **2** [集合的] 代表者団, 代表委員団, 使節団. **3** [集合的] (Oxford 大学の)常任委員会; (大学の)学部, 研究所. 〚(*c*1460) ← DELEGA(TE)＋-CY〛
de·le·gal·ize /dì:lí:gəlàɪz, -gl-/ *vt.* …の(法的)認可を取り消す, 非合法化する.
del·e·gant /déləgənt/ *n.* 《法律》(債務の)転付者. 〚□ L *dēlēgantem* (pres.p.) ← *dēlēgāre* (↓)〛
del·e·gate /déləgət, -gèɪt/ *n.* **1** (政治的会議などに派遣する)代表者, 派遣団員, 使節, 代議員; 委員: a ～ from Japan 日本代表委員 / a ～ to the conference 協議会への代表者 / ～s and alternates 《米》代表者と代理人. **2** 《米史》(もと下院における準州 (Territory) の)代議士《発言権はあるが投票権はない》. **3** (米国 Virginia, West Virginia, Maryland 各州の)下院 (House of Delegates) の議員 (cf. burgess 3).
— /déləgèɪt/ *v.* — *vt.* **1** 〈人を〉代表[代理]者に任じる, 代表として派遣する: I was ～*d* to see to it. その世話をするために代表として派遣された. **2** 〈職権などを〉(代表者などに)委任する, 委託する (to): ～ power *to* the envoy 使節に権限を委任する / ～ responsibility *to* one's subordinates 部下に責任を委任する / Aren't there any tasks you can ～? 委任できる仕事はないのですか. **3** 《米》《法律》〈債務者が〉(自分が債権を有する)第三者〉に債務を転付する. — *vi.* 職権を付与する, 職務を委ねる.
〚(*c*1450) ← L *dēlēgātus* sent, deputed (p.p.) ← *dēlēgāre* to transfer, commit to ← DE-¹＋*lēgāre* to appoint as deputy (⇨ legate¹)〛
dél·e·gàt·ed legislátion /-gèɪtɪd- | -tɪd-/ *n.* 《英》委任立法《法律の委任により行政部の行う立法》.
del·e·ga·tion /dèləgéɪʃən/ *n.* **1** [集合的] (派遣)代表団; 《米》一州の下院議員団. **2** 代表任命; 代表派遣. 〚(1611) □ F *délégation* // L *dēlēgātiō(n-)*: ⇨ delegate, -ation〛
de·le·git·i·mate /dì:lɪdʒítəmèɪt | -tɪ-/ *vt.* …の適法性を否定する, 非合法化する; …の権威[威信]を失墜[低下]させる.
de·lete /dɪlí:t/ *vt.* **1** 〈印刷または書かれた語・文などを〉トル, 削除する (⇨ erase SYN); 《電算》〈ファイル・文字を〉削除する; 消す, 抹殺(まっ)する. ★ 校正用語として del. または ₰ と略す (cf. dele). **2** 《文法》削除[消去]する. — *vi.* 《文法》削除[消去]される. — *n.* 《電算》＝delete key. 〚(1495) ← L *dēlētus* (p.p.) ← *dēlēre* to destroy, 《原義》wipe out ← DE-¹＋*linere* to smear〛
deléte kèy *n.* 《電算》(キーボードの)削除キー, デリートキー《カーソルの位置にある 1 文字を削除する》.
del·e·te·ri·ous /dèlətíəriəs | dèlɪtíər-, dì:l-←/ *adj.* (精神的・肉体的に)有害な, 有毒の. **～·ly** *adv.* **～·ness** *n.* 〚(1643) □ ML *dēlētērius* □ Gk *dēlētḗrios* ← *dēleisthai* to hurt: ⇨ -ous〛
de·le·tion /dɪlí:ʃən/ *n.* **1** 削除; 抹消. **2** (書き物などの)削除部分. **3** 《生物》＝deficiency. **4** 《文法》削除, 消去《例えば, John is sick and Mary is, too. における Mary is は sick が削除されて派生された, という》. 〚(1590) □ L *dēlētiō(n-)*: ⇨ delete, -tion〛
delf /délf/ *n.* ＝delft. 〚1714〛
delft /délft/ *n.* **1** デルフト焼き《古い型の多孔性陶器で, 酸化錫を加えた乳白釉(ゆう)と青で彩色してある》. **2** デルフト焼きに似た英国産の焼き物. 〚(1714) ↓〛
Delft /délft; *Du.* délft/ *n.* デルフト《オランダ西部の都市, もとは陶器で有名であった; 旧名 Delf /délf/》. 〚□ Du. ～ ← (古) *Delf* 《原義》canal: cf. delve〛
délft·wàre *n.* ＝delft. 〚1743〛
Del·ga·do /dɛlgá:doʊ | -dəʊ; *Port.* dɛɫgáðu, *Sp.* delɣáðo/, **Cape** *n.* デルガード岬《アフリカのモザンビーク北東端の岬》.
Del·hi /déli/ *n.* **1** デリー《インド北部の政府直轄地; 面積 1,484 km²》. **2** デリー《1 の首都; Mogul 帝国の旧都; 首都がその南郊に建設された New Delhi に移されるまで英国のインド政府の所在地 (1912–29); 今は New Delhi に対して Old Delhi という》.
Délhi bélly *n.* 《俗》(インド旅行者がかかる)下痢, デリー腹 (diarrhea). 〚(1944) ↑〛
del·i /déli/ *n.* (*pl.* ～s) 《口語》＝delicatessen. 〚(1954) 《略》← DELICATESSEN〛
De·li·a¹ /dí:ljə, -liə/ *n.* ディーリア《女性名》. 〚(fem.) ← DELIUS〛
De·li·a² /dí:ljə, -liə/ *n.* [時に複数扱い] デーリア《古代ギリシャで 4 年ごとに Delos 島で開催された Apollo の祭; 音楽コンクールで有名であった》.
De·li·an /dí:ljən, -liən/ *adj.* **1** デロス (Delos) 島の: ⇨ Delian League. **2** デリオス (Delius) の. — *n.* デロス島の(先)住民. 〚(1623) ← L *Dēlius* (⇨ Delius)＋-AN¹〛
Délian Léague [Conféderacy] *n.* [the ～] (古代 Athens に率いられたギリシャ都市国家の対ペルシャ)デロス同盟 (478–404 B.C., 378–338 B.C.).
de·lib·er·ate /dɪlíb(ə)rɪt/ *adj.* **1** 熟考された, よく考慮した上での; 故意の, 計画的な (⇨ intentional SYN): a ～ insult, lie, etc. / ～ murder 計画的殺人, 謀殺. **2** (言語・思考など)慎重な, 思慮ある (prudent): be ～ in one's action [speech] 行動[言葉]に慎重である. **3** ゆっくりした, 落ち着いた, 悠々(ゆうゆう)とした (measured): a ～ pace / ～ steps ゆっくりした足取り[歩調].
— /dɪlíbərèɪt/ *v.* — *vi.* **1** 熟考する, 熟慮する, 思案する, とくと考える: He ～*d over* what to do with the money. その金をどうしたらよいかといろいろ考えた. **2** 〈委員会などが〉(正式に)討議する, 評議する, 審議する: ～ *on* [*upon, about, over*] a matter ある件を協議する. **3** 考慮[思案]に手間取る. — *vt.* **1** 思いめぐらす, 熟考する (⇨ ponder SYN): I am *deliberating what to* do [*how to* do it]. どうしたらよいものかと思案しているところです. **2** 審議する, 討議する (discuss): ～ a matter.
de·líb·er·ate·ness /-(ə)rɪtnɪs/ *n.* **de·líb·er·à·tor** /-rèɪtə | -tə(r)/ *n.* 〚(v.: 1550; adj.: ?*a*1425) □ L *dēlīberātus* (p.p.) ← *dēlīberāre* to weigh in one's mind ← DE-¹＋*lībrāre* to balance (← *lībra* scale, pound)〛
de·líb·er·ate·ly *adv.* **1** あらかじめ考えた上で; 故意に, わざと: a ～ ambiguous reply わざと曖昧にした返事. **2** 熟考して, 慎重に; 審議の上で. **3** 落ち着いて, ゆっくりと: slowly and ～ / do something ～. 〚(1471): ⇨ ↑, -ly¹〛
de·lib·er·a·tion /dɪlìbəréɪʃən/ *n.* **1** 熟考, 熟慮, 思案. **2** [しばしば *pl.*] 審議, 討議: be taken into ～ 審議される / bring ... under ～ …を討議にかける / The Senate's ～s produced no result. 上院で審議したが結果が出なかった. **3** (行動の)慎重; (動作の)緩慢: *with* (due) ～ 慎重に; ゆっくりと, 悠長に. **4** 故意. 〚(*c*1385) □ (O)F *délibération* // L *dēlīberātiō(n-)*: ⇨ deliberate, -ation〛
de·lib·er·a·tive /dɪlíbərèɪtɪv, -b(ə)rət- | -b(ə)rət-/ *adj.* **1** 熟慮的な, 慎重な: a ～ speech. **2** 審議[討議]する; 審議権のある: a ～ body [assembly] 討議団体, 審議機関《議会など》/ ～ functions 討議機能, 審議権 / have a ～ voice 討議上の発言権がある. **～·ness** *n.* 〚(1553) □ (O)F *délibératif* // L *dēlīberātīvus*: ⇨ -ative〛
de·líb·er·à·tive·ly *adv.* 討議[審議]的に, 審議して; 熟考の上で, 慎重に. 〚(1654): ⇨ ↑, -ly¹〛
De·libes /dəlí:b; *F.* dəlib/, **(Clément Philibert) Léo** *n.* ドリーブ (1836–91; フランスの作曲家; *Coppélia*「コッペリア」(1870), *Sylvia*「シルビア」(1876)).
del·i·ble /déləbl/ *adj.* 消す[削る]ことのできる. 〚(1610) 《変形》← 《廃》*deleble* □ L *dēlēbilis* ← *dēlēre* 'to DELETE'〛
del·i·ca·cy /délɪkəsi/ *n.* **1** (形姿・色彩・感触・香りなどの)繊細, 優美, きめの細かさ: the ～ of color 色彩の微妙な美しさ. **2** (手際・表現・筆づかいなどの)うまさ, 微妙. **3** (感情・趣味などの)優雅, 上品; (感覚などの)鋭さ, 敏感, 繊細: ～ of feeling 優しい感情 / the ～ of one's sense of right and wrong 正義感の鋭さ / the ～ of his taste in art 彼の芸術に対する繊細な趣味. **4** (人に対する)細かな心遣い, 思いやり; たしなみのよさ, 慎み (↔ indelicacy): give proof of one's ～ in personal relations 人間関係に思いやりのあることを示す / *Delicacy* kept her from asking personal questions. 彼女は慎み深いから個人的な質問をするようなことはしなかった. **5** (取扱いの)細心な心遣い, 慎重さ, 扱いのうまさ; (問題などの)微妙さ, 扱いにくさ, 気兼ね: feel a certain ～ *about* asking personal questions [*in* intimate situations] 個人的な質問を尋ねるのに気後れを[人と親密になるのに気兼ねを]感じる. **6** きゃしゃ, もろさ; (健康・体質の)虚弱, か弱さ; 気むずかしさ, (過度の)潔癖さ, 神経質: the ～ of person's constitution, lungs, etc. **7** おいしい物, ごちそう, 珍味: all the *delicacies* of the season 季節のあらゆる珍味 / table *delicacies* いろいろのごちそう. **8** (機械などの)精巧. **9** (計器などの)鋭敏な感度, 精巧度. **10** 《言語》精度, 詳細度《ロンドン学派の抽象の尺度の一つ, 英語における文・節・群・語・形態素の五つの単位をいう; cf. exponence, rank¹ 10》. **11** 《廃》快楽(にふけること), 享楽; 官能的喜び. 〚((*c*1375)) (*a*1586) *delicacie*: ⇨ ↓, -acy〛
del·i·cate /délɪkɪt/ *adj.* **1** 繊細な, 優美な, 優雅な, きゃしゃな, たおやかな: a ～ flower, hand, woman, etc. **2** 〈物が〉もろい, 壊れやすい; 〈人・体質など〉虚弱な, 弱々しい (↔ robust, sturdy) (⇨ weak SYN): ～ china 壊れやすい陶器 / the ～ web of a spider もろいくもの巣 / a ～ child ひよわな子供 / be in ～ health 身体が虚弱である / have a ～ constitution 身体が弱い / be in a ～ condition 《古》[婉曲的] 身重(みおも)である. **3** 〈問題など〉微妙な, デリケートな, 細心の注意[手際]を要する, 取扱い[言い, やり]にくい, きわどい: a ～ affair [operation, point] (へたをするとやり損なうような)むずかしい事件[手術, 点] / ～ differences [distinctions, nuances] 微妙な差違[ニュアンス] / a ～ phrase 微妙な言い回し / a ～ situation きわどい立場[情況]. **4** 〈色・光など〉柔らかい, 淡い, ほのかな (subdued): a ～ hue ほのかな色 / a ～ blue light かすかな青い光. **5** 〈食べ物・味など〉上品でおいしい, 美味な: ～ food [tastes]. **6** 感度の鋭い, 敏感な: a ～ balance 鋭敏な天秤 / have a ～ ear for music 音楽に対して鋭い耳[感覚]を持っている. **7** 〈機械など〉精巧な, 精密な: a ～ machine [instrument] 精巧な機械[器具] / ～ workmanship. **8** 巧みな, 手際のよい (subtle): a ～ touch 巧妙な筆づかい. **9** 〈趣味・感情・言葉など〉優雅な, 上品な (↔ coarse): a conversation which is not over ～ 余り上品でない談話. **10** 心遣いの細かい, 慎み深い, 思いやりのある: ～ attentions, treatment, etc. / a ～ refusal 相手の感情を害さないような拒絶 / a ～ hint それとなく[婉曲に]言った暗示.
— *n.* delicate な人[もの]; [通例 *pl.*] いたみやすい服; 《古・詩》おいしいもの, ごちそう; 《廃》喜びを与えるもの, 快楽; 《特に》五感の喜び; 《廃》快楽家; 《廃》好みのむずかしい人.
～·ness *n.* 〚(*c*1375) □ (O)F *délicat* // L *dēlicātus* delightful, charming, soft ← **dēliciae*＝*dēlicere* ← DE-¹＋*lacere* to snare: cf. delicious, delight〛

SYN 優美な: **delicate** 〈物が〉小さくて優美な: She has long *delicate* fingers. 長い繊細な指をしている. **dainty** 〈動き・人・物が〉こじんまりしてきれいな: a *dainty* little girl 可愛らしい少女. **elegant** 粋で美しく感じのいい: She has *elegant* manners. 物腰が上品だ. **exquisite** 〈物が〉この上なく優美な: an *exquisite* china 極めて美しい磁器.
ANT gross, crude, coarse.

dél·i·cate·ly *adv.* **1** 繊細に; 優雅に: be ～ shaped 優美な形をしている. **2** たおやかに, 虚弱に: be ～ weak. **3** 微妙に, 巧妙に, 婉曲に: avoid a thorny subject ～ 難問をうまく避ける. **4** かすかに: be ～ pale かすかに青白い. **5** 静かに, 優しく: *Delicately*, she stroked his cheek. 彼女は優しく彼のほおをなでた. **6** 精巧に: ～ worked [fashioned]. **7** 敏感に. 〚(1357): ⇨ ↑, -ly¹〛
del·i·ca·tes·sen /dèlɪkətésən, -sn/ *n.* **1 a** [集合的] (ハム・ソーセージ・缶詰・サラダなどの)調理済み食品. ★《米》では通例複数扱い, 《英》では単数扱い. **b** [形容詞的]: a ～ store [shop]. **2** 調理済み食品店 (delicatessen store). 〚(1889) □ G *Delikatessen* (pl.) ← *Delikatesse* délicatesse delicacy (i) ← F *délicat* 'DELICATE' // (ii) □ It. *delicatezza* ← *delicato* < L *dēlicātum* 'DELICATE': ドイツ語における異分析 (*delikat* delicate＋*Essen* food)〛
de·li·cious /dɪlíʃəs/ *adj.* **1** 実においしい, きわめて美味な, 甘美な; 香りのいい, 芳しい; 爽快な, 気持ちのよい: a ～ dinner / ～ to taste 美味な / a ～ perfume [coolness] 気持ちいい香り[涼しさ] / a ～ morning 気持ちのいい朝.

2 実におもしろい, きわめて楽しい: a ~ story, book, etc. — *n.* (*pl.* ~·**es**, ~) [しばしば D-]〘*c*1903〙〚園芸〛デリシャス《米国産のリンゴの品種名, 果皮の赤く, 品質優秀; Golden Delicious 等多くの枝変わり品種を生じた》. 〘(?*a*1300) □ OF ~ (F *délicieux*) □ LL *dēliciōsus* ← L *dēlicia(e)* charm, delight: ⇨ delight, -ous〙

SYN おいしい: **delicious, good**《口語》, **nice**《口語》〈食べ物〉の味がよい: The pie was *delicious* [*good, nice*]. パイはおいしかった. **luscious**〈食べ物が〉汁けが多くてとてもおいしい《格式ばった語》: a *luscious* peach とてもおいしい桃. **delectable**〈食物が〉非常においしい: *delectable* wine とてもおいしいワイン. **tasty** 風味のよい: a *tasty* dish 風味のよいお料理.

de·lí·cious·ly *adv.* **1** 非常においしく[美味に], 甘美に. **2** 楽しく, 心地よく. 〘(*c*1300): ⇨ ↑, -ly[1]〙

de·lí·cious·ness *n.* 甘美, 芳香; 快感, 爽快; 妙味. 〘(*c*1385): ⇨ -ness〙

de·lict /dɪlíkt | dɪ́lɪkt, dí:lɪkt/ *n.*〚法律〛不法[違法]行為, 犯罪 (offense): in flagrant ~ 現行犯で. 〘(1523) □ L *dēlictum* fault (of omission) (neut. p.p.) ← *dēlinquere*: ⇨ delinquent〙

de·light /dɪláɪt/ *n.* **1** 大喜び, 歓喜, 愉快 (⇨ pleasure **SYN**): take (a) ~ *in* ...を喜ぶ[楽しむ], 楽しみにする / to one's great ~=greatly [much] to one's ~ 大いに喜んだことには / with ~ 大喜びで. **2** 歓喜のもと, 楽しみ(となるもの): Dancing is my ~. / Her poems were a ~ (to me). 彼女の詩は(私を)楽しませてくれた / the ~*s* of city life 都会生活の楽しみ / a ~ to the eye 見て楽しいもの. **3** =Turkish delight. **4**《廃》喜びを与える力.
— *vt.* 大いに喜ばせる, うれしがらせる, 楽しませる: Beautiful pictures ~ the eye. 美しい絵は目を楽しませる. ★ しばしば人を主語として受動態で用いる: He *was* ~*ed with* [*by*] the scene [*at* [*by*] the news]. その景色が気に入った[その知らせを聞いて喜んだ] / I am ~*ed* [*Delighted*] *to* meet you. お会いできてうれしいです《初めて会った人に対するあいさつ》/ I'd be ~*ed* (*to* come). 喜んで(出席)させていただきます / *Delighted*! 喜んで, いいですとも! / You'll be ~*ed* to do.=You'll be pleased to do. (cf. *be* pleased *to do* (3) (⇨ please[2])). — *vi.* **1**〔...を〕大いに喜ぶ, 楽しむ〔*in*〕; [*to* do を伴って] 喜んで...する: He ~*ed in* music [teas*ing* his dog]. 彼は音楽を楽しんだ[おもしろがって犬をからかった] / To whom would the king ~ *to* do honour more than to myself? 王の尊ばんとする者は我にあらずしてたれぞや (*Esth.* 6:6). **2** 人の心[目]を楽しませる, 歓喜のもととなる.
~·**er** /-tə | -tə(r)/ *n.* 〘(16C) ~ (*light, flight* との類推) ∞ (?*a*1200) *delite(n)* □ OF *delitier* < L *dēlectāre* to delight, allure (freq.) ← *dēlicere* to entice away ← DE-[1]+*lacere* to allure: cf. delectable〙

de·light·ed /dɪláɪtɪd | -tɪd/ *adj.* **1** 喜んでいる, うれしい, うれしそうな: a ~ look. **2**《廃》楽しい (delightful). ~·**ness** *n.* 〘(1604): ⇨ ↑, -ed〙

de·líght·ed·ly *adv.* 歓喜して, 喜んで, うれしがって. 〘(1800): ⇨ ↑, -ly[1]〙

de·light·ful /dɪláɪtfəl, -fl/ *adj.* **1**〈物・事などが〉(人に)喜びの気持ちを起こさせる, (大いに)喜ばしい, うれしい, 楽しい, 非常に愉快な, とても気持ちのいい: ~ books, reading, etc. **2**〈人・性格などが〉惚れ惚れするような, 愛嬌(あいきょう)のある: a ~ personality / make one*self* ~ to ...に愛嬌をふりまく. ~·**ness** *n.* 〘(*a*1400) ← DELIGHT+-FUL[1]〙

de·líght·ful·ly /-fəli, fli/ *adv.* 楽しく, うれしく, 愉快に. 〘(*a*1569): ⇨ ↑, -ly[1]〙

de·light·some /dɪláɪtsəm/ *adj.*《文語・古》=delightful. ~·**ly** *adv.* ~·**ness** *n.* 〘(1500–20) ← DELIGHT+-SOME[1]〙

De·li·lah /dɪláɪlə/ *n.* **1** デライラ《女性名》. **2 a**〚聖書〛デリラ《Samson の愛人, 彼を欺いてペリシテ人に渡した; cf. *Judges* 16》. **b** 裏切り女, 妖婦. 〘□ Heb. *Delīlāh*《原義》delicate, amorous, ? with flowing locks〙

de·lim·it /dɪlímɪt, di:- | -mɪt/ *vt.* ...の範囲[限界, 境界]を定める[設定する]; 明確に記述する. 〘(1852) □ F *délimiter* □ L *dēlīmitāre*: ⇨ de-[1], limit〙

de·lim·i·tate /dɪlímətèɪt, di:- | -mɪ-/ *vt.* =delimit. **de·lím·i·tà·tive** /-tèɪtɪv | -tɪv/ *adj.* 〘(1884) ← L *dēlīmitātus* (p.p.) (↑)〙

de·lim·i·ta·tion /dɪlìmətéɪʃən, di:- | -mɪ-/ *n.* **1** 境界画定, 限界決定. **2** 限界, 分界. 〘(1836) □ F *délimitation* ← *délimiter*〙

de·lim·it·er /-tə | -tə(r)/ *n.*〚電算〛区切り記号, デリミター《一連のデータの各々の初めと終りを示す記号》. 〘(1960) ← DELIMIT+-ER[1]〙

de·lin·e·ate /dɪlínièɪt/ *vt.* **1** (正確に線で)描く, ...の輪郭を描く. **2** 絵[図表]で表す. **3** (詳細[正確]に, 特に鋭く生き生きと言語で)描写する, 叙述する: ~ character 性格描写をする. **de·lín·e·a·ble** /-niəbl/ *adj.* **de·lín·e·à·tive** /-tɪv | -trv/ *adj.* 〘(1559) ← L *dēlīneātus* (p.p.) ← *dēlīneāre* to sketch out: ⇨ de-[1], line[1], -ate[3]〙

de·lin·e·a·tion /dɪlìniéɪʃən/ *n.* **1** (正確な)線描写. **2** 輪郭, 図形, 設計, 図解, 略画; (裁縫用)型(かた)形. **3** 叙述, 記述, 描写: character ~=~ of character 性格描写. 〘(1570) □ LL *dēlīneātiō(n-)*: ⇨ ↑, -ation〙

de·lín·e·à·tor /-tə | -tə(r)/ *n.* **1** (概要を)描写[説明]する人. **2** 輪郭・見取り図を書く人[器具], 写出器. **3**〚服飾〛(裁縫用伸縮)自在型紙《いろいろな寸法の衣服の裁断に用いる》. 〘(1774) ← DELINEATE+-OR[2]〙

de·li·ne·a·vit /dɪlìniéɪvɪt | -vɪt/ *L.* ...筆[画]《絵画の作者名の表記; 略 del.》. 〘□ L *dēlīneāvit*=he or she drew (it): cf. delineate〙

de·lin·quen·cy /dɪlíŋkwənsi/ *n.* **1 a** (義務・職務の)不履行, 怠慢: ~ *in* payment 滞納. **b**《米》支払い期間過ぎの借金, 税金滞納(など). **2** 過失, (特に青少年の)非行, (crime にならない軽度の)犯罪: ⇨ juvenile delinquency. 〘(1636) □ LL *dēlinquentia*: ⇨ ↓, -ency〙

de·lin·quent /dɪlíŋkwənt/ *adj.* **1** 義務を怠る, 罪過のある; 義務不履行者の; 〈未成年者など〉(criminal に至らない)非行(者)の: a ~ boy, schoolchild. **2**《米》〈勘定・負債・税金など〉支払い期日を過ぎた, 滞納の; 滞納者の: ~ taxes 滞納租税 / ~ taxpayers=people ~ *in paying* their taxes 納税を怠っている人々. — *n.* (義務などの)怠慢者, 不履行者; 過失者; 犯罪者, 非行者, (特に)非行少年: ⇨ juvenile delinquent. ~·**ly** *adv.* 〘(1603) □ L *dēlinquentem* (pres.p.) ← *dēlinquere* to fail, commit fault ← DE-[1]+*linquere* to leave (cf. lend): ⇨ -ent: cf. (1484) *delynquaunt* □ (O)F *délinquant*〙

del·i·quesce /dèlɪkwés/ *vi.* **1** 溶ける. **2**〚化学〛潮解する, 潮解によって溶液化する. **3**〚植物〛**a** 枝分幹する. **b**〈葉脈が〉分岐して先が消える. **c**〈キノコなどが〉成熟して液体になる[融化する]. 〘(1756) □ L *dēliquēscere* to dissolve ← DE-[1]+*liquēscere* to melt (cf. liquid)〙

del·i·ques·cence /dèlɪkwésəns, -sns/ *n.* **1**〚化学〛潮解, 潮解性. **2**〚植物〛枝分幹《根本ないし地下部で幹が数本に分かれること》. 〘(1756): ⇨ ↑, -ence〙

del·i·ques·cent /dèlɪkwésənt, -snt⁻/ *adj.* **1**〚化学〛潮解性の. **2**〚植物〛枝分幹した. 〘(1791) □ L *dēliquēscentem* (pres.p.) ← *dēliquēscere* 'to DELIQUESCE': ⇨ -ent〙

deliria *n.* delirium の複数形.

de·lir·i·ous /dɪlíriəs | -lír-, -líər-, -líər-/ *adj.* **1**〚病理〛譫妄(せんもう)状態の, (一時的に)精神が錯乱した, うわごとを言う: be ~ *from* fever=be in a ~ fever 高熱でうわごとを言う. **2** 猛烈に興奮した, 狂乱的な, 無我夢中の: be ~ *with* delight, despair, etc. ~·**ness** *n.* 〘(1599): ⇨ delirium, -ous〙

de·lír·i·ous·ly *adv.* 譫妄(せんもう)状態で, 精神が錯乱して, 無我夢中になって: ~ happy 無性にうれしい[楽しい]. 〘(1820): ⇨ ↑, -ly[1]〙

de·lir·i·um /dɪlíriəm/ *n.* (*pl.* ~**s**, **-i·a** /-riə/) **1**〚病理〛譫妄(せんもう)(状態), (うわごと・幻覚などを伴う)一時的精神錯乱, うわごと (⇨ mania **SYN**): lapse into ~ 譫妄状態に陥る, うわごとを言い出す. **2** 猛烈な興奮(状態), 狂躁, 狂乱, 狂気, 熱狂, 狂喜: a ~ of joy 狂喜. **de·lír·i·ant** /-iənt/ *adj., n.* 〘(*c*1563) □ L *dēlīrium* ← *dēlīrāre* to deviate ← DE-[1]+*līra* furrow, track〙

delírium tré·mens /-trí:mənz, -trém- | -menz, -mənz/ *n.*〚病理〛振顫(しんせん)譫妄(せんもう), 飲酒家譫妄《慢性アルコール中毒に伴う震えや精神障害; 俗に dt's, DT's ともいう》. 〘(1813) ← NL ~ 'trembling delirium'〙

de·lish /dɪlíʃ/ *adj.*《口語》=delicious.

de·list /di:líst/ *vt.* **1** 表[リスト, 住所氏名録, カタログ]から除外する. **2**〚証券〛〈取引所が〉〈ある証券の〉上場を廃止する. 〘(1933) ← DE-[1]+LIST[1]〙

del·i·tes·cence /dèlɪtésəns/ *n.* **1** 潜伏(期). **2** (症状の)突然消失. 〘(1776): ⇨ ↓, -ence〙

del·i·tes·cent /dèlɪtésənt⁻/ *adj.*〈病気など〉潜伏性の, 潜伏している. 〘(1684) □ L *dēlitēscentem* (pres.p.) ← *dēlitēscere* to hide〙

De·li·us /dí:liəs, -ljəs/ *n.*〚ギリシャ神話〛デリオス《Apollo の別名; Delos で生まれたのでこう呼ばれる》. 〘□ L *Dēlius* of Delos, Delian □ Gk *Dḗlios* ← *Dêlos* Delos〙

De·li·us /dí:liəs, -ljəs/, **Frederick** *n.* ディーリアス《(1862–1934; 英国の作曲家; *The First Cuckoo in Spring* (1912)》.

de·liv·er /dɪlívə | -və(r)/ *vt.* **1**〈品物・手紙などを〉送達する, 配達する; 〔人に〕〈伝言などを〉伝える〔*to*〕: ~ the mail 郵便物を配達する / ⇨ *deliver the* GOODS / We'll ~ the article *to* your house. その品はお宅までお届けします. ★ p.p. で商業文に用いる: ~*ed* at pier [station] 桟橋[駅]渡し / ~*ed* on rail 貨車積込渡し / ~*ed* to order 指図(さしず)人渡し. **2**〈証書などを〉引渡す (hand over), 交付する, 〈人の身柄を〉引渡す, 〈城などを〉明渡す〈*up, over*〉〔*to*〕: ~ a deed 証書を交付する / ~ one*self up to* the police 警察に自首する / They decided to ~ him *into* the hands of the enemy. 彼らは彼を敵の手に渡すことにした / ⇨ *deliver a* JAIL. **3**〈約束を〉果たす, 〈なすべきことを〉実行する: ~ promised benefits 約束した利益をあげる. **4 a**〈演説・説教などを〉述べる, 口演する; 〈判決を〉言い渡す: ~ a judgment 判決を申し渡す / The sermon was badly ~*ed*. その説教はまずいものだった / ~ a lecture [speech] 講義[演説]をする. **b** [通例 ~ one*self of* として]〔意見などを〕述べる, 〔詩などを〕唱え出す[作る]: He ~*ed himself of* a good joke. 彼はうまい冗談を言った / He ~*ed himself* [was ~*ed*] *of* a sonnet. 彼はソネットを作った[唱え出した]. **5 a**〈医師・助産婦などが〉〈妊産婦〉の分娩(ぶんべん)を助ける, ...に分娩させる, 〔...を〕出産させる〔*of*〕; 〈子供を〉取りあげる, 生ませる: The doctor ~*ed* (her *of*) quints. 医者は彼女に五つ子を出産させた. ★ しばしば受身で用いる: She *was* ~*ed of* a boy [girl] last night. 彼女は昨晩男の子[女の子]を生んだ. **b**〈女性が〉〈子を〉分娩する, 生む. **6 a**〈打撃・攻撃などを〉加える: ~ a blow (*to* a person's jaw) (あごを)殴りつける / ~ battle 攻撃を開始する. **b**〚野球〛〔打者に〕〈ボールを〉投げる〔*to*〕. **c** 放つ, 射出する; 発射する (discharge): The oil well ~*s* more than 500 barrels a day. その油井は1日に500バレル以上の原油を産出する / The missile can ~ a nuclear warhead. そのミサイルは核弾頭を搭載できる. **7**《古》〔...から〕救う, 救い出す, 解放する〔*from*〕: ~ a person *from* danger [bondage] 人を危険[奴隷の境遇]から救う / *Deliver* us *from* evil. 我らを悪より救い出(いだ)したまえ (*Matt.* 6:13). **8**《米口語》(候補者・主義を支持するために)〈票などを〉確保する, 集める: ~ the votes.
— *vi.* **1** 品物などの配達(サービス)をする; 物などを引渡す: Stand and ~! ⇨ stand *vi.* 5 / Does that store ~? あの店は配達をしてくれますか. **2** 期待にそむかない; 〔約束・誓いなどを〕立派に果たす〔*on*〕: The Governor must ~ *on* his pledge. 知事は公約を果たさなければならない. **3** 演説する, 話をする, (見解を)表明する. **4** 子供を生む.
— *adj.*《古》敏速な, 活発な (active).
〘(?*a*1200) *delivre(n)* □ (O)F *délivrer* < VL **dēlīberāre* ← DE-[1]+L *līberāre* 'to LIBERATE'〙

de·liv·er·a·ble /dɪlív(ə)rəbl/ *adj.* **1** 救出できる. **2** (ただちに)引渡すことのできる. **de·liv·er·a·bil·i·ty** /dɪlìv(ə)rəbíləti | -lɪti/ *n.* 〘(1755): ⇨ ↑, -able〙

de·liv·er·ance /dɪlív(ə)rəns/ *n.* **1**《文語》救出, 救助; 釈放, 解放: one's ~ *from* the bondage of sin. **2**《古》陳述, 口述; 《文語》(意見の)公表; (公表した)意見, 公式意見. **3**〚法律〛(陪審の)評決; 〚スコット法〛(暫定強制管理令状に関して裁判所の下す)命令《令状・判決・中間命令を含む》. **4**《廃》出産.
〘(*c*1300) □ (O)F *délivrance*: ⇨ deliver, -ance〙

de·liv·ered príce *n.*〚商業〛持込み値段《売手が買手に指定された場所で商品を引渡すときの相場; 一般に運賃込み値段となる》.

de·lív·er·er /-v(ə)rə | -rə(r)/ *n.* **1** 救助する人, 救出者; 釈放者, 解放者. **2** 引渡し人, 配達者. 〘(*c*1340) □ OF *delivrere*: ⇨ deliver, -er[1]〙

de·lív·er·ly *adv.*《古》すばやく; 手際よく (deftly). 〘(*a*1375) ← DELIVER+-LY[1]〙

de·liv·er·y /dɪlív(ə)ri/ *n.* **1 a** (手紙などの)配達, 送達, ...便; 配達物: the early ~ 早朝配達 / the two o'clock ~ 2時の配達便 / a ~ certificate 配達証明書 / by the first ~ 第一便で /《米》special ~=《英》express ~ 速達便 / There are two *deliveries* a day. 1日2回配達がある. **b**〚商業〛(買手への)引渡し: ~ on arrival 着荷渡し / payment [cash] on ~ 現品引換渡し, 代引き / make ~ 受渡しする / take [accept] ~ of ...を引取る[受取る]. **c** [限定的] 配達の: a regular [home] ~ service 定期的な[自宅への]配達 / *Delivery* times can vary. 配達時期はいろいろです. **2** 受渡し; (要塞などの)明け渡し: the ~ of a fort to the enemy. **3**〚法律〛交付, 引渡し. **4** 分娩(ぶんべん), 出産: The mother [child] had an easy [a difficult] ~. そのお母さん[子]は安産[難産]だった. **5** 演述, 話しぶり, 講演[論述]ぶり: a clear ~ 明快な弁舌 / a good [poor] ~ 上手[下手]な話しぶり / a telling ~ 効果のある話しぶり. **6** 放出, 発射; 送り出し, 繰出し; 配給, 配水; (コンプレッサーなどの)吐出量. **7 a**〚野球・クリケット〛ボールの投げ方, 投球法; (投手の打者に対する)投球. **b** げんこつなどを見舞うこと, 殴打. **8**《古》救助, 釈放: the ~ of Children of Israel from bondage 束縛からのユダヤ人たちの解放. 〘(1425) □ AF *délivrée* (fem. p.p.) ← *délivrer* 'to DELIVER': ⇨ -y[5]〙

delívery bòy *n.* (小売店の)配達人[少年]. 〘1920〙

delívery dèsk *n.* (図書館の)図書受渡し台, 貸出台.

delívery·màn /-mæ̀n, -mən/ *n.* (*pl.* **-men** /-mèn, -mən/) (通例定期便トラックを使っての)商品配達人, 配達夫. 〘1920〙

delívery nòte *n.*《英》〚商業〛(商品配達)受領証《通例2通になっていて1通に受領者がサインする》.

delívery ròom *n.* **1** (病院の)産室, 分娩室. **2** (図書館の)図書受渡し室. 〘1949〙

delívery trùck *n.*《米》配達用トラック.

delívery vàn *n.*《英》=panel truck. 〘1868〙

dell /dél/ *n.* (両側に木などが茂った)小谷 (small valley). 〘OE < Gmc **daljō* (Du. *del* / G《方言》*Telle*) ← IE **dhel-* a hollow: cf. dale〙

Dell /dél/ *n.* デル《米国のコンピューターメーカー》.

Dell /dél/, **Floyd** *n.* デル《1887–1969; 米国の小説家・左翼ジャーナリスト; *Moon-Calf* (1920)》.

dell' /del; *It.* del/ *prep.* della の縮約形で元来イタリア人の名前に用いる. 〘《略》← DELLA〙

del·la /délə; *It.* della/ *prep.* イタリア人の名前に用いる (cf. dell'): Luca ~ Robbia. 〘□ It. ~ ← *di* of+*la* the〙

Del·la /délə/ *n.* デラ《女性名》. 〘(dim.) ← ADELAIDE[2] //《混成》← DEL(IA)[1]+(BEL)LA〙

Del·la Crus·ca /dèləkrʌ́skə/ *n.* デラクルスカ学会《1582年 Florence に設立されたイタリア語純化主義者の集り》. 〘(1796) ← It. *Accademia della Crusca*《原義》Academy for shifting away its 'chaff'〙

Del·la·Crus·can /dèləkrʌ́skən/ *adj.* **1** デラクルスカ学会の. **2** デラクルスカ派(詩人)の《18世紀後半に感傷的・技巧的な詩を書いた英国詩人の一派にいう》. — *n.* デラクルスカ学会の会員[派の詩人]. 〘(1815) ↑ (2: この派の代表的詩人がこの学会に属し, Della Crusca の筆名を用いたのにちなむ)〙

della Robbia, Luca *n.* ⇨ Robbia.

Del·la Rob·bia /dèlərɑ́(:)biə, -róub- | -rɔ́bə-; *It.* dellarɔ́bbja/ *n.* =Della Robbia ware. 〘1787〙

Délla Róbbia wàre *n.* デラロビア焼《Luca della Robbia, 甥の Andrea della Robbia らが製作した装飾陶器で, 石灰質陶器に錫釉をかけたテラコッタ》. 〘1850〙

Dél·lin·ger phenòmenon /délɪndʒə- | -dʒə-/ *n.* デリンジャー現象《太陽活動に原因し, 太陽黒点の出現と密接な関係のある通信電波の異常減衰》. 〘← *John Howard Dellinger* (1886–1962: 米国の物理学者, その発見者)〙

D

dells /délz/ *n. pl.* =dalles. 〘(変形) ← DALLES〙

Del·luc /dɛlúk, -lík; *F.* dɛlyk/, **Louis** *n.* デリュック《1890–1924; フランス生まれの映画監督・評論家》.

del·ly /déli/ *n.* 《口語》 =deli. 〘(短縮) ← DELICATESSEN〙

Del·mar /délmɑə, ⸗⸗ | délmɑ́ː⁽ʳ, ⸗⸗/ *n.* デルマー《男性名; 異形 Delmer, Delmore》. 〘□ OF *de la mare* from the sea〙

Del·már·va Península /dɛlmáəvə- | -mάː-/ *n.* [the ~] デルマーバ半島《米国東部, Chesapeake 湾と Delaware 湾との間の半島(の非公式名称); Delaware 州の大部分と Maryland, Virginia 両州の一部を含む》. 〘← DEL(AWARE)+MAR(YLAND)+V(IRGINI)A〙

D

Del·mer /délmə | -mə⁽ʳ/ *n.* デルマー《男性名》. 〘⇨ Delmar〙

Del·mo·ni·co /dɛlmά(ː)nɪkòu | -mɔ́nɪkòu; *It.* delmɔ́ːniko/, **Lorenzo** *n.* デルモニコ《1813–81; スイス生まれの米国の料理店主》.

Delmónico stéak, d- s- *n.* =club steak.

Del Mon·te /dɛlmά(ː)nti | -mɔ́ntei, -ti/ *n.* 〖商標〗デルモンテ《米国 Del Monte Corp. 社製の缶詰・瓶詰・トマトケチャップなど》.

Del·more /délmɔə | -mɔː⁽ʳ/ *n.* デルモア《男性名》. 〘⇨ Delmar〙

de·lo·cal·ize /diːlóukəlàɪz | -lə́u-/ *vt.* **1** その本来の場所から移す. **2** …の地方性を除く; …の範囲を広げる. **3** 〖物理〗非局在化する《原子の中の特定の軌道にある(すなわち局在化している)電子を取り出すことなどに用いる》.

de·lo·cal·i·za·tion /diːlòukəlɪzéɪʃən | -lə̀ukəlaɪ-, -lɪ-/ *n.* 〘(1855) ← DE-¹+LOCALIZE〙

De·lon /dəlɔ́ː(ŋ), -lɔ́ːŋ; *F.* dəlɔ̃/, **Alain** *n.* ドロン《1935– ; フランスの映画俳優》.

De·lo·ney /dɪlóuni | dɪlə́u-/, **Thomas** *n.* デローニー《1543?–?1600; 英国のバラッド作者・物語作家; *Jack of Newbury* (小説) (1597)》.

De·lorme /dəlɔ́əm | -lɔ́ːm; *F.* dəlɔʀm/ (*also* **de l'Orme** /~/), **Philibert** *n.* ドロルム《1515–70; フランスのルネサンス期の建築家》.

De·lors /dəlɔ́ə | -lɔ́ː⁽ʳ; *F.* dəlɔːʀ/, **Jacques** *n.* ドロール《1925– ; フランスの政治家; 財政経済相 (1981–84), 欧州委員会委員長 (1985–95)》.

De·los /díːlɑ(ː)s | -lɔs; *Mod. Gk.* ðílɔs/ *n.* デーロス(島)《エーゲ海 (Aegean Sea) 南西部にある Cyclades 諸島中のギリシャ領の小島; Apollo と Artemis はこの島で生まれたといわれる; Apollo の託宣所として有名; Delian League の中心地; 面積 5 km²》. 〘□ Gk *Dêlos*〙

de los An·ge·les /*Sp.* delosáŋxeles/, **Victoria** *n.* デ ロス アンヘルス《1923– ; スペインのソプラノ歌手》.

de·louse /diːláus, -láuz/ *vt.* **1** …からシラミ[不快なもの]を駆除する. **2** …から地雷[機雷など]を撤去する.

dè·lóus·er *n.* 〘(1919) ← de-¹+LOUSE〙

Del·phi /délfaɪ, -fi; *Mod.Gk.* ðelfí/ *n.* デルポイ, デルフィ《ギリシャ中部 Phocis の古都; Parnassus 山のふもとにあり託宣で有名な Apollo の神殿があった》. 〘(1963) □ L *Delphī* □ Gk *Délphoi*〙

Del·phi·an /délfiən/ *adj.* **1** (ギリシャの古都)デルポイ (Delphi) の. **2 a** デルポイの (Apollo の)神殿の: a ~ oracle デルポイ神殿の託宣. **b** デルポイ神殿の託宣の(ような); 曖昧(あいまい)な; 謎めいた: a ~ utterance (デルポイの託宣のように)曖昧な言葉. — *n.* デルポイ人. 〘(1625): ⇨ ↑, -ian〙

Del·phic /délfɪk/ *adj.* =Delphian. **dél·phi·cal·ly** *adv.* 〘(1598) □ L *Delphicus* □ Gk *Delphikós*: ⇨ Delphi, -ic¹〙

Délphic Amphíctyony *n.* [the ~] 〖ギリシャ史〗デルポイのアンフィクチオン同盟 (⇨ amphictyony).

Délphic óracle *n.* [the ~] デルポイの神託所《Apollo の神殿にあり, 難解な神託で有名》.

Del·phin /délfɪn | -fɪn/ *adj.* **1** フランス皇太子 (dauphin) の: the ~ classics [text] フランス皇太子文集《Louis 十四世の時, 王子教育のために編集されたラテン文集》. **2** フランス皇太子文集の. 〘(1775) □ ML *delphīnus* 'DAUPHIN': 文集の題扉に記された *in usum Serenissimi Delphini* (=for the use of the most serene Dauphin) から〙

Del·phine /délfiːn/ *n.* デルフィーン《女性名》. 〘□ Gk *delphīnion*? larkspur〙

delphinia *n.* delphinium の複数形.

del·phi·nin /délfənɪn | -fɪnɪn/ *n.* 〖化学〗デルフィニン ($C_{41}H_{39}ClO_{21}$)《larkspur の花から採る赤褐色の小板状晶》. 〘← DELPHIN(IUM)+-IN²〙

del·phi·nine /délfəniːn, -nɪn | -fɪnɪn/ *n.* 〖化学〗デルフィニン ($C_{33}H_{45}NO_9$)《stavesacre の種子から採る結晶性アルカロイド; 有毒; 神経痛治療に用いられる》. 〘(1863–72) ← DELPHIN(IUM)+-INE³〙

del·phin·i·um /dɛlfíniəm/ *n.* (*pl.* ~**s**, -**i·a** /-niə/) 〖植物〗キンポウゲ科デルフィニウム[オオヒエンソウ]属 (*Delphinium*) の各種草本の総称 (cf. larkspur). 〘(1664) ← NL *Delphinium* ← Gk *delphínion* larkspur (dim.) ← *delphin* 'DOLPHIN': この花の形をイルカに見立てたもの〙

Del·phi·nus /dɛlfáɪnəs, -fíː- | -fáɪ-/ *n.* 〖天文〗いるか座《わし座とペガスス座の中間にある北天の小星座; the Dolphin ともいう》. 〘(*a*1672) □ L *delphinus* 'DOLPHIN'〙

Del·sárte mèthod [sỳstem] /dɛlsáət- | -sάːt-; *F.* dɛlsaʀt-/ *n.* デルサルト式体操《音楽的で劇的な表現の発達を目的とした体操》. 〘← *François A. N. C. Delsarte* (1811–71: フランスの音楽家・教育家)〙

Del·sar·ti·an /dɛlsáəṭiən | -sάːt-/ *adj.* デルサルト(体育法)風の.

del Sarto, Andrea *n.* ⇨ Sarto.

delt /délt/ *n.* 《俗》〖解剖〗=deltoid.

del·ta /délṭə/ *n.* **1** デルタ《ギリシャ語アルファベット 24 字中の第 4 字: Δ, δ (ローマ字の D, d に当る); ⇨ alphabet 表》. **2** (デルタ大文字状の)三角形のもの; (河口の)三角洲, デルタ(地帯): the ~ of the Ganges, the Nile, etc. **3** [the D-] デルタ《ナイル河口三角洲》. **4** [D-] 〖通信〗デルタ《文字 d を表す通信コード》. **5** [D-] デルタ《米国の人工衛星打上げ用ロケット》. **6** [通例 D-; 星座名の属格を伴って] 〖天文〗デルタ (δ) 星《一つの星座の中で 4 番目に明るい星》. **7** 〖数学〗変数の増分(記号 Δ). **8** 〖化学〗[形容詞的に] デルタの, δ-, 第 4 の (⇨ alpha¹ 5). 〘(?*c*1200) □ Gk *délta*: ⇨ D〙

Délta Áir Lìnes *n.* デルタ航空《米国の航空会社; 記号 DL》.

délta connèction *n.* 〖電気〗三角[デルタ]結線, デルタ接続《三相交流で三つの変圧器巻線やインピーダンスを三角形の三辺に結んだ結線方式; cf. star connection》. 〘1902〙

délta-délta connèction *n.* 〖電気〗三角三角結線《三相変圧器の結線法で 1 次側, 2 次側のそれぞれが三角[デルタ]結線のもの》.

Délta Fòrce *n.* 〖米陸軍〗デルタ部隊, デルタフォース《テロ対策特別部隊》.

délta frèquency *n.* 〖医学〗=delta wave. 〘1961〙

délta fùnction *n.* 〖数学〗デルタ関数《0 以外で 0, 0 で +∞ となり, −∞ から +∞ までの定積分が 1 となる超関数》.

del·ta·ic /dɛltéɪɪk/ *adj.* デルタ (Δ) 形の, 三角形の; 三角洲の(ような); 三角洲性の. 〘(1846) ← DELTA+-IC¹〙

délta ìron *n.* 〖化学〗デルタ鉄《鉄の変態の一つで融点と 1400°C の間で安定, 非強磁性体心立方晶系; cf. alpha iron》.

délta mètal *n.* 〖冶金〗デルタメタル《銅・鉄・亜鉛の合金》. 〘1883〙

délta plàin *n.* 三角洲平野. 〘1890〙

délta rày *n.* 〖物理〗デルタ線《高速度の β 線と区別した速度の小さい電子線》. 〘1908〙

délta rhỳthm *n.* 〖医学〗デルタリズム (⇨ delta wave). 〘1938〙

délta-v́ /-víː/ *n.* 《口語》加速 (acceleration). 〘(*c*1975) ← DELTA 7+V(ELOCITY)〙

délta wàve *n.* 〖医学〗デルタ波《最も深い眠りを示す大きなゆっくりとした脳波; delta frequency, delta rhythm ともいう》. 〘1936〙

délta wíng *n.* 〖航空〗(ジェット機などの)三角翼, デルタ翼; デルタ翼機, 三角翼機. 〘1946〙

délta-wíng, -wínged *adj.* 〖航空〗〈ジェット機など〉三角翼の: a ~ plane. 〘1950〙

délta-wýe connèction *n.* 〖電気〗三角星形結線《三相変圧器の結線法で 1 次側が三角[デルタ]結線, 2 次側が星形 [Y] 結線のもの》.

del·tic /déltɪk/ *adj.* =deltaic. 〘1865〙

del·ti·ol·o·gy /dɛ̀ltiά(ː)lədʒi | -ɔ́l-/ *n.* (趣味としての)郵便(絵)はがき収集. **dèl·ti·ól·o·gist** /-dʒɪst | -dʒɪst/ *n.* 〘(1947) ← Gk *deltíon* ((dim.) ← *déltos* writing tablet)+-LOGY〙

del·toid /déltɔɪd/ *adj.* **1** デルタ (Δ) 状の, 三角形の: a ~ leaf. **2** 三角洲状の. **3** 〖解剖〗三角筋の. — *n.* 〖解剖〗三角筋《肩を覆う大きな三角形の筋肉》. **del·toi·dal** /dɛltɔ́ɪdḷ | -dl/ *adj.* 〘(1741) □ Gk *deltoeidḗs* delta-shaped: ⇨ delta, -oid〙

del·toi·de·us /dɛltɔ́ɪdiəs | -di-/ *n.* (*pl.* **-de·i** /-diàɪ | -di-/) 〖解剖〗=deltoid. 〘(*c*1860) ← NL ~ (変形) ← Gk *deltoeidḗs* (↑)〙

de·lude /dɪlúːd | -lúːd, -ljúːd/ *vt.* **1** 〈人を〉惑わす, だます, だまして(…)させる〔*into*〕(⇨ deceive SYN): ~ oneself 思い違いする; 妄想に駆られる. **2** 《廃》だめにする, 落胆させる. **3** 《廃》よける, のがれる. **de·lúd·a·ble** /-dəbl | -də-/ *adj.* **de·lúd·er** /-də | -də⁽ʳ/ *n.* 〘(?*c*1408) □ L *dēlūdere* to play false ← DE-¹+*lūdere* to play (cf. ludicrous)〙

de·lúd·ing /-dɪŋ | -dɪŋ/ *adj.* 惑わす, 幻惑的な. **~·ly** *adv.* 〘(1593–94): ⇨ ↑, -ing²〙

del·uge /délјuːdʒ, -ljuːʒ/ *n.* **1** 大水, 大洪水 (⇨ flood SYN); 大雨, 豪雨: a ~ of rain どしゃ降り, 豪雨 / a ~ of tears あふれる涙 / a ~ of fire (一面の)火の海. **2** [the D-] ノア (Noah) の大洪水 (cf. *Gen.* 6–9). **3** 〔手紙・問題・要求などの〕(洪水のような)圧倒的な殺到〔*of*〕: a ~ *of* mail [inquiries, applications] 郵便[問合わせ, 申込み]の殺到, 殺到する郵便[問合わせ, 申込み] / a ~ *of* visitors 押し寄せる訪問客.

After ús [mé] the déluge! (わが亡き)後は野となれ山となれ (⇨ après nous le déluge (巻末)).

— *vt.* **1** 〈豪雨などが〉〈地域などに〉氾濫(はんらん)する; 〈人を〉びしょ濡れにする. **2** [通例受身で] (大水のように)…に殺到する, どっと来る, 〔…で〕圧倒する〔*with*〕: ~ a person *with* invitations 人を招待攻めにする / be ~*d with* letters [applications] 手紙[申込み]が殺到する / be ~*d* in tears 涙の雨にぬれる / The White House is ~*d* by a great inpouring of mail. ホワイトハウスには大水のように郵便物が流れ込む.

〘(*c*1380) □ (O)F *déluge* (変形) ← *diluvie* ← L *dīluvium* ← *dīluere* to wash away: ⇨ dilute〙

de·lu·sion /dɪlúːʒən | -lúː-, -ljúː-/ *n.* **1** 惑わし, だまし: a juggler's ~. **2** 気の迷い, 幻想, 間違った信念, 思い違い: fall into a ~ 間違った考えを抱く(ようになる) / be under the ~ that …という幻想を抱いている / be under no ~*s* as to …に関しては何の思い違いもしていない / labor under a ~ 思い違いをして(悩んで)いる. **3** 〖精神医学〗妄想: suffer from ~*s* of persecution [grandeur] 被害[誇大]妄想に悩む / be obsessed [tormented] by ~*s* 妄想に憑(つ)かれる[苦しめられる]. **~·ar·y** /-ʒənèri | -ʒ(ə)nəri/ *adj.* 〘(?*c*1421) □ L *dēlūsiō(n-)* ← *dēlūsus* (p.p.) ← *dēlūdere* 'to DELUDE': ⇨ -sion〙

SYN 妄想: **delusion** 誤解・欺瞞・精神異常などのため事実でないことを事実だと信じること: The insane man had a *delusion* that he was a king. その狂人は自分が国王だと妄想していた. **illusion** 誤った印象・考え・信念(を生み出すもの): He had an *illusion* of power. 自分は権力があると幻想していた / an optical *illusion* 目の錯覚. **hallucination** 病気または麻薬を飲んだために実在しないものを見たり聞いたりすること: *hallucinations* induced by drug 麻薬による幻覚. **mirage** 蜃気楼; 比喩的には, 実現できないはかない夢: Mrs. Thatcher's so-called economic miracle was a *mirage*. サッチャー夫人のいわゆる経済の奇跡ははかない夢であった.

---

de·lu·sion·al /dɪlúːʒənəl, -ʒənḷ | -lúː-, -ljúː-/ *adj.* 幻想的な, 妄想性の. 〘(1871): ⇨ ↑, -al¹〙

de·lu·sive /dɪlúːsɪv, -zɪv | -lúːsɪv, -ljúː-/ *adj.* ごまかしの; まぎらわしい, 人を誤らせる; 妄想的な, ありもしない. **~·ly** *adv.* **~·ness** *n.* 〘(1605) ← DELUS(ION)+-IVE〙

de·lu·so·ry /dɪlúːs(ə)ri, -z(ə)ri | -lúː-, -ljúː-/ *adj.* =delusive. 〘(*c*1475) □ L *dēlūsōrius* ← *dēlūsus*: ⇨ -ory¹〙

de·lus·ter /diːlʌ́stə | -tə⁽ʳ/ *vt.* 〈織物〉の光沢を除く. 〘(1926) ← DE-¹+LUSTER²〙

de·luxe /dɪlʌ́ks, -lúks, -lúːks; *F.* dəlyks/ *adj.* (*also* **de luxe** /~/) 豪華な, ぜいたくな, デラックスな (cf. luxe), 特等の: a ~ edition 豪華版 / an apartment ~ =a ~ apartment / articles ~ ぜいたく品. — *adv.* 豪華に, ぜいたくに. 〘(1819) □ F ~ 'of LUXURY'〙

delv. 《略》deliver.

delve /délv/ *vi.* **1** 《古》掘る; 《英方言》(鋤(すき)で)土を掘る: dig and ~. **2** (資料などを求めて)〈書物・過去・記録などを〉丹念に[徹底的に]調べる, (深く)探究する; ほじくる〔*in, into*〕: ~ *into* documents 文書を丹念に調べる / ~ *among* the relics of antiquity 古代の遺物の研究に没頭する / Don't ~ *in* the past. (済んでしまった)過去をほじくりかえすな. **3** 〔引出し・箱・ポケットなどの中を〕引っかき回して捜す〔*in*〕: ~ *in* a drawer 引出しの中を捜す. **4** 〈動物が〉深く穴を掘る. **5** 〈道路などが〉急に下る, 窪む. — *vt.* 《古》**1** 掘る; 《英方言》〈土地を〉鋤で掘る. **2** 〈宝石・文書などを〉掘り出す[当てる]. — *n.* **1** 《古》掘った穴, 洞穴. **2** 窪み, 窪地. **3** 掘ること, 発掘. 〘v.: OE *delfan* < (WGmc) **delban* (Du. *delven*) ← IE **dhelbh-* to dig (Russ. *dolbit'* to chisel). — n.: (1590–96) ← OE (*ge*)*delf* hole, ditch ← (v.)〙

délv·er *n.* 掘る人[機械]; 探究者〔*into*〕. 〘OE *delfere*: ⇨ ↑, -er¹〙

dely. 《略》delivery.

dem /dém/ *vt., vi.* 《英》=damn.

dem. 《略》demand; demurrage; 〖製紙〗demy.

Dem. 《略》Democrat; Democratic.

dem- /diːm/ (母音の前にくるときの) demo- の異形.

-de·ma /⸗ dəmə, -də- | -dɪ-/ 〖昆虫〗(分類学上の名称として)「…のような体をもつもの」の意の名詞連結形: Chrysodema ムネスジタマムシ属. 〘← NL ~ ← Gk *démas* body〙

de·mag·net·i·za·tion /diːmæ̀gnəṭɪzéɪʃən | -nɪ̀taɪ-, -tɪ-/ *n.* 〖電気〗(帯磁した磁性体の)磁気除去[消去], 減磁, 消磁, 滅磁. 〘(1864): ⇨ ↓, -ation〙

de·mag·net·ize /diːmǽgnətàɪz | -nɪ-/ *vt.* 〖電気〗減磁する, 消磁する, 滅磁する, …の磁化された状態をもとに戻す. — *vi.* 消磁される. **de·mág·net·ìz·a·ble** /~əbl/ *adj.* 〘(1839) ← DE-¹+MAGNETIZE〙

de·mág·net·ìz·er *n.* 〖電気〗減磁器, 消磁器.

dem·a·gog /déməgὰ(ː)g, -mɪ- | -məgɔ̀g/ *n.* 《米》=demagogue.

dem·a·gog·ic /dèməgά(ː)gɪk, -mɪ-, -gά(ː)dʒ-, -góudʒ- | -məgɔ́g-, -gɔ́dʒ-⁻/ *adj.* 煽動的な, アジ(テーション)の, デマの: a ~ speech. **dèm·a·góg·i·cal** /-dʒɪkəl, -kḷ | -dʒɪ-⁻/ *adj.* **dèm·a·góg·i·cal·ly** *adv.* 〘(1831) □ Gk *dēmagōgikós*: ⇨ demagogue, -ic¹〙

dém·a·gòg·ism /-gɪzm/ *n.* =demagoguery. 〘1824〙

dem·a·gogue /déməgὰ(ː)g, -mɪ- | -məgɔ̀g/ *n.* **1** 〖歴史〗(特に古代の)民衆の指導者. **2** 煽動政治, (自派のために民衆を煽動する)アジの演説家. — *vi.* demagogue としてふるまう; 煽動する. 〘(1648) □ Gk *dēmagōgós* leader of the people ← *dêmos* people (⇨ demos)+*agōgós* leader (cf. agent)〙

dem·a·gogu·er·y /déməgὰ(ː)g(ə)ri, -mɪ-, ⸗⸗⸗(—)— | -məgɔ̀g(ə)ri, ⸗⸗⸗(—)—/ *n.* 煽動主義, (民衆をそそのかして引き入れる)煽動, アジ(テーション), デマを飛ばすこと, 悪宣伝. 〘(1855): ⇨ ↑, -ery〙

dém·a·gògu·ism /-gɪzm/ *n.* =demagoguery. 〘1831〙

dem·a·gog·y /déməgὰ(ː)gi, -gὰ(ː)dʒi, -gòudʒi | -məgɔ̀gi, -gɔ̀dʒi/ *n.* **1** 《英》=demagoguery. **2** 民衆煽動家の支配. **3** 煽動者集団. 〘(1655) □ Gk *dēmagōgía*: ⇨ demagogue, -y¹〙

de mal en pis /dəmάːlɑ̃(m)píː, -ɑːm-; *F.* dəmalɑ̃pi/ *F.* 悪から一層の悪へ, ますます悪く (from bad to worse).

de·man /diːmǽn/ *vt.* (**de·manned; de·man-**

ning)《英》人員削減[整理]をする．〘← DE-¹+MAN〙

de·mand /dɪ̈mǽnd | -mɑ́ːnd/ *n.* **1 a** (権利としての)要求, 請求; 要求物, 請求額: a ～ *for* higher wages [payment] 賃金引上げの要求 / make a ～ *for* money *on* [*upon*] a person 人に金を要求する / present one's ～*s* 要求を提出する / hold out against [resist] a ～ 要求に抵抗する[屈しない] / the ～ that he (should) be allowed to go 彼が行くのを許すべきだという要求. **b** 〘法律〙請求(権): hold a ～ *against* a person 人に対し請求権がある. **2 a** 〔商品・人に対する〕需要, 要求, 売れ口〔*for*〕: We find a big [small(er)] ～ *for* tobacco. たばこの需要が大きい[(より)少ない] / This type of machine is *in* great [high] ～. この型の機械は需要が多くなっている. **b** 〘経済〙需要 (↔ supply): supply and *demand* ⇨ supply¹ 5. **3** [*pl.*] (具体的な)さし迫った要求〔*on, upon*〕: make ～*s on* [*upon*] a person 人に(絶えず)いろいろな要求をする (cf. 1 a) / Child care makes ～*s on* one's time. 子育てにはいろいろと時間を取られる / There are many ～*s on* my resources [time]. 私には金のいる[時間の取られる]ことがたくさんある. **4** 《古》問合わせ, 質問.

on demánd 要求[請求]次第: payable *on* ～ 一覧払い《小切手・手形などで支払呈示があったときに支払うこと》.

— *vt.* **1** 〈人に〉(権利として)要求する, 強要する〔*from, of*〕: He even ～*ed* money *from* me. 彼は私に金まで要求した / You should do what the law ～*s of* you. 法律の要求することはしなければならない / He ～*ed to* know why we had done it. 彼は我々がそれをした訳を知りたいと要求した / I ～*ed that* he (should) let me go with him. いっしょに連れて行ってほしいと要求した. (★ should を省くのは主に《米》). **2** 知ることを強要する, (高飛車に[形式的に])尋問する: ～ a person's business [name] 何の用か[姓名を言えと]聞きただす / "What's that?" he ～*ed*. 「それは何だ」と彼は尋ねた. **3** 〈人〉の現れることを要求する, 姿を見せることを求める: The audience ～*ed* the singer once more. 聴衆はその歌手がもう一度姿を現すことを求めた. **4** 〘法律〙**a** (法的に)請求する. **b** (法廷に)召喚する. **5** 〈事物・情況が〉必要とする, 要する: This operation ～*s* great care. この手術には細心の注意が必要である.

— *vi.* 〔人に〕要求する, 尋ねる〔*of*〕.

〘n.: (*c*1280) □ (O)F *demande* ← *demander* < L *dēmandāre* to give in charge, entrust ← DE-¹+*mandāre* to enjoin, order (⇨ mandate). — v.: (*c*1384) □ (O)F *demander*〙

SYN 要求する: **demand** 権利としてあるいは権威をもって高飛車に要求する: He *demands* reparation from the firm. 彼は会社からの賠償を要求している. **claim** 〈王位・財産・賠償などを〉当然自分のものと主張して要求する: He *claimed* the inheritance. 相続権を要求した. **exact** 〈ある行為を〉強制的に要求する: A hard piece of work *exacts* effort and patience. 骨の折れる仕事には努力と忍耐が必要だ. **require** 規則上または当然のこととして, 特に〈ある行為を〉要求する《格式ばった語》: This letter *requires* answer. この手紙には返事がいる.
ANT waive, relinquish, grant.

de·mand·a·ble /dɪ̈mǽndəbl̩ | -mɑ́ːnd-/ *adj.* 要求[請求]できる. 〘(?1456): ⇨ -able〙

de·man·dant /dɪ̈mǽndənt | -mɑ́ːd-/ *n.* **1** 要求者. **2** 〘法律〙(不動産訴訟の)原告. 〘(1430–31) □ OF ～: ⇨ demand, -ant〙

demánd bíd *n.* 〘トランプ〙=forcing bid.

demánd bìll *n.* 〘商業〙=sight draft.

demánd chàrge *n.* 需用電力料金.

demánd depòsit *n.* 〘銀行〙**1** 要求払い預金《預金者の要求次第払い渡される短期性預金; 普通預金・当座預金などの総称》. **2** 別段預金. 〘1923〙

demánd dràft *n.* 〘商業〙=sight draft.

de·mánd·er *n.* 要求者. 〘(1441): ⇨ -er¹〙

demánd fàctor *n.* (電力)需用率.

demánd fèeding *n.* 欲求即応的授乳, 自律哺乳[授乳]《決まった時間でなく, 乳児が欲しがったら行う授乳法》. 〘1953〙

de·mand·ing /dɪ̈mǽndɪŋ | -mɑ́ːnd-/ *adj.* 〈人・仕事など〉過重要求をする, 過酷な, 注文の多すぎる: one's ～ master. **～·ly** *adv.* 〘(1873): ⇨ -ing²〙

demánd lòan *n.* 〘金融〙=call loan. 〘1913〙

demánd mànagement *n.* 〘経済〙(政府による)需要管理政策《ケインズ学派によって提唱される景気安定策》.

demánd nòte *n.* **1** 《米》〘商業〙一覧払い約束手形, 要求払い手形. **2** 《英》請求書, 支払い要求書. 〘1866〙

demánd-pùll 〘経済〙*adj.* 超過需要によって起こされた (cf. cost-push): ～ inflation 需要インフレーション.
— *n.* 需要インフレーション. 〘1952〙

demánd-sìde *adj.* 〘経済〙需要重視(政策)の (cf. supply-side): ～ economics 需要重視の経済学《政府は需要操作により国家経済を調節できるとする説》. 〘(1980) ← *demand side* (n.) (1975)〙

de·man·toid /dɪ̈mǽntɔɪd/ *n.* 〘鉱物〙(宝石用の)翠(すい)ざくろ石. 〘(1892) □ G ～ ← 《廃》*Demant* diamond: ⇨ -oid〙

de·mar·cate /dɪ̈mɑ́ːəkeɪt, diː- , díːmɑːəkèɪt | díːmɑːkèɪt/ *vt.* **1** …に境界を画する, …の限界を定める; …に一線を画する. **2** 分離する, 区別する, 区分する. 〘(1816) (逆成) ↓〙

de·mar·ca·tion /dìːmɑːəkéɪʃən | -mɑː-/ *n.* **1** 分界, 境界: a line of ～ *between* …間の境界線. **2** 境界画定, 限界決定. **3** 限界, 区画, 区分. **4** 〘労働〙同業組合(員)と他の同業組合(員)との作業の縄張り: a ～ dispute 縄張り争い. 〘(1727–52) □ Sp. *demarcación* ← *demarcar* to mark out the bounds of ← DE-¹+*marcar* to mark: ⇨ -ation〙

de·mar·ca·tive /dɪ̈mɑ́ːəkətɪv, diː- | diːmɑ́ːkə-/ *adj.* 〘言語〙(書記上・音声上・文法上)示唆的な, 弁別的な, 境界の《たとえば ice cream /áɪs krìːm/ に対して I scream /aɪ skríːm/ における強勢・連接など》: a ～ feature 境界特徴《形態素・語などの言語要素の境界を示す音韻的・音声的・韻律的素性; 例えば英語の /h/ は常に形態素の頭音として現れる》/ a ～ function. 〘(1955): ⇨ ↑, -ative〙

de·march /díːmɑːək | -mɑːk/ *n.* **1** (古代ギリシャの)市区(deme)の首長. **2** (現代ギリシャの)市長. 〘(1642) □ Gk *dḗmarkhos*: ⇨ deme, -arch¹〙

dé·marche /deɪmɑ́ːəʃ, dɪ-, ⌐—⌐ | déɪmɑːʃ, —⌐; *F.* demaʁʃ/ *F. n.* (*pl.* **dé·march·es** /～ɪ̈z; *F.* ～/) **1** 手段, 処理, 手続き. **2** (特に外交上の手段; 転換策, 新政策. **3** 外交上の申し立て[抗議]; (一般に)当局に対する申し立て[抗議]. 〘(1658) □ F ～ ← DE-¹+*marcher* 'to MARCH¹'〙

de·mark /dɪ̈mɑ́ːək, diː- | dɪmɑ́ːk, diː-/ *vt.* =demarcate. 〘1834〙

de·mar·ka·tion /dìːmɑːəkéɪʃən | -mɑː-/ *n.* =demarcation.

de·mas·si·fy /dɪ̈mǽsəfàɪ | -sɪ̈-/ *vt.* 〈社会・社会機構[制度]などを〉非画一化する, …への集中を排除する; 多様化する; …の均一性を破り個性をもたせる, 脱マス化する: *demassified* media (mass media に対して)少数オーディエンス向けメディア. **de·mas·si·fi·ca·tion** /dɪ̈mæ̀səfɪ̈kéɪʃən | -sɪ̈fɪ-/ *n.*

de·ma·te·ri·al·ize /dìːmətíᵊriəlàɪz | -tíər-/ *vt., vi.* (…の)物質的性質[特性, 形態]を奪う, 物質性を失わせる[失う], 非物質化する, 見えなくする[なる]. **de·ma·te·ri·al·i·za·tion** /dìːmətìᵊriəlɪ̈zéɪʃən | -tìəriəlaɪ-, -lɪ-/ *n.* 〘(1884) ← DE-¹+MATERIAL+-IZE〙

De·mat·i·a·ce·ae /dɪ̈mæ̀tiéɪsiìː | dɪmæ̀ti-/ *n. pl.* 〘植物〙(不完全糸状菌目)デマチウム科. **de·màt·i·á·ceous** /-ʃəs⁻/ *adj.* 〘← NL ～ ← *Dematium* (属名: ← Gk *démation* small cord (dim.) ← *déma* band)+-ACEAE〙

Dem·a·vend /déməvènd/ *n.* デマベンド(山)《イラン北部 Elburz 山脈中の最高峰 (5,671 m)》.

deme /díːm/ *n.* **1** 〘ギリシャ史〙(紀元前 508 年ごろ Cleisthenes が 100 以上の行政区に分けた Attica の) 市区. **2** (現代ギリシャの)市, 地方自治体. **3** 〘生態〙デーム《個体群に重点を置く分類学上の単位; cf. gamodeme》. 〘(1833) □ Gk *dêmos* district, people: ⇨ demos〙

de·mean¹ /dɪ̈míːn/ *vt.* **1** [～ oneself で] 身分を落とす (debase), 品位を傷つけるような卑しいことをする: Don't ～ *yourself* by asking for money. お金をねだるなど品位を傷つけるようなことはするな. **2** 〈人・物事を〉卑しめる. 〘(1601) ← DE-¹+MEAN²: DEBASE にならった造語〙

de·mean² /dɪ̈míːn/ *vt.* [～ oneself で] 《文語》ふるまう, (身を)処する. ★ 常に副詞(句)を伴う: ～ *oneself* well [ill] りっぱに[まずく]ふるまう / He ～*ed himself* like a man [as a gentleman]. 男らしく[紳士的に]ふるまった. — *n.* 《古》=demeanor. 〘(?*a*1300) *deme(i)ne(n)* to manage □ (O)F *démener* < VL **dēmināre* ← DE-¹+L *mināre* to drive (← *minārī* to threaten: cf. minatory)〙

de·méan·ing *adj.* 自尊心を傷つける, 屈辱的な.

de·mean·or, 《英》**de·mean·our** /dɪ̈míːnə | -nə(r)/ *n.* **1** 態度, 物腰 (⇨ bearing SYN); 表情. **2** 行状, ふるまい, 品行. 〘(?1472) *demenure* ← *demene(n)*: ⇨ ↑, -ure〙

de·ment /dɪ̈mént/ *n.* 気が狂った人. — *adj.* 《古》気の狂った. — *vi.* (特に老齢のために)痴呆(ちほう)になる.
— *vt.* 《古》発狂させる, …の理性を奪う (cf. demented). 〘(1545) □ OF *dementer* ∥ LL *dēmentāre* to deprive of mind ← *dēmentem* ← DE-¹+*mēns* 'MIND'〙

de·mént·ed /-tɪ̈d | -tɪ̈d/ *adj.* **1** 気が狂った, 発狂した: It will drive me ～. (心配などで)気が狂いそうだ. **2** 狂ったような: one's ～ conduct. **～·ly** *adv.* **～·ness** *n.* 〘(1644): ⇨ ↑, -ed 2〙

dé·men·ti /deɪmɑ̃ː(n)tíː, -mɑːn-, ⌐—⌐—; *F.* demɑ̃ti/ *F. n.* (*pl.* **～s** /～z; *F.* ～/) 〘外交〙(風説などに対する)公式の否認. 〘(1698) □ F (p.p.) ～ ← *démentir* to give a lie to ← DE-¹+*mentir* (< L *mentīrī* to tell a lie)〙

de·men·tia /dɪ̈ménʃə, -ʃiə, -méntʃə, -tʃiə/ *n.* **1** 〘精神医学〙痴呆(ちほう)《後天性の回復不能な知的障害; cf. amentia; ⇨ insanity SYN》: precocious ～ 早発性痴呆症《精神分裂症の旧称; cf. schizophrenia》/ ⇨ senile dementia. **2** 発狂. **de·mén·tial** /-ʃəl, -ʃiəl/ *adj.* 〘(1806) □ L *dēmentia* insanity ← *dēmentem* out of one's mind: ⇨ dement〙

deméntia práe·cox [pré·cox] /-príːkɑ(ː)ks | -kɒks, -práɪ-/ *n.* (*pl.* **de·men·ti·ae prae·co·ces** /dɪ̈ménʃiìːpríːkəsìːz/) 〘精神医学〙早発性痴呆(ちほう) (cf. schizophrenia). 〘(1899) □ L ～ 'precocious insanity'〙

Dem·e·ra·ra /dèmərɑ́ːrə, -réᵊrə | -rɑ́ːrə, -réərə/ *n.* **1** [the ～] デメララ(川)《ガイアナ北部の川》. **2** [d-] デメララ《サトウキビから採る黄褐色の粗糖; demerara sugar ともいう》. **3** [d-] デメララ ラム《芳香のブレンド用ラム酒; demerara rum ともいう》. **dèm·e·rá·ran** /-rən⁻/ *adj.* 〘(1848): 南米ガイアナの原産地名〙

de·merge /dìːmə́ːdʒ | -mə́ːdʒ/ *vt., vi.* 〈合併企業を[が]〉分離する, 〈事業部・子会社などを〉本社から切り離す[離される]. 〘(1980) ↓〙

de·merg·er /dìːmə́ːdʒə | -mə́ːdʒə(r)/ *n.* **1** 合併企業の分離. **2** (企業の)分割; (企業内部門の別会社への)分離. 〘(1948): ⇨ de-¹·², merger〙

de·mer·it /dɪ̈mérɪ̈t, -dìː- | diːmérɪt/ ★ merit と対比させるときには /díːmèrɪ̈t | -rɪt/ と発音される. *n.* **1 a** 欠陥, 欠点: the merits and ～*s* of …の長所短所[功罪, 得失]. 日英比較 日本語の「デメリット」は「不利な点」の意で用いるが, この日本語に該当する英語は, disadvantage や drawback である. **b** 取り柄のなさ. **2** 《米》**a** (交通違反などに対する)罰点. **b** 〘教育〙罰点《不行状などのため学籍簿に記入される》. **3** [通例 *pl.*] 《廃》過失, 落ち度; 悪業, 罪. **4** [*pl.*] 《廃》美点, 長所 (merit). — *vt.* 〈人〉に罰点を与える. 〘(1399) □ OF *de(s)merite* ∥ L *dēmeritum* (ML) fault, (原義) merit (強意の *de-* が否定の *de-* と混同された) (neut. p.p.) ← *dēmerērī* to deserve (well) ← DE-¹+*merērī* 'to MERIT'〙

de·mer·i·to·ri·ous /dìːmèrətɔ́ːriəs | -rɪ̈-⁻/ *adj.* 責められるべき, 非難されるべき (blameworthy). **～·ly** *adv.* 〘(1605) ← DE-¹+MERITORIOUS〙

Dem·e·rol /démərɔ̀(ː)l | -rɒl/ *n.* 〘商標〙デメロール《米国製の, 鎮痛剤 meperidine の商品名》.

de·mer·sal /dɪ̈mə́ːsəl, -sl̩ | -mə́ː-/ *adj.* 〈海洋[水中]生物が〉海[湖]底などにすむ, 深海にいる (cf. pelagic). 〘(1889) ← L *dēmersus* ((p.p.) ← *dēmergere* to sink ← DE-¹+*mergere* 'to MERGE')+-AL¹〙

de·mesne /dɪ̈méɪn, -míːn/ *n.* **1** 〘法律〙(自己の権利に基づく土地の)占有: hold estates in ～ 所有者として土地を保有する. **2** (所有者の)占有地, 私有地. **3** (国王または国家の)領地: a ～ of the crown=royal demesne / a ～ of the State=a State ～ 官有[国有]地. **4** 《英》領主直営地《農民への貸付地と区別される領主自身のための土地》, (地方大地主の)邸宅付属地《邸宅付近の park, chase, home, farm などを含む; cf. barton 2》. **5** [通例 *pl.*] 地所, 土地. **6** 地方. **7** (活動の)範囲, 領域. 〘(?*a*1300) *demeyne* □ OF *demeine* (⇨ domain): -*s*- は AF *mesnee* household との連想で, 17C 以来のもの〙

De·me·ter /dɪ̈míːtə | -tə(r)/ *n.* 〘ギリシャ神話〙デーメーテール《大地・豊饒(ほうじょう)・結婚・社会秩序の女神; ローマ神話の Ceres に当たる; Persephone の母》. 〘□ Gk *Dēmḗtēr*, (Doric) *Dāmā́tēr* (原義) earth-mother ← Doric *dâ* (=Gk *gê*) earth+*mā́tēr* (=Gk *mḗtēr*) 'MOTHER¹'〙

dem·e·ton /démətɑ̀(ː)n | -mɪ̈tɒn/ *n.* 〘薬剤〙デメトン《有機リン化合物で殺虫剤》. 〘← ? D(I)E(THYL)+ME(RCAPTO-)+T(HI)ON(ATE)〙

De·me·tri·a /dɪ̈míːtriə/ *n.* デメトリア《女性名》. 〘(fem.) ↓〙

De·me·tri·us /dɪ̈míːtriəs/ *n.* ディミートリアス《男性名》. 〘□ L *Dēmētrius* □ Gk *Dēmḗtrios* (原義) 'belonging to DEMETER'〙

De·me·tri·us I /dɪ̈míːtriəs-/ *n.* デメトリオス一世 (337?–283 B.C.; マケドニア (Macedonia) の王 (*c*294–283 B.C.); Antigonus 一世の息子; Poliorcetes /pɒ̀liɔ́ːəsìːtiːz | pɒ̀liɔ́ː-/ (攻城者)と呼ばれた》.

dem·i- /démi/ 「半, 部分的, 準…」などの意の連結形 (cf. semi-, hemi-): demigod, demitasse. 〘ME □ (O)F ～ ← *demi* half < ML *dīmedium*=L *dīmidius* half ← *dis* apart+*medius* 'MIDDLE'〙

dèmi·bástion *n.* 〘築城〙(一正面と一側面から成る)半稜堡(りょうほ) (cf. bastion). 〘1695〙

dèmi-cánnon *n.* 《古》半キャノン砲《口径 6½ インチ (16.5 cm) の大砲》.

demi-canton /⌐—⌐—, ⌐—⌐⌐—/ *n.* (スイスの)準州, 半カントン《連邦を構成する 22 州 (canton) のうち, Basel, Appenzell, Unterwalden をそれぞれ 2 分して設けた行政単位》. 〘← DEMI-+CANTON〙

dèmi·cúlverin *n.* 〘銃砲〙半カルベリン砲《culverin 砲の第 2 番目; 17 世紀のものは 9 ポンド砲》. 〘(1587) □ F *demi-couleuvrine*: ⇨ demi-, culverin〙

dem·i·glace /démiglæ̀s, -mɪ̈-; *F.* d(ə)miglas/ *F. n.* ドミグラス[デミグラス](ソース): **1** ブラウンソース (brown sauce) を煮詰めマデラ酒を加えたソース. **2** (子牛肉などを主材料とした)茶色のだし汁を煮詰めたもの. 〘(1906) □ F ～ (原義) half glaze: ⇨ demi-, glacé〙

démi·gòd *n.* 〘神話〙**1** 半神半人《神と人との間に生まれた子》, 神人. **2** 下級神. **3** 神に祭られた人, 偉大な英雄, 崇拝される人物. 〘(1530) (なぞり) ← L *semideus*〙

démi·gòddess *n.* 女性の demigod. 〘(1603) (なぞり) ← L *semidea*〙

démi-hùnter *n.* 〘時計〙デミハンター (⇨ half hunter). 〘1844〙

dem·i·john /démidʒɑ̀(ː)n | -dʒɒn/ *n.* かご入り大ガラス[陶器, 炻器(せっき)]瓶《酒や薬品用のガラス[陶器, 炻器]容器で, 首が細く 2 ガロン以上入る》. 〘(1769) (通俗語源) ← F *damejeanne* Dame Jane: その形を hoop で腰を膨らませた女性に見立てたもの〙

dem·i-jour /dəmiʒúə | -ʒúə(r); *F.* dəmiʒuːʁ/ *F. n.* 薄明かり. 〘□ F ～ (原義) half day〙

de·mil·i·ta·ri·za·tion /dìːmɪ̀lətərɪ̈zéɪʃən | -lɪ̈təraɪ-, -rɪ-/ *n.* 非武装化, 非軍事化. 〘(1940) ← DE-¹+MILITARIZATION〙

de·mil·i·ta·rize /dìːmɪ́lətəràɪz | -lɪ̈t-/ *vt.* **1 a** 〈ある国・地域などに〉武装を解除させる. **b** 〈特定の地域〉の非武装を指定する, 非武装化する: a ～*d* zone 非武装地帯 (略 DMZ). **2** 〈原子力などを〉非軍事化する. **3** 軍政から民政に移す. 〘(1883) ← DE-¹+MILITARIZE〙

De Mille /dɪ̈mɪ́l/, **Agnes (George)** *n.* デミル (1909–93; 米国の舞踊家・振付師; Cecil B. De Mille の姪).

De Mille, Cecil B(lount) /blʌ́nt/ *n.* デミル (1881–1959; 米国の監督・映画製作者; スペクタクル映画で有名;

The Ten Commandments (1923, 56)》.

dem·i·lune /démilùːn | -lùːn, -ljùːn/ *n.* **1** 《原義》半月, 三日月. **2** 〘築城〙半月堡(ᵍ) 《堀に囲まれた V 字形の外堡; half-moon, ravelin ともいう》. **3** 半月[三日月]形. — *adj.* 半月[三日月]形[状]の. 〖《*a*1734》□ F ～: ⇨ demi-, lune¹〗

dèmi·míni *n., adj.* デミミニ(の), 超ミニスカート(の). 〖← DEMI-＋MINI-〗

dem·i·mon·daine /dèmimɑ(ː)ndéɪn, ⏤⏤ | -mɔn-; *F.* dəmimɔ̃dɛn/ *n.* (*pl.* ～**s** /～(z); *F.* ～/) 日陰の女性, 妾, 魔窟(ₛ)の女性, 売春婦 (cf. demirep). — *adj.* 花柳界[日陰の世界]の. 〖《1894》□ F ～ ← *demimonde* (↓)〗

D

dem·i·monde /démimɑ̀(ː)nd | dèmɪmɔ̃ː(n)d, -mɔ́ːnd, ⏤⏤; *F.* dəmimɔ̃ːd/ *n.* **1** [the ～] いかがわしい女性たちの世界, 日陰の世界, 花柳界; [集合的] いかがわしい女性たち, 花柳界の女性たち, 売春婦たち. **2** = demimondaine. **3** [the ～] (ある職業や団体の中での)日陰の[日の当たらない]人々; いかがわしい活動をしている連中: *the* ～ of letters＝*the* literary ～ 日陰の文士連中. 〖《1855》□ F ～ 'halfworld' (⇨ demi-, monde): 小 Dumas の造語〗

de·mine /diːmáɪn/ *vt., vi.* 地雷を除去する. **de·min·er** *n.* 地雷除去要員, デマイナー.

de·min·er·al·ize /diːmín(ə)rəlàɪz/ *vt.* …から鉱物質を除く, 脱塩する, 脱イオンする; 組織から無機成分を消失させる. **de·min·er·al·i·za·tion** /diːmìn(ə)rəl‿zéɪʃən | -laɪ-, -lɪ-/ *n.* **de·mín·er·al·ìz·er** *n.* 〖《1934》← *demineralization* 《1903》: ⇨ de-¹, mineralize〗

dèmi·official *n.* 《インド》公事に関する私書簡 《demiofficial letter ともいう》.

de·mi·pen·sion /dəmiːpɑ̃ː(n)sjɔ̃ː(ŋ), -pɑːnsjɔ́ːŋ | ⏤⏤, ⏤⏤; *F.* dəmipɑ̃sjɔ̃/ *F. n.* (通例フランスや他のヨーロッパ諸国で)下宿・ホテルなどの一泊二食制 《宿泊・朝食ともう一食; 《英》では half board ともいう》; その料金. 〖《1951》□ F ～〗

Dem·i·phon /déməfɑ̀(ː)n | -mɪfɔn/ *n.* 〘ギリシャ神話〙デミポン 《神託によっていけにえとなる娘の名をくじで引いた王; 自分の娘たちはくじから除いたことがばれて彼女たちは殺された》. 〖□ Gk *Dēmiphōn*〗

dem·i·pique /démipìːk/ *n.* 〘馬具〙18 世紀の前橋(ₛₑₙ) (pommel) の低い軍事用の鞍. 〖《1695》← DEMI-＋*pique* (《変形》← PEAK¹)〗

de·mi·plié /dèmipliéɪ, dəmipljéɪ; *F.* dəmiplje/ *adj.* 〘バレエ〙ドゥミプリエ 《バレエの技の一つで, 基本の五つのポジションのいずれかで床からかかとをあげることなく両ひざを半分もしくは少し曲げる動作にいう》. 〖□ F ～ 《原義》halfbent ← DEMI-＋*plié* ((p.p.) ← *plier* to bend)〗

dem·i·qua·ver /démikwèɪvə | -və^(r)/ *n.* 〘音楽〙= semiquaver.

De·mi·rel /*Turk.* démirɛl/, **Sü·ley·man** /sylɛimán/ *n.* デミレル (1924- ; トルコの政治家; 1965 年より数回首相を務めたあと大統領 (1993–2000)).

dèmi·relief *n.* 〘美術〙半肉彫り, 中浮彫り (high relief と low relief との中間; mezzo-relievo のほうが普通). 〖⇨ demirilievo〗

dem·i·rep /démirèp/ *n.* 《古》= demimondaine. 〖《1749》← DEMI-＋REP²〗

dèmi·rilíevo *n.* 〘美術〙= demirelief. 〖□ It. ～: ⇨ demi-, rilievo〗

de·mis·a·ble /dɪ̀máɪzəbl/ *adj.* 譲れる, 譲渡されるべき, 遺贈できる. 〖《1657》← DEMISE＋-ABLE〗

de·mise /dɪ̀máɪz/ *n.* **1 a** (普通人の)死去, 死亡. **b** 崩御. **2** 消滅; 活動停止[終了]. **3** 〘法律〙(遺言または賃借による)不動産権利譲渡[設定]; それをもたらす死亡. **4** 〘政治〙(王位の)継承 (★ 通例次の句で用いる): the ～ of the crown (王の崩御または退位による)王位継承. — *vt.* **1** 〘法律〙〈不動産の権利を一定期間譲渡する; 遺贈する. **2** 〘政治〙(主権者の死去・退位などによって)〈王権を〉譲る: ～ the Crown 王位[帝位]を譲る, 譲位する. — *vi.* **1** 〘法律〙〈財産などが遺言[継承]によって譲渡される[伝わる]. **2** 〈人が死亡する. 日英比較 日本語では天皇の死を「崩御」ということもあるが, 英語には元首などの死をいう特定の語はない. **3** 《米》活動停止する. 〖《1442》□ OF ～ (fem. p.p.) ← *de(s)mettre* (F *démettre*) 'to DISMISS'〗

dem·i·sec /dèmisék; *F.* dəmisɛk/ *adj.* 〈シャンパンが〉やや辛口の, ドゥミセックの (semidry) 《糖量 5–7% のものにいう; cf. champagne》. 〖□ F ～: demi-, sec³〗

Dem·i·sel /dèmisél; *F.* dəmisɛl/ *n.* デミセル 《塩分を少量しか含まない柔らかいクリーム状のチーズ》.

démi·sèmi *adj.* 半々の; 四半分の: ～ statesmen 群小政治家.

demi·semi·quaver /⏤⏤⏤ | ⏤⏤⏤/ *n.* 《英》〘音楽〙三十二分音[音符] (《米》thirty-second note).

de·mis·sion /dɪ̀míʃən/ *n.* 《古》**1** 辞職, 退職; 退位. **2** 《まれ》解雇, 免職. 〖《?1435》□ F *démission* < OF *desmission* ← *desmettre*: ⇨ demise: cf. L *dīmissiō(n-)*〗

de·mist /diːmíst/ *vt.* 《英》= defrost. 〖《1950》← DE-¹＋MIST〗

dè·míst·er /-tə | -tə^(r)/ *n.* 《英》= defroster. 〖《1939》: ⇨ ↑, -er¹〗

de·mit /dɪ̀mít/ *v.* (**de·mit·ted; -mit·ting**) — 《古》*vt.* **1** 〈職を〉辞する. **2** 免職する. — *vi.* 辞職する. — *n.* 〘フリーメーソン〙(支部からの)退会, (他支部への)移籍; 退会[移籍]証明書. 〖《?c1425》□ (O)F *démettre* to send away 《混成》← OF *desmettre* (← *des-* 'DIS-¹'＋L *mettere* to send)＋L *dīmittere* to send away〗

dem·i·tasse /démitæ̀s, -tɑ̀ːs; *F.* dəmitɑːs/ *n.* (*pl.* **-i·tass·es** /～ɪz, ～; *F.* ～/) デミタス 《小型のカップで食後に通例ブラックで飲むコーヒー》; そのカップ. 〖《1842》□ F ～ 'half cup'〗

dèmi·tìnt *n.* 〘美術〙間色, 半調ぼかし; (絵画の)ぼかしの部分. 〖1753〗

dem·i·urge /démiə̀ːdʒ | démiəːdʒ, dìːm-/ *n.* **1** [D-] **a** 〘プラトン哲学〙(Plato が宇宙の創造主と考えた) デミウルゴス. **b** 〘グノーシス派〙創造者[神], デミウルゴス, 造物主 《最高神と区別して, 物質的世界[この世, 時に悪]の創造者を意味する; キリスト教的グノーシス派もこの神を認めた》. **2** (古代ギリシャの地方国家の)行政官. **3** (制度・思想・個人など)支配[創造]力を持つもの. 〖《1678》□ LL *dēmiūrgus* □ Gk *dēmiourgós* maker of the world ← *dēmios* of the people (⇨ demos)＋*érgon* 'WORK'〗

dem·i·ur·geous /dèmiə́ːdʒəs | dèmiə́ː-, dìːm-/ *adj.* = demiurgic. 〖1882〗

dem·i·ur·gic /dèmiə́ːdʒɪk | dèmiə́ː-, dìːm-/ *adj.* デミウルゴスの; 造化的な; (世界)創造的な. 〖《1678》□ Gk *dēmiourgikós*: ⇨ demiurge, -ic¹〗

dèm·i·úr·gi·cal /-dʒɪkəl, -kl | -dʒɪ-/ *adj.* = demiurgic. **～·ly** *adv.* 〖1601〗

dem·i·veg /démivèdʒ/ 《口語》*adj.* 半菜食主義の 《主として菜食だが時々鶏肉や魚も食事に含む》. — *n.* 半菜食主義者.

de·mi·vierge /dèmiviéəʒ | -viéəʒ; *F.* dəmivjɛʁʒ/ *n.* 半処女 《肉体的には処女であるが精神的にはそうでない女性》. 〖《1908》□ F ～ 'half virgin': ⇨ virgin〗

démi·vòlt *n.* (*also* **démi·vòlte**) 〘馬術〙半巻き乗り 《直線行進から馬が前脚を上げて半円を描いて U ターンし, もとの軌跡に戻ること; cf. volt² 2》. 〖《*a*1648》□ F *demivolte*: ⇨ demi-, volt²〗

démi·wòlf *n.* 《Shak》オオカミと犬のあいのこ. 〖1606〗

démi·wòrld *n.* [the ～] = demimonde 3. 〖《1862》《部分訳》← F *demimonde*〗

demn /dém/ *vt., vi.* 《英》= damn.

dem·ni·tion /dɛmníʃən/ *n.* 《米》= damnation. 〖《1839》《婉曲》← DAMNATION〗

dem·o /démou/ *n.* (*pl.* ～**s**) 《口語》**1 a** デモテープ[レコード] 《売り込み・オーディションなどのためにレコード会社や放送局へ送る録音》. **b** 《米》(自動車などの)展示商品, 試乗商品, デモ商品. **2** 《英》デモ, 示威行為: go on a ～ デモに参加する. 〖《1936》《略》← DEMONSTRATION〗

Dem·o /démou | -məu/ *n.* (*pl.* ～**s**) 《米口語》= democrat 2. 〖1793〗

de·mo- /dí:mou | -məu/ 「民衆 (populace); 人口 (population)」の意の連結形. ★ 母音の前では通例 dem- になる. 〖← Gk *dēmos*: ⇨ demos〗

de·mob /dìːmɑ́(ː)b | -mɔ́b/ 《英口語》*n.* **1** 復員: a ～ suit (第二次大戦後復員兵に与えられた)復員服. **2** 復員者. — *vt.* (**de·mobbed; de·mob·bing**) = demobilize. 〖1920〗

de·mo·bi·li·za·tion /diːmòubəl‿zéɪʃən | -məubəlaɪ-, -lɪ-/ *n.* 〘軍事〙復員, 動員解除; 解隊, 除隊. 〖《1860》↓〗

de·mo·bi·lize /diːmóubəlàɪz | -mə́ub‿l-/ *vt.* 〘軍事〙**1** 〈人員・船舶などの〉動員を解除する, 戦時編制を解く. **2** 〈人・部隊などを〉復員させる, 解隊する, 除隊させる. — *vi.* 解隊する, 武装を解く. 〖《1882》← DE-¹＋MOBILIZE〗

de·moc·ra·cy /dɪ̀mɑ́(ː)krəsi | -mɔ́k-/ *n.* **1 a** 民主制, 民主政体; 民主政治: absolute [pure] ～ 絶対[純粋]民主制 / direct ～ 直接民主制[主義] / ⇨ representative democracy. **b** 多数支配原理. **2** 民主(主義)国[社会]; (特に)直接民主制をとる国家 (cf. republic). **3** 民主主義, 政治的[社会的, 法律的]平等; 民主的精神. **4** [D-] 《米》〘政治〙民主党の政綱; 民主党 (Democratic Party); [集合的] 民主党員. **5** [the ～] (特に政治のよりどころとしての)平民階級, 民衆, 庶民. **6** 世襲的な階級的区別[特権]のないこと. 〖《1574》□ (O)F *démocratie* □ ML *dēmocratia* □ Gk *dēmokratía* ← *dēmos* people＋-*kratía* '-CRACY'〗

dem·o·crat /déməkræ̀t/ *n.* **1** 民主主義者; 民主政体論者. **2** [D-] 《米》民主党員 (cf. republican 2); 《米史》民主共和党員 (略 D, D., Dem.). **3** 《古》= democrat wagon. 〖《1740》□ F *démocrate*: ⇨ ↑〗

dem·o·crat·ic /dèməkrǽtɪk | -tɪk‿/ *adj.* **1** 民主政体の; 民主制の; 民主(主義)的な: ～ government 民主政治. **2** 平民的な, 大衆的な: ～ art 民衆芸術 / the ～ price of one quarter 25 セントという大衆的な値段. **3** 政治的に平等な. **4** [D-] 《米》民主党の; 《米史》民主共和党の. **dèm·o·crát·i·cal·ly** *adv.* 〖《1602》□ (O)F *démocratique* □ ML *dēmocraticus* □ Gk *dēmokratikós*: ⇨ demo-, -cratic〗

dèm·o·crát·i·cal /-tɪkəl, -kl | -tɪ-‿/ *adj.* = democratic. 〖《1589》← (O)F *démocratique* (↑)＋-AL¹〗

demócratic céntralism *n.* 〘政治〙民主集中制 《共産党上部機関による党の政策と意思決定に党員が参加し, その決定に下部組織および党員の服従[集中]が厳しく求められる方式》. 〖1926〗

Democrátic Párty *n.* [the ～] (米国の)民主党 《Republican Party と共に現在米国の二大政党; 1828 年結成》. 〖1790〗

Democrátic-Repúblican *adj.* (米国の)民主共和党の. — *n.* 民主共和党員. 〖1818〗

Democrátic-Repúblican Párty *n.* [the ～] 《米史》(米国の)民主共和党 《Federalist Party に対抗した政党; 1800 年 Jefferson を大統領に送り込んだ; 現在の民主党の前身》.

de·moc·ra·tism /dɪ̀mɑ́(ː)krətɪzm | -mɔ́k-/ *n.* 民主主義の原理[理論, 体制]. 〖《1793》: ⇨ -ism〗

de·moc·ra·ti·za·tion /dɪ̀mɑ̀(ː)krət‿zéɪʃən | -mɔ̀krətaɪ-, -tɪ-/ *n.* 民主化. 〖《1865》: ⇨ ↓, -ation〗

de·moc·ra·tize /dɪ̀mɑ́(ː)krətàɪz | -mɔ́k-/ *vt., vi.* 民主[平民]化する; 大衆化する. **de·móc·ra·tìz·er** *n.* 〖《1798》□ F *démocratiser*: ⇨ democrat, -ize〗

démocrat wàgon *n.* 《米》(座席が二つ(以上)で通例 2 頭立ての農場用の昔の)軽量馬車.

De·moc·ri·te·an /dɪ̀mɑ̀(ː)krətíːən | -mɔ̀kr‿t-‿/ *adj.* デモクリトス (Democritus) の(ような), デモクリトス哲学の(ような). 〖《1855》: ⇨ ↓, -an¹〗

De·moc·ri·tus /dɪ̀mɑ́(ː)krətəs | -mɔ́kr‿t-/ *n.* デモクリトス 《460?–?370 B.C.; ギリシャの哲学者; あだ名は the Laughing Philosopher; cf. atomism 2 a》.

dé·mo·dé /dèɪmoudéɪ | deɪmə́udeɪ; *F.* demɔde/ *F. adj.* (*also* **de·mo·de** /～/) 廃れた, 流行遅れの, 旧式な. 〖《1873》□ F ～ (p.p.) ← (*se*) *démoder* to go out of fashion: ⇨ de-², mode²〗

dem·o·déc·tic mánge /dìːmoudéktɪk- | -mə(u)-/ *n.* 〘獣医〙毛嚢虫[毛嚢性]疥癬 《特に犬の》. 〖《*c*1875》← NL *Demodex* (Gk *dēmos* 'fat'＋*dēx* 'woodworm')〗

de·mod·ed /diːmóud‿d | -mə́ud-/ *adj.* = démodé. 〖《1887》《なぞり》← F *démodé* (↑)〗

de·mod·u·late /diːmɑ́(ː)dʒulèɪt | -mɔ́dju-, -dʒu-/ *vt.* 〘通信〙復調する; 検波する.

de·mod·u·la·tion /diːmɑ̀(ː)dʒuléɪʃən | -mɔ̀dju-, -dʒu-/ *n.* 〘通信〙復調; 検波. 〖《1921》← DE-¹＋MODULATION〗

dè·mód·u·là·tor /-tə | -tə^(r)/ *n.* 〘通信〙復調器 《変調された信号をもとの信号に戻す作用をするもの》. 〖1921〗

De·mo·gor·gon /dìːməgɔ́əgən | dìːmə(u)gɔ́ː-/ *n.* デモゴルゴン, 魔王 《冥府の鬼神または原始の創造神として文学に現れる》. 〖《1590》□ LL *Dēmogorgōn* ← ? *dēmo-* 'DEMO-'＋Gk *gorgós* terrible (⇨ Gorgon)〗

de·mog·ra·pher /dɪ̀mɑ́(ː)grəfə, diː- | -mɔ́grəfə^(r)/ *n.* 人口学者, 人口統計学者. 〖《1881》← DEMOGRAPHY: ⇨ -grapher〗

dem·o·graph·ic /dèməgrǽfɪk, dìːm-‿/ *adj.* 人口学の, 人口統計[調査]の: ～ adjustment 人口調節.

dè·mo·gráph·i·cal /-fɪkəl, -kl | -fɪ-‿/ *adj.*

dè·mo·gráph·i·cal·ly *adv.* 〖《1882》□ F *démographique*: ⇨ demography, -ic¹〗

dem·o·graph·ics /dèməgrǽfɪks, dìːm-/ *n. pl.* (人口学による)人口統計 《特に平均年齢・性別・収入・教育水準などを分析した統計的データ》. 〖《1967》↑〗

de·mog·ra·phist /-f‿st | -fɪst/ *n.* = demographer.

de·mog·ra·phy /dɪ̀mɑ́(ː)grəfi, diː- | -mɔ́g-/ *n.* 人口学 《出生・死亡・結婚などに関する人口の動態統計や社会統計をする学問》. 〖《1880》□ F *démographie*: ⇨ demo-, -graphy〗

de·moi, D- /dí:mɔɪ/ *n.* demos の複数形.

dem·oi·selle /dèm(w)əzél | -mwɑː-, -mwə-; *F.* dəmwazɛl/ *n.* **1** 〘鳥類〙アネハヅル (*Anthropoides virgo*) 《アフリカ北部・アジア・ヨーロッパ南東部産のツルの一種; demoiselle crane ともいう》. **2** 〘昆虫〙イトトンボ (damselfly), (特に) *Agrion* 属のイトトンボ. **3** 〘魚類〙= damselfish. **4** 〘地質〙= earth pillar. **5** 《古》若い女性, 令嬢. 〖《1520》□ F ～ 'DAMSEL'〗

De Mói·vre's théorem /dɪ̀mɔ́ɪvəz-, -mwɑ́ː-vr(ə)z-; *F.* dmwaːvʁ/ *n.* 〘数学〙ドモアブルの定理 《$(\cos\theta + i\sin\theta)^n = \cos n\theta + i\sin n\theta$ が成り立つという定理》. 〖《1891》← *Abraham De Moivre* (1667–1754: 英国で活躍したフランスの数学者)〗

de·mol·ish /dɪ̀mɑ́(ː)lɪʃ | -mɔ́l-/ *vt.* **1** 〈建物などを〉取り壊す (⇨ destroy SYN); 破壊する. **2** 〈計画・制度・議論などを〉くじく, 覆す, 粉砕する. **3** 〈相手(チーム)を〉やっつける, 打倒する. **4** …の信用を傷つける, 不信用を招く. **5** 《英口語》(がつがつと)食い尽くす, 平らげる. **～·er** *n.* **～·ment** *n.* 〖《1570–76》□ (O)F *démoliss-* (stem) ← *démolir* □ L *dēmōlīrī* to pull down, destroy ← DE-¹＋*mōlīrī* to construct (← *mōlēs* 'mass, MOLE³')〗

dem·o·li·tion /dèməlíʃən, dìːm-/ *n.* **1** 取り壊し, 破壊; 壊滅状態; 爆破; (特権などの)破棄: ～ work 取り壊し作業 / a ～ squad 爆破工作隊. **2** 《口》(相手に)圧勝すること, 粉砕. **3** [*pl.*] (特に戦時軍事施設などの目標破壊に用いる大型の)爆薬, 爆発物. **4** [*pl.*] 《古》廃虚. **～·ist** /-ʃ(ə)n‿st | -nɪst/ *n.* 〖《1549》□ (O)F *démolition* □ L *dēmōlītiō(n-)*: ⇨ ↑, -tion〗

demolítion bòmb *n.* 〘軍事〙(施設破壊用の)普通爆弾, 破壊用爆弾.

demolítion dérby *n.* 自動車破壊競技 《ドライバーが古い自動車を運転し, 最後に走行可能な一台が残るまで車同士をぶつけ合うカーレース》. 〖1956〗

de·mon¹ /díːmən/ *n.* **1** 悪魔, 悪霊, 鬼, 鬼神. **2** 悪魔[鬼]のような人[動物], (利欲・情欲など)悪の権化: a regular ～ 全くの鬼, 全く鬼のような人 / the little ～ (of a child) いたずらっ子 / a ～ *of* jealousy 嫉妬の鬼. **3** 精力家, 名人; 熱中している人, 熱狂者: a ～ *of* accuracy 正確無比の人 / a ～ *for* work すごい働き手, 仕事の鬼 / a ～ *at* golf ゴルフの名人 / a ～ bowler 〘クリケット〙豪速球投手. **4** 守護神. **5** 〘ギリシャ神話〙ダイモン 《神をも意味しまた時には神と人との間に位する二次的な神を指す; 時に daemon, daimon ともいう》. **6** 〘電算俗〙デーモン 《ある条件が満たされると自動的に呼ばれなくても動き出すプログラム》. — *adj.* [限定的] **1** 悪魔[悪霊]の, 悪魔に関する: ～ worship 悪魔崇拝. **2** 悪魔[悪霊]に取りつかれた; 悪魔のような. 〖《?*a*1200》□ LL *dēmōn, daemōn* evil spirit, (L) spirit □ Gk *daímōn* genius, deity, 《原義》distributor (of men's destinies) ← IE *dā- to divide (⇨ tide[1], time): cf. L *deamonium* ◻ Gk *daimónion* thing of divine nature (ユダヤ教・キリスト教では「悪霊」)》

de·mon[2] /díːmən/ *n.* 《豪俗》**1** 警官; 刑事. **2** 《古》囚人; =bushranger 2. 〖《1889》《変形》← *Diemen* (Tasmania の旧名)〗

demon. 《略》〚文法〛demonstrative.

de·mon- /díːmən/ (母音の前にくるときの) demono- の異形.

démon drínk *n.* [the ~] 《英戯言》悪魔の飲み物, 酒.

de·mon·ess /díːmənɪ̀s | -nɪ̀s, -nès/ *n.* 女性の demon. 〖《a1638》← DEMON[1]+-ESS〗

de·mon·e·ti·za·tion /dìːmɑ̀(ː)nətɪ̀zéɪʃən, -mʌ̀n- | dìːmʌ̀nɪ̀taɪ-, -tɪ-/ *n.* 〚経済〛本位貨幣たる機能を失わせること, (本位貨幣・印紙・切手などの)通用廃止; 廃貨. 〖《1852》◻ F *démonétisation*: ⇨ ↓, -ation〗

de·mon·e·tize /dìːmɑ́(ː)nətàɪz, -mʌ́n- | dìːmʌ́nɪ̀-, -mɔ́n-/ *vt.* 〚経済〛**1** 〈金などの金属〉から本位貨幣たる資格を奪う[失わせる]. **2** 〈貨幣・印紙・切手など〉の通用を廃止する. 〖《1852》◻ F *démonétiser* ← DE-[1]+L *monēta* 'MONEY': ⇨ -ize〗

de·mo·ni·ac /dɪ̀móuniæ̀k, diː- | -mə́u-/ *adj.* **1** =demonic 1. **2** 悪魔に取りつかれた, 狂乱の; 霊感を受けたような. — *n.* 悪魔に取りつかれた人; 狂人. 〖《c1395》◻ (O)F *démoniaque* ∥ LL *daemoniacus* ◻ Gk **daimoniakós* ← *daimónios* ← *daímōn* 'DEMON[1]': ⇨ -ac〗

de·mo·ni·a·cal /dìːmənáɪəkəl, -kl̩ | -mə(ʊ)-⁻/ *adj.* =demoniac. **dè·mo·ní·a·cal·ly** *adv.*

de·mo·ni·an /dɪ̀móuniən, diː- | -mə́u-/ *adj.* =demonic 1. 〖1671〗

de·mon·ic /dɪ̀mɑ́(ː)nɪk, diː- | -mɔ́n-/ *adj.* **1** 悪霊[悪鬼]の(ような); 悪魔の(ような), 悪魔的な: ~ energy 神がかり的な力, 神通力. **2** [通例 daemonic] 守護神のような働きをする, 神通力を持つ. **de·món·i·cal** /-nɪ̀kəl, -kl̩ | -nɪ-/ *adj.* **de·món·i·cal·ly** *adv.* 〖《1662》◻ L *daemonicus* ◻ Gk *daimonikós*: ⇨ demon[1], -ic[1]〗

dé·mon·ism /-nɪ̀zm/ *n.* **1** 悪霊[悪鬼]信仰, 悪魔崇拝. **2** 悪魔学. 〖《1699》← DEMON[1]+-ISM〗

dé·mon·ist /-nɪ̀st | -nɪst/ *n.* 悪霊[悪鬼]信仰者, 悪魔崇拝者. 〖《1641》← DEMON[1]+-IST〗

de·mon·ize /díːmənàɪz/ *vt.* **1** 悪魔に化する, 鬼にする. **2** 悪魔に取りつかせる. **de·mon·i·za·tion** /dìːmənɪ̀zéɪʃən | -naɪ-, -nɪ-/ *n.* 〖◻ ML *daemonizāre*: ⇨ demon[1], -ize〗

de·mo·no- /díːmənou | -nəʊ/ demon 意の連結形. ★ 母音の前では通例 demon- になる. 〖← Gk *daímōn* 'DEMON[1]'〗

de·mon·oc·ra·cy /dìːmənɑ́(ː)krəsi | -nɔ́k-/ *n.* 悪魔[悪霊]の支配. 〖《1730–6》: ⇨ ↑, -cracy〗

de·mon·ol·a·ter /dìːmənɑ́(ː)lətə | -nɔ́lətə(r)/ *n.* 悪魔[悪霊]崇拝者. 〖《1876》← DEMONO-+-LATER〗

de·mon·ol·a·try /dìːmənɑ́(ː)lətri | -nɔ́l-/ *n.* 悪魔[悪霊]崇拝. 〖《1668》← DEMONO-+-LATRY〗

de·mon·ol·o·gy /dìːmənɑ́(ː)ləʤi | -nɔ́l-/ *n.* **1** 悪魔学, 悪魔[悪霊](信仰)研究. **2** 忌まわしい敵[者]の一覧表, 仇敵目録. **de·mon·o·log·i·cal** /dìːmənəlɑ́(ː)ʤɪ̀kəl, -kl̩ | -ʤɪ-⁻/ *adj.* **dè·mon·ól·o·gist** /-ʤɪ̀st | -ʤɪst/ *n.* 〖《1597》← DEMONO-+-LOGY〗

de·mon·o·man·cy /dìːmənoumæ̀nsi, -nə- | -nə(ʊ)-/ *n.* 悪魔占い. 〖《1652》← DEMONO-+-MANCY〗

de·mon·o·pho·bi·a /dìːmənoufóubiə, -nə- | -nə(ʊ)fə́u-/ *n.* 悪魔[悪霊]恐怖(症). 〖《1888》← DEMONO-+-PHOBIA〗

dem·on·stra·bil·i·ty /dɪ̀mɑ̀(ː)nstrəbíləṭi, dèmən- | dɪ̀mɔ̀nstrəbílɪ̀ti, dèmən-/ *n.* 論証可能性. 〖《1825》: ⇨ ↓, -ity〗

dem·on·stra·ble /dɪ̀mɑ́(ː)nstrəbl̩, démən- | dɪ̀mɔ́n-, démən-/ *adj.* **1** 論証でき[される]る. **2** 明らかな, 明白な. **~·ness** *n.* 〖《?a1400》◻ L *dēmonstrābilis*: ⇨ demonstrate, -able〗

dem·ón·stra·bly /-bli/ *adv.* 論証でき[される]るように; はっきり示されるように. 〖《1642》: ⇨ ↑, -ly[1]〗

de·mon·strant /dɪ̀mɑ́(ː)nstrənt | -mɔ́n-/ *n.* =demonstrator 1. 〖《1868》: ⇨ ↓, -ant〗

dem·on·strate /démənstrèɪt, -ntstrèɪt/ *vt.* **1** 〈事物が〉…の証拠となる, 証明する, 明らかに示す: This ~*s* (*that* he has maintained) his integrity. この事が彼の正直さを証明する. **2** 〈学説・真理などを〉論証する; 〈能力などを〉立証[証明]する: a scholar of ~*d* ability 能力が証明済みの学者. **3** 実地に説明[明示]する, 実演する, …の実地教授をする; 〈商品などの〉実物宣伝をする. **4** 〈感情・性質などを〉あらわに示す. — *vi.* **1** 示威運動[《街頭》デモ]をする[に参加する]: They ~*d against* [*for, in favor of, in support of*] the treaty. 彼らはその条約に反対[賛成]のデモをした. **2** 実地に説明する, 実演する. **3** 〚軍事〛〔…に対し〕示威[牽制(けんせい)]行動をする, 陽動作戦をとる〔*against*〕. 〖《1552》← L *dēmonstrātus* (p.p.) ← *dēmonstrāre* ← DE-[1]+*monstrāre* to show (← *mōnstrum* 'divine portent, MONSTER'): ⇨ -ate[3]〗

dem·on·stra·tion /dèmənstréɪʃən, -ntstrèɪ-/ *n.* **1** 示威運動, 《街頭》デモ (《口語》では demo ともいう): stage [mount, hold] violent ~*s* (against [for] …) (…に反対[賛成]して)激しいデモを行う[始める]. **2 a** 実演, 実地説明, 実物教授, デモンストレーション: a cooking ~ 料理の実演 / teach by ~ 実物教授をする, 実際にやって見せる[教える]. **b** (商品などの)実物宣伝, 実演: a ~ model デモンストレーション用モデル. **3 a** 論証, 立証, 証明; 例証(となるもの), 実例, 証拠. **b** 〚論理〛論証; 証明: direct [indirect] ~ 直接[間接]論証. **c** 〚数学〛証明. **4** 〈感情などの〉表明, 明示, 表示〔*of*〕: give many ~*s of* affection 何度も愛情を示す. **5** 〚軍事〛牽制(けんせい)行動, 陽動(作戦), 陽功. 〖《c1380》◻ (O)F *démonstration* ∥ L *dēmonstrātiō(n-)*: ⇨ ↑, -ation〗

dèm·on·strá·tion·al /-ʃnəl, -ʃənl̩⁻/ *adj.* **1** 実演の, 実地説明の; 論証(的)の; 表示(的)の. **2** 示威運動の. 〖《1866》: ⇨ ↑, -al[1]〗

demonstrátion effèct *n.* 〚経済〛デモンストレーション効果《他人の行動によって個々人の消費支出が左右されること》.

dèm·on·strá·tion·ist /-ʃ(ə)nɪ̀st | -nɪst/ *n.* 示威運動者, 《街頭》デモ参加者. 〖《1871》: ⇨ -ist〗

de·mon·stra·tive /dɪ̀mɑ́(ː)nstrəṭɪv | -mɔ́nstrət-/ *adj.* **1** 〈人・行動などが〉感情[愛情]をあらわに示す, 感情を自由に出す (effusive): a ~ person / ~ affection, behavior, etc. **2** 明示[指示]的な. **3** 〚文法〛指示の (略 demon.): a ~ adjective [adverb, pronoun] 指示形容詞[副詞, 代名詞]. 《1520》 **4** 例証的な, 論証的な; 〔…を〕例証[論証]する〔*of*〕: a ~ truth 論証となる真理. **5** 示威的な. — *n.* 〚文法〛指示詞《明白にそれと指定する語, that, this など; 略 demon.》. **~·ness** *n.* 〖《c1395》◻ (O)F *démonstratif* ∥ L *dēmonstrātīvus*: ⇨ demonstrate, -ive〗

de·món·stra·tive·ly *adv.* **1** 明示的に, あらわに. **2** 論証的に. **3** 指示的に, 示威的に. 〖《1571》: ⇨ ↑, -ly[1]〗

dem·on·stra·tor /démənstrèɪṭə | -tə(r)/ *n.* **1** 《街頭》デモの参加者, 示威運動者. **2** (商品[製品]などの)実地宣伝をする人[係]. **3** 実物宣伝に用いられる(自動車などの)製品[商品]. **4** 論証者, 証明者. **5** 《英国の大学で》実地[実験]教授者; (解剖学の)実地授業の助手. 〖《1611》◻ L *dēmonstrātor*: ⇨ demonstrate, -or[2]〗

dem·o·pho·bi·a /dèməfóubiə | -fə́u-/ *n.* 〚精神医学〛群集恐怖(症). 〖← DEMO-+-PHOBIA〗

de·mor·al·i·za·tion /dɪ̀mɔ̀(ː)rəlɪ̀zéɪʃən, diː-, -mɑ̀(ː)r- | -mɔ̀rəlaɪ-, -lɪ-/ *n.* **1** 風俗壊乱, 道徳頽廃(たいはい), 堕落. **2** 士気阻喪(そそう). 〖《1809》: ⇨ ↓, -ation〗

de·mor·al·ize /dɪ̀mɔ́(ː)rəlàɪz, diː-, -mɑ́(ː)r- | -mɔ́r-/ *vt.* **1** 〈軍隊などの〉士気をくじく. **2** 〈人を〉まごつかせる, 混乱させる: He was badly ~*d* by fright. 恐怖のためひどく取り乱した. **3** 《古》…の風紀を乱す, 風俗を壊乱する, 堕落させる. **de·mór·al·iz·er** *n.* 〖《c1793》◻ F *démoraliser*: ⇨ de-[1], moral, -ize〗

de·mór·al·iz·ing *adj.* 士気をくじくような. **de·mór·al·iz·ing·ly** *adv.*

De Mor·gan /dɪ̀mɔ́əgən | -mɔ́ː-/, **William Frend** /frénd/ *n.* ド モーガン《1839–1917; 英国のステンドグラスや陶器の製作者・小説家; *Joseph Vance* (1906)》.

De Mórgan's láws [**théorems**] *n. pl.* 〚論理・数学〛ド モーガンの法則《連言と選言は否定を媒介として互いに交換可能であることをいう四つの法則》. 〖《1918》← *Augustus De Morgan* (1806–71: 英国の数学者)〗

de·mos, D- /díːmɑ(ː)s | -mɔs/ *n.* (*pl.* **~·es, -moi** /-mɔɪ/) **1** (古代ギリシャの)市区, 市. **2** (古代ギリシャの)市民, 平民; (一般に)大衆, 民衆, 庶民階級. **3** 〚社会学〛(氏族・種族を超越する政治単位としての)国民, 地域共同体. 〖《1776》◻ Gk *dêmos* deme, the people of a country, (the common) people, 《原義》a division of the people ← IE **dā-* to divide: cf. demon[1]〗

De·mos·the·nes /dɪ̀mɑ́(ː)sθəniːz | -mɔ́sθɪ̀-/ *n.* デモステネス《384?–322 B.C.; Athens の政治家で雄弁家; 反 Macedonia 派の中心人物; ⇨ Philippic 1 a》.

De·mos·then·ic /dìːməsθénɪk, dèm-⁻/ *adj.* デモステネス (Demosthenes) 流の; デモステネスの弁舌のような, 雄弁な; 愛国的熱弁の. 〖《a1739》◻ L *Dēmosthenicus* ◻ Gk *Dēmosthenikós* ← *Dēmosthénēs*: ⇨ -ic[1]〗

de·mote /dɪ̀móut, diː- | -mə́ut/ *vt.* …の階級[官位]を〔ある地位へ〕下げる, 降等[降格]する; (スポーツで)下部リーグに下げる〔*to*〕(↔ promote). 〖《1891》← DE-[1]+(PRO)MOTE〗

de·moth·ball /dìːmɔ́(ː)θbɔ̀ːl, -mɑ́(ː)θ- | -mɔ́θ-/ *vt.* 〚軍事〛〈非現用の艦船・飛行機・大砲などを〉再び現役に復帰させる, 現役に戻す.

de·mot·ic /dɪ̀mɑ́(ː)ṭɪk, diː- | -mɔ́t-/ *adj.* **1** 〈通例, 言語が〉民衆の, 人民の, 通俗の. **2** 〚考古〛(古代エジプトの)民衆文字の: ~ writing [script] 民衆文字, ディモティック《神官文字 (hieratic) を速く書けるように簡略化し, また数個の文字を連字のようにつなぎ合わせて書く草書体文字; cf. HIERATIC writing, enchorial》. **3** [しばしば D-] 現代ギリシャ語通俗体の[に関する]. — *n.* **1** (古代エジプトの)民衆文字. **2** [D-] 現代通俗ギリシャ語 (Romaic) (↔ Katharevusa). 〖《1822》◻ Gk *dēmotikós* for the people, plebeian ← *dēmótēs* one of the people ← *dêmos*: ⇨ demos, -ic[1]〗

de·mo·tion /dɪ̀móuʃən, diː- | -mə́u-/ *n.* 降位, 降等, 降職, 降格. 〖《1901》← DEMOTE+-ION〗

de·mót·ist /-ṭɪ̀st | -tɪst/ *n.* 古代エジプト民衆文字の研究者. 〖1902〗

de·mo·ti·vate /dìːmóuṭəvèɪt | -mə́utɪ-/ *vt.* …に動機を失わせる, …のやる気をなくさせる. 〖《1976》← DE-[1]+MOTIVATE〗

de·mó·ti·vàt·ing /-ṭɪŋ | -tɪŋ/ *adj.* やる気をなくさせる(ような).

de·mo·ti·va·tion /dìːmòuṭəvéɪʃən | -mə̀utɪ-/ *n.* 意気阻喪(そそう).

de·mount /dìːmáunt/ *vt.* **1** 〈砲などを〉(取付け場所から)取り外す, 下ろす: ~ a gun [an airplane motor] 大砲を砲座から[飛行機の発動機を]取り外す. **2** 〈機械を〉分解する. **~·a·ble** /-ṭəbl̩ | -tə-/ *adj.* 〖《1533》《1934》◻ F *démonter*: cf. dismount〗

Demp·sey /dém(p)si/, **Jack** *n.* デンプシー《1895–1983; 米国のプロボクサー; 世界ヘビー級チャンピオン (1919–26); 本名 William Harrison Dempsey》.

demp·ster /dém(p)stə | -stə(r)/ *n.* 〚スコット古法〛(法廷の)判決 (doom) を宣言する役人. 〖《a1325》: ⇨ deem, -ster〗

Dems /démz/ *n.* 防備を施した商船; その砲手. 〖《1943–44》《頭字語》← *D(efensively) E(quipped) M(erchant) S(hip)*〗

de·mul·cent /dɪ̀mʌ́lsənt, diː-, -snt/ 〚医学〛*adj.* 鎮痛の, 刺激を緩和する. — *n.* 粘滑薬. 〖《1732》◻ L *dēmulcentem* (pres.p.) ← *dēmulcēre* to stroke down, soften ← DE-[1]+*mulcēre* to soothe: ⇨ -ent〗

de·mul·si·bil·i·ty /dɪ̀mʌ̀lsəbíləṭi | -sɪ̀bílɪ̀ti/ *n.* 〚物理化学〛抗乳化度, 抗乳化性.

de·múl·si·fi·er *n.* 〚物理化学〛解乳化剤, 抗乳化剤.

de·mul·si·fy /dɪ̀mʌ́lsəfàɪ | -sɪ̀-/ *vt.* 〚物理化学〛〈乳状化物質を〉(再結合しないように)別々の物質に分離する, 解乳化する. **de·mul·si·fi·ca·tion** /dìːmʌ̀lsəfɪ̀kéɪʃən | -sɪ̀fɪ-/ *n.* 〖← DE-[1]+(E)MULSIFY〗

de·mur /dɪ̀mə́ː | -mə́ː(r)/ *vi.* (**de·murred; de·mur·ring**) **1** 反対する, 異議[苦情]を唱える: ~ *to* [*at*] a statement 陳述に対して異議を唱える. **2** 〚法律〛妨訴抗弁をする. **3** 《古》決定を留保する, ためらう, 躊躇(ちゅうちょ)する〈*to do*〉. — *n.* **1** [通例, 否定的意味の語と共に用いて] 異議(の申し立て), 反対 (objection): without [with no] ~ 異議なく[なし]. **2** 《古》躊躇 (hesitation). 〖《?a1200》*demure(n)* ◻ OF *demourer* (F *demeurer*) to tarry, linger < VL **dēmorāre*=L *dēmorārī* ← DE-[1]+*morārī* to delay (← *mora* delay: cf. moratorium)〗

de·mure /dɪ̀mjúə | -mjúə(r), -mjɔ́ː(r)/ *adj.* (**de·mur·er; -mur·est**) **1** (よい意味で)平静な, 落着いた; 〈特に, 女性・服装などが〉でしゃばらない, 遠慮がちな, 地味な. **2** (悪い意味で)つんとすました, 謹直を装った, 上品ぶった, まじめくさった (prudish). — *vi.* 《Shak》遠慮がちに見る. **~·ly** *adv.* **~·ness** *n.* 〖《1377》◻ AF *demuré*=OF *demoré* (p.p.) ← *demourer* (↑): cf. OF *mur* (F *mûr*) < L *mātūrum* 'MATURE'〗

de·mur·ra·ble /dɪ̀mə́ːrəbl̩ | -mʌ́r-/ *adj.* 〚法律〛妨訴抗弁できる, 異議を唱えられる. 〖《1827》← DEMUR+-ABLE〗

de·mur·rage /dɪ̀mə́ːrɪʤ | -mʌ́r-/ *n.* **1** 〚商業〛滞船; 滞船料, デマレージ《船積陸揚期間の日数超過に対し用船者から船主に支払う割増金》. **2** 〚鉄道〛貨車[車両]留置き料. **3** 《まれ》留置き, 遅滞. **4** 《英》(イングランド銀行における)地金引換料. 〖《1641》← DEMUR+-AGE〗

de·mur·ral /dɪ̀mə́ːrəl | -mʌ́r-/ *n.* 異議; 遅滞. 〖《1810》← DEMUR+-AL[2]〗

de·mur·rant /dɪ̀mə́ːrənt | -mʌ́r-/ *adj.* 《まれ》異議を唱える. — *n.* 〚法律〛=demurrer[2]. 〖《1529》← DEMUR+-ANT〗

de·mur·rer[1] /dɪ̀mə́ːrə | -mʌ́rə(r)/ *n.* 〚法律〛訴答不十分の抗弁, 妨訴抗弁《種々の理由で, 相手方の訴状に対して訴答する義務はないとの抗弁》. 〖《c1521》◻ AF=OF *demo(u)rer* (不定詞の名詞用法): ⇨ demur, -er[3]〗

de·mur·rer[2] /dɪ̀mə́ːrə | -mə́ːrə(r)/ *n.* 〚法律〛妨訴抗弁者, 異議を申し立てる人. 〖《1711》← DEMUR+-ER[1]〗

De·muth /dɪ̀múːθ/, **Charles** *n.* デムース《1883–1935; 米国の画家》.

de·mu·tu·al·ize /dìːmjúːʧuəlàɪz, -ʧul- | -ʧuəl-, -ʧul-, -tjuəl-/ *vt.* 〈相互保険会社を〉株主所有の会社にする.

de·my /dɪ̀máɪ/ *n.* **1 a** デマイ(判)《英国の印刷用紙の標準寸法の一つ; 22½×17½ インチ [571.5×444.5 mm]》. **b** (筆記用紙類の)デマイ(判)《米国では 21×16 インチ [533.4×406.4 mm], 英国では 20×15½ インチ [508×393.7 mm]》: ~ quarto デマイクォート(判) (11¼×8¾ インチ) / ~ octavo デマイオクタボ(判) (8¾×5⅝ インチ). **2** 《英》(Oxford 大学 Magdalen College の) 奨学生, 給費生 (cf. demyship). 〖《1431》: DEMI- の独立形〗

de·my·e·lin·ate /dìːmáɪələnèɪt | -lɪ̀-/ *vt.* 〚医学〛…から脱髄する, 〈神経〉の髄鞘を破壊する. 〖《1940》← DE-[1]+MYELIN+-ATE[3]〗

de·my·e·li·na·tion /dìːmàɪələnéɪʃən | -lɪ̀-/ *n.* 〚医学〛脱髄, 髄鞘脱落[除去]. 〖《1932》← DE-[1]+MYELINATION〗

demý·shìp *n.* 《英》(Oxford 大学 Magdalen College の)奨学資金《もとは, 貧しい奨学生が fellowship の半額を在学研究費として与えられたことにちなむ》. 〖《1536》← DEMY+-SHIP〗

de·mys·ti·fy /dìːmístəfàɪ | -tɪ̀-/ *vt.* 〈あいまいな考えなどを〉明らかにする; 〈人の〉迷い(など)を取り除く, 啓発する, 教化する. **de·mys·ti·fi·ca·tion** /dìːmìstəfɪ̀kéɪʃən | -tɪ̀fɪ-/ *n.* 〖《1963》← DE-[1]+MYSTIFY〗

de·myth·i·cize /dìːmíθəsàɪz | -θɪ-/ *vt.* 〈伝説などの〉神話(性)を取り除く. **de·myth·i·ci·za·tion** /dìːmìθəsɪ̀zéɪʃən | -θɪsaɪ-, -sɪ-/ *n.*

de·my·thol·o·gi·za·tion /dìːmɪ̀θɑ̀(ː)ləʤɪ̀zéɪʃən | -θɔ̀ləʤaɪ-, -ʤɪ-/ *n.* 〚神学〛非神話化《神話的表象・形式にとらわれずに, 新約聖書の使信の本来的意味を解明しようとする試み》. 〖《1955》: ⇨ ↓, -ation〗

de·my·thol·o·gize /dìːmɪ̀θɑ́(ː)ləʤàɪz | -mɪ̀θɔ́l-, -maɪ-/ *vt., vi.* 〚神学〛〈キリストの教え・聖書を〉非神話化する. **dè·my·thól·o·gìz·er** *n.* 〖《1950》《なぞり》← G *Entmythologisierung* (Rudolf Bultmann の用語)〗

den /dén/ *n.* **1** (野獣のすむ)穴; (動物園の猛獣の)檻(おり).

D

2 (隠遁(いんとん)者の住む)ほら穴, 洞窟. 3 不潔な住居, むさくるしい小部屋; (盗賊などの)巣, 根城, 隠れ家, アジト: a gambling ～ 賭博部屋 / opium ～s 阿片窟 / a ～ *of* thieves 強盗の巣 (*Matt.* 21:13). 4 《口語》(こちんまりして気持ちのいい)私室 《書斎・仕事部屋など》. 5 《米》(カブスカウト (cub scout) の)組 《4–6 人くらいの単位; cf. den chief》. 6 《スコット》(樹木の生い茂った)峡谷 (dingle). 7 《スコット・北英》(猟鳥・猟獣の)安らぎの巣穴; 《北英》(子供の遊びで)安全地帯. — *v.* (**denned; den·ning**) — *vi.* 1 ほら穴に住む[こもる]. 2 《熊・蛇などが》穴で冬眠する 〈*up*〉. — *vt.* 〈動物を〉穴に追い込む 〈*up*〉.
〚OE *denn(e)* < Gmc **danjam, *danjō* low ground (MDu. *denne* / G *Tenne* threshing floor) ← IE **dhen-* open or flat place〛

Den. 《略》 Denbighshire; Denmark; Denver.

De·na·li /dɪ̈náːli/ *n.* =McKinley.

Denáli Nátional Párk *n.* デナーリ国立公園 《米国 Alaska 州中南部にあり, McKinley 山がある; 1917 年指定; 面積 7,848 km²; 旧称 Mount McKinley National Park (1980 年まで)》.

de·nar /díːnə | -nə^(r)/ *n.* デナル 《マケドニアの通貨単位; = 100 paras; cf. dinar》.

de·nar·i·us /dɪ̈né^əriəs | -néər-, -nɑ́ːr-/ *n.* (*pl.* **-i·i** /-riàɪ, -riiː/) 1 デナリウス 《古代ローマの銀貨(の名), 10 asses に相当; 新約聖書に penny と記されているもので, 英国の旧 penny, pence の記号 (d) はこの頭字に由来する》. 2 デナリウス 《古代ローマの金貨(の名)で 25 デナリウス銀貨 (silver denarii) に相当》. 〚(*c*1350) □ L *dēnārius* (*nūmus*) (coin) of ten (asses) ← *dēnī* ten each ← *decem* 'TEN': ⇨ -ary〛

de·na·ry /díːn(ə)ri, dén-/ *adj.* 十を含む, 十倍の; 十進の. 〚(1848) □ L *dēnārius* (↑)〛

de·na·sal·ize /diːnéɪzəlàɪz/ *vt.* 《音声》〈鼻音〉から鼻音性を除く, 非鼻音化する.

de·na·tant /diːnéɪtənt, -tnt | -tənt, -tnt⁻/ *adj.* 〈魚類が〉水流に従って動いて[泳いで]いる. 〚(1915) ← DE-¹+NATANT〛

de·na·tion·al·i·za·tion /diːnæ̀ʃ(ə)nəlɪ̈zéɪʃən | -laɪ-, -lɪ-/ *n.* 1 非国有化, 非国営化. 2 独立国家としての資格剝奪, (国家の)独立性の撤廃; 国際化. 3 国民権剝奪, 国籍削除; 国籍喪失. 〚(1814): ⇨ ↓, -ation〛

de·na·tion·al·ize /diːnǽʃ(ə)nəlàɪz/ *vt.* 1 〈国営企業などの〉国有[国営]を廃する. 2 …から独立国家としての資格を奪う; 国際化する. 3 …から国民としての特権を奪う, 国籍を剝(は)ぐ; …から国民性を奪う. 〚(1807) □ F *dénationaliser*: ⇨ de-², nationalize〛

de·nat·u·ral·i·za·tion /diːnæ̀tʃ(ə)rəlɪ̈zéɪʃən | -laɪ-, -lɪ-/ *n.* 1 (本来の性質の)変性, 不自然化. 2 国籍[帰化権]剝奪, 除籍. 〚(1811): ⇨ ↓, -ation〛

de·nat·u·ral·ize /diːnǽtʃ(ə)rəlàɪz/ *vt.* 1 …の本来の性質[本性, 特質]を変える, 変性させる; 不自然にする. 2 …から市民[帰化]権を奪う, 国籍を除く, 除籍する. 〚(1800) ← DE-²+NATURALIZE〛

de·na·tur·ant /diːnéɪtʃərənt/ *n.* 変性剤. 〚(1905) ← DENATURE+-ANT〛

de·na·tur·a·tion /diːnèɪtʃəréɪʃən/ *n.* 《化学》(蛋白質・アルコールの)変性. **～·al** /-ʃnəl, -ʃənl⁻/ *adj.* 〚(1882): ⇨ ↓, -ation〛

de·na·ture /diːnéɪtʃə | -tʃə^(r)/ *vt.* 1 〈物質などの〉特性[本性]を失わせる, 変性させる. 2 《化学》〈飲食用に用いられる工業原料〉にある物質を加えて(工業原料としての性質は保存して飲食用に適さないように)変性させる. 3 《生化学》(熱・酸・アルカリなどで)〈蛋白質を〉変性させる. 4 《医学》〈抗原〉に特質を失わせる. 5 《原子力》〈核燃料を〉変性させる 《核兵器への使用に適さないように核分裂性物質に他の物質を混入させる》. 6 =dehumanize. — *vi.* 《生化学》〈蛋白質が〉変性する. 〚(1685) □ F *dénaturer*: ⇨ de-², nature〛

dè·ná·tured *adj.* 本来の性質を失った; 変性した.

denátured álcohol *n.* 《化学》変性アルコール (cf. denature 2). 〚1907〛

de·na·tur·i·za·tion /diːnèɪtʃərɪ̈zéɪʃən | -raɪ-, -rɪ-/ *n.* 《化学》=denaturation. 〚1969〛

de·na·tur·ize /diːnéɪtʃəràɪz/ *vt.* =denature. 〚1898〛

de·ná·tur·iz·er *n.* =denaturant.

de·na·zi·fi·ca·tion /diːnɑ̀ːtsɪ̈fɪ̈kéɪʃən, -nætsɪ̈- | -nɑ̀ːtsɪfɪ-, -nætsɪ-, -nɑ̀ːzɪ-/ *n.* 非ナチ化. 〚(1944): ⇨ ↓, -ication〛

de·na·zi·fy /diːnɑ́ːtsɪ̈fàɪ, -nǽtsɪ̈- | -nɑ́ːtsɪ-, -nǽtsɪ-, -nɑ́ːzɪ-/ *vt.* …からナチズム (Nazism) の影響を取り除く, 非ナチ化する. 〚(1944) ← DE-¹+NAZI+-FY〛

Den·bigh·shire /dénbɪʃə, -ʃɪə | -ʃə^(r), -ʃɪə^(r)/ *n.* デンビシャー州 《ウェールズ北部の旧州; 1974 年以後 Clwyd 州, Gwynedd 州の一部となる, 96 年 unitary authority として復活; 面積 1,735 km², 州都 Ruthin /ríθɪn, rúːθɪn/; 単に Denbigh ともいう》. 〚← *Denbigh* (□ Welsh *Dinbych* ← *din* fort+*bych* small)+-SHIRE〛

Den Bosch /dɛnbɔ́(ː)ʃ | -bɔ́ʃ; *Du.* dɛnbɔ́s/ *n.* ='s Hertogenbosch.

Dench /déntʃ/, Dame **Judith Olivia** *n.* デンチ 《1934– ; 英国の女優; 通称 Dame Judi》.

dén chìef *n.* 《米》デンチーフ 《団内のボーイスカウト隊からカブ隊の各組 (den) に派遣されるスカウト》.

dén dàd *n.* 《米》デンダッド 《カブスカウト (cub scout) の各組 (den) ごとに置かれる父親役の指導者; cf. den mother》.

den·dr- /déndr/ (母音の前にくるときの) dendro- の異形.

den·dri- /déndrɪ̈, -dri/ dendro- の異形 (⇨ -i-).

den·dri·form /déndrəfɔ̀əm | -drɪ̈fɔ̀ːm/ *adj.* (形が)樹木状の. 〚(1847): ⇨ dendro-, -form〛

den·drite /déndraɪt/ *n.* 1 **a** 《化学・結晶》樹枝状結晶 《結晶の成長や電着の際の金属析出形の一つ》. **b** 《鉱物》模樹石, 忍石. 2 《解剖》(神経の)樹状突起 (⇨ neuron 挿絵). 〚(1623) □ F ～ □ Gk *dendrítēs* of a tree: ⇨ dendro-, -ite¹〛

den·drit·ic /dendrítɪk | -tɪk/ *adj.* 模樹石状の; 樹木状の(模様のある). **den·drít·i·cal** /-tɪ̈kəl, -kl | -tɪ-/ *adj.* **den·drít·i·cal·ly** *adv.* 〚(1805–17) ↑〛

den·dro- /déndrou | -drəu/ 「樹木 (tree)」の意の連結形. ★ 時に dendri-, また母音の前では通例 dendr- になる. 〚← Gk *déndron* 'TREE'〛

dèndro·chronólogy *n.* 《植物》年輪年代学 《樹木の年輪を研究して過去の事象の日付を推定する》. **dèndro·chronológical** *adj.* **dèndro·chronológically** *adv.* **dèndro·chronólogist** *n.* 〚1928〛

den·dro·glyph /déndrəglɪf/ *n.* 木に彫った古代彫刻. 〚← DENDRO-+GLYPH〛

den·dro·gram /déndrəgræ̀m/ *n.* 《生物》系統樹, 樹状図 《生物の系統を樹状に描いた図》. 〚(1953) ← DENDRO-+-GRAM〛

den·droid /déndrɔɪd/ *adj.* 樹木状の; 樹枝状の. 〚(1828) □ Gk *dendroeidḗs* treelike; ⇨ dendro-, -oid〛

den·droi·dal /dendrɔ́ɪdl̩ | -dl/ *adj.* =dendroid.

den·drol·a·try /dendrɑ́(ː)lətri | -drɔ́l-/ *n.* 樹木崇拝. 〚(1891) ← DENDRO-+-LATRY〛

den·dro·lite /déndrəlàɪt/ *n.* 《地質》樹木の化石. 〚(1828) ← DENDRO-+-LITE〛

den·drol·o·gist /dendrɑ́(ː)lədʒɪ̈st | -drɔ́lədʒɪst/ *n.* 樹木学者. 〚(1825) ← DENDROLOGY+-IST〛

den·drol·o·gous /dendrɑ́(ː)ləgəs | -drɔ́l-/ *adj.* 樹木研究の.

den·drol·o·gy /dendrɑ́(ː)lədʒi | -drɔ́l-/ *n.* 樹木学 《植物学・林学の一分科, 特にその分類学》. **den·dro·log·ic** /dèndrəlɑ́(ː)dʒɪk | -lɔ́dʒ-⁻/ *adj.* **dèn·dro·lóg·i·cal** /-dʒɪ̈kəl, -kl | -dʒɪ-⁻/ *adj.* 〚(1708) ← DENDRO-+-LOGY〛

den·drom·e·ter /dendrɑ́(ː)mətə | -drɔ́mɪ̈tə^(r)/ *n.* 樹木測定器, 測樹器 《樹木の高さあるいは直径を測る器具》. 〚(1768 ← DENDRO-+-METER¹〛

den·dron /déndrən, -drɑːn | -drən, -drɔn/ *n.* (*pl.* ～s, -dra /-drə/) 《解剖》=dendrite 2. **den·dric** /déndrɪk/ *adj.* 〚(1893) ← DENDRITE+-ON²〛

-den·dron /déndrən, -drɑ(ː)n | -drən, -drɔn/ 「樹木 (tree), 樹枝状構造; 茎 (stem)」の意の名詞連結形: Liriodendron. 〚← Gk *déndron* 'TREE'〛

den·droph·a·gous /dendrɑ́(ː)fəgəs | -drɔ́f-/ *adj.* 〈昆虫など〉樹木を食物源とする, 食樹性の. 〚← DENDRO-+-PHAGOUS〛

den·dro·phile /déndrəfàɪl/ *n.* 樹木愛好. 〚← DENDRO-+-PHILE〛

den·droph·i·lous /dendrɑ́(ː)fələs | -drɔ́fɪ̈-/ *adj.* 1 樹木を愛好する. 2 《動物》樹上生息性の. 3 《植物》樹上[樹木内]に好んで生える. 〚1886〛

dene¹ /díːn/ *n.* 《英》(海岸の)砂浜, 砂丘. 〚(1278)) (1599) ← ?: cf. dune〛

dene² /díːn/ *n.* 《英方言》(樹木の茂った)深い谷. 〚OE *denu* valley〛

Dé·né /dénéɪ, deɪ- | déni, -neɪ; *F.* dene/ *n.* (*pl.* ～s, ～/-z/; *F.* dene/) 1 **a** [the ～(s)] デネ族 《Alaska 内陸部およびカナダ北西部に住む Athapaskan 族の一部》. **b** デネ族の人. 2 デネ語. — *adj.* デネ族[語]の. 〚(1891) □ F ～〛

Den·eb /dénɛb, -nəb | -nɛb/ *n.* 《天文》デネブ 《はくちょう(白鳥)座 (Cygnus) の α 星で 1.3 等星》. 〚(1867) □ Arab. *dhánab (ad-dajāja^h)* tail (of the hen)〛

Déneb Kái·tos /-káɪtəs, -kéɪ-, -tɑ(ː)s | -tɔs/ *n.* 《天文》デネブカイトス 《くじら(鯨)座 (Cetus) の β 星で 2 等星》. 〚□ Arab. *dhánab qīṭūs* 《原義》tail of whale ← *dhánab* (↑)+Gk *kêtos* whale〛

De·neb·o·la /dɪ̈nébələ, dɛ-/ *n.* 《天文》デネボラ 《しし(獅子)座 (Leo) の β 星で 2 等星》. 〚□ Arab. *dhánab al-'ásad* tail of the lion〛

de·ne·ga·tion /dènɪ̈géɪʃən/ *n.* 否認, 否定 (denial); 《廃》拒絶 (refusal). 〚(1489) □ L *dēnegātiō(n)* ← *dēnegāre* 'to DENY': ⇨ -ation〛

déne·hòle *n.* 《考古》白亜坑 《イングランドの南部地方などの白亜層中に発見される縦坑遺跡で, その下部は広がって部屋になっている; 新石器時代の貯蔵室であったと想像される》. 〚(1768) ← ? DENE²〛

de·ner·vate /díːnə(ː)vèɪt | díːnə(ː)vèɪt, dɪ̈nə́ːveɪt/ *vt.* 《病理》…から神経を除去する, 除神経[脱神経]状態にする. **de·ner·va·tion** /dìːnə(ː)véɪʃən | -nə(ː)-/ *n.* 〚(1905) ← DE-¹+NERVATE〛

de·neu·tral·ize /diːnúːtrəlàɪz, -njúː- | -njúː-/ *vt.* 〈国家・領土などを〉非中立化する. **de·neu·tral·i·za·tion** /diːnùːtrəlɪ̈zéɪʃən, -njùː- | -njùːtrəlaɪ-, -lɪ-/ *n.*

DEng 《略》 Doctor of Engineering.

den·gue /déŋgi, -geɪ/ *n.* 《病理》デング熱 《高熱・関節激痛・発疹を伴う熱帯・亜熱帯のウイルス性伝染病; 蚊が媒介する; dengue fever, breakbone fever ともいう; cf. aedes》. 〚(1828) □ W-Ind.-Sp. ～ ← ? Afr. (cf. Swahili *kidinga (popo)* dengue)〛

Deng Xiao·ping /dʌ́ŋʃàupíŋ, déŋ-; *Chin.* tə̀ŋɕiàupʰíŋ/ *n.* 鄧小平(トン シャオピン) (1904–97; 中国の政治家; 中国共産党最高実力者として開放路線を推進した; Teng Hsiao-ping ともいう).

Den Haag /dɛnhɑ́ːg, dən-; *Du.* dɛnhɑ́ːx/ ⇨ Haag.

Den·ham /dénəm/, Sir **John** *n.* デナム (1615–69; Dublin 生まれの英国の詩人・劇作家; *The Sophy* (悲劇, 1642), *Cooper's Hill* (詩, 1642)).

Den Hel·der /dɛnhéldə, dɛn- | -də^(r)/ *n.* デンヘルダー 《オランダ North Holland 州の北海に臨む海港》.

de·ni·a·ble /dɪ̈náɪəbl/ *adj.* 否認[否定]できる; 拒絶できる. **de·ní·a·bly** *adv.* 〚(1548) ← DENY+-ABLE〛

de·ni·al /dɪ̈náɪəl/ *n.* 1 否定, 打ち消し (↔ affirmation): make a ～ of=give a ～ to …を否定する / I have not a word in ～. 否定のしようもない / the ～ of a malicious rumor 悪意のあるうわさの否定. 2 否認: general [specific] ～ 《法律》全部[部分]否認. 3 拒否, 拒絶, 不同意 (↔ acceptance): the ～ of a request for help 援助の求めに対する拒絶 / take no ～ いや応を言わせない / give a flat ～ きっぱり断る. 4 節制, 自制, 克己 (abstention) (↔ indulgence): ～ of oneself [one's true nature] 克己, 自制 (self-denial). 5 《精神分析》否認 《不快・不安・恐怖などを引き起こす対象を, 知覚していながら現実のものと認知しないという, 自我の防衛機制》 〔*about*〕: The patient is still in ～ and refuses to acknowledge that he needs help. 患者はまだ否認していて, 助力が必要なことを認めようとしない. 〚(1528) ← DENY+-AL²〛

de·nic·o·tin·ize /diːníkətɪnàɪz/ *vt.* 〈たばこ〉からニコチンを取り除く.

de·ni·er¹ /dɪ̈náɪə | -náɪə^(r)/ *n.* 否定者; 否認者. 〚(*c*1445): ⇨ deny, -er¹〛

de·nier² /dɪ̈nɪ́ə | dénia^(r), -nièɪ, dəníə^(r); *F.* danje/ *n.* 1 ドゥニエ貨 《8–18 世紀にフランスなどの西ヨーロッパで用いられた古貨幣; もとは銀貨だが 16 世紀より銅貨; $^1/_{12}$ sou》. 2 [主に否定構文で] 《英古》わずかの額 (small sum). 3 /dénjə | dénia^(r), -nièɪ/ 《紡織》デニール 《生糸・化学繊維の太さを測定するのに用いる織度単位; 長さ 450 m の糸が 0.05 g であるとき 1 デニールという; 従って 9,000 m で 100 g あれば 100 デニール, 150 g あれば 150 デニール》. 〚(*c*1425) □ AF *dener*=(O)F *denier* < L *dēnārium* 'DENARIUS'〛

den·i·grate /dénɪ̈grèɪt/ *vt.* 1 〈人格などを〉汚す, 汚辱する, 〈名誉を〉傷つける. 2 不当に軽視する, 無視する (⇨ disparage SYN). 3 《まれ》黒くする. **den·i·gra·tion** /dènɪ̈gréɪʃən/ *n.* **den·i·gra·tive** /dénɪ̈grèɪtɪv | -tɪv/ *adj.* **dén·i·grà·tor** /-tə | -tə^(r)/ *n.* **den·i·gra·to·ry** /dénɪ̈grətɔ̀ːri | -təri, -tri/ *adj.* 〚(1526) ← L *dēnigrātus* (p.p.) ← *dēnigrāre* ← DE-¹+*nigrāre* to blacken (← *niger* black): ⇨ Negro, -ate³〛

De·ni·ker /dènɪkéə | -kéə^(r); *F.* danikɛːʁ/, **Joseph** *n.* ドゥニケール (1852–1918; フランスの人類学者・博物学者).

den·im /dénɪ̈m/ *n.* 1 デニム 《縦糸に色糸, 横糸にさらし糸を用いた綾(あや)織の厚地の綿布; 作業着・運動着用》. ★ 室内装飾品に用いられる, より上質の布地についていうこともある. 2 [*pl.*] デニム製作業服, (特に)胸当て付きズボン, オーバーオール: dressed in ～s デニムのつなぎを着て. 〚(1695) 《略》 ← *serge de Nim* □ F *serge de Nîmes*: 南フランスの町 Nîmes 産サージの意〛

De Ni·ro /dəní^ərou | -níərəu/, **Robert** *n.* デニーロ (1943– ; 米国の映画俳優).

Den·is /dénɪ̈s | -nɪs; *F.* dəni/ *n.* デニス 《男性名; 愛称形 Denny; 異形 Dennis, Dion, (コーンウォールで) Denzil》. 〚□ F ～ □ L *Dionȳsius* □ Gk *Dionúsios* 'of DIONYSUS'〛

Den·is /dénɪ̈s | -nɪs; *F.* dəni/, Saint *n.* ドニ (?–?258; Paris の最初の司教・殉教者, フランスの守護聖人, 七守護聖人 (SEVEN Champions of Christendom) の一人; 祝日 10 月 9 日).

Denis, Maurice *n.* ドニ (1870–1943; フランスの画家・美術評論家).

De·nise /dəníːs, dɛ-, -níːz | dɪ̈níːz, dɛ-, -níːs; *F.* dəniːz/ *n.* デニーズ 《女性名》. 〚□ F ～ (fem.) ← DENIS〛

de·ni·trate /diːnáɪtreɪt/ *vt.* 《化学》…から硝酸を除去する, 脱硝する. 〚(1863) ← DE-¹+NITRATE〛

de·ni·tra·tion /diːnaɪtréɪʃən/ *n.* 《化学》脱硝. 〚(1863) ← DE-¹+NITRATION〛

de·ni·tri·fi·ca·tion /diːnàɪtrəfɪ̈kéɪʃən | -trɪ̈fɪ-/ *n.* 《化学》脱窒(素). 〚1883〛

de·ni·tri·fy /diːnáɪtrəfàɪ | -trɪ̈-/ *vt.* 《化学》 1 …から窒素[硝化物]を除去する, 脱窒する. 2 〈ニトロ基・硝酸塩・亜硝酸塩を〉低酸化化合物に還元する, 脱硝する. 〚(1892) ← DE-¹+NITRIFY〛

den·i·zen /dénəzən, -zn | -nɪ̈-/ *n.* 1 《文語》(ある特定の土地・国・地方の)居住者, 住民. 2 《文語》森・空などにすむもの 《鳥獣・樹木など, 特定の場所の生息者》: the winged ～s of the woods 森にすむ鳥. 3 **a** 《生態》帰化動植物. **b** 外来語. 4 **a** (公民権を与えられた)居留民. **b** 《英法》国籍取得者. 5 特定の場所によく出入りする人, 常連 〔*of*〕. — *vt.* 1 **a** 〈外来人〉に公民権を与える. **b** 《英法》…に国籍を取得させる. 2 《まれ》移植する, 〈外来物を〉定着させる. **～·ship** *n.* 〚(1419) *denisein* □ AF *deinzein* one living within (a city of country) ← OF *deinz* (F *dans*) within (< L *dē intus* from within)+*-ein* (< L *-āneum* '-AN¹')〛

Den·mark /dénmɑək | -mɑːk/ *n.* デンマーク 《ヨーロッパ北西部の王国; 面積 43,069 km², 首都 Copenhagen; 公式名 the Kingdom of Denmark デンマーク王国; デンマーク語名 Danmark /*Dan.* dánmarg/》. 〚□ (O)Dan. *Danmark* 《原義》the territory of the Danes: ⇨ Dane, march²〛

Dénmark sátin *n.* デンマークサテン 《皮革のように滑らかな表面仕上げのウーステッド地; 婦人靴用》. 〚1836〛

Dénmark Stráit *n.* [the ～] デンマーク海峡 (Iceland と Greenland との間の海峡; 幅 290 km).

dén mòther *n.* (米) デンマザー (カブスカウト (cub scout) の各組 (den) ごとに置かれる母親役で den chief を助けて組の指導に当たる; cf. den dad). 〘1946〙

Den·nis /dénɪs | -nɪs/ *n.* デニス (男性名). 〘(変形) ← DENIS〙

Den·nis /dénɪs | -nɪs/, **C**(larence) **J**(ames) *n.* デニス (1876–1938; オーストラリアの詩人・ジャーナリスト).

Dennis, John *n.* デニス (1657–1734; 英国の批評家・劇作家; A. Pope の論敵; *An Essay on the Genius and Writings of Shakespeare* (1712)).

Dénnis the Ménace *n.* わんぱくデニス: **1** 米国の漫画, およびその主人公のわんぱくな男の子; 1951 年初登場; Hank Ketchum 作. **2** 英国の漫画のキャラクターで, いたずら好きの男の子; 1951 年初登場; David Law 作.

Den·ny /déni/ *n.* デニー (男性名). 〘(dim.) ← DENIS〙

Den·ny's /déniz/ *n.* デニーズ (米国のファミリーレストランのチェーン店).

denom. (略) denomination 1.

de·no·mi·nal /dɪnɑ́(ː)mənl | -nɔ́mɪ-/ *adj.*, *n.* 〘文法〙名詞から派生した(語) (denominative). 〘(1934) ← DE-¹ + NOMINAL〙

de·nom·i·nate /dɪnɑ́(ː)mənèɪt | -nɔ́mɪ-/ *vt.* …に名をつける, 命名する; 〈…を〉〈…と〉称する, 呼ぶ: ～ the length a mile その長さを 1 マイルと呼ぶ. ── *adj.* 特定の名のある: ～ numbers 名数 (5 feet の 5 のように単位語につく数). **de·nóm·i·na·ble** /-nəbl/ *adj.* 〘(1464) □ L *dēnōminātus*: ⇨ de-¹, nominate〙

de·nom·i·na·tion /dɪnɑ̀(ː)mənéɪʃən | -nɔ̀mɪ-/ *n.* **1** 教派, 宗派 (キリスト教では, ルター派教会, メソジスト教会など, 主としてプロテスタント教会内の各派を指す; したがって分派 (sect) よりも正統性, 独立性の強い概念として用いられることが多い); 分派; 門派 (sect より大きいもの): all sects and ～*s* あらゆる宗派 / What ～ do you belong to?=What ～ are you? 君はどの宗派ですか. **2** (数値・度量衡などの)単位(名); (貨幣の)単位(名), 金種; (証券の)券種: the ～*s* of United States money 合衆国貨幣の単位(名)[種類] (1¢, 10¢, $1, $5, $10 など) / money in small [large] ～*s* 小[高]額貨幣 / reduce feet and inches to one [the same] ～ フィートとインチを同単位にする (例えば 1 ft 6 in を 1.5 ft または 18 in とすること) / What ～*s*? (=How would you like the money?) どの金種にしますか (銀行員がお金の内訳についての希望を聞くときに言う). 日英比較 日本語の「デノミネーション, デノミ」は,「貨幣呼称の変更」の意で用いられるが, これを英語では change in the *denominations* of monetary units, または *redenomination* という. なお,「平価切り下げ」(devaluation) とは異なる. **3** 種類, 種目, 部類 (class): plants falling under different ～*s* 種々の名称に区分される植物, 種々の植物. **4** 命名; 名称, 呼称, 名目. **5** 〘トランプ〙札の順位を示す記号や数字 (ace, king, 10, 8, 3 など); (特に, ブリッジで)ビッド (bid) で決定される切札のスーツ (suit) の種別 (spades, hearts, diamonds, clubs または no-trump のいずれか). 〘(*a*1398) □ (O)F *dénomination* ∥ LL *dēnōminātiō(n-)*: ⇨ ↑, -ation〙

de·nòm·i·ná·tion·al /-ʃnəl, -ʃənl⁻/ *adj.* **1** 宗派(的)の, 教派の, 門派の: a ～ school 宗派(立)学校 / ～ education 特定の宗派の教義に基づく教育. **2 a** (米) (監督教会の人から見て)監督教会以外の宗派の. **b** (英) 国教会以外の宗派の. **3** 分派的な, 派閥的な. **4** (まれ) 名称上の, 名目上の. **～·ly** *adv.* 〘(1838): ⇨ ↑, -al¹〙

de·nòm·i·ná·tion·al·ìsm /-ʃ(ə)nəlɪzm/ *n.* **1** (教育上の)教派[宗派]主義. **2** 分派[派閥]主義; 教派心. **3** 名目主義. 〘(1855): ⇨ ↑, -ism〙

de·nòm·i·ná·tion·al·ist /-ʃ(ə)nəlɪst | -lɪst/ *n.* 教派主義者; 分派主義者; 名目主義者. 〘(1870): ⇨ -ist〙

de·nòm·i·ná·tion·al·ize /-ʃ(ə)nəlàɪz/ *vt.* 〈教育などを〉宗派的にする. 〘(1869): ⇨ -ize〙

de·nom·i·na·tive /dɪnɑ́(ː)mənətɪv, -mənèɪt- | -nɔ́mɪnət-/ *adj.* **1** 名称的な, 名の役をする; 名を示す. **2** 〘文法〙名詞[形容詞]から出た: a ～ verb 名詞・形容詞由来動詞 (例えば *man* a ship, *head* a delegation における man, head とか *sweet* に対する sweeten など). ── *n.* 〘文法〙名詞[形容詞]転用語 (名詞[形容詞]から出た語). **～·ly** *adv.* 〘adj.: (1614) ← DENOMINATE + -IVE. ── n.: (1589) ← DE-¹ + L *nōmin-*, *nōmen* name, noun + -ATIVE〙

de·nóm·i·nà·tor /-tə | -tə(r)/ *n.* **1** 〘数学〙分母 (↔ numerator): ⇨ common denominator, least common denominator. **2** 共通の特徴[要素]. **3** (好み・意見などの)平均的[一般的]水準, 基準 (standard). **4** (古) 命名者; 名の起源. 〘(1542) □ F *dénominateur* ∥ ML *dēnōminātor*: ⇨ denominate, -or²〙

de nos jours /dənoʊʒʊ́ə | -nəʊʒʊ́ə(r); *F.* dnoʒuːʁ/ *F. adj.* 当代の, 現代の. 〘(1909) □ F ～ 'of our days'〙

de·not·a·ble /dɪnóʊtəbl | -nə́ʊt-/ *adj.* 表示[指示]できる. 〘(*a*1682) ← DENOTE + -ABLE〙

denotata *n.* denotatum の複数形.

de·no·ta·tion /dìːnoʊtéɪʃən, -nə- | -nə(ʊ)-/ *n.* **1** 表示, 指示, 指定. **2 a** 表章, しるし, 記号. **b** (まれ) 名称. **3** (字句の, 特に直接的・明示的な)意味. **4** 〘論理〙外延 (↔ connotation); 指示作用[対象]. 〘(*c*1532) □ F *dénotation* ∥ L *dēnōtātiō(n-)*: ⇨ denote, -ation〙

de·no·ta·tive /díːnoʊtèɪtɪv, dɪnóʊtət- | dɪnə́ʊtət-, díːnə(ʊ)tèɪt-/ *adj.* **1** 表示的な, 指示的な, 〔…を〕示して 〔*of*〕. **2** 〘論理〙外延的な, 指示的な (↔ connotative). **～·ly** *adv.* **～·ness** *n.* 〘(1611) ← L *dēnōtātus* (↓) + -IVE〙

de·no·ta·tum /dìːnoʊtéɪtəm | -nə(ʊ)téɪt-/ *n.* (*pl.* **-ta·ta** /-tə | -tə/) 〘言語〙実在被指示物 (cf. designatum). 〘(1938) □ L *dēnotātum* (neut.) ← *dēnotātus* (p.p.) (↓)〙

de·note /dɪnóʊt | -nə́ʊt/ *vt.* **1** (記号などで)表す, 指示する. **2** 〈記号などが〉示す, …のしるし[象徴]である; 〈文字・語が〉表示する, 意味する 〈*that*〉 (⇨ mean¹ SYN): A red flag ～*s* danger [*that* there is danger]. 赤旗は危険を示す. **3** 〘論理〙…の外延を示す (↔ connote); 指示する. 〘(1595–96) □ (O)F *dénoter* ∥ L *dēnotāre* ← DE-¹ + *notāre* 'to mark, NOTE'〙

de·nóte·ment *n.* **1** 示すこと, 指示. **2** しるし.

de·no·tive /dɪnóʊtɪv | -nə́ʊt-/ *adj.* **1** 指示的な, 表示する. **2** 〘論理〙外延的な; 指示的な (denotative). 〘(1830): ⇨ ↑, -ive〙

de·noue·ment /dèɪnuːmɑ́ː(ŋ), -mɑ́ːŋ, ─⁻─, ─⁻─⁻ | deɪnúːmɑ̃ː(ŋ), dɪ-, -mɑːŋ; *F.* denumɑ̃/ *n.* (*also* **dé·noue·ment** /～/) **1** 〘文学〙(劇・小説などの)大団円; (すべてのプロットが)解決を見るところ. **2** (連続した事件・紛糾・神秘などの)やま, 終局, 大詰; 解決, けり. 〘(1752) □ F *dénouement* ← *dénouer* to unravel ← *dé-* 'DIS-¹' + *nouer* to tie (< L *nōdāre* ← *nōdus* 'knot, NODE')〙

de·nounce /dɪnáʊns, -náʊnts/ *vt.* **1** 公然と非難する, (法廷などで)弾劾[攻撃]する: ～ a person *as* a coward 人を臆病者だと非難する. **2** (警察などへ)密告[告発]する 〔*to*〕: ～ a confederate in crime 共謀者を密告する. **3** 〈条約などの〉終了通告を発する, 廃棄する (repudiate). **4** (廃) **a** (威嚇(いかく)的警告として)宣言する: ～ war [vengeance] *against* …に対して戦い[復讐]を宣言する. **b** 〈凶事〉の前兆になる. **de·nóunc·er** *n.* 〘(*a*1325) *denounse(n)* □ OF *denoncier* (F *dénoncer*) < L *dēnuntiāre* to threaten ← DE-¹ + *nuntiāre* to declare, inform against (← *nūntius* messenger)〙

de·nóunce·ment *n.* =denunciation. 〘1544〙

de nou·veau /dənuːvóʊ | -vəʊ; *F.* dənuvo/ *F. adv.* =de novo. 〘□ F ～: ↓〙

de no·vo /dɪnóʊvoʊ, diː-, deɪ- | -nə́ʊvəʊ/ *L. adv.* 初めから, 新たに, 新規に (anew). 〘(1627) □ L *dē novō* from that which is new: cf. de¹, new〙

Den·pa·sar /denpɑ́ːsɑə | -sɑː(r)/ *n.* (*also* **Den Pa·sar** /～/) デンパサル (インドネシア Bali 島南部の海港).

dens /dénz/ *n.* (*pl.* **den·tes** /déntiːz/) 〘動物〙歯, 歯牙. 〘□ L *dēns*: cf. tooth〙

dense /déns, dénts/ *adj.* (**dens·er**; **-est**) **1** 〈場所・人が〉密集した, 込んだ (↔ sparse, thin): a ～ crowd 非常な人込み / ～ population 密集した人口 / a ～ forest 密林 / The marsh is ～ *with* reeds. 沼地にはヨシが密生している. **2** 〈液体・蒸気など〉濃密な, 濃厚な (⇨ close² SYN): (a) ～ fog 濃霧. **3** (密度の)密な: a ～ metal 密度の高い金属. **4** 理解するのに集中力を必要とする, 晦渋(かいじゅう)な: a ～ poem (込み入って)難解な詩. **5** 〈人・頭など〉悪い, 愚か[鈍]な; 〈愚かさなど〉ひどい, 全くの: a ～ brain 鈍い頭 / ～ ignorance (*of* [*about*] …) (…についての)はなはだしい無知. **6 a** 〘写真〙〈現像した陰画・透明陽画が〉肉の乗りすぎた, 濃い, 不透明な: a ～ negative. **b** 〈光学ガラスなどが〉屈折率の大きい. **7** 〘数学〙〈集合が〉稠密(ちゅうみつ)な, 密な (↔ nondense). **～·ness** *n.* 〘(?*a*1425) □ F ～ ∥ L *densus* thick, thickset: cf. Gk *dasús* thick, hairy〙

dénse·ly *adv.* 密に, 込んで; すき間なく, 濃く; 茂って. 〘(1836): ⇨ ↑, -ly¹〙

den·si·fy /dénsəfàɪ | -sɪ-/ *vt.* …を濃密にする, 密度を高める; 〈材木を〉樹脂で強化する. **den·si·fi·ca·tion** /dènsəfɪkéɪʃən | -sɪfɪ-/ *n.* **dén·si·fi·er** *n.* 〘(1820): ⇨ dense, -fy〙

den·sim·e·ter /densímətə | -mɪtə(r)/ *n.* デンシメーター, 密度計. **den·si·met·ric** /dènsəmétrɪk | -sɪ-⁻/ *adj.* **den·sim·e·try** /densímətri | -mɪ-/ *n.* 〘(1863) ← L *densi-*, *densus* 'DENSE' + -METER¹〙

den·si·tom·e·ter /dènsətɑ́(ː)mətə | -sɪtɔ́mɪtə(r)/ *n.* **1** =densimeter. **2** 〘光学〙濃度計 (cf. density 4 a).

den·si·to·met·ric /dènsətəmétrɪk | -sɪtə-⁻/ *adj.*

den·si·tom·e·try /dènsətɑ́(ː)mətri | -sɪtɔ́mɪ-/ *n.* 〘(1901) ← DENSIT(Y) + -O- + -METER¹〙

den·si·ty /dénsəti, déntsə- | -sɪti, -tsɪ-/ *n.* **1** 密集(度), 込合い(程度), 濃さ, (霧などの)深さ; (森林などの)繁茂(度); (人口の)密度: high ～ 高密度 / ⇨ traffic density. **2** 〘物理〙密度. **3** =current density. **4 a** 〘光学〙光学(的)濃度 (物体が光を吸収する度合を表す値). **b** 〘写真〙(写真画像の)濃度 (現像したフィルム・乾板の不透明度, または印画の黒化度); 写真濃度. **5** 〘電算〙(データ)密度, デンシティ. **6** 全くの愚鈍さ. 〘(1603) □ F *densité* ∥ L *dēnsitātem*: ⇨ dense, -ity〙

dénsity cùrrent *n.* 〘地質〙密度流 (cf. turbidity current).

dénsity fùnction *n.* 〘統計〙=probability density function. 〘1962〙

den·som·e·ter /densɑ́(ː)mətə | -sɔ́mɪtə(r)/ *n.* **1** 〘製紙〙デンソメーター (空気を通して紙の多孔性を測る器具). **2** =densimeter. 〘(1883) ← DENSE + -O- + -METER¹〙

den·sus /dénsəs/ *adj.* (廃) =spissatus. 〘□ L *dēnsus* 'DENSE'〙

dent¹ /dént/ *n.* **1** くぼみ(跡), へこみ, 打った跡: a ～ *in* a helmet ヘルメットのへこみ. **2** (特に, 削減・弱化させる)効果, 影響; (得意の鼻などを)へこませること: make a ～ *in* a person's pride 人の高慢の鼻をへし折る / make a ～ *in* one's savings 貯金に食い込む. **3** (口語) 前進, 進歩. ***make a dént*** (1) 〔…に〕くぼみ跡をつける 〔*in*〕; (2) 〔…に〕衝撃を与える, 注意させる 〔*in*, *on*〕. (2) ⇨ 2. (3) (口語) 〔作業・課題解釈などに〕とっかかりを作る, 多少の進歩[前進]をみせる, …を緒(ちょ)につかせる 〔*in*, *into*〕. ── *vt.* **1** …に打ち跡を付ける, くぼませる: ～ a fender フェンダーをへこませる. **2** …に減少効果を及ぼす. **3** 〈感情・評判などを〉少々傷つける, …に多少の損傷を与える: ～ a person's pride 人の高慢の鼻をへし折る. ── *vi.* **1** くぼむ, へこむ. **2** 〔…に〕食い込む 〔*into*〕. 〘(?*c*1225) *dente* (変形) ← DINT〙

dent² /dént/ *n.* 〘機械〙 **1** (くし・歯車などの)歯. **2** デント, 筬羽(おさば) (織機の筬を構成する竹片[鋼片]; またこの間隔). 〘(1552) □ (O)F ～ < L *dentem* 'TOOTH'〙

dent. (略) dental; dentist; dentistry; denture.

dent- /dent/ (母音の前にくるときの) dento- の異形.

den·tal /déntl | déntl/ *adj.* **1** 歯の; 歯科の; 歯科用の: ～ cement 歯科用セメント / ～ instruments 歯科医療器具 / a ～ office 歯科医院 / ～ surgery 口腔外科(学). **2** 〘音声〙歯音の: ～ consonants 歯子音. ── *n.* **1** 〘音声〙歯音 (上の前歯と舌先や舌端で調音される音; /t̪/, /d̪/, /θ/, /ð/, /n/, /l/ など). **2** 歯. **3** 〘建築〙=dentil. **～·ly** *adv.* 〘(1594) □ ML *dentālis* ← L *dēns* 'TOOTH': ⇨ -al¹〙

déntal árch *n.* 〘歯科〙歯列弓.

déntal clínic *n.* **1** 歯科医院. **2** (NZ) (小学校内の)歯科診察室 (乳歯の診療を行う).

déntal éngine *n.* 歯科用エンジン.

déntal flóss *n.* 〘歯科〙デンタルフロス, 塗蠟(ろう)絹糸 (歯間の汚物や歯垢の除去に用いられる蠟を塗った絹糸). 〘1910〙

déntal fòrmula *n.* 〘歯科・動物〙歯式 (口の中に生えている歯の種類・数を示す書式).

déntal hygíene *n.* 歯科衛生 (oral hygiene).

déntal hygíenist *n.* 歯科衛生士 (歯科診療の補助, 口腔衛生の指導などをする). 〘1922〙

dentalia *n.* dentalium の複数形.

den·ta·li·um /dentéɪliəm/ *n.* (*pl.* **～s**, **-ta·li·a** /-liə/) 〘貝類〙 **1** ツノガイ (ツノガイ属 (*Dentalium*) の貝の総称). **2** =tooth shell 1. 〘(1864) ← NL ～ ← L *dentālis* (⇨ dental) + -IUM〙

den·tal·ize /déntəlàɪz, -tl̩- | -təl-, -tl̩-/ *vt.* 〘音声〙歯音化する.

déntal·man /-mən/ *n.* (*pl.* **-men** /-mən, -mèn/) (米海軍) 歯科医助手の役をする水兵.

déntal mechánic *n.* =dental technician. 〘1916〙

déntal núrse *n.* **1** 歯科衛生士. **2** (NZ) (小学校の)歯科看護婦[士] (乳歯の治療を行う). 〘1938〙

déntal pláque *n.* 〘歯科〙歯垢(しこう), 歯苔(したい) (bacterial plaque ともいう).

déntal pláte *n.* 〘歯科〙 **1** 義歯床. **2** =denture 1.

déntal pórcelain *n.* 〘歯科〙歯科用陶材 (人工歯を作るのに適した長石質磁器の一種).

déntal púlp *n.* 〘解剖〙歯髄.

déntal súrgeon *n.* 歯科医, (特に)口腔外科医. 〘1840〙

déntal súrgery *n.* 歯科外科(学), 口腔外科(学).

déntal technician *n.* 歯科技工士. 〘1946〙

den·ta·ry /déntəri | -tə-/ *n.* 〘動物〙歯骨 (下顎(かがく)にある一対の膜骨の一つ). 〘(1854) ← L *dentārius*: ⇨ -ary〙

den·tate /dénteɪt/ *adj.* **1** 〘動物〙歯のある, 有歯の. **2** 〘植物〙(葉の周辺に)ぎざぎざのある, 歯状の. **～·ly** *adv.* 〘(1810) □ L *dentātus* ← *dēns* 'TOOTH': ⇨ dento-, -ate²〙

-den·tate /dénteɪt/「…の歯をもつ, 歯状の…のある; 歯の ある」の意の形容詞連結形: multi*dentate*. 〘↑〙

den·ta·tion /dentéɪʃən/ *n.* **1** 〘動物〙歯状構造[突起]. **2** 〘植物〙(葉の周辺の)ぎざぎざ, 歯牙(しが)状, 刻み目. 〘(1802) ← DENTATE + -ION〙

dént còrn *n.* 〘園芸〙馬歯種トウモロコシ, デントコーン (*Zea mays* var. *indentata*) (トウモロコシの一変種; 飼料用). 〘1872〙

dént·ed¹ /-tɪd | -tɪd/ *adj.* くぼみのある; ぎざぎざ[でこぼこ]のある. 〘(1398): ⇨ dent¹〙

dént·ed² /-tɪd | -tɪd/ *adj.* 歯のある, 歯状物のある. 〘(1578) ← DENT²〙

den·telle /dentél, dɑ̃ː(n)-, dɑːn-; *F.* dɑ̃tɛl/ *n.* 〘製本〙(型押し飾りの)レース模様 (本の表紙の縁に箔押しされた装丁図柄の一種; レース状・歯状のものがある). 〘(1847) □ F ～ (dim.) ← *dent* < L *dentem* 'TOOTH'〙

dentes *n.* dens の複数形.

den·tex /déntɛks/ *n.* 〘魚類〙ヨーロッパキダイ (*Dentex dentex*) (地中海や北アフリカ大西洋海岸に産するタイ科の食用魚; 強い犬歯がある). 〘(1836) ← NL ～ ← L *dentex*, *dentrix*〙

den·ti- /déntɪ, -ti | -tɪ, -ti/ dento- の異形 (⇨ -i-).

den·ti·care /déntɪkɛ̀ə | -tɪkɛ̀ə(r)/ *n.* (カナダ) (児童の歯に対する)無料保健施策.

den·ti·cle /déntɪkl | -tɪ-/ *n.* **1** 〘動物〙 **a** 小歯. **b** 小歯状突起. **2** 〘建築〙歯飾り. 〘(*c*1400) □ L *denticulus* (dim.) ← *dēns* 'TOOTH': ⇨ -cule〙

den·tic·u·lar /dentíkjulə | -lə(r)/ *adj.* 小歯状の. 〘(1842): ⇨ ↑, -ar¹〙

den·tic·u·late /dentíkjulɪt, -lèɪt/ *adj.* **1** とがった小突起に覆われた. **2** 〘植物〙(葉の周辺に)小さいぎざぎざのある, 小歯状の, 小歯牙(しが)状の. **3** 〘建築〙歯飾りのある. **～·ly** *adv.* 〘(1661) ← L *denticulātus*: ⇨ denticle, -ate²〙

den·tíc·u·làt·ed /-lèɪtɪd | -tɪd/ *adj.* =denticulate. 〘1665〙

den·tic·u·la·tion /dentìkjuléɪʃən/ *n.* 小歯状突起; 歯状装飾; [通例 *pl.*] 一そろいの小歯. 〘(1681) ← DENTICLE + -ATION〙

den·ti·form /déntəfɔ̀ːm | -tɪ̀fɔ̀ːm/ *adj.* 歯の形をした, 歯状の. 〖(1708) ← DENTO-+-FORM〗

den·ti·frice /déntəfrɪ̀s | -tɪ̀frìːs, -frɪs/ *n.* 歯磨き《歯磨き粉, 練り[液体]歯磨きなどの商用語》. 〖(1558) □ (O)F ～ □ L *dentifricium*: ⇨ dento-, friction〗

den·tig·er·ous /dentídʒərəs/ *adj.* 歯を生じる, 歯状物をもった. 〖(1839–47) ← DENTO-+-GEROUS〗

den·til /déntḷ, -tɪl | -tɪl, -tḷ/ *n.* 〔建築〕(軒蛇腹の下などの)歯飾り, 歯状装飾. 〖(1663) □ OF *dentille* (fem. dim.) ← *dent* tooth: cf. denticle〗

dènti·lábial *adj., n.* 〔音声〕＝labiodental. 〖1875〗

den·ti·lat·ed /déntəlèɪtɪ̀d, -tḷ- | -tɪlèɪt-/ *adj.* 〔建築〕歯飾り (dentils) のある. 〖1867〗

déntil bànd *n.* 〔建築〕歯状繰形《ギリシャ・ローマ建築で歯飾りに似た軒蛇腹の下の繰形》.

dènti·língual 〔音声〕*adj.* 歯舌音の, 歯間音の (interdental). — *n.* 歯舌音, 歯間音. 〖1875〗

den·tin /déntɪ̀n, -tn | -tɪn/ *n.* (*also* **den·tine** /déntiːn, ─ ́─/) 〔解剖〕(歯の)象牙質. **den·tin·al** /déntɪ̀nḷ, dentíː- | déntɪ-, dentíː-/ *adj.* 〖(1840–45) ← DENTO-+-IN²〗

dènti·násal 〔音声〕*adj.* 歯鼻音の. — *n.* 歯鼻音《[n̪]》.

dènti·róstral *adj.* 〔鳥類〕歯嘴(し)の《歯状突起のあるくちばしをもった》. 〖(1841) ← DENTO-+ROSTRAL〗

den·tist /déntɪ̀st | déntɪst/ *n.* 歯医者, 歯科医 (略 dent.). 〖(1759) □ F *dentiste*: ⇨ dento-, -ist〗

den·tist·ry /déntɪ̀stri | déntɪ̀s-/ *n.* **1** 歯科学, 歯科医療 (略 dent.). **2** 《まれ》歯科技工. 〖(1838): ⇨ ↑, -ry〗

den·ti·tion /dentíʃən/ *n.* **1** 歯の生えること, 歯牙(しが)発生; 生歯期: a primary [secondary] ～ 乳歯列[第二生歯]. **2** 〔動物〕歯の状態, 歯生状態《歯の質・数・種類など歯全般に関する》; 歯列. **3** 〔集合的〕(個人の)歯 (teeth). 〖(1615) □ L *dentitiō(n-)* ← *dentītus* (p.p.) ← *dentīre* to cut teeth ← *dēns* 'TOOTH': ⇨ -tion〗

den·to- /déntou | -təu/「歯 (tooth); 歯と…との」の意の連結形: *dento*lingual 歯舌音(の). ★ 時に denti-, また母音の前では通例 dent- になる. 〖← L *dent-*, *dēns* 'TOOTH, point, spike'〗

den·toid /déntɔɪd/ *adj.* 歯のような, 歯状の. 〖(1828): ⇨ ↑, -oid〗

Den·ton /déntən, -tn | -tən/ *n.* デントン《イングランド北西部, Manchester 東隣の町》.

dènto·súrgical *adj.* 歯科外科の.

D'Èn·tre·cás·teaux Íslands /dɑ̀ː(n)trəkǽstou-, dɑ̀ːn- | -təu-; *F.* dɑ̃tʀəkasto-/ *n. pl.* [the ～] ダントラカストー諸島《太平洋西部, New Guinea の東部にあるパプアニューギニアの諸島; 面積 3,142 km²》.

den·tu·lous /déntʃʊləs | -tjʊ-/ *adj.* 歯をもった (↔ edentulous). 〖(1926) 《逆成》← EDENTULOUS〗

den·ture /déntʃə | -tʃə(r)/ *n.* 〔歯科〕**1** [通例 *pl.*] (一組の)義歯《歯あるいはその周囲組織の欠損を補う人工物; dental plate, false teeth ともいう》. **2** 義歯床: a full ～ 総義歯 / a partial ～ 部分床義歯. **3** 歯列. 〖(1874) □ F ～: ⇨ dento-, -ure〗

dén·tur·ist /-tʃ(ə)rɪ̀st | -rɪst/ *n.* 義歯技工士《歯科医を介さずに義歯を製作・調整・修理する》. **dén·tur·ism** /-tʃərɪzm/ *n.*

de·nu·cle·ar·ize /dìːnúːkliəràɪz, -njúː- | -njúː-/ *vt.* 〈ある地域・国家を〉非核化する《核兵器などの保有を防ぐ[禁じる]》: a ～*d* zone 非核武装地帯. **de·nu·cle·ar·i·za·tion** /dìːnùːkliərɪ̀zéɪʃən, -njùː- | -njùːkliəraɪ-, -rɪ-/ *n.* 〖(1958) ← DE-¹+NUCLEAR+-IZE〗

den·u·date /dénjʊdèɪt, dɪ̀njúːdeɪt, -njúː- | dénjʊdèɪt, dɪ̀njúː-, dénjʊ-/ *vt.* ＝denude. — /dɪ̀núːdeɪt, -njúː-, dénjʊdèɪt, -dɪ̀t | dɪ̀njúː-, dénjʊ-/ *adj.* 裸の. 〖(*c*1425) □ L *dēnūdātus*: ⇨ denude, -ate²˒³〗

de·nu·da·tion /dìːnuːdéɪʃən, -njuː-, dènjʊ- | dìːnjuː-, dènjʊ-/ *n.* **1** 裸にすること, 裸であること, 赤裸(の状態), 裸出. **2** 〔地質〕**a** (浸食作用などによる)削剥(さくはく), 削磨(さくま). **b** (一般的に)浸食. **3** 森の焼尽 (burnout). **～·al** /-ʃnəl, -ʃənḷ⁻/ *adj.* 〖(?*a*1425) □ L *dēnūdātiō(n-)*: ⇨ ↑, -ation〗

de·nude /dɪ̀núːd, diː-, -njúːd | -njúːd/ *vt.* **1 a** 〈土地〉から〔樹木を〕(伐採・火などで)はぎ取る〔*of*〕; 〈ある地域〉のすべての動植物を滅ぼす: The land is ～*d of* all vegetation. その土地には一本の草木もない / a ～*d* hill はげ山. **b** 裸にする, …から〔外被物を〕はぐ〔*of*〕(⇨ strip² SYN): ～ a person of clothes 人から着物をはぐ. **2** …から〔特性・感情・希望・所有物などを〕取り除く, 奪い取る〔*of*〕: He was ～*d of* political rights [all decent feelings, all hope]. 政治的権利[上品な感情, 希望]を全く失った. **3** 〔地質〕(浸食によって)…の岩石表を露出させる, 削剥(さくはく)する. **de·núd·er** /-də | -də(r)/ *n.* **～·ment** *n.* 〖(1513) □ L *dēnūdāre* to lay bare: ⇨ de-¹, nude〗

de·núke *vt.* 非核化する.

de·nu·mer·a·ble /dɪ̀núːm(ə)rəbḷ, -njúː- | -njúː-/ *adj.* 〔数学〕可算の, 可付番の. **de·nù·mer·a·bíl·i·ty** /-rəbíləṭi | -lɪ̀ti/ *n.* **de·nú·mer·a·bly** *adv.* 〖(1902) ← DE-¹+NUMERABLE〗

de·nun·ci·ate /dɪ̀nʌ́nsièɪt, -ʃi-/ *v.* ＝denounce. 〖(1593) ← L *dēnuntiātus*, *-ciātus* (p.p.) ← *dēnuntiāre*, *-ciāre*: ⇨ denounce, -ate³〗

de·nun·ci·a·tion /dɪ̀nʌ̀nsiéɪʃən, -nʌ̀ntsi-, -nʌ̀nʃi-, -nʌ̀ntʃi-/ *n.* **1** 公然の非難, 弾劾. **2** (罪の)摘発, 告発. **3** (条約などの)廃棄通告, 終結の通告. **4** 《古》威嚇, (警告的・威嚇的)宣言. 〖(?*a*1425) □ L *dēnuntiātiō(n-)*: ⇨ ↑, -ation〗

de·nun·ci·a·tive /dɪ̀nʌ́nsièɪtɪv, -ʃi-, -siət-, -ʃiət-/ *adj.* ＝denunciatory. **～·ly** *adv.* 〖(1860) ← DENUNCIATE+-IVE〗

de·nún·ci·à·tor /-tə | -tə(r)/ *n.* (公然の)非難[弾劾]者; 告発人, 摘発者; 威嚇[警告]者. 〖(1474) □ (O)F *dénonciateur* □ L *dēnūntiātor*: ⇨ denunciate, -or²〗

de·nun·ci·a·to·ry /dɪ̀nʌ́nsiətɔ̀ːri, -ʃiə- | -təri, -tri/ *adj.* 非難の, 弾劾する; 威嚇的な, 警告的な. 〖(1726): ⇨ -atory〗

Den·ver /dénvə | -və(r)/ *n.* デンバー《米国 Colorado 州の州都; 同州の中部にあり, 鉱業の中心地》. 〖(1858) ← *J. W. Denver* (1817–94: Kansas 州知事): 命名当時は Colorado 東部も Kansas 州の一部であった〗

Den·ver /dénvə | -və(r)/, **John** *n.* デンバー《1943–97; 米国のカントリー系シンガーソングライター》.

Dénver bóot *n.* 《米》(駐車違反車の車輪に取り付ける金属製の)車輪固定具《wheel clamp ともいう》.

Dénver sàndwich *n.* デンバーサンドイッチ《トーストにオムレツをはさんだもの》.

de·ny /dɪ̀náɪ/ *vt.* **1** 否定する, (…でないと)打ち消す (↔ affirm, admit): ～ a statement [fact, report, charge] 言説[事実, 報道, 申し立て]を否定する / ～ the truth of what is said 言われたことの真実性を否定する / ～ a possibility とうていありえないと言う / He *denied* hav*ing* said so [that he (had) said so]. そんなことを口にした覚えがないと言った / I don't [won't, can't] ～ *that* mistakes have been made, but ... 誤りがあったということは否定しない[できない]が... / There's no ～*ing that* mistakes have been made, but ...＝Mistakes have been made—there's no ～*ing* it—but ...＝It can't be *denied* that mistakes have been made, but ... 誤りがあったことは否定できないが.... **2** (…との関係を)否認する, …に関係がないと言う, 知らないと言う; (誤った観念として)排斥する: ～ all [any] knowledge of it それを全く[少しも]知らないと言う / ～ one's faith 信仰を否認する / ～ man's free will 人間に自由意志があることを認めない / Thou shalt ～ me thrice. なんじ三度(みたび)われをいなまん (*Matt.* 26:75). **3 a** [しばしば二重目的語を伴って] 〈人・願いなどを〉拒絶する; 〈物事を〉〔人に〕(与えること・許すことを)拒む〔*to*〕: ～ petitioners 嘆願者を拒絶する / ～ a person's request 人の要求を拒絶する / He can ～ nothing *to* his son.＝He can ～ his son nothing. 息子には何でも嫌とは言えない / This was *denied* (*to*) me.＝I was *denied* this. これは私には許され[与えられ]なかった / She was not to be *denied*, and finally got what she wanted. 彼女はいやだとは言わさず, ついに欲しいものを手に入れた / The court *denied* him access to his children. 裁判所は彼が自分の子供に近づくことを許さなかった / Everton *denied* Liverpool the victory [the victory *to* Liverpool] with a last-minute goal. エバートンは土壇場でゴールを入れてリバプールの勝利を阻んだ. **b** 《古》〈…するのを〉断る〈*to do*〉. **c** 《廃》…の受取りを断る. **4 a** [～ *oneself* で] 欲望を抑える, 自制する, 克己する: He always *denies himself*. 我慢をするのが常だ. **b** [*oneself* を間接目的語として] 〈楽しみなどを〉断念する: ～ *oneself* fun in life 人生の楽しみを捨てる. **5 a** 《古》〔…に〕…との接近[面会]を拒む〔*to*〕: He *denied* himself *to* all visitors. だれが訪ねて来ても面会を謝絶した. **b** 《廃》…に(入ることを)禁じる. **～·ing·ly** *adv.* 〖(*a*1325) *denie(n)* □ (O)F *dénier* < L *dēnegāre* to gainsay, reject ← DE-¹+*negāre* to deny (cf. negation)〗

SYN 否定する: **deny** きっぱりと事実ではないと言う: He *denied* the report. その報告を否定した. **gainsay** 〈人〉の言葉に反駁(はんばく)する《格式ばった語》: No one can *gainsay* that she is competent. 彼女が有能であることにだれも異を唱えることはできない. **contradict** 相手の言葉を強く否定するばかりか, その反対が正しいと言う: To *contradict* a guest is rude. 来客の言葉に反論するのは失礼である. **impugn** 〈性質などを〉疑問視して非難する《格式ばった語》: We do not *impugn* their motives. 彼らの動機を責めはしない.
ANT confirm, concede.

De·nys /dénɪ̀s | -nɪs; *F.* dəni/, **Saint** *n.* ⇨ Saint DENIS.

deoch an dor·is [dor·uis] /dɔ́(ː)xəndɔ́(ː)rɪ̀s, djɔ́(ː)x- | dɔ́xəndɔ́rɪ̀s, djɔ́x-/ *n.* 《スコット・アイル》別れの杯. 〖(1682–91) □ Gael. *deoch an doruis* (原義) a drink at the door〗

de·o·dand /díːədæ̀nd | díːə(ʊ)-/ *n.* 〔古英法〕贖罪(しょくざい)奉納物《誤って人命の直接死因となったために官に没収され信仰・慈善などの用に供された物品[動物]; 1846 年廃止》. 〖(1523) □ AF *deodande* □ ML *deōdandum* (thing) to be given to God ← L *deō* ((dat.) ← *deus* deity)+*dandum* ((gerundive) ← *dare* to give)〗

de·o·dar /díːədɑ̀ə | díːə(ʊ)dɑ̀ː(r)/ *n.* 〔植物〕**1** ヒマラヤスギ (*Cedrus deodara*)《ヒマラヤ地方原産のマツ科の大高木》. **2** ヒマラヤスギの芳香材. 〖(1842) □ Hindi *dē'odār* ← Skt *devadāru* wood of the gods ← *deva* 'DIVINE'+*dāru* wood (← IE **deru-* 'TREE')〗

de·o·dor·ant /dióudərənt, -drənt | -ə́udə-, -drənt/ *n.* (特に, 体臭の)臭気止め, 脱臭剤, 防臭剤. — *adj.* 防臭の(効果のある): ～ soap 防臭剤入り石鹸《わきがなどに効果がある》. 〖(1869) ← DE-¹+ODOR+-ANT〗

de·o·dor·i·za·tion /diòudərɪ̀zéɪʃən | -ə̀udəraɪzéɪʃən, -rɪ-/ *n.* 臭気除去(作用), 脱臭, 防臭. 〖(1856): ⇨ ↓, -ation〗

de·o·dor·ize /dióudəràɪz | -ə́udə-/ *vt.* **1** …から悪臭を除去する, …の臭気を止める, 防臭する. **2** 〈不快なもの・忌まわしいものを〉(ごまかしによって)きれいに見せる. 〖(1858) ← DE-¹+ODOR+-IZE〗

de·ó·dor·ìz·er *n.* 臭気止め, 防臭剤, 脱臭剤, 除臭物. 〖(1849): ⇨ ↑, -er¹〗

De·o fa·ven·te /déɪoufɑːvéntei | déɪəʊ-/ *L.* 神のみ恵みによって, 神のみ恵みがあれば. 〖□ L *Deō favente* God favoring ← *Deō* ((abl.) ← *Deus* God)+*favente* ((abl. pres.p.) ← *favēre* 'to FAVOR')〗

Déo grá·ti·às /-grɑ́ːtiɑ̀ːs | -grɑ́ːtiəs, -tiæ̀s/ *L.* 神のおかげで, ありがたいことに (略 DG). 〖□ L *Deō grātiās* ← *Deō* ((dat.) ← *Deus* God)+*grātiās* (we give) thanks to God ((acc. pl.) ← *grātia* gratitude: cf. grace)〗

Déo ju·ván·te /-dʒuvɑ́ːnṭi, -juvɑ́ːn- | -ti/ *L.* 神助あらば, 神の助けのおかげで. 〖□ L *Deō juvante* God helping ← *Deō* ((abl.) ← *Deus*)+*juvante* ((abl. pres.p.) ← *juvāre* to help)〗

de·on·tic /diɑ́(ː)nṭɪk, diː- | -ɔ́nt-/ *adj.* **1** 〔哲学・論理〕**a** 義務に関する, 義務を論じた: ～ logic, proposition, etc. **b** 義務論的な. **2** 〔言語〕義務を表す, 義務的な (cf. epistemic): ～ modality 義務的法(性). 〖(1951) ← Gk *deont-* (⇨ deontology)+-IC¹: cf. *deontics* n. pl. (*a*1866)〗

de·on·to·log·i·cal /diːɑ̀(ː)nṭəlɑ́(ː)dʒɪ̀kəl, dìːɑ(ː)n-, -kḷ | dìːɔ̀ntəlɔ́dʒɪ-, dìːɔn-⁻/ *adj.* 義務論的な (cf. teleological). 〖(*a*1832) ← DEONTOLOGY+-AL¹〗

deontológical éthics *n.* 〔倫理〕義務的倫理(学)《義務や行為の義務・正邪は結果・目的(時には動機)の善悪に還元できないとする説; cf. axiological ethics》.

dè·on·tól·o·gist /-dʒɪ̀st | -dʒɪst/ *n.* 義務論者. 〖*a*1832〗

de·on·tol·o·gy /dìːɑ(ː)ntɑ́(ː)lədʒi | -ɔntɔ́l-/ *n.* 〔倫理〕義務論: **a** 徳論・価値論に対して義務を論じる倫理学の分野. **b** 目的論 (teleology) と対立する立場. 〖(1826) ← Gk *deont-*, *déon* that which is binding ((pres.p. stem) ← *deî* it behooves one, one ought)+-LOGY〗

De·o Op·ti·mo Max·i·mo /déɪouɑ́(ː)ptəmòumǽksəmòu, díːou- | déɪəʊɔ́ptɪ̀məʊmǽksɪ̀məʊ, díːəʊ-/ *L.* 神には最善のものを, 最大のものを《ベネディクト教団の motto》. 〖□ L *Deō optimō maximō* to God the best and greatest〗

de·or·bit /dìːɔ́əbɪ̀t | -ɔ́ːbɪt/ 〔宇宙〕*vt.* 〈宇宙船・人工衛星を〉軌道から外す. — *vi.* 〈宇宙船・人工衛星が〉軌道から外れる. — *n.* 宇宙船[人工衛星]を軌道から外すこと, 宇宙船[人工衛星]が軌道から外れること. 〖(1967) ← DE-¹+ORBIT〗

De·o vo·len·te /déɪouvouléntei, díːou-, -və- | déɪəuvəlénti, díːəu-, -və-, -teɪ/ *L.* 神のみ心[天意]にかなえば, 事情が許せば (略 DV). 〖(1767) □ L *Deō volente* God willing ← *Deō* ((abl.) ← *Deus* God)+*volente* ((abl. pres.p.) ← *velle* 'to WILL¹, wish')〗

de·ox·i·date /dìːɑ́(ː)ksədèɪt | -ɔ́ksɪ̀-/ *vt.* 《古》〔化学〕＝deoxidize. 〖1799〗

de·ox·i·da·tion /dìːɑ̀(ː)ksədéɪʃən | -ɔ̀ksɪ̀-/ *n.* 〔化学〕酸素除去, 脱酸; (酸化物の)還元. 〖(1799): ⇨ ↑, -ion〗

de·ox·i·di·za·tion /dìːɑ̀(ː)ksədɪ̀zéɪʃən | -ɔ̀ksɪ̀daɪ-, -dɪ-/ *n.* 〔化学〕＝deoxidation. 〖1847〗

de·ox·i·dize /dìːɑ́(ː)ksədàɪz | -ɔ́ksɪ̀-/ *vt.* 〔化学〕**1** …から酸素を除去する, 脱酸する. **2** 〈酸化物を〉還元する. 〖(1794) ← DE-¹+OXIDIZE〗

dè·óx·i·dìz·er *n.* **1** 脱酸剤. **2** 還元剤. 〖(1862): ⇨ ↑, -er¹〗

de·ox·y- /diːɑ́(ː)ksɪ̀, -si | -ɔ́ks-/ 〔化学〕「類似の化合物より分子中の酸素が少ない; 水酸基を除去することによって他の化合物より得られる」の意の連結形. 〖← NL ～: ⇨ de-¹, -oxy-²〗

deòxy·chólic ácid *n.* 〔生化学〕デオキシコール酸 ($C_{23}H_{37}(OH)_2COOH$)《哺乳動物の胆汁中に存在する胆汁酸の一種; 種々の有機化合物と安定した化合物をつくる》.

deòxy·corticósterone *n.* 〔生化学〕デオキシコルチコステロン ($C_{21}H_{30}O_3$)《副腎皮質から出る無色のステロイド系ホルモン; 合成が可能であり, 各種ストレスに対する抵抗力の増大に用いられる》. 〖(1937): cf. G *Desoxykortikosteron*〗

deòxy·cór·tone /-kɔ́ətoun | -kɔ́ːtəun/ *n.* 〔生化学〕＝deoxycorticosterone. 〖(1949) 《短縮》↑〗

de·ox·y·gen·ate /dìːɑ́(ː)ksɪ̀dʒənèɪt, -ɑ(ː)ksídʒə- | -ɔ́ksɪdʒə-, -ɔksídʒə-/ *vt.* 〔化学〕〈水・血液などから〉(分子状の)酸素を除去する. **de·ox·y·gen·a·tion** /dìːɑ̀(ː)ksɪ̀dʒənéɪʃən, -ɑ(ː)ksìdʒə- | -ɔ̀ksɪdʒə-, -ɔksìdʒə-/ *n.* **dè·óx·y·gen·àt·ed** /-tɪ̀d | -tɪd/ *adj.* 〖(1799) ← DE-¹+OXYGENATE〗

de·ox·y·gen·ize /dìːɑ́(ː)ksɪ̀dʒənàɪz, -ɑ(ː)ksídʒə- | -ɔ́ksɪ̀dʒə-, -ɔksídʒ-/ *vt.* ＝deoxygenate. **de·ox·y·gen·i·za·tion** /dìːɑ̀(ː)ksɪ̀dʒənɪ̀zéɪʃən, -ɑ(ː)ksìdʒə- | -ɔksɪdʒənaɪ-, -ɔksìdʒə-, -nɪ-/ *n.* 〖(1881) ← DE-¹+OXYGENIZE〗

deóxy·rìbo·núclease *n.* 〔生化学〕デオキシリボヌクレアーゼ《デオキシリボ核酸 (DNA) を加水分解して, ヌクレオチド類を生成する加水分解酵素》. 〖(1946) ← DEOXYRIBO(SE)+NUCLEASE〗

deóxy·rìbo·nucléic ácid *n.* 〔生化学〕デオキシリボ核酸《deoxyribose を含む核酸で, 主に細胞核に含まれ遺伝子の本体を成す; 略 DNA; cf. ribonucleic acid, thymonucleic acid》. 〖(1931) ← DEOXYRIBO(SE)+*nucleic* (*acid*)〗

deóxy·rìbo·nùcleo·prótein *n.* 〔生化学〕デオキシリボ核蛋白質《デオキシリボ核酸と蛋白質との複合体; 略 DNAP》. 〖(1944): ⇨ ↑, -o-, protein〗

deóxy·rìbo·núcleoside *n.* 〔生化学〕デオキシリボヌクレオシド《デオキシリボース (deoxyribose) を含むヌクレオシド (nucleoside) で DNA の成分》.

〖← DEOXYRIBO(SE)＋NUCLEOTIDE〗

deóxy·rìbo·núcleotide *n.* 〖生化学〗デオキシリボヌクレオチド《nucleotide のうち糖部分が 2′-オキシリボースのものの総称》. 〘(1949): ⇨ ↓, nucleotide〙

deòxy·ríbose *n.* 〖生化学〗デオキシリボース ($C_5H_{10}O_4$)《リボース (ribose) の水酸基を水素で置き換えられている五炭糖 ($HOCH_2(CHOH)_2CH_2CHO$); デオキシリボ核酸から加水分解によって得られる; desoxyribose ともいう》. 〘1931〙

Dep., dep. 《略》 depart; department; departure; dependant; dependency; dependent; deponent; depose; deposed; deposit; depositor; depot; deputy.

de·pal·a·tal·ize /dìːpǽlətəlàɪz, -tḷ- | -pǽlətəl-, -pəlǽt-, -tḷ-/ *vt.* 〖音声〗非(硬)口蓋(音)化する. **de·pal·a·tal·i·za·tion** /dìːpæ̀lətəlɪzéɪʃən, -tḷ- | -pæ̀lətəlaɪ-, -pəlæ̀t-, -təlɪ-, -tḷ-/ *n.* 〘(1952) ← DE-¹＋PALATALIZE〙

de·part /dɪpάːət | -pάːt/ *vi.* **1** 〈人・列車などが〉出発する〔*from*〕(↔ arrive) (⇨ go¹ SYN): ～ at 6:30 6 時半発《時刻表では通例 dep. 6:30 a.m. のように略す》/ The train now ～*ing* on track 29 is the 8:30 Glasgow express. 今 29 番線を発車する列車は 8:30 発グラスゴー行き急行です. **2** 《文語》〔常道・習慣・本題などから〕はずれる, それる〔*from*〕(⇨ deviate SYN): ～ *from* custom 慣習に反する / ～ *from* one's word 約束を違える / ～ *from* one's principles [main subject] 主義を変える[本題をはずれる]. **3** 引退する: the ～*ing* President. **4** 《婉曲》死ぬ, 死去する. ★ 今は主に次の句に用いる: ～ *from* (this) life この世を去る, 死去する. **5** 《古・文語》(遠くに)去る; いとま請いする. — *vt.* **1** 《米》〈場所などを〉去る. ★《英》では今は次の句に用いる以外は《まれ》: ～ this life [earth, world] この世を去る, 死ぬ (die). **2** 〖航空〗〈空港を〉出発する (cf. arrive 1). **3** 《米》〈仕事を〉引退する. — *n.* 《廃》 **1** 出発, 出立. **2** (あの世への)旅立ち, 死去. 〘(*c*1250) *departe(n)* ◻ (O)F *départir* < VL **dēpartīre* ＝L *dispertīre* to divide: ⇨ de-¹, dis-¹, part (v.)〙

de·párt·ed /-tɪd | -tɪd/ *adj.* 《文語》 **1** 過ぎ去った, 今はない, (特に, 最近)死んだ (⇨ dead SYN): ～ glory 今はむなしい栄誉. **2** [the ～] 故人; 死者(たち). 〘(*c*1390): ⇨ ↑, -ed〙

de·par·tee /dìːpɑətíː, dɪpɑ̀ət- | dɪpɑ̀ːt-, dìːpɑːt-/ *n.* (場所・地位・国などを)去った人; 出国者. 〘(*c*1945) ← DEPART＋-EE〙

de·párt·ing pòint /-tɪŋ- | -tɪŋ-/ *n.* 〖海事〗起程地《航海計算の出発地点; ↔ arrival point》.

de·part·ment /dɪpάətmənt | -pάːt-/ *n.* **1 a** (会社・百貨店などの複雑な機構の)部門, …部[課] (branch): the export [shipping] ～ 輸出[発送]部 / the fancy goods ～ 小間物販売部 / the accountant's [accounting] ～ 会計部[課]. **b** (デパートの)売り場. **2 a** (米国の行政組織の)省 (cf. ministry 5): the *Department* of Agriculture [Commerce] 農[商]務省 / the *Department* of the Interior 内務省 / the *Department* of State 国務省 / the *Department* of Justice [Labor] 司法[労働]省 / the *Department* of Defense 国防総省《略 DOD; 通称 Pentagon》/ the *Department* of the Army [Navy, Air Force] 陸[海, 空]軍省《いずれも国防総省に統括されている》/ the *Department* of the Treasury 財務省 **b** (英国の行政組織の)省; 局, 庁, 課 (cf. ministry 5, office 3 b): the *Department* for Education and Employment 教育雇用省 / the *Department* of the Environment, Transport and the Regions 環境運輸地方省 / the *Department* of Trade and Industry 通商産業省 / the *Department* for National Savings 貯金庁 / the Overseas Information *Department* (外務連邦省に属する)海外情報局. **3** (学校機構の)…学部, …科: the physics [literature] ～ 物理学[文学]部, 物理[文]科 / the ～ of history 史学部. **4** 《英口語》(学問などの)部門, 分野; 《口語》専門知識[活動]領域: What ～ are you in? 専門は何ですか. **5** 雑誌などの(特定テーマについての)定期特別記事(欄). **6** (フランス・ラテンアメリカの一部の国などの)行政区, 県. **7** 《米》〖軍事〗軍管区《もと国防上の目的のために区切った地理上の区画》. 〘(*a*1500)〙(*a*1735) ◻ (O)F *département*: ⇨ depart, -ment〙

de·part·men·tal /dɪpɑ̀ətméntḷ, dìːpɑət- | dìːpɑːtméntḷ, dɪpɑ̀ːt-⁻/ *adj.* 部門別の; 各部[局, 省, 県]の, 各分科の. **～·ly** *adv.* 〘(1791): ⇨ ↑, -al¹〙

de·pàrt·mén·tal·ìsm /-təlɪzm | -təl-/ *n.* **1** 部門主義, 分課制; (行政上の)省局主義. **2** 《軽蔑》官僚的形式主義, うるさいお役所式 (red tape). 〘(1886): ⇨ -ism〙

de·part·men·tal·ize /dɪpɑ̀ətméntəlàɪz, dìːpɑət-, -tḷ- | dìːpɑːtméntəl-, dɪpɑ̀ːt-, -tḷ-/ *vt.* 部門別に分ける. **de·part·men·tal·i·za·tion** /dɪpɑ̀ətmèntəlɪzéɪʃən, dìːpɑət-, -tḷ- | dìːpɑːtmèntəlaɪ-, dɪpɑ̀ːt-, -lɪ-, -tḷ-/ *n.* 〘(1846) 1900〙

depártment stòre *n.* デパート, 百貨店. 日英比較 「デパート」は和製英語. 〘1887〙

de·par·ture /dɪpάətʃə | -pάːtʃə^(r)/ *n.* **1 a** 出発; 出立, 門出 (↔ arrival): take one's ～ 出立する; 発足する / Be at the airport at least two hours before ～ (time). 出発時間の少なくとも 2 時間前には空港にいてください / The ～ of the Glasgow express has been delayed. グラスゴー行き急行の発車は遅れている. **b** [通例 *pl.*] 出発便; (飛行機の)出発ターミナル[ロビー]: ⇨ departures board / *Departures* this way! 出発ターミナルはこちらです. **2** (方法・方針などの)新発展: a new ～ 新発展, 新方針, 新案, 新機軸 / a point of ～ ⇨ point. **3 a** 〔常軌・伝統などからの〕逸脱, 背反〔*from*〕: a ～ *from* tradition [the norm] 伝統[規準]からの逸脱 / a ～ *from* (the) truth 事実から逸脱すること. **b** 〖法律〗訴答逸脱. **4** 引退, (組織からの)離脱. **5** 〖海事〗 **a** 東西距《緯線に沿って測った子午線間の距離》. **b** 起程点《航海術的な計算の起算点》. **6** 《古》死去 (death). 〘(1441) ◻ OF *departeüre*: ⇨ depart, -ure〙

depárture lòunge *n.* (空港の)搭乗待合室, 出発ロビー. 〘1948〙

depártures bòard *n.* (駅・空港の)出発時刻表示板.

depárture tràck [yàrd] *n.* 〖鉄道〗(貨車操車場における)出発線.

de·pas·tur·age /dɪpǽstʃərɪdʒ, dìː- | -pάːstʃər-, -tʃʊr-/ *n.* 放牧; 放牧権. 〘(1765): ⇨ ↓, -age〙

de·pas·ture /dɪpǽstʃə, dìː- | dìːpάːstʃə^(r), -tjʊə^(r)/ *vi.* 〈家畜が〉牧草を食う. — *vt.* **1** 〈家畜を〉放牧する; 〈土地が〉〈家畜〉に牧草を供給する: The land will ～ 40 sheep. **2** 《古》〈家畜が〉…の牧草を食い尽くす. **3** 《古》〈土地を〉牧養地に使用する. 〘(1586): ⇨ de-¹, pasture (v.)〙

de·pau·per·ate /dɪpɔ́ːpərèɪt, dìː-, -pάː- | -pɔ́ː-/ *vt.* **1** 貧乏にする; 〈土地を〉やせさせる. **2** 〖生物〗貧弱にする; (滋養分の不足などのために)衰弱させる.
— /dɪpɔ́ː-p(ə)rɪt, dìː-, -pάː- | -pɔ́ː-/ *adj.* 〖生物〗発育不全の, 萎縮(いしゅく)した.
〘(*a*1464) ← ML *dēpauperātus* ← *dēpauperāre* to make poor: ⇨ de-¹, pauper, -ate²˒³〙

de·pau·per·a·tion /dɪpɔ̀ːpəréɪʃən, dìː-, -pɑ̀ː- | -pɔː-/ *n.* **1** 貧民化. **2** 〖生物〗萎縮, 変質, 発育不全. 〘(1664): ⇨ ↑, -ion〙

de·pau·per·ize /dɪpɔ́ːpəràɪz, dìː-, -pάː- | -pɔ́ː-/ *vt.* **1** 貧乏でなくする, 貧困から解放する. **2** 〖生物〗発育不全にする, 萎縮させる. **de·pau·per·i·za·tion** /dɪpɔ̀ːpərɪzéɪʃən, dìː-, -pɑ̀ː- | -pɔ̀ːpəraɪ-, -rɪ-/ *n.* 〘(1873) ← DE-¹＋PAUPERIZE〙

dé·pay·sé /dèɪpeɪzéɪ | ⁻⁻⁻́; *F.* depeize/ *adj.* (*also* **dé·pay·sée** /～/) なじまない, 居ごこちが悪い. 〘(1909) ← F '(removed) from one's own country'〙

de·pend /dɪpénd/ *vi.* **1 a** 〔…を〕頼み[頼り]にする, 当てにする, 信頼する〔*on, upon*〕: You may [can] ～ *on* our cooperation [cooperating]. 我々の協力を当てにしてもよい / The report is not to be ～*ed upon*. その報告は当てにならない. / You can ～ *on* him to do it. 彼がそれをするのを当てにできる / (You can) ～ *on* him to be late! 《皮肉》彼が遅れるのは間違いなしだよ. ★ *on* の目的語として *that* clause が続くときは depend on [upon] it that …の形になる. 次のように《口語》では *on* と共に *that* も省かれることもあるが誤りとされる: You may ～ he will do it. 彼はきっとそれをする. **b** (扶養・援助を求めて)〔…に〕頼る〔*on, upon*〕: I ～ *on* my pen *for* a living. 私はペンを頼りに生きている, 文筆を業としている / I have only myself to ～ *on*. 頼れるのは自分しかない. **c** 〖文法〗〔主要素に〕従属する, 依存する〔*on*〕. **2 a** 〔…に〕よる, 依存する, 〔…〕次第である〔*on, upon*〕: Success ～*s on* your own exertions. 成否は君自身の努力次第だ / Much ～*s upon* the issue of the battle. この戦いの勝敗は影響するところが多大だ / Things will change a lot ～*ing on* the outcome of the battle [～*ing (on) whether* the battle is won or lost]. 情勢は戦いの結果次第で[戦いに勝つか負けるかによって]大きく変わるだろう. ★ *on* の目的語として疑問詞で始まる節が続くとき, 特に《口語》ではしばしば *on* が省かれる: It ～*s (on)* how you handle it. 君の扱い方次第でどうにでもなる. **b** 《口語》[あとに *on* circumstances を省いて] 事情による, 時と場合による: I may come, or I may not. It all [That (all)] ～*s*. 行くかもしれないし, 行かないかもしれない. (すべて)情況次第だ. **3** [通例 be ～*ing* で] 〈訴訟・議案などが〉懸案[未決]となっている. **4** 《古》…にかかる, 〔…から〕下がる〔*from*〕: a chain ～*ing from* a hook かぎに垂れ下がる鎖.

(*you can*) *depénd upón it* 《口語》[文の前または後につけて, その陳述内容を強めて] 確かに, きっと: *Depend upon it*, the war will ruin the country. きっと戦争は国を滅ぼすだろう《cf. You may ～ *upon it that* the war will … ⇨ 1 a ★》. 〘1738〙
〘(1410) ◻ (O)F *dépendre* < VL **dēpendere*＝L *dēpendēre* to hang from or upon ← DE-¹＋*pendēre* to hang: cf. pendant〙

de·pend·a·bil·i·ty /dɪpèndəbíləti | -lɪ̀ti/ *n.* 頼み[頼り]になること, 確実性; 信憑(しんぴょう)性, 信頼性. 〘(1901): ⇨ ↓, -ity〙

de·pend·a·ble /dɪpéndəbḷ/ *adj.* 頼み[頼り]になる, 頼もしい, 信頼すべき (⇨ reliable SYN): a ～ man. **de·pénd·a·bly** *adv.* **～·ness** *n.* 〘(1735): ⇨ -able〙

de·pen·dance /dɪpéndəns, -dṇs/ *n.* 《まれ》＝dependence.

de·pend·an·cy /dɪpéndənsi, -dṇ-/ *n.* ＝dependency.

de·pen·dant /dɪpéndənt, -dṇt/ *n.* ＝dependent.

de·pen·dence /dɪpéndəns, -dṇs, -dənts, -dṇts/ *n.* **1** 〔人などを〕頼ること[頼み]にすること; 〔…に〕依存すること; 依存[従属]状態, 依存関係〔*on, upon*〕(↔ independence): live in ～ *on* another [charity] (*for* survival) (生きるために)人[施し]に依存した生活をする / the ～ of one thing *on* another 一方が他方に依存していること. **2** 信頼, 信用: place [put] ～ *on* [*upon*] a person 人を信頼する. **3** 〖医学〗依存(症): drug ～ 薬物依存(症). **4** (因果などの)依存関係: a chain of ～ 因果の連鎖. **5** 〖法律〗従属(状態). **6** 《まれ》頼りとなるもの, 頼みの綱: You are my sole ～. **7** 《古》未決, 宙ぶらりん. 〘(17C) ← DEPEND＋-ENCE ∞ (1414) *dependance* ◻ (O)F *dépendance*〙

de·pen·den·cy /dɪpéndənsi, -dṇ-/ *n.* **1** 属国, 属地, 属領, 保護領《略 Dep., dep.》. **2** 依存(の状態) (dependence). **3** 〖医学〗依存(症). **4** 依存物, 従属物. **5** (母屋の)付属建物《馬屋・犬小屋など》. 〘(1594): ⇨ ↑, -ency〙

depéndency cùlture *n.* 依存(型)文化《医療・教育・社会保障などの面で国家福祉に依存する傾向のある社会環境》.

depéndency grámmar *n.* 〖言語〗依存文法《言語要素間の依存関係に基づき言語構造を説明する文法》.

de·pen·dent /dɪpéndənt, -dṇt/ *adj.* **1** 〔…に〕頼って[依存して]いる〔*on, upon*〕: ～ *on* a cane [wheelchair] (*to* get about) つえ[車椅子]に頼って(歩きまわる) / The hospital is ～ *for* resources *upon* the contributions of the public. その病院は資金を公衆の寄付に仰いでいる. **2** 〔…に〕よる, 〔…〕次第の〔*on, upon*〕: The reward is ～ *on* your success. 報酬は成功次第である / *Dependent on* the outcome of the battle [*on whether* the battle is won or lost], many things will change. 戦いの結果次第で[戦いに勝つか負けるかによって]多くのことが変わるだろう (cf. depend 2 a). **3** 〈領土・人民が〉従属した: a ～ domain 属領地. **4** 〖文法〗従属関係の: a ～ clause 従属節, 従節 (subordinate clause). **5** 依存症の, 中毒の: drug ～ 麻薬中毒の. **6** 《廃》ぶら下がる, 垂れ下がる: ～ leaves. **7** 〖数学〗従属の《他のもので表現されうることについていう》.
— *n.* (*also* **dependant**) **1** 他人に頼って生活する人, 扶養家族《特に子供》; 食客; 家来, 従者: a tax deduction for each ～ under 21 21 歳未満の扶養家族ひとりひとりに対する税控除. **2** [通例 dependant] 《古》依存物, 従属物. ★ dependent, dependant の両つづりのうち, 《米》では *adj.* としても *n.* としても前者が一般に用いられ, 時に *n.* として後者が用いられるのに対し, 《英》では *adj.* としては前者が, *n.* としては後者が好んで用いられてきたが, 今では *n.* でも前者が《米》と同様に標準的になっている.
〘(16C) ◻ L *dēpendēntem* (pres.p.) ← *dēpendēre* 'to DEPEND' ∞ (*a*1398) *dependaunt* ◻ (O)F *dépendant*: ⇨ -ant〙

de·pén·dent·ly *adv.* 依存的に, (他に)頼って, 従属的に (↔ independently). 〘(1646): ⇨ ↑, -ly¹〙

depéndent váriable *n.* 従属変数: **1** 〖数学〗関数 $y=f(x)$ における y (↔ independent variable). **2** 〖心理〗直接観察できて, しかも操作を加えて確定できる事実(独立変数 independent variable) に対し, それから帰結して直接観察できる事実をいう; 刺激に対する反応など. 〘1852〙

de·peo·ple /dìːpíːpḷ/ *vt.* ＝depopulate. 〘(*c*1611): cf. F *dépeupler*〙

de·perm /dìːpə́ːm | -pə́ːm/ *vt.* 〖海事〗〈磁気機雷を防ぐため〉〈鋼船〉に排磁[消磁]装置を施す, 〈船体〉から磁気を除く (cf. degauss 1). 〘(1946) ← DE-¹＋*perm*(*anent magnetism*)〙

de·per·son·al·i·za·tion /dìːpə̀ːs(ə)nəlɪzéɪʃən, -sṇ-, -nḷ- | -pə̀ːs(ə)nəlaɪ-, -sṇ-, -lɪ-/ *n.* **1** 非個人化, 非人格化. **2** 〖精神医学〗離人症. 〘(1904): ⇨ ↓, -ation〙

de·per·son·al·ize /dìːpə́ːs(ə)nəlàɪz, -sṇ- | -pə́ː-/ *vt.* **1** 〈人・感情などを〉非人間的にする. **2** 〈人〉から人格を奪う, 非人格化する, 非個人化する. 〘(1866) ← DE-¹＋PERSONALIZE〙

dep·e·ter /dépətə | -pɪ̀tə^(r)/ *n.* 〖建築〗＝depreter. 〘1852〙

De·pew /dɪpjúː/, **Chauncey Mitchell** *n.* デピュー《1834–1928; 米国の弁護士・政治家; テーブルスピーチの名手として有名》.

de·phleg·ma·tor /dìːflégmeɪtə | -tə^(r)/ *n.* 〖化学〗デフレグメーター, 分縮器《混合蒸気の一部分のみを凝縮分離する装置》. 〘(1828) ← DE-¹＋PHLEGM＋-ATE³＋-OR²〙

de·phos·phor·i·za·tion /dìːfɑ̀(ː)sfərɪzéɪʃən | -fɔ̀sfəraɪ-, -rɪ-/ *n.* 〖冶金〗リン分の除去, 脱リン. 〘(1878): ⇨ ↓, -ation〙

de·phos·phor·ize /dìːfɑ́(ː)sfəràɪz | -fɔ́s-/ *vt.* 〖冶金〗〈鉱石・銑鉄〉からリン分を除去する, 脱リンする. 〘(1878) ← DE-¹＋PHOSPHOR(US)＋-IZE〙

de·pict /dɪpíkt/ *vt.* **1** (絵画・彫刻などに)写し出す, 描く, 描写する: ～ a scene [battle]. **2** (言葉で)描写する, (絵画的に)叙述する (*as*). **de·píc·ter** *n.* **de·píc·tor** *n.* 〘(*a*1420) ← L *dēpictus* (p.p) ← *dēpingere* to portray, paint ← DE-¹＋*pingere* 'to PAINT'〙

de·pic·tion /dɪpíkʃən/ *n.* **1** (絵画・彫刻などに)表現すること, 描写. **2** (絵画的な)記述, 描写. **de·pic·tive** /dɪpíktɪv/ *adj.* 〘(1688) ◻ LL *dēpictiō(n-)*: ⇨ ↑, -tion〙

de·pic·ture /dɪpíktʃə | -tʃə^(r)/ *vt.* **1** ＝depict. **2** 想像する (imagine). 〘(1593) ← DE-¹＋PICTURE〙

de·pig·ment /dìːpígmənt/ *vt.* …の色素を除く, 色素脱失させる.

de·pig·men·ta·tion /dìːpìgməntéɪʃən, -mən-/ *n.* 〖生物〗色素脱失, 脱色《皮膚・羽根などから正常な色どりが消失すること》. 〘(1889) ← DE-¹＋PIGMENTATION〙

dep·i·late /dépəlèɪt | -pɪ̀-/ *vt.* …から毛を抜き取る, 脱毛する. 〘(1560) ← L *dēpilātus* (p.p.) ← *dēpilāre* ← DE-¹＋*pilus* hair: ⇨ -ate³〙

dep·i·la·tion /dèpəléɪʃən | -pɪ̀-/ *n.* 抜け毛, (特に皮革製造の際の化学的・物理的)脱毛 (cf. epilation). 〘(?*a*1425) ◻ (O)F *dépilation* // ML *dēpilātiō(n-)*〙

dép·i·là·tor /-tə | -tə^(r)/ *n.* 脱毛する人; 脱毛器. 〘(1836) ← DEPILATE＋-OR²〙

de·pil·a·to·ry /dɪpílətɔ̀ːri | -təri, -tri/ *adj.* 〈薬品などが〉脱毛の効ある, 脱毛に効く. — *n.* **1** (むだ毛などを一

時的に除く〉美容用脱毛剤. **2** (皮革製造の際の化学的・物理的)脱毛剤. 〘《1601》← DEPILATE＋-ORY[1, 2]: cf. F *dépilatoire*〙

de·plane /diːpléɪn/ 《米・カナダ》 *vi.* (着陸した)飛行機から降りる (↔ enplane). — *vt.* 〈人を〉飛行機から降ろす. 〘《1923》← DE-[1]＋PLANE〙

de pla·no /diːpléɪnoʊ, deɪplάːn- | -nəʊ/ *adv.* 〘法律〙 **1** 議論なしに, (正式の審理をせず)略式に. **2** 明らかな権利によって, 明らかに. 〘□ L *dē plānō* ← *dē* 'DE[1]'＋*plāno* ((abl.) ← *plānus* 'plain[1]')〙

D **de·plas·mol·y·sis** /dìːplæzmά(ː)ləsɪs | -mɔ́lɪsɪs/ *n.* 〘植物〙 原形質分離回復. 〘← NL ～: ⇨ de-[1], plasmolysis〙

de·plen·ish /dɪplénɪʃ/ *vt.* 空(から)にする (↔ replenish): a ～*ed* house. 〘《1859》← DE-[1]＋PLENISH〙

de·plete /dɪplíːt/ *vt.* **1** …の(満ちている)中身を減らす; 〈容器などを〉空(から)にする; 〈体力・資源などを〉枯渇させる: ～ one's strength 力を消耗する / a lake recklessly ～*d* (of fishes) 魚類を乱獲した湖. **2** 〘医学〙 (放血などによって)…の充血を散じる, 放血する, 瀉血(しゃけつ)する, 失血させる.

de·plét·a·ble /-təbl | -tə-/ *adj.* 〘《1807》← L *dēplētus* ((p.p.) ← *dēplēre* to empty out ← DE-[1]＋*plēre* to fill: cf. complete)〙

de·plét·ed urá·nium /-tɪd- | -tɪd-/ *n.* 〘原子力〙 **1** 減損ウラン 《使用済み核燃料中のウランのように ^{235}U の含有率の低下したもの》. **2** 劣化ウラン 《核分裂性核種 ^{235}U が天然の存在比よりも少ないウラン; cf. natural uranium, enriched uranium》.

de·ple·tion /dɪplíːʃən/ *n.* **1** (資源・資産・精力などの)枯渇, 消耗 (exhaustion); 資源破壊. **2** 〘医学〙 (充血した器官の)放血; (高度の)失血(性消耗)状態. **3** 〘簿記〙 **a** 減耗償却 《鉱山のように, 天然資源の採掘によってついには枯渇する減耗性資産 (wasting assets) の償却; cf. depreciation 2》. **b** 減耗控除. 〘《1656》□ LL *dēplētiō(n-)*: ⇨ deplete, -tion〙

deplétion allòwance *n.* 〘会計〙 (地下資源などの採掘会社に認める)減耗控除. 〘1932〙

deplétion làyer *n.* 〘電子工学〙 空乏層 《半導体中にできる導電性をもたない層》.

de·ple·tive /dɪplíːtɪv | -tɪv/ *adj.* 枯渇[消耗]させる; 血液[体液]を減少させる, 減液性の. 〘《1835》← DEPLETE＋-IVE〙

de·ple·to·ry /dɪplíːtəri | -tə-/ *adj.* ＝depletive. 〘1849〙

de·plor·a·bil·i·ty /dɪplɔ̀ːrəbíləti | -lɪti/ *n.* 嘆かわしさ, 痛ましさ, 哀れさ, 悲惨. 〘《1854》: ⇨ ↓, -ity〙

de·plor·a·ble /dɪplɔ́ːrəbl/ *adj.* **1** 嘆かわしい, 悲しむべき. **2** 悲惨な, 哀れな, みじめな, 全くひどい (wretched). **3** 遺憾な. **～·ness** *n.* 〘《1612》□ F *déplorable*: ⇨ deplore, -able〙

de·plór·a·bly /-bli/ *adv.* 嘆かわしい[遺憾な]ほど; 哀れにも; 全くひどく. 〘《1653》: ⇨ ↑, -ly[1]〙

de·plore /dɪplɔ́ə | -plɔ́ː[r]/ *vt.* **1** 〈不正・不満な状態などを〉遺憾とする, (容認できないとして)強く批判する, 非難する: The author ～*s* social injustice. 著者は社会的不正を慨嘆[非難]している / It is to be ～*d* that there is a conflict between the two nations. 両国間に紛争があるということは遺憾なことだ. **2** 〈自己の過失・罪などを〉深く悔いる: He ～*d* his imprudence [*that* he had been imprudent]. 自分の軽率さ[軽率であったこと]を嘆いた. **3** 〈人の死などを〉嘆き悲しむ, 深く悼(いた)む. ★ この動詞は今では通例, 人を目的語にとらない. **de·plór·er** /-plɔ́ːrə | -plɔ́ːrə[r]/ *n.* 〘《1559》□ (O)F *déplorer* ∥ L *dēplōrāre* ← DE-[1]＋*plōrāre* to lament〙

SYN 嘆く: **deplore** あることを非常に強く非難し, 特に義憤を感じて批判する: He *deplored* the conduct of compatriots in European cities. ヨーロッパの町にいる同国人のふるまいを強く非難した. **lament** あることを声に出して嘆き悲しむ: He bitterly *lamented* his folly. 自分の愚行を深く後悔した. **bewail, bemoan** 深い悲しみや失望を表現する《ともに格式ばった語》: *bewail* the dead poet 亡き詩人を悼む / *bemoan* one's miseries 身の不運を嘆く.

---

de·plór·ing·ly /-plɔ́ːrɪŋli/ *adv.* 嘆き悲しんで. 〘《1847》← DEPLORE＋-ING[2]＋-LY[1]〙

de·ploy /dɪplɔ́ɪ/ *vt.* **1** 〘軍事〙 〈軍隊を〉展開する; 配置[配備]する; 〈船・戦車を〉戦闘体形にする. **2** 〈人員などを〉(部署に)配備する; 〈資源・才能などを〉有効に利用する. **3** 〘チェス〙 〈駒を〉動かす. — *vi.* 〘軍事〙 〈軍隊が〉展開[散開]する; 〈落下傘が〉開傘する. **～·a·ble** /～əbl/ *adj.* 〘《c1477》□ (O)F *déployer* < L *displicāre* 'to unfold, DISPLAY'〙

de·ploy·ment /dɪplɔ́ɪmənt/ *n.* (軍隊の)配置, 展開, (兵器の)配備: The ～ of nuclear weapons can be a threat to peace. 核兵器の配備は平和への脅威となる. 〘《1796》□ F *déploiement*〙

de·plu·ma·tion /dìːpluːméɪʃən/ *n.* **1** 羽毛をむしること; 羽毛の脱落. **2** (財産・名誉などの)剥奪(はくだつ). 〘《1611》← ML *dēplūmātus* ((p.p.) ← *dēplūmāre* (↓))＋-ATION〙

de·plume /dìːplúːm/ *vt.* **1** …から羽毛を抜き取る, 羽毛をむしる. **2** 〈人〉から財産[名誉など]を剥奪する. 〘《?a1425》□ (O)F *déplumer* ∥ ML *dēplūmāre* ← DE-[1]＋L *plūma* feather: ⇨ plume〙

de·po·lar·i·za·tion /dìːpòʊlərɪzéɪʃən | -pəʊlərаɪ-, -rɪ-/ *n.* **1** 〘電気・磁気〙 分極防止作用, 消極作用, 復極, 消極(したもの). **2** 〘光学〙 偏光の偏りの度合の減少. 〘《1815》: ⇨ ↓, -ation〙

de·po·lar·ize /dìːpóʊləràɪz | -pə́ʊ-/ *vt.* **1** 〘電気・磁気〙 …の極性[成極作用]を減らす, 復極[消極, 減極]する. **2** 〘光学〙 〈偏光された光〉の偏りをなくす, 偏りの度合を減らす. **3** 〈確信・偏見などを〉かき乱す, 覆す, 解消させる. 〘《1819》← DE-[1]＋POLARIZE〙

dè·pó·lar·iz·er *n.* 〘電気・磁気〙 復極[消極]剤. 〘《1846》: ⇨ ↑, -er[1]〙

de·po·lit·i·cal·ize /dìːpəlítɪkəlàɪz | -tɪ-/ *vt.* ＝depoliticize. 〘1859〙

de·po·lit·i·cize /dìːpəlítəsàɪz | -tɪ-/ *vt.* 非政治化する, 政治的影響から脱却させる. 〘《1928》← DE-[1]＋POLITICIZE〙

de·pol·lute /dìːpəlúːt | -lúːt, -ljúːt/ *vt.* …の汚染を除去する. **de·pol·lu·tion** /dìːpəlúːʃən | -lúː-, -ljúː-/ *n.* 〘《1967》← DE-[1]＋POLLUTE〙

de·po·lym·er·i·za·tion /dìːpəlɪmərɪzéɪʃən | -pɔlɪmərаɪ-, -pə-, -rɪ-/ *n.* 〘化学〙 解重合. 〘《1893》: ⇨ ↓, -ation〙

de·po·lym·er·ize /dìːpəlímərаɪz | -pɔ-, -pə-/ *vt.* 〘化学〙 〈重合体・異量体を〉単量体 (monomer) に分解する, 解重合する. 〘《1909》← DE-[1]＋POLYMERIZE〙

de·pone /dɪpóʊn | -pə́ʊn/ *vt., vi.* 《古》 〘法律〙 宣誓の上(…と)証言する 《現在では, 証言録取書 (deposition) の方法による供述の場合に用いられる》. 〘《?a1425》□ L *dēpōnere* to put down, (ML) testify ← DE-[1]＋*pōnere* to place: cf. deposit〙

de·po·nent /dɪpóʊnənt | -pə́ʊ-/ *n.* **1** 〘法律〙 宣誓供述者, 宣誓証人 《宣誓供述書 (affidavit) または証言録取書 (deposition) の方法で供述する者》. **2** 〘文法〙 ＝deponent verb. — *adj.* 〘文法〙 異態の: ⇨ deponent verb. 〘n.: 《1548》□ ML *dēpōnentem* (pres. p.) ← *dēpōnere* (⇨ ↑, -ent). — adj.: 《c1450》□ LL *dēpōnentem* 《なぞり》← Gk *apothetikós*〙

depónent vérb *n.* 異態動詞 《ギリシャ語・ラテン語において形は受身で意味は能動態の動詞》. 〘1528〙

Dep·o-Pro·ve·ra /dèpoʊprouvέ[ə]rə | -pəʊprə(ʊ)víərə/ *n.* 〘商標〙 デポプロベーラ ($C_{24}H_{34}O_4$) 《子宮癌(がん)・肝臓癌の治療薬, 長期の避妊薬として用いられる》.

de·pop·u·late /dìːpά(ː)pjʊlèɪt | -pɔ́p-/ *v.* — *vt.* 〈戦争・病気が〉〈地域〉の住民を絶やす, 人口を減らす.
— *vi.* 人口が減少する.
— /dìːpά(ː)pjʊlɪt | -pɔ́p-/ *adj.* 《古》 人口の減少した. 〘《1531》□ L *dēpopulātus* (p.p.) ← *dēpopulārī* to lay waste: ⇨ de-[1], populate〙

de·pop·u·la·tion /dìːpὰ(ː)pjʊléɪʃən | -pɔ̀p-/ *n.* **1** 住民絶滅[滅亡]; 人口減少, 過疎. **2** 《古》 荒廃 (devastation). 〘《?a1425》□ L *dēpopulātiō(n-)*: ⇨ ↑, -ation〙

de·póp·u·là·tor /-tə | -tə[r]/ *n.* 住民を絶やす[人口を減らす]人[戦争, 飢饉, 病気など]. 〘《c1440》□ L *dēpopulātor* devastator: ⇨ depopulate, -or[2]〙

de·port /dɪpɔ́ət | -pɔ́ːt/ *vt.* **1** 〈外国人などを〉国外に退去させる, 追放する, 流刑に処する (⇨ banish SYN). **2** [～ *oneself* で] 身を処する, ふるまう (⇨ behave SYN). ★ 常に副詞(句)を伴う: ～ *oneself* well [ill, properly] in a matter ある事でりっぱに[へたに, 適切に]ふるまう. **3** 運ぶ, 輸送する. 〘《1474》□ F *déporter* □ L *dēportāre* to carry away ← DE-[1]＋*portāre* to carry (cf. port[5])〙

de·port·a·ble /dɪpɔ́ətəbl | -pɔ́ːt-/ *adj.* (国外)追放[流刑]を受けるべき; 〈犯罪など〉(国外)追放[流刑]に当たる. 〘《1891》: ⇨ ↑, -able〙

de·por·ta·tion /dìːpɔətéɪʃən, -pə- | -pɔː-/ *n.* **1** 移送, 輸送. **2** 〘法律〙 流刑, 国外追放[退去]: a ～ order (国外)退去命令. 〘《1595》□ OF ～ ∥ L *dēportātiō(n-)*: ⇨ deport, -ation〙

de·port·ee /dìːpɔətíː, dɪpɔ̀ə-, də-, -pə- | dìːpɔː-/ *n.* **1** 被追放者, 流刑者. **2** 移送[追放]を待つ人. 〘《1895》← DEPORT＋-EE[1]〙

de·pórt·ment *n.* (行為の基準・しきたりから見た, 主に若い女性の)態度, ふるまい, 行動 (⇨ bearing, behavior SYN); (小学校などで評点の対象となる児童の)品行, 行状. ★ 英国では立ち居ふるまい, 米国では人前での行動について用いられる. 〘《1601》□ OF *dēportement*: ⇨ deport, -ment〙

de·pos·a·ble /dɪpóʊzəbl | -pə́ʊz-/ *adj.* **1** 廃しうる, 廃位を免れない, 退けられるべき. **2** 証言しうる. 〘《1643》← DEPOSE＋-ABLE〙

de·pos·al /dɪpóʊzəl, -zl | -pə́ʊz-/ *n.* 王位剥奪(はくだつ), 廃位; 解任, 罷免. 〘《1397》□ ? AF *deposaille*: ⇨ ↓, -al[2]〙

de·pose /dɪpóʊz | -pə́ʊz/ *vt.* **1** 〔高位から〕退ける, 罷免[解任]する; 〈王を〉廃する, 退位させる 〔*from*〕: ～ a person *from* office 人を免職する. **2** 《古》 おろす (lay down), 落とす, 置く. **3 a** 宣誓の上証言する, 供述する 〈*that*〉: He ～*d that* he had not been there. そこにいなかったと証言した. **b** 証言させる, 取り調べる. 〘《?a1425》← ML *dēpos-* (perf. stem) ← *dēpōnere* to assert under oath〙
— *vi.* (通例法廷外で文書によって)〔…を〕宣誓証言する 〔*to*〕: ～ *to* a fact [having seen it] ある事実を[それを見たと]証言する. 〘《?a1300》 *depose(n)* □ (O)F *déposer* to put or lay down (混成) ← L *dēpōnere* 'to DEPONE'＋(O)F *poser* to pose (cf. pose[1])〙

de·pós·er *n.* **1** 位を下げる[退位させる]人. **2** 証言者. 〘《1581》: ⇨ ↑, -er[1]〙

de·pos·it /dɪpά(ː)zɪt | -pɔ́zɪt/ *n.* **1** 銀行預金: ⇨ time deposit / a ～ in trust 信託預金 / make a ～ of $1,000 in cash 現金千ドルを預金する. **2** 預け入れ, 預かり, 保管, 寄託: the ～ of valuables [title deeds] (with [in] a bank) 貴重品[(不動産)権利証書]の(銀行への)預け入れ[寄託] / money *on* ～ 預金 / have [place, put] money *on* ～ 金銭を預かっている[預ける]. **3 a** (支払充当などのための)積立金, 証拠金, 手付金, 頭金, 前渡金, 保証金 (cf. down payment); 敷金: put down [pay, make] a ～ *on* a house 家を買う頭金を払う / If you leave before your lease is up you'll forfeit your ～. 借用期間が終わらないうちに出ると敷金を失うことになる. **b** 《英》 (選挙の)供託金: The Tory finished last and lost her ～. 保守党候補が最下位で供託金を没収された. **4** 沈澱(物), 堆積(物), 沈積物; (酒などの)澱(おり); 産み置きの卵: glacial ～*s* 氷河堆積物 / a nasty ～ left in the bottom of the cup 茶椀の底に残った汚い沈澱物. **5** 〘地質〙 堆積物, (鉱石・石油などの)鉱床: oil ～*s* 埋蔵石油. **6** 《米》 ＝depository; depot 2 a. **7** 〘病理〙 沈着物[質] 《組織・器官にたまった定着性物質》. **8** (電気分解などにおける)金属被覆物. **9** 貯蔵所; 倉庫.
on depósit 預け(られ)て, 保管されて, 預金して (cf. *n.* 2).
— *vt.* **1 a** 〔…に〕〔…の保管を託する, 供託する, 預ける; 預金する 〔*in, with*〕: ～ a thing *with* a person 人に物を預ける / ～ money *in* a bank 銀行に預金する / ～*ed* articles 寄託物. **b** 〘政治〙 〈条約の批准書を〉寄託する. **2** (支払いに当てて)積み立てる, 手付金として払う, …の手付けを置く. **3 a** 〘通例, 特定の場所に〙置く 〔*on, in*〕. **b** 〈硬貨を〉(自動販売器などの硬貨投入口に)入れる. **4** 〈川・風などが〉沈澱[沈積]させる, 堆積させる: mud ～*ed on* the fields by a flood 大水によって田畑に堆積した泥. **5** [通例, 副詞(句)を伴って] 〈鳥・魚・昆虫が〉〈卵を〉産む, 産んでおく (lay). — *vi.* **1** 預金[供託]する. **2** 沈澱[沈積]する, 沈む (settle).
〘n.: 《1624》□ L *dēpositum* that which is put down (neut. p.p.) ← *dēpōnere* to lay down: ⇨ depone〙

depósit accòunt *n.* **1** 《米》 預金勘定. **2** 《英》 通知預金, 貯蓄預金勘定 (《米》 savings account) (cf. current account). 〘1851〙

de·pos·i·tar·y /dɪpά(ː)zətèri | -pɔ́zɪtəri, -tri/ *n.* **1** 預かり人, 保管人, 受託者, 被寄託者 (↔ depositor). **2** 受託所, 保管所, 倉庫 (depository). 〘《1604-05》□ L *dēpositārius*: ⇨ deposit, -ary〙

depósit còpy *n.* 〘図書館〙 納本 《法律に従って所定の図書館に納められた新刊の図書・雑誌類》.

depósit cùrrency *n.* 〘銀行〙 預金通貨 《預金が小切手の授受を通じて支払人から受取人へ移転し, 支払手段の役割を果たす》.

de·pos·it·ee /dɪpὰ(ː)zɪtíː | -pɔ̀zɪ-/ *n.* ＝depositary 1. 〘1676〙

dep·o·si·tion /dèpəzíʃən, dìːp-/ *n.* **1** 官職剝奪(はくだつ), 罷免, 解任, 降位; 廃位. **2** 〘法律〙 証言録取書, 宣誓証言. ★ affidavit との差は相手方による反対尋問が加わる点にある. **3** 沈積(物), 沈澱物 (sediment). **4** [the D-] 〘美術〙 ＝DEPOSITION from the Cross. **5** 〘動物〙 托卵 《ある種の鳥が繁殖の際, 営巣・抱卵・育雛などを他鳥に託す習性》. **6** (有価証券などの)寄託, 供託. **7** 〘病理〙 沈着.
Deposítion from the Cróss [cróss] [the —] 〘美術〙 キリスト降架の絵[彫刻]. 《1848》
～·al /-ʃnəl, -ʃənl[ˈ]/ *adj.* 〘《1399》□ LL *dēpositiō(n-)*: ⇨ deposit, -tion〙

depósit mòney *n.* 〘銀行〙 預金貨幣; 通貨.

de·pos·i·tor /dɪpά(ː)zɪtə | -pɔ́zɪtə[r]/ *n.* **1** 預金者, 預け主; 供託者, 寄託者 (↔ depositary). **2** 沈澱器; 電気めっき器. 〘《1565》□ LL *dēpositor*: ⇨ deposit, -or[2]〙

de·pos·i·to·ry /dɪpά(ː)zətɔ̀ːri | -pɔ́zɪtəri, -tri/ *n.* **1 a** 供託所, 受託所; 保管所, 貯蔵所; 置場, 倉庫: a ～ of learning 学問の宝庫. **b** 《米》 政府印刷物保管所; (政府の基金を保管する)国立銀行. **2** 保管人. 〘《1656》□ LL *dēpositōrium*: ⇨ deposit, -ory[2]〙

depósitory lìbrary *n.* 《米》 官庁出版物保管図書館. 〘1930〙

depósit slìp *n.* 《米》〘銀行〙 預入伝票. 〘1903〙

depósit stàtion *n.* 〘図書館〙 停本所, 図書停留所 《学校・工場・研究所などに設置された図書館の出張所》; そこに置かれている図書類.

de·pot /díːpoʊ, dép- | dépəʊ/ ★ 1 の意味では《米》では /díːpoʊ/ が普通. *n.* **1** 《米》 鉄道駅, 停車場; バス発着所[乗客待合所]; (空港の)ターミナル, 空港駅. ★ 元来は貨物駅 (freight station) に用いられた; 《米》でも今は長距離バスの場合を除き station のほうが普通. **2 a** 《英》 貯蔵所, (終着駅にある)貨物置場, 倉庫; 中央市場: a coal ～ 貯炭所 / a wine ～ ワイン貯蔵所. **b** 《英》 (バス・機関車の)車庫, 修理場. **c** 〘商業〙 物的流通拠点, デポー. **3** 〘軍事〙 補給処, 補給廠(しょう), 廠, 兵站(へいたん)部; 物資集積所; 《古》 新兵訓練[編成]所; 《英》 連隊本部留守部隊; 捕虜収容所. **4** 〘医学〙 **a** 貯蔵所, 蓄積所 《特定の細胞・物質が体内で蓄積・貯蔵される場所》. **b** 貯留物, 蓄積物. **c** デポー製剤 《体内での作用時間が特に長期にわたる工夫をした注射液などの製剤》. 〘《1794》□ F *dépôt* □ L *dēpositum* 'DEPOSIT (n.)'〙

dépot shìp *n.* (駆逐艦・潜水艦などの)母艦.

de·pow·er /dìːpáʊə | -páʊə[r]/ *vt.* 〘ヨット〙 〈帆を〉風を受けなくなるよう調節する.

depr. 《略》 depreciation; depression.

dep·ra·va·tion /dèprəvéɪʃən/ *n.* **1** 悪変, 悪化; 腐敗. **2** (道徳的)腐敗, 堕落. 〘《1526》□ (O)F *dépravation* □ L *dēprāvātiō(n-)*: ⇨ ↓, -ation〙

de·prave /dɪpréɪv/ *vt.* **1** …の質を落とす, 悪化させる; (特に)堕落[腐敗]させる (⇨ corrupt SYN). **2** 《廃》 …の悪口を言う, けなす. **～·ment** *n.* **de·práv·er** *n.* 〘《a1376》 *deprave(n)* □ (O)F *dépraver* ∥ L *dēprāvāre* to distort, corrupt ← DE-[1]＋*prāvus* crooked, vicious〙

de·práved *adj.* 腐敗[堕落]した; 邪悪な, 不良の (vicious): ～ ideas. **～·ly** *adv.* **～·ness** *n.* 〘《1594》: ⇨ -ed〙

de·prav·i·ty /dɪprǽvəṭi | -vɪ̀ti/ *n.* **1** 堕落, 腐敗, 邪悪. **2** 〘神学〙人間の堕落性《原罪のために生来罪深いこと》. **3** 邪悪な行為, 不行跡, 悪行. 〖(1641)《混成》← DEPRAVE＋PRAVITY〗

de·pre·cate /déprɪkèɪt/ *vt.* **1** 非難する, …に反対論を唱える, 反対する; …をせぬようにと嘆願[哀願]する: ～ war 戦争に反対する / Such a rash measure is much to be ～*d*. こういう軽率な手段ははなはだよろしくない / ～ a person's anger どうか怒らないで下さいと頼む. **2** 《米》軽視する, けなす, みくびる. **3** 《古》〈災い・怒りなど〉から免れることを祈る, …のないように祈る: ～ the wrath of God.

dép·re·cà·tor /-ṭə | -tə^(r)/ *n.* 〖(1624) ← L *dēprecātus* (p.p.) ← *dēprecārī* to pray against ← DE-[1]＋*precārī* 'to PRAY'〗

dép·re·càt·ing·ly /-tɪŋ- | -tɪŋ-/ *adv.* 非難するように, 恨めしそうに; なだめるように. 〖(1837): ⇨ ↑, -ing[2], -ly[1]〗

dep·re·ca·tion /dèprɪkéɪʃən/ *n.* **1** 非難, 反対; 抗議, 不賛成. **2** 嘆願, 哀願, なだめようとすること. **3** 《古》(害悪・災いを)免れたいという祈願[念願]. 〖(*c*1425) □ (O)F *déprécation* ∥ L *dēprecātiō(n-)*: ⇨ deprecate, -ation〗

dep·re·ca·tive /déprɪkèɪṭɪv, -kəṭ- | -kət-, -kèɪt-/ *adv.* ＝deprecatory. **～·ly** *adv.* 〖(1490) □ LL *dēprecātīvus*: ⇨ -ive〗

dep·re·ca·to·ri·ly /dèprɪkətɔ́ːrəli, ←←←← | déprɪkèɪtərɪli, -trɪ-, ←←(-)-—/ *adj.* 非を唱えて; 嘆願するように; 弁解的に. 〖(1873): ⇨ ↓, -ly[1]〗

dep·re·ca·to·ry /déprɪkətɔ̀ːri, déprɪkèɪtəri | déprɪkèɪtəri, -tri, ←←(-)-—/ *adj.* **1** 非難の, 不賛成の. **2** 嘆願的な; 弁解的な: a ～ letter 言い訳の手紙. 〖(1586) □ LL *dēprecātōrius*: ⇨ -ory[1]〗

de·pre·ci·a·ble /dɪpríːʃiəbl, -ʃə- | -ʃiə-, -siə-/ *adj.* 値下がりのありうる; 《米》(課税上)減価見積もりができる. 〖⇨ ↓, -able〗

de·pre·ci·ate /dɪpríːʃièɪt | -ʃi-, -si-/ *vt.* **1 a** …の価値を低下させる[減じる]; (特に)…の価格を低下させる (↔ appreciate). **b** 《米》(課税上)〈財産〉に減価見積もりをする. **2** 〈貨幣〉の購買力を減じる. **3** 見くびる, 軽視する (⇨ disparage SYN): ～ oneself 卑下する. — *vi.* 〈貨幣などが〉価値が低下する[減る], 価格が下落する (↔ appreciate). 〖(1464) ← L *dēpretiātus* (p.p.) ← *dēpretiāre* to lower the price of ← DE-[1]＋*pretiāre* to prize (← *pretium* 'PRICE')〗

de·pré·ci·àt·ing /-tɪŋ | -tɪŋ/ *adj.* **1** 軽視するような, 見くびるような. **2** 弁解の, 申し訳なさそうな. 〖(1777): ⇨ ↑, -ing[2]〗

de·pré·ci·àt·ing·ly *adv.* 軽視するように, 見くびるように, 軽んじて: speak ～ of …をけなす. 〖(1837): ⇨ ↑, -ly[1]〗

de·pre·ci·a·tion /dɪprìːʃiéɪʃən | -ʃi-, -si-/ *n.* **1 a** 価値の低落, 価格の低下 (↔ appreciation): ～ in price 物価低落, 値下がり / a ～ of the currency 貨幣の価値低落. **b** 《米》課税上の(財産の)減価見積もり. **2** 〘簿記〙減価償却《機械・建物など有形固定資産の償却をいう; cf. depletion 3》: ～ expenses 減価償却費 / allowance [reserve] for ～ 減価償却引当金. **3** 見くびること, 見くびられること, 軽視, 軽侮. 〖(1767) ← DEPRECIATE＋-ATION: cf. F *dépréciation*〗

depreciátion insùrance *n.* 〘保険〙新価保険《火災によって焼失した建物の再築費用のように, 損害をこうむった被保険物の再調達費用(新価)を支払う保険; replacement insurance ともいう》.

de·pre·ci·a·tive /dɪpríːʃəṭɪv, -ʃièɪt- | -tɪv/ *adj.* ＝depreciatory. **～·ly** *adv.* 〖(1836) ← DEPRECIATE＋-IVE〗

de·pré·ci·à·tor /-ṭə | -tə^(r)/ *n.* 価値を低下させる人; 軽視する人. 〖(1799) □ L *dēpreciātor*〗

de·pre·ci·a·to·ry /dɪpríːʃiətɔ̀ːri, -ʃət- | -ʃiətəri, -siət-, -ʃət-, -tri/ *adj.* (↔ appreciative) **1** 価値低下[減少]的な, 減価的な, 下落傾向の. **2** 軽視[軽侮]的な: ～ comments. 〖(1805): ⇨ depreciate, -ory[1]〗

dep·re·date /déprədèɪt | -rɪ-/ *vt.*, *vi.* 《古》(国土などを)強奪する, 略奪する (plunder). 〖(1626) ← L *dēpraedātus* (p.p.) ← *dēpraedāre* to plunder ← DE-[1]＋*praedāre* (← *praeda* 'booty, PREY')〗

dep·re·da·tion /dèprədéɪʃən | -rɪ-/ *n.* **1** 略奪すること[されること], 強奪; 略奪行為. **2** [通例 *pl.*] 浸食, 破壊(の跡): the ～*s* of the sea (海岸における)海水[波]の浸食(の跡). 〖(1483) □ (O)F *déprédation* ∥ LL *dēpraedātiō(n-)*: ⇨ ↑, -ation〗

dép·re·dà·tor /-ṭə | -tə^(r)/ *n.* 略奪者. 〖(1626) □ LL *dēpraedātor*: ⇨ depredate, -or[2]〗

dep·red·a·to·ry /dɪprédətɔ̀ːri, déprɪ- | dɪprédətəri, -tri, dèprədéɪ-/ *adj.* 強奪的な. 〖(1651): ⇨ ↑, -ory[1]〗

De·prés /deɪpréɪ; *F.* depʀe, dɛ-/ *n.* ⇨ des Prés.

de·press /dɪprés/ *vt.* **1** 〈物事が〉〈人(の元気[気力])〉をなくさせる, 意気阻喪(そ)[消沈]させる, ゆううつにする: He is ～*ed* by [at] the bad news. その悪い知らせを聞いて彼は気が滅入っている. **2** 〈商況などを〉不景気にする, 不振にする; 〈相場・事業などを〉下落[低下]させる: Those stocks are ～*ed*. 株は低下している / Trade is ～*ed*. 商況は不振だ. **3** 〈機能・活動などを〉弱める, 衰えさせる (weaken). **4 a** 下に押す, 押し下げる (press, push down): ～ a handle [lever] / ～ the keys of a piano ピアノのキーを押す[叩く]. **b** 低める. **5** 〈力・調子・声などを〉下げる, 落とす: ～ the voice. **6** 〘音楽〙…のピッチ[調子]を下げる. **7** 《まれ》〈人を〉(位などから)引き下ろす; …の(高慢の)鼻を折る (humble): ～ the proud. 〖(?*c*1380) *depresse(n)* □ OF *depresser* □ LL *dēpressāre* ← L *dēpressus* (p.p.) ← *dēprimere* ← DE-[1]＋*premere* 'to PRESS'〗

de·pres·sant /dɪprésənt, -snt/ *adj.* **1** 〘医学〙(身体や精神機能を)抑圧[低下]させる; 鎮静の効のある (sedative) (↔ stimulant). **2** 意気消沈させる, 落胆させる. **3** 不景気[不況]にする. — *n.* **1** 〘薬学〙抑制薬, 鎮静剤, 降下剤. **2** 〘化学〙抑制剤. 〖(1876): ⇨ ↑, -ant〗

de·préssed /dɪprést/ *adj.* **1** 元気のない, 意気消沈した, ふさいでいる (⇨ sad SYN): He felt ～ *about* the results. その結果に気が滅入った. **2 a** 不況の, 不景気の, 不振の: a ～ industry 不況産業. **b** 窮乏の, 貧困の: ⇨ depressed classes. **3 a** 〘植物〙圧扁の, 上から押しつぶして扁平になった (cf. compressed 2 a). **b** 〘魚類〙縦扁の《コチ・アンコウなどのように背腹の平たい体にいう》. **4** (地面など)低下した, くぼんだ, 平たい: the ～ center of a crater 噴火口のくぼんだ中心部. **5** 〈成績など〉標準以下の. 〖(?*a*1425): ⇨ -ed 2〗

depréssed árch *n.* 〘建築〙＝drop arch 1.

depréssed área *n.* 不況地域[地方] (cf. distressed area). 〖1928〗

depréssed clásses *n. pl.* [the ～] 《英》(インドの)最下層民. 〖1931〗

de·press·i·ble /dɪprésəbl | -sɪ-/ *adj.* 押しつぶすことができる, 押し下げられる. 〖(1860) ← DEPRESS＋-IBLE〗

de·press·ing /dɪprésɪŋ/ *adj.* 元気を落とさせるような, 気の滅入るような, 憂鬱な, 重苦しい (dismal): the dark, ～ weather 暗い陰鬱な天候. **～·ly** *adv.* 〖(1789): -ing[2]〗

de·pres·sion /dɪpréʃən/ *n.* **1** 意気消沈, (気分の)ふさぎ, 憂鬱: mental ～ 意気消沈 / nervous ～ 神経衰弱 / He sank into a deep ～. 彼はひどくふさぎ込んでしまった. **2 a** (商況の)不振, 不景気, 不況; (相場の)下落: a ～ in trade＝a trade ～ 不景気 / an economic ～. **b** [the D-] ＝Great Depression. **3** (地盤の)陥没, くぼみ; 窪地; 凹地(へこ). **4** 〘気象〙(気圧の)降下, 低気圧: an atmospheric [a barometric] ～ 低気圧 / a ～ moving over much of the Northeast 北東部の大半にかかって移動中の低気圧. **5** 押し下げること, 押下げ; 降下, 沈下. **6** 〘天文〙(天体の)地平線から下への角距離, (水平)俯角(ふ). **7** 〘測量〙水平俯角. **8** 〘解剖〙陥凹. **9** 〘病理〙機能低下, 抑制, 抑圧. **10** 〘精神医学〙鬱病, (抑)鬱(症): a bout of ～ 鬱病の発作 / periodic ～ 周期性鬱病 / endogenous [reactive] ～ 内因性[反応性]鬱病 / ⇨ postnatal depression. **11** 〘外科〙(緑内障の)減圧(手術). **12** 〘音楽〙(音程の)低下. 〖(1391) □ (O)F *dépression* ∥ L *dēpressiō(n-)*: ⇨ depress, -sion〗

Depréssion glàss *n.* 大不況ガラス器《1930 年代の大恐慌期に大量生産された種々の安いガラス器》.

de·pres·sive /dɪprésɪv/ *adj.* **1 a** 憂鬱な: a ～ day 陰鬱な日. **b** 〘精神医学〙抑鬱(症)の, 鬱病の, 鬱状態の: a ～ illness. **2** 押し下げるような. — *n.* 〘精神医学〙鬱病[鬱状態]の人. **～·ly** *adv.* **～·ness** *n.* 〖(1620): ⇨ -ive〗

de·pres·so·mo·tor /dɪprèsoumóuṭə | -səuməutə^(r)/ *adj.* 〘生理〙運動機能を抑制する. — *n.* 運動機能抑制剤. 〖← DEPRESS＋-O-＋MOTOR〗

de·pres·sor /dɪprésə | -sə^(r)/ *n.* **1** 抑圧者. **2** 〘医学〙(診断・手術時に邪魔にならないように舌などを押さえる)圧低器, 圧迫具: a tongue ～ 圧舌子. **3** 〘解剖〙下制筋, 抑圧筋, 制圧筋, 下引筋《depressor muscle ともいう》. **4** 〘生理〙＝depressor nerve. **5** 〘薬学〙降圧剤, 抑圧剤. 〖(1611) □ LL *dēpressor*: ⇨ depress, -or[2]〗

depréssor nèrve *n.* 〘生理〙減圧神経 (cf. pressor nerve). 〖1875〗

de·pres·sur·ize /dìːpréʃəràɪz/ *vt.* 〈機室・機内など〉の受けている圧力を除く, 減圧する. — *vi.* 〈機関などが〉気圧が下がる. **de·pres·sur·i·za·tion** /dìːprèʃərɪzéɪʃən | -raɪ-, -rɪ-/ *n.* 〖(1944) ← DE-[1]＋PRESSURIZE〗

dep·re·ter /déprəṭə | -rɪtə^(r)/ *n.* 〘建築〙しっくい壁の仕上げ塗りの一種《モルタルがまだ乾燥しないうちに小石を押し込んで行う》. 〖(1852) ← ?〗

de·priv·a·ble /dɪpráɪvəbl/ *adj.* 奪いうる; 剝奪を免れない. 〖(1593) ← DEPRIVE＋-ABLE〗

de·priv·al /dɪpráɪvəl, -vl/ *n.* 《まれ》＝deprivation 1. 〖1611〗

dep·ri·va·tion /dèprɪvéɪʃən, dìːpraɪ-/ *n.* **1** (生活必需品などの)欠乏, 欠如; 不足. **2** (官職・位階・特権などの)剝奪, 褫奪(ちだつ). **3** (相続人の)廃除. **4** 損失, 惜しい損失; (偉人などの)死去, (肉親の)死. **5** 聖職剝奪[停止]. **dèp·ri·vá·tion·al** /-ʃnəl, -ʃənl/ *adj.* 〖(1445) □ ML *dēprīvātiō(n-)*: ⇨ ↓, -tion〗

de·prive /dɪpráɪv/ *vt.* **1 a** …から〔…を〕奪う, 奪い取る〔*of*〕; …に〈権利などの行使を〉許さない, 拒む〔*of*〕; …に〔…を〕得させない〔*of*〕: Age ～*d* him of his hearing. 老齢のため耳が聞こえなくなった / They were ～*d* of all enjoyment in life. 彼らは人生の楽しみをすべて失った. **b** [～ *oneself*] 〔楽しみなどを〕自制する, 絶つ〔*of*〕; 損失を被る: They ～*d themselves* to support their children. 彼らは子供たちを養うために辛抱した / Don't ～ *yourself* on my account! 私のために不自由にならないで. **2** …から職を奪う, 〈特に, 牧師の〉聖職を停止する. **3** 《廃》除去する, 滅ぼす.

de·prív·er *n.* 〖(*a*1338) *deprive(n)* □ OF *depriver* ∥ ML *dēprīvāre* ← DE-[1]＋L *prīvāre* to rob, deprive (cf. private)〗

de·prived /dɪpráɪvd/ *adj.* 〈人など〉(社会的・経済的に)恵まれない, 貧困地域出身の, 権利を十分認められていない: the ～ 恵まれない人たち / a person's ～ childhood 恵まれない幼年時代. 〖(1552): ⇨ ↑, -ed 2〗

de pro·fun·dis /dèɪproufúndɪs, dìː-, -fʌ́n- | dèɪprəfúndɪːs, dìː-, -prə-, -fʌ́n-, -dɪs/ *L. adv.* (悲惨・絶望などの)深い淵(ふち)から, どん底から. — *n.* **1** [a ～] (悲惨・絶望などの)どん底からの叫び. **2** [the D- P-] 〘聖書〙詩編第 130 編(ラテン語訳聖書 (Vulgate) では第 129 編)《*De profundis clamavi ad te, Domine.* (Out of the depths have I called unto thee, O Lord.) 「ああ主よ, われ深き淵よりなんじを呼べり」の最初の文句から》. 〖(*c*1300) □ L *dē profundīs* out of the depths: ⇨ de[1], profound〗

de·pro·gram /dìːpróugræm, -grəm | -prə́ugræm/ *vt.* 〈人〉に(特にカルト宗教などの)信条[信仰]を捨てさせる, …の洗脳(状態)を解く. 〖(1973) ← DE-[1]＋PROGRAM〗

de·pro·le·tar·i·an·ize /dìːpròulətéᵊriənàɪz | -prə̀ulɪtéər-, -lɛ-/ *vt.* …のプロレタリア的性格を取り除く, 非プロレタリア化する. **de·pro·le·tar·i·an·i·za·tion** /dìːpròulətèᵊriənɪzéɪʃən | -prə̀ulɪtèəriənaɪ-, -lɛ-, -nɪ-/ *n.* 〖(1957) ← DE-[1]＋PROLETARIANIZE〗

de·prop·a·gá·tion reàction /dìːprɑ̀(ː)pəgéɪʃən | -prɔ̀p-/ *n.* 〘化学〙反生長反応《重合反応中の生長反応の逆反応; cf. propagation reaction》.

de·pro·tein·ize /dìːpróutiːnàɪz, -tiɪn- | -prə́utiːn-, -tiɪn-/ *vt.* 〘生化学〙…の蛋白質 (protein) を取り除く. 〖(1956) ← DE-[1]＋PROTEIN＋-IZE〗

dep·side /dépsaɪd, -sɪd | -saɪd, -sɪd/ *n.* 〘化学〙デプシド《数個のフェノールカルボン酸が一方のカルボキシル基と他方のヒドロキシル基とでエステル結合をした化合物の総称; タンニンはその一例》. 〖(1910) ← Gk *dépsein* to tan＋-IDE[2]〗

dep·si·done /dépsədòun | -sɪdə̀un/ *n.* 〘化学〙デプシドン《地衣成分に見出される一群の化合物; depside と関係が深い》. 〖(1935): ⇨ ↑, -one〗

dept 《略》department; deponent.

dept. 《略》deputy.

Dept·ford /détfəd, dép(t)- | -fəd/ *n.* デットフォード《London の旧自治区; 現在は Lewisham の一部》. 〖⇨ deep, ford〗

depth /dépθ/ *n.* **1** 深さ, 深み, 深度: sound the ～ of water 水深を測る / a lake ten meters *in* ～＝a 10 meter-*deep* lake 水深 10 メートルの湖. **2 a** (建物などの)奥深さ, 奥行き (cf. breadth): the ～ of a building, room, etc. **b** (絵画などでの)奥行き, 遠近のあること. **3** (色・影・闇などの)深さ, 濃さ: the ～ of a color [shade] 色[影]の濃さ. **4** (音の)低調: the ～ of a sound [voice]. **5** (人物・性格などの)深み: a person of great ～. **6** (感情の)深さ, 強さ (intensity): with great ～ of feeling 深い感情を込めて. **7 a** (学識などの)深み, 深遠さ (profundity): the ～ of a theory [a person's thought] 学理[人の思想]の深さ[深遠さ]. **b** (物事の)徹底していること, 完全性. **8** [the ～; 通例 *pl.*] 深い所, 深み, 深い底; 深海, 海; (心の)奥底, 隠れた面: *the* ～*s* of the ocean 海の深み / to *the* ～*s* of one's heart 心の底まで / from *the* ～ of one's soul 心の底から, 真心から / reveal hidden ～*s* (性格などの)隠れた面を明らかにする. **9** [the ～; 通例 *pl.*] (悲惨・絶望などの)深み, 底なしの淵(ふち) (abyss): in [from] *the* ～*s* of despair [sorrow] 絶望[悲しみ]のどん底に[から]. **10** [しばしば *pl.*] きわめて低い社会的道徳的, 知的状態, 低劣なこと. **11** [the ～; 通例 *pl.*] (季節・夜などの)たけなわ, 最中, 真ん中: in *the* ～*s* of winter [night] 真冬[真夜中]に. **12** [the ～; 通例 *pl.*] 奥まった所, 奥地: in *the* ～*s* of the forest 森林の奥に. **13** 〘スポーツ〙(チームに適当な控えの[補欠]選手がいることによる)選手層の厚さ.

beyónd one's dépth (1) 深くて渡れない; 背の立たない深みに. (2) 理解できない, 力が及ばない: I was *beyond my* ～ in that argument. あの議論で私はお手上げだった. (1612–13) ***in dépth*** (1) 水深[奥行き]が…ある (⇨ 1). (2) 〘軍事〙〈防衛線が〉厚みのある: ⇨ DEFENSE in depth (3) 〈研究・批評など〉徹底して[した], 詳細に[な] (cf. in-depth): a study *in* ～ 詳細な研究. (1959) ***óut of one's dépth*** ＝*beyond one's* DEPTH. ***óut of the dépths*** (悲惨・絶望などの)深い淵から, どん底から〔*of*〕(Ps. 130: 1; cf. de profundis). (1712) ***plúmb the dépths of*** …(悲しみなどの)どん底に沈む, どん底を味わう.

dépth of field 〘写真〙被写体深度, 被写界深度. (1911)

dépth of fócus 〘写真〙焦点深度. (1860)

dépth of hóld 〘海事〙倉内の深さ《tonnage deck 下面から船倉の床内張までの船体中央における深さ》.

～·less *adj.* 〖(*c*1384): ⇨ deep, -th[2]〗

dépth-bòmb *vt.* ＝depth-charge.

dépth bòmb *n.* 〘軍事〙＝depth charge. 〖1918〗

dépth-chàrge *vt.* …に爆雷攻撃を行う, 爆雷で破壊する. 〖1918〗

dépth chàrge *n.* 〘軍事〙(水中)爆雷《調整深度で爆発するような仕掛けの対潜水艦用の大型爆弾; 艦艇または飛行機から投下する; 飛行機から投下されるものを depth bomb ともいう》. 〖1917〗

dépth fìnder *n.* 〘海事〙水深測定器 (cf. depth sounder). 〖1923〗

dépth gàuge *n.* 〘機械〙深さゲージ, 測深器《穴や溝の深さを測るゲージ》.

dépth ìnterview *n.* 〘心理〙深層面接《深層心理を探る面談法》.

dépth-kèeping *n.* (潜水艦・漁網などが)ある深さに保つこと. 〖1916〗

dépth percèption *n.* 〘心理〙奥行知覚《対象物との距離やその遠近関係の知覚》. 〖1909〗

dépth psychòlogy *n.* **1** 〘心理〙深層心理学《無意識の内容の研究, または意識生活を無意識によって説明しようとする心理学》. **2** 《俗》精神分析 (psychoanalysis). 〖(1924)《なぞり》← G *Tiefenpsychologie*〗

dépth recòrder *n.* 〘海事〙自記測深機. 〖1911〗

dépth sociòlogy *n.* 〘社会学〙深層社会学.

dépth sòunder *n.* 〘海事〙音響測深機.

dep·u·rant /dépjurənt/ *n.* 清浄剤[手段]. 〖□ ML *dēpūrantem*: ⇨ ↓, -ant〗

dep·u·rate /dépjurèɪt/ *vt.* 浄化する (purify). ― *vi.* 浄化される. 〖(1620) ◻ ML *dēpūrātus* (p.p.) ← *dēpūrāre*: ⇨ de-, pure, -ate[3]〗

dep·u·ra·tion /dèpjuréɪʃən/ *n.* 浄化作用; 浄血作用. 〖(1603) ◻ F *dépuration* ∥ ML *dēpūrātiō(n-)*: ⇨ ↑, -ation〗

dep·u·ra·tive /dépjurèɪtɪv | -tɪv/ *adj.* 浄化する; 浄血作用の. ― *n.* 浄化剤 (depurant). 〖(1684) ◻ ML *dēpūrātīvus*: ⇨ -ive〗

dép·u·rà·tor /-tə | -tə(r)/ *n.* **1** 浄化器, 浄化装置. **2** 浄化剤. 〖(1835) ← DEPURATE＋-OR[2]〗

de·purge /dìːpɚ́ːdʒ | -pɜ́ːdʒ/ *vt.* …の追放を解除する, パージを解く. 〖(1657) ← DE-[1]＋PURGE〗

de·pur·gee /dìːpɚːdʒíː | -pəː-/ *n.* 追放解除になった人. 〖⇨ ↑, -ee[1]〗

dep·u·ta·tion /dèpjutéɪʃən/ *n.* **1** 代表団, 代表団員: a ～ to the conference. **2** 代理(行為), 代表(すること). **3** 代表派遣 (delegation). 〖((*a*1393)) (1732) ◻ LL *dēputātiō(n-)*: ⇨ ↓, -ation〗

de·pute[1] /dɪpjúːt/ *vt.* **1** 代理者とする, …に代理を命じる; 〈人〉を代理として…させる ⟨*to* do⟩. **2** 〈任務・職権などを〉(代理者に)委任する 〔*to*〕: ～ one's work *to* a substitute 仕事を代理に委任する. 〖(?*c*1350) *depute(n)* ◻ (O)F *députer* ◻ LL *dēputāre* to destine, (L) to reckon ← DE-[1]＋*putāre* to regard as (cf. putative)〗

dep·ute[2] /dépjuːt/ *n.* 《スコット》＝deputy. ★ 通例名詞の後に置かれて複合語を造る: sheriff *depute* 判事補.

dep·u·tize /dépjutàɪz/ *vt.* 《米》…を代理に任命する. ― *vi.* 〔人の〕代理を務める 〔*for*〕. **dep·u·ti·za·tion** /dèpjutɪzéɪʃən | -taɪ-, -tɪ-/ *n.* 〖(1730-36): ⇨ ↓, -ize〗

dep·u·ty /dépjuti | -ti/ *n.* **1** 代理者, 代理人. **2** (選挙区の)代表者, 議員; [D-] (フランス・イタリアなどの)代議士: ⇨ CHAMBER of Deputies. **3** 代理官[役], 副官, 副役 (本官[本役]欠員の場合に後任者となる; ⇨ agent SYN). **4** 《米》＝deputy sheriff. **5** 《英》＝fire boss. ***by députy*** 代理で, 代理人として. (1625)
― *adj.* 代理の, 副の (acting, vice-): a ～ chairman 議長[会長]代理, 副議長[会長] / a ～ consul [governor] 副領事[知事] / a ～ judge [prosecutor] 予備判事[検事] / a ～ lieutenant 《英》州副統監 (cf. Lord Lieutenant) / a ～ mayor (市の)助役 / a ～ speaker (議会の)議長代理, 副議長 / a ～ chief 副長官, 次長 / a ～ premier [prime minister] 副首相.
députy chíef of políce 《米》(警察の)本部長補佐 (⇨ police 1 ★).
〖(1406) *depute* ◻ (O)F *député* (p.p.): ⇨ depute, -y[3]〗

députy assístant commíssioner *n.* 《英》(ロンドン警視庁の)副警視監 (⇨ police 1 ★).

députy commíssioner *n.* 《英》(ロンドン警視庁の)警視副総監 (⇨ police 1 ★).

députy inspéctor *n.* 《米》警視 (⇨ police 1 ★).

députy lieuténant *n.* 《英》(州の)副統監 (cf. Lord Lieutenant).

députy mínister *n.* 《カナダ》上級公務員.

députy shériff *n.* 《米》(郡)保安官代理, 執行官代理 (単に deputy ともいう).

députy·ship *n.* deputy であること; その任務[職権, 任期]. 〖(1577-87): ⇨ -ship〗

députy superinténdent *n.* 《米》(警察の)副本部長 (⇨ police 1 ★).

De Quin·cey /dɪkwínsi/, **Thomas** *n.* ドクウィンシー (1785-1859; 英国の随筆家・批評家; *Confessions of an English Opium-Eater* (1821)).

der. 《略》derivation; derivative; derive; derived.

der- /dɛr/ (母音の前にくるときの) dero- の異形.

de·rac·i·nate /dɪrǽsənèɪt, diː-, -sṇ-/ *vt.* 《文語》 **1** 根こそぎにする; 根絶する. **2** 〈人を〉自然な環境から離す; 孤立させる. **de·rac·i·na·tion** /dɪræ̀sənéɪʃən, diː-, -sṇ-/ *n.* 〖(1599) ← F *déraciner* to pull up by the roots (← *dé-* 'DIS-[1]'＋*racine* root (＜ LL *rādīcinam* ← L *rādix* root))＋-ATE: cf. radical〗

dé·ra·ci·né /deɪræ̀sɪnéɪ | -sɪ-; *F.* deʀasine/ *adj.* (*also* **dé·ra·ci·née** /～/) 〈人が〉自然環境を奪われた, 生まれ故郷[祖国]を亡くした[去った], 国外に追われた. ― *n.* 祖国[故郷]を失った人, デラシネ. ★ 女性を指すときは déracinée を用いることが多い. 〖(1921) ◻ F ～ 'uprooted'〗

de·raign /dɪréɪn/ *vt.* 《廃》《法律》 **1 a** 〈人の要求などに異議を唱える. **b** 〈権利・要求などを〉主張する. **2** (裁判で)決着をつける.
deráign báttle [*cómbat*] (1) 決闘[裁判]によって要求[権利]などの主張の当否を決める. (2) 戦う. (3) (軍隊を)陣立てする.
～·ment *n.* 〖(*c*1225) *dereine(n)* ◻ OF *derai(s)nier* to allege, plead ← DE-[1]＋*raisnier* to speak (＜ VL **ratiōnāre* ← L *ratiō(n-)* 'REASON'): cf. arraign〗

de·rail /dɪréɪl, diː-/ *vt.* **1** [通例 受身で] 〈列車などを〉脱線させる: be [get] ～*ed* 脱線する. **2** 〈計画などを〉狂わせる. ― *vi.* 《まれ》脱線する. ― *n.* ＝derailer.
～·ment *n.* 〖(1850) ◻ F *dérailler* ← DE-[1]＋*rail* (◻ E RAIL[1])〗

de·ráil·er /-lə | -lə(r)/ *n.* 《鉄道》脱線器 (衝突などの危険のあるときに車両を脱線させる装置).

de·rail·leur /dɪréɪlə | -réɪljə(r), -lə(r)/ *n.* **1** (自転車の)変速機, チェーン掛替え装置: a 10-speed ～ 10 段変速機. **2** 変速機つき自転車. 〖(1930) ◻ F *dérailleur*: ⇨ derail, -or[2]〗

De·rain /dəræ̃(ŋ), -rǽŋ; *F.* dəʀɛ̃/, **André** *n.* ドラン (1880-1954; フランスの画家).

de·range /dɪréɪndʒ/ *vt.* **1** 乱す, 混乱させる; 〈常態・機能などを〉狂わせる; 妨げる, 妨害する: ～ the functions, thoughts, plans, etc. **2** [主に p.p. 形で] (⇨ deranged) 〈人(の精神)を〉錯乱させる, 発狂させる: be [become] ～*d* 精神が錯乱する, 発狂する. 〖(1776) ◻ F *déranger* ＜ OF *desrengier* to put out of order: ⇨ de-[1], range〗

de·ranged /dɪréɪndʒd/ *adj.* 乱れた (disordered); 狂った (insane): his ～ mother 心を取り乱した母. 〖(*c*1790): ⇨ ↑, -ed 2〗

de·ránge·ment *n.* **1** 《医学》障害; 錯乱, 発狂: mental ～ 精神錯乱, 乱心 (insanity より軽いもの). **2** 乱すこと, かくらん. **3** 乱れ, 混乱, 狂い. 〖(1737) ◻ F *dérangement*: ⇨ derange, -ment〗

de·rate /dìːréɪt/ *vt.* **1** (英国で)〈産業などに対する地方税を軽減[免除]する. **2** 《電気》…の出力を定格より下げる. ― *vi.* 地方税を減免する. 〖(1928) ← DE-[1]＋RATE[1]〗

de·ra·tion /dìːrǽʃən, -réɪʃ- | -ræʃ-/ *vt.* 〈日用品などを〉配給の枠から除外する. 〖(1920) ← DE-[1]＋RATION〗

de·rat·i·za·tion /dìːræ̀tɪzéɪʃən | -tɪ-/ *n.* 《海事》(特に, 商船内の)ねずみ駆除. 〖(1914) ← DE-[1]＋RAT＋-IZATION〗

de·ray /dɪréɪ/ *n.* 《廃・古》 **1** 動乱, 無秩序, 混乱. **2** (無秩序な)浮かれ騒ぎ, らんちき騒ぎ: dancing and ～. 〖(?*a*1300) *de(s)rai* ◻ AF *de(s)rei*＝OF *desroi* ← *desreer* to put out of order: ⇨ dis-[1], array〗

Der·bent /də(ː)bént, dɛə- | də(ː)bént, dɛə-; *Russ.* dʲɪrbʲént/ *n.* (*also* **Der·bend** /-bénd/) デルベント (ロシア連邦南西部, カスピ海に臨むダゲスタン共和国の都市).

Der·by[1] /dɑ́ːbi, də́ː- | dɑ́ː-/ *n.* ダービー: **1** イングランド中部の都市; 地理上は Derbyshire に囲まれているが行政上は州と別の独立自治体を成す. **2** ＝Derbyshire. **3** [d-] ＝Derby china. 〖OE *Dēor(a)-bȳ* ◻ ON *diur(a)-bȳ* homestead with a deer-park ← *dȳr* 'DEER'〗

Der·by[2] /də́ːbi | dɑ́ː-/ *n.* **1** [the ～] 《競馬》ダービー (英国五大競馬の一つ; イングランドの Epsom 競馬場で, 毎年 Whitsunday 直前または以後の第二 (5 月最後または 6 月最初の)水曜日, 3 歳馬によって行われる; 距離 1[1]/[2] マイル; 1780 年第 12 代 Derby 伯が創設; cf. classic races 1, triple crown 3, Derby Day). **2** (ダービー競馬に類する)大競馬: ⇨ Kentucky Derby. **3** [d-] (だれでも参加できる大きな)レース, トーナメント, 競技: a trout ～ 鱒(ﾏｽ)釣競技 / a bicycle ～ / ⇨ air Derby / a local ～ ⇨ local[1] 1 a. **4** /《英》dɑ́ː-, dɑ́ː-/ [d-] ＝derby hat. **5** [通例 *pl.*] **a** [時に d-] 低いかかとの男性用スポーツ靴. **b** 《英》(古風な編上げの)半長靴 (blucher). **6** 《英》＝Derby recruit. **7** ＝Derby cheese. 〖(1838): その発案者第 12 代 *Earl of Derby* の名にちなむ〗

Der·by[3] /də́ːbi | dɑ́ː-/ *n.* ダービー (男性名). 〖(変形) ← DARBY〗

Derby, Edward (George Geoffrey Smith) Stanley *n.* ダービー (1799-1869; 英国の政治家; 保守党; 首相 (1852, 58-59, 66-68); 称号 14th Earl of Derby).

Dérby chéese *n.* ダービーチーズ (イングランドの Derbyshire で作られる固く圧縮したチーズ; Derby, Derbyshire cheese ともいう). 〖1902〗

Dérby chína *n.* ダービーチャイナ (イングランドの Derby で 18 世紀以来作られている骨灰磁器; Chelsea の職人が Derby に移り王室認可の証として王冠のしるしを付けたので Royal Crown Derby ともいう; cf. Chelsea china).

Dérby Dày *n.* [the ～] ダービー競馬日 (⇨ Derby[2] 1). 〖1838〗

Dérby dòg *n.* 《口語》競馬の走路をうろつく犬; くだらない突然のじゃまもの. 〖1867〗

dérby hát, D- h- *n.* 《米》ダービーハット, 山高帽 (固いフェルト製の丸型帽子, 両縁がそり返っている). 〖1888〗

Dérby recrùit *n.* (第一次大戦当時の英国の)臨時義勇兵. 〖(1917): 第 17 代 *Earl of Derby* (1865-1948) の案 (Derby scheme) による〗

Derbys. 《略》Derbyshire.

Der·by·shire /dɑ́ːbiʃə, -ʃɪə | dɑ́ːbiʃə(r), -ʃɪə(r)/ *n.* ダービーシャー (イングランド中部の州; 面積 2,631 km², 州都 Matlock).

Dérbyshire cháir *n.* ダービーシャーチェア (オーク材製で背にアーチ形の笠木と背板をもった椅子; 英国 17 世紀中ごろ地方で流行した).

Dérbyshire chéese *n.* ＝Derby cheese.

Dérbyshire néck *n.* 《病理》(イングランド Derbyshire 州に多い)甲状腺腫. 〖1802〗

Dérbyshire spár *n.* 《鉱物》ほたる石 (fluorite). 〖1788〗

de re /dèɪréɪ/ *L. adj.* 《論理》事象的な, 事物様相の (表現された文章が特定の事物についての信念を表していること; ⇨ de dicto). 〖◻ L *dē rē* of the thing〗

de·re·al·i·za·tion /dìːrìːəlɪzéɪʃən | -rìəlaɪ-, -rìː-ə-, -lɪ-/ *n.* 《精神医学》現実感消失. 〖(1942) ← DE-[1]＋REALIZATION〗

de·rec·og·nize /dìːrékəgnàɪz | -kɒg-/ *vt.* …の資格認定を取り消す. 〖(1961) ← DE-[1]＋RECOGNIZE〗

de·ref·er·ence /dìːréf(ə)rəns, -fəns | -f(ə)rəns/ *vt.* 《電算》〈ポインター・リンクなど〉から参照先の値[データ]を取得する.

de·reg·is·ter /dìːrédʒɪstə | -tə(r)/ *vt.* …の登記[登録]を取り消す. 〖1924〗

de rè·gle /dəréɡl, -réɪɡl; *F.* dəʀɛɡl/ *F. adj., adv.* 規則通り(の), 常例に従って. 〖◻ F ～: ⇨ de[2], rule〗

de·reg·u·late /dìːréɡjulèɪt/ *vt.* **1** 〈価格・生産などの規制を解く[解除する] (decontrol). **2** 政府の統制[管理]下からはずす. **de·reg·u·la·tion** /dìːrèɡjuléɪʃən/ *n.* **dè·rég·u·là·tor** /-tə | -tə(r)/ *n.* **dè·rég·u·la·to·ry** /-lətɔ̀ːri, -təri, -tri | -təri, -tri/ *adj.* 〖(1964) ← DE-[1]＋REGULATE〗

de·re·ism /dìːríːɪzm, deɪréɪ-/ *n.* 現実を離れ論理に従わない考え; 《心理》非現実性. 〖L *dē rē* away from reality (cf. de[1], real[1])＋-ISM〗

de·re·is·tic /dìːriːístɪk, dèɪreɪ-/ *adj.* 非現実的な. **dè·re·ís·ti·cal·ly** *adv.*

Der·ek /dérɪk/ *n.* デリク (男性名; 愛称形 Derry, Rick, Rickie; 異形, Derrik, Deric). 〖◻ Du. *Dirck*, *Diederick* ＝G *Diederich*: ⇨ Theodoric〗

der·e·lict /dérəlɪkt | -rɪ-/ *adj.* **1** 〈船・家屋など〉見捨てられた, 遺棄[放棄]された; 破滅[荒廃]に瀕した; 顧みられない; おんぼろの: a ～ ship 漂流船 / a ～ company ぼろ会社. **2** 《米》義務怠慢の, 不忠実な, 無責任な: be ～ *of* …を怠る. ― *n.* **1** 遺棄物; (特に)(海上の)遺棄船 (付近航行の船にとって危険な物). **2** 社会から見捨てられた人, 社会の落伍者, 浮浪者. **3** 《米》職務怠慢者. **4** 《法律》海水減退露出地 (海・湖・川などの水の減退によってできた土地; 急激にできた場合は官有地に編入され, 徐々にできた場合は隣接地主の所得となる; cf. dereliction 4). 〖(1649) ◻ L *dērelictus* (p.p.) ← *dērelinquere* to forsake: ⇨ de-, relinquish〗

der·e·lic·tion /dèrəlíkʃən | -rɪ-/ *n.* **1** 放棄, 遺棄. **2** 遺棄された状態. **3 a** (義務・職務の)怠慢: a ～ of duty. **b** 欠点, 短所. **4** 《法律》 **a** 海・河川の水量の減退による新陸地取得 (cf. derelict *n.* 4). **b** 減水増地. 〖(1597) ◻ L *dērelictiō(n-)*: ⇨ ↑, -tion〗

de·re·press /dìːrɪprés/ *vt.* 《生物》〈遺伝子を〉(閉塞状態から解放して)活動的にする. **de·re·pres·sion** /dìːrɪpréʃən/ *n.* 〖(1960) ← DE-[1]＋REPRESS〗

dè·re·prés·sor *n.* 《生物》＝inducer 2.

de·req·ui·si·tion /dìːrèkwəzíʃən | -kwɪ-/ 《英》 *n.* 軍政から民政への転換; 接収解除. ― *vt., vi.* 軍政から民政に返す[返る]; (…の)接収(を)解除する (free). 〖(1945) ← DE-[1]＋REQUISITION〗

de·re·strict /dìːrɪstríkt/ *vt.* …に対する統制を解除する, 〈特に速度〉の制限[規制]を撤廃する: a ～*ed* road 速度規制を解除された道路. **dè·re·stríc·tion** /-stríkʃən/ *n.* 〖(1935) ← DE-[1]＋RESTRICT〗

Dergue /dɚ́ːg | dɜ́ːg/ *n.* [the ～] (エチオピアの)臨時軍事評議会 (1974 年 9 月の Haile Selassie 廃位後の臨時政府; 1988 年 9 月廃止).

de·ride /dɪráɪd/ *vt.* 〔…だと〕あざける, あざ笑う, ばかにする, 愚弄(ｸﾞﾛｳ)する 〔*as*〕 (⇨ ridicule SYN): ～ a person's efforts 人の努力をあざ笑う. 〖(1530) ◻ L *dērīdēre* to laugh, to scorn ← DE-[1]＋*rīdēre* to laugh: cf. ridiculous〗

de·ríd·er /-də | -də(r)/ *n.* あざける人. 〖(1543): ⇨ ↑, -er[1]〗

de·ríd·ing·ly *adv.* あざけって, 嘲笑的に. 〖(1563-87): ⇨ -ing[2], -ly[1]〗

de·rig /dìːríɡ/ *vt.* 〈船・飛行機など〉の rigging を取り外す.

de ri·gueur /dəriɡɚ́ː | dərɪɡɜ́ː(r), deɪ-, diː-; *F.* dəʀiɡœːʀ/ *F. adj., adv.* **1** 礼式[流儀]に従って, 礼儀式上必要で(ある); ぜひとも: Evening dress is ～. 必ず夜会服着用のこと. **2** 流行にかなって(いる). 〖(1833) ◻ F ～: cf. de[2], rigor〗

der·in·ger /dérɪndʒə | -dʒə(r)/ *n.* ＝derringer.

de·ris·i·ble /dɪrízəbl/ *adj.* 嘲笑に値する, 物笑いの種となる. 〖(1657): ⇨ ↓, -ible〗

de·ri·sion /dɪríʒən/ *n.* **1** あざけ(られ)ること, あざけり, 嘲笑, 愚弄(ｸﾞﾛｳ): an object of ～ 嘲笑の的, 物笑いの種 / be the ～ of …からばかにされる / be in ～ 嘲笑されている / bring … into ～ …を物笑いの種にする / hold [have] … in ～ 《古》〈人・言葉などを〉あざける, 愚弄する / in ～ *of* … をばかにして. **2** 《まれ》物笑いの種. 〖(?*c*1408) ◻ (O)F *dérision* ◻ L *dērīsiō(n-)* ← *dērīsus* (p.p.): ⇨ deride, -sion〗

de·ri·sive /dɪráɪsɪv, -zɪv, -ríz-/ *adj.* **1** あざけりの, 嘲笑的な, 愚弄的な: ～ cheers, laughter, etc. **2** 嘲笑に値する(ような), 嘲笑を招くような, 取るに足らない, 滑稽な: a ～ effort つまらない努力. **～·ness** *n.* 〖(*a*1662) ← L *dērīsus*: ⇨ -ive〗

de·rí·sive·ly *adv.* 嘲笑的に, ばかにして, あざけるように. 〖(1665): ⇨ ↑, -ly[2]〗

de·ri·so·ri·ly /dɪráɪsərəli, -zə- | -rɪli/ *adv.* 失笑を買うほどに; ばかにして.

de·ri·so·ry /dɪráɪs(ə)ri, -z(ə)ri/ *adj.* **1** 〈金額など〉(あまりにもわずかで)笑うべきほどの, 失笑を買うような. **2** ＝derisive 1. 〖(1618) ◻ LL *dērīsōrius*: ⇨ derision, -ory[1]〗

deriv. 《略》derivation; derivative; derive; derived.

de·riv·a·ble /dɪráɪvəbl/ *adj.* **1** 〔…から〕導き出せる, 誘導できる, 引き出せる (deducible) 〔*from*〕. **2** (本源にさかのぼって)由来をたどることができる, 推究できる (traceable) 〔*from*〕. 〖(1640) ← DERIVE＋-ABLE〗

der·i·vate /dérəvɪ̀t, -vèɪt | -rɪ-/ *n.* ＝derivative. 〖(1494) ◻ L *dērīvātus* (↓)〗

der·i·va·tion /dèrəvéɪʃən | -rɪ-/ *n.* **1** 由来, 起源: the theory of man's ～ (人間は下等動物から派生したものだという)人間派生論[進化論]. **2** 派生; 派生物. **3 a** 《言語》(語の)派生 (cf. cognation); (語の)起源, 出所, 語源; 語源探求: a word of Greek ～. **b** 《文法》派生(形) (生成文法の用語; 文法規則の適用により記号列 (string) を導き出すこと, および導き出されたもの). **4** 誘導. **5** 《数学》 **a** (定理などの)誘導. **b** 微分. **6** 《医学》(心電図をとる際の)誘導. **～·al** /-ʃənl, -ʃnəl/ *adj.* 〖(?*a*1425) ◻ (O)F *dérivation* ◻ L *dērīvātiō(n-)* ← *dērīvātus* (p.p.): ⇨ derive, -ation〗

de·riv·a·tive /dɪrívətɪv | -tɪv/ *n.* **1** 誘導物, 派生

物. **2** [しばしば *pl.*]〖金融〗金融派生商品, デリバティブ《株式・債券・金利などの通常の金融資産から派生した金融商品》. **3**〖数学〗導関数; 微分係数. **4**〖化学〗誘導体. **5**〖医学〗誘導法, 誘導剤《病的な産物や機転を別の場所に誘導することで治癒を図るもの》. **6**〖言語〗派生語《既存の語と接辞が結合してできた語; 例えば dishonest, friendly, happiness, quickly; cf. radical 4 a, root[1] 7, primitive 3 a》. — *adj.* **1 a**〈作品など〉他人のものを模倣した, 独創的でない. **b**〈本源から〉引き出した, 派生的な (cf. original). **2** 誘導的な. **3**〖法律〗伝来的な, 継受的な, 派生的な: ~ acquisition 派生取得 / ~ action 派生訴訟. **4**〖経済〗派生的な: ~ income / ⇨ derivative deposit. **5**〖言語〗派生による: a ~ word 派生語. **~·ly** *adv.* **~·ness** *n.* 〘(?*a*1425) □ (O)F *dérivatif, -ive* □ LL *dērīvātīvus*: ⇨ ↑, -ive〙

derívative depósit *n.*〖金融〗派生的預金《銀行が本源的預金を支払準備として信用創造により創り出した預金; cf. primary deposit》.

de·rive /dɪ̆ráɪv/ *vt.* **1**〈利益・性質などを〉〈他の物または根源から〉引き出す, 得る〔*from*〕: ~ pleasure [benefit, profit] *from* reading 読書から楽しみ[利益]を得る / ~ one's character *from* one's father 性格を父から受ける / be ~*d from* …から出ている / a word ~*d from* Greek / knowledge ~*d from* experience. **2**〖化学〗〈化合物を〉誘導する: ~ a compound. **3** (源にさかのぼって)…の由来をたずねる (trace); …の由来をたずねて〔…から〕出ていることを明らかにする, …の起源を〔…に〕跡づける〔*from*〕: ~ a word *from* Latin ある語がラテン語から出たことを示す[出たと説く]. **4** (推理によって)引き出す, (演繹(えんえき)的に)推論する. **5**〖数学〗〈関数を〉微分によって導く. **6**《古》〔…へ〕〈流れを〉水源から引く, 〈水を〉呼ぶ〔*to, into, upon*〕. — *vi.* 〔…に〕由来する, 〔…から〕出ている, 発する (⇨ rise SYN); 派生する〔*from*〕: This word ~*s from* Hebrew. この語はヘブライ語に由来している / Her character ~*s from* her father. 彼女の性格は父親譲りだ. **de·rív·er** *n.* 〘(*c*1385) □ (O)F *dériver* // L *dērīvāre* to draw off (liquid) ← DE-[1]+*rīvus* small stream: cf. rival〙

derìved cúrve *n.*〖数学〗導関数のグラフ[曲線].

derìved demánd *n.*〖経済〗派生需要.

derìved fúnction *n.*〖数学〗導関数《関数 $f(x)$ の各点 x における変化率を値とする関数; $f'(x)$ と書く》. 〘1873〙

derìved nóminal *n.*〖言語〗派生名詞(形)《形容詞・動詞から派生した名詞形による表現》.

derìved sét *n.*〖数学〗導集合《位相空間の部分集合の集積点全体の集合; cf. accumulation point, strong derived set》.

derìved únit *n.*〖物理〗誘導単位, 組立て単位《基本単位の組合わせで定められた単位》.

derm[1] /dɚ́ːm | dɜ́ːm/ *n.*〖航空〗ダーム《レーダースコープ上に近接の物体を目立つように映し出すための装置》. 〘(頭字語) ← *d*(*elayed*) *e*(*cho*) *r*(*adar*) *m*(*arker*)〙

derm[2] /dɚ́ːm | dɜ́ːm/ *n.*〖解剖・動物〗= derma[1]. 〘1835–36〙

derm. (略) dermatitis; dermatologist; dermatology.

derm- /dɚːm | dɜːm/ (母音の前にくるときの) dermo- の異形.

-derm /←–(–)dɚːm | -dɜːm/〖生物〗「皮 (skin)」の意の名詞連結形: blasto*derm*, ecto*derm*, endo*derm*, epi*derm*. 〘□ F *-derme* □ Gk *-dermos* having a skin, skinned ← *dérma* (↓)〙

der·ma[1] /dɚ́ːmə | dɜ́ː-/ *n.*〖解剖・生物〗真皮 (corium) (cf. epidermis); (一般に)皮膚 (skin). 〘(1706) ← NL ~ ← Gk *dérma* skin ← *dérein* to skin: cf. tear[1]〙

der·ma[2] /dɚ́ːmə | dɜ́ː-/ *n.*〖料理〗**1** 牛の腸《中に詰め物をして調理するユダヤ料理》. **2** 牛の腸を用いたキシュク (kishke). 〘□ Yid. *derme* (pl.) ← *darm* intestine〙

der·ma- /dɚ́ːmə | dɜ́ː-/ dermo- の異形.

-der·ma /dɚ́ːmə | dɜ́ː-/ (*pl.* **~s, ~·ta** /~tə | ~tə/) 次の意を表す名詞連結形: **1**「皮膚; 皮膚病」: sclero*derma*. **2**「…の皮膚を持つもの」: Helo*derma*. 〘← NL ~ ← Gk *dérma*: ⇨ derma[1]〙

der·ma·bra·sion /dɚ̀ːməbréɪʒən | dɜ̀ːm-/ *n.*〖医学〗皮膚擦傷[剝離]法《ワイヤブラシや紙やすりなどを用いて剝離する》. 〘(1954) ← DERMO-+ABRASION〙

der·mal /dɚ́ːməl, -mḷ | dɜ́ː-/ *adj.*〖解剖・生物〗皮膚に関する, 皮膚上の; 真皮の (cf. epidermal). 〘(1803) ← DERM(A)+-AL[1]〙

der·ma·nys·sid /dɚ̀ːmənɪ́sɪ̆d | dɜ̀ːmənɪ́sɪd/ *adj.*〖動物〗サシダニ科の. 〘← NL *Dermanyssidae* (科名) ← *Dermanyssus* (属名) ← DERMO-+*nyssus* (← Gk *nússein* to prick)〙

Der·map·ter·a /dɚːmǽptərə | dɜː-/ *n. pl.*〖昆虫〗革翅目. **der·máp·ter·an** /-rən/ *adj., n.* **der·máp·ter·ous** /-rəs/ *adj.* 〘(1835) ← DERMO-+-PTERA〙

der·mat- /dɚːmǽt, dɚ́ːmət | dɜ́ːmət, dɜːmǽt/ (母音の前にくるときの) dermato- の異形.

-der·ma·ta /dɚ́ːmətə | dɜ́ːmətə/ -derma の複数形. 〘← NL ~ (pl.) ← -DERMA〙

der·mat·ic /dɚːmǽtɪk | dɜːmǽt-/ *adj.* 皮膚の[に関する]. 〘(1847) □ Gk *dermatikós*: ⇨ dermato-, -ic[1]〙

der·ma·ti·tis /dɚ̀ːmətáɪtɪ̆s | dɜ̀ːmətáɪtɪs/ *n.* (*pl.* ~-**es, -ma·tit·i·des** /-tɪ́tədìːz | -tɪd-/)〖病理〗皮膚炎. 〘(1876): ⇨ ↓, -itis〙

der·mat·o- /dɚːmǽtoʊ, dɚ́ːmətoʊ | dɜ́ːmətə, dɜːmǽtə/「皮膚に関する, 皮膚の」の意の連結形 (dermo-). ★ 母音の前では通例 dermat- になる. 〘← Gk *dérmatos* (gen.) ← *dérma* 'DERMA[1]'〙

der·mat·o·gen /dɚːmǽtədʒɪ̆n, dɚ́ːmətə-, -dʒèn | dɜːmǽtə-, dɜ́ːmətə-/ *n.*〖植物〗原表皮《生長点の最外部の分裂組織層で後に外皮 (epidermis) となる》. 〘(1882): ⇨ ↑, -gen〙

dermàto·glýph·ics /-glɪ́fɪks/ *n.*〖人類学〗**1** [複数扱い] 皮膚紋理《特に, てのひら・足の裏の表面に生じる皮膚隆線の形態》. **2** 皮膚紋理の研究, 皮膚紋理学. **dermàto·glýph·ic** /-glɪ́fɪk←/ *adj.* 〘(1926) ← DERMATO-+GLYPH+-ICS〙

dermàto·gráph·i·a /-grǽfiə/ *n.*〖病理〗= dermographia. 〘1899〙

der·ma·tog·ra·phy /dɚ̀ːmətɑ́(ː)grəfi | dɜ̀ːmətɔ́g-/ *n.* 皮膚の解剖学的記述, 皮膚描記. 〘← DERMATO-+-GRAPHY〙

der·ma·toid /dɚ́ːmətɔ̀ɪd | dɜ́ː-/ *adj.* 皮膚状の. 〘(1851–60) ← DERMATO-+-OID〙

der·màt·o·lóg·ic /-lɑ́(ː)dʒɪk | -lɔ́dʒ-←/ *adj.* = dermatological.

der·mà·to·lóg·i·cal /-dʒɪ̆kəl, -kḷ | -dʒɪ-←/ *adj.* 皮膚科の; 皮膚病学の. 〘1891〙

der·ma·tol·o·gist /dɚ̀ːmətɑ́(ː)lədʒɪ̆st | dɜ̀ːmətɔ́lədʒɪst/ *n.* 皮膚病学者, 皮膚科医. 〘1861〙

der·ma·tol·o·gy /dɚ̀ːmətɑ́(ː)lədʒi | dɜ̀ːmətɔ́l-/ *n.*〖医学〗皮膚病学, 皮膚科学. 〘(1819) ← DERMATO-+-LOGY〙

der·ma·tome /dɚ́ːmətòʊm | dɜ́ːmətəʊm/ *n.* **1**〖解剖〗皮(膚分)節, 皮板《脊髄後根によって支配される皮膚知覚領域》. **2**〖外科〗(植皮用の)ダーマトーム, 採皮刀, 皮膚採取器. **3**〖生物〗真皮節《脊椎動物の胚の背側にある体節で, 将来真皮に発達する部分》. **der·ma·tom·ic** /dɚ̀ːmətɑ́(ː)mɪk | dɜ̀ːmətɔ́m-←/ *adj.* 〘(1888) ← DERMO-+-TOME〙

dermàto·mycósis *n.*〖医学〗皮膚真菌症.

dermàto·myosítis *n.*〖医学〗皮膚筋炎.

der·mat·o·phyte /dɚːmǽtəfàɪt, dɚ́ːmətə- | dɜ́ːmətə-, dɜːmǽtə-/ *n.*〖病理〗皮膚糸状菌《皮膚病の原因になるカビ》. **der·mat·o·phyt·ic** /dɚːmæ̀təfɪ́tɪk, dɚ̀ːmətə- | dɜ̀ːmətə-, dɜːmæ̀tə-←/ *adj.* 〘(1882) ← DERMATO-+-PHYTE〙

dèrmato·phy·tó·sis /-faɪtóʊsɪ̆s | -təʊsɪs/ *n.*〖病理〗皮膚糸状菌病. 〘(1894): ⇨ ↑, -osis〙

dermàto·plàs·ty /-plæ̀sti/ *n.*〖外科〗(皮膚移植による)皮膚形成術. **dermàto·plástic** *adj.* 〘(1879–99) ← DERMATO-+-PLASTY〙

der·ma·to·sis /dɚ̀ːmətóʊsɪ̆s | dɜ̀ːmətə́ʊsɪs/ *n.* (*pl.* **-to·ses** /-siːz/)〖病理〗皮膚病. 〘(1866) ← NL ~: ⇨ dermato-, -osis〙

dermàto·tróp·ic /-trɑ́(ː)pɪk | -trɔ́p-←/ *adj.* = dermotropic. 〘← DERMATO-+-TROPIC〙

-der·ma·tous /dɚ́ːmətəs | dɜ́ːmətəs/「…の皮膚を有する, …皮症の」の意の形容詞連結形: sclero*dermatous*. 〘← -DERMATA+-OUS〙

dèrmato·zóon *n.*〖生物〗皮膚寄生微小動物. 〘← DERMATO-+-ZOON〙

der·mes·tid /dɚːméstɪ̆d | dɜːméstɪd/〖昆虫〗*adj.* カツオブシムシ(科)の. — *n.* カツオブシムシ《カツオブシムシ科の甲虫の総称; 幼虫も成虫も獣皮・毛皮・羊毛・動物標本などの乾燥した動物質を食い荒らす; bacon beetle ともいう》. 〘(1891) ↓〙

Der·mes·ti·dae /dɚːméstədìː | dɜːméstɪ-/ *n. pl.*〖昆虫〗(甲虫目)カツオブシムシ科. 〘← NL ~ ← *Dermestes* (属名: ← DERMO-+Gk *esthíein* to eat)+-IDAE〙

der·mic /dɚ́ːmɪk | dɜ́ː-/ *adj.* = dermal. 〘(1841–71) ← DERMO-+-IC[1]〙

der·mis /dɚ́ːmɪ̆s | dɜ́ːmɪs/ *n.* = derma[1]. 〘(1830) ↓〙

-der·mis /dɚ́ːmɪ̆s | dɜ́ːmɪs/「皮膚; 繊維層」の意の名詞連結形: epi*dermis*. 〘← LL ~ ← Gk *dérma* (↓)〙

der·mo- /dɚ́ːmoʊ | dɜ́ːməʊ/「皮 (skin), 皮膚に関する」の意の連結形 (dermato-). ★ 時に derma- (⇨ -a-), また母音の前では通例 derm- になる: *dermo*logy (= dermatology) / *dermo*graphia (= dermatographia). 〘← NL ~ ← Gk *dérma* 'DERMA[1]'〙

der·mo·graph·i·a /dɚ̀ːməgrǽfiə | dɜ̀ː-/ *n.*〖病理〗皮膚紋画[描記]症. 〘(1900) ← NL ~: ⇨ ↑, -graphy〙

der·moid /dɚ́ːmɔɪd | dɜ́ː-/ *adj.* 皮膚状の (dermatoid). — *n.*〖病理〗= dermoid cyst. 〘*adj.*: 1818; *n.*: 1897〙

dérmoid cýst *n.*〖病理〗皮様嚢(のう)腫, 類皮嚢胞. 〘1872〙

Der·mop·ter·a /dɚːmɑ́(ː)ptərə | dɜːmɔ́p-/ *n. pl.*〖動物〗皮翼目《東南アジア産のヒヨケザル (flying lemur) など》. **der·móp·ter·ous** /-rəs/ *adj.* 〘← NL ~: ⇨ dermo-, -ptera〙

der·mop·ter·an /dɚːmɑ́(ː)ptərən | dɜːmɔ́p-/ *adj., n.*〖動物〗皮翼目の(動物).

Der·mot /dɚ́ːmət | dɜ́ː-/ *n.* ダーモット (男性名). 〘□ Ir. *Diarmaid, Diarmuit* ← OIr. *difharmait* (原義) free from envy〙

der·mo·trop·ic /dɚ̀ːmətrɑ́(ː)pɪk | dɜ̀ːmətrɔ́p-←/ *adj.* 〈ウイルスなど〉(好んで)皮膚を冒す[に寄生する]: ~ viruses 皮膚向性ウイルス. 〘(1926) ← DERMO-+-TROPIC〙

dern[1] /dɚ́ːn | dɜ́ːn/ *v.* 《米方言》 = darn[2]. 〘1853〙

dern[2] /dɚ́ːn | dɜ́ːn/ **1** 《古》暗い (dark). **2** 《廃》秘かな (secret), 隠れた (hidden). 〘OE *d*(*i*)*erne*〙

der·nier /dɛ́ənjeɪ, dɚ́ː-, -nièɪ | dɛ́ə-, dɜ́ː-, déə-; *F.* dɛʁnje/ *F. adj.* 《文語》最後の; 最近の. 〘(1602) □ F ~ 'last, final'〙

dérnier cri /-kríː; *F.* -kʁi/ *F. n.* [the ~] **1** 最後のことば, 決定的意見; 最高権威. **2** 最新のもの, 最新流行 (cf. last word 3). 〘(1896) □ F ~ 'last cry'〙

dérnier res·sort /-rəsɔ́ə | -rəsɔ́ː(r; *F.* -ʁəsɔːʁ/ *F. n.* (*also* **dernier re·sort** /~/) 最後の手段 (last resort). 〘(1641) □ F ~ 'last refuge'〙

der·o /déroʊ | -rəʊ/ *n.* (*pl.* ~s) 《豪俗》**1** 浮浪者 (tramp) **2** 《しばしば戯言》人, やつ. 〘(1971) ← DERELICT+-O〙

der·o- /déroʊ | -rəʊ/「首, のど」の意の連結形. ★ 母音の前では通例 der- になる. 〘← NL ~ ← Gk *dérē* neck〙

der·o·gate /dérəgèɪt | dérə-, díːrə(ʊ)-/ *v.* — *vi.* **1**〔名声・品位・価値などを〕減じる, 損じる;〔祖先などの〕名誉を傷つける, 名を落とす〔*from*〕: Such conduct will ~ *from* his reputation [dignity]. そういう行為は彼の名声[威厳]を損なうだろう / He ~*d from* his ancestors. 祖先の名を辱めるような行為をした. **2**〔標準・原理などから〕逸脱する, 堕落する〔*from*〕. — *vt.* **1** けなす, …の評判を落とさせる. **2** 《古》〔…から〕取り去る, 奪う (take away)〔*from*〕. — /dérəgət, -gèɪt | dérə-, díːrə(ʊ)-/ *adj.* 《まれ》損じた, 名を落とした (debased). **~·ly** *adv.* 〘(*a*1420) ← L *dērogātus* (p.p.) ← *dērogāre* to detract from ← DE-[1]+*rogāre* to ask (cf. rogation)〙

der·o·ga·tion /dèrəgéɪʃən | dèrə-, dìːrə(ʊ)-/ *n.* **1**〔価値・名声・権威などの〕減損, 低下, 降格〔*of, from*〕. **2**〔標準などからの〕逸脱, 堕落〔*of, to*〕; 非難, 軽蔑. **3**〖法律〗(法律・契約・条約などの)部分的取消し, 適用制約. 〘(1422) □ (O)F *dérogation* // L *dērogātiō*(*n-*): ⇨ ↑, -ation〙

de·rog·a·tive /dɪ̆rɑ́(ː)gətɪv | -rɔ́gət-/ *adj.* 〔…の〕品格を下げる, 名声[価値]を傷つけるような〔*of, to*〕. **~·ly** *adv.* 〘(1477) □ OF *derogatif, -ive* // LL *dērogātīvus*: ⇨ derogate, -ive〙

de·rog·a·to·ri·ly /dɪ̆rɑ̀(ː)gətɔ́ːrəli, —←—— | -rɔ́gətərɪ̆-, -trɪ̆-/ *adv.* 軽蔑的に. 〘(1603): ⇨ ↓, -ly[1]〙

de·rog·a·to·ry /dɪ̆rɑ́(ː)gətɔ̀ːri | -rɔ́gətəri, -tri/ *adj.* **1**〈名誉・人格などを〉傷つけるような〔*to*〕: be ~ *to* one's rank, dignity, etc. **2**〈言葉の意味など〉軽蔑的な: 'Politician' is often used in a ~ sense.「政治屋」という言葉はしばしば軽蔑的な意味に用いられる. **de·róg·a·tò·ri·ness** *n.* 〘(1502–3) □ LL *dērogātōrius*: ⇨ derogate, -ory[1]〙

der·rick /dérɪk/ *n.* **1** デリック, デリック起重機《船などの貨物つり上げ装置》. **2** (石油坑などの)油井やぐら. — *vt.* **1** derrick でつり上げる[つり上げて下ろす]. **2** 《米俗》〖野球〗〈投手を〉(救援投手 (relief pitcher) と交代させるために)ゲームから降ろす, 降板させる. 〘(*c*1600) (原義) hangman, gallows ← *Derrick* (1600 年ごろの Tyburn の死刑執行人): ↓〙

Der·rick /dérɪk/ *n.* デリック (男性名). 〘(変形) ← DEREK〙

dérrick pòst *n.*〖海事〗デリックポスト《デリックを取り付けた柱; 通例, 通風筒をかねる》.

Der·ri·da /dèrɪdɑ́ː, —←— | dérɪdə, dɛ-, dérɪ̆də; *F.* dɛʁida/, **Jacques** *n.* デリダ (1930– ; アルジェリア生まれのフランスの哲学者; deconstruction を提唱).

der·ri·ere, der·rière /dèriéə, —←— | dèrièə(r, —←—; *F.* dɛʁjɛːʁ/ *F. n.* 《口語》(人間の)尻, 臀部(でんぶ) (buttocks). 〘(1774) □ F *derrière* 'behind, back' < LL *dē retrō*〙

der·ring-do /dèrɪŋdúː | dèr-, dèər-/ *n.* (*pl.* **der·rings-do**) 《文語》大胆な行動, 必死の勇: deeds of ~. 〘(1579) (転訛) ← ME *dorryng don* daring to do ← *durre*(*n*) 'to DARE[1]'+*don* 'to DO[2]': Spenser が誤って名詞句と考えたことによる〙

der·rin·ger /dérɪ̆ndʒə | -dʒə(r/ *n.* 《米》デリンジャー (口径が太く銃身の短い 2 連のポケットピストル). 〘(1853) ← *Henry Deringer* (1786–1868: その発明者である米国人)〙

der·ris /dérɪ̆s | -rɪs/ *n.* **1**〖植物〗デリス (*Derris elliptica*) (東インド諸島産のマメ科デリス属のつる植物). **2** デリス《デリスの根から採った液状または粉末の毒素; 殺虫剤などに用いる》. 〘(1860) ← NL ~ ← Gk *dér*(*r*)*is* a covering ← *dérein* to skin〙

der·ro /déroʊ | -rəʊ/ *n.* = dero.

der·ry[1] /déri/ *n.* 《豪》嫌悪, 毛嫌い (prejudice): have a ~ *on* …を毛嫌いする. 〘(1896) ← *derry down*: 歌の折返し句からか〙

der·ry[2] /déri/ *n.* 《俗》遺棄された建物, 廃屋. 〘(1968) ← DER(ELICT)+-Y[2]〙

der·ry[3] /déri/ *n.* バラッドなどの折返しに用いられる意味のない文句[はやし言葉]. 〘(*a*1553) ← ?〙

Der·ry /déri/ *n.* = Londonderry.

dérry·dòwn *n.* = derry[3].

der Tag /dɛətɑ́ːk | dɛə-; *G.* deːtáːk/ *G. n.* **1** ドイツが「東方への進出」(Drang nach Osten) を開始する日, (旧ドイツ国家主義者たちが)世界征服に着手する日. **2** 決行の日, 重要な日, 記念すべき開始の日: *Der Tag* will never be realized. 決行の日は決して実現しないだろう. 〘□ G ~ 'the day': cf. D day〙

de·rust /dìːrʌ́st/ *vt.* …のさびをとる.

derv /dɚ́ːv | dɜ́ːv/ *n.* 《英》ディーゼル用燃料油[重油]. 〘(1948) (頭字語) ← *d*(*iesel*) *e*(*ngined*) *r*(*oad*) *v*(*ehicle*)〙

der·vish /dɚ́ːvɪʃ | dɜ́ː-/ *n.* **1** デルウィーシュ, ダルウィーシュ《イスラム教の熱狂派修道僧; 神秘主義 (Sufism) から出発し, 12 世紀頃から神と神秘的に強く結びつく宗教上の指導者の下に一団の修行僧が集まり, 神を念じつつ恍惚状態に入り, 信徒たちをひきつけた; ことに中世においては宗教的・政治的に大きな役割を果たしたが, 今日でも正統派イスラムからは必ずしも認められない形で, なおもイスラム地域に根強く存続している》. **2** 激情に身を任せて踊り狂う人.

〘(1585) ◻ Turk. *dervīsh* ◻ Pers. *darvīsh* beggar, religious mendicant〙

Der·went /dɑ́ːwənt, -wènt | dɑ́ː-/ *n.* [the ~] ダーウェント川: **1** イングランド North Yorkshire 州の川 (92 km). **2** イングランド Derbyshire 州の川 (97 km). **3** イングランド Cumbria 州の川 (54 km). **4** Tasmania 島南部の川 (172 km). 〘OE *Deorwente* 《原義》 river where oaks grow abundantly ◻ Brit. *Derventiō* ← **dervā* oak (cf. Welsh *derw* oak)〙

Dérwent Wáter *n.* ダーウェント湖《イングランド Cumbria 州湖水地方の湖の一つ(周囲約 5 km)》.

D

Der·zha·vin /dɛəʒɑ́ːvɪn; *Russ.* dʲɪrʒávʲin/, **Gav·ri·la Ro·ma·no·vich** /gavrʲílə ramánəvʲɪtʃ/ *n.* デルジャービン《1743–1816; ロシアの詩人; Catherine 大帝をたたえた頌詩 *Felitsa* (1783) で文名を得た》.

des /deɪ; *F.* de/ *prep.* フランス語の人名に現れる: François ~ Adrets. 〘◻F ~ 《縮約》← *de les*〙

DES /dìːìːés/ 《略》 Department of Education and Science (1992 年に Department for Education となる); 《米》 Department of Employment Security; diethylstilbestrol.

des- /dɛz, dɛs/ *pref.* 《母音の前にくるときの》 de-[1,2] の異形: *desaminate, desoxy*. 〘◻F *dés-*: ⇨ de-[2]〙

de·sa·cral·ize /dìːséɪkrəlàɪz, -sǽk- | -séɪk-/ *vt.* 〘文化人類学〙 非神聖化する, …のタブーを解く《例えばすべての収穫は神聖で触れるべからざるものであるが, その初穂を神にささげることによって他の残りのものが非神聖化されて自由にそれを食することができるようになるなど》. 〘(1911) ← DE-[1] + SACRAL[2] + -IZE〙

dés·ag·ré·ment /dèɪzægreɪmɑ́ː(ŋ), -mɑ́ːŋ; *F.* dezagʀemɑ̃/ *F. n.* 不愉快[いや]なこと. 〘◻F ~ 'disagreement'〙

De·sai /desáɪ, déɪsaɪ/, **Morarji (Ranchhodji)** *n.* デサイ《1896–1995; インドの政治家; 首相 (1977–79)》.

de·sal·i·nate /dìːsǽlənèɪt | -lɪ̀-/ *vt.* = desalt. **de·sal·i·na·tion** /dìːsæ̀lənéɪʃən | -lɪ̀-/ *n.* **dè·sál·i·nà·tor** /-tə | -tə(r)/ *n.* 〘1949〙

de·sal·i·ni·za·tion /dìːsæ̀lənɪ̀zéɪʃən | -lɪ̀naɪ-, -nɪ-/ *n.* 《海水などを飲用に供するための》塩分の除去, 淡水化; 《土壌などに水を通して》塩分をなくすこと. 〘(1963) ← DE-[1] + SALINIZATION〙

de·sal·i·nize /dìːsǽlənàɪz | -lɪ̀-/ *vt.* = desalt. 〘1963〙

de·salt /dìːsɔ́ːlt | -sɔ́ːlt, -sɔ́lt/ *vt.* 〈海水など〉から塩分を除く. **~·er** /-tə | -tə(r)/ *n.* 〘(*c*1904) ← DE-[1] + SALT〙

des·am·i·dase /dɛsǽmədèɪs, -dèɪz | -mɪdèɪs/ *n.* 〘生化学〙 デスアミダーゼ (⇨ deamidase). 〘← DES- + AMIDO- + -ASE〙

des·am·i·nase /dɛsǽmənèɪs | -mɪ̀-/ *n.* 〘生化学〙 デスアミナーゼ (⇨ deaminase). 〘← DES- + AMINO- + -ASE〙

de·sa·pa·re·ci·do /dèɪzəpæ̀rəsíːdoʊ, -pèr- | -pæ̀rəsíːdəʊ/ *n.* (*pl.* **~s**) 《中南米における》行方不明者, デサパレシード《特に アルゼンチンの軍事政権下 (1976–83) で政府機関や軍によって誘拐暗殺された者》. 〘(1977) ← Sp. ~ 'missing (person)' ← p.p. of *desaparecer* 'to disappear'〙

De·sargues /deɪzɑ́ːg | -zɑ́ːg; *F.* dezaʀg/, **Gérard** *n.* デザルグ《1591–1661; フランスの数学者; 射影幾何学の端緒を開いた》.

Desárgues's théorem *n.* 〘数学〙 デザルグの定理《二つの三角形の対応する頂点を結ぶ直線が一点に会すれば, 対応する辺またはその延長の交点は一直線上にあるという定理》. 〘← *G. Desargues*〙

de·sat·u·rate /dìːsǽtʃərèɪt, -tʃʊ-/ *vt.* 〘化学〙 飽和されないようにする, 不飽和にする. 〘(1911) ← DE-[1] + SATURATE〙

de·scale /dìːskéɪl/ *vt.* …の湯あか[さび]を除去する. 〘(1932) ← DE-[1] + SCALE[3]〙

des·ca·mi·sa·do /dɛskæ̀məsɑ́ːdoʊ | -mɪsɑ́ːdəʊ; *Sp.* deskamisáðo/ *n.* (*pl.* **~s**) **1** 1820–23 年のスペイン革命のときの極端な自由主義者; 《一般に》過激な革命家. **2** 《アルゼンチンの》労働者, 《特に》恵まれない労働者. 〘(1823) ◻ Sp. ~ 《原義》 shirtless: cf. sansculotte〙

des·cant /déskænt/ *n.* **1** 〘音楽〙 **a** ディスカントゥス, ディスカント《中世ルネサンスの多声音楽で, テノール声部の定旋律 (cantus firmus) の上にしばしば即興的に歌われる対位声部(旋律)》. **b** 《中世における》多声音楽の書法[唱法]. **c** 多声音楽のソプラノまたは最高音声部. **d** 《賛美歌の》主旋律を装飾する高音声部. **2** 論評: a ~ *on* a theme. **3** 《詩》 調べ, 歌曲, 歌. — *adj.* 《英》〘音楽〙 最高音部の, ソプラノの: a ~ viol ディスカント[トレブル]ヴィオール / a ~ recorder ソプラノリコーダー[縦笛]. — /déskænt, dɛskǽnt, dɪ̀s- | dɪ̀skǽnt, dɛs-/ *vi.* **1** 〔…について〕《特にほめて》いろいろと述べ立てる, 詳しく説く, 論じる (dwell) 〔*on, upon*〕. **2** 〘音楽〙 **a** 《古》 ディスカントゥス[ディスカント]を歌う[演奏する]. **b** 《賛美歌などの》主旋律を高音域で装飾する. **3** 歌う (sing). **~·er** /-tə | -tə(r)/ *n.* 〘(*c*1400) ◻ OF *deschant* (F *déchant*) ◻ ML *discantus* ← DIS-[1] + L *cantus* melody (cf. chant)〙

déscant clèf *n.* 〘音楽〙 ソプラノ記号《五線の第一線上, すなわち最下線上に置いたハ音記号》.

Des·cartes /deɪkɑ́ːt | déɪkɑːt, ─ ─; *F.* dekaʀt/, **René** *n.* デカルト《1596–1650; フランスの哲学者・数学者, 近代哲学の祖; *Les Discours de la Méthode*「方法叙説」(1637)》. ★ ラテン語系形容詞: Cartesian.

de·scend /dɪ̀sénd/ *vi.* **1 a** 下る, 降りる (↔ ascend): ~ *from* a hill [carriage, tree] / The river ~*ed to* the lake. 川は下って湖に注いでいた / The elevator ~*ed* rapidly *to* the 3rd floor. エレベーターはどんどん 3 階まで降りた. **b** 〈雲・霧・蒸気などが〉降りる, 下がって来る, たれこめる. **c** 〈夜・暗やみなどが〉訪れる. **d** 〈神などが〉(天などから)現れる; 〈死・恐怖などが〉襲う. **2** 〈丘・道などが〉下りになる, 《下方に》傾斜する: The hill ~*s* abruptly *toward* the south. 山は南の方に急に下りになる. **3** 〈性質・財産・特権などが〉〔祖先から子孫などへ〕伝わる, 伝来する, 遺伝する〔*from, to*〕: ~ *from* ancestors *to* offspring 祖先から子孫に伝わる / ~ *from* father *to* son 父子相伝である. **4 a** 身を落とす, 身を屈して…する, 〔卑劣な手段などを〕用いる (stoop) 〔*to, to doing*〕: He never ~*s to* such meanness. 決してそんなけちなことはしない / He ~*ed to* begging. 彼はこじきをするほど身を落とした. **b** 〔悪い状態に〕はまりこむ〔*into*〕. **5 a** 〈鳥が〉〔…に〕舞い降りる; 飛びかかる; 〈人などが〉〔…を〕不意に襲う, 襲来する〔*on, upon*〕: ~ *upon* an enemy 敵を急襲する. **b** 《突然》〔…に〕押しかけていく, 〔…を〕訪問する〔*on, upon*〕: He ~*ed upon* me with a large party. 彼は大勢で私の所に押しかけてきた. **c** 〈雰囲気・感情などが〉〈人・場所を〉覆う〔*on*〕. **d** 〈激怒などが〉〈人を〉見舞う〔*on, upon*〕: His anger ~*ed upon* us. 彼の怒りは我々の上に落ちてきた. **6** 〘天文〙〈天体が〉地平線に近づく. **7** 〈数が〉少なくなる; 〈音が〉低くなる. **8** 〔概略から詳細に, または重要なことからそうでないものに〕説き及ぶ〔*from, to*〕: ~ *from* the general *to* the particular 概論から各論にはいる. **9** 《まれ》〈人が〉〔…から〕系統を引く〔*from, of*〕. ★ この意味では今は *vt.* 2 の用法の方が普通. **10** 〘印刷〙〈活字が〉並び線より下に出る: ⇨ descending letter.
— *vt.* **1** 〈坂・階段・川などを〉下る, 降りていく (↔ ascend): ~ a hill [staircase, river]. **2** 〔受身に用いて〕〔…の〕子孫である〔*from*〕: He *is* ~*ed from* an ancient family. 彼は古い家柄の出である / *Is* man ~*ed from* the apes? 人類の祖先は類人猿か.
〘(?*a*1300) *descende(n)* ◻ (O)F *descendre* < L *dēscendere* to sink ← DE-[1] + *scandere* to climb (⇨ scan)〙

de·scend·a·ble /dɪ̀séndəbl̩/ *adj.* = descendible. 〘(1495) ◻ OF ~: ⇨ ↑, -able〙

de·scen·dant /dɪ̀séndənt/ *n.* **1** 子孫, 後裔(こうえい) (↔ ancestor, ascendant): a direct ~ 直系卑属(の人) / the ~*s* of a respectable family 立派な家柄の人たち. **2** 《慣習・思考などの》もとの形[初期の形]に《機能・性格などが》由来するもの, 後期の姿 (cf. precursor, prototype): The present-day type of concerto is a ~ of the concerto grosso prevalent in the 17th and 18th centuries. 今日のコンチェルトの形式は 17–18 世紀に流行したコンチェルトグロッソに由来している. **3** 《学問・芸術などの》師の忠実な祖述者, 信奉者, 弟子. **4** 〘占星〙 下降点.
in [*on*] *the descéndant* 衰えかけて, 下り坂で: His fortune was *on the* ~. 彼の運勢は下り坂だった.
— *adj.* = descendent.
〘(*c*1460) ◻ F ~ (pres.p.): ⇨ descend, -ant〙

de·scen·dent /dɪ̀séndənt/ *adj.* **1** 下降(性)の, 落下する (↔ ascendant). **2** 《祖先》伝来の; 〔…から〕派生の〔*from*〕. — *n.* 《まれ》 = descendant. 〘(*c*1460) ◻ L *dēscendentem* (pres.p.): ⇨ descend, -ent〙

de·scénd·er *n.* **1** 降りる人. **2** 《高所から物を下に運ぶ》直立コンベヤー. **3** 〘活字〙 **a** = descending letter. **b** ディセンダー《p, q, j, y などの, エックスハイト (x height) より下に出る部分; cf. ascender》. 〘(1667): ⇨ -er[1]〙

de·scen·deur /dèsɑ̃ː(n)dɜ́ː, -sɑːn- | -dɜ́ː(r); *F.* desɑ̃dœːʀ/ *n.* 〘登山〙 デサンドール《ザイルの摩擦によって制動をかける金属製懸垂下降器》. 〘◻F ~ ← *descendre* 'to DESCEND'〙

de·scend·i·ble /dɪ̀séndəbl̩ | -dɪ̀bl̩/ *adj.* **1** 《子孫に》伝えられる, 伝承される, 遺贈できる (devisable). **2** 降りられる, 下ることができる. — *n.* **1** 下降. **2** 《Shak》 家柄, 血筋. 〘(1622) 《変形》← DESCENDABLE: ⇨ -ible〙

de·scend·ing /dɪ̀séndɪŋ/ *adj.* 下って行く, 落下の, 下向きの (↔ ascending); 〘植物〙 下行の; 〘医学〙 下行する, 下行性の: ~ aestivation 〘植物〙 下行の芽層 / ~ powers 〘数学〙 降冪(こうべき) / a ~ scale 〘音楽〙 下降音階. — *n.* **1** 下降. **2** 《Shak》 家柄, 血筋. 〘(1642): ⇨ -ing[2]〙

descénding aórta *n.* 〘解剖〙 下行大動脈 (cf. ascending aorta).

descénding cólon *n.* 〘解剖〙 下行結腸.

descénding létter *n.* 〘活字〙 ディセンダー文字 (descender) 《エックスハイト (x height) より下に出た部分を持つ小文字; p, q, j, y など; cf. ascending letter》.

descénding nòde *n.* 〘天文〙 降交点 (cf. ascending node). 〘1696〙

descénding rhythm *n.* 〘詩学〙 = falling rhythm.

de·scen·sion /dɪ̀sénʃən/ *n.* **1** 降等, 格下げ (abasement). **2** 〘占星〙 最低星位《人の運命を支配する星(とりわけ惑星)の影響が最も少ないと考えられている黄道上の位置; ↔ exaltation》. **3** 《古》 降下, 下降 (descent). 〘(1391) ◻ OF ~ ◻ L *dēscēnsiō(n-)* ← *dēscensus* (p.p.): descend, -sion〙

de·scent /dɪ̀sént/ *n.* **1** 降下, 下山 (↔ ascent): a sudden ~ 急降下 / make a slow ~ 徐々に降りる / during the ~ of the mountain 下山中に. **2** 《下向》急斜面, 下り坂, 下り道; 下り階段[通路]: a gradual ~ *toward* the sea 海の方へのゆるやかな傾斜 / There is a steep ~ in the road. 道路は険しい下り坂になっているところがある. **3** 《地位などの》転落, 身を落とすこと: a ~ *from* the sublime *to* the ridiculous 崇高から滑稽への転落. **4 a** 家系, 血統 (lineage): be in a line of direct ~ *from* … の直系(卑属)である / trace one's ~ *to* [from] …まで血統をさかのぼる, …の子孫であること(を言う) / a person of Irish ~ アイルランド系の人 / a person of noble ~ 高貴な家柄の人 / by ~ 生まれ[家系]は. **b** 〘生物〙 《種の》起源, 系譜: the ~ of man 人間の起源 **5 a** 〔…への〕《特に, 海からの》襲来, 急襲, 不意の侵入; 《警官隊などの》突然の手入れ, 臨検 (raid) 〔*on, upon*〕: make a ~ *upon* the coast [a fortress] 沿岸[要塞]を急襲する. **b** 《人の》突然の訪問, 押しかけ: the ~ *of* a whole army of friends 大勢の友人の突然の訪問. **6** 〘法律〙 不動産相続: the ~ of property *from* father *to* son. **7** 遺伝: the ~ of genetic characteristics 遺伝特性の遺伝. **8** 〘解剖〙 下降. **9** 〘病理〙 下垂. **10** 〘集合的〙《古》 子孫 (descendants). **11** 《廃》《系統中の》一世代 (generation): a lineal succession of four ~*s* 四代続き.
Descént from the Cróss 〘美術〙 [the —] = DEPOSITION from the Cross.
〘(?*a*1300) ◻ (O)F *descente* ← *descendre* 'to DESCEND'〙

Des·champs /deɪʃɑ́ː(ŋ), -ʃɑ́ːŋ; *F.* deʃɑ̃/, **Émile** *n.* デシャン《1791–1871; フランスの詩人・劇作家; 本名 Émile Deschamps de Saint Armand》.

Deschamps, Eus·tache /østaʃ/ *n.* デシャン《1346?–?1406; フランスの詩人; 女性の諷刺で知られる》.

de·school /dìːskúːl/ *vt.* 〈社会など〉から伝統的な学校制度を廃止する. 〘(1971) ← DE-[1] + SCHOOL[1]〙

Des·chutes /deɪʃúːt/ *n.* [the ~] デシュート(川)《米国 Oregon 州中部を流れ Columbia 川に注ぐ川 (402 km)》. 〘← F *rivière des chutes* river of the falls〙

des·cloi·zite /deɪklɔ́ɪzaɪt, dɪ̀-/ *n.* 〘鉱物〙 バナジン鉛鉱 ($(ZnCu)Pb(VO_4)(OH)$) 《主として鉛と亜鉛の塩基性バナジン酸塩を成分とする鉱物; 色は深紅色から褐色, 黒色に及ぶ》. 〘(1854) ◻ F ~ ← *A. L. O. L. Des-cloizeaux* (1817–97: フランスの鉱物学者): ⇨ -ite[1]〙

de·scram·ble /dìːskrǽmbl̩/ *vt.* = unscramble.
de·scrám·bler /-blə, -bl̩ə | -blə(r), -bl̩-/ *n.*
〘← DE-[1] + SCRAMBLE〙

de·scrib·a·ble /dɪ̀skráɪbəbl̩/ *adj.* 記述[叙述]できる, 描写できる. 〘(1802): ⇨ ↓, -able〙

de·scribe /dɪ̀skráɪb/ *vt.* **1** 〈人物・景色・状況などの〉の特徴[状態]を述べる, …を記述[叙述]する, 《言葉で》描写する; 〈人を〉〔…と〕評する, 〔…であると〕述べる〔*as*〕: ~ a scene [a man] 場面[人物]を描写する / He ~*d* the thief [accident] *to* the police. 彼は賊の様子[事故の模様]を警察に説明した / They ~*d* themselves *as* poets. 彼らは詩人だと自称した / He is ~*d as* (being) a great scholar. 彼は大学者だといわれている / I can't (exactly) ~ it *as* pleasant. それが愉快であるとは言いかねる. **2** 表示する (denote), …の兆候である: Aggressiveness often ~*s* inferiority complex. けんか腰はしばしば劣等感の現れである. **3 a** 〘数学〙〈線・図形を〉描く, 作図する: ~ a triangle [circle]. **b** 〈天体などが〉〈円形などを〉描いて動く; 〈円形・長円形に〉動く: The sun ~*s* a circle. 太陽は円を描いて動く / ~ a rather curved line [path] homeward 《戯言》 かなり曲がった線を描いて[道をたどって]家へ帰る. **4** 《古・俗用》 = descry. **de·scríb·er** *n.* 〘(?*a*1200) ◻ OF *descrivre* ◻ L *dēscrībere* to copy or sketch off: ⇨ de-[1], scribe[1]〙

de·scri·er /dɪ̀skráɪə | -skráɪə(r)/ *n.* 発見者. 〘(1599–1623) ← DESCRY + -ER[1]〙

de·scrip·tion /dɪ̀skrípʃən/ *n.* **1** 記述, 叙述, 説明, 描写; 叙述的描写, 叙事文: a detailed ~ *of* the locality その場所の詳細な記述 / give a short verbal ~ *of* what one has seen 見てきたことを手短に口述する / beyond ~ = past (all) ~ 言い尽くせない / beggar (all) ~ ⇨ beggar *vt.* 2. **2** 《物品の》説明書, 解説; 人相書: a ~ *of* a person's appearance / a person answering (to) [fitting] that ~ その人相書にぴったりの人物. **3** 種目, 種類; 等級; 《商品の》銘柄: a sale on ~ 銘柄取引 / a person of that ~ そのような人 / bicycles of every ~ [all ~*s*] あらゆる種類の自転車 / a speech *of* the poorest ~ お粗末きわまりない演説. **4** 〘数学〙〔図形を〕描くこと, 作図〔*of*〕: the ~ *of* a circle. **5** 〘哲学〙 = KNOWLEDGE by description. 〘(*c*1380) ◻ (O)F ~ ∥ L *dēscrīptiō(n-)* ← *dēscrīptus* (p.p.): ⇨ describe, -tion〙

de·scrip·tive /dɪ̀skríptɪv/ *adj.* **1** 記述的な, 叙述的な, 描写する, 叙景的な, 記事(文)体の; 図形描写の; 説明的な: a ~ style 記述体 / a ~ passage in a book 本の中の描写[叙景]的な一節 / a ~ science 《観察による事象の記述を主とする》記述科学 (cf. EXPLANATORY science) / ~ writing [poetry] 叙景文[詩] / a ~ writer 叙景的作家 / a ~ catalogue 解説付き目録 / a book ~ *of* adventures 冒険を描いた本. **2** 〘哲学〙 観察[経験]の, 事実に関する[基づく]; 記述的な: ~ judgements 記述(的)判断. **3** 〘文法〙 **a** 記述的な《normative, prescriptive, historical, comparative などに対して, 現在あるがままの言語の構造記述にいう》: ~ grammar 記述文法. **b** 説明的な, 記述的な (cf. limiting). **~·ly** *adv.* **~·ness** *n.* 〘(1751) ◻ LL *dēscrīptīvus*: ⇨ ↑, -ive〙

descríptive ádequacy *n.* 〘文法〙 記述的妥当性: achieve ~ but not explanatory adequacy 記述的妥当性には達しているが, 説明的妥当性には達していない.

descríptive ádjective *n.* 〘文法〙 記述形容詞《a *red* rose, a *useful* book の red, useful のように名詞の意味内容の範囲を制限するよりはその形状・性質などを説明するもの; cf. limiting adjective》. 〘1933〙

descríptive cátaloging *n.* 〘図書館〙 記述目録法《図書館資料の目録を作成するために, 著者・書名・出版社・ページ数などを記述する方法; cf. subject cataloging》.

descríptive cláuse *n.* 〘文法〙 記述節《This year, *which has been dry*, is bad for the crops. 中の形容詞節のように名詞を限定しないで説明するもの; cf. restrictive clause》. 〘1903〙

descríptive geómetry *n.* 画法幾何学《空間図

形を平面上に正確に描く方法を研究し，機械・建築物の設計・空中写真測量などに役立てる学問); (一般に)投影法を利用する幾何学. 〖1824–25〗

descríptive linguístics *n.* 記述言語学《歴史的起源や発達とは無関係に特定時期における特定言語を記述する言語学の一分野; cf. historical linguistics》. 〖1927〗

descríptive notátion *n.* 〘チェス〙英米式記譜方式《駒の位置を表す列を QR, QB, KP, K, Q などとする方式》.

descríptive statístics *n.* 〔単数扱い〕〘統計〙記述統計学《数理統計学の一種で，大量観察によるデータを標本として解析し，母集団を数量的に記述する; 推計学 (inductive statistics) に対し，従来の統計学を指していう》.

de·scríp·tiv·ìsm /-tɪ̀vɪzm | -tɪ-/ *n.* **1** 〘哲学〙経験主義, 記述[事実](中心)主義 (↔ prescriptism). **2** 〘言語〙記述主義 (cf. prescriptivism). 〖(1961) ← DESCRIPTIVE＋-ISM〗

de·scríp·tiv·ist /-tɪ̀vɪst | -tɪvɪst/ *n.* **1** 〘哲学〙記述[事実]主義者. **2** 〘言語〙記述主義者. **de·scrip·tiv·is·tic** /dɪ̀skrɪ̀ptɪ̀vístɪk | -tɪ-ˈ-/ *adj.* **de·scrip·tiv·ís·ti·cal·ly** *adv.* 〖(1952) ← DESCRIPTIVE＋-IST〗

de·scrip·tor /dɪ̀skríptə | -tə(r)/ *n.* 〘情報処理〙記述子, デスクリプター《情報の類別・索引に用いる語句[英数字]》. 〖1933〗

de·scry /dɪ̀skráɪ/ *vt.* 《文語》 **1** 〈遠くにあるものを〉(肉眼で)かすかに認める; (海上で)〈遠い陸地などを〉はるかに認める: ~ an island far away はるかに島影を認める. **2** (観測・調査によって)見出す, 見つける (detect). — *n.* 《古》遠くから見つける[見る]こと. 〖(*c*1300) *descrie*(*n*) □ OF *descrier* 'to DECRY'〗

Des·de·mo·na /dèzdəmóʊnə | -dɪ̀məʊ-/ *n.* デズデモーナ: **1** 女性名. **2** Shakespeare 作の悲劇 *Othello* の主人公 Othello の若い貞淑な妻; Othello は誤った嫉妬から妻を殺す. 〖← ? Gk *dusdaimonía* misery, the ill-fated〗

des·e·crate /désɪ̀krèɪt/ *vt.* **1** …の神聖さを汚す; …からその神聖さをはぎとる; 〈神聖な物を〉俗用に供する. **2** 無礼[軽蔑的]な扱いをする. 〖(1674) ← DE-¹＋(CON)SECRATE〗

dés·e·cràt·er /-tə | -tə(r)/ *n.* (*also* **dés·e·crà·tor** /~/) 神聖を汚す人. 〖(1882): ⇨ ↑, -er¹〗

des·e·cra·tion /dèsɪ̀kréɪʃən/ *n.* 神聖を汚すこと, 冒瀆(ぼうとく) (⇨ sacrilege SYN). 〖(*a*1717) ← DESECRATE＋-ION〗

de·seed /diːsíːd/ *vt.* …の種子をとる.

de·seg·re·gate /dìːségrɪ̀gèɪt/ *vt.*, *vi.* (軍務・教育などで)(…の)人種差別待遇[隔離]を廃止する (cf. integrate, segregate). **de·seg·re·ga·tion** /dìːsègrɪ̀géɪʃən/ *n.* **dè·sèg·re·gá·tion·ist** /-ʃ(ə)nɪ̀st | -nɪst/ *n.*, *adj.* 〖(1952) ← DE-¹＋SEGREGATE〗

de·se·lect /dìːsɪ̀lékt/ *vt.* **1** 《米》(不適任などの理由で平和部隊などの)〈訓練生を〉訓練中に外す. **2** 〘電算〙…を切断する. **3** 《英》〘政治〙〈現職議員を〉再選候補から外す, 公認しない. **dè·se·léc·tion** *n.* 〖(1965) ← DE-¹＋SELECT〗

de·sen·si·tize /dìːsénsətàɪz | -sɪ̀-/ *vt.* **1** 〘写真〙〈感光材料〉の感(光)度を減じる, 減感する. **2** 〘生理〙**a** (外的刺激に対して)…の敏感性を軽減する; 鈍感にする, 知覚を鈍麻させる. **b** 脱感作(だっかんさ)する, 除感作する. **3** 〘精神医学〙…を(不安刺激に対して)脱感作する, 不感性にする, 正常の精神状態に戻す; 催眠術にかからないようにする. **4** (感情面で)無感覚[無頓着]にする, 冷淡にする. **5** 〘印刷〙〈平版の非画線部を〉不感脂化する. **de·sen·si·ti·za·tion** /dìːsènsətɪ̀zéɪʃən | -sɪ̀taɪ-, -tɪ-/ *n.* 〖(1898) ← DE-¹＋SENSITIZE〗

de·sén·si·tìz·er *n.* 〘写真〙減感剤. 〖(1921): ⇨ ↑, -er¹〗

de·ser·pi·dine /dɪ̀sɚ́ːpɪ̀dìːn, -dɪ̀n | -səːpídiːn/ *n.* 〘薬剤〙デセルピジン《ジャボクの一種より抽出したアルカロイドで血圧降下剤・鎮静剤》. 〖← NL (*Rauwolfia*) *serpentina* (この薬剤の原料植物の学名)〗

des·ert¹ /dézət | -zət/ *n.* **1** 砂漠; 荒野, 不毛の[無人の]土地 (⇨ waste SYN): the Sahara *Desert*＝the *Desert* of Sahara / ⇨ desert ship. 日英比較 日本語の「砂漠」は一般に砂原を思わせるが, アメリカ合衆国の *desert* は, サハラ砂漠などの砂漠とは異なり, 岩石が多く巨大なサボテンなどの生えた人の住めない荒野をいう. **2** (ひどく)殺風景な[無味乾燥な, 近寄り難い]場所; 寂しい心の世界; 単調な[おもしろ味のない, 不活発な]場所[時代, 主題など]: lost in a ~ *of* doubt どうしようもない疑いにとらわれて / a cultural ~ 文化的砂漠. **3** 荒れ地《もと米国の Mississippi 川から Rocky 山脈間の不毛で人が住めないと考えられていた地域》. **4** 海洋生物がいないと考えられる海域. — *adj.* **1** 砂漠のような; 不毛の; 住む人のない, 寂しい: ⇨ desert island / a ~ area 不毛の地域, 未開墾地帯. **2** 砂漠に生息する; 砂漠に適した: a ~ plant 砂漠植物. 〖(?*a*1200) □ (O)F *désert* □ LL *dēsertum* ← (neut. p.p.) ← *dēserere* to forsake ← DE-¹＋*serere* to join together (cf. series)〗

de·sert² /dɪ̀zɚ́ːt | -zə́ːt/ *vt.* **1** 〈家族・友人・土地・党派・地位・服務などを〉捨てる, 見捨てる (⇨ abandon¹ SYN): ~ one's wife / ~ one's village / The street was completely ~*ed* at that time of the night. 夜のその時刻には通りに全く人影はなかった. **2** 〈軍人・船員が〉…から脱走する: ~ the service [a ship] 軍隊[船]から脱走する / ~ one's colors 〈兵士が〉脱営する. **3** 〈信念などが〉〈人〉から去る, 抜ける: His presence of mind ~*ed* him. 彼は心の落着きを失った[あわてた]. — *vi.* 義務[職務]を捨てる, (無断で)地位[持場]を去る; 〔艦船・軍隊などから〕脱走する 〔*from*〕. 〖(1539) □ F *déserter* □ LL *dēsertāre* (freq.) ← L *dēserere* (↑)〗

de·sert³ /dɪ̀zɚ́ːt | -zə́ːt/ *n.* **1** [通例 *pl.*] 当然受けるべき賞[罰], 当然の報い: give [get] one's ~*s* 当然の賞[罰]を与える[受ける]. **2 a** 賞[罰]を受けるべき資格; 功罪. **b** [集合的] 功労者たち. **3** 功績, 美点. 〖(*c*1300) □ OF *des(s)ert(e)* (p.p.) ← *deservir* 'to DESERVE'〗

Désert bòot *n.* 〘商標〙デザートブーツ《ゴム底のついた足首まで覆うスエード革の靴》. 〖1948〗

désert còoler *n.* デザートクーラー《ぬらした草に扇風機の風を送って冷やすインドの冷房装置》.

de·sert·ed /dɪ̀zɚ́ːtɪ̀d | -zə́ːtɪd/ *adj.* 人のいなくなった, さびれた; 捨てられた: a ~ street 人通りのなくなった街路 / a ~ village さびれた村 / a ~ wife 夫に捨てられた妻. **~·ness** *n.* 〖(1629) ← DESERT²＋-ED〗

de·sert·er /dɪ̀zɚ́ːtə | -zə́ːtə(r)/ *n.* **1** (義務・家族などを)捨てた人, 遺棄者. **2** 逃走者, 逃亡者; 〘軍事〙逃亡兵, 脱走兵; 脱船者, 脱艦兵; 職場放棄者, 戦線離脱者. 〖(1635) ← DESERT²＋-ER¹〗

de·ser·tic /dɪ̀zɚ́ːtɪk | -zə́ːt-/ *adj.* 砂漠(特有)の. 〖(1936) ← DESERT¹＋-IC¹〗

des·er·tic·o·lous /dèzətíkələs | -zə-ˈ-/ *adj.* 〘生物〙砂漠に住む[生育する]. 〖← DESERT¹＋-I-＋-COLOUS〗

de·sert·i·fi·ca·tion /dɪ̀zɚ̀ːtəfɪ̀kéɪʃən | -zə̀ːtɪ̀fɪ-/ *n.* 砂漠化. 〖(1974) ← DESERT¹＋-IFICATION〗

désert iguána *n.* 〘動物〙サバクイグアナ《アメリカ南西部およびメキシコ北西部の砂漠地帯に生息する長い尾をもったサバクイグアナ属 (*Dipsosaurus*) のトカゲ数種の総称; サバクイグアナ (*D. dorsalis*) など》.

de·ser·tion /dɪ̀zɚ́ːʃən | -zə́ː-/ *n.* **1** 捨て去ること, 遺棄, (不法)放棄. **2** 〘法律〙(夫婦または親子の)地位放棄, 遺棄, 同居拒否. **3** 逃走, 逃亡; (特に軍人の)脱走, 脱艦 (cf. ABSENT without leave); 職場放棄. **4** (同志などを)捨てること, 脱党, 脱会. **5** 荒廃(状態). **6** 遺棄者; 脱走者. 〖(?*a*1439) □ (O)F *désertion* ∥ L *dēsertiō(n-)*: ⇨ desert², -tion〗

désert ìsland *n.* 無人島. 〖1607〗

desért·less *adj.* 取り柄のない, ふさわしくない. 〖(1556) ← DESERT³＋-LESS〗

désert lòcust *n.* 〘昆虫〙サバクトビバッタ, サバクバッタ (*Schistocerca gregaria*)《アフリカ北部から中央アジアにかけてすみ, 淡紅色; 大群で移動飛行し農作物に大きな害を与える》. 〖1944〗

désert lỳnx *n.* ＝caracal 1.

désert òak *n.* 〘植物〙モクマオウ科の常緑高木 (*Casuarina decaisneana*)《木材はシロアリに強い; オーストラリア産》. 〖1896〗

désert pàvement *n.* 〘地学〙砂漠舗石《乾燥地帯で礫が固まった硬い表面の層から砂塵が風で取り除かれたもの》.

désert pèa *n.* 〘植物〙デザートピー《真紅の花をつけるマメ科植物 (*Clianthus formosus*); オーストラリア産》. 〖1903〗

désert pòlish *n.* ＝desert varnish.

désert ràt *n.* **1** 〘動物〙砂漠地帯に生息する小形で灰色の活発な齧歯(げっし)類数種の総称《カンガルーネズミなど》. **2** 《英口語》(1941–42 年に北アフリカの砂漠戦で活躍した) 英国の装甲第七師団兵《この師団は jerboa (トビネズミ)を師団標とした》. **3** 《米西部》(探鉱者としての)荒原の住人; 放浪の試掘者. 〖1944〗

Désert Shíeld *n.* '砂漠の楯'《1990 年のイラクのクウェート侵攻に際して国連決議に基づく米国を中心とする多国籍軍のサウジアラビアなどへの展開作戦》.

désert shìp *n.* [the ~]＝SHIP of the desert.

désert sòil *n.* 〘地質〙砂漠土《温帯から暖温帯にかけて分布する砂漠地方の土壌》. 〖1938〗

Désert Stórm *n.* '砂漠の嵐'《1991 年 1 月 17 日に開始された米国を中心とする多国籍軍の対イラククウェート奪回作戦》.

désert várnish *n.* (砂漠の岩石の表面の)黒光り《鉄・マンガン酸化物による; desert polish ともいう》. 〖1898〗

de·serve /dɪ̀zɚ́ːv | -zə́ːv/ *vt.* 〈賞罰などに〉値する, …を受ける価値がある, 受けるに足る; [*to* do, *doing* を伴って] 〈…する〉に値する: ~ a reward [punishment] 報い[罰]に値する / ~ it それが当然である / ~ more attention [sympathy] もっと注意[同情]されて然るべきだ / These people ~ *to* be rewarded [punished].＝These people ~ reward*ing* [punish*ing*]. これらの人々は当然報いられて[罰せられて]よい (★《英》では不定詞の方が普通) / She ~*d* to win. 勝つのは当然だった / ~ all one gets 当然の報いを受ける / She got what she ~*d*. 当然の報いを受けた. — *vi.* 値する; [~ well [ill] として]〔…から〕(当然)報いを受けるに足る, 賞[罰]せられるだけのことがある, …に対して功績[罪科]がある 〔*of*〕: I ~*d* better *of* her (than that). 彼女から当然もっと(それ以上に)報いられてよい. 〖(*c*1225) *deserve*(*n*) □ OF *deservir* (F *desservir*) < L *dēservīre* to serve diligently, deserve ← DE-¹＋*servīre* 'to SERVE'〗

de·sérved *adj.* 功罪に応じた, 当然の(報いの): a well-*deserved* promotion [punishment] 当然の昇進[罰].

de·sérv·ed·ness /-vɪ̀dnɪ̀s/ *n.* 〖(1552): ⇨ ↑, -ed〗

de·sérv·ed·ly /-vɪ̀dli/ *adv.* (功罪に応じて)当然, 正当に, よろしく (justly): ~ famous / She ~ won first prize. 彼女が一等賞をもらったのも当然だ. 〖(1548): ⇨ ↑, -ly¹〗

de·sérv·er *n.* 適格者. 〖(*c*1443): ⇨ deserve, -er¹〗

de·serv·ing /dɪ̀zɚ́ːvɪŋ | -zə́ːv-/ *adj.* **1** 〔…に〕相当する, 値する (worthy) 〔*of*〕: be ~ of death [credit] 死[信用]に値する (★ deserve death [credit] のほうが普通). **2** 功労[功績]のある; (財政的)援助に値する: the ~ poor 援助に値する貧しい人たち. — *n.* 《まれ》当然の賞罰, 功労, 功績; 功罪, 得失. **~·ness** *n.* 〖(?*c*1300): ⇨ -ing¹〗

de·sérv·ing·ly *adv.* 功があって, 当然. 〖(1552): ⇨ ↑, -ly¹〗

-deses -desis の複数形.

de Se·ver·sky /dəsɪ̀véəski | -véə-/, **Alexander P(ro·cof·i·eff)** /proʊkɔ́(ː)fiɛf | prəkɔ́f-/ *n.* ドセベルスキー, セバースキー (1894–1974; ロシア生まれの米国の飛行家・航空機設計技師).

de·sex /dìːséks/ *vt.* **1** 去勢する, …の卵巣を取り去る. **2 a** …の性的特質を取り除く, 無性化する. **b** …の性的な魅力を取り除く[最小限にする]. **3** 《米》〈言語など〉から性[男女]差別を取り除く. 〖(1911) ← DE-¹＋SEX〗

D

de·sex·u·al·ize /dìːsékʃuəlàɪz, -ʃəl- | -ʃuəl-, -ʃʊl-, -sjuəl-, -sjʊl- | -lɪ-/ *vt.* **1** 〘精神分析〙…の性的欲望[関心]を非性的欲望[関心]に向けさせる, リビドーを抑える[弱める, 奪う], 非性化する. **2** ＝desex. **de·sex·u·al·i·za·tion** /dìːsèkʃuəlɪ̀zéɪʃən, -ʃəl- | -ʃuəlaɪ, -ʃʊl-, -sjuəl-, -sjʊl-, -lɪ-/ *n.* 〖(1894) ← DE-¹＋SEXUAL＋-IZE〗

des·ha·bille /dèsəbíːl, dèz-, dézəbìːl | dèzæbíːl, dèɪz-, dès-/ *n.* ＝dishabille.

dés·ha·bil·lé /dèɪzəbiːéɪ, dèz-, dès-, -əbíː(l)/ *F.* dezabije/ *n.* ＝dishabille. 〖□ F ~〗

De Si·ca /dəsíːkə/ *It.* desíːka/, **Vittorio** *n.* デシーカ (1901–74; イタリアの映画監督・俳優; *Ladri di biciclette* 「自転車泥棒」(1948)).

des·ic·cant /désɪ̀kənt/ *adj.* 〈薬剤など〉乾燥させる(力のある). — *n.* 乾燥剤. 〖(1676) □ L *dēsiccantem* (pres.p.) ← *dēsiccāre* (↓): ⇨ -ant〗

des·ic·cate /désɪ̀kèɪt/ *vt.* **1** よく乾かす, 乾燥させる. **2** 〈食物を〉乾物にする, 乾燥保存する, 脱水(して粉状に)する: a *desiccating* agent 乾燥剤. **3** (知的・感情的に)ひからびさせる, …の若さ[生彩]を失わせる, 無気力にする, 無味乾燥にする. — *vi.* **1** かわく, 乾燥する. **2** 無気力になる, 生彩を失う. — *n.* 乾燥製品(など). 〖(1575) ← L *dēsiccātus* (p.p.) ← *dēsiccāre* to dry up ← DE-¹＋*siccāre* to dry (← *siccus* dry): ⇨ -ate³〗

dés·ic·càt·ed /-tɪ̀d | -tɪd/ *adj.* **1** 脱水した; 乾燥した; 粉末になった: ~ milk 粉ミルク. **2** 活気のない; 生き生きしていない, ひからびた: a ~ woman ひからびた感じのする[魅力のない]女性. 〖(1677): ⇨ ↑, -ed〗

des·ic·ca·tion /dèsɪ̀kéɪʃən/ *n.* **1** 乾燥(作用), 脱水. **2** 乾き(具合), 乾燥状態. **3** (知的・感情的な)無気力(化, 状態), 無味乾燥. **4** (液体などの)乾燥したかす[おり]. 〖(?*a*1425) □ (O)F ~ ∥ LL *dēsiccātiō(n-)*: ⇨ desiccate, -ation〗

des·ic·ca·tive /désɪ̀kèɪtɪv, -kət-, dɪ̀síkət- | dési-kət-, desík-, dɪ̀sík-/ *adj.*, *n.* ＝desiccant. 〖(*a*1400) □ ML *dēsiccātīvus*: ⇨ ↑, -ive〗

dés·ic·cà·tor /-tə | -tə(r)/ *n.* **1** 乾燥者, 乾物製造人. **2** (通例, 熱と真空による果物・ミルクなどの)乾燥器. **3** 〘化学〙(化学物質中の湿気を吸収するためのガラス製)除湿器, 乾燥器. 〖(1837): ⇨ -or²〗

desiderata *n.* desideratum の複数形.

de·sid·er·ate /dɪ̀sídərèɪt, -zíd- | -zíd-, -síd-/ *vt.* 《古》所望[渇望]する, 切に求める. **de·sid·er·a·tion** /dɪ̀sɪ̀dəréɪʃən, -zɪ̀d- | -zɪ̀d-, -sɪ̀d-/ *n.* 〖(1645) ← L *dēsīderātus* (p.p.) ← *dēsīderāre* 'to DESIRE'〗

de·sid·er·a·tive /dɪ̀sídərèɪtɪv, -zíd-, -dər-, -drə- | -zídərət-, -síd-, -drə-/ *adj.* **1** 願望の, 希求的な. **2** 〘文法〙〈インドヨーロッパ語族の動詞から派生的に生じた動詞が〉願望[希求]を示す: a ~ verb 願望[希求]動詞《例えば, Skt の pát-ati 'he flies' から派生した pí-pat-is-ati》. — *n.* 〘文法〙(ラテン語文法などで動詞)願望形[法]; 願望[希求]動詞. 〖(1552) □ LL *dēsīderātīvus*: ⇨ ↑, -ive〗

de·sid·er·a·tum /dɪ̀sɪ̀dərá:təm, -zɪ̀d-, -réɪt- | -zɪ̀dəréɪt-, -sɪ̀d-, -rá:t-/ *n.* (*pl.* **-a·ta** /-tə | -tə/) なくて困っている事物, (ないために)特に必要を感じる事物, ぜひほしいもの; 切実な要求. 〖(1652) □ L *dēsīderātum* (neut. p.p.) ← *dēsīderāre*: ⇨ desiderate〗

de·sign /dɪ̀záɪn/ *vt.* **1** 〈絵画など〉の下図[図案]を作る; 〈建築・衣服などを〉設計する, デザインする: ~ a house [an engine] / ~ a dress [hat, costume] / ~ a picture [sculpture] 絵[彫刻]の構図を描く / ~ a movie set. **2** 企画[計画]する, 立案する, …の構想をまとめる: ~ a policy 政策を立てる / ~ a theatrical production (芝居)上演のプランを立てる / a book ~*ed* primarily *as* a college textbook [*for* college students] 主に大学教科書[大学生]用に書かれた本 / a program ~*ed to* appeal to everyone だれにも気に入られるよう立案された計画. **3 a** 〈人・物を〉(ある目的に)予定する, 〔…に〕当てる, 添うように意図する 〔*as, for, to*〕 (⇨ intend SYN); [目的語＋*to* do を伴って] 〈ある役目を果たすように〉〈人を〉指定する: He ~*ed* his son *for* [*to* be] a doctor. 息子を医者にさせるつもりだった / God ~*ed* the city *to* destruction. 神はその町が破滅するように定められた. **b** [しばしば *to* do を伴って] 企てる, 志す: ~ an attack 攻撃を企てる / He ~*ed to* get on in business. 事業で一旗揚げようと考えた. **4** 《古》指示する (designate).

— *vi.* **1** 〔…を〕企画[立案, 設計]する 〔*for*〕: ~ *for* motion pictures 映画製作の企画をする. **2** 意匠図案を作る, (衣服などの)デザインをする; デザイナーとして働く. **3** 〔旅行先・人生などの〕計画をする, 〔…を〕目指す, 志す 〔*for*〕: young men ~*ing for* law 法曹界を目指す若者たち.

— *n.* **1 a** (建築・機械などの)設計, デザイン, レイアウト; (芸術品の)構想, 着想, 趣向: the ~ of a house, machine, car, poem, etc. / furniture of simple ~ 簡単なデザインの家具 / ⇨ industrial design. **b** 設計図, デザイン (plan): a ~ for a bridge 橋の設計. **c** 設計法[術]:

machine ～ 機械設計法. **2 a** 図案, 下絵, デザイン; 意匠, 模様; (完成した)芸術作品, 美術装飾 (cf. pattern): the ～ *in* a rug 毛氈(もうせん)の模様. **b** 意匠(図案)術, デザイン法: dress ～ 婦人服デザイン法. **3 a** 計画, 企画, 企図 〔*for*〕 (⇨ intention, plan SYN): Napoleon's grand [master] ～ for Europe ナポレオンの欧州大[基本]計画. **b** 意図, 意向; 深慮: by ～ 故意に, 意図的に, 計画的に (↔ by accident). **4** [通例 *pl.*] 〔…に対する〕危害の意図, 陰謀 (blot) 〔*on, upon, against*〕: dark ～*s* 陰謀 / He had ～*s on* his brother's money. 兄の金を手に入れようとたくらんでいた / They had no ～*s against* the government. 政府に対する不穏な計画は抱いていなかった. 〘v.: (*a*1398) ☐ (O)F *désigner* ∥ L *dēsignāre* 'to mark out, (fig.) DESIGNATE.' — n.: (1593) ☐ OF *desseing* (F *dessin, dessein*) ← (v.)〙

D

de·sign·a·ble[1] /dɪzáɪnəbl/ *adj.* 設計できる; 立案[企図]できる.

des·ig·na·ble[2] /dézɪgnəbl/ *adj.* 《古·まれ》(はっきり)指示[区別]できる. 〘(1644) ← L *dēsignāre* (⇨ designate) ＋-ABLE〙

designata *n.* designatum の複数形.

des·ig·nate /dézɪgnèɪt/ *vt.* **1** (明確に)示す, 指示する, 指摘する: ～ the boundaries of a country 国境を明示する / dress *designating* a rank 位階を示す服装. **2** [しばしば受身で] 〔…に〕選定する, 指名する, 名ざす, 任ずる 〔*to, for, as*〕: ～ a person *to* [*for*] an office / The President ～*d* him *as* the next Secretary of Defense. 大統領は彼を次期の国防長官に指名した. **3** 〔…と〕呼ぶ, 称する 〔*as*〕: a person ～*d as* …と呼ばれ(ている)人. — /dézɪgnèɪt, -nət/ *adj.* [名詞の後に置いて] 指名を受けた, (特に, 英国ケンブリッジ大学で)指定された: a bishop ～ 指名された(まだ就任していない)主教[司教].

des·ig·na·tive /dézɪgnèɪtɪv, -nət- | -nət-, -nèɪt-/ *adj.* **des·ig·na·to·ry** /dézɪgnətɔ̀ːri | -nətəri, -nèɪt-/ *adj.* 〘(?*a*1425) ☐ L *dēsignātus* (p.p.) ← *dēsignāre* to mark out ← DE-[1]＋*signāre* 'to SIGN': cf. design〙

dés·ig·nàt·ed /-tɪd | -tɪd/ *adj.* 指名された, 指定の; 官選の. 〘(1868): ⇨ ↑, -ed〙

désignated dríver *n.* 《米》指名ドライバー《パーティーなどで酒を飲まずに帰りの運転を指名された人》.

désignated emplóyment *n.* 《英》心身障害者向けの職種《心身障害者雇用法 (Disabled Persons (Employment) Act) (1944) に基づく》.

désignated hítter *n.* 【野球】指名打者《通例, 投手に代わって打席に入る; 略 DH》. 〘1973〙

des·ig·na·tion /dèzɪgnéɪʃən/ *n.* **1** 指示, 指定. **2** 指名, 任命, 選任, 選定 〔*of, as*〕. **3** 名称, 称呼, 称号 (title). **4** 【哲学·論理】(名称などの)指示, 指示の作用[対象]. 〘(*a*1398) ☐ (O)F *désignation* ∥ L *dēsignātiō(n-)*: ⇨ designate, -ation〙

dés·ig·nà·tor /-tə | -tə(r)/ *n.* 指名者. 〘(1706) ☐ LL *dēsignātor*: ⇨ designate, -or[2]〙

des·ig·na·tum /dèzɪgnéɪtəm | -təm/ *n.* (*pl.* **-na·ta** /-tə | -tə/) 【言語】内的被表示物, 被指示物《実在物であろうとなかろうと言語によって表現される事物をいう; cf. denotatum》. 〘(1938) ☐ L *dēsignātum* (neut.): ⇨ designate〙

de·sígned *adj.* **1** 計画的な, 故意の. **2** 図取りした; 意匠図案によった. 〘(1586): ⇨ -ed〙

de·síg·ned·ly /-nɪdli/ *adv.* 計画的に, 故意に (↔ accidentally). 〘(1658–59): ⇨ ↑, -ly[1]〙

des·ig·nee /dèzɪgníː/ *n.* 指名された人, 被指名者. 〘(1925) ← DESIGN(ATE)＋-EE[1]〙

desígn engineèr *n.* 設計技師. 〘1964〙

de·sign·er /dɪzáɪnə | -nə(r)/ *n.* **1** 設計者, 設計技師, 考案者, 立案家; (特に)意匠図案家, (衣服の)デザイナー: a dress ～ (服飾)デザイナー. **2** (悪事の)計画者, 陰謀者 (schemer). — *adj.* [限定的] 有名デザイナーによる; (一般に)ブランド物の, ファッショナブルな: ～ jeans / ～ brand デザイナーブランド《有名デザイナーの名や商標が入った商品》. 〘(1649) ← DESIGN＋-ER[1]〙

desígner drùg *n.* デザイナードラッグ, 合成麻薬《従来の麻薬に類似した効果をもたらすが, 違法にならないよう人為的に化学的構造を変えた薬物》. 〘1983〙

designer stùbble *n.* デザイナー無精ひげ《かっこいいと考えてわざとそらないひげ》.

de·síg·ning *n.* 設計; 意匠図案(術); (衣服を)デザインすること. — *adj.* 計画的な, 先を見通す (foreseeing); たくらみのある, 陰謀的な, 腹黒い (scheming): a ～ man 野心家. **～·ly** *adv.* 〘(*a*1618): ⇨ -ing[1]〙

de·síg·ment *n.* 《まれ》計画, 目的. 〘(1570): ⇨ -ment〙

de·silt /dìːsílt/ *vt.* 〈川などの〉シルト (silt) を取り除く, 浚渫(しゅんせつ)する. 〘← DE-[1]＋SILT〙

de·sil·ver /dìːsílvə | -və(r)/ *vt.* ＝desilverize.

de·sil·ver·ize /dìːsílvəràɪz/ *vt.* …から銀を除去[抽出]する: ～ lead. 〘(1872) ← DE-[1]＋SILVERIZE〙

des·i·nence /dézənəns, -sə- | -sɪ-, -zɪ-/ *n.* 《まれ》 **1** (詩の)終わり, 末行. **2** 【文法】語尾 (ending), 接尾辞 (suffix). **dés·i·nent** *adj.* **des·i·nen·tial** /dèzənénʃəl, -sə-, | -sɪ-, -zɪ-/ *adj.* 〘(1599) ☐ (O)F *désinence* ☐ ML *dēsinentia* ← L *dēsinere* to desist: ⇨ -ence〙

de·sip·i·ence /dɪsípiəns/ *n.* 《文語》たわいもないこと, ばからしいこと. 〘(1656) ☐ L *dēsipientia* ← *dēsipere* to act foolishly ← DE-[1]＋*sapere* to know (cf. sapient): ⇨ -ence〙

de·síp·i·en·cy /-piənsi/ *n.* ＝desipience.

de·si·pra·mine /dɪzíprəmìːn/ *n.* 【薬学】デシプラミン ($C_{18}H_{22}N_2$) (三環系うつ病薬の一種). 〘(1965) ← *des-(methyl)* (← DES-＋METHYL)＋I(MI)PRAMINE〙

de·sir·a·bil·i·ty /dɪzàɪ(ə)rəbíləti | -zàɪərəbílɪti/ *n.* 望ましさ, 願わしさ; 好ましさ; [しばしば *pl.*] 望ましい事[状態]. 〘(1824): ⇨ -ability〙

de·sír·a·ble /dɪzáɪ(ə)rəbl | -záɪər-/ *adj.* **1** 求めるに値する; 望ましい, 願わしい; 好ましい, 感じのよい; 立派な: a ～ neighbor [neighborhood] / a ～ man [woman] / a very ～ place to live / *It is* ～ *that* he (should) take a rest. ＝It is ～ for him to take a rest. 彼は休養を取ることが望ましい. **2** (性的に)とても魅力的な. — *n.* 望ましい人[物]. **de·sír·a·bly** *adv.* 〘(*c*1384) ☐ (O)F *désirable*: ⇨ desire, -able〙

de·sír·a·ble·ness *n.* ＝desirability. 〘1647〙

de·sire /dɪzáɪə | -záɪə(r)/ *vt.* **1 a** (強く)欲求する; 望む, 願う, 希望する: ～ fame [happiness] 名声[幸福]を求める / The project leaves nothing [much] to be ～*d*. その企画は申し分ない[(まだ)不完全な点が多い] / He ～*d* to return home immediately. すぐ家に帰りたいと思った. / He may be able to win first prize if he ～*s* to. 望みさえすれば, 一等賞を得られるかもしれない. **b** …に情欲を起こす. **2** 《文語》[目的語＋*to* do を伴って] 〈人に希望を述べる, 〈…してほしいと〉要求する; [しばしば *that*-clause を伴って] 要望する: I ～ you *to* go at once. 君にすぐ行ってもらいたい / His mother ～*d that* he (should) be more careful of himself. 母は息子にもっと体に気をつけてくれと言った. — *vi.* 欲望[欲求]を感じる, 希望を抱く: He may be able to win the grand prize, if he so ～*s*. 彼は望みさえすれば大賞を獲得できよう.

— *n.* **1** 〈…したい〉欲望, 欲求 〔*for*〕 / 〈*to* do, *that*〉: a (strong) ～ *for* [*to* do] something 何かしたいという(強い)欲望 / have a [no] ～ *for* more money もっと金がほしい[ほしいとも思わない] / have no ～ *to* do 全然…したくない / the ～ of the moth *for* the star 高遠の思想, 高望み (Shelley, "To —: '*One Word is Too Often Profaned*' ii") / My life-long ～ to live [*that* I should live] in the country has been realized. 田舎に住みたいという長年の願いが叶(かな)えられた / do one's best to satisfy [meet] a person's ～*s* 人の欲求を満たすために最善をつくす. **2** 情欲, 性欲 (lust). **3** (口に言い表された)願い, 要求, 請願 (request): my ～ that he (should) do it＝my ～ for him to do it 彼にそれをしてほしいという私の願い / The meeting was held *at* his ～. 彼の要望により会が開かれた / *at* the ～ of a person 人の望みで / according to a person's ～ 人の要求に従って[どおりに]. **4** 《文語》望みのもの: one's heart's ～＝the ～ of one's heart 心からの願い (cf. *Ps.* 10:3) / I take away from thee the ～ *of* thine eyes with a stroke. 我一撃をもってなんじの目の喜ぶものを取り去らん (*Ezek.* 24:16).

de·sír·er /-záɪ(ə)rə | -záɪərə(r)/ *n.*

〘(?*c*1200) *desire(n)* ☐ (O)F *désirer* < L *dēsīderāre* to desire 《原義》? to await away from the stars ← DE-[1]＋*sīder-, sīdus* star: 占星術由来の語か?: cf. consider〙

SYN 欲する: **desire** 強く熱心に望む: He *desires* her for his wife. 彼女を妻に望んでいる. **wish** [(that)] 特に, 達成しがたいことを願望する《*desire* よりも意味が弱い》; [to do]＝*want* 《格式ばった語》: I *wish* I were a bird. 鳥であったらいいのに / I *wish to* marry her. 彼女と結婚したい. **want** 特に〈欠けているものや必要なものを入手したいと思う: I *want* to have a baby. 赤ちゃんがほしい. **crave** 激しくほしがる《格式ばった語》: She *craves* (for) admiration. 人に称賛されることを切望している. **covet** 特に〈他人のものを〉しきりにほしがる《格式ばった語》: He *covets* the crown. 彼は王位をほしがっている.

de·síred *adj.* 要望されている, 待望の; 望ましい, 必要な, 適切な: attain the ～ level 理想的水準に達する. 〘(*a*1325): ⇨ desire, -ed 2〙

Dé·si·rée /dèzəréɪ | deɪzíəreɪ, dɛ-; *F.* dezire/ *n.* デジレ《女性名》. 〘☐ F ～ 《原義》desired〙

de·sir·ous /dɪzáɪ(ə)rəs | -záɪər-/ *adj.* [叙述的] 〔…を得たいと〕望んで[願って](いる) (covetous) 〔*of*〕; 〈…したい[でありたい]と〉欲して(いる) (eager) 〈*to* do, 《まれ》 *that*〉: Everybody is ～ *of* success [*to* succeed]. 成功を望まない者はない / They are ～ *that* you should accept the proposal. 彼らはあなたが提案を受け入れてくれることを願っている. **～·ly** *adv.* **～·ness** *n.* 〘(?*a*1300) ☐ AF ～ ＝OF *desireus* (F *désireux*): ⇨ desire, -ous〙

-de·sis /-dəsɪs | -dɪsɪs/ (*pl.* **-de·ses** /-siːz/) 「縛ること (binding)」の意の名詞連結形. 〘← NL ～ ← Gk *désis* ← *deîn* to bind〙

de·sist /dɪzíst, -síst/ *vi.* 《文語》〔…を〕止める, 思いとどまる 〔*from*〕: ～ *from* talking [a scheme] 話[企て]をやめる.

de·sis·tance, de·sis·tence /dɪzístəns, -sís-/ *n.* 〘(1459) ☐ (O)F *désister* ☐ L *dēsistere* to leave off ← DE-[1]＋*sistere* to stop〙

des·i·tive /dézətɪv, -sə- | -zɪt-, -sɪt-/ *adj.* 【論理】結論となる, 結論を表す: a ～ proposition. 〘(1836): ⇨ ↑, -ive〙

de Sitter, Willem *n.* ⇨ Sitter.

desk /désk/ *n.* **1** (事務·勉強用の)机: on a ～ / *in* a ～ 机の(引出しの)中に / be [sit] at one's [the] ～ 書きものをしている; (書記·事務員として)事務を執る, 仕事をする / go to the ～ 執務を始める. 日英比較 日本語では「机」と「テーブル」が明確に分けられていないことがある. しかし, 英語では *desk* は引き出しが付いていて書き物などに使うものをいい, table は食卓などのように, 通例引き出しがなく, 飲食, トランプのようなゲームなどに用いるものをいう. **2 a** (ホテルなどの)受付, フロント; (外勤に対して警察などの)内勤部: an information ～ 案内係(の席). **b** [集合的] 受付[フロント]勤務の人; 内勤の人. **3 a** (新聞社の)編集部, デスク: the city ～ 地方記事編集部 / the news ～ ニュース編集部 **b** [the ～] 文筆の職, 事務 (cf. 1). **4** [the ～] (政治機関·官庁などの)事務[管理]職[部門]: *the* State Department's Northeast Asian ～ (米国の)国務省東北アジア担当部. **5** (教会の)聖書台; [the ～] 牧師の職, 聖職. **6** 譜面台; 管弦楽団で同じ譜面台を使用する二人の弦楽器奏者; (管弦楽団の)奏者席: the first ～ 首席奏者 / a first ～ flutist 首席フルート奏者. **7** 《英》(文房具·文書·書状などを入れる)手箱, 文庫.

— *adj.* [限定的] **1** 卓上用の: a ～ dictionary (大型の)机上版辞書 / a ～ fan 卓上扇風機 / a ～ lamp (卓上)電気スタンド. 日英比較 「(電気)スタンド」は和製英語 / a ～ set 机上文房具一式 / a ～ telephone 卓上電話. **2** 机でする, 内勤の; 机上の: a ～ sergeant 内勤の軍曹 / ⇨ desk job / a ～ theory 机上の空論.

— *vt.* 事務職に就ける.

〘(1363–64) ☐ ML *desca* table ← It. *desco* < L *discum* disk, dish, (ML) table: ⇨ discus〙

désk·bòund *adj.* **1** 机にしばられた, 机上で行う; 机上のことしか知らない; 行動するより座っているほうが好きな: a ～ bureaucrat デスクワークの官僚. **2** 非戦闘員の《後方で事務的な仕事をする》. 〘1944〙

désk clèrk *n.* 《米》(ホテルの)フロント係, 受付係, 帳場, 客室予約係.

désk còpy *n.* (教師用)献本. 〘1942〙

desk·ful /déskfʊ̀l/ *n.* 机一杯のもの, 机の中一杯 〔*of*〕. 〘(1877): ⇨ -ful[2]〙

de·skill /dìːskíl/ *vt.* **1** (機械化などにより)〈作業(工程)〉での(熟練)技能を不要にする, 単純作業化する. **2** 〈労働者〉の(熟練)技能を不要にする. 〘(1941) ← DE-[1]＋SKILL〙

désk jòb *n.* 事務職, デスクワーク. 〘1965〙

désk jòbber *n.* ＝drop shipper.

désk jòckey *n.* 《米口語·戯言》デスクワーカー, 事務屋.

désk·màn /-mæ̀n, -mən/ *n.* (*pl.* **-men** /-mɛ̀n, -mən/) **1** 机に座って執務する人, 事務員. **2** 管理者, 運営者. **3** 新聞編集者, 編集主任 (cf. desk *n.* 2 a). **4** (ホテルなどの)フロント係, 受付係. **5** (警察の)内勤係. 〘1893〙

désk pàd *n.* **1** 机の上に置く敷物《しばしば上辺に吸取紙がつく》. **2** 机上で使用する(一端をのりで張り付けた)はぎとり式の帳面·便箋など《しばしば一枚ごとに使用者の名前[頭文字]を印刷してある》.

désk stùdy *n.* 《英》(野外調査なしで行われる)机上研究.

désk tìdy *n.* 《英》(机上の)ペン皿, 文房具入れ.

désk·tòp *adj.* 〈コンピューターなどが〉デスクトップの, 机上[卓上]用の: a ～ computer 据え置型コンピューター. — *n.* **1** 【電算】デスクトップ: **a** 卓上用コンピューター. **b** GUI 画面の背景; 頻用するアイコンを置くなどする. **2** 机の上(面). 〘1929〙

désktop públishing *n.* 【電算】デスクトップパブリッシング《印刷·出版物の製作のための一連の作業をすべてパソコンと周辺機器で行うこと; 略 DTP》. 〘1984〙

désk wòrk *n.* デスクワーク《事務·研究·文筆など》. 〘1864〙

desm- /dézm/ (母音の前にくるときの) desmo- の異形.

des·man /dézmən, dés-/ *n.* (*pl.* **～s**) 【動物】デスマン《食虫目モグラ科デスマン亜科の水生に適応し, みずかきがある動物の総称》: **a** ロシアデスマン (*Desmana moschata*) 《ロシア南東部産》. **b** ピレネーデスマン (*Galemys pyrenaicus*) 《ピレネー山脈産》. 〘(1774) 《略》 ← Swed. *desmanråtta* muskrat ← *desman* musk＋*råtta* rat〙

des·mid /dézmɪd, dés- | -mɪd/ *n.* 【植物】チリモ科の藻類. **des·mid·i·an** /dɛzmídiən | -di-/ *adj.* 〘(1862) ← NL *Desmidium* (dim.) ← Gk *desmós* chain, band ← *deîn* to bind: ⇨ -ian〙

Des·mid·i·a·ce·ae /dɛzmìdiéɪsiː | -di-/ *n. pl.* 【植物】(接合藻目)チリモ科. 〘← NL ～ *Desmidium* (↑) ＋-ACEAE〙

des·mo- /dézmoʊ, dés- | -məʊ/ 「帯, 結合 (bond)」の意の連結形. ★ 母音の前では通例 desm- になる. 〘← NL ～ ← Gk *desmós* band, chain ← *deîn* to bind〙

des·moid /dézmɔɪd, dés-/ *adj.* 【解剖】靭帯(じんたい)状の; 線維(性)の. — *n.* 【病理】デスモイド, 類腱腫. 〘(1847) ← DESMO-＋-OID〙

Des Moines /dɪmɔ́ɪn | -mɔ́ɪn, -mɔ́ɪnz/ *n.* **1** デモイン《米国 Iowa 州の州都で同州の中部にあり Des Moines 川に臨む》. **2** [the ～] デモイン(川)《Minnesota 州南西部に発し, Iowa 州を南東に貫き Mississippi 川に合流する川 (845 km)》. 〘☐ F (*Rivière*) *Des Moines* (← *Moings* ☐ N-Am.-Ind. *Moingona* (インディアンの部族名)) 《原義》river of the monks: カトリックの宣教師たちがこの地方を開拓したことから連想して *Moings* が *Moines* 'monks' となった〙

Des Móines squásh *n.* ＝acorn squash.

des·mo·lase /dézməlèɪs, -lèɪz | -lèɪs/ *n.* 【生化学】デスモラーゼ《炭素結合の生成·開裂に関与する酵素の総称》. 〘← DESMO-＋-L(YSIS)＋-ASE〙

Des·mond /dézmənd/ *n.* デズモンド《男性名》. ★ 19 世紀以後使われるようになった. 〘☐ Ir. *Deas-Mumhain* 《原義》South Munster: もと家族名〙

des·mo·some /dézməsòʊm | -səʊm/ *n.* 【生物】デスモソーム, 接着斑《隣接した細胞を結合するのに働いている細胞膜が特殊に肥厚した部分》. 〘(1932) ← DESMO-＋-SOME[3]〙

des·mot·ro·pism /dɛzmɑ́(ː)trəpìzm | -mɔ́trə-/ *n.* 【化学】＝tautomerism. 〘← DESMO-＋-TROPISM〙

des·mot·ro·py /dɛzmɑ́(ː)trəpi | -mɔ́trə-/ *n.* 【化学】＝tautomerim. 〘⇨ -tropy〙

Des·mou·lins /dèɪmu:lǽ:(ŋ), -lǽŋ; F. demulɛ̃/, (**Lu·cie Sim·plice**) **Ca·mille** (**Be·noît**) /lysisɛ̃pliskamijbənwa/ *n.* デムラン《1760–1794; フランス革命の指導者の一人でジャーナリスト》.

des·o·late /désəlɪ̈t, déz-, -sl̩-, -zl̩-/ *adj.* **1** 〈土地・国など〉荒涼とした, 荒れ果てた, 住む人もない; わびしい: be ~ *of* all vegetation 草木が全く生えていない. **2** 〈建物・家庭など〉打ち捨てられた, 見る影もない, みじめな. **3** 〈人・生活など〉孤独な, 心細い, 寂しい: a ~ life 孤独な生活.
— /désəlèɪt, déz-, -sl̩-, -zl̩-/ *vt.* **1** 〈国・町などを〉荒らす, 荒廃させる; …に住民をいなくする. **2** 見捨てる, 顧みない. **3** [通例 受身で] 〈人・心などを〉わびしくする, 心細くする: He *was* ~*d to* hear the news. 彼はそのニュースを聞いて心細くなった.
〘(?c1350) ◻ L *dēsōlātus* left alone (p.p.) ← *dēsōlāre* to make solitary ← DE-¹+*sōlus* 'SOLE¹'〙

SYN 寂しい: **desolate, forlorn** 〈場所が〉荒れ果てて人けがなくわびしい《後者は格式ばった語》: a *desolate* old house 住む人のない古い家 / The village stood *forlorn*. その村は廃村と化していた. **lonely, lonesome** 《米》人けがない, あるいは人里離れて訪れる人もない: a *lonely* street 人けのない通り / a *lonesome* hunting box 人里離れた狩猟小屋.
ANT cheerful, joyful, happy.

dés·o·late·ly *adv.* **1** 荒涼として, 住む人もなく. **2** わびしく, 心細く, 味気なく. 〘(1548): ⇨ ↑, -ly¹〙

dés·o·late·ness *n.* 荒廃(の状態), 荒涼としたさま; (やるせない)寂しさ, わびしさ. 〘(*a*1626): ⇨ -ness〙

dés·o·làt·er /-lèɪtə | -tə^(r)/ *n.* 荒廃させるもの[人]. 〘(*a*1638) ← DESOLATE+-ER¹〙

dés·o·làt·ing /-tɪŋ | -tɪŋ/ *adj.* **1** 荒廃させる. **2** わびしくさせる, 心細くさせる, 悲しませる. **~·ly** *adv.* 〘(1625) ← DESOLATE+-ING²〙

des·o·la·tion /dèsəléɪʃən, dèz-, -sl̩-, -zl̩-/ *n.* **1** 悲しみ, (やるせない)心細さ, 寂しさ; わびしさ, みじめさ. **2** 荒廃(の状態), 荒涼としたさま; 荒涼とした場所, 荒れ地, 廃墟, 無人状態(の土地): a boundless ~ 果てしない荒れ地. **3** 荒らす[荒廃させる]こと. 〘(c1395) ◻ LL *dēsōlātiō(n-)*: ⇨ desolate, -ation〙

Desolátion Íslands *n. pl.* [the ~] = Kerguelen Islands.

dés·o·là·tor /-tə | -tə^(r)/ *n.* = desolater.

de son tort /dəsɔ̀:(n)tɔ̀ə, -sɔ:n- | -tɔ̀:^(r); F. dəsɔ̃tɔ:ʁ/ *adj.* 〖法律〗無権限の: ⇨ executor de son tort. 〘(1670) ◻ F ~ 'of his wrong'〙

de·sorb /dì:sɔ́əb, dɪ-, -zɔ́əb | dì:sɔ́:b, -zɔ́:b, dɪ-/ *vt.* 〖物理化学〗〈吸着した物質を〉(化学的または物理的方法で)脱着する, 脱離する. 〘(1924)《逆成》← DESORPTION〙

dé·so·rien·té /deɪzɔ̀:riɑ̃:(n)téɪ, -ɑ:n-; F. dezɔʁjɑ̃te/ F. *adj.* 〈人が〉取り乱した, うろたえた. 〘◻ F ~ (p.p.) ← *désorienter* to confuse: ⇨ des-, orient〙

De·sór lárva /dəzɔ́ə-, deɪ- | -zɔ́:-/ *n.* 〖動物〗 = LARVA of Desor.

de·sorp·tion /dì:sɔ́əpʃən, -zɔ́əp- | -sɔ́:p-, -zɔ́:p-/ *n.* 〖物理化学〗(吸着物の)脱着, 脱離. 〘(1924) ← DE-¹+(AB)SORPTION〙

De·sór's lárva /dəzɔ́əz-, deɪ- | -zɔ́:z-/ *n.* 〖動物〗 = LARVA of Desor.

De So·to /dɪ̈sóʊtoʊ | -sɔ́ʊtəʊ; Sp. desóto/ (*also* **de Soto** /~/), **Hernando** *or* **Fernando** *n.* デソート《1500?–42; スペインの探検家; 1541 年 Mississippi 川に達した》.

de·so·vi·et·ize /dì:sóʊviətàɪz, -sá(:)v-, -viɪ̈t- | -sə́ʊviət-, -sɔ́v-, -vie-/ *vt.* 《古》非ソ連化する, ソ連の影響力から脱却させる (cf. de-Americanize).

des·ox·y- /dɛzá(:)ksi, -sá(:)k- | -zɔ́k-, -sɔ́k-/ 〖化学〗 = deoxy-. 〘← DES-+-OXY-¹〙

desòxy·corticósterone *n.* 〖生化学〗 = deoxycorticosterone. 〘⇨ ↑, corticosterone〙

desóxy·rìbo·nucléic ácid *n.* 〖生化学〗 = deoxyribonucleic acid. 〘(1931): ⇨ desoxy-, ribonucleic acid〙

desòxy·ríbose *n.* 〖生化学〗 = deoxyribose.

de·spair /dɪ̈spéə | -spéə^(r)/ *vi.* 〔…への〕望みを失う, 絶望[断念]する〔*of*〕: ~ *of* success [one's future] 成功[将来]の望みを失う / I ~*ed of* finishing the work. その仕事を仕上げることをあきらめた / To put it bluntly, I sometimes ~ *of* you! 遠慮なく言えば, 時々君に絶望することがあるよ / His life is ~*ed of*. 彼の生命は絶望視されている / Don't [Never] ~! あきらめるな. — *vt.* 《廃》…の望みを失う, を断念する.
— *n.* **1** 絶望(状態): in ~ 絶望して / in his ~ at the news その知らせに接して絶望のあまり / out of ~ 絶望のあまり / abandon oneself to ~ 絶望に身を任せる / drive a person to ~ = drive a person into the depths of ~ 人を絶望に追い込む / He was *in* ~ *of* winning the race. レースに勝つ望みを失っていた / ⇨ COUNSEL *of despair*. **2** [the ~ of として] 絶望のもと; 全く見放された者; 及びもつかないもの; (他人に)まねのできないもの: He is *the* ~ *of* his friends. 友人に見放されてしまっている / Her rapid talking is *the* ~ *of* interpreters. 彼女の早口は通訳泣かせである / Trying to translate that poem was *the* ~ *of* my life. 《口語》あの詩を翻訳しようなどと企てたことは私にとって一生の不覚だった《身の程も知らぬことだった》. **3** [通例 *pl.*] (突然に襲いかかる)絶望感.

~·er /dɪ̈spéərə | -péərə^(r)/ *n.* 〘*v.*: (c1340) *despeire(n)* ◻ OF *desperer* < L *dēspērāre* to be hopeless ← DE-¹+*spērāre* to hope (← *spēs* hope: cf. speed). — *n.*: (c1300) ◻ AF **despeir* = OF *desespeir* (F *désespoir*) ← (v.)〙

SYN 絶望: **despair** 希望を失って落胆すること: He committed suicide in *despair*. 絶望して自殺した. **desperation** 窮地に陥って破れかぶれになっていること: He had no job and no money, and in *desperation* he robbed a bank. 仕事も金もなかったので, やけになって銀行を襲った. **despondency** 失意により意気消沈していること《格式ばった語》: A mood of *despondency* filled the room. もうこれまでだという雰囲気が部屋にみなぎっていた. **hopelessness** 慰めも成功の見込みもないので絶望して[あきらめて]いること: The old burden of *hopelessness* fell on her again. 例によって重苦しい絶望が彼女の心にのしかかってきた.
ANT lightheartedness, gladness, joyfulness.

de·spáir·ing /-spéərɪŋ | -spéər-/ *adj.* [限定的] 絶望している, 絶望的な (⇨ hopeless SYN): a ~ look 絶望的なまなざし. **~·ly** *adv.* 〘(1589): ⇨ ↑, -ing²〙

des·patch /dɪ̈spǽtʃ/ *v., n.* = dispatch.

des·pátch·er *n.* = dispatcher.

de·spe·cial·ize /dì:spéʃəlàɪz/ *vt.* 〈人・職業・科目などを〉非専門化する, 一般的な形に切り換える. 〘(1896) ← DE-¹+SPECIAL+-IZE〙

des·per·a·do /dèspərá:doʊ, -réɪd- | -rá:dəʊ, -réɪd-/ *n.* (*pl.* ~**es**, ~**s**) (向こう見ずの)無法者, (特に, 開拓時代の米国西部の)ならず者; 命知らずの悪党, 暴漢. 〘(1610) ←? DESPERATE+-ADO: cf. OSp. *desperado* < L *dēspērātum* 'DESPERATE'〙

des·per·ate /désp(ə)rɪ̈t, -pət | -p(ə)rɪ̈t/ *adj.* **1** 〈人が〉向こう見ずの, 自暴自棄の, やけの: a ~ villain (命知らずの)暴漢 / become [grow] ~ *at* a failure 失敗してやけになる. **2 a** 〈行動など〉必死の, 死物狂いの, 一か八かの, 乾坤(けん)一擲の, 窮余の, 命がけの: ~ efforts 必死の努力 / ~ remedies 乗るかそるかの非常手段 (cf. 3). **b** ほしく[したく]てたまらない〔*for*〕〈*to do*〉: be ~ *for* a cup of water 水が一杯飲みたくてたまらない / He is ~ *to* see her. 彼女に会いたくてたまらない. **3** 〈事態など〉(ほとんど)絶望的な (⇨ hopeless SYN); 〈病気など〉(ほとんど)回復の見込みがない, 重病の: a ~ state of affairs 絶望的な事態 / *Desperate* diseases must have desperate remedies. 《諺》重病には荒療治が必要だ. **4** 《口語》全くひどい, すさまじい, 極端な (awful): a ~ fool 大ばか者 / a ~ storm [night] すさまじい暴風雨[一夜]. **5** 《古》絶望している, 望みを失った (despairing). — *adv.* 《口語・方言》 = desperately. 〘(?c1400) ◻ L *dēspērātus* hopeless, despaired of (p.p.): ⇨ despair, -ate²〙

des·per·ate·ly /désp(ə)rɪ̈tli, -pət- | -p(ə)rɪ̈t-/ *adv.* **1** (破れかぶれで)向こう見ずに, 乱暴に, 自暴自棄的に, 思いあまって; 死物狂いに, 必死に. **2** 絶望的に, 見込みがないほど. **3** 《口語》やけに, ひどく, すさまじく, 猛烈に, 極端に (excessively): ~ busy. 〘(*a*1500): ⇨ ↑, -ly¹〙

dés·per·ate·ness *n.* **1** (破れかぶれの)やけっぱち, 死物狂い(の乱暴). **2** 絶望(状態). 〘(1549): ⇨ -ness〙

des·per·a·tion /dèspəréɪʃən/ *n.* **1** (絶望から)くる)破れかぶれ, やけっぱち, 死物狂い, 自暴自棄 (⇨ despair SYN): in ~ 必死に; やけになって / drive a person to ~ 人をやけにさせる; 《口語》人をめちゃくちゃに怒らせる. **2** 《まれ》絶望 (despair). 〘(c1370) ◻ OF ~ // L *dēspērātiō(n-)*: ⇨ desperate, -ation〙

de·spi·ca·ble /dɪ̈spíkəbl̩, désp̩ɪk- | dɪ̈spík-, déspɪk-/ *adj.* 卑しむべき, 見下げ果てた, 卑劣な, さもしい (↔ honorable, respectable). **de·spí·ca·bly** *adv.*

de·spic·a·bil·i·ty /dɪ̈spìkəbíləti, dèsp̩ɪk- | dɪ̈spìkəbílɪ̈ti, dèspɪk-/ *n.* **~·ness** *n.* 〘(1553) ◻ LL *dēspicābilis* ← L *dēspicārī* to despise: ⇨ -able〙

de·spin /dì:spín/ *vt., vi.* 〖航空・宇宙〗(人工衛星や航空機の機体の)回転を減じる[停止する]. 〘(1960) ← DE-¹+SPIN〙

de·spir·i·tu·al·ize /dì:spírɪ̈tʃuəlàɪz, -tʃʊl- | -tʃuəl-, -tʃʊl-, -tjuəl-, -tjʊl-/ *vt.* …の精神的性格[要素]を除く, 脱精神化する. 〘(1868) ← DE-¹+SPIRITUALIZE〙

de·spise /dɪ̈spáɪz/ *vt.* 見下(くだ)す, 蔑(さげす)む, 軽蔑する, 侮る; 嫌悪する, 忌み嫌う: I ~ a liar. 私は嘘をつく人を軽蔑します / ~*d* and rejected of men 人に侮られて捨てられ (*Isaiah* 53:3)《of は by の意》. **~·ment** *n.* 〘(?*a*1300) *despis(n)* ◻ OF *despis-* (stem) ← *despire* < L *dēspicere* to look down on: ⇨ de-¹, spy〙

SYN 軽蔑する: **despise** 〈人や物を〉価値がないと思って見下す: I *despise* hypocrites. 私は偽善者を軽蔑する. **scorn** 〈人や物に〉怒りの混じった強いさげすみを感じる: They *scorned* me as a liar. 私のことを嘘つきだといってさげすんだ. **disdain** 〈人や物を〉劣ったものとして尊大に軽蔑を抱く: He *disdains* foreigners. 外国人をさげすむ. **contemn** 〈人や物を低級・卑劣なものとして激しく軽蔑する《格式ばった語》: I *contemn* their behavior. 彼らの行動を軽蔑する. **scout** 〈人や物を〉つまらないものとしてはねつける: He *scouted* the offer of a bribe. 買収をはねつけた.
ANT appreciate.

de·spís·er *n.* 侮蔑する人, 軽んじる人. 〘(c1340): ⇨ ↑, -er¹〙

de·spite /dɪ̈spáɪt/ *prep.* …にもかかわらず《★ in spite of よりも意味が弱い; ⇨ notwithstanding SYN》: We failed ~ our efforts. 努力の甲斐もなく失敗した.
despíte onesèlf 思わず, われ知らず.
— *n.* 《古》 **1** 悪意, 恨み: He died of mere ~. ただひとえに恨みから死んだ. **2** 危害; 侮辱, 無礼: do ~ to a person 人を侮辱する, 人に無礼な仕打ちをする. **3** 軽蔑: meet danger with ~ 危険を物ともせずに立ち向かう / hold [have] in ~ …を軽蔑する.
(*in*) *despíte of* …にもかかわらず (in spite of): He seized my hand *in* ~ *of* my efforts to the contrary. そうさせまいとしたのに私の手をつかんだ. 〘《なぞり》← OF *en despit de*〙 ***in one's ówn despíte*** 《古》不本意ながら: He has become famous *in his own* ~. 彼は不本意ながら有名人になった.
— *vt.* **1** 《古》軽蔑する (despise). **2** 《廃》怒らせる.
〘(?*a*1300) *despit* ◻ OF (F *dépit*) < L *dēspectum* (p.p.) ← *dēspicere* 'to DESPISE': prep. は *in despite of* の略〙

D

de·spite·ful /dɪ̈spáɪtfəl, -fl̩/ *adj.* **1** 《古》意地の悪い. **2** 《廃》軽蔑的な, 無礼な. **~·ly** *adv.* **~·ness** *n.* 〘(c1410): ⇨ ↑, -ful¹〙

de·spit·e·ous /dɪ̈spítiəs, dɛs- | -tiəs/ *adj.* 《古》 **1** 悪意のある, 意地の悪い (spiteful). **2** 軽蔑的な, 侮辱的な, 無礼な; 無情な, 冷酷な. **~·ly** *adv.* 〘(c1385)《変形》← ME *despitous* ◻ OF *despitos* (F *dépiteux*) ← *despit* 'DESPITE': cf. piteous〙

Des Plaines /dɛspléɪnz/ *n.* デスプレーンズ《米国 Illinois 州北東部, Chicago 郊外の都市》.

Des·poe·na /dɛspí:nə/ *n.* 〖ギリシャ神話〗デスポイナ《古代ギリシャの女神; Poseidon と Demeter の娘; Persephone と同一視されることがある》. 〘◻ Gk *Déspoina*《原義》mistress of the house〙

de·spoil /dɪ̈spɔ́ɪl/ *vt.* **1** 〔所有物・貴重な物を〕〈人・場所〉から奪い[はぎ]取る, …から強奪[略奪]する〔*of*〕(⇨ ravage SYN): ~ a village 村を略奪する / ~ a person *of* his goods 人の財貨を奪い取る. **2** 〈無形なものを〉奪う, 破壊する. 〘(?*a*1200) *despoile(n)* ◻ OF *despoillier* (F *dépouiller*) < L *dēspoliāre* to plunder: ⇨ de-¹, spoil〙

de·spóil·er /-lə | -lə^(r)/ *n.* 略奪[強奪]者. 〘(1467): ⇨ ↑, -er¹〙

de·spóil·ment *n.* = despoliation. 〘1822〙

de·spo·li·a·tion /dɪ̈spòʊliéɪʃən | -spə̀ʊl-/ *n.* 略奪, 強奪. 〘(1657) ◻ LL *dēspoliātiō(n-)*: ⇨ despoil, -ation〙

de·spond /dɪ̈spá(:)nd | -spɔ́nd/ *vi.* 〔…に〕失望[落胆]する, 力を落とす〔*of*〕: ~ *of* the future 将来を悲観する.
— *n.* 《古》失望, 落胆 (despondency). 〘(1655) ◻ L *dēspondēre* to give up ← DE-¹+*spondēre* to promise (cf. spouse)〙

de·spón·dence /-dəns/ *n.* = despondency. 〘(1676): ⇨ -ence〙

de·spon·den·cy /dɪ̈spá(:)ndənsi | -spɔ́n-/ *n.* 失望, 落胆 (dejection) (⇨ despair SYN): fall into ~ 意気消沈する. 〘(1653): ⇨ ↓, -ency〙

de·spon·dent /dɪ̈spá(:)ndənt | -spɔ́n-/ *adj.* 気の沈みがちな, 元気のない, 落胆した (⇨ hopeless SYN): be ~ *over* one's ill health 病気を苦にしている. **~·ly** *adv.* 〘(*a*1699) ◻ L *dēspondentem* (pres.p.): ⇨ despond, -ent〙

de·spónd·ing *adj.* **1** 意気消沈した, 落胆した. **2** 絶望的な, 悲観的な. **~·ly** *adv.* 〘1688): ⇨ -ing²〙

des·pot /déspət, -pɑ(:)t | -pɔt, -pət/ *n.* **1** 独裁[専制]君主. **2** (圧制的な)暴君. **3** 君主《ビザンチン皇帝や後期ローマ皇帝たちの称号》. 〘(1562) ◻ OF ~ (F *despote*) ◻ Gk *despótēs* lord, despot《原義》master of the household ← IE **demspot-* (Skt *dampati* master of the household) ← **dem(ə)-* house (L *domus* 'DOME') +**poti-* powerful; lord.〙

des·pot·ic /dɛspá(:)tɪk, dɪ̈s- | dɪ̈spɔ́t-, dɛs-/ *adj.* **1** 独裁的な, 専制的な. **2** 横暴な (tyrannical). 〘(1650) ◻ F *despotique* ◻ Gk *despotikós*: ⇨ ↑, -ic¹〙

des·pót·i·cal /-tɪ̈kəl, -kl̩ | -tɪ-/ *adj.* = despotic. **~·ly** *adv.*

des·po·tism /déspətìzm/ *n.* **1** 独裁[専制]君主制. **2** 独裁政治, 君主専制政治; (独裁的な)暴政; 圧制. **3** 独裁君主国; 専制政府. 〘(1727–51) ◻ F *despotisme*: ⇨ despot, -ism〙

dés·po·tist /-tɪ̈st | -tɪst/ *n.* 独裁君主制論者, 独裁[専制]政治支持者. 〘(1857) ← DESPOTISM+-IST〙

des Prés /deɪpréɪ; F. depʁe/ (*also* **De·prés**, **Desprez** /~/), **Jos·quin** /ʒɔskɛ̃/ *n.* (ジョスカン)デプレ《1450?–1521; フランドルの作曲家》.

des·pu·mate /déspjumèɪt, dɪ̈spjú:meɪt/ *vt.* 〈ぶどう酒・蜂蜜などの〉上皮を取る; 〈液体〉から泡などの不純物を除く. — *vi.* 泡[上皮]を排出する[排出して純度を増す]. 〘(1641) ← L *dēspūmātus* (p.p.) ← *dēspūmāre* to skim: ⇨ de-¹, spume〙

des·qua·mate /déskwəmèɪt/ *vi.* 〖病理〗〈表皮が〉(うろこやぬかのようになって)脱落する, 表皮脱落現象を呈する; 剥離(はく)する, 落屑(らくせつ)する, 鱗(りん)剥する. 〘(1740) ← L *dēsquātus* (p.p.) ← *dēsquāmāre* to remove the scales from: ⇨ de-¹, squama〙

des·qua·ma·tion /dèskwəméɪʃən/ *n.* **1** 剥離 (ablation); 落屑, 剥落. **2** 脱皮, 脱垢(だこう); 脱鱗. 〘(1565–73) ◻ F *disquamation* // ← NL *dēsquāmātiō(n-)*: ⇨ ↑, -ation〙

des res /dézréz/ *n.* 《英口語》理想的な住宅.

Des·sa·lines /dèɪsəlí:n, dès-; F. desalin/, **Jean Jacques** *n.* デサリーヌ《1758–1806; ハイチの黒人革命家; フランスから独立し共和国を建設, 皇帝となる (1804–06); Jacques I とも呼ぶ》.

Des·sau /désaʊ; G. désaʊ/ *n.* デサウ《ドイツ中東部 Saxony-Anhalt 州の Mulde 河畔の都市》.

des·say /déseɪ/ dare say (⇨ dare 成句) の縮約形.

des·sert /dɪ̈zə́:t | -zɔ́:t/ *n.* **1** デザート《食事の最後に出

るパイ・プディング・ゼリー・アイスクリーム・果物など). 2 《主に英》菓子類 (sweets) の後に出る果物・ナッツなど.
— *adj.* [限定的] デザート用の: a ~ fork, knife / ~ claret [sherry] デザート用赤ぶどう酒[シェリー酒]. 〖(1600) □ F ~ (p.p.) ← *desservir* to clear the table: ⇨ dis-[1], serve〗

dessért àpple *n.* なまで食べるりんご. 〖1861〗

dessért chèrry *n.* 〖植物〗=sweet cherry.

dessért sèrvice *n.* デザート用食器類一式《12 枚の皿 (plates) と 6 枚の深皿 (dishes) とから成る》. 〖1765〗

dessért·spòon *n.* 1 デザートスプーン《tablespoon と teaspoon との中間型》. 2 =dessertspoonful. 〖1754〗

des·sert·spoon·ful /dᵻzə́ːtspùːnfʊ̀l | -zɜ́ːt-/ *n.* (*pl.* ~s, -spoonsful) 1 デザートスプーンに一杯分(の量) 〔*of*〕. 2 約 2½ fluidrams に相当する液量の単位. 〖1875〗

dessért wìne *n.* デザートワイン, 食後酒《デザートまたはときに食間に飲む, 通例甘口のアルコール分 14–21% を含むぶどう酒で, port, Tokay, muscatel など; cf. aperitif wine, table wine》. 〖1773〗

des·sia·tine /désjətiːn/ *n.* デシャチーナ《メートル法以前のロシアの地積単位; =10,925 m^2》. 〖(1799) □ Russ. *desyatina* 《原義》tenth, tithe ← *desyat'* 'TEN'〗

des·sous /dəsúː; *F.* dəsu/ *F. n. pl.* [集合的] (女性の)下着, 肌着. 〖(1901) □ F ~ 《原義》lower part〗

de·sta·bi·lize /diːstéɪbəlàɪz, -bl- | -bᵻl-, -bl-/ *vt.* 不安定にする, 変動[動揺]させる, …の平衡を破る (unbalance). **de·sta·bi·li·za·tion** /diːstèɪbəlᵻzéɪʃən, -bl- | -bᵻlaɪ-, -lɪ-, -bl-/ *n.* 〖(1924) ← DE-[1]+STABILIZE〗

de Staël, Madame *n.* ⇨ Staël.

de·stain /diːstéɪn/ *vt.* (検鏡のため)〈標本(の一部)〉から着色を取り除く. 〖(c1386): ⇨ de-[1], stain〗

de·ster·il·i·za·tion /diːstèrəlᵻzéɪʃən | -rᵻlaɪ-, -lɪ-/ *n.* 1 遊休物資の利用. 2 《米》封鎖解除.

de·ster·il·ize /diːstérəlàɪz | -rᵻ-/ *vt.* 1 〈遊休物資〉を活用する. 2 《米》…の封鎖を解く: ~ gold 国庫に死蔵されている金塊を基礎にして貨幣を増発する. 〖← DE-[1]+STERILIZE〗

de Stijl /dəstáɪl; *Du.* dəstéil/ *n.* 〖美術〗デ スティール運動 (P. Mondrian などの抽象絵画運動; 正方形・長方形を使用し, 原色に灰色と黒の色面を強調する; ひろく 20 世紀の美術・建築に影響を与えた; cf. neoplasticism). 〖(1934) □ Du. ~ 《原義》the Style (1917 年にオランダで発刊された雑誌名)〗

des·ti·na·tion /dèstənéɪʃən | -tᵻ-/ *n.* 1 (旅行の)目的地, 行先, 到着地[港]: arrive at one's ~ / be carried beyond one's ~ 乗り越す / What's your ~? 行先はどこですか. 2 〖商業〗仕向け先[地, 港], 届け先: the port of ~ 仕向け港, 目的港. 3 目的; 用途. 4 《まれ》予定, 指定. 〖(a1400) □ (O)F ~ ∥ L *dēstinātiō(n-)*: ⇨ ↓, -ation〗

des·tine /déstᵻn/ *vt.* [通例 p.p. 形で] 1 〈神意・宿命が〉あらかじめ…の未来を〈…するように〉定める, 予定する 〈*to do*〉, 〔…に〕運命づける 〔*to, for*〕: They were ~*d* never to meet. 彼らはそれっきり二度と会えない運命だった / Their soul were ~*d for* eternal punishment. 彼らの魂は永遠の罰を受けるべく運命づけられていた / She was ~*d to* be [become] a doctor. =She was ~*d to* have a medical career. 医者になる運命だった. 2 〈ある目的・用途に〉〈人・物を〉前もって定めておく, 予定する (intend) 〔*for*〕: a building ~*d for* that purpose その目的のために予定された建物 / a ship ~*d for* Hong Kong 香港行きの船 / He was ~*d for* a medical career [the church]. 医者になる[聖職につく]ことになっていた. 〖(c1340) *destene(n)* □ (O)F *destiner* □ L *dēstināre* to make fast, appoint ← DE-[1]+**stanāre* to fix ((caus.) ← *stāre* 'to STAND'): cf. obstinate〗

des·tined /déstᵻnd/ *adj.* (神・運命によって)予定されている, 運命づけられた; 前もって定められた, 予定の (intended): one's ~ course of life 宿命的に決められた人生行路 / a ~ goal 予定の目標. 〖(1590): ⇨ ↑, -ed〗

des·ti·ny /déstəni | -tᵻ-/ *n.* 1 運命, 宿命, (前世からの)約束 (⇨ fate SYN); 不可抗力, 必然: rebel *against* ~ 運命に反抗する / ⇨ MAN of Destiny. 2 a [D-] 運命の支配者, 神意; 運命の神: if *Destiny* ordains (it so) もし運命[神意]が(そう)命じるなら. b [the Destinies] 運命の三女神 (the three Fates). 〖(c1350) *destinee* □ (O)F *destinée* (fem. p.p.) ← *destiner* 'to DESTINE': ⇨ -y[3]〗

des·ti·tute /déstətùːt, -tjùːt | -tᵻtjùːt/ *adj.* 1 生活に困っている, 貧困な, 貧窮している (⇨ poor SYN): a ~ family 極貧の一家 / the ~ 貧困者 (destitute people) / be in ~ circumstances 窮乏している. 2 〔…が〕欠乏して, なくて, 〔…を〕持たない 〔*of*〕: They are ~ *of* compassion for others. 彼らは他人への同情心に欠けている. 3 《廃》見捨てられた (forsaken). — *vt.* 1 《まれ》 a 〔…を〕…から奪う (deprive) 〔*of*〕. b 貧困にする. 2 《古》(官位から)退ける, 免職する. 3 《古》荒らす. 4 《廃》見捨てる. **~·ness** *n.* 〖(c1384) □ L *dēstitūtus* (p.p.) ← *dēstiuere* to forsake ← DE-[1]+*statuere* to put (⇨ statute)〗

des·ti·tu·tion /dèstətúːʃən, -tjúː- | -tᵻtjúː-/ *n.* 1 生活困難, 赤貧 (extreme poverty) (⇨ poverty SYN): suffer [get into] ~ 貧窮に悩む[陥る]. 2 欠乏, 不足 (want). 〖(c1425) □ (O)F ~ ∥ L *dēstitūtiō(n-)*: ⇨ ↑, -tion〗

de·stock /diːstɑ́(ː)k | -stɔ́k/ *vt., vi.* 《英》〖商業〗在庫を減らす. 〖← DE-[1]+STOCK (v.)〗

de·stool /diːstúːl/ *vt.* (西アフリカで)〈首長を〉免職する (↔ enstool). **~·ment** *n.* 〖(1929) ← DE-[1]+STOOL〗

de·stress /diːstrés/ *vt.* …の重圧[圧迫]を取り除く.

des·tri·er /déstriə, dɛstríə | déstriə[r]/ *n.* 《古》(中世, 騎士の)馬, 軍馬. 〖(?a1300) *destrer* □ AF=(O)F *destrier* < VL **dextrārium (equum)* (horse) led by the right hand ← L *dextra (manus)* right (hand) (⇨ dexter): squire が右手で引いたことから〗

de·stroy /dᵻstrɔ́ɪ/ *vt.* 1 〈建物・市街・平和などを〉打ちこわす, 破壊する; そこなう, 台なしにする (↔ construct, build): ~ a building [document] by setting fire to it 建物を(火で)焼き尽くす[文書を焼き捨てる] / The ~*ed* building was painstakingly reconstructed. 破壊された建物は骨折って再建された / ~ the peace [beauty] of the place その場所の平和[美しさ]を破壊する. 2 〈敵などを〉滅ぼす, 全滅させる; 〈害虫・雑草などを〉撲滅する, 駆除する; 〈人・動物を〉殺す: ~ the enemy / ~ oneself 自殺する / The earthquake ~*ed* more than 100,000 lives. その地震で 10 万以上の人が死んだ. 3 〈計画・望み・夢などを〉砕く, だめにする, 消滅させる. 4 〈説などを〉論破する (refute): utterly ~ an argument 完全に論破する. 5 〈文書などを〉無効にする, 破棄する: ~ a document. 6 〈毒などを〉中和する. — *vi.* 破壊を来たす; 壊れる: a ~*ing* force that must be restrained 抑制されなくてはならない破壊力. 〖(?a1200) *destruye(n)* □ OF *destruire* (F *détruire*) < VL **dēstrūgere*=L *dēstruere* to pull down ← DE-[1]+*struere* to construct (cf. structure)〗

SYN 破壊する: **destroy** 大きな損傷を与えて完全に破壊する[存在しなくする]《最も使用範囲の広い語》: Fire *destroyed* his house. 彼の家は火事で焼け落ちた / All trace was *destroyed*. 痕跡はすっかり消されてしまった. **demolish** 〈建物などを〉完全に取り壊す; 比喩的に, 〈立論・学説などを〉粉砕する: They *demolished* the old warehouse. その古い倉庫をすっかり取り壊した / He soon *demolished* her argument. たちまち彼女の議論を粉砕してしまった. **raze** 〈建物・町・森などを〉完全に倒壊させる: Many houses were *razed* by an earthquake. 地震で多くの家が倒壊した. **annihilate** 〈場所や人を〉完全に破壊して消滅させる: The bomb *annihilated* the city. その爆弾で町は焼野原となった.

---

de·stroy·a·ble /dᵻstrɔ́ɪəbl/ *adj.* 破壊[壊滅]できる; 駆逐できる, 滅ぼすことができる. 〖(1552): ⇨ ↑, -able〗

de·stroy·er /dᵻstrɔ́ɪə | -trɔ́ɪə[r]/ *n.* 1 破壊する人[物]; 撲滅者, 駆除者. 2 〖軍事〗駆逐艦《水雷艇や潜水艦の駆逐に従事する; cf. torpedo-boat destroyer》. 〖(c1384): ⇨ -er[1]〗

destróyer èscort *n.* 《米》〖軍事〗(主に爆雷を武器とする)護衛駆逐艦, 軽[小型]駆逐艦《潜水艦の駆逐に従事する; cf. corvette, frigate》. 〖1924〗

destróyer lèader *n.* 《米》重[大型]駆逐艦, 嚮導(きょうどう)駆逐艦. 〖1927〗

de·stróy·ing ángel *n.* 1 〖植物〗 a タマゴテングダケ (*Amanita phalloides*) 《猛毒のキノコ; death cup ともいう》. b シロタマゴテングダケ (*A. verna*) 《猛毒》. 2 《米》=Danite 2 b. 〖1900〗

de·struct /dᵻstrʌ́kt/ *n.* 《米》 1 自爆, 破壊, 空中爆破《ミサイルまたは類似の運搬体 (vehicle) を安全またはその他の理由で故意に爆発させること》. 2 (敵の手に渡ることや機密漏洩防止などのための新兵器・資材などの)緊急破壊. — *adj.* [限定的] 破壊用の: a ~ button (ミサイルを空中爆発させる)破壊ボタン / a ~ system 自爆装置. — *vt.* 〈飛行中のロケット・ミサイルなどを〉自爆させる, 破壊する. — *vi.* 自爆する. 〖(1957) (逆成) ← DESTRUCTION〗

de·struc·ti·bil·i·ty /dᵻstrʌ̀ktəbíləti | -tᵻbílᵻti/ *n.* 破壊できる性質[傾向], 被破壊性. 〖(1730–36): ⇨ ↓, ity〗

de·struc·ti·ble /dᵻstrʌ́ktəbl | -strʌ́ktᵻ-/ *adj.* 壊すことができる, 壊れやすい, (容易に)破壊できる, 駆除できる. **~·ness** *n.* 〖(1755) □ LL *dēstructibilis*: ⇨ destructive, -ible〗

de·struc·tion /dᵻstrʌ́kʃən/ *n.* 1 破壊 (cf. construction) (⇨ ruin SYN): wanton ~ ひどい破壊. 2 絶滅, 撲滅, 駆除; (人の)殺害, 大量殺人. 3 滅亡, 破滅: Broad is the way, that leadeth to ~. 滅びに至る道は広い (*Matt.* 7:13). 4 破滅のもと; 破壊手段: Overconfidence was [Fast cars were] his ~. うぬぼれ[高速車]が彼を破滅させる原因であった. 5 (文書の)破棄(罪). 〖(c1300) □ (O)F ~ □ L *dēstructiō(n-)* ← *dēstruere* 'to DESTROY': ⇨ -tion〗

de·strúc·tion·al /-ʃnəl, -ʃənl/ *adj.* 破壊の(行われる), (特に, 削剝, 浸食, 露出による)破壊作用の: a ~ landscape, plain, etc. 〖(1900): ⇨ ↑, -al[1]〗

de·strúc·tion·ist /-ʃ(ə)nᵻst | -nɪst/ *n.* 1 破壊を喜ぶ人. 2 破壊主義者《現在の政治・社会制度などの破壊を主張する無政府主義者・革命党員など》. 〖(1807): ⇨ -ist〗

de·struc·tive /dᵻstrʌ́ktɪv/ *adj.* 1 〔…に対し〕破壊的な, 破滅的な, 有害な 〔*of, to*〕: ~ animals 有害な動物 / a ~ range (砲弾・爆弾などの)威力半径 / a habit ~ *to* health 健康を損ねるような習慣. 2 破壊主義的な (↔ constructive): ~ criticism 破壊的批判《破壊的に論破することのみを主眼として少しも建設的な意図のない批評》. **~·ly** *adv.* 〖(1490) □ (O)F *destructif, -ive* □ LL *dēstructīvus* ← L *dēstructus* (p.p.) ← *dēstruere* 'to DESTROY': ⇨ -ive〗

destrúctive distillátion *n.* 〖化学〗分解蒸留. 〖1831〗

de·strúc·tive·ness *n.* 破壊的性質[傾向]; 有害性. 〖(1647): ⇨ -ness〗

de·struc·tiv·i·ty /dìːstrʌktívəti, dᵻstrʌ̀k- | -vᵻti/ *n.* 破壊力, 破壊性. 〖(1902) ← DESTRUCTIVE+-ITY〗

destrúct lìne *n.* 〖宇宙〗破壊限界線《ロケットの飛翔中に許される軌道限界線; この線を越えたら破壊指令を出す》.

de·strúc·tor *n.* 1 《英》塵芥(じんかい)[廃物]焼却炉 (incinerator). 2 《米》破壊薬, 破壊具, 破壊装置, 自爆装置《危害防止または機密保護のためミサイル・航空機・その構成部分・装備品をわざと破壊するための爆薬または器材》. 3 《まれ》破壊者. 〖(a1691) □ LL *dēstructor* ← L *dēstruere* 'to DESTROY': ⇨ -or[2]〗

de·sub·stan·tia·lize /dìːsəbstǽnʃəlàɪz | -stǽn-, -stáːn-/ *vt.* 非実体化する. 〖(1940) ← DE-[1]+SUBSTANTIALIZE〗

des·ue·tude /déswɪtùːd, dᵻsúːə-, -tjùːd | dɪsjúːɪ-, tjùːd, déswɪ-, díːs-/ *n.* 廃止(状態), 不用, すたれること (disuse): fall [pass] into ~ 〈習慣・風俗などが〉すたれる. 〖(a1460) □ (O)F *désuétude* ∥ L *dēsuētūdō* disuse ← *dēsuētus* (p.p.) ← *dēsuēscere* to discontinue ← DE-[1]+*suēscere* to become accustomed: ⇨ -tude〗

de·sul·fur /diːsʌ́lfə | -fə[r]/ *vt.* 〖化学〗=desulfurize.

de·sul·fur·ate /diːsʌ́lfjʊrèɪt, -fə-/ *vt.* 〖化学〗=desulfurize.

de·sul·fur·a·tion /diːsʌ̀lfjʊréɪʃən, -fə-/ *n.* 〖化学〗=desulfurization.

de·sul·fur·i·za·tion /diːsʌ̀lfjʊrᵻzéɪʃən, -fə- | -raɪ-, -rɪ-/ *n.* 〖化学〗硫黄質遊離[脱失], 硫黄分除去(作用), 脱硫. 〖(1854): ⇨ ↓, -ation〗

de·sul·fur·ize /diːsʌ́lfjʊràɪz, -fə-/ *vt.* 〖化学〗…から硫黄質[分]を抜く[除去する, 分離する], 脱硫する. 〖(1864) ← DE-[1]+SULFURIZE〗

dè·súl·fur·iz·er *n.* 脱硫器. 〖(1870): ⇨ ↑, -er[1]〗

de·sul·phur /diːsʌ́lfə | -fə[r]/ *vt.* 〖化学〗=desulfur.

des·ul·to·ri·ly /dèsəltɔ́ːrəli, -sl-, dèz-, -zl-, ←—— | dés(ə)ltərᵻli, -sl-, -z(ə)l-, -zl-, -trᵻ-/ *adv.* 散漫に, 漫然と, 飛び飛びに, とりとめなく. 〖(1664) ← DESULTORY+-LY[1]〗

dés·ul·tò·ri·ness *n.* 散漫, 漫然, 移り気, とりとめのなさ. 〖(1661): ⇨ ↓, -ness〗

des·ul·to·ry /désəltɔ̀ːri, -sl-, déz-, -zl- | -s(ə)ltəri, -sl-, -z(ə)l-, -zl-, -tri/ *adj.* 1 漫然とした, とりとめのない, 散漫な (aimless) (⇨ random SYN): a ~ conversation 雑談 / ~ reading 気まぐれな読書, 乱読 / a ~ walk 目当てのない散歩, 漫歩. 2 突飛な, 脱線した (random): a ~ remark 唐突な言葉, 随評 / a ~ project (突然思いついたような)突飛な企て. 〖(1581) □ L *dēsultōrius* of a leaper, superficial ← *dēsultor* circus rider ← *dēsilīre* to leap down ← DE-[1]+*salīre* to leap (⇨ sally)〗

de·su·per·heat /dìːsùːpəhíːt | -sùːpə-, -sjùː-/ *vt.* 〈過熱した蒸気〉の温度を下げる. 〖(1931) ← DE-[1]+SUPERHEAT〗

dè·sù·per·héat·er /-tə | -tə[r]/ *n.* 〖機械〗過熱低減器《過熱水蒸気を冷却して水蒸気の温度を調整する》. 〖(1931): ⇨ ↑, -er[1]〗

de·syn·chro·nize /diːsíŋkrənàɪz, -sín-/ *vt.* 非同期化する.

de·sy·non·y·mize /dìːsᵻnɑ́(ː)nəmàɪz | -nɔ́nᵻ-/ *vt.* 〈数個の同義語〉の意味の区別を生じさせる, 意義を分化させる; …に同義的性質を失わせる. 〖(1817) ← DE-[1]+SYNONYM+-IZE〗

Det 《略》[称号に用いて] Detective.

DET 《略》〖薬学〗diethyltryptamine.

det. 《略》〖軍事〗detach; detached; 〖軍事〗detachment; detail; detector; detective; determine; determiner; 〖処方〗*L.* detur (=let it be given).

de·tach /dᵻtǽtʃ/ *vt.* 1 〔全体・大きなものから〕引き離す, 取り外す, 分離する 〔*from*〕 (↔ attach): ~ a locomotive *from* a train 機関車を列車から切り離す / ~ a person *from* a party 人を脱党させる / ~ oneself *from* …から離れる[分かれる]; …とのかかわりをなくす. 2 〈軍隊・軍艦などを〉分遣する, (特別任務に)派遣する. — *vi.* 離れる, 分かれる. 〖((c1477)) (1684) □ F *détacher* < OF *destachier* ← *des-* 'DIS-[1]'+(*a*)*tachier* 'to ATTACH'〗

de·tach·a·ble /dᵻtǽtʃəbl/ *adj.* 1 分離できる, 取り外しのできる. 2 分遣できる. **de·tách·a·bly** *adv.* **de·tàch·a·bíl·i·ty** /-tʃəbíləti | -lᵻti/ *n.* 〖(1818): ⇨ ↑, -able〗

de·tached /dᵻtǽtʃt/ *adj.* 1 〈人・意見などが〉捕われない, 私心のない, 公平な; 超然とした (⇨ indifferent SYN): a ~ mind, opinion, view, etc. / a ~ listener 公平な聞き手. 2 〈家が〉分離した, 離れている, 孤立している: a ~ house (独立した)一軒家, 独立住宅 (cf. semidetached) / a ~ palace 離宮. 3 分遣された: a ~ force 分遣隊, 別働隊. 4 〖眼科〗(網膜が)剝離(はくり)した. **de·tách·ed·ness** /-tʃᵻd-, -tʃt-/ *n.* 〖(1706): ⇨ -ed 2〗

detáched escápement *n.* 〖時計〗分離式脱進機《がんぎ車とてんぷとの間に中間部品を設け, 両者が直接接触しないように, そして両者の係合が必要最小限の短時間で行われるように工夫された脱進機》.

de·tách·ed·ly /-tʃᵻdli/ *adv.* 離れて, 分立して; 孤立的に, 私心を離れて. 〖(1797): ⇨ -ly[1]〗

detáched sérvice *n.* 〖軍事〗派遣勤務, 臨時派遣業務《所属する原隊を離れ他の部隊で勤務すること》. 〖1889〗

de·tách·er *n.* 引き離す人; 分遣する人. 〖(1884): ⇨ -er[1]〗

de·tach·ment /dᵻtǽtʃmənt/ *n.* 1 a 超脱, (世俗の外に)超然としていること, 無関心, 冷淡. b 偏見のないこと, 公平, 無私. **2** 分離, 離脱; 分離された状態. **3** 〖軍事〗 **a** 分遣, 派遣: on ～ 特別任務中で. **b** 独立班, 特別班, 班《特別任務のために編成される永続的な小さな部隊; platoon よりも小さいのが普通》; 派遣隊, (臨時編成の)混成部隊: a medical ～ 医療班[部隊]. **c** 分遣艦隊. **4** 〖論理〗切断《命題 p と「p ならば q」が成り立てば命題 q も成り立つとする推論規則; cf. modus ponents》. 〖(1669) ◻ F *détachement*: ⇨ detach, -ment〗

de·tail /díːteɪl, dɪ̥téɪl/ *n.* **1** (細かな)部分, 細部, 細目, 項目 (⇨ item SYN): omit some ～*s* 細かい点をいくつか省略する / discuss [work out] the ～*s* of a plan 計画の細目を協議[作成]する / attention to ～ 細かいことに対する注意. **2** 《古》(局部的)詳説, 詳記. **3** [しばしば *pl.*] 詳細, 委曲: give a full ～ of …を詳説する / go [enter] into ～(*s*) 詳細にわたる, 詳述する / For further ～*s*, return the coupon enclosed. 詳細に関しては, 同封の見本請求券をご返送下さい. **4** (重要性のない)末梢(まっしょう)的な[枝葉の]こと, つまらないこと, ささいなこと: a matter *of* ～ 些細な事柄 / But that is a (mere) ～. 《英》だがそれはどうでもよい(つまらない)ことだ《反語的に「実は重要な点だ」の意を含めることもある》. **5** 〖建築・美術・機械〗ディテール, デテール; 詳細図, 細部(描写) (detail drawing(s)); (精密な研究のため複写される絵などの)一部分; 細かく手のこんだ飾り[細工]. **6** 〖軍事〗 **a** 《英》行動指令[命令]. **b** (小部隊の)分遣, 特派; 特派部隊(員), (特別任務の)選抜隊(員): defeat *in* ～ 各個撃破(する). **c** 特別な任務[仕事]. **d** (将校の)一時的兵種[職種]変更. **7** (警察官・新聞社員などの)特派小団.
in détail (1) 詳細に, 詳しく; 項目ごとに: *in* more [further, minute] ～ もっと詳しく / *in* great ～ 丹念に. (2) ⇨ 6 b.
— *vt.* **1** 詳しく述べる, 詳細に説く, …の委細を説く; 列挙する: ～ particulars of an event 事件の詳細を説く. **2** [しばしば受身で] 〖軍事〗〔…の〕特別任務につける〔*for*〕; 特派[分遣]して…するよう命じる〈*to do*〉; 特派する: be ～*ed for* security duty 警備の特別任務を命じられる / be ～*ed* (*off*) *to* guard the border 国境警備に派遣される. **3** …に細かな模様[飾り]をつける. — *vi.* 詳細図を作る.
～·er /-lə | -lə(r)/ *n.* 〖(1603) ◻ F *détail* ← *détailler* to cut in pieces ← DE-[1]+*tailler* to cut (cf. tail[2], tailor[1])〗

détail dràwing *n.* 〖建築・機械〗詳細図. 〖1819〗

de·tailed /díːteɪld, dɪ̥téɪld/ *adj.* 〈説明など〉詳細な, 明細な, 委曲を尽くした, 細目にわたる (↔ broad): a ～ account 詳細な記述 / a ～ report 詳報. **de·tail·ed·ly** /-ɪ̥dli, -l̥ɪd-/ *adv.* **dé·tail·ed·ness** /-l̥ɪd-, -ɪd-/ *n.* 〖(1740): ⇨ -ed〗

de·táil·ing /-lɪŋ/ *n.* (建築物・服・自動車などの)細部装飾.

détail màn 《米》(製薬会社の)販売員, 「プロパー」《新薬の説明紹介や売込みに医師・歯科医・病院・薬局などを戸別訪問する》. 〖1928〗

détail pàper *n.* 半透明製図用紙.

de·tain /dɪ̥téɪn/ *vt.* **1** 〈人を〉抑止する, 引き留める (⇨ retard SYN); …にひまを取らせる, 待たせておく; 〈生徒を〉(放課後)居残りさせる: be ～*ed* by an accident 事故のために引き留められる[遅れる] / Sorry, ～*ed* for the night. [電報文] スマヌ, コンヤカエレヌ / The question need not ～ us longer. その問題にこれ以上時間をかける必要はない. **2** 留置する, 〈特に, 政治犯を〉拘留する, 監禁する: ～ a person *as* a suspect 人を容疑者として留置する. **3** 《廃・古》〈当然渡すべき物を〉保留する, 抑えておく (withhold); 〈船などを〉抑留する. **～·a·ble** /-nəbl̩/ *adj.* 〖(?a1425) ◻ (O)F *détenir* < VL **dētenēre* = L *dētinēre* to keep back ← DE-[1]+*tenēre* to hold (cf. tenant)〗

de·tain·ee /dɪ̥tèɪníː, dìːteɪníː | dìːteɪníː, dɪ̥teɪníː/ *n.* (主に政治的理由による, 外国人)抑留者. 〖(1928): ⇨ ↑, -ee[1]〗

de·táin·er *n.* 〖法律〗 **1** (不動産の)不法占有; (動産の)不法留置. **2** 監禁, 拘禁, 留置; 監禁[拘禁]続行令状[手続]. 〖(1619) ◻ AF *detener* ← F *détenir* 'to DETAIN': 不定詞の名詞用法〗

de·táin·ment *n.* = detention. 〖1586〗

de·tan·gle /dìːtǽŋgl̩/ *vt.*, *vi.* (髪のもつれを)ほどく.

de·tas·sel /dìːtǽsəl, -tɑ́(ː)s-, -tɔ́(ː)s-, -sl̩ | -tǽs-/ *vt.* (自花受粉を避けるため)〈トウモロコシ〉の雄穂を除去する. 〖← DE-[1]+TASSEL[1]〗

detd. 《略》determined.

de·tect /dɪ̥tékt/ *vt.* **1** 〈人〉の〈悪事などを〉見つける, 見届ける〔*in*〕: ～ a person *in* [doing] a dishonest act 人が不正をしているのを見つける. **2** 〈過失・誤りなどを〉発見する, 看破する; 〈人〉の性格を見破る, …であることがわかる: ～ a spy スパイであることを看破する / ～ a fault in a system 組織の欠陥を見出す. **3** 〈見えないもの〉(の存在)を感知する, 探り当てる; 〈…がある[…である]ことを〉見出す, 認める: ～ signs of disease 病気の徴候を発見する. **4** 〖化学〗検出する: ～ traces of poison in food 食べ物中の毒物の痕跡を検出する. **5** 〖通信〗 **a** 検波する. **b** 復調する. **6** 《廃》〈悪事などを〉暴露する; 非難する. — *vi.* 〈刑事・探偵が〉探索する, 刑事[探偵]をする. **de·téct·er** *n.* 〖(?a1425) ← L *dētectus* (p.p.) ← *dētegere* to uncover ← DE-[1]+*tegere* to cover: cf. tegument〗

de·tect·a·ble /dɪ̥téktəbl̩/ *adj.* 見つけられる, 看破できる; 見出せる, 検出できる. **de·tèct·a·bíl·i·ty** /-təbɪ́ləti | -lɪ̥ti/ *n.* 〖(1655): ⇨ ↑, -able〗

de·tec·ta·phone /dɪ̥téktəfòun | -fəun/ *n.* (隠しマイクと小型送信機などからなる)盗聴器. 〖← DETECT+-*a* (添え字)+-PHONE〗

de·tect·i·ble /dɪ̥téktəbl̩ | -tɪ̥-/ *adj.* = detectable.

de·tec·tion /dɪ̥tékʃən/ *n.* **1** 見破ること, 看破, 探知; 見破られること, 発覚, 露見; 発見: without ～ だれにも見られずに. **2** 〖化学〗検出. **3** 〖通信〗検波; 復調. 〖(1427) ◻ LL *dētectiō(n-)*: ⇨ detect, -tion〗

detéction stàtion *n.* (核実験の)監視所.

de·tec·tive /dɪ̥téktɪv/ *adj.* 探知[検出]用の: a ～ device 探知装置, 探知器 / a ～ agency 秘密探偵社, 人事興信所. — *n.* **1 a** 刑事(巡査); 探偵: an amateur ～ しろうと探偵 / ⇨ private detective. **b** [形容詞的に] 刑事[探偵]の[に関する]: a ～ story [novel] 推理[探偵]小説 / ～ fiction 推理小説《総称》. **2** 《俗》推理小説. 〖(1843) ← DETECT+-IVE〗

de·tec·tor /dɪ̥téktə | -tə(r)/ *n.* **1** 看破者, 発見者; 探知器: a lie ～ うそ発見器 / an explosive ～ 爆発物探知器. **2** 〖通信〗検波器: a crystal [transistor] ～ 鉱石[トランジスター]検波器. **3** 〖電気〗(漏電の)検電器; (電流の方向を示す)検流計. **4** 〖物理・化学〗検出器[装置]. **5** (ボイラーの)水量計. 〖(1541) ◻ LL *dētector*: ⇨ detect, -or[2]〗

detéctor bàr *n.* 〖鉄道〗ディテクターバー, 轍査桿(てっさかん)《列車の通過中分岐器が転換できないようにするため転轍器の先端付近に取り付けられた桿》. 〖1889〗

de·téc·tor·ist /-tərɪ̥st | -tərɪst/ *n.* 金属探知器を使うのを趣味とする人. 〖⇨ detector, -ist〗

de·tem·por·al·ize /dìːtémp(ə)rəlàɪz/ *vt.* = detemporize.

de·tem·po·rize /dìːtémpəràɪz/ *vt.* (文学作品などで)〈人物・背景を〉超時間的なものにする, 時間との関係を失わせる. 〖(1914) ← DE-[1]+L *tempor-*, *tempus* time+-IZE〗

de·ten·sion /dìːténʃən/ *n.* 不安を和らげること, 緊張を解くこと. — *vt.*, *vi.* (…の)緊張を緩和する. 〖(1949) ← DE-[1]+TENSION〗

de·tent /dɪ̥tént/ *n.* 〖機械〗止め金, 戻り止め, 回転止め, (つめ車 (ratchet) の)つめ, (時計の)デテント《戻り止めのつめ》. 〖(1688) ◻ F *détente* < OF *destente* ← *destendre* (F *détendre*) to relax ← *dé-* 'DIS-[1]'+*tendre* to stretch (cf. tend[1])〗

dé·tente /deɪtɑ́ː(n)t, -tɑ́ːnt; *F.* detɑ̃ːt/ *F. n.* (*pl.* ～**s** /～s; *F.* ～/) (*also* **de·tente** /～/) (国際間の)緊張緩和, デタント. 〖(1908) ◻ F ～ (↑)〗

detént escàpement *n.* 〖時計〗デテント脱進機《がんぎ車によるてんぷへの衝撃が一方向にだけ加えられる形式の脱進機; がんぎ車の止め, 外れにデテント(戻り止め)が用いられるのでこの名がある; 航海用クロノメーターに使われるので chronometer escapement ともいう》.

de·ten·tion /dɪ̥ténʃən, -téntʃən/ *n.* **1** 抑止, 阻止; 延滞. **2 a** 拘留, 留置, 拘禁; (船舶の)抑留: illegal ～ 不法監禁[拘留] / under ～ 拘禁中, 拘留[抑留]されて / the ～ of shipping / a house of ～ 未決監(みけつかん), 留置場. **b** (生徒の)放課後の罰としての居残り. **3** 〖法律〗(他人の財産の)不法占有; 不法監禁[抑留]. 〖(1443) ◻ (O)F *détention* // L *dētentiō(n-)*: ⇨ detain, -tion〗

deténtion bàrrack *n.* [通例 *pl.*] 《英》〖軍事〗営倉. 〖1906〗

deténtion càmp *n.* 《英》(第一次大戦中の外国人の)仮収容所 (cf. internment camp). 〖1916〗

deténtion cèntre *n.* 《英》 **1** (不法入国者などの)短期収容所. **2** 非行少年短期収容所, 少年院《14 歳から 21 歳までの非行者を 3 か月または 6 か月の間収容する; cf. young offender institution》. 〖1948〗

deténtion hòme *n.* 《米》(少年裁判所の結審前の, 一時的な)非行少年収容所, 少年鑑別所. 〖1930〗

deténtion hòspital *n.* (伝染病の)隔離病院.

dé·te·nu /dèɪtənúː, -tn-, -njúː | -tənjúː, -tn-; *F.* detny/ *F. n.* (*pl.* ～**s** /～z; *F.* ～/) 被拘留者; (特に, インドで)(拘留中の)政治犯. 〖(1803–10) ◻ F ～ (p.p.) ← *détenir* 'to DETAIN'〗

de·ter /dɪ̥tə́ː | -tə́ː(r)/ *vt.* (**de·terred**; **de·ter·ring**) **1** (恐怖・懸念などを起こさせ)〈行為を〉ちゅうちょさせる, 思いとどまらせる, 妨げる〔*from*〕: ～ a person *from* acting [an action] 人に行動をためらわせる. **2** 〈さびなどを〉防ぐ, 止める. **～·rer** /-tə́ːrə | -tə́ːrə(r)/ *n.* 〖(1579) ◻ L *dēterrēre* to frighten from ← DE-[1]+*terrēre* to frighten (cf. terrible)〗

de·terge /dɪ̥tə́ːdʒ | -tə́ːdʒ/ *vt.* **1** 浄化する; 〈悪を〉一掃する, 粛清する. **2** 〈傷口を〉きれいにする. **de·térg·er** *n.* 〖(1623) ◻ F *déterger* // L *dētergēre* to wipe off ← DE-[1]+*tergēre* (cf. terse)〗

de·tér·gence /-dʒəns/ *n.* = detergency.

de·ter·gen·cy /dɪ̥tə́ːdʒənsi | -tə́ː-/ *n.* 洗浄性, 浄化力. 〖(1710): ⇨ ↓, -ency〗

de·ter·gent /dɪ̥tə́ːdʒənt | -tə́ː-/ *adj.* 洗浄性の, 洗浄力のある: ～ oil (内燃機関の)清浄油. — *n.* **1** (皮膚・傷口などの)洗浄剤. **2** (石鹸(せっけん)を含めて, 一般に)洗剤; (石鹸以外の)中性[アルカリ]洗剤, 合成洗剤 (cf. soapless soap); クレンザー. **3** (潤滑油・ドライクリーニングに用いる)溶剤. 〖(1616) ◻ F *détergent* // L *dētergentem*: ⇨ deterge, -ent〗

de·te·ri·o·rate /dɪ̥tɪ́(ə)riərèɪt | -tɪ́ər-/ (↔ ameliorate, improve) *vt.* 〈質を〉悪くする, 悪化させる; 下等にする, …の質[価値]を低下させる, 堕落させる (worsen). — *vi.* 〈物(の質)が〉悪くなる, 悪変する; 〈素質が〉低下する, 堕落する, 退廃する; 〈健康が〉衰える(worsen). **de·té·ri·o·rà·tor** /-tə | -tə(r)/ *n.* 〖(1572) ← LL *dēteriōrātus* (p.p.) ← *dēteriōrāre* to make worse ← L *dēterior* worse (compar.) ← **dēter* (compar.) ← *dē* 'DE-[1]': ⇨ -ior[1], -ate[3]〗

de·te·ri·o·ra·tion /dɪ̥tɪ̀(ə)riəréɪʃən | -tɪ̀ər-/ *n.* **1** 悪化, 劣化, 悪変, 改悪; 変質, 素質低下: the ～ of one's memory 記憶力の低下[減退]. **2** 堕落, 退歩, 退廃. 〖(1658) ◻ F *détérioration* // LL *dēteriōrātiō(n-)*: ⇨ ↑, -ation〗

de·tè·ri·o·rá·tion·ist /-ʃ(ə)nɪ̥st | -nɪst/ *n.* 人類・社会が堕落[退歩]しつつあると唱える人. 〖(1816): ⇨ ↑, -ist〗

de·te·ri·o·ra·tive /dɪ̥tɪ́(ə)riərèɪtɪv, -rət- | -tɪ́əriə-rèɪt-, -rət-/ *adj.* 悪変的な, 劣悪化的な(傾向のある); 堕落[退化]的な. 〖(1800) ◻ L *dēteriōrātīvus*〗

de·tér·ment *n.* 制止, 阻止(するもの). 〖(1646) ← DETER+-MENT〗

D

de·ter·min·a·ble /dɪ̥tə́ːmɪ̥nəbl̩, -mnə- | -tə́ː-/ *adj.* **1** 確定できる, 決定できる. **2** 〖法律〗(一定のことが生じたときに)終結すべき. **de·tér·min·a·bly** *adv.* **～·ness** *n.* **de·ter·min·a·bil·i·ty** /dɪ̥tə̀ːmɪ̥nəbɪ́ləti | -tə̀ːmɪ̥nəbɪ́lɪ̥ti/ *n.* 〖(?c1380) ◻ (O)F ← L *dētermīnābilis*〗

de·ter·mi·na·cy /dɪ̥tə́ːmɪ̥nəsi | -tə́ː-/ *n.* **1** 確定(性), 限定. **2** (因果的に)決定されていること; 確実さ: the conflict between freedom of the will and universal ～ 意志の自由と普遍的決定との矛盾. 〖(1873) ← DETERMINA(TE)+-CY〗

de·ter·mi·nant /dɪ̥tə́ːmɪ̥nənt | -tə́ː-/ *n.* **1** 決定者[物], 決定因, 決定要素 (⇨ cause SYN). **2** 〖生物〗デテルミナント, 決定子, 決定素. **3** 〖論理〗限定辞. **4** 〖数学〗行列式, デターミナント. — *adj.* 決定の, 決定力のある, 限定的な. **de·ter·mi·nan·tal** /dɪ̥tə̀ːmɪ̥nǽntl̩ | -tə̀ːmɪ̥nǽntl̩/ *adj.* 〖(1610) ◻ L *dētermi-nāntem*: ⇨ determine, -ant〗

detérminant rànk *n.* 〖数学〗(行列の小行列式)階数《与えられた行列から同じ個数の行と列とを任意に選んで作った行列式のうち, 値が 0 でないものの最高次数; 単に rank ともいう》.

de·ter·mi·nate /dɪ̥tə́ːmɪ̥nɪ̥t | -tə́ː-/ *adj.* **1** (明確に)限定された, 明確な: the ～ meaning of a word ある語の明確な意味. **2** 確定的な, 既決の: a ～ obligation 確定義務[債務]. **3** 決定的な, 最後的な. **4** 決然[断固]とした: a ～ reply 確答. **5** 〖数学〗確定数[量]の, 既知(数)の: a ～ quantity 定量. **6** 〖植物〗= definite 4. **7** 〖機械〗〈支点反力が〉静力学理論で分析できる[決定できる], 静定の.
— *n.* 〖生物〗= determinant 2.
— /dɪ̥tə́ːmɪ̥nèɪt | -tə́ː-/ *vt.* 《廃》= determine.
～·ness *n.* 〖(1391) ◻ L *dētermīnātus* (p.p.): ⇨ determine, -ate[1,2,3]〗

detérminate cléavage /-nɪ̥t-/ *n.* 〖動物〗決定的卵割《モザイク卵のように, それぞれ発生運命の定まった割球を生じる卵割; cf. indeterminate cleavage》.

detérminate grówth *n.* 〖植物〗 **1** 有限生長《つぼみが形成されるために茎の生長が早く止まること; cf. indeterminate growth》. **2** 一定時期だけに限られている植物の生長.

de·ter·mi·nate·ly *adv.* **1** 確定的に, 明確に. **2** 決定的に, 決然と. 〖(1509): ⇨ -ly[1]〗

de·ter·mi·na·tion /dɪ̥tə̀ːmɪ̥néɪʃən | -tə̀ː-/ *n.* **1 a** 決断; 決心, 決意: renew one's ～ 決意を新たにする / with a great ～ *to* win [*that* she would win] a success 成功を収めようと固く決心して / In her ～ to win academic success she let nothing stand in her way. 学界で成功しようと決意してあらゆる障害を乗り越えた / with grit and ～ 不撓(ふとう)不屈の決意で. **b** 決断力, 果断: a person of great ～ 決断力の強い人. **2 a** 決定, 確定; 限定. **b** (重量・強度・位置などの精密な)測定, 定量, 鑑定〔*of*〕. **3 a** (争議などの)裁断, 裁決: the ～ of a dispute 争議の裁決. **b** (問題の論議などによる)解決. **4** 《古》(ある目的に向かっての)行動方針, 傾向. **5** 〖論理〗(概念)規定, 限定 (↔ generalization). **6** 〖法律〗不動産権の満了; 終結, (裁判所の)決定, 判決; 終止. **7** 〖生物〗決定《発生で, 胚の部分の発生運命が決まること》. **8** 〖生物〗(種の)同定《分類上の位置づけを決定すること》. 〖(1350–54) ◻ (O)F *détermination* // L *dētermināt-iō(n-)*: ⇨ determinate, -ation〗

de·ter·mi·na·tive /dɪ̥tə́ːmənèɪtɪv, -nət- | -tə́ː-mɪnət-/ *adj.* 決定力のある, 確定的な: a ～ adjective 〖文法〗限定形容詞. — *n.* **1** 決定[限定]因. **2** 〖文法〗決定詞, 限定詞: **a** 英語の指示代名詞・冠詞など (cf. determiner 2). **b** 日本語の「筆 1 本, 本 2 冊」などの「1 本」「2 冊」など (cf. classifier 3). **3** 〖言語〗(表意文字で)意味分類の項目を表示するために添えられた要素《偏(へん), 冠など》. **4** 〖言語〗(語根)限定辞, 語根拡大辞《語根に添えて用いられる接尾辞的要素, ただし母音交替を伴わない; 例: 印欧語の語根 **plē-* to fill に付けられた *-dhw-* (← Gk *plēth-os* great number, *plḗth-ein* to be full)》. **～·ly** *adv.* **～·ness** *n.* 〖(1655) ◻ LL *dētermīnātīvus*: ⇨ determinate, -ive〗

de·ter·mi·nà·tor /-nèɪtə | -tə(r)/ *n.* = determiner. 〖(1556) ◻ OF *determinateur*: ⇨ determinate, -or[2]〗

de·ter·mine /dɪ̥tə́ːmɪ̥n | -tə́ː-/ *vt.* **1 a** 〈人が〉定める, 決定する (⇨ decide SYN); 〈…しようと〉決心する〈*to do*〉: We must ～ what is to be done [*where* to go]. 何をなすべきか[どこに行くべきか]決めなければならない / We ～*d* not *to* fail [*that* we would not fail]. 失敗は許されないと心に誓った / When did you ～ *to* become a scientist? いつ科学者になろうと決心しましたか **b** (原因となって)決定する: Meaning ～*s* use. 用法は意味によって定まる. **2 a** 確定する, (決定的に)定める: ～ a date [the meaning of a word]. **b** …の境界を定める (limit): We must ～ the boundaries of the estate. 土地の境界を決定しなければならない. **c** 〈重量・強度・位置などを〉(精密に)測定する: ～ the velocity 速度を測定する. **d** 〖数学〗…の位置[形状]を決定する. **3 a** (推論などによって)確かめる, 確認す

る. **b** 〈問題・紛争などを〉解決する; 〈争議などを〉裁決[裁定]する. **4** [しばしば目的語＋*to* do を伴って]〈人〉に決心[決意]させる (decide): This has ～*d* me to act [for action]. このために私は実行することに決めた / What ～*d* him *to* leave the country? 何で彼は国を後にする気になったのか. **5** 〘論理〙〈概念を〉限定する, 規定する. **6** 〘法律〙終結させる; 判決する. **7** 《古》一定の方向に向かわせる, 促す, 推進する (impel): A single decision can sometimes ～ a person's whole future. 一度の決断で人の将来がすべて決まることがある.

D

― *vi.* **1** 〔行動方針などを〕決定する, 決心する〔*on*〕: ～ *on* a different course 別の方法を取ることに決める / She ～*d on* becoming a scientist. 彼女は科学者になろうと決心した. **2** 〘法律〙終止する, …の効力が終わる.
〚(1350–54) *determine(n)* □ (O)F *déterminer* □ L *dētermindruge* to limit ← DE-[1]＋*termināre* 'to TERMINATE'〛

de·ter·mined /dɪ̣tə́ːmɪ̣nd | -tə́ː-/ *adj.* **1** [通例 叙述的に用い *to* do を伴って] 固く決心して: I am ～ *to* maintain the principle [*that* I shall maintain the principle]. あくまでその主義を貫く決心[覚悟]だ / She was very ～ *about* becoming a scientist. 科学者になると固く決意していた. **2** 決然とした, 断固とした; 決定[確定]した: a ～ character [person] 果断な性格 [断固とした人物] / in a ～ manner きっぱりと. **de·tér·mined·ly** /-mɪ̣nd-, -nɪ̣d-/ *adv.* **de·tér·mined·ness** /-mɪ̣nd-/ *n.* 〚(?*a*1500): ⇨ ↑, -ed 2〛

de·tér·min·er *n.* **1** 決定する人[物]. **2** 〘文法〙決定詞, 限定詞[辞] (a, this, his, John's など; cf. determinative 2 a). **3** 〘遺伝〙決定子. 〚(1530) ← DETERMINE＋-ER[1]〛

de·ter·min·ism /dɪ̣tə́ːmɪ̣nìzm | -tə́ː-/ *n.* 〘哲学〙決定論 (人間の意志に基づく行為も含めて, この世の出来事はその生起に先立って決定されているとする考え; 意志の自由を全面的に否定する極端な立場もあるが, それを容認する折衷的立場もある; 倫理では ethical determinism ともよばれるが, 決定要因の違い(自然法則の因果性, 神など)に応じて cosmological determinism, economic determinism, theological determinism などの名称がある; ↔ indeterminism; cf. fatalism). 〚(1846) □ F *déterminisme* □ G *Determinismus*: ⇨ determine, -ism〛

de·ter·min·ist /-nɪ̣st | -nɪst/ *n.* 決定論者.
― *adj.* 決定論者の. 〚(1860) ← DETERMINE＋-IST〛

de·ter·min·is·tic /dɪ̣tə̀ːmɪ̣nístɪk | -tə̀ː-ˈ/ *adj.* 決定論の, 決定論的な. **de·tèr·min·ís·ti·cal·ly** *adv.* 〚(1874): ⇨ ↑, -ic[1]〛

de·ter·ra·ble /dɪ̣tə́ːrəbḷ | -tə́ːr-/ *adj.* 思いとどまらせることができる. **de·ter·ra·bil·i·ty** /dɪ̣tə̀ːrəbíləṭi | -tə̀rəbílɪ̣ti/ *n.* 〚(1955) ← DETER＋-ABLE〛

de·ter·rence /dɪ̣tə́ːrəns, -tér-, -rənts | -tér-/ *n.* **1** 制止, 防止, 引き留め. **2** (おじけづかせる)妨害物, 故障. **3 a** 抑止, 戦争抑止(政策): graduated ～ 段階的戦争抑止政策. **b** ＝nuclear deterrence. 〚(1861): ⇨ ↓, -ence〛

de·ter·rent /dɪ̣tə́ːrənt, -tér- | -tér-/ *adj.* 妨げる, 引き留める, おじけづかせる. ― *n.* **1** 引き留める事物, 妨害[抑止]物: Punishment acts as a ～ *to* crime. 罰は犯罪を阻止する役割を果たす. **2** 戦争抑止力[手段]; (特に)核兵器; 水爆: ⇨ nuclear deterrent. **～·ly** *adv.* 〚(1829) □ L *dēterrentem*: ⇨ deter, -ent〛

de·ter·sive /dɪ̣tə́ːsɪv, -zɪv | -tə́ːs-/ *adj.* 洗浄性の, 洗浄の効のある. ― *n.* 洗浄剤. 〚(1586) □ F *détersif, -ive* ← L *dētersus* (p.p.) ← *dētergēre* 'to DETERGE': ⇨ -ive〛

de·test /dɪ̣tést/ *vt.* ひどく憎む[嫌う] (⇨ hate SYN): ～ (doing) evil 悪(を行うこと)を憎む / ～ a person. **～·er** *n.* 〚(1533–34) □ L *dētestārī* to curse by calling God to witness ← DE-[1]＋*testārī* to invoke as witness (← *testis* witness)〛

de·test·a·bil·i·ty /dɪ̣tèstəbíləṭi | -lɪ̣ti/ *n.* ＝detestableness. 〚1831〛

de·test·a·ble /dɪ̣téstəbḷ/ *adj.* (大いに)憎むべき, いやでたまらない, 忌まわしい (⇨ hateful SYN): a ～ crime 憎むべき犯罪 / be ～ *to* …にいやがられる / It was ～ *of* you *to* say that! そんなことをいうなんていやだね. **de·tést·a·bly** *adv.* 〚(1415) □ (O)F *détestable* □ L *dētestābilis*: ⇨ detest, -able〛

de·tést·a·ble·ness *n.* 憎らしさ, 面(?)憎さ, 忌まわしさ. 〚(1612): ⇨ ↑, -ness〛

de·tes·ta·tion /dìːtestéɪʃən, dɪ̣tès- | dìːtes-/ *n.* **1** 大嫌い, たまらない嫌さ (abhorrence): be *in* ～ ひどく憎まれている / hold … *in* ～ …をひどく嫌う. **2** 嫌でたまらないもの[人]. 〚(?*a*1425) □ (O)F *détestation* // L *dētestātiō(n-)*: ⇨ detest, -ation〛

de·throne /dɪ̣θróun, diː- | -θrə́ʊn/ *vt.* **1** 〈国王などを〉帝位[王位]から退ける, 廃位する. **2** 〈人を〉権威ある地位などから〉引きずり降ろす, 押しのける〔*from*〕. **de·thrón·er** *n.* 〚(1609) ← DE-[1]＋THRONE〛

de·thróne·ment *n.* 廃位, 強制退位. 〚(1707): ⇨ ↑, -ment〛

de·tick /dìːtík/ *vt.* 〈犬など〉からダニを駆除する. **～·er** *n.* 〚(1925) ← DE-[1]＋TICK[2]〛

de·tin /dìːtín/ *vt.* 〈スクラップなど〉から(回収のため)錫(す)(tin) を除去する. 〚(1909) ← DE-[1]＋TIN〛

det·i·nue /détənùː, -tṇ-, -njùː | détɪ̣njùː/ *n.* 〘法律〙動産返還請求訴訟. 〚(*c*1435) □ (O)F *détenue* detention (fem. p.p.) ← *détenir* 'to DETAIN'〛

Det·mold /détmould | -məʊld; G. détmɔlt/ *n.* デトモルト《ドイツ北西部, North Rhine-Westphalia 州の都市》.

detn. 《略》detention; determination.

det·o·na·ble /détənəbḷ, -tṇ- | -tən-, -tṇ-/ *adj.* 爆発[爆裂]させうる. **det·o·na·bil·i·ty** /dètənəbíləṭi, -tṇ- | -tənəbílɪ̣ti, -tṇ-/ *n.* 〚(1884) ← DETON(ATE)＋-ABLE〛

det·o·nat·a·ble /détənèɪṭəbḷ, -tṇ- | -tən-, -tṇ-/ *adj.* ＝detonable.

det·o·nate /détənèɪt, -tṇ- | -tən-, -tṇ-/ *vt.* **1** (突然大きな音を立てて)爆発させる, 爆裂させる: ～ the dynamite / *detonating* powder 爆薬 / a *detonating* cap [fuse] 雷管[爆発信管] / a *detonating* hammer (銃の)撃鉄. **2** 急に活気づける, 突然活動的に[活発化]する.
― *vi.* 爆発[爆裂]する: The bomb ～*d*. 〚(1729) ← L *dētonātus* thundered forth (p.p.) ← *dētonāre* ← DE-[1]＋*tonāre* 'to THUNDER'〛

dét·o·nàt·ing gàs /-tɪŋ- | -tɪŋ-/ *n.* 〘化学〙爆鳴気, 爆鳴ガス《酸素 1 と水素 2 の割合の混合気体》.

détonating tùbe *n.* (爆発用)測気管 (cf. eudiometer). 〚1808〛

det·o·na·tion /dètənéɪʃən, -tṇ- | -tən-, -tṇ-/ *n.* **1** 爆発(作用), 爆裂; 爆鳴, 爆音, 爆裂音響. **2** (内燃機関内に起こる)爆燃, 異常爆発, デトネーション (cf. knocking). **3** 〘化学〙爆轟(ごう), デトネーション《爆発のうち火炎面が超音速で伝わるもの》. **～·al** /-ʃnəl, -ʃənḷˈ/ *adj.* 〚(1677–86) □ F *détonation* ← L *dētonātus*: ⇨ detonate, -ation〛

det·o·na·tive /détənèɪṭɪv, -nəṭ-, -tṇ- | détənət-, -nèɪt-, -tṇ-/ *adj.* 爆発性の, 爆裂作用を起こす(力のある). 〚(1875) □ L *dētonātīvus*〛

dét·o·nà·tor /-tə | -tə(r)/ *n.* **1** 雷管, 起爆[発火]装置, 起爆筒. **2** (起)爆薬, 爆発物. **3** 《英》〘鉄道〙＝torpedo 2. 〚(1822) ← DETONATE＋-OR[2]〛

de·tort /dɪ̣tɔ́ət | -tɔ́ːt/ *vt.* 《古》＝distort. 〚(*c*1555) ← L *dētortus* (p.p.) ← *dētorquēre* to turn away: cf. de-[1], distort〛

de·tour /díːtʊə, ―ˊ, dɪ̣tʊ́ə | díːtʊə(r), déɪ-, -tɔː(r), deɪtʊ́ə(r), dɪ̣-, -tɔ́ː; F. detuːʁ/ (*also* **dé·tour** /～/) *n.* **1** 迂回(かい), 遠回り: make a ～ 迂回する, 遠回りする, 回り道をする. **2** 迂回路, 回り道. ― *vi.* 迂回する, 回り道をする 〈*around, round*〉. ― *vt.* **1** 迂回[遠回り, 回り道]させる. **2** (迂回路などで)…をさけて通る, 迂回する: ～ storms 嵐を避けて通る. 〚(1738) □ F *détour* ← *détourner* to turn aside: ⇨ de-[2], turn〛

de·tox /diːtɑ́(ː)ks, ―ˊ | dìːtɔ́ks/ *vt.* 《口語》解毒する (detoxify). ― /díːtɑ̀(ː)ks | dìːtɔ̀ks, ―ˊ/ *n.* 《口語》解毒 (detoxification). 〚(1970) ← DE-[1]＋TOX(IFY)〛

de·tox·i·cant /dìːtɑ́(ː)ksɪ̣kənt | -tɔ́ksɪ̣-/ *n.* 解毒剤. 〚⇨ ↓, -ant〛

de·tox·i·cate /dìːtɑ́(ː)ksəkèɪt | -tɔ́ksɪ̣-/ *vt.* 〘医学〙＝detoxify. 〚(1867) ← DE-[1]＋L *toxicum* poison (⇨ toxic)＋-ATE[3]〛

de·tox·i·ca·tion /dìːtɑ̀(ː)ksəkéɪʃən | -tɔ̀ksɪ̣-/ *n.* 〘医学〙解毒. 〚⇨ ↑, -ation〛

de·tox·i·fi·ca·tion /dìːtɑ̀(ː)ksəfɪ̣kéɪʃən | -tɔ̀ksɪ̣fɪ-/ *n.* 〘医学〙＝detoxication. 〚(1905): ⇨ ↑, -fication〛

detoxification cènter *n.* アルコール[麻薬]依存症患者の治療センター.

de·tox·i·fy /dìːtɑ́(ː)ksəfàɪ | -tɔ́ksɪ̣-/ *vt.* 〘医学〙…から毒を除去する; …から毒気を抜く, 解毒する. 〚(1905) 《逆成》← DETOXIFICATION〛

de·tract /dɪ̣trǽkt/ *vt.* **1** 逸(そ)らす, 転じる. **2** 《古》〈価値・名誉・評判などを〉減じる, 落とす: This will ～ much [something] *from* his fame. これで彼の名声が大いに[幾分]落ちるだろう. **3** 《古》減じる, 引く, 控除する.
― *vi.* 〔…を〕減じる, 引く; 落とす, (特に)〈価値・名声を〉落とす, けなす (derogate)〔*from*〕: That does not ～ *from* his merit. それは彼の真価を落としはしない. 〚(?*a*1425) ← L *dētractus* (p.p.) ← *dētrahere* to take away ← DE-[1]＋*trahere* 'to DRAW'〛

de·trac·tion /dɪ̣trǽkʃən/ *n.* **1** (価値・名声などの)棄損, 減損〔*from*〕. **2** (名誉毀損となる)悪口, 非難, 誹謗. 〚(1340) □ (O)F *détraction* □ L *dētractiō(n-)*: ⇨ ↑, -tion〛

de·trac·tive /dɪ̣trǽktɪv/ *adj.* 〔…の〕減損的な; 悪口の, 非難の: make ～ statements 人の悪口を言う. **～·ly** *adv.* 〚(1490) ← OF *detractif, -ive* // ML *dētractīvus*: ⇨ detract, -ive〛

de·trac·tor /dɪ̣trǽktə | -tə(r)/ *n.* (名誉棄損の目的で)悪口を言い触らす人, 誹謗する人, けなす人. 〚(*c*1384) □ AF *detractour*＝OF *detracteur* □ L *dētractor*: ⇨ detract, -or[2]〛

de·trac·to·ry /dɪ̣trǽktəri, -tri/ *adj.* 減損的な, 非難の. 〚(1585) □ LL *dētractōrius*: ⇨ ↑, -ory[1]〛

de·trac·tress /dɪ̣trǽktrɪ̣s/ *n.* 女性の detractor. 〚(1716) ← DETRACTOR＋-ESS〛

de·train /dìːtréɪn/ *vt.* **1** 〈軍隊・軍需品などを〉列車から降ろす. **2** 〘気象〙吐出[分流]させる. ― *vi.* 下車する. (↔ entrain). **～·ment** *n.* 〚(1881) ← DE-[1]＋TRAIN[1]〛

dé·tra·qué /dèɪtrɑːkéɪ; F. detʁake/ (*pl.* **～s** /～z; F. ～/) F. *n.* 発狂者. ― *adj.* 発狂した. 〚(1902) □ F ～ (p.p.) ← *détraquer* to put out of order〛

de·trib·al·ize /dìːtráɪbəlàɪz/ *vt.* **1** (他の文化との接触によって)〈無文字文化の人など〉に固有の文化を捨てさせる, 部族の風習から脱却させる, 部族的忠誠を失わせる. **2** 〈部族の人々〉に都会的な生活を取り入れさせる. **de·trib·al·i·za·tion** /dìːtràɪbəlɪ̣zéɪʃən | -laɪ-, -lɪ-/ *n.* 〚(1920) ← DE-[1]＋TRIBAL＋-IZE〛

det·ri·ment /détrəmənt | -trɪ̣-/ *n.* **1** 損傷; 損害, 損失: *to* the ～ of a person＝*to* a person's ～ 人に損害を与えて / work hard *to* the ～ of one's health 猛勉強をして[働きすぎて]健康を害する / I know nothing *to* his ～. 彼の不利になるようなことは何も知らない / without ～ *to* one's property 財産に損害なく. **2** 有害物, 損害のもと, 損失の原因となるもの〔*to*〕. 〚(*c*1425) □ (O)F *détriment* // L *dētrīmentum* a rubbing off *dētrītus* (p.p.) ← *dēterere* to wear away ← DE-[1]＋*terere* to rub (cf. trite)〛

det·ri·men·tal /dètrəméntḷ | -trɪ̣méntḷˈ/ *adj.* 〔…に〕有害な (⇨ harmful SYN); 〔…に〕不利益な〔*to*〕: be ～ *to* peace 平和を害する. ― *n.* 好ましくない[歓迎されない]人[物]; 《俗》(資産などの点で女性にとって)好ましくない求婚者. 〚(1590): ⇨ ↑, -al[1]〛

dèt·ri·mén·tal·ly /-ṭəli, -tḷi | -təli, -tḷi/ *adv.* 有害[不利益]に: speak ～ of a person 人の不利なことを言う. 〚(1879): ⇨ ↑, -ly[1]〛

de·tri·tal /dɪ̣tráɪṭḷ | -tḷ/ *adj.* 〘地質〙岩屑(せつ)の[による], 砕岩質の. 〚(1832): ⇨ detritus, -al[1]〛

de·trit·ed /dɪ̣tráɪṭɪ̣d | -tɪ̣d/ *adj.* **1** 摩損[摩滅]した. **2** 〘地質〙＝detrital. 〚(1697): ⇨ detritus, -ed〛

de·tri·tion /dɪ̣tríʃən/ *n.* 摩滅(作用), 損耗, 摩損. 〚(1674) □ ML *dētritiō(n-)*: ⇨ detritus, -ion〛

de·tri·ti·vore /dɪ̣tríṭəvɔə | -tɪ̣vɔː(r)/ *n.* 〘生態〙腐泥食性生物, 腐食性生物《ある種の昆虫など, 有機廃棄物を食糧源とする生物》. 〚(*c*1965) ← DETRITUS＋-VOROUS〛

de·tri·tus /dɪ̣tráɪṭəs | -təs/ *n.* (*pl.* ～) **1** 〘地質〙岩屑(せつ), 砕岩《風化作用によってできた岩石の破片》. **2** (くずれてできた)破片(の山): the ～ of an earthquake 地震の跡(の瓦礫(がれき)の山). **3** 名残, 痕跡: the ～ of primitive culture 古代文化の痕跡. 〚(1795) □ F *détritus* // L *dētrītus* a rubbing away (p.p.) ← *dēterere* to rub away: cf. detriment〛

detrítus tànk *n.* 〘土木〙(下水道の)沈砂地.

De·troit /dɪ̣trɔ́ɪt/ *n.* **1** デトロイト《米国 Michigan 州南東部 Detroit 川に臨む大都市; 自動車工業の大中心地》. **2** [the ～] デトロイト(川)《米国とカナダの境を流れる川; St. Clair 湖と Erie 湖とを結ぶ (50 km)》. 〚← F *détroit* strait: もと川の名〛

De·tróit·er /-tə | -tə(r)/ *n.* 米国 Detroit 市民.

de trop /dətróu | -trə́ʊ; F. dətʁo/ F. *adj.* [叙述的] 多すぎて, 余計な; 無用で, (かえって)邪魔で. 〚(1752) □ F ～ 'too many or much; not wanted'〛

de·trude /dɪ̣trúːd/ *vt.* 打ち倒す; 押し出す, 投げ出す; 投げ捨てる. 〚(*a*1460) □ L *dētrūdere* ← DE-[1]＋*trūdere* to thrust, push〛

de·trun·cate /diːtrʌ́ŋkeɪt, dɪ̣-/ *vt.* **1** …の一部を切り落とす. **2** 切り詰める. **de·trun·ca·tion** /dìːtrʌŋkéɪʃən/ *n.* 〚(1623) ← L *dētruncātus* (p.p.) ← *dētruncāre* to lop: ⇨ de-[1], truncate〛

de·tru·sion /dɪ̣trúːʒən/ *n.* 押し倒し; 突き出し. 〚(1620) □ LL *dētrūsiōnem*〛

Det·tol /détɔ(ː)l | -tɒl/ *n.* 〘商標〙デトル《英国製の防腐・消毒剤》. 〚1931〛

de·tu·mes·cence /dìːtuːmésəns, -tjuː-, -sns | -tjuː-/ *n.* 〘病理〙(特に, 勃起状態からの)腫脹(ちょう)減退[消退], 腫(は)れがひくこと. 〚(1678) ← L *dētumēscere* to cease swelling: ⇨ de-[1], tumescence〛

de·tu·mes·cent /dìːtuːmésənt, -tjuː-, -snt | -tjuː-/ *adj.* 腫脹(状態)がひく.

Deu·ca·li·on /duːkéɪliən, djuː- | djuː-/ *n.* 〘ギリシャ神話〙デウカリオーン《Prometheus の子で Thessaly の王; Zeus が大地に洪水を起こしたとき妻の Pyrrha と共に生き残って人類の祖となったという; cf. Noah 2》. 〚□ L ～ □ Gk *Deukalíōn*〛

deuce[1] /dúːs, djúːs | djúːs, dʒúːs/ ★《英》では /dʒúːs/ の発音を標準的と認めない人もいる. *n.* **1** 〘スポーツ〙ジュース《球技などで一方が 2 点連取すれば勝ちとなる状態; テニスでは 1 ゲームで 40–40, またはその後のタイの状態; cf. deuce-set》. (cf. F *être à deux de jeu* to be a match for each other) **2** (トランプの)2 の札, (1 個のさい, または 2 個のさいで出した)2 の目; (トランプ・さいの)2 点 (cf. ace 1 a); [*pl.*] (ポーカーで)2 のペアー. **3** 《米俗》2 ドル札[紙幣]; 《英俗》2 ペンス. ― *adj.* (特に, スポーツ・ゲーム・賭けなどで)二つの. ― *vt.* 〘スポーツ〙〈ゲームを〉ジュースにする.
〚(*c*1475) □ OF *deus* (F *deux*) two ＜ L *duōs* (acc.) ← *duo* 'TWO'〛

deuce[2] /dúːs, djúːs | djúːs/ *n.* 《古口語》 **1** [通例 the ～; 強意語として] ★ 以下の例での ～ は *devil* で置き換えても同義 (⇨ devil 成句). **a** 嫌悪・怒り・驚きなどの意を表す通例軽いののしりの言葉として: *The* ～ it is! (そうとは)驚いた[実にひどい, けしからん] / *The* (very) ～ is in them. やつらほんとにどうかしている / *The* ～! [間投詞的に] 畜生, ちぇっ, へえ一驚いた / (*The*) ～ take it. 畜生, しまった, くそっ(いまいましい) (★ *Devil* take it! のほうが普通). **b** [強い否定を表して] 全く[断じて]…ない: (*the*) ～ a bit 少しも(…しない) (not at all) / *The* ～ [*Deuce*] a bit I care. かまうもんか / (*the*) ～ a man ただの一人も(…ない) (no one) / (*the*) ～ a one ただの一つも(…ない) (nothing) / *the* ～ and all 何もかも一切; 何一つろくなものは(…ない) / *The* ～ is in it if I can not. 私にできないでどうする (きっとできる) / *The* ～ you are! 君がそうでたまるもんか, まさか / *The* ～ he isn't. 彼がそうでなくてたまるもんか, まさか / *Deuce* knows. だれにもわからない (cf. GOD knows.). **c** [疑問詞を強めて; しばしば *in the* ～ として]: *What* [*Who*] *the* ～ is that! 一体それは何[だれ]だ / *Where in the* ～ is she? 一体彼女はどこにいるのだ. **d** [*a* [*the*] ～ *of a* …として] 実にひどい[嫌な, どえらい, 愉快な]…: It was *a* ～ *of a* lovely day. ものすごく天気のよい日だった. **2** わざわい, 厄病神, 厄介. **3** [the ～] 悪魔. 〚(1651) □ LG (*de*) *duus!*, (*wat de*) *duus* what the deuce!＝G (*was der*) *Daus!* ← L *duōs* (↑):「もっとも低いさいの目, すなわち 2 →「不

運」に転義した: cf. ME *dewes* god ◻ OF *deus* (⇨ Deus)〗

déuce-áce *n.* 《古》 **1** (2 個のさいを投げて出た) 2 の目と 1 の目《悪い方から 2 番目の目》. **2** 凶, 不運, 貧乏くじ. 〖(1481) ← DEUCE¹〗

deuc·ed /dúːsɪ̀d, djúː-, dúːst, djúːst | djúːst, djúːsɪ̀d/ *adj., adv.* 《古口語》 **1** 実にいまいましい. **2** ひどく(…な), べらぼうに(…な). ★ 軽いののしりや驚きの表現に用いる: ~ bad / in a ~ hurry ばかに急いで / a ~ fine girl すごくきれいな女の子. 〖(1782) ← DEUCE²+-ED 2〗

déuc·ed·ly /-sɪ̀dli/ *adv.* 《古口語》 べらぼうに, とても. 〖(1819): ⇨ ↑, -ly¹〗

déuce-sét *n.* 《テニス》 ジュースセット《1 セットで 5 ゲームオール(またはそれ以上の)タイの状態; またはそのセットのこと; セットを取るためには 2 ゲーム連取しなければならない; cf. deuce¹ 1, tie breaker》. 〖(1908)〗

déuces wíld *n.* 《トランプ》(ポーカーなどで)2 の札を万能札 (wild card) として使う方式. 〖1927〗

de·ur·ban·ize /dìːə́ːbənàɪz | -ɜ́ː-/ *vt.* **1** 〈ある地域を〉非都市化する, 田舎風にする. **2** 〈人心などを〉低俗化する, 荒れさせる. 〖(1924) ← DE-¹+URBAN+-IZE〗

Deur·ne /də́ːnə | dɜ́ː-/ *n.* ドゥールネ《ベルギー北部, Antwerp 東部郊外の都市; Antwerp 空港の所在地》.

De·us /déɪəs, déɪʊs, díː-/ *L. n.* 神 (God) 《略 D.》. 〖(*c*1300) ◻ L ~ ← IE **deiw-* to shine: cf. Jupiter, Zeus〗

de·us ex ma·chi·na /déɪəsèksmάːkɪ̀nə, -mǽk-, -nὰː | -kɪnə/ *n.* デウス エクス マキナ《演劇・小説などで突然に現れて, もつれた事件や困難を強引に解決する人物・出来事・超自然的な力, 急場しのぎの解決策》. 〖(1697) ← NL ~ 'god (let down) from the machine'《なぞり》← Gk *theós ek mēkhanês*: ギリシャ・ローマ劇で神が突然機械仕掛けで舞台に現れて結末をつけたことから〗

Déus Mi·se·re·á·tur /-mìːseɪreɪάːtʊə | -tʊə(r)/ *L.* 神われらをあわれみたまえ (God be merciful!). 〖◻ L *Deus Misereātur* ← *miserērī* to pity: ラテン語訳聖書 *Ps.* 66: 1 (英訳では 67: 1) の起句から〗

deut- /duːt, djuːt | djuːt/ (母音の前にくるときの) deuto- の異形.

Deut. 《略》 Deuteronomy (旧約聖書の)申命(しんめい)記.

deu·ter-¹ /dúːtər, djúː- | djúːt-/ (母音の前にくるときの) deutero-¹ の異形.

deu·ter-² /dúːtər, djúː- | djúːt-/ (母音の前にくるときの) deutero-² の異形.

deu·ter·ag·o·nist /dùːtərǽgənɪ̀st, djùː- | djùːtərǽgənɪst/ *n.* **1** 《ギリシャ劇》 第二役《主役 (protagonist) に次ぐ役》, わき役 (cf. tritagonist). **2** 引立役. 〖(1855) ◻ Gk *deuteragōnistḗs* ← DEUTERO-¹+*agōnistḗs* actor (← *agōnízesthai* 'to AGONIZE')〗

deu·ter·a·nom·a·ly /dùːtərənάː(ː)məli, djùː- | djùːtərənɔ́m-/ *n.* 《眼科》 第二色弱, 緑色弱《緑は第二の原色とされることから; cf. protanomaly, trichromat》. 〖← NL *deuteranomalia*: ⇨ deutero-¹, anomaly〗

deu·ter·a·nope /dúːtərənòʊp, djúː- | djúːtərənə̀ʊp/ *n.* 《眼科》 第二色盲の人. 〖(1902) ↓〗

deu·ter·an·o·pi·a /dùːtərənóʊpiə, djùː- | djùːtərənə́ʊ-/ *n.* 《眼科》 第二色盲, 緑色盲 (cf. tritanopia, protanopia). **dèu·ter·an·ó·pic** /-nóʊpɪk, -nάː(ː)p- | -nə́ʊp-, -nɔ́p-⁻/ *adj.* 〖(1901) ← NL ~: ⇨ deutero-¹, anopia〗

deu·ter·ate /dúːtərèɪt, djúː- | djúːt-/ *vt.* 《化学》 重水素化する, 〈化合物〉に重水素を入れる. **deu·ter·a·tion** /dùːtəréɪʃən, djùː- | djùːt-/ *n.* 〖(1947) ← DEUTER(IUM)+-ATE³〗

déu·ter·àt·ed /-tɪ̀d | -tɪ̀d/ *adj.* 《化学》 重水素を含む; 重水素化された. 〖(1947): ⇨ ↑, -ed 2〗

deu·ter·ic /dúːtərɪk, djúː- | djúːt-/ *adj.* 《地学》 初生の《溶岩の固結作用の後期における火成岩の変質に関する》. 〖(*c*1925) ← DEUTERO-¹+-IC〗

deu·ter·ide /dúːtəràɪd, djúː- | djúːt-/ *n.* 《化学》 重水素化物. 〖⇨ deutero-², -ide²〗

deu·te·ri·um /duːtí(ə)riəm, djuː- | djuːtíər-/ *n.* 《化学》 ジュウテリウム, 二重水素, 重水素《heavy hydrogen ともいう; 記号 ^{2}H または D》. 〖(1933) ← NL ~: ⇨ deutero-², -ium〗

deutérium óxide *n.* 《化学》 重水, 酸化ジュウテリウム (D_2O) (heavy water). 〖1934〗

deu·ter·o-¹ /dúːtəroʊ, djúː- | djúːtərəʊ/ 「第二の, 再 (second), 第二義的 (secondary)」の意の連結形: *deutero*canonical, *deuterogamy*. ★ 母音の前では通例 deuter- になる. 〖← Gk *deúteros* second, 《原義》 falling short of something〗

deu·ter·o-² /dúːtəroʊ, djúː- | djúːtərəʊ/ 《化学》「ジュウテリウム[重水素] (deuterium) (を含む)」の意の連結形. ★ 母音の前では通例 deuter- になる. 〖← DEUTERIUM〗

dèutero·canónical *adj.* 第二正経の: ~ books 第二正経, 第二聖典《プロテスタントが外典 (Apocrypha) と呼ぶものの大部分, 旧約聖書中ギリシャ訳聖書 (Septuagint) に含まれヘブライ語聖書に含まれなかった部分》. 〖(1684) ⇨ deutero-¹, canonical〗

dèu·ter·óg·a·mist /-mɪ̀st | -mɪst/ *n.* 再婚者. 〖(1766): ⇨ ↓, -ist〗

deu·ter·og·a·my /dùːtərάː(ː)gəmi, djùː- | djùːtərɔ́g-/ *n.* 再婚 (cf. monogamy); 《植物》 二次両性結合, 真性両性生殖. 〖(1656) ◻ Gk *deuterogamía* second marriage: ⇨ DEUTERO-¹, -gamy〗

deu·ter·on /dúːtərὰː(ː)n, djúː- | djúːtərɔ̀n/ *n.* 《物理》 重陽子, 重水素核《陽子と中性子の結合したもので, 水素の同位元素 ^{2}H の原子核である; 記号 d, $^2_1$H》. 〖(1933) ← DEUTER(IUM)+-ON²〗

Dèu·ter·ón·o·mist /-mɪ̀st | -mɪst/ *n.* 「申命記」(Deuteronomy) の著者[編者]. **Deu·ter·on·o·mis·tic** /dùːtərὰ(ː)nəmístɪk, djùː- | djùːtərɔ̀n-⁻/ *adj.* 〖(1862): ⇨ ↓, -ist〗

Deu·ter·on·o·my /dùːtərάː(ː)nəmi, djùː- | djùːtərɔ́n-/ *n.* (旧約聖書の)申命(しんめい)記 (The Book of Deuteronomy)《モーセ五書 (Pentateuch) の第五書; 略 Deut.》. **Deu·ter·o·nom·ic** /dùːtərənάː(ː)mɪk, djùː- | djùːtərənɔ́m-⁻/ *adj.* 〖(*c*1395) ME ◻ LL *Deuteronomium* ◻ Gk *Deuteronómion* the second law ← DEUTERO-¹+*nómion* (← *nómos* law): Heb. *mišnē hattōrā*ʰ *hazzōth* (=copy of this law) の誤訳〗

déutero·plàsm *n.* 《生物》=deutoplasm.

deu·ter·o·stome /dúːtəroʊstòʊm, djúː- | djúːtərə(ʊ)stə̀ʊm/ *n.* 《動物》 後口動物, 新口動物. 〖(1950) ← NL *deuterostomia* ← DEUTERO-¹+Gk *stóma* mouth (⇨ stomach)〗

deu·to- /dúːtoʊ, djúː- | djúːtəʊ/ =deutero-¹·². ★ 母音の前では通例 deut- になる.

deu·to·plasm /dúːtoʊplæ̀zm, djúː- | djúːtə(ʊ)-/ *n.* 《生物》 卵黄質《卵黄 (yolk) の中の栄養質》, 副形質《細胞質内の貯蔵物質》. **deu·to·plas·mic** /dùːtoʊplǽzmɪk, djùː- | djùːtə(ʊ)-⁻/ *adj.* **dèu·to·plás·tic** *adj.* 〖(1884) ← DEUTERO-¹+-PLASM〗

Deutsch /dɔ́ɪtʃ; G. dɔ́ʏtʃ/, **Otto Erich** *n.* ドイッチュ (1883–1967; オーストリアの音楽史家; シューベルトの作品目録で有名).

Deut·sche Mark /dɔ́ɪtʃəmάːk | -mάːk; G. dɔ́ʏtʃəmáʁk/ *n.* (*also* **Deut·sche·mark, deut·sche mark** /~/) (*pl.* ~, ~s) **1** ドイツマルク《Euro 流通前のドイツの通貨単位; =100 pfennigs; 記号 DM》. **2** 1 ドイツマルク貨. 〖(1948) ◻ G ~ 'German mark'〗

Deut·sches Reich /dɔ́ɪtʃəsráɪk, -ráɪx; G. dɔ́ʏtʃəsʁáɪç/ *n.* [the ~] ドイツ国《1871–1918 年のドイツの正式の国名; cf. Reich》. 〖◻ G ~ 'German Empire'〗

Deutsch·land /dɔ́ɪtʃlὰːnt; G. dɔ́ʏtʃlant/ *n.* ドイチュラント《Germany のドイツ語名》.

Deutsch·land ü·ber al·les /G. dɔ́ʏtʃlanty:bɐáləs/ G. ドイツ至上主義,「世界に冠たるドイツ」《旧ドイツ国歌の一部; 国家主義的スローガン; Hoffmann von Fallersleben の詩 (1841) の一節》. 〖◻ G ~ 'Germany over all'〗

deut·zi·a /dúːtsiə, djúː- | djúː-/ *n.* 《植物》 ウツギ《ユキノシタ科ウツギ属 (*Deutzia*) の植物の総称; アジア・中央アメリカ原産の庭園用低木; 春に多くの白またはピンクの花をつける》. 〖(1837) ← NL ~ ← *Jan Deutz* (18 世紀のオランダの植物学研究の後援者): ⇨ -ia¹〗

deux-che·vaux /dəːʃəvóʊ | -ʃəvə́ʊ; F. døʃvo/ *n.* (*pl.* ~) 《商標》 ドゥシュヴォ,「二馬力」《フランス Citroën 社製の小型乗用車; 2CV ともいう》. 〖(1962) ◻ F ~ 'two-horses'〗

deux·ième /dəːzjέm; F. døzjɛm/ F. *n.* (*pl.* ~**z** /~/) 《演劇などの》初日[初演]に続く 2 回目の興業[公演]. 〖◻ F ~ 'second' ← *deux* 'TWO'〗

Deux-Sè·vres /dəːsέvr(ə); F. døsɛːvʁ/ *n.* ドゥセーヴル(県)《フランス西部の県; 面積 6,004 km², 県都 Niort /njɔːr/》.

dev. 《略》 develop; developer; development; deviate; deviation.

Dev. 《略》 Devonshire.

de·va¹ /déɪvə, díː-; *Hindi* ḍéːʋ/ *n.* 《ヒンズー教・仏教》 神, 神霊. 〖(1819) ◻ Skt *deva* god, 《原義》 a shining one (⇨ deity): cf. Deus〗

de·va² /déɪvə, díː-; *Hindi* ḍeːʋ/ *n.* 《ヒンズー教》 悪神《元来ヴェダ (Veda) においては多神教的な神々をさしていたが, 後に Ishvara と呼ばれる最高神に従属するものとなった》. 〖◻ Aves. *dаēvō*: cf. Skt *deva* (↑)〗

De·va /déɪvə | déɪ-, díː-; *Hindi* ḍev/ *n.* 《仏教》 **1** 提婆(だいば), アーリヤデーバ (170?–?270; 竜樹の弟子で『百論』,『四百論』の著者). **2** 提婆(達多(だった))《釈尊の弟子であったが, 後に反逆して別に一派を作った; 仏教の伝説では極悪人とみなされる》. 〖⇨ deva¹〗

de·va·da·si /dèɪvədάːsi/ *n.* デーバダーシ: **1** 娘を寺院に舞子として捧げた古代インドのカーストの一員. **2** ヒンズー寺院の舞子[遊女]. 〖(1817) ◻ Skt *devadāsī* ← *deva* 'DEVA¹'+*dāsī* slave girl〗

de·val /dəvɔ́ːl, -vάːl/ *vi.* 《スコット》 やむ, 止まる, 終わる. **—** *n.* 中断, 停止. 〖(*c*1477) (a1774) ◻ (O)F *dévaler* to descend: ⇨ de-², avale〗

de Va·le·ra /dèvəlέ(ə)rə, -lí(ə)rə | dèvəlέərə, də-, -lɪərə/, **Ea·mon** /éɪmən/ *n.* デバレラ (1882–1975; 米国生まれのアイルランドの政治家; 首相 (1937–48, '51–54, '57–59), 大統領 (1959–73)).

de Val·ois /dəvǽlwɑː/, Dame **Ni·nette** /nɪ̀nét | nɪ-/ *n.* ドバロア (1898–2001; アイルランド生まれの英国の女流舞踊家・振付師; ロイヤルバレエの前身を組織した; 本名 Edris Stannus /édrɪ̀s stǽnəs | -rɪs-/).

de·val·u·ate /diːvǽljuèɪt/ *v.* =devalue. 〖(1898) ← DE-¹+VALUE (n.)+-ATE³〗

de·val·u·a·tion /dìːvæljuéɪʃən | dìːvæl-, dɪvæ̀l-/ *n.* **1** 《経済》(通貨の)平価切下げ: the ~ against the dollar ドルに対する平価切下げ. **2** 価値・地位・重要性の低下[を減ずること] (decline). 〖(1914): ⇨ ↑, -ation〗

dè·vàl·u·á·tion·ist /-ʃ(ə)nɪ̀st | -nɪst/ *n.* 平価切下げ論者. 〖(1969): ⇨ ↑, -ist〗

de·val·ue /diːvǽljuː/ *vt.* **1** …の価値を減じる[なくす]. **2** 《経済》〈通貨〉の平価を切り下げる. 〖(1918) ← DE-¹+VALUE〗

De·va·na·ga·ri /dèɪvənάːg(ə)ri | dèɪv-, dèv-; *Hindi* deːʋənaːgəri:/ *n.* デヴァナーガリー(文字)《サンスクリットおよびヒンディー語その他の現代インドの諸言語を書き表すのに用いる; Brahmi 文字の系統に属する》. 〖(1781) ◻ Skt *devanāgarī* Nagari of the gods: cf. deva¹, Nagari〗

dev·as·tate /dévəstèɪt/ *vt.* **1** 〈土地などを〉荒らす, 荒廃させる; 略奪する (⇨ ravage SYN): the ~*d* place 被害地. **2** 圧倒する, 打ちのめす, 無力にする. **dév·as·tà·tor** /-tə | -tə(r)/ *n.* **dév·as·tà·tive** /-tɪv | -tɪv/ *adj.* 〖(1634) ← L *dēvāstātus* (p.p.) ← *dēvāstāre* ← DE-¹+*vāstāre* to make desolate (cf. vast): ⇨ -ate³〗

dev·as·tat·ed /dévəstèɪtɪ̀d | -tɪ̀d/ *adj.* 《口語》 ショックを受けて, 打ちのめされて: I was ~ by the news. そのニュースを聞いてショックを受けた.

dev·as·tat·ing /dévəstèɪtɪŋ | -tɪŋ/ *adj.* **1** 荒廃させる, 大被害を及ぼす; 衝撃的な, 破壊的な: a ~ typhoon. **2** 《口語》〈議論・不幸など〉圧倒的な, 痛烈な; 呆然とさせる, 驚くほどの; 〈話・演奏・女性など〉すばらしい, ものすごく素敵な: a ~ effect 驚異的な効果. **~·ly** *adv.* 〖(1634): ⇨ devastate, -ing²〗

dev·as·ta·tion /dèvəstéɪʃən/ *n.* **1** 荒らすこと, じゅうりん, 破壊 (⇨ ruin SYN). **2** 荒らされること, 荒廃(状態); [しばしば *pl.*] 略奪の跡, 惨害. **3** 《法律》(遺言執行者または遺産管理人が行う)遺産費消. 〖(1461) ◻ LL *dēvāstātiō(n-)*: ⇨ devastate, -ation〗

de Vega, Lope *n.* ⇨ Vega.

de·vein /dìːvéɪn/ *vt.* 〈エビ〉の背わたを抜く. 〖(1953) ← DE-¹+VEIN〗

dev·el /dévəl, -vl̩/ 《スコット》 *n.* 強打. **—** *vt.* 強く打つ, 殴り倒す. 〖(1786) ?〗

de·ve·lar·i·za·tion /dìːvìːlərɪ̀zéɪʃən | -raɪ-, -rɪ-/ *n.* 《音声》 非軟口蓋(なんこうがい)(音)化.

de·ve·lar·ize /dìːvíːləràɪz/ *vt.* 《音声》 非軟口蓋(音)化する.

de·vel·op /dɪ̀véləp/ *vt.* **1** 発育[発達, 発展]させる: Can you ~ your ideas a bit further? 考えをもう少し発展させることはできませんか / ~ a scenario *into* a screenplay=~ a screenplay *out of* [*from*] a scenario 筋書きを脚本へと発展させる. **2 a** 〈隠れたものを〉発現させる, 明るみに出す, (潜在的なまたは初期の状態から)引き出す, 発揮させる; 〈知能などを〉啓発する, 伸ばす; 〈品性を〉陶冶(とうや)する: ~ the mind 精神を陶冶する / ~ one's faculties 才能を伸ばす / ~ one's powers of observation 観察力を伸ばす / ~ a taste [liking] for olives オリーブが好きになる. / The boy is gradually ~*ing* a tendency to obstinacy. 少年はだんだん強情な性質を現してきている / This motor will ~ 100 horsepower. この発動機は 100 馬力を出す / The car ~*ed* a squeak [an engine trouble] on the trip. 車は途中きーきー音を立てた[エンジンが故障した]. **b** 〈症状などを生じさせる; 〈病気〉にかかる: ~ a stammer どもりになる / He has begun to ~ a limp. 足を引きずり始めた / I seem to have ~*ed* a bad cold. どうやら悪い風邪にかかったらしい. **3** 〈新製品・資源などを〉開発する, 作り出す (⇨ invent SYN); 〈鉱山などを〉開く; 〈土地を〉(宅地などに)造成する, 開発する: ~ the natural resources of an area 地域の天然資源を開発する / ~ a mine 鉱山を開く《すぐにも発掘できるようにする》/ ~ an empty lot *into* a casino 空き地を開発してカジノにする / ~ land 土地を造成[開発]する. **4** 〈議論・思索などを〉展開する, 詳しく説く. **5 a** 《写真》 現像する: ~ a film [plate] フィルム[種板]を現像する. 日英比較 日本の写真店で見かける「D.P.E.」は, *developing*, printing, enlarging の頭文字をとって 1950 年代中ごろから用いられるようになった和製英語. 英語では, これら三つの工程を含めて, photo processing といい,「D.P.E. 専門の店」は, photo processing shop という. **b** 《染色》〈布などを〉染色する. **6** 《音楽》〈主題を〉展開する. **7 a** 《軍事》〈戦線を〉徐々に広げる, 展開する; 〈敵状などを〉解明する, 明らかにする. **b** 《チェス》〈駒を〉(もとの位置から活用しやすい位置に)展開する. **8** 《数学》〈面・関数・式を〉展開する. **9** 《廃》〈新事実などを〉明らかにする, 人に知られるようにする.

— *vi.* **1 a** (…から)発育する, 発達する (grow) 〔*from, out of*〕; (自然な過程を経て)発展する (evolve); 発育[発展]して(…と)なる〔*into*〕: A fever [symptom] ~*s*. 熱[症状]が出てくる / An acorn ~*s into* an oak.=An oak ~*s out of* [*from*] an acorn. / A boy ~*s into* a man. 少年は成長して大人になる / ~ *from* a boy *into* a man / The meeting ~*ed into* a heated discussion. 会は興奮した議論に発展した / Can nervousness ~ *into* a disease? 神経過敏が高じると病気になることがありますか. **b** 〈病気が〉起こる, 発症する. **c** 《生物》 発生する, 分化する, 進化する, 発達する. **d** 《生物》 第二次性徴を獲得する. **2 a** 〈局面・劇・物語の筋などが〉展開する, 進展する: The situation ~*ed* rapidly. 局面が急速に展開した. **b** 〈関心などが〉次第に生じてくる, 発揮される. **c** 《米》〈事態などが〉明らかになる, 起こる: *It* ~*ed that* neither of us had paid the money. 結局我々のどちらもその金を払っていないということになった. **3** 《写真》 現像される. 〖(1592) ◻ F *développer* < OF *desveloper* ← DE-²+*voloper, veloper* to wrap: ⇨ envelop〗

de·vel·op·a·ble /dɪ̀véləpəbl̩/ *adj.* 発達[発展]させられる, 開発[啓発]できる, 発展性のある, 展開可能の; 現像できる. 〖(1816): ⇨ ↑, -able〗

devélopable súrface *n.* 《数学》 展開可能な曲面, 可展面《円錐・円柱の面のように平面の上に展開できる曲面》. 〖1840〗

de·vel·ope /dɪ̀véləp/ *v.* 《まれ》=develop.

de·vel·oped /dɪ̀véləpt/ *adj.* 発達した, 発育した; 発展した; 開発された (↔ underdeveloped): a ~ [an industrially ~] country 先進[工業先進]国.

D

de·vel·op·er /dɪvéləpə | -pə(r)/ *n.* **1** 開発者, 啓発者: a software ～ ソフトウエアの開発者. **2** 不動産[宅地, 都市]開発業者, ディベロッパー. **3** エキスパンダー《人の筋肉などを発達させる器具》. **4** [形容詞を伴って] 成長が…な人: I was a slow ～. 私はおくてだった. **5** 〖写真〗 現像液[剤], 現像主薬; 現像技師[工]. **6** 〖染色〗 顕色剤. 〘(1833): ⇨ -er1〙

de·vel·op·ing /dɪvéləpɪŋ/ *adj.* 〈新興国など〉(経済・社会・政治上で)発展途上にある: ⇨ developing country. 〘(1879): ⇨ -ing2〙

D

devéloping àgent *n.* 〖写真〗 現像主薬.

devéloping cóuntry *n.* 発展途上国 (cf. UNDERDEVELOPED country).

devéloping-óut pàper *n.* 〖写真〗 現像(印画)紙 (略 DOP). 〘1918〙

devéloping pàper *n.* 〖写真〗 現像(印画)紙.

devéloping tànk *n.* 〖写真〗 現像タンク.

devéloping trày *n.* 〖写真〗 現像皿.

de·vel·op·ment /dɪvéləpmənt/ *n.* **1 a** 発達, 発育, 成長, 進化; 発展, 進展: the ～ *of* the human mind [*of* civilization] 人間精神[文明]の発達. **b** 発達した状態; 進歩発達の段階. **2 a** (資源・事業などの)開発, 拡張, 発展: the ～ *of* backward regions 未開発地域の開発 / be engaged in the ～ *of* one's business 事業の発展[拡張]に従事する / bring land under ～ 土地を開墾する. **b** (不動産開発業者 (developer) が開発・建築した広大な地域の)住宅群[団地], 集団住宅 (cf. housing development, housing project). **3** (新)事実, (新)事情; 事態・状況の進展; 事件, 出来事: Here are the latest ～*s*. (ニュースの報道で)最近の出来事をお知らせします / new political ～*s* 新しい政治情勢 / a new ～ *in* the social problem 社会問題の新事実. **4** 〖生物〗 発生; (動物・植物の)進化. **5** 発生体, 進化の結果, 発展の所産: The butterfly is the ～ *of* the caterpillar. 蝶は毛虫の成育したもの. **6** 〖哲学〗 発展, 発達《素質または潜在的可能性が低級から高級の段階へ移行・進展すること》. **7** 〖数学〗 展開. **8** 〖写真〗 現像. **9** 〖染色〗 顕色. **10** 〖音楽〗 (ソナタ形式の)展開部. **11** 〖鉱山〗 開坑《新しい坑口を掘ったり必要な施設を設けること》. **12** 〖チェス〗 (布陣をつくるための駒の最初の)展開. 〘(1756) ← DEVELOP＋-MENT〙

de·vel·op·men·tal /dɪvèləpméntl | -tl/ *adj.* 発達上の, 発育上の; 開発的な, 発展的な; 啓発的な; 発生上の, 進化的な. **～·ly** *adv.* 〘(1849): ⇨ ↑, -al1〙

developméntal biólogy *n.* 〖生物〗 発生生物学.

developméntal diséase *n.* 〖病理〗 (身体の発育・成長の時期過程に従って起こる)発育病. 〘1864〙

devélopment àrea *n.* 《英》 開発促進地域 (cf. grey area 2, special area b).

de·vel·op·men·ta·ry /dɪvèləpméntəri | -tə-/ *adj.* ＝developmental.

devélopment pàper *n.* 〖写真〗 現像(印画)紙.

devélopment sèction *n.* 〖音楽〗 ＝development 10.

devélopment sỳstem *n.* 〖電算〗 (ソフトウェア・インターフェースなどの)開発システム.

devélopment wèll *n.* 採掘井《試掘査定後に石油または天然ガス産出のために掘られた井戸》.

de·vel·op·pé /dɪvèləpéɪ, dèɪvələ(ː)- | dɪvèləpéɪ, dèɪvələ(ʊ)-; *F.* devlɔpe/ *n.* (*pl.* ～**s** /～z; *F.* ～/) 〖バレエ〗 デヴロペ《軸足のそばに片足を上げてからその脚を空中に広げる動作》. 〘(1913) □ F ～ (p.p.): ⇨ develop, -ee1〙

De·ven·ter /déɪvəntə, déɪv- | -tə(r); *Du.* déːvəntər/ *n.* デーヴェンテル《オランダ東部, Overijssel 州南西部の都市; 初期の印刷業の中心地》.

de·ver·bal /diːvə́ːbəl, -bl | -və́ː-/ 〖文法〗 *adj.* **1** 動詞に由来する, 動詞から派生した: *Worker* is a ～ noun derived from the verb *work*. worker は動詞 work に由来する名詞である. **2** 動詞からの派生[由来]を示す, 動詞由来語に用いられる《例えば teacher, developer などの接尾辞 -er》. ── *n.* 動詞派生[由来]語; 動詞派生指示要素. 〘(1934) ← DE-1＋VERB＋-AL1〙

de·verb·a·tive /dìːvə́ːbətɪv | -və́ːbət-/ 〖文法〗 *adj.*, *n.* ＝deverbal. 〘(1913) ← DE-1＋VERB＋-ATIVE〙

de Vere /dəvíə | -víə(r)/, **Aubrey Thomas** *n.* ドヴィア《(1814–1902; アイルランド出身の詩人; *The Waldenses and Other Poems* (1842), *English Misrule and Irish Misdeeds* (1848)》.

Dev·e·reux /dévərùː, -rùːks/, **Robert** *n.* ⇨ 2nd Earl of Essex.

de·vest /dɪvést, diː-/ *vt.* **1** 〖法律〗 〔称号・権限・財産などを〕…から奪う, 取り上げる 〔*of*〕 (⇨ divest 2). **2** 《廃》 〈人〉の着物を脱がせる (divest). 〘(1563) □ OF *devester* 'to DIVEST'〙

De·vi /déɪvi; *Hindi* deːviː/ *n.* **1** 〖インド神話〗 デービー《ヒンズー教の女神; 特に Siva の配偶者》. **2** [d-] 〖ヒンズー教〗 母なる女神《既婚女性の名前に冠して用いられる》. 〘□ Skt *devī* (fem.) ← *deva* 'DEVA1'〙

de·vi·ance /díːviəns/ *n.* (性欲など)異常(な行動). 〘(1944): ⇨ deviant, -ance〙

dé·vi·an·cy /-viənsi/ *n.* ＝deviance. 〘(1947): ⇨ ↓, -ancy〙

de·vi·ant /díːviənt/ *adj.* (常軌を)逸脱した, 常道を逸した: ～ social behavior. ── *n.* **1** (知能的・社会的または性的に)常軌を逸した人, 変わった人, 異常者. **2** 偏向者. **3** 〖言語〗 逸脱形. 〘(?a1400) □ LL *dēviantem* (pres. p.) ← L *dēviāre* 'to DEVIATE': ⇨ -ant〙

de·vi·a·scope /díːviəskòʊp | -skəʊp/ *n.* 〖海事〗 デビエスコープ, 自差修正実験装置《磁気コンパスに影響を与える船体磁気を作り, そのために起きるコンパス自差の修正法を学ぶための装置》. 〘← DEVIA(TION)＋-SCOPE〙

de·vi·ate /díːvièɪt/ *v.* ── *vi.* 〔道から〕逸(そ)れる, 外れる 〔*from*〕; 進路を〔…へ〕転じる 〔*to*〕; 〔話が〕脱線する, 脇道にそれる; 〔正道・規準・主義・党則などを〕離れる, 逸脱する 〔*from*〕: ～ *from* syntactical rules 文章構成の法則から外れる. ── *vt.* 逸脱させる 〔*from*〕. ── /-viɪ̀t, -vièɪt/ *n.* **1** 《米》 〖心理〗 逸脱者. **2** 〖統計〗 偏差値. ── /-viɪ̀t, -vièɪt/ *adj.* (常軌より)逸脱した (deviated). 〘(a1633) ← LL *dēviātus* (p.p.) ← *dēviāre* ← DE-1＋*via* 'way, VIA2': cf. devious〙

SYN それる: **deviate** 通常[規定]の進路からはずれる《格式ばった語》: He never *deviates* from the rules. 規則をはずれることは決してない. **swerve** 〈車などが〉通例衝突を避けるために急に進路を変える《比喩的にも用いる》: The car *swerved* to avoid the dog. 車は犬を避けるために急に方向を変えた / He never *swerved* from his path of duty. 一度も本分を踏み外したことがなかった. **veer** 〈船・風などが〉向きを変える; [比喩的に] 意見・方針を変える: The wind *veered* to the west. 風向きが西に変わった / The talk *veered* to ghosts. 話は怪談に変わった. **digress** しばしば意図的に話題からはずれて, 一時的に他のことに触れる: The story *digressed* from the main subject. 話は横道にそれた. **depart, diverge** 基準からそれる《両者ともに格式ばった語》: He *departed* from his principles for that once. その時だけ主義をまげた.

déviated drílling *n.* ＝directional drilling.

de·vi·a·tion /dìːviéɪʃən/ *n.* **1** 〔方針・方法・法則・標準などから〕外れること, 脱線, 逸脱 〔*from*〕. **2** 脱線行為. **3** 歪み, かたより, ふれ, 偏向. **4** 〖統計〗 (平均からの)偏差: ⇨ mean deviation, standard deviation. **5** 〖社会学〗 逸脱. **6** 〖政治〗 (政党などの教条・イデオロギーからの)逸脱, 離脱. **7** 〖光学〗 光線のふれ, 偏向. **8** 〖生物〗 (個体変異における)偏向, 偏差. **9** 〖砲術〗 (発射弾の)弾着誤差, 破裂誤差《弾着点または破裂点と目標との距離》. **10** 〖海事〗 (船内磁気コンパスの)自差 (cf. variation 5). **11** 〖海上保険〗 (船舶の)離路《航路外航行, 順路外航行》. **～·al** /-ʃnəl, -ʃənl/ *adj.* 〘(c1385) □ (O)F ～ // LL *dēviātiō(n-)*: ⇨ ↑, -ation〙

deviátion càrd *n.* 〖海事・航空〗 (船・航空機の)磁気コンパスの自差記録カード.

dè·vi·á·tion·ism /-ʃənɪzm/ *n.* 偏向; (特に, 共産党などの規定方針からの)逸脱. 〘(1940): ⇨ -ism〙

dè·vi·á·tion·ist /-ʃ(ə)nɪ̀st | -nɪst/ *n.*, *adj.* (共産党路線などを)逸脱する(人), 分離[分派]主義の(人). 〘(1930): ⇨ -ist〙

dé·vi·à·tor /-tə | -tə(r)/ *n.* **1** 逸(そ)れる[逸脱する]人. **2** (気球の)方向転換装置. 〘(1651) □ LL *dēviātor*〙

de·vi·a·to·ry /díːviətɔ̀ːri | -viətəri, -vièɪt-/ *adj.* 逸脱した, (進路から)外れた.

de·vice /dɪváɪs/ *n.* **1** 工夫, 仕組み, 方策, 趣向. **2** [しばしば *pl.*] 策略, 計略, 詭計 (trick). **3 a** 工夫を凝らした物, 考案物, 装置, 仕掛け: a new ～ *for* catching [*to* catch] flies 新案はえ取り器 / a mechanical [thermonuclear] ～ 機械[熱核]装置[仕掛け] / a safety ～ 安全装置. **b** 〖電算〗 デバイス《特に CPU に接続して使う装置全般を指す; メモリー, ディスクドライブ, キーボード, マウスなど》. **c** 〖演劇〗 特別の舞台効果を出すために用いられる(ささやき声などの)演出上の技巧. **4** (文学的効果をねらう, 表現や構成上の)趣向, 文学的手法. **5 a** 意匠, 図案, 模様; 記章, 商標; (特に, 題銘・銘句などが付いていて紋章のように用いる)象徴的図案: a heraldic ～ 紋章の図案. **b** (楯・紋章の)銘, 標語, モットー (motto): A banner with the strange ～, Excelsior!「より高く」という珍しい標語の入った旗 (Longfellow, *Excelsior*). **6** 〖印刷〗 印刷者[出版者]マーク. **7** 《古》 発明[工夫]の才, 発明力. ***léave a person to his ówn devíces*** (忠告・援助などを与えず)人に思うように[勝手に]させる: If you keep refusing my help, I'll *leave* you *to your own* ～*s*. 援助を断わり続けるのなら放っておくぞ. 〘(?a1300) *devis(e)* □ (O)F *devis* division, discourse & *devise* heraldic device □ L *dīvīsus* (masc.) & *dīvīsa* (fem.) (p.p.) ← *dīvidere* 'to DIVIDE': cf. devise〙

dévice drìver *n.* 〖電算〗 デバイスドライバー《システムが周辺機器を利用できるようにするためのプログラム》.

dev·il /dévəl, -vl | -vl̩, -vɪl/ *n.* **1 a** 悪魔, 悪鬼; [通例 the D-] 魔王, 人類の誘惑者, 神の敵, サタン (Satan): Needs must when the ～ drives. 《諺》 背に腹は変えられぬ / Talk [Speak] of the *devil*, and he will [is sure to] appear. 《諺》 うわさをすれば影(がさす) 《しばしば and 以下を略して用いる; また婉曲的に devil の代わりに angel を用いることもある》 / The ～ finds work for idle hands to do. 《諺》 悪魔は怠け者に仕事を見つけてやる, 「小人閑居して不善をなす」 / Better the ～ you know (than the ～ you don't). 《諺》 (知らない悪魔より)知っている悪魔のほうがましだ, (正体不明のものより)正体がわかっているもののほうがよい. **b** 特異な偶像, 邪神; 《豪》 魔力, 呪文; 魔神. **c** 〖クリスチャンサイエンス〗 邪悪, 誤り. **d** 《マレーシア》 幽霊. **2** 《口語》 [修飾語を伴って] 不幸[不運]な人, みじめな[あわれな]やつ; …なやつ (fellow): You poor ～! かわいそうなやつ / a clever ～ 利口なやつ / The boy, poor ～, is an orphan. かわいそうに, あの子はみなしごだ / You little ～, you! このいたずらっ子め. **3** 《口語》 **a** (体を持てあましている)無軌道な若者, 向こう見ずな人: a ～ *of a* fellow 元気な[威勢のいい]男 (cf. *a* [*the*] DEVIL *of a* …) / You ～, you! 《戯言》 ずるい[悪い]やつだよ, お前は. **b** 〔物事に〕がむしゃらに打ち込む人, 凝り性の人; 凄腕の人, …の鬼 〔*for*〕: a ～ *for* golf ゴルフ狂. **c** 闘志, 攻撃力; 情熱. **4** (悪魔のような)悪人, 外道(げどう), 人非人, ひとでなし; 扱いにくい[人間に対して悪意をいだく]動物. **5 a** 欲[嫉妬心]の強い人, 〔…の〕塊, 鬼 〔*of*, *for*〕: the ～ *of* avarice [jealousy] 強欲[嫉妬]の鬼. **b** 《口語》 [the (very) ～] 扱いにくい人[物]; 難問: That's *the* ～ (of it). そこが大変[厄介]な点だ / *The* ～ is in the detail! 《英》 詳細に関しては厄介だ. **6 a** 他人のために働く人, 人に利用される男. **b** 下請けの文筆業者; 《英》 下働きの弁護士《通常の給料の半額》. **c** 《古》 (印刷所の)小僧, 使い走り: ⇨ printer's devil. **7** [通例 the ～] 《口語》 **a** [嫌悪・怒り・驚き・否定などの強い感情を表す間投詞的用法として]: *The* ～! 畜生, まさか / *The* ～ he is! 彼がそうだなんて / *The* ～ you did! 君がしたって, まさか (Did you really?) / *The* ～ you say! まさか, 信じられない. **b** [疑問の強調語としてしばしば驚き・いらだちを表す; cf. deuce2 1, hell]: What *the* ～ do you mean by that? 一体どういうつもりだ / Who *the* ～ is he? あいつは一体だれだ (cf. blaze1 4 b). **8** 〖機械〗 (ぼろなどを裂くのに用いる)裂断機, 切断機; (木ねじ)製造機. **9** (屋外使用のための, 携帯用の)炉, 火かご. **10** (こしょうなど)刺激の強い香辛料をきかせた料理《主に家禽をあぶり焼きしたもの; cf. *vt.* 1》. **11** 《インド・アフリカ》 ＝dust devil. **12** 〖造船〗 船の水線付近外板の継ぎ目.

a* [*the*] *dévil of a* …** 《口語》 ひどい…, どえらい…, とんでもない… (a damned): a ～ *of a* fellow 途方もない男 (cf. 3 a) / a ～ *of a* fine house すごくいい家 / a ～ *of a* time [mess] ひどい目[混乱] / making *a* [*the*] ～ *of* a noise ひどい騒音をたてる / have *a* [*the*] ～ *of a* job [time] proofreading 校正するのにえらく苦労する (cf. *the* DEVIL*'s own*) / I'm in *a* [*the*] ～ *of a* trouble. とんでもないもめごとに巻き込まれている. (1749) ***béat the dévil ＝*beat the* BAND2. ***be a dévil and dó*** 《英口語》 思い切って…する: *Be a devil and* take the afternoon off. 思い切って午後は休みを取りたまえ. ***béat the* [*a*] *dévil's tattóo*** ⇨ devil's tattoo. ***betwèen the dévil and the déep blúe séa*** 二つの危難にはさまれて, 進退きわまって (between Scylla and Charybdis, between a rock and a hard place). 〘(c1620): 水夫が船体の継ぎ目 (⇨ n. 12) にタールを塗るときに舷側と水面の中間にぶら下がることから〙 ***cátch the dévil*** 《口語》 大目玉を食う: You'll *catch the* ～ if you go home looking like that! そんな格好で家に帰ったらこっぴどく叱られるぞ. ***for the dévil of it*** ＝*for the* HELL *of it*. ***gíve the dévil his dúe*** どんなに気に食わない人間でも認めるべき点は認める. (1596–97) ***gó to the dévil*** (1) 破滅する, おちぶれる; 堕落する. (2) [命令文で] くたばってしまえ; 行っちまえ. (c1460) ***háve a dévil*** 《古》 神がかりになっている. ***hàve the lúck of the dévil*** ＝***hàve the dévil's ówn lúck*** 《口語》 (1) ひどく運がいい. (2) ひどく運が悪い. ***in the dévil*** [疑問を強めて] 《口語》 一体全体 (in hell, the hell, the devil): Where *in the* ～ did he go? 一体どこへ行ったのか. ***like the* (*véry*) *dévil*** ひどく, 猛烈に, 猛烈な勢いで (like hell): run *like the* ～ 一生懸命走る / It hurts *like the* (*very*) ～. ひどく痛む. (1599) ***páint the dévil bláckèr than he is*** 輪をかけて悪くいう. (1654) ***pláy the dévil with*** 《口語》 (1) …をさんざんに荒らす, めちゃくちゃにする (upset, ruin). (2) 〈人〉をしくじらせる. (3) 《英》 〈人〉をひどくしかる[怒る]. (1542) ***púll dévil, púll báker!*** 《英》 (綱引きなどで)どっちもしっかり. ***ráise the dévil*** ⇨ raise *v.* 成句. ***sáy the dévil's páternoster*** ⇨ devil's paternoster. ***téll* (*the*) *trúth and sháme the dévil*** ⇨ truth *n.* 成句. ***(the) dévil a bít*** 少しも(…ない) (not at all). ***the dévil amòng the táilors*** 《英古》 (1) 大騒ぎ, 乱闘. (2) 花火の一種. (1834) ***the dévil and áll*** 《口語》 なにもかも一切; 何一つろくなものは(…ない). (1543) ***(the) dévil a óne*** ただの一つも(…ない) (nothing). ***the dévil of a* …** ＝*a* DEVIL *of a* …. ***the dévil's ówn*** 《口語》 とてもひどい[難かしい, 厄介な]; 非常な (devilish): *the* ～*s' own* task / have *the* ～*s' own* job to proofread 校正でひどく苦労する. ***(The) dévil táke it!*** えいくそ, 畜生, しまった. ***(the) dévil táke the híndmost*** (遅れた者は鬼に食われろとばかり)われがちだ, 早いもの勝ちだ (cf. *every* MAN1 *for himself*). ★ take は仮定法現在形. ***the dévil to páy*** [通例未来時制と用いて] 後難, こわい結果: There'll be *the* ～ *to pay* if you go home looking like that. そんな格好で家に帰ったら後がこわいぞ. 〘(1711): cf. *pay the devil*「船体の継ぎ目(⇨ n. 12)に防水用のタールを塗る」〙 ***whíp the dévil round the póst*** [《米》 ***aròund the stúmp***] 口実をつくって困難を避ける, うまく法網をくぐる. (1857) ***wísh a person at the dévil*** ⇨ wish *vt.* 3 a.

dévils on hórseback ＝angels-on-horseback.

── *v.* (**dev·iled**, 《英》 **dev·illed**; **dev·il·ing**, 《英》 **dev·il·ling**) ── *vt.* **1** [今は通例 p.p. 形で] 〖料理〗 (こしょうなど刺激の強い香辛料をきかせて)あぶり焼きする: ⇨ deviled egg. **2** 《米口語》 いじめる, 困らす (annoy, bedevil). **3** 〈ぼろを〉裂断機[切断機] (devil) にかける. ── *vi.* 《英》 〔弁護士・著述家などの〕下請け仕事をする, 〔印刷所の〕使い走りとして働く 〔*for*〕: ～ *for* a barrister, an author, etc.

〘OE *dēofol* □ L *diabolus* □ Gk *diábolos* devil, 《原義》 slanderer (《なぞり》 ← Heb. *śāṭān* 'SATAN') ← *diabállein* to slander: ⇨ dia-, ballista〙

devil 1 a

dévil-dòdger *n.* 《戯言》 悪魔をごまかしてほんろうする

人;《口語》(大声でどなる)説教師, (特に)軍隊付きの牧師. 〘1791〙
dévil dòg *n.* 《米口語》米国海兵隊員.
dev·il·dom /dévəldəm, -vl̩- | -vl̩-, -vl̩-/ *n.* 魔界, 悪魔の国; 悪魔の支配力[位, 身分]. 〘(1694): ⇨ -dom〙
dév·iled *adj.* 辛く味をつけた: ~ ham. 〘(1800): ⇨ -ed 2〙
déviled égg *n.* [通例 *pl.*] デビルドエッグ《ゆで卵を縦に切り, 黄身をマヨネーズ・香辛料と混ぜ合わせて白身に詰めた料理》.
dévil·fìsh *n.* (*pl.* ~, ~·es) **1** 《米》〘魚類〙イトマキエイ (⇨ devil ray). **2** 〘魚類〙オニダルマオコゼ (*Synanceja verrucosa*)《オニオコゼ科の魚》. **3** タコ (octopus); (一般に)大きな頭足類の動物《イカ (cuttlefish) など》. 〘1709〙
dévil gràss *n.* 〘植物〙=Bermuda grass.
dévil-in-a-búsh *n.* 〘植物〙 **1** =love-in-a-mist 1. **2** =herb Paris.
dévil-in-the-búsh *n.* 〘植物〙=devil-in-a-bush.
dev·il·ish /dév(ə)lɪʃ, -vl̩- | -vl̩-, -vl̩-/ *adj.* **1** 悪魔の(ような), 呪わしい; (悪魔のように)大胆不敵な, 放逸な; (悪鬼のように)凶悪な, 極悪非道の. **2** 《口語》[強意語として] ひどい, すごい; 極端な, 非常な: in a ~ hurry ものすごく急いで. **3** いたずら好きな; 精力的な; 向こう見ずな. — *adv.* 《口語》[強意語として] ひどく, ばかに, 恐ろしく: ~ funny, nice, etc. / It's ~ cold out here. 外は滅法寒い.
~·ness *n.* 〘(?a1439): ⇨ -ish¹〙
dév·il·ish·ly *adv.* **1** 悪魔のように, 邪悪に. **2** 《古口語》[不快さを示して] 猛烈に, とてもひどく, はなはだしく. 〘(1531): ⇨ ↑, -ly¹〙
dev·il·ism /dév(ə)lìzm, -vl̩- | -vl̩-, -vl̩-/ *n.* **1** 悪魔性, 魔性. **2** 悪魔のような振舞い. **3** 悪魔崇拝. 〘(1652): ⇨ -ism〙
dev·il·kin /dévəlkɪ̀n, -vl̩- | -vl̩-, -vl̩-, -kɪn/ *n.* 小悪魔, 小鬼. 〘← DEVIL + -KIN〙
dév·illed *adj.* =deviled.
dévil-may-cáre *adj.* **1** がむしゃらな, 向こう見ずの. **2 a** 陽気な, ふざけ回る. **b** 〈様子など〉無造作な. 〘1837〙
dev·il·ment /dévəlmənt, -vl̩- | -vl̩-, -vl̩-/ *n.* **1** 《古》悪魔の所行. **2** 悪魔的[怪奇]な考案; (気まぐれな)いたずら. **3** 陽気, 元気: be full of ~. 〘(1771) ← DEVIL (v.) + -MENT〙
dévil-on-the-cóals *n.* 《豪俗》小型のパン (⇨ damper 6).
dévil rày *n.* 〘魚類〙イトマキエイ, マンタ (manta)《イトマキエイ科の頭部前端に角のような 2 つのひれをもつエイ; イトマキエイ属 (*Mobula*), オニイトマキエイ属 (*Manta*) の 2 属あり, 熱帯・亜熱帯域に分布する; プランクトンをこして食べる; オニイトマキエイ (*M. birostris*) など》.

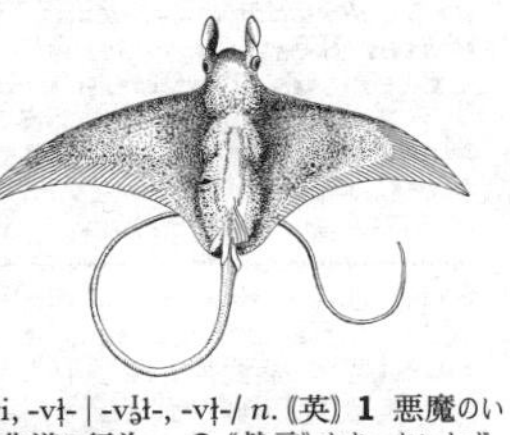

devil ray

dev·il·ry /dév(ə)lri, -vl̩- | -vl̩-, -vl̩-/ *n.* 《英》 **1** 悪魔のいたずら[しわざ], 極悪非道の行為. **2** 《戯言》むちゃないたずら, ばかはしゃぎ. **3** 悪魔的魔術. **4** 悪魔学. **5** 魔界; [集合的] 悪魔 (devils). 〘(1375): ⇨ devil, -ry〙
dévil's ádvocate *n.* **1 a** (議論などのために)わざと反対の立場を取る人. **b** 何にでもけちをつける人, あまのじゃく(的な批評家). **2** 〘カトリック〙列聖[列福]調査審問検事《聖人・福音に列すべき候補者の奇跡・徳行に関する証拠の信頼性を検査する役; cf. postulator 2》. 〘(1760) (なぞり) ← L *advocātus diaboli*〙
Dévil's Bíble *n.* [the ~] =devil's picture book.
dévil's bìt *n.* 〘植物〙マツムシソウ科スッキサ属の多年草 (*Succisa pratensis*)《devil's bit scabious ともいう; cf. scabious》. 〘*c*1450〙
dévil's-bónes *n. pl.* 《俗》さいころ (dice). 〘1664〙
dévil's bóok *n.* [the ~] 《口語》=devil's picture book.
dévil's-cláw *n.* **1** 〘海事〙デヴィルクロー《錨鎖(びょうさ)のリンクをつかむ 2 爪鋏型のフック》. **2** =unicorn plant. 〘1900〙
dévil's clúb *n.* 〘植物〙アメリカハリブキ (*Oplopanax horridus*)《北米西部原産ウコギ科ハリブキ属のとげのある落葉低木》. 〘1891〙
dévil's cóach·horse *n.* 《英》〘昆虫〙数種の大型のハネカクシ (rove beetle) の総称. 〘1840〙
dévil's dárning nèedle *n.* 〘昆虫〙 **1** =dragonfly. **2** =damselfly.
dévil's dózen *n.* 《方言》13 (long dozen) (cf. baker's dozen).
dévil's dùng *n.* 〘植物〙=asafetida 2.
dévil's fòod *n.* =devil's food cake.
dévil's fòod càke *n.* 《米》(味・色ともに濃厚な)チョコレートケーキ. 〘(1905): angel cake との色の違いから〙
dévil's grìp *n.* 《口語》 **1** 〘植物〙=carpetweed. **2** 〘獣医〙メンヨウの髻甲(きこう)部と肩甲骨後背部が糸で縛りつけられたように陥凹している奇形. **3** 〘病理〙=epidemic pleurodynia. 〘1888〙
dévil's-gúts *n.* (*pl.* ~) 〘植物〙=dodder¹.
dévil's hórse *n.* 《米南・中部》=praying mantis.
Dévil's Ísland *n.* 悪魔島《南米フランス領 Guiana 北岸沖, Safety Islands の一島, 不毛の島; フランスはもとここへ犯罪人を送った (1852–1951)》. 〘(なぞり) ← F *Île du Diable*〙
dévil's màrk *n.* 悪魔の印《魔女が悪魔の手下になるときの契約の印; あざや傷痕のようなもので痛覚がないと信じられた; cf. witch's mark》.
dévils-on-hórseback *n.* =angels-on-horseback.
Dévil's Ówn *n.* [the ~] **1** (英国の)歩兵第 88 連隊の俗称. **2** (英国の) Inns of Court の義勇銃兵隊の俗称.
dévil's páintbrush *n.* 〘植物〙=orange hawkweed.
dévil's páternoster *n.* **1** 逆に読んだ主の祈り《中世の魔法使いが唱えた》. **2** 不平, 呪い: say the ~ ぶつぶつ不平をこぼす.
dévil's pícture bòok [gàllery] *n.* [the ~] 《口語》トランプ (playing cards)《New England の清教徒が言い始めたもの》. 〘1786〙
dévil's pìctures *n. pl.* [the ~] 《口語》=devil's picture book.
dévil's-píncushion *n.* 〘植物〙北米南西部産サボテン科コリファンタ属の小さな球状のサボテン (*Coryphantha robustispina*)《多数のからみあったとげを有し鮭肉色の花をつける; pineapple cactus ともいう》.
dévil's tattóo *n.* 指太鼓《いらいらしたときなど指先や足で机や床などをこつこつ叩くこと; ほぼ「貧乏ゆすり」に当たる》: beat the [a] ~.
dévil's-tòngue *n.* 〘植物〙ヘビイモ (*Hydrosme rivieri*)《大きな葉と長い肉穂花をとりまく派手な暗赤色の仏炎包(ぶつえんほう) (spathe) を持つ, 悪臭のあるサトイモ科の多肉球根植物》.
dévil's twíne *n.* 〘植物〙=dodder¹.
dévil's-wálking-stìck *n.* 〘植物〙=Hercules'-club 1.
dev·il·try /dévəltri, -vl̩- | -vl̩-, -vl̩-/ *n.* =devilry. 〘(1788) (変形) ← DEVILRY〙
dévil·wòod *n.* 〘植物〙アメリカヒイラギ (*Osmanthus americanus*)《米国南部産モクセイ属の低木》. 〘1818〙
dévil wòrship *n.* 悪魔崇拝, 魔神崇拝. 〘1719〙
De·vine /dɪ̀víːn, -váɪn/, **George (Alexander Cas·sa·dy** /kǽsədi | -sədi/**)** *n.* デヴィーン《1910–66; 英国の舞台演出家・俳優》.
de·vi·ous /díːviəs/ *adj.* **1** 率直でない, 人をあざむく; 心がまっすぐでない, 不正な: by ~ means 不明朗な手段で. **2** よこしまな, 誤った, 迷った; 遠回りした: a ~ argument 誤った議論 / a ~ procedure 回りくどいやり方 / a ~ explanation 持ってまわった説明. **3** 〈人が〉つかみどころのない, 手強い; 〈やり方など〉とらえがたい, 不当な, **4** 〈道など〉遠回りの, 曲がりくねった. **5** 引っ込んだ, へんぴな, 遠い. **6** 方向の一定しない: ~ breezes 気まぐれなそよ風.
~·ly *adv.* **~·ness** *n.* 〘(1599) ← L *dēvius* out of the way (⇨ de-¹, via²) + -OUS〙
de·vis·a·ble /dɪ̀váɪzəbl/ *adj.* **1** 工夫[発明]できる. **2** 〘法律〙遺贈できる. 〘(1535) □ AF ~: ⇨ devise, -able〙
de·vis·al /dɪ̀váɪzəl, -zl̩/ *n.* 工夫, 考案. 〘(1854–56) ← DEVISE + -AL¹〙
de·vise /dɪ̀váɪz/ *vt.* **1** 〈計画・手段・方法などを〉工夫する, 案出する; 創案する, 〈新案品を〉発明する. **2** 〘法律〙〈不動産を〉遺贈する (★ 動産については bequeath を用いる): give and ~ 遺産として与える《遺言書の法律用語》. **3** 《古》思う, 推量する. **4** 《古》〈悪事を〉謀(はか)る, 企てる, たくらむ. — *vi.* [主として現在分詞形で] 工夫する, 案出する: a *devising* spirit 創意工夫の精神(の持ち主).
— *n.* 〘法律〙(不動産の)遺贈, 遺贈財産 (cf. *vt.* 2); (遺言状の)贈与条項. 〘(?c1225) *devise(n)* □ (O)F *deviser* ← L *dīvīsus* (p.p.) ← *dīvidere* 'to DIVIDE': cf. device〙
dev·i·see /dèvəzíː, dɪ̀vaɪ- | dɪ̀vaɪ-, dèvɪ-/ *n.* 〘法律〙(不動産の)受遺者 (cf. devisor). 〘(1542–43) ← DEVISE + -EE¹〙
de·vís·er *n.* 考案者, 案出者. 〘(1375) □ AF *devisour* = OF *deviseor*: ⇨ devise, -er¹〙
dev·i·sor /dèvəzɔ́ə, dɪ̀váɪzə | dɪ̀váɪzə(r, dɪ̀vàɪzɔ́ː(r, dèvaɪ-/ *n.* 〘法律〙(不動産の)遺贈者 (cf. devisee). 〘(1542–43) □ AF *devisour* (↑)〙
de·vi·tal·i·za·tion /diːvàɪtəlɪzéɪʃən, -tl̩- | -təlaɪ-, -lɪ-, -tl̩-/ *n.* 活力脱失, 無気力化. 〘(1871): ⇨ ↓, -ation〙
de·vi·tal·ize /diːváɪtəlàɪz, -tl̩- | -təl-, -tl̩-/ *vt.* 〈人〉から活力[活気]を奪う, 無気力にする. 〘(1849) ← DE-¹ + VITALIZE〙
de·vi·ta·min·ize /diːváɪtəmɪ̀nàɪz | -vítə-, -váɪt-/ *vt.* (料理するときなど)…からビタミンをなくする. 〘← DE-¹ + VITAMIN + -IZE〙
de·vit·ri·fi·ca·tion /diːvìtrəfɪ̀kéɪʃən | -trɪ̀fɪ-/ *n.* 〘窯業〙失透(現象)《ガラス状態または溶化状態を一部または全部失うこと, またはその状態にする工程; ガラス状態から結晶状態に変わること》. 〘(1832) ← DEVITRIFY + -ICATION〙
dè·vít·ri·fìed gláss *n.* 結晶化ガラス《溶融ガラスを成形し, 次に調節しながら最終製品が結晶からなるようにつくられた窯業製品》. 〘1832〙
de·vit·ri·fy /diːvítrəfàɪ | -trɪ-/ *vt.* 〘窯業〙…から溶化状態を(一部あるいは完全に)失わせる; 〈ガラスを〉失透させる.
dè·vít·ri·fi·a·ble /-əbl/ *adj.* 〘(1832) □ F *dévitrifier*: ⇨ de-¹, vitrify〙
de·vo·cal·ize /diːvóʊkəlàɪz, -kl̩- | -vóʊ-/ *vt.* 〘音声〙=devoice. 〘(1877) ← DE-¹ + VOCAL + -IZE〙
de·voice /diːvɔ́ɪs/ *vt.* 〘音声〙〈有声音を〉無声音化する. 〘(1932) ← DE-¹ + VOICE〙
de·void /dɪ̀vɔ́ɪd/ *adj.* [通例叙述的] 〔…が〕欠けている 〔*of*〕: walls ~ *of* bookshelves 本棚の置いてない壁 / He is ~ *of* a sense of humor. 彼にはユーモアがない. 〘(?a1400) (p.p.) ← ME *devoide(n)* to remove □ OF *devoidier* (F *dévider*) ← DE-¹ + *voidier* 'to empty, VOID'〙
de·voir /dəvwáə, dévwaə | dəvwáː(r, dévwaː(r; *F.* dəvwaːʁ/ *n.* **1** [*pl.*] 礼儀, 敬意 (respects): pay [tender] one's ~s to …に敬意を表する. **2** 《古》本分, 義務; 最善: do one's ~ 本分[最善]を尽くす. 〘(15C) □ F ~ < L *dēbēre* to owe ∞ (*a*1333) *dever* □ AF = OF *deveir*〙
de·vol·a·til·ize /diːvɑ́(ː)lətəlàɪz, -tl̩- | -vɔlǽtɪl-, -vɔ(ʊ)-, -vɔlət-, -tl̩-/ 〘化学〙 *vt.* 〈蒸気を〉液化させる. — *vi.* 〈蒸気が〉液化する. 〘(1868) ← DE-¹ + VOLATILIZE〙
dev·o·lu·tion /dèvəlúːʃən, diːv- | diːvəlúː-, dèv-, -ljúː-/ *n.* **1** (中央政府から地方自治体などへの)権限の移譲: a ~ bill for Scotland & Wales スコットランド・ウェールズ新自治法案. **2** (官職・権利・義務などの)移転, 移譲, 伝承. **3** 〘法律〙法定移転《死亡・破産・支払不能などの場合, 権利・財産などが法の効力によって法定相続人や管財人などに移転すること》. **4** (発達過程などにおける)段階的推移. **5** 〘生物〙退化 (↔ evolution). **6** 〘アイル政治〙アルランド自治 (Home Rule) に代わるアイルランド自治計画. **~·ar·y** /-ʃənèri | -ʃ(ə)nəri/ *adj.* **~·ist** /-ʃ(ə)nɪ̀st | -nɪst/ *n.* 〘(1545) □ ML *dēvolūtiō(n-)* ← L *dēvolūtus* (p.p.): ⇨ ↓, -tion〙
de·volve /dɪ̀vɑ́(ː)lv, -vɔ́(ː)lv | -vɔ́lv/ *vi.* **1** 〈官職・義務などが〉〔人に〕移る, 帰属する, 帰する (fall) 〔*on, upon*〕; 〈土地・財産などが〉〔人の〕所有となる 〔*to*〕: That duty ~*d on* him. その役目は彼にかかっていった / It ~s *upon* you to do it. それをすることはあなたの任務だ. **2** 《古》ころがり落ちる. — *vt.* **1** 〈仕事・義務などを〉〔人に〕譲り渡す, 移す 〔*to, upon*〕. **2** 《古》ころがり落とす. **~·ment** *n.* 〘(?1440) □ L *dēvolvere* to roll down ← DE-¹ + *volvere* to roll: cf. voluble〙
dev·on /dévən/ *n.* 《豪》デボン《風味のない大きなソーセージ; 加熱せずに薄切りにして食べる》. 〘(1962) ← DEVONSHIRE〙
Dev·on¹ /dévən/ *n.* デボン: **1** イングランド南西部の州; 農業および保養・観光地帯; 面積 6,711 km², 州都 Exeter. **2** カナダ北西部の Baffin Island の北にある群島の一つ. 〘OE (on) *Def(e)num* ← *Def(e)nas* men of Devon □ Brit. *Dumnonii* 《原義》the deep ones 鉱坑?〙
Dev·on² /dévən/ *n.* **1** デボン《イングランド Devon 州原産の一品種の牛; cf. South Devon》. **2** =Devon minnow. 〘(1834) ↑〙
De·vo·ni·an /dɪ̀vóʊniən | -vəʊ-/ *adj.* **1** イングランド Devon 州の. **2** 〘地質〙デボン紀[系]の: the ~ period [system] デボン紀[系]《シルリア紀と石炭紀との中間》. — *n.* **1** [the ~] 〘地質〙デボン紀[系]. **2** イングランド Devon 州の人. 〘(1612) ← DEVON¹ + -IAN〙
Dévon mínnow *n.* 〘釣〙(ヒメハヤに似た)擬似餌《単に Devon ともいう》.
Dev·on·port /dévənpɔ̀ət | -pɔ̀ːt/ *n.* デボンポート《オーストラリアの Tasmania 島の港市》.
Dev·on·shire /dévənʃə, -ʃɪə | -ʃə(r, -ʃɪə(r/ *n.* **1** = Devon¹. **2** =Devonshire cream. 〘OE *Def(e)nascīr*: ⇨ Devon¹, -shire〙
Dévonshire créam *n.* デボンシャークリーム (clotted cream)《Devon 州特産の凝固した濃厚なクリーム; 果物・デザートなどに添えて食べることが多い》. 〘1825〙
Dévonshire splít *n.* デボンシャースプリット《上部が割れたイーストパン; 生クリーム・バター・ジャムをつけて食べる; Cornish split または単に split ともいう》.
Dévonshire wáinscot *n.* 〘昆虫〙ヨーロッパ産ヤガ科キヨトウ属のガの一種 (*Leucania putrescens*).
dé·vot /deɪvóʊ | -vəʊ; *F.* devo/ *n.* (*fem.* **-vote** /-vɑ́(ː)t | -vɔ́t; *F.* -vɔt/) 帰依者 (devotee). 〘(1702) □ F ~〙
de·vote /dɪ̀vóʊt | -vəʊt/ *vt.* (cf. dedicate) **1 a** 〈時間・金・精力などを〉〔研究・仕事・目的などに〕捧げる, 向ける, 当てる, 任せる 〔*to*〕: He ~*d* his time *to* the study of [*to* studying] economics. もっぱら経済学の研究に時間を当てた / The book is ~*d to* economics. その本はもっぱら経済を扱っている / The exhibition is ~*d to* the history of economics. その展示会は経済史を対象としている. **b** [~ *oneself* または受身で] 〔…に〕一身をささげる, 専念する, 熱中する, ふける 〔*to*〕: He ~*d himself* [He *was* ~*d*] *to* his sick wife. 彼は寝食も忘れて病妻のために尽くした[尽くしていた]. **2** 〔神に〕奉献する 〔*to*〕; 〔…に〕ゆだねる 〔*to*〕: ~ a city *to* destruction 都会を破壊にまかせる. **3** 《廃》呪う (curse). — *adj.* 《古》=devoted. 〘(1586) ← L *dēvōtus* (p.p.) ← *dēvovēre*: ⇨ de-¹, vow¹〙

SYN 捧げる: **devote** 特定の目的のために〈時間・精力・自分を〉捧げる: He *devoted* himself to historical research. 歴史研究に専念した. **dedicate** 高貴な目的のために〈時間や精力を捧げる: He *dedicated* his life to the study of science. 科学研究に生涯を捧げた. **consecrate** 神聖[特別]な用途に〈生命などを〉捧げる《*dedicate* よりも強意的》: He *consecrated* his life to the service of God. 神への奉仕に生涯を捧げた.

de·vot·ed /dɪ̀vóʊtɪ̀d | -vəʊt-/ *adj.* **1** 献身的な, 熱心な; 専念した; 篤信な(devout): a ~ Christian. **2** 熱愛している, 愛情の深い, 忠実な 〔*to*〕: a (very) ~ husband, wife, friend, etc. / a ~ mother ひたむきに[献身的に]子を

愛する母. **3** 《古》運命づけられた, 呪われた. **～·ness** *n.* 〘(1592–93): ⇨ ↑, -ed〙

de·vót·ed·ly *adv.* 献身的に, 専心して; 熱愛的に. 〘(1812): ⇨ ↑, -ly¹〙

dev·o·tee /dèvətíː, -voʊ-, -téɪ, dʒ̀vòutíː | dèvə(ʊ)tíː/ *n.* **1** 〔…の〕信者, 愛好者, 帰依(きえ)者〔*of*〕: a ～ *of* religion, learning, photography, baseball, etc. **2** 〔…の〕熱中者, 凝り屋〔*to*〕: a ～ *to* research work 調査研究に熱心な人. 〘(1645) ← DEVOTE＋-EE¹〙

de·vóte·ment *n.* 《まれ》献身, 専念; 奉献, 奉納. 〘(1604): ⇨ -ment〙

D

de·vo·ti·o mo·der·na /dʒ̀vóuʃiòumoudɑ́ːnə, -mə-, -vóuʃiòu- | dʒ̀vəutiəumə(ʊ)dɑ́ː-, -vəuʃiəu-/ *n.* 〘カトリック〙デボシオモデルナ《14 世紀末 Groot によってオランダで始められた信仰運動; キリストの生涯について瞑想し, 個人の内面生活を深めることを重視した》. 〘◻L *dēvōtiō moderna* modern devotion〙

de·vo·tion /dʒ̀vóuʃən | -vəu-/ *n.* **1** 献身, 専念, 傾倒; 〔ある目的・主義のために捧げる[当てる]こと, 傾注, 提供〔*to*〕 (⇨ allegiance SYN); 熱情, 愛着 (⇨ love SYN): the ～ of a mother *to* her child 子供への母親の献身的な愛情 / ～ *to* the cause of freedom 自由のための献身 / ～ *to* the study of [*to* study*ing*] economics 経済学研究への専念. **2** 信心, 信仰, 帰依(きえ). **3** [*pl.*] (特に私的な)祈禱(式), 勤行(ごんぎょう): a book of ～*s* / be at one's ～*s* お祈りをしている. **4** 《古》献納, 奉献. 〘(?a1200) ◻(O)F *dévotion* // L *dēvōtiō(n-)*: ⇨ devote, -tion〙

de·vó·tion·al /-ʃnəl, -ʃənl/ *adj.* **1** 信心深い, 敬虔な. **2** 礼拝[勤行]の, 祈りの. — *n.* 短い[簡単な]礼拝《特にクラブなどの会合の前とか途中に行われる》. **～·ly** *adv.* **de·vo·tion·al·i·ty** /dʒ̀vòuʃənǽləṭi | -vəu-ʃənǽlɪti/ *n.* **～·ness** *n.* 〘(1648): ⇨ ↑, -al¹〙

de·vó·tion·al·ism /-ʃ(ə)nəlìzm/ *n.* 信心(中心)主義, (宗教への)傾倒を特徴とする立場. **de·vó·tion·al·ist** /-lɪ̀st | -lɪst/ *n.* 〘(1859): ⇨ ↑, -ism〙

De Vo·to /dəvóuṭou | -vəutəu/, **Bernard Augustine** *n.* デボート《1897–1955; 米国の著述家; Mark Twain や米国西部の研究で有名》.

de·vour /dʒ̀váuə | -váuə(r)/ *vt.* **1** 〈猛獣などがむさぼり食う; 〈人間がむさぼるように食う, がつがつ食う. **2 a** 〈本などを〉むさぼり読む; むさぼるように眺める, 熱心に[穴のあくほど]見入る, 見詰める; (一言も聞き漏らすまいと)熱心に聞き入る: ～ novel after novel 次から次へと小説をむさぼり読む / He listened ～*ing* every word. 一言も聞き漏らすまいと傾聴した / ～ …with one's eyes …を穴のあくほど見る[観察する]. **b** 《詩》〈馬・車などが〉道を急ぐ, ぐんぐん進む: ～ the way [road]. **3** [通例受身で]〈好奇心・心配などが〈人〉の注意を奪う, 夢中にさせる, 悩ます: *be* ～*ed by* [*with*] anxiety 心配で気が気でない. **4** 〈疫病・火事などが滅ぼす; 〈海・淵・闇・時・忘却などが飲み込む, 呑(の)む. 〘(a1333) *devoure(n)* ◻(O)F *dévorer* ◻L *dēvorāre* to swallow down ← DE-¹＋*vorāre* to swallow up: cf. voracious〙

de·vóur·er /-váuᵊrə | -váuərə(r)/ *n.* むさぼり食う人[者]; むさぼる人. 〘(c1384) ◻AF *devorour* ＝OF *devoreor* (F *devoreur*)〙

de·vóur·ing /-váuᵊrɪŋ | -váuər-/ *adj.* むさぼり食う; むさぼるような, 熱烈な, 激しい: a ～ passion, desire, etc. **～·ly** *adv.* **～·ness** *n.* 〘(c1384): ⇨ -ing²〙

de·vout /dʒ̀váut/ *adj.* **1 a** 〈人が篤信の, 信心深い, 敬虔な: a ～ Catholic. **b** [the ～; 名詞的] 信心深い人たち, 信者. **2** 献身的な, 真心のこもった, うそ偽りのない, 誠実な. **3** 熱烈な, 心からの: a ～ hope 心からの願い. **～·ness** *n.* 〘(?a1200) ◻(O)F *dévot* ◻L *dēvōtus*: ⇨ devote〙

SYN 敬虔な: **devout, pious** 神や宗教を深く敬う《通例前者は精神について, 後者は態度についていう; なお後者は皮肉に使うことがある》: a *devout* Christian 敬虔なキリスト者 / She is *pious* at church. 教会では敬虔である. **religious** 特定の宗教を信仰し, その教義を常に守る: a *religious* woman 信心深い女性. **sanctimonious** 《悪い意味で》非常に信心深く道徳的に見えるように努める: a *sanctimonious* hypocrite 信心家ぶる偽善者.
ANT impious.

de·vóut·ly *adv.* **1** 信心深く; 献身的に. **2** [hope, believe などの動詞を修飾して] 心から, 切に. 〘(1340): ⇨ ↑, -ly¹〙

De Vries /dəvríːs; *Du.* dəvríːs/, **Hugo** *n.* ドフリース《1848–1935; オランダの植物学者; オオマツヨイグサの交雑実験の結果をまとめて突然変異説を提唱》.

dew /dúː, djúː | djúː, dʒúː/ ★《英》では /dʒúː/ の発音を標準的と認めない人もいる. *n.* **1** 露: drops of ～ 露のしずく. **2** [通例 the ～] (朝・青春などの)新鮮味, さわやかさ, みずみずしさ: *the* ～ *of* one's youth さわやかな青年時代 (cf. *Ps.* 110:3). **3** (露滴のような)しずく; 涙; 汗: the ～ of tears [sweat] 涙の露[汗の粒] / *dew*-lit eyes 《詩》涙に光る目 / have got a ～ on 《英俗》汗をかいている. **4** 《口語》＝mountain dew. **5** 〘植物〙露《茎中の水上昇によって葉の上などにつく》. — *vt.* 《詩》露(のようなしずく)で潤す. — *vi.* [it を主語として]《古》露が降りる: *It* began to ～. ★ 今は Dew began to fall. という. **～·less** *adj.* 〘OE *dēaw* < Gmc **dawwaz, -am* (Du. *dauw* / G *Tau*) ← IE **dheu-* to flow (Gk *theîn* to run)〙

DEW /dúː, djúː | djúː/ 《略》distant early warning (cf. DEW line).

De·wa·li /dʒ̀wɑ́ːli | dɪ-/ *n.* 〘ヒンズー教〙＝Diwali.

de·wan /dʒ̀wɑ́ːn/ *n.* 《インド》**1** (元イスラム政権下の)州財務長官. **2** 州総理大臣. **3** (ベンガル地方で商館などの)現地人の支配人. 〘(1690) ◻Hindi *dīwān* ◻Arab. & Pers. 'register': ⇨ divan〙

Dew·ar /dúːə, djúːə | djúːə(r), djúə(r)/ *n.* デュワーフラスコ, デュワー瓶《液化ガスの容器として, また低温実験に用いる魔法瓶; また dewar ともつづる》. 〘(1899) ← *Sir James Dewar*〙

Dew·ar /dúːə, djúːə | djúːə(r), djúə(r)/, **Sir James** *n.* デューアー《1842–1923; スコットランドの化学者・物理学者》.

Déwar flàsk [vèssel] *n.* ＝Dewar.

de·wa·ter /dìːwɔ́ːṭə, -wɑ́(ː)ṭə | -wɔ́ːtə(r)/ *vt.* 〘土木・化学〙…から水を除く, 排水する. **～·er** /-ṭərə | -tərə(r)/ *n.* 〘(1909) ← DE-¹＋WATER〙

déw·bèr·ry /-bèri | -b(ə)ri/ *n.* **1** 〘植物〙匍匐(ほふく)または斜上性のキイチゴ属 (*Rubus*) のイチゴ《ヨーロッパ産の *R. caesius*, アメリカ産の *R. hispidis* など》. **2** 〘園芸〙デューベリー《植物学上 blackberry であるが, 匍匐性と花序の相違などから園芸学上区別される植物群; 概して早熟・多汁・豊産》. 〘1578〙

déw bòw /-bòu | -bəu/ *n.* 露虹《露の降りた地面に生じる虹のようなもの》. 〘1873〙

déw cèll *n.* 〘電気〙露点計《露点温度を測定する電気器具》.

déw·clàw *n.* **1** (犬の足の地に接触しない無機能の)上指, おおかみづめ. **2** (牛・ヤギ・鹿などの)無機能のけづめ. **～ed** *adj.* 〘(1576) ← ? DEW＋CLAW: 草などの露に触れるだけで地面には触れぬところから?〙

déw·cùp[-drìnk] *n.* 《英方言》(仕事前に刈入れ人に与える)早朝のビール. 〘1847–78〙

déw·dròp *n.* **1** 露滴, 露のしずく[玉]. **2** 《英戯言》(鼻先にたれた)水洟(みずばな). 〘?a1200〙

De Wet /dəvét, -wét; *Afrik.* dəué/, **Chris·ti·aan** /krístian/ **Rudolph** *n.* デウェット《1854–1922; ボーア人 (Boer) の将軍・政治家》.

Dew·ey /dúːi, djúːi | djúːi/ *n.* デューイ《男性名》. 〘◻OWelsh *Dewī* beloved one: cf. David〙

Dewey, George *n.* デューイ《1837–1917; 米国の提督; 米西戦争の際 Manila 湾でスペイン艦隊を破った (1898)》.

Dewey, John *n.* デューイ《1859–1952; 米国の哲学者・教育学者; pragmatism の継承・大成者 (cf. Deweyism)》.

Dewey, Melvil *n.* デューイ《1851–1931; 米国の図書館学者; 十進分類法を創案した (cf. decimal classification)》.

Déwey classificàtion *n.* 〘図書館〙デューイ分類法 (⇨ decimal classification). 〘(1959) ← *Melvil Dewey*〙

Déwey décimal classificàtion [sỳstem] *n.* [the ～] 〘図書館〙デューイ十進分類法 (⇨ decimal classification). 〘1885〙

Dew·ey·ism /dúːiìzm, djúː- | djúː-/ *n.* **1** 〘哲学〙デューイ (Dewey) の哲学説; デューイズム, 実用主義 (pragmatism). **2** 〘教育〙プラグマティズム, 実用[実利]主義, 道具[器具]主義. 〘(1904) ← *John Dewey*〙

déw·fàll *n.* **1** 露が降りること, 結露; 結露量. **2** 露が降りる時刻《夕暮れ時》. 〘1622〙

dew·i·ly /dúːɪ̀li, djúː- | djúː-/ *adv.* 露のように, 静かに, はかなく, しっとりと. 〘(1818) ← DEWY＋-LY¹〙

déw·i·ness *n.* 露深さ, 露けさ; 露を帯びた[露にぬれた]状態. 〘(1627) ← DEWY＋-NESS〙

de Wint /dəwínt/, **Peter** *n.* デウィント《1784–1849; 英国の風景画家》.

De Witt /dəwít; *Du.* dəvít/, **Jan** *n.* デウィト《1625–72; オランダの政治家》.

dew·lap /dúːlæ̀p, djúː- | djúː-/ *n.* **1** (牛などの)喉袋(のどぶくろ), 露払い《喉の下に垂れている皮のたるみ》. **2** (犬などの)喉皮のたるみ; (鳥の喉下の)肉垂(にくすい). **3** 《俗》(太った人の)喉のぜい肉. 〘(c1350) ← DEW＋OE *læppa* 'pendulous piece, LAP¹'〙

déw·làpped *adj.* 喉袋のある. 〘?1440〙

DÉW line *n.* [the ～] (米国・カナダの)デューライン, 遠隔防空[遠距離早期]警戒線《北極圏の北部北緯約 70° 線に沿い 4,800 km にわたって設けられた敵の飛行機やミサイルの接近を警告するレーダー網》. 〘(1953) ← *D(istant) E(arly) W(arning)*〙

de·worm /dìːwə́ːm | -wə́ːm/ *vt.* 〈犬など〉から寄生虫を駆除する. 〘(1926) ← DE-¹＋WORM〙

déw plànt *n.* 〘植物〙**1** ＝ice plant 1. **2** モウセンゴケ (*Drosera rotundifolia*). 〘1869〙

déw pòint *n.* 〘気象〙露点《大気中の水蒸気が冷却して露滴を結ぶ温度; dew-point temperature ともいう; cf. relative humidity》. 〘1833〙

déw-point sprèad [dèficit, deprèssion] *n.* 〘気象〙気温露点温度差《気温と露点の差》.

déw pònd *n.* 露池《イングランド南部, 草丘地帯 (Downs) にある通例人工の浅い池; 露や霧の水分を溜めて牛などの飲み水とする》. 〘1865〙

déw·rèt *vt.* (-ret·ted; -ret·ting) 〈麻・亜麻などを〉露にさらしてふやけさせる. 〘1710〙

Dews·bur·y /dúːzbəri, djúːz- | djúːzb(ə)ri/ *n.* デューズベリー《イングランド北部 Leeds の南にある町》. 〘OE *Deusberia* ← *Dewi* David (cf. Dewey) // *Dēaw* 'DEW' (川の名?): ⇨ -burg〙

déw wòrm *n.* ＝night crawler. 〘(1599) ← DEW＋WORM: cf. OE *dēawwyrm* ring worm〙

dew·y /dúːi, djúːi | djúːi/ *adj.* (dew·i·er; -i·est) **1** 露を帯びた, 露で濡れた, 露の降りた; 露の: a ～ landscape 露の降りた地表 / in the ～ meadow / a ～ night / from morn to ～ eve 朝(あさ)より露おく夕(ゆうべ)まで. **2** 涙に濡れた: ～ eyes. **3** 《古・詩》露のような; 〈眠りが〉(露のように)さわやかな: ～ tears 露のような涙 / ～ slumbers さわやかな眠り / a ～ maiden ういういしい乙女. 〘(a1387) ← DEW＋-Y¹: cf. OE *dēawig*〙

déwy-éyed *adj.* (子供のように)無邪気な目をした, 純真な, 無垢な (naïve). 〘1938〙

dex /déks/ *n.* 〘薬学〙＝dextroamphetamine sulfate. 〘(1961)《略》← DEXTROAMPHETAMINE〙

dex·a·meth·a·sone /dèksəméθəsòun, -zòun | -səun/ *n.* 〘薬学〙デクサメタゾーン ($C_{22}H_{29}FO_5$)《水溶性ステロイド (steroid); 気管支喘息・リューマチ性関節炎などの治療剤》. 〘(1958) ← *dexa-* (《混成》← DECA-＋HEXA-)＋METH(YL)＋-A-＋(CORTI)SONE〙

dex·am·phet·a·mine /dèksæmféṭəmìːn, -mɪ̀n | -təmìːn, -mɪn/ *n.* 〘薬学〙デキサムフェタミン《覚醒剤》. 〘(1949) ← DEX(TRO-)＋AMPHETAMINE〙

Dex·a·myl /déksəmɪ̀l | -mɪl/ *n.* 〘商標〙デクサミル《dextroamphetamine と amobarbital の混合剤; 覚醒剤・やせ薬》.

Dex·e·drine /déksədrìːn, -drɪ̀n | -sɪ̀drìːn/ *n.* 〘商標〙デキセドリン《dextroamphetamine の商品名; 覚醒剤》. 〘(1942) ← DEX(TRO-)＋(EPH)EDRINE〙

dex·ies /déksiz/ *n. pl.* 〘薬学〙デクシズ《覚醒剤, 硫酸デキストロアンフェタミンの錠剤[カプセル]》. 〘(1956) ← DEX＋-IE＋-S¹〙

dex·i·o·trop·ic /dèksiətrɑ́(ː)pɪk | -trɔ́p-˘/ *adj.* 〈巻貝など〉右巻きの (↔ laeotropic). 〘(1883) ← Gk *dexiós* (↑)＋-TROPIC〙

dex·i·ot·ro·pous /dèksiɑ́(ː)trəpəs | -ɔ́t-˘/ *adj.* ＝dexiotropic.

dex·ter /dékstə | -tə(r)/ *adj.* **1** 右側の. **2** 〘紋章〙盾の右側の《盾に向かって左側》. ★ 盾に描かれた図形の左右についてもこの語が用いられるが, 人間・動物の場合はたとえ sinister の側にあっても右足は dexter leg という: the ～ side 盾の向かって左側《盾の$^1/_6$幅をいう》. **3** 《廃》(右側に見えるので)幸運な, めでたい. — *adv.* 右側に. 〘(1562) ◻L ～ 'on the right, adroit, favorable' ← IE **deks-* right ＋L *-ter* (compat. suffix): cf. sinister / Gk *dexiós* on the right hand, fortunate, clever〙

Dex·ter¹ /dékstə | -tə(r)/ *n.* デクスター《男性名》. 〘↑〙

Dex·ter², d- /dékstə | -tə(r)/ *n.* デクスター《アイルランド産の小さな頑丈な乳肉兼用の一品種の牛》. 〘(1880) この種の牛をはじめて飼育したといわれる人の名〙

déxter báse *n.* 〘紋章〙(盾の側から見て)盾の右下部.

déxter chíef *n.* 〘紋章〙(盾の側から見て)盾の右上部.

déxter flánk *n.* 〘紋章〙(盾の側から見て)盾の中央部右側.

dex·ter·i·ty /dekstérəṭi | -rɪ̀ti/ *n.* **1** 手際よさ, 手先の器用さ, 巧妙さ (↔ clumsiness): manual ～ 手先の器用さ. **2** (才知などの)鋭敏さ, 機敏; 利口さ, 抜け目なさ. **3** 《まれ》右きき (right-handedness). 〘(1527) ◻F *dextérité* // L *dexteritātem*: ⇨ dexter, -ity〙

Déxter Kérry *n.* ＝Dexter².

dex·ter·ous /dékstərəs, -trəs/ *adj.* **1** 手先の器用な; 上手な: be ～ *in* [*at*] doing …するのがうまい. **2** 機敏な, 利口な, 抜け目のない. **3** 手際よくできた, 器用な, 精巧な. **4** 《まれ》＝dextral 2. **～·ly** *adv.* **～·ness** *n.* 〘(1605) ← L *dexter* 'DEXTER'＋-OUS〙

SYN 器用な: **dexterous** 特に手先が器用で巧みな《格式ばった語》: a *dexterous* surgeon 手先の器用な外科医. **adroit** 思考や行動がすばやく巧みな: an *adroit* evasion 巧みな言い抜け. **deft** 特に手先がすばやく巧みな: a *deft* needleworker 手利きの裁縫師. **handy** 《口語》道具を上手に使う: He is *handy* with a club. 棍棒を巧みに使う.
ANT clumsy, awkward, inept.

dextr- /dékstr/ (母音の前にくるときの) dextro- の異形.

dex·tral /dékstrəl/ *adj.* (↔ sinistral) **1** 右側にある, 右向きの. **2** 〈手が〉右ききの (right-handed). **3** 〘動物〙**a** 〈巻貝など〉右巻きの, 右向きの, 右の. **b** 〈カレイなど〉身体の右側が上向きの. — *n.* 右ききの人. **～·ly** *adv.* 〘(1646) ◻ML *dextrālis*: ⇨ dexter, -al¹〙

dex·tral·i·ty /dekstrǽləṭi | -lɪ̀ti/ *n.* **1** 右にあること; (手・目などの)右きき. **2** 〘動物〙(巻貝などの)右巻き. 〘(1646): ⇨ ↑, -ity〙

dex·tran /dékstræn, -trən | -/ *n.* 〘化学〙デキストラン ($(C_6H_{10}O_5)_n$)《澱粉や繊維素その他ぶどう糖の天然の重合物の総称; この塩水溶液は血漿の代用品》. 〘(1879) ← DEXTRO-＋-AN²〙

dex·tran·ase /dékstrənèɪs, -nèɪz | -nèɪs/ *n.* 〘生化学〙デキストラナーゼ《デキストラン分解酵素》. 〘(1949): ⇨ ↑, -ase〙

dex·trin /dékstrɪ̀n | -trɪn/ *n.* (*also* **dex·trine** /-triːn, -trɪ̀n | -triːn, -trɪn/) 〘化学〙デキストリン, 糊精(こせい); (澱粉性)のり (British gum ともいう). 〘(1838) ◻F *dextrine* ← L *dexter* right: ⇨ dextro-, -in²〙

dex·tro /dékstrou | -trəu/ *adj.* 〘化学〙右旋の (記号 d). 〘(1929) ◻L *dextrō* (dat.) ← *dexter* right: ⇨ dexter〙

dex·tro- /dékstrou | -trəu/ 次の意味を表す連結形 (↔ levo-). **1** 右(側)の; 右方へ(偏する): *dextro*cardia. **2** [通例イタリック体で]〘化学〙右旋回の《化学記号 (＋)-}: *dextro*-glucose. ★ 母音の前で時に dextr- になる. 〘↑〙

dèxtro·amphétamine *n.* 〘薬学〙デキストロアンフェタミン ($C_6H_5CH_2CH(NH_2)CH_3$)《覚醒剤・中枢神経興奮剤・交感神経興奮剤・食欲抑制剤》. 〘(1943) ← DEXTRO-＋AMPHETAMINE〙

dèxtroamphétamine súlfate *n.* 〘薬学〙デキストロアンフェタミン硫酸塩 ($[C_6H_5CH_2CH(NH_2)CH_3]_2$-$H_2SO_4$)《中枢神経刺激剤・覚醒剤》. 〘1952〙

dex·tro·car·di·a /dèkstroukɑ́ədiə | -trəukɑ́ːdiə/ *n.*

〖病理〗右心(症), 心臓右位, 右側心臓. 〚← DEXTRO-＋-CARDIA〛
dèxtro-glúcose *n.* 〖化学〗＝dextrose.
dèxtro-gýrate *adj.* 〖化学〗＝dextrorotatory.
dex·trón·ic ácid /dɛkstrá(ː)nɪk- | -trɔ́n-/ *n.* 〖化学〗＝gluconic acid.
dèxtro·rótary *adj.* 〖化学〗＝dextrorotatory.
dèxtro·rotátion *n.* 〖光学・化学〗右旋(光)性 (↔ levorotation).
dèxtro·rótatory *adj.* 〖光学・結晶・化学〗右旋(光)性の (↔ levorotatory): ～ crystals. 〚1878〛
dex·tror·sal /dɛkstrɔ́ːəsəl, -sḷ | -trɔ́ː-/ *adj.* 〖植物〗＝dextrorse.
dex·trorse /dɛ́kstrɔəs, ─⌐ | dɛ́kstrɔːs, ─⌐/ *adj.* 〖植物〗〈つるなど時計の針と同方向に巻き上がる, 右巻きの (↔ sinistrorse). **～·ly** *adv.* 〚(1864) ← (N)L *dextrorsum, dextrorsus* toward the right ← *dexter* 'DEXTER' ＋*versus* turned toward (⇨ version)〛
dex·trose /dɛ́kstrous, -trouz | -trəus, -trəuz/ *n.* 〖化学〗右旋糖, 精製グルコース, ぶどう糖 ($C_6H_{12}O_6 \cdot H_2O$) (d-glucose ともいう; cf. glucose). 〚(1869) ← DEXTRO-＋-OSE[2]〛
dèxtro·sínistral *adj.* **1** 右から左へ延びた: a ～ line. **2** 〖医学〗右手使いに慣れた左ききの〘生来左ききの人が書きものなどに右手を使う場合〙. **～·ly** *adv.*
dex·tro tem·po·re /dɛ́kstroutɛ́mpəri | -trəu-/ *L. adv.* 好機に, 運のよいときに. 〚□ L ～〛
dex·trous /dɛ́kstrəs/ *adj.* ＝dexterous. **～·ly** *adv.*
dey /déɪ/ *n.* **1** アルジェリア太守の称号〘1830 年フランスの征服以前フランス人が用いた〙. **2** オスマントルコの下における Tunis や Tripoli の太守の称号. 〚(1659) □ F ～ □ Turk. *dayi* maternal uncle〛
déy-wòman *n.* 〘Shak〙乳しぼり女 (dairymaid)〘dey の原意は OE ではパンを作る人, ME では女の召使〙. 〚(1594–95) ← *dey* dairymaid (＜ OE *dǣge*: ⇨ dairy) ＋WOMAN〛
Dez·ful /dɛzfúːl/ *n.* デズフール〘イラン南西部, カールーン (Kārūn) 川支流のデズ (Dez) 川沿岸にある都市〙.
Dezh·nev /dɛʒnjóuv | -njə́u-; *Russ.* dʲiʒnʲóvə/, **Cape** *n.* デジニョフ岬〘ロシア連邦北東端, Bering 海に突き出た岬; 旧名 East Cape; Cape Dezhneva ともいう〙. 〚ロシアの探検家 *S. I. Dezhnev* (1605–73) にちなむ〛
de·zinc·i·fi·ca·tion /diːzɪ̀ŋkəfɪkéɪʃən | -kɪ̀fɪ-/ *n.* 〖冶金〗脱亜鉛〘黄銅に生じる腐食現象〙. 〚(1874) ← DE-[1]＋ZINC＋-I-＋-FICATION〛
DF 〘略〙damage free; Dean of the Faculty (大学の)学部長; *L.* Dēfēnsor Fideī (＝Defender of the Faith) 信仰の擁護者〘英国王の伝統的称号; cf. defender〙; *Sp.* Distrito Federal (＝Federal District); Doctor of Forestry; 〖製紙〗double foolscap; drop forging.
DF, D/F 〘略〙direction finder; direction finding (⇨ huff-duff).
DFA 〘略〙Department of Foreign Affairs; Diploma in Foreign Affairs; Doctor of Fine Arts.
DFC 〘略〙Distinguished Flying Cross.
DFE 〘略〙〘英〙Department for Education 教育省.
DfEE 〘略〙〘英〙Department for Education and Employment 教育雇用省.
Dfl 〘記号〙Dutch florins.
DFLP 〘略〙Democratic Front for the Liberation of Palestine パレスチナ解放民主戦線〘暫定自治に反対している〙.
DFM 〘略〙Distinguished Flying Medal.
dft. 〘略〙defendant; draft.
dg, dg. 〘略〙decigram(s).
DG 〘略〙*L.* Deī grātiā (＝by the grace of God); *L.* Deō grātiās (＝thanks to God); director general; Dragoon Guards. 〚*a*1866〛
dghai·sa /dáɪsə/ *n.* ダイサ〘地中海マルタ島で用いられるゴンドラに似た舟〙. 〚(1893) □ Maltese ～〛
d-glúcose /díː-/ *n.* 〖化学〗＝dextrose.
DH /díːéɪtʃ/ *n.* 〖野球〗指名打者 (designated hitter). — *vi., vt.* (**DH's**; **DH'd**; **DH·ing**) 指名打者として試合に出る[出場させる].
DH 〘略〙Doctor of Humanities.
DH 〘記号〙〖貨幣〗dirham(s).
d.h. 〘略〙das heisst; 〖野球〗designated hitter.
DHA 〘略〙〘英〙District Health Authority.
Dhah·ran /dɑ̀ːrɑ́ːn | -rǽn, -rɑ́ːn; *Arab.* ðˤahráːn/ *n.* ダーラン〘サウジアラビア南東部のペルシャ湾に臨む都市; 同国最初の石油発見地 (1938)〙.
dhak /dɑ́ːk, dɔ́ːk/ *n.* 〖植物〗ダーク (*Butea frondosa*)〘インド産マメ科の高木; 黄色の花から美しい染料がとれる〙. 〚(1825) □ Hindi *ḍhāk*〛
Dha·ka /dǽkə, dɑ́ːkə, dɑ́ːkɑː | dǽkə/ *n.* ダッカ〘バングラデシュの首都; 旧名 Dacca (1982 年まで)〙.
dhal /dɑ́ːl/ *n.* 〖植物〗＝pigeon pea. 〚□ Hindi *dāl*〛
dham·ma /dámə, dɑ́ːmə/ *n.* 〖仏教〗仏法 (dharma). 〚(1912) □ Pali ＜ Skt *dharma* decree, custom〛
Dham·ma·pa·da /dʌ́məpədə | -də/ *n.* 〖仏教〗法句経(ほっくきょう)〘釈尊の金言を集録した初期仏教のパーリ語の一経典〙. 〚□ Pali ～ & Skt *dharmapada*〛
dhan·sak /dʌ́nsɑːk/ *n.* 〘インド〙ダンサク〘コリアンダーを香味料として肉[鶏]・ヒラマメ・ジャガイモ・ホウレンソウ・ナスなどを煮込んだ料理〙. 〚□ Gujarati〛
dha·ra·na /dɑ́ːrənə/ *n.* 〖ヒンズー教〗執持, 総持〘ヨーガの修行段階の一つ; 心を一定の場所に結びつけること〙. 〚□ Skt *dhāraṇā* ← *dhārayati* he holds〛
dhar·ma /dɑ́ːmə, dʌ́ə- | dɑ́ː-; *Hindi* dʰərm/ *n.* 〖ヒンズー教・仏教〗**1** 法, 徳; (守るべき)規範. **2** 法にかなった[正しい]行動, 法帰依. **3** 仏陀の教え(た真理).
dhar·mic /də́ːmɪk, dʌ́ə- | dɑ́ː-/ *adj.* 〚(1796) □ Skt *dharma* law ← IE **dher-* to hold firmly〛
Dhar·ma·pa·da /dʌ́əməpədə | dɑ́ːməpədə/ *n.* 〖仏教〗＝Dhammapada.
dhar·ma·sa·la /dɑəmsɑ́ːlə | dɑː-/ *n.* (*also* **dhar·ma·sha·la** /-ʃɑ́ːlə/) 〘インド〙(慈善的または宗教的な)旅人休息所〘無料または安く宿泊できる〙. 〚(*a*1805) □ Skt *dharmaśālā* ← *dharma* 'DHARMA'＋*śālā* house〛
Dhar·ma·shas·tra, d- /dʌ̀əməʃɑ́ːstrə | dɑ̀ː-/ *n.* (*also* **Dhar·ma·sas·tra, d-** /-sɑ́ːs-/) 〖ヒンズー教〗ダルマシャーストラ〘しばしば韻律で書かれた法律書の形の生活規律集〙. 〚(1796) □ Skt *dharmaśāstra*〘原義〙law of teaching: ⇨ dharma, shastra〛
Dhar·ma·su·tra, d- /dʌ̀əməsúːtrə | dɑ̀ː-/ *n.* 〖ヒンズー教〗ダルマスートラ〘初期の散文で書かれた法律書; 主に倫理・信仰・生活規範に関する書〙. 〚(1849) □ Skt *dharmasūtra*: ⇨ ↑, -sutra〛
dhar·na /dɑ́ənə | dɑ́ː-/ *n.* 〘インド〙(食を断ち死をもいとわず相手の門前に座り続けて)正当な裁きを主張すること. 〚(1747) □ Hindi *dharnā* a placing ← Skt *dhārayati* he holds: cf. dharana〛
Dha·rug /dɑrúːg/ (*also* **Dha·ruk** /dʌ́rʊk/) *n.* ダールック語〘オーストラリア先住民の言語の一つで, 現在は死滅; 開拓当初 Port Jackson 地区で使用されていた〙.
Dhau·la·gi·ri /dɑ̀ʊləgíˀri | -gíəri/ *n.* ダウラギリ(山)〘ネパールにある Himalaya 山脈中の高峰 (8,172 m)〙.
dhikr /dɪ́kə | -kəˀ/ *n.* (*pl.* **～s, ～**) 〖イスラム教〗ズイクル: **a** 神の言葉を唱え神を念じること. **b** (Sufism において)神秘的・冥想的に心の奥深く神を念じそれを通して遂には神との合一の恍惚境に達すること. 〚□ Arab. ～ 'recitation, remembrance'〛
Dhí·los /ðíːlɑ(ː)s | -lɒs; *Mod. Gk.* ðílɔs/ *n.* Delos 島の現代ギリシャ語名.
dho·bi /dóubi | dəʊ-; *Hindi* dʰóːbi/ *n.* (*also* **dho·bie** /～/) 〘インド〙洗濯人; [*pl.*] 洗濯人の階級[カースト]〘下層階級〙. 〚(1816) □ Hindi *dhobī* ← *dhōb* washing ← skt *dhāv* to wash ← IE **dheu-* to flow〛
dhóbie ítch *n.* 〖病理〗洗濯屋湿疹〘インドの洗濯人が植物油の入った洗濯液を使うために起こるアレルギー性の接触性皮膚炎〙. 〚(1890) ↑: 洗濯したての衣服が伝染源であるとの俗信から〛
Dho·dhe·kán·i·sos /*Mod. Gk.* ðɔðekánisɔs/ *n.* Dodecanese の現代ギリシャ語名.
dhol /dóuḷ | dəʊḷ/ *n.* 〖音楽〗ドール〘インドの両面太鼓; 両手で打つ〙. 〚(1837) □ Hindi ～ ＜ Skt *ḍhola*〛
dho·lak /dóulək | dəʊ-/ *n.* 〖音楽〗ドーラック〘インドの両面太鼓; ドール (dhol) より小型〙. 〚□ Hindi *ḍhol* (↑)＋*-ak* (dim.suf.)〛
dhole /dóuḷ | dəʊḷ/ *n.* (*pl.* **～s, ～**) 〖動物〗ドール (*Cuon alpinus*)〘インド・中国・東南アジア産の獰猛(どうもう)な野生の犬; 集団で生活し, 共同で狩りをする〙. 〚(1827) □ ? Kanarese *tōḷa* wolf〛
dholl /dɑ́ːl/ *n.* ＝dhal.
dhoo·ti /dúːṭi | -ti/ *n.* ＝dhoti.
dhoo·tie /dúːṭi | -ti/ *n.* ＝dhoti.
D-horízon /díː-/ *n.* 〖土壌〗D 層位 (R-horizon に同じ; 1960 年まで米国の土壌学会で用いられた語で今は廃語).
dho·ti /dóuṭi | dəʊti; *Hindi* dʰóːṭi/ *n.* **1** (インドの男子が用いる)腰布 (cf. sari). **2** 腰布用の綿織物〘模様の入ったものもある〙. 〚(1614) □ Hindi *dhotī*〛
dhow /dáu/ *n.* 〖海事〗ダウ〘元来アラビア海で使われた 1 本マストに大三角帆を張った 200 トン位の帆船, 後には 2 本, 3 本マストさらに広く各種アラビア船の総称; cf. lateen sail〙. 〚(1785) ← Arab. *dāwa* ← ?〛
dhru·pad /drúːpəd/ *n.* 〘インド〙〖音楽〗ドルパッダ〘ゆっくりしたテンポで歌われる北インドの古典的な声楽形式の一つ; ラーガ (raga) を発展させていく四つの部分と前奏から成る〙. 〚(1898) □ Skt *dhraupada* a kind of dance〛
DHSS 〘略〙〘英〙Department of Health and Social Security〘1988 年に Department of Health (DH) と Department of Social Security (DSS) に分かれた〙.
DHT 〘略〙dihydrotestosterone.
Dhu'l-Hij·ja /duːlhíʤə/ *n.* (イスラム暦の)12 月 (⇨ Islamic calendar). 〚(1771) □ Arab. *dhū-l-ḥíjjaʰ*〘原義〙*the owner of the pilgrimage*〛
Dhu'l-Qa'·dah /duːlkáːdɑː/ *n.* (イスラム暦の)11 月 (⇨ Islamic calendar). 〚(1771) □ Arab. *dhū-l-qá'daʰ*〘原義〙the owner of the sitting〛
dhur·na /də́ːnə | dɑ́ː-/ *n.* 〘インド〙＝dharna.
dhur·rie /də́ːri | dʌ́ri/ *n.* (インド産)厚織綿布〘窓掛・じゅうたん・椅子張り用〙. 〚(1880) □ Hindi *darī*〛
dhu·ti /dúːṭi | -ti/ *n.* ＝dhoti.
DHy 〘略〙Doctor of Hygiene.
dhya·na /diɑ́ːnə, djɑ́ː-/ *n.* 〖ヒンズー教・仏教〗ディヤーナ, 禅那, 禅, 禅定〘ヨーガの修行段階の一つ; 念ずる対象にのみ心が集中すること〙. 〚(1850) □ Skt *dhyāna* ← *dhyāti* he thinks ← IE **dheiə-* to see〛
di /díː/ *n.* 〖音楽〗ディー〘英米の階名唱法で上昇半音階の do と re との間の音〙. 〘変形〙← DO[3]〛
Di 〘記号〙〖化学〗didymium.
DI 〘略〙〘英〙Defence Intelligence; Department of the Interior; 〘英〙Detective Inspector; 〖経済〗diffusion index; discomfort index; drill instructor.
di. 〘略〙diameter.
di-[1] /dàɪ/ 次の意味を表す連結形. **1**「二つの, 二倍の, 二重の」: *di*chromatic, *di*cotyledon. **2** 〖化学〗「2 原子[分子, 基]の」(cf. bi-[1] 2): *di*acid. 〚ME □ L & Gk *di-* ← Gk *dís* twice, double ＜ IE **dwis* (L *bis*: cf. bi-[1], twi-)〛
di-[2] /dḷ, daɪ/ *pref.* dis-[1] の異形; 分離の意を表す; b, d, g, l, m, n, r, v, s＋子音の前で通例この形が用いられ, また j の前に用いられることもある: *di*lute, *di*gest, *di*rect, *di*verge. 〚ME □ (O)F *di-* ∥ L *di-*: ⇨ dis-[1]〛
di-[3] /daɪ/ *pref.* (母音の前にくるときの) dia- の異形: *di*optric.
dia. 〘略〙diameter.
di·a- /dáɪə/ *pref.*「横切って, 完全な[に], 離れて, …の間の[に], 運動が逆向きの」などの意; ギリシャ語系の学術用語に用いられる: *dia*gonal, *dia*gnosis, *dia*lysis, *dia*magnetism, *dia*phragm. 〚ME □ (O)F ～ ∥ L & Gk ～ ← Gk *diá* through, thorough, across (cf. *dúo* two) ← IE **dis-* ← **dwo-* 'TWO': ⇨ di-[1]〛
di·a·base /dáɪəbèɪs/ *n.* 〖岩石〗**1** 輝緑(きりょく)岩〘米国では粗粒玄武岩, 英国ではその変質したもの〙. **2** 〘古〙閃緑(せんりょく)岩. 〚(1816) □ F ～ □ Gk *diábasis*: ⇨ dia-, basis: その剪開(せんかい)線にちなむ〛
di·a·ba·sic /dàɪəbéɪsɪk⌐/ *adj.* 輝緑岩性[質]の. 〚(1884): ⇨ ↑, -ic[1]〛
di·a·be·tes /dàɪəbíːtiːz, -ṭəs | -tiːz, -tɪz, -tɪs/ *n.* (*pl.* ～) 〖病理〗糖尿病, (特に)真性糖尿病 (diabetes mellitus). 〚(?*a*1425) □ (O)F *diabète* □ L *diabētēs* □ Gk *diabḗtēs*〘原義〙siphon, passer through ← DIA-＋*bainein* to go〛
diabétes in·síp·i·dus /-ɪnsɪ́pədəs | -pɪd-/ *n.* 〖病理〗尿崩症〘下垂体後葉の障害により多尿を伴う病気〙. 〚(1860): ⇨ ↑, insipid〛
diabétes mél·li·tus /-mḷláɪtəs, -mɛ́lə- | məláɪt-/ *n.* 〖病理〗(真性)糖尿病. 〚(1860) ← NL ～ 'honey diabetes'〛
di·a·bet·ic /dàɪəbɛ́ṭɪk | -tɪk⌐/ *adj.* 糖尿病(性)の; 糖尿病にかかった; 〈食べ物が〉糖尿病患者用の. — *n.* 糖尿病患者. 〚(1799) □ ? F *diabétique*: ⇨ diabetes, -ic[1]〛
di·a·bet·o·gen·ic /dàɪəbɛ̀ṭəʤɛ́nɪk, -bìːṭə- | -tə(ʊ)-⌐/ *adj.* 〖病理〗糖尿病を起こす, 糖尿病誘発性の. 〚(1903) ← DIABET(ES)＋-O-＋-GENIC[1]〛
di·a·ble·rie /diɑ́ːbləri, -ǽb-, -rìː | diɑ́ːbləri; *F.* djablәʀi/ *n.* (*also* **di·a·ble·ry** /diɑ́ːbləri/) **1** 悪魔のしわざ, 悪魔術, 魔法; 魔力; 大いたずら. **2** 悪魔の国[世界], 魔境, 魔界. **3** 地獄絵, 悪魔の表象, 悪魔伝説; 鬼神学, 悪魔研究, 悪魔学. 〚(1751) □ F ～ ← *diable* □ L *diabolus* 'DEVIL': ⇨ -ery〛
di·ab·ol- /daɪǽbəl, di-/ (母音の前にくるときの) diabolo- の異形.
di·a·bol·ic /dàɪəbɑ́(ː)lɪk | -bɔ́l-⌐/ *adj.* **1** 悪魔の, 悪魔に関する; 悪魔のような(性質の), 魔性の: a ～ grin 悪魔のような笑い. **2** 〘まれ〙＝diabolical 2. **3** 〖文芸〗悪魔主義的な (⇨ diabolism 4). 〚(*c*1399) □ (O)F *diabolique* □ LL *diabolicus* □ Gk *diabolikós*: ⇨ devil, -ic[1]〛
di·a·ból·i·cal /-lɪkəl, -kḷ | -lɪ-⌐/ *adj.* **1** ＝diabolic 1. **2** 〘口語〙全くひどい, むちゃくちゃな: ～ cruelty 鬼畜のような残虐. **～·ness** *n.* 〚(1503): ⇨ ↑, -al[1]〛
di·a·ból·i·cal·ly *adv.* 悪魔的に, 悪魔のように, 凶悪に. 〚(1599): ⇨ ↑, -ly[1]〛
diabólical príncipl es *n. pl.* 〖文学〗＝diabolism 4.
di·ab·o·lism /daɪǽbəlɪ̀zm/ *n.* **1** (悪魔の力による)魔術. **2** 魔性; 悪魔らしいしわざ. **3** 悪魔崇拝, 魔神信仰, 魔道. **4** 〖文学〗悪魔主義〘19 世紀末の文学的傾向の一つ; 怪異・凄惨・邪悪などを唯美主義的に表現しようとする極端な退廃主義; Poe, Baudelaire, Wilde 等がその代表〙. 〚(1608) ← L *diabolus* ∥ Gk *diábolos* 'DEVIL' ＋-ISM〛
di·áb·o·list /-lɪst | -lɪst/ *n.* 悪魔崇拝者; 悪魔研究家; 悪魔主義者. 〚(1895) ← DIABOLISM, -IST〛
di·ab·o·lize /daɪǽbəlàɪz/ *vt.* 悪魔化する; 悪魔的にする[表現する]. 〚(1702) ← GK *diábolos*＋-IZE〛
di·ab·o·lo /daɪǽbəlòu, di- | -ləʊ/ *n.* (*pl.* **～s**) **1** ディアボロ, 空中ごま〘つづみ形のこまを 2 本の棒の間に張った糸で投げたり受けたりする遊び〙. **2** この遊びに使うこま. 〚(1907) ← *Diabolo* (商標名) ← DIA-＋Gk *bolḗ* throwing: It. *diavolo* 'DEVIL' と連想〛

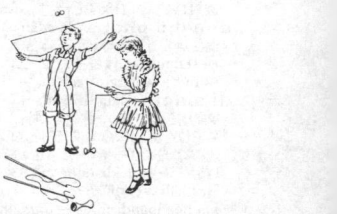

diabolos

di·ab·o·lo- /daɪǽbəlou, di- | -ləu/「悪魔」の意の連結形. ★ 母音の前では通例 diabol- になる. 〚← L *diabolus* 'DEVIL': ⇨ -o-〛
di·ac /dáɪæk/ *n.* 〖電気〗ダイアック, 二方向性スイッチ〘トライアック (triac) の位相制御回路におけるトリガー (trigger) 装置として用いられる〙. 〚〘混成〙← DI-[1]＋(TRI)AC〛
di·a·caus·tic /dàɪəkɔ́ːstɪk, -kɑ́ːs- | -kɔ́ːs-, -kɔ́s-⌐/ 〖数学・光学〗*adj.* 屈折火線[焦線]の, 屈折火面[焦面]の (cf. catacaustic). — *n.* 屈折火線[焦線] (diacaustic curve), 屈折火面[焦面] (diacaustic surface). 〚(1704) ← DIA-＋CAUSTIC〛
di·a·ce·tin /daɪǽsəṭn, -tn | -ǽsɪ̀tɪn/ *n.* 〖化学〗ジアセチン (⇨ acetin b). 〚1855〛
di·ác·e·tone álcohol /daɪǽsətòun- | -sɪ̀təun-/ *n.* 〖化学〗ジアセトンアルコール ($CH_3COCH_2C(OH)(CH_3)_2$)

D

《無色芳香性の液体, アセトンの分子縮合物》. 〖← DI-¹ + ACETONE〗

di·a·ce·tyl /daɪǽsətḷ, -tìːl, dàɪəsíːtḷ | daɪǽsɪtàɪl, -tɪl, -əsíːtaɪl/ *n.* 〘化学〙ジアセチル (⇨ biacetyl). 〖(1872): ⇨ di-¹, acetyl〗

diacètyl·mórphine *n.* 〘薬学〙ジアセチールモルフィン (⇨ heroin). 〖1875〗

di·a·chron·ic /dàɪəkrɑ́(ː)nɪk | -krɔ́n-⁻/ *adj.* 〘言語〙通時的な《言語事実をその歴史的発達の視点から研究する方法にいう; ↔ synchronic》. **dì·a·chrón·i·cal·ly** *adv.* **~·ness** *n.* 〖(1857) ← DIA- + Gk *khrónos* (⇨ dia-, chronic): F. de Saussure の用語 (1908)〗

di·ach·ron·ism /daɪǽkrənɪ̀zm/ *n.* **1** 〘地質〙ある同一の地層が(化石による分帯(時代分け)から見れば)幾つかの異なる時代に属すること. **2** 〘言語〙通時的研究法. 〖(1926) ← DIACHRONIC + -ISM〗

di·a·chro·nis·tic /dàɪəkrənístɪk⁻/ *adj.* =diachronous. 〖1933〗

di·ach·ro·nous /daɪǽkrənəs/ *adj.* **1** 〘地質〙一続きの地層が所によっていくらか時代の異なる化石を含んでいる. **2** 〘言語〙=diachronic. 〖(1926) ← DIACHRONIC + -OUS〗

di·ach·ro·ny /daɪǽkrəni/ *n.* 〘言語〙 **1** 通時態, 通時相 (cf. synchrony). **2** 時の経過に伴う変化. **3** 通時的分析[研究]. 〖(1939) ← DIA- + CHRONO- + -Y¹〗

diachyla *n.* diachylum の複数形.

di·ach·y·lon /daɪǽkəlɑ̀(ː)n, -lən | -kɪ̀lɔn, -lən/ *n.* 〘薬学〙ダイアキロン, 単鉛[鉛]丹降膏(ごう)《diachylon plaster ともいう》. 〖(17C) □ L *diachȳlon* □ Gk *dià khūlôn* (something) made of juices ∽ (?a1425) *diaculon, diquilon* □ OF *diaculon, diachilom* □ LL *diachylon* = L: ⇨ dia-, chyle〗

di·ach·y·lum /daɪǽkələm | -kɪ̀-/ *n.* (*pl.* **-y·la** /-lə/) 〘医学〙=diachylon. 〖(1725) □ ML ~〗

di·ac·id /dàɪǽsɪ̀d | -sɪd/ 〘化学〙 *adj.* 酸度二の: a ~ base 二酸塩基. — *n.* 二塩基酸. 〖(1866) ← DI-¹ + ACID〗

di·a·cid·ic /dàɪəsídɪk, -æs- | -dɪk⁻/ *adj.* 〘化学〙=diacid.

di·a·cli·nal /dàɪəkláɪnḷ⁻/ *adj.* 〘地質〙〈谷・川など〉地層の褶曲(しゅうきょく)を通る. 〖(1874) ← Gk *diá* + *klínein* + -AL¹〗

di·ac·o·nal /daɪǽkənḷ, di-/ *adj.* 〘キリスト教〙deacon [deaconess] の. 〖(1611) □ LL *diācōnālis*: ⇨ deacon, -al¹〗

di·ac·o·nate /daɪǽkənèɪt, di-, -nɪ̀t/ *n.* 〘キリスト教〙 **1** deacon [deaconess] の職[地位, 任期]. **2** deacons の団体; [集合的] =DEACONS. 〖(1727–51) □ LL *diācnātus*: ⇨ deacon, -ate¹〗

di·a·con·i·con /dàɪəkɑ́(ː)nɪ̀kɑ̀(ː)n, -kən | -kɔ́nɪkɔ̀n, -kən/ *n.* (*pl.* **-i·ca** /-kə/) 〘東方正教会〙《内陣の右手または南側にある》聖器・聖物保管室, 聖具室 (cf. prothesis 2 c). 〖(1727–51) □ Gk *diākonikón* (neut. adj.) ← *diákonos* 'servant, DEACON'〗

di·a·con·i·cum /dàɪəkɑ́(ː)nɪ̀kəm | -kɔ́nɪ-/ *n.* (*pl.* **-i·ca** /-kə/) 〘東方正教会〙=diaconicon. 〖□ L *diāconicum* □ Gk (↑)〗

di·a·crit·ic /dàɪəkrítɪk | -tɪk⁻/ *adj.* **1** =diacritical. **2** 〘医学〙=diagnostic. — *n.* 〘言語〙=diacritical mark. 〖(1699) □ Gk *diakritikós* able to distinguish or separate: ⇨ dia-, critic〗

di·a·crit·i·cal /dàɪəkrítɪ̀kəl, -kḷ | -tɪ-⁻/ *adj.* 区分的な, 区別的な; 区別[弁別]できる. — *n.* 〘言語〙=diacritical mark. **~·ly** *adv.* 〖(1749): ⇨ ↑, -al¹〗

díacritical márk [sígn] *n.* 〘言語〙発音区分符号, 分音符号《同一文字の発音上の別を示すために文字につける記号; ā, ă, ä, â のように文字の上につける ¯ ˘ ¨ ˆ または ç のように下につける符号; cf. macron, mater lectionis》. 〖1840〗

di·ac·tin·ic /dàɪæktínɪk⁻/ *adj.* 〘物理〙活性線 (actinic ray) 透射性能のある. 〖(1867) ← DIA- + Gk *aktín-, aktís* ray + -IC¹〗

di·ac·tin·ism /daɪǽktənɪ̀zm | -tɪ-/ *n.* 〘物理〙活性線透射性能. 〖(1883): ⇨ ↑, -ism〗

di·a·del·phous /dàɪədélfəs⁻/ *adj.* 〘植物〙 **1** 〈雄蕊(ずい)が〉二体[両体]の, 二体雄蕊の (cf. monadelphous): ~ stamens 二体雄蕊. **2** 二体雄蕊を持つ. 〖(1807) ← DI-¹ + -ADELPHOUS〗

di·a·dem /dáɪədèm, -dəm | -dèm, -dəm/ *n.* **1** 《詩・文語》王冠; 飾り, 鉢巻き《特に, 東洋諸国の王が頭に巻いて王位を象徴した》. **2** 王位, 王権; 頭上に輝く光栄. **3** 〘紋章〙光輪《神聖ローマ皇帝の紋章にある双頭の鷲がつけている》. — *vt.* diadem で飾る; …に王冠[栄誉]を授ける. 〖(*c*1300) □ (O)F *diadème* □ L *diadēma* □ Gk *diádēma* headband, fillet ← *diadeîn* to bind round ← DIA- + *deîn* to bind (← IE **dē-* to bind)〗

dí·a·dèmed *adj.* 王冠をいただいた. 〖(1790): ⇨ ↑, -ed 2〗

díadem spìder *n.* 〘動物〙ニワオニグモ (*Araneus diadematus*) (=garden spider)《ヨーロッパ産コガネグモ科オニグモ属のクモ》. 〖1854〗

Di·ad·o·chi /daɪǽdəkàɪ | -də-/ *n. pl.* ディアドコイ《Alexander 大王の死後 Macedonia 帝国領をめぐり War of the Diadochi (後継者戦争 321–281 B.C.) を起こした 6 人の将軍》.

di·ad·o·cho- /daɪǽdəkou | -dəkəu/ *n.* 〘医学〙「(筋肉などの)交互運動」の意の連結形: *diadocho*kinesia.

diàdocho·kinésia *n.* 〘医学〙拮抗(きっこう)運動反復, 変換運動, 交互運動機能《内転外転のような交互運動を迅速に行うこと; cf. adiadochokinesia》. 〖← NL ~ ← Gk *diádokhos* succeeding, successor + -KINESIA〗

diàdocho·kinésis *n.* 〘医学〙=diadochokinesia. 〖⇨ ↑, -kinesis〗

di·ad·o·chy /daɪǽdəki | -də-/ *n.* 〘地球化学〙ジアドキー《結晶内の特定の原子またはイオンが他の原子またはイオンにより置換されること》. 〖(変形) ← Gk *diadokhḗ* succession: cf. -y¹〗

diàdoko·kinésia *n.* =diadochokinesia. 〖変形〗

di·ad·ro·mous /daɪǽdrəməs/ *adj.* **1** 〘植物〙扇状の葉脈のある. **2** 〘魚類〙〈魚が〉淡水・塩水間を移住する (cf. anadromous, catadromous). 〖← DIA- + -DROMOUS〗

di·aer·e·sis /daɪérəsɪ̀s | daɪíərɪ̀sɪs, daɪér-/ *n.* (*pl.* **-e·ses** /-sìːz/) **1** 〘文法〙(音節の)分切, 分節《二重音を二音節に分けるなど; ↔ syneresis》. **2** 〘音声〙分音符《二つの母音が連続する場合に後者の上につけて前の母音とは別音節であることを示す ¨ の符号; 例: coöperate, zoölogy》. **3** 〘詩学〙一致分切, 一致分節《行中で詩脚の区分と語の区分とが一致すること》. **di·ae·ret·ic** /dàɪərétɪk | -tɪk⁻/ *adj.* 〖(1611) □ L ~ □ Gk *diaíresis* division (of a diphthong into two syllables) ← *diaireîn* to divide ← DIA- + *haireîn* to take (cf. heresy)〗

diag. (略) diagnose; diagonal; diagram.

di·a·gen·e·sis /dàɪədʒénəsɪ̀s | -nɪ̀sɪs/ *n.* (*pl.* **-e·ses** /-sìːz/) 〘地質〙続成作用《堆積物が定着してから地層となるまでの物理的および化学的変化》. **di·a·ge·net·ic** /dàɪədʒɪ̀nétɪk | -tɪk⁻/ *adj.* **dì·a·ge·nét·i·cal·ly** *adv.* 〖(1886) ← DIA- + GENESIS〗

di·a·ge·o·trop·ic /dàɪədʒìːətrɑ́(ː)pɪk | -dʒìə(ʊ)trɔ́p-⁻/ *adj.* 〘植物〙横地(おうち)[屈地]性の. 〖(1880) ← Gk *diá* + *geo-* + *tropikós*〗

di·a·ge·ot·ro·pism /dàɪədʒiɑ́(ː)trəpɪ̀zm | -dʒiɔ́trə-/ *n.* 〘植物〙横地[屈地]性《植物の幹・枝・根茎などが地表の水平面に沿って生長する傾向》. 〖(1880): ⇨ ↑, -ism〗

Dia·ghi·lev /diɑ́ːgəlèf | diǽg-; *Russ.* dʲágʲilʲɪf/, **Sergei Pavlovich** *n.* ディアギレフ (1872–1929; ロシアのバレエ演出家; ロシアバレエ団を組織し, 近代バレエの革新に貢献した).

di·a·glyph /dáɪəglɪ̀f/ *n.* =intaglio. 〖(1864) □ Gk *diágluphos*: ⇨ dia-, glyph〗

di·ag·nose /dàɪəgnóʊs, -nóʊz, ⁻⁻⁻ | dáɪəgnəʊz, -nəʊs, ⁻⁻⁻/ *vt.* **1** 〘医学〙〈病気・症状を〉診断する: The doctor ~*d* the child's illness *as* measles. 医師はその子の病気をはしかと診断した. **2** 〈問題・情勢など〉(の原因・本質)を判断[分析]する, 究明する. — *vi.* 診断する; 判断を下す, 究明する. **dì·ag·nós·a·ble** /~əbḷ/ *adj.* 〖(1859) (逆成) ↓〗

di·ag·no·sis /dàɪəgnóʊsɪ̀s | dàɪəgnə́ʊsɪs, -nə́ʊz-/ *n.* (*pl.* **-no·ses** /-siːz/) **1** 〘医学〙 **a** 診断(法) (cf. prognosis 1): an erroneous ~ 誤診 / make a ~ 診断する (diagnose) / ⇨ differential diagnosis. **b** 診断書. **2** 究明, (問題・情勢などに対する)判断, 分析; 分析結果, 見解 〔*of*〕: according to my ~ *of* the circumstances 私の情況判断によれば. **3** 〘生物〙記相, 記相文《分類学上, ある群れの形質について, 他の群れから区別できる特徴を最小限の文字や図で表したもの》; 標徴, 特性《他の種から区別すべき特徴》. 〖(1681) ← NL ~ ← Gk *diágnōsis* a distinguishing: ⇨ dia-, -gnosis〗

di·ag·nos·tic /dàɪəgnɑ́(ː)stɪk | dàɪəgnɔ́s-⁻/ *adj.* **1** 〘医学〙診断(上)の; 診断に役立つ; 〈病気の〉症状を示す 〔*of*〕. **2** 〘生物〙特性表示的な, 標徴的な. — *n.* **1** (病気の)徴候, 特殊症状; (一般に)特徴. **2** =diagnosis 1: a false ~ 誤診. **3** [*pl.*] ⇨ diagnostics. 〖(1625) □ Gk *diagnōstikós*: ⇨ ↑, -ic¹〗

dì·ag·nós·ti·cal·ly *adv.* 診察によって, 診断に役立つように. 〖(1657): ⇨ ↑, -al¹, -ly¹〗

di·ag·nos·ti·cate /dàɪəgnɑ́(ː)stɪ̀kèɪt | dàɪəgnɔ́stɪ-/ *v.* =diagnose.

di·ag·nos·ti·cian /dàɪəgnɑ(ː)stíʃən | dàɪəgnɒs-/ *n.* 診察(専門)医, 診断の得意な医師; 診断学者. 〖(1866): ⇨ -ian〗

di·ag·nos·tics /dàɪəgnɑ́(ː)stɪks | dàɪəgnɔ́s-/ *n.* **1** 診断(法), 診断学. **2** 〘電算〙エラー[バグ]診断プログラム. 〖(1625) ← DIAGNOSTIC + -ICS〗

di·ag·o·nal /daɪǽgənḷ, -gnəl/ *adj.* **1** (直線形の)対角の, 対角的な; 対角線の, 中斜線の: a ~ line 対角線 / a ~ plane 対角面 / a ~ scale 斜(線)尺. **2** 斜めの, はすの《特に 45° 傾斜の》; 斜行的な, 筋違いの: a ~ fault 〘地質〙斜行断層. **3** 〘紡織〙〈織り方・模様が〉斜め模様の, 綾(あや)の: ~ cloth 綾織り.

— *n.* **1** 〘数学〙対角線. **2** 斜行物. **3** 斜線, 斜線のしるし (solidus 3).

語法 斜線の主な用法: (1)「または」の意: and/or. (2)「…につき」の意: feet/second. (3) 分子・分母の区分を示す: ³/₅=three-fifth(s). (4) 年月日の区分を示す: ³/₅ =(米) March 5th, (英) May 3rd (⇨ date). (5) 詩行の追い込みを示す: The curfew tolls the knell of parting day, / The lowing herd wind slowly o'er the lea, / The ploughman … —T. Gray.

4 〘紡織〙ダイアゴナル(クロス), 綾織り (diagonal cloth). **5** 〘建築〙斜材. **6** 〘造船〙ダイアゴナル線《船体線図の正面線図の上で甲板中心点からビルジサークルへ斜めに引いた線》. **7** 〘チェス〙斜めの直線上にある升(ます)目のつながり: long ~*s* 対角線. **8** 〘調教〙斜対肢《対角線上にあって同時に動く, 馬の前脚と後脚》.

in a* [*the*] *diagonal 斜めに, はすに.

〖(1563) □ L *diagōnālis* ← Gk *diagṓnios* from angle to angle ← DIA- + *gōnía* angle〗

díagonal áid *n.* 〘調教〙斜対補助《騎乗者が馬を操る際に, 一方の側は手の動きによって, 他方は足の圧力によって行う合図》.

díagonal bónd *n.* 〘建築・石工〙(れんがの)斜め積み《厚い石壁の間に設けられれんが積みの層で, れんがの小口 (headers) を斜めに敷く積み方; cf. raking bond》.

díagonal brácing *n.* 〘建築〙筋かい.

díagonal-búilt *adj.* 〘造船〙〈木造船の外板が〉斜め張りの. 〖1869〗

díagonal-cút *adj.* 〘海事〙〈三角帆の縫合わせ帆布が〉斜めカットの.

di·ag·o·nal·ize /daɪǽgənəlàɪz, -nḷ-/ *vt.* 〘数学〙〈行列を〉対角化する《対角行列に直す》. **di·ág·o·nal·iz·a·ble** /-zəbḷ/ *adj.* **di·ag·o·nal·i·za·tion** /daɪæ̀gənəlɪ̀zéɪʃən, -nḷ- | -nəlaɪ-, -lɪ-, -nḷ-/ *n.* 〖(1884): ⇨ -ize〗

di·ág·o·nal·ly /-nəli, -nḷi/ *adv.* 対角線的に; 筋違いに; 斜めに, はすに. 〖(*a*1425) ← L *diagōnālis* 'DIAGONAL' + -LY¹〗

díagonal mátrix *n.* 〘数学〙対角行列《対角線以外のところの要素がすべて 0 である行列》. 〖1928〗

díagonal méthod [prócess] *n.* 〘数学・論理〙対角線論法《証明の論法の一種; 考察対象を縦横に無限の長さをもつ表に並べて, その対角線上に並ぶ要素を利用して論じる; G. Cantor によって集合で初めて用いられた》.

díagonal pítch *n.* 〘造船〙斜めピッチ《中心点をつなぐとジグザグになるようなリベットの打ち方》.

di·a·gram /dáɪəgræ̀m/ *n.* **1 a** 図形, 図解; 図表, 一覧図, 線図, 図式: *in* ~ =by a ~ 図表で[によって] / *in Diagram* 2 第 2 図に. **b** 〘数学・統計〙図表 (chart). **2** 〘数学〙作図. — *vt.* (**di·a·gramed, -grammed; -gram·ing, -gram·ming**) 図表で示す, 図解する. **dí·a·gràm·ma·ble** /-məbḷ/ *adj.* 〖(1619) □ F *diagramme* ∥ L *diagramma* □ Gk *diágramma* what is marked out by lines: ⇨ dia-, -gram〗

díagram fàctor *n.* 〘機械〙線図係数.

di·a·gram·mat·ic /dàɪəgrəmǽtɪk | -tɪk⁻/ *adj.* **1** 図形の; 図表の, 図解的な, 図式の. **2** 概略の, 輪郭だけの, 大ざっぱな. 〖(1853) ← Gk *diagrammat-*, *diágramma* 'DIAGRAM' + -IC¹〗

di·a·gram·mát·i·cal /-tɪ̀kəl, -kḷ | -tɪ-⁻/ *adj.* =diagrammatic.

di·a·gram·mát·i·cal·ly *adv.* 図表[図解]によって, 図式的に. 〖(1853): ⇨ ↑, -ly¹〗

di·a·gram·ma·tize /dàɪəgrǽmətàɪz/ *vt.* 図形[図式]にする, 図表に作る. 〖(1884) ← Gk *diagrammat-* (⇨ diagrammatic) + -IZE〗

di·a·graph /dáɪəgræ̀f | -grɑ̀ːf, -græ̀f/ *n.* **1** 〘測量〙分度尺《分度器と尺度とを併有するもの》. **2** 活写器, 拡大写図器. 〖(1847) □ F *diagraphe* ← Gk *diagráphein* to mark out by lines: ⇨ dia-, -graph: cf. diagram〗

di·a·grid /dáɪəgrɪ̀d/ *n.* 〘建築・工学〙ダイアグリッド《格縁(ごうぶち)[メタルリブ]などと斜めに交差するバーによる支持構造物》. 〖(*c*1945) ← DIA(GONAL) + GRID〗

dia·kinésis *n.* 〘生物〙移動期, ディアキネシス期《減数分裂前期の一時期》. **dìa·kinétic** *adj.* 〖(1902) ← NL ~: ⇨ dia-, -kinesis〗

di·al /dáɪ(ə)l/ *n.* **1** (ラジオ・テレビ・電話の)ダイヤル(盤), (プッシュホンの)数字盤. **日英比較** (1) 日本語の「ダイヤルイン」は和製英語, 英語では direct line という. また, 市外, 国際通話などが交換台を通さずにできることは direct-*dial*(*l*)*ing* という. (2)「ダイヤル Q²」は, 英語では paid telephone information service という. **2 a** (時計・羅針盤などの)指針面, 文字盤; (各種計器類の)面板, 目盛盤. **b** (古) 掛時計, 腕時計. **3** 日時計. **4** 〘鉱山〙ダイヤルコンパス, 坑内羅針器. **5** 宝石を固定する万力, 切削器. **6** (英俗) 顔.

— *v.* (**di·aled, -alled; -al·ing, -al·ling**) — *vt.* **1** 〈電話のダイヤルを回す, 〈番号を〉回す, 呼び出す; 〈人・場所などに電話をかける: ~ a number (電話の)ダイヤルで番号を回す, (ダイヤルを回して)電話をかける, 呼び出す / ~ a person [an office] 人[会社]に電話をかける / ~ 999 ⇨ nine 成句. **2** (ダイヤルを回して)〈ラジオ・テレビの〉波長を合わせる, 〈番組〉に(波長を)合わせる: ~ a radio [a program]. **3** ダイヤルで測る[指示する]; …の度合い[程度]を示す. **4** 〘鉱山〙ダイヤルコンパスで測量する. — *vi.* **1** ダイヤルで(ラジオ・テレビの波長を)調整する; 番組を選ぶ. **2** (電話の)ダイヤルを回す, (ダイヤルを回して)電話をかける.

~·er /-ələ | -ələ^(r)/ *n.* 〖(1338) ← ML *diālis* daily ← L *diēs* day ← IE* *dei-* to shine: ⇨ diary, -al¹〗

Di·al /dáɪəl, dáɪæl/ *n.* 〘商標〙ダイアル《allobarbital の商品名》. 〖(略) ← DIALLYLBARBITURIC ACID〗

dial. (略) dialect; dialectal; dialectic; dialectical; dialogue.

-di·al /dáɪæl/ *suf.* 〘化学〙「2 個のアルデヒド基をもつ化合物」の意の名詞を造る. 〖← DI-¹ + -AL³〗

dial-a- /dáɪələ/ 「電話呼出し[予約]」の意の連結形: *dial-a*-bus 電話呼出しバス / *dial-a*-story 電話で物語が聞ける図書館のサービス / *dial-a*-purchase テレホンショッピング.

díal clòck *n.* ダイヤル時計《ケース全体が円い形をした掛時計; office dial, kitchen dial ともいう》.

di·a·lect /dáɪəlèkt/ *n.* **1** (ある言語の中の)方言: the Scottish ~ スコットランド方言 / a local [class] ~ 地域[階級]方言 / the literary ~ 文学方言 / A language splits up into ~*s*. 一言語は幾つかの方言に分割される. **2** (発音・語法などに関して標準語からはずれたとされる)方言, 国なまり; 方言的特徴: ~ pronunciations 国なまりの発音. **3** 一階級[職業, 集団など]の特有の方言, 通語 (jargon): the lawyer's ~ 法律家用語. **4** 共通祖語から分岐したと考えられる言語; 派生言語: the Indo-European ~*s* 印欧諸語. **5** 個人に特有の言語的特徴, 言い

回し (phraseology), 文体. 〖(1551) ◻ F *dialecte* ∥ L *dialectus* ◻ Gk *diálektos* discourse, articulate or local speech ← *dialégesthai* to talk with ← DIA-+*légein* to speak: cf. logos〗

SYN 方言: **dialect** ある地方や集団に特有で, 標準語とは発音・語彙・文法の異なる言語の形式: northern *dialects* 北部方言. **vernacular** ある国・地方で最も広く話されている言語《書き言葉と区別して》: He is well versed in the *vernacular* of the region. その土地の言葉に精通している. **jargon** 《通例軽蔑》, **cant** 《通例軽蔑》ある職業や学問分野で使用される他の人にはわけのわからない専門語: legal *jargon* 法律上の特殊用語 / sociological *cant* 社会学の特殊用語. **lingo** 《戯言または軽蔑》自分にわからない外国語または専門語: I can't understand a word of the stockbroker's *lingo*. 株屋用語はてんでわからない. **argot** 特に盗賊・浮浪者の使う特殊用語: The *argot* of thieves is meaningless to other people. 盗賊の隠語はほかの人たちにはわけがわからない.

di·a·lec·tal /dàɪəléktl⁻/ *adj.* **1** 方言的な, 方言の. **2** 転訛音の, なまりの; 通語的な. 〖(1831): ⇨ ↑, -al¹〗

dì·a·léc·tal·ly /-təli, -tli/ *adv.* 方言的に, なまって, 通語で. 〖(1840): ⇨ ↑, -ly¹〗

díalect àtlas *n.* 方言地図 (⇨ linguistic atlas). 〖1932〗

díalect geógrapher *n.* 方言地理学者.

díalect geógraphy *n.* 方言地理学 (⇨ linguistic geography). 〖1929〗

di·a·lec·tic /dàɪəléktɪk⁻/ *n.* **1** 〚哲学〛弁証法 《一般に対話・討論・弁証[論]を通じて共在・対立する議論を調整し真理への到達を目指す営為・方法・理論》: **a** (古代ギリシャの)ディアレクティケー《ソクラテスの問答法, イデア探究の方法としてのプラトンの弁証法など》. **b** (Kant の)仮象の論理. **c** (認識における低次の契機の定立・反定立の対立を止揚し総合に導く Hegel の) 弁証法. **d** [通例 ~s] = dialectical materialism. **2** (巧みな)論法, 論証, 解明. **3** [時に ~s] (共存する勢力・要素などの)相互間の対立[緊張, 矛盾], 相克(そう) 〈*between*〉.
— *adj.* **1** 〚哲学〛(以上の意味で)弁証法的な. **2** 〈人が弁証[論法]の巧みな. **3** 〈対立・緊張などの〉相互間の (cf. *n.* 3). **4** =dialectal. 〖← DIALECT+-IC¹〗 〖(c1384) *dialetik, dialatik* ◻ OF *dialetique* (F *dialectique*) ◻ L *dialectica* ◻ Gk *dialektikḗ* (*tékhnē*) (the art of) debate (fem.) ← *dialektikós* ← *diálektos*: ⇨ dialect, -ic¹〗

dì·a·léc·ti·cal /-tɪ̆kəl, -kl | -tɪ-⁻/ *adj.* **1** 弁証法に関する; 弁証的な. **2** =dialectal. 〖(a1529) ← L *dialecticus*: ⇨ -ical〗

dì·a·léc·ti·cal·ly *adv.* 弁証(法)的に. 〖(a1665): ⇨ ↑, -ly¹〗

dialéctical matérialism *n.* 〚哲学〛弁証法的唯物論 《K. Marx および F. Engels によって創始された, マルクス主義の世界観の基礎をなす哲学学説; cf. historical materialism》. **dialéctical matérialist** *n.* 〖1927〗

dialéctical theólogy *n.* 〚哲学〛弁証法(的)神学 《既成の神学に反対して神の言葉・行為のみを典拠とし, さらには人間の実存・社会・歴史・政治性を主題とするプロテスタント神学の傾向; 第一次大戦後ドイツに興った; cf. crisis theology》.

di·a·lec·ti·cian /dàɪəlektíʃən/ *n.* **1** 《まれ》弁証家; 論法家 (logician). **2** 方言学者[研究家]. 〖(a1693) ◻ F *dialecticien*: ⇨ dialectic, -ian〗

di·a·lec·ti·cism /dàɪəléktəsìzm | -tɪ̆-/ *n.* **1** 方言の特質[効果]; 方言(的表現), なまり言葉. **2** 弁証法的論法. **3** 弁論, 弁証. 〖(1901) ← DIALECTIC+-ISM〗

di·a·lec·tics /dàɪəléktɪks/ *n.* [単数または複数扱い] **1** 〚哲学〛**a** =dialectic 1 c. **b** =dialectical materialism. **2** (対立する考えを並置し, それを巧みに解決する)説明, 議論; 観念の遊戯; 巧妙な議論. **3** =dialectic 3. 〖(1641) 《なぞり》← L *dialectica* 'DIALECTIC': ⇨ -ics〗

di·a·lec·tól·o·gist /-dʒɪ̆st | -dʒɪst/ *n.* 方言研究家[学者]. 〖(1883): ⇨ ↓, -ist〗

di·a·lec·tol·o·gy /dàɪəlektɑ́(ː)lədʒi | -tɔ́l-/ *n.* 〚言語〛**1** 方言学, 方言研究. **2** [集合的] 方言研究のための言語データ, 方言特徴. **di·a·lec·to·lo·gi·cal** /dàɪəlektəlɑ́(ː)dʒɪ̆kəl, -kl | -lɔ́dʒɪ-⁻/ *adj.* **di·a·lec·to·lóg·i·cal·ly** *adv.* 〖(1879) ← DIALECT+-LOGY〗

díal gàuge [índicator] *n.* 〚機械〛ダイヤルゲージ《可動接点の変位を円形目盛板上の指針によって示す》.

díal ìmpulse *n.* 〚通信〛ダイヤルインパルス《電話機のダイヤルを回すことにより発生する電気信号》.

di·al·ing /dáɪəlɪŋ/ *n.* **1** 日時計製作(法). **2** 日時計による(時間)測定. **3** 坑内羅針儀による鉱区測量(法). **4** 《米》(電話の)局番, 地域番号. 〖(1570): ⇨ -ing¹〗

di·al·lage /dáɪəlɪdʒ/ *n.* 〚鉱物〛異剥(はく)石《輝石の一種》. 〖(1805) ◻ F ~ ◻ Gk *diallagḗ* change ← *diallássein* to exchange ← DIA-+*allássein* to change (← *állos* other)〗

di·al·lel /dáɪəlèl/ *adj.* 〚生物〛総当たり交雑の《家畜などで, 親の環境への適応能力が子孫にどのように伝わるかを調べるときに使う交雑で, 雌 2 頭またはそれ以上に, 各系統の雄(またはその逆)の交雑を行う》. 〖(1656) ◻ Gk *diallēlos* reciprocating, 《原義》crossed one another〗

di·al·ling /dáɪəlɪŋ/ *n.* =dialing.

díalling còde *n.* 《英》=dialing 4.

díalling tòne *n.* 《英》=dial tone.

di·ál·lyl·bàrbituric ácid /dàɪælɪ̆l- | -lɪl-/ *n.* 〚薬学〛ジアリルバルビツール酸 ($C_{10}H_{12}N_2O_3$)《鎮静剤・催眠剤として用いる allobarbital の化学名》. 〖← *diallyl* containing two allyl groups (← DI-¹+ALLYL)+BARBITURIC〗

di·a·log /dáɪəlɔ̀(ː)g, -lɑ̀(ː)g | -lɔ̀g/ *n.* 《米》=dialogue.

díalog bòx *n.* 〚電算〛ダイアログボックス《プログラムがユーザーの入力を受け付けるときに現れるウインドー》.

di·a·log·ic /dàɪəlɑ́(ː)dʒɪk | -lɔ́dʒ-⁻/ *adj.* **1** 対話的な; 対話体の, 問答体の. **2** 対話[問答]する, 対話に加わっている. 〖(1833) ◻ LL *dialogicos* ◻ Gk *dialogikós* of discourse: ⇨ dialogue, -ic¹〗

dì·a·lóg·i·cal /-dʒɪ̆kəl, -kl | -lɔ́dʒɪ-⁻/ *adj.* =dialogic. **~·ly** *adv.*

di·a·lo·gism /daɪǽlədʒìzm/ *n.* **1** 〚修辞〛対話式討論法. **2** 〚論理〛選言的二段論法《一つの前提から推論される選言的判断》. 〖(1580) ◻ LL *dialogismus* ◻ Gk *dialogismós* consideration: ⇨ dialogue, -ism〗

di·á·lo·gist /-dʒɪ̆st | -dʒɪst/ *n.* **1** 対話者. **2** 対話文執筆者, 対話作者; 対話劇作者. **di·a·lo·gis·tic** /dàɪəloudʒístɪk | -lə(ʊ)-⁻/ *adj.* **di·a·lo·gís·ti·cal** /-tɪ̆kəl, -kl | -tɪ-⁻/ *adj.* 〖(1660) ◻ LL *dialogista* ◻ Gk *dialogistḗs*: ⇨ dialogue, -ist〗

di·al·o·gite /daɪǽlədʒàɪt/ *n.* 〚鉱物〛=rhodochrosite. 〖(1826) ◻ G *Dialogit* ← Gk *dialogḗ* selection ← *dialégein* to select ← DIA-+*légein* to speak: ⇨ -ite¹〗

di·al·o·gize /daɪǽlədʒàɪz/ *vi.* 対話する. 〖(1601) ◻ Gk *dialogízesthai* to converse〗

di·a·logue /dáɪəlɔ̀(ː)g, -lɑ̀(ː)g | -lɔ̀g/ *n.* **1** 問答, 対話 (cf. monologue): the *Dialogues* of Plato プラトンの「対話編」. **2** 対話体作品. **3** (劇・小説などの)会話の部分, ダイアローグ. **4 a** (双方からの代表者による政治上などの)話し合い, 意見交換: a ~ debate 立会演説会. **b** 有益な話し合い, 「対話」. **5** 〚音楽〛**a** ディアローグ《2 人の歌手が交互に歌う声楽曲の形式》. **b** (2 つ以上の声部が同じ動機, または対照的な動機を交互に演奏する)対話風楽句. — *vi.* 《まれ》対話する. — *vt.* 《まれ》対話体で表現する. **dí·a·lògu·er** *n.* 〖(?a1200) ◻ F ~ ◻ L *dialogus* ◻ Gk *diálogos* ← *dialégesthai* (⇨ dialect)〗

díalogue bòx *n.* 《英》=dialog box.

Díalogue Máss, d- m- *n.* 〚カトリック〛共誦ミサ.

díal phòne *n.* ダイヤル式(自動)電話. 〖1931〗

díal plàte *n.* (時計の)文字盤, (羅針盤などの)指針面, 面板.

díal tèlegraph *n.* ダイヤル式(自動)電信機[装置]. 〖1860〗

díal tèlephone *n.* =dial phone.

díal tòne *n.* 〚電話〛発信音 (《英》dialling tone). 〖1923〗

díal tràin *n.* **1** 〚電話〛ダイヤルインパルス列《これにより交換機が動作する》. **2** 〚時計〛日の裏輪列 (⇨ motion work).

díal-ùp *adj.* 〚電算〛ダイヤル呼出し方式の, ダイヤルアップの《電話回線でコンピューターの端末などが接続される場合について》. 〖1961〗

di·a·ly- /dáɪəlɪ̆, -li/「分離した (separated)」の意の連結形. 〖← NL ~ ← Gk *dialúein*: ⇨ dialysis〗

di·al·y·sate /daɪǽləzèɪt, -sèɪt/ *n.* =dialyzate.

di·a·lyse /dáɪəlàɪz/ *vt.* 《英》=dialyze.

dí·a·lỳs·er *n.* 《英》=dialyzer.

di·al·y·sis /daɪǽləsɪ̆s | -lɪ̆sɪs/ *n.* (*pl.* **-y·ses** /-sìːz/) **1** 〚医学〛透析《血液中の好ましからぬ成分を透析装置で純化すること》: kidney ~ 腎臓透析. **2** 〚物理化学〛透析, 隔膜[濾膜(ろまく)]分析. **3** 〚生物〛分離, 分解. 〖(1550) (1861) ← NL ~ ← Gk *diálusis* separation ← *dialúein* to separate, dissolve ← DIA-+*lúein* to loosen (cf. -lysis)〗

di·a·lyt·ic /dàɪəlítɪk | -tɪk⁻/ *adj.* 〚物理化学〛透析的な; 透膜性の. **dì·a·lýt·i·cal·ly** *adv.* 〖(1846) ◻ Gk *dialutikós* able to sever: ⇨ ↑, -ic¹〗

dialýtic méthod *n.* 〚数学〛消去法《二つの方程式から未知数を消去する方法; Sylvester's dialytic method ともいう》.

di·al·y·zate /daɪǽləzèɪt/ *n.* 〚物理化学〛透析物. 〖(1867): ⇨ ↓, -ate¹〗

di·a·lyze /dáɪəlàɪz/ *vt.* **1** 〚医学〛透析する (cf. dialysis 1). **2** 〚物理化学〛(…の)隔膜[濾膜(ろまく)]分析をする. — *vi.* **1** 〚医学〛透析を受ける. **2** 〚物理化学〛隔膜[濾膜]分析をする. **di·a·lỳz·a·bil·i·ty** /dàɪəlàɪzəbíləti | -lɪ̆ti/ *n.* **di·a·lỳz·a·ble** /-zəbl/ *adj.* **di·a·ly·za·tion** /dàɪəlɪ̆zéɪʃən | -laɪ-, -lɪ-/ *n.* 〖(1861) ← DIALYSIS: cf. -ize〗

dí·a·lỳz·er *n.* **1** 〚医学〛透析(分離)器, 人工腎臓. **2** 〚物理化学〛濾膜分析器. 〖(1861): ⇨ ↑, -er¹〗

diam. 《略》diameter.

día·màgnet *n.* 〚磁気〛反磁性体. 〖(1864) 《逆成》 ↓〗

dìa·magnétic 〚磁気〛*adj.* 反磁性の, 反磁性的な (cf. paramagnetic). — *n.* 反磁性体. **dìa·magnétically** *adv.* 〖(1846) ← DIA-+MAGNETIC〗

dìa·mág·ne·tism *n.* 〚磁気〛反磁性(力); 反磁性現象; 逆磁気《加えた磁界と逆方向に磁化する性質; cf. paramagnetism》. 〖(1850) ← DIA-+MAGNETISM〗

di·a·man·tane /dáɪəmæntèɪn/ *n.* 〚化学〛ジアマンタン《ダイヤモンドと共通の空間的構造をもつ炭化水素の一種》. 〖← L *diamant-* 'DIAMOND'+-ANE²〗

dia·man·té /dìːəmɑːntéɪ, ⁻⁻⁻⁻ | dìːəmɔ́(n)teɪ, dàɪə-, -mǽn-, -ti; *F.* djamɑ̃te/ 〚服飾〛*n.* (*pl.* ~s /~z; *F.* ~/) **1** ディアマンテ(装飾)《模造ダイヤ・ガラス粉末などによる服飾品などの装飾》. **2** (ディアマンテによって)きらきら光る布地[服飾品]. **3** [限定的] ディアマンテの, (ディアマンテで)きらきら光る: a ~ brooch, evening gown, etc. 〖(1904) ◻ F ~ (p.p.) ← *diamanter* to set with diamonds ← *diamant* 'DIAMOND'〗

di·a·man·tif·er·ous /dàɪəmæntíf(ə)rəs | dàɪə-⁻/ *adj.* =diamondiferous. 〖(1878) ← F *diamantifère* ← *diamant* (↑): ⇨ -ferous〗

di·a·man·tine /dàɪəmǽntaɪn⁻/ *adj.* ダイヤモンドの(ような). 〖(1605) ◻ F *diamantin*〗

di·am·e·ter /daɪǽmətə | -mɪ̆tə(r)/ *n.* **1 a** 〚数学〛(円・円錐曲線・球体などの)直径, 径, さしわたし (⇨ circle 挿絵; cf. radius): 10 ft. in ~ 直径 10 フィート. **b** (主に丸い物の)幅, 厚さ, 太さ (width, thickness). **2** 〚光学〛(拡大単位の)…倍, 倍率: a telescope magnifying 250 ~s (倍率) 250 倍の望遠鏡. **3** 〚建築〛(円柱の柱脚部の)直径《古典主義建築のオーダーの各部の標準尺度; cf. module 2》. 〖(a1387) *diametre* ◻ (O)F *diamètre* ◻ L *diametrus* ◻ Gk *diámetros*: ⇨ dia-, meter³〗

di·am·e·tral /daɪǽmətrəl | -mɪ̆-/ *adj.* 直径の, 径の. 〖(c1392) ◻ (O)F *diamétral*: ⇨ ↑, -al¹〗

di·ám·e·tral·ly *adv.* 直径で, 直径として. 〖(c1532): ⇨ ↑, -ly¹〗

diámetral pítch *n.* 〚機械〛直径ピッチ《歯車の直径 1 インチ当たりの歯数》.

di·a·met·ric /dàɪəmétrɪk⁻/ *adj.* **1** 直径の. **2** 〈相違・矛盾など〉(直径の両端のように)正反対の, 対立的な: ~ opposites 正反対のもの. 〖(1553) ← Gk *diametrikós* (← *diámetros* 'DIAMETER')+-AL¹〗

dì·a·mét·ri·cal /-trɪ̆kəl, -kl | -trɪ-⁻/ *adj.* =diametric. 〖1553〗

dì·a·mét·ri·cal·ly *adv.* **1** 直径の方向に. **2** 正反対に, 正に, 全然: He is ~ opposed [opposite] to your opinion. 彼は君の意見と正反対である. 〖(1633): ⇨ ↑, -ly¹〗

di·am·ide /daɪǽmaɪd, -æmɪ̆d | -æmaɪd/ *n.* 〚化学〛ジアミド《アミド基 2 個をもつ化合物》. 〖(1866) ← DI-¹+AMIDE〗

di·am·i·dine /dàɪǽmədìːn, -dɪ̆n | -mɪdìːn, -dɪn/ *n.* 〚化学〛二つのアミジン (amidine) 基 ($-C(NH)NH_2$) をもつ化合物. 〖(1931) ← DI-¹+AMIDINE〗

di·am·ine /dáɪəmìːn, daɪǽmɪ̆n | dáɪəmìːn, -mɪn/ *n.* 〚化学〛ジアミン《アミノ基 (NH_2) を 2 個有するアミン》. 〖(1866) ← DI-¹+AMINE〗

di·a·mi·no /dàɪəmíːnou, daɪǽmɪ̆nòu | dàɪəmíːnəu, daɪǽmɪnəʊ/ *adj.* 〚化学〛2 個のアミノ基を含む.

di·a·mi·no·hex·ane /dàɪəmìːnouhéksèɪn, daɪæmə- | dàɪəmìːnə(ʊ)-, daɪæmɪ-/ *n.* =hexamethylenediamine.

dì·am·mó·ni·um phósphate /dàɪəmóuniəm- | -əmə́ʊ-/ *n.* 〚化学〛リン酸二アンモニウム, (正式には)リン酸一水素二アンモニウム ($(NH_4)_2HPO_4$)《無色の結晶; 肥料》. 〖(1929): ⇨ di-¹〗

di·a·mond /dáɪəmənd, dáɪmənd | dáɪə-/ *n.* **1 a** ダイヤモンド, 金剛石 (⇨ birthstone); 人工ダイヤ: a ~ of the first water 最上等のダイヤモンド; 第一級の人物 / a ~ in the rough=a rough ~ 原石のダイヤ; 磨けば光る人 / ⇨ black diamond. **b** [*pl.*] ダイヤをはめた装身具類; (特にダイヤの)婚約指輪. **c** ダイヤモンドのように光るもの: ~*s of* snow きらきら光る雪(片). **2** (ダイヤのくずの小片を先端につけた)ガラス切り: a glazier's [cutting] ~ ガラス切り. **3** ダイヤ(モンド)形, ひし形. **4** 〚トランプ〛**a** ダイヤ(のしるし). **b** ダイヤ札: a small ~ 小さい数字のダイヤ札. **c** [*pl.*; 単数または複数扱い] ダイヤ札の一そろい (suit). **5** 〚野球〛内野, ダイヤモンド; 野球場: a star of the ~ 野球の花形[人気]選手 / on the ~ 野球場[界]の. **6** 〚活字〛ダイヤモンド《活字の大きさの古い呼称; 4½ アメリカポイントに相当; ⇨ type 10 ★》. 〖◻ Du. *diamant*: 考案者の命名〗 **7** [*pl.*; 単数扱い] 〚獣医〛=diamond-skin disease.
diamond cút diamond (弁舌・悪知恵などで)しのぎを削る[火花を散らす]戦い, 腕利き同士のいい勝負: It was (a case of) ~ *cut* ~. 〖← *let diamond cut diamond*〗
— *adj.* [限定的] **1** ダイヤモンド(製)の, ダイヤモンドをちりばめた, ダイヤ入りの: a ~ brooch, ring, etc. **2** ダイヤモンドのように輝く. **3** ダイヤモンドを産する: a ~ mine ダイヤモンド鉱山. **4** ひし形の: ~ panes ひし形窓ガラス. **5** (結婚) 60 [時に 75] 周年記念の, ダイヤモンド婚の: ⇨ diamond anniversary.
— *vt.* ダイヤモンドで飾る[を入れる], 《露の玉などがダイヤモンドをちりばめたように》きらめかす (cf. impearl).
〖(c1325) *diama(u)nt* ◻ (O)F *diamant* ◻ LL *diamant-* (stem) ← *diamas* 《変形》← L *adamas* diamond ◻ Gk *adámas* 'ADAMANT'〗

díamond anniversáry *n.* (結婚の) 60 [時に 75] 周年記念日[祝い], ダイヤモンド婚の祝い.

díamond·bàck *adj.* [限定的] 〈カメなど〉背にダイヤ(モンド)形[ひし形]の紋のある. — *n.* **1** 〚動物〛=diamondback rattlesnake. **2** 〚動物〛=diamondback terrapin. **3** 〚昆虫〛=diamondback moth. 〖1819〗

díamondback móth *n.* 〚昆虫〛コナガ (*Plutella xylostella*) 《世界中に分布する褐色と白の小さいガ; 翅はたたむとひし形をなす》. 〖1891〗

díamondback ráttlesnake *n.* 〚動物〛ヒガシダイヤガラガラ, トウブヒシモンガラガラヘビ (*Crotalus adamanteus*) 《米国南部にすむ菱紋(ひし)のある猛毒ヘビ》; ニシダイヤ

diamondback rattlesnake

ガラガラ, セイブヒシモンガラガラヘビ (*C. atrox*) 《米国南西部・メキシコ産》. 〖1894〗

díamondback térrapin [túrtle] *n.* 〖動物〗ダイヤモンドテラピン (*Malaclemys terrapin*) 《北米東南部産のイリエガメ属の淡水ガメ; 甲にひし形の模様がある; 肉が美味なので食用にされ, 養殖も行われている》. 〖1887〗

díamond bìrd *n.* 〖鳥類〗=pardalote.

díamond cemènt *n.* ダイヤモンドを台にはめ込むためのセメント. 〖1884〗

díamond cróssing *n.* 〖鉄道〗(線路の)ひし形交差. 〖1881〗

D

díamond-cùt *adj.* 〈宝石など〉ダイヤ(モンド)形[ひし形]に切った[磨いた]. 〖1637〗

díamond-cùtter *n.* ダイヤモンド研磨工. 〖1722〗

díamond díe *n.* 〖機械〗ダイヤモンドダイス《ダイヤモンドを使った線引きダイス》.

díamond dríll *n.* 〖鉱山〗ダイヤモンドドリル《ダイヤモンド試錐(しすい)機》.

díamond dùst *n.* **1** ダイヤモンド粉末《研磨用》. **2** 〖気象〗ダイヤモンドダスト, 氷霧《氷晶がきらきら輝く》. 〖*c*1702〗

díamond-fìeld *n.* ダイヤモンド産地[産出地域]. 〖1876〗

díamond hàmmer *n.* =bushhammer.

Díamond Hèad *n.* ダイヤモンドヘッド《米国 Hawaii 州 Oahu 島, Honolulu 南東岸の岬; 死火山の噴火口の縁で形成されている; 陸標となりかつ Waikiki からの眺めは景観とされる》.

di·a·mond·if·er·ous /dàɪəməndíf(ə)rəs, dàɪm- | dàɪə-ˈ-/ *adj.* ダイヤモンドを産する[生じる, 含む]. 〖(1870) ← DIAMOND＋-(I)FEROUS〗

díamond júbilee *n.* **1** =diamond anniversary. **2** [the D- J-] (1897 年に行われた) Victoria 女王の即位 60 年祝典.

díamond knòt *n.* 〖海事〗ダイヤモンドノット《ロープの先端処理の結び方ですべり止めや装飾に使う》. 〖1769〗

díamond làne *n.* ダイヤモンドレーン《2 人以上乗っている車の専用路線; ダイヤモンド形の標識で識別している; carpool [HOV] lane ともいう》.

díamond-lèaf láurel *n.* 〖植物〗オーストラリア産トベラ属の木 (*Pittosporum rhombifolium*) 《ピラミッド状になる習性をもち, ひし形の葉と白い花をつける》.

díamond-mátched *adj.* 〖木工〗ダイヤモンド張りの《合板の張り板がひし形模様になるように切り合わせた》.

di·a·mond·oid /dáɪəməndɔ̀ɪd, dáɪm- | dáɪə-/ *adj.* ダイヤ(モンド)形をした. 〖← DIAMOND＋-OID〗

díamond péncil *n.* ダイヤモンドペンシル《ダイヤモンドを先端に付けた工具; 金属板の罫(けい)引きなどに使う》.

díamond pláte *n.* 〖造船〗ダイヤモンドプレート, ひし形板《フレーム類の 2 本が交差する部分を結合補強するためのダイヤモンド形の鉄板》.

díamond pòint *n.* **1** (蓄音機・彫刻器具などの)ダイヤ尖頭(せんとう)のとがり針, 剣バイト. **2** 〖鉄道〗(線路の)ひし形交差で交差している所. 〖1874〗

díamond pòwder *n.* =diamond dust 1.

díamond ríng effèct *n.* 〖天文〗(日食の直前直後に起こる)ダイヤモンドリング効果.

díamond sáw *n.* 〖土木〗ダイヤモンドソー《ダイヤモンドカッターを使用する円形のこぎり, 石など固いものを切る》.

díamond-skín disèase *n.* 〖獣医〗ダイヤモンド皮膚病, 豚丹毒 (swine erysipelas) 《皮膚にダイヤ形の炎症の起こる豚の皮膚病; 単に diamonds ともいう》.

díamond snàke *n.* 〖動物〗ダイヤモンドヘビ (*Morelia argus*) 《黄色いダイヤモンド形の斑点があるニシキヘビ; オーストラリア・ニューギニア産》. 〖1814〗

Díamond Stàte *n.* [the ～] 米国 Delaware 州の俗称《小さいことから》. 〖1866〗

díamond stìtch *n.* 〖服飾〗ダイヤモンドステッチ《ダイヤモンドの形に刺す刺繍のステッチ》. 〖*c*1926〗

díamond wédding *n.* ダイヤモンド婚式《結婚 60 [時に 75] 周年の記念式[日]; diamond wedding anniversary ともいう; ⇨ wedding 4》. 〖1892〗

díamond wìllow *n.* 〖植物〗ダイヤヤナギ (*Salix bebbiana*) 《幹にしばしば菌類によるひし形の筋がつく》.

díamond-wìse *adv.* ひし形に. 〖(1530): ⇨ -wise〗

di·a·mor·phine /dàɪəmɔ́əfiːn | -mɔ́ː-/ *n.* 〖薬学〗ジアモルフィン (⇨ heroin). 〖(1914) ← DIA(CETYL)＋MORPHINE〗

di·am·yl /daɪǽmɪ̀l, -ǽml/ *adj.* 〖化学〗二つのアミル基 (C_5H_{11}–) からなる. 〖(1850) ← DI-¹＋AMYL〗

diámyl súlfide *n.* 〖化学〗硫化ジアミル (($C_5H_{11})_2S$) (amyl sulfide ともいう).

Di·an /dáɪən/ *n.* 《詩》=Diana 2, 3.

Di·an·a /daɪǽnə/ *n.* **1** ダイアナ《女性名; 異形 Deana, Deanna, Diane, Dianne, Dyana, Dyane; 愛称形 Di》. **2** 〖ローマ神話〗ディアーナ, ダイアナ《月の女神で処女性と狩猟の守護神; ギリシャ神話の Artemis に当たる; cf. Cynthia 2, Luna》. **3** 《詩》月 (moon). **4** 狩りをする女性, 乗馬をする女性; 独身を守る女性; 容姿端麗な若い女性. **5** [d-] =Diana butterfly. 〖(?*a*1200) □ L *Diāna* ← IE **dei-* to shine: cf. Deus〗

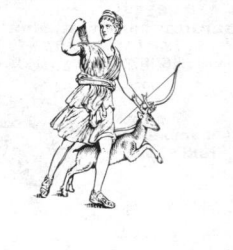

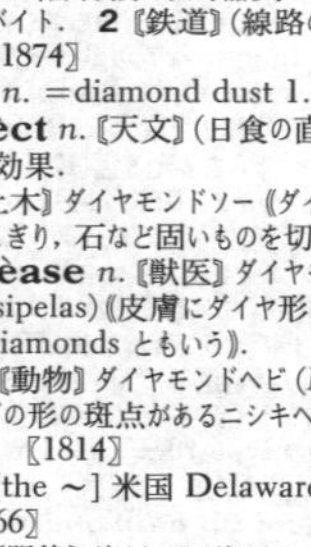

Diana 2

Diana, Princess of Wales *n.* ダイアナ (1961–97; 英国の Charles 皇太子妃 (1981–96); Paris で自動車事故死; もとの名は Lady ～ Frances Spencer).

Diána bùtterfly *n.* 〖昆虫〗ダイアナギンボシヒョウモン (*Speyeria diana*) 《米国アパラチア地方南部のタテハチョウ科の大形のチョウ》.

Diána mònkey *n.* 〖動物〗ダイアナモンキー (*Cercopithecus diana*) 《西アフリカ産》. 〖1812〗

di·an·drous /daɪǽndrəs/ *adj.* 〖植物〗**1** 雄蕊(ずい)が 2 個ある. **2** 二雄蕊花の. 〖(1770) ← NL *diandrus*: ⇨ di-¹, androus〗

Di·a·net·ics /dàɪənétɪks | -tɪks/ *n.* 〖商標〗ダイアネティックス《米国の作家 L. Ron Hubbard (1911–86) によって開発された精神治療テクノロジー》. 〖(1950) 《変形》← DIANOETIC: ⇨ -ics〗

di·a·nis·i·dine /dàɪənísədiːn, -dn̩ | -sɪ̀diːn, -dɪn/ *n.* 〖化学〗ジアニシジン (⇨ bianisidine). 〖← DI-¹＋(BI)ANISIDINE〗

di·a·no·et·ic /dàɪənouétɪk | -nəuét-ˈ-/ *adj.* 推論的な. 〖(1677) □ Gk *dianoētikós* pertaining to thinking: ⇨ ↓, -etic〗

di·a·noi·a /dàɪənɔ́ɪə/ *n.* **1** 〖ギリシャ哲学〗科学的(特に数学的)認識[思考] (cf. noesis). **2** 推論的思考能力. 〖□ Gk *diánoia* ← DIA-＋*noûs* mind〗

di·an·thus /daɪǽnθəs/ *n.* 〖植物〗**1** [D-] ナデシコ属《ナデシコ科の一属》. **2** ナデシコ《ナデシコ属の植物の総称; アメリカナデシコ (*D. barbatus*), カーネーション (*D. caryophyllus*) など》. 〖(1849) ← NL ～ ← Gk *Diós* ((gen.) ← *Zeús* 'ZEUS')＋*ánthos* flower (cf. -anthous)〗

diap. 《略》diapason.

di·a·pa·son /dàɪəpéɪzən, -zn̩, -sən, -sn̩/ *n.* **1** 〖音楽〗**a** (一楽器の)全音域(のすべての音). **b** (声の)全声域. **c** 標準調子, 標準音高: ⇨ diapason normal. **2** 〖音楽〗旋律, メロディー (melody). **3** 〖楽器〗**a** ダイアペーソン《パイプオルガンの基本的な音栓; この種の音栓には開管 (open diapason) と閉管 (closed [stopped] diapason) との二つがある》. **b** (一般に)オルガンの音栓. **4** 〖物理〗音叉(さ). **5** どっと上がる音: a ～ of opposition どっと上がる反対の声. **6** (活動・感情・現象などの)全範囲[領域, 分野]. **7** 《まれ》〖音楽〗1 オクターブ [8 度]の音程; その協和(音). **8** 《廃》〖音楽〗完全協和(音). **～·al** /-zənl, -znl, -sə-, -snlˈ/ *adj.* **～·ic** /-nɪkˈ/ *adj.* 〖(*a*1387) □ L *diapāsōn* □ Gk *diapāsôn* ← (*hē*) *dià pāsôn* (*khordôn sumphōnía*) (the concord) through all (the strings): ⇨ dia-, pan-〗

diapáson nórmal *n.* 〖音楽〗ディアパゾンノルマル, フランスピッチ, 国際標準音, 標準音高, コンサートピッチ《1859 年フランス政府が採用した A' (イ音)が 1 秒間 435 の振動をするピッチ (日本の標準ピッチは a＝440); French pitch, international pitch, low pitch ともいう; cf. philharmonic pitch》. 〖(1876) □ F ～〗

di·a·pause /dáɪəpɔ̀ːz, -pɑ̀ːz | -pɔ̀ːz/ *n.* 〖生物〗休眠, 休止《寒冷・酷暑などの不適環境で生物の発生過程における成長・活動がある期間停止する現象》. 〖(1893) □ Gk *diápausis*: ⇨ dia-, pause〗

dí·a·pàus·ing /-zɪŋ/ *adj.* 〖動物〗休眠の, 休眠状態の. 〖(1944): ⇨ ↑, -ing²〗

di·a·pe·de·sis /dàɪəpədíːsɪ̀s | -pɪ̀díːsɪs/ *n.* (*pl.* **-de·ses** /-siːz/) 〖生理〗血管外遊出, 漏出《特に白血球が血管壁のすき間から外に遊出すること》. **di·a·pe·det·ic** /dàɪəpədétɪk | -pɪ̀dét-ˈ/ *adj.* 〖(1625) ← NL ～ ← Gk *diapḗdēsis* ← *diapēdein* to ooze through〗

di·a·pen·te /dàɪəpénti | -ti/ *n.* 〖音楽〗5 度の音程, ディアペンテ《古代ギリシャの用語》. 〖(1398) □ L ～ ← Gk *dià pénte* through five (strings or notes)〗

dia·per /dáɪpə, dáɪə- | dáɪəpə(r)/ *n.* **1** 《米》(赤ん坊用)おむつ (《英》 nappy); 使い捨ておむつ, 紙おむつ (disposable diaper): a ～ cover おむつカバー. **2** 生理用ナプキン (sanitary towel). **3** ひし形の地紋のある布《タオル・ナプキンに用い, 綿布または麻布》. **4** ひし形模様, 寄せ木模様: a ～ pattern. **5** 〖紋章〗地模様《紋章の彩色に関係なく, 色の下から浮き出たような模様》. — *vt.* **1** 《米》〈赤ん坊〉におむつを当てる, …のおむつを替える. **2** ひし形模様で飾る, 寄せ木模様で飾る. 〖(*c*1330) □ OF *dia(s)pre* □ ML *diasprum* □ MGk *díaspros* pure white ← DIA-＋*áspros* white, rough〗

díaper bàg *n.* 《米》おむつバッグ《おむつ・哺乳瓶など乳児を連れていく際に必要なものをひとまとめに入れられる》.

día·pered *adj.* **1** ひし形模様入りの. **2** 〖紋章〗地模様を施した. 〖(*c*1385): ⇨ ↑, -ed 2〗

díaper pàil *n.* 《米》おむつバケツ《使用済みの布おむつを一時入れておく容器》.

díaper ràsh *n.* 《米》(赤ん坊の)臀部紅斑(でんぶこうはん), おむつかぶれ.

díaper sèrvice *n.* 《米》貸しおむつ業; 貸しおむつ屋.

di·aph·an- /daɪǽfən/ (母音の前にくるときの) diaphano- の異形.

di·a·phane /dáɪəfèɪn/ *n.* 顕微鏡標本封入剤. 〖(1561) □ (O)F ～ □ ML *diaphanus*: ⇨ diaphanous〗

di·a·pha·ne·i·ty /daɪæ̀fəníːəti, dàɪəfə-, -néɪ- | -níːɪ̀ti/ *n.* **1** 透明度[性]. **2** 〖鉱物〗透明度《透過光線の吸収される程度》. 〖(*c*1477) □ OF *diaphanité* (F *diaphanéité*): ⇨ diaphanous, -ity〗

di·aph·a·no- /daɪǽfənou | -nəu/「透明(な)」の意の連結形. ★ 母音の前では通例 diaphan- になる. 〖⇨ diaphanous, -o-〗

di·aph·a·nom·e·ter /daɪæ̀fənɑ́(ː)mətə | -nɔ́mɪ̀tə(r)/ *n.* (気体・液体などの透明度を測定する)測透計. 〖(1789): ⇨ ↑, -meter〗

di·aph·a·nous /daɪǽfənəs/ *adj.* **1** 〈絹織物・昆虫の翅などが〉(薄くて)透明な, 半透明な: ～ cloth. **2** 〈風景など〉かすかな, ぼんやりした, ひょうびょうとした: a ～ landscape 薄もやのかかったような景色 / a ～ possibility はっきりしない可能性. **～·ly** *adv.* **～·ness** *n.* 〖(1614) □ ML *diaphanus* □ Gk *diaphanḗs* ← DIA-＋*phaínein* to show: ⇨ -ous〗

di·a·phone /dáɪəfòun | -fəun/ *n.* **1** (二つの音調の音を出す)霧笛, 濃霧号笛. **2** ダイアフォーン《パイプオルガンの 16 ft や 32 ft のペダルストップ[音栓]; 力強い低音を出す》. **3** 〖音声・言語〗類音《同一音の個人的・地方的・文体的変種の総称; 例えば home, go の母音には /oː/ /ou/ /əu/ /ʌu/ などの変種があるが同一の diaphone に属する; cf. phoneme》. 〖(1906) ← DIA-＋PHONE〗

di·aph·o·ny /daɪǽfəni/ *n.* **1** 〖ギリシャ音楽〗不協和音. **2** 〖音楽〗=organum 2. **di·a·phon·ic** /dàɪəfɑ́(ː)nɪk | -fɔ́n-ˈ/ *adj.* 〖(1656) □ ML *diaphōnia* □ Gk *diaphōnía*: ⇨ dia-, phone², -ia¹〗

di·aph·o·rase /daɪǽfərèɪs, -rèɪz | -rèɪs/ *n.* 〖生化学〗ジアホラーゼ《フラビン蛋白質でチトクロームやメチレン青などの色素を還元する酵素》. 〖(1938) □ G *Diaphorase* ～ ← Gk *diáphoros* different: ⇨ -ase〗

di·a·pho·re·sis /dàɪəfəríːsɪ̀s, daɪæ̀fə- | -sɪs/ *n.* 〖医学〗(特に人為的な多量の)発汗; 発汗療法. 〖(1681) □ LL *diaphorēsis* □ Gk *diaphórēsis* sweat ← DIA-＋*phoreîn* to carry: ⇨ -sis〗

di·a·pho·ret·ic /dàɪəfərétɪk, daɪæ̀fə- | -tɪkˈ/ *adj.* 発汗性の, 発汗の(効のある). — *n.* 発汗剤; 発汗処置. 〖(?*a*1425) □ LL *diaphorēticus*: ⇨ ↑, -ic¹〗

di·a·pho·tot·ro·pism /dàɪəfoutɑ́(ː)trəpɪ̀zm, -toutróupɪzm | -fəutə(u)tróupɪzm, -foutɔ́trəpɪzm/ *n.* 〖植物〗側面光屈性. 〖(1901) ← DIA-＋PHOTOTROPISM〗

di·a·phragm /dáɪəfræ̀m | -fræm, -frəm/ *n.* **1** 〖解剖〗**a** 横隔(膜) (⇨ respiratory system 挿絵). **b** 隔膜, 隔壁. **2** 〖植物〗(茎の節にある)隔膜. **3** 〖貝類〗(内部の)分壁. **4** 〖化学〗隔壁, 隔膜. **5** (機械類の)隔盤, 隔板, 仕切板, ダイヤフラム. **6** (電話機・マイクロホンなどの)振動板. **7** 〖光学・写真〗(レンズの)絞り (stop). **8** (避妊用)ペッサリー (pessary). **9** 〖土木〗隔板, ダイヤフラム《金属構造物を補強する》. — *vt.* **1** …に diaphragm を取り付ける. **2** 〈カメラ〉の絞りを絞る. **～·al** /-məl, -ml/ *adj.* 〖(*a*1398) □ LL *diaphragma* □ Gk *diáphragma* midriff, barrier ← DIA-＋*phrágma* fence (← *phrássein* to fence ← IE **bhrekʷ-* to cram together)〗

di·a·phrag·mat·ic /dàɪəfræ̀gmǽtɪk, -fræg- | -tɪkˈ/ *adj.* 横隔膜性の; 隔壁[隔膜]状の. **di·a·phrag·mát·i·cal·ly** *adv.* 〖(1656) □ F *diaphragmatique* ← Gk *diaphragmat-*: ⇨ ↑, -ic¹〗

díaphragm pùmp *n.* 〖機械〗膜ポンプ《ピストンの代わりに膜を上下させるポンプ》.

di·aph·y·sis /daɪǽfəsɪ̀s | -fɪsɪs/ *n.* (*pl.* **-y·ses** /-sìːz/) **1** 〖解剖〗(長骨)骨幹 (cf. epiphysis). **2** 〖植物〗先端貫性. **di·aph·y·se·al** /daɪæ̀fəsíːəlˈ/ *adj.* **di·a·phys·i·al** /dàɪəfíziəlˈ/ *adj.* 〖(1831) ← NL ～ ← Gk *diáphusis* a growing through ← DIA-＋*phúein* to bring forth: ⇨ -sis〗

di·a·pir /dáɪəpɪə | -pɪə(r)/ *n.* 〖地質〗ダイアピル《比較的比重の小さな岩層が上方の岩層中へ押し上がってできたドーム状構造; 岩塩層などによく見られる》. **di·a·pir·ic** /dàɪəpírɪkˈ/ *adj.* 〖(1918) ← Gk *diapeiraínein* to pierce through〗

di·ap·la·sis /daɪǽpləsɪ̀s | -sɪs/ *n.* (*pl.* **-la·ses** /-sìːz/) 〖外科〗(骨折・脱臼などの)整復. 〖(1704) ← NL ～ ← Gk *diáplasis* setting of a limb ← *diaplássein* to form〗

di·a·poph·y·sis /dàɪəpɑ́(ː)fəsɪ̀s | -pɔ́fɪsɪs/ *n.* (*pl.* **-y·ses** /-sìːz/) 〖解剖・動物〗脊椎横突起の上部関節面. **di·ap·o·phys·i·al** /daɪæ̀pəfíziəlˈ/ *adj.* 〖(1854) ← NL ～: ⇨ dia-, apophysis〗

dia·pósitive *n.* 〖写真〗透明陽画《スライドなど》. 〖(1893) ← DIA-＋POSITIVE〗

di·ap·sid /daɪǽpsɪ̀d | -sɪd/ *adj.*, *n.* 二弓[双弓]亜綱 (Diapsida) の(動物)《眼窩(がんか)の後ろに二つの側頭窓をもつ爬虫類》. 〖(1903) ← NL *Diapsida* ← DI-¹＋L *apsis* 'arch, APSIS'〗

di·arch /dáɪɑək | -ɑːk/ *adj.* 〖植物〗二原型の《放射維管束の構成が二つの木部から成る; cf. monarch²》. 〖(1884) ← DI-¹＋Gk *arkhḗ* origin〗

di·ar·chi·al /daɪɑ́əkiəl | -ɑ́ː-/ *adj.* =dyarchic.

di·ar·chic /daɪɑ́əkɪk | -ɑ́ː-/ *adj.* =dyarchic.

di·arch·y /dáɪɑəki | -ɑː-/ *n.* =dyarchy.

di·ar·i·al /daɪέ(ə)riəl | -έər-/ *adj.* 日記(形式)の, 日記体の. 〖(1845) ← DIARY＋-AL¹〗

di·a·rist /dáɪərɪ̀st | -rɪst/ *n.* 日記をつける人, 日記作者; 日記担当者, 日誌係. 〖(1818) ← DIARY＋-IST〗

di·a·ris·tic /dàɪərístɪkˈ/ *adj.* 日記式の, 日記体の. 〖(1884): ⇨ ↑, -ic¹〗

di·a·rize /dáɪəràɪz/ *vi.* 日記をつける. — *vt.* 日記に記入する[つける]. 〖(1827) ← DIARY＋-IZE〗

di·ar·rhe·a /dàɪəríːə | -ríə/ *n.* 〖病理〗下痢: have ～ 下痢をする. **di·ar·rhe·ic** /dàɪəríːɪkˈ/ *adj.* **di·ar·rhet·ic** /dàɪərétɪk | -tɪkˈ/ *adj.* 〖(*a*1398) □ LL *diarrhoea* □ Gk *diárrhoia* a flowing through: ⇨ dia-, -rrhea〗

di·ar·rhe·al /dàɪəríːəl | -ríəlˈ/ *adj.* 下痢の, 下痢状の. 〖(1651): ⇨ ↑, -al¹〗

di·ar·rhoe·a /dàɪəríːə | -ríə/ *n.* 《英》〖病理〗=diarrhea. **dì·ar·rhóe·al** /-ríːəl | -ríəlˈ/ *adj.* **dì-**

ar·rhóe·ic /-ríːɪk˜/ *adj.* **dì·ar·rhóet·ic** /-rέtɪk | -tɪk˜/ *adj.*

di·ar·thro·sis /dàɪɑəθróʊsɪ̀s | -ɑːθrə́ʊsɪs/ *n.* (*pl.* **-thro·ses** /-siːz/) 〖解剖〗可動関節. **di·ar·thro·di·al** /dàɪɑəθróʊdiəl | -ɑːθrə́ʊdi-˜/ *adj.* 〖(1578)← NL ～ ← Gk *diárthrōsis* division by joints: ⇨ dia-, arthrosis〗

di·a·ry /dáɪəri/ *n.* 日記, 日誌 (cf. journal 1); 日記帳; (ポケット用)手帳日記; 《英》(会合などの予定を記入するための)卓上日記, 日暦: keep a ～ 日記をつける. 〖(1581) □ L *diārium* daily allowance, journal ← *diēs* day ← IE *deiw- to shine: ⇨ -ary〗

Di·as /díːəs; *Port.* díɐʃ/, **Bar·t(h)o·lo·me·u** /bɐɾtuluméu/ *n.* ディアス《1450?–1500; ポルトガルの航海者; ヨーロッパ人で初めて喜望峰に到達 (1488)》.

di·as·chi·sis /daɪǽskəsɪ̀s | -kɪ̀sɪs/ *n.* (*pl.* **-chi·ses** /-siːz/) 〖医学〗(神経連合)機能解離. 〖(1915) ← NL ～ ← G ～ □ Gk *diáskhisis* division ← *diaskhízein* to sever: スイスの神経学者 C. von Monakow (1853–1930) の造語〗

di·a·scope /dáɪəskòʊp | -skə̀ʊp/ *n.* 〖医学〗ガラス圧診器. 〖(1911) ← DIA-＋-SCOPE〗

Di·a·sone /dáɪəsòʊn | -sə̀ʊn/ *n.* 〖商標〗ダイアソーン《ハンセン病治療薬 sulfoxone sodium の商品名》.

Di·as·po·ra /daɪǽspərə/ *n.* **1** [the ～] ディアスポラ《バビロン捕囚後, ユダヤ人が異邦人の間に四散したこと; Dispersion ともいう》. **2** [the ～; 集合的] (以上のように)四散した全ユダヤ人《今はイスラエル以外の土地に住むユダヤ人についていう》; 四散した場所[土地], Palestine 以外のユダヤ人の居住地: in Israel or in *the* ～. **3** [the ～; 集合的] (Palestine 以外の地に住んだ) 初期ユダヤ人キリスト教徒. **4** [d-] (起源・背景・信仰・職業などを共通にする人々の)四散, 国外離散; (一国の文化などの)伝播; 移住, 移動; [the d-; 集合的] 移住[四散]した人々. 〖(1876) □ Gk *diasporá* a scattering ← DIA-＋*speírein* to sow (cf. spore)〗

di·a·spore /dáɪəspɔ̀ə | -spɔ̀ː(r)/ *n.* **1** 〖鉱物〗ダイアスポア (AlO(OH)). **2** 〖植物〗散布体[器官]. 〖(1805) ← NL ～ ← Gk *diasporá* (↑): 1 は熱せられると強く飛び散ることから〗

di·a·stal·sis /dàɪəstǽlsɪ̀s | -sɪs/ *n.* (*pl.* **-ses** /-siːz/) 〖生理〗(腸の)波状蠕動(ぜんどう).

di·a·stase /dáɪəstèɪz, -stèɪs/ *n.* 〖生化学〗**1** ジアスターゼ, 澱粉糖化酵素 (amylase). **2** 酵素 (enzyme). 〖(1838) □ F ～ □ Gk *diástasis* separation: ⇨ diastasis〗

di·a·sta·sic /dàɪəstéɪsɪk˜/ *adj.* 〖化学〗＝diastatic.

di·as·ta·sis /daɪǽstəsɪ̀s | -sɪs/ *n.* (*pl.* **-ta·ses** /-siːz/) **1** 〖医学〗縫合離開, 骨端(線)離開《骨折によらずに起こるもの》. **2** 〖生理〗(収縮直前の)心拍静止期. 〖(1741) ← NL ～ ← Gk *diástasis* separation: ⇨ dia-, -stasis, -ose〗

-di·as·ta·sis /daɪǽstəsɪ̀s | -sɪs/ (*pl.* **-ta·ses** /-sìːz/) 「分解; 転位」の意の名詞連結形. 〖↑〗

di·a·stat·ic /dàɪəstǽtɪk | -tɪk˜/ *adj.* **1** 〖生化学〗ジアスターゼの, 糖化性の: ～ enzyme 糖化酵素. **2** 〖医学・生理〗diastasis の. 〖(1881) □ Gk *diastatikós* separating: ⇨ diastase, -ic¹〗

di·a·stem /dáɪəstèm/ *n.* 〖地質〗ダイアステム《堆積の中断・再浸食・海底風化などによって起こる堆積のわずかな間隙; cf. disconformity, unconformity》. 〖(1694)↓〗

di·a·ste·ma /dàɪəstíːmə/ *n.* (*pl.* ～**ta** /～tə | ～tə/) **1** 〖生物〗隔膜質《細胞分裂に際して新しい細胞境界が生じるべき細胞質の部分に生じる構造》. **2** 〖歯科〗歯間離開《特に上顎の隣り合った歯の間に生じた間隙(かんげき)》. **dì·a·ste·mát·ic** /-stɪ̀mǽtɪk | -stɪmǽt-˜/ *adj.* 〖(*a*1398) □ LL *diastēma* □ Gk *diástēma* space between〗

di·as·ter /daɪǽstə | -tə(r)/ *n.* 〖生物〗(核分裂の)双星, 両星. **di·as·tral** /daɪǽstrəl˜/ *adj.* 〖(1882) ← DI-¹＋ASTER〗

di·a·ster·e·o·i·so·mer /dàɪəstèrioʊáɪsəmə, -stɪ̀ə r-, -áɪsoʊ- | -stèriə(ʊ)áɪsəmə(r), -stɪər-/ *n.* 〖化学・結晶〗ジアステレオ(イソ)マー《分子の一部分だけが互いに鏡像の関係にあるような異性体; cf. enantiomorph 2》. **dìa·stèreo·isoméric** *adj.* **dìa·stèreo·isómerism** *n.* 〖(1936) ← DIA-＋STEREOISOMER〗

di·a·ster·e·o·mer /dàɪəstérioʊmə, -stɪ́ə r- | -stériəʊmə(r), -stɪər-/ *n.* 〖化学・結晶〗＝diastereoisomer.

di·as·to·le /daɪǽstəli:, -li | -li/ *n.* **1** 〖生理〗心(臓)拡張(期) (cf. systole 1). **2** 〖古典詩学〗音節延長 (cf. systole 2). **di·as·tol·ic** /dàɪəstá(ː)lɪk | -stɔ́l-˜/ *adj.* 〖(1577) □ (O)F ～ // LL ～ □ Gk *diastolē* expansion, the lengthening of a syllable ← *diastéllein* to expand ← DIA-＋*stéllein* to place, send〗

di·as·tro·phism /daɪǽstrəfɪzm/ *n.* 〖地質〗地殻変形, 地殻変動 (cf. epeirogeny, orogeny). **di·as·troph·ic** /dàɪəstrá(ː)fɪk | -trɔ́f-˜/ *adj.* **di·as·tróph·i·cal·ly** *adv.* 〖(1881) ← Gk *diastrophḗ* dislocation (⇨ dia-, strophe)＋-ISM〗

di·a·style /dáɪəstàɪl/ *n.* 〖建築〗隔柱式《柱と柱との内法(うちのり)間隔を柱の基部の直径の 3 倍にする柱割り (intercolumniation)》. — *adj.* 隔柱式の. 〖(1563) □ L *diastȳlos* □ Gk *diástūlos* ← DIA-＋*stûlos* pillar (⇨ -style¹)〗

día·sỳstem *n.* 〖言語・文法〗共通体系《一組の方言において共通して存在する言語体系》. 〖(1954) ← DIA-＋SYSTEM〗

di·a·tes·sa·ron /dàɪətésərən | -rɔ̀n/ *n.* **1** 〖音楽〗(古代ギリシャ, 中世の)完全 4 度音程. **2** [the D-] 「ディアテッサロン」《150 年ごろ Tatian が四福音書の記事を一貫的に調和させて編集したもの》. 〖(*a*1387) □ OF ～ // L *diatessarōn* □ Gk *dià tessárōn* 《原義》 by or through four ← *téssares* 'FOUR' ⇨ dia-〗

di·a·ther·man·cy /dàɪəθə́ːmənsi | -θə́ː-/ *n.* 〖物理化学〗透熱性. 〖(1837) □ F *diathermansie* ← DIA-＋Gk *thérmansis* a heating: ⇨ thermo-, -ancy〗

di·a·ther·ma·nous /dàɪəθə́ːmənəs | -θə́ː-˜/ *adj.* 〖物理化学〗熱線透過性の, 透熱性の, 熱を通す (↔ athermanous). 〖(1834): ⇨ ↑, -ous〗

di·a·ther·mi·a /dàɪəθə́ːmiə | -θə́ː-/ *n.* 〖医学〗＝diathermy. 〖⇨ diathermy, -ia¹〗

di·a·ther·mic /dàɪəθə́ːmɪk | -θə́ː-˜/ *adj.* **1** 〖物理化学〗＝diathermanous. **2** 〖医学〗ジアテルミーの; 温熱療法の: ～ treatment 温熱療法. 〖(1840) □ F *diathermique*: ⇨ dia-, thermic〗

di·a·ther·mize /dàɪəθə́ːmaɪz | -θə́ː-/ *vt.* 〖医学〗ジアテルミー (diathermy) で治療する.

di·a·ther·my /dáɪəθə̀ːmi | -θə̀ː-/ *n.* 〖医学〗**1** ジアテルミー《高周波利用の温熱療法; cf. radiothermy》. **2** ジアテルミー装置. 〖(1909) ← DIA-＋-THERMY〗

di·ath·e·sis /daɪǽθəsɪ̀s | -θɪ̀sɪs/ *n.* (*pl.* **-e·ses** /-siːz/) **1** 〖病理〗(身体の)(病的)素質, 体質《ある種の病気にかかりやすい素質》. **2** (ある発達に対する)素因. **3** 〖言語〗(動詞などが係わる)統語型, 関連構文. 〖(1651) ← NL ～ ← Gk *diáthesis* arrangement ← *diatithénai* to arrange: ⇨ dia-, thesis〗

di·a·thet·ic /dàɪəθétɪk | -tɪk˜/ *adj.* **1** 〖病理〗素質上の, 特異体質の. **2** 〖文法〗(動詞の)態の[に関する]. 〖(1866): ⇨ ↑, -thetic〗

di·a·tom /dáɪətɑ̀(ː)m | -təm, -tɔ̀m/ *n.* 〖植物〗珪藻(けいそう)植物《珪藻類に属する顕微鏡的植物; プランクトン性のものが多い》. 〖(1845) ← NL *Diatoma* ← Gk *diátomos* cutting through ← *diatémnein* to cut through ← DIA-＋*témnein* to cut (cf. tome)〗

di·a·to·ma·ceous /dàɪətəméɪʃəs, daɪæ̀t- | -tə-˜/ *adj.* **1** 〖植物〗珪藻(けいそう)類の. **2** 〖地質〗珪藻土の. 〖(1847) ← NL *Diatomaceae*: ⇨ -ous〗

díatomaceous éarth *n.* 〖地質〗＝diatomite.

di·a·tom·ic /dàɪətá(ː)mɪk | -ətɔ́m-˜/ *adj.* 〖化学〗**1** 二原子の. **2** 《化合物か》二つの置換しうる原子[基]をもつ, 2 価の: ～ alcohol 2 価アルコール. 〖(1859) ← DI-¹＋ATOM＋-IC¹〗

di·at·o·mite /daɪǽtəmàɪt | -tə-/ *n.* 〖地質〗珪藻土《研磨剤・吸湿剤・濾(過)剤として用いられる; cf. kieselguhr, tripoli》. 〖(1887) ← DIATOM＋-ITE¹〗

di·a·ton·ic /dàɪətá(ː)nɪk | -tɔ́n-˜/ *adj.* 〖音楽〗全音階の, 全音階的な; 全音階的音程の: the ～ scale 全音階. **di·a·tón·i·cal·ly** *adv.* 〖(1603) □ (O)F *diatonique* // LL *diatonicus* □ Gk *diatonikós* ← *diátonos*: ⇨ dia-, tone, -ic¹〗

di·a·ton·i·cism /dàɪətá(ː)nəsɪzm | -tɔ́nɪ-/ *n.* 〖音楽〗全音階主義[使用]; 全音階的和声の使用; 全音階法《全音階に基づく作曲法; cf. chromaticism》. 〖(1931): ⇨ ↑, -ism〗

di·a·ton·ism /dáɪətɑ̀(ː)nɪzm | -tɔ̀n-/ *n.* 〖音楽〗＝diatonicism.

di·a·treme /dáɪətrìːm/ *n.* 〖地質〗ダイアトリーム《火山ガスの爆発によって作られた火道》. 〖← DIA-＋Gk *trêma* hole〗

di·a·tribe /dáɪətràɪb/ *n.* **1** a 痛烈な非難[攻撃]; 激しい非難文[演説]〔*against*〕. b 皮肉, 諷刺. **2** 《古》長広舌. 〖(1581) □ F ～ □ L *diatriba* □ Gk *diatribḗ* waste of time, study ← DIA-＋*tríbein* to rub〗

di·a·trib·ist /-bɪ̀st | -bɪst/ *n.* 痛烈な悪口屋[非難者, 諷刺家]. 〖(*a*1660): ⇨ ↑, -ist〗

di·at·ro·pism /daɪǽtrəpɪzm/ *n.* 〖植物〗側面屈性, 横屈性《刺激の方向に対して直角の位置を取ろうとする植物器官の傾向》. **di·a·trop·ic** /dàɪətrá(ː)pɪk | -trɔ́p-˜/ *adj.* 〖⇨ dia-, -tropism〗

Di·az /díːəs, -ɑːʃ; *Port.* díɐʃ/, **Bart(h)olomeu** *n.* ＝Bart(h)olomeu DIAS.

Dí·az /díːɑːs, -ɑːz | -əs, -æs; *Am.Sp.* días/, **(José de la Cruz) Por·fi·rio** /porfírjo/ *n.* ディアス《1830–1915; メキシコの将軍・政治家; 大統領 (1877–80, 1884–1911)》.

Dí·az del Cas·til·lo /-dɛlkɑːstíːljoʊ | -ljəʊ; *Sp.* -ðelkastíʎo, -jo/, **Ber·nal** /bernál/ *n.* ディアスデルカスティーリョ《1492–1581?; スペインの年代記作者・軍人; メキシコ征服のとき Cortés と行動を共にした》.

Dí·az de Vi·vár /-deɪvɪvάə | -vάː(r); *Sp.* díaθeβiβár/, **Rodrigo [Ruy]** *n.* ＝Cid.

di·az·e·pam /daɪǽzəpæ̀m | -ǽzɪ̀-, -éɪzɪ̀-/ *n.* 〖薬学〗ジアゼパム ($C_{16}H_{13}ClN_2O$)《精神安定薬・筋弛緩薬として用いる; 商品名は Valium》. 〖(1961) ← DIAZO-＋EP(OXIDE)＋? AM(MONIA)〗

di·a·zine /dáɪəzìːn, daɪǽzɪ̀n, -zn | dáɪəzìːn, daɪǽzɪn/ *n.* (*also* **di·a·zin** /dáɪəzɪ̀n, daɪǽzɪ̀n | -zɪn/) 〖化学〗ジアジン ($C_4H_4N_2$)《複素 6 員環化合物で環内に 2 個の窒素原子を含むものをいう; cf. azine》. 〖← DIAZO-＋-INE³〗

di·az·i·non /daɪǽzənɑ̀(ː)n | -zɪnɔn/ *n.* 〖化学〗ジアジノン ($C_{12}H_{21}O_3N_2PS$)《農業用および防疫用殺虫剤として使用される無色の液体》. 〖⇨ ↑, -on¹〗

di·az·o /daɪǽzoʊ, -éɪz- | -zəʊ/ *adj.* **1** 〖化学〗ジアゾ基 (−N＝N−) を含んだ. **2** ジアゾニウム (diazonium) に関する[を含む]. **3** 〖写真〗ジアゾタイプ (diazotype) の (dyeline). — *n.* 《商用語》＝diazo compound. 〖(1878)↓〗

di·az·o- /daɪǽzoʊ, -éɪz- | -zəʊ/ 〖化学〗「2 個の窒素をもつ」の意の連結形. 〖← DI-¹＋AZO-〗

diàzo·amíno *adj.* 〖化学〗ジアゾアミノ基 (−N＝N−NH−) をもつ. 〖⇨ ↑, amino-〗

diazoamíno gròup [ràdical] *n.* 〖化学〗ジアゾアミノ基 (−N＝N−NH−).

diázo còmpound *n.* 〖化学〗ジアゾ化合物《ジアゾ基 (−N＝N−) をもつ化合物》.

diázo dýe *n.* 〖化学〗ジアゾ染料《分子にジアゾ基 (−N＝N−) を含む鮮明な色のアゾ化合物; 綿・レーヨンの染色に用いる》.

diázo gròup *n.* 〖化学〗ジアゾ基 (−N＝N− 基).

di·a·zole /dáɪəzòʊl | daɪéɪzəʊl/ *n.* 〖化学〗ジアゾール《複素 5 員環化合物で環内に 2 個の窒素原子を含むもの》. 〖← DIAZO-＋-OLE¹〗

diàzo·méthane *n.* 〖化学〗ジアゾメタン (CH_2N_2)《黄色・無臭・有毒の気体; 液化したものおよび濃溶液は爆発しやすい》.

di·a·zo·ni·um /dàɪəzóʊniəm | -zə́ʊ-/ *n.* 〖化学〗ジアゾニウム基《芳香族アミンと亜硝酸との作用でできる一価の陽イオン原子団 $-N^+{\equiv}N$》. 〖(1895) ← DIAZO-＋-ONIUM〗

diazónium cómpound *n.* 〖化学〗ジアゾニウム化合物《一般に $-N^+{\equiv}N$ 形の陽イオンを含む化合物》. 〖1951〗

diazónium sált *n.* 〖化学〗ジアゾニウム塩《一般式 ArN_2X で表される化合物》. 〖1940〗

diázo pròcess *n.* 〖写真〗ジアゾ法《ジアゾ化合物の感光性を利用した複写法》.

diázo ràdical *n.* 〖化学〗＝diazo group.

di·az·o·ti·za·tion /dàɪæ̀zətɪ̀zéɪʃən | -taɪ-, -tɪ-/ *n.* 〖化学〗ジアゾ化《芳香族第一アミンと亜硝酸の反応によりジアゾ化合物を作る反応》. 〖(1893): ⇨ ↓, -ation〗

di·az·o·tize /daɪǽzətàɪz/ *vt.* 〖化学〗ジアゾ化する. 〖(1889) ← DI-¹＋AZOTE＋-IZE〗

di·az·o·type /daɪǽzətàɪp/ *n.* 〖写真〗ジアゾタイプ《ジアゾ法 (diazo process) で作った写真またはその方法》. 〖(1890) ← DIAZO-＋-TYPE〗

dib¹ /díb/ *n.* **1** [*pl.*] 《米口語》〔ある物に対する〕分け前(の要求), 〔ある物を使う, またはある事をする〕権利(の主張)〔*on*〕 (cf. dibs *int.*): I have ～*s on* (rid*ing*) the bicycle. 今度はぼくが自転車に乗る番だ. ★ 主に子供の用語. **2** [*pl.*] 《俗》(少額の)金, 小銭. **3** [*pl.*] 《英》〖遊戯〗 **a** ＝jack¹ 10 a. **b** [単数扱い] ＝jack¹ 10 b. **4** 《英古》〖トランプ〗数取り (counter). 〖(1730–36) 《略》← *dibstone* ← 《廃》*dib* 《変形》← DAB¹)＋STONE〗

dib² /díb/ *vi.* (**dibbed; dib·bing**) えさを水面に軽く浮き沈みさせて釣る. 〖(1609) 《変形》? ← DAB¹〗

di·ba·sic /dàɪbéɪsɪk˜/ *adj.* 〖化学〗二塩基の, 二塩基性の, 塩基度二の: ～ acids 二塩基酸. 〖(1868): ⇨ di-¹, basic〗

di·ba·sic·i·ty /dàɪbeɪsísəti | -sɪ̀ti/ *n.* 〖化学〗二塩基性. 〖(1880): ⇨ ↑, -ity〗

díbasic sódium phósphate *n.* 〖化学〗＝sodium phosphate b.

dib·a·tag /díbətæ̀g/ *n.* 〖動物〗ディバタグ (*Ammodorcas clarkei*)《ソマリア・エチオピア東部地域にいる小形のレイヨウ; 首が長く, 尾は細長い》. 〖(1891) □ Somali *dibatag, dibtag*〗

dib·ber /díbə | -bə(r)/ *n.* 《英》＝dibble¹.

dib·ble¹ /díbl̩/ *n.* 点まき器《苗や種を植えるときに使う先のとがった穴掘りの道具》. — *vt.* dibble で〈地面〉に穴を掘る; dibble で(穴を掘って)〈苗や種を〉植え付ける, 点まきする: ～ *in* potatoes ジャガイモを植え付ける. — *vi.* dibble を使う[で穴を掘る]. 〖(?*a*1450): ⇨ dib², -le¹〗

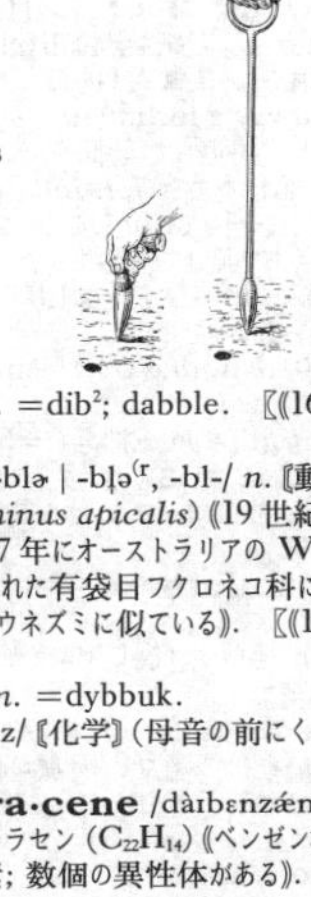

dibbles

dib·ble² /díbl̩/ *vi.* ＝dib²; dabble. 〖(1622) ← DIB²＋-LE³〗

dib·bler /díblə, -blə | -blə(r), -bl-/ *n.* 〖動物〗アンテキヌスモドキ (*Parantechinus apicalis*)《19 世紀に死滅したと見なされていたが 1967 年にオーストラリアの Western Australia 州で再発見された有袋目フクロネコ科に属する動物; 外形は食虫目ジャコウネズミに似ている》. 〖(1850) ← DIBBLE¹＋-ER¹〗

dib·buk /díbək/ *n.* ＝dybbuk.

di·benz- /dàɪbénz/ 〖化学〗(母音の前にくるときの) dibenzo- の異形.

di·benz·an·thra·cene /dàɪbɛnzǽnθrəsìːn/ *n.* 〖化学〗ジベンゾアントラセン ($C_{22}H_{14}$)《ベンゼン核が 5 個結合した構造の炭化水素; 数個の異性体がある》. 〖(1918): ⇨ ↓, anthracene〗

di·ben·zo- /dàɪbénzoʊ | -zəʊ/ 〖化学〗「二つのベンゼン環 (benzene ring) を含む」の意の連結形. ★ 母音の前では通例 dibenz- になる. 〖← DI-¹＋BENZO-〗

d'I·ber·ville /díːbəvɪl | -bə-; *F.* dibɛʀvil/, Sieur *n.* ディベルビル《1661–1706; カナダ生まれのフランスの海軍軍人; Louisiana 植民地を建設 (1699); 本名 Pierre Le Moyne /ləmwɑn/》.

di·bo·rane /daɪbɔ́ːreɪn/ *n.* 〖化学〗ジボラン (B_2H_6)《ホウ素と水素を化合して得られる気体》. 〖(1926) ← DI-¹＋BORANE〗

di·brach /dáɪbræk/ *n.* 〖詩学〗＝pyrrhic 2. 〖□ LL

dibrachys ◻ Gk *díbrakhus* ← DI-[1]+*brakhús* short (cf. brachy-)〗

Di·bran·chi·a /daɪbrǽŋkiə/ *n. pl.* 〘動物〙二鰓(さい)亜綱《イカ・タコの類を含む》.〖← NL ～: ⇨ di-[1], branchia〗

di·bran·chi·ate /dàɪbrǽŋkiɪ̀t, -kièɪt/〘動物〙*adj.* 二鰓(さい)亜綱の. ── *n.* 二鰓亜綱の動物《タコ・イカのような八腕目 (Octopoda)・十腕目 (Decapoda) の軟体動物》.〖《1835–36》← NL *dibranchiāta* (pl.): ⇨ ↑, -ate[1, 2]〗

di·bro·mide /daɪbróʊmaɪd | -bráʊ-/ *n.* 〘化学〙ジブロミド, 二臭化物.〖← DI-[1]+BROMIDE〗

dì·brò·mo·éthane /dàɪbroʊmoʊ- | -brəʊməʊ-/ *n.* 〘化学〙ジブロモエタン (⇨ ethylene dibromide).〖《1869》: ⇨ ↑, ethane〗

dibs /díbz/ *n. pl.* ⇨ dib[1]. ── *int.* 《米》[主に小児語] ぼくの(もの)だ〔*on*〕《権利や分け前を主張するときの言葉; ⇨ dib[1] 1》.〖《1812》 (pl.) ← DIB[1]〗

di·bu·caine /daɪbjúːkeɪn/ *n.* 〘薬学〙ジブカイン ($C_{20}H_{29}N_3O_2$)《局部麻酔剤》.〖← DI-[1]+BU(TOXYL)+-CAINE〗

di·bu·tyl /dàɪbjúːtɪ̀l, -tɪl | -taɪl, -tɪl/ *adj.* 〘化学〙二つのブチル (butyl) 基から成る[を持つ].〖← DI-[1]+BUTYL〗

dibútyl óxalate *n.* 〘化学〙蓚(しゅう)酸ジブチル ($C_2O_4(C_4H_9)_2$)《蓚酸のブタノールエステル; ニトロセルロースの溶剤》.

dibútyl phthálate *n.* 〘化学〙フタル酸ジブチル ($C_6H_4(COOC_4H_9)_2$)《無色無臭の油状液体; 合成樹脂の可塑剤・溶剤・防虫剤》.〖1925〗

di·càr·box·ỳl·ic ácid /daɪkàːəbɑ(ː)ksɪ̀lɪk- | -kàː-bɔk-⌐/ *n.* 〘化学〙ジカルボン酸.〖《1890》*dicarboxylic*: ← DI-[1]+CARBOXYL+-IC[1]〗

dic·ast /díkæst, dáɪk- | dík-/ *n.* 審判人《古代 Athens で, 年々市民の中からくじで選ばれた 6,000 人の一人; 裁判官と陪審員の両方の役割をもつ》.〖《1822》◻ Gk *dikastḗs* juryman ← *dikázein* to judge ← *díkē* judgment ← IE **deik-* to pronounce solemnly〗

dic·as·ter·y /daɪkǽstəri, dɪkǽs-, -tri | dɪkǽs-/ *n.* (古代 Athens の) dicasts が出席する法廷; [集合的] アテネ裁判官団.〖《1846》◻ Gk *dikastḗrion* court of law: ↑〗

di·cas·tic /dɪkǽstɪk, daɪ- | dɪ-/ *adj.* dicast の(ような).〖《1849》← Gk *dikastikós*〗

dice /dáɪs/ *n. pl.* **1** さい, さいころ, ダイス (cf. die[2]): two ～ / play (at) ～ さいころ遊び[賭博]をする. ★《英》では今は die とは無関係と感じられ one die の代わりに one ～ または one of the ～ を用いる. **2** [単数扱い] さいころ遊び[賭博]. **3** 〘遊戯〙=poker dice. **4** (*pl.* 時に **dies**) (食品などの小さな)立方形, さいの目形: cut potatoes into ～ ジャガイモをさいの目に切る.

lóad the díce (1) (有利または不利な)立場におく: *load the* ～ *against* [*in favor of*] a person 人を不利[有利]な立場におく. (2) 一方に偏した議論をする. (3) 結果をゆがめる. ***nò díce*** 《米口語》(1) [間投詞的に要請・要求に対する拒否を表して] 嫌だ, だめだ (no)《craps でさいころを振り出すのを禁じるときの言葉から》. (2) [成功の見込みのないことを表して] 不首尾で, やっても無駄で: But it is *no* ～. しかしそれはだめだ. ***with lóaded díce*** (1) いんちきなさいころを用いて, いかさまで (cf. loaded 1 c). (2) ずるい手を用いて.

── *vi.* **1** さいで遊ぶ, さいころ賭博をする: ～ *with* a person 人とさいころをする / ～ *for* … さいを振って〈物〉の取りっこをする. **2** 危険を冒す, 大ばくちを打つ: ～ *with* death (命がけの)大冒険をやる. ── *vt.* **1** さいの目に切る: ～ bread, meat, etc. **2 a** (さいの目形・ひし形などの)市松模様にする. **b** 〈革表紙などを〉市松[さいの目]模様にする, ひし形模様にする. **3 a** さいを振って失う, 賭博で失う 〈*away*〉: ～ *away* a fortune ばくちで財産[大金]をすってしまう. **b** さいころを振って〈時間を〉つぶす 〈*away*〉. **4** 〈人〉とさいを振る, 賭博をする〔*for, into, out of*〕: ～ a person *for* … 人とさいを振って〈物〉の取りっこをする / ～ one*self* *into* debt ばくちで負けて借金する / ～ a person *out of* his money ばくちで人から金を巻き上げる. **5** 《豪俗》はねつける, 捨てる; うっちゃっておく.

〖n.: 《?a1300》 deis, dies (pl.) ← DIE[2]. ── v.: 《a1399》← (n.)〗

Di·ce /dáɪsi/ *n.* 〘ギリシャ神話〙=Dike.

díce bòard *n.* さいころ台, ダイス盤.

díce·bòx *n.* ダイスボックス, さい筒《さいを入れて振り出す円筒》.〖1552〗

dícebox ínsulator *n.* (電柱の)さい筒形碍子(がいし).〖1895〗

díce cùp *n.* さいつぼ[筒], ダイスカップ《さいを入れて振り出す小さな容器》.

di·cen·tra /daɪséntrə/ *n.* 〘植物〙 **1** ケマンソウ (*Dicentra spectabilis*)《ケシ科コマクサ属の植物》. **2** ケシ科コマクサ属の植物の総称.〖《1866》← NL ～ ← DI-[1]+Gk *kéntron* spur〗

di·cen·tric /daɪséntrɪk⌐/ *adj.* 〘生物〙二つの動原体 (centromere) をもつ.〖《1937》← DI-[1]+CENTRIC〗

di·ceph·a·lous /daɪséfələs | -séf-, -kéf-/ *adj.* 〘医学〙両頭の, 頭の二つある《胎児の奇形についていう》. **di·céph·a·lìsm** /-lɪ̀zm/ *n.*〖《1808》← DI-[1]+-CEPHALOUS〗

di·ceph·a·lus /daɪséfələs | -séf-, -kéf-⌐/ *n.* 〘病理〙二頭体.〖← NL ～ (↑)〗

díce·plày *n.* さいころ遊び[賭博].〖c1440〗

díc·er *n.* **1** さいをもてあそぶ人, ばくち打ち. **2** (食品を)さいの目に切る機械. **3** 《米俗》かんかん帽, 山高帽など.〖《1408》: ⇨ -er[1]〗

dic·ey /dáɪsi/ *adj.* (**dic·i·er; -i·est**)《英口語》運まかせの, 一か八かの, 危険な (risky); 予測できない, あやふやな (uncertain): a ～ operation.〖《1950》: ⇨ -y[4]〗

dich- /daɪk/ (母音の前にくるときの) dicho- の異形.

di·cha·si·um /daɪkéɪʒiəm, -ʒəm | -ziəm/ *n.* (*pl.* **-si·a** /-ʒiə, -ʒə | -ziə/)〘植物〙二枝集散花序, 岐繖(きさん)花序 (cf. monochasium, polychasium). **di·chá·si·al** /-ʒiəł, -ʒəł | -ziəł⌐/ *adj.* **di·chá·si·al·ly** *adv.*〖《1875》← NL ～ ← Gk *díkhasis* division ← *díkha*: ⇨ dicho-, -ium〗

di·chla·myd·e·ous /dàɪkləmídiəs | -míd-⌐/ *adj.* 〘植物〙〈花が〉両被性の, 二重花被の《萼(がく)と花冠との二被蓋(がい)のある》: a ～ flower 両被花, 二被花.〖《1830》← DI-[1]+CHLAMYD-+-OUS〗

di·chlor- /daɪklɔ́ːr/ (母音の前にくるときの) dichloro- の異形.

di·chlo·ra·mine /dàɪklɔ́ːrəmìːn/ *n.* 〘化学〙ジクロラミン ($NHCl_2$).

dichlorámine-T /-tíː/ *n.* 〘化学〙ジクロラミン T ($CH_3C_6H_4SO_2NCl_2$)《消毒剤; cf. chloramine-T》.

di·chlo·ride /daɪklɔ́ːraɪd/ *n.* 〘化学〙二塩化物 (bichloride).〖《1825》← DI-[1]+CHLORIDE〗

di·chlo·ro- /daɪklɔ́ːroʊ-, -rə | -rəʊ-/〘化学〙「二塩化」の意の連結形. ★ 母音の前では通例 dichlor- になる.〖← DI-[1]+CHLORO-〗

dichlòro·bénzene *n.* 〘化学〙ジクロロベンゼン ($C_6H_4Cl_2$)《*o-, m-, p-* の 3 種の異性体がある; 殺虫剤》.〖1873〗

dichlóro·dièthyl súlfide *n.* 〘化学〙硫化ジクロロジエチル (⇨ mustard gas).

dichlóro·di·flùo·ro·méthane /-flɔ̀ːroʊ-, -flʊ̀ᵊr- | -flɔ̀ːrə(ʊ)-, -flʊ̀ər-/ *n.* 〘化学〙ジクロロジフルオロメタン (CCl_2F_2)《無色でほとんど無臭の気体; 冷凍剤》.〖《1936》← DICHLORO-+DI-[1]+FLUORO-[1]+METHANE〗

dichlóro·diphènyl·dichlòro·éthylene *n.* 〘化学〙=DDE.〖⇨ ↓, ethylene〗

dichlóro·diphènyl·trichlòro·éthane *n.* 〘化学〙=DDT.〖← DICHLORO-+DI-[1]+PHENYL+TRICHLOROETHANE〗

dichlòro·éthane *n.* 〘化学〙=ethylene dichloride.

dichlòro·éthyl fórmal *n.* 〘化学〙ジクロロエチルフォルマール ($CH_2(OCH_2CH_2Cl)_2$)《合成ゴムなどの製造用》.

dichlòro·méthane *n.* 〘化学〙ジクロロメタン (⇨ methylene chloride).

dichlòro·phenóxy·acètic ácid *n.* 〘化学〙ジクロロフェノキシ酢酸 ($Cl_2C_6H_3OCH_2COOH$)《植物生長調整物質としての作用をもち, 広葉植物の除草剤として用いられる; 通例 2,4–dichlorophenoxyacetic acid の形で用いる; 略称 2,4–D》.〖← DICHLORO-+PHENOXY+ACETIC〗

di·chlor·vos /daɪklɔ́əvɑ(ː)s | -klɔ́ːvɔs/ *n.* 〘化学〙ジクロルボス ($(CH_3O)_2POOCH{:}\ CCl_2$)《有機リン酸系殺虫剤の一種; DDVP ともいう》.〖《1957》← (*dimethyl*) *dichlor*(*o*)*v*(*inyl*) (← DICHLORO-+VINYL)+(PH)OS-(PHATE)〗

di·cho- /dáɪkoʊ | -kəʊ/「二つに(分かれて) (in two, asunder)」の意の連結形. ★ 母音の前では通例 dich- になる.〖◻ LL ～ ← Gk *díkha* in two, asunder ← IE **dwigha-* ← **dwo-* 'TWO'〗

di·cho·gam·ic /dàɪkoʊgǽmɪk | -kə(ʊ)-⌐/ *adj.* 〘植物〙=dichogamous.

di·chog·a·mous /daɪkɑ́(ː)gəməs | -kɔ́g-/ *adj.* 〘植物〙〈両性花が〉雌蕊(ずい)・雄蕊の成熟期の異なる, 雌雄両蕊異時花の (cf. homogamous).〖《1859》◻ Gk *dikhogamos*〗

di·chog·a·my /daɪkɑ́(ː)gəmi | -kɔ́g-/ *n.* 〘植物〙雌雄異熟《成熟期を異にするため雌蕊(ずい)と雄蕊とが同一花内で受精できないこと》.〖《1862》◻ G *Dichogamie*: dicho-, -gamy〗

di·chon·dra /daɪkɑ́(ː)ndrə | -kɔ́n-/ *n.* 〘植物〙アオイゴケ《ヒルガオ科アオイゴケ属 (*Dichondra*) の熱帯性の匍匐(ほふく)性多年草の総称; アメリカ南部など暖かいところで芝代わりに栽培されるアオイゴケ (*D. repens*) など》.〖《1947》← NL ～ ← DI-[1]+-*chondra* (← Gk *khóndros* grain)〗

dich·ot·ic /daɪkɑ́(ː)tɪk | -kɔ́t-/ *adj.* 同時に左右の耳に異なる音を聞かせる: ～ listening 2 語[音]同時聴取テスト.〖《1911》← DICHO-+-OTIC[2]〗

di·chot·o·mist /daɪkɑ́(ː)təmɪ̀st, dɪ̀- | daɪkɔ́təmɪst, dɪ-/ *n.* 〘論理〙二分論者.〖《c1592》← DICHOTOMY+-IST〗

di·chot·o·mi·za·tion /daɪkɑ̀(ː)təmɪ̀zéɪʃən, dɪ̀- | daɪkɔ̀təmaɪ-, dɪ-, -mɪ-/ *n.* 両断; 分岐, 叉(さ)生.〖《1867》: ⇨ ↓, -ation〗

di·chot·o·mize /daɪkɑ́(ː)təmàɪz, dɪ̀- | daɪkɔ́t-, dɪ-/ *vt., vi.* **1** 二分する[される]〔*into*〕. **2** 分岐する, 叉(さ)生する.〖《1606》← DICHOTOMY+-IZE〗

di·chot·o·mous /daɪkɑ́(ː)təməs, dɪ̀- | daɪkɔ́t-, dɪ-/ *adj.* **1** 二分(法)的な, 両分的な: ～ division. **2** 〘植物・解剖〙叉(さ)状の, 叉状に分岐[分枝]する: ～ branching 叉状分枝. **～·ly** *adv.* **～·ness** *n.*〖《1690》◻ LL *dichotomos*: ⇨ ↓, -ous〗

di·chot·o·my /daɪkɑ́(ː)təmi, dɪ̀- | daɪkɔ́t-, dɪ-/ *n.* **1** 〘哲学・論理〙 **a** 二分法, 両分法《物事を対立的な概念に二分する論法》. **b** 二分, 両分: a ～ *into* right *and* wrong. **2** (物事の二分による)対立的な分裂[分離]〔*into, between*〕: a ～ *between nature and* art 自然と人工との分離[対立]. **3** 〘生物〙叉(さ)状分岐, 二また. **4** 〘植物〙叉生, 叉状分枝. **5** 〘天文〙半月, 上弦, 下弦《ちょうど真半分日光に照らされた月または内惑星の位相》.

di·cho·tom·ic /dàɪkətɑ́(ː)mɪk | -tɔ́m-⌐/ *adj.* **dì·cho·tóm·i·cal·ly** *adv.*〖《1610》◻ Gk *dikhotomía* cutting in two: ⇨ dicho-, -tomy〗

di·chro·ic /daɪkróʊɪk | -kráʊ-⌐/ *adj.* **1** 〘結晶〙二色性の (cf. pleochroic). **2** =dichromatic.〖《c1859》: ⇨ dichroism, -ic[1]〗

díchroic filter *n.* 〘写真〙干渉フィルター.

díchroic fóg *n.* 〘写真〙二色カブリ《透過光と反射光で色の異なるカブリ》.

di·chro·i·scope /daɪkróʊəskòʊp | -kráʊəskəʊp/ *n.* 〘結晶〙=dichroscope. **dì·chro·i·scópic** *adj.*

di·chro·ism /dáɪkroʊɪ̀zm | -krəʊ-/ *n.* **1** 〘結晶〙 **a** 二色性: 〘結晶〙二種の異なる軸方向から見ると異なる色を示す性質 (cf. pleochroism). **b** 〘物理〙物質による光の吸収・反射等が光の偏光状態によって異なる現象. **2** 〘染色〙二色性. **3** 〘動物〙二変色性.〖《1819》← Gk *díkhroos* of two colors (← DI-[1]+*khrós* color)+-ISM〗

di·chro·ite /dáɪkroʊàɪt | -krəʊ-/ *n.* 〘鉱物〙菫(きん)青石.〖《1810》◻ F ～ ← Gk *díkhroos* (↑): ⇨ -ite[1]〗

di·chro·it·ic /dàɪkroʊɪ́tɪk | -krəʊít-⌐/ *adj.* =dichroic.

di·chro·mat /dáɪkroʊmæ̀t | -krə(ʊ)-/ *n.* 〘眼科〙二原色視の人, 二色性色覚者《二原色だけしか弁別できない人; cf. monochromat, trichromat》.〖《1908》《逆成》← DICHROMATIC〗

di·chro·mate /daɪkróʊmeɪt, -mɪ̀t | -kráʊ-/ *n.* **1** 〘化学〙重クロム酸塩[エステル], 二クロム酸塩[エステル]《bichromate ともいう》. **2** 〘眼科〙=dichromat.〖《1864》← DI-[1]+CHROMATE〗

di·chro·mat·ic /dàɪkroʊmǽtɪk, -krə- | -krə(ʊ)-mǽt-⌐/ *adj.* **1** 二色の; 二色性の. **2** 〘動物〙二変色性の《年齢・性・季節に無関係に二様の変色を示す鳥・昆虫などにいう》. **3** 〘眼科〙二色性[型]色覚の.〖《1847》← DI-[1]+CHROMATIC〗

di·chro·mat·i·cism /dàɪkroʊmǽtəsɪzm, -krə- | -krə(ʊ)mǽtɪ-/ *n.* =dichromatism.

di·chro·ma·tism /daɪkróʊmətɪzm | -kráʊ-/ *n.* **1** 〘動物〙二色性, 二変色性. **2** 〘眼科〙二色性色覚《三原色のうち二原色のみ識別する色弱; 赤緑盲と黄青盲; cf. monochromatism, trichromatism》.〖《1884》← DICHROMATI(C)+-ISM〗

di·chro·mic[1] /daɪkróʊmɪk | -kráʊ-⌐/ *adj.* 〘眼科〙二原色視の.〖《1854》← Gk *díkhrōmos* two-colored (⇨ di-[1], -chrome)+-IC[1]〗

di·chro·mic[2] /daɪkróʊmɪk | -kráʊ-⌐/ *adj.* 〘化学〙重クロム酸の, 二クロム酸の.〖← DI-[1]+CHROMIC〗

díchromic ácid *n.* 〘化学〙重クロム酸, 二クロム酸 ($H_2Cr_2O_7$).

di·chro·o·scope /daɪkróʊəskòʊp | -kráʊəskəʊp/ *n.* 〘結晶〙=dichroscope.

di·chro·scope /dáɪkrəskòʊp | -skəʊp/ *n.* 〘結晶〙二色鏡《結晶体の二色性を試験するのに用いる; dichroiscope, dichrooscope ともいう》. **di·chro·scop·ic** /dàɪkrəskɑ́(ː)pɪk | -skɔ́p-⌐/ *adj.*〖《1857》← Gk *díkhroos* of two colors (⇨ dichroism)+-SCOPE〗

dic·ing /dáɪsɪŋ/ *n.* **1** さいころ遊び, さいころ賭博; ばくち: a ～ board=dice board / a ～ house ばくち宿. **2** (革表紙などの)市松[方形]模様, ひし形装飾.〖《1456》(ger.) ← DICE〗

dick[1] /dík/ *n.* **1** 《卑》=penis. **2** 《米俗》刑事,「でか」, 探偵: a private ～ 私立探偵 / *Dick* Tracy ディックトレーシー《米国の漫画の主人公の探偵》.〖《縮約》← DETECTIVE〗 **3** 《英口語》[通例修飾語を伴って] 男, 奴 (fellow): a queer ～ 変な奴 / ⇨ clever dick. ── *vt.* 《卑》〈女性〉と性交する. ── *vi.* 《卑》ぶらぶらする 〈*around*〉.〖《1553》← DICK〗

dick[2] /dík/ *n.* 《英俗》断言, 言明. ***táke one's díck*** 誓う 〈*to do, that*〉. ***ùp to díck*** (1) 抜け目のない. (2) 申し分のない, すてきな.〖《1861》《短縮》← DECLARATION〗

Dick /dík/ *n.* **1** ディック《男性名》. **2** 男性の一般的名称: ⇨ TOM, *Dick, and Harry*. **3** =dick[1] 3.〖(dim.) ← RICHARD[1]〗

dick·cis·sel /dɪksísəł, -sł, ⌐⌐⌐/ *n.* 〘鳥類〙ムナグロノジコ (*Spiza americana*)《北米に多いホオジロに似た渡り鳥》.〖《1886》《擬音語》〗

dick·en /díkᵊn | -kɪn/ *int.* 《豪俗》うるさい, やめろ: *Dicken on* that! それはやめてくれ, そんなばかなこと.〖《1894》《変形》↓〗

dick·ens /díkɪ̀nz | -kɪnz/ *n., int.* 《口語》[通例 the ～] =devil《強意的意味の婉曲語》: like *the* ～ すごく, がむしゃらに / What *the* ～ is it? 一体全体何だ (cf. blaze[1] *n.* 4 b) / *The* ～ of it is that it is true. それについて最も困ることはそれは本当だということだ / *The* ～! おや, くそ, ちくしょう《驚き・不快などを表す》/ (as) pretty [smart] as *the* ～ とてもかわいい[利口な].〖《1597》: *Dickon* ((dim.) ← RICHARD[1]) または姓 *Dickens* を DEVIL の頭韻的婉曲語としたものか〗

Dick·ens /díkɪ̀nz | -kɪnz/, **Charles** (**John Huffam**) *n.* ディケンズ《1812–70; 英国の小説家; 筆名 Boz; *Pickwick Papers* (1836–37), *David Copperfield* (1849–50), *Bleak House* (1852–53), *Great Expectations* (1860–61)》.

Dick·en·si·an /dɪkénziən, -siən | -ziən/ *adj.* ディケンズ (Dickens) の(作品の); ディケンズの作品にあるような, ディケンズ流の: ～ humor. ── *n.* ディケンズ研究家[愛好家].〖《1881》← ↑, -ian〗

dick·er[1] /díkə | -kə(r)/ 《口語》*vt.* 〈ある物を〉物と換える[交換する]: sell or ～ a horse 馬を金か物に換える. ── *vi.* **1** (物々交換で)取引する; 値切る (haggle); 〔…を得ようと〕かけ合う, 交渉する〔*for*〕: ～ *with* a person *for* his support 人に援助を求めてかけ合う. **2** 〘政治〙(互いに交換条件を出して)協定[妥協]する. **3** ぐらつく, 迷う, ためらう. **—** *n.* **1** 物々交換; 小商売, 小取引; 交換[取引]品(目). **2** 〘政治〙妥協. **~·ing** /-k(ə)rɪŋ/ *n.* 〖(1802) ← ? DICKER²〗

dick·er² /díkə | -kə^(r)/ *n.* 〘商業〙10 (ten); 10 個の一組 (set of ten); (特に) 10 枚の皮革. 〖(1275) *dyker* < OE **dicor* < (WGmc) **decura* (G *Decher*) ☐ L *decuria* set of ten: cf. decurion〗

dick·ey¹ /díki/ *n.* **1** =dickeybird. **2** 〘服飾〙 **a** ディッキー, いか胸《取りはずしできるワイシャツの胸当て》. **b** 《ニューイングランド》(取りはずしできる)シャツのカラー. **c** ディッキー《ドレスやジャケットの下に着てブラウスのように見せる前飾り》. **d** 蝶ネクタイ《dicky bow ともいう》. **3** (皮製の)前掛け, よだれ掛け; 油布衣. **4** 《英口語》(馬車内の)御者席《dickey box ともいう》; (古風な馬車の)後部従者席; (自動車の)後部臨時席[折りたたみ補助席] (《米》 rumble seat). **5** 《英方言》(雄の)ロバ. 〖(1753) ← *Dicky* (dim.) ← DICK〗

dick·ey² /díki/ *adj.* 《英口語》〈足元など〉(よろよろして)危なっかしい; 〈健康など〉心もとない, 弱い, おぼつかない; 情けない: have a ~ heart 心臓が悪い / He is very ~ on his pins. 足元がふらふらしている / It's all ~ with him. 彼はもう全くだめだ. 〖(1810) ← ? DICK+-Y⁴: cf. 《俗》 *Dick's hatband* makeshift〗

díckey·bìrd *n.* 《英口語・小児語》小鳥.
nót sày* [*hèar*] *a díckeybird 一言も言わない[聞かない]. 〖(1781) ← DICKEY¹〗

díckey bòx *n.* =dickey¹ 4.

díck·hèad *n.* 《俗》ばか者, いやなやつ. 〖(*c*1960) ← DICK¹+HEAD〗

dick·ie /díki/ *n.* =dickey¹.

Díck·in médal /díkɪ̣n- | -kɪn-/ *n.* ディキン賞《英国で 1943 年に設けられた軍馬・軍用犬など動物の戦時功労賞》. 〖← *Maria E. Dickin* (動物施療院の創立者)〗

Dick·in·son /díkɪ̣nsən, -sn̩ | -kɪn-/, **Emily (Elizabeth)** *n.* ディキンソン《1830–86; 米国の詩人》.

Dickinson, John *n.* ディキンソン《1732–1808; 米国の政治家》.

dick·ite /díkaɪt/ *n.* 〘鉱物〙ディカイト ($Al_2Si_2O_5(OH)_4$) 《カオリナイト (kaolinite) の同質異像》. 〖← *Allan B. Dick* (d. 1926: 英国の鉱物学者)+-ITE¹〗

Díck tèst /dík-/ *n.* 〘医学〙ディック反応, 猩紅(しょうこう)熱皮膚テスト[反応]. 〖(1925) ← *George Frederick Dick* (1881–1967) & *Gladys Rowend Henry Dick* (1881–1963): 米国の医師夫妻〗

dick·y¹ /díki/ *n.* =dickey¹.

dick·y² /díki/ *adj.* =dickey².

dícky·bìrd *n.* =dickeybird.

dícky bòw /-bòu | -bəu/ *n.* 《口語》蝶ネクタイ (bow tie).

di·cli·nism /daɪkláɪnɪzm/ *n.* 〘植物〙雌雄異花《雄蕊(ずい)と雌蕊とが異なった花にあること》. 〖(1882): ⇨ ↓, -ism〗

di·cli·nous /dàɪklάɪnəs⁻/ *adj.* 〘植物〙〈植物が〉雌雄異花の; 〈花が〉異花的な, 単性の (cf. monoclinous): a ~ flower. **di·cli·ny** /dáɪklaɪni/ *n.* 〖(1830) ← DI-¹+-CLINOUS¹〗

di·co·phane /dáɪkəfèɪn/ *n.* 〘化学〙=DDT. 〖← DIC(HLOR)O-+(DI)PH(ENYL)+(ETH)ANE〗

di·cot /dáɪkɑ(:)t | -kɒt/ *n.* 〘植物〙=dicotyledon.

di·cot·yl /dáɪkɑ(:)ṭəl, -ṭl̩ | -kɒtl̩, -tɪ̣l/ *n.* 〘植物〙=dicotyledon.

di·cot·y·le·don /dàɪkɑ̀(:)ṭəlí:dn̩, -ṭl- | dàɪkɒ̀tɪ̣lí:dn̩, -dən/ *n.* 〘植物〙双子葉植物 (cf. monocotyledon). 〖(1727) ← NL *dīcotylēdones*: ⇨ di-¹, cotyledon〗

di·cot·y·le·don·ous /dàɪkɑ̀(:)ṭəlí:dənəs, -ṭl-, -dn̩- | -kɒ̀tɪ̣lí:dən-, -dn̩-⁻/ *adj.* 〘植物〙子葉が二つある, 双子葉植物の. 〖(1794): ⇨ -ous〗

di·cou·ma·rin /daɪkú:mərɪ̣n | -rɪn/ *n.* 〘薬学〙ジクマリン ($C_{19}H_{12}O_6$) 《血液凝固防止薬・殺鼠剤; bishydroxycoumarin ともいう》. 〖(1886) ← DI-¹+COUMARIN〗

di·cou·ma·rol /daɪkú:mərɔ̀(:)l | -rɒl/ *n.* 〘薬学〙=dicoumarin. 〖(1942): ⇨ ↑, -ol¹〗

di·cro·tal /dáɪkrəṭl | -tl/ *adj.* 〘病理〙=dicrotic.

di·crot·ic /daɪkrɑ́(:)ṭɪk | -krɒ́t-⁻/ *adj.* 〘病理〙重拍(性)の: a ~ pulse 重拍脈. 〖(1811) ← Gk *díkrotos* double beating (← DI-¹+*krotein* to beat ← IE **krei-* to beat)+-IC¹〗

di·cro·tism /dáɪkrəṭìzm/ *n.* 〘病理〙重拍脈. 〖(1864): ⇨ ↑, -ism〗

dict. 《略》dictated; dictation; dictator; dictionary.

dicta *n.* dictum の複数形.

Dic·ta·phone /díktəfòun | -fəun/ *n.* 〘商標〙ディクタフォン《録音と再生ができる速記用口述録音機》. 〖(1907) ← DICTA(TE)+-PHONE〗

dic·ta pro·ban·ti·a /díktəproubǽnʃiə, -tiə | -prə(u)bǽnʃiə, -tiə/ *L. n.* 〘神学〙校正本文《神学上の教義・所信の例証として引用された聖書の一節》; 校正用の原文. 〖☐ L ~ 'proving words'〗

dic·tate /díkteɪt, ⏤⏤ | ⏤⏤/ *v.* **—** *vt.* **1** 〈手紙などを〉書き取らせる, 〔筆記者・秘書に向かって〕口述する, 口授する 〔*to*〕: ~ a letter *to* one's secretary. **2** 〈条件などを〉(権威をもって)命令する, 指令する: ~ terms *to* …に対して条件を指令する / Prudence ~*d* that we should wait. 慎重に考えれば待つべきだった. **3** 〈物事が〉規定する, 命じる, 要求する. **—** *vi.* **1** 〔…に〕書き取りをさせる, 用件を書き取らせる 〔*to*〕: ~ *to* a class, one's typist, etc. **2** [しばしば否定語とともに受身で] 〔…に〕指図する 〔*to*〕: It is not for you to ~ *to* me. 君からあれこれ指図されるいわれはない / I will *not* [I refuse to] be ~*d to*. 指図を受けるのはごめんだ.
— /díkteɪt/ *n.* [通例 *pl.*] **1** 命令, 指図, 指令. **2** (理性・良心などの)命じるところ, 命令: the ~*s of* reason [common sense, conscience, prudence].

díc·tat·ing·ly /-ṭɪŋ- | -tɪŋ-/ *adv.* 〖*v.*: (1592) ← L *dictātus* (p.p.) ← *dictāre* to say often, dictate (freq.) ← *dīcere* to say: cf. diction: — *n.* (1594)〗

díc·tat·ing machìne /-ṭɪŋ- | -tɪŋ-/ *n.* 口述録音機. 〖1907〗

dic·ta·tion /dɪktéɪʃən/ *n.* **1 a** 口述, 口授(くじゅ); 書き取り, ディクテーション: take (a person's) ~ 〈秘書などが〉口述されたものを書き取る / give (a) ~ to one's students (授業などで)生徒に書き取りをさせる / have (a) ~ in class 授業で書き取りをする[がある] / write *at* [*to*] a person's ~ 人の口述を書き取る. **b** 書き取った[取らせた]もの. **2 a** 命令, 指令, 指図, 指揮: do something *at* the ~ of … の指図のままに事をする. **b** 命令[指図]された事柄.
~·al /-ʃnəl, -ʃənl̩⁻/ *adj.* 〖(*a*1656) ☐ LL *dictātiō(n-)*: ⇨ dictate, -ation〗

dictátion spèed *n.* 口述速度《口述筆記が可能な程度のゆっくりしたスピード》. 〖1957〗

dictátion tèst *n.* 《豪》書き取り試験《オーストラリア政府が好ましくない移民を審査で失格させるために以前行った》.

dic·ta·tor /díkteɪṭə, ⏤⏤⏤ | dɪktéɪtə^(r)/ *n.* **1** 指令者; (特に)独裁者, 執権: a ~ of fashion 流行の支配者. **2** 〘ローマ史〙(非常時に任命される任期半年の)臨時独裁官, ディクタトル. **3** 口授(くじゅ)者, 書き取らせる人[物]. 〖(*a*1387) ☐ L *dictātor*: ⇨ dictate, -or²〗

dic·ta·to·ri·al /dìktəṭɔ́:riəl⁻/ *adj.* **1** (独裁)執政官の, 執権職の. **2** 独裁の, 独断的な, 専横な, 専断の: a ~ regime 独裁政権. **3** (高飛車で)指図がましい, 権柄ずくの, 尊大な. **~·ness** *n.* 〖(1701) ← L *dictātōrius* (⇨ dictator, -ory¹)+-AL¹〗

SYN 専制的な: **dictatorial** 独裁者のように高飛車で横柄に命令する《格式ばった語》: I dislike his *dictatorial* manner. 彼の横柄な態度が嫌いだ. **arbitrary** 〈人が権力を気ままなやり方で行使する: an *arbitrary* ruler 専横な統治者. **dogmatic** 自分は正しいと思い込み自分の意見を他人に押し付けようとする《格式ばった語》: a *dogmatic* manner [person] 独断的な態度[人]. **doctrinaire** 〈人や態度が〉教条的に特定の主義や理論を主張し実際問題を考慮しない《格式ばった語》: a *doctrinaire* Marxist 理論一辺倒のマルキスト.

---

dìc·ta·tó·ri·al·ly /-riəli/ *adv.* 執政官らしく; 専断的に, 独裁的に; 指図がましく, 尊大に. 〖(*a*1797): ⇨ ↑, -ly¹〗

dic·ta·tor·ship /díkteɪṭəʃìp, ⏤⏤⏤⏤ | dɪktéɪtə-/ *n.* **1** 執政官の職[任期]. **2** 独裁(権), 絶対的権力; 独裁制の国: a military ~ 軍国主義的独裁国 / the ~ of the proletariat プロレタリア独裁, プロレタリアートの執政. 〖(1542) ← DICTATOR+-SHIP〗

dic·ta·to·ry /díktəṭɔ̀:ri | -təri/ *adj.* =dictatorial.

dic·ta·tress /díkteɪtrɪ̣s, ⏤⏤⏤ | ⏤⏤⏤/ *n.* 女性の dictator 《dictatrix ともいう》. 〖(1784) ← DICTATOR+-ESS〗

dic·ta·trix /dɪktéɪtrɪks/ *n.* (*pl.* **-tri·ces** /-trəsì:z/) =dictatress.

dic·ta·ture /dɪktéɪtʃə | -tʃə^(r)/ *n.* =dictatorship. 〖(1553) ☐ L *dictātūra*: ⇨ dictate, -ure〗

dic·tion /díkʃən/ *n.* **1** (文を書く人・作家の)用語選択; 言葉づかい, 言い回し, 語法: poetic ~ 詩的語法, 詩語法. **2** 《米》発声法, 話法, 朗読法, 口調. **~·al** /-ʃnəl, -ʃənl̩⁻/ *adj.* **~·al·ly** *adv.* 〖(*c*1450) ☐ (O)F ~ ‖ L *dictiō(n-)* a speaking, (LL) word ← *dictus* (p.p.) ← *dīcere* to show, tell ← IE **deik-* to show: ⇨ -tion〗

SYN 言葉づかい: **diction** 思想や感情を効果的に表すための単語の選択と配列の仕方: clear *diction* 明晰な言葉づかい. **phraseology** 特定のスタイルによる単語の選択と言い回し: That ridiculous *phraseology* is so much in fashion among the students. そのばかばかしい言い回しが学生の間で大流行している. **wording** 意味を表すための単語の選択とその配列: The *wording* of a will should be exact. 遺言書の言葉づかいは厳密でなければならない.

---

dic·tio·nar·y /díkʃənèri | díkʃ(ə)n(ə)ri, -ʃ(ə)nəri/ *n.* **1** 辞書, 辞典, 字引き (⇨ glossary SYN): an English-Japanese ~ 英和辞典 / consult a ~ 辞書を引く / a walking ~ 生き字引. **2 a** (種々の)特殊辞典, 専門辞典, 事典: an encyclopedic ~ 百科辞典[事典] / a ~ of architecture [music] 建築[音楽]辞典. **b** 一覧表: a ~ of dates 年代日付便覧[辞典]. **3** 〘電算〙辞書《各種アプリケーションが変換処理用に参照するデータファイル; 日本語入力の際にかな漢字を変換するための辞書, 英文のスペルチェックをするための辞書など》. **4** [限定的] 辞書の; 辞書的な; 〈用語法・文体など〉ひどく堅苦しい: ~ English [style] 辞書のような堅苦しい英語[文体]. 〖(1526) ☐ ML *dictiōnārium* (原義) wordbook ← L *dictiō(n-)* phrase, (in LL) word: ⇨ ↑, -ary〗

díctionary càtalog *n.* 〘図書館〙辞書体目録《著者・書名・件名などのすべての記入 (entry) と参照を一つのアルファベット順の下に配列した目録》.

Dic·to·graph /díktəgræ̀f | -grɑ̀:f, -græ̀f/ *n.* 〘商標〙ディクトグラフ《(モニター用)高性能受話器; 盗聴用の録音式のものもある》. 〖(1907) ← L *dictum* (↓)+-o-+-GRAPH〗

dic·tum /díktəm/ *n.* (*pl.* **dic·ta** /-tə/, ~s) **1** (権威的な)断定, 断言. **2** 〘法律〙=obiter dictum. **3** 格言, 金言 (saying). 〖(1599) ☐ L ~ 'something said, word, maxim, order' ← *dictus* (p.p.) ← *dīcere*: cf. diction〗

dic·ty /díkti/ 《米俗》 *adj.* (**dic·ti·er**; **-ti·est**) 横柄な, 高慢な; 〈音楽など〉高級な; 紳士気取りの. **—** *n.* 横暴な[権柄ずくの]人; 貴族(的な人). 〖(1926) ← ? DICTATORIAL: ⇨ -y²〗

dic·ty- /díkti/ (母音の前にくるときの) dictyo- の異形.

dic·ty·o- /díktiou | -tiəu/ 「網 (net)」の意の連結形. ★ 母音の前では通例 dicty- になる. 〖← NL ~ ← Gk *díktuon* net ← *dikeîn* to throw〗

dic·ty·op·te·ran /dìktiɑ́(:)ptərən | -ɒ́p-/ *adj.*, *n.* 網翅目 (Dictyoptera) の(昆虫)《ゴキブリ・カマキリなど》. 〖⇨ ↑, -ptera, -an¹〗

dic·ty·o·some /díktiəsòum | -səum/ *n.* 〘解剖〙(細胞の)ゴルジ体 (Golgi body). 〖(1930): ⇨ ↑, -some³〗

dic·ty·o·stele /díktiəstì:l/ *n.* 〘植物〙網状中心柱. 〖(1902): ⇨ dictyo-, stele¹〗

Di·cu·ma·rol /daɪk(j)ú:mərɔ̀(:)l | -rɒl/ *n.* 〘商標〙ジクマロール《血液凝固防止薬; dicoumarin の商品名》. 〖(1943): ⇨ dicoumarin, -ol¹〗

dì·cỳ·an·diámide /dàɪsàɪən-/ *n.* 〘化学〙ジシアンジアミド ($H_2NC(NH)NHCN$) 《シアナミドを重合して作る; cyanoguanidine ともいう》. 〖⇨ di-¹, cyano-, amide〗

di·cy·clic /dàɪsáɪklɪk, -sík-⁻/ *adj.* **1** 〘植物〙 **a** 〈中心柱が〉二環の. **b** 2 年生の. **2** 〘動物〙2 輪廻(りんね)の《プランクトンの雄虫の出現が年 2 回ある》. **di·cy·cly** /dáɪsàɪkli/ *n.*

di·cy·clo·pentadíene /dàɪsàɪklou- | -kləu-/ *n.* 〘化学〙ジシクロペンタジエン ($C_{10}H_{12}$) 《化学薬品・樹脂などの合成原料》. 〖← DI-¹+CYCLO-¹+PENTADIENE〗

di·cyn·o·dont /daɪsínədɑ̀(:)nt | -dɒnt/ *n.* 〘古生物〙ディキノドン, 双牙下目 (Dicynodontia) の動物《草食性で退化した歯をもつ爬虫類》. 〖(1854) ← Gk *di-* two+*kun-* dog+*odont-* tooth (⇨ odonto-)〗

did *v.*, *auxil. v.*, *substitute v.* do¹˒ ² の過去形. 〖OE *dyde*〗

DID 《略》densely inhabited district 人口集中地区.

Did·a·che /dídəkì:, -ki | -də-/ *n.* **1** [the ~] 「ディダケー」《紀元 1 世紀末か 2 世紀初めに未詳の作者によって書かれた使徒教父文書の一つ; *The Teaching of the Twelve Apostles* 「十二使徒の教訓」の通称》. **2** [d-] (新約聖書中の)教え, ディダケー (cf. kerygma). 〖(1885) ☐ Gk *didakhḗ* teaching ← *didáskein* to teach〗

Did·a·chist /dídəkɪ̣st | -dəkɪst/ *n.* 「ディダケー (Didache)」の作者.

Did·a·chog·ra·pher /dìdəkɑ́(:)grəfə | -dəkɒ́grəfə^(r)/ *n.* =Didachist.

di·dact /dáɪdækt/ *n.* 教師然とした人. 〖(1954) 《逆成》↓〗

di·dac·tic /daɪdǽktɪk, dɪ̣-/ *adj.* **1** 〈書き物・話など〉教訓的な, 説教的な: ~ poetry 教訓詩. **2** 《軽蔑》〈人が〉道学者的な, 学者ぶる, 人に物を教えるような態度の. **3 a** 〈教科が〉(実験などを含まず)説明[講義]一本の. **b** 〈文法が〉規範的な. 〖(1644) ☐ F *didactique* ‖ Gk *didaktikós* skilled in teaching ← *didaktós* taught ← *didáskein* to teach < **didas- skein* ← ? IE **dens-* to use mental force〗

di·dác·ti·cal /-tɪ̣kəl, -kl̩ | -tɪ-/ *adj.* =didactic.
~·ly *adv.*

di·dac·ti·cism /daɪdǽktəsìzm, dɪ̣- | -tɪ-/ *n.* **1** 教訓主義; 啓蒙(主義)的な教訓癖. **2** 〘文学〙啓蒙主義. 〖(1841): ⇨ -ism〗

di·dac·tics /daɪdǽktɪks, dɪ̣-/ *n.* **1** 教授法. **2** 教訓, 教え (teachings). 〖(1644): ⇨ didactic, -ics: cf. F *didactique* / G *Didaktik*〗

did·a·kai /dídəkàɪ | -də-/ *n.* =didicoi.

di·dan·o·sine /dɪ̣dǽnousì:n | -nəu-/ *n.* 〘薬学〙ジダノシン《DDI のこと》.

di·dap·per /dáɪdæpə | -pə^(r)/ *n.* 《米方言》=dabchick. 〖(1440) *dydoppar* 《変形》← OE **dȳfedoppa* =*dūfedoppa* pelican ← *dūfan* 'to DIVE'+*dyppan* 'to DIP'〗

did·di·coy /dídəkɔ̀ɪ | -dɪ̣-/ *n.* (*also* **did·di·kai** /-kàɪ/) =didicoi.

did·dle¹ /dídḷ | -dl/ *vt.* 《口語》**1** だます, かたる: ~ a person *out of* his money 人をだまして金を巻き上げる. **2** 〈時間などを〉むだに費やす 〈*away*〉 (cf. diddle²). **—** *vi.* 《口語》時間(など)をむだに費やす. 〖(1806) 《逆成》← (*Jeremy*) *Diddler* (英国の James Kenney (1780–1849) の戯曲 *Raising the Wind* (1803) 中の人物) ← ? 《方言》 *diddle* to quiver ← ME *didere(n)* to quiver〗

did·dle² /dídḷ | -dl/ *vi.* **1** 《英方言》ひょいと弾みをつけて踊る. **2** 《方言》急に前後に動く. **3** 《卑》性交[交接]する. **—** *vt.* **1** 《スコット》急に早く動かす. **2** 《卑》…と性交[交接]する. 〖(1786) ← ?: cf. dodder²〗

díd·dler /-dḷə, -dlə | -dlə^(r), -dlə^(r)/ *n.* 《口語》**1** だます人. **2** (時間などを)空費[むだに]する人. 〖(1803) ← DIDDLE¹+-ER¹〗

did·dly /dídli/ (*also* **did·dley** /~/) *n.* 《俗》くだらないもの, つまらないもの; 《否定文では anything に相当》: not know ~ 何も知らない. **—** *adj.* くだらない, つまらない. 〖1964〗

díddly squàt *n.* 《俗》=diddly. **díddly-squàt** *adj.* 〖1974〗

did·dums /dídəmz | -dəmz/ *int.* ああいいよいいよ, おおよしよし, いい子いい子《子供に呼び掛けたり, なだめたりする言葉》. ★ 大人に対し戯言的に用いられることもある. 〖←

D

did 'em did they (tease you)?: ⇨ -s[1]〕

did·dy[1] /dídi | -di/ *n.* 《英方言》(女性の)乳首, おっぱい (teat). 〘《変形》← TITTY[2]〙

did·dy[2] /dídi | -di/ *adj.* 《英口語》かわいくてちっぽけな. 〘《転訛》← LITTLE〙

did·dy[3] /dídi | -di/ *n.* 《英口語》ばか者 (fool).

dì·deòxy·adénosine /dàɪdi- | -di-/ *n.* 〔薬学〕ジデオキシアデノシン《エイズ治療薬; ヌクレオチド類似薬; 略 DDA》. 〘← DI-[1]＋DEOXY-＋ADENOSINE〙

dì·deòxy·cýtidine *n.* 〔薬学〕ジデオキシシチジン《エイズ治療薬; ヌクレオチド類似薬; 略 DDC, ddC》. 〘《1965》: ⇨ ↑, CYTIDINE〙

D

dì·deòxy·ínosine *n.* 〔薬学〕ジデオキシイノシン (⇨ DDI). 〘《c1975》← DI-[1]＋DEOXY- 'that has lost oxygen'＋INOSINE〙

Di·de·rot /dìːdəróu | díːdərəu; *F.* didʀo/, **Denis** *n.* ディドロ《1713–84; フランスの哲学者・啓蒙思想家; d'Alembert と共に *Encyclopédie*「百科全書」の編者; 愛称 Pantophile Diderot》.

did·ger·i·doo /dìdʒ(ə)rɪdúː/ *n.* (*pl.* ～**s**) ディジェリドゥー《オーストラリア先住民の大型の木筒吹奏楽器》. 〘《1919》《擬音語》〙

did·i·coi /dídɪkɔ̀ɪ | -dʒ-/ *n.* (*also* **did·i·coy** /～/) 《英俗・方言》 **1** ジプシー. **2** 地方を巡回する鋳掛け屋. 〘《1853》□ Romany ～〙

di·die /dáɪdi | -di/ *n.* ＝didy.

Did·i·on /dídiən | -diən/, **Joan** *n.* ディディオン《1934– ; 米国の小説家・エッセイスト; ジャーナリスティックな作品でも知られる; *Slouching Towards Bethlehem* (1968)》.

did·jer·i·doo /dìdʒ(ə)rɪdúː/ *n.* (*pl.* ～**s**) ＝didgeridoo.

did·n't /dídn(t)/ 《口語》did not の縮約形.

di·do /dáɪdou | -dəu/ *n.* (*pl.* ～**es**, ～**s**) [通例 *pl.*] 《米口語》ふざけ, おどけ, ふざけ騒ぎ (prank): cut (up) ～*es* ふざけ散らす, 大騒ぎをする / act ～ ばかなまねをする, ふざける. 〘《1807》← ? DIDO〙

Di·do /dáɪdou | -dəu/ *n.* 〔ローマ伝説〕ディドー《カルタゴの創設者といわれる女王; Virgil の *Aeneid* ではトロイ戦争後漂着した Aeneas に恋をして彼がイタリアに去ったのを悲しみ自殺したとされている》. 〘□ L *Dīdō* □ Gk *Didṓ*: cf. Heb. *dōdh* beloved〙

Dído's próblem *n.* 〔数学〕ディドーの問題, 等周問題《与えられた長さの曲線の囲む最大の面積を求めよという問題で, 答は円》. 《DIDO が一枚の牛皮で覆えるだけの土地の譲渡を受けたとき, 機知を働かせて皮を細く刻み大きな面積の土地を得, ここにカルタゴの城市を築いたという故事から》

Di·dot /diːdóu | -dəu; *F.* dido/, **François Ambroise** *n.* ディドー《1730–1804; フランスの印刷・出版業者; 彼の提唱した活字のポイントシステムで有名; cf. Didot point system》.

Di·dót póint sỳstem *n.* [the ～] 〔印刷〕ディドー式ポイントシステム《ヨーロッパで用いられている欧文活字の大きさを表す方式の一つ; 1 ポイント＝0.0148 インチ＝0.3759 mm》.

Did·rik·son /dídrɪksən, -sn/, **Mildred Ella** *n.* ディドリクソン《1914–56; 米国の女子バスケットボール選手・陸上競技選手・ゴルファー; 結婚後の姓は Zaharias; 愛称 'Babe'》.

didst *v., auxil. v., substitute v.* 《古》do[1,2] の二人称単数過去形. 〘OE *dydest*〙

di·dy /dáɪdi | -di/ *n.* 《米口語》(赤ん坊の)おむつ. 〘《加重形》← *di* ← DIAPER〙

did·y·mate /dídəm\̀ɪt, -mèɪt | -dɪ-/ *adj.* 〔生物〕＝didymous. 〘《1843》← NL ～ ← Gk *dídumos* (↓): ⇨ -ate[2]〙

di·dym·i·um /daɪdímiəm/ *n.* 〔化学〕ジジム, ディディミアム《もと元素の一つと考えられていたが neodymium と praseodymium とに分離された; 記号 D, Di》. 〘《1842》← NL ～ ← Gk *dídumos* twin ← *dúo* 'TWO' ⇨ -ium: スイスの化学者 C. G. Mosander (1797–1858) の造語〙

did·y·moid /dídəmɔ̀ɪd | -dɪ-/ *adj.* 〔生物〕＝didymous. 〘⇨ ↑, -oid〙

did·y·mous /dídəməs | -dɪ-/ *adj.* 〔生物〕双生の, 対の. 〘《1794》← Gk *dídumos* twofold, twin＋-OUS〙

di·dyn·a·mous /dàɪdínəməs˞/ *adj.* 〔植物〕長雄ずい対ずつ 4 本の雄蕊(ずい)のある: ～ stamens 二長雄蕊. **di·dyn·a·my** /dàɪdínəmi/ *n.* 〘《1794》← DI-[1]＋Gk *dúnamis* power＋-OUS〙

die[1] /dáɪ/ *v.* (**died**; **dy·ing**) — *vi.* **1** 〈人・動物が〉死ぬ; 〈植物が〉枯れる: ～ *of* [*from*] a disease [sorrow] 病気[悲しみ]がもとで死ぬ / ～ *from* [*of*] (one's) wounds けががもとで死ぬ / I shall ～ *of* boredom. この分じゃ退屈で死んでしまう / I nearly ～*d laughing*. おかしくて死にそうだった / ～ *for* love 愛[恋]のために死ぬ, 恋患いで死ぬ / He ～*d* a very rich man [a hero]. 彼は大金持[英雄]となって死んだ / He ～*d from* swallowing a fishbone. 彼は魚の骨がつかえて死んだ / ～ *at* one's post 殉職する / ～ *at* one's enemy's hands＝～ *at* the hands of one's enemies 敵の手にかかって死ぬ / ～ *by* the sword 剣に倒れる / ～ *through* carelessness 不注意のため命を落とす / ～ *by* one's own hand 自殺する / ～ *in* agony [*in* peace] 苦しんで[安らかに]死ぬ / ～ *in* one's sleep 眠っている間に死ぬ / He ～*d* young. 若くして亡くなった / Nobody would like to ～ a beggar. だれだって野たれ死にしたくはあるまい / I'd rather ～ than live with him. 彼と同居するくらいなら死んだほうがましだ / be *dying* of hunger [thirst] 《口語》とても空腹である[のどが渇いている]. 日英比較 (1) 日本語では病気やけがで死ぬのも, 交通事故や戦争など外的な原因で死ぬのも普通は区別せず「死ぬ」という. ところが英語では日本語と同じく両者に *die* を用いることも可能だが, 英語の典型的な表現としては, 病気や不注意によるけがなど自己原因で死ぬのは *die*, 事故や戦争など外的な原因で死ぬのは be killed という. したがって「彼は交通事故で死んだ」は He was killed in a traffic accident. という. これを受身だからといって,「彼は交通事故で殺された」と訳すことはできない. 日本語でもそういういい方をすることもあるが, その場合には原文の英語とは違ったニュアンスとなる. つまり, 相手に殺意があったというようないい方である. すなわち, 日本語の「殺す」「殺される」は人についていう場合には犯罪としての「殺人」を意味する. ところが英語の kill は外的な要因で動物・植物の生命を奪うことである. もちろん犯罪としての意図的な殺人も含むが, 意味領域はもっと広く, 意図的でない殺し方も意味する. その区別は前後関係によって決まる. 英語では, 意図的な殺人, すなわち日本語の「殺す」に当たるのは murder である. なぜこのような相違が起こるのであろうか. 英語は,「何が何をどうした」という行為者と被行為者の関係を明確にいう言語である. そこで, 自己原因でない場合は一般に受動態の表現になりやすい. このことについては *die*, be killed だけでなく, be surprised (驚く), be pleased (嬉しい), be interested (興味を持つ) など類似の例を多数あげることができる. なお, *die* は自己原因と外的原因の両様の死について用いられるが, 事実を述べる客観的な語で, 多くの場合 *died* in 1990, *died* a few years ago のように時の副詞を伴うのが普通である. (2) 日本語では動物・人間が生命を失うことを「死ぬ」, 植物の場合は「枯れる」という. しかし, 英語ではその区別をせず動物・人間・植物の生命を共通のものとみて *die* を「枯れる」意味にも使う. 英語では植物が水分の不足でしおれるのは wither というが, これは水分の不足でしおれただけで, 水を与えればまた蘇生する可能性がある. 蘇生するかどうかの判断の正誤はどうであれ, wither という語は *die* と違ってそのような蘇生の意味合いを含んだ語である. The pine tree in the garden *died*. といえば, 松の木が枯れてしまったことを意味する. この日英の相違の延長は "kill ＋ 植物" の表現に及ぶ. すなわち「枯らす」という日本語に当たる英語は kill である. ⇨ KILL[1] 日英比較.

2 《口語》動き[働き]が止まる, やむ: The motor has ～*d* (*on* us). モーターが止まって(困)った.

3 a 〈灯火・音響などが〉かすかになる, 次第に消滅する, 薄らぐ 〈*away, down*〉: You must not let the fire ～. 火を絶やしてはいけない / The sound of the bell is *dying* on the air. 鐘の音が次第に消えてゆく / The day ～*s into* night. 昼が終わって夜となる. **b** 〈制度・名声・思い出・感情などが消滅する, 滅びる, 消える 〈*out, off*〉: This memory will never ～. この思い出は決して消え去ることはあるまい / My secret will ～ *with* me! 秘密は私の死とともに消える.

4 a 《口語》[通例 be *dying* として] 〔…が〕ほしくてたまらない 〔*for*〕, たまらなく〈…し〉たいと思う 〈*to* do〉: something to ～ *for* 欲しくてたまらないもの / He's *dying for* a drink. のどを鳴らして一杯飲みたがっている / I am *dying to* see him [*to* be a singer]. 彼に会いたくて[歌手になりたくて]たまらない. **b** 強くあこがれる, 思い[恋い]焦がれる, 思い悩む. **c** 〔聖書〕死ぬような苦しみを味わう; 〔神学〕精神的に死ぬ: I ～ daily. われは日々(ひび)に死す (*1 Cor.* 15:31) / Whosoever liveth and believeth in me shall never ～. おおよそ生きてわれを信ずる者はとこしえに死なざるべし (*John* 11:26).

5 無気力となる, めいる, 〈心臓が〉止まりそうになる; ぐったりする: My heart just about ～*d* at the ghastly cry. そのものすごい叫び声を聞いて全く心臓が止まりそうになった.

6 〔…に対して〕無感覚になる, 〔…に〕左右されなくなる 〔*to*〕: ～ *to* self 己を捨てる / ～ *to* shame 恥を忘れる / ～ *to* the world 世間のことに無頓着になる / ～ *to* [*unto*] sin 罪から解放される (cf. *Rom.* 6:2).

7 〈酒・酒の芳香などが〉気が抜ける.

8 〔野球〕残塁になる.

— *vt.* [同族目的語として death を伴って]: ～ a dog's *death* ⇨ dog 成句 / ～ a glorious *death* 名誉ある[華々しい]死を遂げる / ～ a violent *death* ⇨ violent 4 / ～ the *death* ⇨ death 成句 / The general ～*d the death* of a hero [～*d* a hero's *death*]. 将軍は英雄らしい死を遂げた.

die awáy (cf. die-away) (1) 〈音響・風・興奮などが〉静まる, 〈光などが〉かすかになる, (次第に)消えてゆく (cf. *vi.* 3 a). (2) 気が遠くなる, 失神する: She fainted and ～*d away* at the sight. 彼女はそれを見て気が遠くなった. ***die báck*** (草木の)葉が枯れて根だけ残る (cf. dieback). 《1850》 ***die dówn*** (1) 〈騒音・火災などが〉消失する, 〈嵐・騒ぎなどが〉静まる (subside) (cf. *vi.* 3 a). (2) ＝DIE[1] *back*. (3) 枯れて倒れる. 《1834》 ***die gáme*** ⇨ game[1] *adj.* 成句. ***die hárd*** 〈通例, 慣習・意見・信念などが〉(不利の情勢にあくまでも強硬に抵抗して)なかなか消滅しない, 頑強に持続する, 容易に絶えない (cf. die-hard): Age-old habits ～ *hard*. 長年の習慣というものはなかなかやめられるものではない. ***die in hárness*** ⇨ in HARNESS (1). ***die in*** (*one's*) ***béd*** ⇨ bed *n.* 成句. ***die in one's bóots***＝***die with*** *one's* ***bóots òn*** (靴を履いたまま死ぬの意から)変死[急死]する, 横死を遂げる (cf. *die in* (*one's*) BED). ***die in the lást ditch*** ⇨ last ditch. ***die óff*** 〈一家・一族の人々などが〉次々に死んでゆく, 死に絶える; 〈生物が〉絶滅する; 〈草木が〉順次に枯死する (cf. *vi.* 3 b). 《1697》 ***die on the víne*** ⇨ vine 成句. ***die óut*** 〈種族などが〉死に絶える, 死滅する, 〈種が〉絶滅する; 〈風習・やり方などが〉すたれる (become extinct) (cf. *vi.* 3 b). 《1853》 ***Néver sày die!*** 《口語》弱音を吐くな, しっかりしろ.

〘lateOE *dēgen* □ ? ON *deyja* to die ＜ Gmc **dawjan* (OHG *touwan*) ← IE **dhen* to: ⇨ dead, death〙

SYN 死ぬ: **die** 生命がなくなる《最も一般的な語》: He *died* young. 若死にした. **decease** 《法律》＝*die*: his *deceased* wife 彼の亡き妻. **expire** 《文語》最後の息を引き取る: The king pressed her hand and *expired*. 王は彼女の手を握り締めて息を引き取った. **pass away** 《婉曲》＝*die*: My grandfather *passed away* last year. 祖父は昨年亡くなった. **perish** 《文語》戦争や事故などで死ぬ: Many people *perished* in the fire. 火事で多くの人が死亡した.

---

die[2] /dáɪ/ *n.* (*pl.* 1–3 では **dice** /dáɪs/; 4–6 では ～**s** /～z/) **1** 《米》さい, さいころ (cf. dice 1). **2** [*pl.*] さいころ遊び[賭博] (⇨ dice 2). **3** [通例 *pl.*] (食品など)さいの目に切ったもの, さいの目形 (⇨ dice 4). **4** 〔機械〕ダイス: **a** (プレスなどで型打ちに用いる)型; (貨幣・メダルなどの刻印用の)型. **b** (雄ねじを切る)ねじ型. 日英比較 日本語では「ダイス」(雌ねじの一部を刃として雄ねじを切る工具)と言うが, 英語では *die* であり, 複数形が *dies* /dáɪz/ となる. **5** 〔金属加工〕ダイ: **a** 溶融した金属または他の材料を鋳込む型. **b** 金属・プラスチックなどを深絞り加工したり, 押し出して成形するためのくぼみのついた型. **6** 〔建築〕台胴 (⇨ dado 2). **7** 〔歯科〕歯型《金冠などを作るときに用いる歯の模型》.

(as) stráight [trúe] as a díe (1) まっすぐな[に]. (2) 全く正直[誠実, 公平]な[に]. ***The díe is cást.*** さいは投げられた; 火ぶたは切られた, 事[運命]はすでに決した. 《なぞり》← L *jacta est alea*: cf. Rubicon〙 ***upòn the díe*** 危機に立って, のるかそるかで.

— *vt.* (**died**; **die·ing**) 〔機械〕ダイスで切る, 型打ちする 〈*out*〉.

〘《?a1300》 *de* (pl. *dees*) □ (O)F *dé* (pl. *dés*) ＜ L *datum* what is given by fortune (p.p.) ← *dare* to give: ⇨ date[1]〙

díe-awày *adj.* (とても感傷的になって)消え入るような, 気のめいりそうな, 思い悩んだ: a ～ look. — *n.* (映像・音・光の)漸次消えてゆくこと. 〘1802〙

dieb /díːb/ *n.* 〔動物〕ディーブ (*Canis anthus*) 《北アフリカ産のジャッカル》. 〘《1829》□ Arab. *dhi'b* wolf, jackal〙

díe·bàck *n.* 〔植物病理〕(病虫害・寒気などのため)枝先から枯れてくる状態; 胴枯れ病, 寒枯れ. 〘1886〙

dieb. alt. 《略》〔処方〕*L.* diebus alternis 一日置きに, 隔日に (every other day).

dieb. secund. 《略》〔処方〕*L.* diebus secundis 二日目ごとに, 一日置きに (every second day).

dieb. tert. 《略》〔処方〕*L.* diebus tertius 三日目ごとに, 二日置きに (every third day).

díe-càst 〔冶金〕*vt.* ダイカストで造る[形造る]. — *adj.* ダイカストの. 〘1909〙

díe càster *n.* 〔冶金〕ダイカスト機.

díe càsting *n.* **1** 〔冶金〕ダイカスト, ダイカストを造る操作《亜鉛・アルミニウム等の合金鋳物を金型に注いで量産する方式; cf. injection molding》. 日英比較 日本語では「ダイカスト」(鋳物を作る方法)というが, 英語では *die casting* を用いる. **2** ダイカスト(製品), ダイ鋳物. 〘1911〙

di·e·cious /daɪíːʃəs/ *adj.* 〔生物〕＝dioecious. **～·ly** *adv.*

di·è·dre /diéɪdr(ə); *F.* dijɛdʀ/ *n.* 〔登山〕ジェードル《岩隙を中心に, 本を開いて立てたような箇所》. 〘□ F ～〙

Die·fen·ba·ker /díːfənbèɪkə | -kə(r)/, **John George** *n.* ディーフェンベーカー《1895–1979; カナダの政治家; 進歩保守党の指導者; 首相 (1957–63)》.

dief·fen·bach·i·a /dìːfənbǽkiə/ *n.* 〔植物〕シロガスリソウ《熱帯産のサトイモ科シロガスリソウ属 (*Dieffenbachia*) の植物の総称; 幹は節目で分かれ, 多綱で葉は大きい; 有毒だが庭木にする》. 〘《1900》← NL ～ ← *Ernst Dieffenbach* (1811–55: ドイツの植物学者): ⇨ -ia[1]〙

di·e·ge·sis /dàɪədʒíːsɪs | -sɪs/ *n.* (*pl.* **-ses** /-siːz/) 物語 (narrative), 筋 (plot). **di·e·gét·ic** /-dʒétɪk | -tɪk˞/ *adj.* 〘《c1825》□ Gk *diḗgēsis* 'narrative'〙

Di·e·go /diéɪgou | -gəu; *Sp.* djéγo/ *n.* ディエゴ《男性名》. 〘□ Sp. ～ 'JAMES'〙

Di·e·go Gar·ci·a /dièɪgougɑəsíːə | -gəugɑː-/ *n.* ディエゴ ガルシア《スリランカの南西, インド洋の島; 英領インド洋領土; 米国の巨大な海軍基地がある; 面積 44 km²; 定住者はいない》.

Di·é·go-Sua·rez /dièɪgouswáːrəs | -gəu-; *F.* djegosɥaʀɛs, -ʀɛːz/ *n.* ディエゴスアレス《Antsiranana の旧名》.

díe·hàrd *n.* **1** (倒れるまで奮闘する)頑強な抵抗者. **2** (政治問題などで)保守的で最後まで妥協しない人, 頑固[強情]な人. **3** スコッチテリアの俗称. 〘《1844》← *die hard* (⇨ die[1] 成句)〙

díe-hàrd *adj.* 最後まで頑張る, 頑強な, 頑固な; なかなか滅びない: ～ rightists 頑固な保守派の人 / his ～ determination 彼の強固な決意. 〘《1871》← *die hard* to be long in dying as if struggling against death〙

díe-hàrd·ism /-hàədɪzm | -hàːd-/ *n.* (政治上の)頑固な保守主義. 〘《1922》: ⇨ ↑, -ism〙

Die-hards /dáɪhàədz | -hàːdz/ *n.* [the ～] (英国の)歩兵第 57 連隊の俗称《Peninsular War 中 Albuera の戦い (1811) で頑強に戦ったことから》.

díe-ìn *n.* ダイイン《参加者が死んだように横たわる示威行動》. 〘1970〙

di·el /dáɪəl, -ɛl/ *adj.* 〔生態〕日周的な, 一昼夜の《夜間を含む 24 時間の》. 〘← L *diēs* day＋-AL[1]〙

diel·drin /díːldrɪn/ *n.* 〔化学〕ディルドリン ($C_{12}H_8Cl_6O$) 《農業用殺虫剤》. 〘《1949》← DIEL(S-AL)D(E)R (REACTION)＋-IN[2]〙

di·e·lec·tric /dàɪɪléktrɪk˞/ 〔電気〕*adj.* 誘電性の; 電媒質の; 不伝導性の, 絶縁の (insulating). — *n.* [*pl.*] 誘電体《電界を加えると分極を生じる物体》; 電媒質, 絶縁体. **di·e·léc·tri·cal·ly** *adv.* 〘《1837》: ⇨ di-[3], electric〙

dieléctric absórption *n.* 〔電気〕誘電吸収 (⇨ absorption 3).

dielectric cónstant *n.* 〘電気〙誘電率. 〘1875〙

dielectric héating *n.* 〘電気〙(高周波の電磁界により絶縁体を通して行う)誘電加熱《電子レンジなどの加熱方式; cf. induction heating》. 〘1944〙

dielectric lóss *n.* 〘電気〙誘電損(失).

dieléctric polarizátion *n.* 〘電気〙誘電分極, 電気分極. 〘1863〙

díelectric stréngth *n.* 〘電気〙絶縁耐力. 〘1881〙

díelectric súbstance *n.* 〘電気〙誘電体.

díe-lìnk *n.* 〘貨幣〙同一極印を用いて造った 2 種またはそれ以上のコインの関係. 〘(1941) ← DIE²+LINK¹〙

Diels /díːlz, díːls; G. díːls/, **Otto Paul Hermann** *n.* ディールス《1876–1954; ドイツの化学者; Nobel 化学賞 (1950)》.

Díels-Ál·der reàction /-ɑ́ːldə- | -də-; G. áldɐ-/ *n.* 〘化学〙ディールスアルダー反応《二重結合や三重結合を有する化合物がジエンと 1, 4 付加を行って六員環のヒドロ芳香環をつくる反応》. 〘← *O. Diels & K. Alder*: ドイツの化学者〙

díe-màn *n.* 《アフリカ西部》幽霊受給者《給料・給付金などを不正に受け取るために利用する死者の名義・架空名義》.

Dien Bien Phu /djénbjènfúː; *Viet.* ˀdiẹnˀbiēnfụ:/ *n.* ディエンビエンフー《ベトナム北部の常塞都市; 1954 年 5 月 Ho Chi Minh のベトミン (Vietminh) 軍に占領され, フランスのインドシナ支配が終わった》.

di·en·ceph·a·lon /dàɪənséfəlɑ̀(ː)n, -ɛn-, -lən | -ɛnkéfəlɒn, -ɪn-, -séf-, -lən/ *n.* 〘解剖〙間脳《左右大脳半球の連結部で視床と視床下部から成る; betweenbrain ともいう》. **dì·en·ce·phál·ic** /-ènsə̀fǽlɪk | -kə̀f-, -sə̀f-⁻/ *adj.* 〘(1883): ⇨ di-³, encephalon〙

di·ene /dáɪiːn, ⁻⁻/ *n.* 〘化学〙ジエン (⇨ diolefin). 〘(1917) ↓〙

-di·ene /dáɪiːn, ⁻⁻/ 〘化学〙二重結合の 2 個ある有機化合物の名に用いられる名詞連結形: buta*diene*. 〘← DI-¹+-ENE〙

díe·òff *n.* (ウサギ・猟鳥などの)突然の減少. 〘1936〙

díe plàte *n.* 〘機械〙=diestock.

Di·eppe /diép, diː-; F. djɛp/ *n.* ディエップ《イギリス海峡に面するフランスの港市》.

di·er·e·sis /daɪérəsə̀s | daɪíərə̀sɪs, daɪér-/ *n.* (*pl.* **-e·ses** /-sìːz/) =diaeresis.

di·es /díːeɪs, -ɛs, -eɪz, dáɪiːz | díːeɪz, dáɪiːz/ *L. n.* (*pl.* ~) 日 (day). 〘(1607–72) □ L *diēs* day〙

die·sel, D- /díːsəl, -sl̩, -zəl, -zl̩ | -zəl, -zl̩/ *n.* **1** = diesel engine. **2** ディーゼル機関車[トラック, 船など]. **3** 《口語》=diesel oil [fuel]. — *adj.* ディーゼル機関の; ディーゼル機関によって動く[を備えた]. — *vi.* (ガソリンエンジンが)スイッチを切った後も回転する, ディーゼリングする. 〘(1894): ↓〙

Die·sel /díːsəl, -sl̩, -zəl, -zl̩ | -zəl, -zl̩; G. díːzl̩/, **Rudolf** *n.* ディーゼル《1858–1913; ドイツの機械技師; ディーゼル機関の発明者》.

díesel cỳcle, D- c- *n.* 〘機械〙ディーゼルサイクル《断熱圧縮・定圧加熱・断熱膨張・定容冷却の 4 ストロークから成るディーゼル機関のサイクル; cf. diesel engine, Otto cycle》.

díesel-eléctric *adj.* ディーゼル発電式の, 電気式ディーゼル機関車の. — *n.* =diesel-electric locomotive. 〘1914〙

díesel-eléctric locomótive *n.* 〘鉄道〙電気式ディーゼル機関車, ディーゼル電気機関車. 〘1930〙

díesel èngine *n.* ディーゼル式重油内燃機関, ディーゼル機関. 〘1894〙

díesel fùel *n.* =diesel oil.

díesel-hydráulic *adj.* 流体[液体]式ディーゼル機関(車)の. — *n.* 流体[液体]式ディーゼル機関車. 〘1955〙

die·sel·ize /díːsəlàɪz, -sl-, -zəl-, -zl- | -zəl-, -zl-/ *vt.* 〈船などに〉ディーゼル機関を取り付ける. — *vi.* 〈鉄道などが〉ディーゼル(機関)化される. 〘(1925): ⇨ -ize〙

díesel locomótive *n.* 〘鉄道〙=diesel-electric locomotive.

díesel mòtor *n.* =diesel engine.

díesel òil *n.* ディーゼル油. 〘1926〙

díes fáus·tus /-fɔ́ːstəs, -fáustus/ *L. n.* 吉日 (day of favorable omen). 〘□ L *diēs faustus*〙

díes fés·ti /-féstaɪ, -féstiː/ *L. n.* 祭日 (days of festival). 〘□ L *diēs festī*〙

díes in·faús·tus /-ɪnfɔ́ːstəs, -fɑ́ːs-, -fáustus | -fɔ́ːstəs, -fáustus/ *L. n.* 凶日, 悪日(ᵃᵏᵘ) (day of unfavorable omen). 〘□ L *diēs infaustus*〙

díe·sìnker *n.* 打ち型彫刻者, 型彫り, 型工.

díe·sìnking *n.* 打ち型彫刻, 型彫り.

Dí·es Í·rae /-íreɪ, -íːr- | -íəraɪ, -reɪ/ *L. n.* **1** ディエスイレー,「怒りの日」《中世にできたこの句で始まるラテン語の賛美歌; 死者ミサ中の続誦》. **2** [d- i-] 最後の審判の日. 〘(1805) □ L *diēs īrae* day of wrath: cf. ire〙

di·e·sis /dáɪəsə̀s | dáɪə̀sɪs/ *n.* (*pl.* **-e·ses** /-sìːz/) **1** 〘印刷〙=double dagger. **2** 〘音楽〙ディエシス: **a** 古代ギリシャの理論で, 音階中の 2 音間の音程として最小の単位をいう; 例えば Pythagoras の音階ではほぼ半音に相当する. **b** 近代の理論ではほぼ四分音に相当する音程差を指す; 長 3 度を 3 回重ねてオクターブとの間にできる音程差を小ディエシス (minor diesis), 短 3 度を 4 回重ねてオクターブとの間にできる音程差を大ディエシス (great diesis) という. 〘(*a*1398) □ L ~ □ Gk *díesis* sending through ← DIA-+*hiénai* to send (← IE *yē- to throw)〙

díes ju·ri·dí·cus /-dʒuríḍəkəs, -jurídəkùs | -dʒuríḍɪkəs/ *n.* (*pl.* **dies ju·ri·di·ci** /-dʒuríḍəsàɪ, -juríḍəkìː | -dʒurídɪsàɪ/) 〘法律〙開廷日 (↔ dies non). 〘(1607–72) □ L *diēs jūridicus* court day〙

díes nón /-nɑ́(ː)n, -nóun | -nɒ́n, -nə́un/ *n.* (*pl.* ~**s**) **1** 〘法律〙休廷日 (dies non juridicus ともいう; ↔ dies juridicus; cf. juridical days). **2** 休業日《法律的に一般の仕事が行われない日》. 〘(1825) □ L *diēs nōn* (*jūridicus*) day on which the law courts do not sit〙

díe stàmping *n.* (ダイによる)浮き出し加工.

di·es·ter /dáɪèstə | -tə^(r)/ *n.* 〘化学〙ジエステル《エステル基 2 個をもつ化合物の一般名》. 〘(1935) ← DI-¹+ESTER〙

díe·stòck *n.* 〘機械〙ダイス回し《ねじ切り用ダイスの保持柄》. 〘(1859) ← DIE²+STOCK¹〙

di·es·trous /daɪéstrəs | -íːs-, -és-/ *adj.* 〘動物〙発情間期の, 休情期の.

di·es·tru·al /daɪéstruəl | -íːs-, -és-/ *adj.* 〘動物〙= diestrous.

di·es·trum /daɪéstrəm | -íːs-, -és-/ *n.* 〘動物〙=diestrus. 〘← NL ~: ↓〙

di·es·trus /daɪéstrəs | -íːs-, -és-/ *n.* 〘動物〙発情間期, 休情期《哺乳類の雌の発情期と発情期の中間期; cf. estrus》. 〘(1942) ← NL ~: ⇨ dia-, estrus〙

di·et¹ /dáɪət/ *n.* **1 a** (栄養価などから考えた人の)食物 (food); 常食, 日常の飲食物: ideal articles of ~ 理想的な食物 / be abstemious [frugal] in ~ 食事が質素だ. **b** (家畜の)常用飼料. **2** (治療・体重調節目的・刑務所の)規定食; 食餌[食事]療法, 食事制限, ダイエット (regimen): a ~ of nuts and hot water / a meat [vegetable] ~ 肉[菜]食 / a nourishing [frugal] ~ 栄養に富む[質素な]食事, 栄養[粗]食 / an invalid ~ 病人用の食事 / a subsistence ~ 最低保健食 / a slimming ~ 美容食 / a diabetic ~ 糖尿病食 / keep to a strict ~ 厳重な食餌療法を守る / be *on* a ~ 食物を決められている, ダイエット[食餌療法]をしている / go *on* a ~ 食事療法を始める / put a patient *on* a special ~ 患者に規定食を取らせる[食餌療法をさせる]. **3** (食事のように)定まってあてがわれるもの《読物・娯楽など》: a daily ~ of television shows. — *vt.* **1** …の食事を規定する, …に規定食を取らせる, 食事療法を守らせる, 食養生をさせる: ~ *away* a lot of weight 食事療法で体重を大いに減らす / His doctor ~*ed* him rigorously. 医者は彼の食事を厳重に制限した / ~ oneself *on* vegetables 菜食を実行する. **2** 《古》…に食物を取らせる[与える] (feed). — *vi.* **1** 規定食を取る, 食養生をする, 食事療法をする. **2** 食事をする; 〔…を〕常食する 〔*on*〕. — *adj.* 〈飲食物が〉低カロリーの, ダイエット用の. **di·et·al** /dáɪəṭl | dáɪə̀tl/ *adj.* 〘(?*a*1200) *diete* □ (O)F *diète* □ L *diaeta* □ Gk *díaita* way of life ← ? *diaitân* to govern, lead one's life ← DIA-+*aîsa* destiny (← IE *ai- to give)〙

di·et² /dáɪət/ *n.* **1** [the D-] 立法会議, (日本などの)議会, 国会 (cf. congress 2, parliament): *The Diet* is now sitting. 議会は開会中 / be approved in *the Diet* 議会の承認を得る / the Japanese *Diet* 日本の国会. **2** 《スコット》会合の日, 会(期). **3** [時に D-] (神聖ローマ帝国の)帝国議会 (Reichstag). 〘(*c*1290)) (?*a*1450) □ ML *diēta*=L *diaeta* public assembly, day's work ← L *diaeta* (↑): cf. G *Tag* 'parliamentary assembly; DAY'〙

diet. 《略》dietary; dietetics; dietician.

di·e·tar·i·an /dàɪətéᵊriən | dàɪə̀téər-/ *n.* =dieter; 規定食厳守主義者. 〘(1880): ⇨ ↓, -ian〙

di·e·tar·y /dáɪətèri | dáɪə̀təri, -tri/ *adj.* 飲食の, 食物の; 規定食の, 食事療法の: a ~ cure 食事療法. — *n.* (医師が指示する)規定食; (病院・刑務所などの)日々の食物の規定量; 飲食規定書. **di·e·tar·i·ly** /dàɪətérəli, ⁻⁻⁻⁻⁻ | dáɪə̀tərə̀li, -trə̀li/ *adv.* 〘(*c*1450) □ ML *diaetārium*: ⇨ diet¹ (v.), -ary〙

díetary fìber *n.* 食物繊維《roughage, 単に fiber ともいう》.

díetary làw *n.* 〘ユダヤ教〙食物規定《聖書に規定されている汚れた動物の禁止, 肉と乳の組合わせ禁止, また潔い動物でも法にかなって殺されたものに限るなどの規定で, 正統派ユダヤ教徒に守られる; cf. *Lev.* 11, *Deut.* 14; cf. kosher》. 〘1930〙

di·et·er /dáɪəṭə | -tə^(r)/ *n.* 《まれ》規定食を取る人, 食事療養者. 〘(1577) ← DIET¹+-ER¹〙

di·e·tet·ic /dàɪətéṭɪk | dàɪə̀tét-⁻/ *adj.* **1** 飲食物に関する, 食事の, 栄養の. **2** (糖分・塩分を制限した)特別食(用)の. 〘(1579) □ L *diaetēticus* □ Gk *diaitētikós* ← *díaita* 'DIET¹': ⇨ -etic〙

dì·e·tét·i·cal /-ṭɪ̀kəl, -kl̩ | -tɪ-⁻/ *adj.* =dietetic. **~·ly** *adv.*

di·e·tet·ics /dàɪətéṭɪks | dàɪə̀tét-/ *n.* 食事療法学. 〘(1541) 《なぞり》← Gk *diaitētikḗ*: ⇨ dietetic, -ics〙

di·eth·a·nol·a·mine /dàɪèθənɑ́(ː)ləmìːn, -nóul- | -èθənɒ́l-, -ìːθ-/ *n.* 〘化学〙ジエタノールアミン ((HOCH₂-CH₂)₂NH)《白色結晶; 溶剤・乳化剤》. 〘← DI-¹+ETHANOLAMINE〙

di·eth·yl /daɪéθəl, -θɪl | -èθə̀l, -éθl/ *adj.* 〘化学〙ジエチルの《二つのエチル (ethyl) 基を含む》. ★ しばしば連結形としても用いられる. 〘(1850) ← DI-¹+ETHYL〙

di·eth·yl·am·ide /dàɪèθəlǽmaɪd, -mə̀d | -èθə̀l-ǽmaɪd/ *n.* 〘薬学〙ジエチルアミド ((C₂H₅)₂NH)《医薬品の合成原料および試薬》.

diéthyl·amino·éthanol *n.* 〘化学〙ジエチルアミノエタノール ((C₂H₅)₂NCH₂CH₂OH)《無色の液体; 局部麻酔剤の合成に用いる》.

dièthyl·bárbituric ácid *n.* 〘化学〙=barbital. 〘← DIETHYL+BARBITURIC ACID〙

diéthyl cárbinol *n.* 〘化学〙ジエチルカルビノール ((CH₃CH₂)₂CHOH)《無色の液体; 溶剤・浮遊選鉱試薬》.

di·éth·yl·ene glýcol /dàɪéθəlìːn- | -θə̀-/ *n.* 〘化学〙ジエチレングリコール (O(CH₂CH₂OH)₂)《甘みがあり無色無臭, 吸湿性・粘りけのある液体; 不凍液・溶剤・合成樹脂原料などに用いられる; diglycol ともいう》. 〘← DI-¹+ETHYLENE+GLYCOL〙

dièthyl·ethanólamine *n.* 〘化学〙=diethylaminoethanol.

diéthyl éther *n.* 〘化学〙ジエチルエーテル (⇨ ether 1 b). 〘1930〙

diéthyl kétone *n.* 〘化学〙ジエチルケトン (⇨ pentanone).

diéthyl málonate *n.* 〘化学〙マロン酸ジエチル (⇨ ethyl malonate).

diéthyl óxide *n.* 〘化学〙ジエチルオキシド (⇨ ether 1 b).

diéthyl phthálate *n.* 〘化学〙フタル酸ジエチル (C₆H₄(COOC₂H₅)₂)《無色の液体; 香料の溶剤, 可塑剤》.

dièthyl·stilbéstrol *n.* (*also* **dièthyl·stilbóestrol**) 〘化学〙ジエチルスチルベストロール ([HOC₆H₄C-(C₂H₅)=]₂)《合成女性発情ホルモンの一種; stilbestrol ともいう; cf. caponette》. 〘(1938) ← DIETHYL+STILBESTROL〙

diéthyl toluámide *n.* 〘薬学〙ジエチルトルアミド (C₁₂H₁₇NO)《防虫剤》.

dièthyl·trýptamine *n.* 〘薬学〙ジエチルトリプタミン《幻覚剤; 略 DET》.

di·e·ti·tian /dàɪətíʃən | dàɪə̀-/ *n.* (*also* **di·e·ti·cian** /~/) 栄養士. 〘(1846) ← DIET¹: PHYSICIAN との類推による〙

díet kìtchen *n.* ダイエットキッチン《患者のために栄養士が特別食の献立をする病院などの調理場》. 〘1880〙

díet pìll *n.* 《米》〘薬学〙ダイエット錠《代謝促進により体重を減らすホルモン剤・利尿剤など》.

Die·trich /díːtrɪk, -trɪx; G. díːtrɪç/ *n.* ディートリック《男性名》. 〘□ G ~: ⇨ Theodoric〙

Die·trich /díːtrɪk, -trɪx; G. díːtrɪç/, **Marlene** *n.* ディートリッヒ《1901–92; ドイツ生まれの米国の映画女優・歌手》.

Dieu et mon droit /djə́ːeɪmɔ̃ː(n)drwɑ́ː, -mɔːn-, djúː- | djə́ː-; F. djøemɔ̃dʀwa/ F. 神とわが権利《Henry 六世のころから用いられた英国王室紋章の motto; Richard 一世が 1195 年に戦陣で使った合言葉》. 〘□ F ~ 'God and my right'〙

dif /dɪf/ 《口語》 *n.* =difference. — *adj.* =different.

Dif 《略》data interchange format.

dif. 《略》differ; difference; different; differential.

dif- /dɪf/ *pref.* (f の前にくるときの) dis-¹ の異形: *dif*fer.

diff /dɪf/ *n., adj.* =dif.

diff. 《略》differ; difference; different; differential.

dif·fer /dífə | -fə^(r)/ *vi.* **1** 〔…と〕違う, 異なる 〔*from*〕; 相異なる (vary): The climate ~*s from* country to country. 気候は地方ごとに異なる / These hats ~ *in* size, but not *in* shape. これらの帽子は大きさは違うが, 形は違わない / Tastes ~. 趣味は人によって異なる / How [How much] do they ~? どう[どの程度]違っているのか. **2** 〈人と〉意見を異にする (disagree) 〔*with, from*〕: I must ~ *with* you on that point. その点については賛同しかねます / He often ~*s from* [*with*] me in opinion. 彼はよく私と意見が食い違うことがある / If they ~ among themselves, how can we trust them? 彼ら自身意見が異なるのならどうして信用できるだろうか / I beg to ~. 失礼だが私は意見が違う / ⇨ AGREE *to differ*. **3** 《古》〔…と〕口論する, 争う (dispute) 〔*with*〕. 〘(*c*1380) *differe*(*n*) □ (O)F *différer* □ L *differre* to put off, differ ← *dif-* 'DIS-¹'+*ferre* 'to BEAR¹': ⇨ -ferous, defer¹〙

dif·fer·ence /díf(ə)rəns, -fəns, -rənts, -fənts | -f(ə)rəns, -rənts/ *n.* **1** 相違, 違い, 差異: numerical ~ 数字上の差 / the ~ *between* a goat *and* a sheep やぎと羊の違い / There is some ~ *in* quality *between* the two things. その二つの物には質的な相違がある / How many ~*s* can you spot [see] *between* [*in*] the two pictures? 2 枚の絵を比べていくつ違いを見つけることができますか. **2** (取扱いなどの)差別: religious and class ~*s* 宗教的および階級的差別. **3** 相違した所, 相違点; 特色: an individual ~ 個人差 / a specific ~ 〘生物〙種差 / Shaw was an artist with a ~. ショーは一風変わった芸術家だった. **4** 意見の相違; 不和, 争い, 仲たがい; [しばしば *pl.*] (国際間の)紛争: We had a serious [slight] ~ of opinion (about it). (それに関して)意見の重大な[わずかな]食い違いがあった / bury [sink] our ~*s* 意見の違いを水に流す / They have had few ~*s*. あまりけんかをしたことはない / Let's live with our ~*s*. お互いの意見の食い違いは食い違いと認めて仲良くやっていこうではないか. **5** 差額, 差, ひらき; (株式の価格高下の)さや: a ~ *of* 5 pounds [a yard] 5 ポンド[1 ヤード]の差 / pay the ~ 差額を補償する[支払う]. **6** 〘数学〙 **a** 差; 差分. **b** =relative complement. **7** 〘論理〙差異; 相違: be true with a ~ 特別の意味では真. **8** 〘紋章〙父あるいは本家の紋章と区別するためのマーク (⇨ cadency 3 ★).

as néar as màkes nó dífference ⇨ near *adv.* 成句.
for áll the dífference it màkes 大差がないことを考慮すると, たいした違いはないのだから[ないけれど]. ***màke a dífference*** 相違を生じる, (結果など)重要である (matter); 差別をつける 〔*between*〕. ★ 次のように修飾語を伴ったり形を変えることも多い: It *makes a* great ~ (*to* …). (…にとって)大変な相違を来す / *make* little [no] ~ ほとんど[全然]差異を生じない, ほとんど[少しも]違わない, (どちらにしても)大差はない[かまわない] / That *makes* all the ~. それではすっかり違ってしまう, それなら話は別だ / What ~ can it possibly *make* what happens now? 今何が起ころうとど

れほどの違いがあろうか. 〘1598〙 ***split the difference*** 《口語》差額の中間を採る, 残りを等分する; 〈双方が〉歩み寄る, 折れ合う, 妥協する. 〘*a*1778〙 ***the same difference*** 《カナダ口語》(違っているようでも)結局は同じこと: It's *the same* ~. 結局は同じことだ. ***What's the difference?*** 《口語》かまわないではないか (What does it matter?).
— *vt.* **1** 《まれ》…に区別を立てる (differentiate); 差別する (discriminate). **2** …の相違点を見積もる. **3** 〘紋章〙〈父や本家の紋章〉に違いを示すマークを付ける.
〘(1340) □ (O)F *différence* □ L *differentia* ← *differentem*: ⇨ different, -ia¹〙

SYN 相違: **difference** 同一でないことを表す最も一般的な語: There is a *difference* in their size. それらは大きさが異なっている. **disparity** 年齢・額などの不均衡《格式ばった語》: There is a great *disparity* between their ages. 二人の間には大きな年齢の開きがある. **discrepancy** 同じであるべきものの間に不一致や相違があること《格式ばった語》: There is a *discrepancy* between the statements of the two witnesses. 二人の証人の陳述には食い違いがある. **dissimilarity** 特定の面で二つ(以上)のものの間に類似性がないこと《格式ばった語》: The *dissimilarity* between the customs in Asia and in America is very great. アジアとアメリカとの慣習の相違は実に大きい. **distinction** 類似したものの間の相違点: What is the *distinction* between the two plans? この二つのプランはどう違うのですか.
ANT similarity.

dífference equàtion *n.* 〘数学〙差分方程式, 階差方程式, 定差方程式《未知関数の差分を含む方程式》.
dífference lìmen *n.* 〘心理〙弁別閾(いき) (⇨ just noticeable difference). 〘1895〙
dífference rìng *n.* 〘数学〙=quotient ring.
dífference thrèshold *n.* 〘心理〙=difference limen. 〘(1876) (なぞり) ← G *Unterschiedsschwelle*〙
dífference tòne *n.* 〘音響〙差音《周波数の異なる二つの音の差の周波数をもつ音; cf. summation tone》. 〘1875〙
dif·fer·ent /díf(ə)rənt, -fənt | -f(ə)rənt/ *adj.* **1** 異なる, 違う: My plan is very [much, far] ~ *from* yours. 私の案はあなたの(案)とは非常に違う[別だ].

語法 (1) different を強調する副詞は肯定文では very, much, far, 否定文で叙述用法では much が普通. (2) 前置詞は通例 *from* を用いるが, 《英》ではまた *to* を用いることもある. (3) また《米》では *than* を用いることもある: The village is now quite ~ *than* it was ten years ago. その村は 10 年前とはすっかり変わってしまった. ただし, 次のように *than* が接続詞として(省略)節を導き, 特に different から離れた位置に用いられる場合には《英》でも容認されている: How ~ things seem today *than* yesterday! きょうは物事がきのうと何と変わって見えることだろう.

2 それぞれ異なった, 別々の; さまざまの, 種々の (various): He has been to a lot of ~ places in Europe. 彼は今までにヨーロッパのいろいろ異なった場所に旅行している. **3** 《口語》風変わりな (unusual); 独特な, とびきりの (special).
— *adv.* 《米》=differently. ★《英》では今は非標準的な用法.
~·ness *n.* 〘(*c*1384) □ (O)F *différent* □ L *differentem*: ⇨ differ, -ent〙

SYN 異なる: **different** 〈人や物が〉互いに異なる《最も一般的な語》: Your ideas are no *different* from mine. 君の考えは私のと少しも変わらない. **diverse** 種類が様々で《格式ばった語》: They have extremely *diverse* opinions. 実に様々に異なる意見を持っている. **divergent** 〈経路・意見などが〉互いに異なる《融和できないことを強調する》: *divergent* views 互いに異なる見解. **distinct** 同じタイプの他の物と明確に異なっている: Hares and rabbits are *distinct* from each other. 野ウサギとアナウサギとは明確に異なっている. **dissimilar** 外見・性質などに類似点がない《格式ばった語》: They have very *dissimilar* tastes. ひどく異なる趣味を持っている. **disparate** 性質・量・種類などが本質的に異なる《相互間に何の関係もないことを強調する》: Music and sculpture are *disparate* art forms. 音楽と彫刻は全く別々の芸術形式だ. **various** 種類・タイプなどが多種多様な: a man of *various* gifts 多才の人.
ANT identical, same, similar.

dif·fer·en·ti·a /dìfərénʃiə, -ʃə/ *n.* (*pl.* **-ti·ae** /-ʃiìː, -ʃiàɪ/) **1** 相違点; (特に)本質的差異. **2** 〘論理〙種差 (specific difference)《ある種を, それと同一の類に属する他の種から区別する差異》. 〘(1690) □ L ~ 'DIFFERENCE'〙
dif·fer·en·ti·a·ble /dìfərénʃiəbl̩, -ʃə-ˈ/ *adj.* **1** 区別[弁別]できる. **2** 〘数学〙微分可能な. **dif·fer·en·ti·a·bil·i·ty** /dìfərènʃiəbíləṭi, -ʃə- | -l̩ti/ *n.* 〘(1863) ← DIFFERENTI(ATE)+-ABLE〙
differentiae *n.* differentia の複数形.
dif·fer·en·tial /dìfərénʃəl, -tʃəlˈ/ *adj.* **1** 特異の (distinctive): ~ characteristics. **2** 差別的な: ~ wages 差別的賃金 / the ~ rate system 差別的賃金体系 / ⇨ differential duties. **3** 〘数学〙微分の (cf. integral). **4** 〘物理・機械〙差動の, 応差の, 示差的な: ⇨ differential motion, differential screw. — *n.* **1** 〘数学〙微分. **2** 〘機械〙 **a** =differential gear. **b** ディファレンシャルギアボックス《differential gear を入れる箱》. **3** 《英》〘労働〙(同一業種間での熟練・非熟練工の)賃金格差. **4** 〘商業〙(差別的料金体系の結果としての)差額. **5** 〘鉄道〙(同一地点に達する二つの経路の)運賃差《その低運賃の方を differential rate という》. 〘(1647) □ F *différentiel* ∥ ML *differentiālis*: ⇨ different, -al¹〙
differential áileron *n.* 〘航空〙差動補助翼《操舵に対する左右の補助翼の角度が下げの側で小さく, 上げの側で大きくとれるようにして, 補助翼操舵に伴う偏(へん)揺れモーメントの性質が良くなるようにしたもの》.
differential ámplifier *n.* 〘電気〙差動増幅器《直流増幅器の代表的なもので, 2 入力の差に比例する出力が得られる》.
differential análỳzer *n.* 〘電算〙微分解析機《常微分方程式を解くためのアナログコンピューターの一種》. 〘1931〙
differential bráke *n.* 〘機械〙差動ブレーキ.
differential cálculus *n.* 〘数学〙微分学. 〘1702〙
differéntial coefficient *n.* 〘数学〙微(分)係数《記号 D》. 〘1816〙
differéntial compáction *n.* 〘地質〙差別的圧密《場所によって異なる圧密を起こす現象》.
differential cósts *n. pl.* 〘会計〙差額原価《意思決定によって将来その発生額が変化する原価; incremental costs, marginal costs ともいう; cf. sunk costs》.
differential cóunt *n.* 〘医学〙白血球百分率(算定).
differéntial diagnósis *n.* 〘医学〙鑑別診断.
differential dúties *n. pl.* 差別的関税.
differéntial equátion *n.* 〘数学〙微分方程式《未知関数の導関数を含む方程式》. 〘1763〙
differential géar [géaring] *n.* 〘機械〙(自動車などの)差動歯車, 差動装置, ディファレンシャルギア《単に differential ともいう》. 〘1859〙
differéntial geómetry *n.* 〘数学〙微分幾何学. 〘1909〙
differential léveling *n.* 〘測量〙直接水準測量.
dìf·fer·én·tial·ly /-ʃəli/ *adv.* **1** 特異的に; 区別的に, 差別的に. **2** 〘物理・機械〙差動的に. 〘(1644): ⇨ -ly¹〙
differential méaning *n.* 〘言語〙示差的意味《意味内容は問わず意味の違いの有無のみを問題にした場合の意味をいう; cf. referential meaning》.
differential mótion *n.* 〘機械〙差動運動. 〘1873〙
differential óperator *n.* 〘数学〙微分作用素, 微分演算子.
differéntial psychólogy *n.* 〘心理〙差異心理学《個人差・性差や集団・民族などの心理的差異を研究対象とする心理学の一分野》.
differential púlley *n.* 〘機械〙差動滑車《半径の違う 2 個の滑車を同じ軸に固定し 1 個の動車と組み合わせた装置》. 〘1834〙
differential quótient *n.* 〘数学〙微分商.
differential ráte *n.* 〘鉄道〙特定低(運)賃率 (cf. differential *n.* 5).
differential scréw *n.* 〘機械〙差動ねじ.
differential táriff *n.* 差別的税率; 差等賃率.
differéntial thermómeter *n.* 〘計器〙(2 点間の温度差を測定する)示差温度計. 〘1804〙
differential thréshold *n.* 〘心理〙弁別閾(いき).
differential tóne *n.* 〘音楽〙差音《二つの異なった音程の音を同時に鳴らしたとき, 両者の振動数の差の振動が生じて聞こえる音, 結合音の一種》. 〘1880〙
differéntial transfórmer *n.* 〘電気〙差動変圧器《二次コイルを分割し, 鉄心の変位を誘導起電力を用いて測定する装置》.
differential wéathering *n.* 〘地質〙差異風化《異なった種類の構成をもつ岩石が同一環境にさらされた際の鉱物の変色・分解などの進行程度の相違》.
differential wíndlass *n.* 〘機械〙差動巻揚げ機, 差動ウィンドラス《Chinese windlass ともいう》.
dif·fer·en·ti·ate /dìfərénʃièɪt, -réntʃi-/ *vt.* **1** …に差違を認める, 区別を立てる, 弁別する (⇨ distinguish SYN): ~ one thing *from* another. **2** 〈特徴などが〉…に〔他との〕区別[差違]を生じさせる, 違わせる〔*from*〕. **3** 変更する, 改める. **4** 〘生物・言語〙分化[変異]させる, …に特殊の発達をさせる. **5** 〘数学〙微分する. — *vi.* **1** 区別を生じる; 〈器官・種・言語などが〉分化する, 特殊化する. **2** 〔…の間に〕差別を認める〔*between*〕. 〘(1816) ← ML *differentiātus* (p.p.) ← *differentiāre*: ⇨ differentia, -ate³〙
dif·fer·én·ti·àt·ed plúral /-ṭɪ̀d- | -tɪ̀d-/ *n.* 〘文法〙分化複数《color (色)と colors (軍旗)のように複数形が単数形とは異なる意味を持つもの》.
dif·fer·en·ti·a·tion /dìfərènʃiéɪʃən, -si-/ *n.* **1** 差違を認めること, 弁別; 差別を設けること, 差別待遇. **2** 〘生物・言語〙分化, 変異, 分化派生. **3** 〘数学〙微分(すること); 微分法 (cf. integration). 〘(1802) ← ML *differentiātus* (⇨ differentiate)+-ATION〙
differentiátion cìrcuit *n.* 〘電気〙微分回路《入力信号の時間微分を出力とする回路》.
dif·fer·én·ti·à·tor /-ṭə | -tə^(r)/ *n.* **1** 区別するもの. **2** 〘電算・電子工学〙微分回路, 微分器. 〘(1889) ← DIFFERENTIATE+-OR²〙
dif·fer·ent·ly *adv.* **1** 〔…とは〕異なって, 異なるように〔*from, to, than*〕; 不同に: She sings ~ *from* me. 彼女は私とは歌い方が違う. **2** それとは違って, 別様に (otherwise): Someday you may feel ~. そのうちに気持ちが変わるかもしれない. 〘(*a*1398): ⇨ -ly¹〙
differently ábled *adj.* 《米》《婉曲》異質健常(者)の, 身体障害者の (disabled). 〘*c*1985〙
dif·fi·cile /dìːfɪsíːl, dɪ̀f- | dífisìːl; *F.* difisil/ *adj.* (↔ docile) **1** 扱いにくい, (頑固で)手に負えない, 気難しい. **2** /《米》dɪ́fɪsəl, də-/ 困難な (difficult). 〘(1477) □ (O)F ~ 'difficult' □ L *difficilis* (↓)〙
dif·fi·cult /dífɪ̀kəlt, -kʌ̀lt, -kɪ̀lt | -kəlt, -kɪlt/ *adj.* **1** 骨の折れる, 困難な, 面倒な (↔ easy) (⇨ hard SYN): a ~ problem *to* solve=a problem ~ *to* solve=a problem ~ *of* solution 解決の困難な問題 / a person ~ *to* please 気難しい人 / It is ~ *for* me [I find it ~] *to* answer. 私にはそれが容易に答えられない / He is ~ *of* access. 近づきにくい. **2** 理解[修得, 解答]しにくい, 難しい (hard) (↔ easy): a ~ passage, subject, question, etc. **3** 〈人・性質が〉扱いにくい, 気難しい, 偏屈な, 頑固な: a ~ old man / She was at a ~ age. 彼女は(子供から女性になる中間の)難しい年頃だった. **4** 〈事情・立場など〉困難な, 厄介な (awkward); (経済的に)窮迫した: a ~ situation 困難な[厄介な]事態 / I'll make life ~ for you if you don't do it. そうしないのなら困らせてやる. 〘(*a*1400) (逆成) ← DIFFICULTY ∞ (15C) *difficil* □ L *difficilis* ← *dif-* 'DIS-¹'+*facilis* 'easy, FACILE'〙
díf·fi·cult·ly *adv.* 困難を伴って, 難しく. ★ 通例 -able, -ible で終わる化学用語の形容詞などの前に用いる: a ~ soluble salt 溶解しにくい塩(えん). 〘(1551): ⇨ ↑, -ly¹〙
dif·fi·cul·ty /dífɪ̀kəlti, -kʌ̀l-, -kɪ̀- | -kəlti, -kɪ-/ *n.* **1** 難しさ, 困難 (↔ ease, facility): a task of great ~ 非常に難しい仕事 / the ~ of English usage 英語語法の難しさ / with ~ かろうじて, やっとのことで / without (any) ~ (何らの)困難もなく, 楽々と / be in ~ 難儀している, 苦労している / get into [encounter, experience] ~ [*difficulties*] 困難に陥る, 難儀する / We knew the ~ *of* climbing that mountain. あの山に登るのは大変なことは知っていた / I have (some) ~ (*in*) understanding him. 彼の言うことを理解するのに(多少)苦労する / They're having [experiencing] *difficulties* with the project. その計画にいろいろ支障が生じている. **2** 困難なもの, 難事; 難点; 障害 (cf. problem) (⇨ obstacle SYN): overcome every ~ あらゆる困難を克服する / put *difficulties* in the [a person's] way 邪魔を入れる. **3** 故障, 苦情, 異議: make [raise] *difficulties* 苦情を言う, 故障を唱える / I won't make [create] *difficulties for* you [*about* it]. きみ[その こと]に関しては何ら異存はない. **4** [しばしば *pl.*] 窮境, (特に)財政的困難: be in [get into, run into] *difficulties* (*over* [*about*] …) (…で)財政的に困っている / tide a person over *difficulties* 窮地を切り抜けさせる. **5** 紛糾, 争議 (conflict): labor *difficulties* 労働争議. 〘(*c*1380) □ (O)F *difficulté* ∥ L *difficultās*: ⇨ dis-¹, faculty〙

SYN 困難: **difficulty** なすのが難しいこと[物]: I have *difficulty* going to sleep. 私はなかなか眠れない. **hardship** 堪え難い苦しみや悩みを生じさせる状況: He has gone through many *hardships*. 多くの辛酸をなめてきた. **rigors** 特定の状況を堪え難くするもの: the *rigors* of a long winter 長い冬の厳しさ.

dif·fi·dence /dífədəns, -dns, -dèns | -fɪ̀dəns, -dns/ *n.* **1** 自信のなさ, 気後れ (↔ confidence). **2** 遠慮がち, はにかみ: with nervous ~ おずおずと / with seeming ~ 見かけだけはしおらしそうに. **3** 《まれ》不信 (distrust), 疑念. 〘(*a*1400) □ L *diffidentia*: ⇨ ↓, -ence〙
dif·fi·dent /dífədənt, -dnt, -dènt | -fɪ̀dənt, -dnt/ *adj.* **1** 〔…に〕自信がない, 気後れを感じている〔*of, about*〕 (↔ confident): be ~ *of* one's success 成功に自信がない. **2** 臆病な, おずおずとした, 内気な, はにかみがちな (shy): a ~ smile. **3** 《古》(人などを)信じない, 疑い深い (distrustful). **~·ness** *n.* 〘(*a*1460) □ L *diffidentem* (pres.p.) ← *diffidere* to distrust ← *dif-* 'DIS-¹'+*fidere* to trust〙
díf·fi·dent·ly *adv.* 自信がなさそうに, 遠慮がちに, おずおずと. 〘(?1613): ⇨ ↑, -ly¹〙
dif·flu·ence /díflu:əns | -fluəns/ *n.* 流出, 分流速度; 流動性; 溶解, 融解. 〘(1633): ⇨ ↓, -ence〙
dif·flu·ent /díflu:ənt | -fluənt/ *adj.* 流出[分流]性の; 溶けて流れる (fluid); 融解[溶化]性の (melting). 〘(*a*1618) □ L *diffluentem* ← *diffluere* to flow away: ⇨ dis-¹, fluent〙
dif·fract /dɪ̀frǽkt/ *vt.* **1** 分散させる, 分解する (break up). **2** 〘物理〙〈光線・音波・電波などを〉回折する. — *vi.* 回折する. 〘(1803) (逆成) ↓〙
dif·frac·tion /dɪ̀frǽkʃən/ *n.* 〘物理〙(光線・光波・音波・電波・物質波などの)回折 (cf. deflection 2). 〘(1671) □ F ~ ∥ ← NL *diffractiō(n-)* ← L *diffractus* (p.p.) ← *diffringere* to break to pieces ← *dif-* 'DIS-¹'+*frangere* to break (cf. fraction)〙
diffráction gràting *n.* 〘光学〙回折格子《光を回折させスペクトルを得るために用いる装置; 単に grating ともいう》. 〘1867〙
diffráction pàttern *n.* 〘結晶・物理〙回折図形 (cf. Laue pattern).
dif·frac·tive /dɪ̀frǽktɪv/ *adj.* 〘物理〙回折的な, 回折性の. **~·ly** *adv.* **~·ness** *n.* 〘(1829): ⇨ -ive〙
dif·frac·tom·e·ter /dɪ̀frækt ɑ́(ː)məṭə | -tɔ́mɪ̀tə^(r)/ *n.* 〘結晶・物理〙回折計《X 線または中性子線の回折を用いて結晶の性質を調べる装置; X 線回折計を指す場合が多い》. 〘(1909) ← DIFFRACT+-O-+-METER¹〙
dif·fu·sate /dɪ̀fjúːzeɪt/ *n.* **1** 〘物理化学〙拡散壁[膜]を通過して出てくるもの《普通は気体》. **2** 〘物理〙拡散体《同位元素分離の気体拡散による方式の場合, 拡散壁を通り抜けて同位元素の軽い成分が濃くなっている気体》. 〘(1850): ⇨ ↓, -ate¹〙
dif·fuse /dɪ̀fjúːz/ *v.* — *vt.* **1** 〈学問などを〉広める, 普

及させる; 〈富・幸福・情味・感じなどを〉(周囲に)まき散らす, 満ちわたらせる: ～ one's riches / ～ a rumor / ～ geniality around one (人柄などに)温情が漂う. 2 〈光・熱・臭気などを〉放散する (spread). 3 〘物理〙〈気体・溶液を〉拡散させる. 4 (Shak) 混乱させる. ― *vi.* 1 散らされる, 散る, 広がる, 満ちわたる (spread abroad). 2 〘物理〙拡散する.

― /dɪfjúːs/ *adj.* 1 広く散った, 広がった (widespread). 2 〈文体など〉締まりがない, (簡潔でなくて)散漫な, まわりくどい, 言葉数が多い (↔ concise, condensed) (⇨ wordy SYN): a ～ speech [writer] 締まりのない演説[冗漫な作家]. 3 〘医学〙広汎性の, 瀰漫(びまん)性の. 4 〘音声〙拡散性の《母音などのフォルマントがスペクトルに拡散するもの; 高母音の特性; cf. compact[1] 6》.
〖(1413) □ (O)F *diffus* // L *diffūsus* (p.p.) ← *diffundere* to pour forth, spread: ⇨ dis-[1], fuse[1]〗

dif·fused /dɪfjúːzd/ *adj.* 広く散った, 行きわたった, 普及した; 拡散[散開]した: ～ lighting 拡散照明, 散光 / a widely ～ rumor. 広く知れわたったうわさ. **dif·fús·ed·ly** /-zɪdli, -zd-/ *adv.* **dif·fús·ed·ness** /-zɪdnɪs, -zd-/ *n.* 〖(a1400): ⇨ ↑, -ed 2〗

diffúsed júnction *n.* (半導体接合の)拡散接合 (cf. alloyed junction).

dif·fuse·ly /-fjúːsli/ *adv.* 散漫に, 締まりなく, 冗漫に; 広く(普及して). 〖(a1425): ⇨ -ly[1]〗

diffúse nébula /-fjúːs-/ *n.* 〘天文〙拡散星雲, 散光星雲.

dif·fúse·ness /-fjúːs-/ *n.* 散漫, 冗長, 冗漫; 拡散性. 〖(1797): ⇨ -ness〗

dif·fúse-pórous /-fjúːs-/ *adj.* 〘植物〙散孔材の《春材と秋材の導管の大きさがほぼ同じで全体に散在する; cf. ring-porous》. 〖1902〗

dif·fus·er /dɪfjúːzə | -zə(r)/ *n.* 1 散布者, 普及者. 2 散布器; 放散器, 拡散器, 噴散装置, 散気装置; 散光器. 3 〘航空〙拡散筒, ディフューザー《流体の運動エネルギーを圧力に変える筒で, 速度が音速以下の気体[液体]の場合は末広管, 音速以上の気体では先細管の形となる》. 4 〘音響〙拡散体《音波を拡散反射させて音響効果をよくするために使う物体》. 5 〘写真〙軟焦点アタッチメント; (照明)光を和らげるもの《白色無光沢板・すりガラス・オパールガラスなど》. 〖(a1697) ← DIFFUSE + -ER[1]〗

diffúse reflèction /-fjúːs-/ *n.* 〘光学〙拡散反射《光の波長と同程度あるいはそれより大きい微小な凹凸をもつ粗面による反射で, 鏡面による反射の法則に従わず各方向に光を拡散する; cf. specular reflection》.

dif·fus·i·bil·i·ty /dɪfjùːzəbíləti | -zɪbílɪti/ *n.* 分散力[性], 普及力[性]; 〘物理〙拡散率[性]. 〖(1813): ⇨ ↓, -ity〗

dif·fus·i·ble /dɪfjúːzəbl | -zɪ-/ *adj.* 散らされる; 広がる; 拡散できる. **～·ness** *n.* 〖(1782) ← DIFFUSE + -IBLE〗

dif·fu·sion /dɪfjúːʒən/ *n.* 1 散布; 普及. 2 (文体などの)散漫. 3 〘物理〙拡散(作用); (分子・イオンの)拡散. 4 放散, (すりガラスなどによる光の)乱反射, 散乱, 散光; 〘写真〙(焦点の)ぼかし, 軟焦点《画像の輪郭は明確だが, ハローがあり, ソフトな感じを与える状態》. 5 〘気象〙拡散. 6 〘人類学〙(文化・言語・遺伝子・形質の)拡散, 伝播; (ある事実が) 2 か所以上の地域に存在すること. **～·al** /-ʒnəl, -ʒənl/ *adj.* 〖(c1385) □ LL *diffūsiō(n-)*: ⇨ diffuse, -sion〗

diffúsion coeffìcient [cònstant] *n.* 〘物理化学〙拡散率, 拡散係数[定数] (diffusivity ともいう). 〖1858〗

diffúsion ìndex *n.* 〘経済〙景気動向指数《株価・生産指数・卸売物価等々の動きから合成した景気指標》.

dif·fu·sion·ism /dɪfjúːʒənɪzm/ *n.* 〘社会学〙伝播論《文化や社会の発展を内部要因の進化に求める立場に反対して, 相異なる文化や社会の間の接触(戦争や貿易など)に基づく優位文化の支配・伝播と相互浸透の結果だとする説》. 〖(1937): ⇨ -ism〗

diffúsion lìne [rànge] *n.* ディフュージョンライン《より安価な素材で作った有名ブランド服の普及版のグループ[コレクション]》.

diffúsion pùmp *n.* 〘機械〙拡散ポンプ.

dif·fu·sive /dɪfjúːsɪv, -zɪv | -sɪv/ *adj.* 1 散布的な, 普及しやすい, 普及力のある. 2 拡散的な, 拡散性の: a ～ substance. 3 散漫な, 冗漫な; 〈お世辞など〉くどい. **～·ly** *adv.* **～·ness** *n.* 〖(1614) ← DIFFUSE + -IVE〗

dif·fu·siv·i·ty /dɪfjuːsívəti, -zív- | -sívɪti/ *n.* 〘物理化学〙= diffusion coefficient.

dif·fú·sor /-zə | -zə(r)/ *n.* = diffuser.

di·func·tion·al /daɪfʌ́ŋ(k)ʃnəl, -ʃənl/ *adj.* 〘化学〙二官能性の. 〖(1943) ← DI-[1] + FUNCTIONAL〗

di·func·tion·al·i·ty /daɪfʌ̀ŋ(k)ʃənǽləti | -lɪti/ *n.* 〘化学〙二官能性.

dig /díg/ *v.* (**dug** /dʌ́g/, 《古》**digged**; **dig·ging**) ― *vt.* 1 〈地を〉掘る; 〈畑などを〉掘り起こす[返す]〈*up*〉: ～ the ground / ～ a field [garden] for planting 畑[庭]を掘り起こして植え付けをする. 2 a 〈穴・溝・井戸・鉱山などを〉掘る, 掘って作る: ～ a hole, ditch, well, mine, etc. / ～ a tunnel *through* トンネルを掘り抜く / ～ a pit *for* a person 人を陥れようと企てる (cf. *Eccles.* 10:8). b [～ one's way として] 掘って進む: The robbers *dug their way under* the street *to* the bank vault. 強盗たちは通りの下に穴を掘って銀行の金庫室まで進んだ. 3 a 〈埋まっているものを〉掘る, 掘り出す: ～ potatoes [coal] / ～ a cigar *out of* one's pocket ポケットから葉巻を取り出す. b (苦心して)調べ上げる, (丹念に)捜し出す, 発見する〈*up, out*〉: ～ *up* facts from books 書物から事実を探し出す. 4 《口語》〈指先・ひじ・足などを〉突っ込む, 突き立てる; 〈人を〉小突く, つっつく: ～ one's feet *into* the snow しっかと雪の中に足を突き立てる / ～ one's nails *into* a person's face 人の顔につめを立てる / ～ one's spurs *into* a horse 馬に強く拍車を入れる / ～ a person *in* the ribs (with one's elbow) (冗談などに注意させるために)人のあばらをひじで小突く. 5 《古俗》a …がわかる, 理解する; …が気に入る, 好む: I just don't ～ that haircut of his. 彼のあの髪の形がどうも気にくわない. b …に気づく, 注意する, 見る: *Dig* that hat she's wearing! 彼女のかぶっているあの帽子を見てごらん.

― *vi.* 1 地を掘る: ～ deep / ～ *for* gold 金を求めて地を掘る. 2 〔…を〕掘り下げ(調べ)る, (深く)探求する, 研究する〔*for, into, through, under*〕: ～ *into* a bag *for* … バッグに深く手を入れて…を捜す / ～ *into* [*through*, *around in*] documents 文書を調べる / ～ *down into* a person's mind 人の心中を深く探究する. 3 《口語》こつこつ勉強する: ～ (*away*) *at* a subject 学科をこつこつと勉強する. 4 《英口語》(下宿[宿泊]して, または借家人として)住む.

dig aróund 〔…を〕捜し回る〔*in*〕. ***díg at*** 〈人〉に当てこすりを言う. ***díg (déep) in [into] one's pócket(s)*** (大金の)身銭を切る. ***díg dówn*** (1) 掘り下げる; 深く調べる (cf. *vi.* 2). (2) 下を掘って覆す, 掘って倒す (undermine). (3) 《米口語》気前よく金を払う; (なんとか)身銭を切る: Customers will not ～ *down for* such a fake. 客はそんなまやかし物のために金を払いはしない. 〖1526–34〗 ***díg one's héels in*** ⇨ heel n. 成句. ***díg ín*** (*vt.*) (1) 〈肥料などを〉土を掘って埋め込む (bury). (2) 突っ込む, 突き立てる (cf. *vt.* 4). ― (*vi.*) (1) = DIG *oneself in*. (2) (難局で)辛抱して待つ. (3) 意見[立場]を固執する. (4) 《口語》勢いよく[せっせと]仕事に取りかかる, 猛勉強しだす; [しばしば命令文で] (がつがつ)食べ始める. (5) 懸命に走る. (6) (野球などで)〈打者が〉(足場の安定を図るため)地面を掘る. 〖1530〗 ***díg ínto*** (1) …を掘り進む[下げる]; 深く調べる (cf. *vi.* 2). (2) 《口語》〈仕事〉に精力的に取り組む, …を猛勉強する; …をがつがつ食う, …にかぶりつく (eat into). (3) 〈資金など〉に手を着ける, 食い込む. ***díg óut*** (*vt.*) (1) 掘りあける: ～ *out* a hole / ～ one's way *out*. (2) 掘り出す, 発掘する; 土を掘って狩り出す〔*of*〕: ～ *out* a fox, badger, etc. (3) 《口語》〈情報などを〉発掘する, 調べ出す (cf. *vt.* 3 b)〔*from, of*〕. ― (*vi.*) 《米俗》〈動物などが〉〔…へ〕大急ぎで逃げ出す〔*for*〕; そそくさと立ち去る. 〖c1384〗 ***díg óver*** 〈土を〉十分に掘り返す; 〈問題などを〉再考する. ***díg onesèlf ín*** (1) 塹壕(ざんごう)を掘って身を隠す. (2) 《口語》仕事に腰を据える, 地位を確保する; 主題に精通する. ***díg … òut of***― 〈生存者などを〉〈土・雪の中〉から掘って救い出す; 〈会社などを〉〈混乱・危機など〉から救う. ***díg úp*** (*vt.*) (1) 〈道路・荒地などを〉掘り返す, 掘り起こす; 〈物を〉掘り出す: ～ *up* potatoes. (2) (苦心して)発見する, 手に入れる (cf. *vt.* 3 b); 〈人などを〉捜しあてる; 〈真相・スキャンダルなどを〉明るみに出す, 明らかにする: Where on earth did you ～ *up* the information? いったいどこでその情報を手に入れたのですか. (3) 《口語》(目的のために)金をかき集める. ― (*vi.*) 《米俗》注意して聞く. 〖c1400〗

― *n.* 1 a ひと掘り: have a ～ *in* the garden 庭を掘る. b 《口語》(考古学上の)発掘現場; 発掘(作業): go [be] on a ～ in Egypt エジプトへ発掘に行く[発掘に従事している]. 2 《口語》当てこすり, 皮肉, 嫌味: have [get in] a sly ～ *at* a person 人に陰険な嫌味を言う. 3 《口語》小突き, つっつき: give a person a good ～ *in* the ribs 人のあばらをいやというほど小突く. 4 [*pl.*; しばしば単数扱い] 《英口語》下宿 (lodgings): live *in* ～*s* 下宿生活をする / Are your ～*s* comfortable? 下宿は快適かね. ★ 今は diggings は《まれ》で, 通例この短縮形を用いる. 5 《豪・NZ 口語》= digger 3. 6 《米俗》猛勉強家.
〖(?a1200) *digge(n)* < ? OE **dīcigian* ← *dīc* 'DITCH': または擬音語から: cf. (O)F *diguer* to make a dike〗

dig. (略) digest; digestion; digestive; digit; digital.

Di·gam·ba·ra /dɪgʌ́mbərə/ *n.* 〘ジャイナ教〙空衣派《紀元前 3 世紀に形成されたジャイナ教の主要宗派, 元来「四方を衣とする者(＝裸)」の義で厳格な修行を旨とした; cf. Svetambara》. 〖□ Skt ～ 'sky-clad, naked'〗

di·ga·met·ic /dàɪgəmétɪk | -tɪk˭/ *adj.* 〘生物〙2 種の生殖細胞を生じる. 〖⇨ di-[1], gamete, -ic[1]〗

dig·a·mist /dígəmɪst | -mɪst/ *n.* 再婚者. 〖(1656) ← DIGAMY + -IST〗

di·gam·ma /daɪgǽmə, ⌐⌐⌐/ *n.* ディガンマ《初期ギリシャ文字 Ϝ; /w/ と発音する》. 〖(1698) □ L ～ □ Gk *digamma*: ⇨ di-[1], gamma: その形を二重の gamma (Γ) とみて〗

dig·a·mous /dígəməs/ *adj.* 1 再婚の. 2 〘植物〙雌雄同花序の. 〖(1864) □ LL *digamus*: ⇨ di-[1], -gamous〗

dig·a·my /dígəmi/ *n.* 再婚 (deuterogamy) (cf. bigamy 1, monogamy). 〖(1635) □ LL *digamia* □ Gk *digamía* second marriage: ⇨ di-[1], -gamy〗

di·gas·tric /daɪgǽstrɪk/ 〘解剖〙 *adj.* 〈筋肉が〉二腹の, 筋腹が二つある (cf. belly 4): a ～ muscle 二腹筋《下顎(かがく)の筋肉》. ― *n.* = DIGASTRIC muscle. 〖(1696) ← NL *digastricus*: ⇨ di-[1], gastric〗

di·ge·ne·an /dàɪdʒɪníːən˭, daɪdʒéniən/ *adj.*, *n.* 二生亜綱 (Digenea) の(吸虫).

di·gen·e·sis /daɪdʒénəsɪs | -nɪsɪs/ *n.* 〘生物〙世代交代 (alternation of generations). 〖(1876) ← NL ～: ⇨ di-[1], genesis〗

di·ge·net·ic /dàɪdʒɪnétɪk | -tɪk˭/ *adj.* 1 〘生物〙世代交代の. 2 〘動物〙二生亜綱の (digenean). 〖(1883) ← DI-[1] + Gk *genetikós*〗

dig·e·ra·ti /dìdʒəráːti | -ti/ *n. pl.* コンピューター知識人階級, デジタル知識人. 〖(c1995) 《混成》← DIG(ITAL) + (LIT)ERATI〗

di·gest /daɪdʒést, dɪ-/ *v.* ― *vt.* 1 〈食物を〉消化する. 2 〈薬・ワインなどが〉…の消化を助ける[促す]. 3 〈計画などを〉よく考えて頭に入れる, 会得する; 〈本などを〉よく理解して心の糧(かて)にする, 読みこなす; 〈意味などを〉かみしめる, よく味わう: read, mark, learn, and inwardly ～ them これ(聖書)を読み, 考え, 覚え, 心の糧とする (*Prayer Book*, Collect). 4 (系統立てて)整理する, 分類する, 摘要する; 〈法律を〉法典化する (codify). 5 〈攻撃・侮辱などを〉忍ぶ, 耐える (endure). 6 〘化学〙温浸する, 熟成する. 7 〈新領土などを〉同化する.
― *vi.* 1 〈人・動物が〉食物を消化する. 2 〈食物が〉消化する, こなれる, 消化が…だ: These candies ～ easily. このキャンディーは消化がよい.
― /dáɪdʒest/ *n.* 1 a (法律・文学・歴史・科学書などの) 摘要, 要約, 粗筋, まとめ, ダイジェスト (⇨ summary SYN): the complete book, not a ～ (of it) 完本であってダイジェストではない. b (他の出版物の記事などを要約して集録した)要約雑誌[本]. 2 〘法律〙判例要録, 法規類纂(るいさん). 3 〘ローマ法〙[the D-] = pandect 1.
〖v.: (a1398) ← L *digestus* separated, dissolved (p.p.) ← *digerere* ← DI-[2] + *gerere* to carry. ― n.: (a1387) □ L *digesta* matters digested (neut. pl.) ← *digestus*〗

di·ges·tant /daɪdʒéstənt, dɪ-/ *n.*, *adj.* = digestive.

di·gest·er /daɪdʒéstə, dɪ- | -tə(r)/ *n.* 1 消化剤. 2 スープ煮出し器, 蒸し煮器, 高圧釜. 3 〘製紙〙蒸解釜, 木釜, ダイジェスター《化学パルプを作るための高圧ガマ》. 4 ダイジェスト記者[編集者]. 〖(c1477): ⇨ -er[1]〗

di·gest·i·bil·i·ty /daɪdʒèstəbíləti | -tɪbílɪti/ *n.* 消化性[率], 消化のよしあし. 〖(1740): ⇨ ↓, -ity〗

di·gest·i·ble /daɪdʒéstəbl, dɪ- | -tɪ-/ *adj.* (cf. indigestible) 1 消化できる, こなれやすい: easily ～ food 消化のよい食物. 2 摘要できる. 〖(c1387–95) □ (O)F ～ // LL *digestibilis*: ⇨ digest, -ible〗

di·gest·i·ble·ness *n.* = digestibility. 〖1662〗

di·gést·i·bly /-bli/ *adv.* 消化しやすく. 〖(1879): ⇨ -ly[1]〗

di·ges·tif /dìːʒestíːf | dɪʒestíːf, dìːʒestíːf; *F.* diʒɛstif/ *F. n.* ディジェスチフ《消化を助けるために食後[食前]に取る飲み物; 特にブランデーなど》. 〖1908〗

di·ges·tion /daɪdʒéstʃən, dɪ-, -dʒéʃtʃən/ *n.* 1 消化(作用), こなれ; 消化力: have a good [weak] ～ 胃が良い[弱い] / The food is easy [hard] of ～. その食物は消化しやすい[しにくい]. 2 (精神的な)同化吸収, 理解(力); 同化力. 3 〘化学〙温浸, 熟成. 4 (バクテリアによる)汚水[汚物]分解. **～·al** /-tʃnəl, -tʃənl/ *adj.* 〖(c1395) □ (O)F ～ □ L *digestiō(n-)*: ⇨ digest, -tion〗

di·ges·tive /daɪdʒéstɪv, dɪ-/ *adj.* 1 消化(性)の; 消化力のある, 消化を助ける: ～ juices [fluid] 消化液 / ～ organs 消化器(官) / ～ glands 消化腺 / the ～ tract 消化管 / the ～ system 消化器系. 2 〘化学〙温浸の.
― *n.* 1 消化剤[薬]. 2 《英》= digestive biscuit (cf. graham cracker). **～·ly** *adv.* **～·ness** *n.*
〖(adj.: ?a1425; n.: c1390) □ (O)F *digestif* □ L *digestīvus*: ⇨ digest, -ive〗

digestive system
1 esophagus
2 liver
3 gallbladder
4 bile duct
5 duodenum
6 colon
7 vermiform appendix
8 rectum
9 stomach
10 spleen
11 pancreas
12 large intestine
13 small intestine
14 anus

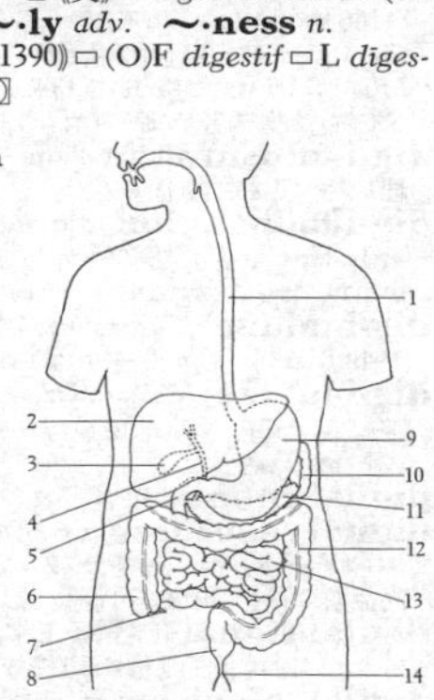

digéstive bíscuit *n.* 《英》ダイジェスティブビスケット《全粒粉を使ったビスケット》. 〖1876〗

di·gés·tor *n.* = digester 2.

digged *v.* 《古》dig の過去形・過去分詞.

dig·ger /dígə | -gə(r)/ *n.* 1 掘る道具[機械], 採掘具, 浚渫(しゅんせつ)機; ジャガイモ掘り器. 2 掘る人, 坑夫, (特に)採金鉱夫. 3 《口語》a (第一次・第二次大戦のときの)オーストラリア[ニュージーランド]兵; オーストラリア[ニュージーランド]人. b 《豪》[しばしば呼び掛け] 兄弟, 君 (buddy). 4 [D-] 〘英国史〙ディガーズ (Diggers) の一員《1649 年英国 Surrey 州の共有地で耕作を始めた, 共産主義的な私有財産反対運動をした人》. 5 [D-] (昔のディガーズのように) 困っている仲間などに食べ物・持ち物などを与え合うヒッピーの一人. 6 〘昆虫〙= digger wasp. 7 [D-] 根掘りインディアン《農耕をいまだ知らず, 草木の根を掘って常食としていた米国西部の Paiute 族など; Digger Indian ともいう》. 8 《米口語》勉強家. 9 《米俗》a = gold digger 2. b だふ屋 (scalper). c すり. 〖(1440): ⇨ dig, -er[1]〗

Dígger Índian *n.* = digger 7.

dígger wàsp *n.* 〘昆虫〙ジガバチ, アナバチ《土中に巣を作る膜翅目ジガバチ科に属するハチの総称; 単に digger ともいう》. 〖1880〗

díg·ging /-gɪŋ/ *n.* 1 [*pl.*] 発掘物. 2 [*pl.*; しばしば単数扱い] 発掘, 採掘; 採鉱地, 金鉱 (gold field). 3 [*pl.*] /(しばしば) dígənz/ 《口語》a (もと)採金鉱夫の住居. b 《まれ》= dig *n.* 4. 〖(c1384): ⇨ dig, -ing[1]〗

D

dígging stìck *n.* 掘り棒《焼き畑などの原始的農耕に用いられるとがった棒》. 〘1865〙

dight /dáɪt/ *vt.* (**dight, ～·ed**) **1**《古》備える, 装備する. **2** [通例 p.p. 形で]《古》装う, 飾る〔*with*〕(cf. bedight). **3**《スコット》きれいにふく; 修繕する. 〘OE *dihtan* to compose, arrange □ L *dictāre* 'to DICTATE'; cf. G *dichten* to compose〙

dig·it /díʤɪt | -ʤɪt/ *n.* **1** アラビア数字 (0,1,2 … 9): add a few ～*s* 数字を二三加える《二桁(½)三桁増やす》/ dial three ～*s* (電話番号の)三桁の数字を回す / double-*digit* inflation 二桁インフレ《インフレ率が 10% 以上》/ the most [least] significant ～《数学》有効数字の第一番目[最後]の桁の数字 (cf. significant digits). **2** (手・足の)指. **3** 指幅《長さの単位, 約 ³/₄ inch》. **4** 指標(となる木片・金属など). **5**《天文》太陽・月の視直径の ¹/₁₂《日月食の食分を表すのに用いる》: an eclipse of six ～*s* 半分欠ける日[月]食. 〘(*a*1398) □ L *digitus* finger, toe, inch < **dicitus* pointer ← IE **deik-* to show: cf. teach, toe〙

dig·i·tal /díʤɪtl | -tl/ *adj.* **1** 数字を使う; デジタル[計数]型の;《情報》デジタル方式の (↔ analogue): a ～ watch デジタル式腕時計 / ⇨ digital computer. **2** 指の; 指を使っての, 指による: ～ examination 指診. **3** 指状の, 指状のものをもった. 日英比較 デジタルブック(液晶ディスプレーを持つ電子ブック)は和製英語. 英語では electronic book という. — *n.* **1** デジタル式の時計 [温度計, 計器など]. **2**《戯言》指 (finger). **3** (鍵盤楽器の) 鍵(ⁿ), キー. **～·ly** *adv.* 〘(?*c*1425) □ L *digitālis*: ⇨ ↑, -al¹〙

dígital áudiotape *n.* デジタルオーディオテープ《digital recording 用テープ; 略 DAT》. 〘1981〙

dígital cámera *n.* デジタルカメラ.

dígital cásh *n.* =electronic cash.

dígital clóck *n.* デジタル置き[掛け]時計.

dígital cómpact cassétte *n.* デジタルコンパクトカセット (⇨ DCC).

dígital cómpact dísc *n.* デジタルコンパクトディスク《略 DCD》.

dígital compúter *n.*《電算》デジタルコンピューター, 計数型計算機《データをデジタル信号に変換して処理するもので, 一般のコンピューターはこの型; cf. analogue computer》. 〘1947〙

dígital divíde *n.* 情報格差《IT (情報技術)を持っていない人が持っている人に対して社会的に不利な立場に置かれること》.

dig·i·tal·in /dìʤətǽlɪn, -téɪl- | -ʤɪtéɪlɪn, -tá:-/ *n.*《薬学》ジギタリン ($C_{36}H_{56}O_{14}$)《キツネノテブクロ (digitalis) の葉から抽出した有毒物質; 強心剤用》. 〘(1837): ⇨ ↓, -in²〙

dig·i·tal·is /dìʤətǽlɪs, -téɪl- | -ʤɪtéɪlɪs, -tá:-/ *n.* **1**《植物》ゴマノハグサ科ジギタリス属 (*Digitalis*) の植物の総称; (特に)キツネノテブクロ (*D. purpurea*) (foxglove ともいう). **2** ジギタリス製剤《キツネノテブクロの乾葉で強心剤》. 〘(1664) ← NL ～ (なぞり) ← G *Fingerhut* thimble, foxglove: その花冠の形状が指に似ていることから, L *digitālis* 'DIGITAL' に基づいて 1542 年に L. Fuchs (1501–66: ドイツの植物学者)が命名したもの〙

dig·i·tal·ism /díʤətəlìzm, -tl- | -ʤɪt əl-, -tl-/ *n.*《病理》ジギタリス中毒(症).

dig·i·ta·li·za·tion /dìʤətæ̀lɪzéɪʃən, -təl-, -tl- | -ʤɪtəlaɪ-, -lɪ-/ *n.*《医学》ジギタリス投与. 〘(1882) ← DIGITALIS+-IZATION〙

dig·i·tal·ize¹ /díʤətəlàɪz, -tl- | -təl-, -tl-/ *vt.*《電算》=digitize. 〘(1962) ← DIGITAL+-IZE〙

dig·i·tal·ize² /díʤətəlàɪz, -tl- | -ʤɪtəl-, -tl-/ *vt.*《医学》〈人〉にジギタリス(剤)を投与する. 〘(1927) ← DIGITALIS+-IZE〙

dígital móney *n.* 電子マネー (electronic cash).

dígital recórding *n.* デジタル録音《音のアナログ信号やコンピューター用データをデジタル信号に換えて記録すること; 高品質の録音・再生が可能》. 〘1960〙

dígital sígnal *n.*《電子工学》デジタル信号《モールス信号のように, 離散的な量により構成される信号》.

dígital télevision *n.* デジタルテレビ《アナログ回路をデジタル LSI で置き換えた高性能テレビ》.

dígital-to-ánalog convérsion *n.*《電子工学》DA 変換《デジタル信号を対応するアナログ信号に変換すること; cf. analog-to-digital conversion》.

dígital vídeodisc *n.* デジタルビデオディスク (⇨ DVD).

dígital wátch *n.* デジタル時計 (cf. analog watch).

dig·i·tate /díʤətèɪt | -ʤɪ-/ *adj.* **1** 指のある. **2**《動物》指状の: a ～ ray 指状突起. **3**《植物》〈葉が〉掌状の: ～ leaves. **～·ly** *adv.* 〘(1661) ← DIGIT+-ATE²〙

dig·i·tat·ed /díʤətèɪtɪd | -ʤɪtèɪtɪd/ *adj.* =digitate.

dig·i·ta·tion /dìʤətéɪʃən | -ʤɪ-/ *n.*《生物》**1** 指状分裂. **2** 指状組織[突起]. 〘(1656) ← DIGITATE+-ION〙

dig·i·ti- /díʤətɪ, -ti | -ʤɪtɪ, -ti/「指 (finger)」の意の連結形. 〘← L *digitus* 'DIGIT'〙

dig·i·ti·form /díʤətəfɔ̀əm | -ʤɪtɪfɔ̀:m/ *adj.* 指の形をした (finger-shaped). 〘(1846): ⇨ ↑, -form〙

dig·i·ti·grade /díʤətəgrèɪd | -ʤɪtɪ-/《動物》*adj.* 足指で歩く, 趾(ᵗ)行の, 指先歩きの (cf. pinnigrade, plantigrade). — *n.* 趾行動物《イヌ・ネコなど》. 〘(1833) □ F ～: ⇨ digiti-, -grade〙

dig·i·ti·ner·vate /dìʤətənə́:veɪt | -ʤɪtɪnə́:-/ *adj.*《植物》〈葉が〉掌状脈の. 〘(1883) ← DIGITI-+NERVATE〙

dig·i·ti·pin·nate /dìʤətəpínɪeɪt, -nɪt | -ʤɪtɪ-/ *adj.*《植物》〈葉が〉掌状羽状の. 〘(1883) ← DIGITI-, +PINNATE〙

dig·i·tize /díʤətàɪz | -ʤɪ-/ *vt.*《電算》デジタル化する, 計数化する. **dig·i·ti·za·tion** /dìʤətɪzéɪʃən | -ʤɪtaɪ-, -tɪ-/ *n.* 〘(*a*1704) (1953) ← DIGIT+-IZE〙

díg·i·tìz·er *n.*《電算》デジタル[計数]化装置. 〘(1767) (1953): ⇨ ↑, -er¹〙

dig·i·to·nin /dìʤətóunɪn | -ʤɪtóunɪn/ *n.*《化学》ジギトニン ($C_{56}H_{92}O_{29}$)《ジギタリスの葉に含まれるサポニンの一種; コレステロールの分離・定量に用いられる》. 〘(1875) ← DIGITALIS+(SAP)ONIN〙

dig·i·tox·i·gen·in /dìʤətà(:)ksəʤénɪn, -tɑ(:)ksíʤə- | -ʤɪtɔ̀ksɪʤénɪn, -tɔksíʤɪ-/ *n.*《化学》ジギトキシゲニン ($C_{23}H_{34}O_4$)《ステロイドの一種; 代表的な植物心臓毒》. 〘(1909): ⇨ ↓, -gen〙

dig·i·tox·in /dìʤətá(:)ksɪn | -ʤɪtɔ́ksɪn/ *n.*《薬学》ジギトキシン ($C_{41}H_{64}O_{13}$)《強心剤》. 〘(1883) ← DIGI(TALIS)+TOXIN〙

dig·i·tron /díʤətrɑ̀(:)n | -ʤɪtrɔ̀n/ *n.*《電気》ディジトロン《文字表示用の冷陰極放電管で, 文字・数字・記号の表示をするもの》. 〘(1958) ← DIGI(T)+-TRON〙

di·glos·si·a /daɪglɑ́(:)siə, -glɔ́(:)s- | -glɔ́s-/ *n.*《言語》二言語変種分用, 二種方言使用《同一社会内で二つの言語変種が使用場面に応じて使い分けられること; 例えば方言と共通語》. **di·glos·sic** /daɪglɑ́(:)sɪk, -glɔ́(:)s- | -glɔ́s-/ *adj.* 〘(1959) ← NL ～: ⇨ di-¹, -glossia〙

di·glot /dáɪglɑ(:)t | -glɔt/ *adj.* 二国[両国]語の (bilingual). — *n.* (本などの)二国語版 (diglot edition). **di·glot·tic** /daɪglɑ́(:)tɪk | -glɔ́t-/ *adj.* 〘(1863) □ Gk *diglōttos* speaking two languages: ⇨ di-¹, -glot〙

di·glyc·er·ide /daɪglísəràɪd, -rɪd | -ràɪd, -rɪd/ *n.*《化学》ジグリセリド《グリセリンの脂肪酸エステルのうち結合している脂肪酸基が 2 個のものをいう; cf. glyceride》. 〘(1918): ⇨ di-¹〙

di·glyc·er·in /daɪglís(ə)rɪn | -sərɪn/ *n.*《化学》=diglycerol.

di·glyc·er·ol /daɪglísərɔ̀(:)l | -rɔ̀l/ *n.*《化学》ジグリセロール ($O(CH_2CHOHCH_2OH)_2$)《ポリエステル樹脂原料》. 〘← DI-¹+GLYCEROL〙

di·gly·col /daɪgláɪkɔ(:)l, -koul | -kɔl/ *n.*《化学》ジグリコール (⇨ diethylene glycol). 〘⇨ di-¹〙

di·gly·col·ic ácid /dáɪglaɪkɑ̀(:)lɪk- | -kɔ̀l-/ *n.*《化学》ジグリコール酸 ($O(CH_2COOH)_2$)《白色柱状晶, 可塑剤および合成樹脂原料》.

di·glyph /dáɪglɪf/ *n.*《建築》ダイグリフ, 複溝, 二本溝《通常のトライグリフ (triglyph) の両端の半溝(はんこう)がなく, 2 本の溝だけになった軒飾り》. 〘(1727–51) □ Gk *dígluphos* doubly indented: ⇨ di-¹, glyph〙

dig·ni·fied /dígnəfàɪd | -nɪ-/ *adj.* 威厳のある, いかめしい (stately), 高貴な, 品位のある (noble): There is something ～ about him. 彼にはどことなく威厳[気品]がある. **díg·ni·fi·ed·ly** /-fàɪɪdli, -fàɪd-/ *adv.* **～·ness** *n.* 〘(1667–68): ⇨ ↓, -ed 2〙

dig·ni·fy /dígnəfàɪ | -nɪ-/ *vt.* **1** …に威厳をつける, おごそかにする, いかめしくする, 尊く[高貴に]する (ennoble). **2** (誇称的に)もったいをつける, 偉そうな名で呼ぶ: ～ a school with the name of an academy 学校を「学院」と偉そうな名で呼ぶ. 〘(?*a*1425) □ (O)F *dignifier* □ LL *dignificāre* ← L *dignus* worthy+-*ficāre* (← *facere* to make): ⇨ -fy〙

dig·ni·tar·y /dígnətèri | -nɪtəri, -tri/ *n.* 高位の人, 高官; (特に)高僧. — *adj.* 威厳のある, 尊厳な, 名誉ある. **dig·ni·tar·i·al** /dìgnətέ(ə)riəl | -nɪtέər-⁻/ *adj.* 〘(1672–73): ⇨ ↓, -ary〙

dig·ni·ty /dígnəṭi | -nɪti/ *n.* **1** (風采(ふうさい)・態度などの) 威厳, 威風; 重々しさ, 荘重: a man *of* ～ 威厳[貫禄]のある人 / behave *with* ～ 威厳をもって行動する, 厳然とふるまう / His height gave him ～. 背が高いので彼は立派に見えた / stand *upon* [*on*] one's ～ (故意に)威厳を示そうとする, もったいぶる, いばる. **2 a** (精神・人格などの)尊さ, 尊厳, 高貴, 気高さ: the ～ of labor 労働の尊さ[神聖さ] / All human beings are born free and equal in ～ and rights. すべての人間は自由に生まれ等しく尊厳と権利を享有する《国連の世界人権宣言》. **b** 高い評価, 尊敬(されること), 威信; 敬意のしるし[表れ]: the ～ of a professorship. **3** 高位, 顕職; (それに伴う)威信, 体面 (⇨ decorum SYN): a place of the highest ～ 最高位の地位 / It is *beneath* a person's ～ to do …するのは人の威信[体面]にかかわる[人にふさわしくない]. **4** 位階, 爵位: confer the ～ of a peerage [knighthood] 貴族[ナイト]の位を授ける. **5**《古》高位の人, 高官, 高僧; [集合的] 貴顕, 顕官 (dignitary): the *dignities* of the state その国の顕官たち. 〘(?*a*1200) □ (O)F *dignité* □ L *dignitāem* worth, grandeur, power ← *dignus* worthy, fitting ← IE **dek-* to take, accept: ⇨ -ity: cf. decent〙

di·gox·in /daɪʤɑ́(:)ksɪn, -gɑ́(:)k- | -ʤɔ́ksɪn, -gɔ́k-/ *n.*《薬学》ジゴキシン ($C_{41}H_{64}O_{14}$)《ケジギタリス (*Digitalis lanata*) から採れる強心利尿作用のある薬剤》. 〘(1930) ← DIG(ITALIS)+(T)OXIN〙

di·graph /dáɪgræf | -grɑ̀:f, -græf/ *n.* **1**《音声》二字一音, 二重音字《2 字で 1 音をなすもの, 例えば ship の *sh* [ʃ], teach の *ch* [ʧ], broad の *oa* [ɔ:], head の *ea* [e] など; cf. ligature 3, trigraph》. **2**《活字》(二)重母音活字《合字 (ligature) の中の æ, œ, Æ, Œ; diphthong ともいう》. **di·graph·ic** /daɪgræ̀fɪk/ *adj.* **di·gràph·i·cal·ly** *adv.* 〘(1780) ← DI-¹+-GRAPH〙

di·gress /daɪgrés, dɪ-/ *vi.* **1** 〈人が〉(議論・談話などで)〔本題[主題]から〕それる, 脇道へそれる, 脱線する〔*from*〕(⇨ deviate SYN): ～ *from* the point 要点をそれる, 脱線する / ～ *into* a topic (本題をそれて)別の話題にはいる. **2** 脇(わき)道へそれる. **～·er** *n.* 〘(1529) ← L *digressus* (p.p.) ← *dīgredī* to step aside ← DI-²+*gradī* to step〙

di·gres·sion /daɪgréʃən, dɪ-/ *n.* **1** 主題[本題]からそれること, (主題を離れて)脇(わき)道へはいること, 脱線 (deviation): make a ～ 脱線する / to return from the ～ 本題に立ち返って, 閑話休題. **2** 枝葉の話, 余談. **3**《天文》=elongation 3. **di·grés·sion·àr·y** /-ʃənèri | -ʃən(ə)ri/ *adj.* 〘(*c*1385) □ (O)F ～ □ L *dīgressiō(n-)*: ⇨ ↑, -sion〙

di·grés·sion·al /-ʃnəl, -ʃənl/ *adj.* 問題外の, 枝葉の, 脱線的な. 〘(1785): ⇨ ↑, -al¹〙

di·gres·sive /daɪgrésɪv, dɪ-/ *adj.* 枝葉にわたりがちな, 枝葉的な, 問題外に出やすい, 脱線的な. **～·ly** *adv.* **～·ness** *n.* 〘(*c*1611) □ L *dīgressivus*: ⇨ digress, -ive〙

di·guan·ide /dàɪgwǽnaɪd, -nɪd | -naɪd, -nɪd/ *n.*《化学》ジグアニド ($NH(C(NH)NH_2)_2$); その誘導体. 〘(1910): ⇨ di-¹〙

di·guan·i·dine /dàɪgwá:nədì:n, -gwǽn-, -dɪn | -nɪdi:n, -dɪn/ *n.*《化学》ジグアニジン ($NH{:}C(NH_2)$-$NHC(NH_2){:}NH$); その誘導体. 〘(1879): ⇨ di-¹〙

di·hal·o- /daɪhǽlou | -ləu/「ハロゲン (halogen) 2 原子を含む, 二ハロゲン化…」の意の連結形. ★ 母音の前では通例 dihal- /daɪhǽl/ となる. 〘← DI-¹+HALO-〙

dihedra *n.* dihedron の複数形.

di·he·dral /dàɪhí:drəl | -hédrəl-, -hí:-⁻/ *adj.*《数学・結晶》二平面から成る, 二面の. — *n.* **1**《数学》=dihedral angle. **2**《航空》上反角《飛行機を正面から見たとき, 左右の翼が水平面に対して上に反り上がっている角度; dihedral angle ともいう; cf. anhedral》. **3**《米》《登山》=corner 17. 〘(1799) ← DIHEDR(ON)+-AL¹〙

díhedral ángle *n.*《数学・結晶》二面角, 稜角(りょうかく)《相交わる二平面のなす角》. 〘1826〙

di·he·dron /daɪhí:drən | -hédrən, -hí:-/ *n.* (*pl.* **-hedra** /-drə/)《数学・結晶》**1** 正二面体《空間内の正多角形》. **2** 相交わる二平面のなす図形. **3** =dihedral angle. 〘(1828) ← NL ～: ⇨ di-¹, -hedron〙

Di·hua /dì:(h)wá:; *Chin.* tíxuà/ *n.* 迪化(てきか)《*Ürümqi* の旧名》.

di·hy·brid /daɪháɪbrɪd | -brɪd/《生物》*n.* 両性雑種, 二遺伝子雑種. — *adj.* 両性雑種の. **～·ìsm** /-dɪzm/ *n.* 〘(1907) ← DI-¹+HYBRID〙

di·hy·dr- /daɪháɪdr/ (母音の前にくるときの) dihydro- の異形.

di·hy·dric /dàɪháɪdrɪk⁻/ *adj.*《化学》〈アルコールが〉分子中に 2 個の水酸基を含む. 〘(1876): ⇨ ↑, -ic¹〙

di·hy·dro- /daɪháɪdrou | -drəu/《化学》「水素原子 2 個を含む」の意の連結形. ★ 母音の前では通例 dihydr- になる. 〘← DI-¹+HYDRO-〙

dihỳdro·chlóride *n.*《化学》二塩酸化合物《塩酸 2 分子を含む化合物》. 〘⇨ di-¹〙

di·hy·dro·gen /daɪháɪdrəʤən | -ʤɪn⁻/ *adj.*《化学》二水素の《水素を 2 原子含む》.

dihỳdro·mór·phi·none /-mɔ́əfənòun | -mɔ́:fɪnəun/ *n.*《薬学》ジヒドロモルフィノン ($C_{17}H_{19}NO_3$)《モルヒネのケト誘導体; 鎮痛剤・麻薬; 商品名 Dilaudid》. 〘← DIHYDRO-+MORPHINE+-ONE〙

dihỳdro·streptomýcin *n.*《化学・薬学》ジヒドロストレプトマイシン《ストレプトマイシンの誘導体; 結核治療薬として用いられた》. 〘1946〙

dihỳdro·tachýsterol *n.*《薬学》ジヒドロタキステロール ($C_{28}H_{45}OH$)《タキステロールの誘導体で低カルシウム血症の治療に用いる》.

dihỳdro·testósterone *n.*《生化学》ジヒドロテストステロン《真の雄性ホルモンといわれる; 略 DHT》. 〘*c*1955〙

di·hy·drox·y /dàɪhaɪdrá(:)ksi | -drɔ́k-/ *adj.*《化学》〈分子が〉2 個の水酸基 (OH) をもつ. 〘← DI-¹+HYDROXY-〙

dihydròxy·ácetone *n.*《化学》ジヒドロキシアセトン ($CH_2OHCOCH_2OH$). 〘1895〙

Di·ip·o·li·a /daɪɪpəlí:ə/ *n.* =Dipolia.

di·i·so·bu·tyl phthálate /daɪàɪsoubjú:tl-, -zou-, -tɪl- | -sə(ʊ)bjú:taɪl-, -tɪl-/ *n.*《化学》フタル酸ジイソブチル ($C_6H_4(COOCH_2CH(CH_3)_2)_2$)《可塑剤の一種》. 〘← DI-¹+ISO-+BUTYL〙

di·i·so·cýanate /daɪàɪsou-, -zou- | -sə(ʊ)-/ *n.*《化学》ジイソシアン酸エステル《分子中にイソシアナート基 (−N=C=O) を 2 個有する化合物, 2 価アルコールのイソシアン酸エステルに相当する; ウレタンゴムの原料》. 〘← DI-¹+ISO-+CYANATE〙

Di·jon /di:ʒóun, -ʒɔ́(:)n | dí:ʒɔ̃:(ŋ), -ʒɔ:ŋ; *F.* diʒɔ̃/ *n.* ディジョン《フランス東部の要塞都市, Côte-d'Or 県の県都; 大学と大聖堂がある》.

Dí·jon mústard /dí:ʒɑ(:)n- | -ʒɔn-/ *n.* ディジョンマスタード《通例, 白ワインを混ぜたマイルドな味のマスタード》.

di·kar·y·on /daɪkǽriɑ̀(:)n, -kér- | -kǽr-/ *n.*《生物》二核体《担子菌類の菌糸の細胞内に両親からきた 2 核が存在する状態》. 〘(1913) □ F ～ ← DI-¹+Gk *káruon* nut〙

dik·ast /díkæst, dáɪk- | dík-/ *n.* =dicast.

dik-dik /díkdɪk/ *n.*《動物》ディクディク《ローヤルアンテロープ亜科ディクディク属 (*Madoqua*) のレイヨウの総称; アフリカ東部産, 大きさはウサギくらいで角が小さい》. 〘(1883) ← EAfr.〙

dike¹ /dáɪk/ *n.* **1** 堤防, 堤《特にオランダ海岸にある》. **2 a** (土を盛り上げた)土手. **b** 土手道 (causeway). **3** 防壁, 障壁, 障害物; 防御手段〔*against*〕. **4** 溝, 堀 (ditch). **5** 水路 (watercourse). **6** 芝土[石]の低い境界壁, あぜ. **7**《地質・鉱山》岩脈. **8** [通例 dyke]《俗》小便所; 屋外便所. — *vt.* **1** …に堤防を築く; 堤防で囲む[防ぐ]. **2** …に堀をめぐらす, 堀を設けて排水する.

〖OE *dīc* ditch, trench ← ? Gmc **dīk-* (Du. *dijk* / G *Deich* dam / ON *dīki* ditch) ← IE **dhīgʷ-* to stick, fix (L *figere* to fix)〗
dike² /dáɪk/ *n.* 《俗》＝dyke². **dik·ey** /dáɪki/ *adj.*
dike³ /dáɪk/ *vt.* 《米中部》盛装させる (dress up): ～*d out* [*up*] 着飾って, めかして. 〖《変形》← ? DECK: cf. dight / 《方言》*dick* to deck, adorn〗
Di·ke /dáɪki/ *n.* 【ギリシャ神話】ディケー《ホーライ (Horae) の一人で正義の女神; Astraea と同一視されたこともある》. 〖□ Gk *Díkē*〗
dike·grave /dáɪkgrèɪv/ *n.* **1** 《オランダの》堤防監視官. **2** 《英方言》＝dikereeve. 〖《1563》□ MDu. *dijcgrave* ← *dijc* dike＋*graaf* earl (cf. G *Graf*)〗
dík·er *n.* 堤防を築く人. 〖《1210》: ⇨ -er¹; cf. OE *dīcere* digger〗
díke·rèeve *n.* 《英》治水監理官《イングランドの沼沢地方の下水・水門・堤防を監視する人》. 〖《1665》《変形》← ? DIKEGRAVE: cf. reeve¹〗
di·ke·ri·on /diːkíːriɑ̀(ː)n | -riɔ̀n/ *n.* 【東方正教会】二本立燭台(しょく)《キリストの神性と人性とを表象する》. 〖□ NGk *dikērion* ← DI-¹＋LGk *kērion* wax candle (□ Gk *kērós* wax)〗
di·ke·tone /dàɪkíːtoʊn | -təʊn/ *n.* 【化学】ジケトン《分子中にケトン基 (CO) を2個以上もつ有機化合物》. 〖《1896》: ⇨ di-¹, ketone〗
dík·ing *n.* 築堤. 〖《*c*1378》: ⇨ -ing¹; cf. OE *dīcung*〗
dik·kop /díkɑ(ː)p | -kɔp/ *n.* 《南ア》【鳥類】＝stone-curlew. 〖《1853》□ Afrik. ～ ← *dik* thick＋*kop* head〗
dik·tat /dɪktáːt, ←—́ | díktæt, -tɑːt; *G.* dɪktáːt/ *n.* 《特に, 被征服民に対する》絶対的命令, 有無を言わさぬ命令 [布告]. 〖《1933》□ G ～ 'DICTATE'〗
DIL 《略》【電子工学】dual in-line (package) (cf. DIP).
dil. 《略》dilute.
di·lac·er·ate /daɪlǽsərèɪt, dɪ̀-| daɪ-, dɪ-/ *vt.* 《まれ》ばらばらに引き裂く. 〖《1602》← L *dīlacerātus* (p.p.) ← *dīlacerāre* to tear to pieces: ⇨ di-², lacerate〗
di·lac·er·a·tion /daɪlæ̀səréɪʃən, dɪ̀-| daɪ-, dɪ-/ *n.* **1** 《ばらばらに》引き裂くこと, 引き裂かれた状態. **2** 【歯科】歯根湾曲《発育期に外傷などによって起こる歯根の奇形》. 〖《1545》□ F *dilacération*〗
Di·lan·tin /daɪlǽntɪn, dɪ̀-| daɪlǽntɪn, dɪ-/ *n.* 【商標】ジランチン《フェニトイン (phenytoin) 製剤; 抗痙攣(けいれん)薬》.
di·lap·i·date /dɪlǽpədèɪt | -pɪ̀-/ *vt.* **1** [通例 p.p. 形で]〈家屋・建物などを〉荒らす, 荒廃させる, 〈家具・衣服などを〉破損させる, 傷める (ruin). **2** 《古》〈身代を〉つぶす, 〈財産を〉濫費する. **—** *vi.* 荒れる, 荒廃する, 破損する. **di·láp·i·dà·tor** /-tə | -tə(r)/ *n.* 〖《1570》← L *dīlapidātus* (p.p.) ← *dīlapidāre* to demolish, pull out the stones of a structure: ⇨ di-², lapidate〗
di·lap·i·dat·ed /dɪlǽpədèɪtɪd | -pɪ̀dèɪtɪd/ *adj.* 〈家などが〉荒れ果てた, 《ぼろぼろに》崩れかかった, 荒廃した, 落ちぶれた (ruinous): a ～ house あばら屋. 〖《*a*1806》: ⇨ ↑, -ed 2〗
di·lap·i·da·tion /dɪlæ̀pədéɪʃən | -pɪ̀-/ *n.* **1** 荒廃, 腐朽, 破損状態 (⇨ ruin SYN). **2** 山[崖]崩れ, 《山[崖]崩れによる》岩かけ, 岩屑(がんせつ) (debris). **3** 【英法】《権利者である僧侶による》教会財産の毀損(きそん)[荒廃]. **4** [*pl.*] 《英》【法律】《家具付き借家の賃借人の支払う》損耗料, 修繕費用. 〖《*c*1425》□ LL *dīlapidātiō(n-)*: ⇨ dilapidate, -ation〗
di·lat·a·bil·i·ty /daɪlèɪtəbíləti, dɪ̀-| -təbílɪ̀ti/ *n.* 膨張性[率]. 〖《1691》: ⇨ ↓, -ity〗
di·lat·a·ble /daɪléɪtəbl, dɪ̀-, dáɪleɪt-| daɪléɪt-, dɪ̀-/ *adj.* 広がる, 膨れる, 膨張性の (expansible). **～·ness** 〖《1610》← DILATE＋-ABLE〗
di·lat·an·cy /daɪléɪtənsi, dɪ̀-, -tn-| -tən-, -tn-/ *n.* 【物理化学】ダイラタンシー《ぬれた砂を指で押すと乾いて固くなるように外力の作用で懸濁物の粒子間隙(かんげき)が増大し液体を内部に吸い込んで膨張・固化する現象》. 〖《1885》: ⇨ ↓, -ancy〗
di·lat·ant /daɪléɪtənt, dɪ̀-, -tnt | -tənt, -tnt/ *adj.* **1** 〈固体・液体など〉膨張性の, 拡張性の. **2** 【物理化学】ダイラタンシー的な. **—** *n.* 膨張性[力]のあるもの. 〖《1841》□ L *dīlātantem*: ⇨ dilate, -ant〗
di·la·tate /dɪléɪtɪ̀t | -tɪt/ *adj.* 《ある部分の》膨れた, 膨張した. 〖《1846》□ L *dīlātātus*: ⇨ dilate〗
dil·a·ta·tion /dɪ̀lətéɪʃən, dàɪ-| dɪlə-, dàɪl-, -leɪ-/ *n.* **1** 膨張, 漲開(ちょうかい), 拡張 (expansion). **2** 【病理】拡張(症): ～ of the heart [stomach] 心臓[胃]拡張(症). **3** 【医学】拡張法. **4** 【機械】体積膨張率, 伸び. **5** 【数学】膨張変換《与えられた図形を相似に拡大もしくは縮小する変換》. **～·al** /-ʃnəl, -ʃənl⁻/ *adj.* 〖《*c*1390》□ OF ～ □ LL *dīlātātiō(n-)*: ⇨ dilate, -ation〗
di·la·ta·tive /daɪléɪtətɪv, dɪ̀-| -tət-/ *adj.* ＝dilative.
dil·a·ta·tor /dílətèɪtə, dáɪ-| -tə(r)/ *n.* 【解剖】＝dilator 2. 〖《1611》□ L *dīlātātor*: ⇨ ↓, -or²〗
di·late /dáɪleɪt, daɪléɪt, dɪ̀-| daɪléɪt, dɪ̀-/ *vt.* **1** 張り広げる; 膨張させる, 拡張させる (⇨ expand SYN). **2** 《古》詳しく述べる, 敷延する (enlarge on). **—** *vi.* **1** 張り広がる, 膨張する: Her eyes ～*d with* horror. 彼女は恐怖で目を大きく見開いた. **2** 〈…を〉詳しく説く 〈*on, upon*〉: ～ *on* one's view 意見を詳述する. **di·lát·er** /-tə | -tə(r)/ *n.* 〖《*a*1393》□ (O)F *dilater* □ L *dīlātāre* to spread out ← DI-²＋*lātus* wide (cf. latitude): ⇨ -ate³〗
di·lát·ed /-tɪd | -tɪd/ *adj.* **1** 張り広げた, 膨張した: with ～ eyes 目を見張って. **2** 【昆虫】〈器官が〉幅広となった, 拡大した. **～·ly** *adv.* **～·ness** *n.* 〖《*c*1450》: ⇨ ↑, -ed 2〗
di·la·tion /daɪléɪʃən, dɪ̀-/ *n.* **1** 膨張, 拡張. **2** 【医学】拡延, 拡大, 伸展; 拡張(症) (dilatation) (cf. D and C). 〖《*a*1425》: ⇨ -tion〗
di·la·tive /daɪléɪtɪv, dɪ̀-| -tɪv/ *adj.* 膨張性の. 〖《1528》← DILATE＋-IVE〗
dil·a·tom·e·ter /dɪ̀lətɑ́(ː)mətə, dàɪl-| -tɔ́mɪ̀tə(r)/ *n.* 【物理】膨張計. 〖《1883》← DILATE＋-O-＋-METER¹〗
dil·a·to·met·ric /dɪlətoʊmétrɪk, dàɪl-| -lətə-⁻/ *adj.* 【物理】膨張計の[で測った]. **dìl·a·to·mét·ri·cal·ly** *adv.* 〖《1882》〗
dil·a·tom·e·try /dɪ̀lətɑ́(ː)mətri, dàɪl-| -tɔ́mɪ̀tri/ *n.* 【物理】膨張計測定(法), 膨張形測定学[術]. 〖《1929》〗
di·lá·tor /-tə | -tə(r)/ *n.* **1** 【外科】拡張器: a urethral ～ 尿道拡張器. **2** 【解剖】拡張筋, 散大筋. 〖《1688》← DILATE＋-OR²〗
dil·a·to·ri·ly /dɪ̀lətɔ́ːrəli, ←—́—— | dílətərɪ̀li, -trɪ̀-/ *adv.* 遅れがちに, 《わざと》ぐずぐずして. 〖《1700》: ⇨ ↓, -ly¹〗
dil·a·to·ry /dílətɔ̀ːri, -təri, -tri/ *adj.* **1** 〈人・行動など〉(ぐずぐずして)手間取る, 《じれったいほど》緩慢な, のろい (slow); 遅れた (belated): ～ *in* answering questions 質問にすぐ答えない. **2** 《時間を稼ぐための》引延ばしの: a ～ measure 引延ばし策. **díl·a·tò·ri·ness** *n.* 〖《?*a*1450》□ L *dīlātōrius*: ⇨ dilate, -ory¹〗
dílatory defénse [pléa] *n.* 【法律】遷延的答弁《訴訟の実体によらずに, 原告の救済を遅延させる答弁; 管轄権・無能力・訴え却下などの答弁を含む; cf. peremptory exception》. 〖1611〗
Di·lau·did /daɪlɔ́ːdɪd, dɪ̀-, -lɑ́ː-| -lɔ́ːdɪd/ *n.* 【商標】ジラウジッド《dihydromorphinone の商品名》.
dil·do /díldoʊ | -dəʊ/ *n.* (*also* **dil·doe** /～/) (*pl.* **～s**) 人工ペニス《女性の自慰・同性愛用》, 張形(はりがた). 〖《*c*1593》《転訛》← ? It. *diletto* delight: ⇨ dilettante〗
di·lem·ma /dɪlémə, daɪ-/ *n.* **1** 板ばさみ, 窮地, ジレンマ (difficulty): be *in* a ～ 進退きわまる, 板ばさみになる / put [place] a person *in* a ～ 人を窮地に置く / face [be caught in] a ～ 《二者択一の》ジレンマに陥る. **2** 【論理】ジレンマ, 両刀論法《推論形式の一種; 三段論法の特殊形態; cf. polylemma, trilemma》: ⇨ HORNS of a dilemma. 〖《1523》□ LL ～ □ Gk *dílēmma* double proposition: ⇨ di-¹, lemma¹〗
dil·em·mat·ic /dɪ̀ləmǽtɪk, dàɪl-| -tɪk⁻/ *adj.* ジレンマの(ような), 両刀論法的な; 板ばさみになった. **dìl·em·mát·i·cal** /-tɪkəl, -kl | -tɪ-⁻/ *adj.* 〖《1837–38》← Gk *dilēmmat-* (stem) ← *dílēmma* (↑): ⇨ -ic¹〗
di·lem·mic /dɪlémɪk/ *adj.* ＝dilemmatic.
dil·et·tante /dɪ̀lətɑ́ːnṭi, -tǽn-, -tɑ́ːnt, ←—́ | dɪ̀lɪtǽnti, -teɪ; *It.* dilettánte/ *n.* (*pl.* **～s, -tan·ti** /-taː, -ti | -ti, -taɪ; *It.* -ti/) [通例軽蔑的に] ディレッタント《素人の美術・文学・学術などの愛好家》, 芸術愛好家, 素人評論家 (⇨ amateur SYN). **—** *adj.* ディレッタントの, 芸術好きの; 素人芸の, 生かじりの. 〖《1733–34》□ It. ～ (pres.p.) ← *dilettare* ＜ L *dēlectāre* 'to DELIGHT'〗
dìl·et·tán·te·ish /-tɪʃ | -tɪʃ⁻/ *adj.* ＝dilettantish.
dìl·et·tán·te·ism /-tiːɪzm, -tɪzm, -tìzm | -tiɪzm, -tìzm/ *n.* ＝dilettantism.
dilettanti *n.* dilettante の複数形.
dìl·et·tánt·ish /-tɪʃ | -tɪʃ⁻/ *adj.* ディレッタント風の, 好事家(こうずか)的で浅薄な, 道楽的気分の. 〖《1871》← DILETTANTE＋-ISH〗
dìl·et·tán·tism /-tɪzm/ *n.* 《芸術・文学・科学の》ディレッタント風, 享楽気分[道楽半分]の芸術趣味, 《芸術上の》低俗(ていぞく)趣味; 半可通的[上すべりの]知識, 道楽. **dìl·et·tán·tist** /-tɪst | -tɪst/ *adj.* 〖《1809》← DILETTANTE＋-ISM〗
Di·li /díːliː, díli; *Port.* dílɯ/ *n.* (*also* **Dil·li** /～/) ディリ《East Timor 北岸の港湾都市で, 同国の首都; もとポルトガル領 Timor の首都 (1796–1976)》.
dil·i·gence¹ /dílədʒəns | -lɪ̀-/ *n.* **1** 勤勉, 精励; 努力, 勉強. **2** 【法律】注意(義務). **3** 【スコット法】金銭債務回収のための強制執行手続. **4** 《廃》急ぎ, 迅速. 〖《1340》□ (O)F ～ □ L *dīligentia* scrupulous attention: ⇨ diligent, -ence〗
dil·i·gence² /dílədʒəns, -ʒɑ̃ː(n)s, -ʒɑ̀ːns | -lɪ̀-; *F.* diliʒɑ̃ːs/ *n.* (*pl.* **-genc·es** /～ɪ̀z; *F.* ～/) 《以前フランス・スイスなどで使用された》駅馬車, 《長距離》乗合馬車 (stagecoach). 〖《1742》□ F ～ (↑) ← *carrosse de diligence* coach of speed: その「のろい」速力を皮肉って名づけたもの〗
dil·i·gent /dílədʒənt | -lɪ̀-/ *adj.* **1** 〈人が〉勤勉な, 《業務に》精励な (↔ idle, lazy, negligent): He is ～ *in* his studies. 精出して勉強をする. **2** 〈行為・仕事・仕事ぶりなど〉苦心した, 骨折った, 刻苦の. 〖《1340》□ (O)F ～ □ L *dīligentem* attentive (pres.p.) ← *dīligere* to value highly, love ← DI-²＋*legere* to choose, gather〗
díl·i·gent·ly *adv.* 勤勉に, 精を出して, 刻苦して, こつこつと. 〖《1340》: ⇨ ↑, -ly¹〗
dill¹ /díl/ *n.* **1** 【植物】イノンド (*Anethum graveolens*) 《セリ科の植物で, 実や葉は香味料; 聖書にいう anise》. **2** ＝dill pickle. **3** ＝dillweed. 〖OE *dile* ＜ ? (WGmc) **dilja* (Du. *dille* / OHG *tilli*)〗
dill² /díl/ *vt.* 《英方言》静める (calm), 和らげる. 〖《*a*1250》*dillen* ← *dil* stupid ＜ **OE dyll*: cf. dull〗
dill³ /díl/ 《豪俗》*adj.* とんまな, ばかな (stupid). **—** *n.* とんまな人, ばか. 〖《1941》《逆成》↑〗
Dil·lon /dílən/, **John** *n.* ディロン《1851–1927; アイルランド国民党の政治家》.
díll píckle *n.* イノンドの実で味をつけたきゅうりの酢漬け. 〖1904〗
díll wàter *n.* イノンド水《イノンドの実をせんじた健胃剤》. 〖1858〗
díll·wèed *n.* ディル《イノンドの葉で作った香味料》.
dil·ly¹ /díli/ *n.* 【植物】西インド諸島産アカテツ科の小木 (*Mimusops emarginata*) 《家具用の良材を産する》. 〖《1895》《縮約》← SAPODILLA: ⇨ -y²〗
dil·ly² /díli/ *n.* 《俗》すばらしい[驚異的な]もの[人, 出来事]: a ～ of a mystery novel 推理小説の傑作 / a ～ of a pickle たいへんめんどうなこと. 〖《1935》← 《廃・俗》*dilly* delightful ← DEL(IGHTFUL)＋-Y²〗
dil·ly³ /díli/ *adj.* 《豪》＝dill³. 〖1905〗
dil·ly⁴ /díli/ *n.* 《豪口語》＝dillybag.
díl·ly·bàg /díli-/ *n.* 《豪口語》合財袋, バスケット《以前先住民がアシや樹皮で作った小籠(かご); 単に dilly ともいう》. 〖《1867》← Austral. *dhilla* hair〗
dil·ly·dal·ly /dílidæ̀li, ←—́—— | ←—́——/ *vi.* 《口語》ぐずぐずする, ぐずぐずして決心がつかない (dally); ぶらつく (loiter). 〖《1741》《加重》← DALLY〗
di·lo·pho·sau·rus /daɪlòʊfəsɔ́ːrəs, -sɑ́ː-| -fə(ʊ)-sɔ́ː-/ *n.* 【恐竜】ディロフォサウルス《ジュラ紀初期に生息していたディロフォサウルス属 (*Dilophosaurus*) の大形二足歩行恐竜; 頭に2本の長いとさか状の突起をもつ》. 〖← NL ＜ Gk *dílophos* 'two crested'＋-SAURUS 'lizard'〗
Dil·they /díltaɪ; *G.* díltaɪ/, **Wilhelm** *n.* ディルタイ《1833–1911; ドイツの哲学者; 生(せい)の哲学の提唱者》.
dil·u·ent /díljuənt/ *adj.* 《血液などの》希釈用の, 薄める. **—** *n.* 【医学】賦形(ふけい)剤, 希釈剤. 〖《1721》□ L *dīluentem* (pres.p.) ← *dīluere* (↓)〗
di·lute /daɪlúːt, dɪ̀-, -ljúːt, -ljúːt | -lúːt, -ljúːt/ *vt.* **1** 〈液体を〉(水などを加えて)薄める, 希薄にする, 希釈する: ～ wine *with* water ワインを水で薄める[割る]. **2** (異種のものを混ぜて) 薄弱にする, 弱める (weaken): ～ one's zeal 熱意を弱める. **3** 〈色を〉淡く[薄く]する. **4** 《英》【労働】〈工場などの〉労働の希釈化 (dilution) を行う: ～ labor. **—** *vi.* 希薄になる, 薄く[淡く]なる. **—** *adj.* 希釈された, 薄められた; 希薄な, 淡い, 弱い, 水っぽい (↔ concentrated): ～ sulfuric [nitric] acid 希硫[硝]酸. **～·ly** *adv.* **～·ness** *n.* **di·lút·er, di·lú·tor** /-tə | -tə(r)/ *n.*
di·lú·tive /-tɪv | -tɪv/ *adj.* 〖《*c*1555》← L *dīlūtus* (p.p.) ← *dīluere* to wash away, dilute ← DI-²＋*-luere* (← *lavāre* to wash)〗
di·lu·tee /dɪ̀ljutíː, dàɪluːtíː | dàɪluːtíː, -ljuː-/ *n.* 【労働】希釈工《労働の希釈化 (dilution) の際, 熟練工の代わりに使用される不熟練工》. 〖《1918》: ⇨ ↑, -ee²〗
di·lu·tion /daɪlúːʃən, dɪ̀-| -lúː-, -ljúː-/ *n.* **1** 薄めること, 希釈, 希薄; 希釈度. **2** 薄弱化 (weakening). **3** 《英》【労働】労働の希釈化《従来熟練工が行っていた作業を合理化して不熟練工にやらせること》. **4** 【証券】希薄化《新株の発行や株式分割などにより1株の中身, 特に1株当り利益が減ること》. **5** 希釈物. 〖《1646》: ⇨ -tion〗
diluvia *n.* diluvium の複数形.
di·lu·vi·al /dɪlúːviəl, daɪ-| daɪlúː-, dɪ̀-, -ljúː-/ *adj.* **1** 洪水の, 《特に》Noah の大洪水の. **2** 洪水の作用による: ～ changes. **3** [通例 D-] 【地質】洪積期[層]の (cf. alluvial): ～ deposits [formations] 洪積土[層]. 〖《1656》□ LL *dīluviālis*: ⇨ diluvium, -al¹〗
Dilúvial àge [èpoch] *n.* [the ～] 【地質】洪積世.
di·lú·vi·al·ist /-lɪ̀st | -lɪst/ *n.* 【地質】洪水論者. 〖《1838》: ⇨ -ist〗
dilúvial théory *n.* 【地質】洪水説《化石は世界的な大洪水によって死滅した生物の遺体であるという説》. 〖1830〗
di·lu·vi·an /dɪlúːviən | daɪlúː-, dɪ̀-, -ljúː-/ *adj.* ＝diluvial. 〖1655〗
di·lú·vi·an·ism /-nɪ̀zm/ *n.* 【地質】洪水論《多くの地質現象は世界的な大洪水によって起こったという説》. 〖《1816》: ⇨ ↑, -ism〗
di·lu·vi·um /dɪlúːviəm, daɪ-| daɪlúːviəm, dɪ̀-, -ljúː-/ *n.* (*pl.* **～s, -vi·a** /-viə/) 《古》【地質】洪積層 (glacial drift の旧称). 〖《1819》□ L *dīluvium* flood: cf. deluge〗
Dil·ys /dílɪ̀s | -lɪs/ *n.* ディリス《女性名》. 〖□ Welsh ～ 'genuine, sincere'〗
dim /dím/ *adj.* (**dim·mer; dim·mest**) **1** 〈光が〉薄暗い, ほの暗い (↔ clear, bright). **2** 〈物・音・目など〉よく見えない, かすんだ, かすかな, はっきりわからない, ぼんやりした (⇨ dark SYN); 〈耳が〉遠い: a ～ sound ぼんやりした音 / eyes ～ with tears 涙でかすんだ目 / an island ～ in the distance 遠くの方にぼんやり見える島 / the ～ shape of an island in the distance 遠くの方にぼんやり見える島影. **3** 〈知識・記憶などが〉おぼろげな, あいまいな, 不明確な (faint) (↔ clear): a ～ memory かすかな記憶 / in the ～ and distant past 模糊(もこ)とした遠い過去に. **4 a** 《口語》見込み薄の, 実現しそうもない, 不首尾に終わりそうな: ～ prospects あまり明るくない見通し. **b** 《米俗》うんざりさせる, 退屈な. **5 a** 《口語》〈人が〉(理解力の)鈍い, のろい (cf. dim-witted). **b** 〈人が〉有名でない, 目立たない. **6** 光沢の鈍い, 曇った, くすんだ (lusterless).
take a dím view ⇨ view 2.
— *v.* (**dimmed; dim·ming**) **—** *vt.* **1** 〈灯火などを〉薄暗く[ほの暗く]する; 〈目を〉ぼんやりさせる, 曇らせる, かすませる; 〈愛情などを〉弱める: ～ a light 灯火を薄暗くする / The moon shone brightly, ～*ming* the stars. 月が明るいので星がかすんでしまった / the ～*med* glory of a former celebrity かつての有名人のかすんでしまった名声. **2** 《米》(対向車のために)〈自動車のヘッドライト〉の光線を下げる, 減光する (《英》dip). **—** *vi.* 薄暗く[ほの暗く]なる; かすかになる, おぼろになる, 〈目が〉かすむ; 〈愛情などが〉弱まる: ～ with tears 〈目が〉涙でくもる / The sky ～*med* in the east. 東の空が薄暗くなった / The houselights ～*med* and the curtain went up. 場内照明が暗くなり幕が上がった / The memory has ～*med* with time. 時とともに記憶が薄らいだ / my ～*ming* vision かすんできつつある視力.

D

dim óut (1) (空襲に備えて)〈船・都市などの〉灯火を薄暗くする, (部分的)灯火管制をする, 警戒管制にする (cf. dim-out, BLACK *out*). (2)〈劇場の照明を〉弱くする. ⦅1942⦆
— *n.* **1** (古・詩) 薄暗さ (dimness), 薄明かり (dusk). **2** [しばしば *pl.*] =dimmer 2 c.

dím·ma·ble /-məbl/ *adj.* 〖OE *dim(m)* ← Gmc **dim-* (OFris. *dim* / ON *dimmr*) ← ?: cf. OIr. *dem* black, dark / Gk *théméros* grave, austere〗

dim. ⦅略⦆ dimension; 〖処方〗 L. dimidius (=one-half); diminished; diminuendo; diminutive.

D **Di·Mag·gi·o** /dʒmǽdʒiòʊ, -dʒoʊ | dɪmǽdʒiə̀ʊ/, **Joe** *n.* ディマジオ (1914–99; 米国のプロ野球選手; 本名 Joseph (Paul) DiMaggio).

Di·mashq /dɪmǽʃk; *Arab.* dimáʃq/ *n.* ディマシク (Damascus のアラビア語名).

Dim·ble·by /dímbḷbi/, **Richard** *n.* ディンブルビー (1913–65; 英国のニュース解説者・記者).

dím búlb *n.* (米口語) うすのろ, 「蛍光灯」; [形容詞的に] ばかな.

dím-dìp *n.* (車のヘッドライトの)自動減光装置.

dime /dáɪm/ *n.* **1** (米国・カナダの) 10 セント硬貨, ダイム ($^1/_{10}$ ドル). **2** (米) **a** [a ~] びた一文: be without *a* ~ 一文なしである / do not care *a* ~ 少しも気にしない **b** [*pl.*] (米口語) 金, もうけ.
a díme a dózen (米口語) ありあまるほどある, ありふれた, すぐに求められる; 安物の, 二束三文の. ***if a dime*** ⇨ if 成句. ***on a díme*** (口語) (1) ごく狭い場所で. (2) 直ちに: stop *on a* ~ 急に止まる.
〖(*c*1378) □ (O)F ~ < L *decimam* a tenth part (fem.) ← *decimus* tenth: cf. decimal〗

díme muséum *n.* (米) (けばけばしいげてものなどを安い入場料で見せる)「大衆的博物館」, 安っぽい見せ物.

di·men·hy·dri·nate /dàɪmenháɪdrənèɪt | -drɪ-/ *n.* 〖薬学〗 ジメンヒドリナート ($C_{17}H_{22}NO·C_7H_6ClN_4O_2$) (船酔防止薬・抗ヒスタミン薬). 〖(1950) ← DIME(THYL)+(AMI)N(E)+HYDRO+(AM)INE+-ATE¹〗

díme nóvel *n.* (米) 10 セント小説, 三文小説, 安価で煽情的な小説 (1860 年ごろから第一次大戦にかけて米国で流行した; cf. penny dreadful). **~·ist** *n.* 〖1864〗

di·men·sion /dʒménʃən, daɪ-, -méntʃən | daɪ-, dɪ-/ *n.* **1** [しばしば *pl.*] 特性, 特質; 要因, 要素; 面, 相 (aspect). **2** (長さ・厚さ・幅などの)寸法: *of one* ~ 一次元の, 線の / *of two* ~*s* 二次元の, 平面の / the three ~*s* 長さ・幅・厚さ[縦・横・高さ]の三つの寸法 / *of three* ~*s* 三次元の, 立体の. **3** [通例 *pl.*] 広がり, 面積; 容積, 大きさ, かさ; 規模, 範囲; 重要性: take the ~*s of* a field [room] 畑の大きさ(面積)[部屋の大きさ(容積)]を測る / the ~ *of* a plan 計画の規模 / the vast ~*s of* the damage 広範囲にわたる被害 / a house of considerable ~*s* かなりの大きさの家 / *of* great ~*s* 非常に大きい; 非常に重要な. **4** 〖数学〗 次元, …次元: ⇨ fourth dimension. **5** 〖物理〗 次元, ディメンション: **a** 空間の性質を指定する量, 例えば三次元空間. **b** ある量が基本量(長さ L, 質量 M, 時間 T)をどのように含むかを示す関係, 例えば速度の次元は [LT⁻¹] であるという. **6** [しばしば *pl.*] (口語) 女性のバスト・ウエスト・ヒップの寸法 (この順に並べて 36–22–35 (インチ)などという). **7** [限定的]〈木材・石材などが〉特定の寸法に切られた: ⇨ dimension lumber, dimension stone. **8** [しばしば *pl.*] (廃) 体つき, 均斉.
— *vt.* (米) [通例 p.p. 形で] 特定の寸法に合わせて作る; …の寸法を測る[示す].
〖(*a*1398) □ (O)F ~ □ L *dīmensiō(n-)* ← *dīmensus* (p.p.) ← *dīmētīrī* to measure out ← DI-²+*mētīrī* 'to MEASURE'〗

di·men·sion·al /dʒménʃnəl, daɪ-, -ʃənl | daɪ-, dɪ-/ *adj.* [しばしば複合語に第二構成素として] (長さ・幅・厚さの)寸法のある; 広がり[大きさ]のある, 寸法で計られる; 次元の, ディメンションの: two-*dimensional* 二次元の, 平面の / three-*dimensional* 三次元の, 立体の / a three-*dimensional* picture [film] 立体映画 (3-D picture) / four-*dimensional* space 四次元空間 / a ~ equation 〖物理〗 ディメンション方程式 / a ~ relation 〖物理〗 ディメンション関係. **~·ly** /-ʃ(ə)nəli/ *adv.* **di·men·sion·al·i·ty** /dʒmènʃənǽləti, daɪ- | daɪmènʃənǽlɪti, dɪ-/ *n.* 〖(1816): ⇨ ↑, -al¹〗

diménsional análysis *n.* 〖数学〗 次元解析 (物理量をそのディメンションで表して, 量相互の関係を分析する代数的方法). 〖1922〗

diménsion·less *adj.* **1** 大きさのない (長さも幅も厚さもない「点」にいう), 無次元の. **2** 無限の, 莫大な. 〖(1667): ⇨ -less〗

diménsion lùmber *n.* 〖建築〗 規格材 (ふつう厚さ 2–5 inches, 幅 4–12 inches の標準寸法に製材された建築用材; dimension stuff ともいう). 〖1874〗

diménsion stòne *n.* 〖建築〗 規格石材 (建築用に規格寸法に仕上げた石材).

diménsion stùff *n.* 〖建築〗 =dimension lumber.

di·mer /dáɪmə | -mə(r)/ *n.* 〖化学〗 二量体 (同一の分子 2 個の重合体; cf. oligomer, monomer). 〖(*c*1926) ← DI-¹+-MER〗

di·mer·cap·rol /dàɪmə(ː)kǽprɔ(ː)l | -mə(ː)kǽprɒl/ *n.* 〖化学〗 ジメルカプロール ($CH_2(SH)CH(SH)CH_2OH$) (不快なにおいのする無色の液体, 解毒剤; BAL, British anti-lewisite ともいう). 〖(1945) ← DI-¹+MERCA(PTO)-+PR(OPANE)+-OL¹〗

di·mer·ic /dàɪmérɪk⁻/ *adj.* **1** 〈染色体など〉二部分から成る; 二要素を含む. **2** 〖化学〗 二量体の. 〖(1897) ← DI-¹+-MERIC〗

dim·er·ism /dímərɪzm/ *n.* **1** 〖昆虫〗 二分岐(性). **2** 〖植物〗 二数性.

di·mer·i·za·tion /dàɪmərəzéɪʃən | -raɪ-, -rɪ-/ *n.* 〖化学〗 二量重合, 二量化 (二量体を生成すること, またはその反応). 〖(1931): ⇨ ↓, -ation〗

di·mer·ize /dáɪməràɪz/ *vi., vt.* 〖化学〗 二量重合をする[させる]. 〖(*a*1855) ← DIMER(IC)+-IZE〗

dim·er·ous /dímərəs/ *adj.* **1** 〖昆虫〗 二節の跗節を有する, 二跗節の;〈跗節が〉2 部分より成る, 二節の. **2** 〖植物〗〈花など〉二数性の器官をもつ: a ~ flower 二数花 (花弁・萼(がく)・雄蕊(ずい)の心皮が各 2 枚から成る花). 〖(1826) ← NL *dimerus*: ⇨ di-¹, -merous〗

díme stòre *n.* **1** (米) 10 セント(雑貨)店 (もとは 5 セントや 10 セント均一の品を売る雑貨店; 今日では 5 セントから数ドルの品物を売る; cf. five-and-ten). **2** (俗) 〖ボウリング〗 ダイムストア (5 番と 10 番のピンの残っているスプリット). 〖1928〗

dim·e·ter /dímətə | -mɪtə(r)/ *n.* 〖詩学〗 *n.* **1** (英詩の)二歩格(の詩) (1 行 2 詩脚から成る詩行; cf. meter³ 1 b). **2** (古典詩の)二複詩脚(の詩), 四歩格: trochaic ~ 長短二複詩脚 (—◡—◡). — *adj.* (英詩で)二歩格の. 〖(1589) □ LL ~, *dimetrum* □ Gk *dímetron*: ⇨ di-¹, -meter²〗

di·meth·o·ate /daɪméθoʊèɪt | -θəʊ-/ *n.* 〖薬学〗 ジメトエート (殺虫用有機リン剤). 〖(1960) ← DIME(THYL)+TH(I)O-+-ATE¹〗

di·me·thox·y·meth·ane /dàɪmɛθà(ː)ksɪméθeɪn, dàɪmɛθ- | -mɛθɒ̀ksɪmíːθ-/ *n.* 〖化学〗 ジメトキシメタン (⇨ methylal). 〖← DI-¹+METHOXY-+METHANE〗

di·meth·yl /dàɪméθl/ *adj.* 〖化学〗 ジメチル (2 個のメチル基 (CH_3) を含む). 〖(1869): ⇨ di-¹〗

dimèthyl·acétylene *n.* 〖化学〗 ジメチルアセチレン (⇨ butyne b).

dimèthyl·ániline *n.* 〖化学〗 ジメチルアニリン ($C_6H_5N(CH_3)_2$) (黄褐色がかった油状液体; 染料の中間体として用いる). 〖← DIMETHYL+ANILINE〗

diméthyl arsínic ácid *n.* 〖化学〗 ジメチルアルシン酸 (⇨ cacodylic acid).

dimèthyl·bénzene *n.* 〖化学〗 ジメチルベンゼン (⇨ xylene). 〖1877〗

dimèthyl·dikétone *n.* 〖化学〗 ジメチルジケトン (⇨ biacetyl).

dimèthyl·glyóxal *n.* 〖化学〗 ジメチルグリオキサール (⇨ biacetyl). 〖← DIMETHYL+GLYOXAL(INE)〗

dimèthyl·glyóxime *n.* 〖化学〗 ジメチルグリオキシム ($CH_3C(NOH)C(NOH)CH_3$) (無色の結晶, ニッケル・パラジウムなどの定量試薬).

dimèthyl·hýdrazine *n.* 〖化学〗 ジメチルヒドラジン ($C_2H_8N_2$) (ロケット燃料に用いられる). 〖1961〗

dimèthyl·kétol *n.* 〖化学〗 ジメチルケトール (⇨ acetoin). 〖⇨ ↓, -ol¹〗

dimèthyl·kétone *n.* 〖化学〗 ジメチルケトン (⇨ acetone). 〖← DIMETHYL+KETONE〗

dimèthyl·òl·u·ré·a /-lɔ̀(ː)ljʊríːə, -lòʊl- | -lɒ̀l-jʊ(ə)-/ *n.* 〖化学〗 ジメチロール尿素 ($CO(NHCH_2OH)_2$) (無色の結晶, 接着剤・樹脂加工剤として用いる). 〖← DIMETHYL+-OL¹+UREA〗

diméthyl súlfate *n.* 〖化学〗 硫酸ジメチル (⇨ methyl sulfate).

dimèthyl·sulfóxide *n.* 〖化学〗 ジメチルスルホキシド ($(CH_3)_2SO$) (無色・無臭の液体, 製紙業の副産物, 溶剤; 略 DMSO).

dimèthyl·trýptamine *n.* 〖化学〗 ジメチルトリプタミン ($C_{12}H_{16}N_2$) (幻覚剤; 略 DMT). 〖1966〗

di·met·ric /dàɪmétrɪk⁻/ *adj.* 〖結晶〗 =tetragonal. 〖(1868) ← DI-¹+METRO-¹+-IC¹〗

di·met·ro·don /daɪmétrədɑ̀(ː)n | -míːtrədɒ̀n/ *n.* 〖古生物〗 ディメトロドン属 (*Dimetrodon*) の爬虫類 (前期二畳紀に北米で優勢であった盤竜類に属する肉食性爬虫類; 体長 3.1 m に及ぶ). 〖← DI-¹+METRO-¹+-ODONT〗

di·mid·i·ate /dʒmídièɪt | -dɪ-/ *vt.* **1** 〖紋章〗〈2 つの紋章を〉片方の右半分が他方の左半分に並ぶようにつける. **2** (古) 二分する (halve), 半分に減らす.
— /dʒmídiɪt | -dɪ-/ *adj.* **1** (半々に)二分された, 折半の (halved). **2** 〖植物〗〈コケの蘚帽などが〉折半形の. **3** 〖生物〗 半分だけ発達した.
〖(1623) □ L *dīmidiātus* (p.p.) ← *dīmidiāre* to halve: ⇨ di-¹, middle〗

dim·id·i·a·tion /dʒmìdiéɪʃən | -dɪ-/ *n.* 〖紋章〗 2 個の紋章を一つの盾に組み合わせる初期の方法 (結婚・相続等で父の紋章に母方[妻の生家]の紋章を加えるとき, それぞれをそのまま半切して一つの盾に収める方法; cf. impalement 3). 〖(?*c*1425) □ L *dīmidiātiō(n-)* ← *dīmidiātus* (p.p.) ← *dīmidiāre*〗

dimin. ⦅略⦆ diminuendo; diminutive.

di·min·ish /dʒmínɪʃ/ *vt.* **1** 減らす, 少なくする (reduce) (↔ increase, augment). **2** 〈人〉〈の名声・信用などを〉落とす, 傷つける, けなす (disparage). **3** 〖音楽〗〈音程を〉半音減らす, 減音程にする. **4** 〖建築〗〈柱などの〉先端を細くする. — *vi.* 減少する, 縮小する (⇨ decrease SYN); 〖建築〗 先が細くなる. **~·ment** *n.* 〖(1417) (混成) ← ME *diminue(n)* (□ (O)F *diminuer* □ L *dēminuere* to make smaller ← DI-²+*minuere* to lessen) +*minishe(n)* 'to MINISH'〗

di·min·ish·a·ble /dʒmínɪʃəbl/ *adj.* 減少[縮小]できる, 減じられる. 〖(1782): ⇨ ↑, -able〗

di·mín·ished *adj.* **1** 減少した, 減損した: hide one's ~ head 小さくなって姿を隠す. **2** 〖音楽〗 **a** 減音程の, 減…度の (cf. augmented, perfect³ 8 b): the ~ fifth 減 5 度. **b** 減三和音の. **c** [名詞の後に置いて] 減七和音の. 〖(1607): ⇨ -ed 2〗

dimínished árch *n.* 〖建築〗 下心アーチ (半円より低いアーチ). 〖1726〗

dimínished chórd *n.* 〖音楽〗 減和音 (和音の最高音と最低音の音程が減音程 (diminished interval) である和音; cf. diminished seventh chord). 〖1949〗

dimínished ínterval *n.* 〖音楽〗 減音程 (完全音程または短音程をなす 2 音のうち一方を動かして半音狭くされた音程). 〖1727–51〗

dimínished responsibílity *n.* 〖法律〗 責任軽減 (精神薄弱・精神異常などの理由により犯罪者の刑法上の責任を減じること).

dimínished séventh chòrd *n.* 〖音楽〗 減七の和音 (ジャズやポップミュージックでよく使われる; diminished seventh ともいう).

dimínished stíle *n.* 〖建築〗 =diminishing stile.

dimínished tríad *n.* 〖音楽〗 減三和音 (主音上の短 3 度と減 5 度から成る三和音).

di·mín·ish·ing *adj.* 漸減する. **~·ly** *adv.* 〖(1793): ⇨ -ing²〗

dimínishing retúrns *n. pl.* 〖経済〗 収穫[報酬]逓減: the law of ~ ⇨ law¹ *n.* 〖1815〗

dimínishing rúle *n.* 〖石工〗 柱心定規 (柱の先細りのカーブを決めるための型板). 〖1876〗

dimínishing stíle *n.* 〖建築〗 上細框(うえほそかまち) (ガラス戸などの上下の一方が幅の狭い縦框).

di·min·u·en·do /dʒmìn(j)uéndoʊ | -njuéndəʊ; *It.* diminuéndo/ 〖音楽〗 *adj., adv.* ディミヌエンド, 漸次弱声の[に], 次第に弱い[く] (略 dim., dimin.; 記号 >) (↔ crescendo). — *n.* (*pl.* **~s**, **~es** /~/) 漸次弱奏; 漸次弱声楽句, ディミヌエンドの楽節. 〖(1775) □ It. ~ (pres.p.) ← *diminuere*: cf. crescendo, diminish〗

dim·i·nu·tion /dìmənúːʃən, -njúː- | -mɪnjúː-/ *n.* **1** 減少, 減損, 減縮, 縮小 (decrease). **2** 減少額. **3** 〖建築〗 (柱などの先端の)先細り, 先削. **4** 〖音楽〗 **a** 縮小 (主題または音型を原型よりも音価の短い音符を用いて一定の比率で短縮し反復したり模倣したりすること; ↔ augmentation). **b** 旋律上の音を音価の短い音符に細分する装飾的技法. **~·al** /-ʃnəl, -ʃənl⁻/ *adj.* 〖(*c*1303) □ (O)F ~ □ L *dīminūtiō(n-)* ← *dēminūtus* (p.p.) ← *dēminuere* 'to DIMINISH': ⇨ -tion〗

di·min·u·ti·val /dʒmìnjʊtáɪvəl, -vl⁻/ *adj.* 縮小的な, 指小辞[性]の. — *n.* 〖文法〗 指小形語尾. 〖(1868): ⇨ ↓, -al¹〗

di·min·u·tive /dʒmínjʊtɪv | -tɪv/ *adj.* **1** 小さい, 小形の, 小柄の (small, little); (特に)ちっぽけな (⇨ small SYN): a ~ child, nose, apple, etc. / a person ~ in stature 背の低い人. **2** 〖文法〗 指小の: a ~ suffix 指小接尾辞. — *n.* **1** 〖文法〗 **a** 愛称, 親称 (pet name) (Tom, Dick など). **b** 指小辞[語], 美小辞 (例えば bird*ie*, duck*ling*, stream*let*, lamb*kin* などのように指小接尾辞 -ie, -ling, -let, -kin などで終る語; cf. augmentative); 指小接尾辞. **2** 縮小形; 小さい人[物].
~·ness *n.* 〖(*a*1398) □ (O)F *diminutif* ∥ L *dīminūtīvus*〗

di·mín·u·tive·ly *adv.* **1** 縮小的に; 指小辞として, 愛称として. **2** わずかに, 少し. 〖(1613): ⇨ ↑, -ly¹〗

dim·is·so·ry /dímɪsɔ̀ːri | -mɪs(ə)ri/ *adj.* 去らせる, 退職させる; 去るのを許す; (特に)他の教区への転出を許可する: a letter ~ = a dimissory letter. 〖(1581) □ ML *dīmissōrius* ← L *dīmissus* (p.p.) ← *dīmittere* 'to DISMISS': ⇨ -ory¹〗

dímissory létter *n.* 〖キリスト教〗 (bishop の出す)牧師転出許可状, (他区での)受品許可状. 〖*a*1631〗

Di·mi·tro·vo /*Bulg.* dimítrovo/ *n.* ディミトロヴォ (Pernik の旧名 (1949–62)).

dim·i·ty /díməti | -mɪti/ *n.* ディミティー (太い糸を使って細いうねを縞(しま)または格子状に表した地の薄い軽目の織物). 〖(1440) *demit* □ It. *dimito* coarse cotton ∥ ML *dimitum* □ Gk *dímitos* of double thread ← DI-¹+*mitos* warp thread〗

dím·ly *adv.* 薄暗く, ぼんやり, かすかに. 〖(?*a*1200): ⇨ -ly¹〗

dim·mer /dímə | -mə(r)/ *n.* **1** 薄暗くする人[物]. **2** **a** (自動車の)前照灯減光装置[スイッチ] (dimmer (英) dip] switch ともいう). **b** (舞台照明に使う)調光器. **c** [*pl.*] (米) (自動車の)駐車灯; 減光した前照灯 (cf. bright *n.* 1 b). 〖(1822) ← DIM+-ER¹〗

dímmer switch *n.* =dimmer 2 a.

dim·mish /dímɪʃ/ *adj.* やや薄暗い, ほの暗い, ややぼんやりした. 〖(1683) ← DIM+-ISH¹〗

dím·ness *n.* 薄暗さ, ほの暗さ, ほのか, かすか; 不明確さ: the ~ of a room [one's memory] 部屋の薄暗さ[記憶の曖昧(あいまい)さ]. 〖OE *dimnis*: ⇨ dim, -ness〗

Dim·net /dimnéɪ; *F.* dimnɛ/, **Ernest** *n.* ディムネ (1869–1954; フランスの司祭・著述家; 英米で講演した; *The Art of Thinking* (1928); 別称 Abbé Dimnet).

di·morph /dáɪmɔəf | -mɔːf/ *n.* 〖結晶〗 同質二形の一つ (例えば C の化学成分を有する石墨とダイヤモンド; cf. dimorphism 2). 〖(逆成) ? ← DIMORPHISM〗

di·mor·phic /daɪmɔ́əfɪk | -mɔ́ː-⁻/ *adj.* **1** 〖結晶〗 = dimorphous 1. **2** 〖生物〗 二形性の, 両形の: a ~ flower 両形花. **3** 〖化学〗 二形の (「2 種の結晶構造をもつ」の意味). 〖(1859) ← Gk *dímorphos* (⇨ di-¹, -morphous)+-IC¹〗

dì·mór·phism /-fɪzm/ *n.* **1** 〖生物〗 二形性, 二型性 (同一または同種の植物であって二様の花・葉などがあり, または同種動物で二様の形態または体色のあるような性質). **2** 〖結晶〗 同質二形 (⇨ dimorph). 〖(1832) ← Gk *dímorphos* (↑)+-ISM〗

di·mor·pho·the·ca /daɪmɔ̀əfəθíːkə | -mɔ̀ː-/ *n.*

〖植物〗アフリカキンセンカ《キク科アフリカキンセンカ属 (*Dimorphotheca*) の植物の総称; African daisy, Cape marigold ともいう》. 〖(1861) ← NL ～ ← Gk *dímorphos* (⇨ dimorphic)+THECA〗

di·mor·phous /daɪmɔ́ːəfəs | -mɔ́ː-/ *adj.* **1** 〖結晶〗同質二形の. **2** 〖生物〗=dimorphic 2. 〖(1832): ⇨ dimorphic, -ous〗

dím·òut *n.* (灯火を)薄暗くすること; 灯火管制, 部分的灯火管制《船・都市などの灯火を薄暗くすること; cf. blackout 1 a》. 〖(1942) ← *dim out* (⇨ dim (v.) 成句)〗

dim·ple /dímpl/ *n.* **1** (体の表面の)小さなくぼみ; (特に)えくぼ: a ～ *in* her cheek. **2 a** (地面の)小さいくぼみ. **b** (水面の)小波紋, さざ波 (ripple). **3** 〖ゴルフ〗(ボール表面の小さな)くぼみ, ディンプル. **4** (ガラスの中の)気泡; (ガラスの)くぼみ. **5** [D-] 〖商標〗ディンプル《スコットランド John Haig 社製のブレンデッドウイスキー》. — *vt.* **1** …にえくぼを作る[生じさせる]. **2** へこませる. **3** …にさざ波を起こす. — *vi.* **1** えくぼができる, (ほほえんで)えくぼを見せる: ～ *with* a smile / She ～*d at* him. **2** へこむ. **3** さざ波が立つ. 〖(?a1400) *dimpel* < ? OE **dympel* < Gmc **dumpilaz* (G *Tümpel* pool) ← ? **d(e)upaz* 'DEEP'〗

dim·pled *adj.* えくぼができた; さざ波の立っている. 〖(a1577): ⇨ ↑, -ed 2〗

Dim·plex /dímplɛks/ *n.* 〖商標〗ディンプレックス《米国 Dimplex 社製の家庭暖房用電気ヒーター》.

dim·ply /dímpli, -pli | -pli/ *adj.* (**more** ～, **most** ～; **dim·pli·er, -pli·est**) **1** えくぼのある. **2** 波紋の多い, さざ波の立つ. 〖(1726–46) ← DIMPLE+-Y[4]〗

dím-síghted *adj.* 視力の弱い; 知覚の鈍い, 見通しのきかない, ぼんやりした. 〖1561〗

dim sum /dímsʌ́m, -súm/ *n.* 〖料理〗ディムサム《小麦粉の生地で, 肉・野菜などを包み込み, 蒸した中国料理の点心の一つ; シューマイなど》. 〖(1948) □ Chin. (広東) 点心〗

dím·wit *n.* 《口語》うすのろ, ばか. 〖1922〗

dím-wítted *adj.* 《口語》うすのろな. **～·ly** *adv.* **～·ness** *n.* 〖1934〗

din[1] /dín/ *n.* (じゃんじゃん・がんがん)やかましく響く騒音, (耳ががんがんするほどの)騒々しさ (⇨ noise SYN): make (a) [kick up a] ～ じゃんじゃん音をたてる.
— *v.* (**dinned; din·ning**) — *vt.* **1** …に[に]騒々しい音・叫び声などを立てる〈*with*〉. **2** やかましく言う[繰り返す]: ～ something *into* a person's ears [head] ある事をやかましく言い聞かせる / ～ the facts *into* a boy その事実を少年にたたきこむ. — *vi.* (耳が聞こえなくなるほど)鳴り響く, とどろく: ～ in a person's ears.
〖n.: OE *dyne, dynn* < Gmc **duniz* (OHG *tuni* / ON *dynr*) ← IE **dhwen-* to make noise (擬音語): cf. dint〗

din[2] /dín/ *n.* 〖ユダヤ教〗**1** ハラカー《ユダヤの慣例法規》. **2** 宗教裁判での判決.

din[3] /díːn/ *n.* 〖イスラム教〗ディーン《内面的な信仰と儀礼などの行為を合わせた宗教全般を示すことば》.

Din 《記号》〖貨幣〗Yugoslavian dinar(s).

DIN, Din /dín/; *G.* dín/ 《略》G. Deutsche Industrie Normen ドイツ工業規格 (German Industry Standard) (cf. ASA, JIS).

Din. 《略》dinar.

din- /daɪn/ (母音の前にくるときの) dino-[1] の原形.

Di·nah /dáɪnə/ *n.* **1** ダイナ《女性名; 米国に多い》. **2** 〖聖書〗デナ《Jacob と Leah との間にできた娘; cf. *Gen.* 30: 21》. 〖□ Heb. *Dīnāh* (通俗語源) judgment〗

di·nan·de·rie /dɪ̀nǽndəri, dìːnændríː | dɪnǽndri, dìːnændríː; *F.* dinɑ̃dʁi/ *n.* (13–15 世紀ごろに作られた) 銅[青銅]細工台所用具類. 〖(1863) □ F ～ ← *dinandier* coppersmith ← *Dinand* (原産地名; 今のベルギー南部の Dinant)〗

di·nan·tian /dɪ̀nǽnʃən | dɪnǽnʃiən, -ʃən/ *adj.* 〖地質〗ディナント統の《ヨーロッパの下部石炭系の》. 〖(1903) □ F *dinantien* ← *Dinant* (↑): ⇨ -ian〗

di·nar /diːnáə, ⌐⌐ | díːnɑː[r], ⌐⌐/ *n.* **1 a** ディナール《通貨単位; アルジェリア (=100 centimes; 記号 DA), バーレーン (=1000 fils; 記号 BD), イラク (=1000 fils; 記号 ID), ヨルダン (=1000 fils; 記号 JD), クウェート (=1000 fils; 記号 KD), チュニジア (=1000 milliemes; 記号 D), ユーゴスラビア (=100 paras; 記号 Din), リビア (=1000 dirhams; 記号 LD)》. **b** 1 ディナール硬貨. **2 a** ディナール《イランの通貨単位; =$\frac{1}{100}$ rial》. **b** 1 ディナール硬貨. **3** ディナール《7 世紀末から数世紀間イスラム教国の基本貨幣とされた金貨》. 〖(1634) □ Arab. *dīnār* □ LGk *dēnárion* □ L *dēnārius* 'DENARIUS'〗

Di·nár·ic Álps /dɪnǽrɪk-, daɪ-, -nέr- | -nǽr-/ *n. pl.* [the ～] ディナルアルプス《スロベニアからモンテネグロに至るアドリア海沿岸を北西から南東に走る山脈; 最高峰 Durmitor 山 (2,522 m)》.

Dí·nas brick /díːnæs-/ *n.* 〖窯業〗ディナスれんが《珪石れんがの最初の名称》. 〖(1875) ← *Dinas* (Wales の産地名)〗

dinch /díntʃ/ *vt.* 〈たばこなどを〉もみ消す. 〖?〗

din-din /díndìn/ *n.* (*also* **din-dins** /～z/) 《口語》= dinner 《もとは幼児語》. 〖(1905) ← *din* (略) ← DINNER〗

din·dle /dín(d)l/ 《スコット・英方言》*vi., vt.* 鳴る; 鳴らす (ring); 震える; 震わせる (vibrate); しびれる, うずく (tingle). — *n.* 戦慄(せんりつ) (thrill); しびれ, うずき. 〖(1440): 擬音語?: cf. dingle, tinkle〗

d'In·dy /dæ̃(n)díː, dændíː | ⌐⌐; *F.* dɛ̃di/, (**Paul-Marie-Théodore-)Vincent** *n.* ダンディ《(1851–1931; フランスの作曲家)》.

dine /dáɪn/ *vi.* 正餐(せいさん)[晩餐]を食べる[取る]; (一般に)食事をする《★ have dinner のほうが普通》: ～ forth 晩餐を食べに出かける / ～ in (外食でなく)家で食事をする (↔ dine out) / ～ late 定時より遅い晩餐を取る. — *vt.* **1** 《口語》…に正餐[晩餐]を供する, 正餐[晩餐]に招待する: wine and ～ a person 人に酒食のもてなしをする / He ～*d* me handsomely. 私をりっぱな晩餐に招いてくれた. **2** …分の食事の設備がある: This table ～*s* twelve comfortably. この食卓で 12 人が楽に食べられる.
dine off (1) =DINE *on*. (2) (人)に食事の金を出してもらう. (3) =DINE *out on*. ***díne on*** …で正餐[晩餐]をすます, 食事に…を食べる. ***díne óut*** (1) (ホテル・レストランなど)よそで食事する (eat out) (↔ dine in). (2) 正餐[晩餐]に招待されて出かける (cf. DINE *out on*). (3) 《俗》食事を抜きにする. 《1816》 ***díne óut on*** 〈興味あること〉を知っているので正餐[晩餐]に招待される. ***díne with Dúke Húmphrey*** 《英》正餐を抜きにする. 《dinner の時刻に文なしの連中が London セントポール寺院の Duke Humphrey's Walk をよくぶらついた故事にちなむ: Duke Humphrey は Henry IV の末子で気前のよさで知られ, その記念碑が St. Paul's に建立されたと誤解された》
— *n.* 《スコット・古》=dinner.
〖(c1300) *dine(n)* □ (O)F *dîner*, OF *disner* < VL **disjūnāre* (変形) ← **disjējūnāre* to break one's fast ← DIS-[1]+LL *jējūnāre* to fast (← L *jējūnus* fasting, hungry): cf. déjeuner, jejune〗

Dine /dáɪn/, **James** (**Jim**) *n.* ダイン (1935– ; 米国の画家; ポップアート運動の指導者として知られる).

din·er /dáɪnə | -nə[r]/ *n.* **1** 小さな食堂. **2** 食事をする人, 正餐(せいさん)[晩餐]の客. **3** (列車の)食堂車 (dining car). **4** 《米》食堂車式のレストラン. 〖(1807–08) ← DINE+-ER[1]〗

di·ner·gate /daɪnə́ːgèɪt | -nə́ː-/ *n.* 〖昆虫〗兵隊蟻. 〖← DINO-[1]+ERGATE〗

di·ner·ic /daɪnέrɪk, dɪ̀- | daɪ-, dɪ-/ *adj.* 〖物理化学〗(混じり合わない)二液相界面の. 〖(1905) ← DI-[1]+LGk *nērós* wet+-IC[1]〗

di·ner·o /dɪ̀nέ(ə)roʊ | dɪnέərəʊ; *Am.Sp.* dinéɾo/ *n.* (*pl.* ～**s**) **1** 《米西南部俗》金 (money). **2** ディネロ《ペルーの昔の古い銀貨; sol の $\frac{1}{10}$》. 〖(1835) □ Sp. ～ < L *dēnārium* 'DENARIUS'〗

díner-óut *n.* (*pl.* **diners-out**) 外食する人, (特に, しばしば社交性に富んでいるため招かれて)よそで食事をする人. 〖(1807–8) ← *dine out* (⇨ dine 成句)〗

Dín·ers Càrd /dáɪnəz- | -nəz-/ *n.* 〖商標〗ダイナーズカード《米国の国際信販会社 Diners' Club のクレジットカード》.

Di·ne·sen /díːnəsən, dín-, -sn | -nɪ̀-; *Dan.* díːnə-sən/, **I·sak** /isak/ *n.* ディネセン (1885–1962; デンマークの女流作家; 英語で執筆; *Seven Gothic Tales* (1934); Karen Blixen Finecke /blέgsənfíːnəkə/ 男爵夫人の筆名).

di·nette /daɪnέt/ *n.* **1 a** (部屋の隅やアルコーブ (alcove) を利用した)略式食堂. **b** 略式食堂セット《4 人用食卓椅子のセット; dinette set》. **2** 《英》小料理店. 〖(1925) ← DINE+-ETTE〗

di·neu·tron /daɪnúːtrɑ(ː)n, -njúː- | -njúːtrɒn/ *n.* 〖物理〗重中性子《2 個の中性子がある条件のもとで相互の引力により結合して 1 個の粒子のようにふるまうもの; 仮説的なものでまだ実験的に確められていない》. 〖← DI-[1]+NEUTRON〗

ding[1] /díŋ/ *vi.* 〈鐘などが〉がんがん鳴る (ring, sound).
— *vt.* **1** がんがん鳴らす. **2** 《口語》くどくどとしゃべる, うるさく繰り返す: ～ something *into* the ears ある事を(うるさいほど)くどくどと言う. — *n.* **1** [しばしば歌の折り返しとして] (がんがんという)音. **2** 《豪俗・軽蔑》イタリア[ギリシャ]の移民者. **3** 《豪俗》パーティー. **4** 《俗》=ding-a-ling. 〖(1582): (擬音語): cf. din[1]〗

ding[2] /díŋ/ *v.* (**dinged, dang** /dǽŋ/) 《方言》 — *vt.* **1** (激しく)打つ, 殴る: ～ to death 殴り殺す. **2** 《口語》〈表面を〉へこませる (dent). **3** 《スコット》〈頭を〉殴る.
— *vi.* 《スコット》〈雨が激しく[ひどく]降る 〈*on*〉. — *n.* **1** 《米》(波乗り板 (surfboard)・車体などの)損傷を受けた部分, へこみ. **2** 《スコット》(頭を)殴ること. 〖(c1300) ← ? ON: cf. ON *dengja* to hammer, whet a scythe / OE *dencgan* to beat〗

Din·gaan /díŋgɑːn/ *n.* ディンガーン (1795?–1840; Zulu 人の王 (1828–40); Boer 人に敗れた (1838, 1840)).

ding-a-ling /díŋəlìŋ, ⌐⌐⌐/ *n.* 《米俗》愚か者; 正気でない人 (crazy person); 変わり者. 〖(1935) 擬音語〗

Ding an sich /díŋɑːnzík, -zíx; *G.* díŋanzɪç/ *G.n.* (*pl.* **Din·ge an sich** /díŋə-; *G.* díŋə-/) 〖カント哲学〗物(それ)自体 (thing-in-itself). 〖(1846) □ G ～〗

ding·bat /díŋbæ̀t/ *n.* **1** 《米口語》投げる物《石・棒切れなど; cf. brickbat 1》. **2** 《米口語》=doohickey; thingamy. **3** 〖印刷〗(縁飾り・小節の区切り・小見出しの代用などに用いるアステリスク(*)などの)活字オーナメント, 装飾活字. **4** 《米俗》銭(ぜに) (money). **5** 《豪》陸軍将校の当番兵 (batman). **6** 《米俗・豪口語》ばか, うすのろ.
be [hàve the] díngbats 《豪》(1) 気が狂っている, どうかしている, ばかだ. (2) アルコール中毒による譫妄(せんもう)症にかかっている. (1918) ***give a person the díngbats*** 《豪》〈人を〉いらいらさせる. 《1943》
〖(1838) ← DING[2]+BAT[1] (n.)〗

ding·dong /díŋdɔ̀(ː)ŋ, -dɑ̀(ː)ŋ | díŋdɒŋ, ⌐⌐/ *n.* **1** ごーんごーん, がんがん, じゃんじゃん《鐘の鳴る音》. **2** 《口語》激しい議論, けんか (quarrel). **3** 《口語》騒がしいパーティー[集会]. **4** 《俗》=ding-a-ling. — *adv.* 《口語》せっせと, じゃんじゃんと: go [be, hammer away] at it ～ せっせと[熱心に]働く.
— *adj.* **1** 《口語》激戦の, 激しい: a ～ race [fight] 追いつ追われつの競走[激戦]. **2** じゃんじゃん鳴る.
— *vi.* **1** ごーんごーん[がんがん]鳴る. **2** 単調にある音[行為]を繰り返す. — *vt.* 〈話・動作を〉しつこく繰り返す. 〖(c1560): (擬音語): cf. ding[1]〗

díngdong thèory *n.* [the ～] 〖言語〗ごーんごーん[どんどん]言語起源説《言語の原始的要素はちょうど鐘が物に触れて音を発するように, ある概念が頭に浮かんだとき自然に漏れる発声に由来するという説; cf. bowwow theory, pooh-pooh theory》. 〖1872〗

dinge[1] /díndʒ/ *n.* 《米俗・軽蔑》黒人 (Negro).
— *adj.* 黒人の. 〖(1848) ← DINGY[1]〗

dinge[2] /díndʒ/ *n.* くぼみ, へこみ. — *vt.* (～**d**, ～**·ing**) 《英方言》打ってへこませる. 〖(1611) ← ?〗

dinge[3] /díndʒ/ *n.* =dinginess.

Dinge an sich *n.* Ding an sich の複数形.

ding·er /díŋə | -ŋə[r]/ *n.* 《米口語》決定的要素, 決定打; 〖野球〗ホームラン.

ding·es /díŋəs; *Afrik.* déŋəs/ *n.* 《南ア口語》なんとかさん, なんとかいうもの (thingumbob).

din·gey /díŋ(g)i/ *n.* 《古》=dinghy.

din·ghy /díŋ(g)i/ *n.* **1** 〖海事〗ディンギー《現在はヨットの一つの型; もとインド沿岸で用いられた各種の小舟・小ボート・伝馬船・娯楽用ボートなど》. **2** 艦載小艇. **3** (飛行機の)ゴム製の救命いかだ《空気を入れて膨らませる》. 〖(1810) □ Hindi *ḍiṅgī* (dim.) ← *ḍiṅgā* boat ← ?〗

din·gle /díŋgl/ *n.* 狭い谷; (樹木で覆われた)小さな峡谷. 〖(?c1200) *dingel* deep hollow ← ? OE *ding* dungeon: ⇨ -le[1]〗

din·gle·ber·ry /díŋglbèri | -b(ə)ri/ *n.* **1** 〖植物〗ディングルベリー (*Vaccinium erythrocarpus*)《米国南東部産ツツジ科コケモモ属の低木》. **2** ディングルベリーの果実《食用》. 〖(1955) ← *dingle* (← ?)+BERRY〗

díngle-dàngle *adv.* ぶらぶらと, 揺れて. — *adj.* ぶらぶらする, 揺れる (dangling). 〖(1598) (加重) ← DANGLE〗

din·go /díŋgoʊ | -gəʊ/ *n.* (*pl.* ～**es**) **1** 〖動物〗ディンゴ (*Canis dingo*)《オーストラリア産の野生のイヌ; 毛色は黄褐色, 赤褐色・灰色, 時に黒色をおびる》. **2** 《米俗》(仕事ぎらいの)浮浪者, ルンペン (tramp), 怠け者. **3** 《豪俗》ぺてん師 (cheat), 悪党, やくざ者, 裏切り者, 卑怯者 (coward).
— *vt.* 《豪俗》〈約束などを〉取り消す, …から責任逃れをする (shirk). — *vi.* 約束などを取り消す, 卑怯なことをする, 裏切る. 〖(1789) ← Austral. (Dharuk.)〗

dingo 1

din·gus /díŋ(g)əs/ *n.* **1** 《口語》しかけ, 装置, からくり (gadget); (何とかいう)もの, あれ (cf. thingumbob, doohickey, dingbat, jigger). ★ 品物の名が分からないときとか, 忘れたとき用いるユーモラスな代用語. **2** 《卑》=penis. 〖(1876) □ Du. *dinges* (gen.) □ G. *Dings* ← *Ding* 'THING[1]'〗

din·gy[1] /díndʒi/ *adj.* (**din·gi·er; -gi·est; more** ～, **most** ～) **1** 〈物・場所が〉黒ずんだ, 薄暗い; すすけた, 陰気な (smoky). **2** 薄汚い, みすぼらしい (shabby). **3** 評判の悪い. — *n.* 《米方言・軽蔑》黒人 (dinge). **dín·gi·ly** /-dʒəli/ *adv.* **dín·gi·ness** *n.* 〖(1736) ← ? ME *ding(e)* (異形) ← *dong* 'DUNG'+-Y[4,2]〗

din·gy[2] /díŋ(g)i/ *n.* 《古》=dinghy.

dín·ing càr /dáɪnɪŋ-/ *n.* 食堂車 (diner). ★《英》では restaurant car ともいう. 〖1838〗

díning còat *n.* 《米》ディナージャケット (dinner jacket). 〖1907〗

díning hàll *n.* (正餐(せいさん)に使う)大食堂. 〖1667〗

díning ròom *n.* 食堂, 食事室. 日英比較 日本語の「ダイニングキッチン」は和製英語. 欧米では普通, 家庭のキッチンは食堂を兼ねているので, ことさらこのようにいう必要はないが, 必要な場合は kitchen-diner. 説明的には a kitchen with a dining area のようにいう. 〖1601〗

díning tàble *n.* 食卓, ダイニングテーブル (cf. dinner table). 〖1594〗

di·ni·tro- /daɪnáɪtroʊ | -trəʊ/ 〖化学〗「2 個のニトロ基 (NO_2) をもつ」の意の連結形. 〖← DI-[1]+NITRO-〗

dinìtro·bénzene *n.* 〖化学〗ジニトロベンゼン ($C_6H_4(NO_2)_2$)《オルト (ortho-), メタ (meta-), パラ (para-) の 3 種の異性体がある, 染料合成の中間原料》. 〖1873〗

di·ní·tro·gen tetróxide /daɪnáɪtrədʒən-/ *n.* 〖化学〗四酸化二窒素 (N_2O_4). 〖*dinitrogen*: ← DINITRO-+-GEN〗

dinìtro·phénol *n.* 〖化学〗ジニトロフェノール ($(NO_2)_2C_6H_3OH$)《無色または黄色の結晶; 6 種の異性体がある; 硫化染料・ピクリン酸などの製造原料》. 〖1897〗

dinìtro·tóluene *n.* 〖化学〗ジニトロトルエン ($CH_3C_6H_3(NO_2)_2$)《青黄色の結晶; 6 種の異性体がある; 染料・爆薬の原料》.

dink[1] /díŋk/ *n.* 〖海事〗=dinghy; (特に)鴨(かも)猟に用いる小舟. 〖1903〗

dink[2] /díŋk/ *n.* 《米》(テニスでネット際に落ちる)ドロップショット (drop shot). 〖(1939) 擬音語〗

dink[3] /díŋk/ *n.* 《俗・軽蔑》ベトナム人[兵士] (Vietnamese). 〖(1969) ← ?〗

dink[4] /díŋk/ 《豪》*n.* 自転車[馬]などに乗せる[乗せて行く]こと. — *vt.* 自転車[馬]などに乗せる[乗せて行く].
— *vi.* 自転車[馬]などに相乗りをする. 〖(1934) ← ?〗

dink[5] /díŋk/ *n.* 《米》ディンク《大学 1 年生がかぶるぴったり締まった小さな帽子》. 〖(逆成) ← DINKY[1]〗

dink[6] /díŋk/ *n.* 《卑》=penis. 〖cf. 《英方言》*dink* to toss / ding-dong (vi.)〗

dink[7] /díŋk/ 《スコット》*adj.* 〈服装が〉(こざっぱりと)きちんとし

D

た, 着飾った. ― *vt.* 装う, 飾る. 〖(1508)《鼻音化》? ← *decked* (p.p.) ← DECK〗

Dink, dink[8] /díŋk/ *n.* =DINKS.

Din·ka /díŋkə/ *n.* (*pl.* ~, ~s) **1 a** [the ~(s)] ディンカ族《スーダンに住む牧畜種族》. **b** ディンカ族の人. **2** ディンカ語《東スーダン系》. ― *adj.* ディンカ族の. 〖(1861) ← Dinka *Jieng* people〗

din·key /díŋki/ *n.* 《口語》小さい物; (特に, 操車・荷役・木材切出しなどに用いる)小型機関車[電車]. 〖(1874): ⇨ dinky[1]〗

Din·kins /díŋkɪ̀nz | -kɪnz/, **David** *n.* ディンキンズ《(1927– ; 米国の法律家・政治家; New York 市初の黒人市長 (1990–94)》.

DINKS, dinks /díŋks/ *n. pl.* ディンクス《共働きで子供のいない(収入の多い)夫婦; 夫婦の片方をいうときは単数形を使う》. 〖(1987)《頭字語》← *d(ual)* [*d(ouble)*] *i(ncome)* *n(o)* *k(ids)*〗

din·kum /díŋkəm/ 《豪口語・方言》 *adj.* 本物の, 正真正銘の (genuine); 公正な: ⇨ fair dinkum / a ~ Aussie 正真正銘のオーストラリア人. ― *n.* **1** 仕事, (特に)激しい労働 (toil); 当然やるべき仕事. **2** 真実. ― *adv.* 本当に, 正直なところ (honestly): ⇨ fair dinkum. 〖(1888) ← ?〗

dínkum óil *n.* [the ~]《豪俗》偽らない真実. 〖1916〗

din·ky[1] /díŋki/ *adj.* (**dink·i·er, -i·est; more ~, most ~**)《口語》 **1** 《米・軽蔑》小型の (tiny); 貧弱な (poor). **2** 《英》小ぎれいな, こざっぱりした, 粋(いき)な (neat) (★ 主に女性が用いる). ― *n.* 《米》 =dinkey. 〖(1788) ← DINK[7]+-Y[4]〗

din·ky[2] /díŋki/ *n.* =dinghy. 〖変形〗

din·ky[3] /díŋki/ *n.* =dink[8].

din·ky-di /dìŋkidáɪ⁻/ *adj.* (*also* **din·ky-die** /~/)《豪俗》=dinkum. 〖(1918)《変形》← DINKUM〗

din·na /dínə/ 《スコット》 =do not.

din·ner /dínə | -nə(r)/ *n.* **1 a** 正餐(せいさん)《一日のうちの主要な食事; 晩餐 (evening meal, supper) または午餐 (midday meal, lunch)》; (一般に)食事, その食べ物 (main meal): an early ~ 午餐; 早い食事 / a late ~ 晩餐; 遅い食事 / have [eat] ~ 食事する; 正餐[晩餐]を食べる / have pork chops for ~ 夕食[昼食]にポークチョップを食べる / It's time for ~. 食事の時間です / make a good [poor] ~ 十分な[物足りない]食事を作る[になる] / be at ~ 食事中である / sit down to ~ 正餐の卓につく / ask [invite] a person to [for] ~ 人を正餐[ごちそう]に招く / come to [for] ~ 正餐に出席する / have guests (over [round]) to [for] ~ 正餐にお客を招待する. 日英比較 (1) 日本では一般に「夕食」と訳されることが多いが, 英語の *dinner* は必ずしも夕食とは限らない.「正餐」の意で一日のうちで主要な食事の意である. 現在では英米ともに週日は夕食のことが多いが, 日曜日は教会に行く人はミサまたは礼拝の後の昼食に *dinner* を食べる. クリスマスの日も Christmas *dinner* は昼食である. *dinner* とは形の上からいえば, スープ, パン, サラダ, メーンディッシュ, デザートというコースの決まった食事をいう. *dinner* は正餐であるから一日のうちでのごちそうが出る食事には違いないが, 場合によっては粗末なものでも *dinner* と呼ぶことができる. たとえば, 一人暮らしの貧しい人が, パン一切れと水を飲んでこれが私の *dinner* だと言うことも可能である. supper は一日のうちの最後の食事で一品料理中心だが, これがかえってごちそうであることもありうる. ⇨ supper 日英比較. 現在でもアメリカの農村では昼に *dinner* を食べる習慣が残っている. (2) 日本語の「ディナーショー」は和製英語. 英語では *dinner* and floor show という. **b** 公式の晩餐[午餐]会, 供宴: give [hold] a ~ for [in honor of] ...のために[...を正客にして]晩餐会を催す / throw a ~ 《口語》晩餐会を催す. **2** 定食 (table d'hôte): five ~s at $4 a head 1 人前 4 ドルの定食 5 人分. **3** (パッケージされた半調理の)弁当.

dínner without gráce 《婉曲》婚前交渉. ***dóne like a dínner*** 《豪口語》完全にやられた, 完敗した. ***éat one's dínners*** 《英》法学院会食に出る; 法廷弁護士の資格を取るために修業する (cf. *eat one's* TERMS). ***lóse one's dínner*** ⇨ lose *v.* 成句. ***móre ... than you've*** [*a person has*] ***hàd hót dínners*** 《英口語》(あなた[人]が経験している)よりもっと多くの[たくさんの]...《知ったかぶりをいさめるとき》.

― *adj.* [限定的] ディナー用の: ~ claret [sherry] ディナー用赤[白]ワイン《通例, デザート用より品質が下》.

~·less *adj.* 〖(*c*1300) *diner* ◻ (O)F *dîner*, OF *disner* 'to DINE': 不定詞の名詞用法 (⇨ -er[3])〗

dínner bèll *n.* (正餐(せいさん)の)食事を知らせる鐘[鈴]. 〖1682〗

dínner bùcket *n.* 《米》 =dinner pail.

dínner càll *n.* **1** 食事の知らせ《通例 gong を鳴らす》. **2** (晩餐会の招待を受けた人の)お礼訪問. 〖1895〗

dínner clòthes *n. pl.* 公式の[なかば公式の]晩餐(ばんさん)(会)用の服 (cf. evening dress).

dínner còat *n.* 《英》ディナージャケット, タキシード《略式夜会服または正式な晩餐会衣服の上着》. 〖1922〗

dínner dànce *n.* ディナーダンス《食後にダンスをする晩餐会》. 〖1901〗

dínner drèss *n.* 《英》ディナードレス, 婦人用略式夜会服《袖付きまたは上衣をその上に着る; 男性の dinner jacket に相当》. 〖1815〗

dínner fòrk *n.* ディナーフォーク《メーンコースで用いるフォーク》.

dínner hòur *n.* 正餐(せいさん)[晩餐]の時刻; 食事時間. 〖1800〗

dínner jàcket *n.* 《英》 **1** =dinner coat. **2** ディナージャケット《夏用の男子略式夜会服の上着で, 通例白っぽい色》. **3** ディナージャケット, 男子用略式夜会服《上衣のほかに両サイドに絹の筋の通った黒のズボン・蝶ネクタイ・カマーバンド (cummerbund) などを含む; 女性の dinner dress に相当》. 〖1891〗

dínner knìfe *n.* ディナーナイフ《メーンコースで用いるテーブルナイフ》.

dínner làdy *n.* 《英》(学校の)給食係のおばさん. 〖1967〗

dínner pàil *n.* 《米》(労働者などの)弁当箱. 〖1856〗

dínner pàrty *n.* 晩餐(ばんさん)[午餐]会, 祝賀会. 〖1815〗

dínner plàte *n.* (通例, 直径 25 センチの)小さな皿《食事の主要料理用》.

dínner rìng *n.* (正式な)夜会用指輪《通例, 台の大きい華やかなもの》.

dínner sèrvice [sèt] *n.* 正餐(せいさん)用食器類一式. 〖1845〗

dínner spèech *n.* 《米》(晩餐後の)テーブルスピーチ. 〖1852〗

dínner tàble *n.* **1** 正餐(せいさん)の席[場]: Don't talk politics *at the* ~. 食事のときに政治の話をするものではない. **2** 正餐用のテーブル (cf. dining table). 〖1813〗

dínner thèater *n.* 《米》ディナー劇場《食事中・食後に観劇できたり音楽も聴けたりするレストラン》. 〖1960〗

dínner tìme *n.* =dinner hour. 〖1370〗

dínner wàgon *n.* ディナーワゴン, (脚輪付き)移動食器台, 食事用ワゴン. 〖1862〗

dínner·wàre *n.* **1** ディナーウェア《正餐(せいさん)の全コースそろいの絵柄を施した陶磁器》. **2** 食器一そろい. 〖1895〗

di·no /dáɪnoʊ | -nəʊ/ *n.* (*pl.* ~s)《口語》恐竜 (dinosaur).

di·no-[1] /dáɪnoʊ | -nəʊ/「恐ろしい (terrible); 巨大な (huge)」の意の連結形. ★ 母音の前では通例 din- になる. 〖← Gk *deinós* terrible ← IE **dwei-* to fear (L *dīrus* 'fearful, DIRE')〗

di·no-[2] /dáɪnoʊ | -nəʊ/「渦巻き; 渦潮」の意の連結形. 〖← Gk *dînos* whirling, rotation〗

di·noc·er·as /daɪná(ː)sərəs | -nɔ́s-/ *n.* 〖古生物〗 =uintatherium. 〖(1872) ← NL ~ ← DINO-[1]+Gk *kéras* horn〗

Di·no·flag·el·la·ta /dàɪnoʊflæ̀ʤəlάːtə, -léɪ- | -nə(ʊ)flæ̀ʤəlάːtə, -léɪ-/ *n. pl.* 〖動物〗(原生動物門)渦鞭毛虫目. 〖← NL ~ : ⇨ dino-[2], Flagellata〗

di·no·flag·el·late /dàɪnoʊflǽʤəlɪ̀t, -lèɪt | -nə(ʊ)flǽʤəlɪ̀t, -ʤəlèɪt/ *n.* 〖動物〗渦鞭毛虫. ― *adj.* 渦鞭毛虫の. 〖(1889) ← NL ~ : ⇨ ↑, -ate[1]〗

di·nor·nis /daɪnɔ́ənɪ̀s | -nɔ́ːnɪs/ *n.* 〖古生物〗恐鳥《今は絶滅したモア科オオモア属 (*Dinornis*) の鳥類の総称; オオモア (*D. maximus*) など; cf. moa》. 〖(1843) ← NL DINO-[1]+Gk *órnis* bird〗

di·no·saur /dáɪnəsɔ̀ə | -sɔ̀ː(r)/ *n.* **1** 〖古生物〗恐竜《中生代の巨大な爬虫類の動物; 分類学的には竜盤目と鳥盤目を指す; cf. Iguanodon》. **2** 大きすぎて役に立たない物; 時代遅れの人. 〖(1841): ↓〗

Di·no·sau·ri·a /dàɪnəsɔ́ːriə/ *n. pl.* 〖古生物〗恐竜類《かつて分類学的に目名として提案されたが, 現在では竜盤目と鳥盤目を合わせた通俗語》. 〖← NL ~ : ⇨ dino-[1], -saur, -ia[2]〗

di·no·sau·ri·an /dàɪnəsɔ́ːriən⁻/ 〖古生物〗 *adj.* 恐竜の. ― *n.* dinosaur. 〖(1841): ⇨ ↑, -an[1]〗

di·no·sau·ric /dàɪnəsɔ́ːrɪk⁻/ *adj.* 恐竜のような; 巨大な.

Dínosaur Nátional Mónument *n.* 恐竜国定記念物《米国 Colorado 州北西部, Utah 州北東部の Green 川と Yampa 川との合流点付近にある; 恐竜などの化石が出土する》.

di·no·there /dáɪnəθɪə | -θɪə(r)/ *n.* 〖古生物〗 =deinotherium. 〖(1835) ↓〗

di·no·the·ri·um /dàɪnəθí(ə)riəm | -θɪər-/ *n.* 〖古生物〗 =deinotherium. 〖← NL *dinotherium*: ⇨ dino-[1], -therium〗

d. in p. aeq. 《略》《処方》等分に分けること. 〖*L. dīvidātur in partēs aequālēs*〗

dint /dínt/ *n.* **1** (打って作った)くぼみ, へこみ (dent). **2** 《まれ》暴力 (violence), 力 (force). **3** 《古》一撃, 打撃 (stroke). ***by dint of*** 《文語》...の力で, ...によって. 〖(*c*1440)〗 ― *vt.* **1** (たたいて)へこます. **2** (強く)打ち込む; 押印する (imprint). **~·less** *adj.* 〖OE *dynt* < Gmc **duntiz* (擬音語) ?: cf. dent[1]〗

di·nu·cle·o·tide /daɪnúːkliətàɪd, -njúː- | -njúː-/ *n.* 〖生化学〗ジヌクレオチド《一つのヌクレオチドの糖がもう一つのヌクレオチドのリン酸エステル結合しているもの》. 〖(1927) ← DI-[1]+NUCLEOTIDE〗

Din·wid·die /dɪnwídi | -di/, **Robert** *n.* ディンウィディ《(1693–1770; スコットランド生まれの英国の植民地行政官; 米国でフロンティア防衛に尽力)》.

dioc. 《略》diocesan; diocese.

Di·o Cas·si·us /dáɪoʊkǽsiəs | dáɪəʊ-/ *n.* ディオカッシウス《(155?–?230; ローマの歴史家; *Romaika*「ローマ史」は共和制末期と帝政初期を知る上で重要)》.

di·oc·e·san /daɪά(ː)səsən, -sn, -zən, -zn | -ɔ́s-/ *adj.* diocese の. ― *n.* **1** diocese の教会員[聖職者]. **2** (diocese の統轄者としての) bishop. 〖(*a*1443) ◻ ML *diocēsānus*: ⇨ diocese, -an[1]〗

diócesan bíshop *n.* 教区長である bishop (cf. ordinary 5). 〖1450–1530〗

diócesan príest *n.* 教区の司祭.

di·o·cese /dáɪəsɪ̀s, -sìːs, -sìːz | -sɪs, -sìːs, -sìːz/ *n.* 〖キリスト教〗教区, 司教[主教, 監督]区《一人の bishop の管轄下にある中教区》. 〖(*a*1338) *diocise* ◻ OF (F *diocèse*) ◻ LL *diocēsis* (変形) ← L *dioecēsis* district ◻ Gk *dioíkēsis* administration, province ← *dioikeîn* to keep house ← DIA-+*oikeîn* to inhabit (← *oîkos* house)〗

Di·o·cle·tian /dàɪəklíːʃən, -ʃiən⁻/ *n.* ディオクレティアヌス《(245–313; ローマ皇帝 (284–305); キリスト教徒を迫害した; ラテン語名 Gaius Aurelius Valerius Diocletianus /géɪəs ɔːríːliəs vəlɪ́ə·riəs dàɪəklìːʃiéɪnəs | gáɪəs ɔːríːliəs vəlí(ə)r-/)》.

Díocletian wíndow *n.* 〖建築〗ディオクレティアヌス窓《半円形の開口部を縦に 2 本の方立てで仕切った窓; therm window ともいう》.

di·óc·tyl phthálate /daɪά(ː)ktl- | -ɔ́ktɪl-, -tl-/ *n.* 〖化学〗フタル酸ジオクチル ($C_6H_4(COOC_8H_{17})_2$)《油状液体, 合成樹脂の可塑剤; 略 DOP》. 〖*dioctyl* ← DI-[1]+OCTYL〗

di·ode /dáɪoʊd | -əʊd/ *n.* 〖電子工学〗 **1** ダイオード《2 端子の電子素子; 代表的なものは半導体整流素子》. **2** 二極管《二極真空管と二極放電管の総称》. 〖(1919) ← DI-[1]+-ODE[2]〗

di·o·done /dáɪədòʊn | -dəʊn/ *n.* 〖化学〗ジオドン (⇨ iodopyracet). 〖← DI-[1]+(I)OD(INE)+(PYRID)ONE〗

Di·o·do·rus Sic·u·lus /dàɪədɔ́ːrəssíkjʊləs/ *n.* ディオドロス《紀元前 1 世紀のシチリア生まれのギリシャの歴史家; *Bibliotheca historica*「世界史」40 巻(うち 15 巻が現存)》.

di·oe·cian /daɪíːʃən, -ʃiən/ *adj.* 〖生物〗 =dioecious.

di·oe·ci·o- /daɪíːʃioʊ | -ʃiəʊ/「雌雄異株[異体]」の意の連結形. 〖↓〗

di·oe·cious /daɪíːʃəs/ *adj.* 〖生物〗雌雄異株[異体]の (cf. monoecious). **~·ly** *adv.* **~·ness** *n.* 〖(1748–52) ← NL *dioecia* (← DI-[1]+Gk *oîkos* house)+-OUS〗

di·oe·cism /daɪíːsɪzm/ *n.* 〖生物〗雌雄異株[異体]性 (cf. monoecism). 〖(1875) ← NL *dioecia* (⇨ dioecious)+-ISM〗

di·oe·cy /dáɪiːsi/ *n.* 〖生物〗 =dioecism. 〖1944〗

di·oes·tru·al /daɪéstruəl, -íːs- | -íːs-, -és-/ *adj.* =diestrous.

di·oes·trum /daɪéstrəm | -íːs-, -és-/ *n.* 〖動物〗 =diestrum. 〖← NL ~ : ⇨ di-[1], estrus〗

di·oes·trus /daɪéstrəs | -íːs-, -és-/ *n.* 〖動物〗 =diestrus. **di·óes·trous** /-trəs/ *adj.*

Di·og·e·nes /daɪά(ː)ʤənìːz | -ɔ́ʤɪ̀-/ *n.* ディオゲネス《(412?–323 B.C.; ギリシャのキニク学派の哲学者; 粗衣粗食し大樽(おおだる)の中に住み奇行に富み, ことに Alexander 大王との問答で有名)》. **Di·o·gen·ic** /dàɪəʤénɪk⁻/ *adj.* **Di·og·e·ne·an** /daɪὰ(ː)ʤəníːən | -ɔ̀ʤɪ̀-⁻/ *adj.*

di·oi·cous /daɪɔ́ɪkəs/ *adj.* 〖生物〗 =dioecious.

di·ol /dáɪɔ(ː)l | -ɔl/ *n.* 〖化学〗ジオール, 二価アルコール《2 個の水酸基をもつアルコールの一般名; glycol, dihydric alcohol ともいう》. 〖(1923) ← DI-[1]+-OL[1]〗

di·o·le·fin /dàɪóʊləfɪ̀n | -əʊlɪ̀fɪn/ *n.* 〖化学〗ジオレフィン《一般式 C_nH_{2n-2} で表され, 分子内に 2 個の二重結合をもつ炭化水素; alkadiene, diene ともいう》. 〖(1909) ← DI-[1]+OLEFIN〗

Di·o·mede /dáɪəmìːd/ *n.* (*also* **Di·o·med** /-mèd/) 〖ギリシャ伝説〗 =Diomedes.

Dí·o·mede Íslands /dáɪəmìːd-/ *n. pl.* [the ~] ダイオミード諸島《Bering 海峡にある諸島; ロシア領の Big Diomede 島と米国領 Little Diomede 島がありその間を国際日付変更線が通る》.

Di·o·me·des /dàɪəmíːdiːz/ *n.* 〖ギリシャ伝説〗ディオメーデース: **1** トロイ遠征のギリシャ軍中で Achilles に次ぐ勇士; Odysseus が Rhesus の馬とトロイの Palladium 像を盗むのを手伝った. **2** 人食い馬をもっていた Thrace の王. 〖◻ L *Diomēdes* ◻ Gk *Diomḗdēs* (原義) advised by Zeus ← *Diós* ((gen.) ← *Zeús* 'ZEUS')+*mêdos* counsel〗

Di·on /dáɪɑn, dáɪən | dɪɔ́n, dɪ́ːən; *F.* djɔ̃/ *n.* ダイオン《男性名》. 〖(変形) ← DENIS〗

Di·o·ne[1] /daɪóʊni | -ə́ʊ-/ *n.* ダイオーニ《女性名》. 〖(fem.) ← DION〗

Di·o·ne[2] /daɪóʊni | -ə́ʊ-/ *n.* **1** 〖ギリシャ神話〗ディオーネー《Oceanus の娘》. **2** 〖天文〗ディオネ《土星 (Saturn) の第 4 衛星》. 〖◻ L *Diōnē* ◻ Gk *Diṓnē* (原義) pertaining to Zeus ← *Diós* (gen.) ← *Zeús* 'ZEUS'〗

-di·one /dáɪoʊn | -əʊn/ *suf.* 〖化学〗「カルボニル基 (=CO) 2 個を含む化合物」の意の名詞を造る: butane*dione*. 〖← DI-[1]+-ONE〗

di·o·nin /dáɪənɪ̀n | -nɪn/ *n.* (*also* **di·o·nine** /-nìːn, -nɪ̀n | -nìːn, -nɪn/) 〖薬学〗ジオニン《鎮痛剤・麻薬》. 〖(1899) ◻ G ~〗

Di·o·ny·si·a /dàɪəníʃiə, -siə, -ziə, -ʃə | -siə, -ziə/ *n. pl.* 〖ギリシャ伝説〗ディオニュソス祭, 酒神祭 (Dionysus または Bacchus の祭礼でギリシャ全土各地で行われたが Attica では特に盛大に行われ, その催しとして演劇が発達した; cf. Bacchanalia). 〖(*c*1895) ◻ L *Dionȳsia* ◻ Gk *Dionū́sia* ← *Diónūsos* 'DIONYSUS': ⇨ -ia[2]〗

Di·o·ny·si·ac /dàɪəníʃiæ̀k, -zi-, | -nísi-, -zi-/ *adj.* **1** (酒神)ディオニュソスの, ディオニュソス(祭)の(ような) (cf. Bacchic). **2** =Dionysian[2] 2,3. 〖(*c*1830) ◻ LL *dionȳsiacus*: ⇨ ↑, -ac〗

Di·o·ny·si·an[1] /dàɪəníʃiən, -siən, -ziən, -ʃən | -siən, -ziən⁻/ *adj.* **1** (歴史上の人物としての) Dionysius の(ような); (特に) Syracuse 王の Dionysius のように残忍な. **2** アレオパゴスのディオニュシオス (Dionysius the Areopagite) に帰せられた神学書の. 〖(1607): ⇨ Dionysius, -an[1]〗

Di·o·ny·si·an[2] /dàɪəníʃiən, -siən, -ziən, -ʃən | -siən, -ziən⁻/ *adj.* **1** (酒神)ディオニュソスの (Dionysiac). **2** 飲めや騒げの (orgiastic). **3** 自制心のない, 自由奔放な (↔ Apollonian). 〚(*a*1610) ⇨ Dionysia, -an¹〛

Di·o·ny·si·us /dàɪənɪ́ʃəs, -ʃiəs, -siəs, -náɪsiəs | -siəs, -zi-/ *n.* ディオニュシオス: **1** (430?–367 B.C.) 古代 Sicily 島のギリシャの都市 Syracuse の僭主(せんしゅ) (405–367 B.C.); 通称 Dionysius the Elder. **2** (395?–?340 B.C.) Syracuse の僭主 (367–356 B.C.; 347–343 B.C.); 前者の息子; 通称 Dionysius the Younger.

Dionýsius Ex·íg·u·us /-ɛgzɪ́gjuəs, -ɛksɪ́g-/ *n.* ディオニュシオスエクシグウス (530?–?556; ローマ学僧, キリスト生誕の歴年を決定したといわれる).

Dionýsius of Alexándria, Saint *n.* アレクサンドリアのディオニュシオス (190?–?265; Origen の弟子, 神学者・Alexandria 司教).

Dionýsius of Halicarnássus *n.* ハリカルナッソスのディオニュシオス (紀元前 1 世紀のギリシャの歴史家; ローマで歴史・修辞学を講じた).

Dionýsius the Areópagite *n.* アレオパゴス[アレオパギタ]のディオニュシオス (紀元 1 世紀のアテネの裁判官; St. Paul によりキリスト教に改宗 (*Acts* 17:34)).

Di·o·ny·sus /dàɪənáɪsəs, -níːs- | -náɪs-/ *n.* (*also* **Di·o·ny·sos** /～/) 〘ギリシャ神話〙 ディオニュソス (Zeus と人間の女性 Semele との間に生まれたぶどう酒と演劇の神; Bacchus とも呼ばれる; ⇨ Bacchus 挿絵). 〚□ L *Dionȳsus, -sos* □ Gk *Diónūsos* ← ?〛

di·o·phán·tine equátion /dàɪəfǽntaɪn, -tn̩-/ *n.* 〘数学〙 ディオファントス方程式, 不定方程式. 〚(1928) ↓〛

Di·o·phan·tus /dàɪəfǽntəs | -təs/ *n.* ディオファントス (3 世紀頃 Alexandria に住んだギリシャの数学者; 最初の代数学者といわれる).

di·op·side /daɪɑ́(ː)psaɪd | -ɔ́p-/ *n.* 〘鉱物〙 透輝(とうき)石 (灰緑または緑白色の準宝石). **di·op·sid·ic** /dàɪɑ(ː)psɪ́dɪk | -ɔpsɪ́d-ˊ/ *adj.* 〚(1808) □ F ～ ← Gk *díopsis* a view through ← DIA-+OPSIS: ⇨ -ide²〛

di·op·sim·e·ter /dàɪɑ(ː)psɪ́mətə | -ɔpsɪ́mɪ̀tə^(r)/ *n.* 〘眼科〙 視野計. 〚← DIA-+-OPSIS+-METER¹〛

di·op·tase /daɪɑ́(ː)pteɪz, -teɪs | -ɔ́p-/ *n.* 〘鉱物〙 翠(すい)銅鉱 ($CuSiO_2(OH)_2$). 〚(1804) □ F ～ ← DIA-+Gk *optós* visible〛

di·op·ter, 〘英〙 **di·op·tre** /daɪɑ́(ː)ptə, ˊーー | daɪɔ́ptə^(r)/ *n.* **1** 〘光学〙 ジオプトリー (レンズの屈折力 (refractive power) を表す数値; レンズの焦点距離をメートル単位で表した数の逆数; 略 D; cf. power 13). **2** (古代ギリシャの)経緯儀 (Hipparchus が発明し, 月・太陽の大きさや遠方の物体の大きさを測る). 〚(1594) □ F *dioptre* // L *dioptra* □ Gk *díoptra* a kind of levelling instrument: ⇨ dia-, -opsis〛

di·op·tom·e·ter /dàɪɑ(ː)ptɑ́(ː)mətə | -ɔptɔ́mɪ̀tə^(r)/ *n.* 〘眼科〙 眼屈折計.

di·op·tom·e·try /dà(ː)ɪɑ(ː)ptɑ́(ː)mətri | -ɔptɔ́mɪ̀tri/ *n.* 〘眼科〙 =refractometry 2.

di·op·tral /daɪɑ́(ː)ptrəl | -ɔ́p-/ *adj.* ジオプトリー (diopter) の. 〚(1610) ← DIOPTER+-AL¹〛

di·op·tre /daɪɑ́(ː)ptə, ˊーー | daɪɔ́ptə^(r)/ *n.* 〘光学〙 = diopter 1.

di·op·tric /daɪɑ́(ː)ptrɪk | -ɔ́p-/ *adj.* **1** 屈折光学(上)の (cf. catoptric): the ～ system 屈折光学系. **2** 〈レンズが〉(視力補正上)光線屈折応用の, 光線の屈折矯正で視力を助ける, 視力矯正用の. **3** 光線屈折の[による] (refractive); ジオプトリーの (dioptral). ― *n.* =diopter. 〚(1635) □ Gk *dioptrikós* ← *díoptra* optical instrument: ⇨ diopter, -ic¹〛

di·óp·tri·cal /-trɪ̀kəl, -kl̩ | -trɪ-/ *adj.* =dioptric. **～·ly** *adv.*

di·op·trics /daɪɑ́(ː)ptrɪks | -ɔ́p-/ *n.* 《古》 屈折光学 (cf. catoptrics). 〚(1644) (なぞり) ← Gk *dioptriká* (neut. pl.) ← *dioptrikós*: ⇨ dioptric, -ics〛

Dior /diɔ́ə | díːɔː^(r), diɔ́ː^(r); *F.* djɔːʁ/, **Christian** *n.* ディオール (1905–57; フランスの服飾デザイナー).

di·o·ra·ma /dàɪərǽmə, -rɑ́ːmə | -rɑ́ːmə/ *n.* **1 a** ジオラマ, 透視画 (半透明の絵に各色の光線を投射したものをのぞき見る仕掛け; cf. cosmorama). **b** ジオラマ館. **2** (小型模型に各色の光線を投射して見せる)実景見せ物; (博物館での野生生物の生息状態などを模した)復元[保存]動物などの見本展示; (映画撮影に用いる大場面の)縮小セット, 情景模型. 〚(1823) □ F ～ ← DIA-+(*pan*)*orama* 'PANORAMA'〛

di·o·ram·ic /dàɪərǽmɪk-ˊ/ *adj.* ジオラマ的な. 〚(1831): ⇨ ↑, -ic¹〛

di·o·rite /dáɪəràɪt/ *n.* 〘岩石〙 閃(せん)緑岩 (深成岩の一種). **di·o·rit·ic** /dàɪərɪ́tɪk | -tɪk-ˊ/ *adj.* 〚(1826) □ F ～ ← Gk *diorízein* to distinguish ← DIA-+*horízein* to separate: ⇨ -ite¹〛

Di·os·cu·ri /dàɪəskjʊ́(ə)raɪ | -əskjʊ́əraɪ, -ɔs-/ *n. pl.* [the ～] 〘ギリシャ神話〙 =Castor and Pollux. **Di·os·cu·ric** /dàɪəskjʊ́(ə)rɪk | -əskjʊ́ər-, -ɔs-ˊ/ *adj.* 〚□ Gk *Dióskouroi* ← *Diós* ((gen.) ← *Zeús* 'ZEUS')+*koûros, kóros* boy, son〛

di·os·gen·in /dàɪɑ(ː)zdʒénɪ̀n | -ɔzdʒénɪn/ *n.* 〘生化学〙 ジオスゲニン ($C_{27}H_{42}O_3$) (メキシコ産のヤマノイモ (yam) から作られ, 黄体ホルモンの合成に使われる). 〚(1937) □ G *Diosgenin* ← *Pedanius Dioscorides* (紀元 1 世紀のギリシャの医者): ⇨ -genin〛

di·os·mose /daɪɑ́(ː)zmous, -ɑ́(ː)s- | -ɔ́zməus, -ɔ́s-/ *n.*, *v.* 〘物理化学〙 =osmose. 〚← DIA-+OSMOSE〛

di·os·mo·sis /dàɪɑ(ː)zmóusɪ̀s, -ɑ(ː)s- | -ɔzmə́usɪs, -ɔs-/ *n.* (*pl.* **-mo·ses** /-siːz/) =osmosis. 〚1825〛

di·ox·ane /daɪɑ́(ː)kseɪn | -ɔ́k-/ *n.* (*also* **di·ox·an** /-sæn, -sən/) 〘化学〙 ジオキサン ($C_4H_8O_2$) (樹脂・塗料などの溶剤). 〚(1912) ← DI-¹+OXO-¹+-ANE²〛

di·ox·ide /daɪɑ́(ː)ksaɪd | -ɔ́k-/ *n.* 〘化学〙 **1** 二酸化物: carbon ～ 二酸化炭素. **2** 《俗用》 過酸化物 (peroxide): ～ of hydrogen 過酸化水素. 〚(1847) ← DI-¹+OXIDE〛

di·ox·in /daɪɑ́(ː)ksɪ̀n, -sn̩ | -ɔ́ksɪn/ *n.* 〘化学〙 ダイオキシン (強い毒性をもつ有機塩素化合物; 塩化ビニールなどを焼却すると発生し催奇性, 発がん性がある). 〚(1919) ← DI-¹+OXY(GEN)+-IN²〛

dip /dɪ́p/ *v.* (**dipped,** (まれ) **dipt** /dɪ́pt/; **dip·ping**) ― *vt.* **1 a** 〈液体に〉ちょっと浸す[漬(つ)ける] 〔*into, in*〕: ～ one's fingers *in* water / ～ one's hands *in* blood 手を血でぬらす; 人殺しをする / ～ one's pen *into* ink / ～ bread *into* gravy パンをグレイビーに浸す / The satirist wielded a pen ～*ped* in vitriol. 諷刺作家は毒筆を振るった. **b** (すくい取ろうとして)〈手・ひしゃくなどを〉〈容器などの中へ〉入れる 〔*into*〕; 〈液体・穀物などを〉〈容器などで〉すくい出す, 汲(く)み出す, 汲み取る 〈*up, out*〉 〔*with*〕: ～ a bucket *into* a pond / ～ one's hand *into* one's pocket *for* change 小銭を取り出そうとしてポケットに手を入れる / ～ a spoon *into* a pot スプーンを鍋(なべ)に入れる / ～ hot water *out of* a boiler かまから湯を汲み出す. **2** 〈羊・豚を〉殺虫液に浸して洗う: ～ sheep. **3** 〈旗・帆などを〉(敬礼または信号のために)ちょっと下げる, 急に下げてすぐ上げる: ～ a flag in respect [salute] 敬礼に旗をちょっと下げる / ～ a curtsy ちょっとひざをかがめて会釈する. **4** 〈衣類などを〉浸して染める: ～ cloth *in* dye 布を染料に浸して染める. **5** (溶かした蠟(ろう)に芯(しん)を漬けて)〈ろうそくを〉造る: ～ candles. **6** 《詩》 (浸したように)ぬらす; 《古》 〈人〉に浸礼を施す. **7** めっきする (plate). **8** 《英》 **a** 質に入れる, 抵当に入れる. **b** 《口語》 [通例受身で] 借金させる: I am a little ～*ped.* 少し借金している. **9** 《英古》 [通例受身で] 〔事件などに〕巻き込む, 連座させる (involve) 〔*in*〕. **10** 《米》 〈かぎたばこを〉歯・歯茎にこすりつける. **11** 《英》 =dim *vt.* 2. **12** 《俗》 〈人・ポケットなど〉から金品をする.

― *vi.* **1 a** 沈下する (sink), 〈磁針・天秤(てんびん)の皿などが〉下がる, (下方に)傾く, 〈日が〉沈む: A bird rises and ～*s* in its flight. 鳥はすいすい上下しながら飛ぶ / The sun ～*ped* below the sea [horizon]. 太陽が海[水平線, 地平線]のかなたに没した. **b** 〈売上げ・値段などが〉(一時的に)少し下がる (cf. slip): Prices [Sales] ～*ped* in May. / The magazine's circulation has ～*ped to* 70,000. 雑誌の発行部数が 7 万部に落ち込んだ. **2** ちょっと浸る[漬かる, 潜る]: ～ *into* [*under*] water. **3 a** 〈土地・道路などが〉徐々に傾斜する: The road ～*s* there. そこでその道は下り坂になっている / The land ～*s into* a valley. 土地は傾斜して谷になっている. **b** 〘地質〙 (地層が傾斜して)傾角をなす, 沈下する. **4** (ちょいちょい)のぞく, (おもしろ半分に)ちょっとやってみる; ざっと読む 〔*in, into*〕: ～ *into* books [a newspaper] 本[新聞]に目を通す / ～ *into* a problem 問題をちょっと研究してみる. **5 a** (すくい取ろうとして手やひしゃくなどを)〔容器などの中へ〕突っ込む, 突っ込んで取り出す 〔*into*〕: ～ *into* a bag [barrel] 袋[樽(たる)]の中へ手[ひしゃく]を突っ込む. **b** [～ into として] 〈金を〉使う, 使い込む: ～ *into* one's legacy [savings] 遺産[貯金]に手をつける / ～ deep(ly) *into* one's pocket [purse] 大枚の金をはたく. **6** 〈女性が〉ちょっとひざをかがめて会釈する. **7** [～ into として] …を研究する, 探る (penetrate): ～ *into* the future 将来を探求[予測]する. **8** 〘航空〙 (上昇の前に)がくっと下る, 急降下する. **9** 《俗》 金をする, すりを働く. **10** [～ for として] (子供の遊びで韻文を唱えながら)〈リーダーなどを〉選ぶ.

dip into pockets 懐中物をする. ***dip out*** (1) 《豪口語》 …に参加し損なう; 間違って見逃す 〔*on*〕. (2) 《NZ》 失敗する 〔*in*〕: He ～*ped out in* the exam. 試験に落ちた.

― *n.* **1** 浸す[漬ける]こと (dipping); 《口語》 ちょっと漬かる[浸る]こと, (ざっとした)一浴び: have [go for] a ～ in the sea 海で一浴びする. **2 a** (土地・道路の)沈下, (下向の)傾斜 (slope), くぼみ (depression); (地層・鉱脈の)傾斜; (電線の)垂下度, たるみ: a ～ in the ground [road]. **b** (物価などの)多少の[一時的な]下降, 下落; 貨幣価値の下落: a ～ in prices 値の下落. **3 a** (パン・ビスケットなどを浸して食べる)クリーム状の液体, (特に, 肉をいためた後にフライパンに残る)脂肪を含んだ肉汁. **b** (プディング・パイなどの)掛けソース, ドレッシング. **4** 浸液, (特に)洗羊液 (sheep-dip). **5** =bob¹ 2. **6** (スープ・アイスクリームなどの)一すくい(の分量), 一汲み. **7** 糸心; 《俗用》 ろうそく: a farthing ～ 一銭ろうそく, 小ろうそく. **8** 〘磁気・測量〙 デップ, 俯角(ふかく), (磁針の)伏角 (angle of dip, magnetic dip, inclination ともいう): the ～ of the horizon 水平俯角 (depression). **9** 〘体操〙 平行棒を使っての屈伸運動. **10** 〘航空〙 (上昇前の)急降下. **11** 〘詩学〙 (頭韻詩 (alliterative verse) の行中の)無強勢の部分. **12** 《俗》 すり (pickpocket). **13** 《俗》 =dipsomaniac. **14 a** (旗の)縦幅. **b** 《米俗》 男の帽子. **15** ひしゃく (dipper). **16** 《英》 劇場の電流取口. **17** 《米》 =grab bag. **18** 食事, ひと口: He had savory ～*s* at his party. パーティーでごちそうをつまんだ.

at the dip 〘海事〙 〈旗などが〉(敬意のしるしに)少し下げられて, 半揚で.

～·pa·ble /dɪ́pəbl̩/ *adj.* 〚OE *dyppan* to dip, immerse < Gmc **dupjan* (G *taufen* to baptize) ← IE **dheub-* 'DEEP': cf. Gk *baptízein* 'to BAPTIZE'〛

SYN 浸す: **dip** 瞬間的に液体中に入れる: I *dipped* a finger into the water to test the temperature. 温度を調べるために指を水の中にちょっと入れてみた. **plunge** 急に乱暴に液体中に浸す: She *plunged* the fish into the boiling water. 魚を熱湯の中に投げ込んだ. **immerse** 液体中に完全に浸す (格式ばった語): I *immersed* my clothes in the soapy water. 衣類を石鹸水の中にすっかり漬けた. **submerge** 完全にかつ長時間水に浸しておく (格式ばった語): The whole village was *submerged* by the flood. 洪水で村が完全に水につかってしまった. **duck** 急に水に入れてすぐ出す: The swan *ducked* its head in the water. 白鳥は水の中にひょいと頭を突っ込んだ.

DIP /dɪ́p/ *n.* 〘電子工学〙 デュアルインラインパッケージ, DIP (本体からムカデ形にリード線の出ている IC 容器). 〚〘頭字語〙 ← *D*(*ual*) *I*(*n-line*) *P*(*ackage*)〛

DIP /dɪ́p/ 《略》 〘電算〙 document image processing.

Dip. 《略》 Diploma.

DipAD 《略》 Diploma in Art and Design.

díp-and-scárp *adj.* 〘地理〙 急斜面と緩斜面が交互に現れる.

di·par·tite /daɪpɑ́ətaɪt | -pɑ́ː-ˊ/ *adj.* 部分に分かれた. 〚(1825) ← DI-¹+L *partitus* 'PARTITE'〛

DipChemEng 《略》 Diploma in Chemical Engineering.

díp círcle *n.* 伏角計 (inclinometer). 〚1876〛

DipCom 《略》 Diploma of Commerce.

DipEd 《略》 《英》 Diploma in Education.

di·pe·na·tes /dàɪpɪ̀néɪtiːz, -nɑ́ː- | -pɛnɑ́ːteɪs, -pɪ̀-, -néɪtiːz/ *L. n. pl.* 家の守り神 (household gods). 〚← L *dī penātēs* 'the guardian gods, PENATES'〛

di·pen·tene /daɪpéntiːn/ *n.* 〘化学〙 ジペンテン ($C_{10}H_{16}$) (レモン様の香気のある液体, 溶剤分散剤; cajeputene ともいう). 〚⇨ di-¹〛

di·pep·ti·dase /daɪpéptədèɪs, -dèɪz | -tɪ-/ *n.* 〘生化学〙 ジペプチダーゼ (ジペプチドのペプチド結合のみを加水分解する酵素). 〚(1927) □ G ～ ⇨ ↓, -ase〛

di·pep·tide /daɪpéptaɪd/ *n.* 〘生化学〙 ジペプチド (2 個のアミノ酸がペプチド結合したもの). 〚(1903): ⇨ di-¹〛

díp equàtor *n.* =aclinic line.

di·pet·al·ous /dàɪpétələs, -tl̩- | -təl-, -tl̩-/ *adj.* 〘植物〙 =bipetalous.

díp fàult *n.* 〘地質〙 傾斜断層. 〚1839〛

di·phase /dáɪfeɪz/ *adj.* 〘電気〙 二相性の.

di·pha·sic /dàɪféɪzɪk-ˊ/ *adj.* 〘電気〙 =diphase.

DipHE 《略》 Diploma in Higher Education.

di·phen·hy·dra·mine /dàɪfɛnháɪdrəmìːn/ *n.* 〘薬学〙 ジフェンヒドラミン ($C_{17}H_{21}NO$) (抗ヒスタミン剤). 〚(1947) ← DI-¹+PHENO-+HYDRO-+AMINE〛

di·phen·óx·y·late hydrochlóride /dàɪfɛ̀nɑ́(ː)ksəlèɪt-, -fɛn- | -nɔ́ksɪ̀-/ *n.* 〘薬学〙 塩酸ジフェノキシラート塩 ($C_{30}H_{32}N_2O_2HCl$) (下痢治療用). 〚*diphenoxylate*: ← DIPHEN(YL)+OX-+-YL+-ATE¹〛

di·phen·yl /daɪfénl̩, -fíː- | -fíːnaɪl, -fén-, -nɪ̀l, -nl̩ˊ/ *n.* 〘化学〙 =biphenyl. ― *adj.* 分子内にフェニル基 (C_6H_5) を 2 個もつ. 〚(1873): ⇨ di-¹〛

diphènyl·acétylene *n.* 〘化学〙 ジフェニルアセチレン (⇨ tolan). 〚⇨ ↑, acetylene〛

diphènyl·amíne *n.* 〘化学〙 ジフェニルアミン ($(C_6H_5)_2NH$) (染料の原料). 〚1863–72〛

diphenylamìne·chlo·rár·sine /-klɔːrɑ́əsiːn | -rɑ́ː-/ *n.* 〘化学〙 =adamsite. 〚⇨ chloro-, arsine〛

diphènyl·guánidine *n.* 〘化学〙 ジフェニルグアニジン ($(C_6H_5NH)_2C{=}NH$) (針状晶; 加硫促進剤としてゴムの製造に用いる).

diphènyl·hydántoin *n.* 〘薬学〙 ジフェニルヒダントイン ($C_{15}H_{12}N_2O_2$) (癲癇(てんかん)の発作を抑制するのに用いる, 抗痙攣(けいれん)薬). 〚(1937): ⇨ hydantoin〛

diphényl·hydàntoin sódium *n.* 〘薬学〙 ジフェニルヒダントイン ナトリウム ($C_{15}H_{11}N_2O_2Na$) (抗癲癇(てんかん)[痙攣(けいれん)]薬).

diphényl kétone *n.* 〘化学〙 =benzophenone.

diphènyl·thì·o·cárbazone /-θàɪoʊ- | -θàɪəʊ-/ *n.* 〘化学〙 ジフェニルチオカルバゾン (⇨ dithizone). 〚← DIPHENYL+THIO-+CARBO-+AZO-+-ONE〛

diphènyl·thiouréa *n.* 〘化学〙 ジフェニルチオ尿素 (⇨ thiocarbanilide). 〚⇨ thiourea〛

di·pho·ni·a /daɪfóʊniə | -fə́ʊ-/ *n.* 〘病理〙 =diplophonia.

di·phos·gene /dàɪfɑ́(ː)zdʒiːn, -fɑ́(ː)z- | -fɔ́z-, -fɔ́s-/ *n.* 〘化学〙 ジフォスゲン ($ClCOOCCl_3$) (第一次大戦に毒ガスとして用いられた). 〚(*c*1922) ← DI-¹+-PHOSGENE〛

di·phos·phate /dàɪfɑ́(ː)sfeɪt | -fɔ́sfeɪt, -fɪ̀t/ *n.* 〘化学〙 二リン酸塩 (⇨ phyrophosphate). **di·phos·phor·ic** /dàɪfɑ(ː)sfɔ́(ː)rɪk, -fɑ́(ː)r- | -fɔsfɔ́r-ˊ/ *adj.* 〚(1826): ⇨ di-¹〛

di·phóspho·glycéric ácid /daɪ- | daɪ-/ *n.* 〘化学〙 ジフォスフォグリセリン酸 ($C_3H_8O_{10}P_2$) (肝臓・筋肉などに存在; 光合成などの重要な中間体). 〚(1959): ⇨ ↑, glyceric〛

diphóspho·pỳridine núcleotide *n.* 〘生化学〙 ジフォスフォピリジンヌクレオチド ($C_{21}H_{27}N_7O_{14}P_2$) (生体組織に広く分布している酸化型の補酵素の一つ; 略 DPN; coenzyme I, nicotinamide-adenine dinucleotide ともいう). 〚*diphosphopyridine* (1938): ← DI-¹+PHOSPHO-+PYRIDINE〛

diphòspho·thíamine *n.* 〘生化学〙 ジフォスフォチアミン (⇨ cocarboxylase). 〚(1939) ← DI-¹+PHOSPHO-+THIAMINE〛

diph·the·ri·a /dɪfθɪ́(ə)riə, dɪp- | -θɪ́ər-/ *n.* 〘病理〙 ジフテリア (ジフテリア桿菌 (*Corynebacterium diphtheriae*) によって引き起こされる伝染病). **diph·the·ri·al** /dɪfθɪ́(ə)riəl, dɪp- | -θɪ́ər-/ *adj.* **diph·thé·ri·an** /-riən/ *adj.* 〚(*c*1851) ← NL ～ ← F *diphthérie* ← Gk *diphthérā* skin, leather ← ? IE **deph-* to stamp: ⇨ -ia¹: のどの粘膜が皮革のように見えることから〛

diph·ther·ic /dɪfθérɪk, dɪp-/ *adj.* 〘病理〙 =diphtheritic. ― *n.* ジフテリア患者. 〚(1859): ⇨ ↑, -ic¹〛

D

D

diph·the·rit·ic /dìfθərítɪk, dìp- | -tɪk⁺/ *adj.* 〖病理〗ジフテリア(性)の; ジフテリアにかかっている. 〖(1847-49) □ F *diphthéritique* ← (古形) *diphthérite* ← Gk *diphthérā* 'DIPHTHERIA': ⇨ -ic¹〗

diph·the·roid /dífθərɔ̀ɪd, díp-/ *adj.* 〖病理〗ジフテリア症状の, ジフテリア様の. — *n.* **1** 〖病理〗類ジフテリア. **2** 〖細菌〗類ジフテリア菌. 〖(1861) ← DIPHTHER(IA)+-OID〗

diph·thong /dífθɔ(ː)ŋ, díp-, -θɑ(ː)ŋ | -θɒŋ/ *n.* **1** 〖音声〗二重母音 (bite, out における /aɪ/, /aʊ/ など; cf. monophthong, triphthong). **2 a** 〖俗〗〖音声〗=digraph 1. **b** 〖活字〗=digraph 2. — *vt., vi.* 〖音声〗=diphthongize. 〖(?c1475) □ OF *diptongue* (F *diphtongue*) □ LL *diphthongus* □ Gk *diphthoggos* having two sounds ← DI-¹+*phthóggos* voice, vowel〗

diph·thon·gal /dɪfθɔ́(ː)ŋ(g)əl, dɪp-, -θɑ́(ː)ŋ(g)-, -gl | -θɒ́ŋ-/ *adj.* **1** 〖音声〗二重母音(性)の. **2** 二重字的な. **~·ly** *adv.* 〖(1748): ⇨ ↑, -al¹〗

diph·thon·gi·a /dɪfθɔ́(ː)ŋgiə, dɪp-, -θɑ́(ː)ŋ- | -θɒ́ŋg-/ *n.* 〖病理〗=diplophonia.

diph·thong·i·za·tion /dìfθɔ(ː)ŋ(g)ɪzéɪʃən, dìp-, -θɑ(ː)ŋ(g)- | -θɒŋ(g)aɪ-, -ŋ(g)ɪ-/ *n.* 〖音声〗(単母音や三重母音の)二重母音(性)化. 〖(1874): ⇨ ↓, -ation〗

diph·thong·ize /dífθɔ(ː)ŋ(g)àɪz, díp-, -θɑ(ː)ŋ(g)- | -θɒŋ-/ *vt., vi.* 〖音声〗〈単母音や三重母音を〉二重母音(性)化する. 〖(1867) ← GK *diphthogos*+-IZE〗

diph·y- /dífɪ, -fi/ diphyo- の異形.

diph·y·cer·cal /dìfɪsə́ːkəl, -kl | -fɪsə́ː-/ *adj.* 〖動物〗原尾形の, 原正形の. **diph·y·cer·cy** /dífɪsə̀ːsi, -sə̀ːki | -fɪsə̀ːsi/ *n.* 〖(1870) ← DIPHYO-+-CERCAL〗

di·phy·let·ic /dàɪfaɪlétɪk | -tɪk⁺/ *adj.* 二つの系統[個人]に由来する, 起源が2か所におよぶ. 〖(1902) ← DI-¹+PHYLETIC〗

di·phyl·lous /dàɪfíləs⁺/ *adj.* 〖植物〗二枚の葉[専片(がく)]のある. 〖(1788) ← DI-¹+-PHYLLOUS〗

diph·y·o- /dífiou | -fiəʊ/「二重の (twofold), 二倍の (double), 二部分から成る (bipartite)」の意の連結形. ★ 母音の前では通例 diphy- になる. 〖← NL ~ ← Gk *diphuḗs* double ← DI-¹+*phúein* to bring forth〗

di·phy·o·dont /dɪfáɪədɑ̀(ː)nt | -dɒ̀nt/ 〖動物〗 *adj.* 一換歯性の (哺乳類のように2回発生する歯をもった; cf. monophyodont, polyphyodont); 歯の抜け替わる, 抜け替わる歯のある. — *n.* 一換歯性の動物. 〖(1854): ⇨ ↑, -odont〗

dipl. 〖略〗diplomacy; diplomat; diplomatic.

dip·l- /dípl/ (母音の前にくるときの) diplo- の異形.

dip·la·cu·sis /dìpləkjúːsɪs | -sɪs/ *n.* (*pl.* **-cu·ses** /-siːz/) 〖病理〗複聴 (一つの音を高さの違う二つの音として感じること). 〖(1890) ← NL ~: ⇨ diplo-, -acusia, -sis〗

di·ple·gi·a /daɪplíːdʒiə, -dʒə/ *n.* 〖病理〗(手足や顔面などの)両(側)麻痺. 〖(c1881) ← NL ~: ⇨ di-¹, -plegia〗

di·plex /dáɪplɛks/ *adj.* 〖通信〗二重通信のできる: ~ telegraphy 二信電信 / a ~ circuit 二信回路. 〖(1878) ← di-¹+(DU)PLEX〗

di·plex·er /dáɪplɛksə | -sə^(r)/ *n.* 〖通信〗ダイプレクサー (画像搬送波と音声搬送波を一つのアンテナから発射するための結合装置).

dip·lo- /díplou | -pləʊ/「二重…, 双, 複 (two, twice, double, twin)」の意の連結形. ★ 母音の前では通例 dipl- になる. 〖← Gk *diplóos* twofold < IE **dwiplo-* ← **dwo-* 'TWO'+**plo-* '-PLE' **pl-* -fold: cf. double〗

diplo·bacillus *n.* 〖細菌〗双桿菌 (桿菌が2個で1菌体をなす). 〖(1908): ⇨ ↑, bacillus〗

dip·lo·blas·tic /dìploublǽstɪk | -plə(ʊ)-⁺/ *adj.* 〖生物〗二胚葉性の (クラゲ・イソギンチャクのように内胚葉 (endoderm) と外胚葉 (ectoderm) の二つの胚葉しかない動物にいう; これより高等な動物はすべて三胚葉性; cf. triploblastic). 〖(c1885) ← DIPLO-+-BLASTIC〗

dip·lo·car·di·ac /dìploukɑ́ədiæ̀k | -lə(ʊ)kɑ́ːd-/ *adj.* 〖生物〗複心臓性の (鳥類・哺乳類など). 〖1854-67〗

dip·lo·coc·cal /dìploukɑ́(ː)kəl, -kl | -plə(ʊ)kɔ́k-⁺/ *adj.* 〖細菌〗双球菌(性)の.

diplococci *n.* diplococcus の複数形.

dip·lo·coc·cic /dìploukɑ́(ː)k(s)ɪk | -plə(ʊ)kɔ́k-⁺/ *adj.* 〖細菌〗=diplococcal.

dip·lo·coc·cus /dìploukɑ́(ː)kəs | -plə(ʊ)kɔ́k-/ *n.* (*pl.* **-coc·ci** /-kɑ́(ː)k(s)aɪ, -kɑ́(ː)k(s)iː | -kɔ́k(s)aɪ/) 〖細菌〗双球菌 (球菌2個1組で1菌体をなす *Diplococcus* 属の細菌; 肺炎球菌など). 〖(c1881) ← NL ~: ⇨ diplo-, -coccus〗

di·plod·o·cus /dɪplɑ́(ː)dəkəs | -plɔ́də-/ *n.* 〖古生物〗ディプロドクス (竜盤目竜脚亜目 *Diplodocus* 属のジュラ紀後期の巨大な恐竜の総称; 米国 Colorado や Wyoming 地方で化石が発見された). 〖(1884) ← NL ~ ← DIPLO-+Gk *dokós* beam〗

dip·lo·ë /dípləuìː | -pləʊ-/ *n.* (*also* **dip·lo·e** /~/) 〖解剖〗(頭頂骨などの)板間層. **di·plo·ic** /dɪplóuɪk | -pləʊ-/ *adj.* 〖(1696) ← NL ~ ← Gk *diplóē* fold: cf. diplo-〗

dip·lo·hap·lont /dìplouhǽplɑ(ː)nt | -lə(ʊ)hǽplɒnt/ *n.* 〖植物〗複単相植物, 単複相植物 (生活環の上で体に配偶体と胞子体とがあり, それらが核相的に単相 (*n*) と複相 (2*n*) であるもの). 〖(1921) ← DIPLO-+HAPLONT〗

dip·loid /díplɔɪd/ *adj.* **1** 二重の (double). **2** 〖生物〗〈細胞・核など〉(染色体が)全数の, 倍数の, 二倍性の (染色体数が基本数の2倍の; 減数分裂をすると数がその半分, すなわち半数 (haploid) となる; cf. diplosis). — *n.* **1** 〖生物〗二倍体, 倍数染色体 (cf. haploid). **2** 〖結晶〗偏方二十四面体. **dip·lói·dic** /-dɪk | -dɪk/ *adj.* 〖(1908) ← DIPLO-+-OID〗

dip·loi·dy /díplɔɪdi | -di/ *n.* 〖生物〗(染色体の)二倍性, 倍数性. 〖(1928): ⇨ ↑, -y¹〗

di·plo·ma /dɪplóumə | -plə́ʊ-/ *n.* (*pl.* **~s**, 3 ではまた **~·ta** /~tə | ~tə/) **1** 〖英〗免状, 資格免許状 (certificate); 特許状 (charter); 〖米〗(高校・大学の)卒業証書, 修業証書; 学位免状, 学位記: a ~ *in* education 教育学学位記 / get one's ~ (大学[大学院]を)卒業する / a teaching ~ 教員免許状 / a master's ~ 修士学位記 / Is it a ~ course or a degree course? それは資格コースかそれとも学位コースか. 日英比較 卒業証書を壇上で一人一人受け取る場合, 英米では, 左手で証書を受け, 右手で握手をし, その後で角帽のたれふさを左から右へ回すのが習わしとなっている. **2** 賞状, 褒状(ほうじょう), 感状: a ~ of merit. **3** 公文書, 官文書 (official document); [*pl.*] (考古学上の)古文書. 〖(1622) □ L *diplōma* □ Gk *díplōma* folded paper ← *diploûn* to double ← *diploûs* to double: cf. diplo-〗

di·plo·ma·cy /dɪplóuməsi | -plə́ʊ-/ *n.* **1** 外交; 外交術: armed ~ 武力外交. **2** 外交的手腕, 折衝的才能, 駆け引き (⇨ tact SYN): use ~ 外交手腕を振るう, 駆け引き(を)する / settle by ~ 外交手腕で解決する. 〖(1796) □ F *diplomatie* ← *diplomatique* 'DIPLOMATIC': ⇨ ↑, -cy〗

di·pló·maed /-məd/ *adj.* diploma を有する: a ~ physician 免状のある医師. 〖(1831) ← DIPLOMA+-ED 2〗

di·plo·ma·ism /dɪplóuməɪzm | -plə́ʊ-/ *n.* (就職における)学歴偏重(主義).

diplóma mìll *n.* 〖米口語〗学士製造所, マスプロ大学, (無認可の)専門学校(など). 〖1914〗

dip·lo·mat /dípləmæ̀t/ *n.* **1** 外交官, 外交家. **2** =diplomatist 1. 〖(1813) □ F *diplomate* (逆成) ← *diplomatique* 'DIPLOMATIC'〗

diplomata *n.* diploma の複数形.

dip·lo·mate /dípləmèɪt/ *n.* 免状[特許] (diploma) を授与された者 (特に, 医者・弁護士・技師などについていう); (国の専門委員会から認証を受けている)専門医 (specialist). 〖(1879) ← DIPLOMA+-ATE¹ 2〗

dip·lo·mat·ic /dìpləmǽtɪk | -tɪk⁺/ *adj.* **1** 外交の, 外交上の, 外交官に関する: ⇨ diplomatic corps [service] / maintain ~ relations with …と外交関係を続ける / a ~ break with …との国交断絶 / settle disputes by ~ means 外交的手段によって紛争を解決する. **2** 外交的な, 外交的手腕のある, 人扱いの巧みな, 如才のない (⇨ suave SYN). **3** 古文書学の; 原文の: a ~ copy 原文のままの写し / ~ evidence 文献上の証拠. **dip·lo·mát·i·cal·ly** *adv.* 〖1, 2: (1711) □ F *diplomatique* ← NL *diplomaticus* ← L *diplōmat-*: ⇨ diploma, -atic. 3: (1711) ← NL〗

diplomátic bág *n.* =diplomatic pouch.

diplomátic còrps [bódy] *n.* [通例 the ~] 外交団 (一国に駐在している全外交官). 〖1842〗

diplomátic immúnity *n.* 外交官免除特権 (関税・逮捕・家宅捜索・荷物検査などを免除されること; 国際法上相互に決められている場合が多い). 〖1911〗

diplomatic póuch *n.* (外務省と在外大使[公使]館との間の)外交通信文書入りの郵便袋 (封印されたまま検閲なしに送られる; diplomatic bag ともいう).

dip·lo·mat·ics /dìpləmǽtɪks | -tɪks/ *n.* **1** 〖古〗=diplomacy. **2** 古文書学 (勅許状・法令やその多種々の公文書を解読し, その真偽や年代を決定する; cf. paleography 1). 〖(1803-19): ⇨ diplomatic, -ics〗

diplomatic sèrvice *n.* **1** 外交官勤務; [集合的] 大使[公使]館員: go into the ~ 外交官になる. **2** [D-S-] 〖英〗外交部.

di·plo·ma·tist /dɪplóumətɪst | -plə́ʊmətɪst/ *n.* **1** 折衝に巧みな人, 外交的手腕のすぐれた人. **2** =diplomat 1. 〖(1815) ← DIPLOMAT(IC)+-IST〗

di·plo·ma·tize /dɪplóumətàɪz | -plə́ʊ-/ *vi.* 外交折衝を行う; 外交的手腕を振るう. 〖(1670) ← DIPLOMA+-IZE〗

dip·lont /díplɑ(ː)nt | -lɒnt/ *n.* 〖生物〗二倍体, 複相生物 (cf. haplont). **dip·lon·tic** /dɪplɑ́(ː)ntɪk | -lɔ́nt-/ *adj.* 〖(1925) □ G ~: diplo-, -onto〗

dip·lo·phase /dípləufèɪz | -lə(ʊ)-/ *n.* 〖生物〗複相 (核相交代をする生物で, 染色体が二倍数の相). 〖(1925) ← DIPLO-+PHASE¹〗

dip·lo·pho·ni·a /dìpləfóuniə | -fə́ʊ-/ *n.* 〖病理〗二重声, 複音 (会話の際, 二つの違った音声を生じる状態; diphonia, diphthongia ともいう). **dip·lo·phón·ic** /-nɪk⁺/ *adj.* 〖← NL ~: ⇨ diplo-, -phony〗

di·plo·pi·a /dɪplóupiə | dɪpləʊ-/ *n.* 〖眼科〗複視 (double vision ともいう). **di·plo·pic** /dɪplóupɪk, -plɑ́(ː)p- | dɪplɔ́p-, -pləʊp-/ *adj.* 〖(1811) ← NL ~: ⇨ diplo-, -opia〗

dip·lo·pod /dípləpɑ̀(ː)d | -pɒ̀d/ *adj., n.* 〖動物〗倍脚綱の(動物). 〖(c1864) ↓〗

Di·plop·o·da /dɪplɑ́(ː)pədə | dɪplɔ́pədə/ *n. pl.* 〖動物〗倍脚綱 (ヤスデ (millipede) など). **di·plop·o·dous** /dɪplɑ́(ː)pədəs | dɪplɔ́pəd-/ *adj.* 〖← NL ~: ⇨ diplo-, -poda〗

di·plo·sis /dɪplóusɪs | dɪpləʊsɪs/ *n.* (*pl.* **di·plo·ses** /-siːz/) 〖生物〗全数復元 (受精により雌雄の生殖細胞のそれぞれ持つ半数染色体が合一して倍数となること; cf. haplosis 1, meiosis 1). 〖← NL ~ ← Gk *díplōsis* a doubling: ⇨ diplo-, -sis〗

dip·lo·ste·mo·nous /dìploustíːmənəs, -stém- | -plə(ʊ)-⁺/ *adj.* 〖植物〗(外輪は花弁を互生し内輪は専片(がく)と互生するような)内外二輪の雄蕊(ずい)を有する). 〖(1866) ← DIPLO-+Gk *stḗmōn* warp+-OUS〗

dip·lo·tene /díplətìːn | -lə(ʊ)-/ *n.* 〖生物〗複糸期, ディプロテン期, 二重期, 双糸期 (減数分裂前期の厚糸期に続く時期で, 密着した2本の相同染色糸が多少離れて複糸構造が現れる; cf. leptotene, pachytene). 〖(1925) □ F *diplotène*: ⇨ diplo-, -tene〗

Di·plu·ra /dɪplúᵊrə | dɪplúərə/ *n. pl.* 〖昆虫〗=Entotrophi. 〖← NL ~: ⇨ diplo-, -ura〗

DipMet 〖略〗Diploma in Metallurgy.

díp nèedle *n.* 〖測量〗伏角計.

díp nèt *n.* たも網, たも. 〖1820〗

dip·no·an /dípnouən | -nəʊ-/ 〖魚類〗 *adj.* 肺魚亜綱の. — *n.* 肺魚 (cf. ceratodus). 〖(1883): ⇨ ↓, -an¹〗

Dip·noi /dípnɔɪ/ *n. pl.* 〖魚類〗肺魚亜綱. 〖← NL ~ (pl.) ← *dipnous* having two apertures for breathing □ Gk *dipnoi* (pl.) ← DI-¹+*pnoḗ* breath〗

dí·pod·ic rhýthm /dàɪpɑ̀(ː)dɪk- | -pɔ̀d-/ *n.* 〖詩学〗複歩句韻律 (cf. dipody). 〖*dipodic*: ⇨ dipody, -ic¹〗

dip·o·did /dípədɪd | -dɪd/ *adj., n.* 〖動物〗トビネズミ科の(動物). 〖← NL *Dipodidae* (科名) ← *Dipod-* (属名: ⇨ dipus)〗

dip·o·dy /dípədi | -di/ *n.* 〖詩学〗二歩格, 複脚律 (二つの詩脚から成る詩行; dimeter ともいう). 〖(1844) □ LL *dipodia* □ Gk *dipodía* ← *dipod-*, *dípous* having two feet: ⇨ di-¹, -pod¹〗

di·po·lar /dáɪpòulə, ⌣⌣⌣ | dáɪpə̀ulə^(r), ⌣⌣⌣⁺/ *adj.* 〖電気・化学〗〈磁石・分子など〉二極性の, 両性の. 〖(1864) ← DI-¹+POLAR〗

dípolar íon *n.* 〖物理〗双生イオン, 両性イオン (両性電解質の分子内で酸性および塩基性の原子団が同時に解離して生じる電気的双極子; zwitterion ともいう).

di·po·lar·ize /dàɪpóulərὰɪz | -pə́ʊ-/ *vt.* 〖電気・磁気〗〈磁石・分子などを〉二極性[両性]にする, 磁化する. 〖(1837) ← DI-¹+POLARISE〗

di·pole /dáɪpòul | -pə̀ʊl/ *n.* **1** 〖電気〗二重極, 双極子 (cf. octupole, quadrupole). **2** 〖通信〗=dipole antenna. 〖(1912) ← DI-¹+POLE〗

dípole anténna [áerial] *n.* 〖通信〗ダイポール空中線, 双極アンテナ (使用周波数の半波長にほぼ等しい左右相称のアンテナ; 単に dipole または doublet antenna ともいう; cf. folded dipole). 〖1929〗

dípole móment *n.* 〖電気〗双極子モーメント, 双極子効率. 〖1926〗

Di·pol·i·a /daɪpóuliə | -pə́ʊ-/ *n.* [しばしば複数扱い] 古代アテネの祭 (Athens の守護神 Zeus をたたえて, 6月の終わりごろ Acropolis の丘で行い, 雄牛をいけにえにする; Buphonia ともいう). 〖□ Gk *Di(i)póleia*〗

Díp·pel's oil /dípəlz-, -plz-; G. dípl/ *n.* 〖化学〗=bone oil. 〖(1819) ← *Johann K. Dippel* (1672-1734: ドイツの錬金術師, その調合者)〗

díp pèn *n.* つけペン. 〖1945〗

dip·per /dípə | -pə^(r)/ *n.* **1** (水などに)浸す人[物]. **2 a** 〈水など〉汲み上げる道具, ひしゃく, しゃもじ. **b** 〈土砂など〉すくう物, 動力シャベル. **c** =dipper dredge. **3** 〖鳥類〗水中に潜る鳥類の総称 (カワガラス・ヒメハジロなど); 〖鳥〗カワガラス (*Cinclus pallasii*). **4** [D-] 〖古〗〖キリスト教〗浸礼教徒 (Baptist, Anabaptist, Dunker). **5** [the D-] 〖米〗〖天文〗 **a** 北斗七星 (おおくま座 (Ursa Major) 中の七つの主星; Triones, the Big Dipper ともいう). **b** 小北斗七星 (こぐま座 (Ursa Minor) 中の七つの主星; the Little Dipper ともいう). **6** 〖機関〗ディッパー (連接棒端部の潤滑油すくい). **7** 〖写真〗湿板銀浴や製版腐食液などにガラス板を浸すときガラス板を支えるかぎ状の器. **8** (パレットの端につける金属製の)油つぼ. **9** おもしろ半分に本を読む人. **10** 〖俗〗すり (pickpocket). 〖(c1395): ⇨ dip, -er¹〗

dípper drèdge *n.* ディッパー浚渫(しゅんせつ)船 (動力シャベルを積んだ平底船). 〖1877〗

dip·per·ful /dípəfʊ̀l | -pə-/ *n.* ひしゃく一杯(の量). 〖(1874): ⇨ -ful²〗

díp·ping chàir *n.* =ducking stool.

dípping lùg /dípɪŋ-/ *n.* 〖海事〗ディピングラグ (ラグスル (lugsail) のうちで, 帆の前縁がマストと平行になる形のもの; cf. standing lug). 〖1875〗

dípping nèedle *n.* 〖測量〗=dip needle.

dípping tànk *n.* 〖畜産〗浸漬(しんし)タンク (家畜の全身を殺虫剤の液に浸すための設備). 〖1903〗

dip·py /dípi/ *adj.* (**dip·pi·er**; **-pi·est**) 〖俗〗 **1** (少し)気がふれて: ~ *about* money [*with* love] 金で[恋で]おかしくなって. **2** ばかげた, 途方もない, 道理にはずれた: a ~ thought. **díp·pi·ly** /-pɪli/ *adv.* **díp·pi·ness** *n.* 〖(1903) ← ? DIP〗

díp ròpe *n.* 〖海事〗ディップロープ, 解錨索 (2本の錨鎖が互いにからみ合ったとき, これを解きほぐすために用いるロープ).

di·pro·pel·lant /dàɪprəpélənt/ *n.* 〖宇宙〗=bipropellant. 〖← DI-¹+PROPELLANT〗

di·prot·ic /dàɪprɑ́(ː)tɪk | -prɔ́t-⁺/ *adj.* 〖化学〗二陽子の; 塩基度二の. 〖← DI-¹+PROT(ON)+-IC¹〗

di·pro·to·dont /dàɪpróutədɑ̀(ː)nt | -prə́ʊtəudɒ̀nt/ *n.* 双門歯類の有袋動物 (カンガルー・フクロネズミ・ウォンバットなど; cf. polyprotodont). 〖(1881) ↓〗

Di·pro·to·don·ti·a /dàɪpròutədɑ́(ː)nʃiə, -ʃə | -prəʊtədɒ́nʃiə/ *n. pl.* 〖動物〗双門歯類 (cf. Phytophaga). 〖← NL ~ ← *Diprotodont-*, *Diprotodon* (属名: ⇨ di-¹, proto-, -odon)+-IA²〗

Dip·sa·ca·ce·ae /dìpsəkéɪsiìː/ *n. pl.* 〖植物〗マツムシソウ科. **dìp·sa·cá·ceous** /-ʃəs⁺/ *adj.* 〖← NL ~ ← *Dipsacus* (属名: ← Gk *dípsakos* teasel ← *dípsa* thirst)+-ACEAE〗

dip·shit /dípʃìt/ *n.* 《卑》ごくつぶし, 能なし野郎. 〖cf. shit〗

díp-slìp fàult *n.* 〖地質〗傾斜移動断層.

díp slòpe *n.* 傾斜斜面《地層の傾斜方向に一致したゆるやかな斜面, 特にケスタ (cuesta) のゆるやかな傾斜斜面; cf. scarp slope》.

dip·so /dípsoʊ | -səʊ/ *n.* (*pl.* ～**s**)《口語》アル中 (dipsomaniac). 〖1880〗

dip·so·ma·ni·a /dìpsəméɪniə, -soʊ-, -njə | -sə(ʊ)-/ *n.* 〖病理〗**1** 飲酒癖, 渇酒癖. **2** =alcoholism. 〖《1843–44》← NL～ ← Gk *dípso-, dípsa* thirst＋-MANIA〗

dip·so·ma·ni·ac /dìpsəméɪniæ̀k, -soʊ- | -sə(ʊ)-⁻/ *n.* 〖病理〗飲酒狂(患者) (⇨ drunkard SYN). ── *adj.* 飲酒癖の, アルコール中毒症の. **dip·so·ma·ni·a·cal** /dìpsoʊmənáɪəkəl, -sə-, -kḷ | -sə(ʊ)-⁻/ *adj.* 〖《1858》: ⇨ ↑, -ac〗

dip·stick *n.* **1** (自動車の)計深器, 計量棒, ディップスティック《エンジンのクランクケース内の潤滑油量を量る》. **2** 《俗》ばかもの, 愚かなやつ. 〖1927〗

díp switch *n.* 《英》(自動車の)前照灯減光スイッチ (《米》dimmer). 〖1952〗

DÍP switch *n.* 〖電気〗ディップスイッチ, 二重インラインパッケージスイッチ《DIP 型の IC と同形の容器に小スイッチを 2–10 数個納めたもの; プリント基板実装用; cf. DIP》.

dip·sy-doo /dípsidúː/ *n.* (*also* **dip·sy-do** /～/) (*pl.* ～**s**) **1** 《俗》=dipsy-doodle. **2** 〖野球〗(打ちづらい)カーブ.

dípsy-dóodle *n.* 《米俗》**1** ごまかし, 巧妙な操作, 策略, いかさま. **2** 詐欺師, ぺてん師, いかさま師. **3** = dipsy-doo 2. **4** (dipsy-doo に熟練した) ピッチャー. **5** 八百長試合. **6** ディプシードゥードルダンス《軽くひざをまげて会釈するような動作をするダンス》. ── *vt., vi.* だます, わなにかける, ぺてんにかける.

dipt /dípt/ *v.* 《まれ》dip の過去形・過去分詞.

Dip. Tech. 《略》《英》Diploma in Technology.

dip·ter- /díptər/ (母音の前にくるときの) diptero- の異形.

diptera *n.* dipteron の複数形.

Dip·ter·a /díptərə, -trə/ *n. pl.* 〖昆虫〗双翅目《蚊・アブ・ハエ類》. 〖《1819》← NL ～ ← Gk *dipteros* two-winged (⇨ di-¹, ptero-): cf. dipterous〗

dip·ter·al /díptərəl, -trəl/ *adj.* **1** 〖昆虫〗=dipterous. **2** 〖建築〗二重周翼式の《前後にポーティコ (portico) をもち, 側面に二重の列柱が回る神殿の形式》. 〖《1812》← DIPTER-＋-AL¹〗

dip·ter·an /díptərən, -trən/ 〖昆虫〗*adj.* =dipterous. ── *n.* 双翅目の昆虫 (dipteron)《ハエ・蚊・ブヨなど》. 〖《1842》← DIPTERA＋-AN¹〗

dip·ter·ist /-tərɪ̣st | -rɪst/ *n.* 双翅類研究[収集]家, ハエ研究[収集]家. 〖1872〗

dip·ter·o- /díptəroʊ | -rəʊ/「双翼の; 双翅類の」の意の連結形. ★ 母音の前では通例 dipter- になる. 〖← Gk *dípteros*: ⇨ Diptera〗

dip·ter·o·carp /díptəroʊkɑ̀ːp | -rə(ʊ)kɑ̀ːp/ *n.* 〖植物〗東南アジア原産フタバガキ科の高木の総称. 〖《1876》↓〗

Dip·ter·o·car·pa·ce·ae /dìptəroʊkɑəpéɪsiìː | -rə(ʊ)kɑː-/ *n. pl.* 〖植物〗フタバガキ科. **dìp·ter·o·car·pá·ceous** /-ʃəs⁻/ *adj.* 〖← NL ～ ← *Dipterocarpus* (属名: ⇨ diptero-, -carpus)＋-ACEAE〗

dipteroi *n.* dipteros の複数形.

dip·ter·on /díptərɑ̀(ː)n | -rɔ̀n/ *n.* (*pl.* **-ter·a** /-tərə, -trə | -tərə/) 〖昆虫〗双翅目の昆虫. 〖《c1891》□ Gk *dípteron* (neut.) ← *dipteros* two-winged (↓)〗

dip·ter·os /díptərɑ̀(ː)s | -rɔ̀s/ *n.* (*pl.* **-ter·oi** /-rɔ̀ɪ/) 〖建築〗二重周翼式神殿. 〖《1706》□ Gk *dípteros* (↓)〗

dip·ter·ous /díptərəs, -trəs/ *adj.* **1** 〖昆虫〗双翅目の. **2** 〖植物〗〈種子が〉二翅のある, 双翼の. 〖《1773》← NL *dipterus* two-winged ← Gk *dípteros* (⇨ Diptera): ⇨ -ous〗

dip·tych /díptɪk/ *n.* **1** (古代ローマで)二枚折り書字板, ジプチカ《ちょうつがいで折りたたむ仕掛けになった書字板, その蠟(ろう)引きした内面に尖筆(せんぴつ) (stylus) で文字を書いた; cf. triptych》. **2** [通例 *pl.*]〖教会〗**a** (聖餐(せいさん)式のとき祈念する生者と死者の名前をそれぞれ分けて記した金属または木製の)二つ折り板. **b** 二つ折り板に記された人達の名簿. **c** 二つ折り板に記された人達の名前を読み上げて行う代禱 (intercession). **3** (祭壇背後に立てる)二枚折りの絵[彫刻], 二連祭壇画 (cf. triptych). **4** 二つの対照的な部分から成る(文学)作品. 〖《1622》□ LL *diptycha* □ Gk *díptukha* double tablet ← *díptukhos* double folded ← DI-¹＋*ptukhḗ* fold (← ?)〗

di·pus /dáɪpəs/ *n.* 〖動物〗ミユビトビネズミ《アジア産トビネズミ科の後足に 3 指があるミユビトビネズミ属 (*Dipus*) の哺乳類の総称》. 〖《1799》← NL ～ ← Gk *dípous* jerboa, (原義) having two feet: ⇨ di-¹, -pus〗

dip·y·lon, D- /dípəlɑ̀(ː)n | -pḷɔ̀n/ *n.* (古代ギリシャの建築で)二重門. ── *adj.* ディピュロン様式(陶器)の: ⇨ Dipylon ware / a *Dipylon* vase (前 8 世紀のギリシャの墓地用つぼ. 〖《1835》□ L ～ □ Gk *dipulon* (neut.) ← *dípulos* double-gated ← DI-¹＋*púlē* gate〗

Dípylon wàre *n.* ディピュロン式陶器《Athens の Dipylon 門付近で出土した前 8 世紀の幾何学様式の陶器の総称》.

di·pyr·i·da·mole /daɪpírɪ̣dəmòʊl, -pərɪ́d- | -pɪrɪ́dəməʊl/ *n.* 〖薬学〗ジピリダモール《冠状動脈血管拡張薬》. 〖《c1950》← DI-¹＋PYR(IMIDINE)＋(PIPER)ID(-INE)＋AM(INO-)＋-OL²〗

di·quat /dáɪkwɑ(ː)t | -kwɔt/ *n.* 〖化学〗ジクワット《除草剤の一種》. 〖《1960》← DI-¹＋QUAT(ERNARY)〗

dir. 《略》direct; direction; director.

Di·rac /dɪ̣rǽk/, **Paul Adrien Maurice** *n.* ディラック《1902–84; 英国の物理学者・数学者; Nobel 物理学賞 (1933)》.

Dirác cònstant *n.* 〖物理〗ディラック定数《プランク定数 (h) を 2π で割ったもの; 記号 ħ; crossed-h, h-bar ともいう》. 〖↑〗

Dirác délta fùnction *n.* 〖数学〗=delta function. 〖*P. A. M. Dirac*〗

Dirác equàtion *n.* 〖物理〗ディラック方程式《スピン ½ の粒子に対する相対論的波動方程式; 電子の状態を記述する方程式として Dirac によって最初に導かれた》. 〖《1935》*P. A. M. Dirac*〗

Dir·ce /dә́ːsi | dә́ː-/ *n.* 〖ギリシャ神話〗ディルケー《Thebes の王 Lycus の 2 番目の妻; 彼の前妻 Antiope を虐待したため彼女の子 Amphion と Zethus によって髪を牛の角に結びつけられ, その牛に引きずられて死んだ》. 〖□ L *Dircē* □ Gk *Dírkē*〗

dir·dum /díədəm, dә́ː- | díədəm, dә́ː-/ *n.* 《スコット・英方言》**1** 非難 (blame), 叱責, 罰 (punishment). **2** 騒ぎ (uproar). **3** 不幸 (misfortune). 〖《c1440》*durdan* ← ? Celt.: cf. Gael. *durdan* anger / Ir. *deardan* storm〗

dire /dáɪə | dáɪə^r/ *adj.* (**dir·er**; **dir·est**) **1** 恐ろしい, 物すごい (dreadful); すさまじい, 悲惨な (disastrous): a ～ accident 恐ろしい事故 / the ～ sisters=the Furies. **2** 極端な, ひどい: ～ poverty / be in ～ straits 全くひどく困っている. **3** 極めて緊急を要する: in ～ need of …をすぐ必要とする[として]. **～·ly** *adv.* **～·ness** *n.* 〖《1567》□ L *dīrus* fearful, illomened ← IE **dwei-* to fear (Gk *deinós* fearful)〗

di·rect /dɪ̣rékt, dàɪrékt | dàɪrékt, dɪ̣rékt⁻/ *vt.* **1 a** 〈進路・注意・言葉・努力などを〉(まっすぐにある方向・目的物に)向ける 〔*at, to, toward*〕: ～ one's steps *toward* home 家路に向かう / The speaker ～*ed* his remarks *to* some of the audience. 講師は聴衆のうちの何人かに言葉をかけた / ～ a glance *at* a person 人に視線を向ける / That insult was ～*ed at* me! あの侮辱は私に向けられたものだ / He ～*ed* my attention *to* the fact. 彼はその事実に私の注意を向けた. **b** 〔…に向けて〕〈軍事行動・政策・協定などを〉行う 〔*against, at*〕: Government policies [efforts] are ～*ed at* reducing inflation. 政府の諸政策[努力]はインフレの抑制に向けられている. **2 a** 指導する, 指揮する, 支配する (govern); 〈仕事・職人などを〉取り締まる, 監督する, 管理する (control): as ～*ed* 指図[処方]通りに / Duty ～*s* my actions. 私は義務の命ずるところに従って行動する / The soul ～*s* the body. 精神は身体を支配する. **b** [通例, 目的語＋*to* do または *that* 節を伴って] (特に, 権威をもって) …に〈…するように〉指図する, 命じる (order) (⇨ command SYN): The chairman ～*ed* him *to* submit the paper. =The chairman ～*ed* that he (should) submit the paper. 議長は彼にその書類を提出するように命じた. **3** 〈人〉に指示する, 〔…までの〕道を教える〔*to*〕: Can you ～ me *to* the station? 駅へ行く道を教えて下さいませんか / He ～*ed* me *to* a seat. 彼はここに座りなさいと席を示した. **4 a** 〈映画・劇・放送番組を〉監督[演出]する; 〈俳優を〉指揮[指導]する: a film [play] ～*ed* by …監督の映画[芝居]. **b** 《米》〈楽団・楽曲を〉指揮する (conduct): The orchestra [symphony] was ～*ed* by Zubin Mehta. そのオーケストラ[交響曲]の指揮者はズービンメータだった. **5** 〈手紙・小包などを〉〔…に〕宛てる, 〔…に向けて〕…に宛名を書く (address, send) 〔*to*〕: ～ a letter *to* a person [place] 手紙を人[所]に宛てる.

── *vi.* **1** 指揮を執る, 指導する. **2 a** (映画・劇などを)監督[演出]する. **b** 《米》(楽団・楽曲を)指揮する.

── *adj.* ★ /dàɪrékt/ の発音の場合は直後に第一アクセントがくるとしばしばアクセント移動を起こして, dírect máil, dírect táx となる. **1** まっすぐな (straight); 直行[直進]する, 直通の; 直射する; 最も近道の (cf. indirect): a ～ road [route] まっすぐな道, 最も近い道 / ～ rays 直射光線 / a ～ train 直行列車 / a ～ flight (飛行機の)直行便 / a ～ hit (爆弾などの)直撃 / a ～ shot 直撃弾 / ～ vision 直視 / She cast a ～ look at me. 私をまともにみつめた. **2** 直接の, じきじきの (immediate): ～ influence [intervention] 直接の影響[干渉] / She has ～ access to the information [minister]. 情報を直接知りうる[大臣に近づける]立場にある. **3** 〈行動・人など〉あからさまな, 露骨な; 率直な (straightforward) (↔ indirect): a ～ question, answer, etc. / a ～ person [manner, approach] 率直な人[態度, 接近法]. **4** 直系の (lineal): a ～ ancestor [descendant] 直系の先祖[子孫]. **5** 全くの (exact); 絶対的な (absolute): the ～ opposite [contrary] 正反対 / a ～ order 至上命令. **6** 〈費用など〉(原価計算で事業の特定過程・項目に)直接結びつけられる: ⇨ direct costs, direct labor. **7 a** もとの言葉そのままの, 正確な. **b** 〖文法〗直接の《話し手の言葉をそのまま伝えた; ↔ indirect》: ⇨ direct discourse. **8** 〖政治〗(代表者を介さぬ)直接投票の; 直接人民の投票による: ～ legislation 直接立法 / ⇨ direct initiative. **9** 〖天文〗〈惑星など〉順行の《恒星に対し天球上を西から東に進む(ように見える); ↔ retrograde》. **10** 〖染色〗直接の, 媒染剤によらない (substantive) (cf. mordant 3): ⇨ direct dye. **11** 〖電気〗一方向だけに流れる, 直流の (cf. alternating 3). **12** 〖数学〗正… (↔ inverse), 直…: ⇨ direct product, direct proportion, direct ratio. **13** 〖音楽〗並行… 《多声音楽において二つまたはそれ以上の声部が同方向に進行することについていう》.

── *adv.* **1** まっすぐに; 直進的に, 直行で: go ～ to Paris パリへ直行する. **2** 直接に, じきじきに, じかに: Send this book ～ to me. この本を直接私のところへ送って下さい.

★ *adv.* としての direct は特に空間的方向を含意する場合に多く用いられる (cf. directly).

〖《c1385》*directe(n)* ← L *dīrectus* (p.p.) ← *dīrigere* to set straight ← DI-²＋*regere* to set straight (⇨ regent): cf. dress〗

diréct áccess *n.* 〖電算〗=random access (cf. sequential access).

diréct-ácting *adj.* 〈エンジン・ポンプなど〉(他の運動部分の介在なしに)直接作動する. 〖1857〗

diréct áction *n.* **1** 直接行動《暴力行為による社会改革, または政治的交渉によらない罷業・怠業・デモなどによる労働攻勢; cf. political action》. **2** 直接作用. 〖1843〗

diréct-árc fùrnace *n.* 〖電気〗直接アーク炉, アーク炉. 〖1921〗

diréct bláck *n.* 〖染色〗ダイレクトブラック《木綿を黒く染める直接染料》.

diréct cárving *n.* 〖彫刻〗じか彫り《粘土で原型を造ったりせずに直接木や石に彫る彫刻法》.

diréct chárges *n. pl.* 〖経済〗=direct costs.

diréct cósting *n.* 〖経済〗直接原価計算.

diréct cósts *n. pl.* 〖経済〗**1** 直接費《製品との関連でその発生が直接的に認識される原価; 例えば直接材料費・直接労務費など; cf. indirect cost》. **2** 個別費《部門との関連でその発生が直接的に認識される単価; 例えば部門管理者の給料》.

diréct-cóupled *adj.* **1** 〖機械〗〈回転軸が〉(ベルトや歯車を用いず)直結の. **2** 〖電気〗直結の. 〖1901〗

diréct cóupling *n.* 〖電気〗(回路間の)直接結合《変圧器やコンデンサーなどを介せずに導電的に結合すること》. 〖1907〗

diréct cúrrent *n.* 〖電気〗直流《略 DC, d.c.; cf. alternating current》: a ～ dynamo 直流発電機. 〖1889〗

diréct débit *n.* 口座引き落とし, 自動振込み (cf. standing order).

diréct débiting *n.* 〖銀行〗直接借方記入扱い《債権者が支払者の口座から直接支払いを要求できる》.

diréct demócracy *n.* **1** (国民発議権・国民投票による)直接民主制. **2** (市民運動・市民参加など)計画決定過程への市民の行動 (cf. grass-roots democracy).

diréct depósit *n.* 《米》(給与)自動振込み(制).

diréct devélopment *n.* 〖動物〗直接発生, 直達発生《変態を経過しない発生; ↔ indirect development》.

diréct-díal *adj.* ダイヤル直通の: a ～ call ダイヤル直通通話. ── *vi., vt.* (…に)ダイヤル直通通話をする.

diréct díaling *n.* 直通電話(方式).

diréct dígital contról *n.* 〖電算〗ダイレクトデジタルコントロール, 直接デジタル制御《コンピューターなどにより機械装置を制御すること; 略 DDC》.

diréct díscourse *n.* 《米》〖文法〗=direct narration.

diréct dístance díaling *n.* 《米・カナダ》直接長距離通話方式, 直通市外通話《略 DDD; 《英》subscriber trunk dialing》. 〖1955〗

diréct-dríve *adj.* 〖機械〗ダイレクトドライブの〈モーター・ターンテーブルなど〉.

diréct dríve *n.* 〖機械〗直接駆動, 直結駆動《ベルトドライブ・リムドライブ・歯車式などに対し, モーター軸の回転をそのまま用いる方法》.

diréct dýe *n.* 〖染色〗直接染料.

di·réct·ed *adj.* **1** 指示されている; 管理[指導]された: a ～ economy 統制経済. **2** 〖数学〗**a** 正負の二方向を考慮に入れた: a ～ number 正負の符号をもった数. **b** 〈集合が〉有向の: a ～ set 有無集合《どの二元をとっても, それら以上の元があるような順序集合 (partially ordered set)》. **～·ness** *n.* 〖《1598》: ⇨ -ed 2〗

dirécted-énergy wèapon *n.* 指向性エネルギー兵器; ビーム兵器 (beam weapon).

dirécted vérdict *n.* 指示評決《事実審理に疑問の余地がないため裁判官が陪審に対し指図する評決》.

diréct évidence *n.* 〖法律〗(主要事実に対する)直接証拠, 供述証拠 (cf. circumstantial evidence).

diréct examinátion *n.* 《米》〖法律〗直接尋問 (⇨ examination-in-chief). 〖*c*1859〗

diréct fíre *n.* (射撃位置から直接見える目標に対して行う)直接照準射撃 (↔ indirect fire).

diréct frèe kíck *n.* 〖サッカー〗直接フリーキック《相手が反則したときに与えられる, 直接ゴールをねらえるキック; cf. indirect free kick, penalty kick》.

diréct gránt schòol *n.* 直接補助学校《イングランド・ウェールズで教育科学省から直接補助金を受ける私立の中等学校; 同時に生徒の入学に関してある程度の制約を受ける》. 〖1945〗

di·réct·ing pòst *n.* =fingerpost.

diréct inítiative *n.* 〖政治〗直接発議権 (cf. direct *adj.* 8; ↔ indirect initiative).

diréct injéction *n.* =solid injection.

diréct ínput *n.* 〖電算〗(キーボードなどによる)直接入力装置.

di·rec·tion /dɪ̣rékʃən, daɪ- | daɪ-, dɪ̣-/ *n.* **1** 方向, 方角, 方位, 方面: a sense of ～ 方向感覚, 方角感 / the angle of ～ 方位角 / *in* all ～*s*=*in* every ～ 四方八方に, 各方面に / *in* a person's ～ 人の方へ / *in* a southerly ～ 南の方へ / go [proceed] *in* the ～ of the sound 声[音]のする方へ向かって行く / go in the opposite [wrong, right] ～ 反対[間違った, 正しい]方向へ行く / go in different ～*s* 異なった方向へ行く / take a new ～ 新しい方向へ進む / I followed the ～ of his eyes. 彼の視線の方向に私も目を向けた. **2** (思想などの)方向, 方面, 傾向; (行動の)

D

方針; (表現の)趣旨, 題目: the ～ of movement 運動の方針[方向] / a new ～ in language teaching 語学教育の新傾向 / be active *in* many ～*s* 多方面に活躍する / the ～ of a multinational company 多国籍会社の行方. **3** 〖通例 *pl.*〗指示, 指図(さしず), 指令, 訓令 (instruction): according to your ～*s* お指図に従って / obey a person's ～*s* 人の指示に従う / give ～*s* 指図を与える / ask ～*s to* a place ある場所への道順を尋ねる. **4** 指揮, 指導, 監督, 管理: work under the ～ of a person＝work under a person's ～ 人の指揮[指導]のもとに働く. **5** 〖映画・演劇・放送〗監督[演出](すること): the ～ of a movie [play] 映画[演劇]の監督. **6** 《古》(手紙などの)名宛, 表書き, 所書き. **7** [しばしば *pl.*] 指図書, 使用法, 心得書き, 処方箋: Full ～*s* inside [within]. 詳しい使用法は中です / ～*s* for use 使用法. **8** 〖音楽〗**a** (テンポ・気分・強弱などの楽譜上の)指示. **b** 《米》(楽団・楽曲の)指揮. **9** ＝directorate.

D

láck diréction＝hàve nó sénse of diréction (1) 方向音痴である. (2) (自分の人生・仕事などについて)どうしたいのかはっきりしない.

diréction of lábour [the —] (第二次大戦時, 英国政府が戦争目的遂行のため軍隊に服している以外のある年齢層の人に対して行った)強制労働指導 (日本の「徴用」のようなもので 1945 年に解除された).

～·less *adj.* 〖(*c*1385) ◻ (O)F ～ // L *directiō(n-)*: ⇨ direct, -tion〗

di·rec·tion·al /dɪ̀rékʃnəl, daɪ-, -ʃənl | daɪ-, dɪ-/ *adj.* **1** 方角の, 方向上の; 方向を示す: a ～ arrow [marker, post] 道標, 案内標識 / a ～ indicator (自動車の)方向指示器. **2** 指向的な; 指導的な: play a ～ role 指導的な役割を果たす. **3** 〖通信〗(特定の方向からの電波・音波・核分子など) 指向性の, 方向探知の: a ～ antenna 指向性空中線[アンテナ]. — *n.* (自動車の)方向指示器. **～·ly** /-ʃ(ə)nəli/ *adv.* 〖(1612): ⇨ ↑, -al¹〗

diréctional derívative *n.* 〖数学〗方向微分係数 (定義域内の与えられた点における与えられた方向への関数の変化率).

diréctional drílling *n.* (油井の)傾斜掘削 (deviated drilling ともいう).

diréctional fílter *n.* 〖通信〗方向フィルター.

diréctional gýro *n.* 〖航空〗ディレクショナルジャイロ, (ジャイロ)定針儀.

di·rec·tion·al·i·ty /dɪ̀rèkʃənǽləti, daɪ- | -lɪ̀ti/ *n.* 指向性; 方向維持. 〖(1951): ⇨ -ity〗

diréction àngle *n.* 〖数学〗方向角 (ベクトルが各座標軸の正の方向となす角). 〖1909〗

diréction còsine *n.* [通例 *pl.*] 〖数学〗方向余弦 (ベクトルの方向角 (direction angle) すなわちベクトルと座標軸との間の角の余弦). 〖*c*1889〗

diréction fìnder *n.* 〖通信〗方向探知器, 方位測定器 (電波の来る方向を測る受信装置). 〖1913〗

diréction ìndicator *n.* **1** 〖航空〗方向計, 方向指示器. **2** (自動車などの)方向指示器 (⇨ car 挿絵).

diréction nùmber *n.* 〖数学〗方向比 (ベクトルの方向余弦 (direction cosine) に等しい比).

diréction stabílity *n.* 〖航空〗方向安定, 風見安定.

diréction theòdolite *n.* 〖測量〗方向経緯儀 (cf. repeating theodolite).

diréction wòrd *n.* つなぎ語 (⇨ catchword 2 b).

di·rec·tive /dɪ̀réktɪv, daɪ- | daɪ-, dɪ-/ *adj.* **1** 指示的な; 〖通信〗指向性の. **2** 方向に従う. **3** 指揮的機能の, 指導的な, 支配的な: rules ～ *of* our actions 我々の行動を支配する法則. — *n.* **1** 命令, 指令(書). **2** 〖軍事〗**a** 令達, 指令 (方針を示し, またはある行動を命じる口述または筆記によるもの). **b** あらかじめの指示 (必要に応じ直ちに実行に移すことを命じた計画). **c** 指示 (一般に広く用いられる). **d** 作戦命令. **e** 〖電算〗指示文, ディレクティブ, 擬似命令 (プログラム中で, 実行する命令ではなく, コンパイル時の指示などを記した文). **～·ly** *adv.* **～·ness** *n.* 〖(*c*1454) ◻ (O)F *directif* // ML *directīvus*: ⇨ direct, -ive〗

diréctive anténna *n.* 〖通信〗指向性空中線, 指向性アンテナ.

di·rec·tiv·i·ty /dɪ̀rèktívəti, dàɪrek- | dàɪrektívɪ̀ti, dɪ-/ *n.* **1** ＝directiveness. **2** 〖通信〗(電波や音波の)指向性. 〖(1903) ← DIRECTIVE＋-ITY〗

diréct lábor *n.* 〖労働〗**1** 直接労働 (生産に直接用いられ原価計算のしやすい労働; ↔ indirect labor). **2** 《英》直接雇用労働者. **3** 直接労働者の賃金.

diréct líghting *n.* 直接[直射]照明 (↔ indirect lighting). 〖1928〗

di·rect·ly /dɪ̀réktli, daɪ- | daɪ-, dɪ-/ *adv.* **1** 直接に, じかに: be ～ affected 直接に影響を受ける / He quoted the sentence ～ from the Latin original. 彼はその文を直接ラテン語の原典から引用した. **2** (空間的・時間的に) 直接続いて, すぐ次に; 正に, 全く (exactly): ～ after …のすぐ後に / ～ opposite 正反対で / The table stood ～ in the center of the room. テーブルは部屋のまん真ん中にあった. **3** /しばしば drékli/ 《口語》すぐ, 直ちに; やがて, じきに (very soon) (cf. momentarily) (⇨ immediately SYN): I'll be with you ～. / We shall deal with this subject ～. この問題はすぐ後で取り上げることにする. **4** まっすぐに, 一直線に, 直行的に (cf. indirectly): The road leads ～ *to* the park. 道はまっすぐ公園に通じている. **5** あからさまに; 率直に (frankly), 忌憚(きたん)なく. **6** 〖数学〗正比例で: ⇨ direct proportion. — *conj.* ★ くだけた話し方ではしばしば /drékli/ と発音される. 《英口語》…するとすぐに (cf. immediately): We'll get up ～ the bell rings. ベルが鳴ったらすぐ起きることにしよう. 〖(1395): ⇨ direct, -ly¹〗

diréct máil *n.* ダイレクトメール (特定の見込み客に直接送付する宣伝広告用印刷物; 略 DM). 〖*c*1923〗

diréct-máil shòt *n.* ダイレクトメールを郵送すること.

diréct márketing *n.* (生産[販売]元からの)直接販売, ダイレクトマーケティング.

diréct matérial *n.* 直接材料(費).

diréct méthod *n.* [the ～] (外国語の)直接教授法, ディレクトメソッド (母国語による文法的説明や翻訳の媒介なしに外国語そのものによる教授法). 〖1904〗

diréct mótion *n.* **1** 直進運動. **2** 〖天文〗順行.

diréct narrátion *n.* 〖文法〗直接話法 (例: He said, 'I know it.'; ↔ indirect narration).

di·réct·ness *n.* **1** まっすぐ, 一直線. **2** 直接, じか. **3** あからさま, 率直: the ～ of manner, speech, etc. 〖(1598): ⇨ -ness〗

diréct óbject *n.* 〖文法〗直接目的語 (例: He gave his son a watch. における *a watch*; cf. indirect object). 〖1879〗

Di·rec·toire /dɪ̀ːrektwáːə, dɪ̀rèk- | dɪ̀rekwáː(r), diː-, dɪ̀rèktwaː(r); *F.* diʀɛktwaːʀ/ *n.* 〖フランス史〗総裁政府 (フランス革命時代の末期 1795–99 年に成立した政府; 5 人の総裁で組織した). — *adj.* 〈服装・家具など〉総裁政府時代風の; ぜいたくな, 凝った飾りの. 〖(1795) ◻ F ～: ⇨ directory〗

Diréctoire dràwers [knìckers] *n. pl.* 〖英史〗ディレクトワールニッカーズ (ストレートでたっぷりしたひざ丈のニッカー). 〖Directoire Knickers で (1911)〗

di·rec·tor /dɪ̀réktə, daɪ- | daɪréktə(r), dɪ-/ *n.* **1 a** (高等程度の学校の)校長, 主事, (官庁などの)長官, 局長; (団体などの)理事; (研究所などの)所長; (会社の)重役, 取締役: a managing ～ 専務取締役 / ⇨ BOARD of directors. **b** (大学の)指導教員: a *Director* of Studies (大学・語学学校などの)指導教官. **2 a** 〖映画・演劇・放送〗ディレクター, 監督, 演出者[家] (《英》producer) (cf. stage director): an assistant ～ (映画の)助監督. **b** 《米》〖音楽〗指揮者 (conductor). **3** 指揮者, 指導者; 管理者, 支配人. **4** (フランス革命政府の)総裁 (Directoire の 5 人のうちの 1 人). **5** 〖機械〗指導子, 働子. **6** 〖外科〗有溝(こう)探子. **7** 〖通信〗導波器 (空中線[アンテナ]に入射する電波の位相をそろえて受信しやすくするもの). **8** 〖軍事〗**a** (電気)算定具 (高射砲射撃の射撃諸元を算定する装置). **b** 指揮官. **c** 統監, 統裁官 (演習などにおける用語).

Diréctor of Educátion 《英》＝Chief Education Officer.

Diréctor of Públic Prosecútions 《英》公訴局長官, 訴追局長 (略 DPP).

～·shìp *n.* 〖(*c*1454) ◻ AF *directour* (F *directeur*) ◻ LL *director*: ⇨ direct, -or²〗

di·rec·tor·ate /dɪ̀réktərɪ̀t, daɪ-, -trɪ̀t | daɪ-, dɪ-/ *n.* **1** [集合的] 重役会, 理事会, 幹部会. **2** director の職[権能]. **3** 重役[理事]であること, その地位. **4** 局長, 部長, (プロジェクトなどの)長, 責任者. 〖(1837) ◻ F *directorat* ← LL *director* (↑): ⇨ -ate¹〗

diréct orátion *n.* 〖文法〗＝direct narration.

diréctor géneral *n.* (*pl.* **directors g-**, **～s**) (政府・官庁などの)長官, 総裁; (大企業などの)社長; (非営利団体などの)会長, 事務総長. 〖1890〗

di·rec·to·ri·al /dɪ̀rèktɔ́ːriəl, dàɪrek- | dàɪrektɔ́ːr-, dɪ̀rèk-ˈ/ *adj.* **1** 指揮[指導]上の; 指揮者の, 校長[長官]の, 理事の, 取締役会の. **2** [D-] (フランス革命の)総裁政府の. **～·ly** *adv.* 〖(1770): ⇨ directory, -al¹〗

diréctor's chàir *n.* ディレクターズチェア (座席と背にキャンバスを張った軽量折畳み肘掛け椅子). 〖(1953) 映画監督が撮影中に用いることから〗

di·rec·to·ry /dɪ̀réktəri, daɪ-, -tri | daɪ-, dɪ-/ *adj.* **1** 指揮の, 指示的な, 指導的な; 〖法律〗指示的な, 訓令的な (cf. mandatory). **2** [D-] ＝Directoire. — *n.* **1 a** (一地方の)住所氏名録; 商工人名録, 商工名鑑[案内]; 人事興信録: a telephone ～ 電話帳 / a business ～ 商工人名録. **b** (ビルの入口の壁にかけられた居住者氏名とその階・室号などを示す)案内板. **2** 指令[訓令]集. **3** 〖電算〗ディレクトリー: **a** ファイルに関する情報をまとめたファイル. **b** 複数のファイルをまとめて保管する場所. **c** インターネット上の情報の所在などをまとめたリスト. **4** ＝directorate 1. **5** (教会の)礼拝規則書; 〖カトリック〗聖務案内. **6** [the D-] 〖フランス史〗＝Directoire. 〖adj.: (*a*1449) ◻ LL *dīrectōrius* directive ← L *dīrectus*: ⇨ direct, -ory¹. — n.: (*a*1449) ◻ ML *dīrectōrium* (neut.) ← LL *dīrectōrius*〗

diréctory assìstance *n.* 《米》電話番号案内 (《英》directory enquiries).

diréctory enquíries *n. pl.* [時に単数扱い] 《英》＝directory assistance.

diréct pósitive *n.* 〖写真〗直接ポジ, 直接陽画 (単に現像するだけで, 非感光部が現像され, 感光するほど現像されないで陽画となる).

diréct prímary *n.* 《米》〖政治〗直接予選 (選挙民直接の投票による政党候補者の予選会; cf. indirect primary, closed primary, open primary). 〖1900〗

diréct prímary eléction *n.* 《米》〖政治〗＝direct primary.

diréct prínting *n.* 〖染色〗直接捺染(なっせん), 写し染め.

diréct próduct *n.* 〖数学〗直積 (いくつかの集合 *A*, *B*, *C*, …から一つずつ要素 *a*, *b*, *c*, …を取り出して作った組 (*a*, *b*, *c*, …)の全体から成る集合; 記号 $A \times B \times C \times \dots$; *A*, *B*, *C*, が加群, 群, 環などのときは, $A \times B \times C \times \dots$をも加群, 群, 環にすることができる). 〖*c*1925〗

diréct propórtion *n.* 〖数学〗正比例 (↔ inverse proportion). **diréctly propórtioned** *adj.*

diréct quéstion *n.* 〖文法〗直接疑問 (cf. indirect question).

diréct rátio *n.* 〖数学〗正比 (↔ inverse ratio).

diréct réalism *n.* 《まれ》〖哲学〗＝naïve realism.

di·rec·tress /dɪ̀réktrɪ̀s, daɪ- | daɪréktrɪ̀s, dɪ-, -trɛs/ *n.* (*also* **di·rec·trice** /dɪ̀rèktríːs/) 女性の director. 〖(1580): ⇨ director, -ess¹〗

di·rec·trix /dɪ̀réktrɪks, daɪ- | daɪ-, dɪ-/ *n.* (*pl.* **～·es**, **di·rec·tri·ces** /dɪ̀rèktrəsìːz, daɪ-, dɪ̀rèktráɪsiːz, dàɪrek- | daɪréktrɪ̀sìːz, dɪ-/) **1** 《まれ》＝directress. **2** 〖数学〗準線 (円錐曲線に付随する定直線; その曲線上の各点から焦点への距離と準線への距離との比は一定となる). 〖(1622): ◻ ML *directrix*: ⇨ director, -trix〗

diréct rúle *n.* (中央政府による)直接統治.

diréct spéech *n.* 《英》〖文法〗＝direct narration. 〖1727–51〗

diréct súm *n.* 〖数学〗直和 (共通部分のない集合の和集合; 加群や環の直積). 〖*c*1928〗

diréct táx *n.* 〖財政〗直接税 (↔ indirect tax). 〖(1776) 1801〗

diréct taxátion *n.* 直接課税.

diréct-vísion prìsm *n.* 〖光学〗直視プリズム (分散の異なるプリズムを組み合わせて特定の波長の光の偏角を零にしたプリズム).

diréct-vísion spèctroscope *n.* 〖光学〗直視分光器.

diréct wáve *n.* 〖通信〗直接波 (ground wave).

Di·re·da·wa /dɪ̀rədáʊə, dɪ̀rɪdəwáː, dɪ̀ːreɪdəwáː/ *n.* (*also* **Di·re Da·wa** /～/) ディーレダーワ (エチオピア東部, Harar 州北西部の都市).

dire·ful /dáɪəfəl, -fl | dáɪə-/ *adj.* 《古》恐ろしい, すさまじい, 悲惨な, 悲しい; 憂鬱(ゆううつ)な, 陰気な (dismal); 不吉な (ominous). **～·ly** /-fəli, -fli/ *adv.* **～·ness** *n.* 〖(1583): ⇨ -ful¹〗

di·remp·tion /dɪ̀rém(p)ʃən/ *n.* 二つに切断すること; 分断. 〖(1623) ◻ L *diremptiō(n)* ← *dirimere* to divide〗

dir·et·tis·si·ma /dɪ̀rətíːsəmə | -sɪ̀-/ *n.* 〖登山〗直登行, 直登 (岩壁・氷壁・滝などを巻かないでまっすぐに登ること). 〖◻ It. ～ (原義) most direct〗

díre wòlf *n.* ダイアウルフ (更新世の間, 北米に生息したオオカミ). 〖1925〗

dirge /dɚ́ːdʒ | dɜ́ːdʒ/ *n.* **1** 葬送歌, 哀悼歌, 挽歌(ばんか) (cf. elegy). **2** 〖カトリック〗**a** 埋葬式の朝課と賛歌の公誦. **b** 埋葬式聖歌, 葬送歌の物悲しい(重々しい)音[調べ]. 〖(?*a*1200) ← L *dirige* make thou straight (ラテン語訳聖書「詩編」5:9 (英訳では 5:8)に基づく公誦の冒頭の語) (imper.) ← *dīrigere*: ⇨ direct〗

dirge·ful /dɚ́ːdʒfəl, -fl | dɜ́ːdʒ-/ *adj.* 葬送の, 悲しい. 〖(1787): ⇨ ↑, -ful¹〗

dir·ham /dɪ̀rǽm | dírəm, díər-, -rəm/ *n.* (*also* **dir·hem** /dɪ̀rém | dɜ́ːhəm, dɪəhém/) **1** ディルハム (イスラム教諸国の重さの単位). **2 a** ディルハム (通貨単位; モロッコ (＝100 centimes; 記号 DH), アラブ首長国連邦 (＝100 fils; 記号 UD)). **b** ディルハム (通貨単位; クウェート (＝¹/₁₀ dinar), チュニジア (¹/₁₀ dinar, 100 milliemes), カタール (＝¹/₁₀₀ riyal), リビア (＝¹/₁₀₀₀ dinar)). **c** ディルハム貨. 〖(1788) ◻ Arab. *dírham* ◻ L *drachma* 'DRACHMA'〗

di·rhin·ous /daɪráɪnəs/ *adj.* 〖動物〗一対の鼻孔を持った. 〖← DI-¹＋RHINO-＋-OUS〗

Di·rich·let /dɪ̀rɪkléɪ | -rɪ-; G. diʀiklé:/, **Peter Gustav Lejeune** /ləʒœ́n/ *n.* ディリクレ (1805–59; ドイツの数学者).

Dirichlét ìntegral *n.* 〖数学〗ディリクレ積分 (ディリクレ問題 (Dirichlet problem) に関連して現れる一つの積分; フーリエ積分に関連して現れる一つの積分). 〖↑〗

Dirichlét pròblem *n.* 〖数学〗ディリクレ問題 (与えられた領域上の調和関数 (harmonic function) で, 境界上で与えられた値をとるものを見出す問題).

dir·i·gi·bil·i·ty /dɪ̀rədʒəbíləti, dɪ̀rɪdʒ- | dɪ̀rɪdʒɪbílɪ̀ti, dɪ̀rídʒ-/ *n.* 操縦可能(性). 〖(1875): ⇨ ↓, -ity〗

dir·i·gi·ble /dírədʒəbl, dɪ̀rídʒ- | dírɪdʒɪ-, dɪ̀rídʒ-/ *adj.* 操縦できる: a ～ balloon 可導気球. — *n.* 飛行船 (airship); (特に)ツェッペリン型飛行船. 〖(1581) ← L *dirigere* 'to DIRECT'＋-IBLE〗

di·ri·gisme /dìːrɪʒìːzm, -dʒìzm | dɪ̀rɪʒìːzm, dírɪ-ʒìzm; *F.* diʀiʒism/ *n.* 〖経済〗統制政策. **di·ri·gíste** /-ʒíːst; *F.* diʀiʒist/ *adj.* 〖(1947) ◻ F ～ ← *diriger* to direct: ⇨ -ism〗

di·ri·go /dírɪgòʊ | -gəʊ/ *L.* われ導く (I direct; I guide) (米国 Maine 州の標語).

dir·i·ment /dírəmənt | -rɪ-/ *adj.* 〖法律〗**1** (教会法で婚姻が)完全に無効の. **2** 《まれ》無効とする (nullifying). 〖(1848) ◻ L *dirimentem* (pres.p.) ← *dirimere* to interrupt ← *dir-* 'DIS-¹'＋*emere* to take〗

díriment impédiment *n.* 〖カトリック〗絶対的婚姻障害 (重婚のように最初から婚姻を無効にする障害). 〖1848〗

dirk /dɚ́ːk | dɜ́ːk/ *n.* (スコットランド高地人が正装に着ける, または英国海軍初級士官がかつて帯びていたような)短剣 (dagger). — *vt.* 短剣で突き刺す. 〖(1557) *dork*, *durk* ← ?: 今の語形は Dr. Johnson の辞書に採用された形: cf. Du. *dolk* / G *Dolch*〗

Dirk /dɚ́ːk | dɜ́ːk/ *n.* ダーク (男性名). 〖《変形》← DEREK〗

Dirk·sen /dɚ́ːksən, -sn | dɜ́ːk-/, **Everett McKinley** *n.* ダークセン (1896–1969; 米国の政治家; 上院議員 (1950–69); 共和党のリーダー).

dirl /dírl, dɚ́ːl | dírl, dɜ́ːl/ 《スコット・北英方言》*vt.* 突き刺す (pierce); 鋭くゆする[痛める]. — *vi.* がたごとと鳴り

響く; 振動する, うち震える (tremble); うずく (tingle).〘(1513)《変形》← THIRL¹〙

dirndl /dә́ːnd̩l | dә́ːn-/ *n.* **1** ダーンドル《オーストリア Tyrol 地方の農婦が着用した衣装で, ぴったりした身頃と dirndl skirt とから成る》. **2** dirndl 風の衣装. **3** = dirndl skirt. 〘(1937) □ G ~ (dim.) ← *Dirne* girl〙

dírndl skìrt *n.* ダーンドルスカート《ギャザーなどを入れてゆったりしたスカート; またはダーンドルのスカートの部分》. 〘1957〙

dirt /dә́ːt | dә́ːt/ *n.* **1** 不潔物, 汚物; 泥 (mud); ほこり, ごみ (dust): a ~ pie (子供の作る)泥まんじゅう / a ~ wagon《米・英方言》ごみ収集車. **2** 土 (earth), 園芸用土;《方言》ばら土;《俗》れんが土;《軽蔑》土地, 地所 (land). **3 a**《米・豪》悪口, 中傷 (slander), うわさ話, 世間話, ゴシップ, スキャンダル; 猥談(わいだん), ポルノ; 汚らわしいもの (muck), 下劣な考え[行為]: fling [throw] ~ *at* [*on*] ...をそしる, 中傷する / Fling ~ enough and some will stick.《諺》悪口をいろいろ言っておけば本当にされるものも出てくる / spread ~ 悪いうわさを広める / talk ~ 口汚く話す; 猥談をする. **b** (暴露されると非常な不利益になるため, 特に政府機関が)隠している秘密[情報]. **4** 軽蔑すべき人間, 道徳的に腐敗した人;《古》ちりのように無価値なもの: treat a person like ~ 人をまるでちりあくたのように扱う, 人をひどく粗末に扱う / ~ under one's feet くだらないもの / (as) cheap as ~ 〈物が〉二束三文で[の] (dirt cheap); 〈女性が〉下層階級の / (as) common as ~ 品のない, 粗野な / yellow ~《軽蔑》金, 黄金 (gold). **5** 不潔(状態): in a beastly state of ~ とてもひどい不潔な状態で. **6**《米俗》金銭 (money). **7**〘鉱山〙 **a** 廃泥, 土塊, ぼた. **b** (砂金採掘で金が洗い出される)材料土.

cút dírt《米俗》走る, 逃げる, 急いで立ち去る. (1829) ***dig úp*** (***some***) ***dírt on a person***《口語》〈人〉の悪いうわさ[ネタ]を探り出す. ***dísh the dírt***《口語》〔人の〕悪いうわさ話をする〔*on, about*〕. ***dó a person dírt***《俗》〈人〉に卑劣な仕打ちをする, 悪意をもって危害を加える. (1893) ***éat dírt*** (1) 屈辱を忍ぶ; 前言を取り消す. (2)《米》恥を忍んで告白する. (1857) ***hít the dírt*** (1)〘野球〙ベースにすべり込む. (2)《俗》地面に伏せる. ***rúb a person's nóse in the dírt*** ⇨ nose 成句.

〘(15C)《音位転換》← (*a*1300) *drit* □ ON *drit* excrement ← Gmc **drit-* (Du. *dreet*) ← ?〙

dírt bèd *n.*〘地質〙泥土層. 〘1824〙

dírt bìke *n.* ダートバイク, オフロードバイク《クロスカントリーや舗装していない路面用のオートバイ》. 〘1970〙

dírt chéap *adj., adv.*《口語》捨値の[で] (exceedingly cheap), 二束三文の[で]. 〘1821〙

dírt-èating *n.* **1** 土を食う風習 (geophagy). **2**〘病理〙食土癖. 〘1817〙

dírt fàrm *n.*《米口語》(大規模農場に対し)自作農場.

dírt fàrmer *n.*《米口語》(人手を借りない)自作農 (cf. gentleman farmer). 〘1920〙

dírt·hèap *n.* **1** はきだめ. **2**〘鉱山〙(廃泥を捨ててできた)ぼた山. 〘1862〙

dírt·i·ly /-ṭəli, -ṭli | -tɪli, -tli/ *adv.* **1** 汚く, 不潔に (filthily). **2** 汚らわしく, 下品に, 卑猥に; 卑劣に. 〘(1598) ← DIRTY＋-LY¹〙

dírt·i·ness *n.* **1** 汚さ, 不潔. **2** 汚らわしさ, 下品, 猥褻(わいせつ); 卑劣, 下劣. **3**《口語》核兵器の「汚さ」《放射性降下物の多いこと》. 〘(1561) ← DIRTY＋-NESS〙

dírt póor *adj.* 生活資力の全くない, 極貧の. 〘1937〙

dírt róad *n.*《米・カナダ》無舗装道路, ダート道. 〘1852〙

dírt tràck *n.*〘スポーツ〙**1** ダートトラック《泥土または石炭の燃えがらの走路; オートバイなどの競走路》. **2** (芝生と区別して)土の走路. 〘1902〙

dírt wàgon *n.*《米》ごみ収集[運搬]車 (《英》dust cart).

dirt·y /dә́ːṭi | dә́ːti/ *adj.* (**dirt·i·er**; **-i·est**) **1 a** 汚れた, 汚い, 不潔な (soiled) (↔ clean); 〈道が〉ぬかるみの; 〈風などが〉ほこりっぽい; 〈傷が〉うんだ: a ~ face, room, etc. / ~ water / a ~ wound 化膿(かのう)した傷. **b** 〈仕事・作業などが〉汚れがつきがちな, 不潔になりやすい: a ~ job / ⇨ dirty work. **2 a** 卑劣な, 汚い, 不正な: ⇨ dirty trick / a ~ deed 卑劣な行為 / a ~ player 汚い[ずるい]選手 / ~ dealings 不正な取引. **b** 汚らわしい, 淫(みだ)らな, 下品な (obscene): a ~ book 春本, エロ本 / ~ talk 猥談(わいだん) / a ~ joke 下卑た冗談 / a ~ mind 淫らな心, すけべ心 / a ~ old man《口語》助平 (おやじ) / a ~ mouth《米俗》口汚ないやつ; (平気で)淫らな話をするやつ. **c** 極めて残念な, 嘆かわしい (grievous): It's a ~ shame. 全く遺憾なことだ, 実にひどい(話だ). **3 a** 意地悪な; 軽蔑的な, 口汚ない: make a ~ crack about ...について意地悪なことを言う. **b** 〈嫌悪・怒りを〉現した: ⇨ dirty look. **4** 〈天気など〉荒模様の, いやな (stormy): ~ weather. **5**《口語》〈核兵器が〉放射性降下物の多い, 「汚い」 (cf. clean 8). **6** 〈色が〉汚れた, 濁った, 薄汚い, くすんだ: a ~ red. **7** (主にジャズで, 音質などが)ハスキーな, 耳障りな, 甲高い. **8**〘航空〙フラップを下げた. **9**《米俗》麻薬を常用[所持]する (↔ clean).

be dírty on《豪俗》〈人〉に立腹している, 敵意を持っている. ***dò the dírty on a person***《英口語》= ***dò a person dírty***《米》(1) 人に対して卑劣な[汚い]手を使う. (2) 女性をだましておいて捨てる. (1914) ***the dírty ènd*** (***of the stick***) ⇨ end¹ *n.* 成句. (1924)

— *vt.* **1** 〈手足・衣類などを〉汚す, 汚くする, 不潔にする (soil). **2** 〈体面などを〉汚す: ⇨ *dirty one's* HANDS. **3** 〈土地・海などを〉放射性物質で汚染する. — *vi.* 汚れる; 汚(けが)れる.

— *adv.* **1**《口語》卑劣に (unfairly); みだらに (obscenely): play ~ 卑劣なことをする; (ゲームで)いかさまをする / talk ~ みだらに話す. **2**《俗》とても, すごく (very): a ~ great house とても[ばか]でかい家.

〘(*a*1398) *dritty*: ⇨ dirt, -y¹〙

SYN 汚れた: **dirty** 汚れ・しみ・泥などなどで汚れている《最も意味の広い語》: *dirty* hands 汚れた手 / a *dirty* street 汚い通り. **soiled** 特に汚物で汚れた《格式ばった語》: *soiled* underwears 汚れた下着. **grimy** ほこり・あか・すすなどで汚れた: *grimy* faces [roofs, buildings] すすけた顔[屋根, 建物]. **filthy** 嫌悪を覚えるほど汚い: The room was *filthy* as a pigsty. 豚小屋のように不潔だった. **foul** 悪臭・腐敗などでむかつくほど汚い: a *foul* pond 悪臭のする汚い池. **squalid**《軽蔑》〈場所が〉通例貧困のためにひどく汚れてだらしない: a *squalid* room 汚れてむさくるしい部屋.
ANT clean.

---

dírty állan *n.*〘鳥類〙= parasitic jaeger.

dírty dóg *n.*《俗》卑劣なやつ; 好色漢. 〘1928〙

dírty láundry *n.* = dirty linen.

dírty línen *n.* (特に外聞の悪い)秘密, 問題, 内輪の恥: wash one's ~ at home [in public] 内輪の恥を外に出さない[さらけ出す]. 〘1946〙

dírty lóok *n.*《口語》(相手に対する)憎々しそうな[ひどく不機嫌な]顔(付き), しかめつら: give a person a ~ 人にいやな顔をする / get a ~ いやな顔をされる. 〘1928〙

dírty-mínded *adj.* 淫(みだ)らな心の[を持った]. 〘1887〙

dírty móney *n.* **1** 不正な金[もうけ]. **2 a** 汚れ仕事に対する報酬. **b** (波止場の荷卸し作業で)厄介な船荷に対する特別料金). 〘1897〙

dírty póol *n.*《米俗》卑劣な行為[仕打ち]. 〘(1940): cf. pool² 1 a〙

dírty tríck *n.* **1** [*pl.*] (選挙運動妨害などの)不正工作. **2** 卑劣な行為, 卑怯な策, 奸策. 〘1674〙

dírty wár *n.* ダーティーウォー《内乱で政府側の軍隊[秘密警察]が革命[テロ]側に対し, 誘拐・拷問・殺人などを行う; 民間人が犠牲になることが多い》.

dírty wásh *n.* = dirty linen.

dírty wéekend *n.*《英口語》情事に費やす週末.

dírty wórd *n.* **1** 卑猥(ひわい)な[みだらな]言葉. **2** 口にしてはいけない言葉, 禁句: Abortion is a ~ *to* many Catholics. 人工中絶はカトリック教徒の多くにとってはタブーだ. 〘1842〙

dírty wòrk *n.* **1 a** (手などの)汚れる仕事. **b** 人のいやがる仕事, 下働き. **2** 卑劣な行為, 謀略.
dírty wòrk at the cróssroads (1)《口語》卑劣な行為, 謀略, ぺてん. (2)《俗》性行為, いちゃつき. 〘*a*1764〙

dis¹ /dís/《俗》〘印刷〙*vt.* (*also* **diss**) 解版する. — *n.* 解版. 〘(1889)《略》← *distribute*〙

dis² /dís/《口語》*adj.* 絶縁された, 切れた. — *vt.* 絶縁する, 切る. 〘(1925)《略》← *disconnected*〙

dis³ /dís/《俗》*v.* (*also* **diss**) (**dissed**; **dis·sing**) — *vt.* (特にことばで)ばかにする, 侮辱する; ...の悪口を言う, けなす; 怒らせる; 〈人を〉侮蔑するラップミュージックをやる. — *vi.* ばかにする 〈on sb〉. — *n.* 侮蔑(のことば), 侮辱, 悪口, けなすこと. 〘(*c*1985)《略》← *dis*(*respect*)〙

Dis /dís/ *n.*〘ローマ神話〙**1** ディス《地下界の神; ギリシャ神話の Pluto に当たる》. **2** 地下界, 冥府(めいふ), 冥界, 死者の国 (Orcus), 黄泉(よみ)の国 (Hades). 〘□ L *Dis* (なぞり) ← Gk *Ploútōn* 'PLUTO': cf. Dives〙

dis.《略》discharge; disciple; discipline; disconnect; discontinue; discount; dispense; distance; distant; disused.

dis-¹ /dɪs, dís/ *pref.* **1** 動詞に付いてその動詞と逆または正反対の動作を示す動詞またはその派生語を造る: *dis*believe, *dis*embark(ation), *dis*engage, *dis*hearten(ment), *dis*own, *dis*unite. **2** 名詞に付いてその名詞の意味するものを「除く, はぐ, 奪う」などの意の動詞を造る: *dis*bar, *dis*frock, *dis*horn, *dis*people. **3** 形容詞に付いてその形容詞の意味する性質を「失わせる, 逆にする, 不...にする」の意の動詞・形容詞を造る: *dis*able; *dis*honest, *dis*pleasing. **4** 名詞・形容詞またはそれぞれの派生語に付いて「不..., 非..., 無...」の意を加える: *dis*advantage, *dis*honest(y), *dis*similar(ity), *dis*trust(ful). **5**「分離」の意: *dis*cern, *dis*join, *dis*solve. **6** 否定的意味をもつ語の強意: *dis*annul. 〘ME □ OF *dis-*, *des-* ∥ L *dis-*, *dī-*: cf. Gk *dís* in twain, twice: ⇨ di-¹〙

dis-² /dɪs/ *pref.*《まれ》di-¹, dys- の異形: *dis*azo 二窒素の / *dis*syllable (disyllable の俗用形) / *dis*trophy.

dis·a·bil·i·ty /dìsəbíləṭi | dìsəbíləti, dìz-/ *n.* **1**〘医学〙(身体上の)廃疾《通常の生活・生業ができない》; 作業不能. **2** 無能, 無力 (incompetency). **3** (法律上の)行為無能力, 無資格 (disqualification). **4** (一般に)制限(するもの), 不利(な条件), ハンディキャップ. 〘(1580) ← (廃) *disable* (adj.) unable＋-ITY〙

disabílity clàuse *n.*〘保険〙廃疾条項《被保険者が不具廃疾となった場合に生命保険料の支払を免除し, または保険金を支払うことを定めた条項》.

disabílity insùrance *n.*〘保険〙廃疾保険.

dis·a·ble /dɪséɪbl̩, dɪz- | dɪs-/ *vt.* **1** [通例受身で] 〈人〉に怪我(けが)をさせる (injure), (負傷などで)手足などをきかなくする, 不具にする (⇨ maim **SYN**);〘海事〙〈船〉の航行[運転]を不能にする: be ~*d* (手足などが)きかなくなる, 不具になる; 〈船艦が〉戦闘力を失う, 航行できなくなる. **2** 〈事が〉〈人を〉無能[無力]にする: Age ~*d* him *from* working [*for* work]. 彼は年をとって仕事ができなくなった. **3** (法律的に)無能力[無資格]にする (disqualify). **4**《まれ》見くびる (belittle). 〘(1444) ← DIS-¹＋ABLE〙

dis·a·bled /dɪséɪbld, dɪz- | dɪs-/ *adj.* 不具になった (crippled), 無能力にされた (incapacitated): a ~ person 身体障害者 / a ~ soldier 傷痍(しょうい)軍人, 傷病兵. — *n.* [the ~; 集合的] 身体障害者, 身障者. 〘(1633): ⇨ ↑, -ed 2〙

disábled lìst *n.* (野球などの)故障者リスト《リストに載ると当分試合に出られない; 略 DL》.

dis·á·ble·ment *n.* **1** 無力, 無能力, 無能(化) (disability). **2** 無資格(化);〘医学〙= disability 1. 〘(1485) ← DISABLE＋-MENT〙

disáblement bènefit *n.*《英》廃疾給付《国民保険制度で週ごとに支給される》. 〘1920〙

dis·a·blist /dɪséɪbləst, dɪz- | dɪséɪblɪst/ *adj.* 身障者を差別する, 障害者に偏見を持つ. 〘(1984) ← DISABL(ED)＋-IST〙

dis·a·buse /dìsəbjúːz/ *vt.* 〈人〉の迷いを解く; ...の〔迷い・誤解などを〕正す (relieve)〔*of*〕: ~ a person *of* illusion [superstition] 人の迷いを解く[迷信を取り除く]. **dìs·a·bús·al** /-zəl, -zl/ *n.* 〘(1611) □ F *désabuser*: ⇨ dis-¹, abuse〙

di·sac·cha·ri·dase /daɪsǽkərədèɪs, -dèɪz | -rɪ-dèɪs/ *n.*〘生化学〙二糖類分解酵素, ジサッカリデーゼ《二糖類を単糖類に分解する酵素》. 〘(1961): ⇨ ↓, -ase〙

di·sac·cha·ride /daɪsǽkəràɪd, -rəd | -ràɪd, -rɪd/ *n.* (*also* **di·sac·cha·rid** /-rəd | -rɪd/)〘化学〙二糖類《加水分解により 1 分子から単糖類 (monosaccharide) の 2 分子を生じるもの; 蔗糖(しょとう) (sucrose)・乳糖 (lactose)・麦芽糖 (maltose) など; disaccharose ともいう》. 〘(1892) ← DI-¹＋SACCHARIDE〙

di·sac·cha·rose /daɪsǽkəròʊs, -ròʊz | -ràʊz, -ràʊs/ *n.* = disaccharide. 〘← DI-¹＋SACCHAROSE〙

dis·ac·cord /dìsəkɔ́ːd | -kɔ́ːd/ *n.* 不一致, 不和. — *vi.* 〔...と〕一致[和合]しない, 争う〔*with*〕. 〘(*c*1385) *disacorde*(*n*) □ OF *desac*(*c*)*order*: ⇨ dis-¹, accord〙

dis·ac·cred·it /dìsəkrédɪt | -dɪt/ *vt.* ...の資格を奪う, ...の認定[信任]を取り消す; ...の権威を奪う.

dis·ac·cus·tom /dìsəkʌ́stəm/ *vt.* [~ oneself または受身で] ...に習慣をやめさせる, 〔習慣から〕引き離す (wean)〔*to*〕: ~ *oneself* [*be* ~*ed*] *to* the use of a sleeping drug 睡眠薬を用いる習慣をやめる. 〘(1484) □ OF *desaco*(*u*)*stumer*: ⇨ dis-¹, accustom〙

dis·a·dapt /dìsədǽpt, -æd- | -əd-/ *vt.* 適応を困難にする; 適応を不能にする. 〘(1611) ← DIS-¹＋ADAPT〙

dis·ad·van·tage /dìsədvǽnṭɪdʒ, -æd- | -ədvɑ́ːnt-/ *n.* 不利(な事情[状況]), 不便(な状態); 不利な立場, 損, (評判・信用・金銭などの)損害, 障害 (handicap) (↔ advantage) (⇨ demerit 日英比較): *to* the ~ of a person = *to* a person's ~ 人の不利となるように / sell goods *to* ~ 不利な条件で[損をして]品物を売る / *under* great ~*s* 大変に不利な情況の下に / be *at* a ~ 不利な立場にある, わりが悪い / take a person [be taken] *at* a ~ 不意打ちを食わせる[食う]; 人の弱味に付け込む[込まれる]. — *vt.* 〈人〉に損害を与える, 不利な立場[情況]に置く. 〘(?1384) □ (O)F *désavantage*: ⇨ dis-¹, advantage〙

dis·ad·van·taged /dìsədvǽnṭɪdʒd, -æd- | -əd-vɑ́ːnt-ˊ/ *adj.* **1** (貧困などのために)不利な境遇の, 環境に恵まれない: ~ boys and girls. **2** [the ~; 名詞的に] (文化的・教育的・社会的に)恵まれない人々[住民]. **~·ness** *n.* 〘(1611): ⇨ ↑, -ed 2〙

dis·ad·van·ta·geous /dɪsæ̀dvæntéɪdʒəs, -vən- | -vən-, -vɑːn-, -væn-ˊ/ *adj.* **1** 〔...に〕不利益な, 不利な, ためにならない, 不都合な〔*to*〕. **2** 軽蔑的な, 侮辱的な. **~·ly** *adv.* **~·ness** *n.* 〘(1603): ⇨ -eous〙

dis·af·fect /dìsəfékt, -æf- | -əf-/ *vt.* 〈人〉に不満をいだかせる, 不平を起こさせる (dissatisfy); (特に政府・当局などに, あいそをつかして)そむかせる, 離反させる. 〘(1621) ← DIS-¹＋AFFECT³〙

dis·af·fect·ed /dìsəféktəd, -æf- | -əf-ˊ/ *adj.* 〔政府などに〕不平[不満]をいだいている (discontented), あいそをつかして[嫌気がさして]いる, あきたらない, 離反した (disloyal)〔*to, toward, with*〕: ~ elements 不穏分子. **~·ly** *adv.* **~·ness** *n.* 〘(1632): ⇨ ↑, -ed 2〙

dis·af·fec·tion /dìsəfékʃən/ *n.* あきたらない気持ち, 〔特に, 政府に対する〕不満, (人心の)離反, 不忠誠 (disloyalty)〔*to, toward, with*〕: There is no evidence of ~ *with* the government. 政府に対して人心が離れているという証拠はない. 〘(1605) ← DIS-¹＋AFFECTION〙

dis·af·fil·i·ate /dìsəfílièɪt/ *vt.* 連盟から除名する. — *vi.* 〈人・組織が〉連盟[携帯]を断つ, 連盟から脱退する, 〔...から〕縁を切る〔*from*〕. **dis·af·fil·i·a·tion** /dìsəfìliéɪʃən/ *n.* 〘(1870) ← DIS-¹＋AFFILIATE〙

dis·af·firm /dìsəfә́ːm | -əfә́ːm/ *vt.* **1** 否定する, 拒否する (deny). **2**〘法律〙否認する, 〈契約・同意などを〉取り消す, 破棄する. 〘(1531) ← DIS-¹＋AFFIRM〙

dis·af·fir·mance /dìsəfә́ːməns | -əfә́ːm-/ *n.* 拒否, 否定;〘法律〙(契約・同意などの)否認, 破棄, 取消し (repudiation). 〘(1610): ⇨ ↑, -ance〙

dis·af·fir·ma·tion /dìsæ̀fəméɪʃən | -fə-/ *n.* = disaffirmance.

dis·af·for·est /dìsəfɔ́(ː)rəst, -əf-, -fɑ́(ː)r- | -əfɔ́r-/ *vt.* **1**〘英法〙〈森林地を〉(森林法の制約を解いて)一般の土地[原野]とする, 廃林にする; 森林法の制約から解く. **2** = deforest. **~·ment** *n.* 〘(*a*1450) □ OF *desafore*(*s*)*ter* ∥ ML *disafforestāre*: ⇨ dis-¹, afforest〙

dis·af·for·es·ta·tion /dìsəfɔ̀(ː)rəstéɪʃən, -əf-, -fɑ̀(ː)r- | -əfɔ̀r-/ *n.*〘英法〙(森林地に対する)森林法適用解除[免除]; 森林取払い《森林地を一般の土地 (common ground) に戻すこと》. 〘(1598): ⇨ ↑, -ation〙

dis·ag·gre·gate /dìsǽgrɪgèɪt/ *vt., vi.* 分解する. — *adj.* 分解した, 解体した; 取りはずした. **dis·ag·gre·ga·tion** /dìsæ̀grɪgéɪʃən/ *n.* **dis·ág·gre·gà·tive** /-gèɪṭɪv | -tɪv/ *adj.* 〘(1828) ← DIS-¹＋AGGREGATE〙

D

dis·a·gree /dìsəgrí:/ *vi.* (↔ agree) **1 a** 〈人が〉〔人と〕合わない, 意見を異にする; 仲たがいする, 口論する; …に異議を唱える〔*with*〕: I ~. 私はそうは思わない / He ~*s with* his relatives. 親類と折り合わない / They ~*d* among themselves. 仲間割れした / ⇨ AGREE *to disagree* / I ~ *with* her *about* [*on*] capital punishment. 死刑について彼女と意見が異なる / when doctors ~ 学者たちの意見が食い違ったときには (Pope, *Moral Essays* 3. 1). **b** 《口語》認めない〔*with*〕: I ~ *with* capital punishment. 死刑を認めない. **2** 〈陳述・報告などが〉〔…と〕一致しない, 違う〔*with*〕: His conduct ~*s with* his words. =His conduct and his words ~ (*with* each other). 彼の言行は一致しない. **3** 〈気候などが〉〔…(の身体)に〕合わない, 適合しない; 〈食べ物が〉〔人を〕中毒させる〔*with*〕(cf. agree *vi.* 5): This food ~*s with* me. 私はこの食べ物が合わない《食べるとおなかをこわしたりする》. 〖(1473–74) □ (O)F *désagréer*: ⇨ dis-[1], agree〗

dis·a·gree·a·ble /dìsəgrí:əbl̩⁻/ *adj.* **1** 不愉快な, 不快な, 嫌な: What ~ weather [ideas]! なんて嫌な天気[不快な考え]なんだ. **2** 〈人・性質など〉嫌な, 気にくわない, 気難しい, つきあいにくい〔*to*〕: a ~ sort of fellow 嫌な男. — *n.* **1** [通例 the ~] 不愉快な[嫌な]もの[人, 状況, 性質など]. **2** [通例 *pl.*] 不愉快なもの[人, 経験], 嫌な面[事情]: the ~*s* of life この世の嫌なこと. **dis·a·gree·a·bil·i·ty** /dìsəgrì:əbílәṭi | -bíl̩ti/ *n.* **~·ness** *n.* 〖(?*a*1400) ← DIS-[1]＋AGREEABLE〗

dìs·a·grée·a·bly /-bli/ *adj.* 不愉快に; 嫌になるほど. 〖(1730–36): ⇨ ↑, -ly[1]〗

dis·a·gree·ment /dìsəgrí:mənt/ *n.* **1** 相違; 意見の相違, 不同意, 異存 (dissent): I am *in* ~ *with* you about it. 私はそれについてあなたと意見が違います. **2** 不一致, 不適合, 不調和: ~ *between* the results of the two experiments 二つの実験結果の不一致. **3** 不和, 仲たがい, けんか: have a ~ *with* …と仲たがいしている[争論する] / They got into a slight ~ *about* [*over*] who should pay. だれが払うべきかでちょっとしたいざこざがあった. **4** (体質に)合わないこと, (食べ物に)あたること. 〖(1495) ← DISAGREE＋-MENT〗

dis·al·low /dìsəláu/ *vt.* **1** 許さない, 認可しない, 承認しない; 〈要求などを〉却下する (reject). **2** 〈報告などの〉真実性を認めない, 否定する (deny). **3** 〖英議会〗〈議案・提案などを〉拒否する (veto). **~·a·ble** /-əbl̩/ *adj.* 〖(*c*1378) □ OF *desalouer*: ⇨ dis-[1], allow〗

dis·al·low·ance /dìsəláuəns/ *n.* 不認可, 却下, 拒否. 〖(1565): ⇨ ↑, -ance〗

dis·am·big·u·ate /dìsæmbígjuèɪt/ *vt.* 〈文章・陳述などの〉曖昧(ﾏｲ)さを取り除く, 明確にする. **dis·am·big·u·a·tion** /dìsæmbìgjuéɪʃən/ *n.* 〖(1963) ← DIS-[1]＋AMBIGU(OUS)＋-ATE[3]〗

dis·a·men·i·ty /dìsəménəṭi | -n̩ti/ *n.* 《英》 **1** 不快さ, 不便さ, 不都合. **2** [*pl.*] 不快な表情. 〖(1924) ← DIS-[1]＋AMENITY〗

dis·an·i·mate /dɪ̀sǽnəmèɪt | dɪsǽn̩-/ *vt.* **1** 気落ちさせる. **2** 生命を奪う. 〖(1583) ← DIS-[1]＋ANIMATE〗

dis·an·nul /dìsənʌ́l/ *vt.* (**dis·an·nulled; -nul·ling**) 全面的に取り消す (cancel). **~·ment** *n.* 〖(1494): ⇨ dis-[1], annul〗

dis·a·noint /dìsənɔ́ɪnt/ *vt.* …の聖別を取り消す. 〖(1648) ← DIS-[1]＋ANNOINT〗

dis·ap·pear /dìsəpíə | -píə[r]/ *vi.* **1** 見えなくなる, うせる; 行方不明になる: He soon ~*ed* in the crowd. 間もなく群衆の中に姿を消した. **2** (消えて)なくなる, 消失する, 消滅する: Many social evils have ~*ed*. 多くの社会的悪弊が消えうせた. **3** 殺害される. — *vt.* (視界から)見えなくする, 消す; 〈政治的理由から〉姿をくらまさせる, 〈人を〉殺す, 殺害する. ***dó a disappéaring àct*** [***trick***] (肝心なときに)ふっといなくなる, 姿をくらます. 〖(*a*1420): ⇨ dis-[1], appear〗

SYN 見えなくなる: **disappear** 視界から去ってしまう: The sun *disappeared* behind the hill. 山の向こうに太陽が沈んだ. **vanish** 突然に, 何の痕跡も残さずに消え去る: The figure *vanished* into the darkness. 人影は闇の中に忽然と消えた. **fade** 徐々に薄れて見えなくなる: Stars *faded* out in the sky. 星が空からすっかり見えなくなった.
ANT appear, emerge, loom.

---

dis·ap·pear·ance /dìsəpíərəns | -píər-/ *n.* 見えなくなること, 消失, 消滅; 〖法律〗失踪(ｼｯｿｳ): ~ from home 家出. 〖(1712): ⇨ ↑, -ance〗

dis·ap·ply /dìsəplái/ *vt.* 適用できないものとして扱う.

dis·ap·point /dìsəpɔ́ɪnt/ *vt.* **1** 〈人を〉失望させる, …の期待にそむく: His lecture ~*ed* us. 彼の講演にはがっかりした / He was agreeably ~*ed*. 杞憂(ｷﾕｳ)にすぎなかったので安心した / He was ~*ed with* [*over, at, by*] the result of the examination. 試験の結果に落胆した / We are ~*ed in* [*with*] the new maid. 新しい女中に失望している / He was not ~*ed in* his expectations. 彼の期待は裏切られなかった, 期待どおりに事が運んだ / Everybody is sometimes ~*ed in* his hopes. だれでも時には目的[希望]達成の当てがはずれることがある / I am very ~*ed* (*to* hear) *that* your son has failed in the enterprise. 息子さんが事業に失敗されたと聞き本当にがっかりしました / The girl ~*ed* her mother. 母親の期待にそむいた. **2** 〈約束・期待を〉破る, 〈希望・目的などを〉くじく, むなしくする: It ~*ed* my plans [hopes]. それで私の計画[希望]がくじけた. — *vi.* (人を)失望させる. 〖(1434) □ (O)F *désappointer*: ⇨ dis-[1], appoint〗

dis·ap·point·ed /dìsəpɔ́ɪntɪ̀d | -tɪ̀d⁻/ *adj.* **1** 失望した; 〈希望・期待など〉むなしくなった, 当てはずれの: her ~ suitor 彼女に袖にされた求婚者 / his ~ hope 彼のかなえられない希望. **2** 《古》装備が不十分の, 設備が不備な (ill-equipped) (cf. Shak., *Hamlet* 1. 5. 77). **~·ly** *adv.* 〖(1537): ⇨ ↑, -ed〗

dis·ap·point·ing /dìsəpɔ́ɪntɪŋ | -tɪŋ⁻/ *adj.* 失望[がっかり]させる, 思ったほどでない, 案外つまらない: a ~ marriage / His lecture was quite ~. **~·ly** *adv.* 〖(1530): ⇨ -ing[2]〗

dis·ap·point·ment /dìsəpɔ́ɪntmənt/ *n.* **1** 失望; 失望状態, 期待はずれ: ~ in love 失恋 / to a person's ~=to the ~ of a person 人が失望したことには / to save ~ あとで残念がらないように. **2** 失望のもと, 期待を裏切るような物[人]: The girl was a great ~ to her mother. 少女は母を非常に失望させた. 〖(1614) ← DISAPPOINT＋-MENT〗

dis·ap·pro·ba·tion /dìsæprəbéɪʃən | -rə(ʊ)-/ *n.* =disapproval. 〖1647〗

dis·ap·pro·ba·tive /dìsǽprəbèɪṭɪv | -rəbèɪt-/ *adj.* =disapprobatory. 〖1824〗

dis·ap·pro·ba·to·ry /dìsǽprəbətɔ̀:ri, -əpróub- | -ǽprəbèɪtəri/ *adj.* 非[不可]とする(ような), 不賛成の, 不満の意[非難]を示す, あきたらない. 〖(1828) ← DIS-[1]＋APPROBATORY〗

dis·ap·prov·al /dìsəprú:vəl, -vl̩/ *n.* 〔…を〕非[不可]とすること〔*of*〕; 不同意, 不賛成, 不満; 反対意見, 非難: shake one's head in ~ いけない[不賛成]と首を横に振る. 〖(1662): ⇨ ↓, -al[1]〗

dis·ap·prove /dìsəprú:v/ *vt.* **1** 否認する, 却下する (reject): The bill [scheme] was ~*d* by the city council. その議案[計画]は市議会で否認された. **2** 不可とする, …に賛成しない; 非難する (condemn): We all ~*d* his conduct. 我々はみな彼の行為を非難した. — *vi.* 不賛成の意見を抱く, 不同意を唱える, 〔…を〕不可とする〔*of*〕(↔ approve): Mother ~*d of* my going out after dark. 母は私が日が暮れてから外出するのはいけないと言った. **dìs·ap·próv·er** *n.* 〖(1481) ← DIS-[1]＋APPROVE〗

dìs·ap·próv·ing *adj.* 不賛成を示す, 不満の: a ~ look [glance].

dìs·ap·próv·ing·ly *adv.* 不賛成の意を表して, (いかにも)やむを得ないというように, 否認的に. 〖(1832): ⇨ ↑, -ing[2], -ly[1]〗

dis·arm /dɪsáəm, dɪ̀z-, dísàəm | dɪsá:m, dɪz-/ *vt.* **1** …から〔武器を〕取り上げる[奪い取る]〔*of*〕: ~ a person *of* his weapons 人から武器を取り上げる. **2** …から〈危害・恐ろしさなどの〉力を奪う, 無力にする; …から〈疑いや敵意を〉取り除く, 和らげる〔*of*〕: ~ criticism 批評の力を奪う / His gentle manner ~*ed* me. 彼の穏やかな態度に接して腹の立てようがなかった / Religion ~*s* death *of* its terrors. 宗教は死の恐怖を取り去ってくれる. **3** 〈敵・都市・艦船などの〉武装を解除する, 防備を撤去する: ~ the rebels. — *vi.* 武器を捨てる, 武装解除をする; 〈国家などが〉軍備を縮小する. 〖(*c*1380) □ (O)F *désarmer*: ⇨ dis-[1], arm[2]〗

dis·ar·ma·ment /dɪsáəməmənt, dɪ̀z- | dɪsá:m-, dɪz-/ *n.* **1** 軍備縮小: a ~ conference [agreement] 軍縮会議[協定]. **2** (軍隊・艦船などの)武装解除. 〖(1795) □ F *désarmement*: ⇨ ↑, -ment〗

dis·ármed *adj.* 〖紋章〗〈紋章図形の動物が〉爪・歯・くちばしなどをつけていない. 〖(1830): ⇨ -ed〗

dis·árm·er *n.* 非武装[軍縮]論者. 〖((*a*1660)) (1906): ⇨ disarm, -er[1]〗

dis·árm·ing *adj.* **1** 〈疑惑・恐怖・敵意などを〉取り除くような, なだめるような: with ~ candor 相手の警戒心をなくするような率直さで. **2** 愛嬌のある, 人を引きつける: a ~ smile それを見ると怒れなくなるような微笑. **~·ly** *adv.* 〖(1839): ⇨ -ing[2]〗

dis·ar·range /dìsəréɪndʒ/ *vt.* 乱す, かき乱す, 混乱させる: The wind ~*d* her hair. 風で彼女の髪が乱れた. **dìs·ar·ráng·er** *n.* 〖(1744) ← DIS-[1]＋ARRANGE〗

dìs·ar·ránge·ment *n.* かき乱すこと; 混乱(状態), 乱脈. 〖(*c*1730): ⇨ ↑, -ment〗

dis·ar·ray /dìsəréɪ/ *vt.* **1** =disarrange. **2** 《古》…に〈着物を〉脱がせる〔*of*〕; …から〔付属物を〕奪う〔*of*〕. — *n.* **1** 混乱, 乱雑 (★ disorder よりもひどい混乱をいう): walk in ~ 入り乱れて歩く / a ~ of houses ごちゃごちゃと立ち並ぶ家 / fall into ~ 混乱する, 乱雑になる / throw … into ~ …を混乱させる, 乱す. **2** いいかげんな服装, 着流し. 〖(*a*1387) □ OF *desaroyer*: ⇨ dis-[1], array〗

dis·ar·tic·u·late /dìsɑətíkjulèɪt | -sɑ:-/ 〖外科〗 *vt.* …の関節をはずす; 解体する (disjoint). — *vi.* 関節の部分で分離する, 関節がはずれる. **dìs·ar·tíc·u·là·tor** /-ṭə | -tə[r]/ *n.* 〖(1830) ← DIS-[1]＋ARTICULATE〗

dis·ar·tic·u·la·tion /dìsɑətìkjuléɪʃən, -sə- | -sɑ:-/ *n.* 〖外科〗関節離断(術). 〖(1830): ⇨ ↑, -ation〗

dis·as·sem·ble /dìsəsémbl̩/ *vt.* 取りはずす, 分解する: ~ a watch, motor, etc. — *vi.* **1** 〈機械などが〉分解される. **2** 〈群集などが〉解散する, ちらばる. **dìs·as·sém·bla·ble** /-bləbl̩⁻/ *adj.* 〖(1611) ← DIS-[1]＋ASSEMBLE〗

dìs·as·sém·bler /-blə, -blə | -blə[r], -bl-/ *n.* 〖電算〗ディスアセンブラー, 逆アセンブラー.

dis·as·sem·bly /dìsəsémbli/ *n.* 分解, 取りはずし; 取りはずした状態. 〖(1954): ⇨ ↑, -y[1]〗

dis·as·sim·i·late /dìsəsímәlèɪt, -ml̩- | -m̩l-, -ml-/ *vt.* 〖生理〗分解[異化]する. **dìs·as·sìm·i·lá·tion** /-məléɪʃən, -ml̩- | -m̩l-, -ml-/ *n.* 〖(1894) ← DIS-[1]＋ASSIMILATE〗

dis·as·so·ci·ate /dìsəsóuʃièɪt, -si- | -əsə́u/ *vt.* =dissociate.

dis·as·so·ci·a·tion /dìsəsòuʃiéɪʃən, -si- | -əsə̀u-/ *n.* =dissociation.

di·sas·ter /dɪ̀zǽstə, -sǽs- | dɪzá:stə[r]/ *n.* **1** 天災, 災害; (突然の)大きな不幸; 凶事, 災難: a flood ~ 大水害 / natural [manmade] ~*s* 天災[人災]. **2** 《口語》大失敗: The report was a ~. そのリポートはひどいものだった. **3** 《廃》(星・天体の)不吉な相, 凶兆, 不運の星. 〖(1591) □ F *désastre* // It. *disastro* 《原義》unfavorable aspect of a star ← DIS-[1]＋*astro* (< L *astrum* □ Gk *ástron* 'STAR'): cf. ill-starred〗

SYN 災害: **disaster** 破壊をもたらす不測の大きな不幸: The failure of the bank was a *disaster* for the farmers. その銀行の倒産は農場主にとって災難であった. **calamity** disaster とほぼ同義だが, 結果として伴う悲惨な気持ちに重きがおかれる《格式ばった語》: Aids is one of the greatest *calamities* of our age. エイズは現代の最悪の災厄の一つだ. **catastrophe** 大きな不幸と破壊をもたらす突然の事件《結果に重点をおく》: environmental *catastrophe* 環境破壊の破局. **cataclysm** 《文語》突然の激しい変化《洪水・地震・大戦・革命など》: World War II was a *cataclysm* for all Europe. 第二次世界大戦は全欧州にとって大異変であった.

---

disáster àrea *n.* **1** 被災地; (水害・爆発・地震などの)災害救助法適用地区. **2** 《口語》=disaster 2. 〖1953〗

disáster film [**mòvie**] *n.* 大災害[パニック]映画.

di·sas·trous /dɪ̀zǽstrəs, -sǽs- | -zá:s-/ *adj.* **1** 不幸をもたらす, 災害[災難]の, 悲惨な〔*to*〕: a ~ earthquake 惨事をもたらす地震 / suffer a ~ defeat 惨敗する. **2** 《古》不吉な, 不運の (ill-boding). **~·ly** *adv.* **~·ness** *n.* 〖(1586) □ (O)F *désastreux* // (O)It. *disastroso*: ⇨ disaster, -ous〗

dis·a·vow /dìsəváu/ *vt.* 拒否する, 否認する (disown); …の責任を否定する; 知らないと言う. **~·a·ble** /-əbl̩⁻/ *adj.* **~·ed·ly** /-ɪ̀dli/ *adv.* **~·er** *n.* 〖(?*a*1387) *desavoue(n)* □ (O)F *désavouer*: ⇨ dis-[1], avow〗

dis·a·vow·al /dìsəváu(ə)l/ *n.* 拒否, 否認. 〖(1748): ⇨ ↑, -al[1]〗

dis·bal·ance /dìsbǽləns/ *n.* 不均衡, 不釣合い.

dis·band /dìsbǽnd/ *vt.* **1** 〈隊・集団・法人などを〉解散させる, 解隊する; 〈兵士を〉除隊させる: ~ an army. **2** 《古》解放する. — *vi.* 〈軍隊などが〉解散する: The demonstrators ~*ed*. デモ行進者は解散した. 〖(1591) □ OF *desbander* (F *débander*): ⇨ dis-[1], band[2]〗

dìs·bánd·ment *n.* 解散, 解隊, 除隊. 〖(1720): ⇨ ↑, -ment〗

dis·bar /dìsbáə | -bá:[r]/ *vt.* (**dis·barred; -bar·ring**) 〖法律〗…からバリスター (barrister) の資格[特権]を剥奪する, 免許を取り消す, 除名する. **~·ment** *n.* 〖(1633) ← DIS-[1]＋BAR[1]〗

dis·be·lief /dìsbɪ̀lí:f/ *n.* **1** 〔…を〕信じないこと, 不信〔*in*〕(⇨ unbelief **SYN**): one's ~ *in* ghosts / He shook his head in ~. 彼は信じられないというふうに首を振った. **2** 信じようとしないこと; 信仰否認, 不信仰, 不信心, (教義などに対する)疑惑: one's ~ *in* the dogma. 〖(1672) ← DIS-[1]＋BELIEF〗

dis·be·lieve /dìsbɪ̀lí:v/ *vt.* 信じない, …に信用を置かない, 信用しない (★ don't believe のほうが普通): ~ a story. — *vi.* 信用を置かない, 〔人・人の言葉を〕信じない〔*in*〕: I ~ *in* him. 彼を信用していない. **dìs·be·líe·ving** *adj.* **dìs·be·líev·ing·ly** *adv.* 〖(1644) ← DIS-[1]＋BELIEVE〗

dìs·be·líev·er *n.* 信じない人; (特に)不信仰者, 信仰否認者. 〖(1648): ⇨ ↑, -er[1]〗

dis·bench /dìsbéntʃ/ *vt.* **1** 《英》…から法学院幹部 (bencher) の資格を奪う. **2** …から席を奪う, …の地位から追い出す. **3** 《Shak》〈人を〉(席から)立たせる. 〖(1607–8) ← DIS-[1]＋BENCH〗

dis·ben·e·fit /dìsbénəfɪt | -n̩fɪt/ *n.* 利益がないこと, 利益にならないこと. 〖(1968) ← DIS-[1]＋BENEFIT〗

dis·bod·y /dìsbá(:)di | -bɔ́di/ *vt.* =disembody.

dis·bos·om /dìsbúzəm, -bú:z- | -búz-/ *vt.* 告白する, 打ち明ける (unbosom). 〖(1844) ← DIS-[1]＋BOSOM〗

dis·bound /dìsbáund/ *adj.* 〈本など〉装丁が破損した, ばらばらになった[なりかけた]; (製本した書物から)外した, 切り離した: a ~ pamphlet / I'm sending you a ~ chapter from the book. その本から一章だけ抜き取って送ります.

dis·bow·el /dìsbáuəl, -bául/ *vt.* (**dis·bow·eled, -elled; -el·ing, -el·ling**) =disembowel.

dis·branch /dìsbrǽntʃ | -brá:ntʃ/ *vt.* **1** …から枝を除く[切り落す, 切り払う, 折り取る]. **2** (枝のように)切り離す. 〖(1575) □ OF *desbrancher*: ⇨ dis-[1], branch〗

dis·bud /dìsbʌ́d/ *vt.* (**dis·bud·ded; -bud·ding**) **1** …から芽を摘み取る, つぼみをまびく. **2** 〈牛など〉から生えたばかりの角を取り除く. 〖(1727) ← DIS-[1]＋BUD〗

dìs·búd·ding /-dɪŋ | -dɪŋ/ *n.* 〖園芸〗摘芽, 芽かき, 摘蕾(ﾃｷﾗｲ). 〖(1725): ⇨ ↑, -ing[1]〗

dis·bur·den /dìsbə́:dn̩ | -bə́:-/ *vt.* **1 a** …から荷をおろす (unload): ~ a donkey ろばの荷をおろす. **b** 〈荷物などを〉おろす, 除く: The ship was ~*ing* its cargo into lighters. 積荷をはしけにおろしていた. **2 a** 〈人・心などから〉〔重荷になるものを〕おろす, ほっとさせる〔*of*〕: ~ oneself [one's mind] 心の重荷をおろす, 心中を打ち明ける / ~ a person *of* grief 人の悲しみを除く. **b** 〔人に〕〈秘密などを〉打ち明ける〔*to*〕: ~ one's heart *to* one's friend 友人に気持ちを打ち明ける. **c** 〔人に〕〈怒り・不満などを〉ぶちまける〔*on, upon*〕: ~ one's discontent *upon* a person. — *vi.* 積荷をおろす; 心の重荷をおろす, 安心する. **~-**

ment *n.* 〖(1531–32) ← DIS-¹+BURDEN¹〗

dis·burs·a·ble /dɪsbə́ːsəbl | dɪsbə́ː-/ *adj.* 支払うことのできる. 〖(1885): ⇨ ↓, -able〗

dis·burse /dɪsbə́ːs | dɪsbə́ːs/ *vt.* **1** 〈金を〉使う, 費す; 〈費用を〉負担する, 支払う: ～ money / ～ the bill, cost, etc. **2** 分配する (distribute), 配る: ～ property by will 遺言で財産を分配する. — *vi.* (金を)支払う.

dis·búrs·er *n.* 〖(1530) □ OF *desbo(u)rser* (F *débourser*): ⇨ dis-¹, burse〗

dis·burse·ment /dɪsbə́ːsmənt | dɪsbə́ːs-/ *n.* **1** 支払い, 支出 (outlay). **2** 支出金, 支払金 (expenditure); [しばしば *pl.*]〖法律〗(遺言執行者・後見人などの)職務執行費用, (米国では弁護人報酬と裁判所手数料以外の)訴訟必要費用. 〖(1596) □ OF *desboursement*: ⇨ ↑, -ment〗

disc /dísk/ *n.*, *vt.* =disk. **～·lìke** *adj.*

disc. (略) disciple; discipline; discount; discover; discovered.

disc- /dɪsk/ (母音の前にくるときの) disco- の異形.

dis·caire /dɪskέə/ *n.* ディスコテック (discotheque) で演奏するレコードを選ぶ人. 〖□ F ～ ← DISCO- +-*aire* '-ARY'〗

disc·al /dískəl, -kl/ *adj.* 円板の, 円板状の. 〖(1848) ← DISC+-AL¹〗

dis·cal·ce·ate /dɪ̀skǽlsiɪt, -siètt/ *adj.* =discalced. — *n.* 〖カトリック〗(フランシスコ会・カルメル会などの)跣足(せんそく)修道士[女]. 〖(1658) ← L *discalceātus* ← DIS-¹+*calceatus* ((p.p.) ← *calceāre* to furnish with shoes ← *calceus* shoe ← *calx* heel)〗

dis·calced /dɪskǽlst/ *adj.* 〈ある修道会の修道士が靴を履いていない, はだしの, 跣足(せんそく)の (cf. calced). 〖(1631) (部分訳) ← L *discalceātus* (↑)〗

dis·can·dy /dɪskǽndi | dɪs-/ *vi.* (Shak) 溶け崩れる. 〖(1606–07) ← DIS¹+CANDY (v.)〗

dis·cant¹ /dískænt/ *n.*, *adj.* =descant.

dis·cant² /dískænt, | dɪskǽnt/ *v.* =descant. **dis·cánt·er** /-tə | -tə/ *n.*

dis·card /dɪskɑ́əd, dískɑəd | dɪskɑ́ːd, ⌐⌐/ *v.* — *vt.* **1** (トランプなどで)〈手のうちから不用な手札を〉捨てる: ～ a tile (麻雀で)パイを一つ捨てる. **2** 〈不用物・習慣・意見などを〉捨てる, 放棄する; 〈雇人を〉解雇する (discharge): ～ a lover 恋人を捨てる / ～ one for another 甲を捨てて乙を取る. — *vi.* (トランプなどで)不用な手札を捨てる.
— /dískɑəd | -kɑːd/ *n.* **1** 〖トランプ〗不用な手札を捨てること (cf. jettison 4); [集合的] 捨てられた札. **2** 捨てられた物[人]; 解雇された人. **3** 〖図書館〗廃棄本 (図書館の蔵書のうち, 焼却などの不用処分をした図書資料). **4** (不用物の)放棄.
gó into* [*to*] *the díscard すたれる; 忘れ(去)られる. (1905) ***in discard*** 捨てられて; 忘れられて. ***thrów into the díscard*** (米) (不用として)捨てる, 放棄する.
～·a·ble /-dəbl | -də-/ *adj.* **～·er** /-də | -də/ *n.* 〖(*a*1586) ← DIS-¹+CARD¹〗

dis·car·nate /dɪskɑ́ənɪt, -neɪt | dɪskɑ́ː-/ *adj.* 肉体のない, 無形の (incorporeal) (↔ incarnate). **dis·car·na·tion** /dɪskɑənéɪʃən | dɪskɑː-/ *n.* 〖(1661) (1895) ← DIS-¹+L *carn-*, *carō* flesh+-ATE²〗

dis·case /dɪskéɪs/ *vt.*, *vi.* (…の)ケース[さや]をはずす. 〖(1596) ← DIS-¹+CASE²〗

dísc bràke *n.* =disk brake.

dísc càmera *n.* ディスクカメラ (回転式のディスク状フィルムカートリッジを用いた小型カメラ).

dis·cept /dɪsépt | dɪ-/ *vt.* (古) 議論する, 争う (dispute). 〖(1652) □ L *disceptāre* to contend ← DIS-¹+*captāre* to try to catch (⇨ catch)〗

dis·cep·ta·tion /dɪ̀septéɪʃən/ *n.* (古) 議論, 論争. 〖(*c*1384) □ (O)F ～ □ L *disceptātiō(n-)*: ⇨ ↑, -ation〗

dis·cern /dɪsə́ːn, -zə́ːn | -sə́ːn, -zə́ːn/ *vt.* **1** (五感, 特に, 視覚で)認める (detect), (はっきり)見分ける: ～ a distant object. **2** (心で)認める, 認識する; (古) 識別する, 弁別する: ～ good *and* [*from*] bad 善悪を見分ける / ～ no difference 相違を認めない. — *vi.* 識別する, 見分ける: ～ *between* good *and* bad 善悪の見分けをする.
～·er *n.* 〖(?*c*1380) □ (O)F *discerner* □ L *discernere* ← DIS-¹+*cernere* to sift, perceive (← IE **krei-* to distinguish) (cf. certain)〗

SYN 認める: **discern** 肉眼または心で認識する (格式ばった語): It was difficult to *discern* his motives. 彼の動機を見抜くのは難しかった. **perceive** 五官の一つ(特に目)または心で気づく (格式ばった語): I soon *perceived* that he was lying. 彼がうそを言っていることにすぐ気づいた. **distinguish** はっきりと他の物と区別して認める (格式ばった語): I *distinguished* the oboes in the orchestra. オーケストラの中のオーボエの音が聞き分けられた. **notice** 肉眼または心で気づく: I *noticed* a man leaving the house. 男が一人家を出て行くのに気づいた. ⇨ distinguish, see.

---

dis·cern·a·ble /dɪsə́ːnəbl, -zə́ːn- | -sə́ːn-, -zə́ːn-/ *adj.* =discernible.

dis·cern·i·ble /dɪsə́ːnəbl, -zə́ːn- | -sə́ːnɪ-, -zə́ːn-/ *adj.* 認められる, 見分けられる; 認識[識別]できる: give no ～ reason はっきりした理由を言わない / A look of impatience was ～ on his face. いらだちの色が彼の顔に現れていた. **dis·cérn·i·ble·ness** *n.* 〖(17C) □ L *discernibilis* (⇨ discern, -ible) ∽ (1561) □ F *discernable*〗

dis·cérn·i·bly /-bli/ *adv.* 見分けがつくぐらいに, 認識できるほどに. 〖(1643): ⇨ ↑, -ly¹〗

dis·cern·ing /dɪsə́ːnɪŋ, -zə́ːn- | -sə́ːn-, -zə́ːn-/ *adj.* 洞察力に富んだ, 明敏な: a ～ critic, reader, etc. **～·ly** *adv.* 〖(1574): ⇨ -ing²〗

dis·cern·ment /dɪsə́ːnmənt, -zə́ːn- | -sə́ːn-, -zə́ːn-/ *n.* 認識, 識別; (認識の)明敏, 洞察力 (⇨ insight SYN). 〖(1586) □ F *discernement*: ⇨ discern, -ment〗

dis·cerp /dɪsə́ːp, -zə́ːp | dɪsə́ːp, -zə́ːp/ *vt.* (古) 引き裂く, 分離する. 〖(1482) □ L *discerpere*〗

dis·cerp·ti·ble /dɪsə́ːptəbl, -zə́ːp- | dɪsə́ːptɪ-, -zə́ːp-/ *adj.* (文語) 分離できる, 引き裂ける, もぎ取りやすい. **dis·cerp·ti·bil·i·ty** /dɪsə̀ːptəbíləti, -zə̀ːp- | dɪsə̀ːptɪbílɪti, -zə̀ːp-/ *n.* 〖(1736) ← L *discerptus* (p.p.) ← *discerpere* ← DIS-¹+*carpere* to pluck: ⇨ -ible〗

dis·cerp·tion /dɪsə́ːpʃən, -zə́ːp- | dɪsə́ːp-, -zə́ːp-/ *n.* (古) 引き裂くこと, 分離; 分離片. 〖(1647) □ LL *discerptiō(n-)* ← *discerptus* (↑): ⇨ -tion〗

dísc flòwer [**flòret**] *n.* =disk flower.

dis·charge /dɪstʃɑ́ədʒ, dístʃɑədʒ | dɪstʃɑ́ːdʒ, ⌐⌐/ *v.* — *vt.* **1** 〈人を〉〔束縛・義務・勤務などから〕免じる, 解除する; 〈軍人を〉解任する, 〈患者などを〉〔病院から〕退院させる, 〈生徒を〉〔学校から〕帰らせる, ひかせる; 〖法律〗〈罪人などを〉〔…から〕放免する, 釈放する 〔*from*〕 (⇨ free SYN): ～ a soldier, prisoner, patient, etc. / ～ a bankrupt 破産者の債務を消滅させる / ～ a person *from* his duties 人の任務を免ずる / The patient was ～*d from* (the) hospital as cured. 患者は全快して退院を許された. **2 a** 〈水などを〉〔管などから〕放出する, 注ぎ出す; 〈銃砲を〉射つ, 〈弾丸を〉放つ, 発砲する, 発射する, 〈弓・矢を〉射る; 排出する, 吐き出す, 排泄(はいせつ)する; 〈傷・はれものが〉〈うみを〉出す: ～ hormones [pus] (腺が)ホルモンを分泌する[うみを出す] / ～ (an arrow from) a bow 弓(から矢)を射放つ / ～ a shot (from a gun) / ～ a gun 発砲する / A chimney ～*s* smoke. / The Sumida (River) ～*s* itself into Tokyo Bay. 隅田川は東京湾に注ぐ (cf. *vi.* 3). **b** 〖電気〗〈電気を〉放つ, 放電する. **c** 〈抑えていた感情・悪口などを〉言い放つ, 漏らす, 発する (utter): ～ (a string of) oaths 悪口雑言を連発する. **3 a** 解雇する, 解職する, 免職する (⇨ dismiss SYN): be ～*d from* the army 除隊される / be honorably ～*d* (満期・病気などのため)除隊になる; 円満退職する. **b** 〈立法府の特別委員会を〉報告終了後解任する. **4** 〈職務などを〉果たす, 尽くす (⇨ perform SYN); 〈約束を〉履行する (fulfill): ～ one's duties [responsibilities, tasks] 務め[責任, 職責]を果たす. **5** 〈負債を〉弁済する, 支払う (pay off): ～ one's debts 負債を払う. **6** 〈船〉から荷揚げする, 荷卸しする; 〈荷を〉おろす, 陸揚げする; 〈乗組員を〉下船させる; (一般に)〈乗り物が〉〈乗客を〉降ろす: ～ a ship 船の荷卸しをする / ～ a cargo 船荷を陸揚げする / ～ a ship *of* her cargo = ～ cargo *from* a ship 船から荷をおろす / The bus ～*d* passengers. バスは乗客を吐き出した. **7** 〖染色〗(化学処理によって)色抜き[脱色]する, 抜染(ばっせん)する. **8** 〖建築〗〈下圧重量を〉均分する; 〈壁など〉にかかる重量の負担を軽くする. **9** 〈貸し出された図書〉の返納を記録する.
— *vi.* **1** 〈船が〉荷卸しする, 陸揚げする. **2** 排出する; 〈銃が〉発射する. **3** 〈川が〉注ぐ, 流入する (cf. *vt.* 2 a): The river ～*s into* the bay. / a *discharging* river 流入する川. **4** 〈はれものが〉うみを出す: The boil began to ～. おできからうみが出はじめた. **5** 〈色が〉散る, にじむ.
— /dístʃɑədʒ, dɪstʃɑ́ədʒ | dɪstʃɑ́ːdʒ, ⌐⌐/ *n.* **1 a** 排出, 放出 (ejection), 流出, 投射: the ～ of water. **b** 流量, 流率: a ～ regulator 流量調整器. **2** 〖医学〗**a** 排泄, 分泌. **b** 〔…からの〕排泄物, 分泌物, 放出物 〔*from*〕: a ～ *from* the ears [eyes, nose] 耳だれ[目やに, 鼻水]. **3 a** 〔…からの〕解除, 解放, 放免, 釈放 (release) 〔*from*〕: the ～ of prisoners *from* a prison. **b** 退院: get one's ～ *from* a hospital 退院する. **4 a** 除隊; 解雇, 解職 (dismissal): the ～ a worker 労働者の解雇 / get one's ～ 解雇される / give a person a ～ 人を解雇する / ⇨ honorable discharge. **b** 解任状; 釈放書, 解雇状; 免除状; 除隊証明書. **5** 〔職務・責任・約束などの〕遂行, 履行 (performance); 〔負債の〕弁済, 償却, 償還 (payment) 〔*of*〕: the ～ *of* an obligation [duties] 債務[職務]の履行 / the ～ *of* debts 負債の弁済. **6** 荷揚げ, 陸揚げ, 荷卸し (unloading): a ～ of cargo [a ship] / a port of ～ 陸揚げ港 / a ～ afloat 沖荷卸し, 沖取り (船荷を海上ではしけに取り降ろすこと). **7** 〖電気〗放電 (electric discharge): ⇨ corona discharge, spark discharge. **8** 射出, 発砲 (emission, firing), 発射: the ～ of a gun 発砲 / a ～ of shots (from a gun) 弾丸の発射 / a ～ of arrows (from a bow) (弓から)矢を射ること. **9** 〖機械〗吐出し: a ～ valve 吐出し弁. **10** 〖法律〗責任解除; 取消し (annulment); 放免, 免責: a person's ～ *from* an obligation 免責 / the ～ *of* a bankrupt 破産者の免責[債務消滅]. **11** 〖染色〗色抜き, 抜染.

dis·chárge·a·ble /-dʒəbl/ *adj.* **dis·charg·ee** /dɪ̀stʃɑədʒíː, dɪstʃɑə- | dɪ̀stʃɑːdʒíː, ⌐⌐⌐/ *n.* 〖(*a*1338) □ OF *descharger* (F *décharger*) < VL **discarricāre*: ⇨ dis-¹, charge〗

díscharge làmp *n.* 放電灯 (気体中または蒸気中で放電させたときに生じる発光を利用した電灯; ネオン灯・蛍光灯など). 〖1936〗

díscharge prìnting *n.* 〖染色〗抜染 (あらかじめ無地染めした糸や布に, 抜染済を含む糊を印捺し, その部分の地色を脱色して白模様を表す染色法; extract printing ともいう; cf. resist printing).

dis·chárg·er *n.* **1** 荷卸し人; 荷卸し具. **2** 発射者, 放出者; 放出具, 射出装置. **3** 放免者; 履行者. **4** 〖電気〗放電子, 放電叉(さ). **5** =discharging agent. 〖(1533) ← DISCHARGE+-ER¹〗

díscharge ràte *n.* 〖労働〗(経営者に解雇される従業員の)解雇率 (cf. quit rate, layoff, separation rate).

díscharge tùbe *n.* 〖電気〗放電管 (低圧の気体を封入した電子管). 〖1898〗

dis·chárg·ing àgent *n.* 〖染色〗脱色剤, 抜染剤.

dischárging àrch *n.* 〖建築〗=relieving arch.

dischárging pàllet *n.* 〖時計〗=exit pallet.

dísc hàrrow *n.* =disk harrow.

disci *n.* discus の複数形.

dis·ci- /dís(k)ɪ, -s(k)i/ disco- の異形 (⇨ -i-).

dìsci·flóral *adj.* 〖植物〗**1** 花盤のある花の. **2** (キク科の頭状花序の舌状花を除いた)筒(つつ)状花の. 〖(1873): ⇨ disco-, floral〗

dis·ci·form /dís(k)əfɔ̀əm | -s(k)ɪfɔ̀ːm/ *adj.* 丸形の, 卵形の. 〖(1830) ← L *discus*+-FORM〗

dis·ci·ple /dɪsáɪpl/ *n.* **1** 門弟, 弟子, 門人, 門下生 (⇨ follower SYN): a ～ of Confucius 孔子の弟子. **2 a** キリストの十二使徒 (the Apostles) の一人 (cf. *Matt* 10:1), または七十人使徒(一説には七十二人)の一人 (cf. *Luke* 10:1): the (twelve) ～*s* キリスト十二使徒 (the Apostles). **b** (一般に)キリストの弟子. **3** [D-] ディサイプル教会の会員 (Campbellite と呼ばれる).
Disciples of Christ [the ―] ディサイプル教会 (米国の宗教家 Alexander Campbell (1788–1866) とその父 Thomas Campbell (1763–1854) が 1809 年 Pennsylvania 州に創始した新教の一派; 聖書を唯一の規範とし, 浸礼による洗礼を主義とする).
— *vt.* **1** (古) 弟子にする. **2** (廃) 教える, 訓練する, 仕込む.
〖OE *discipul* □ L *discipulus* learner ← *discere* to learn ← IE **dek-* to take, accept (L *docēre* to teach): cf. OF *deciple*〗

discíple·shìp *n.* disciple の地位[身分, 期間]. 〖(1549): ⇨ ↑, -ship〗

dis·ci·plin·a·ble /dìsəplínəbl⌐, dísəplɪn-, -plɪn- | dísɪplɪn-/ *adj.* **1** 訓練できる, 教え導かれる. **2** 〈罪など〉懲戒になるべき: ～ offences. 〖(*c*1454) □ (O)F *disciplinable* ∥ L *disciplīnābilis*: ⇨ discipline, -able〗

dis·ci·plin·al /dísəplɪnl, -plɪnl, dɪsɪ́plɪ- | dìsɪpláɪnl, dísɪplɪnl, -plɪ-/ *adj.* 訓練上の; 規律[風紀]上の; 懲罰の. 〖(*a*1628) (1853) □ ML *disciplīnālis*〗

dis·ci·pli·nant /dísəplɪnənt, -plɪ- | dísɪplɪ-, -plɪ-/ *n.* **1** 修行者. **2** [D-] 〖カトリック〗鞭打(べんだ)苦行者 (特に, 昔スペインにあった厳格な修道会に属する苦行者; cf. flagellant 2 b). 〖(1620) □ Sp. & It. *disciplinante* □ ML *disciplinantem*: ⇨ discipline, -ant〗

dis·ci·pli·nar·i·an /dìsəplɪnέəriən | dìsɪplɪnέər-⌐/ *adj.* 訓練的な, 訓練上の. — *n.* 訓練主義者, (厳重な)規律励行者, 厳格な教師. 〖(1585–87): ⇨ ↓, -an¹〗

dis·ci·plin·ar·y /dísəplɪnèri | dísɪplɪn(ə)ri, dìsɪplín-⌐/ *adj.* **1** 風紀取締まりの, 規律上の; 懲戒的な, 矯正的な (corrective); (しつけの)厳格な (strict): ～ action 懲戒処分 / a ～ committee [court] 懲戒委員会[裁判所] / ～ punishment [measures] 懲戒処分[手段] / a ～ transfer 懲戒的な転勤, 左遷. **2** 訓練上の, 訓育の. **3** 修道上の. **4** 学科の, 学問[専門科目]としての.

dis·ci·plin·ar·i·ly /dìsəplɪnérəli, ⌐⌐⌐⌐⌐ | dísɪplɪn(ə)rɪli, dìsɪplín-/ *adv.* **dis·ci·plin·ar·i·ty** /dìsəplɪnǽrəti, -nér- | -sɪplɪnǽrɪti/ *n.* 〖(1585–87) □ ML *disciplīnārius*: ⇨ ↓, -ary〗

dis·ci·pline /dísəplɪn | -sɪ-/ *n.* **1 a** 規律正しさ, 秩序, 統制 (orderliness); (軍隊・学校・工場などにおける)規律, 隊規, 軍律, 風紀 (order): monastic ～ / loose official ～ ゆるんだ官紀 / enforce [maintain] ～ 規律を励行[維持]する / *Discipline* in the armed forces was breaking down. 軍隊内部の秩序が崩壊しつつあった. **b** 訓練維持; (下部組織などに対する)権威維持. **2** 訓練, 鍛練, 修養; 教練 (drill): military ～ 軍隊訓練; 軍紀 / the ～ of hard work つらい仕事の与える訓練 / be under perfect ～ 訓練が安全に行き届いている. **3** (心身機能の)制御 (control): keep one's passions under ～ 情欲を制する / courage without ～ 蛮勇. **4** 懲戒, 懲罰; 懲罰道具, (特に)むち (scourge). **5** (教授・教育的立場から見た)学問(分野), 学科, 教科; 研究[専門]科目, 研究分野: a required ～ 必修学科[教科] / Semantics is a linguistic ～. 意味論は言語学の一研究分野である. **6** 訓練の方法, 修養法. **7** (経験・逆境などから得た)修練, 試練: the harsh ～ of war. **8** しつけ: persons of proper ～ 正しいしつけを受けた人々. **9** 〖キリスト教〗**a** 教会法則[規則]. **b** (修道会などの)会則, 戒律, 規律. **c** 修業, 苦行, ディシプリン. **d** 苦行用のむち.
— *vt.* **1** 〈人を〉訓練する, 鍛練する (drill) (⇨ punish SYN): ～ oneself *to* get up early 早起きの訓練をする / ～ a person in the school of adversity 人を逆境という学校で訓練する. **2** 懲らす, 懲戒する (chastise): ～ a person *for* breaking the rules 規則違反で懲戒する. **3** 〈人〉に訓練を受けさせる, 規律に服させる.
〖(?*a*1200) □ OF ～ ∥ L *disciplīna* instruction (of disciples): ⇨ disciple, -ine²〗

dis·ci·plined /dísəplɪnd | -sɪ-/ *adj.* 訓練[鍛練]された; 規律正しい; 統制のとれた: Hemingway's terse ～ style ヘミングウェイのむだがなくて練れた文体. 〖(*c*1384): ⇨ ↑, -ed〗

dís·ci·plin·er *n.* 訓練する人; 懲戒する人. 〖(1611) ← DISCIPLINE+-ER¹〗

dis·cip·u·lar /dɪsípjulə | dɪsípjulə/ *adj.* 弟子の, 門弟の(ような); 門弟らしい. 〖(1859) ← L *discipulus* 'DISCIPLE'+-AR¹〗

dis·cis·sion /dɪsíʃən | dɪ-/ *n.* 〖外科〗切割(術) (白内障などの際の水晶体切開). 〖(1647) □ L *discissio(n-)*〗

dísc jòckey *n.* **1** 〘ラジオ・テレビ〙ディスクジョッキー《軽い話題・広告放送を間にはさんだレコード音楽番組担当のアナウンサー; 略 DJ, d.j.; deejay ともいう》. **2** 《ディスコの》ディスクジョッキー《ディスコでレコード音楽を担当する人》. 〘1941〙

dis·claim /dɪ̀skléɪm | dɪs-/ *vt.* **1** 〘法律〙…への請求権を放棄する, 棄権する. **2** 〈関係・責任・請求などを〉拒否する, 〈自作のものを〉(自分のものではないと)否認する (disavow): ~ knowledge of a person's identity 人の身元を知らないと言う. **3** 〈要求・権利などを〉拒絶する (renounce). — *vi.* **1** 〘法律〙請求権を放棄する. **2** 《古》関心[関係]を否認する. 〘《1434》□ AF *disclaimer* =OF *desclamer*: ⇨ dis-¹, claim〙

dis·cláim·er *n.* **1** 〘法律〙(権利)放棄, 棄権; (権利)放棄文書. **2** (関係・責任・請求等の)否認(行為, 抗弁, 文書). **3** (製品の)注意書, 但し書き, お断わり《メーカーの製造責任を軽減するため誤った使い方をしたときの危険性を記したもの; また, テレビ・小説などで「実在の人物とは無関係」など》. **4** 否認[拒否, 放棄]者. 〘《*c*1436》□ AF ~ (↑)〙

dis·cla·ma·tion /dɪ̀skləméɪʃən/ *n.* 否認(行為), 拒否(行為); (権利の)放棄. 〘《1592》□ ML *disclāmātiō(n-)*: ⇨ disclaim, -ation〙

dis·cli·max /dɪ̀sklάɪmæks/ *n.* 〘生態〙妨害極相《人間・家畜などによって遷移の進行がある段階で抑えられている相; 水田や畑などの耕作地が好例; cf. climax 3》. 〘《1935》: ⇨ dis-¹〙

dis·cli·na·tion /dɪ̀sklənéɪʃən | -klɪ̀-/ *n.* 〘物理・結晶〙回位《高分子結晶などに生じる欠陥, 例えば結晶の一部をくさび状に取り去り, 縫い縮めたような欠陥》. 〘⇨ dis-¹, inclination〙

dísc lòading *n.* 〘航空〙円板荷重《プロペラやヘリコプターのローターなど回転する翼について, それぞれの回転面の単位面積あたりの推力を指す》. 〘1934〙

dis·close /dɪ̀sklóʊz | dɪsklə́ʊz/ *vt.* **1** 明らかにする, 発表する (make known): ~ one's intentions *to* a person 人に自分の意図を明らかにする / They ~*d that* … 彼らは…ということを明らかにした. **2** 表す, 〈隠れた物を〉取り出す (uncover): ~ a hidden treasure. **3** 〈秘密などを〉さらけ出す, 暴露する, 口外する, 摘発する, 暴く (⇨ reveal SYN): ~ a secret 秘密をすっぱぬく. **4** 《まれ》(卵から)〈ひなを〉孵(かえ)す. **5** 《廃》〈閉ざされたものを〉開く, 開ける.

dis·clós·er *n.* 〘《*a*1393》 *desclose(n)* □ OF *desclos-* (stem) ← *desclore* to unclose: ⇨ dis-¹, close¹〙

dis·clós·ing àgent [**tàblet**] *n.* 〘歯科〙歯垢(しこう)検出剤. 〘1965〙

dis·clo·sure /dɪ̀sklóʊʒə | dɪsklə́ʊʒə^(r)/ *n.* **1** 発表, 公表; 情報公開, ディスクロージャー. **2** 発覚[暴露]したもの; 打ち明け話. **3** 暴露, 摘発, 露顕: ~ policy [tactics] 暴露政策[戦術] / make a ~ of …を暴露する. **4** (特許申請に記した)明細書. 〘《*a*1598》: ⇨ ↑, -ure〙

dis·co /dískoʊ | -kəʊ/ *n.* (*pl.* ~**s**) **1** ディスコ (discotheque)《レコードの音楽に合わせて踊るバー・キャバレー・ナイトクラブ・ダンスホールなど; cf. discaire》. **2** ディスコミュージック; ディスコダンス. **3** ディスコのレコード再生装置. — *vi.* ディスコ(テック)で踊る.
〘《1964》《短縮》← DISCOTHEQUE〙

dis·co- /dískoʊ | -kəʊ/ *n.* **1** 「円形, 円板状 (disk-shaped, discoid) の」の意の連結形. **2** 「レコードの, 録音の」の意の連結形: *disco*graphy, *disco*phile. ★ 時に disci-, また母音の前では通例 disc- になる. 〘□ L ~ ← Gk *dískos* 'DISCUS'〙

dis·cob·o·lus /dɪ̀skά(ː)bələs | dɪskɔ́b-/ *n.* (*also* **dis·cob·o·los** /~/) (*pl.* **-o·li** /-lὰɪ, -lìː | -lὰɪ/) **1** (古代の)円盤投技者. **2** [the D-]「円盤投げ」《Myron 作の円盤投技者の彫刻》. 〘《1727》□ L ~ □ Gk *diskobólos* ← *dískos* (↑) + *-bolos* throwing〙

dísco dàncing *n.* ディスコダンス.

dis·co·glos·sid /dɪ̀skoʊglά(ː)sɪ̀d | -kə(ʊ)glɔ́sɪd/ *adj.*, *n.* 〘動物〙スズガエル科の(カエル). 〘← NL *Discoglossidae* (科名) ← *Discoglossus* (属名: ⇨ disco-, -glossa)〙

dis·cog·ra·pher /dɪ̀skά(ː)grəfə | dɪskɔ́grəfə^(r)/ *n.* (収集のための)レコード分類記録者[分類表製作者]. 〘《1941》: ⇨ ↓, -er¹〙

dis·cog·ra·phy /dɪ̀skά(ː)grəfi | dɪskɔ́g-/ *n.* **1** (収集家の行う)レコード分類(記載法); 作曲家[演奏家など]の吹込みレコード一覧表; レコード音楽研究[解説, 歴史]. **2** =discology. **dis·co·graph·i·cal** /dɪ̀skəgrǽfɪkəl, -kl | -fɪ-ˊ/ *adj.* **dis·co·gráph·ic** /-grǽfɪkˊ/ *adj.* **dis·co·gráph·i·cal·ly** /-fɪk(ə)li, -kli | -fɪ-/ *adv.* 〘《1933》← DISCO- + -GRAPHY〙

dis·coid /dískɔɪd/ *adj.* **1** 平円盤状の. **2** 〘植物〙 **a** 〈キク科の小花がつく花托が〉円盤状の. **b** 〈小管状花をもったキク科の頭状花が〉円盤状の. — *n.* 平円盤状の物《貝など》. 〘《1794》□ LL *discoidēs*: ⇨ disco-, -oid〙

dis·coi·dal /dɪ̀skɔ́ɪdl, dískɔɪ- | dɪskɔ́ɪdl/ *adj.* =discoid.

discóidal cléavage *n.* 〘動物〙盤割《卵割が胚盤の部分でのみ進行し, 卵割面はほとんど卵黄中に進入しないもの; cf. superficial cleavage》. 〘*c*1909〙

dis·col·o·gy /dɪ̀skά(ː)lədʒi | -kɔ́l-/ *n.* レコードの研究; レコード学. 〘《1935》← DISC + -OLOGY〙

dis·col·or, 《英》 **dis·col·our** /dɪ̀skʌ́lə, dɪs- | dɪskʌ́lə^(r), dɪs-/ *vt.* 変色させる; …の色を損じる[汚す], 褪色(たいしょく)させる: a roll of newspapers ~*ed* with age 古くなって変色した新聞紙の束. — *vi.* 変色する, 色があせる. **~·ment** *n.* 〘《*c*1380》□ OF *descolorer*: ⇨ dis-¹, color〙

dis·col·or·a·tion /dɪ̀skʌ̀ləréɪʃən, dɪskʌl- | dɪs-, dɪs-/ *n.* **1** 変色, 褪色. **2** 汚染, しみ (stain). 〘《1642》: ⇨ ↑, -ation〙

dis·cól·ored *adj.* **1** 変色した, 色のあせた (stained): one's ~ teeth 変色した歯. **2** 《廃》まだら色の (variegated). 〘《?1440》: ⇨ -ed〙

dis·co·ma·ni·a /dɪ̀skəméɪniə, -njə/ *n.* レコード愛好家, レコード狂. 〘《1977》← DISCO- + MANIA〙

dis·com·bob·er·ate /dɪ̀skəmbά(ː)bərèɪt | -bɔ́b-/ *vt.* =discombobulate.

dis·com·bob·u·late /dɪ̀skəmbά(ː)bjʊlèɪt | -bɔ́b-/ *vt.* 《米戯言》〈人〉の度肝を抜く, まごつかせる, 当惑させる (disconcert); 〈計画などを〉乱す, 混乱させる, ひっくり返す, 失敗させる (upset): The project was ~*d* by the unforseeable event. 計画は不慮の事件でだめになった. **dis·com·bob·u·la·tion** /dɪ̀skəmbὰ(ː)bjʊléɪʃən | -bɔ̀b-/ *n.* 〘《1834》: *discompose, discomfort, discomfit* などからラテン語をもじった戯言的造語〙

dis·com·fit /dɪ̀skʌ́mfɪ̀t, -kά(ː)m- | dɪskʌ́mfɪt, -kɔ́m-/ *vt.* **1** たじろがせる (baffle); まごつかせる, 当惑させる (disconcert): He was ~*ed at* being seen by someone. だれかに見られたのでまごついた. **2** 〈人〉の計画[目的]を覆す, 裏をかく; 〈計画などを〉覆す. **3** 《古》打ち破る, 負かす (defeat). — *n.* 《古》敗北 (defeat). **~·er** /-tə | -tə^(r)/ *n.* 〘《?*a*1200》← OF *desconfit* defeated (p.p.) ← *desconfire* ← DIS-¹ + *confire* to make (< L *conficere*: cf. confect)〙

dis·com·fi·ture /dɪ̀skʌ́mfətʃə, -tʃʊ̀ə | dɪskʌ́mfɪ̀tʃə^(r)/ *n.* **1** (計画・希望などの)挫折(ざせつ), 失敗. **2** 当惑, 狼狽(ろうばい). **3** (戦争の)全敗, 完敗, 大敗走. 〘《*a*1338》□ OF *desconfiture*: ⇨ ↑, -ure〙

dis·com·fort /dɪ̀skʌ́mfət | dɪskʌ́mfət/ *n.* **1** 不快, 不愉快, 不安. **2** 人を不愉快にする事情, いやなこと, (種々の)不便, 困難: endure many ~*s* いろいろな不便を忍ぶ. — *vt.* …の幸福[安楽]を妨げる, 不(愉)快にする, 不安にする, 苦しめる. **~·er** /-tə | -tə^(r)/ *n.* 〘《*c*1300》□ OF *desconforter*: ⇨ dis-¹, comfort〙

dis·com·fort·a·ble /dɪ̀skʌ́mfətəbl, -ft- | dɪskʌ́mf(ə)t-/ *adj.* 《古》 **1** 安楽でない, 不愉快な, いやな. **2** 悩ましい. **dis·cóm·fort·a·bly** *adv.* 〘《*c*1350》□ OF *desconfortable*: ⇨ ↑, -able〙

discómfort ìndex *n.* 不快指数《略 DI; 今は使わない; cf. Temperature-Humidity Index》.

dis·com·mend /dɪ̀skəménd/ *vt.* 《まれ》 **1** …に賛成しない, 非難する (disapprove). **2** ほめない, すすめない (↔ recommend). **3** 《廃》…への好感を失わせる. **~·a·ble** /-dəbl/ *adj.* **~·er** *n.* **dis·com·men·da·tion** /dɪskὰ(ː)mәndéɪʃən, -mɛn- | -kɔ̀m-/ *n.* 〘《1494》← DIS-¹ + COMMEND〙

dis·com·mode /dɪ̀skəmóʊd | -mə́ʊd/ *vt.* 〈人を〉不便[不自由]にする; …に迷惑をかける, 困らせる. **dìs·com·mó·di·ous** /-diəs | -di-ˊ/ *adj.* **dìs·com·mó·di·ous·ly** *adv.* 〘《*c*1721》□ F 《廃》 *discommoder*: ⇨ dis-¹, commode〙

dis·com·mod·i·ty /dɪ̀skəmά(ː)dəti | -mɔ́dɪ̀ti/ *n.* **1** 《古》不利, 不便 (inconvenience). **2** 〘経済〙非商品, 非財《人間に不便や損害を与えるもの, 例えば病気・地震・火災・商品獲得のための骨折りなど》. 〘《1513》← DIS-¹ + COMMODITY〙

dis·com·mon /dɪ̀skά(ː)mən | -kɔ́m-/ *vt.* **1** 〘法律〙〈入会(いりあい)地 (common) を〉囲って私有地にする; 〈入会地〉の放牧権を取り上げる. **2** 〘英大学〙(特に, Oxford, Cambridge 大学で)〈商人〉から在学生と取り引きする権利を奪う. **3** …から入会権 (right of common) を取り上げる. 〘《*c*1450》← DIS-¹ + COMMON〙

dis·com·pose /dɪ̀skəmpóʊz | -pə́ʊz/ *vt.* **1** 〈人〉の平静[落ち着き]を失わせる, 不安にする, …の心を騒がせる (ruffle). **2** 《まれ》かき乱す, 散らかす (disarrange). 〘《1483》← DIS-¹ + COMPOSE〙

dìs·com·pósed *adj.* 平静[落ち着き]を失った, 気を取り乱した: a ~ countenance 取り乱した顔つき. **dìs·com·pós·ed·ly** /-zɪ̀dli/ *adv.* 〘《1625–28》: ⇨ ↑, -ed〙

dìs·com·pós·ing *adj.* 心を乱す[騒がす](ような), 不安を感じさせる(ような). **~·ly** *adv.* 〘《1694》← DISCOMPOSE + -ING²〙

dis·com·po·sure /dɪ̀skəmpóʊʒə | -pə́ʊʒə^(r)/ *n.* 心の動揺, 不安, 当惑, 狼狽(ろうばい) (embarrassment). 〘《1641》← DISCOMPOSE + -URE〙

dísco mùsic *n.* ディスコミュージック《ディスコで演奏される[かけられる]踊りに適した音楽; R & B, jazz-rock, soul など》.

dis·con·cert /dɪ̀skənsə́ːt | -sə́ːt/ *vt.* **1** [しばしば受身で]〈人〉の冷静を失わせる, まごつかせる, 当惑させる (embarrass): be ~*ed* 心が動揺する, 当惑する, まごつく. **2** 〈計画などを〉狂わす, 乱す, 挫折させる, …の裏をかく (upset). 〘《1687》□ F 《廃》 *desconcerter* (F *déconcerter*): ⇨ dis-¹, concert〙

dis·con·cért·ed /-tɪ̀d | -tɪdˊ/ *adj.* 当惑した, 混乱した (discomposed). **~·ly** *adv.* **~·ness** *n.* 〘《1723》: ⇨ ↑, -ed 2〙

dis·con·cert·ing /dɪ̀skənsə́ːtɪŋ | -sə́ːtɪŋˊ/ *adj.* まごつかせる(ような), 当惑させる(ような), 混乱させる(ような): his ~ stare どぎまぎさせるような彼の凝視. **~·ly** *adv.* 〘《1807》: ⇨ -ing²〙

dis·con·cer·tion /dɪ̀skənsə́ːʃən | -sə́ː-/ *n.* **1** 混乱(状態), 困惑, 当惑 (confusion). **2** 挫折(ざせつ), 攪乱. 〘《1794》: ⇨ -ion〙

dis·con·cert·ment /dɪ̀skənsə́ːtmənt | -sə́ːt-/ *n.* =disconcertion.

dis·con·firm /dɪ̀skənfə́ːm | -fə́ːm/ *vt.* 〈理論・命題などが〉妥当でないと明言する (↔ confirm). **dis·con·fir·ma·tion** /dɪ̀skὰ(ː)nfəméɪʃən | -kɔ̀nfə-/ *n.* 〘《1936》← DIS-¹ + CONFIRM〙

dis·con·form·a·ble /dɪ̀skənfɔ́əməbl | -fɔ́ːm-ˊ/ *adj.* **1** 〔…に〕適合していない; 準拠していない 〔*to*〕. **2** 〘地質〙不整合の. **dis·con·fórm·a·bly** /-bli/ *adv.* 〘《1603》← DIS-¹ + CONFORMABLE〙

dis·con·form·i·ty /dɪ̀skənfɔ́əməti | -fɔ́ːmɪ̀ti/ *n.* **1** 《古》=nonconformity. **2** 〘地質〙(地層の)平行不整合[非整合]. 〘《1587》← DIS-¹ + CONFORMITY〙

dis·con·gru·i·ty /dɪ̀skα(ː)ngrúːəti, -kα(ː)n- | -kɔŋgrúːɪ̀ti, -kən-, -kəŋ-/ *n.* =incongruity.

dis·con·nect /dɪ̀skənékt/ *vt.* 〈二物〉の連絡[接続]を断つ; 〔…から〕分離する, 分かつ (separate) 〔*from, with*〕; 〈電話などを〉切る; 〈電気器具〉の電源を切る: ~ an electric fan 扇風機の電源を切って止める / ~ oneself *from* …との関係を断つ. — *vi.* **1** 連絡を断つ. **2** 離れる, 引き下がる: ~ into silences 黙りこくってしまう. — *n.* **1** 連絡[接続]を断つこと, 切断, 断線. **2** 〈電話回線など〉不通, 通話不能. 〘《1770》← DIS-¹ + CONNECT〙

dis·con·néct·ed *adj.* **1** 離れ離れの, 分断された (disunited); (電話・器具などの)プラグを抜いた: a set of ~ units いくつかのばらばらの単位から成る一組. **2** 〈談話・文章・思想などが〉連絡のない, まとまりのない (incoherent): He merely put down some ~ lines. 支離滅裂な文章を数行書いただけであった. **~·ly** *adv.* **~·ness** *n.* 〘《1783》: ⇨ ↑, -ed〙

dis·con·néct·ing *n.* 連絡切断; 〘電気〙断線, 断路: a ~ gear 掛けはずし装置 / a ~ switch 〘電気〙断路器 / a ~ plug 〘電気〙断路プラグ.

dis·con·nec·tion, 《英》 **dis·con·nex·ion** /dɪ̀skənékʃən/ *n.* **1** (連絡の)切断, 絶縁, 分離, 断絶 (separation); 〘電気〙断線, 断路. **2** (思想・表現などの)まとまりのないこと, 支離滅裂. 〘《1735》: ⇨ -tion〙

dis·con·sid·er /dɪ̀skənsídə | -də^(r)/ *vt.* 不評にする, 信用を落とす (discredit). **dis·con·sid·er·a·tion** /dɪ̀skənsɪ̀dəréɪʃən | -də-/ *n.* 〘《1887》← DIS-¹ + CONSIDER〙

dis·con·so·late /dɪ̀skά(ː)ns(ə)lɪ̀t | dɪskɔ́n-/ *adj.* **1** 〈人・人情など〉何の楽しみ[心の慰め]もない, わびしい, やるせない. **2** 〈場所・物など〉うら悲しい, 陰気な. **~·ly** *adv.* **~·ness** *n.* 〘《*c*1385》□ ML *disconsōlātus* ← DIS-¹ + *consōlātus* ((p.p.) ← *consōlārī* 'to CONSOLE¹')〙

dis·con·so·la·tion /dɪ̀skὰ(ː)nsəléɪʃən | dɪskɔ̀n-/ *n.* 心の慰めのない状態, やるせなさ. 〘《1593》← DIS-¹ + CONSOLATION〙

dis·con·tent /dɪ̀skəntént/ *n.* **1** 不満, 不平, 不服 (↔ content) 〔*with*〕; 不興, 不快 (displeasure); [通例 *pl.*] 不平のもと[理由]. **2** 《まれ》=malcontent. **3** (向上・変わったものなどへの)欲求, 渇望 (yearning).
— *adj.* [叙述的] 不満で, 不平で: He left the firm, ~ *with* his position. 地位に不満でその商会を辞めた.
— *vt.* [通例受身で] 〈人〉に不満[不平]をいだかせる; …の機嫌を損ねる: I *am* ~*ed with* my salary. 給料に不満だ.
〘《?*a*1400》← DIS¹ + CONTENT²〙

dis·con·tént·ed /-tɪ̀d | -tɪd/ *adj.* 不平をいだいている, 不満[不足]に思っている, 不満な (⇨ unsatisfied SYN): a ~ face 不満そうな顔. **~·ness** *n.* 〘《1494》: ⇨ ↑, -ed〙

dìs·con·tént·ed·ly *adv.* 不平[不満]に思って, あきたらなく思って, 不満らしく, 不機嫌に (sullenly). 〘《1588》: ⇨ ↑, -ly¹〙

dìs·con·tént·ment *n.* =discontent *n.* 1.

dis·con·tig·u·ous /dɪ̀skəntígjuəs | -kən-, -kɔn-/ *adj.* 〈部分が〉接着[隣接, 接触]していない, 離れた. 〘《1792》← DIS-¹ + CONTIGUOUS〙

dis·con·tin·u·ance /dɪ̀skəntínjuəns/ *n.* **1** 途切れ, 中絶; 休止, 停止 (cessation); 廃止, 断絶: the ~ of business 廃業, 営業停止. **2** 〘法律〙訴訟打切り, 却下; (係争の)中絶; 不動産不法占有. 〘《*a*1398》□ AF ~: ⇨ dis-¹, continuance〙

dis·con·tin·u·a·tion /dɪ̀skəntɪ̀njuéɪʃən/ *n.* =discontinuance 1. 〘《1611》□ (O)F ~: ⇨ ↓, -ation〙

dis·con·tin·ue /dɪ̀skəntínjuː/ *vt.* **1 a** (続けることをしだいに)やめる (⇨ stop SYN); 中途でよす, 中止[停止]する, 中断[中絶]する (interrupt), (一時)休止する 〈*doing*〉: ~ one's habit 習慣をやめる / ~ attending church 教会への出席をやめる. **b** …の出版をやめる; …の購読を解約する: ~ publication 廃刊する / ~ a newspaper 新聞を(取ることを)やめる. **2** 〘法律〙〈訴訟を〉取り下げる, 却下する.
— *vi.* 取りやめになる[する], 中止[休止]になる: Publication will ~ soon. 出版はまもなく中止になる[する]. **dis·con·tín·u·er** *n.* 〘《*a*1398》□ (O)F *discontinuer*: ⇨ dis-¹, continue〙

dis·con·ti·nu·i·ty /dɪ̀skὰ(ː)ntənúːəti, -njúː-, -tṇ- | -kɔ̀ntɪ̀njúːɪ̀ti/ *n.* **1** 不連続(性); (思想などの)非一貫性, 支離滅裂. **2** 途切れ, 中絶; 切れ目, 裂け目. **3** 〘数学〙(関数などの)不[非]連続性. **4** 〘地質〙(地球の構造の)不連続, 非連続. 〘《1570》□ ML *discontinuitās*: ⇨ discontinuous, -ity〙

discontinúity làyer *n.* 〘生態〙不連続層《海水または湖水がある水深を境にして飛躍的に水温の変わる層》. 〘1911〙

dis·con·tin·u·ous /dɪ̀skəntínjuəsˊ/ *adj.* **1** 不連続の, 非連続性の, 途切れている, 中絶的な, 断続的な (intermittent). **2** 〘数学〙不連続な (↔ continuous). **~·ness** *n.* 〘《1667》□ ML *discontinuus*: ⇨ dis-¹, continuous〙

dìs·con·tín·u·ous·ly *adv.* 不連続的に, 断続的に; とぎれとぎれに. 〘《1836》: ⇨ ↑, -ly¹〙

díscontinuous pháse *n.* 〘物理化学〙不連続相 (⇨ dispersed phase).

dis·co·phile /dískəfàɪl/ *n.* (*also* **dis·co·phil** /-fɪl/) レコード収集家[研究家], レコードファン. 〚(1940) ← DISCO-＋-PHILE〛

dis·cord /dískɔəd | -kɔːd/ *n.* **1** 不一致, 意見の対立[相違]; (事物の)不調和, 不和, 仲違(なか)い, 内輪もめ, 軋轢(あつれき) (↔ concord): be in ~ (with) (…と)不和になっている, 一致しない / sow ~ among [between] …の間に不和の種をまく. **2** 〘音楽〙(音の)不調和, 不協和; 不協和音 (dissonance) (↔ accord; cf. harmony, concord). **3** 耳障りな音, 騒音.
— /dískɔəd, dɪ̀skɔ́əd | dɪskɔ́ːd/ *vt.* **1** 〔…と〕一致しない (disagree), 不和である 〔*with, from*〕. **2** 〘音楽〙協和しない, 衝突する.
〚n.: (*c*1230) □ OF *descorde* □ L *discordia* ← *discors* discordant ← DIS-[1]＋*cor* 'HEART'. — v.: (*a*1325) □ (O)F *discorder* □ L *discordāre* to differ〛

SYN 不和: **discord** 人または物の間に不一致・論争・争いのある状態 (格式ばった語): There was *discord* among the villagers. 村人たちの間に仲違いがあった. **strife** 不一致や衝突が原因で争っている状態 (格式ばった語): factional *strife* 派閥の争い. **contention** あることについての論争 (格式ばった語): *Contention* has no place in church. 教会内での論争は禁物である. **dissension** 意見の不一致で, 通例議論や争いに至るもの (格式ばった語): Their political disagreement caused *dissension*. 政治上の意見の相違からけんかになった.
ANT harmony, agreement.

---

dis·cor·dance /dɪ̀skɔ́ədəns, -dns | dɪskɔ́ːdəns, -dns/ *n.* **1** (音の)不協和性, 耳障りな音 (dissonance). **2** (感情などの)不一致, 不和, 軋轢(あつれき) (disagreement). **3** 〘地質〙(地層の)不整合. 〚(1340) □ OF *descordance*: ⇨ ↑, -ance〛

dis·cór·dan·cy /-si/ *n.* ＝discordance.

dis·cor·dant /dɪ̀skɔ́ədənt, -dnt | dɪskɔ́ːdənt, -dnt/ *adj.* **1** 〈物・考えなどが〉〔…と〕一致しない, 不調和の, 似合わない; 〈感情が〉しっくりしない, 合わない, 仲が悪い 〔*to, from, with*〕. **2** 〈音が〉不協和な, 〈音声が〉調子はずれの, 耳障りな: the ~ croak of a frog カエルの耳障りな鳴き声. **3** 〘地質〙不整合の.
stríke* [*sóund*] *a discórdant nóte ⇨ note *n.* 成句.
〚(*c*1380) □ OF *descordant*: ⇨ discord, -ant〛

dis·cór·dant·ly *adv.* 不調和的に, 一致を欠いて; 不協和的に, 耳ざわりに. 〚(1663): ⇨ ↑, -ly[1]〛

Dis·cor·di·a /dɪ̀skɔ́ədiə | dɪskɔ́ːdiə/ *n.* 〘ローマ神話〙ディスコルディア (不和・争いの女神; ギリシャ神話の Eris に当たる). 〚□ L ~: ⇨ discord〛

dis·co·theque /dískətèk, ˌ—ˌ—ˊ; *F.* diskɔtɛk/ *n., vi.* (*also* **dis·co·thèque** /~/) ＝disco. 〚(1954) □ F *discothèque* (原義) record library ← *disque* disk, record＋(*bibli*)*othèque* library〛

díscotheque drèss *n.* ディスコ(テック)ドレス (元来ディスコでゴーゴーガール (go-go girl) が着た襟ぐりの大きい短いドレス; その線にひだがありしばしば黒色). 〚1964〛

dis·count /dískaunt/ *n.* **1** 割引, 減価; 値引き (reduction) 〔*on*〕: a ~ of 3% / at 25% ~ 2割5分引きで / give [allow] a ~ (*on* the price of goods) (商品の定価から)割引をする / a five percent ~ *on* books 書籍類5%引. **2** (手形などの)割引(額), 割引歩合[率]: a banker's ~＝bank discount / a cash ~ 現金(払い)割引. **3** (貸金の)利子の先払い, 先払い利子, 利子天引き貸借. **4** 割引, 斟酌(しんしゃく), 手心: accept a story with some ~ 話をいくらか割引[斟酌]して聞く. **5** 〘玉突〙点数割引.
at a discount (1) (額面以下に)割引して (below par) (cf. *at a* PREMIUM). (2) 売れ口がない: These goods are *at a* ~. (3) 評判が悪い: Bureaucratism is *at a* sad ~. 官僚主義は至極評判を悪くしている. (4) 価格が低下して: Cotton stocks are *at a* ~.
— /dískaunt, dɪ̀skáunt | dɪskáunt, ˌ—ˊ/ *v.* — *vt.* **1 a** 割引する: ~ 10% for cash 現金払いには1割引きする. **b** 安売りする, 割引して売りに出す. **2 a** (誇張や信頼性の欠如のため)…の真実性を割引く, 計算に入れない, 無視する (disregard): ~ the fundamental points. **b** 〈話などを〉割引して聞く[受け取る]: ~ a rumor / ~ half of what others say 他人の言うことは話半分に聞く. **3** 〈将来の不利な影響・出来事などを〉あらかじめ考慮する, 見込む. **4** 〈手形を〉割引して手放す[買い入れる]: ~ a bill / get a bill ~*ed* 手形の割引をしてもらう. **5** (利子の前取りをして)…に金を貸す. **6** …の価値・効果を減ずる, 減少する, 失う: ~ one's gains by subsequent losses あとからの損失でもうけを減らす. **7** 〘玉突〙〈相手〉に差しを与える.
— *vi.* **1** 利子を引いて金を貸し付ける. **2** 〈商品などを〉割引いて売る.
〚n.: (1622) (変形) ← F (廃) *descompte* ← (廃) *descompter*: ⇨ dis-[1], count[1]〛

dis·count·a·ble /dɪ̀skáuntəbl, dískaunt- | dɪskáunt-/ *adj.* **1** 割引できる. **2** 割引のための: during the ~ period 割引期間中. 〚(1800): ⇨ ↑, -able〛

díscount bròker *n.* 手形割引仲買人. 〚1863〛

dís·count·ed cásh flòw /-tɪ̀d- | -tɪ̀d-/ *n.* 〘会計〙現金(収支)割引法 (投資の優劣を判定するにあたり, 将来の現金流出入を現在の価値に換算して行う方法; 略 DCF).

dis·coun·te·nance /dɪ̀skáuntənəns, -tn-, -tn- | dɪskáuntɪ̀n-, -tn-, -tn-/ *vt.* **1** 賛成しない, 反対する, …にいい顔をしない. **2** 辱(はずか)める, 面目を失わせる. — *n.* 不賛成, 反対. 〚(1580) ← DIS-[1]＋COUNTENANCE: cf. F (廃) *descontenancer*〛

dís·count·er /-tə, ˌ—ˊ—ˊ | -tə[(r)]/ *n.* **1** 割引する人. **2** ＝discount house. 〚(1732): ⇨ -er[1]〛

díscount hòuse *n.* **1** (米) ＝discount store. **2** (英) 為替手形の割引商会 (bill broker). 〚1863〛

díscount màrket *n.* 割引市場 (手形や政府短期証券の売買[割引]が行われる公開市場). 〚1891〛

díscount ràte *n.* 〘金融〙**1** 手形割引歩合, 手形割引率. **2** ＝rediscount rate. 〚*c*1927〛

díscount sàle *n.* 特売, 割引販売, ディスカウントセール.

díscount stòre [shòp] *n.* ディスカウントストア, 割引店 (商品を定価より安く売る商店). 〚1958〛

dis·cour·age /dɪ̀skə́ːrɪdʒ | dɪskʌ́r-/ *vt.* (↔ encourage) **1** [しばしば受身で]〈人〉の勇気を失わせる, 落胆させる: *be* ~*d* がっかりする. **2** …の邪魔をする, …に水を差す (thwart); (不賛意を表明して)〈人〉に〔…するのを〕思いとどまらせる (dissuade) 〔*from*〕: ~ industry, a person's plans, etc. / ~ a person *from* making the attempt 人にその企てをすることを思いとどまらせる / ~ consumer buying 消費者の購買欲に水を差す / A pot of basil is said to ~ flies. 鉢植えのメボウキを置いておくとハエ除けになるといわれている. **3** …に不賛意を表す, よしとしない: ~ the slangy expression / He ~*d* their marriage. 彼は彼らの結婚には不賛成だった. — *vi.* (まれ) 落胆[がっかり]する.
~·a·ble /-dʒəbl/ *adj.* **dis·cóur·ag·er** *n.*
〚(1437) □ OF *descorager*: ⇨ dis-[1], courage〛

dis·cóur·aged *adj.* がっかり[落胆]して.

dis·cour·age·ment /dɪ̀skə́ːrɪdʒmənt | dɪskʌ́r-/ *n.* **1** 落胆, 失意. **2** 意気をくじく[がっかりさせる]ような支障[邪魔, 事情]. 〚(1561) □ OF *desco(u)ragement*: ⇨ ↑, -ment〛

dis·cóur·ag·ing *adj.* がっかりさせる, 元気をくじく, 悲観的な, 思わしくない: a ~ report. **~·ly** *adv.* 〚(1678) ← DISCOURAGE＋-ING[2]〛

dis·course /dískɔəs, dɪ̀skɔ́əs | dískɔːs, ˌ—ˊ/ *n.* **1** (文語) 説話; 講話, 講演 (lecture), 説教 (sermon) 〔*on, upon*〕 (⇨ speech SYN). **2** (文語) 話, 談話: hold ~ *with* …と語る. **3** (文語) 論説, 論文 (treatise). **4** 〘言語〙談話 (話されたり書かれたりした言葉において, 複数の文の連続体で一定のまとまりを有すると見なされるもの; cf. discourse analysis). **5** (米) 〘文法〙＝narration 3. **6** (古) 推理[推論]能力, 合理性.
— /dɪ̀skɔ́əs, dískɔəs | dɪskɔ́ːs/ *v.* — *vi.* **1** (継続的に, 形式ばって)〔…について〕話す, 語る, 演説する (⇨ speak SYN); (論文で)説く, 論述する 〔*on, upon, of*〕. **2** (文語) 談話をかわす, 談論する. — *vt.* (古) 物語る, 論ずる; 〈音楽などを〉奏する.
〚(*c*1380) *discours* □ LL *discursus* discourse, (in L) a running to and fro: ⇨ dis-[1], course[1]〛

díscourse anàlysis *n.* 〘言語〙談話分析 (文より大きな言語単位である談話 (discourse) における文法規則・特性を対象とする言語分析の方法). 〚1952〛

díscourse màrker *n.* 〘文法〙談話の標識 (談話を部分に分ける語句; 例 I mean).

dis·cóurs·er *n.* 談話者, 議論家, 論客. 〚(1564) ← DISCOURSE＋-ER[1]〛

dis·cour·te·ous /dɪ̀skə́ːtiəs, dìs- | dɪskə́ːtiəs, -kɔ́ː-/ *adj.* 失礼な; ぶしつけな, 無作法な (⇨ rude SYN). **~·ness** *n.* 〚(1578) ← DIS-[1]＋COURTEOUS〛

dis·cóur·te·ous·ly *adv.* 失礼にも, ぶしつけに, 無作法にも. 〚(1584): ⇨ ↑, -ly[1]〛

dis·cour·te·sy /dɪ̀skə́ːtəsi | dɪskə́ːtɪ̀-/ *n.* **1** 非礼, 失礼 (incivility) (↔ courtesy); ぶしつけ, 無作法 (rudeness). **2** 失礼な言行, 無礼. 〚(1555) ← DIS-[1]＋COURTESY〛

dis·cov·er /dɪ̀skʌ́və | -və[(r)]/ *vt.* **1** 〈未知の物事を〉発見する, 見つける, 見出す (find out, come across): ~ a gold mine. **2** 〈事実・答えなどが〉わかる, 悟る (realize): ~ the facts / be ~*ed* to be [have been] …だ[だった]とわかる / He ~*ed that* he had made a mistake. 彼は間違いをしたことを悟った / He ~*ed how* he had failed. 何故失敗したかわかった. **3 a** 〔人に〕〈隠れたものを〉あらわに示す 〔*to*〕; (古) 表す, 明かす (reveal): ~ a secret *to* a friend 友人に秘密を明かす. **b** [p.p. 形で] 〘演劇〙(開幕とともに)〈俳優を〉舞台に表す: When the curtain goes up, a young man and a girl are ~*ed* sitting on a bench. 幕が開くと一人の青年と一人の少女がベンチに腰をかけているところが見える. **c** [~ *oneself* で] (まれ) 〔…に〕名を明かす, 名乗る 〔*to*〕: He ~*ed himself to* the girl as her father. 彼は少女に父親だと名乗った. **d** (古) 〈特質などを〉露見させる; 示す, もらす (betray). **4** (古) …のおおいをとる. **5** (廃) 探査する, 探検する. — *vi.* 発見する: as far as I can ~ 私のわかる限りでは.
discóver chéck ⇨ check[1] *n.* 成句.
〚(?*c*1300) □ OF *desco(u)vrir*: ⇨ dis-[1], cover〛

SYN 発見する: **discover** 未知の事柄・事物などをはじめて見つけ出すことで, この意味では最も普通の語: Newton *discovered* the law of gravity. ニュートンは引力の法則を発見した. **find** 未知の事, 物事の状況を見つけ出すことで, 口語的でまた最も適用範囲が広い語: The boy was *found* dead in the woods. その少年は森の中で死んでいるのを発見された. **detect** 悪事など隠されていることを探し出して発見する: *detect* a printer's error 誤植を発見する. **unearth** 調査の結果, 未知であったことを明るみに出す (格式ばった語): *unearth* old documents 古文書を発見する.

---

dis·cov·er·a·ble /dɪ̀skʌ́v(ə)rəbl/ *adj.* 発見できる, 見出せる, 〈効果など〉認められる. 〚(1572): ⇨ ↑, -able〛

dis·cóv·ered chéck *n.* 〘チェス〙空き王手 (攻め駒と王との間の駒を移動してチェックすること; cf. *discover* CHECK). 〚1847〛

dis·cóv·er·er /-v(ə)rə | -rə[(r)]/ *n.* **1** 発見者. **2** (廃) 通報者 (informer), スパイ. 〚(*a*1325): ⇨ -er[1]〛

dis·cov·ert /dɪ̀skʌ́vət, -kóuv- | -kʌ́vət/ *adj.* 〘法律〙〈女性が〉婚姻関係にない, 夫のない (未婚・寡婦または離婚した女性にいう; cf. coverture, feme covert). 〚(*c*1380) (1729) (原義) unprotected □ OF *desco(u)vert* (p.p.) ← *descouvrir* 'to DISCOVER'〛

dis·cov·er·ture /dɪ̀skʌ́vətʃə, -tʃùə | dɪskʌ́vətjùə[(r)], -tʃùə[(r)]/ *n.* 〘法律〙〈女性が〉婚姻関係にない状態[身分] (未婚・寡婦・離婚した女性にいう). 〚(1818): ⇨ ↑, -ure〛

dis·cov·er·y /dɪ̀skʌ́v(ə)ri/ *n.* **1** 発見されること, 〔…の〕発見, 創見 〔*of*〕: make a ~ 発見する; (新人を)発掘する / the ~ *of* radium *by* Madame Curie キュリー夫人のラジウム発見 / I am safe from ~. 人に見つけられる心配はない. **2 a** 発見物: a recent ~. **b** (スポーツ・芸能などの)有望な新人, 成長株; タレントの卵. **3** (秘密などの)暴露, 露見, 発覚. **4** 〘法律〙(事実・書類の)開示 (公判前に訴訟の相手方に対し自己に有利な事実または文書の発表を要求すること[手続き]). **5** 〘演劇〙**a** 人物の正体や事件の真相が明らかになること. **b** (幕が上がるとき)人物がすでに舞台にいること. 〚(1553): ⇨ discover, -y[3]〛

Dis·cov·er·y /dɪ̀skʌ́v(ə)ri/ *n.* 〘宇宙〙ディスカバリー (スペースシャトルの第3号機で1984年処女飛行).

Discóvery Báy *n.* ディスカバリー湾 (オーストラリア南東部, インド洋に面した入江).

Discóvery Dày *n.* (米) ＝Columbus Day.

discóvery procèdure *n.* 〘言語〙発見の手順 (与えられた資料のみに基づいてその言語の正しい文法を自動的・機械的に発見する手順).

dísc pàrking *n.* (英) ＝disk parking.

dísc plòw *n.* 〘農業〙円刃鋤 (鋼製の円板を回転させて固い土壌などを耕す).

dis·cre·ate /dìskriéɪt, -kriː-/ *vt.* 絶やす (annihilate); (創世以前のような)混沌(こんとん)状態に戻す. **dis·cre·a·tion** /dìskriéɪʃən, dɪ̀s- | -kriː-, -kri-/ *n.* 〚(1570) ← DIS-[1]＋CREATE〛

dis·cred·it /dɪ̀skrédɪ̀t, dìs- | dɪskrédɪt, dìs-/ *n.* **1** 不信用; 不面目, 不名誉: according to one's credit or ~ 信用不信用に応じて / to a person's ~ 人の評判を落として[落とすような] / bring [reflect] ~ on [to, upon] oneself 不信用[不面目, 不評]を招く[にする] / fall into ~ 不評判になる. **2** 不信, 疑惑 (doubt): suffer ~ 疑惑をかけられる, 不信を招く / throw [cast] ~ on [upon] …に疑惑を投じる, 不審をいだかせる. **3** 不信用[不面目]を招くもと, 不名誉になるもの, つらよごし: Don't be a ~ *to* our family. 一家のつらよごしになってくれるな. — *vt.* **1** …の信用[名声, 評判]を落とさせる (disgrace): His behavior will ~ him hopelessly *with* the public. あんなふるまいをしては彼も世間の信用を落としてしまう. **2** 信用しない, 信じない; 疑う (doubt). **3** …の正しさをくつがえす, 信用に値しないとする. 〚(1559) ← DIS-[1]＋CREDIT: cf. It. *discredito* / F *discrédit*〛

dis·cred·it·a·ble /dɪ̀skrédɪ̀təbl, dìs- | dɪskrédɪt-, dìs-/ *adj.* 〈行動など〉信用を傷つけるような, 評判を悪くするような; 不名誉[不面目]な, 恥ずべき (shameful). 〚(1640): ⇨ ↑, -able〛

dis·créd·it·a·bly /-bli/ *adv.* 信用を傷つけるように, 不名誉[不面目]にも. 〚(1837–39): ⇨ ↑, -ly[1]〛

dis·creet /dɪ̀skríːt/ *adj.* **1** 〈人・行動など〉考え深い, 思慮[分別]のある (judicious); 用意周到な, 慎重な (cf. discretion) 〔*in, in doing*〕 (⇨ cautious SYN). **2** 控え目な, 目立たない (unobtrusive), 慎しみ深くて口の堅い, 出しゃばらない. **~·ly** *adv.* **~·ness** *n.* 〚(*c*1385) *discret* □ (O)F □ L *discrētus* separated (p.p.) ← *discernere* 'to DISCERN'〛

dis·crép·ance /-pəns, -pns/ *n.* (まれ) ＝discrepancy. 〚(*a*1464) □ OF *discrepance* □ L *discrepantia* (↓)〛

dis·crep·an·cy /dɪ̀skrépənsi, -pəntsi, -pntsi | dɪs-/ *n.* 不合, 不一致, 矛盾; 食い違い (⇨ difference SYN); (突き合わせた数字などの)相違: ~ in age 年齢の相違 / There was great ~ [There were many *discrepancies*] *between* their opinions. 彼らの意見には大きな[多くの]食い違いがあった / She became conscious of the ~ *between* her furs and her inexpensive dress. 彼女は毛皮と安っぽいドレスが不釣り合いなことを意識するようになった. 〚(*c*1425) □ L *discrepantia*: ⇨ ↓, -ancy〛

dis·crep·ant /dɪ̀skrépənt, -pnt | dɪs-/ *adj.* 〈数個の事物が〉相入れない, つじつまが合わない, 食い違う, 矛盾している. **~·ly** *adv.* 〚(?*c*1450) □ L *discrepantem* (pres. p.) ← *discrepāre* to differ (in sound) ← DIS-[1]＋*crepāre* to rattle (← IE **ker-* (擬音語)): ⇨ -ant〛

dis·crete /dɪ̀skríːt, dískriːt | dɪskríːt, dìs-ˊ/ *adj.* **1** 分離している, 別々の, 個々別々の, ばらばらの. **2** 別個の部分から成る, 不連続の, 非連関の. **3** 〘植物〙非合生的な, 離れた. **4** 〘数学・統計〙離散の: a ~ variable 離散変数 / a ~ distribution 離散分布 / ~ topology 離散位相. **5** 〘哲学・論理〙**a** 逆説的接続語 (but, though, yet など) でつながれた節を含む. **b** (個体として同類中の他の個体から)明確に区別された; 共通[重複]する部分を持たない. — *n.* (独立した)部分品, 部品; (ステレオなどの)コンポーネント. 〚(*c*1385) □ L *discrētus*: ⇨ discreet〛

dis·créte·ly *adv.* 別々に, ばらばらに; 不連続的に. 〚(1706): ⇨ ↑, -ly[1]〛

dis·créte·ness *n.* 分離性; 不連続, 非連関. 〚(1862): ⇨ -ness〛

discréte quántity *n.* 〘数学〙離散量, 分離量. 〚1570〛

D

dis·cre·tion /dɪskréʃən | dɪs-/ *n.* **1** 思慮分別, 慎重 (cf. discreet), 謹み (⇨ prudence **SYN**): act with ～ 慎重に行動する / show ～ *in* carry*ing* it out その実施には慎重である, 慎重に実施する / use ～ 分別をめぐらす / I can trust your ～? 口は堅いでしょうね / *Discretion* is the better part of valor. 《諺》用心は勇気の大半,「君子危きに近寄らず」《しばしば卑怯(ひきょう)な行為の口実となる: cf. Shak., *1 Hen IV* 5. 4. 121》. **2** 行動[判断, 選択]の自由[随意, 任意], 自由裁量, 手加減: leave … *to* the ～ of a person [a person's ～] …を人に一任する / use [act on] one's (own) ～ 自分がよいと思うようにする[決める] / It is *within* [*in*] a person's ～ to do …するのは…の任意である / the age of ～ ⇨ age. **3** 〖法律〗(裁判所の)量刑の裁量. **4** 分離 (disjunction); 不連続 (discontinuity). **5** 《古》認識力, 明敏 (discernment).
at discrétion (1) 任意に, 随意に, 勝手に. (2) 相手の言いなりに, 無条件で: surrender *at* ～ 無条件で降服する. 《1630》 ***at the discrétion of*** …=***at a person's discrétion*** …の自由で: That is *at your* ～. それはどうしようと君の自由だ. 《1577》 ***be the sóul of discrétion*** 大変慎重である.
〖《*c*1303》□ (O)F ～ // L *discrētiō(n-)*: ⇨ discrete, -tion〗

dis·cré·tion·al /-ʃnəl, -ʃənl/ *adj.* =discretionary. **～·ly** *adv.*

dis·cre·tion·ar·y /dɪskréʃənèri | dɪskréʃ(ə)nəri/ *adj.* 任意の, 自由裁量の, 裁量的な, 一任された: ～ fiscal policy 〖財政〗自由裁量的財政政策 / ～ orders 〖商業〗成行注文 / ～ powers to act 任意な行動のできる権能 / a ～ principle 独断主義 / ～ income 裁量所得. **dis·cré·tion·àr·i·ly** *adv.* 〖《1698》: ⇨ -ary〗

discrétionary accóunt *n.* 〖金融〗売買一任勘定《株式[商品]市場における売買を代理業者の自由裁量に任せる勘定》. 〖*c*1920〗

discrétionary trúst *n.* 〖法律・金融〗一任信託, 裁量信託《信託財産の管理・運用について受託者に完全な裁量権のある信託》.

dis·cre·tive /dɪskríːtɪv | dɪskríːt-/ *adj.* **1** 〖哲学・論理〗=discrete 5. **2** 《古》区別[識別]する (discriminative). **～·ly** *adv.* 〖《1588》□ LL *discrētīvus*: ⇨ discrete, -ive〗

dis·crim·i·na·ble /dɪskrímənəbl | -mɪ-/ *adj.* 区別[識別]可能な. **dis·crím·i·na·bly** *adv.* **dis·crìm·i·na·bíl·i·ty** /-nəbíləti | -lɪti/ *n.* 〖《1730–36》← DISCRIMINATE＋-ABLE〗

dis·crim·i·nance /dɪskrím(ə)nəns | dɪskrímɪ-/ *n.* 識別法, 弁別手段. 〖《1647》: ⇨ ↓, -ance〗

dis·crim·i·nant /dɪskrímənənt | -mɪ-/ *adj.* =discriminating. ― *n.* **1** 〖数学〗判別式. **2** 〖統計〗判別. 〖《1836》□ L *discrīminantem*: ⇨ ↓, -ant〗

discríminant fúnction *n.* 〖数学〗判別関数. 〖1936〗

dis·crim·i·nate /dɪskrímənèɪt | -mɪ-/ *vi.* **1** (二者間を)区別する 〔*between*〕; (差異を)識別する, 弁別する (⇨ distinguish **SYN**): ～ *between* A *and* B A と B とを区別[識別]する (=discriminate A *from* B). **2** 分け隔てをする, 差別して扱う, 差別待遇する: ～ *against* [*in favor of*] …を冷遇[優遇]する. **3** 明敏である, 洞察力が働く.
― *vt.* 〔…から〕識別する, 弁別する, 区別する 〔*from*〕: ～ one thing *from* another / Synonyms are carefully ～*d* in that book. その本では同義語が注意深く使い分けられている.
― /dɪskrímənɪt | -mɪ-/ *adj.* (cf. indiscriminate) **1** 《古》識別された, 明確な. **2** 差別的な; 識別力のある, 判断力のすぐれた, 慧眼(けいがん)な.
～·ly *adv.* 〖《1626》□ L *discrīminātus* divided (p.p.) ← *discrīmināre* ← *discrīmen* distinction ← *discernere* 'to DISCERN'〗

dis·crím·i·nàt·ing /-nèɪtɪŋ | -tɪŋ/ *adj.* **1** 区別できる, 差別がわかる; 識別力のある, 鑑賞力の鋭い, 目のきく: a ～ palate (味をききわける)すぐれた舌[味覚] / a ～ critic 識別力に富んだ批評家 / a ～ buyer 目の高い買い手. **2 a** 区別[識別]的な, 分析的な: a ～ test 分析試験. **b** 《関税など》差別的な: a ～ tariff 差別関税 / ～ rates 差別的料率[運賃]. **3** 区別を示す, 特徴的な, 特有の: ～ features 示差的特徴. **～·ly** *adv.* 〖《1647》: ⇨ ↑, -ing²〗

discríminating dùties *n. pl.* =differential duties.

dis·crim·i·na·tion /dɪskrìmənéɪʃən | -mɪ-/ *n.* **1** 分け隔て, 差別待遇; (特に)人種差別: racial ～ 人種差別 / sexual ～ 性別による差別 / reverse ～ 逆差別 / without ～ 区別[分け隔て]なく, 平等に / practise ～ *against* country その国に対して差別を行う. **2** 識別, 識別力, 弁別力, 鑑識眼 (⇨ insight **SYN**): He shows great ～ *in* his choice of books. 本の選択にかけてはなかなか目が肥えている. **3** 区別, 差別: make a ～ *between* A *and* B. **4** 相違点. **5** 《古》(物の区別をする)差違. **6** 〖辞書〗同義語の区別. **7** 〖心理〗弁別《複数の刺激を識別して特定の刺激にのみ反応すること》. **8** 〖電子工学〗弁別《周波数変調系において, 変調された搬送波から信号を検波, 復調すること》. **～·al** /-ʃnəl, -ʃənl/ *adj.* 〖《1646》□ LL *discrīminātiō(n-)*: ⇨ discriminate, -ation〗

discriminátion lèarning *n.* 〖心理〗弁別学習《複数の刺激を弁別し, 特定の刺激を選んで反応するように条件づけること》.

discriminátion reàction *n.* 〖心理〗弁別反応《刺激を認識するまで応答が遅れる反応》. 〖1898〗

discriminátion tìme *n.* 〖心理〗反応時間 (reaction time). 〖1890〗

dis·crim·i·na·tive /dɪskrímənèɪtɪv, -nət- | -mɪnət-, -nèɪt-/ *adj.* **1** 区別[差別]的な (differential). **2** 識別[弁別]する, 識別力のある (discerning). **3** 《古》区別を示す, 示差的な. **～·ly** *adv.* 〖《*a*1638》← L *discrīminātus* (⇨ discriminate)＋-IVE〗

dis·crím·i·nà·tor /-nèɪtə | -tə(r/ *n.* **1** 識別[差別]する人[物]. **2** 〖電子工学〗弁別器《周波数変調における検波装置》. 〖《1828》□ LL *discrīminātor*: ⇨ discriminate, -or²〗

dis·crim·i·na·to·ry /dɪskrímənətɔ̀ːri, -tɔ̀ri | dɪskrímɪnətəri, -tri, -krìmɪnéɪt-/ *adj.* **1** 区別[差別]的な (discriminative); (特に)えこひいきする, 公平に扱わない (preferential): ～ practices 差別的慣行 / a ～ price 〖商業〗(地域的・時間的などの)差別価格. **2** 区別する, 識別力のある (discriminating). **dis·crim·i·na·to·ri·ly** /dɪskrìmənətɔ́ːrəli, ―――――― | dɪskrímɪnətərɪli, -trɪli, -krìmɪnéɪt-/ *adv.* 〖《1828》□ L *discrīminātōrius*〗

dis·crown /dɪskráun, dìs- | dɪs-, dìs-/ *vt.* …の王冠を奪う[取り上げる]; 退位させる (depose). 〖《1586》← DIS-¹＋CROWN〗

dis·cul·pate /dískʌlpèɪt, dɪskʌ́lpeɪt | dískʌlpèɪt, ―――/ *vt.* =exculpate. 〖《1693》← ML *disculpātus* (p.p.) ← *disculpāre* to clear from blame ← DIS-¹＋L *culpāre* to blame (← *culpa* 'CULPA'): ⇨ -ate³〗

dis·cur·sion /dɪskə́ːʒən, -ʃən | dɪskə́ːʃən, -ʒən/ *n.* **1** 散漫な[とりとめのない]議論[論談]; 脱線 (digression); 話題があちこちにわたること, 見当はずれ (irrelevance). **2** 推論, 推理力. 〖《1535》□ OF ～ □ LL *discursiō(n-)* ← L *discursus* (↓): ⇨ -sion〗

dis·cur·sive /dɪskə́ːsɪv | dɪskə́ː-/ *adj.* **1** 〈題目など〉広範囲にわたる; 〈話など〉あちこち飛ぶ, 散漫な; 〈人が〉取りとめのない話をする (desultory): a ～ talk, talker, etc. **2** 〖哲学〗推論[論証]的な (↔ intuitive). **～·ly** *adv.* **～·ness** *n.* **dis·cur·siv·i·ty** /dɪskəːsívəti, dìskəː- | dɪskəːsívɪti, dìskəː-/ *n.* 〖《1598》□ ML *discursīvus* ← L *discursus*: ⇨ discourse, -ive〗

dis·cus /dískəs/ *n.* (*pl.* ～·es, **dis·ci** /dískaɪ, dísaɪ/) **1** 〖スポーツ〗**a** (競技用の)円盤. **b** [the ～] 円盤投げ (discus throw). **2** ディスカス《南米産の観賞用熱帯魚》. 〖《1656》□ L ～ □ Gk *dískos* 'quoit, DISH'〗

dis·cuss /dɪskʌ́s/ *vt.* **1** (幾人かで)論じる, 審議[討議]する (debate); (種々の角度から)検討する, 吟味する: ～ literature, politics, business, a problem, a subject, etc. / *Discuss whether* poverty leads to crime. 貧困が犯罪を引き起こすかどうか議論せよ. **2** …について語り合う, 相談する: We ～*ed what* we would do [what to do] during the vacation. 休暇中に何をする[すべき]かということを相談した. **3** 《まれ・戯言》〈飲食物など〉を楽しんで食べる[飲む] (cf. crush 7): ～ a glass of wine. **4** 〖法律〗〈主債務者〉に対して検索の抗弁をする. **5** 《廃》明らかにする, 説明する. **6** 《廃》消散させる. ― *vi.* 議論になる, 意見が分かれる. **～·er** *n.* 〖《*c*1380》□ L *discussus* (p.p.) ← *discutere* to shake to pieces ← DIS-¹＋*quatere* to shake (cf. quash¹)〗

SYN 議論する: **discuss** 方針を打ち出すために種々の意見を出し合って話し合う: They *discussed* the best way to take. 採るべき最良の方法について議論した. **argue** ある主張を支持または反駁して納得がいくように論ずる: Columbus *argued* that the earth was round. コロンブスは地球は丸いと主張した. **debate** 通例対立意見を持つグループ間で公の問題を討論する《二人の間で debate することも可能》: The teachers *debated* the issue with the parents. 教員たちは親たちとその問題を論じ合った. **dispute** 意見が衝突して, しばしば激烈に論争する: I *disputed* against war with Bill. 戦争に反対してビルと激論を交わした.

---

dis·cuss·a·ble /dɪskʌ́səbl/ *adj.* =discussible.

dis·cus·sant /dɪskʌ́sənt, -sṇt/ *n.* (シンポジウム・パネル討論会などの)討論者, 討論参加者. 〖《1926》: ⇨ discuss, -ant〗

dis·cuss·i·ble /dɪskʌ́səbl | -sɪ-/ *adj.* 論議[討論]できる. 〖《1662》: ⇨ -ible〗

dis·cus·sion /dɪskʌ́ʃən/ *n.* **1** 論議, 討議, 討論, 審議 (⇨ argument **SYN**): after much ～ ずいぶん討論したあとに / bring … up for ～ 議題に持ち出す, 審議する / come [be] up for ～ 討議に持ち出される / a lively [heated, stormy, friendly] ～ 活発な[熱した, 激しい, なごやかな]討論 / a question under ～ 審議中の問題 / ⇨ panel discussion. **2** 〔…に関する〕論文, 論考 〔*on*〕. **3** 〖法律〗(主債務者に対する)検索の抗弁. **4** 《古》賞味: the ～ of a bottle of wine. **5** [形容詞的] 討論の: a ～ group, program, etc. 〖《*c*1340》□ (O)F ～ // L *discussiō(n-)*: ⇨ discuss, -sion〗

díscus thròw *n.* [the ～] 〖競技〗円盤投げ.

díscus thròwer *n.* 円盤投げ選手.

disc wheel *n.* =disk wheel.

dis·dain /dɪsdéɪn | dɪs-, dɪz-/ *vt.* **1** 軽蔑する, 侮る (⇨ despise **SYN**): ～ popularity 俗受け[世評]を蔑視する. **2** 〈…することを〉潔(いさぎよ)しとしない, 〈…する〉ようなけちなことはしない 〈*to do, doing*〉: We might well ～ *to* notice such criticism. こんな批評など無視して取り上げないほうがよい / He ～*ed* ask*ing* for help. 助けを求めるのを潔しとしなかった. ― *n.* **1** 侮蔑の色[態度]; 尊大. **2** (そんなことは取り上げる価値がないという)軽蔑感, 軽侮の念 〔*for*〕: He cast a look of ～ in my direction. 彼は私の方に侮蔑の眼差しを向けた. 〖n.: 《*c*1300》 *disdein(e)* □ OF *desdeigne*. ― v.: 《*a*1338》□ OF *desdeign(i)er* < VL **disdignāre*=L *dēdignārī* to scorn ← *dē-* 'DIS-¹'＋*dignārī* to think as worthy (⇨ deign)〗

dis·dain·ful /dɪsdéɪnfəl, -fl | dɪs-, dɪz-/ *adj.* 〈人に〉尊大な, 軽蔑的な (scornful) (⇨ proud **SYN**); 〔卑しいことを〕無視する 〔*of, toward*〕: a ～ glance / ～ *of* risk 危険をものともしない / ～ *of* one's appearance 服装に無頓着な / He is ～ *of* social position. 社会的地位など問題にしていない. **～·ness** *n.* 〖《*a*1542》: ⇨ ↑, -ful¹〗

dis·dáin·ful·ly /-f(ə)li, -fli/ *adv.* 軽蔑して[するように], 高ぶって. 〖《*a*1533》: ⇨ ↑, -ly¹〗

dis·ease /dɪzíːz/ *n.* **1** (人・動物の)病気, 疾病, 疾患 (illness, disorder): an acute [a chronic] ～ 急性[慢性]の病気 / a mental ～ 精神病 / a serious ～ 重病 / a sexually transmitted ～ 性行為によってうつる病気 / heart ～ 心臓病 / catch [suffer from] a ～ 病気にかかる[を患う] / die of (a) ～ 病死する / There was a lot of ～ in the village. 村には病気が多かった. **2** (精神・道徳・社会制度などの)不健全状態, 病弊: Poverty is a social ～. **3** 〖植物〗異常[変則]状態《病原体・微生物・寄生虫・不良環境などが原因する》. **4** 《古》不快, 不安. ★ 通例 dis-ease /dɪsíːz/ の形で復活しつつある. **5** (酒の)変質.
― *vt.* [通例 p.p. 形で] 病気にかからせる; 乱す, 狂わせる. 〖《*a*1338》 *disese* □ AF *disease*=OF *desaise*: ⇨ dis-¹, ease〗

SYN 病気: **disease** illness の原因を示す語で, はっきりとした病名と徴候があげられる具体的な病気: Measles and chicken pox are two *diseases* of children. はしかと水ぼうそうは子供のかかる二つの病気である. **illness, sickness** *disease* によって病気になっている状態; 後者のほうが比較的短期間の病気を意味することが多い: Some of the students are absent because of *illness* [*sickness*]. 何人かの学生が病気で欠席している. **affection** 〖病理〗特定の器官または部位の病気: an *affection* of the throat のどの病気. **disorder** 〖医学〗特定の病気《格式ばった語》: *disorders* of the stomach 胃の疾患. **malady** 《古風》=*illness*. **ailment** 長引くことがあっても通例危険でない病気: Older people often have minor *ailments*. 年とった人はよく軽い病気にかかる.

---

dis·eased /dɪzíːzd/ *adj.* **1** 病んでいる, 病気にかかった: the ～ part 患部. **2** 病的な, 不健全な: a ～ mind. 〖《*a*1398》: ⇨ ↑, -ed〗

diséase gèrm *n.* 病原菌. 〖1883〗

dis·e·con·o·my /dìsɪkɑ́(ː)nəmi, -iːk- | -ɪkɔ́n-/ *n.* [しばしば *pl.*] 〖経済〗不経済, 経済的でないこと; コストの高くつく要因. 〖《1937》← DIS-¹＋ECONOMY〗

dis·edge /dɪsédʒ, dɪs-/ *vt.* …のへりを落とす; …の鋭さを鈍くする. 〖《1609–10》← DIS-¹＋EDGE〗

di·se·gno /diːséɪnjou | -njəu; *It.* dizéɲɲo/ *It. n.* (*pl.* **di·se·gni** /-njiː; *It.* -ɲɲi/) 〖美術〗構図, デザイン《視覚芸術の対象の理想的フォルム, 特に芸術作品の線形構造に表現されるようなフォルムの表現に要求されるフォルム上の規律を言い表すのに 16–17 世紀に用いた》. 〖□ It. ～〗

dis·em·bar·go /dìsɪmbɑ́əgou, -sem- | -bɑ́ːgəu/ *vt.* …の出港停止を解く. 〖《1877》← DIS-¹＋EMBARGO〗

dis·em·bark /dìsɪmbɑ́ək, -sem- | -bɑ́ːk/ *vt.* 〈船から〉陸揚げする, 〈兵などを〉上陸させる (land). ― *vi.* 〈人が〉上陸する (land); 〔乗り物から〕降りる 〔*from*〕. **～·ment** *n.* 〖《1582》□ (O)F *désembarquer*: ⇨ dis-¹, embark〗

dis·em·bar·ka·tion /dìsembɑəkéɪʃən, -bɑ- | -bɑː-/ *n.* 陸揚げ, 上陸. 〖《*a*1776》: ⇨ ↑, -ation〗

disembarkátion càrd *n.* 入国(記録)カード (cf. embarkation card).

dis·em·bar·rass /dìsɪmbǽrəs, -sem-, -bér- | -sɪmbǽr-/ *vt.* 困難から解放する (free); 〔心配・重荷・責任などを〕〈人〉から免れさせる (rid); (ほっと)安心させる (relieve) 〔*of*〕: ～ a person *of* his burden 人の重荷をおろしてやる, ほっとさせる / ～ oneself *of* a burden 重荷をおろす, ほっとする. 〖《1726》← DIS-¹＋EMBARRASS〗

dìs·em·bár·rass·ment *n.* 解放, 離脱. 〖《1818》: ⇨ ↑, -ment〗

dis·em·bod·ied /dìsɪmbɑ́(ː)did, -sem- | -sɪmbɔ́did/ *adj.* [通例限定的] **1** 〈霊魂など〉肉体から遊離した. **2** 〈声が〉姿の見えない人からの; 得体の知れない.

dis·em·bod·y /dìsɪmbɑ́(ː)di, -sem- | -sɪmbɔ́di/ *vt.* **1** [主に p.p. 形で] 〈霊魂などを〉肉体から分離[離脱]させる. **2** 《古》〈軍隊を〉解散する, 解隊する (disband). **dis·em·bód·i·ment** *n.* 〖《1714》← DIS-¹＋EMBODY〗

dis·em·bogue /dìsɪmbóug, -sem- | -sɪmbə́ug/ *vt.* [しばしば ～ itself で] 〈川・湖が〉〈水を〉〔…へ〕注ぎ出す, (河口で)放出する (discharge) 〔*into*〕. ― *vi.* **1** 〈川・湖が〉〔…に〕注ぐ 〔*into*〕. **2** (流水のように)(容器の)中身を流出する. **～·ment** *n.* 〖《1595》□ Sp. *desembocar* ← *des-* 'DIS-¹'＋*embocar* to enter (by) the mouth (← *en-* 'IN-²'＋*boca* mouth (< L *buccam*))〗

dis·em·bos·om /dìsɪmbúzəm, -sem-, -búːz- | -búz-/ *vt.* **1** 〈秘密などを〉漏らす, 暴露する, すっぱ抜く (disclose). **2** [～ oneself で] 〔秘密などを〕胸襟(きょうきん)を開いて打ち明ける (unbosom) 〔*of*〕: ～ oneself *of* a secret 秘密を打ち明ける. ― *vi.* 秘密を打ち明ける, 胸襟を開く. 〖《1742》← DIS-¹＋EMBOSOM〗

dis·em·bow·el /dìsɪmbáuəl, -sem-, -bául/ *vt.* (**dis·em·bow·eled, -elled; -el·ing, -el·ling**) **1** …の腸(はらわた)を除去する[抜き出す], 腸抜きをする; [～ oneself で] 切腹する. **2** 《まれ》〈クモが〉〈糸を〉腹部から出す. 〖《1603》← DIS-¹＋EMBOWEL〗

dìs·em·bów·el·ment *n.* 腸抜き; 切腹: commit ～ 切腹する. 〖《1875》: ⇨ ↑, -ment〗

dis·em·broil /dìsɪmbrɔ́ɪl, -sem-/ *vt.* …のもつれを解

く. 〘(1611) ← DIS-¹+EMBROIL〙

dis·em·ploy /dìsɪmplɔ́ɪ, -sem-/ *vt.* 解雇する, 失職させる. 〘(1618) ← DIS-¹+EMPLOY〙

dis·em·ployed /dìsɪmplɔ́ɪd, -sem-⁻/ *adj.* (特に技術・教育などが身についていないために)職のない, 未就労[失業]の. 〘(1651): ⇨ ↑, -ed 2〙

dis·em·plóy·ment *n.* 失業(状態), 無職. 〘(1651): ⇨ -ment〙

dis·em·pow·er /dìsɪmpáuə, -sem- | -sɪmpáuə(r), -sem-/ *vt.* …の力を取り去る[弱める].

dis·en·a·ble /dìsɪnéɪbl, -sen-/ *vt.* 無能力にする, 無力[無能]にする (disable); …から資格を奪う. **~·ment** *n.* 〘(1604) ← DIS-¹+ENABLE〙

dis·en·chant /dìsɪntʃǽnt, -sen- | -tʃɑ́ːnt/ *vt.* **1** …の魔法を解く, 魔法の力から解放する. **2** [通例受身で] …の迷い[迷夢]をさます, 目ざめさせる 〔*with*〕: *be ~ed* 迷いがさめる, 幻滅を感じる. **~·ing** /-tɪŋ | -tɪŋ⁻/ *adj.* **~·ing·ly** *adv.* **~·ment** *n.* 〘(*a*1586) □ (O)F *désenchanter*: ⇨ dis-¹, enchant〙

dis·en·chant·ed /dìsɪntʃǽntɪd, -sen- | -tʃɑ́ːnt-⁻/ *adj.* 幻滅した 〈*with*〉.

dìs·en·chánt·er /-tə | -tə(r)/ *n.* 魔法を解く人. 〘(1654): ⇨ ↑, -er¹〙

dis·en·cum·ber /dìsɪnkʌ́mbə, -sen- | -bə(r)/ *vt.* 〈人を〉〔苦労や邪魔物から〕解放する, …の厄介払いをする (disburden) 〔*of, from*〕: ~ a person *of* [*from*] a burden 人から重荷を取り除く. **~·ment** *n.* 〘(1598) □ (O)F *désencombrer*: ⇨ dis-¹, encumber〙

dis·en·dow /dìsɪndáu, -sen-/ *vt.* …から寄付財産を取り上げる; (特に)〈教会〉の基本財産を没収する: ~ a church. **~·er** *n.* **~·ment** *n.* 〘(1861) ← DIS-¹+ENDOW〙

dis·en·fran·chise /dìsɪnfrǽntʃaɪz, -sen-/ *vt.* **1** …から権利・権益などを奪う. **2** =disfranchise. **~·ment** *n.* 〘(1626) ← DIS-¹+ENFRANCHISE〙

dis·en·gage /dìsɪngéɪdʒ, -sen-/ *vt.* **1** 〔…から〕解く, 放す, はずす 〔*from*〕: She ~*d* her hand *from* his. 手を彼の手から振りほどいた. **2** [通例 ~ *oneself* または受身で] 〔義務・誓約・責任などから〕解放する 〔*from*〕: ~ *oneself from* one's promise 約束を取り消す. **3** 〖化学〗遊離させる (isolate). **4** 〖軍事〗(敵と)戦闘をやめる, 離脱する; 〈部隊を〉戦闘からはずす: ~ action 交戦をやめる[回避する], [時として「退却」の婉曲語として] 撤退する. — *vi.* **1** 離れる, 絶縁する. **2** (交戦を中止して)撤退する, 退却する. **3** 〖フェンシング〗剣先を相手の剣の反対側にはずし変える. — *n.* 〖フェンシング〗剣先を相手の剣の反対側にはずし変えること[動作]. 〘(1611) □ F *désengager*: ⇨ dis-¹, engage〙

dìs·en·gáged *adj.* **1** 離脱している (detached); 〈機械が〉連動をはずれている (not in gear). **2** 〈人・時が〉約束[予約]がない, 手があいている, 暇で (free), 〈場所などが〉あいている (vacant): I am ~. 今暇です / We have Sept. 13–15 ~. 9 月 13–15 日はあいている. 〘(1621): ⇨ ↑, -ed〙

dis·en·gage·ment /dìsɪngéɪdʒmənt, -sen-/ *n.* **1 a** 解放(状態); 離脱, 遊離 (detachment): his ~ *from* the world 彼の俗世間からの離脱. **b** (義務・拘束などからの)解放状態; 自由, 暇: one's hours of ~ 暇な時間. **2** 解約, (特に)婚約解消. **3** (政策・態勢などの)解除, 撤回, 回避. **4** 撤退 〔*from*〕 (cf. disengage *vt.* 4). 〘(1650): ⇨ -ment〙

dísengaging àction *n.* 〖軍事〗戦闘離脱, 交戦回避, 自発的撤兵 《時には「退却」の婉曲語》.

dis·en·tail /dìsɪntéɪl, -sen-/ *vt.* 〖法律〗〈財産〉の限嗣(げんし)封土権を廃除する, 限嗣相続から解く. 〘(1641) ← DIS-¹+ENTAIL〙

dìs·en·táil·ment *n.* 〖法律〗限嗣封土権廃除 《限嗣封土権 (estate tail) の保有者が, 限嗣封土権を廃除して単純封土権に変えること》. 〘(1848): ⇨ -ment〙

dis·en·tan·gle /dìsɪntǽŋgl, -sen-/ *vt.* **1** 〈髪・ロープなど(のもつれ)を〉ほどく, 解きほぐす: ~ a knot. **2** 〔もつれ・紛争などから〕〈人・真実・論点などを〉解き放す, 解放する 〔*from*〕: ~ oneself *from* political affairs 政治と絶縁する. — *vi.* ほどける, ほぐれる. **~·ment** *n.* 〘(1598) ← DIS-¹+ENTANGLE〙

dis·en·thral /dìsɪnθrɔ́ːl, -sen-, -θrɑ́ːl | -θrɔ́ːl/ *vt.* (**-en·thralled; -thrall·ing**) 《英》=disenthrall.

dis·en·thrall /dìsɪnθrɔ́ːl, -sen-, -θrɑ́ːl | -θrɔ́ːl/ *vt.* …の束縛を解く, 〈人を〉〔奴隷状態から〕解放する 〔*from*〕. **~·ment** *n.* 〘(*a*1643) ← DIS-¹+ENTHRALL〙

dis·en·throne /dìsɪnθróun, -sen- | -θrə́un/ *vt.* =dethrone. **~·ment** *n.*

dis·en·ti·tle /dìsɪntáɪtl, -sen- | -tl/ *vt.* …から権利[資格]を剝奪(はくだつ)する. 〘(1654) ← DIS-¹+ENTITLE〙

dis·en·tomb /dìsɪntúːm, -sen-/ *vt.* 墓から取り出す; 掘り出す, 発掘する (disinter). **~·ment** *n.* 〘(1611) ← DIS-¹+EMTOMB〙

dis·en·trance /dìsɪntrǽns, -sen- | -trɑ́ːns/ *vt.* 〈人を〉〔夢中[恍惚(こうこつ)]状態から〕目覚めさせる 〔*from*〕. **~·ment** *n.* 〘(1663) ← DIS-¹+ENTRANCE〙

dis·en·twine /dìsɪntwáɪn, -sen-/ *vt.* …のもつれを解く. — *vi.* ほどける, 解ける. 〘(1814) ← DIS-¹+ENTWINE〙

di·sep·a·lous /daɪsépələs⁻/ *adj.* 〖植物〗萼片(がくへん)が二つある. 〘(1841) ← DI-¹+SEPALOUS〙

dis·e·quil·i·brate /dìsɪkwɪ́ləbrèɪt, -siːk- | dɪsiːkwɪláɪbreɪt, -sek-, -lɪ́b-, dìsiːkwɪ́lɪbrèɪt, -sɪk-/ *vt.* …の均衡を崩す, 不安定にする. **dis·e·quil·i·bra·tion** /dìsɪkwɪləbréɪʃən, -siːk- | dìsiːkwɪlaɪb-, -sek-, -lɪb-, dìsiːkwɪlɪb-, -sɪk-/ *n.* 〘(1891) ← DIS-¹+EQUILIBRATE〙

dis·e·qui·lib·ri·um /dɪsìːkwəlɪ́briəm, -sèk-/ *n.* (特に経済の)不均衡, 不安定. 〘(1840) ← DIS-¹+EQUILIBRIUM〙

dis·es·tab·lish /dìsɪstǽblɪʃ, -ses-/ *vt.* **1** 〈既成事物・制度などを〉廃止する, 廃する; 〈人〉の官職を奪う, 解職する. **2** 〈教会〉の国教制を廃する. **~·ment** *n.* 〘(1598) ← DIS-¹+ESTABLISH〙

dis·es·tab·lish·men·tar·i·an /dìsɪstæ̀blɪʃməntέ(ə)riən, -ses-, -men- | -téər-/ *n.* 国教制度廃止論者. 〘(1885): ⇨ -ment, -arian〙

dis·es·tàb·lish·men·tár·i·an·ism /-nɪzm/ *n.* 国教制度廃止論.

dis·es·teem /dìsɪstíːm, -ses-/ *vt.* 侮る, 軽んじる (slight). — *n.* 軽蔑, 冷遇 (disregard). 〘(1594) ← DIS-¹+ESTEEM〙

dis·es·ti·ma·tion /dɪsèstəméɪʃən | -tɪ-/ *n.* =disesteem.

di·seur /diːzə́ː | -zə́ː(r); *F.* dizœːʁ/ *n.* (*pl.* **~s** /~z; *F.* ~/) (演芸の)はなし家, (音楽に合わせて詩を朗読する)朗詠者. 〘□ F ~ 'one who tells' ← OF *dis-* ((stem) ← *dire* < L *dīcere* to say)+*-eur* '-OR²'〙

di·seuse /diːzə́ːz, -zúːz; *F.* dizøːz/ *F. n.* (*pl.* **di·seus·es** /~ɪz, ~əz, ~; *F.* ~/) 女性の diseur. 〘(1896) □ F ~ (fem.): ↑〙

dis·fa·vor /dɪsféɪvə | -və(r)/ *n.* **1** 疎外, 冷遇, 嫌悪; 不賛成 (disapproval): incur the ~ of …に嫌われる, …の不評を買う / look upon a plan with ~ 計画に好意を示さない. **2** 不人望, 不人気: be in ~ (*with*) (…に)嫌われて[人気を落として]いる, 受けがよくない / bring a person into ~ 人に不興をこうむらせる, 人を不人気にする / fall [come] into ~ 人気を失う, 不首尾になる. **3** 無愛想, 不親切 (unkindness). — *vt.* 疎んじる, 冷遇する; 嫌う. 〘(*a*1533) □ ? OF *desfaveur*: ⇨ dis-¹, favor〙

dis·fea·ture /dɪsfíːtʃə | dɪsfíːtʃə(r)/ *v.* =disfigure. **~·ment** *n.*

dis·fel·low·ship /dìsféloufɪp | -ləu-/ 〖プロテスタント〗 *n.* 会員権制限 《教会の方針に逆らったために聖礼典を拒否されたり, 責任あるポストにつけず他の教会員とも交際できなくなること》. — *vt.* …の会員権を制限する. 〘(1608) ← DIS-¹+FELLOWSHIP〙

dis·fig·u·ra·tion /dɪsfìgjuréɪʃən, dìs- | dɪsfɪgjʊr-, dìsfɪg-, -gər-/ *n.* =disfigurement.

dis·fig·ure /dɪsfígjə, -gjuə | dɪsfígə(r)/ *vt.* **1** …の形状[外形]を損じる, 醜くする (⇨ deface SYN): His face is ~*d with* a scar. 顔に醜い傷がある. **2** …の美点[価値]を損じる, 〈評判などを〉傷つける. **dis·fig·ur·er** *n.* 〘(?*c*1375) □ OF *desfigurer*: ⇨ dis-¹, figure〙

dis·fig·ure·ment /dɪsfígjəmənt, -gjuə- | dɪsfígə-/ *n.* **1** 美観[外観]を損なうこと; 美観が失われている様子. **2** 美観を損なうもの, 傷, 目ざわり. 〘(1634): ⇨ ↑, -ment〙

dis·flu·en·cy /dɪsflúːənsi | dɪs-/ *n.* 吃音, どもり. 〘(*c*1975) ← DIS-¹+FLUENCY〙

dis·for·est /dɪsfɔ́(ː)rɪst, -fɑ́(ː)r- | -fɔ́r-/ *vt.* =disafforest, deforest. **dis·for·est·a·tion** /dɪsfɔ̀(ː)rɪstéɪʃən, -fɑ̀(ː)r- | -fɔ̀r-/ *n.* 〘(1502) 《変形》← DISAFFOREST: ⇨ dis-¹, forest〙

dis·fran·chise /dɪsfrǽntʃaɪz/ *vt.* **1** 〈人〉から公民権[選挙権, 公職就任権]を奪う. **2** 〈都市など〉から特権を取り上げる. **3** 〈法人など〉から特権を奪う. 〘(1467) ← DIS-¹+《廃》*franchise* 'to grant a FRANCHISE to'〙

dis·fran·chise·ment /dɪsfrǽntʃaɪzmənt, -tʃəz- | -tʃɪz-/ *n.* 公民[選挙]権剝奪(はくだつ), (都市の)特権剝奪[喪失]. 〘(1616): ⇨ ↑, -ment〙

dis·frock /dɪsfrɑ́(ː)k | -frɔ́k/ *v.* =unfrock.

dis·func·tion /dɪsfʌ́ŋ(k)ʃən/ *n., vi.* =dysfunction.

dis·fur·nish /dɪsfə́ːnɪʃ, dìs- | dɪsfə́ː-, dìs-/ *vt.* 〈建物など〉から〔造作・設備などを〕取りはずす, 〈人〉から〔所有物などを〕はぎ取る (divest) 〔*of*〕. **~·ment** *n.* 〘(1531) □ OF *desfourniss-* (stem) ← *desfournir*: ⇨ dis-¹, furnish〙

dis·gav·el /dɪsgǽvəl, -vl/ *vt.* 〖英法〗男子均分相続制を廃除する 《均分制を慣習法上の制度とするガヴェルカインド (gavelkind) を制定法によって廃除する》. 〘(1683) ← DIS-¹+GAVEL〙

dis·gen·ic /dɪsdʒénɪk | dɪs-/ *adj.* =dysgenic.

dis·gorge /dɪsgɔ́ədʒ, dìs- | dɪsgɔ́ːdʒ, dìs-/ *vt.* **1** 〈食べ物などを〉吐き出す (eject). **2** 〈不正な所得などを〉吐き出す, いやいやながら出す[返す]. **3** 〈乗り物などが〉〈人を〉吐き出す; 〈川などが〉注ぐ (discharge): The river ~*s* itself [its waters] *into* the lake. その川は湖に注ぐ. **4** 〖釣〗(魚の口やのどから)針をはずす. — *vi.* **1** 〈川が〉注ぐ: The river ~*s into* the lake. **2** 中身を吐き出す, からになる; (特に)不正利得を吐き出す. **~·ment** *n.* 〘(*c*1477) □ OF *desgorger*: ⇨ dis-¹, gorge¹〙

dis·górg·er *n.* 〖釣〗針はずし 《魚の口やのどから針をはずす道具》. 〘(1867): ⇨ ↑, -er¹〙

dis·grace /dɪsgréɪs | dɪs-, dɪz-/ *n.* **1** 面目を失っている状態, 不人気, 不評: be in ~ 面目を失って[勘気を被って]いる / fall into ~ *with* one's master 主人の寵(ちょう)を失う, 不興を招く. **2** 〔…の恥を招くもと, 体面を汚すもの, 面汚し, 恥 〔*to*〕: be a ~ *to* one's country [one's school, the house] 国[学校, 家]の恥[面汚し]になる. **3** 不名誉, 不面目, 恥辱: bring ~ *on* one's school 学校に恥辱をもたらす. — *vt.* **1** …の恥となる; 辱める, 〈名を〉汚す (dishonor): ~ one's family 家の恥になる / ~ one's name 名を汚す / ~ oneself 恥をかく. **2** 〈人〉に寵を失わせる; (官位をはいで)退ける, 解職する. 〘n.: (1581) □ F *disgrâce* □ It. *disgrazia*: ⇨ dis-¹, grace. — v.: (*c*1549–62) □ (O)F *disgrac(i)er* □ It. *disgraziare*〙

SYN 不名誉: **disgrace** 自分自身または他人の行為によってもたらされた不面目と屈辱感: He is a *disgrace* to the family. 家族の面汚しだ. **dishonor** 自分の行為によってもたらされた名誉の喪失: I prefer death to *dishonor*. 私は不名誉よりも死を選ぶ. **shame** 面目を失ったことに対する屈辱感: He hung his head in *shame*. 恥じて頭を垂れた. **infamy** 非行のために悪名が立っていること: Traitors are held in *infamy*. 反逆者は悪名を着せられる. **ignominy** 軽蔑すべき行為によって公に不名誉を被ること 《格式ばった語》: His treachery brought *ignominy* to his family. 彼の裏切りは一家の恥となった. **opprobrium** 人がした行為のために嫌われ非難される状態 《格式ばった語》: Germany's invasion of Poland met with *opprobrium*. ドイツのポーランド侵攻は非難の的となった. **obloquy** 悪評を浴びている状態 《格式ばった語》: In the face of *obloquy* he was forced to secede the party. 世間の指弾を浴びて彼は離党する破目にあった.

dis·graced /dɪsgréɪst | dɪs-, dɪz-/ *adj.* 名を汚された; 失脚した.

dis·grace·ful /dɪsgréɪsfəl, -fl | dɪs-, dɪz-/ *adj.* 〈人・言行など〉恥ずかしい, みっともない (shameful), 不面目な, 不名誉な. **~·ness** *n.* 〘(1589–90): ⇨ -ful¹〙

dis·gráce·ful·ly /-f(ə)li, -fli/ *adv.* 恥ずかしくも, 不面目[不名誉]にも. 〘(1604): ⇨ ↑, -ly¹〙

dis·grác·er *n.* 恥をかかせる人, 体面を汚す人. 〘(1570): ⇨ ↑, -er¹〙

dis·gra·cious /dɪsgréɪʃəs | dɪs-/ *adj.* **1** 品のない. **2** 《廃》=ungracious. 〘(1592–3) □ F *disgracieux*: ⇨ dis-¹, gracious〙

dis·gre·gate /dísgrɪgèɪt | -grɪ-/ *vt.* 分離させる, 分解させる, 散らす. — *vi.* 分離する, 分解する, 散る. **dis·gre·ga·tion** /dìsgrɪgéɪʃən | -grɪ-/ *n.* 〘(1593) □ L *disgregātus*〙

dis·grun·tle /dɪsgrʌ́ntl | dɪsgrʌ́ntl/ *vt.* [しばしば p.p. 形で] …の機嫌を悪くさせる, …に不満をいだかせる, むっとさせる 〔*at, with*〕: She was ~*d* by her meager share. 彼女は分け前の少ないのにむっとした. **~·ment** *n.* 〘(1682) ← DIS-¹+(廃・方言) *gruntle* to grunt, complain ((freq.) ← GRUNT)〙

dis·grun·tled /dɪsgrʌ́ntld | dɪsgrʌ́ntld/ *adj.* 不満足な; 不機嫌な 〔*about, at, over, with*〕 (⇨ unsatisfied SYN).

dis·guise /dɪsgáɪz, -káɪz | dɪs-, dɪzgáɪz/ *vt.* **1 a** 〔…の姿に〕変装する, 偽装する 〔*as*〕: ~ oneself *as* a monk 修道士の姿に身をやつす / a door ~*d as* a bookcase 本箱に偽装したドア. **b** 他のものに見せかける; 声色(こわいろ)を使う: ~ one's voice 作り声をする. **2** 〈意志・感情を〉〔何かに〕(仮託して)隠す 〔*with*〕; 〈事実を〉偽る, 覆う (conceal): ~ a fact / ~ one's age 年齢を偽る / I can't ~ *from* you *that* your father's condition is serious. お父さんが重態であるということをあなたに隠していることができない. **3** 《古》[p.p. 形で] 酔わす (intoxicate): be ~*d in* [*with*] drink [liquor] 酔っている.

— *n.* **1** 変装, 仮装(服), 仮面. **2** 見せかけ, かこつけ, ごまかし (disguisement): make no ~ of one's feelings 感情を少しも隠さない / assume a ~ 正体を隠す / throw off [shed] one's ~ 仮装を脱ぎ捨てる, 正体を現す / *in* [*under*] the ~ of …にかこつけて, 仮託して / without ~ あからさまに.

in disguise 変装して, 変装の, 仮装の: a prince *in* ~ お忍びの王子 / *in* female ~ 女性に化けて / a blessing *in* ~ 姿を変えた幸 《不幸に見えるが実はあとで幸運となる事態や経験》.

~·ment *n.* **dis·guís·er** *n.* 〘(?*a*1300) *desgise(n)* □ OF *desguisier*: ⇨ dis-¹, guise〙

dis·guised *adj.* 変装[偽装]した, 身をやつした. **dis·guís·ed·ly** /-zɪdli, -zd-/ *adv.* 〘(*a*1393): ⇨ ↑, -ed〙

dis·gust /dɪsgʌ́st, dɪz-, dɪskʌ́st, dɪz- | dɪsgʌ́st, dɪz-/ *n.* (むかつくような)嫌け, (吐き気を催すほどの)嫌悪, うんざり, 愛想づかし 〔*at, about, for, toward, with*〕 (⇨ aversion SYN): feel ~ *at* [*with, about*] …に対して嫌けを起こす, …に愛想をつかす / (much) to a person's ~ 全く嫌になったことには / in ~ 嫌になって, うんざりして / You fill me with ~! お前にはうんざりする. — *vt.* 〈人〉に胸を悪くさせる, (嫌で)うんざりさせる; 〈人〉に愛想をつかさせる: This smell [thought] ~*s* me. このにおい[考え]はたまらなく嫌だ / I'm ~*ed with* you.=You ~ me. お前にはうんざりだ (⇨ disgusted). 〘n.: (1598) □ OF *desgoust* ← *des-* 'DIS-¹'+*goust* (< L *gustum* flavor). — v.: (1601) □ OF *desgouster* (F *dégoûter*) ← *des-* 'DIS-¹'+*gouster* (< L *gustāre* to taste): ⇨ gusto〙

dis·gust·ed /dɪsgʌ́stɪd, -kʌ́s- | dɪsgʌ́s-, dɪz-/ *adj.* 嫌けがさした, 愛想をつかした, うんざりした 〈*to do, that*〉: I'm (thoroughly) ~! ああ, 嫌だ / be ~ *at* [*by, with*] …に愛想をつかす. **~·ness** *n.*

dis·gúst·ed·ly *adv.* 胸が悪くなるほど嫌になって, うんざりして, 愛想をつかして. 〘(1864): ⇨ ↑, -ed, -ly¹〙

dis·gust·ful /dɪsgʌ́stfəl, -fl, -kʌ́st- | dɪs-, dɪz-/ *adj.* **1** 胸が悪くなるような, 気持ちの悪い (sickening); 嫌でたまらない, 実に嫌な, うんざりする. **2** 《古》不(愉)快な, おもしろくない (unpleasing). **3** 嫌けのさす, 嫌悪感を伴う. **~·ly** /-f(ə)li, -fli/ *adv.* 〘(*a*1616): ⇨ -ful¹〙

dis·gúst·ing *adj.* 胸が悪くなるような, むかつくような; 実に嫌な, いまいましい 〔*to*〕: ~ weather. **~·ly** *adv.* 〘(1754): ⇨ -ing²〙

dish /díʃ/ *n.* **1 a** 鉢(はち), 深皿 《金属または陶器の大皿でこれから浅い plate に取り分けて銘々に供する》. 日英比較日本語では，皿を大・中・小などのサイズによる分類をするが，英語では，盛り皿 (*dish*)，取り皿 (plate) のように用途で分ける．これは，あらかじめ盛りつけて出す日本料理とは異なり，原則として食卓に盛り皿で運び，そこから各人に取り分ける欧米の方式に起因する．なお，食卓用の皿類を一括して the *dishes* と呼ぶこともあり，この場合は，plate の他，bowl, cup, saucer などまで含まれる． **b** [通例 the ～es] (漠然と食卓用)皿(類)，食器(類) 《plates, bowls, saucers, cups など》: clear away *the ～es* (食卓の)皿類を片付ける / wash up *the ～es*＝《米》do *the ～es* 皿洗いをする． **c** (食器以外の)皿: a developing ～ (写真の)現像皿． **2** (皿に盛った)食物，食品，料理: a plain [dainty] ～ 簡単な[おいしい]料理 / one's favorite ～ 好きな料理，好物 / a cold ～ 冷たい料理 / a standing ～ おきまりの料理; おきまりの話の種 / ⇨ a MADE dish / a ～ for a king 王の召上がり物; 最上のごちそう / enjoy the *～es* offered 出されたごちそうをおいしく食べる． **3** 一皿(の量): a ～ *of* beans [meat] 一皿の豆[肉]． **4** 〖通信〗(パラボラアンテナのお椀(わん)形の)反射板 (cf. dish antenna, satellite dish); ＝satellite dish aerial． **5** (鉢(はち)状の)くぼみ，鉢形(のもの): the ～ of a wheel 車輪の(スポークからハブ (hub) に至る部分の)へこみ(の程度)． **6** 〖英古〗＝cup: a ～ *of* tea / a ～ *of* gossip 茶飲み話 (chat)． **7** 《口語》 **a** [one's ～ として] ＝*one's* DISH *of tea*． **b** 魅力的な[いかす]女性: The operator is quite a ～. あの交換手はなかなかいかす． **c** 《口語》得意の[好みの]もの． **8** 《俗》〖野球〗ホームベース，ホームプレート (home plate)． *one's **dish of téa*** ⇨ tea 成句．

— *vt.* **1** 鉢[皿]に盛る: ⇨ DISH *up* (1)． **2** 《口語》〈相手を〉出し抜く，(上手に)だます (cheat); 〈人・望み・計画などを〉やっつける，くつがえす，くじく，だめにする (frustrate); (特に)〈政党が〉〈他党〉の政策を横取りして負かす． **3 a** 〈穴の口などを〉鉢形にくぼませる 〔*in*〕． **b** くりぬく，えぐる 〈*out*〉．

— *vi.* **1** 皿形[中くぼみ]になる． **2** 〖馬術〗〈馬が〉(速歩のとき)前脚をすくうように横に出す． ***dish it óut*** 《米俗》罰を見舞う，しかる，批判する，嘲笑する． ***dish óut*** (1) 《口語》〈食べ物を〉(鉢から取って)配る，分ける; (一般に)分配する，供給する: ～ *out* potatoes 皿にジャガイモを盛り分ける． (2) ⇨ *vt.* 3 b． (3) べらべらしゃべる． 《1641》 ***dish úp*** (1) 〈食べ物を〉鉢に盛る，(鉢に盛って)出す． (2) 〈話などを〉まことしやかにつくろう: ～ *up* news, an old story, etc.

～·lìke *adj.* 〖OE *disc* dish, bowl ＜ (WGmc) **diskaz* (Du. *disch* / G *Tisch* table) ▭ L *discus* 'DISK, dish, DISCUS' ▭ Gk *dískos* 《原義》that which is thrown ← *dikein* to throw ← IE **deik-* to show: cf. desk〗

dis·ha·bil·i·tate /dɪ̀shəbɪ́lətèɪt | -lɪ̀-, -hæb-/ *vt.* ＝disqualify.

dis·ha·bille /dɪ̀səbíːl, -sæ-/ *n.* **1** 略装: in ～ 〈特に，女性が〉身づくろいもしないで． **2** 《まれ》平服，ふだん着; 化粧着． **3** だらしのない精神[身体]状態，取乱し，(心身の)乱れ，(思考などの)支離滅裂． 〖《1673》▭ F *déshabillé* (p.p.) ← *déshabiller* to undress ← *dés-* 'DIS-[1]'＋*habiller* to dress: cf. habiliment〗

dis·háb·it /dɪ̀shǽbɪt | dɪs-/ *vt.* 《Shak》住居から追い出す． 〖《1594–96》← DIS-[1]＋HABIT〗

dis·hal·low /dɪ̀shǽloʊ, dɪs- | -ləʊ/ *vt.* …の神聖を汚す． 〖《1552》← DIS-[1]＋HARROW〗

dis·hal·lu·ci·na·tion /dɪ̀shəlùːsənéɪʃən, -sn- | -ljùː-/ *n.* 幻覚[錯覚]破壊; 幻滅 (disillusionment). 〖《1881》← DIS-[1]＋HALLUCINATION〗

dísh antènna *n.* 〖通信〗パラボラ アンテナ (cf. satellite dish).

dis·har·mon·ic /dɪ̀shɑːmɑ́(ː)nɪk | -hɑːmɔ́n-⁻/ *adj.* ＝disharmonious.

dis·har·mo·ni·ous /dɪ̀shɑːmóʊniəs | -hɑːməʊ-⁻/ *adj.* 調子の整わない，不調和な，非調和的な，不協和の (inharmonious). **～·ly** *adv.* 〖《1659》← DIS-[1]＋HARMONIOUS〗

dis·hár·mo·nìsm /-nɪ̀zm/ *n.* 不調和，不協和．

dis·har·mo·nize /dɪ̀shɑ́ːmənàɪz, dɪs- | dɪshɑ́ː-/ *vt.* …の調和[一致]を乱す，不調和にする． **— *vi.*** 不調和になる． 〖《1801》← DIS-[1]＋HARMONIZE〗

dis·har·mo·ny /dɪ̀shɑ́ːməni, dɪs- | dɪshɑ́ː-/ *n.* **1** 調和[一致]を欠くこと，不調和; 不和． **2** 不協和(音)，調子はずれ (dissonance); 不調和なもの． 〖《*a*1602》← DIS-[1]＋HARMONY〗

dísh·clòth *n.* **1 a** 皿洗い布． **b** 《英》布巾 (《米》dish towel, dishrag). **2** 〖植物〗＝dishcloth gourd. 〖1828〗

díshcloth góurd *n.* **1** ヘチマ 《ヘチマ属 (*Luffa*) の植物の総称; (特に)ヘチマ (*L. cylindrica*)》． **2** ヘチマの果実 《単に dishcloth, または luffa, sponge gourd, vegetable sponge ともいう》． 〖1900〗

dísh·clòut *n.* 《古・方言》＝dishcloth 1 a. 〖*a*1529〗

dísh còver *n.* 皿ぶた，皿覆い 《取っ手つきの半球形または卵形の銀製や陶製; 料理保温用》． 〖1831〗

dísh cròss *n.* (卓上で銀製や陶製の皿を載せる低い四脚式の)十字型銀製皿台． 〖1785〗

dish·da·sha /dɪ́ʃdɑ́ːʃə/ *n.* (*also* **dish·dash** /-dǽʃ/) ディッシュダッシャー 《アラビア半島の男性が着る長い袖の長くゆったりした外衣》． 〖《*c*1875》← ?Arab.〗

dísh dràiner *n.* 皿を乾かす(水切り付き)容器[皿立て].

dis·heart·en /dɪ̀shɑ́ːətn | dɪshɑ́ːt-/ *vt.* 〈人〉の気力[自信，勇気]を奪う; …の意気をくじく，気落ち[落胆]させる (discourage): feel *～ed at* …を見て[聞いて]がっかりする． 〖《1590》← DIS-[1]＋HEARTEN〗

dis·héart·ened *adj.* がっかりした，落胆した．

dis·héart·en·ing /-tnɪŋ, -tn-/ *adj.* がっかりする(ような)，気落ち[落胆]させる(ような)，気が滅入る(ような)． **～·ly** *adv.* 〖《1654》: ⇨ ↑, -ing[2]〗

dis·héart·en·ment *n.* 気力挫折，意気喪失，気落ち，落胆 (despondency). 〖《1830》: ⇨ -ment〗

dished *adj.* **1** へこんだ，くぼんだ (concave): a ～ face (動物などの)しゃくれた顔． **2 a** 〖機械〗〈車輪・自動車のハンドルが〉皿型の 《スポーク (spoke) やディスクがハブ (hub) の方向に皿型にくぼんでいる》． **b** 〖自動車〗〈一対の車輪の間隔が〉接地点よりも上方向に広い (cf. camber 4). **3** 《口語》へとへとの，疲れ切った; やっつけられて． 〖《1586》← DISH＋-ED 2〗

díshed kéel *n.* 〖海事〗皿状竜骨 《横断面が凹形の竜骨》．

dis·helm /dɪ̀shélm, dɪs-/ *vt.* 《古》〈人〉にかぶと (helmet) を脱がせる，かぶとを奪う． **— *vi.*** かぶとを脱ぐ． 〖《*a*1477》: ⇨ dis-[1], helm[2]〗

dísh·er *n.* ディッシャー (scoop) 《アイスクリームすくい》．

dis·her·i·son /dɪ̀shérəsən, -sn, -zən, -zn | -rɪ-/ 〖法律〗*n.* 《古》＝disinheritance. **— *vt.*** 《まれ》＝disinherit. 〖《*c*1300》*disheritesoun* ▭ OF *dis(h)eriteison* ← *des(h)eriter* (↓)〗

dis·her·it /dɪ̀shérɪ̀t, dɪs- | dɪshérɪ̀t, dɪs-/ *vt.* 《古》＝disinherit. 〖《*c*1300》*disherite(n)* ▭ OF *des(h)eriter*: ⇨ dis-[1], inherit〗

di·shev·el /dɪ̀ʃévəl, -vl̩ | dɪ-/ *vt.* (**di·shev·eled, -elled; -el·ing, -el·ling**) **1** 〈髪を〉ぼさぼさにする; 〈物を〉乱雑にする，乱す． **2** 〈人〉の髪[衣服]を取り乱す，だらしなくする． **～·ment** *n.* 〖《1598》《逆成》↓〗

di·shév·eled *adj.* (*also* **di·shév·elled**) **1** 〈髪が〉もじゃもじゃした，ぼうぼうの (tousled); 〈服装が〉取り乱した: ～ hair もじゃもじゃの(乱れ)髪 / his ～ dress 彼の取り乱した服装． **2** 〈人が〉ぼうぼうの髪をした，服装を取り乱した; (一般に)だらしない． 〖《?*c*1450》← ME *dischevele* ▭ OF *deschevelé* ← *des-* 'DIS-[1]'＋*chevel* hair (＜ L *capillum*): ⇨ -ed〗

dish·ful /dɪ́ʃfʊ̀l/ *n.* 皿一杯(の量) 〔*of*〕． 〖《?*c*1300》: ⇨ -ful[2]〗

dísh gàrden *n.* ミニガーデン 《浅い鉢に植木などを植えて並べた小型庭園》．

dísh·màt *n.* 皿敷き 《熱い料理の皿とテーブルの間に敷くマット》．

dísh nìght *n.* 《米》(もと地方の映画館が客集めのために，週に一度行った)無料で皿を配る平日の夜．

dis·hon·est /dɪ̀sɑ́(ː)nɪ̀st, dɪs- | dɪsɔ́n-, dɪz-, dɪs-⁻/ *adj.* **1** 〈人が〉不正直な，不誠実な (insincere); 〈行為・手段など〉不正な，悪辣(あくらつ)な; 〈仕事など〉いい加減な: a ～ man / ～ conduct / ～ profits 不正な収益． **2** 《廃》不貞な (unchaste). **～·ly** *adv.* 〖《(*c*1390)》《1611》▭ OF *deshoneste*: ⇨ dis-[1], honest〗

SYN 不正直な: **dishonest** うそを言ったりだましたりする: a *dishonest* employee 不正直な従業員． **deceitful** うそを言って意図的に人を欺こうとする: a *deceitful* advertisement いんちき広告． **lying** 〈人が〉うそつきの，〈話などが〉偽りの: a *lying* child うそをついている子供 / a *lying* rumor 根も葉もないうわさ． **mendacious** *lying* と同義であるが格式ばった語: a *mendacious* remark 偽りの言葉． **untruthful** 〈報告・声明などが〉事実と異なる: draw up an *untruthful* report of the accident 事故の偽りの報告書を作成する． **ANT** honest.

---

dis·hon·es·ty /dɪ̀sɑ́(ː)nɪ̀sti, dɪs- | dɪsɔ́n-, dɪz-, dɪs-/ *n.* **1** 不正(行為)，詐欺 (fraud): a piece of ～ 一つの不正行為． **2** 不正直，不誠実． 〖《(*c*1390)》《1598–99》▭ OF *deshonesté*: ⇨ dis-[1], honesty〗

dis·hon·or /dɪ̀sɑ́(ː)nə, dɪs- | dɪsɔ́nə^(r), dɪz-, dɪs-/ *n.* **1** 不名誉，不面目 (⇨ disgrace **SYN**); 恥辱: live in ～ 不面目な[屈辱の]生活をする． **2** 恥となるもの[こと]，不面目を招くもと，面汚し: be a ～ *to* …の不名誉となる． **3** 〖商業〗(手形・小切手の)不渡り，支払拒絶: a notice of ～ ⇨ notice *n.* 3 c. **— *vt.*** **1** 〈人〉の名誉を奪う[失わせる]; 〈人〉に恥辱を与える． **2** …に不面目をもたらす，辱(はずか)める，…の名誉を汚す． **3** 《古》〈女性〉の貞操を汚す，辱める． **4** 〖商業〗〈銀行が〉〈手形など〉の引受けを拒む，不渡りにする (→ accept): ～ a bill 手形を不渡りにする / a *～ed* check 不渡り小切手． **～·er** /-nərə | -nərə^(r)/ *n.* 〖v.: 《*c*1250》▭ OF *deshonorer*. — n.: 《?*a*1300》▭ OF *deshonor* (F *déshonneur*) ＜ VL **dishonōrem*: ⇨ dis-[1], honor〗

dis·hon·or·a·ble /dɪ̀sɑ́(ː)n(ə)rəbl̩, dɪs-, -nəbl̩ | dɪsɔ́n(ə)rəbl̩, dɪz-, dɪs-⁻/ *adj.* 〈行為が〉不名誉な，不面目な，面汚しの，恥ずべき; 不徳義な，道ならぬ; 下等な，卑劣な． **～·ness** *n.* 〖《1533–34》▭ ? OF *déshonorable*: ⇨ dis-[1], honorable〗

díshonorable díscharge *n.* **1** 懲戒免職． **2** 〖軍事〗 **a** 懲戒[不名誉]除隊 《米軍下士官が高等軍法会議で有罪の判決と刑の宣告を受けたときに行われる》． **b** 懲戒[不名誉]除隊証明書 (cf. honorable discharge).

dis·hón·or·a·bly /-bli/ *adv.* 不名誉に，不面目に; 不徳義に，面汚しとなるように: be ～ discharged 不正行為のため解雇される． 〖《1590》: ⇨ -ly[1]〗

dis·horn /dɪ̀shɔ́ən | -hɔ́ːn/ *vt.* 〈動物〉の角を除く[取る] (dehorn). 〖《1597》← DIS-[1]＋HORN〗

dis·house /dɪ̀sháʊz/ *vt.* **1** 〈人を〉家から追い出す，…に住居を立ちのかせる． **2** 〈土地〉から家を取り払う． 〖《*c*1586》← DIS-[1]＋HOUSE〗

dísh·pàn *n.* 《米・カナダ》皿洗い容器，洗い桶． 〖1872〗

díshpan hánds *n. pl.* [単数または複数扱い] 《米》(特に，皿洗いなどの家事のため)手の赤く荒れた状態． 〖1944〗

dísh ràck *n.* ＝dish drainer.

dísh·ràg *n.* 《米》＝dishcloth.

dísh reflèctor *n.* パラボラアンテナ (parabola).

dísh tòp *n.* (上向きの縁つき)円形のテーブル面．

dísh tòwel *n.* 《米》布巾 (《英》dishcloth, tea towel).

dísh·wàre *n.* (食べ物を出すための陶器などの)食卓用器具． 〖1946〗

dish·wash·er /dɪ́ʃwɑ̀(ː)ʃə, -wɔ̀(ː)ʃə | -wɔ̀ʃə^(r)/ *n.* **1** 自動皿洗い機，食器洗い機; (レストランなどの)皿洗い人． **2** 〖鳥類〗フタイロヒタキ (*Seisura inquieta*) 《オーストラリア産のヒタキの一種; scissorsgrinder ともいう》． 〖*a*1529〗

dísh·wash·ing lìquid [detèrgent] *n.* 《米》(台所の)食器用洗剤(液) (《英》washing-up liquid).

dísh·wàter *n.* **1** 食器を洗ったあとのよごれ水; 食器を洗う[洗っている]水: (as) dull as ～＝(as) dull as DITCHWATER. **2** まずい[水っぽい]飲み物: taste like ～ (お茶・コーヒーなどが)味が薄い． 〖1484〗

díshwater blónd *adj.* 《米》〈髪が〉淡い茶色の．

dish·wa·ter·y /dɪ́ʃwɔ̀(ː)ṭəri, -wɑ̀(ː)ṭ- | -wɔ̀ːtəri/ *adj.* dishwater のような; つまらない，力のない，きたならしい． 〖《1890》: ⇨ ↑, -y[4]〗

dish·y /dɪ́ʃi/ *adj.* 《俗》〈異性が〉魅力的な; 性的魅力のある． 〖《1961》← DISH (n.) 7＋-Y[4]〗

di·sil·ane /dàɪsíleɪn, -sáɪl-/ *n.* 〖化学〗ジシラン (Si_2H_6) 《無色の気体，空気中で自然に発火する》． 〖⇨ di-[1]〗

dis·il·lu·sion /dɪ̀sɪ̀lúːʒən | -ɪlúː-, -ljúː-/ *vt.* **1** 〈人〉に迷い (illusion) を覚まさせる; 幻想[迷夢]から…の目を覚まさせる (disenchant). **2** [通例受身で] 〈人〉に幻滅を感じさせる: I *was ～ed* by his behavior. 彼のふるまいにがっかりした． **— *n.*** ＝disillusionment. **～·ize** /dɪ̀sɪ̀lúːʒənàɪz | -ɪlúː-, -ljúː-/ *vt.* 〖n.: 《1598》← DIS-[1]＋ILLUSION. — v. 《1864》〗

dis·il·lú·sion·àr·y /-ʒənèri | -ʒ(ə)nəri/ *adj.* ＝disillusive.

dis·il·lú·sioned *adj.* 〔…に〕幻滅を感じる 〔*with*〕: be ～ *with* politics 政治に幻滅を感じる．

dis·il·lu·sion·ment /dɪ̀sɪ̀lúːʒənmənt | -ɪlúː-, -ljúː-/ *n.* 幻滅(感)． 〖《1856》: ⇨ -ment〗

dis·il·lu·sive /dɪ̀sɪ̀lúːsɪv, -zɪv | -ɪlúːsɪv, -ɪljúː-⁻/ *adj.* 幻想[迷夢]から目を覚まさせるような，幻滅的な． 〖《1878》← DISILLUSION〗

dis·im·pas·sioned /dɪ̀sɪ̀mpǽʃənd | -sɪm-⁻/ *adj.* 冷静な，落ち着いた (dispassionate). 〖《1861》← DIS-[1]＋IMPASSIONED〗

dis·im·pe·ri·al·ism /dɪ̀sɪ̀mpíəriəlɪzm | -píər-/ *n.* (被支配地の独立達成を主張する)反[非]帝国主義． 〖《1959》← DIS-[1]＋IMPERIALISM〗

dis·im·pris·on /dɪ̀sɪ̀mprízən, -zn | -sɪm-/ *vt.* (監禁から)釈放する． **～·ment** *n.* 〖《1611》← DIS-[1]＋IMPRISON〗

dis·in·cen·tive /dɪ̀sɪ̀nsénṭɪv | -sɪnsént-⁻/ *adj., n.* 行動を制御する(もの); 意欲をくじく(もの) 〔*to*〕． 〖《1946》← DIS-[1]＋INCENTIVE〗

dis·in·cli·na·tion /dɪ̀sɪ̀nklənéɪʃən, -sɪŋ- | dɪsɪnklɪ̀- | dɪs-/ *n.* [a *or* one's ～] 嫌け，気が進まない[向かないこと，気乗りうす 〔*for, to*〕/ 〈*to* do〉: have *a* ～ *for* an occupation [*to* work] 職業[仕事]に対して気乗りがしない / his ～ *to* form new friendships (人間関係の煩しさから)新しい交友関係を結びたがらない彼の性癖． 〖《1647》: ⇨ dis-[1], inclination〗

dis·in·cline /dɪ̀sɪ̀nkláɪn | -sɪŋ-/ *vt.* [通例，目的語＋*to* do を伴って] 気乗りうすにする，…に嫌けを起こさせる，…したくない気にさせる: This *～d* him *to* visit her again. このことで二度と彼女を訪ねようという気が起こらなくなった． ★ しばしば p.p. 形で形容詞的に用いられる (⇨ disinclined). **— *vi.*** 気乗りしなくなる，…したくなくなる 〈*to* do〉． 〖《1647》: ⇨ dis-[1], incline〗

dis·in·clíned *adj.* …したくない 〈*to* do〉，〔…に〕気が向かない 〔*for*〕 (⇨ reluctant **SYN**): I am [feel] ～ *to* work this morning. けさは仕事をする気にならない / They are rather ～ *for* talk. 彼らはどうも話はしたくないようだ． 〖《1647》: ⇨ ↑, -ed〗

dis·in·cor·po·rate /dɪ̀sɪ̀nkɔ́əpərèɪt | -sɪnkɔ́ːp(ə)-rèɪt, -sɪŋ-/ *vt.* …の法人[社団]組織を解く[消滅させる]; …の合同[共同]性を奪う． 〖《1697》← DIS-[1]＋INCORPORATE〗

dis·in·fect /dɪ̀sɪ̀nfékt | -sɪn-, -sɪŋ-/ *vt.* **1** (滅菌)消毒する，殺菌する: ～ a wound, room, etc. **2** …から〔好ましくない要素を〕除く 〔*of*〕． 〖《1598》▭ (O)F *désinfecter*: ⇨ dis-[1], infect〗

dis·in·fec·tant /dɪ̀sɪ̀nféktənt, -tnt | -sɪn-/ *adj.* 殺菌性の，消毒の効力のある． **— *n.*** 殺菌剤，消毒薬: lavatory ～ トイレの消毒剤． 〖《1837》▭ F *désinfectant*: ⇨ ↑, -ant〗

dis·in·féct·ing càndle *n.* 殺菌筒 《点火すると消毒作用のある煙を発生する燃焼筒》．

dis·in·fec·tion /dɪ̀sɪ̀nfékʃən | -sɪn-/ *n.* 消毒(法)，殺菌(作用)． 〖《1803》← DISINFECT＋-TION〗

dis·in·féc·tor *n.* 消毒する人; 消毒器． 〖《1832》: ⇨ -or[2]〗

dis·in·fest /dɪ̀sɪ̀nfést | -sɪn-/ *vt.* 〈人・建物など〉から害虫・ネズミなどを駆除する． **dis·in·fes·ta·tion** /dɪ̀sɪnfestéɪʃən/ *n.* 〖《1920》← DIS-[1]＋INFEST〗

dis·in·fes·tant /dɪ̀sɪnféstənt | -sɪn-/ *n.* 害虫駆除剤，防虫剤，ネズミ駆除剤． 〖《1943》← DISINFEST＋-ANT〗

dis·in·flate /dɪ̀sɪ̀nfléɪt | -sɪn-/ *vt.* 〖経済〗〈物価〉のインフレ緩和[ディスインフレ]を行う．

dis·in·fla·tion /dɪ̀sɪ̀nfléɪʃən | -sɪn-/ *n.* 〖経済〗ディスインフレーション，ディスインフレ政策 《インフレを収め，かつ不景気を避けるように財政・金融政策を運営すること; cf. reflation》． 〖《1880》← DIS-[1]＋INFLATION〗

dis·in·flá·tion·àr·y /-ʃənèri | -ʃ(ə)nəri/ *adj.* インフレ緩和に役立つ; ディスインフレの．

dis·in·form /dɪsɪnfɔ́ɚm, -sən- | -ɪnfɔ́:m/ *vt.* 偽[逆]情報を流す.

dis·in·for·ma·tion /dìsɪnfɚméɪʃən | -fə-, -fɔ:-/ *n.* (敵の秘密情報組織を欺くための)偽情報, 逆情報; 不利な情報(を流すこと). 〘(1939)《なぞり》← Russ. *dezinformatsiya*〙

dis·in·gen·u·ous /dìsɪ̀nʤénjuəs | -sɪn-/ *adj.* 〈人・行動が〉率直でない, 包み隠しのある, 陰険な; 不正直な, 不誠実な, 表裏のある (dishonest). **~·ly** *adv.* **~·ness** *n.* 〘(1655) ← DIS-¹+INGENUOUS〙

dis·in·her·i·son /dìsɪ̀nhérəsən, -sn, -zən, -zn | -rɪ-/ *n.* 〘法律〙 =disinheritance. 〘(1543–44)《変形》← DISHERISON〙

dis·in·her·it /dìsɪ̀nhérət | -ɪnhérɪ̀t/ *vt.* **1** 〘法律〙〈嫡出子を〉廃除する; …から相続権を奪う. **2** …から人権[権利]を奪う; 〈よくない事・物を〉やめさせる, あとを絶たせる: the *~ed* millions 権利を奪われた何百万の人々 / ~ feudalism 封建制度を廃止する. 〘(1532) ← DIS-¹+INHERIT〙

dis·in·her·i·tance /dìsɪ̀nhérətəns, -tns | -sɪnhérɪtəns, -tns/ *n.* 〘法律〙 相続権廃除. 〘(1540): ⇨ ↑, -ance〙

dis·in·hi·bi·tion /dɪ̀sìn(h)əbíʃən, -ɪn(h)ɪ- | dɪsìn(h)ɪ-/ *n.* 〘心理〙 脱制止《条件反射の制止が無関係な刺激で一時的に除去されること》. 〘(1927) ← DIS-¹+INHIBITION〙

dis·in·hume /dìsɪ̀nhjú:m | -sɪn-/ *vt.* 掘り出す, 発掘する. 〘(1821) ← DIS-¹+INHUME〙

dis·in·sec·tion /dìsɪ̀nsékʃən, -sɪ̀n-/ *n.* =disinsectization.

dis·in·sect·i·za·tion /dìsɪ̀nsèktɪ̀zéɪʃən | -sɪnsèktaɪ-, -tɪ-/ *n.* (航空機などによる)害虫駆除. 〘1947〙

dis·in·te·gra·ble /dɪ̀sínt̬ɪ̀grəbl̩ | -tɪ̀-/ *adj.* 崩壊させうる, 分解できる. 〘(1796): ⇨ ↓, -able〙

dis·in·te·grate /dɪ̀sínt̬ɪ̀grèɪt, -íŋɪ̀- | dɪsíntɪ̀-/ *vt.* (ばらばらに)崩壊させる, (部分または元素に)分解させる (⇨ decay SYN). — *vi.* **1** 〔…に〕分解する; くずれる, 崩壊する; 〘地質〙 風化する 〔*into*〕: Peaceful marches *~d into* rioting. 穏やかなデモ行進がばらばらに崩れて暴動と化した. **2** 〘物理〙〈放射性原子核が〉崩壊する. **dis·in·te·gra·tive** /dɪ̀sínt̬əgrèɪt̬ɪv | dɪsíntɪ̀grèɪt-/ *adj.* 〘(1796) ← DIS-¹+INTEGRATE〙

dis·in·te·gra·tion /dɪ̀sìnt̬ɪ̀gréɪʃən | dɪsìntɪ̀-/ *n.* **1** 分解, 分裂, 崩壊: political ~ 政界の分裂. **2** 〘天文〙 (彗星(すいせい)の)崩壊. **3** 〘地質〙 (岩石などの)崩壊; 風化作用. **4** 〘物理〙 (放射性原子核や素粒子の)壊変, 崩壊(作用) (⇨ radioactive decay). 〘(1796): ⇨ ↑, -ation〙

disintegrátion cònstant *n.* 〘物理〙 =decay constant.

dis·ín·te·grà·tor /-t̬ə | -tə^(r)/ *n.* **1** 分解[崩壊]作用を起こさせるもの. **2** 〘機械〙 ジスインテグレーター, (原料などの)砕解機, (製紙用)打解機. **3** 〘薬学〙 崩壊剤《錠剤などの崩壊を促進するため添加される薬物》. 〘(1844) ← DISINTEGRATE+-OR²〙

dis·in·ter /dìsɪ̀ntə́: | -sɪntə́:^(r)/ *vt.* (**dis·in·terred**; **-ter·ring**) **1** 〈墓・地中からうずもれた物を〉掘り出す, 発掘する (dig up): ~ a body from a grave 死体を墓から掘り出す. **2** 〈隠れた事物・世にうずもれている人を〉明るみに出す; あばく. 〘(1611) ← DIS-¹+INTER〙

dis·in·ter·est /dɪ̀síntrɪ̀st, -trest, -t̬ərɪ̀st, -rèst | dɪsíntrɪ̀st, -trest, -tərɪ̀st, -rèst/ *n.* **1** 公平無私 (disinterestedness). **2** 《米口語》 無関心, 冷淡 (indifference). **3** 不利, 不利益. — *vt.* [通例 p.p. 形で (⇨ disinterested)] **1** …に利害関係をなくさせる; …に私心をなくさせる, 公平にさせる: ~ oneself (外交的に)干渉などの意志[権利]を捨てる. **2** 《米口語》 無関心にさせる. 〘v.: (1612) ← DIS-¹+INTEREST〙

dis·ín·ter·èst·ed *adj.* **1** 〈人・行為など〉私心のない, 公平な, 廉直な (unselfish) (⇨ indifferent SYN): a ~ decision, report, etc. **2** 《米口語》 興味[関心]のない, 冷淡な (indifferent) 〔*in*〕. ★ 2 の意味では uninterested が普通. **~·ly** *adv.* **~·ness** *n.* 〘(*a*1612) ← DIS-¹+INTEREST+-ED ∽ 《廃》 *disinteressed* ◻ F *désintéressé*〙

dis·in·ter·me·di·a·tion /dɪ̀sɪ̀nt̬əmì:diéɪʃən | dɪsɪntəmì:di-/ *n.* 《米》〘金融〙 (インフレ防衛のため証券市場に直接投資しようとして)銀行預金を大量に引き出すこと, 金融機関離れ. 〘(1967): ⇨ dis-¹〙

dìs·in·tér·ment *n.* **1** 発掘 (exhumation), 発掘物. **2** (隠れた事物の)摘発(物). 〘(1790): ⇨ -ment〙

dis·in·tox·i·cate /dìsɪ̀ntá(:)ksɪ̀kèɪt | -ɪntɔ́k-/ *vt.* 酔いをさまさせる; (麻薬などの)中毒症状を治す. **dis·in·tox·i·ca·tion** /dìsɪ̀ntà(:)ksɪ̀kéɪʃən | -ɪntɔ̀k-/ *n.* 〘(1685): ⇨ dis-¹〙

dis·in·vent /dìsɪ̀nvént | -sɪn-/ *vt.* …の発明をなかったことにする[無にする]. 〘(1868) ← DIS-¹+INVENT〙

dis·in·vest¹ /dìsɪ̀nvést/ *vt.* …からはぎ取る, 奪う (divest). 〘(1630) ← DIS-¹+INVEST〙

dis·in·vest² /dìsɪ̀nvést/ 〘経済〙 *vt.* …の投資をやめる. — *vi.* 資本を食いつぶす, 投資を引き上げる. 〘(1961) ← DIS-¹+INVEST〙

dìs·in·vést·ment *n.* 〘経済〙 負の投資, 資本の食いつぶし. 〘(1936): ⇨ ↑, -ment〙

dis·in·vite /dìsɪ̀nváɪt | -sɪn-/ *vt.* …への招待を取り消す. **dis·in·vi·ta·tion** /dɪsɪnvətéɪʃən | -vɪ̀-/ *n.* 〘(1580) ← DIS-¹+INVITE〙

dis·in·vol·tu·ra /dɪsɪnvɑ(:)ltú^ərə | -vɔltúərə; *It.* dizinvoltú:ra/ *It. n.* 気安さ, ゆとり; 落着き, 沈着. 〘(*c*1847) ◻ It. ~ ← *disinvolto* unembarrassed ← *disinvolgere* to unwind ← DIS-¹+*volgere* to wrap〙

dis·jas·kit /dɪ̀sʤǽskɪ̀t | dɪsʤǽskɪt/ *adj.* (*also* **dis·jas·ked** /~/) 《スコット》 荒れ果てた, 崩壊した (broken-down). 〘(1816)《変形》← ? *dejected*〙

dis·ject /dɪ̀sʤékt | dɪs-/ *vt.* 〈四肢などを〉引き裂く; 投げ散らす, 散乱させる. 〘(1581) ← L *disjectus* thrown asunder (p.p.) ← *disjicere* ← DIS-¹+*jacere* to hurl〙

dis·jec·ta mem·bra /dɪ̀sʤéktəmémbrə | dɪs-/ *L. n. pl.* (文学作品などの散乱した)断片 (fragments); 断片的な引用. 〘(1722) ◻ L ~ 'scattered limbs or portions' ← *disjecta* ((neut. pl. p.p.) ← *disjicere* (↑))+*membra* ((pl.) ← *membrum* 'MEMBER')〙

dis·join /dɪ̀sʤɔ́ɪn, dìs- | dɪs-/ *vt.* 引き離す, 分離する. — *vi.* 《廃》 分離する, 離れる. **~·a·ble** /-nəbl̩/ *adj.* 〘(1410) ◻ OF *desjoign-* (stem) ← *desjoindre* < L *disjungere* to disunite: ⇨ dis-¹, join〙

dis·joint /dɪ̀sʤɔ́ɪnt, dìs- | dɪs-/ *vt.* **1** …の関節をはずす, 脱臼(だっきゅう)させる (dislocate). **2** (つながった所を離して)ばらばらにほぐす, 解体する. **3** 支離滅裂にする, ちぐはぐにする. — *vi.* **1** 結び目から離れる; ばらばらになる. **2** 関節がはずれる, 脱臼する. — *adj.* 〈集合が〉互いに共通元(げん)をもたない, 互いに素な; 別の指示をもつ: ~ reference 別指示. 〘(?1440) ◻ OF *desjoint* (p.p.) ← *desjoindre* (↑)〙

dis·jóint·ed /-t̬ɪ̀d | -tɪ̀d/ *adj.* **1** 関節のはずれた, 脱臼した; 解体された, ばらばらの: a ~ hip 脱臼した腰. **2** 〈思想・文体など〉連絡のない, 筋道の立たない, 支離滅裂な (disconnected): ~ words. **3** 〘昆虫〙 =disjunct 3. **~·ly** *adv.* **~·ness** *n.* 〘(*a*1586): ⇨ ↑, -ed〙

dis·junct /dɪ̀sʤʌ́ŋ(k)t, dìs- | dɪs-, dìs-ˊ/ *adj.* **1** 分離した; 〘統計〙〈団体群が〉不連続な. **2** 〘音楽〙 跳躍の《2 度よりも大きな音程で旋律が進行する》: ⇨ disjunct motion. **3** 〘昆虫〙 頭・胸・腹の 3 部が深くくびれて分離している, 分画している.
— /dísʤʌŋ(k)t/ *n.* **1** 〘論理〙 選言肢《選言命題を構成する各命題》. **2** 〘文法〙 離接詞 (sentence modifier). 〘(1594) ◻ L *disjunctus* (p.p.) ← *disjungere* 'to DISJOIN'〙

dis·junc·tion /dɪ̀sʤʌ́ŋ(k)ʃən, dìs-/ *n.* **1** 分離, 分裂 (disunion). **2** 〘論理〙 選言, 選立, 選言命題: ⇨ inclusive [exclusive] disjunction. **3** 〘生物〙 (染色体の)離断. **~·al** /-ʃnəl, -ʃənl̩/ *adv.* 〘(*a*1400) ◻ L *disjunctiō(n-)*: ⇨ ↑, -tion〙

dis·junc·tive /dɪ̀sʤʌ́ŋ(k)tɪv, dìs- | dɪs-, dìs-ˊ/ *adj.* **1** 分離する, 分離性の, 分離的な. **2** 〘文法〙 離接的な (cf. copulative 1): a ~ conjunction 離接的接続詞 《either … or, although, but, or など》 / a ~ adverb 離接的副詞 《else, otherwise, or else など》. **3** 〘論理〙 選言[選立]的な: a ~ normal form 選言[選立]標準形 / a ~ proposition 選言[選立]命題 / a ~ syllogism 選言(的)三段論法. — *n.* **1** 〘文法〙 離接的接続詞. **2** 〘論理〙 選言命題. **~·ly** *adv.* 〘(*c*1450) ◻ L *disjunctivus*: ⇨ disjunct, -ive〙

dísjunct mótion *n.* 〘音楽〙 跳躍進行 《声部進行が 3 度以上の音程跳躍 (leap) によって行われること; cf. conjunct motion》. 〘1879〙

dis·junc·ture /dɪ̀sʤʌ́ŋ(k)ʧə | -ʧə^(r)/ *n.* 分離(状態). 〘(*a*1400) ◻ ML *disjunctūra*: ⇨ disjunct, -ure〙

disk /dísk/ *n.* **1** 〘電算〙 ディスク《円板状の磁性媒体上にデータを記録するコンピューターの外部記憶装置の一種》. **2** 平円盤; 平円盤状の物《メダル・貨幣など》: ⇨ flying disk. **3** 〘生物〙 平円盤状組織[構造]. **4** 平円形の表面: the sun's [moon's] ~ 太陽[月]の輪郭面. **5 a** (投擲(とうてき))用)円盤. **b** パック (puck) 《アイスホッケー用のゴム製の平円盤》. **6** [通例 disc] (蓄音機の)レコード, 音盤. **7** 〘植物〙 **a** ⇨ disk flower. **b** 盤, 花盤. **8** 〘解剖〙 **a** 円板. **b** 椎間板 (intervertebral disk): slip a ~ 椎間板ヘルニアになる. **9** 《古》 =discus. — *vt.* **1** 平円形に作る[切る]. **2** 《米・NZ》 円板すき (disk harrow) で耕す. **3** [通例 disc] 《口語》 音盤[レコード]に吹き込む[録音する]. **~·lìke** *adj.* 〘(1664) ◻ L *discus* quoit: ⇨ dish〙

dísk bràke *n.* (自動車などの)ディスク[円板]ブレーキ. 〘1904〙

dísk clùtch *n.* 〘自動車〙 ディスククラッチ, 円板クラッチ, 板クラッチ《摩擦面が複数個の円板から成っている摩擦クラッチ; plate clutch ともいう》. 〘1906〙

dísk crànk *n.* 〘機械〙 ディスク[円板]クランク《回転運動を往復運動に変えるのによく使われる》. 〘1888〙

dísk cràsh *n.* 〘電算〙 ディスククラッシュ《ディスクの読み書きヘッドがディスク面に接触し, データが破壊される事故》.

dísk drìve *n.* 〘電算〙 ディスクドライブ《磁気ディスクを回転させてデータを読み書きする装置》. 〘1952〙

dísk·er *n.* =disk harrow.

disk·ette /dɪskét/ *n.* 〘電算〙 =floppy disk. 〘1975〙

dísk flòwer [flòret] *n.* 〘植物〙 《キク科植物などの花の中心の円をなす》中心花 (cf. ray flower). 〘1870〙

dísk hàrrow *n.* 〘農業〙 円板すき, ディスクハロー《多数の刃の鋭い皿状の円板で土をかき切るトラクター用農具》. 〘*a*1884〙

dísk jòckey *n.* =disc jockey.

Dis·ko /dískoʊ | -kəʊ; *Dan.* dísgo/ *n.* ディスコ島《グリーンランドの西方, Davis 海峡にある島; 石炭が埋蔵されている》.

dísk operàting sýstem *n.* 〘電算〙 ディスクオペレーティングシステム (⇨ DOS).

dis·ko·phile /dískəfàɪl/ *n.* =discophile.

dísk pàck *n.* 〘電算〙 ディスクパック《取りはずし可能な一組の磁気ディスク》. 〘1963〙

dísk pàrking *n.* 《英》 (自動車の)ディスク駐車法《時計の文字盤のついた円盤によって, 道路脇に駐車した車が止まったときと離れるときを表示する駐車法》. 〘1960〙

dísk whèel *n.* (自動車の)ディスクホイール, 円板車輪, 鋼板車輪《スポークの代わりに胴部に凹(おう)面または凸(とつ)面のプレス鋼を用いた車輪》.

dis·lik·a·ble /dɪ̀sláɪkəbl̩ | dɪs-, dɪz-, dìs-/ *adj.* 嫌いな, 好きになれない. 〘(1843) ← DISLIKE+-ABLE〙

dis·like /dɪ̀sláɪk, dìs- | dɪs-, dɪz-, dìs-/ *vt.* 嫌がる, 好かない, 嫌う (⇨ hate SYN): I ~ this kind of work. このような種類の仕事は嫌いです / I ~ you [your] work*ing* at that factory. 君があの工場で働くのは気にくわない / He *~s* go*ing* [(《米》) *to* go] to school. 彼は学校へ行くのを嫌がる. — *n.* 嫌い, 嫌悪(感); 嫌いなもの[こと]: his ~ *of* politics [hospitals] 彼の政治[病院]嫌い / He took a ~ *to* her. 彼は彼女が嫌いになった / He had a ~ *for* noise [crowds]. 彼は騒音[人込み]を嫌った (★ 《米》 では He *disliked* noise [crowds]. のほうが普通). ***likes and dislikes*** /dísla͡ɪks/ 好きなこと[もの]と嫌いなこと[もの], 好き嫌い. **dis·lík·er** *n.* 〘(*c*1555) ← DIS-¹+LIKE²: cf. mislike〙

dis·like·a·ble /dɪ̀sláɪkəbl̩, dìs- | dɪs-, dɪz-, dìs-ˊ/ *adj.* =dislikable.

dis·lik·en /dɪ̀sláɪkən/ *vt.* 《Shak》 外見を変える, 変装する. 〘(1610–11) ← DISLIKE 《廃》 (adj.) unlike+-EN¹〙

dis·limn /dɪ̀slím, dìs- | dɪs-, dìs-/ *vt.*, *vi.* 《古・詩》 (絵など)消す[消える]; (色など)あせさせる[あせる]. 〘(1606–07) ← DIS-¹+LIMN〙

dis·lo·cate /dísloʊkèɪt, -lə-, dɪslóʊkeɪt, dɪ̀s- | dísla(ʊ)kèɪt/ *vt.* **1** 〘医学〙 転位させる, 脱臼(だっきゅう)させる: have [get] one's shoulder *~d* 肩の骨がはずれる. **2** 〈事情・機械などの正常な状態を乱す[狂わせる]; 〈活動などを〉混乱させる: ~ business relations 取引関係を混乱させる / The traffic is *~d*. 交通が混乱している. **3** …の位置を変える, …の順序を狂わせる[乱す] (displace). **4** 〘地質〙〈地層などを〉変位させる. 〘(1604–05) ← ML *dislocātus* (p.p.): ⇨ dis-¹, locate〙

dís·lo·càt·ed /-t̬ɪ̀d | -tɪ̀d/ *adj.* 脱臼した.

dis·lo·ca·tion /dìsloʊkéɪʃən, -lə- | -lə(ʊ)-/ *n.* **1** (事情・活動などの)混乱 (disarrangement). **2** 〘医学〙 転位, 脱臼(だっきゅう). **3** 位置の移動[狂い], 転位, 転置. **4** 〘地質〙 断層 (fault), 地すべり (褶曲(しゅうきょく)) (fold) などによる変位. **5** 〘物理・結晶〙 転位《結晶内の隣接した原子面の間の部分的な滑りによって生じた欠陥》. 〘(*a*1400) ◻ OF ~ ∥ ML *dislocātiō(n-)*: ⇨ ↑, -ation〙

dis·lodge /dɪ̀slá(:)ʤ, dìs- | dɪslɔ́ʤ, dìs-/ *vt.* 〔固定した位置から〕〈人・物を〉除去する[移す, くつがえす]; 移転[移動]させる; 〈人・動物を〉〈住みかから〉追い立てる; 〈敵を〉〔陣地から〕駆逐する, 撃退する 〔*from*〕: ~ a fox / ~ people *from* their own country 人々を自分の国から追い立てる. — *vi.* (今までいた所から)移動する; 宿営[宿舎]から出る. 〘(?*c*1408) ◻ OF *deslog(i)er*: ⇨ dis-¹, lodge〙

dis·lódg·ment *n.* (*also* **dis·lódge·ment**) 除去; 移転, 移動(される状態). 〘(1728): ⇨ ↑, -ment〙

dis·loy·al /dɪ̀slɔ́ɪəl, dìs- | dɪs-, dìs-ˊ/ *adj.* 不忠な, 不義の, 不実な, 裏切りの (unfaithful) (⇨ faithless SYN): be ~ *to* one's country [friend] 国に不忠[友人に不実]である. **~·ly** /-li/ *adv.* 〘(*c*1477) ◻ OF *desloial*: ⇨ dis-¹, loyal〙

dis·lóy·al·ist /-lɪ̀st | -lɪst/ *n.* 不忠者; 裏切り者. 〘(1863): ⇨ ↑, -ist〙

dis·loy·al·ty /dɪ̀slɔ́ɪəlti, dìs- | dɪs-, dìs-/ *n.* **1** 不忠, 不義, 不実; 〔国家などに対する〕忠誠[義務]違背 〔*to*〕. **2** 不忠[不信, 不実]な行為. 〘(*c*1410) ◻ OF *desloyaute*: ⇨ disloyal, -ty²〙

dis·mal /dízməl, -ml̩/ *adj.* (**more ~, most ~; ~·er, ~·est**) **1** 《口語》 (才能・技術などを欠いて)情けないほどの, みじめな, だらしのない: play a ~ game 惨憺(さんたん)たる試合をする / The result was ~ failure. みじめな失敗に終わった. **2** 陰気な, 陰鬱(いんうつ)な; 〈気分が〉憂鬱な, 暗い: a ~ room [face, mood] / ~ prospects 暗い前途. **3** 《廃》 ものすごい, 気味の悪い, 恐ろしい: the ~ howlings of wolves. — *n.* **1** 陰気な人[物]. **2** 《米南部》 《特に, 陰気な》沼, 湿地 (swamp). **3** [the ~s] 憂鬱 (the blues): be in *the ~s* 沈んでいる. 〘(*c*1300) ◻ AF *dis mal* < ML *diēs malī* ill-omened days ← L *diēs* ((pl.) ← *diēs* day)+*malī* ((pl.) ← *malus* evil, bad)〙

Dísmal Désmond *n.* **1** ディズマルデスモンド《両耳の垂れた愛玩用小形犬》. **2** 陰気な人.

Dísmal Jímmy *n.* 《英俗》 陰気な人.

dís·mal·ly /-məli/ *adv.* 陰気に, 陰鬱に; ものすごく, 無気味に. 〘(*a*1660): ⇨ -ly¹〙

dís·mal·ness *n.* 陰鬱(いんうつ); 無気味. 〘(1620): ⇨ -ness〙

dísmal scíence *n.* [the ~] 《古》 陰気な学問《Thomas Carlyle が経済学を皮肉ってこう呼んだ》. 〘1849〙

Dísmal Swámp *n.* [the ~] ディズマル湿地帯《米国南部大西洋岸, Virginia 州南東部から North Carolina 州北東部にわたる長さ 48 km, 幅 16 km の湿地帯; Great Dismal Swamp ともいう》.

dis·man·tle /dɪ̀smǽntl̩, -mǽnl̩ | dɪsmǽntl̩, dɪz-/ *vt.* **1** 〈機械などを〉分解する, 取り壊す. **2** 〔装備・設備・備品・装具などを〕〈家・部屋などから取り除く, 〈船〉の艤装(ぎそう)を解く 〔*of*〕: ~ a house *of* its roof 家から屋根を取りのける / ~ a ship [fortress] 船[要塞(ようさい)]の装備を撤去する. **3** 〔衣服・おおい物などを〕…からはぐ, 裸にする 〔*of*〕: ~ a tree *of* its leaves 木の葉をもぎ取る. **~·ment** *n.*

dis·mán·tler /-tlə, -t̬lə | -tlə^(r), -tl-/ *n.* 〘(1579) ◻ OF *desmanteller* (F *démanteler*): ⇨ dis-¹, mantle〙

dis·mán·tling /-tlɪŋ, -t̬l- | -tl-, -tl-/ *n.* 解体, 分解; 段階的廃止.

dis·mask /dɪsmǽsk, dɪ̀s- | -má:sk/ *v.* =unmask. 〘(1594–95) ◻ OF *desmasquer*: ⇨ dis-¹, mask〙

dis·mast /dɪsmǽst, dɪ̀s- | -má:st/ *vt.* 〈嵐・砲火など

が〈船〉のマストを奪い取る[折り倒す, 吹き飛ばす].
~·ment *n.* 〘《1747》← DIS-¹+MAST〙

dis·may /dɪsméɪ, dɪz- | dɪs-, dɪz-/ *vt.* **1** (心配・恐怖などで)びっくり仰天させる, ろうばいさせる, 度を失わせる: We were ~*ed by* [*at, about, over*] the gravity of the situation.=We were ~*ed* (*to* hear) that the situation was so grave. 我々は事態の重大さにあわてふためくばかりだった. **2** …の心をかき乱す, 不安がらせる (perturb): The boy's radical ideas ~*ed* his mother. 少年の過激な思想は母の心を悩ませた / She had a ~*ed* look. ろうばいした顔つきをしていた. **3** がっかりさせる, すっかり気落ちさせる, 意気消沈させる; …に幻滅を感じさせる. — *vi.* 《廃》気落ちする. — *n.* **1** うろたえ, ろうばい, 仰天, 動転 (consternation); 心の動揺, 不安: The news filled me with ~. / be struck [filled] *with* ~ at the news その知らせを聞いて度を失う / *in* ~ あわてふためいて, ろうばいのあまり / *to* a person's ~=to the ~ of a person 仰天したことには / face the truth without ~ うろたえることなく事実に直面する. **2** 意気阻喪, 失望, 落胆; (突然の)熱意[自信]喪失, 幻滅. **~·ing** *adj.* **~·ing·ly** *adv.* 〘《c1300》 *dismaie(n)* ▭ OF **desmaier* < VL **desmagāre* ← 'DIS-¹'+Gmc **maȝ-* 'to be able, MAY¹'〙

SYN ろうばいさせる: **dismay** 予測しない不愉快な事件によって恐怖と落胆を感じさせる: He was *dismayed* at the news. その知らせを聞いてうろたえた. **appall** あまりのひどさで呆然とさせる[ぞっとさせる]: I was *appalled* by the child's bad manners. その子の行儀の悪さにぞっとした. **horrify** ひどく嫌な物でぞっとさせる《しばしば略式体で誇張的に用いる》: I was *horrified* at their suggestion. 彼らの提案を聞いてぞっとした. **daunt** ことの難しさでおじけづかせる《格式ばった語》: He was completely *daunted* by the size of the job. その仕事の大きさにすっかりおじけづいてしまった.

disme /dáɪm/ *n.* **1** 《米》(1792 年に鋳造された) 10 セント貨幣. **2** 《廃》 **a** 十分の一税 (tithe). **b** 犠牲となる 10 番目の者. 〘《1601–02》← 《廃》 ~ 'tenth' ▭ MF *disme*: ⇨ dime〙

dis·mem·ber /dɪsmémbə, dɪs- | dɪsmémbə^(r), dɪs-/ *vt.* **1** …の手足を切り離す. **2** 〈国などを〉分割する, ばらばらにする. **3** 《古》〈会員を〉除名する. **~·er** /-bərə | -bərə/ *n.* **~·ment** *n.* 〘《c1300》▭ OF *desmembrer*: ⇨ dis-¹, member〙

dis·mém·bered *adj.* **1** 手足を切り離した, ばらばらにした. **2** 〖紋章〗ばらばらになった. 〘《1552》: ⇨ ↑, -ed 2〙

dis·miss /dɪsmís | dɪs-/ *vt.* **1 a** 〔心から〕退ける, 捨てる, (きれいに)忘れてしまう (banish) 〔*from*〕: ~ doubts *from* one's mind 疑いを捨てる / Don't ~ the possibility out of hand. すぐに可能性を捨てるんじゃない / What he said was ~*ed as* unrealistic. 彼の言ったことは非現実的だとして退けられた / The police ~*ed* him *as* a suspect. 警察は彼を容疑者のリストからはずした. **b** 〈討議中の問題などを〉さっさと片付けてしまう, しまいにする (put aside): First let's ~ this subject. まずこの問題を片付けてしまおう. **c** 〖法律〗〈判事が〉〈請求・訴訟などを〉却下する, 棄却する (reject); 〈検察側が〉〔被告に対する〕〈起訴を〉取り下げる〔*against*〕: The case was ~*ed.* / Case ~*ed!* 事件[訴訟]は却下[棄却]になった, 起訴は取り下げられた. **2** 〔…から〕免職する, 解雇[解任]する, 退校させる, 放逐する (discharge) 〔*from*〕: ~ a man *from* his post 人を免職する / ~ a child *from* school 生徒を放校する / He was ~*ed* (*from*) the army. (軍隊から)除隊を命じられた《★ 受動態のあとでは from は時々省かれる》. **3** (面前などから)〈人を〉去らせる, …に退出を許す: After telling the servant to do so I ~*ed* him. 召使にそう言いつけてから部屋を去らせた. **4** 〈集会・隊などを〉解散する, 退散させる (disperse): ~ the class, meeting, etc. / Class ~*ed!* 授業はここまで. **5** 〈求婚者などを〉振り捨てる, ふる (discard). **6** 〖クリケット〗〈打者・チームを〉アウトにする (put off). — *vi.* 〈軍隊などが〉解散する, 分かれる (break up): *Dismiss!* [号令] 分かれ. 〘《c1432》← ML *dismissus*=L *dīmissus* (p.p.) ← *dīmittere* ← DI-²+*mittere* to send: ⇨ mission〙

SYN 解雇する: **dismiss** 勤め先から解雇する《格式ばった語》: He was *dismissed* as a result of restructuring. 彼はリストラで解雇された. **drop** 《口語》=*dismiss*. **discharge** (不満があって)解雇する; 正式に許可して病院・刑務所・軍隊を去らせる: He *discharged* his secretary simply because he disliked her. 単に嫌いだという理由で秘書を解雇した / He was *discharged* from hospital this morning. 彼はけさ退院を許された. **cashier** 〈特に軍人を〉懲戒免職にする: All the officers who took part in the coup d'état were *cashiered*. クーデターに加わった将校は全員懲戒免職になった. **fire** 《口語》雇い主が有無を言わさず首にする: He *fired* his cook for theft. 盗みを働いたのでコックを首にした. **sack** 《英口語》=*fire*: You're *sacked*! お前は首だ!

dis·miss·al /dɪsmísəl, -sl | dɪs-/ *n.* **1** 解散; 放校, 退会, 除隊, 免職, 解雇, 解任, 解職. **2** 退去, 退散. **3** 〖法律〗(訴訟・上訴の)却下, 棄却; (起訴の)取下げ. 〘《a1806》: ⇨ ↑, -al²〙

dis·miss·i·ble /dɪsmísəbl | dɪsmísɪ̀-/ *adj.* 解雇できる; 解雇されない. 〘《1824》: ⇨ -ible〙

dis·mis·sion /dɪsmíʃən | dɪs-/ *n.* 《古》=dismissal. 〘《1547》: ⇨ dismiss, -sion〙

dis·mis·sive /dɪsmísɪv | dɪs-/ *adj.* **1** 却下する, 拒否する(ような); やめさせる[退ける](ような) (rejecting). **2** 横柄な, 軽蔑的な, 見下すような; そっけない. 〘《1645》: ⇨ -ive〙

dis·mis·so·ry /dɪsmísəri | dɪs-/ *adj.* 解雇通知の. 〘《1647》← DISMISS〙

dis·mount /dɪsmáʊnt, dɪs- | dɪs-, dɪs-/ *vi.* 〔馬・自転車などから〕降りる (get down) 〔*from*〕: ~ *from* one's horse [bicycle]. — *vt.* **1** 〈馬などを〉降りる (get off): ~ a horse. **2** 〈馬・人などが〉〈馬などに乗っている〉人を〉降ろす; 落とす, 振り落とす (unhorse): be ~*ed* 馬から落とされる. **3** 〈台などに載った物を〉降ろす, 〈宝石などを〉〈台から〉取りはずす, 〈絵などを〉〈枠から〉取りはずす〔*from*〕: ~ a statue *from* its pedestal. **4** 〈機械・銃などを〉分解する. — /dísmaʊnt/ *n.* 下馬, 下車. **~·a·ble** /-təbl | -tə-/ *adj.* 〘《1544》← DIS-¹+MOUNT¹: cf. OF *desmonter*〙

dis·mu·ta·tion /dìsmjuːtéɪʃən/ *n.* 〖化学〗=disproportionation.

dis·na·ture /dɪsnéɪtʃə, dɪs- | dɪsnéɪtʃə^(r), dɪs-/ *vt., vi.* 不自然にする[なる]. **dìs·ná·tured** *adj.* 〘《?c1450》▭ OF *desnaturer*: ⇨ dis-¹, nature〙

Dis·ney /dízni/, **Walt(er Elias)** *n.* ディズニー (1901–66; 米国の映画製作者・実業家; アニメーション映画などで有名; *Snow White and the Seven Dwarfs* (1938)).

Dis·ney·esque /dìzniésk⁻/ *adj.* Disney の作ったアニメ映画的な[風の]. 〘《1939》: ⇨ ↑, -esque〙

Dis·ney·land /díznilæ̀nd/ *n.* **1** ディズニーランド (1955 年に Walt Disney が Los Angeles 郊外, Anaheim 市に設立した大遊園地; 後に Tokyo Disneyland (1983), Disneyland Paris (1992) などが設立された). **2** おとぎの国, 空想[架空]の土地; 現実ばなれした状態. 〘1956〙

Dísney Wórld *n.* 〖商標〗ディズニーワールド (1971 年に Florida に開園した大遊園地; ディズニー映画のキャラクターが多数登場する; 正式名は Walt Disney World).

dis·o·be·di·ence /dìsoubíːdiəns, -sə-, -ənts | -sə(ʊ)bíːd-/ *n.* **1** 〔…への〕不従順, 反抗; 不孝 〔*to*〕 (↔ obedience); 〔命令・法律・規則などに対する〕違反, 背反 (violation) 〔*to*〕. **2** 障害飛越競技で馬がフェンスを越えないで急に立ち止まること. 〘《?a1400》▭ OF *desobedience*: ⇨ dis-¹, obedience〙

dis·o·be·di·ent /dìsoubíːdiənt, -sə- | -sə(ʊ)bíːd-⁻/ *adj.* 〈人・行動が〉〈…に〉不従順な, 不孝な 〔*to*〕; 言うことをきかない, 強情でわがままな (↔ obedient); 命令[法律]にそむく, 反抗的な (⇨ unruly SYN). 〘《c1412》▭ OF *desobedient*: ⇨ dis-¹, obedient〙

dis·o·bé·di·ent·ly *adv.* 不従順に; 命令[法律]にそむいて. 〘《1548》: ⇨ ↑, -ly¹〙

dis·o·bey /dìsoubéɪ, -sə- | -sə(ʊ)-/ *vt., vi.* (親などの)言うことをきかない, (親などに)従順でない; (命令などに)従わない, そむく: ~ one's parents / ~ the commands. **~·er** *n.* 〘《c1390》▭ (O)F *désobéir*: ⇨ dis-¹, obey〙

dis·o·blige /dìsəbláɪdʒ/ *vt.* **1** 〈人〉の希望にそむく, 意に逆らう, 依頼を断る, 望むことをしてやらない, 〈人〉に不親切にする. **2** 〈人を〉侮辱する (slight), 立腹させる (offend). **3** 《口語》〈人〉に不便を感じさせる, 迷惑をかける. 〘《1603》▭ (O)F *désobliger*: ⇨ dis-¹, oblige〙

dis·o·blíg·ing *adj.* 不親切な, 思いやりのない; ありがたくない, 迷惑な: The action was somewhat ~ *to* him. その行為は彼には少々迷惑なものだった. **~·ly** *adv.* **~·ness** *n.* 〘《1652》: ⇨ ↑, -ing²〙

dì·só·di·um hýdrogen phósphate /dàɪ-sóʊdiəm- | -sə́ʊdi-/ *n.* 〖化学〗=sodium phosphate b. 〘*disodium*: ← DI-¹+SODIUM〙

disódium phósphate *n.* 〖化学〗=sodium phosphate b.

di·so·mic /daɪsóʊmɪk | -sə́ʊ-/ *adj.* 〖生物〗二染色体の (生物が相同染色体をもつ). 〘《1924》← DI-¹+-SOMIC〙

dis·op·er·a·tion /dɪsɑ̀(ː)pəréɪʃən | dɪsɒ̀p-/ *n.* 〖生態〗相害作用 (関係個体すべてに不利な結果を生じる作用).

dis·orbed /dɪsɔ́əbd | dɪsɔ́ːbd/ *adj.* 《古》 **1** 〈惑星など〉天球[軌道]から投げ出された. **2** 王権の象徴である宝珠 (orb) を奪われた. 〘《1601–02》← DIS-¹+ORB+-ED〙

dis·or·der /dɪsɔ́ədə, dɪz-, dɪs- | dɪsɔ́ːdə^(r), dɪz-/ *n.* **1** 不整頓, 乱脈 (confusion); 混乱, 乱雑: be *in* ~ 乱れる, 乱れている. **2** (社会的・政治的)無秩序, 不穏, 騒動, 動乱 (disturbance): The police quelled last night's ~*s.* 警察は昨夜の騒動を鎮めた. **3** (心身機能の)不調, 障害; (軽微な)病気, 疾患 (⇨ disease SYN): a mental and physical ~ / a nervous [an emotional] ~. — *vt.* **1** 〈秩序などを〉乱す, 乱雑にする (upset): ~ arrangements. **2** 〈心身〉の調子を狂わせる, 加減を悪くする: ~ a person's mental state. 〘v.: 《1477》← DIS-¹+ORDER ∞ ME *disordeine(n)* ▭ OF *desordener* (⇨ dis-¹, ordain) — n.: 《1530》← (v.): cf. F *désordre*〙

dis·ór·dered *adj.* **1** 乱れている, 混乱した, 乱雑になった, 狂乱状態の: a ~ country 動乱の国 / his ~ hair. **2** 調子の狂った, 病気の: a ~ brain, mind, stomach, etc. **~·ly** *adv.* **~·ness** *n.* 〘《1548》: ⇨ ↑, -ed 2〙

dis·ór·der·li·ness *n.* **1** 無秩序, 混乱の状態, 乱雑さ. **2** 暴状; 秩序紊乱(びんらん), 風俗壊乱, 公安妨害, 無法. 〘《1584》: ⇨ ↓, -ness〙

dis·or·der·ly /dɪsɔ́ədəli, dɪz- | dɪsɔ́ːdə-, dɪz-/ *adj.* **1** 〈場所が〉無秩序の, 乱雑な, 混乱した. **2** 〈人・行為が〉無法な, 乱暴な; 騒々しい: ~ mob 無秩序の暴徒 (⇨ DRUNK *and disorderly*. **3** 〖法律〗治安紊乱(びんらん)の, 公安妨害の, 風俗を乱す: a ~ person 治安紊乱者, 猥褻(わいせつ)犯 / ⇨ disorderly conduct, disorderly house. — *adv.* 《古》無秩序に, 乱雑に, でたらめに. — *n.* 無法者, 治安紊乱者. 〘《1564》← DIS-¹+ORDERLY〙

disórderly cónduct *n.* 〖法律〗治安[風紀]紊乱(びんらん)行為 (cf. public nuisance). 〘*c*1845〙

disórderly hóuse *n.* **1** 〖法律〗治安紊乱(びんらん)所 (売春宿のこと). **2** 賭博所. 〘1809〙

dis·or·ga·ni·za·tion /dɪsɔ̀əg(ə)nɪzéɪʃən, dɪz-, dɪsɔə-, dɪzɔə- | dɪsɔ̀ːgənaɪ-, dɪz-, -nɪ-, dɪsɔː-, dɪzɔː-/ *n.* 組織[秩序]の破壊; (組織体の)解体, 分裂; 混乱 (confusion). 〘《1794》▭ F *désorganisation*: ⇨ ↓, -ation〙

dis·or·ga·nize /dɪsɔ́əgənàɪz, dɪz-, dɪs-, dɪz- | dɪsɔ́ː-, dɪz-, dɪs-, dɪz-/ *vt.* …の組織[秩序]を破壊する, 〈国家など〉の組織・統制をこわして)混乱させる. 〘《1793》▭ F *désorganiser*: ⇨ dis-¹, organize〙

dis·ór·ga·nìzed *adj.* 〈国・団体など〉組織[秩序]が破壊された, 混乱に陥った: ~ management 乱脈経営. 〘《1812》: ⇨ ↑, -ed〙

dis·ór·ga·nìz·er *n.* **1** 組織[秩序]の破壊者. **2** 〖法律〗治安紊乱(びんらん)者 (disorderly person). 〘《1795》← DISORGANIZE+-ER¹〙

dis·o·ri·ent /dɪsɔ́ːriènt, dɪs- | dɪs-, dɪs-/ *vt.* 《米》[通例受身で] **1** 〈人〉に方向感覚を失わせる, 方角をわからなくさせる, 道に迷わせる; 〖精神医学〗〈人〉に見当識[部位感覚]を失わせる. **2** (風俗・習慣などの規準がなくなったりなどして)〈人・社会などを〉混乱させる, まごつかせる, …に分別を失わせる; …に方向を見失わせる, 向きを狂わせる. 〘《1655》▭ F *désorienter*: ⇨ dis-¹, orient〙

dis·o·ri·en·tate /dɪsɔ́ːriəntèɪt, -rièntèɪt, dɪs- | dɪsɔ́ːrien-, -ɔ́r-, -riən-, dɪs-/ *vt.* **1** 〈教会を〉聖壇が東向きでないように建てる. **2** 《英》=disorient. 〘《1704》← DIS-¹+ORIENT+-ATE³〙

dis·o·ri·en·ta·tion /dɪsɔ̀ːriəntéɪʃən, -rièn- | dɪsɔ̀ːrien-, -ɔ̀r-, -riən-, dɪs-/ *n.* **1** 方向の感覚を失うこと. **2** 〖精神医学〗失見当(識), 見当識[指南力]障害 (時間・空間・関係・性質・人物鑑別などの感覚が混乱[喪失]した状態). 〘《1860》: ⇨ ↑, -ation〙

dis·ó·ri·ènt·ed /-tɪd | -tɪd/ *adj.* 《米》混乱して, まごついて, 方向がわからなくなって.

dis·ó·ri·ènt·ing /-tɪŋ | -tɪŋ/ *adj.* 《米》方向感覚を狂わせる; 混乱させる, まごつかせる.

dis·own /dɪsóʊn, dɪs- | dɪsə́ʊn, dɪs-/ *vt.* 〈著作など〉の所有権・責任などを)否認する; 〈人など〉(と自己との関係を)承認しない, 否認する; 〈子供などを〉勘当する: ~ a letter 自分の書いた手紙でないと言う / ~ any intention going 行くつもりなど毛頭ないと言う / ~ a person *as* one's child 人を自分の子として認めない. **~·er** *n.* **~·ment** *n.* 〘《c1620》← DIS-¹+OWN〙

disp. 《略》dispensary; dispensation; dispense; dispensed; disperse; dispersion.

dis·par·age /dɪspǽrɪdʒ, -pér- | -pǽr-/ *vt.* **1** 軽蔑する, 見下げる, 見くびる (belittle). **2** そしる, けなす, 悪く言う, 非難する. **dis·pár·ag·er** *n.* 〘《a1375》 *desparage(n)* ▭ OF *desparagier* to degrade by an unequal match ← DIS-¹+*parage* equality (< VL **parāticum* ← L *par* equal: ⇨ peer¹, -age)〙

SYN 軽視する: **disparage** 〈人や物を〉評価していないことを, 特に不当に暗示する《格式ばった語》: *disparage* a person's merits 人の取り柄をやんわりとけなす. **depreciate** 〈物・事を〉価値がないと言う《格式ばった語》: We mustn't *depreciate* her kindness. 彼女の親切を軽視してはならない. **denigrate** 〈人や物を〉不当におとしめる《格式ばった語》: *denigrate* the effectiveness of the police 警察の有能さを中傷する. **belittle** 〈人や物を〉ばかにして重要でないように見せる: Why do you *belittle* everything he does? なぜ君は彼のすることにいちいちけちをつけるんだ. **minimize** 評価を最小限にとどめる: Don't *minimize* the help he has given you. 彼がしてくれた援助をなおざりにすべきではない. **trivialize** 〈重要な物を〉つまらないものとして扱う: They *trivialize* marriage into the enjoyment of a mere instinct. 彼らは結婚を矮小化して単なる本能の楽しみにしている. **ANT** extol, praise, magnify.

dis·pár·age·ment *n.* **1** 侮り, 誹謗; 悪評, 非難 (depreciation). **2** 汚名, 不面目, 不名誉 (disgrace). 〘《1486》▭ OF *desparagement*: ⇨ ↑, -ment〙

dis·pár·ag·ing *adj.* みくびった, さげすんだ; 非難の. **~·ly** *adv.* 〘《1645》← DISPARAGE+-ING²〙

dis·par·ate /dísp(ə)rɪt, -rèɪt, dɪspǽrɪt, -pér- | dísp(ə)rɪt, -pərèɪt/ *adj.* **1** 〈考えなど〉(本質的に)異なる, 全く共通点のない (⇨ different SYN). **2** 〖論理〗全く異種[異類]の, 不同等の: a ~ concept 乖離(かいり)[異類]概念. — *n.* [通例 *pl.*] 全然比較できないもの[言語概念など]. **~·ly** *adv.* **~·ness** *n.* 〘《1574》▭ L *disparātus* (p.p.) ← *disparāre* to separate ← DIS-¹+*parāre* to prepare: ⇨ pare, -ate²〙

dis·par·i·ty /dɪspǽrəṭi, dəs-, dìspér- | dɪspǽrɪ̀ti/ *n.* 不同, 不等 (inequality), 〈年齢・位・数量・質などの〉相違, 懸隔, 不釣り合い, 不均衡 (⇨ difference SYN); 食い違い 〔*in*〕: a great ~ *between* the rich *and* the poor 金持ちと貧乏人との間の大きな隔たり / ~ in age [social standing] 年齢[身分]の相違. 〘《c1555》▭ F *disparité*: ⇨ dis-¹, parity¹〙

dis·park /dɪspɑ́ək, dɪs- | dɪspɑ́ːk, dɪs-/ *vt.* 〈私園・猟園 (park) を〉開放する. 〘《1542–43》← DIS-¹+PARK〙

dis·part /dɪspɑ́ət, dɪs- | dɪspɑ́ːt, dɪs-/ 《古》 *vt.* 分ける, 分割する, 分離する. — *vi.* 分裂する, 裂ける, 裂開する. **~·ment** *n.* 〘《1590》▭ It. *(di)spartire* to divide // L *dispartīre* ← DIS-¹+*partīre* 'to PART'〙

dis·pas·sion /dɪspǽʃən, dɪs- | dɪs-, dɪs-/ *n.* 冷静, 無感動; 公平 (impartiality). 〘《1692》← DIS-¹+PASSION〙

dis·pas·sion·ate /dɪ̀spǽʃ(ə)nət | dɪs-/ *adj.* 〈人・行為が〉感情に動かされない, 感情的でない; 冷静な (calm); 私心のない, 公平な: ～ criticism. **～·ly** *adv.* **～·ness** *n.* 〘(1594) ← DIS-¹＋PASSIONATE〙

dis·patch, 《英》**des·patch** /dɪ̀spǽtʃ/ *vt.* **1** 〈軍隊・急使などを〉特派する, 急派する; 〈通信・手紙などを〉急送する〔*to*〕: ～ a letter, a messenger, troops, envoys, goods, etc. **2** 〈死刑囚などを〉片付ける, 処刑する, 殺す (⇨ kill¹ SYN). **3** 〈仕事などを〉手早く処理する, さっさと片付ける, やっつける; 《口語》〈食物を〉平らげる, 〈食事を〉さっさと済ませる. **4** (接見などのあとで)退出させる (dismiss). — *vi.* 《古》急ぐ (hasten).

— /dɪ̀spǽtʃ, díspætʃ/ *n.* **1** (特派員による新聞社・テレビ局などへの)特電, 特報, ニュースレポート: a ～ from the front. **2** 急派, 特派, 急送, 発送; 至急便, 速達便: *by* ～ 速達で / the ～ of goods by rail 鉄道による品物の急送. **3** (処理などの)手早さ; 手早い処理 (⇨ haste SYN): a prompt ～ *of* this matter この事件の速やかな解決 / require ～ 至急[迅速な処理]を要する / do something *with* ～ [*with* all possible ～] 急いで[大至急で]ことを処理する. **4** 死による解決; 殺すこと: a happy ～ (日本の)切腹 (harakiri). **5** 〖商業〗商品の(迅速(じんそく)な)配達; 速達貨物取扱店[運送会社].

be méntioned in dispátches 《英》〈軍人が〉殊勲報告書に名を挙げて公表される (《米》 be cited, receive a citation).

〘(1517) □ It. (*di*)*spacciare* ∥ Sp. *despachar* to expedite ← It. *dis-* & Sp. *des-*＋It. (*im*)*pacciare* & Sp. (*em*)*pac* to impede (□ ? Prov. *empachar* < VL **impāctāre* (freq.) ← L *impingere* 'to IMPINGE')〙

dispátch bòat *n.* (昔の)通報艦, 公文書送達用船. 〘1794〙

dispátch bòx [càse] *n.* **1** (公文書の)送達箱[ケース]. **2** 《英》＝attaché case. **3** 《英》ディスパッチボックス《英国下院のテーブル上で与党側と野党側のそれぞれに置かれている箱; その前で与野党の代表議員が演説をする》. 〘1864〙

dis·pátch·er *n.* **1** (使などを)急派する人, (手紙などの)発送者. **2 a** (列車・電車・バス・トラックなどの)発車係, 操車係, 発着係, (航空機の)運航管理者. **b** ディスパッチャー《運転操作指示器》. **3** [*pl.*] 《俗》仕掛けのある一対の(いかさま)さいころ. 〘(1547–64): ⇨ -er¹〙

dispátch nòte 〖郵便〗(外国向け小包郵便につける)小包送票. 〘1892〙

dispátch rìder *n.* 〖軍事〗(古くは騎馬, 今は通例オートバイで行く)急使, 伝令. 〘1899〙

dispátch tùbe *n.* ＝pneumatic tube 1.

dispátch vèssel *n.* ＝dispatch boat.

dis·pau·per /dɪ̀spɔ́ːpə, dɪ̀s-, -pɑ́ː- | dɪspɔ́ːpə^(r), dɪ̀s-/ *vt.* 〖法律〗…から貧窮者資格を剝奪する. 〘(1631) ← DIS-¹＋PAUPER〙

dis·pel /dɪ̀spél | dɪs-/ *vt.* (**dis·pelled; -pel·ling**) **1** 〈暗い考え・心配などを〉追い払う, 払いのける, 晴らす (⇨ scatter SYN): This book will ～ these doubts. この本はこれらの疑いを一掃してくれるでしょう. **2** 〈風・太陽などが〉〈霧・雲などを〉追い散らす, 消散させる. **～·ler** /-lə | -lə^(r)/ *n.* 〘(?*a*1400) □ L *dispellere* to drive asunder ← DIS-¹＋*pellere* to drive (← IE **pel-* to drive: cf. pulse¹)〙

dis·pend /dɪ̀spénd | dɪs-/ *vt.* 《古》費やす (spend); 支払う (pay out). 〘(*a*1300) *despende*(*n*) □ OF *despendre* □ L *dispendere* to weight out: ⇨ dispense〙

dis·pens·a·bil·i·ty /dɪspɛ̀nsəbíləti | dɪspɛnsəbíləti, -sə-/ *n.* **1** 強いて必要でないこと. **2** 〖カトリック〗免除できること (cf. dispensation 7). 〘(1650): ⇨ ↓, -ity〙

dis·pens·a·ble /dɪ̀spénsəbl | dɪs-/ *adj.* **1** なくても済む, 必ずしも必要でない (↔ indispensable). **2** 〈金銭など〉分与できる, 施せる. **3 a** 〈法律・規制など〉拘束のない. **b** 〖カトリック〗免除できる, 許される. **～·ness** *n.* 〘(1533) □ ML *dispensābilis*: ⇨ dispense, -able〙

dis·pen·sa·ry /dɪ̀spéns(ə)ri | dɪs-/ *n.* **1** 薬局, 医局; (学校・工場などの)診療室, 診察所. **2** 《米》(州の禁酒法のもとに)アルコール類の販売される店. 〘(1699) □ ML *dispensārius* pantry: ⇨ dispense, -ary〙

dis·pen·sa·tion /dìspənséɪʃən, -pɛn-/ *n.* **1** 分与, 分配; 施与 (distribution): the ～ of food. **2** 〖処方〗調剤, 処方: the ～ of medicines. **3 a** (義務などからの)解放, 免除. **b** (法令などの)適用免除. **4** 施与物, 施し, 天与の物; (特に)(運命の)定め, 天の配剤, 天道, (神の)摂理: mysterious ～s of Providence 不思議な神の摂理 / a happy ～ of Nature 巧みな自然の定め. **5** 統治 (rule), 制度 (regime), (管理などの)体制 (order): under the new ～ 新制度では. **6 a** 〖神学〗(天啓に基づく)律法, 天啓法; 天啓法の行われる時代: the Christian ～ キリスト教天啓法; その行われる時代 / the Mosaic ～ モーセの律法; その行われた時代. **b** 〖モルモン教〗神権時代《神が預言者を通して人類に福音の教えを与える時代》. **7** 〖キリスト教〗(法の適用の)緩和, 免除; 〖カトリック〗免除《特定の場合に教皇・司教などの意志により(教会)法の力を一時停止すること》; 免除状. **8** 〔…を〕なしに済ますこと〔*with*〕. **～·al** /-ʃnəl, -ʃənl^-/ *adj.* 〘(*c*1380) □ (O)F ～ ∥ □ (O)F *dispensation* ∥ L *dispensātiō*(*n*-) ← *dispensātus* (p.p.) ← *dispensāre* 'to DISPENSE': ⇨ -ation〙

dìs·pen·sá·tion·al·ìsm /-ʃ(ə)nəlɪ̀zm/ *n.* 〖歴史〗天啓的史観《歴史はすべて天の配剤によるという説[主義]》.

dis·pen·sa·tor /díspənsèɪtə, -pɛn- | -tə^(r)/ *n.* 《廃》**1** ＝dispenser 2, 3. **2** 支配者, 執政者. 〘(*c*1384) □ L *dispensātor*: ⇨ dispense, -ator〙

dis·pen·sa·to·ry /dɪ̀spénsətɔ̀ːri | dɪspénsətəri, -tri/ *n.* **1** (一般向けの)薬局方, 薬品解説書 (cf. pharmacopoeia). **2** 《古》＝dispensary 1. — *adj.* (医薬の)調剤の, 処方に関する. 〘(1566) □ ML *dispensātōrium*: ⇨ dispensation, -ory²〙

dis·pense /dɪ̀spéns, -pénts | dɪs-/ *vt.* **1** 分与する, 分配する, 〈機械などが〉〈商品・現金などを〉供給する〔*to*〕(⇨ distribute SYN): The machine ～s hot chocolate. この機械からはココアが出る. **2** 〖処方〗〈薬を〉調剤する; 〈処方箋を〉書く: ～ medicines. **3** 施す, 〈法令などを〉施行する, 〈儀式などを〉執行する (administer): ～ justice (*to* the people) 人々を公正に扱う. **4** 〈人を〉〈義務などから〉免じる〔*from*〕. **5** 〖カトリック〗〈人に〉免除を与える《他宗教の信徒との婚姻・断食の日の結婚披露などを特に許す》.
— *vi.* **1** 〖カトリック〗特に免除する (cf. dispensation 7). **2** 〖処方〗調剤する.

dispénse with (1) [通例 can, could と共に] …なしに済ませる: You *cannot* be ～*d with*. (＝You are indispensable.) 君なしにはやっていけない. (2) 〈手数を〉省く, 不要にする: Machinery enables us to ～ *with* much labor. 機械は多大の労力を省く / Let's ～ *with* the formalities and get down to business. 形式的なことは省いて本題に取りかかろう. (3) 〖法律・キリスト教〗…を特に免除する: ～ *with* a law 法の適用を特に免除する, 法律を緩和する.

〘(?*c*1350) □ OF *dispenser* (F *dépenser* to spend) ∥ L *dispensāre* to pay out, weigh out (freq.) ← *dispendere* ← DIS-¹＋*pendere* to weight (⇨ pension)〙

dis·pens·er /dɪ̀spénsə, -péntsə | dɪspénsə^(r), -péntsə^(r)/ *n.* **1** [修飾語をつけて] ディスペンサー《日用品・飲食物などを必要量ずつ取り出せる入れ物》; 自動販売機: a paper-cup ～. **2** 薬剤師, 調剤者. **3** 施与者, 分与者. 〘(*a*1400): ⇨ ↑, -er¹〙

dis·péns·ing chémist *n.* 《英》薬剤師; [時に所有格で] 薬局.

dispénsing optícian *n.* (眼鏡の)フレーム調整担当者《レンズを調節する資格はない》.

dis·peo·ple /dɪ̀spíːpl, dɪ̀s-/ *vt.* 〈国など〉の住民を絶やす, 人口を減少させる (depopulate). 〘(*a*1425) □ OF *despeupler* (F *dépeupler*): ⇨ dis-¹, people〙

di·sper·mous /dàɪspə́ːməs | -spɜ́ː-^-/ *adj.* 〖植物〗種子の二つある. 〘(1760) ← DI-¹＋SPERMO-＋-OUS〙

di·sper·my /dáɪspəːmi | -spɜː-/ *n.* 〖生物〗二精《一つの卵子が二つの精子を受精すること; cf. monospermy, polyspermy》. **dis·per·mic** /dàɪspə́ːmɪk | -spɜ́ː-/ *adj.* 〘(1896) ↑〙

dis·pers·al /dɪ̀spə́ːsəl, -sl | -pɜ́ː-/ *n.* **1** 散布, 四散, 消散, 疎解 (dispersion). **2** 〖化学〗(コロイド粒子などの)分散(作用). 〘(1821) ← DISPERSE＋-AL²〙

dispérsal príson *n.* (極悪犯などを収容する)警備監視の厳重な刑務所.

dis·per·sant /dɪ̀spə́ːsənt, -snt | dɪspɜ́ː-/ *n.* **1** disperse するもの. **2** 〖化学〗分散剤. 〘(1941): ⇨ ↓, -ant〙

dis·perse /dɪ̀spə́ːs | dɪspɜ́ːs/ *vt.* **1** 散らす, 散乱させる; 〈敵兵などを〉追い散らす, 敗走[潰走]させる, 潰乱させる; 〈会衆を〉解散させる (⇨ scatter SYN); 〈軍隊・飛行機・船などを〉(敵の攻撃から被害を少なくするため)分散[散開]させる, 分散配置する: ～ the demonstrators. **2** 〈雲・霧などを〉消散させる; 〈幻影などを〉追っ払う. **3** 〈病気などを〉(方々に)まき散らす; 〈知識・うわさなどを〉広める, 伝播させる: ～ knowledge. **4** 〖物理〗〈光・波動を〉分散する. — *vi.* **1** (方々に)散る, 離散する, 散逸する. **2** 〈雲・霧などが〉消散する. — *adj.* 〖化学〗分散した, 分散質の. **dis·pérs·er** *n.* 〘(*a*1393) □ (O)F *disperser* ← L *dispersus* scattered (p.p.) ← *dispergere* ← DIS-¹＋*spargere* 'to SPARSE'〙

dis·persed /dɪ̀spə́ːst | dɪspɜ́ːst/ *adj.* 散らされた; 分散した, 散らばった. 〘(1526): ⇨ ↑, -ed 2〙

dispérsed dỳe *n.* 〖化学〗＝disperse dye.

dispérsed hármony *n.* 〖音楽〗開離和声 (⇨ open harmony).

dis·pérs·ed·ly /-sɪdli, -st-/ *adv.* 散らばって; 点々と; ちりぢりに. 〘(1561): ⇨ -ly¹〙

dispérsed pháse *n.* 〖物理化学〗分散相《分散系において分散媒中に散在している微細粒子; disperse phase, discontinuous phase, internal phase ともいう; cf. disperse system》. 〘1915〙

dispérse dỳe *n.* 〖化学〗分散染料《溶液とならず, 水に分散させた懸濁(けんだく)状態でアセテートなどを染める染料; dispersed dye ともいう》.

dispérse sỳstem *n.* 〖物理化学〗分散系《一つの相にある物質内にほかの物質が微粒状になって散在する物質系; 前者を分散媒 (dispersion medium), 後者を分散相 (dispersed phase) という》. 〘1915〙

dis·pers·i·bil·i·ty /dɪ̀spə̀ːsəbíləti | dɪspɜ̀ːsəbíləti/ *n.* 〖物理化学〗分散性.

dis·pers·i·ble /dɪ̀spə́ːsəbl | dɪspɜ́ːsəbl/ *adj.* 散らせる, 分散させうる.

dis·pérs·ing àgent *n.* 〖化学〗分散剤 (dispersant).

dis·per·sion /dɪ̀spə́ːʒən, -ʃən | dɪspɜ́ːʃən/ *n.* **1** 四散; 散乱, 離散; (うわさなどの)伝播. **2** [the D-] ＝Diaspora 1. **3 a** 〖物理〗(光その他波動の)分散《波の位相速度が周波数に依存する現象》. **b** 〖物理化学〗分散. **c** 〖物理化学〗＝disperse system. **4** 〖病理〗**a** (病巣の)散布. **b** (炎症などの)消散 (dissipation). **5** 〖統計〗ばらつき, 散布度, 散らばり. **6** 〖軍事〗分散, 疎開; (弾着の)ばらつき, 射弾の散布, 破裂点の分布: a ～ pattern 射弾の散布型《同一の条件下で砲から発射された一連の射弾の分布》/ ～ on the ground 疎開, 分散配置 / the zone of ～ (砲弾の)散飛界 / the angle of ～ 散飛角. 〘(*c*1384) □ (O)F ～ ∥ L *dispersiō*(*n*-): ⇨ disperse, -sion〙

dispérsion èrror *n.* 〖軍事〗(射弾の)散布誤差《ある特定の射弾の弾着点または破裂点から平均弾着点または破裂中心までの距離》.

dispérsion hàrdening *n.* 〖冶金〗(合金の)分散硬化. 〘1932〙

dispérsion mèdium *n.* 〖物理化学〗分散媒《分散系 disperse system において媒質をなす均質な物質; continuous phase, external phase ともいう》. 〘1924〙

dis·per·sive /dɪ̀spə́ːsɪv, -zɪv | -pɜ́ːsɪv/ *adj.* 散布的な; 分散的な, 散乱[消散]する; 伝播性の. **～·ly** *adv.* **～·ness** *n.* 〘(1627–77) □ L *dispersīvus*: ⇨ -ive〙

dispérsive pówer *n.* 〖光学〗分散率, 分散能《光学ガラスの光の分散の度合を表す量; 通例アッベ数 (Abbe number) の逆数で表す》. 〘1802〙

di·sper·soid /dɪ̀spə́ːsɔɪd | dɪspɜ́ː-/ *n.* 〖物理化学〗**1** 分散系 (disperse system). **2** 分散相 (dispersed phase). 〘(1911): ⇨ -oid〙

di·sphe·noid /dàɪsfíːnɔɪd/ *n.* 〖結晶〗両楔(りょうせつ)体《4個の三角形の面で囲まれ, 両端がくさびの刃に似た形; bisphenoid ともいう》. 〘(1895): ⇨ di-¹〙

di·spir·it /dɪ̀spírɪt | dɪs-/ *vt.* [通例 p.p. 形で] …の気力[意気]をくじく, 意気消沈させる, 落胆させる: ～ a person *from* future exertions 人が努力しようという気持ちをくじく. **～·ing** /-tɪŋ | -tɪŋ/ *adj.* **～·ing·ly** *adv.* 〘(1642) ← DIS-¹＋SPIRIT〙

di·spír·it·ed /-tɪd | -tɪd/ *adj.* 気力がくじけた, 意気消沈した, 打ちしおれた (dejected): a ～ man. **～·ly** *adv.* **～·ness** *n.* 〘(1647): ⇨ ↑, -ed 2〙

dis·pit·e·ous /dɪ̀spítiəs | dɪspítiəs/ *adj.* 《詩・古》無慈悲な, 残酷な (cruel). 〘(1803) 《変形》← DESPITEOUS: ⇨ dis-¹〙

dis·place /dɪ̀spléɪs, dɪ̀s- | dɪs-, dɪ̀s-/ *vt.* **1** (押しのけて)入れ替わる, …に取って代わる: Buses are *displacing* streetcars. バスが市電に取って代わりつつある. **2** 置き換える, 別の所へ置く[移す], 転置する; 〔国・生地などから〕(無理に)立ち退かせる, 追い出す〔*from*〕: Copernicus ～*d* the earth *from* its position at the center of the solar system. コペルニクスは地球を太陽系の中心の位置から放逐した. **3** 〔官職・位から〕押しのける, 免官する, 解職する. **4** 〈艦船が〉排水する, 排水量が〈幾トン〉ある (cf. displacement 3): The ship ～s 25,000 tons. **5** 〖化学〗置換する. **6** 〖物理〗〈水量などを〉変位させる. 〘(1551) □ OF *desplacer* (F *déplacer*): ⇨ dis-¹, place¹〙

dis·place·a·ble /dɪ̀spléɪsəbl, dɪ̀s- | dɪs-, dɪ̀s-^-/ *adj.* **1** 転置できる; 〖化学〗置換できる. **2** 排除できる. 〘(1676): ⇨ ↑, -able〙

dis·pláced pérson *n.* **1** 追放流民, 強制移住者《ナチやファッショ政権によって国外に追放されまたは強制移住させられた人》. **2** (戦争・動乱などによる)流民, 難民《略 DP; cf. refugee》. 〘1944〙

displáced spéech *n.* 〖言語〗転位言語《その場に存在しないものを指すのに言語が用いられる場合, これを転位言語という; うそ・皮肉・冗談・詩・物語などもその一種; Bloomfield の用語》.

dis·place·ment /dɪ̀spléɪsmənt, dɪ̀s- | dɪs-, dɪ̀s-/ *n.* **1 a** (生地などからの)立ち退き, 追い出し. **b** 排除, 排出; 罷免, 解職. **2** 置き換え(る[られる]こと), 転置; 取り換え(ること). **3** 〖海事〗排水《船が浮かぶとき排除する水線下の船の体積と同量の水》; 排水量, (総トン数ではなく)排水トン数: a battleship with a ～ of 30,000 tons / a cruiser of 10,000 tons ～ 排水トン数 1 万トンの巡洋艦. ★ displacement は通例軍艦の場合に使い, 商船には通例 gross tonnage または net tonnage を使う. **4** 〖物理〗変位. **5** 〖地質〗転位, 移動. **6** 〖薬学〗浸出《ティーバッグのようにした生薬から薬効分を浸出させること》. **7 a** 〖機械〗行程容積, 行程体積, 排気量《内燃機関やポンプのピストンの動きによって排除されるガスまたは液体の容積》. **b** 〖自動車〗(エンジンの)排気量: a car of 2,000 cc ～ 排気量 2,000 cc の車. **8** 〖精神分析〗置き換え《抑圧された感情が本来の対象から他の対象へと向けられること》. 〘(1611): ⇨ -ment〙

displácement activity *n.* 〖心理〗転位行動《ある刺激に動機づけられた行動が本来とは全く異なる形をとること; 例えばトゲウオは他の個体が縄張りを侵すと倒立姿勢を示すが, これは攻撃と逃避との相反する衝動に基因する転位行動であるとされる》. 〘1947〙

displácement cùrrent *n.* 〖電気〗変位電流, 電束電流. 〘1895〙

displácement hùll *n.* 〖海事〗排水型船体《水中翼や滑走などによらず, 水の浮力によって支持される形の船体; cf. planing hull》.

displácement làw *n.* 〖物理・化学〗**1** (ウィーン (Wien) の)変位則《黒体において輻射エネルギー密度が最大となる波長は絶対温度に逆比例するという法則》. **2** (放射性元素の)変位則《放射性元素の崩壊に伴う原子番号・質量数の変化を示す法則》. 〘1904〙

displácement tòn *n.* 〖海事〗排水トン (⇨ ton¹ 3 e).

displácement tònnage *n.* 〖海事〗排水トン数 (⇨ tonnage 1).

dis·plác·er *n.* **1** 〖薬学〗(調剤用)浸出器 (percolator). **2** 〖建築〗＝plum¹ 4. 〘(1588) (1883): ⇨ displace, -er¹〙

dis·plant /dɪ̀splǽnt, dɪ̀s- | dɪsplɑ́ːnt, dɪ̀s-/ *vt.* 《廃》**1** 置き換える, 転置する. **2** 移植する. 〘(1491) □ OF *desplanter*: ⇨ dis-¹, plant〙

dis·play /dɪ̀spléɪ | dɪs-/ *vt.* **1** 展覧[陳列, 展示]する, 飾る (⇨ adorn, show SYN): ～ goods for sale / When he laughs he ～s (his) long yellow teeth. 彼は笑うと大きな黄色い歯が見える. **2** 〈感情などを〉表に出す, 〈能力などを〉発揮する (reveal): ～ bravery, emotion, surprise,

D

great intelligence, etc. / ～ oneself [itself] 現れる / He ～*ed* no curiosity. 彼はなんの好奇心も示さなかった. **3** 〖電算〗(画面に)表示する: A portion of the dictionary was ～*ed* on the screen. 画面に辞書の一部が表示された. **4** 〈誠意などを〉表示[表明]する; 〈知識などを〉誇示する, 見せびらかす. **5** 〈旗・帆・新聞などを〉掲げる, 〈翼を〉広げる (spread out). **6** 〖印刷〗(普通より大きめの活字を使うなどして)〈ある語を〉特に目立たせる, 目立つように組む. — *vi.* **1** 展示する; 表示する. **2** 〖動物〗誇示する.
— *n.* **1** 展覧, 陳列, 見もの (exhibition): a ～ *of* summer hats 夏帽子の陳列 / a great ～ *of* fireworks 花火大会 / be [go, put] *on* ～ 陳列[展示]してある. **2 a** (観覧・広告・客寄せなどのために工夫した)ディスプレー商品・芸術品・花などの陳列[飾り付け]. **b** ＝display advertising. **3 a** (コンピューターなどの)ディスプレー, 表示装置. **b** ディスプレー表示(されたもの). **4** 見せびらかし, 誇示 (ostentation): make a ～ *of* [one's] wealth 富を見せびらかす / be fond of ～ 見え坊だ / out of ～ これ見よがしに. **5 a** (良い意味で)表現, 表示 (manifestation): a notable ～ *of* loyalty 忠誠の見事な発揮 / He dislikes ～*s of* emotion. 感情を表に出すことを嫌う. **b** (悪い意味で)うわべだけの表示: a ～ *of* sorrow いかにも悲しそうに見せかけること / make a ～ *of* obedience いかにも従順にふるまう. **6** 〖印刷〗意匠組版 (広告とか図書の標題紙等を, 人目を引くように組付けること); 意匠[ディスプレー]物 (人目を引くような組付けをした印刷物). **7** 〖海事〗表示 (レーダーなどの画面・映像). **8** 〖動物〗誇示 (動物が相手を威嚇したり, 求愛の際に相手を興奮させる場合などに行う特別な行動).
～·er *n.* 〘(?*a*1300) □ OF *despleier, desploier* (F *déployer*) to unfold: ⇨ deploy〙

display àd *n.* (口語) (新聞・雑誌などの)ディスプレー広告 (cf. classified ad). 〘1919〙

displáy àdvertising *n.* 〖集合的〗ディスプレー広告 (新聞・雑誌などの人目をひく派手な広告; 項目別に集められてなくそれぞれ独自のスペースを占めている; cf. display ad, classified advertising).

displáy càse [càbinet] *n.* 陳列箱, 飾り棚.

displáy desìgner *n.* ディスプレー広告考案者.

dis·pláyed *adj.* 〖紋章〗 **1** 〈鳥が〉体を正面に向け翼と脚を広げた (cf. overt). **2** 〈旗が〉広がった形の. 〘(*a*1400): ⇨ -ed 2〙

displáy hòme *n.* 展示用住宅.

displáy tỳpe *n.* 〖活字〗ディスプレータイプ (見出し・広告用などの大型・肉太の活字; cf. body type). 〘1863〙

displáy wìndow *n.* 陳列窓. 〘1934〙

dis·please /dɪ̀splíːz, dɪs- | dɪs-, dìs-/ *vt.* 不快[不機嫌]にする, …の気にさわる, 怒らせる (offend): He has apparently been ～*d* by something. 彼は何かで機嫌を損ねているようだ / Your teacher is very ～*d with* your work [you]. 先生はお前の勉強ぶりにひどくおかんむりだ / I am ～*d about* [*over*] the whole affair. こんどの事全体が気にくわない / He had a very ～*d* look on his face. 不機嫌な顔をしていた / I was ～*d* (to hear) *that* we had failed. うまくいかず不愉快だった. — *vi.* 人の気持ちを害する. 〘(*c*1378) □ OF *desplais-* (stem) ← *desplaisir* ＜ VL **displacēre*＝L *displicēre*: ⇨ dis-¹, please〙

dis·pléased *adj.* 〖叙述的〗〔…に〕腹を立てて, 〔…が〕気に入らない 〔*at, by*〕〈to do〉.

dis·pléas·ing *adj.* 不快な, 気持ちが悪くなる(ような): his ～ voice / Her behavior is ～ *to* me. 彼女のふるまいはどうも気にくわない. **～·ly** *adv.* 〘(1401): ⇨ ↑, -ing²〙

dis·plea·sure /dɪ̀spléʒə, -pléɪʒ-, dɪs- | dɪspléʒə(r, dìs-/ *n.* **1** 不快, 不満, 不興; 不機嫌, 立腹 (anger): feel [show] ～ 不快を感じる[示す] / with ～ 不満げに; 腹を立てて / incur the ～ of …の機嫌を損ねる, の不興を招く / take (a) ～ (古) 気を悪くする, 不快に思う, 怒る / do a ～ to … (古) …の感情を害する, を怒らせる, に無礼なことをする. **2** (古) 不快, 苦痛(の種). — *vt.* (古) …の気を悪くさせる. 〘(1427) *displesir(e)* □ OF *desplaisir*: ⇨ dis-¹, pleasure〙

dis·plode /dɪsplóud | dɪspláud/ *vt., vi.* (古) 爆発する (explode). 〘(1667) □ L *displōdere* to burst asunder ← DIS-¹＋*plaudere* to clap: cf. explode〙

dis·plume /dɪsplúːm/ *v.* (まれ) ＝deplume. 〘(1480): ⇨ dis-¹, plume〙

dis·plu·vi·a·tum /dɪ̀splùːviéɪtəm, -áːt- | dɪsplùː-viéɪt-, -áːt-/ *n.* 〖建築〗(古代ローマの住宅の中庭 (atrium) で)屋根が開口部 (compluvium) から外側に向かって傾斜した形式. **dis·plu·vi·ate** /dɪsplúːviɪt | dɪs-/ *adj.* 〘□ L *displuviātum* ← DIS-¹＋*pluvia* rain＋-ATE¹〙

dis·port /dɪ̀spɔ́ət | dɪspɔ́ːt/ (文語) *vt.* **1** 〖通例 ～ oneself で〗楽しませる, 慰める, 遊び戯れさせる: ～ *oneself at* tennis テニスをして遊ぶ. **2** 楽しんで[喜んで]見せびらかす, 誇示する. **3** 〈身を〉処する, ふるまう. — *vi.* 遊ぶ, 戯れる. — *n.* (古) 遊び, 戯れ, 慰み, 息抜き. **～·ment** *n.* 〘v.: (*c*1385) □ AF *desporter* (F *déporter*) ← *des-* 'DIS-¹'＋*porter* 'to PORT⁵'. — n.: (*c*1303) □ OF *desport*: cf. deport〙

dis·pos·a·ble /dɪ̀spóuzəbl | -páuz-/ *adj.* **1** 処置[処分]できる, 自由になる, 随意に使用できる: ⇨ disposable income. **2** 使い捨て(式)の: ～ towels. — *n.* 使い捨て用品 (紙袋・タオル・瓶・缶など). **dis·pos·a·bil·i·ty** /dɪ̀spòuzəbíləti | -lɪ̀ti/ *n.* **～·ness** *n.* 〘(1643) ← DISPOSE＋-ABLE〙

dispósable íncome *n.* 〖経済〗 **1** (国民所得計算で)可処分所得 (個人所得から個人税を除き移転所得を加えたもの). **2** (税を払ったあとの)手取り所得. 〘1948〙

dispósable lóad *n.* 〖航空〗積卸し可能な荷重 (乗員・有料積荷・燃料など).

dis·pos·al /dɪ̀spóuzəl, -zl | -páu-/ *n.* **1** (事柄の)処理, 処分, 整理; (財産などの)処分の仕方, 譲渡, 売却; (官職などの)授与 (bestowal): the ～ of the matter [body] 問題[死体]の処理 / ～ by sale 売却処分. **2** 処分の自由, 思いどおりにできること: My car is *at* your ～. 私の車を自由にお使い下さい / I am *at* [*in*] your ～. おことばどおりにいたします / put [leave] something *at* a person's ～ 人に物の処分を任せる, 物を自由に処分させる / I have the full ～ of my own property. 私は自分の財産を自由にできる権利をもっている. **3** ＝disposer 1. **4** 配置, 配列 (arrangement): the ～ of troops / divine ～ 神の摂理, 天の配剤. 〘(1630): ⇨ ↓, -al²〙

SYN 処分: **disposal, disposition** 前者は無用の物を廃棄すること, 後者はきちんと始末すること (いずれも格式ばった語): *disposal* of waste 廃棄物の処理 / *disposition* of a property 地所の処分.

---

dispósal bàg *n.* (乗り物などの)汚物処理袋.

dis·pose /dɪ̀spóuz | -páuz/ *vi.* **1 a** 〔…を〕取り除く, 捨てる, 処分する 〔*of*〕: ～ *of* backlogs 滞貨[在庫]を一掃する / ～ *of* nuclear waste 核廃棄物を処理する. **b** 〔敵などを〕打ち破る, 一掃する, 片付ける 〔*of*〕; 〔食べ物を〕平らげる 〔*of*〕: ～ *of* one's meal, enemy, etc. **2** 〔…を〕処置[処分]する 〔*of*〕; (最終的に)解決する 〔*of*〕: That ～*s of* your point [problem]. それで君の主張点[問題]は解決する / We've ～*d of* all the items on the agenda. 議事日程のすべての議題が終わった. **3** 〔…を〕譲り渡す, 売り払う, (人手に)まかせる 〔*of*〕: ～ *of* one's property *to* a person 人に財産を譲渡する / a house to be ～*d of* 売却処分に付せられる家. **4** 成り行きを定める, (適当に)処置をする: Man proposes, God ～*s*. ⇨ propose *vi.* 1. **5** (廃) 協定する, 折り合いがつく. **6** (まれ) 思いのままにする, 自由にする 〔*of*〕.
— *vt.* **1 a** 配置する, 排列する. **b** 〈事務などを〉処理[処置]する. **c** (古) (ある用途に)当てる, 使用する; しまう, 片付ける. **d** 殺す. **2** 〔…へ〕気分を向ける 〔*to, toward*〕; 〔行動に移る〕心構えをさせる 〔*for*〕; 〖目的語＋*to* do を伴って〗…に〈…したい〉と思わせる: My temperament ～*d* me *to* be solitary. 私の性分から孤独を好みがちとなった / His manners ～*d* her in his favor. その態度を見て彼女は彼に好感を抱いた. **3** …の影響を受けやすくする. **4** (廃) 規制する, 与える. ★ しばしば p.p. 形で形容詞的に用いられる (⇨ disposed).
— *n.* (廃) **1** 処分, 処理, 整理. **2** 気質, 性癖. 〘(1373) □ (O)F *disposer* ← DIS-¹＋*poser* to put (⇨ pose¹) ← L *dispōnere*: cf. disposition〙

dis·posed /dɪ̀spóuzd | -páuzd/ *adj.* **1** 〖複合語の第 2 構成素として〗…な気質の; …な性癖の〔*toward*〕: ⇨ well-disposed, ill-disposed. **2** 〔…に〕気が向いている, 傾向[性向]がある (inclined) 〔*to, toward*〕; 〖*to* do を伴って〗〈…したい〉気がする, 〈…する〉性癖がある: be well [ill] ～ *to-ward* …に対し好意的である[ない] / He is very cheerful and ～ *to* laughter. 彼は実に陽気でよく笑う / I am ～ *to* think so. そう考えたい気がする / a dog ～ *to* bite 咬み癖のある犬. 〘(*a*1398): ⇨ ↑, -ed〙

dis·pos·er /dɪ̀spóuzə | -zə(r/ *n.* **1** ディスポーザー, 生ごみ処理機 (流し台に取り付け, 野菜くず・ごみなどを電気で粉砕して廃水と共に下水に流す機械). **2** (古) **a** 処理者, 監理者 (manager). **b** ＝dispenser. 〘(1526) ← DISPOSE＋-ER¹〙

dis·po·si·tion /dɪ̀spəzíʃən/ *n.* **1** 〖惑星に関する占星学上の用法から〗 **a** 気質, 性癖, 性向 (⇨ temperament SYN); 意向 (inclination) 〔*to*〕/ 〈*to* do〉: a person of (a) gentle [with a gentle] ～ 温和な気質の人 / have an irascible ～ 怒りっぽい気質の人 / have a ～ *to* strong drink 強い酒を好む傾向がある / They all showed a ～ *to* put it off. 一同はそれを延期したいという意向を示した. **b** (物理的・自然的)傾向, 性質: an economic ～ *to* develop 経済の発展傾向. **c** 〖医学・生物〗素因, 素質 (predisposition). **2 a** (適当な)配列, 配置: the ～ of troops 軍隊の配備 / the ～ *of* rooms 部屋の配置. **b** 〖*pl.*〗手配, 準備: I've made ～*s* for the meeting. 会合の手はずを整えた. **3** 整理, 処分 (⇨ disposal SYN); (財産の)譲渡, 贈与 (bestowal); 処分権: a testamentary ～ 遺言で指定した財産譲渡 / a ～ for public sale 公売処分. **4 a** 処理, 支配(権); 最後の決定. **b** (古) 天の定め, (神の)摂理 (dispensation): a ～ of Providence 天の配剤, 天意, 神慮 / God has the supreme ～ *of* all things. 神は万物の最高支配権を有する.
at a person's **disposition** 利用できる, 役に立つ: I'll be *at your* ～ if you need me. 必要なときにはお役に立ちます.
〘(1375) □ (O)F ～ □ L *dispositiō(n-)* (なぞり) ← Gk *diatithénai*: ⇨ dis-¹, position〙

dis·po·si·tion·al /dɪ̀spəzíʃnəl, -ʃənl⁻/ *adj.* 気質[性癖, 性向]に関する; 傾向的な, ある傾向のある. **～·ly** /-ʃ(ə)nəli/ *adv.* **dìs·po·sì·tion·ál·i·ty** /-ʃənǽləti | -lɪ̀ti/ *n.* 〘(1846): ⇨ ↑, -al¹〙

dis·pos·i·tive /dɪ̀spɑ́(ː)zətɪv | dɪspɔ́zɪ̀t-/ *adj.* (事件・問題などの)方向を決定する. 〘(1483) □ L *dispositivus*〙

dis·pos·sess /dɪ̀spəzés/ *vt.* 〔財産を〕…から取り上げる, 奪う, 〔土地から〕〈人を〉追い立てる, 立ちのかせる 〔*of*〕: ～ a person of property, land, etc. 〘(1494) □ OF *despos-sesser*: ⇨ dis-¹, possess〙

dìs·pos·séssed *adj.* (土地・家などから)追い出された, 立ちのかされた, 追放された (ousted); 地位[財産, 公民権]を奪われた; 希望[見通し]を失った, 見込みも寄るべもなくなった, 根なし草の; 廃嫡(はいちゃく)[勘当]された (disinherited): a ～ man. 〘(1599): ⇨ ↑, -ed〙

dis·pos·ses·sion /dɪ̀spəzéʃən/ *n.* **1** 追い立て; 強奪, 奪取. **2** 〖法律〗不動産の不法占有 (占有の意思をもって, 他人の不動産を不法かつ現実に占拠する行為). 〘(1576): ⇨ -ion〙

dìs·pos·sés·sor *n.* 侵奪者; (不動産の)不法占有者. **dìs·pos·sés·so·ry** /-səri/ *adj.* 〘(1593): ⇨ -or²〙

dis·po·sure /dɪ̀spóuʒə | -páuʒə(r/ *n.* (古) 処置 (disposal). 〘(1569): ⇨ dispose, -ure〙

dis·praise /dɪ̀spréɪz, dɪs- | dɪs-, dìs-/ *vt.* けなす, 悪く言う (disparage); 非難する (blame). — *n.* けなすこと; そしり, 非難(blame): speak in ～ *of* …を悪く言う, けなして言う. **dis·práis·er** *n.* 〘(*a*1325) *dispreise(n)* □ OF *despr(e)isier* ＜ VL **despretiāre*＝L *dēpretiāre*: ⇨ dis-¹, praise〙

dis·práis·ing·ly *adv.* けなして, あしざまに. 〘(1604): ⇨ ↑, -ing², -ly¹〙

di·spread /dɪ̀spréd | dɪ-/ *vt., vi.* (～) (古) 広げる, 開く (spread out). 〘(1590) ← DIS-¹＋SPREAD〙

Dis·prin /díspr̩n/ *n.* 〖商標〗ディスプリン (英国製の鎮痛剤で, 家庭での頭痛薬として広く利用されている).

dis·prize /dɪ̀spráɪz, dɪs- | dɪs-, dìs-/ *vt.* (古) 軽んじる, あなどる; さげすむ, けなす. 〘(1480) □ OF *despris(i)er*: ⇨ dispraise〙

dis·prod·uct /dìsprɑ́(ː)dʌkt, -dəkt | -prɔ́d-/ *n.* (生産者の意図に反した)有害産物[製品]. 〘⇨ dis-¹〙

dis·proof /dɪ̀sprúːf, dɪs- | dɪs-, dìs-/ *n.* **1** 反証, 反駁(はんばく): in ～ of …の反証として. **2** 反証物件. 〘(1531): ⇨ dis-¹〙

dis·próperty /dɪs- | dɪs-/ *vt.* (Shak) 〈人〉の所有物を奪う. 〘(1607–08) ← DIS-¹＋PROPERTY〙

dis·pro·por·tion /dìsprəpɔ́əʃən | -pɔ́ː-/ *n.* 不釣り合い, 不平均, 不均衡; 不釣り合いなもの: ～ *in* age / ～ of something *to* another. — *vt.* …の均衡を破る, 不釣り合いにする: be ～*ed to* …と不釣り合いである.
～·a·ble /-ʃ(ə)nəbl/ *adj.* **～·a·ble·ness** *n.* **～·a·bly** /-bli/ *adv.* 〘(1555): ⇨ dis-¹〙

dìs·pro·pór·tion·al /-ʃnəl, -ʃənl⁻/ *adj.* ＝disproportionate. **～·ly** /-ʃ(ə)nəli/ *adv.* **～·ness** *n.* 〘1609〙

dis·pro·por·tion·ate /dìsprəpɔ́əʃ(ə)nɪ̀t | -pɔ́ː-⁻/ *adj.* 〔…と〕釣り合い[均衡]を失した, 不釣り合いな, 均衡がとれない〔*to*〕: be ～ *to* one's means 資力と釣り合いが取れない, 身分不相応である.
— /dìsprəpɔ́əʃənèɪt | -pɔ́ː-/ *vi.* 〖化学〗不均化する.
～·ness *n.* 〘(1555): ⇨ dis-¹〙

dìs·pro·pór·tion·ate·ly *adv.* 釣り合いを失って, 不釣り合いに, 不相応に. 〘(1682): ⇨ ↑, -ly¹〙

dis·pro·por·tion·a·tion /dìsprəpɔ̀əʃənéɪʃən | -pɔ̀ː-/ *n.* 〖化学〗不均化, 不均等化 (酸化と還元が同時に起こって一つの物質が異なる 2 物質に変化すること; 例: $2C_2H_4 \rightarrow C_2H_2 + C_2H_6$). 〘(1929): ⇨ -ation〙

dis·prov·a·ble /dɪ̀sprúːvəbl, dìs- | dɪs-, dìs-⁻/ *adj.* 論破[反証]できる. 〘(1548) ← DISPROVE＋-ABLE〙

dis·prov·al /dɪ̀sprúːvəl, dìs-, -vl | dɪs-, dìs-/ *n.* ＝disproof. 〘1614〙

dis·prove /dɪ̀sprúːv, dɪs- | dɪs-, dìs-/ *vt.* …が誤りであることを証する, …の反証を挙げる, 論破する (refute): ～ a hypothesis, theory, etc. 〘(?*c*1382) *dispreve(n)* □ OF *desprover*: ⇨ dis-¹, prove〙

SYN 論破する: **disprove** 〈主張などが〉間違っていることを論証する: I can *disprove* his theory. 彼の説の反証を挙げることができる. **refute** 十分な調査・証拠などを駆使して反証する: I'm ready to *refute* his views. 彼の見解を論破する用意はできている. **confute** 〈人や議論が〉完全に誤りであることを証明する (格式ばった語): It was difficult to *confute* him. 彼を論破するのは難しかった. **controvert** 〈議論〉に反駁(はんばく)するために論争する (格式ばった語): Descartes *controverted* the Aristotelian philosophy. デカルトはアリストテレス哲学に論駁した. **rebut** 告発・批判などに反論する (格式ばった語): *rebut* the argument of the other team in a debate 討論で相手チームの議論に反論する. **ANT** prove, demonstrate.

---

dis·punge /dɪ̀spʌ́ndʒ | dɪs-/ *vt.* (古) (スポンジを絞るように)振り注ぐ; 〈ためていたものを〉出す. 〘(1606) ← DIS-¹＋*spunge* 'to SPONGE': cf. expunge〙

Dis·pur /dɪspúə | -púə(r/ *n.* ディスプル (インド Assam 州の州都; 1972 年 州再編に伴い Shillong にかえて新設).

dis·purse /dɪ̀spə́ːs | dɪspə́ːs/ *vt.* (廃) ＝disburse.

dis·put·a·ble /dɪ̀spjúːtəbl, díspjʊt- | dɪspjúːt-, díspjʊt-/ *adj.* 議論[疑問]の余地のある; 疑わしい, 不確かな (questionable) (↔ indisputable). **dis·put·a·bil·i·ty** /dɪ̀spjùːtəbíləti, dìspjʊt- | dɪ̀spjùːtəbílɪ̀ti, dìspjʊt-/ *n.* **dis·pút·a·bly** *adv.* **～·ness** *n.* 〘(1548) □ OF ～: ⇨ dispute, -able〙

dis·pu·tant /dɪ̀spjúːtənt, díspjʊt-, -tnt | dɪspjúː-tənt, -tnt, díspjʊt-/ *n.* (特に, 公の)論争者. — *adj.* 論争の. 〘(1593) □ L *disputantem*: ⇨ dispute, -ant〙

dis·pu·ta·tion /dìspjʊtéɪʃən, -pjuː-/ *n.* **1** 論争, 議論. **2** (特に, 大学で訓練として行う)討論 (debate). 〘(*a*1387) □ L *disputātiō(n-)* ∞ ME *desputeison* □ OF *desputeisun*: ⇨ dispute, -ation〙

dis·pu·ta·tious /dìspjʊtéɪʃəs, -pjuː-⁻/ *adj.* 論争的な, 議論がましい, 論争好きな (controversial). **～·ly** *adv.* **～·ness** *n.* 〘(1660): ⇨ ↑, -ous〙

dis·pu·ta·tive /dɪ̀spjúːtətɪv | -tət-/ *adj.* ＝disputatious. **～·ly** *adv.* **～·ness** *n.* 〘(1579) □ LL *disputātīvus*: ⇨ ↓, -ative〙

dis·pute /dɪ̀spjúːt/ *vt.* **1** 〈主張など〉に反対する, 論駁(ばく)する; 〈事実など〉に疑いをさしはさむ; 異議を唱える: ～ a

statement / ～ a fact / I don't ～ *that* it may be true. それは本当であるかもしれないと思います. **2** …について(感情的に)論じる, 討議する (⇨ discuss SYN): We ～*d* the point all evening. その点について夜更けまで討議した. **3** 〈所有・勝利などを〉競う, 得ようと争う (contest): ～ every inch of ground 一歩も譲るまいと争う / ～ a victory [prize] *with* a person [team] 人[チーム]と勝利[賞]を争う / The victory [match] was hotly ～*d* between them. 彼らは激しく優勝を争った / ～ preeminence *with* a person 人と優劣を争う. **4** …に抵抗する, 阻止しようとして争う: ～ the enemy's advance 敵の進撃に抵抗する. **5** 〈人〉に反駁する. — *vi.* **1** 議論する: I ～*d with* him *about* [*on, over*] the matter. 私はその件について彼と論争した / We ～*d* (*as to* [*over*]) *whether* he would succeed (or not). 彼が成功するかどうかについて議論した. **2** 激論する, けんかする: They are always *disputing*.
— /dᵻspjúːt, díspjuːt/ *n.* 論争, 議論 (⇨ argument SYN); 口論, けんか; 《まれ》戦い: a labor ～ 労働争議 / settle ～*s* between nations 国家間の争いを解決する.
beyònd* (*áll*) [*withòut*] *dispúte 論争の余地なく, 疑問の余地なく: It's *beyond* ～ that he was lying. うそをついていたのは明白だ. ***in dispúte*** 論争中の[で], 未解決の[で]: a point *in* ～ 争点, 論点 / Labor and management are *in* ～ *about* [*over*] wages. ＝Labor is *in* ～ *with* management *about* [*over*] wages. 労働者側と経営側は賃金について折り合いがつかない.
dis·pút·ed /-tᵻd | -tᵻd/ *adj.* **dis·pút·er** /-tə | -tə^(r)/ *n.* 〘(*c*1300) □ OF *desputer* // L *disputāre* to calculate, discuss ← DIS-¹＋*putāre* to reckon〙

dispúted térritory *n.* (国々の間で)領有権未決の領土.

dis·qual·i·fi·ca·tion /dᵻskwɑ̀(ː)ləfᵻkéɪʃən, dìs- | dɪskwɔ̀lᵻfɪ-, dìs-/ *n.* **1** 資格剝奪(はくだつ); 無資格, 不合格, 欠格. **2** 失格理由, 欠格条項. 〘(1711–14): ⇨ ↓, -ation〙

dis·qual·i·fy /dᵻskwɑ́(ː)ləfàɪ, dìs- | dɪskwɔ́lᵻ-, dìs-/ *vt.* **1** 〔…に関して〕〈人〉の資格を奪う, 失格させる, 欠格者[不適任]と判定[認定]する〔*for, from*〕: ～ a person *for* a post [*as* an heir] ある地位に対して[相続人として]の資格を奪う[失格させる] / be *disqualified from* doing …する資格を失う / a *disqualified* person 失格者 / Some people think that excessive drinking *disqualifies* a man *for* parenthood. 大酒飲みの男は父親として失格だ[ふさわしくない]と考える人もいる. **2** 〈病気などが〉〔…することを〕不能にさせる (disable)〔*for*〕: ～ a person *for* work(*ing*) 人に仕事ができなくする. **3** 〘スポーツ〙(規則違反などで)〈人〉の出場資格を取り上げる. **dis·quál·i·fi·a·ble** *adj.* **disquál·i·fi·er** *n.* 〘(*c*1720) ← DIS-¹＋QUALIFY〙

dis·qui·et /dᵻskwáɪət | dɪs-/ *vt.* 〈人〉の心の平静を乱す, 不安をいだかせる: I am much ～*ed about* him. 私は彼のことがとても気がかりです. — *n.* 不安; 不穏, 動揺 (restlessness); 胸騒ぎ, 心配. — *adj.* 《古》不安な, 不穏な; 心配な. **～·ly** *adv.* **～·ness** *n.* 〘(1530) ← DIS-¹＋QUIET〙

dis·quí·et·ed /-tᵻd | -tᵻd/ *adj.* 不安な, 落ち着かない: with ～ eyes 不安げな目をして. **～·ly** *adv.* **～·ness** *n.* 〘(1550): ⇨ ↑, -ed 2〙

dis·quí·et·ing /-tɪŋ | -tɪŋ/ *adj.* 不安を与える, 気がかりな: the ～ sounds / a ～ piece of news 不安なニュース. **～·ly** *adv.* 〘(1576): ⇨ -ing²〙

dis·qui·e·tude /dᵻskwáɪətùːd, -tjùːd | dɪskwáɪᵻtjùːd/ *n.* 《文語》不安(状態); 不穏(な状態), 動揺 (restlessness); 心配: feel a vague ～ かすかな不安を感じる. 〘(1709): ⇨ disquiet (adj.), -tude〙

dis·qui·si·tion /dìskwəzíʃən | -kwᵻ-/ *n.* **1** 《古》(組織的な)探求, 考究 (investigation)〔*into*〕. **2** (組織的で精細な長い)論文, 論考, 講演: a learned ～ *on* a subject. **～·al** /-ʃnəl, -ʃənl⁻/ *adj.* 〘(1599) □ L *disquīsitiō(n-)* ← *disquisitus* (p.p.) ← *disquirere* to inquire carefully: ⇨ dis-¹, query〙

Dis·rae·li /dɪzréɪli, dɪs-/, **Benjamin** *n.* ディズレーリ《(1804–81; 英国の政治家・小説家; 首相 (1868, 1874–80); *Vivian Grey* (1826), *Coningsby* (1844), *Sybil* (1845); 称号 1st Earl of Beaconsfield; 通称 Dizzy)》.

Dis·rae·li·an /dɪzréɪliən | dɪsréɪliən, dɪz-, -ljən/ *adj.* ディズレーリ的な[らしい]. 〘(1880): ⇨ ↑, -an¹〙

dis·rate /dìsréɪt/ *vt.* 〘海事〙〈人・船〉の等級[階級など]を下げる. 〘(1811) ← DIS-¹＋RATE〙

dis·re·gard /dìsrɪgɑ́ːd | -gɑ́ːd/ *vt.* 無視する, (度外視して)顧みない, 閑却する (⇨ neglect SYN). — *n.* **1** 無視, 軽視: have a ～ *for* [*of*] …を無視する. **2** 〘福祉〙[しばしば *pl.*] (失業給付受給者の)非課税収入[資産]. 〘(1641) ← DIS-¹＋REGARD〙

dis·re·gard·ful /dìsrɪgɑ́ədfəl, -fl | -gɑ́ːd-/ *adj.* 〔…を〕無視[軽視]する〔*of*〕. **～·ly** /-f(ə)li, -fli/ *adv.* **～·ness** *n.* 〘(*a*1641) ← DIS-¹＋REGARD＋-FUL¹〙

dis·re·lat·ed /dìsrɪléɪtᵻd | -tᵻd/ *adj.* 関係のない. 〘(1893) ← DIS-¹＋RELATED〙

dis·re·la·tion /dìsrɪléɪʃən/ *n.* 無関係. 〘(1893) ← DIS-¹＋RELATION〙

dis·rel·ish /dᵻsrélɪʃ, dìs- | dɪs-, dìs-/ *vt.* 嫌う, 忌む (dislike). — *n.* 嫌い, 嫌悪: have a ～ *for* fish. 〘(1548) ← DIS-¹＋RELISH〙

dis·re·mem·ber /dìsrɪmémbə | -bə^(r)/ *vt.* 《米方言》思い出せない, 覚えていない, 忘れる (forget). 〘(1815) ← DIS-¹＋REMEMBER〙

dis·re·pair /dìsrɪpéə | -péə^(r)/ *n.* (修理・手入れの不足による)破損状態, 荒廃: be in (a state of) ～ (修繕を怠って)荒れている / fall into ～ 破損する, 荒れる; 顧みられなくなる. 〘(1798) ← DIS-¹＋REPAIR〙

dis·rep·u·ta·bil·i·ty /dᵻsrèpjʊtəbíləti | dɪsrèpjʊtəbílᵻti/ *n.* 悪評. 〘(1854): ⇨ ↓, -ity〙

dis·rep·u·ta·ble /dᵻsrépjʊtəbl | dɪsrépjʊt-/ *adj.* **1** 〔…に〕評判のよくない, いかがわしい; 不面目な〔*to*〕: a ～ friend. **2** 見苦しい, 汚れた. **dis·rép·u·ta·bly** *adv.* **～·ness** *n.* 〘(1772) ← DIS-¹＋REPUTABLE〙

dis·rep·u·ta·tion /dᵻsrèpjʊtéɪʃən | dɪs-/ *n.* 《古》＝disrepute.

dis·re·pute /dìsrɪpjúːt/ *n.* 不評判, 不人気 (disfavor); 悪評, 汚名 (discredit): incur ～ 不評を招く / be in ～ 評判が悪い / bring … into ～ …の評判を落とさせる / fall into ～ 評判が悪くなる. 〘(1640) ← DIS-¹＋REPUTE〙

dis·re·spect /dìsrɪspékt/ *n.* **1** 敬意[尊敬]を欠くこと〔*for*〕. **2** 無礼, 失礼な行為[言葉]〔*to*〕: no ～ (to …), but … (…を)けなすわけではないが…. — *vt.* …に失礼をする, 無礼な態度をとる[言葉をはく]. 〘(1614) ← DIS-¹＋RESPECT〙

dis·re·spect·a·ble /dìsrɪspéktəbl/ *adj.* 伝統的作法[規準]に従っていない; 尊敬に値しない. **dìs·re·spèct·a·bíl·i·ty** /-təbíləti | -lᵻti/ *n.* 〘(1813) ← DIS-¹＋RESPECTABLE〙

dis·re·spect·ful /dìsrɪspéktfəl, -fl/ *adj.* 無礼な, 失礼な; 〔…を〕尊敬しない〔*of*〕. **～·ness** *n.* 〘(*a*1677) ← DIS-¹＋RESPECTFUL〙

dìs·re·spéct·ful·ly /-f(ə)li, -fli/ *adv.* 無礼に(も), 軽蔑して. 〘(1671): ⇨ ↑, -ly¹〙

dis·robe /dìsróʊb | -rə́ub/ *vt.* **1** …の衣服(特に公服・礼服など)を脱がせる: ～ oneself 着物を脱ぐ, 裸になる. **2** 〈人〉から〔地位・権威などを〕剝奪(はくだつ)する, 奪う〔*of*〕. — *vi.* 衣服を脱ぐ. **dìs·rób·er** *n.* **～·ment** *n.* 〘(1581) □ OF *desrober*: ⇨ dis-¹, robe〙

dis·root /dìsrúːt, -rʊ́t | -rúːt/ *vt.* 根こぎにする (uproot); 〔…から〕取り除く〔*from*〕. 〘(1613) ← DIS-¹＋ROOT〙

dis·rupt /dᵻsrʌ́pt | dɪs-/ *vt.* **1** 〈集会などを〉(一時的に)混乱させる, 乱す; 〈交通・通信などを〉(一時)不通にする, 中断[途絶]させる; 混乱させる (upset): ～ telephone service [traffic] 電話[交通]を一時不通にする. **2** 〈制度・国家などを〉分裂させる, 粉砕する, 崩壊させる. — *adj.* 分裂した, 粉砕された; 混乱した; 途絶した. **～·er, dis·rúp·tor** *n.* 〘(1657) □ L *disruptus* (p.p.) ← *disrumpere* to break to pieces: ⇨ dis-¹, rupture〙

dis·rup·tion /dᵻsrʌ́pʃən | dɪs-/ *n.* **1** 分裂, 破裂. **2** (特に, 国家・制度の)分裂, 崩壊; 分裂状態. **3** [the D-]〘スコットランド教会〙スコットランド教会の分裂 《1843 年スコットランドに起こった教会分裂; その結果国教長老教会から独立して独立長老教会 (Free Church) が組織された》. 〘(1646) □ L *disruptiō(n-)*: ⇨ ↑, -tion〙

dis·rup·tive /dᵻsrʌ́ptɪv | dɪs-/ *adj.* **1** 分裂的な, 破裂的な; 崩壊させる: ～ tendencies. **2** 分裂性の, 壊裂の; 分裂によって生じた. **～·ly** *adv.* **～·ness** *n.* 〘(1842–43) ← DISRUPT＋-IVE〙

disrúptive díscharge *n.* 〘電気〙破裂放電. 〘1842–43〙

diss¹ /dís/ *n.* 〘植物〙ディース (*Ampelodesma tenax*) 《地中海周辺のイネ科の多年状の草; かご・綱などの材料》. 〘(1855) □ Arab. *dīs*〙

diss² /dís/ *vt.* 《方言》ばかにする, おちょくる.

diss³ /dís/ *v.* ＝dis¹·³.

diss. 《略》dissenter; dissertation; dissolve.

dis·s- /dɪs/ (母音の前にくるときの) disso- の異形.

dis·sat·is·fac·tion /dɪ(s)sæ̀tᵻsfǽkʃən, dì(s)- | -tᵻs-/ *n.* 〔人・物に対する〕不満足, 不満, 不平; 不満の種〔*with, at*〕. 〘(1640) ← DIS-¹＋SATISFACTION〙

dis·sat·is·fac·to·ry /dɪ(s)sæ̀tᵻsfǽktəri, -tri, dì(s)- | dɪ(s)sæ̀tᵻsfǽktəri, -tri, dìs-/ *adj.* 不満足な (unsatisfactory). 〘(*c*1610) ← DIS-¹＋SATISFACTORY〙

dis·sat·is·fied /dɪ(s)sǽtᵻsfàɪd, dìs- | dɪ(s)sǽtᵻs-, dìs-/ *adj.* 不満を表明している, 不満そうな (⇨ unsatisfied SYN): ～ elements 不満分子 / a ～ look 不満そうな顔つき. ★ unsatisfied よりも強い不満を示す. **～·ly** *adv.* 〘(1675): ⇨ ↓, -ed〙

dis·sat·is·fy /dɪ(s)sǽtᵻsfàɪ, dìs- | dɪ(s)sǽtᵻs-, dìs-/ *vt.* [通例受身で]〔…で〕満足させない, 〔…に〕不満をいだかせる〔*with, at*〕: He *is dissatisfied with* his salary. 給料に不満である. 〘(1666) ← DIS-¹＋SATISFY〙

dis·sát·is·fỳ·ing *adj.* 満足させない, 不満な: The film was stimulating but ～. その映画は興味をかき立てるものだったが出来栄えは不満足なものだった. 〘(1709): ⇨ ↑, -ing²〙

dis·save /dɪ(s)séɪv, dì(s)- | dɪ(s)-, dì(s)-/ *vi.* 収入以上の金を使う. 〘(1936) ← DIS-¹＋SAVE〙

dis·sáv·ing *n.* 〘経済〙マイナス貯蓄, 貯蓄取りくずし《現在の収入以上に消費すること》; [*pl.*] マイナス貯蓄額. 〘1946〙

dis·seat /dɪ(s)síːt, dì(s)-/ *vt.* 《古》＝unseat.

dis·sect /dᵻsékt, daɪ-, dáɪsekt | dᵻsékt, daɪ-/ *vt.* **1** (構造などを調べるために)切り裂く, (特に)〈人体・動植物を〉解剖する (anatomize)〈*out*〉. **2** 〈問題・理論などを〉分析する, (分析的に)細かく調べる (analyze), 詳細に批評する. 〘(1607) ← L *dissectus* (p.p.) ← *dissecāre* to cut in pieces ← DIS-¹＋*secāre* to cut (⇨ section)〙

dis·séct·ed *adj.* **1** 切開した, 解剖した; (細かく)切り分けた, 区切った: a ～ map. **2** 〘植物〙(数片に)深く裂けた, 全裂の: a ～ leaf. **3** 〘地理〙〈地形が河流や氷河によって刻まれた, 多くの谷のある, 開析された: a ～ plateau 開析台地. 〘(1634): ⇨ ↑, -ed〙

dis·sect·i·ble /dᵻséktəbl, daɪ-, dáɪsekt- | dɪséktᵻ-, daɪ-/ *adj.* 解剖できる. 〘(1802) □ L *dissectibilis*〙

dis·séct·ing *n.* 解剖; [形容詞的に] 解剖用の: a ～ knife [table] 解剖刀[台]. 〘(1767): ⇨ -ing²〙

dissécting ròom *n.* (病院・医科大学などの)解剖室. 〘1854〙

dis·sec·tion /dᵻsékʃən, daɪ-, dáɪsek- | dᵻsek-, daɪ-/ *n.* **1** 〔…の〕切開; 解剖, 解体〔*of*〕: ～ *of* a human body. **2** 解剖されたもの[部分]; 解剖体, 解剖模型. **3** (調査研究のための)解剖的[精密な]吟味, 分解. **4** 《英》〘商業〙(商品の)口分け. **5** 〘地理〙開析, 開析作用. 〘(1581) □ ? (O)F ～ ← L *dissectiō(n)*: ⇨ dissect, -tion〙

dis·sec·tive /dᵻséktɪv, daɪ-, dáɪsek- | dᵻsék-, daɪ-/ *adj.* 解剖の, 解剖に関する. 〘(1860) □ L *disectīvus*〙

dis·séc·tor *n.* **1** 解剖者, 解剖学者. **2** 解剖器具. 〘(1578) ← L *dissectus* (⇨ dissect)＋-OR²〙

dis·seise /dᵻ(s)síːz, dìs- | dìssíːz/ *vt.* 〘法律〙〈人〉から〔不動産の〕占有を不法に侵奪する〔*of*〕: ～ a person *of* his freeholds 人の自由保有不動産を侵奪する. 〘(*a*1338) *disseise(n)* ← AF *disseisir* to dispossess＝(O)F *dessaisir*: ⇨ dis-¹, seize〙

dis·sei·see /dᵻ(s)sìːzíː, dìssìːzíː | dìssìːzíː/ *n.* 〘法律〙不動産占有被侵奪者 (↔ disseisor). 〘(1540) □ AF *disseisi* (p.p.) ← *disseisir* (↑): ⇨ -ee¹〙

dis·sei·sin /dᵻ(s)síːzᵻn, -zn̩ | dìssíːzɪn/ *n.* 〘法律〙占有侵奪. 〘(*a*1400) ← AF *disseisine*＝OF *dessaisine*: ⇨ dis-¹, seisin〙

dis·sei·sor /dᵻ(s)sìːzɔ́ə, dì(s)siː-, dᵻ(s)síːzə, dìs- | dìssìːzɔ́ː^(r)/ *n.* 〘法律〙不動産占有侵奪者 (↔ disseisee). 〘(1483) □ AF *disseisour*: ⇨ disseise, -or²〙

dis·seize /dᵻ(s)síːz, dìs- | dìssíːz/ *vt.* 〘法律〙＝disseise.

dis·sei·zee /dᵻ(s)sìːzíː, dìssìːzíː | dìssìːzíː/ *n.* 〘法律〙＝disseisee.

dis·sei·zin /dᵻ(s)síːzᵻn, -zn̩ | dìssíːzɪn/ *n.* 〘法律〙＝disseisin.

dis·sei·zor /dᵻ(s)sìːzɔ́ə, dì(s)siː-, dᵻ(s)síːzə, dìs- | dìssìːzɔ́ː^(r)/ *n.* 〘法律〙＝disseisor.

dis·sem·blance¹ /dᵻsémbləns/ *n.* 《古》似ていないこと, 相違. 〘(1463) □ OF *dessemblance* ← *dessembler* to be unlike: ⇨ dis-¹, semble, -ance〙

dis·sem·blance² /dᵻsémbləns/ *n.* 《古》偽り, 偽装, しらばくれ (dissimulation). 〘(1602): ⇨ ↓, -ance〙

dis·sem·ble¹ /dᵻsémbl/ *vt.* **1** 〈意志・感情などを〉隠す, 偽る, ごまかす. **2** 《古》…のふりをする, 装う (feign). **3** 《古》見ないふりをする, 無視する (ignore). — *vi.* しらを切る, とぼける, しらばくれる. **dis·sém·bling** /-blɪŋ, -bl- | -blɪŋ, -bl-/ *n., adj.* 〘(*a*1420) 《混成》? ← ME *dissimule(n)* (□ (O)F *dissimuler* □ L *dissimulāre* 'to DISSIMULATE')＋OF *dessembler* (⇨ dissemblance¹)〙

dis·sem·ble² /dᵻsémbl/ *vt.* ばらばらにする. 〘(1591) □ OF *dessembler* to separate ← DIS-¹＋(*as*)*sembler* 'to ASSEMBLE'〙

dis·sém·bler /-blə, -blə | -blə^(r), -blə^(r)/ *n.* しらばくれる人, 偽善者 (hypocrite). 〘(1526) ← DISSEMBLE¹＋-ER¹〙

dis·sém·bling·ly /-blɪŋli, -bl- | -blɪŋli, -bl-/ *adv.* 偽って, しらばくれて. 〘(1546) ← DISSEMBLE¹＋-ING²＋-LY¹〙

dis·sem·i·nate /dᵻsémənèɪt | -mᵻ-/ *vt.* **1** 〈報道・教義などを〉広める, 宣伝する, 普及させる (diffuse). **2** 〈種を〉まき散らす. — *vi.* 広まる, 普及する. **dis·sem·i·na·tive** /dᵻsémənèɪtɪv | -mᵻnèɪt-/ *adj.* 〘(1603) ← L *dissēminātus* (p.p.) ← *dissēmināre* to scatter seed ← DIS-¹＋*sēmināre* to sow (← *sēmen* 'SEMEN')〙

dis·sém·i·nat·ed sclerósis /-tᵻd- | -tᵻd-/ *n.* 〘病理〙散在[多発]性硬化症 (multiple sclerosis). 〘1876〙

dis·sem·i·na·tion /dᵻsèmənéɪʃən | -mᵻ-/ *n.* **1** 種まき, 散布. **2** 流布, 普及, 宣伝 (propagation). 〘(1646) □ L *dissēminātiō(n-)*: ⇨ disseminate, -ation〙

dis·sém·i·nà·tor /-tə | -tə^(r)/ *n.* 種をまく人; 散布器; (報道・教義などを)広める人, 宣伝者. 〘(1667) □ LL *dissēminātor*: ⇨ disseminate, -or²〙

dis·sem·i·nule /dᵻsémənùːl, -njùːl | dɪsémɪnjùːl/ *n.* 〘植物〙散布体《芽・種子・胞子等次代の植物体の幼生となり得るものの総称》. 〘(1904): ⇨ dissemin(ate)＋-ule〙

dis·sen·sion /dᵻsénʃən/ *n.* **1** 不一致 (disagreement); 意見の相違. **2** 意見の衝突, 不和(の種), あつれき, もんちゃく, 紛争 (⇨ discord SYN). 〘(*a*1325) □ (O)F ～ □ L *dissensiō(n-)* ← *dissensus* (p.p.) ← *dissentīre* (↓): ⇨ -sion〙

dis·sen·sus /dᵻsénsəs/ *n.* 合意の欠如, 意見の不一致 (cf. consensus). 〘(*c*1965) ← DIS-¹＋(CON)SENSUS〙

dis·sent /dᵻsént/ *vi.* **1** 〔…と〕意見が違う, 違った意見をいだく (disagree)〔*from*〕: ～ *from* a person's view 人の意見に反対する. **2** 《英》〔国教(の教義)と〕意見を異にする, 〔国教に〕反対する〔*from*〕: ～ *from* the Church of England. — *n.* **1 a** 不同意, 意見の相違, 異議. **b** ＝dissenting opinion. **2** [通例 D-] 《英》国教反対 (nonconformity); [集合的] 国教反対者, 非国教徒: *Dissent* is strong in Wales. 〘(*c*1425) □ L *dissentīre* to disagree ← DIS-¹＋*sentīre* to feel (cf. sense)〙

dis·sént·er /-tə | -tə^(r)/ *n.* **1** 異議を唱える者, 反対者. **2** [通例 D-] 《英》国教反対者 (cf. conformist 2); (イングランドまたはスコットランドの主としてプロテスタントの)非国教徒[派] (Nonconformist). 〘(1639): ⇨ ↑, -er¹〙

dis·sen·tience /dᵻsénʃəns, -ʃiəns | dɪsénʃiəns, -ʃəns/ *n.* 不同意, 反対. 〘(1864): ⇨ ↓, -ence〙

dis·sen·tient /dᵻsénʃənt, -ʃiənt | dɪsénʃiənt, -ʃənt/ *adj.* 〔多数の人と〕意見を異にする, 〔…に〕異議を唱える, 反

対する〔with〕: with one ～ voice [vote] 一人の異議[1票の反対投票]だけで. ── n. 意見を異にする人, 不同意者, 反対者. **～·ly** adv. 〖(1621) □ L *dissentientem* (pres.p.): ⇨ dissent, -ent〗

dis·sént·ing /-tɪŋ | -tɪŋ/ adj. 1 異議を唱える: ～ views 異見 / without a ～ voice 一人の異議もなく. 2 《英》国教に反対する: a ～ minister [chapel] 非国教派の牧師[会堂]. **～·ly** adv. 〖(1550): ⇨ -ing²〗

disséntıng opínion n. 〖法律〗(合議法廷で, 多数意見で定まった判決に対する)反対意見.

dis·sen·tious /dɪsénʃəs/ adj. 《まれ》けんか好きの, 党派争いを事とする (factious). **～·ly** adv. 〖(1560) (変形) ← DISSENSI(ON)+-OUS〗

dis·sep·i·ment /dɪsépəmənt | dɪsépɪ-/ n. 〖生物〗隔壁, 隔膜 (partition); 〖植物〗子房中隔. **dis·sep·i·men·tal** /dɪsèpəméntl | dɪsèpɪméntl⁻/ adj. 〖(1727) □ L *dissaepimentum* that which separates ← *diss(a)epīre* to reparate ← DIS-¹+*s(a)epīre* to fence in: ⇨ septum, -ment〗

dis·sert /dɪsə́ːt | -sə́ːt/ vi. 《古》=dissertate. 〖(1623) ← L *dissertus* (p.p.) ← *disserere* to discuss ← DIS-¹+*serere* to place: ⇨ series〗

dis·ser·tate /dísətèɪt | -sə(ː)-/ vi. 《まれ》論じる (discuss). 〖(1766) ← L *dissertātus* (p.p.) ← *dissertāre* to discuss a matter (freq.) ← *disserere* (↑)〗

dis·ser·ta·tion /dìsətéɪʃən | -sə(ː)-/ n. 1 論文, (特に)学位論文 (thesis) 〔on, upon, concerning〕: a doctoral ～ 博士論文. 日英比較 《米》では *dissertation* は博士論文, thesis は修士論文を指す. 《英》では *dissertation* は学士・修士論文を指し, thesis が博士論文を指す. 2 論説, 論述《口頭のものも含む》. **～·al** /-ʃənl, -ʃnəl/ adj. **～·ist** /-ʃ(ə)nɪst | -nɪst/ n. 〖(1611) □ L *dissertātiō(n-)*: ⇨ ↑, -ation〗

dís·ser·tà·tor /-tə | -tə(r)/ n. 論じる人; 論文執筆者. 〖(1698) □ L *dissertātor*〗

dis·serve /dɪ(s)sə́ːv, dɪs- | -sə́ːv/ vt. 《古》…にひどい仕打ちをする, あだをなす, 危害を加える. 〖(1618–29) ← DIS-¹+SERVE〗

dis·ser·vice /dɪ(s)sə́ːvɪs, dìs- | dɪssə́ːvɪs, dìs-/ n. ひどい仕打ち, あだ, 害 (harm): do a person (a) great ～ ひどい仕打ちをする, 大損害を与える. **～·a·ble** /-səbl/ adj. 〖(1599) ← DIS-¹+SERVICE¹〗

dis·sev·er /dɪsévə | dɪsévə(r)/ vt., vi. 分ける, 分離する (separate); 分割する (divide). **dis·sev·er·ance** /dɪsév(ə)rəns | dɪ-/ n. **～·ment** n. **dis·sev·er·a·tion** /dɪsèvəréɪʃən | dɪ-/ n. 〖(c1275) □ AF *des(s)everer*: ⇨ dis-¹, sever〗

dis·si·dence /dísədəns, -dns | -sɪ-, -dəns, -dns/ n. (意見・性格などの)相違, 不一致 (difference); 不同意, 異議 (dissent). 〖(1656) □ L *dissidentia*: ⇨ ↓, -ence〗

dis·si·dent /dísədənt, -dnt | -sɪ-, -dənt, -dnt/ adj. 〔…と〕意見[性質など]を異にする; 〔…に〕異議[論説]をもつ〔from〕; 反対制の: ～ people. ── n. 意見を異にする人, 反対者〔from〕; (特に, 政府などへの)反対者, 反体制派の人. **～·ly** adv. 〖(c1534) □ L *dissidentem* sitting apart (pres.p.) ← *dissidēre* to disagree ← DIS-¹+*sedēre* to sit〗

dis·sight /dɪ(s)sáɪt | dɪ(s)-/ n. 《まれ》見苦しいもの, 目ざわり (eyesore). 〖(c1710) ← DIS-¹+SIGHT〗

dis·sil·ien·cy /dɪsíliənsi, -ljən- | dɪ-/ n. 《まれ》裂開, 分裂(的傾向). 〖(1882–83) ⇨ ↓, -ency〗

dis·sil·ient /dɪsíliənt, -ljənt/ adj. 1 飛び散る, ぱっと破れる[離れる]. 2 〖植物〗〈ホウセンカの蒴果(さく)など〉切れ切れに裂開する. 〖(1656) □ L *dissilientem* (pres.p.) ← *dissilīre* to leap asunder ← DIS-¹+*salīre* to leap (⇨ salient)〗

dis·sim·i·lar /dɪ(s)sím(ə)lə, dìs- | dɪ(s)símɪlə(r), dìs-/ adj. 〔…と〕似ていない, 異質の, (品質・性質・外観など)〔…と〕同様でない (unlike) 〔to, from〕 (⇨ different SYN). **～·ly** adv. 〖(1599) ← DIS-¹+SIMILAR〗

dis·sim·i·lar·i·ty /dɪ(s)sìməlǽrəti, dìs-, -lér- | dɪ(s)sìmɪlǽrɪti/ n. 1 似ていないこと; 不同性 (unlikeness). 2 違い, 相違点 (⇨ difference SYN). 〖(1705) ← DIS-¹+SIMILARITY〗

dis·sim·i·late /dɪsíməlèɪt | -mɪ-/ vt., vi. (↔ assimilate) 1 異化する. 2 〖言語・音声〗異化する (⇨ dissimilation 2). **dis·sim·i·la·to·ry** /dɪsím(ə)lətɔ̀ːri | dɪsímɪlèɪtəri, -lət-, -tri/ adj. 〖(1841) ← DIS-¹+(AS)SIMILATE〗

dis·sim·i·la·tion /dɪsìməléɪʃən, dìsɪm- | dìsɪmɪ-, dɪsìm-/ n. (↔ assimilation) 1 不同化. 2 〖言語・音声〗異化《類似の音が近接するとき, 一方が類似性の少ない音に変化すること; 例えばアメリカ英語において surprise /səpráɪz/ の [ə] のそり舌性が後続の [r] との関係で失われて /səpráɪz/ となることなど》. 3 〖生理・生物〗=catabolism. 〖(1830) ← DIS-¹+(AS)SIMILATION〗

dis·sim·i·la·tive /dɪsíməlèɪtɪv, -lət- | -lèɪt-, -lət-/ adj. 異化の, 異化を起こす.

dis·si·mil·i·tude /dì(s)sɪmílətùːd, -tjùːd | -lɪtjùːd/ n. 1 不同, 相違 (unlikeness). 2 相違点. 3 〖修辞〗対比. 〖(?a1425) □ L *dissimilitūdō* ← *dissimilis* unlike ← DIS-¹+*similis* like: ⇨ -tude〗

dis·sim·u·late /dɪsímjulèɪt/ vt. 〈感情などを〉偽る, 偽り隠す, (そうでない)ふりをする: ～ fear こわいのにそうでないふりをする. ── vi. そらとぼける, しらばくれる, ねこをかぶる. **dis·sim·u·la·tive** /dɪsímjulèɪtɪv, -lət-, dìssím- | dɪsímjulèɪt-, -lət-, dìssím-⁻/ adj. **dis·sim·u·là·tor** /-tə | -tə(r)/ n. **dis·sim·u·la·to·ry** /dɪsímjulətɔ̀ːri, dìssím- | dɪsímjulətəri, -tri, -lèɪt-, dìssím-⁻/ adj. 〖(?a1425) ← L *dissimulātus* (p.p.) ← *dissimulāre* to disguise ← DIS-¹+*simulāre* 'to SIMULATE': ⇨ -ate³〗

dis·sim·u·la·tion /dɪsìmjuléɪʃən | dɪ-/ n. 1 しらばくれ, 偽り, (感情・動機などの)偽装, ねこかぶり. 2 〖精神医学〗疾患隠蔽(いんぺい), 匿狂《精神病者が偽って普通人を装うこと; cf. simulation 1 d》. 〖(c1380) □ OF ～ □ L *dissimulātiō(n-)*: ⇨ dissimulate, -ation〗

dis·si·pate /dísəpèɪt | -sɪ-/ vt. 1 〈群衆・雲・霧などを〉散らす, 消散させる (⇨ scatter SYN); 〈エネルギーなどを〉散逸させる: ～ darkness. 2 〈時・精力・財産などを〉浪費する (waste). 3 〈憂鬱・悲しみ・こわさなどを〉消す, 払う, 晴らす: ～ ignorance. ── vi. 1 〈雲・霧などが〉消える, 消散する (vanish). 2 放蕩(ほうとう)する, (放蕩して)浪費[散財]する: People go there to ～.

dís·si·pàt·er, dís·si·pà·tor /-tə | -tə(r)/ n. 〖(c1425) ← L *dissipātus* (p.p.) ← *dissipāre* to scatter ← DIS-¹+*supāre* to throw (← IE **swep-* to throw)〗

dís·si·pàt·ed /-tɪd | -tɪd/ adj. 1 〈人・生活など〉道楽[歓楽, 酒色]にふける, 放蕩(ほうとう)の: lead a ～ life 放蕩生活を送る. 2 浪費した, 散らかった. **～·ly** adv. **～·ness** n. 〖(1609): ⇨ ↑, -ed〗

dis·si·pa·tion /dìsəpéɪʃən | -sɪ-/ n. 1 〔エネルギーなどの〕消散(すること, 状態), 消滅, 消失 (cf. conservation) 〔of〕. 2 〔財産などの〕浪費〔of〕. 3 気晴らし, 散財; 放蕩, (特に酒に)耽溺(たんでき)すること. 4 〖物理〗散逸《物体系の力学的エネルギーが摩擦または粘性により熱に変わる現象》. 〖(?a1425) □ L *dissipātiō(n-)*: ⇨ dissipate, -ation〗

dis·si·pa·tive /dísəpèɪtɪv | -sɪpèɪt-/ adj. 消散的な; 浪費的な. 〖(1684) □ L *dissipātivus*〗

dis·so- /dísou, dísə- | -sə(ʊ)/「二重の (double)」の意の連結形. ★ 母音の前では通例 diss- になる. 〖← NL ～ ← Gk *dissós*〗

dis·so·cia·bil·i·ty /dɪsòuʃəbíləti | dɪsəuʃiəbílɪti, -ʃə-/ n. 分離できること, 分離性.

dis·so·cia·ble /dɪsóuʃəbl, dɪs-, -siə-, -ʃiə- | dɪsóuʃiə-/ adj. 1 分離できる (separable). 2 /dɪsóuʃəbl | dɪsə́u-/ 非社交的な (unsociable). 3 調和しない, 和しない (unreconcilable). **～·ness** n. **dis·só·cia·bly** /-bli/ adv. 〖(1603) □ L *dissociābilis* ← *dissociāre* 'to DISSOCIATE': ⇨ -able〗

dis·so·cial /dɪ(s)sóuʃəl, -ʃl | dɪ(s)sə́u-/ adj. 反社会的な, 非社交的な; 利己的な, わがままな (selfish). 〖(1762) ← DIS-¹+SOCIAL〗

dis·so·cial·ize /dɪ(s)sóuʃəlàɪz | dɪ(s)sə́u-/ vt. 非社交的[交際嫌い]にする. 〖(1804) ← DIS-¹+SOCIALIZE〗

dis·so·ci·ant /dɪsóuʃiənt, -siənt | dɪsə́u-/ adj. 分離から起こる; (特に)突然に変化した. 〖(1883) □ L *dissociantem*〗

dis·so·ci·ate /dɪsóuʃièɪt, -si- | dɪsə́u-/ vt. 1 〔…から〕引き離す, 分離する (disunite), 〔…と〕分離して考える〔from〕(↔ associate): ～ the two ideas 二つの観念を分離する / ～ oneself *from* …との関係[交際]を絶つ[否認する]. 2 〖心理〗〈意識・人格を〉解離させる (cf. dissociated 2). 3 〖化学〗解離させる. ── vi. 1 つき合わない, 絶交する. 2 〖化学〗解離する. 〖(1590) ← L *dissociātus* (p.p.) ← *dissociāre* to disunite ← DIS-¹+*sociāre* to associate (← *socius* companion): ⇨ -ate³〗

dis·só·ci·àt·ed /-tɪd | -tɪd/ adj. 1 分離した, 無関係の. 2 〖心理〗〈意識・人格が〉分裂した, 解離した (cf. integrated 3): a ～ personality 解離した人格. 〖(1611): ⇨ ↑, -ed〗

dis·so·ci·a·tion /dɪsòusiéɪʃən, -ʃi- | dɪsə̀u-/ n. 1 分離(作用, 状態). 2 〖心理〗(意識・人格の)分裂, 解離 (cf. integration 5): ～ of consciousness [personality] 意識[人格]の分裂. 3 〖物理化学〗a (分子の)解離. b 電気解離, 電離. 4 〖医学〗(本来なら平行すべき二つの現象間の)解離. 5 〖生物〗解離《細菌などの株が, 二つあるいはそれ以上の性質の違う, 比較的永続した株に分かれること》. 〖(1611) □ L *dissociātiō(n-)*: ⇨ dissociate, -ation〗

dissociátion cónstant n. 〖化学〗解離定数. 〖1891〗

dis·so·ci·a·tive /dɪsóuʃièɪtɪv, -si-, -ʃət- | dɪsə́uʃiət-, -siə-/ adj. 分離的な, 分裂性の; 〖化学〗解離的な. 〖(1882) ← DISSOCIATE+-IVE〗

dis·sog·e·ny /dɪsɑ́(ː)dʒəni | dɪsɔ́dʒɪ-/ n. (also **dis·sog·o·ny** /dɪsɑ́(ː)gəni | dɪsɔ́g-/) 〖動物〗反復生殖, 反復発生《幼生の時期に生殖腺が成熟して産卵し, さらに変態を終えた成体で 2 回目の生殖が行われること; クシクラゲ類のある種に見られる》. 〖(1896) □ G *Dissogonie*: ⇨ disso-, -geny〗

dis·sol·u·bil·i·ty /dɪsɑ̀(ː)ljubíləti | dɪsɔ̀ljubílɪti/ n. 融解[分解, 解除, 解消]の可能性. 〖(1611): ⇨ ↓, -ity〗

dis·sol·u·ble /dɪsɑ́(ː)ljubl | dɪsɔ́l-/ adj. 1 分解できる, 融解性の (soluble のほうが普通). 2 〈集会などが〉解散できる; 〈責任・契約・婚約などが〉解除できる, 解消できる. **～·ness** n. 〖(1534) □ L *dissolūbilis*: ⇨ dissolve, -ble〗

dis·so·lute /dísəlùːt | -lùːt, -ljùːt/ adj. 〈人・生活など〉自堕落な, ずぼらな, 放縦な, 放埒(ほうらつ)な; 身をもちくずした, 放蕩(ほうとう)な (licentious). **～·ly** adv. 〖(c1384) □ L *dissolūtus* (p.p.) ← *dissolvere* to loosen: ⇨ dissolve〗

dís·so·lùte·ness n. 自堕落(な生活の仕方), (行いの)放埒さ; 放蕩. 〖(1549): ⇨ ↑, -ness〗

dis·so·lu·tion /dìsəlúːʃən | -lúː-, -ljúː-/ n. 1 〔国会・団体・会社などの〕解散, (事業の)清算〔of〕. 2 〔責任・契約・婚約などの〕解除, 解約, 解消〔of〕. 3 分離, 分解. 4 〖化学〗溶解, 融解. 5 (生活力・機能の)消滅, 死滅; 《婉曲》死. 6 〔国などの〕崩壊, 滅亡; 終結〔of〕. 7 (会議などの)解散, 閉会.

Dissolútion of the Mónasteries 〖歴史〗修道院解散《英国王 Henry 八世が国教会成立後 1536 年より行った; 修道院の土地・財産を没収して, 国家財政を強化した》. 〖(?1348) □ (O)F ～ ∥ L *dissolūtiō(n-)*: ⇨ dissolute, -tion〗

dis·sol·u·tive /dɪsɑ́(ː)ljutɪv, dísəlùːt- | dɪsɔ́ljut-, dísəlùːt-, -ljùːt-/ adj. 分離性の; 溶解性の; 解除の. 〖(a1398) □ LL *dissolūtīvus*: ⇨ ↑, -ive〗

dis·solv·a·ble /dɪzɑ́(ː)lvəbl, -zɔ́(ː)lv- | dɪzɔ́lv-, -zɔ̀ulv-/ adj. 1 分解できる. 2 解散[解除]できる, 解消できる. **dis·solv·a·bil·i·ty** /dɪzɑ̀(ː)lvəbíləti, -zɔ̀(ː)lv- | dɪzɔ̀lvəbílɪti, -zɔ̀ulv-/ n. **～·ness** n. 〖(1541) ← DISSOLVE+-ABLE〗

dis·solve /dɪzɑ́(ː)lv, -zɔ́(ː)lv, -zɑ́ːv, -zɔ́ːv | dɪzɔ́lv/ vt. 1 溶かす, 融解させる (⇨ melt SYN): ～ sugar *in* hot water 砂糖を湯に溶かす / be ～*d in* tears さめざめと泣く, 泣きくずれる / ～ itself *into* … 溶けて…となる, 結局…に帰する. 2 〈議会・会社などを〉解散する (break up) (cf. convoke 2): ～ partnership 組合を解散する / ～ the Cabinet 内閣を解散させる. 3 〈契約・束縛などを〉解く, 解除する (undo); 〈婚約などを〉解消する, 取り消す (cancel); 〈関係などを〉終了させる: ～ one's marriage. 4 〈物質・物体などを〉(要素・部分などに)分解する[させる] (disintegrate). 5 〈童貞などを〉なくする; 〈魔力などを〉破る, 解く; 〈希望などを〉失わせる, 〈気力などを〉くずす. 6 〈なぞを〉解き明かす, 解明する, 解決する: ～ a mystery. 7 〖法律〗無効にする, 廃棄する (annul), 取り消す. 8 〖映画・テレビ〗〈画面を〉ディゾルブにする: ～ a picture *into* another.
── vi. 1 溶ける, 溶解する; 崩壊する: ～ *to* water 溶けて水になる / ～ *in* water 水に溶ける / ～ *into* tears=be ～*d in* tears (⇨ vt. 1) / His lifetime's work ～*d into* nothingness. 彼の一生をかけた仕事が無に帰してしまった / Earlier agreements ～*d into* warfare within days. 前に結んだ協定が日を経ずして崩壊し, 戦争となった / Certainty ～*d into* uncertainty. 確実だと思われたことが怪しくなって不確実になった. 2 〈議会などが〉解散になる. 3 〈契約・結婚などが〉解消する. 4 〈幻影・恐れなどが〉次第に消失する, 薄れていく (fade away); 力を失う, 弱くなる, 〈気力などが〉くずれる. 5 分解する: ～ *into* … に分解する, 分解して…になる. 6 〖映画・テレビ〗〈画面が〉ディゾルブになる.
── n. 〖映画・テレビ〗ディゾルブ《画面がだんだん暗くなって消えていくと同時に, 次の画面が重なってだんだん現れてくる場面転換法》, オーバーラップ.
dis·sólv·er n. 〖(c1380) □ L *dissolvere* to loosen ← DIS-¹+*solvere* to loosen (⇨ solve)〗

dis·sólved gás n. 油溶性ガス《原油に溶解して存在する天然ガス》.

dis·sol·vent /dɪzɑ́(ː)lvənt, -zɔ́(ː)l- | dɪzɔ́l-, -sɔ́l-/ adj., n. =solvent. 〖(1646) □ L *dissolventem*: ⇨ ↑, -ent〗

dis·sólv·ing víew n. 〖映画〗二重写しの状態の映像 (cf. overlap). 〖1846〗

dis·so·nance /dísənəns, -sn-/ n. 1 〖音楽〗不協和; 不協和音 (cf. consonance). 2 不調和な音. 3 不一致, 不調和, 不和. 〖(?a1425) □ (O)F ～ ∥ LL *dissonantia*: ⇨ dissonant, -ance〗

dís·so·nan·cy /-nənsi/ n. =dissonance.

dis·so·nant /dísənənt, -sn-/ adj. 1 〖音楽〗不協和(音)の (cf. consonant 3). 2 〈音が〉不調和な (discordant). 3 〔…と〕調和しない, 非協和的な, 相いれない〔from, to〕. **～·ly** adv. 〖(?a1425) □ (O)F ～ ∥ L *dissonāntem* (pres.p.) ← *dissonāre* to disagree in sound: ⇨ dis-¹, sonant〗

dis·spir·it /dɪ(s)spírɪt, -rət/ vt. =dispirit.

dis·spread /dɪspréd | dɪ-/ v. (～) =dispread.

dis·suade /dɪswéɪd | dɪ-/ vt. 1 〔…しない方がいいと〕〈人に〉忠告する, 説いて〔…を〕思い切らせる, 説いて〔…から〕転向させる〔from〕(cf. persuade): ～ a person *from* (*making*) an attempt 人を説いてその企てを(することを)思い切らせる / be ～*d from* … 説かれて…をやめる気になる. 2 《廃・古》〈行動などを〉望ましくないと言う: ～ an action / His friends anxiously ～*d* a journey so full of peril. 友人たちは心配してそんな危険な旅はよしたほうがよいと言った.
dis·suád·a·ble /-dəbl/ adj. **dis·suád·er** /-də | -də(r)/ n. 〖(c1485) □ (O)F *dissuader* ∥ L *dissuādēre* to advise against ← DIS-¹+*suādēre* to persuade〗

dis·sua·sion /dɪswéɪʒən | dɪ-/ n. 思いとどまらせること, 忠告, 諫止(かんし). 〖(a1420) □ (O)F ～ ∥ L *dissuāsiō(n-)* ← *dissuāsus* (p.p.) ← *dissuādēre* (↑): ⇨ -sion〗

dis·sua·sive /dɪswéɪsɪv, -zɪv | dɪ-/ adj. 〔…を〕思いとどまらせる, 制止的な〔of〕: ～ advice / be ～ *of* …を制止する[止める]. **～·ly** adv. **～·ness** n. 〖(1609) □ L *dissuāsivus*〗

dis·syl·lab·ic /dàɪsɪlǽbɪk, dìs-⁻/ adj. =disyllabic.

dis·syl·la·ble /daɪsíləbl, dìs-, ⁻⁻⁻⁻/ n. =disyllable.

dis·sym·met·ric /dì(s)sɪmétrɪk | -sɪ-⁻/ adj. =dissymmetrical.

dis·sym·met·ri·cal /dì(s)sɪmétrɪkəl, -kl | -trɪ-⁻/ adj. 1 不釣り合いの, 不均整の. 2 反対[左右]対称の. **～·ly** /-k(ə)li/ adv. 〖(1867) ← DIS-¹+SYMMETRICAL〗

dissymmetrical nétwork n. 〖電気〗非対称回路網.

dis·sym·me·try /dì(s)símətri, dɪ(s)- | -ɪtri, -mɪ-/ n. 1 不釣り合い, 不均整. 2 反対[左右]対称《左右の手のように形状が同様で向きが反対》. 〖(1845) ← DIS-¹+SYMMETRY〗

dist. 《略》distance; distant; distilled; distinguish; distinguished; district.

dist- /dɪst/ (母音の前にくるときの) disto- の異形.

dis·taff /dístæf | -tɑːf/ n. (pl. ~s) 1 〘紡織〙糸巻棒[竿]《昔この棒に羊毛や亜麻をからみ付けて指で糸を操った》; 糸車に取り付けた同様の棒. 2 [the ~] (昔の女性の代表的な仕事としての)糸紡ぎ, 女性の仕事, 女性の分野. 3 《古》[the ~; 集合的] 女性 (the female sex). — adj. 女性の[に関する]; (特に, 家系の)母方の(出の): ~ athletes 女性選手 / cooking, sewing, and such ~ matters 料理, 裁縫およびそうした女性の領分に関すること / ⇨ distaff side. 〖OE *distæf* ← *dis-* (cf. LG *diesse* bunch of flax on a distaff: ⇨ dizen)+*stæf* 'STAFF¹'〗

distaff 1
1 distaff
2 spindle

dístaff sìde n. [the ~] (家の)母方, 母系 (maternal side) (cf. spear side): on the ~ 母方の[で]. 〖1890〗

dis·tain /dɪ̀stéɪn | dɪs-/ vt. 1 《古》変色させる (discolor), よごす (stain). 2 …の名誉を汚す[顔に泥を塗る], 辱める. 〖(c1386) *disteine(n)* ← OF *desteign-* (stem) ← *desteindre* to take away color < VL **distingere* ← DIS-¹+L *tingere* 'to TINGE'〗

dis·tal /dístḷ/ adj. 1 遠位的な. 2 〘解剖〙遠位の, 末端の, より末梢(部)の (cf. proximal). 3 〘歯科〙遠心の (cf. mesial 2). **~·ly** adv. 〖(1808) ← DIST(ANT)+-AL¹〗

dístal cónvoluted túbule n. 〘解剖〙遠位曲尿細管. 〖c1901〗

dis·tance /dístəns, -tənts, -tṇs, -tṇts/ n. 1 a 距離, 隔たり, 道のり: What is the ~ [What ~ is it] *from* here *to* Aomori? b 〘米陸軍〙(前後の)距離《隊形内における人員・車両・動物または部隊間の前後の空間をいう; cf. interval 5》; 〘米海軍〙距離《隣接した個々の艦艇の前檣(ぜんしょう)と前檣の間の空間で, 方向は問わない》. c (特に一望のもとに見渡せる)広がり (expanse): a country of great ~s 広大な土地のある国. 2 かなり[非常に]離れた隔たり, 遠隔, 遠方(の地点): a good ~ *off* かなりの遠方に[で] / Her husband is a great ~ *away*. 彼女の夫は遠く離れた所にいる / The office is quite a ~ *from* here. 役所はここから相当遠方にある / It is some ~ [no ~ at all]. ちょっと遠い[すぐ近くにある] / *at* a ~ (of …) (*from* …) (…だけ)(…から)かなり[やや]離れて / Keep *at* a ~! 近寄るな (cf. 3) / *at* a safe ~ 離れて安全な所に / *in* [*into*] the ~ 遠くに, はるかかなたに, 遠方に (far away) / be *within* striking [hailing, shouting, speaking, walking] ~ of …から打てば手が当たる[呼べば聞こえる, 叫べば聞こえる, 話のできる, 歩いて行ける]ところにある / I just saw her *from* a ~. ちょっと遠くから彼女を見ただけだ / 'Tis ~ lends enchantment to the view. 遠くから見れば景色は魅力的となる (Campbell, *Pleasures of Hope*). 3 隔て, 隔意, 疎遠, 遠慮, よそよそしさ: keep a person *at* a ~ (よそよそしくして)人を遠ざける / He is usually kept *at* a respectful ~. 彼はふだん敬遠されている / keep *at* a ~ 遠慮する, なれなれしく(近づこうと)しない (cf. 2) / He ignored the ~ she had placed between them. 彼女のとったよそよそしい態度を気にもかけなかった. 4 (時間の)間隔 (interval); 遠く隔たった時点: *at* a (great) ~ of [in] time 時を(遠く)隔てて / *At* this ~ we cannot tell what sort of life Neanderthal man led. (こう長い時間を隔てた)今日ではネアンデルタール人がどんな生活をしたか知りえない / I can look back at those things *from* a great ~. 長い歳月を隔てた今, あのころの事を振り返って見ることができる. 5 a (二段階間の)進歩の程度: They have come a long ~ since then. 彼らはその後長足の進歩を遂げた. b 懸隔, (非常な)相違: the social ~ *between* these two men この二人の男の間の社会的な隔たり. c (血縁・身分・位階などの)隔たり, 遠さ: know one's ~ 身のほどを知る. 6 a 走路, コース (course): a ~ of five furlongs 5 ファーロングのコース. b 〘競馬〙ゴールからの一定距離《通例 240 ヤードでここに旗または走程標の棒 (distance pole) を立てる; 予選で勝ち馬がゴールに着く前にこの地点に達しない馬は失格》. c 《英》(20 馬身以上の)大差. d ゴールの 240 ヤード手前の地点. 7 (絵画の)遠見, 遠景 (perspective): the extreme ~ 最遠景 / the middle ~ 中景. 8 〘数学〙距離《平面上の 2 点間の距離の概念を一般の集合の上へ拡張したもの》. 9 〘音楽〙音程 (interval)《2 音間の音高のへだたり》. 10 《廃》不和, 仲たがい (discord).

gó* [*lást*] *the* (*fúll*) *dístance 最後までやり抜く; 〘野球〙〈投手が〉完投する; 〘ボクシング〙最終ラウンドまで戦い抜く.

kéep one's dístance (1) 常に隔てを設ける, 遠慮して[よそよそしくして]いる (cf. 3). (2) 〈護衛車などが〉一定の間隔を保って進む. 〖1624〗

— vt. 1 (精神的に・気持ちの上で)距離を置く; 遠くに隔てる[出現させる], 〔…から〕遠のける 〔*from*〕: ~ oneself *from* …に近寄らない / We don't like *distancing* ourselves *from* our staff. スタッフと距離を置くことは好きでない. 2 (競走・競争で)〈相手を〉抜く, 追い越す, (はるか)後ろに引き離す; …に先んずる, (はるかに)出し抜く (★ outdistance のほうが普通).

〖(?a1300) □ (O)F ~ □ L *distantia*: ⇨ distant, -ance〗

dístance lèarning n. 通信教育《郵便・放送・パソコン通信などにより遠隔地居住者が学習する》. 〖1972〗

dístance màde góod n. 〘海事〙直航航程《ある時刻以後次のある時刻まで船がいろいろな針路で走った場合, 最初の位置から最後の位置まで直線的に走ったものとして求めた航走距離》.

dístance mèdley n. 〘競技〙ディスタンスメドレー《第一走者 440 ヤード, 第二走者 880 ヤード, 第三走者 1320 ヤード, 第四走者は 1760 ヤードを走る競技》.

dístance pòle [《英》**pòst**] n. 〘競馬〙走程標, ハロン棒 (cf. distance 6 b).

dístance recèptor n. 〘生理〙(遠くからの刺激に反応する目・耳などの)遠隔受容器. 〖1906〗

dístance rùnner n. 長距離走者.

dístance sìgnal n. 〘海事〙遠距離信号《球形・円筒形・円錐形の物体を上下いろいろに組み合わせて行う遠距離用の信号, 風の状況などで信号旗が有効でない場合に使う形象信号》. 〖1874〗

dis·tant /dístənt, -tṇt/ adj. 1 a (距離が)遠い, 遠くの, 遠方の (remote): a (far) ~ country 遠くの国 / a ~ view 遠景. b 遠くに及ぶ, 遠くのものに向けられた; ぼんやりした, 夢見るような (dreamy): ~ thoughts 遠い思い / a ~ look in the eye 夢見るような目付き. c 遠方からの[への]: a ~ sound 遠くから聞こえる物音. 2 (時間が)遠い; (時間的に)間遠の; 遠い昔への: ~ ages 遠い昔 / at no ~ date 遠からず, そのうちに / a ~ recollection [memory] 遠い昔の思い出 / in the not too ~ future そう遠くない将来に / The trial was eight days ~. 公判は 8 日後に予定されていた. 3 〈類似の度合・関係など〉遠い, 薄い, かすかな (faint); 遠縁の; (質的に)異なる (different): a ~ resemblance かすかな類似 / a ~ relative [cousin] 遠い親類 / make a ~ allusion 遠回しにほのめかす. 4 〈態度など〉隔てのある, よそよそしい, 冷やかな, 隔意のある (reserved): a ~ air [nod] よそよそしいそぶり[会釈] / with (a) ~ politeness 丁重ではあるがよそよそしく / Don't be so ~ *with* [*toward*] me! そうよそよそしくしないでくれ. 5 a 距離が…ある, (…の距離)離れて (away): a village 10 miles ~ *from* here ここから 10 マイル離れた村 / We saw a milestone about two miles ~ *from* the hut. 小屋から約 2 マイル離れた所に里程標を見た. b [複数名詞を伴って] 離れ離れにある, 間のあいた, 不揃いの: a grove of ~ trees まばらな木立. **~·ness** n. 〖(1391) □ (O)F ~ // L *distantem* (pres.p.) ← *distāre* to stand apart ← DIS-¹+*stāre* 'to STAND'〗

SYN 1 遠い: **distant** 時間的・空間的に著しく離れている: a *distant* city 遠い町 / *distant* ages 遠い昔. **far** 空間的・時間的に遠く離れている《*distant* よりも文語的》: a *far* country 遠い国 / the *far* past 遠い過去. **remote** 特定の参照点から時間的・空間的・関係的に遠く隔たっている: His house lies *remote* from the town. 彼の家は町から遠いところにある / the *remote* future 遠い未来. **faraway, far-off** (特に時間的に)著しく遠い: a *faraway* hill 遠くの丘 / *far-off* things 遠い昔の事ども.

ANT near, close.

2 …の距離がある: 上記の語の中では疑問文で **far**, 肯定文で **distant** しか使わない: How *far* is the station? 駅までどれくらいありますか / The city lies ten miles *distant* from here. その町はここから 10 マイルのところにある.

---

dístant blóck sìgnal n. 〘鉄道〙=distant signal.

dístant éarly wárning n. 《米》遠距離早期警報《ミサイル攻撃に備えるレーダー探知システム; cf. DEW line》. 〖1955〗

dis·tan·ti·ate /dɪstǽnʃièɪt/ vt. (感情的・知的に)遠ざける, …に距離をおく. **dis·tan·ti·a·tion** /dɪstæ̀nʃiéɪʃən/ n. 〖((1610)) (c1945) ← L *distantia* 'distance'+-ATE³〗

dístant·ly adv. 1 遠く(隔たって, 離れて), 遠くに, はるか(遠方)に. 2 よそよそしく, 冷淡に. 3 かすかに, 遠回しに; 遠縁に: be ~ related 遠縁にあたる. 〖(1675): ⇨ -ly¹〗

dístant sìgnal n. 〘鉄道〙遠方信号機《場内信号機 (home signal) などに従属してその外方で主体の信号機の現示を予告するもの》. 〖1820〗

dis·taste /dɪ̀stéɪst, dɪs- | dɪs-, dɪs-/ n. [通例 a ~] 食べ物[飲み物]を嫌うこと; 嫌い, 嫌け (dislike): have a ~ *for* fish [music] 魚[音楽]が嫌いだ / He replied with ~. 彼は吐いて棄てるように[言うのも嫌だというふうに]答えた. — vt. 1 《廃》嫌う (dislike). 2 《古》不快にする (displease), 嫌わせる (offend). 3 《廃》…の味をそこなう, 味を悪くする. — vi. 《古》まずい, いやな味がする. 〖(1586) ← DIS-¹+TASTE (v.): cf. It. *disgusto* & OF *desgoust*〗

dis·taste·ful /dɪ̀stéɪstfəl, -fḷ, dɪs- | dɪs-, dɪs-/ adj. 1 (味が)まずい. 2 〈物・事が〉嫌な (offensive): Work is ~ *to* him. 仕事嫌いの男だ. **~·ly** /-f(ə)li, -fḷi/ adv. **~·ness** n. 〖(1607): ⇨ ↑, -ful¹〗

Dist. Atty 《略》District Attorney (⇨ DA).

dis·tel·fink /dístḷfɪŋk, díʃ-/ n. 〘図案〙ディステルフィンク《装飾モチーフの一つ; ペンシルバニアダッチ (Pennsylvania Dutch) の伝統的な模様に見られる様式化した鳥の形のデザイン》. 〖(1939) □ Pennsylvania-Du. *dischdelfink*《原義》goldfinch □ G *Distelfink* ← *Distel* 'THISTLE'+*Fink* 'FINCH'〗

dis·tem·per¹ /dɪ̀stémpə | dɪstémpə(r)/ n. 1 〘獣医〙a ジステンパー《幼犬がかかりやすい急性伝染病》; (馬の)腺疫(せんえき) (strangles). b =panleucopenia. 2 (精神・肉体の)異状, 不調, 不健全, 病; 不機嫌. 3 《古》(社会の)不安, 不穏, 騒乱. — vt. 1 [通例 p.p. 形で] 《古》病的にする, 〈人〉の(心身の)調子を狂わせる: a ~*ed* fancy 病的空想. 2 《古》不機嫌にする, いらだたせる. **dis·tem·per·ate** /dɪ̀stémp(ə)rɪ̀t | dɪs-/ adj. 〖(c1390) □ OF *destemprer* (F *détremper*) < LL *distemperāre* ← DIS-¹+L *temperāre* 'to TEMPER'〗

dis·tem·per² /dɪ̀stémpə | dɪstémpə(r)/ n. 〘絵画〙1 ディステンパー, デトランプ, 泥絵の具, にかわ絵の具《にかわや卵の黄身(時には白身)で溶かして舞台の書割りなどに用いる》. 2 a ディステンパー画法; 《古》テンペラ画法. b ディステンパー画. 3 《英》水性塗料 (calcimine)《壁・天井用のペンキ》. — vt. 1 〈絵の具を〉溶いてディステンパー[泥絵の具]を作る; ディステンパーで描く: ~ colors ディステンパー[泥絵の具]を溶く. 2 《英》〈天井・壁〉に水性塗料を塗る. 3 《古》薄める; 浸す, つける. 〖v.: (a1398) □ OF *destemprer* // LL *distemperāre* (↑) — n.: (1632) ← (v.)〗

dis·tem·per·a·ture /dɪ̀stémpətʃə, -pə-, -p(ə)rə-, -tʃùə | dɪstémp(ə)rɪ̀tʃə(r)/ n. 《古》1 (精神・肉体の)病的状態 (distempered condition). 2 (天候の)不順. 〖(1531) □ ML **distemperātūra* // DIS-¹+TEMPERATURE〗

dis·tém·pered adj. 不機嫌な, 気持ちの乱れた. 〖(a1398) ← DISTEMPER¹+-ED〗

dis·tem·per·oid /dɪ̀stémpərɔ̀ɪd | dɪs-/ adj. 〘獣医〙弱毒ジステンパーウイルスの.

dis·tend /dɪ̀sténd/ vt. (張り)広げる, 拡張させる; ふくらませる, 膨張させる. — vi. 広がる, 膨張する (swell out). **~·er** n. 〖(a1400) □ L *distendere*: ⇨ dis-¹, tend¹〗

dis·ténd·ed adj. 〘医学〙ふくらんだ.

dis·ten·si·bil·i·ty /dɪ̀stènsəbíləti | -sɪ̀bílɪ̀ti/ n. 膨張性. 〖(1757): ⇨ ↓, -ity〗

dis·ten·si·ble /dɪ̀sténsəbḷ | -sɪ̀-/ adj. 膨張させられる, 膨張性の. 〖(1828) ← L *distensus* ((p.p.) ← *distendere* 'to DISTEND')+-IBLE〗

dis·ten·sion /dɪ̀sténʃən/ n. =distention. 〖(?a1425): ⇨ distend, -sion〗

dis·tent /dɪ̀stént/ adj. 《廃・詩》膨張した. 〖(1590) □ L *distentus* (p.p.) ← *distendere*: ⇨ distend〗

dis·ten·tion /dɪ̀sténʃən/ n. 膨張(作用); 膨張状態 (expansion); 〘病理〙拡延, 拡張; 膨満. 〖(1607) □ L *distentiō(n-)* ← *distentus* (↑)〗

dis·ti- /dísti, -ti/ disto- の異形 (⇨ -i-).

dis·tich /dístɪk/ n. 〘詩学〙連句, 対句 (couplet). **dís·ti·chal** /-tɪ̀kəl, -kḷ | -tɪ-/ adj. 〖(1553) □ L *distichon* □ Gk *dístikhon* (verse) consisting of two lines (neut. adj.) ← DI-¹+*stíkhos* row: ⇨ di-¹, stich¹〗

dis·ti·chous /dístɪ̀kəs | -tɪ-/ adj. 1 〘植物〙二列生の《互生葉の開度が 180° であることなど》. 2 〘昆虫〙二分した《触角などが二部分に分かれた》. **~·ly** adv. 〖(1753) ← L *distichus* of two rows (□ Gk *dístikhos* (↑))+-OUS〗

dis·til /dɪ̀stíl/ v. (**dis·tilled; dis·till·ing**) =distill.

dis·till /dɪ̀stíl/ vt. 1 〈液体を〉蒸留する; 蒸留して〈アルコール・香油などを〉抽出する 〈*off, out*〉: ~ fresh water *from* sea water 蒸留法によって海水から淡水を採る / ⇨ distilled water. 2 抽出する, …の粋を抜く; 〔…から〕引き出す, 学び取る 〔*from, out of*〕: ~ wisdom *from* a person's writings / ~ the meaning of a poem 詩の真の意味を引き出す. 3 したたらせる, 降らせる, 滴下する. 4 a 蒸留法で〈ウイスキー・香水などを〉製造する; 蒸留作用で〔…に〕化する 〔*into*〕. b 〈不純物などを〉蒸留して取り除く 〈*off, out*〉: ~ *off* the impurities. 5 放散する (give forth). 6 (不純なものを除いて)純化する (purify), 洗練する, 磨く: ~ one's style. — vi. 1 したたり落ちる, 滴下する; しみ出る, にじみ出る. 2 a 蒸留作用を受ける. b 蒸留器 (still) から)蒸留物となって落ちる[凝結する]; エキスとして作られる. 〖(?c1378) □ (O)F *distiller* // L *distillāre*=*dēstillāre* to drip ← DE-¹+*stillāre* to drop (← *stilla* drop)〗

dis·till·a·ble /dɪ̀stíləbḷ/ adj. 蒸留できる. 〖(1611): ⇨ ↑, -able〗

dis·til·land /dístəlæ̀nd, -tḷ-, ⏑–⏑ | -tɪl-/ n. 〘化学〙蒸留物《蒸留されるまたは蒸留中の物質; cf. distillate》. 〖□ L *distillandum* (neut.) ← *distillandus* (gerundive) ← *distillāre* 'to DISTILL'〗

dis·til·late /dístəlɪ̀t, -lèɪt, -tḷ- | -tɪ̀l-, -tḷ-/ n. 1 〘化学〙留出物, 蒸留液 (cf. distilland): the ~ from molasses. 2 抽出物 (extract); 粋 (refined essence). 〖(c1859) ← DISTILL+-ATE¹〗

dis·til·la·tion /dìstəléɪʃən, -tḷ- | -tɪ̀l-, -tḷ-/ n. 1 蒸留(作用), 蒸留法: fractional ~ 〘化学〙分留《沸騰点の異なる 2 種以上の混合液体の分離法》/ ⇨ destructive distillation, dry distillation. 2 蒸留物, 蒸留液. 3 =distillate 2. 〖(a1393) □ L *distillātiō(n-)*: ⇨ distill, -ation〗

dis·til·la·to·ry /dɪ̀stílətɔ̀ːri | -təri, -tri/ adj. 蒸留の, 蒸留用の. 〖(1576): ⇨ distill, -atory〗

dis·tílled n. 蒸留した. 〖(c1460–70): ⇨ -ed〗

distílled líquor n. 蒸留酒, 火酒《brandy, whiskey, rum, gin など; hard liquor ともいう》.

distílled wáter n. 蒸留水. 〖1502〗

dis·tíll·er /-lə | -lə(r)/ n. 1 蒸留者; (特に)アルコール蒸留業者, 酒造家: a whiskey ~ ウイスキー製造業者. 2 蒸留器; (蒸留装置の)凝結器. 〖(1577): ⇨ -er¹〗

dis·till·er·y /dɪ̀stíləri, -tíḷri | -tíləri/ n. 1 (特に, ウイスキー・ジンなどの)蒸留酒製造場 (cf. brewery). 2 《古》蒸留. 〖(1677) ← DISTILL+-ERY〗

dis·till·ing /-lɪŋ/ n. 蒸留; 蒸留酒製造業. 〖(1527): ⇨ -ing¹〗

dis·till·ment n. (also **dis·tíl·ment**) 《古》=distillation. 〖1600–01〗

dis·tinct /dɪ̀stíŋ(k)t/ adj. (**more ~, most ~; ~·er, ~·est**) 1 他とまったく別な, 別個の, 独特な; 〔…と〕(性質・種類などが)異なる 〔*from*〕 (⇨ different SYN): a man of ~ personality 独特な個性をもった人 / These two things are quite [very] ~ (*from* each other). これら二つの物は

全く別物だ. **2 a** はっきりした, 明瞭な, 明確な, 紛れもない (↔ vague): a ～ pronunciation / a ～ foreign accent 紛れもない外国なまり / a ～ difference 明確な差異 / There is a ～ improvement in his health. 彼の健康が目立ってよくなってきた / a ～ smell of garlic 紛れもないニンニクの臭い / There's a ～ possibility of her winning. 彼女が勝つことは確かだ. **b** 〖哲学〗判明な: clear and ～ 明晰判明な. **3** 著しい, 異常な, 珍しい, めったにない. **4** 〖数学・論理〗(一対の実体が)数的に同値でない. **5** 〖植物〗(器官が)離れている, 分離している. **6** 〖古詩〗(特別に)飾られた; 雑色の (variegated).

D

as distinct from はっきり異なって, 対照的に: Whales, *as* ～ *from* fish, are mammals. 鯨は魚とははっきり違って哺乳類である.

〖(*c*1390) *distincte* □ (O)F ～ // L *distinctus* (p.p.) ← *distinguere* 'to DISTINGUISH'〗

dis·tinc·tion /dɪstíŋ(k)ʃən/ *n.* **1** 区別, 差別, 弁別; 区別立て[づけ] (discrimination); 〔…との, …の間の〕差違〔*from, between*〕(⇨ difference SYN): class ～*s* 階級差別 / a ～ without a difference 差違のない区別, 無用の区別立て / treat everyone without ～ (of race, creed) 人々を(人種, 信条にかかわらず)無差別[平等]に取り扱う / in ～ *from* …と区別して / draw a ～ *between* A *and* B AとBとの間に区別を設ける / make no ～ *between* the two of them 両者の間に区別[差別]をつけない. **2** (精神・態度・性格などの)優秀性, 傑出, 非凡, 卓越 (excellence); 著名, 高貴 (eminence); 目立つ出現: a person possessing great ～ of manner 態度の極めて立派な人 / a writer of ～ 非凡[著名]な作家 / rise to ～ 名を揚げる, 有名になる. **3** (殊勲に報いる)殊遇, 栄誉; 栄誉のしるし, 称号, 勲章: award a ～ 栄誉[殊遇]を授ける / gain [get] a ～ 殊勲を立てる, 名を揚げる / graduate with ～ 優等で卒業する / be loaded with ～*s* 担いきれないほどの栄誉を一身に担う / The U.S.A. had the ～ of being the first country to send a man to the moon. アメリカ合衆国は最初に人類を月に送りこんだ国という栄誉を担った. **4** (区別となる)特質, 特徴, 特異性, 個性: the chief ～ of Japanese poetry 日本詩歌の主要な特色. **5** 殊勲, 殊功: serve with ～ 殊勲を立てる / pass with ～ 立派な成績で合格する. **6** 〖テレビ〗鮮明度. **7** 《廃》分割 (division); 部分 (section). **～·less** *n.* 〖(?*a*1200) *distinccioun, destinctiun* □ (O)F *distinction* □ L *distinctiō(n-)* ← *distinctus* (↑): ⇨ -TION〗

dis·tinc·tive /dɪstíŋ(k)tɪv/ *adj.* **1** 区別的な, (判然とした)区別のある, 示差的な. **2** 〔…に〕独特の, 特殊の, 特色ある〔*of*〕(⇨ characteristic SYN): a way that is ～ *of* sailors 船乗り特有のやり方. **3** 〖言語・音声〗〈ある音声的特性が〉弁別的な, 示差的な, 意味の違いを示す (↔ nondistinctive). 〖(?*a*1425) □ ML *distinctivus*: ⇨ distinct, -ive〗

distínctive féature *n.* 〖言語・音声〗弁別的素性, 弁別的[示差的]特徴 《ある音素を他の音素から弁別するのに役立つ音声的な性質; 音素 [b] の弁別的特徴は, [d], [g] と弁別するときには唇音性, [p] と弁別するときには有声, [v] と弁別するときには閉鎖, [m] と弁別するときには口音性》: ～ analysis 示差的特徴分析. 〖1927〗

dis·tínc·tive·ly *adv.* 区別的に, 特徴的に, (明白に)他と異なって, 明示的に, はっきりと, 特殊的に, 独特に. 〖(1610): ⇨ -ly¹〗

dis·tínc·tive·ness *n.* 区別性, 差別性, 特殊性. 〖(*a*1679): ⇨ -ness〗

distínctiveness rátio *n.* 〖統計〗弁別比 《特定標本の頻度と母集団における頻度との比》.

dis·tínct·ly /-tíŋ(k)tli, -tíŋkli | -tíŋ(k)tli/ *adv.* **1** (輪郭などが)はっきりと, 明瞭に: pronounce ～. **2** 確かに, 疑いもなく, 断然: That is ～ annoying. そいつは全くうるさい. **3** 《廃》個々に, 別々に. 〖(*c*1384): ⇨ -ly¹〗

dis·tínct·ness *n.* **1** 別であること (separateness), 差別 (difference). **2** 明瞭, 明確さ (precision): state with scientific ～ 科学的明確さをもって述べる. 〖(1654): ⇨ -ness〗

dis·tin·gué /dɪ̀stæŋgéɪ, dɪs-, dɪstǽŋgeɪ | dɪstǽŋgeɪ; *F.* distɛ̃ge/ *F. adj.* (*also* **dis·tin·guée** /～/) 〈態度・容貌・服装・人物など〉高貴な, 気品のある, すぐれた (distinguished). ★ 女性を指すときは distinguée を用いることが多い. 〖(1813) □ F ～ (p.p.) ← *distinguer* 'to DISTINGUISH'〗

dis·tin·guish /dɪstíŋgwɪʃ, -tíŋwɪʃ/ *vt.* [通例 can ～ で] **1** …に〔…との〕区別[差別, 差違]を認める, 〔…と〕見分ける, 区別する〔*from*〕, 〈二者〉の区別を認める: ～ two similar things 二つの類似品を見分ける / ～ gold *from* iron [good *from* evil] 金と鉄[善と悪]とを見分ける. **2** 判然と認める[見分ける, 聞き取る], 識別[弁別]する (⇨ discern SYN): I *cannot* ～ a distant object. 遠くのものがはっきり見えない / I could ～ a sail on the horizon. 水平線に帆船が見えた. **3** 〈特徴などが〉〔…と〕…の区別となる〔*from*〕; 〈性質が〉〈人など〉の特色を示す: the geniality that ～*es* him 彼の特徴である温情 / Color alone ～*es* A *from* B. 色だけがAとBの区別となる, AとBの区別は色だけ. **4** [通例 ～ oneself または受身で] (何らかの点で)目立たせる, 抜きんでさせる, 顕著にする: ～ *oneself by* scholarship 学問で有名になる[名を揚げる] / ～ *oneself by* bravery 武勲を立てる / be ～*ed for* one's virtues [vices] 高徳の誉れが高い[悪名が高い] / She ～*ed herself as* a scholar. 学者として頭角を現した. **5** 区分する, 〔…に〕分類する〔*into*〕. **— *vi.*** 〔二者の〕区別を立てる, 弁別する〔*between*〕: ～ *between* gold and copper 金と銅とを弁別する.

as distinguished from …と区別して(の): Whales, *as distinguished from* fish, are mammals. 鯨は魚と違って哺乳類である.

～·er *n.* 〖(1561) □ (O)F *distinguiss-* (stem) ← *distinguer* □ L *distinguere* to distinguish ← DIS-¹ + *stinguere* to quench (← IE **steig-* 'to STICK'): ⇨ -ish²: cf. extinguish〗

SYN 識別する: **distinguish** ある特徴によって〈ある物を〉他から識別する: I cannot *distinguish* between the twins. あの双子は見分けがつかない. **discriminate** 似通ったものの間の微細な差異を識別する: *discriminate* true from false modesty 真の謙遜と偽りの謙遜とを区別する. **differentiate** 特徴を詳細に比較して, 紛らわしい物の間の特殊な差異を見分ける: *differentiate* between real pearls from imitations 本物と偽物の真珠を見分ける. **ANT** confound, confuse.

---

dis·tín·guish·a·ble /dɪstíŋgwɪʃəbl, -tíŋwɪʃ-/ *adj.* **1** 区別できる〔*from*〕: scarcely ～ words なんと言っているのかほとんどわからない言葉. **2** (はっきりと)見分けのつく.

dis·tìn·guish·a·bíl·i·ty /-bíləṭi | -lɪ̀ti/ *n.* 〖(1597): ⇨ ↑, -able〗

dis·tín·guish·a·bly /-bli/ *adv.* 区別できるように; はっきりと認められるように. 〖(1704): ⇨ ↑, -ly¹〗

dis·tin·guished /dɪstíŋgwɪʃt, -tíŋwɪʃt/ *adj.* **1** 顕著な, きわ立ってすぐれた, 抜群の (eminent); 名高い, 著名な〔*as, for*〕(⇨ famous SYN); 殊勲のある: a ～ statesman 著名な政治家 / a ～ school 名門校 / ～ visitors 貴賓 / ～ services 殊勲. **2** = distingué. 〖(1609): ⇨ -ed〗

Distínguished Cónduct Mèdal *n.* 〖英陸軍〗功労章 《地上作戦における格別な功績に対して与えられる; 略 DCM》. 〖1862〗

Distínguished Flýing Cròss *n.* 〖米空軍・英空軍〗空軍殊勲十字章 《勲章順位は米軍で第6位, 英軍で第1位; 略 DFC; cf. Air Force Cross》. 〖1918〗

Distínguished Flýing Mèdal *n.* 〖英空軍〗空軍殊勲章 《下士官兵に与えられる; 略 DFM》. 〖1918〗

Distínguished Sérvice Cròss *n.* 〖米陸軍・英軍〗(青銅の)殊勲十字章 《敵に対する作戦において非常に英雄的行動があったことを示す; 略 DSC》. 〖1914〗

Distínguished Sérvice Mèdal *n.* 〖米軍〗殊勲章 《重い責任を伴う任務における功績に対して与えられる; 略 DSM》; 〖英海軍〗殊勲章 《海軍・海兵隊下士官兵の殊勲に対して与えられる; 略 DSM》. 〖1914〗

Distínguished Sérvice Òrder *n.* 〖英軍〗殊勲章 《戦闘での殊勲に対して与えられる; 略 DSO》. 〖1886〗

dis·tín·guish·ing *adj.* 際立って特徴的な, 特色のある (distinctive): a ～ characteristic 著しい特性. **～·ly** *adv.* 〖(1670): ⇨ -ing²〗

dis·tín·guish·ment *n.* 《まれ》= distinction. 〖1586〗

distn. 《略》distillation.

dis·to- /dístoʊ | -təʊ/「末端の (distal)」の意の連結形 (↔ proximo-). ★ 時に disti-, また母音の前では通例 dist- になる. 〖← DISTANT: ⇨ -o-〗

dis·to·ma /dístəmə | -tə(ʊ)-/ *n.* 〖動物〗二生吸虫, ジストマ 《雌雄同体の吸虫類; 体の前端と腹面とにおのおの1個の吸盤があり, これを口と間違えてジストマ(二つの口をもつ虫)と名づけた》. 〖(1851-60) ← NL ～: ⇨ di-¹, -stoma¹〗

di·sto·ma·to·sis /daɪstòʊmətóʊsɪ̀s | -stəʊmətóʊsɪs/ *n.* (*pl.* **-to·ses** /-siːz/) 〖病理・獣医〗ジストマ症, 吸虫症 (fluke infestation). 〖(1892) ← NL ～ ← *Distomata* (⇨ di-¹, stomato-, -a²) + -OSIS〗

di·stome /dáɪstoʊm | -stəʊm/ *adj., n.* 〖動物〗二生吸虫類の(吸虫). 〖(1876) ← DI-¹ + -STOME〗

di·sto·mi·a·sis /dàɪstoʊmáɪəsɪ̀s | -stə(ʊ)máɪəsɪs/ *n.* (*pl.* **-a·ses** /-siːz/) 〖病理・獣医〗= distomatosis. 〖(1892): ⇨ distoma, -iasis〗

dis·tort /dɪstɔ́ət | -tɔ́ːt/ *vt.* **1** 〈事実・真理などを〉曲げる, ゆがめる; 〈意味を〉曲解する (pervert): ～ the fact / ～ his suggestion 彼の提案を曲解する. **2** 〈自然の形を〉ゆがめる, ねじる (⇨ deform SYN): a mirror which ～*s* the features 顔がゆがんで映る鏡 / a face ～*ed* by [with] pain 苦痛でゆがんだ顔. **3** 〈ラジオ・テレビ・映写機などが〉〈音・映像などを〉歪(ゆが)ませる. **～·er** /-tə | -tə^r/ *n.* **dis·tór·tive** /-tɪv | -tɪv/ *adj.* 〖(*c*1586) ← L *distortus* (p.p.) ← *distorquēre* ← DIS-¹ + *torquēre* to twist: ⇨ tort〗

dis·tórt·ed /-tɪ̀d | -tɪd/ *adj.* ゆがめられた; 〈音など〉歪(ゆが)んだ: ～ views ゆがめられた見解, 偏見. **～·ness** *n.* 〖(1634): ⇨ ↑, -ed〗

dis·tórt·ed·ly *adv.* ゆがめられて, 曲解して. 〖(*a*1688): ⇨ ↑, -ly¹〗

dis·tor·tion /dɪstɔ́əʃən | -tɔ́ː-/ *n.* **1** 〈事実などの〉歪曲(わいきょく), こじつけ (perversion)〔*of*〕: a ～ *of* the truth / his ～ *of* my statement 私の言葉に対する彼の曲解. **2** ゆがめること; ゆがめられた状態[部分, 話]; ゆがみ, ねじれ: undergo a sudden ～ 〈顔などが〉急にゆがむ. **3 a** ゆがんだ形[像], ゆがめられたもの. **b** 〖写真〗(レンズの作る像の)歪曲 《球面収差の一種, 円の像がたる形や糸巻き形になる》. **c** 〖電子工学〗(音・信号の)歪(ひず)み 《電気装置の非線形性などで信号の忠実な再生ができなくなること; その度合》; (エレキギターの)ディストーション. **d** 〖病理〗歪(ゆが)み 《正常または自然状態からの変異》, (骨格などの)湾曲. **e** 〖精神分析〗歪曲 《夢の中で潜在的思考がそうとはわからないような顕在物に変えられること》. 〖(1581) □ L *distortiō(n-)*: ⇨ distort, -tion〗

dis·tór·tion·al /-ʃnəl, -ʃənl/ *adj.* ゆがんだ, 変形した. 〖(1885): ⇨ ↑, -al¹〗

distórtion fàctor *n.* 〖電気〗歪(ひず)率 《波形の正弦波からのずれの程度を表す量》.

distr. 《略》distribute; distributed; distribution; distributor.

dis·tract /dɪstrǽkt/ *vt.* **1** 〈人・心・注意などを〉〔…から〕散らす, (他に)そらす, まぎらす, 転じる (divert)〔*from*〕(↔ attract); あれこれに〈注意などを〉向けさせる: ～ a person's attention [mind] *from* reading 読書から注意をそらす / Pay attention! Don't get ～*ed*! よく注意して. 気を散らさないように. **2** [主に受身で] **a** (いろいろなことで)〈人・人の心を〉悩ます, 当惑させる, 混乱させる, 気が気でなくする (confuse)〔*with, by, at, over*〕: Her mind *is* ～*ed by* doubts [grief]. 彼女の心は疑惑[悲しみ]のために乱れている[気が狂いそうだ] / be ～*ed over* …のことで気も狂わんばかりである. **b** 《古》…の気を狂わせる, 正気を失わせる (craze). **3** …の退屈をまぎらす, 楽しませる. **4** (意見が合わないで)分裂させる. **— *adj.*** **1** 《古》= distracted. **2** 《廃》別々の, 分離した. **～·i·ble** /-təbl | -tɪbl/ *adj.* **dis·tràct·i·bíl·i·ty** /-təbíləṭi | -tɪbílɪti/ *n.* 〖(v.: *c*1340; adj.: *a*1398) □ L *distractus* pulled asunder (p.p.) ← *distrahere* ← DIS-¹ + *trahere* 'to DRAW': cf. distraught〗

dis·tract·ed /dɪstrǽktɪ̀d/ *adj.* (悲しみ・心配などで)心を取り乱した, 狂気の(ような) (mad): That drove her ～. その事で彼女はすっかり取り乱してしまった. **～·ly** *adv.* **～·ness** *n.* 〖(1592-94): ⇨ ↑, -ed〗

dis·tráct·er *n.* (多項選択式テストの)誤った選択肢.

dis·tráct·ing *adj.* 気を散らす(ような); 気を狂わす[気も狂わん]ばかりの (maddening). **～·ly** *adv.* 〖(1632): ⇨ -ing²〗

dis·trac·tion /dɪstrǽkʃən/ *n.* **1** 気の散ること, 注意が乱れること; 注意を乱すもの: Television is a ～ when we are reading. 読書しているときにはテレビは邪魔になる. **2** 気をまぎらすもの, 気晴らし, 娯楽: Golf is his only ～. / He sought ～ in his work. 彼は仕事に気晴らしを求めた. **3** (狂気のような)心の混乱, 動揺; 乱心, 精神錯乱, 逆上: to ～ うんざりするほど / love a person to ～ 気も狂わんばかりに[熱狂的に]人を恋する / drive a person [be driven] to ～ 狂気にする[なる]; 気が狂いそうにする[なる]. **4** (内部の紛争による)騒乱, 動乱. 〖(1447) □ L *distractiō(n-)*: ⇨ distract, -tion〗

dis·trac·tive /dɪstrǽktɪv/ *adj.* 狂気にする(ような). **～·ly** *adv.* 〖(1633) ← DISTRACT + -IVE〗

dis·tráct·or *n.* = distracter.

dis·train /dɪstréɪn/ 〖法律〗 *vt.* (未払金・賠償金などの取り立て方法として)〈財産を〉差し押える, 〈動産を〉留置する: ～ goods for arrears of rent 地代(など)の延滞に対して動産を差し押える. **— *vi.*** 〔人に対して〕差し押えをする; 〔動産を〕差し押える〔*on, upon*〕: ～ *on* a person [a person's goods]. **～·a·ble** /-nəbl/ *adj.* 〖(*c*1300) *distreine(n)* ← OF *destreign-* (stem) ← *destreindre* to constrain < L *distringere* to draw asunder, hinder ← DIS-¹ + *stringere* 'to STRAIN¹' (cf. stringent)〗

dis·train·ee /dìstreɪníː, dɪstrèɪ- | dìstreɪ-/ *n.* 〖法律〗(動産)被差し押え人 (↔ distrainer). 〖(1875): ⇨ ↑, -ee¹〗

dis·tráin·er *n.* 〖法律〗(動産)差し押え人 (↔ distrainee). 〖(1607): ⇨ -er¹〗

dis·tráin·ment *n.* 〖法律〗動産差し押え(行為). 〖(1756): ⇨ -ment〗

dis·train·or /dɪstréɪnə, dɪstrèɪnɔ́ə, dìstreɪnɔ́ə | dìstreɪnɔ́ː^r/ *n.* 〖法律〗= distrainer.

dis·traint /dɪstréɪnt/ *n.* 〖法律〗動産差し押え (distress). 〖(1730-36) ← DISTRAIN: cf. constraint〗

dis·trait /dɪstréɪ | dɪstréɪ, dístreɪ; *F.* distʁɛ/ *adj.* (*also* **dis·traite** /～/) (不安・心痛などで)ぼんやりした, 上(うわ)の空の, 放心した. ★ 女性については distraite を用いることが多い. 〖((?*c*1425)) (1748) □ F ～ (p.p.) ← *distraire* < L *distrahere* 'to DISTRACT'〗

dis·traught /dɪstrɔ́ːt, -trɑ́ːt | -trɔ́ːt/ *adj.* **1** 〈人が〉(悔やみ・悲しみなどで)心を取り乱した (distracted)〔*with*〕: ～ *with* terror 恐怖で気が狂いそうな[で]. **2** 《古》気が狂った, 狂気の (crazy): He ran about like a man ～. 狂ったように走り回った / He was in a ～ frame of mind. 彼の精神は錯乱していた. **～·ly** *adv.* 〖(*a*1393) 《変形》← DISTRACT (adj.)〗

dis·tress /dɪstrés/ *n.* **1** 苦悩, 悲痛, 悲嘆 (anguish); 苦悩のもと[種], 悩みの種: suffer ～ 悲嘆に暮れる / The world was *in* tension and ～. 世界は緊張と苦悩のただ中にあった / He is a great ～ to his family. 彼は一家の大きな悩みの種だ / to a person's ～ = to the ～ of a person 人が心を痛めることに(は). **2** 苦痛 (pain); 疲労 (exhaustion): respiratory ～ 呼吸困難 / show signs of ～ 苦痛[疲労]のようすを示す / Pre-operative pain was followed by post-operative ～. 手術前の痛みに続いて術後の苦痛がきた. **3 a** 危難, 災難 (calamity); 難渋, 困窮: relieve ～ among the poor 貧民の窮乏を救う / The knight sallied forth to rescue a damsel *in* ～. 危難に陥っている乙女を助けんと騎士は敢然と出て行った. **b** 〖海事〗海難, 遭難: a signal of ～ 遭難信号 ⇨ distress signal / a ship *in* ～ 遭難船, 難破船. **4** 〖法律〗(自救的動産)差し押え; 差し押え財産.

— *vt.* **1** 苦しめる, 悩ませる, 悲しませる (afflict) (⇨ worry SYN); 苦労させる, 疲労させる (exhaust): He was very ～*ed at* his failure. その失敗にひどく悲観した / It ～*es* me (to hear the news) that he has failed. 彼が失敗したと(いう知らせを)聞いて心を痛めている. **2** (特に, 財政的に)窮迫させる (strain): ⇨ distressed area. **3** (古びた感じを出すために)〈家具や木材〉にわざと傷(など)をつける (cf. antique *vt.* 1). **4** 《古》苦しめて…させる, 強制する (constrain). **5** 《古》〖法律〗差し押える (distrain).

— *adj.* [限定的] 《米》**1** 〈商品が〉損をして売られる, 投げ売り[出血販売]の: ⇨ distress merchandise, distress goods. **2** 投げ売り商品の: a ~ sale 投げ売り, 出血販売. 〖(*c*1280) □ OF *destrece* (F *détresse*) < VL **districtiam* ← L *districtus* distrained (p.p.) ← *distringere*: ⇨ distrain〗

SYN 苦しみ: **distress** 精神・肉体の大きな苦しみ: He suffered *distress* from the loss of his wife. 妻を亡くして傷心した. **suffering** 痛み・苦悩・災難を経験し耐えている状態: bear intense *suffering* 激しい苦しみに耐える. **anguish** 特に, 激しい精神的な苦痛《格式ばった語》: She cried out in *anguish*. 苦悩のあまり大声を上げた. **agony** 耐えがたいほど激しい精神的・肉体的な苦しみ: She died in great *agony*. もだえ苦しみながら死んだ. ⇨ affliction. **ANT** comfort, solace, relief.

distréss càll *n.* **1** 〘通信〙遭難信号《SOS, Mayday などのあらかじめ定められた救援信号; cf. distress signal 1》. **2** 難儀[難渋]していることを示す声, 救援などの要請. 〖1913〗

dis·tréssed *adj.* **1** 苦しんでいる, 悩んだ. **2** 《婉曲》困窮した (troubled, suffering); 窮乏地区の: ⇨ distressed area. **3** 〈家具・革製品などわざと傷つけて古びた感じを与えた: ~ walnut. **4** 〘商業〙(安値で売られる)投げ売り商品の (cf. distress merchandise): ~ prices 投げ売り価格. 〖(?*a*1400): ⇨ -ed 2〗

distréssed área *n.* **1** (洪水・台風などの)自然災害被災地. **2** 《英》窮乏地区《失業者が多く生活水準の低い地域; cf. depressed area, special area a》. 〖1928〗

distréss flàg *n.* 〘通信〙遭難信号旗《半旗とか逆に掲げた旗など》.

distréss frèquency *n.* 〘通信〙遭難信号周波数《遭難した航空機・船舶の緊急合図用のもの》.

dis·tress·ful /dɪstrésfəl, -fl/ *adj.* 苦悩[困苦]の多い, 苦しい, つらい, 悲惨な; 困窮している; 悲しみを示す[表す]: the ~ country 困窮の国《アイルランドの異名》. **~·ness** *n.* 〖(1589–90): ⇨ -ful[1]〗

dis·tréss·ful·ly /-f(ə)li, -fli/ *adv.* 苦しく, つらく, 悲惨に. 〖(1593): ⇨ ↑, -ly[1]〗

distréss gòods *n. pl.* 破産(など)の整理品.

distréss gùn *n.* 〘海事〙遭難号砲《遭難を知らせるために約 1 分間隔で行う発砲》. 〖1823〗

dis·tréss·ing *adj.* 苦悩を与える(ような), 悲惨な (afflicting): ~ news (人に苦悩を与えるような)大変なニュース, 悲報 / be in ~ circumstances ひどく窮乏している. **~·ly** *adv.* 〖(*c*1586): ⇨ -ing[2]〗

distréss mèrchandise *n.* 《米》〘商業〙**1** (現金獲得のため相場より安く売る)投げ売り商品. **2** (荷ずれ・しみ, その他「少々難あり」のため正規の値段より安く売る)投げ売り商品.

distréss ròcket *n.* 〘海事〙遭難信号用災火ロケット《船舶の遭難を知らせ, 救助を求めるために発する落下傘のついた赤色の一種の花火》. 〖1868〗

distréss sìgnal *n.* **1** 遭難信号《火炎, 旗, SOS などの信号電波; cf. distress call 1》. **2** (救助・協力などを求める, 特に)言葉によらない合図. 〖1873〗

distréss wàrrant *n.* 〘法律〙差し押え令状. 〖1888〗

dis·trib·ut·a·ble /dɪstríbjʊtəbl | -tə-/ *adj.* **1** 分配[配布]できる. **2** 区分できる. 〖(1654) ← DISTRIBUTE + -ABLE〗

dis·trib·u·tar·y /dɪstríbjʊtèri | -təri/ *n.* 〘地理〙(本流から分かれた)分流 (cf. tributary 2). 〖(1863): ⇨ ↓, -ary[2]〗

dis·trib·ute /dɪstríbjuːt, -bjuːt | -tríbjuːt, dɪstríbjuːt/ ★《英》では /ーーー/ のアクセントを標準的ではないとする人が多い. *vt.* **1 a** 〔…に〕割り当てる, 分配する, 配る, 配給する 〔*among, to*〕: ~ blankets *to* the poor 貧民に毛布を配る / ~ circulars [leaflets] ちらしを配る / ~ the population of the capital *to* each of the provinces [among the provinces] 首都の人口を各地方に分散する. **b** 〘法律〙〈遺産を〉〈相続権のある人〉に配分する. **c** 〈郵便物を〉配達する, 配る. **2** 〔ある場所に〕分布[散布]する, まく (scatter) 〔*at, in, over*〕: ~ manure *over* a field 畑に肥料を散布する[まく] / a widely ~*d* species 広く分布した動植物の種. **3** 分解する; 分類[区分, 類別]する (assort). **4** 〘論理〙〈命題の連言と選言[集合の交と結]を〉(相互に)分配する; 〈概念を〉周延[拡充]する. **5** 〘印刷〙**a** 解版する; 〈母型を〉母型庫に戻す. **b** 〈インクを〉(インク練り盤の上で)練る, 練りならす. **6** 《古》施す, 施行する (dispense): ~ justice. **— *vi.*** 分配[配給]を行う; 分布[散布]する. 〖(?*a*1425) ← L *distribūtus* (p.p.) ← *distribuere* ← DIS-[1] + *tribuere* to assign (⇨ tribute)〗

SYN 分配する: **distribute** 分け前を分かち与える: The teacher *distributed* paper to the class. 先生は用紙をクラス全員に配った. **dispense** 注意深く計り分けて適切に分配する: The Red Cross *dispensed* food and clothing to the sufferers. 赤十字は罹災者に食料と衣類を配った. **divide** 分配するために全体を(同量の)部分に分ける: He *divided* his property among his children. 財産を子供らに分けてやった. **dole out** 《口語》〈食料・金銭などを〉少しずつ分配する: He *doled out* the fruit to all the children. 果物をすべての子供に分け与えた.
ANT collect, amass.

dis·tríb·ut·ed /-tɪd | -tɪd/ *adj.* 〘統計〙…の分布をした: a normally ~ random variable 正規分布確率変数. 〖(1827): ⇨ ↑, -ed〗

distríbuted árray pròcessor *n.* 〘電算〙DAP (ダプ)《複数のプロセッサーを統合して一つの問題を処理するコンピューター; 略 DAP》.

distríbuted cónstant *n.* 〘電気〙分布定数.

distríbuted práctice *n.* 〘心理〙分散学習《試行と試行の間に長い間隔を置いて学習させる方法; cf. massed practice》.

distríbuted sýstems *n. pl.* 分散システム《二つ以上のコンピューターを遠隔離通信により結び, それぞれが独立した仕事ができるようにしたもの》.

distríbuted térm *n.* 〘論理〙拡充[周延]名辞《All doctors are rich. における doctors のように, ある名辞が指すすべてのものを指す》.

dis·trib·u·tee /dɪstrɪbjutíː | dɪs-/ *n.* 〘米法〙遺産の分与にあずかる人. 〖(1870) ← DISTRIBUTE + -EE[1]〗

dis·tríb·ut·er /-tə | -tə(r)/ *n.* = distributor.

dis·tríb·ut·ing /-tɪŋ | -tɪŋ/ *adj.* [限定的] 分配の, 配給の, 流通の: a ~ agent 配給業者 / a ~ board 配電盤 / a ~ center (生産物の)集散地 / a ~ station 配電所; 配給所 / a ~ substation 配電変電所. 〖(1641) ← DISTRIBUTE + -ING[2]〗

dis·tri·bu·tion /dɪstrəbjúːʃən | -trɪ-/ *n.* **1 a** 分配, 配給, 配布, 散布 〔*of*〕; (法律による基金・財産などの)分配: the ~ *of* posts 配役. **b** (郵便物・新聞などの)配達. **2 a** 配給物, 配給品. **b** 配布[配達, 販売]総数. **c** 〘トランプ〙(ブリッジなどで手札の)分布状態[割れ方] (cf. void 4). **3** 〘経済〙分配; 配分; (商品の)流通(機構): the ~ *of* wealth 富の分配 / the ~ *of* profits 利潤の配当 / ~ upheaval 流通革命. **4** (軍隊などの)配置, 配列. **5** 分類, 区分, 類別. **6** 分布; 分布状態, 分布区域: ⇨ complementary distribution, GEOGRAPHICAL distribution / have a wide ~ 分布が広い. **7 a** 〘機械〙配水, 配電, 配気. **b** 〘電気〙配電. **8** 〘論理〙(命題集・集合算における)分配; 周延, 拡充. **9** 〘印刷〙解版. **10** 〘数学・統計〙**a** (確率)分布 (cf. probability distribution). **b** (度数)分布 (frequency distribution). **11** 〘数学〙(シュワルツの)超関数《部分積分法の考えを用いて得られる, 関数概念の拡張》. **~·al** /-ʃənl, -ʃnəl/ *adj.* 〖(*c*1350) □ (O)F ~ ∥ L *distribūtiō(n-)*: ⇨ distribute, -tion〗

distribútion bòard *n.* 〘電気〙= panelboard 2.

distribútion bòx *n.* 〘電気〙分電箱, 配電箱《引込線と幹線の分岐点にあって両線を連絡する開閉器を入れた箱》.

distribútion chànnel *n.* 〘商標〙流通[配給]経路.

distribútion clàss *n.* 〘言語〙= form class.

distribútion cùrve *n.* 〘統計〙分布曲線《統計量や資料の分布を表す曲線》.

distribútion fùnction *n.* 〘統計〙分布関数《統計量の値が x 以下である確率を $F(x)$ とおいて得られる関数; cumulative distribution function の短縮》. 〖*c*1909〗

distribútion lìne *n.* 〘電気〙配電線, 配電線路.

distribútion nètwork *n.* 〘電気〙配電網.

distribútion ràtio *n.* 〘化学〙分配係数, 分配率.

distribútion vòltage *n.* 〘電気〙配電電圧.

dis·tríb·u·tìsm /-bjʊtɪzm/ *n.* 〘政治〙私有財産分配論; 土地均分論. **dis·tríb·ut·ist** /-tɪst | -trɪst/ *n., adj.* 〖(1915): ⇨ distribute, -ism〗

dis·trib·u·tive /dɪstríbjʊtɪv | -tɪv/ *adj.* **1** 分配[配給]の[に関する]; 配分的な. **2** 〘文法〙配分[個別]的な: a ~ adjective 配分形容詞《配分詞のうち形容詞用法をもったもの》. **3** 〘論理〙分配の; 周延[拡充]する, 周延[拡充]的な: ~ law 分配(法)則. **4** 〘数学〙分配の: ~ law 分配法則《例えば加法に対する乗法の $x(y+z)=xy+xz$》. **— *n.*** 〘文法〙配分詞《例えば英語の each, every, either など》. **dis·trib·u·tiv·i·ty** /dɪstrɪbjʊtívəti | -vɪ̀ti/ *n.* **~·ness** *n.* 〖(*c*1450) □ (O)F *distributif* □ LL *distribūtīvus*: ⇨ distribute, -ive〗

distríbutive bárgaining *n.* 配分交渉《当事者間でどのように資源を配分するかを決める交渉》.

distríbutive educátion *n.* (米国の)販売・広告宣伝など商業を中心とした職業教育《産学連携方式 (cooperative method) を導入していることが多い》.

dis·tríb·u·tive·ly *adv.* 分配的に; 各個に, 別々に. 〖(1597): ⇨ -ly[1]〗

dis·trib·u·tor /dɪstríbjʊtə | -tə(r)/ *n.* **1** 〘商業〙(生産物の)配給業者, 卸売業者, 元売りさばき人, 流通業者, 配送業者. **2** 分配者, 配布係; 配給(業)者. **3** (内燃機関の)配電器, 分配器, ディストリビューター. **4** 〘印刷〙**a** 解版工. **b** ディストリビューター《ライノタイプの母型を母型庫の溝に戻す装置》. **c** (印刷機の)インク練りローラー《インク移しローラーからのインクをよく練りならし, それをインク着けローラーに送るローラー》. **5** (下水処理の)散水装置. 〖(1526) ← DISTRIBUTE + -OR[2]〗

distríbutor bàr *n.* 〘印刷〙= distributor 4 b.

distríbutor·shìp *n.* (配給者のもつ)一手配給[販売]権: sole ~ for Kanto district. 〖(1825): ⇨ -ship〗

dis·trict /dístrɪkt/ *n.* **1** (ある特色をもった)地域, 地方: the town's business ~ 町の商業地区 / a residential ~ 住宅地区 / a mountainous [an agricultural] ~ 山岳[農業]地帯 / a coal-mining ~ 炭坑地方 / ⇨ Lake District. **2** (行政・軍事・教育・選挙などの目的で区分された)地区, 管轄区域, 管区; 行政区, 市区, 郡区: a police ~ 警察管轄区 / a military ~ 軍管区 / a postal ~ 郵便区 (cf. zone *n.* 4 b) / a judicial ~ 裁判区 / an election ~ 《米》(州会議員などの)選挙区 / ⇨ Congressional district, Federal District, school district. **3** 《英》**a** 〘英国国教会〙教会地区《教会区 (parish) の一区域; district visitor が受け持つ》. **b** 州自治区《county の行政区で独自の議会 (district council) をもつ; cf. metropolitan district, urban district, rural district》.

District of Colúmbia [the ~] コロンビア特別区《米国東部 Potomac 川に沿う一地区; この全面積に首都 Washington がある; 特別行政区で各州とは別個に連邦議会の直接管轄下にある; 面積 174 km²; 略 DC》.

— *vt.* 《米》地区に分ける, 管区に分ける; 《米》選挙区に分ける.

〖(1611) □ F ~ □ ML *districtus* district, (power of) exercising justice (p.p.) ← L *distringere*: ⇨ distrain〗

dístrict attórney *n.* 《米》州検察官《各連邦裁判管轄区の合衆国検察官; 州が幾つかの裁判管轄区 (judicial districts) に分かれている場合の呼称で, 分かれていないときには, county attorney や state attorney と呼ばれる; 略 DA》. 〖1789〗

dístrict áuditor *n.* 《英》地区会計検査官《地方自治体の収支計算書の監査を行う役人》.

dístrict clérk *n.* 《米》地方裁判所書記.

dístrict cóuncil *n.* 《英》地方評議会. 〖1894〗

dístrict cóurt *n.* **1** 《米》地方裁判所《連邦第一審裁判所》. **2** 《豪》下級裁判所. 〖1789〗

dístrict cóurt jùdge *n.* 《豪》下級[地方]裁判所判事《以前 magistrate と呼ばれた》.

dístrict héating *n.* 地域暖房《ある地域内の暖房を一つの機関室で供給する》. 〖1908〗

dístrict hígh schòol *n.* 《NZ》地域中等学校《初等教育および中等教育の授業をする地方の学校》. 〖cf. district school (1793)〗

dístrict jùdge *n.* 《米》地方裁判所判事. 〖1828〗

dístrict léader *n.* 《米》(政党の)地方支部長.

dístrict màn *n.* ある地域担当の新聞記者.

dístrict núrse *n.* 《英》地区看護婦, 保健婦《特定地区で病人の家庭を訪問する》. 〖1883〗

dístrict superinténdent *n.* 〘プロテスタント〙(メソジスト教会の)(教会)地区監督者 (cf. superintendent 2 b). 〖1889〗

dístrict vísitor *n.* 〘英国国教会〙(教会)地区世話人《教区 (district) を受け持ち, 牧師の指示のもとにその仕事を助ける人》. 〖1850〗

di·strin·gas /dɪstríŋgəs, -gæs | dɪs-/ *n.* 〘商業〙= stop order. 〖(1451) □ ML ~ (原義) that thou shalt distrain〗

Dis·tri·to Fe·de·ral /dɪstríːtoufèdəráːl | -təu-fèd-; *Port.* diʃtɾítufɨðɨɾáł, *Braz.* dʒistɾítufèderáw/ *n.* **1** 連邦区《アルゼンチン東部の Buenos Aires を含む区, ブラジル東部の Brasília を含む区など》. **2** = federal district.

dis·trust /dɪstrʌ́st, dɪs- | dɪs-, dɪs-/ *vt.* 信じない, 信用しない; …について疑惑をもつ, 怪しむ, 邪推する: ~ a person, his words, etc. **— *n.*** 不信用, 不信任; 疑惑, 疑念, 邪推 (cf. mistrust): have a ~ *of* …について[に対して]不信の念をもつ. **~·er** *n.* 〖(*a*1420) ← DIS-[1] + TRUST (v.)〗

dis·trust·ful /dɪstrʌ́stfəl, dɪs- | dɪs-, dɪs-/ *adj.* **1** 疑い深い, (容易に)信じない, 〔…に〕自信[確信]がもてない (suspicious) 〔*of*〕 (cf. mistrustful): a ~ person / with ~ eyes うたぐり深い目で / be ~ *of* …を疑う; …に自信がない. **2** 《まれ》疑わしい, 怪しい. **~·ly** /-f(ə)li, -fli/ *adv.* **~·ness** *n.* 〖(1589): ⇨ ↑, -ful[1]〗

dis·turb /dɪstə́ːb | -tə́ːb/ *vt.* **1** 〈静穏・平安・人などを〉乱す, 騒がす, 妨げる, 邪魔する (disquiet, trouble) (⇨ prevent SYN); 〈人〉に迷惑をかける (inconvenience): ~ a person's peace of mind 心の平安を乱す / ~ the peace 平和を乱す / He committed the crime while the balance of his mind was ~*ed*. 心のバランスを失っているときにその犯罪を犯した / Hecklers ~*ed* the meeting. やじを飛ばす連中が会を妨害した / ~ a person *in* his sleep [study] 人の睡眠[勉強]を邪魔する / Don't ~ yourself on our account. どうぞそのままに. **2** 当惑させる, まごつかせる, 狼狽(ろうばい)させる (perturb, trouble): I was very ~*ed* by his attitude. 彼の態度にとても戸惑った. **3** かき乱す (disarrange): The wind was ~*ing* the surface of the lake. 風で湖面が波立っていた / Don't ~ the papers on the desk. 机の上の書類を動かさないでくれ. **4 a** 〈計画・仕事などを〉妨害する (hinder); 混乱させる: His plans were ~*ed* by the storm. 嵐のために彼の計画は打撃を受けた / Her incompetence ~*ed* the course of our work. 彼女の無能さのため仕事の進行が狂ってしまった. **b** 〘法律〙〈権利を〉侵害する; 〈治安などを〉妨害する. **— *vi.*** (他人の眠り・平安などの)妨げをする: Do not ~. (睡眠中につき)入室ご遠慮下さい《ホテルなどの部屋のドアに掛ける掲示》. **~·er** *n.* 〖(?*a*1200) □ OF *desto(u)rber* ∥ L *disturbāre* to throw into disorder ← DIS-[1] + *turbāre* to agitate: ⇨ turbid〗

SYN かき乱す: **disturb, upset** 〈人や物〉の平静さ・注意力をかき乱す《後者は一時的な状態を表す》: The dog *disturbed* me last night. ゆうべ犬が安眠のじゃまをした / I was *upset* at the bad news. 悪い知らせでうろたえた. **perturb** 〈人〉の平静さをひどくかき乱して狼狽させる《格式ばった語》: She was much *perturbed* by her son's illness. 彼女は息子の病気でいたく心を乱した. **agitate** 〈人〉に精神的な強い動揺を与える: He was *agitated* by grief. 悲しみで心が乱れた. **ANT** pacify, appease.

dis·tur·bance /dɪstə́ːbəns, -bənts | -tə́ː-/ *n.* **1** (社会上の)不安, 動乱, 騒動, 暴動 (tumult): cause a ~ 騒動を起こす / a school ~ 学園紛争 / The police quelled the ~*s*. 警察は騒動を鎮圧した. **2 a** 乱すこと, 騒がすこと 〔*of*〕, 乱れた状態, 攪乱(こうらん); 妨害, 障害, 邪魔: ⇨ atmospheric disturbance / the ~ *of* public transportation by strikes ストライキによる公共の交通機関の乱れ. **b** 〘医学〙障害: a functional ~ 機能障害 / a gastric ~ 胃の障害, 胃病 / an autonomic ~ 自律神経障害. **3** (心

D

の)不安, 心配; (情緒・人格などの)乱れ: a nervous and emotional ～ 神経と情緒の乱れ. **4** (常軌・常態からの)逸脱, 変動, 変調. **5** 〘法律〙(権利の)侵害, (治安の)妨害: the ～ *of* the public peace 治安妨害. **6** 〘地質〙(微弱で小範囲の)造山運動. **7** 〘気象〙擾乱(じょうらん)《大気の一般的な流れを乱すもの》; (特に)低気圧, トルネード (tornado) など. 〘(*c*1280) □ OF *desto(u)rbance*: ⇨ ↑, -ance〙

dis·turbed /dɪstə́ːbd | -tə́ː-/ *adj.* **1 a** 精神障害の, 情緒不安定の, ノイローゼ兆候のある: a ～ personality. **b** 〈病室など〉精神障害者用[向き]の. **2** かき乱された, 動揺した, 不穏な: the ～ state of the country その国の不穏な状態. 〘(1592–93): ⇨ -ed〙

D

dis·turb·ing /dɪstə́ːbɪŋ | -tə́ː-/ *adj.* 心をかき乱す(ような), 騒がしい, 不穏な: The times are quite ～. 世相は全く騒々しい. **～·ly** *adv.* 〘(1592–93): ⇨ -ing²〙

di·style /dístaɪl, dáɪs-/ *adj.* 〘建築〙〈portico など〉(正面に)二本の円柱をもつ, 二柱式の (cf. decastyle, dodecastyle, enneastyle, heptastyle, hexastyle, octastyle, pentastyle, tetrastyle). 〘(1840) ← DI-¹+STYLE¹〙

dístyle in án·tis /-ǽntɪs | -tɪs/ *adj.* 〘建築〙二柱構成の, インアンティス式の《portico などが両端を壁端柱 (anta) にはさまれて, 中に二本の円柱をもつ様式にいう》. 〘(1840) ← L *in antis* between antas〙

di·sub·sti·tut·ed /dàɪsʌ́bstətùːtɪd, -tjùː- | -stɪtjùːt-/ *adj.* 〘化学〙2 個の置換基をもった. 〘(*c*1909)〙

di·sul·fate /dàɪsʌ́lfeɪt | -fət, -fɪt/ *n.* 〘化学〙二硫酸塩, ピロ硫酸塩: sodium ～ 二硫酸ナトリウム ($Na_2S_2O_7$). 〘(1838): ⇨ di-¹〙

di·sul·fide /dàɪsʌ́lfaɪd/ *n.* 〘化学〙二硫化物. 〘(1863–77): ⇨ di-¹〙

di·sul·fi·ram /dàɪsʌ́lfəræm | -fɪ-/ *n.* 〘薬学〙ジスルフィラム (⇨ tetraethylthiuram disulfide). 〘(1952) ← DISULFI(DE)+(TETRAETHYLTHIU)RAM (DISULFIDE)〙

di·sul·fo·ton /dàɪsʌ́lfətɑ̀(ː)n | -tɒ̀n/ *n.* 〘化学〙ジスルフォトン ($(C_2H_5O)_2P(S)SCH_2CH_2SCH_2CH_3$)《有機リン系殺虫剤》. 〘(1965) ← DI(ETHYL)+SULFO-+-*ton* (cf. thionate)〙

di·sul·fú·ric ácid /dàɪsʌlfjʊ́ᵊrɪk- | -fjʊ́ər-/ *n.* 〘化学〙二硫酸 (⇨ phyrosulfuric acid). 〘(1875) ← DI-¹+SULFURIC〙

dis·u·nion /dɪsjúːnjən | -njən, -niən/ *n.* **1** 分離, 分裂. **2** 不統一; (内部の)不和, 内輪もめ, 軋轢(あつれき), いざこざ (discord). 〘(1596) ← DIS-¹+UNION〙

dis·ú·nion·ism /-nìzm/ *n.* 分離主義. 〘(1894) ← DIS-¹+UNIONISM〙

dis·ú·nion·ist /-nɪst | -nɪst/ *n.* 分離主義者; (特に, 米国南北戦争当時の)分離主義者. 〘(1846) ← DIS-¹+UNIONIST〙

dis·u·nite /dìsjuːnáɪt, -jʊ-/ *vt.* **1** 分離させる, 引き離す, 分裂させる. **2** 不和にする, 反目させる (alienate). **— *vi.*** 離れる, 分離する, 分裂する; 離反する.

dìs·u·nít·er *n.* 〘(1560) ← DIS-¹+UNITE〙

dìs·u·nít·ed /-tɪd | -tɪd/ *adj.* **1** 分離した; 反目している: ～ nations. **2** 〘馬術〙(キャンターまたはギャロップで)〈馬・馬の歩調が〉(足の)不ぞろいな, 乱調の, 不規則な. 〘(1560): ⇨ ↑, -ed〙

dis·u·ni·ty /dɪsjúːnəti | dɪsjúːnɪti/ *n.* 不統一; 不調和. 〘(1632) ← DIS-¹+UNITY〙

dis·use¹ /dɪsjúːs/ *n.* **1** 不使用: become rusty from ～ 使わないためにさびる. **2** 廃止, 廃棄: fall [come] into ～ すたれる.

dis·use² /dɪsjúːz/ *vt.* …の使用をやめる.

dis·used /dɪsjúːzd⁻/ *adj.* もはや使われていない, 廃止された: a ～ building 廃屋 / a ～ meaning すたれた意味. 〘(1530): ⇨ ↑, -ed〙

dis·u·til·i·ty /dɪsjuːtíləti | -tílɪti/ *n.* **1** 疲労[不便, 不快, 苦痛]を引き起こすもの, 不便, 不利益. **2** 〘経済〙不効用 (↔ utility). 〘(1879) ← DIS-¹+UTILITY〙

dis·val·ue /dɪsvǽljuː/ *n.* **1** 価値否認; 軽視, 無視, 侮り (disparage). **2** 負[マイナス]の価値 (negative value). **— *vt.*** **1** けなす, 侮る (disparage). **2** 《古》軽視する (undervalue). 〘(1604) ← DIS-¹+VALUE〙

di·syl·lab·ic /dàɪsɪlǽbɪk, dɪs-⁻/ *adj.* 二音節から成る; 二音節語の: a ～ foot 二音節詩脚. 〘(*a*1637) □ F *dissyllabique*: ⇨ -ic¹〙

di·syl·la·ble /dáɪsɪləbl, dɪs-, ⸗⸗⸗⸗/ *n.* 二音節語[詩脚] (cf. monosyllable, trisyllable). 〘(1589) ← DI-¹+SYLLABLE《なぞり》← (O)F *dissyllabe* □ L *disyllabus* □ Gk *disúllabos*〙

dis·yoke /dɪsjóʊk | -jə́ʊk/ *vt.* 《まれ》=unyoke.

dit¹ /dít/ *vt.* (**dit·ted; dit·ting**) 《方言》ふさぐ, さえぎる (obstruct). 〘OE *dyttan* < Gmc **duttjan* ← **dutt-* 'DOT¹'〙

dit² /dít/ *n.* 〘通信〙ディット《モールス信号で使う短点 (dot) を口頭で言い表すための表現; cf. dah²》. 〘(1940) 擬音語〙

di·ta /díːtə | -tə/ *n.* 〘植物〙ジタノキ (*Alstonia scholaris*)《キョウチクトウ科の灌木; アフリカやアジアの熱帯地方に生え, 大きな輪生の葉をつける; 樹皮は薬用》. 〘(1876) ← tagalog〙

di·tal /díːtl, dítl | -tl/ *n.* ハープギターで半音程上げるのに使う鍵. 〘(1816) ← It. *dito* finger (< L *digitum*)+(PED)AL〙

dítal hárp *n.* =harp guitar.

ditch /dítʃ/ *n.* **1** 溝, どぶ. **2** 排水溝, 堀, 掘割り (trench); (天然の)水流, 水路. **3** (昔の塹壕(ざんごう)の)堀. **4** 《(排水溝や水路を掘ったあとで積んだ)盛り土. **5** 《口語》〘ボウリング〙ガター. **6 a** [the ～]《英海軍俗》海 (the sea) (cf. deck 9, drink *n.* 4). **b** [the D-]《英空軍俗》イギリス海峡; 北海; [しばしば the Big D- で]《米戯言》パナマ運河 (the Panama Canal).

díe in a dítch 溝に落ちて死ぬ; のたれ死にする. 〘(1874)〙

díe in the lást dítch ⇨ last ditch.

— *vt.* **1** 《俗》**a** 〈物事を〉うっちゃる (abandon), 処分する; 〈人を〉見捨てる. **b** 〈人を〉まく, 途方に暮れさせる; 〈仕事・責任〉から逃げる, 避ける (avoid), 〈学校などを〉さぼる: He's ～*ed*. 彼は途方に暮れている / ～ school. **c** 隠匿する, 隠しておく (hide). **2** 〘航空〙《口語》〈飛行機を〉不時着水させる. **3** …に溝を掘る, 溝をめぐらす 〈*in, up*〉. **4** [受身で] **a** 《口語》〈車などを〉溝にはまらせる. **b** 《米》〈列車を〉脱線させる (derail): The train was ～*ed*. 列車が脱線した. **c** 《俗・比喩》〈人を〉失敗させる (frustrate), 没落させる (ruin).

— *vi.* **1** 〘航空〙〈飛行士が〉不時着水する. **2** 溝を掘る; 溝を掃除[修繕]する: hedging and ～*ing* ⇨ hedging. **3** 《俗》溝に落ちる; 《俗》〈列車が〉脱線する.

～·less *adj.* 〘OE *dīc* ← ? Gmc **dīk-* (Du. *dijk* / G *Teich* / ON *díki* 'ditch, DIKE¹')〙

dítch crówfoot *n.* 〘植物〙タガラシ (*Ranunculus sceleratus*)《キンポウゲ科; ユーラシアに分布》.

dítch·dìgger *n.* **1** 溝[どぶ]掘り人(夫). **2** 単調ないやな仕事に従事する人, 重労働者. **3** =ditching machine. 〘*c*1897〙

dítch·er *n.* **1** 溝掘り人, 溝を修理する人夫 (cf. hedger 1). **2** =ditching machine. 〘(1210): ⇨ -er¹〙

dítch·ing machìne *n.* 溝掘り機.

dítch rèed *n.* 〘植物〙ヨシ (*Phragmites communis*)《湿地に生えるイネ科の多年草; 世界中に産する》.

dítch·wàter *n.* 溝のたまり水: (as) dull as ～ 沈滞しきって[た], 実につまらない[退屈な]. 〘*c*1325〙

dite /dáɪt/ *n.* 《方言》ごくわずか, 少量, 少し (bit). 〘(*c*1877)《変形》← DOIT〙

di·ter·pene /dàɪtə́ːpiːn | -tə́ː-/ *n.* 〘化学〙ジテルペン《炭素数 20 のテルペンをいう; 植物に含まれる炭化水素 ($C_{20}H_{32}$) またはその誘導体で, 構造に共通性がある一群の化合物》. 〘(1902): ⇨ di-¹〙

di·the·ism /dáɪθiːìzm/ *n.* (特に Zoroastrianism および Manichaeism の)二神教, 善悪二神信仰; (相反する)善悪二原理存在論. **di·the·is·tic** /dàɪθiːístɪk⁻/ *adj.* 〘(1678): ⇨ di-¹〙

dí·the·ist /-ɪst | -ɪst/ *n.* 二神教信徒. 〘(1678) ← DI-¹+THEIST〙

dith·er /díðə | -ðə(r)/ *vi.* **1** 〈考えなどが〉ぐらつく, 迷う (vacillate) 〈*about*〉. **2** 《米方言》(興奮や恐怖で)震える, おろおろする. **— *vt.*** [通例受身で]《口語・方言》震えさせる; 混乱させる. **— *n.*** **1** 《口語・方言》動揺, うろたえ: throw a person into a ～ 人を混乱させる. **2** 《英方言》(特に寒さによる)震え (trembling). **3** [しばしば the ～s]《口語・方言》(興奮・恐怖による)身震い: all of a ～=(all) in a ～ (恐ろしさで)体が震えて / have *the* ～*s* 身震いする.

dith·er·y /díðəri/ *adj.* **～·er** /-ðərə | -rə(r)/ *n.* 〘(1649)《変形》← 《方言》*didder* < ME *didere(n)* ← ?: cf. diddle¹, dodder²〙

di·thi- /dàɪθáɪ/ (母音の前にくるときの) dithio- の異形.

di·thi·o- /dàɪθáɪoʊ | -əʊ/ 〘化学〙「(通例酸素原子を置き換えた形で)イオウ 2 原子を含む」の意の連結形. ★ 母音の前では通例 dithi- になる. 〘← DI-¹+THIO-〙

dithìo·cárbonate *n.* 〘化学〙ジチオ炭酸塩. 〘← DITHIO-+CARBONATE〙

di·thi·ol /dàɪθáɪɔ(ː)l | -ɒl/ 〘化学〙*n.* ジチオール ($C_7H_8S_2$). **— *adj.*** -SH 基 2 個をもつ. 〘⇨ dithio-, -ol¹〙

di·thi·o·nate /dàɪθáɪənèɪt, -nɪt/ *n.* 〘化学〙ジチオン酸塩[エステル]. 〘⇨ ↓, -ate¹〙

di·thi·on·ic /dàɪθaɪɑ́(ː)nɪk | -ɒ́n-⁻/ *adj.* 〘化学〙ジチオンの. 〘(1854) ← DI-¹+THIONIC〙

dìthiónic ácid *n.* 〘化学〙ジチオン酸 ($H_2S_2O_6$)《水溶液または塩としてのみ存在する無色無臭の二塩基酸》. 〘1854〙

di·thi·o·nite /dàɪθáɪənàɪt/ *n.* 〘化学〙亜ジチオン酸塩, 次亜硫酸塩《hyposulphite, hydrosulphite ともいう》. 〘← DI-¹+THIONO-+-ITE³〙

di·thi·o·nous /dàɪθáɪənəs⁻/ *adj.* 〘化学〙亜ジチオン酸の, 次亜硫酸の. 〘← DI-¹+THIONO-+-OUS〙

dithíonous ácid *n.* 〘化学〙亜ジチオン酸 ($H_2S_2O_4$)《hyposulphurous acid, hydrosulphurous acid ともいう》.

di·thi·zone /dàɪθáɪzoʊn | -zəʊn/ *n.* 〘化学〙ジチゾン (C_6H_5N=$NCSNHNHC_6H_5$)《青黒色の結晶; 重金属の抽出比色試薬に用いる; diphenylthiocarbazone ともいう》. 〘(1929) ← DI(PHENYL)THI(OCARBA)ZONE〙

dith·y·ramb /díθɪræ̀m(b)/ *n.* **1** (古代ギリシャの)酒神 Bacchus の賛歌《不定形で熱狂的な合唱歌》. **2** 《文語》熱狂的な詩歌[演説, 文章]. 〘(1603) □ L *dithyrambus* □ Gk *dithúrambos* ← ?〙

dith·y·ram·bic /dìθɪrǽmbɪk⁻/ *adj.* dithyramb 風の; 熱狂的な; 不定形極まりない. **— *n.*** =dithyramb.

dìth·y·rám·bi·cal·ly *adv.* 〘(1603) □ L *dithyrambicus*: ⇨ ↑, -ic¹〙

Dit·mars /dítmaəz | -mɑːz/, **Raymond Lee** *n.* ディトマーズ (1876–1942; 米国の博物学者・動物園管理者).

dit·o·kous /dítəkəs | -tə-/ *adj.* 〘動物〙**1** 一回に二卵[二子]を産む. **2** 〈虫など〉二種の子を産む. 〘□ Gk *ditókos* having two at a birth ← DI-¹+*tókos* act of bringing forth: ⇨ -ous〙

di·tone /dáɪtoʊn | -təʊn/ *n.* 〘音楽〙(ギリシャの, また中世の)二全音, ディトーヌス《長三度》. 〘(1609) □ Gk *dítonon* (neut.) ← *dítonos*: ⇨ di-¹, tone〙

di·tón·ic cómma /daɪtɑ́(ː)nɪk- | -tɒ́n-/ *n.* 〘音楽〙ディトニックコンマ《12 個の純正 5 度と 7 オクターブの間に生じる音程の差; Pythagorean comma ともいう; cf. comma 4》. 〘← NL *comma ditonicum* (⇨ ↑, -ic¹): ⇨ comma〙

di·tran·si·tive /dàɪtrǽnsətɪv, -zə- | -trǽnsɪt-, -trɑ́ːn-, -zɪt-/ 〘文法〙*adj.* (動詞が)二重目的語をとる. **— *n.*** =ditransitive verb.

ditránsitive vérb *n.* 〘文法〙二重他動詞《目的語を二つとる他動詞》. 〘1972〙

di·tri·glyph /dàɪtráɪglɪf | -tráɪ-, -tríg-/ *n.* 〘建築〙**1** (ドリス式建築で)複トライグリフ《柱と柱の間に, 二つのトライグリフ (triglyph) を収める柱の配置法》. **2** メトープ (metope) の中心線から一つ置いて次の中心線までの距離. **3** メトープとその両側のトライグリフを含む区分. 〘(1727–51) □ F *ditriglyphe*: ⇨ di-¹, triglyph〙

dit·sy /dítsi/ *adj.* 《米口語》愚かな, 風変わりな; 気取った. 〘(1973) ← ? DICTY〙

dit·tan·der /dɪtǽndə | dɪtǽndə(r)/ *n.* 〘植物〙ペンケイナズナ (*Lepidium latifolium*)《ヨーロッパ・北アフリカおよび南西アジアの海岸に生え, 小さな白い花をつけるアブラナ科の多年草》. 〘(1578) ↓〙

dit·ta·ny /dítəni, -tni | dít(ə)ni/ *n.* 〘植物〙**1** Crete 島産ハナハッカの類 (*Origanum dictamnus*)《ピンクの花をつける; 昔は薬草として重んじられた》. **2** 北米産ハッカの類 (*Cunila origanoides*). **3** =fraxinella. 〘lateOE *ditanne* □ OF *dita(i)n* < L *dictamnum* □ Gk *díktam(n)on* ← *Diktē* (産地 Crete の山名)〙

Dit·ters·dorf /dítəzdɔəf | -təzdɔːf; G. dítɐsdɔʁf/, **Karl Dit·ters** /dítɐs/ **von** *n.* ディッタースドルフ (1739–99; オーストリアの作曲家・バイオリニスト).

dit·tied *adj.* 小歌 (ditty) に作った[として歌われる]. 〘(1634) ← DITTY+-ED〙

dit·to /dítoʊ | -təʊ/ *n.* (*pl.* **～s, ～es**) **1** 《口語》同上, 同断, 同前《同一文句の省略に用いる; do. または d° と略す, またはその代用として 〃 符号 (ditto marks) または — を用いる》. **2 a** 同一事[物]: do ～ 同様のことをする / say ～ to …に同意見だと言う, 賛成する. **b** 《口語》複写, 複製; よく似た物, 生き写し (close copy): He is the ～ *of* his father. 彼は父親に生き写しだ. **3** 同一服地; 《英古》[*pl.*] 上下同一生地の服: be in (a suit of) ～*s* [a ～ suit] 上下そろいの服を着ている. **— *adv.*** 同様に; 前述の通りに: act ～ 同様の行動をする. **— *adj.*** 同様の (similar). **— *vt.*** **1** 写す (copy). **2** ditto marks を用いて…の反復を示す. **3** 同じ事をする[言う], 繰り返す. 〘(1625) □ It. 《方言》～ aforesaid < L *dictum* (p.p.) ← *dicere* to say: cf. diction〙

dit·to·graph /dítougræ̀f | -tə(ʊ)grɑ̀ːf, -græ̀f/ *n.* (誤写の)重複文字[語句], 重複語. 〘(1874) ← Gk *dittós* (↓)+-GRAPH〙

dit·tog·ra·phy /dɪtɑ́(ː)grəfi | -tɒ́g-/ *n.* 重複誤写(文)《古文書などの複写で筆記者が無意識的に陥る文字[語句]の重複誤写; 例えば literature を literat*at*ure とするなど; cf. haplography》. **dit·to·graph·ic** /dìtəgrǽfɪk | -tə-⁻/ *adj.* 〘(1876) □ Gk *dittographía* ← *dittós* double: ⇨ -graphy〙

dit·tol·o·gy /dɪtɑ́(ː)lədʒi | -tɒ́l-/ *n.* (聖書などの)二様の解釈. 〘(1678) ← DITTO+-LOGY〙

dítto machìne *n.* (特に, インク転写式の)複写器.

dítto màrk *n.* [通例 *pl.*] ⇨ ditto *n.* 1.

dit·ty /díti | -ti/ *n.* (主に歌うための)歌, 小曲; 民謡 (folk song). 〘(?*a*1325) *dite* □ OF *dité* < L *dictātum* thing recited: ⇨ dictate〙

dítty bàg *n.* (水夫が針・糸など小物を入れる)雑嚢(ざつのう), 手入れ袋. 〘(*c*1860) ← ? 《廃》*dutty* coarse calico □ Hindi *dhoti* loincloth: ⇨ dhoti〙

dítty bòx *n.* **1** (水夫の)小物箱 (ditty bag と同じように用いる). **2** 〘映画〙撮影技師の道具箱. 〘(1880) ↑〙

ditz /díts/ *n.* 《米口語》奇人, 気取り屋. 〘(1982)《逆成》← ditzy: ⇨ ditsy〙

ditz·y /dítsi/ *adj.* =ditsy.

Di·u /díːuː; *Port.* díu/ *n.* ディウ(島)《インド北西部 Gujarat 沖の小島で, もとポルトガル領インドの一地区であったが, 1961 年インドに併合された; ⇨ Goa》.

di·u·re·sis /dàɪjʊríːsɪs | -jʊ(ə)ríːsɪs/ *n.* (*pl.* **-re·ses** /-siːz/) 〘医学〙利尿《尿分泌の増加》. 〘(1681) ← NL ～ ← LL *diūrēticus* (↓): ⇨ -sis〙

di·u·ret·ic /dàɪjʊrétɪk | -jʊ(ə)rét-⁻/ 〘医学〙*adj.* 利尿の, 排尿促進の. **— *n.*** 利尿薬. **dì·u·rét·i·cal·ly** *adv.* **dì·u·rét·i·cal·ness** *n.* 〘(*a*1400) □ (O)F *diurétique* // LL *diūrēticus* □ Gk *diourētikós* ← *diourein* to urinate ← DIA-+*ourein* to urinate (← *oûron* 'URINE'): ⇨ -ic¹〙

di·ur·nal /daɪə́ːnl | -ə́ː-/ *adj.* **1** 昼間の, 日中の (↔ nocturnal). **2** 〘植物〙〈花・葉など〉昼間開く, 一日[一日以内]開花する. **3** 〘動物〙昼間活動性の, 昼行性の (↔ nocturnal): a ～ animal 昼行動物. **4** 日々の, 日ごとの (daily); 《まれ》一日間の, 一日だけの. **5** 〘天文〙日周の. **— *n.*** **1** 《廃》〘キリスト教〙(時間ごとの祈りを書いた)日課書. **2** 《古》日記 (diary); 日刊新聞. **～·ly** *adv.* 〘(*c*1390) □ LL *diurnālis* daily ← *diurnus* daily ← *diēs* day: ⇨ -al¹: JOURNAL と二重語〙

diúrnal árc *n.* 〘天文〙日周弧.

diúrnal círcle *n.* 〘天文〙日周圏《天体が日周運動によって動く天球上の行路》.

diúrnal mótion *n.* 〘天文〙日周運動《地球の自転のため天体が東から西へ動くように見える見かけの運動》.

diúrnal párallax *n.* 〘天文〙日周視差 (⇨ geocentric parallax).

di·u·ron /dáɪjʊrɑ̀(ː)n | -jʊ(ə)rɒ̀n/ *n.* 〘薬学〙ダイユロン ($C_9H_{10}Cl_2N_2O$)《除草剤》. 〘(1957) ← DI-¹+UR(EA)+-ON¹〙

div /dív/ *n.* 《英俗》ばかもの, 愚か者. 〘(*c*1980) ← ?〙

div 《略》divergence.
Div 《略》division.
div. 《略》diversion; divide; divided; dividend; divine; divinity; division; divisor; divorced.
di·va /díːvə; *It.* díːva/ *n.* (*pl.* **~s, di·ve** /-veɪ; *It.* -ve/) 女性の大歌手, (歌劇の)主役の女性歌手, プリマドンナ (prima donna). 〖(1883) ◻ It. ～ < L *dīvam* goddess (fem.) ← *dīvus* god: cf. deity〗
di·va·gate /dáɪvəgèɪt, dív- | dáɪvə-, -veɪ-, dívə-/ *vi.* 《文語》 **1** さまよう. **2** 〈話が〉枝葉にわたる, 岐路にはいる, それる (digress) 〔*from*〕. **di·va·ga·tion** /dàɪvəgéɪʃən, dìv- | dàɪvə-, -veɪ-, dìvə-/ *n.* 〖(1599) ← L *dīvagātus* (p.p.) ← *dīvagārī* ← *dī-* 'DIS-¹'+*vagārī* to wander (cf. vagary)〗
di·va·lent /dàɪvéɪlənt⁻/ *adj.* =bivalent. **di·vá·len·cy** /-lənsi/ *n.* 〖(1869) ← DI-¹+-VALENT〗
Di·va·li /dɪváːliː/ *n.* =Diwali.
di·van¹ /dɪvǽn, daɪ-, dáɪvæn/ *n.* **1** ★《米》では特に /daɪvǽn/ が普通. **a** (壁に沿って設置された背もたれや肘(ひじ)かけのないトルコ風の低い)クッション付き長椅子. **b** (低い)寝椅子, ソファー. **2 a** (トルコ・ペルシャ・イランなどの)御前会議, 国政会議, 枢密院. **b** 会議. **3** (トルコなどで)国政会議室; 法廷; 謁見(えっ)室; 官庁, (特に)税関. **4** 《古》 **a** (divan のある)喫茶室[店], 喫煙室. **b** たばこ屋: a cigar ～. **5** (ペルシャ・アラビアなどの一人の作者の)詩集. **6** (イスラム法の)会計簿. 〖(1586) ◻ Turk. *divān* ◻ Pers. *dīwān* brochure, council〗
di·van² /dɪvǽn, daɪ-, dáɪvæn/ *n.* 〖料理〗ディバン《鶏肉をブロッコリーやクリームソースと焼いたもの》.
diván béd *n.* 《英》=divan¹ 1 b.
di·var·i·cate /daɪvǽrɪkèɪt, dɪ-, -vέr- | daɪvǽrɪ-, dɪ-/ *v.* ― *vi.* **1** 《文語》二またに分かれる (fork). **2** 〖生物〗開出する, 分岐する. ― *vt.* 分け離す, 広げる. ― /daɪvǽrɪkɪt, -vέr- | -vǽrɪ-/ *adj.* 〖生物〗〈枝が〉等しく分かれた, 開出の, 分岐下, 離れた; 〈翼が〉大きく広がった.
di·vár·i·càt·ing·ly /-tɪŋli | -tɪŋ-/ *adv.* **~·ly** *adv.* 〖(1623) ← L *dīvāricātus* spread apart (p.p.) ← *dīvāricāre* ← DIS-¹+*vāricāre* to stand with legs apart (← *vāricus* straddling ← *vārus* bent)〗
di·var·i·ca·tion /daɪvæ̀rəkéɪʃən, dɪ-, -vèr- | daɪvæ̀rɪ-, dɪ-/ *n.* **1** 二叉分岐. **2** 意見の分かれ[相違]. 〖(1578): ⇨ ↑, -ation〗
di·vár·i·cà·tor /-tə | -tə(r)/ *n.* 〖動物〗開筋. 〖(1870) ← DIVARICATE+-OR²〗
dive /dáɪv/ *vi.* (**~d,** 《米口語・英方言》**dove** /dóuv | dáuv/; **~d**) **1** 〈人・動物などが〉(頭を先に水中へ)飛び込む, 潜る; 潜水する: ～ *off* a board [cliff] 板[崖]から飛び込む / ～ deep 深く水に潜る / ～ *for* pearls [coins] 真珠[コイン]を取りに潜る. **2** (水泳で)ダイビングする; (高所から)飛び下りる, 急降下する. **3** 〖航空〗〈急降下爆撃機などが〉急降下する, 突っ込む. **4** 〈潜水艦が〉潜水する: The sub ～*d* to the bottom. 潜水艦は底まで潜った. **5** 突然姿を消す; 〈やぶの中などに〉潜り込む〔*into*〕: ～ *into* the bushes [*under* the table] / ～ *down* an alley 路地に駆け込む / ～ *for* cover (身の安全を求めて)急いで隠れる / ～ *for* a ball ボールに飛びつく. **6** 〔…に〕手を突っ込む〔*into*〕: ～ *into* a bag, pocket, etc. **7** 〔問題・事業・娯楽などに〕打ち込む, 没頭する〔*into*〕: ～ *into* a book, politics, etc. **8** 〈価格・利益などが〉急落する [*from, to*].
― *vt.* **1** 〈手・身体などを〉突っ込む. **2** 〈急降下爆撃機などを〉急降下させる. **3** 水に潜らせる, 潜水させる. **4** 《古》(潜水して)探査する.
dive in 性急に行動に取りかかる.
― *n.* **1** 飛込み, 潜水; 突進 (dash): take a ～ (*into*) (…に)飛び込む, 没頭する / make a ～ *for* …を取ろうと[へ逃げ込もうと]飛び込む[突進する]. **2** (水泳の)飛込み, ダイビング: ⇨ fancy dive. **3** 〖航空〗急降下: The plane [pilot] did a ～ toward the ground. 飛行機[パイロット]は地上めがけて急降下した. **4** (株などの)急落, 暴落: ⇨ take a DIVE. **5** 〔問題などへの〕没頭, 探求〔*into*〕: take a ～ *into* a subject あるテーマに没頭する. **6** 《俗》(地下室などにある)安料理店, 居酒屋, あいまい屋; 賭博宿: an opium ～ アヘン窟(くつ) / a gambling ～ 賭博宿 (den, joint). **7** 隠れ家, 隠れ場所. **8** 《俗》(ボクシングなどでの)八百長のノックアウト: He took a ～ in the second round. 第二ラウンドでなれあいのノックアウトになった. **9** 〖アメフト〗攻撃チームのボールを持ったプレイヤーが少しでも前進しようとラインを越えて中に飛び込むように突進すること.
tàke a díve (1) 〈価格・名声など〉急落する: Stocks have *taken* quite *a* ～ recently. 株が最近暴落した / His reputation *took a* ～ after those revelations. これらの新事実が暴露されて彼の名声は突然地に落ちた. (2) 《俗》(八百長で)ノックアウトされたふりをする.
〖OE *dȳfan* (vt.) to dip < Gmc **dūbjan* (ON *dȳfa*) ← IE **dheub-* 'DEEP': cf. OE *dūfan* (vi.) to sink, plunge〗
díve-bòmb *vt., vi.* 〖軍事〗急降下爆撃する (cf. glide-bomb). 〖1935〗
díve bòmber *n.* 〖軍事〗急降下爆撃機. 〖1937〗
díve bòmbing *n.* 〖軍事〗急降下爆撃. 〖1935〗
díve bràke *n.* **1** 〖航空〗ダイブブレーキ《急降下中に速度が制限を超さないように装備した制動板》. **2** =air brake. 〖1940〗
díve-dàpper *n.* 〖鳥類〗《方言》(小形の)カイツブリ (dabchick).
Div·ehi /dívei/ *n.* ディベヒ語《モルディブ共和国の公用語; 印欧語族に属す》.
div·er /dáɪvə | -və(r)/ *n.* **1** 水に飛び込む[潜る]人, (水泳の)ダイバー; (高所から)飛び下りる人 (cf. skydiver): a good ～ 飛込みの名人. **2** 潜水業者, 潜水夫; 海女: ⇨ pearl diver. **3** 〔問題などの〕探求者, 研究者〔*into*〕. **4** 〖鳥類〗 **a** 《英》水に潜る鳥類の総称《アビ・カイツブリ・ウミスズメ・ペンギンなど; 米・カナダでは loon という》. **b** アビ属 (*Gavia*) のカモの類の水鳥の総称《北半球北部にすむアビ (*G. stellata*), オオハム (*G. arctica*) など》. **5** 《俗》潜水艦. **6** 〖空軍〗=dive bomber. **7** 《英俗》すり (pickpocket). 〖(1506): ⇨ dive, -er¹〗
di·verge /dɪvə́ːdʒ, daɪ- | daɪvə́ːdʒ, dɪ-/ ★ converge と対比するときには /dáɪvəːdʒ | -vəːdʒ/ と発音されることが多い. *vi.* **1** 〔進路などから〕それる (turn off); 常形[常態]から離れる, それる (deviate) 〔*from, to*〕: ～ *to* another topic 別の話題にそれる / ～ *from* the beaten track 常道からはずれたことをする[言う]. **2** 〈意見などが〉分かれる, 〔…と〕異なる〔*from*〕. **3** 〈線路・道路などが〉分岐する, 〔一点から〕分出する〔*from*〕(⇨ deviate SYN); (いくつかのものに)(放射状に)散開する (↔ converge) 〔*into*〕: The two roads ～ here. 2 本の道路はここで分岐する. **4** 〖数学〗〈数列・級数・積分などが〉発散する (↔ converge). ― *vt.* そらす, わきに向ける. 〖(1665) ◻ ML *divergere* ← DIS-¹+L *vergere* 'to bend, VERGE²'〗
di·ver·gence /dɪvə́ːdʒəns, daɪ- | daɪvə́ː-, dɪ-/ *n.* (↔ convergence) **1** 〔常態・規準などからの〕逸脱〔*from*〕; (意見などの)相違, (形状・種類の)想違: a ～ of views / ～ *from* the normal 常態からの逸脱. **2** 分岐, 分出; (末広形の)放散; 放散度. **3** 〖気象〗発散. **4** 〖数学〗 **a** 発散《ベクトル場の *x*, *y*, *z* 成分をそれぞれ *x*, *y*, *z* で偏微分したものの和》. **b** (数列・級数・積分などの)発散. **5** 〖植物〗(葉や果実の)開度, 葉距. **6** 〖生物〗分岐《ある生物群が種・亜種・変種などに進化し分かれていくこと》. **7** 〖心理〗拡散《問題解決に多くの解答を求めようとする思考法》. **8** 〖生理〗開散《両目が外側に向かって動くこと; cf. convergence》. **9** 〖電子工学〗発散《静電気の反発作用によって起きる電子流の広がり》. 〖(1656) ← ML *divergere* (↑)+-ENCE〗
di·vér·gen·cy /-dʒənsi/ *n.* =divergence.
di·ver·gent /dɪvə́ːdʒənt, daɪ- | daɪvə́ː-, dɪ-/ ★ convergent と対比するときには /dáɪvəːdʒənt | -vəː-/ と発音されることが多い. *adj.* (↔ convergent) **1** (分かれて)異なる (⇨ different SYN): ～ opinions. **2** (一点から末広形に)分岐する; 放散する. **3** 〖数学〗発散する: a ～ series 発散級数. **4** 〖物理〗(輻射(ふく)の)散開の; (光線を)発散させる: a ～ pencil 散開束線, 発散光束. **5** 〖心理〗拡散的な. **~·ly** *adv.* 〖(1696) ◻ ML *divergentem*: ⇨ diverge, -ent〗
divérgent squínt *n.* 〖眼科〗=walleye 3.
divérgent thínking *n.* 〖心理〗拡散的思考《与えられた情報から多様な新しい可能性を探る; cf. convergent thinking》. 〖1956〗
di·vér·ger *n.* 拡散的思考をする人, 視野が広く想像力の豊かな人 (cf. converger).
di·vérg·ing *adj.* =divergent. **~·ly** *adv.*
divérging léns *n.* 〖光学〗発散レンズ《平行光線束を発散させるレンズ; negative lens ともいう; cf. converging lens》.
di·vers /dáɪvə(ː)z | -və(ː)z/ *adj.* **1** 《古・戯言》二三の, 数個[数人]の (several): in ～ places ところどころに. **2** 《廃》=diverse. ― *pron.* 〖複数扱い〗《古・戯言》二三のもの[人], 数個のもの, 数人. 〖(*c*1275) ◻ (O)F *divers(e)* < L *dīversum* different ← *dīvertere*: ⇨ divert〗
di·verse /dɪvə́ːs, daɪ-, dáɪvəːs | daɪvə́ːs, ⁻⁻/ *adj.* 《文語》**1** 種々の, いろいろな, 多様の (multiform) (⇨ different SYN): at ～ times 時々 / ～ topics さまざまな話題 / a man of ～ interests 多趣味の人. **2** 〔…と〕別種の, 異なった (different) 〔*from*〕: be of a ～ nature *from* …と違った性質をもつ. **~·ness** *n.* 〖(*c*1300) 《変形》← DIVERS; ただし今では L *diversus* (↑) との連想が強い〗
di·vérse·ly *adv.* 種々に, さまざまに, まちまちに. 〖(*c*1330): ⇨ ↑, -ly¹〗
di·ver·si·fi·ca·tion /dɪvə̀ːsəfɪkéɪʃən, daɪ-, | daɪvə̀ːsɪfɪ-, dɪ-/ *n.* **1** 多様化, 多角化. **2** 雑多の状態; (多種多様の)変化, 変形. **3** 〖経済〗多角経営. **4** (地域計画における)産業の多角化. 〖(1603) ◻ ML *diversificātiō(n-)*: ⇨ diversify, -fication〗
di·vér·si·fìed *adj.* **1** さまざまな, 変化の多い, 雑多の (varied): a ～ program 多彩なプログラム. **2** 〖経済〗種々の証券[事業]に投資した; 多種類の作物[製品]を生産する: ～ investments 分散投資 / ～ agriculture 多角的農業. 〖(1611) ← DIVERSIFY+-ED〗
di·ver·si·form /dɪvə́ːsəfɔ̀əm, daɪ- | daɪvə́ːsɪfɔ̀ːm, dɪ-/ *adj.* 多様な, 種々な形状の. 〖(1660) ← L *dīversus* (⇨ divers)+-FORM〗
di·ver·si·fy /dɪvə́ːsəfàɪ, daɪ- | daɪvə́ːsɪ-, dɪ-/ *vt.* **1** 〈事・物〉に変化を与える[を生じさせる], (…の形状・外観を)さまざま[雑多]にする (variegate); …の単調さを破る. **2** 〖経済〗〈投資を〉種々の証券[事業]に分配して行う; 〈企業などが〉多方面に〈生産活動などを〉広げる. ― *vi.* 〖経済〗多角経営をする, (生産)活動を多方面化する, 投資を分散[多様化]する: ～ *into* new fields 新部門に手を広げる. **di·vér·si·fì·a·ble** /-fàɪəbl/ *adj.* **di·vér·si·fì·er** *n.* **di·vèr·si·fì·a·bíl·i·ty** /-əbíləti | -lɪti/ *n.* 〖(?a1430) ◻ OF *diversifier* ◻ ML *diversificāre*: ⇨ diverse, -fy〗
di·ver·sion /dɪvə́ːʒən, daɪ-, -ʃən | daɪvə́ːʃən, dɪ-/ *n.* **1** わきへそらせる[向ける]こと, 〔…からの, …への〕転換〔*from, into*〕; (資金の)流用: ～ *of* attention *from* study 勉強から注意をそらすこと. **2** 〖軍事〗牽制(けんせい), 陽動(作戦); 進路の変更《主攻撃目標地点の変更を意味しない》: create a ～ 牽制行動を起こす / make a ～ 牽制する. **3** 水の流れを変える[排水する]ために作られた水路, 分水. **4** 《英》(道路の故障などによる)回り道, 迂回路 (detour): traffic ～*s* 交通迂回路. **5** 気散じ, 気晴らし, 慰み, 娯楽. **~·al** /-ʒnəl, -ʒənl, -ʃnəl, -ʃənl | -ʃnəl, -ʃənl/ *adj.* 〖((?a1425)) (1647) ◻ LL *dīversiō(n-)*: ⇨ diverse, -sion: cf. divert〗
di·ver·sion·ar·y /dɪvə́ːʒənèri, daɪ-, -ʃən- | daɪvə́ːʃ(ə)nəri, dɪ-/ *adj.* **1** 〖軍事〗牽制(けんせい)の: ～ tactics. **2** 注意をそらせる[転換させる]. 〖(1846): ⇨ ↑, -ary〗
di·vér·sion·ist /-ʒ(ə)nɪst, -ʃ(ə)n- | -ʃ(ə)nɪst/ *n.* 〖軍事〗牽制的活動[陽動戦術]に従事する人《特に共産主義体制に対するものをいう》. 〖(1937): ⇨ -ist〗
di·ver·si·ty /dɪvə́ːsəti, daɪ- | daɪvə́ːsɪti, dɪ-/ *n.* **1** さまざま[多様, 雑多]なこと, 多様性, 変化 (variety): a great ～ *of* methods 非常に多くの違った方法 / There is a ～ *of* opinion as to the matter. その事については種々の意見がある. **2** 同一でない[違っている]こと, 相違, 不同; 相違点: ～ *in* their dispositions 性質の不同[相違]. **3** 《詩》雑色, 色とりどり. **4** 〖論理〗想違《二つの実在物の間に同一性がないときにのみいわれる関係》. 〖(*c*1340) ◻ (O)F *diversité* ◻ L *dīversitātem*: ⇨ diverse, -ity〗
divérsity fàctor *n.* 〖電気〗不等率《ある配電系統中で個々の最大需要の和の全系統最大需要に対する比率》. 〖1905〗
divérsity recèption *n.* 〖通信〗ダイバーシティー受信《最上の受信状態を自動的に選ぶようにした受信法》. 〖1960〗
díver's pálsy [parálysis] *n.* 〖病理〗=caisson disease.
di·vert /dɪvə́ːt, daɪ- | daɪvə́ːt, dɪ-/ *vt.* **1 a** 〈交通を〉回り道[迂回路]させる: ～*ed* traffic. **b** 〔他の方向・興味・目的などに〕転じる, 向ける, そらす; 〈資金などを〉流用[転用]する〔*from, to, into*〕; 〈電話などを〉転送する: ～ a person's attention *from* one subject *to* another 話題を次々に変えて人の注意をそらす / ～ the course of a stream＝～ a stream *from* its course 水流の進路を変える / ～ funds *to* …に資金を流用[転用]する / ～ suspicion *from* oneself *onto* someone else 疑いを自分から他人にそらす. **2** 〔まじめな仕事などから〕〈人〉の気を転じさせる〔*from*〕(⇨ amuse SYN); 楽しませる, 慰める: ～ a person *from* his cares 心配事から人の気を紛らせる / ～ children by telling stories 話をして子供らを楽しませる / be very ～*ed* by a play 芝居を見て大いに楽しむ / ～ oneself *in* … (*ま*れ) …で楽しむ, 遊ぶ, 気を紛らす. **3** 〖軍事〗〈敵の注意を〉〈他に〉牽制(けんせい)する. ― *vi.* それる, 転じる. **~·i·ble** /-təbl | -tɪ-/ *adj.* 〖(*a*1420) ◻ (O)F *divertir* ◻ L *dīvertere* to turn aside ← *dī-* 'DIS-¹'+*vertere* to turn (cf. version)〗
di·vért·er /-tə | -tə(r)/ *n.* **1** divert する人[物]: Sport is a ～ of youth. スポーツは青春を楽しませるものだ. **2** 〖電気〗分流加減器《直流機の界磁などを分路して界磁電流を調整するもの》. 〖(1621–51): ⇨ ↑, -er¹〗
diverticula *n.* diverticulum の複数形.
di·ver·tic·u·lar /dàɪvətíkjulə | -və(ː)tíkjulə(r)⁻/ *adj.* 〖解剖〗憩室の. 〖(1849–52): ⇨ diverticulum, -ar¹〗
divertícular diséase *n.* 〖医学〗憩室性疾患《憩室が存在し, 大腸の筋痙攣が炎症なしに腹部の痛みと腸の不調を引き起こす状態》.
di·ver·tic·u·li·tis /dàɪvətɪkjuláɪtɪs | -və(ː)tɪkjuláɪtɪs/ *n.* 〖病理〗憩室炎. 〖(1900) ← NL ～: ⇨ diverticulum, -itis〗
di·ver·tic·u·lo·sis /dàɪvətɪkjulóusɪs | -və(ː)tɪkjuláusɪs/ *n.* 〖病理〗(多発性)憩室症《腸に多数の憩室が存在するもの》. 〖(1917) ← NL ～: ⇨ ↓, -osis〗
di·ver·tic·u·lum /dàɪvətíkjuləm | -və(ː)-/ *n.* (*pl.* **-u·la** /-lə/) 〖解剖〗憩室《動物の消化管などの一部にできた袋状に病理変化した組織》. 〖(1647) ◻ L *diverticulum* byway 《変形》? ← *dēverticulum* ← *dēvertere* to turn aside ← DE-¹+*vertere* to turn〗
di·ver·ti·men·to /dɪvə̀ːtəméntou, dɪvèə- | dɪvə̀ːtɪméntəu, -vèə-; *It.* divertiménto/ *It. n.* (*pl.* **-men·ti** /-tiː; *It.* -ti/, **~s**) **1** 〖音楽〗嬉遊曲, ディヴェルティメント. **2** =divertissement 1. 〖(1759) ◻ It. ～ 'diversion' ← *divertire* (◻ F *divertir* 'to DIVERT')+*-mento* '-MENT'〗
di·vert·ing /dɪvə́ːtɪŋ, daɪ- | daɪvə́ːt-, dɪ-/ *adj.* 気晴らしになる, 楽しい, おもしろい (entertaining): a ～ game. **~·ly** *adv.* 〖(1651): ⇨ -ing²〗
di·ver·tisse·ment /dɪvə́ːtɪsmənt, -tɪz- | dìːvəətíːsmɑ̃ː(ŋ), -maːŋ, dɪvə́ːtɪsmənt; *F.* divɛʁtismɑ̃/ *F. n.* (*pl.* **~s** /～s | ～z; *F.* ～/) **1** 娯楽. **2** 〖音楽〗ディヴェルティスマン (entr'acte)《オペラで筋書とは関係なく幕間(まくあい)や劇中に挿入される短いバレエ・舞曲・器楽曲など》. **3** 〖音楽〗(フーガの)エピソード. **4** 〖音楽〗(オペラなどから抜粋した旋律の)ポプリ, 接続曲 (potpourri). **5** 〖音楽〗=divertimento. 〖(*c*1728) ◻ F ～ ← *divertiss-* (stem) ← *divertir* 'to DIVERT'〗
di·ver·tive /dɪvə́ːtɪv, daɪ- | daɪvə́ːt-, dɪ-/ *adj.* =diverting.
di·vér·tor /-tə | -tə(r)/ *n.* =diverter.
Di·ves /dáɪviːz/ *n.* **1** 〖聖書〗ディーベス《「富める人とラザロ (Lazarus)」のたとえ話の中の「富める人」を表すラテン語が固有名詞と考えられたもの; cf. *Luke* 16:19–31》. **2** 富者, 金持ち. 〖(*c*1378) ◻ L *dīves* rich (man): cf. divine〗
Díves còsts *n. pl.* 《古》〖英法〗通常の訴訟費用 (cf. pauper costs). 〖(1849) ↑〗
díve spèed *n.* 〖航空〗急降下速度.
di·vest /daɪvést, dɪ-/ *vt.* **1** 〔しばしば ～ *oneself* または受身で〕…に〔着物などを〕脱がせる, …からはぐ (strip); …から〔財産・地位・権利などを〕はぎ取る, 奪う (deprive) (⇨

strip² SYN); …から(…いやなものを)除く, …に(…から)逃れさせる (rid) (of): ~ a person *of* his coat 人に上着を脱がせる / ~ *oneself of* one's apron エプロンをはずす[とる] / He will be ~*ed of* the duty. 彼はその義務を免れるであろう. **2** 〘法律〙〈職権・財産権などを〉剥奪(はく)する, 取り上げる《遺贈について用いられることが多い》. ★ 法律用語の場合 devest とつづられることもある. **3** 〘商業〙〈持ち株・子会社などを〉売却[分離]する (of). 〖(1563) □ ML *dīvestīre* ← *dī-* 'DIS-¹'+L *vestīre* 'to VEST' ∞ (廃) *devest* □ OF *de(s)vestir*〗

di·vest·i·ble /daɪvéstəbl, dɪ̀- | -tɪ̀-/ *adj.* 取り上げられる, 剥奪できる. 〖(1648): ⇨ ↑, -ible〗

di·vest·i·ture /daɪvéstətʃùə, dɪ̀-, -tʃə | -tɪtʃə(r)/ *n.* **1** (所有物・権利などの)剥奪. **2** 脱衣. **3** 負の投資, 投下資本の引揚げ. 〖(1601) ← NL *dīvestītus* (p.p.): ⇨ divest, -ure: cf. investiture〗

di·vést·ment *n.* =divestiture.

di·ves·ture /daɪvéstʃə, dɪ̀- | -tʃə(r)/ *n.* =divestiture.

div·i /dívi/ *n.* 《英俗》(購買組合の)配当, 割戻し (cf. divvy¹). 〖← DIVIDEND: cf. divvy¹〗

di·vid·a·ble /dɪ̀váɪdəbl | -dəbl/ *adj.* =divisible. 〖1587〗

di·vi·dant /dɪ̀váɪdənt | -dənt/ *adj.* 《Shak》識別できる; 分けられる.

di·vide /dɪ̀váɪd/ *vt.* **1** 分割する, (幾つかに)割る, 裂く (split up); (…に)種別する, 分類する (classify) (into): ~ a thing (*up*) *into* equal parts [halves, thirds, quarters, etc.] 物を二等分[折半, 三等分, 四等分]する / ~ a genus *into* species 属を種に分ける / The passengers ~*d* themselves *into* two lines. 乗客は2列に分かれた. **2 a** (分割して)分ける, (…の間で)分ける, 分配する 〈*out, up*〉 (⇨ distribute, separate SYN); 〈時間などを〉割り振る (allot) (*among, between*): ~ the profits (*out* [*up*]) *among* the stockholders 利益を株主間に分ける / They ~*d* the household chores *between* [*among*] them. 彼らは2人で家事を分担した / His time is ~*d between* philosophy and agriculture. =He ~*s* his time *between* philosophy and agriculture. 彼は哲学的思索にふけったり農業をやったりする, 晴耕雨読. **b** (…と)共に分かつ (share in) (*with*): You should have ~*d* the cake *with* them. 君はケーキを彼らと分かち合うべきだった. **3** 〘数学〙 **a** 〈ある数を〉(他の数で)割る (*by*); 〈ある数で〉(他の数を)割る (*into*): *Divide* 7 *by* 2 [2 *into* 7] and you get 3 and a half. 7を2で割れば$3^1/_2$となる. **b** 割り切る (go into): 9 ~*s* 36 (evenly [without remainder]). 36は9で割り切れる. **4 a** 〈道路・川・垣などが〉分かつ, 分界する, 区画する (separate): The equator ~*s* the earth *into* two hemispheres. 赤道により地球は二つの半球に分かれる. **b** (…から)離す, 分離する (set apart); 隔離する (*from*): ~ (off) the sick *from* the rest 病人を他の者から隔離する (⇨ DIVIDE off). **5** …の仲[関係]を裂く; 〈意見などを〉分かれさせる, 〈心を〉分裂させる: a house ~*d against* itself 内輪もめしている家[党など] (cf. *Mark* 3:25) / A small matter ~*d* the friends. 小さな事でその友人たちの仲が悪くなった / Opinions are ~*d* on the issue. その問題で意見が分かれている / My mind is ~*d* on the point. その点に関して私の心は迷っている / In their death they were not ~*d*. 死んでも彼らは離れなかった (2 *Sam*. 1:23). **6** 《英》(議会で)二派に分けて賛否の決を採る: ~ the House on the measure その処置を議会の採決に問う. **7** 〘機械〙〈計器〉に度盛り[目盛り]をつける.
— *vi.* **1** 分かれる, 割れる, (…から)分離する (*from*); 〈道路・川・鉄道などが〉(二つ以上に)分かれる (branch out) (*into*): There the river ~*s into* two branches. そこでその川は二つの支流に分かれる. **2** 意見が分かれる, 割れる: The committee ~*d* on the issue. 委員会はその問題で意見が割れた. **3** 〘数学〙割算をする; 〈ある数が〉(…を)割る (go) (*into*): 9 ~*s into* 36 four times. 36を9で割れば4が立つ. **4** (…と)分かち持つ (*with*): He always ~*s* equally *with* others. 彼はいつも物を他の人たちと等分する. **5** 《英》(議会などで)賛否の決を採る, 採決する: *Divide! Divide!* 採決, 採決.
divide and rúle 分割統治する. ***divide óff*** 仕切る: A partition ~*d* the kitchen area *off* from the dining area. 仕切りが台所と食堂を分けていた.
— *n.* **1** 《米・カナダ》 **a** (二者間の)分界線, 分岐点 (*between*); 相違, (意見などの)溝. **b** 〘地理〙分水界: ⇨ Great Divide 1. **2** 《口語》分割; 分配.
divíde and rúle =divide et impera.
〖(?a1325) □ L *dīvidere* to force asunder, distribute ← *dī-* 'DIS-¹'+*-videre* (← IE *weidh- to separate (L *viduus* bereft / (fem.) *vidua* 'WIDOW'))〗

di·vid·ed /dɪ̀váɪdɪ̀d | -dɪ̀d/ *adj.* **1** 分かたれた, 分割された; 分離した, (道路に)中央分離帯のある: ~ ownership (土地の)分割所有 / ~ payments 分割払込み / ⇨ divided highway. **2** 区々に分かれた; 意見が割れた, 分裂した: ~ allies. **3** 〘植物〙〈葉が〉(基部または中肋(ちゅう)まで)深く割れた, 分裂した (dissected) (cf. cleft² 2, parted 3): ~ leaves. **~·ly** *adv.* **~·ness** *n.* 〖(1565–73): ⇨ ↑, -ed〗

divíded híghway *n.* 《米・カナダ》中央分離帯で分けた高速道路 (《英》dual passageway).

divíded skírt *n.* 〘服飾〙=culottes.

divíded úsage *n.* 〘文法〙慣用のゆれ, 分割語法 (catalogue と catalog; sing の過去形が sang, sung などのように, つづり・発音・構文などで同一水準の人の間でも流儀が異なるもの).

di·vi·de et im·pe·ra /dívɪdì: etímpərə/ *L.* 分割支配(策), 「各個撃破」(divide and rule) (Machiavelli などの政治標語). 〖L *dīvide, imperā* はそれぞれ *dīvidere* 'to DIVIDE' *imperāre* to rule (⇨ imperative) の命令法〗

div·i·dend /dívədènd, -dənd, -dnd | -vɪ̀dènd, -dənd, -dnd/ *n.* **1 a** (出資者への)配当, 利益配当 (cf. principal 1); 配当額, 配当金: declare a ~ (on shares) (株式に対する)配当を発表する / pass a ~ 無配当にする / ⇨ stock dividend. **b** 利益 (advantage): pay ~*s* 利益をもたらす, (将来)役に立つ / Staying abroad gives us the ~ of knowing our own country better. 海外に滞在することは自国をよく知るという利益もある. **c** 分け前; (余分の)報酬, おまけ (bonus). **2** 〘法律〙(破産清算の)分配金: a ~ in liquidation 清算分配金. **3** 《米》〘保険〙(契約者への)利益配当金 (《英》bonus). **4** 〘数学〙被除数, 実 (cf. divisor). 〖(c1477) □ OF *dividende* □ L *dividendum* (thing) to be divided (neut. gerundive) ← *dīvidere* 'to DIVIDE'〗

dívidend còver *n.* 配当倍率.

dívidend strìpping *n.* 《英》〘税法〙(支払者と課税者とが共謀して)配当課税を逃れること. 〖1958〗

dívidend wàrrant *n.* 配当金支払証, 配当券. 〖1716〗

dívidend yìeld *n.* (株式の)配当利回り.

div·i·dent /dívədènt/ *adj.* 《まれ》別々の (separate). 〖(1607–8) □ L *dīvidentem* (pres. p.) ← *dīvidere* 'to divide': ⇨ -ent〗

di·vid·er /dɪ̀váɪdə | -də(r)/ *n.* **1** (部屋などの)仕切り《ついたて・カーテン・戸棚など; しばしば room divider ともいう》. **2 a** [通例 *pl.*] ディバイダー, 割りコンパス, 両脚規 (compasses): a pair of ~*s*. **b** (ノート・ファイルなどの)仕切りページ. **3** 分割者, 分配者. **4** 分裂のもと, 離間者: money, the great ~ of the world 人々の心を離反させるくせ者である金 (Swift, *The Drapier's Letters*). **5** 〘鉱物〙立坑の坑枠の部材《横からの圧力を支え, 同時に立坑の枠間の間仕切りを形成する; bunton ともいう》. 〖(1526–34) ← DIVIDE+-ER¹〗

di·vid·ing /dɪ̀váɪdɪŋ | -dɪŋ/ *adj.* 分ける, 分割[区分]する, 分画的な: ~ bars 格子骨(ぼね). 〖(1620) ← DIVIDE+-ING²〗

divíding èngine *n.* 〘機械〙(計器の)目盛機, 分割機. 〖1838〗

divíding hèad *n.* 〘機械〙=index head.

divíding lìne *n.* (物事・集団・土地の)区分[境界]線.

divíding machìne *n.* 〘機械〙=dividing engine.

divíding plàte *n.* 〘機械〙=index plate.

divíding rìdge *n.* 〘地理〙分水嶺(れい), 分水山稜(りょう). 〖1807〗

di·vi-di·vi /dìvidí:vi, dìvidívi/ *n.* (*pl.* ~, ~*s*) 〘植物〙 **1 a** ディビディビ (*Caesalpinia coriaria*) 《熱帯アメリカ産マメ科ジャケツイバラ属の小高木》. **b** ディビディビに近縁の木 (*C. tinctoria*). **2** ディビディビのさや《皮なめしや染色に用いる》. 〖(1837) □ Sp. ~ ← Carib.〗

di·vid·u·al /dɪ̀vídʒuəl | dɪvídjuəl, -dʒuəl/ *adj.* 《古》 **1** 分離的な, 分かれた (separate). **2** 分けられる, 分割できる. **3** 分配された (shared). **~·ly** *adv.* 〖(1598) ← L *dīviduus* divided+-AL¹: cf. individual〗

Di·vi·na Com·me·dia /di:ví:nəkə(:)méɪdjə | -kəm-; *It.* diví:nakommɛ́:dja/, **La** *It. n.*「神曲」(⇨ The DIVINE COMEDY). 〖□ It. ~ (原義) the divine comedy〗

div·i·na·tion /dìvənéɪʃən | -vɪ̀-/ *n.* **1** 占い, 易断. **2** 前兆, 予示. **3** [しばしば *pl.*] 予言 (prediction); (本能的)予知, 予見, 的確な予測[推量], 直観的察知, 明察. 〖(c1380) □ (O)F ~ □ L *dīvīnātiō(n-)*: ⇨ divine, -ation〗

div·i·na·tor /dívənèɪtə | -vɪ̀nèɪtə(r)/ *n.* =diviner 1. 〖(1607) □ L *dīvīnātor* ← *dīvīnātus* (p.p.) ← *dīvīnāre* 'to DIVINE'〗

di·vin·a·to·ry /dɪ̀vínətɔ̀:ri, -váɪn- | dɪvínətəri, -tri/ *adj.* 占いの; 予言的な; 本能的予知の, 直観的察知の: ~ lots. 〖(1569): ⇨ divination, -ory¹〗

di·vine /dɪ̀váɪn/ *adj.* (**di·vin·er; -est**) **1** 神の, 神に関する, 神による (⇨ holy SYN); 神性の (cf. human): the ~ Being [Father] 神, 天帝 / ~ aid 神助 / *Divine* Providence 神の摂理 / ~ grace 神の恵み / the ~ will 神意 / ~ judgments 神の裁き. **2** 神授の, 天与の, 天来の: a ~ inspiration 天与の霊感 / the ~ weed 《戯言》たばこ. **3 a** 神にささげた; 神をたたえる; 神聖な (holy); 宗教的な (religious): ⇨ divine service. **b** 《廃》神学(上)の, 神学に関する. **4** 神のような (godlike); 神々しい, この世のものならぬ; 超人的にすぐれた, 非凡な: ~ beauty [purity] 神々しい美しさ[純潔]. **5** 《口語》たまらなくいい, すばらしい, すてきな. ★ 主に女性の用いる強意語: What ~ weather!
divíne right of kíngs [the —] 帝王神権, 王権神授説《英国史では, 特に17世紀に Stuart 朝の王たちや Filmer が主張したもの》.
— *n.* **1** 神学者; 聖職者, 牧師. **2** [しばしば the D-] 神; (人間にみられる)神性, 神性を有するもの.
— *vt.* **1** 占う, (超自然的な力で)予知する, 予言する (foretell): ~ the future 未来を占う. **2** 予測する, 察知する, 推測する, 見抜く: ~ a person's thoughts 人の胸中を看破する / ~ a meaning その意味を察知する / I can't ~ where he is. 彼がどこにいるのか知る由もない. **3** 占いつえ (divining rod) で〈水・金脈などを〉発見する, …の在り場所を突き止める[見つける]. — *vi.* **1** 占いをする; 予言する (prophesy); 予測する, 推測する (*for*). **2** 占い棒 (divining rod) を使う. **3** 《古》〈将来の出来事などを〉予告[予示]する (portend).
di·vín·a·ble *adj.* 〖adj.: (c1375) □ (O)F *devin(e)* □ L *dīvīnus* ← *dīvus* divine, god(like) ← IE *deiw- to shine: cf. deity. — n.: (?a1300) □ L *dīvīnus* soothsayer. — v.: (a1338) □ (O)F *deviner* // L *dīvīnāre* ← *dīvīnus*〗

Divíne Cómedy, The *n.*「神曲」《イタリアの詩人 Dante 作の大叙事詩 *La Divina Commedia* の英訳名; 1307年ごろ書き始められ, 死の直前 (1321年)に完成した; *Inferno* (=Hell), *Purgatorio* (=Purgatory), および *Paradiso* (=Paradise) の三部から成る》.

divíne héaling *n.* (信仰などに対する感応に基づくという)神力による病気の治癒(ゆ)[療法] (cf. faith cure).

Divíne Líturgy, d- l- *n.* 〘東方正教会〙聖体礼儀, 聖餐(さん)式 (cf. liturgy 3). 〖1870〗

di·víne·ly *adv.* **1** 神(の力[徳])によって; 神のように, 神々しいまでに. **2** 《口語》すばらしく; とてもよく[うまく]: He sang [played] ~. 〖(?a1425): ⇨ -ly¹〗

Divíne Mínd *n.* 〘クリスチャンサイエンス〙=mind 11.

Divíne Móther *n.* 〘ヒンズー教〙聖なる母《ヒンズー教の三大主神 (Brahma, Vishnu, Siva) の創造的・活力的な面を表した神妃 Shakti》.

di·víne·ness *n.* 神性; 神聖さ; 神々しさ. 〖(1436): ⇨ -ness〗

divíne óffice, D- O- *n.* 〘カトリック〙聖務日課《一定の時刻, 一定の形式でささげられる日々の祈禱(の務め); cf. breviary》; 〘英国国教会〙朝夕の祈り, 早禱と晩禱.

di·vín·er *n.* **1 a** 占者, 易(断)者; 予言者. **b** (的確な)推測者. **2** =waterfinder. **3** =divining rod. 〖(a1376): ⇨ divine, -er¹〗

divíne sérvice *n.* (教会の)礼拝式, 勤行; (神の)礼拝.

div·ing /dáɪvɪŋ/ *n.* **1** 潜水. **2** 〘水泳〙飛込み, ダイビング. — *adj.* 水に潜る; 潜水(性)の: ⇨ diving duck. 〖(a1398): ⇨ dive, -ing¹〗

díving bèetle *n.* 〘昆虫〙ゲンゴロウ《ゲンゴロウ科の水生甲虫の総称》. 〖c1889〗

díving bèll *n.* 潜水鐘(しょう)《排水した釣鐘形の初期の潜水具; 空気の圧力で上部に水が入らないので, その中で人は自由に水中作業ができる》. 〖1661〗

díving bòard *n.* (水泳プール・湖などの)飛込み板. 〖1893〗

díving bòat *n.* 潜水作業用ボート, ダイビング用ボート.

díving drèss *n.* =diving suit.

díving dùck *n.* 〘鳥類〙潜水ガモ《アメリカホシハジロ (redhead) など水に潜って食物をとったり身を守ったりするハジロガモ属のカモの総称; cf. dabbler 1 b》. 〖1813〗

díving hèlmet *n.* 潜水帽.

díving pètrel *n.* 〘鳥類〙モグリウミツバメ《南半球産モグリウミツバメ科モグリウミツバメ属 (*Pelecanoides*) の海鳥の総称》.

díving plàne [rùdder] *n.* 〘造船〙水平舵《潜水艦の上下方向用舵》.

díving sùit *n.* 潜水衣, 潜水服. 〖1908〗

di·vín·ing ròd *n.* 占い棒《はしばみや柳の叉木(また)で作る; これを両手に軽く持って地上に立てると, その下に水脈・鉱脈があるときは下にぐいと引かれるという; diviner ともいう; cf. dowse¹, water witching》. 〖1751〗

di·vin·i·ty /dɪ̀vínəti | -nɪ̀ti/ *n.* **1** 神学 (theology); (大学の)神学部: the department of ~ 神学部 / a Doctor of *Divinity* 神学博士 (略 DD). **2** 神の性質, 神性, 神格 (godhead): the ~ of Christ. **3** 神力, 神威, 神徳. **4** [the D-] =deity 3. **5 a** (異教の)神: the *divinities* of ancient Greece 古代ギリシャの神々. **b** 天使, 天人, 森[水]の精《至高の神と人間の中間に位置する存在; minor divinity ともいう》. **6** 神々しい人, 神のような人, 慕わしい人. **7** 神々しさ; 最高(のすばらしさ): the ~ of Raphael's painting. **8** 《米》卵白とナッツが入ったファッジ. 〖(c1300) □ (O)F *divinité* □ L *dīvīnitātem* ← *dīvīnus*: ⇨ divine, -ity〗

divínity càlf *n.* 〘製本〙神学書装《暗褐色の子牛革に空押しをした装丁様式; 神学書などの装丁に使用された》.

divínity cìrcuit *n.* 〘製本〙=divinity circuit binding.

divínity círcuit bìnding *n.* 〘製本〙耳折れ表紙[製本], 垂れ革表紙[製本]《書物の小口を保護するために革表紙の縁が小口から垂れ下がるようにした装丁様式; 聖書・賛美歌集の装丁によく用いられた; yapp (binding) ともいう》.

divínity fùdge *n.* 《米》=divinity 8.

Divínity Háll *n.* 神学校 (theological school); 《スコット》(大学の)神学部 (department of divinity).

divínity schòol *n.* 《米》神学校 (theological school). 〖a1555〗

div·i·nize /dívənàɪz | -vɪ̀-/ *vt.* 神に化する, 神に祭る.
div·i·ni·za·tion /dìvənɪ̀zéɪʃən | -vɪ̀naɪ-, -nɪ-/ *n.* 〖(1656) □ F *diviniser*: ⇨ divine, -ize〗

div. in par. aeq. 《略》〘処方〙*L.* dīvidātur in partes aequāles (=let it be divided into equal parts).

di·vì·nyl·acétylene /daɪvàɪnl- | -nɪ̀l-, -nl-/ *n.* 〘化学〙ジビニルアセチレン ($CH_2{=}CHC{\equiv}CCH{=}CH_2$)《無色の液体; 乾性油原料》. 〖← DI-¹+VINYL+ACETYLENE〗

divìnyl·bénzene *n.* 〘化学〙ジビニルベンゼン ($C_6H_4(CH{=}CH_2)_2$)《架橋剤の一つ; イオン交換樹脂に用いられる》. 〖← DI-¹+VINYL+BENZENE〗

di·vi·sa /dɪ̀ví:sə, -zə | dɪ-; *Sp.* diβísa/ *Sp. n.* (闘牛で)闘牛の飼育家を示す牛につける赤いリボン. 〖(1932) □ Sp. ~ 'device, emblem' ← *diviso (p.p.) ← *dividir* 'to DIVIDE'〗

di·vi·si /dɪ̀ví:zi | dɪ-; *It.* diví:zi/ *adj.* 〘音楽〙分奏で《同一の声部を受け持つ楽器群を二つ以上のグループに分けて, それぞれ別の声部を演奏させる場合の指示に用いる; 略 div.》. 〖(1740) □ It. ~ (p.p. pl.) ← *dividere* to DIVIDE〗

di·vis·i·bil·i·ty /dɪ̀vìzəbíləṭi | -zɪ̀bílɪ̀ti/ *n.* **1** 分けられること, 可分性. **2** 〘数学〙割り切れること, 整除できる性質, 被整除性. **3** 〘経済〙可分性《生産活動の単位を任意の大きさに細分できること》. 〘(1644): ⇨ ↓, -ity〙

di·vis·i·ble /dɪ̀vízəbl̩ | -zɪ̀-/ *adj.* **1** 分けられる, 可分の 〔*into*〕. **2** 〘数学〙割り切れる, 整除できる: be infinitely ~ 無限に(小さく)分割できる / 100 is ~ *by* 10. 100 は 10 で割り切れる. **~·ness** *n.* 〘(?c1425) □ (O)F □ LL *dīvīsibilis* ← L *dīvīsus* (p.p.): ⇨ divide, -ible〙

di·vís·i·bly /-bli/ *adv.* 可分的に; 割り切れるように. 〘(1558): ⇨ ↑, -ly¹〙

di·vi·sim /dɪváɪzɪm, diːwíːsɪm/ *L. adv.* 別々に, 各個に (separately). 〘□ L *dīvīsim* ← *dīvidere* 'to DIVIDE'〙

di·vi·sion /dɪ̀víʒən/ *n.* **1** 分けること, 分割; 分配, 配分 (distribution): the ~ of a book *into* five chapters 本を 5 章に分けること / the ~ of the spoils 戦利品の分配. **2** 〘数学〙割り算, 除法《記号 ÷; ↔ multiplication》(⇨ long division, short division). **3** (意見・内部などの)分裂, 不一致, 不和 (variance): a ~ of opinion 意見の不一致. **4** 区切り, 仕切り, 隔壁; (境)界線, 分界線 (boundary). **5 a** (分割された)部分, 区間, 区画 (⇨ part SYN); (本の)部, 章, 節: group things into 10 ~*s* 物を 10 に区分する. **b** (学校の)組, クラス. **c** 《米》鉄道区[管理局]; 航空管区. **6 a** (官庁・会社などの)部, 局, 課: the sales ~ (会社の)販売部, 営業部. **b** (学校機構の)学部: the ~ of humanities (大学の)人文学部. **7** (国家・州を行政上区分した場合の)地区; 《英》(選挙区としての)州[自治都市]の一部. **8** [集合的] 〘軍事〙 **a** 〘陸軍〙師団 (⇨ army 3 ★); 《英》地区, 師団管区. **b** 〘海軍〙戦隊, 分(艦)隊《通例 4 隻編成の小艦隊》. **c** 〘空軍〙航空師団《2–5 個の航空団 (wings) から成る部隊》. **d** 部, 課, 隊《上級司令部等の組織の一部》. **e** [*pl.*] 〘海軍〙艦長による観閲. **9 a** (実力・年齢・性別などによるボクシング・レスリングなどの運動選手の)区分, 級, 段. **b** (昔の刑務所で, 罪の軽重によって分ける)組. **10** (英国などの国会で賛否両派に分かれる)採決: take a ~ on a motion 動議の採決を行う / go to a ~ 投票採決する / approved without a ~ (賛否の席に分かれる)投票によらずに承認された. **11** 目盛り, 度盛り: the ~ of a scale. **12** 〘生物〙分裂; (目・科・属などの)部門; 〘植物〙(分類の)門 (cf. classification 1 b). **13** 〘園芸〙株分け; (球根類の)分球. **14** 〘音楽〙 **a** ディビジョン《特に, 17–18 世紀の英国で, 旋律を構成する音を即興的に細分化する旋律装飾法; またその楽曲(一種の変奏曲)》. **b** (オルガンの)ディビジョン《一組の手鍵盤とそれをコントロールするストップから成る部分》. **15** 〘論理〙区分《対象を部分, 種類, 領域などに分ける働きおよびその成果》.

divísion of lábor 〘経済〙分業.

divísion of pówers (1) 〘政治〙権力の分立. (2) 《米政治》(州と国との間の)主権分立 (cf. SEPARATION of powers).

〘(14C) □ L *dīvīsiō(n-)* ← *dīvīsus* (p.p.) ← *dīvidere* 'to DIVIDE' ∞ (?c1350) *devisioun* □ OF *devisiun* (F *division*) □ L: ⇨ -sion〙

di·vi·sion·al /dɪ̀víʒnəl, -ʒənl̩/ *adj.* **1** 分割上の, 区分的な, 区画の; 境界(線)を示す: ~ walls. **2** 部分的な: the ~ meeting 分会. **3** 師団の, 師団管区の; 戦隊の: a ~ commander 師団長. **4** 〘数学〙除法の. **5** 〈貨幣が〉本位貨幣の補助をする. **~·ly** /-ʒ(ə)nəli/ *adv.* 〘(1738): ⇨ ↑, -al¹〙

divísion àlgebra *n.* 〘数学〙多元体《体をなす多元環 (algebra)》.

divísion àlgorithm *n.* 〘数学〙除法のアルゴリズム《除法を筆算で行う通常の手順》.

di·vi·sion·al·ìze /-ʒ(ə)nəlàɪz/ *vt.* 区分する, 分散させる; 〈企業を〉事業部化する. **di·vì·sion·al·i·zá·tion** /-ʒ(ə)nəlɪ̀zéɪʃən | -laɪ-, -lɪ-/ *n.*

di·ví·sion·àr·y /-ʒənèri | -ʒ(ə)nəri/ *adj.* 《英》＝divisional. 〘(1815): ⇨ -ary〙

divísion bèll *n.* 〘英議会〙採決の(合図の)ベル.

Di·ví·sion·ìsm, d- /-ʒənìzm/ *n.* 〘美術〙ディビジョニスム, 分割描法《印象主義の色彩理論を科学的に追求し, 画面に一層明るさと光輝を与えようとした新印象主義の技法; cf. Pointillism》. **Di·ví·sion·ist, d-** /-ʒ(ə)n̩ɪst | -nɪst/ *n., adj.* 〘(1901): ⇨ -ism〙

divísion lòbby *n.* ＝lobby 2 b.

divísion màrk *n.* 〘数学〙＝division sign.

divísion rìng *n.* 〘数学〙(非可換)体《0 以外の要素が常に乗法に関する逆元をもつ環》.

divísion sìgn *n.* 〘数学〙 **1** 割算記号, 割りじるし (÷). **2** 分数を表す斜線 (⁷/₈ など). 〘*c*1934〙

di·vi·sive /dɪ̀váɪsɪv, -vís-, -zɪv | dɪ̀váɪs-/ *adj.* **1** 不和[分裂]を生じさせるような. **2** 《古》区分[区別]のある; 区別をする, 分析的な. **~·ly** *adv.* **~·ness** *n.* 〘(1603) □ ML *dīvīsīvus* ← L *dīvīsus* (p.p.): ⇨ divide, -ive〙

di·vi·sor /dɪ̀váɪzə | -zə^(r)/ *n.* 〘数学〙除数, 法 (cf. dividend 4); 約数: ⇨ common divisor. 〘(1466) □ (O)F *diviseur* // L *dīvīsor*: ⇨ divide, -or²〙

di·vorce /dɪ̀vɔ́əs | -vɔ́ːs/ *n.* **1** 〘法律〙(裁判上の)離婚, 結婚解消 〔*from*〕; 婚姻の部分的解消, 別居: (a) ~ by consent 協議離婚 / ⇨ limited divorce / ~ proceedings 離婚手続き / get a ~ *from* one's wife [husband] 妻[夫]と離婚する / a bill of ~ (昔ユダヤ人が妻に与えた)離婚状, 去り状 (*Jer.* 3:8) (cf. divorcement 1) / sue a person for ~ 〈配偶者〉に離婚訴訟を起こす. **2** (完全な)分離, 絶縁 (separation): the ~ *between* religion and science 宗教と科学の分離.

divorce a men·sa et tho·ro /-ɑːménsəɛtθɔ́ːroʊ | -rəʊ/ 〘法律〙(法律上の)夫婦別居《一種の離婚形式で, 寝食を共にしないこと; cf. BED and board (2)》. 〘← NL *ā mensā et thorō* from table and bed〙

divorce a vin·cu·lo ma·tri·mo·ni·i /-ɑːvíŋkulòʊmàːtrɪmóʊniìː, -eɪvíŋkjulòʊmæ̀trəmóʊniàɪ | -ɑːvíŋkulə̀ʊmàːtrɪmə́ʊniìː, -eɪvíŋkjuləʊmètrɪmə́ʊniàɪ/ 〘法律〙(法律上の)離婚, 完全離婚. 〘← NL *a vinculō matrimōniī* from the bond of marriage〙

— *vt.* **1** 〈夫婦を〉離婚させる, (離婚によって)離別させる; 〈夫または妻〉と離婚する: ~ a married couple 夫婦を離別させる / Are they going to get ~*d*? 二人は離婚するのか / ~ one's wife [husband] / ~ oneself [be ~*d*, get ~*d*] *from* …と離婚する / They ~*d* (each other). ＝They got ~*d*. 彼らは離婚した. **2** 〔…から〕分離する, 絶縁する 〔*from*〕; 〈二つのものを〉分ける, 分離する: I want to ~ myself *from* those sentiments. そういう感傷的気分をぬぐいたい / science ~*d from* religion 宗教から絶縁した科学.
— *vi.* 離婚する.

~·a·ble /-səbl̩/ *adj.* 〘(1357) □ (O)F ~ □ L *dīvortium* separation ← *dīvortere*＝*dīvertere* 'to DIVERT'〙

di·vor·cé /dɪ̀vɔ̀əséɪ, -síː, ─ ─ ⌐ ─ | dɪvɔ̀ːsíː, -séɪ, dɪvɔ́ː-; *F.* divɔʀse/ *F. n.* (*pl.* **~s** /~z; *F.* ~/) 離婚した男性 (cf. divorcée). 〘□ F ~ (p.p.) ← *divorcer* to divorce〙

divórce còurt *n.* 離婚裁判所.

di·vorced /dɪ̀vɔ́əst | -vɔ́ːst/ *adj.* **1** 離婚した. **2** 分離[遊離, 絶縁]した.

di·vor·cée /dɪ̀vɔ̀əséɪ, -síː, ─ ─ ⌐ ─ | dɪvɔ̀ːsíː, -séɪ, dɪvɔ́ː-; *F.* divɔʀse/ *n.* (*pl.* **~s** /~z; *F.* ~/) (*also* **di·vor·cee** /~/) 離婚した女性. ★ divorcee の形は男性, 女性を問わずに使われることも多い. 〘(1813) □ F *divorcée* (fem.) ← 'DIVORCÉ'〙

di·vorce·ment /dɪ̀vɔ́əsmənt | -vɔ́ːs-/ *n.* **1** 離婚, 離縁, 離別: a bill of ~ ＝a bill of divorce ⇨ divorce 1 (*Deut.* 24:1). **2** 分離, 絶縁. 〘(1526–34): ⇨ -ment〙

divórce mìll *n.* 《口語》(特に, 簡単な条件で離婚を許可する)離婚裁判所.

div·ot /dívət/ *n.* **1** 〘ゴルフ〙(打球の際クラブヘッドで)切り取られた芝生(一片); (切り取られたあとの)芝生のくぼみ (divot hole). **2** 《スコット・北英》(一片の)芝生 (sod). 〘(1536) ← ?〙

di·vul·gate /dɪ̀vʌ́lgeɪt, daɪ- | dɪ-, daɪ-/ *vt.* 《まれ》〈秘密などを〉漏らす, 暴く (disclose). **di·vúl·gat·er, di·vúl·ga·tor** /-ṭə | -tə^(r)/ *n.* 〘(*c*1425) ← L *dīvulgātus* (p.p.): ⇨ divulge, -ate³〙

di·vul·ga·tion /dàɪvʌlgéɪʃən, dɪ̀vʌl- | dɪ-, daɪ-/ *n.* 秘密漏洩(ろうえい); (秘密・秘事の)公表, 暴露, 摘発. 〘(*c*1540) □ LL *dīvulgātiō(n-)*: ⇨ ↑, -ation〙

di·vulge /dɪ̀vʌ́lʤ, daɪ- | daɪ-, dɪ̀-/ *vt.* **1** 〈秘密・秘事を〉漏らす, 暴く (⇨ reveal SYN); 〈罪悪などを〉すっぱ抜く, 摘発する 〔*to*〕. **2** 《まれ》公表[発表]する. **di·vúlg·er** *n.* 〘(*c*1450) □ L *dīvulgāre* to make known ← *dī-* 'DIS-¹'＋*vulgāre* to make common (cf. vulgus¹)〙

di·vúlge·ment *n.* (秘密・秘事の)摘発, すっぱ抜き, 暴露; 《まれ》公表 (disclosure). 〘(1632): ⇨ ↑, -ment〙

di·vul·gence /dɪ̀vʌ́lʤəns, daɪ- | daɪ-, dɪ̀-/ *n.* ＝divulgement. 〘1851〙

di·vulse /daɪvʌ́ls, dɪ̀- | daɪ-, dɪ-/ *vt.* 〘外科〙引き裂く, 離断する, 裂開する. 〘(1602) ← L *dīvulsus*〙

di·vul·sion /daɪvʌ́lʃən, dɪ̀- | daɪ-, dɪ-/ *n.* 〘外科〙引き裂く[剝離する]こと. 〘(1603) □ L *dīvulsiō(n-)* ← *dīvulsus* (p.p.) ← *dīvellere* ← *dī-* 'DIS-¹'＋*vellere* to pluck (cf. vellicate)〙

di·vul·sive /daɪvʌ́lsɪv, dɪ̀- | daɪ-, dɪ-/ *adj.* 引き裂かれやすい. 〘(*c*1605): ⇨ ↑, -ive〙

Div·vers /dívəz | -vəz/ *n. pl.* [単数扱い] 《オックスフォード大学俗》(第一回)聖書試験《もと神学第一回卒業試験に課せられた》. 〘(1905) ← DIV(INITY)＋-ER¹＋(*moderation*)*s*〙

div·vy¹ /dívi/ 《口語》 *n.* 分け前, 配当; 分配. — *vt., vi.* 分ける, 分け合う 〈*up*〉 〔*between*〕. 〘(1872) ← DIV(IDEND)＋-Y²: cf. divi〙

div·vy² /dívi/ *n.* 《英軍俗》師団. 〘(*c*1880) ← DIV(ISION)＋-Y²〙

div·vy³ /dívi/ *n.* 《英俗》＝div. 〘(1975) 1989〙

Di·wa·li /dɪ̀wáːli | dɪ-; *Hindi* diːʋaːliː/ *n.* (*also* **Divali**) 〘ヒンズー教〙ディワーリ, 灯明の祭《10 月または 11 月に行われる全インドの宗教的祭日》. 〘(1698) □ Hindi *divālī* ← Skt *dīpāvalī* 《原義》row of lights〙

di·wan¹ /dɪ̀wáːn/ *n.* ＝divan¹ 2–5.

di·wan² /dɪ̀wáːn/ *n.* 《インド》＝dewan.

Dix /díks/, **Dorothea Lynde** *n.* ディックス (1802–87; 米国の教育者・慈善家・社会運動家; 精神病患者の扱い改善に努力した).

Dix, Otto *n.* ディックス (1891–1969; ドイツの反戦画家; 1922 年頃から新即物主義 (Neue Sachlichkeit) の指導者).

Dix·i·can /díksɪ̀kən | -sɪ-/ *n.* 《米》米国南部の共和党員. 〘← DIXIE²＋(REPUBLI)CAN〙

dix·ie /díksi/ *n.* 《英》(キャンプで料理・湯沸かし用の)飯ごう (mess tin), (特に, 12 ガロン入り)キャンプ用湯沸かし. 〘(1900) □ Hindi *degchī* □ Pers. *degchā* (dim.) ← *dīg* iron pot〙

Dix·ie¹ /díksi/ *n.* ディクシー《女性名; 米国南部に限られる》. 〘↓〙

Dix·ie² /díksi/ 《米》 *n.* **1** [集合的] 米国南部諸州 (Dixieland). **2** 「ディクシー」《1859 年 Daniel Emmett (1815–1904) によって作詞・作曲された歌で, 南部連邦, 後には合衆国全体の愛唱歌となった》.

whistle Dixie 《米俗》(1) 調子のいいことを空想する. (2) 出まかせ[無責任なこと]を言う: I'm not just *whistling* ~. 私は本気だ. — *adj.* 米国南部諸州の[に関する]: a ~ lullaby. 〘(1859) ← ? *Dixie* (D. Emmett 作の歌の題名, もと黒人ミンストレル劇 (1850) 中に登場する黒人の名) // *dixie* (南北戦争前に Louisiana 州で広く流通した 10 ドル紙幣で, 同州のあだ名, 裏面中央に大きくフランス語で *dix* (＝ten) とある)〙

Dix·ie³ /díksi/ *n.* 〘商標〙ディクシー《アイスクリームや飲み物用の紙コップ; Dixie cup ともいう》.

Dix·ie·crat /díksikræ̀t/ *n.* 《米口語》米国南部の民主党離反派の人《Truman 大統領の公民綱領に反対した》. **Dix·ie·crat·ic** /dìksikræ̀ṭɪk | -tɪk⁻/ *adj.* 〘(1948) ← DIXIE²＋(DEMO)CRAT〙

Díxie cùp *n.* 〘商標〙＝Dixie³.

Dix·ie·land /díksilæ̀nd/ *n.* **1** ＝Dixie² 1. **2** [d-] 〘音楽〙ディキシーランドジャズ《伝統的なスタイルを踏襲したジャズ》. 〘1927〙

Díx·ie's lànd *n.* ＝Dixieland.

dix·it /díksɪ̀t | -sɪt/ *n.* (ある特定の人の言った)言葉; 恣意的[教条的]な言明, 独断の主張 (cf. ipse dixit). 〘(1628) □ L *dīxit* he has said ← *dīcere*: ⇨ diction〙

Dix·on /díksən, -sn̩/, **Jeremiah** *n.* ディクソン (?–1777; 英国の天文学者・測量士; cf. Mason-Dixon line).

dix·y /díksi/ *n.* ＝dixie.

DIY, d.i.y. 《略》do-it-yourself. 〘1955〙

Di·yar·ba·kir /dɪjɑ̀əbɑːkíə | -jɑ̀ːbɑːkíə^(r); *Turk.* dijárbɑkɯɾ/ *n.* ジャルバクル《トルコ南東部 Tigris 河畔の都市》.

DIYer, DIY'er /díːàɪwáɪə | -ə^(r)/ *n.* 日曜大工 (do-it-yourselfer).

di·zen /dáɪzən, díz-, -zn̩ | dáɪ-/ *vt.* 《古・詩》＝bedizen. 〘(1530) 《原義》to put flax on a distaff < ME **disen* □ MDu. *disen* ← MLG *dise* bunch of flax on a distaff ← ?: ⇨ distaff〙

di·zy·got·ic /dàɪzaɪgɑ́(ː)ṭɪk | -gɔ́t-⁻/ *adj.* (*also* **di·zy·gous** /daɪzáɪgəs/) 〘生物〙〈ふたごが〉二卵性(双生児)の. 〘(1916): ⇨ di-¹〙

díz·zi·ly /-zɪ̀li/ *adv.* めまいがするように, 目がくらむように, ふらふらするように, くらくらと. 〘? lateOE *duselīche*: ⇨ -ly¹〙

díz·zi·ness *n.* めまいが[ふらふら]すること, めまい, 眩暈(げんうん): a feeling of ~. 〘OE *dysignesse*〙

diz·zy /dízi/ *adj.* (**diz·zi·er; -zi·est**) **1** 〈人が〉めまいがする, 目が回る (giddy): be [feel, get] ~. **2** 目が回るような気がする, (頭が)混乱した (dazed) 〔*with*〕: He was ~ *with* happiness [sudden success]. 幸福[突然の成功]で目がくらむ思いがした. **3 a** 〈回転運動など〉目まぐるしい. **b** 〈高さ・速度など〉めまいがするほどの: a ~ height / a ~ success 夢かと思う大成功 / at a ~ rate [speed] ものすごい速度で. **4** 《米口語》(女性について)うわついた, 浅はかな (thoughtless); 愚かな, ばかな (silly): a ~ blonde (美人だが)頭の弱い金髪女. **5** 過度の, 《口語》極端な (extreme). — *vt.* …にめまいをさせる, ふらふらさせる, 眩惑(げんわく)させる. 〘OE *dysiġ* foolish < (WGmc) **dusīʒaz* ← ? IE **dheu-* to rise in a cloud (L *fūmus* 'FUME')〙

Diz·zy /dízi/ *n.* Benjamin Disraeli の通称.

díz·zy·ing *adj.* 目がくらむような: at a ~ speed 目もくらむような速度で. **~·ly** *adv.*

dj (記号) Djibouti (URL ドメイン名).

DJ /díːʤèɪ | dìːʤéɪ⁻/ *n.* ディスクジョッキー (disc jockey) (cf. VJ); DJ《レコード盤を使ってテクノ音楽やラップをつくる人》. — *v.* (**DJ'ed; DJ'·ing; DJ's**) — *vi.* 〈ラジオ局・クラブなどで〉ディスクジョッキーをする 〔*at*〕. — *vt.* 〈ラジオ局などで〉ディスクジョッキーをする. 〘1950〙

DJ, d.j. 《略》dinner jacket; disc jockey; District Judge; *L.* Doctor Jūris (＝Doctor of Law); 〘証券〙Dow Jones; 〘製本〙dust jacket.

Djai·lo·lo /ʤaɪlóʊloʊ | -láʊləʊ/ *n.* Halmahera のオランダ語名.

Dja·ja /ʤáːjə/, **Mount** *n.* ジャヤ山《インドネシア, New Guinea 島 Nassau 山脈の山; New Guinea 島の最高峰 (5,029 m); 旧名 Mount Carstensz》.

Dja·ja·pu·ra /ʤàɪəpúᵊrə | -púərə; *Indon.* ʤajapúra/ *n.* ＝Jayapura.

Dja·kar·ta /ʤəkɑ́əṭə | -kɑ́ːtə; *Indon.* ʤakárta/ *n.* ジャカルタ《インドネシアの首都, Java 州北西部にある》.

Djam·bi /ʤáːmbi | ʤæ̀m-; *Indon.* ʤámbi/ *n.* ＝Jambi.

Dja·wa /*Indon.* ʤáva/ *n.* ジャヴァ《Java のインドネシア語名》.

dje·bel /ʤébəl; *Arab.* ʤébel, ʤɪbɪ/ *n.* ジェベル《西南アジアや北アフリカで山(脈), 丘, 小山などを指す語》. 〘□ Arab. *jābal* mountain〙

Djeb·el Druze /ʤébəldrúːz/ *n.* **1** ジェベルドルーズ《シリア南部の山岳地帯; cf. Druse; 面積 6,216 km²; Jebel Druze, Jebel ed Druz ともいう》. **2** 同地帯の最高峰 (1,766 m).

djel·la·ba /ʤəláːbə | ʤéləbə, ʤəláːbə/ *n.* (*also* **djel·la·bah** /~/) ＝jellaba.

Djer·ba /ʤəːbə | ʤɜ́ː-; *F.* ʤɛʀba/ *n.* ジェルバ(島)《チュニジアの南東沖の島; Homer の lotus-eater の島として知られる; 面積 510 km²; 古名 Meninx》.

DJIA 《略》〘証券〙Dow-Jones Industrial Average 米国の工業株など 30 銘柄を対象とするダウ・ジョーンズ平均株価 (cf. Dow-Jones average).

djib·ba(h) /ʤíbə/ *n.* ＝jibba.

Dji·bou·ti /ʤɪ̀búːṭi | -ti; *F.* ʤibuti/ *n.* ジブチ《アフリカ北東部 Aden 湾に臨む共和国; もとフランス海外領でアファルイッサ (the Afars and the Issas) といったが, 1977 年独立; 面積 23,000 km², 首都 Djibouti; 公式名 the Republic of Djibouti ジブチ共和国). **Dji·bóu·ti·an** /-ṭiən | -ti-/ *adj.*, *n.*

djin /ʤín/ *n.* (*also* **djinn** /〜/)〘イスラム伝説〙=jinn.

djin·ni /ʤɪníː, ʤíni/ *n.* (*also* **dji·ni** /〜/)〘イスラム伝説〙=jinni.

dk〘略〙dark; deck; dock.

dk〘記号〙Denmark (URL ドメイン名).

DK〘自動車国籍表示〙Denmark.

dkg〘略〙decagram(s).

dkl〘略〙decaliter(s).

dkm〘略〙decameter(s).

dks〘略〙decastere(s).

dl〘略〙deciliter(s);〘フットボール〙defensive lineman.

DL〘略〙Department of Labor; Deputy Lieutenant〘英〙州副知事; disabled list 故障者リスト; Doctor of Law; driving license.

DL〘記号〙Delta Air Linesr.

dl- /díːél‐/ *pref.*〘化学〙**1**〔通例イタリック体で〕「化合物の右旋・左旋形の等量からなる」の意: *dl*-tartaric acid. **2**〔通例小型頭文字 DL- で〕「化合物の D- 形, L- 形の等量からなる」の意: DL-fructose. 〖← D-+L-〗

D/L〘略〙〘電算〙data link; demand loan.

D làyer *n.* [the 〜]〘通信〙D 層《イオン圏の最下層で, 地上 60–90 km のところに昼間だけ存在する電離層; 短波の吸収・長波の反射が起きる; cf. ionosphere》. 〖*c*1934〗

DLIM〘略〙double-sided linear induction motor.

D Lit /díːlít/〘略〙*L.* Doctor Litterārum (=Doctor of Letters [Literature]).

D Litt /díːlít/〘略〙*L.* Doctor Litterārum (=Doctor of Letters [Literature]).

DLL〘略〙〘電算〙Dynamic Link Library (DOS でファイルがライブラリールーチンであることを示す拡張子).

DLO〘略〙dead-letter office (今は RLO);〘海運〙dispatch loading only 速達品積込みに限る.

D́-lòck *n.* D ロック (U 字形金属棒と横材からなる自転車[バイク]駐輪用固定器).

DLP〘略〙Democratic Labor Party (of Australia).

dlr〘略〙dealer.

DLS〘略〙Doctor of Library Science.

dlvr.〘略〙deliver.

dlvy〘略〙delivery.

dm〘略〙decameter(s); decimeter(s).

dm〘記号〙Dominica (URL ドメイン名).

DM, Dm〘略〙〘貨幣〙Deutsche mark.

DM〘略〙Daily Mail; Deputy Master; design manual; director of music; district manager; Doctor of Mathematics; Doctor of Medicine; Doctor of Music.

DMA〘略〙〘電算〙direct memory access; Doctor of Musical Arts.

D́-màrk /dɔ́ɪtʃ-/ *n.* =deutsche mark. 〖1948〗

DMD〘略〙*NL* Dentariae Medicinae Doctor (=Doctor of Dental Medicine); Duchenne muscular dystrophy (cf. Duchenne dystrophy).

DME〘略〙〘航空〙Distance Measuring Equipment 距離測定装置; その地上局(飛行機上から地上局に質問信号を送り, 地上局からの応答によって飛行機から地上局までの距離を測定するもの). 〖1947〗

DMG〘略〙Dame Commander of (the Order of) St. Michael and St. George.

DMI〘略〙Director of Military Intelligence.

DMin〘略〙Doctor of Ministry.

Dmi·tri /dmíːtri; *Russ.* dᵊmʲítrʲij/ *n.* ドゥミートリ (男性名). 〖⇨ Russ. 〜〗

DMK〘略〙Dravida Munnetra Kazhgam (インドの Tamil Nadu 州の政党名).

DML〘略〙Doctor of Modern Languages.

DMn〘略〙Doctor of Ministry.

DMs〘略〙Doc Martens.

DMS〘略〙〘英〙Diploma in Management Studies; Director of Medical Services; Doctor of Medical Science(s).

DMSO〘略〙〘化学〙dimethylsulfoxide. 〖1964〗

DMT〘略〙dimethyltryptamine. 〖*c*1966〗

dmu〘略〙diesel multiple unit.

D Mus〘略〙Doctor of Music.

DMV〘略〙〘米〙Department of Motor Vehicles (州政府の自動車局; 運転免許証や身分証明書を発行する).

DMZ〘略〙demilitarized zone.

dn〘略〙down.

Dn〘略〙〘聖書〙Daniel.

d—n /dǽm, díːn/ =damn (cf. d—, d—d).

DNA /dìːènéɪ/ *n.*〘生化学〙=deoxyribonucleic acid (cf. RNA). 〖(1944) ← D(EOXYRIBO)N(UCLEIC) A(CID)〗

DNA·ase /dìːènéɪeɪs, -eɪz | -eɪs/ *n.*〘生化学〙=deoxyribonuclease. 〖(1956) ← DNA+-ASE〗

D́ŃÁ fingerprint *n.*〘生化学〙遺伝子指紋, DNA 指紋 (生物個体に特有な DNA 遺伝子の型; genetic fingerprint ともいう). 〖cf. *DNA fingerprinting* (1984)〗

D́ŃÁ pólymerase *n.*〘生化学〙DNA ポリメラーゼ (DNA の複製および修復を触媒する酵素). 〖*c*1962〗

D́ŃÁ próbe *n.* DNA 検出法 (gene probe ともいう).

D́ŃÁ prófiling *n.* DNA 鑑定法 (DNA の構造によって個人を識別する方法; 犯罪捜査に応用される).

DN·ase /díːéneɪs, -eɪz | -eɪs/ *n.*〘生化学〙=DNAase.

D́ŃÁ vírus *n.* DNA ウイルス (DNA を含むウイルス).

DNB〘略〙Dictionary of National Biography 英国人名辞典; *G.* Deutsches Nachrichtenbüro (=Information Bureau of Germany) (ドイツの)デーエヌベー通信社.

Dne·pr /*Russ.* dnʲépr/ *n.* [the 〜] ドニエプル(川) (Dnieper のロシア語名).

Dne·pro·dzer·zhinsk /nìːprouḍəʒínsk | -prəudə-; *Ukr.* dnʲiprodzerʒínsʲk/ *n.* ドニエプロヴェルジンスク (ウクライナ中東部の Dnieper 河畔の工業都市).

Dne·pro·pe·trovsk /nèprouрətró(ː)fsk | -prə(ʊ)-pɪ̀-; *Russ.* dnʲiprəpʲitrófsk/ *n.* Dnipropetrovsk のロシア語名.

Dnestr /*Russ.* dnjéstr/ *n.* [the 〜] ドニエストル(川) (Dniester のロシア語名).

Dnie·per /níːpə | -pə(r)/ *n.* [the 〜] ドニエプル(川) (ロシア連邦西部, バルダイ丘陵 (Valdai Hills) に源を発し, 南に流れて黒海に注ぐ川 (2,200 km); ロシア語名 Dnepr).

Dnies·ter /níːstə | -tə(r)/ *n.* [the 〜] ドニエストル(川) (ロシア連邦南西部, Carpathian 山脈に源を発し, 南東に流れて黒海に注ぐ川 (1,352 km); ロシア語名 Dnestr).

Dni·pro·dzer·zhynsk /nìːprouḍəʒínsk | -prəu-də-/ *n.* Dneprodzerzhinsk.

Dni·pro·pe·trovsk /nèprouрətró(ː)fsk | -prə(ʊ)-pɪ̀-fsk; *Ukr.* dnʲipropetrówsʲk/ *n.* ドニエプロペトロフスク (ウクライナ中東部の Dnieper 河畔の都市).

D́-nòtice /díː-/ *n.*〘英〙D 通告 (機密保持のため報道を禁止する旨, 政府が報道機関に要請する通告).

do¹ /(弱)(子音の前) də; (母音の前) du; (強) dúː/ *auxil. v.* (**did** /(弱) dɪ̀d | dɪd; (強) díd/, (古) **didst** /(弱) dɪ̀dst | dɪdst; (強) dídst/; 三人称単数直説法現在 **does** /(弱) dəz; (強) dʌ́z/, (古) **doth** /(弱) dəθ; (強) dʌ́θ/; (古) 二人称単数 (thou) 直説法現在 **dost** /(弱) dəst; (強) dʌ́st/) ★ 変則定動詞 (anomalous finites) とは共起しない. **1** [否定: 動詞に not を伴う場合]: I *do not* [*don't*] see. / I *did not* [*didn't*] know. / *Don't* go! ★ 他の否定語の場合は do は不要: I hardly know him. **2** [疑問]: *Do* you hear? / *Did* you see her? / Why *do* you weep? なぜ泣くの / Why *don't* you talk? なぜ口をきかないのですか / *Didn't* you see it?=*Did* you not see it? それを見なかったの. ★ have は動作を表すときはもちろん, 状態を表す場合 (=possess) でさえ, 特に米国で非変則動詞に用いる傾向があるため, do ... have は主に英口語の have ... got に対応することがある: *Do* you have (=Have you got) a knife? ナイフをお持ちですか. **3** [肯定] **a** [陳述の強調]: I *dó* thìnk sò. 本当にそうだと思う / But he *díd* còme. しかし来ることは来たんだ / I *díd* gò, but he wasn't in. 行ったことは行ったんだが, 留守だったのさ / Knóck, indeed, he *díd*. 確かに彼はノックしたのだ / *Dó* còme agáin. ぜひまたおいで下さい / *Dó* be quiet! 静かになさいってば / Hurry up, *do*! 急ぎなさいったら (★ 以上 3 例は女性が用いる). **b** [皮肉・ユーモアの感じを表して]: There will be some changes made around here, I *dó* believe. まあこの辺も変わることになるでしょうよ. **c** [法律文の常套的表現や詩・詩的散文での虚辞として]: I John Faustus, by these presents, *do* give both body and soul to Lucifer. 私ジョンフォースタスは本書類により肉体および魂をルシファーに与える者である / The flowers she most *did* love. 何よりも花を愛した. **4** [文頭に目的語・副詞・否定語がくる場合主語と動詞の語順転倒を避けるために]: This *do* I detest. これが大嫌いなのだ / Well *do* I remember it. その事はよく記憶している / How bitterly *did* I repent! どんなに深く後悔したことか / Never *did* I see such a thing. 今までにこんな物を見たことは一度もない / Little *did* he imagine that. 夢にもそんなことは考えていなかった. ★ 否定語の場合のほかは文語的.

— *substitute v.* [前方の動詞または動詞句の反復を避けるのに用いる; 元来は本動詞] ★(1) 助動詞を伴う場合は助動詞のみを反復し, do は加えない: He *has* lived in Kobe for as many years as I *have*. (2) 語形変化は *auxil. v.* と同じ. **a** [同一の動詞または動詞句の代用]: Try to skate as I *do* (=skate). 私のようにスケートですべってみなさい / I am sorry I spoke to you as I *did* (=spoke). 君にあんな口のきき方をしてすまなかった / You love her better than I *did* (=loved her). 君は私よりも彼女を愛している / *do it* ⇨ it¹ 1 / *do so* ⇨ so¹ *pron.* 1 b. **b** [付加疑問の中で]: You saw him, *didn't* you? 君は彼を見たんだろう / You *didn't* see him, *did* you? 君は彼を見なかったんだろう / So you gamble, *do* you? じゃあ君はギャンブルをやるのかい (皮肉・嘲笑の口調). **c** [返事の中で]: You don't believe it. —(Yes,) I *do*. 君はそれを信じないんだろう—(いいや)信じるよ / Why don't you answer?—But I *did*! なぜ返事をしないのか—しましたよ / He knows nothing about it. —Neither [Nor, (英) No more] *do* I /áɪ/. 彼はそのことは何も知らない—私だってそうさ. **d** [目的語を伴って]: My mother loved my brother much more than she *did* me. 母は私よりも弟の方をずっと愛していた / If you want to see him, *do* it [so] now. 彼に会いたいのなら今そうしなさい / Last year I visited Paris, which I seldom *do*. 去年はパリを訪れた, めったにないことだが. **e** [陳述の真実性を強調して]: He hates me, John *does*.=He hates me, *does* John. やつはおれを嫌ってるんだ, ジョンはよ. **f** [現在分詞+as ... do の形式で]: Stand*ing as* it *does* (=stands) on a hill, the castle commands a fine view. そんなふうに丘の上にあるのでその城は見晴らしがよい.

do² /dúː/ *v.* (**did** /díd/, (古) **didst** /dídst/; **done** /dʌ́n/; **do·ing**; 三人称単数直説法現在 **does** /dʌ́z/, (古) **do·eth** /dúːɪ̀θ/; (古) 二人称単数 (thou) 直説法現在 (古) **do·est** /dúːɪ̀st/) — *vt.* **1 a** 〈行動・仕事などを〉する, なす, 行う, 遂行する (accomplish, carry out); 〈任務などを〉尽くす, 果たす, やってのける (perform); 〔問題などに〕手を打つ 〔*about*〕: do duty for …の代理[役目]をする / *do* something [nothing] 何かする[何もしない] / He *does* nothing but watch television. テレビを見る以外何もしない / John! What are you *doing* here? ジョン, こんなところで何をしているのか / What is that book *doing* on the floor? どうしてあの本が床の上にあるのか / *do* one's work 仕事をする[果たす] / *do* one's duty [part] 義務[本分]を尽くす / *do* a good [an evil] deed よい[悪い]事をする / *do* good [evil, right, wrong] よい[悪い, 正しい, 間違った]事をする / *do* one's best=*do* the best one can 最善を尽くす / 〜 all [everything] one can できることはすべてやる / have [have got] something to *do* 何かすることがある / What does he *do* (for a living)? 何をして生計を立てているのか / What can I *do for* you? (店員が顧客に向かって) 何を差し上げましょうか; (医者が患者に向かって)どうしました / Can I *do* you now, sir? (英口語) ご用を承りましょうか / See what you have *done*. 自分のした事をごらん(これは何だ) / What have you *done to* your glasses? 眼鏡はどうしたの. **b** [動作名詞・動名詞を伴って]: *do* repairs 修繕をする / *do* charring (英) 家庭の雑用をする / *do* lecturing [reviewing, writing] (職業的に)講演[評論, 執筆]をする / *do* the shopping [packing, washing] 買物[荷造り, 洗濯]をする. **c** [完了形で] 済ませる: I have [(米) am] *done* writing. 書き物を済ました / The work is *done*. 仕事が済んだ.

2 (何らかの方法で)処理する (deal with). ★ 具体的な意味は目的語の意味内容によって決定される. 例えば, 整理する, 掃除する (clean), 繕う (repair), 〈計算を〉する, 〈問題を〉やる, 解く (solve), …の勉強をする, 描く (depict), 〈本を〉書く, 〈本を〉出版する, 〈記事を〉まとめる, 作曲する (compose), 翻訳する (translate): *do* one's correspondence (返事を書いて)手紙の処理をする / *do* verse 詩を作る / *do* one's room 部屋を掃除する, 部屋にペンキを塗る(など) / *do* the flowers in a room 部屋に花を生ける / *do* one's hair 髪をとかす[結う] / *do* the dishes 皿を洗う / *do* one's lessons [homework] 学課を勉強する[宿題をする] (予習・復習など) / *do* a sum 計算をする / *do* a problem 問題を解く / *do* five copies of a letter 手紙を(複写などで) 5 通作る / *do* a portrait 肖像画をかく / *do* work *for* the music festival 音楽祭のために作曲をする / *do* a Latin passage *into* English ラテン文を英訳する / *do* a play [movie] 劇を演ずる[映画に出る].

3 [しばしば二重目的語を伴って] 〈人〉に〈…を〉尽くす, してやる, 仕向ける, 〈敬意などを〉示す, 与える (bestow); 〈害などを〉加える (inflict); 〈人〉に〈面目・名誉・信用などを〉もたらす (bring upon): *do* a person a favor=*do* a favor *for* a person 人に恩恵を与える[施す] / *do* a person an injury 人に害を与える / *do* a person a good turn 人のためになること(親切など)をしてやる / *do* a person a service 人のために尽くす / *do* a service *to* one's country 国のために尽くす / *do* a person credit=*do* credit *to* a person 人の名誉となる / Milk *did* me a great deal of good. 牛乳は私の体に大変よかった / That *does* you great honor. それは君の非常な名誉となる.

4 〈ある距離を〉行く, 旅行する (cover): *do* the journey in a day 1 日でその旅行をする / *do* New York to Washington in a couple of hours ニューヨークからワシントンまで 2 時間で行く / This car *does* thirty-five miles to the gallon. この車は 1 ガロンにつき 35 マイル走る / *do* 25 mph 時速 25 マイルで走る / *do* 20 miles a day on foot 徒歩で 1 日に 20 マイル歩く.

5 a …の役をする[演じる]: *do* Hamlet ハムレットの役をする / He *does* the host admirably. 彼は立派に主人役を務める. **b** [do+a+固有名詞の形式で] (口語) …らしくふるまう, …を気取る: *do a* Monroe モンローを気取る / He's *doing a* McCarthy *on* us. 彼は我々に対してマッカーシー風を吹かせているのだ.

6 (英口語) 〈人〉にとって満足である, 間に合う (cf. *vi.* 5): Will this *do* you? これでよろしいですか / That will *do* me very well. それでけっこう.

7 〈野菜・肉などを〉(煮焼きして)料理する (cook); 〈料理を〉こしらえる (prepare) (cf. overdo 3, underdone): *do* meat brown 肉をきつね色に焼く / a half-*done* potato 半煮えのじゃがいも / be *done* to a turn ころあいに料理され[焼け, 煮え]ている / You *do* the food and I'll *do* the drinks. 君は料理をこしらえてくれ, 私は酒の用意をする.

8 (口語) だます, 欺く (cheat): I'm afraid you've been *done*. あなたはどうやらだまされたらしいね / He *did* me over that bargain. あの取引で彼は私をだました / ⇨ *do a person in the* EYE, DO *over* (5).

9 (俗) 負かす, やっつける, 参らせる; (すっかり)疲れさせる, くたくたにする (tire out): That *does* me. それには参るよ / If we shrink, we are *done*. 尻込みしたらおしまいだ / I was pretty well *done* by that time. そのときにはかなりへとへとになっていた.

10 (口語) 見物[参観]する, 見て回る, 旅行する (visit): *do* London, the British Museum, etc. / *do* the sights 名所見物をする / *do* a show ショーを見物する / *do* 12 countries in 12 days 12 日で 12 か国を回る.

11 [the+形容詞を目的語として] (英口語) …らしくする[ふるまう]: *do the* amiable [agreeable] 愛想よくふるまう / *do the* big 偉そうにふるまう / ⇨ *do the* DIRTY *on*, *do the* GRAND, *do the* POLITE. ★ 元来は 5 a の名詞を略した用法.

12 a (口語) 〈人を〉遇する, もてなす (treat); …に(…の)ふるまいをする: *do* a person handsomely [well] 人を手厚くもてなす / They *do* you very well here. ここは大層もてなしがいいですよ / ⇨ *do a person* PROUD. **b** (英俗) 人を乱暴に扱う, 襲う.

13 (口語) 〈刑期を〉務める (serve out): *do* (one's) time 服役する (⇨ time *n.*) / *do* a stretch in jail (for armed robbery) (強盗罪で) 懲役に服す / He is *doing* three years. 3 年の刑に服している / *do* one's military service 兵役に服す.

14 (口語) 捕まえる, 逮捕する (arrest), 有罪を宣言する:

He was *done for* robbery. 彼は強盗罪で捕まった.
15 《口語》(社交・仕事などで)〔…と〕〈食事を〉とる (take, have), 〈会合などを〉する; 〈映画などを〉見る〔*with*〕: Let's *do* lunch [a movie] some time, ok? いつか一緒に昼食でもとろう[映画を見よう].
16 《口語》〈麻薬・アルコールなどを〉やる: *do* drugs.
17 《英方言・NZ》〈家畜〉の世話をする: *do* sheep well 羊の世話をよくする.
18 《豪俗》〈金を〉使い果たす, する: He *did* his money *on* goats. ヤギに金を使ってしまった.
19 《卑》…と性交する, やる.
— *vi.* **1** 事をする[行う], 仕事をする, 行動[活動]する, (あるやり方を)する, やる (act): You would *do* well *to* refuse. 拒絶する[断る]のがよい (cf. *do* WELL[1] *to* do) / You've *done* well [poorly]. よく[下手に]やった / Let us be up and *doing*. さあ一つ大いにやろう.
2 [通例様態の副詞を伴って] (あるやり方で)やっていく, 暮らす (get along); 健在である; 〈物事が〉(順調に[まずく])運ぶ, いく (get on); 〈植物が〉できる (grow well): How do you [d'ye] *do*? いかが(お暮らし)ですか; (初対面の挨拶(あいさつ)に用いて)初めまして / He is *doing* splendidly [very well] *at* the Bar. 弁護士として立派にやっている / I can just *do on* my income. 自分の収入で何とかやっていけます / How is the patient *doing*? 患者はどうですか / How is the garden *doing*? 庭の様子はどうか / Mother and child are (both) *doing* well. 母子ともに元気です / Flax *does* well after wheat. 小麦のあとには亜麻がよくできる / He *did* quite nicely *out of* the war. 戦争でたんまりもうけた.
3 ふるまう, 身を処する (behave): *do* like a gentleman 紳士のようにふるまう / When in Rome, *do* as the Romans *do*. 郷に入りては郷に従え / *do* right 正しくふるまう.
4 よろしい (suit, suffice): It does not *do* to call people at such an hour. こんな時間に人に電話するのはよくない / This sort of work won't *do for* me. こういう仕事は私にはだめだ / That will [That'll] *do*. それでけっこう[十分]だ; いいからもうよせ / That won't [doesn't] *do*. それはだめだ / A few hundred dollars would *do* (nicely). もう 2, 3 百ドルあれば十分だ / That would never *do*. そんなことはあって[起こって]ほしくはないのだが.
5 〔…に〕役に立つ, 間に合う (serve), 十分である〔*for*〕(cf. *vt.* 6): A log *did for* [*as*] my seat. 腰掛け丸太で事が足りた, 丸太が腰掛け代わりになった / Can you make $5 *do*? 5 ドルで間に合うかね / make do ⇨ make 成句.
6 [現在分詞で] 起こっている, 生じている: There is nothing *doing*! 何も始まっていない, 何もおもしろい事がない (Things are dull.) (cf. NOTHING *doing*!) / What's *doing* there? そこで何が起こっているのか / Anything *doing* tonight? 今晩何かあるのですか.
7 [*have to do* の形で] 〔…と〕関係[交渉]がある〔*with*〕: *have* nothing *to do with* …と関係[交渉]がない (have no business with) / What *have* I *to do with* you? 私は君とどんな関係があるのですか(無関係ではないか).
8 [完了形で用いて] してしまう, 済ます; 〔…と〕関係を絶つ〔*with*〕: ⇨ DO[2] *with* (2) / Have *done*! もうよせ.
be to dó 《古》 =be to be done: if it *were to do* again 再びしなければならないとしたら. ***be dóne with*** ⇨ DO[2] *with* (2). ***dò awáy*** 《古》除く, 廃する (remove, obliterate). ***dò awáy with*** (1) …を除く, 排除[廃棄, 廃止, 根絶]する (abolish, get rid of): The committee has been *done away with*. その委員会は廃止されている. (2) …を殺す (kill): *do away with* oneself 自殺する / I had to *do away with* the mad dog. 狂犬を処分しなければならなかった. ***dó by*** [通例 badly などの副詞を伴い, しばしば受身で] …に対して尽くす, …を遇する (deal with): He *does* well *by* his friends. 友人によくする / *Do* as you would be *done by*. 《諺》己の欲するところを人に施せ / He is hard *done by*. ひどい仕打ちを受けた. ***dò dówn*** 《英口語》打ち負かす, ひどい目にあわせる; けなす, (陰で)悪口を言う; だます (cheat), ぺてんにかける (swindle): *do* oneself *down* 卑下する / I have been *done down*. ひどい目にあった / He is not going to *do* me *down*. 彼にだまされはしないぞ. ***dó for*** (1) …の代役をする (act for); 《英口語》…の主婦代わり[家政婦役]をする: During her illness she was *done for* by her sister. 彼女の病気中は妹が家事をしてくれた / Someone *does* (the housework) *for* us three days a week. 週 3 日家事をしてくれる. (2) 《英口語》…の世話をする, 面倒を見る (care for); …の用をしてやる: What can I *do for* you? ⇨ *vt.* 1 a. (3) 《英俗》…をやっつける, おしまいにする (finish off); [しばしば受身で] 滅ぼす, 破滅させる, 傷つける, 殺す: Damn you, I'll *do for* you! ちくしょう殺してやるぞ / He was *done for* after the explosion. 彼は爆発後死んだ. (4) [通例受身で] …を駄目にする: If he knows of it, we [our plans] are *done for*. もし彼がそのことを知れば我々[の計画]はもうおしまいだ. (5) [通例受身で] …をくたくたに疲れさせる (done in): I was *done for* after that long walk. 遠い道を歩いたのでへたばってしまった. (6) [what, how の疑問文で] …を確保する, 手に入れる. ★ その他の用法については ⇨ *vi.* 4, 5. ***dó a person for*** … 《口語》〈人を〉だまして…を巻き上げる; 《英俗》〈人を〉…の罪で告発[有罪]とする. ***dò ín*** (1) 《口語》やっつける, 滅ぼす (ruin); 壊す; 殺す, バラす (kill): *do* oneself *in* 自殺する; 死ぬ / I *did* him *in* because he cheated me. 私をだましたのでやっつけた. (2) 《俗》だます, 欺く (cheat). (3) [通例受身で] 《口語》疲れさせる, へとへとにさせる (tire out): *do* oneself *in* へたばる (⇨ done 3). (4) 《豪俗》〈金を〉使い果たす: Now he's *done* his money *in*. もう金を使い果たしてしまった. ***dó it*** (1) 《口語》「あれ」をやる, 性交する. (2) 効を奏する: Dogged [Steady] *does it*. がんばる[じっくりやる]のが肝心. (3) 所期の目的を達成する, 間に合う: A few hundred dollars more ought to *do it*. あと数百ドルあれば間に合うのになあ. (4) 災難を招く, へまをする. ***Dón't dò ánything Í wòuldn't dò.*** 《口語》[おどけて] 悪いことはしないようにね, ほどほどにね, じゃまたね 《別れのときの挨拶》. ***dó oneself wéll*** ⇨ well[1] 成句. ***dó or díe*** 必死の努力をする, のるかそるかだ (cf. do-or-die): Tomorrow let us *do or die*. 明日はのるかそるかでやってみよう. ***dó óut*** 《口語》(1) 〈部屋などを〉掃除する (clear up); 〈机などを〉整理[整頓]する. (2) 〈建物を〉改装する; 〈部屋を〉模様変えする〔*in, with*〕. ***dó a person óut of*** 《口語》[しばしば受身で] 〈人を〉だまして…を取る, 〈人から〉…を巻き上げる; 〈機会・職などを〉を〈…から〉奪う: *do* a person *out of* his money 人をだまして金を巻き上げる. ***dó óver*** (1) 《米》やり直す: It's so bad you'll have to *do* it *over* (again). まずいできだから(もう一度)やり直さねばならないだろう. (2) 《口語》〈部屋・壁などを〉改造[改装]する (redecorate); 〈髪などを〉整える. (3) 《英口語》〈人を〉(襲って)打ちのめす. (4) 《俗》[通例受身で] 〈場所から〉盗み出す, 〈場所を〉荒らす. (5) 《俗》だます, ぺてんにかける (swindle). (6) 《口語》へとへとに疲れさせる: He was completely *done over*. すっかり疲れ果てた. (7) 《俗》〈…と〉性交する; 〈…を〉誘惑する (seduce). ***dó sòmething for*** … 《口語》…を立派にする (improve), 引き立てる, …に似合う[よい効果がある]: A beret *did something* (a lot) *for* her. ベレー帽のおかげで(かなり)女ぶりが上がっていた. ***dó sòmething to*** … (1) = DO[2] *something for*. (2) …を興奮させる, 悩ます, …の心を乱す[ひきつける]. ***dó to*** [《古》 ***unto***] =DO *by*. ***dó úp*** (*vt.*) (1) 〈衣服・靴のボタン[ファスナー, ひもなど]を〉かける: *do up* one's dress [a zipper] ドレスのボタンなど[ジッパー]をかける. (2) 〈物を〉包む, (くくって)(小)包みにする (wrap up)〔*in*〕, まとめる: *do up* (books *in*) a parcel (本をまとめて)小包みにする. (3) 〈髪を〉結う: *do up* one's hair. (4) …に手を入れる, 繕う; きちんと整える, 修繕する: a house newly *done up* 新しく手を入れた家 / *do up* one's room 部屋を片付ける. (5) [*do* oneself *up* または受身で] 《口語》着飾る: *do* oneself *up* 着飾る / a young man *done up in* a tweed suit ツィードの背広を着込んだ若者. (6) [通例受身で] 《口語》すっかり疲れさせる (tire out): I am *done up with* writing all day. 終日書き物をしたのでくたくただ. (7) 《俗》やっつける, 打ち負かす. —(*vi.*) 〈衣服のボタン・ファスナーなどが〉かかる, 〈靴のひもなどが〉結べる: This dress *does up* at the back. このドレスは後ろで留める. ***dó ùp brówn*** [***nicely, right***] 〈物事を〉きちんとやる. ***dó wéll with*** [***òut of***] …でもうける. ***dó with*** (1) [what の疑問文または否定文で] …に対して…する; [something などを目的語にして] …を利用する; …に手を加える, …を直す: I can *do* nothing *with* this boy. この少年は私の手に負えない / I don't know what to *do with* my leisure. 暇をもてあましている / What is to be *done with* him? 彼をどう処置したらいいか / I don't know what to *do with* myself. 途方に暮れている; 退屈している / What have you *done with* my gloves? 私の手袋をどうした. (2) [have [be] *done with* として] …と手を切る, 打ち切る; …が用済みになる, …をやめる (put an end to): I *have* [*am*] *done with* him. 彼とは手を切った / Let us *have done with* it! そんなことはやめよう / *Have* [《米》 Are] you *done with* the paper? もう新聞は済みましたか / *Have done with* compliments! お世辞はよせ. (3) 《英》…を扱う (deal with): She is difficult to *do with*. 彼女は扱いにくい. (4) 《英口語》[cannot, can't を伴って] どうにか我慢する (endure): I *can't do* [be *doing*] *with* him [his indolence]. 彼[彼のなまけるの]には我慢ができない. (5) [通例 can, could を伴って] 《口語》…で間に合わせる, で済ませる; …をありがたく思う, 使う (manage with): *Can* you *do with* cold meat for dinner? 夕食には冷肉でよろしいですか. (6) [could *do with* として] 《口語》…しても悪くない, 喜んで…する; …が必要である: I *could do with* a good night's rest. 一晩ゆっくり眠れたら悪くないね / You look as if you *could do with* a drink. 一杯やっても悪くないような顔つきをしているね. (7) ⇨ *vi.* 7, HAVE[1] *something* [*nothing, etc.*] *to do with*. (8) [be *to do with* として] 〈物事・人が〉…に関連[関係]がある: This *is* nothing *to do with* our subject. これは我々の主題とは無関係だ. ***dò withóut*** …なしで済ませる (dispense with); [can, could を伴って] 《口語》〈お節介・批判などは〉なくてよい, 要らない: *Can* we *do without* water for one day? 1 日でも水なしでやっていけますか / He *can't* be *done without*. 彼がいなくては困る / I *can do without* your advice. ご忠告は結構です. ***hàve dóne it*** 《口語》しくじった, へまをやった: Now you've *done it*! そらへまをやった. ***Nó, you dón't.*** 《口語》いやそうはさせないぞ. ***Thát dóes*** [***díd***] ***it!*** 《口語》(1) もうそれで十分だ, もうたくさんだ. (2) 《口語》これでよし, できたぞ! (3) それはひどすぎる, もう我慢できない. ***Thát's dóne it!*** 《口語》(1) うまくいったぞ, やったぞ. (2) しまった, だめだ. ***Whát is*** [***are***] … ***dóing*** …? [文尾に場所の副詞を伴って] なぜ[どうして]…は…にある[いる]のか: *What is* my hat *doing* on this table? 帽子がなぜこのテーブルの上にあるのか. ***Whát is*** [***are***] … ***dóing with*** …? なぜ[どうして]…は…を所有しているのか.
— *n.* (*pl.* **dos, do's** /~z/) **1** 《英口語》 **a** 宴会, 祝宴 (festive gathering); パーティー: have a *do* / There's a big *do* on. 大宴会が開かれている. **b** 戦闘; 爆撃. **2** [通例 *pl.*; しばしば don'ts と相関的に用いて] なすべきこと, 守るべきこと, 命令条項, 「すべし」集 (cf. don't[2]): *do's* and don'ts すべき事とすまじき事《ふるまいなどの規則》/ the *do's* and don'ts of letter writing 手紙(を書くときの)の心得. **3** 《英口語》だますこと, 詐欺, ぺてん (swindle): It's all a *do*. 全くのぺてんだ. **4** [*pl.*] 《英口語》 **a** 行い, 行為 (action). **b** 分配 (share): Fair *do's*! 公平にやろうぜ (Play fair!). **5** 《俗》(犬などの)糞. **6** 《口語》=hairdo. ***dó one's dó*** 《古》なすべき事をする, 分を尽くす. ***màke a dó of it*** 《豪口語》ものにする, 成功する.
〖OE *dōn* (pret. *dyde*, p.p. *ġedōn*) 《原義》 to put < (WGmc) **dō-* (Du. *doen* / G *tun* to do) ← IE **dhē-* to set, put (L *-dere* / Gk *tithénai* / Skt *dadhāti* he puts)〗

D

do[3] /dóʊ | dáʊ/ *n.* (*pl.* **dos, do's**) 《音楽》 **1** (階名唱法 (solmization) の)「ド」《全音階的長音階の第 1 音; 主音》. **2** (固定ド唱法の)「ド」, ハ(C)音《ハ調長音階の第 1 音》. ★ 階名唱法の第 1 音から第 7 音までは do, re, mi, fa, sol, la, si であるが, si は sol と同じ頭文字が重なるのを避けるため, ti と書かれることもある. 〖(1754) □ It. ~ 《変形》 ← ? *du* (一説ではラテン語賛美歌の起句 *do*(*minus*) lord から): 階名唱法創始の当時は *ut*, 後 *do* となった: ⇨ gamut〗
do 《記号》 Dominican Republic 《URL ドメイン名》.
DO 《略》 defense order; design office; Doctor of Optometry; Doctor of Osteopathy; drawing office.
D/O, d.o. 《略》 delivery order.
do., d° 《略》 ditto.
DOA 《略》 dead on arrival 《主として病院で用いられる》.
do·ab /dóʊɑːb | dáʊ-/ *n.* 合流する二つの川に挟まれた土地 《特にインド北部の Ganges 川と Jumma 川に挟まれた地域をいう》. 〖(1803) □ Pers. *dòab* ← *dō* 'TWO' + *āb* water〗
do·a·ble /dúːəbl/ *adj.* することのできる, 行うことのできる. 〖(c1443): ⇨ -able〗
dó-àll *n.* 《廃》雑用使用人, 何でも屋 (factotum). 〖(1633) ← DO[2] + ALL〗
doat /dóʊt | dáʊt/ *v.* =dote. **~·er** /-tə | -tə(r)/ *n.*
doat·y /dóʊti | dáʊti/ *adj.* =doty.
dob /dɑ́(ː)b | dɔ́b/ *vt.* (**dobbed; dob·bing**) 《豪俗》内通する, 裏切る (betray): ~ a person in 人を密告する. ***dób ín*** 献金する. (1959) 〖(1821) 《変形》 ← DAB[1]〗
Dob /dɑ́(ː)b | dɔ́b/ *n.* ドブ (男性名). 〖(dim.) ← ROBERT〗
DOB 《略》 date of birth.
dob·ber[1] /dɑ́(ː)bə | dɔ́bə(r)/ *n.* 《米方言》(釣り用の)うき (bob). 〖(1809) □ Du. ~: cf. OE *dūfan* 'to DIVE'〗
dob·ber[2] /dɑ́(ː)bə | dɔ́bə(r)/ *n.* 《豪俗》密告者, 先発人. 〖← DOB + -ER[1]〗
dóbber-ín *n.* (*pl.* **dobbers-in**) 《豪俗》密告者, 告発人. 〖(1958) ← *dob in* (成句): ⇨ dob〗
dob·bin /dɑ́(ː)bɪn | dɔ́bɪn/ *n.* **1** (農家のおとなしい)乗用馬, 駄馬; 農耕馬 《しばしば老馬の名に用いられる》. **2** (18 世紀の)小盃 (容量 1 gill). **3** 《NZ》羊毛運搬用のワゴン. 〖(1596–97) ↓: cf. Dob〗
Dob·bin /dɑ́(ː)bɪn | dɔ́bɪn/ *n.* ドビン (男性名). 〖(dim.) ← ROBERT〗
dob·by /dɑ́(ː)bi | dɔ́bi/ *n.* **1** 《方言》(夜働く)小妖精 (sprite). **2** 《英方言》まぬけ, 愚者 (dolt). **3** 《紡織》 **a** ドビー(装置) 《経糸 10–30 本くらいで小さな模様を織る織機の開口装置の一種》. **b** ドビー装置付きの織機. **c** ドビー織物. 〖(1691) ← ? *Dobby* (dim.) ← ROBERT〗
do·be /dóʊbi | dáʊ-/ *n.* (*also* **'dobe** /~/) 《米口語》= adobe. 〖(1838) 《略》 ← ADOBE〗
Do·bell /dóʊbəl, -bɫ | də(ʊ)bɛ́l, dáʊbəl/, **Sir William** *n.* ドーベル 《1899–1970; オーストラリアの肖像画および風景画家》.
Do·béll's solùtion /doʊbɛ́lz-, ←—- | dəʊbɛ́lz-/ *n.* 《薬学》ドーベル液 《ホウ砂・重曹・石炭酸・水・グリセリンの混合液; うがい薬》. 〖← *Horace B. Dobell* (1828–1917: 英国の医師)〗
Do·ber·mann /dóʊbəmən | dáʊbə-/ *n.* 《英》 = Doberman pinscher.
Dó·ber·man pín·scher /-pínʃə | -ʃə(r)/ *n.* ドーベルマンピンシェル 《ドイツ原産の警察犬・軍用犬として用いられる大形のイヌ; 単に Doberman ともいう》. 〖(1917) □ G *Dobermann Pinscher* ← *Ludwig Dobermann* (最初に飼育した 19 世紀のドイツ人) + *Pinscher* terrier (← ? *Pinzgau* (北オーストリアの地名, 犬や馬の飼育で有名) // □ ? E PINCH (耳と尾を切り取ったことから))〗
do·bie /dóʊbi | dáʊ-/ *n.* 《米口語》=dobe.
Do·bie /dóʊbi | dáʊ-/, **J(ames) Frank** *n.* ドービー 《1888–1964; 米国の歴史学者・民俗学者・作家; 米国南西部の伝承を研究》.
do·bla /dóʊblɑː | dáʊ-; *Sp.* dóβla/ *n.* ドブラ 《中世スペインの金貨》. 〖(1599) 1829〗
do·blón /dəblóʊn | -bláʊn; *Sp.* doβlón/ *n.* =doubloon.
Dó·bos tórte, d- t- /dóʊboʊs-, -boʊʃ- | dáʊbəs-, -bəʊʃ-; *Hung.* dóboʃ/ *n.* ドボストルテ 《薄いスポンジケーキとチョコレートバタークリームを何層にも重ね, 上に煮詰めた砂糖を飾るハンガリーのケーキ》. 〖(1915) ← *Jozsef C. Dóbos* (1847–1924: ハンガリーの菓子職人頭)〗
do·bra /dóʊbrə | dáʊ-/ *n.* **1** ドブラ 《Pedro 一世のときにはじめて造られたポルトガルの金貨 (=2 johannes); 19 世紀はじめ廃貨となる》. **2 a** ドブラ 《サントメプリンシペの通貨単位; =100 centimos》. **b** 1 ドブラ硬貨. 〖(1978) □ Port. ~ ← 《廃》 *dobro* < L *duplum* 'DOUBLE'〗
Do·bro /dóʊbroʊ | dáʊbrəʊ/ *n.* 《商標》ドブロ 《金属の共鳴器をつけたアコースティックギター》. 〖1952〗
Do·bro·lyu·bov /dòʊbroʊljúːbɔ(ː)f | dəʊbrə(ʊ)ljúːbɔf; *Russ.* dəbralʲúbəf/, **Nikolai Aleksandrovich** *n.* ドブロリューボフ 《1836–61; ロシアの文芸批評家》.
Do·bru·ja /dɔ́(ː)brudʒɑː, -dʒə | dáʊ-; *Bul.* dóbrudʒa/ *n.* [the ~] ドブルジア 《Danube 川と黒海との間, ルーマニア南東部からブルガリア北東部にわたる地域》.
dob·son /dɑ́(ː)bsən, -sn̩ | dɔ́b-/ *n.* 《昆虫》 **1** =hellgrammite. **2** =dobsonfly. 〖(1889) ← ?〗
Dob·son /dɑ́(ː)bsən, -sn̩ | dɔ́b-/, **(Henry) Austin** *n.* ドブソン 《1840–1921; 英国の詩人・伝記作家・随筆家; *Eighteenth Century Vignettes* (1892–96)》.

D

dóbson·flỳ *n.* 《米・カナダ》〔昆虫〕ヘビトンボ《脈翅目ヘビトンボ科に属する昆虫の総称; cf. hellgrammite》. 〖*c*1904〗

Dob·so·ni·an /dɑ(:)bsóuniən | dɔbsə́u-/ *adj.* 〔天文〕〈望遠鏡架台が〉ドブソニアン[ドブソン]式の《簡単な構造の経緯台に比較的大口径・短焦点のニュートン式反射望遠鏡を組み合わせた》. 〖(*c*1975) ← *John Dobson* (20 世紀米国のアマチュア天文家)〗

do·by /dóubi | dáu-/ *n.* 《米口語》=adobe.

Dob·zhan·sky /dɑ(:)bʒǽnski | dɔb-; *Russ.* dabʒánskʲj/, **Theodosius** (**Grigorievich**) *n.* ドブジャンスキー《1900–75; ロシア生まれの米国の遺伝学者》.

doc /dɑ́(:)k | dɔ́k/ *n.* **1** 《口語》=doctor《主として親しみを込めての呼び掛けに用いる》. **2** 《米俗》=document. **3** 《米俗》見知らぬやつ (unknown fellow). 〖*c*1850〗

DOC 《略》*It.* Denominazióne d'Origine Contròllata (=《ワイン分類で》Name of Origin Controlld); 〔航空〕direct operating cost 直接運航費.

doc. 《略》document(s).

do·cent /dóusənt, -sn̩t, dousént | dóusənt, -sn̩t, də(ʊ)sént; *G.* dotsént/ *n.* 《米》**1** =privatdocent. **2 a** 教師; (大学の)講師. **b** (美術館の)ガイド. **~·ship** *n.* 〖(1880) 《なぞり》□ G *Docent, Dozent* □ L *docentem* teaching (pres.p.) ← *docēre* to teach: cf. docile, -ent〗

Do·ce·tic /dousí:tɪk, -sét- | də(ʊ)sí:t-/ *adj.* 〔キリスト教〕キリスト仮現論の. 〖(1846) ← ML *docētae* (↓) + -IC[1]〗

Do·ce·tism /dousí:tɪzm, dóusətɪzm | də(ʊ)sí:tɪzm, dóusɪtɪzm/ *n.* 〔キリスト教〕キリスト仮現論[仮象論]《地上のキリストは天上の霊的実在者としてのキリストの幻影であったという 2 世紀ごろの異教的な説》. 〖(1846) ← ML *docētae* (□ Gk *dokētaí* seemers ← *dokeîn* to seem) + -ISM〗

Do·cé·tist /-tɪst | -tɪst/ *n.* 〔キリスト教〕キリスト仮現論の信奉者. 〖(1880): ⇨ ↑, -ist〗

doch-an-dor·rach /dɑ́(:)kəndɔ́(:)rək, -rəx, dɑ́(:)x-, -dɑ́(:)r- | dɔ́kəndɔ́rəx, dɔ́x-, -rəx/ *n.* 《スコット・アイル》別れの杯 (stirrup cup). 〖(1682–91) □ Gael. *deoch-an-doruis* 《原義》drink at the door〗

doch-an-dor·ris /dɑ́(:)kəndɔ́(:)rɪs, dɑ́(:)x-, -dɑ́(:)r- | dɔ́kəndɔ́rɪs, dɔ́x-/ *n.* =doch-an-dorrach.

doc·ile /dɑ́(:)səl, -saɪl | dóusaɪl, dɔ́s-/ *adj.* (↔ difficile) **1 a** おとなしい, 従順な (⇨ obedient **SYN**): a ~ child. **b** 〈人がおとなしい一方の, 御しやすい. **2** 《まれ・古》教え[しつけ]やすい (teachable). **~·ly** /-sə(l)li, -saɪlli | -saɪlli/ *adv.* 〖(1483) □ L *docilis* easily taught ← *docēre* to teach: cf. doctor, -ile[1]〗

do·cil·i·ty /dɑ(:)síləṭi, dou-, də- | də(ʊ)sílɪti/ *n.* 教わろう[従おう]とする性質; おとなしさ, 従順, 御しやすさ. 〖(1560–78) □ (O)F *docilité* // L *docilitāem*: ⇨ ↑, -ity〗

dock[1] /dɑ́(:)k | dɔ́k/ *n.* **1 a** 〔海事〕ドック, 船渠(きょ), 泊渠 (basin)《海岸や河岸を掘り入口を残して周囲を岸壁で囲んだ荷役用または係船修理用の施設; 潮差の大きい地方では入口に水門を設けて水位を一定に保てるようにしてある》; [通例 *pl.*] 船渠[泊渠]の施設が連続している地域一帯: go into [enter] ~ 〈船が〉ドックに入る / ⇨ graving dock, floating dock, wet dock. **b** =dry dock. ★ 日本語のいわゆる「ドック」はこれに当たり, dry dock, graving dock の省略形. **c** [*pl.*] =dockyard: naval ~*s*. **d** 波止場, 埠頭(ふとう), 岸壁 (wharf, pier). **2** 〔海事〕(船を入れる人工の)入江, 掘割り, 船(ふな)だまり. **3** (航空機の修理用)格納庫, 機体検査[整備, 修理]場. **4** 《米・カナダ》〔鉄道〕ドック《線路が行き止まりになっているプラットホーム構内》. **5** 〔劇場〕(ステージの近く[下]などにある)大道具部屋 (scene dock).
in* [*into*] *dóck (1) 〈船が〉ドック入りして. (2) 《英口語》〈車など〉修理中で. (3) 《英口語》入院して. (1785)
— *vt.* **1** 〈船を〉ドックに入れる, 入渠させる; 波止場に着ける: He ~*ed* his boat at the tip of the island. 彼は島の先端にボートを着けた. **2** 〈港などに〉ドックを設ける; ドックで囲う. **3** 〔宇宙〕〈二つ(以上)の衛星船を〉大気圏外で結合させる, 〔…と〕ドッキングさせる 〔*with*〕. — *vi.* **1** 〈船が〉ドックに入る; 埠頭に着く: We ~*ed* in Boston. (船は)ボストンで岩壁に着いた. **2** 〔宇宙〕〈宇宙船が〉〔…と〕ドッキングする 〔*with*〕.
〖(1513) □ MLG & MDu. *docke* (Du. *dok*) dock, ditch □ ? VL **ductia* conduit ← L *dūcere* to lead: cf. duct〗

dock[2] /dɑ́(:)k | dɔ́k/ *n.* [the ~] (刑事裁判廷の)被告人席. ***in the dóck*** (1) 被告人席に着いて; 審理[裁判]を受けて. (2) (世論などの)審判を受けて. 〖(1586) □ Flem. *dok* rabbit hutch, cage ← ?: cf. dock[1]〗

dock[3] /dɑ́(:)k | dɔ́k/ *vt.* **1 a** 〈給料などを〉削減する, 減らす (reduce). **b** 《口語》〈人を〉(欠勤・遅刻などの罰として)減給処分にする; 〈人・給料〉から〈ある金額を〉差し引く. **2** 〈人〉から〔…を〕取り去る, 削る (deprive) 〔*of*〕. **3** …の一部を除去する. **4** 〈尾などを〉(短く)切り詰める, 切り落とす; …の尾を切り詰める. — *n.* **1** 〔動物〕(毛の部分と区別して)尾の心部. **2** 切り尾. 〖ME *dok* < ? OE *docca* (cf. *fingerdoccan* finger muscle) ← Gmc **dokkō* (ON *dokka* short stumpy tail)〗

dock[4] /dɑ́(:)k | dɔ́k/ *n.* 〔植物〕**1** ギシギシ《タデ科ギシギシ属 (*Rumex*) の各種の植物の総称; ヒメスイバ (sour dock), ワセスイバ (patience) など》. **2** キク科ゴボウ属 (*Arctium*), フキ属 (*Petasites*) など広葉の雑草の総称. 〖OE *docce*: cf. G *Dockenblätter* dock (the plant)〗

dock·age[1] /dɑ́(:)kɪdʒ | dɔ́k-/ *n.* ドック[岸壁]施設; ドック使用料; ドック入り, 入渠(きょ). 〖(1648): ⇨ dock[1]〗

dock·age[2] /dɑ́(:)kɪdʒ | dɔ́k-/ *n.* **1** 切り詰め, 縮減, 削減 (curtailment). **2** (小麦などの穀物の容易に除くことのできる)挟雑(きょうざつ)物. 〖(1886) ← DOCK[3] + -AGE〗

dóck brìef *n.* 〔英法〕刑事被告人から(ソリシターの手を経ずに)バリスターに直接手渡された事件要約書.

dóck chàrges [**dùes**] *n. pl.* ドック使用料.

dock·en /dɑ́(:)kən | dɔ́k-/ *n.* 《スコット》**1** =dock[4]. **2** 価値[重要性]のないもの: not to care a ~ 少しも気にしない. 〖(1423): cf. dock[4]〗

dóck·er[1] *n.* 《英》ドック人足, 荷揚げ人足, 港湾労働者. 〖(1762) ← DOCK[1] + -ER[1]〗

dóck·er[2] *n.* 切り詰める人[物]. 〖(1810) ← DOCK[3] + -ER[1]〗

dock·et /dɑ́(:)kɪt | dɔ́kɪt/ *n.* **1** 〔米法〕**a** 審理予定表, 訴訟人名簿《trial docket ともいう; 未決訴訟事件の当事者名表》. **b** 事件要領(書)《裁判の審理・判決の要点の記録(簿)》. **2** 《米》(事務上の)処理予定事項(表); (会議などの)協議事項 (agenda): be placed on the ~ 処理予定[協議]事項となっている. **3** 《英》**a** (書類や小包などに付けた)内容摘要; 付け札, 荷札 (tag). **b** 関税支払済証明書; 貨物出荷証(など). **c** (職長・親方が出す)業務指図[記録]書. **d** (統制物質の)購入許可証.
on the dócket 《米》(1) ⇨ 2. (2) 《口語》考慮中の[で], 当面の (in hand); 遂行[実施]されて. ***strike a dócket*** ⇨ strike 成句.
— *vt.* **1** 〈文書・判決などを〉摘要して帳簿に記入する; 《米》〈訴訟事件を〉事件一覧表に記入する. **2** 〈文書〉に内容摘要を付ける; 〈小包〉に荷札を付ける.
〖(*a*1460) *doket* ← ? DOCK[3] + -ET: cf. It. *doghetta* little bend in heraldry〗

dóck glàss *n.* (ワインの)利き酒用の大コップ. 〖(1920) ← DOCK[1] + GLASS〗

dóck·hànd *n.* (海岸・河岸の)荷揚げ労務者, 港湾労働者. 〖1904〗

dock·ing /dɑ́(:)kɪŋ | dɔ́k-/ *n.* **1** 〔宇宙〕ドッキング《宇宙空間で二つ以上の宇宙船を結合させること》: a ~ collar ドッキング環 / the rendezvous and ~ of spacecraft 宇宙船のランデブーとドッキング. **2** 入渠(きょ): ~ accommodation 入渠施設. 〖(1600) (pres. p.) ← DOCK[1] (v.)〗

dócking brìdge *n.* 〔海事〕船尾船橋《船をドックへ入れるとき, ここで指揮をするのでこういう》.

dócking kèel *n.* 〔海事〕ドッキングキール《乾ドック (dry dock) に入渠中の船舶を支えるため船底船側部の前後に設けられる受け台》.

dócking plàn *n.* 〔海事〕ドッキングプラン《船を乾ドックに入れる際に船底の受け台の位置を決めるため必要な船体の平面図》.

dócking stàtion *n.* 〔電算〕ドッキングステーション《ノート型コンピューターの底部・後部に装着する拡張キット》.

dócking tèlegraph *n.* 〔海事〕ドッキングテレグラフ《係船作業中, 船橋からの命令を伝えるために設ける通信機》.

dock·ize /dɑ́(:)kaɪz | dɔ́k-/ *vt.* 〈川・港湾など〉にドックを設ける. 〖(1877) ← DOCK[1] + -IZE〗

dóck·lànd, D- /dɑ́(:)klænd, -lənd | dɔ́k-/ *n.* [通例 Docklands; 単数または複数扱い]《英》波止場地域, 《London の East End 付近の Thames 川北岸を中心とする旧 dock 地帯; 再開発地域》. 〖1904〗

dock·mack·ie /dɑ́(:)kmæ̀ki | dɔ́k-/ *n.* 〔植物〕北米産スイカズラ科ガマズミ属の低木 (*Viburnum acerifolium*). 〖□ ? Du. ~ □ N.-Am.-Ind. (Lenape) *dogekumak*〗

dóck·man /-mən/ *n.* (*pl.* **-men** /-mən, -mèn/) ドック工. 〖1755〗

dóck·màster *n.* ドックマスター, 船渠(きょ)現場主任. 〖1736〗

dock·o·min·i·um /dɑ̀(:)kəmíniəm | dɔ̀k-/ *n.* 《米》分譲のボート係留場; 専用のボート係留場付きの分譲マンション. 〖(*c*1985) ← DOCK[1] + (COND)OMINIUM〗

dóck·sìde *n.* 波止場に隣接する地域. — *adj.* 波止場の近辺の[にある]: a ~ fire / ~ slums. 〖1887〗

dóck-tàiled *adj.* 〈子羊など〉切り尾の. 〖1824〗

dóck-wàlloper *n.* 《米俗》波止場の自由労働者[日雇い人足]; 波止場ごろ. 〖1860〗

dóck wàrrant *n.* 《英》港湾倉庫証券, ドック倉荷証券 (略 D/W). 〖1875〗

dóck·wòrker *n.* =dockhand.

dóck·yàrd *n.* **1** 造船所《shipyard より規模が大》. **2** 《英》=naval shipyard. 〖1704〗

Doc Mar·tens /dɑ́(:)kmáːəṭn̩z, -tn̩z | dɔ́kmá:tɪnz/ *n.* 〔商標〕=Dr Martens.

doc·o /dɑ́(:)kou | dɔ́kəʊ/ *n.* 《豪口語》=documentary.

do·co·sa·no·ic /dòʊkəsənóuɪk | dɔ̀kəsənə́u-ˈ/ *adj.* 〔化学〕ドコサン酸の. 〖← *docos-* (← Gk *dúo* two + *eíkosi* twenty) + -ANE[2] + -O + -IC[1]〗

dócosanoic ácid *n.* 〔化学〕ドコサン酸 (⇨ behenic acid).

docs. 《略》documents.

doc·tor /dɑ́(:)ktə | dɔ́ktə[r]/ *n.* **1 a** (一般に)医者, 医師; 船医, 軍医. ★ 米国およびカナダでは外科医 (surgeon), 歯科医 (dentist), 獣医 (veterinarian) または薬剤師(など)にも用いるが, 英国では主に内科医 (physician) を指す. ただし, 最近では英国でも surgeon は doctor と呼ばれている; 口語では doc ともいい, 肩書きには男女ともに Dr を用いる: see a ~ 医者に診てもらう / send for a ~ 医者を呼びにやる / be under the ~ 《英口語》医者にかかっている / be one's own ~ 手療治をする / This is [These are] (the) ~'s orders. これは医師の命令[指図]だ (cf. doctor's mandate) / How is she, ~? 先生, 病人はいかがでしょうか / You're the ~! 《口語》君が専門家だ, 決めるのは君だ. **b** 治療師, まじない師. **2** 博士号; 博士 (略 D., Dr): *Doctor* of Divinity [Laws, Medicine] 神学[法学, 医学]博士. 日英比較 (1) 大学院の「ドクターコース」は和製英語, 英語では doctoral program [course] という. (2) ボクシングなどの「ドクターストップ」は和製英語. 英語では technical knockout by the order of the attending physician あるいは the recommendation of the attending physician という. **3 a** (ローマ・カトリック教で宗教上の指導的学識者. **b** 《古》学者, 先生: Who shall decide when ~*s* disagree? 学者たちの意見がまちまちでは決しようもない (Pope, *Moral Essays*). **4** 《俗》まかない長, 親方《船内の「まかない」やキャンプの「コック」に対するお世辞的な呼称; 'doctor' と呼び掛けると盛りがよくなるという》. **5** 〔釣〕鮮明な色のさけ釣り用の毛鉤: ⇨ silver doctor. **6** (各種の)調節機, 補正器. **7** 《口語》〔気象〕さわやかな風《西インド諸島・アフリカ西部・オーストラリア西部の海風, ギニア海岸の熱風など》. **8** 〔印刷〕ドクター《グラビア印刷の際, 版面から余分なインクをかき落とす鋼鉄製の刃; doctor blade ともいう》. **9** 〔冶金〕ドクター《電気メッキの部分修正をする器具》. **10** 《口語》修繕屋: a chair ~. **11** 《古俗》(鉛を詰めた)いかさまさいころ.
gó for the dóctor 《豪俗》(競馬などで)大いに努力する, 速く動く. (***jùst***) ***what the dóctor òrdered*** 《口語》おあつらえ向きのもの, まさに望み通り[願ったりかなったり]のもの.
Dóctor of Philósophy =Ph D.
Dóctor of the Chúrch [the —] 教会博士《中世以降学徳の高い聖人学者に贈られる称号; もともとは西方教会の Gregory the Great, Ambrose, Augustine, Jerome の 4 教父に対する称》.
Dóctors Withòut Bórders 国境なき医師団《特に紛争地で活動する, 国際的なボランティア医師団体; Nobel 平和賞 (1999)》.
— *vt.* **1** 《口語》**a** 〈文書・証拠など〉に手を入れる, いじる, ごまかす (falsify) 〈*up*〉; 〈写真などを〉修正する: ~ the evidence 証拠を自分に有利なように変えておく. **b** 〈飲食物など〉に混ぜ物をする (adulterate); 〈酒など〉に麻酔剤を加える. **c** 〈狂った機械などを〉手入れする, 修繕をする (mend). **d** 治療する, 処方する: ~ oneself 手療治をする / ~ a cold 風邪の手当てをする. **2** 〈犬・猫などを〉去勢する (neuter): have one's cat ~*ed* 猫を去勢してもらう. **3** 〈人〉に Doctor と呼び掛ける. **4** 《英口語》〈人〉に博士号を与える.
— *vi.* 《口語》**1** 医者をする, 開業する. **2** 薬を飲む; 治療を受ける: She enjoys ~*ing*. 医者にかかるのが好きだ.
〖(15C) □ L *doctor* ← *docēre* to teach, 《原義》cause to accept ← IE **dek-* to take, accept ∞ (*c*1303) *doctour* □ OF (F *docteur*)〗

SYN 医者: **doctor** 専門を問わず「医者」を表す最も一般的な語: go to the *doctor* 医者に診てもらいに行く. **physician** *doctor* と同義であるが, 米では格式ばった語, 英では古語. **general practitioner** 《英》一般開業医《特に専門をもたず全ての病気を診る; 格式ばった語》. **specialist** 専門医.

---

doc·tor·al /dɑ́(:)ktərəl, -trəl | dɔ́k-/ *adj.* **1** 博士の: a ~ dissertation [thesis] 博士論文. **2** 大学者の; 学術的な, 権威ある (authoritative). **~·ly** *adv.* 〖(1563–87): ⇨ ↑, -al[1]〗

doc·tor·ate /dɑ́(:)ktərɪt, -trɪt | dɔ́k-/ *n.* 博士号; 学位: take (out) a ~ 博士号を取る / hold a ~ *in* physics 物理学の(博士の)学位をもっている. 〖(1676) ← ML *doctōrātus* (p.p.) ← *doctōrāre* 'to become a DOCTOR': ⇨ -ate[1]〗

dóctor bìrd *n.* 〔鳥類〕ジャマイカコビトドリ (*Todus todus*)《ジャマイカに生息するコビトドリ科の全長 11 cm ほどの小鳥》.

dóctor blàde *n.* 〔印刷〕=doctor 8.

dóctor bòok *n.* 家庭医学全書.

dóctor dràin *n.* 医師流出 (cf. brain drain).

Dòctor Féll *n.* ⇨ Dr. Fell.

dóctor·fìsh *n.* 〔魚類〕ヨコシマハギ (*Acanthurus chirurgus*)《ニザダイ科クロハギ属のカリブ海に分布する海産魚; cf. surgeonfish》. 〖1834〗

doc·to·ri·al /dɑ(:)ktɔ́:riəl | dɔk-/ *adj.* =doctoral.

dóctor·less *adj.* 医者のいない: a ~ village 無医村. 〖(1885): ⇨ -less〗

Dóctor Mártens *n.* =Dr Martens.

Dóctor Rúth *n.* ドクター ルース《1928– ; 米国のセックスカウンセラー Ruth Westheimer の通称》.

Dóctor's Cómmons *n.* ローマ法博士会《London の St. Paul's Churchyard の近くにあった建物; 1857 年まではここに教会裁判所・海事裁判所が設置され, 両裁判所で実務を行う弁護士会 (College of Advocates) の事務所があった; 所属弁護士はローマ法博士で, Civilians of Doctors' Commons と呼ばれた》. 〖(1680): cf. common B 2 b: 昔同会事務所の弁護士がここで食事をしたのにちなむ〗

dóctor's degrèe *n.* 《口語》**1** =Ph D. **2** (医・歯・獣医学部の)学位.

dóctor·ship *n.* **1** =doctorate. **2** 《古》doctor の地位[資格]. 〖(1586): ⇨ -ship〗

dóctor's mándate *n.* **1** 医師の命令[指図]. **2** 〔政治〕政治の委任《難局のときに政府に対してその適当と思う対策を付与すること》.

dóctor's òffice *n.* 医院, 診療所, 病院.

dóctor solùtion *n.* 〔化学〕ドクター液《亜鉛酸ナトリウムの溶液; ガソリンなどの脱硫に用いる》.

dóctor's stùff *n.* 《口語》《軽蔑》医薬, 薬. 〖1772〗

dóctor tèst *n.* 〔化学〕ドクター試験《ドクター液 (doctor solution) によりガソリンなどの中の硫化物を検出する方法》.

doc·tress /dɑ́(:)ktrɪs | dɔ́k-/ *n.* **1** 《まれ》女医; 女性博

士《woman doctor というほうが普通》. **2**《米》女性のまじない師. 〘《1549》← DOCTOR＋-ESS¹〙

doc·tri·naire /dὰ(ː)ktrɪ̀néə | dɔ̀ktrɪ̀néə(r)/ *n.* 純理論一点ばりの空論家《もとは 1815 年 Bourbon 家再興後自由と両立しそうもない憲法主義を目的として起こったフランスの立憲党員の称》. ― *adj.* (度を越して)純理論家的な, 空理空論の, 教条主義的な (⇨ dictatorial SYN). 〘《1820》□ F ～ ← *doctrine* 'DOCTRINE': cf. -ary¹〙

dòc·tri·náir·ism /-néərɪzm | -néər-/ *n.* 空理空論. 〘《1836》: ⇨ ↑, -ism〙

doc·trin·al /dά(ː)ktrɪnl | dɔktráɪ-, dɔ́ktrɪ-/ *adj.* **1** 教義上の, 教理に関する: ～ opinions / ～ theology＝dogmatics. **2** 学理上の: ～ interpretation (法文の)学理的解釈. **doc·tri·nal·i·ty** /dὰ(ː)ktrɪnǽləti | dɔktràɪnǽlɪti, dɔ̀ktrɪ-/ *n.* 〘《c1449》□ OF ～ // LL *doctrīnālis*: ⇨ doctrine, -al¹〙

dóc·trin·al·ly /-nəli, -nli/ *adv.* 教義上[の立場から], 教理として; 学理的に. 〘《1633》: ⇨ ↑, -ly¹〙

doc·tri·nar·i·an /dὰ(ː)ktrɪnéəriən | dɔ̀ktrɪnéər-/ *n.* ＝doctrinaire.

dòc·tri·nár·i·an·ìsm /-nìzm/ *n.* ＝doctrinairism.

doc·trine /dά(ː)ktrɪn | dɔ́k-/ *n.* **1** 教義, 教理. ★ dogma と異なり他の人から容認を受ける必要のあることを含意する. **2 a** (政治・宗教・学問上の)主義 (principle), 信条; 定説, 原則, 学説, 理論 (theory). **b** (特に, 他国に対する)国家の政策の公式宣言; 主義: ⇨ Monroe Doctrine. **3**《古》教え, 教訓.

dóctrine of descént〘生物〙生命連続説《すべての動物は以前に存在していた生命体から発生したとする説》.

dóctrine of evolútion 進化論.

dóc·trin·ist /-nɪst | -nɪst/ *n.* 〘《c1380》□ (O)F ～ // L *doctrina* a teaching ← *doctor* 'DOCTOR'〙

SYN 主義: **doctrine** (宗教・政治・学問上の)信念・主義・理論《格式ばった語》: the *doctrine* of evolution 進化論. **dogma** 《しばしば軽蔑》疑問の余地なく正しいとされている信念(の体系): Catholic *dogma* カトリックの教義. **tenet** 理論や信念の基になっている原理の一つ《格式ばった語》: the *tenets* of socialism 社会主義の教義. **precept** 行動・思考様式の基になる指針: Example is better than *precept*.《諺》実例は教訓にまさる.

dóc·trin·ìsm /-nìzm/ *n.* 教義[学説]の信奉[唱道], 教義至上主義 〘《1840》: ⇨ ↑, -ism〙

doc·trin·ize /dά(ː)ktrɪnàɪz | dɔ́k-/ *vt.* 教義[学説]化する. 〘《1836》← DOCTRINE＋-IZE〙

doc·u·dra·ma /dά(ː)kjudrὰːmə, -drǽmə | dɔ́kjudrὰː-/ *n.* ドキュメンタリードラマ《実際の出来事をドラマ化したもの》. 〘《1961》← DOCU(MENTARY)＋DRAMA〙

doc·u·ment /dά(ː)kjumənt | dɔ́k-/ *n.* **1** (記録的)文書, 書類; (特に事実・慣習などを伝える書籍・手紙・貨幣などを含む)記録, 文献, 資料; 証書 (deed): official [public] ～s 公文書 / legal ～s 法律書類 / classified ～s〘軍事〙機密書類 / Your ～s are all in order, sir. 書類は全部整っています / a ～ of annuity [obligation] 年金[債権]証書 / human document ⇨ human *adj.* 4. **2** [*pl.*]〘海事〙**a** 船積み書類《船荷証券・保険証券など; shipping documents ともいう》. **b** ＝ship's papers. **3**〘図書館〙公文書, 官公庁出版物. **4**《古》証拠 (evidence). **5**《廃》教え.

― /dά(ː)kjumènt | dɔ́k-/ *vt.* **1** 文書[証拠書類]で証明する: ～ one's claim 主張の根拠を文書で証明する. **2** (記述の正確さを証明するために)〈著述・映画・小説などに〉関連[考証]情報を提供する, 実例[文献]などを引用付記する, 実証づける: ～ a text 本文に立証材料を添付[付記]する / a well-*documented* presentation [argument] 十分な文書[記録]に裏打ちされた発表[議論]. **3** …に証拠書類[必要文書]を提供[添付]する. **4**〘海事〙〈船〉に所有者・積荷の明細書を提供する.

～·er /-tə | -tə(r)/ *n.* **doc·u·ment·a·ble** /dά(ː)kjumèntəbl, ⸗⸗⸗⸗ | dɔ́kjumèntəbl, ⸗⸗⸗⸗/ *adj.* 〘《?a1425》□ (O)F ～ // LL *documentum* official paper, (in L) example, lesson ← *docēre* to teach: ⇨ docile, -ment: cf. doctor〙

doc·u·men·tal /dὰ(ː)kjuméntl | dɔ̀kjuméntl⸗/ *adj.* ＝documentary 1.

dòc·u·mén·tal·ist /-təlɪst, -tl- | -təlɪst, -tl-/ *n.* ドキュメンタリスト《書類の分類・整理に従事する人》. 〘《1939》: ⇨ ↑, -ist〙

doc·u·men·tar·i·an /dὰ(ː)kjuməntéəriən, -men- | dɔ̀kjuməntéər-, -mən-/ *n.* (特に, 写真・映画などの)記録[描写]主義者; ドキュメンタリーの作家[プロデューサー, 監督]. 〘《1943》← DOCUMENTARY＋-IAN〙

doc·u·men·ta·rist /dὰ(ː)kjuméntərɪst | dɔ̀kjuméntərɪst/ *n.* ＝documentarian.

doc·u·men·ta·ry /dὰ(ː)kjuméntəri, -tri, dά(ː)kjuməntèri | dɔ̀kjuméntəri, -tri⸗/ *n.* 記録映画; 〘ラジオ・テレビ〙記録もの, ドキュメンタリー; 実録小説[劇など]; 文献: a TV ～. ― *adj.* **1** 文書の (↔ parol); 書類[証書]の; 文書的性質の. **2** 〈映画・テレビ・小説など〉〈事件・社会現象などを事実に忠実に, ただし, ドラマチックに〉記録[描写]する: a ～ film, novel, etc. **doc·u·men·tar·i·ly** /dὰ(ː)kjuməntérəli, -men-, ⸗⸗⸗⸗⸗ | dɔ̀kjuméntərɪli, -trɪ-/ *adv.* 〘《1802–12》: ⇨ -ary〙

dócumentary bíll [dráft] *n.*〘商業〙荷為替(にがわせ)手形. 〘1858〙

dócumentary évidence *n.*〘法律〙証拠書類, 書証 (↔ ORAL evidence). 〘1802–12〙

dócumentary fílm *n.* 記録映画, ドキュメンタリー, ノンフィクション映画 (cf. record film). 〘1930〙

dócumentary stámp *n.* 証券用収入印紙.

doc·u·men·ta·tion /dὰ(ː)kjuməntéɪʃən, -men- | dɔ̀kjumən-, -mən-/ *n.* **1** 証拠書類[文書]; 証拠書類[文書]調製[提示]; 証拠書類[文書]による証拠固め, 傍証; (そうした)参考書類, 文献, 資料: the ～ of a claim, of an argument, etc. **2**〘電算〙**a** ドキュメンテーション, 文書化《ソフトウェア・ハードウェアの用途や使用手順などをまとめて文書にすること》. **b** 手引書, マニュアル, ドキュメント. **3 a** (船舶の)船積書類備え付け. **b** (歴史小説・歴史画などの)史実, 考証. **4** ＝information science.

～·al /-ʃnəl, -ʃənl⸗/ *adj.* 〘《1754》: ⇨ -ation〙

doc·u·men·ta·tive /dὰ(ː)kjuméntətɪv | dɔ̀kjuméntətɪv⸗/ *adj.* 証拠書類を用いた[提供する].

dócument glàss *n.* 紫外線吸収ガラス.

dócument rèader *n.*〘電算〙文書読み取り装置.

doc·u·tain·ment /dὰ(ː)kjutéɪnmənt | dɔ̀k-/ *n.* (テレビなどの)実録(的)娯楽番組. 〘《1978》← DOCU(MENTARY)＋(ENTER)TAINMENT〙

dod /dά(ː)d | dɔ́d/ *n.*《スコット》不機嫌になること; [*pl.*; しばしば the を伴って] すねること, ふてくされ (sulks). 〘《1808》□ Gael. ～ 'peevishness'〙

DOD《略》《米》Department of Defense.

d.o.d.《略》date of death; died of disease.

do·dad /dúːdæd/ *n.*《米口語》＝doodad.

dod·der¹ /dά(ː)də | dɔ́də(r)/ *n.*〘植物〙マメダオシなどヒルガオ科ネナシカズラ属 (*Cuscuta*) の植物の総称. 〘《1373》*doder* ← ? ON: cf. G *Dotter* / Norw. *dudra* (↓)〙

dod·der² /dά(ː)də | dɔ́də(r)/ *vi.* **1** 〈人が〉(中風や老齢で)震える. **2**《口語》よろめく, よろよろ[ひょろひょろ]する (totter): ～ along よろよろ歩く. **3** 〈談話などが〉とりとめがない. **～·er** /-dərə | -dərə(r)/ *n.* 〘《1617》《変形》← 《廃》*dadder* < ME *dadere*(n) to tremble ← ? ON: cf. Norw. *dudra* to quiver)〙

dód·dered *adj.* **1** 〈木など〉老い朽ちた. **2** もろく弱い (infirm), 老いさらばえた. 〘《1697》《変形》← ? 《廃》*doddard* an old, decaying oak ← ME *dodde*(n) to trim＋(POLL)ARD〙

dódder gràss *n.*〘植物〙＝quaking grass.

dód·der·ing /-dərɪŋ, -drɪŋ | -dərɪŋ, -drɪŋ/ *adj.* よろよろする; よぼよぼの. 〘《1745》← DODDER²＋-ING²〙

dod·der·y /dά(ː)dəri, -dri | dɔ́dəri, -dri/ *adj.* 〈人が〉(中風や病気で)震える, よろめきがちな. 〘《1866》← DODDER²＋-Y⁴〙

dod·dle /dά(ː)dl | dɔ́dl/ *n.*《口語》楽にできる事柄. 〘《1937》← ? 《廃》doddle to toddle《変形》← DADDLE〙

dod·dy /dά(ː)di | dɔ́di/ *n.* **1** (特にスコットランド産の)無角牛. **2** ＝Aberdeen Angus. 〘《1808》: cf. dod〙

dod·dy·poll /dά(ː)dipòʊl | dɔ́dipəʊl/ *n.*《英方言》あほう, ばか (blockhead): (as) wise as Dr. Doddypoll 全くのおばかさん. 〘《1401》《変形》← 《廃》*dotipol* ← ME *dote* fool (⇨ dote)＋POLL¹〙

do·dec- /doʊdék | dəʊdek/ (母音の前にくるときの) dodeca- の異形.

do·dec·a- /doʊdékə | dəʊdɪkə/「十二」の意の連結形: *dodeca*hedron. ★ 母音の前では通例 dodec- になる. 〘← Gk *dṓdeka* twelve ← *dúo, dúo* 'TWO'＋*déka* 'TEN'〙

do·dec·a·gon /doʊdékəgὰ(ː)n | dəʊdékəgən/ *n.*〘数学〙十二角[辺]形. 〘《1658》□ Gk *dōdekágōnon*: ⇨ ↑, -gon〙

do·dec·ag·o·nal /dòʊdekǽgənl, -de- | dəʊdɪ-, -de-⸗/ *adj.* 十二角[辺]形の. 〘《1851–60》: ⇨ ↑, -al¹〙

do·dec·a·he·dron /doʊdèkəhíːdrən | dəʊdekə-híːd-, -dɪ-, -héd-/ *n.* (*pl.* **～s, -he·dra** /-drə/)〘数学・結晶〙十二面体: a regular ～ 正十二面体 / a pentagonal ～ 五角正十二面体. **do·dèc·a·hé·dral** /-drəl⸗/ *adj.* 〘《1570》← NL ～ ← Gk *dōdekáedron*: ⇨ dodeca-, -hedron〙

Do·dé·ca·nese Íslands /doʊdékənìːz-, -nìːs-, dóʊdɪkə- | dəʊdɪkəníːz-/ *n. pl.* [the ～] ドデカネーゼ諸島《トルコ南西海岸沖, エーゲ海中 12 の諸島でギリシャ領(もとイタリア領); 面積 2,680 km²; 単に the Dòdecanése ともいう》.

Do·de·ca·ne·sian /doʊdèkəníːʒən, dòʊdɪkə-, -ʃən | dəʊdɪkəníːzjən, -dekə-, -ziən⸗/ *adj.* ドデカネーゼ諸島の. ― *n.* ドデカネーゼ諸島人.

do·déc·a·no·ic ácid /doʊdékənòʊɪk-, dóʊdɪkə- | dəʊdɪkənəʊ-, -dekə-/ *n.*〘化学〙ドデカン酸 (⇨ lauric acid). 〘*dodecanoic*: ⇨ dodeca-＋-an(n)²＋-o-＋-ic¹〙

do·dec·a·phon·ic /doʊdèkəfά(ː)nɪk, dòʊdek- | dəʊdekəfɔ́n-, -dɪ-⸗/ *adj.*〘音楽〙十二音の, 十二音音楽[技法]の. **do·dèc·a·phón·i·cal·ly** *adv.* 〘《1949》← DODECA-＋PHONIC〙

do·dec·a·pho·nism /doʊdékəfənìzm | dəʊdekəfóʊnɪzm, -kǽfə-/ *n.*〘音楽〙十二音音楽[技法]《半音階中の 12 の音を組織的に平等に用いる作曲法》. 〘《1951》← DODECA-＋PHONO-＋-ISM〙

do·déc·a·pho·nist /-nɪst | -nɪst/ *n.*〘音楽〙十二音音楽の作曲家[演奏者, 理論家]. 〘《1953》: ⇨ ↑, -ist〙

do·dec·a·pho·ny /doʊdékəfəni | dəʊdɪkǽfəni, -kəfəni/ *n.*〘音楽〙＝dodecaphonism.

do·dec·a·style /doʊdékəstàɪl | də(ʊ)-/〘建築〙*adj.* 〈portico など〉(正面に)十二本の円柱を持つ, 十二柱式の (cf. distyle). ― *n.* 十二柱式の portico. 〘《1825》□ Gk *dōdekástulos*: ⇨ dodeca-, -style¹〙

do·dec·a·syl·la·ble /doʊdékəsìləbl, ⸗⸗⸗⸗⸗ | dəʊdɪkəsìləbl, -dɪkə-, ⸗⸗⸗⸗⸗/ *n.* 12 音節語[詩行]. **do·dec·a·syl·lab·ic** /doʊdèkəsɪlǽbɪk | dəʊdekə-, -dɪkə-⸗/ *adj.* 〘《1753》← DODECA-＋SYLLABLE〙

do·déc·u·ple tíme [scále] /doʊdékjupl- | də(ʊ)-/ *n.*〘音楽〙12 拍子 (¹²⁄₄ 拍子, ¹²⁄₈ 拍子, ¹²⁄₁₆ 拍子など). 〘← DODECA-＋(OCT)UPLE〙

do·de·cyl /dóʊdəsɪl | dóʊdɪsɪl/ *n.*〘化学〙ドデシル《有機化合物中の基; $C_{12}H_{25}$–, $CH_3(CH_2)_{10}CH_2$– の名称》. 〘《1889》← DODECA-＋-YL〙

dod·gast·ed /dα(ː)dgǽstɪd | dɔd-/ *adj.*《俗》いまいましい, ひどい, けしからん (confounded). 〘《1888》《婉曲》← *god blasted*〙

dodge /dά(ː)ʤ | dɔ́ʤ/ *vi.* **1** ひらりと体をかわす (turn aside) 《(*a*)*round, about*》/ 〔*behind*〕: ～ *behind* …の後ろにひらりと隠れる / ～ *into* …の中にさっと身を潜める / ～ *around* (ひらりひらりと)あちらこちらへ体をかわす《とらえどころがない》. **2** (ぬらりくらりと)言い抜ける (quibble), ごまかす, 〔…を〕翻弄(ほんろう)する〔*with*〕. **3**〘鳴鐘法〙〈隣接する鐘が〉逆向きに動いて鳴る. ― *vt.* **1** 〈人・打撃などを〉素早く避ける, 巧みに体をかわす: ～ a blow, pursuit, an opponent, etc. **2** 〈困難・質問・質問者などを〉巧みに切り抜ける, うまくそらす; 〈相手を〉(けむにまいて)ごまかす, 〈義務・困難〉から巧みに逃げる: ～ an issue 論点をはぐらかす / ～ a direct answer＝～ answering directly はっきりした返事を避ける / ～ one's responsibilities 責任を巧みに回避する / ⇨ *dodge the* COLUMN. **3** …に会うのを避ける: ～ a person in the street. **4**〘写真〙〈印画の一部を〉覆い焼きする; 〈画面の(一部)に〉陰をつくる (cf. dodging; BURN¹ *in* (2)). ― *n.* **1**《口語》(…するための)ごまかし, いんちき(手段), (巧みな)言い抜け (deception)〈*to do*〉: He's up to all kinds of ～*s*. 彼はぺてんやごまかしのあらゆることをやる / ⇨ tax dodge. **2** 体をかわすこと, 肩透かし: make a ～ 身をかわす / He saved himself by [with] a ～ to the right. 右へ体をかわして難を逃れた. **3**《米俗》(いかがわしい)商売, 仕事. **4**《口語》考案, 工夫, 妙案, 新趣向 (device, trick)〔*for*〕: a clever ～ *for* preventing draughts すき間風を避ける妙案. **5** [D-]〘商標〙ダッジ《米国 Daimler-Chrysler 社製の乗用車》.

on the dódge《俗》警察の目を逃れて, ごまかしをやって, 不正なことをして. 〘1904〙

〘《1568》《変形》? ← 《スコット》*dod* to jog (cf. sledge—sled): cf. G *ducken* to duck〙

Dodge /dά(ː)ʤ | dɔ́ʤ/, **Mary (Elizabeth)** *n.* ドッジ《1831–1905; 米国の児童文学者; 旧姓 Mapes /méɪps/; *Hans Brinker, or The Silver Skates* (1865)》.

dódge·bàll *n.*〘スポーツ〙ドッジボール. 〘c1922〙

Dódge Cíty *n.* ドッジシティ《米国 Kansas 州南西部, Arkansas 川に臨む都市; もと Santa Fe Trail 上の重要な辺境都市》. 〘← *Henry I. Dodge* (米国陸軍大佐)〙

Dodg·em, d- /dά(ː)ʤəm | dɔ́ʤ-/ *n.* [しばしば (the) ～s] ドッジェム《遊園地などの小さな電気自動車; しばしば他の車とぶつけ合って遊ぶ; cf. bumper car》. 〘《1921》《商標》← DODGE (v.)＋EM²〙

dódgem càr *n.* ＝Dodgem. 〘1945〙

dodg·er /dά(ː)ʤə | dɔ́ʤə(r)/ *n.* **1** ごまかしのうまい人, ずるい男, ぺてん師. **2** 巧みに体をかわす人. **3**《米・豪》小形ビラ, 引き札. **4 a**《米南部》＝corn dodger. **b**《方言・豪》パン; サンドイッチ; 食べ物. **5**《米南部》＝leafhopper. **6**〘海事〙(船の bridge の)しぶきよけ隔障《布または木製》. **7**〘写真〙覆い焼き用具[薬品]. 〘《1568》← DODGE＋-ER¹〙

dodg·er·y /dά(ː)ʤ(ə)ri | dɔ́ʤ-/ *n.* ごまかし (trickery), 言い抜け (evasiveness); 便法 (expedient). 〘《a1670》← DODGE＋-ERY〙

dódg·ing *n.*〘写真〙覆い焼き《焼付け露光中に画面の一部を覆って, その部分の画像濃度を低下させる技法》.

Dodg·son /dά(ː)ʤsən, dά(ː)d-, -sn | dɔ́ʤ-/, **Charles Lut·widge** /lʌ́twɪʤ/ *n.* Lewis CARROLL の本名.

dodg·y /dά(ː)ʤi | dɔ́ʤi/ *adj.* (**dodg·i·er; -i·est**) **1** ずるい, ごまかしのうまい, 油断のならない; 巧みに身をかわす, よく逃げを打つ (evasive). **2**《口語》〈物・事が〉困難な, 扱いにくい, 手際のいる (tricky). **3** (状態・機能などが)危っかしい. **dódg·i·ness** *n.* 〘《1861》← DODGE＋-Y⁴〙

do·do /dóʊdoʊ | dəʊdəʊ/ *n.* (*pl.* **～es, ～s**) **1**〘鳥類〙ドードー (*Raphus cucullatus*)《ガチョウほどの大きさの, 翼が退化して飛べない鳥; かつてインド洋の Mauritius 島に住んでいたが, 17 世紀末に絶滅》: (as) dead as the [a] ～《口語》完全に死んでしまって, 全く絶えてしまって. **2**《口語》時代後れの人, 時勢にうとい人; とんま. **～·ism** *n.* 〘《1628》□ Port. *doudo*《原義》simpleton〙

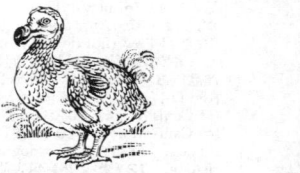

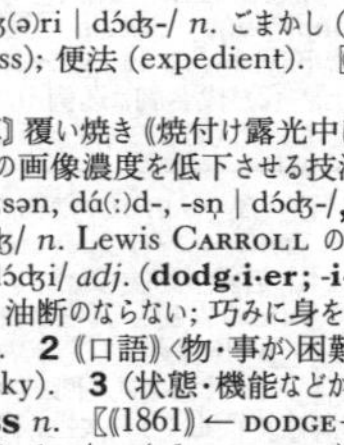

dodo 1

Do·do·ma /dóʊdəmə, -mὰː | dəʊd-/ *n.* ドドマ《タンザニアの首都; 1974 年に Dar es Salaam から首都移転が決定したが, 移転作業はなお未定》.

Do·do·na /doʊdóʊnə | də(ʊ)dəʊ-/ *n.* ドドーナ《古代ギリシャ北西部, Epirus の都市; Zeus の神殿の所在地; その託宣は最古のもので, oak の葉ずれの音によって与えられた》. 〘↓〙

Do·do·nae·an, d- /dòʊdəníːən | -də-⸗/ *adj.* (*also* **Do·do·ne·an, d-** /～/) ドドーナ (Dodona) の, ドドーナの Zeus の託宣の. 〘《1569》← L *Dōdōnaeus* (□ Gk *Dōdōnaîos* ← *Dōdṓnē* Dodona)＋-AN¹〙

dódo splìt *n.* 《俗》《ボウリング》ドードースプリット《ヘッドピンと 7 番 [10 番] ピンの残ったスプリット》.

doe /dóʊ | dɑ́ʊ/ *n.* (*pl.* **~s, ~**) 雌鹿 (cf. deer); (トナカイ・レイヨウ・ウサギ・ヒツジ・ヤギなどの)雌 (↔ buck). 〖OE *dā* ← ? Celt. (cf. Corn. *da* fallow deer) ← ? IE **de-mə-* 'to TAME'〗

Doe /dóʊ | dɑ́ʊ/ *n.* ⇨ John Doe.

DOE /dì:òʊí: | -ɑ̀ʊ-/ 《略》《米》Department of Energy; 《英》Department of the Environment.

dóe-èyed *adj.* (雌鹿のように)あどけない眼をした.

D **doek** /dʊ́k/ *n.* 《南ア口語》布; 特に, アフリカの既婚女性がかぶる四角い布. 〖(1798) ▭ Du. ~〗

Doe·nitz /dɑ́:nɪ̀ts, dɚ́: | dɚ́:-; G. dø̀:nɪts/ *n.* ⇨ Dönitz.

do·er /dú:ɚ | dú:ə(r/ *n.* **1** (善事・悪事などを)する人: a ~ of good / an evil ~. **2 a** 行為者, 実行家: He is a ~, not a talker. **b** やり手, 精力家. **3** 生育する動物[植物]: a good [bad] ~ 発育のよい動物[草木]. **4** 《豪》変わり者 (eccentric): a hard ~ ひどい変わり者. 〖(*c*1380): ⇨ -er¹〗

does /(弱) dəz; (強) dʌ́z/ *auxil. v., v.,* do¹·² の三人称単数直説法現在形. 〖OE 《北部方言》*dōas, dōes*: ⇨ do², -s³〗

dóe·skìn *n.* **1** 《皮革》**a** 雌鹿の皮; 雌鹿のなめし革 (cf. buckskin). **b** 山羊[子羊]皮の手袋用白革. **2** [*pl.*] 羊皮の手袋. **3** ドスキン《鹿革まがいのラシャ》. — *adj.* 雌鹿の皮の. 〖(1425–26) ME *do skin*〗

does·n't /dʌ́znt(t)/ 《口語》does not の縮約形.

do·est /dú:ɪst/ *v.* 《古》do² の二人称単数 (thou) 直説法現在形 (cf. dost). 〖ME *dost* (⇨ do², -est²) ∽ OE *dēst*〗

do·eth /dú:ɪθ/ *v.* 《古》do² の三人称単数直説法現在形 (cf. doth). 〖ME *doþ, doiþ* (⇨ do², -th³) ∽ OE *dēþ*〗

doff /dɑ́(:)f, dɔ́(:)f | dɔ́f/ *vt.* **1** 《文語》〈衣服などを〉脱ぐ; 〈帽子を〉取る (take off): ~ the hat *to* a person 帽子を取って人に会釈する. **2** 《まれ》〈習慣などを〉捨てる, やめる (abandon). **3** 《紡織》《紡機から》満管になったボビン・材料などを〉取り外す {*from*}. — *n.* 《紡織》ドフィング《紡機から満管になったボビン・材料などを取り外すこと》; ドフィングによって取り外したもの. 〖(*a*1375) *doffe(n)*: ⇨ do², off: cf. don²〗

dóff·er *n.* 《紡織》ドッファー, はぎ取り円筒《梳(そ)毛機の繊維をかき取る針布で覆った円筒》. 〖(1825): ⇨ ↑, -er¹〗

do·fun·ny /dú:fʌ̀ni/ *n.* 《米口語》=doodad. 〖← DO²+FUNNY¹〗

dog /dɔ́(:)g, dɑ́(:)g | dɔ́g/ *n.* **1** イヌ (*Canis familiaris*) 《イヌ科イヌ属の飼い犬; cf. hound¹》: a hunting ~ 猟犬 / an army ~ 軍用犬 / ⇨ watchdog 1, dead dog / Every ~ has his [its] day. 《諺》だれにも栄える時があるものだ / ⇨ *help a* LAME¹ *dog over a stile* / Let sleeping ~*s* lie. 《諺》眠っている犬は寝かしておけ (cf.「やぶをつついてへびを出すな」,「さわらぬ神にたたりなし」) / Love me, love my ~. ⇨ love *vt.* 1 a / *Dogs* remember faces, cats places. 《諺》犬は人につき, ねこは家につく / treat a person like a ~ [worse than a ~] 人をまるで犬扱いする[犬よりもひどく扱う]. 日英比較 日本では屋外で鎖につないで飼うことが多いが, 英米ではペットとしての犬は家の中で放し飼いにされるのが普通.

語法 (1) 関連した語に,「猟犬」hound;「のら犬」cur;「子犬」pup, puppy, whelp;「犬小屋」kennel;「鳴き声」bark, bay, bowwow; growl, howl, snarl; whine, yap, yelp. (2) 代名詞は通例 it で受けるが, 親しさを込めて he で受けることもある. (3) ラテン語系形容詞: canine.

2 a イヌ科イヌ属 (*Canis*) の動物《オオカミ (wolf), ヤマイヌ (Japanese wolf), コヨーテ (coyote), ジャッカル (jackal) など》. **b** それに近縁の動物《リカオン (African hunting dog), キツネ (fox) など》. **c** イヌ科の動物の雄, 雄犬 (cf. bitch): a ~ wolf 雄オオカミ / ⇨ dog fox. **3 a** [通例形容詞を伴って] くだらない人間, やくざ男, 野郎; 《俗》魅力のない人[女性], 面白くない女性; 売春婦: a real ~ (of a fellow) 全くのやくざ者 / a dirty ~ ひどい野郎 / You ~! この野郎. **b** 《米俗》くだらない[つまらない]もの; (演劇・音楽などの)失敗(作) (flop). **4** 《口語》[通例 cunning, jolly, lucky, sad, sly などの形容詞を伴って]《愛称・戯言・軽蔑》やっこさん, やつ (fellow): a jolly [gay] ~ 《古》愉快な[陽気な]男 / a lucky ~ 運のいいやつ / a lazy ~ なまけ者 / a sly [cunning] ~ ずるいやつ. **5** 《口語》見え, 体裁(ていさい), 見せびらかし (display): There's lots of ~ about it. そいつはしゃれったっぷりだ / put on (the) ~ ⇨ 成句. **6** 《米俗》ホットドッグ (hot dog). **7** 《米口語》(株式・公債などで, それだけの)価値のない投資; 回転の遅い[売れ行きの悪い]商品. **8** =firedog. 〖その形から: cf. F *chenet*〗 **9** [the D-] 《天文》**a** おおいぬ(大犬)座 (the Great Dog) (⇨ Canis Major). **b** こいぬ(小犬)座 (the Little Dog) (⇨ Canis Minor). **10** 《気象》**a** =sun dog. **b** =fogdog. **11 a** 《魚類》=dogfish. **b** 《動物》=prairie dog. **12** 《米・豪俗》(犯人仲間の)密告者, 裏切り者. **13** 《豪俗》私服の鉄道公安官. **14** [the ~s] 《英口語》グレーハウンド競走(会): ⇨ *go to the* DOGS (3). **15** [*pl.*] 《俗》足 (feet): My ~*s* are sore! 足が痛い. **16** 《機械》**a** (水づかみのような)つかみ(道具), 回し金(がね), 鉄鉤(かぎ). **b** (木材結合用の)かすがい; (運搬できるように)木材・石などに打ち込まれた U 字型の鉄棒.

(as) sick as a dóg とても気分が悪い. *blúsh like a bláck dóg* 全然顔を赤らめない, ちっとも恥ずかしく思わない. *die a dóg's déath* [*the déath of a dóg, like a dóg*] みじめな死に方をする, 見苦しい最期を遂げる. 《1529》 *a dóg in a blánket* 《英口語》=roly-poly 1. *a dóg in the mánger* (自分に用のないものを人に使わせるのをいやがるような)意地悪な人《かいばおけに入り込んで自分が食べもしないまぐさを牛に食べさせなかったというイソップ物語の犬の話から》. 《1573》 *dóg tíed úp* 《豪俗》(特に, 飲み屋の)未払いの勘定[つけ]. *éat dóg* 《米》屈辱を忍ぶ (eat dirt). 《1858》 *Give a dóg a bád náme and háng him.* 《諺》どんな人も一度悪評を立てられたらまず立ち直れない (「犬を殺そうと思うならまず狂犬呼ばわりせよ」の意から). 《1706》 *give to the dógs*=*throw to the* DOGS. *gó to the dógs* 《口語》(1) だめになる, 破滅[没落]する; 失敗する. (2) 堕落する; すさんだ生活を始める; 不倫なことをする. (3) 《英》グレーハウンド競走に行く. 《1619》 *a háir of the dóg* (*that bít one*) ⇨ hair 成句. *léad a dóg's life* ⇨ dog's life. *lèt sléeping dógs líe* (事態が一層悪くなるのを恐れて)そのままにしておく, 事を荒立てないようにする (⇨ dog *n.* 1). 《1824》 *lèt slíp the dógs of wár* (1) 戦いの犬を放つ, 戦禍を引き起こす (cf. *the* DOGS *of war* (1)). (2) 破壊する, 混乱を引き起こす. (3) 強権を発動する; 最後の手段に出る. *like a dóg's dínner* [*bréakfast*] ⇨ dog's dinner 成句. *lìke a dóg with twó táils* 大喜びで, いそいそと. 《1953》 *nót a dóg's chánce* ⇨ dog's chance. *nót have a wórd to thrów at a dóg* (無愛想・横柄で)ひどく無口だ, むっつりしている. *pùt ón dóg* 《口語》気取る, すまし込む, もったいぶる (put on airs) (cf. 5). 《1871》 *téach an óld dóg néw tricks* (習慣の固定した)年寄りに新しい物事を教えてやる[新時代の空気を理解させる]《今さらそんなことはできない》. 《1806》 *the dógs of wár* (1) 戦いの犬, 戦禍《飢饉・殺戮・兵火; Shak., *Caesar* 3. 1. 273》. (2) 破壊, じゅうりん, 惨禍. *thrów to the dógs* (1) 〈物を〉(不用なものとして)捨てる; 無駄にする. (2) (利己的な理由から)〈人を〉犠牲にする. 《1606》

— *vt.* (**dogged; dog·ging**) **1** 〈災い・不幸などが〉(どこまでも)〈人〉に付きまとう: be ~*ged* by misfortune 不幸に付きまとわれる / a recession-*dogged* industry 景気後退の影響をこうむっている産業. **2 a** (犬のように)後をつける, 尾行する: ~ a criminal, a person's footsteps, etc. **b** (犬のように)〈人〉に付きまとう; 〈人〉の尻を追っかける: ~ a girl / He is ~*ged* by debts. 彼は借金に付きまとわれている. **c** 犬で追う[追い立てる]. **3** 《米俗》=darn²: I'll be ~*ged* if I go. だれが行くものか. **4** つかみ道具でつかむ (cf. *n.* 16). **5** [~ it として]《米俗》逃げ(去)る, ずらかる (run away); (仕事などを)本気でやらない, 避ける.

— *adj.* **1** イヌ科の《イヌ, キツネ, オオカミ, コヨーテ, ジャッカルを含む》. **2** 雄の: a ~ fox 雄ギツネ. **3** まがいものの, くだらない; 特に, 母語話者の表現らしくない: ⇨ dog Latin.

— *adv.* [しばしば複合語に用いて] 全く (utterly), ひどく (extremely): *dog*-cheap, *dog*-poor, *dog*-tired.

〖ME *dog(ge)* ← lateOE *docga* ← ?: 擬音語か. — v.: 《1519》 ← (n.)〗

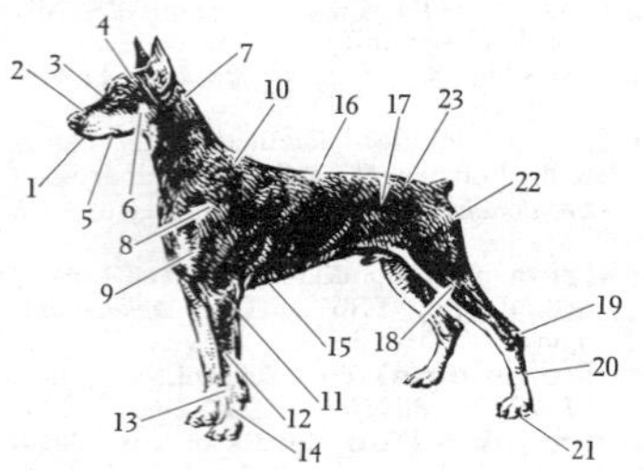

dog

1 lip 2 muzzle 3 stop 4 skull 5 flews 6 cheek 7 crest 8 shoulder 9 point of shoulder 10 withers 11 elbow 12 forearm 13 carpus *or* wrist 14 metacarpus *or* pastern 15 brisket 16 back 17 loin 18 stifle *or* toes 19 tarsus *or* hock 20 metatarsus 21 digits *or* toes 22 point of rump 23 hip

Dóg and Dúck *n.*「犬とあひる」《英国で一般的なパブの名》; 《比喩》一般大衆.

dóg and póny shòw [**àct**] *n.* 《米口語》手の込んだ[派手な]宣伝[キャンペーン].

dóg àpe *n.* 《動物》ヒヒ (baboon). 〖1599〗

do·ga·res·sa /dòʊgərésə | dəʊ-; *It.* dogaréssa/ *It. n.* (昔の Venice や Genoa の)ドージェ (doge) 夫人. 〖(1820) ▭ It. ~ ← DOGE+-*essa* '-ESS¹'〗

do·gate /dóʊgeɪt | dóʊ-/ *n.* (昔の Venice や Genoa の)ドージェ (doge) の職[地位]. 〖(1727–51) ▭ F *dogat* ▭ It. *dogato*: ⇨ doge, -ate¹〗

dóg·bàne *n.* 《植物》バシクルモン《キョウチクトウ科バシクルモン属 (*Apocynum*) の植物の総称》; 《特に》バシクルモン (*A. venetum*). — *adj.* バシクルモン科の. 〖1597〗

dóg bènt *n.* 《植物》ヒメヌカボ (*Agrostis canina*) 《細長い稈(かん)・細い葉・長いのぎのある穎(えい)を有するイネ科の雑草; brown bent ともいう》. 〖犬の嘔吐剤と考えられていることから〗

dóg·bèr·ry /-bèri | -b(ə)ri/ *n.* 《植物》**1** セイヨウミズキ (red dogwood) の実. **2** dogberry をつける植物の総称 (dogwood, yellow clintonia, クマコケモモ (bearberry), カンボク (guelder rose) など). 〖1551〗

Dog·ber·ry /dɔ́(:)gbèri, dɑ́(:)g-, -b(ə)ri | dɔ́g-/ *n.* (*pl.* **~s**) **1** ドグベリー《Shakespeare 作 *Much Ado about Nothing* の中の警官で言葉の誤用で有名; cf. Mrs. MALAPROP》. **2** まぬけな[へまをやる]役人, (特に)警官. 〖2: (1864)〗

dóg bìscuit *n.* **1** ドッグビスケット《犬の飼料として肉片や骨粉などを入れて固く焼いたビスケット》. **2** 《俗》(野戦食用の)乾パン, クラッカー. 〖1858〗

dóg·bòdy *n.* 《海事》ドッグボディ船《主に 18 世紀の後半から 19 世紀の前半に米国 Massachusetts 州で造られた船尾が方形の 2 本マストの漁船; Chebacco boat に似ている》. 〖船尾の形から〗

dóg·bòx *n.* **1** 《英》犬輸送用貨車. **2** 《豪口語》(通路のない)客車. **3** 《NZ口語》[in the ~ で] 恥, 不名誉. 〖1815〗

dóg brìer *n.* 《植物》=dog rose. 〖(1530) 《なぞり》← L *sentis canis*〗

dóg·càrt *n.* **1** 犬に引かせる車. **2** 一頭立て二輪馬車の一種《背中合わせの 2 座席があり, 英国では以前は座席の下に猟犬を乗せた》. 〖1668〗

dóg·càtcher *n.* 野犬捕獲員《野良犬・猫などの捕獲を仕事とする人[地方公務員]》. 〖1835〗

dóg-chéap 《口語》*adj.* ばか安い (dirt-cheap). — *adv.* ばかに安く: work ~ ひどく安い賃金で働く. 〖1526〗

dóg clùtch *n.* 《機械》かみ合いクラッチ. 〖1907〗

dóg còckle *n.* 《貝類》タマキガイ科の貝類の総称.

dóg còllar *n.* **1** 犬の首輪. **2** 《俗》=clerical collar. **3** 《口語》ドッグカラー《首の回りに巻きつける幅の広いネックレス》. 〖1524〗

dóg cùrtain *n.* 《海事》羅針儀架台 (binnacle) にかける帆布.

dóg-dày cicáda *n.* 《昆虫》エゾゼミ《アメリカ産エゾゼミ属 (*Tibicen*) の大きなセミの総称; 特に, 夏の後半に長い顫(せん)音で鳴く》.

dóg dàys *n. pl.* **1** [しばしば D- D-] 暑中, 盛夏《Dog Star が太陽と共に出没する 7 月 3 日ごろから 8 月 11 日ごろまでの期間》. **2** 沈滞[停滞]期. 〖(1538) 《なぞり》← L *diēs caniculārēs*: cf. canicular〗

dog·dom /dɔ́(:)gdəm, dɑ́(:)g- | dɔ́g-/ *n.* **1** 犬の世界, 犬属; 犬であること, 犬の境遇. **2** [集合的] 愛犬家. 〖(1854): ⇨ -dom〗

doge /dóʊdʒ | dəʊdʒ; *It.* dɔ́:dʒe/ *n.* ドージェ《Venice (697–1797), Genoa (1339–1797, 1802–05) 共和国の総督》. **~·dom** /-dəm/ *n.* **~·shìp** *n.* 〖(1549) ▭ F ~ ▭ It. (Venetian) < L *ducem, dux* leader: ⇨ duke: cf. duce〗

dóg-èar *n.* **1** 《製本》耳折れ, 折れ込み, 福紙《本のページの隅の折れ曲がり》. **2** 《建築》=crossette 1.
— *vt.* 《製本》…のページの隅を折る. 〖*a*1659〗

dóg-èared *adj.* **1** 〈本・ページが〉耳折れの, (ページの)隅の折れた, 読み古した: a ~ book 耳折れ本. **2** すり切れた, みすぼらしい (shabby); 不格好な. 〖1784〗

dóg-èat-dóg *adj.* (同族[骨肉]相食(は)むような)激しい競争の, 我勝ちの, 共食いの; 残忍なほど貪欲(どんよく)な[自制のない], 徳義心をなくした (⇨ *eat* DOG): a ~ life, society, etc. — *n.* 同族相食むこと, 我勝ちの競争, 共食い: a case of ~. 〖1834〗

dóg-ènd *n.* 《口語》**1** (たばこの)吸いさし. **2** 残り物, 無価値なもの. 〖1935〗

do·gey /dóʊgi | dəʊ-/ *n.* 《米西部》=dogie.

dóg·fàce *n.* 《米俗》**1** (米陸軍の)兵士, 下士官兵, 歩兵《初め, 米海軍水兵が米陸軍の兵士を軽蔑的に呼んだ名; doggy ともいう》. **2** 人気のよくない人, 受けの悪い男. 〖1941〗

dóg-fàced *adj.* 犬面の: a ~ baboon 《動物》ヒヒ《単に baboon というのと同じ》. 〖1607〗

dóg·fàll *n.* **1** 《レスリング》両レスラー同時のフォール《どちらのポイントにもならない》. **2** 勝者のない試合, 引き分け. 〖1828〗

dóg fàncier *n.* 愛犬家; 犬屋, 畜犬商.

dóg fàshion *n.* 《卑》後背位性交.

dóg fènnel *n.* 《植物》**1** =mayweed. **2** キク科ヒヨドリバナ属の草 (*Eupatorium capillifolium*). 〖1373〗

dóg·fìght *n.* **1 a** 犬のけんか, 闘犬; (犬のけんかのような)激しい争い (melee) (cf. catfight). **b** (一般に)激しい論戦, 激論. **2** 《口語》(戦闘機または機甲部隊間の)巴(ともえ)戦, 旋回戦闘, 乱戦, 空中戦. — *vt., vi.* (…と)乱戦を行う, 空中戦を演じる. 〖*a*1656〗

dog·fish /dɔ́(:)gfɪʃ, dɑ́(:)g- | dɔ́g-/ *n.* (*pl.* **~, ~·es**) 《魚類》**1** ツノザメ科・メジロザメ科・トチザメ科などの小形のサメの総称《肝臓から油が採れ, 肉は肥料になる; ホシザメ (smooth dogfish), アブラツノザメ (spiny dogfish) など》. **2 a** =bowfin. **b** =burbot. 〖*c*1450〗

dóg·fòot *n.* 《植物》カモガヤ (⇨ orchard grass).

dóg fòx *n.* 《動物》雄ギツネ (male fox). 〖*c*1410〗

dog·ged /dɔ́(:)gɪd, dɑ́(:)g- | dɔ́g-/ *adj.* **1** 強情な, 頑固な, 断固とした (⇨ stubborn SYN): one's ~ determination. **2** 《廃》(犬のように)残酷な. *It's dógged* (*that* [*as*]) *dóes it.* 《口語》頑張りは難事を克服する, 根気は成功のもと. **~·ly** *adv.* **~·ness** *n.* 〖(*c*1300): ⇨ dog, -ed 2〗

dog·ger¹ /dɔ́(:)gɚ, dɑ́(:)gɚ | dɔ́gə(r/ *n.* **1** 《海事》ドッガー船《北海でタラ漁業に用いられた 2 本マストの船首が広いオランダ船》. **2** [the D-] =Dogger Bank. 〖(1347) *doggere* ▭ MDu. *dogger* (Du. *dogger* cod-fisher): cf. ON *dugga* small fishing boat〗

dog·ger² /dɔ́(:)gɚ, dɑ́(:)gɚ | dɔ́gə(r/ *n.* 《豪》ディンゴ (dingo) 狩り人. 〖(1934) ← DOG+-ER¹〗

dog·ger³ /dɔ́(:)gɚ, dɑ́(:)gɚ | dɔ́gə(r/ *n.* 《地質》**1** ドッガー《砂・粘土中の鉄岩・二酸化珪素の凝結塊》. **2** [D-] ドッガー統《英国北部の中ジュラ紀層》. 〖(1670) ← ?〗

Dóg·ger Bánk /dɔ́(:)gɚ-, dɑ́(:)g- | dɔ́gə-/ *n.* [the ~] ドッガーバンク《北海の中央部, イングランドと Jutland 半島の中間にある大砂洲; 最浅部の深さが 15 m で世界有数の大漁場; 1915 年この海域で英国艦隊がドイツ艦隊を撃破した; 単に the Dogger ともいう》. 〖*Dogger*: ← DOGGER¹ //

MD *dogger* 'DOGGER¹'〗

dog·ger·el /dɔ́(ː)g(ə)rəl, dɑ́(ː)g- | dɔ́g(ə)rəl/ *n.* (韻律不整で内容下品な)狂詩, へぼ詩. — *adj.* 〈詩が〉狂詩風の, 滑稽な; 〈詩などが〉くだらない, へぼな. 〚((c1390)) ← ? DOG (n.) 3＋-EREL: cf. L *doga* cask, stave / dog Latin〛

dog·ger·y /dɔ́(ː)gəri, dɑ́(ː)g- | dɔ́g-/ *n.* **1** (犬のように)野卑低劣なふるまい. **2** [集合的] 犬, 犬ども (dogs); 下層民, 烏合(うごう)の衆. **3** 《米俗》低級な酒場, 銘酒屋. 〚((1611)) ((1835)) ← DOG＋-ERY〛

Dóg·gett's Cóat and Bádge Ràce /dɔ́(ː)gɪts-, dɑ́(ː)g- | dɔ́gɪts-/ *n.* ドゲットのスカル競艇 《毎年 8 月 1 日前後に Thames 川の London Bridge から Chelsea までの区間で行われるスカル競艇; 勝者には深紅の上着と銀のバッジが与えられる》. 〚← *Thomas Doggett* (c1670–1721: アイルランド人の俳優, 創始者)〛

dog·gie /dɔ́(ː)gi, dɑ́(ː)gi | dɔ́gi/ *n.* ＝doggy.

dóggie bàg (レストランなどで食べ残しを客が持ち帰るための)持ち帰り袋. 〚((1963)) 飼い犬に食べさせるとの口実から〛

dóg·gi·ness *n.* **1** 犬の特質, 犬らしさ. **2** 犬好き, 畜犬趣味. **3** 犬の臭気. 〚((1865)) ← DOGGY＋-NESS〛

dóg·gish /-gɪʃ/ *adj.* **1** 犬の. **2** 犬のような, 無愛想な, がみがみ言う, 怒りっぽい (currish). **3** 《口語》派手好みの, 気取った (showy). **~·ly** *adv.* **~·ness** *n.* 〚((c1395)): ⇨ dog, -ish¹〛

dog·go /dɔ́(ː)goʊ, dɑ́(ː)g- | dɔ́gəʊ/ *adv.* 《英口語》(じっと)隠れて (in hiding). ***lie dóggo*** 《俗》じっと待っている, 身を潜めて隠れている. ((1893)) 〚((1893)) ← ? DOG＋-O: 犬の眠りの浅いことから: cf. dogsleep〛

dog·gone /dɑ́(ː)gɑ́(ː)n, dɔ́(ː)gɔ́(ː)n⁻ | dɔ́ggɔ̀n/ 《口語》 *int.* ちくしょう, えいっ, しまった, しめた (hang) 《ののしり・じれったさ・驚き・喜びなどを表す》. — *vt.* (**dog·goned**; **-gon·ing**) [通例 p.p. 形で] のろう (damn): I'll be ~*d* if I'll go. ちくしょう行くもんか. — *adj.* (**dog·gon·er**; **-est**) のろうべき, 忌まわしい, いやな (confounded). — *adv.* ＝damned. — *n.* ＝damn 2. 〚((1828)) 《婉曲語法》← ? *God damn* // 《転訛》? ← *dog* (＝pox) *on it*〛

dóg·góned *adj.*, *adv.* 《米口語》＝doggone.

dóg gràss *n.* 〘植物〙 **1** ＝dog bent. **2** ＝couch grass. 〚1597〛

dog·grel /dɔ́(ː)grəl, dɑ́(ː)g- | dɔ́grəl/ *n.*, *adj.* ＝doggerel.

dog·gy /dɔ́(ː)gi, dɑ́(ː)gi | dɔ́gi/ *adj.* (**dog·gi·er**; **-gi·est**) **1** 犬の[に関する]; 犬のような. **2** 犬好きの, 犬に詳しい. **3** 《米口語》いきな, 派手な; 見えを張った (pretentious). — *n.* **1** **a** 小犬 (little dog). **b** 《小児語》わんわん. **2** [通例 doggie で] 《米俗》＝dogface 1. 〚((c1395)): ⇨ dog, -y⁴〛

dóggy bàg *n.* ＝doggie bag.

dóggy pàddle *n.* ＝dog paddle.

dóg hàndler *n.* 犬の調教者, 警察犬担当係. 〚1968〛

dóg·hòle *n.* **1** 犬穴 《犬が 1 匹入れるほどの小穴》. **2** むさくるしい所[住居]; 小さい家. **3** 《米俗》(炭鉱などの)小さな入口. **4** 《米西部》(木材などの荷積みの際に船を泊める)小さい入江. 〚c1450〛

dóg hòok *n.* 木材の切出し用の(鉄の)鉤(かぎ). 〚1571〛

dog·house /dɔ́(ː)ghàʊs, dɑ́(ː)g- | dɔ́g-/ *n.* **1** 《米》犬小屋. **2** 《口語》**a** (形など)犬小屋に似たもの. **b** (労働者の)着替え小屋, 道具置き場. **c** 船・ヨットの甲板上の(小さい)船室. **3** (ガラス原料の)投入口, ドッグハウス. **4** 《俗》＝double bass.
in the dóghouse 《俗》〈夫が〉嫌われて, 面目を失って; 〈人が〉人気を落として (in disfavor). ((1932))
〚1594〛

dóg·hùtch *n.* **1** 犬小屋. **2** ＝doghole 2. 〚1830〛

do·gie /dóʊgi | dəʊgi/ *n.* 《米西部》(牧場の牛群の中の)母なし子牛 《カウボーイ用語》. 〚((1888)) ← ?〛

dóg Làtin *n.* (中世の)変則ラテン語; ラテン語をまねて造られた言葉[専門語]. 〚((1770)): cf. dog (n.) 3〛

dóg lèad /-lìːd/ *n.* 犬綱, 犬鎖.

dóg·lèg *n.* **1** (犬の後足のように)曲がった物. **2** **a** 急角度で[くの字形に]曲がった道[コース]. **b** 〘ゴルフ〙ドッグレッグ 《フェアウェイ (fairway) がくの字形に曲がっているホール》. — *adj.* ＝doglegged. — *vi.* (**-legged**; **-leg·ging**) 急角度に曲がる[曲がっている]. 〚1858〛

doglegfénce *n.* 《豪》＝worm fence.

dóg·lég·ged /-lɛ̀gɪd | -lɛ́gɪd, -lɛ́gd⁻/ *adj.* **1** (犬の後足のように)曲がった: a ~ stair(case) くの字形階段 《反対方向に折れ曲がった階段の上部と下部の間に吹き抜け (well) のないもの》. **2** 〘ゴルフ〙ドッグレッグ状の (cf. dogleg *n.* 2 b). 〚1703〛

dógleg hóle *n.* 〘ゴルフ〙＝dogleg 2 b.

dóg lètter *n.* ＝dog's letter.

dóg·lìke *adj.* 犬のような; (犬のように)忠実な: ~ devotion 犬のような献身. 〚1605〛

dóg lòuse *n.* 〘昆虫〙 **1** ＝bird louse. **2** sucking louse.

dog·ma /dɔ́(ː)gmə, dɑ́(ː)g- | dɔ́g-/ *n.* (*pl.* **~s**, **~·ta** /~tə | ~tə/) **1** 独断的の主張[見解], 独断, ドグマ (⇨ doctrine SYN). **2** (権威に基づいて確立されたまたはある学派などの)定論, 定説: legal [pedagogical] ~ 法学[教育学]的定説. **3** (教会が権威に基づいて確立した)教義, 教理 (cf. doctrine). ★ 信者側からみた場合 creed という: a history of ~ キリスト教教義史. 〚((1638)) ◻ L ~ ◻ Gk *dógma* opinion, ordinance ← *dokeîn* to seem (good): cf. decent, doctor〛

dóg·man /-mən/ *n.* (*pl.* **-men** /-mən/) **1** 《豪》建築現場で起重機運転者に指示を与える人. **2** 犬売買人, 犬屋. **3** 《英》犬小屋番(人). 〚a1861〛

dogmata *n.* dogma の複数形.

dog·mat·ic /dɔ(ː)gmǽtɪk, dɑ(ː)g- | dɔgmǽt-/ *adj.* **1** 〈人・見解など〉独断的な (⇨ dictatorial SYN): a ~ statement, person, etc. **2** 〘哲学〙独断(主義)の. **3** 教義上の, 教理に関する, 教条の (doctrinal). — *n.* 独断家. 〚((1605)) ◻ LL *dogmaticus* ◻ Gk *dogmatikós* ← *dogmat-*, *dógma* 'DOGMA': ⇨ -ic¹〛

dog·mát·i·cal /-tɪkəl, -kl | -tɪ-/ *adj.* ＝dogmatic. **~·ly** *adv.* **~·ness** *n.* 〚((1604)): ⇨ ↑, -al¹〛

dog·mat·ics /dɔ(ː)gmǽtɪks, dɑ(ː)g- | dɔgmǽt-/ *n.* 〘キリスト教〙教義学, 教理[信条]論 《キリスト教の教義を組織的に説明する》: Christian ~. 〚((1845)): ⇨ -ics〛

dogmátic theólogy *n.* 〘キリスト教〙＝dogmatics.

dog·ma·tism /dɔ́(ː)gmətɪzm, dɑ́(ː)g- | dɔ́g-/ *n.* **1** 独断的主張; (立論の根拠や妥当性に省察を欠いた)独断論, 独断的精神[態度]. **2** 教条主義, 信条主義. 〚((1603)) ◻ F *dogmatisme* // LL *dogmatismus*: ⇨ dogma, -ism〛

dóg·ma·tist /-tɪst | -tɪst/ *n.* **1** 独断家, 独断論者. **2** 教義[教理, 教条]を主張する人. 〚((1541)) ◻ F *dogmatiste* ◻ ML *dogmatista* ◻ Gk *dogmatistḗs*: ⇨ -ist〛

dóg·ma·tize /dɔ́(ː)gmətàɪz, dɑ́(ː)g- | dɔ́g-/ *vi.* 独断的な意見を主張する; (…に)独断的に断定を下す 〔*on*, *upon*〕. — *vt.* 教義[教理, 教条]として宣言する, 教義化する. **dóg·ma·tìz·er** *n.* **dog·ma·ti·za·tion** /dɔ̀(ː)gmətəzéɪʃən, dɑ̀(ː)g- | dɔ̀gmətaɪ-, -tɪ-/ *n.* 〚((1611)) ◻ F *dogmatiser* ◻ ML *dogmatizāre* ◻ Gk *dogmatízein*: ⇨ dogmatic, -ize〛

dóg·mèat *n.* **1** ＝dog's meat. **2** **a** (食用としての)犬の肉. **b** まずい[下等な]肉. **c** くだらない代物. 〚1854〛

dóg nàil *n.* 犬釘. 〚1703〛

dóg·nàp 《米俗》 *vt.* (**dog·napped**; **-nap·ping**) (実験用として売るために)〈犬を〉盗む. — *n.* 犬を盗むこと. **~·per** *n.* **~·er** *n.* 〚((1942)) ← DOG＋(KID)NAP〛

dóg nàp *n.* 《口語》うたたね (cat nap).

Do·gon /dóʊgɑ(ː)n | dəʊgɒn/ *n.* (*pl.* **~**, **~s**) **1** **a** [the ~(s)] ドゴン族 《西アフリカのマリ中部の農耕民; 仮面を用いた踊りで知られる》. **b** ドゴン族の人. **2** ドゴン語 (Niger-Congo 語族の一つ). 〚c1931〛

dó-góod *adj.*, *n.* ＝do-gooding.

dó-gòod·er /-gʊ̀də | -gʊ́də⁽ʳ⁾/ *n.* 《口語》[通例軽蔑的に] (空想的な)社会改良家, 理想主義的な慈善家. 〚1926〛

dó-gòod·er·y /-gʊ̀dəri | -gʊ́d-/ *n.* 《口語》(空想的な)社会改良運動[思想]. 〚((1961)): ⇨ ↑, -y¹〛

dó-gòod·ing /-gʊ̀dɪŋ | -gʊ́dɪŋ⁻/ *adj.* 《口語》[通例軽蔑的に] (空想的に)社会改良を目指す[目指した]: a ~ plan. — *n.* (空想的な)社会改良活動[事業]. 〚1936〛

do-good·ism /dúːgʊ̀dɪzm | -gʊ́d-/ *n.* 《口語》[通例軽蔑的に] (空想的な)社会改良主義. 〚1951〛

dóg-pàddle *vi.* 〘水泳〙犬かきで泳ぐ. 〚1954〛

dóg pàddle *n.* 〘水泳〙犬かき(泳ぎ). 〚1904〛

dóg pàrsley *n.* 〘植物〙＝fool's parsley.

dóg plùm *n.* 〘植物〙 **1** ＝Cape ash. **2** クリントニアボレアリス (*Clintonia borealis*) 《米国東部山丘地に生えるユリ科ツバメオモト属の多年草》.

dóg pòison *n.* 〘植物〙＝fool's parsley.

dóg-póor *adj.* ひどく貧しい (extremely poor).

dóg ràce [ràcing] *n.* ドッグレース 《犬(主にグレーハウンド犬)の競走; コースの内側に electric hare を走らせ, それを追わせて競走させる》.

Dog·rib /dɔ́(ː)grɪb, dɑ́(ː)g- | dɔ́grɪb/ *n.* (*pl.* **~**, **~s**) **1** **a** [the ~(s)] ドグリブ族 《カナダ北部の Great Bear 湖と Great Slave 湖の間に居住する Athapaskan 系インディアン》 **b** ドクリブ族の人. **2** ドグリブ語. 〚《なぞり》← Dogrib *Thlingchadinne* dog's flank〛

dóg ròbber *n.* 《軍俗》(将校の)当番兵. 〚1898〛

dóg ròse *n.* 〘植物〙ロサ カニナ, ヨーロッパノイバラ (*Rosa canina*) 《ヨーロッパ・北アフリカ・西アジア原産のバラの一種; 生垣にしたりバラの接ぎ木の台木に用いる; dog brier, wild brier ともいう》. 〚((1597)) 《なぞり》← ML *rosa canīna*＝L *cynorrodon* ◻ Gk *kunórodon* ← *kúōn* 'dog, HOUND¹' ＋*rhódon* 'ROSE²'〛

Dogs /dɔ́(ː)gz, dɑ́(ː)gz | dɔ́gz/, **the Isle of** *n.* ドッグス島 《London の East End に位置し, Thames 川に三方を囲まれた地区》.

dóg's àge *n.* [a ~] 《俗》長い間 (a long time) (cf. donkey's years). 〚1836〛

dóg sàlmon *n.* 〘魚類〙＝chum salmon.

dóg's-bàne *n.* (*also* **dóg's bàne**) ＝dogbane.

dóg's bènt *n.* 〘植物〙＝dog bent.

dógs·bòdy *n.* (*also* **dóg's-bòdy**) 《英俗》こき使われる人, 下っぱ (drudge). 〚((1818)) ←《英海軍俗》'midshipman' ← 'pease pudding'〛

dóg's bréakfast *n.* ＝dog's dinner 2.

dóg's chánce *n.* [a ~; 通例否定文で] 《口語》ほんのわずかな機会[見込み]: They haven't [don't stand] *a ~ of* winning the game. 彼らには試合に勝てる見込みは全くない. 〚1902〛

dóg's dìnner *n.* 《英口語》**1** (犬にやるような)残飯の食事. **2** だらしない[お話にならない]代物 (mess). ***like a dóg's dìnner*** [しばしば軽蔑的に] 〈人・物が〉とてもハイカラに[で], いやに派手に[で]: dressed up *like a ~* けばけばしく[派手に]着飾って. 〚1934〛

dóg's disèase *n.* 《豪口語》インフルエンザ.

dóg's-èar *n.*, *v.* ＝dog-ear.

dóg's-èared *adj.* ＝dog-eared.

dóg's gràss *n.* 〘植物〙＝couch grass.

dóg·shòre *n.* 〘造船〙ドッグショア, やり止め支柱 《進水の間際まで船体を支える滑り止め》. 〚1805〛

dóg shòw *n.* 畜犬展覧会, ドッグショー. 〚1859〛

dóg-sìck *adj.* 《米俗》(病気で)ひどく悪い (very sick).

dóg·skìn *n.* 犬の皮; (手袋用の)犬のなめし革, その類似品. 〚1613〛

dóg·slèd *n.* 犬ぞり. 〚1810〛

dóg slèdge *n.* ＝dogsled.

dóg·slèep *n.* 目覚めやすい眠り, 仮寝; 《廃》たぬき寝入り. 〚((a1613)) 犬の眠りが浅いことから〛

dóg's lètter *n.* 犬音文字 (R 字の旧名). 〚((1595–96)) 《なぞり》← L *littera canīna* (Ben Jonson の文法書の用語): 巻き舌の *r* の発音が犬のうなり声に似ていることから〛

dóg's lìfe *n.* みじめな生活: lead a ~ (こき使われたりして)みじめな生活をする / lead a person a ~ (こき使ったりして)人にみじめな生活をさせる, 絶えずみじめな思いをさせる. 〚1764〛

dóg's mèat *n.* 犬用の肉 《馬肉・くず肉など》. 〚1593〛

dóg's mércury *n.* 〘植物〙ヨーロッパ産トウダイグサ科ヤマアイ属の多年草 (*Mercurialis perennis*).

dóg's nòse *n.* ビールに蒸留酒を混ぜた飲み物, (特に)黒ビールにジン[ラム]を少量混ぜて温めた飲み物. 〚1812〛

dóg spìke *n.* (鉄道用レールを止める)犬釘.

dógs·tàil *n.* 〘植物〙ヨーロッパ産イネ科クシガヤ属 (*Cynosurus*) の草本の総称; (特に)クシガヤ (*C. cristatus*) (dog('s)-tail, dogtail grass ともいう). 〚1753〛

Dóg Stàr *n.* [the ~] 〘天文〙 **1** 天狼(ろう)星, 狼星 (⇨ Sirius). **2** ＝Procyon. 〚((1579)) 《なぞり》← L *canicula* & Gk *kúōn*〛

dóg's-tòngue *n.* 〘植物〙 **1** ＝hound's-tongue. **2** ＝wild vanilla. 〚1530〛

dóg's tòoth *n.* **1** 〘建築〙＝dogtooth 2. **2** (服地などの)格子じま (hound's tooth) (dog's-tooth check, dog-tooth check ともいう). **3** 〘植物〙＝dogtooth violet. 〚1578〛

dóg's-tòoth víolet *n.* 〘植物〙＝dogtooth violet.

dóg's tràde *n.* 《米俗》人の好かない仕事.

dóg tàg *n.* **1** 犬の鑑札, 畜犬票 《犬の首輪に下げる金具; 飼い主の住所・氏名などが書いてある》. **2** 《米軍俗》＝identification tag. 〚1918〛

dóg·tàil *n.* (曲がった柄のついた, ハート型の小さい)鋳型製造用こて (dogtail trowel ともいう).

dóg tènt *n.* 《軍俗》避難用テント (shelter tent). 〚1863〛

dóg tìck *n.* 〘動物〙アメリカイヌカクマダニ (*Dermacentor variabilis*) 《北米でイヌに寄生するマダニ; 人間のロッキー山熱 (Rocky Mountain spotted fever) の媒介者になる》. 〚((1927)) cf. tick²〛

dóg-tíred *adj.* 《口語》疲れきった (very tired). 〚1809–12〛

dóg·tòoth *n.* **1** (*also* **dóg tòoth**) 犬歯, 糸切り歯 (canine tooth, eyetooth). **2** 〘建築〙(ノルマン・英国初期建築の)犬歯飾り 《小さな四角錐の突起を連続させた装飾》. **3** ＝dog's tooth 2. — *vt.* 〘建築〙犬歯飾りで装飾する. 〚((c1384)) 《なぞり》? ← L *dēns canīnus*〛

dógtooth spár *n.* 〘鉱物〙犬牙石 《犬の牙に似た結晶で産出する方解石の一種》. 〚1728〛

dógtooth víolet *n.* 〘植物〙ユリ科カタクリ属 (*Erythronium*) の植物の総称 《ヨーロッパ産の *E. dens-canis* は紫色の花をつけ, 米国産の *E. americanum* は黄花, *E. albidum* は薄桃色の花をつける; dog's-tooth violet または単に dog's tooth ともいう》. 〚1629〛

dóg tòur *n.* 〘演劇〙地方巡業, どさ回り.

dóg tràin *n.* 《カナダ》(一連の犬が引く)犬ぞり.

dóg·tròt *n.* **1** 〘馬術〙(馬の歩調の)ドッグトロット, 小走り, 小だく 《馬体がやや斜行する》. **2** 《米中部・南部》建物の二つの箇所をつなぐ屋根付きの通路 (breezeway). — *vi.* 〈馬が〉小走りに駆ける. 〚a1450〛

dóg tùcker *n.* 《豪》犬の飼料にする羊肉. 〚1933〛

dóg tùne *n.* 《俗》音楽的価値のほとんどないまずい歌, くだらない二流の歌.

dóg·vàne *n.* 〘海事〙(風向きを見るために風上に当たる船ばた (weather rail) に取り付ける簡単な)風見 (cf. vane 1). 〚1769〛

dóg vìolet *n.* 〘植物〙 **1** ヨーロッパからシベリア中部までの温帯地方に多いスミレ (*Viola canina*). **2** 野生のスミレの総称. 〚((1778)) 《なぞり》← NL *viola canīna*: ⇨ viola², canine〛

dóg wàrden *n.* 《英》＝dogcatcher.

dóg·wàtch *n.* **1** 〘海事〙ドッグウォッチ, 折半直 《2 時間交代の当直—他は皆 4 時間; 16–18 時が first dogwatch, 18–20 時が second dogwatch; cf. watch *n.* 6》. **2** **a** 夜番, (特にその)最後の交替時間. **b** 《NZ》(炭鉱の)真夜中から午前 6 時までの勤務. **3** 《俗》(新聞記者の)待機勤務時間. 〚1700〛

dog-wéary *adj.* ひどく疲れた (very weary). 〚1593–94〛

dóg whèlk *n.* 〘貝類〙ムシロガイ 《ムシロガイ科 *Nassarius* 属やチヂクボラ属 (*Nucella*) の巻貝の総称; オリイレムシロガイ (*N. auricularius*) など》. 〚1856〛

dóg whìp *n.* 犬むち. 〚1563–87〛

dóg wìnkle *n.* 〘貝類〙＝dog whelk.

dog·wood /dɔ́(ː)gwʊ̀d, dɑ́(ː)g- | dɔ́g-/ *n.* **1** 〘植物〙**a** ミズキ 《ミズキ科ミズキ属 (*Cornus*) の樹木の総称; ハナミズキ (flowering dogwood), セイヨウミズキ (red dogwood), red osier など》. **b** ミズキに似た樹木の総称 《《英》オウシュウニシキギ (spindle tree), poison sumac など》. **2** ミズキ属の植物の木材. **3** はなみずき色, (黄色がかった)薄茶色, 淡褐色. — *adj.* **1** 〘植物〙ミズキ科の. **2** はなみずき色の. 〚((1617)) ← DOG(BERRY)＋WOOD¹〛

do·gy /dóʊgi | dəʊgi/ *n.* 《米西部》＝dogie.

doh /dóu | dә́u/ *n.* 〘音楽〙＝do[3].
ùp to hígh dóh 《スコット口語》すごく興奮して.
DOH, DoH 《略》《英》Department of Health 保健省.
Do·ha /dóuhɑː, -hə | dә́u-/ *n.* ドーハ《アラビアのカタールの首都》.
DOHC 《略》double overhead camshaft (自動車などの) ツインカム(エンジン).
Doh·er·ty /dɑ́(ː)həṭi, dɔ́(ː)h-, dɔ́ːrəṭi | dóhəti, dóuəti/, **Peter** (**Charles**) *n.* ドハティー《1940–　; オーストラリアの医学者; Nobel 医学生理学賞 (1996)》.
Doh·ná·nyi /dóunɑːnji | dɔkná:nji, dɔx-; *Hung.* dóxnaːɲi/, **Ernö Ernst von** *n.* ドホナーニ《1877–1960; ハンガリーのピアニスト・作曲家; 1949 年米国に移住》.
doig·té /dwɑːtéɪ; *F.* dwate/ *F. n.* 〘フェンシング〙＝fingering[1] 2. 〚《1889》□ F ～ ← *doigt* finger: cf. digit〛
doiled /dɔ́ɪld/ *adj.* 《スコット・北英》ばかな (stupid); 気が狂った (crazed); 頭がぼんやりした (dazed). 〚《1513》《変形》← ME *dold* 'DOLT'〛
doi·ly /dɔ́ɪli/ *n.* ドイリー: **a** (レースなどで作った花瓶敷きなどの)卓上用小敷布. **b** 紙・リンネルなどで作った小さな敷物《皿の上に敷いてサンドイッチ・ケーキなどを置くのに用いる》. **c** 《古》《デザート用の食卓の指洗い鉢などの下に敷く小ナプキン》. 〚《1678》← *Doiley, Doyley* (17–18 世紀のころその布を作った London の布地商人)〛
do·ing /dúːɪŋ/ *n.* **1** [*pl.*]《口語》**a** 活動, 行動, 行為, ふるまい (activities, conduct): I've heard of your ～*s*! ご活躍はうわさに聞いています / That's some of Tom's ～*s*! トムは(日ごろ)そんな風なふるまいをしてるんです. **b** 出来事; 仕事; (社交的な)活動, 行動, 催し. **2** する[なす]こと; した事, しわざ: Talking is one thing, ～ is another. 言うこととなすことは別なことだ / That requires some ～. それにはちょっと手間がかかる / It's all your (own) ～. それはすべてあなた自身のしたことだ《身から出たさびだ》/ It was none of my ～. それは私のしたこと[しわざ]ではなかった. **3** [the ～s] **a** 《英口語》[単数扱い] (何かに必要な)もの, しろもの 〔*for*〕: Pass me *the* ～*s*. そいつ[そのな]を取ってくれ. **b** 《米方言》料理(の材料). **c** 《米口語》《ドレスなどの》飾り《レースなど》. **4** 《口語》大目玉; ひっぱたき; 大損: give a person a ～ 人をひどい目に遭わせる.
táke some [*a lót of, a bít of*] *dóing* 《口語》非常に骨が折れる, 大変むずかしい: That *took a lot of doing*! それはひどくむずかしかった. (1936)
〚(?1348): ⇨ -ing[1]〛
Doi·sy /dɔ́ɪzi/, **Edward Adelbert** *n.* ドイジー《1893–1986; 米国の生化学者; Nobel 医学生理学賞 (1943)》.
doit /dɔ́ɪt/ *n.* **1** ドイト《1580 年頃から 19 世紀の初めまでオランダ・ルクセンブルク・ベルギー地方で発行された銅貨; ＝1/8 penny; duit ともいう》. **2** 《古》**a** ほんのわずかの金. **b** [通例否定文で用いて] わずか, 小額 (a bit): *not* worth a ～ 一文の価値もない / I *don't* care a ～. ちっともかまわない. 〚《1592》□ Du. *duit* ← IE **twei*- to toss: cf. ON *þveit* small coin, 《原義》piece cut off〛
doit·ed /dɔ́ɪṭɪ̀d, -ṭɪ̀t | -tɪ̀d, -tɪ̀t/ *adj.* 《スコット》(老齢で)ぼけている, もうろくした (senile). 〚《*c*1425》《変形》← ? *doted*: ⇨ dote〛
do-it-your·self /dùːɪ̀tʃərsélf, -tjə- | dùːɪtjɔː-, -ɪtʃə-, -jə-/ 《口語》*adj.* (修理・組立てなどを)自分でやる, 「日曜大工」の: a ～ carpenter / a ～ kit for building a radio ラジオの自作キット《組立道具一式》. — *n.* 自分でやる[作る]こと[趣味] (略 DIY). **～·er** *n.* **～·ism** /-fɪzm/ *n.* 〚*a*1845〛
do-it-your·self·er·y /dùːɪ̀tʃərsélf(ə)ri, -tjə- | dùːɪtjə-, -tʃə-, -tjɔː-, -tjuə-/ *n.* 日曜大工仕事.
do·jig·ger /dúːdʒɪgə | -gə(r)/ *n.* 《俗》＝doodad.
do·jo /dóudʒou | dә́udʒəu/ *n.* (*pl.* ～s) 道場. 〚《1942》□ Jpn.〛
dol /dóul | dә́ul/ *n.* 〘医学〙ドル《痛みの強度を測る単位; 皮膚に火熱を当てて決める》. 〚《1947》← L *dolor* pain〛
Dol /dɑ́(ː)l, dɔ́(ː)l | dɔ́l/ *n.* ドル《女性名》. 〚(dim.) ← DOROTHY〛
DOL 《略》《米》Department of Labor 労働省.
dol. 《略》〘音楽〙dolce; dollar(s).
do·lab·ri·form /doulǽbrəfɔ̀ːm | dəulǽbrɪ̀fɔːm/ *adj.* 〘生物〙斧(おの)形の, なた形の. 〚《1753》← L *dolābra* pickaxe, axe＋-FORM〛
Dól·by Sỳstem /dóulbi-, dɑ́(ː)l-, dóul- | dɔ́l-/ *n.* 〘商標〙ドルビー方式《Dolby 研究所の特許による録音再生時のテープノイズ低減方式》. 〚1966〛
dol·ce /dóultʃeɪ, -tʃi | dɔ́ltʃi, dә́ul-, -tʃeɪ; *It.* dóltʃe/ *adj., adv.* 〘音楽〙甘美な[に]. — *n.* (*pl.* **dol·ci** /-tʃiː; *It.* -tʃi/) **1** 〘音楽〙(オルガンの)甘く柔らかい音を出すフルート音栓. **2** 甘いデザート. 〚《*c*1847》□ It. ～ ＜ L *dulcem, dulcis* sweet: ⇨ dulcet〛
dólce fàr nién·te /-fɑːniénti, -teɪ | -fɑːniénti, -teɪ; *It.* -farnjénte/ *It. n.* 無為の楽しみ, 安逸, 逸楽. 〚《1814》□ It. ～ 'sweet doing nothing'〛
Dol·ce·lat·te /dɑ̀(ː)ltʃeɪláːṭi, -lǽṭi | dɔ̀ltʃeɪláːti, -tʃɪ-, -lǽti; *It.* doltʃelátte/ *n.* ドルチェラッテ《牛乳で造るイタリア産のブルーチーズ; Gorgonzola よりクリーミーでマイルド》. 〚← It. ～ 'sweet milk'〛
dólce ví·ta /-víːṭə | -tə; *It.* doltʃevíːta/ *It. n.* [la ～, the ～] (快楽追求・放縦などにふける)甘美な人生[生活]. 〚《1961》□ It. ～ 'sweet life': F. Fellini (1920–93) 監督によるイタリア映画 *La Dolce Vita* (1959) から〛
dolci *n.* dolce の複数形.
Dol·ci /dɑ́(ː)ltʃi, dóul- | dɔ́l-; *It.* dóltʃi/, **Da·ni·lo** /dɑníːlo/ *n.* ドルチ《1924–97; イタリアの社会改革家; Sicilia の貧しい人々の生活条件改善のために尽力》.
dol·drums /dóuldrəmz, dɑ́(ː)l-, dɔ́(ː)l- | dɔ́l-, dә́ul-/ *n. pl.* **1 a** (経済などの)不況, 沈滞 (stagnation). **b** 憂鬱, ふさぎこみ (dumps). **2 a** 〘海事〙無風, なぎ《無風または突風や風向きの不定に原因する航海中の停船状態》. **b** [the ～]〘気象〙無風域, 赤道無風帯《同様な現象を引き起こす大洋中の(特に, 赤道付近の)水域》; 無風現象《同水域特有の気象現象》.
in the dóldrums (1) 〈物事が〉沈滞状態で: Europe was *in the* economic ～. ヨーロッパは経済的に沈滞していた. (2) 〈人が〉ふさぎ込んで. (3) 〈船が〉無風状態に入って. (1895)
〚《1811》《混成》? ← 《廃》*dold dol* 'DULL'＋TANTRUM〛
dole[1] /dóul | dә́ul/ *n.* **1** 施し物 (alms); 給食: one's ～ in prison 刑務所の配給食物. **2** [the ～]《英口語》失業手当, 失業給付: draw *the* ～ 失業手当を受ける / go [be] on *the* ～ 失業手当を受けて暮らす[受けている]. **3** 施し, 分配; (特に)けちな施し, わずかな分け前. **4** 《古》運命 (lot): Happy man may be his ～! 彼の多幸を祈る (cf. Shak., *1 Hen. IV* 2. 2. 81). **5** 《英方言》共有地の分け前, 分けられためいめいの土地. — *vt.* **1** 〈施し物(特に金銭・食べ物)を〉分け与える, 施す, 配る 〈*out*〉(⇨ distribute SYN). **2** 少しずつ分与する[分けてやる], 惜しそうに分け与える 〈*out*〉〔*to*〕. 〚OE *dāl* part ＜ Gmc **dailaz* ← IE **dail*- to divide: ⇨ deal[2]〛
dole[2] /dóul | dә́ul/《古・詩》*n.* **1** 悲しみ (grief); 心痛, 苦悩 (affliction); 悲嘆 (lamentation): make one's ～ 嘆き悲しむ. **2** [集合的に] 喪服. — *vi.* 嘆き悲しむ (lament). 〚《*c*1225》*do(e)l* □ OF *do(e)l* (F *deuil* mourning) ＜ LL *dolum* grief ← L *dolēre* to grieve〛
dóle cùpboard *n.* (以前)教区の貧しい人々に施すためのパンなどを入れた教会の食器棚. 〚1910〛
dóle-dràwer *n.* 《英口語》失業手当受給者. 〚1926〛
dole·ful /dóulf(ə)l, -fl | dә́ul-/ *adj.* (**-ful·ler; -ful·lest**) 悲しい, 悲しげな, 愁(うれ)いに沈んだ (⇨ sad SYN); 陰気な (dismal): a ～ look, face, tale, melody, etc.
～·ness *n.* 〚(?*a*1300): ⇨ dole[2], -ful[1]〛
dóle·ful·ly /-f(ə)li, -fli/ *adv.* 悲しげに, 悲しんで, 陰鬱に. 〚(*c*1300): ⇨ ↑, -ly[1]〛
do·lent /dóulənt | dә́u-/ *adj.* 《古》悲しい, 悲しみに沈んだ. 〚《*c*1450》□ F ＜ *dolentem* (pres.p.) ← *dolēre* to grieve〛
do·len·te /douléntì | dɔlénti; *It.* dolénte/ *adj.* 〘音楽〙物悲しげな. — *adv.* 物悲しげに(演奏する). 〚↑〛
dóle quèue *n.* 《英》[the ～] 失業手当受給者の列; 失業者(総)数.
dol·er·ite /dɑ́(ː)lərὰɪt | dɔ́l-/ *n.* 〘岩石〙**1** 粗粒玄武岩. **2** 《英》輝緑岩. **3** 《米》顕微鏡検査によってのみ成分の決定ができる火成岩. **dol·er·it·ic** /dɑ̀(ː)lərítɪk | dɔ̀lərít-⁻/ *adj.* 〚《1838》□ F *dolérite* ← Gk *dolerós* deceptive ← IE **del*- to count: ⇨ -ite[1]: diorite に紛らわしいことから〛
doles·man /dóulzmən | dә́ulz-/ *n.* (*pl.* **-men** /-mən, -mèn/) 施し物を受ける人. 〚《1881》← DOLE[1]＋-s[2]＋MAN: cf. craftsman, etc.〛
dole·some /dóulsəm | dә́ul-/ *adj.* 《文語》＝doleful.
Dol·gel·lau /dɑ(ː)lgéθaɪ, -li | dɔl-; *Welsh* dɔlgéɬai/ *n.* ドルゲライ《ウェールズ西部, 旧 Merionethshire 州(現在は Gwynedd 州の一部)の州都》.
dolia *n.* dolium の複数形.
do·li ca·pax /dɑ́(ː)likéɪpæks | dɔ́l-/ *adj.* 〘法学〙責任能力のある《特に 10 歳以上で, 刑事上の犯罪能力のある》. 〚《*a*1676》← L *doli* ((gen. sing.) ← *dolus* deceit)＋*capax* capable〛
dol·ich- /dɑ́(ː)lɪ̀k | dɔ́lɪk/ (母音の前にくるときの) dolicho- の異形.
dol·i·cho- /dɑ́(ː)lɪ̀kou | dɔ́lɪkəu/ 「長い (long)」の意の連結形. ★ 母音の前では通例 dolich- になる. 〚← NL ← Gk *dolikhós* long ← IE **del*- 'LONG[1]'〛
dòlicho·céph·al /-séfəl | -séf-, -kéf-/ *n.* (*pl.* **～s, -ceph·a·li** /-lὰɪ/) 〘人類学〙長頭(人). 〚《1876》← NL *dolichocephalus*: ⇨ ↑, cephalo-〛
dòlicho·ce·phal·ic /-sɪ̀fǽlɪk | -sɪ̀-, -kɛ-, -kɪ-⁻/ *adj.* 〘人類学〙長頭の《頭示数 76 未満; cf. brachycephalic, mesocephalic》. ★ dolichocephalic は生体の場合に用い, 骨の場合には dolichocranial を用いる. — *n.* 長頭の人. 〚《1849–52》↑〛
dòlicho·céph·a·lism /-séfəlɪzm | -séf-, -kéf-/ *n.* 〘人類学〙＝dolichocephaly.
dòlicho·céph·a·lous /-séfələs | -séf-, -kéf-⁻/ *adj.* 〘人類学〙＝dolichocephalic.
dòlicho·céph·a·ly /-séfəli | -séf-, -kéf-/ *n.* 〘人類学〙長頭 (dolichocephalism).
dòlicho·crá·ni·al /-kréɪniəl⁻/ *adj.* 〘人類学〙長頭蓋(ずがい)の《頭蓋示数 76 未満; cf. brachycranic》. ★ ⇨ dolichocephalic. 〚← DOLICHO-＋CRANIO-＋-AL[1]〛
dòlicho·crá·nic /-kréɪnɪk⁻/ *adj.* 〘人類学〙＝dolichocranial. **dólicho·crà·ny** /-krèɪni/ *n.*
dol·i·cho·sau·rus /dɑ̀(ː)lɪ̀kousɔ́ːrəs | dɔ̀lɪkəu-/ *n.* 〘古生物〙長竜, ドリコサウルス《小形で首と胴が長い白亜紀の水生爬虫類》. 〚← NL ～ ← DOLICHO-＋SAURUS〛
do·li in·ca·pax /dɑ́(ː)liinkéɪpæks | dɔ́l-/ *adj.* 〘法学〙責任無能力の《特に 10 歳未満で, 刑事上の犯罪能力のない》. 〚(*a*1676): cf. doli capax〛
Do·lin /dóulɪ̀n | dә́ulɪn/, **Sir Anton** *n.* ドーリン《1904–83; 英国の舞踏家・振付け師; 本名 Patrick Healey-Kay》.
do·li·ne /dəlíːnə/ *n.* (*also* **do·li·na** /～/) 〘地質〙ドリーネ (⇨ sink 6 a). 〚《1882》□ Russ. *dolina* plain, valley ← *dol* valley: cf. dale〛
dó·lìttle 《口語》*n.* 怠け者, ろくでなし, 役立たず (good-for-nothing). — *adj.* 無為の, 怠惰な. 〚《1586》← DO[2]＋LITTLE〛
Do·lit·tle /dúːlɪ̀ṭl | -tl/ *n.* [Dr. ～] ドリトル先生《Hugh Lofting 作の一連の童話の主人公で動物の言葉がわかる医者》.
do·li·um /dóuliəm | dә́u-/ *n.* (*pl.* **-li·a** /-liə/) (古代ローマで酒・穀物入れとして用いられた)大きな土製のつぼ. 〚《*a*1483》← NL *dōlium jar* ← L〛
doll[1] /dɑ́(ː)l, dɔ́(ː)l | dɔ́l/ *n.* **1** 人形: ⇨ doll's face, dollhouse. **2** 《口語》お人形さん《美しいが情味に乏しい軽薄な女性》: She is nothing but a pretty ～. 彼女はかわいいだけだ. **3** 《俗》**a** (特に, 魅力的な)女性, 娘っ子, 女学生 (girl) (cf. guy[2] 3); かわい子ちゃん: ～*s* and guys. **b** 女性の称賛の的になる男子[男性]. **4** 《俗》気前のよい人; 親切な人. **5** 《米俗》(興奮剤・鎮痛剤・睡眠剤などの)錠剤. — 《口語》*vt.* [～ *oneself* または受身で] 美しく着飾る 〈*up*〉: ～ *oneself up*＝get (all) ～*ed up* めかし立てる, ばっちりきめる (deck out) / be ～*ed up* 着飾っている. — *vi.* 衣服を身に着ける, 装う (dress oneself) 〈*up*〉.
～·like *adj.* 〚《1560》← DOLL (dim.) ← DOROTHY〛
doll[2] /dɑ́(ː)l, dɔ́(ː)l | dɔ́l/ *n.* 〘競馬〙ハードル, 障害. 〚《1942》《異形》? ← 《方言》*dole, dool* landmark, goal in a game □ ? MDu. *doel* trench used as a landmark & ? Fris. *doel* goal〛
Doll /dɑ́(ː)l, dɔ́(ː)l | dɔ́l/ *n.* ドール《女性名》. 〚(dim.) ← DOROTHY〛
dol·lar /dɑ́(ː)lə | dɔ́lə(r)/ *n.* **1** ドル《＝100 cents; 記号 $》: **a** 米国・カナダ・バルバドス・ジャマイカ・リベリア・ベリーズ・ブルネイなどの通貨単位. **b** ガイアナ (記号 G$)・ニュージーランド (記号 NZ $)・シンガポール (記号 S$)・トリニダードトバゴ (記号 TT$)・オーストラリア (記号 A, A)・バハマ (記号 B$)・フィジー諸島 (記号 F, F)・台湾 (記号 NT$)・ジンバブエ (記号 Z$) などの通貨単位. **c** マレーシア (記号 M $, Mal$)・エチオピア (記号 Eth$, E$) の旧通貨単位. **2** 1 ドル貨《金貨・銀貨》, 1 ドル紙幣. **3 a** メキシコドル (Mexican dollar)・ペソ (peso). **b** 中国ドル, 元 (yuan). **c** レバントドル (⇨ Levant dollar). **4** [the ～s] 金銭; 富: *the* almighty ～*s* 金, 金力 / ⇨ bottom dollar. **5** 《英俗》(もとの) 5 シリング銀貨 (crown); 金 5 シリング: half a ～＝half-a-crown. **6** (16–19 世紀の)ドイツのターレル銀貨 (taler). **7** 〘原子力〙ドル《原子炉の反応度の差》.
bét one's bóttom dóllar ⇨ bet[1] 成句. *dóllars to dóughnuts* 《米口語》(1) 十中八九確か (ten to one): It's ～*s to doughnuts* that …であることはまず確かだ. (2) 比較にならないこと, 月とすっぽん. *in dóllars and cénts* 《米》金銭に見積って; 金銭一点張りで. *like a million dóllars* ⇨ million *adj.* 成句.
〚《1533》*daler* □ LG *daler* (Du. *daalder*) □ G *T(h)aler* 《略》← *Joachimst(h)aler* coin of Joachimst(h)al (鋳造所のある Bohemia 地方の町名)〛
dóllar àrea *n.* [the ～]〘経済〙ドル地域《ドルまたはドルとの交換比率の確定した通貨の流通地域》. 〚1946〛
dóllar àveraging *n.* 〘証券〙＝dollar cost averaging.
dóllar-a-yéar màn *n.* 《米》(年俸 1 ドルという)名目的俸給を受ける政府職員. 〚1918〛
dóllar·bìrd *n.* 〘鳥類〙ブッポウソウ (⇨ broad-billed roller). 〚《1847》その翼にドル (Straits dollar) 硬貨ほどの大きさの明るい斑点があるのにちなむ〛
dóllar còst àveraging *n.* 〘証券〙ドルコスト平均法《相場の上昇下降に関係なく同一証券を定期的に一定額ずつ買い続ける方法》. 〚1957〛
dóllar cóuntry *n.* 〘経済〙ドル地域の国. 〚1947〛
dóllar crìsis *n.* 〘経済〙(米国の国際収支悪化のため国際通貨ドルへの信頼感が下がって生じた)ドル危機.
dóllar dày 《米》商品・サービス(など)を 1 ドルで提供する日; (一般に)特売日, 安売り日. 〚1949〛
Dol·lard-des-Or·meaux /dɔ(ː)lάːdeɪzɔəmóu, dɑ(ː)l- | dɔlάːdeɪzɔːmә́u; *F.* dɔlaʀdezɔʀmo/ *n.* ドラールデゾルモ《カナダ Quebec 州南部の都市; Montreal の郊外住宅地区》.
dóllar diplòmacy *n.* **1** ドル外交《海外における米国の援助・貿易を拡大し, ラテンアメリカ諸国のヨーロッパ銀行への従属を弱めようとした P. C. Knox 国務長官 (1909–13) の外交政策》. **2** 金力外交《経済力によって国際関係を自国に有利にしようとする外交政策》. 〚1910〛
dóllar exchànge stàndard *n.* 〘経済〙ドル為替本位(制).
dóllar·fìsh *n.* 〘魚類〙**1** バターフィッシュ (⇨ butterfish a). **2** ＝lookdown fish. 〚その稚魚が円形で銀色であるのにちなむ〛
dóllar gàp *n.* 〘経済〙ドル不足[飢饉(ききん)]《米国以外の各国でドルの収入が支出より少ないため生じる; dollar shortage ともいう》. 〚1948〛
dóllar impèrialism *n.* ドル帝国主義《ドル貨の購買力による外国への支配力の拡張》.
dol·lar·i·za·tion /dɑ̀(ː)lərɪ̀zéɪʃən | dɔ̀lərаɪ-, -rɪ-/ *n.* (一国の通貨の)ドル(立て)化. 〚《1982》: ⇨ ization〛
dóllar màrk *n.* (数字の前に記す)ドル (dollar(s)) の記号($, $). 〚1847〛
dóllars-and-cénts *adj.* 《米》金銭(上)の, 金銭面だけを考慮した.
dóllar shòrtage *n.* 〘経済〙＝dollar gap.
dóllar sìgn *n.* ＝dollar mark.
dóllar spòt *n.* 〘植物病理〙ドラースポット《菌類による芝草の病気; 1 ドル銀貨ほどの大きさに草が褐色に変色する》. 〚1912〛
dóllar stòre *n.* 《米》安売り店.
dóllar·wìse *adv.* **1** ドルに換算して (in terms of dollars): How much does 1000 yen amount to, ～? 千円

は何ドルになりますか. **2** 金銭的[経済的]に(は).
dóll·fàce *n.* 人形のような顔の人《きれいで整った子供っぽい顔の持主; cf. doll's face》. 〖1884〗
Doll·fuss /dɔ́(ː)lfuːs | dɔ́l-; *G.* dɔ́lfuːs/, **Engelbert** *n.* ドルフス《1892–1934; オーストリアの政治家; 政敵に暗殺された; 首相 (1932–34)》.
dóll·hòuse *n.* 《米》人形の家; おもちゃのような(小さい)家. 〖1783〗
Dol·lie /dɑ́(ː)li, dɔ́(ː)li | dɔ́li/ *n.* ドリー《女性名》. 〖(dim.) ← DOROTHY〗
doll·ish /dɑ́(ː)lɪʃ, dɔ́(ː)l | dɔ́l-/ *adj.* 人形のような; 取り澄ました; きれいだが情味のない. **～·ly** *adv.* **～·ness** *n.* 〖(1865) ← DOLL[1]＋-ISH[1]〗
dol·lop /dɑ́(ː)ləp | dɔ́l-/ *n.* **1** 《口語》(cheese, butter, pudding など柔らかい物の形の整っていない)塊 (lump): a ～ of ice cream アイスクリームの一すくい. **2** (液体の)少量 (splash): over a few ～*s* of brandy ブランデーを少々飲みながら. **3** 少量の加味: with a ～ of satire 多少皮肉をきかした. **—** *vt.* 《英口語・方言》どっさり配る, こってり覆う. 〖(1573)《1812》← ? ON: cf. Norw. 《方言》*dolp* lump〗
dóll's fàce *n.* 人形のような顔《美しいだけで表情に乏しい顔; cf. dollface》. 〖cf. doll-face (1884)〗
dóll's hòuse *n.* 《英》＝dollhouse.
dol·ly[1] /dɑ́(ː)li, dɔ́(ː)li | dɔ́li/ *n.* **1 a** 《小児語》お人形ちゃん (doll の愛称). **b** 《口語》女の子, (特に)かわいい子. **2** (重い物を運ぶときに用いる)小さい車輪の付いた低いトロッコ. **3** 〖建築〗(くい頭を深く打ち込むために継ぎ足す)やっこぐい, 雇いぐい. **4** 〖機械〗**a** (リベットを打ち込むとき頭を受ける)当て盤. **b** (鍛工用の)型鉄. **c** 鉱石の破砕に用いられるつき棒[杵(きね)]. **5** (石切場や土木工事などで用いる)小型機関車. **6** 《英方言》洗濯棒《先に通例 4 本の足の付いた棒; 芋を洗うようにこれを動かして洗濯をする》. **7** 〖映画・テレビ〗ドリー, 移動式撮影機台. **8** 〖クリケット〗**a** 楽な捕球. **b** ＝dolly drop. **9** 《南ア》魚の擬似餌. **—** *vt.* **1** 〈テレビカメラ・映画撮影機を〉ドリーで移動する. **2** 《英方言》〈衣類を〉洗濯棒でかきまぜる. **3** 《英方言》〖採鉱〗つき棒で〈石英を〉つき砕く, 石英をつき砕いて〈金を〉採る. **4** 着飾る 〈*up*〉. **—** *vi.* 〈人が〉カメラをドリーで移動する; 〈カメラが〉ドリーで移動させられる: ～ *in* [*out, back*] (ドリーで動かしながら)カメラ[撮影機]を対象物に近づける[遠ざける]. 〖(1610) ← DOLL[1]＋-Y[1]〗
dol·ly[2] /dɑ́(ː)li | dɔ́li/ *n.* 《インド》(果物・花・菓子などの)贈り物, 進物. 〖(1860) □ Hindi *ḍālī* 《原義》basket, tray〗
Dol·ly /dɑ́(ː)li, dɔ́(ː)li | dɔ́li/ *n.* ドリー《女性名》. 〖(dim.) ← DOROTHY〗
dólly bàg *n.* 《英口語》＝Dorothy bag. 〖1926〗
dólly bàr *n.* 〖機械〗＝dolly[1] 4 c.
dólly bìrd *n.* 《英口語》(流行の服を着た)魅力的な(しかし頭の弱い)女性《今はあまり使われない》. 〖1964〗
dólly càmera *n.* 〖映画・テレビ〗ドリーカメラ, 移動式カメラ. 〖1958〗
dólly dròp *n.* 〖クリケット〗捕球しやすい山なりのフライ, 山なりのスローボール.
dólly gìrl *n.* 《英俗》＝dolly bird.
dólly·man /-mən/ *n.* (*pl.* **-men** /-mən, -mèn/) 〖映画・テレビ〗ドリー操作係. 〖1851〗
dólly mìxture *n.* 色とりどりの小さな菓子の取り合わせ; その一個. 〖1957〗
dólly·ròcker *n.* 《英俗》**1** はやり(好き)の女の子. **2** はやりの服装. 〖← DOLLY[1]＋ROCKER〗
dólly shòp *n.* 《英》(海員相手の)古物商店《もぐりの質屋を兼ねる》. 〖(1851) 看板の黒い人形から〗
dólly shòt *n.* 〖映画・テレビ〗ドリーショット《ドリーを使って動きながら撮ること; または撮った場面》. 〖1933〗
dólly swìtch *n.* 押しボタン式の電灯スイッチ.
dólly tùb *n.* 《英方言》(dolly を用いる)洗濯桶(おけ) (cf. dolly[1] *n.* 6).
Dólly Vár·den /-vɑ́ədn | -vɑ́ː-/ *n.* **1** ドリーバーデン《19 世紀に流行した婦人用の衣装; 派手な花模様のドレスと花飾りのある帽子が特徴》. **2** 〖魚類〗オショロコマ (*Salvelinus malma*) 《北米太平洋岸から日本(北海道)にかけて分布する体側に小赤点のあるサケ科イワナ属の魚; 淡水型と降海型とがある》. 〖(1872): Dickens 作の小説 *Barnaby Rudge* 中の美しくて華やいだ娘の名にちなむ〗
Dólly Várden pàttern *n.* ドリーバーデン柄《絹やローンにプリントされるブーケなどの花柄》.
dol·ma /dɑ́(ː)lmə, dɔ́(ː)l- | dɔ́l-; *Turk.* dolma/ *n.* (*pl.* **～s, dol·ma·des** /dɑ(ː)lmɑ́ːdez, -diːz | dɔl-; *Mod.Gk* dolmáðes/) 〖料理〗ドルマ《ブドウの葉・キャベツなどに肉・米などを詰めて煮込んだ中近東の料理》. 〖(1889) ← Turk. *dolmak* to fill, be filled〗
dolmades *n.* dolma の複数形.
dol·man /dóʊlmən, dɔ́(ː)l-, dɑ́(ː)l- | dɔ́l-/ *n.* (*pl.* **～s**) ドルマン: **a** トルコ人が着用した長い外衣. **b** ケープのようなコートで dolman sleeve がついているもの. **c** 軽騎兵 (hussar) が制服として着用したジャケットで肩でとめるケープタイプのもの. 〖(1585) □ F *doliman* □ G *Dolman* □ Hung. *dolmány* □ Turk. *dōlāmān* 《原義》a winding〗
dólman sléeve *n.* 〖服飾〗ドルマンスリーブ《袖ぐりが広く手首の方へだんだん狭くなる婦人服の袖》. 〖1934〗
dol·men /dóʊlmən, dɔ́(ː)l-, dɑ́(ː)l- | dɔ́lmen, -mən/ *n.* 〖考古〗ドルメン, 巨石墳, 支石墓《2 個以上の自然石を立ててその上に大きな平石を載せたもので新石器–青銅器時代の墓の一形式; cf. cromlech》. 〖(1859) □ F ～ ← ? Bret. *tol* key // *taol* table (□ L *tabula* 'TABLE')＋*men* stone〗

dolmen

Dol·metsch /dɑ́(ː)lmetʃ, dɔ́(ː)l- | dɔ́l-/, **Arnold** *n.* ドルメッチ《1858–1940; フランス生まれの英国の音楽学者; 古楽器・古楽を復興させた》.
dol·mus /dóʊlmuːʃ | dɔ́ʊl-/ *n.* (*also* **dol·mush** /～/) (トルコの)乗り物, (特に)タクシー. 〖(1957) □ Turk. *dolmuş* (全座席がふさがると出発する乗り物), 《原義》filled〗
do·lo·mite /dóʊləmàɪt, dɑ́(ː)l- | dɔ́l-/ *n.* **1** 〖鉱物〗ドロマイト, 白雲石, 苦灰石 ($CaMg(CO_3)_2$). **2** 〖岩石〗白雲岩, 苦灰岩. 〖(1794) □ F ～ ← D. G. *de Dolomieu* (1750–1801: フランスの地質学者): ⇨ -ite[1]: cf. G *Dolomit*〗
Do·lo·mites /dóʊləmàɪts, dɑ́(ː)l- | dɔ́l-/ *n. pl.* [the ～] ドロミテアルプス《Tyrol の南部, イタリアの北東部にある山脈; 最高峰 Marmolada (3,342 m); the Dolomite Alps ともいう》.
do·lo·mit·ic /dòʊləmítɪk, dɑ̀(ː)l- | dɔ̀ləmít-/ *adj.* **1** 〖鉱物〗ドロマイト質の, 白雲石質の. **2** 〖岩石〗白雲岩質の. 〖(1832) ← DOLOMITE＋-IC[1]〗
do·lo·mi·ti·za·tion /dòʊləmətəzéɪʃən, dɑ̀(ː)l- | dɔ̀ləmɪtaɪ-, -tɪ-/ *n.* 〖地質〗ドロマイト化(作用), 白雲石[岩]化(作用), 苦灰石[岩]化(作用) 〖(1862): ⇨ ↓, -ation〗.
do·lo·mi·tize /dóʊləmətàɪz, dɑ́(ː)l- | dɔ́ləm-/ *vt.* 〖地質〗ドロマイト化する. 〖(1863) ← DOLOMITE＋-IZE〗
do·lor, 《英》**do·lour** /dóʊlə, dɑ́(ː)l- | dɔ́lə(r), dóʊl-/ *n.* 《文語》嘆き, 悲しみ (grief): the ～*s* of Mary [the Virgin] 〖カトリック〗聖母マリアの(七つの)悲しみ. 〖(?a1300) □ OF *dolo(u)r* (F *douleur*) < L *dolōrem* pain, sorrow ← *dolēre* to grieve: ⇨ dole[2], -or[1]〗
Do·lo·res /dəlɔ́ːrəs | dəlɔ́ːrɪs, dɔ-, -rəs, -rez, -rəz; *Sp.* dolóres/ *n.* ドローリス《女性名; 愛称形 Lola, Lolita》. ★ 米国のカトリック教徒に多い. 〖□ Sp. (*Maria de los*) *Dolores* Mary of the sorrows〗
do·lo·rim·e·ter /dòʊlərímətə, dɑ̀(ː)l- | dɔ̀lərímɪtə(r), dɔ̀l-/ *n.* 〖医学〗痛覚計. 〖(1949) ← DOLOR＋-I-＋-METER[1]〗
do·lo·rim·e·try /dòʊlərímətri, dɑ̀(ː)l- | dɔ̀lərímɪ-, dɔ̀l-/ *n.* 〖医学〗痛覚測定.
do·lo·rol·o·gy /dòʊlərɑ́(ː)lədʒi | dɔ̀lərɔ́l-/ *n.* 痛覚学, 疼痛学. **do·lo·ról·o·gist** /-rɑ́(ː)lədʒɪst | -rɔ́lədʒɪst/ *n.*
do·lo·ro·so /dòʊləróʊsoʊ | dɔ̀lərə́ʊsəʊ, -zəʊ; *It.* doloróːzo/ *It., adj., adv.* 〖音楽〗悲痛な[に], 哀切な[に]. 〖(1806) □ It. ～ < LL *dolōrōsum* (↓)〗
do·lo·rous /dóʊlərəs, dɑ́(ː)l- | dɔ́l-/ *adj.* 《文語・戯言》悲しい, 痛ましい, 悲痛な; 苦しい. **～·ly** *adv.* **～·ness** *n.* 〖(?a1400) □ OF *doleros* (F *douloureux*) < LL *dolōrōsum* ← L *dolor* 'DOLOR': ⇨ -ous〗
dol·os /dɑ́(ː)ləs, -lɑ(ː)s | dɔ́ləs, -lɒs/ *n.* (*pl.* **do·los·se** /dəlɑ́(ː)sə | -lɔ́sə/) 《南ア》羊・雄鹿などの指関節の骨《占いや子供の遊びで用いられる》.
do·lose /dóʊloʊs | dɔ́ʊ-/ *adj.* 〖ローマ法・スコット法〗犯意をもった, 故意の. 〖(1832) □ L *dolōsus* ← *dolus* craft〗
do·lo·stone /dóʊləstòʊn, dɑ́(ː)l- | dɔ́ʊləstəʊn, dɔ́l-/ *n.* 〖地学〗苦灰岩(くかいがん) (dolomite). 〖(c1950) 《混成》← DOLO(MITE)＋STONE〗
dolour *n.* ＝dolor.
do·lous /dóʊləs | dɔ́ʊ-/ *adj.* ＝dolose.
Dolph /dɑ́(ː)lf, dɔ́(ː)lf | dɔ́lf/ *n.* ドルフ《男性名》. 〖(dim.) ← ADOLPH // RUDOLPH〗
dol·phin /dɑ́(ː)lfɪn, dɔ́(ː)l- | dɔ́lfɪn/ *n.* **1** 〖動物〗**a** イルカ《イルカ科の動物の総称; 特に鼻先のとがった種類をいう》; (特に)マイルカ (*Delphinus delphis*). **b** ＝porpoise 1. **2** 〖魚類〗シイラ《シイラ科の魚類の総称; 緑青色で美しいが水揚げ後灰色に変色する》; シイラ (*Coryphaena hippurus*), エビスシイラ (*C. equisetis*) など. **3** 〖海事〗**a** (船着場の海底に打ち込んである)係船ぐい, ドルフィン. **b** ＝bollard 1. **c** (丸太を浮かべた)係船浮標. **d** (tugboat の船首の)防舷物; 船舶の舷縁 (gunwale) 直下につける防舷物. **4** (大砲の)吊り手《16–17 世紀のものはイルカの形をしていた》. **5** (紋章・彫刻などの)イルカ模様. **6** [the D-] いるか座 (Delphinus). **7** ＝dolphin butterfly. 〖(c1350) *dolfin* □ OF *daufin, dalphin* (F *dauphin*) < VL **dal-phīnu(m)* 《変形》← L *delphīnus* □ Gk *delphín delphís* dolphin ← IE **gʷelbh-* womb: cf. dauphin, Delphin〗
dol·phi·nar·i·um /dɑ̀(ː)lfənέəriəm, dɔ̀(ː)l- | dɔ̀lfɪnέəriəm/ *n.* (*pl.* **～s, dol·phi·nar·i·a** /-riə/) イルカショー遊園地[水族館]. 〖(1969): ⇨ ↑, *(aq)arium*〗
dólphin bùtterfly [fìshtail] *n.* 〖水泳〗バタフライ, ドルフィン泳法 (butterfly).
dólphin·fìsh *n.* ＝dolphin 2. 〖1513〗
dólphin kìck *n.* ドルフィンキック《バタフライの蹴り》.
dólphin òil *n.* 〖化学〗イルカ油.
dólphin strìker *n.* 〖海事〗たれ木《帆船のへさきに出した斜檣(しゃしょう) (bowsprit) の下方に下向きに取り付け, 斜檣の支索に張りを持たせるための槍状の円材; martingale (boom) ともいう》. 〖1833〗
dols. 《略》dollars.
dolt /dóʊlt | dɔ́ʊlt/ *n.* うすのろ, ばか, まぬけ. 〖(1551) ← ? ME *dold* stupid (? p.p.) ← *dulle(n)* 'to DULL'〗
dólt·hèad *n.* ＝dolt.
dolt·ish /dóʊltɪʃ | dɔ́ʊl-/ *adj.* うすのろな, ばかな, まぬけな. **～·ly** *adv.* **～·ness** *n.* 〖(1543): ⇨ ↑, -ish[1]〗
Dom[1] /dɑ́(ː)m | dɔ́m/ *n.* ドム《男性名》. 〖(dim.) ← DOMINIC〗
Dom[2] *n.* **1** 《dɑ́(ː)m | dɔ̀m/ *n.* …ドン, 師《カトリックの高僧やベネディクト会などの修道僧の尊称》. **2** /dɔ̃(ː)ŋ, dɔ̃(ː)ŋ; *Port.* dõ/ …様, 殿, 君《以前ポルトガルやブラジルで貴人・高僧の洗礼名に冠した敬称》. 〖1 (1716): 《略》← L *dominus* lord ← *domus* house: cf. dome. 2 (1727–51): □ Port. *dom* < L *dominum*〗
DOM *n.* 〖薬学〗ディーオーエム (⇨ STP). 〖← ? *d(imeth)o(xy-)* (← DI-[1]＋METHO-＋OXY-[1])＋M(ETHYL)〗
DOM 《略》*L.* Deō optimō māximō (＝to God the best and greatest); Dirty Old Man; 〖自動車国籍表示〗Dominican Republic; *L.* Dominus Omnium Magister (＝God the master of all).
dom. 《略》domain; domestic; domicile; dominant; dominion.
Dom. 《略》Dominica; Dominican; Dominion; *L.* Dominus (⇨ Dom[2]).
-dom /dəm/ *suf.* 次の意味を表す名詞を造る: **1** 「…たる地位[位階], …権, …の勢力範囲, …領, …界 (domain, realm)」: earl*dom*, king*dom*, Christen*dom*, Anglo-Saxon*dom*. **2** 「状態」: free*dom*. **3** 「集団, または(その集団社会の)流儀, 気質など」. ★ しばしば軽蔑のニュアンスを伴う: film*dom*, official*dom*, squire*dom*, villa*dom*. 〖OE *-dōm* ← *dōm* judgment, state: ⇨ doom[1]: cf. G *-tum*〗
Do·magk /dóʊmɑːk | dɔ́ʊ-; *G.* dóːmak/, **Gerhard** *n.* ドーマク《1895–1964; サルファ剤を創製したドイツの医学者; Nobel 医学生理学賞 (1939), ただしナチ政府の強制で辞退, 1947 年受賞》.
do·main /doʊméɪn, də- | də(ʊ)-/ *n.* **1 a** (学問・思想・活動などの)範囲, 領域, …界 (sphere): in the ～ of natural science, philosophy, literature, etc. / Chemistry is his special ～ 化学は彼の専門(の領域)だ / be out of [in] one's ～ 専門外[専門]である. **b** (ある種の自然地理的特徴[植物, 動物]が目立つ)地域[地帯], 成育圏, 行動圏. **2** 領地, 領土, 勢力範囲, 版図 (territory). **3** 《古》(個人の)所有地, 地所 (estate). **4** 〖法律〗**a** 完全土地所有権: ～ of use 地上権《借地人の土地使用権》. **b** ＝eminent domain. **5** 〖物理〗分域, ドメイン. **6 a** 〖数学〗(直線上・平面上・空間内あるいは位相空間における)領域; 定義域; (変数の)変域: ～ of integrity＝integral domain. **b** 〖論理・数学〗(解釈の)領域 (⇨ universe of discourse). **c** 〖インターネット〗ドメイン《個々のサイトのアドレス文字列に見られる各階層; 国を表すもの (jp, uk など), そのネットワークの性格を表すもの(米国では net, edu, com, gov, mil, org, 日本では co, go, gr, ne, or など)とそのサイトを特定する名称がある》. **7** 〖言語〗領域, ドメイン《文法上の一致や音の高さや強勢などの配置型などのような言語的特性が及ぶ範囲》. ***in the públic domáin*** ⇨ public domain. 〖(c1425) □ F *domaine* 《変形》← OF *demeine* □ L *dominium* domain ← *dominus* master: ⇨ dominion, demesne〗
Do·main /doʊméɪn, də- | də(ʊ)-/ *n.* [the ～] ドーメイン《Sydney の公園名; 公開演説などで有名》.
do·maine /dɑ(ː)mén, -méɪn | dɔm-; *F.* dɔmɛn/ *n.* ドメーヌ《フランス, 特に, ブルゴーニュ (Burgundy) 地方において, ぶどう園を所有し, ワインを生産している個人または団体》.
dom·al /dóʊməl, -ml̩ | dɔ́ʊ-/ 〖音声〗*adj.* ＝retroflex 2. **—** *n.* ＝retroflex. 〖(1716) ← DOME＋-AL[1]〗
do·ma·ni·al /douméɪniəl | də(ʊ)-/ *adj.* 領地上の; 所有地[地所]の. 〖(1818) □ ML *domaniālis* ← *domanium* 《変形》← L *dominium* 'DOMAIN'〗
dom·boek /dɑ́(ː)mbʊk | dɔ́m-/ *n.* 《南ア》＝dompass. 〖(1971) ← Afr. ～〗
dome /dóʊm | dɔ́ʊm/ *n.* **1 a** (半球状の)ドーム, 円蓋(えんがい)《小型のものは cupola ともいう》. **b** 丸天井. **2 a** ドーム状の物[建物]: the ～ of the sky 大空. **b** (山・樹林などの)円頂: a ～ of trees ドーム形の木々. **c** 鐘形の覆い; (機関車・ボイラーの)鐘形汽室. **d** ＝astrodome. **3** 〖鉄道〗ドーム《客車の屋根に円蓋状に作ったガラスの室; 展望用》. **4** 〖地質〗円頂丘. **5** 〖結晶〗庇(ひ)面《水平軸に平行な面》. **6** 《俗》頭 (head). **7 a** 《詩・古》壮麗な建物, 高楼, 館(やかた) (mansion). **b** 行楽地. ★ 次の句で: pleasure ～*s*.
Dóme of the Róck [the ―] 岩のドーム《Jerusalem にあるイスラム教の聖殿; 7 世紀末に建立; その内部中央には巨石が置かれており, 外壁のタイルドームなどはオスマントルコの時代に補修された; そこから Muhammad が天界をめぐる旅に出たという》.
— *vt.* **1** …に丸屋根をつける. **2** 半球形[鐘形]に作る. **—** *vi.* 半球形に隆起する, 丸屋根のようにふくらむ.
～·like *adj.* 〖(1513) □ F *dôme* church, cathedral □ It. *duomo* dome, cathedral < L *domum* house ← IE **dem(ə)-* house (Gk *dómos* / Skt *dama*): 7 a の意味では直接 L から〗

dome 1
1 lantern
2 dome
3 drum

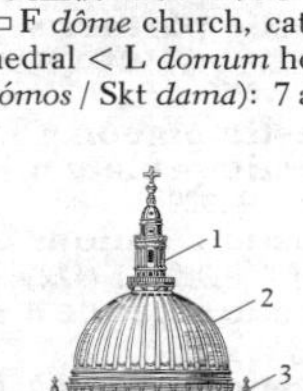

dóme càr *n.* 〖鉄道〗ドームカー, 展望車《屋根にドームのある客車》.
domed *adj.* **1** ドームのある; 丸屋根の, 丸天井の: a ～

roof. **2** 半球形の, 鐘形の: one's ~ forehead. 〖(1775) ← DOME＋-ED 2〗

dóme fàstener *n.* 《カナダ》(衣服などの)スナップ, ホック (snap fastener). 〖1910〗

dóme light *n.* (自動車などの)車内灯. 〖1956〗

dóme·liner *n.* 展望列車.

Do·me·ni·chi·no /dòumènəkíːnou | dəumènɪkíːnəu; *It.* domenikíːno/, **Il** /iːl; *It.* il/ *n.* ドメニキーノ 《1581–1641; イタリアの古典派の画家; 宗教画・肖像画・風景画で知られる; 本名 Domenico Zampieri /dzampjɛ́ːri/》.

Do·me·ni·co /douméɪnɪkòu | də(u)méɪnɪkəu; *It.* doméːniko/ *n.* ドメニコ 《男性名》. 〖□ It. ~ 'DOMINIC'〗

Doménico Ve·ne·zià·no /*It.* -venettsjáːno/ *n.* ドメニコ ベネツィアーノ 《?–1461; イタリアの画家》.

domes·day /dúːmzdèɪ, dóumz- | dúːmz-/ *n.* 《古》＝doomsday.

Dómesday [Dóomsday] Bòok *n.* [the ~] (中世英国の)土地台帳 《1085–86 年 William 一世の命によって作られた英国全土にわたる土地大調査の記録; 略 DB; 単に Domesday ともいう》. 〖(1280) *Domesdei* ← OE *dōmes dæg* day of judgment: 調査の厳正ぶりを Last Judgment にたとえたもの〗

do·mes·tic /dəméstɪk/ *adj.* **1** 自国の, 国内の (↔ foreign): a ~ airline [flight] 国内航空(路)[便] / ~ and foreign policy 内外政策 / ~ production of oil 石油の国内生産高 / buy ~ products 国産品を買う / a ~ loan 内国債 / ~ postage [mail, trade] 国内郵便料[郵便物, 貿易]. **2** 内地産[製]の, 国産の; 自家製の, 手製の (homemade): ~ goods 国内製品, 国産品. **3** 家庭内の, 家事の: ~ appliances 家庭内器具 / ~ affairs 家事 / ~ work 家事 / ~ industry 家内工業 / ~ art 手芸 《裁縫・刺繍・帽子作りなど》 / ~ servants [staff] 使用人[従業員] / ~ ties 家庭のしがらみ. **4** 家庭向きの, 家庭的な, 平凡な; 世帯じみた, 出無精の: a ~ woman. **5** 人家に住む, 人なれた, 飼いならされた (tame) (↔ wild): ~ animals 家畜. — *n.* **1** (通例女性の)使用人, 召使, 使用人 (domestic servant). **2** [*pl.*] **a** 国内[自家]製品. **b** 家庭用リンネル類, 手織物. **3** 《口語》＝domestic violence. **4** 《米口語》葉巻の一種. 〖(?a1425) □ (O)F *domestique* □ L *domesticus* of the household ← *domus* house: ⇨ dome, -ic¹〗

do·mes·ti·ca·ble /dəméstɪkəbl̩ | -tɪ-/ *adj.* ならしやすい; 家庭になじみやすい. 〖(1806) ← DOMESTICATE＋-BLE〗

do·més·ti·cal·ly *adv.* **1** 家庭的[向き]に, 家事上; 内地向きに. **2** 国内で, 国内問題に関して, 内政上. 〖(1576) ← DOMESTIC＋-AL¹＋-LY¹〗

do·mes·ti·cate /dəméstɪkèɪt | -tɪ-/ *v.* — *vt.* **1** **a** 〈動物を〉飼いならす, 手なずける, 家畜化する (tame): hard animals to ~ 飼いならしにくい動物 / a ~*d* animal 家畜. **b** 〈野生植物を〉栽培できるようにする, 栽培化する. **2** [しばしば ~ *oneself* または受身で] 〈人を〉家庭になじませる, 家庭的にする: Marriage has ~*d* her. 結婚して彼女は家庭的になった / He soon ~*d himself* among us. じきにわれわれ(うちの者)と親しくなった. **3** **a** 〈外来動植物を〉新生育地に移す[なじませる]. **b** 〈外来者を〉土地になじませる (naturalize); 〈野蛮人を〉教化する (civilize); (自家・自国に)取り入れる. **4** 〈難解な学説などを〉普通の人にわかるようにする. — *vi.* 〈動物が〉飼いならされる; 〈野生植物が〉栽培できるようになる. — /-kɪt, -kèɪt/ *n.* 飼いならされた動物; 栽培できるようにした植物. **do·mes·ti·ca·tion** /dəmèstɪkéɪʃən | -tɪ-/ *n.* **do·mes·ti·ca·tive** /dəméstɪkèɪtɪv | -tɪv/ *adj.* **do·més·ti·cà·tor** /-tə | -tə(r)/ *n.* 〖(a1639) ← DOMESTIC＋-ATE³〗

doméstic corporátion [cómpany] *n.* (cf. foreign corporation [company]) **1** 内国会社 《内国法に準拠して国内で設立され営業を営む会社》. **2** 州内会社 《州法に準拠して州内に設立され営業を営む会社》.

doméstic cóurt *n.* 《英》家事事件治安判事裁判所.

doméstic ecónomy *n.* 家庭管理, 家政(学). 〖1778〗

doméstic fówl *n.* **1** (*pl.* ~, ~s) [集合的] 家禽 (poultry). **2** ニワトリ.

doméstic hélp *n.* ＝domestic 1.

do·mes·tic·i·ty /dòumestísəti, dà(ː)m-, -məs-, dəmès-, -məs- | dəumestísɪti, dɔ̀m-, -məs-/ *n.* **1** 家庭生活, 家庭的雰囲気; 家庭的であること, 家庭的性格, 家庭への愛着. **2** [the domesticities] 家事 (domestic affairs). 〖(1721): ⇨ -ity〗

do·mes·ti·cize /dəméstəsàɪz | -tɪ-/ *vt.* 《米》＝domesticate. 〖← DOMESTIC＋-IZE〗

doméstic pártner *n.* **1** 《米》同棲の相手. **2** (開発途上国との共同事業の)現地国パートナー. **~·shìp** *n.*

doméstic pígeon *n.* 《鳥類》ドバト.

doméstic prélate *n.* 《キリスト教》教皇庁付き高位聖職者. 〖1929〗

doméstic relátions còurt *n.* 《米》家庭裁判所 《家庭事件を扱う州下級裁判所》. 〖1939〗

doméstic scíence *n.* 家政学 (home economics). 〖1869〗

doméstic sérvice *n.* 使用人[召使]の仕事.

doméstic sỳstem *n.* 家内工業制度 (cf. factory system).

doméstic víolence *n.* ドメスティックバイオレンス 《(男性の)配偶者・恋人による暴力; 略 DV》.

doméstic wórker *n.* (お手伝い・料理人・執事など)家庭の使用人.

do·mes·tique /dòu(ː)mɛstíːk | dɔ̀m-; *F.* dɔmɛstik/ *n.* (自転車チーム内でリーダーの)補助役.

Do·mes·tos /dəméstous | dəméstɒs, dəu-/ *n.* 《商標》ドメスト(ス) 《英国製の液状漂泊・除菌剤》.

do·met /dəmét, dou-, dá(ː)mɪt | dɑ(u)mét/ *n.* (*also* **do·mett** /~/) ドメット(フランネル) 《綿ネルの一種できょうかたびら用》. 〖(1835) 製造者名からか〗

Dom·ett /dá(ː)mɪt | dɔ́m-/, **Alfred** *n.* ドメット 《1811–87; 英国生まれのニュージーランドの詩人・植民地行政官・政治家; ニュージーランド首相 (1862–63)》.

dom·ic /dóumɪk, dá(ː)m- | dáum-, dɔ́m-/ *adj.* 丸屋根[丸天井]式の, ドーム型の; 丸屋根[丸天井]のある. **dóm·i·cal** /-mɪkəl, -kl̩ | -mɪ-/ *adj.* **dóm·i·cal·ly** *adv.* 〖(1823) ← DOME＋-IC¹〗

dom·i·cile /dá(ː)məsàɪl, dóum-, dá(ː)məsɪ̀l, -sl̩ | dɔ́mɪsàɪl, dáum-, -sɪl/ *n.* (*also* **dom·i·cil** /dá(ː)məsɪ̀l, -sl̩ | dɔ́mɪsɪl/) **1** 《文語》(一定の)住所 (dwelling place); 住居 (abode), 家 (home); 居住; 《法律》住所. **2** 《商業》手形の支払場所.
dómicile of chóice 《法律》寄留(地), 本籍[原籍](地).
— *vt.* **1** 定住させる: ~ oneself [be ~*d*] *in* [*at*] ...に住所を定める. **2** 《商業》〈手形〉の支払場所を指定する.
— *vi.* 住所[居所]を定める, 住まう.
〖(1442) □ (O)F ~ □ L *domicilium* place of abode, dwelling ← *domus* house, home＋? *colere* to dwell〗

dóm·i·ciled *adj.* **1** 一定の住所のある. **2** 《商業》〈手形が〉支払場所を指定された: a ~ bill 他所払い手形. 〖(1855): ⇨ ↑, -ed 2〗

dom·i·cil·i·ar·y /dà(ː)məsílièri, dòum- | dɔ̀mɪsíliəri/ *adj.* **1** 住所の, 家宅の: a ~ visit 《法律》家宅捜索; 《英》(保健医の)家庭訪問 / a ~ register 戸籍 / a ~ nurse 訪問看護婦. **2** (傷痍軍人などに)住居と世話を提供する. — *n.* 《米》老齢傷痍軍人収容施設. 〖(1790) □ F *domiciliaire* □ ML *domiciliāris* ← L *domicilium*: ⇨ domicile, -ary〗

domicíliary cáre [sérvices] *n.* 《社会福祉》(食事・介護などの)訪問看護, 在宅ケア[サービス].

dom·i·cil·i·ate /dà(ː)məsílièɪt, dòum- | dɔ̀mɪ-/ *vt.* **1** ＝domicile. **2** ＝domesticate 1, 2. — *vi.* 住む, 定住する. 〖(1778) ← L *domicilium* 'DOMICILE'＋-ATE³〗

dom·i·cil·i·a·tion /dà(ː)məsìliéɪʃən, dòum- | dɔ̀mɪ-/ *n.* 定住. 〖(1775): ⇨ ↑, -ation〗

dom·i·nance /dá(ː)mənəns, -nənts | dɔ́mɪ-/ *n.* **1** 優越 (ascendancy). **2** 権勢, 権力; 支配 (sway); 優勢: attain naval ~ over ...の制海権を獲得する. **3** (身体の左右一対の器官の)機能的不均斉 《手の右利き, 左利きなど》. **4** 《生物》(遺伝形質の)優性. **5** 《生態》優占度. **6** 《言語》(生成文法で)支配 《樹形図において上の節点 (node) が下の節点を支配する》. 〖(a1460): ⇨ dominant, -ance〗

dóm·i·nan·cy /-nənsi/ *n.* ＝dominance.

dom·i·nant /dá(ː)mənənt | dɔ́mɪ-/ *adj.* **1** 支配的な; 最も有力な, (最も)優勢な (major); 主要な (chief): the ~ party 第一[多数]党 / the ~ crop 主要作物 / His ~ interest was sports. 彼の主たる興味はスポーツであった. **2** 《生物》〈遺伝形質が〉優性の (↔ recessive): a ~ characteristic (メンデルの法則の)優性形質, (遺伝単位性質の)優性. **3** 〈山など〉(群を抜いて)高い, 秀でた: ~ peaks 主峰. **4** 〈身体の左右一対の器官の一方が〉(他方より)機能的にすぐれた: the ~ arm [eye, hand] 利き腕[目, 手]. **5** 《生態》優占の. **6** 《音楽》〈音階が〉第五度の, 属音の: the ~ cadence 属音終止 / the ~ chord 属和音 / the chord of the ~ seventh 属七の和音. — *n.* **1** 主要[優勢]な物. **2** 《生物》優勢形質, 優性. **3** 《生態》(植物・動物の)優占種 (cf. subordinate 2). **4** 《生物》優性素. **5** 《音楽》(音階の)第五音, 属音. **~·ly** *adv.* 〖((a1460)) (1532) □ (O)F ~ □ L *dominantem* (pres. p.) ← *dominārī* ← *dominus* lord ← domus 'house, DOME': ⇨ dominate, -ant〗

SYN 支配的な: **dominant** 〈人や物が〉同種のものの中で最も優勢な[重要な, 顕著な]: The idea is *dominant* over all the others. その考えが中でも支配的である. **predominant** 人や物の特定の集合のうちで重要性や影響力が最も大きい 《格式ばった語》: English is *predominant* in America. アメリカでは英語が最も優勢だ. **paramount** 他の何よりも重要な: Loyalty is a duty *paramount* to all others. 忠誠はあらゆる義務の中で最も重要である. **preeminent** 〈人や物が〉性質や能力が他よりも卓越している 《格式ばった語》: the *preeminent* figure in American politics アメリカ政治における最も卓越した人物. **preponderant** 〈人や物が〉量・重さ・力・重要さの点で抜きんでている 《格式ばった語》: Buddhism is the *preponderant* religion of the country. 仏教がその国で最も有力な宗教である. **ANT** subordinate.

dóminant hémisphere *n.* ＝cerebral dominance.

dóminant séventh chòrd *n.* 《音楽》属七の和音.

dóminant ténement [estáte] *n.* 《法律》(地役権 (easement) の)要役地 (cf. servient tenement).

dóminant wávelength *n.* 主波長 《色相を表すスペクトルの波長》. 〖1913〗

dom·i·nate /dá(ː)mənèɪt | dɔ́mɪ-/ *vt.* **1** **a** ...に支配力をふるう, 威圧する (sway): (completely) ~ others by force of character 人格の力で他を(完全に)従える / a male-*dominated* society 男性優位の社会. **b** 〈激情などを〉抑制する (restrain). **2** 〈山・建築物などが〉...にそびえる, 〈あたり一帯を〉見下ろしている (overlook): a mountain *dominating* the plain 平野を見下ろす山. **3** ...に優位を占める, 卓越する; ...に浸透する (permeate). **4** 《数学》支配する. **5** 《言語》支配する: exhaustively ~ 余すところなく支配する / immediately ~ 直接支配する. — *vi.* **1** (...を)支配する; 優位を占める, 威圧[跳梁]する 〔*over*〕: a *dominating* factor 重要因子 / ~ *over* one's class 自分のクラスを抑えつける. **2** 〈山などが〉そびえる, (...を)見下ろす 〔*over*〕. **dóm·i·nàt·ing** /-tɪŋ | -tɪŋ/ *adj.* **dóm·i·nàt·ing·ly** *adv.* 〖(1611) ← L *dominātus* (p.p.) ← *dominārī* to rule ← *dominus* lord: ⇨ don², -ate³〗

dom·i·na·tion /dà(ː)mənéɪʃən | dɔ̀mɪ-/ *n.* **1** (しばしば独裁的な)統治, 支配 (rule); (...に対する)優勢 (ascendancy) 〔*over*〕: be under the ~ of ...の支配下にある / male ~ 男性優位. **2** [しばしば Dominations] 《神学》＝dominion 5. **3** ＝dominance 6. 〖(c1325) □ (O)F ~ □ L *dominātiō(n-)*: ⇨ ↑, -ation〗

dom·i·na·tive /dá(ː)mənèɪtɪv, -nət- | dɔ́mɪnèt-, -nət-/ *adj.* 支配的な, 優勢な (controlling). 〖(1599) □ ML *dominātīvus*: ⇨ dominate, -ator〗

dóm·i·nà·tor /-tə | -tə(r)/ *n.* 支配者. 〖(a1500) □ (O)F *dominateur* □ L *dominātor*: ⇨ dominate, -ator〗

dom·i·na·trix /dà(ː)mənéɪtrɪks | dɔ̀mɪ-/ *n.* (*pl.* **-tri·ces** /-trəsìːz | -trɪ-/, **~·es**) **1** (SM プレーでの)女王様. **2** 支配的女性. 〖(1561) □ L ~ (fem.) ← *dominātor*〗

dom·i·ne /dá(ː)məni, dóum- | dɔ́mɪ-/ *n.* [呼び掛け・尊称として] 《廃》主よ, 先生 (lord). 〖(1566) □ L ~ (voc.) ← *dominus* lord〗

do·mi·nee /dúːməni | -mɪ-/ *n.* 《南ア》オランダ改革派教会の牧師 《呼び掛けに用いる; predikant ともいう》. 〖(1846) □ Du. ~〗

dom·i·neer /dà(ː)məníə | dɔ̀mɪníə(r)/ *vi.* **1** (...に)(独裁的に)権勢を振るう, 威張る, 圧迫する 〔*over*〕. **2** (...に[より])(高く)そびえる 〔*over, above*〕. — *vt.* **1** (独裁的に)支配する, ...に暴威を振るう. **2** ...の上にそびえる. 〖(1591) □ Du. 《廃》*domineren* □ F *dominer* to dominate □ L *dominārī* 'to DOMINATE': ⇨ -EER〗

dòm·i·néer·ing /-níərɪŋ | -níər-/ *adj.* 〈人・態度など〉横暴な, 傲慢(ごうまん)な, 威張り散らす (⇨ masterful SYN). **~·ly** *adv.* **~·ness** *n.* 〖(1594–95): ⇨ ↑, -ing²〗

Do·min·go /dəmíŋgou | dəmíŋgəu, də-; *Sp.* domíŋgo/ *n.* ドミンゴ 《男性名》. 〖□ Sp. ~ 'DOMINIC'〗

Do·min·go /dəmíŋgou | dəmíŋgəu, dɔm-; *Sp.* domíŋgo/, **Pla·ci·do** /pláθiðo/ *n.* ドミンゴ 《1941–　; スペインのテノール歌手》.

Dom·i·nic /dá(ː)mənɪk, -nɪk | dɔ́mɪnɪk/ *n.* ドミニク 《男性名; 愛称形 Dom, Domnie; 異形 Domenic, Dominick; ローマ・カトリック教徒にみられる》. 〖← L *Dominicus* of the Lord ← *dominus* lord〗

Dominic, Saint *n.* ドミニクス 《1170–1221; スペインのカトリックの聖職者; ドミニコ修道会 (Dominican Order) の創設者; 本名 Domingo de Guzmán /guθmán/; 祝日 8 月 8 日(もと 4 日)》.

Dom·i·ni·ca¹ /dà(ː)məníːkə, dəmínəkə | dɔ̀mɪníːkə, dəmínɪkə/ *n.* ドミニカ 《西インド諸島, Windward Islands の一島で, 英連邦 (British Commonwealth) 内の共和国 (1978 年独立); 公式名 the Commonwealth of Dominica ドミニカ国; 面積 749 km², 首都 Roseau /rouzóu | rəuzə́u/; Dominican Republic とは別》.

Dom·i·ni·ca² /dà(ː)məníːkə, dəmínəkə | dɔ̀mɪníːkə/ *n.* ドミニカ 《女性名; 日曜日に生まれた女の子につけられることが多い》. 〖(fem.) ← DOMINIC〗

do·min·i·cal /dəmínɪkəl, dou-, -kl̩ | dəmínɪ-, də-/ *adj.* **1** 主(しゅ)の, キリストの (Lord's): the ~ day 主の日, 日曜日 / the ~ year キリスト年, 西暦. **2** 主の日(日曜日)の. — *n.* ＝dominical letter. 〖(c1300) □ ML *dominicālis* of the Lord or the Lord's day ← L *dominicus* belonging to a lord or (in LL) the Lord ← *dominus* lord: ⇨ dominate, -ical〗

do·min·i·ca·le /dəmìnɪkéɪli | -nɪ-/ *n.* (昔, ミサ中に女性がかぶった)ベール. 〖(1565) □ It. ~ 《異形》← *dominicale* dominical〗

domínical létter *n.* 《教会暦》主の日文字, 日曜(日)文字 《日曜日を示す文字で A, B, C, D, E, F, G の 7 字中の 1 字; それを決定するには 1 月 1 日 (A), 2 日 (B), 3 日 (C) ...と当て最初の日曜日に当たった文字がその年の日曜日を表す文字となる; 暦ではいつも赤で印刷される; Sunday letter ともいう》. 〖1577–87〗

Do·min·i·can¹ /dəmínɪkən, dou- | dəmínɪ-, də-/ *adj.* 聖ドミニコ (St. Dominic) の; ドミニコ(修道)会の. — *n.* ドミニコ会の修道士[修道女] (Black Friar). 〖(a1632) □ L *Dominicānus* ← *Dominicus* St. Dominic〗

Do·min·i·can² /dəmínɪkən, dou- | dəmínɪ-, də-/ *adj.* (西インド諸島)ドミニカ共和国 (Dominican Republic) の. — *n.* ドミニカ共和国人. 〖(1853) □ Sp. *Dominicana*〗

Dom·i·ni·can³ /dà(ː)məníːkən, dəmínɪk- | dɔ̀mɪníːk-/ *adj.* ドミニカ島 (Dominica) の. — *n.* ドミニカ島人. 〖(1826) ← DOMINICA¹＋-AN¹〗

Domínican Órder /dəmínɪkən-, dou- | dəmínɪ-, də-/ *n.* [the ~] 《カトリック》ドミニコ(修道)会 《1215 年 Saint Dominic が創立した修道会; その修道士は説教を任務とするので Friars Preachers または preaching-friars とよばれた; またその会服の黒色にちなんで Black Friars または Friars Major ともいわれる; cf. Franciscan Order, Cistercian Order》.

Domínican Repúblic /dəmínɪkən, dou- | dəmínɪ-, də-/ *n.* [the ~] ドミニカ共和国 《西インド諸島中

Hispaniola 島の東の部分を占める，西は Haiti；もと Santo Domingo と呼ばれた；面積 48,321 km²，首都 Santo Domingo；略 Dom. Rep.；ドミニカ連邦 (Dominica¹) とは別)．

Dom·i·nick¹ /dá(ː)mənɪ̀k | dɔ́mɪ̆nɪ̀k/ *n.* ドミニク《男性名》．〘⇨ Dominic〙

Dom·i·nick² /dá(ː)mənɪ̀k, -nèk | dɔ́mɪnɪ̀k/ *n.* ＝Dominique².

Dom·i·nick·er /dá(ː)mənɛ̀kɚ, -nɪ̀kɚ | dɔ́mɪnɪ̀kə⁽ʳ⁾/ *n.* ＝Dominique².

dom·i·nie /dóʊməni, dá(ː)m- | dɔ́mɪ̆-/ *n.* **1** 《スコット》学校教師 (schoolmaster). **2** 《米》(特にオランダ改革教会の)牧師 (pastor)；《米口語》(一般に)牧師 (clergyman). 〘(1613)《変形》← DOMINE〙

do·min·ion /dəmínjən | -njən, -niən/ *n.* **1** 支配力，統治権，主権 (sovereignty)；支配，統治 (rule): exercise [have, hold] ～ *over* …に対して支配権を振るう / be *under* the ～of …の支配下にある． **2 a** (国家の)領土，領地 (territory): the Old *Dominion* (米国) Virginia 州の俗称． **b** (封建領主などの)所領 (domain). **3** [the D-] (英連邦の)自治領の旧称: *the Dominion* (of Canada) カナダ連邦《1867 年成立》. ★ もと英国領土内にあって独自の内閣と議会をもつカナダ・ニュージーランド・オーストラリア・ニューファンドランドなど；今は完全独立国となって多くは英連邦を構成している． **4** 《法律》(土地の絶対的)所有権． **5** [しばしば Dominions]《神学》主天使 (Dominations)《天使の九階級中，第四階級の天使；⇨ angel 1 a ★》．〘(*a*1338) □ (O)F ～ □ ML *dominiō(n-)* ← L *dominium* lordship, ownership ← *dominus* lord: ⇨ don², -ion〙

Domínion Dày *n.* **1** ＝Canada Day. **2** ニュージーランド自治記念日 (9 月 26 日；1907 年の自治記念として祝される法定休日)．〘1867〙

Dom·i·nique¹ /dà(ː)mənì:k, ⸗⸗́ | dɔ̀mɪ̆ní:k, ⸗⸗́; *F.* dɔminik/ *n.* ドミニーク《女性名》．〘□ F ～ 'DOMINICA²'〙

Dom·i·nique² /dá(ː)mənì:k, ⸗⸗̀ | -mɪ̆-/ *n.* ドミニーク《米国産の一品種のニワトリ》．〘(1849) ← *Dominique* Dominica¹〙

do·min·i·um /dəmíniəm/ *n.* 《法律》所有権，領有権．〘(1823) □ L ～: ⇨ dominion〙

dom·i·no /dá(ː)mənòʊ | dɔ́mɪ̆nəʊ/ *n.* (*pl.* ～es, ～s) **1** ドミノ仮装衣《舞踏会で用いる黒色の長くゆるやかな外衣でフードと小仮面付き》. **2** ドミノ仮面《顔の上半部，特に目の部分を覆う》. **3** ドミノ仮装をしている人． **4 a** ドミノの牌(ﾊｲ)《長方形の木・骨または象牙(ｿﾞｳｹﾞ)製の札で二つに仕切られ無地または 1 から 6 までの点がついている》: fall like ～*es* 将棋倒しになる． **b** [*pl.*; 通例単数扱い]〘最初に牌を並べ終えた人が dominus (＝master) になることから〙ドミノ《28 の「牌」の点を合わせて遊ぶゲーム》. **5** [*pl.*]《米俗》角砂糖 (cube sugar). **6 a** [間投詞的に] (これで)終わり《ドミノの最後の牌を動かす発声 domino! full up! から》. **b** 《俗》決定的行為[瞬間]，打倒の一撃． **7** 《国際政治》ドミノ，将棋倒し (domino theory)；ドミノ理論があてはまる(と思われる)国: a ～ phenomenon ドミノ現象． **8** 《医学》ドミノ式多臓器移植手術《脳死者から患者 A に心臓と肺を同時移植し，患者 A の心臓を患者 B に移植すること》. ***It's áll dómino with him.*** 《俗》彼はもう全くだめだ (It's all up with him.).
〘(*c*1694) □ F ～ ← L (*benedicāmus*) *dominō* (let us bless) the Lord (dat.) ← *dominus* master: 《原義》hooded cloak worn by priests in winter〙

Dom·i·no /dá(ː)mənòʊ | dɔ́mɪ̆nəʊ/, **Fats** /fǽts/ *n.* ドミノ (1928– ；米国のロックンロール ピアニスト，シンガーソングライター；本名 Antoine Domino, Jr.)．

dóm·i·nòed *adj.* ドミノ仮装衣をつけた．〘(1885): ⇨ -ed 2〙

dómino effèct *n.* 《国際政治》ドミノ効果《一つのことが起これば次々に続いて他のことが次々起こるという累積的効果》．〘(1966) ← DOMINO 4〙

dómino pàper *n.* 《製紙》ドミノ紙《大理石模様などを刷り込み，手彩色した装飾紙；壁紙・本の見返しなどに使用；cf. marble paper》．〘1839〙

dómino thèory *n.* [the ～] **1** 《国際政治》ドミノ理論《東南アジアの一つの国が共産化すると周辺諸国も次々と共産化するからそれを阻止すべきだとする理論》. **2** (一般に，ドミノ理論と同様の仮定に立つ)将棋倒し理論．〘(1965) ← DOMINO 4〙

do·mi·tae na·tu·rae /dá(ː)mətàɪnətʊ́ᵊraɪ, -mətì:nətʊ́ᵊri: | dɔ́mɪtàɪnətjʊ́əraɪ, -mɪtì:nətjʊ́əri:/ *L. adj.* 《法律》〈動物が〉飼育された (cf. feare naturae). 〘□ L *domitae nātūrae* of a tamed nature〙

Do·mi·tian /dəmíʃən, doʊ-, -ʃiən | də(ʊ)-/ *n.* ドミチアヌス (51–96；ローマ皇帝 (81–96)；Vespasian の子；後年残虐な行為が多くついに暗殺された；Titus Flavius Domitianus /dəmɪ̀ʃiéɪnəs/ Augustus)．

dom·kop /dá(ː)mkɑ̀(ː)p | dɔ́mkɔ̀p/ *n.* 《南ア俗》ばか，頭の鈍いやつ．

dóm pàlm /dóʊm- | dəʊm-/ *n.* 《植物》＝doom palm.

dom·pass /dá(ː)mpæ̀s | dɔ́mpɑ̀:s/ *n.* (*also* **dom·pas** /～/) 《南ア》身分証明書，身上書《有色人種が携帯し，要求されたときには提示しなければならなかった》．〘(*a*1958) □ Afrik. ← *dom* stupid＋*pas* pass¹ (n.)〙

Dom·ré·my-la-Pu·celle /dòʊmreɪmí:ləpjuːsél | dɔmréɪmi-; *F.* dɔ̃ʀemilapysɛl/ *n.* ドンレミ ラ ピュセル《フランス北東部の村；ジャンヌダルク (Joan of Arc) の生誕地；単に Domrémy ともいう；cf. pucelle》．

Dom. Rep. 《略》Dominican Republic.

dom·y /dóʊmi | dəʊ-/ *adj.* 丸屋根の，丸屋根状の；ドームのある．〘(1833) ← DOME＋-Y⁴〙

don¹ /dá(ː)n | dɔ́n/ *vt.* (**donned; don·ning**)《文語》〈着物・帽子などを〉(身に)つける (dress in)，着る，はく (put on): ～ red T shirts / ～ a mask of lightness 無理に陽気にふるまう．〘(*a*1350)《短縮》← *do on* to put on: cf. doff〙

don² /dá(ː)n | dɔ́n/ *n.* **1 a** (英国の大学，特に Oxford, Cambridge で各 college の)教員《学部長 (head)，特別研究員 (fellow)，(個人)指導教員 (tutor) をいう》. **b** 《英》大学教員． **2 a** [D-] …様《スペインで男性の洗礼名につける敬称；英語の Mr., Sir に当たる》. **b** [D-] …師《イタリアで僧に対する呼び掛けとして》. **c** スペイン紳士；(一般に)スペイン人 (Spaniard)《男性》. **3** 《古》**a** 名士，大立者，偉い人: the great ～s of wit 天才たち (Dryden の句). **b** 《英》〔…の〕達人 〔*at*〕: a ～ *at* chess. **4** 《米俗》(犯罪組織の)首領，ドン． **5** 《豪口語》専門家，ベテラン．〘(1523) □ Sp. ～ ＜ L *dominum* lord, master ← *domus* house: ⇨ dome〙

Don¹ /dá(ː)n | dɔ́n; *Russ.* dón/ *n.* [the ～] ドン(川)《ロシア連邦西部，中央ロシア高地に源を発し，南に流れて Azov 海に注ぐ (1,870 km)》.

Don² /dá(ː)n | dɔ́n/ *n.* [the ～] ドン(川)《スコットランド北東部の川；Aberdeenshire 州の中央を東に流れて北海に注ぐ (132 km)》．〘□ Celt. **Devona* goddess (rivers): ケルト人の河川崇拝の風習による〙

Don³ /dá:n | dɔ́n/ *n.* [the ～] ドン(川)《イングランド中東部の川；Peak Districk 北部に発し，Sheffield を通って Humber 河口の手前で Ouse に合流する (110 km)》．〘OE *Done* □ Celt. *Dānā* ← IE **dā-* river: cf. Russ. *Don* / Danube〙

Don⁴ /dá(ː)n | dɔ́n/ *n.* ドン: **1** 男性名． **2** 女性名．〘1: (dim.) ← DONALD. 2: (dim.) ← DONALDA〙

Don. 《略》Donegal.

do·na /dóʊnə | dəʊ-; *Port.* dónɐ, *Braz.* dóna/ *n.* ポルトガル[ブラジル]の貴婦人．★ 敬称として洗礼名の前につけて用いる．〘(*c*1897) □ Port. ～ ＜ L *dominam* (↓)〙

do·ña /dóʊnjə | dəʊ-; *Sp.* dóɲa/ *n.* スペインの貴婦人．★ 敬称として洗礼名の前につけて用いる《英語の Lady や Madam に当たる；cf. Donna》．〘(1622) □ Sp. ～ ＜ L *dominam* lady (fem.) ← *dominus* master: cf. don², duenna〙

do·nah /dóʊnə | dəʊ-/ *n.* 《英俗・豪俗》女性；(特に)愛人，恋人 (sweetheart). 〘(*c*1850) □ ? It. *donna* woman, wife ∥ Sp. *doña* ＜ L *dominam*: ⇨ doña〙

Don·ald /dá(ː)nəld, -nl̩d | dɔ́n-/ *n.* ドナルド《男性名；スコットランドの Highlands で極めて一般的；愛称形 Don》．〘□ Gael. *Domhnall* 《原義》world-mighty〙

Do·nal·da /dənǽldə/ *n.* ドナルダ《女性名》．〘(fem.) ↑〙

Dónald Dúck *n.* ドナルドダック《Walt Disney のアニメ映画に登場するアヒル》.

Do·nar /dóʊnɑə | dəʊnɑ:⁽ʳ⁾/ *n.* 《ゲルマン伝説》ドーナル，トール《雷神》．〘□ OHG ～: cf. OE *þunor* / ON *þórr*: ⇨ Thor〙

do·nate /dóʊneɪt, ⸗⸗́ | də(ʊ)néɪt/ *vt.* 贈与する；寄付する，寄贈する (⇨ give SYN): ～ funds *to* a university / ～ blood 献血する． **— *vi.*** 〔…に〕寄付[寄贈]する 〔*to*〕．〘(1785)《逆成》← DONATION〙

Do·na·tel·lo /dɑ̀(ː)nətéloʊ | dɔ̀nətéləʊ; *It.* donatɛ́llo/ *n.* ドナテロ (1386?–1466；イタリアルネサンスの彫刻家；本名 Donato di Betto Bardi /doná:todibéttobárdi/)．

do·na·tio mor·tis cau·sa /dənéɪʃioʊmɔ́ətɪ̆s-kɔ́:zə, -kɑ́:- | -ʃiəʊmɔ́:tɪskɔ́:-/ *n.* 死因贈与《死が近いのを予期した者が財産を他人に引き渡し，死亡によって財産権を与えるもの》．〘L ～〙

do·na·tion /doʊnéɪʃən | də(ʊ)-/ *n.* 寄付，寄贈；寄贈品，寄付金 〔*to*〕 (⇨ present² SYN): a blood ～ 献血 / make [give] a ～ of $1,000 千ドル寄付する．
Donátion of Cónstantine [the —] コンスタンティヌス(大帝)の寄進(状)《8–9 世紀の間に作られ，15 世紀に偽造とされた文書；Constantine 一世がローマ教皇とカトリック教会に広範囲の特権と莫大な財産を寄進したことになっている》．
〘(?*c*1425) □ (O)F ∥ L *dōnātiō(n-)* ← *dōnātus* (p.p.) ← *dōnāre* to give ← *dōnum* gift ← IE **dō-* to give〙

donátion lànd *n.* 《米》(未開地の入植を促進するため)州や連邦政府が無償(に近い条件)で譲渡した土地．

donátion pàrty *n.* 《米》主催者のために客が贈り物を持ち寄るパーティー．

Do·na·tism /dóʊnətɪzm, dá(ː)n- | dəʊn-, dɔ́n-/ *n.* 《キリスト教》ドナトゥス主義，ドナトゥス派[ドナティスト]の教義《4 世紀に北アフリカに起こったキリスト教の一派の教義；極端に厳格な教会生活を主張したが，後に異端として排斥迫害された》．〘(1588) ← *Donatus*: ⇨ -ism〙

Dó·na·tist /-tɪ̆st | -tɪst/ *n.* ドナトゥス[ドナティスト]派の信者．〘(?*c*1350) □ ML *Dōnātista*: ⇨ Donatus, -ist〙

do·na·tive /dóʊnətɪv, dá(ː)n- | dəʊnət-, dɔ́n-/ *n.* **1** (特に公的な)寄付金，寄贈品 (donation). **2** (施主が自由に授け得る)直授聖職禄(ﾛｸ)《英国では 1908 年廃止》. **— *adj.*** **1** 寄付(金)の，寄付された，贈与の． **2** 《教会》〈聖職禄が〉直授の (cf. presentative): a ～ benefice.
〘(*a*1449) □ OF *donatif* ∥ L *dōnātīvum* gift ← *dōnātus* (p.p.) ← *dōnāre* to give: ⇨ donation, -ive〙

do·na·tor /dóʊneɪtɚ, ⸗⸗́ | də(ʊ)néɪtə⁽ʳ⁾/ *n.* ＝donor. 〘(*c*1449) □ AF *donatour*, F *donateur* □ L *dōnātor* ← *dōnātus*: ⇨ donation, -or²: Jpn. 旦那(ﾀﾞﾝﾅ) (← Skt *dāna-pati*) と同語源〙

do·na·to·ry /dóʊnətɔ̀:ri, dá(ː)n- | dəʊnətəri, dɔ́n-, -tri/ *n.* ＝donee. 〘(*a*1617) □ ML *dōnātōrius* ← L *dōnātus*: ⇨ donation, -ory¹〙

Do·na·tus /doʊnéɪtəs, -ná:- | də(ʊ)néɪtəs, -ná:-/, **Aelius** *n.* ドナトゥス《4 世紀ごろのアフリカ Numidia の Casae Nigrae の司教；北アフリカの異端的キリスト教の一派ドナトゥス派の創始者》．

Do·nau /*G.* dó:naʊ/ *n.* [the ～] ドナウ(川)《Danube のドイツ語名》．〘□ G ～ ＜ Gmc **Dōnawi* (Goth. *Dōnawi*) □ L *Dānuvius* 'DANUBE'〙

Don·bas /*Russ.* danbás/ *n.* (*also* **Don·bass** /～/) [the ～] ドンバス (Donets Basin のロシア語名)．

Don Car·los /dɑ(ː)nkɑ́əloʊs, -ləs | dɔnkɑ́:lɔs; *It.* doŋkárlos/ *n.* **1** 「ドンカルロス」(Schiller 作の戯曲 (1787)；Verdi 作曲のオペラ (1867)). **2** ドンカルロス (*Don Carlos* の主人公の名)．

Don·cas·ter /dá(ː)ŋkæstɚ, -kəs- | dɔ́ŋkəstə⁽ʳ⁾, -kɑːs-, -kæs-/ *n.* ドンカスター《イングランド中部，Sheffield 北東の Don 河畔の都市》．〘OE *Donec(e)astre*: ⇨ Don², -chester〙

Dón Cóssack *n.* ドンコサック《ロシア連邦西部，Don 川の中・下流域に住むコサック人》．

Dón Cóssacks, the Territory of the *n.* ドンコサック地方《Don 川の中・下流にあった昔のロシアの一地方；1928 年付近の地方に分割された》．

done /dʌ́n/ *v.* [do² の過去分詞]: *Done!* (特に賭けを引き受けて)よしきた (Agreed!) / Well ～! よくやった / have [be] ～ with … ⇨ DO *with* (2). **— *adj.*** **1** [叙述的] **a** なされた，済んだ: The day is ～. 一日は終わった． **b** 〈人が〉〈仕事を〉済ませた，終えた (through) 〔*with*〕: Our work is ～. 仕事は終わった / Get [Have] ～ *with* crying! 泣くのはよせ / That's all over and ～ *with!* それはすっかり片付いた． **2** [通例複合語として]〈食べ物が〉煮焼きされた (cooked): The meat is ～. 肉が焼けた / well-*done* 中までよく焼いた / half-*done* 半煮え[半焼け]の / over-*done* 煮[焼け]過ぎの / under*done* 生煮え[焼け]の． **3** 《口語》[しばしば ～ *in* [《英》up] として] 力を使い果した，へとへとになった: I was too ～ *in* to walk any farther. へとへとになったので一歩も先へ歩けなかった / Are you ～ *up*? 《英》へたばったのかい / I feel absolutely ～ *in*. 全くへとへとに疲れた． **4** [叙述的] 失敗[敗北，死滅]することになっている． **5** 《口語》逮捕された；収監された． **6** 《口語》礼儀[慣習，流行]にかなって[た]，上品で[な]: It isn't [It's not] ～. そんなことはしないものだ (It's bad form.) / It isn't ～ to say such things. そんなことは言わないものだ． ***dóne fòr*** 《口語》くたばった；死にかけた，回復の見込みのない，だめになった．
〘OE *gedōn*〙

do·nee /doʊní: | dəʊ-/ ★ donor と対照させるときは /dóʊni: | dəʊ-/ と発音する (⇨ donor ★). *n.* (↔ donor) **1** 《医学》**a** 受血者． **b** (臓器・組織などの)被移植者 (host). **2 a** (贈り物などの)受取人；施しを受ける者． **b** 《法律》(財産の)受贈者．〘(1523) ← DON(OR)＋-EE¹〙

Don·e·gal /dɑ̀(ː)nɪ̆gɔ́:l, -gá:l | dɔ̀nɪ̆gɔ́:l, dʌn-⸗́/ ★ アイルランドでは /dʌ̀nɪ̆gɔ́:l/ の発音が普通． *n.* ドニゴール: **1** アイルランド共和国北部，Ulster 地方の州；面積 4,830 km²，州都 Lifford /lífəd | -fəd/. **2** ＝Donegal tweed.

Dónegal twéed *n.* ドニゴールツイード《アイルランド起源の手織りラシャ；横糸に色彩豊かな粗紡糸，縦糸に中間色を用いるのが特徴；これに似た平織[綾織(ｱﾔｵﾘ)]のツイード《単に Donegal ともいう》》．

Don·el·son /dá(ː)nəlsən, -nl̩-, -sn̩ | dɔ́n-/, **Fort** *n.* ドネルソン要塞《米国 Tennessee 州北西部，Cumberland 川に臨む要塞；南北戦争のときに南部軍が築いたが，1862 年北軍に占領された》．

done·ness /dʌ́nnɪ̆s/ *n.* (食べ物が)具合よく[ころ合いに]料理されていること．〘(1927) ← DONE＋-NESS〙

dón·er kabób [kebáb] /dá(ː)nɚ-, dóʊ- | dɔ́nə-, dəʊ-/ *n.* 《料理》＝gyro².

Do·nets /dənéts, dɑ(ː)- | dɔn-; *Ukr.* donétsʲ/ *n.* **1** [the ～] ドネツ(川)《ウクライナ共和国東部を流れて Don 川に注ぐ (1,053 km)》. **2** ＝Donets Basin.

Donéts Básin *n.* [the ～] ドンバス，ドネツ盆地《ウクライナ共和国東部，Donets 川の流域地方で重要な炭田地帯；面積 23,300 km²；ウクライナ語名 Donbas /*Ukr.* donbás/》．

Do·netsk /dənétsk, doʊ- | dɔn-; *Ukr.* donétsʲk/ *n.* ドネツク《ウクライナ共和国東部，Donets Basin にある都市；旧名 Stalin, Stalino, Yuzovka /*Russ.* júzəfkə/》．

dong¹ /dɔ́(ː)ŋ, dá(ː)ŋ | dɔ́ŋ/ *n.* **1** (大きな鐘の)ごーんという音． **2** 《豪口語》強打． **3** 《米卑》＝penis. **— *vi.*** ごーんと鳴る． **— *vt.*** 《豪口語》強打する．〘(1587) 擬音語〙

dong² /dɔ́(ː)ŋ, dá(ː)ŋ | dɔ́ŋ/ *n.* (*pl.* ～) **1** ドン《ベトナムの通貨単位；＝100 hao；記号 D》. **2** 1 ドン紙幣．〘(1948) □ Annamese ～〙

don·ga¹ /dá(ː)ŋgə, dɔ́(ː)ŋgə | dɔ́ŋ-/ *n.* 《南ア・豪》峡谷，山峡．〘(1879) ← Afr. (Bantu)〙

don·ga² /dá(ː)ŋgə, dɔ́(ː)ŋ- | dɔ́ŋ-/ *n.* (パプアニューギニアの)家，小屋．

Don Gio·van·ni /dɑ̀(ː)ndʒiəvά:ni, -dʒoʊ-, -vǽni | dɔ̀ndʒə(ʊ)vά:ni, -dʒiə(ʊ)-, -vǽni; *It.* dondʒovánni/ *n.* **1** 「ドン ジョバンニ」(Mozart 作曲のオペラ (1787 年)；Don Juan 伝説を主題とする). **2** ドンジョバンニ (*Don Giovanni* の主人公の名)．

don·gle /dá(ː)ŋgl̩ | dɔ́ŋ-/ *n.* 《電算》ドングル《プログラムの不正コピー防止のためのコンピューター周辺機器の一つ》．〘1982〙

Don·go·la /dá(ː)ŋgələ | dɔ́ŋ-/ *n.* ドンゴラ《スーダン北部の，Nile 川に臨む小都市》．

Dón·go·la léather [kíd] /dá(ː)ŋgələ- | dɔ́ŋ-/ *n.* ドンゴラ革《子牛・山羊・羊などの皮をガンビア (gambier) と明礬(ﾐｮｳﾊﾞﾝ)でなめした革(主に甲革用)》．〘(1889) ↑〙

Dóngola tánnage *n.* ドンゴラなめし《ガンビアと明礬とのコンビネーションなめし》．

Dong·ting Hu /dùŋtíŋhú; *Chin.* tùŋtʰíŋxú/ *n.* 洞庭湖(ドンティン) 《中国南部, 湖南省 (Hunan) の湖; 面積 3,915 km²》.

Dö·nitz /dɔ́ːnɪ̥ts, déɪ- | dɔ́ːnɪts; *G.* dǿːnɪts/, **Karl** デーニッツ 《1891–1980; ドイツの海軍総司令官; 第二次大戦中潜水艦攻撃を展開; Hitler の後継内閣を組織し, 無条件降伏を受け入れた》.

Do·ni·zet·ti /dɑ̀(ː)nə(d)zéṭi, -tséṭi | dɔ̀nɪ̥zéti, -dzéti, -tséti; *It.* donidddzétti/, **Gaetano** *n.* ドニゼッティ 《1797–1848; イタリアのオペラ作曲家; *L'Elisir d'Amore*「愛の妙薬」(1832)》.

don·jon /dɑ́(ː)nʤən, dʌ́n- | dɔ́n-, dʌ́n-/ *n.* (城の)天守閣, 本丸. 〘ME *donjoun*: ⇨ dungeon〙

Don Juan /dɑ̀(ː)nʤúːən, dɑ̀(ː)n(h)wɑ́ːn | dɔ̀nʤúːən, -(h)wɑ́ːn; *Sp.* doŋxwán/ *n.* **1** ドン ファン 《14 世紀ごろのスペインの伝説的遊蕩(ゆうとう)貴族の名で Seville の貴族の令嬢を誘惑し, ついに彼女の父を殺して地獄に落とされる; しばしば文学・音楽の題材とされた; cf. Don Giovanni》. **2** 女たらし, 放蕩児 (libertine). **3**「ドン ジュアン」《Byron 作の未完の諷刺詩 (1819–24)》. ★ 3 の意味では《米》ではスペイン語式,《英》では英語式の発音が好まれる. 〘2: (1848)〙

Don Juán·ism /-nɪzm/ *n.* 〘医学〙ドンファン症, 男子色情症 (satyriasis) 《男性の性欲異常亢進症; 性欲抑制の欠如; cf. nymphomania》. 〘(1882): ⇨ ↑, -ism〙

don·key /dɑ́(ː)ŋki, dʌ́ŋ-, dɔ́(ː)ŋ- | dɔ́ŋ-/ *n.* **1** ロバ《ass の通称》: (as) stubborn as a ～ ロバのように強情な. **2** ばか者, とんま; 強情者. **3** ＝donkey engine. **4** 《米》ドンキー《民主党の象徴; cf. elephant 5》. ★ 米国では ass の婉曲語法として一般化した.
tálk the hínd leg(s) òff a dónkey ⇨ talk 成句.
— *adj.* [限定的]〈機械が〉補助の.
〘(1785): DUNCAN の愛称か, または DUN¹ の派生語か: いずれにせよ MONKEY との連想による押韻形〙

dónkey bòiler *n.* 〘機械〙補助ボイラー.

dónkey bòy *n.* ロバ追いの少年. 〘1840〙

dónkey dèrby *n.* ロバによる競馬. 〘1958〙

dónkey èars *n. pl.* 《口語》＝donkey's years.

dónkey èngine *n.* **1** 〘機械〙(携帯用)補助エンジン, 補機, ドンキーエンジン《特に, 船で錨(いかり)や積荷を上げるのに用いる》. **2** 《米》(転轍用)小型機関車. 〘1858〙

dónkey jàcket *n.* 《英》(労働者が着る)防寒・防水用ジャケット《後に一般に流行服となった》. 〘1929〙

dónkey-lìck *vt.* 《豪俗》(特に競馬で)〈相手〉に楽勝する, 完勝する (dónkey-wàllop ともいう). 〘(1890): ⇨ lick *vt.* 3 b〙

dónkey·man /-mən/ *n.* (*pl.* **-men** /-mən, -mèn/) ドンキーマン《donkey engine 係》. 〘1878〙

dónkey pùmp *n.* 〘機械〙補助ポンプ. 〘1869〙

dónkey rìde *n.* (遊園地などの)ロバの形をした乗り物. 〘1855〙

dónkey's bréakfast *n.* 《俗》**1** (寝床の代わりの)わらの束, わらぶとん. **2** 麦わら帽 (straw hat). 〘1901〙

dónkey's yèars [èars] *n. pl.* 《口語》実に長い間 (a very long time) (cf. coon's age, dog's age): for ～ / The letter was written ～ ago. その手紙はずっと前に書かれたものであった. 〘(1916) ロバの耳の長いことから, ear と year の語呂を合わせたもの〙

dónkey tòpsail *n.* 〘海事〙ドンキートップスル《ごく小型のガフトップスル》.

dónkey vòte *n.* 《豪口語》(順位指定連記投票で)用紙に印刷された順位どおりに番号を記した票.

dónkey·wòrk *n.* **1** [the ～] 単調で嫌な[つらい]仕事. **2** 基礎, 土台, 下地. 〘1920〙

don·ko /dɑ́(ː)ŋkoʊ | dɔ́ŋkəʊ/ *n.* (*pl.* **～s**) 《NZ口語》(工場内などの)休憩室, 軽食堂. 〘(1976) ← ? *donkey room*〙

don·na /dɑ́(ː)nə, dɔ́(ː)nə | dɔ́nə; *It.* dɔ́nna/ *It. n.* (*pl.* **don·ne** /dɑ́(ː)neɪ, dɔ́(ː)n- | dɔ́n-; *It.* dɔ́nne/) **1** [D-] (イタリア・スペイン・ポルトガルの)貴婦人. ★ 洗礼名の前につけ敬称として用いる; 英語の Lady や Madam に相当 (cf. dona, doña). **2** イタリアの女性. **3** [D-] ドンナ《女性名》. 〘(1670) □ It. ～ < L *dominam* mistress, lady (fem.) ← *dominus*: ⇨ don²〙

don·nard /dɑ́(ː)nəd | dɔ́nəd/ *adj.* 《スコット》ぼんやりした, 間の抜けた (stupefied). 〘(1722) ← 《スコット》～ (p.p.) ← *donner* to stupefy (e. g., with a blow or loud noise) □ ? Du. *donderen* to thunder ← *donder* 'THUNDER': ⇨ -ed〙

donne *n.* donna の複数形.

Donne /dʌ́n/, **John** *n.* ダン《1572–1631; 英国の宗教家・形而上派詩人; 'Songs and Sonnets' (1633), *Anniversaries* (1611, 1612), *Sermons* (1640, 1649, 1660)》.

don·née /dɔ(ː)néɪ, dʌ- | dɔ-; *F.* dɔne/ *n.* (*pl.* **～s** /～(z); *F.* ～/) (*also* **don·né** /～/) **1** (小説・劇などの)設定《プロットの展開の基盤[前提]となる社会的情況・人間関係など》. **2** 基本前提, 基礎事実, 基盤. **3** 〘論理〙所与, 与件 (datum). 〘(1876) □ F ～ (fem. p.p.) ← *donner* to give〙

don·nered /dɑ́(ː)nəd | dɔ́nəd/ *adj.* 《スコット》＝donnard.

Dón·ner pàrty, D- P- /dɑ́(ː)nə- | dɔ́nə-/ *n.* [the ～] ドナー隊《California へ移住しようという 87 名の一行で, 1846 年 10 月から翌年 4 月にかけて, 途中の Donner 峠で大雪のために閉じ込められ, 約半数が死に, 残った者は死者の肉を食べて生き延びた》.

Dónner Páss *n.* [the ～] ドナー峠《米国 California 州東部, Sierra Nevada 山脈中にある峠; 高さ 2,161 m》. 〘*Donner*: ← *Donner party* (↑)〙

don·nert /dɑ́(ː)nət | dɔ́nət/ *adj.* 《スコット》＝donnard.

don·nish /dɑ́(ː)nɪʃ | dɔ́n-/ *adj.* (英国大学の)学監[指導教師]らしい, 学者風の, 学問をてらう; 堅苦しい (priggish). **～·ly** *adv.* **～·ness** *n.* 〘(1848) ← DON²＋-ISH¹〙

don·ny /dɑ́(ː)ni | dɔ́n-/ *n.* 《英方言》＝danny.

don·ny·brook, D- /dɑ́(ː)nibrʊ̀k | dɔ́n-/ *n.* **1** 乱痴気騒ぎ, けんか騒ぎ. **2** 公式の場で争われる粗暴な論争. 〘(1852) ← *Donnybrook Fair*〙

Dón·ny·brook Fáir /dɑ́(ː)nibrʊ̀k- | dɔ́n-/ *n.* **1** ドニブルック市(いち)《1855 年までアイルランドのダブリン郊外の Donnybrook で毎年開かれた市; 乱痴気騒ぎやけんかなどで有名》. **2** ＝donnybrook 1.

do·nor /dóʊnə | dəʊnə(r)/ ★ donee と対照させるときは /dòʊnɔ́ə | dəʊnɔ́ː(r)/ と発音する (⇨ donee ★). *n.* **1** (↔ donee) 〘医学〙(輸血または組織・臓器移植のための)血液[組織, 臓器]提供者, 供血[給血]者, ドナー: a blood ～. **2** (↔ donee) **a** 寄贈者, 寄付者; 施主. **b** 〘法律〙(財産の)贈与者. **3** 〘化学〙供与体, 給体《分子中に受容体 (acceptor) に与えやすい電子対のある電子構造をもつ分子》. **4** 〘電子工学〙ドナー《半導体に混入して自由電子を増加させる不純物》. **～·shìp** *n.* 〘(*c*1439) □ AF *donour*＝(O)F *donneur* giver < L *dōnātōrem*: ⇨ donator〙

dónor càrd *n.* ドナーカード《死後の臓器提供を承諾した人が携帯するカード》. 〘1964〙

dó-nòthing *adj.* 何もしない, 怠惰な. **—** *n.* 怠け者. 〘1579〙

dó-nòth·ing·ism /-ɪ̀zm/ *n.* **1** 怠惰癖. **2** 無為無策主義, 計画的妨害政策《重要な地位にありながら提案を考慮したり行動を拒否したりして間接的に妨害すること》. 〘1839〙

Don·o·van /dɑ́(ː)nəvən, dʌ́n- | dɔ́n-/, **William Joseph** *n.* ドノヴァン《1883–1959; 米国の軍人・政府役人・弁護士; CIA の前身である OSS を組織した; 通称 Wild Bill》.

Don Qui·xo·te /dɑ̀(ː)nki(h)óʊṭeɪ, -ti, -kwɪ́ksət | dɔ̀nkwɪ́ksət, dɔ̀ŋ-, -səʊt, -sɔt, -kihə́ʊti, -teɪ; *Sp.* doŋkixóte/ *n.* **1**「ドン キホーテ」《スペインの作家 Cervantes 作の諷刺小説 (1605, 1615) の題名; *Don Quixote de la Mancha* の通称》. **2** ドン キホーテ《*Don Quixote* の主人公; 騎士物語に読みふけって騎士道狂となり, 従者 Sancho Panza を従えて騎士修業に出かける La Mancha の郷士》. **3** 現実を無視したうかつな理想家, 誇大妄想狂.

don·sie /dɑ́(ː)nsi | dɔ́n-/ (*also* **don·sy** /～/) *adj.* **1** 《スコット》不運の. **2** 《方言》こぎれいな (neat); 気むずかしい (fastidious); 加減が悪い, 弱々しい. **3** 《スコット》短気な, おこりっぽい; 生意気な (saucy). 〘(1717) ← ? Sc.-Gael. *donas* evil, harm: ⇨ -ie〙

don't¹ /dóʊn(t) | dəʊn(t)/ 《口語》do not の縮約形. ★ (1) *don't* mind /dəm/ mind, *don't* /dən/ know. のように弱く発音されることがある. (2) 否定命令に用いると do not より迫力のある表現. (3) does not の略として用いるのは俗用.

don't² /dóʊnt | dəʊnt/ *n.* [通例 *pl.*] 禁制, 禁止条項,「べからず」,「なかれ」集 (cf. do² *n.* 2): three ～*s* 3 つの禁止条項. 〘(1894) ↑〙

dón't-càre *n.* 無頓着な人, 無関心な人. 〘1905〙

dón't-knów *n.* 質問に対して明確な返答をしない人, 態度保留者; まだ決心のついていない人, (特に)だれに投票するかまだ決めてない人 (cf. floating voter). 〘(1888) 世論調査で (*Yes* / *No* / *Don't know*) から一つを選ぶ解答形式から〙

don·to·pe·dal·o·gy /dɑ̀(ː)nṭoʊpɪ̥dǽləʤi, -pɛ- | dɔ̀ntə(ʊ)-/ *n.* いいかげんなことを言う性癖[才能].

do·nut /dóʊnət, -nʌt | dəʊnʌt/ *n.* 《米口語》＝doughnut.

don·zel /dɑ́(ː)nzəl, -zɬ | dɔ́n-/ *n.* 《古》騎士見習い, 小姓, 近習(きんじゅ) (page). 〘(1592) □ It. *donzello* < VL *domnicillu(m)* (dim.) ← L *dominus* master〙

doo /dúː/ *n.* 《スコット》ハト. 〘(*c*1400) 《変形》← DOVE〙

doob /dúːb/ *n.* (*also* **doob·ie, -by** /-bi/) 《米俗》マリファナたばこ.

doo·cot /dúːkət/ *n.* 《スコット》ハト小屋, 鳩舎. 〘(*c*1425): ⇨ doo, cot¹〙

doo·dad /dúːdæd/ *n.* 《米口語》**1** 装飾品, 付属品; つまらない飾り物, 安ぴか物 (trinket). **2** (名前を明示しないで)もの, 何とかいうもの (thingumbob); 仕掛け, 装置 (gadget). 〘(1905) 《母音変化重複》? ← 《方言》*dad* piece: cf. doohickey〙

doo·dah /dúːdɑː/ *n.* 《英俗》**1** 興奮状態. **2** なんとかいうもの《名前を思い出せないものを指すときに使う語》. ★ 次の成句で: ***áll of a dóodah*** 興奮状態で, 震えて. 〘(1915) 〘(1915) 米南部農村の黒人歌 *Camptown Races* の折り返し句から〙

doo·dle¹ /dúːdl̩/ *n.* **1** (会議中や考えごとなどしているときにぼんやり書く)いたずら書き, 落書き. **2** 《口語》ばか (fool). **—** *vi.* **1** ぼんやりわけのわからないいたずら書き[落書き]をする; 落書きなどして時を過ごす; のらくらする, ぐずぐずする. **2** 〘cf. doodle²〙《口語》音楽を気楽に奏する.
— *vt.* **1** (いたずら書きを)漫然とする. **2** 《方言》ばかにする, だます. 〘(1628) ← ? LG *dudeldopp* simple fellow, 《原義》night-cap ← ?: cf. dawdle〙

doo·dle² /dúːdl̩ | -dl̩/ *vt.* 《スコット》〈バグパイプなどを〉奏する. 〘(1816) □ G *dudeln* ← *Dudel* bagpipe □ Czeck & Pol. *dudy*〙

doo·dle³ /dúːdl̩ | -dl̩/ *n.* 《米方言》＝doodlebug 1.

dóodle·bùg *n.* **1** 《米》〘昆虫〙アリジゴク (ant lion); ハンミョウ (tiger beetle) の幼虫. **2** 《米口語》非科学的な鉱脈[水脈]探知器, 占い棒. **3** 《米口語》**a** 短距離[区間](往復)列車 (shuttle). **b** 小型自動車[列車, 飛行機]. **c** 小型軍用トラック (cf. jeep); 小型戦車. **d** 〘軍事〙＝robot bomb. 〘1: (*c*1866) ← DOODLE¹ (n.) 2＋BUG¹: 2, 3 の意味は 1 の特殊用法?〙

dóo·dler /-dlə, -dl̩ə | -dlə(r), -dl̩ə(r)/ *n.* (ぼんやりと)いたずら書きをする人. 〘1937〙

doo·dle·sack /dúːdl̩sæ̀k | -dl̩-/ *n.* 《スコット》バグパイプ, 風笛(ふうてき) (bagpipe). 〘□ G *Dudelsack* bagpipe ← *Dudel* bagpipe (⇨ doodle²)＋*Sack* bag〙

doo·dley-squat, doo·dly- /dúːdliskwɑ̀(ː)t, -dl̩i- | -dliskwɔ̀t, -dl̩i-/ *n.* 《米俗》わずか, ちっと, ゼロ; 金 (money); くそ, うんこ.

dóo·dling /-dlɪŋ, -dl̩- | -dl-, -dl̩-/ *n.* (ぼんやりと書く)落書き; のらくら, ぐずつき. 〘1846〙

doo-doo /dúːdùː/ *n.* 《幼児・口語》うんち. ***in déep dóo-doo***＝*in deep* SHIT. 〘1948〙

doo·fer /dúːfə | -fə(r)/ *n.* 《俗》＝thingumbob. 〘(1937) 《変形》← *do for* (cf. *that will do for now*)〙

doo·fun·ny /dúːfʌ̀ni/ *n.* ＝dofunny.

doo·fus, du- /dúːfəs/ *n.* 《米俗》ばか, 変なやつ.

doo·hick·ey /dúːhɪ̀ki/ *n.* 《米口語》**1** 仕掛け, 装置, しろもの, もの (thing). ★ 名前のわからないときまたは忘れたときの代用語; cf. thingumbob, doodad. **2** ＝pimple 1. 〘(1914) ← DOO(DAD)＋HICKEY¹·²〙

dook¹ /dúk/ *n.* 《スコット》〘石工〙(釘を打ち込むため, あらかじめ壁面に埋める)埋め木, プラグ. 〘(*c*1810) ← ?〙

dook² /dúk/ 《スコット》＝duck².

doo·ket /dúːkɪ̥t, dʊ́k-/ *n.* 《スコット》**1** ハト小屋, 鳩舎. **2** 小さな戸棚.

dool /dúːl/ *n.* 《古・スコット》悲哀, 悲嘆 (dole). 〘⇨ DOLE²〙

doo·lal·ly /duːlǽli/ *adj.* 《俗》ふらふらした, 酔っぱらった. 〘(1925) 《変形》← *Deolali* (Bombay 近辺の町の名)〙

Doo·lan /dúːlən/ *n.* 《NZ俗》カトリック教徒. 〘(1940) ← ? ～ (アイルランドの家族名) □ Ir. *O'Dubhlaoich* 《原義》descendant of *Dubhfhlān* (＝black-defiance)〙

doo·lie /dúːli/ *n.* 《米口語》米国空軍士官学校一年生. 〘← ? *duly*: 任命状の 'You are *duly* appointed …' からか〙

Doo·lit·tle /dúːlɪṭl̩ | -tl̩/, **Hilda** *n.* ドゥーリトル《1886–1961; 米国の女流詩人で R. Aldington の妻; H. D. のイニシャルで知られる; *Sea Garden* (1916)》.

Doolittle, James Harold *n.* ドゥーリトル《1896–1993; 米国の軍人・飛行家; 1942 年最初の東京空襲を指揮した》.

doom¹ /dúːm/ *n.* **1** (通例, 悪い)運命, 凶運 (⇨ fate SYN): know one's ～ 自分の運命を知る. **2** 破滅, 滅亡; 死: meet [go to] one's ～ (非業の)最期を遂げる, 滅びる. **3** (神が下す)最後の審判: the day of ～ ＝doomsday / ⇨ CRACK of doom. **4** 《古》判決, (罪の)宣告. **5** (アングロサクソン時代の)法令.
glóom and dóom＝***dóom and glóom*** ⇨ gloom 成句.
— *vt.* **1** [通例受身で] **a** (悪く)〈…に〉運命づける, …の運命を定める〔*to*〕,〈…するように〉運命づける〈*to do*〉: All their plans *were* ～*ed to* failure. 計画はすべて失敗に帰する運命にあった / He *was* ～*ed to* die at the hands of a mob. 彼は暴徒の手にかかって命を落とすように運命づけられていた. **b** 破滅[消滅, 敗北]の運命に定める. **2** 〈裁判官が〉人を〉〈罪に〉定める, …に〔刑の〕宣告[判決]を下す〔*to*〕: ～ a person *to* death 人に死刑の宣告を下す.
〘OE *dōm* judgment, sentence < Gmc **dōmaz* 《原義》that which is put (OHG *tuom* / ON *dómr* / Goth. *dōms*) ← IE **dhē-* 'to DO²': cf. -dom〙

doom² /dúːm/ *n.* ＝doum.

Dóom bòok *n.* 〘歴史〙旧ケルト法典[法令]《特に, Alfred 大王のもの》. 〘OE *dom-boc*〙

doomed /dúːmd/ *adj.* **1** 運の尽きた, 不運の. **2** 〈書物など〉発禁の: a ～ book. 〘(1869) ← DOOM¹＋-ED〙

doom·ful /dúːmfəl, -fl̩/ *adj.* 不吉な, 縁起の悪い. **～·ly** *adv.* 〘(1586) ← DOOM¹＋-FUL¹〙

dóom-làden *adj.* 破滅[悲劇]を予告する. 〘1938〙

dóom pàlm /dúːm-/ *n.* 〘植物〙エダウチヤシ, テベスドームヤシ (*Hyphaene thebaica*) 《アフリカ産の大きな扇形の葉をつけるヤシ; 砂漠の土壌を安定させるのに重要な働きをする; その果実はリンゴ位の大きさで食用になる》. 〘*doom*: □ F *doum* □ Arab. *dawm*〙

dooms /dúːmz/ *adv.* 《スコット・北英》たいそう, 非常に (very). ★ damned の婉曲語. 〘(1815) 《変形》? ← DAMNED: cf. Icel. *daindis-* pretty, rather〙

dóom·sàyer *n.* (近々に大災害が起こるなどと)不吉なことを予言する人; 社会[経済]動向の分析解説者.

dóom·sàying *n.* 〘1953〙

dooms·day /dúːmzdèɪ/ *n.* **1** 最後の審判の日, 世の終わりの日 (the day of the Last Judgment): till ～ 世の終わりまで, 永久に (forever). **2** 断罪の日, 運命の決する日. 〘OE *dōmes dæġ* day of judgment: ⇨ doom¹〙

Dóomsday Bòok *n.* [the ～] ＝Domesday Book.

dóomsday cùlt *n.* 世界の破滅を信じる宗教団体[カルト]《集団自殺をすることもある》.

Dóomsday Machìne *n.* [the ～] 〘軍事〙世界破滅装置, 終末兵器《敵も味方も含めて全世界を自動的に破滅させる想像上の核攻撃装置》. 〘1960〙

doom·ster /dúːmstə | -tə(r)/ *n.* **1** 罪の宣告者, 裁判官. **2** ＝doomsayer. 〘(*c*1450) 《変形》← ME *dem(p)ster* 'DEEMSTER': DOOM¹ の類推による変形〙

dóom·wàtch *n.* 環境破壊防止のための監視. **～·er** *n.* 〘1970〙

doom·y /dúːmi/ *adj.* 《口語》**1** 〈人が〉落胆した, 悲嘆に暮れた. **2** 〈物が〉陰気な, 気のめいるような. 〘(1961) ← DOOM¹＋-Y⁴〙

doon /dúːn/ *prep., adv., adj.* 《スコット》＝down¹.

Doon /dúːn/ *n.* [the ～] ドゥーン(川)《スコットランド南西

部の川; 北西に流れ Ayr の南で Firth of Clyde に注ぐ (48 km)). 〖← OE *dūn* 'DOWN[3]': cf. Don[2]〗

doon·a /dúːnə/ *n.* 《豪》 =continental quilt. 〖(1973): 商標名から〗

door /dɔ́ə | dɔ́ː^(r)/ *n.* **1** 戸, ドア, 扉, 門: close [shut, bang, slam] a ～ 戸[扉]を閉める[ばたんと閉じる] / close [shut] the ～ upon …戸を閉めて…を入れない / ⇨ *shut the* DOOR / shut the ～ behind [after] one はいって[出て]から後ろのドアを閉める / Shut the ～ after you! この部屋から出て行け / lock the ～*s* of a car 車のドアに鍵をかける / Which model do you prefer: a four-*door* or a two-*door*? 4 ドアか 2 ドアのどちらの車種をお望みですか.

[日英比較] (1) 英米のドアは内側に開くことが多い. (2) 日本語の「玄関」に当たるのが (front) *door* だと言われることが多いが, 正確ではない. 日本の玄関は, 家の入口の特別に区切られたスペースで, 履物を脱いでおく場所であり, 客を迎える場所でもある. 欧米の一般的な家屋では, front *door* を開けるとそこは居間であったり, 少し大きな家では各部屋へ通じる廊下を兼ねたホール (hall) であり, 履物を脱ぐ必要もないので特に仕切りがあるわけではない. *door* のはまっている横長で厚みのない入口が *doorway* で, これも「玄関」ではない. したがって日本語の「玄関」に当たる英語は説明的な訳しかない.

2 a 戸口, 門口, (扉を備えた)出入口: answer the ～ 取次ぎに出る / see [show] a person to the ～ 人を戸口まで送る / There is someone *at* the ～. 玄関にだれか来ている[来訪者がある] / get tickets *at* the ～ (劇場などの)入口で切符を受け取る. **b** 〔…に達する[への]〕道[関門], 門戸〔*to, toward*〕: a [the] ～ *to* success 成功への道 / with open ～*s* 門戸を開放して, 公開的に (cf. open door). **3** 一戸, 軒(けん); (戸口のある)部屋: three ～*s* away [down the hall] 3 軒先[廊下沿いに 3 部屋先] / ⇨ next door. **4** =air curtain.

at déath's dóor ⇨ death 成句. ***behind clósed dóors*** 秘密に, 非公開で. ***be on the dóor*** (改札など)入口での仕事に就いている. ***clóse* [*shút*] *its* [*one's*] *dóors*** (1) 廃業する, 閉店する. (2) 門戸を閉ざす, 締め出す〔*to*〕: Japan *closed her* ～*s to* foreigners for more than two hundred years. 日本は 200 年以上鎖国していた. ***clóse the dóor*** =*shut the* DOOR. ***dárken a person's dóor*** 《古・戯言》[通例否定構文で] 人の家の敷居をまたぐ, 人の家を訪ねる: *Never darken my* ～ again! 二度と再び私の家の敷居をまたいでくれるな. 《1729》 ***from dóor to dóor*** (1) 家ごとに, 一軒ごとに: He sold encyclopedias *from* ～ *to* ～. ⇨ door-to-door. (2) 戸口から戸口まで. 《1563》 ***gèt a* [*one's*] *fóot in the dóor*** ⇨ foot 成句. ***in dóors*** 家の中で, 屋内に (indoors) (↔ out of doors). ***knóck at an ópen dóor*** 不要な努力をする, むだ骨を折る. ***láy at a person's dóor*=*láy at the dóor of a pérson*** 人に…の責めを負わせる, 人のせいにする (impute to): Don't *lay* your fault [the blame] *at my* ～. 君の過失[その責任]をぼくのせいにしないでくれたまえ. 《1749》 ***léave the dóor ópen*** (事の)可能性を残しておく. ***lie at a person's dóor*** 人のせいだ, 人の責任だ: The responsibility for her death doesn't *lie at your* ～. 彼女が死んだからといってその責任は君にはない. 《1683》 ***ópen áll dóors*** あらゆる道[可能性]が開ける: A degree *opens all* ～*s*. 学位があればあらゆる可能性が出てくる. ***ópen the dóor to*** …の門戸を開く, …の機会[便宜]を与える (cf. 2 b; 1 *Cor.* 16:9): A degree *opens the* ～ *to* better jobs. 学位があるとよりよい就職への道が開かれる. 《*c*1384》 ***out of dóors*** 屋外で, 戸外に (outdoors) (↔ in doors): turn a person *out of* ～*s* 人を追い出す / I love walking *out of* ～*s*. 屋外を散歩するのが好きだ. ***shów a person the dóor*** 〈人に〉さっさと出て行けと言う; 〈人を〉追い出す[追い返す]. 《1778》 ***shút its* [*one's*] *dóors*** =*close its* [*one's*] DOORS. ***shút* [*clóse, slám*] *the dóor*** 〈人・事が〉〔話し合う・関係改善などの〕余地をなくする, 〔…を〕不可能にする〔*to, on*〕: *shut the* ～ *on* compromise 妥協を不可能にする[拒否する]. ***shút* [*slám*] *the dóor in a person's fáce*** 人を締め出す, 入れない; 人の考え[案]を聞き入れない. 《1786》 ***thrów ópen the dóor* [*one's dóor(s)*]** 〔…に〕門戸を開く, 機会を与える〔*to*〕. ***within dóors*** 《古》 =*in* DOORS. ***withòut dóors*** 《古》 (1) =*out of* DOORS. (2) ⇨ withoutdoors 2.

〖OE *dor* (neut.) < Gmc **duram* (G *Tor*) & OE *duru* (fem.) gate < Gmc **durunz* (Du. *deur* / G *Tür* / ON *dyrr*) ← IE **dhwer-* door, doorway (L *forēs* (pl.) door, *foris* out of doors / Gk *thúra* door)〗

dóor alàrm *n.* ドアに付ける警報装置. 〖1874〗

door·bell /dɔ́əbèl | dɔ́ː-/ *n.* 戸口のベル[呼び鈴]: answer the ～ (呼び鈴にこたえ)来客の取次ぎをする. 〖*c*1815〗

dóor·càse *n.* 戸の枠, 戸口のかまち. 〖1596–97〗

dóor chàin *n.* ドアチェーン《防犯のためドアに付けた鎖》. 〖1836〗

dóor chàrge *n.* 入場料.

dóor chèck *n.* ドアチェック, ドアクローザー《ドアがばたんと閉まるのを防ぐ装置》. 〖1535〗

dóor chìmes *n. pl.* (玄関の)(ドア)チャイム. 〖1962〗

dóor clòser *n.* ドアクローザー (door check)《ドアがばたんと閉まらないようにする装置》.

dó-or-díe *adj.* 決死の, 命がけの; 死にもの狂いの, のるかそるかの, 食うか食われるかの: a ～ attempt / a ～ expression 必死の表情 / a ～ battle 一か八かの戦い. 〖1879〗

dóor·fràme *n.* =doorcase.

dóor fùrniture *n.* ドア部品《錠・引手など》.

dóor hàndle *n.* 《英》ドアハンドル. 〖1832〗

dóor·hèad *n.* 出入口の上枠.

dóor·jàmb *n.* (戸口の両側の)側柱, だき (doorpost). 〖1837〗

dóor·kèeper *n.* **1** 玄関番, 受付; 門衛, 門番 (janitor). **2** =doorman. **3** 《カトリック》 =ostiary 1 b. 〖1535〗

dóor·knòb *n.* (ドアの)握り玉, ノブ. 〖1846〗

dóor-knòck *n.* 《豪》戸別訪問による募金運動. **～·ing** *n.* **～·er** *n.*

dóor·knòcker *n.* (訪問者用の)(ドア)ノッカー, たたき金. 〖1839〗

dóor lòck *n.* 戸口の錠. 〖1654〗

dóor·man /-mən, -mæ̀n/ *n.* (*pl.* **-men** /-mən, -mèn/) **1** =doorkeeper 1. **2** (ホテル・デパート・クラブなどの)ドアボーイ[係]《自動車のドアを開け閉めして客の送迎をしたり荷物運び・タクシー呼びなどをする》. [日英比較] 「ドアボーイ」は和製英語. 〖1896〗

dóor·màt *n.* **1** (玄関先の)靴ぬぐい, ドアマット. **2** 《口語》他人に虐待[侮辱]されるままになる人, 黙ってなすがままになっている人. 〖1665〗

dóor mòney *n.* 木戸銭, 入場料.

dóor·nàil *n.* (昔, 飾りのために戸に打った)鋲釘(びょうくぎ), 戸釘(とくぎ). ***(as) déad as a dóornail*** ⇨ dead *adj.* 〖*a*1375〗

Door·nik /dɔ́ənɪk | dɔ́ː-; *Flem.* dóːrnɪk/ *n.* ドールニック《Tournai のフラマン語名》.

dóor·òpener *n.* **1** (車庫の入り口・ドアなどの)自動開閉装置. **2** 《口語》近づき[きっかけ]となる手段, 皮切り.

dóor·pìece *n.* **1** ドア飾り《ドアに取り付けた花輪など》. **2** =doorcase. 〖1611〗

dóor·plàte *n.* (特に, ドアに取り付けた真鍮(ちゅう)製の)標札. 〖1823〗

dóor·pòst *n.* =doorjamb. ***betwèen yóu, mé, and the dóorpost*** ⇨ between 成句. 〖1535〗

dóor prìze *n.* 《米》(ダンスパーティーなどで)入場時に手渡されたくじの当選賞品. 〖1951〗

dóor·pùll *n.* 扉[開き戸]の引き手.

Doors /dɔ́əz | dɔ́ːz/ *n.* [the ～] ドアーズ《米国のロックグループ (1965–72)》.

dóor·scràper *n.* (戸口に置く)靴の泥落し, 靴ぬぐい.

dóor·sìll *n.* (戸口の)敷居, 靴ずり. 〖1563–87〗

door·step /dɔ́əstèp | dɔ́ː-/ *n.* **1** (玄関など)戸口の上り段: on [at] the [one's] ～ 戸口の上り段に; (家の)すぐ近くに. **2** 《英口語》厚く切ったパン. — *vi.* **1** 〈ジャーナリストがしつこく取材する[張り込む]. **2** (選挙運動やセールスのために)戸別訪問する. — *vt.* **1** (情報収集のために)〈人を〉張り込みする. **2** 〈子供を〉人の家の戸口に置き去りにする《人に育ててもらうために》. 〖1767〗

dóor·stèpping *n.* **1** (選挙運動などの)戸別訪問. **2** (ジャーナリストの)張り込み.

dóor·stòne *n.* (戸口の)敷居石, 靴ずり石.

dóor·stòp *n.* **1** (ドアが閉じないように固定する)戸止め. **2** 戸当たり《ドアが開きすぎて壁などに当たるのを防ぐ器具》. 〖1881〗

dóor·stòpper *n.* =doorstop 1.

dóor·strìp *n.* ドアの下[まわり]のすき間のふさぎ.

dóor-to-dóor *adj., adv.* **1** (訪問販売など)戸[各家]ごとの[に]: a ～ visit, salesman / visit ～ / a ～ survey (一軒一軒歩いて回る)戸別調査. **2** (配達などで)発送場所から直接届け場所までの[まで]: a ～ delivery / deliver ～. 〖1902〗

door·way /dɔ́əwèɪ | dɔ́ː-/ *n.* **1** 戸口, 出入口. **2** 門戸, 手段〔*to*〕. 〖1799〗

dóor·yàrd *n.* 《米》戸口[玄関]の前庭. 〖*c*1764〗

doo·wop /dúːwɑ̀(ː)p | -wɔ̀p/ *n.* ドゥーワップ《特に 1950 年代から 60 年代前半に米国で流行した, リズムアンドブルースのグループコーラス》. 〖(1969): 擬音語〗

doo·zer /dúːzə | -zə^(r)/ *n.* (*also* **doo·zie, doo·zy** /dúːzi/) 《俗》目立った[飛び抜けた]もの, すてきなもの. 〖《変形》← ? DAISY〗

dop[1] /dɑ́(ː)p | dɔ́p/ *n.* 《南ア》 **1 a** 酒のひと口[一杯]. **b** ドップ《ぶどうの圧搾粕を発酵させ蒸留して造った南アフリカの Cape 地方産のブランデー》. **2** ボウル形の容器[もの]. 〖(1889) □ Afrik. ～ 《原義》 husk □ Du. *dop* (↓)〗

dop[2] /dɑ́(ː)p | dɔ́p/ *n.* 研磨・カットのため宝石を押えておく工具. 〖(1700) □ Du. ～ 'shell, husk'〗

dop[3] /dɑ́(ː)p | dɔ́p/ *vi.* 《南ア口語》不合格になる, 〈試験に〉落ちる. 〖(1955) □ Afrik. ～〗

DOP 《略》《写真》 developing-out paper (cf. POP); 《化学》 dioctyl phthalate.

do·pa /dóʊpə, -pɑː | dáʊpə/ *n.* 《化学・生化学》ドーパ ((HO)$_2$C$_6$H$_3$CH$_2$CH(NH$_2$)COOH)《tyrosine から melanin ができる中間酸化物; パーキンソン病の治療に用いられる》. 〖(1917) □ G *Dopa* ← *d(ihydr)o(xy)p(henyl)-a(lanine)*〗

do·pa·mine /dóʊpəmìːn, -mɪ̀n | dáʊpəmìːn, -mɪn/ *n.* 《生化学》ドーパミン《脳の正常な神経活動に不可欠なアミン (amine); norepinephrine と melanin の合成のときの中間生成物》. 〖(1959) ← DOPA＋AMINE〗

dop·ant /dóʊpənt | dáʊ-/ *n.* 《化学》《純粋な物質に加えてその性質を変える》微量の添加(不純)物《例えば半導体に添加されるリン》. 〖(1962): ⇨ ↓, -ant〗

dope /dóʊp | dáʊp/ *n.* **1 a** 《口語》興奮剤《出走前の競走馬・猟犬・スポーツ選手などに違法に使用される》: fail a ～ test. **b** 《俗》麻薬, 麻酔薬. **2** 《化学》 **a** ドープ塗料《航空機羽布やガス漏れ防止のため軽気球の布などに塗る一種のワニス》. **b** 糊剤《繊維工業で用いられる》. **c** 《ダイナマイト製造でニトログリセリンの)吸収剤《木粉・木炭など》. **d** ドープ《ガラス製造で成型型に用いる潤滑油》. **e** 《染色》(セルロース誘導体の)ドープ, 紡糸原液《ビスコール・レーヨンなど人造繊維をつくる際の糸にひく前の原料濃厚液; cf. dope dyeing》. **f** (食品防腐剤などの)添加物. **3** 《俗》(どろどろに練った)アヘン液. **4** 《米俗》麻酔薬中毒者, 麻薬患者[常用者]. **5** 《俗》(競走馬の)情況, 消息; (秘密の)情報: spill the ～ (勝馬などの)内報を漏らす / straight ～ 真実; 確かな情報; 内報 / give a person some inside ～ 人に秘密の情報を教える. **6** 《口語》間抜け. **7** 《俗》 **a** ガソリン, 軽油. **b** (ガソリン機関出力増進用の)混合添加燃料. **8** 《米南部》炭酸飲料; 《特に》コーラ (cola). **9** 《米口語》《写真》 =developer.

— *vt.* **1** …に麻薬を飲ませる (drug); 〈スポーツ選手〉に《秘密に》興奮剤を飲ませる (cf. nobble 1 a): ～ a horse [greyhound] / ～ oneself with cocaine コカインを飲用する. **2** 濃液で処理する, …にドープ塗料を塗る. **3** (他の物質の性質を微妙に変化させるために)…に混ぜ物をする, 添加物[剤]を入れる (doctor). **4** 《口語》(まことしやかな偽りで)ごまかす, 瞞着(まんちゃく)する (hoodwink). **5** 《電子工学》〈半導体〉に不純物を添加する《これにより N 形, P 形などの必要な電気的特性が得られる》. **6** 《俗》〈試合・競走・その結果など〉について予想を立てる〈*out*〉. — *vi.* 麻薬を常用する.

dópe óff 《米俗》 (1) 失策[へま]をやる; (仕事などを)ずるける. (2) うつらうつらする, 居眠りする. ***dópe óut*** 《米俗》 (1) (情報などによって)判断する; 〈計画などを〉考え出す, でっち上げる, 〈方法などを〉見つけ出す. (2) 〈問題などを〉解く. (3) 予測する, 推測する. (4) (競馬で)〈馬〉に興奮剤を与える. ***dópe úp*** 《口語》〈人に〉薬[麻薬]を飲ませ(てふらふらにさせ)る: be ～*d up* 麻薬が効いている, 意識がもうろうとしている.

〖(1807) □ Du. *doop* liquid, a dipping ← *doopen* to dip, baptize < MDu. *dōpen*: cf. dip〗

dópe·bòok *n.* =dopesheet 1.

dópe dỳeing *n.* 《染色》原液着色《紡糸原液 (dope) に染料や顔料を加えて, 着色した繊維をつくる方法》.

dópe fìend *n.* 《俗》麻薬常用者 (drug addict). 〖1896〗

dópe·hèad *n.* 《俗》 =dope fiend.

dópe pùller *n.* 鉄道貨車の軸箱注油係.

dópe pùsher [**pèddler**] *n.* 《俗》薬(やく)の売人. 〖cf. dope peddler (1923)〗

dóp·er *n.* **1** 麻薬常用者. **2** =dope puller. **3** 飛行機の油塗布係. 〖(1913) ← DOPE＋-ER[1]〗

dópe·shèet *n.* 《米俗》 **1** (出場馬の情報を掲載した)競馬新聞. **2** (一般に)内報紙: a stock exchange ～.

dope·ster /dóʊpstə | dáʊpstə^(r)/ *n.* 《米俗》(選挙・スポーツ競技などの)予想屋. 〖(1907): ⇨ dope, -ster〗

dópe stòry *n.* (新聞, 雑誌で)ニュースの背景説明・解説・評論などを扱った記事 (cf. think piece).

dop·ey /dóʊpi | dáʊ-/ 《俗》 *adj.* (**dop·i·er; -i·est**) **1** 麻酔にかかった, ぼんやりした; まのぬけた, ばかな. **2** 麻(酔)薬のような, 麻薬を含んだ. — *n.* 怠け者; のろま, 愚か者.

dóp·i·ly *adv.* **dóp·i·ness** *n.* 〖(1896): ⇨ -y[4]〗

do·pi·a·za /dóʊpiɑ̀ːzə | dáʊ-/ *n.* 《インド》ドーピャージャー《タマネギを多く用いる羊肉料理》.

dóp·ing *n.* ドーピング《スポーツ選手や競走馬の運動能力を高めるために不正に興奮剤や筋肉強化剤などの薬物を与えること》. 〖(1889) ← DOPE＋-ING[1]〗

dop·pel·gäng·er /dɑ́(ː)pəlgæ̀ŋə, -gèŋə | dɔ́pəlgæ̀ŋə^(r), -gèŋ-; *G.* dɔ́pl̩gɛŋɐ/ *n.* (*also* **dop·pel·gang·er** /～/) 生きている人の幽霊, 生霊(いきりょう), 分身 (wraith) 《doubleganger ともいう》. 〖(1851) □ G ～ 'doublegoer' ← *doppel* 'DOUBLE'＋*Gänger* (⇨ gang[1], -er[1])〗

Dop·per /dɑ́(ː)pə | dɔ́pə^(r)/ *n.* 南アフリカのオランダ改革派教会 (Dutch Reformed Church) の会員《厳格なカルヴィン派に属する南アフリカ生まれの白人》. 〖(1850) □ Afrik. ～ 'dipper' □ Du. *dooper* ← *doopen* to dip〗

dop·pie /dɑ́(ː)pi | dɔ́pi/ *n.* 《南ア》ブドウの皮《これからドップ (dop) を造る》. 〖(1948): ⇨ dop[1], -ie〗

dop·pi·o mo·vi·men·to /dɑ́(ː)pioʊmòʊvəméntoʊ | dɔ́piəʊməʊvɪméntəʊ; *It.* doppjomòviménto/ *It. adv., adj.* 《音楽》 2 倍の速度で[の]. 〖□ It. ～ 'double movement'〗

Dop·pler /dɑ́(ː)plə | dɔ́plə^(r); *G.* dɔ́plɐ/, **Christian Johann** *n.* ドップラー (1803–53; オーストリアの数学者・物理学者). 〖1871〗

Dóppler bróadening *n.* 《物理》ドップラー幅《ドップラー効果に起因するスペクトル線の幅の異なり》. 〖1963〗

Dóppler èffect *n.* 《物理》ドップラー効果《波源に対して運動する観測者が測定する波の振動数が波源で見た値と異なる現象》. 〖1905〗

Dóppler rádar *n.* 《電子工学》ドップラーレーダー《ドップラー効果を利用したレーダーで航空機などに搭載して対象物の位置と速度を求める; cf. DOVAP》. 〖(1954) ↑〗

Dóppler shìft *n.* 《物理》ドップラー偏移《ドップラー効果 (Doppler effect) によって生じる光波や音波の周波数や波長の変化またはその大きさ》.

Dóppler VÓR *n.* 《航空》ドップラー VOR《地上局付近の地形の影響による精度低下を補うためにドップラー効果を応用した VOR》.

dóp sỳstem *n.* 《南ア史》 =tot system.

dop·y /dóʊpi | dáʊ-/ *adj.* (**dop·i·er; -i·est**) =dopey.

dor[1] /dɔ́ə | dɔ́ː^(r)/ *n.* [しばしば複合語で] 飛ぶときにぶんぶん音を立てる昆虫の総称 (dor bug ともいう): a ～ fly. 〖OE *dora* ← Gmc **duran-* ← IE **dher-* to drone, buzz: cf. drone〗

dor[2] /dɔ́ə | dɔ́ː^(r)/ *n.* 《古》あざけり, 冷やかし (mockery). 〖(1552) □ ON *dár*: cf. G *Too fool*〗

Dor 《略》 Dorian.

Dor. 《略》 Doric.

Do·ra[1] /dɔ́ːrə/ *n.* ドーラ《女性名》. 〖(dim.) ← DOROTHY〗

Do·ra[2] /dɔ́ːrə/ *n.* 《英戯言》 =DEFENCE of the Realm Act. 〖(1918): 頭字語〗

D

DORA /dɔ́ːrə/ 《略》【英法】Defence of the Realm Act. 〖1917〗

do·rab /dɔ́ːræb, dərǽb/ *n.* 【魚類】オキイワシ (⇨ wolf herring).

do·ra·do /dourɑ́ːdou, də- | dərɑ́ːdəu, dəu-, dɔ-/ *n.* (*pl.* ~s, ~) **1** 【魚類】=dolphin 2. **2** ドラド (*Salminus maxillosus*)《南米に生息する, 鮭に似た淡水魚》. **3** [D-]【天文】かじき座《南天の小星座; the Swordfish, Xiphias ともいう》. 〖(1604) □ Sp. ~ < LL *deaurātum* gilded (p.p.) ← *deaurāre* to gild ← DE-[1]+L *aurum* gold: ⇨ El Dorado〗

D

do-rag /dúːræ̀g/ *n.* 《米俗》(縮れ毛を伸ばしてセットした髪型が乱れないように巻く)スカーフ. 〖(*c*1960) ← DO[2] 'to hairdo'+RAG[1]〗

DORAN /dɔ́ːræn/ *n.* 【航空】ドーラン《ドップラー効果 (Doppler effect) の原理を利用して距離を測定し航行を助けるための電子装置》. 〖← *Do(ppler) ran(ge)*〗

Do·rá·ti /dərɑ́ːti | -ti; *Hung.* dóraːti/, **An·tal** /ɑ́ːntɑːl; *Hung.* ɔ́ntɔl/ *n.* ドラティ《1906–88; ハンガリー生まれの米国の指揮者・作曲家》.

dór·bèetle *n.* 【昆虫】ぶんぶん音を立てて飛ぶ甲虫の総称; (特に)キタセンチコガネ (*Geotrupes stercorarius*)《ヨーロッパ産センチコガネの一種》.

dór bùg *n.* 【昆虫】=dor[1].

Dor·cas /dɔ́ːkəs, -kæs | dɔ́ː-/ *n.* **1** ドーカス《女性名; 清教徒 (Puritan) がよく用いた》. **2** 【聖書】ドルカス《貧しい人々に衣服を作って与えた篤信(とくしん)の女性; cf. *Acts* 9: 36–41》. — *vi.* 《口語》ドルカス会のために働く. 〖(1832) □ L ~ □ Gk *Dorkás*《原義》gazelle《変形》← *zorkás*〗

dórcas gàzelle *n.* 【動物】ドルカスガゼル (*Gazella dorcas*)《北アフリカ・南西アジアの, 特に 砂漠地帯にすむ, 小形で体毛が薄茶色のガゼル》.

Dórcas socìety *n.* ドルカス会《貧しい人々に施す衣服を作る宗教的な女性団体》. 〖1832〗

Dor·ches·ter /dɔ́ːtʃestə, -tʃ̩s- | dɔ́ːtʃɪstə[(r)]/ *n.* ドーチェスター《イングランド南部, Dorset 州の州都; Thomas Hardy の小説では Casterbridge という名で表されている》. 〖OE *Dorċeastre* ← *Dornwaru*《原義》the place of the fist play (i.e., amphitheater) (← Corn. *dorn* fist+ Welsh *gwarae* play)+*ċeaster* '-CHESTER'〗

Dor·dogne /dɔədóun, -dɔ́ːnjə | dɔ́ːdɔ́ɪn; *F.* dɔʀdɔn/ *n.* **1** ドルドーニュ(県)《フランス西部の県; 面積 9,184 km², 県都 Périgueux /perigø/》. **2** [the ~] ドルドーニュ(川)《フランス南西部の川; 西に流れて Gironde 川の河口に注ぐ (472 km)》.

Dor·drecht /dɔ́ədrɛkt, -drɛxt | dɔː-; *Du.* dɔ́rdrɛxt/ *n.* ドルドレヒト《オランダ南西部, Waal 河畔の都市》.

do·ré /dɔréɪ, dɔːr- | dɔːr-/ *adj.* 金めっきした, 金箔をかぶせた, 金色の[に塗った] (gilded): bronze ~. 〖(1887) □ F ~ 'gilded' (p.p.) ← *dorer* to gild〗

Do·ré /dɔːréɪ, dɔr- | dɔ́ːreɪ; *F.* dɔʀe/, **(Paul) Gustave** *n.* ドレ《1832–83; フランスの挿絵画家・版画家》.

Do·reen /dɔːríːn, ⁻⁻ | dɔ́riːn, ⁻⁻/ *n.* ドーリーン《女性名; アイルランドに多く, イングランドでは 20 世紀の初めごろより用いられるようになった》. 〖(dim.) ← DORA[1] // DOROTHY〗

do-re-mi /dóurèɪmíː | dɔ́u-/ *n.* 《米俗》金, 現ナマ (money, dough).

dor·gi /dɔ́əgi | dɔ́ː-/ *n.* (*pl.* ~s) 【犬】ドーギ《dachshund と corgi との交配種》.

dór·hàwk *n.* 【鳥類】ヨーロッパヨタカ (*Caprimulgus europaeus*). 〖(1668) ← DOR[1]: 甲虫などを好むことから〗

Do·ri·an[1] /dɔ́ːriən/ *adj.* **1** (古代ギリシャの一地方であった)ドーリス (Doris) の. **2** 【音楽】ドリア旋法の (cf. Dorian mode). — *n.* (*pl.* ~, ~s) (古代ギリシャの三種族の一つである)ドーリス人, ドーリア人 (cf. Aeolian 1, Ionian 1). 〖(1592) ← L *Dōrius* (□ Gk *Dṓrios* Dorian) + -AN[1]: ⇨ Doris[2]〗

Do·ri·an[2] /dɔ́ːriən/ *n.* ドリアン《男性名》. 〖↑〗

Dórian lóve *n.* 少年愛, ドーリス的愛.

Dórian móde *n.* 【音楽】ドリア旋法 (cf. mode[1] 4 a): **1** 古代ギリシャ旋法中もっとも重要なもの; e′–e の音階. **2** 中世教会旋法の一つ; d–d′ 音階. 〖1667〗

Dor·ic /dɑ́(ː)r-, dɔ́(ː)rɪk | dɔ́r-/ *adj.* **1** ドーリス (Doris) 地方の, ドーリス人の (Dorian). **2** 【建築】ドリス式の (cf. Corinthian 3, Ionic 2): the ~ order (⇨ order B 11). **3** 〈言葉が〉田舎なまりの, 田舎弁の. — *n.* **1** (古代ギリシャの)ドーリス方言. **2** (英語の)方言, 田舎なまり; (特に)スコットランド方言: in broad ~ むき出しの田舎なまりで. **3** 【建築】ドリス式 (Doric order). **4** 《英》【活字】ドリア(体) (⇨ sans serif). 〖(1569) □ L *Dōricus* □ Gk *Dōrikós*: ⇨ Dorian[1], -ic[1]〗

Dóric cýma *n.* 【建築】ドリス式シーマ (⇨ cyma recta).

Dor·i·den /dɔ́(ː)rədn̩, dɑ́(ː)r-, -dən | dɔ́rɪdn̩/ *n.* 【商標】ドリデン《米国 USV 製薬の催眠・鎮静剤で glutethimide 製剤》.

Do·rin·da /dɔːríndə/ *n.* ドーリンダ《女性名》. 〖《混成》← DOR(OTHY)+(L)INDA: cf. Belinda, Clarinda〗

Dor·is[1] /dɔ́(ː)r̩ɪs, dɑ́(ː)r- | dɔ́rɪs/ *n.* ドリス《女性名》. ★ 19 世紀より一般化した. 〖□ L *Dōris* □ Gk *Dōrís* 'DORIAN woman': ギリシャ神話の sea nymph の名〗

Do·ris[2] /dɔ́ːr̩ɪs, dɑ́(ː)r- | dɔ́ːrɪs, dɔ́r-/ *n.* ドーリス: **1** 古代ギリシャの中部の一地方; 現在のギリシャ中央西部でドーリス人の故国と見なされる. **2** 小アジア南西部の Caria 沿岸の一地方; ドーリス人の移住地. 〖□ Gk *Dōrís* ← *Dôros* (ドーリス人の始祖の名): cf. Gk *dôron* gift〗

Do·ris[3] /dɔ́ːr̩ɪs, dɑ́(ː)r- | dɔ́ːrɪs, dɔ́r-/ *n.* 【ギリシャ神話】ドーリス《大洋神 Oceanus の娘で海神 Nereus の妻; 50 人の Nereids の母》. 〖⇨ Doris[1]〗

Do·ri·tos /dəríːtouz | -təuz/ *n.* 【商標】ドリトス《米国のコーンチップス》.

dor·je /dɔ́ədʒə | dɔ́ː-/ *n.* 【ラマ教】ドージャ《金剛杵(こんごうしょ) (vajra) のチベット語名》. 〖(1882) ← Tibetan〗

dork /dɔ́ək | dɔ́ːk/ *n.* **1** 《米卑》陰茎 (penis). **2** 《口語》ばかもの, げす野郎, イモ. 〖(1964) ← ?〗

Dor·king /dɔ́əkɪŋ | dɔ́ː-/ *n.* ドーキング《食肉用の一品種のニワトリ》. 〖(1840) ← ~ (イングランド Surrey 州の地名): OE *Dorkinges* ← **Dork*=*Dorce*《原義》bright river: ⇨ -ing[3]〗

dork·y /dɔ́əki | dɔ́ː-/ *adj.* 《米俗》ばかな, 変な, 遅れた.

dorm /dɔ́əm | dɔ́ːm/ *n.* 《口語》=dormitory.

dor·man·cy /dɔ́əmənsi | dɔ́ː-/ *n.* (特に種子・植物の)休眠(状態); 休止[不活動]状態, 静止. 〖(1789): ⇨ ↓, -ancy〗

dor·mant /dɔ́əmənt | dɔ́ː-/ *adj.* (cf. latent) **1** 〈人・動物が〉眠っている(ような), 睡眠状態の (torpid): be completely ~. **2** 〈機能・感情・知能など〉休止状態にある, 眠っている. **3** 〈火山が〉活動中止中の (cf. extinct 3) (⇨ latent SYN): a ~ volcano 休火山. **4 a** 【植物】〈芽・種子など〉(冬季中など)発達休止中の, 休眠中の (quiescent). **b** 【動物】冬眠中の. **5** 〈殺虫剤が〉植物の休眠期間中用の. **6 a** 〈資金など〉遊んでいる, 寝ている. **b** 〈権利など〉未発動の, 未行使の. **7** 《古》〈建物の梁など〉固定された. **8** 【紋章】〈獣が〉休眠姿勢の (cf. couchant 2). *lie dórmant* 休止[潜伏, 冬眠]している; 〈機械・資金など〉使用されないでいる; 〈権利など〉未発動である. 〖(?*c*1300) □ (O)F ~ (pres.p.) ← *dormir* < L *dormīre* to sleep, be inactive ← IE **drem-* to sleep (Gk *édrathon* I slept): ⇨ -ant: cf. dormitory〗

dórmant pártner *n.* 【経営】=silent partner 1.

dórmant wíndow *n.* 《方言》=dormer.

dor·mer /dɔ́əmə | dɔ́ːmə[(r)]/ *n.* **1** 屋根窓《傾斜した屋根裏から突き出ている寝室などの明かり取り; dormer window ともいう》. **2** 屋根窓のある突出構造部. 〖(1592) 《廃》'sleeping chamber' □ OF *dormeo(u)r* < L *dormītōrium* 'DORMITORY'〗

dór·mered *adj.* 屋根窓 (dormer) のある. 〖(19C): ⇨ ↑, -ed 2〗

dor·meuse /dɔəmə́ːz | dɔː-; *F.* dɔʀmøːz/ *n.* **1** 《英》**a** (寝る設備のある)旅行用馬車. **b** 寝台車. **2** 《英》(一種の)寝椅子. **3** 《廃》=nightcap 2. 〖(1734) □ F ~ (fem.) ← *dormeur* sleeper ← *dormir* to sleep: ⇨ dormant〗

dormice *n.* dormouse の複数形.

dor·mie /dɔ́əmi | dɔ́ː-/ *adj.* 【ゴルフ】ドーミーの《マッチプレーで, 勝ち越したホールの数が残ったホールの数と同数になったことにいう》: a ~ team / ~ two 2 ホール勝ち越して. 〖(1847) ← ? 《スコット》*dorm* to doze □ F *dormir*〗

dor·mi·ent /dɔ́əmiənt | dɔ́ː-/ *adj.* 眠っている (dormant). 〖(1643) □ L *dormientem* (pres.p.) ← *dormīre* to sleep: ⇨ dormant〗

dor·min /dɔ́əmɪ̩n | dɔ́ːmɪn/ *n.* 【生化学】ドルミン (⇨ abscisic acid). 〖← DORM(ANCY)+-IN[2]〗

dor·mi·tion /dɔəmíʃən | dɔː-/ *n.* 睡眠, 死. 〖(1483) □ F ~ □ L *dormītiō(n-)* falling asleep〗

dor·mi·to·ry /dɔ́əmətɔ̀ːri | dɔ́ːmɪ̩tri, -təri/ *n.* **1 a** 《米》(学校・修道院などの)寄宿舎, 合宿所. **b** (共同の)大寝室. **2** 《英》ベッドタウン (bedroom suburb)《通例 dormitory suburb [town] という; ⇨ bed 日英比較》. 〖(1440) □ L *dormītōrium* (neut.) ← *dormītōrius* of sleeping ← *dormītus* (p.p.) ← *dormīre* to sleep: ⇨ dormant, -ory[2]: DORMER の二重語〗

dórmitory sùburb [tòwn] *n.* =dormitory 2.

Dor·mo·bile /dɔ́əməbìːl | dɔ́ː-/ *n.* 《英》【商標】ドーモビール《生活設備のある旅行用ライトバン》. 〖(1952)《混成》? ← DOR(MEUSE)+(AUTO)MOBILE〗

dor·mouse /dɔ́əmàus | dɔ́ː-/ *n.* (*pl.* **dor·mice** /-màɪs/) **1** 【動物】ヤマネ (齧(げっ)歯目ヤマネ科の動物の総称; ヨーロッパ・アジア・アフリカの温帯産で冬眠する; オオヤマネ (*Glis glis*) など). **2** 眠たがり屋 (dormant). 〖(1440) □ ? AF *~ □ OF *dormeuse* ← *dormeur* sleeper (⇨ dormeuse)+MOUSE〗

dor·my /dɔ́əmi | dɔ́ː-/ *adj.* 【ゴルフ】=dormie.

Dorn·birn /dɔ́ənbɪən | dɔ́ːnbɪən; *G.* dɔ́ʀnbɪʀn/ *n.* ドルンビルン《オーストリア西部の都市》.

dor·nick[1] /dɔ́ənɪk | dɔ́ː-/ *n.* (*also* **dor·neck** /~/) 紋織の丈夫なリンネル. 〖(1446) ← *Doornik* (ベルギーの原産地 Tournai のフラマン語名)〗

dor·nick[2] /dɔ́ənɪk | dɔ́ː-/ *n.* **1** 【地質】(褐鉄鉱中に含まれる)漂石. **2** 《米方言》(投げるに手ごろな)こぶし大の丸石. 〖(1840) ← ? Ir.-Gael. *dornōg*《原義》fistful ← *dorn* fist〗

Dor·nier /dɔ́ənjeɪ | dɔ́ː-; *G.* dɔʀnjé:/, **Claude** *n.* ドルニエ《1884–1969; ドイツの航空機製作者; 全金属製の飛行機の製作を開始した (1914)》.

do·ron·i·cum /dərɑ́(ː)nɪ̩kəm | -rɔ́nɪ-/ *n.* 【植物】キク科ドロニカム属 (*Doronicum*) の多年草《北アフリカからユーラシア温帯地域にかけて分布》. 〖(1607) ← NL ~ □ ModGk *dōroneíkon* ← Arab. or Pers.〗

Dor·o·the·a /dɔ̀(ː)rəθíːə, dɑ̀(ː)r- | dɔ̀rəθíə, -θíːə/ *n.* ドロシーア《女性名》. 〖《変形》↓〗

Dor·o·thy /dɔ́(ː)rəθi, dɑ́(ː)r- | dɔ́r-/ *n.* ドロシー《女性名; 愛称形 Dodo, Dol, Dollie, Dolly, Dora, Dot, Dottie, Dotty; 異形 Dorothea》. 〖□ L *Dōrothea* □ Gk *Dōrothéa* (fem.)《原義》gift of God ← *dôron* gift +*theós* God: cf. Theodora〗

Dórothy bàg *n.* 《英》ひもで口を絞る手さげ袋《女性が手首にさげて持ち歩く》. 〖(1907) ↑〗

Dórothy Díx·er /-díksə | -sə[(r)]/ *n.* 《豪口語》やらせの国会質問《答弁があらかじめ用意されている; Dorothy Dix ともいう》. 〖(1963): ⇨ ← *Dorothy Dix* (米国の身の上相談コラムの回答者の筆名), -er[1]〗

Dórothy Pér·kins /-pə́ːkɪ̩nz | -pə́ːkɪnz/ *n.* ドロシーパーキンズ: **1** 【園芸】ピンク重弁のツルバラ. **2** 英国の婦人服安売りチェーンストア. 〖(1903): 米国 New York 州 Newark 市の Jackson and Perkins Nursery で初めて栽培した〗

dorp /dɔ́əp | dɔ́ːp/ *n.* 《南ア》小村落. 〖(1835) □ Afrik. ~ □ Du. ~: ⇨ thorp〗

Dor·pat /*G.* dɔ́ʀpat/ *n.* Tartu のドイツ語名.

dor·per /dɔ́əpə | dɔ́ːpə[(r)]/ *n.* ドーパー《ドーセットホーン種 (Dorset Horn) とブラックヘッドペルシャン種 (blackhead Persian) との交配による食肉用羊》. 〖← *Dor(set Horn)* +*Per(sian sheep)*〗

dorr /dɔ́ə | dɔ́ː[(r)]/ *n.* 【昆虫】=dor[1].

Dórr's Rebéllion /dɔ́əz- | dɔ́ːz-/ *n.* 【米史】ドアの反乱《Thomas W. Dorr (1805–54) の指導で起こった Rhode Island での反乱 (1842) で, 人民党を組織し自由憲法を制定し普通選挙権拡張を要求した; the Dorr Rebellion ともいう》.

Dors. 《略》Dorset.

dors- /dɔəs | dɔːs/ (母音の前にくるときの) dorso- の異形.

dor·sad /dɔ́əsæd | dɔ́ː-/ *adv.* 【動物】**1** 背部に, 背(後)部に向かって. **2** =dorsally. 〖(1803) ← DORSO-+ -AD[3]〗

dor·sal[1] /dɔ́əsəl, -sl̩ | dɔ́ː-/ *adj.* **1** 【解剖・動物】背の, 背にある, 背側の, 背面の (cf. ventral): ⇨ dorsal fin, dorsal root. **2** 【植物】背面の, 背生の, 背側の; (葉の)軸と反対側の面にある (abaxial). **3** 【音声】舌背の, 後舌(面)の. — *n.* **1** 【解剖・動物】背びれ; 脊椎(せきつい). **2** 【音声】舌背音, 後舌(面)音《後舌面と軟口蓋で調音される音; [k, g, x, ɣ, ŋ] など; cf. frontal 5》. 〖(?*a*1425) □ LL *dorsālis* ← L *dorsum* back ← ?: ⇨ -al[1]〗

dor·sal[2] /dɔ́əsəl, -sl̩ | dɔ́ː-/ *n.* =dossal.

dorsales *n.* dorsalis の複数形.

dórsal fín *n.* **1** 【魚類】背びれ (⇨ fish[1] 挿絵): the first [second] ~ 第一[第二]の背びれ. **2** 【航空】背びれ《胴体背部から垂直安定板まで垂直に続く三角形の安定板》. 〖1769〗

dor·sal·is /dɔəsǽlɪ̩s, -séɪl- | dɔːsǽlɪs, -séɪl-/ 【解剖・動物】*adj.* 背部の. — *n.* (*pl.* **dor·sa·les** /-sǽliːz, -séɪ-/) 背動脈. 〖⇨ dorsal〗

dórsal líp *n.* 【生物】背唇《原口のふちの中で胚[胎児]の将来の背面に接した部分; 脊椎動物ではその中に将来の神経索状組織の位置を決定するオーガナイザー (organizer) が含まれている》.

dór·sal·ly /-səli, -sl̩i/ *adv.* 背側に[で]. 〖(1839) ← DORSAL[1]+-LY[1]〗

dórsal róot *n.* 【動物】背根, 後根《脊髄の後柱から出る脊髄神経の末端部分; cf. ventral root》. 〖1934〗

dórsal vértebra *n.* 【解剖】=thoracic vertebra.

dórsal véssel *n.* 【動物】背管, 背脈管《昆虫および他の節足動物の心臓と大動脈を合わせていう》. 〖1846〗

d'or·say /dɔəséɪ | dɔː-/ *n.* ドルセイ《両側に V 字型の切れ込みの入った婦人用パンプス》. 〖← *Count Alfoed d'Orsay* (1801–52: 当時の社交界・ファッション界に君臨したフランスの将軍)〗

dorse /dɔ́əs | dɔ́ːs/ *n.* **1** 《古》本[折り畳み文書]の背[背面]. **2** 《廃》【教会】=dossal. 〖(*a*1524) □ L *dorsum* back ← ?〗

dor·ser /dɔ́əsə | dɔ́ːsə[(r)]/ *n.* =dosser[1].

Dor·set[1] /dɔ́əs̩ɪt | dɔ́ː-/ *n.* ドーセット: **1** イングランド南西部の州 (cf. Wessex); 面積 2,656 km², 州都 Dorchester. **2** 【畜産】=Dorset Horn. 〖OE *Dornsǣte* ← *Dorn* (⇨ Dorchester)+*-sǣte* dwellers〗

Dor·set[2] /dɔ́əs̩ɪt | dɔ́ː-/ *n.* ドーセット(文化)《800 B.C.–A.D. 1200 年頃カナダ北東部およびグリーンランドに栄えた先史文化; トナカイ・アザラシの狩猟, 細石器が特色》. 〖← *Dorset* (Baffin 島近くの岬の名)〗

Dor·set /dɔ́əs̩ɪt | dɔ́ː-/, 1st Earl of *n.* ⇨ Thomas SACKVILLE.

Dórset Hórn *n.* ドーセットホーン《角が大きい英国原産の羊; 単に Dorset ともいう》. 〖1970〗

Dor·set·shire /dɔ́əs̩ɪtʃə, -ʃɪə | dɔ́ːs̩ɪtʃə[(r)], -ʃɪə[(r)]/ *n.* =Dorset[1] 1.

Dor·sey /dɔ́əsi | dɔ́ː-/, **Jimmy** *n.* ドーシー《1904–57; 米国のジャズクラリネットおよびサキソフォーン奏者, バンドリーダー; Tommy の兄》.

Dorsey, Tommy *n.* ドーシー《1905–56; 米国のジャズトロンボーン奏者, バンドリーダー; Jimmy の弟》.

dor·si- /dɔ́əs̩ɪ, -si | dɔ́ː-/ dorso- の異形 (⇨ -i-).

dor·sif·er·ous /dɔəsíf(ə)rəs | dɔː-/ *adj.* **1** 【植物】葉の裏面にある《シダ類の子嚢(のう)のように》. **2** 【動物】卵[子]を背に載せる. 〖(1727–51): ⇨ ↑, -i-, -ferous〗

dor·si·flex /dɔ́əsəflɛ̀ks | dɔ́ːsɪ-/ *vi., vt.* 【解剖】〈手足など〉背面の方向に曲がる[曲げる], 背屈する.

dor·si·flex·ion /dɔ̀əsəflɛ́kʃən | dɔ̀ːsɪ-/ *n.* 【解剖】背屈《足指などを背面に向けて屈曲すること》. 〖(1823) ← DORSI-+FLEXION〗

dor·si·flex·or /dɔ́əsəflɛ̀ksə | dɔ́ːsɪflɛ̀ksə[(r)]/ *n.* 【解剖】背屈筋.

dor·si·grade /dɔ́əsəgrèɪd | dɔ́ːs̩ɪ-/ *adj.* 【動物】趾背(しはい)歩行性の《アルマジロなど》.

dòrsi·spínal *adj.* 【解剖】背と背骨[脊柱]の. 〖(1842) ← DORSI-+SPINAL〗

dòrsi·véntral *adj.* **1** 【植物】(多くの葉のように)背部と腹部がはっきりしている, 背腹性の: ~ leaves. **2** 【動物】=dorsoventral. **~·ly** *adv.* 〖(1882) ← DORSI-+VENTRAL〗

dòrsi·ven·trál·i·ty /-vɛntrǽləṭi | -vɛntrǽlɪ̈ti/ *n.* 〘動物〙背腹性《背面と腹面とで形態や色彩などに差があり, 背腹の方向に極性があること》. 〖《1895》← DORSI-+VENTRALITY〗

dor·so- /dɔ́ːsoʊ | dɔ́ːsəʊ/「背 (back), 背の, 背に」などの意の連結形. ★ 時に dorsi-, また母音の前では通例 dors- になる. 〖← L *dorsum* back〗

dòrso·láteral *adj.* 〘解剖・動物〙背外側(面)の. 〖《1835》: ⇨ ↑, lateral〗

dòrso·véntral *adj.* **1** 〘動物〙背から腹に達する. **2** 〘植物〙=dorsiventral 1. **~·ly** *adv.* 〖《1870》← DORSO-+VENTRAL〗

dor·sum /dɔ́ːsəm | dɔ́ː-/ *n.* (*pl.* **dor·sa** /-sə/) **1** 〘解剖〙 **a** 背中 (back). **b** 背面[部]: the ~ of the hand [foot]. **2** 〘音声〙舌背, 後舌面. 〖《1782》□ L ~〗

Dort /dɔ́ət | dɔ́ːt/ *n.* =Dordrecht.

dor·ter /dɔ́əṭə | dɔ́ːtə^(r)/ *n.* 《古》(修道院などの)寮舎, 宿坊. 〖《*c*1300》*dortour* □ OF *dorto(u)r* (F *dortoir*) < L *dormītōrium* 'DORMITORY'〗

Dort·mund /dɔ́ətmənd, -mʊnd | dɔ́ːt-; *G.* dɔ́ʁtmʊnt/ *n.* ドルトムント《ドイツ North Rhine-Westphalia 州の鉱山都市; ハンザ同盟都市の一つ》.

dor·tour /dɔ́əṭə | dɔ́ːtə^(r)/ *n.* 《古》=dorter.

dort·y /dɔ́əṭi | dɔ́ːti/ *adj.* 《スコット》不機嫌な (sullen), 横柄な (haughty). **dórt·i·ness** *n.* 〖《*a*1605》← 《スコット》*dort* to sulk (← ?)+-Y[4]〗

do·ry[1] /dɔ́ːri/ *n.* 〘魚類〙 **1** ニシマトウダイ (John Dory). **2** =walleye 5. 〖《1343》*dorre* □ (O)F *dorée* gilded (fem. p.p.) ← *dorer* < L *deaurāre*: ⇨ dorado〗

do·ry[2] /dɔ́ːri/ *n.* 《米》〘海事〙ドーリー《北米東海岸地方のたら漁船に付属する艇首はとがり艇尾は V 形の平板で平底の小舟》. 〖《1709》□ ? Misquito *dóri, dúri* dugout〗

dóry·man /-mən/ *n.* (*pl.* **-men** /-mən, -mèn/) ドーリー (dory[2]) をあやつる[で漁をする]漁師. 〖1962〗

do·ry·phore /dɔ́ːrifɔ̀ə | -fɔ̀ː^(r)/ *n.* 細かいことにけちをつけたがる者, ほじくり屋.

dóry skíff *n.* 〘海事〙ドーリースキフ《dory に似てそれより小型の艇》.

DOS /dɑ́(ː)s, dɔ́(ː)s | dɔ́s/ *n.* 〘電算〙ドス《磁気ディスクを補助記憶装置として使用する機能をもつオペレーティングシステム; MS-DOS, UNIX などがある》. 〖《頭字語》← *d*(*isk*) *o*(*perating*) *s*(*ystem*)〗

do·sa /dóʊsə | dáʊ-/ *n.* (*pl.* **~s, -sai** /-saɪ/) 《インド》ドーサー, ドーサイ《米の粉を使ったパンケーキの一種》.

do·sà-do·s /dòʊzədóʊ | dàʊzədáʊ; *F.* dozado/ *adv.* 《古》背中合わせに (back to back). — *n.* (*pl.* ~ /~z; *F.* ~/) **1** 背中合わせに座る馬車[長椅子]. **2** 〘ダンス〙=do-si-do. — *adj.* 〘製本〙(2 冊の本を)背合わせにした. 〖《1837》□ F ~ 'back to back'〗

dos·age /dóʊsɪʤ | dáʊ-/ *n.* **1** 〘医学〙(病状・年齢などによる) 1 回[1 日]分の投薬量, 適量, 用量(決定); (電気・X 線などを患者に使用する)適用量; (照射する)放射線量. **2** 《まれ》(患者への)投薬, 投与, 調剤. **3** (ワインの品質を改良するための)糖蜜・ブランデーなどの添加. 〖《1867》← DOSE+-AGE〗

dósage mèter *n.* 〘物理〙=dosimeter.

dose /dóʊs | dáʊs/ *n.* **1** (薬の) 1 服. **2** (薬の)服用量, (適)用量, 投与量; (酒などの 1 回の)摂取量: the maximum ~ (危険なく与えられる)最大量, 極量 / the minimum ~ (薬効を奏する)最少量 / a lethal ~ 致死量. **3** [通例, 修飾語句を伴って] 薬になるもの; (特にいやな物事の)ある分量, 少量, 経験: administer ~*s* of punishment (薬になるように)時々罰を与える / give a person a ~ of flattery 人におべっかを言う / give a person a ~ *of* his own medicine ⇨ medicine 成句. **4** 〘医学〙(1 回に照射される)放射線量. **5** **a** ぶどう酒の品質を改良するために加える成分《糖蜜・ブランデーなど》. **b** (シャンパン製造の際に混ぜる)一定量の砂糖. **6** 《俗》性病(感染), 梅毒.

like a dóse of sálts ⇨ salt[1] 成句.

— *vt.* **1** 〈人〉に投薬する, 服薬させる: ~ oneself [a person] *with* …を服用する[させる]. **2** 〈薬を〉盛る, 適量に分ける 〈*out*〉: ~ *out* quinine *to* …にキニーネを盛ってやる. **3** (風味を添えるため)〈ワインに〉に糖蜜・ブランデーなどを加える, 〈製造中のシャンパン〉に砂糖を加える; …に改良のための要素を添加する. — *vi.* 服薬する. **dós·er** *n.* 〖《?*c*1425》□ (O)F ~ □ LL *dosis* □ Gk *dósis* gift, portion ← *didónai* to give: cf. donation〗

dóse equìvalent *n.* 〘物理〙線量当量《放射線防護を考える際, 異なる種類の放射線の被曝の影響を共通の尺度で評価する目的で用いる量; 単位は sievert (SI unit) または rem》.

dose·me·ter /dóʊsmìːṭə | dáʊsmìːtə^(r)/ *n.* =dosimeter.

dóse-respònse cùrve *n.* 用量作用曲線《薬物の用量と薬効の生理学的効果の関係を示す》.

dosh /dɑ́(ː)ʃ | dɔ́ʃ/ *n.* 《俗》金 (money). 〖《1953》← ?〗

do-si-do /dòʊsidóʊ | dàʊsidə́ʊ, -saɪ-/ *n.* (*pl.* **~s**) 〘ダンス〙 **1** ドシド《スクエアダンスで背中合わせに回りながら踊ること》. **2** ドシドのコール. — *vi.* ドシドを踊る. 〖《1929》← DOS-À-DOS〗

do·sim·e·ter /doʊsímәṭə | dəʊsímɪ̈tə^(r)/ *n.* **1** 〘物理・医学〙線量計, 放射線計《X 線・放射線の線量を測定する装置》. **2** 〘薬学〙薬量計[器]; (水薬の)計量計. 〖《1881》: ⇨ ↓, -meter〗

do·sim·e·try /doʊsímətri | dəʊsímɪ̈-/ *n.* **1** 〘薬学〙(薬の)用量測定, 薬量学. **2** 〘物理・医学〙(放射線の)線量計測. **do·si·met·ric** /dòʊsəmétrɪk | dàʊ-ˊ/ *adj.* **do·si·me·tri·cian** /dòʊsəmɪtríʃən | dàʊsɪ-/, **do·sím·e·trist** /-trɪ̈st | -trɪst/ *n.* 〖《1944》← DOSE+-METRY〗

dósing tànk *n.* 〘土木〙自動配水タンク《下水を集めて一定量ずつ間欠的に配水するタンク》.

Dos Pas·sos /doʊspǽsoʊs, dəs-, -dɑ(ː)s- | dɔspǽsɔs/**, John (Roderigo)** *n.* ドスパソス (1896–1970; 米国の小説家・劇作家; *The 42nd Parallel* (1930), *1919* (1932), *The Big Money* (1936), 以上 3 作をまとめて *U.S.A.* (1938)).

DÓS pròmpt *n.* 〘電算〙DOS プロンプト (cf. prompt 4).

doss /dɑ́(ː)s, dɔ́(ː)s | dɔ́s/ 《英口語》 *n.* **1** (安宿の)寝床 (cf. dosshouse). **2** 安宿 (dosshouse). **3** (安宿での)眠り, 睡眠. — *vi.* **1** (安宿[間に合わせの寝台・場所]で)寝る, 眠る 〈*down*〉. **2** 何もしないでぶらぶら過ごす 〈*around, about*〉. 〖《1785》*dorse* □ ? L *dorsum* back: cf. F *dos* a back〗

dos·sal /dɑ́(ː)səl, -sl | dɔ́s-/ *n.* (*also* **dos·sel** /~/) **1** 〘教会〙(祭壇の後方または内陣の周囲に掛ける)掛け布, 垂れ幕. **2** 《古》(椅子・王座などの背の)掛け布. 〖《1658–1706》□ ML *dossāle* ← *dossālis*=L *dorsuālis* of the back ← *dorsum* back〗

dos·ser[1] /dɑ́(ː)sə, dɔ́(ː)sə | dɔ́sə^(r)/ *n.* **1** (人が背負って物を運搬する)しょいかご, 背嚢(はいのう), (馬などの背の左右に付ける)荷かご (pannier). **2** (王座や椅子の背に掛ける)掛け布. **3** 《古》〘教会〙=dossal. 〖《1338》□ (O)F *dossier* ← *dos* back < L *dorsum*〗

dóss·er[2] *n.* 《英口語》 **1** 安宿の常連(客). **2** 安宿 (dosshouse). **3** 《ダブリン方言》怠け者. 〖《1866》: ⇨ doss, -er[1]〗

dos·se·ret /dɑ̀(ː)sərét | dɔ̀s-/ *n.* 〘建築〙(ビザンチン建築・ロマネスク建築の)副柱頭. 〖《1865》□ F ~ (dim.) ← *dossier* 'DOSSER[1]': ⇨ -et〗

dóss·hòuse *n.* 《英口語》(労働者などの)安宿, 木賃宿, 簡易宿泊所 (cf. flophouse). 〖1888〗

dos·sier /dɑ́(ː)sjeɪ, dɑ́(ː)s-, -siə | dɔ́sièɪ, -siə^(r); *F.* dosje/ *n.* 書類の束, (特にある人または事件に関する)一件書類, 身上調査書, 資料. 〖《1880》□ F ~ 'bundle of papers' ← *dos* back: ⇨ -ier[1]: cf. dosser[1]〗

dos·sil /dɑ́(ː)səl, -sl | dɔ́sɪl/ *n.* **1** 〘医学〙=pledget 1. **2** 〘印刷〙(印刷前に金属板のインクをふき取る)丸めた布. 〖(《*c*1300》)《1575》□ OF *do(i)sil* (F *douzil*) spigot < ML *duciculum* ← L *dūcere* to conduct〗

Dos·so Dos·si /dɔ́(ː)soʊdɔ́(ː)si | dɔ́səʊdɔ́si; *It.* dɔ̀ssodɔ́ssi/ *n.* ドッソドッシ (1479?–1542; イタリアの宗教・神話画家; 本名 Giovanni Luteri /luté:ri/).

dos·sy /dɑ́(ː)si | dɔ́si/ *adj.* (**dos·si·er**; **-si·est**) 《英俗》粋な (smart-looking). 〖《1889》← 《スコット》*dossie* sprucely dressed person ← *doss* (adj.) neat & (v.) to dress □ Du. *dossen* ← *dos* clothes □ ? OF *dos* back〗

dost /(弱) dəst; (強) dʌ́st/ *auxil. v.* 《古または方言》do[1] の二人称単数 (thou) 直説法現在形 (cf. doest). 〖⇨ doest〗

Dos·to·ev·ski /dɑ̀(ː)stəjéfski, dɔ̀(ː)s-, dʌ̀s-, -jév- | dɔ̀stɔɪéfski; *Russ.* dəstajéfsk^ʲij/**, Feodor Mikhailovich** *n.* (*also* **Dos·to·yev·sky, Dos·to·yev·ski** /~/) ドストエフスキー (1821–81; ロシアの小説家; *Crime and Punishment* (1866), *The Brothers Karamazov* (1879–80)). **Dòs·to·év·ski·an, Dòs·to·yév·sky·an, Dòs·to·yév·ski·an** /-skiən˝/ *adj.*

do svi·da·nia /dóʊsviːdáːnjə | dəʊ-; *Russ.* dəsvʲidánʲijə/ *Russ. int.* (*also* **do·svi·dan·ya, do·sve·da·nya** /~/) さようなら (good bye). 〖□ Russ. ~ (原義) till the seeing〗

dot[1] /dɑ́(ː)t | dɔ́t/ *n.* **1 a** 小点; 終止符; i や j の点; 発音符の点. **b** 小数点 (decimal point); 掛け算の符号 (a×b の代わりに a・b と書く場合の点). **c** 〘通信〙(モールス符号の)短点, ドット(・)《トン; cf. dash[1] 4 c》: put three ~*s* to show that words have been deleted 語が削除されたことを示すために点を三つ打つ. **2** 点のように小さい[小さく見える]もの, ちび, 子供. **3** 水玉模様 (spot): a white dress with red ~*s* 白地に赤い水玉模様のついた服. **4** 汚点, しみ. **5** ちょっぴり, 少量: a ~ *of* cheese. **6** 〘音楽〙 **a** 付点《音符の符頭や休止符の右側に付けてその音価を 1/2 だけ長くすることを示す小さな点; 例: ♩.=♩♪, ♩..=♩♪♬, 𝄽.=𝄽𝄾; 𝅗𝅥.=♩♩♩》. **b** 音符の上[下]に付けてスタッカートで奏することを指示する点《例: 𝅘𝅥., 𝅘𝅥.》(cf. dash[1] 4 b). **7** 〘テレビ〙点《カラーブラウン管の光点; 3 原色のドットが規則正しく配列されている》. **8** 〘園芸〙果点《リンゴ・ナシなどの果実の表面にみられるコルク化した斑点; 呼吸を司る》.

(***in***) ***the yéar dót*** ⇨ year 成句. ***óff*** *one's* ***dót*** 《英俗》うすのろの; 気がふれて: go *off one's* ~ 気がふれる. 《1890》 ***on the dót*** 《口語》時間通りに[の], 即座に[の]: at five o'clock *on the* ~ = *on the* ~ of five o'clock 5 時きっかりに. 《1931》 ***pùt dóts on*** 《俗》〈人〉を退屈させる. ***to a dót*** 《口語》完全に, 全く (perfectly): correct *to a* ~ きっかり正確に. ***to the dót of an i*** /áɪ/ どこからどこまで完全に.

— *v.* (**dot·ted**; **dot·ting**) — *vt.* **1** …に点[付点]を打つ (⇨ dotted): ~ an 'i' i の点を打つ. **2** 点々と〔…に〕散在させる, 点在させる 〔*about, around, over*〕: Houses were ~*ted* (*all*) *over* the hillside. 丘の斜面に人家が点在していた / a white dress ~*ted* with red 赤をあちこちに配した白地の服. **3** …に〔…を〕点在させる, 点在させて…に変化を与える〔*with*〕: molehills that ~ the fields 野原に点々とあるもぐら塚 / a field ~*ted with* sheep 羊が点在している野 / The mountain range is ~*ted with* peaks. その山脈には峰があちこちにそびえている. **4** 《英俗》打つ, 殴る (hit): ~ a person in the eye 目のあたりに一発くらわす. — *vi.* 点を打つ.

dót and cárry óne 《古》(1) (加算で 10 になると)点を打って位を一桁(けた)送る. (2) =DOT *and go one.* ***dót and gò óne*** 《戯言》(1) 足を引きずって歩く, 松葉づえで歩く. ★ しばしば形容詞的または副詞的にも用いられる: in the ~ *and go one* fashion 足を引きずるように. (2) 〈車などが〉がくんがくんと進む. ***dót dówn*** ちょっと書き留める (jot down). ***dót a person òne*** 《英俗》〈人を〉がんと殴る: ~ a person *one* in the eye 人の目を殴る. ***dót the*** [*one's*] ***i's*** /áɪz/ and cróss the [*one's*] ***t's*** /tíːz/ 〖i の点を打ち t の横線を引くのを忘れないの意から〗(言行において極端なまでに)細かい所に[まで]注意を払う, 一言一句[一挙一動]もおろそかにしない, 用意周到である. ★ 単に dot the [one's] i's または cross the [one's] t's として用いることもある.

〖《OE》《1570》 *dott* speck, head of a boil ← ? Gmc **dutt-* (Du. *dot* a kind of knot / OHG *tutto* nipple)〗

D

dot[2] /dɑ́(ː)t, dɑ́(ː)t | dɔ́t/ *n.* =dowry 1 a. 〖《1855》□ F ~ □ L *dōt-, dōs*: cf. donation〗

Dot /dɑ́(ː)t | dɔ́t/ *n.* ドット《女性名》. 〖(dim.) ← DOROTHY〗

DoT 《略》《英》Department of Transport.

DOT 《略》《米》Department of Transportation.

dot·age /dóʊṭɪʤ | dáʊt-/ *n.* **1** もうろく (senility) 《second childhood ともいう; cf. anecdotage 2》: be in one's [fall into] ~ もうろくしている[する]. **2** 盲目的愛情, 気に入って目のないこと. 〖《?*c*1380》: ⇨ dote, -age〗

do·tal /dóʊṭl | dáʊtl/ *adj.* 持参金の(ような); 寄付の. 〖《1513》□ L *dōtālis*: dot[2], -al[1]〗

dót-and-dásh *adj.* トンツー式の, モールス信号の. — *vt.* トンツーで送信する[記す]. 〖1876〗

do·tant /dóʊṭənt | dáʊt-/ *n.* 《Shak》=dotard. 〖《1607–8》← DOTE+-ANT〗

dot·ard /dóʊṭəd | dáʊtəd, -tɑːd/ *n.* 老いぼれ, もうろくした人. **~·ly** *adv.* 〖《*c*1390》: ⇨ dote, -ard〗

do·ta·tion /doʊtéɪʃən | dəʊ-/ *n.* 持参金の賦与; 寄付. 〖《?1382》□ (O)F ~ □ L *dōtātiō(n-)*: ⇨ dot[2], -ation〗

dót bàll *n.* 〘クリケット〙無得点の投球.

dot-com /dátkám/ *n.* ドットコム企業《インターネット上で商取引を行う企業》. — *adj.* 〈商取引が〉インターネット上の; 〈企業が〉インターネット上で商取引を行う. 〖'.com' (URL ドメイン名の表記) の発音つづり〗

dote /dóʊt | dáʊt/ *vi.* **1** 老いぼれる, もうろくする, (老衰のため)たわいがなくなる. **2** 〈木材が〉朽ちかかる. **3** 〔…の〕愛におぼれる, 〔…を〕溺愛する, 〔…に〕目がない〔*on, upon*〕: ~ *on* [*upon*] a child 子供を猫可愛がりする. — *n.* **1** 《方言》老いぼれ(ること). **2** (木材の)腐朽. **dót·er** /-ṭə | -tə^(r)/ *n.* 〖《?*a*1200》← ? Gmc **dud-* to shake, deceive: cf. MDu. *doten* to be silly / MHG *totzen* to take a nap〗

dot·ey /dóʊṭi | dáʊti/ *n.* 《アイル》[愛称として] かわいいもの《特に子供に用いる》. 〖《1892》← ? DOTE〗

doth /(弱) dəθ; (強) dʌ́θ/ *auxil. v.* 《古または方言》do[1] の三人称単数直説法現在形 (cf. doeth). 〖⇨ doeth〗

Do·than /dóʊθən | dáʊ-/ *n.* ドーサン《米国 Alabama 州南東部の都市》.

dót·ing /-ṭɪŋ | -tɪŋ/ *adj.* **1** 愛におぼれている, 溺愛的な: a ~ husband. **2** (もうろくして)たわいがない. **~·ly** *adv.* 〖《1440》: ⇨ dote, -ing[2]〗

dot·ish /dóʊṭɪʃ | dáʊt-/ *adj.* 《古カリブ》愚かな, ばかな.

dót màp *n.* ドットマップ《統計情報を一定量を表す点によって示した地図》. 〖1923〗

dót màtrix *n.* 〘電算〙ドットマトリックス《写真植字機・プリンターのグリッドにおける一群の点で, これらによって文字・記号などが形作られる》. 〖1963〗

dót-màtrix prínter *n.* 〘電算〙ドット(マトリックス)プリンター《点の配列で文字を構成して打ち出す印字機》. 〖1975〗

dót pròduct *n.* 〘数学〙=scalar product. 〖《1901》← DOT[1]: 通例 a・b のように記すところから〗

dót-sequéntial sỳstem *n.* 〘テレビ〙点順次方式, ドット順次方式 (⇨ sequential system). 〖1951〗

dot·ted /dɑ́(ː)ṭɪd | dɔ́t-/ *adj.* 点を打った, 点々のある, 点線入りの: a ~ crotchet 〘音楽〙付点四分音符 / a ~ note 〘音楽〙付点音符 (cf. dot[1] *n.* 6). 〖《1772–84》← DOT[1]+-ED 2〗

dótted líne *n.* **1** 点線《……のこと; cf. broken line》. **2** [the ~] (署名箇所を示す)点線.

sign on the dótted líne (1) 点線上に署名する. (2) 《口語》(契約条項などを)無条件[正式]に承諾する. 《1919》〖1772–84〗

dótted mánner *n.* 〘木版〙突彫り法 (⇨ manière criblée). 〖1802〗

dótted swíss *n.* ドッテッドスイス (⇨ Swiss). 〖1924〗

dot·tel /dɑ́(ː)ṭl | dɔ́tl/ *n.* =dottle[1].

dót·ter /-ṭə | -tə^(r)/ *n.* **1** 点を付けるもの; (特に)点描器具. **2** 〘砲術〙(照準練習装置の)点的器. 〖《1832》← DOT[1]+-ER[1]〗

dot·ter·el /dɑ́(ː)ṭərəl, -trəl | dɔ́trəl/ *n.* (*pl.* **~s, ~**) **1** 〘鳥類〙 **a** コバシチドリ (*Charadrius morinellus*)《ユーラシア産のチドリ (plover) の一種》. **b** 《豪》チドリ属 (*Charadrius*) の鳥の総称. **2** 《英方言》ばか, あほう (dotard). 〖《1440》: ⇨ dote, -erel: cf. cockerel〗

Dot·tie /dɑ́(ː)ṭi | dɔ́ti/ *n.* ドティー《女性名》. 〖(dim.) ← DOROTHY〗

dot·tle[1] /dɑ́(ː)ṭl | dɔ́tl/ *n.* (パイプの底に残った)たばこの吸いさし. 〖《1440》(dim.) ← ? DOT[1]〗

dot·tle[2] /dɑ́(ː)ṭl | dɔ́tl/ 《スコット》 *n.* ばか, あほう. — *adj.* ばかな. 〖《?*c*1380》*dotel* ← *doten* 'to DOTE' ← DOTE〗

dót-to-dót *adj.* (パズルや塗り絵など)点を線で結ぶ.

dot·trel /dɑ́(ː)trəl | dɔ́trəl/ *n.* =dotterel.

dot·ty[1] /dɑ́(ː)ṭi | dɔ́ti/ *adj.* (**dot·ti·er**; **-ti·est**) **1** 点のあ

る． **2** 点のような; 点々としている, 点在的な． 〘(1812) ← DOT¹+-Y⁴〙

dot·ty² /dɑ́(ː)ti | dɔ́ti/ *adj.* (**dot·ti·er; -ti·est**)《口語》 **1** 足元の不確かな, ふらふらする, よろよろ歩く: be ～ on one's legs 足がふらふらする / That's my ～ points. そこが私の弱味だ． **2**《英口語》頭の弱い, 薄のろの, 気がふれている; 変わっている． **3**《英俗》〔…に〕夢中になった, うつつを抜かした (infatuated)〔*about*〕． **4** ばかげた, 滑稽な． **dót·ti·ly** /-təli, -tḷi | -tḷi, -tli/ *adv.* **dót·ti·ness** *n.* 〘(1885)《変形》← DOTTLE²〙

D **Dot·ty** /dɑ́(ː)ti | dɔ́ti/ *n.* ドティー《女性名》． 〘(dim.) ← DOROTHY〙

dót whèel *n.* 点輪《柄の先に小車を付けたものでこれを動かして点線を作る》．

dot·y /dóuti | dáuti/ *adj.* (**dot·i·er; -i·est**) **1** 〈古樹が〉朽ちて変色した． **2**《米南部》〈人が〉ぼけた, もうろくした． 〘(1883) ← DOTE+-Y⁴〙

Dou /dáu; *Du.* dóu/, **Gerard** *n.* ドウ (1613–75; オランダの画家)．

Dou·ai /duːéɪ | ⸗⸗; *F.* dwe/ *n.* ドゥエー《フランス北部の都市》．

Dou·ái Bíble [Vérsion] /duːéɪ-⸗ | dáuɪ-, dúːi-, -eɪ-/ *n.* ＝Douay Bible [Version].

Doua·la /duáːlə; *F.* dwala/ *n.* ドゥアーラ《西アフリカ, カメルーンの海港; ドイツ語名 Kamerunstadt》．

dou·ane /duáːn, dwáːn; *F.* dwan/ *n.* (*pl.* **～s** /～(z); *F.* ～/)《外国の》税関 (custom house)． 〘(1656) □ F ～ □ It. *doana* □ Arab. *dīwān* 'DIVAN'〙

doua·nier /dwɑːnjéɪ; *F.* dwanje/ *F. n.* 税関吏． 〘(1739) □ F ～〙

Dóu·ay Bíble [Vérsion] /dúːeɪ-⸗ | dáuɪ-, dúːi-, -eɪ-/ *n.* [the ～] ドゥエー聖書《カトリック教徒のため, ラテン語訳聖書 (Vulgate) から英訳した聖書; 新約は 1582 年 Rheims で, 旧約は 1609–10 年 Douai で出版; Rheims-Douay Bible [Version] ともいう》． 〘1837〙

dou·ble /dʌ́bḷ/ *adj.* **1** (数量・大きさ・強さなどが)倍の, 2 倍の (↔ single) (cf. twice): a ～ portion, share, etc. / ～ pay / ～ width 2 倍幅 / do ～ the work 2 倍の仕事をする / ～ ale (強さが倍の)特製エール / a ～ martini (量が倍の)ダブルのマティーニ 1 杯 / have two ～ whiskeys ダブルのウイスキーを 2 杯飲む / at ～ the speed 2 倍の速さで / pay ～ the price 倍額支払う / This article costs ～ what it did before. この品は元の値段の倍する． ★ 最後の 3 例における double はもと名詞 (cf. *n.* 1) で, あとの of が略された用法に由来する / dial three-five-*double*-nine《英》3599 をダイヤルする / throw a ～ six サイコロを振って 6 の目を二つ出す / The word 'harass' has a single 'r' but a ～ 's'. 'harass' という語には 'r' が一つだが 's' は二つある / She has ～ my talent. 彼女は私の 2 倍の才能を持っている．
2 二重の, 二様の (twofold); 対(つい)の, 両の, 双の (coupled); 二重の役をする: a ～ blanket 2 枚重ねの毛布 / a ～ sleeping bag 二人用寝袋 / a ～ lining 二重裏 / a ～ coating 二度塗り / a ～ coat of paint ペンキの二度塗り / a ～ lock 二重錠 (cf. double-lock) / a ～ role 一人二役 / a ～ suicide 心中 / have a ～ advantage 二重の利益がある / perform a ～ service 二重の働き[二つの役]をする / do ～ duty 二つの役[機能]を果たす / work ～ shifts [《方言》tides] 昼夜とも働く．
3 (心・言行などが)表裏のある, 二心のある; 陰険な (treacherous): a ～ character《古》表裏のある性格[人物] (cf. double personality) / ～ conduct《古》両道かけた[裏切り]行為 / wear a ～ face 表裏の両面がある[陰険で当てにならない] / lead [live] a ～ life (善と悪の)二重の生活をする / speak with a ～ tongue 二枚舌を使う, 表裏のあることを言う (cf. double-tongued) / ⇨ double agent, double-dealing.
4 (意味が)二様にとれる, あいまいな (ambiguous): The statement permits of a ～ interpretation [has a ～ meaning]. その陳述は意味が二様に取れる / ⇨ double entendre.
5 腰が曲がった, 体を折り曲げた．
6〘数学〙二重の: ～ root 二重根 / ～ integral 二重積分．
7〘植物〙〈花が〉八重の, 重弁の; 重弁花の咲く (cf. single 14): a ～ flower [blossom] 重弁花, 八重咲き花 / a ～ daffodil 八重咲き水仙．
8〘音楽〙**a** ＝duple 3. **b** 〈楽器が〉普通のものよりも 1 オクターブ低い音程の: ⇨ double bass.
9〘活字〙倍の《旧活字名 (great primer, paragon など) に付し, 倍またはほぼ倍の大きさの; cf. two-line》．
10〘製紙〙倍判の《紙の標準寸法名 (demy, crown など) に付し, 寸法の短い方を 2 倍にした》．
11〘貨幣〙倍額の: a ～ crown / ⇨ double eagle.
12〘詩学〙二重押韻の: ⇨ double rhyme.
— *n.* **1** **a** 倍, 2 倍(の数), 倍量, 倍額: This article costs the ～ of what it did before. この品物は以前の 2 倍の値段だ / Give him ～. 彼に 2 倍与えなさい / pay ～ 倍額支払う (pay double the price の略; cf. *adj.* 1). **b** 2 倍のもの; (ウイスキーなどの)ダブル(の 1 杯) (cf. *adj.* 1). **2** よく似た人[物], 生き写し; 生き霊: meet one's ～ 自分にそっくりの人に出会う / He is your ～ in person. 彼は人相が君そっくりだ． **3** **a** 代役俳優[歌手]. **b**〘映画〙(主役の身代わりに危い業(わざ)などを演じる)代役, 吹き替え, 替え玉, スタンドイン． **c**〘演劇〙一人二役を演じる俳優． **4** [*pl.*; 単数または複数扱い]〘球技〙ダブルス《テニス・卓球など二人の選手が組んで対抗する競技; cf. single 7》: a ～*s* team / (a) mixed ～*s* ⇨ mixed doubles / one's ～*s* partner ダブルスの相棒[パートナー] / We played three sets of ～*s*. 我々はダブルスの試合を 3 セットした． **5**〘野球〙二塁打 (two-base hit). **6** 折返し, 折重ね, ひだ (fold). **7** **a** (狐狩りで追われた狐などの)逆走, 急転回. **b** (議論などで相手の論鋒(ほう)をかわすための)虚実の策． **8**〘軍事〙駆け足 (⇨ double time 1 a): on [《英》at] the ～ ⇨ 成句. **9**〘貨幣〙**a** ドゥーブル《フランスの billon 貨幣; denier の約 2 倍の価値; 英国のフランス地域発行の 2 gros 貨》. **b** (Guernsey 島の)ダブル貨幣 (¹/₈ ペニーに当たる銅貨; 1861 年以後は青銅貨). **10**〘天文〙二重星 (double star). **11**〘カトリック〙重要な祝日《詩編読誦(じゅ)の前後に交誦 (antiphon) が歌われる》. **12**〘トランプ〙(ブリッジで)ダブル (という宣言)《ビッド (bid) の一種で takeout double と penalty double との別がある; cf. *vt.* 8》. **13** **a**〘ボウリング〙ダブル, ダボ《ストライクを 2 回続けて出すこと; cf. turkey 5》. **b**〘テニス〙＝double fault. **c**〘玉突〙ダブル《打った玉がクッションにバウンドして反対側のポケットに入ること》. **d**〘ダーツ〙ダブル《標的の二つの外円に囲まれた間》; ダブルに投げて 2 倍の得点を得ること. **14**〘印刷〙ダブリ: **a** ＝doublet 5 c. **b** (間違いで)重複して刷ってしまった印刷物． **15**《まれ》〘音楽〙(主として 17–18 世紀ごろの)ドゥブル, 変奏． **16**〘競馬〙二重勝式《異なったレースに出場する 2 頭の馬に同時に賭ける方式; 両方が勝てば賭け金が取れるが危険も大きい》: ⇨ daily double.
on* [《英》*at*] *the dóuble (1) 急速に, 速く, 急いで; 直ちに． (2)〘軍事〙駆け足で: advance *on the* ～. 《1865》
dóuble or nóthing* [《英》*quíts*]** 二倍か無か《(博打(ばくち)で負けて)前の損が倍になるか勝ってそっくり取り返すかどちらかの勝負; これに基づくギャンブル》; いちかばちかの勝負． 《1580》 ***màke a dóuble (二連銃で) 2 羽 [2 匹]もろともに撃ち取る (cf. doublet 4).
— *vt.* **1** **a** 2 倍にする, 倍加する (cf. redouble): ～ one's fortune [money] 財産を[お金]を 2 倍にふやす / ～ itself 倍になる, 倍加する / ～ (the) strength 強度を 2 倍にする / He ～*d* his salary by learning English. 彼は英語を学んで 2 倍の給料を得た / We'll ～ our efforts! 2 倍の努力をしよう． **b** …の 2 倍ある: His offer ～*s* mine. 彼の申し出条件は私の 2 倍だ． **2** **a** 二重にする; (二重に)折る, 二つ折りにたたむ〈*over, up, back*〉; 〈木造船〉に新たに板張りする, 二重張りにする: ～ a blanket 毛布を二つに折る． **b**《英》〈糸を〉二つ縒(よ)りにする: ～ yarns. **3** 〈こぶしを〉握る, 固める〈*up*〉: ～ (*up*) one's fists. **4** 〈人を〉組み合わせる (couple): Tom and Mary were ～*d* (*up*) for the game. トムとメアリーはその試合で組となった． **5** 〘(なぞり) ← F *doubler*〙〘映画・演劇〙**a** …の代役を務める． **b** 一人二役で演じる〔*with*〕． **c** (声優によって)…の吹き替えを作製する． **6**〘野球〙**a** 二塁打で〈走者を〉〔…塁へ〕進ませる〔*to*〕: He was ～*d* home. 二塁打によって本塁を踏んだ． **b** 二塁打によって〈…点を〉あげる〈*in*〉: ～ *in* [home] the winning run 二塁打を打って決勝点をあげる． **c** 〈走者を〉併殺する〈*up*〉． **7**〘海事〙〈船が〉〈岬を〉回る, 回航する: ～ Cape Horn. **8**〘トランプ〙(ブリッジで)〈相手(のビッド (bid))〉にダブルをかける《相手の失点または得点が倍以上になる》: ～ four spades [her (bid)] フォースペード[彼女のビッド]をダブる． **9**〘音楽〙〈ある声部を〉〈他の声部が〉ユニゾンで [1 オクターブ上あるいは下で]重ねて奏する． **10**《英》〘玉突〙〈球を〉クッションに当てる． **11**〘チェス〙**a** 二つのポーン (pawn) を同じ列に並べる (cf. doubled pawns). **b** 二つのルーク (rook) をお互いに守るように配置する．
— *vi.* **1** 2 倍になる, 倍加する: Your money can ～ in only two years! たった 2 年であなたのお金が 2 倍になりますよ． **2** (二つに)折り重なる〈*up, over*〉: ⇨ DOUBLE *over* (*vi.*). **3** **a** 二役を務める, 別の機能をも兼ねる〈*as*〉: ～ *as* secretary and receptionist 秘書と接待係の二役を兼ねる / She was a singer in a night club, *doubling as* a vendor of cigars. 彼女は葉巻の売り子も兼ねるナイトクラブの歌手だった． **b**〘音楽〙〈楽士が〉本職とする楽器以外に〔…を〕奏する〔*on*〕． **4**〘映画・演劇〙**a** 〔…の〕代役を務める〔*for*〕: He ～*d for* the star in the swimming scene. 彼は水泳の場面で主役の代役を務めた． **b** 一人二役を演じる: He ～*ed as* the policeman in the first act and (*as*) the general in the fourth. 彼は第 1 幕では警官の役を, 第 4 幕では将軍の役を演じた． **5**〘野球〙二塁打を放つ． **6** 〈人・キツネ・ウサギなどが〉(追跡者・狩猟家をまくために)急角度に身をかわす, 逆走する〈*back*〉; 〈道路・川の水などが〉迂回して走る[流れる], 逆行[逆流]する． **7** (笑い・苦痛などで)体を折り曲げる． **8** **a**〘軍事〙駆け足行進をする． **b**《英》走りだす, 急ぐ． **9**《米口語》＝double-date. **10**〘トランプ〙(ブリッジで)ダブルをかける． **11**《英》〘玉突〙〈球が〉はね返る．
dóuble báck (*vt.*) 〈紙など〉を(半分などに)折る, 折り返す (cf. *vt.* 2 a). (*vi.*) (追跡されて)急に身をかわして逆走する (cf. *vi.* 6): We had to ～ *back* to our starting point. 折り返して出発点に戻らなければならなかった． ***dóuble ín*** (1) (内側に)折り込む． (2)〘野球〙⇨ *vt.* 6 b. ***dóuble in bráss*** ⇨ brass 成句． ***dóuble óver*** (*vt.*) (1) 折り重ねる (cf. *vt.* 2 a). (2) ＝DOUBLE *up* (*vt.*) (2). (*vi.*) ＝DOUBLE *up* (*vi.*) (2). ***dóuble úp*** (*vt.*) (1) (苦痛・笑いなどで)〈人〉の体を折り曲げる: be ～*d up with* laughter [pain] 体を折り曲げて笑う[痛みをこらえる]. (2) (二つに)折る, 折り返す, 折りたたむ (cf. *vt.* 2 a, b); 〈こぶしを〉固く握りしめる (cf. *vt.* 3). (3)〘野球〙⇨ *vt.* 6 c. (*vi.*) (1) 折りたためる (cf *vi.* 2): This rug won't ～ *up* neatly. この敷物はきちんと折りたためない． (2) (苦痛や笑いなどで)体を折り曲げる: ～ *up with* pain [laughter]. (3) (船室・学寮などで)二人で同室する; 〔他人と〕寝床を共にする〔*with*〕. (4)《英》急に走りだす, 急ぎだす． (5)《英》もうけを次の賭けにつぎ込む．
— *adv.* **1** 2 倍だけ (cf. doubly): This bulb is ～ as bright. この電球のほうが 2 倍だけ明るい． **2** 二重に, 二様に, 二つに: fold a blanket ～ 毛布を二つに折る / see ～ (酔って)物が二つに見える / bent ～ with pain 痛さのあまり体を二つに折りまげて． **3** 対[双]をなして, 一緒に: ride ～ (二人)相乗りする / sleep ～ (二人)同じベッドに寝る．
〘adj.: (?*a*1200) □ OF *duble*, (O)F *double* < L *duplum* ← *duo* 'TWO'+*-plus* (← *plicāre* 'to FOLD'): cf. duple, diploma. — v.: (?*a*1300) □ OF *d(o)ubler* < L *duplāre* to double ← *duplus* double〙

dou·blé /duːbléɪ; *F.* duble/ *adj.*《書籍に》飾り見返し (doublure) をつけた． 〘(1848) □ F ～ 'lined'〙

dóuble-accóunt sỳstem *n.*〘会計〙複合計制度《英国の公益事業会計で採用されてきたもので, 固定資本と運転資本とを分別計理する特殊な会計制度》．

dóuble àct *n.* 共演する二人のコメディアン, (お笑い)コンビ(の芸).

dóuble-ácting *adj.* **1** 〈機械など〉複動作用の, 複動式の (cf. single-acting 2): a ～ engine / a ～ pump 複動ポンプ． **2** 〈ドアのちょうつがいなど〉二方向に開く, 両開きの． **3** 二重[二倍]の用途[効用, 力]のある． 〘1842〙

dóuble-áction *adj.* **1** ＝double-acting. **2** 〈銃が〉ダブルアクションの《引き金を一度引くだけで撃鉄が起き発火できる; cf. single-action》: a ～ revolver [gun]. 〘1852〙

dóuble ágent *n.* **1** 逆スパイ《ある国のためにスパイ活動をすると見せかけてその国のスパイをする人》. **2** 二重スパイ, 二重間諜《両敵対国・対抗会社などのスパイをする人》. 〘1935〙

dóuble álbum *n.* (LP, CD などの) 2 枚組み．

dóuble áltar *n.*〘教会〙両面[両側]祭壇《聖餐(さん)式が礼拝所の東側からでも西側からでも行えるようになっている祭壇》．

dóuble-áspect thèory *n.*〘哲学〙二面説《精神と肉体は単一の本体の異なる側面であるとする理論》. 〘1909〙

dóuble áx *n.* 両刃の斧(おの); (特に, 有史前の Crete 島の芸術, その後の Zeus 信仰のシンボルとしての)両刃の斧．

dóuble-bánk *vt.* **1** **a** 〈ボートを〉双座でこぐ《各座席の両側にこぎ手がついてこぐ》. **b** 〈1 本のオールを〉二人でこぐ． **2** 〈ロープを〉両側から引く． **3** 〈自動車を〉並走させる． **4** 〈自動車を〉二重[並列]駐車する (double-park). — *vi.*《豪口語》(馬・自転車に)二人乗り[相乗り]する《dub ともいう》． 〘(1832)《逆成》↓〙

dóuble-bánked *adj.*〘海事〙**1** 〈ボートが〉双座の《同一のこぎ座に二人のこぎ手をつけて両舷のオールをこぐ方式にいう; cf. single-banked》. **2** (1 本のオールに対し)二人のこぎ手がついた． **3** **a** (ある種のガレー船のようにオールが) 2 段式の． **b** 2 段の砲列を有する《帆船時代の軍艦にいう》. 〘(1697) ← DOUBLE-BANK+-ED 2〙

dóuble-bánking *n.* **1** 二重駐車 (double-parking). **2**《豪》(馬・自転車などの)二人乗り, 相乗り． 〘1903〙

dóuble bár *n.*〘音楽〙(楽譜の)複縦線． 〘1674〙

dóuble-bárrel *n.* 銃身が左右に並んだ二連銃．
— *adj.* ＝double-barreled. 〘1811〙

dóuble-bárreled *adj.* **1** **a** 〈銃が〉銃身が左右に並んだ, 二連の (cf. single-barreled): a ～ gun 二連銃． **b** 〈望遠鏡が〉双筒式の． **2** 〈説明などが〉二重の目的にかなう; 曖昧な: play a ～ game 二股膏薬をやる． **3** 〈姓が〉二つ重なった, 二重姓の《例: Forbes-Robertson》. 〘1709〙

dóuble báss /-béɪs/ *n.*〘楽器〙＝contrabass.
dóuble-báss *adj.* 〘(1727–52) ← DOUBLE+BASS¹: It. *contrabasso* にならった語〙

dóuble bassóon *n.*〘楽器〙ダブルバスーン, コントラファゴット (⇨ contrabassoon). 〘*c*1876〙

dóuble béd *n.* 二人用寝台, ダブルベッド． 〘1798〙

dóuble-bédded *adj.* **1** 〈部屋など〉二人用寝台[ダブルベッド]付きの: a ～ room. **2** (シングル)ベッドが二つある, ツインベッドのある．

dóuble bíll *n.* (映画・演劇などの)二本立て． 〘1917〙

dóuble bínd *n.*〘精神医学〙二重拘束． 〘1956〙

dóuble-bítted *adj.* 〈斧(おの)など〉両刃の． 〘1816〙

dóuble Bláckwall hìtch *n.*〘海事〙＝double hitch.

dóuble-blínd *adj.*〘医学〙(薬物や治療法の効果を調べる際の)二重盲式の (cf. single-blind). — *n.* ＝double-blind test. 〘1950〙

dóuble-blínd tèst *n.*〘医学〙二重盲検法《治療効果などを調べるために問題の薬や治療法を誰が受けているかを被験者にも研究者にも知らせないで行う方法; cf. single-blind test》.

dóuble blúff *n.* 裏の裏をかくこと《はったりと見せかけて実は本当のことをいう》. 〘1919〙

dóuble-bógey *vt.* 〈あるホールを〉ダブルボギーで上がる．

dóuble bógey *n.*〘ゴルフ〙ダブルボギー《par よりも 2 打多いスコア》.

dóuble bóiler *n.* (湯煎(せん)用の)二重なべ, 二重がま． 〘1879〙

dóuble bónd *n.*〘化学〙二重結合《分子中の 2 原子が原子価 2 で結合しているもの; cf. triple bond》. 〘1889〙

dóuble-bóok *vt.* 〈座席・ホテルの部屋など〉(キャンセルに備えて)二重に予約を受け付ける; 〈客が〉同時に二箇所に予約する． 〘1970〙

dóuble-bòttom *n.* **1** (箱・艦船の)二重底． **2** ＝tandem trailer.

dóuble-bréasted *adj.* 〈上着・チョッキ・スーツなど〉〈胸部が〉2 列ボタン式の, 両前の, ダブルの (cf. single-breasted). 〘1701〙

dóuble brídle *n.* 大勒(ろく)ばみ (curb bit) をさばく手綱と小勒ばみ (snaffle bit) をさばく手綱が別々にある馬勒．

dóuble cárrick bènd *n.*〘海事〙ダブルキャリックベンド《結索法の一種; cf. carrick bend》.

dóuble céntering *n.*〘測量〙2 回の前視の平均をとって測線を延ばしていく測量法．

dóuble-chéck *vt., vi.* (念のため)確かめる, 再点検[確

認する. 〖1944〗

dóuble chéck *n.* **1** 〖チェス〗二重王手. **2** (念のための)慎重な検査, 検証. 〖1953〗

dóuble chín *n.* 二重あご. 〖1832〗

dóuble-chínned *adj.* 二重あごの, 二重あごをした. 〖*a*1387〗

dóuble-clíck *vi., vt.* 〖電算〗〈マウス・アイコンなどを〉ダブルクリックする《クリックを素早く 2 回行う》.

dóuble clóth *n.* 〖紡織〗二重織, 袋織.

dóuble-clútch *vi.* 〖自動車〗(ダウンシフト (downshift) を容易にするために)ダブルクラッチを踏む, クラッチの 2 度踏みをする. 〖1928〗

dóuble cóconut *n.* オオミヤシ (sea coconut) の実.

dóuble-còncave léns *n.* 両凹レンズ.

dóuble concérto *n.* 〖音楽〗二重協奏曲. 〖1842〗

dóuble cónsciousness *n.* 〖心理〗二重意識. 〖(部分訳) ← F *double conscience*〗

dóuble-cònvex léns *n.* 両凸レンズ. 〖1693〗

dóuble cóunterpoint *n.* 〖音楽〗二重対位法, 複対位法 (⇨ invertible counterpoint).

dóuble-cóver *v.* =double-team.

dóuble créam *n.* 《英》=heavy cream. 〖1877〗

dóuble-crèsted córmorant *n.* 〖鳥類〗ミミヒメウ (*Phalacrocorax auritus*) 《北米に生息するウ》.

dóuble-cróp 〖農業〗*vi.* 二毛作[二期作]栽培をする. — *vt.* 〈土地〉に二毛作[二期作]をする. 〖1918〗

dóuble crópping *n.* 〖農業〗二毛作, 二期作《同じ土地で同じ作物を 1 年間に 2 回続けて栽培すること》.

dóuble-cróss *vt.* 《米口語》 **1** (勝負事で)〈人〉に負けると約束して勝つ. **2** 〈仲間などを〉裏切る, だます. **~·er** *n.* 〖1903〗

dóuble cróss *n.* **1** 《米口語》(勝負事で)負けると約束して勝つ[勝とうとする]こと; (一般に)裏切り(行為), だまし. **2** 〖生物〗複交雑, (染色体の)二重交差, 二重乗換え (cf. single cross). 〖1834〗

Dou·ble-Cros·tic /dʌ́bḷkrɔ́(ː)stɪk, -krɑ́(ː)s- | -krɔ́s-/ *n.* 〖商標〗ダブルクロスティック《一種の crossword puzzle》. 〖1934〗

dóuble cúp *n.* (ルネサンス美術で)金属製の対になった杯《一つが他方の上に逆さにして載るように作られている》.

dóuble-cùt fíle *n.* 〖工具〗複目やすり, 綾目(あやめ)やすり, 両切やすり《斜めの目を交差状に切ったやすり》.

dóuble dágger *n.* 〖印刷〗ダブルダガー, 二重短剣符 (‡) 《第 3 番目の参照記号として用いる》. 〖1706〗

dóuble-dáre *vt.* …に倍の勇気をもって挑戦する, あえて立ち向かう.

dóuble-dáte *vi.* 《米口語》〈二組の男女が〉一緒にデートをする, 〔他の組の男女と〕ダブルデートする〔*with*〕. — *vt.* …とダブルデートする. 〖1946〗

dóuble dáte *n.* 《米口語》二組の男女が一緒にするデート, ダブルデート. 〖1931〗

Dou·ble·day /dʌ́bḷdèɪ/, **Abner** *n.* ダブルデー (1819–93; 米国の陸軍将校; 一説によると野球の考案者といわれる).

dóuble-déal *vi.* 人を欺く, だます.

dóuble-déaler *n.* 言行に裏表のある人, 二心をいだく悪人. 〖1547–64〗

dóuble-déaling *adj.* (言行に)裏表のある, 二心のある, 陰険な. — *n.* 二心[裏表]のある言行, 不正 (⇨ deception SYN). 〖*a*1529〗

dóuble-déck *adj.* 〈船など〉二層式の; 〈バス・電車など〉二階のある; 〈ベッド・サンドイッチなど〉2 段の, 2 層の: a ~ bus, bed, etc. 〖1894〗

dóuble-décked *adj.* =double-deck.

dóuble-décker *n.* **1** 二階(つき)バス[電車, 旅客機]. **2** 《米口語》(3 枚のパンの間に 2 層の詰めものをした)二重サンドイッチ; 重ねケーキ; 重ねアイスクリーム. **3** 〖海事〗二層船, 二層艦《二重甲板船》. **4** 複葉機 (biplane). **5** 《米口語》2 巻ものの長編小説. **6** 《米俗》〖野球〗=doubleheader 1 a. 〖1835〗

dóuble-declútch *vi.* 〖自動車〗=double-clutch.

dóuble decompositíon *n.* 〖化学〗複分解《AB＋CD→AC＋BD のように 2 種の化合物が作用して互いにその成分を交換し, 2 種の別の化合物を生じる反応; metathesis ともいう》. 〖1866〗

dóuble démy *n.* 〖製紙〗デマイ ダブル判《印刷用紙の仕上げ寸法の一つ; 35×22.5 インチ [889×571.5 mm]; 略 D.D.》.

dóuble-dénsity dìsk *n.* 〖電算〗倍密度(フロッピー)ディスク《記録容量が両面で 720 [640] KB のもの》.

dóuble díg *vt.* (鋤(すき)やまたぐわの刃の長さの)倍の深さまで掘る. 〖1933〗

dóuble dígging *n.* 〖農業〗塹壕掘りによる天地返し《平行した溝状に 2 くわ分の深さで掘り, 各溝のひとくわ分の表層土を隣りの溝の下層に埋め戻していく深耕法》.

dóuble-dígit *adj.* 〈インフレ・失業率など〉二桁の《10% 以上の》: ~ inflation. 〖1959〗

dóuble-díp *vi.* 《米》〈年金と給料などを〉二重取りする. **dóuble-dípper** *n.*

dóuble díp *n.* 《米》ダブルディップ《サーバー 2 すくい分入りアイスクリームコーン》.

dóuble-dípping *n.* 金の二重取り《特に国から年金と給料を同時に受け取ること》. 〖1974〗

dóuble-dòme *n.* 《米俗》インテリ(ぶる人), ハイブラウ (highbrow). 〖1938〗

dóuble dóor *n.* (観音開きの)二枚開き戸 (cf. Dutch door). 〖1840〗

dóuble dót *n.* 〖音楽〗二重付点, 複付点. 〖1801〗

dóubled páwns *n. pl.* 〖チェス〗重ポーン《同じ列に二つあるポーン》.

dóuble drésser *n.* 2 個の長い引出しが横幅いっぱいについた戸棚.

dóuble dríbble *n.* 〖バスケット〗ダブルドリブル《規定を越えたドリブル》. 〖*c*1949〗

dóuble dríft *n.* 〖航空〗二偏流角法《航空機の機首を二つ以上の方向に向け, 各偏流角を測ることによって風力・風向を定める方法》.

dóuble drúm *n.* **1** (主に 18 世紀末–19 世紀初めの)ケトルドラム (kettledrum). **2** 大型の太鼓.

dóuble drúmmer *n.* 《豪口語》騒々しく鳴く大型のセミの一種 (*Thopha saccata*). 〖1927〗

dóuble dúmmy *n.* 〖トランプ〗ダブルダミー《2 組の手札をさらして二人で競技するブリッジ; 現在では 4 組の手札を全部開いてプレーすることをいい, 主としてクイズなどにこの方式がとられる》: ~ problems (新聞などにのる)ブリッジのクイズ.

dóuble Dútch *n.* **1** 《口語》さっぱりわからない[ちんぷんかんぷんの]言葉 (cf. Greek 4). **2** ダブルダッチ《2 本の長いロープを二人で逆方向に回して, それを (8 人で) 跳ぶ縄跳び》. 〖*c*1860〗

dóuble-dúty *adj.* 二つの役目[機能]をもった.

dóuble-dýe *vt.* 二度染めにする. 〖1602〗

dóuble-dýed *adj.* **1** 二度染めの. **2** 〈人が〉罪悪に深くのめり込んだ; 徹底した, しんからの, ふだつきの: a ~ villain, Tory, etc.

dóuble éagle *n.* **1** 〖紋章〗=double-headed eagle. **2** 《米》ダブルイーグル《双頭の鷲模様貨幣; 20 ドル金貨; 1849–1933 年の間発行》. **3** 〖ゴルフ〗ダブルイーグル《そのホールのパー (par) より 3 打少ない打数; 《英》では albatross ともいう》. 〖1849〗

dóuble édge *n.* 〖アイススケート〗=flat 17.

dóuble-édged *adj.* **1** 〈物事が〉もろ刃の剣である; 〈発言などが〉(肯定否定)どちらにもなりうる[とれる]; 二重の, 相反する. **2** 〈刃物が〉両刃の, もろ刃の. 〖?*a*1400〗

dóuble élephant *n.* 《英》〖製紙〗エレファントダブル判《画用紙の寸法の一つ; 40×26 ³/₄ インチ [1016×679.4 mm]; 印刷用紙・筆記用紙の寸法の一つ; 40×27 インチ [1016×685.8 mm]; 略 DE》.

dóuble-énded *adj.* **1** 両端[首尾]が類似している: a ~ bolt (棒の両端にねじ山のある)植込みボルト. **2** 〈電車・機関車など〉両向きの, いずれの端も先頭になりうる. 〖*c*1874〗

dóuble-ènded wrénch *n.* 〖機械〗両口スパナ.

dóuble-énd·er /-ɛ́ndə | -də(r)/ *n.* **1 a** 両頭機関車. **b** 前後いずれにも切替えのきく自己推進式乗り物. **2** 〖海事〗両頭船, 前後両進船, 頭尾同形の船《船首と船尾が同じ形の船》. 〖1864〗

dou·ble en·ten·dre /dúːbḷɑ̃ː(n)tɑ̃ː(n)dr(ə), dʌ́bḷ-, -ɑːntɑ́ːn-, -tɑ́ːnd | dúːbḷɑ̃ː(n)tɑ̃ː(n)-, -ɑːntɑ́ːn-/ *n.* 両義, (どちらにも取れる)あいまいな意味; (特に)悪意[下品]な別の意味を含む語句; その使用. 〖(1673) ▭ (廃) F ~ 'double sense': 現在のフランス語では *double entente* という〗

double entente /duːbḷɑ̃ː(n)tɑ̃ː(n)t, -ɑːntɑ́ːnt; *F.* dublɑ̃tɑ̃ːt/ *adj.* ⇨ double entendre. 〖(1895) ↑〗

dóuble éntry *n.* 〖簿記〗複式記入, 複式記入法, 複式簿記 (cf. single entry). **dóuble-éntry** *adj.* 〖1741〗

dóuble envélopment *n.* 〖軍事〗両翼包囲《敵陣の両翼を同時に包囲すること》.

dóuble evént *n.* =doubleheader 2.

dóuble expósure *n.* 〖写真〗二重露光[露出](写真). 〖1892〗

dóuble-fáced *adj.* **1** 両面のある; 〈織物など〉表裏両面仕上げの; 〈ライナー (liner) を〉両面に張った; 〈レコード盤など〉両面に吹き込んだ. **2** 表裏二心のある, 偽善的な (hypocritical). **~·ly** *adv.* 〖1575〗

dóuble-fáult *vi.* 〖テニス〗ダブルフォールトをする. 〖1921〗

dóuble fáult *n.* 〖テニス〗ダブルフォールト《連続 2 回のサーブの失敗; 相手に 1 ポイントが与えられる》. 〖1909〗

dóuble féature *n.* 〖映画〗長編二本立て《《米》では twin bill ともいう》. 〖1928〗

dóuble fertilizátion *n.* 〖植物〗重複受精《被子植物特有の受精現象で, 卵細胞と中心核との 2 箇所で受精が行われる》. 〖1909〗

dóuble-fígure *adj.* 《英》=double-digit.

dóuble fígures *n. pl.* [単数扱い] 10 から 99 までの(二桁の)数字[得点]《特にクリケットの得点; まれに double figure ともいう; cf. century 2》. 〖1860〗

dóuble fírst *n.* 〖英大学〗(卒業試験で) 2 科目最優等(生); (Oxford 大学の最終試験で)科目最優等(生): He took a ~. 〖1861〗

dóuble flát *n.* 〖音楽〗 **1** ダブルフラット, 重変記号 (♭♭) 《ある幹音を 2 半音下げるためにつける変化[変位]記号》. **2** 重変記号のついた音符, 重変音.

dóuble fléece *n.* 《豪》刈り込みしなかった羊の毛. 〖1933〗

dóuble-flówered *adj.* (花が)重弁の, 八重(咲き)の. 〖1902〗

dóuble fóolscap *n.* 《英》〖製紙〗フールスカップダブル判《印刷用紙の寸法の一つ; 27×17 インチ [685.8×431.8 mm]; 略 DF》.

dóuble-frónted *adj.* 〈家が〉正面玄関の両側に主室の窓がある.

dóuble fúgue *n.* 〖音楽〗二重フーガ《2 個の主題をもつフーガ》.

dou·ble·gang·er /dʌ́bḷgæ̀ŋə | -ŋə(r)/ *n.* =doppelgänger. 〖(1830) (部分訳) ← G *Doppelgänger*〗

dóuble génitive *n.* 〖文法〗二重属格《a friend of *my father's*, that car of *yours* などにおける斜字体の部分; double possessive ともいう》. 〖1824〗

dóuble glázing *n.* 〖建築〗(窓などの)二重ガラス. **dóuble-gláze** *vt.* 〖1943〗

Dóuble Glóucester *n.* ダブルグロスターチーズ《橙赤色のなめらかなきめをもった英国産の硬質チーズ》. 〖1816〗

dóuble hárness *n.* **1** 2 頭立て用の馬具. **2** 共同, 協力 (close partnership); 夫婦生活 (matrimony). ***in dóuble hárness*** (1) 二人協力して: work [run] *in* ~ 協力して働く; (特に)〈夫婦が〉共働きをする / trot *in* ~ 〈夫婦が〉仲よく暮らす. (2) 《口語》結婚して.

dóuble hárp *n.* ダブルハープ《2 列の弦を持つハープ》.

dóuble-héad *vi.* 〈列車が〉機関車 2 両で走る.

dóuble-héaded *adj.* 〈列車が〉機関車を 2 両つけた. 〖1542〗

dóuble-hèaded éagle *n.* 〖紋章〗双頭の鷲《神聖ローマ皇帝・オーストリア皇帝・ロシア皇帝の紋章はいずれも双頭の鷲であるが細部は異なる》.

dóuble-hèaded náil *n.* 二段釘 (⇨ scaffold nail).

dóuble·héad·er /-hɛ́də | -də(r)/ *n.* **1** 《米》〖スポーツ〗 **a** (野球などの)ダブルヘッダー《通例同一の 2 チームが同じ日に 2 回連続して行う試合; ときに変則ダブルヘッダーも用いられることがある; cf. triple-header》. **b** (バスケットボールなどの)ダブルヘッダー《同じ日に違った 2 チームが 2 回連続して行う試合》. **2** 《米》機関車 2 台連結列車, 二重連. **3** 花火の一種. **4** 《豪口語》(賭博で使う)両面が表のコイン. **5** 《豪口語》ダブルのアイスクリームコーン. 〖1869〗

dóuble-héarted *adj.* 二心[表裏]のある. 〖1552〗

dóuble-hélical *adj.* 〖生化学〗二重らせん (double helix) の.

dóuble-hèlical géar *n.* 〖機械〗やまば歯車《歯筋の向きが反対の 2 枚のはすば歯車 (helical gears) を同軸に組合わせた歯車; herringbone gear ともいう》.

dóuble hélix *n.* 〖生化学〗二重らせん《コイル状高分子化合物が 2 本相互にからみあった状態になったもの; 特に DNA の構造》. 〖1954〗

dóuble hítch *n.* 〖海事〗増し掛け結び《double Blackwall hitch ともいう》.

dóuble hóuse *n.* 《米》 **1** 入り口の両側に部屋のある家. **2** 二軒長屋.

dóuble-húng *adj.* **1** 〈窓が〉上げ下げ窓の, 上下引き違いの. **2** 〈窓枠が〉両側を(釣合い重りのついたひもなどで)つってある, 両づりの. 〖1823〗

dóuble hýphen *n.* 〖印刷〗二重[ダブル]ハイフン(=) 《行末のハイフンが語本来のハイフンであることを示す記号》. 〖1893〗

dóuble ímage *n.* ダブル イメージ《一つの画像が同時に別の画像にも見えること; 山が眠る動物に見えるなど》. 〖1880〗

dóuble indémnity *n.* 《米》〖保険〗倍額支払い《災害死亡時などに, 契約金の倍額が支払われること》. 〖1924〗

dóuble insúrance *n.* 〖保険〗重複保険.

dóuble íntegral *n.* 〖数学〗二重積分.

dóuble jéopardy *n.* 〖法律〗二重の危険《同一犯罪で被告を再度裁判にかけること; 二重の危険の禁止は英国のコモンロー上の処罰の原理; 合衆国憲法修正第 5 条はこれを継承したもの》. 〖1910〗

dóuble jóbber *n.* 《英》(正規の給料を補うため)副業をする人.

dóuble jóbbing *n.* 副業をすること.

dóuble-jóinted *adj.* 〈人・動物が〉(異常に)自由自在に関節を曲げられる. 〖1831〗

dóuble júmp *n.* **1** 〖チェス〗ポーン (pawn) が一度に 2 ます進むこと. **2** 〖チェッカー〗2 回連続して飛んで相手の駒(こま)を二つ取ること. **3** 〖トランプ〗(ブリッジで)通常より 2 段階高いランクのビッド《通例やや弱い手で相手方の機先を制するために用いる; cf. jump bid》.

dóuble knít *n.* (編目が特に密になる)二重かがりで編んだ編物. — *adj.* 二重編みの. 〖1895〗

dóuble knítting *n.* 〖織物〗ダブルニッティング《通常の 2 倍の太さの毛糸 (double knitting yarn), またその毛糸で編んだ編物》.

dóuble-léad·ed /-lɛ́dɪd | -dɪd/ *adj.* 〖印刷〗〈行間が〉2 倍(大体 4 ポイント)あきの, 2 倍のインテル (lead) を入れた. 〖1858〗

dóuble létter *n.* **1** 〖活字〗=ligature 3. **2** 二重文字《略語の複数を表す記号など; 例: pp. =pages, adjj.= adjectives》. 〖1576〗

dóuble-lóck *vt.* …に(鍵を 2 度回して)二重に錠をおろす, 二重鍵をする, 厳重に…の戸締りをする. 〖1592–93〗

dóuble lóng *n.* 〖音楽〗=maxima².

dóuble mágnum *n.* (ワイン・酒用の)ダブルマグナムびん (4 quarts 入り; 普通のびんの 4 本分).

dóuble májor *n.* 《米》二つの専攻をもつ学生.

dóuble-méaning *adj.* 両義に取れる, 意味のあいまいな. — *n.* =double entendre. 〖1551〗

dóuble-mínded *adj.* 決心のつかない; 二心のある. **~·ness** *n.* 〖1552〗

dóuble modulátion *n.* 〖通信〗二重変調.

dóuble mónastery *n.* 〖カトリック〗男女共同礼拝修道院《男女が隣接した施設に生活し一人の修道院長のもとに同一の聖堂を利用し通常同一の規律に従う中世末期の修道院》. 〖(なぞり) ← ML *monastērium duplex* (なぞり) ← LGk *diploûn monastḗrion*〗

dóuble-náme pàper *n.* 〖商業〗複名手形《支払い責任者が複数である手形; cf. single-name paper》.

dóuble napóleon *n.* 40 フランのナポレオン金貨.

dóuble negátion *n.* 〖論理〗二重否定《否定の否定で肯定を構成するもの》. 〖1883〗

dóuble négative *n.* 〖文法〗二重否定《not uncommon, not without some fear のようなものは婉曲な肯定で

あるが, 俗語体では単なる否定にこの形を強意的に用いることがある; 例: I can't see nothing. (=I can see nothing)). 〖1827〗

dóu·ble·ness *n.* 1 重複性. 2 二重, 2 倍大. 3 二心, (行動の)表裏 (duplicity). 〖(c1375): ⇨ -ness〗

dóuble nóte *n.* 〖音楽〗二全音符, 倍全音符.

double-O, double-o /dʌ́blóu | -ə́u/ *n.* (*pl.* ~s) 《米俗》入念な検査, 吟味. 〖(1917) *once-over* の二つの *o* から〗

dóuble óbelisk [o'belus] *n.* =double dagger.

D

dóuble óption *n.* 〖証券〗複合オプション.

dóuble órange dáisy *n.* 〖植物〗東南アジア産の黄色の頭状花をつけるキク科ムカシヨモギ属の多年生植物 (*Erigeron aurantiacus*).

dóuble páddle *n.* 〖海事〗ダブルパドル《両端に扁平部のある櫂(㊟); 主にカヤックに用いる》.

dóuble-pàge spréad *n.* =double-spread.

dóuble páir róyal *n.* 〖トランプ〗(クリベッジで)同位札(同番号[記号]の札) 4 枚 (cf. FOUR of a kind).

dóuble-páned *adj.* (窓が)二重ガラスの.

dóuble-párk *vt.* 〈自動車を〉(歩道に寄せて駐車してある)他の自動車に並べて(通例不法)駐車する. — *vi.* 二重駐車する. 〖1936〗

dóuble personálity *n.* 〖心理〗二重人格 (cf. split personality, multiple personality).

dóuble pláy *n.* 〖野球〗ダブルプレー, 併殺. 〖1867〗

dóuble pneumónia *n.* 〖病理〗両側肺炎. 〖1892〗

dóuble póint *n.* 〖数学〗二重点. 〖1727–51〗

dóuble-pòle swítch *n.* 〖電気〗二極スイッチ. 〖1920〗

dóuble posséssive *n.* 〖文法〗=double genitive.

dóuble póstal càrd *n.* 往復はがき.

dóuble precísion *n.* 〖電算〗倍精度, 倍精度演算《数を表すのに通常の 2 倍の長さの桁数を使って精度を向上すること; cf. quadruple precision》.

dóuble predestinátion *n.* 〖神学〗二重予定(説)《天国へ行く者と地獄に落ちる者は生前から定まっているという説》.

dóuble quátrefoil *n.* 〖紋章〗=octofoil.

dóuble-quíck *adj., adv.* 大急ぎの[で]: catch the killer in ~ time 殺人犯をスピード逮捕する. — *n.* 〖軍事〗=double time 1 a. — *vt., vi.* =double-time. 〖1822〗

dóuble quotátion màrks *n. pl.* 〖印刷〗=double quotes.

dóuble quótes *n. pl.* 〖印刷〗ダブルクォーツ (" ")《引用語句を示すための記号; cf. single quotes》.

dóu·bler /-blə, -blə | -blə(r, -bl-/ *n.* 二重[二倍]にする人[物]. 〖(1552) ← DOUBLE+-ER¹〗

dóuble-réed *adj.* ダブルリード (double reed) の.

dóuble réed *n.* 〖音楽〗ダブルリード, 複簧(㊟) (楽器)《オーボエ・ファゴットなどの互いにふれ合って振動する 2 枚のリード (reed) のある管楽器》. 〖c1876〗

dóuble-réef *vt.* 〖海事〗(2 箇所の縮帆部を取って)〈帆を〉二段縮帆をする. 〖1703〗

dóuble-refíne *vt.* 二度精練する. 〖1631〗

dóuble refráction *n.* 〖光学〗複屈折《結晶などの非等方性物質に入射した光が互いに垂直な振動面をもつわずかに異なった方向に進む二つの光に分かれる現象; birefringence ともいう》. 〖1831〗

dóuble rhýme *n.* 〖詩学〗二重押韻《行末の 2 音節が押韻するもの; 例: numbers: slumbers / earnest: returnest / another: brother》.

dóuble-ríng *adj.* 〈結婚式が〉指輪交換の. 〖c1959〗

dóuble-rípper *n.* 《ニューイングランド》(2 台のそりを連結した)二連ぞり (bobsled).

dóuble róom *n.* (ホテルなどの, ダブルベッドのはいった)二人用部屋 (cf. twin-bed room). 〖1931〗

dóuble róyal *n.* 《英》ロイヤル ダブル判《印刷用紙の寸法の一つ; 40×25 インチ [1016×635 mm]; 略 DR》.

dóuble rúm *n.* 〖トランプ〗=cooncan.

dóuble-rúnner *n.* 1 《ニューイングランド》=double-ripper. 2 2 枚刃つき子供用スケート.

dóuble sált *n.* 〖化学〗複塩. 〖1849〗

dóuble sáucepan *n.* 《英》=double boiler. 〖1906〗

dóuble scréw jàck *n.* 〖機械〗二段ねじジャッキ.

dóuble scúlls *n. pl.* [単数扱い] ダブルスカル《二人がそれぞれ両サイドのオールをこぐ二人乗りボートレース; cf. single sculls》.

dóuble-séater *n.* =two-seater 3.

dóuble séries *n.* 〖数学〗二重級数.

dóuble shárp *n.* 〖音楽〗1 ダブルシャープ, 重嬰(㊟)記号 (𝄪)《ある幹音を 2 半音高くする変化[変位]記号》. 2 重嬰記号のついた音符, 重嬰音.

dóuble shéar *n.* 〖機械〗二面剪断(㊟)《リベット・ボルトなどの剪断される面が 2 面のもの》.

dóuble shíft *n.* (工場・学校などの)二交替制; そのグループ. 〖1884〗

dóuble shúffle *n.* 1 〖ダンス〗左右の足を 2 度ずつ急いでひきずるようにするステップ. 2 《俗》はっきりしない話し方, あわただしい会見, 逃げを打つこと, だますこと, つけこむこと. 3 《俗》=double cross. 4 《俗》いかさま, ペテン.

dóuble-síded *adj.* 二面をもつ; 両面の《織物・粘着テープなど》.

dóuble sólitaire *n.* 〖トランプ〗二人占い《クロンダイク (Klondike) やキャンフィールド (Canfield) などの「一人占い」を, 台札だけ共通にして二人がそれぞれのカードで行う方式》.

dóuble-spáce *vt., vi.* 1 1 行おきに[行間を 1 行分あけて]タイプする (cf. single-space). 〖c1937〗

dóuble Spánish búrton *n.* 〖機械〗複滑車 1 個と単滑車 2 個から成る滑車装置.

dóuble-speak /dʌ́blspìːk/ *n.* あいまいな話, ごまかし言葉 (double-talk). 〖1952〗

dóuble-spréad *n.* (新聞などの)見開き 2 ページ大の広告. 〖1956〗

dóuble sprít *n.* 〖海事〗二重斜桁(㊟).

dóuble stándard *n.* 1 二重基準《特に性行動について男性に対してより寛大であるように作られた旧弊な道徳基準》. 2 〖経済〗複本位制《金銀 2 種類の金属を同様に本位貨幣として使用する制度; cf. single standard》. 〖1867〗

dóuble stár *n.* 〖天文〗1 =binary star. 2 二重星《ほぼ同一視線方向にあるために接近して見える 2 星; optical double star ともいう》. 〖1781〗

dóuble stéal *n.* 〖野球〗ダブルスチール, 重盗 (cf. TRIPLE steal).

dóuble stém *n.* 〖スキー〗複制動《速力を落とすために両方のスキーの後部を開く姿勢; cf. single stem》. 〖1936〗

dóuble stítch *n.* 〖製本〗二つ目とじ《折丁の折り目に二つのとじ穴をあけてとじる; cf. saddle stitch 2, side stitch》.

dóuble-stóp 〖音楽〗*vt.* 〈弦楽器〉で同時に二つ以上の音を奏する. — *vi.* (弦楽器で)同時に二つ以上の音を奏する. — *n.* ダブルストップ, 重音, 二重把弦; その音譜. 〖1880〗

dóuble-stóry *adj.* 〈建物が〉二階建ての.

dóuble stréss *n.* 〖音声〗二重強勢《合成語などで第一強勢が二つ存在すること; 例: ský-blúe, fúll-tíme》.

dóuble súgar *n.* 〖化学〗=disaccharide.

dóuble súmmer tìme *n.* 《英》二重夏時間《標準時より 2 時間進める; 略 DST》. 〖1943〗

dóuble suspénsion *n.* 〖音楽〗複掛留(㊟)《先行和音の 2 音を同時に掛留させること; cf. suspension 10 a》.

dóuble-sỳstem sóund recòrding *n.* 〖映画〗二重方式《撮影と録音を別のテープに同時に行う方式》.

dou·blet /dʌ́blɪt/ *n.* 1 a ダブレット《15–17 世紀に流行した身体にぴったりした男子用上衣, キルティングなどの二重仕立てになっている; cf. singlet 1》: ⇨ DOUBLET and hose. b ダブレット《鎖かたびらで補強しよろいの下に着用した刺し子縫いの下着》. 2 よく似た物の一方; 対の片方; [*pl.*] 双生児 (twins). 3 〖言語〗二重語《同語源ではあるが異なった経路を通ってきたために語形や意義が分化した語; 例: fashion—faction, coy—quiet, fragile—frail など; cf. triplet 10》. 4 (二連銃などで)同時に射落とした 2 羽の鳥; [*pl.*] ぞろ目《一緒に振った 2 個のさいに同じ数が出た目》. 5 対の物 (cf. couplet 2): a 二重レンズ. b 〖物理〗(スペクトルの)二重線; 二重項. c 〖印刷〗ダブレット《間違って 2 度植字された語句; double ともいう》. d (ガラスの台などを用いた)張り合わせ宝石. e 〖ドミノ〗ダブレット《左右に仕切られた両区画に同数の点のある牌》. 6 〖電気〗双極子. 7 〖通信〗=dipole aerial. **dóublet and hóse** (昔の典型的な)男子の服装; (マント (cloak) などを着ない)ふだん着, 軽装, 仕事着. 〖(1327) □ (O)F ~: ⇨ double, -et〗

dóuble táckle *n.* 二重滑車綱具《綱溝の二つある滑車を用いたもの》.

dóuble-táiled *adj.* 〖紋章〗=queue fourché.

dóuble táke *n.* 《口語》(喜劇役者などが)初めは笑って受け流し次に本当の事に気が付いて「ぎょっ」とする仕草; 見直し (second look): do a ~ (at …) (…に)「ええっ」と見直しをする. 〖1930〗

dóuble-tàlk *n.* 1 意味のあることないことを取り混ぜて人を煙に巻く話し方[書き方] (gibberish). 2 つじつまの合わない; (特に政治スローガンなど)内容空虚な[曖昧な]話[文句]. 3 =double entendre. — *vi.* =double-talk をする. — *vt.* double-talk で煙に巻く[たぶらかす]. **~·er** *n.* 〖1936〗

dóublet anténna *n.* 〖通信〗ダブレット空中線 (⇨ dipole antenna).

dóuble tápe *n.* 〖電気〗往復用磁気テープ (⇨ magnetic tape).

dóuble-tèam 《米》*vi.* 1 二つが協力して(…に)当たる 〔*on, upon*〕. 2 (アメリカンフットボールなどで)一人の相手のブロックに二人を当てて走路をつける. — *vt.* (アメリカンフットボールなどで)〈相手を〉二人の選手でブロックする[防ぐ]. 〖1860〗

Dóuble Tén [Ténth] *n.* [the ~] 双十節《台湾の辛亥革命記念日; 10 月 10 日》. 〖(1940) 《なぞり》← Chin. *shuang shih* (双十)〗

dóuble-thìnk *n.* 非論理的二重信念, 二つの矛盾した思想[見方]を同時に信じ込むこと[能力]. — *adj.* 非論理的二重信念的な. — *vi.* 非論理的二重信念をもつ. — *vt.* …について非論理的二重信念をもつ. 〖(1949) George Orwell が *Nineteen Eighty-Four* (1949) で用いた造語〗

dóuble-thrów swìtch *n.* 〖電気〗双投スイッチ《切/入のスイッチではなく, 切替え用のスイッチ》.

dóuble tíde *n.* 〖海洋〗=agger 1.

dóuble-tìme 《米》*adj.* [限定的] 駆け足の. — *adv.* 大急ぎで. — *vi.* 駆け足する, 速歩行進する. — *vt.* 駆け足させる, 速歩行進させる: ~ a person. 〖1943〗

dóuble tìme *n.* 《米》1 a 〖軍事〗駆け足, 速歩(行進)《早駆け (run) に次ぐ急速歩; 米国陸軍では歩幅 36 インチで 1 分間 180 歩; double-quick または単に double ともいう》: in ~ 駆け足で. b 歩調を合わせてのゆっくりした駆け足. c 《口語》(一般に速度に関係なく)駆け足. d 〖号令〗駆け足. 2 /⌐⌐⌐/ 二重超過勤務手当, 倍額支給《週末や法定休日の勤務に対する通常手当の 2 倍》. 3 〖経済〗=duple time. 〖1853〗

dou·ble·ton /dʌ́bltən, -tn̩/ *n.* 〖トランプ〗(ブリッジで) 2 枚札《配られたとき, 手札に同じスーツ (suit) の札が 2 枚しかないこと; cf. singleton 2》. 〖(c1894) ← DOUBLE (adj.)+(SINGLE)TON〗

dóuble-tóngue *vi.* 〖音楽〗(特に, フルート・トランペットなどの吹奏楽器で)複切法で演奏する《t と k を交互に発音するように舌先を硬口蓋につけたり離したりして急速な楽句やスタッカートを明晰に演奏する》. **dóuble-tónguing** *n.* 〖c1900〗

dóuble-tóngued *adj.* 二枚舌の, 嘘つきの. 〖c1384〗

dóuble-tòoth *n.* 〖植物〗=bur marigold.

dóuble tóp *n.* 〖ダーツ〗ダブルトップ《20 点のダブル》.

dóublet pàttern *n.* 〖美術〗(織物などで)中心線に対して対称的に描かれた模様.

dóuble-tráck *vt.* 〖鉄道〗〈軌道を〉複線にする; …に複線を設ける.

dóuble tráck *n.* 〖鉄道〗複線.

dóuble tránsitive vérb *n.* 〖文法〗=ditransitive verb.

dóuble-trèe *n.* 《米》馬車・すきなどの横材《2 頭引きはこの両端に whippletree を取り付ける》.

dóuble trúck *n.* 〖印刷〗1 見開きレイアウト《新聞で, 見開き 2 ページを 1 単位とする記事や広告のレイアウト》. 2 ダブルトラック《中央見開き物 (center spread) 用組版のチェース (chase)》. 3 中央見開き広告《中央見開きページの広告》.

dóuble twíll *n.* 重ね斜文織《連続した斜文線に直交方向の斜文線を組み合わせたもの》.

double-u /dʌ́bljùː, -lju/ *n.* (*also* **double-you** /~/) 1 W の文字. 2 《口語》(水洗)トイレ (WC) 〖1599〗

dóuble vísion *n.* 〖眼科〗=diplopia.

dóuble wéighing *n.* 〖化学〗二重秤(㊟)り法, 交換秤量法《てんびんで, 一度測ってから分銅と物体を左右交換して測り正確を期すること》.

dóuble whámmy *n.* 《口語》二重の災難[不利益], ダブルパンチ.

dóuble whíp *n.* 複滑車(装置) (⇨ whip *n.* 6 a).

dóuble whóle nóte *n.* 《米》〖音楽〗2 全音符 (《英》breve).

dóuble-wíde *adj.* (通常の) 2 倍の広さの; 幅が 2 倍の, 2 倍幅の. — *n.* 《米》2 台連結の移動住宅.

dóuble wíndow *n.* 二重窓. 〖1819〗

dóuble wíngback formàtion *n.* 〖アメフト〗ダブルウィングバックフォーメーション《両端翼に一人ずつバックを配置した攻撃の陣型; cf. single wingback formation》.

dóuble yéllow línes *n. pl.* 黄色の二重線《道路わきに塗り駐車禁止を示す; cf. single yellow line》.

dóuble zéro *n.* =zero-zero². 〖1914〗

dou·bling /dʌ́blɪŋ, -bl-/ *n.* 1 倍加, 倍増し: the ~ *of* one's income. 2 a 折重ね, 折込み; 二重張り. b より合わせ; 〖紡織〗合糸(㊟). 3 a (衣服の)裏. b = doublure. 4 (追跡を避けるときの)急転回, 逆行. 5 再蒸留; [*pl.*] 再蒸留酒. 6 〖海事〗ダブリング《組立てマストで, 上下 2 本のマストの重なっている部分》. 〖(1396): ⇨ -ing¹〗

dóubling tìme *n.* 〖原子力〗倍増時間《増殖炉で増殖により燃料が 2 倍に増える時間》.

dou·bloon /dʌblúːn/ *n.* 1 ダブロン金貨《昔スペインの 2 escudos または 1/8 onza に相当した金貨》. 2 [*pl.*]《俗》(一般に)金 (money). 〖(1622) □ F *doublon* // Sp. *doblón* ← *doble* double: ⇨ -oon〗

dou·blure /dʌblúə, duː- | -blúə(r, -ljúə(r; *F.* dublyːʁ/ *n.* (書籍の)表紙裏, 見返し; (特に革の)飾り見返し. 〖(1886) □ F ~ 'lining' ← *doubler* to line, double〗

dou·bly /dʌ́bli/ *adv.* 1 [通例形容詞を修飾して] 2 倍に (cf. double *adv.* 1): be ~ careful 倍気をつける. 2 二重[二様]に. 3 〖植物〗二重に: ~ crenate, dentate, etc. 4 《廃》ずるく, ごまかして: deal ~. 〖(?c1400): ⇨ -ly¹〗

dóubly sérrate *n.* =biserrate.

Doubs /dúː; *F.* du/ *n.* 1 ドゥー(県)《フランス東部のスイスに接する県; 面積 5,229 km², 県都 Besançon》. 2 [the ~] ドゥー(川)《フランス東部, Jura 山脈に源を発し, Saône 川に注ぐ川 (430 km)》.

doubt /dáut/ *n.* 1 疑い, 疑惑 (⇨ qualm, uncertainty SYN): beyond the [a] shadow of a ~ 少しの[一点の]疑いもなく, 明白に / guilty beyond a reasonable ~ 道理にかなった疑いが入りこむ余地がないほど有罪の. 2 [しばしば *pl.*] 不審, 疑念; 不信: I have my ~*s about* her innocence [my ~*s* (*about*) *whether* she is innocent]. 彼女が潔白かどうか疑わしいと思っている / clear up [dispel] a person's ~*s* 人の疑惑を晴らす[払いのける] / The revelations raised ~*s* about her integrity. 意外な新事実のために彼女の誠実さについて疑念がわいた / She has no ~ *that* I was right. 彼女は私の正しいことを確信していた. 3 (事の結果などの)疑わしさ, 不確かさ: There is no ~ *about* that. そのことには疑わしい点がない / leave no ~ that …だということは明らかだ / There can be little [no] ~ *that* the best thing is for him to obey his father. 一番よいのは彼が父の言う通りにすることだということはほとんど[全く]疑いの余地がありえない. 4 〖哲学〗懐疑. 5 《廃》未解決点, 問題, 難点. 6 《廃》恐怖, 気遣い. ***beyònd* (*a* [*àny*]) *dóubt*** (1) 疑いの余地もない, きわめて明白に: The truth of the report is *beyond* ~. (2) = *without* DOUBT. ***beyònd* (*a*) *réasonable dóubt*** 〖法律〗合理的疑いの余地なく (cf. 1). ***cáll in dóubt*** ⇨ call 成句. ***give a person the bénefit of the dóubt*** ⇨

BENEFIT of the doubt. ***in dóubt*** (1) 〈人が〉疑って, 迷って (doubtful): She is *in* (some) ～ about his faith. 彼女は彼の誠実さを疑っている / I am *in* ～ about what I ought to do. どうしてよいか迷っている / If [When] *in* ～, ask for help. 迷ったら, 助けを求めなさい. (2) 〈物事が疑わしくて, 疑問で: It was still *in* (some) ～. まだ疑問のままで[不確かで]あった. ***màke nó dóubt*** 疑わない, 信じる (be convinced): He *made no* ～ of it. 彼はそれを信じて疑わなかった / I *make no* ～ *that* it is true. 私はそれが真実であることを確信する. ***nò dóubt*** (1) 多分, きっと, 恐らく (probably, doubtless): *No* ～ he meant to write, but he didn't. 恐らく書くつもりだったのだろうが, 実際には書かなかった. (2) =*without* DOUBT. ***ópen to dóubt*** =*in* DOUBT (2). ***pàst áll dóubt*** =*beyond* DOUBT (1). ***withòut (a [ány]) dóubt*** 疑いの余地もなく, 確かに. ★ no doubt や doubtless よりも強い確信を示す.

— *vt.* **1** 疑う; 不審に思う, 信じかねる (distrust): ～ one's own existence 自分の存在を疑う[信じかねる] / ～ a person's honesty 人の誠実を疑う[どうだかわからないと思う] / Surely you don't ～ me! まさか私を疑いはしないでしょうね. ★ doubt の目的語としての clause は通例, 肯定文では whether, if, when, what などに, 否定文・疑問文では that に導かれる(この場合 that の代わりに but, but that を用いるのは《口語》, but what を用いるのは《俗》): I ～ very much *whether* [*if*] he'll come. 彼が来られるかどうか大いに疑問だ / I ～ *if* [(*that*)] he really wrote this book. 彼が実際にこの本を書いたのか疑わしいと思う. ★ 肯定文で that を用いると不信を表す / I *don't* ～ *that* you are honest. あなたが正直なことは疑わない / I *don't* ～ (*but*) *that* he will win. 彼の勝利を信じている / Can you ～ *that* he will win? 彼の勝利を疑えるだろうか / I ～ that she'll keep her word. 彼女が約束を守るとは思えない.

日英比較 日本語の「疑う」は英語では *doubt* と suspect の二つに分かれる. *doubt* は「…でないらしい」と疑うことであり, suspect は「…であるらしい」と疑うことをいう. たとえば I *doubt* his honesty. は「彼は正直ではないらしい」であり, I suspect that man. は「あの男が犯人であるらしい[怪しい]」となる. つまり, 前者は眼前のある命題が真実ではないのではないかと疑うことであり, 後者はいまだ明らかになっていない真実について, もしかしたら眼前のものが真実ではないだろうかと疑うことである. **2**《古・方言》恐れる, 危ぶむ, 気遣う (fear): I ～ we are late. — *vi.* **1** 疑う, 怪しむ; 疑惑をいだく, おぼつかなく思う 〈*of*〉. **2**《古》ちゅうちょする (hesitate).

～·er /-tə | -tə^(r)/ *n.* 〖v.: (?a1200) □ *doute(n)* □ (O)F *douter* < L *dubitāre* to doubt, (原義) to have to choose between two things ← IE **dwo-* 'two'. — n.: (?a1200) □ (O)F *doute*: *-b-* は 15 世紀に L の影響で挿入: cf. dubious〗

doubt·a·ble /dáutəbl | -tə-/ *adj.* 疑われる, 不確かな. **dóut·a·bly** /-bli, -bli/ *adv.* 〖(?a1400) *doutable* □ OF: ⇨ -able〗

doubt·ful /dáutfəl, -fl/ *adj.* **1** 〈事実など〉疑わしい, 疑問のある, はっきりしない: a ～ case はっきりしない[疑問の]事件 / *It is* ～ *whether* it is true or not. 本当かどうかは疑わしい. **2** 〈人が〉疑わしく思っている, 疑いをいだいている, 確かでない, わからない (uncertain): He made no ～ of [*about*] his success. 成功を危ぶんだ / He was ～ (*as to*) what he ought to do. 彼はどうすべきかわからなかった / I am very ～ *whether* [(*that*)] he really wrote the book. 彼が本当にその本を書いたのかどうか深い疑念をいだいている. **3 a** (成行き・結果が)おぼつかない, 不安な, (先が)不明な: a ～ future どうなることかわからない未来 / a ～ blessing (幸福になるかならないか)あやふやな幸い / The weather looks ～. 天気はあやしい. **b** (支持政党が)予想しにくい, 未知数の. **4** 〈人物・行状・評判など〉疑わしい, いかがわしい (questionable): a ～ character いかがわしい人物 / a ～ neighborhood いかがわしい隣近所. — *n.* 疑わしい人[物]. **～·ly** *adv.* **～·ness** *n.* 〖(c1395) *douteful*: ⇨ -ful¹〗

SYN 疑わしい: **doubtful** 〈事が〉不確かである; 〈人が〉疑いをいだいている: a *doubtful* story 不確かな話 / I am *doubtful* of its accuracy. それが正確かどうか疑わしい. **dubious** 〈事が〉不審・疑いをいだかせる; 〈人が〉漠然とした疑惑を感じている《通例否定的判断》: *dubious* gains 不審なもうけ / I am *dubious* of its accuracy. それが正確かどうかいささか怪しい. **suspicious** 〈事が〉疑いをかけられるような; 〈人が〉疑い深い: *suspicious* actions うさん臭い行為 / a *suspicious* nature 疑い深い性質. **questionable** 〈事が〉真実性などについて疑うべき理由がある《しばしば道徳上の強い疑惑を表す》: *questionable* conduct いかがわしい行為. **ANT** certain, sure.

dóubt·ing /-tɪŋ | -tɪŋ/ *adj.* 疑う, 信じない: a ～ heart. **～·ly** *adv.* 〖(c1425): ⇨ -ing²〗

dóubting Thómas *n.* 証拠なしでは信じない人《キリストの弟子 Thomas が実証を見るまでキリストの復活を信じなかったことから; cf. *John* 20: 24–29》: He's a ～. 〖1877〗

doubt·less /dáutlɪs/ *adv.* **1** 恐らく, 多分: I shall ～ see you tomorrow. 明日は多分お目にかかれましょう. **2** 疑いもなく, 確かに (unquestionably) (cf. undoubtedly): That's ～ the best method of doing it. それは疑いもなくそれをする一番よい方法だ. — *adj.* **1** 疑いのない, 確かな (certain). **2**《廃》恐れのない, 不安のない. **～·ly** *adv.* **～·ness** *n.* 〖(c1380) *douteles*: ⇨ -less〗

douc /dú:k/ *n.*〘動物〙=douc langur.

douce /dú:s/ *adj.* **1**《英方言》**a** 愛想のよい, 愉快な; 控え目な. **b** こぎれいな, 感じのよい. **2**《スコット》おとなしい, 穏やかな, 落ち着いた; 取り澄ました. **3**〘音楽〙甘美な, やわらかい. **～·ly** *adv.* 〖((?c1300)) (1728) □ OF ～ (fem.) ← *dous* (F *doux*) < L *dulcem* sweet: ⇨ dulcet〗

dou·ceur /du:sə́: | -sə́:^(r); *F.* dusœ:ʁ/ *n.* (*pl.* ～**s** /～z/; *F.* ～/) **1** 心づけ, チップ (tip); 賄賂(ワイロ), 鼻薬 (bribe). **2**《古》愛嬌(あいきょう) (amiability); 物柔らかさ (gentleness). ***douceur de (la) vie*** /-də(la:)ví:; *F.* -də (la)vi/ =***douceur de vivre*** /-dəví:vr(ə); *F.* -də-vi:vr/ 人生の楽しみ. 〖(?c1380) □ F ～ 'sweetness, favor' < LL *dulcōrem* ← L *dulcis* (↑)〗

douche /dú:ʃ/ *n.* **1** 圧注(法); 灌注(液): vaginal ～ 膣洗(浄); 膣洗剤. **2** 灌水浴, シャワー. **3** 灌水器. — *vt.* **1** (特に膣に)圧注[灌注]する. **2** 灌水する. — *vi.* 圧注[灌注]を受ける. 〖(1766) □ F ～ □ It. *doccia* conduit, water pipe ← *docciare* to pour by drops ← L *ductus* conduit: ⇨ duct〗

dóuche bàg *n.* **1** 膣洗浄器(の洗浄水を入れる袋の部分). **2**《米俗》ブス, いけすかない女, いやなやつ[男], くそったれ.

dóuc làngur [mònkey] *n.*〘動物〙アカアシドゥクモンキー, アカアシフイリザル (*Pygathrix nemaeus*)《ベトナム・ラオスの熱帯多雨林に生息するオナガザル科のサル》. 〖(1774) □ F ～ □ Cochin *douc, dok* monkey〗

Doug /dʌ́g/ *n.* ダグ《男性名》. 〖(dim.) ← DOUGLAS²〗

Dou·gal /dú:gəl, -gl/ *n.* ドゥーガル《男性名; 異形 Dugald; 主としてスコットランドの Highlands にみられる》. 〖← OIr. *dubhgall* black stranger: アイルランド人がノルウェー人(のちに英国人)につけたあだ名〗

dough /dóu | dáu/ *n.* **1** 練り粉, こね粉, パン生地: knead ～ / ⇨ *My* CAKE *is dough.* **2** (パン生地のような)柔らかいかたまり. **3**《米俗》金銭, 現なま (money). **4** ゴムのり. **5**《米口語》歩兵 (doughboy). **～·lìke** *adj.* 〖OE *dāg* < Gmc **daiʒaz* (Du. *deeg* / G *Teig*) ← IE **dheigh-* to knead clay (L *figūra* form / Gk *teîkhos* wall): cf. dairy, lady〗

dóugh bìrd *n.*〘鳥類〙=Eskimo curlew.

dóugh·bòy *n.* **1**《英口語》ゆでだんご, 揚げだんご. **2**《米口語》歩兵 (infantryman)《特に第一次大戦中ヨーロッパにいた米国歩兵; 南北戦争の北軍歩兵隊の制服の大きな真鍮(しんちゅう)のボタンからか》. (1865) ***(as) pát as a dóughboy***《米口語》全くぴったりの. 〖1685〗

dóugh·fàce *n.* **1**《米口語》(人の言いなりになる)いくじなし. **2**〘米史〙**a** 奴隷制度に反対でなかった北部出身の下院議員. **b** 南北戦争当時南部に同情的であった北部人. **3** 仮面 (mask). 〖1809〗

dóugh-fáced *adj.*《米口語》**1** 青白い, 青ぶくれの. **2** いくじなしの. **3** 無表情な顔をした. 〖1792〗

dóugh·fòot *n.* (*pl.* **-feet**, ～**s**)《米軍俗》歩兵. 〖⇨ doughboy 2〗

dóugh·less *adj.*《米俗》一文無しの.

dough·nut /dóunət, -nʌt | dáunʌt/ *n.* **1** ドーナツ; ドーナツ形[環状]のもの. **2**《口語・俗》自動車[飛行機の車輪など]のタイヤ. **3**〘物理〙ドーナツ《シンクロトロン(加速器)の部分で, 加速されるビームの通るドーナツ型の真空のチューブ》. — *vt.*《英口語》〈国会議員が演説者を〉取り囲む《テレビ放映中演説者への支持を示したり出席者が多いことを印象づけるため》. 〖(1809) ← DOUGH+NUT: その形が nut に似ているところから〗

dóughnut tìre *n.* ドーナツタイヤ《特大の超低圧タイヤ; cf. balloon tire》.

dought *v.* dow¹ の過去形. 〖OE *dohte* (pret.): ⇨ dow¹〗

dóugh-pòp *vt.*《米俗》徹底的にやっつける.

dough·ty /dáuti | -ti/ *adj.* (**dough·ti·er**; **-ti·est**)《古・戯言》強い, 豪胆な (bold), 勇猛な. **dóugh·ti·ly** /-təli, -tli | -təli, -tli/ *adv.* **dóugh·ti·ness** *n.* 〖lateOE *dohtig* (変形) ← *dyhtig* ← Gmc **duχtiaz* (Du. *duchtig* / G *tüchtig*) ← IE **dheugh-* to produce something useful (Gk *teûkhos* tool): ⇨ -y⁴〗

Dough·ty /dáuti | -ti/, **C(harles) M(ontagu)** *n.* ダウティ《1843–1926; 英国の旅行家・作家; *Travels in Arabia Deserta* (1888)》.

dough·y /dóui | dáui/ *adj.* (**dough·i·er**, **-i·est**; **more** ～, **most** ～) **1** こね粉[パン生地]のような; 〈パンなど〉生焼けの (half-baked). **2**《口語》〈顔色が〉青白い (pasty); (知能の)鈍い. **3** 〈音が〉鈍く歯切れの悪い; 〈文体が〉微温的な. **dóugh·i·ness** *n.* 〖(1602–3): ⇨ -y⁴〗

Doug·las¹ /dʌ́gləs/ *n.* ダグラス《イングランドのマン島 (Isle of Man) 東岸の港で同島の主都; 海岸保養地として有名》. 〖↓〗

Doug·las² /dʌ́gləs/ *n.* ダグラス《男性名; 愛称形 Doug》. 〖← Gael. *dub(h)glas* dark blue (stream): もと川の名からスコットランドの名門の家族名となり, 更に洗礼名となった〗

Douglas, C(lifford) H(ugh) *n.* ダグラス《1879–1952; 英国の経済学者; 社会資産説 (Social Credit) を唱えた》.

Douglas, Gawin *or* **Gavin** *n.* ダグラス《1474?–1522; スコットランドの詩人・聖職者; Vergil の *The Aeneid* 訳 (1553) により, 古典文学の最初の英訳者となる》.

Douglas, (George) Norman *n.* ダグラス《1868–1952; 英国の小説家・随筆家; *South Wind* (1917)》.

Douglas, James *n.* ダグラス《1358?–88; スコットランドの武将; 豪勇をもって知られたが, 英軍との戦いで戦死; 称号 2nd Earl of Douglas》.

Douglas, Sir James *n.* ダグラス《1286?–1330; スコットランドの豪族で武将; たびたびイングランドに侵入して英軍を打ち破った; 通称 the Black Douglas》.

Douglas, Sir John Shol·to /ʃɑ́(:)ltou | ʃɔ́ltəu/ *n.* ダグラス《1844–1900; スコットランドの貴族; 近代のボクシングルール (Marquis of Queensberry rules) を制定した; 称号 8th Marquis of Queensberry》.

Douglas, Kirk *n.* ダグラス《1916–　; 米国の映画俳優; *Spartacus* (1960)》.

Douglas, Lloyd C(assel) *n.* ダグラス《1877–1951; 米国の牧師・小説家; *The Robe* (1942)》.

Douglas, Stephen A(rnold) *n.* ダグラス《1813–61; 米国の政治家; Illinois 州の上院議員選挙において奴隷制をめぐって Lincoln と論争; 通称 the Little Giant》.

Douglas, William Shol·to /ʃɑ́(:)ltou | ʃɔ́ltəu/ *n.* ダグラス《1893–1969; 英国空軍元帥; 1st Baron Douglas of Kirtleside /kə́:tlsaɪd | kɜ́:tl-/》.

Dóuglas fír *n.*〘植物〙アメリカトガサワラ, ダグラスモミ (*Pseudotsuga menziesii*=*P. taxifolia*)《北米西部産マツ科の大木で高さ 100 m に達する; 良質の建築用木材となる; Douglas hemlock [pine, spruce], black spruce, または Oregon pine ともいう》. 〖(1873) ← *David Douglas* (1798–1834: 1827 年この植物を初めて英国に紹介したスコットランド生まれの米国の植物学者・旅行家)〗

Douglas-Home /dʌ́gləshjú:m/, **Sir Alexander** *n.* ヒューム《1903–95; 英国の保守党政治家; 首相 (1963–64); 後に Baron Home (of the Hirsel of Coldstream); 本名 Alexander Frederick Douglas Home》.

Doug·lass /dʌ́gləs/, **Frederick (Augustus Washington Bailey)** *n.* ダグラス《1817–95; 米国の奴隷廃止運動指導者・著述家; 黒人を母として生まれた》.

Dóuglas scàle *n.* ダグラス波浪度《1929 年の国際気象学会で推された波浪・うねりの 10 段階表示の複合階級》.

Dóuglas squírrel *n.*〘動物〙ダグラスリス (*Tamiasciurus douglasii*)《アメリカアカリスと同属で, 北米西海岸に生息》.

douk /dúk/ *n.* =dook.

Dou·kho·bors /dú:kəbɔ̀əz | dú:kəbɔ̀:z/ *n. pl.*〘キリスト教〙ドゥクォボル派, ドゥホボル派, 霊の戦士《東方正教会が Universal Brotherhood と自称するロシアの独立教会に与えた名称; L. Tolstoi の影響を受け兵役を拒否, またキリストの神性を否認する》. 〖(1876) □ Russ. *dukhobortsy* spirit wrestlers, contenders against the Holy Spirit ← *dukh* spirit+*bortsy* ((pl.) ← *borets* wrestler ← *borot'* to overcome)〗

dou·lei·a /du:láɪə/ *n.*〘カトリック〙=dulia.

Doul·ton /dóultən | dául-/ *adj., n.* ドールトン会社製の(陶磁器). 〖(1878) ← *John Doulton* (1793–1873; 創設者)〗

doum /dú:m, dáum/ *n.*〘植物〙=doom palm. 〖(1788) □ Arab. *dawm*〗

Dou·ma /dú:mə, -mɑ: | dú:mə, djú:-; *Russ.* dúmə/ *n.* =Duma.

dóum pàlm *n.*〘植物〙=doom palm.

doun /dú:n/ *prep., adv., adj.* =down¹.

doup /dáup/ *n.*《スコット》**1** 尻, 臀(でん)部. **2** たばこの吸い殻. 〖(1513) □ ? ON *daup*〗

doup·pi·o·ni /dù:pióuni | -óuni/ *n.* (*also* **dou·pi·o·ni** /～/) 玉糸《複数の蚕が一緒になって作った玉繭(たままゆ)から製する; Shantung や pongee などの織物に用いられる》; 玉糸の織物 (dupion ともいう). 〖□ It. *doppione*: ⇨ dupion〗

dour /dúə, dáuə | dúə^(r), dáuə^(r)/ *adj.* (～**·er**; ～**·est**) **1** 〈人・顔つきなど〉むっつりした, 気むずかしい, 陰気な: a ～ expression [old man]. **2**《スコット》厳しい; 頑固な. **3**《スコット》〈天候が〉陰鬱な; 〈土地が〉不毛の, やせた. **～·ly** *adv.* **～·ness** *n.* 〖(a1350) □ L *dūrus* hard: ⇨ dure¹〗

dou·ra /dú^(ə)rə | dúərə/ *n.* (*also* **dou·rah** /～/)〘植物〙=durra.

dou·rine /dú^(ə)ri:n | dúər-/ *n.*〘獣医〙媾疫(こうえき)《馬の伝染病; 病原虫 *Trypanosoma equiperdum* が主に生殖器と後足を冒す》. 〖(1882) □ F ～ □ ? Arab. *dáridna* to be filthy, scabby〗

dou·ro /dú^(ə)rou | dúərəu/ *n.* (*pl.* ～**s**) ドゥロ《昔のスペイン貨幣》. 〖(1870) □ F ～ □ Sp. *duro*〗

Dou·ro /dɔ́:ru: | dúərəu; *Port.* dóru/ *n.* [the ～] ドエロ[ドーロ](川)《スペイン北部に発する川; 西に流れてポルトガル北部を通って大西洋に注ぐ (895 km); スペイン語名 Duero /dwéro/》.

dou·rou·cou·li /dù^(ə)rəkú:li | dùər-/ *n.*〘動物〙ヨザル, フクロウザル《南米産オマキザル科ヨザル属 (*Aotus*) の夜行性のサル; 尾は長く目はフクロウのように大きい; ヨザル (*A. trivirgatus*) など》. 〖(1842) ← ?S-Am.-Ind.〗

douse /dáus, dáuz | dáus/ *vt.* **1** 〔水に〕突っ込む (plunge) 〔*in*〕; …に〔水を〕浴びせる, びしょぬれにする (drench) 〔*with*〕: ～ a person *with* water 人に水を浴びせる. **2**《口語》〈灯火を〉(さっと)消す (put out): ～ the glim《俗》明かりを消す. **3**〘海事〙**a** 〈帆・マストを〉急におろす; 〈舷窓を〉閉じる. **b** 〈索を〉急に伸ばす. **4**《古語》脱ぐ. — *vi.* 水に落ちる. — *n.* **1**《古》打つこと, 一打ち. **2**《英方言》どしゃ降り (downpour), びしょぬれ. 〖(1600) ← ?《廃》*douse* to strike // または擬音語か: cf. MDu. *doesen*, *dossen* to beat noisily〗

dóus·er *n.* (映写機などの)遮光板. 〖(1921) ← DOUSE +-ER¹〗

dout /dáut/ *vt.*《方言》〈火を〉消す (extinguish). — *n.*《スコット》タバコの吸いさし[吸い口]. 〖(1526) ← DO²+OUT〗

do ut des /dóuʌtdí:z | dáu-/ *L.* わたしはあなたが与えるために与える《双務契約の条件としての文句》.

dout·er /dáutə, dú:- | -tə^(r)/ *n.*《方言》ろうそくの芯切りばさみ (candlesnuffer). 〖(1622) ←《方言》*dout* to extinguish (← *do out*)+-ER¹〗

Douw /dáu; *Du.* dóu/, **Gerard** *n.* =Gerard Dou.

D

doux /dúː; F. du/ *adj.* 〈シャンパンが〉最も甘い, ドゥ (sweet) 《糖量が 7% 以上のものにいう; cf. champagne 1》. 〖(*c*1943) ☐ F ～ < L *dulcem* sweet〗

douze·pers /dúːzpèəz | -pèəz/ *n. pl.* 十二臣将 《フランス中世の文学・歴史に登場する 12 人の貴族廷臣団; (特に) Charlemagne 大帝の物語における十二勇士 (paladins)》. 〖(?*a*1200) *dousseper(s)* ☐ OF *do(u)ze pers* (F *douze pairs*) twelve peers: ⇨ dozen[1], peer[2]〗

DOVAP /dóuvæp | dáu-/ *n.* 〖電子工学〗 DOVAP 《電波の方向性とドップラー効果とを利用して長距離ミサイルなどの位置および速度を知るシステム》. 〖← *Do(ppler) V(elocity) a(nd) P(osition)*〗

dove[1] /dʌ́v/ *n.* **1** 〖鳥類〗 ハト 《ハト科の鳥の総称; 平和・無邪気・温順・柔和などの表象として用いられる; ナゲキバト (mourning dove), モリバト (ring dove), シラコバト (colored dove), コキジバト (turtledove) など; ⇨ pigeon SYN》: a ～ of peace 平和のハト. **2** 《穏健・平和主義的外交政策を支持する》ハト派(の人), 和平論者 (cf. hawk[1] 2). **3** [the D-] 〖天文〗 はと(鳩)座 (⇨ Columba). **4** [the D-] 聖霊 (the Holy Spirit) (cf. *Matt.* 3:16). **5** **a** 《Noah に対するハトのように》吉報をもたらす人, 平和の使者 (cf. *Gen.* 8:8–12). **b** [しばしば愛称の呼び掛けとして用いて] 純潔で柔和な人: my ～ かわいい人よ. **6** =dove gray. 〖(?*a*1200) *douve* < OE **dūfe* < Gmc **dūƀōn* 《原義》 darkcolored bird (Du. *duif* / G *Taube* / ON *dúfa*) ← IE **dheu-* to rise like dust: 一説では擬音語起源〗

dove[2] *v.* 《米口語・英方言》 dive の過去形.

dóve còlor *n.* 鳩色 《淡紅灰色, または帯紫灰色》. 〖1598〗

dóve-còlored *adj.* 鳩色の. 〖1727〗

dove·cote /dʌ́vkòut, -kɑ̀(ː)t | -kɔ̀ut, -kɔ̀t/ *n.* (*also* **dove·cot** /-kɑ̀(ː)t | -kɔ̀t/) **1** 鳩小屋. **2** 固定した団体, 調和のとれたグループ.
flútter* [*cáuse a flútter in*] *the dóvecotes 平穏無事な人たちを騒がせる, 平和な里に動揺を起こす (cf. Shak., *Corio* 5. 6. 114). (1607–8) 〖1401〗

dóve-éyed *adj.* 《ハトのように》柔和な目つきをしている, 目もとのやさしい (meek-eyed). 〖1717〗

dóve gráy *n.* 紫がかった灰色[グレー]. 〖1891〗

dóve háwk *n.* 《英》 〖鳥類〗 =hen harrier.

dóve·hòuse *n.* =dovecote. 〖*a*1349〗

dóve·ish /-vɪʃ/ *adj.* =dovish.

dove·kie /dʌ́vki/ *n.* (*also* **dove·key** /～/) 〖鳥類〗 ヒメウミスズメ (*Alle alle*) 《北大西洋産小型のウミスズメ; little auk, rotch ともいう》. 〖(1821) (dim.) ← DOVE[1]〗

dove·let /dʌ́vlɪ̀t/ *n.* 小バト. 〖(1825): ⇨ -let〗

dove·like *adj.* ハトのような; 優しい, 柔和な. 〖1577〗

do·ven /dóːvən/ *vi.* =daven.

dóve pòx *n.* 〖獣医〗 =pigeon pox.

dóve prion *n.* 〖鳥類〗 ナンキョククジラドリ (*Pachyptila desolata*) 《南半球の海に生息するミズナギドリ科の鳥; Antarctic prion ともいう》.

Dó·ve prism /dóuvə-, dʌ́v- | dáuvə-, dʌ́v-; G. dóːvə-/ *n.* 〖光学〗 ドーヴェのプリズム 《望遠鏡系のなかに入れ, 像の上下あるいは左右を反転させるのに用いる台形のプリズム; cf. Porro prism》. 〖← ? *Heinrich W. Dove* (1803–79: ドイツの物理学者)〗

Do·ver /dóuvə | dáuvə[r]/ *n.* ドーバー: **1** イングランド南東部, Kent 州東部ドーバー海峡に臨む海港, フランス海岸に最も近い (⇨ Cinque Ports). **2** 米国 Delaware 州の州都. ***when Dóver and Cálais méet*** 決して…ない (never). 〖OE *Dofras* (pl.) ☐ OBrit. **Dobrā* 《変形》 ← OCelt. **Dubrā* the waters (Welsh *dwfr* water): cf. OE *Doferware brōc* 《原義》 the brook of the people of Dover (現名 *Dour*)〗

Dover, the Strait(s) of *n.* ドーバー海峡 《英仏間の海峡でイギリス海峡と北海とを結ぶ; 最短距離 30 km; フランス語名 Pas de Calais》.

Dóver sóle *n.* 〖魚類〗 **1** 《ヨーロッパ》ソール 《欧州主産のササウシノシタ科の食用魚》. **2** アメリカナメタガレイ (*Microstomus pacificus*) 《California 沿岸主産のカレイ》.

Dó·ver's pówder /dóuvəz- | dáuvəz-/ *n.* 〖薬学〗 ドーブル散, アヘン吐根散 《発汗・鎮痛剤》. 〖(1801) ← *Thomas Dover* (1660–1742: 英国の医師)〗

dóve's-fòot *n.* (*pl.* ～**s**) 〖植物〗 =geranium 1. 〖葉の形から〗

dóve's-foot cránesbill *n.* 〖植物〗 ゲラニウムモーレ (*Geranium molle*) 《ヨーロッパ産のフウロソウ科の一年草》.

dóve shéll *n.* 〖貝類〗 タモトガイ科フトコロガイ属 (*Columbella*) の巻貝の総称. 〖その色にちなむ〗

dóve·tàil *n.* 〖木工〗 **a** 蟻(あり), ばち形 《ハトの尾のように先端のひろがった形》: a ～ tenon 蟻枘(ありほぞ). **b** =dovetail joint. — *vt.* **1** 〖木工〗 蟻枘で接合する, 〔…に〕蟻継ぎする 〔*in, into, to*〕. **2** 《事実などを》〔…に〕緊密につなぎ合わせる, ぴったりはめる 〔*in, into*〕; …にぴったりはまる. — *vi.* 緊密につながり合う; 〔…に〕適合する, 〔…と〕調和する 〔*into, with*〕. **～·er** *n.* 〖(1565–73) ほぞの形とハトの尾との類似から〗

dóve·tàiled *adj.* **1** ハトのような尾をした. **2** 蟻枘(ありほぞ)で接合した. **3** 〖紋章〗 ハトの尾の形をした. 〖1721〗

dóvetail jòint *n.* 〖木工〗 **1** 蟻(あり)継ぎ 《一方の木の端を蟻 (dovetail) の形にして造った継ぎ手》. **2** 蟻掛け. 〖1776〗

dóvetail plàne *n.* 〖木工〗 蟻鉋(ありがんな).

dóvetail sàw *n.* 〖木工〗 枘挽鋸(ほぞびき) 《縦挽鋸の一種; 枘を正確に挽くため薄い刃と狭い挽目をもち, 背金がつく; 家具・模型製作などの精密作業用》. 〖1812–16〗

dóve trèe *n.* 〖植物〗 ダビディア, ハトノキ (*Davidia involucrata*) 《中国原産の落葉高木; 白い花の形がハトに似ている》. 〖1933〗

dov·ish /dʌ́vɪʃ/ *adj.* **1** ハトのような. **2** ハト派的な, 平和的な (cf. dove[1] *n.* 2, hawkish 2): ～ ministers ハト派の閣僚. **～·ly** *adv.* **～·ness** *n.* 〖(1537) ← DOVE[1] ＋-ISH[1]〗

dow[1] /dáu, dóu | dáu, dóu/ *vi.* (～**ed, dought** /dáut/) 《スコット》 **1** …できる (cf. downa). **2** 成功する, 栄える. **3** 回復する. **4** [通例否定語と共に] 行動するだけと十分に感じる. 〖OE *dugan* < Gmc **duȝan* (Du. *deugen* / G *taugen* / ON *duga*) < ⇨ doughty〗

dow[2] /dáu/ *n.* 〖海事〗 =dhow.

Dow /dáu/ *n.* 《米口語》 〖証券〗 =Dow-Jones average.

Dow /dáu/, **Gerard** *n.* =Gerard Dou.

Dow. 《略》 Dowager.

dow·a·ble /dáuəbl̩/ *adj.* 〖法律〗 《法的に》寡婦産を受ける資格のある. 〖(1535) ☐ AF ～ ← OF *douer* (↓): ⇨ -able〗

dow·a·ger /dáuəʤə | -ʤə[r]/ *n.* **1** 〖法律〗 亡夫から財産・爵位を継承している寡婦, 《特に王・貴族などの》未亡人 《嗣子に妻のある場合にそれと区別するために次の例のように爵位と並記》: a princess ～ 親王未亡人 / a queen ～ 《王国の》太后 / an empress ～ 《帝国の》皇太后 / a ～ duchess 公爵未亡人. **2** 《口語》 《威厳のある》中年の貴婦人. — *adj.* [限定的] dowager の[に関する]. 〖(1530) ☐ OF *douag(i)ere* ← *douage* dower ← *douer* to endow < L *dōtāre*: cf. endow〗

dówager's húmp *n.* 〖医学〗 《年老いた婦人の》脊柱後彎(病).

dowd /dáud/ *n.* だらしない身なりをしたやつ, むさくるしいかっこうをした女. 〖((*c*1330)) (1814) 《逆成》 ← DOWDY〗

Dow·den /dáudn̩/, **Edward** *n.* ダウデン (1843–1913; アイルランドの英文学教授・批評家・詩人; *Shakespeare, His Mind and Art* (1875)).

Dow·ding /dáudɪŋ | -dɪŋ/, Baron **Hugh Caswall Tremenheere** *n.* ダウディング (1882–1970; 英国空軍最高司令官 (1936–40); あだ名は Stuffy).

dowd·y /dáudi | -di/ *adj.* (**dowd·i·er; -di·est**) 〈女性(の容姿・服装)など〉だらしない, 下品な; むさくるしい, みすぼらしい; 流行遅れの, やぼったい, ダサい. — *n.* **1** 《身なりの》むさくるしい[下品な]女. **2** 《米》 =pandowdy. **dówd·i·ly** /-dəli, -dli | -dɪ̀li, -dli/ *adv.* **dówd·i·ness** *n.* 〖(1581) ← *dowd* dowdy woman (< ME *doude* slut ← ?)＋-Y[2]〗

dówd·y·ish /-diɪʃ | -di-/ *adj.* ややだらしがない, やぼくさい, ダサっぽい (somewhat dowdy). 〖(1817): ⇨ ↑, -ish〗

dówd·y·ìsm /-diìzm | -di-/ *n.* むさくるしさ, だらしなさ (dowdiness). 〖(1859): ⇨ -ism〗

dow·el /dáuəl, dául/ *n.* **1** 〖木工・石工〗 《接合用》合わせ釘, 太枘(だぼ), 枘(ほぞ), ジベル 《木材接合用の特殊金具; dowel pin ともいう》. **2** 〖歯科〗 合釘(ごうてい) 《人工の歯冠を歯根に継ぐ金属棒; post ともいう》: a ～ crown 継続歯. — *vt.* (**dow·eled, -elled; -el·ing, -el·ling**) 〖木工〗 合わせ釘[太枘, ジベル]で接合する[つなぎ合わせる]. 〖(1296–97) (i) *doul(e)* ☐ ? OF *douelle* (F *douvelle*) stave of a barrel (dim.) ← *douve* < LL *dogam* vessel ☐ Gk *dokhḗ* receptacle. (ii) ☐ ? MLG *dovel*: cf. G *Döbel, Dübel* plug, peg〗

dówel scréw *n.* 〖木工〗 太枘(だぼ)つぎねじ, 枘(ほぞ)ねじ, ねじ太枘.

dow·er /dáuə | dáuə[r]/ *n.* **1** 〖法律〗 寡婦産 《亡夫遺留不動産のうち寡婦が終身受ける部分; cf. widow's third [tierce], paraphernalia》. **2** 《古・詩》 =dowry 1. **3** 賦与の才能, 資性, 生まれつきの資質 (natural gift) 《美貌・知性・健康など》. — *vt.* **1** 〈人〉に[寡婦産[嫁資]を]与える 〔*with*〕; 寡婦産として与える. **2** [才能・資性などを]…に賦与する, 授ける, 与える (endow) 〔*with*〕. 〖(*a*1387) ☐ (O)F *douaire* ☐ ML *dōtārium* ← L *dōs* dowry〗

dówer chèst *n.* =hope chest. 〖1881〗

dówer hòuse *n.* 〖英法〗 寡婦用住居 《相続によって住宅が相続人に移った場合にも寡婦産 (dower) の一部として特に寡婦のために留保される住居》. **2** 田舎の地所にある小家屋. 〖1862〗

dówer·less *adj.* 寡婦産のない. 〖(1604–5): ⇨ -less〗

dowf /dáuf, dúːf/ *adj.* 《スコット・北英》 気力[熱意]のない (listless); 陰気な. 〖(*c*1430) ☐ ? ON *daufr* 'DEAF'〗

dow·ie /dáui, dóui | dáui, dáui/ *adj.* (**dow·i·er; -i·est**) 《スコット》 寂しい, 悲しい (doleful); 重苦しい, 憂鬱な. 〖(1508) 《古形》 *dolly* ← ? ME *dol(l)* 'DULL': ⇨ -ie〗

dow·itch·er /dáuɪtʃə | -ɪtʃə[r]/ *n.* (*pl.* ～**s**, ～) 〖鳥類〗 オオハシシギ 《北米・アジア産シギ科オオハシシギ属 (*Limnodromus*) のシギの総称; オオハシシギ (*L. scolopaceus*) など》. 〖(1841) ☐ ? N-Am.-Ind.〗

Dow Jones /dáuʤóunz | -ʤə́unz/ *n.* **1** ダウジョーンズ(社) 《米国の大手通信・出版社; ダウジョーンズ平均株価 (Dow-Jones average) を毎日発表する; *The Wall Street Journal* の発行元; 1882 年創業; 略 DJ》. **2** =Dow-Jones average.

Dów-Jònes áverage [ìndex] /dáuʤòunz- | -ʤə̀unz-/ *n.* 〖証券〗 [the ～] ダウジョーンズ平均(株価)[指数] 《米国の Dow Jones 社が計算・公表する平均株価; 単に Dow Jones ともいう》: on the ～ ダウ式平均株価で[によって]. 〖(1922) ← *Charles Henry Dow* (1851–1902) と *Edward D. Jones* (?–1920): 共にダウジョーンズ社の創始者〗

Dów-Jònes Indústrial Áverage *n.* ⇨ DJIA.

dowl /dául/ *n.* (*also* **dowle** /～/) 《英方言》 羽毛, 綿毛, 羽枝 (filament). 〖(1611) ← ?〗

Dow·land /dáulənd/, **John** *n.* ダウランド (1563?–1626; 英国のリュート奏者・作曲家).

dow·las /dáuləs/ *n.* 《英》 ダウラス 《16–17 世紀ごろ多く用いられた粗い生地のリンネルまたは綿布; 今はそれに似た丈夫なキャラコを指す》. 〖(*c*1300) *dowles* ← *D(a)oulas* (Brittany の Brest 付近の原産地名)〗

Dow·met·al /dáumètl̩ | -tl̩/ *n.* 〖商標〗 ダウメタル 《アルミニウム・マンガン・シリコンを含むマグネシウム合金》. 〖← *Dow Chemical Co.* (米国の製造会社名)〗

down[1] /dáun/ *adv.* **1** [運動・方向] 《高い所から》低い所へ, 下って, 降りて, 下へ[に, を], 下方へ[に] (↔ up); こちら[そちら]の方へ[に], 《ある方向へ》ずっと: far [way] ～ ずっと下へ[に] / climb ～ 手足を使って降りる / drag ～ 引き倒す, 引きずり下ろす / fall ～ 落ちる, 倒れる / get ～ 《車などから》降りる / blow ～ 吹き倒す / burn ～ 焼け落ちる / look ～ 見下ろす / pull ～ 引き下ろす, 引き倒す / run ～ 走り下りる / run all the way ～ (to) here ここまでずっと走ってくる / It's ～ here [there]. ここ[あそこ]にある / come [live] ～ your way おたくの方に行く[住んでいる] / set a person ～ 人を降ろす / sink ～ 沈下する / go ～ on one's knees =kneel ～ ひざまずく / knock ～ 打ち倒す / lay ～ 下に置く / let ～ 下ろす, 下げる / lie ～ 横になる, 体を横にする / tumble ～ 転倒する, ころがり落ちる / be brought ～ 下ろされる; 射落とされる.
2 下(しも)に, 下手に; 《流れを》下って; 《上位から》下位へ; 《英》 《都市から田舎へ》下って; 《米》 町(の方)へ, 町中へ (cf. downtown); 鉄道の終点へ向かって; 《上院から》下院へ; 《米》 《北から》南へ, 南方へ (★ 最近では 《英》 でもこの用法が一般的になってきた): go ～ to the coast / go ～ from town 《英》 町から田舎へ行く / go ～ to the country 田舎へ行く / go ～ to Norfolk from Scotland スコットランドからノーフォークへ下る / flow ～ 流れ下る / be brought ～ by the river 川に流されて来る[行く] / go [be] ～ from Oxford 《英》 オックスフォード(大学)を退く[退いている] 《卒業してまたは退学して》 / go ～ to Scotland 《英》 《ロンドンから》スコットランドへ行く / go ～ to one's office in the city 町の事務所へ行く / ～ in Kent 南のケント州に[で] / ～ in the south 南部地方に[で] / ～ East [east] 《米口語》 (New England の) 東部海岸地方 (特に Maine 州)へ[で] / (way) ～ South [south] 《米口語》 南部(諸州)へ[で] / go ～ east [south] 《米口語》 東部[南部]地方へ行く (cf. down East, down south) / send ～ 下げる; 下げ渡す; 《上院から下院へ》回付する / The bill is ～ for its second reading. その議案は下院の第二読会に回されている / sail ～ 〈船が〉南下する / up and ～ あちらこちらへ[に] / Coming ～, left center. 舞台の左手中央を前方へ進み出る 《ト書》.
3 下って(いる); 《上階などから》下りて(いる); 〈戸などが〉下ろして(ある); 〈日が〉没して[沈んで](いる); 〈潮が〉引いて(いる); 〈温度が〉下がって(いる); 〈風が〉静まって, ないで; 〈音・ボリュームが[を]〉下がって[下げて], 低くなって: leave the blinds ～ 《日よけの》ブラインドを下ろしておく / He is not ～ yet. まだ《寝室から食堂へ》下りて来ない / The sun is ～. 太陽は沈んでいる / The tide is ～. 潮が引いている / The wind has gone [died] ～. 風がないだ.
4 倒れて, 伏して, のめって(いる) (prostrate); 〔病気で〕寝て(いる) 〔*with*〕: be flat ～ on the ground [floor] 地面[床]の上にぴたりと伏して[倒れて, 寝そべって]いる / be ～ on one's back あおむけに寝て[倒れて]いる / We have about 30 men ～ now. 約 30 人病気で寝て[倒れて]いる / be [come] ～ *with* a cold 風邪で寝ている[寝込む] / hit a person who [when he] is ～ 倒れている人を打つ; 《比喩》 屍(しかばね)にむちうつ / The boxer went ～ in the third round. ボクサーは第 3 ラウンドでダウンした.
5 出所[隠れ場所, 居場所]まで: track [run, ride, hunt] ～ 〈獲物を〉追い詰める.
6 弱りきって, 《健康が》衰えて (enfeebled); 《意気などが》沈んで (depressed): be ～ in spirits 元気がない / get a person ～ 人を弱らせる[意気消沈させる] / He is [feels] thoroughly [utterly] ～. すっかり衰弱して[元気が衰えて]いる / ～ in the dumps ⇨ dump[2] 1 / hiss [hoot, howl, shout, talk] a speaker [performer] ～ しっしっと言って[やじって, どなって, 大声をあげて, 言い負かして]演説者[演技者]を黙らせる.
7 完全に制御[停止, 静止]できるまでに: tie ～ a struggling dog 暴れる犬を縛りつける / Calm ～, now! まあ落ち着きなさい / cool ～ 〈怒り・激情など〉さめる, 鎮まる, 冷静になる.
8 〈物が〉下がって, 下に傾いて[垂れて, 突き出て]: be ～ on the left side 左側が下がっている / ～ by the head [stern] 〖海事〗 船首脚(おもてあし)[船尾脚(ともあし)]で 《船首[船尾]の喫水が船尾[船首]の喫水よりも大で》 / ⇨ *down at the* HEEL*(s)*.
9 〈値が〉下がって(いる) (cheaper, lower); 〈質が〉低下して, 劣って, 落ちて; 〈身分・地位・評判などが〉下がって, 低くなって, 落ちぶれて; 〈産額・出生率などが〉下がって: Bread is ～. パンが安くなっている / bring ～ the price 値を下げる / Our stocks and shares are ～. 株が下がっている / come ～ in the world 落ちぶれる / He is ～ to his last penny. 最後の一文しかなくなるまで落ちぶれている / The temperature is [has gone] ～ to freezing [0]. 気温が氷点 [0 度]まで下がっている[下がった] / Count ～ (from 10 to 0). (10 から 0 まで)逆に数える, カウントダウンする.
10 《量が》少なく, 《かさが》詰まって, 微粒子になって: boil ～ 煮詰める (cf. BOIL[1] *down*) / water ～ whiskey ウイスキーを水で割る / ⇨ GRIND *down* / wear ～ すり減らす / thin ～ 〈液体を〉薄める.
11 本腰を入れて, 真剣に, 真面目に: get [settle] ～ to work 本気で仕事に取りかかる.
12 **a** [時間関係] 《初期から》下って, 《昔から》このかた, 近時に至るまで: from Chaucer's time ～ to the time of Elizabeth I チョーサーの時代から下ってエリザベス一世の時

代まで / hand ~ to posterity 後代[子孫]に伝える / look ~ through the ages 時代を現代まで通観する. **b** [上下関係] (上は…から)下は…に至るまで: from King ~ to cobbler = ~ from King to cobbler 上は王様から下は靴直しに至るまで.
13 その場で, 現金で (in cash): pay £10 ~ 10 ポンド現金で払う / half ~ and half in monthly payments 半額即金半額月賦で / ⇨ CASH¹ *down*. ★「テーブル[帳場]の上へ置いて」が原義.
14 紙に記して, 書きとめて: take [get, have, lay, put, write] ~ 書き取る.
15 最大限に, ぎりぎりのところまで: load ~ 満載する.
16 〘野球〙 アウトになって: two ~ 二死で.
17 a (ゴルフ・テニスなどで得点などが)…リードされて, …ダウン (↔ up): He was one [two] ~. 一[二]ホール[点]負け越していた / Our team is two goals ~. わがチームは 2 ゴールリードされている. **b** 損をして: I was £10 ~ on the transaction. その取引で 10 ポンド損をした.
18 〘海事〙 下に(向かって), 下向きに; 風下に; 舵柄を風上に向けて(船首は風下に).
19 《俗》 感づいて, 気づいて: You're ~ to every move. あなたは万事心得ているんですね.
20 [命令文でまたは助動詞の後で動詞を省略して]: *Down*, Fido, good dog! さあファイドウ, おすわり / I must ~ to the seas again. また海へ行かねば[海に出ねば]ならぬ.
21 予定されて, 段取りになって (on program): The meeting is ~ for Friday. 会議は金曜日に予定されている / I am ~ to speak at the party. そのパーティーでスピーチをすることになっている.
be dówn for …をする人として記名[登録]されている, …することになっている. ***be dówn on*** (1) 《口語》 …に飛びかかる; …をいじめる, 虐待する. 《1815》 (2) 《俗》 …に気づいている: I'*m* ~ *on* it all. そのことは一部始終承知している. (3) …に反対する, 賛成しない: I *am* ~ *on* such things [people]. そんな事[人たち]は好かない. 《1851》 ***dówn and óut*** 落ちぶれ果てて, 文無しで; 浮浪者となって; ノックアウトされて; 〈体が〉弱り果てて (cf. down-and-out). ***dòwn belów*** (1) すぐ下に; ずっと下方へ. (2) 地下(室)に; 船倉に[へ]. ***dówn cóld [pát]*** 完璧に, すっかり. ***dòwn thére*** ⇨ there *adv.* 成句. ***dówn to*** 《英俗》 (1) …のせいで: The whole mess is [comes] ~ *to* you. この混乱はすべて君のせいだ. (2) …の責務で, …次第で (up to): The next move is ~ *to* you. 次にどんな手を打つかは君次第だ. 《1955》 ***dówn to the gróund*** 《口語》 すべての点で, 全く, 徹底的に: It suits me ~ *to the ground*. それは私には全くおあつらえ向きだ. 《1867》 ***dòwn únder*** ⇨ down under. ***dówn with*** [命令法に使った動詞 put などを省いて] (1) …を即座に出せ: *Down with* your money! あり金を出してしまえ. (2) …をやっつけろ, ぶっつぶせ, 打倒せよ: *Down with* the despot! 暴君をやっつけろ. (3) …を下へ置く, 地面へ下ろす: *Down with* your gun! 銃を捨てろ. 《1535》 ***úp and dówn*** ⇨ up 成句.
— /daʊn, dáʊn/ *prep.* **1** (高所から)…を下って, 下方に: The bus came ~ the hill. バスは丘を下ってやってきた / The road goes [runs] ~ (the) hill. その道は下りになっている / The child fell ~ the stairs. 子供は階段をころげ落ちた / A stroke paralyzed him ~ one side. 卒中で彼は半身不随になった《左右どちらかの半身が上から下まで麻痺した》. **2** 〈流れ・風(の方向)〉に沿って, 下って; …の下手に; …を南へ, 南方に (↔ up): go ~ the river 川を下る / live ~ (the) stream 川の下手に住む (cf. downstream) / ~ (the) wind 風下に / ⇨ *let go down the* WIND¹ / sail ~ the China Sea シナ海を南下する. **3 a** 〈道・通路など〉…に沿って, …を(通って)〔*along*〕; …を通って向こうの端へ[に]; …を行ったところに: go ~ the road toward the church その道を通って教会の方へ行く / drive [run, walk] ~ a street 通りを自動車で[走って, 歩いて]行く / a strip of ground ~ the middle of the yard 庭の中ほどの細長い地面 / a stain ~ the front of my dress 服の前の部分についたしみ / She lives just ~ the street. 通りのちょっと先に住んでいる / The bathroom is ~ the hall. 洗面所は廊下の先にある / walk up and ~ the street 通りを散策[行ったり来たり]する. ★ この意味では down と up が同じように用いられることがある (cf. up 2 a, 2 b): The post office? Just go straight ~ [*up*] this road. 郵便局ですか? この道をまっすぐ行けばいいですよ. **b** 《英口語》 …(の中)へ, …まで (to); …に, …で (at) 《非標準的な用法》: I sometimes go ~ the pub. 時々パブに行く. **4** [時] …以来(ずっと): ~ the ages 太古以来. **5** 〈舞台〉の前方に: ~ stage. **6** 〈ページ・欄〉を上から下へ: I stopped reading half-way ~ the page. ページの中途で読むのをやめた.
dówn céllar ⇨ cellar 成句. ***dówn cóuntry*** ⇨ country 成句. ***dòwn the líne*** ⇨ line¹ 成句. ***dòwn the píke [tráck]*** 《米》 将来に. ***dòwn the róad*** ⇨ road 成句. ***dówn tówn*** ⇨ downtown *adv.*
— *adj.* (最上級 ~ **most**) **1** 下への, 下方への; 〈視線・顔が〉うつむきの: a ~ leap 飛び降り / a ~ escalator 下りのエスカレーター. **2** 下降の (descending); 下り坂の (sloping): ⇨ downslope / be on the ~ grade 下り勾配(こうばい)である. **3** しょげた, 落胆した (depressed): a ~ face, expression, etc. ★《英》ではこの意味の限定的な用法は《廃》⇨ *adv.* 6. **4** 〈列車など〉(中央駅[《英》ロンドン]から地方に向かう)下りの; 下り線の: a ~ train 下り列車 / a ~ tube 下りの地下鉄(線) / a ~ line [platform] 下り線[ホーム]. **5** (船の操舵で)舵を風上に向けている. **6 a** 即時現金での: money [cash] ~ 即金. **b** 頭金としての: ⇨ down payment. **7** (改修などのため)閉鎖した: a ~ watermill 閉鎖中の水車小屋 / The works will be ~ indefinitely. 工場は無期限に閉鎖されよう. **8** (病気などで)倒れて, 寝込んで: be [come, go] ~ *with* flu 流感で寝込んでいる[でしまう]. **9** 完了[終了]して (completed), 始末して: two problems ~, one to go 問題の二つは終了で, 残りが一つ. **10** 〘アメフト〙 ダウンの[で]. ★ 次のいずれかの理由でボールがプレーされない状態にある場合にいう: (1) ボールが停止したとき. (2) ボールを持つ選手がタックルされたとき. (3) レフェリーが競技を停止したとき. **11** 〔競馬などに〕賭けた〔*for*〕.
— /dáʊn/ *v.* — *vt.* 《口語》 **1** おろす; 〈飛行機などを〉射落とす; 投げ倒す, 打ち倒す; 屈服させる (subdue): *Down* oars! オール下ろせ / His horse ~*ed* him two times. 馬は彼を 2 回降り落とした / His opponent ~*ed* him. 相手は彼を投げ[打ち]倒した / The enemy's guns ~*ed* two of our aircraft. 敵の大砲がわが方の飛行機を 2 機撃ち落とした / He is not to be ~*ed* by censure. 非難されて屈服するような男ではない. **2** (試合などで)打ち負かす (defeat). **3** 〈酒などを〉飲み干す; 〈食べ物などを〉飲み込む, 食べる: ~ a glass of beer / ~ a snack. **4** 〘アメフト〙 〈ボールを〉ダウンにする (⇨ *adj.* 10). — *vi.* 降りる, 下る.
dówn tóols ⇨ tool 成句.
— *n.* **1** 下降, 下り. **2** [*pl.*] 衰運, 不振: the ups and ~*s* of life, fate, etc. ⇨ up *n.* 成句. **3** 落ち込み, 意気消沈. **4** 《口語》 恨み, 嫌悪: have a ~ *on* a person 人を恨む[嫌う]. **5** (犬の)おすわり. **6** 《米俗》 = downer 1. **7** 〘アメフト〙 ダウン《ボールを持っているプレーヤーがプレーの領域から外へ出て, そのボールが dead ball となること》. **8** 〘バドミントン〙 ダウン《ダブルスで, サーブ側が得点せず, その結果サーバーがサーブ権を失うこと; cf. hand-out a》. **9** 〘レスリング〙 ダウン(を取ること). **10** [the ~] 〘ドミノ〙 = pose¹ 5.
〔late OE *dūne* 《頭音消失》 ← *adūne* ← OE *of dūne* from (the) hill: ⇨ down³, adown〕

down² /dáʊn/ *n.* (*pl.* ~, ~**s**) **1 a** (水鳥の)綿毛(わたげ) 《布団(ふとん)などに入れる柔らかい羽毛》: (as) soft as ~ / a bed of ~ ⇨ bed 成句. **b** (*pl.* ~**s**) 綿羽(めんう). **2** (綿毛に似た)柔らかい毛; (幼児・幼獣などの)産毛, (顔などの)和毛(にこげ). **3** 〘植物〙 **a** (タンポポなどの)冠毛. **b** (桃などの果実に生えた)綿毛. 〔《1345–49》 □ ON *dūnn* ← Gmc **duns-* 《原義》 fine like dust: ⇨ dust〕

down³ /dáʊn/ *n.* **1** 《古》 [通例 *pl.*] (海岸地方の)砂丘 (dune). **2** [通例 *pl.*] (特にイングランド南部で牧羊に適する)小高い草原地, 丘原 (cf. Downs 1); 《豪・NZ》 広々としたゆるやかな丘陵. **3** [D-] ダウン種(の羊) 《Downs 地方原産の羊の品種; 短毛種で角がない》: ⇨ Southdown. 〔OE *dūn* hill < Gmc **dūnaz* (Du. *duin*) □ ? Celt. **dūnom* (Ir. *dūn* fort: cf. town) ← IE **dhūno-* fortified, enclosed place: cf. dun³, dune〕

Down /dáʊn/ *n.* ダウン 《北アイルランド南東部の地区; 面積 2,466 km², 中心都市 Downpatrick》. 〔← (O)Ir. *dūn* hill < OCelt. **dūnom* (Welsh 《廃》 *dīn* fort): ⇨ down³〕

down- /dáʊn/ down¹ の意の複合語形成要素: *down*hill.

dow·na /dáʊnə/ *vi.* 《スコット》 できない (cannot) (cf. dow¹ *vi.* 1). 〔《1786》 ← DOW¹ + NA〕

dówn-and-dírty *adj.* 《米口語》 **1** (競争などが)なりふり構わぬ, なんでもありの. **2** ありのままの, あからさまな (unvarnished). **3** 荒削りの, 泥くさい. **4** みだらな, いやらしい, 卑猥な (bawdy). **5** みすぼらしい, うすぎたない (seedy).

dówn-and-óut *adj.* **1** 落ちぶれ果てた, 食い詰めた. **2** 〈ボクサーが〉打ちのめされた, ノックダウンされた. **3** 〈体が〉弱り果てた. — *n.* **1** 弱った[落ちぶれた]人; ノックダウンされた人. **2** 〘トランプ〙 (ブリッジで)ダウンアンドアウト《高低 2 枚の同種札を続けてプレーし, 3 回目は切り札で切れることをパートナーに示す戦法; cf. high-low signal》. 〔1889〕

dówn-and-óuter *n.* 《米口語》 = down-and-out 1. 〔1909〕

dówn-at-héel *adj.* 《口語》 **1** 靴のかかとがすり減っている; 貧しい, みすぼらしい; だらしない. **2** 営業不振の. **3** 不健康な. 〔1704〕

dówn-at-the-héel *adj.* 《口語》 = down-at-heel.

dówn·bèat *n.* **1** 〘音楽〙 **a** (指揮者が小節の第 1 拍や強拍を指示するために)指揮棒[腕]を上から振り下ろす動作. **b** 強拍, 下拍, 小節の第 1 拍 (cf. upbeat 2). **2** 〘音楽〙 (ジャズで 4/4 拍子の)第 2 拍または第 4 拍. **3** 減退, 衰微 (decline). **4** 《米俗》 退屈 (boredom); 間抜け, あほ. — *adj.* **1** 《口語》 憂鬱な, 暗い, 悲観的な, みじめな: a ~ film. **2** 《口語》 くつろいだ, (語調の)穏やかな. **3** 《米俗》 退屈な; 間抜けな. 〔1876〕

dówn-bélt·ing *adj.* **1** 〈雨が〉どしゃぶりの. **2** 《米口語》 流れが速い (fast flowing).

dówn·bòund *adj.* 南行きの, 下り方面の.

dówn·bòw /-bòʊ | -bəʊ/ *n.* 〘音楽〙 下げ弓, ダウンボウ《弦楽器で弓を右へ引いて, 手元から先端の方へ用いる奏法; 記号 ⊓; ⇨ up-bow》. 〔1891〕

dówn·bùrst *n.* ダウンバースト, 激しい下降気流 (microburst ともいう).

dówn·càst *adj.* **1** 〈目が〉うつむきの, 下向きの (cast down): sit with ~ head うつむいて座る. **2** 〈人が〉うなだれた, しおれた (dejected). — *n.* **1** 《まれ》 破滅, 滅亡 (ruin). **2** うつむき加減, 伏し目がちな態度; 憂鬱な[しけた]顔つき. **3** 〘鉱山〙 入気(にゅうき)(立坑), 通気(立坑) (↔ upcast). **4** 〘地質〙 = downthrow 1. 〔c1303〕

dówncast sháft *n.* 〘鉱山〙 入気立坑, 通気立坑. 〔1816〕

dówn·còme *n.* **1** 《古》 落下, 墜落 (downfall); 零落 (comedown), 失墜, 不面目. **2** 〘機械〙 = downcomer. 〔1513〕

dówn·còmer *n.* 〘機械〙 **1** 熱い蒸気を下に送るダクト[筒, 管]. **2** 降水管. 〔1868〕

dówn·convèrter *n.* 〘電子工学〙 ダウンコンバーター《信号をより低い周波数に変える装置》. **dówn·convèrsion** *n.*

dówn·cóuntry *adj., adv.* **1** 平野地方の[で, へ]. **2** (特に米国の)海岸地方の[で, へ]. 〔《1874》 ↓〕

dówn cóuntry *n.* **1** 平野地方, 低地帯. **2** (特に米国の)海岸地方. 〔1823〕

dówn·cóurt *adv., adj.* 〘バスケット〙 相手側[ゴールのある]コートへ[で, の方向に, の]. 〔1952〕

dówn·cỳcle *n.* (経済などの)下降サイクル.

dówn·dràft *n.* **1** (煙突などの)吹き込み, 下向き通風; 下降気流. **2** (景気などの)減退, 落ち込み. 〔1849〕

dówn·drìft *n.* 下降傾向, 減衰; ダウンドリフト《ある種の言語・発話で, 句・節・文の終わり近くでピッチが落ちる現象》.

dòwn Éast, d- e-, D- E- 《米口語》 *n.* New England 地方; (特に) Maine 州 (cf. down¹ *adv.* 2). — *adv., adj.* 米国東北沿岸地方(およびカナダの沿海州)への[で(の)]; (特に) Maine 州へ(の)[で(の)]. 〔1825〕

dòwn éaster, D- E- *n.* **1** 《米口語》 東部沿岸地方人 《New England の東海岸, 特に Maine 州の人》. **2** 〘海事〙 19 世紀の末 New England (特に Maine 州) で建造された[から出帆した]帆船. 〔1819〕

down·er /dáʊnə | -nə^r/ *n.* 《俗》 **1** 鎮静剤, (特に) バルビツレート (barbiturate) 《単に down ともいう; cf. upper 6》. **2** 気の滅入るような経験[状態](など), うんざりさせる人(など): be on a ~ 気が滅入っている. **3** (強さなどの)下降, 減少. 〔《1966》: ⇨ down¹, -er¹〕

Downes /dáʊnz/, **(Edwin) Olin** *n.* ダウンズ (1886–1955; 米国の音楽評論家).

Dow·ney /dáʊni/ *n.* ダウニー《米国 California 州南西部, Los Angeles 南東の都市; 繊維・化学薬品・ゴム製品などを生産》.

down·fall /dáʊnfɔ̀ːl, -fɑ̀ːl | -fɔ̀ːl/ *n.* **1** (急激な)落下, 転落: a ~ of rocks 岩の落下 / a ~ earthquake 陥落地震. **2** (雨・雪などの)大降り (heavy fall). **3 a** (要塞などの)陥落, (家・国家などの)没落, 滅亡 (overthrow). **b** (内閣の)崩壊, 失墜. **4** (権威などの)失墜, (精神的)堕落; (人の)没落(の原因): be a person's ~ 人の破滅のもととなる / A woman can be the ~ of a man. 女は男の命取り(になることもある). **5** (上から重石などが落ちてくる仕掛けの)わな (cf. deadfall 1). 〔*a*1325〕

dówn·fàllen *adj.* 墜落した; 倒れた; 《米》 〈人が〉没落した. 〔1596–97〕

dówn·fàult·ed *adj.* 〘地質〙 〈地形が〉断層作用で下がった.

dówn·field *adv., adj.* 〘アメフト〙 ダウンフィールドで[の] 《スクラム線よりゴールラインまでのディフェンスのいるフィールドにいう》. 〔1944〕

dówn·flòw *n.* 下方に流れること[もの].

dówn·fòld *n.* 〘地質〙 向斜《地層の下方への褶曲(しゅうきょく)》. 〔1902〕

dówn·fòrce *n.* 〘自動車レース〙 ダウンフォース《空気の流れを利用してマシンを下方向に押さえつける力; より大きなグリップ力やトラクションが得られる》.

down·grade /dáʊngrèɪd/ 《米》 *adj., adv.* **1** 下り坂の[に]. **2** 降格の[で]. — *n.* **1** 下り坂, 下り勾配. **2** 降格, 格下げ. ***on the dówngrade*** 没落しかかった[て], 落ち目の[で], 左前の[で]. — *vt.* **1** …の地位[階級]を下げる, 格下げする. **2** …の品質を下げる, 重要性[値打ちなど]を下げる[落とす], 汚(けな)す. **3** けなす, 見下げる (belittle). **4** 〈書類〉の秘密順位を下げる《例えば top secret から secret へ格下げするなど》. 〔1858〕

dówn·gràd·ing /-dɪŋ | -dɪŋ/ *n.* (質の)低下, 悪化.

dówn·gỳved /-dʒàɪvd, -gàɪvd/ *adj.* 《Shak》 〈靴下が〉足かせのようにずり落ちて. 〔1600–1〕

dówn·hàul *n.* 〘海事〙 (jib や staysail を引き降ろすのに使う)降ろし綱[索]. 〔1669〕

dówn·héarted *adj.* 落胆している, 意気消沈した. **~·ly** *adv.* **~·ness** *n.* 〔*a*1774〕

down·hill /dáʊnhɪ̀l/ *n.* **1 a** 下り坂 (descent); 下り斜面. **b** 衰退 (decline): the ~ of life 人生の下り坂, 晩年. **2** 〘スキー〙 滑降[ダウンヒル]競技.
— /dáʊnhɪ́l⁻/ *adj.* **1** 下り(坂)の (declining). **2** 〘スキー〙 滑降[ダウンヒル]競技の[に適した]: a ~ racer [slide]. **3** 一層悪くなって, 衰えて, 落ち目になって. **4** 困難でない, やさしい.
— /⌐⌐/ *adv.* **1** 下り坂に, (丘・斜面を)下って, 下の方に: run ~. **2** 下り坂で, 衰えて. ***be áll downhíll*** = ***be downhíll àll the wáy*** あとは(最後まで)ずっと楽[楽勝]だ. ***gò downhíll*** 下り[坂]を下っていく; 〈健康・家運などが〉衰えていく; 堕落する. 〔1591〕

dówn·híll·er *n.* 〘スキー〙 滑降競技者[選手].

dówn·hòld *n.* 《米》 (出費・損失などの)削減, 切り詰め.

dówn·hòle *adj.* 地面に掘った[ボーリングした]穴で使用される.

dówn-hóme *adj.* 《米口語》 (米国の)南部的な; 田舎風の, 素朴な: a ~ lunch. 〔1938〕

dówn·i·ness *n.* 柔毛状; 柔毛質, (綿毛のような)快い柔軟性, ふわふわ[ふかふか]感. 〔《1670》 ← DOWNY¹ + -NESS〕

Dow·ning /dáʊnɪŋ/, **Andrew Jackson** *n.* ダウニング (1815–52; 米国の園芸家・造園家; White House の庭園をデザインした).

Dów·ning Strèet /dáʊnɪŋ-/ *n.* **1** ダウニング街 《London の Westminster にある官庁街; その 10 番地 (No. 10) に首相官邸がある》. **2** 《口語》 (英国の)現内閣, 現政府, 外務省, 首相: find favor in ~ 現政府に受けがよい. 〔← *Sir George Downing* (1623–84: アイルランド生まれの英国の外交官)〕

dówn jàcket *n.* ダウンジャケット《羽毛入り上着》.

dówn·lànd *n.* 傾斜牧草地. 〖(1842): cf. OE *dūnland*〗

dówn-lèad /-lìːd/ *n.* 《英》〘通信〙(アンテナの)引込み線 (lead-in). 〖1913〗

dówn·lìght *n.* ダウンライト《天井などから下向けに当てられる照明; downlighter ともいう; cf. uplight》.

dówn·lìnk *n.* ダウンリンク《宇宙船や通信衛星から地上へのデータ伝送》. 〖1969〗

dówn·lòad *vt.* **1** 〘電算〙ダウンロードする《ネットワークなどを介してホストコンピューターからユーザーのコンピューターにデータを移すこと》. **2** 〈航空機などの積み荷を〉降ろす. — *n.* 〘電算〙(データの)ダウンロード. **dówn·lòad·er** *n.* 〖1977〗

D

dówn-márket *adj.* 〈製品など〉低所得者向けの. 〖1970〗

dówn mílling *n.* 〘機械〙 =climbmilling.

dówn·mòst *adv., adj.* 最も低く[低い]. 〖1790〗

Down·pat·rick /dàunpǽtrɪk/ *n.* ダウンパトリック《北アイルランド Down 地区の中心都市; 聖 Patrick 埋葬の地とされる》.

dówn páyment *n.* (分割払いの)頭金: How much will the ~ be? / a ~ of 10 dollars 10 ドルの頭金. 〖1926〗

dówn·pìpe *n.* 《英・NZ》〘建築〙 =downspout. 〖1858〗

down·play /dáunplèɪ | -pléɪ/ *vt.* 《米》重視しない, 軽視する: ~ one's success 自分の成功[勝利]をそれほど大したことはないと思う[いう]. 〖1968〗

down·pour /dáunpɔ̀ə | -pɔ̀ː(r)/ *n.* (太陽光線などの)降り注ぎ, (特に)雨のどしゃ降り, 大降り, 豪雨: a ~ of rain 豪雨. 〖1811〗

dówn quàrk *n.* 〘物理〙ダウンクォーク《電荷 −1/3, バリオン数 1/3, チャーム 0, ストレンジネス 0 のクォーク》. 〖1976〗

dówn·ránge 《米》*adv.* 〈ミサイルなどが〉射程に沿って: fire ~. — *adj.* (ミサイルの)射程地域[実域]の. 〖1952〗

dówn·ràte *vt.* 〈等級・価値などを〉下げる, 落とす.

down·right /dáunràɪt/ *adv.* **1** ざっくばらんに (without ceremony). **2** 徹底的に, 完全に, よくよく; とても: be ~ angry / I'm ~ glad you take that sensible view of it. お前がそのようにもののわかった考え方をするのは本当にうれしい. **3** 《古》まっすぐ下に(向かって), 率直に. — *adj.* **1** 〈人・返答など〉はっきりした, 露骨な, 率直な: a ~ speech 率直な話しぶり / a ~ no 明確な否定 / He is very ~ *about* things. 彼は自分の考えをはっきり言う. **2** 全くの, まぎれもない (out-and-out): a ~ lie 真っ赤なうそ. **3** 《古》真下に向かう, まっすぐ下をねらった. — *n.* **1** [通例 *pl.*] 繊維の短い下等な羊毛. **2** [the ~] 《英俗》物乞い. **~·ly** *adv.* **~·ness** *n.* 〖?*a*1200〗

dówn·ríver *adj.* (川の)下流の, 下流にある; 下流に向かう (↔ upriver). — *adv.* 下流へ向かって. 〖1852〗

dówn·rùsh *n.* 勢いよく駆け下りる[流れ下る]こと. 〖1855〗

Downs /dáunz/ *n. pl.* [the ~] **1** ダウンズ(丘陵)《イングランド南部および南東部地方の低い丘陵地帯; 南部中央を西から東に広がる North Downs と Dorsetshire 州西部から Sussex 州の東部に延びる South Downs とがある; cf. down[3] 2》. **2** ダウンズ《Dover 海峡沖の停泊地; イングランドの南東端と Goodwin Sands の中間にある》. 〖⇨ down[3], -s[1]〗

dówn·scàle *adj.* (社会的・経済的に)低所得者層の; 質の劣る, 廉価な, 実用的な. 〖1966〗

dówn·shift *vi.* **1** (自動車の)ギアを 1 段下げる, ギアを低速側に入れる. **2** (景気などが)悪くなる. **3** 働きすぎをやめる, (収入が減っても)楽しむ生活に切り換える. — *n.* **1** シフトダウン. **2** 余裕をもった生活への切り換え. 〖1955〗

down·side /dáunsàɪd/ *n.* **1** 下側 (underside): *on* the ~. **2** (価格などの)下り坂, 下げ調子: *on* the ~. **3** 不利な[否定的な, 好ましくない]面. ***dównside úp*** 逆さになって, ひっくり返って. 〖1683〗

dówn·sìze *vt.* **1** 《米》〈車などを〉小型[軽量]化する. **2** 余剰労働力を削減する. 〖1975〗

dówn·sìz·ing *n.* 人員削減, 事業縮小.

dówn·slòpe *adj.* 下り坂の, 下り勾配(こうばい)の. — *adv.* 下り坂で. 〖1908〗

Dówns·man /-mən/ *n.* (*pl.* **-men** /-mən, -mèn/) 《英》ダウンズ(丘陵) (Downs) の住民. 〖1906〗

dówn sóuth, d- S- *n.* 《米口語》南部, 南部諸州; (特に)最南端(の地方) (cf. down[1] *adv.* 2). — *adv.* **1** 南に[で]. **2** 《米口語》南部(諸州)に[で]. 〖1834〗

dówn·spòut *n.* 《米》〘建築〙(雨樋(あまどい)の)縦樋. 〖1896〗

Dówn's sỳndrome /dáunz-/ *n.* 〘病理〙ダウン症候群《染色体異常による精神遅滞などを特徴とする疾患; 旧称 Mongolism》. 〖(1961) ← *John Langdon Haydon Down* (1828–96: 英国の医師)〗

dówn·stáge *adv.* **1** 〘劇場〙舞台の前方に (↔ upstage). **2** 映画[テレビ]のカメラの方向に. — *adj.* **1** 〘劇場〙舞台前方の. **2** 《口語》人好きのする, 親しみやすい (friendly). — /ㅡㅡ/ *n.* 〘劇場〙舞台の前方. 〖1898〗

dówn·stàir *adj.* [限定的] =downstairs. 〖1819〗

down·stairs /dáunstéəz | -stéəz/ *adv.* **1** 階下へ[に, で], (上階から)下へ[に]: go [come] ~ 下へ降りる[降りてくる]. **2** 《口語》〘空軍〙地上に(近く). — *adj.* [限定的] 下の階の; 階下の: a ~ room. — *n. pl.* [単数または複数扱い] **1** 階下; 下の階《一層または数層》, (特に)一階; 階下の部屋全部; 《英口語》[集合的] 階下に住む人々; (しばしば家の)召使たち. **2** 下り階段. 〖(1596–97) ← *down the stairs*〗

dówn·stàrt *n.* **1** 家柄はよいが財産のないアイルランド人. **2** (良家の出で)ろくな暮らしのできない二男[三男]坊(など). **3** 家柄を実際より低く触れ込む人. 〖1898〗

dówn·stàte 《米》*n.* (州の中で大都市から離れた)州の南部, 州南. — *adj.* 州南(から)の: ~ Illinois pronunciation イリノイ州南部の発音. — *adv.* 州南に[から], 州南へ. **dówn·stát·er** /-tə | -tə(r)/ *n.* 〖1909〗

dówn·stréam *adv.* 川下に, 流れに沿うて, 流れを下って (↔ upstream): drift ~ 川下へ流れる. — *adj.* **1** 川下の, 下流の, 流れに沿った: ~ areas 下流地域. **2** (輸送・流通などの)下流部門での, 消費者[顧客]に近い部門での. **3** 〘電算〙〈データの流れが〉下りの《サーバーから端末へ向かう》. 〖1706〗

dówn·stréet *adv.* 通りの先で[へ]. 〖1828〗

dówn·stròke *n.* **1** (ピストンなどの)下り行程; (指揮棒の)下への一振り. **2** (筆跡の)下向きの一筆[一画]. 〖1852〗

dówn·swèep *vt.* 下に曲げる, 下にそらせる. — *vi.* 下にそる[曲がる]. 〖1927〗

dówn·swìng *n.* **1** 〘ゴルフ・野球〙ダウンスイング. **2** (景気・出産率などの)下向き, 下げ, 下降線, 衰退. 〖1899〗

dówn·tàke *n.* (空気・煙・水などを)下方に導く管[煙突]; 下向き送気[水]管.

dówn-the-líne *adj.* **1** 完全な, 全面的な, 徹底的な, 心からの: a ~ support 全面的な支持. **2** 《英》〈バレエダンサーが〉目立たない, パッとしない. **3** (テニスなどのネット競技で)〈ショットが〉サイドラインに沿ってストレートの (cf. crosscourt 2). — *adv.* 完全に, 全面的に, 徹底的に. 〖1940〗

dówn·thròw *n.* **1** 〘地質〙(断層による地盤の)降り落差, ずれ下がり (↔ upthrow). **2** 転覆, 転倒; 征服, 陥落, 滅亡 (overthrow). 〖1: 1858. 2: 1615〗

dówn tímber *n.* 《米》(台風などで)倒れた一面の樹木, 樹木が一面に倒れた地帯. 〖1881〗

dówn·tìme *n.* (労働者・機械などの)非稼働時間, 作業中止時間, ダウンタイム《事故・修理・装填などによる》. 〖1928〗

dówn-to-dáte *adj.* =up-to-date.

down-to-earth /dáuntuə́ːθ | -ɜ́ːθ/ *adj.* 実際的な, 現実的な; 率直な: a ~ reason 現実的な理由 / a ~ girl (うわついたところがない)堅実な女性. **~·ness** *n.* 〖1932〗

dówn·tòner /-tòunə | -tàunə(r)/ *n.* 〘文法〙緩和語 (fairly, rather, somewhat の類; cf. intensifier).

Down·to·ni·an /dauntóuniən | -táu-/ *adj.* 〘地質〙ダウントニアン[ダウントン]統の《ヨーロッパの最上部シルル系の層》. 〖(1879) ← *Downton* (英国 Herefordshire 州の地名: ⇨ down[1], -ton)+-IAN〗

down·town /dáuntáun/ 《米》*adv.* (ある都市の)中心街に[へ], 都心に[へ] (cf. uptown): live [go] ~. — *adj.* 商業地区の, 都心の: a ~ store, hotel, cinema, etc. / ~ Los Angeles ロサンゼルスの商業地区. — *n.* 商業地区, 都心, ダウンタウン, 繁華街. 日英比較 日本の「下町」は主として東京について用い, 語源的には下の低い地帯, すなわち東京湾に近い地域をいう. この地域には江戸時代から引き継いだ独特の庶民的な情緒があり, ほぼ固有名詞といってよい. それに対して, 英語の *downtown* は土地の低い方の地域という語源的な意味では日本語と共通点があるが, 現在では都市の中心部にある商業地区をいい, 各中・大都市の高層ビルの立ち並ぶビジネスの中心街というイメージをもち, どの都市についても用いることのできる普通名詞(および副詞, 形容詞)である. ***from downtówn*** 《米》〘バスケット〙3 点シュートの位置から. 〖1835〗

dówn·tówn·er *n.* 《米口語》都心部[中心街]に住む人; 都心によく行く人. 〖1830〗

dówn·trènd *n.* 下押し気配, 下がり[下降]基調 (downward tendency). 〖1926〗

dówn tríp *n.* 《米俗》(LSD などによる) 不快な幻覚.

dówn·tròd *adj.* =downtrodden. 〖1596–97〗

dówn·tròdden *adj.* 踏みにじられた, (弾圧・暴政などに)虐げられた, 圧迫された, 圧政の下に苦しむ. 〖1568〗

down·turn /dáuntəːn | -tɜːn/ *n.* **1** 下方に曲がること; 下に曲げた状態: the ~ of her mouth 彼女の口[唇]を「へ」の字に曲げた様子. **2** (景気などの)下降, 下押し (decline); 沈滞, 不活発 (slackening). 〖1926〗

dówn únder 《口語》*adv., adj.* オーストラリア[ニュージーランド]に[で, の]. — *n.* [時に D- U-] =antipodes 1 c. 〖1886〗

down·ward /dáunwəd | -wəd/ *adv.* (↔ upward) **1 a** 下の方へ[に], 下の方を: look ~ / lie face ~ うつぶせに横たわる. **b** 源[始まり]から下って: flow [move] ~. **2** 衰えて, 堕落して. **3** [名詞語句のあとに置いて] …以来, このかた: from the 16th century ~ 16 世紀このかた. — *adj.* [限定的] **1** 下方への, 下向きの: a ~ slope, movement, etc. **2** 〈成績など〉下がっていく, 下り坂の (descending); 〈相場など〉下押しの: a ~ tendency [spiral] 下押し気配[スパイラル] / start on the ~ path 下落[堕落, 墜落]し始める. **~·ly** *adv.* **~·ness** *n.* 〖(?*a*1200) ← lateOE *adūneweard*: ⇨ down[1], -ward〗

dównward mobílity *n.* 〘社会学〙(社会的地位の)下降移動, 下方移動, 低下, 没落 (cf. upward mobility, horizontal mobility, vertical mobility).

dówn·wards /-wədz | -wədz/ *adv.* =downward. 〖(?*c*1200): ⇨ ↑, -s[2]〗

dówn·wàrp *n.* 〘地質〙曲降, 曲窪(きょくわ)《地殻のゆるやかな下方への曲がり; downwarping ともいう; cf. upwarp》. 〖1917〗

dówn·wàsh *n.* **1** (山腹から)押し流されるもの《土砂など》. **2** 〘航空〙吹降し, 洗流, 下向き誘導速度《飛行中の翼の後流渦によって翼のある場所および後流部に誘導される下向きの流れ》. 〖1915〗

dówn·wèll·ing *n.* 〘地学〙下降流《上層水が下層に沈下すること》; (プレートテクトニクス理論において)剛体プレートの圧力で海洋が落ちくぼむこと. 〖*c*1965〗

dówn·wínd /-wínd/ *adv., adj.* **1** 風下に[の], 風向きに沿って(動く), 追い風に[の] (leeward): make a safe ~ landing 安全に追い風着陸をする. **2** 風下側に[の], 風下側にある. — *n.* 追い風. 〖1855〗

down·y[1] /dáuni/ *adj.* (**down·i·er; -i·est**) **1 a** 綿毛のような, (綿毛のように)柔らかい, ふかふかした. **b** 柔和な (soft); 心の静まる (soothing). **2 a** 〈ひな鳥が〉産毛の生えた[綿毛で覆われた]だけの, まだ羽が育たない. **b** 〈果物が〉綿毛のある: ~ peaches. **3** 〈枕など〉鳥の綿毛入りの: a ~ pillow. **4** 〈動作など〉穏やかな, やさしい. **5** 《英俗》〈人が〉(見かけによらず)油断のならない, 抜け目のない,「食えない」: a ~ bird 抜け目のないやつ. 〖(1578) ← DOWN[2]+-Y[4]〗

down·y[2] /dáuni/ *adj.* (**down·i·er; -i·est**) 〘地質〙〈土地が〉丘原性の; (丘原状に)起伏する: a rolling, ~ country 丘原が起伏する地方. 〖(1671) ← DOWN[3]+-Y[4]〗

dówny míldew *n.* 〘植物病理〙**1** べと病菌《ブドウ・ジャガイモ・ウリ類の葉の下面を白変させるベトカビ科の菌》. **2** べと病《その菌による病変》. 〖1886〗

dówny wóodpecker *n.* 〘鳥類〙セジロコゲラ (*Picoides pubescens*)《北米産の小形のキツツキの一種》. 〖1808〗

dow·ry /dáuri | dáu(ə)ri/ *n.* **1 a** (新婦の)持参金, 持参の品物(など). **b** (修道女の)持参金(など)《修道志願女が修道院に提供する持参金》. **2** 《古》(新郎が新婦に与える)贈物. **3** 《古》寡婦産 (widow's dower). **4** 天賦の才能, 資性. 〖(*a*1338) *dowerie, dowary* ◻ AF *dowarie* =(O)F *douaire*: ⇨ dower〗

dówry dèath *n.* 《インド》持参金殺人《新婦側の持参金支払い不履行を理由として行われる, 夫またはその家族による新婦殺し》.

dow·sa·bel /dáusəbèl, -zə- | dúː-, dáu-/ *n.* 《古》(通例女性の)恋人, いとしい人 (sweetheart). 〖(1592–94) ← *Dowsabel* (女性名) ← L *Dulcibella*: cf. dulcet, belle〗

dowse[1] /dáuz | dáuz, dáus/ *vi.* 〔水脈[鉱脈]を〕占い杖 (divining rod) で探る 〔*for*〕. — *vt.* 〈水脈を〉占い杖で見つける. 〖(1691) ← ? Corn.〗

dowse[2] /dáus, dáuz | dáus/ *v., n.* =douse.

dóws·er[1] /-zə | -zə(r), -sə(r)/ *n.* **1** =dowsing rod. **2** (占い杖を使う)水脈[鉱脈]探査師. 〖(1838) ← DOWSE[1]+-ER[1]〗

dóws·er[2] /-sə, -zə | -sə(r)/ *n.* =douser.

dóws·ing /-zɪŋ | -zɪŋ, -sɪŋ/ *n.* (占い杖による)水脈[鉱脈]探査. 〖(1838) ← DOWSE[1]+-ING[1]〗

dówsing ròd *n.* 占い杖 (⇨ divining rod). 〖1691〗

Dow·son /dáusən, -sn/, **Ernest (Christopher)** *n.* ダウソン (1867–1900; 英国の詩人; *Verses* (1896)).

Dów thèory /dáu-/ *n.* 〘証券〙ダウ理論《Charles H. Dow などが考え出した株式市場の動向の予想法》. 〖(1926): ⇨ Dow-Jones average〗

dow·y /dáui, dóui | dáui, dɔ́ui/ *adj.* 《スコット》= dowie.

dox·as·tic /dɑ(ː)ksǽstɪk | dɔk-/ *adj.* 〘論理〙**1** 正しい見解の(に関する), ドクサの. **2** (信念の概念を研究する)様相論理学の分野の. 〖(1794) ◻ Gk *doxastikós* forming opinion ← *doxastḗs* conjecturer ← *doxázein* to conjecture〗

Dox·i·a·dis /dɑ(ː)ksiáːdɪs | dɔksiáːdɪs; *Mod. Gk.* doksjáðis/, **Konstantinos Apostolos** *n.* ドクシアディス (1913–75; ギリシャの建築家・都市計画家).

dox·ie /dɑ́(ː)ksi | dɔ́k-/ *n.* =doxy[2].

dox·og·ra·pher /dɑ(ː)ksɑ́(ː)grəfə | dɔksɔ́grəfə(r)/ *n.* (主に Plato 以前の古代ギリシャ哲学者の学説・記録に関する)編纂注解者. **dòx·o·gráph·ic** *adj.* **dox·óg·ra·phy** *n.* 〖(1892) ← NL *doxographus* ← Gk *dóxa* opinion: ⇨ -grapher〗

dox·o·log·i·cal /dɑ̀(ː)ksəlɑ́(ː)dʒɪkəl, -kl | dɔ̀ksəlɔ́dʒɪ-/ *adj.* 頌栄歌の; 栄誦の. **~·ly** *adv.* 〖(1655): ⇨ ↓, -ical〗

dox·ol·o·gy /dɑ(ː)ksɑ́(ː)lədʒi | dɔksɔ́l-/ *n.* 〘キリスト教〙頌栄(しょうえい), 栄誦(えいしょう), 栄光の賛歌《三位一体の神に対する頌栄; 礼拝式の中で歌いまたは唱える》: the Greater ~ =Gloria in Excelsis Deo / the Lesser ~ =Gloria Patri. 〖(1649) ◻ ML *doxologia* ◻ Gk *doxología* praising ← *dóxa* glory, opinion+-*logia* '-LOGY'〗

dox·o·ru·bi·cin /dɑ̀(ː)ksouruːbəsn, -sn | dɔ̀ksə(u)rúːbɪsɪn/ *n.* 〘薬学〙ドキソルビシン ($C_{27}H_{29}NO_{11}$)《白血病などの治療に用いられる抗腫瘍性抗生物質; 商品名 Adriamycin》. 〖(1977) ← *doxo-* (⇨ DEOXY-)+*rubi-* (L *rubus* red)+-*cin* (⇨ -MYCIN)〗

dox·y[1] /dɑ́(ː)ksi | dɔ́k-/ *n.* 《米口語・英古》(特に宗教上の)説, 教義 (cf. ism). 〖(1730) ← (ORTHO)DOXY // (HETERO)DOXY〗

dox·y[2] /dɑ́(ː)ksi | dɔ́k-/ *n.* 《古俗》**1** 浮気女; 売春婦 (prostitute). **2** 情婦, 愛人. 〖(*c*1530) ← ? Du. 《廃》*docke* doll: cf. dock[3]〗

dox·y·cy·cline /dɑ̀(ː)ksəsáɪkliːn/ *n.* 〘薬学〙ドキシサイクリン ($C_{22}H_{24}N_2O_8$)《テトラサイクリン群の広域スペクトルを有する抗生物質; 気管支炎・淋病治療用》. 〖(1966) ← D(E)-+OXY-+(TETRA)CYCLINE〗

doy·en /dɔ́ɪən, -ɛn; *F.* dwajɛ̃/ *n.* (*pl.* **~s** /~z; *F.* ~/) **1 a** (各種団体の)古参者, 長老; 首席(者) (senior member) (cf. dean[1] 5): the ～ of the corps diplomatique 外交団(の古参の)首席. **b** (専門分野などの)第一人者, 大御所, 重鎮. **2** (ある部類の)最古の例, 草分け. 〖(1670) ◻ F ～: ⇨ dean[1]〗

doy·enne /dɔɪén, dwɑː- | dɔ́ɪen; *F.* dwajɛn/ *n.* 女性の doyen. 〖(1905) ◻ F ～ (fem.) (↑)〗

Doyle /dɔ́ɪl/, Sir **Arthur Conan** *n.* ドイル《1859–1930; 英国の推理小説家; 名私立探偵 Sherlock Holmes と Dr Watson とのコンビを創造した; *The Adventures of Sherlock Holmes* (1891)》.

doy·ley /dɔ́ɪli/ *n.* (*also* **doy·ly** /～/) 《英》 =doily.

D'Oy·ly Carte /dɔ́ɪlikáːət | -káːt/, **Richard** *n.* ドイリーカート《1844–1901; 英国の演劇プロデューサー・オペラ興行主; D'Oyly Carte Opera Company を設立 (1881)》.

doz. 《略》 dozen(s).

doze[1] /dóuz | dáuz/ *vi.* **1** 居眠りする, うたた寝[仮睡]する (drowse) 〈*off, over*〉: ～ *over* a book 本を読みながらうたた寝する / ～ *off* (*to* sleep) うとうと眠る. **2** ぼんやり[ぼーっ]としている. — *vt.* 〈時を〉うとうと過ごす 〈*away, out*〉: ～ *away* one's time. — *n.* **1** まどろみ, うたた寝, 居眠り, 仮眠: fall [go off] *into* a ～ うとうと眠る. **2** (木材の)腐朽 (dote). 〖(1647) 《廃》 to stupefy ← ? LG // ON: cf. ON *dūsa* to doze / OFris. *dusia* to feel dizzy〗

doze[2] /dóuz | dáuz/ *vt.* ブルドーザーでならす (bulldoze). 〖(1945) 《逆成》 ← DOZER[2]〗

dozed /dóuzd | dáuzd/ *adj.* 《アイル》 〈材木が〉腐った, 〈ゴムが〉ぼろぼろになった, むさった. 〖((1659)) (1776): ⇨ doze[1], -ed〗

doz·en[1] /dʌ́zən, -zn̩/ *n.* (*pl.* **～s**, [数詞および some 以外の数詞相当語 (many など)の後で] ～) **1** (同種の物の) 12 個, ダース (略 doz., dz.): ⇨ baker's dozen, devil's dozen, long dozen / a ～ [six ～] *of* these eggs この卵 1 [6] ダース / some [several] ～*s of* pencils 鉛筆 2, 3 [数] ダース (★ 今では, 特定の数のものの一部を表す場合 (three ～ *of* the [these, those] eggs / a ～ *of* them) を除けば, of を省いて形容詞的に用いられるのが普通; ⇨ *adj.*) / a full [round] ～ そっくり 1 ダース / half a ～ or so 半ダースぐらい (5 から 8, 9 くらいまで) / pack in ～*s* 1 ダースずつにして詰める / sell by the ～ 1 ダースいくらで売る / the price per ～ 1 ダースの値段 / ⇨ daily dozen. **2** [～*s of* …の形で] 《口語》 数十, 多数(の): ～*s* (and ～*s*) *of* people 何十人もの人々 / I've been there ～*s of* times. 何十回もそこへ行ったことがある. **3** [*pl.*; 単数扱い] 《米俗》 ダズンズ《互いに相手の家族についてしばしば卑猥な悪口を言い交わす一種の遊戯》: play the ～*s*.

a díme a dózen ⇨ dime 成句. ***by the dózen*** たくさん(で), まとめて: cheaper *by the* ～ まとめて買うとより安い. ***ninetéen to the dózen*** ⇨ nineteen 成句.

— *adj.* [限定的] **1** ダースの, 12 (個, 人)の: a ～ apples りんご 1 ダース / five ～ eggs 卵 5 ダース / two ～ bottles of wine ワイン 2 ダース / several ～ large oranges 大きなオレンジ数ダース / How many ～ eggs are there? 卵が何ダースあるか / some [several] ～ people 12 人ほど[数十人]の人 (cf. some [several] DOZENs of ⇨ *n.* 1). **2** [a ～] 数個[人]の, 10 個[人]ぐらいの: He just scribbled *a* ～ (or so) lines. 数行なぐり書きをしただけだった. 〖(?a1300) *dosein(e)* ◻ OF *dozeine* (F *douzaine*) ← *douze* twelve < L *duodecim* twelve ← *duo* 'TWO' + *decim* 'TEN'〗

do·zen[2] /dóuzən, -zn̩ | dáu-/ *vt.* [p.p. 形で] 《スコット》 気絶させる, ぼうっとさせる (stun): ～*ed with* drink 酒に酔ってぼうっとなって. 〖(1375) ← ? ON: cf. doze[1]〗

doz·enth /dʌ́zənθ, -zn̩θ/ *adj.* =twelfth. 〖(1710) ← DOZEN[1] + -TH[1]〗

dóz·er[1] *n.* うたた寝する人. 〖(1710) ← DOZE[1] + -ER[1]〗

doz·er[2] /dóuzə | dáuzə^(r)/ *n.* (*also* **'doz·er** /～/) 《口語》 =bulldozer 2. 〖(1942) 短縮〗

doz·y /dóuzi | dáu-/ *adj.* (**doz·i·er; -i·est**) **1** 眠い, 眠そうな (drowsy). **2** 《米・豪》〈木材など〉朽ちた, 腐朽した (doty). **3** 《英口語》 愚かな (stupid); 怠惰な (lazy). **dóz·i·ly** /-zəli/ *adv.* **dóz·i·ness** *n.* 〖(1693) ← DOZE[1] + -Y[4]〗

DP 《略》 〘電算〙 data processing; degree of polymerization; dew point; diametrical pitch; displaced person; Doctor of Podiatry; domestic prelate; 〘野球〙 double play; 〘紡織〙 durable press; duty paid.

D/P 《略》 〘貿易〙 documents against payment (手形)支払い書類渡し (cf. D/A).

d.p. 《略》 dampproof; dampproofing; deep penetration; departure point; depreciation percentage; 〘処方〙 L. *dīrectiōne prōpriā* (=with a proper direction); direct port; double paper; dry powder.

dpc 《略》 dampproof course.

DPE 《略》 Doctor of Physical Education.

DPh, DPhil /díːfɪl/ 《略》 Doctor of Philosophy.

DPH 《略》 Department of Public Health; Diploma in Public Health ; Doctor of Public Health; Doctor of Public Hygiene.

dpi 《略》 〘電算〙 dots per inch 《プリンターの解像度の尺度》.

DPI 《略》 Director of Public Instruction.

DPM 《略》 Diploma in Psychological Medicine; Doctor of Podiatric Medicine.

DPN 《略》 〘生化学〙 diphosphopyridine nucleotide.

DPNH 《略》 〘生化学〙 DPN の還元型 《NADH の旧称》.

DPP 《略》 《英》 Director of Public Prosecutions.

dps 《略》 〘物理〙 disintegrations per second.

dpt 《略》 department; deponent.

DPT 《略》 Diphtheria, Pertussis, Tetanus 《ジフテリア・百日咳・破傷風の 3 種混合ワクチン》.

DPW 《略》 Department of Public Works.

Dr 《記号》 〘貨幣〙 drachma(s), drachmae, drachmai.

Dr, Dr. 《略》 Drive (⇨ drive *n.* 2 b).

DR 《略》 《米》 Daughters of the Revolution; dead reckoning; G. Deutsches Reich (=German Empire); dining room; dispatch rider; 〘製紙〙 double royal; dry riser; Dutch Reformed.

D/R 《略》 deposit receipt.

dr. 《略》 〘簿記〙 debit; 〘簿記〙 debtor; door; drachm(s); dram(s); draw; drawer; drawn; drive; drum; drummer.

Dr., Dr /dὰ(ː)ktə | dɔ̀ktə^(r)/ 《略》 Doctor …先生 《医者の名につける敬称》; …博士 《doctor の学位を持つ人の名につける敬称》.

drab[1] /drǽb/ *n.* **1** くすんだとび色, 茶色, どろ色; とび色のラシャ. **2** 単調さ. — *adj.* (**drab·ber; drab·best**) **1** くすんだとび色の, どろ色の, 茶色の. **2** さえない, 楽しくない (dull); 魅力のない; 単調な: a ～ life, street, etc. **～·ly** *adv.* **～·ness** *n.* 〖(1541) ◻ (O)F *drap* cloth: ⇨ drape〗

drab[2] /drǽb/ *n.* 《古》 自堕落女 (slut); 売春婦 (prostitute). — *vi.* (**drabbed; drab·bing**) 自堕落女[いかがわしい女]と関係する. 〖(*c*1515) ← ? Celt.: cf. Sc.-Gael. *drabag* slattern / MIr. *drab* dregs / LG *drabbe* mire / Du. *drab* dregs〗

drab[3] /drǽb/ *n.* 小額のお金: dribs and ～*s* ⇨ drib 成句. 〖(1828) 《変形》 ← ? DRIB〗

dra·ba /dréɪbə, dráː-/ *n.* 〘植物〙 イヌナズナ 《ナタネ科イヌナズナ属 (*Draba*) の草本の総称; ハリイヌナズナ (*D. aizoides*), タカネナズナ (*D. alpina*) など》. 〖(1629) ← NL ～ ← Gk *drábē* a kind of cress〗

drab·bet /drǽbɪt | -bɪt/ *n.* 《英》 (Yorkshire で産する)とび色のズック 《仕事着・野良着などを作る》. 〖(1819) ← DRAB[1] + -ET〗

drab·ble /drǽbl̩/ *vi.* **1** 泥だらけになる, 泥水でぬれる: ～ *along* 泥をはねとばしながら歩いて行く. **2** 〈…を〉ころがし針で釣る 〔*for*〕. — *vt.* **1** 〈衣服のすそを〉引きずって汚す[ぬらす] (draggle). **2** 〈魚を〉ころがし針で釣る. 〖(?a1400) ◻ ? LG *drabbelen* to paddle in water or mire〗

Drab·ble /drǽbl̩/, **Margaret** *n.* ドラブル 《1939– ; 英国の小説家・評論家; 中流階級の女性を描いた作品で知られる; *The Millstone* (1965)》.

dra·cae·na /drəsíːnə/ *n.* 〘植物〙 **1** リュウケツジュ 《熱帯産ユリ科リュウケツジュ属 (*Dracaena*) の観賞植物の総称》. **2** センネンボク 《ユリ科でリュウケツジュ属と近縁のセンネンボク属 (*Cordyline*) の樹木の総称; dracaena palm ともいう》. 〖(1823) ← NL ～ ← Gk *drákaina* (fem.) ← *drákōn* 'DRAGON'〗

drachm /drǽm/ *n.* **1** =dram. **2** =drachma. 〖(*c*1384) 《変形》 ← ME *dra(g)me* (↓)〗

drach·ma /drǽkmə/ *n.* (*pl.* **～s, drach·mae** /-miː, -maɪ | -miː/, **drach·mai** /-maɪ/) **1** (古代ギリシャの)ドラクマ銀貨 《価値は時代によって一定しない》. **2 a** ドラクマ 《現代ギリシャの Euro 流通前の通貨単位; =100 lepta; 記号 Dr》. **b** 1 ドラクマ貨幣. **3 a** ドラクマ: 古代ギリシャの衡量単位. **b** 現代の種々の衡量単位; 《米》 =dram 1 b. 〖(1525) ◻ L ～ ◻ Gk *drakhmḗ* (66[1]/[2] grains に当たる Attica の衡量): ⇨ dram〗

Drach·mann /dráːkmən; *Dan.* dʁɑ́gman/, **Holger** /hɔ́lgə/ **Henrik Her·holdt** /hǽəʌl'd/ *n.* ドラックマン 《1846–1908; デンマークの詩人; *Sangenes Bog*「歌の本」(1889)》.

drack /drǽk/ *adj.* 《豪俗》 魅力のない, だらしのない; さえない, パッとしない. 〖(1945) ← ?〗

Dra·co[1] /dréɪkou | -kəu/ *n.* 〘天文〙 りゅう(竜)座 《こぐま座 (Ursa Minor) とヘラクレス座 (Hercules) の中間にある北天の星座; the Dragon ともいう》. 〖◻ L *dracō* ◻ Gk *drákōn* serpent: ⇨ dragon〗

Dra·co[2] /dréɪkou | -kəu/ *n.* ドラコン 《紀元前 7 世紀のアテネの執政官; その制定した法律は些細な罪にも死刑を課すなど厳格をきわめた; Dracon ともいう》. 〖◻ L *Dracō* (↑)〗

drá·co lìzard /dréɪkou- | -kəu-/ *n.* =flying lizard.

drac·one, D- /drǽkoun | -kəun/ *n.* ドラコーン 《石油などを運搬するため海面を曳航できる柔軟な大きな容器》. 〖(1956) ◻ L *dracōnem*: Draco[1]〗

Dra·co·ni·an /drəkóuniən, dreɪ- | drəkáu-, dræ-, dreɪ-/ *adj.* **1** ドラコン (Draco) 流の, ドラコン法律の. **2** [しばしば d-] きわめて厳しい, 苛酷な: ～ tax [measures] 厳しい租税[措置]. **～·ism** /-nɪzm/ *n.* 〖(1876) ← L *Dracō(n)*- 'DRACO[2]': ⇨ -ian〗

dra·con·ic /drəká(ː)nɪk, draː- | -kɔ́n-/ *adj.* **1** 竜の(ような). **2** [D-] 〘天文〙 りゅう(竜)座 (Draco) の. 〖(1680) ← L *Dracō(n)*- 'DRAGON': ⇨ -ic[1]〗

Dra·con·ic, d- /drəká(ː)nɪk, dreɪ- | drəkɔ́n-, dræ-, dreɪ-/ *adj.* =Draconian.

dracónic mónth [périod] *n.* 〘天文〙 =nodical month.

Drac·o·nid /drǽkənɪd | -nɪd/ *n.* [通例 *pl.*] 〘天文〙 りゅう(竜)座流星群. 〖← Gk *Drákōn* 'DRAGON' + -ID[1]〗

Drac·u·la /drǽkjulə/, Count *n.* ドラキュラ(伯爵) 《Bram Stoker (1847–1912) の怪奇小説 *Dracula* (1897) の主人公である吸血鬼 (vampire)》. 〖1897〗

drae·ger·man /dréɪgəmən | -gə-/ *n.* (*pl.* **-men** /-mən, -mèn/) (鉱山災害に対して特別訓練を受けている)炭鉱救助員. 〖(1918) ← A. B. *Dräger* (1870–1928: ドイツの科学者): 酸素吸入器具を発明〗

draff /drǽf | drǽf, dráːf/ *n.* おり, かす (dregs); (特に)ビールかす; (豚に与える)台所の残り物 (swill). **～·ish** /-fɪʃ/ *adj.* 〖(?a1200) *draf* < OE **dræf* < Gmc **drabaz* (Du. *draf* / G *Treber, Träber* husks, grain / ON **darf*) ← IE **dher-* 'DARK'〗

draff·y /drǽfi | drǽfi, dráː-/ *adj.* (**more ～, most ～; draff·i·er, -i·est**) かすの; 無価値な (worthless). 〖(1621): ⇨ ↑, -y[4]〗

draft /drǽft | dráːft/ *n.* ★ 《英》 では 2, 6, 7, 8, 9, 11 の意味では draught とつづる. **1 a** 草案, 草稿: a rough ～ 草稿 / a ～ amendment 修正案 / in ～ (form) (案などが)草案の[で] / prepare [write] a ～ of …を起草する / revise the first ～ of a novel 小説の第一稿を改稿する. **b** (設計・絵画などの)下書き, 下図, 下絵. **c** 《英》 =copy 4. **d** 〘石工〙 下削り 《石材の仕上げ面に合わせてあらかじめ周辺部を削ること》. **2 a** 通風; すき間風; すき間風の通り道: a ～ of air / a ～ hole 通風孔 / draw a ～ 風を通す / sit in a ～ すき間風の来る所に座る / catch (a) cold in a ～ / There is a ～ here. ここはすき間風が来る / ⇨ *feel the* DRAFT. **b** (ストーブなどの)通気調節装置. **3** 《米》 **a** 徴兵, (兵の)徴募 (conscription); 徴募兵: ～ age 徴兵年齢 / a ～ evader [resister] 徴兵忌避者. **b** 〘スポーツ〙 (プロ集団の)ドラフト制. **c** (気乗りしない人に対する)政党からの立候補の要請. **4 a** (ある特別な目的のための)選抜; 選抜される条件[資格]. **b** 《英》 (特別任務のために)選抜された一群の人[動物], 分遣隊, 特派隊 (detachment): a ～ *of* soldiers, men, etc. **c** 《豪》 群から分けられた家畜. **5 a** (金などを蓄え, 基金などから)引き出すこと; 〘商業〙 手形振出し; 手形などによる金銭の引出し; 為替(かわせ)手形: a (bank) ～ for $100=a $100 bank ～ 百ドルの(銀行)手形 / a ～ on demand 要求[一覧]払い為替手形 / a ～ *on* a London bank ロンドンの銀行宛てに振り出した為替手形 / draw a ～ *on* …宛てに手形を振り出す / make a ～ *upon* [*on*] a bank 銀行から預金を引き出す / a telegraphic ～ 電報為替 / by ～ 手形で. **b** (商品貨物の)総量に対する減量, 商品の目減り控除. **6 a** 飲む[吸い込む]こと; (液体の)一飲み(の量), (水薬の) 1 回分 (dose): a ～ *of* water, beer, etc. / a sleeping ～ or tablet 水薬かまたは錠剤の睡眠薬 / drink at [in] a [one] ～ 一気に飲み干す. **b** 吸い込まれた空気, 煙など. **7** (液をたるなどから容器へ)つぎ出すこと, (酒類の)たる抜き: ⇨ *on* DRAFT. **8** (網などの)一引き, 一網の漁獲高: a ～ *of* fish. **9** 《米》 (車・すきなどを)引くこと; (荷物を)引く力; 引かれる荷の重さ; (荷とそれを引く)(一連の)動物[牛, 馬]: ⇨ draft animal. **10** (力などの)引出し, 強要 (demand): make a great ～ *upon* a person's confidence [friendship, patience] 信頼[友情, 忍耐力]を強要する. **11** 〘海事〙 (船の)喫水: a ship of 17 feet ～ 喫水 17 フィートの船 / ⇨ draft mark. **12** 《米中部》 **a** 狭い谷間, 峡谷 (gully). **b** 川の支流, 小さい川 (creek). **13** (水門などの)放水口の大きさ. **14** 〘機械〙 抜きしろ, 抜き勾配 《製品などを取り出しやすくするための鋳型などの先細り》. **15** 《廃》 肥えだめ, 便所.

féel the dráft 《英口語》 悲境に苦しむ, 困窮している, 懐が寒い. ***on dráft*** 〈酒などがたるからすぐ出した[出して]; たる詰めの (cf. bottled): beer *on* ～ 生ビール (draft beer) / served *on* ～ 直接たるから出して売られる.

— *adj.* ★ 《英》 では 1, 2 の意味では draught とつづる. [限定的] **1** 荷物を引くために使われる: ⇨ draft animal, draft horse. **2** たるからついで出す (cf. bottled): ⇨ draft beer. **3** 起草された (drafted); 草案の; 試案的な: a ～ bill 試案の議案.

— *vt.* ★ 《英》 では 1 の意味では draught ともつづる. **1 a** 〈文書・議案などを〉起草する; 立案する (draw up) 〈*out*〉: ～ a bill, constitution, letter, etc. **b** 〈設計図・絵画などの〉下図[下絵]をかく. **c** 〘石工〙 下削りする. **2** 《米》 **a** 徴兵する (conscript). **b** 〘スポーツ〙 ドラフトでとる. **c** 〈気乗りしない人に〉立候補の要請をする. **3** 《豪》 〈売るために〉牛や馬を群から選別する. **4** (一般に)引く, 抜く (draw). **5** 選抜する, 選抜して派遣する, (ある任務のために)特派する.

— *vi.* **1** 製図工[図案工]の技術を磨く. **2** (自動車競走で前走車が作る負圧を利用するために)前走車の直後を走る (cf. slipstream).

〖(1579) 《異形》 ← DRAUGHT < ME *dra(g)ht* ◻ ? ON **drahtr, drāttr* act of pulling (cf. OE *droht*) ← Gmc **dragan* 'to DRAW'〗

draft·a·ble /drǽftəbl̩ | dráːft-/ *adj.* **1** 引くことのできる. **2** 徴兵に適格の.

dráft ànimal *n.* 荷車用家畜 《馬・牛・ロバなど》.

dráft béer *n.* 生ビール, ドラフトビール 《加熱殺菌してないビール; cf. lager[2], beer》. 〖1971〗

dráft bòard *n.* 《米》 (市・郡などの)徴兵選抜委員会. 〖1953〗

dráft càrd *n.* 《米》 徴兵カード.

dráft dòdger *n.* 《米》 徴兵忌避者.

draft·ee /drӕftíː | drὰːf-/ *n.* 《米》 徴募兵, 召集兵 (conscript) (cf. volunteer 4, enlistee 1). 〖(1866): ⇨ -ee[1]〗

dráft èngine *n.* (鉱山の)排水機関 (draining engine). 〖1884〗

dráft·er *n.* **1** (文書の)起草者; 下図工. **2** =draft horse. 〖(1829): ⇨ -er[1]〗

dráft fùrnace *n.* 通風炉.

dráft gèar *n.* 〘鉄道〙 (車両の)牽引装置.

dráft hòrse *n.* 荷馬, 駄馬. 〖1642〗

dráft·ing *n.* **1** (文書・議案の)起草; 起草の仕方: a ～ committee 起草委員会. **2** 製図. **3** 《米》 (徴兵の)選抜. **4** 《豪》 (家畜の)選別. 〖(1878): ⇨ -ing[1]〗

drafting bòard *n.* =drawing board.

drafting machìne *n.* 製図機械.

drafting pàper *n.* 製図用紙.

drafting ròom *n.* 《米》 製図室 (《英》 drawing room).

dráfting tàble *n.* 製図台, 製図机 (drawing table).
dráfting yàrd *n.* 《豪》家畜選別場《小区画に仕切って柵で囲ってある》. 〖1863〗
dráft lòttery *n.* 《米》徴兵抽選制《兵役につく順序をくじで決める制度 (1969–75)》.
dráft màrk *n.* 〘海事〙喫水標《船首や船尾に表示される船底最低線からの垂直距離を示す尺度; cf. Plimsoll mark》.
dráft mìll *n.* =smokejack.
dráft nèt *n.* 引き網, 地引網 (seine). 〖*a*1631〗
dráft òx *n.* 荷牛, 引き牛. 〖1466〗
dráft-pròof *adj.* すき間風を防ぐ, すき間風よけの. 〖1908〗
dráfts·man /-mən/ *n.* (*pl.* **-men** /-mən, -mèn/) **1** 製図工, ドラフトマン; 図案工. **2** デッサン画家: a ~ like Picasso. **3** (文案・議案などの)起草者, 立案者: a parliamentary ~. **4** 《米》(チェッカーの)駒. 〖(1663): ⇨ draughtsman〗
dráftsman·shìp *n.* 製図工[図案工]の職能[技術, 資格].
dráfts·pèrson *n.* =draftsman.
dráfts·wòman *n.* 女性の起草者[製図者]; デッサンのすぐれた女性(画家).
dráft tùbe *n.* 〘機械〙(水タービンの)吸出し管, (紡織の)ドラフトチューブ, 仮より管, (その他機械の)通気[通風, 換気]管. 〖1849〗
draft·y /drǽfti | drɑ́ːfti/ *adj.* (**draft·i·er**; **-i·est**) (*also* 《英》 **draughty**) **1 a** すき間風の入る: a ~ room. **b** 空気の流れを生ずる. **2** 〈馬が〉荷馬に適した, (体格の)がっちりした. **dráft·i·ly** /-təli, -tl̩i | -tʃ̩li, -tl̩i/ *adv.* **dráft·i·ness** *n.* 〖(1846): ⇨ -y¹〗
drag /drǽg/ *v.* (**dragged**; **drag·ging**) — *vt.* **1 a** 〈重い物を〉引く, 引っ張る (⇨ pull SYN); 〈足・尾などを〉(重そうに, のろのろと)引きずって行く; [~ *oneself* で] 重い足を引きずって行く, 行きたくないのに行く: ~ one's feet ⇨ 成句 / ~ *oneself along* 足を引きずって歩く, 重い足取りで歩く / Don't ~ all your painful memories *around!* つらい思い出をいつまでも引きずるな. **b** 〔ある状況・行動などに[から]〕引きずり込む[出す]〔*into, out of*〕: ~ a country *into* a war 国を戦争に引き入れる. **c** 〈場違いな話題などを〉無理に持ち込む, 強引に引き合いに出す 〈*in, into*〉 (cf. DRAG *in*): Why did you ~ it *in*? どうしてそんなことを持ち出したのか / ~ *in* head and shoulders ⇨ HEAD *and shoulders* (2). **d** 《口語》〈人を〉無理に〔場所・行事などに〕連れて行く 〔*to*〕: I was ~*ged* (*away* [*off*]) *to* the dance. ダンスパーティーに無理に引っ張り出された. **e** (GUI 環境で)〈マウス・オブジェクトを〉ドラッグする, '引っ張る'《マウスのボタンを押したままマウスを移動する; そのようにしてアイコンなどを動かす; cf. drag-and-drop》. **2 a** (引き網・錨などで引っ掛け)〈川・湖などを探る, 〈水底をさらう (dredge): ~ (the bottom of) a river *for* a dead body 川底をさらって死体を捜す / ~ the sea [seabed] 掃海する[海底をさらう]. **b** 〔…を求めて〕〈頭を〉絞る 〔*for*〕: ~ one's brains [mind] *for* an idea 何かいい考えはないかと知恵[脳みそ]を絞る. **c** …を引き網(など)で採る[捕らえる]. **3 a** (長引く苦痛・退屈・不幸の中で)〈時を〉過ごす 〈*out*〉. **b** 〈話・会合などを〉過度に[退屈なほど]引き延ばす 〈*out*〉. **4** 〈畑を〉(まぐわで)すきならす (harrow). **5** 〈車輪〉に歯止めをかける. **6** 《口語》〈たばこを〉吸う (cf. *vi.* 4). **7** 〘野球〙(バットを)引くようにして〈バントを〉する (cf. drag bunt). **8** 《米俗》〈催物などが〉〈人を〉退屈させる (bore) (cf. *n.* 8). **9** 〘狩猟〙〈猟犬が〉(キツネの)臭跡をたどる.
— *vi.* **1** 〈錨・鎖などが〉引きずられて行く, 〈足が〉引きずられるように動く; (地面に)引きずる (trail): The door ~*s*. ドア(の下の方)がつかえる《開けにくい》. **2 a** 骨折って進む, のろのろ歩く; 足を引きずって進む; 〈仕事・行事などが〉だらだら長引く 〈*on, along*〉: ~ *along* 足を引きずって進む / The performance [book] ~*ged* badly. 演技[本の中身]はだらだらと続いた / Life began to ~. 生活がだらだらし始めた / Our conversation began to ~. 会話はだらだらし始めた / Afternoon ~*ged* (*on*) *into* evening. 午後がゆっくり過ぎて夕方になった. **b** 音をだらだらと引っ張る; (調子がだれて)遅れる: The tenor ~*ged*. テナーの調子がだれた《他より遅れた》. **3** (引きずるように)苦しめる, (引っ張られるように)苦しい: anxiety ~*ing* at one's heartstrings 胸を締めつけるような心配. **4** 《口語》〈病気などが〉〔…を〕〈深く〉吸う 〔*at, on*〕; (ストローで)〈飲物を〉吸う (cf. *vt.* 6). **5** (引き網や引っ掛け錨などで)水底をさらう (dredge): ~ *for* a dead body in the river 遺体を捜して川をさらう. **6** 《俗》drag race に参加する.
drág awáy 〈…を〉〈テレビなど〉から引き離す〔*from*〕. ***drág behínd*** (1) …に遅れる. (2) …より劣る. ***drág bý*** 〈時が〉だらだら過ぎる; 〈人・物が〉のろのろ通る. ***drág dówn*** (1) 引きずり下ろす. (2) 〈病気などが〉〈人を〉衰えさせる, 〈困難などが〉〈人を〉めいらす; 〈遊興などが〉堕落させる; 〈…の社会的地位などを〉落ちぶれさせる; 〈数量・価格などを〉低下させる. (3) 《米俗》〈給料などを〉取る, 稼ぐ; 〈仕事などが〉〈ある金額を〉もたらす. ***drág one's féet*** [***héels***] (1) 足を引きずって歩く. (2) 《口語》(わざと)ぐずぐずする, のろのろやる; 非協力的である; 頑強に反抗する. 〖1946〗 ***drág in*** [***ínto***] (1) 引きずり込む, たぐり寄せる. (2) ⇨ *vt.* 1 c. (3) ⇨ *vi.* 2 a. ***drág ón*** (*vt.*) ものうく続ける: ~ *on* a painful existence だらだらと苦しい生活を続ける. (*vi.*) 〈戦い・スピーチなどが〉だらだら長引く 〔*for*〕. ***drág on*** ... 《口語》〈たばこ〉を(深く)吸う (cf. *vi.* 4): ~ *on* a cigarette, pipe, etc. ***drág óut*** (*vt.*) (1) 引きずり出す; 聞き出す: ~ *out* a suitcase *from* under the bed ベッドの下からスーツケースを引き出す / I couldn't ~ a word *out of* him. 彼から一言も聞き出すことができなかった. (2) ⇨ *vt.* 3. (3) [受身で] 《米口語》疲れ果てて (tired out). (4) だらだらと長引かせる: Don't ~ the story *out*: get to the point! 話をあまり長引かせないでくれ. 要点を言ってくれ. (*vi.*) (1) だらだらと長引く 〔*for*〕: Your story is ~*ging out* a bit. 君の話は少々だらだらしてきたね. (2) =DRAG *on* (*vi.*). ***drág through*** やっと終わる. ***drág úp*** (1) 引きずり上げる; 〈木などを〉ひっこ抜く; 〈いすなどを〉引き寄せる. (2) 《口語》〈嫌な話などを〉持ち出す, 蒸し返す: Why ~ *up* an old scandal? どうして古いスキャンダルを掘り起こすんだ. (3) 《英口語》[しばしば受身で] 〈子供を〉(まともにしつけ[教育]をせずに)ぞんざいに育てる. ***drág a person*** [***a person's náme***] ***through the múd*** [***míre***] 人の名前・家名に泥を塗る.
— *n.* **1** (重い物を)引くこと, 引きずること (dragging). **2** 重い大まぐわ[すき] (drag harrow ともいう). **3** (重い荷を運ぶ)大ぞり (sledge); (運搬・地ならし用の)そり型の器具. **4 a** (座席が屋上にもあった)四頭引き四輪馬車の一種 (cf. break²). **b** 《英口語》自動車, 貨物自動車. **c** 郵便車. **5** (車輪のブレーキの役目をする)輪止め (skid) (cf. drag chain 1). **6** (進行を妨げる)邪魔物, 障害物, 足手まとい (obstacle) 〔*to, on, upon*〕: a ~ *on* a person's career [development] 出世[発達]を妨げる邪魔物 / reduce ~ to make something go faster 進行を速めるため, 障害物を少なくする. **7** (抵抗による)前進の遅れ (lag); のろのろした動作[進行]. **8** 《口語》退屈な[つまらない]人[物事] (bore) (cf. *vt.* 8): What a ~ he [it] is! **9** 《口語》 **a** 〔たばこを〕(深く)吸うこと 〔*at, on*〕: take [have] a (deep) ~ *at* [*on*] a cigarette [pipe] たばこをぐっと吸い込む. **b** (液体を)一飲みすること (drink). **c** 巻きたばこ. **10** 《俗》 **a** 異性の服(装)《特に男性の女装》: in ~ 女装をして / a ~ act 男が女装して歌ったり踊ったりして同性愛者に見せること / ⇨ drag queen. **b** 女装の男が行く(ダンス)パーティー (drag ball ともいう). **c** 服, 衣服. **11** 《俗》 = drag race. **12 a** (船が水中を引いて行く)引掛け錨, 四つ爪アンカー (grapnel); (水底をさらう)(地)引網 (dragnet); 泥さらい (dredge). **b** 〘海事・航空〙=drag anchor. **c** 〘航空〙(飛行機の翼または全機体に働く)抗力 (cf. parasite drag). **d** 〘流体力学〙抗力. **e** 〘玉突〙逆回転. **13** 〘釣〙 **a** リールのブレーキ, ドラッグ. **b** 釣り糸の緊張によって毛ばりに伝わる不自然な引き. **14** 〘狩猟〙(狐などの長く引いた)遺臭, 臭跡; 擬臭跡《アニスの実 (aniseed) を入れた袋を地上に引きずって作る》; 擬臭跡を用いる遊猟 (cf. draghound, drag hunt). **15** 〘音楽〙ドラッグ《小太鼓の飾り打ちの一種; 》. **16** 《米口語》人を動かす力, 影響力, 「顔」(influence, pull): ひいき: have ~ *with* one's employer. **17** 《米俗》 **a** (ダンスパーティーなどへ)同伴の女の子, ガールフレンド. **b** (ダンス)パーティー. **18** 《米口語》通り, 道路 (street, road): the main ~. **19** 〘金属加工〙(鋳型の)下型 (cf. cope² 4 a).
— *adv.* 《米俗》女性と[を連れて]: go ~ (cf. *go* STAG). 〖(*c*1300) □ ON *draga* ∥ < ? OE *dragan* 'to DRAW'〗
drág ànchor *n.* 〘海事・航空〙=sea anchor. 〖1874〗
drág-and-dróp *n.* [形容詞的に] 〘電算〙ドラッグアンドドロップ《アイコンをドラッグしてファイルをコピー・移動・起動すること》. — *vt.* ドラッグアンドドロップする.
drág·bàr *n.* **1** 〘鉱山〙(車輪のブレーキの役目をする)輪止め. **2** 〘鉄道〙=drawbar. 〖1849–50〗
drág bùnt *n.* 〘野球〙ドラッグバント《自分が生きる目的でバットを後ろへ引くようにしてころがすバント》. 〖1949〗
drág chàin *n.* **1** (車輪の)輪止め鎖 (cf. drag *n.* 5). **2** 邪魔物, 障害物 (impediment). **3** 〘造船〙制動鎖, ドラッグチェーン《進水のとき, 船が進み過ぎないように水底を引きずる鎖》. **4** 〘自動車〙ドラッグチェーン《タンクローリーなどの車体から地面に引きずって静電気を放電するための鎖》. **5** (車両の)連結鎖. 〖*a*1791〗
drág chùte *n.* 〘航空〙ドラッグシュート, 制動傘(さん)《軍用航空機尾部にある落下傘のような布製の傘; 着陸直後に開傘しブレーキの役目をする; drag parachute, parabrake ともいう》.
drág coeffìcient *n.* 〘物理〙(流体の)抵抗係数.
drág convèyor *n.* 〘機械〙ドラッグコンベアー《とい形の箱の中のばら積材料を無端鎖に取り付けたかき板で運ぶ装置; scraper conveyor ともいう》.
dra·gée /dræʒéɪ | dræʒéɪ, drɑː-; *F.* dʀaʒe/ *n.* **1** ドラジェ《砂糖衣で包んだアーモンドなどの木の実》; (ケーキの飾りに用いる)銀色の粒. **2** 糖衣錠. 〖(1853) □ F ~ 'sweetmeat': ⇨ dredge²〗
drág·ger *n.* **1** 引きずるもの[人], ひっぱるもの[人]. **2** 《米》(北太平洋で操業する)網引き漁船, トロール船. 〖(?*a*1500): ⇨ drag, -er¹〗
drág·ging *n.* [形容詞的に] 引上げ(用の): a ~ rope. — *adj.* 〈動作・言葉遣いなど〉きわめてのろい, ゆっくりした (sluggish); 長たらしい, ぐずぐずする; うんざりする: a ~ pain じりじりと長びく苦痛 / a ~ market 沈滞した市場. **~·ly** *adv.* 〖(1440): ⇨ drag, -ing¹·²〗
drágging bèam [**pìece, tìe**] *n.* 〘建築〙= dragon beam.
drag·gle /drǽgl/ *vt.* 〈すそなどを〉ずるずる引きずって汚す[ぬらす]. — *vi.* **1** 〈すそなどが〉地面(など)を引きずる; 引きずって汚れる[ぬれる]. **2** とぼとぼと進む, だらだら(遅れて)進む (straggle). 〖(1513) ? ← DRAG+-LE³〗
drág·gled *adj.* (泥の中を)引きずられた; (引きずって)汚れた; 薄汚い (untidy): a ~ skirt / a ~ girl 薄汚い少女. 〖(1513): ⇨ ↑, -ed 2〗
drággle-tàil *n.* **1** 服のすそを引きずっている女性; だらしのない女性. **2** [*pl.*] 引きずっているすそ. 〖1596〗
drággle-tàiled *adj.* 《古》〈女性が〉すそを引きずっている; 泥の中を引きずって[たように]衣服を汚した; お引きずりの (slatternly). **~·ness** *n.* 〖1654〗
drag·gy /drǽgi/ *adj.* (**drag·gi·er**; **-gi·est**) 《口語》引きずりがちな; のろまな (sluggish), ぼんやりした, 鈍い (dull); うんざりする, 退屈な (boring). 〖(1887) ← DRAG+-Y⁴〗
drág·hòund *n.* 〘狩猟〙擬臭跡遊猟に用いる猟犬 (cf. drag *n.* 14). 〖1884〗
drág·hùnt *vi.* (特に馬に乗って)擬臭跡猟をする.
drág hùnt *n.* 〘狩猟〙 **1** 擬臭跡を使用する遊猟 (cf. drag *n.* 14). **2** 擬臭跡猟クラブ.
drág·lìne *n.* **1** =dragrope. **2** 〘土木〙ドラッグライン: **a** 掘削機の一種 (dragline excavator ともいう). **b** (掘削機の中心的部分である)バケットの引き綱. 〖1886〗
drágline cràne *n.* 〘土木〙=dragline.
drág lìnk *n.* **1** 〘機械〙(二つのシャフトのクランクを連結する)引き棒. **2** 〘自動車〙ドラッグリンク《ステアリングギヤのレバーとステアリングナックルを連結する棒》. 〖1849–50〗
drág·nèt *n.* **1 a** (地)引網, 底引網 (trawl). **b** (捕鳥用の)引き網. **2** (警察の)捜査網, 警戒網: He was caught in the police ~. 警察の捜査網に引っかかった. **3** 大量検挙. 〖(OE) *a*1541〗
Drá·go Dòctrine /drɑ́ːgoʊ- | -gəʊ-; *Sp.* dráɣo-/ *n.* [the ~] ドラゴー宣言 (1902)《アメリカ大陸の諸国がヨーロッパの国に借りている負債が武力干渉や領土占有の口実には用いられえないという宣言》. 〖その主唱者であるアルゼンチンの外相 *Luis María Drago* (1859–1913) の名にちなむ〗
drag·o·man /drǽgəmən, -goʊ-, -mæn | -gə(ʊ)mən/ *n.* (*pl.* **~s, -men** /-mən, -mèn/) (アラビア・トルコなどの)通訳, 通弁. 〖(?*a*1300) □ OF *drog(e)man* (F *drogman*) □ It. *dragomano* □ MGk *dragómanos* □ Arab. *tarjumān* interpreter: cf. targum〗
drag·on /drǽgən/ *n.* **1** 竜《翼と爪をもち口から火を吐くという伝説の怪獣》; 《古》(有毒の)大蛇: like a ~ 猛烈に. **2** 〘聖書〙ドラゴン《大蛇・クジラ・わにの類を指すと思われる怪物 (cf. *Gen.* 1:21; *Ps.* 74:13); ジャッカル (cf. *Job* 30:29; *Jer.* 9:11)》. **3** [the D-] 悪魔 (Satan): *the old Dragon* 魔王. **4** 《口語》猛烈に厳しい人, 気性の激しい人《特に女性》. **5** (竜が「宝の守護者」であるという伝説から)(若い女性の)厳重な監視者, 付添い老女 (duenna), 恐ろしい監視女: a regular [perfect] ~ こわいおばさん. **6** 〘動物〙トビトカゲ《東インド・南アジア地方産キノボリトカゲ科 *Draco* 属のトカゲの総称; flying dragon ともいう》. **7** 〘植物〙テンナンショウ《サトイモ科テンナンショウ属 (*Arisaema*) の植物数種の総称; green dragon, マムシグサ (jack-in-the-pulpit), ミズイモ (water arum) などを含む》. **8** [the D-] 〘天文〙りゅう(竜)座 (⇨ Draco¹). **9 a** 竜騎銃《17 世紀に dragoon が用いた大口径の短銃》. **b** その武器をもった兵士, 竜騎兵 (cf. dragoon). **10** 〘紋章〙ドラゴン《griffin の頭, 鷲に似た四肢, こうもりに似た翼, やじりに似た舌と尾をもつ架空の動物; griffin と共に紋章に登場する架空の動物の雄; なおヨーロッパ大陸の紋章のドラゴンは肢が 2 本である》. **11** 〘軍俗〙装甲トラクター, 火砲牽引用装甲車. **12** ドラゴン (上昇龍)《東南アジアの新興工業国をいう》. **13** 〘ヨット〙国際ドラゴン級で使用されるヨット《艇長 8.88 m》. ***cháse the drágon*** 《俗》アヘンやヘロインを吸引する. **~·ish** /-nɪʃ/ *adj.* 〖(*a*1250) □ (O)F ~ □ L *dracōnem* □ Gk *drákōn* dragon, large serpent, 《原義》the sharpsighted one ← IE **derk-* to see (OE *torht* bright / Gk *dérkesthai* to see clearly / Skt *darśayati* he causes to see)〗
drágon ballòon *n.* =kite balloon. 〖*dragon*: (なぞり) ← G *Drache* dragon, kite〗
drágon bèam *n.* 〘建築〙火打梁(ひうちばり), 隅梁(すみばり)《直交する水平部材の補強に, 水平に斜めに架ける梁材》. 〖1703〗
drágon bòat *n.* 竜船(りゅうせん)《竜を形どった船; 中国南部・タイなどの祭事用の船など》.
drag·on·ess /drǽgənɪ̀s/ *n.* 雌の竜. 〖*a*1634〗
drag·on·et /drǽgənɪ̀t, drǽgənét | drǽgənɪ̀t, -nèt/ *n.* **1** 小竜; 竜の子. **2** 〘魚類〙ネズッポ科の海産魚の総称《ネズッポ (*Callionymus lunatus*), ノドクサリ (*C. richardsoni*) など》. 〖(?*a*1300) □ (O)F ~ (dim.) ← DRAGON: ⇨ -et〗
drágon·fìsh *n.* **1** ワニトカゲギス科 (Stomiatidae) やミツマタヤリウオ科 (Indiacathidae) などのへビに似た深海魚. **2** 南極生みの Bathydraconidae 科の魚. 〖1694〗
drágon·flỳ *n.* 〘昆虫〙トンボ《トンボ目の昆虫の総称》.
日英比較 日本では少年・少女時代の「トンボとり」は郷愁をそそう話題であるが, 英米ではそのようなことは行われない. 語源的にも「大きな毒蛇」という意味を持つこの名称からも察しられるように, トンボは本質的には気味の悪い昆虫というのが英米のイメージである. 〖1626〗
drágon·hèad *n.* 〘植物〙 **1** 北米産シソ科ムシャリンドウ属の植物 (*Dracocephalum parviflorum*). **2** ムシャリンドウ属の植物の総称 (dragon's-head ともいう). 〖(1784) (なぞり) ← NL *Dracocephalum*〗
drágon làdy *n.* **1** (東洋の)猛女. **2** [D- L-] ドラゴンレディー《米国の漫画家 Milton Caniff 作の続き漫画 *Terry and the Pirates* に登場する妖婦タイプの中国人女性》.
drágon lìght *n.* ドラゴンライト, 目つぶし閃光《容疑者を動けなくするのに警察が使う強力照明》.
drágon lìzard *n.* 〘動物〙=Komodo dragon. 〖1927〗
drag·on·nade /drǽgənéɪd/ *n.* **1** [通例 *pl.*] 〘フランス史〙竜騎兵の新教徒迫害《フランス王 Louis 十四世が新教徒居住地に竜騎兵を駐屯させ彼らを恐れさせた》. **2** 武力迫害[弾圧]. — *vt.* =dragoon. 〖(*a*1715) □ F ~ ← *dragon* 'DRAGOON'+-ADE〗
drágon pìece *n.* 〘建築〙=dragon beam. 〖1823〗
drágon·ròot *n.* 〘植物〙 **1** =green dragon 2. **2** = jack-in-the-pulpit. 〖1621〗

drágon's blòod n. 麒麟血(きりんけつ)《赤色の樹脂で昔は薬用, 今はワニスその他の着色・防食剤; 昔はリュウケツジュ (dragon tree) などから採ったが今は主としてマレー地方産ヤシ科の植物キリンケツジュ (*Calamus draco*) から採る》. 〖*a*1398〗

drágon's-hèad n. **1** 《古》〖天文〗(月または惑星の)昇交点(記号 ☊). **2** 〖植物〗=dragonhead. 〖*a*1420〗

drágon's tàil n. 《古》〖天文〗(月または惑星の)降交点(記号 ☋). 〖1604–5〗

drágon's tèeth n. pl. **1** 内輪もめの種 (cf. Cadmus): sow ～. **2** 《英口語》(コンクリート製のくさび型障害物を何列にも並べた)対戦車防御設備. 〖(1644): Cadmus が退治した竜の歯を地にまくと軍兵に変じたというギリシャ伝説から: ⇨ Cadmus〗

drágon trèe n. 〖植物〗リュウケツジュ (*Dracaena draco*) 《カナリア諸島産ユリ科の高木; 長寿で名高い; cf. dragon's blood》. 〖1611〗

dra·goon /drəgúːn, dræ- | drə-/ n. **1** 竜騎兵《17, 18 世紀の竜騎銃 (dragon) を持った騎馬歩兵; 今は, 昔の竜騎兵の伝統を伝える英国のある特殊な騎兵連隊の兵士》. **2** 恐ろしく凶暴な男. **3** イエバトの一種. **4** 《古》= dragon 9 a. — vt. **1** 竜騎兵を差し向けて攻める (cf. dragonnade). **2** 武力で圧迫[弾圧]する; 圧迫を加えて…させる: ～ a person *into* doing something. **～·age** /-nɪdʒ/ n. 〖(1622)□ F *dragon* 'carbine, DRAGON 9': (意義変化)竜 → 火を吐くもの → 火器 → 火器を有する軍隊〗

Dragóon Guàrds n. pl. [the ～] (英国の)近衛竜騎兵連隊《7 個連隊ある》. 〖1836〗

drág-òut n. 《米俗》=knock-down-and-drag-out. 〖*a*1859〗

drág pàrachute n. 〖航空〗=drag chute.

drág quèen n. 《俗》ドラッグクイーン《女装をするゲイの男性》. 〖1965〗

drág ràce n. ドラッグレース, 加速度競走《通例短距離直線コース (drag strip) で行われる改造自動車 (dragster) の競走; 静止から発進し $1/4$ マイルを走破する出足の秒数を競う; 単に drag ともいう》. **drág ràcer** n. **drág ràcing** n. 〖1949〗

drág·ròpe n. **1** (砲車などの)引き綱. **2** (軽気球などの)誘導索 (guide rope). 〖1766〗

drág sàil n. 〖海事〗(キャンバス (canvas) で作った)シーアンカー, 海錨 (sea anchor).

drág·sàw n. 引きのこぎり《特に伐採した材木を定尺に切断するための大きなのこぎり》. 〖1868〗

drág scràper n. 〖土木〗ドラッグスクレーパー《鋼索で地上を引きずって土砂を掘削運搬する機械》.

drág shèet n. 〖海事〗=drag sail.

drágs·man /-mən/ n. (pl. **-men** /-mən, -mèn/) **1** 四輪馬車の御者. **2** 《英俗》動いている列車から物などを盗む者. 〖1812〗

drag·ster /drǽgstə | -tə(r)/ n. **1** ドラッグレース (drag race) 用に不要部品を取りはずし改造された自動車. **2** ドラッグレース参加者. 〖(1954) ← DRAG+(ROAD)STER〗

drág strip n. ドラッグレース (drag race) 用の短距離直線コース《道路・滑走路の一部など》. 〖1952〗

drág strùt n. 〖航空〗(降着装置の)抗力支柱《飛行機の脚組のうち前方または後方に向かう斜め支柱; 着陸時および地上走行中車輪にかかる前後方向の地面反力を機体に伝える》. 〖1935〗

drail /dréɪl/ n. **1** 《米》〖釣〗(底を引いて魚を掛ける)ころがし針. **2** (ひき馬をつなぐための)すきの柄の鉄製突起. — vi. 《米》ころがし針で釣る. 〖(1634) ← 《廃》*drail* to drag or tail along (変形) ? ← TRAIL[1]〗

drain /dréɪn/ vt. **1** (樋(とい)・導管・溝などの排水設備で)…の水を流し出す, 水をはかせる, 排水する, 放水する; 〈土地を〉干拓する; …の水気を切る, 乾燥させる: ～ a land, marsh, dishes, etc. **2** 〈河流・導水管などが〉…の排水作用をする: This river ～s the whole valley. この川は全流域の排水をする. **3** 〈水を〉徐々に流出[排出]させる, はかせる 〈*away, off, out*〉: ～ *away* water すっかり水をはかせる. **4** 〖医学〗…にドレーンを入れる, (管などで)排液する. **5 a** 〈酒などを〉ぐいと飲み干す; 〈杯を〉飲み干す (empty) 〈*off*〉: ～ a pint of wine, the cup, etc. / ～ a glass dry グラスを干す. **b** 《比喩》味わい尽くす: ～ the cup of sorrow [pleasure] to the bottom 悲しみの苦杯[歓楽の美酒]をなめ尽くす. **6 a** 〈人・貨幣・財宝などを〉国外に流出させる (carry away), 〈富・体力などを〉枯渇させる (exhaust); 〈人〉の精根を尽きさせる: This work will ～ him dry. この仕事で彼の精根は尽き果ててしまうだろう. **b** …から〔…を〕流出[枯渇]させる, 〔血の気を〕なくさせる, から奪い去る (deprive) 〔*of*〕: ～ a country *of* its resources 国の資源を枯渇させる / He looked ～*ed of* life [all his energy]. 生気がなくなった[すっかり精力を消耗し切っている]ように見えた / He felt emotionally ～*ed*. 心が空っぽになったように感じた. **7** [通例受身で] 〈都市・家屋などに〉排水[下水]設備を施す: ～ a town, house, etc. / a well-*drained* city 排水設備のよい都市. **8** 《廃》=filter.
— vi. **1** 〈水が〉はける, 徐々に流出する, 流れ去る 〈*off, out, away*〉〔*into*〕; 〈食物・食器などが〉水が切れる: ～ *through* 〈液が〉たらたら流れ出る / The dishes are put on the rack to ～. 皿は水切りのためにラックの上に置かれる / Remove the mixture from the stove and leave to ～. 混ぜ物を火から下ろしてそのまま水が切れるようにしておきなさい. **2** 〈財産・精力などが〉次第になくなる, 使い果たされる 〈*out*〉; 〈血の気が〉なくなる, 〈生命が〉徐々に尽きる (fade) 〈*away*〉; 〈人・物が〉〔外国などに〕流出する〈*away*〉〔*to*〕: All his wealth had ～*ed away*. 彼は財産をすっかりなくしていた / His life was ～*ing away*. 彼の生命は徐々に衰えていった / I saw the color ～ *from* [*out of*] her face. 彼女の顔から血の気が引いてゆくのが見えた. **3** 〈土地が〉〔…へ〕排水する〔*into*〕; 〈沼地などが〉干上がる; 〈ぬれたスポンジ・布などが〉水が切れて乾く: This field does not ～ well. この畑は排水が悪い / This plain ～s *into* the lake. この平野の水はその湖に流れ込む.
dráin drý (水を切って)乾かす; 〈グラスなどを〉(飲み)干す, あける (cf. vt. 5 a); 活力[感情など]をすっかり奪う (cf. vt. 6 a). *dráin to the drégs* ⇨ dreg 成句.
— n. **1** 排水渠(きょ), 放水路 (conduit); 下水溝 (sewer); 排水管; [*pl.*] 排水組織, 下水施設: blocked ～s 詰まった下水. **2** 排水, 水はけ. **3** 〖医学〗ドレーン, 排液管. **4** (貨幣などの)絶え間ない[徐々の]流出; (財源・精力・時などの)枯渇(のもと); (資力を枯渇させる)失費, 物入り: the ～ *of* specie from a country 正貨の国外流出 / It is [They are] a (great) ～ *on* our strength [resources, purse]. それは精力[資力, 金]の(大きな)消耗だ. **5 a** [a ～] 《口語》一飲み, (酒の)一口. **b** [*pl.*] (杯の中の)飲残り, おり (dregs). **6** 〖電子工学〗ドレーン《電界効果トランジスター (FET) でソースと対になっている電極》.
gó dówn the dráin 《口語》(1) 失われる, なくなる, 無駄になる: Two million dollars *went down the* ～. 〖(1930)〗 (2) ますます悪くなる, いよいよだめになる. *láugh like a dráin* 《口語》大声をあげて笑う. 〖(1948)〗 *thrów* [*póur*] *móney dòwn the dráin* =*throw* GOOD MONEY *after bad*.
～·a·ble /-nəbl̩/ adj. 〖OE *drē(a)hnian* to strain out ← Gmc *drauʒ-: ⇨ dry〗

drain·age /dréɪnɪdʒ/ n. **1 a** (水などの)排出, 排水, 放水 (draining); 川, 水系; 排水法: ～ work 排水工事. **b** (財源などの)流出. **2** 排水組織[系統]; 排水装置[施設]; (都市などの)排水路, 下水道. **3** =drainage basin. **4** 排出された水, 下水, 汚水 (sewage). **5** 〖外科〗ドレナージ, 排液(法), 排膿(法). 〖(1652): ⇨ ↑, -age〗

dráinage bàsin [àrea] n. 集水域《ある河川によって排水される範囲[地域]》, 流域. 〖1873〗

dráinage tùbe n. 〖外科〗=drain 3. 〖1883〗

dráinage wìnd n. 〖気象〗排水風 (gravity wind).

dráin·bòard n. 《米》(台所の流しの上またはそばにある)水切り(台[板]). 〖1905〗

dráin·còck n. 〖機械〗排水コック. 〖1894〗

drained /dréɪnd/ adj. 精根尽きた, 疲れきった.

dráin·er n. **1** 下水[配管]工事人. **2** 排水器, (特に, 家庭のぬれ物の)水切り器. **3** 《英》排水渠(きょ), 下水. 〖(1598): ⇨ -er[1]〗

dráin·fìeld n. 排水地《腐敗水タンク (septic tank) の水などを吸収させる土地》.

dráin·ing n. 排水(作用[工事]). 〖(1565–73): ⇨ -ing[1]〗

dráining bòard n. 《英》=drainboard. 〖1906〗

dráin·less adj. **1** 《文語》尽きない (inexhaustible). **2** 排水路[下水設備]のない. 〖(1817): ⇨ -less〗

dráin·pìpe n. **1** 排水管, 放水管, 下水管, ドレーン管. **2** [*pl.*] 《俗》細い窮屈なズボン (drainpipe trousers ともいう). 〖1857〗

dráin pùmp n. 排水ポンプ.

dráin ròd n. 《英》排水管清掃棒, パイプクリーナー.

dráin·spòut n. =downspout.

dráin tràp n. (下水溝の)防臭弁. 〖1858〗

Dráize tèst /dréɪz-/ n. ドレイズ試験《米国の薬理学者 John H. Draize (1900–　) が考案したテスト; 皮膚用薬物・化粧品などの危険性の有無をウサギの目に当該物質を投与して調べる》. 〖*c*1975〗

drake[1] /dréɪk/ n. カモ・アヒルの類の雄鳥 (male duck) (cf. duck[1] 2). **dúck(s) and dráke(s)** ⇨ duck[1]. 〖(*c*1300)□ ? LG *drake, drache* < (WGmc) *drako ← ?〗

drake[2] /dréɪk/ n. **1 a** 〖昆虫〗=drake fly. **b** 〖釣〗(カゲロウの)擬似針. **2** ドレーク砲《17, 18 世紀の小型旋回砲》. **3** 《古》竜 (dragon). **4** (昔の)北欧海賊 (Viking) の用いた船. 〖OE *draca* < (WGmc) *drako (Du. *draak* / G *Drache*)□ L *dracō* 'DRAGON'〗

Drake /dréɪk/, Sir **Francis** n. ドレーク《1540?–96; 英国の提督, 地球を周航 (1577–80) した最初の英国人; スペインの Armada を撃破した (1588)》.

Dráke equàtion n. [the ～] 〖天文〗ドレーク方程式《銀河系内の知的文明をもつ惑星の数を見積もる公式》. 〖← *Frank Drake* (1930–　: 1961 年に公式化した米国の天文学者)〗

dráke flỳ n. 〖昆虫〗カゲロウ (mayfly) 《魚釣りのえさになる》. 〖*a*1450〗

dráke fòot n. 〖家具〗**1** かも足《英国 18 世紀家具の曲がり脚の先端に用いられた足型; 爪先を削られたカモの足指を示唆する三つの突出部がある》. **2** =trifid foot.

Dra·kens·berg /drɑ́ːkənzbɜ̀ːg, -kəns- | -bɜ̀ːg/ n. [the ～] ドラケンスバーグ(山地)《南アフリカ共和国東部の山脈; 長さ 1,125 km; 最高峰 Thabana Ntlenyana /tɑːbɑ́ːnəéntlɛnjɑ́ːnə/ (3,482 m); ソト語 (Sotho) 名は Quathlamba》.

Dráke Pàssage n. [the ～] ドレーク海峡《南米南端 Horn 岬と South Shetland 諸島との間の海峡》.

Drakes /dréɪks/ n. 〖商標〗ドレークス《米国 Drakes Bakeries 社製のケーキ》.

Dráke's drúm n. 無気味な危難の前兆[兆し]. 〖英国に危険が迫るとき *Sir Francis Drake* の太鼓がこれを知らせるという言い伝えから〗

Dra·lon /dréɪlɑ(ː)n | -lɔn/ n. 〖商標〗ドラロン《主に室内装飾品に用いられるアクリル繊維》. 〖(1955): cf. nylon〗

dram /drǽm/ n. **1** ドラム: **a** (常衡で) $1/16$ 常用オンス (=27.343 grains, 0.0625 ounce, 1.771 g; 略 dr., dr. av.). **b** (米国の薬局衡で) $1/8$ 薬用オンス (=3 scruples, 60 grains, 3.887 g; 略 dr.ap.). **2** =fluidram. **3** [通例 a ～] **a** (ウイスキーなどの)微量, 一口: ⇨ dram drinker / be fond of *a* ～ 酒が好き. **b** (一般に)わずか (a bit): have not one ～ of learning 少しも学問がない. **4** ドラム《アルメニアの通貨単位: =100 luma》. — v. (**drammed; dram·ming**) — vi. 《まれ》酒を(ちびちび)飲む (tipple). — vt. 《まれ》〈人〉に酒を(しつこく)勧める. 〖(1373) *dra(g)me* □ OF // ML *dragma*=L *drachma* □ Gk *drakhmḗ* 《原義》handful of coins ← *drássesthai* to grasp: cf. drachma〗

DRAM /drǽm, díːræm/ 《略》〖電算〗dynamic random access memory (⇨ dynamic RAM).

dram. 《略》dramatic; dramatist.

dra·ma /drɑ́ːmə, drǽmə | drɑ́ːmə/ n. **1** (散文または韻文体の)戯曲, 脚本 (★ play にくらべ一般にまじめな内容のものを指す): a historical ～ 史劇. **2** [(the) ～] (文学の一形式としての)劇, 劇文学; (芸術としての)劇, 演劇, 芝居 (cf. comedy, tragedy): (*the*) Elizabethan ～ エリザベス朝演劇 / a student of (*the*) ～ (演)劇研究家 / the ～ critic of *The Times* 「タイムズ」の演劇評論家. **3** 劇的事件; 劇的効果[状態]; 劇的性質[要素]: Don't make a ～ out of a crisis: keep calm! 大変だ, 大変だと大騒ぎしないで, 落ち着きなさい. 〖(1515)□ LL *drāma* play □ Gk *drâma* deed, play ← *drân* to do, perform an action ← IE *drā- ← *dera- to do〗

dráma crìtic n. 演劇批評[評論]家, 劇評家.

dra·ma·logue /drɑ́ːməlɔ̀(ː)g, drǽm-, -lɑ̀(ː)g | drɑ́ːməlɔ̀g/ n. 〖演劇〗(観客に対して行う)劇の朗読. 〖← DRAMA+(MONO)LOGUE〗

Dram·a·mine /drǽməmìːn/ n. 〖商標〗ドラマミン《船酔防止薬; dimenhydrinate の商品名》. 〖1949〗

dra·mat·ic /drəmǽtɪk | -tɪk/ adj. **1** 演劇の, 劇に関する (dramaturgic); 戯曲の, 脚本の: (the) ～ art 演劇芸術 / a ～ performance (劇の)上演, 演技; 演芸《公演》/ a ～ piece 1 編の戯曲[脚本] / ～ poetry 劇詩. **2 a** 芝居にでもありそうな, 劇的な, 感動的な: a ～ event, example, speech, etc. **b** 芝居がかった, 大げさな (theatrical): make a ～ entrance 芝居がかった仕方で入場する. **3** 〖音楽〗劇的な《劇的な表現に適した声質や性格をもった歌手の声種名に用いる; cf. lyric 3》: a ～ soprano. 〖(1589)□ LL *drāmaticus* □ Gk *drāmatikós*: ⇨ drama, -ic[1]〗

SYN 劇的な: **dramatic** 非常に刺激的で印象的な: a *dramatic* meeting of leaders 指導者たちの劇的な集まり. **theatrical** 〈ふるまいが〉不自然に芝居がかっている: Her sorrow is *theatrical*. 彼女の悲しみようは芝居がかっている. **histrionic** 《軽蔑》〈声・しぐさ・感情表現などが〉過度に芝居がかった: a *histrionic* show of grief 芝居がかった悲嘆の表現. **melodramatic** 感傷的で大げさな: The paper gave a *melodramatic* account of the child's murder. 新聞はその子の殺人事件をメロドラマ的に報道した.

---

dra·mát·i·cal /-tɪkəl, -kl̩ | -tɪ-/ adj. 《古》=dramatic. 〖1640〗

dra·mát·i·cal·ly adv. **1** 戯曲[演劇]的に, 戯曲風に; 劇の立場から. **2** 劇的に, 芝居がかって. **3** 劇的に, 目をみはるほど. 〖(*a*1652): ⇨ ↑, -ly[1]〗

dramátic írony n. 〖演劇〗劇的アイロニー《観客にはわかっているが登場人物自らは知らないことになっている皮肉な状況; tragic irony または単に irony ともいう》. 〖1926〗

dramátic mónologue n. 〖文学・詩学〗劇的独白《通例, 劇詩の一人物が自分自身または他の登場人物に話しかけることによってその心の中や劇の状況を明らかにする技法; R. Browning がよく用いた》.

dramátic présent n. [the ～] 〖文法〗劇的現在 (⇨ historical present).

dra·mat·ics /drəmǽtɪks | -tɪks/ n. **1** [通例単数扱い] 劇演出法. **2** [複数扱い] (学生などの)しろうと演劇, 学生演劇. **3** [複数扱い] 《口語》劇的効果; (特に)大げさな感情表出, 芝居がかった態度. 〖1684〗

dra·mat·i·cule /drəmǽtɪkjùːl | -tɪ-/ n. 小演劇, 二流の劇. 〖1813〗

dramátic únities n. pl. [the ～] 〖演劇〗(時・場所・行動の)三統一[三一致](の法則) (cf. unity 9). 〖1922〗

dram·a·tism /drɑ́ːmətɪzm, drǽm- | drǽm-, drɑ́ːm-/ n. **1** (演)劇的性格. **2** 劇化, 脚色. 〖(1834) ← DRAMATIST+-ISM〗

dra·ma·tis per·so·nae /drǽmətɪspəsóuniː, drɑ́ːm-, -naɪ | drɑ́ːmətɪspɜ(ː)sə́unaɪ, drǽmətɪspɜː-sə́uniː/ n. pl. 〖演劇〗**1** [複数扱い] (劇の)登場人物. **2** [単数扱い] 配役表 (dram. pers. と略す). 〖(1730)□ L *drāmatis persōnae* persons of the drama〗

dram·a·tist /drǽmətɪst, drɑ́ːm- | -tɪst/ n. **1** 戯曲[脚本]作者, 劇作家 (playwright). **2** (出来事・体験などを)劇的に[芝居がかって]表現する人. 〖(1678) ← DRAMA+-IST〗

dram·a·ti·za·tion /drǽmətɪzéɪʃən, drɑ̀ːm- | -taɪ-, -tɪ-/ n. **1** (小説・事件などの)脚色, 戯曲化. **2** 戯曲化されたもの; 舞台用の翻案. 〖(1796): ⇨ ↓, -ation〗

dram·a·tize /drǽmətàɪz, drɑ́ːm-/ vt. **1** 〈小説・事件などを〉劇の形式にする, 脚色する, 戯曲化する: ～ a novel. **2** 劇的に[芝居がかりに]表現する: ～ oneself 自分(の身辺のこと)を芝居がかりに表現する, 芝居じみた態度をとる, 演技する, 狂言に仕組む. — vi. **1** 〈小説・事件などが〉戯曲になる, 脚色される. **2** 芝居(じみた態度)をする, 演技する: He described his action without *dramatizing*. 彼は自分のとった行動を飾ることなく(ありのままに)話した.
drám·a·tiz·er n. **drám·a·tìz·a·ble** /-zəbl̩/ adj. 〖(1780–83) ← DRAMATIST+-IZE〗

dram·a·turge /drǽmətə̀:dʒ, drɑ́:m- | -tə̀:dʒ/ n. **1** =dramatist. **2** (劇団・映画会社の)舞台マネージャー, 舞台監督《劇の上演, 作品の選定, 作家との連絡, プログラムの準備, 宣伝活動などを行う; dramaturg ともいう》. 〖(1870) □F ～ // G *Dramaturg* □ Gk *drāmatourgós* ← *drāmat-, drâma* 'DRAMA'＋*érgon* work〗

dram·a·tur·gic /dræ̀mətə́:dʒɪk, drɑ̀:m- | -tə́:-/ adj. 劇作上の, 戯曲演出上の. 〖(1831): ⇨ ↑, -ic¹〗

dràm·a·túr·gi·cal /-dʒɪ̀kəl, -kl | -dʒɪ-/ adj. =dramaturgic. **～·ly** adv. 〖1865〗

drám·a·tùr·gist /-dʒɪ̀st | -dʒɪst/ n. =dramaturge. 〖(1825) ← DRAMATURGE＋-IST〗

dram·a·tur·gy /drǽmətə̀:dʒi, drɑ́:m- | -tə̀:-/ n. **1** 劇作術[法], 戯曲演出法, ドラマトゥルギー; 戯曲論, 演劇理論; [集合的] 作劇技術(の駆使). **2** (脚本[劇]の)上演[演出]法. 〖(1801) □ G *Dramaturgie* □ Gk *drāmatourgía* composition of dramas: ⇨ dramaturge, -y¹〗

Dram·bu·ie /dræmbú:i | -bjú:i, -bú:i/ n. 〘商標〙 ドランビュイ《スコッチウイスキーとヒースの蜂蜜で造ったリキュール》. 〖1893〗

drám drìnker n. (ウイスキーなどを)ちびちび飲む人, 常飲する人 (tippler).

drame /drɑ́:m; F. dʀam/ F. n. =tragicomedy 1. 〖□F ～: ⇨ drama〗

dra·me·dy /drɑ́:mədi, drǽm- | drǽmɪ̀di, drɑ́:m-/ n. ドラメディー《喜劇的要素と劇的要素を合わせもったドラマ, またはシリーズもののドラマ》. 〖(混成) ← DRAMA＋COMEDY〗

drám·ma gio·có·so /drɑ́:mə-; It. drámmadʒokó:zo/ It. n. 〘演劇〙 喜劇 (comedy). 〖□ It. ～ 'jocose drama'〗

drámma per mú·si·ca /-pɛəmú:zɪkə | -pɛə-; It. -permú:zika/ n. 音楽劇《現在のオペラが確立される以前の 17 世紀イタリアでの音楽劇を総称する呼称》. 〖□ It. ～ 'drama for music'〗

Dram·men /drɑ́:mən; Norw. drɑ́mən/ n. ドラメン《ノルウェー東南部の Drammen 川に面した港湾都市》.

dram. pers. 《略》〘演劇〙 dramatis personae.

drám·shòp n. 《米古》 酒場, バー (barroom). 〖1725〗

Dran·cy /drɑ̃:(n)sí:, drɑ:n-; F. dʀɑ̃si/ n. ドランシー《パリ東北部郊外の住宅地域》.

Drang nach Os·ten /drɑ́:ŋnɑ:xɔ́:stn̩ | -ɔ́s-; G. dʀáŋna:xɔ́stn̩/ G. 東方進出《文化的・政治的・経済的勢力を東部・東南ヨーロッパへ推し進めようとしたドイツの帝国主義的政策の標語》. 〖□G ～ 'drive to the east'〗

drank /drǽŋk/ v. drink の過去形・《米口語》 過去分詞. 〖OE *dranc*〗

drape /dréɪp/ vt. **1** 〈衣類・掛け布などを〉優美にたらし掛ける, まとわせる: ～ mantle (*a*)*round* one's shoulders 肩にマントをまとう / ～ a flag in mourning 弔意を表して旗をかける. **2** 〈像・部屋などを〉掛け布[垂れ布, ゆるやかな布地]で覆う, 飾る 〔*with*〕; [～ oneself または受身で]〔布などを〕(身に)まとう 〔*in*〕: ～ a bust [a building, a wall] 胸像[建物, 壁面]に垂れ布を掛ける / a coffin ～*d with* the flag 旗をかけた棺 / a woman ～*d in* silks 絹物に身を包んだ女性 / the fog-*draped* streets 霧に包まれた街路. **3** 〈服・カーテンなどに〉にドレープをつける. **4 a** ぞんざいに並べる[下ろす, 引っ掛ける] 〔*over,* (*a*)*round*〕: ～ one's legs *over* the chair (前に置いた)椅子に足を掛ける. **b** [しばしば ～ oneself または受身で] (酔ったりして)〔…に〕もたれかかる 〔(*a*)*round, over, against*〕: He ～*d* his arm *round* her shoulders. 彼女の肩に腕をもたせかけてきた / He ～*d himself over* the settee. ソファーの上にもたれかかった. **5** 〘土木〙 〈鉄筋コンクリートの鉄筋を〉コンクリートを流し込む前に 2 点間にかける. **6** 〘外科〙 (手術の準備などに)滅菌した布で〈患者〉(の局部の回り)を包む. ― vi. 〈掛け布などが〉優美に垂れ下がる. ― n. **1 a** [通例 pl.] 掛け布, 垂れ布 (drapery); 《米》 カーテン; =overdrape: Draw the ～*s*. 《米》 カーテンを引きなさい. **b** (手術用の)滅菌した布 (cf. vt. 6). **2** 〘服飾〙 **a** ドレープ《布地を下げたり巻きつけたりするときに折目をつけずに装飾的なひだを入れること; またそのひだ》. **b** 《俗》 ドレープ《若者向きに誇張したカットを施した長い上着; cf. drape suit》. **3** (掛け布・服などの)垂れ具合, ドレープ.

dráp·a·ble, ～·a·ble /-pəbl/ adj. **dra·pa·bil·i·ty, drape·a·bil·i·ty** /drèɪpəbɪ́ləṭi | -lɪ̀ti/ n. 〖(?a1400) □ (O)F *draper* ← *drap* cloth < LL *drappum* ← ? Celt.〗

drap·er /dréɪpə | -pə^(r)/ n. **1** 《英》 織物(衣類)商, 服地商[店]: a woolen ～ 毛織物商 (cf. dry goods). **2** 《米》 布を飾る人(など). **3** 《古》 布地を織る人. 〖(a1376) □ AF ～ =(O)F *drapier* ← *drap* (↑)〗

Dra·per /dréɪpə | -pə^(r)/, **Henry** n. ドレーパー《1837–82; 米国の天文学者》.

Draper, John William n. ドレーパー《1811–82; 米国の化学者・生理学者・歴史家; Henry Draper の父》.

drap·er·y /dréɪp(ə)ri/ n. **1** [しばしば pl.] **a** (物に掛けた柔らかい織物の)優美なひだ, 装飾ひだ. **b** (優美なひだをなして)物に掛けた織物, 掛け布, 掛布, 垂れ布; (使っていない家具の)覆い; 《米》 (厚地の)カーテン地. **c** 《米・カナダ》 =overdrape. **2** 〘美術〙 衣文(えもん), ドラペリー《絵画・彫刻などに表現される優美な着衣のひだ, またその手法》. **3** 《英》 **a** [集合的] 織物, 服地, 反物類 (《米》 dry goods). **b** 反物業, 織物販売業 (draper's trade): a ～ shop 反物店, 服地店. ― vt. [主に p.p. 形で] 掛け布[垂れ布]で飾る, …に優美なひだのある衣装をまとわせる: a woman *draperied in* flowing velvet すそを引いた優美なビロードの衣装をまとった女性. 〖(?a1325) □ (O)F *draperie*: ⇨ draper, -ery〗

drápe sùit n. 《俗》 ドレープスーツ《ドレープ (drape) に細いズボンの男子服》. 〖1945〗

drap·pie /drǽpi/ n. 《スコット》 少量の酒. 〖(1789): ⇨ drop, -ie〗

dras·tic /drǽstɪk | drǽs-, drɑ́:s-/ adj. **1** 〈薬など〉猛烈な, 強烈な (rigorous): ～ remedies 荒療治. **2** 〈手段など〉徹底的な, 思い切った (thoroughgoing): a ～ measure [change] 徹底的手段[改革]. ― n. 劇薬, 強い下剤. **drás·ti·cal·ly** adv. 〖(a1691) □ Gk *drastikós* violent, efficacious ← *drastós* ← *drân* to do, act: ⇨ -ic¹〗

drat /drǽt/ vt., vi. (**drat·ted; drat·ting**) [3 人称単数仮定法現在で]《俗》 呪う (confound, dash)《やや軽いののしりの言葉として間投詞的に用いる》. ★ 通例女性が用いる: *Drat* it! いまいましいったら / *Drat* the child! うるさいわね, この子は / *Drat* you! うるさいね. 〖(1815)《頭音消失》 ← *ód rot!* 《婉曲語法》 ← *God rot*〗

-'d rath·er /drǽðə | drɑ̀:ðə^(r)/ =would rather, had rather.

D ràtion n. 〘米陸軍〙 D 号(携行)糧食《特別に調製した 4 オンス (112.5 グラム) の chocolate bar 3 本で 1 日分; (1,800 カロリーを含む); cf. C ration》.

drát·ted /-tɪ̀d | -tɪd/ adj. 《口語》 いまいましい (confounded): You know these ～ regulations. 〖(1857) ← DRAT＋-ED〗

draught /drǽft | drɑ́:ft/ n., adj., v. 《英》 =draft. 〖(?a1200) *draht*〗

dráught·bòard n. 《英》 チェッカー盤 (checkerboard). 〖1726〗

draughts /drǽfts | drɑ́:fts/ n. pl. [単数または複数扱い]《英》 =checkers.

dráughts·bòard n. =draughtboard.

dráughts·man /-mən/ n. (pl. **-men** /-mən, -mèn/) **1** =draftsman 1. **2** 《まれ》 =draftsman 2. **3** 《英》 (チェッカーの)駒 (checker). **～·shìp** n. 〖1663〗

dráughts·wòman n. 《英》 draftsman の女性形.

draught·y /drǽfti | drɑ́:fti/ adj. (**draught·i·er; -i·est**) 《英》 =drafty. 〖(1602) 1822〗

Dra·va /drɑ́:və; Sln. dráva, Croat. drâva, Hung. drá:vɒ/ n. [the ～] ドラバ(川)《オーストリア南部に発しハンガリーとクロアチアの国境を流れて Danube 川に注ぐ支流 (720 km)》.

drave¹ /dréɪv/ n. 《スコット》 **1** ニシンの捕れる時季. **2** ニシン漁の遠征漁船団. 〖(c1560)《北部方言》 ～ 'act of driving' < OE *drāf*: ⇨ drove²〗

drave² v. 《古》 drive の過去形. 〖OE *drāf*〗

Dra·ve /drɑ́:və/ n. [the ～] =Drava.

Dra·vid·i·an /drəvɪ́diən | -diən/ adj. **1** ドラヴィダ人の. **2** ドラヴィダ語族の. ― n. **1** ドラヴィダ人《南部インドの大部分およびスリランカに住む非アーリア系の種族》. **2** 〘言語〙 ドラヴィダ語 (cf. Dravidian languages). 〖(1856) ← Skt *Draviḍa* (南部インド一地方の古名)＋-IAN〗

Dravídian lánguages n. pl. ドラヴィダ諸語《南インド・スリランカ・パキスタンで話され, タミール・テルグ・ゴンディ・マラヤラム語などを含む一大語族》. 〖1871〗

Dra·vid·ic /drəvɪ́dɪk | -dɪk/ adj. =Dravidian. 〖1888〗

draw /drɔ́:, drɑ́: | drɔ́:/ v. (**drew** /drú:/; **drawn** /drɔ́:n, drɑ́:n | drɔ́:n/) ― vt. **1 a** [通例, 方向・位置を示す副詞や前置詞を伴って] 引く, 引っ張る, 引き寄せる (⇨ pull SYN): ～ a thing *along* 物を引きずっていく / ～ the curtain *aside* カーテンを脇に寄せる《開ける》/ ～ a person *aside* 人を側に引っ張る[引き寄せる]《内緒話をするときなど》/ ～ a book *toward*(*s*) one 本を手前に引き寄せる / ～ a person *to* [*toward*] one 人を自分の方に引き寄せる / ～ the chairs (*a*)*round* the fire 炉の周りに椅子を引き寄せる / ～ a person *into* a room 人を部屋に引き入れる / ～ a hat [veil] *over* one's face 帽子[ベール]を目深に下ろす / ～ one's hand *across* [*over*] one's face 手を顔の前に[上に]かざす / ～ a net 網をたぐる / ～ a bit [bridle, rein] 手綱を引く / ～ a bow (矢を放つために)弓(のつる)を引く; (バイオリンを)ひとしきり弾く / ⇨ *draw the* [*a*] LONGBOW / ～ an arrow 矢を(弓につがえて)引く / ～ a blind [curtain] 日除け[カーテン]を引く《開けるまたは閉める》/ ～ a sail [drawbridge] 帆[はね橋]を引き上げる / ～ a tablecloth (食後に)テーブルクロスを取りのける / A locomotive ～*s* a train. 機関車は列車を引く. **b** (昔, 木枠などに乗せて)〈罪人を〉刑場に引く.

2 a 〈人・人の心・注意・興味などを〉引き付ける, 引く; 〈人気を〉呼ぶ (attract); 〈涙を〉誘う; 〈嘆息を〉漏らさせる: ～ a person *into* conversation [a conspiracy] 人を話[陰謀]に引き込む / ～ a person's attention *to* a fact ある事実に人の注意を引く / Her comments *drew* praise [applause, laughter, criticism, condemnation] *from* everyone present. 彼女の評言は出席者全員から賞賛[喝采, 笑い, 批判, 非難]を引き出した / My letter *drew* (*forth*) an angry reply [response] *from* the editor. 私の投書は編集者の怒りに満ちた返事[返答]を招いた / He felt *drawn to* [*toward*] the town. その町に心が引かれる思いがした / Empathy *drew* us *together*. 共感によって我々の心は固く結ばれた / The show *drew* a full house. その興行は満員の盛況だった / The story *drew* tears *from* her eyes. その物語は彼女の涙を誘った / The pain *drew* a sigh [groan] *from* him. その痛みに彼は思わずためいきをついた[うなった] / The interrogation *drew* a confession *from* him. 尋問の結果, 彼から自白を得た / Don't ～ me *away from* my work. 仕事の邪魔をして気をそらせないでくれ. **b** 〈人を〉(言動などに)駆り立てる, 釣り込む, 反応させる. **b** [目的語＋*to* do を伴って] 誘って…させる (induce): His kindness *drew* her *to* express herself. 彼のやさしさに動かされて彼女は心のうちを語った. **c** 〘英口語〙 〈人を〉誘って語らせる, …に意見を吐かせる: He refused to be *drawn* on the matter. 彼はどうしてもその事については何も言おうとしなかった.

3 a 〈図・線を〉引く (trace); (線を引いて)描く, 写す, 描写する (delineate); (言葉で)描写する (describe): ～ a line across paper 紙の上に線を引く / ～ a picture 絵を描く / ～ a character in a novel 小説で人物を描写する / We must ～ the line somewhere. どこかで線を引か[きりをつけ]なければならない (cf. line¹ n. 16 a). 日英比較 日本語で「絵を描く」という場合には, 鉛筆・ペンなどで描くのも, 絵の具を使って描くのも区別しないが, 英語では前者は *draw*, 後者は paint という別語を使って区別する. **b** 〈文書を〉書く, 作成する; 〈手形などを〉振り出す (draft): ～ (*up*) a deed [will] 証書[遺言書]を作成する / ～ a bill [check] *on* a bank *for* 100,000 yen 銀行あてに 10 万円の手形[小切手]を振り出す. **c** 〈区別を〉設ける, 〈比較を〉する (formulate): ～ a comparison [parallel, distinction] between A and B A と B とを比較[対比, 区別]する.

4 〈息を〉吸う, 吸い入れる, 吸い込む (take in): ⇨ *draw* BREATH.

5 a 〈水・酒を〉くみ上げる, くみ出す; 〔源から〕引き出す, 得る (derive) 〔*from*〕; 〈利子を〉生む, もたらす (bring in): ～ water *from* a well / ～ beer *from* a cask / ～ information [inspiration] *from* …から情報[霊感]を得る / ～ money *from* a bank 銀行から金を引き出す / ～ a supply *from* abroad 海外に供給を仰ぐ / How much interest will these deposits ～? これらの預金にどれくらいの利子がつきますか. **b** 〈金などを〉得る, 受け取る: ～ a large salary 高給を取る. **c** 〘米陸軍〙 (兵站(へいたん)部から)〈糧食・被服・弾薬など〉の支給を受ける. **d** 〔…から〕〈結論・教訓などを〉引き出す (deduce) 〔*from*〕: ～ a moral *from* a fable 寓話から教訓を得る / He tried to ～ his own conclusions *from* what he had seen. 彼は自分の目で見た物から自分なりの結論を引き出そうとした. **e** 〈結果・不幸などを〉招く, 伴う (bring about): ～ ruin *upon* oneself 身の破滅を招く.

6 a 引き抜く, 抜き取る (pull out); 〈剣などを〉抜く, 〔さやから〕抜き放つ 〔*from*〕: ～ a nail [tooth] 釘[歯]を抜く / ～ a cork *from* a bottle 瓶のコルクを抜く / ～ one's sword *on* … 剣を抜いて…に切りつける / ～ a gun [knife] *on* a person 銃[ナイフ]を抜いて人に突きつける / ⇨ *draw the* SWORD, *draw one's* SWORD *against*. **b** 〘金属加工〙 引き抜き加工をする《針金や金属棒などをダイスを通して引き抜いて直径を細くする》.

7 a 〈くじを〉引く; (くじで)引き当てる; (くじで)選抜する: ～ lots くじを引く / ～ a prize 賞品を引き当てる / ～ the winning number 当たりくじを引き当てる / ⇨ *draw a* BLANK, *draw* STRAWS. **b** 〈幸運・不運を〉引き当てる, …に巡り会う: Two of them *drew* long prison terms. 彼らのうち二人は長期刑に処された.

8 〈狐などを〉〔穴から〕引き出す, 狩り出す (drag) 〔*from*〕: ～ a fox *from* its lair.

9 a 〈血を〉出す, 流させる: ⇨ *draw* BLOOD, *draw first* BLOOD. **b** 〘医学〙 〈膏薬などが〉〈血・うみを〉吸い出す, 〈傷口〉からうみを出させる.

10 a …の腸[はらわた]を出す (disembowel); …の精分を抽出する (extract); 〈池など〉の水をはけさせる (drain); …の乳を飲み干す (suck dry): ～ a fowl 鳥のはらわたを出す / ～ a criminal 罪人のはらわたを抜く《昔の刑罰; cf. DRAW and quarter (2)》/ ～ tea (煎じて)茶を出す / ～ a pond dry 池を干す / The calf ～*s* the cow. 子牛が雌牛の乳を飲み干す. **b** 《英》 (獲物を求めて)〈池・森などを〉あさる: ～ a pond 網を引いて池の魚を採る / ～ a cover [covert] 隠れ場をあさって獲物を狩り立てる.

11 a 引き伸ばす (stretch); 〈金属板を〉絞り加工する, 〈金属線を〉引き抜き加工する. **b** (炉で溶かして)〈ガラス・プラスチックなどを〉引き伸ばして造る; 〈針金・ろうそくを〉造る; 〈糸を〉引く (spin): ～ a rope tight 綱をぐっと引き伸ばす. **c** 〈鋼を〉焼き戻す.

12 〈磁石などが〉引き付ける (attract); 〈金属が〉〈さび・熱などを〉呼ぶ, 吸う (contract): ～ rust, heat, etc.

13 a 縮ませる (contract); [通例 p.p. 形で] 〈顔を〉引きゆがめる (distort): a face *drawn* with pain 苦痛でゆがめられた顔 (cf. pull a long face ⇨ pull vt. 12). **b** 《英》 (吸って)腫(は)らす (cause to swell).

14 〈船が〉喫水が…である: a ship ～*ing* 20 feet of water 喫水 20 フィートの船.

15 〖もと競走馬を競技から引き上げさせたことから〗 〈勝負・試合を〉引分けにする (cf. drawn 2): Liverpool *drew* the match with Arsenal 3-all. リバプールはアーセナルとの対戦で 3 対 3 の引き分けとした.

16 〘トランプ〙 **a** (積み札から)引く, (親から)もらう; (特にポーカーで)〈手札を〉取り替える: ～ one card to a pair 手札を 1 枚捨て, 親から 1 枚もらってワンペアーができる. **b** (ブリッジなどで)〈ある札を〉落とす, 出させる, 〈切札を〉狩る, 召し上げる: lead the king to ～ one's opponent's ace キングを出して相手のエースを引き出す / ～ three rounds of spades スペードを 3 回狩る[回す].

17 a 〘玉突〙 〈手玉を〉引く《他の玉に当たってのち逆に回転して返るように手玉の中心より下を突く》: ～ a cue ball. **b** 〘クリケット〙 (バットをひねって)打者の側に〈ボールを〉そらせる, バットをひねって〈ボールを〉打つ. **c** (curling で) 〈丸石を〉そっとほうる. **d** 〘ゴルフ〙 〈ボールを〉ドローするように打つ (cf. n. 10 a).

― vi. **1 a** [通例, 方向・位置を示す副詞や前置詞を伴って] (引かれるように)寄り集まる, 寄る, 近づく; [～ apart] お互い寄りつかない, 離れている: ～ *together* 寄り集まる; 協調する / ～ *near* 近寄る / We have *drawn apart* [*together*] over the past few months. 我々はここ数か月ずっと疎遠になっている[行き来している] / as I *drew toward* the village その村に近づくにつれて / He *drew away* [*back*] *from* the puddle. 水たまりから飛びのいた / Like ～*s to* like. 同類相求む《★ 諺としては Like (will) to like. の形のほうが普通》. **b** 〈時などが〉近づく, 迫る: Night was ～*ing nearer*. 夜も迫ってきていた / The story is now ～*ing to* a conclusion. 今や物語は結末に近づいている / The party *drew to* a close [an end] around midnight. 会は真夜中ごろになってようやくお開きになった.
2 線を引く, 描く (delineate), スケッチする (sketch), 製図する; 絵をかく, 絵の才能がある: ～ well [badly] 絵がうまい[へたである].
3 引き付ける, 人気を呼ぶ: The play ～*s* well. その芝居は大入りだ / This writer always ～*s*. その作家はいつも受ける《人気がある》.
4 水をくむ; 〔パイプなどを〕吸う 〔*on, at*〕: He sat ～*ing on* his pipe. 彼は座ってパイプをふかしていた.
5 a 剣を抜く, 抜刀する; ピストルを抜く: *Draw* and defend yourself! 剣[ピストル]を抜いて身を守れ / He *drew on* his opponent. 彼は刀[ピストル]を抜いて相手に突きつけた. **b** 〈歯などが〉抜ける: The tooth *drew* easily. 歯はわけなく抜けた.
6 a くじを引く: ～ *for* partners くじを引いてパートナーを決める. **b** 〘トランプ〙 札を引く; 札を引いてパートナーや配り手を決める.
7 〈水が〉はける (drain off); 〈煙突・パイプなどが〉通る; 風を通す; 〈風が〉通りがよい: The chimney is ～*ing* well. この煙突は排気がよい.
8 〈茶などが〉出る (infuse): Leave the tea to ～. (お湯を入れた後など)そのままにしてお茶を出すようにしなさい / The tea is ～*ing*. お茶が出てきた.
9 a 〈膏薬などが〉うみを吸う[吸い出す]. **b** (一箇所に)充血する; 化膿する: ～ to a head 〈できものが〉うむ (cf. head *n.* 10 a).
10 a 縮まる, 引きつまる 〈*up*〉. **b** (引かれてぴんと)張る; 〈帆が〉張る, (風をはらんで)ふくらむ.
11 a 引く (pull); (弓を射るために)矢を引く: The horses are ～*ing* abreast. 馬が並んで引いている. **b** 引ける: a cart that ～*s* easily 楽に引ける車.
12 a 〔銀行・商社などに〕手形を振り出す 〔*on*〕. **b** 〔預金から〕(金を)引き出す 〔*on*〕: ～ *on* one's savings for the whole amount 貯金を全額下ろす. **c** (資源・典拠として)〔…に〕頼る (depend), 〔…を〕利用する, 参考にする 〔*on, upon*〕: ～ *on* one's imagination 想像力に頼る, 想像によって話す[書く] / ～ *on* one's memory [a common fund of knowledge] 記憶力[常識]に頼る / I have no resources to ～ *on*. 頼るべき手段もない.
13 (情報などを)引き出す, 集める: ～ *from* a common fund of knowledge 共通の情報源[常識]を働かせる.
14 (勝負・試合で)引分けになる; 同点となる, タイとなる (tie): Finally he *drew* level with his competitor. ついに彼は相手と同点になった.
15 〈船の〉喫水が…だ: This ship ～*s* deep [shallow]. この船は喫水が深い[浅い].
16 〘狩猟〙 **a** 〈猟犬が〉獲物をあさる. **b** 〈猟犬が〉遺臭で獲物を追う.
17 〘玉突〙 引き玉を突く, 引く (cf. *vt.* 17 a).
dráw ahéad (1) 〈人・車が〉〔…より〕先に行く 〔*of*〕. (2) (相手より)優位に立つ 〔*of*〕. ***dráw alongside*** (…の)わきに(あとから来て)並ぶ. ***dráw and quárter*** (1) (中世の刑罰で)〈罪人を〉手足別々に馬をつないで走らせ四つ裂きにする. (2) (処刑後に)…の内臓を抜き出し四つ裂きにする (cf. *vt.* 10 a): He was hanged, *drawn, and quartered*. ***dráw apárt*** (*vt.*) 〈…を〉引き離す; 〈カーテンを〉(両側に引いて)開ける. (*vi.*) 〔…から〕離れて〕ばらばらになる 〔*from*〕. ***dráw awáy*** (*vt.*) 〔…から〕引き離す, 抜き去る 〔*from*〕 (cf. *vt.* 2 a): She *drew* her hand *away from* his. 彼女は手を彼の手から引っ込めた. (*vi.*) (競争で)〔相手を〕引き離す, 抜く 〔*from*〕; 〔…から〕退く 〔*from*〕 (cf. *vi.* 1 a): He quickly *drew away from* his competitors. ずんずんほかの者を引き離した. 《1670》 ***dráw báck*** (*vt.*) (1) 〈(引いた)カーテンを〉開け放す: ～ *back* the curtains. (2) 〈袖などを〉まくりあげる. (3) 〈関税などの払い戻しを受ける; 返還させる, 回収する. (4) 〔…から〕離れて近づかない; たじろぐ 〔*from*〕. (5) 〈約束などを〉守ろうとしない, 取り消す 〔*from*〕. (*vi.*) ⇨ *vi.* 1 a. ***dráw bít*** (1) 手綱を引いて馬を制御する; 速力をゆるめる. (2) 控え目にする. ***dráw blánk*** (1) (隠れ場をあさって)獲物が手に入らない (cf. *vi.* 16 a). (2) ＝*draw a* BLANK (2). 《1825》 ***dráw dówn*** (1) 〈カーテンなどを〉引き下ろす: The shades were *drawn down*. (2) 〈怒り・非難・あざけりなどを〉招く: ～ *down* a person's anger [wrath] (*upon* one's head) 人の怒りを招く[買う] / His behavior *drew down* a storm of blame (*on* him). そのふるまいのため囂々(ごうごう)たる非難を浴びることになった. (3) 〈俸給などを〉もらう, 稼ぐ; 〈積立金などを〉使い果たす. ***dráw fórth*** (1) 《古》〈物を〉引き抜く. (2) 〈性質・感情などを〉引き出す. ***dráw ín*** (*vt.*) (1) 〈手綱などを〉引き締める; 収縮させる (contract); 〈角・爪などを〉引っ込める: ～ *in* one's spending 支出を縮減する[切り詰める] / ⇨ *draw in one's* HORNS. (2) 〈空気・息を〉吸い込む (take in): ～ *in* a breath. 《1535》 (3) 引き入れる, おびき込む; だます: He was *drawn in to* buy it. だまされて買わされた. 《1558》 (4) ざっと描く, 素描する. (5) 〈人々を〉引き付ける, 呼び寄せる, 巻き込む. (6) 〈賃金などを〉取り立てる, 回収する. (*vi.*) (1) 〈列車が〉ホームに入ってくる, 到着する; 〈自動車が〉縁石[道端]に寄って来る[来て止まる]. (2) 《主に英・豪》〈日が〉短くなる; 〈一日が〉暮れる: The days [evenings, nights] are ～*ing in*. 日が短くなってきた. (3) 緊縮する, 引き締める; 慎重になる, おとなしくなる: It is time to ～ *in*. 引き締めてかかるべき時だ. (4) 〈車が〉わきに寄る. ***dráw in the réins*** ＝DRAW *bit*. ***dráw ìnto*** … 〈列車・バスなどが〉〈駅に入って来る. ***dráw … ínto—*** (1) 〈…を〉—に引き入れる; 巻き込む. (2) 〈視線などを〉—に引きつける. ***dráw it fíne*** 《口語》こまかな詮議(せんぎ)立てをする, めんどうな区別を立てる. ***dráw it míld*** 《英口語》[通例命令法で] 穏やかに言う, 控え目に言う, 控え目に[遠慮がちに]ふるまう. 《もとビールを容器から静かにあふれさせる意から》 ***dráw lével*** 〔…と〕対等になる, 〔…に〕追い付く 〔*with*〕. ***dráw óff*** (*vt.*) (1) 〈手袋・靴下などを〉脱ぐ; 〈酒を〉(樽などから)くみ出す 〔*from*〕; (蒸留して)抽出する (extract). (2) 選抜する: ～ *off* a draft of soldiers 徴募兵を選抜する. (3) 〈軍隊を〉引き上げる, 撤退させる (withdraw). (4) 〈注意・砲撃などを〉他にそらす (deflect). (*vi.*) 〈軍隊などが〉撤退する; (身の活動が自由になるように)〔…から〕後退する 〔*from*〕. ***dráw ón*** (*vt.*) (1) 〈ズボン・深靴・靴下を〉はく, 〈手袋を〉はめる (pull on). (2) 〈野心・好奇心などが〉誘発する; 〈人を〉引き寄せる; [*to* do を伴って] 促して…させる (lead on). (*vi.*) 〈時季などが〉近づく, 迫る (approach): Winter [Night] is ～*ing on*. 冬[夜]が近づいている / They *drew on toward* destruction. 彼らは破滅に近づいていった. ***dráw on*** … ⇨ *vi.* 4, 12 a, b, c. ***dráw oneself úp*** (威厳を示して, または憤然として)まっすぐに立つ, 居ずまいを正す, つんとそり身になる (bridle): He *drew himself up* to his full height. しゃっきりと背すじを伸ばした. ***dráw óut*** (*vt.*) (1) 引き出す, 抜き取る (extract); 取り出す 〔*of*〕: ～ *out* a tooth 歯を抜く / ～ *out* a handkerchief *from* one's pocket ポケットからハンカチを出す / The new job *drew out* her latent talents. 新しい職に就いて彼女のうちに潜んでいた才能が十分に引き出された. (2) 〈預金を〉(全額)引き出す: ～ one's money *out* (*of* the bank) (銀行から)貯金をおろす. (3) 釣り出す, 誘い出す (elicit); (誘いをかけて)…に〈考え・気持ちを〉しゃべらせる 〔*about, on*〕: She tried to ～ *out from* him (the whole story of) what had happened. 彼女は彼から起こった事(の一部始終)を聞き出そうとした / A little flattery *drew* him *out*. 少しお世辞を言ったら彼はしゃべり出した. (4) 〈金属を〉引き伸ばす: ～ *out* glass tubing ガラス管を引き伸ばす. (5) 〈計画などを〉こと細かに立てる, 作成する (formulate). (6) (だらだらと)長引かせる (protract); 〈音などを〉長めに発音する: His speech was long and *drawn out*.＝He gave a long *drawn-out* speech. 彼の話は長々と続いた. (7) 〈性質などを〉引き出す. (*vi.*) (1) 〈列車が〉〈駅などから〉発車する 〔*of*〕; 〈自動車が〉走り出す; 〈船が〉〈港を〉離れる, 遠ざかる 〔*from*〕: The train was ～*ing out* when I got to the platform. ホームに着いたとき列車が走り出したところだった. (2) 《主に英・豪》〈日が〉次第に長くなる: The spring days are ～*ing out*. 春の日がだんだん長くなった. (3) 〈競走馬などが〉〈相手を〉抜く 〔*from*〕. (4) 〈車などが〉車線をそれる; 路上に出て来る. ***dráw réin*** ＝DRAW *bit*. ***dráw tó*** 〈カーテン・ドアなどを〉閉める: ～ the door *to*. ***dráw togéther*** (*vt.*) 集める; まとめる. (*vi.*) 集まる; まとまる. ***dráw úp*** (*vt.*) (1) 引き揚げる; 〔…に〕引き寄せる 〔*to*〕; 〈足・膝を〉(座っていて)引っ込める; 縮こませる: ～ *up* a net 網を引き揚げる / ～ *up* a chair 椅子を引き寄せる. (2) [しばしば受身で] 〈軍隊などを〉整列させる (form up). (3) 〈文書を〉(正式に)作成する (formulate), 〈計画などを〉立案する, 〈表・地図などを〉書き上げる (write out): ～ *up* an agreement [deed, will, document] 協定書[証書, 遺言書, 文書]を作成する. (4) 〈馬車などを〉止める; 〈船を〉岸に止める. (*vi.*) (1) 〈馬車などが〉止まる; 〔…まで〕近づいてきて止まる 〔*to*〕: I saw a police car ～ *up* outside [*to*] my house. 警察の自動車が家の前に[の前まで来て]止まるのを見た. (2) 縮まる, 収縮する (cf. *vi.* 10). ***dráw ùp shárp(ly)*** 〈人を〉急に黙らせる; はっと立ち止まらせる. ***dráw upon*** ⇨ *vi.* 12 b, c.
— *n.* **1** 引く[引っ張る]こと, 一引き (pull); 《米》一吸い; (酒の)一すすり: take [have] a (quick [long]) ～ *on* one's pipe パイプを(すばやく[長く])吸う / the ～ of a chimney 煙突の吸い込み. **2 a** (ナイフ・ピストルなどの)引き抜き, 抜き出し: be quick [fast] *on the* ～ ナイフ[ピストル(など)]を抜く手が早い; 《比喩・口語》反応がすばやい. **b** [通例 the ～] (特に機敏さ・優れた技能による)〔…に対する〕強味, 優位 (edge) 〔*on*〕: We had *the* ～ *on* our enemies. (機先を制して)敵よりも優位な立場に立った. **3 a** くじ, くじで当てたもの, 当たり (lot); 《口語》くじ引き, 抽選 (drawing): a lucky ～ in a lottery くじの当たりくじ / the ～ for first prize 一等賞を引き当てること. **b** 〘スポーツ〙 ドロー, 対戦組合せ(表)《抽選によって配列された競技者の対戦組合せ表》. **4** 引分け, 無勝負 (drawn game): end in a ～ 引分け[勝負なし]に終わる / play a ～ 引分ける. **5** 《口語》 **a** (群衆を引き付ける)呼び物, 魅力のある出し物 (attraction); (俳優などの)人気を呼ぶ妙技[素質]: The new play is a great ～. 今度の芝居は大人気[大当たり]だ. **b** 釣込み, 釣出し, さぐり (cf. sure draw). **6** 《米》(予想される出費に対してあらかじめ支出する)前金, 仮払い金. **7 a** いっぱいに引いた弓の背と弦との距離, (弓の)引きしろ. **b** 弓をいっぱい引くのに要する力: a bow with a 50 pound ～ 50 ポンドの強弓. **8** 《米》(はね橋 (drawbridge) の)開閉部 (drawspan). **9** 《米》(川の上流にあり幅が広く割合に浅い)かれ谷; 水のかれた川底. **10 a** 〘玉突〙 引き玉; 〘ゴルフ〙 ドロー(ボール)《打球が落ち際に利き腕と逆の方向へ曲がる; ↔ fade》. **b** 〘アメフト〙 ＝draw play. **11** 〘トランプ〙 **a** (ポーカーで)ドロー《不要な手札を捨てて, その分だけ親から新たな札をもらうこと》; 不要な札と交換した札. **b** ＝draw poker. **12** 〘時計〙 引き: **a** がんぎ車の歯がアンクルのつめに力を及ぼしてアンクルをどてピンに押しつける働き. **b** がんぎ車の歯がアンクルの停止面に接触したとき, 停止面とがんぎ車の中心から接点に向かう半径とのなす角度. **13** 〘金属加工〙 外引け《鋳造で固化する際にできる割れ目や鋳巣》.
béat a person to the dráw 相手よりも速く剣[ピストル]を抜く; 人よりもすばやく行動する, 人を出し抜く, 人の機先を制する (cf. 2). ***cáll it a dráw*** 引分けにする. ***lúck of the dráw*** ⇨ luck 成句.
～·a·ble /-əbḷ/ *adj.* 〘OE *dragan* < Gmc **dragan* (Du. *dragen* / G *tragen* to carry / ON *draga*) ← IE **dhragh-* to drag on the ground (L *trahere* to pull: cf. tract¹): cf. drag, draft〙

dráw-and-fíre *n.* 《米口語》(拳銃の)早撃ち.

dráw·bàck *n.* **1** 引け目, 落ち度, 欠点, 不利 (disadvantage) 〔*in*〕 (⇨ fault SYN); 障害, 故障 (hindrance) 〔*to*〕. **2** 〘商業〙 (輸入品を再輸出する際の)関税の払い戻し, 払い戻し金 (rebate): ～ cargoes 戻し税貨物. **3** 〔…からの〕控除 〔*from*〕. **4** 引っ込めること, 撤去; 撤退, 撤回. 〘1618〙

dráwback lòck *n.* 引錠《外からは鍵で, 内からは取っ手で開ける》.

dráw·bàr *n.* 〘鉄道〙 (機関車の)引っ張り棒; (線路の)連結器; (トラクターの)連結棒.

dráwbar púll *n.* 〘鉄道〙 (機関車の引っ張り棒に作用する)牽引力, 引張力.

dráw·bènch *n.* 〘金属加工〙 伸線機, 引抜き機《針金等を引き抜き法で作るための機械》. 〘1859〙

dráw·bòre 〘木工〙 *n.* 枘(ほぞ)穴止め (drawbore pin) の受け口《止め栓を打ち込む穴》. — *vt.* 〈枘に〉受け口を開ける. 〘1812–16〙

dráwbore pìn *n.* 〘木工〙 枘(ほぞ)穴止め, 引付栓, 込栓《固く締めるため両方の材の穴を少しずらして開けた栓》. 〘1812–16〙

dráw·bòy *n.* 〘紡織〙 空引機 (drawloom) (の通糸)を動かす子供; 同じ働きをする力織機の装置.

dráw·bridge *n.* 〘土木〙 はね橋, つり上げ橋, 引上げ跳開橋; 開橋, 可動橋. ★ もとは城門の前に設けたつり上げ式のものをいったが今はあらゆる可動橋にいう. 〘?a1300〙

drawbridge
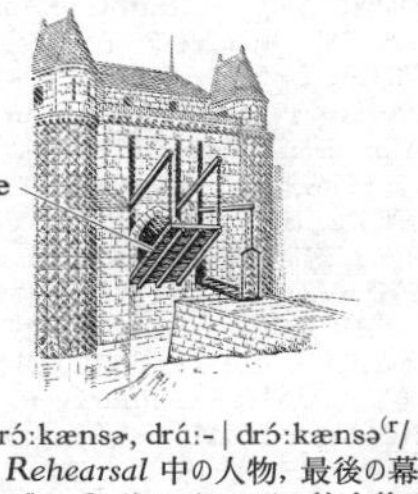

Draw·can·sir /drɔ́ːkænsə, drɑ́ː- | drɔ́ːkænsə(r)/ *n.* **1** ドローキャンサー《*The Rehearsal* 中の人物, 最後の幕で敵味方を共に皆殺しにする》. **2** ドローキャンサー的人物《敵味方の区別なく切りまくる乱暴者》. 〘(1672): G. Villiers の笑劇 *The Rehearsal* (1672) 中の人物名: この人物の酒量にかけて draw a can of liquor を暗示した戯言的造語〙

dráw·càrd *n.* ＝drawing card. 〘1959〙

dráw·còrd *n.* ＝drawstring.

dráw cùrtain *n.* 〘劇場〙 真ん中から左右に引く引幕.

dráw·cùt shàper *n.* 〘機械〙 引切り形削り盤《刃物を保持するラムの引込み行程で切削する形式の形削り盤》.

dráw·dòwn *n.* **1** (井戸・貯水池などの)水位低下. **2** 《米》削減, 縮小 (reduction). 〘1918〙

draw·ee /drɔːíː/ *n.* 〘商業〙 手形名あて人, 為替(かわせ)手形支払人 (cf. drawer¹ 3): ～ in case of need 予備支払人. 〘(1766): ⇨ -ee¹〙

draw·er¹ /drɔ́ːə, drɑ́ːə | drɔ́ːə(r)/ *n.* **1** draw する人[物]; (特に)製図家. **2** [*pl.*] ⇨ drawers. **3** 〘商業〙 (為替・手形の)振出人 (cf. acceptor 1 b, drawee). **4** 〘金属加工〙 伸線工. **5** 《古》酒場の給仕 (tapster). **refér to dráwer** 〘銀行〙 振出人回し《不渡り手形[小切手]に R/D または RD と略記する》. 〘(*c*1340): ⇨ -er¹〙

draw·er² /drɔ́ə | drɔ́ː(r)/ *n.* 引出し; [*pl.*] たんす: a chest of ～*s* たんす一さお / ⇨ bottom drawer.

draw·er·ful /drɔ́əfʊ̀l | drɔ́ː-/ *n.* 引出しいっぱい 〔*of*〕. 〘(1828): ⇨ -ful²〙

draw·ers /drɔ́əz | drɔ́ːz/ *n. pl.* ズボン下, ズロース《男女両用のズボンのような下着で, 丈は各種ある》: bathing ～ 海水[水泳]パンツ / a pair [two pairs] of ～.

dráw fràme *n.* ドローフレーム (drawing frame).

dráw gàme *n.* 〘ドミノ〙 ドローゲーム《プレーできる牌がないとき, それを引き当てるまで山 (stock) から牌を引かなければならないようなゲーム》.

dráw·gàte *n.* (運河の水量を調節する)引き揚げ水門. 〘1791〙

dráw gèar *n.* 《英》〘鉄道〙 牽引装置, 連結機.

dráw hòe *n.* 牽引式のくわ. 〘1822〙

dráw hòle *n.* 〘鉱山〙 **1** 鉱石の抜き出し口. **2** ＝glory hole 4.

draw·ing /drɔ́ːɪŋ, drɑ́ː- | drɔ́ː-/ *n.* **1** (図案・絵画の)線描, 製図(法); (鉛筆・ペン・木炭・クレヨンなどで描いた)図画, デッサン, 素描 (sketch) (cf. painting); 図面 (plan): a [the] ～ of a tree, face, etc. / line ～ 線画 / freehand ～ 自在画 / charcoal ～ 木炭画 / instrumental [mechanical] ～ 用器画 / make [do] a ～ 図取りをする, 線画を描く. **2** 引き出すこと[行為]: the ～ of money from a bank 銀行からお金を引き出すこと / the ～ out of a shy person 内気な人をしゃべらせること. **3** 〘商業〙 (小切手・手形の)振出し: ～ in blank 白紙振出し《名前・金額などを空白にしておく振出し》. **4** [*pl.*] 《英》(店の)売上げ高. **5 a** くじ引き, 抽選. **b** 《米》抽選会. **6** (茶の)一出し. ***in dráwing*** 正確に描かれて. ***óut of dráwing*** (1) 画法に反して; 描き違えて. (2) (周囲に)調和しないで, 不調和で, 不適切で. 〘(?*a*1300): ⇨ -ing¹〙

dráwing accòunt *n.* **1** 〘商業〙 引出金勘定《企業

主が当座の経費のために引き出す資本引出しを記入する勘定). **2** (セールスマンのための)経費・給料などの前払い金勘定. 〖1924〗

dráwing blòck *n.* はぎ取り画用紙帳. 〖1881〗

dráwing bòard *n.* 製図板, 画板 (drafting board). ***báck to the dráwing bòard*** 《口語》(事業などの失敗のあとで)計画の段階[振り出し]に戻って. ***on the dráwing bòard*** 計画[青写真]の段階で. 〖1725〗

dráwing càrd *n.* 大入りを取る芸能人[番組, 芝居(の場面)など], 人気のある人[物], 呼び物, アトラクション; (野球の)好カード. 〖1887〗

D

dráwing chìsel *n.* 〘木工〙曲がりのみ《柄(ほぞ) (tenon) の端を作るときのように木目に横ざまに切り込むために刃が斜めになっている木のみ》.

dráwing cómpasses *n. pl.* 製図用コンパス.

dráwing fràme *n.* 〘紡織〙練条機, 延綿機, 延伸フレーム. 〖1835〗

dráwing-ín *n.* (*pl.* **drawings-in**) 〘紡織〙綜絖(そうこう)通し(工程) 《綜絖の目に縦糸を引き込むこと》.

dráwing ìnstrument *n.* 製図器械, 製図用具.

dráwing knìfe *n.* 〘木工〙 =drawknife. 〖1737〗

dráwing màster *n.* 図画教師. 〖*a*1779〗

dráwing òffice *n.* 《英》 =drawing room².

dráwing pàper *n.* 画用紙, 製図用紙. 〖1798〗

dráwing pèn *n.* (製図用)からす口 (ruling pen). 〖1706〗

dráwing pèncil *n.* 製図用鉛筆.

dráwing pìn *n.* 《英》画鋲(がびょう) (《米》 thumbtack). 〖1859〗

dráwing pòwer *n.* 客を呼ぶ力, 関心を引き起こす力, 集客力.

dráwing-room /drɔ́ːɪŋrùːm, dráː-, -rùm | drɔ́ːɪŋrùm, drɔ́ɪŋ-, -rùːm/ *adj.* [限定的] **1** 客間の, 客間らしい, 客間に適した: ~ furniture, manners, etc. **2** 〈戯曲など〉客間を場面とする, 上流社会を扱う[に適した]. 〖(1703) ↓〗

drawing room¹ /drɔ́ːɪŋrùːm, dráː-, -rùm | drɔ́ːɪŋrùːm, drɔ́ɪŋ-, -rùm/ *n.* **1** 客間 《dinner の後で女性たちが食堂から退出 (withdraw) して休憩する部屋》; 応接室 (★《米》ではほとんど用いられず, 今では living room という); [集合的] 客間に集まった客 (company). **2** 《英》 **a** (宮廷の)公式招待, (客間で行われる女性のための)接見会 (cf. levee¹ 1): hold a ~ 接見会を催す. **b** [*pl.*] 富裕な上流社会の人々. **3** 《米》(列車の)特別客室 《寝台三つとトイレつき》. 〖(1642) ← *withdrawing room* (cf. 語義 1)〗

dráwing ròom² *n.* 《英》製図室 (《米》 drafting room).

dráwing-room cár /drɔ́ːɪŋ-, dráː- | drɔ́ːɪŋ-, drɔ́ɪŋ-/ *n.* 《米》特別寝台車.

dráwing strìng *n.* =drawstring. 〖1832〗

dráwing tàble *n.* **1** (高さ・傾斜角度の調整可能な)製図台, 製図机. **2** 伸縮テーブル. 〖1706〗

dráw·knìfe *n.* 〘木工〙ドローナイフ 《樹皮などを削るのに用いる両側曲がり柄(え)のついた刃物》. 〖1703〗

drawknife

drawl /drɔ́ːɫ, dráːɫ | drɔ́ːɫ/ *vi.* **1** 音を引き延ばして[のろのろと]言う 〈*on, out*〉. ★ 気取った話し方を含意することが多い. **2** 《古》のろのろ動く. ── *vt.* 音を引き延ばして[のろのろと]話す, まだるっこい調子で唱える 〈*out*〉: ~ *out* a prayer. ── *n.* 間延びした話しぶり, 引き延ばし発音: the Southern ~ 《米》南部人特有の間延びした話しぶり. **~·er** /-lə | -lə(r)/ *n.* **drawl·y** /drɔ́ːli, dráːli | drɔ́ːli/ *adj.* 〖(1597) (freq.) ← DRAW (⇨ -le³) ∥ □ Fris., LG & Du. *dralen* to delay, linger〗

dráwl·ing /-lɪŋ/ *adj.* のろのろと引き延ばす, まだるっこい (slow). 〖(1597): ⇨ ↑, -ing²〗

dráwl·ing·ly *adv.* まだるっこく, まだるっこそうに. 〖(1742): ⇨ ↑, -ly¹〗

dráw·lòom *n.* 〘紡織〙空引機(そらびき) 《以前紋織物を織るのに用いられた手織機; cf. drawboy》. 〖1831〗

drawn /drɔ́ːn, dráːn | drɔ́ːn/ *v.* draw の過去分詞. ── *adj.* **1** 〈顔が〉引きつった (tense), やつれた (haggard). **2** 勝負なしの, 引分けの (cf. draw *vt.* 15): a ~ game 引分け(の試合). **3** 抜き放った, 抜身の (unsheathed): a ~ sword. **4** (料理で)はらわたの抜いてある (eviscerated): a ~ chicken. **5** 〈植物が〉(日光の不足などで)青白く伸びた, 白化する. 〖(?c1200) *drawen* < OE *dragen*〗

dráwn bútter *n.* **1** 澄ましバター (clarified butter). **2** (ソース用の)溶かしたバター 《しばしば刻んだ香草・調味料を加える》. 〖1826〗

dráw·nèt *n.* 引き網 (dragnet); (大形の野鳥を捕えるための)大鳥網. 〖1624〗

dráwn gláss *n.* 機械引きの板ガラス.

drawn-out /drɔ́ːnáʊt, dráːn- | drɔ́ːn-⁻/ *adj.* (必要以上に)引き延ばされた, 長引いた: a ~ discussion 延々と続く議論.

dráwn-thrèad *adj.* 〘服飾〙抜きかがりの: ~ work = drawnwork. 〖1894〗

dráwn·wòrk *n.* 〘服飾〙ドローンワーク 《布地の織糸を数本抜いて, 抜いた両端を糸でかがってゆく刺繍; ドレスやブラウスの飾りに使う》. 〖1595〗

dráw·plàte *n.* (針金製造用)引抜き用鉄板, ダイス鉄板. 〖1832〗

dráw plày *n.* 〘アメフト〙ドロープレー 《クォーターバックがパスと見せかけ一瞬タイミングを遅らせバックにハンドオフするランニングプレー》. 〖1952〗

dráw póker *n.* 〘トランプ〙ドローポーカー 《最初の賭けの後, 各自が 5 枚の持札を適宜取り替えてからまた賭け直す方式のポーカー; cf. draw *n.* 11 a》. 〖1849〗

dráw rùnner *n.* (事務机 (bureau) の傾斜した前蓋を用いて書台にするとき, それを支持するために引き出される一対の)引出し板(の一方).

dráw·shàve *n.* 〘木工〙 =drawknife. 〖1828〗

dráw·shèet *n.* 引き抜きシーツ 《患者が寝ていても容易に引き出すことのできる幅の狭いシーツ》. 〖1870〗

dráw shòt *n.* 〘玉突〙ドローショット, 引き玉 《手玉 (cue ball) が的玉 (object ball) に当たったあとで戻るように逆回転を与えるストローク; cf. follow shot 1》. 〖1897〗

dráw slìp *n.* =draw runner.

dráw·spàn *n.* 《米》 =draw *n.* 8.

dráw·strìng *n.* **1** (袋の口や衣服のウエストの部分などを引き締める)引きひも. **2** ドローストリング 《ひもやリボンを通して引き締めギャザーを入れるときのそのひもやリボン》. 〖1845〗

dráw tàb *n.* 《英》〘劇場〙(舞台の一方に引く)引幕 《French tab ともいう》. 〖1957〗

dráw tàble *n.* (両端から板を引き出して甲板を拡大できる)引き伸ばしテーブル 《draw-out table, draw-top table ともいう》. 〖1904〗

dráw·tùbe *n.* (顕微鏡・望遠鏡などの接眼レンズを取り付ける)伸縮自在の筒. 〖*c*1891〗

dráw wèll *n.* くみ井戸, つるべ井戸. 〖*c*1350〗

dray¹ /dréɪ/ *n.* **1** (固定側板のない台の低い 4 輪の)大荷馬車; (同様の機能を果たす)貨物自動車(など). **2** 《米》(森林で木材を引く)そり (sledge). **3** 《豪》(2 輪の)荷馬車, 荷車. ── *vt.* dray で運搬する. ── *vi.* **1** (通例短区間を) dray で貨物を運ぶ. **2** (特に生計のために) dray を引く[動かす]. 〖(1370)《廃》sled without wheels: cf. OE *dræge* dragnet ← *dragan* 'to DRAW'〗

dray² /dréɪ/ *n.* =drey.

dray·age /dréɪɪdʒ/ *n.* **1** 荷馬車 (dray) 運搬. **2** 荷馬車の運賃, 運送料. 〖(1791) ← DRAY¹+-AGE〗

dráy hòrse *n.* (頑丈な)荷馬車馬. 〖1709〗

dráy·man /-mən/ *n.* (*pl.* **-men** /-mən, -mèn/) 荷馬車屋. 〖1581〗

dráy·plòw *n.* 重たい土をすくすき. 〖1707〗

Dray·ton /dréɪtn̩/, **Michael** *n.* ドレートン (1563–1631; 英国の詩人; *Poly-Olbion* (1613–22)).

dread /dréd/ *vt.* **1** ひどく怖がる, 恐れる 〈*to do, doing*〉; 案じる 〈*that*〉: Most people ~ death [dy*ing*, *to* die]. 大抵の人は死[死ぬこと]を恐れる / I ~ to think (of) what might happen. 何が起こるかを考えるとぞっとする / He ~*ed that* his son might die. 彼は息子が死にはしないかと案じた. **2** 〈…するのを〉いやがる 〈*doing*〉: I ~ attend*ing* the ceremony. 式には出たくない. **3** 《古》(尊厳なものに対して)恐れおののく. ── *vi.* 《古》恐れる; (将来に)恐れを抱く. ── *n.* **1** 恐怖 (⇨ fear SYN); (将来に対する)不安, 心配: have a ~ of …を恐れる / be [live, go] in ~ of …を絶えず恐れている / The very thought of it fills me with ~. そのことを考えるだけで恐ろしくなる. **2** 恐ろしいもの, 恐怖[畏怖]の的. **3** 《俗》ラスタファリアン (Rastafarian). **4** 《古》(かしこみ尊ぶ)おそれ, 畏怖 (deep awe). ── *adj.* **1** 非常に恐ろしい (dreadful). **2** 《古》恐れ多い, いかめしい. **~·a·ble** /-dəbl̩ | -də-/ *adj.* 〖lateOE *drǣdan* 《頭音消失》← *ondrǣdan, ādrǣdan* to dread ← *ond-, and-* (⇨ answer)+**drǣdan* (← ? (WGmc)): cf. OE *ofdrǣdd* afraid〗

dread·ed /drédɪ̣d | -dɪ̣d/ *adj.* [限定的] 非常に恐ろしい; 《口語》[時に戯言的に] あの忌まわしい.

dread·ful /drédfəl, -fl̩/ *adj.* **1** 恐ろしい, 怖い, ものすごい (⇨ horrible SYN): a ~ accident [crime] 恐ろしい事故[犯罪] / What a ~ thing to do! 何て恐ろしいことをするんだ. **2** 恐れ多い, 畏怖の念を起こさせる. **3** 《口語》ひどい, ひどくいやな (horrid, horrible), おもしろくもない: ~ weather ひどい天気 / a ~ bore 恐ろしく退屈な人 / look ~ ひどく疲れた様子である / I feel simply ~ about what happened! 起きたことについてはただただ当惑するばかりだ. ── *n.* 《英》(犯罪記録などを主な題材にした低級で安価な)煽情的小説[雑誌], スリラー (cf. shocker, dime novel): a penny ~ (犯罪・流血などを主にした)スリラー物の三文小説. **~·ness** *n.* 〖(?*a*1200): ⇨ dread, -ful¹〗

dréad·ful·ly /-f(ə)li, -fl̩i/ *adv.* **1** 恐ろしく, ものすごく; こわごわ. **2** [強意語として] 《口語》ひどく, 恐ろしく, とても (exceedingly): It was ~ cold [hard]. / I'm ~ sorry about what happened! 起きたことについてはとてもお気の毒に思います. 〖(?*a*1300): ⇨ ↑, -ly¹〗

dréad·lòcks *n.* ドレッドロックス 《ラスタファリアン (Rastafarian) のように髪を細く束ねて縮らせたヘアスタイル》. 〖(1960): ⇨ dread, lock²〗

dréad·nòught *n.* (*also* **dread·naught** /~/) **1** 恐れを知らぬ人, 勇敢な[ひるまない]人, 猛者(もさ). **2** 〘軍事〙 **a** [D-] (戦艦)ドレッドノート 《英海軍が 1906 年完成した新型の戦艦で, 主砲はすべて同一口径の巨砲から成る》. **b** ドレッドノート型軍艦, 弩(ど)級艦 (cf. superdreadnought). **3** 軍艦ラシャ 《荒天用の一種の厚ラシャ》; 軍艦ラシャの外套[上着(など)] (fearnought) 《極寒用》. **4** 《NZ》小麦の一種. **5** 《俗》ヘビー級のボクサー. 〖(1587) (1806) ← DREAD+NOUGHT〗

dream /dríːm/ *n.* **1** 夢, 夢路, (夢路をたどる)眠り: a bad ~ 悪夢(のようなこと) / have [dream] a beautiful [curious, hideous] ~ 美しい[不思議な, 嫌な]夢を見る / see [experience] something in a ~ 夢で何かを見る[経験する] / interpret a ~ 夢判断をする / the land of ~*s* 夢の国, 眠り / go to one's ~*s* 《詩》夢路に遊ぶ, 眠る / awake from a ~ 夢からさめる / *Dreams* go by contraries. 《諺》夢は逆夢 / Sweet [Pleasant] ~*s*! おやすみなさい. **2** 夢幻(の境地), 夢うつつ(の状態): a waking ~ 空想, 白日夢 / live [go around] *in a* ~ 夢うつつでうかうか暮らす. **3 a** (心に抱く)夢, 夢想, 幻想; (夢のような)理想, 願望, 念願: realize all the ~*s* of one's youth 若いころの夢をことごとく実現する / in one's (wildest) ~*s* [通例否定語と共に] 途方もない夢の中でさえ, ちっとも / It is beyond my (wildest) ~*s*! 夢にも思わぬ(結構な)ことです / It's my fondest ~ *to* go to Europe. ヨーロッパへ行くのが私の他愛ない夢です / In your (wildest) ~*s*! 《口語》そんなことできっこない[夢物語だ]よ / I realized my ~ *of* runn*ing* my own restaurant. 自分のレストランを経営するという夢を果たした. **b** [形容詞的に] 夢の, 夢に見るような, 理想的な: one's ~ house / ⇨ dream ticket / a ~ kitchen 夢のような台所 / a person's ~ house = the house of a person's ~*s* 理想的なわが家. **4** 《口語》夢かとまごうばかりの(理想的な[美しい, 優雅な])もの[人]: She [It] was a perfect ~.

be* (*lìke*) *a dréam còme trúe まるで夢のようだ. ***gó like a dréam*** (夢のように)うまくいく.

── *v.* (**dreamed** /dríːmd, drémt | drémt, dríːmd/, **dreamt** /drémt/) ── *vi.* **1** 夢を見る, 〔…のことを〕夢に見る 〔*of, about*〕: I ~*ed of* my friend [mak*ing* a trip to Europe]. 友人のことを夢に[ヨーロッパに旅行した夢を]見た. **2 a** 夢のようなことを考える, 途方もない計画を抱く, 〔…のことを〕夢想する (daydream) 〔*of, about*〕: You must be ~*ing*! 君は夢を見ているんだよ《とんでもない思い違いだ》/ I found myself ~*ing of* my future renown [*about* vacation plans]. いつの間にか未来の名声のことに[休暇の計画のことに]思いをはせていた. **b** 〔…にあこがれる, 〔…を〕切望する 〔*of*〕: She ~*ed of* becom*ing* an air hostess. 彼女はスチュワーデスになりたいという夢を抱いていた. **3** 〈家などが〉夢の中の物のように現れる, 〈霧などが〉静かにかかる. **4** [否定的構文で] 〔…のことを〕夢にも思わない 〔*of*〕: I *little* [*never* (even)] ~*t of* it. そんなことは夢にも思わなかった[思いもかけなかった] / I would*n't* ~ *of* (do*ing*) such a thing. そんなこと(をしようなどと)は夢にも思わない.

── *vt.* **1** 夢みる, 夢に見る: ~ the [an] impossible dream (現実には)ありえないことを夢(の中)に見る / You must have ~*t* it! 夢だったに違いない / I ~*t that* I dwelt in a fine palace. 立派な宮殿に住んでいる夢を見た. ★ 次のように同族目的語として a dream, dreams を従えるのは古風な表現法: Joseph ~*ed* a dream. ヨセフ夢を見たり (*Gen.* 37:5) / Nebuchadnezzar ~*ed* dreams, wherewith his spirit was troubled. ネブカデネザル夢を見, それがために心に思い悩めり (*Dan.* 2:1). **2** [*that* 節を伴って] 夢想する, (実現可能なことと)想像する: He has long ~*t that* he will be rich and happy some day. いつか金持ちになって幸福になるだろうと長い間夢想してきた / Little did he ~ *that* he could get a house of his own. 自分の家を持てるとは夢にも考えなかった. **3** [~ *away* または ~ *out* として] 〈時を〉夢うつつで過ごす, 怠け過ごす: ~ *away* one's time [life] うかうかと(夢のように)時[一生]を過ごす.

Dréam ón! 《口語・皮肉》(かないそうもない夢ばかり)見ていろよ. ***dréam úp*** (1) 《口語》〈考案など〉ぱっと[急に]思いつく, (とっさの思いつきで)発明する, 創作する; (時間をかけて)考え出す (cf. THINK *up*): It was the most magnificent plan he could ~ *up*. それは彼としても全く思いがけないほどのすばらしい計画だった. (2) (空想をほしいままにして)想像する, 作り上げる, 考え出す, でっち上げる. 《1930》 ***Whó would have dréamed it?*** 《口語》驚いたねえ.

〖ME *drem(e)* dream < OE *drēam* joy, music ← Gmc **drau(ʒ)maz* (Du. *droom* dream / G *Traum* dream (cf. *trügen* to deceive) / ON *draumr* dream) ← IE **dhrewgh-* to deceive: ME での意味変化は ON の影響〗

dréam àllegory *n.* =dream vision.

dréam anàlysis *n.* 〘精神分析〙夢の分析, 夢分析.

dréam·bòat *n.* 《口語》人を強く引きつけるもの, すてきなもの 《新型車など》; (特に)理想の恋人[異性]. 〖1947〗

dréam bòok *n.* 夢占いの本 《夢の意味を(特に将来を占うものとして)解釈する本》. 〖1793〗

dream·er /dríːmə | -mə(r)/ *n.* **1** 夢みる人; 白日夢[空想]にふける人. **2** 夢想家, 空想家 (visionary). **3** 《古》予言者, 透視者. 〖(*a*1325): ⇨ -er¹〗

dream·ful /dríːmfəl, -fl̩/ *adj.* 夢の多い, 夢みがちな (dreamy). **~·ly** *adv.* **~·ness** *n.* 〖(1552): ⇨ -ful¹〗

dréam·hòle *n.* (昔の, 塔の壁などの)明かり窓. 〖(1559) ← DREAM 《廃》'music, noise': もとは鐘楼に設けられた音を響かせるための穴をいったものと思われる〗

dréam·i·ly /-mɪ̣li/ *adv.* 夢心地で, 夢見るように, うとうとと. 〖(1795): ⇨ dreamy, -ly¹〗

dréam·i·ness *n.* **1** 夢のような状態. **2** 空想. 〖(1795): ⇨ dreamy, -ness〗

dréam·ing *adj.* 夢を見ている, 夢うつつの(ような), 夢想的な: a quaint ~ village 古風な夢のような村. **~·ly** *adv.* 〖(1545): ⇨ -ing²〗

dréam·lànd *n.* **1** 夢の国, おとぎの国, 幻想の世界. **2** 理想郷, ユートピア (never-never). **3** 眠りの国 (sleep). 〖1834〗

dréam·less *adj.* 夢のない, 夢を見ない: a ~ sleep [night]. **~·ness** *n.* 〖(1605): ⇨ -less〗

dréam·less·ly *adv.* 夢みることなく. 〖(1873): ⇨ ↑, -ly¹〗

dréam·lìke *adj.* (まるで)夢のような, 夢幻的な, (夢のように)おぼろげな. 〖1807〗

dréam rèader *n.* 夢占い者. 〖*a*1325〗

dream·scape /drí:mskèɪp/ *n.* 夢のような超現実的な光景; そうした光景を描いた絵画. 〘1959〙
dreamt /drémt/ *v.* dream の過去形・過去分詞.
dréam tèam *n.* 夢のチーム, ドリームチーム《トッププレーヤーから成るチーム, またはトップスターの集団》.
dréam tìcket *n.* (選挙での)理想的な正副の候補者[組合わせ], 夢のコンビ: With this ~, we're sure to win the election! このすばらしい党公認候補がいれば, 間違いなく選挙に勝てる.
dréam·tìme *n.* 天地創造のとき (⇨ alcheringa). 〘1910〙
dréam vìsion *n.* 〘文学〙(ある人物が夢の中で見た事柄を寓話的に詩で語る)夢物語《特に中世の詩人が用いた物語詩の伝統的技法》. 〘1906〙
dréam wìsh *n.* 〘精神分析〙夢の中で実現する抑圧された願望.
dréam·wòrk *n.* 〘精神分析〙夢の仕事《潜在内容を顕在内容に変える過程》.
dréam·wòrld *n.* 夢の世界, 夢に見る(ような美しい, 空想の)世界. 〘1817〙
dream·y /drí:mi/ *adj.* (**dream·i·er; -i·est**) **1** 〈人など〉夢みるような, 幻想にふける: ~ eyes. **2** 夢の多い, よく夢を見る: a ~ night. **3** 〈場所・思い出など〉夢のような, 捕えようのない, ぼんやりとした (vague): ~ scene, recollections, etc. **4** 〈物事が〉夢を見させるような, 心を静める, 安らかな (soothing): ~ music. **5** 《口語》夢心地にさせる; かわいい; 全くすばらしい (wonderful): a ~ car, house. 〘(1567): ⇨ -y[4]〙
drear /dríə | dríə(r)/ *adj.* 《古詩》=dreary. 〘(1629)《逆成》← DREARY〙
drear·i·some /drí(ə)risəm | dríərɪ-/ *adj.* 《方言》= dreary. 〘1633〙
drear·y /drí(ə)ri | dríəri/ *adj.* (**drear·i·er; -i·est**) **1** 〈平原・景色・天候など〉わびしい, 荒涼とした, もの寂しい, 暗い (dismal); 〈仕事など〉退屈な, やるせない (tedious): a ~ New York winter. **2** 《古》もの悲しい. — *n.* 《口語》退屈でおもしろみのない[不快な]人物.
dréar·i·ly /-rəli | -rɪ̀li/ *adv.* **dréar·i·ness** *n.* 〘OE *drēorig* bloody, sad ← *drēor* blood < Gmc **dreuzaz* ← IE **dhrew-* 'to flow, DROOP': ⇨ -y[4]〙
dreck /drék/ *n.* 《俗》**1** 糞(ふん) (excrement). **2** くず, がらくた (trash), 粗悪品. 〘(1922) ◻ Yid. *drek* ∥ G *Dreck*: cf. OE *þreax* rubbish〙
dredge[1] /drédʒ/ *n.* **1 a** 浚渫(しゅんせつ)機《水底の泥や物をさらい上げる器具》; じょれん. **b** 浚渫船. **2** (カキその他水底の物をさらい採る)底引網, けた網 (dragnet). — *vt.* **1** 〈河川・港湾などを〉浚渫する; (浚渫機などで)〈水底を〉さらう; 〈泥などを〉取り除く 〈*up*〉: ~ *up* mud. **2** (けた網などで)さらって採る, かき集める 〈*up*〉. **3** 〈不快な過去の出来事などを〉ほじくり出す, 蒸し返す 〈*up*〉: Let's not ~ *up* that old quarrel. あの昔のけんかのことを蒸し返すのはやめよう. — *vi.* **1** 水底をさらう. **2 a** けた網で採る: ~ *for* oysters カキを採る. **b** (底をさらうように)あまねく捜す, ほじくり返す, 〈記憶などを〉(隅から隅まで)たどる. 〘(1602)《変形》← 《スコット》*dreg-* ← ? OE *dragan* 'to DRAW': cf. drag〙
dredge[2] /drédʒ/ *vt.* 〔食物に〕〈小麦粉・砂糖などを〉振りかける (sprinkle) 〔*over*〕, …に〈粉を〉まぶす 〔*with*〕: ~ flour *over* meat = ~ meat *with* flour. — *n.* =dredger[2]. 〘(1596) ← ? (c1250) *dragge* sweetmeat ◻ (O)F *dragée* 《変形》← L *tragēmata* (pl.) dessert ◻ Gk *tragḗmata* (pl.) ← *trágēma* sweetmeat〙
drédg·er[1] *n.* **1** 浚渫(しゅんせつ)人夫; (カキを採るための)底(引)網[けた網]漁夫; 底(引)網[けた網]漁船. **2** 浚渫機 (dredge); 浚渫船. 〘(1508) ← DREDGE[1]+-ER[1]〙
drédg·er[2] *n.* 粉振り器《小さな穴の開いたふたつきの容器》. 〘(1666) ← DREDGE[2]+-ER[1]〙
drédg·ing *n.* 浚渫(しゅんせつ); (浚渫してさらった)土砂(など). 〘(1622) ← DREDGE[1]+-ING[1]〙
drédging bòx *n.* =dredger[2]. 〘1709〙
drédging machìne *n.* 浚渫(しゅんせつ)機 (dredge). 〘1830〙
Dréd Scótt Decìsion [Càse] /dréd-/ *n.* [the ~] 〘米史〙ドレッドスコット判決[裁判]《奴隷は市民ではなく訴訟はできないとする最高裁判所の判決 (1857); 訴訟は自由を求める黒人奴隷 Dred Scott によって起こされたもの; 南北戦争勃発の主要な原因の一つとなる》.
dree /drí:/ *vt.* 《古・スコット》耐える, 我慢する (endure): ~ one's weird 運命に甘んずる. — *vi.* 《英方言》忍耐する. — *n.* 《スコット》不幸. — *adj.* 《スコット》= dreich. 〘OE *drēogan* to endure < Gmc **dreuʒan* (ON *drýgja* to perpetrate) ← ? IE **dher-* to hold firm: cf. drudge〙
dreg /drég/ *n.* **1** [通例 *pl.*] (飲み物の底に残る)かす, おどみ, おり (lees). **2** [通例 *pl.*] (かすのような)つまらないもの, かす, くず. **3** 少量の残り物, 微少: not a ~ 少しもない. **4** 《英俗》軽蔑すべき[無能な]人物. ***drínk [dráin] to the drégs*** (1) 一滴も残さずに飲み尽くす. (2) 〈世の辛酸・幸福などを〉余すところなく味わう, なめ尽くす. 〘(c1378) ◻ ON *dreggjar* (pl.) dregs: cf. L *fraces* drags of oil〙
dreg·gy /drégi/ *adj.* (**dreg·gi·er; -gi·est**) **1** かすを含んでいる, おりの多い. **2** 濁った (muddy), 汚い, 汚れた (foul). 〘(1440): ⇨ ↑, -y[4]〙
D règion *n.* 〘通信〙D 層区域《D 層 (D layer) のある領域》. 〘c1930〙
dreich /drí:k, drí:x/ *adj.* (also **dreigh** /~/) 《スコット》**1** 長引いた, 時間のかかる. **2** 退屈な, 面白くない (tiresome). **3** 遅い, 怠慢な, (特に, 借金など)すぐ返してくれない. **4** うら寂しい, 陰鬱な. 〘(?a1200) *dri(e)* ◻ ON *drjūgr* great, lasting: cf. dree〙
drei·del /dréɪdl̩ | -dl/ *n. pl.* (~**s**, ~) 〘遊戯〙**1** ドライデル《各面にはヘブライ語 נ (nun), ג (gimel), ה (he), ש (shin) の文字が入っている四角のこま (top); ユダヤ人の宮清めの祭 (Hanukkah) の子供がこれを使って遊ぶ》. **2** ドライデル遊び《ドライデルを用いる賭け》. 〘(1926) ◻ Yid. *dreidl* ← *drehen* to turn ← OHG *drāen* (G *drehen*): ⇨ throw〙
drei·kan·ter /dráɪkɑ̀:ntə | -kæntə(r); G. dʀáɪkantɐ/ *n.* 〘地質〙三稜(りょう)石《風で飛ばされた砂によって削られてできる三つの稜[面]のある丸石》. 〘(1903) ◻ G ~ ← *drei* 'THREE'+*Kante* edge, corner〙
Drei·ser /dráɪzə, -sə | -zə(r), -sə(r)/, **Theodore (Herman Albert)** *n.* ドライサー (1871–1945; 米国の小説家; *An American Tragedy* (1925)). ★ 作家自身の発音は /dráɪsə/. **Drei·sér·ian** *adj.*
drek /drék/ *n.* 《俗》=dreck.
drench /dréntʃ/ *vt.* **1** [しばしば受身で] **a** たっぷりと水に浸す (soak); ずぶぬれ[びしょぬれ]にする (⇨ wet SYN): be [get] ~*ed* (*with* rain) (雨で)びしょぬれになる / be ~*ed* to the skin ずぶぬれである / the blood-*drenched* hands of a tyrant 暴君の血塗られた手. **b** (一般に)浴びせる, 浸す (steep), …にしみ込む (pervade): The way was ~*ed in* moonlight. 道には月光が降り注いでいた / sun-*drenched* California 陽光降り注ぐカリフォルニア. **2** 〈牛馬〉に水薬を(無理に)飲ませる. **3** 《古》〈人〉に飲ませる.
— *n.* **1 a** びしょぬれ. **b** びしょぬれにするもの: a ~ of rain どしゃ降りの雨. **2 a** (なめし革などをつける)つけ水. **b** つけ水の[に浸す]用意. **3 a** ひと飲み, 一杯 (drink); 《古》(薬などの)多量のひと飲み. **b** (牛馬に飲ませる)水薬.
~·ing *n., adj.* 〘v.: OE *drenċan* to cause to drink < Gmc **draŋkjan* (Du. *drenken* / G *tränken*) ← **driŋk-* 'to DRINK'. — n.: OE *drenċ* drink, potion < Gmc **draŋkiz*〙
drénch·er *n.* **1** 《口語》(人をずぶぬれにする)大雨, 豪雨 (drenching shower). **2** (牛馬用の)水薬投与器. 〘(1755): ⇨ ↑, -er[1]〙
Dren·the /dréntə | -tə; Du. dréntə/ *n.* (also **Dren·te** /~/) ドレンテ《オランダ北東部の州; 州都 Assen》.
drep·a·nid /drépənɪ̀d | -nɪd/ *adj., n.* 〘鳥類〙ハワイミツスイ科の(鳥). 〘(1883) ← NL *Drepanididae* (科名) ← L *drepanis* martin ◻ Gk *drepanís* ← *drépanon* (↑)〙
Dre·pan·i·dae /drəpǽnədi: | -nɪ-/ *n. pl.* 〘昆虫〙(鱗翅目)カギバガ科. 〘← NL ~ ← *Drepana* (属名: ← Gk *drépanon* scythe)+-IDAE〙
Dres·den /drézdən, -dn̩; G. dʀé:sdn̩/ *n.* **1** ドレスデン《ドイツ南東部, Elbe 川に臨む都市》. **2** =Dresden porcelain.
Drésden chìna *n.* =Dresden porcelain. 〘1735〙
Drésden gréen *n.* ドレスデン緑《コバルト・クロム・亜鉛の酸化物から成る陶磁器顔料》.
Drésden pórcelain *n.* ドレスデン磁器《ヨーロッパで最初に作られた硬磁器; Dresden 付近の Meissen が主産地なので一般には Meissen china という》. 〘1753〙
Drésden wàre *n.* ドレスデン器《最も初期の Meissen の製品でジャスパー (jasper) に似た炻器(せっき)》.
dress /drés/ *n.* **1** (ワンピースの)婦人[子供]服, ドレス: a silk [velvet] ~ 絹[ビロード]のドレス. **2** 衣服, 衣装 (clothing); 服装: a lady *in* formal ~ 礼装[正装]の女性 / soldiers *in* full battle ~ 完全装備の戦闘服を着た兵士たち / He is careless about his ~. 服装のことには無頓着だ. **3** 正装, 礼服: ⇨ evening dress, full dress. **4** 《文語》(鳥の羽・木の枝葉などの)装い, (ある特定の)外観, 姿, 様式 (guise): birds *in* their winter ~ 冬の装いの鳥 / The story appeared *in* English ~. その物語は英訳の形で出された.
— *adj.* [限定的] **1** 服装の; ドレスの; 礼服の; 礼装用の: ~ clothes 礼装用の衣服 / ~ material ドレス用の生地 / a ~ watch 礼装用の腕時計. **2** 礼装を要する: a ~ affair 礼服の必要な行事[会].
— *v.* (**dressed**, 《古》**drest** /drést/) — *vt.* **1 a** …に衣服を着せる (clothe); [~ *oneself* または受身で] 衣服を身に着ける, 装う (↔ undress): ~ a child 子供に衣服を着せる / ~ oneself=get ~*ed* (ひとりで)衣服を着る; 晩餐のために正装する, 夜会服を着る (cf. *vi.* 1) / be ~*ed in* red [jeans] 赤い色の服を着ている[ジーンズをはいている] / be well [badly, stylishly] ~*ed* いい[粗末な, おしゃれな]衣服を着ている / be ~*ed* (up) to the nines 《英口語》めかしこんでいる / He was ~*ed for* walking. 彼は散歩用の服装をしていた / be ~*ed* to kill ⇨ kill *vi.* 4. **b** …に衣服を作ってやる, 衣服を売る; …に服のデザインをしてやる; …に衣服を選んでやる[あてがう]: ~ one's daughters properly 娘たちにきちんとした身なりをさせる. **2** 飾る, 飾り立てる, …に装飾を施す (adorn) 〈*up*〉: ~ a (shop)window (店の)ショーウインドーを(商品で)飾る / ~ a street (祝賀などのために旗や幕で)通りを飾る / ~ a Christmas tree クリスマスツリーを飾る / ⇨ *dress (a)* SHIP / Her black suit was ~*ed up with* a pearl necklace. 彼女の黒いスーツは真珠の首飾りで美しく映えていた. **3 a** 〈頭髪を〉整える, …に(きれいに)手入れをする (do up) (cf. hairdresser). **b** 〈馬〉の毛をすく, …にくしをかける (curry): His hair was simply ~*ed*. 彼は髪にさっと手を入れていただけだった. **c** 〈庭木などを〉刈り込む, 整枝する (prune). **4** 〈傷〉に手当てをする, 包帯をする: ~ a wound. **5 a** 〈料理〉の下準備をする (prepare); 〈料理を〉盛りつける; 〈サラダなど〉にドレッシングをかける 〔*with*〕; 〈食卓など〉の用意をする (outfit): ~ fish (料理をするために)魚を下処理する / ~ a salad / ~ the table *for* dinner 《古》晩餐の卓を整える. **b** 〈鳥・獣を〉食肉として(血・内臓を抜くなどして)市場向けに整える 〈*out*〉. **6** 〈皮革・織物・石材・木材など〉の表面の仕上げをする. **7** 〘軍事〙〈隊列を〉整頓する (align): ~ the ranks [the men in line] 隊列を[兵士を列に]整頓する. **8** 〘釣〙〈釣針〉の仕度をする; 〈餌や羽根を〉釣針[釣針]につける. **9** 〈土地・畑を〉耕す (cultivate); 〈土〉に肥料を施す (cf. top-dress); 〈作物〉に手当てをする (tend): ~ soil with fertilizer 土地に肥料を施す. **10** 〈鉱石・穀物を〉選別する, 選鉱する. **11** 《英》〘印刷〙**a** (版をチェース (chase) で固定するために)〈フォルマート (furniture) を〉間に入れる. **b** 仕上げる《手回し活字鋳造機で鋳造された活字のぜい片[脚部の不用な部分]を切り取るなどの仕上作業をする》. **c** 《英》…に胴張りをする. **12** 〘演劇〙〈舞台〉に(演技者を配置して)上演のための装置を施す. **13** 〈動物〉の卵巣を取る, 去勢する (spay).
— *vi.* **1 a** 衣服を着る, 身仕度を整える (↔ undress): ~ well [badly, stylishly] 服装がりっぱだ[悪い, おしゃれだ] / ~ conservatively 地味な服装をする / ~ *for* a ball 舞踏会のために衣装を着ける / Get up and ~ quickly. 起きて早く服を着なさい / She ~*ed in* red [jeans]. 彼女は赤い服を着ていた[ジーンズをはいていた]. **b** 正装する, 晴れ着[夜会服]を着る 〈*up*〉: Do you and your husband ~ *for* dinner? ご夫妻とも晩餐のために(夜会服に)服装を改めますか / We don't ~ (*for* dinner). うちでは晩餐に特別な(夜会の)服装は致しません. ★ a, b の意味とも, 今日の《口語》では dress oneself (cf. *vt.* 1 a) よりも *vi.* としての dress のほうが普通. **2 a** 〘軍事〙整列[整頓]する: ~ to [by] the right [left] 右へ[左へ]ならう / Right—~! [号令] 右へならえ. **b** (一般に)一列に並ぶ. **3** 〈食肉用の動物が〉さばいた後に…の重量がある. **4** 〈男性が〉(性器を左右どちらかにして)ズボンをはく: I ~ to the left. 左側にしてズボンをはく.
dréss dówn (*vt.*) (1) 《口語》しかりつける; 打ちこらす, むち打つ. (2) 〈馬を〉(くしばけで)すく; 〈皮革を〉なめす. (*vi.*) 略装する, ふだん着にする (↔ dress up). ***dréss óut*** (1) 〈屠殺(とさつ)した鹿などを〉放血し食用肉に用意する (cf. *vt.* 5 b). (2) [通例受身で] 〈物を〉飾る. ***dréss úp*** (*vt.*) (1) 着飾る, 正装[盛装]させる (cf. *vi.* 1 b); 扮装(ふんそう)させる, 仮装する: She ~*ed* the children *up for* the party. 彼女はパーティーのために子供たちに晴れ着を着せた / He was ~*ed up as* [*for* the part of] Hamlet. 彼はハムレットに扮していた. (1674) (2) 飾り立てる, 潤色する (cf. *vt.* 2); 飾ったりなどして…の外見をよくする, 実際よりも美しく[よく, おもしろく]見せる, カムフラージュする (camouflage, disguise): The scheme was ~*ed up* to look more attractive. その計画はうまい趣向で一段と魅力的なものに見えた. (3) 〘軍事〙〈隊を〉整列[整頓]させる. (*vi.*) 着飾る, 盛装する (cf. *vi.* 1 b); 扮装する: There is no need to ~ *up*. 平服のままで結構です / Young children love ~*ing up*. 子供たちは仮装(の遊び)が好きだ.
〘v.: (?a1300) 'to make straight, dress' ◻ (O)F *dresser* to arrange < VL **directiāre* ← L *directus* straight. — n.: (1565) ← (v.): ⇨ direct〙

SYN 衣服: **dress** 男女の外部に付ける衣類; 狭義には, ワンピースの婦人・少女用のドレス: in formal *dress* 正装をして / She made a *dress* for her doll. 人形にドレスを作ってやった. **clothes** 「衣服」を意味する一般的な語《シャツ・上着・ズボン・ドレスなど》: He wears very expensive *clothes*. 大変高価な服を着る. **garment** 通例 *clothes* の一点を指すが, 衣類全般を指すやや気取った語でもある. **clothing** *clothes* の総称, または特殊なタイプの *clothes*: food, *clothing*, and shelter 衣食住 / You'll need waterproof *clothing*. 防水服が必要でしょう. **costume** ある国・時代・民族に特有の服装《しばしば舞踏会・舞台で使用される》: the *costume* of the Elizabethan era エリザベス朝のコスチューム. **apparel** 《主に米》衣服 (clothing) を指す特に商店・業界用語; 《英・文語》(特に特別な機会に着る)服装: Fall *Apparel* Fashion Show 秋のファッションショー / a young woman in full wedding *apparel* ウェディングドレスに正装した若い女性. **attire** 通例修飾語を伴ってある印象を与える服装《格式ばった語》: his strange *attire* 彼の奇妙な服装. **garb** 人が着ている衣類一式《特に奇抜な服や職業を示す服》: a judge's *garb* 判事の衣服, 法服. **raiment** 《古》=*clothing*.

dres·sage /drəsɑ́:ʒ, drɛ- | drésɑ:ʒ, -sɑ:dʒ, -sɪdʒ; F. dʀesa:ʒ/ *n.* 〘馬術〙**1** (声・手綱などをあまり用いない)高等馬術, 曲馬の複雑な演技 (haute école), ドレサージ. **2** (そのような馬術の)調馬. 〘(1936) ◻ F ~ ← *dresser* to prepare, train (↑): ⇨ -age〙
dréss círcle *n.* (劇場・コンサートホールなどの)二階正面桟敷, 特等席 (この座席ではもと夜会服 (evening dress) を着るのが慣例であった; cf. upper circle). 〘1825〙
dréss cóat *n.* **1** ドレスコート, 燕尾服《男子の正式な夜会服上着; cf. morning coat》. **2** 正装の軍服の上着. 〘1767〙
dréss còde *n.* 服装規定.
dréss-cónscious *adj.* 〈人が〉服装を意識する[を気にする, にうるさい]. 〘1918〙
dressed /drést/ *adj.* 服[着物]を着た; 仕上げた, 化粧仕上げをした; 〈鳥肉など〉料理用に用意した: a well-*dressed* lady りっぱな服装をした女性 / (a) ~ brick 化粧れんが / a ~ skin 仕上げ皮 / ~ meat 精肉. 〘(c1384): ⇨ -ed〙
Dres·sel's /drésəlz, -sɫz/ *n.* 〘商標〙ドレッセルズ《米国 American Bakeries 社製の冷凍食品(ケーキなど)》.
dress·er[1] /drésə | -sə(r)/ *n.* **1** 《米》(寝室に置く)鏡台付き化粧だんす, ドレッサー (cf. bureau 3). **2** 食器戸棚. **3** 《廃》調理台, (食器棚付き)平型調理台. 〘(?1393) *dressour* ◻ OF *dresseur, dreçor* (F *dressoir*) ← *dresser* 'to DRESS'〙
dréss·er[2] *n.* **1** 着付けをする人, (劇場の)衣装方; 髪結い[ヘアメイク](の人) (hairdresser); (陳列窓の)飾り付け人 (window dresser). **2** (ある特定の)服装をした人, 服装が…の人: a careful [careless] ～ / a smart ～ おしゃれ, めかし屋. **3** 《英》(病院などで包帯をかけたりする)手当係, 外科手術助手. **4 a** (各種の)仕上げ工. **b** (各種の)仕上げ用具; 砥石車の表面をそろえる道具. **5** 《古》庭師 (gardener) (cf. *Luke* 13:7) 〖(*c*1445): ⇨ -er¹〗

drésser sèt *n.* (鏡台で使用するくし・ブラシ・鏡などの)化粧道具[用具]一式. 〖1934〗

dréss fòrm *n.* (女性の肩から腰までを紙・布・ワイヤーなどでかたどった)人台《衣服を合わせたりするのに使われる》. 〖1893〗

dréss gòods *n. pl.* (ワンピース用)婦人[子供]服地, ドレス地.

dréss guàrd *n.* (婦人用自転車などの)衣服防護装置[部品].

dréss impròver *n.* 《英》(スカートのヒップをふくらませる仕掛けで, 後にバッスル (bustle) に発展した)パニエ (pannier) の一種. 〖1872〗

dress·ing /drésɪŋ/ *n.* **1** ドレッシング《サラダなどの料理にかけるソース》: salad ～ サラダドレッシング. **2** 《米》(鳥料理などの)中に詰めるパンと調味料を混ぜた)詰め物 (stuffing). **3** (傷の)手当; 手当用品, 包帯 (dressings). **4** 着付け; 服装; 正装. **5** (各種の)仕上げ; 化粧仕上げ; (織物の)仕上げ糊; [*pl.*] (建物の)化粧石材. **6** 肥料 (manure) (cf. topdressing 1). **7** 〖鉱山〗選鉱 (mineral dressing). **8** 《口語》=dressing-down. **9** 〈皮を〉なめすこと. 〖(*c*1350): ⇨ -ing¹〗

dréssing bàg *n.* =dressing case. 〖1865〗

dréssing bèll *n.* 身支度合図のベル《この合図で晩餐に出席する人は夜会服に着替える》. 〖1849〗

dréssing càse *n.* (旅行用)化粧道具入れ, 化粧かばん. 〖1790〗

dréssing-dówn *n.* 《口語》厳しい叱責, 大目玉; むち打ち, 打ちたたき (beating): give a person a good ～ 人をうんとしかる[さんざん打ってこらしめる] / get a ～ from a person 人から厳しくしかられる. 〖(1890) ← *dress down* (⇨ dress (v.) 成句)〗

dréssing glàss *n.* (化粧テーブルの上に備えた)鏡台用の小型鏡. 〖1714〗

dréssing gòng *n.* =dressing bell.

dréssing gòwn *n.* ガウン, 部屋着《着替えの途中やくつろぐときに着る gown の類; cf. bathrobe》. 〖1777〗

dréssing jàcket *n.* 《英》=dressing sack. 〖1855〗

dréssing lìne *n.* 満船飾用旗綱《船を旗で飾るときに使う綱》.

dréssing ròbe *n.* =dressing gown.

dréssing ròom *n.* **1** 化粧室《普通は寝室の隣》. **2 a** (劇場・テレビスタジオの)楽屋. **b** (競技場などの)更衣室 (cf. greenroom 1). **3** 治療室. 〖1675〗

dréssing sàck *n.* 《米》(婦人用の)腰までの長さのゆるやかな上着 (《英》dressing jacket)《通例ベルトはしない; 現在ではショートスモック (short smock) とよばれ化粧着として用いる》.

dréssing sàcque *n.* 《米》=dressing sack.

dréssing stàtion *n.* 〖軍事〗(前線の)救護所, 応急手当所 (cf. aid station). 〖1894〗

dréssing tàble *n.* (通例, 寝室に置く, 鏡・物入れ付き) 化粧テーブル, 鏡台 (《米》vanity (table)). 〖1692〗

dréssing-tàble sèt *n.* =dresser set.

dréssing-úp *n.* 《英》(子供の)仮装[扮装]遊び.

dréss lèngth *n.* (ドレス)一着分の生地, 着分, 着尺(ちゃく)地 (cf. pattern 5). 〖1873〗

dréss·màker *n.* ドレスメーカー《特に婦人注文服・子供服の裁断・縫製などに従事する人; cf. tailor》. — *adj.* 〈婦人服が〉線が丸みを帯びて細部に手の込んだ; 女らしい飾りの多い (cf. tailor-made). 〖1803〗

dréss·màking *n.* 婦人服・子供服仕立(職), 洋裁(業): a ～ shop 洋裁店. 〖1837〗

dres·soir /drɛswɑ́ə | -swɑ́:ʳ; *F.* dʀɛswaːʀ/ *n.* (*pl.* ～s /～/) (引出しと戸棚をつけたサイドボードの上に皿類を展示する棚を備えたダイニングルーム用の)食器戸棚《18 世紀のヨーロッパで流行》. 〖□F ～: ⇨ dresser¹〗

dréss paràde *n.* **1** 〖軍事〗正装閲兵[観兵]式, 礼装観閲式. **2** 《口語》(遊歩場や舞踏会での)盛装, 男女のよそおい; 盛装, 晴れ着. 〖1847〗

dréss presèrver *n.* =dress shield. 〖1907〗

dréss-refòrm *n.* 服装改革(運動)《服装をより実用的にしようとする 19 世紀後半英国で起こった運動》. 〖1876〗

dréss rehéarsal *n.* 〖演劇〗(本式に衣装を着け道具を使ってする)舞台げいこ, 本げいこ, 総ざらい, ドレスリハーサル (cf. camera rehearsal); (一般に)(式などの)本番なみの練習. 〖1828〗

dréss sènse *n.* 服装の感覚, おしゃれのセンス. 〖1926〗

dréss shìeld *n.* 汗よけ《防水された布地などをわきの下に当て, ドレスの汗よけにする》. 〖1884〗

dréss shírt *n.* ドレスシャツ《胸部に固く糊をつけた礼装用ワイシャツ》; (男子用の白または色つきの)ビジネス用ワイシャツ (cf. sports shirt). 〖1892〗

dréss shóe *n.* 礼装用靴. 〖1806〗

dréss sùit *n.* ドレススーツ, (男子用)礼服, 夜会服. 〖1806–7〗

dréss swórd *n.* 礼装用佩刀(はいとう), 儀礼刀, 礼装刀《軍人などが着用》. 〖1833〗

dréss tíe *n.* 礼装用白ネクタイ.

dréss úniform *n.* (軍服の)礼装《軍人が公式の, 儀礼[社交]的な行事に着用する服装; 陸軍は青色, 海軍に濃青色, 空軍は平常に白ワイシャツと黒い蝶ネクタイ; cf. full-dress uniform, service uniform》. 〖1897〗

dréss-ùp *adj.* 〈時・場所などが〉ちゃんとした服装が必要な, 正装すべき: a ～ dinner 正装のディナー. 〖1865〗

dress·y /drési/ *adj.* (**dress·i·er**; **-i·est**) 《口語》 **1 a** 〈人が〉服装に凝る, 衣装好みの. **b** 〈人・服装が〉しゃれた, ドレッシーな (cf. sporty): a ～ woman ドレッシーな女性. **2** 〈服装など〉正装らしい凝った, 飾り立てた; 〈文体などが〉凝りすぎた: too ～ for office working / a ～ literature. **3** 〈パーティーなど〉正装を必要とする: a ～ affair, party, etc. **dréss·i·ly** /-səli/ *adv.* **dréss·i·ness** *n.* 〖(1768): ⇨ -y¹〗

drest *v.* dress の過去形・過去分詞.

drew /drúː/ *v.* draw の過去形. 〖OE *drēow*〗

Drew /drúː/ *n.* ドゥルー《男性名》. 〖(i) □F *Dru* □ OHG *Drogo* (cf. *tragan* 'to DRAW'). (ii) ← OWelsh *dryw* wise // OHG *drugi* vision & *drud* strength. (iii) (dim.) ← ANDREW〗

Drew, John *n.* ドゥルー (1853–1927; 米国の俳優; L. L. Drew の息子).

Drew, Louis Lane *n.* ドゥルー (1820–97; 英国生まれの米国の女優).

Drex·el /dréksəl, -sl/ *n.* 〖商標〗ドレクセル《米国 Drexel Heritage Furnishings 社製の家具》.

drey /dréɪ/ *n.* リスの巣 (squirrel's nest). 〖← ?: cf. OE *ġedræg* ? dwelling place〗

Drey·er /dráɪə | dráɪəʳ/, **Carl Theodor** *n.* ドライヤー (1889–1968; デンマークの映画監督; *Joan of Arc* (1928)).

Drey·fus /dréɪfəs, dráɪ-; *F.* dʀɛfys/, **Alfred** *n.* ドレフュス (1859–1935; フランスの砲兵大尉; Dreyfus affair の中心人物).

Dréyfus affàir *n.* [the ～] ドレフュス事件《フランスの反ユダヤ主義者の陰謀事件; 1894 年砲兵大尉 Dreyfus は軍事機密漏洩(ろうえい)のかどにより Devil's Island に投獄されたが, Émile Zola を初め多くの国民の運動により 1906 年復職し叙勲された; フランス語名 l'affaire Dreyfus》.

Drey·fu·sard /drèɪfjʊsɑ́ə, dràɪ-, -fə-, -sɑ́əd, -zɑ́əd | -sɑ́:ʳ, -sɑ́:d, -zɑ́:ʳ, -zɑ́:d; *F.* dʀɛfyzaːʀ/ *n.* ドレフュス事件で無罪を主張したドレフュスの支援者たち. 〖(1898) □F ～ ← *Dreyfus*: ⇨ -ard〗

Dr. Fell /-fél/ *n.* 何となく取っつきにくい[嫌な]人. 〖英国の諷刺作家 Thomas Brown (1663–1704) が Oxford 大学の在学中に作った 'I do not love thee, Dr. Fell, / The reason why I cannot tell …' の短詩から〗

DRG 《略》Diagnosis-Related Group 診断別疾病分類《患者を診断または術式名別に主な診断カテゴリーに分類するもの》.

Dri. 《略》drive《通りの名前に用いる》.

drib /dríb/ *n.* [通例 *pl.*] 《方言》(液体の)一滴; 少量 (small quantity); 断片 (fragment). ***dríbs and drábs*** 《口語》少量: borrow *in* ～*s and drabs* ちびちび借りる. — *v.* (**dribbed**; **drib·bing**) — *vi.* したたる. — *vt.* 《廃》少しずつ出す; 〈矢を〉的はずれに射る. 〖(v.: 1523; n.: *c*1730) (逆成) ? ↓〗

drib·ble /dríbl/ *vt.* **1** 〈液体・よだれ・粉末などを〉したたらせる, たらす, ぽたぽた落とす. **2 a** 〈資金・力などを〉散発的に[少しずつ]出す 〈*out*〉: ～ *out* money. **b** 〈時・精力などを〉ちびちび費やす (fritter) 〈*away*〉. **3** 〖スポーツ〗〈球などを〉ドリブルする, ドリブルするように打つ (cf. *n.* 4). — *vi.* **1 a** 〈液体などが〉したたる, たれる, たらたら流れる (trickle): water [saliva] *dribbling* down ぽたぽた落ちる水滴[たらたら垂れるよだれ]. **b** 少しずつ出てくる. **2** 〈人などが〉よだれをたらす: ～ at [from] the mouth 口からよだれをたらす. **3** 〖スポーツ〗球などをドリブルする; ドリブルして進む; 〈球が〉ドリブルする (cf. *n.* 4). **4** 《廃》(矢を射て)的に届かない, 外す.
— *n.* **1 a** したたり, 滴下. **b** よだれ (saliva). **c** こぬか雨, 霧雨 (drizzle). **2** 少量: in ～s 少しずつ, ちびちび. **3** くだらない話[考え]. **4 a** 〖サッカー〗ドリブル《球をパウンドさせまたは小刻みにけりながら進む動作》. **b** 〖アイスホッケー〗ドリブル《スティックでパックをころがしつつ敵のゴールに突進すること》. **c** 〖バレーボール〗ドリブル《二度以上続けて同一の競技者の体がボールに触れること》. **d** 〖玉突〗ドリブル《球をポケットにころがしこむこと》. **e** 〖バスケット〗ドリブル《球を小刻みにバウンドさせること; cf. double dribble》. **f** 〖野球〗ドリブル《ゆっくりバウンドするように打つこと》.

dríb·bler /-blə, -blə | -bləʳ, -bləʳ/ *n.* **dríb·bly** *adj.* 〖(1565) (freq.) ← (廃) *drib* to fall in drops (変形) ← DRIP: ⇨ -le³: 意義によっては DRIVEL からの影響も見られる〗

dríbble bàr *n.* 噴出量調整口《除草剤などの液体が均等に出るようにするためにじょうろなどの口につけられた細かい穴のあいた棒状の器具》.

drib·let /dríblɪt/ *n.* (*also* **drib·blet** /～/) **1** 小滴. **2** 少量, 僅少: by [in] ～s 少しずつ, ちびちび. 〖(1591) ← (廃) *drib* (↑)+-LET〗

driech /dríːk, dríːx/ *adj.* =dreich.

dried /dráɪd/ *v.* dry の過去形・過去分詞. — *adj.* 乾燥した (desiccated): a ～ apple 乾燥りんご / ～ egg(s) 乾燥卵 / a ～ flower ドライフラワー / ～ fruit ドライフルーツ, 乾燥果実 / ～ goods 乾物, (特に, 水産物の)乾燥製品 (cf. dry goods) / ～ fish 干物. 〖(?*c*1200): ⇨ ↑, -ed〗

dríed álum *n.* =burnt alum.

dríed-frúit bèetle *n.* 〖昆虫〗クリヤケシキスイ (*Carpophilus hemipterus*)《ケシキスイ科の甲虫; 世界中にいて, 特に乾燥した果物や穀物に害を与える害虫》. 〖1916〗

dríed mílk *n.* =dry milk.

dríed-úp *adj.* **1** 乾いた, ひからびた: a ～ pond. **2** (年のせいで)しわくちゃになった, しなびた (wizened): a ～ old man. **3** もはや生産力のない. 〖1816〗

dri·er¹ /dráɪə | dráɪəʳ/ *n.* (*also* **dryer**) **1** (物を)乾燥させる人; (衣類などを乾燥させるための)乾燥フレーム, 乾燥器, ドライヤー. ★ この意味では dryer のほうが普通: a hair ～ / a centrifugal ～ 回旋[遠心力]式乾燥器. **2** 乾燥剤, ドライヤー《ペンキやワニスの乾燥促進用に加えるマンガン・鉛・コバルトなどの酸化物》. 〖(1317–18): ⇨ dry, -er¹〗

drier² *adj.* dry の比較級.

Driesch /dríːʃ; *G.* dʀíːʃ/, **Hans Adolf Eduard** *n.* ドリーシュ (1867–1941; ドイツの生物学者・哲学者; 発生学における実験的研究の草分け).

dri·est /dráɪɪst/ *adj.* dry の最上級.

drift /dríft/ *n.* **1 a** 駆り立てる力, 威力, 強い影響力. **b** (急流・気流・潮流などで)押し流されること, 漂流 (drifting). **c** (風力による)緩慢な流れ, (海面の)緩流 (slow current): ⇨ drift current. **d** 〖海事〗(潮流・気流による)移動率; (ノットによる)海流速度: the ～ of a current 流速. **2 a** (一定の方向への自然な)動き, 流れ: a gradual ～ of population *from* country *to* city 田舎から都会への漸進的な人口の流れ. **b** 大勢, 風潮; 動向, 傾向 (⇨ tendency SYN): the general ～ of affairs [events] in Asia アジアにおける一般情勢 / a ～ *toward* centralization of power 中央集権的動向. **c** 〖言語〗偏流, 定向変化《ある言語や方言に見られる, 個人を超えた変化の方向づけ; Sapir の用語》. **3** (運命・偶然などのままに動いていく)成り行き; 成り行き任せ: be in a state of ～ (心などが)何となく動いている / a policy of ～ 成り行き任せの政策, おざなり主義. **4** 主意, 趣旨, 方向性 (tenor): the ～ of an argument 議論の趣旨 / I don't get [catch] your ～. ご趣旨[意向]がわかりません. **5 a** (雪・雨・砂などの)吹寄せ, 吹きだまり: a ～ of snow, clouds, sand, leaves, etc. **b** (風や水流による)漂流物; (香気・臭気・音などの)流れ. **c** 〖地質〗(氷河などによって運ばれる)岩塊, 砂礫(されき), 粘土; 漂積物. **d** 一組の漁網; 流し網 (drift net). **6 a** 〖海事〗風圧差, 流圧差《風や潮流などによって船が針路からそれること》; 横流れ, 流程, 風落距離: a ship's ～ due to currents 船の流落 / the amount [extent] of ～ 流程. **b** 〖航空〗偏流; 偏流角 (drift angle). **7 a** 〖砲術〗(旋転による弾丸の)定偏, 偏差 (deviation) (cf. windage 2); (ロケット・弾導弾などの)軌道からのそれ, 定偏(差). **b** (計器などにおける)基準値のずれ. **8** 《英》(放牧家畜の)駆り集め《所有者確認のために行う》. **9** 〖鉱山〗ひ押し[沿層]坑道; 〖土木〗(トンネルの)横坑. **10** 《南ア》(河川の)浅瀬 (ford). **11** 〖機械〗 **a** (金属の穴に打ち込んで拡大する)ドリフト, 打ち込み矢 (driftpin, square drift ともいう). **b** ドリフト《重ね合わせた鋼材のリベット孔が多少狂っているとき打ち込んで整孔する器具; driftpin ともいう》. **12** 〖軍事〗(大砲・ロケットなどの)装填(そうてん)器[具]. **13** 〖電気〗 **a** ドリフト《半導体中のキャリアが電界の作用で移動すること》. **b** ドリフト《電子回路の特性が温度の変化などにより徐々に変化すること》. **14** 〖物理〗 **a** ドリフト《抵抗体中で外力の作用によって生じる粒子の移動現象》. **b** ドリフト《磁場中で回転運動をする荷電粒子が, 電場その他の外力の作用で磁力線を横切る移動現象》. **15** 〖歯科〗歯牙の偏位. **16** 〖建築〗(アーチの)推力 (thrust). **17** 《方言》(獣・小鳥などの)群 (flock). **18** 〖遺伝〗=genetic drift. **19** 《廃》計画 (plot). ***on the drift*** 《米西部・口語》〈失業者・求職者の群れが〉方々を流浪[放浪]して(いる).

— *vi.* **1** (風・潮流などのままに)漂う, 漂流する, 吹き流される (float along): The raft went on ～*ing* with the current [on the tide]. いかだは流れ[潮流]に乗って漂い続けた / The ship ～*ed off* course. 船は漂流して航路からはずれた / ～ *toward* the shore 岸の方へ流される / Some leaves were ～*ing down*. 木の葉がひらひらと散っていた / ～*ing* snow [sand] 吹き寄せる雪[砂]. **2** [通例, 方向を示す副詞・前置詞を伴って] **a** (漂うように)あてもなく進む; 《口語》そろりそろりと歩く: He ～*ed along* (aimlessly) [*through* life]. なすこともなくぼんやり暮らした[漫然と人生を送った] / ～ *from* job *to* job 職を転々と変える / Our conversation ～*ed off on to* other topics. 会話はいつとはなしに他の話題に流れていった / let things ～ 成り行きに任せる. **b** 知らず知らず(…に)陥る, ずるずる(…に)なる 〔*into, toward*〕: He ～*ed into* crime [error]. ずるずると罪[誤ち]を犯した / They were gradually ～*ing toward* [*into*] bankruptcy. 徐々に倒産に傾いていった. **3 a** 〈労働者などが〉流浪[放浪]する, 流れる; 緩やかな流れをなして移住[移動]する. **b** 《米西部》〈牛が〉(牧草地を求めたりして)群れをなして遠くへ迷い出る. **4** 〈音が〉流れる. **5** 〈雪・ほこり・落葉などが〉吹き寄せられて積もる. **6** 〈テレビの映像などが〉ずれる, ゆれる, 振動する; 〈市価などが〉緩やかに変動する. **7** 〈自動車が〉横滑りする (sideslip). **8** 流し網 (drift net) で魚を捕る.

— *vt.* **1** 〈水流・潮流が〉押し流す, 漂流させる (drive); 〈気流が〉吹き流す. **2 a** 〈風が〉〈雪などを〉吹き寄せる; 〈水の作用が〉堆積(たいせき)させる: ～*ed* sand [snow] 吹き寄せられて積もった砂[雪]. **b** 〈道・野原などを〉(吹寄せの雪・落葉などで)覆う 〔*with*〕: paths ～*ed with* leaves 落葉の積もった小道. **3** 〖機械〗 **a** 〈金属の穴を〉ドリフトで拡大する (cf. *n.* 11 a). **b** 〈リベットの穴を〉ドリフトによって整孔する (cf. *n.* 11 b). **4** 《米西部》〈家畜を〉(牧草地へ)ゆっくり追う.

drift apárt (1) 〈夫婦・友達など〉気持ちが離れる, 次第に疎遠になる: John and his father ～*ed apart*. ジョンと父親は次第に疎遠になっていった. (1903) (2) 〈船などが〉離れ離れになる. ***drift awáy*** (1) (水・風などに)押し[吹き]流される; 〈群衆などが〉徐々に去る. (2) =drift apart (1). ***drift ín*** (1) (水・風などで)流れ[吹き]込む. (2) 〈人が〉ぶらりとやってくる. ***drift óff*** (***to sléep***) 居眠りする. ***drift óut*** (1) 〈船などが〉(…へ)漂い出る 〔*to*〕. (2) 〈物が〉流れ出る, 散らばる; 〈群衆などが〉徐々に[ぶらぶら]外に出る.

〖(?*a*1325) □ ON ～ 'snowdrift' // (M)Du. ～ 'herd, course' < Gmc **driftiz* (G *Trift* drove) ← IE **dhreibh-* 'to DRIVE': n. 10 は Afrik. (← Du.) から〗

drift·age /dríftɪdʒ/ *n.* **1** 漂流作用. **2** [集合的] 漂流物, 漂積物. **3** 〖海事〗 **a** 流圧角, 流落《側方からの風圧または流圧によって船が風下に押しやられること; またはその距離》. **b** 風圧差, 流圧差《風圧や流圧のあるときとないときとの船の針路の偏差[ぶれ]). **4** (風による弾丸の)偏差 (windage). 《(1768): ⇨ -age》

drift ànchor *n.* 〘海事〙=sea anchor. 《1874》

drift àngle *n.* **1** 〘海事〙偏角 (船首尾線と船体運動方向とのなす角). **2** 〘航空〙偏流角, 横滑り角 (機軸と飛行方向とのなす角; leeway ともいう). 《1882》

drift·bòlt *n.* 〘機械〙 **1** 打込みボルト (他のボルトを除去するためのボルト). **2** ドリフトピン, 串刺しボルト (重い材質の木材を締め合わせる鉄製ボルト). 《1867》

drift bòttle *n.* 放流びん (海流の研究のためまたは遭難者が最後の一筆を封じて流すもの). 《1909》

drift cùrrent *n.* 吹送流 (海や湖で風力が原因で起こるゆるやかな流れ). 《1875》

drift·er *n.* **1** 漂流者; 漂流物. **2** 流し網 (drift net) を使う漁船[漁夫]; (流し網使用の)掃海作業船, 掃海艇. **3** 絶えず転職する人; 浮浪者 (hobo). **4** 〘土木〙ドリフター (大型の穿孔(せんこう)・削岩機). **5** 〘海事〙ドリフター (風の弱いときに張る薄くて大型の三角帆). 《(1864): ⇨ -er[1]》

drift fènce *n.* (特に米西部で家畜が出て行かないように作られた)放牧場を囲うさく. 《1907》

drift·fish *n.* 〘魚類〙スジハナビラウオ (熱帯に生息するエボシダイ科スジハナビラウオ属 (*Psenes*) の butterfish 数種の総称). 《1864》

drift ìce *n.* 流氷. 《1600》

drift indicator *n.* 〘航空〙偏流計, 偏流測定器. 《1919》

drift·ing *adj.* **1** 漂流する; 〈雪・砂など〉吹き寄せられる, 吹きだまりの: ~ shreds of clouds 切れ切れに漂う浮き雲 / ~ snow 〘気象〙低い地吹雪; (風によってできる)雪紋. **2** 〈人が〉ふらふらした, 腰の落ちつかない, 無定見の, 無気力な. **~·ly** *adv.* 《(1602): ⇨ -ing[2]》

drifting mìne *n.* 〘海軍〙浮遊機雷.

drift lèad /-lèd/ *n.* 〘海事〙ドリフトレッド, 流落測鉛 (船が強風下または強流中で停泊中走錨を知るための測鉛).

drift·less *adj.* 目的[あて]のない. **~·ly** *adv.* **~·ness** *n.* 《(1806): ⇨ -less》

drift màp *n.* 〘地質〙氷礫(ひょうれき)土分布図.

drift mèter *n.* 〘航空〙=drift indicator.

drift nèt *n.* 流し網, 流し刺し網. 《1848》

drift·pìn *n.* 〘機械〙=drift 11. 《1444》

drift plùg *n.* 〘機械〙(鉛管に打ち込んでゆがみを直したり端を広げたりする)堅木のくさび.

drift sàil *n.* 〘海事〙=drag sail. 《1627》

drift sànd *n.* **1** 吹き寄せられた砂, 砂丘の砂. **2** 〘土木〙漂砂, 流砂 (岸に沿って海の流れのために動く砂). 《1637》

drift sìght *n.* 〘航空〙=drift indicator. 《1935》

drift transìstor *n.* 〘電子工学〙ドリフトトランジスター, 合金拡散形トランジスター.

drift tùbe *n.* 〘通信〙ドリフト管 (電力クライストロンで電子流を第一の共振管バンチャーのグリッドから第二の共振管キャッチャーのグリッドに導く真空導管).

drift·wày *n.* **1** =driveway 2 a. **2** 〘海事〙=driftage 3. **3** 〘鉱山〙坑道. 《1: 1611. 2: 1721. 3: 1843》

drift·wèed *n.* 漂着[漂流]海藻 (ホンダワラ・コンブなど). 《1845》

drift·wòod *n.* **1** 流木, 室内装飾に利用される漂流木材; 漂流物. **2** (文化・社会の主流から)取り残されたもの; 浮浪の民. — *adj.* [限定的] 流木の[で作られた]. 《1633》

drift·y /drífti/ *adj.* (**drift·i·er**; **-i·est**) 押し流される, 漂流性の; 吹きだまりの. 《((1571)) (1730): ⇨ -y[1]》

drill[1] /dríl/ *n.* **1** 錐(きり), 穴あけ機, ドリル; ドリルの音: a dentist's ~ 歯科医ドリル / a pneumatic ~ 空気ドリル. **2** 教練, 訓練, 練兵; (1回の)演習: battalion ~, rifle ~, etc. / a company of soldiers at ~ 教練[訓練]中の1個中隊の兵 / a fire ~ 火災訓練. **3** (一般に)厳格な反復を伴う訓練, 練習, 稽古; 訓練方法; (一回の)練習 (exercise), 課業: a ~ in Latin grammar ラテン文法練習. **4** [the ~] 《英口語》正規[慣例上]の手続き, 認められたやり方. **5** 〘貝類〙 **a** カキナカセガイ (*Urosalpinx cinerea*) (米国東海岸でカキの殻に穴を開けて身を食いその養殖に大害をなす貝; oyster drill ともいう). **b** アクキガイ科の貝類の総称.

— *vt.* **1 a** (錐などで)突き通す (pierce), …に穴を開ける: ~ a board [metal, rock, a road] / ~ a tooth (歯科医が)歯にドリルで穴をあける. **b** 《比喩》(突き通すような目で)じっと見る (cf. drilling[2]). **2** 〔…に〕〈穴を〉開ける, 〈井戸を〉掘る 〔*in*〕: ~ a hole, well, etc. **3** 〘軍事〙教練する, (とくに隊列を組んで)訓練する: ~ troops, soldiers, etc. **4** 厳格に訓練する, …に〔…を〕厳しく教え込む 〔*in*〕 (⇨ practice SYN); 〈思想・事実を〉〈人に〉反復して教え込む[吹き込む] 〔*into*〕: ~ students *in* the sounds of English 学生に英語発音練習を課する / ~ a girl *in* all that she should do 少女になすべき事をすべて厳重にしつける / ~ a person *in* good manners = ~ good manners *into* a person 人によい作法をしつける. **5** 《米口語》〈ボールなどを〉まっすぐに投げる[打つ]: He ~*ed* the ball past the pitcher [(*in*)*to* left field]. 彼の打ったボールは投手の横を[左翼に]ライナーで抜いた. **6** 《米俗》…に弾丸を貫通させる, 射貫く: ~ a gangster full of holes ギャングを蜂の巣にする. — *vi.* **1** 孔を開ける, えぐり抜く, ボーリングする: ~ for oil 採油のためにボーリングをする. **2** 〘軍事〙教練を受ける, 訓練をする: The company will ~ at 9 a.m. 中隊は午前9時に教練がある. **3** 猛練習をする. ***drill dówn*** 穴を掘る, 掘り下げる.

~·a·ble /-ləbl/ *adj.* **drill·a·bíl·i·ty** /-ləbíləṭi | -lɪ̀ti/ *n.* **~·er** /-lə | -lə(r)/ *n.*

《(1611) □ Du. *dril* boring tool ← *drillen* to bore ← Gmc *þr- ← IE *ter- to rub, turn: 錐をもむことから「武器操作」の義に転じたものか》

drill[2] /dríl/ *n.* 〘農業〙 **1** すじまき機, 条播(じょうは)機 (畑に浅い穴またはうねを作りながらそこに種子をまきその上に土をかぶせていく農機具). **2** (種子をまくように作った)小溝, うね. **3** (すじまきされた)種子の列. — *vt.* **1** 〈種子を〉すじまきする; 〈作物を〉すじまきにして育てる. **2** 〈土地に〉すじまきする, すじまき式に〔…を〕植えつける 〔*with*〕: ~ two acres of land *with* barley 2エーカーの土地に大麦をすじまきする. — *v.* 種子をすじまきする. **~·er** /-lə | -lə(r)/ *n.* 《(1727) ← ? (廃) *drill* small stream: cf. (廃) *drill* to drip (変形) ← THRILL》

drill[3] /dríl/ *n.* 強い太綾織綿布[亜麻布]; かつらぎ織, 雲斎織. 《(1743) (逆成) ← DRILLING[3] ← G *Drillich*》

drill[4] /dríl/ *n.* 〘動物〙ドリル (*Mandrillus leucophaeus*) (西アフリカ産で顔が黒く mandrill より小さいヒヒ). 《(1644) ← ?WAfr.》

drill bìt *n.* 〘機械〙穴あけ工具, 錐(きり)先.

drill bòok *n.* **1** 〘軍事〙操典, 教練マニュアル. **2** 練習帳. 《1846》

drill bòw /-bòu | -bəu/ *n.* ドリルボー (弓錐の弓). 《1703》

drill chùck *n.* 〘機械〙錐(きり)チャック, 錐のつかみ. 《1874》

drill còrps *n.* =drill team.

drill gròund *n.* 練兵場. 《1844》

drill hàll *n.* 屋内訓練場. 《1878》

drill hàrrow *n.* 〘農業〙すじまき除草機. 《1847》

drill hùsbandry *n.* 〘農業〙すじまき栽培法. 《1784–5》

drill·ing[1] /-lɪŋ/ *n.* **1** 教練, 操練; 訓練, 練習. **2** [通例 *pl.*] 穴あけくず. 《(1639): ⇨ drill[1], -ing[1]》

drill·ing[2] /-lɪŋ/ *adj.* 〈目が〉突き通すような, 鋭い; 〈批評などが〉辛辣(しんらつ)な (cf. drill[1] *vt.* 1 b). 《(1634): ⇨ drill[1], -ing[1]》

drill·ing[3] /-lɪŋ/ *n.* =drill[3]. 《(1640) (変形) ← G *Drillich* < OHG *drilīh* made up of three thread □ L *trilīc-*, *trilix* woven in threefold ← *tri-* 'THREE' + *līcium* 'THREAD': 通俗語源により DRILL[1] と混同したもの》

drill·ing[4] /-lɪŋ/ *n.* (種子の)すじまき法. 《(1767): ⇨ drill[2], -ing[1]》

drilling flùid *n.* 掘削泥水 (油井穿孔のとき油・ガスなどの圧力を相殺し多孔質の岩層面をふさぎ, 錐(きり)先を冷却して切り取った岩を表面に流すなどするために入れられる水などによってできた細かい鉱物粒子[泥]の懸濁液; drilling mud ともいう).

drilling machìne *n.* ボール盤, 穿孔(せんこう)機. 《1865》

drilling mùd *n.* =drilling fluid.

drilling plàtform *n.* ドリリングプラットホーム (掘削装置 (drilling rig) を載せる構造基台).

drilling rìg *n.* ドリリングリグ (海底油田の掘削装置). 《1901》

drill instrùctor *n.* (米) 〘軍事〙教練[訓練]教官. 《1876》

drill·màster *n.* **1** 〘軍事〙教練指導官, 教練[訓練]教官, 訓練係教官. **2** (兵式)体操教師; 厳格に訓練する人[教師], 鬼教官 (しばしば枝葉のことにうるさい人をいう). 《(1869) (なぞり) ← G *Drillmeister*》

drill pìpe *n.* 〘土木〙ドリルパイプ, 掘り管 (坑井掘削のときなど錐(きり)の先を回転させる管; drill rod ともいう). 《1932》

drill prèss *n.* 〘機械〙(たて型)ボール盤. 《1864》

drill ròd *n.* 〘土木〙 **1** =drill pipe. **2** =drill steel.

drill sèrgeant *n.* 〘軍事〙教練[訓練]係軍曹, 練兵係下士官. 《1803》

drill stèel *n.* 〘土木〙たがね, ドリル鋼 (炭素を0.85%以上含んだドリル用の鋼; drill rod ともいう).

drill stèm *n.* 〘機械〙 **1** ドリルステム (ロータリー式掘削で地上のロータリーテーブルの回転をビットに伝える軸部分, 特に kelly). **2** =drill string.

drill·stòck *n.* (穿孔(せんこう)機 (drilling machine) でドリルを保持する)ドリルストック. 《1858》

drill strìng *n.* 〘機械〙ドリルストリング (kelly から先端に至る回転部分の総称). 《1677》

drill tèam *n.* (行進などの正確な教練を実演するための)模範演技チーム (drill corps ともいう). 《1928》

drill tòwer *n.* 消防訓練塔 (消防士の防火訓練と技術開発のためのビルに似せたコンクリートと鋼鉄の建造物).

dri·ly /dráɪli/ *adv.* =dryly.

Drin /drín/ *n.* [the ~] ドリン(川) (アルバニア北部を流れアドリア海に注ぐ (270 km)).

Dri·na /dríːnə, -nɑː; *Serb./Croat.* drǐːna/ *n.* [the ~] ドリーナ(川) (ボスニア ヘルツェゴビナ東部を北に流れて Sava 川に注ぐ支流 (346 km)).

drin·a·myl /drínəmɪ̀l, -mɪl/ *n.* 〘薬学〙ドリナミル (覚醒剤). 《(1950) ← D(EXT)R(O-+(AMPHETAM)IN(E)+AMYL》

drink /dríŋk/ *v.* (**drank** /drǽŋk/, (古) **drunk**; **drunk** /drʌ́ŋk/, (古) **drunk·en** /drʌ́ŋkən/, 時に《米口語》**drank**) — *vt.* **1** 〈飲料を〉飲む; 〈飲料の入った容器を〉飲んであける, 飲み干す (empty); 〈空気を〉吸い込む: ~ water, tea, whiskey, etc. / ~ a glass dry コップを飲み干す / What would you like to ~? 何を飲みたいですか / ~ the cup of joy [sorrow, agony, pain] 喜び[悲しみ, 苦悶, 苦しみ]の杯をあおる (⇨ cup *n.* 7). [日英比較] 日本語では一般に「飲む[呑む]」という一語の動詞で表す動作を英語ではいくつかの動詞で分けて表す. 液体に直接口をつけて飲むのは *drink*, 丸薬などのような固形物を丸ごと飲むのを swallow, スープなどの液体(固体が入っているものもあるが)をスプーンなどの食器を使って飲むのは eat (⇨ eat [日英比較]), 茶, コーヒーなどを飲む一連の動作全体をいうときは have (drink も用いる), 薬を飲むのは take という. **2** 〈給料などを〉酒に消費する, 飲んでしまう 〈*away*〉: He ~*s* (*away*) all he earns. もうける金は皆飲んでしまう. **3** 酒を飲んで〔ある状態に〕陥らせる 〔*to, into, out of*〕: ~ oneself drunk [sick, silly] 酒を飲んで酔っぱらう[気分が悪くなる, 頭がぼーっとなる] / ~ one's sorrows away 飲んで悲しみを忘れる / ~ oneself *to* death [*out of* a situation] 酒を飲み過ぎて死ぬ[勤め口を失う] / ~ a person under the table ⇨ *under the* TABLE (2). **4** 祝って乾杯する: ~ a person's health 健康を祝して乾杯する / ~ a toast to …のために乾杯する. **5** 〈植物・大地などが〉〈水分・湿気を〉吸い取る, 吸収する 〈*up, in*〉: The plants ~ *up* the moisture. 植物は湿気を吸収する.

— *vi.* **1 a** 飲み物を飲む: ~ *from* a fountain [stream] 泉[小川]の水を(すくって)飲む / ~ *out of* the hollow of one's hand 手のひらの水をすすり飲む. **b** 《文語》(心に)吸い取る, 味わう: They *drank* deep *of* life's experience. 彼らは人生の経験をなめ尽くした. **2** 酒を飲む, (常習的に)酒飲みである: eat and ~ 飲食する. [日英比較] 日本語の「飲み食いする」と語順が逆である / ~ hard [deep, heavily] 大いに飲む / Don't ~ and drive! 飲んだら乗るな / ~ like a fish ⇨ fish[1] 成句 / He neither ~*s* nor smokes [smokes nor ~*s*]. 酒もたばこもやらない / I am sure he ~*s*. 彼はきっと酒飲みだ. **3** 〔…のために〕乾杯する 〔*to*〕: ~ *to* a person's health 人の健康を祝して乾杯する / ~ *to* the success of a person [an enterprise] 人[事業]の成功を祝して乾杯する. **4** [補語を伴って] (廃) (飲むと)…の味がする (taste): This wine ~*s* bitter. このぶどう酒は苦い.

drink awáy (*vt.*) 飲酒のために〈理性・財産, 時間などを〉失う (cf. *vt.* 2); 酒を飲んで過ごす: We *drank* the night *away*. 我々は一晩飲み明かした. (*vi.*) 飲み続ける.

drink déep of (1) 〈水・酒などを〉大量に飲む. 《*a*1300》 (2) 〈知識などを〉大いに吸収する. ***drink dówn*** (1) (一息に)飲み下す, 飲み干す: He *drank* the medicine *down*. その薬をぐっと一口で飲んだ. (2) 〈憂苦・心配などを〉酒で忘れる: ~ *down* one's cares, sorrow, etc. (3) (飲み比べで)〈人を〉つぶす[倒す] (cf. *vt.* 3): ~ a person *down*. ***drink in*** (1) 吸い込む, 吸収する (cf. *vt.* 5): The dry ground has *drunk in* the rain. / Young men and woman were ~*ing in* the wine of love and youth. 若い男女たちは恋や青春といった美酒(びしゅ)を心ゆくまで満喫していた. (2) 深く感受する, 〈話・音楽などに〉じっと[むさぼるように]聞き入る, 聞きほれる, 〈美しさなどに〉見入る, 見とれる: We all *drank in* the beauty of the scene. 我々はみなその光景の美しさに見とれた. ***drink óff*** (一気に)飲み干す: ~ *off* a glass of beer. ***drink úp*** (*vt.*) (1) 飲み干す: *Drink up* your milk. ミルクは残さないで飲みなさい / It's *drinking-up* time: we close in a few minutes. もう看板です. 間もなく閉店します. (2) 吸い上げる (cf. *vt.* 5). (*vi.*) 飲み干す: *Drink up!* ぐっと干しなさい. ***drink with the flies*** 《豪口語》ひとりで飲む. ***I'll drink to thát*** 《俗》それに同感だ, そのとおりだ.

— *n.* **1** 飲み物, 飲料 (beverage): food and ~ 飲食物 / ⇨ MEAT *and drink* / bottled ~*s* (ビール・サイダーなど)瓶詰飲料 / strong ~ 酒類; 強酒 / He took two aspirins with a ~ of water. 彼は水といっしょにアスピリンを2錠飲んだ / ⇨ soft drink. **2 a** 酒: be fond of ~ 酒が好きである / die of ~ 酒を飲みすぎて死ぬ / a person's excessive indulgence in ~ 大変な酒好き / ⇨ drink problem. **b** (常習的)飲酒; 深酒: be given to ~ 酒におぼれている / take to ~ (常習的に)酒を飲み始める, 酒飲みになる / *Drink* won't do us any good. 飲みすぎは体によくない. **3** 1杯 (portion): Give me a ~ *of* milk. 牛乳を1杯下さい / He went to the pub to have a ~. 一杯やりに酒場に行った / Would you like a ~? 一杯どうですか / have some friends over for ~*s* 飲み会に友人を呼ぶ. **4** [the ~] 《口語》一帯の水; (特に)海 (the sea).

drive a person to drink [しばしば戯言的に] 人を酒びたりにさせる; 人を(酒びたりになるほど)いらいら[うんざり]させる. ***gò out for a drink*** パブ[バー, 飲み]に出かける. ***in drink*** 酔って (drunk): He bawls and shouts when he is *in* ~. 酒が入るとどなり散らす. 《1596–97》 ***mix one's drinks*** 《口語》(種々の)酒をちゃんぽんに飲む. ***on the drink*** 《口語》いつも酒を飲んで; 痛飲して. 《1865》

《OE *drincan* < Gmc *drieŋkan (Du. *drinken* / G *trinken* / ON *drekka*) ← IE *dhreg- to draw, glide: cf. drench, drown》

SYN 飲む: **drink** 液体を口に入れて飲み込む (一般的な語): *drink* tea お茶を飲む. **sip** 少量ずつちびりちびり飲む: One should *sip* hot liquids. 熱い飲み物はすするように飲むのがよい. **imbibe** (しばしば戯言) アルコールを飲む (格式ばった語): *imbibe* whiskey ウイスキーを飲む. **quaff** (古風) 〈酒などを〉ぐいぐいうまそうに飲む: He sat *quaffing* all day. 彼は一日中飲んだくれていた. **gulp** 大口でごくごく飲む: *gulp* down a drink 酒を一気に飲み干す.

drink·a·ble /dríŋkəbl/ *adj.* 飲める, 飲用に適する. — *n.* [通例 *pl.*] 飲料: eatables and ~*s* 飲食物.

drink·a·bil·i·ty /drìŋkəbíləṭi | -lɪ̀ti/ *n.* 《(*c*1445): ⇨ -able》

drink-driving *n.* (英) 飲酒運転. **drink·driv·er** *n.* 《1964》

drink·er /dríŋkə | -kə(r)/ *n.* **1** 飲む人; (特に)酒飲み: a great [hard, heavy] ~ 大酒飲み, 酒豪 / be a light [small] ~ 酒があまり飲めない. **2** (家畜・家禽の)水飲み器. **3** =drinker moth. 《(?*a*1200): ⇨ drink, -er[1]》

D

drínker mòth *n.* 〘昆虫〙カレハガ科の大きな黄褐色のガ (*Philudoria potatoria*) 《多毛で幼虫は草の露を飲み，イネ科植物を食べて成長する》. 〘1682〙

Drín·ker respírator /dríŋkə- | -kə-/ *n.* 〘医学〙ドリンカー人工呼吸器，鉄の肺 (iron lung). 〘← *Philip Drinker* (1894–1972; 米国の公衆衛生技師)〙

drínk·ing *n.* **1 a** 飲むこと，飲用; 飲酒: a ～ habit 飲酒癖 / ～ gratis 飲用無料. **b** [形容詞的に] 飲用の; 飲酒(用)の: a ～ glass, room, etc. / a ～ companion 飲み友達. **2 a** 宴会 (drinking party). **b** 《英方言》(正規の食事間の)軽食 (light lunch). **— *adj.*** 酒飲みの，酒好きの: a ～ driver. 〘?late OE *drinkende*〙

drínking bòut *n.* (ひとしきり)痛飲すること，深酒，酒宴. 〘1672〙

drínking chòcolate *n.* (ココア・粉乳・砂糖を混ぜてある) 調合ココア粉末，(インスタント)ココア《いわゆる食べるチョコレートと区別する言い方》. 〘1920〙

drínking cùp *n.* 酒杯. 〘1658〙

drínking fòuntain *n.* (公共の場所の)飲用噴水，噴水式水飲み器. 〘1860〙

drínking hòrn *n.* (酒を入れる)角(つの)製杯.

drínking pròblem *n.* 《米》=drink problem.

drínking sòng *n.* 酒宴の歌，酒歌. 〘1597〙

drínking-úp tìme *n.* 《英》(パブの閉店時間後の)すでに注文した酒を飲み終わるまでにもいい時間. 〘1961〙

drínking wàter *n.* 飲料水，飲み水. 〘1888〙

drínk mòney *n.* 《古》酒手，飲み代(しろ). 〘1691〙

drínk òffering *n.* 神酒，おみき (libation) 《ぶどう酒などを注いで神に捧げる》. 〘1535〙

drínk pròblem *n.* 《英》アルコール依存症.

drinks /dríŋks/ *adj.* 酒の，酒のための，酒が出る.

drínks machìne *n.* 飲み物の自動販売機.

drínks pàrty *n.* 《英》(知人を招いての)飲み会，カクテルパーティー (cocktail party).

Drink·wa·ter /dríŋkwɔ̀ːtə, -wɑ̀ː- | -wɔ̀ːtə(r)/, **John** *n.* ドリンクウォーター (1882–1937; 英国の詩人・劇作家・批評家; *Abraham Lincoln* (戯曲) (1918)).

drip /dríp/ *v.* (**dripped, dript** /drípt/; **drip·ping**) **— *vi.*** **1** 〈液体が〉したたる，(ぽたりぽたり)落ちる: Dew ～*s* (*down*) from the leaves. 木の葉から露がしたたる. **2 a** 〈人・ぬれた着物などが〉しずくをたらす，〔…で〕ずぶぬれである〔*with*〕: His hat was ～*ping*. 彼の帽子からしずくが落ちていた / He was ～*ping with* sweat. 彼は汗びっしょりだった. **b** (一般に)〔…で〕いっぱいである〔*with*〕. **— *vt.*** **1** …のしずくをたらす，ぽたりぽたり落とす: The comb ～*s* honey. 蜂の巣から蜜がぽたぽたたれる. **2** 〈コーヒーを〉ドリップ(式)で入れる. **— *n.*** **1** したたり，滴下; しずくの音: the ～ of rain / in a ～ したたって，ぬれて / in ～*s* 水滴となって. **2 a** しずく. **b** 《英》(パンなどに塗る)肉汁 (dripping). **c** (ペンキ塗りなどで塗った表面の下の端にできる)ペンキなどの露滴状の塊. **3** (ラジエーターなどからでる凝結蒸気の)排水管，水うけ《drip pipe ともいう》. **4** 〘建築〙水切り《窓台・コンクリートひさしなど壁面から突出した部分から雨水が伝って壁面を汚すのを防ぐためにその下面につけた小さな溝; cf. dripstone》. **5** 〘医学〙 **a** 点滴(装置): a patient on a ～ 点滴を受けている患者. **b** 点滴注入される栄養[薬]. **6** 《口語》 **a** (個性・活気などがなくて)うんざりさせる人，意気地なし，退屈な人，ぐず. **b** まぬけ，ばか. **7** 《俗》 **a** へつらい，ごますり. **b** ぐち，たわごと. **～·per** *n.* 〘(1440) *drippe(n)* < lateOE *dryppan* < Gmc **drupjan* ← IE **dhreub-* ← *dhreu-* to fall, drip: cf. DROP〙

dríp càp *n.* 〘建築〙雨押さえ.

dríp còffee *n.* ドリップコーヒー. 〘1895〙

dríp-drìp *n.* (ぽたぽた落ちる)したたり，しずく，雨だれ; 絶えずぽたぽたたれること. 〘(1855) (加重) ← DRIP〙

dríp-dròp *n.* =drip-drip. 〘1848〙

dríp-drỳ *adj.* 〈衣類など〉ぬれたままつるしておいて(しわにならずに)早く乾く: a ～ suit. **— *n.*** ぬれたままつるしておいてすぐ乾く衣服. **— *vt., vi.*** ぬれたままつるしておいて(早く)乾かす[乾く]. 〘1916〙

dríp-fèed 《英》〘医学〙 *vt.* 〈患者〉(の胃内)に点滴を施す. **— *n., adj.*** 胃内点滴(の): a ～ bottle. 〘1907〙

dríp fìlter *n.* コーヒーフィルター.

dríp grìnd *n.* (ドリップ用に)細かくひいたコーヒー(豆).

dríp infùsion *n.* 〘医学〙=drip 5 a.

dríp jòint *n.* 〘建築〙(屋根ぶき)段つぎ; (衛生・給排水・給湯工事における)鉛樋の段つぎ. 〘1874〙

dríp·less *adj.* 〈ろうそくなど〉液体がしたたり落ちない. 〘(1887): ⇨ -less〙

dríp màt *n.* コップ敷き，コースター. 〘1953〙

dríp mòld *n.* 〘建築〙(ひさしなどにつけた)木製の水切り (cf. dripstone). 〘cf. *drip moulding* (1851)〙

Drip·o·la·tor /drípəlèɪtə | -tə(r)/ *n.* 〘商標〙ドリポレーター，ドリップ式コーヒーメーカー《ひいたコーヒー豆に熱湯がかかってしずくになって落ちる仕掛けのもの》. 〘← DRIP+-O-+-LATER〙

drip·page /drípɪdʒ/ *n.* **1** (蛇口などからの)したたり; 雨だれ. **2** (しずくによる)たまり水; 雨だれ水.

dríp pàinting *n.* 〘絵画〙点滴画法; 点滴画《action painting の一種》. 〘1958〙

dríp pàn *n.* **1** (廃液用の)たれ受け，しずく受け《盆・皿など》. **2** (時に)=dripping pan 1.

dríp·ping *n.* **1** したたり，滴下，しずく(の音). **2** [しばしば *pl.*] (機械から落ちる)油のしずく. **3** ドリッピング《焼いたり，炒めたりした肉類からしたたり落ちる脂汁; 料理に用いる》: beef ～. **4** 〘医学〙点滴注入(法). **— *adj.*** **1** 雨だれの落ちる，しずくのたれる: ～ eaves / a ～ day 雨降りの日. **2** [副詞的に] しずくのたれるほど: be ～ wet. 〘(1440): ⇨ drip, -ing¹〙

drípping pàn *n.* **1** (肉を焙(あぶ)り焼きしたときに落ちる)肉汁受け(皿); 肉焼きなべ. **2** =drip pan 1. 〘1463〙

dríp pìpe *n.* =drip *n.* 3. 〘1874〙

dríp pòt *n.* ドリップコーヒー用ポット.

drip·py /drípi/ *adj.* (**drip·pi·er; -pi·est**) **1** したたる; 雨降りの (rainy). **2** 《俗》病的に感傷的な，めそめそした，センチな. 〘(1817–18) ← DRIP+-Y¹〙

dríp·stòne *n.* **1** 〘建築〙(ひさしなどにつけた)石製の水切り，(窓・戸口などの上の)雨押さえ石，雨だれ石 (⇨ mullion 挿絵). **2** 〘化学〙滴下石，点滴石《鍾乳石や石筍(せきじゅん)の形で産する》. 〘1812–16〙

dript *v.* drip の過去形・過去分詞.

dríp tìp *n.* 〘植物〙葉の細長くなった先端. 〘1897〙

dríp trày *n.* (冷蔵庫の冷凍室から出る水などの)水滴受け皿.

dri·sheen /drɪʃíːn/ *n.* 《アイル》ドリシーン《ヒツジの腸にオートミールとヒツジの血などを詰めたソーセージ》. 〘(1910) □ Ir. *drisīn* intestine〙

drive /dráɪv/ *v.* (**drove** /dróʊv | dróʊv/, 《古》 **drave** /dréɪv/; **driv·en** /drívən/, 《古》 **drove**) **— *vt.*** **1** [通例方向を示す副詞・前置詞を伴って] 追う (urge on)，駆る，駆り立てる; 追い立てる，駆逐する: They *drove* the sheep *in* [*away, off*]. 彼らは羊を中に追い込んだ[追い払った] / She *drove* them all *back* after the party. パーティーが済むと彼らをみな追い返した / ～ cattle *to* pasture 牛を牧場へ追う / ～ game *into* the open 獲物を空き地に追い込む / ～ a person *into* a corner [*to* the wall] (議論などで)人を窮地に追いつめる / ～ the enemy *out* (*of* one's country) 敵を(国外へ)駆逐する / ～ the enemy *back* 敵を押し戻す.
2 a 〈機関車・自動車・船などを〉運転する，操縦する; 〈車などを〉駆る; 〈馬車馬を〉御する: ～ an engine [a taxi, a bus, 《英》a train] 機関車[タクシー，バス，列車]を運転する / ～ a carriage 馬車を駆る / ～ a Cadillac キャデラックを運転する / ～ one's own car 自分の車を自分で運転する / ～ a plow 馬を追ってすきを引かせる / ～ a pair 2 頭の馬を御する / He *drove* the car *away* [*into* the garage]. 車に乗って立ち去った[車庫に乗り入れた] / ～ a long way 長距離運転をする. **b** 車で運ぶ[送る]: I'll ～ you *home* [*to* the station]. お宅まで[駅まで]車でお送りしましょう. **c** 車で通る: He usually *drove* the river road. 大抵彼は車で川沿いの道を通って行った. **d** 〈風・水などが〉押しやる: The waves *drove* the boat *against* the shore. 波が船を岸に押し上げた / The wind *drove* the boat *along*. 船は風で流された. **e** 《米・NZ》〈丸太を〉川に流す[浮流させる].
f 〈蒸気・電気などが〉〈機械を〉動かす; 〘電算〙〈機器を〉駆動する.
3 [しばしば受身で] 〈風・蒸気などが〉〈船を〉推進する; 〈蒸気・電気などが〉〈機械を〉動かす，駆動する: Wind and tide ～ a ship. / a ship ～*n* by steam=a steam-*driven* ship 蒸気で動く船 / a machine ～*n* by electricity=an electricity-*driven* machine 電気で動く機械 / He *drove* his mills *with* water power. 製粉場を水力で動かしていた.
4 〈商売などを〉(精力的に)行う，営む; 〈商取引・仕事を〉完遂する，する (effect): ～ a good [bad] bargain よい[損な]商いをする / ～ a (hard) bargain ⇨ bargain 成句.
5 a 〈人を〉駆って〔ある状態に〕至らせる，陥らせる，無理に〔…に〕至らせる (force)〔*to, into, out of*〕: ～ a person *into* a passion [*to* despair, *to* distraction] 人を奮い立たせる[絶望させる，取り乱させる] / ～ a person *out of* his senses 人に正気を失わせる / She *drove* us *to* ever greater achievements. さらに大きな成功へと導いた. **b** [目的語+*to* do を伴って] …に…せざるをえないようにさせる (constrain): Hunger *drove* the boy *to* steal. 空腹に迫られて少年は盗みをした. **c** [目的語+補語を伴って] …の状態にする: That *drove* her mad. そのため彼女は気が狂った / He *drove* me crazy with the same questions again and again. 彼は幾度も同じことを聞いて私をいらいらさせた.
6 〈人を〉酷使する (overtask)，容赦なく働かせる，猛訓練する，特訓する.
7 《文語》〈ペンなどを〉駆使する，縦横にふるう: ～ one's pen 筆をふるう，盛んに書く (cf. drive the QUILL).
8 a 〈釘・くいなどを〉打ち込む: ～ a nail *into* a wall / He *drove* his sword *through* [*into*] the man's heart. 彼は刀をその男の心臓に突き刺した. **b** 〈事実などを〉〈人の頭の中に〉たたき込む〔*in, into*〕; 〔…から〕払いのける〔*from, out of*〕: The story *drove* a lesson *into* my head. その物語は私の頭の中に一つの教訓をたたき込んだ / This will ～ all doubts *from* your mind. これで君の疑いもすっかり晴れるだろう. **c** 〈説・議論などを〉強引に推し進める，強く主張する: ⇨ *drive* HOME (2).
9 〈トンネル・横坑道・運河・井戸などを〉掘る (bore); 〈鉄道・公道などを〉建設する: ～ a tunnel *through* a hill [*under* the channel] 山を抜いて[海峡の下に]トンネルを通す / ～ a railway [road] *through* the desert 砂漠に鉄道[道路]を開通させる / ～ a hole deep *into* the ground 地面に深く穴を掘る.
10 (時間的に)引き延ばす，あとにずらす，遅らせる，遅くする (defer): ～ a matter to the last moment 事をぎりぎりまで引き延ばす.
11 〘クリケット〙〈ボールを〉中間地帯へ強打する; 〘クロッケー〙〈球を〉〈目指す位置へ〉打ち送る; 〘テニス〙〈ボールを〉ドライブで打つ《ボールに順回転をかける》，…にドライブをかける; 〘ゴルフ〙〈球を〉ティー (tee) から(ドライバーを用いて)遠くへ打つ; 〘バドミントン〙〈シャトル(コック) (shuttlecock) を〉地面と平行に打ち返す.
12 [通例 ～ *in* として] 〘野球〙(ヒットや犠牲フライで)〈ランナーを〉進ませる，ホームに入れる; (ヒットなどで)〈点を〉入れる.
13 〘狩猟〙 **a** 〈獲物を〉〈空地・わな・網などへ〉狩り立てる (chase). **b** 〈場所〉の獲物を狩り立てる[あさる].
14 《NZ》切り倒した別の木の衝撃で〈木を〉倒す.

— *vi.* **1 a** 車を駆る，運転する，操縦する; 馬(など)を御する: learn to ～ 車の運転法を習う / *Drive* on! (車をぐんぐん)進めろ，前進 / *Drive* slow [slowly]! ゆっくり運転せよ，徐行 / ～ on the left [right] 左[右]側通行する. **b** 車に乗って行く，自動車[馬車など]で行く: ～ *to* the lake 湖水まで自動車で行く[ドライブする] / ～ *in* a carriage 馬車で行く / ～ *on* the horn 《口語》(自動車の)運転中不必要に警笛を鳴らす / ～ *out* 車で出かける / He ～*s there* and *back* with his wife every morning. 毎朝車に奥さんを乗せてそこへ行って帰ってくる. **2** 疾走する，突進する; 進撃する; (風下へまたは潮流に乗って)押し流される: The rain kept *driving down*. 雨は激しく降り続いた / The waves *drove against* the rock. 波は岩に激しく突き当たった / The yacht was *driving before* the wind. ヨットは追風を受けて疾走していた. **3 a** (目標などに向かって)一生懸命にやる，努力する，突き進む〔*for*〕: We went on *driving through* the obstacles. 我々はなおも障害を切り抜けようと頑張り続けた. **b** 《口語》[通例進行形で]〔…を〕意図する，もくろむ，〔…をする・言う〕つもりである (aim)〔*at*〕: What on earth are you *driving at*? 一体何が言いたいの / I can't make out what he is *driving at*. 彼がどんな考えで[つもりで言って]いるのか私にはわからない. **4** 球を打ち出す; 〘ゴルフ〙ドライバー (driver) を大きく振って打つ. **5** 〈銛(もり)などが〉突き刺さる. **6** 〘鉱山〙坑道を掘進する.

drive awáy (*vt.*) (1) 〈素行・態度などが〉〈人を〉寄せつけないようにする; 〈客などが〉近づかないようにさせる. (2) 〈不安・悲しみなどを〉消す. (*vi.*) 車で立ち去る.
drive awáy at 〈物事〉に精を出す. ***dríve báck*** (*vt.*) (1) 車で連れて戻る. (2) 〈敵を〉撃退する. (3) 〈経験などが〉〈人を〉〔…に〕舞い戻らせる〔*to*〕. (*vi.*) 車で戻る〔*to*〕.
dríve báck on 〈人〉に…にやむを得ず頼らせる. ***dríve dówn*** (*vt.*) (1) 〈利率などを〉抑えて下げる (↔ drive up). (2) (車を運転して)行く: I *drove* him [the car] *down to* the dock. 彼を乗せて[車を運転して]波止場まで行った. (*vi.*) (車で)行く，南下する: I [The car] *drove down to* the dock. 車で[車は]波止場に行った. ***drive hóme*** ⇨ home *adv.* 成句. ***dríve ín*** (1) 〈くいなどを〉打ち込む. (2) 〘野球〙⇨ *vt.* 12. ***dríve óff*** (*vi.*) (1) 車で立ち去る. (2) 〘ゴルフ〙(ゲームまたはホールの)第一打を打つ. (*vt.*) (1) 追い払う，〈敵・攻撃などを〉撃退する. (2) 車で連れ去る. (3) 蒸発させる (vaporize). ***dríve ón*** (*vt.*) 〈人を〉〔…へと〕駆り立てる〔*to*〕. (*vi.*) ⇨ 1 a. ***dríve óut*** (*vi.*) ⇨ *vi.* 1 b. (*vt.*) (1) 追い出す，排撃する，払いのける〔*of*〕. (2) 〘印刷〙〈活字組版〉の語間あきを大きくする; 語間を広くとって組む. ***dríve óver*** 車で出かける〔*to*〕. ***dríve úp*** (*vt.*) (1) 〈物価などを〉釣り上げる (↔ drive down). (2) (車を運転して)連れて行く: I *drove* him [the car] *up to* the house. 彼を乗せて[車で]家まで行った. (*vi.*) (車で)行く; 車で着く: I [The car] *drove up to* the house. 車で家まで帰った. ***dríve with a léad*** /léd/ ***fóot*** 《米口語》車をハイスピードで飛ばす. ***lèt dríve*** 〔…を〕ねらう (aim)，(ねらって)投げる，打つ (strike)〔*at*〕(cf. *let* FLY): He *let* ～ *at* me with a book. 私に向かって本を投げつけた / She let ～ *at* the critics with a vitriolic reply. 辛辣(しんらつ)な返答を批評家にたたきつけた. 〘1566〙

— *n.* **1 a** 馬車を走らせること，自動車を運転すること; (自動車や馬車で乗って行く)行程，道のり，走行距離: Niles is an hour's ～ outside San Francisco. ナイルズはサンフランシスコから車で1時間ほどの郊外にある / It's a long ～ from here to Berlin. ここからベルリンまでは車で長くかかる. **b** (馬車・自動車の)遠乗り，遠出，(特に，公道による)ドライブ: go for a ～ in the country 田舎へドライブに出かける / I took a (short) ～ in a new car. 新しい車で(ちょっと)ドライブをした. / He used to take her out for ～*s* sometimes. 彼は彼女を時折ドライブにつれて行ったものだ. **2 a** (公園内・森林中などの)自動車道，ドライブウエー; (私邸の車寄せに通じる屋敷内の)車道，車回し (driveway). **b** 街道; 幹線道路 (highway). ★ 米国では Drive, Dr., Dr と記して町の通りの名前に用いる: Creek *Drive* [*Dr.*, *Dr*], Ann Arbor, Michigan. **3 a** (獲物の狩猟者間近への)狩立て，追立て; 狩り立てられた獲物. **b** 猟場. **c** (屠畜・烙印(らくいん)などのための畜群の)追立て，駆り集め; (追っていく)畜群. **4** 《米・NZ》(山から切り出した木材を)流していくこと，いかだ流し; (流していく)木材. **5 a** (クリケット・ゴルフ・テニス・バドミントンなどで，球・シャトル(コック)の)ドライブ; 〘野球〙直球: a forehand ～ (テニスなどでの)フォアハンドのドライブ / a line ～ deep to left field 左翼深部へのライナー. **b** 《米》〘アメフト〙(タッチダウンにつながるような)猛攻. **6** 追い立てられている状態，切迫，あわただしさ. **7 a** (仕事などを進めていく)推進力，馬力，奮発 (push)，迫力，気力. **b** (知的・芸術的制作に見られる)たくましさ，強烈さ; 劇的興味; 精力的律動. **8 a** 〘心理〙(行動の動機となる心理的)動因 (cf. incentive 2, motivation 2, need 6): the hunger [sex] ～ 飢え[性]の動因. **b** 強い渇仰[願望]，衝動: a ～ *for* perfection [power] 完成[権力]への願望. **9** 疾走，猛進; (特に，軍隊の)進撃，大攻勢，猛攻撃: a ～ *against* [*on*] Paris パリ進撃 / a ～ *to* take Paris パリ奪取のための進撃. **10** 〔寄付募集などの〕猛運動，大宣伝〔*for*〕/〔*to* do〕: a Red Cross ～ 赤十字募集運動 / a membership ～ 会員募集運動 / a ～ *to* raise funds 基金募集運動 / the ～ *for* national independence 民族独立運動. **11** たたき[投げ]売り，大売出し. **12 a** 〘機械〙(動力の)伝動: a gear ～ 歯車伝動 / a ～ screw ねじくぎ / ⇨ chain drive. **b** 〘自動車〙駆動，駆動装置; 制御操縦装置: (a) front-[rear-, four-]wheel ～ 前[後，四]輪駆動 / (a) right-[left-]hand ～ 右[左]ハンドル. **13** 〘トランプ〙=progressive game. **14** 〘電子工学〙励振 (⇨ excitation 3). **15** 〘活字〙=strike 16. **16** 〘電算〙ドライブ，駆動装置《磁気ディスクなどの記憶媒体を動作させる装置》: a hard disk ～ ハードディスクドライブ[装置]. **17**

《英》(室内ゲームの)競技大会, …ドライブ: a whist [bingo, beetle] ～.

drív·a·ble /-vəbl/, **dríve·a·ble** /-vəbl/ *adj.*
driv·a·bil·i·ty /dràɪvəbíləti | -ləti/ *n.* 〖OE *drīfan* < Gmc *drīƀan* (Du. *drijven* / G *treiben* / ON *drífa*) ← IE **dhreibh-* to drive, push: cf. drift, drove²〗

dríve·awày *n.* 自動車の配送; =driveaway car: a ～ company 自動車配送会社.

dríveaway càr *n.* 《米》旅先などに配送される自家用車 《単に driveaway ともいう》.

dríve bày *n.* 〖電算〗ドライブベイ《パソコンの筐体(きょうたい)にある増設ドライブの挿入口》.

dríve-bỳ *adj.* 走っている車からの: a ～ shooting [murder] 走行車両からの狙撃[狙撃による殺人].

dríve chàin *n.* =driving chain.

drive-in /dráɪvɪ̀n/ *adj.* [限定的] 乗り込みの, 乗り入れ式の, ドライブイン式の《自動車から降りずに乗ったまま映画見物・銀行手続き・食事などができる; cf. drive-up, fly-in》: a ～ bank, restaurant, etc. — *n.* ドライブイン映画館[食堂, 銀行など] (cf. roadhouse). 日英比較 日本語の「ドライブイン」は自動車の利用者を対象にした道路沿いにある駐車場付きの食堂などを意味するが, 英語の *drive-in* は車に乗ったまま利用できる映画館, 食堂, 銀行などを指す. 〖1930〗

driv·el /drívəl, -vl/ *v.* (**driv·eled,** 《英》**-elled; -el·ing,** 《英》**-el·ling**) — *vi.* **1** よだれを流す (slaver); はなをたらす. **2** 《古》(よだれのように)流れる, たれる. **3** (幼児やばか者のように)たわいないことを言う, くだらないおしゃべりをする ⟨*on*⟩ ⟨*about*⟩: a ～*ing* idiot 大たわけもの / ～ *on* たわいないことをいつまでもしゃべり続ける / What are you ～*ing about*? 何をくだらないことを言っているのか. — *vt.* **1** ⟨(子供のような)たわいないことを⟩言う. **2** ⟨時・精力などを⟩空費する ⟨*away*⟩. — *n.* **1** 《まれ》よだれ, はな水. **2** 愚痴, たわごと. 〖OE *dreflian* to snivel: cf. drabble, dark〗

drív·el·er, 《英》**drív·el·ler** /-v(ə)lə | -lə(r)/ *n.* **1** よだれたらし. **2** たわいのないことを言う人, ばか. 〖(1530): ⇨ ↑, -er¹〗

dríve·lìne *n.* 〖自動車〗動力伝達系路 (power train) 《自動車の変速機から駆動軸に動力を伝達するユニバーサル継手や推進軸などの一連の部品》. 〖1949〗

drív·el·ing, 《英》**drív·el·ling** *adj.* たわごとを言う.

driv·en /drívən/ *v.* drive の過去分詞. — *adj.* **1** ⟨雪など⟩吹き寄せられた, 吹きだまりの: ～ snow 吹きだまりの雪 / (as) white as (the) ～ snow 《古》真っ白[純白]な / (as) pure as the ～ snow 清浄無垢な, 純真そのもので. **2** 追い詰められた(ような), 逼迫(ひっぱく)した: He felt his ～ sense of obligation. 彼は強迫的な義務感を感じた. — *n.* 〖機械〗従車, 従動歯車 (follower). **～·ness** *n.* 〖OE *drifen*〗

-drìv·en 「…主導の」の意の形容詞連結形: market-*driven* publishing 市場主導の出版.

dríven wéll *n.* 《米》打込み[掘抜き]井戸《軟弱な地盤に鉄管を打ち込んで掘る井戸》. 〖*a*1877〗

dríve-òn *adj.* [限定的] ⟨フェリーなどが⟩車の乗入れ可能な.

dríve·pìpe *n.* 〖機械〗起動管《水撃ポンプ (hydraulic ram) に使用される水源からの導水管》. 〖1883〗

driv·er /dráɪvə | -və(r)/ *n.* **1** (電車・自動車などの)運転手, ドライバー (cf. chauffeur, foot passenger): an owner ～ オーナードライバー / a bus [streetcar, etc.] ～ / a woman ～ / a racing ～ カーレーサー / ⇨ driver's seat. **2 a** (馬車の)御者. **b** 《米》いかだや流木をあやつる人. **3 a** 追う人; 牛追い, 馬方, 馬子 (drover). **b** (奴隷・囚人などを追い使う)監督 (overseer). **c** 《米》馬具をつけて馬車や荷車を引くように訓練された馬. **4** 《英》**a** (列車の)機関士 (engine driver). **b** 《俗》〖空軍〗操縦士 (pilot). **5** 〖機械〗**a** (機関・動力車の)原車, 動輪, 駆動輪《外部から動力を受けて従動車[従輪] (follower) に伝える車》. **b** 原節《つがいをなす機素のうち運動または動力を伝えるほうをいう; cf. follower 9》. **c** 駆動体《機械や装置を動かすもの》. **6** ハンマー, 小槌 (mallet); =screwdriver. **7** 〖ゴルフ〗ドライバー《長打用のウッドのゴルフクラブ; number one wood ともいう; ⇨ golf club 挿絵》. **8** (くいなどの)打込み機: a pile ～ くい打ち機. **9** 〖海事〗**a** =spanker 3. **b** (マストのたくさんあるスクーナーの)前から 5 番目または 6 番目のマスト. **10 a** 〖電子工学〗ドライバー《電子回路の一部で目的とする負荷を動作させる最終段増幅回路の直前の部分》. **b** 〖電算〗=device driver. **11** 〖音響〗ホーンスピーカーの振動板駆動部. **12** 《豪》羊を刈り込むはさみ (shears) の柄についた革帯. **～·less** *adj.* 〖(*c*1380): ⇨ drive, -er¹〗

Dri·ver /dráɪvə | -və(r)/, Sir **Godfrey Rolles** /róʊlz | rə́ʊlz/ *n.* ドライバー《1892–1975; 英国のセム語学者・旧約聖書学者; S. R. Driver の子》.

Driver, Samuel Rolles *n.* ドライバー《1846–1914; 英国のヘブライ語学者・旧約聖書学者》.

dríver ànt *n.* 〖昆虫〗サスライアリ (army ant); (特に)アフリカ・アジア産サスライアリ属 (*Dorylus*) のサシアリの総称《大群をなして移動し, 特定の巣を作らない; cf. army ant》. 〖1859〗

dríver's educátion *n.* 《米》安全運転教育, ドライバー教育.

dríver's lìcense *n.* 《米》運転免許(証) (《英》driving licence): the suspension [revocation] of a ～ 運転免許停止[取消し]. 〖1926〗

dríver's sèat *n.* **1** 運転手席; 御者席. **2** [通例 the ～] 主導的立場[地位]; 運営[経営]者の立場[地位]: be in *the* ～ 主導(者)的[経営者の]立場にある. 〖1923〗

dríver's tèst *n.* 《米》運転免許試験 (driving test).

dríve·scrèw *n.* 〖機械〗打込みねじ《釘を打つように打ち込んで固定するねじ; リードの大きいねじ部をもつ; screwnail ともいう》. 〖1889〗

dríve·shàft *n.* 〖自動車〗(エンジンの)推進軸, 駆動軸, ドライブシャフト. 〖1895〗

dríve-thròugh *adj.* 《米》[限定的] ⟨店・レストランなどが⟩ドライブスルーの, 車に乗ったまま利用できる. — *n.* ドライブスルー式の食堂[銀行など].

dríve tìme *n.* **1** (2 地点間の)ドライブ(所要)時間. **2** (車での)通勤時間帯: a *drive-time* radio show 通勤時間帯のラジオ番組.

dríve·tràin *n.* 〖自動車〗=driveline. 〖1954〗

dríve-ùp *adj.* [限定的] 《米》⟨窓口など⟩(自動車上の人が降りないで用の足せる, 自動車乗り入れ客用の (cf. drive-in): the ～ window of a bank 銀行のドライブスルー客用窓口.

drive·way /dráɪvwèɪ/ *n.* **1** (屋敷内の)車道, 車回し, 乗入れ道路 (drive). **2 a** 牛馬などを追う道, 家畜の(往復する)通路 (driftway). **b** 干し草や穀物などを納屋に運ぶ道. **3** 《カナダ》景色のよい道路, ドライブウエー. 〖1839〗

dríve-yoursèlf *adj.* 《米》⟨自動車が⟩レンタルの. 〖1921〗

driv·ing /dráɪvɪŋ/ *n.* **1** (自動車などの)運転, 操縦: be fond of ～ 自動車の運転が好きだ. **2** [形容詞的に] 運転(用)の: a ～ school 自動車学校[教習所] / a ～ instructor 運転指導員 / ～ lessons / ～ gloves / ～ under the influence=～ while intoxicated 〖米法〗飲酒運転 / ～ without due care and attention 〖英法〗不注意運転, 運転者注意義務履行違反 / within ～ distance of …へ車で行ける距離に. — *adj.* **1** 推進[駆進]させる, 推進的な, 動力伝動の: a ～ force [power] 推進力 / He was possessed of a ～ will. 彼は強烈な意志力を所有していた. **2** (風に吹かれ, または流れに押されて)疾駆する, 猛烈に吹きまくる, 奔流となって流れる: ～ rain 吹き降りの(雨). **3** 精力的な, 押しの一手の: a ～ personality 精力家. **4** ⟨人を⟩酷使する: a ～ supervisor 人使いの荒い監督. **5** ⟨事態・心理などが⟩じりじり追い立てる, 強迫的な, 動的な; ⟨物語などが⟩ぐいぐい人を引きつける, 劇的な, 迫力のある: (a) ～ ambition じりじりと身を駆り立てる野心. 〖(*c*1300): ⇨ drive, -ing¹·²〗

dríving àxle *n.* 〖機械〗(機関車の)動軸, 駆動車軸. 〖1849–50〗

dríving bànd *n.* 駆動[伝動]用ベルト. 〖1862〗

dríving bàrrel *n.* 〖時計〗重錘駆動の時計で重錘をつるすロープの一端が巻きついている筒形の部分.

dríving bèlt *n.* =driving band.

dríving bòx *n.* **1** 御者台. **2** (機関車の)動輪軸箱[函]. 〖1794〗

dríving chàin *n.* 〖自動車〗駆動チェーン《歯車から歯車へと力を伝えるチェーン; drive chain ともいう》.

dríving dòg *n.* 〖機械〗《旋盤の加工物を固定し鏡板の穴にかみ合わせる》締め金.

dríving fàce *n.* 〖航空・海事〗(プロペラ・スクリューの)圧力面《進行方向と逆の面; blade face, thrust face ともいう》.

dríving gèar *n.* (機関の)運転装置.

dríving ìron *n.* 〖ゴルフ〗ドライブアイアン《長打用のアイアンのクラブ; number one iron の別称》. 〖1890〗

dríving lìcence *n.* 《英》=driver's license.

dríving màshie *n.* 〖ゴルフ〗ドライブマシー (⇨ mashie iron).

dríving mìrror *n.* 《英》(自動車などの)バックミラー (rearview mirror).

dríving rànge *n.* ゴルフ練習場. 〖1949〗

dríving schòol *n.* 自動車学校[教習所].

dríving sèat *n.* 《英》=driver's seat.

dríving shàft *n.* 〖機械〗原軸, 駆動軸.

dríving tèst *n.* 運転(免許)試験.

dríving tìme *n.* =drive time.

dríving whèel *n.* (機械・機関車の)原動輪, 動輪 (driver) (⇨ locomotive 挿絵); (自動車の)駆動輪. 〖1838〗

driz·zle /drízl/ *vi.* **1** [時に it を主語として] 霧雨が降る: It ～s. 霧雨だ / ～ down ⟨雨が⟩しとしと降る / The day was *drizzling*. その日は霧雨だった / a *drizzling* rain 霧雨, しぐれ. **2** 霧のように降りかかる, 小さな水滴で濡らす. — *vt.* ⟨食べ物など⟩に(…を)ふりかける ⟨*with*⟩: ～ the salad *with* a little olive oil=～ a little olive oil over the salad. — *n.* 霧雨, 細雨, こぬか雨, しぐれ《気象学上では水滴の直径が 0.5 mm 未満》. **dríz·zling·ly** /-zlɪŋli, -zl-/ *adv.* 〖(1543) (freq.) ? ← ME 《まれ》*drese(n)* < OE *drēosan* to fall < Gmc **dreusan* ← IE **dhreu-* 'to fall, DRIP': ⇨ -le³〗

driz·zly /drízli, -zli/ *adj.* 霧雨の降る, しぐれもようの. 〖(1697) ← DRIZZLE+-Y⁴〗

Dr Mar·tens /dɑ̀(ː)ktəmɑ́ːtnz, -tṇz | dɔ̀ktəmɑ́ː-tɪnz/ *n.* 〖商標〗ドクターマーテンズ, 'ドクターマーチン'《英国製の足首の上まである頑丈な靴; 警官などの実用靴とされている: Doc Martens ともいう》.

Dro·ghe·da /drɔ́ːɪdə, drɑ́ː- | drɔ́ɪdə, drɔ́ːɪdə, drɔ́hə-/ *n.* ドローエダ《アイルランド共和国北東部, Boyne 川河口の海港; 1649 年 Cromwell に占領され住民は虐殺された》.

dro·gher /dróʊgə | drə́ʊgə(r)/ *n.* **1** ドローガー船《西インド諸島地方の沿岸航行用の帆走艀(はしけ); それに似た沿岸用の動きのぎこちない貨物船》. **2** 荷かつぎ人足. 〖(1782) ▫ Du. *drogher* 《原義》drier ← *drogen* ← *drog* 'DRY': ニシンを干す船の意〗

drogue /dróʊg | drə́ʊg/ *n.* **1** (捕鯨用)銛綱(もりづな)のブイ. **2** 〖海事〗(ボートのスピードを落としたり漂流時に船首を風の方向に保つ)キャンバスの袋型海錨《sea anchor ともいう》. **3** (飛行場の)風向指示吹流し, 風見用円錐筒 (wind cone) 《windsock ともいう》. **4** 〖航空〗**a** 曳行(えいこう)標的《空対空射撃訓練の的とするため飛行機が引く吹流し》. **b** ドローグ《空中給油機から繰り出すホースの先端のじょうご形給油口; cf. probe 7》. **c** =drogue parachute. 〖(1725) (古形) *drug* 《変形》? ← DRAG〗

drógue bòmb *n.* ドローグ爆弾《パラシュートつき手投げ弾》.

drógue párachute *n.* (小型の)補助パラシュート; (戦闘機などの射出座席で射出後空中で開く)安定傘; (飛行機・スペースシャトルなどが着陸滑走時に開く)減速用パラシュート, ドラッグシュート. 〖1951〗

droid /drɔ́ɪd/ *n.* **1** 《口語》(アン)ドロイド (android). **2** 《俗》ロボット(のような)人間, 融通のきかないやつ.

droit /drɔ́ɪt, drwɑ́ː; *F.* dʁwa, dʁwa/ *n.* 〖法律〗**1** (法律上の)権利; 権利の対象. **2** 法, 法律. **3** [*pl.*] 関税. **Dróits of Ádmiralty** [the —] 〖英法〗海上遺棄物捕獲者の俸禄《捕獲した敵の艦船または難破船から生じる収入金; もと海事裁判所の収益にされた》. (1638) 〖(*a*1465) ▫ (O)F ～ < VL **drectum*=L *dīrectum* right (neut.) ← L *dīrēctus* straight: ⇨ direct (adj.)〗

droit ad·min·is·tra·tif /drwɑ́ːædmɪnɪstrətíːf; *F.* dʁwaadministʁatif, dʁwa-/ *F. n.* (フランスの)行政法. 〖▫ F ～〗

droit au tra·vail /drwɑ́ːoʊtrɑváɪ | -əʊ-; *F.* dʁwa-otʁavaj/ *F. n.* 労働権. 〖▫ F ～ 《原義》right of labor〗

droit de sei·gneur /drwɑ́ːdəseɪnjə́ː | -dəseɪnjə́ː(r); *F.* dʁwadsɛɲœːʁ, dʁwa-/ *n.* =droit du seigneur.

droit des gens /drwɑ́ːdeɪʒɑ̃́ː(ŋ), -ʒɑ́ːŋ; *F.* dʁwa-deʒɑ̃, dʁwa-/ *F. n.* (*pl.* **droits des gens** /～/) 国際法. 〖▫ F ～ 《原義》law of nations〗

droit du sei·gneur /drwɑ́ːduːseɪnjə́ː, -djuː- | -djuːseɪnjə́ː(r); *F.* dʁwadysɛɲœːʁ, dʁwa-/ *n.* **1** (封建領主が家臣の花嫁に対してもったとされる)初夜権. **2** (一般に)専権, 極端な専横ぶり. 〖(1825) ▫ F ～ 《原義》right of the lord²〗

droll /dróʊl | drə́ʊl/ *adj.* (～**·er**; ～**·est**) おどけた, ひょうきんな (facetious) (⇨ funny¹ SYN): a ～ person, expression. — *n.* **1** ひょうきん者; 道化 (buffoon). **2** 滑稽な事柄: a master of the ～ ひょうきん者. **3** 《古》短い道化芝居, 茶番, 笑劇 (farce). — *vi.* 《まれ》単調に話す; おどける; ふざける. **drol·ly** /dróʊ(l)li | drə́ʊ(l)li/ *adv.* **～·ness** *n.* 〖(1623) ▫ F *drôle* wag ▫ ? MDu. *drolle* little man〗

droll·er·y /dróʊləri, dróʊlri | drə́ʊləri/ *n.* **1** ひょうきんな所作, おどけた挙動, 道化 (waggishness). **2** おどけた話, 冗談 (jest). **3** 滑稽, おかしみ. **4** 《古》**a** 漫画, 戯画 (comic picture). **b** 人形芝居 (puppet show). **c** 笑劇, 寸劇. 〖(1598) ▫ F *drôlerie*: ⇨ ↑, -ery〗

drom- /drɑ(ː)m | drɔm/ (母音の前にくるときの) dromo- の異形.

dro·mae·o·saur /dróʊmiousɔ̀ə | drə́ʊmiə(ʊ)sɔ̀ː(r)/ *n.* (*also* **drò·mae·o·sáur·id** /-sɔ́ːrɪ̀d/) 〖古生物〗ドロメオサウルス《石炭紀に生息したドロメオサウルス科 (Dromaeosauridae) の二足歩行の肉食恐竜》. 〖(*c*1975) ← NL *Dromaeosauridae* ← *dromaeo-* (← Gk *dromaîos* swift ← *drómos*: ⇨ -drome)+SAURUS: ⇨ -id²〗

drome /dróʊm | drə́ʊm/ *n.* 《口語》飛行場 (aerodrome). 〖(1908) 《略》〗

Drôme /dróʊm | drə́ʊm; *F.* dʁoːm/ *n.* ドローム(県)《フランス南東部の県; 面積 6,525 km², 県都 Valence》.

-drome /dròʊm | drə̀ʊm/ 次の意を表す名詞連結形: **1** 「競走路 (course)」: hippo*drome*. **2** (hippodrome との連想で)「広い特別な施設」: aero*drome*, air*drome*. **3** [形容詞的用法]「走る (running)」: homo*drome*. 〖▫ F ～ ▫ L *-dromos* ← Gk *drómos* racecourse, running ← IE **drem-* ← **der-* to run〗

drom·e·dar·y /drɑ́(ː)mədèri, drʌ́m- | drɔ́mədəri, drʌ́m-, -dri/ *n.* 〖動物〗ヒトコブラクダ (*Camelus dromedarius*) 《アラビア・エジプト・アジア南西部で主に乗用として飼われる動物; 野生種は絶滅; Arabian camel ともいう; cf. Bactrian camel》. 〖(?*c*1280) ▫ AF **dromedarie*=OF *dromedaire* (F *dromadaire*) ∥ LL *dromedārius* ← L *dromad-*, *dromas* camel ▫ Gk *dromás* runner, dromedary ← IE **drem-* (↑)〗

drom·o- /drɑ́(ː)moʊ | drɔ́məʊ/ 「競走路 (course), 走る (running); 速さ (speed)」の意の連結形. ★ 母音の前では通例 drom- になる. 〖← Gk *drómos* running: ⇨ -drome〗

drom·o·ma·ni·a /drɑ̀(ː)məméɪniə, -njə | drɔ̀m-/ *n.* 放浪癖. 〖(1900) ← NL ～: ⇨ ↑, -mania〗

drom·o·ma·ni·ac /drɑ̀(ː)məméɪniæ̀k | drɔ̀m-/ *n.* **1** 放浪癖がある人. **2** 《戯言》運動選手 (athlete). 〖(1934) ← DROMO-+MANIAC〗

dro·mom·e·ter /droʊmɑ́(ː)mətə | drə(ʊ)mɔ́mɪtə(r)/ *n.* 速度計. 〖(1881) ← DROMO-+-METER〗

drom·ond /drɑ́(ː)mənd, drʌ́m- | drɔ́m-/ *n.* (*also* **drom·on** /-mən/) (中世に地中海で用いられた多数のオールと大三角帆形帆とを備えた)大型高速の木造艦. 〖(?*a*1300) ME *dromond(d)* ▫ AF *dromund*=OF *dromon(t)* ▫ LL *dromōn-*, *dromo* ▫ LGk *drómōn* large many-oared vessel ← Gk *drómos* racecourse, running: ⇨ -drome〗

drom·os /drɑ́(ː)məs, -ɑ(ː)s | drɔ́məs/ *n.* (*pl.* **drom·i** /-maɪ, -miː/, **drom·oi** /-mɔɪ/) ドローモス: **1** 古代エジプトなどの地下の墓への通路. **2** 古代ギリシアの競技用トラック. 〖(1850) ▫ Gk *drómos* racecourse: ⇨ -drome〗

drom·o·tro·pic /drɑ̀(ː)mətróʊpɪk, dròʊm-,

-trá(:)p- | drɔ̀mətrɔ́p-, drəùm-ˊ/ *adj.* 〖生理〗変伝導の《心臓神経が心筋の刺激伝導性に影響することにいう》. 〖《1890》← DROMO-＋TROPIC〗

-dro·mous /-ˊ-drəməs/「走る，行く」の意の形容詞連結形: ana*dromous*, cata*dromous*. 〖⇨ -drome, -ous〗

drone /dróun | dráun/ *n.* **1** (ミツバチの)雄バチ《針がなくいつも巣にいて働かない; 生殖行動をするだけ; cf. worker 5》; 雄アリ. **2** (他人の働きで生活する)のらくら者 (sluggard). **3** ドローン, 無人機[車, 船]《無線操縦[遠隔操作]の飛行機[船舶, 車両]; 特に, 射撃演習の標的となる(小型)無人機》. **4** (ハチなどのぶんぶんという)うなり; (一般に)単調な低音[話し方]. **5** 〖音楽〗バグパイプ (bagpipe) 属楽器の持続低音管《うなるような低音を持続的に出す管》; 低音管を備えたバグパイプ; (多声音楽の)持続低音. **6** 単調な話をする人. — *vi.* **1** 〈ハチ・昆虫・機械などが〉ぶんぶんうなる (buzz). **2** 〈人が〉ものうげな声で歌う[話す] 〈*away, on*〉: He ～*d away* on his violin. **3** 〈会合などが〉だらだらと続く 〈*on*〉. **4** 徒食する, のらくら暮らす. — *vt.* **1** ものうげな声で唱える[話す, 言う]: ～ (*out*) the psalms 単調な低い声で詩編を読む. **2** のらくら過ごす 〈*away*〉. **drón·er** *n.* **drón·ish** /-nɪʃ/ *adj.* 〖n.: ME *dron* < OE *drān, drǣn* drone bee ← Gmc **dren-* (G *Drohne*) ← IE **dher-* to buzz (Gk *thrênos* lament / Skt *dhranati* (it) resounds). — v.: 《1500–20》← (n.)〗

dróne flỳ *n.* 〖昆虫〗ヒラタアブの一種 (*Eristalis tenax*)《ハナアブ科》.

dron·go /drá(:)ŋgou | drɔ́ŋgəu/ *n.* (*pl.* ～**s**) **1** 〖鳥類〗オウチュウ《アジア・アフリカ・オーストラリア産オウチュウ科の鳥の総称; オウチュウ (*Dicrurus macrocercus*) など; drongo shrike ともいう》. **2** 《豪俗》あほ, ばか (simpleton). — *adj.* 《豪俗》ばかな, 愚かな (foolish). 〖《1841》← Malagasy〗

drón·ing *adj.* ぶんぶんうなる(ような), 低音で単調な, ものうげな. **～·ly** *adv.* 〖《1509》← DRONE＋-ING²〗

droob /drú:b/ *n.* 《豪俗》愚鈍なやつ, 哀れなやつ, さえないやつ. 〖《*c*1935》; cf. droop〗

droog /drú:g/ *n.* ギャングの仲間, 若い暴力団員. 〖《1962》Russ. *drug* 'friend'; Anthony Burgess, *A Clockwork Orange* 中の若いギャングに対して用いたのが初例〗

drook /drú:k/ *vt.* 《スコット》＝drouk.

drook·it /drú:kɪt/ *adj.* 《スコット》＝droukit.

drool /drú:l/ *vi.* **1** 《口語》＝drivel 1. **2** 《俗》＝drivel 3. **3** 《俗》やたらに嬉しがる[喜ぶ], 熱狂する 〔*over*〕. — *vt.* **1** 《口語》〈よだれなどを〉口からたらす. **2** 《俗》たわいなく[やたら情熱的に]言う, 感傷的な調子で演ずる[表現する] 〔*about, over*〕. — *n.* **1** 《口語》よだれ. **2** 《俗》たわごと (nonsense). **3** 《スコット》怠け者 (sluggard). 〖《1802》《変形》? ← DRIVEL〗

drool·y /drú:li/ *adj.* (**drool·i·er; -i·est**) **1** 《口語》よだれをたらす[流しがちな]: ～ infants. **2** 《俗》非常に楽しい, すばらしい.

droop /drú:p/ *vi.* **1** うなだれる; 〈枝などが〉しだれる; 〈まぶたが〉垂れる: with his eyelids ～*ing* まぶたを眠そうにして / ～ down (だらりと)垂れる. **2** 〈人が〉(からだが)弱る, (元気が)衰える; 〈意気が〉消沈する, 沈む; 〈草木などが〉しおれる (flag): ～ with sorrow [loneliness, exhaustion] 悲しみ[寂しさ, 疲労]に打ち沈む / The flowers were ～*ing* in the heat. 花は暑さでぐったりしおれていた / Don't let your spirits ～ too low. あまりがっくりするな. **3** 《詩》〈太陽などが〉沈む (sink), 傾く (decline). — *vt.* 〈頭・顔・首・視線などを〉垂れる, うつむける, 下げる: I ～*ed* my jacket over the railing. 上着を手すりにもたせかけた / a bird ～*ing* its wings 翼を垂らしている鳥. — *n.* **1** うなだれること, 垂下; うちしおれること, 消沈: a ～ of the eye(lid) 伏し目 / ⇨ brewer's droop. **2** (調子の)だれ (fall); (計量器などにおける)降下, 沈下. **3** 〖航空〗ドループ《低速時に翼の前縁部を下方に折り曲げたりして, 気流を流れやすくするもの》. 〖《*a*1300》□ ON *drūpa* to droop < Gmc **drūpōn* ← **dreupan* to drip: cf. drop〗

dróop·ing *adj.* **1** 垂れている, しなだれている; うなだれた, うつぶせの: ～ boughs, eyelids, moustache, etc. **2** 沈みがちな (dejected): ～ spirits. 〖《*a*1325》: ⇨ ↑, -ing²〗

dróop·ing·ly *adv.* うなだれて; 打ち沈んで, 力なく. 〖《1601》: ⇨ ↑, -ly¹〗

dróop snòot [nòse] *n.* 《口語》〖航空〗ドループスヌート《超音速旅客機などで視界向上のため着陸の際下方に曲げることのできる機首》; それを備えた飛行機. 〖1945〗

droop·y /drú:pi/ *adj.* (**droop·i·er; -i·est**) **1** 垂れて[しなだれて]いる, うなだれた. **2** 《口語》沈みがちな, 打ちしおれた, わびしい (gloomy), 疲れ果てた: ～ drawers 《俗》気のめいるような[めそめそした, だらしない]女性《★ 時に男性についてもいう》. **dróop·i·ly** *adv.* **dróop·i·ness** *n.* 〖《?*a*1200》: ⇨ -y⁴〗

drop /drá(:)p | drɔ́p/ *n.* **1** しずく, したたり (globule): a ～ *of* rain [dew]＝a raindrop [dewdrop] 雨[露]のしずく / three ～*s* of quinine 3 滴のキニーネ / drink to the last ～ 最後の一滴まで(すっかり)飲む[飲み干す] / ～ by ～ 一滴ずつ, 少しずつ / in ～s 一滴ずつ, ゆっくりと. **2** [通例 *pl.*] **a** 点滴薬, 滴量薬. **b** (atropine などの)瞳孔拡大溶液. **3** [a ～] **a** 微量, 少量: Have just another ～ *of* wine, won't you? もうちょっとだけワインを召し上がりませんか / He never touches *a* ～ *of* alcohol. 彼はアルコール類は一切やらない / He has not *a* ～ *of* sympathy with me. 彼は私に少しも同情をもたない. **b** 《口語》少量の酒: He sometimes takes [has] *a* ～ on the way back from the office. 時々勤めからの帰りに一杯飲む / have *a* ～ in one's [the] eye 一杯飲んでいる目つきだ / have [take] *a* ～ too much (酒を飲みすぎて)酔っ払う. **4** (しずく形に宝石をつけた)ペンダント, イヤリング; ペンダントにはめた宝石, (イヤリングの)飾り玉 (eardrop). **5** 〖建築〗**a** (ギリシャ建築に用いられる)露玉, しずく玉 (pendant). **b** ＝gutta¹ 2. **c** (鉄筋コンクリート製スラブ建築で)円柱頭部の周りの天井の厚くなった箇所 (drop panel ともいう). **6** あめ玉, ドロップ: chocolate ～*s* / lemon ～*s*. **7** 〖紋章〗ドロップ《水滴・血のしたたりなどを表すナシ形の (pear-shaped) 模様; cf. guttée》. **8 a** 滴ること, 滴下 (dropping); 降下, 落下 (fall); (絞首罪人の絞首台からの)落下; 〖軍事〗(パラシュートによる)空中投下[降下] (airdrop). **b** 〖野球〗ドロップ《降下曲球》. **c** 〖ラグビー・サッカー・アメフト〗＝dropkick 1. **d** ＝drop shot. **e** 《豪俗》〖クリケット〗打者がアウトになること. **9** (温度の)降下; (物価の)下落; (質の)低下; 零落 (decline): a ～ *in* temperature / a ～ *in* prices / a ～ in demand [sales] 需要[販売]の落ち込み / Stocks took a big ～ yesterday. きのう株価が暴落した / His reputation took a sudden ～. 彼の名声は突然低下した. **10 a** (上から下までの)直下距離; 落下距離: a ～ *of* ten feet from the window to the ground 窓から地面まで 10 フィートの直下距離 / He made a ～ *of* about seven feet. 約 7 フィート下まで落下した. **b** 電圧差. **11** 急な坂 (steep slope): There was a (steep) ～ *of* about 100 feet to the lake. 湖まで約百フィートの急な坂道が続いていた. **12** 〖海事〗横帆 (cf. 大横帆 (course) や上檣帆(じょうしょうはん) (topsail)) の中心縦幅 (cf. hoist¹ 3). **13** 〖時計〗落下《がんぎ車の歯がアンクルの一方のつめを離れてから他方のつめ石に当たるまでのがんぎ車の運動; またはその間のがんぎ車の回転角》. **14** (絞首台の)落とし戸式の踏台 (trapdoor); 絞首台 (gallows) (cf. 8a). **15** 《米》**a** (郵便箱などの)差入れ口, 投入物受入れ箱; (船倉への)貨物投入口, 船荷落とし: ⇨ mail drop. **b** (郵便物などの)集配所, 置き場. **16** 《口語》**a** (盗品などの)隠し場所, 受渡し場所. **b** 盗品, 非合法品. **17** 〖劇場〗たれ幕 (drop scene); 下げ幕, どん帳 (drop curtain). **18** (ドア・引き出しなどの)かぎ穴かくし. **19** 〖機械・建築〗＝drop hammer. **20** (回路が閉じたときに下りる)電気表示器 (annunciator) のシャッター. **21** 〖軍事〗空中投下される人員[装備, 補給物資(など)] (cf. 8 a). **22** (動物が)子を産み落とすこと; (動物の)生まれた子. **23 a** ＝fruit drop. **b** 落ちた果物. **24** (ケーブルテレビの各家庭への)引き込み線.

at the dróp of a hát (合図と同時に)待っていましたとばかりに, すかさず, ためらわずに. 〖戦闘の開始または敵意を表す動作から〗 ***gèt [hàve] the dróp on a person*** 《米口語》〈相手〉より早くピストルを突きつける; 〈人〉の機先を制する, …より優位である, …を出し抜く. 《突きつけられた相手がピストルを落とすことから》 ***(only) a dróp in the búcket [ócean]*** 《口語》全体の中の取るに足らぬ小さな一部, 大海の一滴, 九牛の一毛 (cf. *Isa.* 40:15).

— *v.* (**dropped,** 《古》**dropt** /drá(:)pt | drɔ́pt/; **drop·ping**) — *vi.* **1** 〈水滴などが〉したたる, ぽたりぽたり落ちる, 〈しずくが〉たれる: A gentle rain began to ～. 雨がぽつぽつと降りだした. **2** 〈果物などが〉(急に)落ちる, 落下する (fall) 〈*down*〉〔*from*〕; 〈日が〉沈む (sink); 〈ちょうつがい・あごなどが〉がくりと下がる, たれる (droop); 〈言葉が〉ふと[偶然]もれ出る: An apple ～*ped from* the tree. / You could hear a pin ～. ピンが 1 本落ちる音さえ聞こえる(ほどの静けさだ) / Wise words ～*ped from* her lips. 賢明なことばが彼女の口から語られた (cf. LET¹ *drop*) / The sun was going to ～ behind the hilltop [*toward* the west]. 日は丘の頂きの陰に沈み[西に傾き]かけていた / His jaw ～*ped*. (驚いて)あごががくりとした / Here the road ～*s* sharply *down to* sea level. ここで道路は海面の高さにまで急に下がる. **3** (疲れて, 傷ついて, または息絶えて)倒れる; (弱り果てて)へたばる; 死ぬ (die) 〈*off*〉: ⇨ DROP *dead* / ～ *to* the ground 地面に倒れる / ～ *on* [*to*] one's knees がっくりとひざをつく / ～ short ぱったり[突然]死ぬ / He ～*ped* as if he had been shot. 弾に当たったかのようにばったり倒れた / I was about to ～ *with* [*from*] exhaustion. 疲労で倒れそうだった. **4** 降下する, (窓などから)ひょいと降りる, 飛び降りる (cf. fall *vi.* 1); とんと腰を下ろす; 〈道・流れなどが〉下りとなる; 〈ボールが〉(ホール・ゴールなどに)はいる, ころがり込む: The boy ～*ped from* a window *into* the garden. 少年は窓から庭へ降り立った / We ～*ped* a few miles downstream. 流れを下って数マイル歩いた (cf. DROP *down*). **5** 自然と(…に)陥る, 〈ある状態に〉なる 〔*into*〕: ～ *into* oblivion 自然に忘れられる / ～ back *into* an old habit もとの習慣に戻る / ～ *into* unconsciousness 人事不省に陥る / ～ *into* a nap 居眠りする / We ～*ped* short of oil. 石油が不足した. **6** 〈事が〉やめになる, 終わる; 見えなくなる; 〈文通などが〉とだえる (cease): Let the matter ～. その事はそれまでにしておこう / He has ～*ped out of* sight. いつのまにか見えなくなった / The book will soon ～ *from* notice. その本はじき忘れられてしまうだろう / The correspondence has ～*ped*. 文通がとだえた. **7** 〈価格・音調などが〉落ちる, 下がる; 〈体調などが〉衰える; 〈温度などが〉下がる; 〈風が〉静まる, なぐ: His voice ～*ped* (*to* a whisper). 彼の声は弱まって(小声になった) / The wind will soon ～. 風はじきにやむだろう / The temperature ～*ped to* 0 [freezing]. 温度は零度[氷点]に下がった / Then the music ～*ped*. それから音楽は静かになった / He has ～*ped* twenty pounds. 彼は体重が 20 ポンド減った / Prices are ～*ping*. 物価が下落している / Attendance has ～*ped* (by [to] 50%). 出席者数は (50 % ほどに[に])減った. **8 a** 落伍する, やめる (quit); 退く (withdraw); (仲間に)遅れる: ⇨ DROP *behind* / ～ *from* a game 試合を放棄する / One boy after another ～*ped from* [*out of*] the class. クラスから一人また一人と学生がやめていった / He ～*ped out of* Harvard. ハーバード大学を中退した / Some of them ～*ped to* the rear. 彼らのうち何人かが落伍した. **b** 〔下位に〕下がる, 後退する 〔*to*〕: ⇨ DROP *back* / Tom has ～*ed to* fifth place this term. トムは今学期 5 番に下がった. **9** [～ by, in, over, (a) round などで] 《口語》ちょっと立ち寄る, ひょっこり訪ねる (⇨ 成句). **10** 〈猟犬が〉(獲物を見て)うずくまる (squat down). **11** 〖トランプ〗(ブリッジなどで)〈ある札が〉落ちる, 死ぬ《例えば, クラブがキング 1 枚であるとき, 相手にクラブのエースを出されてそれを取られるような場合》.

— *vt.* **1 a** したたらす, たらす, こぼす (shed): ～ blood, sweat, tears, etc. / ～ a chemical 薬品を滴びん (dropper) からたらす / Would you like me to ～ some lemon juice *into* your tea? お茶にレモンの汁をお入れしましょうか. **b** 《古》…に水滴(など)をふりかける. **2** 落とす (let fall); (手から)すべり落とす, 取り落とす: ～ a book, bottle, ball, bomb, etc. / ～ one's purse / He ～*ped* a dime *in* a vending machine. 彼は 10 セント硬貨を自動販売機に入れた / He ～*ped* my hand when I slapped him. たたいたら彼は私の手をはなした / ～ a letter *in* a mailbox 郵便箱に手紙を入れる. **3** (地上に)倒す; 切り倒す, 撃って[弾丸で]倒す; 射落とす (bring down); (ボクシングなどで)なぐり倒す (knock down): ～ a man *with* a single blow [shot] 一発[一撃]で人を倒す / ～ a rhino *with* a single shot たったの一発でサイを倒す. **4 a** 〈錨・幕・釣り糸などを〉下ろす (let go); 〈目を〉落とす (droop); 〈水位などを〉下げる (lower): ～ anchor 錨(いかり)を投げて停泊する / ～ the curtain 幕を下ろす / ～ a line 釣り糸を垂れる / ～ one's eyes 伏し目になる. **b** (飛行機を着陸させるために)〈車輪を〉下ろす. **c** 〈スカートなどのへりを〉下ろす, 伸ばす, 拡げる: ～ a hem(line) すそを下ろす **d** 《俗》〈麻薬を〉飲み下す (swallow): ～ acid LSD を飲む. **5 a** 《口語》〈旅客・荷物を〉(車・船・飛行機から)降ろす (set down): *Drop* me (*off*) *at* the next corner, please. 次の曲がり角で降ろして下さい. **b** 〖軍事〗(パラシュートで)〈人員・装備・補給物資などを〉空中投下する (air-drop). **6** [しばしば二重目的語を伴って] (軽い気持ちで)〈簡単な手紙を〉書き送る: Please ～ me a line [note]. お手紙をください. **7** [～ a curtsy として] 〈女性が〉(ひざを曲げ体をちょっとかがめて)〈おじぎを〉する. **8 a** 〈価値・程度・質などを〉下げる, 下落させる (reduce): ～ the speed [price, charge]. **b** 〈声を〉落とす (lower): ～ one's voice 声を落とす[小さくする]. **9** 偶然[無頓着そうに]装って]〈言葉を〉漏らす, ふと口にする, ほのめかす: ～ a hint それとなく言う / ～ a sigh ため息をつく. **10 a** (発音・書記から)〈音・字・語尾を〉落とす, 抜かす, 省く: ～ a final syllable 最後の音節を落とす / He ～*s* his h's. 彼は h の音を落として発音する (cf. DROP *one's h's*). **b** 〈行・節などを〉飛ばして書く[読む]: ～ one's line (俳優が)せりふを忘れる[間違える]. **c** (編物で)〈目を〉抜かす: ～ a stitch. **11 a** 〈習慣・仕事・計画などを〉よす, やめる (give up, withdraw); 〈知己関係・交際を〉絶つ, 〈人と〉絶交する: ～ the habit of smoking たばこを吸う習慣をやめる / ～ the subject その話題をやめにする / ～ a charge [demand] 告発[要求]を取り下げる / I ～*ped* what I was doing [everything] when she entered. 彼女が入って来たとき私はそれまでしていたこと[すべて]を中断した / ～ a course 履修を中途で放棄する / ～ an acquaintance (like a hot potato) (嫌なもののように)絶交する / *Drop* it! 《口語》よせ. **b** 解雇する, 放校する 〔*from*〕 (⇨ dismiss **SYN**): We must ～ the failing students. 落第生には学校をやめてもらわなければならない. **c** 〈選手を〉(チームから)外す: ～ a player *from* a team. **12** 〖海事〗あとにする, …の見えない所まで行く, ひき離す. **13** 〈牛・馬・羊などが〉〈子を〉産み落とす: ～ a calf, foal, lamb. etc. **14** 《米》〖料理〗〈卵を〉落とす, 割って煮る (poach). **15 a** 〈ボールを〉(ホール・バスケット・ゴールへ)打ち[投げ, 蹴(け)り]入れる. **b** 〖ラグビー〗〈ボールを〉ドロップキックする (drop-kick); ドロップキックで〈点を〉あげる: ～ a goal. **c** 〖ゴルフ〗〈ボールを〉ドロップする《ボールが打てない位置にあるとき, ボールを拾い上げホールに向かって肩越しに落とす》. **d** 〈ボールを〉ドロップショットする (cf. drop shot). **16** 〖数学〗(点から線・面などへ)引く, …で結ぶ (draw): ～ a perpendicular 垂線を引く. **17 a** 《俗》(賭け事・投機などで)〈金を〉失う, なくする (lose): 使う (spend): He's ～*ping* money *at* the track [*at* cards]. 彼は競馬で[トランプの賭けで]すってばかりいる / She ～*ped* $500 *on* her new dress. 彼女は新しいドレスに 500 ドル使った. **b** 〈試合に〉負ける (lose): Our team ～*ped* the game. **18** 〖トランプ〗(ブリッジなどで)〈高位の札を〉殺す (cf. *vi.* 11). **19** 〖自動車レース〗〈車を〉スピンさせてレースから脱落する. **20** 〖電算〗ドロップする《drag してきたアイコンなどを放してその位置を確定する》. **21** 《俗》そっと取り付ける[隠す]: Let's ～ a tap [bug] *on* them. 彼らに盗聴器を付けよう.

dróp acròss …と偶然出会う; …をふと見つける. ***dróp (a)róund*** ＝DROP *by*, DROP *in*. ***dróp astérn*** ⇨ astern 成句. ***dróp awáy*** (1) 一滴ずつ落ちる. (2) 〈支持者などが〉一人一人去る, (いつとなく)立ち去る: The guests ～*ped away* one by one. 客は一人また一人と立ち去った. (3) 〈地面などが〉急に低くなる 〔*from, to*〕: The cliff ～*ped away* at his feet. 崖は彼の足元でがくんと低くなっていた. (4) 〈数量・興味などが〉急に減少する. (5) 悪化する. ***dróp báck*** (1) 〈軍隊などが〉退却する, 後退する (retreat). (2) ＝drop behind (1). (3) 〈物価などが〉下落する. ***dróp behínd*** (1) (隊列などから)遅れる, (…から)落伍する (fall behind). (2) (学業など)についていけなくなる 〔*in*〕; 〈家賃などが〉遅れる. (3) ＝DROP *back* (1). (4) 水準が下がる. ***dróp behínd*** … (1) 〈隊列など〉から遅れる, …から落伍する. (2) 〈競争相手など〉についていけなくなる: She ～*ped behind* the rest of the class. 彼女はクラスの他の者についていけなくなった. (3) …より水準が下がる. ***dróp bý*** 《口語》(…に)ちょっと立ち寄る, ひょっこりやって来る: Mr. Jones ～*ped by at* my office yesterday. ジョーンズさんがきのう私の事務所を訪ねてきた. ***dróp bý*** … 《口

語》…にちょっと立ち寄る. ***dróp déad*** (1) ばったり倒れて死ぬ. (2) [命令形で]《俗》あっちへ行け; うるさい, うせろ. (3) 〈計画などを〉やめる; 〈人〉と絶交する. 《1856》 ***dróp dówn*** (*vi.*) (1) 倒れる, 落ちる; 身を伏せる; 〈風などが〉急にやむ, なぐ. (2) (潮流や順風に乗って)(…を)下る, (海まで)川を下る, 岸に沿って帆走する[こいで行く]. (3) 不意に訪れる. (4) 《口語》〔…を〕しかりつける〔*on*〕. (5) ⇨ *vi.* 2. (*vt.*) 降ろす; 落とす. ***dróp one's h's*** [***áitches***] (発音すべき語頭の) h 音を落として (hat /hǽt/ を 'at /ǽt/ のように)発音する《London なまり (Cockney) などの一特徴; ただし him に対する /ɪm/ のような弱形 (weak form) の場合は含まない》. ***dróp ín*** 《口語》(*vi.*) (1) ひょいと訪ねる, ちょっと立ち寄る (drop by) (cf. drop-in): ～ *in* for a chat 話をしに立ち寄る / Please ～ *in* and [to] see us again. またどうぞお寄りください / I just ～*ped in on* my son [*at* my son's house]. ちょっと息子の家を訪ねてみた. (2)〔講習会などに〕進んで参加する〔*to*〕: ～ *in to* classes 授業に出席する. (3) (劇場で)舞台の上方につるしてある背景を下げる. (*vt.*) 《英口語》〈…を〉届ける. ***dróp a person in it*** [***in the shít***] 《俗》困らせる: You've really ～*ped* me *in it* this time! 今度はほんどに困らせてくれたねえ. ***dróp ínto*** (1) …へ偶然行く, 立ち寄る; …に寄港する: ～ *into* a house, port, etc. (2)〔ある状態〕に陥る (cf. *vi.* 5); …を始める: ～ *into* conversation 話し合いを始める / ～ *into* a walk (駆けていた馬が)並足になる. ***dróp … ínto*** — 《英口語》〈…を〉—に届ける. ***dróp it*** 《口語》(1) 話をやめる. (2) 〈事を〉やめる, よす. ***dróp óff*** (*vi.*) (1) (いつとはなしに)立ち去る (drop away); 乗物から降りる, 下車する (get off). (2) うとうとする; 《口語》寝入る (fall asleep); 死ぬ (die) (cf. *vi.* 3): ～ *off to* sleep 寝入る / I must have ～*ped off*. ついうとうとしていたらしい. (3) 〈関心・支持などが〉衰える (decline); 減退する (decrease): Sales are ～*ping off*. 売行きが悪くなっている. (4) ＝DROP *away* (3). (5) ＝DROP *away* (5). (*vt.*) 〈荷物・乗客などを〉(車で連れて行って)降ろす, 届ける. (*vt.* 5 a) ***dróp on*** 《英口語》(1) …に偶然出くわす, …をひょっこり見つける; …を急に訪ねる. (2) (大勢の中から一人を選んで)…に不快な任務(など)を申しつける, …を(厳しく)しかりつける; [受身で] 不意打ちをくらう: The teacher is always ～*ping on* me. 先生はいつも私だけに当てる[をしかりつける]. ***dróp óut*** (*vi.*) (1) (履修・競争などから中途で)抜ける, やめる, 落伍する, 中途退学する, ドロップアウトする: ～ *out of* society 社会から脱落[落伍]する / ⇨ *vi.* 8 a. (2) 既成の価値観を否定する. (3) 〈表現などが〉使われなくなる. (4) 《トランプ》(ポーカーで)下りる, 手を引く. (5) 《ラグビー》ドロップアウトする (cf. dropout 4). (6) 《電子工学》〈機器が〉一時停止する. (*vt.*) 《印刷》〈ハイライト部分の網点を〉除去する, 腐食する (cf. dropout 5). ***dróp óver*** 《口語》(*vi.*) ＝DROP *by*, DROP *in*. (*vt.*) 《主に英口語》ちょっと届ける. ***dróp róund*** 《英》(*vi.*) ＝DROP *by*. (*vt.*) ＝ drop over. ***dróp the hándkerchief*** ⇨ handkerchief 成句. ***dróp thróugh*** 〈計画などが〉だめになる, 失敗する. ***dróp úp*** 《米口語》＝DROP *by*, DROP *in*.
〘n.: ME *drōpe, droupe* < OE *dropa* < Gmc **drupōn* (ON *dropi*) ← **dreupan* to drip ← IE **dhreū-* to fall, flow, drip, droop: ME 後期の *droppe* は *droppen* (v.) からの類推形. — v.: lateOE *droppan*＝OE *dropian* (cf. *drēopan* to drop, drip) ← *dropa*: cf. drip〙

dróp àrch *n.* 《建築》 **1** ドロップアーチ《開口の幅よりも半径の小さい円二つで作られた尖頭アーチ; depressed arch ともいう》. **2** 扁円アーチ《高さが開口部の幅の半分以下のアーチ; surbased arch ともいう》. 〘1848〙

dróp-awày *adj.* 《電気》落下の《励磁によって閉じる継電器の接点が開く》: ～ current 落下電流 / ～ voltage 落下電圧.

dróp bàr *n.* 《印刷》ドロップバー《自動給紙機で紙を送るためのローラー; drop roller ともいう》. 〘1853〙

dróp bìscuit *n.* ＝drop cake.

dróp blàck *n.* 《化学》ドロップブラック《粉砕して丸めた骨炭や油煙で顔料に用いるフランクフォルト黒色 (Frankfort black) など; cf. carbon black》. 〘1879〙

dróp-bòttom búcket *n.* 《土木》(水中コンクリートを打ち込むときに用いる)底開き箱.

dróp bòx *n.* 《紡織》ドロップボックス, 上下杼箱(ひばこ)《織機についている箱; その中の二つ以上のシャトル (shuttle) からそれぞれ異なった色糸を出して横糸とする》. 〘1860〙

dróp càke *n.* 落とし焼きクッキー《生地をスプーンで鉄板の上に落として焼く》. 〘1835〙

dróp cànnon *n.* 《玉突》ドロップキャノン《最初に当たった的球が手球および他の的球と一箇所にまとまる突き方》. 〘1904〙

dróp càp [**càpital**] *n.* 《印刷》ドロップキャップ《章などの初めの文字を大きくしたもので, 文字の下部が後続行に食い込んでいるもの》.

dróp clòth *n.* (部屋などの塗装中に床・家具などにかぶせる)ペンキのしたたりを防ぐ大幅の布[紙, ビニール]. 〘*c*1928〙

dróp còokie *n.* ＝drop cake.

dróp cùrtain *n.* 《劇場》(劇の幕間に舞台前面に下げる, 引き幕でない)下げ幕, どん帳 (cf. traveler 7). 〘1832〙

dróp-dèad *adj., adv.* 《口語》目を奪う, 度肝を抜く(ほど), すごい[く]: ～ gorgeous 大変魅力のある, うっとりするような.

dróp dìal *n.* 《時計》ドロップダイアル (⇨ trunk dial).

dróp-dòwn ménu *n.* 《電算》ドロップダウンメニュー《クリックすると下に表示されるメニュー》.

dróp èar *n.* (犬の)垂れ耳《先端が前方に折れたり垂れたりしている耳》.

dróp èlbow [**èll**] *n.* (配管で壁などに付着させるための)取っ手の付いたひじ接ぎ手.

dróp fòlio *n.* 《印刷》下ノンブル《ページの下に打った丁数またはページ数》.

dróp fòot *n.* 《病理》尖足, 下垂足, 垂れ足《地面から足先を上げるのが困難な状態》. 〘1921〙

dróp-fòrge *vt.* 《冶金》落とし鍛造により…を成形する, ドロップフォージする. 〘1886〙

dróp fòrge *n.* 《機械・建築》＝drop hammer.

dróp fòrger *n.* 《冶金》落とし鍛造工. 〘1957〙

dróp fòrging *n.* 《冶金》 **a** 落とし鍛造, ドロップフォージ《落下の衝撃で鍛造する方法》. **b** 落とし鍛造製品. 〘*a*1884〙

dróp frónt *n.* 机の前面に取り付けたちょうつがい付き開閉自在の扉《扉を開くとwriting table になる》. 〘1925〙

dróp gòal *n.* 《ラグビー》＝dropped goal.

dróp hàmmer *n.* 《機械》 **1** (鍛造用)落としハンマー, ドロップハンマー. **2** ＝pile hammer. 〘*c*1864〙

dróp hàndlebars *n.* (競輪用自転車などの)ドロップハンドル. 〘1937〙

dróp·hèad *n.* **1** ドロップヘッド《タイプライター付きの机やミシンテーブルで, タイプライターやミシンの落とし込み装置》. **2** 《英》＝drophead coupé. 〘1895〙

dróphead cou·pé /-kuːpéɪ/ *n.* 《英》ドロップヘッドクーペ《コンバーチブルタイプのクーペ車》.

dróp-ìn *n.* **1** 《口語》 **a** (前触れなく)ひょっこり訪ねる人, 不意の訪問者 (dropper-in). **b** 不意の訪問. **2** 《米》(だれでも気楽に立ち寄れる)格式ばらない社交的な集まり. **3** 《米俗》容易に手に入る物, 楽にもうけた金 (easy money). **4** 《電算》ドロップイン《磁気記憶装置に読み取り・書き込みをする際, 不要のビットが偶発的に作り出されるエラー; cf. dropout》. — *adj.* [限定的] **1** 〈座席など〉折り下げはめ込み型の. **2** 《口語》〈場所など〉(人が)ちょっと立ち寄る, 立ち寄ってみる. 〘《1819》← *drop in* (⇨ drop (v.) 成句)〙

dróp-ìn cèntre *n.* 《英》《社会福祉》(気軽に立ち寄れる)福祉センター.

dróp inìtial *n.* 《印刷》＝drop letter 2.

dróp kèel *n.* 《英》《海事》＝centerboard.

dróp·kìck *n.* **1** 《ラグビー・サッカー・アメフト》ドロップキック《ボールを手からいったん地上に落としてはね上がるときにけるキックの仕方; 単に drop ともいう; cf. placekick, punt²》. **2** 《プロレス》ドロップキック, 飛び蹴り. 〘1857〙

dróp-kíck *vt., vi.* **1** 《ラグビー・サッカー・アメフト》ドロップキックする[で得点する]. **2** 《プロレス》ドロップキックする. **～·er** *n.* 〘*c*1835〙

dróp-lèaf *adj.* 〈テーブルなど〉垂れ板式の: a ～ table＝drop table. 〘1895〙

dróp lèaf *n.* (必要のないときはぶら下げておくテーブルの横に付けた)垂れ板. 〘1882〙

drop·let /drɑ́(ː)plɪ̀t | drɔ́p-/ *n.* 小滴, 飛沫(ひまつ). 〘《1607–8》← DROP＋-LET〙

dróplet infèction *n.* 《医学》しぶき[飛沫(ひまつ)]感染《痰(たん)などのしぶきを吸入して起こる感染》. 〘*c*1905〙

dróp lètter *n.* **1** 《郵便》 **a** 《カナダ》受付局[自局]配達区域内郵便物. **b** 《米》差出人が郵便局備え付けのポストに投函し, 受取人がその局に取りに来る郵便物. **2** 《印刷》ドロップレター《本文の初行を上限とし, (本文の)2 行分かそれ以上の高さをもった章頭や文頭のイニシャル; drop initial ともいう》. 〘1844〙

dróp·lìght *n.* **1** 移動式つるしランプ. **2** (上げ下げが調節できる)コードでつるした電灯. 〘1886〙

dróp·lìne *n.* 《新聞》ドロップライン, 段々見出し, 副見出し《数行からなる見出しで 2 行目以下順次字下げになっている》. 〘1882〙

dróp lòck *n.* 《金融》ドロップロック《銀行融資が変動金利の条件で実行されたのちに市場金利が水準以下になると固定金利に転換する約定》.

dróp-òff *n.* **1** 非常に急な傾斜, 断崖. **2** (売上げ・価格などの)下落, 減少. **3** (*also* **dróp·òff**) 《ラグビー》＝ dropout 4. 〘1923〙

drop·out /drɑ́(ː)pàʊt | drɔ́p-/ *n.* **1** 《口語》 **a** (課目などを)中途で放棄する[落とす]学生; (高校・大学などの)中退者 (early leaver): a college ～. **b** (ある社会からの)脱落者, 落伍者. **c** 中退, 脱落(など). **2** ドロップアウト《録音中テープのきずのため録音信号の振幅が突然落ちるテープ上の箇所》. **3 a** 《電算》ドロップアウト《磁気記憶装置に読み取り・書き込みする際, ビットが偶発的に失われるエラー; cf. drop-in》. **b** 電子機器が一時停止すること. **4** 《ラグビー》ドロップアウト《25 ヤードラインからのドロップキック》. **5** 《印刷》ハイライト版《ハイライト部分の網点を除去した網版; ハイライト版画 (highlight halftone ともいう; cf. DROP *out* (*vt.*)》. 〘1882〙

drop·page /drɑ́(ː)pɪdʒ | drɔ́p-/ *n.* **1** 《園芸》(収穫前の)落下量. **2** (モルタルなど作業中などに)落ちこぼれる量, 損失量.

dróp pànel *n.* 《建築》＝drop *n.* 5 c.

dróp pàss *n.* 《アイスホッケー》ドロップパス《ドリブルをしているプレーヤーがパックをすぐ後ろの味方プレーヤーにまかせて, 自分は前進していくプレー》. 〘1949〙

drópped égg *n.* 落とし卵 (poached egg). 〘1824〙

drópped góal *n.* 《ラグビー》ドロップゴール《ドロップキックによってゴールすること; 得点は 3 点》.

drópped scóne *n.* ＝drop scone.

drópped séat *n.* 中央部を少しくぼませた椅子の座 (scoop seat ともいう).

drópped shóulder *n.* ＝drop shoulder.

drópped wáist *n.* ＝drop waist.

dróp·per *n.* **1** 落とす人[物]. **2** (目薬などの)点滴器, スポイト (⇨ syringe 日英比較); 滴瓶. **3** (獲物を見るとうずくまる)セッターとポインターの雑種犬 (cf. drop *vi.* 10). **4** 《英俗》偽造の貨幣[小切手(など)]を使う人. **5** 《豪方言・NZ口語》市場から小売店に商品を運ぶ人. **6** 《園芸》ドロッパー, 垂下球《チューリップなどの生長不充分な小さい球根を植えたとき, そこから下方に伸長した葉柄状組織の先端にできる新しい球根》. **7** 《釣》ドロッパー《wet fly で用いる枝素》. **8** 《豪》(鉄線の間隔をあけておくためにつけた)軽い当て木. 〘《*a*1700》: ⇨ drop, -er¹〙

drop·per·ful /drɑ́(ː)pəfʊ̀l | drɔ́pə-/ *n.* 点滴器[瓶]の一杯分.

drópper-ìn *n.* 《俗》＝drop-in 1.

drop·ping /drɑ́(ː)pɪŋ | drɔ́p-/ *n.* **1** [*pl.*] (動物・鳥の)ふん (dung). **2** 滴下; 落下. **3** したたり落ちるもの, しずく: ～*s* from a candle ろうそくのたれ. **4** [*pl.*] (羊毛を梳(す)く際の)落ち毛. 〘OE *dropunge*: ⇨ drop, -ing¹〙

drópping bòttle *n.* 《化学》滴瓶. 〘1827〙

drópping fìre *n.* 《軍事》不規則間隔小銃射撃《不規則な間を置いて行う小銃の連続発射》.

drópping gròund [**zòne**] *n.* ＝drop zone.

dróp prèss *n.* ＝drop hammer.

dróp ròller *n.* 《印刷》 **1** インク移しローラー《印刷機のインク出しローラーからインク練りローラーへ間欠的にインクを送るローラー; ductor ともいう》. **2** ＝drop bar.

dróp rùdder *n.* 《海事》竜骨線下に伸ばした狭く深い舵.

dróp scène *n.* **1** 《劇場》(装置転換の間, その前で芝居を続けるための)垂れ幕 (cf. drop curtain). **2** (人生における)大詰めの場面 (finale). 〘1815〙

dróp scòne *n.* 《英》(スコットランドの)パンケーキ (pancake) の一種《girdlecake, griddlecake, Scotch pancake, スコットランドでは単に pancake ともいう》.

dróp sèat *n.* **1** ドロップシート《タクシーなどのちょうつがいで降ろす補助席》. **2** (下着などでボタンをはずすと落ちるようになっている)尻(の部分). 〘1926〙

dróp·sèed *n.* 《植物》ネズミノオ属 (*Sporobolus*) の数種の多年草《すぐに種子を落とす; イネ科》.

dróp shìpment *n.* 《商業》生産者直送《卸商人の注文により製造元から小売商店[配給店]に直送するもの》.

dróp shìpper *n.* 生産者直送で商売する卸商人《desk jobber ともいう》.

dróp shòt *n.* **1** ドロップショット: **a** 《テニス》チョップを用いてネットを越えて急にボールを落下させる打法[打球]. **b** 《バドミントン》ネットを越してすぐ落ちるフライト. **c** 《ハンドボール・スカッシュ》軽く打って前面の壁に当たるとすぐ落下するようにした打球. **2** 《冶金》ドロップショット《湯 (molten metal) を水中に落として粒にしたもの》. 〘1908〙

dróp shòulder *n.* 《服飾》ドロップショルダー《袖付けが肩の部分ではなく上腕にあるスタイル; dropped shoulder ともいう》.

drop·si·cal /drɑ́(ː)psɪ̀kəl, -kl̩ | drɔ́psɪ-/ *adj.* **1** 《病理》水腫の, 水腫症[性]の, 水腫にかかった. **2** はれ上がった, ふくれた. **～·ness** *n.* 〘《1678》← DROPSY＋-ICAL〙

dróp·si·cal·ly *adv.* 水腫状を呈して, 水腫のように. 〘《1785》: ⇨ ↑, -ly¹〙

dróp sìding *n.* 《建築》(さねはぎ継ぎにした)下見板 (matched siding, novelty siding ともいう).

drop·sied /drɑ́(ː)psid | drɔ́p-/ *adj.* ＝dropsical. 〘1602–3〙

drop·sonde /drɑ́(ː)psɑ̀(ː)nd | drɔ́psɔ̀nd/ *n.* 《気象》投下[落下]ゾンデ《飛行機からパラシュートで落下させるラジオゾンデ; cf. radiosonde》. 〘《1946》← DROP＋(RADIO)-SONDE〙

dróp stràke *n.* 《造船》行きどまり板《船体外板のうち, 先細に狭くなる面積に合わせて途中までで止め, 船首尾に全通していないもの》.

dróp stròke *n.* 《テニス》＝drop shot 1 a.

dróp sùlfur *n.* 《化学》(溶かして水中に落として粒になった)粒状硫黄.

drop·sy /drɑ́(ː)psi | drɔ́p-/ *n.* **1** 《医学》水腫(すいしゅ)(症), 浮腫(症), むくみ. **2** (魚の)水(腫)症《体がスポンジ状にはれ上がり, うろこが突き出る魚の伝染病》. **3** 《英俗》金, (特に)祝儀, 賄賂(わいろ). 〘《*c*1250》 *dropesie* 《頭音消失》← *idropesie* ▭ OF *idropesie, idropisie* ▭ ML (*h*)*ydrōpisia*＝L *hydrōpisis* 《変形》← Gk *húdrōps* dropsy ← *húdōr* 'WATER'〙

dropt *v.* 《古》drop の過去形・過去分詞.

dróp tàble *n.* **1** 垂れ板(式)テーブル《テーブルの甲板をちょうつがいで壁に取り付け, 使うときは腕木[金]で水平にする》. **2** (列車客席などの)折り下げ(式)テーブル. 〘1864〙

dróp tànk *n.* 《航空》＝slip tank. 〘1943〙

dróp tèe *n.* (配管で壁などに付着させるための)取っ手のついた T 字管 (cf. drop elbow).

dróp-tèst *vt.* …の落下試験をする.

dróp tèst *n.* 落下試験《物品を落下させて衝撃に対する強さや緩衝機能を確かめる試験》.

dróp tìn *n.* 《冶金》(溶かして水中に落として粒にした)粒状スズ.

dróp·tòp *n.* 《口語》コンバーティブル (convertible)《折りたたみ幌屋根式の車》.

dróp vàlve *n.* 《機械》落とし弁《蒸気機関などに用いられるもので自由に下りて流路を閉ざす弁》.

dróp vòlley *n.* 《テニス》ドロップボレー《ボールをネット際に落とすボレー》.

dróp wàist *n.* 《服飾》ドロップウエスト《縫い目がウエストではなくヒップにあるスタイル; dropped waist ともいう》.

dróp wìndow *n.* 下降窓, 落とし窓《通例上下引き違いの窓で下の窓枠が敷居の下に落ち込む形で開けられる窓》. 〘1901〙

dróp·wòrt *n.* 《植物》 **1** ヨウシュシモツケ, ロクベンシモツケ (*Filipendula vulgaris*) (cf. meadowsweet). **2** [通例修飾語を伴って] セリ《セリ属 (*Oenanthe*) の植物の総称》: ⇨ water dropwort. 〘1538〙

dróp zòne *n.* 〖軍事〗降下[投下]地帯, 降下[投下]地域, 降着場《落下傘部隊を降下させるか補給・装備品を航空機から投下する地域》. 〘*c*1943〙

dros·er·a /drά(ː)sərə | drɔ́s-/ *n.* 〖植物〗モウセンゴケ《モウセンゴケ属 (*Drosera*) の食虫植物の総称; モウセンゴケ (*D. rotundifolia*) など》. 〘(1801) ← NL ～ ← Gk *droserós* dewy ← *drósos* dew〙

drosh·ky /drά(ː)ʃki | drɔ́ʃ-; *Russ.* drɔ́ʃkʲi/ *n.* (*also* **dros·ky** /drά(ː)ski | drɔ́s-/) ドロシキ: **a** ロシアの屋根なしの軽装四輪馬車. **b** 昔ロシアの都市などで使用された victoria に似た二[四]輪馬車. 〘(1808) □ Russ. *drozhki* (dim.) ← *drogi* waggon (pl.) ← *droga* shaft of a vehicle ← IE **dhragh-* 'to drag on the ground, DRAW'〙

D

dro·som·e·ter /drousά(ː)mətə | drəsɔ́mɪ̀tə(r)/ *n.* 〖気象〗露量計. 〘(1825) □ F *drosomètre* ← Gk *drósos* dew＋-METER¹〙

dro·soph·i·la /drousά(ː)fələ, drə- | drəsɔ́fɪ̀-, drɔ-/ *n.* (*pl.* ～**s**, **-i·lae** /-lìː/) 〖昆虫〗ショウジョウバエ《ショウジョウバエ属 (*Drosophila*) のハエの総称; キイロショウジョウバエ (*D. melanogaster*) は遺伝学の実験用に利用される; fruit fly, vinegar fly ともいう》. 〘(1829) ← NL ～ ← Gk *drósos* dew (← ?)＋-PHILA〙

dross /drά(ː)s, drɔ́(ː)s | drɔ́s/ *n.* **1** 〖冶金〗浮きかす, ドロス, 不純物: the ～ of iron 鉄屎(てっくそ). **2** (浮きかすのように)無価値な物; くず, かす (rubbish). **3** 《英》〖鉱山〗下等な石炭, くず石炭. 〘lateOE *drōs* dregs, dirt ← Gmc **drōχs-* (Du. *droesem* / G *Drusen*) ← IE **dher-* to make muddy; darkness: cf. dreg〙

dross·y /drά(ː)si, drɔ́(ː)si | drɔ́si/ *adj.* (**dross·i·er**; **-i·est**) **1** 浮きかすの(多い), ドロスがいっぱいの; かすのある, 不純な (impure). **2** 金屎(かなくそ)[くず]のような; 無価値な. **dróss·i·ness** *n.* 〘(?1440): ⇨ ↑, -y⁴〙

drought /dráut/ *n.* **1** (大気の)乾燥; (特に長期の)日照り続き, 干魃(かんばつ). **2** (とくに長期の)不足, 払底 (scarcity): financial ～ 財政窮乏. **3** 《古・方言》のどの渇き, 渇 (thirst). **4** 《古》乾燥 (dryness). 〘lateOE *drūgaþ* ← Gmc **drūʒiz* 'DRY'〙

drought·y /dráuṭi | -ti/ *adj.* (**drought·i·er**; **-i·est**) **1** (極度に)乾燥している; 日照続きの, 干魃(かんばつ)の. **2** 《古・方言》のどが渇いた (thirsty). **dróught·i·ness** *n.* 〘(*c*1485): ⇨ ↑, -y⁴〙

drouk /drúːk/ *vt.* 《スコット》びしょぬれにする (drench). 〘(1513) □ ON *drukna* to be drowned: ⇨ drown〙

drouk·it /drúːkɪt/ *adj.* 《スコット》びしょぬれになった, ずぶぬれの (drenched). 〘(p.p.) ↑〙

drouth /dráuθ, dráut/ *n.* 《英古・スコット・アイル・米》＝drought.

drouth·y /dráuθi, -ṭi | -θi/ *adj.* (**drouth·i·er**; **-i·est**) 《英古・スコット・アイル・米》＝droughty. **dróuth·i·ness** *n.*

drove¹ /dróuv | dráuv/ *v.* drive の過去形. 〘OE *drāf*〙

drove² /dróuv | dráuv/ *n.* **1** (追われて行く)家畜(牛・羊・豚など)の群れ (⇨ group SYN): a ～ of sheep and pigs. **2** [通例 *pl.*] ぞろぞろ行く群衆 (crowd): a ～ of human beings / in ～*s* 群れをなして, ぞろぞろと. **3** 〖石工〗 **a** ＝drove chisel. **b** ＝drove work. ― *vi.* 《英》drover として働く. ― *vt.* **1** 《豪》〈家畜を〉牧場[市場]へ追って行く. **2** 〈石などを〉荒削り用のみ (drove chisel) で加工する. 〘n.: OE *drāf* act of driving herd, company ← *drīfan* 'to DRIVE'. ― v.: (1632) 《逆成》← DROVER〙

dróve chìsel *n.* 〖石工〗荒削り用のみ.

dróv·er *n.* **1** 家畜(牛・羊・豚など)の群れを牧場[市場]に追って行く人; 家畜商人. **2** 《古》流し網使用漁船 (drifter). 〘(1393–94): drove², -er¹〙

dróve ròad [wày] *n.* (昔の)家畜を追う道. 〘1823〙

dróve wòrk *n.* 〖石工〗荒削り用のみ (drove chisel) を用いる石面の仕上げ[荒削り面].

drown /dráun/ *v.* (～**ed**; 《古・方言》**drownd·ed** /dráundɪ̀d/) ― *vt.* **1** おぼれさせる, おぼれ死なせる: ～ oneself 身投げする, 入水自殺をする / be ～*ed* 溺死する; 溺死させられる. ★「水死する」は《英》《米》ともに drown が用いられるが, 《英》では be drowned も用いられる.「水死させられる」は《英》《米》ともに be drowned / ～ the kittens (生まれたての)子猫を(川などの)水につけて始末する / a ～*ed* body 溺死体. **2 a** 水浸しにする (flood); びしょぬれにする (drench): a village ～*ed* by a flood 洪水で水浸しになった村 / eyes ～*ed in* tears 涙に曇る眼 / ⇨ *like a drowned* RAT¹. **b** 〈料理を〉〈ソースなどに〉浸す〔*in, with*〕. **c** 《英口語》〈酒〉に水を割り過ぎる: Don't ～ my whiskey. ウイスキーにあまり水を入れないでくれ. **3** [～ oneself または受身で]〔…に〕ふけらせる, 没頭させる, 〔仕事などに〕どっぷりつからせる〔*in*〕: ～ oneself *in* drink 酒におぼれる / They *were* all ～*ed in* sleep. みなぐっすりと眠りこけていた. **4 a** 〈騒がしい音が〉〈小さい音を〉消す, 聞こえなくする (overpower) 〈*out*〉: Yells ～*ed* (*out*) his voice. 叫び声で彼の声がかき消された / His words were ～*ed in* the applause. 彼の言葉は喝采に打ち消された. **b** 〈苦痛などを〉〔…で〕紛らせる〔*in*〕: ～ one's sorrows [troubles] *in* drink 悲しみ[苦労]を酒に紛らす. **c** …に顔色なからしめる, 圧倒する (overwhelm). **5** 〖化学〗〈石炭を〉水で消和する. ― *vi.* **1** おぼれて死ぬ: The child was ～*ing*. その子はおぼれて死にそうだった / He fell in the river and ～*ed*. 川に落ちておぼれ死んだ. 日英比較 日本語の「おぼれる」はおぼれた結果死ぬことも, またおぼれて死にそうになることも表すが, 英語の *drown* は「おぼれて死ぬ」の意.「おぼれて死にそうになる」あるいは「おぼれている人を助けた」などの「おぼれる」に当たるのは nearly [almost] *drown* か be *drowning* である. **2** 〈物が〉沈む. ***drówn in*** (1) …に圧倒される, 埋まる: He is ～*ing in* debt. 彼は借金づけだ. (2) …に覆われる[包まれる]. ***drówn óut*** (1) [しばしば受身で]〈洪水が〉〈住民などを〉立ち退かせる; 〈浸水が〉〈鉱山などを〉閉鎖させる: They *were* ～*ed out* when the river burst its banks. 川が決壊して家を追い出された. (2) ⇨ *vt.* 4 a. **～·er** *n.* 〘(*a*1325) *dr(o)une(n)* ← ? OE *druncnian* to become drunk, be drowned ← *druncen* (p.p.) ← *drincan* 'to DRINK': cf. ON *drukna* to be drowned (< Gmc **druŋknōn* ← **dreŋkan* to drink)〙

drówned válley *n.* おぼれ谷《湖水・海水が浸入する谷》. 〘1902〙

drówn·pròof·ing *n.* (溺死防止のため, 人間の浮力を利用して)最少限の力でできるだけ長い間水に浮かんでいる技術.

drowse /dráuz/ *vi.* **1** 眠気がさす, 居眠りする, うつらうつらする 〈*off*〉. **2** 《古》不活発である, 眠っているように見える, ぼんやりする. ― *vt.* **1** 《まれ》…に眠気を催させる, うとうとさせる. **2** うつらうつら〈時を〉過ごす 〈*away*〉: ～ an afternoon *away*. ― *n.* 居眠り, うたた寝 (doze), 眠気 (sleepiness). 〘(1573) 《逆成》← DROWSY〙

drow·si·head /dráuzihèd/ *n.* 《古》＝drowsiness. 〘(1590): ⇨ drowsy, -head〙

drów·si·ly /-zɪ̀li/ *adv.* 眠く; 眠そうに, うとうとと. 〘(*c*1485): ⇨ drowsy, -ly¹〙

drów·si·ness *n.* (うとうとする)眠さ, ものうさ; 〖医学〗嗜眠(しみん)状態: The pain eased and ～ came over him. 痛みが和らぎ睡気が襲ってきた. 〘(1559): ⇨ ↓, -ness〙

drow·sy /dráuzi/ *adj.* (**drow·si·er**; **-si·est**) **1** 〈人など〉眠い, 眠そうな (sleepy); (うとうとと)半眠りの, とろとろとして: feel ～ 眠気を催す / a ～ cat. **2** 眠気がさす, 眠気を誘う (⇨ sleepy SYN): a ～ spring afternoon. **3 a** 〈動作など〉鈍い, のろい, 不活発な (sluggish). **b** 〈町など〉眠ったように静かな, 静まりかえった: a ～ village. 〘(*c*1485) ← OE *drūsian* to be languid or sluggish < Gmc **drūsjan* ← IE **dhreu-* 'to fall, DRIP': cf. dreary: ⇨ -y⁴〙

DRP 《略》*G.* Deutsches Reichspatent ドイツ国専売特許 (German state patent).

Dr Pep·per /dὰ(ː)ktəpépə | dɔ̀ktəpépə(r)/ *n.* 〖商標〗ドクターペッパー《米国 Dr Pepper 社製の清涼飲料水》. 〘1906〙

Dr Rúth *n.* ⇨ Doctor Ruth.

Drs. /dὰ(ː)ktəz | dɔ̀ktəz/ 《略》Doctors.

Dr. Séuss *n.* スース博士 (Theodor Seuss Geisel の筆名).

drub /drʌ́b/ *v.* (**drubbed**; **drub·bing**) ― *vt.* **1** (棒などで)激しく打つ, なぐる (beat). **2** 〈考えを〉〔…に〕たたき込む〔*into*〕; 〔…から〕たたき出す〔*out of*〕: ～ the notion *into* [*out of*] a person なぐりつけるようにして[強引に]その考えを人にたたき込む[捨てさせる]. **3** 〈足を〉踏み鳴らす (stamp): ～ the feet. **4** なぐる, 打つ (thrash); (試合などで)〈相手を〉決定的に[大差で]打ち負かす, やっつける (defeat); 口汚くののしる, 酷評する. ― *vi.* (床などを)踏み鳴らす (stamp): ～ with one's heels. ― *n.* 棒で打つこと, 殴打 (thump). **drúb·ber** *n.* 〘(1634) □ ? Arab. *ḍáraba* a beat〙

drúb·bing *n.* **1** 棒で打つこと. **2** (試合などでの)決定的な敗北, 完敗, 痛撃, 大敗: get [have, take] a (good) ～ 《口》たたきのめされる, ぼろ負けする / give ... a (good) ～ 《口》…をたたきのめす, こてんぱんにやっつける[負かす]. 〘(1650): ⇨ ↑, -ing¹〙

drudge /drʌ́dʒ/ *n.* (単調な骨折り仕事に)あくせく働く人, こき使われる人. ― *vi.* 〔嫌な仕事に〕あくせく[こつこつ, 機械的に]働く (toil), (奴隷のように)苦しい仕事をする〔*at*〕: ～ and slave あくせく働く. ― *vt.* 〈人に〉単調で骨の折れる仕事をさせる. 〘(*c*1385) *drugge(n)* ← ?: cf. OE *drēogan* to perform a duty or service〙

drúdg·er *n.* ＝drudge.

drudg·er·y /drʌ́dʒ(ə)ri/ *n.* (単調で機械的な)骨折り仕事. 〘(1550): ⇨ drudge, -ery〙

drúdg·ing *adj.* あくせくと骨折っている, まるで奴隷のような. **～·ly** *adv.* 〘(1548): ⇨ drudge, -ing²〙

drug /drʌ́g/ *n.* **1** 薬剤, 薬品, 薬種, 薬 (cf. medicine): a ～ company 製薬会社 / narcotic ～*s* 麻酔薬, アヘン剤 / poisonous [sleeping] ～*s* 毒[睡眠]薬. **2** [しばしば *pl.*] 麻酔剤, 麻薬 (narcotic): take ～*s*. 日英比較 英語では一般に麻薬に限らず常用すると中毒症状を引き起こす可能性のあるもの(たばこ・アルコールなど)を指す. 現在ではこの意味で用いることが多いので一般に「薬」の意味では medicine を用いる. **3** [*pl.*] 《米》(drugstore で売られる歯磨きなどの)衛生商品. **4** (あり余って)売れない商品: a ～ *on* [*in*] the market たなざらしもの, 市場の滞貨 (★ 今は on が普通).
― *v.* (**drugged**; **drug·ging**) ― *vt.* **1** …に薬品を混ぜる[入れる]; 〈飲食物〉に毒物[麻薬]を混入する: ～*ged* wine. **2 a** …に麻薬剤[麻薬]を飲ませる; (薬物・酒類・音楽などで)麻痺させる (cf. drugged): be ～*ged with* opium. **b** 薬(剤)を〈人に〉施す, 施薬する. **3** 《古》〈人を〉〔歓楽などで〕むかつかせる (nauseate), あきあきさせる (cloy) 〔*with*〕: be ～*ged with* pleasure / be ～*ged with* an obscene magazine 下品な雑誌で胸が悪くなる. ― *vi.* 麻薬にふける.
〘(*c*1387–95) *drugge, drogge* □ (O)F *drogue* ← ?: cf. Du. *drog* dry thing / MLG *droge (fate)* dry casks: cf. dry〙

drúg abùse *n.* 薬物[麻薬]濫用.

drúg àddict *n.* 麻薬常用者《《口語》では drugger ともいう》. 〘1916〙

drúg addìction *n.* 薬物[麻薬]常用.

drúg bàron *n.* 麻薬王.

drúg clèrk *n.* 《米》ドラッグストアの店員. 〘1849〙

drúg czàr *n.* 《米》ドラッグツァーリ, 麻薬撲滅大帝《政府によって任命され麻薬対策の指揮を執る人物》.

drúg dèaler *n.* 麻薬密売人.

Drúg Enfórcement Administràtion *n.* [the ～] 麻薬取締局《米国司法省内の一機関; 略 DEA》.

drúg-fàst *adj.* 〈病気など〉薬のききにくい; 〈菌が〉薬品に強い, 耐性の (drug-resistant ともいう). 〘1926〙

drúg fìend *n.* ＝drug addict.

drugged /drʌ́gd/ *adj.* 麻薬を飲んだ[打った, 吸った]: be ～ out 《米》麻薬を常用している / be ～ up (to the eyeballs) 《口語》薬づけになっている.

drúg·ger *n.* 《口語》＝drug addict.

drug·get /drʌ́gɪ̀t | -gɪt/ *n.* **1** ドラゲット《粗毛にジュートなどを混ぜて織ったインド産の粗製じゅうたん; 床に敷いたりテーブルクロスなどに用いる》. **2** 《廃》昔の衣服用毛織物. 〘(1580) □ ? (O)F *droguet* (dim.) ? ← *drogue* 'DRUG, cheap article': ⇨ -et〙

drug·gie /drʌ́gi/ *n.* 《口語》麻薬中毒者. 〘(1967): ⇨ drug, -ie〙

drug·gist /-gɪ̀st | -gɪst/ *n.* 《米》**1** 薬種屋, 売薬業者, 薬屋, 薬局の主人 (《英》chemist). **2** 薬剤師 (pharmacist, 《英》chemist). **3** ドラッグストア経営者. 〘(1611) □ ? F *droguiste*: ⇨ drug, -ist〙

drug·gy /drʌ́gi/ 《口語》*n.* ＝druggie. ― *adj.* **1** 麻薬の飲用と関係のある, 麻薬的な. **2** 麻薬中毒の. **3** 麻薬中毒患者の(ような). 〘(1583): ⇨ drug, -y⁴〙

drúg hàbit *n.* 薬(特に麻薬)の常用癖.

drúg·less *adj.* 薬を使わない.

drúg·màker *n.* 製薬業者. 〘1964〙

drúg misùse *n.* 《英》＝drug abuse.

drúg pùsher [pèddler] *n.* 《口語》ヤクの売人《麻薬密売人》.

drúg rehabilitátion [réhab] *n.* 《米》麻薬更正者の社会復帰[リハビリ].

drúg-resìstant *adj.* ＝drug-fast.

drúg rùnner *n.* 麻薬密輸入者.

drúg squàd *n.* 警察の麻薬捜査班.

drug·store /drʌ́gstɔ̀ə | -stɔ̀ː(r)/ *n.* 《米》ドラッグストア《薬品・化粧品・たばこ・文房具などを売る店で, 喫茶軽食店を兼営するものもある; かつては一種の社交場となっていた》. 日英比較 drugstore では洗剤・化粧品・書籍などをはじめ種々の雑貨を販売し, 簡易食堂も兼ねているので,「薬局」を *drugstore* と訳すと多少ニュアンスの違いが生じる. 日本語の「薬局」に近いのは pharmacy あるいは《英》chemist's shop. 〘1810〙

drúgstore bèetle [wèevil] *n.* 〖昆虫〗ジンサンシバンムシ, クスリヤナカセ (*Stegobium paniceum*)《たばこ・薬・古本などを食い荒らす小甲虫; biscuit beetle ともいう》.

drúgstore cówboy *n.* 《米俗》**1** 身なりはカウボーイでもその経験の全然ない者. **2** 街角やドラッグストアをうろつくなまけ者. 〘1925〙

drúg tràfficking *n.* 麻薬密売[密輸].

dru·id, D- /drúːɪ̀d | drúːɪd/ *n.* **1** ドルイド《古代 Gaul, Britannia, Ireland のケルト族の間に行われたドルイド教の祭司; 予言者・詩人・裁判官・魔法使いなどでもあった》. **2** [D-] 1781 年 London に創立された秘密共済会の会員. **3** (ウェールズの)芸術祭 (eisteddfod) の役員. 〘(1509) □ F *druide* // L *Druidae* (pl.) Druids □ Gaulish *druides* □ OCelt. (i) **derwijes* 《原義》soothsayer ← IE **deru-* true) // (ii) **druwid* 《原義》they who know the oak (**daru-*, **dru-* 'oak, TREE'＋**wid-* to know (⇨ wit²)): cf. OIr. *drūi* the druids〙

dru·id·ess, D- /drúːɪ̀dɪ̀s | drúːɪdɪs, -dɛs/ *n.* 女性の druid. 〘(1755): ⇨ ↑, -ess〙

dru·id·i·cal /druːɪ́dɪ̀kəl, -kḷ | -dɪ-/ *adj.* ドルイド (druid) の. **dru·id·ic** /druːɪ́dɪk | -dɪk/ *adj.* 〘(1755): ⇨ -ical〙

drú·id·ìsm /-dɪ̀zṃ/ *n.* ドルイド教(の儀式). 〘(1715): ⇨ -ism〙

drúid stòne *n.* 〖岩石〗＝sarsen.

drum¹ /drʌ́m/ *n.* **1** 太鼓, ドラム(の総称): a side ～ 小太鼓 / ⇨ bass drum, double drum, kettledrum 1, snare drum / with ～*s* beating and colors flying 太鼓を鳴らし旗をなびかせて / A ～ is beating. 太鼓が鳴っている. **2** [*pl.*] (ジャズバンドなどの)ドラム部. **3** 《古》＝drummer 1. **4 a** 太鼓の音, 太鼓に似た音. **b** サンカノゴイ (bittern) の鳴き声. **5 a** 〖解剖〗中耳 (middle ear); 鼓室, 鼓膜 (eardrum). **b** 〖動物〗鼓状器官《セミの共鳴器など》: the ～ of a cicada. **6 a** 〖機械〗(機械)円筒形部, 胴, ドラム. **b** 〖電算〗磁気ドラム. **7 a** 円筒形容器, (特に)ドラム缶: ten ～*s* of gasoline. **b** (ワイヤーロープを巻きつける)鼓胴. **c** (連発銃の)円盤型の弾倉, ドラムマガジン. **8** 《古》(18 世紀後半から 19 世紀初めに流行したにぎやかな)大夜会; (午後の)お茶の集まり (tea party) (cf. kettledrum 2). **9** 〖魚類〗太鼓のような音を出すニベ科の魚の総称《ポゴニアス (*Pogonias chromis*), freshwater drum など; drumfish ともいう; cf. croaker》. **10** 〖建築〗(石の円柱の一部分をなす)円筒形石材, 太鼓石 (tambour). **11** 〖建築〗ドラム, 鼓状部《ドームの下部に築かれる円筒形の壁体; ⇨ dome 挿絵》. **12** 《豪俗》信頼すべき情報; (競馬などの)予想 (tip): I know the ～. 私は事実[本当の情報]を知っている. **13** 《豪俗》(放浪者・坑夫・山地旅行者などの)手回り品包み (swag). **14 a** 《英俗》家, 下宿屋; 部屋, アパート. **b** 《英・豪俗》売春宿 (brothel). **15** 《米俗》飲み屋, バー, ナイトクラブ. **16** 《英俗》(野外などで簡単に)茶を立てる缶 (tea can).

béat the [a] (bíg) drúm 《口語》(1) (製品・思想・政策などへ)一般の興味[熱意]をかき立てようとする, 宣伝する, 音頭を取る〔*for*〕. (2) (抗議などのために)騒ぎ立てる. (1611) ***fóllow the drúm*** 《口語》兵隊になる[である]. ***nót rùn***

a drúm《豪俗》〈競走馬が〉予想通りの走り方をしない.
— *v.* (**drummed; drum·ming**) — *vi.* **1** 太鼓[ドラム]をたたく, 太鼓を鳴らす. **2**〔募兵などのため〕太鼓を鳴らして回る;《米》〔顧客を求めて〕歩き回る,〔取引を〕探す, (地方を)外交して回る (canvass),〔…に対して〕興味をかき立てる〔*for*〕: ~ *for* business / ~ *for* recruits [customers] 太鼓を鳴らして募兵する[顧客を求める]. **3**〔テーブル・床などを〕(太鼓を打つように)とんとん打つ[たたく], どんどん[こつんこつん]踏み鳴らす (beat)〔*on*〕: ~ *on* a table with one's fingers テーブルを指でとんとん打つ / a ~*ming* (noise) in the ears 耳鳴り. **4**〈鳥・昆虫が〉(羽ばたきなどで)太鼓を打つような音を出す. **5**《英俗》〈泥棒が〉空き巣を働く.
— *vt.* **1**〈曲を〉太鼓で奏する: ~ a tune. **2**〈テーブル・床などを〉(太鼓のように)どんどん[とんとん]鳴らす;〈指などを〉(テーブルなどに)とんとん当てる: ~ the table with one's fingers＝~ one's fingers on the table. **3** 太鼓を鳴らして呼び集める. **4** (耳にたこができるほど)繰り返して〔人に〕…を言い聞かせる[教え込む]〔*into*〕; がみがみ言って〈人を〉〔ある状態に〕陥らせる〔*into*〕: ~ a lesson *into* a boy's head 繰り返し繰り返し子供に学科を教え込む / ~ a person *into* apathy 耳にたこができるほど言って人をしらけさせる. **5**《豪俗》〈人〉に情報を与える, 予想を知らせる〈*up*〉. **6**《英俗》〈泥棒が〉(人がいないことを確かめるために)〈家〉の戸をノックする.
drúm dówn (太鼓のような音で)沈黙させる. ***drúm ín***〈要点などを〉繰り返して教え込む: ~ *in* one's point 自分の主張を繰り返してたたき込む. ***drúm*** *a person* ***óut of*** (1)《古》太鼓をたたいて〈人を〉〈軍隊〉から追放する. (2)〈クラブ・団体〉などから不名誉脱退させる, 放逐する: be ~*med out of* school. ***drúm úp*** (1)〈客などを〉(鳴り物入りで)集める, 募集する (collect): ~ *up* recruits, customers, etc. (2)〈活気などを〉つける;〈人気を〉あおる,〈興味などを〉引き立てる: ~ *up* enthusiasm. (3)〈仕事などを〉頼みこんで取る;〈事業などを〉起こす. (4)〈方法・言い訳などを〉考案する, 考え出す. (5)《英俗》(野外などで)缶で茶をいれる; 簡単な食事をつくる. (6)《豪俗》⇨ *vt.* 5.
~·lìke *adj.* 〘(1427–30) ◻? Du. *trom* < MDu. *tromme*《擬音語》: cf. G *Trommel* trumpet, drum: cf. trumpet〙

drum² /drʌ́m/ *n.* **1**《スコット・アイル》幅の狭い長い丘. **2**〘地質〙＝drumlin. 〘(1725) ◻ Ir.-Gael. *druim* ridge, back〙

drúm and báss *n.*〘音楽〙ドラムンベース《ダンスミュージックの一種で, jungle のリズムとベースが先鋭化したもの; drum 'n' base ともつづる》. 〘*c*1990〙

drúm·bèat *n.* **1** 太鼓をたたくこと; 太鼓の音. **2** 鳴り物入りで提唱される主義. 〘1855〙

drúm·bèater *n.*《口語》**1** 広告[宣伝]人 (advertiser). **2**〘ラジオ・テレビ〙広告を読むアナウンサー. **3** (政策・主義などを)声を大にして主張[支持]する人.

drúm·bèating *n.*《口語》(政策・主義などを)声を大にして唱道すること; 宣伝. 〘1893〙

drum·ble /drʌ́m(b)ɫ, drʊ́m-/ *vi.*《方言》ぐずぐずする, なまける. 〘(1579)《変形》←《方言》*dummel* stupid ← DUMB¹〙

drúm bràke *n.* ドラムブレーキ《シューをドラム表面に押しつけるブレーキ》. 〘1949〙

drúm clòck *n.* 円筒形のケースに入った小時計. 〘1884〙

drúm contròller *n.*〘電気〙ドラム制御器《接触器を円筒面上に配置した制御器》.

drúm còrps *n.* 軍楽隊, 太鼓隊. 〘*c*1860〙

drúm·fìre *n.* **1** (太鼓の連打のような)猛烈な連続集中砲火. **2** (批判・質問などの)連発. 〘1916〙

drúm·fìsh *n.* (*pl.* **~, ~·es**)〘魚類〙＝drum¹ *n.* 9.

drúm gàte *n.*〘土木〙ドラムゲート《ダムの上部にありゲートチャンバーの水圧を加減し開閉する水門》.

drúm·hèad *n.* **1** 太鼓の皮. **2**〘解剖〙鼓膜 (tympanic membrane). **3**〘海事〙胴頂《車地 (capstan) の頭》. — *adj.* **1**〘軍事〙戦地(臨時)軍法会議 (drumhead court-martial) (で)の. **2** その場で行われる, 即決の, 略式の (summary): ~ judgment [procedure, trial]. 〘1622〙

drúmhead cóurt-martial *n.*〘軍事〙戦地(臨時)軍法会議《戦地または行軍中の違犯行為を裁く略式軍法会議》. 〘(1835) 太鼓を卓にして行われたことから〙

drúm kìt *n.*〘音楽〙ドラムセット《ドラム・シンバル・その他の打楽器を組み合わせた一式; drum set《米》ともいう》. 〘1934〙

drum·lie /drʌ́mli, drʊ́m-/ *adj.* ＝drumly.

drum·lin /drʌ́mlᵻn/ *n.*〘地質〙氷堆(ひょうたい)丘, ドラムリン《氷河の流れによって形成された漂積物の細長いまたは長円形の丘陵》. 〘(1833) ← Ir.-Gael. *druim* 'DRUM²'＋*-lin*《変形》← -LING¹)〙

drum·lin·oid /drʌ́mlᵻnɔ̀ɪd/〘地質〙*adj.* ドラムリン (drumlin) に似た. — *n.* ドラムリンに似た丘. 〘(1898): ⇨ ↑, -oid〙

drum·ly /drʌ́mli, drʊ́m-/ *adj.* (**drum·li·er; -li·est**)《スコット》**1**〈水が〉(泥で)濁った (muddy). **2**〈天気が〉うっとうしい. **3** 困惑した (troubled), 憂鬱な (gloomy). 〘(1513)《変形》← ME *drubly* ← *druble(n)* to muddy《混成》? ← *drove(n)* to vex (← OE *drōf* dirty, muddy)＋*druble(n)* 'to TROUBLE'〙

drúm machìne *n.*〘音楽〙ドラムマシーン《サンプリング音源やシンセサイザーによるドラム・パーカッションの音などを利用してリズム演奏の録音・編集・再生を行う装置》.

drúm májor *n.* (男性の)軍楽隊鼓手長《軍楽隊 (drum corps) の楽長》; 楽隊の行進指揮者. 〘1598〙

drúm majorétte *n.*《米》(軍楽隊の)女性楽長; (行進する軍楽隊の)女性のバトントワラー (baton twirler), バトンガール. 日英比較「バトンガール」は和製英語. 〘1938〙

drum·mer /drʌ́mɚ | drʌ́mə(r)/ *n.* **1** ドラム奏者, ドラマー, (特に軍楽隊の)鼓手: a ~ boy 少年鼓手. **2**《米口語》(地方を巡回する)外交員, 巡回販売員 (traveling salesman)《もと太鼓で客を集めたことから》. **3**〘昆虫〙オオメンガタブラベルスゴキブリ (*Blaberus giganteus*)《中米・南米および西インド諸島産の大型のゴキブリ; 雄が雌を呼ぶときに太鼓のような音を出す》. **4**〘魚類〙太鼓のような音を出す魚類の総称; (特に)オーストラリア産イスズミ属の魚 (*Kyphosus sydneyanus*). **5**《豪俗》**a** 放浪者 (tramp). **b** 羊の毛の刈込みの最も下手な人 (↔ ringer). **6**《英俗》泥棒, 空き巣 (thief). 〘1573–80〙

drúm·ming *n.* **1** ドラムの演奏. **2** どんどん[とんとん]という連続音. 〘(1583): ⇨ drum¹＋-ing¹〙

Drum·mond /drʌ́mənd/, **Henry** *n.* ドラモンド《1851–97; スコットランドの牧師・著作家・自然科学者》.

Drúmmond lìght *n.* ドラモンド光《カルシウム光 (limelight, calcium light) の別名》. 〘(1854) ← *Thomas Drummond* (1797–1840: その発明者であるスコットランドの牧師)〙

Drúmmond of Háw·thorn·den /-hɔ́ːθɔəndən, -dn̩ | -θɔːn-/, **William** *n.* ドラモンド《1585–1649; スコットランドの詩人; *The Cypresse Grove* (1623)》.

drúm pàd *n.*〘音楽〙ドラムパッド《打ったときドラムセット (drum kit) に似た音が出るパッドをもつ電子装置》.

drúm prìnter *n.* ドラム(式)プリンター《1 行の各印字位置ごとにすべての文字を円筒上に配置し, 目的の文字が紙面の前にきた瞬間にハンマーを作動して文字を印字する形のプリンター》. 〘*c*1965〙

drúm·ròll *n.* ドラムの軽い連打, ドラムロール. 〘1887〙

drúm·stìck *n.* **1** (太鼓などの)ばち. **2** ドラムスティック《料理した鶏[七面鳥など]の脛(すね); 形が太鼓のばちに似ている》. **3**〘細胞〙ドラムスティック, ばち状核突起《女性の白血球の核にみられる円形の小突起》. 〘1589〙

drúm swìtch *n.*〘電気〙筒形スイッチ《接触片を取り付けたドラム形絶縁台を回してその外周に固定された接触片と接して点滅を繰り返すようにした開閉器》.

drúm tàble *n.* ドラム型テーブル《上部がドラムに似ている中心部を台柱で支え, 幕板をつけ引出しを備えた丸テーブル; capstan table ともいう》.

drúm wàsher *n.*〘機械〙(製紙用パルプの)筒形洗い機.

drúm wìnd·ing /-wàɪndɪŋ/ *n.*〘電気〙鼓状巻《約一極間へだてて反対の極の影響を受けている導体を順次つないでいく電機子の巻線の一種; cf. ring winding》. 〘1893〙

drunk /drʌ́ŋk/ *v.* drink の過去分詞・《古》過去形.
— *adj.* **1** [通例叙述的 (cf. drunken)] **a** 酒に酔って,〔酒などに〕酔って〔*with, on*〕(★ intoxicated は drunk の形式ばった語で, drunk より柔らかい響きを与える): be blind [roaring, stinking, dead, very] ~ ぐでんぐでんに酔っている / get ~ 酔う / get a person ~ 人を酔っ払わす / ~ *with* [*on*] wine ワインに酔って / ⇨ *appeal from* PHILIP *drunk to Philip sober*. ★《スコット・米》では限定的に用いることもある: a ~ person / a ~ driver《米》飲酒[酔っ払い]運転者. **b**〔歓喜・成功などに〕酔って (elated)〔*with, on*〕: ~ *with* joy [power] 喜び[権力]に酔いしれて / ~ *on* one's own words 自らの言葉に酔って. **2** [限定的]《口語》＝drunken 2.
(***as***) ***drúnk as a fíddler*** [***lórd, sáilor, skúnk***] ひどく[ぐでんぐでんに]酔っ払って. ***drúnk and disórderly*** (1) 泥酔した[して]. (2) 泥酔者; 泥酔《警察・裁判所用語》. ***drúnk and incápable*** 泥酔した[して]. ***drúnk òut of one's mínd*** ひどく酔って正気を失って.
— *n.*《口語》**1** 酔っ払い, 大酒飲み (drunken person) (cf. drunkard): a good [bad] ~ 酒ぐせのよい[悪い]人. **2** 酔った状態, 酔い; 酔った上での警察ざた; 酔っ払い事故者 (cf. *adj.* 1). **3** 酒盛り, 酒宴 (drunken spree): go on a ~ 酒盛りをする.
〘(*c*1325) *drunke* ← DRUNKEN〙

SYN 酔った: **drunk** [叙述的] アルコールを飲みすぎて明瞭にものを言ったり体をうまく動かしたりできない: I got *drunk* last night. ゆうべ酔っ払った. **drunken** [限定的] 一時的に[しばしば]酔っている: a *drunken* fellow 酔っ払い. **intoxicated**《格式ばった語・時に戯言》＝*drunk*: You were *intoxicated* last night. ゆうべきこしめしていましたね. **inebriated**《格式ばった語・戯言》酔って陽気になっている: *inebriated* young men 酔ってさんざめく若者たち. **tipsy** ほろ酔いの: He was a trifle *tipsy*. 少し酔っていた. **tight**《口語》＝*drunk*: get *tight* 酔っ払う. **blind**《俗》酔いつぶれて: He was *blind* to the world. 正体もなく酔いつぶれていた. **blotto**《俗》前後不覚になるほどに酔って: I got properly *blotto*. まさにへべれけに酔っ払った.
ANT sober.

---

drunk·ard /drʌ́ŋkɚd | -kəd/ *n.* 大酒飲み, のんだくれ (toper): play the ~ 酔っ払いのまねをする. 〘(1530): ⇨ ↑, -ard〙

SYN 酔っ払い: **drunkard**《悪い意味で》しばしば酔っ払う人, 大酒飲み《一般的な語》. **inebriate** ＝*drunkard*《古風な語》. **sot**《古風》＝*drunkard*. **soak**《俗》大酒飲み. **alcoholic, dipsomaniac** アルコール中毒患者《前者の方が普通に使われる》.

---

drúnkard's chàir *n.* ドランカードチェア《18 世紀英国の低いゆったりしたひじ掛け椅子》.

drúnk dríving *n.*《米》飲酒運転, 酔っ払い運転 (《英》drink-driving).

drunk·en /drʌ́ŋkən/ *adj.* **1** 酔った (↔ sober) (⇨ drunk SYN); 常に酔っている, 大酒飲みの: a ~ husband / a ~ sot のんだくれ. ★ 通例限定的に用いる (cf. drunk *adj.* 1) が, 'habitually drunk' の意味では叙述的に用いることもある: He was ~ and dissolute. 大酒飲みで放蕩者だった. **2** 酔ったあげくの, 酒の上の: a ~ brawl 酒の上のけんか / a ~ voice 酔っ払った声 / ~ driving 酔っ払い運転. **3** (酔ったように)ふらふらした, よろよろする. **4**《廃》(液体が)たっぷりしみこんだ, びしょぬれの. **~·ly** *adv.* 〘lateOE *druncen* (p.p.) ← *drincan* 'to DRINK'〙

drúnk·en·ness *n.* 酔い, 酩酊(めいてい); 酒びたり; (酒乱のような)激烈性, 狂乱. 〘OE *druncenness*: ⇨ ↑, -ness〙

drúnken sàw *n.*〘機械〙溝切り鋸(のこ)《角材などに溝をつける丸鋸の一種; wobble saw ともいう》.

drunk·om·e·ter /drʌŋkɑ́(ː)mət̬ɚ, drʌ́ŋkəmìːt̬ɚ | drʌŋkɔ́mᵻtə(r)/ *n.*《米》飲酒検知器, 酔度測定器, 酔度計 (cf. Breathalyzer): a ~ test 酔度テスト. 〘(1934): ⇨ -ometer〙

drúnk tànk *n.*《米俗》(酔っ払いを入れておく, 警察署の)豚箱,「トラ箱」. 〘1947〙

dru·pa·ceous /druːpéɪʃəs/ *adj.*〘植物〙核果性の, 石果性の, 多肉果の; 核果を生じる. 〘(1822): ⇨ ↓, -aceous〙

drupe /drúːp/ *n.*〘植物〙核果, 石果, 多肉果《ウメ・モモの類の果実; cf. fruit 1 a》. 〘(1753) ← NL *drūpa* drupe ← L *drūpa* (*oliva*) overripe (olive) ◻ Gk *drúppā* ← ? *drupepḗs* ripened on the tree ← *drûs* 'TREE'＋*péptein* 'to ripen, COOK'〙

drup·el /drúːpəɫ, -pɫ/ *n.*〘植物〙＝drupelet. 〘(1835) ← NL *drupella*: ⇨ ↑, -el¹〙

drupe·let /drúːplᵻt/ *n.*〘植物〙小石果, 小核果《キイチゴなどの種子の入っている一粒》. 〘(1880): ⇨ drupe, -let〙

Drú·ry Láne /drʊ́ᵊri- | drʊ́əri-/ *n.* **1** ドゥルリーレーン《London 中央部の街路名; the Drury Lane Theatre がある; 17 世紀には貴族的な住宅地であった》. **2** ＝Drury Lane Theatre. 〘Henry 八世の時代に Sir William Drury の建てた邸宅がそこにあったことから〙

Drúry Láne Théatre *n.* [the ~] ドゥルリーレーン劇場《17 世紀以来の London 中央部の大劇場で, Garrick, Mrs. Siddons, Kemble, Kean などの名優が出演した; 正式名 the Theatre Royal, Drury Lane》.

druse /drúːz/ *n.*〘地質〙晶洞(しょうどう), がま《鉱物結晶が樹立する岩石の空洞 (geode)》. 〘(1811) ◻ F ~ ◻ G *Druse* 'weathered ore'〙

Druse /drúːz/ *n.* ドゥルーズ派の人《シリアの Djebel Druz 地方に住み, 古い宗教上の慣習に従い, 閉鎖した共同体を形成するイスラムの熱狂的な一派》. **Dru·se·an, Dru·si·an** /drúːziən/ *adj.* 〘(1786) ◻ Arab. *Durūz* (pl.) ← *Durzī* ← *Ismail al-Darazī* (その宗派の創立者の一人, 11 世紀の人)〙

Dru·sil·la /druːsílə, drʊ-/ *n.* ドゥルシーラ《女性名; 米国に多い》. 〘◻ L *Drūsilla* (dim.) ← *Drūsus* (ローマの家名)〙

Dru·sus /drúːsəs/, **Nero Claudius** *n.* ドルスス《38–9 B.C.; ローマの武将; Tiberius 帝の弟》.

druth·ers /drʌ́ðɚz | -ðəz/ *n. pl.*《米方言・口語》[単数扱い] 好み, 自由選択: If I had my ~, I'd go skiing. 好きにしていいならスキーに行くんだけど. 〘(1875) (pl.) ← *druther*《短縮》← *'d rather* had or would rather〙

Druze /drúːz/ *n.* ＝Druse. **Dru·ze·an, Dru·zi·an** /drúːziən/ *adj.*

dry /dráɪ/ *adj.* (**dri·er, ~·er; dri·est, ~·est**) **1** 乾いた, 乾燥している; ひからびた (↔ wet): a ~ towel / ~ air / get ~ 乾く / keep ~ 乾かして[ぬらさないで]おく / (as) ~ as a bone (骨のように)ひからびた, からからになった (cf. bone-dry) / ⇨ dry land. 日英比較「ドライフラワー」は和製英語, 英語では *dried* flower. **2 a**〈食品など〉乾燥させた (dehydrated) (cf. dried): ~ fish, meat, etc / ⇨ dry milk. **b**〈木材など〉十分に乾燥させた. **3**〈商品が〉(液体 (liquid) でなく)固体の (solid), 乾性[質]の, 穀物[乾物, 布地など]の: ~ provisions [wares] 乾物類《麦粉・砂糖・コーヒー・米など》/ ⇨ dry goods, dry measure. **4**〈せきが〉痰(たん)を伴わない, 乾質の, 乾性の: a ~ cough からぜき. **5 a** 水[油]を使わない: a ~ method 乾式 / a ~ shaver 電気かみそり / ⇨ dry shampoo. **b** モルタルを使わない: ⇨ dry masonry. **c** プレハブ式の. **6**〈天候など〉日照り続きの, (雨量の少ない)乾燥性の: ~ weather / a ~ climate / a ~ season 乾期, 乾燥季, 渇水期. **7**〈井戸など〉水のかれた, 干上がった, 空っぽの;〈乳牛など〉乳が出なくなった: a ~ well, pond, fountain pen, etc. / a ~ cow / run ~ 水がかれる; 乳が出なくなる / The fuel tank was completely ~. 燃料タンクはまったく空っぽだった. **8 a**《口語》のどが渇いた[渇く] (thirsty): feel ~ のどが渇く. **b**〈仕事などが〉のどが渇くような: ~ work. **9 a** 辛口の, 甘くない《糖分が完全に発酵してアルコールになっている状態をいう; ↔ sweet》: ~ sherry 辛口のシェリー / ~ white wine 辛口の白ワイン. **b**〈カクテルが〉糖分の低い[を含まない], ドライの: ⇨ dry martini. **10**《口語》**a** 禁酒の, 禁酒法実施[賛成]の (↔ wet): a ~ state [town] 禁酒法励行の州[町] / ⇨ dry law. **b**〈パーティーなど〉酒の出ない, 禁酒の. **11**〈パンが〉バター[ジャム]を付けてない: ~ bread, toast, etc. **12 a**〈パンなどの製品が〉新鮮でない, 硬くなった (stale). **b**〈料理品が〉十分な汁[水気]のない. **13** 涙を流さない, 涙をそそらない;〈話・書物など〉情味の乏しい, 面白くない, 無味乾燥な, 退屈な (wearisome, dull): a ~ speech, subject / with ~ eyes 涙一滴こぼさずに, 冷然と (cf. dry-eyed) / (as) ~ as dust まったく面白くない / ⇨ dryasdust / There was not a dry eye in the house.《戯言》聴衆全員が泣いた[感動した]. 日英比較 日本語の「ド

ライ(な)」のような「義理・人情などにこだわらず割り切った」という意味はない。情に流されないという意での「ドライな」は, 英語では businesslike, hard-boiled など. **14** 〈事実など〉赤裸々な, 飾らない (plain); 〈言葉など〉そっけない; 冷たい (cold): the ~ facts ありのままの事実 / ~ thanks 通りいっぺんのお礼の言葉 / a ~ answer そっけない返事 / He bade me a ~ good-afternoon. そっけなくこんにちはと言った. **15** 〈ユーモアなど〉まじめな[とぼけた]顔で何気なく言う; 〈人が〉何食わぬ顔をして冗談(など)を言う: ~ humor / a ~ joke, sarcasm. **16** 偏見を交えない; 私欲にとらわれない. **17** 期待通りにならない, 収穫のない, 不毛の (barren): a ~ year / a ~ interview. **18** 〈音が音[声]量の乏しい, 潤いのない. **19** 〖窯業〗釉(ゆう)がかかっていない. **20** 〖美術〗線の堅い, (色彩に)温か味のない, 枯淡な. **21** 〖化学〗〈天然ガスが〉乾性の《メタン, エタンより成り天然ガソリン成分に乏しい; ↔ wet》. **22** 《軍俗》〈射撃など〉実弾を使わない; 空砲練習の: ~ firing [fire]. **23** 《古》〈支払いなど〉現金の: ~ money 現金, (芝居などの上がり高, 日銭(ひぜに)). **24** 《米俗》金のない, 貧乏な. **25** 《英口語》強硬路線をとる保守党政治家の (cf. *n.* 4). **26** 《NZ》〈雌ヒツジが〉交尾期を過ぎても子が生まれない. **27** 〖電気〗はんだ付け不良で電導率が悪い: ⇨ dry joint. **28** 《廃》血を見ない: ~ war.
bléed drý ⇨ bleed 成句. ***còme ùp drý*** 《米》失敗する, しくじる. ***díe a drý déath*** (おぼれもせず血も流さず)天寿を全うして死ぬ. ***drý behind the éars*** ⇨ ear 成句. ***gò drý*** (1) 〈川などが〉干上がる. (2) 〈州などが〉禁酒法を布く. (3) 酒をやめる. (4) 《口語》酒ぬきでやる.
— *n.* (*pl.* 1, 2 では **dries**; 3 では ~**s**) **1** 《まれ》日照り (drought); 乾燥状態 (dryness); 乾いた所. **2** 《豪》 **a** [the ~] 乾期, 無雨期 (dry season). **b** 乾燥地帯, 砂漠. **3** 《米口語》禁酒主義者, 禁酒法賛成論者 (prohibitionist) (↔ wet). **4** 《英口語》強硬路線をとる保守党の政治家 (↔ wet). **5** 〖演劇〗舞台でせりふを忘れること.
in the drý (雨などに)ぬれずに; (海上でなく)陸上で (↔ in the wet).
— *vt.* **1** 乾燥させる, 乾かす, 干す (↔ wet); 干物にする 〈*up*〉: ~ wet clothes in the sun ぬれた衣服を日に当てて乾かす. **2** 〈ぬれた体・目などを〉ぬぐう (wipe away) 〈*up*, *out*, *off*〉: ~ one's eyes / ~one's tears 涙を拭(ふ)き取る; 嘆くのをやめる / ~ oneself *off* [by the fire] 体をふく[火で体を乾かす]. **3** 〈乳牛〉の乳の出をとめる 〈*off*, *up*〉. **4** 〖演劇〗〈俳優〉にせりふを忘れさせる. — *vi.* **1** 乾く, 乾燥する; 〈川・沼などが〉かれる, 干上がる; 〈物が〉干からびる. **2** 〈人が〉食器類を(洗ってから)乾かす. **3** 〈乳牛などが〉乳が出なくなる 〈*off*, *up*〉. **4** 《口語》〖演劇〗= DRY *up* (5).
drý óut (*vi.*) (1) 干からびる, 干上がる, 完全に乾燥する. (2) アルコール[麻薬]を断つ. (*vt.*) (1) 干上がらせる, 完全に乾燥させる. (2) 〈人〉にアルコール[麻薬]をやめさせる. 《1892》 ***drý úp*** (*vt.*) 干上がらせる, すっかり乾かす: ~ *up* a ditch, well, etc. / You wash the dishes and I'll ~ them *up*. あなたが皿を洗えば私がふきます. (*vi.*) (1) 全く乾く; 干上がる; 水がかれる; 〈乳牛などが〉乳が出なくなる. (2) 消散する, 〈思想が〉枯渇する, (知的・精神的に)空虚となる; 不毛になる: All our sources of supply have *dried up*. 供給源がすべて枯渇してしまった. (3) 晴れ上がる: The weather [It] will have *dried up* by Sunday. 日曜日までには晴れ上がるだろう. (4) 《俗》〈話が〉やむ; 話をよす: The conversation *dried up*. 座がしらけた / Oh, ~ *up*! だまれ, やめた. (5) 〖演劇〗〈俳優が〉せりふを忘れる. ***nót drý behind the ears*** ⇨ ear 成句.
~·a·ble /~əbl/ *adj.* 〖adj.: OE *drȳge* < Gmc **drūziz* ← **drūiz-* (Du. *droog* / G *trocken* / ON *draugr* tree-trunk 《原義》dry log). — v.: OE *drȳgan* to dry ← *drȳge* (adj.)〗

SYN 乾燥した: **dry** 湿気がない[不十分な]: *dry* land 陸地 / a *dry* season 渇水期. **arid** 〈土地が〉異常に乾燥していて植物がほとんど生えない: Desert lands are *arid*. 砂漠は乾燥している. **ANT** wet.

---

dry- /draɪ/ (母音の前にくるときの) dryo- の異形.
dry·ad /dráɪəd, -æd/ *n.* (*pl.* ~**s**, **dry·a·des** /-ədiːz/) 〖ギリシャ神話〗ドリュアス《木の精, 森の仙女; cf. naiad, oread》. **dry·ad·ic** /draɪǽdɪk | -dɪk/ *adj.* 〖(a1393) *driade*, (pl.) *Driades* ◻ (O)F *dryade* // L *Dryad-*, *Dryas* ◻ Gk *Druás* ← *drûs* 'TREE, oak'〗
drý área *n.* 〖建築〗ドライエリア, 空堀(からぼり) (air drain).
dry·as /dráɪəs/ *n.* (*pl.* ~) 〖植物〗チョウノスケソウ《極地・高山に見られるバラ科チョウノスケソウ属 (*Dryas*) の地面をはう低木の総称; 白または黄の単生の花をつける》. 〖(1798) ← NL ~: ⇨ dryad〗
Dry·as /dráɪəs/ *n.* 〖ギリシャ伝説〗ドリュアス《Lycurgus の子; 狂った父に殺された》. 〖◻ L ~ ◻ Gk *Drúas*〗
drý·as·dùst *n.* [しばしば D-] (あまりに学究的で)退屈な学者(など). — *adj.* 無味乾燥な, 無趣味きわまる. 〖(1820) ← *Rev. Dr. Jonas Dryasdust* (Sir. W. Scott が自分の幾冊かの小説の巻頭に献題の辞を寄せた仮想人物)〗
drý báth *n.* 《英俗》(所持品調べのため囚人を裸にして行う)身体検査. 〖1933〗
drý bàttery *n.* 〖電気〗乾電池《1 個の dry cell または 2 個以上の dry cells の集まったもの》. 〖1885〗
drý-blòwing *n.* 《豪・NZ》 **1** (風を使った)金の選別. **2** 《口語》単調で退屈な仕事. 〖1728–46〗
drý bòb *n.* 《英俗》(Eton 校の)運動部員, (特に)クリケット部員 (cf. wet bob). 〖1865〗
drý bòne *n.* 〖鉱物〗= smithsonite 1 《dry-bone ore ともいう》. 〖1845〗
drý-bòned *adj.* 〈人が〉骨と皮(ばかり)の. 〖1618〗
drý-bònes *n. pl.* [単数扱い] 骨と皮(ばかり)にやせこけた人.
drý·brùsh *n.* 〖絵画〗乾筆, 渇筆, ドライブラシ《絵筆に含ませた墨や絵の具の水気をほとんど落としてかすらせるように描く墨絵・水彩画の技法》. 〖1911〗
drý búlb *n.* (乾湿球温度計の)乾球. 〖1882〗
drý-bùlb témperature *n.* 乾球温度.
drý-bulb thermómeter *n.* 乾球温度計.
drý cèll *n.* 〖電気〗乾電池 (cf. wet cell). 〖1893〗
drý-cléan *vt.* 〈衣類などを〉ドライクリーニングで洗濯する. — *vi.* ドライクリーニングできる[がきく]. **~·a·ble** /-əbl/ *adj.* 〖(1899) (逆成) ← *dry cleaning*〗
drý cléaner *n.* **1** (ドライ)クリーニング屋. **2** ドライクリーニング剤《ドライクリーニング用の有機溶剤; ベンジン・ナフサなど》. 〖1897〗
drý cléaning *n.* **1** (ドライ)クリーニング, 乾式洗濯法. **2** (水洗いでなく)ドライクリーニングを要する[をした]衣類(など). 〖1817〗
drý-cléanse *vt.* = dry-clean.
drý cóffee *n.* 《東アフリカ》ミルクも砂糖も入れないコーヒー, ブラックコーヒー.
drý còmpass *n.* 〖海事・航空〗乾式コンパス, 乾式コンパス《磁気コンパスの旧型で紙のコンパスカードがアルミニウム製の周縁をもつ面に張りつけてあるもの; cf. wet compass》.
drý-cúre *vt.* 〈肉・魚などを〉乾燥保存する, 干物にする.
Dry·den /dráɪdn/, **John** *n.* ドライデン (1631–1700; 英国の詩人・劇作家・批評家; 最初の桂冠詩人 (1670–88); *Annus Mirabilis* (詩) (1667), *The Conquest of Granada* (劇) (1672), *An Essay of Dramatick Poesie* (批評) (1668), *All for Love* (劇) (1678)).
drý distillátion *n.* 〖化学〗乾留 (destructive distillation).
drý-dòck *vt.*, *vi.* (修繕のために)乾ドックに入れる[はいる]. 〖1884〗
drý dòck *n.* 〖海事〗乾ドック, 船渠(せんきょ)《日本のいわゆるドック; cf. floating dock, graving dock》.
in drý dòck (1) 〈船が〉乾ドックにはいって. (2) 《口語》失業して. (3) 《口語》(伝染病などで)隔離されて; 入院して. 〖1627〗
drý-dýe *vt.* 〈織物などに〉乾式染色を施す.
drý dýeing *n.* 乾式染色. 〖1904〗
dry·er /dráɪə | dráɪə(r)/ *n.* = drier[1].
drý éye *n.* 眼乾燥(症), ドライアイ.
drý-èyed *adj.* 泣いてない; 涙のない, 薄情な. 〖1667〗
drý-fárm 《米》 *vi.* 乾地農業を行う. — *vt.* 〈土地を〉乾地農業方式で耕作する. 〖*c*1915〗
drý fárm *n.* (乾燥地の)乾地農場.
drý fármer *n.* 《米》乾地農業を行う者[農家]. 〖1912〗
drý fárming *n.* 《米》乾地農業《降雨の少ないまたは水利のきかない地方で行う耕作法》. 〖1878〗
drý-flý *vi.* dry fly を用いて釣りをする. — *adj.* 〈釣りが〉dry fly を用いて行う. 〖1846〗
drý flý *n.* 〖釣〗ドライフライ, 浮毛針《水面に浮かせて釣る毛針; cf. wet fly》. 〖1846〗
drý-flỳ físhing *n.* dry fly を水面を浮かせてする魚釣り.
drý fóg *n.* 《まれ》〖気象〗乾き霧《空気中のほこりや煙によってできる霧[もや]》.
drý·fòot *adv.* **1** 足をぬらさないで. **2** 《廃》[draw [hunt] ~ の形で] においだけで(獲物を追う). 〖?a1200〗
drý frésco *n.* 〖絵画〗= secco.
drý frúit *n.* 〖園芸〗乾果《クリ・アーモンドのように果皮が成熟のあとに乾燥する果実》.
drý gángrene *n.* 〖病理〗乾性壊疽(えそ).
drý gínger *n.* ドライジンジャー《ウイスキーなどと割って飲むしょうが風味の飲料》.
drý gòods *n. pl.* [単数または複数扱い] **1** 《米》織物類, 反物, 呉服, 糸リボン類 (soft goods) (cf. drapery): a ~ store 織物店, (洋服)生地屋 (《英》draper's shop). **2** 《英》穀類; (乾量(単位) (dry measure) で計量される)固形物品, 乾物類 (cf. wet goods). 〖1657〗
drý-gùlch *vt.* **1** 《口語》待ち伏せして襲う[殺す]. **2** (態度を急に変えて)裏切る. 〖*c*1865〗
drý hóle *n.* **1** 水を用いないであけた穴. **2** 石油[ガス]の噴出量が少なくて営利化できない油井[ガス井]. 〖1883〗
drý·hòuse *n.* (工場の)乾燥所[室]. 〖1884〗
drý íce *n.* ドライアイス《固体無水炭酸を圧縮した冷凍剤》. 〖(1925) ← *Dry Ice* (商標)〗
drý·ing *n.* **1** 乾燥. **2** = seasoning 3. **3** [形容詞的に] 乾燥用の: a ~ machine 乾燥機 / a ~ house 乾燥所. — *adj.* 乾燥させる; 乾燥性の: a ~ wind [breeze] よく洗濯物の乾く風 / a ~ day 洗濯物がよく乾く日《風があって晴天の日》. 〖(a1398): ⇨ -ing[1,2]〗
drýing òil *n.* 乾性油《薄膜状に塗ると乾燥して硬くしかも弾力性のある固体となる油脂》. 〖*c*1865〗
drýing òven *n.* (砂型・粘土細工などを乾燥させる)乾燥炉.
dry·ish /dráɪɪʃ/ *adj.* やや乾いている, 生乾きの. 〖(1725): ⇨ -ish[1]〗
drý jóint *n.* 〖電気〗不完全接続《はんだ付けした接続部で, 見かけは接続されているが電気的には不完全なもの; 導線がはんだでぬれていない接続の意》.
drý kìln *n.* (木材の)乾燥がま. 〖*c*1905〗
drý lánd *n.* **1** [通例 *pl.*] (雨量の少ない)乾燥地域 (cf. dry farming). **2** (海・川などに対して)陸地: It is good to be on ~. (水の上でなく)陸の上にいるのはありがたい. 〖?c1200〗
drý-land fàrming *n.* = dry farming.
drý làw *n.* 《米》禁酒法 (cf. dry *adj.* 10 a).
drý léase *n.* ドライリース《乗務員を含まない航空機のリース》.
drý líght *n.* **1** 陰影のない光線. **2** 公平な見方, すっきりした見解. 〖1625〗
drý lódging *n.* 《廃》まかないなしの下宿.
drý·lót *n.* (草木が生えていない)家畜の囲い地. 〖1924〗
drý·ly *adv.* **1** 乾燥して, 乾いて. **2** 無味乾燥に. **3** 冷淡に. 〖(?c1380): ⇨ -ly[1]〗
drý martíni *n.* ドライマティーニ《辛口ベルモット 1 に対してジンを 4 から 10 の割合で混ぜて作るカクテル》.
drý másonry *n.* 〖石工〗(石・れんがなどをモルタルを用いずに積む)から石積み.
drý méasure *n.* 乾量(単位)《穀粒・果物などの体積の計量単位(系); cf. liquid measure》. 〖1688〗
drý mílk *n.* ドライミルク, 粉乳, 粉ミルク.
drý mòp *n.* (乾いた吸収性の材料で作られた長い柄の)床ふきモップ《dust mop ともいう》. 〖1933〗
drý mòunting *n.* 〖写真〗乾燥張りつけ, ドライマウント, ドライマウンティング《印刷物写真などを板[台紙]にあて, 熱可塑性物質で覆ったものに熱を加えて張りつける方法》. 〖1903〗
drý·ness *n.* **1** 乾燥(状態). **2** 日照り(続き). **3** 無味乾燥; 冷淡. **4** 甘みのない味, 辛口. **5** 禁酒の状態. 〖OE *drȳgness*: ⇨ dry, -ness〗
drý-nùrse *vt.* **1** (授乳しないで)子供の世話をする. **2** 〈幼児などを〉守り育てる (cf. wet-nurse). **3** 〈経験の乏しい上役を〉もり立てる, 補佐する. **4** 〈人〉に余計な世話をやく. 〖1581〗
drý nùrse *n.* **1** (授乳しない)育児婦 (cf. wet nurse). **2** 《口語》(経験などの乏しい上役などの)もり立て役, 補佐役. **3** いらぬ世話をやく人. 〖1597〗
dry·o- /dráɪoʊ | -əʊ/「木」の意の連結形: *dryopithecus*. ★ 母音の前では通例 dry- になる. 〖← NL ~ ← Gk *drûs* 'TREE'〗
drý óffset *n.* 〖印刷〗ドライオフセット《凸版を用い, 版の非画線部に湿し水を与えないオフセット印刷》. 〖1958〗
Dry·o·pe /dráɪəpiː | -pi/ *n.* 〖ギリシャ神話〗ドリュオペー《木の精によってポプラに変えられた娘》. 〖◻ L *Dryopē* ◻ Gk *Druópē*〗
dry·o·pi·the·cid /dràɪoʊpəθíːsɨd | dràɪə(ʊ)pɪθíːsɪd/ *n.* 〖人類学〗ドリオピテクス亜科の類人猿. 〖⇨ ↓, -id[2]〗
Dry·o·pith·e·ci·nae /dràɪoʊpɪθəsáɪniː | dràɪə(ʊ)-/ *n. pl.* 〖人類学〗ドリオピテクス亜科. 〖← NL ~ ← DRYOPITHECUS + -INAE〗
dry·o·pith·e·cine /dràɪoʊpíθəsàɪn | -ə(ʊ)píθɪ-/ 〖人類学〗 *adj.* ドリオピテクス亜科の. — *n.* = dryopithecid. 〖(1948): ⇨ ↑, -ine[1]〗
dry·o·pi·the·cus /dràɪoʊpəθíːkəs | -ə(ʊ)pɪ-/ *n.* 〖人類学〗ドリオピテクス《中新世 (Miocene) と鮮新世 (Pliocene) の頃の旧世界にいた *Dryopithecus* 属の化石類人猿の総称; 類人猿と人との共通の祖先とみなされることがある》. 〖(1862) ← NL ~: ⇨ dryo-, pitheco-〗
drý·òut *n.* **1** 乾燥させる[する]こと, 干からびること. **2** 《口語》アルコール中毒患者の治療施設.
drý páinting *n.* 〖絵画〗= sand painting.
drý pán *n.* 〖機械〗ドライパン《比較的乾燥した原料を粉砕するのに用いる窯業用の edge runner》.
drý pìle *n.* 一次電池の一種《昔の乾電池》.
drý plàte *n.* **1** 〖写真〗乾板 (cf. wet plate). **2** 〖冶金〗(つや消し仕上げで)斑点のついている錫板. 〖1859〗
drý pléurisy *n.* 〖病理〗乾性胸膜炎.
drý·pòint *n.* 〖版画〗 **1** ドライポイント, 彫針《銅版彫刻に用いる鋭い刻針》. **2** (腐食剤を用いないでドライポイントによる)銅版技法, 凹版(おうはん)彫刻法. **3** ドライポイント凹版画. 〖1837〗
drý pùddling *n.* 〖冶金〗乾式パドル法《炉底を砂で築いて錬鉄を造る方法; cf. wet puddling》.
drý ríser *n.* 連続送水管《建物内の各所に消火用水を送るために配管されている垂直のパイプ; 略 DR》.
drý-róasted *adj.* 〖料理〗ドライローストの[された]《油を少なくしてローストする方法; カリカリに乾いた, 低カロリー食となる; dry-roast ともいう》.
drý-ròt *vt.*, *vi.* (**-rot·ted**; **-rot·ting**) **1** (木材を[が])乾燥腐敗させる[する]; (植物の根・塊茎・果実などを[が])乾燥腐敗させる[する]. **2** (社会的・道徳的に)腐敗[堕落]させる[する]. 〖1818〗
drý rót *n.* **1** 〖植物病理〗 **a** (木材の)乾腐(かんぷ)病, 乾燥腐朽(病), むれ腐れ《ナミダ菌 (*Serpula lacrymans*) による家屋材などの腐朽; sap rot ともいう; cf. wet rot》. **b** (植物の根・塊茎・果実などの)乾腐病. **c** 乾腐病菌《ナミダ菌 (*Serpula lacrymans*) など》. **2** (内部からむしばんでいく外からではわからない)社会的・道徳的頽廃, 内部の腐敗. 〖1795〗
drý rún *n.* **1** 《米》水のない小川, (ふだんは水のない)狭い水路 (arroyo). **2 a** 《俗》試運転, 模擬会議. **b** 《口語》(一般に)予行演習, 稽古(けいこ), リハーサル (rehearsal). **3** 〖軍事〗 **a** 練習飛行; 戦闘練習, 演習. **b** (実弾を用いない)射撃訓練の予行, 射撃演習; 爆撃予行演習, 模擬演練《飛行機の急降下爆撃・射撃・操縦などで, 実際の器材設備を作動させずに行うもの》. **c** ドライラン, 仮回転《ジェットエンジンの運転前に, 燃料の流れなどを点検するために行う》. — *vt.* 《口語》…の予行演習をする, 稽古をする. 〖1845〗
drý-sàil *vi.* 《口語》〈ヨットマンが〉動力船を操縦する, 動力船に乗る.
drý sàiling *n.* (陸揚げしてあるヨットの)保守手入れ作業.
drý sàilor *n.* 《口語》 **1** dry-sail するヨットマン. **2** dry sailing を行うヨットマン.
drý-sàlt *vt.* 〈肉・魚などを〉塩蔵する. 〖1885〗
drý·sàlter *n.* 《英》 **1** 化学製品[薬品]販売業者《化学製品・薬剤・染料などを販売する》. **2** 乾物商, 塩物商《塩

蔵物・缶詰類・油類などを販売する). 〖1707〗

drý·sàltery *n.* 《英》 **1** 乾物商(店), 塩物商(店). **2** (乾物店で販売する)乾物類 (乾物・油類・塩蔵物など). 〖1848〗

Drys·dale /dráɪzdeɪl/ *n.* ドライスデール種(の羊) 《ニュージーランド産; 羊毛はカーペット用になる》. 〖*Francis Williams Dry* (1891–1979) 農業遺伝学者〗

Drys·dale /dráɪzdeɪl/, Sir **George Russel** *n.* ドライスデール 《1912–81; オーストラリアの風景画家》.

drý sét *n.* 〘園芸〙(タマネギの)子球.

drý shampóo *n.* ドライシャンプー 《水を用いない洗髪》; ドライシャンプー剤[液]. 〖1890〗

drý sháve *n.* 水を使わないひげそり 《電気かみそりを用いる場合など》.

drý-shòd *adj., adv.* 靴[足]をぬらさない(で): go ~. 〖(*a*1415) ← *dry-shoed* with dry shoes〗

drý-shòot *vt.* (**dry-shot**) 《軍俗》 空包で射撃する. 〖← DRY (adj.) 22＋SHOOT〗

drý sìnk *n.* ドライシンク 《アンティークのキッチンキャビネット; 19 世紀に使われたもので, 洗いもの用ボウルなどを置くように金属の受皿が付いており, 下は食器棚になっている》.

drý-skí *adj.* 〈学校・クラスなど〉(初心者のため)屋内でスキーの練習をする; (練習用)屋内スキーの: a ~ school. 〖1954〗

drý slópe *n.* (*also* **drý-skì slópe**) 屋内スキー場, 人工雪面スキー場.

drý sócket *n.* 〘歯科〙 ドライソケット 《抜歯後の異常経過で血餅・肉芽形成のない抜歯窩》.

drý spèll *n.* 乾期, 日照り; 不況期, 不振の日々.

drý stéam *n.* 〘化学〙 乾燥蒸気 《水分を少しも含まない飽和蒸気; cf. wet steam》.

drý-stòne *adj.* 《英》〈壁・塀など〉モルタルを用いないで石を積んだだけの: ~ wall. 〖*c*1702〗

drý stóve *n.* 〘園芸〙 乾燥温室 《熱帯性の乾燥植物のための温室》.

drý·sùit *n.* ドライスーツ 《二層の潜水服》.

Drý Tor·tú·gas /-tɔətúːgəz | -tɔː-/ *n. pl.* [the ~] ドライトートゥーガス(群島) 《米国 Florida 州の南端, メキシコ湾の北の入口にある 10 個の小島から成る群島; 1992 年に Fort Jefferson National Monument が Dry Tortugas National Park に再指定された》.

drý-tỳpe *adj.* 〘電気〙 (液体を用いない)乾式の: a ~ rectifier 乾式整流器 《水銀整流器に対して半導体整流器のことをいう》 / a ~ transformer 乾式変圧器 《空冷式の変圧器をいう》.

drý válley *n.* (干上がってしまってもとの)流水のない峡谷. 〖1898〗

drý-wàll *n.* 〘建築〙 **1** (モルタル・セメントを用いない)石積み壁[塀]. **2** 《米》 乾式壁 《水分を含んだ壁土を用いない, 壁板 (wallboard) やプラスターボード (plasterboard) で作られた壁》. — *adj.* 石積み壁の; 乾式壁の. 〖1778〗

drý wàlling *n.* モルタルを用いない石積み(作業). 〖1883〗

drý wàsh *n.* **1** 《米》 ドライウォッシュ 《洗って干しただけでまだアイロンを掛けてない洗濯物; cf. wet wash》. **2** 《米西部》 干上がった河床. 〖1872〗

drý wèll *n.* **1** =dry hole 2. **2** 吸込みます 《汚水濾過(ろ)のため石・れんがなどを並べた排水穴》. 〖*c*1942〗

drý whískey *n.* =mescal button.

Dr. Zhi·va·go /-ʒɪ̀váːgoʊ | -gəʊ; *Russ.* dóktər-ʒɪvágə/ *n.* ⇨ Zhivago.

ds 《略》 decistere(s).

Ds 《略》 *L.* Deus. *L.* Dominus (=Lord, Master).

DS 《略》〘音楽〙 dal segno; debenture stock; dental surgeon; Department of State; detached service; Detective Sergeant; Doctor of Science; document signed; 〘醸造〙 double stout; drop siding.

d/s, d.s., ds 《略》〘商業〙 … days after sight 一覧後…日.

DSc 《略》 Doctor of Science.

DSC 《略》〘軍事〙 Distinguished Service Cross; Doctor of Surgical Chiropody.

DSIR 《略》 《NZ》 Department of Scientific and Industrial Research.

DSL 《略》〘地質〙 deep scattering layer.

DSM 《略》〘軍事〙 Distinguished Service Medal; Doctor of Sacred Music.

DSO 《略》〘英軍〙 Distinguished Service Order; District Staff Officer.

dsp 《略》 *L.* dēcessit sine prole (=died without issue); dessertspoon; dessertspoonful.

DSP 《略》〘電算〙 digital signal processor デジタルシグナルプロセッサー 《画像・音声などのデジタル信号を高速処理するための LSI チップ》.

DSRV 《略》 Deep Submergence Rescue Vehicle 深海潜水救助艇.

DSS 《略》 《英》 Director of Social Services; Department of Social Security.

DST 《略》 daylight-saving time; Doctor of Sacred Theology; double summer time.

'dst /dst/ *v.* wouldst または hadst の縮約形.

Ḋ-stàte *n.* 〘物理〙 D 状態 《2 単位の球状角運動量をもった原子内の電子のエネルギー状態》. 〖← D(IFFUSE): アルカリスペクトルにおけるスペクトル線はこの状態では放散的であることから〗

DSW 《略》 《NZ》 Department of Social Welfare.

DT 《略》 Daily Telegraph; daylight time; *L.* Doctor Theologiae (=Doctor of Theology); double time; 〘電算〙 data transmission データ伝送.

DT, dt 《略》〘アメフト〙 defensive tackle; delirium tremens; 〘聖書〙 Deuteronomy; double time.

DTh, DTheol 《略》 Doctor of Theology.

DTI 《略》 《英》 Department of Trade and Industry.

DTL 《略》〘電子工学〙 diode transistor logic.

DTp 《略》 《英》 Department of Transport 運輸省.

DTP 《略》 desktop publishing.

DTR 《略》 diffusion transfer reversal process 拡散転写反転法.

dt's, DT's /díːtíːz/ *n. pl.* [(the) ~] 《口語》 =delirium tremens. 〖1858〗

du /duː, djuː | djuː; *F* dy/ *F.* 前置詞 *de* と定冠詞 *le* の結合形でフランス語起源の人名に用いる: Joachim *du* Bellay.

Du., Du 《略》 Ducal; Duchy; Duke; Dutch.

du·ad /dúːæd, djúː- | djúː-/ *n.* **1** 一対(つい), 2 個一組 (pair). **2** 〘化学〙 二価元素. 〖(1660) ▭ Gk *duad-, duás* two, pair ← *dúo* two: ⇨ dyad〗

du·al /dúːəl, dúːɫ, djúːəl, djúːɫ | djúːəl, djúəl/ *adj.* **1** 二の; 二を表す. **2** 二部分から成る, 二重の (twofold); 二元の, 二元的な: a ~ pump 複式ポンプ / ~ ownership 二重[二人共同]所有 / a ~ character [personality] 二重人格 / of a ~ character 二重性の. **3** 〘文法〙 両数の, 双数の: the ~ number 両数. **4** 〘数学〙 双対(そうつい)の 《何らかの意味で対をなすものについていう》. — *n.* **1** 〘文法〙 両数, 両数形 (dual number) 《二者または一対の数を表す文法範疇; OE の *ġit* (=you two) など; cf. quadrual, trial²》. **2** 〘チェス〙 ジュアル 《study や problem で二つの正解があるもの》. — *vt.* 《英》〈道路を〉(往復)分離道路にする. 〖((?*a*1425)) (1650) ▭ L *duālis* containing two ← *duo* 'TWO': ⇨ -al¹〗

Du·a·la /duáːlə, -lɑː/ *n.* (*pl.* ~, ~**s**) **1** ドゥアラ族 《西アフリカのカメルーンとその一帯に住む黒人種族》. **2** ドゥアラ語 《Bantu 諸語の一つ》.

Dúal Allíance *n.* [the ~] 二国同盟: **a** 1879 年ドイツとオーストリアハンガリーの間に結ばれたロシアに対する攻守同盟. **b** 1891–94 年にフランスとロシア間に結ばれた同盟 (cf. Triple Alliance).

dúal cárriageway *n.* 《英》 (往復)分離道路 (《米》 divided highway). 〖1933〗

dúal cítizenship *n.* **1** 二重公民権 《アメリカ合衆国のように連邦国家において州と国家の両方の公民であること》. **2** =dual nationality. 〖*c*1924〗

dúal-contról *adj.* 〘航空・自動車〙 複[二重]操縦[運転]装置の. 〖1914〗

dúal contról *n.* **1** 二重管轄; 二国共同統治. **2** 〘航空・自動車〙 複[二重]操縦[運転]装置 《正副操縦士または教官と学生とがそれぞれ操作できるようにした操縦[運転]装置》: an airplane with ~. 〖1884〗

dúal flýing *n.* 同乗飛行.

dúal fórecast *n.* 《英》 (競馬・ドッグレースなどの)連勝複式.

dúal fúel èngine *n.* 二重[複式]燃料機関 《石油とガスのような二種類の燃料を切り替えて使用するのが可能なエンジン》.

dúal fúnd *n.* 〘証券〙 =dual-purpose fund.

dúal ín-line páckage *n.* 〘電子工学〙 ⇨ DIP.

du·al·ism /dúːəlɪzm, djúː- | djúːə-, djúə-/ *n.* **1** 二重性, 二元性 (duality). **2** 〘哲学〙 二元論, 二元説, 二元的思考(法) (cf. monism, pluralism 5). **3 a** 〘宗教〙 二元論, 二神論 《善(光・精神)と悪(暗黒・物質)との二つの対立する力を究極的な実在とする考え》. **b** 《まれ》〘神学〙 キリスト二性論. **4** 〘化学〙 =binary theory. **5** 〘経済〙 二重構造 《異質な経済サブシステムが共存すること》. **6** 〘音楽〙 二元論, 和声的二元論 《長調と短調の関係を本源的なものと副次的なものと考えるのではなく, 対等な二元的現象としてとらえようとする和声理論; Hugo Riemann (1849–1919) らが唱えた》. 〖(1794) ▭ F *dualisme*: ⇨ dual, -ism〗

dú·al·ist /-lɪ̀st | -lɪst/ *n.* 二元論者 (cf. pluralist); 二元説信奉者. 〖(*a*1661): ⇨ -ist〗

du·al·is·tic /dùːəlístɪk, djùː- | djùːə-⁻/ *adj.* **1** 二元的な; 二元論的な, 二元説上の: the ~ theory [system] 〘化学〙 二元説 (binary theory). **2** =dual 1, 2. 〖(1801): ⇨ ↑, -ic¹〗

dù·al·ís·ti·cal·ly *adv.* 二元的に, 二元論的に. 〖(1857): ⇨ ↑, -al¹, -ly¹〗

du·al·i·ty /duːǽləṭi, djuː- | djuːǽlɪ̀ti/ *n.* 二重性, 二元性; 〘論理・数学〙 双対性; 〘電気〙 相対(そうつい)性. 〖(*c*1385) ▭ (O)F *dualité* ∥ LL *dualitātem*: ⇨ dual, -ity〗

du·al·ize /dúːəlàɪz, djúː- | djúːə-, djúə-/ *vt.* 二性化する, 二重にする; 二元的にみなす. 〖(1838): ⇨ -ize〗

du·al·ly /dúːəli, djúː- | djúːə-, djúə-/ *adv.* 二形として, 二重に, 二様に; 二元的に; 二重の資格で. 〖(1650): ⇨ -ly¹〗

Dúal Mónarchy *n.* [the ~] 二重帝国 《オーストリアハンガリー帝国 (Austria-Hungary) のこと》.

dúal nationálity *n.* 二重国籍, 多国籍.

dúal númber *n.* =dual 1.

dúal-púrpose *adj.* **1** 二目的用の; 一石二鳥の: a ~ car 人と荷物の両方運べる車. **2** 〘畜産〙〈家畜が〉兼用の 《肉用兼乳用のように二重の目的で飼育される》. 〖1904〗

dúal-pùrpose fúnd *n.* 〘証券〙 デュアルファンド 《値上がり益をねらうものと利子配当収入を目的とするもののいずれかを選べる投資信託; dual fund ともいう》.

dúal schòol *n.* 《英》 男女共学の学校.

dúal spàce *n.* 〘数学〙 双対空間.

dúal-stándard *adj.* 〘テレビ〙 二つの異なる映像密度(方式)のいずれで使ってもテレビ番組の送受信が可能である. 〖1961〗

du·ar·chy /dúːɑəki, djúː- | djúːɑː-/ *n.* 二頭政治[政体] 《同等の権力をもつ二人の支配者による政治》. 〖(1586) ← L *du(o)* 'TWO'＋(MON)ARCHY〗

dub¹ /dʌ́b/ *vt.* (**dubbed; dub·bing**) **1** 〘映画・テレビ〙 **a** 〈フィルム・放送などに〉せりふや音楽をミックス録音する, 再録音する; (特に)別の国語で〈フィルムなどに〉再録音する, 吹き替える: ~ an imported film 輸入映画に吹き替えを行う / The French movie was ~*bed* with [in] Japanese. そのフランス映画は日本語で吹き替えになっていた. **b** 〈映画や放送に〉〈補助的音楽・音響効果などを〉加える, 追加録音する, ダビングする; 〈別の言語の対話〉に吹き替える 〈*in*〉 〔*on*〕: ~ *in* the singing for a film star 映画スターのために歌を吹き替える / ~ sound effects *on* a film 映画に音響効果をミックス録音する. **2** 〈複数の音帯を〉ミックスして一つにする. **3** 〘ラジオ・テレビ〙 〈すでに録音済みの音を〉別のレコード[テープ]に再録音する, ダビングする (cf. rerecord). **4** 〈フィルム・テープ〉に音帯を取り付ける. — *n.* **1** 二重[追加]録音されたもの. **2** ミックス録音, 再録音, ダビング; 吹き替え. 〖(1929) 《短縮》 ← DOUBLE〗

D

dúb·ber¹ *n.*

dub² /dʌ́b/ *v.* (**dubbed; dub·bing**) — *vt.* **1** [目的語＋補語を伴って] 《口語》 …にあだ名をつける, …と呼ぶ (call): ~ a person (a) knave 人を悪党と呼ぶ. **2** [目的語＋補語を伴って] (knight の爵位授与式 (accolade) で国王が剣で軽く肩をたたいて) 〈人に〉 knight の位を授ける: ~ a person (a) knight [Knight] ある人に knight 爵を授ける, ある人を knight にする. ★ もとは補語なしにも用いた. **3 a** (こすったり削ったりして)〈革・木材・織物などを〉平ら[なめらか]にする, 仕上げる; 油を塗って〈革を〉仕上げる. **b** 《英》〘釣〙 毛針を巻くときにダビングをする 《毛針の胴を獣のうぶ毛で巻き込む》. **4 a** 〘ゴルフ〙〈ボール・ショットを〉へたに打つ, 打ち損なう. **b** 〈試みを〉し損なう, 〈試験など〉でへまをやる. **5** 〘養鶏〙〈若い雄鶏〉のとさかを切除する. — *vi.* **1** 突く (thrust), 小突く, つつく (poke) 〔*at*〕. **2** (太鼓を)どんと打つ (beat). ***dúb ín*** [***úp***] 《俗》 全額払う; 寄金する. ***dúb óut*** 〈でこぼこのある面などを〉平らにならす[仕上げる]. — *n.* **1** 《米俗》 へまな[不器用な]人, へたくそ. **2 a** (鈍い音を伴う)突き, 小づき. **b** どんと打つ音 (drumbeat).

dúb·ber² *n.* 〖lateOE *dubbian* to dub (a knight) < ? Gmc **dubban* (LG *dubben* to hit / ON *dubba* to dub a knight) ← IE **dheubh-* wedge, plug: cf. dowel〗

dub³ /dʌ́b/ *n.* 《スコット・北英》 **1** (雨水の)水たまり (puddle). **2** (川の)深い淀(よど)み, 瀞(とろ) (pool). 〖(1500–20) 《スコット》 *dubbe*: cf. MLG *dobbe* pool〗

dub⁴ /dʌ́b/ *n.* ダブ 《レゲエ (reggae) のリズムにのせて歌う西インド諸島の詩》. 〖(1974) 《略》 ← DOUBLE〗

dub⁵ /dʌ́b/ *vi.* 《豪口語》 =double-bank.

Dub. 《略》 Dublin.

dub-a-dub /dʌ́bədʌ̀b/ *n.* **1** (太鼓などの)どんどん(鳴る音) (drumbeat). **2** 鼓手 (drummer). 〖(*a*1553) 擬音語〗

Du·bai /duːbáɪ, dʊ-/ *n.* **1** ドバイ 《ペルシャ湾 (Persian Gulf) 南岸の首長国; アラブ首長国連邦 (United Arab Emirates) の一つ; 面積 3,900 km²》. **2** ドバイ 《ペルシャ湾沿岸のドバイの海港》.

Du Bar·ry /duːbǽri, djuː-, -béri | djuː-, duː-; *F.* dybaʁi/, Comtesse *n.* デュバリー 《1743–93; フランス王 Louis 十五世の愛人; 断頭台にかけられた; もとの名は Marie Jeanne Bécu /beky/》.

Du·bawnt /duːbɔ́ːnt, -bɑ́ːnt | -bɔ́ːnt/ *n.* ドゥボーント(川) 《カナダ北部に発し, Dubawnt 湖を通って北東に流れ, Hudson 湾北西部の入江 Chesterfield Inlet の上流に広がる Baker 湖に流入する川 (933 km)》.

Dubáwnt Láke *n.* ドゥボーント湖 《カナダ北部 Nunavut 準州東部, Great Slave Lake 湖の東方にある湖》.

dub·bin /dʌ́bɪ̀n | -bɪn/ *n.* =dubbing² 2. — *vt.* 〈靴などに〉保革油を塗る. 〖1781〗

dúb·bing¹ *n.* 〘映画〙 ダビング 《せりふ・音楽・効果音などのミックス録音》.

dúb·bing² *n.* **1** ナイト (knight) 爵授与 (accolade). **2** /米ではまた -bɪn, -bən/ **a** 皮革用油脂混合物, 保革油 《硬化防止・防水用; dubbin ともいう》. **b** 加脂 《製革において油脂混合物を革に加えること; dubbin ともいう》. **3** 〘釣〙 ダビング 《毛針の胴を巻くための獣のうぶ毛などを巻き糸に付けること》. 〖(?*c*1225): ⇨ dub², -ing¹〗

dúbbing-ìn *n.* 〘映画〙 =dubbing¹.

dub·bo /dʌ́boʊ | -bəʊ/ 《豪俗》 *adj.* 愚かな. — *n.* (*pl.* ~**s**) 愚か者. 〖(1973): New South Wales 中西部の町の名から〗

Dub·ček /dúːbtʃɛk | dúb-; *Slk.* dúptʃek/, **Alexander** *n.* ドゥプチェク 《1921–92; チェコスロバキアの政治家; 共産党第一書記; 自由化政策を推進したがソ連の軍事介入を招き失脚 (1968); 復権後, 連邦議会議長 (1989–92)》.

du Bel·lay /duːbəléɪ, djuː- | djuː-, duː-; *F.* dybelɛ, -bɛ-/, **Joachim** *n.* (デュ)ベレ 《1522–60; フランスの詩人; the Pleiad の一人; *La Défense et illustration de la langue française*「フランス語の擁護と顕揚」(Pleiad 派の宣言) (1549)》.

Du·bhe /dúːbə, dʌ́bə/ *n.* 〘天文〙 ズーベ 《大熊座 (Ursa Major) の α 星で 2 等星》. 〖← Arab. *ad-dubb al-ákbar* the greater bear〗

du·bi·e·ty /duːbáɪəṭi, djuː-, djʊ- | djuːbáɪɪ̀ti, djʊ-/ *n.* 《文語》 疑心, 疑念, あやふや (dubiousness); 疑わしい事柄. 〖(*c*1750) ▭ LL *dubietātem* doubt, uncertainty ← L *dubius*: ⇨ dubious, -ity〗

du·bi·os·i·ty /dùːbiɑ́(ː)səṭi, djùː- | djùːbiɔ́sɪ̀ti/ *n.* = dubiety.

du·bi·ous /dúːbiəs, djúː- | djúː-/ *adj.* **1** 〈人が〉疑う, 怪しいと思う; (どうしていいか)あやふやな 〔*of, about, etc.*〕 〈*what*, etc.〉 (⇨ doubtful SYN): a ~ expression 疑ぐる

ような表情 / be ～ *of* a person's honesty [*about* the weather] 人の正直さを疑う[天候を危ぶむ] / I feel ～ (*about* [*as to*]) *what* I should do [*what to* do]. どうしてよいか心が決まらない. **2** 〈人物・取引など〉不審な, いかがわしい (questionable, suspect): a ～ character いかがわしい人物 / a ～ transaction (後ろ暗いところのある)怪しい取引. **3** 〈真意など〉不明な, 曖昧な; 疑いの余地のある, 疑わしい (equivocal): a ～ answer (どう解釈してよいかわからない)はっきりしない返事 / a ～ compliment (ほめ言葉かどうかわからない)曖昧なほめ言葉 / a ～ hand だれが書いたかわからない筆跡 / a ～ blessing (果たして喜んでよいかどうか疑わしい)心もとない幸福. **4** 《古》〈結果・戦いなど〉どうなるかわからない, 心もとない, おぼつかない: The result is still ～. / a ～ undertaking どうなるかわからない企て / in ～ battle どうなるかわからない戦いで (Milton, *Paradise Lost*). **～·ly** *adv.* **～·ness** *n.* 〖《1548》□ LL *dubiōsus* doubtful ← L *dubius* doubtful, uncertain ← *duo* 'TWO': ⇨ -ous: cf. doubt〗

D

du·bi·ta·ble /dúːbətəbl̩, djúː- | djúːbɪ̀tə-/ *adj.* 疑わしい, 不確かな (doubtful) (↔ indubitable). **dú·bi·ta·bly** *adv.* 〖《*c*1616》□ L *dubitābilis* ← *dubitāre* 'to DOUBT': ⇨ -able〗

du·bi·ta·tion /dùːbətéɪʃən, djùː- | djùːbɪ̀-/ *n.* 疑い, 半信半疑; ちゅうちょ. 〖《?*a*1425》□ (O)F ～ □ L *dubitātiō(n-)* ← *dubitātus* (p.p.) ← *dubitāre* 'to DOUBT' (↑): ⇨ -ation〗

du·bi·ta·tive /dúːbətèɪtɪv, djúː- | djúːbɪ̀tət-, -tèɪt-/ *adj.* **1** 疑いを表す: a ～ conjunction 懐疑接続詞《英語の if, whether》. **2** 疑わしい. 〖《1615》□ F *dubitatif* □ LL *dubitātīvus* doubtful ← L *dubitātus* (↑): ⇨ -ive〗

dú·bi·tà·tive·ly *adv.* 懐疑的に, いぶかしそうに. 〖《1615》: ⇨ ↑, -ly¹〗

Dub·lin /dʌ́blɪn | -lɪn/ *n.* **1** ダブリン《アイルランド共和国の首都; アイルランド語名 Baile Átha Cliath》. **2** ダブリン《アイルランド共和国東部の州; 面積 805 km², 州都 Dublin》. 〖□ Ir. *Duibh-linn* ← *dub* dark＋*linn* pool: Liffey 川の水の色から〗

Dúblin Báy práwn *n.* 〖動物〗ヨーロッパアカザエビ (*Nephrops norvegicus*)《米国産のものと似ているが細長い; Norway lobster ともいう》. 〖1949〗

Dúblin Cástle *n.* 〖英史〗ダブリン城《アイルランド自由国 (Irish Free State) が設立されるまでの英国治下のアイルランド政庁; ⇨ Ireland 2》.

Dúb·lin·er *n.* ダブリン市民, ダブリンの人. 〖《1900》: ⇨ -er¹〗

Dúblin práwn *n.* 〖動物〗＝Dublin Bay prawn. 〖1911〗

dúb mùsic *n.* ＝dub⁴.

Dub·na /dúːbnə; *Russ.* dubnáǝ/ *n.* ドゥブナ《ロシア連邦西部, Moscow 北部に 1956 年に建設された学術都市; 合同核研究所がある》.

dub·ni·um /dúbniəm | dʌ́b-/ *n.* 〖化学〗ドブニウム《記号 Db, 原子番号 105》. 〖《1967》《混成》← Russ. *Dubna* (ロシア原子力研究所の所在地)＋L -IUM〗

Du·bois /duːbwáː, djuː-; *F.* dybwa/, **(François-Clément-)Théodore** *n.* デュボワ《1837–1924; フランスの作曲家・オルガン奏者》.

du Bois /duːbwáː, djuː-; *F.* dybwɑ, -bwa/, **Guy Pène** /pɛn/ *n.* デュボワ《1884–1958; 米国の画家・美術批評家》.

Du Bois /duːbɔ́ɪs, djuː-/, **W(illiam) E(dward) B(urg·hardt)** /bə́ːghɑːd | bə́ːghɑːd/ *n.* ドゥボイス《1868–1963; 米国の歴史学者・社会学者・黒人指導者; *The Souls of Black Folk* (1903)》.

du·bon·net /dùːbənéɪ, djùː-⁻ | duːbɔ́neɪ, djuː-; *F.* dybɔnɛ/ *n.* 濃い赤紫色. **—** *adj.* 濃い赤紫色の. 〖↓〗

Du·bon·net /dùːbənéɪ, djùː- | duːbɔ́neɪ, djuː-; *F.* dybɔnɛ/ *n.* 〖商標〗デュボネ《芳香をつけた甘口の赤[白]ワイン; アペリティフまたはカクテル用》. 〖《1913》フランスのワイン商人の姓から〗

Du·brov·nik /duːbráː(ː)vnɪk, duː- | -brɔ́v-, duː-; *SCr.* dùbroːvniːk/ *n.* ドゥブロブニク《クロアチア共和国南部アドリア海沿岸の港市; イタリア語名 Ragusa》.

Du·buf·fet /dùːbəféɪ, djuː-; *F.* dybyfɛ/, **Jean(-Philippe-Arthur)** *n.* デュビュフェ《1901–85; フランスの画家; 画面にガラス・砂・針・コールタールなどを実験的に用いた》.

Du·buque /dəbjúːk/ *n.* ドゥビューク《米国 Iowa 州東部 Mississippi 川沿岸の都市》.

duc /*F.* dyk/ *F. n.* (*pl.* **～s** /～/) ＝duke. 〖□ F ～〗

du·cal /dúːkəl, djúː-, -kl̩ | djúː-/ *adj.* **1** 公爵の; 公爵としての, 公爵らしい. **2** 公爵領の: the ～ town of Leeborough. **～·ly** *adv.* 〖《1494》□ (O)F ～ □ LL *ducālis* ← L *dux* duke, leader: ⇨ duke〗

dúcal córonet *n.* 〖紋章〗デューカルコロネット《イチゴの葉 3 枚の飾りのある冠; 公爵位を示す冠ではなく, 主として crest の図形として使用されるので crest coronet ともいう》. 〖1685〗

duc·at /dʌ́kɪt | -kət/ *n.* **1** (昔ヨーロッパ諸国で使用された)ダカット金貨[銀貨]. **2** [*pl.*] 金銭, 銭 (money). **3** 《俗》切符 (ticket); (特に)入場券 (admission ticket). 〖《*c*1380》□ (O)F ～ □ It. *ducato* □ ML *ducātūs* 'DUCHY': 1140 年に Duke of Apulia である Roger II of Sicily (1095–1154) によって鋳造された貨幣〗

Duc·cio di Buo·nin·se·gna /dúːtʃoʊdiːbwòʊnɪnsénjə: | -tʃəʊdiːbwɔ̀ʊ-; *It.* dúttʃodibwoninséɲɲa/ *n.* ドゥッチオ ディ ボニンセニャ《1255?–?1319; イタリアシエナ派の画家》.

du·ce /dúːtʃeɪ | -tʃeɪ, -tʃi; *It.* dúːtʃe/ *n.* **1** 首領, 指導者 (leader). **2** [Il D-, the D-] イルドゥーチェ《イタリアのファシスト党首 Benito Mussolini の称号; cf. El Caudillo, Führer 2》. 〖《1923》□ It. ～ 'leader, chief' ＜ L *ducem* 'DUKE, leader'〗

duces *n.* dux の複数形.

du·ces te·cum /dúːsiːztéɪkəm, -kum | dúːkesteɪkum/ *n.* 〖法律〗指定書類[証拠物件]携帯出廷命令. 〖《1617》□ L *dūcēs tēcum* thou shalt bring with thee〗

Du Chail·lu /duːʃǽljuː, djuː-, -ʃáɪuː | djuː-, duː-; *F.* dyʃajy/, **Paul Bel·lo·ni** /bəlóʊni/ *n.* デュシャイユ《1835–1903; フランス生まれの米国のアフリカ探検家・旅行家・著述家》.

Du·champ /duːʃɑ́ː(ŋ), djuː-, -ʃɑ́ːn | djuːʃɑ́ː(ŋ), dúː-; *F* dyʃɑ̃/, **Marcel** *n.* デュシャン《1887–1968; フランスの画家; ダダイズム (Dadaism), シュールレアリスム (Surrealism) の代表者》.

Du·chénne dýstrophy /duːʃén-, djuː-; *F.* dyʃɛn-/ *n.* 〖医学〗デュシェンヌ型筋ジストロフィー《3 歳から 5 歳の男子に発症するもっとも普通の筋ジストロフィー; Duchenne muscular dystrophy ともいう; 略 DMD》. 〖Guillaume-Benjamin-Amand *Duchenne* (1806–75) フランスの神経学者〗

duch·ess /dʌ́tʃɪs | dʌ́tʃɪs, dʌtʃés/ *n.* **1** [しばしば D-] 公爵夫人[未亡人]. **2** [しばしば D-] 女公爵, (公国の)女性君主. **3** 堂々とした風采の女性. **4** 《英俗》(呼売り商人 (costermonger) の)おかみさん, 女房 (dutch): my old ～ うちの女房. **—** *vt.* 《豪口語》〈人を〉いともねんごろに扱う. **～·like** *adj.* 〖《?*a*1300》□ (O)F *duchesse* □ ML *ducissa*: ⇨ duke, -ess¹〗

du·chesse /dʌ́tʃɪs | djuːʃés, dʌ́tʃɪs; *F.* dyʃɛs/ *n.* **1** デュシェス《スツールの両側に二つの安楽椅子を組合わせた休息用の長椅子; 18 世紀フランスで流行した》. **2** ダッチェス (サテン)《光沢があり手触りの柔らかい高級繻子(しゅす)の一種; duchesse satin ともいう》. ★ しばしば高級商品名に付ける: a ～ bedstead. 〖《1794》□ F ～《原義》duchess (↑)〗

dúchesse bèd *n.* (天蓋を壁に固定し垂れ幕をつけた)天蓋付き寝台《18 世紀のフランスから流行した》.

dúchesse láce *n.* 花や木の葉を編みだしたオランダ産の繊細なボビンレース. 〖1882〗

dúchesse potátoes *n. pl.* 卵を入れたマッシュポテト《絞り出し袋などで形を整えて焼く》. 〖1947〗

dúchesse sátin *n.* ＝duchesse 2.

duch·y /dʌ́tʃi/ *n.* [しばしば D-] **1** 公国, 公爵領《duke または duchess の領地; dukedom ともいう》. **2** (英国の)王族公領, 直轄領地 (Cornwall または Lancaster).

Dúchy of Córnwall [the ―] コーンウォール公領《英国皇太子が名義上コーンウォール公として領有する地方で, 実質的にはコーンウォール州》.

Dúchy of Láncaster [the ―] ランカスター公領《現在は英国王[女王]がランカスター公として領有; 正式名 the Duchy and County Palatine of Lancaster》: the Chancellor of *the Duchy* (*of Lancaster*) ランカスター公領大法官《内閣の一員で王を代表する》.

〖《*a*1338》*duche* □ (O)F *duché* ← OF *ducheé* (fem.) ＜ VL **ducitāte(m)* dukeship ← L *duc-*, *dux* 'DUKE'〗

duck¹ /dʌ́k/ *n.* (*pl.* **～s**, 1 ではまた ～) **1** 〖鳥類〗カモ, アヒル《ガンカモ科の鳥の総称》: the domestic ～ アヒル / ⇨ mandarin duck, wild duck / a fine day for young ～*s* アヒルの子には好天気《雨天》/ Does [Will, Would] a ～ swim? 《口語》(相手の言葉に対して)そうだとも, 確かに承知した. ★ ラテン語系形容詞: anatine. **2** カモ・アヒル類の雌鳥 (cf. drake¹). **3** (食用としての)カモ[アヒル類]の肉. **4** 《英口語》**a** [しばしば ～s; 愛称・呼び掛けに用いて] かわいい人 (ducky, darling)《男性は子供に対して用い, 女性は誰にでも用いる》: My ～(*s*)! / She's a perfect ～(*s*). 全くかわいい女性だ《★ -s は親愛を示す接尾辞》. **b** すてきな人[物]: *a* ～ *of a* coat すてきなコート / *a* ～ *of a* fellow とてもいいやつ. **5 a** [修飾語を伴って] 欠陥のある人[物]: ⇨ dead duck, sitting duck 2. **b** ＝lame duck. **c** 《米口語》やつ (fellow): He's a queer [funny, harmless] ～. **6** 〖クリケット〗(打者の)零点, ゼロ (duck's egg): break one's ～ 最初の 1 点をあげる / make a ～ 無得点でアウトになる. **7** 〖遊戯〗**a** ＝DUCK¹ on a rock. **b** (DUCK on a rock に用いる)土台石 (duckstone). **8** 《米俗》＝urinal 1.

gèt* (*áll*) *one's dúcks in a rów 《米》物事をうまく調整する, 準備ができている. ***in twó* [*a couple of*] *shákes of a dúck's táil*** ⇨ shake *n.* 8. ***like a* (*dýing*) *dúck in a thúnderstorm*＝*like a dúck in thúnder*** 目を白黒させて; 天を仰いで, ひどく悲しそうに. 《1785》 ***like wáter off* [*from*] *a dúck's báck*** 〈批判・経験などが〉何のききめもなく, 平気の平左(へいざ)で: My warning rolled off him *like water off a* ～*'s back*. 私の警告も彼にはかえるの面(つら)に水だった. 《1824》 ***pláy* (*at*) *dúcks and drákes with*＝*màke dúcks and drákes of*** 〈金などを〉投げ捨てるように使う, 湯水のように浪費する. (*ducks and drakes* (子供の遊戯)から) ***táke to*** *something* ***like a dúck to wáter*** (アヒルが水につくように)きわめて自然に〈事〉につく[慣れる], …がすぐ好きになる: She *took to* the new life *like a* ～ *to water*. すぐに新生活になじんだ. 《1867》

dúck and dráke 〖遊戯〗(1) ＝DUCKS¹ and drakes. (2) ＝DUCK¹ on a rock.

dúck on a [the] **róck＝dúck on dráke** 〖遊戯〗雄がも落とし, 石落とし《土台石にのせた相手の石に石をぶつけて落とす子供の遊び》.

dúcks and drákes [単数扱い] 〖遊戯〗水切り遊び《平たい石を投げて水面を縫って飛ばす遊び》: play ～*s and drakes*. 《1583》

〖OE *dūce* duck, 《原義》diver ← **dūcan* (↓)〗

duck² /dʌ́k/ *vi.* **1** (打撃・弾丸などを避けるように)頭をひょいと下げる[引っ込める], ひょいとかがむ, (ぴょこんと)お辞儀をする 〈*down*〉: ～ (*down*) at the whizz of a flying ball ひゅーと飛んで来る球を避けて身をかがめる. **2** (ひょいと)水にもぐる, 頭をひょいと水にもぐらせる; ちょっともぐってすぐ浮かぶ. **3** 《口語》ひょいと動く 〈*in, out, into*〉; 避ける, 逃げる, 義務を怠る (default); (事業などから)手を引く (back out) 〈*out*〉 〈*from, of*〉: ～ (*away*) *from* a question / ～ *out* of one's duty 義務を回避する. **4** 〖トランプ〗(ブリッジで)ダックする, やりすごす《勝札を温存してわざと低位の札を出し場札 (trick) を敵にゆずる; cf. HOLD¹ *up* (8)》. **—** *vt.* **1** 〈頭を〉ひょいと下げる: ～ one's head. **2** 〈人などを〉(水中に)ちょっと沈める, ひょいと突き入れる (⇨ dip SYN): ～ a person *in* [*into, under*] water. **3** 《口語》ひょいと頭を下げてよける[身をかわす]; 〈危険・責任・人などを〉避ける, 回避する (avoid): ～ a person, a question, etc. **4** 〖トランプ〗(ブリッジでわざと低位の札を出し)〈その場札 (trick) を〉敵に取らせる (cf. HOLD¹ *up*). **—** *n.* **1** 頭を下げる[かがめる]こと. **2** ひょいと水にもぐること. **3** (ひょいと頭を下げて)よけること. 〖ME *d(o)uke(n)* to dip, duck ＜ OE **dūcan*: cf. Du. *duiken* / G *tauchen* to dive〗

duck³ /dʌ́k/ *n.* **1** ズック, 帆布《丈夫な厚地の綿または亜麻布で帆・袋・衣類などにする》. **2** 《口語》[*pl.*] ズック製のズボン(など). 〖《1640》□ Du. *doeck* ＜ MDu. *doec* linen cloth ← ?: cf. G *Tuch* cloth〗

duck⁴ /dʌ́k/ *n.* 《第二次大戦中に米国が初めて使用した》水陸両用(輸送)トラック[水陸両用車]《水中ではプロペラ, 陸上では車輪で走るトラック》. 〖米海軍の発注暗号名 *DUKW*, *Dukw* から〗

dúck·bìll *n.* **1** 〖動物〗カモノハシ (⇨ platypus). **2** 〖魚類〗ヘラチョウザメ (*Polyodon spathula*) (paddlefish)《北米産》. **3** 〖機械〗(ぬかるみでの牽引力を増すためタンクの踏面 (tread) に溶接する)金属輪ぶち. **4** 〖鉱山〗(石炭の積込み用の)動力シャベル. **5** (英国産の)小麦の一種. 〖《1556》《略》← *duckbill wheat*〗 **—** *adj.* **1** カモのようなくちばしをもった. **2** 〈帽子が〉カモのくちばしのように長くつき出たひさしをもった. 〖1840〗

dúck-bìlled *adj.* ＝duckbill.

dúck-billed dínosaur *n.* 〖古生物〗＝hadrosaur.

dúck-billed plátypus *n.* 〖動物〗＝platypus. 〖1799〗

dúck·bòard *n.* [通例 *pl.*] **1** (泥だらけの地面やぬれたところなどに敷く)敷板, 踏み板. **2** 《軍俗》(第一次大戦で浸水した塹壕(ざんごう)の地面などに渡した)敷板, 板敷き. 〖1917〗

dúck càll *n.* カモ笛《猟師がカモを呼び集めるために吹く笛; squawker ともいう》. 〖1872〗

dúck-dìve *n.* (泳者が)垂直に水中にもぐること, 垂直もぐり. **—** *vi.* 〈泳者が水中に垂直にもぐる. 〖1942〗

dúck-dúck-góose *n.* 《米》ダックダックグース《子供が輪になってやる遊び》.

dúck ègg *n.* 《英俗》＝duck's egg.

dúck-ègg blúe [**gréen**] *n.* 淡い緑青色《アヒルの卵の表面の色》. **—** *adj.* 淡い緑青色の. 〖1934〗

dúck·er¹ *n.* **1** 水にもぐる人 (diver). **2** 〖鳥類〗水にもぐる鳥; (特に)カイツブリ (dabchick), カワガラス (water ouzel). 〖《*a*1325》*doukere*: ⇨ duck², -er¹〗

dúck·er² *n.* **1** アヒルの飼育者. **2** カモ猟師. 〖《1885》: ⇨ duck¹, -er¹〗

duck·et /dʌ́kɪt | -kɪt/ *n.* 《俗》＝ducat 3.

dúck·fòoted *adj.* **1** 〈家禽が〉(カモの足のように)後ろの足指が前方に向いている. **2** 外また の; 扁平足の. **—** *adv.* 足を外側へ広げて, 外またで. 〖*c*1890〗

dúck·fòot quòte *n.* 〖印刷〗ギユメ《ヨーロッパ大陸で用いられる山形の引用符 (« »)》.

dúck hàwk *n.* 〖鳥類〗**1** 《米》ハヤブサ (peregrine falcon). **2** 《英》チュウヒ (marsh harrier). 〖1812〗

duck·ie /dʌ́ki/ *n.* ＝ducky.

dúck·ing¹ *n.* カモ猟. 〖《1577》: ⇨ duck¹, -ing¹〗

dúck·ing² *n.* **1** 水中に突っ込む[もぐらせる]こと, ずぶぬれ: get [have] a good ～ ずぶぬれになる / give a person a ～ 人を水中に突っ込む, 人をずぶぬれにする. **2** 〖ボクシング〗ダッキング《上体を前後左右にかがめて相手のパンチを避ける技術》. 〖《?*a*1400》: ⇨ duck², -ing¹〗

dúcking pònd *n.* **1** カモ猟池. **2** 水責め池. 〖1607〗

dúcking stòol *n.* (棒の先につるし池に沈めた)水責め椅子《昔, 口やかましい女やふしだらな女性, うそつき商人を懲らしめるために用いた刑具; dipping chair ともいう; cf. cucking stool》. 〖1597〗

dúck-lègged *adj.* (アヒルのような短い足で)よちよち歩く; 〈人・動物が〉足の短い (short-legged). 〖1650〗

duck·ling /dʌ́klɪŋ/ *n.* **1** [時に軽蔑的] 子ガモ, アヒルの子: ⇨ ugly duckling. **2** 暗い青緑色. 〖《*a*1425》: ⇨ -ling¹〗

dúck·mòle *n.* 〖動物〗＝platypus.

dúck mùssel *n.* 〖貝類〗ドブガイの一種 (*Anodonta anatina*)《砂[砂利]底の川で見つかるイシガイ科の淡水産二枚貝》.

dúck·pìn *n.* 《米》**1** ダックピン《十柱戯 (tenpins) 用のピンより短くて中太のボウリング用ピン》. **2** [*pl.*; 単数扱い] ダックピン《上記のピンを用いるボウリング; 1 フレームに 3 回投げる》. 〖*c*1911〗

dúck plàgue *n.* アヒルペスト《ヘルペスウィルスによる水禽(特にアヒル)の急性伝染病; 致死率が高い》.

dúck's áss [**árse, anátomy, behínd**] *n.* 《俗》＝ducktail 1.

dúck's disèase *n.* (*also* **ducks' d-**) 《戯言》足が短いこと, 短足. 〖1925〗

dúck's ègg *n.* **1** アヒルの卵. **2** 《英口語》(クリケットなどの競技での)零点, ゼロ (《米口語》goose egg)《零 (0) を卵と見て》: break one's ～ ＝break one's duck ⇨ duck¹ 6. 〖*a*1398〗

dúck shòot *n.* 《米俗》楽にできる仕事, 朝飯前.
dúck shòt *n.* カモ打ち玉[弾].
dúck-shòve *vi.* 《豪口語》責任を回避する; 卑劣な手段を使う. **dúck-shòv·er** *n.* 〘(1870) 1942〙
dúck sìckness *n.* 〘獣医〙カモのボツリヌス中毒症 (botulism).
dúck sóup *n.* 《米俗》**1** 骨の折れない仕事, 楽で有利な仕事. **2** すぐに負ける人. **3** たわごと, ナンセンス. **4** かも, まぬけ (dupe). 〘1912〙
dúck·tàil *n.* 《口語》**1** ダックテール《両側を長くし後部で合わせる, カモの尾に似た 10 代の少年の髪型; 俗語では duck's ass [arse, anatomy, behind] ともいう》. **2** 《南ア》(白人の)不良少年, ちんぴら (Teddy boy). **dúck-tàiled, dúck-tàiled** *adj.* 〘1948〙
dúck·wàlk *vi.* (アヒルのように)外またで歩く. 〘1950〙
dúck·wèed *n.* 〘植物〙ウキクサ属 (*Spirodela*) やアオウキクサ属 (*Lemna*) の植物の総称《アヒルの餌になる》. 〘1440〙
dúck whèat *n.* 〘植物〙＝Tartarian buckwheat.
duck·y /dʌ́ki/ 《口語》*adj.* (**duck·i·er**; **-i·est**) かわいい (dear); 愉快きわまる, 全く申し分のない, 満足な (delightful). ★ しばしば皮肉に用いる. — *n.* **1** 子ガモ. **2** 《英》かわいい人 (darling). ★ 女性語で主に呼び掛けに用いる. 〘(1819) ← DUCK¹＋-Y⁴〙
Du·co /dúːkoʊ, djúː- | djúːkəʊ/ *n.* 〘商標〙デューコ《オーストラリア製の車体用ラッカー光沢剤》. 〘1927〙
Du·com·mun /dùːkəmʌ́ː(ŋ), djùː-, -mʌ́ːŋ | djùː-, dùː-; *F.* dykɔmœ̃/, **Élie** *n.* デュコマン (1833–1906; スイスのジャーナリスト; Nobel 平和賞 (1902)).
duct /dʌ́kt/ *n.* **1** 送水管, 導管 (conduit). **2** 〘解剖〙管: an ejaculatory ~ 射精管 / a lachrymal [tear] ~ 涙管. **3** 〘植物〙**a** 道管, 脈管. **b** (樹脂道のように細胞が連続した)管. **4** 〘電気〙ダクト, 線渠(せんきょ) (conduit) 《電線・電話線などを納める地下の線管》. **5** 〘建築〙ダクト, 暗渠, 風道《暖房・冷房などの空気の送気・還気用の管路》. **6** 〘印刷〙＝ink fountain. **7** 〘通信〙ダクト《ある気象状況のもとで電波が上空で下方に屈折し, 地球表面に沿って異常に遠くまで到達すること》. — *vt.* 〈ガスなどを〉導管で送る; 〈電波などを〉ダクトで伝える. 〘(1650) ◻ L *ductus* leading, conduit, (ML) aqueduct (p.p.) ← *dūcere* to lead ← IE **deuk-* to lead〙
-duct /dʌ̀kt/「…管」の意の名詞連結形: aque*duct*, via*duct*. 〘← ? DUCT〙
dúct·ed *adj.* 導管 (duct) 中の, 導管内で運転する: a ~ fan / a ~ radiator. 〘(1936) ← DUCT＋-ED 2〙
duc·ti·bil·i·ty /dʌ̀ktəbíləṭi | -tɪ̀bílɪ̀ti/ *n.* ＝ductility.
duc·tile /dʌ́ktḷ, -tɪl | -taɪl/ *adj.* **1** 〈金属が〉引き[打ち]伸ばせる, 延性のある: ~ metals. **2** 〈粘土など〉どんな形にもなる, しなやかな (plastic). **3** 〈人・性質など教え[導き]やすい, 御しやすい (tractable), すなおな, 柔順な (docile). **~·ly** /-tḷi, -taɪlli, -tɪ(l)li | -taɪlli/ *adv.* **~·ness** *n.* 〘(*c*1340) ◻ (O)F ~ ‖ L *ductilis* that may be led: ⇨ duct, -ile¹〙
dúctile cást íron *n.* 〘冶金〙可鍛鋳鉄.
duc·til·i·ty /dʌktíləṭi | -lɪ̀ti/ *n.* **1** (金属などの)延性, 延度; (アスファルトの)伸度. **2** 柔軟性; しなやかさ (flexibility). **3** すなおな性質. 〘(1654) ← DUCTILE＋-ITY〙
dúct·ing *n.* 〘解剖〙導管 (duct) 組織; 導管形成物質. 〘(1945): ⇨ -ing¹〙
dúct·less *adj.* 導管のない. 〘(1849–52): ⇨ less〙
dúctless glánd *n.* 〘生理〙内分泌腺 (endocrine gland). 〘1849–52〙
duc·tor /dʌ́ktə | -tə(r)/ *n.* 〘印刷〙＝drop roller 1.
dúct tàpe *n.* ダクトテープ《強い粘着力をもつシルバーグレーの布製テープ; 配管工事・家屋修繕用》.
duct·ule /dʌ́ktuːl, -tjuːl | -tjuːl/ *n.* 〘解剖・動物〙小管 (small duct). 〘(1883) ← DUCT＋-ULE〙
duc·tus /dʌ́ktəs/ *n.* (*pl.* ~) **1** 〘解剖〙＝duct 2. **2** 手跡, 筆跡. 〘(1699) ← NL ← L ~: ⇨ duct〙
dúctus ar·te·ri·ó·sus /-ɑːtìəriόʊsəs | -ɑːtɪəriə́ʊ-/ *n.* 〘解剖〙動脈管. 〘(1811) ← NL ~ 'arterial duct'〙
dúctus dé·fe·rens /-défərènz, -rənz/ *L. n.* (*pl.* **dúctus de·fe·rén·ti·a** /-dèfərénʃiə, -ʃə | -ʃiə/) 〘解剖〙精管. 〘← NL ~ 'deferent duct'〙
dúct·wòrk *n.* (暖房装置などの)導管組織《全体》. 〘1934〙
dud /dʌ́d/ *n.* **1** 《口語》だめなもの; むだに終わったもの, 失敗 (failure), 失望 (disappointment). **2** 《口語》不発(爆)弾. **3** 《口語》偽造小切手[貨幣]. **4** 《口語》〘軽蔑的に〙だめな人[物]. **5** 《口語》〘通例 *pl.*〙着物; 《方言》ぼろ (rags). **6** 〘*pl.*〙《俗》持ち物 (belongings). **7** 《俗》＝dudman. — *adj.* 《口語》むだな, だめな, 役に立たない (useless); にせの, 偽造の (fake): ~ coins [checks] 偽造貨幣[小切手]. 〘(*c*1307) *dudde* article of clothing, thing ← ?: cf. Du. *dood* dead, ON *duða* to swathe〙
dud·die /dʌ́di | -di/ *adj.* (*also* **dud·dy** /~/) 《スコット》ぼろぼろの, ぼろを着た. 〘(1725): ⇨ ↑ (n.) 5, -ie〙
dúddy wéans *n. pl.* 《スコット》**1** (Burns の詩に出てくる)ぼろを着た子供たち. **2** [D- W-; 単数扱い] スコットランド文学協会.
dude /dúːd, djúːd | djúːd, dúːd/ *n.* **1** 《米俗》人. **2** 《米口語》めかし屋; (特に, 服装に凝る)めかし屋, しゃれ者 (dandy, fop). ★ 今はあまり用いない. **3** 《米西部》**a** (特に東部の)都会育ちの人. **b** 休暇に西部の牧場へ来て遊んでいく東部の人, 東部から来た観光客. — *vi.* 《米口語》めかしこむ, しゃれこむ 〈*up*〉. — *vt.* 《米口語》[~ *oneself* または受身で]〈身を〉飾る, めかす. 〘(1883) ◻ ? G 《方言》*Dude* fool〙
du·deen /duːdíːn/ *n.* 《アイル》(陶器製の)短いパイプ. 〘(1841) ◻ Ir.-Gael. *dūidīn* (dim.) ← *dūd* pipe: ⇨ -een²〙
du·del·sack /dúːdḷsæ̀k | -dḷ-; *G.* dúːdḷzàk/ *n.* (ドイツの)バグパイプ (doodlesack). 〘◻ G ~: ⇨ doodlesack〙
dúde rànch *n.* 《米》(休暇利用の遊覧客相手の)観光牧場. 〘1921〙
Du·de·vant /dùːdəvɑ̃́ː(ŋ), djùː-, -vɑ́ːŋ | djùːdə-, dùː-; *F.* dydvɑ̃/, **Baronne** *n.* デュドバン (⇨ George SAND).
dud·geon¹ /dʌ́dʒən/ *n.* 立腹, 憤り. ★ 今は通例次の成句で: *in gréat* [*hígh, déep*] *dúdgeon* 大いに憤慨して, ひどく不機嫌で. 〘(1573) ← ?〙
dud·geon² /dʌ́dʒən/ *n.* **1** 《廃》昔, 短刀などの柄に使った木《ツゲなど》; dudgeon の柄[つか]. **2** 《古》dudgeon の柄[つか]のついた短刀. 〘(1438) *dogeon, dugion* ◻ AF *digeon* boxwood ← ?〙
du·dheen /duːdíːn/ *n.* 《アイル》＝dudeen.
dúd·ish /-dɪʃ | -dɪʃ/ *adj.* 《米俗》気どり屋の, おしゃれの. **~·ly** *adv.* 〘(*c*1880) ← DUDE＋-ISH¹〙
dúd·ism /-dɪzm/ *n.* 《米》気どり, めかし.
Dud·ley¹ /dʌ́dli/ *n.* ダッドリー《イングランド中西部 Birmingham の西北西にある町》. 〘OE *Dudelei* ← *Dudda* (人名)＋*lēah* 'LEA¹'〙
Dud·ley² /dʌ́dli/ *n.* ダッドリー《男性名; 19 世紀より一般に用いられるようになった》. 〘↑〙
Dudley, Robert *n.* ダッドリー (1532?–88; 英国の政治家; Elizabeth 一世の寵臣; 称号 1st Earl of Leicester).
Dudley, Thomas *n.* ダッドリー (1576–1653; 英領 Massachusetts 湾植民地総督 (1634, 40, 45, 50)).
dud·man /dʌ́dmən, dúd-/ *n.* (*pl.* **-men** /-mən, -mèn/) 《英方言》かかし (scarecrow). 〘(1674) ← DUD (n.)〙
due¹ /dúː, djúː | djúː/ *adj.* **1 a** 〔…に〕当然支払われるべき, 〔…から〕借りた (payable) 〔*to*〕: the amount ~ (*to*) him 彼に支払うべき金額. ★ この用法および 2 における due *to* … の to は《口語》では省かれることがある: The balance ~ (*to*) us is $3.＝《米》We are ~ a balance of $3. お払い願う不足額は 3 ドルです. **b** 〈手形など〉支払期限が満ちた, 支払期日のきた, 満期の: the ~ date (手形の)支払期日, 満期日 / fall [become] ~ 満期になる / The bill is ~ on the 19th inst. 手形は今月 19 日が満期です. **2** [名詞の後に置いてまたは叙述的に用いて] 〔…に〕当然与えられるべき[示される]べき 〔*to*〕: the obedience ~ *to* parents *from* their children 親に対して子供たちが当然示すべき従順 / The achievement is ~ *to* you. この功績は当然あなたのものだ / It is ~ *to* him to say so. そう言わないと彼に不公平になる. **3** 正当な, 当然の, 相当の (appropriate); 適当な, 相応な, 十分な (adequate): in ~ form 正式に / ⇨ *in due* COURSE / in ~ time そのうち時が来て[来れば], やがて / after [(up)on] ~ consideration 十分考えた上で / with (all) ~ ceremony 正式な儀式を行って / without ~ cause 正当な理由なしに / with ~ regard [respect] for …を十分に配慮して / With (all) ~ respect, I must disagree. ごもっともですが, 賛成いたしかねます / driving without ~ care and attention 当然の注意を払わない運転. **4** [叙述的に用いてまたは名詞の後に置いて] (原因を)〔…に〕帰すべき, 〔…に〕起因して, 〔…の〕せいで(ある) (attributable) 〔*to*〕: The accident was entirely ~ [~ entirely] *to* his carelessness.＝《口語》The accident was entirely ~ [~ entirely] *to* the fact that he was careless. その事故は全く彼の不注意のためであった / It was damage ~ *to* negligence. 怠慢による損傷であった. **5** [叙述的に用いて] **a** [*to* do を伴って] 〈…する〉ことになっていて, はずで (scheduled); 当然〈…を〉受けるべきで 〔*for*〕: The lease is ~ *to* expire. 借用期間が満期となるところです / He is [was] ~ *to* speak here tonight. 今夜ここで演説することになっている[いた(が, しなかった)] / He is ~ *for* a promotion [a vacation]. 彼は昇進するはずだ[休暇を取ることになっている]. **b** 〈列車・汽船など〉到着の予定で: When is the train ~ (in)? 列車は何時に到着するのか / When are you ~ in Tokyo? いつ東京に着く予定ですか / The ship is already ~. 船の到着の時間はもう来ている. **c** [*to* do を伴って] 《口語》ちょうど…しようとして (about): He was ~ *to* think it up. もうちょっとで思い出しそうになった. ***dúe ón*** (演説・歌・演奏などに)出場することになっていて (cf. 5): She is ~ *on* in ten minutes. あと 10 分すると彼女の出番だ. ***dúe to*** [前置詞句として] …のために, の理由から (owing to, because of) (cf. 4): Some articles have risen in price, ~ *to* increasing demand. 需要が増してきたためにある品は値上がりした. ★ この用法は不正確なものとされているが, 今はかなり見受けられる. …which is ~ *to* increasing demand. とすれば正用法.
dúe prócess (**of láw**) 適法手続《正当な法の手続, または法によらなくては個人の権利や自由を奪えないとすること; 合衆国憲法に保障されている(修正 5 条, 14 条); 単に due process ともいう》. 〘1791〙
— *adv.* **1** (方角が)正しく, 真… (exactly): a ~ north wind 正北風 / sail ~ west 真西に航行する / The wind is ~ east. 風は真東だ. **2** 《廃》＝duly.
— *n.* **1** [通例単数扱い] (法律上または道徳上)当然払われるべき[受けるべき]もの (fair share): Respect and homage are a sovereign's ~. 尊敬と臣従とは君主たる者が当然受くべきもの / He got his ~ in the end. 最後には報いを受けた. **2** [通例 *pl.*] 賦課金, 税, 料金; [*pl.*] 会費: harbor ~*s* 入港税 / light ~*s* (船舶の支払うべき)灯台税 / club ~*s* クラブの会費 / The membership ~*s* are 100 dollars a year. 会費は年 100 ドルです.
for a fúll dúe 〘海事〙完全に, 十分に (thoroughly). ***give a person his dúe*** (1) 〈人〉の認めるべき点[長所]を公平に認める. (2) 〈人〉に公平な扱いをする. ***give the dévil his dúe*** ⇨ devil 成句. ***páy one's dúes*** (1) (嫌なことも我慢して)責任を果たす, 苦労を重ねる, 経験を積む: When you hear her sing the blues, you know she's *paid her* ~*s*. 彼女がブルースを歌うのを聞くと試練を経てきたことがわかる. (2) 《米俗》禁固刑に服する.
~·ness *n.* 〘(?*c*1350) *dewe* ◻ OF *deu* (F *dû*, (fem.) *due*) < VL **dēbūtum*＝L *dēbitus* owed (p.p.) ← *dēbēre* to owe: cf. debit, debt〙
due² /dúː, djúː | djúː/ *vt.* 《廃》与える, 授ける (endue). 〘(*a*1376) *doue(n)* ◻ (O)F *douer* 'to ENDOW'〙
dúe bìll *n.* 《米》〘商業〙借用証書, 付け《現金化・他人への譲渡不可だが, 商品化など可の場合もある》. 〘1864〙
dúe cáre *n.* 〘法律〙相当な注意《通常の思慮分別をもった個人が払う程度の注意》.
dù·e·cén·tist, D- /-tɪ̀st | -tɪst/ *n.* 13 世紀の(イタリアの)美術家[文学者]. 〘⇨ ↓, -ist〙
du·e·cen·to, D- /dùːətʃéntoʊ, djùː- | djùːətʃéntəʊ; *It.* duetʃénto/ *n.* 13 世紀(風)《特に, イタリアの美術・文学についていう》. 〘◻ It. ~ (原義) two hundred〙
dúe dàte *n.* [通例単数形で] 満期日, 支払い期限, (図書などの)返却期限, 出産予定日.
dúe díligence *n.* ＝due care.
du·el /dúːəl, djúː- | djúːəl, djúəl/ *n.* **1** 決闘, 果たし合い《seconds と呼ばれる他の二人の介添人が見届ける》; [the ~] 決闘法: fight [have] a ~ with …と決闘する. **2** (二者または二党間の)闘争: a ~ of wits 頓知(とんち)くらべ. **3** 《米》運動競技, 試合. — *vi.*, *vt.* (**du·eled, -elled, -el·ing, -el·ling**) (…と)決闘する; 接戦をする[となる]. 〘(*c*1475) ◻ It. *duello* ‖ L *duellum* war, (ML) duel (古形) ← ?: ML の意味は L *duo* two との連想から: cf. bellicose〙
dú·el·er /-lə | -lə(r)/ *n.* (*also* **du·el·ler** /~/) ＝duelist.
dú·el·ing /-lɪŋ/ *n.* (*also* **du·el·ling** /~/) 決闘, 果たし合い; 決闘術. 〘(1654): ⇨ -ing¹〙
dúeling pistol *n.* (銃身の長い)決闘用ピストル《通例, 対で造られる》. 〘1842〙
dú·el·ist /-lɪ̀st | -lɪst/ *n.* (*also* **du·el·list** /~/) 決闘者; 闘争者. 〘(1595–96): ⇨ -ist〙
du·el·lo /duːéloʊ, djuː- | djuːéləʊ/ *n.* (*pl.* ~**s**) 決闘術; 決闘規定; 《廃》決闘. 〘(1594–95) ◻ It. ~: ⇨ duel〙
duen·de /duéndeɪ; *Sp.* dwénde/ *Sp. n.* **1** 幽霊, 悪魔 (demon). **2** 魔力, 不思議な魅力. 〘(1924) ◻ Sp. ~〙
du·en·na /duːénə, djuː- | djuː-, duː-/ *n.* **1** 少女監督女性《スペイン[ポルトガル]の家庭で娘の監督や相手をする相当年配の女性》. **2** 《まれ》(一般に)(処女の)付添い女性 (chaperon); 女性家庭教師. **3** (スペイン皇后付き)女官長. **~·shìp** *n.* 〘(1623) ◻ Sp. *dueña* < L *dominam* mistress: ⇨ dame〙
dúe prócess *n.* 〘法律〙＝DUE process of law.
Due·ro /*Sp.* dwéro/ *n.* [the ~] ドエロ(川)《Douro のスペイン語名》.
du·et /duːét, djuː- | djuː-/ *n.* (*also* **du·ett** /~/) **1** 〘音楽〙二重奏[唱]曲; 二重奏[唱], デュエット (cf. solo); 二重奏[唱]をする人. **2** 《戯言》(二人の)対話; 悪口の言い合い. **3** 一対. — *vi.* (**duet·ted**; **duet·ting**) duet を奏する[歌う]. 〘(1740) ◻ It. *duetto* (dim.) ← *duo* two, duet〙
duetti *n.* duetto の複数形.
du·ét·tist /-tɪ̀st | -tɪst/ *n.* 二重奏[唱]者. 〘(1876) ← DUET＋-IST〙
du·et·to /duːéṭoʊ | djuːétəʊ; *It.* duétto/ *It. n.* (*pl.* ~**s**, **du·et·ti** /-tiː; *It.* -ti/) ＝duet. 〘(1724) ◻ It. ~: ⇨ duet〙
du·e vol·te /dúːeɪvɔ́(ː)lteɪ, -vάː(ː)l- | -vɔ́l-; *It.* dúːevɔ́lte/ *It. adv.* 〘音楽〙2 度, 同じ部分を繰り返せ. 〘◻ It. 'two rounds'〙
Du·fay /duːféɪ, djuː- | djuː-; *F.* dyfe/, **Guillaume** *n.* デュファイ (1400?–74; ルネサンス期フランドルの作曲家).
duff¹ /dʌ́f/ 《英口語》*adj.* くだらない, だめな; にせの, まがいものの (false). — *n.* くだらないもの, だめなもの; にせもの[金]. 〘(1781) ← DUFF³: cf. dowf〙
duff² /dʌ́f/ *n.* **1** だんごの一種《小麦粉に干しぶどう・黒すぐりなどを入れて蒸し上げたもの》. **2** 《英方言》ねり粉 (dough). **3** 粉炭 (fine coal). **4** 〘土壌〙ダフ《森林土壌の腐植の形態区分の一つ; 堆積した落葉・落枝などがある程度分解したもので, mor と mull の中間型; duff mull ともいう; cf. litter 7》. ***úp the dúff*** 《英・豪俗》妊娠して[はらんで]いる (pregnant). 〘(1840) (方言的異形) ← DOUGH〙
duff³ /dʌ́f/ *vt.* **1** 《俗》**a** 〈品物を〉ごまかす, 〈古物を〉新しく見せかける, 焼き直す (fake up). **b** 〈人を〉だます. **2** 《英》**a** 〘ゴルフ〙〈球を〉打ちそこねる; ＝sclaff. **b** 《俗》しくじる. **3** 《豪俗》〈盗んだ牛馬〉に別の焼印を押す; 〈家畜を〉盗む. **4** [~ up または ~ in として] 《英口語》〈人を〉ひどくなぐりつける. 〘(*c*1838) (逆成) ← DUFFER〙
duff⁴ /dʌ́f/ *n.* 《俗》尻 (buttocks). 〘(*c*1885) ← ?: cf. duff²〙
Duff /dʌ́f/ *n.* ダフ《男性名; スコットランドに多い》. 〘← Ir.-Gael. *dubhthach* dark complexioned one〙
duf·fel /dʌ́fəl, -fḷ/ *n.* **1** ダッフル《厚いけばを立てた粗織ラシャ》. **2** 《米・カナダ》**a** スポーツ[キャンプ]服の着替え. **b** [通例 duffle; 集合的] (兵士・キャンパーなどの)携行品一式, キャンプ用品. **3** ＝duffel bag. **4** ＝duffle coat. 〘(1649) ◻ Du. ~ ← *Duffel* (ベルギーの Antwerp 付近の地名)〙
dúffel bàg *n.* (軍隊・キャンプ用の円筒型, 特に防水の)雑嚢(ざつのう), ズックの袋 (cf. duffel 2). 〘1917〙
dúffel còat *n.* ＝duffle coat.
duf·fer /dʌ́fə | -fə(r)/ *n.* **1** 《俗》**a** 能なし, うすのろ, ばか;

D

鈍くてだめな年寄り: an old ～ おいぼれ. **b** (何をやらしても)だめな人, (ゲームなどで)へまばかりする人; (特に)へたなゴルファー. **2** 《俗》いかもの, まやかしもの, にせ物 《にせ金・偽画など》. **3** 《俗》(いかものを高く売りつける)いんちき商人, (安ぴか物の)行商人 (peddler). **4** 《豪》牛泥棒. **5** 《豪口語》生産性の低い鉱山. **— vi.** 収益がないと判明する. 〖《1756》《変形》? ← 《スコット》*doofart* stupid or dull person ← *douf* dull ▭ ? ON *daufr* 'DEAF': cf. duff[3]〗

duff·ing /dʌ́fɪŋ/ *adj.* 《英俗》にせの (counterfeit); ばかげた (stupid). 〖《1851》← DUFF[3]＋-ING[2]〗

duf·fle /dʌ́fl/ *n.* ＝duffel.

dúffle còat *n.* ダッフルコート 《duffel などの毛織物で作られたひざまでの長さの外套; 通例フードがつき, 前を toggles で留める》. 〖1684〗

Du Fu /dùːfúː; *Chin.* tùfǔ/ *n.* 杜甫(とほ) (712–70: 中国唐代の詩人).

Du·fy /duːfíː | dúːfi; *F.* dyfi/, **Raoul** *n.* デュフィ 《1877–1953; フランスの画家; 1905 年以来野獣派; 明るい色彩の風景画, 海洋画などで知られる》.

dug[1] *v.* dig の過去形・過去分詞. 〖《pret.: 16C; p.p.: 18C》: もと *digged* であったが, STICK-STUCK などの類推から〗

dug[2] /dʌ́g/ *n.* **1** (母獣の)乳房 (mamma). **2** 《卑》乳首 (teat). 〖《1530》← ? Scand: cf. Swed. *dägga* / Dan. *dægge* to suckle〗

dug[3] /dʌ́g/ *n.* 《スコット》＝dog.

Du Gard, Roger Martin *n.* ⇨ Martin du Gard.

du·gite /dúːgaɪt/ *n.* 《動物》ドゥーガイト (*Pseudonaja affinis*) 《中央および西オーストラリア産コブラ科の毒ヘビ》. 〖《1873》▭ Austral. (Nyungar) *dukayj*〗

du·gong /dúːgɑ(ː)ŋ, djúː-, -gɔ(ː)ŋ | -gɒŋ/ *n.* (*pl.* ～, ～**s**) 《動物》ジュゴン (*Dugong dugon*) 《熱帯の海にすみ, 前足がひれ状で後足がない水生の哺乳動物; 子を抱いて授乳するといわれ, 昔「人魚」と称されたもの; sea cow ともいう》. 〖《1800》← NL ～ ← Malay *dūyong*〗

dúg·òut *n.* **1** 丸木舟, くり舟 《丸木をくりぬいた canoe》. **2** 《野球》ダッグアウト (bench) 《球場の一角にある選手の控え所》. **3** (古代人が住居として丘の中腹に造った)横穴, 縦穴, 穴倉. **4** 《軍事》(塹壕内に設けた)地下掩蔽(えんぺい)部, 横穴 《防空・待避・物資貯蔵などに用いる》. **5** 《英俗》(老齢で退役してから一時的軍務のために召集された)応召再役[復役]将校. 〖《1722》← DUG[1]＋OUT ← *dig out* (⇨ dig (v.) 成句)〗

dúgout canóe *n.* ＝dugout 1.

Du Gues·clin /djùːgeklǽn, dùː-, -klǽŋ; *F.* dygeklɛ̃/, **Bertrand** *n.* デュゲクラン (1320?–80; 中世フランスの軍人).

dúg wéll *n.* 掘り井戸.

Du·ha·mel /dùːəmél, djùː- | djùː-; *F.* dyamɛl/, **Georges** *n.* デュアメル (1884–1966; フランスの小説家・劇作家・詩人・随筆家・医師).

Duhamél's théorem [príncìple, méthod] *n.* 《数学》デュアメルの定理[原理, 方法] 《偏微分方程式の混成問題を解くのに用いられる原理》. 〖← *Jean M. C. Duhamel* (1797–1872: フランスの数学者)〗

Düh·ring /dʊ́ᵊrɪŋ, djʊ́ᵊr- | djʊ́ər-; *G.* dýːʁɪŋ/, **Karl Eugen** *n.* デューリング (1833–1921; ドイツの哲学者・経済学者).

dui *n.* duo の複数形.

DUI /díːjùːáɪ/ 《略》driving under the influence (of drugs or alcohol) 飲酒または麻薬の影響下の運転.

dui·ker /dáɪkə | -kə(r)/ *n.* (*pl.* ～, ～**s**) **1** 《動物》ダイカー (モリダイカー属 (*Cephalophus*), ヤブダイカー属 (*Sylvicapra*) の動物の総称; 南アフリカ産の小形で角が小さいレイヨウなど, やぶにもぐり込む習性がある). **2** 《南ア》《鳥類》＝cormorant 1. 〖1: 《1777》▭ Afrik. ～ 'diver' ← *duik* to dive ← MD *dūken*: ⇨ -er[1]: cf. duck[2]. 2: 《1838》〗

dui·ker·bok /dáɪkəbɑ̀(ː)k | -kəbɒ̀k/ *n.* (*pl.* ～, ～**s**) 《動物》＝duiker 1. 〖《1786》▭ Afrik. ～ ← *duiker* (↑)＋*bok* male antelope (cf. buck[1])〗

Duis·burg /dúːsbəːg, dúːz- | djúːz-, djúːs-; *G.* dýːsbʊʁk/ *n.* デュースブルク 《ドイツ North Rhine-Westphalia 州の都市; Rhine 川と Ruhr 川の合流点にある; ヨーロッパ最大の河港で, 鋼鉄生産の中心地; Hamborn と合併してできた都市でもと Duisburg-Hamborn /dýːsbʊʁkhámbɔʁn/ と呼ばれた》.

duit /dɔ́ɪt/ *n.* ＝doit 1.

du jour /duːʒʊ́ə, duː-, djuː-, də- | djuːʒʊ́ə(r); *F.* dyʒuːʁ/ *adj.* 〈食べ物など〉その日の, 当日の; きょうの: the lunch ～ 本日のランチ. 〖《1969》▭ F ～ 'of the day'〗

du·ka /dúːkə/ *n.* (ケニアや東アフリカ東部の)小売店 (cf. dukawallah). 〖《1924》▭ ? Hindi *dukān* ∥ ← Swahili〗

Du·kas /duːkáː, djuː- | djúːkaː, dúː-; *F.* dykaːs/, **Paul** *n.* デュカス (1865–1935; フランスの作曲家; *L'Apprenti sorcier*「魔法使いの弟子」(1897)).

du·ka·wal·lah /dúːkəwɑ̀(ː)lə | -wɒ̀lə/ *n.* (ケニアや東アフリカ東部の)小売店主 (storekeeper) (cf. duka). 〖← DUKA＋Anglo-Ind. *-wallah* one connected with〗

duke /dúːk, djúːk | djúːk/ *n.* **1** [しばしば D-] 《英》公爵 《英国では最高の爵位; cf. duchess》; 英国以外の国の公爵 (prince): the Iron *Duke*＝the *Duke* of Wellington ウェリントン公爵 / ⇨ royal duke. **2** (ヨーロッパ大陸の公国または小国の)君主, 公 (sovereign prince) (cf. duchy, prince): ⇨ grand duke. **3** 《園芸》デューク群のオウトウ 《オウトウ品種群の一つ; 甘果オウトウ (sweet cherry) と酸果オウトウ (sour cherry) との雑種群; 品種 Mayduke など; duke cherry ともいう》. **4** [通例 *pl.*] 《俗》こぶし (fists), 手 (hands). **5** 《廃》指揮者 (leader), 統括者 (governor).

Dúke of Árgyll's téa trèe 《植物》ナガバクコ (*Lycium barbarum*) (tea tree) 《地中海原産の観賞用クコ》.

Dúke of Édinburgh's Awàrd [the —] 《英》エディンバラ公賞 (Edinburgh 公によって創設された賞 (1956); スポーツ・趣味などで優れた業績をあげた青少年に与えられる).

— vt. [次の成句で] ***dúke it óut*** けんかをする. 〖《*a*1131》 *duc* ▭ (O)F ▭ L *ducem, dux* leader ← *dūcere* to lead: cf. duct, tow[1]〗

Duke /dúːk, djúːk | djúːk/ *n.* **1** デューク (Benjamin Newton (1855–1925) とその弟 James Buchanan (1856–1925); 二人とも米国の実業家; 兄弟でタバコ工場を経営). **2** デューク (男性名; 米国に多い). 〖(dim.) ← MARMADUKE〗

dúke·dom /-dəm/ *n.* **1** 公爵領, 公国. **2** 公爵の位階[身分]. 〖《?*c*1350》: ⇨ -dom〗

Dukes /dúːks, djúːks | djúːks/, **Ashley** *n.* デュークス (1885–1959; 英国の劇評家・劇作家・劇場経営者).

Du·kho·bors /dúːkəbɔ̀əz | -bɔ̀ːz/ *n. pl.* 《キリスト教》＝Doukhobors.

duk·ka /dúːkə/ *n.* ＝duka.

duk·kha /dúːkə/ *n.* 《仏教》苦諦(くたい) 《凡夫の存在は苦なりという真理; cf. THREE Signs of Being》. 〖▭ Pali ～〗

DUKW, Dukw /dʌ́k/ *n.* ＝duck[4].

Du·la·ny /duléɪni, də-/ *n.* 《商標》デュレーニー 《米国 Dulany Foods 社製の冷凍野菜》.

Dul·bec·co /dʌlbékoʊ, dəl- | -kəʊ/, **Re·na·to** /rənáːtoʊ | -təʊ/ *n.* ダルベッコ (1914–2012; イタリア生まれの米国のウイルス学者; 腫瘍ウイルスの研究で Nobel 生理学医学賞 (1975)).

dul·ca·ma·ra /dʌ̀lkəmέᵊrə | -méərə/ *n.* ズルカマラエキス 《woody nightshade のエキス; ホメオパシーで, 特に皮膚病と胸の病気の治療に用いられる》. 〖《1578》← ML ～ 'bittersweet' ← L *dulcis* sweet＋*amāra* bitter〗

dulce /dʌ́ls/ *n.* 《植物》＝dulse.

dul·cet /dʌ́lsɪ̠t/ *adj.* **1** (耳や目に)快い, 甘美な (sweet); (特に)〈音色が〉美しい, 美妙な (melodious). **2** 《古》美味な, 芳香の. **— n.** オルガンの音栓 (stop) の一種 (dulciana に似ているが 1 オクターブ高い). **～·ly** *adv.* **～·ness** *n.* 〖《15C》← L *dulcis* sweet＋-ET ∽ 《*c*1380》 *doucet* ▭ (O)F (dim.) ← *doux* sweet ＜ L *dulcem* ← IE **dl̥ku-* sweet〗

dul·ci·an·a /dʌ̀lsiǽnə, -áːnə | -áːnə/ *n.* 《音楽》オルガンの音栓 (stop) の一種 《柔和で甘美な音を奏する音栓》. 〖《1776》← NL ～ ← ML ～ 'bassoon' ← L *dulcis* sweet〗

Dul·cie /dʌ́lsi/ *n.* ダルシー (女性名; 19 世紀末より一般化した). 〖← L *dulcis* sweet: ⇨ -ie〗

dul·ci·fy /dʌ́lsəfàɪ | -sɪ̠-/ *vt.* 《まれ》**1** 〈気分などを〉快く[なごやかに]する, 和らげる (appease). **2** 〈味を〉甘美にする, 甘くする. **dul·ci·fi·cá·tion** /dʌ̀lsəfɪ̠kéɪʃən | -sɪ̠fɪ-/ *n.* 〖《1599》▭ LL *dulcificare* to sweeten ← L *dulcis* sweet＋*-ficāre* '-FY': cf. dulcet〗

dul·ci·mer /dʌ́lsəmə | -mə(r)/ *n.* **1** ダルシマー 《中世にヨーロッパへ伝えられた東洋起源の弦楽器; 梯形の共鳴箱に金属弦を張り, 二つの小さいハンマーでたたいて音を出すピアノの原型; ツインバロンはその一種》. **2** 《俗用》バグパイプ (bagpipe) の一種 (cf. *Dan.* 3: 10). **3** ダルシマー 《2 本または 3 本の弦のあるギターに似た米国の民族楽器》. 〖《?1474》▭ OF *doulcemer, doulcemele* ← L *dulcis* sweet (↑)＋? *-melos* song (▭ Gk *mélos*: ⇨ MELODY)〗

dul·ci·more /dʌ́lsəmɔ̀ə | -sɪ̠mɔ̀ː(r)/ *n.* ＝dulcimer 3. 〖《変形》↑〗

Dul·cin /dʌ́lsɪ̠n | -sɪn/ *n.* 《商標》ズルチン 《甘味料; 現在は使用されない》. 〖《1862》← L *dulcis* sweet＋-IN[2]〗

Dul·ci·ne·a /dʌ̀lsɪ̠níːə, dʌlsɪ́niə | dʌ̀lsɪ̠níːə, -néɪə; *Sp.* dulθinéa/ *n.* **1 a** ドルシネア (Don Quixote が理想の女性としてあこがれる粗野な田舎娘; Dulcinea del Toboso). **b** 偶像[理想]化された女性. **2** [d-] 理想の恋人 (sweetheart). 〖《1748》▭ Sp. ～ ← L *dulcis* sweet〗

dul·ci·tol /dʌ́lsətɔ̀(ː)l | -sɪtɒ̀l/ *n.* 《化学》ズルシトール ($HOCH_2(CHOH)_4CH_2OH$) (6 価のアルコール; 甘味料). 〖《1884》← 《廃》*dulcite* (← L *dulcis* sweet＋-ITE[1])＋-OL[1]〗

dul·ci·tone /dʌ́lsətòʊn | -sɪtəʊn/ *n.* ダルシトーン 《チェレスタに似た鍵盤楽器の一種; 半音階に配列した音叉 (tuning forks) をコルク頭のハンマーで打って音を出す》. 〖《1888》← L *dulcis* sweet＋TONE〗

du·li·a /duːláɪə, djuː- | djúːliə, dúː-, djuːláɪə/ *n.* 《カトリック》聖人・天使に対する礼拝, 聖人崇敬 (cf. latria, hyperdulia). 〖《1617》▭ ML ～ ▭ Gk *douleia* servitude, service ← *doûlos* slave〗

dull /dʌ́l/ *adj.* (～·**er**; ～·**est**) **1** 〈刃など〉刃が鈍い, よく切れない, なまくらの (blunt) (↔ sharp, keen[1]): a ～ knife / a ～ edge 鈍い[なまくらの]刃. **2** 〈色・光・音色など〉鈍い, さえない, はっきりしない (dim) (↔ vivid); 光沢[つや]のない: a ～ color どんよりした色 / a ～ light [sound, glint] 鈍い光[音, 閃光] / a ～ mirror 曇った鏡 / a ～ finish [surface] 光沢をつけない[つや消し]仕上げ[表面] / a ～ thud 重い物音. **3** 〈天気など〉どんよりした, 曇っている (cloudy); うっとうしい (gloomy): ～ weather / a ～ day. **4** 〈苦痛など〉ぼんやり感じられる, 鈍い: a ～ pain [ache] 鈍痛. **5** 〈人が〉鈍感な, わかりののろい, 愚鈍な, のろまな (⇨ foolish SYN): a ～ boy 遅鈍な少年. **6 a** 〈人・耳・目など〉(感覚などが)鈍い, 無感覚の; 〈感覚が〉鈍い, 鋭敏でない (↔ keen): ～ sight 鈍い視力 / be ～ of apprehension のみこみが悪い / be ～ of hearing 《方言》耳が遠い / He was ～ *to* noises. 彼は騒音に鈍感だった. **b** 〈動作・反応などが〉鈍い, のろのろした; 活気[熱]がない, 気のぬけた: The weather is making me feel ～. 天候のせいでかったるい. **7** 〈書物・話など〉単調な, 退屈な, だれている, おもしろくない (tedious, boring): a ～ book 興味の乏しい(退屈な)本 / We had a ～ time. 私たちは退屈だった / He is [They are] ～ company. 彼[ら]と一緒にいると退屈だ / a ～ place 退屈な場所. **8** 〈商売など〉不振の, 沈滞している (stagnant); 〈市場・町など〉活気がない, 沈んでいる (depressed); 〈商品・在庫品が〉さばけない: a ～ place 活気のない所 / Trade [The market] is ～. 商況不活発.

(as) dúll as dítchwater [díshwater] ⇨ ditchwater.

Néver [There's néver] a dúll móment. 《戯言》楽しくて[忙しくて]どうしようもない, 何が起こるかわからない.

— vt. **1** 〈刃を〉鈍くする, 鈍らせる, なまくらにする 〈*up*〉 (blunt) (↔sharpen, whet): ～ a razor's edge かみそりの刃をなまくらにする / ～ the edge of a person's appetite 食欲をそぐ. **2** 〈視力などを〉鈍らせる (blunt): Sight is ～*ed* by eyestrain. 視力が眼精疲労のため弱る. **3** 〈痛み・感情などを〉和らげる (alleviate): ～ pain with analgesics 鎮痛剤で痛みを和らげる. **4** 〈鏡などを〉曇らせる, ぼんやりさせる 〈*up*〉: ～ the sheen of a surface 表面の光沢を曇らせる. **5** 〈知能などを〉鈍くする, 愚鈍にする; 〈感情など〉の激しさを和らげる: ～ a person's enthusiasm [excitement] 熱狂[興奮]を冷ます. **— vi.** 〈力・強さ・明るさ・鋭さなどが〉鈍くなる, 鈍る, 曇る 〈*over*〉, 和らぐ. 〖《*c*1225》▭ MLG & MDu. *dul* (Du. *dol*) ＜ Gmc **dulaz* (OE *dol* foolish, dull-witted / G *toll* mad) ← IE **dheu-* to rise in a cloud as dust or vapor (OIr. *dall* blind / Gk *tholós* mud): cf. dwell, dusk, dust〗

SYN **1** 切れ味の悪い: **dull** 《古風》〈刃など〉元の鋭さを失って切れ味が悪い: a *dull* knife 切れないナイフ. **blunt** 〈ナイフなど〉刃が切れない, 〈鉛筆など〉とがっていない: a *blunt* pencil 先が丸くなった鉛筆. **obtuse** 《幾何》鈍角の; 《植物》〈葉が〉先が丸い: an *obtuse* angle 鈍角 / an *obtuse* leaf 先の丸い葉. **2** 頭が鈍い: ⇨ foolish.

ANT sharp, keen.

---

dull·ard /dʌ́ləd | -ləd/ *n.* のろま, ばか, 血のめぐりの悪いやつ. **— adj.** 鈍い; 鈍感な. 〖《1440》← DULL (adj.)＋-ARD〗

dúll-bráined *adj.* 頭の悪い[鈍い]. 〖1592–93〗

dúll emítter *n.* 《電気》低温熱陰極, 低温フィラメント 《電子管の熱陰極で, 比較的低温のため明るく輝かないもの》. 〖1922〗

Dul·les /dʌ́lɪ̠s/, **John Foster** *n.* ダラス (1888–1959; 米国の外交官・政治家; 国務長官 (1953–59); ソ連に積極的に反対, 核ミサイルの開発を促す).

dúll-éyed *adj.* 目のどんよりした. 〖1596–97〗

dull·ish /dʌ́lɪʃ/ *adj.* **1** 少し鈍い. **2** うすぼんやりの, うすのろの. **3** だれ気味の. **～·ly** *adv.* 〖《*c*1399》: ⇨ -ish[1]〗

dull·ness /dʌ́lnɪ̠s/ *n.* **1** 鈍さ, なまくら. **2** (感覚などの)鈍さ, 鈍感. **3** 遅鈍, のろさ (slowness); 愚鈍 (stupidity). **4** (音色・光沢などの)鈍さ, 曇り (dimness). **5** (生活・商況などの)不活発, 緩慢, 不振. **6** (話などの)のろくささ, 退屈 (tediousness). **7** うっとうしさ, (気分の)重苦しさ (gloominess). **8** 《医学》濁音 (打診音の一種); 濁音界. 〖《1357》: ⇨ -ness〗

Dulls·ville, d- /dʌ́lzvɪl/ 《米俗》*n.* 全く退屈な状態[人], とてもうんざりすること. **— adj.** とても退屈な (very dull). 〖《*c*1960》: ⇨ dull, -ville〗

dúll-wítted *adj.* ＝dull-brained. **～·ly** *adv.* **～·ness** *n.* 〖*a*1387〗

dul·ly /dʌ́(l)li, dʌ́li/ *adv.* **1** 鈍く, のろく, 遅鈍に; ぼんやりと, くすんで. **2** だれたように, 不活発に, 緩慢に, 単調に, 退屈するように, のろくさく (sluggishly). 〖《?*a*1425》: ⇨ -y[4]〗

dul·ness /dʌ́lnɪ̠s/ *n.* ＝dullness.

du·lo·sis /duːlóʊsɪ̠s, djuː- | djuːlə́ʊsɪs/ *n.* (*pl.* **-lo·ses** /-siːz/) 《昆虫》奴隷制, 奴隷共棲 《ある種のアリが他の種のアリに幼虫を捕らえられて育てられるような奴隷化[状態]; helotism ともいう》. **du·lót·ic** /-lɑ́(ː)tɪk | -lɒ́t-/ *adj.* 〖《1904》← NL ～ ← Gk *doúlōsis* slavery ← *douloûn* to enslave ← *doûlos* slave: ⇨ -osis〗

dulse /dʌ́ls/ *n.* 《植物》ダルス (*Rhodymenia palmata*) 《広く北方の海に生育する紅藻類; アイスランドおよびスコットランドで食用などに利用》. 〖《1684》▭ Ir.-Gael. *duileasg* ← ? *duille uisge* water leaf: cf. Welsh *delysg* dulse〗

Du·luth /dəlúːθ | də-, djʊ-, dʊ-/ *n.* ダルース 《米国 Minnesota 州東部, Superior 湖西端の港市; 鉄鉱石・小麦・製粉業などの中心地》. 〖← *D. G. Du Luth* (1636?–?1709: フランスの探検家)〗

Dúl·wich Cóllege /dʌ́lɪdʒ-, -tʃ-/ *n.* ダリッジカレッジ 《1619 年 Edward Alleyn が創立した有名な public school; London 南東部にある男子校; cf. Alleynian》.

du·ly /dúːli, djúː- | djúː-/ *adv.* **1** 正しく, 当然に (rightly); 正式に, 順当に; 適当に, しかるべく, 滞りなく (properly): ～ punished 当然の罰をうける. **2** 十分に (sufficiently): ～ considered. **3** 時宜にかなうように, しかるべき時に; 時間通り (punctually): Your letter is ～ to hand. 《商業》お手紙正に拝受致しました. 〖《*c*1380》: ⇨ due[1], -ly[1]〗

dum /dʌ́m/ *adj. adv.* 《米口語》＝dumb[2].

Du·ma /dúːmə | dúːmə, djúː-; *Russ.* dúmə/ *n.* **1** [the ～] (ロシア帝政時代の)議会 (1905 年 Nikolai 二世によって始められ 1917 年労農革命によって廃止された; ソ連崩壊後復活). **2** [d-] (1917 年以前のロシアの)市会, 地区会. **3** [d-] 《米俗》運動(統制)委員会. 〖《*c*1870》▭ Russ. ～ 《原義》thought, council ▭ Goth. *dōms* judgment: cf. doom〗

Du·mas /duːmáː, djuː-, ⌐⌐ | djúːmaː, dúː-; *F.* dymɑ/, **Alexandre** *n.* デュマ: **1** (1802–70) フランスの小

説家・劇作家: *Les Trois Mousquetaires*「三銃士」(1844), *Le Comte de Monte Cristo*「モンテクリスト伯」(1844–45); 通称 Dumas père「大デュマ」. **2** (1824–95) 大デュマの息子で劇作家・小説家; *La Dame aux camélias*「椿姫」(1848); 通称 Dumas fils「小デュマ」.

Dumas, Jean-Baptiste André *n.* デュマ《1800–84; フランスの化学者; 水蒸気の密度・原子の重量などの研究で知られる》.

du Mau·ri·er /dumɔ́ːrièɪ, djʊ-, duː-, djuː- | djuː-mɔ́ːri-, duː-, -mɔ́ri-/, **Dame Daphne** *n.* デュモーリエ《1907–89; 英国の大衆小説家; Sir Gerald du Maurier の娘; *Rebecca* (1938)》.

du Maurier, George Louis Pal·mel·la Bus·son /pæłmélə buːsɔ̃ː(ŋ), -sɔ́ːŋ/ *n.* デュモーリエ《1834–96; フランス生まれの英国の挿絵画家・小説家; *Punch* の挿絵画家として最も著名; *Trilby* (1894)》.

du Maurier, Sir **Gerald** *n.* デュモーリエ《1873–1934; 英国の俳優; George du Maurier の息子》.

dumb[1] /dʌ́m/ *adj.* (~·**er**; ~·**est**) **1** 〈人・動物が〉口のきけない, ものの言えない (cf. deaf). ★ 今は主に動物に用いる (cf. mute[1] 2 a ★): ~ animals [creatures] ものの言えない哀れな動物 / the deaf and ~ 聾唖(ろうあ)者 / the ~ [silent] millions (政治に発言権のない)無言の大衆 / ⇨ deaf-and-dumb. **2** 口をきかない, 口をつぐんだ, 黙っている; パントマイムによる; 無口な (silent): remain ~ 黙っている, 無言を続ける / be ~ *on* the fact 事実について黙っている / ⇨ dumb show. **3 a** 〔驚き・恐怖などで〕ものも言えないほどの 〔*with*〕: ~ *with* astonishment [happiness] / strike a person ~ 人をあっと驚かせる / Surprise struck me ~.=I was struck ~ with surprise. びっくりして口もきけなかった / ⇨ dumbstruck. **b** 〈感情・考えなど〉口では表せない, 言葉で伝えられない (silent, mute): ~ grief 無言の悲しみ / ~ despair 言葉も出ないほどの絶望. **4** 音の出ない, 音の聞こえない: a ~ peal (of bells) (包んだ鐘の)鈍い音 / This piano has a few ~ notes. このピアノには二つ三つ音の出ない鍵(けん)がある / ⇨ dumb piano. **5** 《口語》 **a** 〈人が〉のろまな, 鈍い (dull), ばかな (stupid): (as) ~ as an ox まったく愚かな. **b** 《米口語》〈ものが〉つまらない, 愚かな: That was a ~ thing to do! そんなことをするなんて愚かなことだ / His success was just ~ luck! 彼の成功は単なるまぐれだ. **6** 正常の部分・性質などが欠けた: ⇨ dumb ague, dumb chamber. **7** 〔海事〕〈船が〉発動機・帆などの自走力をもたない: ⇨ dumb barge. **8** 〔電算〕〈端末装置が〉データ処理能力をもたない.

— *n.* 《米口語》のろま, ばか, まぬけ《dumb-dumb, dumdum ともいう》.

— *vt.* 沈黙させる. — *vi.* 黙る 〈*up*〉. ***dúmb dówn*** (*vt.*) 《米口語》(教育不十分な人のために教科書・放送などの内容を)簡単にする, やさしくする, レベルを下げる.

〖OE ~ < Gmc **dumbaz* 《原義》beclouded in the senses (Du. *dom* / G *dumm* stupid / ON *dumbr* mute / Goth. *dumbs* < IE **dhumbhos* dark ← **dheu-* to rise in a cloud: cf. deaf: adj. 5 b については cf. G *dumm* dull, stupid〗

dumb[2] /dʌ́m/ *adj., adv.* 《米口語》べらぼうな[に], ひどい[く], とても (damned). 〖《変形》← DAMN (v.)〗

Dumb. 《略》Dumbartonshire.

dúmb águe *n.* 〔病理〕潜在マラリア. 〖*c*1780〗

Dum·bar·ton /dʌmbáːtn̩, dəm- | -báː-/ *n.* ダンバートン: **1** =Dunbarton. **2** スコットランド中西部の町; 旧 Dunbarton 州の州都; Clyde 川に近く, 造船業が盛ん. 〖ME *Dunbretane* ◻ Sc.-Gael. *dūn Breatuin* 《原義》fort or hill of the Britons: ⇨ down[3], Briton〗

Dúmbarton Óaks *n.* ダンバートンオークス《米国の首都 Washington, D.C. にある邸宅; 1944 年 8–10 月ここで国際連合組織の下会談が行われた》.

Dum·bar·ton·shire /dʌmbáːtn̩ʃə, -ʃɪə | -báː-tn̩ʃə[r], -ʃɪə[r]/ *n.* =Dunbarton 1.

dúmb-áss *n., adj.* 大ばか(な).

dúmb bárge *n.* 《英》〔海事〕発動機も帆装ももたず自走力のない艀(はしけ)《特に Thames 川などでもっぱら引き綱と潮の動きで移動するもの》. 〖1869〗

dúmb bárter *n.* (当事者間の直接の接触を避けて品物を一定の場所に置き, 代わりに相手の品物を持って帰る)原始的な一種の物々交換制度《silent barter ともいう》.

dúmb·bèll *n.* **1** [通例 *pl.*] (ウエートトレーニングなどに用いる)亜鈴, ダンベル (cf. barbell): a pair of ~*s* 亜鈴一対 / ~ exercise ダンベル体操. **2** (犬の訓練用の)亜鈴に似た形の木製の用具. **3** 《俗》のろま, 抜け作 (fool) 《通例男性》. 〖(1711): 本来は教会の鐘を鳴らす練習のための用具; ベルがついていないので音を発せず, その練習は運動にもなったことから〗

Dúmbbell Nèbula *n.* 〔天文〕亜鈴星雲《こぎつね(小狐)座 (Vulpecula) にある惑星状星雲》.

dúmb blónde *n.* 《軽蔑》頭の弱い金髪美人.

dúmb búnny *n.* 《口語》=dumb cluck.

dúmb càne *n.* 〔植物〕シロジクカスリソウ, 唖甘蔗(あかんしょ) (*Dieffenbachia seguine*) 《サトイモ科シロガスリソウ属の観葉植物; 葉をかむとのどの筋肉が麻痺してしゃべれなくなる; 西インド諸島原産》. 〖1696〗

dúmb cárd *n.* 〔海事〕=dumb compass.

dúmb chámber *n.* 出入口のない室[部屋].

dúmb chúm *n.* =dumb friend.

dúmb clúck *n.* 《俗》ばか, まぬけ. 〖*c*1920〗

dúmb cómmerce *n.* =dumb barter.

dúmb cómpass *n.* 〔海事〕ダムコンパス (⇨ pelorus).

dúmb cráft *n.* 《英》無帆無動力艇; =dumb barge. 〖1867〗

dúmb crámbo *n.* 〔遊戯〕⇨ crambo 1.

dúmb Dóra *n.* 《口語》ばかで単純な女性. 〖*c*1910〗

dúmb-dúmb *n.* =dumdum[2].

dumb·er /dʌ́mə | -mə[r]/ *n.* 《米口語》ばか者, あほう.

dumb·found /dʌmfáund, ⸗⸗/ *vt.* あきれてものも言えないほどびっくりさせる, すっかりまごつかせる (⇨ puzzle SYN): be ~*ed* by …に唖然(あぜん)とする. 〖(1653) ← DUMB[1]+(CON)FOUND〗

dumb·found·er /dʌmfáundə, ⸗⸗⸗ | dʌmfáun-də[r], ⸗⸗⸗/ *vt.* =dumbfound.

dúmb fríend *n.* 愛玩(用の)動物, ペット. 〖1870〗

dúmb·hèad *n.* 《米俗・スコット俗》のろま, ばか者 (blockhead). 〖1887〗

dúmb íron *n.* 車両ばねの一種《半楕円ばねを組み合わせたもの》; (自動車の)ばね支え. 〖1907〗

dúmb kéyboard *n.* =dumb piano.

dum·ble·dore /dʌ́mbłdɔə | -dɔː[r]/ *n.* 《英方言》〔昆虫〕 **1** =bumblebee. **2** =cockchafer. 〖(1787) ← *dumble-* (《変形》← *dummel* 《方言》← DUMB[1])+DOR[1]〗

dúmb·ly *adv.* 無言で, 黙って. 〖(1552): ⇨ -ly[1]〗

dúmb·ness *n.* **1** 口のきけないこと. **2** 口をきかないこと, だんまり, 無言, 沈黙; 無口. **3** 《米口語》ばか, 愚かなこと; 無知. 〖(*c*1400): ⇨ -ness〗

dum·bo /dʌ́mbou | -bəu/ *n.* 《口語》ばか.

Dum·bo /dʌ́mbou | -bəu/ *n.* 《俗》〔米海軍〕救命[捜索]機《特に飛行艇》. 〖(1951) W. Disney の漫画映画 *Dumbo* (空を飛ぶ象の名)から: cf. jumbo〗

dúmb óx *n.* 《口語》=dumb cluck.

dúmb piáno *n.* 無音ピアノ《運指練習用; dumb keyboard, silent keyboard ともいう》.

dúmb shéave *n.* 〔海事〕 **1** 車装置のない滑車の一種. **2** 車なしにロープを導き滑らせるためマストの下に作った溝. 〖*c*1860〗

dúmb shòw *n.* 黙劇, だんまり芝居; 無言の手まね[身振り] (pantomime). 〖1561〗

dúmb·sìze *vi.* 《米口語》〈会社が〉効率が悪くなるほど人員を削減する. 〖(*c*1995) downsize のもじり〗

dúmb·strìcken *adj.* =dumbstruck.

dúmb·strùck *adj.* 唖然(あぜん)とした. 〖1887〗

dúmb·wàiter *n.* **1** (キッチンからダイニングルーム[他の階]へ運ぶ)食品・食器用エレベーター; 小型貨物エレベーター, ダムウエイター. **2** 《英》 **a** (テーブルの上に置く回転式)食品台《《米》では lazy Susan という》. **b** (3 段または 4 段の回転式)食品台. **c** 食品台車[ワゴン]. 〖1749〗

dumbwaiters 2

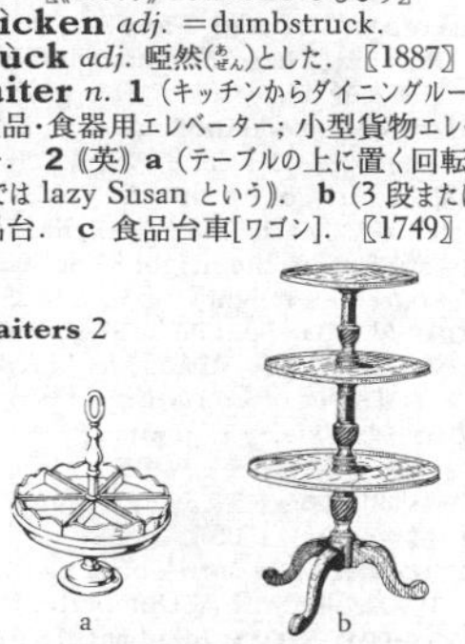

a　　b

dúmb wéll *n.* たまり水はけ井戸. 〖1878〗

dum·dum[1] /dʌ́mdʌm/ *n.* ダムダム弾《命中すると弾頭がつぶれ拡大して重傷を与えるので戦争に用いることは禁止された (1899, 1907); 主として猛獣狩用: dumdum bullet ともいう》. 〖(*c*1889) ← *Dum Dum* (インドの Calcutta 付近の造兵廠(しょう), この弾丸が製造された所)〗

dúm·dúm[2] *n.* (*also* **dum-dum**) 《米俗》ばか, まぬけ (cf. dumb[1] *n.*). 〖(1928) 《加重》← DUM〗

dúmdum fèver *n.* 〔病理〕=kala azar.

Dumf. 《略》Dumfriesshire.

dum·found /dʌmfáund, ⸗⸗/ *vt.* =dumbfound.

dum·found·er /dʌmfáundə, ⸗⸗⸗ | dʌmfáun-də[r], ⸗⸗⸗/ *vt.* =dumbfound.

Dum·fries /dʌmfríːs, dəm-/ *n.* ダムフリース: **1** スコットランド南西部の旧州; 1975 年以降は Dumfries and Galloway の一部; 面積 2,784 km². **2** 旧 Dumfries 州の州都で, 現在 Dumfries and Galloway 州の州都. 〖ME *D(o)unfres* 《原義》fort of the copses (← Welsh *prys* & Gael. *phreas* copse, shrubs): ⇨ down[3]〗

Dúmfries and Gálloway *n.* ダムフリース アンド ギャロウェー《スコットランド南西部の州; 1975 年に新設, 旧 Wigtown, Kirkcudbright, Dumfries 諸州から成る農業地域; 面積 6,475 km², 州都 Dumfries》.

Dum·fries·shire /dʌmfríːsʃə, dəm-, -ʃɪə | -ʃə[r], -ʃɪə[r]/ *n.* =Dumfries 1.

dum·ka /dúmkə/ *n.* (*pl.* **dum·ky** /-ki/) 〔音楽〕ドゥムカ《憂鬱な哀歌と陽気な部分が交互に現れるスラブ民謡》; ドゥムカをまねた憂鬱な性格のゆっくりした器楽曲[楽章]. 〖(1895) ◻ Czech & Ukrainian ~ (dim.) ← *duma* thought〗

dumm·kopf /dúmkɔ(ː)f, -kɑ(ː)f, dʌ́m-, -kɔ(ː)pf, -kɑ(ː)pf | -kɔf, -kɔpf; G. dúmkɔpf/ *n.* 《口語》ばか, まぬけ (blockhead). 〖(1809) ◻ G *Dummkopf* stupid head: ⇨ dumb[1], cup〗

dum·my /dʌ́mi/ *n.* **1 a** ダミー《人台(じんだい)やマネキン人形で衣服を着せて展示するもの》; (髪型などの)模型台 (block): a tailor's ~. **b** 腹話術師の操る(人・動物をかたどった)人形. **c** (ラグビーの)タックル練習用人形. **d** ダミー《自動車事故などの実験に使われる人形》. **e** 〔映画〕替え玉人形. **2** (展示用)飾り見本, (本物の代用品として作った)模型; (見せかけだけの)擬装品, まがい物 (sham). **3** 〔印刷〕 **a** 束(つか)見本《出版物が最終的にどの位の大きさ, 体裁になるか知るための見本》. **b** 見本(ページ). **c** 〔図書館〕代本板, ダミー《所定の書架にない資料の所在を明示するための木[金属]製の板》; 所定の場所にない資料の所在を明示した(目録中の)カード. **4** (名義だけ飾りに利用される) 表面上の代表者, お飾り, かかし的人物 (figurehead, fool); 幽霊[トンネル]会社; でくの坊 (straw man), (他人の)手先, ロボット, あやつり人形 (mere tool). **5** 《口語》ばか者, とんま (blockhead). **6** 《英》(乳児の)おしゃぶり《ゴム製乳首; cf. pacifier》. **7** 〔軍事〕 **a** 擬装物《偽装目標, または敵をあざむく目的で航空機・砲・人物などに似せて作られたもの》. **b** 擬製弾《炸薬の入っていない訓練用の弾》. **c** (射撃・銃剣術練習用の)標的わら人形, 人像標的. **8** 《軽蔑・俗》口のきけない人 (dumb person, mute); 無口の人, だんまり屋; 口がきけないふりをしている乞食. **9** 〔トランプ〕ダミー: **a** (ブリッジで)デクレアラー (declarer) のパートナーで, プレーが始まると自分の手札を卓上に開き, パートナーにプレーをまかせる人, またその手. **b** (ダミーホイストなどで)仮想のパートナー《そこに人がいるものとしてプレーされる卓上に開かれた手; cf. double dummy》. **10** 〔機械〕=drift plug. **11** 《米》〔鉄道〕無音機関車. **12** 〔電算〕ダミー《実際に機能を果たさない変数・記憶領域・回路など》. **13** 〔歯科〕ダミー《ブリッジの欠損歯に該当する部分; pontic ともいう》. **14** 〔豪史〕(権利のない)他人に代わって土地を買った人《squatter によって利用された》. **15** 〔畜産〕擬牝(ぎん)台《人工受精用の精液採取の際に用いる台》. **16** 《サッカー・ラグビー》見せかけのパス, フェイント. **17** 〔言語〕=dummy element. ***séll [gíve] the [a] dúmmy*** 《口語》《ラグビー》ボールをパスすると見せかけて, 相手の目をあざむいてバックラインを突破する. 〖1907〗

— *adj.* **1** にせの, 見せかけだけの, まがいの (sham); 模造の, 人工の (artificial), 〈商品見本が〉プラスチック製の: a ~ cartridge 空包 / a ~ bomb (練習用)擬爆弾 / a ~ horse 木馬 / ~ foods (食堂陳列ケースの)模型見本料理 / a ~ projectile 擬擊弾 / a ~ warship 擬装軍艦. **2** 口のきけない; 黙りこくった (mute). **3** 表看板だけの, 名義だけの: a ~ company 架空の[トンネル]会社 / a ~ director 表向きだけの取締役 / under ~ names 架空名義で.

— *vt.* **1** 〔製本・印刷〕〈印刷物・ページ〉の束(つか)見本[割付見本]を作る 〈*up*〉. **2** [しばしば ~ in として] …の見本を示す: ~ *in* an illustration イラストで見本を示す. — *vi.* 《ラグビー》ボールをパスすると見せかけて〈相手〉の目をあざむいてバックラインを突破する. ***dúmmy úp*** (*vt.*) ⇨ *vt.* 1. (*vi.*) 《米俗》話そうとしなくなる, 知っているのに口をつぐむ: I can't ~ *up on* [*around*] a murder case. 殺人があったのを知っていて口をつぐんでいるわけにいかない《その筋に届けなければならない》. (1926)

〖(1598) ← DUMB[1]+-Y[4]〗

dúmmy anténna *n.* 〔通信〕擬似空中線《アンテナと同じ定数をもつ回路で送受信機の試験用》.

dúmmy blòck *n.* 〔金属加工〕つりあいシリンダー, ダミーブロック, ダミー型《金属の押出し成型のとき, ピストンから材料に圧力を伝達するためのシリンダー》.

dúmmy élement *n.* 〔言語〕ダミー, 代役要素《最終的には語彙(ごい)項目が代入されるべき終端要素 (terminal element); 通例 Δ で表す》.

dúmmy hànd *n.* =dummy 9.

dúmmy héad *n.* ダミーヘッド《両耳の部分にマイクロホンを組み込んだ人間の頭の形をした録音装置》.

dúmmy lóad *n.* 〔電気〕擬似負荷《本物の負荷の代わりに用いる抵抗器など》.

dúmmy rún *n.* 試験的攻撃[上陸], 予行練習; 試行, 実験. 〖1916〗

dúmmy váriable *n.* 〔数学〕見掛け上の変数, 束縛変数《定積分における *dx* の *x* のように, 他の変数で置きかえても他に影響を及ぼさない変数》. 〖1957〗

dúmmy whíst *n.* 〔トランプ〕3 人で遊ぶ whist で, 予め配られた 4 人目の手を declarer が仮想のパートナーとして卓上に開き, プレーを代行するゲーム. 〖1843〗

du·mor·ti·er·ite /dumɔ́ətɪəràɪt, djʊ-, djùːmɔə-tɪ́ə-r- | djumɔ́ːti-/ *n.* 〔鉱物〕デュモルティール石(せき)《アルミニウム・ホウ素のケイ酸塩鉱物》. 〖(1881) ◻ F *dumortiérite* ← *M. Eugène Dumortier* (19 世紀フランスの古生物学者): ⇨ -ITE[1]〗

dump[1] /dʌ́mp/ *vt.* **1** 〈重い荷物などを〉どしんと落とす 〈*down*〉; (一般に)どさりと下ろす, 置く (put down, plunk down): They ~*ed* him unceremoniously on the stretcher. 彼らは彼を無造作に担架の上にのせた / Can I just ~ this bag here for a while? このバッグをしばらくここに置いておいてもいいですか. **2 a** 〈車を傾けまたはひっくり返して〉〈積んだものを〉下ろす (tilt down); (特に)〈集めてきたごみを〉捨てる, 積んでおく (deposit). **b** 〈航空機などが〉〈積荷などを〉投棄する (jettison). **3** 〔商業〕〈滞貨となった商品などを〉安値で〔市場に〕投げ出す; (特に)〈過剰の商品を〉〈国内市価維持のためまたは新市場獲得のために〉〈外国市場へ〉投売り[ダンピング]する (cf. dumping) 〔*on*〕: ~ stocks [goods] *on* the market 市場に株を投げ出す[商品を投売りする]. **4** 《口語》〈過剰移民を〉外国へ送り出す: ~ unwelcome immigrants. **5 a** 《口語》無造作[無責任]に投げ出す; 〈考え・政策などを〉捨てる, やめる; 〈嫌な事などを〉〔人に〕押しつける 〔*on*〕. **b** 〔…から〕〈人を〉放り出す, 首にする, 辞めさせる 〔*from, out of*〕: If he can't hack it, we'll have to ~ him. うまくやっていけないのなら首にするしかない. **6** 《米俗》打ちのめす (beat up, knockdown); 〈弁士などを〉やじり倒す, 質問攻めにする (heckle). **7** 《米》〔電算〕打ち出す《記憶装置の一部または全部の内容を出力する》. **8** [通例受身で] 《米》〔映画〕〈映画を〉前もって広告も試写もしないで公開する. **9** 《豪》〈波が〉〈乗り手を〉(波乗りから)投げ落とす (cf. dumper 4). **10** 《豪》〈水圧で羊毛の束を〉圧縮する. — *vi.* **1** どさりと落ちる. **2 a** (車などから)荷物をどっと下ろす. **b** (ごみを)棄てる. **3** 投売りする, ダンピングする. **4 a** 《口語》〔人を〕だます, こき〔…につけ込む〕〔*on*〕. **b** 《米俗》〔…を〕ひどくけなす, こきおろす, 〈演説者などを〉やじり倒す 〔*on*〕. **c** 《俗》やつあたりする: My boss always ~*s on* me after a row with her husband. 私の上司はだんなと口論したあとではいつも私にやつあたりする.
— *n.* **1** どさっ[どたん, どしん]と落とす[落ちる]こと; その音 (thud). **2** 車から下ろしたもの《石炭・ごみなど》. **3 a** ごみ捨て場; (そこにできた)ごみの山: a refuse ~ (収集した)ごみ捨て場 / the town ~. **b** 《米・南ア》(鉱山・石切り場などの)くず石[捨石]の山, ぼた山, 石炭殻の山(など). **4** ダンプカー, 放下(貨)車 (cf. dumpcart); 放下装置; 《米》放下船. **5** 《口語》みすぼらしい[汚らしい]家[町, 場所]: What a ~ (this place is)! なんて汚い所だ. **6** 【軍事】(弾薬・補給品などの)臨時集積場: an ammunition ~. **7** 【電算】ダンプ《印字装置へ転写された記憶装置の内容》. **8** 《俗》排便 (act, defecation): take [have] a ~ くそをする. **9** 《豪・南ア》=dumper 4.
— *adj.* [限定的]〈トラックや貨物車など〉(砂利・石炭などを下ろすのに便利なように)車体を傾ける[底を開く]装置のある: ⇨ dump car, dump truck, *etc.*
〖(*a*1325) (1784) ← ? ON: cf. Dan. *dumpe* / Norw. *dumpa* to fall plump / Swed. *dimpa*〗

dump² /dʌ́mp/ *n.* **1** [*pl.*]《口語》憂鬱 (low spirits), 落ち込み: (down) in the ~*s* ふさぎ[落ち]込んで, 憂鬱になって, 不機嫌で. **2** 《廃》物悲しい調子[曲, 踊り]. 〖(1523) □ ? Du. *domp* exhalation: cf. damp / G *dumpf* gloomy〗

dump³ /dʌ́mp/ *n.* **1** 《英》太く短いもの. **2** 《英方言》(子供の遊戯に使う)鉛製の数取り. **3** 押し込みボルト《造船用ボルト (bolt) の一種》. **4 a** ダンプ《昔のオーストラリアの貨幣; 15 pence》. **b** 金属種・額面にかかわらず厚さが普通でない小貨幣《表に象の模様がついたセイロンの古貨; ジョージ1世の半ペニーなど》. **c** 《俗》小貨幣, 少額. **d** [*pl.*] 金銭, お金. **5** 《古》ずんぐりした人. ***nót càre a dúmp*** 《英口語》ちっともかまわない. ***nót wòrth a dúmp*** 《英口語》少しも値打ちがない.
〖(1770–90)《逆成》? ← DUMPLING〗

dump·age /dʌ́mpɪdʒ/ *n.* **1** (積載物・ごみなどを)投げあけること; 捨てたごみ[汚物]の固まり. **2** 《米》ごみを捨てる権利(金). 〖(1864): ⇨ dump¹, -age〗

dúmp bìn *n.* バーゲン品を山積みにした展示ケース.

dúmp càr *n.* 【鉄道】傾斜台付き貨車, 放下貨車 (cf. dump truck). 〖1912〗

dúmp·càrt *n.* 《米》放下車, ダンプカート《荷がすべり落ちるように車体が傾いたり, 下からこぼれ落ちるように底が開く仕掛けになっている手押し車; cf. tipcart, dump truck》. 〖1868〗

dúmp·er *n.* **1** ごみ捨て人夫. **2 a** =dumpcart. **b** 《米》=dump truck. **c** 貨車転倒装置. **3** 投売りする人. **4** 《豪・南ア》(水泳や波乗り中の人を(砂浜に)たたきつける)大波. ***gó into the dúmper*** 《米口語》だめになる. 〖(1856): ⇨ dump¹, -er¹〗

dúmper trùck *n.* 《英》=dump truck.

dúmp·i·ly¹ /-pəli/ *adv.* ずんぐりと[して], ぶかっこうに. 〖(1880) ← DUMPY²+-LY¹〗

dúmp·i·ly² /-pəli/ *adv.* 《まれ》むっつりと, ふさぎこんで.

dump·ing /dʌ́mpɪŋ/ *n.* **1** (ごみなどの)放下, 投棄: a ~ ground ごみ捨て場. **2** (特に国際貿易における商品の)投売り, ダンピング (⇨ dump¹ *vt.* 3): exchange [social] ~ 為替(かわせ)安[労働搾取]によるダンピング / a ~ field 投売り市場. 〖(1857): ⇨ dump¹, -ing¹〗

dúmp·ish /-pɪʃ/ *adj.* **1** 《まれ》悲しい, ふさぎこんだ (melancholy). **2** 《廃》鈍い (dull), 愚かな (stupid). **~·ly** *adv.* **~·ness** *n.* 〖(1519) ← DUMPY¹+-ISH¹〗

dump·ling /dʌ́mplɪŋ/ *n.* **1** ダンプリング (cf. klösse, knaidel): **a** 小麦粉と刻んだケンネ脂 (suet) を練って作ったたんご《スープなどで煮る》. **b** (りんごなどの)果物を丸ごと練り込み, パイの生地で包んで焼いたデザート: ⇨ apple dumpling. **2** 《口語・戯言》**a** (だんごのように)太った人, ずんぐりした人[動物]. **b** [親愛語として] かわいい人.
〖(*c*1600)《変形》? ← *lumpling* ← LUMP¹+-LING¹: *d*- は *l*- の異化〗

dúmp òrbit *n.* (通信衛星の)投棄軌道《使用済みの衛星が他の衛星と衝突しないようにする; graveyard orbit ともいう》.

Dump·ster, d- /dʌ́m(p)stə | -stə^(r)/ *n.* 《米》【商標】金属製の大型ゴミ収集容器《専用のトラックで収集する》.

dúmp tànk *n.* 【原子力】原子炉から放出される放射能をその危険がなくなるまで貯蔵しておくタンク. 〖1959〗

dúmp trùck *n.* 《米》ダンプトラック, ダンプカー, 放下[側方]用トラック (《英》tip lorry)《トラックの積載部が後方に傾いて後部[側方]の戸があき積載物が放出される; cf. dumpcart》. 日英比較 「ダンプカー」は和製英語. 〖1930〗

dúmp wàgon *n.* 《米》**1** =dumpcart. **2** =dump truck.

dump·y¹ /dʌ́mpi/ *adj.* (**dump·i·er**; **-i·est**)《まれ》むっつりした (sullen); ふさぎこんだ. **dúmp·i·ness** *n.* 〖(*c*1615) ← DUMP²+-Y⁴〗

dump·y² /dʌ́mpi/ *adj.* (**dump·i·er**; **-i·est**) **1** 〈人など〉ずんぐりした: a ~ woman. **2** 《俗》ぶかっこうな, みにくい. **3** 〈貨幣など〉小型で厚みがある: a ~ book. — *n.* 《英》**1** (スコットランド産の)足の短いニワトリ. **2** [*pl.*] (英国の)軽騎兵第19連隊のあだ名. **dúmp·i·ness** *n.* 〖(1750) ← ? DUMP³+-Y⁴〗

dúmpy lèvel *n.* 【測量】ダンピーレベル, 短胆水準儀《望遠鏡を支柱に固定した測量用水準器; cf. Y level》. 〖1838〗

Dum·yat /dumjǽt; *Arab.* dumjá:tˤ/ *n.* ドゥミャート (Damietta のアラビア語名).

dun¹ /dʌ́n/ *adj.* (**more ~, most ~; dun·ner, dun·nest**) **1** 焦げ茶の, 灰褐色の, 黒ずんだ (dingy): a ~ color, horse, etc. **2** 《詩》薄暗い, 陰気な (dark).
— *n.* **1** 焦げ茶色, 灰褐色. **2** 河原毛または月毛の馬《灰色または黄色がかった褐色の馬で, たてがみと尾は黒》. **3 a** 【昆虫】カゲロウの亜成虫 (subimago); 【釣】それに似せた毛針 (dun fly). **b** 【昆虫】=caddis fly. — *vt.* **1** 焦げ茶色[灰褐色]にする, 暗くする (darken). **2** 《米》〈タラなど〉を塩漬けにして保存[貯蔵]する. **~·ness** *n.* 〖OE *dun(n)* ← ? Celt. (Welsh *dwn* / Irish *donn*): cf. dusk〗

dun² /dʌ́n/ *vt.* (**dunned**; **dunning**) **1** …にうるさく借金の催促をする: ~ a person *for* the payment of a debt. **2** うるさく悩ます. — *n.* **1** 債鬼, うるさい借金取り (dunner ともいう). **2** 借金の催促. 〖(*a*1626) (i)《略》← 《廃》*dunkirk* privateer, 《原義》ship from Dunkirk¹ / (ii) ← *Joe Dun* (ロンドンの冷酷な執達吏の名)〗

dun³ /dʌ́n/ *n.* 丘陵 (hill); (特に)城のある丘; 丘陵に囲まれた堅固な城. ★ 主にスコットランドとアイルランドの地名に用いられている: Dunbar, Dundee. 〖(1605–74) □ Sc.-Gael. & Ir.-Gael. *dūn*: ⇨ down¹, dune〗

Du·na /*Hung.* dúnɒ/ *n.* ドゥナ(川) (Danube 川のハンガリー語名).

Du·nai /*Russ.* dunáj/ *n.* ドゥーナイ(川) (Danube 川のロシア語名).

Du·naj /*Czech.* dúnaj/ *n.* ドゥナイ(川) (Danube 川のチェコ語名).

du·nam /dúnəm/ *n.* ドゥナム《主としてイスラエルで 1,000 平方メートルに相当する土地の広さの単位》. 〖(1920) □ ModHeb. *dúnam* □ Turk. *dönüm*〗

Dún and Brádstreet /dʌ́n-/ *n.* ダン アンド ブラッドストリート《米国で最も権威のある情報サービス会社; 企業の財務内容・業績などを購読者に提供する》.

Du·nant /du:nɑ̃́:(ŋ), dju:-, -nɑ́:ŋ | dju:-, du:-; *F.* dynɑ̃/, **Jean Henri** *n.* デュナン (1828–1910; スイスの博愛主義者で赤十字の創設者; Nobel 平和賞 (1901)).

Du·nă·rea /*Rom.* dúnərea/ *n.* ドゥナレア(川) (Danube 川のルーマニア語名).

Du·nav /*Bulgar.* dúnɐf/ *n.* ドゥナブ(川) (Danube 川のブルガリア語名).

Dun·a·way /dʌ́nəwèɪ/, **Faye** /féɪ/ *n.* ダナウェイ (1941– ; 米国の映画女優; *Bonnie and Clyde* (1976) でアカデミー主演女優賞).

Dun·bar /dʌ́nbɑə | dʌnbɑ́:^(r), ←−/ ★ スコットランドでは常に /−←/ のアクセント. *n.* ダンバー《スコットランド南東部の海浜都市, Firth of Forth の入口にある; 1650年に Cromwell がスコットランド軍を破った所》. 〖OE *Dynbaer*《原義》fort on the height ← Sc.-Gael. *dūn* 'DUN³'+*barr* top, height〗

Dun·bar /dʌ́nbɑə | dʌnbɑ́:^(r), −←/, **Paul Laurence** *n.* ダンバー (1872–1906; 米国の詩人; 黒人英語で黒人の生活を歌った: *Lyrics of Lowly Life* (1896)).

Dun·bar /dʌnbɑ́ə, ←− | dʌnbɑ́:^(r), ←−/, **William** ★ スコットランドでは常に /−←/ のアクセント. *n.* ダンバー (1465?–?1530; スコットランドの詩人; *Lament for the Makaris* (=poets) (1508)).

Dun·bar·ton /dʌnbɑ́ətn | -bɑ́:-/ *n.* ダンバートン《スコットランド中西部の旧州; 州都 Dumbarton》.

Dun·bar·ton·shire /dʌnbɑ́ətnʃə, -ʃɪə | -bɑ́:tnʃə^(r), -ʃɪə^(r)/ *n.* =Dunbarton.

dún·bìrd *n.* 【鳥類】**1** 《英》ホシハジロ (pochard), スズガモ (scaup duck) (など); (特に)その雌. **2** 《米》=ruddy duck. 〖(1766) ← DUN¹〗

Dun·can /dʌ́ŋkən | dʌ́n-/ *n.* ダンカン《男性名》. 〖□ OIr. *Dunecan* & OGael. *Donchadh* ← *down* brown (⇨ dun¹)+*chadh* warrior〗

Duncan, Is·a·do·ra /ɪzədɔ́:rə/ *n.* ダンカン (1878–1927; 米国の女流舞踊家; モダンダンスの先駆者として有名; Côte d'Azur で事故死した).

Duncan I *n.* ダンカン一世 (?–1040; スコットランド王 (1034–40), Macbeth に殺された).

Dúncan Phýfe /-fáɪf/ *n.* ダンカンファイフ式家具 (18世紀後期の英国の新古典様式や 19 世紀初期のフランス帝政[ナポレオン一世]時代風の簡潔・明快な米国風の古典様式を示す). — *adj.* 〈家具がダンカンファイフ式の: a ~ chair. 〖(1926) ← *Duncan Phyfe* (1768–1854: New York 市の家具製作者)〗

Dún·cans·by Héad /dʌ́ŋkənzbi-, dʌ́n-/ *n.* ダンカンズビー岬《スコットランド東北端の岬 (cf. John o'Groat's House)》.

dunce /dʌ́ns/ *n.* ばか, のろま (dullard); 劣等生. **~·lìke** *adj.* **dún·ci·cal** /-sɪ̀kəl, -kl̩ | -sɪ-/ *adj.* 〖(1527): スコラ学派の神学者 *John Duns Scotus* の学徒を文芸復興期の人文主義者が *Dunsmen, Dunses* とあざけったことから〗

dúnce [dúnce's] càp *n.* ばか帽子《昔, 学校で覚えの悪いまたはなまける生徒に罰としてかぶらせた円錐形の紙帽子; cf. STEEPLE-CROWNED cap》: wear a ~ ばか帽子をかぶる; ばか扱いにされる. 〖1840〗

dunch /dʌ́nʃ/ *n.* 《英方言》ごつんと打つこと (hard blow); 小突き (shove). 〖(1440) ← ME *dunche(n)* to give a blow or thrust: cf. Icel., Swed. & Norw. *dunka* to strike〗

Dun·ci·ad /dʌ́nsiæ̀d/ *n.* [The ~]「愚人列伝」《同時代の作家たちを諷刺した Alexander Pope の詩 (1728, '43) の表題》. 〖← DUNC(E)+-I-+-AD¹ 3〗

Dun·dalk¹ /dʌ́ndɔ:k, -dɑ:k | -dɔ:k/ *n.* ダンドーク《米国 Maryland 州中央部, Baltimore の郊外にある町》.

Dun·dalk² /dʌndɔ́:k, -dɑ́:k | -dɔ́:k⁻/ *n.* ダンドーク《アイルランド北東部の Dundalk 湾に臨む港湾都市; Louth 県の州都》.

Dun·dee /dʌndí:⁻/ *n.* ダンディー《スコットランド東部の Tay 湾 (Firth of Tay) に臨む港市; 旧 Tayside 州都》. 〖ME *Donde* □ ? Sc.-Gael. *Dūn Dēagh*《原義》fort of Daig(h) (人名): ⇨ dun³〗

Dun·dee /dʌndí:/, 1st Viscount *n.* ダンディー (1649?–89; スコットランドの軍人 John Graham of Claverhouse の称号; ジャコバイト統率者; 名誉革命で逃亡したカトリックの James 二世のために挙兵したが戦死; Bonnie Dundee の名で親しまれている).

Dundée càke *n.* 《英》ダンディーケーキ《アーモンドが上部についたフルーツケーキ》. 〖1892〗

Dúndee mármalade *n.* 【商標】ダンディーマーマレード《元来 Dundee で製造されたマーマレードの一種》. 〖1856〗

dun·der /dʌ́ndə | -də^(r)/ *n.* ダンダー《砂糖きびの搾り汁を煮詰めた沈澱物; ラムの醗酵を促進するのに用いる》. 〖(1793) ← Sp. *redundar* to overflow □ L *redundāre*: ⇨ redundant〗

dun·der·head /dʌ́ndəhèd | -də-/ *n.* ばか, のろま, ぼんくら (blockhead). 〖(*a*1625) ← ? Du. *donder* 'THUNDER'+HEAD〗

dúnder·hèaded *adj.* のろまの, ぼんくらの, 頭の悪い. **~·ness** *n.* 〖1825〗

dúnder·pàte *n.* =dunderhead. 〖(1809) ← Du. *donder* (⇨ dunderhead)+PATE〗

dún díver *n.* 【鳥類】**1** 《英》カワアイサ (goosander) の雄の若鳥・雌鳥. **2** 《米》=ruddy duck. 〖1678〗

dun·drea·ries, D- /dʌndrí³riz | -dríər-/ *n. pl.* (あごひげのない)長いほおひげ. 〖(1862): 英国の Tom Taylor (1817–80) 作の喜劇 *Our American Cousin* (1858) の主人公 Lord Dundreary に扮した俳優のつけひげから〗

dun·dréa·ry whískers, D- w- /dʌndrí³ri- | -dríəri-/ *n. pl.* 《古》=dundrearies.

dun·duck·et·ty /dʌndʌ́kɪ̀ti | -ti/ *n.* (*also* **dun·duck·e·ty** /~/) くすんだ[さえない]色. 〖(1818) ← DUN¹+DUCK⁴+-ITY〗

dune /dú:n, djú:n | djú:n/ *n.* (風によってできた海浜の)砂丘. **~·lìke** *adj.* 〖(1790) □ F ~ □ MDu. *dūne* (Du. *duin*) hill: ⇨ down³, dun³〗

dúne bùggy *n.* =beach buggy.

Dun·e·din /dʌní:dn̩ | -dɪn, -dn̩/ *n.* ダニーディン《ニュージーランド南島南東岸の港市; Otago 湾の先端にあり, 大学を有し, 羊毛と酪農生産の中心地》.

dúne·lànd *n.* (不毛の)砂丘地帯. 〖1922〗

Dunelm. 《略》*ML.* Dunelmēnsis (=of Durham) (Bishop of Durham が学術賞授与の際に署名に用いる; ⇨ Cantuar. 2).

dúne·mobìle *n.* デューンモビール《砂丘走行用車》.

dúne plànt *n.* 【植物】砂丘植物《乾燥や貧栄養的条件に耐える海岸・砂漠地方などに生じる植物》.

Dun·ferm·line /dʌnfə́:mlɪ̀n | -fə́:m-/ *n.* ダンファームリン《スコットランド東部, Fife 州の Firth of Forth 湾に臨む古都; スコットランド王の離宮跡がある》. 〖lateOE *Dumfermelyn* □ ? Sc.-Gael. *dūn fiar mhelain* 'crooked hill of *melin* (《スコット古形》← *melville*)': ⇨ dun³〗

dún flỳ *n.* 【釣】黒ずんだ色の毛針の一種. 〖*a*1450〗

dung /dʌ́ŋ/ *n.* **1** (牛馬などの)糞(ふん) (excrement). **2** 肥やし (manure). **3** (道徳的に)不潔なもの, 汚らわしいもの (filth). — *vt.* 〈畑〉に肥やしをやる (manure). — *vi.* 〈動物が〉糞をする. 〖OE *dung* ← ? Gmc **dung-* (G *Dung* / ON *dyngja* heap) ← ? IE **dhengh-* to cover (Lith. *deñgti* to cover): ⇨ dingy¹〗

dun·ga·ree /dʌ̀ŋgərí:, ←−←/ *n.* **1** [*pl.*] **a** ダンガリー布製ズボン[作業着]. (★《米》では jeans ともいう) **b** 子供の遊び着. **2** ダンガリー《東インド産の粗製綿布; 特にブルーデニム》; てんじく木綿. — *adj.* ダンガリーの. 〖(1673) □ Hindi *dūngrī* (Bombay の一地区)〗

dun·gas /dʌ́ŋgəs/ *n. pl.* 《豪口語》dungarees の縮約形.

dúng bèetle [chàfer] *n.* 【昆虫】糞虫(ふんちゅう), くそむし, フンコロガシ《コガネムシ科に属し, 成虫・幼虫共に人糞や獣糞をえさにする; 特にオオタマオコシコガネ (scarab)》. 〖1634〗

dúng càrt *n.* 肥やし(運搬)車. 〖1390〗

Dun·ge·ness /dʌ̀ndʒənés/ *n.* ダンジェネス《イングランド南東部 Kent 州南岸沿いの低地で砂利と砂の岬; 原子力発電所がある》.

Dún·ge·ness cráb /dʌ́ndʒənɛ̀s-/ *n.* 【動物】アメリカイチョウガニ (*Cancer magister*) (食用). 〖*Dungeness* (米国 Washington 州北西部の村)〗

dun·geon /dʌ́ndʒən/ *n.* **1** (城内の)土牢(つちろう), 地下牢. **2** 《古》=donjon. — *vt.* 《古》土牢に閉じ込める, 押し込める 〈*up*〉. 〖(*c*1300) *donjon, dongeon* □ (O)F *donjon* < ML *dominiōnem*《原義》lord's tower ← L *dominus* lord, master: cf. dominion〗

Dúngeons & Drágons *n.* 【商標】ダンジョンズアンドドラゴンズ《米国のロールプレイングゲーム》.

dúng flỳ *n.* 【昆虫】(獣糞(ふん)に発生する)フンバエ科の各種のハエ; (一般に)クソバエ. 〖1658〗

dúng fòrk *n.* 肥やし熊手, 堆肥フォーク. 〖*c*1430〗

dúng·hèap *n.* =dunghill.

dúng·hill *n.* **1** (家畜の)糞(ふん)を積んだ山, 肥やしの山, 堆肥(たいひ): COCK¹ *of the dunghill*. **2** 掃きだめ, むさくるしい所[人]. **3** =dunghill fowl. — *adj.* 肥やしの山の; むさくるしい. 〖*c*1330〗

dúnghill fówl [cóck, hén] *n.* (闘鶏 (game fowl) と区別して, 普通の)ニワトリ (barndoor fowl). 〖1580〗

dúng·wòrm *n.* 【動物】牛糞にわくミミズの一種《魚釣りの餌(え)にする》; (特に)シマミミズ (*Eisenia foetida*). 〖1753〗

dung·y /dʌ́ŋi/ *adj.* (**dung·i·er**; **-i·est**) 糞(ふん)の, 肥やしの; 糞[肥やし]で汚れた; (肥やしのように)汚らしい (dirty). 〖(*c*1425): ⇨ -y⁴〗

Dun·hill /dʌ́nhɪl/ *n.* 〘商標〙 ダンヒル《英国の紳士服・紳士用服飾品・喫煙具などのメーカー》.

du·nie·was·sal /dúːniwɑ́(ː)səl, -sl̩ | -wɔ́s-/ *n.* (*also* **du·ni·was·sal** /～/) 《スコット》 二流紳士, 中流紳士; 名門の次男坊以下の息子. 〘(c1565) ◻ Sc.-Gael. *duine uasal* gentleman ← *duine* man (< OIr. ← IE **dheu-* to die) + *uasal* nobly born (< OIr. *ūasal* ← IE **upo-* under; over)〙

du·nite /dúːnaɪt, dʌ́n-/ *n.* 〘岩石〙 ズン[ダン]橄欖(かんらん)岩《主に橄欖石 (peridotite) に通常多少クロム鉄鉱が加わってできている密度の高い火成岩》. **du·nit·ic** /duːnítɪk, dʌn- | -tɪk/ *adj.* 〘(1868) ← *Dun* (ニュージーランドの山の名) + -ITE[1]〙

dunk /dʌ́ŋk/ *vt.* **1** 〈パンなどを〉(食べる前に)〔コーヒー・紅茶などに〕浸す〔*in, into*〕: ～ a doughnut *in* tea. **2** 〈物を〉(液体に)つける, 浸す〔*in, into*〕. **3** 〘バスケットボール〙〈ボールを〉ダンクショットする. — *vi.* **1** 物を液体に浸す; 〈人が〉水につかる〈*in*〉. **2** 〘バスケット〙 ダンクショットをきめる. — *n.* **1** 〘バスケット〙 =dunk shot. **2** (コーヒー・紅茶などに浸すパンなどの)小片. **3** 浸すこと. **～·er** *n.* 〘(1919) ◻ Pennsylvania-G. *dunke* to dip ◻ MHG *dunken, tunken* to dip < OHG *dunkōn, thunkōn* < Gmc **þunkōn* ← IE **teng-* to soak〙

Dun·kard /dʌ́ŋkəd | -kəd/ *n.* =Dunker.

Dun·ker /dʌ́ŋkə | -kə(r)/ *n.* **1** [the ～s] ダンカー派《米国のドイツバプテスト同胞教会 (German Baptist Brethren; Church of the Brethren と呼ぶのが適切) のこと; 信者は誓言や兵役を拒否し簡素な生活をする》. **2** ダンカー派の信者. 〘(1744) ◻ Pennsylvania-G. ～: ⇨ dunk, -er[1]〙

Dun·kerque /*F.* dœ̃kɛʁk/ *n.* ダンケルク (Dunkirk のフランス語名).

Dún·kin' Dónuts /dʌ́ŋkɪn- | -kɪn-/ *n.* ダンキンドーナツ《米国のドーナツのチェーン店》.

Dun·kirk[1] /dʌ́nkəːk, ─́─ | dʌnkɜ́ːk, dʌŋ-/ *n.* ダンケルク《フランス北部, 北海に臨む海港; 1940 年 5 月 29 日–6 月 4 日ドイツ軍の攻撃を受けながら約 34 万の英軍がここを撤退; フランス語名 Dunkerque》.

Dun·kirk[2] /dʌ́nkəːk, ─́─ | dʌnkɜ́ːk, dʌŋ-/ *n.* **1** (爆撃下の)敗軍の必死の撤退: do a ～ 必死の撤退をする. **2** 一大危機, 非常緊急事態〔*for*〕. — *vt.* 必死の撤退をさせる. 〘(1599) (1941) ← *Dunkirk*〙

Dúnkirk spírit *n.* [通例 the ～] ダンケルク魂《危機における不屈の精神; 英軍がダンケルク撤退の折に示した》. 〘1956〙

dúnk shòt *n.* 〘バスケット〙 ダンクショット《長身の選手がジャンプしてバスケットの上からボールをたたき落とすようにシュートすること》. 〘c1961〙

dúnk tànk *n.* ダンクタンク《ボールが的に当たると人が水の中に落ちるゲーム; チャリティーのため行われる》.

Dun Laoghai·re /dʌnlɛ́ərɪ, duːn-, -rə | -líərə, -lέərə; *Irish* dunlέːrʲe/ *n.* ダンレアラ《アイルランド東部の Dublin 湾に臨む港湾都市; 旧名 Kingstown》.

dun·lin /dʌ́nlɪn/ *n.* (*pl.* ～, ～s) 〘鳥類〙 ハマシギ (*Calidris alpina*)《ユーラシア・北米のツンドラで繁殖するシギの一種; 日本には渡りのとき通過するものが多い》. 〘(c1531) ← DUN[1] + *-lin* '-LING[1]': この鳥の色から〙

Dun·lop[1] /dʌ́nlɑ(ː)p | -lɒp/ *n.* =Dunlop cheese.

Dun·lop[2] /dʌ́nlɑ(ː)p | -lɒp/ *n.* **1** =Dunlop tire. **2** 〘商標〙 ダンロップ《英国のタイヤやゴルフ・テニス用品のメーカー》.

Dun·lop /dʌnlɑ́(ː)p | -lɒ́p/, **John** (**Boyd**) *n.* ダンロップ《1840–1921; スコットランドの獣医; Dunlop tire の発明者》.

Dún·lop chéese *n.* ダンロップチーズ《スコットランド East Ayrshire 州の Dunlop 地方原産; Cheddar チーズに似ているが, 柔らかく軽い風味がある; 単に Dunlop ともいう》. 〘(1780) (1821) ← *Dunlop* < ME *Dunlopyn* ← Sc.-Gael. *dūn* 'DUN[3]' + *lùban* little bend〙

Dúnlop tíre *n.* ダンロップタイヤ (Dunlop 社製の空気タイヤ; 単に Dunlop ともいう). 〘← *J. Dunlop*〙

Dún·mow flítch /dʌ́nmoʊ- | -məʊ-/ *n.* [the ～] ダンモウのベーコン賞《イングランド Essex 州の村 (Little) Dunmow で挙式後満 1 年と 1 日間幸福にむつまじく暮らした夫婦に贈る flitch》. 〘*Dunmow*: < OE *Dunmawe* hill meadow ← *dūn* 'DOWN[3]' + *māwe* meadow〙

dun·nage /dʌ́nɪdʒ/ *n.* **1** 〘口語〙 手荷物, 手回り品 (personal effects); (船員の)手荷物, (野営者の)したく品. **2** 〘海事〙 荷敷(にしき), ダンネージ《積荷の滑り出しや破損を防ぐために荷の下や間に当てるむしろ・板・木くずなど》; 荷敷用の安価な貨物. — *vt.* 〈積荷を〉荷敷で詰める[覆う], …に支え物をする. 〘(1342) *dennage, donage* ← ? MLG & MDu. *dünne, dinne* 'THIN' + -AGE〙

dun·nart /dʌ́nɑət | -nɑːt/ *n.* 〘動物〙 スミントプシス《マウスに似たフクロネコ科スミントプシス属 (*Sminthopsis*) の食虫性有袋動物の総称; マウススミントプシス (*S. murina*) など; オーストラリア・ニューギニア産》. 〘(c1925) ← Nyungar *danart*〙

dun·ner /dʌ́nə | -nə(r)/ *n.* =dun[2] 1.

Dún·net Héad /dʌ́nɪt- | -nɪt-/ *n.* ダネット岬《スコットランド北東部, John o'Groats の西にあり, ブリテン本島の最北端》.

dun·nie·was·sel /dʌ́niwɑ́(ː)səl, -sl̩ | -wɔ́s-/ *n.* = duniewassal.

dunn·ite /dʌ́naɪt/ *n.* 〘軍事〙 (高性能) D 爆薬 (explosive D) ($C_6H_2(NO_2)_3ONH_4$; ピクリン酸アンモニアを主成分とする爆薬で高性能弾に用いる). 〘← *Colonel B. W. Dunn* (1860–1936: その発明者である米国の軍人): ⇨ -ite[1]〙

dun·no /dənóʊ | -nə́ʊ/ *vi.*, *vt.* 《口語》 =(I) don't know. ★ 特に, 視覚方言として用いられる. 〘(1842) 不注意な発音から〙

dun·nock /dʌ́nək, dʊ́n- | dʌ́n-/ *n.* 《英方言》〘鳥類〙 = hedge sparrow. 〘(1483) *donnok, dunoke*: ⇨ dun[1], -ock〙

dun·ny /dʌ́ni/ *n.* 《豪俗》 (屋外)便所 (toilet). 〘(a1790) (略) ← (隠語) *dunnakin* ← *danna* human ordure〙

dúnny càrt *n.* 《豪》 糞(ふん)尿運搬車 (night cart).

Du·nois /duːnwɑ́ː, djuː- | djuː-, djʊ-; *F.* dynwa/, **Jean** *n.* デュノワ《1403?–68; フランスの将軍, Orléans 公爵 (1372–1407) の子; Orléans が英軍の包囲を受けたとき Joan of Arc に救われた; 異名 Bastard of Orléans; 称号 Comte de Dunois》.

du Nóu·y tensiómeter /duːnúːiː, djuː-; *F.* dynui-/ *n.* 〘物理化学〙 デュヌーイの表面張力計.

Dun·sa·ny /dʌnséɪni, -sǽni/, **Edward John Moreton Drax Plun·kett** /mɔ́ətn̩, drǽks plʌ́ŋkɪt, -kl̩t | mɔ́ːtn̩, drǽks plʌ́ŋkl̩t/ *n.* ダンセーニ《1878–1957; アイルランドの劇作家・小説家; 通称 Lord Dunsany; 称号 18th Baron Dunsany》.

Dun·si·nane /dʌ́nsənèɪn, ─́─̀─ | dʌnsínən/ *n.* ダンシネン《スコットランド中東部 Dundee の西方郊外にある丘 (310 m); この頂上に Macbeth の城があったと言い伝えられる》. ★ Shakespeare 作 *Macbeth* では /dʌ̀nsɪnéɪn, ─̀─́/ と発音される.

Duns Scó·tus /dʌ́n(z)skóʊṭəs | -skɔ́t-, -skə́ʊt-/, **John** [**Johannes**] *n.* ドゥンス スコトゥス《1265/74–?1308; スコットランド出身のスコラ哲学者・神学者; アリストテレスの思想をキリスト教に適用; 通称 Doctor Subtilis /sʌbtáɪlɪs, -ləs | -lɪs/ または the Subtle Doctor; ⇨ Scotism》.

Dun·sta·ble /dʌ́nstəbl̩/ *n.* ダンスタブル《イングランド中南部, Chiltern Hills の北端にある, Bedfordshire 州の都市》.

Dun·sta·ble /dʌ́nstəbl̩/, **John** *n.* ダンスタブル《1370?–1453; イギリス最初期の作曲家・数学者》.

Dun·stan /dʌ́nstən/ *n.* ダンスタン《男性名》. 〘← OE *dūn* 'DOWN[3]' + *stān* 'STONE'〙

Dunstan, Saint *n.* ダンスタン《909?–88; 英国 Canterbury の大主教; 英国の僧院制度を改革》.

dunt /dʌ́nt, dʊ́nt/ 《スコット・英北部方言》 *n.* **1** どすんと打つこと; 打たれてできた傷. **2** 〘航空〙 垂直気流に突然遭遇することによる衝撃. — *vt.*, *vi.* どすんと打つ. 〘(c1420) (異形) ← DINT: cf. Swed. *dunt* dint〙

Dun·troon /dʌntrúːn/ *n.* ダントルーン《オーストラリア, Canberra の郊外の一地区; オーストラリア王立陸軍大学の所在地》.

du·num /dúnəm/ *n.* =dunam.

du·o /dúːoʊ, djúː- | djúːəʊ; *It.* dúːo/ *n.* (*pl.* ～s, **du·i** /d(j)úːiː | djúːiː, djúːi; *It.* dúːi/) **1** 〘音楽〙 二重奏[唱] (duet); 二重奏[唱]曲《特に器楽曲に多く用いる》. **2** 《口語》 (密接な関係をもった)二人, (特に芸人の)二人組: a comedy ～ (漫才などの)二人組芸人. **3** (同種類の)二匹の動物[二つの物]; 一組. **4** 〘チェス〙 横に二つ並んだポーン. 〘(1590) ◻ It. ～ < L ～ 'TWO'〙

du·o- /dúːoʊ, djúː- | djúːəʊ/ 「二」の意の連結形: *duologue*. 〘↑〙

dùo·bínary *adj.* 〘通信〙 デュオバイナリーの《三つのデータバンドを使用するデジタルデータを記号化するための通信形式を示す; cf. binary notation》.

dùo·décagon *n.* =dodecagon.

dùo·decénnial *adj.* 12 年目ごとの[に起こる]. 〘(1656) ← DUO- + DECENNIAL〙

dùo·decíllion *n.* 10^{39}; 《英古》 10^{72} (⇨ million 表). — *adj.* duodecillion の. 〘1875〙

du·o·dec·i·mal /dùːoʊdésəməl, djùː-, -əd-, -ml̩ | djùːə(ʊ)désɪ̀-─́/ *adj.* 十二の, 十二を一組[一単位]とする, 十二分の一の; 〘数学〙 十二進の (cf. decimal) (duodenary ともいう): the ～ system (of notation) 十二進法. — *n.* **1** 十二分の一 (twelfth part). **2** [*pl.*] 〘数学〙 十二進法, 十二分算. **du·o·dec·i·mal·i·ty** /dùːoʊdèsəmǽləṭi, djùː-, -əd- | djùːə(ʊ)dèsɪ̀mǽlɪ̀ti/ *n.* **～·ly** *adv.* 〘(1714) ← L *duodecim* twelve (← *duo* 'TWO' + *decem* 'TEN') + -AL[1]〙

du·o·dec·i·mo /dùːoʊdésəmòʊ, djùː-, -əd- | djùːə(ʊ)désɪ̀məʊ─́/ *n.* (*pl.* ～s) **1 a** 〘製紙〙 = twelvemo. **b** (いわゆる)四六判の本. **2** 〘音楽〙 12 度(の音程). **3** 《古》 ちびの人[物]. — *adj.* 〘製紙〙 = twelvemo; 〈本が〉四六判の. 〘(1658) ◻ L (*in*) *duodecimō* (in) a twelfth (abl.) ← *duodecimus* twelfth (↑)〙

du·o·déc·u·ple scàle /dùːoʊdékjʊpl̩-, djùː-, -əd- | djùːə(ʊ)-/ *n.* 〘音楽〙 十二音音階《それぞれ平等の価値をもつ 12 の半音から成る音階》. 〘*duodecuple*: ← L *duodecim* (↑) + DECUPLE〙

du·o·den- /dùːoʊdíːn, djùː-, -əd- | djùːə(ʊ)-/ (母音の前にくるときの) duodeno- の異形.

duodena *n.* duodenum の複数形.

du·o·de·nal /dùːoʊdíːnl̩, djùː-, -əd-, duːɑ́(ː)dənl̩, -dn̩əl | djùːə(ʊ)díːnl̩─́/ *adj.* 〘解剖〙 十二指腸の[に関する]. 〘(1843) ← DUODEN(UM) + -AL[1]〙

dúodenal úlcer *n.* 〘病理〙 十二指腸潰瘍.

du·o·den·a·ry /dùːoʊdénəri, djùː-, -əd-, -díːn- | djùːə(ʊ)díːnəri─́/ *adj.* =duodecimal. 〘(1857) ◻ L *duodēnārius* containing twelve ← *duodēnī* twelve each ← *duodecim* twelve: ⇨ -ary〙

du·o·de·ni·tis /dùːoʊdɪ̀náɪṭɪs, djùː-, -əd-, duːɑ̀(ː)dən-, -dn̩- | djùːə(ʊ)dɪ̀náɪtɪs/ *n.* 〘病理〙 十二指腸炎. 〘(c1850) ← NL ～ ← DUODEN(UM) + -ITIS〙

du·o·de·no- /dùːoʊdíːnoʊ, djùː-, -əd- | djùːə(ʊ)-/ 「十二指腸」の意の連結形. ★ 母音の前では通例 duoden- になる. 〘← NL ～ ← DUODENUM〙

duodèno·jejunóstomy *n.* 〘外科〙 十二指腸空腸吻合(術). 〘⇨ ↑, jejuno-, -stomy[1]〙

du·o·de·not·o·my /dùːoʊdənɑ́(ː)ṭəmi, djùː-, -əd- | djùːə(ʊ)dɪnɔ́t-/ *n.* 〘外科〙 十二指腸切開(術).

du·o·de·num /dùːoʊdíːnəm, djùː-, -əd-, duːɑ́(ː)dən-, djuː-, -dn̩- | djùːə(ʊ)díːn-/ *n.* (*pl.* ～s, **-de·na** /-nə/) 〘解剖〙 十二指腸 (⇨ digestive 挿絵). 〘(1379) ◻ ML *duodēnum* (*digitōrum*) twelve digits ← L *duodēnī* twelve each: Gk *dōdekadáktulon* twelve fingers, duodenum のなぞり: ⇨ duodenary: 長さが指 12 本の幅にほぼ等しいと考えられたことから〙

du·o·graph /dúːəgrǽf, djúː- | djúːəgrɑ̀ːf, -grǽf/ *n.* 〘印刷〙 =duotone 2.

du·o·logue /dúːəlɔ̀(ː)g, djúː-, -lɑ̀(ː)g | djúːəlɒ̀g/ *n.* (*also* 《米》 **duolog**) **1** 二人対話 (cf. monologue). ★ 通例 dialogue を用いる. **2** 二人対話劇. 〘(1864) ← DUO- + (MONO)LOGUE〙

duo·mo /dwóʊmoʊ | dwə́ʊməʊ; *It.* dwɔ́ːmo/ *It. n.* (*pl.* ～s, **duo·mi** /-miː; *It.* -mi/) (イタリアの)司教座教会堂, 大聖堂 (cathedral). 〘(1549) ◻ It. ～ 'DOME'〙

du·op·o·ly /duːɑ́(ː)pəli, djuː- | djuːɔ́p-/ *n.* **1** 〘経済〙 (2 企業による)複占 (cf. monopoly). **2** 〘政治〙 2 国による覇権. **du·op·o·lis·tic** /duːɑ̀(ː)pəlístɪk, djùː- | djuːɔ̀p-─́/ *adj.* 〘(1920) ← DUO- + (MONO)POLY〙

du·op·so·nis·tic /duːɑ̀(ː)psənístɪk, djuː- | djuː-ɔ̀p-─́/ *adj.* 〘経済〙 買手複占的な.

du·op·so·ny /duːɑ́(ː)psəni, djuː- | djuːɔ́p-/ *n.* 〘経済〙 買手複占《2 人の買手が市場を独占すること; cf. monopoly》. 〘← DUO- + Gk *opsōnía* purchase of victuals ← *ópson* relish〙

du·o·tone /dúːətòʊn, djúː- | djúːətəʊn/ 〘印刷〙 *adj.* (同色系のまたは黒色と他色の) 2 色の. — *n.* **1** 2 色の絵. **2** 〘印刷〙 **a** ダブルトーン《一つの原画から角度を変えて 2 種類の網ネガを作り, 製版し, 2 色で印刷する方法; duograph ともいう》. **b** ダブルトーン画. 〘(1907) ← DUO- + TONE〙

du·o·type /dúːətàɪp, djúː- | djúːə-/ *n.* 〘印刷〙 デュオタイプ《1 枚の網ネガから作った 2 種の網版で印刷する方法; デュオタイプ画》. 〘(1913) ← DUO- + TYPE〙

dup /dʌ́p/ *vt.* (**dupped; dup·ping**) 《英方言・古》 開ける, 開く (open). 〘(1547) (短縮) ← *do up* to lift up the latch (⇨ do (v.) 成句): cf. don[1], doff〙

dup. 《略》 duplex; duplicate.

dup·a·ble /dúːpəbl̩, djúːp- | djúːp-/ *adj.* だまされやすい (gullible). **dùp·a·bíl·i·ty** /-pəbíləṭi | -lɪ̀ti/ *n.* 〘(1833) ← DUPE[1] + -ABLE〙

Du·parc /duːpɑ́ək, djuː-, djʊ- | djuːpɑ́ːk; *F.* dypaʁk/, **Henri** *n.* デュパルク《1848–1933; フランスの作曲家》.

du·pat·ta /dʊpʌ́ṭə | -tə/ *n.* ドゥパッタ《インド人のスカーフ》. 〘◻ Hindi ～〙

dupe[1] /dúːp, djúːp | djúːp/ *n.* **1** (人に)だまされやすい人, すぐかつがれる人, 「かも」; (お人よしの)ぼんやり, まぬけ (gull). **2** でくの坊, 傀儡(かいらい), ロボット, 手先 (tool). — *vt.* [しばしば受身で] …にばかを見させる; だます, かつぐ (deceive) 〔*into*〕: ～ a person *into* doing 人をだまして…させる. **dúp·er** *n.* 〘(1681) ◻ F *dupe* < OF *duppe* (短縮) ← *de huppe* 'of HOOPOE': この鳥のまぬけな様子にちなむ〙

dupe[2] /dúːp, djúːp | djúːp/ *adj.*, *n.*, *vt.* 《口語》 = duplicate.

dup·er·y /dúːpəri, djúː- | djúː-/ *n.* **1** 詐欺, ぺてん. **2** だます[だまされる]こと, 一杯くわされた状態. 〘(1759) ◻ F *duperie*: ⇨ dupe[1], -ery〙

Du·pin /duːpǽ(ŋ), djuː-, -pǽŋ | djuː-; *F.* dypɛ̃/, **A·man·dine Au·rore Lu·cile** /amɑ̃din oʁɔːʁ lysil/ *n.* デュパン (George Sand の本名).

du·pi·on /duːpiòʊn | -əʊn/ *n.* **1** 〘養蚕〙 玉繭《複数の蚕が共同で作った繭》. **2** 〘紡織〙 =douppioni. 〘(1828) ◻ F *doupion* ◻ It. *doppione* (aug.) ← *doppio* < L *duplum* 'DOUBLE'〙

du·pi·o·ni /duːpióʊni | -ə́ʊni/ *n.* 〘紡織〙 =douppioni.

dúpion sílk *n.* 〘養蚕〙 玉糸, 節糸《玉繭から採った生糸》.

du·pla·tion /duːpléɪʃən, djuː- | djuː-/ *n.* 倍にすること, 2 倍にすること. 〘(?c1425): ⇨ ↓, -ation〙

du·ple /dúːpl̩, djúː- | djúː-/ *adj.* **1** 2 つの部分[成員]を持つ. **2** 二倍の, 二重の. ★ 通例 double を用いる. **3** 〘音楽〙 偶数 [2] 拍子の《1 小節中に 2 またはその倍数の拍 (4 拍子など)を有する拍子》: ⇨ duple time. **4** 〘詩学〙〈韻律が〉2 音節詩句の. 〘(1542–43) ◻ L *duplus* twofold: ⇨ double〙

Du·pleix /duːpléks, djuː-, -pléɪks | djuːpléɪks; *F.* dyplɛks/, **Joseph François** *n.* デュプレックス《1697–1763; フランスのインド総督 (1742–54); 称号 Marquis Joseph François Dupleix》.

dúple mèasure *n.* 〘音楽〙 =duple time 1.

dúple rátio *n.* 〘数学〙 2 倍の比 (2:1 の比).

dúple rhỳthm *n.* 〘詩学〙 2 拍子韻律. 〘1881〙

Du·ples·sis-Mornay /dùːpləsíː-, djùː- | djùː-; *F.* dyplesi-/ *n.* Philippe de Mornay の通称.

du·plet /dúːplɪt, djúː- | djúː-/ *n.* **1** 〘音楽〙 二連(音)符《本来 3 拍に数えられるべき時価を 2 等分して演奏する 2 個連続した音符; cf. triplet 6》. **2** 〘化学〙 (2 原子が共有する)電子対. 〘(1668) (1921) ← DUPLE + -ET〙

dúple tìme *n.* 〘音楽〙 **1** 2 拍子 ($^2/_2$ 拍子, $^2/_4$ 拍子, $^2/_8$ 拍子など; duple measure, two-part time ともいう; cf. triple time). **2** 《米》 偶数拍子 ($^4/_2$ 拍子, $^4/_4$ 拍子, $^4/_8$ 拍

子など; compound duple time ともいう). 〖1725–52〗

du·plex /dú:plεks, djú:- | djú:-/ *n.* **1** 《米》 **a** =duplex apartment. **b** =duplex house. **2** 〘製紙〙両面異色紙《表と裏で色・仕上げ・きめの異なる紙[厚紙]》. **3** 〘印刷〙デュープレックス《一回で紙の両面を印刷する方法》. **4** 〘印刷〙デュープレックス《同一原図から黒と淡色の 2 枚の網版を作って印刷する方法》. **5** 〘印刷〙(ライノタイプの) 2 字母型, 複母型, 集合母型《1 個のマテ (matrix) に二つの字が凹刻されている母型》; そのどちらか一方の字面. **6** 〘生化学〙二重型. **7** 〘通信〙二重通信方式.
— *adj.* **1** 二連の; 重複の, 二重の (twofold): a ~ hammer 両面槌(づち) / ~ printing 〘染色〙両面捺染(なせん). **2** 〘機械〙二重の, 複式の. **3** 〘通信〙二重通信方式の《双方向同時に通信できる方式; cf. simplex 2, multiplex 2》. **4** 〘生物〙複式の《特定の優性遺伝子が 2 個あることにいう》. **5** 〘生化学〙《単位体が》二つ相補的に結合した《DNA の二重螺旋(らせん)構造などに用いる》.
— *vt.* 二重にする, 重複する.
〖《1567》□ L ~ 'twofold' ← *duo* 'TWO' + *-plex* '-PLE': cf. Gk *díplax* double〗

dúplex apártment *n.* 《米》メゾネット式[重層型]アパート《共同住宅で, 一戸が上下 2 層以上の部屋から成るもの; cf. maisonette 1》. 〖*c*1925〗

dú·plex·er *n.* 〘通信〙送受切換え器《同一アンテナを送信・受信に使うときの自動切換え装置; t-r box ともいう》. 〖《*c*1932》: ⇨ -er¹〗

dúplex escápement *n.* 〘時計〙二重脱進機《がんぎ車に 2 組の歯がついた摩擦静止式脱進機; 1 組の歯はがんぎ車停止用, 他はてんぷへの衝撃用》. 〖1851〗

dúplex hóuse *n.* 《米》二世帯用住宅《二つの玄関をもち二世帯で住む住宅; semidetached ともいう》.

dúplex ínstrument *n.* 〘音楽〙デュープレックスインストルメント《通例金管楽器で, 2 種類の楽器をひとつに結合しまとめたもの》.

du·plex·i·ty /du:plέksəṭi, dju:- | dju:plέksɪ̈ti/ *n.* 二重性. 〖《1856》: ⇨ -ity; complexity にならう〗

dúplex lámp *n.* 二重心ランプ. 〖1883〗

dúplex lóck *n.* 複式錠《通常の鍵と合い鍵のいずれによっても別個の仕組みによって解錠できるシリンダー錠》.

dúplex púmp *n.* 〘機械〙複式ポンプ, ウォーシントン式ポンプ.

dúplex telégraphy *n.* 〘通信〙二重電信《同一の電線または周波数で双方から同時に送信と受信ができる方式; cf. multiplex telegraphy》.

du·pli·ca·ble /dú:plɪ̈kəbl̩, djú:- | djú:-/ *adj.* 二重[倍]にできる; 二重作成できる; 複写のきく. **dù·pli·ca·bíl·i·ty** /-kəbíləṭi | -lɪ̈ti/ *n.*

du·pli·cate /dú:plɪ̈kɪ̈t, djú:- | djú:-/ *adj.* **1** 重複の, 二重の. **2** 一双の, 対をなす. **3** (うりふたつのように)全く同様の: a ~ key 合い鍵 **4** 複製の, 副の, 控えの, 写しの (cf. triplicate): a ~ receipt 領収書の控え / a ~ copy 複本; (絵画の)複製品; (文書など)同文二通作成されたものの一つ. **5** 〘トランプ〙(ブリッジなどで)デュープリケートの[による]《同じ手を多数のペアがプレーし, その得点によって技術の優劣を競う方式》.
— *n.* **1** (二通同一に作成された書類の)一方, (法的に同一効力をもつ)写し; (二個同一に製作された品物の)一方. **2** (原本と同じ)写本, 謄本, 副本, 写し, 控え, 複製(品), 複写(本) (second copy) (cf. counterpart 4, triplicate, quadruplicate) (⇨ copy SYN); 〘図書館〙複本; 複製物《複製絵画・写真の焼増しなど; (写真・映画の)複製ネガ[ポジ]《オリジナルをいためないためおよびディゾルブなどの効果を加えるために作る》. **3** (他と)うりふたつの物. **4** 《古》合札; 質札. **5** 同意語 (synonym). **6** 〘トランプ〙デュープリケート (duplicate) のゲーム / ⇨ duplicate bridge. **7** = tax duplicate. ***in dúplicate*** (正副)二通に(作成された): be made [done] *in* ~ 正副二通作成される / type a letter *in* ~ 手紙を正副二通にタイプする. (1884)
— /dú:pləkèɪt, djú:- | djú:plɪ̈-/ *vt.* **1** 二重にする, 二倍する (double). **2** 二重に作成する, 正副二通に作る. **3** 複写する, …の写し[複本]を作る: ~ a document 書類の写しを作る / a ~*d* document / *duplicating* paper 複写紙. **4** 再び行う, 繰り返す (repeat): ~ a mistake [an error]. **5** …に匹敵[比肩]する. — *vi.* 〘生物〙(染色体が)二つに分裂する, 二つに分裂して再生する.
dú·pli·cà·ta·ble *adj.* **du·pli·ca·tive** /dú:pləkèɪṭɪv, djú:-, djú:-, -kət- | djú:plɪ̈kət-, -kèɪt-/ *adj.* **~·ly** *adv.*
〖《?*a*1425》□ L *duplicātus* (p.p.) ← *duplicāre* to double ← *duplus* 'DUPLE': ⇨ -ate¹·²·³〗

dúplicate brídge /dú:plɪ̈kɪ̈t-, djú:- | djú:-/ *n.* 〘トランプ〙デュープリケートブリッジ《コントラクトブリッジの一種; 両チーム同じ持ち札で始めて, 最高点を得た人の組が勝ちとなる; board bridge ともいう; cf. rubber bridge》. 〖1926〗

dúplicate fáctor [géne] *n.* 〘生物〙重複因子, 重複遺伝子.

dú·pli·càt·ing fìlm /-plәkèɪṭɪŋ- | -plɪ̈kèɪtɪŋ-/ *n.* 〘写真〙(映画の)複製ネガ[ポジ]を作製するための(微粒子)フィルム.

dúplicating machìne *n.* **1** 複写機, コピー機. **2** 〘機械〙ならい盤 (profiler). 〖*c*1890〗

du·pli·ca·tion /dù:plɪ̈kéɪʃən, djù:- | djù:-/ *n.* **1** 二重, 重複, 重なり合い. **2** 複製, 複写; 複製物[品], コピー (duplicate): ~ of the cube 〘数学〙立方体倍積問題《与えられた立方体の体積の 2 倍に等しい体積をもつ立方体を作れという問題; ギリシャの三大不可能問題の一つ》. **3** 〘植物〙両岐. 〖《*a*1500》□ (O)F ~ // L *duplicātiō(n-)*: ⇨ duplicate, -ation〗

dú·pli·cà·tor /-kèɪṭə | -tə^(r)/ *n.* **1** 複写機; 複製機《特に, 写真複写・ゼロックス以外の》. **2** 複製者.
〖《1893》← DUPLICATE + -OR²〗

du·pli·ca·tus /du:plɪ̈kéɪṭəs, djù:- | djù:plɪ̈kéɪtəs/ *adj.* 〘気象〙〈雲の層が〉重なっている, 二重雲の. 〖□ L *duplicātus* (p.p.): ⇨ duplicate〗

du·plic·i·tous /du:plísəṭəs, dju- | dju:plísɪ̈-/ *adj.* 表裏二心のある, 不誠実な, 欺瞞的な. **~·ly** *adv.* 〖《1928》: ⇨ ↓, -ous〗

du·plic·i·ty /du:plísəṭi, djʊ- | djʊplísɪ̈ti/ *n.* **1** 表裏二心あること, 陰ひなた, 二枚舌, 不誠実 (⇨ deceit SYN); 欺瞞 (deception). **2** 《古》二重性, 重複 (duplexity). **3** 〘法律〙主張事実の複合, 犯罪の複合《元来別個である二つ以上の主張事実を一個の訴因に記載することで, 不適法とされる; また起訴状の一訴因中に別個の二つ以上の犯罪事実を記載したときは, 起訴状却下抗弁とされる》. 〖《*c*1433》□ (O)F *duplicité* // LL *duplicitātem* doubleness ← L *duplex*: ⇨ duplex, -ity〗

Du Pont /du:pá(:)nt, dju:-, ⸗⸗ | dju:pɔ́nt, ⸗⸗/ *n.* 〘商標〙デュポン《米国の総合化学メーカー》.

Du Pont /du:pá(:)nt, dju:-, ⸗⸗ | dju:pɔ́nt, ⸗⸗; *F.* dypɔ̃/ (*also* **Du·Pont** /~/), **É·leu·thère I·ré·née** /eløtɛ:ʁ iʁene/ *n.* デュポン (1771–1834; フランス出身の米国の実業家; Pierre Samuel Du Pont de Nemours の息子; 設立した火薬工場はのちに化学工業を中心とする財閥に発展した).

Du Pónt de Ne·móurs /-dənəmúə | -múə^(r); *F.* -dnəmu:ʁ/, **Pierre Samuel** *n.* デュポン ドヌムール (1739–1817; フランスの著述家・経済学者・政治家).

dup·py /dʌ́pi/ *n.* (カリブ民間伝承の)幽霊, 悪霊. 〖《1774》← ? WAfr.〗

du Pré /du:préɪ, dju:-, -prí:/, **Jacqueline** *n.* デュプレ (1945–87; 英国のチェロ奏者).

Du·pré /du:préɪ, dju:-; *F.* dypʁe/, **Jules** *n.* デュプレ (1811–89; フランスのバルビゾン派 (Barbison school) 風景画家).

Dupré, Marcel *n.* デュプレ (1886–1971; フランスのオルガン奏者・作曲家).

Du·puý·tren's contrácture /dʊpwí:trənz-; *F.* dypɥitʁɛ̃/ *n.* デュピュイトラン拘縮《手足の指の湾曲変形》.

Du·que de Ca·xi·as /dú:kədəkaʃí:əs | -də-; *Braz.* dúkidʒikaʃías/ *n.* ドゥケデカシアス《ブラジル南東部 Rio de Janeiro 北部の都市》.

Du·quesne /du:kéɪn, dju:-; *F.* dykɛn/, Marquis **Abraham** *n.* デュケーヌ (1610–88; フランスの海将).

Du·quesne /du:kéɪn, dju:-, du-/, **Fort** *n.* ドゥケーン要塞《1754 年現在の Pittsburgh に築かれたフランスの要塞; 1758 年英軍が占領し Pitt (大ピット)の名をとって Fort Pitt となり, のちに Pittsburgh と改称された》.

dur /dúə | dúə; *G.* dú:ʁ/ *n., adj.* 〘音楽〙長調(の) (major). 〖□ G ~ ← ML *b dūrum* 'b natural [hard]': cf. dure¹〗

Dur. 《略》Durham.

du·ra /dʊ́ᵊrə, djʊ́ᵊrə | djʊ́ərə, djɔ́:rə/ *n.* **1** 〘解剖〙= dura mater. **2** =durra.

du·ra·bil·i·ty /dʊ̀ᵊrəbíləṭi, djʊ̀ᵊr- | djʊ̀ərəbílɪ̈ti, djɔ̀:r-/ *n.* 持続力, 耐久性, もちのよさ. 〖《*c*1380》□ (O)F *durabilité* □ LL *dūrābilitātem*: ⇨ ↑, -ity〗

du·ra·ble /dʊ́ᵊrəbl̩, djʊ́ᵊr- | djʊ́ər-, djɔ́:r-/ *adj.* **1** 永続性のある (lasting): ~ peace, friendship, love, etc. **2** 耐久力のある, もちのよい, 丈夫な: ~ cloth / a ~ pair of boots. — *n.* [*pl.*] 耐久(消費)財 (cf. nondurables) 《住宅・電気冷蔵庫・自動車など; hard goods ともいう; cf. consumer goods》. **~·ness** *n.* 〖《*c*1390》□ (O)F ~ □ L *dūrābilis* lasting ← *dūrāre* 'to ENDURE': ⇨ dure², -able〗

dúrable fínish *n.* (織物の)耐久仕上げ《防水・しわ止めなど》.

dúrable góods *n. pl.* =DURABLES.

dúrable préss *n.* 〘紡織〙形態固定加工《布に化学薬品・熱作用などにより形態固定や防縮性を与える加工; 略 DP; permanent press ともいう》. 〖1966〗

dú·ra·bly /-bli/ *adv.* 永続的に, 耐久的に, 丈夫に. 〖《*a*1500》: ⇨ durable, -ly¹〗

Du·ra·cell /dʊ́ᵊrəsèl, djʊ́ᵊr- | djʊ́ər-, djɔ́:r-/ *n.* 〘商標〙デュラセル《米国の電池メーカー》.

du·rain /dú:reɪn, djú:- | djú:-/ *n.* 〘地質〙デュレイン《瀝青炭中で鈍光沢で堅く帯状をなしている成分; cf. clarain, fusain, vitrain》. 〖《1919》← L *dūrus* hard + (FUS)AIN〗

du·ral¹ /dʊ́ᵊrəl, djʊ́ᵊr- | djʊ́ər-, djɔ́:r-/ *adj.* 〘解剖〙硬脳膜, 硬膜 (dura) の. 〖《1888》← DURA(MATER) + -AL¹〗

du·ral² /dʊ́ᵊrəl | djʊ́ər-, djʊ́ᵊr-, djɔ́:r-/ *n.* 〘冶金〙= duralumin. 〖《1937》《略》〗

du·ral·u·min /dʊrǽljumɪ̈n, djʊ- | djʊ(ə)rǽljumɪn, djɔ:r-/ *n.* 〘冶金〙ジュラルミン. 〖《1910》□ G ~ 《商標》← *Düren* (最初に製造された工場のあったドイツの都市) + ALUMIN(UM): 第 1 要素は L *dūrus* hard とも連想される〗

du·ra ma·ter /dʊ́ᵊrəméɪṭə, djʊ́ᵊrə-, ⸗⸗⸗⸗, -má:- | djʊ́ərəméɪtə^(r), djɔ́:rə-, -má:tə/ *n.* 〘解剖〙硬膜, 脳硬膜《脳・脊髄を覆う堅い膜; 単に dura ともいう; cf. arachnoid 1, pia mater》. 〖《*a*1400》□ ML *dūra māter* (*cerebrī*) 《原義》hard mother (of the brain) (なぞり) ← Arab. *ummud-dimāghiṣ-ṣafíqa^h* 《原義》thick mother of the brain: 脳膜を他の諸種の膜の「母」すなわち本源とみなして〗

du·ra·men /dʊréɪmɪ̈n, djʊ- | djʊ(ə)réɪmen, djɔ:r-/ *n.* 〘林業〙=heartwood. 〖《1837》□ L *dūrāmen* hardness, hardened vine branch ← *dūrāre* (↓)〗

du·rance /dʊ́ᵊrəns, djʊ́ᵊr- | djʊ́ər-, djɔ́:r-/ *n.* **1** 《文語》(特に長期間の)監禁, 拘禁, 収監 (cf. duress 1): in ~ 監禁されて / in ~ vile 監禁の恥辱を受けて, 忌むべき牢獄に. **2** 《古》忍耐. **3** 《廃》持続, 維持. 〖《*c*1443》□ (O)F ~ 'duration' ← *durer* to endure < L *dūrāre* to last: ⇨ -ance〗

Du·ran·go /dʊrǽŋgoʊ, dju:- | djʊərǽŋgəʊ; *Sp.* duráŋgo/ *n.* **1** ドゥランゴ(州)《メキシコ北部の州; 面積 119,648 km²》. **2** ドゥランゴ《Durango 州の州都; 正式には, Victoria de Durango》.

du·ran·te be·ne pla·ci·to /du:rá:nteɪbéneɪplǽkɪtòʊ, duréntịbénɪplǽsətòʊ | djʊ(ə)réntibénɪplǽsɪtəʊ, du:rá:nteɪbéneɪplǽkɪtəʊ/ *L.* 楽しみの間に. 〖《*a*1627》□ L *dūrante bene placitō* during the pleasure〗

du·ran·te vi·ta /du:rá:nteɪwí:tα:, durǽnṭiváɪṭə, djʊ- | djʊ(ə)réntiváɪtə, du:rá:nteɪwí:tα:/ *L.* 一生の間 (during life). 〖《1621》□ L *dūrante vītā*〗

Du·ras /durá:s, dju- | dju-, du-; *F.* dyʁa:s/, **Marguerite** *n.* デュラス (1914–96; フランスの小説家; *L'Amant*「愛人」(1984); 本名 Marguerite Donnadieu).

du·ra·tion /duréɪʃən, dju- | djʊ(ə)r-, djɔ:r-/ *n.* **1** 持続, 存続. **2 a** 存続[持続]期間, (続いている)期間: of long [short] ~ 長期[短期]の / for the ~ of the war 戦争が続いている間. **b** (Bergson 哲学の) 持続《物理的時間とは区別され, 直観的にのみとらえられる存在の継続的様態》. **3** 〘航空〙航続力《航続距離 (range) および航続時間 (endurance) の両方の意味に使う》: the ~ of a flight (航空機の)航続期間, 滞空時間 / a ~ record (飛行機の)滞空記録. **4** 〘音声〙(音の)継続時間, 音量, 音長 (quantity). **5** [the ~] 《口語》(戦争の)継続期間, 《米》戦争. ***for the durátion*** (1) 戦争期間中. (2) (いつまで続く・いつ終わるともわからぬ)長い間, 未定の期間, いつまでも: We want you on this dictionary project *for the* ~. この辞書の仕事にいつまでも[最後まで]かかわってほしい. (1925)
~·al *adj.* 〖《*c*1380》□ OF ~ □ ML *dūrātiō(n-)* ← LL *dūrāre* to last: ⇨ dure², -ation〗

du·ra·tive /dʊ́ᵊrəṭɪv, djʊ́ᵊr- | djʊ́ərət-, djɔ́:r-/ *adj.* **1** 未完了の, 継続を示す. **2** 〘文法〙継続[持続]相の《ある動作が妨げられずに継続することを示す動詞の相; 英語では I *read* に対する I *am reading* など》: the ~ aspect 継続[持続]相. — *n.* 〘文法〙動詞の継続[持続]相; 継続[持続]相の動詞. 〖《1889》← L *dūrātus* ((p.p.) ← *dūrāre* (↑)) + -IVE〗

Du·raz·zo /*It.* duráttso/ *n.* ドゥラッツォ《Durrës のイタリア語名》.

Dur·ban /də́:bən, -bn | də́:-/ *n.* ダーバン《南アフリカ共和国東部の海港; KwaZulu-Natal 州の市; 工業・リゾート中心地》.

dur·bar /də́:bαə | də́:bα:^(r)/ *n.* **1** (昔のインド諸侯の)宮廷 (court). **2** (インド・アフリカ諸侯や英国の支配者・総督などの)謁見, 公式接見. **3** 謁見の間. 〖《1609》□ Hindi *darbār* □ Pers. *darbār* court of a ruler ← *dar* door (< OPers. *duvara* ← IE **dhwer-* 'DOOR') + *bār* admission (← East Ind. **dwāra-* ← IE **dhwer-*)〗

durch·kom·po·niert /dʊ̀əxkɑ̀(:)mpəníət | dʊ̀əxkɔ̀mpənɪ̀ət; *G.* dʊ́ʁçkɔmponi:ɐt/ *adj.* 〘音楽〙〈歌曲が〉通作(形式)の; 通作歌曲の《詩の各節に対して同じ旋律を繰り返さず, 新しい異なった旋律を付したものにいう; cf. strophic》. 〖《1897》□ G ~ ← *durch* through + *komponiert* composed〗

dure¹ /dʊ́ə, djʊ́ə | djʊ́ə^(r), djɔ́:^(r)/ *adj.* 《古》厳しい (severe), 困難な (hard). 〖《?*c*1390》□ (O)F *dur* < L *dūrum* hard (↓): cf. dour〗

dure² /dʊ́ə, djʊ́ə | djʊ́ə^(r), djɔ́:^(r)/ 《古》*vi.* 続く (last). — *vt.* …に耐える (endure). 〖《*c*1250》□ (O)F *durer* < L *dūrāre* to endure (cf. *dūrus* hard ← IE **deru-*: ⇨ tree) ← **deuә-* long (in duration)〗

Dü·rer /dʊ́ᵊrə, djʊ́ᵊrə | djʊ́ərə^(r); *G.* dý:ʁɐ/, **Albrecht** *or* **Albert** *n.* デューラー (1471–1528; ドイツルネサンスの代表的画家・版画家; *Apocalypse* (1498)).

du·ress /durés, dju- | djʊ(ə)rés, djʊ́ərεs/ *n.* (*also* **du·resse** /~/) **1** 強制, 拘束 (restraint); 監禁 (cf. durance 1). **2** 〘法律〙(暴力的な)威圧, 強迫《生命・身体に物理的圧迫を加え, あるいは加えるとおどして恐怖を生ぜしめること; その結果成立した契約は取り消すことができる》: a plea of ~ 強迫されたという申し立て / under ~ 強迫されて. 〖《*c*1330》□ OF *duresse* < L *dūritiam* hardness ← *dūrus* hard (↑): ⇨ -ess²〗

Du·rex /dʊ́ᵊrεks, djʊ́ᵊr- | djʊ́ər-, djɔ́:r-/ *n.* 〘商標〙デュレックス: **1** コンドーム. **2** 《豪》接着テープ (sticky tape). 〖1932〗

D'Ur·fey /də́:fi | də́:-/, **Thomas** *n.* ダーフィ (1653–1723; 英国の劇作家・歌謡作者; *Wit and Mirth, or Pills to Purge Melancholy* (歌謡集, 1719–20)).

Durg /dʊ́əg | dʊ́əg; *Hindi* dʊrg/ *n.* ドゥルグ《インド中東部, Madhya Pradesh の都市; 旧名 Drug》.

Dur·ga /dʊ́əgα: | dʊ́ə-/ *n.* 〘ヒンズー教〙ドゥルガー《破壊の女神, Siva の配偶神; Parvati の異名》. 〖□ Skt *Durgā*〗

dur·gah /də́:gα: | də́:-/ *n.* =dargah.

Dur·ga Pu·ja /dʊ́əgəpú:dʒə | dʊ́ə-/ *n.* =Dasehra.

Dur·ga·pur /də́:gəpʊ̀ə | də́:gəpʊ̀ə^(r), -pɔ̀:^(r)/ *n.* ドゥルガプール《インド北東部, West Bengal 州の都市》.

Dur·ham¹ /də́:rəm | dʌ́r-/ *n.* ダラム: **1** イングランド北東部北海に臨む州; 農業・石炭産業; 面積 2,436 km². **2** Durham 州の Wear 川に臨む州都; 大聖堂・大学・城がある; 金物・織物を産する. **3** 米国 North Carolina 州北部の都市. 〖OE *Dunholm* 《原義》island with a hill ← *dūn* 'DOWN³' + *holm* (□ ON *holmr* island)〗

Dur·ham² /dɔ́ːrəm | dʌ́r-/ *n.* ダラム《イングランド Durham 原産の肉用・短角の牛の品種; Shorthorn ともいう》. 〘(1810)↑〙

Dúrham Rúle *n.* [the ~]〘米法〙ダーラムの法則《被告人が犯行時に心神喪失または心神耗弱の状態にあり, その犯行がその精神異常の結果と考えるのが相当であるときは, 刑事責任を問わないとする法則》. 〘1955〙

du·ri·an /dú°riən | dúər-/ *n.* **1** ドリアン《Malay 諸島産の果実; 大きな卵形をまた球形でとげに覆われ, 果肉に独特の味と香りがある》. **2**〘植物〙ドリアン (*Durio zibethinus*)《ドリアンを産するパンヤ科の常緑高木》. 〘(1588)□ Malay *dūriān* ← *dūrī* thorn〙

du·ri·crust /dú°rɪkrʌ̀st, djú°r- | djúər-, djɔ́ːr/ *n.* 〘地学〙表層固結物, デュリクラスト《乾燥地帯で土壌が硬く皮殻状になった層》. 〘(1928) ← L *dūrus* hard＋-I-＋CRUST (n.)〙

dur·ing /dú°rɪŋ, djú°r- | djú°r-, djɔ́ːr-/ *prep.* **1** …の間ずっと, …中(じゅう): ~ supper / ~ his life 彼の存命中 / ~ the last few years 最近数年間 / ~ a lull in the conversation 会話の切れ目に. **2** …の間のあるときに: He was sick for a week ~ the semester. 彼は学期の間一週間病気だった / The burglary took place ~ the night. 強盗は夜の間に行われた. 〘(*a*1387)《なぞり》□ (O)F *durant* (例: *le mariage durant* the marriage lasting, in the course of the marriage) & L *dūrante* (例: *vitā dūrante* life during, while life lasts): ⇨ dure², -ing²〙

du·ri·on /dú°riən | dúər-/ *n.* ＝durian.

Durk·heim /dɔ́ːkhaɪm | dɔ́ːk-; *F.* dyʁkɛm/, **Émile** *n.* デュルケーム《1858–1917; フランスの社会学者; 近代社会学創始者の一人; *De la division du travail social*「社会分業論」(1893)》.

dur·mast /dɔ́ːmæ̀st | dɔ́ː-/ *n.*〘植物〙ヨーロッパ産のナラ《フユナラ (*Quercus sessiliflora*) または *Q. petraea*; 重要な建築・家具材; 重くて堅い材質が貴重; durmast [sessile] oak ともいう》. 〘(1791)《変形》? ← *dun mast*: ⇨ dun¹, mast²〙

durn /dɔ́ːn | dɔ́ːn/ *vt., vi., adj., adv., n., int.*《米口語》＝darn².

durned /dɔ́ːnd | dɔ́ːnd/ *adj., adv.* ＝darned.

du·ro /dú°roʊ | dúərəu; *Sp.* dúro/ *n.* (*pl.* ~**s**) ドゥーロ《スペインや中南米で用いるペソ (peso) またはドル; ペソと同義ながら, 1808 年に Ferdinand 七世が造った銀貨; モロッコの 20 リアル金貨》. 〘(1832)□ Sp. ~《略》← *peso duro* hard peso or piastre〙

Du·roc /dú°rɑ(ː)k, djú°r- | djúərɔk/ *n.* デューロック《米国産の強健で成長の早い赤[赤茶]色の豚の一品種》. 〘(1883) ← *Duroc* (この種の豚を養育していた農場にいた種豚の名)〙

Dúroc-Jérsey *n.* ＝Duroc.

du·rom·e·ter /dʊrɑ́(ː)mət̬ə, djʊ- | djʊ°rɔ́mɪ̀tə^r, djɔːr-/ *n.*〘計器〙ジュロメーター《一定の圧力で試験片に侵入する針の深さで測る硬度計》. 〘(*c*1879) ← NL *duro-* (← L *dūrus* hard)＋-METER¹〙

dur·ra /dʊ́rə/ *n.*〘植物〙アズキモロコシ (*Sorghum vulgare* var. *durra*)《アジア南部・アフリカ北部産モロコシ (common sorghum) の一変種; Guinea corn, Indian millet ともいう》. 〘(1798)□ Arab. *dhúra^h*〙

Dur·rell /dɔ́ːrəl | dʌ́r-/, **Gerald** (**Malcolm**) *n.* ダレル《1925–95; 英国の博物学者・作家; Lawrence Durrell の弟; *The Overloaded Ark* (1953)》.

Durrell, Lawrence (**George**) *n.* ダレル《1912–90; 英国の小説家・詩人; *The Alexandria Quartet* (1957–60)》.

Dur·rel·li·an /dəːrélɪən | dʌr-/ *adj.* Lawrence Durrell の(文体の). 〘(1961): ⇨ ↑, -ian〙

Dür·ren·matt /dú°rənmɑ̀ːt | djúər-, dʊ́r-; *G.* dʏ́ʁənmàt/, **Friedrich** *n.* デュレンマット《1921–90; スイスの劇作家・小説家》.

Dur·rës /dʊ́rəs; *Alban.* dúrəs/ *n.* ドゥルラス《アルバニア西部のアドリア海に臨む港市, Tiranë の外港; 古代より重要な港であり, 古代コリント人の居留地; イタリア語名 Durazzo》.

dur·rie /dɔ́ːri | dʌ́ri/ *n.* ＝dhurrie.

dur·ry /dɔ́ːri | dʌ́ri/ *n.*《豪俗》巻きたばこ. 〘(1941) ← ?〙

durs·n't /dɔ́ːsənt, -snt | dɔ́ː-/《古》durst not の縮約形.

durst *v.*《古》dare の過去形. ★ 口語・俗語・方言に残っている. 〘OE *dorste*〙

du·rum /dú°rəm, djú°r-, dɔ́ːrəm | djúər-, djɔ́ːr-/ *n.* ＝durum wheat.

dúrum whéat *n.*〘植物〙デュラムコムギ (*Triticum durum*)《麩質(ふしつ)に富む硬質小麦; パスタに最適種; 単に durum ともいう; cf. hard wheat, soft wheat》. 〘(*c*1903) *durum*: ← L *dūrum* (neut.) ← *dūrus* hard: cf. dure¹〙

Du·ruy /dʊrwíː, djʊ- | djʊr-; *F.* dyʁɥi/, **Victor** *n.* デュリュイ《1811–94; フランスの歴史家》.

dur·zi /dɔ́ːzi/ *n.* (インドの)洋服屋. 〘(1812)□ Urdu ~ □ Pers. *darzī* ← *darz* sewing〙

Du·se /dúːzeɪ | -zi; *It.* dúːze/, **E·le·o·no·ra** /eleonɔ́ːrə/ *n.* ドゥーゼ《1858–1924; イタリアの女優》.

Du·shan·be /duːʃǽmbə, -ʃɑ́ːm- | djuː-; *Russ.* duʃanbé/ *n.* ドゥシャンベ《タジキスタン共和国西部にある同国の首都; 旧名 Stalinabad》.

dusk /dʌ́sk/ *n.* **1** 夕闇時, たそがれ(どき): get toward ~ たそがれになる / at ~ 夕暮れに. **2**《詩》薄暗がり, 夕闇 (twilight); 闇 (shade): in the ~ of the evening 夕闇に. — *adj.*《古・詩》＝dusky. — *vi., vt.*《詩》薄暗くなる[する], 暮れかかる[させる]. 〘(?*a*1200) *dosk*《音位転換》← OE *dox* < Gmc **duskaz* (Swed. *duska* to be misty) ← IE **dhusko-* (L *fuscus* dusky) ← **dheu-* to rise in a cloud: cf. dizzy, dull, dust〙

dusk·en /dʌ́skən/ *vt., vi.*《まれ》薄暗くする[なる]. 〘1550〙

dúsk·i·ly /-kɪ̀li/ *adv.* 薄暗く; 陰鬱に. 〘1611〙

dúsk·ish /-kɪʃ/ *adj.* やや暗い; 薄黒い. 〘1530〙

dusk·y /dʌ́ski/ *adj.* (**dusk·i·er**; **-i·est**) **1** 薄暗い, 暗い (shadowy) (⇨ dark SYN). **2**《主に詩・婉曲》薄黒い; (特に)〈皮膚の色が〉黒ずんでいる (swarthy). **3** 陰気な, ゆううつな (gloomy). **dúsk·i·ness** *n.* 〘(1558): ⇨ -y¹〙

dúsky gróuse *n.*〘鳥類〙(米国西部産)アオライチョウ (*Dendragapus obscurus*). 〘*c*1820〙

dúsky shárk *n.*〘魚類〙ドタブカ (*Carcharias obscurus*)《メジロザメ科メジロザメ属の青灰色のサメ; 長さ 3.5 m に達する》.

dúsky thrúsh *n.*〘鳥類〙ツグミ (*Turdus naumanni*).

Dus·se·hra /dʌ́sərə/ *n.* ＝Dasehra.

Düs·sel·dorf /dúːsəldɔ̀əf, dʊ́s-, -sɪ̀- | dúsəldɔ̀ːf, -sɪ̀-; *G.* dʏ́sl̩dɔʁf/ *n.* デュッセルドルフ《ドイツ西部の North Rhine-Westphalia 州の Rhine 川に臨む港湾都市; 同州の州都》. 〘□ G ~ ← *Düssel* (< OHG *Tussale* (川の名) ← *Dus, Tus* water, river)＋*Dorf* 'THORP village'〙

dust /dʌ́st/ *n.* **1 a** ちり, ほこり; [通例 the ~] 舞い上がったごみ, 砂ぼこり: a cloud of ~ 立ち上がる砂ぼこり / (as) dry as ~ 無味乾燥の; よく乾いた / make *a* ~ ほこりを立てる (cf. 8) / The vacuum cleaner sucked up *the* ~ from the floor. 掃除機は床からのほこりを吸い込んだ / carpet ~ / *The* ~ is blowing. ほこりが立っている / lay *the* ~〈雨などがほこりを静める. **b** ほこりを払うこと, ちり払い. **2** 粉末 (fine powder): bone ~ 骨粉 / coal ~ 炭塵(たんじん), 炭粉 / insecticidal ~ 粉末殺虫剤 / ⇨ gold dust / ~ tea 粉茶 / ⇨ sawdust. **3 a** 砂金, 金粉 (gold dust). **b**《古俗》金銭, 現金 (money): Down with the ~! 金を出せ. **c** 花粉 (pollen). **4** [the ~] **a** 地面 (ground). **b** (埋葬の場としての)土 (earth). **5** [the ~] 卑しい身分, みじめな状態; 屈辱, 恥. **6** [通例 the ~]《文語》(人体の)朽ち果てたちり, 遺骨 (ashes); 死体 (dead body);《古》(ちりに帰るべき)肉体, 人間: *the* honored ~ 遺骸(いがい), なきがら / come to ~ ちりに帰る, 死ぬ / *Dust* thou art, and unto ~ shalt thou return. なんじはちりなればちりに帰るべきなり (*Gen.* 3:19) / We are but a handful of ~. 我々はひと握りのちり[死んで土に帰るべきもの]にすぎない. **7 a** 《英古》ごみ, くず《(米) garbage, refuse); 灰, 石炭がら (ashes) (cf. dustbin, dustcart, dustman). **b** つまらないもの, くず. **8** 騒ぎ, 騒動, けんか (row): kick up [make, raise] a ~ ごたごたを起こす, 騒動を引き起こす. **9**《古》(土の)微粒子, みじん (a single particle). **10**《口語》珪肺, 塵肺症.

bite the dúst《口語》⇨ bite *v.* 成句. ***dúst and áshes*** ちりと灰《大きな失望[幻滅]を与えるもの; cf. *Gen.* 18:27; cf. APPLE of Sodom》: turn to [into] ~ *and ashes*〈せっかくの楽しみなどが〉(泡沫(ほうまつ)のように)消え去る. 〘(1902)〙 ***éat dúst*** ⇨ eat DIRT (1). ***gáther dúst*** (1)〈物が〉ほこりをかぶる. (2)〈物が〉無視される. ***hàve a líttle dúst***《米口語》一戦を交える. ***húmbled in* [*to*] *the dúst*** 屈辱を受けて. ***in the dúst*** (1) 死んで, 葬られて. (2) 屈辱を受け. ***kiss the dúst*** ⇨ kiss *v.* 成句. ***lick the dúst*** ⇨ lick *v.* 成句. ***máke the dúst flý*** ⇨ fly¹ *v.* 成句. ***ráise a dúst*** (1) ほこりを立てる (cf. *n.* 1). (2) 騒動を起こす (cf. *n.* 8). (3) 真実を覆い隠す. 〘(1581)〙 ***repént in dúst and áshes*** ちり灰の中で悔いる, いたく後悔する (*Job* 42:6) (cf. *in* SACKCLOTH *and ashes*). ***sháke the dúst òff* [*from*] *one's féet***〈いやな場所・集団を〉思い切って去る[見捨てる] (cf. *Matt.* 10:14). ***táke the dúst of***《米口語》…に追い越される, …に遅れをとる. ***the dúst and héat* [*héat and dúst*] *of the dáy*** (一日の)労苦, 辛い仕事 (cf. *the* BURDEN¹ *and heat of the day*). ***thrów dúst in* [*into*] *a person's éyes*** (真実を見る)人の目をくらます[あざむく]. 〘(1767)〙 ***wáit for the dúst to séttle*** ほとぼりが冷めるのを待つ. ***when* [*àfter*] *the dúst séttles* [*cléars*]**《口語》混乱が鎮まる, ほとぼりが冷める, 落ちつく: *When the* ~ *has settled*, we'll be able to talk calmly. 騒ぎが鎮まれば落ちついて話ができるだろう. 〘(*c*1570)〙 ***will* [*can*] *nót sèe ... for dúst***《英口語》あっという間に…の姿を見失う, …が大急ぎで去る.

— *vt.* **1**〈ちりなどを〉払う〔*from*〕; (ブラシをかけたりなどして)…のごみ[ちり, ほこり, よごれ]を払う[取る]〈*off, away, out*〉(⇨ clean SYN): ~ the desk 机のごみをふく, 机にはたきをかける / ~ *off* the specks しみ[汚れ]をふき取る / ~ the specks *off* the desk. **2**《古》(ちりやごみで)汚す, ごみだらけにする. **3** 〔…に〕〈粉末を〉振りかける〔*over, on, into, onto*〕; …に〔粉末を〕振りかける (sprinkle)〔*with*〕: ~ powder *over* a plant＝~ a plant *with* powder 植物に殺虫粉を振りかける / ~ crops 作物に(殺虫剤を)まく / ~ a cake *with* sugar 菓子に砂糖を振りかける / hair ~*ed with* gray 白髪まじりの頭髪 / cheeks ~*ed with* powder おしろいをはたいたほお. **4** …の目をくらます, だます (deceive). **5** [~ *itself* で]〈鳥が〉砂浴びをする. — *vi.* **1**〈鳥が〉砂浴びをする. **2** すす払いをする, 掃除をする. **3** (植物などに)粉末を振りかける. **4** ほこりだらけになる. **5**《俗》急いで行く[去る] (hurry)〈*off*〉.

dúst dówn (1) (ブラシ・布で)ほこり[ちり]を払う. (2) 厳しくしかる. ***dúst a person's jácket*** [《古》***cóat***] (***for him***)《口語》人をぶんなぐる. ***dúst óff*** (*vt.*) (1) ほこりを払う (cf. *vt.* 1). (2)《米口語》〈長い間使わなかった物・計画・方法などを〉再び取り上げる: I have to ~ *off* my old skills. 昔の技術に磨きをかけなければならない. (3) [~ *oneself* で]〈人が〉立ち直る. (4)《俗》殺す; ひどくなぐりつける; 捨てる (discard). (5)《俗》〘野球〙〈ピッチャーが〉打者(の近く)をめがけて投球する, ビーンボール (bean ball) を投げる (cf. duster 5). (6)《俗》急いで去る[逃げる] (cf. *vi.* 5). (*vi.*)〈ほこりが〉取れる, 落ちる: The dirt [surface] ~*s* (*off*) easily. (表面の)ほこりは簡単に落ちる. ***dúst úp***〈人を〉攻撃する.

〘OE *dūst* < Gmc **dunstuz* (Du. *duist* meal-dust / G *Dunst* vapor, fine dust / ON *dust*) ← IE **dheu-* to rise in a cloud: cf. dusk〙

dúst bàll *n.*《米口語》(ベッド・テーブルなどの下や部屋の隅などにたまる)ほこりの玉[塊], 綿ごみ《dust bunny [kitten, kitty] ともいう》.

dúst bàth *n.* (鳥の)砂浴び. 〘1891〙

dust·bin /dʌ́s(t)bɪ̀n/ *n.* **1**《英》ごみ入れ, ちりだめ《(米) trash can, garbage can》. **2**《比喩》ごみ入れ(のように捨てて顧みられない所): the ~ of history. **3**《英俗》(飛行機の, 特に胴体の下の)銃座, 後部銃座. 〘1848〙

dústbin màn *n.*《英口語》＝dustman 1. 〘1969〙

dúst bòwl *n.* 黄塵(こうじん)地帯《土砂嵐 (dust storm) の吹きまくる地域》; [the D- B-] 黄塵地帯《この嵐のよく起こる米国 Rocky 山脈東麓の大草原地帯 (Great Plains)》. 〘1936〙

dúst bòwler *n.* 黄塵(こうじん)地帯の住民.

dúst·brànd *n.*《英》(麦の)黒穂病 (smut). 〘1861〙

dúst brùsh *n.* (卓上などの)ちり払いばけ. 〘1828〙

dúst bùnny *n.*《米口語》＝dust ball.

dúst·càrt *n.*《英》ごみ(運搬)車《(米) garbage wagon [truck]》. 〘1776〙

dúst chùte *n.* ダストシュート《高層建築などでごみを上から落とし下でまとめる装置》.

dúst-clòak *n.*《英》＝dustcoat.

dúst·clòth *n.* **1** (家具などの)ほこりふきの布. **2** ＝dust cover 1. 〘1727〙

dúst·còat *n.*《英》ダスターコート (cf. duster 2 a). 〘1702〙

dúst-còlor *n.* ほこり色, 鈍いとび色 (dull brown). 〘1607〙

dúst còre *n.*〘電気〙圧粉心《磁性体粉を固めて作った鉄心で高周波用変圧器などに用いる》. 〘1924〙

dúst còunt *n.* (抽出調査に基づく)一定時の大気中の細塵数.

dúst còunter *n.* 計塵器, 塵埃計《空中に浮遊する粉塵粒子の測定器; nucleus counter ともいう》. 〘1892〙

dúst còver *n.* **1** (家具などを使用しないときにかけておく)ほこりよけカバー (dust sheet). **2** ＝jacket 4 a. **3** (レコードプレーヤーのターンテーブルの)アクリルカバー. 〘1899〙

dúst dèvil *n.* (砂漠などに見られる)塵旋風. 〘1888〙

dúst disèase *n.*《口語》〘病理〙＝pneumoconiosis.

dust·er /dʌ́stə | -tə^r/ *n.* **1 a** はたき, ブラシ, ちり掃除器; ふきん, ぞうきん《(米) dust cloth》. **b** ちりを払う人, 掃除人. **2 a**《米》(軽い)ダスター(コート)《(英) dust-coat》《昔自動車に屋根のなかったときに着用されたちりよけコート》. **b** 女性用ハウスコート (housecoat); (軽い生地で作った)ゆったりした女性用夏着. **3 a** (料理用などの)(粉)ふるい器; (DDT, 除虫菊粉などの) 散布器: a pepper ~ こしょうかけ / a sugar ~ 砂糖振りかけ器 / a DDT ~ DDT 散布器. **b** 飛行機で作物の薬剤散布に従事する人. **4 a**《英海軍俗》＝ensign 2. **b** ＝red ensign. **5**《俗》〘野球〙ビーンボール (bean ball)《これをよけて転んだ打者がちりを払うことから; cf. DUST *off* (5)》. **6**《米西部》＝dust storm. **7**《口語》＝dry hole. 〘(1576): ⇨ -er¹〙

dúst explòsion *n.* 粉塵爆発.

dúst-guàrd *n.* (機械や自転車などの)ちりよけ装置, 泥よけ. 〘1888〙

dúst gùn *n.* 手動式薬剤散布器.

dúst·hèap *n.* **1** 掃きだめ, ごみの山. **2** 打ち捨てられた[忘れられた]状態, 無視, 忘却. 〘1599〙

dúst-hòle *n.*《英》ごみため[穴]. 〘1811〙

dúst·ing *n.* **1** ほこりを払うこと, はたきをかけること, 掃除: give a ~ はたきをかける, 掃除をする. **2** 軽く振りかけること, 散布; (特に, 空中から行う)薬剤散布《crop-dusting ともいう》. **3** (粉おしろいなどの)ひとはたき, 少量: a ~ of powder. **4**〘窯業〙 **a** ダスティング《多量のケイ酸二石灰を含有する材料が, 赤熱から急冷することによって急激に膨張し粉状化する現象》. **b** ふりかけ《乾式琺瑯(ほうろう)がけでフリット粉末を加熱した金属の表面にふるいで振りかける方法》. **c** ダスティング《湿式琺瑯がけで吹付け中にほとんど乾燥した泥漿(でいしょう)が部分的に集まるために生じる欠点》. **5**《俗》なぐること, 殴打: give a ~ 人をひっぱたく. **6**《俗》(荒天時の)船のあえぎ. **7** 掃粉, 散粉. 〘(1623): ⇨ -ing¹〙

dústing pòwder *n.* (殺虫・医薬・化粧用)散布剤, 粉末; (汗取り用)打ち粉. 〘1907〙

dústing pròcess *n.*〘写真〙散粉法《例えばアラビアゴムと重クローム酸塩の混合物が光を受けてその粘性を失うことなどを利用し, 粉末を振りかけて画像を作る写真印画法》.

dúst jàcket *n.* ＝jacket 4 a.

dúst kìtten [**kìtty**] *n.*《米方言》＝dust ball.

dúst·less *adj.* ほこりの(立た)ない. 〘(*a*1618): ⇨ -less〙

dúst·lìke *adj.* ほこりのような, ちりみたいな. 〘1808〙

dúst·man /-mən/ *n.* (*pl.* **-men** /-mən/)《英》**1** ごみ掃除[運搬]人夫, 清掃人《(米) garbage man, trashman》. **2** 眠りの精, 眠け (sleepiness): The ~'s coming. 眠くなってきた. **3**《海軍俗》火夫 (stoker). 〘(1707): 2 はごみが目に入ったときのように目をこすりたくなるのは眠りの精が来る知らせだという民間説話による: cf. sandman〙

dúst mòp *n.* ＝dry mop.

dúst·òff *n.*《米軍俗》死傷者を戦場から運ぶヘリコプター《dust-off helicopter ともいう; cf. medevac》. 〘(*c*1965) 離着陸の際ほこりを立てることから〙

dus·toor /dəstúə | -túə(r/ *n.* (*also* **dus·tour** /～/) = dastur².
dúst·pàn *n.* ちり取り，ごみ取り．〘1783〙
dúst·pròof *adj.* ごみよけの，ちり止めの．〘1869〙
dúst rùffle *n.* ダストラッフル: **1** 床まで達するスカートやペチコートの内縁に付けたひだべり．**2** ベッドの底部外辺に付けた床まで届く装飾用ひだべり．
dúst shèet *n.* 《英》=dust cover 1.
dúst shòt *n.* 最小散弾《散弾銃で使用される最小の銃弾》．〘1800〙
D
dúst stòrm *n.* 〘気象〙砂塵(じん)嵐《砂漠地方に多い砂ぼこりを吹き上げる大風; 乾燥期の農作地帯に起こるもので sandstorm と区別される; duster ともいう》．〘1879〙
dúst·tìght *adj.* =dustproof.
dúst tràp *n.* ほこりを集めるもの．〘1905〙
dúst·ùp *n.* 《口語》騒動，騒ぎ (disturbance); 乱闘，けんか (row)，口論．〘1897〙
dúst wràpper *n.* =jacket 4 a.
dust·y /dʌ́sti/ *adj.* (**dust·i·er**; **-i·est**) **1** ほこりっぽい，ほこりだらけの，ちりまみれの; ちり[ほこり]が積もっている: a ～ road, book, window, etc. **2** ほこり色の，灰色の (gray); 〈酒が〉濁った．**3** 粉末状の (powdery). **4** 無味乾燥な，つまらない (dull); 無価値な，卑しむべき; みじめな．**5** はっきりしない，曖昧な (vague): a ～ answer. **6** 《俗》〈天気が〉大風の吹く，荒天の，嵐の (stormy).
nót* [*nóne*] *so dústy 《英俗》まんざら[捨てたもの]でもない，なかなかいい: The pay is *not so* ～. 給料はそれほど悪くない．《1856》
dúst·i·ly /-tɨli, -tli/ *adv.* **dúst·i·ness** *n.* 〘(?*c*1200): ⇨ -y⁴〙
dústy clóver *n.* 〘植物〙銀色の葉をしたハギの一種 (*Lespedeza capitata*) (bush clover).
dústy míller *n.* **1** 〘植物〙灰白色の綿毛で覆われた葉を有する数種の植物の総称: **a** シロタエギク (*Senecio cineraria*)《白綿毛の葉と大きな黄または紫の頭状花を有する南イタリア原産の植物》．**b** Capri 産の小さい紫色の花をつける同類の植物 (*Centaurea gymnocarpa*). **c** = snow-in-summer. **d** =mullein pink. **2** 〘釣〙サケ釣り用の毛針の一種．**3** 〘昆虫〙=miller 3. 〘1825〙
dutch /dʌ́tʃ/ *n.* 《英俗》=duchess 4.
Dutch /dʌ́tʃ/ *adj.* **1** オランダ (Holland) の．**2 a** オランダ人[語]の．**b** 《米》Pennsylvania Dutch の．**3** 《米方言・俗》ドイツの (German). **4** オランダ製[産]の; [しばしば軽蔑的に] オランダ風[流]の: a ～ clock, chair, etc. **5** (17 世紀)オランダ絵画[風]の: the ～ school (絵画のオランダ派《写実主義の風景・風俗・静物画が特色》).
dó the* [*a*] *Dútch* (*áct*)** 《口語》(1) 逃げる，見捨てる (desert). (2) 自殺する．gò Dútch*** 《口語》勘定を各自払い[持寄り]にする，割勘でいく (cf. Dutch treat): *go* ～ *for* lunch [*on* dates, *to* baseball games]. 《1914》 ***tàke Dútch léave*** 《口語》〈兵士が〉許可なく部署を離れる．
— *n.* **1** オランダ語 (cf. double Dutch). **2** [the ～] [集合的] オランダ人 (the people of the Netherlands or Holland); 《米方言・俗》ドイツ人 (the Germans). **3** 《米方言・俗》ドイツ語 (German): High ～ =High German / Low ～=Low German. **4** 《米》=Pennsylvanian Dutch. **5** 《口語》かんしゃく，怒り (dander): His ～ is up. 彼のかんしゃく玉は破裂した．***béat the Dútch*** = *beat the* BAND². ***gèt a person's Dútch úp*** 《俗》人を怒らせる．***in Dútch*** 《口語》(1) 困って，難儀して; 立場が悪い，厄介な目に遭って: get *in* ～ 困る，難儀する; 面倒な立場になる．(2) 〔…に〕不興を買って〔*with*〕: get *in* ～ *with* a person 人の不興を買う．
～·ly *adv.* 〘(*c*1333-52) *Duch(e)* German, Dutch ▭ MDu. *dutsch* Netherlandish, German (Du. *duits* German), 《原義》national < Gmc **þeuðiskaz* of the people (OE *þēodisc* gentile / OHG *diutisk* (G *deutsch* German)) ← **þeuðō* a people, nation (OE *þēod* / OHG *diot* / Goth. *þiuda*) ← IE **teutā* people, tribe: 英語では 1600 年以後一般には the Netherlanders の意に限定された: cf. Teutonic〙
Dútch áuction *n.* 逆競り《言い値から次第に競り下げていって落とす競売法; mock auction ともいう》．〘1859〙
Dútch bárgain *n.* 《口語》一杯やりながら取り結ぶ売買契約，酒席での取引 (wet bargain). 〘1654〙
Dútch bárn *n.* 骨組と屋根だけの納屋《干し草・たばこなどの収穫物を入れておく》．〘1743〙
Dútch Bélted *n.* ダッチベルテッド《オランダ原産の腹に白い帯状のしまのある黒い乳牛の品種》．
Dútch bób *n.* ダッチボブ《前髪を切り下げ残りは耳たぶの辺りの長さで切りそろえる髪型; Dutch cut ともいう》．
Dútch bónd *n.* 〘建築〙(れんがの)オランダ積み (English cross bond と Flemish bond を共にこう呼ぶ)．
Dútch Bórneo *n.* オランダ領ボルネオ (Borneo 島南部のオランダ領植民地，今は独立してインドネシア共和国の一部 Kalimantan となる)．
Dútch brick *n.* =Dutch clinker.
Dútch bútter *n.* 人造バター．
Dútch cáp *n.* **1** オランダ帽《レースや刺繍のあるモスリンで作られた三角形の婦人帽》．**2** (避妊用)ペッサリー (pessary) の一種．〘1726〙
Dútch cháir *n.* ダッチチェア《1700 年ごろのオランダ起源の英国の椅子; 背に透かし彫りの花瓶形背板をつけた曲がり脚のもの》．〘*c*1690〙
Dútch chéese *n.* **1** (赤い丸い形の)オランダ産チーズ，赤玉チーズ．**2** 《米北部》=cottage cheese. 〘1700〙
Dútch círcle *n.* 〘測量〙=circumferentor.
Dútch clínker *n.* オランダれんが《オランダで作られているクリンカーれんが; 正式には Dutch clinker brick という》．〘1856〙
Dútch clóver *n.* 〘植物〙オランダゲンゲ (⇨ white Dutch clover). 〘1800〙
Dútch Colónial *adj.* 〘建築〙オランダ植民地時代風の，ダッチコロニアル様式の《17 世紀の New England に見られる腰折れ切妻屋根と深い軒のある建築様式》．〘1922〙
Dútch cómfort *n.* 《口語》(「これ以上悪くないのはせめてものこと」'Thank God it's no worse' だとする)あきらめの気持ち，さっぱりありがたくない慰め．〘1796〙
Dútch cóncert *n.* 《口語》各自違う歌を同時に歌う合唱，てんでんばらばらな合唱; がやがや，騒ぎ，騒音．〘1773〙
Dútch cóurage *n.* 《口語》**1** 酒の上のつけ[から]元気．**2** アルコール飲料，酒．〘1809〙
Dútch cúpboard *n.* (下部はサイドボード，上部は皿類を展示する開放棚になった)大型食器戸棚．
Dútch cút *n.* =Dutch bob.
Dútch dóll *n.* 継ぎ目のある木製の人形．〘1797〙
Dútch dóor *n.* 《米・カナダ》**1** 上下 2 段式ドア《上下二段に仕切られた扉で一方だけ開け[閉め]ておくことができる (stable door); cf. double door》．**2** (引き出して見る)雑誌の折りたたみ広告．〘1890〙
Dútch Èast Índies *n. pl.* [the ～] =Netherlands East Indies.
Dútch élm *n.* 〘植物〙オランダニレ (*Ulmus hollandica*) 《観賞用として栽培》．〘1829〙
Dútch élm disèase *n.* 〘植物病理〙オランダエルム病，ニレ立ち枯れ病《子嚢菌 *Ceratocystis ulmi* が起こすニレノキの病気; elm blight ともいう》．〘1927〙
Dútch fóil *n.* 〘金属加工〙=Dutch gold.
Dútch fóot *n.* (17 世紀後期から 18 世紀初期に流行した)曲がり脚 (cabriole) のひづめの形をした足部．
Dútch góld *n.* 〘金属加工〙オランダ金《銅と亜鉛の合金; 模造金箔として使われる; Dutch foil, Dutch leaf, Dutch metal ともいう; cf. tombac》．
Dútch Guiána *n.* オランダ領ギアナ (Suriname の旧名 (1667-1954))．
Dútch Hárbor *n.* ダッチハーバー (Aleutian 列島中 Unalaska 島にある米国の海軍基地)．
Dútch hóe *n.* =scuffle hoe.
Dútch intérior *n.* オランダの室内情景を描いた風俗画《特に 17 世紀のオランダで流行した; Pieter de Hooch (1629-83) の作品は典型的》．〘1886〙
Dútch léaf *n.* 〘金属加工〙=Dutch gold.
Dútch lúnch *n.* **1** 費用持寄り[各自負担]の昼食 (cf. Dutch supper). **2** 〘料理〙コールドカット (cold cuts) の一人前．〘1904〙
Dútch·man /-mən/ *n.* (*pl.* **-men** /-mən, -mèn/) **1 a** オランダ人．★《米》では Hollander の方が普通．**b** オランダ船: ⇨ Flying Dutchman. **2 a** 《米方言・俗》ドイツ人 (German). **b** 《海軍俗》ドイツ船．**c** 《口語》ヨーロッパ人，外国人．**3** 〘建築〙(継ぎ目のすき間などに挿し込む)埋め木，詰め木．
I'm a Dútchman 《口語》(1) [断言を強めるための決まり文句]: *If* it won't rain, (then) *I'm a* ～. 雨が降らなかったら首をやる / We will win, or [and] *I'm a* ～. 我々は絶対に勝つよ．(2) いやはやこれは驚いた: Well, *I'm a* ～. 〘1375〙
Dútchman's-bréech·es /-brítʃɨz/ *n.* (*pl.* ～) 〘植物〙米国東部産のケシ科コマクサ属の一種 (*Dicentra cucullaria*)《ピンク色の花を生ずる; white eardrops, colicweed ともいう》．〘(1837) その花の形から〙
Dútchman's lànd *n.* 《俗》〘海事〙ダッチマンズランド《水平線上に雲の塊などが陸地のように見えるもの; Cape Flyaway ともいう》．
Dútchman's lòg *n.* 〘海事〙流木測程法《流木を船首の方の第 1 点から投げて船尾の方の第 2 点を通過するまでの時間と距離で船の速度を測る方法》．
Dútchman's pípe *n.* 〘植物〙ウマノスズクサ属の植物 (*Aristolochia macrophylla*)《つる性植物; 花は筒状の花被に覆われ，先端がらっぱ状に広がる》．〘1845〙
Dútch máttress *n.* =mattress 2.
Dútch médicine *n.* 《南ア》(特にハーブで作った)売薬．
Dútch métal *n.* 〘金属加工〙=Dutch gold.
Dútch Nèw Guínea *n.* オランダ領ニューギニア (West Irian の旧名)．
Dútch óven *n.* **1** 重いアーチ型のふた付きの鉄製の鍋《鍋焼牛肉用》．**2** 炉の前に据えパンや肉を焼く棚つきの器具．**3** (あらかじめ壁面を熱してから使う)れんが造りのオーブン．**4** 《英俗》(人の)口 (mouth). 〘1769〙
Dútch párty *n.* =Dutch treat.
Dútch Refórmed Chúrch *n.* オランダ改革派教会《大多数のアフリカーンス語を話す南アフリカ人が属するカルバン派教会》．〘*c*1815〙
Dútch ríse *n.* (NZ) 受給者には何の利益もない賃上げ[昇給]．
Dútch róll *n.* ダッチロール: **1** 〘スケート〙両足をそろえたまま片側ずつ交互に重心を移して S 字形を描く滑り方．**2** 〘航空〙横揺れ (rolling) と偏揺(ゆ)れ (yawing) を周期的に繰り返す，横の安定を失った飛行状態．〘1893〙
Dútch rúsh *n.* 〘植物〙=scouring rush.
Dútch séttle *n.* 背板を前に倒すとテーブルに変わる長椅子．
Dútch stráight *n.* 〘トランプ〙=skip straight.
Dútch súpper *n.* 費用持寄り[各自負担]の夕食 (cf. Dutch lunch). 〘1904〙
Dútch tíle *n.* オランダタイル《青か茶色でオランダの伝統的な模様が描かれた上にうわぐすりをかけた白いタイル》．〘1955〙
Dútch tréat 《口語》*n.* 費用持寄り[各自負担]の会食[娯楽，旅行など] (Dutch party [lunch, supper] ともいう)．— *adv.* 勘定を各自払いで: go ～=*go* DUTCH. 〘1887〙
Dútch 200 /-tú:hʌ́ndrɨd, -dəd | -drɨd/ *n.* (*pl.* **～s**) 《俗》〘ボウリング〙ダッチマン《ストライクとスペアを交互に連続して 200 点を出すこと》．
Dútch úncle *n.* 《口語》ずけずけと[厳しく]非難する人: talk to a person like a ～ 人を厳しく諭す[しかる]．〘1837〙
Dútch Wèst Índia Còmpany *n.* オランダ西インド会社《アフリカ・南北アメリカなどと貿易をするためにオランダ商人が設立 (1621); 1794 年に解散》．
Dútch Wèst Índies *n. pl.* [the ～] オランダ領西インド諸島 (Netherlands Antilles の旧名; 略 DWI)．
Dútch whíte *n.* 〘顔料〙オランダ白《白土などから成る》．
Dútch whíte léad /-léd/ *n.* 〘顔料〙オランダ鉛白《鉛白から成る》．
Dútch wífe *n.* **1** 竹(ちく)夫人《南洋地方で暑熱の苦を軽減するため寝床で使う籐製(とうせい)などの手足載せ用まくら》．**2** 「ダッチワイフ」．〘1891〙
Dútch·wòman *n.* (*pl.* **-wòmen**) オランダ女性．〘1788〙
Dutch·y /dʌ́tʃi/ *n.* 《口語》[軽蔑的に] **1** オランダ人．**2** ドイツ人．〘(1835): ⇨ -y²〙
du·te·ous /dú:tiəs, djú:- | djú:t-/ *adj.* 《文語・詩》よく本分を守る，従順な (dutiful). **～·ly** *adv.* 〘(1592-93): ⇨ duty, -ous〙
dú·te·ous·ness *n.* 従順，忠実．〘(1660): ⇨ ↑, -ness〙
du·ti·a·ble /dú:ṭiəbl, djú:- | djú:ti-/ *adj.* 〈輸入品など〉関税を課せられる，有税の (cf. duty-free): ～ articles [goods] 有税品，(税関における)課税品．**du·ti·a·bil·i·ty** /dù:ṭiəbíləṭi, djù:- | djù:tiəbílɨti/ *n.* 〘(1774): ⇨ ↑, -able〙
du·ti·ful /dú:ṭɨfəl, djú:-, -fl | djú:tɪ-/ *adj.* **1** 〈人が〉本分を守る，忠順な，貞節な，従順な〔*to*〕: ～ subjects 忠順な臣民 / a ～ son [daughter] 孝行息子[娘]．**2** 〈言葉・態度など〉(目上に対して)礼儀正しい，うやうやしい: ～ respect うやうやしい恭順．**～·ly** *adv.* **～·ness** *n.* 〘(1552): ⇨ duty, -ful¹〙
Dut·ton /dʌ́tn/, **Clarence Edward** *n.* ダットン (1841-1912; 米国の地質学者)．
du·ty /dú:ṭi, djú:- | djú:ti/ *n.* **1** 本分，(道徳上・法律上の)義務，義理 (obligation)，本務，道義 (⇨ task SYN): do [perform] one's ～ 本分を尽くす / fail in one's *duties* 義務を果たさない / I'll do my ～ by you. あなたへの義務は果たします / It's [I feel it] my ～ to protect you. =I'll make it my ～ to protect you. 君を守るのは私の義務だ / England expects that every man will do his ～. 英国は各員ことごとくその本分を尽くされんことを期待する (Nelson が Trafalgar 海戦に際して発した有名な信号) / a person's bounden ～ 必ずしなくてはならない本務 / a strong sense of ～ 強い義務感 / out of (a sense of) ～ 義務感で; 義理で / *Duty* calls! 義務だ．**2** [しばしば *pl.*] 務め，職務，任務〔*of doing*〕(⇨ function SYN): the *duties* of a soldier, teacher, etc. / military ～ 軍務 / hours of ～ 勤務時間 / day [night] ～ 昼[夜]勤 / neglect one's *duties* 職務を怠る / perform [discharge] one's *duties* 職務を果たす / She took up her new *duties* last fall. 昨秋新しい任務に就いた．**3** (教会の)宗務，礼拝式の務め: ministerial [clerical] ～ 聖職者[牧師]の職務，宗務．**4** 〘軍事〙職務，任務，勤務 (軍人が補職された所定の仕事または任務); (義務としての)兵役，軍務．**5** [しばしば D-] (輸出入・消費などに課する)税，課税; [*pl.*] 関税: customs [excise] ～ [duties] 関税[消費税] / death *duties* 相続税 / export [import] *duties* 輸出[輸入]税 / stamp *duties* [～] 印紙税 / lay [impose] a ～ on …に課税する / ⇨ duty-free, specific duty. **6** 《文語》〔目上に対する〕尊敬，敬意〔*to*〕: pay [send] one's ～ *to* 謹んで…に敬意を表する / present one's humble ～ *to* … (閣下)に対してうやうやしく敬意を表する．**7** 《英》〘機械〙(燃料消費高に比較する)機関の仕事量，効率．**8** 〘農業〙用水量《特定の作物につき，1 エーカー当たりの灌漑(かんがい)水量; duty of water ともいう》．**9** 《口語》(主に子供に関して)通じ，便通．
as in dúty bóund 義務の命ずるままに，義務上．***be (in) dúty bóund to do*** … 義務として…しなければならない．《1908》 ***dò dúty as* [*for*]** 〈物・事が〉…の用をつとめる，の代わりをする．《1871》 ***òff dúty*** 非番で，勤務時間外で: come [go, be] *off* ～ 非番になる．***on dúty*** 当番で，勤務時間中で: come [go, be] *on* ～ 当直[勤務]につく．
duty of water [the ―] 〘農業〙=duty 8.
— *adj.* [限定的] **1** 義務[義理]でする，いやでもしなければならない: a ～ dance, dinner, etc. / ⇨ duty call. **2** 任務についている，当直の: ⇨ duty officer.
〘(1377) *duete* ▭ AF *deweté, dueté* ← *du(e)*=OF *deu*: ⇨ due¹, -ty²〙
dúty-bóund *adj.* 義理(上)の，義務上の．〘1908〙
dúty càll *n.* (いやでもしなければならない)義理の訪問．〘1864〙
dúty dràwback *n.* 関税の払い戻し．
duty-free /dú:ṭifrí:, djú:- | djú:ti-⁻/ *adj.* 関税のかからない，無税の，免税の (cf. free *adj.* 4 b): ～ goods 免税品 / a ～ shop (空港などの)免税品売店．— *adv.* 関税なしに，無税で．— *n.* 《口語》免税(商)品．〘1689〙
dúty òfficer *n.* (軍隊・警察などの)当直士官[警官]．
dúty-páid *adj., adv.* (消費税または関税の)納税済みの[で]，関税売手負担の[で]．〘1893〙
dúty ròster *n.* 〘軍事〙(衛兵・炊事勤務兵などの)勤務表，勤務割薄．
du·um·vir /du:ʌ́mvə, dju:- | dju:ʌ́mvə(r, djʊ-,

djúːəm-, duːúm-/ *n.* (*pl.* ~**s, -um·vi·ri** /-vəràɪ, -rìː | duːúmvɪrìː, djuːʌ́mvɪràɪ, djʊ-, -və-/) (古代ローマの, 連帯職務をもつ)両官吏の一人, 二頭政治者の一人. 〘(1600) ▭ L ~ ← *duum* ((gen.) ← *duo* 'TWO')+*vir* man〙

du·um·vi·rate /duːʌ́mvərɪ̀t, djuː- | djuːʌ́mvɪ̀-/ *n.* **1** (古代ローマの)二人連帯職; その任期. **2** 二頭政治, 二人統治. 〘(1656) ▭ L *duumvirātus*: ⇨ ↑, -ate¹〙

Du·va·lier /dùːvɑːljéɪ, djùː-, ─ ─ ˊ─ | djuvǽlièɪ, dʊ-; *F.* dyvalje/, **François** *n.* デュバリエ (1907–71; ハイチの医師・政治家; 同共和国の大統領 (1957–71); 通称 Papa Doc).

Duvalier, Jean-Claude *n.* デュバリエ (1951– ; ハイチの政治家; 同共和国の大統領 (1971–86); François Duvalier の子息; 通称 Baby Doc).

du·vet /duːvéɪ, djuː- | dúːveɪ, dúː-; *F.* dyvɛ/ *n.* **1** 《英》(寝具の代わりに用いられる厚くやわらかい)羽ぶとん (continental quilt). **2** デュベージャケット《登山家が用いる羽毛ジャケット; duvet jacket ともいう》. **3** 〘鳥類〙綿羽《羽毛の一種; 一時期ひなはこれで覆われることがある》. 〘(1758) ▭ F ~ 《原義》down 《変形》← *dumet* (dim.) ← OF *dum* 《変形》← *dun* ▭ ON *dūnn*: ⇨ down²〙

du·ve·tyn /dúːvətìːn, djúː-, dʌ́vtiːn | djúːvətìːn/ *n.* (*also* **du·ve·tine, du·ve·tyne** /~/) デュベティン《羊毛に絹や木綿を混ぜて織ったビロードに似たしなやかな織物; 女性の衣服に用いられる》. 〘(1913) ▭ F ~ ← *duvet* (↑)+-INE¹〙

du Vi·gneaud /duvíːnjoʊ, djʊ- | djuvíːnjəʊ, dʊ-/, **Vincent** *n.* デュ ビニョー (1901–78; 米国の生化学者; Nobel 化学賞 (1955)).

Du·vi·vier /dùːvɪvjéɪ, djùː- | djùː-; *F.* dyvivje/, **Julien** *n.* デュビビエ (1896–1967; フランスの映画監督).

dux /dʌ́ks/ *n.* (*pl.* **du·ces** /dúːsiːz, djúː- | djúː-/, ~**es**) **1** 《スコット・NZ・南ア》学級の委員長, (学校の)首席生徒. **2** ローマ帝国後期の地方 (province) 駐屯軍司令官. **3** 〘音楽〙(canon, fugue の応答 (answer) に対する)主題 (first subject), (後続声部 (consequent) に対する)先行声部 (antecedent) (cf. comes 3). 〘(1740) ▭ L ~ 'leader': cf. duke〙

dux·elles /dʊksél, djuː- | djuː-/ *n.* 〘料理〙デュクセル《細かく刻んだきのこ・ワケギなどをいためて味つけしたもの; 付け合わせ・詰め物・ソースなどに用いる》. 〘(1877): 17 世紀のフランスの侯爵の名から〙

duy·ker /dáɪkə | -kə^(r)/ *n.* =duiker.

DV 《略》defective vision; *L.* Deō volente (=God willing, if God permits); distinguished visitor; domestic violence; Douay Version (⇨ Douay Bible).

dvai·ta /dváɪṭə | -tə/ *n.* 〘ヒンズー教〙二元論. 〘▭ Skt. ~ ← *dvi-* two: cf. di-¹〙

dvan·dva /dváːndvɑː, dvʌ́ndvə/ *n.* (*pl.* ~**s**, ~) 〘文法〙相違釈(複合語), 並列複合[合成]語《構成要素相互の関係が and を補って解されるような複合語; 例: bittersweet, typistclerk; dvandva compound, copulative compound ともいう》. 〘(1846) ▭ Skt *dvaṁdva-* ← *dvā* 'TWO'〙

Dvá·pa·ra Yúga /dváːpərə-/ *n.* 〘ヒンズー教〙ドゥワパラユガ《薄暗時代; ⇨ Yuga》. 〘▭ Skt *dvāparayuga* ← *dvāpara* third best throw at dice (← *dvā* 'TWO'+*pora* further)+YUGA〙

DVD /dìːvìːdíː/ 《略》digital videodisc [versatile disc] (CD の記憶容量を飛躍的に増大させたディスク).

Dvi·na /dviːnáː; *Russ.* dʲvʲiná/ *n.* ⇨ Northern Dvina, Western Dvina.

Dvína Báy [Gúlf] *n.* ドビナ湾《ロシア連邦北西部にある白海 (White Sea) の入江; 長さ 105 km》.

Dvinsk /*Russ.* dvʲínsk/ *n.* Daugavpils のロシア語名.

DVLA 《略》《英》Driver and Vehicle Licensing Agency 運転免許証交付局.

DVLC 《略》《英》Driver and Vehicle Licensing Centre.

DVM 《略》digital voltmeter; Doctor of Veterinary Medicine.

Dvo·řák /(d)vɔ́ərʒɑːk, -ʒæk | (d)vɔ́ː-, -ʒæk, -ræk; *Czech* dvórʒaːk/, **An·to·nín** /ántoɲiːn/ *n.* ドボルザーク (1841–1904; チェコの作曲家; *From the New World* (1893)).

Dvr. 《略》driver.

DVS 《略》Doctor of Veterinary Science [Surgery].

d.w. 《略》deadweight; delivered weight.

DW 《略》delayed weather; distilled water.

D/W 《略》dock warrant.

d/w 《略》dust wrapper.

dwaal /dwáːl/ *n.* 《南ア》呆然とした状態, ぼかんとしていること. 〘Afrik.〙

dwale /dwéɪl/ *n.* 〘植物〙=belladonna 1 a. 〘(*a*1325) ← ? ON.: cf. OSwed. *dvala* lethargy / ON *dvǫl* delay〙

dwalm /dwáːm/ *n.* (*also* **dwam** /~/) 《スコット》**1** 卒倒, 気絶; 人事不省. **2** 空想, 夢想, 白日夢 (daydream). 〘(1500–20): cf. OE *dwolma* chaos / OHG *twalm*〙

dwang /dwǽŋ/ *n.* 《スコット・NZ》=nogging 1. 〘(1497) ▭ ? ON *þvengr* strap, latchet〙

dwarf /dwɔ́əf | dwɔ́ːf/ *n.* (*pl.* ~**s, dwarves** /dwɔ́əvz | dwɔ́ːvz/) **1** 〘生物〙普通より小さい動物[植物], 矮小(わいしょう)形[体]: **a** 〘植物〙矮性植物, 短小植物; 盆栽. **b** [軽蔑的] (非常に)身の丈の低い人, 侏儒(しゅじゅ). **2 a** (伝説やおとぎ話の)こびと《姿は醜悪で魔法を心得ている; 通例, 頭でっかちで尻すぼまりなものについていい, それなりに調和の取れたのは midget という》; 一寸法師 (pygmy). **b** 〘北欧神話〙(地下や石・岩の中に住む)こびとの金属細工師. **3** 〘天文〙=dwarf star.

— *adj.* (~·**er**; ~·**est**) **1** 普通より小さい, 小型の (undersized); ちっぽけな (puny): a ~ car 小型車. **2** 〘園芸〙矮性の: a ~ apple, pear, quince, etc.

— *vt.* **1** (対照的に)小さく見せる: a building that will ~ all the other buildings in the city (竣工の上は)市内の他の建物を小さく見せるような大きな建物. **2 a** 小さくする; 〈植物〉の発育[生長など]を妨げる (prevent), いじけさせる: ~*ed* trees 〘園芸〙(接ぎ木や薬剤処理による)矮化樹(盆栽など). **b** 〈人〉の知能[道徳心など]の発達を妨げる.

— *vi.* 小さくなる; いじける.

~·**lìke** *adj.* ~·**ness** *n.* 〘OE *dweorg* < Gmc *dwerʒaz* (Du. *dwerg* / G *Zwerg* / ON *dvergr*) ← ? IE *dhwer-* to trick, injure (Skt *dhvarati* he injures)〙

dwárf álder *n.* 〘植物〙**1** クロウメモドキ属の低木 (*Rhamnus alnifolia*). **2** 米国東部産の白い花をつけるマンサク科の低木 (*Fothergilla gardeni*).

dwárf banána *n.* 〘植物〙サンジャクバナナ (*Musa nana* or *M. cavendishii*) 《特に, 西インド諸島で栽培される矮性(わいせい)のバナナ; Canary banana, Cavendish banana, Chinese banana ともいう》.

dwárf béan *n.* 〘植物〙=kidney bean.

dwárf bóx *n.* 〘植物〙**1** オーストラリア産ユーカリノキ (eucalypt) 数種の総称. **2** =sand myrtle.

dwárf chérry *n.* 〘植物〙各種の低木性のサクラの類の総称; (特に) *Prunus cuneata*.

dwárf chéstnut *n.* 〘植物〙低木性のクリの総称; (特に) =chinquapin 1.

dwárf córnel *n.* 〘植物〙ゴゼンタチバナ (*Cornus canadensis*).

dwárf crésted íris *n.* 〘植物〙米国東部から中部原産のアヤメの一種 (*Iris cristata*) 《花は青色で黄色のひだがありかすかな芳香がある; crested iris ともいう》.

dwárf dóor *n.* 通常の高さの半分しかないドア.

dwárf fán pàlm *n.* 〘植物〙=hemp palm.

dwárf gínseng *n.* 〘植物〙北米東部産ウコギ科の小さな多年生草本 (*Panax trifolius*) 《チョウセンニンジンの近縁種で, 掌状複葉と塊状の根を有する; groundnut ともいう》.

dwárf góldenrod *n.* 〘植物〙北米東部産キク科アキノキリンソウ属の草本 (*Solidago nemoralis*) 《茎の一方の側だけに黄色の花が頂生密集して咲く; 染色に利用されることがある; gray goldenrod ともいう; cf. dyer's weed》.

dwárf hóuseleek *n.* 〘植物〙サカサマンネングサ, サカサベンケイ(ソウ) (*Sedum reflexum*) 《ヨーロッパ産の匍匐(ほふく)性の常緑草本; 黄金色の花をつける》.

dwárfing róotstock *n.* 〘園芸〙矮生台《接いだ挿し木の生長を抑制し, 果樹を小形化させる台木》.

dwárf·ish /-fɪʃ/ *adj.* こびとのような; 異常に小さい, ちっぽけな, ちびの; 〈知能・道徳心など〉萎縮した, いじけた. ~·**ly** *adv.* ~·**ness** *n.* 〘(1565–73): ⇨ -ish¹〙

dwárf·ism /-fɪzm/ *n.* 萎縮; 短小性 (nanism). 〘(1865): ⇨ -ism〙

dwárf Jápanese quínce *n.* 〘植物〙ボケ, カラボケ (*Chaenomeles japonica*) 《日本産の矮性(わいせい)低木; 朱だいだい色の花が咲き, 黄色の実がなる》.

dwárf Júneberry *n.* 〘植物〙米国東部産の匍匐(ほふく)性のバラ科ザイフリボク属の低木 (*Amelanchier stolonifera*) 《ゼリーに利用される甘い黒紫色の実をつける》.

dwárf lémur *n.* 〘動物〙コビトキツネザル《コビトキツネザル科のキツネザルの総称; マダガスカル産》.

dwárf mállow *n.* 〘植物〙ハイアオイ (*Malva rotundifolia*) 《ヨーロッパ産のアオイ科の雑草》.

dwárf·man *n.* (*pl.* **-men**) (こびとのように)非常に小さい人. 〘1877〙

dwárf mórning-glory *n.* 〘植物〙サンシキアサガオ (*Convolvulus tricolor*) 《ヨーロッパ南部産の半ば匍匐(ほふく)性の植物; 辺が白, 首が黄色の青い花をつける》.

dwárf palmétto *n.* 〘植物〙**1** =blue palmetto. **2** チャボサバル, ミキナシサバルヤシ (*Sabal minor*) 《米国南東部産の矮性(わいせい)のヤシ; 根茎と短い地下幹があり, 平たい青緑色の葉片の葉がそこから冠状に出る》.

dwárf poinciána *n.* 〘植物〙=PRIDE of Barbados.

dwárf sígnal *n.* 〘鉄道〙小型信号機《backup signal ともいう》.

dwárf stár *n.* 〘天文〙矮星(わいせい)《光度も質量も比較的小さい恒星; cf. giant 4》. 〘1912〙

dwárf súmac *n.* 〘植物〙北米東部の通例毒性をもたないウルシ属の低木 (*Rhus copallina*) 《緑がかった花と赤い実をつける; black sumac ともいう》.

dwárf wáll *n.* 〘建築〙腰垣; 小壁; 大引壁. 〘1722〙

dwárf whíte *n.* 〘植物〙=early wake-robin.

dwarves /dwɔ́əvz | dwɔ́ːvz/ *n.* dwarf の複数形.

Dwayne /dwéɪn/ *n.* ドウェーン (男性名). 〘← *Duane* (アイルランドの家族名) ▭ Ir. *O Dubhain* black〙

dweeb /dwíːb/ *n.* 《米口語》愚鈍で無力な人, ダサいやつ; ガリ勉. ★ 若者たちの用語. 〘(1982) ← ?〙

dwell /dwél/ *vi.* (**dwelt** /dwélt/, **dwelled** /dwéld, dwélt/) **1** 《文語》〔…に〕住む, 居住する (reside) 〔*at, in, on,* etc.〕(⇨ live¹ SYN): ~ *at* home / ~ *in* the country. **2 a** 《古》とどまる (remain), 去りかねる (linger). **b** 〈ある状態を〉続ける〔*in*〕; 〈感情・性質などが〉〔…に〕ある, 存する (exist) 〔*in*〕. **3** 〈馬が足を上げるのがおそい, 柵を越す前にちょっと立ち止まる[ためらう]. **4** 〈機械の一部が〉運転中に一時休止する (⇨ *n.* 1).

***dwéll on* [*upon*]** (1) 〈通例, 不快なこと〉について詳しく説く[話す, 書く], 強調[力説]する; くどくど話す: ~ *on* a point ある点を詳しく論じる[強調する]. (2) ゆっくり[つくづく]考える, 思案する (brood on): ~ *on* the pleasures of the past 過去の楽しかったことを思いめぐらす / ~ *on* one's failures 失敗を思い出してはくよくよする. (3) 〈ある動作〉をゆっくりする: ~ *on* a stroke (オールを)ゆっくりこぐ. (4) ぐずぐずする (linger over); 〈語・音符など〉を引き延ばす: ~ *on* a note, syllable, etc. (5) 〈目が〉〈景色など〉をいつまでも眺める.

— *n.* **1** 〘機械〙ドエル: **a** 運転中の機械の一部が, 必要な動作を行うために周期的にその運動を休止すること; その休止している時間. **b** サイクルの一部で, 従動節の動きを停止させておく直線[回転]カムの平面部. **2** (馬の障害跳躍前の)ためらい.

〘OE *dwellan, dwelian* to lead astray, delay < Gmc *dweljan* (MDu. *dwellen* to perplex / MHG *twellen* to delay / ON *dvelja* to tarry, stay) ← IE *dheu-* to rise in a cloud: ⇨ dull〙

dwell·er /dwélə | -lə^(r)/ *n.* **1** [しばしば複合語の第 2 構成素として] 住人, 居住者 (inhabitant): ~*s* in towns / city [mountain] ~*s*. **2** (柵・障害などを飛び越すとき)ぐずつく[ためらう]馬. 〘(*c*1384): ⇨ ↑, -er¹〙

dwell·ing /dwélɪŋ/ *n.* **1** 居住. **2** 《文語》住所, 住居, 住みか (house). 〘(?*a*1300): ⇨ -ing¹〙

dwélling hòuse *n.* 〘法律〙(店・事務所などに対して)住居, 住宅. 〘1435〙

dwélling plàce *n.* 住所. 〘*c*1378〙

dwelt *v.* dwell の過去形・過去分詞. 〘OE *dwealde*〙

DWEM /dwém/ *n.* 《口語・軽蔑》ヨーロッパの知的文化の伝統的規範を形成した人物《たとえば Aristotle, Plato, Shakespeare, Socrates など》. 〘《頭字語》← *d(ead) w(hite) E(uropean) m(ale)*〙

DWI /díːdʌ̀bljuːáɪ/ 《略》driving while intoxicated; Dutch West Indies.

Dwight /dwáɪt/ *n.* ドワイト (男性名; 米国に多い). 〘▭ OF *Diot* (dim.) ← *Dion* ← *Dionysius* (⇨ Denis): もと家族名〙

Dwi·na /dvíːnə, dwíː-/ *n.* [the ~] =Dvina.

dwin·dle /dwíndl̩/ *vi.* **1** だんだん小さくなる, 縮まる, 減少する 〈*away, down*〉〔*to*〕(⇨ decrease SYN): ~ *away into* [*to*] nothing だんだん減ってなくなる / ~ (*down*) to ... にまで減退する. **2** 〈人が〉やせ細る (waste away); 〈名声などが〉衰える (decline); 〈品質が〉下がる, 堕落する (degenerate). — *vt.* だんだん小さく[少なく]する, 縮ませる. 〘(1596–97) (freq.) ← DWINE: ⇨ -le³〙

dwind·ling /dwíndlɪŋ/ *adj.* だんだん小さくなる; 次第に減少する; 衰えていく.

dwine /dwáɪn/ *vi.* 《古・英方言》やつれる (pine away); 衰える (languish). 〘OE *dwīnan* to waste away < Gmc *dwīnan* (MDu. *dwīnen* / ON *dwīna*) ← IE *dheu-* 'to become exhausted, DIE¹'〙

dwt 《略》《廃》denarius weight (=pennyweight); pennyweight.

d.w.t. 《略》deadweight ton(nage).

DX, Dx 《記号》〘通信〙遠距離 (distance); 遠距離の (distant) 《長距離伝送を示すのに用いる》. 〘*c*1924〙

DX còding *n.* 〘写真〙〘商標〙ディーエックスコーディング《カメラが自動的にフィルムの感度・枚数を認識するための情報》.

DX·er /díːékṣə | -sə^(r)/ *n.* 趣味で DX 放送を聴く人, 海外放送受信愛好家.

DX·ing /díːéksɪŋ/ *n.* DX 放送を聴く趣味, 海外放送受信趣味.

dy /dáɪ/ *n.* 〘地質〙(湖底に沈澱した有機物質を多く含んだ)泥質堆積物の一種. 〘(1936) ▭ Swed. ~ 'mire, ooze' ← ON *dȳ*〙

Dy 《記号》〘化学〙dysprosium.

DY 〘自動車国籍表示〙Benin (旧 Dahomey).

dy. 《略》delivery; deputy; duty.

dy- /daɪ/ (母音の前にくるときの) dyo- の異形.

d'ya /djə/ 《口語》do you の縮約形.

dy·ad /dáɪæd, -əd/ *n.* **1** (一単位としての)二, 二個一組, 二個群 (group of two); 〘社会学〙二人関係 (cf. duad, monad, triad); (特に)夫婦. **2** 〘数学〙ダイアド, ディヤード《二つのベクトル *a* および *b* を並べて書いた *ab*; Gibbs' product ともいう》. **3** 〘化学〙二価元素[原子, 基] (cf. monad 3). **4** 〘生物〙**a** (減数分裂の際の)二分子, 退行二分子. **b** 二分染色体 (cf. tetrad). **5** (二人[グループ]の)意味ある出合い[関係]. — *adj.* =dyadic 1. 〘(1675) ▭ LL *dyad-, dyas* ▭ Gk *duád-, duás* ← *dúo* 'TWO': ⇨ -ad¹〙

dy·ad·ic /daɪǽdɪk | -dɪk/ *adj.* **1** 二数の, 二個数の. **2** 〘化学〙二価の. **3** 〘電算〙〈関数など〉2 つの引数をもつ. — *n.* 〘数学〙ダイアディック, ディアディク《二つまたはそれ以上のダイアド (dyad) の和》. **dy·ád·i·cal·ly** *adv.* 〘(1727–51) ▭ G *duadikós*〙

dyádic sýstem *n.* 〘天文・物理・化学〙=binary system.

Dy·ak /dáɪæk/ *n.* =Dayak. 〘(1836) ▭ Malay *dayak* up-country〙

dy·ar·chic /daɪɑ́ːkɪk | -ɑ́ː-/ *adj.* 両頭政治の, 両頭政権の. 〘(1920) ← DYARCHY+-IC¹〙

dy·ár·chi·cal /-kɪ̀kəl, -kl̩ | -kɪ-/ *adj.* =dyarchic.

dy·ar·chy /dáɪɑəki | -ɑː-/ *n.* 両頭政治[政権]. 〘(1640) 《変形》← *diarchy*: ⇨ di-¹, -archy〙

dyb·buk /díbək/ *n.* (*pl.* **dyb·bu·kim** /dɪbukíːm/, ~**s**) 〘ユダヤ伝説〙**1** 人の心につく悪霊. **2** 安らぎを得ずに人に取りつく死人の霊. 〘(1903) ▭ Mish. Heb. *dibbûq* attachment ← Heb. *dābháq* to cling, cleave〙

dye /dáɪ/ *n.* **1** 染料 (dyestuff): cation ~*s* カチオン染料 / reactive [synthetic] ~*s* 反応[合成]染料 / ⇨ acid dye, azo dye / a ~ job 《口語》染髪. **2** 染め色, 色合い (tinge, hue): flowers of various ~*s*.

of* (*the*) *blackest* [*déepest*] *dýe 最も苦しい, (特に)最も

D

D

悪質の, 極悪の: a crime [scoundrel] *of* (*the*) *blackest* [*deepest*] ~ 《文語》極悪の罪[根っからの悪人]. 《1885》
— *vt.* **1** [しばしば補語を伴って]〈衣服などを〉染める, 着色する; 〈顔などを〉赤らめる: ~ a dress / ~ one's hair brown [blonde] 髪を褐色[ブロンド]に染める / The next instant a purple flush ~*d* his face [cheeks]. 次の瞬間彼の顔[ほほ]は真っ赤になった. **2** 〈他の色の上に〉〈色を〉添える 〔*on, over*〕: ~ blue *on* [*over*] yellow 黄色の上に青色を染める. **—** *vi.* **1** 〈織物・染料などが〉染まる: This cloth ~*s* well [badly]. この生地はよく染まる[染まらない]. **2** 染め物をする. ***dýe in* (*the*) *wóol* [*in gráin*]** (1) 〈染色〉綿(ﾜﾀ)染めにする《織る前に繊維の綿の状態で染める》. (2) 〈思想などを〉徹底的にしみ込ませる (cf. dyed-in-the-wool). 《1579–80》 〔OE *dēag* (n.) & *dēagian* (v.) ← ? IE **dheu-* to rise in a cloud (⇨ dull): cf. dusk〕

d'ye /djə/ 《口語》do ye, do you の縮約形.

dye·a·bil·i·ty /dàɪəbíləṭi | -lɪ̀ti/ *n.* 可染性. 〔《1939》: ⇨ ↓, -ity〕

dye·a·ble /dáɪəbl̩/ *adj.* 染めることのできる. 〔《1934》: ⇨ -able〕

dýe·bàth *n.* 〔染色〕染浴《染色を行うための染料・助剤を含む溶液》. 〔1875〕

dyed *adj.* 染めた, 色染めの. 〔《*c*1645》: ⇨ dye, -ed 2〕

dýed-in-the-wóol *adj.* **1** 綿(ﾜﾀ)染めにした, 織る前に綿の状態で染めた (cf. *in* GRAIN). **2** [しばしば軽蔑的に] 全くの, 生粋の, 徹底的な (through-and-through) (cf. DYE *in the wool*): a ~ Communist こちこちの共産主義者. 〔1798〕

dýe·hòuse *n.* 染物屋, 紺屋(ｺｳﾔ); 染色工場. 〔1465〕

dye·ing *n.* 染色, 浸染; 染物. 〔《1530》: ⇨ -ing¹; cf. lateOE *dēagunge*〕

dýe làser *n.* 色素レーザー. 〔1967〕

dýe·lìne *adj.* =diazo 3.

dye múrex *n.* 〔貝類〕シリアツブリボラ (*Murex brandaris*) (⇨ murex).

dý·er *n.* 染物屋, 紺屋(ｺｳﾔ), 染色業者. ★ しばしば染料を採る植物名に付して用いられる: ⇨ dyer's weed, dyer's alkanet. 〔《*c*1325》: ⇨ dye, -er¹〕

Dy·er /dáɪə | dáɪə(r)/, **John** *n.* ダイアー (1700?–58; ウェールズ生まれの英国の詩人; *Grongar Hill* (1726)).

dýer's álkanet *n.* 〔植物〕=alkanet 1.

dýer's bròom *n.* **1** 《米》〔植物〕=woodwaxen. **2** 〔染色〕緑み黄色《ヒトツバエニシダ属の低木の花から採れる黄色染料; 単に broom ともいう》. 〔*c*1810〕

dýer's bùgloss *n.* 〔植物〕=alkanet 1.

dýer's gréenweed *n.* 〔植物〕=woodwaxen.

dýer's óak *n.* 〔植物〕アレッポガシ (*Quercus infectoria*)《小アジア地方に産する; この木の虫こぶ (gall) からインクの原料没食子を採る; cf. Aleppo gall》.

dýer's rócket *n.* 〔植物〕=weld² 1.

dýer's wèed *n.* 〔植物〕**1** 北米産のアキノキリンソウ属の植物《特に, *Solidago nemoralis, S. rugosa*; 時に染料とされた》. **2** 染料の原料となる各種の植物《ヒトツバエニシダ (woodwaxen)・ホソバタイセイ (dyer's woad) など》. 〔1578〕

dýer's wòad *n.* 〔植物〕ホソバタイセイ (*Isatis tinctoria*)《黄色の花をつける 2 年生植物; その葉から青色染料が採れ, 古代ブリトン人が使用した》. 〔1860〕

dýer's wóodruff *n.* 〔植物〕アカネムグラ (*Asperula tinctoria*)《ヨーロッパ産の多年生草本; 匍匐(ﾎﾌｸ)性の根茎があかね染料の代用になることがある》.

dýe sènsitizing *n.* 〔写真〕色素増感《整色フィルムまたは全整色フィルムを作るための処理》.

dýe shèll *n.* 〔植物〕紫色の染料を採った貝《ツロツブリボラ (*Merex trunculus*) やシリヤツブリボラ (*M. brandaris*) 等アクキガイ科の巻貝類》.

dýe·stùff *n.* 染料 (dye) (dyeware ともいう). 〔1837〕

dýe tòning *n.* 〔染色〕染料調色.

dýe trànsfer *n.* 〔写真〕**1** ダイトランスファー《三色分解と転染法によるカラープリントの作成法》. **2** ダイトランスファーで作った印画.

dýe·wàre *n.* =dyestuff.

dýe·wèed *n.* 〔植物〕=woodwaxen.

dýe·wòod *n.* 染料の採れる各種の木材《logwood など》. 〔1699〕

dýe·wòrks *n.* (*pl.* ~) 染物工場, 染色工場. 〔1837〕

Dy·fed /dʌ́vɪ̀d, -vɛd; *Welsh* dəved/ *n.* ダビッド《ウェールズ南西部の旧州 (1974–96); 面積 5,770 km²》.

dy·ing /dáɪɪŋ/ *n.* 臨終, 死 (death). **—** *adj.* **1 a** 死にかけている: a ~ person / a ~ swan 瀕死(ﾋﾝｼ)の白鳥《この鳥は死の間際に初めて歌うといわれる; cf. swan song》. **b** 滅びかけている, (今にも)消えようとする, 暮れゆく: a ~ state [civilization] 滅びかけている国家[文明] / a ~ light 消えかけている光 / the ~ day [year] 暮れてゆく日[年] / his never-*dying* fame 彼の不朽の名声. **c** めいりそうな (languishing): a ~ look. **2** 臨終の, いまわの; 死亡の: one's ~ bed 臨終の床 / one's ~ wish 臨終の願い / one's ~ words 辞世のことば / till [to] one's ~ day 死ぬ日まで. ***be dýing for* [*to dó*]** ⇨ die¹ *vi.* 4 a. 〔n.: 《*c*1300》: ⇨ die, -ing¹; adj.: 《*c*1450》: ⇨ die, -ing²〕

dýing declaràtion *n.* 〔法律〕臨終の供述《殺人事件の被害者が死期が迫ったことを認識して死の原因について行う口頭または書面による供述; 伝聞証拠排斥の法則 (hearsay rule) の例外とされ, 証拠として許容される》. 〔1872〕

dyke¹ /dáɪk/ *n.*, *vt.* =dike¹.

dyke² /dáɪk/ *n.* 《俗》女性の同性愛者, (特に)男役のレスビアン. 〔《*c*1942》← ?〕

dyk·er /dáɪkə | -kə(r)/ *n.* =diker.

dyke·reeve /dáɪkriːv/ *n.* =dikereeve.

dyk·ey /dáɪki/ *adj.* 《俗》レスビアンの.

dyk·ing *n.* =diking.

Dyl·an /dílən; *Welsh* dəlan/ *n.* ディラン《男性名; ウェールズに多い》. 〔□ OWelsh ~ 《原義》from the sea, son of the wave〕

Dylan, Bob *n.* ディラン (1941–　; 米国のシンガーソングライター; 本名 Robert Allen Zimmerman).

Dy·mo, d- /dáɪmoʊ | -məʊ/ *n.* 〔商標〕ダイモ《米国 Dymo Products 社製の表示ラベルテープ印字器》.

dyn 《略》〔物理〕dyne(s).

dyn. 《略》dynamics.

Dyn. 《略》Dynasty.

dy·na- /dáɪnə/「力」の意を表す連結形. ★ 母音の前では, 通例 dyn- になる. 〔← Gk *dúnamis* power〕

dy·na·graph /dáɪnəgræ̀f | -grɑ̀ːf, -græ̀f/ *n.* 軌道試験器. 〔《1890》← DYNA-＋-GRAPH〕

dynam. 《略》dynamics.

dy·nam- /dáɪnəm/ (母音の前にくるときの) dynamo- の異形.

dy·nam·e·ter /daɪnǽməṭə | -nǽmɪ̀tə(r)/ *n.* 〔光学〕ダイナメーター, (望遠鏡の)倍率計《光学系の射出瞳径を測る装置; 望遠鏡の倍率測程装置》. 〔《*a*1828》← DYNA-＋-METER〕

dy·nam·ic /daɪnǽmɪk | daɪ-, dɪ̀-/ *adj.* **1** 〈人・性格など〉活動的な, 精力的な, 力強い, ダイナミックな (energetic) (cf. assertive, self-assertive, agressive): a ~ personality エネルギッシュな人柄 / a ~ executive 精力的な管理職 / a ~ sales campaign 積極的な販売キャンペーン. **2 a** 動態の, 動勢的な (cf. potential); エネルギー[原動力, 活動力]を生じる, 発動的な, 起動的な: a ~ population 動態人口. **b** 絶えず変化する: an unstable but ~ age 不安定だが変化してやまない時代. **3** 動力の, 動的な (↔ static). **4** 力学上の, 動力学上の (cf. kinetic, kinematic). **5** 〔電算〕〈メモリーが〉ダイナミック[動的]な《定期的に記憶内容を新しくする必要がある装置に用いる; cf. static》. **6** 〔哲学〕力本説 (dynamism) の, 力動説[論]の. **7** 〔音楽〕デュナーミクの, 強弱法の《音の強弱変化による表情法を意味する》. **8** 〔電子工学〕〈スピーカー・マイクロホンなどが〉振動板に直結したコイルを磁界中で振動させて音声電流を得る. **9** 〔文法〕〈動詞・形容詞が〉動作を表す (↔ stative) (★ dynamic verb (動作動詞)は, 進行形・命令文にできる). **—** *n.* **1** (原)動力: Technological change has its own (internal) ~. 技術変化にはそれ自体の(内的な)原動力がある. **2** =dynamics 1 b. **3** 〔音楽〕=dynamics 3. 〔《1817》□ F *dynamique* □ Gk *dunamikós* powerful: ⇨ dyne, -ic¹〕

dy·nám·i·cal /-mɪ̀kəl, -kl̩ | -mɪ-/ *adj.* =dynamic. **~·ly** *adv.* 〔1812–16〕

dynámical astrónomy *n.* 〔天文〕天体力学 (⇨ celestial mechanics).

dynámical stabílity *n.* 〔造船〕動的復原力《船を釣合い位置からある角度まで傾斜させるのに要する仕事量》.

dynámic bráke *n.* 〔電気〕発電ブレーキ.

dynámic dáta exchànge *n.* 〔電算〕ダイナミックデータ交換《Windows のアプリケーション間のデータ交換で, もとのアプリケーションでのデータの更新が逐次反映されるもの; OLE などに取って代わられた; 略 DDE》.

dynámic dénsity *n.* (人口の)動的密度.

dynámic electrícity *n.* 動電気, 流電気, 電流 (↔ static electricity).

dynámic geólogy *n.* 動力地質学《地殻変動を研究する地質学の一部門》.

dy·nám·i·cìsm /-məsɪ̀zm | -mɪ-/ *n.* 〔哲学〕= dynamism 2.

dy·nám·i·cist /-sɪ̀st | -sɪst/ *n.* dynamics を研究する人[学者]. 〔《1956》← DYNAMIC(S)＋-IST〕

dynámic lóad *n.* 〔機械〕動荷重《動力学的に作用する荷重の総称》.

dynámic lóudspeaker *n.* 〔電気〕=electrodynamic loudspeaker.

dynámic meteorólogy *n.* 気象力学《大気の動きとその原因を研究する気象学の一部門; cf. physical meteorology》.

Dynámic Monárchianism *n.* 〔神学〕デュナミス的モナルキア主義, 勢力論的単一[独裁]神論《イエスは単なる人であったが, 神のデュナミス(力)を受けて神の子とされたとする説; Dynamistic Monarchianism ともいう; cf. Adoptionism》.

dynámic préssure *n.* 〔物理〕動圧, 動圧力, 速度圧《流れの速度の 2 乗と流体の密度との積の $^1/_2$ で定義される量で, 圧力の次元をもつ; cf. total pressure》. 〔1919〕

dynámic psychólogy *n.* 〔心理〕力動的心理学《(異常)心理現象の説明において動因や動機を重視する心理学的立場; 精神分析的立場を指す場合が多い》.

dynámic RÁM *n.* 〔電算〕ダイナミックラム《記憶保持動作が必要な随時読出し書込み可能な記憶素子; 略 DRAM》.

dynámic ránge *n.* 〔電気〕ダイナミックレンジ《増幅器などの受け入れられる信号の最強と最弱の間の幅》. 〔1949〕

dy·nam·ics /daɪnǽmɪks | daɪ-, dɪ̀-/ *n.* **1** [複数扱い] **a** (いろいろな意味における)動力, 原動力 (moving forces). **b** (社会文化的な)変遷[発達]の型, 生成・変化・発展のパターン[歴史], (環境に対する)適応様式[傾向]: the study of population ~ 人口動態の研究. **2** [単数扱い]〔物理〕力学《kinetics と statics を含む》; (静力学 (statics) に対して)動力学 (kinetics). **3** [複数扱い]〔音楽〕デュナーミク, 強弱法, 音力法《piano または forte, crescendo または diminuendo などによって音の強弱や音量を変化させ, 音楽に表情を与える作曲・演奏上の表現法; またその用語・略語・略号・符号 (dynamic marks) など》. **4** [複数扱い]〔経済〕動学《経済条件の時間的変動を扱う理論; 経済成長や景気変動の理論など; economic dynamics ともいう; cf. statics 2》. 〔《1788–89》: ⇨ -ics〕

dynámic simílárity *n.* 〔物理〕動力学的同一性《動力学的見地における飛行機・船舶などについて, 実物を実験するのと同じ条件で模型によって実験できるという原理》.

dynámic stréngth *n.* 〔物理〕動的強度《急激に加えられる荷重に対する構造物の抵抗力》.

dynámic vérb *n.* 〔文法〕動作動詞.

dynámic viscósity *n.* 〔物理〕=coefficient of viscosity.

dy·na·mism /dáɪnəmɪ̀zm/ *n.* **1** 動力, 活動力 (energy); (ある方向に)駆り立てる力 (drive); (芸術作品などが)人を感動させる力, 力強さ, 迫力. **2** 〔哲学〕力本説, 力動説[論]《機械的自然観, 物質の究極的粒子性に反対し, 自然現象を力(学的場)の概念に還元する説》. **3** 〔心理〕ダイナミズム《自我への脅威からくる不安を防ぐための心理的な機制; defense mechanism (防衛機制)とほぼ同義》. **4** 〔宗教〕呪力《マナ (mana) を中心としたマナイズムと生命力を中心とした vitalism を総称したもの》. 〔《1831》□ ? F *dynamisme*〕

dý·na·mist /-mɪ̀st | -mɪst/ *n.* **1** 〔哲学〕力本説論者. **2** 力動論者 (dynamicist). **dy·na·mis·tic** /dàɪnəmístɪk⁻/ *adj.* 〔《1856》← DYNAMICS＋-IST〕

Dynamístic Monárchianism *n.* 〔神学〕= Dynamic Monarchianism.

dy·na·mi·tard /dàɪnəmɪ̀tɑ́əd | -mɪtɑ́ːd/ *n.* ダイナマイト使用者《特に犯罪・革命などのため爆薬を用いるテロリスト》. 〔《1882》: ⇨ ↓, -ard〕

dy·na·mite /dáɪnəmàɪt/ *n.* **1** ダイナマイト. **2** 《口語》(面倒などを起こす)危険をはらむもの[人], 効力の大きいもの; 精力的な人, 強い影響力のある人. **3** 《俗》ヘロイン, 麻薬 (narcotic). **—** *vt.* **1** …にダイナマイトを仕掛ける; ダイナマイトで爆破する. **2** 《口語》全壊[崩壊]させる. **—** *adj.* 《米俗》目立った; すばらしい, 効果的な. **—** *int.* 《俗》すばらしい, すごい, 最高, いかす. **dy·na·mit·ic** /dàɪnəmíṭɪk | -tɪk⁻/ *adj.* 〔《1867》← Gk *dúnamis* power ＋-ITE¹: その発明者 Alfred Bernhard Nobel の命名〕

dý·na·mìt·er /-ṭə | -tə(r)/ *n.* =dynamitard.

dý·na·mìt·ism /-ṭɪzm | -tɪzm/ *n.* (ダイナマイトを使用する)急進的革命主義. 〔《1883》← DYNAMITE＋-ISM〕

dy·na·mize /dáɪnəmàɪz/ *vt.* 増強する, 活性化する, 動的に[ダイナミックに]する. **dỳ·na·mi·zá·tion** /-mɪ̀zéɪʃən | -maɪ-, -mɪ-/ *n.* 〔《1855》: ⇨ dynamic, -ize〕

dy·na·mo /dáɪnəmòʊ | -məʊ/ *n.* (*pl.* ~s) **1** 〔電気〕ダイナモ, 発電機《generator を表す古い用語; ⇨ bicycle 挿絵》: an alternating [direct] current ~ 交[直]流発電機. **2** 《口語》大精力家, エネルギッシュな人 (human dynamo ともいう). 〔《1875》《略》← *dynamoelectric machine* 《なぞり》← G *dynamoelektrische Maschine* (↓)〕

dy·na·mo- /dáɪnəmoʊ | -məʊ/「力, 動力 (power)」などの意の連結形. ★ 母音の前では通例 dynam- になる. 〔← Gk *dúnamis* power ← IE **deu-* to perform: cf. *dúnasthai* to be able〕

dỳnamo·eléctric *adj.* (誘導によって)機械エネルギーを電気エネルギーに[電気エネルギーを機械エネルギーに]換える. 〔1875〕

dỳnamo·eléctrical *adj.* =dynamoelectric.

dỳnamo·génesis *n.* (*pl.* -eses) **1** 〔心理〕動力発生《感覚刺激が条件となって運動のエネルギーが増すこと》. **2** 〔生理〕エネルギー[筋力]発生.

dy·na·mog·e·ny /dàɪnəmɑ́(ː)dʒəni | -mɔ́dʒɪ̀-/ *n.* 〔生理〕=dynamogenesis.

dy·nam·o·graph /daɪnǽməgræ̀f | -grɑ̀ːf, -græ̀f/ *n.* 力量記録器, 自記検力器. 〔《1851》← DYNAMO-＋-GRAPH〕

dỳnamo·metamórphism *n.* 〔地質〕動力変成作用. 〔《1896》← DYNAMO-＋METAMORPHISM〕

dy·na·mom·e·ter /dàɪnəmɑ́(ː)məṭə | -mɔ́mɪ̀tə(r)/ *n.* **1** 検力器, 握力計; (弦の弾力を測る)弾力量計; (機関などの出力・回転力を測る)動力計; 液圧計. **2** 〔電気〕動力計. **3** 《英》〔光学〕=dynameter. 〔《1810》□ F *dynamomètre*〕

dynamómeter càr *n.* 〔鉄道〕動力試験車《機関車の引張力やその関連事項を走行中に測定する装置》. 〔1879〕

dy·na·mom·e·try /dàɪnəmɑ́(ː)mətri | -mɔ́mɪ̀tri/ *n.* **1** 動力測定法. **2** 検力器[握力計]の製造・使用. **dy·na·mo·mét·ric** /dàɪnəmoʊmétrɪk | -mə(ʊ)-⁻/ *adj.* **dỳ·na·mo·mét·ri·cal** *adj.* 〔《1891》← DYNAMO-＋-METRY〕

dýnamo thèory *n.* 〔地球物理〕ダイナモ理論《地磁気の発生や変動を地球内部・電離層・磁気圏中の電流の作用により説明しようとする理論》.

dy·na·mo·tor /dáɪnəmòʊṭə | -məʊtə(r)/ *n.* 〔電気〕発電動機. 〔《1908》← DYNA-＋MOTOR〕

dy·nap·o·lis /daɪnǽpəlɪ̀s | -lɪs/ *n.* 〔都市工学〕ダイナポリス《未来の都市膨張を連続的に吸収してゆく都市モデル》. 〔← NGk ~ ← Gk *dunamikós* (⇨ dynamic)＋-POLIS〕

dy·na soar /dáɪnəsɔ̀ə | -sɔ̀ː(r)/ *n.* 〔航空〕ダイナソア《ロケット動力のグライダー》. 〔← *dyna*(*mic*) *soar*(*ing*)〕

dy·nast /dáɪnæst, -nəst | dínæst, dáɪn-, -næst/ *n.* 《米》**1** (歴代)王朝の君主, 世襲君主[主権者]. **2** [The Dynasts]「元首」,「覇王」《Thomas Hardy の叙事詩劇 (1904–08) の表題; Napoleon 戦争を題材とする三部作》. 〔《1631》□ L *dynastēs* □ Gk *dunastēs* ruler ← *dúnasthai* to be able〕

dy·nas·tic /daɪnǽstɪk | dɪ-, daɪ-/ *adj.* 王朝の, 王家の. 〖(1828) □ Gk *dunastikós*: ⇨ ↑, -ic[1]〗

dy·nás·ti·cal /-tɪkəl, -kl̩ | -tɪ-/ *adj.* ＝dynastic.

dy·nás·ti·cal·ly *adv.* 王朝に関して, 王朝によって. 〖(1858): ⇨ ↑, -ly[1]〗

dy·nas·ty /dáɪnəsti, -næs- | dínəs-, dáɪn-/ *n.* 《米》 **1** (歴代の)王朝: the Tudor ～ (英国の)チューダー王朝. [日英比較] 「王朝」のことであるが, ある一定の期間, 一連の支配者によって続いた支配体制をいう. したがって, 日本史の「遣隋使」を a Japanese envoy to Sui *dynasty* とすることはできない. 使者を遣わしたのは「隋王朝」という支配体制にではなく, 隋王朝の当時の王の所, つまり宮殿にであるから, a Japanese envoy to Sui Court in China としなくてはならない. **2** 王朝の統治(期間), 治世. **3 a** (ある分野の)権力者群: a literary ～ 文学界の支配者たち[大立者たち]. **b** (ある分野の)名家: a famed theatrical ～ 演劇界で有名な一家. 〖(*a*1387) □ (O)F *dynastie* // LL *dynastia* □ Gk *dunasteía* lordship, sovereignty: ⇨ dynast, -y[1]〗

dy·na·tron /dáɪnətrɑ̀(ː)n | -trɒn/ *n.* 〘電気〙 ダイナトロン 《二次電子放出を利用する四極真空管; 陽極がダイノードとして働く》. 〖(1918) ← NL ～ ← Gk *dúnamis* power＋-TRON〗

dýnatron òscillator *n.* 〘電子工学〙 ダイナトロン発振器.

dyne /dáɪn/ *n.* 〘物理〙 ダイン 《力の絶対単位; 質量 1 g の物体に作用して, 1 cm/sec^2 の加速度を生じる力》. 〖(1873) □ F ～ ← Gk *dúnamis* power, force〗

Dy·nel /daɪnɛ́l/ *n.* 〘商標〙 ダイネル 《羊毛に似たポリアクリロニトリル系合成繊維》. 〖1950〗

dy·no /dáɪnoʊ | -nəʊ/ *n.* 《口語》 **1** 動力計 (dynamometer). **2** 〘登山〙 ダイノ, ランジ 《岩のフェース上にすばやく飛びつき, 手を伸ばしてホールドをつかむこと》.

dy·node /dáɪnoʊd | -nəʊd/ *n.* 〘電子工学〙 ダイノード 《二次電子放射効果を利用した電子流倍増のための電極; 光電子増倍管に使う》. 〖(1939) ← DYNA-＋(ELEC-TR)ODE〗

dy·nor·phin /daɪnɔ́əfɪn | -nɔ́ːfɪn/ *n.* 〘生化学〙 ダイノルフィン 《強力な鎮痛作用を有する脳ペプチド》.

dy·o- /dáɪoʊ | dáɪəʊ/ 「二」の意の連結形. ★ 母音の前では通例 dy- になる. 〖← Gk *dúo* 'TWO'〗

Dy·oph·y·site /daɪɑ́(ː)fəsàɪt | -ɔ́fɪ-/ *n.* 〘神学〙 キリスト両性論者 《キリストには神性と人性の二つの性質があると説く論者; cf. Monophysite》. 〖(1860) □ LGk *duophusîtai* ← *dúo* 'TWO'＋*phúsis* nature: ⇨ -ite[1]〗

Dy·óph·y·sìt·ism /-tɪzm̩ | -tɪzm̩/ *n.* 〘神学〙 キリスト両性論.

Dy·oth·e·lete /daɪɑ́(ː)θəlìːt | -ɔ́θɪ-/ *n.* ＝Dyothelite.

Dy·óth·e·lèt·ism /-tɪzm̩ | -tɪzm̩/ *n.* ＝Dyothelitism.

Dy·oth·e·lite /daɪɑ́(ː)θəlàɪt | -ɔ́θɪ-/ *n.* 〘神学〙 キリスト両意論者 (⇨ Dyothelitism). 〖(1848) ← DYO-＋-*thelite* (← Gk *thelḗtēs* one who wills ← *thélein* to will): ⇨ -ite[1]〗

Dy·óth·e·lìt·ism /-tɪzm̩ | -tɪzm̩/ *n.* 〘神学〙 キリスト両意論 《キリストには神と人の二つの意志があるとする説; cf. Monothelitism》. 〖(1860): ⇨ ↑, -ism〗

d'you /(弱) dju, djʊ, dʒu, dʒə; (強) djúː/ 《口語》 do[1] you の縮約形.

dys- /dɪs | dɪs/ *pref.* 「悪化, 不良, …困難」などの意; 主に医学・科学上の術語に用いる (↔ eu-): *dys*pepsia. 〖□ Gk *dus-* bad, hard ← IE **dus-* bad, evil; mis- (OE *tō-* (cf. *to-break* break to pieces (*Judges* 9:53)) / OHG *zur-* / G *zer-* / Skt *duṣ-*)〗

dys·acóusia /dɪs- | dɪs-/ *n.* 〘病理〙 **1** 聴覚[聴力]不全. **2** 不快聴覚 《普通の音が不快な雑音に聞こえる聴覚異常》. 〖← NL ～: ⇨ dys-, -acousia〗

dys·an·ag·no·si·a /dɪsæ̀nəgnóʊʒiə, -ʒə, -ziə | -nə́ʊziə, -ʒiə/ *n.* 〘病理〙 知覚性失読症 《ある言葉に限って理解することができない状態》. 〖← DYS-＋Gk *anagnōsía* ability to read (← ANA-＋*gnōsía* knowledge: cf. gnosis)〗

dys·an·a·lyte /dɪsǽnəlàɪt, -nl- | dɪs-/ *n.* 〘鉱物〙 灰鉄(㊀)チタン石 《Ca および Fe のチタン・ニオブ酸塩》. 〖(1877) □ G *Dysanalit* □ Gk *dusanálutos* 'hard to ANALYZE': ⇨ dys-〗

dys·ar·thri·a /dɪsáəθriə | dɪsáː-/ *n.* 〘病理〙 構音[構語]障害 《神経の筋肉支配の障害によって言葉が発音できない状態; cf. dysphasia》. 〖(1878) ← NL ～: ⇨ dys-, arthro-, -ia[1]〗

dys·au·to·no·mi·a /dɪsɔ̀ːtənóʊmiə, -sɑ̀ː- | dɪsɔ̀ːtənə́ʊ-/ *n.* 〘病理〙 (ユダヤ人に見られる一種の)遺伝性自律神経症 《知覚作用や自律機能が冒される》. 〖(*c*1970) ← DYS-＋AUTONOM(IC)＋-IA[1]〗

dys·ba·rism /dísbərɪzm̩/ *n.* 〘病理〙 減圧症 《気圧の低下によって生じる症状で, 航空病の一種》. 〖← DYS-＋BARO-＋-ISM〗

dys·cal·cu·li·a /dɪ̀skælkjúːliə/ *n.* 〘病理〙 計算障害. 〖(1953) ← DYS-＋CALCUL(ATE)＋-IA[1]〗

dys·cra·si·a /dɪskréɪʒiə, -ʒə, -ziə | dɪskréɪziə, -ʒiə, -ʒə/ *n.* **1** 体質不良, 病弱体質. **2 a** 《廃》 悪液質. **b** 障害; 疾患. **dys·crá·si·al** /-əl⁻/ *adj.* 〖(*a*1400) ← NL ～ ← ML ～ □ Gk *duskrasía* bad temperament: ⇨ dys-, crasis, -ia[1]〗

dys·en·ter·ic /dɪ̀səntérɪk, -sn̩-, -sɛn-⁻/ *adj.* 〘病理〙 赤痢の[にかかった]. 〖(1727) □ L *dysentericus*〗

dys·en·ter·y /dísəntèri, -sn̩-, -təri, -tri | -təri, -tri/ *n.* **1** 〘病理〙 赤痢. **2** 《口語》 ＝diarrhea. 〖(*c*1384) □ OF *dissenterie* // L *dysenteria* □ Gk *dusentería* ← *dus-* 'DYS-'＋*éntera* intestines: cf. enteric〗

dys·er·gi·a /dɪsə́ːdʒiə, -dʒə | dɪsə́ː-/ *n.* 〘病理〙 (神経刺激欠如による)作動不全, ジスエルギー. 〖← NL ～: ⇨ dys-, -ergy〗

dỳs·esthésia /dɪ̀s-/ *n.* 〘病理〙 **1** 知覚(特に触覚)不全. **2** 皮膚知覚過敏. 〖← NL ～: ⇨ dys-, esthesia〗

dys·fúnction /dɪs- | dɪs-/ *n.* **1** 〘病理〙 (身体の器官の)機能障害. **2** 〘社会学〙 (社会の全体的統一化に反する)逆機能. ― *vi.* 〈器官が〉機能障害を起こす; 〈社会などが〉逆機能する, 正常に機能しなくなる. **～·al** *adj.* 〖(1916) ← DYS-＋FUNCTION〗

dys·génesis /dɪs- | dɪs-/ *n.* 〘病理〙 発育不全 《特に性腺についていう》. 〖(*c*1883) ← NL ～: ⇨ dys-, -genesis〗

dys·genic /dɪsdʒénɪk | dɪs-/ *adj.* 〘生物〙 種族に悪影響のある, 優生学に反する方向に導く (cacogenic) (↔ eugenic). 〖(1912) ← DYS-＋-GENIC〗

dys·génics /dɪs- | dɪs-/ *n.* 〘生物〙 劣生学, 種族退化学 (cacogenics) 《遺伝質・配合・婚姻などが種族や氏族の望ましい生物学的特質の保持または強化に悪影響を及ぼす状態を研究する; cf. eugenics》. 〖(*c*1915): ⇨ dys-, genic, -ics〗

dys·gno·si·a /dɪsnóʊʒiə, -ʒə, -ziə | dɪsnə́ʊziə, -ʒiə/ *n.* 〘精神医学〙 知的機能障害, 判断力不全. 〖□ Gk *dusgnōsía*: ⇨ dys-, -gnosis, -ia[1]〗

dys·gon·ic /dɪsgɑ́(ː)nɪk | dɪsgɔ́n-⁻/ *adj.* (細菌培養について)発育[増殖]不良の (↔ eugonic). 〖← DYS-＋GONO-＋-IC[1]〗

dys·graph·i·a /dɪsgrǽfiə | dɪsgrǽf-/ *n.* 〘精神医学〙 書字錯誤[障害]. **dys·gráph·ic** /-grǽfɪk/ *adj.* 〖(1934) ← DYS-＋GRAPHIA〗

dys·kar·y·o·sis /dɪ̀skæ̀rióʊsɪs, -kɛ́r- | -kæ̀riə́ʊsɪs/ *n.* 細胞核の異常. 〖← NL ～: ⇨ dys-, kary-, -osis〗

dỳs·kinésia *n.* 〘病理〙 運動異常(症), ジスキネシア. 〖(*c*1706) ← NL ～: ⇨ dys-, -kinesis, -ia[1]〗

dys·la·li·a /dɪsléɪliə | dɪs-/ *n.* 〘病理〙 (発語器官の異常による)末梢性構音障害. 〖(1851–60) ← NL ～: ⇨ dys-, -lalia〗

dys·lex·i·a /dɪsléksiə | dɪs-/ *n.* 〘病理〙 (遺伝子の欠陥・脳神経障害による)失読症, 難読症 《一般に word blindness ともいう》. 〖(*c*1886) ← NL ～ ← DYS-＋Gk *léxis* a reading, word＋-IA[1]〗

dys·lex·ic /dɪsléksɪk | dɪs-/ *adj.* (also **dys·lec·tic** /dɪsléktɪk | dɪs-/) 失読症の. ― *n.* 失読症患者. 〖(1961): ⇨ ↑, -ic[1]〗

dys·lo·gis·tic /dɪ̀slədʒístɪk⁻/ *adj.* 《まれ》 非難の, 口汚い (opprobrious) (↔ eulogistic). **dỳs·lo·gís·ti·cal·ly** *adv.* 〖(1802–12) ← DYS-＋(EU)LOGISTIC〗

dys·men·or·rhe·a /dɪ̀smenəríːə/ *n.* (also **dys·men·or·rhoe·a** /～/) 〘医学〙 月経困難(症). **dỳs·men·or·rhé·al** /-ríːəl⁻/ *adj.* **dỳs·men·or·rhé·ic** /-ríːɪk⁻/ *adj.* 〖(1810) ← NL ～: ⇨ dys-, meno-[1], -rrhea〗

dys·met·ri·a /dɪsmétriə | dɪs-/ *n.* 〘医学〙 (小脳性運動失調の症状としての)測定障害. 〖(1911) ← NL ～ ← DYS-＋GK *métron* measure＋-IA[1]〗

dys·mne·si·a /dɪsníːʒiə, -ʒə, -ziə | dɪsníːziə, -ʒiə, -ʒə/ *n.* 〘精神医学〙 記憶障害. 〖← DYS-＋Gk *mnêsis* act of remembering＋-IA[1]〗

dys·pa·reu·ni·a /dɪ̀spərúːniə/ *n.* 〘医学〙 (女性の)性交疼痛(症). 〖(1873) ← NL ～ ← DYS-＋Gk *páreunos* bedfellow＋-IA[1]〗

dys·pa·thy /dɪ́spəθi/ *n.* 《古》 ＝antipathy.

dys·pep·sia /dɪspépʃə, -siə | dɪspépsiə/ *n.* 〘病理〙 消化不良(症) (indigestion) (↔ eupepsia). 〖(1706) □ L ～ □ Gk *duspepsía* ← *dus-* 'DYS-'＋*peptós* cooked (cf. peptic)＋-IA[1]〗

dys·pep·sy /dɪspépsi | dɪs-/ *n.* 《方言》 ＝dyspepsia. 〖(1656) □ F *dyspepsie*〗

dys·pep·tic /dɪspéptɪk | dɪs-/ *adj.* **1** 〈人など〉消化不良の. **2** (胃弱の人のように)憂うつな, 陰気な, 元気のない (depressed); 不機嫌な, 気難しい. ― *n.* 消化不良[胃弱]の人. 〖(1694) ← Gk *dúspeptos*: ⇨ -ic[1]〗

dys·pép·ti·cal /-tɪkəl, -kl̩ | -tɪ-/ *adj.* ＝dyspeptic. **～·ly** *adv.*

dys·pha·gi·a /dɪsféɪdʒiə, -dʒə | dɪsféɪziə, -ʒiə, -ʒə/ *n.* 〘病理〙 嚥下(㊀)困難[障害]. **dys·phag·ic** /dɪsfǽdʒɪk, -féɪdʒ- | dɪs-/ *adj.* 〖(1783) ← NL ～: ⇨ dys-, -phagia〗

dys·pha·si·a /dɪsféɪʒiə, -ʒə | dɪsféɪziə, -ʒiə, -ʒə/ *n.* 〘病理〙 (大脳障害による)不全失語(症) (cf. aphasia, dysarthria). 〖(*c*1883) ← NL ～: ⇨ dys-, -phasia〗

dys·pha·sic /dɪsféɪzɪk | dɪs-/ *adj.*, *n.* 不全失語症の(人). 〖(1878): ⇨ ↑, -ic[1]〗

dys·phe·mi·a /dɪsfíːmiə | dɪs-/ *n.* 〘医学〙 どもり, 吃音(㊀), 吃(㊀); 構音障害. 〖(1894) ← NL ～: ⇨ dys-, -phemia〗

dys·phe·mism /dɪ́sfəmɪzm̩ | -fɪ-/ *n.* 〘修辞〙 偽悪語法 《好ましい事を表すのにわざと不快な表現を用いること; butter の代りに axle grease と言うなど; ↔ euphemism》. 〖(1884) ← DYS-＋-*phemism* (⇨ euphemism)〗

dys·pho·ni·a /dɪsfóʊniə | dɪsfə́ʊ-/ *n.* 〘病理〙 発声障害. **dys·phon·ic** /dɪsfɑ́(ː)nɪk | dɪsfɔ́n-/ *adj.* 〖(1706) ← NL ～: ⇨ dys-, phono-, -ia[1]〗

dys·pho·ri·a /dɪsfɔ́ːriə | dɪs-/ *n.* 〘精神医学〙 気分変調; 不快, 心体違和感 (↔ euphoria). **dys·phor·ic** /dɪsfɔ́(ː)rɪk, -fɑ́(ː)r- | dɪsfɔ́r-/ *adj.* 〖(1842) ← NL ～ ← Gk *dusphoría* agitation ← *dúsphoros* hard to bear ← *dus-* 'DYS-'＋*phérein* to bear: ⇨ -ia[1]〗

dys·pla·si·a /dɪspléɪʒiə, -ʒə | dɪspléɪziə, -ʒiə, -ʒə/ *n.* 〘病理〙 形成異常, 異形成(症). **dys·plas·tic** /dɪsplǽstɪk | dɪs-/ *adj.* 〖(*c*1923) ← NL ～: ⇨ dys-, -plasia〗

dys·pne·a /dɪs(p)níːə | dɪs(p)-/ *n.* (also **dys·pnoe·a** /～/) 《米》 〘病理〙 呼吸困難 (cf. eupnea). **dys·pné·al, dys·pnóe·al** /-níːəl/ *adj.* 〖(1681) □ L *dyspnoea* □ Gk *dúspnoia* difficulty of breathing ← *dúspnoos* short of breath ← *dus-* 'DYS-'＋Gk *pnoḗ* breath, breathing (← *pneîn* to breathe)〗

dys·pne·ic /dɪs(p)níːɪk | dɪs-/ *adj.* (also **dysp·noe·ic** /～/) 《米》 〘病理〙 呼吸困難性の. 〖(1866): ⇨ ↑, -ic[1]〗

dys·prax·i·a /dɪspræksiə | dɪs-/ *n.* 〘病理〙 (中枢神経障害による)統合運動障害. 〖← DYS-＋Gk *prâxis* action (⇨ practical)＋-IA[1]〗

dys·pro·si·um /dɪspróʊziəm, -ʒiəm | dɪsprə́ʊziəm/ *n.* 〘化学〙 ジスプロシウム 《希元素の一つ; 記号 Dy, 原子番号 66, 原子量 162.50》. 〖(1886) ← NL ～ ← Gk *dusprósitos* hard to get at ← *dus-* 'DYS-'＋*prósitos* approachable: ⇨ -ium〗

dys·prósody /dɪs- | dɪs-/ *n.* 〘病理〙 失音調, ディスプロソディ. 〖(1947) ← DYS-＋PROSODY〗

dys·rhyth·mi·a /dɪsríðmiə | dɪsríðmiə, -ríθ-/ *n.* 〘医学〙 リズム異常, 律動不整. 〖(1909) ← NL ～: ⇨ dys-, rhythm, -ia[1]〗

dyss /dís/ *n.* (also **dysse** /～/) (*pl.* **dys·ser** /dísə | -sə(r)/) 〘考古〙 ディッセル 《デンマークの新石器時代初期の巨石墓》. 〖(1938) □ Dan. *dysse*〗

dys·teleólogist /dɪs- | dɪs-/ *n.* 目的存在否定論者. 〖(1883): ⇨ ↓, -ist〗

dys·teleólogy /dɪs- | dɪs-/ *n.* **1** 〘哲学〙 目的(存在)否定論 (↔ teleology), (自然界の)無目的性. **2** 正常な機能目的の挫折[回避]. **dys·tèleológical** *adj.* 〖(1874) □ G *Dysteleologie*: ⇨ dys-, teleology〗

dys·thy·mi·a /dɪsθáɪmiə | dɪs-/ *n.* 気分変調; 失望, 落胆, 意気消沈. **dys·thý·mic** /-mɪk/ *adj.* 〖(1844) ← NL ～: ⇨ dys-, -thymia〗

dys·to·ci·a /dɪstóʊʃiə, -ʃə | dɪstə́ʊsiə, -ʃiə, -ʃə/ *n.* 〘医学〙 異常分娩 (↔ eutocia). **dy·stó·cial** /～ʃəl/ *adj.* 〖(1706) ← NL ～ ← Gk *dústokia* ← *dus-* 'DYS-'＋*tókos* childbirth＋-IA[1]〗

dys·to·ni·a /dɪstóʊniə | dɪstə́ʊ-/ *n.* 〘病理〙 (筋)失調(症), 筋緊張異常; ジストニー. 〖← NL ～: ⇨ dys-, -tonia〗

dys·to·pi·a /dɪstóʊpiə | dɪstə́ʊ-/ *n.* **1** 反ユートピア, 暗黒郷 《utopia とは正反対の悲惨な想像上の場所》. **2** 暗黒郷を描いた作品. **dys·tó·pi·an** /-piən/ *adj.* 〖(*c*1950) ← NL ～ ← DYS-＋(U)TOPIA〗

dys·tro·phi·a /dɪstróʊfiə | dɪstrə́ʊfiə/ *n.* ＝dystrophy.

dys·troph·ic /dɪstrɑ́(ː)fɪk, -tróʊf- | dɪstrɔ́f-/ *adj.* **1** 〘医学〙 異栄養の, ジストロフィーの. **2** 〘生態〙 〈湿地に由来する池や湖が〉腐植栄養型の 《水中に多量の腐植質を溶かし水が茶色の; cf. eutrophic, mesotrophic, oligotrophic》. 〖(1893) ← DYSTROPHY＋-IC[1]〗

dys·tro·phi·ca·tion /dɪstrəfɪkéɪʃən | -fɪ-/ *n.* (家庭や工場の廃棄物または農地からの流出物による)河川(など)の汚染. 〖(*c*1965): ⇨ ↑, -ation〗

dys·tro·phin /dɪstróʊfɪn | -trə́ʊ-/ *n.* 〘生化学〙 ジストロフィン 《筋ジストロフィー遺伝子の産物; その欠乏によって筋ジストロフィーが発病すると考えられている》.

dys·tro·phy /dɪ́strəfi/ *n.* **1** 〘病理・生物〙 異栄養(症), ジストロフィー; 栄養失調(症), 発育異常. **2** 〘病理〙 ＝muscular dystrophy. **3** 〘生態〙 (湖の)腐植栄養状態. 〖(1886) ← NL *dystrophia*: ⇨ dys-, -trophy〗

dys·u·ri·a /dɪsjʊ́əriə, -sjʊ́ər- | dɪsjʊ́ər-, -sjɔ́ːr-/ *n.* 〘病理〙 排尿困難[障害]; 排尿痛. 〖(*c*1350) ← NL *dysūria* ← Gk *dusouría*: ⇨ dys-, -uria〗

dy·tis·cid /daɪtísɪd, dɪ- | daɪtísɪd, dɪ-/ 〘昆虫〙 *adj.* ゲンゴロウ(科)の. ― *n.* ゲンゴロウ 《ゲンゴロウ科の昆虫の総称》. 〖(1866) ↓〗

Dy·tis·ci·dae /daɪtísədìː, dɪ- | daɪtísɪ-, dɪ-/ *n. pl.* 〘昆虫〙 (甲虫目)ゲンゴロウ科. 〖← NL ～ ← *Dytiscus* (属名: ← Gk *dutikós* able to dive ← *dúein* to dive)＋-IDAE〗

DZ 《略》 〘自動車国籍表示〙 Algeria; drop zone.

dz. 《略》 dozen(s).

Dzau·dzhi·kau /*Russ.* dʒʲzʲaudʒʲkáu/ *n.* ジャウジカウ 《Vladikavkaz の旧名 (1931–44, 1944–54)》.

dzeg·ge·tai /dʒégətàɪ | dʒégɪ-, dzég-, zég-/ *n.* 〘動物〙 ＝chigetai.

Dzer·zhinsk /dəʒínsk, dzə-, zə- | dzə-, zə-, dzɛə-, zɛə-; *Russ.* dʒʲɪrʒínsk/ *n.* ジェルジンスク 《ロシア連邦 Nizhny Novgorod 西方の都市》.

Dzham·bul /dʒɑmbúːl/ *n.* ジャンブール 《カザフスタン共和国南東部の都市》.

dzig·ge·tai /dʒígətàɪ | dʒígɪ-, dzíg-, zíg-/ *n.* 〘動物〙 ＝chigetai. 〖(1793) □ Mongolian *dechiggetai* (異形) ← *tchikketei* 'CHIGETAI'〗

dzo /zóʊ, dzóʊ | zə́ʊ, dzə́ʊ/ *n.* (*pl.* ～, ～s) 〘動物〙 ゾー 《ヤクとウシの雑種》. 〖(1882) □ Tib. *mdso*〗

Dzong·kha /zɔ́(ː)ŋkə, zɑ́(ː)ŋ- | zɒ́ŋ-/ *n.* ゾンカ語 《ブータン王国の公用語; チベットビルマ語族の一つ》. 〖1909〗

Dzun·gar·i·a /dzʌŋgɛ́əriə, zʌŋ-, dzʊŋ-, zʊŋ- | dzʊŋgéər-, zʊŋ-; *Russ.* dʒʲzʲungárʲijə/ *n.* ＝Junggar Pendi.

D

E e

E, e /iː/ *n.* (*pl.* **E's, Es, e's, es**) **1** 英語アルファベットの第 5 字. ★ 通信コードは Echo, Emma. **2** (活字・スタンプなどの) E または e 字. **3** [E] E 字形(のもの). **4** 文字 e が表す音: a short *e* 短音の e (bet, pen などの /e/; ⇨ short *adj.* 10 a) / a long *e* 長音の e (eve, Pete などの /iː/; ⇨ long[1] *adj.* 11). **5** (連続したものの)第 5 番目(のもの): vitamin *E*. **6** [通例 E] (中世ローマ数字の) 250. **7** 〘音楽〙 **a** ホ音, (ドレミ唱法の)ミ音; ホ音の弦[鍵(けん)], (パイプオルガンの)パイプ): *E* flat 変ホ音. **b** ホ調: *E* major [minor] ホ長[短]調 (cf. key[1] 3 a). **8** 《米》〘生産〙褒章(ほうしょう)旗, E 字旗 (第二次大戦中, 陸軍または海軍が企業に授与したもので, Efficiency の頭文字を取ったもの). 〖OE *E, e* (Etruscan を経由) ▭ L ▭ Gk *E, ε* (cf. epsilon) ▭ Phoenician ヨ: cf. Heb. ה (*hē*) 《原義》 lo!: ⇨ A[1] ★〗

e 《略》 eccentricity; economics; edition; educated; elasticity; elder; eldest; electric; electricity; 〘アメフト〙 end; engineer; engineering; 〘演劇〙 entrance; 〘電話〙 Erlang.

e 《記号》 **1** 〘物理〙 erg. ★ この記号は今ではあまり用いない. **2** [通例イタリック体で] 〘数学〙 ネーピアの対数[自然対数]の底 (base) (その値は 2.71828182845 …). **3** 〘物理〙 弾性係数 (coefficient of elasticity). **4** 〘物理・化学〙 電子の電荷, 電気素量 (charge of an electron) (1.6022 $\times 10^{-19}$C に等しい). **5** 〘電気〙 electromotive force. **6** 〘気象〙 wet air. **7** 〘数学〙 円錐曲線の離心率 (eccentricity of a conic section).

e, E 《略》 earth (特にアースの意で); east; easterly; eastern; edge; 〘物理〙 elasticity; 〘物理〙 electromotive force; ell; empty; 〘サッカー〙 end; energy; engineer; engineering; 〘野球〙 error(s).

E 《略》 earl; early; East (London の郵便区); Easter; Ecstasy; Edinburgh; efficiency; Egypt; Egyptian; elocution; eminence; enemy; 〘物理〙 energy 電場; England; English; envoy; equator; evening; evensong; Exa-; Excellency; Excellent.

E 《記号》 **1** [時に e] 《米》〘教育〙 **a** (学業成績の評語として)五級, 平均以下, 条件付き合格 (通例 a conditional pass に相当する): He received an *E* in French. **b** E の評語を与えられた人: He's one of the *E's* in the class. **c** 優秀 (excellence). **2** 〘論理〙 全称否定 (universal negative); 存在量化詞 (しばしば ∃ の形で使う). **3** 〘海事〙 (Lloyd's Register による船級の)第二等級 (cf. A 1). **4** Elohistic; Ephraimitic. **5** 〘貨幣〙 ekpwele(s); English shilling; escudo(s). **6** 〘光学〙 illumination. **7** 〘米軍〙 電子装備機 (electronic installation plane): *E*-3. **8** 〘化学〙 einsteinium. **9** [イタリック体で] 〘電気〙 **a** electric field strength. **b** electromotive force. **10** 〘自動車国籍表示〙 Spain (< Sp. España). **11** (靴幅サイズの) E.

e-[1] /ɪ, ə, iː/ *pref.* (ラテン語系の語の c, f, p, q, s, t を除く子音字の前にくるときの) ex-[1] の異形: *e*gress, *e*mit, *e*vict.

e-[2] /iː/ *pref.* 電子的な, (インターネットを利用して)電子的に行われる: *e*-cash, *e*-commerce, *e*-mail. 〖《略》 ← E(LECTRONIC)〗

€ 《記号》 euro(s).

EA 《略》 East Anglia; economic adviser; 〘心理・教育〙 educational age; electrical artificer; 〘フリーメーソン〙 Entered Apprentice; Evangelical Alliance 福音主義同盟.

E/A 《略》〘軍事〙 enemy aircraft 敵航空機, 敵機.

ea. 《略》 each.

EAA 《略》 Engineer in Aeronautics and Astronautics 航空宇宙技師.

EAC 《略》 East African Community.

each /iːtʃ/ *adj.* 各々の, 各自の, 個々の, 各…: ～ one 各自 / ～ time ⇨ time 3 a ★ / five in ～ class 各クラス 5 人 / at ～ side of the gate 門の各々の側[左右]に / on ～ second floor 一階おきに / *Each* person must cast a vote. 各人が 1 票ずつを投じなければならない / He found the tree bigger ～ time he came. その木は彼が来る度ごとに大きくなっていた. ★ every とともに分配的な意味をもち, 単数構文に用いられるが, 特に each はある範囲内のもの[人]について, その個々のもの[人]を順次に取り上げていう場合に用いられる.

éach and évery [each または every の強調形] 各…いずれも皆 (each single): *Each and every* member has an obligation to do his [《口語》 their] share. 会員はだれも皆各自の分担を履行する義務がある. ***éach wáy*** (1) 《英》(競馬などの賭(か)けで)単勝・複勝の両方に[の]. (2) 《俗》両性愛の, 両刀使いの (bisexual).

— *pron.* 各自, 各々, めいめい: *Each* has his [《口語》 their] merits. 人にはそれぞれ長所がある / *Each* has done his or her [《口語》 their] best. 各自それぞれベストを尽くした / *Each of* the girls must do her homework. 少女たちは各自宿題をしなければならない. ★ 複数の主語に対する同格語として: They must ～ do their home tasks.

éach and áll 各自がみな. ***èach óther*** (二人あるいはそれ以上の人や物が)お互い (one another) (★ 主語としては用いられない): They help ～ *other*. 互いに助け合っている / They send presents to ～ *other*. 互いに贈り物をし合う / We looked at ～ *other's* faces in surprise. 驚いて互いに顔を見合わせた / They think of ～ *other*. 彼らはお互いのことを考えている. ★ each other と one another とは同義に用いられる. ***éach to one's ówn*** 《英》=《米》 ***to éach one's ówn*** 人それぞれ考え方[好み]が違う, 「十人十色」.

— *adv.* 一個(あたり) (apiece); めいめいに: They cost a pound ～. 1 個 1 ポンドした / Give the children a dollar ～. 子供たちにめいめい 1 ドルずつあげなさい.

〖ME *e(u)ch*, etc. < OE *ǣlċ* each ← *ā* ever＋*(ġe)līċ* '(A)LIKE' < (WGmc) **aiwō ʒalīkaz* ever alike〗

Ea·chan /íːkən/ *n.* イーカン (男性名; アイルランドに多い). 〖▭ Ir. *Eacann* < OIr. *Eacdonn* 《原義》 horse-lord〗

EACSO /iːǽksoʊ, -áːk- | -səʊ/ *n.* 東アフリカ共同事業機構. 〖《頭字語》 ← *E(ast) A(frican) C(ommon) S(ervices) O(rganization)*〗

Eads /íːdz/, **James Buchanan** *n.* イーズ (1820–87; 米国の橋梁技師・発明家; St Louis を流れる Mississippi 川にアーチの鉄橋を架設 (1874)).

EAEC 《略》 European Atomic Energy Community (⇨ EURATOM).

ea·ger[1] /íːgə | -gə(r)/ *adj.* (**more ～, most ～; ～·er, ～·est**) **1 a** 〔…を〕熱望して(いる)〔*for*〕; しきりに…したがって(いる)〈*to do*〉: He is ～ *for* an opportunity. 彼はしきりに機会を求めている / Mother was ～ *to* meet you. 母はとてもあなたに会いたがっていました / The children are ～ *for* the play *to* begin. 子供たちは今か今かと劇の始まるのを待ちかねている. **b** 熱心な: in ～ pursuit 熱心に追求して / with an ～ glance 熱心に見つめて / He looked at her with ～ curiosity. 好奇の視線で彼女を見た / He is ～ *about* the project. その計画に熱心である. **c** 〈欲望・食欲が〉激しい: an ～ appetite 旺盛な食欲. **2** 《古》〈寒気など〉鋭い, 激しい, 身を切るような, 刺すような. **3** 《廃》すっぱい (sour). 〖(*c*1275) *egre* ▭ AF=(O)F *aigre* keen < VL **acrum*=L *ācrem* sharp ← IE **ak-* sharp: cf. acid, edge〗

SYN 熱望して: **eager** あることを非常に望んでいる: He is *eager* to see you. あなたにしきりに会いたがっています. **anxious** 結果に不安を抱きながら熱望している: She's *anxious* for her son to pass the exam. 息子が試験に受かるよう切に望んでいる. **keen** あることを熱心にしたがっており, それにふさわしい態度を示している: He's very *keen* on winning. ぜひとも勝ちたいと思っている. **ANT** listless.

ea·ger[2] /íːgə, éɪ- | éɪgə(r), íː-/ *n.* =eagre.

éager béaver *n.* 《口語》 仕事の虫, はりきり屋; (特に, 昇進のために)あくせく働く人, やり手; おせっかい焼き.

éager-béaver *adj.* 〖1943〗

ea·ger·ly /íːgəli | -gə-/ *adv.* 熱心に, しきりに, 切に. 〖(*c*1290): ⇨ -ly[1]〗

éa·ger·ness *n.* **1** 熱心 (zeal). **2** 切望, 熱望: in one's ～ *to* see it それが見たさのあまり / She was all ～ *to* meet him. 彼に会いたくてたまらなかった. 〖(*a*1400): ⇨ -ness〗

ea·gle /íːgl/ *n.* **1** 〘鳥類〙 ワシ (ワシタカ科の猛禽の総称): ⇨ bald eagle, golden eagle, harpy eagle, imperial eagle, sea eagle. ★ ラテン語系形容詞: aquiline. **2** (旗・紋章などの)ワシじるし; ワシじるしの軍旗 (ローマやビザンチン帝国の軍旗に用いられて以来, 国権の標章として旧ドイツ・オーストリア・ロシア・フランスのボナパルト王朝などで用いられ, 後には米国の国章となった): the Roman ～ ローマのワシじるし軍旗. **3** イーグル章 (米国陸軍・空軍・海兵隊の大佐の翼を広げたワシの銀色階級章; 海軍大佐もある種の制服の襟章としてこれを用いる). **4** 〘ゴルフ〙 イーグル (そのホールのパー (par) より 2 打少ない打数; cf. birdie 2). **5** 《米》 **a** イーグル (旧 10 ドル金貨; 1933 年廃止; 裏面のワシ模様から; cf. double eagle 2). **b** イーグル貨 (1986 年に発行された 5 [10, 25, 50] ドル金貨). **6** 《米》〘トランプ〙 イーグル (緑色のワシのマークで, 通常より 1 種類多い米国製トランプの 5 番目のスーツ (suit) の印); その印のカード; [*pl.*] イーグル札の一揃い (suit). **7** [the E-] 〘天文〙 わし(鷲)座 (⇨ Aquila). **8** ワシ形聖書台 (翼を広げたワシの像で本を支えるようになっている聖書台). **9** [E-] 《米》 イーグル友愛組合の会員. **10** 《米》 =eagle button. **11** [E-] 〘商標〙 イーグル (米国 Borden 社製のコンデンスミルク・練乳).

— *adj.* [限定的] ワシのような: an ～ nose わし鼻 / an ～ glance ワシのような視線. **— *vt.*** 〘ゴルフ〙 〈ホールを〉イーグルであがる. 〖(*a*1338) *egle* ▭ AF=(O)F *aigle* < L *aquilam* eagle ← ? *aquilus* dark-brown〗

éagle bùtton *n.* ワシじるしボタン. 〖1897〗

éagle èye *n.* **1** 鋭い目[眼力, 観察力, 洞察力], 炯眼(けいがん). **2** 炯眼の人. **3** 警戒, 見張り. 〖1802〗

éagle-èyed *adj.* 眼光の鋭い, 視力[洞察力]の鋭い. 〖?*a*1430〗

éagle-hàwk *n.* 〘鳥類〙 ヒメオウギワシ (*Morphnus guianensis*) (熱帯アメリカ産ワシタカ科の猛禽). **— *vi.*** 《豪俗》 羊の死体から毛をむしり取る. 〖1827〗

éagle lèctern *n.* =eagle 8.

éagle òwl *n.* 〘鳥類〙 ワシミミズク (*Bubo bubo*) (ヨーロッパに分布する大形のフクロウ). 〖1678〗

éagle rày *n.* 〘魚類〙 トビエイ (トビエイ科 (*Myliobaidae*) の海産魚の総称). 〖1856〗

éagle scòut, E- S- *n.* イーグルスカウト (米国の 10–14 歳のボーイスカウトの進級制度で最高位に達したスカウト). 〖1913〗

éagle·stòne *n.* ワシの安産石 (卵大の鉄鉱石の塊で, 古代人はワシが卵を無事に産めるように自分の巣に持ち帰ったものと信じ, 安産のお守りとした). 〖*c*1440〗

ea·glet /íːglɪ̀t/ *n.* **1** ワシの子, 子ワシ. **2** 〘紋章〙 小さいワシ (通例 6–7 羽以上のワシが盾に描かれている場合をいう). 〖(*c*1572) ▭ F *aiglette* (dim.) ← *aigle* 'EAGLE': ⇨ -et 1〗

éagle·wòod *n.* =agalloch. 〖(1712) (なぞり) ? ← F *bois d'aigle*〗

ea·gre /íːgə, éɪ- | éɪgə(r), íː-/ *n.* (河口にみられる)高潮 (bore) (特に, 英国 Humber, Trent, Severn の河口に押し寄せるもの). 〖(1647) ← ?: cf. OE *ēagur*, *ēagor* flood, high tide / L *aqua* water〗

EAK 〘自動車国籍表示〙 East Africa Kenya.

Ea·kins /éɪkɪ̀nz | éɪkɪnz, íː-/, **Thomas** *n.* エイキンズ (1844–1916; 米国の画家・写真家; 肖像画・風俗画で知られる).

eal·der·man /ǽldəmən | -də-/ *n.* (*pl.* **-men** /-mən/) (*also* **eal·dor·man** /～/) 《廃》 =alderman 3. 〖《古形》 ⇨ alderman〗

Ea·ling /íːlɪŋ/ *n.* イーリング (London 西部の自治区). 〖OE *Ġillingas* 《原義》 *Ġilla's* people: ⇨ -ing[3]〗

EAM 《略》 electric accounting machine; *NGk* Ethnikón Apelephtherōtikón Métopon (=National Liberation Front) ギリシャ国民解放戦線 (第二次大戦中に左翼系政党などが結成したギリシャの地下抗戦運動の団体; cf. ELAS).

Eames /íːmz/, **Charles** *n.* イームズ (1907–78; 米国の家具デザイナー・建築家).

Éames chàir *n.* イームズチェア (C. Eames 考案の椅子で, 成形合板で造られた背部と座部が同じフレームに支えられているが, 切り離されている). 〖1946〗

Ea·mon /éɪmən/ *n.* エイマン (男性名; アイルランドに多い). 〖▭ Ir. *Éamonn*: ⇨ Edmund, Edward[1]〗

ean /íːn/ *vt., vi.* 《廃》〈羊が〉子を産む. 〖OE *ēanian*: ⇨ yean〗

-e·an /iːən, ˌ-iən, ˌ-jən/ *suf.* 「…の(人), …に属する(もの)」, または「…のような, …らしい」などの意を表す形容詞・名詞を造る (cf. -an[1], -ian, -eian): Aege*an*, Europe*an*, Mediterrane*an*. 〖▭ L *-(a)eanus* ← *-(a)eus* (n. & adj. suf.): ⇨ -an[1]〗

E & OE 《略》 errors and omissions excepted.

E·a·nes /eɪáːnɛʃ; *Port.* iɐ́nɨʃ/, **António (dos Santos Ramalho** /ʃɐ̃tuʃʁɐmáʎu/) *n.* エアネス (1935– ; ポルトガルの政治家・将軍; 大統領 (1976–86)).

ear[1] /ɪə | ɪə(r)/ *n.* **1** 耳; 外耳: the external [internal, middle] ～ 外[内, 中]耳 / speak in a person's ～ 耳打ちする / A word in your ～. ちょっとお耳を拝借 / My ～*s* are tingling [humming]. 耳鳴りがしている / Who hath ～*s* to hear, let him hear. 耳ある者は聴(き)くべし (*Matt.* 13:9). **2** 耳の聞こえ, 聴覚, 聴力: a keen ～ 鋭い聴力 / a phrase that falls soothingly on the ～ 耳に快く響く文句 / catch a person's ～*s* 人の耳に入る, 聞こえてくる / come to [reach] a person's ～*(s)*=come to [reach] the ～*(s)* of a person=get to a person's ～*s* 人の耳に入る / meet the ～ 聞こえる, 耳に入る[響く]. **3** 音を聞き分

ear [1]

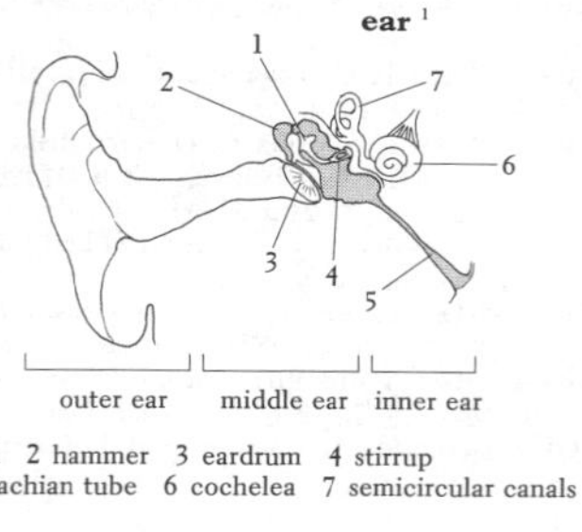

1 anvil 2 hammer 3 eardrum 4 stirrup
5 Eustachian tube 6 cochelea 7 semicircular canals

ける力, 音感; 音楽の識別力: have a good [poor] ～ 音感がいい[悪い] / a musical ～ 音楽のわかる耳 / He has an [no] ～ *for* music. 音楽がわかる[わからない]. **4** じっと聞き入ること, 謹聴: gain [get, win] a person's ～ 人に(言い分などを)聞いてもらう / give (an) ～ to ...を傾聴する / ⇨ *have a person's* EAR / lend (an) ～ [one's ～*s*] to ...に耳を傾ける, 耳を貸す / willing ～*s* 喜んで聞こうとする人々 / listen to ... with (only) half an ～ 上の空で...を聞く. **5** 耳状のもの; (水差しなどの)耳形の取っ手, (鐘の)取っ手. **6** 〘建築〙耳 (⇨ crossette 1). **7** (家具の)脚の上部両端の飾り; (椅子などの)背もたれの上部両端の飾り. **8** 〘新聞〙(第一面新聞名の左右の)小さい囲み記事 (box) 《天気予報・新聞自体の広告などを載せる所》.

abòut* [*aròund*] *a person's éars (1) 〈物が〉人の身辺に(落ちて, 群がって): The bullets were falling thick *about our* ～*s*. 弾丸は我々のまわりに降り注いでいた / bring a storm (of indignation) *about* [(down) *around*] *one's* ～*s* 憤激の嵐を巻き起こす / ⇨ *bring a* HORNET'S NEST *about one's ears, bring the* HOUSE *about one's ears*. (2) 〈身辺の事柄などが〉崩壊して, だめになって (in ruin): His ambitions came crashing *about* [(down) *around*] *his* ～*s*. 彼の大望は音を立ててくずれ落ちてきた (むなしくつぶれた). ***a fléa in*** *one's* ***éar*** ⇨ flea 成句. ***básh*** *a person's* ***éar*** 《豪》人にくどくどと話す (cf. earbash). ***be áll éars*** (全身を耳にしたように)一心に耳を傾ける. ***be on*** *one's* ***éar*** 《俗》(1) 憤慨している. (2) 《豪》酔っている. ***believe*** *one's* ***éars*** ⇨ believe 成句. ***bénd an éar*** 〔...に〕耳を傾ける〔to〕. ***bénd*** *a person's* ***éar*** 〈相手が〉うんざりするほどしゃべりまくる. ***búrn*** *a person's* ***éars*** 《俗》人を激しく非難する[しかる], 人に毒舌を浴びせる. ***by éar*** 楽譜を見ずに, 楽譜なしで: sing (a song) *by* ～ / ⇨ *play by* EAR. ***by the éars*** (1) 無理やりに, 手荒に (roughly): drag a person *by the* ～*s* / ⇨ *lead a person by the* EARS. (2) 不和で[に]: fall together *by the* ～*s* つかみ合い[けんか]を始める / set people *by the* ～*s* 《英》人々に争いを起こさせる, 人々を不和にする. ***chéw*** *one's* ***éar òff*** 《米俗》長々とひとりごとを言う[小言を言う]. ***clóse*** *one's* ***éars***=*shut one's* EARS. ***drý behind the éars*** [通例否定構文で] 経験を積んで (cf. *wet behind the* EARS): He isn't *dry behind the* ～*s* yet. まだ未熟だ. 《動物の子が生まれたとき, 両耳の小さくぼみがなかなか乾かないことから》 ***a person's éars are fláppíng*** ⇨ (*with*) *one's ears* FLAPPING. ***éasy on the éar*** 《口語》耳に[聞いて]快い[楽しい]. ***éat* [*drínk*] ... *till* [*until*] *it cómes òut of*** *one's* ***éars*** 《口語》食べ[飲み]すぎる. ***fáll on déaf éars*** 聞き捨てにされる, 無視される: His advice *fell on deaf* ～*s*. 彼の助言は聞き捨てにされた. ***féel*** *one's* ***éars bùrning*** (悪いうわさをされていると思って)耳がほてる, 「くしゃみをする」 ***from éar to éar*** (1) (笑うときなど)口を大きくあけて, 口が裂けると思われる)ほど: smile [grin] *from* ～ *to* ～. (2) 〈傷口など〉耳(の下)から耳(の下)にかけて: He had his throat cut *from* ～ *to* ～. ***gèt a thíck éar*** 《英口語》殴られて耳がはれる. ***gét the éar of*** *a person* ⇨ *have the* EAR *of a person*. ***give*** *a person* ***a thíck éar*** 《英口語》耳がはれ上がるほど〈人を〉殴る. ***give*** *one's* ***éars for*** [***to dó, if***] ...が得られたら[...することができたら]耳でもやる《どんな代償を払ってもよい》: I would *give my* ～*s for* it. そのためにはどんなことも惜しくはない. ***gò in* (*at*) *óne éar and óut* (*at*) *the óther*** 《口語》一方の耳からはいってもう一方の耳から抜ける: A sermon just *goes in one* ～ *and out the other*. 説教は右の耳からはいって左の耳に抜けてしまう. ***hàve hárd éars*** 《カリブ》(人の言うことに)耳を貸そうとしない, がんとして聞きいれない. ***hàve ítching éars*** (珍しい事など)聞きたがる (cf. 2 *Tim.* 4:3). ***háve* [*gét*] *the éar of*** *a person*=***háve* [*gét*]** *a person's* ***éar*** (地位などが上の)〈人に〉言い分を聞いてもらう; 人を動かすことができる. ***héad over éars*** =*over* HEAD *and ears*. ***hóld* [*háve, kéep*]** *one's* **[*an*] *éar to the gróund*** うわさを知ろうとする, 世論に注意する 《地面に耳を当てて敵の近づくのを知ろうとしたことから》: Politicians always *keep their* ～*s to the ground*. 政治家はつねに世論に注意している. ***kéep* [*hàve*]** *one's* ***éars òpen*** 耳を澄まして[注意深く]聴く, 気をつけている. ***léad*** *a person* ***by the éars*** 〈人を〉屈従[隷属]させる. ***máke a píg's éar* (*óut*) *of*** 《口語》しくじる, だいなしにする. ***Óh my éars and whískers!*** 《戯言》おやおや, これはこれは. ***óut on*** *one's* ***éar*** 《口語》〈人が〉(不正行為のために仕事・会社などから)急に放り出されて: I'm going to throw him *out on his* ～. やつをおっぽり出してやるぞ. ***òver héad and éars*** ⇨ head 成句. ***pín*** *a person's* ***éars bàck*** 《俗》(1) 人をひどい目に遭わせる; こてんこてんにやっつける, 惨敗させる. (2) 人をきめつける, しかりとばす. ***pláy by éar*** (1) 楽譜なしに[を見ずに]奏する: *play* (a tune) *by* ～. (2) 《口語》臨機応変にやる, ぶっつけ本番でやる: We'll have to *play* it *by* ～. ぶっつけ本番でやらなければならないだろう. ***póund*** *one's* [*its*] ***éar*** 《米俗》眠る (sleep). 《1899》 ***príck* [《米》 *pérk*] (*úp*)** *one's* [*its*] ***éars*** 〈馬などが〉耳をそばだてる; 《口語》〈人が〉聞き耳を立てる. ***pút* [*sét*]** *a person* ***on his éar*** 《口語》〈人を〉いらいら[かっかと]させる. ***sét*** *a person* ***by the éar*** 《英》〈人を〉あっと言わせる; 〈人〉に争い事を起こさせる. ***shút* [*stóp*]** *one's* ***éars*** 〔...に〕耳を閉じる, 〔...を〕聞こうとしない, 聞いて聞かぬふりをする〔to〕. ***tálk*** *a person's* ***éar òff*** ⇨ talk 成句. ***tíckle*** *a person's* ***éar*(*s*)** 人の気に入ることを言って喜ばす, 人にへつらう. ***to the éars*** (包容力の)限度まで: He was drunk *to the* ～*s*. これ以上飲めないほど酔っていた. ***túrn a déaf éar*** 《口語》〔...を〕聞こうとしない, 馬耳東風と聞き流す〔to〕: He *turned a deaf* ～ *to* my request. 私の頼みに全く耳を貸さなかった. ***úp to the*** [*one's*] ***éars*** 《口語》〔物事に〕深く巻き込まれて, 抜き差しならなくなって〔in〕: be *up to the* ～*s in* debt 借金で首が回らない / He was *up to his* ～*s in* work. 仕事に忙殺されていた. ***Were your éars búrning yèsterday?*** 昨日(君のうわさをしていたのだが)耳がかゆくなかったかね. ***wét behind the éars*** 《口語》[通例軽蔑的]〈人が〉全く未熟な, 青二才の, くちばしが黄色い (cf. *dry behind the* EARS): You're still *wet behind the* ～*s*. It's time you grew up. 君はまだくちばしが黄色い, もう大人になっていいころだよ. (***with***) *one's* ***éars fláppíng*** ⇨ flap 成句.

〖OE ēare < Gmc *auzon, *auson (Du. oor / G Ohr ← IE *aus-, *ōus- (L auris / Gk oûs)〗

ear² /ɪə | ɪə(r)/ *n.* (ムギ・イネ, 《米》では, 特にトウモロコシの)穂, 実: the ～*s* of wheat 小麦の穂 / Barley is in (the) ～. 麦は穂が出ている / come into ～ 穂を出す. **—** *vi.* 穂になる, 穂を出す 〈up〉. 〖OE ēar < Gmc *axuz, *axiz (Du. aar / G Ähre) ← IE *ak- to be sharp: cf. awn, edge〗

ear³ /ɪə | ɪə(r)/ *vt.* 《古・方言》耕す (plow), 耕作する (cultivate) 〈up〉. 〖OE erian < Gmc *arjan (OHG erran / ON erja) ← IE *ar(ə)- to plow (L arāre / Gk aroûn)〗

éar·àche *n.* 耳の痛み, 耳痛 (otalgia): a bad ～ / have (an) ～. 〖*c*1650〗

éar bànger *n.* 《米俗》上役[年長者]にこびる人, ごますり屋.

éar·bàsh *vi.* 《豪俗》休みなく[くどくど]しゃべる. **～·er** *n.* **～·ing** *n.* 〖1941〗

éar·bìter *n.* 《俗》金をせびる人, たかり屋.

éar·bòb *n.* 《方言》=earring.

éar·bùd *n.* [通例 *pl.*] (両耳にはめる)小型のイヤホン.

éar·càp *n.* 《英》(防寒用)耳覆いの付いたキャップ[帽子].

éar·càtcher *n.* 強く人の耳を引き付けるもの《響きのよい曲・詩など; cf. eye-catcher》.

éar cònch *n.* 〘解剖〙耳甲介(じこうかい).

éar·dèafening *adj.* 耳が聞こえなくなるほどの. 〖1610–11〗

éar·dròp *n.* **1** (特に, ペンダント付きの)イヤリング: a pair of ～*s*. **2** [*pl.*] フクシア (fuchsia) の花. **3** [*pl.*] 点耳薬. 〖1720〗

éar·drùm *n.* 鼓膜 (tympanum) (⇨ ear 挿絵): Don't break my ～*s*. そんなに大声を出さないでくれ. 〖1645〗

eared¹ /ɪəd | ɪəd/ *adj.* **1** [しばしば複合語の第 2 構成素として] 耳[耳状物]のある, 耳付きの; (...の)耳のある: ⇨ eared owl, eared seal / long-*eared*, short-*eared*, large-*eared*, etc. **2** 〘紋章〙〈動物が〉体と異なる色の耳がある. 〖(*c*1350): ⇨ ear¹〗

eared² *adj.* [しばしば複合語の第 2 構成素として] 穂の出た; (...の)穂のある: an ～ field of barley 穂を出している大麦畑 / golden-*eared* grain 黄金色に穂を実らした穀物. 〖(*a*1398): ⇨ ear²〗

éared ówl *n.* 〘鳥類〙ミミズク 《羽角(うかく)をもったフクロウの総称》.

éared séal *n.* 〘動物〙アシカ《小さく管状の耳介が外にあるアシカ科の哺乳動物の総称; cf. earless seal》. 〖1883〗

éar·flàp *n.* **1** [通例 *pl.*] (帽子に取り付けた防寒用)耳覆い (earmuff). **2** 〘解剖〙耳介(じかい). 〖1907〗

ear·ful /ɪ́əfʊ̀l | ɪ́ə-/ *n.* 《口語》 **1** たくさん(の話, ゴシップ) 〔of〕: I have heard an ～ *of* good stories. いい話はたくさん聞いた. **2** 重大ニュース, びっくりさせる消息[うわさ]. **3** きついおしかり, お目玉. 〖(1911): ⇨ ear¹, -ful²〗

Ear·hart /ɛ́əhɑət, ɪ́ə- | ɛ́əhɑːt, ɪ́ə-/, **Amelia** *n.* エアハート 《1898–1937; 米国の飛行家; 女性として初めて大西洋を横断飛行 (1928); 1937 年世界一周飛行中太平洋上で消息を断った.》

éar·hòle *n.* 《俗》耳の穴, 耳. ***on the éarhole*** 《米俗》ペテン[かたり]をやって. 〖1691〗

ear·ing /ɪ́(ə)rɪŋ | ɪ́ər-/ *n.* 〘海事〙耳索(みみなわ), イヤリング 《帆の上の両隅を帆桁に取り付ける細索》. ***from cléw to éaring*** ⇨ clew 成句. 〖1626〗 〖(1626): ⇨ ear¹, -ing² // ring¹〗

earl /ə́ːl | ɜ́ːl/ *n.* **1** 《英》伯爵 〔ヨーロッパ大陸の count に当たる; cf. countess〕. **2** 《廃》 **a** (アングロサクソン時代のイングランド七王国 (heptarchy) の)太守 (viceroy). **b** (封建時代の)州 (county) の世襲的支配者. 〖OE eorl man, warrior, nobleman < Gmc *erilaz (OHG erl / ON jarl nobleman, chieftain) ← ?〗

Earl /ə́ːl | ɜ́ːl/ *n.* アール 《男性名; 異形 Earle, Erle》. 〖← EARL〗

éar·làp *n.* **1** 〘解剖〙耳たぶ (earlobe); 外耳. **2** 《米》=earflap 1. 〖OE ēarlæppa: ⇨ ear¹, lap¹〗

éarl·dom /-dəm/ *n.* **1** 伯爵の爵位[身分]. **2** 《廃》伯爵領. 〖(*a*1121) eorldōm: ⇨ earl, -dom〗

Earle /ə́ːl | ɜ́ːl/ *n.* アール 《男性名》. 〖⇨ earl〗

Earle, John *n.* アール: **1** (1601?–65) 英国国教会の主教; *Microcosmographie* (1628). **2** (1824–1903) 英国の英語学者.

Ear·lene /əːlíːn | ɜː-/ *n.* アーリーン 《女性名; 異形 Earleen, Erline》. 〖(fem.) ← EARL〗

éar·less¹ *adj.* 耳のない; (特に)音楽のわからない. 〖(1611): ⇨ ear¹, -less〗

éar·less² *adj.* 穂のない. 〖(?*a*1400): ⇨ ear², -less〗

éarless lízard *n.* 〘動物〙ツンボトカゲ 《米国西部・メキシコ産ツンボトカゲ属 (*Holbrookia*) のトカゲの総称》.

éarless séal *n.* 〘動物〙アザラシ 《耳介がないアザラシ科の哺乳動物の総称; cf. eared seal》.

Éarl Gréy *n.* アールグレイ 《ベルガモット (bergamot) で風味をつけた紅茶》.

éar·li·ness *n.* (時刻・季節などの)早さ, 早め, 早期; (作物などが)早生[早咲き]であること. 〖(*c*1625): ⇨ early, -ness〗

Éarl Márshal *n.* (*pl.* **～s, Earls Marshals, Earls M-**) **1** (英国の)警備長官 《中世に Lord High Constable of England の代理として共同で軍規の維持や騎士裁判所の運営に当たった軍事高官》. **2** (英国の)紋章院 (College of Arms) 総裁 《ほかに戴冠式・大葬などの王室式典その他を司宰し, Duke of Norfolk 家の世襲職》. 〖*c*1300〗

éar·lòbe *n.* 〘解剖〙耳たぶ, 耳朶(じだ). 〖*c*1855〗

éar·lòck *n.* 耳の前に垂れ下がった巻き毛. 〖*c*1775〗

éarl pálatine *n.* 〘英史〙=count palatine 2.

Éarl's Cóurt *n.* アールズコート 《London の展示会場; 室内プールにも転用される》.

éarl·shìp *n.* =earldom 1. 〖(OE) 1792〗

ear·ly /ə́ːli | ɜ́ː-/ *adv.* (**ear·li·er; -li·est**) **1** (時期的に)早く, 早くから (↔ late): ～ in life まだ若いころに / ～ in the morning 朝早く / *Early* to bed and ～ to rise (makes a man healthy, wealthy, and wise). 《諺》早寝早起き(は人を健康に, 裕福に, 賢明にする) / as ～ as May 早くも 5 月には / as ～ as possible [you can] できるだけ早く. **2** 早めに; 時をたがえず (in good time): She retired ～. 彼女は早めに退職した[(自室に)引き下がった] / She came five minutes ～. 5 分早くやって来た. **3** 〘順序〙初めの方に: His book appears very ～ in the list. 彼の本はリストのごく初めの方に出ている. **4** 初期に, 大昔に (long ago): Man learned ～ how to use tools. 人間は早くから道具の使い方を覚えた.

éarlier ón 前もって: I told it to you *earlier on*. もう前にそう言ったでしょう. ***éarly and láte*** (朝)早くから(夜)遅くまで, 明けても暮れても, 始終. ***éarly ón*** 早いうちに, 早くから: It was clear ～ *on* in the project. その計画の早い段階にそれが明らかになっていた. ***éarly or láte*** 遅かれ早かれ, 早晩.

— *adj.* (**ear·li·er; -li·est**) **1** (時刻・季節など)早い (↔ deep); 早起き[早寝]の (↔ late) (⇨ fast¹ 日英比較, **SYN**): ～ morning 早朝 / an ～ riser 早起きの人 / an ～ spring 早春 / an ～ visit 早朝の訪問 / at an ～ hour 朝早く / at the (very) *earliest* (どんなに)早くとも / ⇨ *keep early* HOURS / ～ habits 早寝早起きの習慣 / The ～ bird catches the worm. 《諺》早起きは三文の徳 (cf. early bird). **2** 普通以上に早い, 早めの; まだ若い; 初めごろの, 始まりの: the ～ part of the year その年の初めごろ / in the ～ (years of the) 19th century 19 世紀初頭に / the ～ chapters of a book 本の最初の数章 / an ～ age 若年 / in one's ～ days まだ若いころに (cf. 成句) / in one's *earliest* youth ごく若いころに / die an ～ death 若死にする / ⇨ take EARLY RETIREMENT / We had an ～ winter [frost]. 早くも冬がやって来た[霜が降りた] / She was in her ～ thirties. 30 代の初めだった. **3** 〈野菜など〉早できの, 早生(わせ)の, はしりの: ～ fruits, beans, tomatoes, etc. **4** [限定的] **a** 初期の; 昔の, 原始時代の: the ～ Christians 初期のキリスト教徒 / *Early* man discovered fire. 原始人は火を発見した. **b** (言語史で)初期の: *Early* English 初期英語 《通例 Old English と Middle English とを合わせたもの》/ ⇨ Early Modern English. **c** 《豪》19 世紀の開拓期の. **5** [限定的] (今から)近い, 近い将来の: at an ～ date 近々, 遠からず / at your *earliest* convenience 御都合のつき次第(なるべく早く) / An ～ answer will be appreciated. 至急御返事願います 《手紙の文句》.

éarly dáys 早い時期, 時機尚早(しょうそう): It is ～ *days* yet to make predictions. 予測するのはまだ早い (cf. 2).

— *n.* **1** [通例 *pl.*] 早できの果物[野菜], はしりもの. **2** [*pl.*] 初期: in the *earlies* 初期に[の].

〖adv.: OE ǣrlīce (← ǣr 'soon, ERE'+-līce '-LY¹') // (なぞり) ← ON ārliga. — adj.: (?*a*1200) ← (adv.): cf. ON ārligr〗

Ear·ly /ə́ːli | ɜ́ː-/, **Jubal Anderson** *n.* アーリー 《1816–94; 米国南北戦争当時の南軍の将軍》.

Éarly Américan *adj.* **1** 〈家具・建物など〉米国初期[英領植民地時代]に造られた. **2** 初期米国様式の, 英領植民地時代風の. 〖1895〗

éarly bírd *n.* **1** 《戯言》早起きの人; (会などに)早めに来る人. **2** [E- B-] アーリーバード 《北米・欧州間の通信衛星; cf. Intelsat》. 〖(*c*1922): The early bird catches the worm. という諺から: ⇨ early (adj.) 1, bird (n.) 3 a〗

éarly blíght *n.* 〘植物病理〙発育時の初期に現れる斑点病: **a** 夏疫病 《糸状菌の一種 (*Alternaria solani*) がジャガイモ・トマトなどに寄生して葉に斑点を生じる病気; cf. late blight》. **b** *Cercospora apii* 菌によってセロリの葉に斑点を生じる病気.

Éarly Chrístian *adj.* 〘美術・建築〙〈カタコンベ (catacombs) の壁画など〉(4–6 世紀の)初期キリスト教様式の.

éarly-clóser *n.* (一定の曜日に店を)早閉じする人, 早閉じ店. 〖1863〗

éarly clósing *n.* 《英》 **1** (一定の曜日の午後早い時刻に行う商店の)早閉じ, 早店じまい; (夜早い時刻に行う酒場の)早じまい. **2** 早じまいの日 (～ day). 〖1845〗

Éarly Dáy Mòtion *n.* 《英》アーリーデイ提議 《一人の議員の書面による提案に他の議員が署名したもの; どれだけの賛同者がいたかを示すために提出される》.

éarly dóor *n.* (劇場の)早木戸 《定時より早めに入場を許す入口》.

Éarly Énglish stýle *n.* 〘建築〙初期イギリス[英国]式, アーリーイングリッシュ 《1189–1272 年の英国ゴシック初期の様式; 単に Early English ともいう》. 〖1807〗

éarly léaver *n.* 《英》中途退学者 (cf. dropout 1). 〖1951〗

éarly léaving *n.* 《英》中途退学, 中退. 〖1951〗

Éarly Módern Énglish *n.* 初期近代英語 《1500–1700; cf. English *n.* 1》.

éarly músic n. 古楽《中世ルネサンス音楽; バロック初期古典派の音楽を含めることもある; 特に 古楽器で演奏されるもの》. **éarly musícian** n.

éarly púrple órchid n. 〘植物〙オルキュス マスキュラ (*Orchis mascula*)《ヨーロッパ原産のラン科の紫紅色の花をつける多年草》.

Éarly Renaissánce n. 〘美術〙初期ルネサンス(様式)《15 世紀に主として Florence で発展した美術様式; 直線遠近図法 (linear perspective), キアロスクーロ (chiaroscuro) などを特徴とする》.

éarly retírement n. (定年前の) 早期退職: take ～ 早期退職する.

éarly sáxifrage n. 〘植物〙北米東部高山産の白い花が咲くユキノシタ科の多年草 (*Saxifraga virginiensis*).

E

Éarly Tímes n. 〘商標〙アーリータイムズ《米国 Early Times Distillers 社製のストレートバーボン》.

éarly Victórian adj. ビクトリア朝初期(風)の: ～ England [literature] ビクトリア朝初期の英国[文学]. — n. ビクトリア朝初期(風)の人. 〘1878〙

éarly wáke-ròbin n. 〘植物〙米国南東部産ユリ科エンレイソウ属 (*Trillium*) の白い花が咲く多年草 (*T. nivale*)《snow trillium, dwarf white ともいう》.

éarly-wárning adj. (敵の航空機やミサイルの侵入に対して)早期警報[警戒]用の: an ～ radar [satellite] / an ～ plane 早期警報[警戒]機 / an ～ system 早期警報[警戒]システム. 〘*c*1945〙

éarly wárning n. [しばしば an ～] (危険な状況の)早期警報[警戒].

éarly wòod n. 〘林業〙早材, 春材(しゅんざい)《一年輪のうち, 春の間に形成された木部; springwood ともいう; cf. latewood》. 〘1914〙

éar·màrk n. **1** 耳印《家畜の所有主を明らかにするために耳の一部を切り取ったりして付ける印》. **2** 目印, 所有記号; 特徴: all the ～s of a genius どこから見ても明白な天才のしるし / under ～ for 〈特定の用途・目的〉のために取っておかれた. **3** ＝dog-ear. — vt. **1** [通例受身で] 〔特定の用途・目的のために〕〈資金などを〉取っておく〔*for*〕: ～ a sum of money *for* research work 研究費としてある金額を取っておく / assets ～*ed for* reparations 賠償用に取っておかれた資産. **2** 〈家畜〉に耳印を付ける. **3** はっきりと特徴づける: Misery ～*s* a man. 不幸な人ははっきりとそれとわかる. **4** 〈ページ〉のすみを折って印をつける. 〘*a*1460〙

éar-mìnded adj. 〘心理〙聴覚型 (auditory type) の (cf. eye-minded, motor-minded). **～·ness** n. 〘1888〙

éar·mùff n. **1** (ヘッドバンドなどでつながった防寒・防音用)耳覆い, イヤーマフ. **2** (帽子 (cap) についた)耳覆い (earflap): a pair of ～s. 〘1899〙

earn[1] /ɚ́ːn | ə́ːn/ vt. **1** (働いて)もうける, (働いた報酬として)得る, 受ける, 稼ぐ (⇨ get[1] SYN): ～ wages [a salary] 賃金を得る / ～ a [one's] living [livelihood]＝～ one's daily bread 生計の資を稼ぐ / ～ one's way 自立していく. **2** 功によって得る, 受けるに足る: a well-*earned* reward (十分な働きに対して)当然受けた報酬 / ～ a university degree 学位を得る / ～ a law degree from [at] Indiana University インディアナ大学で法学の学位を得る / This is more than I have ～*ed*. これは過分の報酬だ / He received rich rewards, but he had ～*ed* them. 多額の報酬を受けたが, それは彼の働きの当然の報いであった. **3** 〈投資などが〉〈利益などを〉もたらす, 生む: ～ interest 利息を生む / That investment should ～ you £100 a year. その投資で年 100 ポンドの利子がつくはずだ. **4** [時に二重目的語を伴って] 〈名声などを〉博する, 〈評判を〉取る; 〈性質・行為などが〉〈名声・信用などを〉もたらす: ～ fame [a bad reputation] 名声を博する[悪評を買う] / Honesty ～*s* confidence. 正直は信用をもたらす / These books ～*ed* him the Nobel Prize. これらの本によって彼はノーベル賞をもらった / It ～*ed* (for) him the nickname of Lackland. 彼はそれで「失地王」というあだ名をつけられた. **5** [p.p. 形で] 〘野球〙(野手のエラーによらず安打などで)〈得点を〉あげる: ⇨ earned run. — vi. かせぐ; 利子がつく: Most of us must ～ to live. 我々は大抵生活のためにかせがなければならない. 〔OE *earnian* < (WGmc) **aznōjan*, **aznǣjan* to do harvest work (OHG *arnēn* to reap) ← IE **osn-*, **esen-* harvest, season〕

earn[2] /ɚ́ːn | ə́ːn/ vi., vt. 〘廃〙切望する (yearn); 嘆く (grieve). 〘《変形?》← YEARN: cf. OE *eornian* to murmur〙

éarned íncome n. (個人の)勤労所得 (cf. unearned income). 〘1885〙

éarned íncome crèdit n. 《米》勤労所得控除《給与が一定額所得に達しない人に対する控除》.

éarned prémium n. 〘保険〙既経過保険料.

éarned rún n. 〘野球〙自責点《野手のエラーによらず, 安打・四球などで投手があげられた点; 略 ER》. 〘*c*1875〙

éarned rún àverage n. 〘野球〙防御率《投手の自責点を投球イニング数で割り 9 を掛けた数; 略 ERA》. 〘1947〙

éarned súrplus n. 〘会計〙利益剰余金《利益を源泉とする剰余金; cf. capital surplus》.

earn·er /ɚ́ːnɚ | ə́ːnə(r)/ n. **1** (金を)稼ぐ人: ⇨ wage earner. **2** 《英口語》金もうけになる仕事[計画]: a nice little ～ かなりもうかる仕事. 〘《1612》: ⇨ -er[1]〙

ear·nest[1] /ɚ́ːnɪ̀st | ə́ː-/ adj. **1** まじめな, 本気の, 真剣な (⇨ serious SYN): an ～ endeavor / an ～ person / very ～ eyes とても真剣なまなざし. **2** 熱心な: an ～ Christian / an ～ prayer / It is my ～ desire [wish] to do [that] …するのが[…が]私の熱望するところだ. **3** 〈事物が〉まじめに考慮すべき, (極めて)重大な: Life is ～. 人生は厳粛だ (cf. Longfellow, *A Psalm of Life*).
— n. まじめ, 本気 (↔ jest). ★ 通例次の句で: ***in éarnest*** まじめに, 本気で; 本式に: Are you speaking in jest or *in* ～? 冗談なのかそれとも本気なのか / Are you *in* ～ about this? そのことは本気なのか / It began to rain *in* ～. 本降りになってきた. ***in góod*** [***réal, sóber, déad, déadly***] ***éarnest*** 実に真剣に, 大まじめで: He came at me *in dead* ～. 全く本気で私にかかってきた / He took my joke *in deadly* ～. 私の冗談を大まじめに取った.
〔n.: OE *eornost* ardor in battle, zeal < Gmc **arn(ja)ost* (G *Ernst* earnest) ← ? IE **er-* to set in motion. — adj.: OE *eornest(e)* ← (n.)〕

ear·nest[2] /ɚ́ːnɪ̀st | ə́ː-/ n. **1** 手付け; 手付け金, 証拠金. **2** 〔将来得られるべきものの〕保証, 兆し, 前兆〔*of*〕: The primrose flower gives an ～ *of* the spring. サクラソウの花は春の兆しとなる. 〘《?*c*1200》 *ernes(t)*《-NESS との類推による変形》← *erles* ◻ OF **erles* < VL **arrulas* (dim. pl.) ← L *arr(h)a* pledge《変形》← *arrabō* ◻ Gk *arrhabṓn* ◻ Heb. *ʿērābhṓn* ← *ʿārábh* to pledge: 現在の形は EARNEST[1] との類推〙

ear·nest·ly /ɚ́ːnɪ̀stli | ə́ː-/ adv. まじめに, 本気に, 真剣に.

éarnest mòney n. 手付け金, 内金, 証拠金, 保証金. 〘1557〙

éarnest·ness n. まじめ, 本気, 真剣(であること). ***in áll éarnestness*** 大まじめに, 真剣に.

éarn·ing n. **1** 稼ぎ, 獲得: the ～ *of* one's honor 栄誉の獲得. **2** [*pl.*] 稼ぎ高, 所得, 収益 (profits). 〘《1575》: cf. OE *ernunge*〙

éarnings-reláted adj. (支払い額が)所得に比例した, 所得に連動する.

éarnings-relàted súpplement [**bénefit**] n. 《英》所得比例給付《前年度の所得に応じて 6 か月間給付される失業者や病人への手当; 略 ERS》.

éarnings yìeld n. 〘証券〙益回り《一株当たりの純利益を株価に除した数値》.

EAROM /íːəˑrɑ(ː)m | íərɔm/ n. 〘電算〙イーエーロム《消去再書込み可能な ROM》. 〘《1972》(頭字語) ← *e(lectrically) a(lterable) r(ead) o(nly) m(emory)*〙

earp, urp /ɚ́ːp | ə́ːp/ 《米俗》vi., n. ゲロ[へど](を吐く).

Earp /ɚ́ːp | ə́ːp/, **Wyatt** (**Ber·ry Stapp**) /bérì stǽp/ n. アープ《1848–1929; 米国西部の保安官, 拳銃使いの名手》.

éar·phòne n. **1** (ラジオなどの)イヤフォン; ヘッドフォン [受話機]の耳にあてる部分: a pair of ～*s*. **2** 補聴器. **3** イヤフォン《1920 年代の女性のヘアスタイル; 髪を耳の上で巻くさまが 1 を思わせる》. 〘1924〙

éar·pìck n. 耳かき《しばしば貴金属製》. 〘1392〙

éar·pìece n. **1** ＝earphone 1. **2** [通例 *pl.*] (帽子・ヘルメットなどの)耳覆い. **3** [通例 *pl.*] 眼鏡のつる (⇨ glasses 挿絵). 〘1853〙

éar-pìercing adj. 耳をつんざく(ばかりの). 〘1604〙

éar pìercing n. (耳に)ピアスをすること.

éar·plùg n. (防音・水圧防ぎ用の)耳栓. 〘1904〙

éar·rèach n. ＝earshot.

éar recèiver n. ＝earphone 1.

éar·ring n. イヤリング, 耳飾り. 〔OE *ēarhring*〕

éar ròt n. 〘植物病理〙(トウモロコシの)穂の腐敗症. 〘1926〙

éar shèll n. **1** 〘貝類〙アワビ (abalone). **2** アワビの貝殻. 〘*c*1753〙

éar·shòt n. (呼べば)聞こえる所, 音声の届く距離 (cf. eyeshot): out of [beyond] ～ 音声が届かない[聞こえない]所に / within ～ 呼べば聞こえる所に. 〘1607〙

éar spècialist n. 耳科医.

éar-splìtting adj. 〈音・声が〉耳をつんざくような (⇨ loud SYN). 〘1884〙

éar stòne n. 〘解剖・動物〙耳石 (otolith).

éar·tàb n. ＝earflap 1.

earth /ɚ́ːθ | ə́ːθ/ n. (*pl.* **～s** /～s | ～s, ə́ːðz/) **1** [通例 the ～, the E-] 地球《太陽から 3 番目の惑星》: on the face of *the* ～＝on *the* ～*'s* surface 地球の表面に / living things on (*the*) ～ 地球上の生物 / *The* ～ is a planet. 地球は惑星である. **2** [通例 the ～] (天空に対して海陸を含めた)大地, 地表, 地上 (ground); (海に対して)陸(地), 陸(おか): ～, air, and sea / fall to (*the*) ～ 地上に落ちる. **3** (岩石に対して)土壌, 土: (a) clayey ～ 粘土質の土壌 / fill a hole with ～ 穴を土でふさぐ. **4** 地球上の住民, 全世界の人々: the whole ～. **5** [しばしば無冠詞で] (天国・地獄に対して)現世, この世: a heaven on ～ ⇨ heaven 2 c. **6** 《古・詩》**a** (霊的なことに比べて)塵芥(ちりあくた)のようなもの, 俗事. **b** 肉体 (↔ soul, spirit): this ～ of mine この私の肉体. **7** [the ～]《口語》途方もない費用[金]: cost [pay] *the* ～ 途方もない金がかかる[金を払う]. **8** 《英》〘電気〙接地, 地気, アース (《米》ground): an ～ antenna [circuit] 接地アンテナ[回路] / an ～ device 接地装置. **9** (狐・ウサギなどの)穴: stop an ～ (帰れないように狐などの)穴をふさぐ / take ～＝*go to* GROUND (1). **10** 〘化学〙土類 (alumina, magnesia, zirconia, yttria など): ⇨ alkaline earth, rare earth. **11** ＝earth color. **12** (古代哲学で四大(しだい) (four elements) の一つとしての)地: ～, air, fire, and water. **13** 《廃》国, 国土. **14** [限定的] 〘占星〙Taurus, Virgo, Capricorn 3 星座の.
bring a person down to earth 〈人を〉(夢想から)現実の世界に引き戻す; 〈人〉に現実を直視させる. ***còme báck*** [***dówn***] ***to éarth*** (***with a búmp*** [***báng***]) (夢想からさめて, はっと[急に])現実の世界に戻る. ***gó the wáy of áll the éarth*** ⇨ way[1]成句. ***gó to éarth*** 《英》＝*go to* GROUND[1]. ***lìke nóthing on éarth*** ⇨ nothing *pron.* 成句. ***of the éarth, éarthy*** ⇨ earthy 成句. ***on éarth*** (1) [疑問・否定の強意語として]《口語》一体…, 一体全体…; 全然, 少しも (at all): *What on* ～ is the matter? 一体全体どうしたというのか / It's *no* use *on* ～! てんで役に立たない. (2) [最上級を強めて] 世界中で: the most despicable man *on* ～ この世で最も卑しむべき男. (3) 地上に[で], この世に[の], 生存して (cf. 2): while one is *on* ～ 生きている限りは. ***rún to éarth*** 《英》(1) ＝*go to* GROUND[1]. (2) 〈人・物を〉(捜して)見つけ出す; 〈問題などを〉徹底的に調べ上げる, 突きとめる: The police finally *ran* him *to* ～ in Mexico. 警察はついにメキシコで彼を捕らえた. (3) 〈狐などを〉追い詰める. ***wípe … óff the fáce of the éarth*** …をこの世からきれいに抹殺する, 完全に破壊し尽くす.
— vt. **1** [通例 ～ up で] 〘園芸〙〈作物〉の根元に土をかぶせる, …に土寄せする. **2** 〔穴などに〕隠す〔*in*〕: He ～*ed* himself *in* the cellar. 地下室に身を隠した. **3** 《方言》〈死体を〉埋める. **4** 〈狐などを〉穴に追い詰める. **5** 《英》〘電気〙＝ground[1] vt. 6. — vi. 《英》〈狐などが〉穴に逃げ込む, 穴に隠れる.
〔n.: OE *eorþe* < Gmc **erþō* (Du. *aarde* / G *Erde*) ← IE **er-* (Gk *éra* earth). — v.: 《1375》← (n.)〕

SYN 地球: **earth** 我々が住んでいる惑星で, 月・太陽と対比されることが多い: The *earth* is composed of land and water. 地球は陸地と水とから成る. **globe** *earth* と同義だが, 特に丸いことを強調する: the largest empire on the face of the *globe* 世界最大の帝国.

Ear·tha /ɚ́ːθə | ə́ː-/ n. アーサ《女性名; 異形 Erda, Ertha, Hertha》. 〔← EARTH〕

earth àlmond n. 〘植物〙ショクヨウカヤツリ (chufa).

earth bàth n. 土風呂. 〘1765〙

earth·bòard n. ＝moldboard.

earth·bòrn adj. **1 a** 〘神話〙〈人物が〉地から生まれた: an ～ Titan 地から生まれたタイタン族の一人. **b** 《主に詩》〈物が〉地から発生した: ～ clouds. **2** 《主に詩》地上に生まれた, 人間的な, いつかは死ぬべき: ～ creatures. **3** 《主に詩》世俗の, 浮世の: ～ pride 世俗的な誇り. 〘1667〙

earth·bòund[1] adj. **1** 〈根など〉土に固着している. **2** 地表[地球]に限定された: an ～ creature 地球に限定された動物. **3** 〈表現など〉想像力に欠けた. **4** 俗事にとらわれた, 義理にかられた: the ～ soul 俗世的な心. 〘1606〙

earth·bòund[2] adj. 〈隕石・ロケットなど〉地球に向かう. 〘1935〙

earth·brèd adj. 地上で育った; 卑しい (vulgar).

earth clòset n. 《英》(乾いた土砂をかけて臭気を止める)土砂散布式便所, (土を掘っただけの)野天便所 (cf. water closet). 〘1870〙

earth còlor n. **1** 土性顔料《無機顔料のうち主としてアルカリ土類で作った顔料》. **2** 〘服飾〙アースカラー《大地の色》. 〘1931〙

earth cùrrent n. 〘電気〙地電流 (ground current ともいう). 〘1872〙

earth·dày n. 地球日《地球上の 1 日; 他の天体や人工衛星などの時間を計るための地球上の 24 時間》.

Éarth Dày n. 地球の日《環境保護運動家が 1970 年に設定した汚染抑止の必要を強調するための日; 4 月 22 日; cf. Earth Week》.

earth drìll n. 〘建築〙アースドリル《地盤あるいは岩盤に穴を穿(うが)つ回転ドリル》.

earth·en /ɚ́ːθən, -ðən | ə́ː-/ adj. **1** 土で作った; 粘土を焼いて作った, 陶製の. **2** 世俗の (earthly). 〘《?*a*1200》: ⇨ earth, -en[2]〙

éarthen·wàre n. アーズンウェア, 土器, 陶器《多孔性で透光性のない素地; 一般には施釉されている; cf. faïence, pottery 1, stoneware, porcelain》. — adj. [限定的] 土[陶]製の: an ～ jar, pot, etc. 〘《1648》: ⇨ ↑, ware[1]〙

earth-fríendly adj. 地球にやさしい.

earth gòd n. 土の神《植物と豊饒(ほうじょう)の神》. 〘1871〙

earth gòddess n. 土の女神《植物と豊饒(ほうじょう)の女神》. 〘1878〙

earth hòuse n. **1** 土中の住居; ピクト人 (Picts) の地下住居. **2** 土で作った家. 〔OE *eorþ hus*〕

earth·i·an /ɚ́ːθiən | ə́ː-/ n. [しばしば E-] 地球人.

earth indùctor n. 〘航空〙＝induction compass.

earth indùctor còmpass n. 〘航空〙＝induction compass.

earth·i·ness n. **1** 土質, 土性. **2** (精神的に対して)俗臭, 俗悪さ (earthliness). 〘《*a*1398》 *erthynesse*: ⇨ earthy, -ness〙

earth·ing n. 〘電気〙接地, アース. 〘《*a*1325》《1597》: ⇨ -ing[1]〙

earth·lìght n. 〘天文〙＝earthshine. 〘1833〙

earth·li·ness n. 地上のものとしての性質; (heavenliness に対して)現世的[世俗的]なこと, (浅ましい)浮世心 (worldliness). 〘《*c*1355》: ⇨ earthly, -ness〙

earth·ling /ɚ́ːθlɪŋ | ə́ːθ-/ n. **1** (詩・SF などで宇宙人に対して)地球人; 人間 (mortal). **2** 俗人. 〘《1593》← EARTH＋-LING[1]〙

earth·ly /ɚ́ːθli | ə́ːθ-/ adj. (**earth·li·er**; **-li·est**) **1** 地球の, 地上の: an ～ paradise 地上の楽園. **2** (heavenly, spiritual に対して)この世の, 俗界の (worldly): ～ desires, joys, cares, etc. / ～ existence この世に生きること. **3 a** [疑問・否定の強意語として]《口語》一体全体 (on earth); (この世に)あり得べき: What ～ purpose can it serve? 一体どんな役に立つのか / There is *no* ～ use [reason, chance] for it. それは全然用途[理由, 見込み]がない. **b** [否定構文で chance, hope, use などの名詞を省略して]《英口語》少しの機会[希望]もない, 少しも[何の]役に立たない: You haven't an ～ (chance). 全く絶望だ.

4 《古》=earthen. 〖OE *eorþlic*: ⇨ -ly²〗

SYN 地上の: **earthly** 天国に対して, 現世の: the *earthly* paradise この世の楽園. **worldly** 精神的または永遠の事柄ではなく, 快楽・成功・虚栄など俗世界の事柄に関する: *worldly* pleasures [success] 俗世の快楽[成功]. **terrestrial** 月や宇宙空間に対して, 地球の; 陸生の意味で専門語の一部として用いられる: *terrestrial* magnetism 地球の磁力 / *terrestrial* animals 陸生動物. **mundane** 宗教的または精神的な生活に対して, 平凡な日常生活の《格式ばった語》: *mundane* matters 俗事.

éarthly-mìnded *adj.* 《古》=worldly-minded.
éarth·man /-mæ̀n, -mən/ *n.* (*pl.* **-men** /-mèn, -mən/) (SF で)地球人, 地球の住人. 〖1860〗
éarth mètal *n.* 〖化学〗土類金属.
éarth mòther, É- M- *n.* **1 a** [the E- M-] 地の精[女神]. **b** [(the) ~] =mother earth. **2** 官能的で母性的な女性《典型》. 〖(1902)《なぞり》← G *Erdmutter*〗
éarth·mòver *n.* 地ならし機《ブルドーザーなど》. 〖1941〗
éarth mòving *n.* (earthmover による)地ならし. 〖(*c*1384) 1939〗
éarth·nùt *n.* 地中に生じる根・塊茎・さやなどで食用となるもの《落花生 (peanut), ショクヨウカヤツリ (chufa) など》; その草本. 〖OE *eorþnutu*〗
éarth phỳsics *n.* =geophysics.
éarth pìg *n.* 〖動物〗ツチブタ (⇨ aardvark). 〖1785〗
éarth pìllar *n.* 〖地質〗土柱《砂礫層が雨水の浸食を受けて生じる土の柱で, 頂に石があって, その保護を受けた部分のみが浸食をまぬがれて土柱となる; demoiselle ともいう》. 〖1870〗
éarth plàte *n.* 〖電気〗=ground plate 2. 〖1847〗
éarth potèntial *n.* 〖電気〗大地電位.
earth·quake /ɚ́ːθkwèɪk | ɜ́ːθ-/ *n.* **1** 地震: A strong [tremendous, devastating] ~ occurred last night. 昨夜強い[ものすごい, 破壊的な]地震があった. 日英比較 地震の震度 (seismic intensity) についてはアメリカはじめ国際的には地震の規模を示すマグニチュード (magnitude) が使われる. これは別名リヒタースケール (the Richter /ríktɚ/ scale) とよばれ, 10 段階から成る. 人体に感じられる(現在では一応機械化されたが)震動をもとにした日本の震度(大きく 7 段階に分け, 4 と 5 にはそれぞれ弱と強に分けられ 0 を入れて合計 10 段階)は日本独特のものである. したがって日本語の震度を英訳するに当たっては「震度 3」なら The (seismic) intensity of the *earthquake* was three on the Japanese scale (of ten). のように説明を添えなくてはならない. **2** (社会・政界などの)大変動, 大異変. 〖(*c*1325) *erthequake*: cf. quake〗
éarthquake cènter *n.* 震央, 震源(地).
éarthquake insùrance *n.* 〖保険〗地震保険.
éarthquake-pròof *adj.* 耐震の: an ~ building.
éarthquake séa wàve *n.* 地震津波 (tsunami).
éarthquake shòck *n.* 地震の震動.
éarthquake sòunds *n. pl.* =earth sounds.
éarthquake wàve *n.* 地震の波 (cf. L wave).
éarthquake zòne *n.* 地震帯.
earth·quak·y /ɚ́ːθkwèɪki | ɜ́ːθ-/ *adj.* 地震のような. 〖(1837): ⇨ earthquake, -y⁴〗
éarth retùrn *n.* 地帰路《電話線などを 1 本だけ用いて帰電流は大地を導体として用いる方式》. 〖1871〗
éarth·rise *n.* (月や月の周りを回る宇宙船から見て)地球の出. 〖(1968) ← EARTH+(SUN)RISE〗
éarth sàtellite *n.* (地球を周回する)人工衛星. 〖1949〗
éarth scìence *n.* [しばしば *pl.*] 地球科学《地質学・地球物理学・気象学・海洋学など地球に関する科学》. 〖1939〗
éarth·shàker *n.* 非常に重要なもの, 地軸を揺るがすようなこと. 〖1953〗
éarth·shàking *adj.* 地軸を揺るがすような, きわめて重要[重大]な: ~ events 驚天動地の大事件. **~·ly** *adv.* 〖(1387) *erthe schakynge*〗
éarth·shàttering *adj.* =earthshaking.
éarth·shìne *n.* 〖天文〗地球照, 地球の照り返し《新月に近いころ地球の反射光で月の暗面が淡く見えるもの》. 〖*c*1830〗
éarth·shòck *n.* (局部的な)地震. 〖(*a*1333) *erthe-schoke*〗
Éarth Shòes *n. pl.* 〖商標〗アースシューズ《かかとがつま先より低い靴; 履きごこちがよく疲労が少ない; 1970 年代に米国で流行》.
éarth sòunds *n. pl.* 地鳴り.
éarth·stàr *n.* 〖植物〗ツチグリ属 (*Astraeus*) やヒメツチグリ属 (*Geastrum*) のキノコ《外皮が星状に裂ける》. 〖(1816) 1885〗
éarth stàtion *n.* 〖宇宙〗地球ステーション, 地球局《大気圏外からの電波信号を受信し中継する; cf. satcom》. 〖1970〗
Éarth Súmmit *n.* [the ~] 地球サミット《1992 年 Rio de Janeiro で開催された国連環境開発会議》.
éarth tàble *n.* 〖建築〗根石《建物の土台のうち, 地表面に出た部分; ground table ともいう》. 〖1875〗
éarth trèmor *n.* 地震《特に, 震度のあまりひどくないもの》. 〖1887〗
earth·ward /ɚ́ːθwɚd | ɜ́ːθwəd/ *adv.* 地[地球]の方へ. — *adj.* 地[地球]の方へ向けた[向いた]. 〖(?*a*1450) *ertheward*〗
éarth·wards /-wɚdz | -wədz/ *adv.* =earthward.
éarth wàve *n.* =earthquake wave. 〖1869〗
éarth wàx *n.* 〖鉱物〗地蠟 (⇨ ozokerite). 〖(1884)《なぞり》← G *Erdwachs*〗
Éarth Wèek *n.* 地球保護週間《地球の大気汚染に関する関心を表すために 1970 年米国で設定された 4 月中の 1 週間; cf. Earth Day》.
éarth wìre *n.* 《英》〖電気〗アース線 (《米》ground wire). 〖1868〗
éarth·wòman *n.* (SF で)地球人の女. 〖1904〗
éarth·wòrk *n.* **1** 土工事. **2** 〖軍事〗土塁. **3 a** [*pl.*] 芸術作品になる天然の素材《土・石・砂・水など; cf. ecological art》. **b** (特に, 現代美術の一手法として)土や石など天然の素材をそのまま利用した芸術作品. 〖1633〗
éarth·wòrker *n.* 天然の素材をそのまま利用した作品 (earthworks) を作る芸術家.
éarth·wòrm *n.* **1** 土中に住む虫, 地虫; ミミズ (cf. worm). **2** 《古》虫けらのような人間, 卑劣漢. 〖(*a*1400) *ertheworm*〗
earth·y /ɚ́ːθi, -ði | ɜ́ːθi/ *adj.* (**earth·i·er; -i·est**) **1** 俗悪な, 粗野な: ~ jokes 野卑な冗談. **2** (生活に根をおろし)たくましい, 飾らない, 素朴な (unaffected): strong ~ expressions 強い飾らない表現. **3** 現実的な, 実際的な. **4** 土の, 土壌性[質]の, 土質の. **5** 土特有の, 土臭い: an ~ color 土色 / an ~ smell 土臭いにおい. **6** 地中にすむ: ~ spirits 地の精. **7** 《古》地上の; 世俗的な (worldly). **8** 〖化学〗土類の. **9** 《英》〖電気〗接地した.
of the éarth, éarthy 地より出でて地に属し; 俗臭ふんぷんたる (cf. *1 Cor.* 15: 47) (cf. *of the world*, WORLDLY).
éarth·i·ly *adv.* 〖(*a*1398) *erthy*: ⇨ -y⁴〗
éar trùmpet *n.* (昔用いられた)らっぱ型補聴器. 〖1776〗
éar tùft *n.* 〖鳥類〗耳羽(ﾐﾐﾊﾞﾈ)《ある種のフクロウの頭の上にある一対の他より長い羽の房》.
éar·wàx *n.* 耳あか, 耳垢(ｼﾞｺｳ) (cerumen). 〖(*c*1325) *erewax*〗
ear·wig /ɪ́ɚwɪ̀g | ɪ́ə-/ *n.* 〖昆虫〗ハサミムシ《革翅(ｼ)〔ハサミムシ〕目の夜行性の昆虫の総称》. — *vt.* (**ear·wigged; -wig·ging**) 《古》内緒話をして〈人を〉いら立たせる[…を動かそうとする]. 〖lateOE *ēarwicga* ← *ēare* 'EAR¹'+*wicga* earwig, (原義) quick mover: cf. G *Ohrwurm*: この虫は眠っている人の耳から頭に入って害をすると考えられたところから〗
éar·wìtness *n.* 直聞証人《自分の耳で直接聞いた話や音について証言する証人; cf. eyewitness》. 〖1594〗
éar·wòrm *n.* 〖昆虫〗オオタバコガ (corn earworm).
EAS 《略》〖航空〗equivalent air speed 等価対気速度.
ease /iːz/ *n.* **1** (事をする)容易, 平易さ (↔ difficulty): *with* ~ 容易に, 楽に, 苦もなく / for ~ of use 使いやすくするために. **2** 気楽, 安気, 安心: live a life of ~ 安楽な生活を送る / My mind could never know ~ again. 心は安らぐことがなかった. **3** (態度・様子などの)堅苦しくないこと, 安易, 気軽 (easiness): ~ of manner ゆったりとした態度. **4** (体の)楽(ﾗｸ), くつろぎ, 安静, 安楽; (痛みが)楽になること, 軽減: ~ of body and mind 心身の安らぎ / gain ~ *from* pain 苦痛[痛み]がなくなる / take one's ~ 休む, くつろぐ. **5** (金銭の面で)困らないこと, 裕福. **6** (衣服・靴などの)ゆるさ, ゆとり: I want a little more ~ across the chest. (服の)胸の所をもう少し楽にしてほしい. **7** (物価などの)下がる傾向.
at éase (1) くつろいで, のんびりして: be [feel] *at* ~ 安心する, 気持ちが楽である, くつろぐ / be *at* ~ in society 人中で落ち着いている / be [feel] ill *at* ~ 落ち着きがない; ぎこちない / be *at* ~ in Zion 安逸の生活をする (cf. *Amos* 6: 1) / sit *at* ~ 楽に[くつろいで]座る / set [put] a person [a person's mind] *at* ~ 人の不安を取り除いてやる, 人を安心させる. (2) 苦痛[不快]がなくなって: After the doctor's visit, the patient felt more *at* ~. 医者に診てもらったあと患者の苦痛は前よりも少なくなった. (3) 安楽に: live *at* ~. (4) 〖軍事〗休めの姿勢をとって (cf. attention 5): *At* ~! [号令] 休め / stand *at* ~ 休めの姿勢でいる[をとる]; [号令] 休め (cf. Stand easy ⇨ easy *adv.* 2). (5) 〖軍事〗みち足行進して: march *at* ~ みち足行進する《歩調は合わなくともよいが談話は許されない》/ *At* ~ march! [号令] みち足行進, 進め. ***at one's éase*** (1) =*at* EASE (2). (2) 希望どおりに, 好きなように: You can complete the task *at your* ~. 君はその仕事を好きなように完成してよろしい.
— *vt.* **1** (苦痛・重荷などを除いて)楽にする; 安心させる: ~ a person's mind 安心させる, 気を楽にさせる / It ~*d* her to talk of the matter. そのことを話すと気が紛れた. **2 a** 〈人・心〉から〔苦痛・不安・悩みなどを〕取り除く[軽くする] 〔*of, out of*〕: ~ a person of pain 人の苦痛を軽くする / ~ one's mind of anxiety 心から不安を取り除く / Morphine ~*d* him *out of* his pain. モルヒネで彼の痛みが取れた. **b** 《戯言》〈人〉から〔物を〕奪う〔*of*〕: ~ a person *of* his purse 人の財布を奪う[盗む]. **3** 〈苦痛・不安・緊張などを〉軽減する, 緩和する: I gave her more morphine to ~ the pain. その痛みを緩和するために彼女にもっと多くのモルヒネを与えた / ~ censorship 検閲を緩和する / ~ tensions in the area その地域の緊張を緩和する. **4** [しばしば方向の副詞語句を伴って] 慎重に動かす, そっと移動させる: ~ *back* the hammer (銃の)撃鉄をゆっくり起こす / He ~*d* the car *into* gear. ゆっくり車のギアを入れた / He ~*d* the car *to* a stop *along* the road. 道に沿って車をゆるやかに停止させた / He ~*d* himself *out of* (the) bed. ベッドからそっと抜け出た / He ~*d* open the door. そっとドアを開けた. **5** [しばしば ~ *in* として] 〖服飾〗 **a** (ギャザーやプリーツなどで)必要なゆるみを入れる. **b** 〈衣服の窮屈な所を〉楽にする, ゆるめる: ~ a coat under the arms 服のわきの下をゆるめて)楽にする. **6** 〈扉・引出し・機械・ねじなどを〉ゆるめる: ~ one's leg 休めの姿勢になる. **7** 〈事を〉容易にする, …の困難を軽くする: ~ the pressure [burdens] on a person 人の重圧[負担]を軽くする / That will ~ your task. それで仕事が楽になるだろう. **8** 〖海事〗 **a** 〈舵を〉(取っていた状態から)中央へ戻す: *Ease* the helm [rudder]! (舵を)戻せ. **b** 〈船の〉船首を風上へ向ける. **c** 〈押さえていたロープを〉ゆるめる 〈*away, off, down*〉. **d** 〈揚錨機のブレーキを〉ゆるめる. **9** 〖造船〗〈木造船体の材木の〉表面を流線型に削って望みの船形になるようにする. — *vi.* **1** 〈激しさ・圧迫・緊張・苦痛などが〉軽くなる, ゆるむ, 和らぐ, 楽になる 〈*away, off, up*〉: The pain ~*d*. 痛みが楽になった. / The rain [wind] has ~*d up* [*off*]. 雨[風]がおさまった. **2** [方向の副詞語句を伴って] ゆるやかに[徐々に]動く: ~ *down* on the brake pedal ブレーキペダルをゆるやかに踏む / He ~*d into* the car. ゆっくりと車に乗った / The car ~*d out of* the garage. 車はゆっくりとガレージから出て行った. **3** 〈市況が〉ゆるむ, 〈相場が〉下がる 〈*off*〉: Prices have ~*d* considerably. 物価がかなり下がった. **4** (特に, ボートで)力をゆるめる, 休む 〈*up*〉: *Ease* all! こぎ方止め.
éase into うまく〈場所〉に入れる, うまく〈仕事〉に就かせる: ~ a person *into* a job 人をうまく仕事に就かせる. ***éase náture*** [*onesèlf*] 《古》排尿する; 排便する. ***éase óff*** (*vt.*) (1) ⇨ *vt.* 8 c. (2) 発砲する. — (*vi.*) (1) ⇨ *vi.* 1. (2) くつろぐ, のんびりする. (3) ⇨ *vi.* 3. (4) 〈斜面が〉なだらかになる. ***éase óut*** (*vi*) 〈車などが〉(止まった状態から)ゆっくり前進する (⇨ *vi.* 2). (*vt.*) 〈人を〉巧みに辞職させる: He was ~*d out* of office. 巧みに解職された. ***éase onesèlf*** (1) 体を楽にする, くつろぐ (cf. EASE *nature*). (2) [副詞語句を伴って] そっと…する (⇨ *vt.* 4); 〔仕事などに〕徐々に慣れる〔*into*〕. ***éase úp*** (*vi.*) (1) ⇨ *vi.* 1. (2) ⇨ *vi.* 4. (3) 〈事情が〉楽になる: Things will ~ *up* a bit soon. じき事情が少しは楽になるだろう. (4) (場所を空けるために)詰める: Would you please ~ *up* a little? 少し詰めていただけませんか. — (*vt.*) ゆっくり上げる: ~ *up* the window. ***éase úp on*** 〈人〉に対して厳しくしない: You should ~ *up on* the child. その子に手厳しくしない方がよい.
〖(?*a*1200) *ese, eise, aise* □ AF *ese*=(O)F 《廃》*eise, aise* < VL **adjaces*=L *adjacēns* lying near: ⇨ adjacent〗

SYN くつろぎ: **ease** 労苦・心配・緊張などから解放されている状態: A tatami room makes me feel at *ease*. たたみの部屋だとくつろげます. **rest** 労働をやめて, 心身の疲れをいやしている状態《最も意味の広い語》: You need a good *rest*. たっぷり休まなくてはだめだ. **comfort** くつろいで不安がなく, 特に気持ちの上で完全に満足している状態: He lives in ease and *comfort*. 安楽に暮らしている. **relaxation** 心身の緊張から解放されていること: He found *relaxation* in her company. 彼女と一緒にいるとくつろぎを感じた.

ease·ful /íːzfəl, -fl/ *adj.* **1** 気楽な, 安楽な (comfortable), 安らかな (restful): ~ death 安らかな死. **2** 安易な, のんきな, 安逸な (indolent): an ~ life 平穏な生活. **~·ly** *adv.* **~·ness** *n.* 〖(1375): ⇨ ↑, -ful¹〗
ea·sel /íːzəl, -zl/ *n.* **1** 画架, イーゼル; (黒板などの)台. **2** (陶器・絵画などを陳列するための)枠, 台. **3** 〖写真〗(引伸ばし・複写などに用いる)イーゼル. 〖(1596) □ Du. *ezel* (原義) little donkey: cf. G *Esel* ass, easel: cf. ass¹, horse 6〗
éase·less *adj.* 《古》気楽さ[安静]のない; (心身の)安まることのない, 不安な. 〖(*a*1593): ⇨ -less〗
éasel pàinting *n.* **1** (壁画・天井画などに対して)画架に載せてかいた絵. **2** 画架に載せて絵を描くこと.
éasel pìcture *n.* =easel painting 1.
éase·ment *n.* **1** 《古》(苦痛などの)緩和, 軽減 (alleviation). **2** 《古》慰安, 便利. **3** 〖法律〗地役権《他人の土地の通行権や自家の採光上の権利など》. **4** 〖建築〗緩和材《二つの部材を角を立てずに接合する湾曲した接合部材》. 〖(*a*1338) □ OF *aisement*〗
éasement cúrve *n.* (ハイウェーなどの)緩和曲線.
éas·er *n.* 安楽にする人[物], 緩和する物. 〖(1599): ⇨ ease, -er¹〗
eas·i·ly /íːz(ə)li, -zɪli | -zɪ̈li, zli/ *adv.* **1** 容易に, 楽に, 苦もなく; 手軽に: let a person off ~ (大した罰も加えずに)わけなく人を許す / She did the job ~. 彼女は苦もなくその仕事をこなした / The car can do 150 mph ~. その車は時速 150 マイルは軽く出せる / He is not ~ put out. 容易に閉口しない《なかなか手ごわい》. **2** [最上級・比較級などを強めて] 確かに, 疑いなく, もちろん: be ~ *the* best [first] もちろん最上だ, 苦もなく一番だ / In value salmon ~ leads. 価値の点ではサケが無論筆頭. **3** [can, could, may, might などと共に用いて] 多分: Such a thing *can* [*may*] ~ happen. そういう事は多分起こるだろう. **4** 安らかに, 気楽に. **5** するすると, すらすら. **6** (数量に関して)優に, 少なくとも: *Easily*, it amounts to half a million. それは優に 50 万に達する.
áll tòo éasily 〈悪いことが〉いともたやすく起こりそうで.
còme éasily to a person 人にとってたやすいことである, 人に向いている.
〖(*c*1290) *esili*: ⇨ easy, -ly¹〗
éas·i·ness *n.* **1** 容易さ, 平易さ: the ~ of the task 仕事のたやすさ. **2** 気軽さ, 気楽, 落ち着き (ease): ~ of manner 落ち着いた物腰. **3** 寛大さ, 優しさ. **4** (文などの)なめらかさ. **5** だらしなさ, しまりのなさ: He was ruined by his ~. 彼はだらしなさのせいで破産した. **6** (市況の)ゆるんだ状態, (相場の)下向きの状況. 〖(*a*1425): ⇨ easy, -ness〗
éas·ing *n.* 〖建築〗=easement 4.
east /iːst/ *n.* **1** [通例 the ~] 東, 東方, 東部 (略 E); 東部地方: *the* ~ of Eden 〖聖書〗エデンの東(に) (cf. LAND

of Nod (1)) / Japan is *in the* ～ of Asia. 日本はアジアの東部にある / Mito is *to the* ～ of Tokyo. 水戸は東京の東方にある / There is the Pacific *on the* ～. 東に(接して)太平洋がある / The wind is in *the* ～. 風が東から吹く. **2** [the E-] **a** 東半球. **b** 東洋, 東方《古代文明の起こった地方で小アジア・シリア・エジプト・アラビア・インド・中国などを含む》: ⇨ Far East, Middle East, Near East. **c** 《米》東部地方《もとは Allegheny Mountains 以東の地方, 特に New England 地方; 今は一般に Mississippi 川の東 Maryland 州と Ohio 川以北の地方; cf. west 2 d》: ⇨ down East. **d** 東欧諸国, 東欧の共産主義諸国家. **e** 〖歴史〗(ローマ帝国が東西に二分した後の)東ローマ帝国 (the Eastern Roman Empire). **3** [the E-]〖キリスト教〗東方教会 (the Eastern Church). **4** (教会堂の)東(側), 祭壇側 (altar side)《実際の方角とは必ずしも一致しない; cf. orient *vt.* 5》. **5** 《詩》東風 (the east wind). **6** [しばしば E-]〖トランプ〗(ブリッジなどで)イースト, 東家《テーブルで東の席に座る人》.

éast by nórth 東微北(の[へ]) (略 EbN). ((1594))
éast by sóuth 東微南(の[へ]) (略 EbS). ((14C))

— *adj.* **1** 東の; [しばしば E-] (大陸・国などの)東部の, 東にある: the ～ coast 東部沿岸, 東海岸 / ～ longitude 東経 / ⇨ East Germany. **2** 東に面した, 東向きの: an ～ window [gate]. **3** 《風が》東から吹く: an ～ wind 東風《英国や New England では健康によくないいやな風と考えられ, 聖書でも熱気を含み植物などを枯らす風とされている》. **4** (教会堂で)祭壇側の.

Éast Ríding of Yórkshire イングランド北東部にある独立自治体 (unitary authority)《旧 Yorkshire 州の伝統的な地区; 中心部市 Beverley》. 〖1996〗

— *adv.* 東に, 東へ, 東方に: go ～ / sail due ～ 真東へ航海する / ～ of Suez スエズ以東(に), 極東に (R. Kipling, *Mandalay*) / lie [be] ～ of ...の東方にある / lie ～ and west 東西に横たわる / The wind is blowing [due] ～. 風は東へ[《まれ》東から]吹いている[真東だ] (⇨ north ★).
báck Éast 《米口語》(西部から見て)東部へ[に, で]. *óut Éast* 《英》東洋[アジア]へ.

— *vi.* 東へ向かう; 東方へ針路を取る.

〖n. & adj.: OE *ēast* (cf. *ēastende* east region) < Gmc **austaz* (Du *oost* / G *Ost*) ← IE **aus-*, **awes-* dawn (L *aurōra* 'dawn, AURORA' / Gk *aúōs* dawn). — adv.: OE *ēastan* from the east < Gmc **austonō* // *ēast* (略) ← **ēaster* toward the east ← Gmc **austro-*: cf. Easter[1]〗

éast·abòut *adv.* 東の方に (eastward). 〖1886〗

Éast África *n.* 東アフリカ《ケニア・ウガンダ・タンザニアから成る》.

Éast Áfrican *adj.* 東アフリカの. — *n.* 東アフリカ人.

Éast African Commúnity *n.* 東アフリカ共同体 《1967 年に創設されたが, 1977 年に解散》.

Éast Ánglia *n.* **1** 東アングリア《Norfolk, Suffolk 両州から成るイングランド東部地方; 通例 Cambridgeshire と Essex の一部も含む》. **2** 〖英史〗東アングリア王国《同地方に存在した Anglo-Saxon 時代の古王国; cf. heptarchy 2 b》. 〖cf. OE *Ēast-Engle* the East-Anglians, East-Anglia〗

Éast Ánglian *adj.* **1** 〖英史〗東アングリア王国の. **2** イングランド東部地方の. — *n.* **1** 東アングリア(王国)の住民. **2** 東アングリア方言.

Éast Bánk *n.* [the ～] ヨルダン川 (the River Jordan) の東岸地区 (cf. West Bank).

Éast Bengál *n.* 東ベンガル《Bengal 地方の東半分で, 現在はバングラデシュとなっている》.

East Bengali *n., adj.* 東ベンガルの(人).

East Berlín *n.* 東ベルリン (⇨ Berlin).

éast·bòund *adj.* 東行きの, 東回りの; 《貨物列車・船が》東行きの便の: an ～ trip [ship]. 〖1880〗

East·bourne /íːs(t)bɔən | -bɔːn/ *n.* イーストボーン《イングランド南東部 East Sussex 州南部の海港で, 海水浴場》. 〖ME *Estburn* ← OE *ēast* 'EAST' + *burna* stream〗

Éast Càpe *n.* イーストケープ: **1** ニューギニアの最東端. **2** ニュージーランド北島にある同国の最東端. **3** = Dezhnev.

Éast Céntral *n.* [the ～] (London の) 中央東部郵便区 (略 EC).

Éast Chína Séa *n.* [the ～] 東シナ海《中国大陸・朝鮮半島・日本・台湾に囲まれる》.

Éast Cóast *n.* [the ～] イーストコースト《(米国の)大西洋岸地域, 特に Boston から Washington, D.C. にかけての一帯》.

eást cóast fèver *n.* 〖獣医〗東海岸熱《アフリカの東部・中部にみられる牛の伝染病; 寄生虫 (*Theileria parva*) によって引き起こされる熱病で, 極めて死亡率が高い》.

Éast Énd *n.* [the ～] イーストエンド《London の東部地区, 工場・港湾労働者などが多い人口過密区域; cf. West End》. **Éast-Énd·er** *n.* 〖1846〗

éast·er *n.* 東風; (特に)東から吹く強風. 〖← EAST + -ER[1]〗

Eas·ter[1] /íːstə | -tə^(r)/ *n.* **1** イースター, 復活祭, 復活日《キリストの復活を記念するキリスト教会の最大・最古の祝日; 毎年 3 月 21 日以降の満月のあとの最初の日曜日(満月が日曜日ならその次の日曜日); その日を Easter Day または Easter Sunday という》. **2** 復活(祭)季節, 復活節 (Eastertide). ***máke one's Éaster*** 〖カトリック〗復活祭の義務 (Easter duty) を果たす.
〖ME *ester* < OE *ēastre*, (pl.) *ēastron* ← *Ēostre*, *Ēastre* the goddess of light and spring ← Gmc **Austrōn* (G *Ostern* (pl.)) ← IE **aus-* to shine): ⇨ east〗

Eas·ter[2] /íːstə | -tə^(r)/ *n.* イースター《女性名》. 〖↑〗

Éaster bàsket *n.* 復活祭のかご, イースターバスケット《小さな卵やうさぎの形をしたチョコレート, ゼリービーンズなどの菓子を入れたかご; 米国で復活祭の朝に隠しておいて子供たちに探させる》.

Éaster bònnet *n.* 復活祭の帽子, イースターボンネット《かつて女性が復活祭に教会に行く時に着用した》.

Éaster bùnny, É- B- *n.* [the ～] 復活祭のうさぎ, イースターバニー《復活祭の朝に Easter baskets を持ってくるというウサギ》.

Éaster càctus *n.* 〖植物〗イースターカクタス, ゲ氏孔雀(くじゃく)《ブラジル原産のサボテン; Easter のころ開花する》.

Éaster càndle *n.* 〖キリスト教〗= paschal candle.

Éaster càrd *n.* イースターカード《復活祭に交わし合う絵はがき》.

Éaster dàisy *n.* 〖植物〗北米西部原産キク科ジギク属の多年草 (*Townsendia exscapa*). 〖Easter のころ花が咲くことから〗

Éaster Dáy *n.* = Easter[1]. 〖lateOE *Ēasterdæg*〗

Éaster dùes *n. pl.* = Easter offerings. 〖1720〗

Éaster dùty *n.* 〖カトリック〗復活祭の義務《復活祭季節 (Eastertide) に果たすべき宗教的な義務; ざんげ・聖餐拝受など; Easter duties ともいう》. 〖1723〗

Éaster ègg *n.* 復活祭の(飾り)卵《復活祭に贈り物とする彩色した卵で, 中には鶏卵に似せて作ったチョコレートやおもちゃなどもある》. 〖1804〗

Easter eggs

Éaster éve *n.* 復活祭の前日[前夜], 復活前日[前夜]. 〖ME *Ester even* < OE *Ēastoræfen*〗

Éaster-hólidays *n. pl.* = Easter vacation.

Éaster Ísland *n.* イースター島《南太平洋のチリ領の火山島; 1722 年の Easter Day に発見され, 500 以上の大小の石像 (moai) がある; 現地語名 Rapa Nui; スペイン語名 Isla de Pascua》.

Éaster-lèdges *n.* [単数扱い] **1** 〖植物〗= bistort. **2** 《英方言》bistort で作ったプディング (Easter-ledge pudding ともいう).

Éaster lìly *n.* 《米》復活祭に飾るシロユリ《ニワシロユリ (Madonna lily), テッポウユリ (Bermuda lily) など》. 〖1877〗

east·er·ling /íːstəlɪŋ | -tə-/ *n.* = easterner. 〖(1534) ← ? 《廃》*easter* 'EASTERN' + -LING[1]〗

éast·er·ly /íːstəli | -tə-, -tḷi/ *adj.* **1** 東寄りの, 東方の, 東向きの: in an ～ direction 東の方角に. **2** 東から吹く: an ～ wind 東風. — *adv.* **1** 東方に[へ], 東寄りに. **2** 《風が》東方から: The wind blew ～. 風が東から吹いた. — *n.* 東風. 〖(adj.: 1548; adv.: 1635) ← ? 《廃》*easter* (↑) + -LY[1,2]〗

Éaster Mónday *n.* 復活祭 (Easter Sunday) の翌日《米国 North Carolina 州およびイングランド・ウェールズ・北アイルランドでは法定休日; cf. bank holiday》. 〖*c*1360〗

east·ern /íːstən | -tən, -tṇ/ *adj.* **1** 東の, 東方の: the ～ part of (the) town 町の東部. **2** 東向きの: the ～ window. **3** 《風が》東から吹く: an ～ wind. **4** [しばしば E-] 東方の, 東部地方の, (特に)米国東部の: the *Eastern* States 《米》東部諸州. **5 a** [E-] 東洋(諸国)の (Oriental), 東洋風の: the *Eastern* manners 東洋風俗. **b** [通例 E-] 東欧諸国の. **6** [E-] 〖キリスト教〗東方教会の. — *n.* [通例 E-] **1** 東国人, 東洋人. **2** 東方教会 (Eastern Church) の信者. **3** (米国の)東部語 (⇨ Eastern speech). 〖adj.: OE *ēasterne* oriental < Gmc **austrōnjaz* (OHG *ōstroni*) ← **austro-*.: ⇨ east, -ern〗

Éastern Cápe *n.* 東ケープ, イースタンケープ《南アフリカ共和国南東部の州; 面積 169,600 km², 州都 Bisho》.

Éastern Chúrch *n.* [the ～] 〖キリスト教〗東方教会, 東方正教会 (⇨ Orthodox Eastern Church). 〖1593〗

éastern crówn [córonet] *n.* 〖紋章〗= antique crown.

Éastern cút-off *n.* 〖高跳び〗はさみ跳び, 正面跳び (⇨ scissors 2 c).

Éastern Dáylight Tìme *n.* 《米》東部夏時間《Eastern Time Zone で用いられる夏時間; 略 EDT, edt》.

éastern díamondback ráttlesnake *n.* 〖動物〗ヒシモンガラガラヘビ (*Crotalus adamanteus*) 《米国南東部産の猛毒をもつヘビ》.

Éastern Émpire *n.* [the ～] = Eastern Roman Empire.

east·ern·er /íːstənə, -tə- | -tənə^(r), -tṇ-/ *n.* 東部人, 東国人; [E-] (特に, 米国の)東部諸州 [New England] の人. 〖1840〗

Éastern Éurope *n.* 東欧, 東ヨーロッパ《ヨーロッパ東部のかつての社会主義諸国; 通例アルバニア, ブルガリア, チェコスロバキア, ハンガリー, ポーランド, ルーマニア, ユーゴスラビア》.

Éastern Gháts *n. pl.* [the ～] (インド南東にある)東ガーツ(山脈) (⇨ Ghats).

Éastern Hémisphere, é- h- *n.* [the ～] 東半球: **1** 本初子午線から東回りで 180 度の子午線に至る範囲[半球]. **2** ヨーロッパ・アジア・アフリカ・オーストラリアを含む地域. 〖1624〗

éastern hémlock *n.* 〖植物〗カナダツガ (*Tsuga canadensis*) 《米国 Pennsylvania 州の州木》.

Éastern Híghlands *n. pl.* [the ～] = Great Dividing Range.

east·ern·ism, E- /íːstənɪ̀zṃ | -tə-/ *n.* = Orientalism. 〖1916〗

east·ern·ize /íːstənàɪz | -tə-/ *vt.* **1** (風俗・習慣・思想などの点で)東洋化させる. **2** 《米》東部的にする.
east·ern·i·za·tion, E- /ìːstənɪ̀zéɪʃən | -tənaɪ-, -nɪ-/ *n.*

éast·ern·ly *adj.* 《まれ》= easterly. 〖1594〗

éastern·mòst *adj.* 最も東の, 最東端の. 〖1830〗

Éastern Órthodox *adj.* 〖キリスト教〗東方正教会の[に関する]. 〖1909〗

Éastern Órthodox Chúrch *n.* [the ～] 〖キリスト教〗東方正教会 (⇨ Orthodox Eastern Church).

Éastern Próvince *n.* (サウジアラビアの)東部地区《同国のペルシャ湾岸の行政区》.

Éastern Quèstion *n.* [the ～] 東欧問題《もとオスマン帝国の没落による東南ヨーロッパにおける国際的政治問題をいい, 後には中東問題を指す》.

Éastern ríte *n.* 〖キリスト教〗東方式典礼《東方教会 (Eastern Church) または東方帰一教会 (Uniat Church) の儀式[典礼]》.

Éastern Róman Émpire *n.* [the ～] 東ローマ帝国《ローマ帝国 (Roman Empire) が 395 年東西に分裂して以後, Constantinople (もとの Byzantium) を首都として始まった東方の帝国; Byzantine Empire とも呼ばれ存続したが, 1453 年オスマン帝国に滅ぼされた; cf. Western Roman Empire》.

Éastern Shóre *n.* [the ～] 米国の東海岸 Chesapeake 湾の東部沿岸地方《Maryland, Delaware, Virginia の三州にまたがる》. 〖1624〗

Éastern Slávs *n. pl.* [the ～] ⇨ Slav 1.

Éastern spéech *n.* 《米》東部語《New York 市を含む Hudson 川以東地域住民の言語》.

Eastern stándard tìme, é- s- t- *n.* = Eastern time (略 EST).

Éastern tìme, é- t- *n.* **1** 東部(標準)時《米国の標準時の一つで西経 75° にあり GMT より 5 時間遅い; 略 ET; ⇨ standard time 1 ★》. **2** (オーストラリアの)東部(標準)時《東経 150° にあり GMT より 10 時間早い》. 〖1883〗

Éastern Tównships *n. pl.* イースタンタウンシップス《カナダ中部, Quebec 南部の地域で, 11 の郡区から成る》.

éastern whíte píne *n.* 〖植物〗= white pine 1.

Éaster ófferings *n. pl.* 《英》(教区の信者から牧師への)復活祭の献金. 〖*a*1387〗

Éaster Rísing *n.* [the ～] 〖アイル〗イースター蜂起《1916 年 Easter Monday に Dublin で起きた英国政府に対する武装蜂起; この結果 Irish Free State が 1921 年に発足した》.

Éaster sépulcher *n.* (古い教会にある)聖物置き棚《キリストの十字架上の死を記念する聖金曜日はミサがないので, 聖木曜日 (Holy Thursday) のミサのあと, 聖体を安置しておくところ》.

Éaster sítting *n.* 〖英法〗= Easter term 1 b.

Éaster Súnday *n.* = Easter[1]. 〖lateOE〗

Éaster tèrm *n.* **1** 〖英法〗復活祭開廷期: **a** 裁判所の四開廷期の一つ; 4 月 15 日から 5 月 8 日までの期間, 1873 年廃止. **b** 4 月 21 日から 5 月 29 日までの高等法院 (High Court of Justice) の開廷期間. **2** 〖英大学〗イースター学期《以前はイースターから聖霊降臨節 (Whitsuntide) までの約 6 週間の学期, 現在は Trinity term の中に含まれる; 一部の大学や学校で, クリスマスからイースターまでの学期》. 〖1603〗

Éaster·tìde *n.* **1** 復活(祭)季節, 復活節《復活祭の前の土曜日から聖霊降臨祭 (Whitsunday) 後の土曜日までの期間; Easter time ともいう》. **2** = Easter week. 〖LateOE *Ēastertīd*〗

Éaster tìme *n.* = Eastertide 1.

Éaster vacátion *n.* 《英》(法廷・大学などの)復活祭[春期]休暇 (cf. long vacation).

Éaster wéek *n.* 復活(祭)週間《Easter Sunday に始まる 1 週間》. 〖OE *Ēasterwuce*〗

Éast Flánders *n.* 東フランドル《ベルギー西部の州; 州都 Ghent》.

Éast Frísian Íslands *n. pl.* [the ～] 東フリジア諸島 (cf. Frisian Islands).

Éast Gérman *adj.* 東ドイツ(人)の. — *n.* 東ドイツ人.

Éast Germánic *n.* 東ゲルマン語群《ゲルマン語派の一区分; 死語のゴート語 (Gothic) 語を含む》. 〖(*c*1900) (なぞり) ← G *ostgermanisch*〗

Éast Gérmany *n.* 東ドイツ《第二次大戦後ドイツの東西分割によって 1949 年成立した共和国; 1990 年のドイツ統一により West Germany と統合された》.

Éast Góth *n.* = Ostrogoth.

Éast Hám *n.* イーストハム《London 東部の Newham 自治区の一部; もと Essex 州の都市だった; ドックや造船所がある》. 〖OE *Estham* ← *ēast* 'EAST' + *hamm* meadow on a stream〗

Éast Hártford *n.* イーストハートフォード《米国 Connecticut 州, Hartford の郊外の都市》.

Éast Índia *n.* = East Indies 1. 〖1634〗

Éast Índia Còmpany *n.* [the ～] 東インド会社《東インド貿易を目的として主に 17–18 世紀に英国・オランダ・フランスなどが創立した商事会社; 植民地経営にも従事した; 英国のものは 1600 年創立され, 近代インドの発展史に種々の役割を演じた末, 1858 年事実上廃止され, 1874 年形式上も解散させられた》. 〖1703〗

Éast Índiaman *n.* **1** (英国)東インド会社船《商船で

軍船を兼ねた大型帆船). **2** 東インド方面交易船 (Indiaman)《大型快速帆船》. 〘1844〙

Éast Índian *adj.* 東インド (East Indies) の. — *n.* 東インドの(原)住民. 〘1553〙

Éast Índian wálnut *n.* =lebbek.

Éast Índies *n. pl.* [the ~] **1** 東インド《インド・インドシナ・マレー諸島を含む地方の旧称》. **2** 東インド諸島《マレー諸島の別名》. 〘1597〙

éast·ing *n.* **1** 〘海事〙東航東西距《船が子午線に対して東方へ進んだ距離》; 偏東航行: keep an ~ 東向きに航行を続ける. **2** (風向きの)東寄り; 東風に変わること. **3** 東に向かうこと; (天体などの)東進. **4** 〘測量〙偏東距離《南北の基準線から東方に測った距離》. 〘(1628) ← EAST+-ING[1]〙

éasting dówn *n.* 〘海事〙東航: **a** (喜望峰から)東向け航路. **b** (オーストラリアから)東向け航路.

Éast Kil·bríde /-kɪlbráɪd/ *n.* イーストキルブライド《スコットランド中部 Glasgow 市南東の町; 1947 年にニュータウンとして開発された》.

East·lake /íːstleɪk/ *adj.* 〈家具が〉イーストレーク様式の《直角線を主とする(ゴシック)様式に作られた》. 〘← *Charles Eastlake* (1836–1906: 英国の美術家)〙

Éast Lánsing *n.* イーストランシング《米国 Michigan 州中南部の都市》.

East·leigh /ìːstlíː⁻/ *n.* イーストリー《イングランド南部, Hampshire 州の都市》.

east·lin /íːstl̩ɪn | -lɪn/ *adj.* 《スコット》=easterly. 〘⇨ eastlins〙

east·ling /íːstl̩ɪn, -lɪŋ | -lɪŋ/ *adj.* 《スコット》=eastlin.

east·lings /íːstl̩ɪnz, -lɪŋz | -lɪŋz/ *adv.* 《スコット》=eastlins.

east·lins /íːstl̩ɪnz | -lɪnz/ *adv.* 《スコット》東方へ. 〘← EAST+《スコット》*-lins* (⇨ -lings)〙

Éast Lóndon *n.* イーストロンドン《南アフリカ共和国南岸, 現在は Eastern Cape 州の南東部にある海港》.

Éast Lòs Ángeles *n.* イーストロサンゼルス《米国 California 州南西部 Los Angeles 近郊の都市; メキシコ系住民が多い》.

Éast Lóthian *n.* イーストロジアン《スコットランド中東部の旧州; 旧名 Haddington》.

East·main /íːstmèɪn/ *n.* [the ~] イーストメーン(川)《カナダ Quebec 州西部を西流して James 湾に注ぐ (604 km)》.

Éast Maláysia *n.* ⇨ Malaysia 1.

East·man /íːs(t)mən/, **George** *n.* イーストマン《1854–1932; 米国の写真機・フィルム製造業者; Kodak 写真機とロールフィルムの発明者》.

Eastman, Max (**For·res·ter**) /fɔ́(ː)rɪ̀stə | fɔ́rɪstə^(r)/ *n.* イーストマン《1883–1969; 米国の左翼評論家; *The Literary Mind* (1931)》.

éast·mòst *adj.* =easternmost. 〘(1535): cf. OE *ēastmest*: ⇨ -most〙

éast-northéast *n.* 東北東 (略 ENE; ⇨ compass card). — *adj., adv.* 東北東の[に, へ, から]. 〘1725〙

éast-northéastward *adv.* 東北東へ[に]. — *adj.* 東北東にある, 東北東に向いた. — *n.* [通例 the ~] 東北東(方).

Éast Órange *n.* イーストオレンジ《米国 New Jersey 州北東部の都市》.

Éast Pacífic Ríse *n.* [the ~] 東太平洋海嶺[海膨]《大洋中央海嶺の一部; 太平洋を北から南へ, 中央アメリカと南アメリカの西海岸とほぼ平行に走る》.

Éast Pákistan *n.* 東パキスタン(州)《もとパキスタンの一州; 現在は独立してバングラデシュ (Bangladesh) となる》.

Éast Próvidence *n.* イーストプロビデンス《米国 Rhode Island 東部の都市》.

Éast Prússia *n.* 東プロイセン《もとドイツ北東部の一州 (ドイツ語名 Ostpreussen); 第一次大戦後ポーランド回廊 (Polish Corridor) によって本土と分離, 1945 年ポーランドとソ連に分割された; 面積 37,000 km², 州都 Königsberg (今の Kaliningrad)》. **Éast Prússian** *adj.*

Éast Punjáb *n.* ⇨ Punjab.

Éast Ríding *n.* [the ~] ⇨ Yorkshire 1. 〘OE *Ēstreding, Ēst Treding* ← *ēast* 'EAST'+ON *þriðjungr* (原義) third part: ⇨ riding²〙

Éast Ríver *n.* [the ~] イーストリバー《米国 New York 州南東部, Manhattan 島と Long Island の間にあり, New York 湾と Long Island Sound とを結ぶ海峡; 長さ 26 km》.

Éast Sibérian Séa *n.* [the ~] 東シベリア海《北極海のうち New Siberian Islands と Wrangel Island との間の部分》.

East·side, e- /íːstsàɪd/ *adj.* New York 市イーストサイドの. 〘1882〙

Éast Síde *n.* [the ~] イーストサイド《New York 市 Manhattan 区東部の地区; Fifth Avenue の東側; 国連本部ビルなどがある; cf. West Side》. **Éast-síd·er** /-də | -də^(r)/ *n.* 〘*c*1880〙

Éast Slávic *n.* ⇨ Slavic.

éast-southéast *n.* 東南東 (略 ESE). — *adj., adv.* 東南東の[に, へ, から]. 〘1555〙

éast-sòuthéastward *adv.* 東南東へ[に]. — *adj.* 東南東にある[向いた]. — *n.* [通例 the ~] 東南東(方).

Éast St. Lóuis *n.* イーストセントルイス《米国 Illinois 州南西部の都市; 鉄道交通の要衝》.

Éast Súffolk *n.* ⇨ Suffolk¹.

Éast Sússex *n.* イーストサセックス《イングランド南東部の English Channel に面する州; 1975 年新設; 旧 Sussex 州の東部; 面積 1,797 km², 州都 Lewes》.

Éast Tímor *n.* 東チモール《インドネシア, Timor 島の東半分と北西岸の飛び地からなる地域; 旧 Portuguese Timor; 1999 年住民投票により独立を選択; 主都 Dili》.

Éast Víllage *n.* [the ~] イーストビレッジ《New York 市の一地域で, ヒッピーや若者たちのたまり場》.

east·ward /íːstwəd | -wəd/ *adv.* 東方へ[に], 東方に向かって. — *adj.* **1** 東方への; 東向きの. **2** 〈聖餐式の際の司祭の位置が〉(祭壇の西側に立ち)東方に面している. — *n.* 東方, 東部. 〘OE *ēastweard(e)*: ⇨ -ward〙

east·ward·ly *adj.* **1** 東向きの. **2** 〈風が〉東から吹く: an ~ wind. — *adv.* 東向きの, 東方へ; 〈風が〉東方から. 〘(1667): ⇨ ↑, -ly¹〙

éast·wards /-wədz | -wədz/ *adv.* =eastward. 〘(1517): ⇨ -wards〙

Éast-Wést *adj.* 東西間の, 東側(諸国)と西側(諸国の).

Éast-Wést relátions *n. pl.* 東西間の関係, 東側(諸国)と西側(諸国)との関係; 米ソ関係. 〘*c*1955〙

East·wood /íːstwʊd/, **Clint** /klínt/ *n.* イーストウッド《1930– ; 米国の俳優・映画監督; *Dirty Harry* (1971), *Unforgiven* (1992)》.

Éast Yórk *n.* イーストヨーク《カナダ Ontario 州, Ontario 市の一区》.

eas·y /íːzi/ *adj.* (**eas·i·er; -i·est**) **1** 容易な, 平易な, やさしい (↔ difficult, hard): an ~ task, problem, answer, etc. / (as) ~ as pie [ABC, winking] 実にたやすい (cf. *adv.* 1) / be ~ *of* access [adjustment] 近づき[調整し]やすい / This lesson is ~ *to* follow.=It is ~ to follow this lesson. この課はわかりやすい / He is ~ *to* get on with. 彼は付き合いやすい / He is ~ [an ~ person] to please. 彼は喜ばせやすい / It is ~ (*for* you) *to* solve this problem. (君が)この問題を解くのは容易だ / That's [It's] ~ *for* you to say. 言うだけなら簡単だ / It is no ~ matter to do so. そうするのはなかなか容易なことではない / [*to do* を伴い複合語を成して] an *easy*-to-follow method 楽についていける方法. 日英比較 「イージーミス」は和製英語. 英語では elementary mistake (初歩的なミス), careless mistake (不用意なミス)のようにいう.

2 a 〈談話・文体など堅苦しくない, わかりやすい, すらすらとした; 〈人・気分・態度など〉くつろいだ, ゆったりとした, 窮屈でない: be ~ *in* conversation / free and ~ 無造作でくったくのない / ~ grace おっとりした上品な態度 / an ~ manner ゆったりとした態度 / ~ dress 略装, ふだん着 / Be ~! ゆっくり構えなさい; 心配するな. **b** [通例 I'm ~. として]《英口語》(自分は)こだわらない, どちらでもよいと思う: You can come with me or not.—*I'm* ~. いっしょに来ても来なくてもいいよ—私はどちらでもいいんです.

3 a 安楽な, 気楽な, 安らかな, 楽な; 〈病人が〉調子がいい: an ~ mind 安らかな心 / an ~ hour 心の休まる時 / feel ~ 気が楽だ, 気分が楽になる; 安心する / be in ~ circumstances 気楽な身分である, 安楽[裕福]に暮らす / Make your mind ~. ご安心なさい / I was [felt] ~ in my mind. 心は安らかだった. **b** [通例 ~ *to* look at として]《口語》(見た目に)感じのよい, かわいらしい, きれいな: She is very ~ *to look at*. 彼女はとてもかわいらしい / ⇨ *easy on the* EYE(*s*).

4 〈家具など〉快適な, 心地よい; 〈衣類など〉着心地のよい, ゆったりした, 楽な: an ~ chair 座り心地のよい椅子; ⇨ easy chair / an ~ fit (窮屈でなく)楽な着心地(のもの) / ⇨ *easy on the* EAR.

5 a 〈人が〉[…に対して] 厳しくない, 寛大な〔*on, with*〕; 〈条件・規則・負担・刑罰など〉ゆるい, 楽な: an ~ teacher / ⇨ on EASY TERMS / You had better be ~ *on* her. 彼女を大目に見てやったほうがよい / He obtained an ~ pardon. 訳なく許された. **b** [限定的] (相手にするのに)雑作ない, 御しやすい, だまされやすい, お人よしの: ⇨ easy game, easy mark, easy meat / She fell an ~ victim [prey] to his temptation. 彼女はやすやすと彼の誘惑のわなに陥った. **c** だらしない, のんきな, 浮気な: be ~ in one's morals 品行がだらしない / ⇨ easy virtue. **6** 〈速度・動き・角度など〉ゆるやかな; 〈水など〉流れのなだらかな: an ~ pace, motion, angle, etc. / an ~ walk along the beach ゆったりとした浜歩き / a stretch of ~ water 広々としたなだらかな流れ / ⇨ *by easy* STAGES. **7** [an ~ 数詞として]《米口語》(年齢など)十分…, 優に…, 少なくとも…: She looked *an* ~ 25 in that dress. あのドレスを着ると優に 25 歳には見えた. **8** 〘商業〙〈物資が〉供給の豊富な, 価格の弱気な; 〈市場が〉緩慢な (↔ tight): an ~ market 緩慢な市場 / Prices are *easier*. 価格が下がっている / Credit is *easier* now. 今はお金が借りやすい. **9** 〘トランプ〙平等に分配されて(いる): ~ aces (auction bridge で) 敵味方が 2 枚ずつもっているエース / Honors (are) ~. ⇨ honor *n.* 成句. **10** 〘海事〙 **a** 船側と船底との接合点である船底湾曲部がゆるやかなカーブをなした. **b** 船体中央部から船尾へかけての外面のなす曲線がゆるやかに湾曲した.

— *adv.* (**eas·i·er; -i·est**)《口語》**1** 容易に, 楽に: (as) ~ as pie [ABC, winking] 実にたやすく, やすやすと (cf. *adj.* 1) / *Easy* come, ~ go. (諺) 得やすいものは失いやすい, 「悪銭身につかず」/ *Easier* (=It is *easier*) said than done. (諺)「言うは易く行うは難し」. **2** 気楽に, 自由に, ゆっくりと, のんきに: *Easy!* 〘海事〙ゆっくり, 静かに, 慎重に / *Easy* ahead! [号令] 静かに前進; 〘海事〙前進微速 (微速力で前進せよ, の意) / *Easy* all! 〘海事〙(こぎ方)やめ, 櫂(かい)上げ / go ~《口語》気楽[のんき]にやっていく, ゆっくり[慎重に]やっていく / ⇨ *take it* EASY / Stand ~! [号令] 〘軍事〙休め (Stand at EASE よりもいっそうくつろいだ姿勢を取らせる場合に言う).

Éasy dóes it.《口語》(あわてず)慎重にやるのがよい, 注意してゆっくりとやることだ. ★ easy は副詞のままで文の主語に用いられたもの. ***gò éasy***《口語》(1) 気楽[のんき]にやる; 慎重にやる. (2) 〔人に〕あまり厳しくしない; 〔…を〕節約して使う, 控え目に食べる[飲む]〔*on, with*〕: I'll *go* ~ *on* him. / *Go* ~ *with* the sugar.=*Easy* on the sugar. 砂糖は節約して使いなさい. ***táke it*** [***things***] ***éasy***《口語》(1) 気楽にやる, のんきに構える, あせらない: *Take it* ~. 気に[くよくよ]するな; いらいら[かっか]するな. (2) [命令形で]《米》さよなら, じゃあね《親しい間で別れのあいさつとして》.

— *n.* 《英》休憩, 休息; (特に, 漕手(こぎて)の)小休止 (short rest): without an ~ 休みなしに / take an ~ ひと休みする, 休息する.

— 《英》*vi.* 〈漕手・クルーが〉こぐのを止める. — *vt.* 〈漕手・クルー〉にこぎ方止めを命じる, こぐのを止めさせる.

〘adj.: (?*a*1200) *esi, aisi(e)* □ AF *aisé*=OF *aisié* (F *aisé*) (p.p.) ← *aisier* 'to EASE'. — adv.: (*a*1400) ← (adj.): -Y⁴ の影響を受けた〙

SYN 易しい: **easy** 肉体的・精神的な努力をほとんど必要としない《最も一般的な語》: This book is *easy* to read. この本は読みやすい. **simple** 複雑さがないので実施・理解が易しい: I can work out *simple* crossword puzzles. 易しいクロスワードパズルなら解ける. **effortless** 実際に易しいのではなく, 行為者の熟練によって苦もなく成就するように見える: the *effortless* performance of a pianist ピアニストのいかにも楽々とした演奏ぶり. **smooth** 障害がないために容易に行われる: This will make things a bit *smoother*. これで事は少しは楽になるだろう.

ANT hard, difficult.

éasy-cáre *adj.* [限定的] 〈織物など〉手入れしやすい《洗濯後の乾きが早く, しわが寄らない》: ~ goods / the ~ properties of synthetic fiber 合成繊維の手入れしやすい特性. 〘1960〙

éasy cháir *n.* 安楽椅子《背の両側に袖をつけ全体を張り包みにしたひじ掛け椅子》.

éasy-cléan *adj.* [限定的] 〈織物など〉洗濯しやすい; 〈機械など〉清掃しやすい. 〘1937〙

éasy gállop *n.* 〘馬術〙=canter².

easy gáme *n.* 《口語》=easy mark 1.

éasy·góing *adj.* **1** のんきな (casual, careless): an ~ person. **2** 遊惰な (indolent): ~ ways 遊惰な習慣. **3** 〈馬など歩調が〉ゆるい: an ~ pace. **~·ness** *n.* 〘1674〙

easy lístening *n.* イージーリスニング《くつろいで聞ける軽音楽》.

éasy márk *n.* **1** 《口語》人にだまされやすい人, いいかも, お人よし (easy game). **2** 容易に当たる的. 〘1896〙

easy méat *n.* 《英口語》**1** =easy mark 1. **2** 簡単にやれる[理解できる]もの: It's ~ *for* everybody. それはだれにもすぐできる[わかる]. 〘1950〙

easy móney *n.* 楽にもうかる金, あぶく銭(ぜに); (特に)不正利得, 悪銭. 〘1896〙

Éasy Óff *n.* 〘商標〙イージーオフ《米国 Boyle-Midway Household Products 社製のオーブンクリーナー・窓ふき用スプレー洗剤》.

easy óption *n.* =soft option.

éasy-páced *adj.* [限定的]〘クリケット・ゴルフ〙〈球戯場・コースが〉ゆるやかな打球に適した, 緩打向きの: an ~ pitch, green, etc.

éasy-páyment sỳstem *n.* =easy-purchase system.

éasy-pea·sy /-píːzi⁻/ *adj.* 《英口語》とてもやさしい, いとも簡単な《主に小児語》. ★ easy, peasy, Japanesey ともいう. 〘(1976) 《押韻加重形》← EASY〙

éasy-púrchase sỳstem *n.* (月賦など)なしくずし払い式(販売方法).

easy ríder *n.* 《米俗》**1** 性的に満足させてくれる恋人; 情婦のかせぎで楽な生活をしている男, 「ひも」. **2** ギター (guitar). 〘*c*1912〙

éasy strèet, É- S- *n.* 《口語》安楽な境遇, 裕福 (affluence). ★ 通例 on などに導かれて前置詞付きの句で用いられる: He is now living *on* ~. 彼は今ではとても裕福な暮らしをしている / A substantial inheritance put her *on* ~ for the rest of her life. 相当な遺産を受け継いで彼女はその後裕福に暮らすことができた. 〘*c*1900〙

easy tárget *n.* 《口語》=easy mark 1.

easy térms *n. pl.* 分割払い: on ~ 分割払いで.

easy tóuch *n.* =soft touch. 〘1959〙

easy vírtue *n.* (性的に)ふしだらなこと, 浮気っぽいこと: a woman of ~ 《古》貞操の堅くない女, 浮気女, 売春婦. 〘*c*1780〙

eat¹ /íːt/ *v.* (**ate** /éɪt | ét, éɪt/, 《古》**eat** /ét, íːt | ét/; **eat·en** /íːtn/, 《古》**eat** /ét, íːt | ét/) ★《米》では /ét/ と発音すると, 教育のない者ないし田舎者と思われることがある.

— *vt.* **1 a** 食べる, 食う; 〈かゆなどを〉すする, 〈スープを〉飲む: ~ good food 美食する / ~ one's soup スープを飲む / ~ meat raw [cooked] 肉を生で[調理して]食べる / ~ one's fill 腹一杯食う / ~ one's dinners ⇨ dinner 成句. (cf. *eat one's* TERMS) / This meat is good *to* ~. この肉は食べられる[食用になる] / She won't ~ you (up). 《戯言》何も彼女が君を取って食いはしない《怖がることはない》/ I'll ~ my hat if … もし…なら帽子でも食ってみせる《そんなことは絶対ない》. 日英比較 日本語の「食べる」は, 本来は飲食する意味であるが, 現在では「朝食を食べる」などのような場合を除いては「魚を食べる」「果物を食べる」などのように食物について用い, 「茶を飲む」「スープを飲む」のように液体または液体が主になったものには「飲む」を用いる. それに対して, 英語では eat は「食物を食べる」, drink は「液体を飲む」という大まかな意味では一致しているものの, 人間の食事についていうときには eat は「食器(ナイフ, フォーク, スプーンなど)を使って口に入れる」ということを含意しており, 特にディナーなどでの soup についてはスプーンを用いるので eat を用い

E

る. 現在では液体の飲料に *eat* を用いるのはほぼ soup とその類義語に限られているが, soup の場合でも, たとえばカップに入れてスプーンを使わずに口をつけて直接飲む場合には drink という. **b** [目的語＋補語または前置詞句を伴って] 食べて〈人を〉〈ある状態に〉する[陥らせる]: She *ate herself sick* [*into* a sickness]. 彼女は食べ過ぎて病気になった / ⇨ EAT *a person out of house and home*. **2** 食い尽くす, 消費する (consume); 〈害虫などが〉食い荒らす (destroy); 〈火が〉〈森などを〉なめ尽くす 〈*away, up*〉: An old car is liable to ~ oil. 古い車はオイルを食いがちだ / The wood was ~*en* by the fire. その森は火になめ尽くされた / The torrent is ~*ing away* its banks. 急流は両岸を削り落とそうとしている / His big car ~*s up* money. 彼の大きな車はひどく金を食う / This increase was ~*en up* by inflation. このくらいのアップはインフレで使い果たされた. **3 a** [be ~*ing* として] 《口語》〈人を〉いらいらさせる, 苦しめる: What's ~*ing* you? 何でいらいらしているのか. **b** 〈病気・苦痛などが〉徐々に冒す, 消耗させる: The patient was ~*en* by a high fever. 患者は高熱のためやつれ果てた. **c** 腐食する; (かじったり腐食したりして)…に食い込む, 穴をあける; 食い込んで〈穴を〉あける: Acids ~ metals. 酸は金属を腐食する / Termites *ate* holes in the pillar. シロアリが柱に穴をあけた. **4** 《口語》〈劇・演技者などを〉熱中して見る, …に喝采(かっさい)を浴びせる 〈*up*〉: All the papers *ate* him *up* [*alive*]. すべての新聞が彼に喝采を送った / The audience *ate up* the scene. 観客はその場面を食い入るように見た. **5** 《米俗》〈人に〉食事を与える: They can lodge and ~ you. あそこでは泊めて食事を出してくれる. **6** 《口語》〈損失などを〉甘受する, …の責任を取る. **7** 《卑》…にクンニリングス[フェラチオ]をする.

— *vi.* **1** 物を食べる, 食事をする: *Eat*, drink, and be merry. 飲み食い浮かれ騒げ (cf. *Luke* 12:19) / ~ off a plate 皿から取って食べる / ~ like a pig 豚のように(がつがつ)食う / ~ like a horse [a bird] 《口語》大食[小食]だ / ~ well よく食べる《食欲が盛んである》/ I ~ three times a day. 1 日 3 度食事をする / Thou shalt not ~ *of* it. なんじそれを食らうべからず (*Gen.* 2:17) (★ of は部分関係を示し, some of の意で文語語法). 日英比較 *eat* and drink は日本語の「飲み食いする」とは語順が逆. **2 a** 〔…に〕食い入る[込む], 腐食する 〔*in, into, through*〕; 次第に使い込む 〔*into*〕: ~ *into* wood 材木に食い込む / Our vacation has ~*en into* our savings. 休暇で貯金に穴があいた. **b** 〔人の〕心をさいなむ, 〔…を〕悩ます 〔*at, on*〕: There seems to be something ~*ing* (away) *at* him. 何か悩んでいることがあるようだ. **3** [補語の形容詞(句)を伴って] 〈食べ物が〉(食べると)…の味がする: These cakes ~ *crisp*. この菓子はかりかりする / It ~*s like* beef. 牛肉のような味がする.

éat a person alíve 《口語》 (1) 〈人を〉簡単に支配する, 食い物にする. (2) ⇨ *vt.* 4. (3) 〈虫などが〉〈人を〉刺す, かむ. ***éat and rún*** (客として食事に招かれて)食べてすぐ帰る. ***éat awáy*** (*vt.*) (1) 食い荒らす (⇨ *vt.* 2). (2) 浸食する; 腐食する. — (*vi.*) (1) どんどん[腹一杯]食べる. (2) ⇨ *vi.* 2 b. ***éat a person for bréakfast*** ＝EAT *a person alive*. ***éat ín*** 家で食事をする (↔ eat out). ***éat ínto*** ⇨ *vi.* 2 a. ***éat óff*** (1) 食いちぎる. (2) 〈飼料用作物を〉家畜に食い尽くさせる; 〈家畜が〉飼料用作物を食い尽くす; 〈飼料用作物が〉食い尽くされる. ***éat óut*** (*vt.*) (1) 食い尽くす; 〈草木などを〉食い荒らす, 侵食する (encroach upon). (2) 《俗》〈人を〉はげしく非難[叱責]する. — (*vi.*) 外食する (dine out) (↔ eat in): Why don't we ~ *out* tonight? 今晩は外食にしないか. ***éat a person òut of hóuse and hóme*** 《口語》(大食いして)〈親・ホストなどを〉困らせる, 食いつぶす: They will ~ us *out of house and home*. 彼らのおかげで私たちは食いつぶされてしまう. ***éat the áir*** 《廃》はかない希望を抱く (Shak., *2 Hen IV* 1. 3. 28). ***éat úp*** (1) 食べてしまう, 平らげる; ⇨ *vt.* 1 a: Please ~ *up* (your dinner). どうぞ(お食事を)すっかり召し上がってください. (2) ⇨ *vt.* 2. (3) [通例受身で] 〈情熱などが〉〈人を〉さいなむ, 悩ます; 〈病気・苦労が〉〈人を〉消耗させる: He *was* ~*en up* with pride [debt]. 《口語》慢心し切っていた[借金で首が回らなかった]. (4) 〈土地・距離を〉一気に進む, 突っ走る: His car *ate up* the miles. 彼の車はその何マイルかを突っ走った. (5) ⇨ *vt.* 4. ***éat one's wáy*** どんどん食べる, 進む: ~ *one's way* through a menu メニューにあるものをどんどん食べる. ***I cóuldn't éat anóther thíng.*** 腹一杯だ.

— *n.* 《口語》 **1** [*pl.*] 食べ物, 食物 (food): How about some ~*s*? 何か食べますか. **2** 食事 (meal): between ~*s* 食事と食事の間に.

〖OE *etan* < Gmc **etan* (Du. *eten* / G *essen* / Goth. *itan*) ← IE **ed-* to eat (L *edere* / Gk *édein*: cf. edible)〗

eat[2] *v.* 《古》 eat[1] の過去形・過去分詞. 〖pret.: ME *ēte*, *æt* < OE *ǣt*. — p.p.: ME *ēte(n)* < OE *eten*〗

EAT 〖自動車国籍表示〗 (East Africa) Tanzania.

eat·a·ble /íːtəbl | -tə-/ *adj.* 食べられる, 食用に適する (edible). — *n.* [通例 *pl.*] 食用となる物, 食料品: ~*s* and drinkables. 〖(*c*1384): ⇨ eat[1], -able〗

eat·age /íːtɪdʒ | íːt-/ *n.* 《英方言》放牧権, 牧場使用権. 〖(1641): ⇨ eat[1], -age〗

eaten *v.* eat[1] の過去分詞. 〖ME (*i*)*ēten* < OE (*ʒe*)*eten*〗

éat·er /-tə | -tə(r)/ *n.* **1** 食べる人: a great [big] ~ 大食家 / a spare ~ 小食家 / ⇨ opium eater. **2** 侵食[腐食]物; 腐食剤. **3** 生で[料理しないで]食べられる果物 (cf. cooker 2). 〖OE *etere* consumer: ⇨ -er[1]〗

eat·er·y /íːtəri | -tari, -tri/ *n.* 《口語》飲食店, 簡易食堂. 〖(1901) ← EAT[1]＋-ERY〗

eath /iːθ/ *adj., adv.* 《スコット》＝easy. 〖ME *ethe* < OE *ēaþe*〗

éat·ing /-tɪŋ | -tɪŋ/ *n.* **1** 食べること: ~ and drinking 飲食. **2** 食べられる物, (品質から見た)食べ物: be good [bad] ~ うまい[まずい]食べ物だ / This fruit is excellent ~. この果物はとてもうまい. **3** [形容詞的に] **a** 食事用の: ~ utensils 食器. **b** 食用の, (特に)生で食べるのに適した (cf. cooking 2): ~ apples 生食用りんご. — *adj.* 食う; 食い入る, 食い込むような, むしばんでいく (gnawing, corrosive): man-*eating* animals 人食い動物 / ~ sorrow at the heart 心をむしばむ悲しみ. 〖?LateOE *etinge*〗

éating disòrder *n.* 摂食障害《拒食症・過食症など》.

éating hòuse [plàce] *n.* 飲食店; (特に)安食堂. 〖1440〗

éat-in kítchen *n.* 《米》ダイニングキッチン.

Ea·ton /íːtn/, **Cyrus S(tephen)** *n.* イートン (1883–1979; 米国の産業資本家・金融業者).

Éa·ton àgent /íːtn-/ *n.* 〖細菌〗イートン小体《マイコプラズマ (mycoplasma) に属し肺炎を起こす微生物》. 〖(1968) ← *Monroe D. Eaton* (1904–?: 米国の細菌学者)〗

eau /óu | óu; *F.* o/ *F. n.* (*pl.* **eaux** /~(z); *F.* ~/) 水 (water): ~ douce /-dúːs; *F.* -dus/ 清水; 軟水 / ~ dure /-dúə, -djúə | -djúə(r); *F.* -dyːʁ/ 硬水 / ~ sucrée /-suːkréɪ | -s(j)uː-; *F.* -sykʁe/ 砂糖水. 〖(1823) □ F ~ 'water' < L *aquam*: cf. aqua〗

EAU 〖自動車国籍表示〗 East Africa Uganda.

Eau Claire /òukléə | əukléə(r)/ *n.* オクレール《米国 Wisconsin 州中西部の都市》.

eau de Co·logne, e- d- c- /òudəkəlóun | əu-dəkəlóun⁻; *F.* odkɔlɔɲ/ *n.* (*pl.* **eaux de Co·logne** /óu(z)- | óu(z)-; *F.* od-/) オーデコロン《香水の一種》. 〖(1802) □ F ~ 'water of Köln (ドイツの原産地名)'〗

eau de Ja·velle /òudəʒævél, -ʒə- | òudə-; *F.* odʒavɛl/ *n.* (*pl.* **eaux de Ja·velle** /óu(z)- | óu(z)-; *F.* od-/) 〖化学〗 ＝Javelle water. 〖□ F ~ 'water of Javel': ⇨ Javelle water〗

eau de Nile /òudəníːl | òudə-; *F.* odnil/ *n.* ＝Nile green. 〖(1870) □ F *eau de nil* 'water of (the) Nile'〗

eau de toilette /òudətwɑːlét | -də-; *F.* odtwalɛt/ *n.* (*pl.* **eaux de toi·lette** /~/) オードトワレ《オーデコロンと香水の中間のもの》.

eau-de-vie /òudəvíː | òudə-; *F.* odvi/ *n.* (*pl.* **eaux-de-vie** /óu(z)- | óu(z)-; *F.* od-/) ブランデー (brandy). 〖(1748) □ F ~ 'water of life': cf. whiskey〗

eaux *n.* eau の複数形.

eaves /íːvz/ *n.* (*pl.* ~) **1** 軒, ひさし: an ~ trough (横の)雨樋(とい) (gutter). **2** (丘などの)突き出た端. 〖OE *efes* (sing.) < Gmc **ubaswa-* (MDu. *ovese* / MHG *ob(e)se*) ← IE **upo* under: ⇨ up: OE の *-s* を pl. と誤解〗

eaves·drop /íːvzdrɑ̀(ː)p | -drɔ̀p/ *vi.* 〔人の会話などを〕立ち聞きする, 盗み聞きする 〔*on*〕: ~ *on* a person 人の話を立ち聞きする / ~ *on* their talk 二人の話を盗み聴きする. — *vt.* 《古》〈人の会話などを〉立ち聞きする: ~ a person [other people's conversation]. — *n.* **1** (軒から落ちる)雨だれ. **2** (軒下の地面にできる)雨だれの跡. 〖n.: (1449) *eaves-drop* (《原義》軒からしずくの落ちるところ) □ ?ON *upsardropi*: cf. OE *yfesdrype*. — v.: (1606) (逆成) ? ← EAVESDROPPER〗

eaves·drop·per /-pə | -pə(r)/ *n.* 立ち聞き[盗み聞き]する人: play (the) ~ 立ち聞き[盗み聞き]する. 〖(?*a*1450) *eves-dropper* (《原義》(立ち聞きするために)軒下に立つ人): ⇨ ↑, -er[1]〗

éaves spòut [tròugh] *n.* 〖建築〗軒樋(のきどい).

éaves swàllow *n.* 〖鳥類〗＝cliff swallow.

EAW (略) Electrical Association for Women.

Eb (記号) 〖化学〗 erbium. ★ 現在は通例 Er の方を用いる.

EB (略) eastbound; electricity board; electronic book; Encyclopaedia Britannica.

Eb. (略) Ebenezer.

é·bauche /eɪbóuʃ | -bə́uʃ; *F.* eboːʃ/ *F. n.* **1** 〖絵画・彫刻〗粗描, 下絵; 粗造り, 下ごしらえ. **2** 〖時計〗エボーシュ《未完成ウォッチムーブメント; そのまま取引され, 他の仕上げ工場で完成品となる》. 〖(1722) □ F ~ 'sketch'〗

ebb /éb/ *n.* **1** 引き潮, 下げ潮, 低潮, 干潮 (reflux of tide) (cf. flood 3 a, flow *n.* 4 a): be *at* [*on*] *the* ~ 潮が引いている / go out *on the* ~ 〈舟が〉引き潮に乗じて沖へ出る / Every tide hath its ~. 満つればかける世の習い. **2** 減退, 衰退, 衰微 (decline); 衰退期: be *at an* [*at a low*] ~ 衰退期にある / His vitality is *at the* ~. 活力が下り坂だ / Crime is *on the* ~. 犯罪は次第に減少しつつある.

ébb and flów (1) (潮の)干満. (2) (物事の)盛衰: the ~ *and flow* of life 人生の盛衰.

— *vi.* **1** 〈潮が〉引く (cf. flow *vi.* 6) 〈*away, down, off, out*〉. **2** 〈血液・力などが〉減る, 衰える, 衰退する (⇨ wane SYN); 〈身代などが〉傾く, 〈光が〉薄らぐ 〈*away, down, off, out*〉: one's ~*ing* strength 減退していく体力 / His strength seemed to ~. 体力が減退するように思われた / The color ~*ed away* from her face. 顔から血の気が失せていった.

ébb báck 〈元気などが〉戻る, よみがえる: His energy ~*ed back* again. 精力がふたたびよみがえった.

〖n.: OE *ebba* (《原義》 flowing backward < (WGmc) **abjōn* running off or away (Du. *eb* / ON *efja*) ← Gmc **ab* 'OFF, away' ← IE **apo-* off, away. — v.: OE *ebbian* ← (n.): cf. ab-[1], after, even[2]〗

ébb ànchor *n.* 〖海事〗下げ潮錨(いかり) 《双錨泊中, 下げ潮のときに力のかかる方の錨; cf. flood anchor》.

Eb·bing·haus /ébɪŋhàus; *G.* ébɪŋhaus/, **Hermann** *n.* エビングハウス (1850–1909; ドイツの実験心理学者).

ébb tìde *n.* **1** 引き潮, 落潮, 干潮 (↔ flood tide). **2** 衰退(期). 〖1823〗

Éb·bw Vále /ébu-, ébə-/ *n.* エブベール《ウェールズ南東部の町》.

EBCDIC /ébsɪdɪk/ *n.* 〖電算〗エブシディック符号《8 ビットで 1 文字を示すコンピューター用符号の一種; cf. BCD》. 〖(*c*1966) (頭字語) ← *e(xtended) b(inary) c(oded) d(ecimal) i(nterchange) c(ode)*〗

EBD (略) emotional and behavioral difficulties [disorder] 情緒行動障害.

Eb·en /ébən, ébn/ *n.* エベン《男性名》. 〖(dim.) ← EBENEZER〗

Eb·e·ne·zer /èbəníːzə | èbɪníːzə(r), èbə-⁻/ *n.* **1** エベニーザー《男性名; 異形 Benezer, Eben; 北アメリカに多い》. **2 a** エベネゼル《イスラエル人の勝利を記念して Samuel が建てた石の名; cf. *1 Sam.* 7:12》. **b** 神助の記念. **3** (非国教派の)礼拝堂, 集会所. **4** [e-] 《米俗》かんしゃく: His *ebenezer* is up. 彼はかんしゃくを起こしている. 〖(1693) □ Heb. *ébhen (hā)'ézer* (《原義》 stone of (the) help: cf. Ezra〗

Eb·er·hard /ébəhɑ̀ːd | ébəhɑ̀ːd; *G.* éːbɐhaʁt/ *n.* エバーハード《男性名》. 〖□ G ~ (《原義》 strong as a boar〗

E·bert /éɪbət | -bət; *G.* éːbɐt/, **Friedrich** *n.* エーベルト (1871–1925; ドイツの政治家, 社会民主党党首 (1913 年就任), ドイツ共和国の初代大統領 (1919–25)).

EBF (略) Encyclopaedia Britannica Films《Encyclopaedia Britannica の編集方針に従って, 同辞典を基礎に取材して作る教育映画》.

Eb·lis /éblɪs | -lɪs/ *n.* 〖イスラム神話〗イブリス, 悪魔 (devil), 魔神《Koran などに現れる》. 〖□ Arab. *iblīs* □ Gk *diábolos* 'DEVIL': Aram. *di-* of との混同から *di-* が消失〗

EbN (略) east by north.

É-bòat *n.* E ボート《第二次大戦におけるドイツの高速魚雷艇》. 〖1940〗

E·bó·la vìrus /iːbóulə-, ə- | -báu-/ *n.* 〖病理〗エボラウイルス《出血熱の原因となるフィロウイルス属 (*Filovirus*) のウイルス》.

eb·on /ébən, ébn/ *adj., n.* 《古詩》＝ebony. 〖(1398) (*c*1440): ⇨ ebony〗

E·bon·ics /ebɑ́(ː)nɪks | ebɔ́n-/ *n.* [しばしば e-] エボニックス《black English のこと》. 〖(1975) (混成) ← EBON(Y)＋(PHON)ICS〗

éb·on·ist /-nɪst | -nɪst/ *n.* 黒檀(こくたん)細工師. 〖(1706) ← EBONY＋-IST〗

eb·o·nite /ébənàɪt/ *n.* エボナイト, 硬質[硬化]ゴム (vulcanite). 〖(1861) ← EBON(Y)＋-ITE[1]〗

eb·o·nize /ébənàɪz/ *vt.* 黒檀まがいに着色する. 〖(1880): ⇨ ↓, -ize〗

eb·o·ny /ébəni/ *n.* **1** 〖植物〗コクタン(黒檀) (*Diospyros ebenum*) 《インド南部・Ceylon などに産するカキノキ科の常緑大高木》. **2** コクタン材《高級家具用材》; コクタンに似た材質の材を産する木. — *adj.* **1** 黒檀製の. **2** 真っ黒の, 漆黒の. 〖(1597) (変形) ← (16C) *ebon* ← (*c*1384) *ebenif* □ ML *ebanus* (変形) ← L *(h)ebenus* □ Gk *ébenos* □ Egypt. *hbnj* (cf. Heb. *hobhním* (pl.)): 今の形は IVORY の影響による?〗

ébony spléenwort *n.* 〖植物〗北米産ウラボシ科チャセンシダ属のシダ (*Asplenium platyneuron*).

Ebor. (略) *ML.* Eborācēnsis (＝of Eboracum) 《Archbishop of York が署名に用いる; ⇨ Cantuar. 2》.

E·bor·a·cum /iːbɔ́(ː)rəkəm, ɪb-, -bɑ́(ː)r- | -bɔ́r-/ *n.* エボラクム《イングランドの York 市の古名; ローマ時代のブリテンの軍事拠点》. 〖□ LL *Eborācum* ← ? Celt.〗

EBR (略) experimental breeder reactor 実験用増殖炉.

e·brac·te·ate /iːbrǽktièɪt/ *adj.* 〖植物〗苞(ほう)のない. 〖(1830) ← NL *ebracteātus*: ⇨ ex-[1], bracteate〗

EBRD (略) European Bank for Reconstruction and Development 欧州復興開発銀行《東欧支援のために設立された金融機関で, 1991 年に活動開始; 本部 London》.

e·bri·e·ty /ɪbráɪəṭi, iːb- | ɪbráɪəti, iː-/ *n.* 《まれ》酒に酔うこと, 酩酊 (inebriety). 〖(?*c*1425) □ F *ébriété* // L *ēbrietās* ← *ēbrius* drunk ← ?: ⇨ -ty[2]〗

E·bro /éɪbrou | íːbrəu, éb-; *Sp.* éβɾo/ *n.* [the ~] エブロ(川)《スペインの北部から南東に流れる川; 地中海に注ぐ (910 km); 古名 Iberus /aɪbí(ə)rəs | -bíər-/》.

EbS (略) east by south.

EBU (略) European Broadcasting Union ヨーロッパ放送連合.

e·bul·lience /ɪbúljəns, ɪbʌ́l-, -liəns | ɪbʌ́liəns, ɪbúl-, -ljəns/ *n.* **1** (感情・元気などの)ほとばしり, 激発 (overflow); あふれる喜び. **2** 沸騰 (boiling over). 〖(1749): ⇨ ebullient, -ence〗

e·búl·lien·cy /-ljənsi, -liən- | -liən-, -ljən-/ *n.* ＝ebullience. 〖(1667): ⇨ ↓, -ency〗

e·bul·lient /ɪbúljənt, ɪbʌ́l-, -liənt | ɪbʌ́liənt, ɪbúl-, -ljənt/ *adj.* **1** 〈人・気分などが〉情熱的な, 熱狂的な 〈*with*〉. **2** 〈感情など〉ほとばしる, あふれるばかりの. **3** 沸騰する; 沸きこぼれる (bubbling up). **~·ly** *adv.* 〖(1599) □ L *ēbullientem* (pres.p.) ← *ēbullīre* to boil, bubble up ← *ē-* 'EX-[1]'＋*bullīre* 'to BOIL[1]'〗

e·bul·li·o·scope /ɪbúliəskòup, ɪbʌ́l- | ɪbʌ́liəskəup, ɪbúl-/ *n.* 〖化学〗沸点測定器. 〖(1880): ⇨ ↑, -scope〗

e·bul·li·os·co·py /ɪbùliɑ́(ː)skəpi, ɪbʌ̀l- | ɪbʌ̀liɔ́s-, ɪbùl-/ *n.* 〖化学〗沸点上昇法《溶媒の沸点上昇によって分子量を測定する方法》. 〖(1914): ⇨ ↑, -scopy〗

eb·ul·lism /ébjulɪzm, ébə-/ *n.* (気圧の突然の降下に伴う)体液沸騰. 〖(1956): ⇨ ebullient, -ism〗

eb·ul·li·tion /èbəlíʃən/ *n.* **1** あふれ出る状態,〔激情などの〕ほとばしり, 激発 (outburst)〔*of*〕: ~ *of* anger, feeling, war, etc. / ~ *of* genius 天才のほとばしり. **2** 沸騰 (boiling up). **3** (溶岩·火·水などの)湧出, 噴出. 〘(*a*1400) ☐ L *ēbullītiō(n-)* a bubbling up ← *ēbullītus* (p.p.) ← *ēbullīre*: ⇨ ebullient〙

eb·ur·na·tion /èbənéɪʃən | ìːbə-/ *n.* 〘病理〙ぞうげ質化[形成]. 〘(1840) ← L *eburnus* 'made of IVORY'+-ATION〙

EBV 《略》Epstein-Barr virus. 〘1968〙

E by N 《略》east by north.

E by S 《略》east by south.

ec /ɛ́k/ *n.* 《俗》経済学. 〘《略》← ECONOMICS〙

ec 《記号》Ecuador (URL ドメイン名).

Ec 《略》〘聖書〙Ecclesiastes.

EC /ìːsíː/ 《略》East Central《ロンドンの郵便区; cf. WC》; east coast; Eastern Command; Ecclesiastical Commissioner;〘自動車国籍表示〙Ecuador; educational committee; education committee; electricity council; electrolytic corrosion; electronic computer; emergency commission; engineer captain; Engineering Corps; Episcopal Church; Established Church; European Commission; European Communities; European Community; executive committee.

ec-¹ /ɪ̀k, ɛk/ *pref.* (c, s などの前でしばしば用いられる) ex-¹ の異形: *eccentric, ecstasy, eclipse*. 〘☐ Gk *ek-* ← *ek,* (h の前) *ex* out (of): ⇨ ex-¹〙

ec-² /iːk, ɛk/ (母音の前にくるときの) eco-¹ の異形: *ecad*.

ec-³ /ɛk, iːk | iːk/ (母音の前にくるときの) eco-² の異形.

ECA 《略》Economic Commission for Africa アフリカ経済委員会《1958 年に設立された国連の経済社会理事会の一つ》; Economic Cooperation Administration.

e·cad /íːkæd, ɛ́k-/ *n.* 〘生態〙エケード, 環境形態《ある種の生物または生物群が環境に応じて示す形態で, 遺伝的ではないもの》. 〘(1905) ← ECO-¹+-AD¹〙

ECAFE /ɛ́kəfi/ 《略》Economic Commission for Asia and the Far East アジア極東経済委員会, エカフェ《1947 年に設立された国連の経済社会理事会の委員会の一つ; ⇨ ESCAP》.

e·cal·ca·rate /iːkǽlkərèɪt/ *adj.* 〘生物〙距(きょ)[けづめ] (spur, calcar) を欠いた. 〘(1819) ← *e-* 'EX-¹'+CALCARATE〙

e·car·i·nate /iːkǽrənèɪt | -rɪ̀-/ *adj.* **1** 〘動物〙〈鳥が〉竜骨 (carina) を欠いた. **2** 〘植物〙〈花が竜骨弁 (carina) を欠いた. 〘← *e-* 'EX-¹'+CARINATE〙

é·car·té¹ /èɪkɑətéɪ | eɪkάːteɪ; *F.* ekaʀte/ *n.* 〘トランプ〙エカルテ《6 から 2 までを除く 32 枚の札を用い, 2 人が 5 枚の持ち札で 3 組 (trick) 取ることを目的とするフランスのゲーム; napoleon, loo, euchre などに発展した》. 〘(1824) ☐ F ~ (p.p.) ← *écarter* to discard (cf. It. *scartare*): ⇨ card¹: 2 から 6 までの札を捨てることにちなむ〙

é·car·té² /èɪkɑətéɪ | -kɑː-/ *n.* 〘バレエ〙エカルテ《バレエの基本のポジションの一つで, 片足を支えにして, 上半身をまっすぐに保ち, 上半身と腰は観客席に対して斜めの角度に向けられる》. 〘☐ F ~ (p.p.) ← *écarter* to separate < VL **exquartāre* to divide into four parts: ⇨ ex-¹, quart¹〙

é-cash *n.* =electronic cash.

e·cau·date /iːkɔ́ːdeɪt, -kɑ́ː- | -kɔ́ː-/ *adj.* 〘動物〙尾のない. 〘(*c*1847) ← *e-* 'EX-¹'+CAUDATE〙

Ec·bat·a·na /ɛkbǽtənə, -tṇə | ɛkbǽtənə, èkbətάːnə/ *n.* エクバタナ《古代 Media の首都; 今のイランの Hamadan》.

ec·bol·ic /ɛkbά(ː)lɪk | -bɔ́l-/ 〘医学〙*adj.* (子宮を収縮させて)分娩を促進する. — *n.* 分娩促進剤, 堕胎(だたい)薬. 〘(1753) ← Gk *ekbolḗ* abortion (*ek-* 'EC-¹, out of'+*bállein* to throw)+-IC¹〙

ECC 《略》〘電算〙error correcting code 誤り訂正符号.

ec·ce /ɛ́keɪ, ɛ́tʃeɪ, ɛ́ksi/ *int.* みよ, そら, それ (lo). 〘(1596) ← L〙

éc·ce hó·mo /-hóʊmoʊ | -hɔ́uməʊ/ *L.* **1** この人を見よ《ピラト (Pilate) がいばらの冠をかぶったキリストを指して言った言葉; cf. *John* 19:5》. **2** いばらの冠を戴いたキリストの画像[彫像]. 〘☐ LL *Ecce Homō* behold, the man〙

ec·cen·tric /ɪkséntrɪk, ɛk-/ *adj.* **1** 〈行為·行動が〉常軌を逸している, 並はずれた;〈人物が〉風変わりな (odd, whimsical) (⇨ fantastic SYN): ~ conduct 奇行 / an ~ person 奇人 / a man of ~ habits 奇行の多い人. **2** 〘機械〙(軸が)中心をはずれている, 偏心の, 離心の: an ~ gear 偏心伝動装置, 偏心歯車 / an ~ rod 偏心棒 / an ~ strap 偏心外輪 / an ~ wheel 偏心輪. **3** 〘数学〙〈円·球などが〉〈他の円·球と〉中心を異にした〔*to*〕(cf. concentric 1): ~ circles 離心円. **4** 〘天文〙〈軌道など〉偏心的な, 離心的な, 真円でない;〈天体が〉離心軌道を移動する: an ~ angle 離心角, 偏角 / the ~ orbit 離心圏. — *n.* **1** 奇行に富む人, 変人, 奇人 (eccentric person). **2** 異常な[奇態な, 風変わりな]もの. **3** 〘機械〙偏心器, 偏心輪, エキセン. **4** 〘数学〙離心円. 〘(*a*1430) ☐ LL *eccentricus* ☐ Gk *ékkentros* ← *ek-* 'EC-¹, out of'+*kéntron* 'CENTER'〙

ec·cén·tri·cal·ly *adv.* **1** 常軌をはずれて, 風変わりに. **2** 中心を異にして, 異心的に; 中心を離れて[はずれて], 離心[偏心]的に. 〘(1678): ⇨ -ically〙

ec·cen·tric·i·ty /èksəntrísəṭi | -sentrísɪ̀ti, -sən-, -sṇ-/ *n.* **1** (服装·風采·行動などの)風変わり, 突飛, 奇抜. **2** 風変わりな点[行為], 奇行, 奇癖 (⇨ idiosyncrasy SYN). **3** 〘機械〙偏心, 偏心距離; 偏心性; 偏心率; 離心率, 心差率. **4** 〘数学〙(二次曲線の)離心率《二次曲線上の点から焦点までの距離の準線までの距離に対する比》. 〘(1545) ☐ ML *eccentricitātem*: ⇨ eccentric, -ity〙

ec·chy·mo·sis /èkɪ̀móʊsɪ̀s | èkɪmə́ʊsɪs/ *n.* (*pl.* **-mo·ses** /-siːz/) 〘病理〙斑状出血, (打撲などによる)皮下溢血(いっけつ). **ec·chy·mosed** /ɛ́kəmòʊzd, -mòʊst | ɛ́kɪməʊzd, -məʊst/, **ec·chy·mot·ic** /èkɪ̀mά(ː)tɪk | èkɪmɔ́t-⁻/ *adj.* 〘(1541) ← NL ~ ← Gk *ekkhū́mōsis* ← *ekkhūmoûsthai* to extravasate ← *ek-* 'EC-¹, out of'+*khūmós* juice (⇨ chyme)〙

eccl. 《略》ecclesiastic; ecclesiastical; ecclesiastically; ecclesiology.

Eccl. 《略》Ecclesiastes (旧約聖書の)伝道の書.

Ec·cles /ɛ́klz/ *n.* エックルズ《イングランド北西部 Manchester 西郊にある町》.

Ec·cles /ɛ́klz/, Sir **John Carew** *n.* エックルズ (1903–97; オーストラリアの生理学者; Nobel 医学生理学賞 (1963)).

Eccles, Marriner Stoddard *n.* エクルズ (1890–1977; 米国の銀行家·実業家; F. D. Roosevelt 大統領のもとで財政関係の要職を歴任).

eccles. 《略》ecclesiastic; ecclesiastical; ecclesiastically; ecclesiology.

Eccles. 《略》Ecclesiastes (旧約聖書の)伝道の書.

Éccles càke /ɛ́klz-/ *n.* 《英》エクレスケーキ《干しぶどうなどを入れた平たいケーキ》. 〘*Eccles* にちなむ〙

ec·cle·si- /ɪ̀klíːzɪ̀, ɛk-, -zi | ɪk-/ (母音の前にくるときの) ecclesio- の異形.

ec·cle·si·a /ɪ̀klíːziə, ɛk-, -léɪ-, -ʒiə | ɪklíːziə/ *n.* (*pl.* **-si·ae** /-líːzìː, -líːʒìː, -léɪziàɪ | -líːzìː/) **1** (古代ギリシャ諸都市国家, 特にアテネの)市民議会. **2** **a** キリスト教会. **b** キリスト教会堂. 〘(1577) ☐ L ~ 'assembly of the people, (LL) church' ☐ Gk *ekklēsíā* legislative assembly, church ← *ekkaleîn* to call out, summon ← *ek-* 'EC-¹, out of'+*kaleîn* to call〙

ec·cle·si·al /ɪ̀klíːziəl, ɛk-, -ʒiəl | ɪklíːziəl/ *adj.* 教会の, 教会に関する (ecclesiastical). 〘(1641) ☐ OF *ecclésial* ☐ L *ecclēsia* (↑)〙

ec·cle·si·arch /ɪ̀klíːziὰək, ɛk- | ɪklíːziὰːk/ *n.* 〘東方教会〙(特に修道院の)聖堂納室[香部屋]係; 高位聖職者. 〘(1781) ← Gk *ekklēsía* church (⇨ ecclesiastic)+-*arkhos* leader〙

ec·cle·si·ast /ɪ̀klíːziæ̀st, ɛk- | ɪklíː-/ *n.* **1** (古代ギリシャ諸都市国家, 特にアテネの)市民議会議員 [立法議員]. **2** 《まれ》=ecclesiastic 1. **3** [the E-] 伝道者 (「伝道の書」(Ecclesiastes) の筆者; ⇨ preacher 5). 〘(*c*1387–95) ☐ LL *ecclēsiastēs* (↓)〙

Ec·cle·si·as·tes /ɪ̀klìːziǽstiːz, ɛk- | ɪ̀k-/ *n.* (旧約聖書の)伝道の書《Solomon の作と伝えられる; 略 Eccles.》. 〘(*a*1325) ☐ LL *ecclēsiastēs* ☐ Gk *ekklēsiastḗs* 'a member of the ECCLESIA, 《原義》preacher': Heb. *qōhéleth* (← *qāhā́l* assembly) に対する七十人訳聖書 (Septuagint) の訳語〙

ec·cle·si·as·tic /ɪ̀klìːziǽstɪk, ɛk- | ɪ̀k-⁻/ *n.* **1** (キリスト教の)聖職者, 教役者; 牧師 (clergyman) (↔ layman). **2** =ecclesiast 1. — *adj.* =ecclesiastical. 〘(1483) ☐ LL *ecclēsiasticus* ☐ Gk *ekklēsiastikós* of the assembly, of the church ← *ekklēsíā* 'ECCLESIA'〙

ec·cle·si·as·ti·cal /ɪ̀klìːziǽstɪ̀kəl, ɛk-, -kl | ɪ̀k-⁻/ *adj.* **1** (キリスト)教会の, 聖職の (clerical) (↔ secular, lay): ~ traditions, ceremonies, architecture, etc. / an ~ year ⇨ year 2. **2** 主に初期キリスト教文書で用いられた: ~ Latin [Greek]. 〘(?*a*1425) ← LL *ecclēsiasticus* (↑)+-AL¹〙

ecclesiástical cálendar *n.* 教会暦: **1** 移動祝祭日を決めるのにキリスト教会で用いられる太陰·太陽周期に基づく暦. **2** キリスト教で 1 年の断食·聖節·祝日などの期日を示す.

Ecclesiástical Commíssion [Commíssioners] *n.* 《英》(国教会の)教会委員会《1835 年から 1948 年まで英国国教会の財産·収入を管理運営し, 1948 年 Queen Anne's Bounty と併合して Church Commissioners と改称された》. 〘1827〙

ecclesiástical cóurt *n.* 教会裁判所. 〘1836〙

ecclesiástical láw *n.* **1** =canon law. **2** (教会に適用される)法律, 規則. 〘1846〙

ec·cle·si·ás·ti·cal·ly *adv.* 教会の見地から, 教会法の上から, 教会に関して. 〘(1588): ⇨ -ly¹〙

ecclesiástical móde *n.* 〘音楽〙教会旋法《近代音楽の長·短調に相当する中世·ルネサンス音楽の調性; 長音階上の主音(終止音 finalis) および音域 (ambitus) によって決まり, 8 (のちには 12) の異なる旋法が存在する; Gregorian mode ともいう》.

ecclesiástical socíety *n.* 《米》教会法人《会衆派教会 (Congregational Church) の世俗的所有物を管理する法人団体》.

ec·cle·si·as·ti·cism /ɪ̀klìːziǽstəsɪ̀zṃ, ɛk- | ɪ̀klìː-ziǽstɪ̀-/ *n.* 〘通例軽蔑的に〙教会主義《教会の慣行や儀式の細目などの形式を過度に尊重すること》. 〘(*c*1859): ⇨ -ism〙

Ec·cle·si·as·ti·cus /ɪ̀klìːziǽstɪkəs/ *n.* 〘聖書〙集会の書, ベンシラの知恵《外典 (Apocrypha) の一書; The Wisdom of Jesus the Son of Sirach ともいう; 略 Ecclus.》. 〘《略》← LL *ecclēsiasticus liber* the church book: 教会の教義問答用にしばしば用いられたことから?〙

ec·cle·si·o- /ɪ̀klíːzioʊ, ɛk- | -ziəʊ/「教会 (church)」の意の連結形. ★ 母音の前では通例 ecclesi- になる. 〘☐ LL *ecclesio-* ← ECCLESIA: ⇨ -o-〙

ec·cle·si·ol·a·try /ɪ̀klìːziά(ː)lətri, ɛk- | ɪ̀klìːziɔ́l-/ *n.* 教会崇拝《宗教的形式·伝統の過度の尊重》. 〘(1847) ← ECCLESIO-+-LATRY〙

ec·cle·si·o·log·ic /ɪ̀klìːziəlά(ː)dʒɪk, ɛk- | ɪ̀klìːziəlɔ́dʒ-⁻/ *adj.* =ecclesiological.

ec·cle·si·o·log·i·cal /ɪ̀klìːziəlά(ː)dʒɪ̀kəl, ɛk-, -kl | ɪ̀klìːziəlɔ́dʒɪ-⁻/ *adj.* **1** 教会建築学の, 教会建築学的な. **2** 教会論[学]上の. **~·ly** *adv.* 〘(1847) ← ECCLESIOLOGY+-ICAL〙

Ecclesiológical Society *n.* [the ~] 教会建築学協会《1848 年 London に設立されたゴシック様式復興を目指す英国国教会の宗教家·建築家の組織》.

ec·clè·si·ól·o·gist /-dʒɪ̀st | -dʒɪst/ *n.* **1** 教会建築研究家, Ecclesiological Society 会員. **2** 教会学者. 〘(1841): ⇨ ↓, -ist〙

ec·cle·si·ol·o·gy /ɪ̀klìːziά(ː)lədʒi, ɛk- | ɪ̀klìːziɔ́l-/ *n.* **1** 教会建築学《教会の建築様式·装飾などの研究》. **2** 教会学[論]《教会の性質·組織·歴史などの研究で神学の一部門》. 〘(1837) ← ECCLESIO-+-LOGY〙

Ecclus. 《略》Ecclesiasticus (聖書外典の)集会の書.

ECCM 《略》〘軍事〙electronic counter-countermeasures.

ec·cre·mo·car·pus /èkrəmoʊkάːpəs, -mə- | -mə(ʊ)-/ *n.* 〘植物〙ノウゼンカズラ科チョウチンバナノウゼンカズラ属 (*Eccremocarpus*) の常緑のつる性低木; (特に)チョウチンバナノウゼンカズラ (*E. scaber*)《チリ特産; 花は橙赤色で筒状》.

ec·crine /ɛ́krɪ̀n, -riːn/ *adj.* 〘生理〙エクリンの, 漏出分泌をする (cf. apocrine): an ~ gland エクリン腺, 漏出分泌腺. 〘(*c*1927) ☐ Gk *ekkrínein* to exude, secrete ← *ek-* 'EC-¹'+*krínein* to separate (← IE **krei-* to sieve)〙

ec·cri·nol·o·gy /èkrɪ̀nά(ː)lədʒi | -rɪnɔ́l-/ *n.* 〘生理〙分泌排泄学; 分泌腺学. 〘(1900) ☐ F *eccrinologie* ← *eccrino-* ← Gk *ekkrínein* (↑): ⇨ -logy〙

ec·dem·ic /ɛkdémɪk/ *adj.* 〘病理〙異所性疾患の, 外来性の《外部から持ち込まれ, しかも流行病 (epidemic) でも風土病 (endemic) でもない病気についていう》. 〘← EC-¹+Gk *dem-* (← *dêmos* people)+-IC¹〙

ecdyses *n.* ecdysis の複数形.

ec·dys·i·asm /ɛkdíziæ̀zṃ/ *n.* 脱衣嗜好(しこう)症.

ec·dys·i·ast /ɛkdíziæ̀st, -ziəst/ *n.* 《戯言》=stripteaser. 〘(1940) ← ECDYSIS (↓)+-AST: H. L. Mencken の造語〙

ec·dy·sis /ɛ́kdəsɪ̀s | -dɪsɪs/ *n.* (*pl.* **-dy·ses** /-sìːz/) 〘動物〙(蛇·甲殻類の)脱皮; 脱いだ皮, ぬけがら (slough). 〘(1854) ← NL ~ ← Gk *ékdusis* a shedding ← *ekdúein* to put off ← *ek-* 'EC-¹'+*dúein* to enter, put on〙

ec·dy·sone /ɛ́kdəsòʊn | -dɪsəʊn/ *n.* (*also* **ec·dy·son** /-sὰ(ː)n | -sɔ̀n/) 〘生物〙エクジソン《昆虫の変態, 特に蛹化·成虫化を促進するホルモン》. 〘(1956) ← ECDYS(IS)+(HORM)ONE〙

ECE /ìːsìːíː/ 《略》Economic Commission for Europe ヨーロッパ経済委員会《1947 年設立された国連の経済社会理事会の委員会の一つ》.

e·ce·sis /ɪ̀síːsɪ̀s, -kíː-s- | ɪsíːsɪs, iːs-/ *n.* 〘生態〙土着《生物が新しい土地に移動しそこで繁殖すること》. **e·cé·sic** /-sɪk/ *adj.* 〘(1904) (1956) ← NL ~ ← Gk *oíkēsis* an inhabiting ← *oikeîn* to inhabit ← *oîkos* house: ⇨ -sis〙

E·ce·vit /ɛ̀dʒɛvíːt | ɛ́tʃəvɪt; *Turk.* ɛ́dʒɛvit/, **Bü·lent** *n.* エジェビット (1925– ; トルコの政治家; 首相 (1974, 77, 78–79, 99–)).

ECG /ìːsìːdʒíː/ 《略》〘医学〙electrocardiogram;〘医学〙electrocardiograph; Export Credits Guarantee.

ech. 《略》echelon.

é·chap·pée /èɪʃæpéɪ; *F.* eʃape/ *n.* 〘音楽〙=escape note. 〘☐ F ~ 'escape (tone), 《原義》escaped' (fem. p.p.) ← *échapper* 'to ESCAPE'〙

ech·ard /ɛ́kɑəd | ɛ́kɑːd/ *n.* 〘生態〙無効水分《植物の根が吸収できない土壌中の水分; cf. chresard》. 〘(1905) ← Gk *ékhein* to hold+*ardeía* irrigation〙

eche /iːtʃ/ *vt.* 《廃》増す, 引き延ばす (eke out). 〘OE *ēcan* to increase; ⇨ eke¹〙

E·che·ga·ray y Ei·za·guir·re /èɪtʃəgəráɪːèɪsəgwíreɪ; *Sp.* ètʃeɣaráiièiθaɣíre/, **José** *n.* エチェガライ (イエイサギレ) (1833?–1916; スペインの劇作家·科学者·政治家; Nobel 文学賞 (1904)).

ech·e·lette /ɛ̀ʃəlɛ́t, èɪʃ-/ *n.* 〘光学〙エシェレット格子《断面が鋸歯状の溝をきざみ, 特定の次数, 波長のスペクトルが強くなるようにした反射回折格子; echelette grating ともいう》. 〘☐ F *échelette* small rack (dim.) ← *échelle* ladder, scale〙

e·chelle¹ /eɪʃɛ́l; *F.* eʃɛl/ *n.* **1** (17 世紀の女性用)胸衣 (stomacher) に用いられたはしご状リボン飾り. **2** 衣服のはしご状飾り. 〘(1690) ☐ F *échelle* 《転用》(↓)〙

e·chelle² /eɪʃɛ́l; *F.* eʃɛl/ *n.* 〘光学〙階段格子《高分解能を得るため, 鋸歯状の溝をきざみ, 高い次数のスペクトルを用いる回折格子; echelle grating ともいう》. 〘(1949) ☐ F *échelle* ladder < OF *eschiele* < L *scālam* 'SCALE¹'〙

ech·e·lon /ɛ́ʃəlὰ(ː)n | ɛ́ʃəlɔ̀n, éɪʃ-; *F.* eʃlɔ̃/ *n.* **1** (公務員などの)段階, 級: government officials in lower ~*s* 下級公務員 / the upper ~*s* of the Pentagon 米国国防総省の上層部. **2** 〘軍事〙(軍隊·軍艦·飛行機などの)梯隊(ていたい), 梯団, 梯形配形[編隊]; 一梯隊; (砲塁·砲陣などの)梯次配置: in ~ 梯隊で, 梯団をなして, 梯次排列で. **3** 〘軍事〙(攻撃部隊·支援部隊など, 任務によって区分された)部隊: an ~ of attack 攻撃部隊; 攻撃波. **4** 〘物理〙=echelon grating. **5** [E-] エシュロン《米国を中心に英語圏 5 か国が共同運用しているとされる通信傍受システム》. — *vt.* 梯形[梯団]に配置する. — *vi.* 梯形[梯団]になる. 〘n.: (1796) ☐ F *échelon* 《原義》round of a ladder ← *échelle* (↑). — v.: (*c*1860) ☐ F *échelonner*〙

échelon gràting *n.* 〘光学〙階段格子《平行平面板を階段状に並べ, 高次の干渉を用い高分解を得る分散性回折格子》.

E

échelon lèns *n.* 〘光学〙 階段状レンズ (⇨ Fresnel lens).

éch·e·lon·ment /ɛ́ʃəlɑ̀(ː)mənt | ɛ́ʃəlɔn-, éɪʃ-/ *n.* 〘軍事〙 梯隊(ていたい)[梯団]編成, 梯団区分; (部隊を次々に前線へ出動させるための)梯次配置, (前線への流れを円滑にするための補給品の)梯次集積.

ech·e·ve·ri·a /ɛ̀tʃəvəríːə | ɛ̀tʃɪ̀vɪ́əriə/ *n.* 〘植物〙 **1** [E-] エケベリア属 《ベンケイソウ科の一属》. **2** エケベリア 《エケベリア属の多年生多肉植物の総称; 鑑賞用; シノノメ (*E. agavoides*) など》. 〚(1840) ← NL ～ ← *Echeveria* (メキシコの植物挿絵画家)〛

e·chid·na /ɪkídnə/ *n.* 〘動物〙 **1** ハリモグラ (*Tachyglossus aculeatus*) 《オーストラリア, Tasmania 島などに産する卵生哺乳動物; 夜行性で蟻を食う; spiny anteater ともいう》. **2** ナガハシハリモグラ (*Zaglossus bartomi*) 《New Guinea 産で, 足は 3 趾(し)》. 〚(1832) □ L ～ □ Gk *ékhidna* viper〛

E

echidna 1

E·chid·na /ɪkídnə, ɛk-/ *n.* 〘ギリシャ神話〙 エキドナ 《上半身女体, 下半身蛇体の怪物; Chimera, Hydra, Cerberus, Sphinx などの母; 百眼の巨人 Argus に殺された》. 〚↑〛

e·chin- /ɪkáɪn, ɛk-/ (母音の前にくるときの) echino- の異形.

ech·i·na·ce·a /ɛ̀kənéɪsiə | ɛ̀kɪ-/ *n.* 〘植物〙 ムラサキバレンギク 《北米産キク科ムラサキバレンギク属 (*Echinacea*) の多年草, 特に *E. purpurea*》. 〚← NL *Echinacea* ← Gk *ekhînos* hedgehog〛

e·chi·nate /ɪkáɪnət, ɛk-, -neɪt/ *adj.* 〘生物〙 針[とげ]のある. 〚(1668) □ L *echinātus* ← *echīnus* 'ECHINUS'〛

e·chi·nat·ed /ɪkáɪneɪtɪd, ɛk- | -tɪd/ *adj.* ＝echinate. 〚1657〛

echini *n.* echinus の複数形.

e·chi·nite /ɪkáɪnaɪt, ɛk-/ *n.* ウニの類の化石. 〚(1750) ← ECHINO-＋-ITE[1]〛

e·chi·no- /ɪkáɪnoʊ, ɛk- | -nəʊ-/ 「とげ; ウニ (echinus)」の意の連結形. ★ 母音の前では通例 echin- になる. 〚(19C) □ L *echino-* ← *echinus* 'ECHINUS'〛

echìno·cáctus *n.* 〘植物〙 **1** [E-] タマサボテン属 《太い針状刺があり, 大形種のサボテンを含む一属; 現在はさらに数属に分けることが多い》. **2** タマサボテン 《タマサボテン属のサボテンの総称》. 〚← ECHINO-＋CACTUS〛

e·chì·no·coc·co·sis /-kɑ(ː)kóʊsɪs | -kɔkóʊsɪs/ *n.* (*pl.* **-co·ses** /-siːz/) 〘獣医〙 包虫症 《エキノコックスの寄生によって起こる疾病》. 〚(1900) ← NL ～: ⇨ ↓, -osis〛

echìno·cóccus *n.* (*pl.* **-cocci**) 〘動物〙 エキノコックス, 包条虫 《扁形動物門条虫綱 *Echinococcus* 属の動物の総称で, その成虫と幼虫すなわち包虫とを指す; 例えば多包条虫 (*E. multilocularis*) の成虫はキツネ・イヌなどの腸内に, 幼虫すなわち多包虫はハタネズミの肝臓などに寄生するが, 幼虫が人に寄生することもある》. 〚(1836–39) ← ECHINO-＋COCCUS〛

echíno·dèrm *n.* 〘動物〙 棘皮(きょくひ)動物 《棘皮動物門に属する海産動物の総称; ヒトデ・ウニ・ナマコなど》.

echino·dér·mal *adj.* 〚(1835) ← NL *Echinoderma*: ⇨ echino-, -derm〛

E·chi·no·der·ma·ta /ɪkàɪnoʊdə́ːmətə, ɛk- | -nəʊdə́ːmətə/ *n. pl.* 〘動物〙 棘皮動物門 (cf. echinoderm). 〚← NL ～ (pl.): ↑〛

echìno·dérmatous *adj.* 〘動物〙 棘皮動物門に属する. 〚(1835–36): ⇨ ↑, -ous〛

e·chi·noid /ɪkáɪnɔɪd, ɛk-/ 〘動物〙 *adj.* **1** ウニ綱の. **2** ウニに似た. ― *n.* ウニ. 〚(1851) ← NL *Echinoidea*: ⇨ echino-, -oid〛

E·chi·noi·de·a /ɛ̀kənɔ́ɪdiə | ɛ̀kɪnɔ́ɪdiə/ *n. pl.* 〘動物〙 (棘皮動物門)ウニ綱 《ウニ・タコノマクラなどを含む》. 〚← NL ～: ⇨ echino-, -oid, -ia[2]〛

echìno·plúteus *n.* 〘動物〙 エキノプルテウス 《ウニ類の嚢胚に続く幼生形》. 〚(1909) ← NL ～ ← ECHINO-＋L *pluteus* movable shelter〛

echíno·stòme *n.* 〘動物〙 棘口(きょっこう)吸虫 《爬虫類・鳥類・哺乳類に寄生する扁形動物》. 〚← NL *Echinostoma*: ⇨ echino-, -stome〛

e·chì·no·sto·mí·a·sis /-stəmáɪəsɪs | -sɪs/ *n.* 棘口吸虫症 《鶏などの吸虫症》. 〚← NL ～: ⇨ ↑, -iasis〛

E·chi·no·zo·a /ɪkàɪnoʊzóʊə, ɛk- | -nə(ʊ)zóʊə/ *n. pl.* 〘動物〙 (棘皮(きょくひ)動物門)有棘亜門. 〚← NL ～: ⇨ echino-, -zoa〛

e·chi·nus /ɪkáɪnəs, ɛk-/ *n.* (*pl.* **-chi·ni** /-naɪ/) **1** 〘動物〙 **a** ＝sea urchin 1. **b** エキヌス属 (*Echinus*) のウニの総称 (ヨーロッパオオウニ (*E. esculentus*) など). **2** 〘建築〙 エキナス, まんじゅう形 《ドリス式建築様式の柱頭の冠板 (abacus) を支える繰形》. 〚(*c*1380) □ L *echīnus* □ Gk *ekhînos* hedgehog, sea urchin, (原義) snake-eater ← ? *ékhis* viper〛

E·chi·on /ɪkáɪɑ(ː)n | -ən/ *n.* 〘ギリシャ神話〙 エキオン 《the Sparti の一人; Cadmus の娘 Agave の夫で, Pentheus の父》. 〚□ L *Echion* □ Gk *Ekhíōn*〛

Ech·is /ɛ́kɪs, íːk- | -kɪs/ *n.* 〘動物〙 サメハダクサリヘビ属 《クサリヘビ科の一属; 乾燥地帯の砂地にすむサメハダクサリヘビ (*E. carinatus*) など》. 〚← NL ～ ← Gk *ékhis* viper〛

e·chit·a·mine /ɪkítəmɪn, ɛk- | ɛkítəmɪn, ɪk-/ *n.* 〘化学〙 エキタミン ($C_{22}H_{28}N_2O_4$) 《キョウチクトウ科 *Alstonia* 属の植物の一部に見出されるアルカロイドの一つ》. 〚(1876) □ G *Echitamin* ← NL *Echites* (属名: ← Gk *ékhis* adder: 茎が渦状になっているところから)＋*amin* 'AMINE'〛

ech·i·um /ɛ́kiəm/ *n.* 〘植物〙 エキウム (*Echium*) 《ムラサキ科エキウム[シャゼンムラサキ]属の草花; シベナガムラサキ (*E. vulgare*) など; 釣鐘状の花をつける》. 〚(1883) ← NL ～〛

ech·i·u·roid /ɛ̀kijʊ́ərɔɪd | -júər-/ *adj., n.* 〘動物〙 ユムシ綱の(環形動物). 〚(1886) ↓〛

Ech·i·u·roi·de·a /ɛ̀kijʊrɔ́ɪdiə | -diə/ *n. pl.* 〘動物〙 (環形動物門)ユムシ綱. 〚← NL ～ ← *Echiurus* (属名: ← Gk *ékhis* viper＋NL *-urus* tail)＋*-oidea* (← Gk *-oeidḗs* '-OID')〛

ech·o /ɛ́koʊ | ɛ́kəʊ/ *n.* (*pl.* **～es**) **1 a** 反響, こだま. **b** [時に *pl.*] 残存効果. **2** (自説などに対する世論の)反響, 反映, 共鳴 (response): arouse an ～ 反響を起こす / This returned no ～. これは何らの反響もなかった. **3** (他人の意見・考えなどの)繰返し, 模倣 (imitation); なごり (vestige): an ～ *from* Plato プラトンの模倣 / a feeble ～ of splendors 壮麗さのかすかななごり. **4** (他人の言葉・説などをわが物顔に)繰り返す人, (無定見な)模倣者: Apes are ～*es* of men. 類人猿は人まねをする. **5 a** 詩において前行の末尾の音節を次行で反復すること. **b** その詩. **6** (レコード音楽の)エコー[音楽]効果. **7** [E-] 〘擬人〙 山彦 (cf. Echo). **8** 〘音楽〙 **a** エコー 《ある楽句を静かに繰り返すこと》. **b** ＝echo organ. **c** ＝echo stop. **9** 〘通信〙 **a** 電磁波の反射, エコー 《放送電波・レーダー電波などが大気層・障害物・対象物などに当たって反射すること, またレーダーでは反射の結果現れる像》. **b** エコー 《文字 e を表す通信コード》. **10** 〘トランプ〙 エコー: **a** ＝high-low signal. **b** (whist など)パートナーの合図に応えて特定の札(特に切札)を出すこと. **11** [E-] エコー衛星 《米国が打ち上げた気球型通信実験用衛星の一つで, 1 号は 1960 年 8 月に打ち上げられた》. **12** 〘電算〙 エコー 《入力文字がホストコンピューターから返されたりして端末画面に表示されたもの》. ***to the écho*** 反響するほど, 高らかに: applaud [cheer] *to the* ～ 反響するほど喝采する[ほめそやす] (cf. Shak., *Macbeth* 5. 3. 53). ***wáke the échoes*** (1) こだまを呼び起こす. (2) 騒ぎを起こす.
― *vi.* **1** 〈場所などが〉反響する, こだまする, 響き渡る (reverberate): make the valley ～ *with* one's voice 声を谷間にこだまさせる. **2** 〈音などが〉こだまとなって[のように]はね返る, 鳴り渡る: The voice ～*ed through* the hall. その声は会堂に鳴り響いた. **3** 〘トランプ〙 エコーを送る. ― *vt.* **1** 〈場所などが〉〈音響を〉はね返す, 反響させる: The hall ～*es* even faint sounds. 会堂はかすかな音でも反響させる. **2** 〈感情・説などに〉反響[共鳴]を示す, 反映する; 〈人の言葉・意見を〉おうむ返しに繰り返す, そっくりまねる: ～ a person's sentiment 人の感情に共鳴する / The condition of art is ～*ed* in politics and the economy. そういう芸術の情況は政治経済にも反映している / John ～*ed* his older brother. ジョンは兄の言葉をそっくりまねた. **3** 〘電算〙 (キーボード入力を受けて) 〈文字を〉スクリーンに表示する.
～·ing *adj.* **～·lìke** *adj.*
〚(1340) *ecco* □ (O)F *écho* // L *ēchō* □ Gk *ēkhṓ* sound, echo (cf. *ēkhḗ* noise) ← IE *(s)wāgh- to resound〛

Ech·o /ɛ́koʊ | ɛ́kəʊ/ *n.* **1** 〘ギリシャ神話〙 エコー 《空気と土との間に生まれた森の精 (nymph); Narcissus に恋慕したが, 顧みられないので身はやせ細って, ついに声だけが残ったといわれる》. **2** 〘通信〙 エコー 《文字 e を表す通信コード》. 〚ME *Ekko* (↑)〛

écho bòx *n.* 〘電子工学〙 エコー箱 (⇨ cavity resonator). 〚1950〛

ècho·cárdiogram *n.* 〘医学〙 超音波心臓検査図, 心(臓)エコー図. 〚1975〛

ècho·cardiógraphy *n.* 〘医学〙 エコー心電図検査(法) 《超音波を利用する》. 〚1965〛

écho chàmber *n.* 〘ラジオ・テレビ〙 エコー室, 残響室, 反響室 《演出効果を高めるため人為的に残響・反響を作り出す部屋; reverberation chamber ともいう》. 〚1937〛

ècho·encéphalogram *n.* 〘医学〙 超音波脳(造影)図, 脳エコー図. 〚1956〛

ècho·encéphalograph *n.* 〘医学〙 超音波脳検査計, 超音波頭部診断計.

ècho·encephalógraphy *n.* 〘医学〙 (超音波を利用した)エコー脳写.

éch·o·er *n.* **1** 反響するもの. **2** 他人の説・言葉などを反復する人, 模倣者. 〚(1823): ⇨ -er[1]〛

ech·o·ey /ɛ́koʊi | ɛ́kəʊi/ *adj.* 反響[こだま]のような; 反響しやすい.

ech·o·gram /ɛ́koʊgræ̀m | ɛ́kəʊ-/ *n.* 〘海事〙 音響測深記録図. 〚(1936): ⇨ -gram〛

ech·o·graph /ɛ́koʊgræ̀f | ɛ́kəʊgrɑ̀ːf, -græ̀f/ *n.* 〘海事〙 自記音響測深機 《自動的に水深を記録する音響測深機 (sonic depth finder)》. 〚(1947): ⇨ -graph〛

e·cho·ic /ɛkóʊɪk, ɪk- | ɛkə́ʊ-, ɪk-/ *adj.* **1** 反響(性)の. **2** 〘言語〙 擬音的な (onomatopoeic). 〚(1880) ← ECHO＋-IC[1]〛

echóic mémory *n.* 〘心理〙 音響記憶 (cf. iconic memory).

ech·o·ism /ɛ́koʊɪ̀zm | ɛ́kəʊ-/ *n.* 〘言語〙 **1** 反響, 擬音. **2** 進行同化 《母音などが先行する音に同化する現象》.

ech·o·la·li·a /ɛ̀koʊléɪliə, -lǽl- | ɛ̀kəʊ-/ *n.* **1** 〘心理〙 反響言語 《精神障害の症状で, 他人の言葉をそのままおうむ返しにまねる行動》. **2** 〘軽蔑〙 〘詩学〙 詩において意味を犠牲にして音的効果を優先した音の配列. **3** 〘教育心理〙 乳幼児のする他者の音声の口まね. **ech·o·lal·ic** /ɛ̀koʊlǽlɪk | ɛ̀kəʊ-⁻/ *adj.* 〚(1885) ← NL ～ ← L *ēchō* 'ECHO'＋*-lalia* (← Gk *lalía* a talking, chat ← *laleîn* to chat, talk): ⇨ -ia[1]〛

écho·less *adj.* 反響のない. 〚(1728): ⇨ -less〛

ècho·locátion *n.* **1** 〘電子工学〙 電磁波反射法 《電磁波の反響に要する時間と方向によって物体の所在を決定する一般的方法》. **2** 〘動物〙 エコーロケーション, 反響定位 《コウモリ・イルカなどが音または音波によって物体の存在を測定する能力》. 〚1944〛

écho machìne *n.* 〘電気〙 エコーマシン 《人工的に反響をつける装置; 録音再生技術を応用する》.

écho òrgan *n.* エコーオルガン 《パイプオルガンでエコー効果を出す機構》.

écho plàte *n.* エコー[反響]板 《録音・放送用に反響・残響効果音を作り出す電気装置》.

ech·o·prax·i·a /ɛ̀koʊprǽksiə | ɛ̀kəʊ-/ *n.* 〘精神医学〙 反響動作(症) 《他人の動作を無意味に反復または模倣すること》. 〚(1905) ← NL ～: ⇨ echo, praxis, -ia[1]〛

ech·o·prax·is /ɛ̀koʊprǽksɪs | ɛ̀kəʊprǽksɪs/ *n.* 〘精神医学〙 ＝echopraxia. 〚1904〛

écho ròom *n.* ＝echo chamber. 〚1933〛

écho sòunder *n.* 〘海事〙 ＝sonic depth finder. 〚1927〛

écho sòunding *n.* 〘海事〙 音響測深. 〚1923〛

écho stòp *n.* (パイプオルガンの)反響音栓.

écho vèrse *n.* ＝echo 5 b.

écho·vìrus, ÉCHO vìrus *n.* 〘医学〙 エコーウイルス 《ヒトの腸管内で増殖している一群のピコルナウイルスの一種; 髄膜炎の原因ともなる》. 〚(1950) (略) ← *e*(*nteric*) *c*(*ytopathogenic*) *h*(*uman*) *o*(*rphan*) *virus*〛

écho wòrd *n.* 〘言語〙 擬音語. 〚1922〛

ECHR (略) European Convention on Human Rights; European Court of Human Rights.

echt /ɛ́kt; G. ɛ́çt/ G. *adj.* 本物の, 正真正銘の (authentic). 〚(1916) □ G ～ < OHG *ēhaft* ← *ēwa* law, right〛

e·cize /íːsaɪz/ *vi.* 〘生態〙 〈植物が〉新環境に定着順応する (cf. ecad). 〚(1916) ← ECO-[1]＋-IZE: cf. ecology〛

Eck /ɛ́k; G. ɛ́k/, **Johann Maier von** *n.* エック (1486–1543; ドイツのカトリック神学者; Martin Luther の論敵).

Eck·e·ner /ɛ́kənə | -nər; G. ɛ́kənɐ/, **Hugo** *n.* エッケナー (1868–1954; ドイツの飛行船技師; Zeppelin 号で世界一周飛行を行った (1929)).

Eck·er·mann /ɛ́kəmɑ̀ːn, -mən | ɛ́kə-; G. ɛ́kɐmàn/, **Johann Peter** *n.* エッカーマン (1792–1854; Goethe の友人・助手でその晩年の彼との会話を記録した; *Gespräche mit Goethe*「ゲーテとの対話」(1836–48)).

Eck·ert /ɛ́kət | ɛ́kət/, **J(ohn) Presper, Jr** *n.* エッカート (1919–95; 米国の技術者・発明家; J. W. Mauchly と共同でデジタル電算機 ENIAC を完成 (1946)).

Eck·hardt /ɛ́khɑət | -hɑːt; G. ɛ́k(h)aʁt/ *n.* エックハート (男性名). 〚□ G *Echehard* (原義) edge-hard〛

Eck·hart /ɛ́khɑət | -hɑːt; G. ɛ́k(h)aʁt/, **Johannes** *n.* エックハルト (1260?–1327; ドイツのドミニコ会修道士, 神秘主義哲学者・宗教家; 通称 Meister Eckhart).

ECL (略) emitter-coupled logic 〘電子工学〙 エミッター結合論理(素子).

ECLA /ɛ́klə/ (略) Economic Commission for Latin America ラテンアメリカ経済委員会, エクラ (1948 年設立された国連の経済社会理事会の委員会の一つ).

é·clair /eɪkléə, ɪ̀k-, éɪkleə, íːk- | eɪkléər, ɪk-, éɪkleə[r]; F. eklɛːʁ/ *n.* (*pl.* **～s** /～z; F. ～/) エクレア 《細長いシュークリーム (cream puff) の上にチョコレートをかけたもの》. 〚(1861) □ F ～ < OF *esclair* (原義) lightning ← *esclairier* to lighten < VL **exclāriāre*＝L *exclārāre* to light up ← EX-[1]＋*clārāre* to make clear (← *clārus* 'CLEAR')〛

é·clair·cis·se·ment /ɛ̀klɛəsiːs(ə)mɑ̃ː(ŋ), -mɑ́ːŋ | ɛ̀kleə-; F. eklɛʁsismɑ̃/ F. *n.* (*pl.* **～s** /～(z); F. ～/) 〘古〙 (不明な点の)解明 (clarification); (事情などの)釈明, (行為・立場などの)説明 (explanation): come to an ～ with a person 人と了解がつく. 〚(1667) □ F ～ ← OF *esclarciss-, esclarcir* to clear up < VL **exclāricīre*: ⇨ ex-[1], clear〛

ec·lamp·si·a /ɪklǽm(p)siə, ɛk-/ *n.* 〘病理〙 **1** (妊婦のかかる)子癇(しかん) (cf. pre-eclampsia). **2** (小児の)急癇(きゅうかん). 〚(*c*1860) ← NL ～ ← Gk *éklampsis* shining forth ← *eklámpein* to shine forth ← *ek-* 'EC-[1]'＋*lámpein* to shine (cf. lamp): ⇨ -ia[1]〛 **ec·lámp·tic** /-tɪk/ *adj.*

é·clat /eɪklɑ́ː, ⁻⁻ | ⁻⁻; F. ekla/ *n.* **1** 華々しい成功; (成功などの)華々しさ (brilliance); 大喝采 (acclamation): with (great) ～ (大)かっさいのうちに, (大)成功で, 華々しく. **2** (声望の)光輝, 光彩; 華やかな名声 (publicity), 栄誉: a diplomatist of great ～ 声望の高い外交家. **3** 誇示, 派手な表現, みせびらかし. **4** 〘古〙 醜聞. 〚(1672) □ F ～ 'splinter, brilliancy, clap' (逆成) ← *éclater* to burst out < OF *esclater* < ? VL **esclattāre* □ Gmc **slaitan* (caus.) ← **slītan* 'to SLIT'〛

eclec. (略) eclectic; eclecticism.

ec·lec·tic /ɛkléktɪk, ɪk-, iːk-/ *adj.* **1** 〘哲学・美術〙 折衷主義の, 折衷派の. **2** 〈趣味・意見など〉折衷的な, 偏ってない, 広い (broad): an ～ turn of mind 偏ってない性向. **3** (各種の材料を)取捨選択する; 取捨選択して編集した: an ～ reader, magazine, etc. ― *n.* **1** 折衷学派の哲学者. **2** 折衷派の画家. **3** (米) 折衷主義の医師 《病名にかかわらず自分の好みで一定の植物性薬剤を用いた》. 〚(1683) □ Gk *eklektikós* selective ← *eklégein* to pick out ← *ek-* 'EC-[1]'＋*légein* to choose: cf. lecture, logos〛

ec·léc·ti·cal·ly *adv.* 取捨選択して; 折衷的に. 〚(1844): ⇨ ↑, -cally〛

ec·léc·ti·cism /-təsɪ̀zm | -tɪ-/ *n.* **1** 〘哲学・美術〙 折衷主義. **2** (米) 折衷医学. 〚(1798): ⇨ -ism〛

Eclèctic schòol *n.* [the ～] **1** 〘哲学〙 折衷学派. **2** 〘美術〙 折衷画派 《相異なる二つ(以上)の派の長所を採って合一させようとする画派; 歴史上では 16 世紀の末に起こっ

たイタリアのボローニャ画派などをいう》.

e·clipse /ɪ̀klíps, iːk-/ *n.* **1** 〖天文〗 **a** (太陽・月の)食: ⇨ annular eclipse, lunar eclipse, partial eclipse, solar eclipse, total eclipse / an ～ of the sun [moon] 日[月]食 / the magnitude [phase] of the ～ 食分, 食相. **b** (星の)掩蔽(えんぺい), 星食 (occultation). **2** (灯火などの)光の消滅; (明暗灯の)全暗. **3** (栄誉・名声などが)光輝[光彩]を失うこと (decline); 衰微: suffer an ～ 〈名声などが〉失墜する / the ～ of good manners よい行儀作法の衰微. **4** 〖動物〗 **a** (鳥が)冬羽(ふゆば) (eclipse plumage) になること. **b** 冬羽の状態.
gó into eclípse (影響力などが)弱まる, 失墜する. *in eclípse* (1) 〈太陽・月が〉欠けて. (2) 光彩を失って. (3) 〈鳥が〉冬羽になって.
— *vt.* **1** 〖天文〗〈天体が〉〈他の天体を〉食する: The moon ～*d* the sun. 月が太陽を食した《日食が起こった》. **2** 暗くする (darken), 覆い隠す (hide); 〈灯火〉の光を遮る: Clouds ～*d* the moon. 月は雲に隠れた. **3** 〈名声などを〉陰らせる, …の光彩[光輝]を奪う (obscure), しのぐ, 顔色なからしめる: Her diamond ring ～*d* all the rest. 彼女のダイヤの指輪は他のすべてをしのいでいた.
〖(c1280) □ (O)F *éclipse* its place □ L *eclipsis* □ Gk *ékleipsis* ← *ekleípein* to leave out ← *ek-* 'EC-[1]' ＋ *leípein* to leave〗

E·clipse /ɪ̀klíps, iːk-/ *n.* 〖商標〗 エクリプス《米国 Data General 社製の 16 ビットのミニコンピューター; 32 ビットのスーパーコンピューターは Eclipe MV》.

eclípse plùmage *n.* 〖鳥類〗 冬羽(ふゆば) (cf. nuptial plumage). 〖1906〗

e·clíps·ing bínary *n.* 〖天文〗 食連星 (⇨ eclipsing variable).

eclípsing váriable *n.* 〖天文〗 食変光星《連星系をなす二つの恒星の周期的食によって光度が変わる変光星; eclipsing binary ともいう; cf. binary star》. 〖1923〗

e·clip·sis /ɪ̀klípsɪs, iːk- | -sɪs/ *n.* 〖言語〗 **a** (ゲール語における)語頭子音の音韻的変化《有声音が鼻音化し, 無声破裂音が有声化する》. **b** 《まれ》 ＝ellipsis 1. 〖((1538)) ((1845)) □ Gk *ékleipsis*: ⇨ eclipse〗

e·clip·tic /ɪ̀klíptɪk, iːp-/ *n.* 〖天文〗 黄道《天球上で太陽が 1 年間に 1 周して描く大円; 月がこの線上またはその付近に来るときだけ食が起こることから; ⇨ zone 挿絵》. — *adj.* 黄道の. 〖(c1391) *ecliptik* □ L *eclipticus* □ Gk *ekleiptikós* 'of an ECLIPSE'〗

e·clíp·ti·cal /-tɪkəl, -kl | -tɪ-/ *adj.* 〖天文〗 ＝ecliptic. **～·ly** 〖(1556): ⇨ ↑, -ical〗

ec·lo·gite /ékləʤàɪt/ *n.* 〖岩石〗 エクロジャイト, 榴輝(りゅうき)岩《緑輝石とざくろ石の粒状集合からなる岩石》. 〖(1852) □ F *éclogite* □ Gk *eklogḗ* selection: ⇨ ↓, -ite[1]〗

ec·logue /éklɔ(ː)g, -lɑ(ː)g | -lɒg/ *n.* 〖詩学〗 牧夫を主とした対話体の短詩; 牧歌, 田園詩 (bucolic): the *Eclogues* 「牧歌」《古代ローマの詩人 Virgil の作で, 10 編から成る; *Bucolics* ともいう》. 〖(?a1439) *eclog* □ (O)F *églogue* □ L *ecloga* short poem □ Gk *eklogḗ* selection ← *eklégein* to pick out: cf. eclectic〗

e·close /ɪklóuz, iːk- | -klə́uz/ *vi.* 〈昆虫が〉孵化[脱蛹(だつよう)]する. 〖(c1875) □ F *éclore* to hatch〗

e·clo·sion /ɪklóuʒən, iːk- | -kləu-/ *n.* 〖昆虫〗 **1** 羽化, 脱蛹《蛹(さなぎ)から成虫になること》. **2** 孵化, 脱卵殻《卵から幼虫にかえること》. 〖(1889) □ F *éclosion* ← *éclos-*, *éclore* to hatch < VL **exclōdere*＝L *exclūdere* 'to hatch, EXCLUDE'〗

ECM 《略》〖軍事〗 electronic countermeasures; European Common Market.

ec·mne·si·a /ɛkmníːʒə | -ziə, -ʒə/ *n.* 〖心理〗 エクムネジー《過去の経験をあたかも現在のことのように再生すること》. 〖(1890) ← NL ～ ← EC-[1]＋Gk *mnêsis* memory＋-IA[1]〗

ECNR 《略》 European Council for Nuclear Research (⇨ CERN).

E·co /ékou | ékəu; *It.* ɛ́ːko/, **Umberto** *n.* エーコ《1932– ; イタリアの記号学者・作家; *A Theory of Semantics* (1976), 小説 *The Name of the Rose* (「薔薇の名前」(1980))》.

ec·o-[1] /ékou, iːk- | iːkəu, ék-/「(生活様式などを変化・発展させる素因としての)環境 (habitat), 生態」の意の連結形: *ecology*, *ecosystem*. ★ 母音の前では通例 ec- になる. 〔日英比較〕 これを冠した和製英語が多い. *eco*-card, *eco*-goods, *eco*-city など. 〖□ LL *oeco-* (↓)〗

ec·o-[2] /ékou, iːk- | iːkəu, ék-/「家政, 経済」の意の連結形: *economy*. ★ 母音の前では通例 ec- になる. 〖□ (O)F *éco-* ∥ LL *oeco-* □ Gk *oik(o-)* ← *oîkos* house, habitation〗

èco-actívity *n.* 環境汚染防止運動. **èco-áctivist** *n.* 〖1970〗

èco-catástrophe *n.* 環境大異変《汚染物質の無制限の使用によって生じる世界的な災害》. 〖1969〗

ec·o·cide /ékousàɪd, iːk-, -kə- | iːkə(u)-, ék-/ *n.* (汚染物質の無制限な使用による)環境[生態系]破壊. **ec·o·ci·dal** /èkousáɪdl, iːk-, -kə- | -kə(u)sáɪdl-/ *adj.* 〖(c1970) ← ECO-[1]＋-CIDE〗

éco·clìmate *n.* 〖生態〗 生態気候《ある生育地におけるすべての気候因子》. 〖1931〗

ec·o·cline /ékouklàɪn, iːk-, -kə- | iːkə(u)-, ék-/ *n.* 〖生態〗 生態勾配《生育環境の連続的な変化に対応した生物の形質の連続的変化》.

éco·crìsis *n.* (汚染による)環境危機.

èco-fríendly *adj.* 環境にやさしい.

èco·geográphic *adj.* 〖生態〗〈環境が〉生態的並びに地理的な. 〖← ECO-[1]＋GEOGRAPHIC〗

ecol. 《略》 ecological; ecology.

éco-làbel *n.* エコラベル《製品の環境への配慮を示す》.

éco-làbeling *n.* エコ表示《環境にやさしく製造・生産されたことを商品に表示すること》. 〖1989〗

é·cole /eɪkɔ́ːl | -kɔ́l; *F.* ekɔl/ *F. n.* (*pl.* ～**s** /～(z); *F.* ～/) 学校, 流派 (school).

École de Paris [l'—] 〖美術〗 エコールドパリ (⇨ SCHOOL[1] of Paris).
〖□ F ～: ⇨ school[1]〗

E. co·li /iːkóulaɪ | -kə́u-/ *n.* 〖細菌〗 大腸菌. 〖《略》 ← NL *Escherichia coli* (この菌の学名): ⇨ Escherichia, coliform bacillus〗

ec·o·log·ic /èkəlɑ́(ː)ʤɪk, iːk- | iːkəlɔ́ʤ-, èk-⁻/ *adj.* ＝ecological. 〖1896〗

ec·o·log·i·cal /èkəlɑ́(ː)ʤɪkəl, iːk-, -kl | iːkəlɔ́ʤɪ-, èk-⁻/ *adj.* 生態学の, 生態(上)の: ～ destruction 生態破壊 / an ～ study of monkeys サルの生態学的研究. 〖(1899): ⇨ ↑, -al[1]〗

ecológical árt *n.* (earthworks を造る)環境芸術. 〖1970〗

ecológical displácement *n.* 生態的転位.

è·co·lóg·i·cal·ly *adj.* 生態学的に; 生態上から見れば: ～ sound [friendly].

e·cól·o·gist /iːkɑ́(ː)ləʤɪst, ɪk-, ɛk- | -ʤɪst/ *n.* 生態学者. 〖(1930): ⇨ ↓, -ist〗

e·col·o·gy /iːkɑ́(ː)ləʤi, ɪk-, ɛk- | -kɔ́l-/ *n.* **1** 生態学 (bionomics): medical ～ 医生態学. **2 a** 生態(系) 〔*of*〕. **b** 生態[自然]環境 〔*of*〕. **3** ＝human ecology. 〖(1873) □ G *Ökologie* ← Gk *oîkos* house, environment: ⇨ -logy〗

Ecólogy Pàrty *n.* [the ～] 環境党 (⇨ Green Party).

èco·mánagement *n.* 生態[自然環境]管理.

éco·màrk *n.* エコマーク《環境にやさしい製[商]品につけられるマーク》.

é-còmmerce *n.* e コマース, 電子商取引《インターネットを通じて行われるビジネス, 特にコンピューターネットワーク上で電子的に決済情報を交換して行う商取引をいう》.

éco·musèum *n.* エコ博物館《人と環境の伝統的な関係を保存・解説する目的で, 自然を多く残した保護地区》.

econ. 《略》 economic; economics; economist; economy.

éco·nìche *n.* 生態的地位.

e·con·o·box /ɪkɑ́(ː)nəbɑ̀(ː)ks, iːk- | ɪkɔ́nəbɔ̀ks/ *n.* 《米》 経済車《燃費のよい小型自動車》.

e·con·o·met·ric /ɪkɑ̀(ː)nəmétrɪk, iːk- | -kɔ̀n-⁻/ *adj.* 〖経済〗 計量経済学的な. **e·còn·o·mét·ri·cal·ly** *adv.* 〖(1933) ← ECONO(MY)＋-METRIC〗

e·con·o·me·tri·cian /ɪkɑ̀(ː)nəmətríʃən, iːk- | -kɔ̀nəmɛ-, -mə-/ *n.* 計量経済学者. 〖(1947): ⇨ ↑, -an[1]〗

e·con·o·met·rics /ɪkɑ̀(ː)nəmétrɪks, iːk- | -kɔ̀n-/ *n.* 〖経済〗 計量経済学《統計学を応用し経済理論の実証をめざす経済学の一部門》. 〖(1933) ⇨ ↑, -ics〗

è·con·o·mét·rist /-trɪst | -trɪst/ *n.* ＝econometrician.

ec·o·nom·ic /èkənɑ́(ː)mɪk, iːk- | iːkənɔ́m-, èk-⁻/ *adj.* **1** 経済の, 経済上の: ～ circles 経済界 / an ～ blockade 経済封鎖 / ⇨ economic growth / an ～ policy 経済政策 / ～ sanctions 経済制裁 / ～ war [warfare] 経済戦争 / ～ relations 経済関係 / ⇨ economic geography, economic science. **2** 経済学(上)の: an ～ principles 経済原則. **3 a** 営利的な; 実利的な (utilitarian), 実用上の (practical): ⇨ economic botany / ～ applications of electricity 電気の実用的応用. **b** もうかる, 利益のあがる: ⇨ economic rent. **4** 《口語》 値段の安い. **5** 《古》 家事の[に関する]. **6** 《廃》 ＝economical 2. 〖(1592) (1835) □ F *économique* ∥ L *oeconomicus* □ Gk *oikonomikós* ← *oikonomía* 'ECONOMY': ⇨ -ic[1]〗

ec·o·nom·i·cal /èkənɑ́(ː)mɪkəl, iːk- | iːkənɔ́mɪ-, èk-⁻/ *adj.* **1** 経済的な, 節約的な; (言葉数などを)節約した, ひかえた: an ～ stove 経済的なストーブ《燃料消費の少ないもの》 / an ～ use of (one's) time 時間の経済的な使い方, 時間の節約. **2** 節約する, 〈人が〉倹約な, 〔…を〕むだにしない 〔*of*, *in*〕 (↔ wasteful) (⇨ thrifty SYN): ～ habits / He is ～ *of* [*with*] money [his time]. 金銭[時間]を節約する. **3** 経済学(上)の: ～ man＝economic man. **4** 《古》 ＝economic 4. 〖(c1485): ⇨ ↑, -ical〗

è·co·nóm·i·cal·ly *adv.* 経済的に; 徳用的に, 節約して; 経済上(の見地から). 〖(1696): ⇨ ↑, -ly[1]〗

Económic and Mónetary Únion *n.* 経済通貨同盟 (⇨ EMU).

Económic and Sócial Cóuncil *n.* [the ～] (国連の)経済社会理事会 (略 ECOSOC).

económic bótany *n.* 実用植物学. 〖1882〗

económic clímate *n.* 経済情勢.

Económic Cooperátion Administrátion *n.* [the ～] (米国の)対外経済協力局《Marshall Plan を促進するために設立された機関; 1948 年設立; 1951 年廃止; 略 ECA》.

económic detérminism *n.* 経済決定論《経済を社会発展の唯一の決定的要因とする説》.

económic dynámics *n.* 〖経済〗 動態経済学, 経済動学 (⇨ dynamics 4).

económic geógraphy *n.* 経済地理学《経済上の諸現象を自然地理学との関連において研究する学問》. 〖1914〗

económic geólogy *n.* 経済地質学《地下資源の産業利用を扱う地質学の一分野》. 〖1922〗

económic góods *n. pl.* 〖経済〗 経済財《希少性のある財・サービスで, 対価を支払うことによって調達される; cf. free goods 3》.

económic grówth *n.* 経済成長《通常は実質国民総生産の増加率で計られる》. 〖1940〗

económic mán *n.* 〖経済〗 経済人《満足と不満足または利益と不利益を比較し, その余剰を最大にしようとして合理的に行動する仮説的人間》. 〖1889〗

económic mígrant *n.* 経済的移住者《経済的向上を求めて移住する者》.

económic míracle *n.* 経済奇跡《悪い経済状態から予期しない回復をすること》.

económic refugée *n.* 経済難民《政治的理由ではなくよりよい生活を求めて出国する難民》.

económic rént *n.* **1** 〖経済〗 経済地代《ある生産要素を現在の用途にとどめるのに必要な額を超えてその生産要素に支払われる金額》. **2** 経済的地代[家賃]《需要過多のため一般相場以上に支払われる超過報酬》. 〖1889〗

E

Económic Repórt *n.* (米国大統領の)経済報告《年頭に上下両院に送る》.

ec·o·nom·ics /èkənɑ́(ː)mɪks, iːk- | iːkənɔ́m-, èk-/ *n.* **1** [通例単数扱い] 経済学. **2** [通例複数扱い] 経済的運関, 経済面[性]; (一国の)経済状態; 〔…の〕経済学: the ～ of publishing. 〖(1792) ← ECONOMY＋-ICS〗

económic scíence *n.* ＝economics 1.

económic státics *n.* 〖経済〗 ＝statics 2.

económic stríke *n.* 〖労働〗 経済ストライキ《賃金・労働時間・労働条件などについてのストライキ》.

económic théory *n.* 経済理論.

económic zóne *n.* ＝exclusive economic zone.

e·con·o·mism /ɪkɑ́(ː)nəmɪzm, iːk- | ɪkɔ́n-/ *n.* 経済主義《労働運動は政治から離れ, 経済的利益を追求せよとの主張》; [E-] (帝政ロシア時代の)経済主義. 〖(1919) □ F *économisme*: ⇨ economy, -ism〗

e·con·o·mist /ɪkɑ́(ː)nəmɪst, iːk- | ɪkɔ́nəmɪst/ *n.* **1** 経済学者; 経済評論家. **2** 《英》《米古》 経済家, 倹約[節約]家. **3** [The E-] 〖商標〗「エコノミスト」《英国のニュース週刊誌; 経済だけでなく政治・社会・科学・技術の最新情報もとりあげる; 1843 年創刊》. 〖(1586): ⇨ economy, -ist〗

e·con·o·mi·za·tion /ɪkɑ̀(ː)nəmɪzéɪʃən, iːk-, -mə- | ɪkɔ̀nəmaɪ-, -mɪ-/ *n.* (金銭・時間などの)経済化, 経済的使用, 節用, 節約. 〖(1866): ⇨ ↓, -ation〗

e·con·o·mize /ɪkɑ́(ː)nəmàɪz, iːk- | ɪkɔ́n-/ *vt.* **1** 経済的に使用する, 節約する (save): ～ time 時間を節約する. **2** 〈労力・動力などを〉最も効率よく利用する: ～ water power. — *vi.* 〔…を〕倹約[節約]する 〔*on*〕: ～ *on* coal [space] 石炭[スペース]を節約する. 〖(1648) ← ECONOMY＋-IZE〗

e·cón·o·mìz·er *n.* **1** 節倹[経済]家. **2** (火力・燃料などを)節約するための器具[装置], エコノマイザー: a fuel ～ 燃料節約装置.

E·cón·o·mo's disèase /ɪkɑ́(ː)nəmòuz-, iːk- | ɪkɔ́nəməuz-/ *n.* ＝sleeping sickness 1 b.

e·con·o·my /ɪkɑ́(ː)nəmi, iːk- | ɪkɔ́n-/ *n.* **1** (富などの)節倹, 節約, 節用; (動き・表現などの)抑制, 簡潔: a man of ～ 倹約家, 経済家 / ～ in shopping 買物の節約 / ～ *of* time, labor, etc. / ～ *of* [*with*] words むだな言葉を言わないこと / ～ *of* truth 真理に手加減をすること《虚偽・遁辞(とんじ)を戯言的にいう》 / one's little *economies* 細かい倹約 / practice ～ 倹約する / It's poor ～ to use it in that way. それをそんな風に使っては不経済だ / It is an ～ to use only the best. 一級品だけ使うのが得だ / He had an organized ～ of movement. 彼の動作はきびきびしてむだがなかった. **2** 経済《富・資源の有効な処理と生産の増強》; (ある地域・国などの)経済機構: political ～ 政治経済, 経済学 / a free-market ～ 自由市場経済 / rural ～ 農村経済 / ⇨ domestic economy. **3** 《古》 (自然界などの)むだのない運行, 理法; 有機的組織: the ～ of nature 自然界の理法[秩序] / the ～ of a plant (葉が生じ花が咲き実ができ葉が落ちる)植物の整然とした生活の営み. **4** エコノミークラス (economy class): ～ passengers エコノミークラスの乗客. **5** 〖神学〗 (天の)配剤, 摂理; (人類の創造・贖罪(しょくざい)などに関する神の)計画: the Mosaic ～ (神の経綸(けいりん)としての)モーセの律法 / the Christian ～ キリスト教神法, 新約経綸. **6** 《古》 ＝domestic economy. **7** 《古》 ＝economics.
ecónomy of scále 〖経済〗 規模比例の経済《生産の規模の増大に比例して平均原価が下落すること》.
— *adj.* [限定的] 徳用の: ～ cars, prices, etc.
— *adv.* エコノミークラスで: travel ～.
〖(c1485) □ (O)F *économie* ∥ L *oeconomia* □ Gk *oikonomía* house management, thrift ← *oikonómos* steward, housekeeper ← *oîkos* house＋*-nómos*: ⇨ eco-[2], -nomy〗

ecónomy clàss *n.* エコノミークラス; (特に)旅客機の普通席: an ～ air ticket 普通席航空券.

ecónomy-sìze *adj.* [限定的] 徳用サイズの: an ～ tube of shaving cream. 〖1950〗

ecónomy sìze *n.* 徳用サイズ.

ecónomy-sìzed *adj.* [限定的] ＝economy-size. 〖1953〗

ecónomy wàll *n.* 〖石工〗 節約壁, 徳用壁《れんが半枚分の厚さしかない壁体だが, 所々を間柱(まばしら)として厚くして床や屋根の枠組などを支えるもの》.

ec·o·phene /ékoufìːn, iːk-, -kə- | iːkə(u)-, ék-/ *n.* 〖生態〗 ＝ecad. 〖(1922) ← ECO-[1]＋*-phene* (← PHENOTYPE)〗

èco·phénotype *n.* 〖生態〗 生態的表現型《遺伝子型は等しいが環境によって変化している表現型》.

èco·physiólogy *n.* 〖生物〗 生態生理学. **èco-**

physiológical *adj.* 〖1962〗
èco·pólicy *n.* 環境政策. **èco·polítical** *adj.*
é·cor·ché /eɪkɔəʃéɪ | -kɔː-; *F.* ekɔʀʃe/ *F. n.* 〖絵画・彫刻〗(骨格や筋肉の研究用に)皮を剝(ᵃ)いだ人物標本. 〖(1854) □ F (p.p.) ← *écorcher* to flay < LL *excorticāre*〗
ECOSOC /ékəsɑ̀(ː)k, ékoʊ-, íːk- | íːkə(ʊ)sɔ̀k/ 《略》 Economic and Social Council.
éco·spècies *n.* 〖生物〗生態種 (生態型 (ecotype) の異同に基づく分類単位; cf. cenospecies). 〖1922〗
èco·specífic *adj.* 〖生態〗生態種の, 生態種としての区別に基づいた. **èco·specífically** *adv.*
éco·sphère *n.* 生態圏; (特に, 地球の)生物圏 (biosphere). 〖1953〗
é·cos·saise /èɪkɔ(ː)séɪz, -koʊ- | -kə(ʊ)-; *F.* ekɔsɛːz/ *n.* 〖音楽〗エコセーズ: **a** 三拍子の古風なスコットランド舞曲. **b** 二拍子のコントルダンス (contredanse) 風の舞曲でフランスから各地に広まった. 〖(1841) □ F ~ (fem.) ← *écossais* Scotch ← *Écosse* Scotland〗
éco·sỳstem *n.* 〖生態〗生態系 (ある地域にすむすべての生物と無機的な環境とをまとめた系). 〖1935〗
ec·o·tage /ékoʊtɑ̀ːʒ, íːk- | íːkə(ʊ)-, ék-/ *n.* エコタージュ (環境保護を訴えるため, 環境破壊者に対して行う破壊・妨害活動).
èco·telémetry *n.* =biotelemetry.
èco·térrorism *n.* 環境テロ: **1** 環境保護を推進するために行う破壊行為. **2** 敵側の自然環境を破壊するテロ行為.
ec·o·ton·al /èkətóʊnḷ, ìːk- | èkə(ʊ)tóʊ-, ìːk-⁺/ *adj.* 〖植物〗転移帯の. 〖(1950): ⇨ ↓, -al¹〗
ec·o·tone /íːkətòʊn, ék- | -tə̀ʊn/ *n.* 〖植物〗(2 植物群落間の)転移帯, 混交帯. 〖(1904) ← ECO-¹+Gk *tónos* 'stress, TONE'〗
èco·tóur·ism *n.* 環境保護志向の観光(業). **-ist** *n.*
Ec·o·trin /ékətrɪ̀n, íːk-, íːkətrɪn, ék-/ *n.* 〖商標〗エコトリン (米国 Smith-Kline Beckman 社製のアスピリン; 鎮痛剤).
ec·o·type /ékətàɪp, íːk- | íːk-, ék-/ *n.* 〖生態〗生態型 (同一種が異なる環境に適応して生じ, 遺伝的に固定した形; cf. ecospecies). 〖1922〗
ec·o·typ·ic /èkətípɪk, ìːk- | ìːk-, èk-⁺/ *adj.* 〖生態〗生態型の. **èco·týp·i·cal·ly** *adv.*
ECOWAS /ɛkóʊəs | ɛkə́ʊəs/ *n.* 西アフリカ諸国経済共同体 (1975 年発足). 〖(頭字語) ← *E*(*conomic*) *C*(*ommunity*) *o*(*f*) *W*(*est*) *A*(*frican*) *S*(*tates*)〗
ec·pho·ne·sis /èkfəníːsɪ̀s | -fə(ʊ)níːsɪs/ *n.* 〖修辞〗= exclamation. 〖(1589) □ Gk *ekphṓnēsis* ← *ekphōneîn* (← *ek-* 'EC-¹'+*phōneîn* to speak)+-SIS: cf. -phone〗
ec·phore /ékfɔə | -fɔː⁽ʳ⁾/ *vt.* 〖心理〗〈記憶痕跡を〉再生させる; (刺激で)〈記憶を〉喚起する. 〖(1917) □ G *ekphorieren* □ Gk *ekphoreîn* ← *ekphoros* (to be) made known: ⇨ ec-¹, -phore〗
e·cra·se /èɪkrɑːzéɪ, -krə-; *F.* ekʀaze/ *adj.* (*also* **é·cra·sé** /~/) 〈革など〉表面がざらざらになるようにもまれた. 〖□ F *écrasé* (p.p.) ← *écraser* to crush: cf. craze〗
é·cra·seur /èɪkrɑːzə́ː | -zə́ː⁽ʳ⁾; *F.* ekʀazœːʀ/ *n.* (*also* **e·cra·seur** /~/) 〖医学〗絞断係蹄 (腫瘍切除のための器具). 〖(1859) □ F〗
é·crin /ekrǽ(ŋ), -rǽŋ; *F.* ekʀɛ̃/ *F. n.* 宝石箱. 〖(1854) □ F ~ □ L *scrinium* box〗
e·cru /éɪkruː, ék-; *F.* ekʀy/ *adj.* (生糸・さらさないリンネルなどの)生地(ᵏⁱ)色の, 淡褐色の, 亜麻色の. ── *n.* (生糸・リンネルなどの)生地色, 淡褐色, 亜麻色. 〖(1850) □ F *écru* unbleached, raw ← *é-* thoroughly (< L 'EX-¹')+*cru* 'CRUDE, raw'〗
ECS 《略》 European Communications Satellite ヨーロッパ通信衛星.
ECSC 《略》 European Coal and Steel Community.
ec·sta·si·ate /ekstéɪzièɪt, -ʒi-/ *vt., vi.* =ecstasize. 〖(1823) □ F *s'exstatier* ← 《廃》 *exstasie* 'ECSTASY'〗
ec·sta·size /ékstəsàɪz/ *vt.* 有頂天[夢中]にさせる. ── *vi.* 有頂天[夢中]になる. 〖(1835): ⇨ ↓, -ize〗
ec·sta·sy /ékstəsi/ *n.* **1** (強烈な感情に支配されたときの)無我夢中の状態, 有頂天 (⇨ pleasure **SYN**): *in an* ~ of joy [grief] 歓喜[悲嘆]がきわまって / get [be thrown, go] *into ecstasies* (over [about] …) (…で)無我夢中になる / He was *in ecstasies* over the new work. 新作に夢中になっていた. **2** 狂喜, 歓喜: He was speechless with ~. わくわくするうれしさに声も出なかった. **3** (詩人・予言者・神秘家などの経験する)忘我, 恍惚, 法悦, 奪魂. **4** 〖心理〗エクスタシー, 恍惚状態 (ある妄覚に全く心を奪われて周囲の事物に対して無感覚となり, 強い幸福感を伴う夢のような一種のもうろう状態). **5** [E-] エクスタシー (LSD 類似の一種の幻覚剤; 略 E). 〖(*c*1384) *extasie* □ OF (F *extase*) □ ML *ex(s)tasis* □ Gk *ékstasis* ← *existánai* to put (a person) out of (his senses) ← *ek-* 'EC-¹'+-*histánai* to set, stand: 今のつづり *ecst-* (17C) は Gk 形に合わせたもの〗
ec·stat·ic /ɪ̀kstǽtɪk, ɛk- | -tɪk-/ *adj.* **1** 有頂天の, 夢中の: ~ joy / They are ~ about the new regime. 新政権に有頂天になっている. **2** 忘我の: an ~ fit 忘我の発作 / an ~ trance 遊魂. ── *n.* **1** 夢中になる人, 法悦に入りやすい人. **2** [*pl.*] 有頂天の歓喜 (raptures); 《古》失神状態 (swoon). 〖(*c*1590) □ F *extatique* □ Gk *ekstatikós* out of one's senses: ⇨ -ic¹〗
ec·stát·i·cal·ly *adv.* 無我夢中に, 有頂天になって.
ECT 《略》〖精神医学・医学〗electric shock therapy; electroconvulsive therapy.
ect- /ɛkt/ (母音の前にくるときの) ecto- の異形.
ec·tad /éktæd/ *adv.* 〖解剖・動物〗外面へ (outward). 〖(1882) ← ECTO-+-AD³〗
ec·tas·i·a /ɛktéɪʒ(i)ə | -zíə, -zjə/ *n.* 〖病理〗拡張(症). 〖(1876) ← NL ~: ↓〗
ec·ta·sis /éktəsɪ̀s | -sɪs/ *n.* **1** 〖古典詩学〗=diastole 2. **2** 〖病理〗=dilatation 2. 〖(1706) ← NL ~ ← Gk *éktasis* ← *ek-* 'EC-¹'+*teínein* to stretch〗
ec·thy·ma /ɛkθɪ́mə, ɛkθáɪmə | ɛkθɪ-/ *n.* 〖病理〗膿瘡(ᵒᵘ), 深膿痂疹. 〖(1834) ← NL ~ ← Gk *ékthūma* pimple ← *ekthúein* to break out〗
ec·to- /éktoʊ | -təʊ/「外, 外部 (outer, external)」の意の連結形; 主に科学・医学上の術語に用いる (↔ endo-, ento-): *ecto*derm, *ecto*parasite. ★ 母音の前では通例 ect- になる. 〖← NL ~ ← Gk *ektós* outside ← *ek* out of: ⇨ ec-¹〗
ec·to·blast /éktəblæ̀st/ *n.* 〖生物〗**1** =ectoderm. **2** =epiblast. **ec·to·blas·tic** /èktəblǽstɪk⁺/ *adj.* 〖(1864): ⇨ ↑, -blast〗
ècto·comménsal *n.* 〖生物〗外部共生動物[植物] (↔ endocommensal).
ec·to·crine /éktoʊkrɪ̀n, -tə-, -krìːn | -tə(ʊ)krɪn, -krìn/ *n.* 〖生物〗外分泌 (exocrine). 〖(1947) ← ECTO-+-*crine* (cf. endocrine)〗
écto·dèrm *n.* 〖生物〗外胚葉 (cf. endoderm 1, mesoderm). **ècto·dérmal** *adj.* **ècto·dérmic** *adj.* 〖1861〗
ècto·énzyme *n.* 〖生化学〗エクトエンザイム (細胞表面にあり, 活性部位を外に向けている酵素; exoenzyme の一種).
ècto·génesis *n.* 〖生物〗体外発生. 〖(1909) ← NL ~: ⇨ ecto-, -genesis〗
ècto·genétic *adj.* 〖生物〗体外発生の. 〖1926〗
ècto·génic *adj.* **1** 〖生物〗**a** 体外で発生する. **b** = ectogenous. **2** 〖医学〗外因(性)の, 外原(性)の. 〖1909〗
ec·tog·e·nous /ɛktɑ́(ː)dʒənəs | -tɔ́dʒɪ̀-/ *adj.* 〖生物〗〈寄生性微生物が〉寄生体の外でも発育しうる. 〖1883〗
ècto·hórmone *n.* 〖生化学〗=exohormone.
-ec·tome /éktoʊm | -təʊm/ 〖外科〗「…切除器, …切除刀」の意の名詞連結形: tonsil*lectome*. 〖← NL *-ectomus*: ⇨ -ectomy, -tomen〗
ec·to·mere /éktəmɪ̀ə | -tə(ʊ)mɪ̀ə⁽ʳ⁾/ *n.* 〖生物〗外胚葉になる割球 (blastomere). **ec·to·mer·ic** /èktəmérɪk⁺/ *adj.*
ec·to·morph /éktəmɔ̀əf | -tə(ʊ)mɔ̀ːf/ *n.* 〖心理〗外胚葉型[頭脳型]の人 (W. H. Sheldon の体型分類の一つ; やせた体型を特徴とする; cf. endomorph 2, mesomorph 2). 〖(1940) ← ECTO(DERM)+-MORPH〗
ec·to·mor·phic /èktəmɔ́əfɪk | -tə(ʊ)mɔ́ː-⁺/ *adj.* 〖心理〗外胚葉型の. 〖(1940): ⇨ ↑, -ic¹〗
ec·to·mor·phy /éktəmɔ̀əfi | -tə(ʊ)mɔ̀ː-/ *n.* 〖心理〗外胚葉型.
-ec·to·my /éktəmi/ 〖外科〗「…切除(術)」の意の名詞連結形: append*ectomy*, gastr*ectomy*, hepat*ectomy*. 〖← NL *-ectomia* ← Gk *-ektomía*, *ektomḗ* excision: ⇨ ec-¹, -tomy〗
ècto·párasite *n.* 〖動物〗外部寄生虫 (ダニなど; ↔ endoparasite). **ècto·parasític** *adj.* 〖1861〗
ec·toph·a·gous /ɛktɑ́(ː)fəgəs | -tɔ́f-/ *adj.* 〖動物〗外食性の (食物をその外側から食べていくこと; ↔ endophagous).
ec·to·phyte /éktoʊfàɪt, -tə- | -tə(ʊ)-/ *n.* 〖植物〗外部寄生植物.
ec·to·pi·a /ɛktóʊpiə | -tə́ʊ-/ *n.* 〖病理〗転位(症); 位置異常. 〖← NL ~ ← Gk *éktopos* out of place ← *ek-* 'EC-¹'+*tópos* place: ⇨ -ia¹〗
ec·top·ic /ɛktɑ́(ː)pɪk | -tɔ́p-/ *adj.* 〖病理〗異所性の (cf. entopic). 〖(1873): ⇨ ↑, -ic¹〗
ectópic prégnancy *n.* 〖病理〗子宮外妊娠, 外妊. 〖1929〗
ec·to·plasm /éktəplæ̀zṃ | -tə(ʊ)-/ *n.* **1** 〖生物〗外部原形質 (原形質体の表面の原形質膜のすぐ内側にある細胞質 (cytoplasm) の部分), (原生動物の)外質 (↔ endoplasm). **2** 〖心霊〗(霊媒の体から発し, 種々の形をとるといわれる)心霊体, エクトプラズム. **ec·to·plas·mic** /èktəplǽzmɪk | -tə(ʊ)-⁺/ *adj.* 〖(1883) ← ECTO-+-PLASMA〗
ec·to·plast /éktoʊplæ̀st, -tə- | -tə(ʊ)-/ *n.* 〖生物〗= plasma membrane.
ec·to·proct /éktoʊprɑ̀(ː)kt, -tə- | -tə(ʊ)prɔ̀kt/ *n.* 〖動物〗外肛動物門のコケムシ. 〖↓〗
Ec·to·proc·ta /èktoʊprɑ́(ː)ktə, èktə- | -tə(ʊ)prɔ́k-/ *n. pl.* 〖動物〗外肛動物門. 〖← NL ~ ← ECTO-+-*procta* (← Gk *prōktós* anus)〗
ec·to·sarc /éktəsɑ̀ək | -tə(ʊ)sɑ̀ːk/ *n.* 〖生物〗外肉 (原生動物の外部原形質 (ectoplasm); ↔ endosarc). 〖← ECTO-+Gk *sark-*, *sárx* flesh: cf. sarco-〗
ec·to·therm /éktəθə̀ːm | -tə(ʊ)θə̀ːm/ *n.* 変温[冷血]動物. 〖1945〗
ec·to·thermal /èktəθə́ːməl, -mḷ | -tə(ʊ)θə́ː-⁺/ *adj.* 〖動物〗=ectothermic.
ec·to·ther·mic /èktəθə́ːmɪk | -tə(ʊ)θə́ː-⁺/ *adj.* 〖動物〗外温性の, 変温性の.
ec·to·ther·my /éktəθə̀ːmi | -tə(ʊ)θə̀ː-/ *n.* 〖動物〗外温性, 変温性.
ècto·tróphic *adj.* (*also* **ècto·trópic**) 〈菌根が〉外生の (↔ endotrophic): ~ mycorrhiza 外(生)菌根. 〖(1889) ← ECTO-+-TROPHIC〗
ec·to·zo·a, E- /èktəzóʊə | -zə́ʊə/ *n. pl.* (*sing.* **-zo·on** /-zóʊɑ(ː)n | -zə́ʊɔn/) 〖動物〗外部寄生虫 (cf. entozoa). ★ しばしば分類群に用いられる. 〖← NL ~: ⇨ ecto-, -zoa〗
ec·tro- /éktroʊ | -trəʊ/ 〖医学〗「(身体の部分, 特に四肢が)先天的に欠如した」の意の連結形: *ectro*dactylism. 〖← NL ~ ← Gk *éktrōsis* miscarriage ← *ektrō-* (← *ektitrṓskein* to miscarry)+-SIS〗
ec·tro·dac·tyl·ism /èktroʊdǽktəlìzm | -trə(ʊ)-dǽktɪ-/ *n.* 〖医学〗欠指(症), 指欠損症. 〖(1883) ← ECTRO-+DACTYL+-ISM〗
ec·tro·me·li·a /èktroʊmíːliə | -trə(ʊ)-/ *n.* **1** 〖医学〗欠肢症. **2** 〖獣医〗エクトロメリア症 (mousepox). 〖(1908) ← NL ~: ⇨ ectro-, -melia〗
ec·tro·pi·on /ɛktróʊpiɑ̀(ː)n | -trə́ʊpiɔ̀n/ *n.* 〖医学〗(まぶた・くちびるなどの)外反(症). 〖(1685) ← NL ~ ← Gk *ektrópion* everted eyelid ← *ek-* 'EC-¹'+-*tropion* (← *trépein* to turn)〗
ec·tro·pi·um /ɛktróʊpiəm | -trə́ʊ-/ *n.* 〖医学〗= ectropion. 〖(1875) ← NL ~: ↑〗
ec·type /éktaɪp/ *n.* 複写, 模写, 再生(物), 写し (cf. prototype). 〖(1662) □ Gk *éktupos* formed in outline: ⇨ ec-¹, type〗 **éc·ty·pal** /-pəl, -pḷ/ *adj.*
ec·ty·pog·ra·phy /èktaɪpɑ́(ː)grəfi | -pɔ́g-/ *n.* プレート上に線を浮き彫りにするエッチング. 〖(1870): ⇨ ↑, -graphy〗
é·cu /eɪkjuː; *F.* eky/ *n.* (*pl.* **~s** /~z; *F.* ~/) **1** (中世騎馬兵の)三角盾. **2** エキュー (14 世紀以降のフランスの金[銀]貨; 紋章盾の模様があった). 〖(1704) □ F ~ < OF *escu* < L *scūtum* shield〗
ECU, ecu /ékjuː, eɪk(j)úː | ékjuː, éɪk-, íːsìːjúː; *F.* eky/ 《略》 European Currency Unit 欧州通貨単位 (EMS によって発足した通貨単位で, EC 市場の通貨面での統一化を目的とした; Euro の旧称).
Ecua. 《略》 Ecuador.
Ec·ua·dor /ékwədɔ̀ə | ékwədɔ̀ː⁽ʳ⁾; *Sp.* ekwaðóɾ/ *n.* エクアドル (南米北西部の共和国; 面積 283,561 km², 首都 Quito; 公式名 the Republic of Ecuador エクアドル共和国).
Ec·ua·do·ran /èkwədɔ́ːrən⁺/ *adj., n.* =Ecuadorian.
Ec·ua·do·ri·an /èkwədɔ́ːriən⁺/ *adj.* エクアドルの, エクアドル人の. ── *n.* エクアドル人. 〖(1860): ⇨ -ian〗
ec·u·ma·ni·ac /èkjuméɪniæ̀k | ìːk-, èk-/ *n.* 世界教会主義 (ecumenism) の狂信者. 〖(1963) ← ECU(MENISM)+MANIAC〗
ec·u·men·ic /èkjʊménɪk | ìːk-, èk-⁺/ *adj.* =ecumenical.
e·cu·men·i·cal /èkjʊménɪ̀kəl, -kḷ | ìːkjuːménɪ-, èk-⁺/ *adj.* **1** 〖キリスト教〗**a** 全キリスト教会の: the ~ creeds 一般的信条 (キリスト教会全体に通じて行われる信仰箇条). **b** 世界キリスト教(会)統一運動[促進]の: ~ leaders 世界キリスト教会統一運動の指導者 / ~ activity 全教活動. **2** 全般的な, 普遍的な, 世界的な: an ~ war 世界的な大戦争. **~·ly** *adv.* 〖(1563–87) ← LL *oecumenicus* (□ Gk *oikoumenikós* of or from the whole (world) ← *oikouménē* (*gê*) the inhabited (world) (p.p.) ← *oikeîn* to inhabit)+-AL¹〗
ecuménical cóuncil *n.* 世界教会会議, 全教会会議; 〖カトリック〗(教皇のもとに開かれる)公会議. 〖1864〗
èc·u·mén·i·cal·ism /-lìzṃ/ *n.* 〖キリスト教〗(超教派の)世界教会主義[運動], 全キリスト教会主義. 〖(1888): ⇨ -ism〗
ecuménical mòvement *n.* **1** 世界教会運動. **2** [the E- M-] 世界教会運動 (世界教会協議会 (WCC) を最高機構とする世界教会的な性格のキリスト教運動). 〖1941〗
écumenical pátriarch *n.* 〖東方正教会〗総大主教 (特に Constantinople の patriarch に与えられた尊称; その起源は 6 世紀にさかのぼる). 〖1862〗
ec·u·men·i·cism /èkjʊménəsɪ̀zm | ìːkjuːménɪ-, èk-/ *n.* =ecumenism. **èc·u·mén·i·cist** /-sɪ̀st | -sɪst/ *n.* 〖(1961): ⇨ -ism〗
ec·u·me·nic·i·ty /ɪ̀kjuːmənísəṭi | ìːkjuːmenísəti, èk-, -sɪ-/ *n.* 世界教会主義による連帯; 世界キリスト教.〖(1840): ⇨ -ity〗
ec·u·men·ics /èkjʊménɪks | ìːk-, èk-/ *n.* 世界教会学[論] (世界教会の立場から見たキリスト教会研究), 公同教会学. 〖(*c*1937): ⇨ ecumenic, -ics〗
e·cu·me·nism /ékjuːmənìzm, ɛkjúː- | iːkjúː-, ɪk-, ékʊ-/ *n.* 世界教会主義[運動] (ecumenicalism). **éc·u·me·nist** /-nɪ̀st | -nɪst/ *n.* 〖(1948): ⇨ -ism〗
ecu·me·nop·o·lis /èkjʊmɪ̀nɑ́(ː)pəlɪ̀s, ɛkjùː- | -nɔ́pəlɪs/ *n.* 世界都市, エキュメノポリス (未来に可能視される全世界的な都市組織). 〖← NGk *oikoumenópolis*: ⇨ ecumenical, -polis〗
é·cu·rie /èɪkjʊríː; *F.* ekyʀi/ *n.* カーレースのチーム(所属車).
ec·ze·ma /éksəmə, égzə-, ɪgzíː- | éksɪ̀-/ *n.* 〖病理〗湿疹. 〖(1753) ← NL ~ ← Gk *ékzema* cutaneous eruption ← *ek-* 'EC-¹, out of'+*zéma* that which is boiled〗
ec·zem·a·toid /ɪgzémətɔ̀ɪd, ɛg-, ɪksém- | ɛksém-, ɪgzém-/ 〖病理〗*adj.* 類湿疹の, 湿疹様の. ── *n.* 類湿疹, 湿疹様発疹. 〖← *eczemat-* (⇨ eczema)+-OID〗
ec·zem·a·tous /ɪgzémətəs, ɛg-, ɪksém- | ɛksémət-, ɪk-, ɪgzém-/ *adj.* 湿疹性の, 湿疹にかかった. 〖(1869): ⇨ ↑, -ous〗
Ed /éd/ *n.* エド (男性名). 〖(dim) ← EDWARD¹, EDGAR², EDWIN¹, EDMOND, EDMUND〗
Ed 《略》 Editor; Education; Edward.
ED 《略》 Department of Education; Doctor of Engi-

neering; education department; electron device; employment department; entertainments duty; erectile dysfunction; estate duty; 〘証券〙extra dividend; extra duty.

ed. 《略》edited (by); edition; editor; educated; education; 〘証券〙ex dividend.

-ed /(/d/ 以外の有声音の次では) d, (/t/ 以外の無声音の次では) t, (/t, d/ の次では) ɨd/ *suf.* **1** 規則動詞の過去形・過去分詞を造る: pull → pull*ed*, pull*ed* /pʊ́ld/ / look → look*ed*, look*ed* /lʊ́kt/ / mend → mend*ed*, mend*ed* /méndɨd/. ★(1) crept, dreamt, bought などの -t および l, n, r の後の -t (例: gil*t*, sen*t*, gir*t*) は本来 -ed の変形である. (2) 過去分詞に由来する形容詞では t, d の後でなくても /ɨd/ と発音されることがある: bless*ed* /blésɨd/, learn*ed* /lə́ːnɨd | lɜ́ːn-/. (3) -ed で終わる語の副詞・名詞語尾 -edly, -edness の発音: -ed を /d/ /t/ と発音する語に -ly, -ness を加える場合 -ed を /ɨd/ と発音するのは強勢がその前の音節にくるときに限る: design*ed* /dɪzáɪnd/, design*edly* /dɪzáɪnɨdli/ /, deserv*ed* /dɪzə́ːvd | -zɜ́ːvd/, deserv*edly* /dɪzə́ːvɨdli | -zɜ́ːv-/. **2** 名詞または '名詞＋形容詞' に付いて「…を持った, …を付けた, …を備えた, …の特性のある, …にかかっている」などの意を表す形容詞を造る (cf. wretched, wicked): balconi*ed* バルコニー付きの / wing*ed* 翼をもった / diseas*ed* 病気にかかった / good-humor*ed* 上機嫌の / quick-temper*ed* 短気な. 〘1: OE *-ede, -ode, -ade, -de* (pret. ending); *-ed, -od, -ad, -ud* (p.p. ending) < Gmc **-ðaz* < IE **-tós* (L *-tus* / Gk *-tós* / Skt *-tas*). 2: OE *-ede* < Gmc **-ōðja-*〙

Ed·a /éːdə | éːdə/ *n.* エダ《女性名》. 〘《ラテン語化変形》← 《廃》*Ede* < OE *Eadu* ← *ēad* rich, happy: cf. Edith: ⇨ -a[1]〙

EDA 《略》Economic Development Administration 《米》経済開発局.

e·da·cious /ɪdéɪʃəs, iːd-/ *adj.* 《文語・戯言》 **1** 食欲の盛んな, 大食の (voracious). **2** 食い尽くす. **~·ly** *adv.* **~·ness** *n.* 〘《*c*1798》← L *edāc-, edax* voracious (← *edere* 'to EAT[1]')＋-IOUS // ← EDACI(TY)＋-OUS〙

e·dac·i·ty /ɪdǽsəti, iːd- | ɪdǽsɨti, iːd-/ *n.* 《文語・戯言》食欲; 大食: the ~ of a wolf おおかみの大食. 〘《1626》□ L *edācitātem* gluttony: ⇨ ↑, -ity〙

E·dam /íːdəm, -dæm | -dæm, -dəm; *Du.* eːdɑ́m/ *n.* **1** 《オランダ西部 North Holland 州, IJsselmeer 沿岸にある町; Edam cheese の原産地》. **2** エダムチーズ《黄色のオランダ製チーズ; 3-4 ポンドの扁球状に造り, 赤いワックスの外皮をもつ; Edam cheese ともいう》. 〘1836〙

Édam chéese *n.* ＝Edam 2.

e·daph·ic /ɨdǽfɪk | ɪd-/ *adj.* **1** 〘植物〙土壌の. **2** 〘生態〙〈植物が〉(気候よりも)土壌の影響を受ける (cf. climatic 2). **e·dáph·i·cal·ly** *adv.* 〘《1900》← G *edaphisch* ← Gk *édaphos* bottom soil＋-IC[1]〙

edáphic clímax *n.* 〘生態〙土壌的極相《土壌の影響による安定期; cf. physiographic climax》. 〘*c*1934〙

ed·a·phol·o·gy /èdəfɑ́(ː)lədʒi | èdəfɔ́l-/ *n.* 農業土壌学 (cf. soil science, pedology[1]). 〘← Gk *édaphos* (↓)＋-LOGY〙

ed·a·phon /édəfɑ̀(ː)n | édəfɔ̀n/ *n.* 〘生態〙エダフォン《土中の比較的微小な生物の群集》. 〘《1927》□ G ~ ← Gk *édaphos* ground, base＋*-on* (cf. plankton)〙

É-Dày *n.* (英国の) EC 加入記念日《1973 年 1 月 1 日》. 〘*E*: 《略》← *Entry*: cf. D day〙

EdB 《略》Bachelor of Education.

EDB 《略》ethylene dibromide.

Ed·berg /édbəːg | -bɜːg; *Swed.* ěːdbærj/, **Stefan** /stéːfan/ *n.* エドベリ (1966- ; スウェーデンのテニス選手; Wimbledon で優勝 (1988, 90)).

ed·biz /édbɪz/ *n.* 《米俗》教育産業. 〘← ED(UCATION)＋BUS(INESS)〙

edc 《略》〘電気〙error detection and correction《パルス通信などにおける》誤り検出および訂正.

EDC 《略》European Defense Community ヨーロッパ防衛共同体.

ed. cit. 《略》the edition cited.

EdD 《略》Doctor of Education.

EDD 《略》English Dialect Dictionary 英国方言辞典 (J.Wright が独力で編集, 1896-1905 年に出版; 全 6 巻); 〘商業〙expected date of delivery 配達予定日.

Ed·da /édə | édə/ *n.* [(the) ~]「エッダ」《古代北欧の神話・詩歌集》: the Elder [Poetic] ~ 「古エッダ」《13 世紀のヴァイキング時代に編集された神話・伝説を歌った古代北欧詩集》/ the Younger [Prose] ~ 「新エッダ」《神話および詩論を含む; アイスランドの歴史家・詩人 Snorri Sturluson が編集したもの》. 〘《1771》□ ON ~ ← ?: cf. ON *edda* great grandmother, *óðr* mind, poetry〙

Ed·da·ic /edéɪɪk/ *adj.* ＝Eddic. 〘《1884》: ⇨ ↑, -ic[1]〙

Ed·dic /édɪk | éd-/ *adj.* エッダ (Edda) の. 〘《1868》: ⇨ Edda, -ic[1]〙

Ed·die /édi | édi/ *n.* エディー《男性名》. 〘← ED＋-IE〙

Ed·ding·ton /édɪŋtən | édɪŋ-/, Sir **Arthur Stanley** *n.* エディントン (1882-1944; 英国の天文学者).

ed·dish /édɪʃ | ⇨-/ *n.* 《英》草刈りしたあとの二番生(ばえ). 〘(OE) 《1468》: ⇨ cf. OE *edisc*〙

ed·do /édoʊ | édəʊ/ *n.* (*pl.* ~**es**) サトイモ・タロイモ (taro) などの食用となる根[地下茎]. 〘《1685》← W-Afr.〙

ed·dy /édi | édi/ *n.* **1** (水流・気流など)主流に逆らいつつ回る流れ; (小さな)渦(巻き), 旋風. **2** (主流[潮]に対する) 傍流; (大勢に影響のない)動き. **3** 渦巻きのように動くもの: *eddies* of perfume. **— vi.** 渦を巻く; 渦を巻いて流れる. **— vt.** …に渦を巻かせる; 渦を巻いて流れさせる. 〘《*a*1455》《スコット》*ydy* ← ?: cf. OE **edwǣg* (← OE *ed-* back＋*wǣg* wave) / ON *iða*〙

Ed·dy /édi | édi/, **Mary** (**Morse**) **Baker** *n.* エディー (1821-1910; 米国の女性宗教家; Christian Science の創立者).

éddy cùrrent *n.* 〘電気〙渦電流《磁界内の導体に誘導した起電力によって, その導体内に渦状に流れる電流; Foucault current ともいう》. 〘1600〙

éddy-cùrrent bráke *n.* 〘電気〙渦電流ブレーキ《磁石とそれに近接する導体とに動きがあると, 渦電流の作用で両者の間にブレーキ力が働く; これを用いたブレーキで, 積算電力計の回転円板や超高速鉄道に用いられる》. 〘1934〙

éddy-current lóss *n.* 〘電気〙渦電流損《渦電流によって熱に変わってしまう電力の損失分》. 〘1940〙

éd·dy·ing *adj.* 渦巻く. 〘《1837》: ⇨ eddy, -ing[2]〙

Éd·dy·stone Líght /édɪstən-, -stòʊn- | édɪstən-, -stəʊn-/ *n.* Eddystone Rocks にある灯台.

Éddystone Rócks *n. pl.* エディストーンロック《イギリス海峡の西端イングランド Plymouth の南西にある航海上危険な岩礁》.

E·de /éɪdə | -də; *Du.* éːdə/ *n.* エーデ《オランダ Gelderland 州西部の都市》.

E·del·e·á·nu pròcess /ɨdèliáːnuː- | ɪd-/ *n.* 〘化学〙エデレアヌ法《液体亜硫酸を用いて石油に含まれる芳香族炭化水素や硫黄化合物を抽出除去する方法》. 〘← L. Edeleanu /*Rom.* edeleánu/ (d. 1941: ルーマニアの化学者)〙

e·del·weiss /éɪdlvàɪs, -wàɪs | -dlvàɪs; *G.* éːdlvaɪs/ *n.* エーデルワイス (*Leontopodium alpinum*)《アルプス産キク科ウスユキソウ属の高山植物; 白い軟毛に覆われた苞(ほう)を花のようにつける》. 〘《1862》□ G *Edelweiss* ← *edel* noble＋*weiss* 'WHITE'〙

edelweiss

e·de·ma /ɨdíːmə, iːd-/ *n.* (*pl.* ~·**ta** /~tə | -tə/, ~**s**) 《米》**1** 〘病理〙浮腫(しゅ), 水腫, むくみ: brain ~ 脳水腫. **2** 〘植物病理〙異常な光・温度条件下で水分過剰になり(トマトなどが)病的に肥大すること. 〘《*a*1400》← NL ~ ← Gk *oídēma* a swelling ← *oideîn* to swell〙

e·dem·a·tose /ɨdíːmətòʊs, iːd- | -tàʊs/ *adj.* ＝edematous.

e·dem·a·tous /ɨdíːmətəs, iːd- | -təs/ *adj.* 浮腫(しゅ)の, 浮腫性[状]の.

E·den[1] /íːdn/ *n.* **1** 〘聖書〙エデン(の園)《通例 the Garden of Eden という; 人類の始祖 Adam と Eve とが初めて置かれたという楽園; cf. *Gen.* 2-4》. **2** 楽土, 楽園, 極楽 (paradise); 極楽(の状態), 至福. 〘《*c*1384》□ LL *Ēden* □ Gk *Ēdén* □ Heb. *'ēdhen* 《原義》? delight, pleasure: cf. Sumerian *edin* open field, steppe〙

E·den[2] /íːdn/ *n.* イーデン: **1** 《男性名》. **2** 女性名. 〘↑〙

Eden, Sir (**Robert**) **Anthony** *n.* イーデン (1897-1977; 英国の保守党の政治家; 外相 (1935-38, 40-45, 51-54), 首相 (1955-57); 称号 Earl of Avon).

E·den·ic /iːdénɪk, ɪd-/ *adj.* エデンの園の. 〘《1850》← Eden[1]＋-IC[1]〙

E·den·ta·ta /iːdɛntáːtə, -téɪ- | -tə/ *n. pl.* 〘動物〙貧歯目. 〘← NL ~: ↓〙

e·den·tate /iːdénteɪt/ *adj.* **1** 〘動物〙貧歯目の. **2** 歯がない. **— n.** 〘動物〙貧歯類《アルマジロ・アリクイ・ナマケモノなど貧歯目の動物》. 〘《1828》← L *ēdentātus* deprived of teeth (p.p.) ← *ēdentāre* to make toothless ← *ē-* 'EX-[1] out of'＋*dent-, dēns* 'TOOTH': ⇨ dentate〙

e·den·tu·late /iːdéntʃʊlɨt, -lèɪt | -tjʊ-/ *adj.* 〈動物が〉歯のない.

e·den·tu·lous /iːdéntʃʊləs | -tjʊ-/ *adj.* 無歯の, (特に)歯を失った (↔ dentulous). 〘《1782》□ L *edentulus* lacking teeth＋-OUS: ⇨ ex-[1], dento-〙

EDES 《略》*NGk* Ellínikos Dimokratikós Ethnikós Stratós ギリシャ国民民主党 (Greek Democratic National Party).

E·des·sa /ɨdésə | ɪd-, iːd-/ *n.* エデッサ《Mesopotamia の北西部の古代都市; 昔キリスト教の中心地; 十字軍により聖地 4 国の一つとして建国 (1098); 現在の Urfa》.

e·des·tin /ɨdéstɨn, iːd- | ɪdéstɪn, iːd-/ *n.* 〘化学〙エデスチン《大麻の実の主成分をなすグロブリン (globulin)》. 〘《1894》← Gk *edestós* eatable＋-IN[2]〙

EDF 《略》European Development Fund.

Ed·fu /édfuː/ *n.* エドフ, イドフ《エジプトの Nile 河畔の町; プトレマイオス朝に建てられたホルス神殿 (Temple of Horus) がある; Idfu ともいう》.

Edg. 《略》Edgar.

EDG 《略》〘医学〙electrodermogram.

Ed·gar[1] /édgə | -gə[r]/ *n.* エドガー(アラン ポー)小像《米国の推理小説作家協会がすぐれた推理小説家に対して毎年与える Poe の記念像》. 〘《1947》← *Edgar Allan Poe*: cf. Poe〙

Ed·gar[2] /édgə | -gə[r]; *F.* ɛdgaːʁ/ *n.* エドガー《男性名; 愛称形 Ed, Eddie》. 〘OE *Ēadger* ← *ēad* richness, property＋*gār* spear〙

Ed·gar[3] /édgə | -gə[r]/ *n.* エドガー: **1** (944-75) Mercia と Northumbria の王 (957-75); イングランドの王 (959-75). **2** (1074?-1107) スコットランドの王 (1097-1107).

Edgar, Ath·e·ling /-ǽθəlɪŋ/ *n.* エドガー (1050?-?1125; Edmund II の孫; イングランド王位継承を主張 (1066) したが成らなかった).

edge /édʒ/ *n.* **1** 端, ふち, 果て; へり, きわ (⇨ border SYN); 瀬戸際; (時代・状態などの)境目: the cemetery on the north ~ of (the) town 町の北のはずれの共同墓地 / The ghetto lay [was] at the northern ~ of the city. スラム街は市の北のはずれにあった / the ~ of the woods 森のへり / the horizon's ~ 地平線の果て / the water's ~ 水際 / one bright March morning *on the* ~ *of* spring 春に間近のある晴れた 3 月の朝 / bring [drive] … to the ~ of extinction …を絶滅の危機に追い込む / The country was *on the* ~ *of* anarchy. その国は無政府状態との境目にあった. **2** (刃物の)刃: put an ~ on a knife ナイフを研ぐ / put a person to the ~ of the sword 人をやいばにかける / by the ~ of the sword やいばにかけて《殺すなど》. **3** 尖ったかど, (峠・屋根の)背 (crest): the ~ of a roof 屋根の棟(むね) / the sharp ~ of a rock 鋭い岩かど. **4** 刃の鋭さ, 鋭利; (欲望・言葉・風などの)鋭さ, 痛烈さ, 激しさ: The knife has no ~. このナイフはなまくらだ / give an ~ to [set an ~ upon] one's appetite 食欲をそそる / dull the ~ of pleasure 楽しみをそぐ / There was a faint ~ of contempt to [in] her voice. 彼女の声にはかすかな軽蔑が込められていた / the ~ of the wind 身を切るように冷たい風 / He let his voice take on an ~. 彼はとげとげしい声になるのに任せた. **5** 《口語》強味, 優勢: have the [an] ~ on [over] …に勝っている, …より優位にある / I got the ~ *on* my rivals. 競争相手よりも優位に立った / *In* the buildup of weaponry the U.S. is losing its quantitative ~. 武器製造に関しては米国は量的な優位を失いかけている. **6** (箱などの立体物の)二面の接線: stand a coin on its ~ 硬貨を立てる / A cube has 12 ~*s*. 立方体には 12 の接線がある. **7** (物の)ふち, へり: a sole ~ (靴の)こば《靴の表底周囲の側面》. **8** 〘製本〙小口(こぐち)《図書で head, foot, fore edge の 3 部分の総称》: a book with gilt ~*s* 小口金[三方金]の書物 / uncut ~*s* アンカット小口. **9** 《米口語》(酒・麻薬による)ほろ酔い加減: I've got a good ~ on. いい気持に酔っている. **10** (スケート・スキーの)エッジ (cf. edging 1): do the inside [outside] ~ 内[外]側にエッジづけする. **11** 〘トランプ〙**a** (ポーカーで)後賭け権《参加者のなかで一番最後に賭ける権利》. **b** ＝eldest hand. **12** [しばしば absolute [outside] ~ として] 我慢できない人[物] (the limit): He is the (*absolute*) ~. 彼は(全く)我慢がならない. **13** 《方言》丘(の斜面), 断崖.

fráy at [***aròund***] ***the édges*** ⇨ fray[1] 成句. ***give the róugh*** [***shárp***] ***édge of one's tóngue*** ⇨ tongue 成句. ***hàve róugh édges*** (1) 〈人が〉少々の欠点[かど]がある. (2) 〈演技・作品などが〉未完成[荒削り]である. ***knóck the róugh édges òff a person*** 人のかどが取れて一人前になる. ***nót to pùt tòo fíne an édge òn it*** ⇨ fine[1] *adj.* 成句. ***òff the édge*** ＝over the EDGE (1). ***on édge*** (1) いら立って, いらいらして: set a person's nerves *on* ~ 人の神経をいら立てる / He was [His nerves were] *on* ~. 彼[彼の神経]はいらだっていた. (2) しきりに…したがって, じりじりして (eager, impatient): I am all *on* ~ *to* know the news. そのニュースが知りたくてじりじりしている. (3) 〈物が〉横に立って (cf. *on* END): put [stand] a box *on* ~ 箱を横に立てる. ***on the édge of*** …のふちに; …にひんして, …しそうになって (on the point [brink, verge] of) (cf. 1): He was *on the* ~ *of* death. 死にひんしていた / I was *on the* ~ *of* being run over by a car. すんでのところで車に轢(ひ)かれるところだった. ***on the édge of one's séat*** [***cháir***] 椅子から身をのりだして, わくわくして, ひどく興奮して. ***òver the édge*** (1) 気が狂って: He went *over the* ~. 気が狂った. (2) 無茶な. ***sét*** [***pút***] ***a person's*** [***the***] ***téeth on édge*** ⇨ tooth 成句. ***táke the édge òff*** (1) 〈刃物〉の刃をなまくらにする: *take the* ~ *off* a knife ナイフの刃をなまくらにする. (2) 〈力・感興など〉をそぐ: *take the* ~ *off* an argument 議論の勢いをそぐ / They had *taken the* ~ *off* their own hunger. ひもじさも少しやわらいでいた. ***the thìn*** [***lìttle, smàll***] ***édge of the wédge*** ⇨ wedge 成句.

— vt. 1 …に刃をつける[立てる], 研ぐ: He ~*d* the knife sharp. ナイフを研いで鋭い刃をつけた. **2** 鋭くする, 鋭敏にする: Vinegar ~*s* the appetite. 酢は食欲をそそる. **3 a** …にへり[ふち]を付ける, ふち取る; 〈丘などが〉…のへり[ふち]となる: ~ a path *with* box 小道のへりにツゲを植える / a road ~*d with* rows of trees 両側に並木のある道路 / ~ a slip *with* [*in*] lace スリップにレースのふち取りをする / Hills ~ the plain. 平野の周辺は丘になっている. **b** 〈ある状態〉に境を接する, 接近する: *Edging* eighty, he had retained all his vigor. 80 の坂にさしかかってはいるがまだかくしゃくとしていた. **4 a** [通例方向の副詞語句を伴って] はすに進める; じりじり進める, じりじり動かす: ~ something *away* [*along, out*] 物をはすに取り去る / ~ a person *aside* じりじりと人を押しのける / ~ oneself *into* a conversation 話に割り込む / ~ *out of* the market じりじりと市場から締め出す. **b** [~ one's way として] はすに[じりじりと]進んで行く: He ~*d his way through* the crowd. 人込みの中を体を横にして進んで行った. **5** 《米》〈スキー・スケート〉にエッジをきかせる. **6** 〘金属加工〙**a** 〈圧延材を〉(その端部で)反転する. **b** (端部をかみ込んで)圧延する. **c** (圧延で)〈材料〉の幅寸法を規定する (cf. edging pass). **d** (仕上げ鍛造に適した形に)粗鍛造する. **7** 〘クリケット〙〈投げられたボールを〉バットの角に当ててそらす. **— vi.** [通例方向の副詞語句を伴って] 斜めに進む; じりじり進む: ~ *along* (体を横にして)斜めに進む / ~ *into* 〈談話・人中など〉へ割り込む / ~ *out* (用心して)じりじりと出る / ~ *up* (*to*

[*on*] …) (…に)にじり寄る, 食い込む / We ~*d through* the crowd. 人込みの中をじりじり進んで行った. ***édge awáy*** [*óff*] [海事]〈船が〉(じりじりと)次第に離れる[去る, 遠ざかる]. ***édge dówn*** [海事]〔船に向かって〕じりじりと[斜めに]接近する〔*upon*〕. ***édge ín*** 〈言葉などを〉差しはさむ: He contrived to ~ *in* a word. やっと口を差しはさんだ. ***édge in with*** [*for*] [海事]〈追跡中の船が〉…に徐々に近づく. ***édge a pérson ón*** (古)〈人を〉そそのかす (egg on). ***édge óut*** (vt.) (1) 〈相手〉に(試合・競走・コンテストで)わずかの差で勝つ. (2) 〈人を〉[地位などから]少しずつ押しのける, 追い出す〔*of*〕(cf. *vt.* 4 a). ***édge úp*** (1) ⇨ *vi.* (2) 〈値段などが〉じりじりと上がる.
〖n.: OE *ecg* < Gmc **azjo* (Du. *egge* / G *Ecke* / ON *egg*) ← IE **ak-* sharp (L *aciēs* / Gk *akís* edge). — v.: (*c*1300) ← (n.): 今の綴りは 16C から〗

édge·bòne *n.* ＝aitchbone. 〖(1822) (転訛) ← AITCHBONE〗

édge cìty *n.* (米) エッジシティー《都市の外縁部に発達したオフィスビル・ショッピングセンター・ホテルなどの密集地》. 〖1991〗

edged /éʤd/ *adj.* **1** 縁取られた: a garden ~ with flowers 花で囲まれた庭. **2 a** 刃のある, 刃をつけた: an ~ sword 刃をつけた剣. **b** [複合語の第 2 構成素として] …刃の, (…の)刃のある: a double-*edged* knife もろ[両]刃のナイフ. **3** 鋭い, 痛烈な, いらだった: an ~ remark, voice, etc. 〖(*c*1300): ⇨ -ed〗

édged tòol *n.* (廃) ＝edge tool 1.
pláy with édged tòols ＝play with EDGE TOOLS. 〖*c*1350〗

édge effèct *n.* **1** [生態] 周辺効果, 辺縁効果《森林と草地の接点など生物群が推移する境界で生物種の数が多くなったり, 形態的変量を示すものが多く見られる現象》. **2** [物理] 縁効果, 周辺効果《写真の像の周辺部に現れる特異な現象》. 〖1933〗

édge-gráin *adj.* [木工] ＝quartersawed. 〖1906〗

édge gráin *n.* [木工] 柾目(まさめ)《縦にまっすぐ通った木目のあるもの; cf. flat grain》. 〖1965〗

edge-gráined *adj.* [木工] ＝quartersawed.

Edge·hill /éʤhíl/ *n.* エッジヒル《イングランド Warwickshire 州の丘陵地帯; エッジヒルの戦い (1642) で議会党員 (Parliamentarian) が Charles I 軍と初めて戦った地》.

édge jòint *n.* [建築] へり継手《2 枚の板材の側面どうしを溶接などでついだ継手》. 〖1874〗

édge·less *adj.* **1** 刃のない, なまくらな (blunt). **2** へり[縁, かどなど]のない. 〖(1592–93): ⇨ -less〗

édge mìll *n.* エッジミル, ブレット《鉱石粉砕機の一種》. 〖1874〗

édg·er *n.* **1** (衣服の)縁かがり工, (レンズの)縁みがき工(など). **2** 縁かがり機, 縁取りのこぎり(など). **3** (芝生などの)縁刈り機. 〖(1591): ⇨ edge, -er¹〗

édge rùnner *n.* [機械] エッジランナー《一対のロール・回転砥石などを用いて原料を粉砕する機械》. 〖1871〗

édge-rùnner mìll *n.* [機械] ＝edge runner.

édge spècies *n.* [生態] 周辺種, 辺縁種《森林と草地の接点など生物群が推移する部分にすむ生物種》.

édge strìp *n.* [造船] へり目板《鋼板の縁を突き合わせ結合する時, つなぎ目にかぶせるように取り付ける細長い鋼板》. 〖1874〗

édge tòol *n.* **1** 刃物 (工具; cf. edged tool). **2** 縁取り用の工具. ***pláy with édge tòols*** (古) 危険な事に手出しをする, きわどい事をする. (1840) 〖*a*1375〗

édge·wàys *adv.* **1** (相手に)刃を向けて; 刃が(物に)当たるようにして: bring down an ax ~ 刃を下にしておのを打ちおろす. **2** 刃[かど]に沿って, 縁[へり]に沿って: saw a plank ~ 厚板の縁をのこぎりで切る. **3** (二つの物が)端と端を接して (edge to edge): bolt the planks together ~ 厚板の端と端をボルトで締める. ***gèt a wórd in édgeways*** [通例否定文で] (長話に)横合いから言葉をはさむ. (1863) 〖(1566): ⇨ -ways〗

édge·wìse *adv.* ＝edgeways. 〖1566〗

Edge·worth /éʤwə(ː)θ | -wə(ː)θ/, **Maria** *n.* エッジワース (1767–1849; 英国の女流小説家; 主にアイルランドに在住; *Castle Rackrent* (1800)).

edg·i·ly /éʤɪli/ *adv.* いらいらして. 〖(1837) ← EDGY ＋ -LY¹〗

edg·i·ness /éʤinɪs/ *n.* いらいら; とげとげしさ.

édg·ing *n.* **1 a** 縁[へり]をつけること, へりつけ, へり取り; (へりの)かどをつけること. **b** [スケート・スキー] エッジング, 角(かど)付け. **2 a** 縁[へり]をなすもの. **b** (衣類の)ささべり, へり飾り (fringe). **c** (花壇などの)へり (border). **d** (テーブルなどの)縁回り補強用部[材]. 〖(*c*1384): ⇨ -ing¹〗

édg·ing·ly *adv.* じりじりと, 少しずつ, 徐々に, 漸次. 〖(1748): ⇨ edge, -ing², -ly¹〗

édging pàss *n.* [金属加工] エッジング, 幅殺し《圧延で幅広がりした側端部にロール圧下を加えて寸法を規正し, 割れを防ぐ加工法》. 〖1881〗

édging shèars *n. pl.* (芝生の縁を刈りそろえる)へり刈りばさみ.

edg·y /éʤi/ *adj.* (**edg·i·er; -i·est**) **1** いら立った, いらいらした, 怒りっぽい (irritable): an ~ temper / an ~ behavior いらいらした行動 / an ~ mother 怒りっぽい母親. **2** 刃の鋭い (sharp-edged), 先のとがった: ~ splinters 先のとがったかけら. **3** 〈機知などが〉鋭い (sharp): an ~ wit. **4** 〈輪郭など〉明確な; 〈画など〉輪郭がはっきりし過ぎた: an ~ outline はっきりした輪郭. 〖(1775): ⇨ edge, -y⁴〗

edh /éð/ *n.* エズ《ローマ字 d を変形した中世ゲルマン文字 ð の名称で, 現在は音声記号の一つに用いられる; 古期英語では [θ] [ð] の二音を, 音声記号としては [ð] を表す; cf. thorn》. 〖1846〗

E·dhes·sa /ɪdésə | ɪd-, iːd-/ *n.* ＝Edessa.

EDI (略) electronic data interchange 電子的データ交換システム.

ed·i·bil·i·ty /èdəbíləti | èdɪbíləti/ *n.* 食べ物として適すること, 食用価値; 食べられること. 〖(1849): ⇨ ↓, -ity〗

ed·i·ble /édəbl | édɪ-/ *adj.* 食べられる, 食用に適している (eatable): ~ oil and fat 食用油脂. — *n.* [通例 *pl.*] 食用品. **~·ness** *n.* 〖(1594) □ LL *edibilis* eatable ← L *edere* 'to EAT¹': ⇨ -ible〗

édible bírd's nést *n.* 燕巣, 燕窩(えんか)《中国料理の特殊材料の一つ; アナツバメ (swiftlet) の巣を乾燥させたもので, スープなどに用いる》. 〖1779〗

édible dórmouse *n.* [動物] ＝fat dormouse.

édible fróg *n.* [動物] ヨーロッパトノサマガエル (*Rana esculenta*)《ヨーロッパ産アカガエル属の食用ガエル》. 〖1802〗

édible-pòdded péa *n.* [植物] **1** ヨウシュサヤエンドウ (*Pisum sativum* var. *macrocarpon*). **2** (広く) サヤエンドウ.

édible snáil *n.* [動物] 食用カタツムリ《ヨーロッパ産のリンゴマイマイ (*Helix pomatia*), ヒメリンゴマイマイ (*H. aspersa*) など; cf. snail 1》. 〖1837〗

e·dict /íːdɪkt/ *n.* **1** 勅令, 布告 (decree): a Royal [an Imperial] ~ 勅令, 勅命. **2** 命令: Law is Nature's ~. 法律は自然の命ずるものである.
Édict of Milán [the —] ミラノ勅令 (313 年 Constantine 大帝がイタリア征服後キリスト教徒に対して信教上の権利公認のために布告したと伝えられるもの).
Édict of Nántes [the —] ナント勅令 (1598 年 4 月フランス王 Henry 四世が新教徒に対して礼拝の自由などを認めた布告; 後 Louis 十四世が 1685 年 10 月廃止).

e·dic·tal /ɪdíktl, iːd- | ɪdík- iːd-/ *adj.* **e·díc·tal·ly** *adv.* 〖(1483) *edycte* □ L *ēdictum* proclamation, order (neut. p.p.) ← *ēdīcere* to proclaim ← *ē-* 'EX-¹' ＋*dīcere* to say ∽ (*c*1300) *edit* □ (O)F *édit* < L *ēdictum*: ⇨ diction〗

ed·i·cule /édəkjùːl | édɪ-/ *n.* [建築] ＝aedicula.

E·die /íːdi | -di/ *n.* イーディ: **1** 女性名. **2** 男性名. 〖(dim.) 1: ← EDITH. 2: ← EDMUND, EDWARD¹〗

ed·i·fi·ca·tion /èdəfəkéɪʃən | èdɪfɪ-/ *n.* **1** (知性・徳性・信仰心の)涵養, 教導, 教化, 徳育. **2** [しばしば皮肉に] 啓発, 思想善導 (moral instruction): for one's ~ …後学のため. 〖(*c*1350) *edificacioun* □ L *aedificātiō(n-)* ← *aedificātus* (p.p.) ← *aedificāre* 'to EDIFY'〗

ed·if·i·ca·to·ry /ɪdífəkətɔ̀ːri | èdɪfɪkèɪtəri, -tri/ *adj.* 啓発的な, 教導的な, 教化的な. 〖(1649) □ LL *aedificātōrius* ← L *aedificātus* (↑)〗

ed·i·fice /édəfɪs | édɪfɪs/ *n.* **1** 建物, (特に, 宮殿・寺院などのような堂々とした)大建築物 (⇨ building SYN); (個人の)大邸宅: a holy [sacred] ~ 大寺院. **2** (抽象的な)構築物, 組織: Comte's ~ コントの(築いた)学問体系.

ed·i·fi·cial /èdəfíʃəl | èdɪ-ˊ-/ *adj.* 〖(*c*1380) □ (O)F *édifice* □ L *aedificium* building ← *aedificāre* (↓)〗

ed·i·fy /édəfàɪ | édɪ-/ *vt.* **1** …の徳性[宗教心]を涵養する, 啓発する; 教導する, 教化する: I was greatly *edified* by his example. 私は彼のお手本によって大いに啓発された. **2** (古) 建てる. **éd·i·fi·er** *n.* 〖(*a*1338) *edifie(n)* □ OF *édifier* □ L *aedificāre* to build, edify ← *aedis* temple, (原義) hearth ＋-*ficāre* '-FY'〗

éd·i·fỳ·ing *adj.* 教化的な, 教導的な; 人の心を高潔にする: an ~ sermon ためになる説教. **~·ly** *adv.* 〖(1526): ⇨ ↑, -ing²〗

e·dile /íːdaɪl/ *n.* ＝aedile.

Edin. (略) Edinburgh.

E·di·na /ɪdáɪnə | ɪd-, ɛd-/ *n.* イダイナ《女性名; スコットランドに多い》. 〖⇨ EDWINA〗

Ed·in·burgh /édnbə̀ːrə, -bə̀ːroʊ | édɪnb(ə)rə, édn-, -bʌrə/ *n.* エディンバラ: **1** スコットランドの主都, 旧 Lothian 州の州都; スコットランドの政治・文化の中心地; Firth of Forth に臨む. **2** スコットランド Midlothian 州の旧名. 〖(12C) *Edenburge* (部分訳) ← Sc.-Gael. *dūn eadain* ? fort on the hill slope.〗

Ed·in·burgh /édnbə̀ːrə, -bə̀ːroʊ | édɪnb(ə)rə, édn-, -bʌrə/, **Duke of** *n.* ⇨ Prince PHILIP.

Édinburgh Féstival *n.* [the ~] エディンバラ芸術祭《1947 年に始まり, 毎年 8 月後半から 9 月初めに行われる国際的な芸術祭; 音楽・演劇などのプログラムのほか, Fringe と呼ばれる実験劇などの非公式な演目群がよく知られている》.

E·dir·ne /eɪdíənə | -díə-; *Turk.* edírnɛ/ *n.* エディルネ《トルコ北西端, ギリシャ国境に近い都市; 旧名 Adrianople》.

Ed·i·son /édəsən, -sn | édɪ-/ *n.* エジソン《米国 New Jersey 州中北部の郡区; T. A. Edison の最初の研究所所在地》.

Ed·i·son /édəsən, -sn | édɪ-/ *n.* エジソン《男性名》. 〖(原義) 'son of EDDIE, EDIE (男性名)'〗

Edison, Thomas Alva *n.* エジソン (1847–1931; 米国の発明家; 拡声器・蓄音機・白熱電球・映画撮影機など 1 千余種の発明に特許を得た).

Édison bàttery *n.* [電気] エジソン電池《アルカリ蓄電池の一種; Edison storage battery ともいう》.

Édison effèct *n.* [物理] エジソン効果《高温度の金属または半導体の表面から電子が放出される現象》.

ed·it /édɪt | édɪt/ *vt.* **1 a** 〈書物を〉編集する, 監修する: ~ a collection of letters 書簡集を編む. **b** 〈原稿を〉校訂する, …に手を入れる. **2** 〈映画(フィルム)・録音(テープ)などを〉編集する. **3** 〈主筆が〉〈新聞・雑誌を〉編集(発行)する. **4** 〈データを〉編集する. ***édit óut*** [*ín*] 編集して削除する[入れる]: ~ *out* a scene ある場面を削除する / ~ the news *in* そのニュースを挿入する. (1983)
— *n.* **1** 編集したもの. **2** [新聞] 編集 (editing); 社説 (editorial).
~·a·ble /-təbl | -tə-/ *adj.* 〖*vt.*: (1791) □ F *éditer* ∥ L *ēditus* (p.p.) ← *ēdere* to give out, publish. — *n.*: (略) ← *editing*, EDITORIAL〗

edit. (略) edited; edition; F edit; editor.

E·dith /íːdɪθ | -dɪθ; *F.* edit/ *n.* イーディス《女性名; 愛称形 Eda, Ede, Edie; 異形 Edyth》. 〖OE *Ēadgȳþ* (原義) happy war ← *ēad* happy＋*gūþ* war〗

Édith Cáv·ell /-kǽvəl, -vl, -kəvél/, **Mount** *n.* イーディスカヴェル山《カナダ Alberta 州南西部, Jasper 国立公園内にある山 (3,363m)》.

e·di·tion /ɪdíʃən/ *n.* **1** …版《印刷物の出版形態; 体裁・発行者・出版地・刊年など》: a pocket ~ ポケット版 / Macmillan's ~ of *Paradise Lost* マクミラン版「失楽園」/ the Sunday ~ (新聞の)日曜版 / London ~ ロンドン版 / the 1975 ~ 1975 年版. **2** 版《一つの組版で刷った図書などの印刷物の総部数; cf. impression 6 b, issue 3, state 9》. **3** 版《内容の異同; 全面的・部分的な改訂・補足》. ★ 日本では通例 impression をも「版」と言っているから注意を要する: the second ~ 第 2 版 / the new ~ 新版 (cf. reprint 2) / reach a tenth ~ ＝go through ten ~*s* 10 版を重ねる / an enlarged ~ 増補版 / the afternoon ~ (新聞の)午後版 / the ~ cited 引用[参照]版 (略 ed. cit.) / ⇨ revised edition. **4** (印刷物の)1 冊: This is a second ~. これは第 2 版本である. **5** (同一種のものの)再製, 複製 (version): He is an inferior ~ *of* his father. 彼はおやじより出来が悪い. 〖(?*a*1425) □ (O)F *édition* ∥ L *ēditiō(n-)*: ⇨ edit, -tion〗

e·di·tio·nal·ize /ɪdíʃ(ə)nəlàɪz/ *vi.* 数種の版を出す. 〖⇨ ↑, -al¹, -ize〗

edition bìnding *n.* [製本] 数物(かずもの)製本《出版社が大量生産する新刊書・雑誌などの製本; publisher's binding, trade binding ともいう; cf. library binding》; 数物; 数物製本の本.

é·di·tion de lúxe /eɪdɪsjɔ̃ː(n)-, -sjɔ́ːn- | -dɪ-; *F.* edisjɔ̃dlyks/ *n.* 豪華版, 特製版, 美装版. 〖(1819) □ F ~: ⇨ luxe〗

e·di·ti·o prin·ceps /eɪdítiòʊpríŋkɛps | -tiàʊ-príŋkɛps/ *L. n.* (*pl.* **e·di·ti·o·nes prin·ci·pes** /eɪdɪtióʊneɪsprínkəpèɪs | -dɪtiáʊn-/) 初版《活版による印刷の行われる以前に写本で流布していた作品を初めて印刷化したもの》; (普通の新刊本の)初版 (first edition): the ~ of *Comus*「コーマス」の初版. 〖(1802) ← NL *ēditiō princeps* (原義) first printing: ⇨ edition, prince〗

Ed·i·to·la, e- /èdətóʊlə | èdɪtáʊ-/ *n.* フィルム編集機. 〖(1935) ← EDIT＋-*ola* (＝? -OLE²)〗

ed·i·tor /édətə | édɪtə(r)/ *n.* **1** (書籍の)編者, 編集者, 校訂者, 編纂者; 監修者: ⇨ general editor. **2** (新聞・雑誌の)編集長, 編集主幹, 編集担当; (新聞の各部の)部長: a chief ~ 編集長, 主筆 (cf. subeditor) / a financial ~ 経済部長 / ⇨ city editor, managing editor. **3** (テレビ・ラジオの)番組編成の総合責任者. **4** (映画・テレビなどの)編集者. **5** 論説 (editorials) 委員 ((米) editorial writer, (英) leader writer). **6** (米) (映画フィルム・ビデオテープなどの)編集機. **7** [電算] エディター《データ(特にテキストデータ)を編集するためのプログラム》.
éditor in chíef 編集長, 編集主幹. (1873) 〖(1649) □ LL *ēditor*: ⇨ edit, -or²〗

ed·i·to·ri·al /èdətɔ́ːriəl | èdɪtɔ́ːr-ˊ-/ *n.* **1** (新聞・雑誌などの)社説, 論説 ((英) leader, leading article). **2** (ラジオ・テレビの)社論, 所信, 声明: a television ~. **3** 冗長で独断的な意見. — *adj.* **1** 編集の, 編集上の: ~ capacity 編集能力 / an ~ office 編集室 / the ~ staff 編集部員. **2** 編集長[編集主幹]の, 編(集)者の: an ~ chair 編集長[主幹]の職. **3** 社説[論説]の: an ~ article 社説 / an ~ paragraph [note] 社説欄の小論[短評] / an ~ writer (米) 論説委員 (cf. leader writer) / ~ "we" ⇨ we 3 a. 〖(1744): ⇨ ↑, -ial〗

èd·i·tó·ri·al·ist /-lɪst | -lɪst/ *n.* 論説委員. 〖(1901): ⇨ ↑, -ist〗

ed·i·to·ri·al·ize /èdətɔ́ːriəlàɪz | èdɪtɔ́ːr-/ *vi.* **1** 〔…について〕社説で論じる, 社説に書く〔*on, about*〕. **2** (事実の報道に)社説風に主観を入れる, 論評を加えて報道する. **3** 〔論争などに対して〕の意見を表明する〔*on*〕: ~ *on* an issue. **ed·i·to·ri·al·i·za·tion** /èdətɔ̀ːriəlɪzéɪʃən | èdɪtɔ̀ːriəlaɪ-, -lɪ-/ *n.* **èd·i·tó·ri·al·ìz·er** *n.* 〖(1856): ⇨ -ize〗

èd·i·tó·ri·al·ly *adv.* **1** 編集上. **2** 社説として: comment ~ on …に関して社説で論じる. **3** 編集者[主筆]として: He writes ~ for a London paper. ロンドンの新聞の主筆をしている. 〖(1818): ⇨ -ly¹〗

éditor·shìp *n.* **1** 編集者の地位[職分]. **2** 編集上の指示. **3** 編集; 校訂. 〖(1782): ⇨ -ship〗

ed·i·tress /édətrɪs | édɪ-/ *n.* 女性の editor. 〖(1799) ← EDITOR＋-ESS¹〗

édit suìte *n.* ビデオ編集室.

e.d.l. (略) edition de luxe.

-ed·ly /ɪdli, dli, tli/ *suf.* 様態の副詞を造る: disgust*edly*, heat*edly*, hurri*edly*. ★ 過去分詞は /t/, /d/ をつけて造るが, それに更に -ly がつくと /ɪdli/ と発音される語がある: marked /mάːkt | mάːkt/ → mark*edly* /mάːkɪdli | mάːk-/, alleged /əléʤd/ → alleg*edly* /əléʤɪdli/ (cf. -ed ★ (3)) 〖← -ED＋-LY¹〗

EdM (略) Master of Education. 〖← NL *ēducātiōnis magister*〗

EDM (略) [測量] electromagnetic distance meter.

Edm. (略) Edmond; Edmund.

Ed·mond /édmənd; *F.* ɛdmɔ̃/ *n.* エドモンド《男性名》. 〖⇨ Edmund〗

Ed·monde /édmənd/ *n.* エドモンド《女性名》. 〘(fem.): ↑〙
Ed·mon·do /edmɑ́(ː)ndoʊ | -mɔ́ndəʊ; *It.* edmóndo/ *n.* エドモンド《男性名》. 〘◻It. ～: ⇨Edmund〙
Ed·mon·ton /édməntən | -tən/ *n.* エドモントン: **1** カナダ南西部 Alberta 州の州都. **2** もとイングランド Middlesex 州の都市; 現在は London の Enfield 区の一部. 〘2: OE *Adelmetone* '*Ēadhelm's* farm (⇨ -ton)'〙
Ed·mund /édmənd; *G.* étmʊnt/ *n.* エドマンド《男性名; 愛称形 Ed, Eddie, Eddy, Ned; 異形 Edmond, アイルランド形 Eamon》. 〘OE *Ēadmund* ← *ēad* rich＋*mund* protection: cf. Edgar[2], mound[1]〙
Ed·mund /édmənd/, **Saint** *n.* エドマンド《841?–870; 東アングリア古王国の王 (855–870)》.
Edmund I *n.* エドマンド一世《922?–946; イングランド王 (940–946)》.
Edmund II *n.* エドマンド二世《981?–1016; 中世イングランド王 (1016); 在位 7 か月で殺害され, Canute が支配権を握った; Ironside (剛勇王)と呼称される》.
Ed·mun·da /edmʌ́ndə/ *n.* エドマンダ《女性名》. 〘(fem.) ← EDMUND〙
Ed·na /édnə/ *n.* エドナ《女性名; ビクトリア朝の頃以来多く用いられるようになった》. 〘◻Gk *Edná* ◻Heb. '*Ednāh*《原義》delight: cf. Eden[1]〙
Ed·o /édoʊ | édəʊ/ *n.* (*pl.* ～, ～**s**) **1 a** [the ～(s)] エド族《ナイジェリア南部, ベニン (Benin) 地方に住む; Bini ともいう》. **b** エド族の人. **2** エド語 (Kwa 語派の一つ). 〘(1890): エド語で Benin City の意〙
E·dom[1] /íːdəm | -dɔm/ *n.* 〖聖書〗エドム《Edom[2] の住民の先祖とされる Esau (Jacob の兄)の別名; *Gen.* 25: 30, 32: 4》. 〘◻LL ～ ◻Gk *Edṓm* ◻Heb. *Edhōm*《原義》land covered with reddish soil〙
E·dom[2] /íːdəm | -dɔm/ *n.* エドム: **1** 死海と Aqaba 湾との間の古代の地域で, 現在はヨルダン領. **2** この地域にあった Edom の子孫の王国. 〘↑〙
E·do·mite /íːdəmàɪt | -də-/ *n.* 〖聖書〗**1** エドム人, Edom の子孫 (cf. *Num.* 20: 14–21). **2** エドム語《ヘブライ語に非常に近い》. **E·dom·it·ish** /ìːdəmáɪtɪʃ | ìːdəmáɪtɪʃ⁻/, **E·dom·it·ic** /ìːdəmɪ́tɪk | -dəmáɪt-⁻/ *adj.* 〘(1535) ← EDOM[1]＋-ITE[2]〙
É·douard /eɪdwɑ́ə | -dwɑ́ː(r; *F.* edwaːʀ/ *n.* エドワール《男性名》. 〘◻F ～: ⇨Edward[1]〙
EDP 《略》〖電算〗electronic data processing; executive development program. 〘1960〙
EDPS 《略》〖電算〗electronic data processing system.
EDR 《略》European Depositary Receipt ヨーロッパ預託証券 (cf. ADR).
Ed·ric /édrɪk/ *n.* エドリック《男性名》. 〘← OE *ēad* happy＋*rīc* ruler〙
EDS 《略》English Dialect Society. 〘1973〙
eds. 《略》editions; editors.
Ed·sel /édsəl, -sl/ *n.* エドセル《男性名》. 〘← OE *ēad* happy＋*sele* hall〙
EDT 《略》(米) Eastern Daylight Time.
EDTA *n.* 〖化学〗エチレンジアミン四酢酸 ((HOOC-CH_2)$_2$NCH_2CH_2N(CH_2COOH)$_2$). 〘(1951)《略》← *e*(*thylene*)*d*(*iamine*)*t*(*etra*)*a*(*cetic acid*)〙
EDU 《略》European Democratic Union.
E·duard /éɪdwɑət | -dwɑːt; *G.* éːdvaʀt; *Czech* éduart/ *n.* エードワルト《男性名》. 〘◻G. ～: ⇨Edward[1]〙
educ. 《略》educated; education; educational.
ed·u·ca·bil·i·ty /èdʒʊkəbɪ́ləṭi | èdʒʊkəbɪ́lɪ̀ti, èdjʊ-/ *n.* 教育の可能性, 陶冶(とうや)性. 〘(1842): ⇨ ↓, -ity〙
ed·u·ca·ble /édʒʊkəbl | édʒʊ-, édjʊ-/ *adj.* **1** 〈人が〉教えられる, 教育されうる. **2** ある程度ものを覚える能力のある. — *n.* やや知能の遅れた人, 魯鈍(ろどん) (moron). 〘(1845): ⇨educate, -able〙
ed·u·cand /édʒʊkæ̀nd | édʒʊ-, édjʊ-/ *n.* 被教育者 (student). 〘(*a*1909) ◻L *ēducandus* ← *ēducāre*: ⇨educate〙
ed·u·cat·a·ble /édʒʊkèɪṭəbl | édʒʊkèɪtə-, édjʊ-/ *adj.* ＝educable. 〘1868〙
ed·u·cate /édʒʊkèɪt | édʒʊ-, édjʊ-/ *vt.* **1** 〈人〉に学校教育を授ける, 学校へやる (⇨ teach SYN); (人のために)教育費を出す: Where will her children be ～*d*? 彼女の子供たちはどこで教育を受けるの / be ～*d* at a college 大学で学ぶ / be ～*d in* modern languages [classics] 近代語[古典]の教育を受ける / He has ～*d* his children at the best schools. 彼は子供たちを一流校で学ばせた. **2** 教育する; 〈知力・精神を〉養い育てる: ～ a child / ～ the mind of a child 子供の精神を養い育てる / ～ oneself 独学する, 修養する / ～ a person *out of* his prejudices 人を教育して偏見を捨てさせる. **3** 訓練する, 〈特殊な能力・趣味などを〉養う, 養成する: ～ one's taste in literature [one's critical powers] 文学趣味[批評力]を養う / ～ a person's musical ear 音楽を聞く耳を養う. **4** 〈動物を〉仕込む, ならす: ～ a dog *to* beg イヌにちんちんを教え込む. — *vi.* 人を教育する. 〘(1447) ← L *ēducātus* (p.p.) ← *ēducāre* (cf. *ēdūcere* 'to EDUCE') to bring up a child physically or mentally ← *ē-* 'EX-[1]'＋*-duc-* (← IE **deuk-* to lead). ⇨ -ate[3]〙
ed·u·cat·ed /édʒʊkèɪṭɪ̀d | édʒʊkèɪtɪ̀d, édjʊ-/ *adj.* **1** (高等)教育を受けた, 教育のある: an ～ person. **2** 教養のある (cultivated); 教養人の[にふさわしい] (↔ uneducated, illiterate); 技能を身につけた, 修練した (skilled): the ～ classes 知識階級 / an ～ mind [taste] 教養のある心[趣味] / ～ speech 教養人らしい[気品のある]言葉遣い / a well-*educated* [half-*educated*] person 教養のある[ろくな教養のない]人. **3** 〈推量が〉経験[事実]をふまえての: an ～ guess. **～·ly** *adv.* **～·ness** *n.* 〘(1588): ⇨ ↑, -ed〙
ed·u·cat·ee /èdʒʊkeɪtíː, -kət- | èdʒʊ-, èdju:-, èdjʊ-/ *n.* 被教育者, 学生. 〘(1815) ← EDUCATE＋-EE[1]〙
ed·u·ca·tion /èdʒʊkéɪʃən | èdʒʊ-, èdjʊ-/ *n.* **1** (広義の)教育: common school ～ 小学教育 / professional ～ 専門教育, 職業教育 / ⇨ adult education, further education, general education, higher education, liberal education / an ～ for the bar 弁護士教育 / ⇨ BOARD of education. **2** (受けた)教育, 素養: receive [obtain, get] a good ～ りっぱな教育を受ける / a person with a classical [legal, medical] ～ 古典[法律, 医学]の素養をもった人 / I'll never regret knowing you. It's been a real ～. あなたと知り合ったことを後悔しません. いい勉強になりました. **3** (品性・能力などの)鍛練, 訓育, 養成: the ～ of the sentiments 情操の養成 / intellectual [moral, physical] ～ 知[徳, 体]育. **4** 教育学, 教授法: a college of ～ 教育大学. **5** (動物の)仕込み; (蜂・バクテリアなどの)飼育, 培養. 〘(1531) ◻L *ēducātiō(n-)*: ⇨ educate, -ation〙
ed·u·ca·tion·al /èdʒʊkéɪʃnəl, -ʃənl | èdʒʊ-, èdjʊ-⁻/ *adj.* **1** 教育の: an ～ act [bill] 教育法令[法案] / ～ expenses 教育費 / an ～ institution 教育機関, 学校 / an ～ system 教育制度 / an ～ worker 教育者 / ～ reforms 教育改革. **2** 教育的な: ～ films 教育映画 / ⇨ educational television. 〘(1652): ⇨ ↑, -al[1]〙
educátional áge *n.* 〖心理・教育〗教育年齢 (略 EA; ⇨ achievement age).
educátional endówment insùrance *n.* 〖保険〗学資保険.
educátional-indústrial cómplex *n.* 産学協同.
èd·u·cá·tion·al·ist /-ʃ(ə)nəl̩ɪst | -lɪst/ *n.* **1** (英) 教育家. **2** 教育理論家. 〘(1857): ⇨ -ist〙
èd·u·cá·tion·al·ly /-ʃ(ə)nəli/ *adv.* 教育的に; 教育上; 教育的見地からすれば: ～ subnormal children 教育的に標準以下の子供たち. 〘(1845): ⇨ -ly[1]〙
educátional párk *n.* 計画文教地区《大都市で, 幼稚園から高校まで各種教育機関を, 一定のふさわしい地区にまとめたもの》.
educátional psychólogist *n.* 教育心理学者. 〘1960〙
educátional psychólogy *n.* 教育心理学《発達・学習・教授法・進路指導・評価など教育に関することがらを心理学的に究明する学問》. 〘1911〙
educátional quótient *n.* 〖心理・教育〗教育指数 (⇨ achievement quotient 2).
educátional rátio *n.* 〖心理・教育〗＝accomplishment quotient.
educátional sociólogy *n.* 教育社会学. 〘1917〙
educátional télevision *n.* (米) **1** ＝public television. **2** (特に学校向けの番組を提供する)教育テレビ. 〘1951〙
Èducátional Wélfare Òfficer *n.* (英) 教育指導[監督]官《学校・授業をさぼった生徒の補導などをする責任者》.
educátion commìttee *n.* (英) (county ごとに設置された)教育委員会 ((米) board of education).
ed·u·ca·tion·ese /èdʒʊkèɪʃəníːz | èdʒʊ-, èdjʊ-/ *n.* 教育関係者独自の用語. 〘(1954) ← EDUCATION＋-ESE〙
èd·u·cá·tion·ist /-ʃ(ə)nɪ̀st | -nɪst/ *n.* ＝educationalist. 〘1829〙
educátion pàrk *n.* (米) ＝educational park.
ed·u·ca·tive /édʒʊkèɪṭɪv, -kəṭ- | édʒʊkət-, édjʊ-, -kèɪt-/ *adj.* **1** 教育に役立つ, 教育的な: ～ instruction 訓育. **2** 教育の: an ～ theory 教育理論. 〘(1844) ← EDUCATE＋-IVE〙
ed·u·ca·tor /édʒʊkèɪṭə | édʒʊkèɪtə(r, édjʊ-/ *n.* **1** 教育者, 教師. **2** ＝educationalist 2. **3** 教育行政家. 〘(1566) ◻L *ēducātor*: ⇨ educate, -or[2]〙
ed·u·ca·to·ry /édʒʊkətɔ̀ːri | èdʒʊkèɪtəri, édjʊ-, -tri/ *adj.* ＝educative. 〘(1845) ← EDUCATE＋-ORY[1]〙
e·duce /ɪdúːs, iː-, -djúːs | -djúːs/ *vt.* **1** 〈潜在している性能などを〉引き出す (⇨ extract SYN): Education consists in *educing* the faculties and forming the habits. 教育の目的は才能を引き出し, 習慣を作り上げることにある. **2** 〔資料から〕〈結論を〉引き出す, 推断する, 演繹(えんえき)する 〔*from*〕: ～ notions *from* experience 経験から概念を導き出す. **3** (容器から)〈液体などを〉採り出す, 抽出する. 〘(?*a*1425) ◻L *ēdūcere* to lead out ← *ē-* 'EX-[1], out'＋*dūcere* to lead: ⇨ duct〙
e·dúc·i·ble /-səbl | -sɪ̀bl/ *adj.* 抽出できる; 演繹できる. 〘(1677): ⇨ ↑, -ible〙
ed·u·crat /édʒʊkræ̀t | édʒʊ-, édjʊ-/ *n.* (米) 教育機関の代表者[職員]. 〘(1968) ← EDU(CATION)＋-CRAT〙
e·duct /íːdʌkt/ *n.* **1** 抽出物. **2** 〖化学〗遊離体 (cf. product 5). 〘(1799) ◻L *ēductus* (p.p.) ← *ēdūcere* 'to EDUCE'〙
e·duc·tion /ɪdʌ́kʃən, iː-/ *n.* **1** 抽出; 析出; 排出; 抽出物. **2** 演繹(えんえき), 推論. **3** (蒸気・内燃機関などの)排気 (cf. induction). 〘(1649) ◻L *ēductiō(n-)*: ⇨ educt, -tion〙
edúction pìpe *n.* 〖機械〗排気管. ★ 今は通例 exhaust pipe という. 〘1835〙
edúction vàlve *n.* 〖機械〗排気弁. ★ 今は通例 exhaust valve という. 〘1859〙
e·duc·tive /ɪdʌ́ktɪv, iː-/ *adj.* 引き出す, 抽出する; 推断する. 〘(1657) ◻ML *ēductīvus* 'EDUCT'＋-IVE〙
e·dúc·tor *n.* 排除器《水・空気などを噴出させて気体・液体・粉末などを排除する装置》. 〘(1794–96) ◻L *ēductor*〙
e·dul·co·rate /ɪ̀dʌ́lkərèɪt | ɪd-/ *vt.* **1** 〈人〉からとげとげしさを除く; 〈人を〉愛想よくさせる. **2** 《古》(水で)〈酸・塩分・不純物を〉洗い去る, 洗浄する (purify). **3** 《廃》〈食べ物を〉甘くする. — *vi.* 一層快適になる. **e·dul·co·ra·tion** /ɪ̀dʌ̀lkəréɪʃən | ɪd-/ *n.* 〘(1641) ← ML *ēdulcorātus* ← *ē-* 'EX-[1]'＋*dulcor* sweetness〙
ed·u·tain·ment /èdʒʊtéɪnmənt | èdʒʊ-, èdjʊ-/ *n.* 教育娯楽番組[映画, 図書など], 教育的エンターテイメント (cf. infotainment). 〘(1983)《混成》← EDU(CATION)＋(ENTER)TAINMENT〙
Edw. 《略》Edward; Edwin.
Ed·ward[1] /édwəd | -wəd/ *n.* エドワード《男性名; 愛称形 Ed, Eddie, Ned, Neddy, Ted, Teddy》. 〘OE *Ēadweard* ← *ēad* rich, happy＋*weard* ward, guardian: cf. Edgar[2]〙
Ed·ward[2] /édwəd | -wəd/ *n.* エドワード《1330–76; イングランド皇太子 (⇨ Black Prince)》.
Ed·ward /édwəd | -wəd/, **Lake** *n.* エドワード湖《アフリカ中央部ウガンダとコンゴ民主共和国との間にある湖; Nile 川の源; 面積 2,150 km²; 以前は Lake Amin と呼ばれた》.
Ed·ward /édwəd | -wəd/, **Prince** *n.* エドワード《1964– ; Elizabeth II の三男》.
Edward I *n.* エドワード一世《1239–1307; イングランド王 (1272–1307), Henry 三世の子; Wales を征服併合して息子 Edward に Prince of Wales の称号を授け, 以後これが英国皇太子の称号になった; 通称 Edward Longshanks》.
Edward II *n.* エドワード二世《1284–1327; イングランド王 (1307–27), Edward 一世の子; 最後は廃位ののち暗殺》.
Edward III *n.* エドワード三世《1312–77; イングランド王 (1327–77), Edward 二世の子; 百年戦争を起こし, Crécy, Poitiers などでフランス軍を撃破した》.
Edward IV *n.* エドワード四世《1442–83; イングランド王 (1461–70; 1471–83), Henry 六世の後継者, York 公 Richard の子; York 朝の第一代の王; ばら戦争に際し Henry 六世を廃して即位し, 一時後の復位を許したが, 翌年王位を奪回し, Henry を殺害させた》.
Edward V *n.* エドワード五世《1470–83; イングランド王 (1483), Edward 四世の長子; 叔父(のちの Richard 三世)のため弟と共に London 塔に幽閉され殺された》.
Edward VI *n.* エドワード六世《1537–53; イングランド王 (1547–53), Henry 八世と Jane Seymour の子; 同国の新教化に努めたが, 幼少にして病没》.
Edward VII *n.* エドワード七世《1841–1910; イングランド王 (1901–10), Victoria 女王の長男; 本名 Albert Edward》.
Edward VIII *n.* エドワード八世《1894–1972; George 五世の第一子, 1936 年イングランド王となったが, 2 度の離婚歴のある米国婦人 Wallis Simpson 夫人 (1896–1986) との結婚のため, 同年弟 George 六世に位を譲り, Duke of Windsor となった》.
Édward VII Península *n.* [the ～] エドワード七世半島《南極大陸 Ross 海東側の半島》.
Ed·war·di·an /edwɔ́əḍiən, -wɑ́əd- | -wɔ́ːd-, -wɑ́ːd-/ *adj.* **1** 〈風俗・意見など〉エドワード七世時代 (20 世紀初頭)の: an ～ moustache エドワード七世時代風の口ひげ / tight ～ trousers 体にぴったりしたエドワード七世時代風のズボン / a red brick ～ mansion 赤れんがのエドワード七世時代風の館. ★ 文学史上では Victorian と対立し, その自己満足的態度への批判を特色とする (cf. Georgian 1 c); 最近では「華美でお上品ぶった」という意味を含む. **2** (英国歴代の)エドワード王時代の: an ～ castle エドワード一世時代の城. — *n.* **1** エドワード七世時代の人. **2** エドワード七世時代の服装をした人, テディボーイ (Teddy boy). 〘(1861) ← *Edward*: ⇨ -ian〙
Ed·war·di·an·a /edwɔ̀ədiǽnə, -wɑ̀əd-, -ɑ́ːnə | -wɔ̀ːdiɑ́ːnə, -wɑ̀ːd-/ *n. pl.* エドワード七世時代の物品. 〘(1951): ⇨ ↑, -ana〙
Edwárdian cár *n.* (英) クラシックカー《特に 1904 年から 1919 年までに製造されたもの; cf. veteran car, vintage car》.
Ed·war·di·an·ìsm /-nìzm/ *n.* エドワード七世時代の特徴の総体; エドワード七世時代の感情[表現]. 〘(1935): ⇨ Edwardian, -ism〙
Ed·ward·ine[1] /édwədàɪn, -dìːn | -wəd-/ *adj.* **1** エドワード六世時代の: the ～ Liturgy エドワード六世時代の祈禱書. **2** エドワード七世時代の(特徴をもった). — *n.* エドワード六世の宗旨の信奉者. 〘(1866): ⇨ -ine[1]〙
Ed·war·dine[2] /édwədìːn | -wə-/ *n.* エドワディーン《女性名》. 〘← EDWARD[1]＋-INE[4]〙
Ed·wards /édwədz | -wədz/, **Gareth (Owen)** *n.* エドワーズ《1947– ; 英国のアマチュアラグビー選手》.
Ed·wards, Jonathan *n.* エドワーズ《1703–58; 米国の清教徒牧師・神学者・哲学者; 「大覚醒」(Great Awakening) と呼ばれる信仰復興運動の推進者》.
Édward the Conféssor *n.* 証聖王[告解王]エドワード《1004?–66; Anglo-Saxon 系の最後のイングランド王 (1042–66); 凡庸であったが信仰が厚かったため, のち列聖され証聖王と呼ばれる; Westminster Abbey を建てた》.
Ed·win[1] /édwɪ̀n | -wɪn; *G.* éːtviːn/ *n.* エドウィン《男性名; 愛称形 Ed, Eddie》. ★ 19 世紀に特に頻用された. 〘OE *Ēadwine* ← *ēad* rich, happy＋*wine* friend: cf. Edgar[2]〙
Ed·win[2] /édwɪ̀n | -wɪn/ *n.* エドウィン《585?–633; イングランドの古王国 Northumbria の王 (617–633)》.
Ed·wi·na /edwíːnə/ *n.* エドウィーナ《女性名》. 〘(fem.) ← EDWIN[1]〙
ee[1] /iː/ *n.* (*pl.* **een** /iːn/) 《スコット》目 (eye).
ee[2] 《記号》Estonia《URL ドメイン名》.

E

'ee /iː/ *pron* 《古・俗》ye¹ (=you) の縮約形: Thank'ee. 〖1775〗

EE 《略》Early English; electrical engineer; electrical engineering; electronic engineer; electronic engineering; employment exchange; Envoy Extraordinary; errors excepted; 《NZ》ewe equivalent; 《靴幅サイズの》EE (EEE より狭く E より広い).

e.e. 《略》errors excepted 誤りは別として; eye and ear.

-ee¹ /iː/ *suf.* **1** 行為者を示す名詞語尾の -or, -er に対してその働きを受ける者を表す: employ*ee*, examin*ee*, pay*ee*. **2** 「ある状態におかれている者」の意の名詞を造る: absent*ee*, devot*ee*, refug*ee*. 〖ME -e ◻ AF -ee=(O)F -é(e) (p.p. of -er) & -é (< L -ātus, -ātum '-ATE¹')〗

E

-ee² /iː, ìː/ *suf.* 次の意味を表す指小辞的語尾: **1** 名詞に付いてその名詞と関係のある[似ている]ものを表す: goat*ee*. **2** 衣服などを表す語について「…の一種, …に小さいもの」の意: boot*ee*, coat*ee*. 〖《変形》← ? -IE, -Y²〗

-ee³ /iː/ *suf.* -ese /-iːz/ の /z/ を複数語尾と誤解したために生じた単数形: Chin*ee*, Malt*ee*, Portugu*ee*.

EE & MP 《略》Envoy Extraordinary and Minister Plenipotentiary.

EEC 《略》European Economic Community.

EEE 《靴幅サイズの》EEE (最も幅広).

EEG 《略》electroencephalogram; electroencephalograph.

ee·jit /iːdʒɪt/ *n.* 《アイル口語・スコット口語》=idiot. 〖《c1897》◻ Anglo-Ir. & Sc. ~ 'idiot'〗

eek /iːk/ *int.* 《米》うえっ《驚きなどを表す》. 〖擬音語〗

eel /iːl/ *n.* (*pl.* ~s, ~) **1** 〖魚類〗ウナギ目の魚類の総称《ウナギ・アナゴ・ハモ・ウツボ・ウミヘビなど》: ⇨ conger eel / (as) slippery as an ~ (ウナギのように)ぬるぬるとすべっこい; するすると抜けて捕え所がない. **2** 〖魚類〗ウナギ属 (*Anguilla*) の魚類の総称; 《特に》ヨーロッパウナギ (*A. anguilla*). **3** 〖魚類〗ウナギのように細長い魚の総称《デンキウナギ (electric eel), sand eel, ヤツメウナギ (lamprey) など》. **4** =eelworm. **5** 《口語》(ウナギのように)すべっこく捕えにくい物[人]; 信用[信頼]できない人. — *vi.* **1** ウナギをとる. **2** (ウナギのように)うねうねと進む. 〖OE *ǣl*, *ǣl* < Gmc **ǣlaz* (Du. *aal* / G *Aal* / ON *áll*) ← ?〗

Ee·lam /iːləm/ *n.* イーラム《タミール人の国; ⇨ Tamil Tigers》.

éel bùck *n.* 《英》=eelpot. 〖1866〗

éel·fàre *n.* ウナギの稚魚の遡河(そか). 〖(1533) ← EEL + FARE journey〗

éel·gràss *n.* 〖植物〗**1** アマモ (*Zostera marina*) 《浅海に生じる顕花植物; turtle grass ともいう》. **2** セキショウモ (⇨ tape grass). 〖1790〗

éel·ing /-lɪŋ/ *n.* ウナギとり. 〖(1780): ⇨ -ing¹〗

éel·lìke *adj.* (すべっこさ・捕えにくさが)ウナギのような. 〖1685〗

éel·pòt *n.* (ウナギを捕える)筌(うけ), 簎(やす). 〖1838〗

éel·pòut *n.* 〖魚類〗**1** ゲンゲ《ゲンゲ科の食用魚の総称》; 《特に》ヨーロッパ産の一種 (*Zoarces viviparus*) 《卵胎性で完全な魚の形をした幼魚を産み落とす》. **2** =muttonfish 2. **3** =burbot. 〖OE *ǣlepūte*: ⇨ eel, pout²〗

éel·spèar *n.* ウナギ突き用のやす. 〖1555〗

éel·wòrm *n.* 〖動物〗スセンチュウ (vinegar eel) などの小形の線虫. 〖1888〗

eel·y /iːli/ *adj.* (**eel·i·er**; **-i·est**) ウナギのような; すべっこい, ひょうたんなまずの; のたくりまわる. 〖(1655) ← EEL + -Y¹〗

een *n.* ee¹ の複数形.

e'en¹ /iːn/ *adv.* 《文語》=even¹.

e'en² /iːn/ *n.* 《スコット・詩》=evening.

-een¹ /iːn, ìːn/ *suf.* 「…まがいの織物[繊維]」の意の名詞を造る: sat*een* (← satin) / velvet*een* (← velvet). 〖◻ F -*ine*: cf. RATTEEN, BOMBAZINE: ↓ との連想もある〗

-een² /iːn, iːn/ *suf.* 《アイル》「小型・親愛・軽蔑」などの意を表す指小辞: bird*een*, coll*een*, girl*een*, squir*een*. 〖◻ Ir. -*ín*: cf. -ine⁵〗

Ee·nie, mee·nie, mi·nie, moe /iːnimíːnimáɪnimóʊ | -mə́ʊ/ イーニー ミーニー マイニー モウ《日本の「どちらにしようかな神様のいうとおり」にあたる; 鬼ごっこ (touch) で鬼を決めるときなどの文句; これに続いて Catch a nigger by his toe. / If he squeals [hollers] let him go. / Eeena, deena, dina, do. / Out goes she! と言い, これで指された者が鬼をのがれる》.

een·sy-ween·sy, een·sie-ween·sie /iːnsiwíːnsi⁻/ *adj.* 《幼児語》ちっちゃい, ちょっぴりの.

EENT 《略》eye, ear, nose and throat.

EEOC 《略》Equal Employment Opportunity Commission.

EEPROM /iːprɑ(ː)m | -rɒm/ *n.* 〖電算〗イーイーピーロム《電気的に消去して再度書き込みができる ROM》. 〖《頭字語》← *e*(*lectrically*) *e*(*rasable*) *p*(*rogrammable*) *r*(*ead*) *o*(*nly*) *m*(*emory*)〗

EER 《略》energy efficiency ratio.

e'er /ɛ́ə | ɛ́ə(r/ *adv.* 《文語》=ever.

-eer /ɪ́ə | ɪ́ə(r⁻/ *suf.* 「(職業として)…する人, …関係者, …取扱者」などの意を表す名詞を造る: auction*eer*, chariot*eer*, mountain*eer*. ★ 軽蔑的ニュアンスを伴うことがある: pamphlet*eer*, sonnet*eer*. 〖◻ F -*ier* < L -(*i*)*ārius*: ⇨ -ary, -er¹〗

ee·rie /ɪ(ə)ri | ɪəri/ *adj.* (**ee·ri·er**; **-ri·est**) **1** 不気味な, うす気味の悪い, 物凄い (⇨ weird SYN): an ~ night 不気味な夜. **2** 《英方言》(迷信的に)怖がっている, (物に)おびえている. **ée·ri·ness** *n.* 〖(a1300) *eri* < ? OE *earg* cowardly ← Gmc **arg-* (G *arg* bad)〗

ee·ri·ly /ɪ(ə)rəli | ɪərɪ̀li/ *adv.* うす気味悪く, 怪奇に; 不可思議に. 〖(1848): ⇨ ↑, -ly¹〗

ee·ry /ɪ(ə)ri | ɪəri/ *adj.* (**ee·ri·er**; **-ri·est**) =eerie.

EETPU 《略》《英》Electrical, Electronic, Telecommunications and Plumbing Union.

EETS 《略》Early English Text Society 初期英語テキスト協会 (OE, ME, 初期 ModE で書かれた文献の text を刊行している英国の協会; 1864 年創立).

Eey·ore /iːɔə | -ɔː(r/ *n.* イーヨー《A. A. Milne の *Winnie-the-Pooh* に登場する年寄りの灰色のろば; 森の中に一人ですむひねくれ者》.

EEZ 《略》exclusive economic zone.

ef /ɛf/ *n.* f の字. 〖a12C〗

EF 《略》education foundation; educational foundation; 〖陸軍〗elevation finder 射角ファインダー; emergency fleet; expectant father; expeditionary force; 〖航空〗experimental flight 実験飛行; extra fine.

ef- /ɪ̀f, ɛf/ *pref.* (f で始まるラテン語系の語の前にくるときの) ex-¹ の異形: *ef*fect, *ef*fluent.

EFA 《略》〖生化学〗essential fatty acid 必須[不可欠]脂肪酸.

E·fa·te /eɪfɑ́ːteɪ/ *n.* エファーテ(島)《太平洋南西部バヌアツ中部にある島; 首都 Port-Vila がある》.

eff /ɛf/ 《俗》*vt.* …と性交する. — *vi.* **1** 性交する. **2** (fuck など)タブー語を口にする. ***éff and blínd*** のべつに悪態をつく. 《1943》 ***éff óff*** (1) 性交する. (2) [通例命令形で] 《英》行ってしまえ (fuck off), うせやがれ. 《1958》 ***éff úp*** 台なしにする, めちゃめちゃにする. 《1958》 〖(1943)《変形》← EF (=F): FUCK の婉曲語法〗

eff. 《略》efficiency.

ef·fa·ble /ɛ́fəbl̩/ *adj.* 《古》言いうる (utterable), 説明できる, 表現できる (expressible). 〖(1637) ◻ L *effābilis* ← *effārī* to speak out ← *ef-* 'EX-¹, out' + *fārī* to speak〗

ef·face /ɪféɪs, ɛf-/ *vt.* **1** 〈文字・彫刻・痕跡などを〉消す, こすり取る, ぬぐい消す (wipe out) (⇨ erase SYN); 削除する (delete): ~ painted images from the wall 壁に描かれた人の形をこすり取る. **2** 〈記憶・印象などを〉ぬぐい去る, 消してしまう (obliterate): ~ the memory of the past 過去の記憶を消してしまう / His impression can never be ~*d* from my mind. 彼の印象は私の心から決して消えることはない. **3 a** 完全に凌駕(りょうが)する, 顔色なからしめる: Her beauty ~*d* everything I have seen. 彼女の美しさは今まで見たすべての物を完全に凌駕していた. **b** [~ one*self* で] 目立たないようにふるまう; 影が薄れる. **ef·fác·er** *n.* 〖(1490) ◻ (O)F *effacer* ← < OF *esfacier* ← *es-* 'EX-¹, out' + *face* 'FACE'〗

ef·fáce·a·ble /-səbl̩/ *adj.* 消すことのできる. 〖(1839): ⇨ ↑, -able〗

ef·fáce·ment *n.* 消してしまうこと; 消滅. 〖(1797): ⇨ -ment〗

ef·fect /ɪfɛ́kt, ɛf-/ *n.* **1** (原因に対して)結果, 影響: cause and ~ 原因と結果, 因果. **2 a** 効果: reckon on an ~ 効果をねらう / obtain the desired ~ 所期の効果を収める / be *of* no [《古》none] ~ 何の効果もない / *to* good [little] ~ 効果的に[ほとんど効果なく] / *to* no ~ = *without* ~ 何の効果もなく, …しても無効 / *with* ~ 効果的に, 力強く (cf. 5) / Her words had [made] an ~ (on me). 彼女の言葉はとてもこたえた / It is having a negative ~ *on* his political standing. それは彼の政治的立場にマイナスの効果を及ぼしている. **b** (薬物の)効果, 作用: ⇨ side effect / I'm still crying from the ~(*s*) of tear gas. 催涙ガスのききめでまだ涙が出ている. **3** [*pl.*] 動産物件, 財産 (⇨ property SYN): household ~*s* 家財 / goods and ~*s* ⇨ goods 2 / personal ~*s* 手回り品 / no ~*s* 〖銀行〗預金[資金]なし《不渡り手形[小切手]に N/E と略記する; cf. refer to DRAWER》. **4** [*pl.*] **a** 〖音楽〗《舞踏音楽で鳥獣・自然現象などを表す》擬音発生器具. **b** (照明・擬音など舞台・映画・放送の)効果. **5** 効力発生, 発効; 実施, 実行: bring … *into* ~ = carry [put] … *into* ~ …を実行する / give ~ *to* …を実行[実施]する / come [go] *into* ~ 実施される / Bus fares will go up *with* ~ as from October 1. 《英》バス代は 10 月 1 日から値上げとなる (cf. 2). **6** (景色・建築物・絵画・舞台面・色彩などが感覚に与える)効果, 感銘, 印象; (人心に与える)効果; (効果的な)趣: the general ~ of a building [picture] 建物[絵画]が与える全体的印象 / ⇨ stage effect / *for* ~ 効果をねらって, 見栄のために / be calculated *for* ~ 〈装飾など〉目につき易いように考案されている / love of ~ 体裁を好むこと / wonderful cloud ~*s* すばらしい雲の趣. **7** 意味, 趣旨, 趣意: the ~ of this passage この一節の意味 / I sent a letter *to the* ~ *that* …という趣旨の手紙を書いた / speak *to* the same ~ 同じ趣意のことを言う / *to* this [that] ~ この[その]趣意で. **8** 〖物理〗[通例発見者の名に伴って] …効果: ⇨ Doppler effect, Einstein effect.

in efféct (1) 《古》本当に; 本質[基本]的に. (2) 事実[実際]上(は), 要するに: Your reply is, *in* ~, an apology. 君の返答は要するに弁解だ. (3) 〈法律など〉効力のある, 実施されて. 《1588》 ***tàke efféct*** (1) 〈法律などが〉効力を発する, 実施になる: The law will *take* ~ from May 1. その法律は 5 月 1 日から実施になる. (2) 〈薬などが〉効果を現す, 効いてくる, 効く: This poison [medicine] *takes* ~ very quickly. この毒[薬]は急激に効いてくる. 《1771》

— *vt.* **1** 〈変化などを〉生じる, もたらす; 〈目的・計画などを〉果たす, 遂げる: ~ a reform [an escape, one's purpose] 改革を成し遂げる[逃げおおせる, 目的を果たす] / ~ a cure 治癒させる / ~ an arrest 首尾よく逮捕する / ~ a sale 売却する / ~ an arrangement 協定を遂げる / The man might have ~*ed* his entrance through the window. 窓から私まんまと侵入したのかもしれなかった. **2** 発効させる, 実施[実行]する: ~ an insurance 保険をつける / ~ a policy 契約手続きを完了して保険証書を受け取る.

~·i·ble /-təbl̩ | -tɪ̀bl̩/ *adj.* 〖n.: (?c1350) ◻ OF ~ (F *effet*) // L *effectus* (p.p.) ← *efficere* to execute, bring about ← *ef-* 'EX-¹, out' + *-ficere* (← *facere* to make: ⇨ fact). — v.: (1589) ← (n.)〗

effect analysis *n.* 〖社会学〗効果分析《特に, マスコミが受け手に与える影響や効果の測定分析》.

ef·fect·er *n.* =effector 1. 〖1601〗

ef·fec·tive /ɪfɛ́ktɪv, ɛf-/ *adj.* **1** 有効な, 実効のある, 効力[効果]のある: ~ work 有効労働 / ⇨ effective range / take ~ measures 有効な手段を取る[講じる]. **2** 効果的な, 効果の著しい; 有力な, 有能な: an ~ picture [dress] 人目に立つ絵[ドレス] / an ~ color scheme 効果的な色の配合 / an ~ speech 感銘的な演説 / an ~ speaker 能弁家 / This new vaccine is ~ *against* the virus. この新ワクチンはウイルスに対して効力を発揮する. **3** 〖法律〗実施されている; 効力を生じる: become ~ 効力を生じる, 〈法令などが〉施行される / ~ as from October 1 10 月 1 日より実施される. **4** 〖軍事〗実戦[現役]に使用しうる, 軍務にたえる, 勤務につきうる: ~ military and naval forces 可動陸海軍兵力 / the ~ strength of an army 一軍の実動人員, 実兵力, 実勢力, 現有兵力. **5 a** 〖経済〗実際の, 事実上の (↔ potential). **b** 実際的な, 現実的な (real): the ~ income after deduction 控除後の実際の収入. **6** 〖文法〗結果相の, 終動相の: the ~ aspect 結果[終動]相. **7** 〖物理〗実効[有効](値)の.

— *n.* **1** [通例 *pl.*; また集合的にも用いて] 〖軍事〗(直ちに出動できる)実動部隊[人員], 実兵力, 戦闘員, 実員, 現員: an army of 2,500,000 ~*s* 250 万の実兵力を有する陸軍 / a war ~ of 2,500,000 250 万の戦時兵力. **2** 〖文法〗結果相, 終動相.

〖adj.: (a1398) ◻ (O)F *effectif* // LL *effectīvus*: ⇨ effect, -ive〗

efféctive áperture *n.* 〖光学〗有効口径《カメラなどのレンズの光軸に平行に入射しレンズを通過する平行光線束の物体空間における最大直径》. 〖1893〗

efféctive cúrrent *n.* 〖電気〗実効電流《交流電流表示法の一種で, 抵抗負荷の場合平均電力が直流の場合と一致するような電流をその直流電流値で呼ぶ》. 〖1928〗

efféctive demánd *n.* 〖経済〗有効需要《購買力となって現れる需要》. 〖1931〗

efféctive electromótive fórce *n.* 〖電気〗有効起電力《実効的な起電力》.

efféctive hórsepower *n.* 〖機械〗有効馬力, 実馬力, 引き綱馬力. 〖1859〗

ef·fec·tive·ly /ɪfɛ́ktɪvli, ɛf-/ *adv.* **1 a** 効果的に, 有効に. **b** 完全に. **2** 実際[事実]上(は). 〖(c1536): ⇨ -ly¹〗

ef·féc·tive·ness *n.* 効果をもっていること, 有効性, 効果的であること. 〖(1607): ⇨ -ness〗

efféctive pítch *n.* 〖航空〗有効ピッチ《プロペラが一回転する間の飛行距離》.

efféctive pówer *n.* 〖電気〗=active power. 〖a1652〗

efféctive ránge *n.* 〖航空〗(飛行機の)有効航続距離. 〖1859〗

efféctive resístance *n.* 〖電気〗有効抵抗, 実効抵抗.

efféctive sóund prèssure *n.* 〖物理〗実効音圧《音圧の実効値; 単に sound pressure ともいう》.

efféctive témperature *n.* 〖物理〗有効温度《ある恒星と等しい表面積をもち, 毎秒その全放射エネルギーと等しい量のエネルギーを放射する黒体の温度》. 〖1924〗

efféctive válue *n.* 〖電気〗実効値《2 乗平均の平方根; root-mean-square value ともいう》: the ~ of a current [voltage] 電流[電圧]実効値《抵抗負荷に対し平均電力が直流の場合と等しくなるように定義した交流電流[電圧]の大きさの表し方》.

ef·fec·tiv·i·ty /ɪ̀fɛktívəti, ɪ̀fɛk-, ɛf- | -vɪ̀ti/ *n.* = effectiveness.

efféct·less *adj.* 《古》効果[効力]のない, 無効の, 無結果の. 〖(1593–94): ⇨ -less〗

ef·féc·tor /-tə, -tɔə | -tə(r/ *n.* **1** 生じさせるもの, 実行者. **2** 〖生理〗実行器, 作働体, 効果器《筋肉や腺のように神経刺激に対する反応を実行する組織器官; cf. adjuster 4, receptor 3 a》: an ~ mechanism 作働体メカニズム. **3** 〖生化学〗エフェクター《酵素合成の際にリプレッサー (repressor) に結合して, その活性を変化させる物質; cf. corepressor》. 〖((1601)) (1906) ◻ L ~: ⇨ -or²〗

ef·fec·tu·al /ɪfɛ́ktʃuəl, ɛf-, -tʃʊl | -tʃuəl, -tʃʊl, -tjuəl, -tjʊl/ *adj.* **1** 効果的な, 効力のある; 十分な (adequate): an ~ cure 効果的な治療 / ~ measures 有効な処置. **2** 〈証書・協定・法令などが〉効力を有する, 有効な (valid). **3** 《廃》的を射た (pertinent), 決定的な (conclusive).

~·ness *n.* 〖(c1395) ◻ OF *effectuel* // ML *effectuālis* ← L *effectus*: ⇨ effect, -al¹〗

ef·fec·tu·al·i·ty /ɪfɛ̀ktʃuǽləti, ɛf- | -tʃuǽlɪ̀ti, -tju-/ *n.* 効果的であること; 有効性. 〖(a1641): ⇨ ↑, -ity〗

ef·féc·tu·al·ly /-tʃuəli, -tʃʊli | -tʃuəli, -tʃʊli, -tjuəli, -tjʊli/ *adv.* 効果的に; (十分)有効に. 〖(a1398): ⇨ -ly²〗

ef·fec·tu·ate /ɪfɛ́ktʃuèɪt, ɛf- | -tʃu-, -tju-/ *vt.* **1** 〈目的・希望などを〉果す, 遂げる, 実現する: ~ a conclusion 結末をつける. **2** 〈法律を〉実施する, 発効させる. 〖(1580) ← ML *effectuātus* (p.p.) ← *effectuāre* ← L *effectus*: ⇨ -ate³〗

ef·fec·tu·a·tion /ɪfɛ̀ktʃuéɪʃən, ɛf- | -tʃu-, -tju-/ *n.* **1** (目的などの)達成, 遂行. **2** (法律の)実施, 発効. 〖(1611): ⇨ ↑, -ation〗

ef·fem·i·na·cy /ɪfɛ́mənəsi, ɛf- | -mɪ̀n-/ *n.* めめしさ, 柔弱, 優柔不断. 〖(1602): ⇨ ↓, -acy〗

ef·fem·i·nate /ɪfɛ́mənɪ̀t, ɛf- | -mɪ̀-/ *adj.* **1 a** 〈男

性・顔つきなど〉男らしくない, めめしい, 柔弱な, 惰弱な, にやけた. **b** 活気[活力]のない: an ~ face. **2** 〈文明など〉過度に洗練された[精緻な]: an ~ civilization. **—** /-nə̀t/ *n.* 柔弱な人. **—** /ɪ̀féməneɪt, ɛf- | -mɪ̀-/ *vt., vi.* めめしくする[なる]. **~·ly** *adv.* **~·ness** *n.* 〖(*a*1393) ◻ L *effēminātus* (p.p.) ← *effēmināre* to make a woman out of ← *ef-* 'EX-¹'+*fēmina* woman: ⇨ feminine, -ate²〗

ef·fem·i·nize /ɪ̀fémənàɪz, ɛf- | -mɪ̀-/ *vt.* めめしくする, 柔弱にする (effeminate). 〖(*c*1612): ⇨ ↑, -ize〗

ef·fen·di /ɛféndi, ɪ̀f-/ *n.* **1** エフェンディ (master, sir) 《1935 年までトルコで官吏(ときに上流階級の資産家で教養ある人)に対する敬称》. **2** (東地中海諸国で)上流[知識]階層の人. 〖(1614) ◻ Turk. *efendi* ◻ MGk *aphéntē* (voc.) ← *aphéntēs* (変形) ← Gk *authéntēs* master, actual doer: cf. authentic〗

ef·fer·ent /éfərənt, iː-, -fɛr-/ *adj.* 〖生理〗〈血管など〉輸出性の, 導出する; 〈神経が〉遠心性の (↔ afferent): an ~ duct 輸出管 / ~ nerves 遠心性神経 《神経興奮を中枢から末梢に伝える》. **—** *n.* (血管・腺などの)輸出管; (神経の)遠心性線維. **~·ly** *adv.* **éf·fer·ence** /-rəns/ *n.* 〖(1856) ◻ F *efférent* ◻ L *efferentem* (pres.p.) ← *efferre* to carry out or away ← *ef-* 'EX-¹'+*ferre* to carry〗

ef·fer·vesce /èfəvés | èfə-/ *vi.* **1** 〈炭酸水などが〉気泡を出す, (盛んに)泡立つ (bubble up). **2** 〈ガスが〉泡となって出る. **3** 〈人が〉熱狂する, 興奮する, 活気づく: The crowd ~*d with* excitement. 群衆は興奮にわき立っていた. **ef·fer·vesc·i·ble** /èfəvésəbl | èfəvésɪ̀bl/ *adj.* 〖(1702) ◻ L *effervēscere* to boil up, rage ← *ef-* 'EX-¹'+*fervēscere* (← *fervēre* to be hot): ⇨ fervent, -esce〗

ef·fer·ves·cence /èfəvésns | èfə-/ *n.* **1** (化学作用による)泡立ち, 泡起(ほうき) 《鉱物に酸を作用させると泡を発して溶解する時のような現象》. **2 a** (喜びなどによる)興奮(状態). **b** 活気, はつらつさ. 〖(1651): ⇨ ↑, -ence〗

èf·fer·vés·cen·cy /-sn̩si/ *n.* =effervescence.

ef·fer·ves·cent /èfəvésnt | èfə-⁻/ *adj.* **1** 泡起性の, 起沸作用の, (盛んに)泡立つ (sparkling), 沸騰性の: ~ drinks 沸騰性飲料 / ~ powder 沸騰散. **2 a** 興奮した, はしゃいだ. **b** 活気に満ちた, いきいき[はつらつ]とした. **~·ly** *adv.* **èf·fer·vésc·ing·ly** *adv.* 〖(1684) ◻ L *effervēscentem* (pres.p.) ← *effervēscere*: ⇨ effervesce, -ent〗

ef·fete /ɪ̀fíːt, ɛf-/ *adj.* **1** 〈動物・果樹・土地など〉老衰して生産力のない (sterile). **2** 衰退した, 無力となった (exhausted); 時代遅れになった (outmoded): an ~ civilization 気力を失った文明 / an ~ system of education 時代遅れになった教育制度. **3** 〈男が〉女性的な: an ~ aristocrat. **~·ly** *adv.* **~·ness** *n.* 〖(1621) ◻ L *effētus* worn out, exhausted by childbearing ← *ef-* 'EX-¹'+*fētus* offspring: ⇨ fetus〗

ef·fi·ca·cious /èfəkéɪʃəs | èfɪ̀-⁻/ *adj.* 所期の効果をあげる; 有効な, ききめ[効験, 効能]のある: ~ *against* fever [*for* heart disease] 熱[心臓病]にきく. **~·ly** *adv.* **~·ness** *n.* 〖(1528) ← L *efficāc-*, *efficāx* effective (← *efficere* to EFFECT')+-IOUS〗

ef·fi·cac·i·ty /èfəkǽsəti | èfɪ̀kǽsɪ̀ti/ *n.* =efficacy.

ef·fi·ca·cy /éfɪ̀kəsi/ *n.* **1** 効能, 効験, 効力: the ~ of a drug 薬の効能. **2** 効力のあること, 奏効性, 有効. 〖(1527) ◻ L *efficācia* ← *efficāx* (⇨ ↑, -acy): cf. ME *efficace*〗

ef·fi·cien·cy /ɪ̀fíʃənsi, -tsi/ *n.* **1** 有効性; 能力, 能率, 実力; 効能: an ~ bonus 能率賞与 / an ~ curve 能率曲線 / an ~ test 能率考査[試験] / an increase of [in] ~ 能率増進. **2** 〖物理・機械・統計〗効率, 能率: the ~ of labor 労働効率. **3** 《米》(最小限の台所・浴室設備のある通例家具付一間の)簡易アパート. 〖(1593) ◻ L *efficientia*: ⇨ efficient, -ency〗

efficiency apàrtment *n.* =efficiency 3. 〖1930〗

efficiency bár *n.* 能率バー《給料が一定額に達した時に, 一定の能率達成が明示されるまでその給料を頭打ちしておくこと》. 〖1897〗

efficiency engineèr *n.* 《米》=efficiency expert. 〖1913〗

efficiency èxpert *n.* 能率[生産性]向上技師《人員・設備の最大効率を発揮する方法を研究する》. 〖1924〗

ef·fi·cient /ɪ̀fíʃənt/ *adj.* **1** 効果を生じる, 有効な (effective): ~ machines 有効な[効率的な]機械 / ~ factories 効率のいい工場. **2** 有能な, 敏腕な, 実力のある (⇨ able SYN): ~ workers 有能な職工 / an ~ secretary 有能な秘書. **3** 〖哲学〗直接ある結果を引き起こす. **4** [複合語の第 2 構成素として] …を有効に利用した: cost-*efficient* 費用効率の高い. 〖(*c*1380) ◻ (O)F ~ // L *efficientem* accomplishing (pres.p.) ← *efficere* 'to EFFECT'〗

efficient cáuse *n.* 〖哲学〗動(力)因, 作用因 (⇨ cause 6 b). 〖1597〗

ef·fí·cient·ly *adv.* 能率的に, 有能に, 有効に. 〖(1628): ⇨ -ly¹〗

efficient magnificátion *n.* 〖光学〗=normal magnification.

Ef·fie /éfi/ *n.* エフィー《女性名; 異形 Effy》. 〖(dim.) ← EUPHEMIA〗

ef·fig·i·ate /ɪ̀fídʒièɪt, ɛf-/ *vt.* 《古》彫像にする. 〖(1608): ⇨ ↓, -ate³〗

ef·fig·u·rate /ɛfígjʊrɪ̀t, ɪ̀f-, -rèɪt/ *adj.* 〖植物〗明確な輪郭をもつ: ~ lichens 明確な輪郭をもった地衣. 〖(1872) ← *ef-* 'EX-¹'+FIGURATE〗

ef·fi·gy /éfədʒi | éfɪ̀-/ *n.* 彫像, 肖像; (特に, 呪おうとする人の姿に模した)似姿, 人形. ***búrn* [*háng, éxecute*] *in effígy*** (1) 〈憎い人〉の肖像[似姿]を身代わりとして火あぶり[縛り首, 処刑]にしてうっぷんを晴らす. (2) 酷評する; 笑い者にする. 〖1678〗

ef·fig·i·al /ɪ̀fídʒiəl | ɪf-/ *adj.* 〖(1539) ◻ F *effigie* ◻ L *effigiēs* copy of an object ← *effingere* to fashion ← *ef-* 'EX-¹' *fingere* 'to form': ⇨ figure〗

éffigy mòund *n.* 〖考古〗《北米 Wisconsin 州を中心に分布する先史時代ウッドランド文化を特徴づける》蛇・熊・鳥など動物の形の墳墓. 〖1885〗

Éffigy Móunds Nátional Mónument *n.* エフィジーマウンズ国定記念物《米国 Iowa 州北東部 Mississippi 川に臨む区域; 先史時代の塚がありそこから銅器・土器などが出土する》.

eff·ing /éfɪŋ/ *adj., adv.* 《英俗》[強意語として] =fucking. 〖← EFF: ⇨ -ing¹〗

ef·fleu·rage /èflərɑ́ːʒ, -luː-; *F.* eflœʁaːʒ/ *n.* (マッサージの)軽擦法《手のひらまたはその後部で求心的になでる》. 〖(1886) ◻ F ~ ← *effleurer* to touch or stroke lightly: ⇨ -age〗

efflor. 《略》efflorescent.

ef·flo·resce /èflərés, èflɔː-/ *vi.* **1** 《廃》開花する, 花が咲く. **2** 〈文物などが〉(燦然(さんぜん)として)花と咲く, 栄える (bloom). **3** 〖化学〗**a** 風解する《大気中で結晶水を失うこと, または岩石が大気の作用で分解することをいう》; 風化物を生じる. **b** 〈土地・壁などが〉表面に塩分が吹き出る. **4** 〖病理〗発疹を生じる. 〖(1775) ◻ L *efflōrēscere* ← *ef-* 'EX-¹'+*flōrēscere* to begin to blossom: ⇨ floresence〗

ef·flo·res·cence /èflərésns, èflɔː-/ *n.* **1** 開花; 開花期; 花時; 花の群. **2** (文明・学問・芸術などの)開花[発達](の結果[実例]): the extraordinary ~ of new verse 新しい詩の非常な開花. **3** 〖化学〗風解(現象, 過程); 風化, 風化物; (吹き出した塩質の)凝華, 白華. **4** 〖病理〗発疹, 皮疹. 〖(1626) ◻ F ~ ← L *efflōrēscentem* (pres. p.) ← *efflōrēscere* (↑): ⇨ -ence〗

ef·flo·res·cent /èflərésnt, èflɔːr-⁻/ *adj.* **1** 開花している, 咲き出る. **2** 〖化学〗風解[風化]性の. 〖(1818) ◻ F ~ // L *efflōrēscentem* (pres.p.): ⇨ effloresce, -ent〗

ef·flu·ence /éfluːəns, eflúː- | éfluəns/ *n.* **1** (光線・電気・液体などの)発出, 放出, 流出 (efflux). **2** 流出物, 発散物. 〖(*a*1398) ◻ ML *effluentia*: ⇨ -ence〗

ef·flu·ent /éfluːənt, eflúː- | éfluənt/ *adj.* 流出する, 発出する, 放出する: an ~ river (本流・湖から)流れ出る川. **—** *n.* **1** (川・湖水などから)流れ出た水流; 放水路. **2** (下水だめ・工場などから出る煙・廃液・流水などの)廃物 (waste); (原子力発電所の)放射性廃棄物. 〖(?1440) ◻ L *effluentem* (pres.p.) ← *effluere*: ⇨ ex-¹, fluent〗

ef·flu·vi·um /eflúːviəm, ɪ̀f- | ɪ̀f-, ɛf-/ *n.* (*pl.* **-vi·a** /-viə/, **~s**) **1** 発散気, 発気; (腐敗物などから出る鼻をつく)臭気, 悪臭. **2** 〖物理〗磁気[電気]素《磁石などから発散すると昔想像された微粒子》. **3** 副産物, (特に)廃物. **ef·flú·vi·al** /-viəl/ *adj.* 〖(1646) ◻ L ~ flowing out ← *effluere* to flow out: cf. effluent〗

ef·flux /éflʌks/ *n.* **1** (液体・気体などの)流出, 発散 (outward flow) (cf. afflux, influx). **2** 流出物 (effluence). **3** (時の)経過 (passage. lapse); 満期, 満了. 〖(1641) ◻ L *efflūxus* (p.p.) ← *effluere* (↑): cf. ex-¹, flux〗

ef·flux·ion /ɛflʌ́kʃən, ɪ̀f-/ *n.* =efflux. 〖(1621) ◻ LL *efflūxiō(n-)* ← L *efflūxus* (↑)〗

ef·fort /éfət, éfɔət | éfət/ *n.* **1** 努力; 骨折り, 尽力; (懸命な)試み, 努力: make every ~ あらゆる努力を払う / He made an [no] ~ *to* acquire the skill. その技術を身につけようと努力した[しなかった] / The company is making ~*s to* improve working conditions. 会社は労働条件の改善に努力している (⇨ try SYN) / His ~*s* succeeded. 彼の努力は成功した / spare no ~(s) 努力を惜しまない / take all the ~ out of …をうんと楽にする, はるかに…をしやすくする / through a person's ~*s* …の尽力により / turn one's ~*s* to …に努力を向ける / with an ~ 骨折って, 努めて, やっと(の思いで) / With ~ you can do it. 努力すればそれができる / without (an) ~ 苦労もなしに, 造作なく / by an ~ of one's will 意志の力によって / It doesn't need much (of an) ~. 大した努力はいらない, わけなくできる / Climbing is too great an ~ for me. 私には山登りはきつすぎる / He frowned *in* an [his] ~ *to* remember. 何とかして思い出そうとして眉をしかめた. **2** (特定の目的遂行のために傾けられる)総力. **3** (努力の)結果; (特に, 文芸上の)労作, 力作: a fine literary ~ りっぱな労作 / a great oratorical ~ 一大雄弁 / a pretty good ~ なかなかよい出来 / Not bad for a first ~! 最初の作としては悪くない. **4** 〖機械〗作用力, 作動力: ⇨ tractive effort. 〖(*c*1489) ◻ (O)F ~, OF *esfort, esforz* ← *esforcier* to make an effort < VL **exfortiāre* ← EX-¹+L *fortis* strong: ⇨ fort〗

éffort bàrgain *n.* 努力報酬を規定した契約[協定].

ef·fort·ful /éfətfəl, éfɔət-, -fl | éfət-/ *adj.* 努力の跡が見える; 骨の折れる: with an ~ smile 無理に笑って. **~·ly** *adv.* 〖(*c*1895): ⇨ ↑, -ful〗

éffort·less *adj.* **1** 努力を要さない, 骨の折れない, 楽な (⇨ easy SYN). **2 a** 努力をしたように見えない, いかにも自然な, 巧まない. **b** 《古》努力をしない. **~·ly** *adv.* **~·ness** *n.* 〖(1801): ⇨ -less〗

éffort sỳndrome *n.* 〖病理〗=cardiac neurosis. 〖1971〗

ef·frac·tion /ɛfrǽkʃən, ɪ̀f-/ *n.* 〖法律〗暴力的侵入, 家宅侵入, 夜盗. 〖(1840) ◻ F ~ 《原義》a breaking open: ⇨ ex-¹, fraction〗

ef·frác·tor /-tə | -tə^(r)/ *n.* 〖法律〗夜盗犯人. 〖◻ LL ~ ← L *effractus* broken open ((p.p.) ← *effringere* to break open)+-OR²: ⇨ ex-¹, fracto-〗

ef·fron·ter·y /ɪ̀frʌ́ntəri | ɪ̀frʌ́ntəri, ɛf-, -tri/ *n.* **1** 厚かましさ, ずうずうしさ, 鉄面皮, 厚顔無恥 (⇨ temerity SYN): *have the* ~ *to* do … ずうずうしくも…する. **2** 厚かましい行為[ふるまい]. 〖(1697) ◻ F *effronterie* ← *effronté* shameless < VL **exfrontātu(m)* ← LL *effront-*, *effrōns* ← *ef-* 'EX-¹'+*front-*, *frōns* brow: ⇨ front, -ery〗

ef·fulge /ɪ̀fʌ́ldʒ, ɛf-, -fʌ́ɫdʒ | -fʌ́ɫdʒ/ *vi.* 《まれ》光り輝く (radiate). 〖(1729) ◻ L *effulgēre* to shine forth ← *ef-* 'EX-¹'+*fulgēre* to shine〗

ef·ful·gence /ɪ̀fʌ́ldʒəns, ɛf-, -fʌ́l- | -fʌ́l-/ *n.* 光輝, 光彩. 〖(1667) ◻ LL *effulgentia*: ⇨ ↓, -ence〗

ef·ful·gent /ɪ̀fʌ́ldʒənt, ɛf-, -fʌ́l- | -fʌ́l-/ *adj.* 燦然と輝く, 輝きわたる: ~ beauty. **~·ly** *adv.* 〖(1738) ◻ L *effulgentem* (pres.p.) ← *effulgēre*: ⇨ effulge, -ent〗

ef·fuse /ɪ̀fjúːz, ɛf-/ *vt.* 〈液体・空気・光・香気などを〉放出する, 発散する (diffuse). **—** *vi.* **1** にじみ出る (exude), 流れ出る (issue), 発散する (emanate). **2** 〖物理〗〈気体が〉(圧力差により小孔より)噴出する, ほとばしり出る. **3** (興奮して)しゃべりまくる.
— /ɪ̀fjúːs, ɛf-/ *adj.* **1** あふれ出る (profuse). **2** 〖植物〗まばらに広がった; 〈花序が〉一方に開き出た; 〈地衣など〉一方に広がった. **3** 〈貝殻が〉縁が溝で分かれている.
— *n.* 《まれ》(血などが)噴き出すこと (effusion).
〖(*a*1398) ← L *effūsus* (p.p.) ← *effundere* to pour forth: cf. fuse¹〗

ef·fu·si·om·e·ter /ɪ̀fjùːziɑ́(ː)mətə, ɛf- | -ɔ́mɪ̀tə^(r)/ *n.* 〖物理〗(気体の噴散速度を測定する)噴散計. 〖⇨ ↑, -meter〗

ef·fu·sion /ɪ̀fjúːʒən, ɛf-/ *n.* **1** (流体の)流出 (efflux): (an) ~ *of* blood (傷口からの)出血; 流血 / be guilty of ~ *of* blood 殺傷の罪を犯す. **2** 流出物. **3** (言語・感情・詩情などの)発露, 流露(した言葉[詩文]): poetical ~*s* 詩に託した感情の発露, わき出る感情を歌い出した詩 / wild ~*s* of an angry man 立腹した人の乱暴な放言 / He talked to them with an ~ of heart. 心情を吐露して彼らと話した. **4** 〖病理〗浸出液. **5** 〖物理〗噴散, 吹出し. 〖(1402) ◻ (O)F ~ // L *effūsiō(n-)* ← *effūsus* (↑): ⇨ -sion〗

ef·fu·sive /ɪ̀fjúːsɪv, ɛf-, -zɪv | -sɪv/ *adj.* **1** 心情を吐露する, (感情)あふれるばかりの, くどくどと感情を表す: be ~ *in* one's gratitude 言葉を尽くして感謝する / ~ emotion あふれ出る感情. **2** 《詩・古》ほとばしり出る. **3** 〖地質〗(岩漿の)噴出後固結した (cf. Plutonic 2): ~ rocks 噴出岩 / ~ period 噴出岩形成期. 〖(1662) ← EFFUSE (v.)+-IVE〗

ef·fú·sive·ly *adv.* とうとうと, ほとばしり出るように; あふれるばかりに. 〖(1870): ⇨ ↑, -ly¹〗

ef·fú·sive·ness *n.* 流出, 噴出, 心情の流露. 〖(1877): ⇨ -ness〗

Ef·ik /éfɪk/ *n.* (*pl.* ~, **~s**) **1 a** [the ~(s)] エフィック族《ナイジェリア南東部の農耕民族》. **b** エフィック族の人. **2** エフィック語 (Benue-Congo 語派に属する). 〖(1849) ← Efik〗

EFIS 《略》〖航空〗electronic flight information systems.

EFL /ìːɛ̀fél/ 《略》English as a Foreign Language. 〖1965〗

É-frée *adj.* 〈食品が〉添加物を含まない, 無添加の (cf. E number).

eft¹ /éft/ *n.* 〖動物〗**1** イモリ《特に, 陸上で生活する時期のものをいう》; ブチイモリ属のイモリ (*Diemictylus viridescens*). **2** 《廃》トカゲ. 〖lateOE *efeta* ← ?: cf. NEWT〗

eft² /éft/ *adv.* 《廃》再び (again); 後に (afterwards). 〖OE *æft*, *eft* < Gmc **aftiz* (compar.): ⇨ aft〗

EFT 《略》electronic funds transfer.

EFTA, Efta /éftə/ 《略》European Free Trade Association.

EFTPOS, Eft·pos /éftpɑ(ː)s | -pɔs/ *n.* 電子式販売時自動振替システム《商品販売時点で購入者の口座から販売者側の口座に代金が自動的に振り込まれる》. 〖(1982) 《頭字語》← *e(lectronic) f(unds) t(ransfer at) p(oint) o(f) s(ale)*〗

EFTS 《略》〖電算〗electronic funds transfer system.

eft·soon /ɛftsúːn/ *adv.* 《古》=eftsoons.

eft·soons /ɛftsúːnz/ *adv.* 《古・戯言》**1** やがて, 間もなく (soon afterward); すぐに, 直ちに (forthwith). **2** 再び (again). **3** しばしば. 〖(*a*1325) *eftsones* ← OE *eftsōna* ← *eft* again+*sōna* 'at once, SOON': ⇨ -s²〗

eg 《記号》Egypt 《URL ドメイン名》.

Eg. 《略》Egypt; Egyptian.

e.g. /ìːdʒíː/ ★ for example とも読む. 《略》exempli gratia.

e.g. 《略》〖法律〗ejusdem generis.

EGA 《略》〖電算〗enhanced graphics adapter 《IBM 社 PC 用のビデオアダプター》.

e·gad /iːgǽd, ɪg-/ *int.* 《古》やあ, いやはや, まあ(大変) (by God) 《軽いののしりを表す》. 〖(1673) 《転訛》? ← *A God* oh God!: 語尾は by God と連想される〗

E·ga·di Is·lands /égədi- | -di-; *It.* ɛ́ːgadi/ *n. pl.* [the ~] エガディ諸島《地中海の Sicily 島の西にある島群; 第一次ポエニ戦争でローマ軍がカルタゴ軍を破った古戦場 (241 B.C.); 古代名 Aegates》.

egal /íːgəl, -gl/ *adj.* 《廃》同等の (equal). **égal·ly** *adv.* 〖(*c*1380) ◻ OF *egal* 'EQUAL'〗

e·gal·i·tar·i·an /ɪgæ̀lətéəriən, iːg- | -lɪ̀téər-⁻/ *adj.* 平等主義の. **—** *n.* 平等主義者. 〖(1885) ← F *égali-*

taire (← ÉGALITÉ)+-IAN〗

e·gàl·i·tár·i·an·ìsm /-nìzm/ *n.* 平等主義《すべての市民に平等な政治的・経済的・法律的権利を主張する》. 〖《1932》: ⇨ ↑, -ism〗

é·ga·li·té /eɪgæliteɪ; *F.* egalite/ *F. n.* (社会的・政治的)平等 (equality). 〖《1794》◻F ～ ◻L *aequālitās* ← *aequālis* 'EQUAL'〗

E·gan /íːgən/, **Pierce** *n.* イーガン《1772–1849; London 風俗小説 *Tom and Jerry, or Life in London* (1821) の作者》.

E·gas Mo·niz /éɪgəsmouníːz | -məu-; *Port.* ɛ́γəʒmuníʃ/, **António (Caetano de Abreu Freire)** *n.* エガス モニズ《1874–1955; ポルトガルの神経外科医; 現代精神外科の基礎を築いた人として知られる; Nobel 医学生理学賞 (1949)》.

Eg·bert[1] /égbə(ː)t | -bə(ː)t/ *n.* エグバート《男性名》. 〖OE *Ecgbeorht* ← *eċġ* 'sword, EDGE'+*beorht* 'BRIGHT'〗

Egbert[2] *n.* エグバート《775?–839; 古代英国の West Saxons の王 (802–839); 七王国を統一して全イングランド最初の王となった (829–839); 通称 Egbert the Great》.

EGD 《略》 electrogasdynamics.

e·ger /íːgə | -gə(r)/ *n.* =eagre.

E·ger[1] /éɪgə | -gə(r); *Hung.* ɛ́gɛr/ *n.* エゲル《ハンガリー中北部の都市》.

E·ger[2] /*G.* éːgɐ/ *n.* エーガー《Cheb のドイツ語名》.

E·ge·ri·a /iːdʒí(ə)riə, iːdʒ- | ɪdʒíəriə, iːdʒ-/ *n.* **1** 〖ローマ神話〗エゲリア《Numa Pompilius 王に宗教上の指導をしたといわれる nymph》. **2** 女性指南役[顧問]. 〖◻L *Ēgeria* ← Etruscan〗

e·gest /iːdʒést, iːdʒ- | ɪdʒ-, iːdʒ-/ *vt.* 〖生理〗(体内から)〈不消化物を〉排出[排泄]する (discharge) (↔ ingest).

e·ges·tive /ɪdʒéstɪv, iːdʒ-, ədʒ- | ɪdʒ-, iːdʒ-/ *adj.* 〖《1607》← L *ēgestus* (p.p.) ← *ēgerere* ← *ē-* 'EX-[1]'+*gerere* to carry: ⇨ gerent〗

e·ges·ta /iːdʒéstə, iː-/ *n. pl.* 排出物, 排泄物. 〖《1787》◻L ～ (neut. pl.) ← *ēgestus* (p.p.) ← *ēgerere* (↑)〗

e·ges·tion /iːdʒéstʃən, iːdʒ- | ɪdʒ-, iːdʒ-/ *n.* 〖生理〗排出[排泄](作用). 〖《a1400》◻(O)F ～ ∥ L *ēgestiō(n-)* ← *ēgestus*: ⇨ egest, -tion〗

egg[1] /ég/ *n.* **1 a** 卵; 鳥の卵: lay an ～ 卵を産む. **b** 鶏卵: bacon and ～s=《英》～s and bacon ⇨ bacon / a poached ～ 落とし卵 / a soft-boiled [hard-boiled] ～ 半熟[固ゆで]卵 / ⇨ wind egg / sit on ～s 〈鶏が〉卵を抱く. **2** 卵形の物; 卵形飾り. **3** 〖生物〗=egg cell. **4** 〈発達・成育が〉初期段階のもの. **5** 《俗》投下爆弾; 手榴弾; 機雷. **6** 《俗》つまらない冗談; へたな演技. **7** 《口語》やつ, 男; 物: a good ～ いい男[物] / Good ～! いいぞ, やった / a bad ～ ろくでなし; 悪党, やくざ / an odd ～ 変わり種 / a tough ～ 悪党, やくざ. **8** [軽蔑的に]《英》青二才, 未熟者. **9** 〖クリケット〗=duck's egg 2.
(as) fúll as an égg ぎっしりいっぱい. ***(as) súre as éggs is [are] éggs*** ⇨ sure 成句. ***hàve [pùt] áll one's éggs in óne básket*** 一つの事業に全資産を投じる, 冒険的な投資をする. ***háve an egg from the óofbird*** 《口語》遺産をもらう. ***hàve éggs on the spít*** 仕事で手がふさがっている. 《1598》 ***in the égg*** 初期の(うちに), 未発に: The rebellion was crushed *in the* ～. その反乱は未然に防がれた. 《1689》 ***láy an égg*** (1) ⇨ 1 a. (2) 《俗》〈芸人・興行・冗談などが〉全く受けない, 失敗に終わる (flop); 《英口語》しくじる. (3) 《軍俗》爆弾を投下する; 機雷を敷設する. ***tàke éggs for one's móney*** 返済の口約束でごまかされる, 空(から)手形をつかまされる. 《1611》 ***téach one's grándmother [gránny] to súck éggs*** ⇨ grandmother 成句. 《1707》 ***tréad (up)òn éggs=wálk on éggs*** (卵の上を踏んで歩くように)気をつけて歩く; 慎重を要する立場にある. 《a1734》 ***with égg on [àll òver] one's fáce*** 《口語》ばかみたいに見えて, きまりの悪い思いをして: After that blunder, they ended up *with* ～ *on their face*. そのへまをやった後で彼らはきまりの悪い思いをした.
égg and dárt [tóngue, ánchor] 〖建築〗卵鏃(ぞく)飾り《卵形と鏃(やじり)形[舌形, 錨形]とが交互に並んだ繰形》. 〖1751〗
— *vt.* **1** …に溶き卵をつける, 卵を混ぜる. **2** 《米口語》…に(腐れ)卵を投げつける. — *vi.* (野鳥の)卵を採集する. 〖n.: 《c1340》 *eg(ge)* ◻ ON *egg* ∞ ME *ei* < OE *ǣġ* < Gmc **ajjaz* (Du. *ei* / G *Ei*) ← IE **ōwyo-* (L *ōvum* / Gk *ōión*). — v.: 《1833》← (n.): cf. IE **awi-* bird (L *avis* / Skt *vis*)〗

egg[2] /ég/ *vt.* [通例 ～ *on* として] 煽動する, おだてる, そそのかす (incite): ～ a person *on to* an act / ～ a person *(on) to* do something 人をおだててあることをさせる. 〖lateOE *(ġe)eggian* ◻ ON *eggja* to edge ← *egg* 'EDGE'〗

égg albúmin *n.* 〖生化学〗卵アルブミン《卵白中の蛋白質, 特にオバルブミン (ovalbumin) を指す》. 〖1871〗

égg-and-spóon ràce *n.* (しゃくしに卵を載せて走る)スプーンレース. 〖1894〗

égg apparàtus *n.* 〖植物〗卵装置《被子植物の胚嚢(はいのう)内の珠孔(しゅこう)に近い所にある 3 個の細胞で, 1 個の卵細胞と 2 個の助胎細胞から成る》. 〖1882〗

égg àpple *n.* 〖植物〗ナス (eggplant).

egg·ar /égə | égə(r)/ *n.* 〖昆虫〗カレハガ《*Eriogaster* 属や *Lasiocampa* 属などカレハガ科のガの総称; 幼虫は樹木に大害を与える》. 〖《1869》(変形) ← EGGER[2]〗

égg·bèater *n.* **1** 泡立て器 (cf. whip 3 b, whisk 1). **2** 《米俗》=helicopter. 〖1828〗

égg-bòund *adj.* 〈家禽・魚が〉普通に卵を産み落とせない. 〖1882〗

égg-brèad *n.* 《米》=spoon bread. 〖1854〗

égg càpsule *n.* =egg case 2.

égg càse *n.* **1** (割れないように入れる)卵ケース. **2** 卵の被囊物; 卵嚢 (ootheca). 〖1847〗

égg cèll *n.* 〖生物〗卵子, 卵細胞 (cf. sperm cell). 〖1875〗

égg clèavage *n.* 〖生物〗=cleavage 4.

égg còal *n.* 小塊炭《直径 1.5–4 インチ大の石炭》. 〖1855〗

égg còzy *n.* (保温用)ゆで卵覆い (cf. cozy 1). 〖cf. egg-cosy 《1894》〗

égg crèam *n.* 《米》(主に New York 市で)エッグクリーム《チョコレートシロップ・ミルク・ソーダなどで作る飲み物》. 〖1841〗

égg·cùp *n.* エッグカップ《食卓用ゆで卵立て》. 〖1773〗

égg cústard *n.* =custard.

égg dànce *n.* **1** エッグダンス《多くの卵を散らして置いてその間を目隠しした踊り手が巧みに踊り回った英国の昔のダンス》. **2** 非常にむずかしい事柄. 〖1801〗

égg·dròp sóup *n.* かき玉スープ.

égg·er[1] *n.* (野鳥の)卵取り(人), 野鳥の卵採集者. 〖1834〗

égg·er[2] *n.* 〖昆虫〗=eggar. 〖《c1705》← ? EGG[1] (n.)+-ER[1]: 繭(まゆ)が卵形をしているところから〗

égg flìp *n.* 《英》=eggnog.

égg fòo yóng [yóung, yúng] /-fùːjáŋ/ *n.* 〖料理〗芙蓉蟹, フーヨーハイ, 「カニ玉」《オムレツに似た, 中に野菜や蟹(かに)肉などを入れる中国の卵料理の一種》. 〖《1948》← Chin. *fu jung* (芙蓉)〗

égg glàss *n.* **1** =egg timer. **2** (クリスタル)ガラス製のエッグカップ. 〖1867〗

égg·hèad *n.* 《口語》**1** 知識人, インテリ (intellectual). **2** 《軽蔑》インテリぶる人 (highbrow). 〖《1907》1952 年の米国大統領候補(禿頭の) Adlai Stevenson を支持したインテリにつけたあだ名から〗

égg·hèaded *adj.* インテリの. **～·ness** *n.* 〖1919〗

egg·ler /églə | -lə(r)/ *n.* 《古・方言》卵売り《しばしば行商人》. 〖《1791》: ⇨ egg[1], ? after *pedlar*〗

Eg·gle·ston /égḷstən/, **Edward** *n.* エグルストン《1837–1902; 米国の牧師・小説家; *The Hoosier School-Master* (1871) は米国リアリズム小説の先駆的作品》.

Eggleston, George Cary *n.* エグルストン《1839–1911; 米国の作家; Edward Egglestone の弟》.

égg·nòg *n.* エッグノッグ《鶏卵・牛乳・砂糖を混ぜたものにブランデーやラムなどを加えた飲み物》. 〖《c1775》: ⇨ egg[1], nog[2]〗

égg núcleus *n.* 〖生物〗卵核《卵細胞の核; cf. sperm nucleus》.

Eg·go /égou | égəu/ *n.* 〖商標〗エッゴ《米国 Mrs. Smith's Frozen Foods 社製の冷凍ワッフル》.

égg·plànt *n.* 《米》**1 a** 〖植物〗ナス (*Solanum melongena*). 日英比較 日本の「なす」, 特に長なすの生産が主な地域の人にとってはこの名は奇異に思えるが, アメリカのナスは日本のものと比較してかなり大きく, また短く楕円形をしていてまさにこの比喩的名称どおりである. なお, 《英》では一般に aubergine という. **b** なす《実》. **2** なす色. 〖1767〗

égg plùm *n.* 〖植物〗小さい卵形の黄色いスモモ (cf. Yellow Egg). 〖1859〗

égg ròll *n.* **1** 《米》春巻き《薄い皮で円筒状に種々の材料を巻込み揚げたもの; spring roll ともいう》. **2** エッグロール《ロールパンを開いて卵などを挟んだもの》. 〖1947〗

égg ròlling *n.* 卵ころがし《復活祭の時期に行われるゲームで Easter eggs を転がし, 割らずに長く転がせた者が勝ち; White House の芝生で催されるものが有名》.

égg(s) and bácon *n.* 〖植物〗赤みがかった茶色や黄色の花をつける種々の植物, (特に)ミヤコグサ (bird's-foot trefoil).

égg sáuce *n.* (魚料理に用いる)エッグソース: **a** ホワイトソースに固ゆで卵のみじん切りを加えたもの. **b** 溶かしバターに固ゆで卵のみじん切りとレモン汁を加えたもの. 〖c1685〗

éggs Bénedict *n. pl.* 〖料理〗エッグズ ベネディクト《マフィンのトーストに薄切りのハムと半熟玉子をのせ, オランデーズソースをかけたもの》.

égg-shàped *adj.* 卵形の (ovoid): an ～ head. 〖1766〗

égg·shèll *n.* **1** 卵の殻: walk on ～s=*tread (up)on* EGGS. **2** 砕け[こわれ]やすいもの. **3** 薄い黄色《鶏卵の殻の色》. **4** 仕上げのやや荒い厚ぼったい紙. — *adj.* [限定的] **1** 卵の殻のように薄い, 砕け[こわれ]やすい: ～ porcelain [china] きわめて薄手の磁器. **2** 淡黄色の. **3** 光沢の(ほとんど)ない, つや消しの: ～ paint, enamel, finish, etc. 〖?a1300〗

égg slìce *n.* フライ返し《オムレツや目玉焼きなどを鍋からすくい出すための薄い金属製のへら》. 〖1796〗

égg-slìcer *n.* エッグスライサー, ゆで卵切り器. 〖1951〗

égg spòon *n.* 卵さじ《ゆで卵用の小さじ》. 〖1886〗

égg stànd *n.* エッグスタンド《数対(つい)の eggcups と egg spoons とから成る》. 〖1839〗

égg sùcker *n.* 《米俗》おべっか野郎, おせじ屋.

égg tìmer *n.* エッグタイマー《ゆで卵用 3 分砂時計》. 〖1884〗

égg tòoth *n.* 〖鳥類〗卵歯《殻の中で大きくなったひなが殻を破るためのくちばしの上にある歯状突起; かえってしまうと消失する》. 〖1893〗

égg trànsfer *n.* 〖医学〗(受精)卵移植.

égg·tùbe *n.* 〖動物〗(特に, 昆虫の)卵管. 〖1826〗

égg whìsk *n.* =whisk 1. 〖1868〗

égg whìte *n.* 卵の白身, 卵白: separate the ～s from the yolks 白身と黄身を分ける. 〖1921〗

égg-white injury [disèase] *n.* 〖生化学〗卵白障害《生卵の白身の食べ過ぎから起こるビオチン (biotin) 欠乏症》. 〖1937〗

egg·y /égi/ *adj.* **1** 卵の多い. **2** 〈鶏が〉卵を産んだばかりの, 卵を産もうとしている. **3** 卵のしみで汚れた. 〖《1709》← EGG[1]+-Y[4]〗

égg yòlk *n.* 卵の黄身, 卵黄.

Eg·ham /égəm/ *n.* エガム《イングランド南部, Surrey 州北部にある Thames 川に臨む町》.

e·gis /íːdʒɪs | -dʒɪs/ *n.* =aegis.

e·glan·du·lar /iːglǽndʒulə | -dju-, -dʒu-/ *adj.* 腺のない[を含まぬ], 無腺(性)の. 〖《1870》← E-[1]+GLANDULAR〗

eg·lan·tine /égləntàɪn, -tìːn/ *n.* 〖植物〗=sweetbrier. 〖《c1400》← OF *aiglent* sweetbrier (< VL **aquilentu(m)* 《原義》prickly ← L *aculeus* spine, prickle (dim.) ← *acus* needle: cf. edge)+-INE[4]: cf. F *églantine*〗

Eg·lan·tyne /égləntàɪn, -tìːn/ *n.* エグランタイン《女性名; 異形 Eglantine》. 〖↑〗

EGM 《略》 extraordinary general meeting.

Eg·mont /égmɑ(ː)nt | -mɔnt, -mənt; *G.* égmɔnt/ *n.* エグモント《男性名; 異形 Egmond》. 〖← OE *eċġ* 'sword, EDGE'+*mund* protection〗

Eg·mont /égmɑ(ː)nt | -mɔnt, -mənt/, **La·mo·ral** /lǽmərǽl/ *n.* エグモント《1522–68; オランダの将軍・政治家; Goethe の戯曲 *Egmont* の主人公; 称号 Comte d'Egmont》.

Eg·mont /égmɑ(ː)nt | -mɔnt, -mənt/, **Mount** *n.* エグモント山《ニュージーランド北島にある死火山 (2,518 m); Taranaki ともいう》.

e·go /íːgou, ég- | -gəu/ *n.* (*pl.* ～s) **1** 自我 (the 'I'): absolute [pure] ～ 〖哲学〗絶対[純粋]我 / emancipation of ～ 自我の解放. **2** [しばしば E-]〖哲学〗主観. **3** 〖心理〗自我; 〖精神分析〗エゴ, 自我《外界を経験してこれに反応し, 個人の原我 (id) の原始的な要求と社会的物質的環境との間を調節するパーソナリティー構造の一部》. **4** 《口語》自尊心, 自負, 我欲. **5** 〖民族学〗エゴ, 自己《親族組織において基点となる人物》. 〖《(1789)》《1824》← NL ～ ← L *egō* 'I'〗

e·go·cen·tric /iːgouséntrɪk, ègou- | -gə(u)-/ *adj.* **1** 自己中心の. **2** 《俗に》自己本位の, 利己的な (egoistic). **3** 〖哲学〗自我を哲学の出発点とする; 自己中心主義の. **—** *n.* 自己(中心)主義者 (egocentric person). **è·go·cén·tri·cal·ly** *adv.* 〖《1894》: ⇨ ↑, centric〗

e·go·cen·tric·i·ty /iːgousentrísəti, -èg- | -gəusentrísɪti/ *n.* 自己中心. 〖《1903》: ⇨ ↑, -ity〗

ègo·cén·trism /-séntrɪzm/ *n.* **1** 〖心理〗自己中心性. **2** =egocentricity. 〖《1926》← EGOCENTRIC+-ISM〗

égo-defénse *n.* 〖精神分析〗(意識的・無意識な)自我防衛. 〖1955〗

égo idèal *n.* 〖精神分析〗自我理想《両親および社会の理想とするところに同一化してつくられるあるべき理想としての自我像》; 《俗用》良心 (conscience). 〖1922〗

égo-invólvement *n.* 〖心理〗自我関与《ある事象や人間に対して自分とのかかわりあいを意識し関心をもつこと》. 〖1936〗

e·go·ism /íːgouɪzm, ég- | -gəu-/ *n.* **1** 自己中心, 自己本位 (self-centeredness). **2** 利己心, 我欲 (pure selfishness) (↔ altruism). **3** 自負心 (egotism); うぬぼれ. **4** 〖倫理〗利己主義《自己の利益の追求が人間行為の目的であるという説; cf. solipsism》. 〖《(1722)》《1785》◻F *égoïsme* ← NL *egōismus*: ⇨ ego, -ism〗

e·go·ist /íːgouɪst, ég- | -gəuɪst/ *n.* **1** 自己本位の人, 我意の人, 自分勝手な人. **2** うぬぼれの強い人. **3** (哲学上の)利己主義者, 唯我論者 (↔ altruist). 〖《1785》◻F *égoïste*: ⇨ ego, -ist〗

e·go·is·tic /iːgouístɪk, ègou- | -gəu-/ *adj.* **1** 利己主義(者)的な (↔ altruistic); 利己的な. **2** 自己本位の, 主我的な, 自利的な, 自分勝手の: an ～ moral theory 利己的倫理説 / ～ altruism 主我的利他主義, 兼愛説 / ～ hedonism 主我的快楽説. 〖《a1834》: ⇨ ↑, -ic[1]〗

è·go·ís·ti·cal /-tɪkəl, -kḷ | -tɪ-/ *adj.* =egoistic. 〖1842〗

è·go·ís·ti·cal·ly *adv.* 利己的に; 主我的に, 自己中心的に; 自分勝手に. 〖《1879》: ⇨ ↑, -ly[1]〗

e·go·ma·ni·a /iːgouméɪniə, ègou-, -gə-, -njə | -gə(u)-/ *n.* 病的な自負心; 独善的な性向[行動]. 〖《1825》← NL ～: ⇨ ego, -mania〗

e·go·ma·ni·ac /iːgouméɪniæk, ègou- | -gə(u)-/ *n.* 病的に自負心の強い人. 〖《1890》: ⇨ ego, maniac〗

ègo·ma·ní·a·cal /-mənáɪəkəl, -kḷ/ *adj.* 病的に自負心の強い. **～·ly** *adv.* 〖《1975》: ⇨ ↑, -al[1]〗

égo psychólogy *n.* 自我心理学.

e·go·tism /íːgətɪzm, ég- | -gə(u)-/ *n.* **1** 自己中心癖《話の中 I, my, me を使い過ぎること》; 自分の事を言い過ぎること, 自己吹聴癖. **2** うぬぼれ, 自負. **3** 利己, 我欲. 〖《1714》← EGO+-ISM: *t* は母音接合をさけるため *-otism* に終る語 (例 *idiotism*, etc.) にならって加えられたもの?〗

e·go·tist /-tɪst | -tɪst/ *n.* **1** 自己中心の人, 自己本位の人; 自分の事ばかり言う人, 過度の自尊家. **2** 利己主義者. 〖《1714》← EGOT(ISM)+-IST〗

e·go·tis·tic /iːgətístɪk, ègə- | -gə(u)-/ *adj.* **1** 自己中心の, 自己本位の; 自分のことばかり言う. **2** 利己的な, 我欲の強い. 〖《c1860》: ⇨ ↑, -ic[1]〗

è·go·tís·ti·cal /-tɪkəl, -kḷ | -tɪ-/ *adj.* =egotistic. 〖1825〗

è·go·tís·ti·cal·ly *adv.* 自己本位に, 自画自賛的に. 〖《1809–12》: ⇨ ↑, -ly[1]〗

eg·o·tize /íːgətàɪz, ég- | -gə(u)-/ *vi.* 《まれ》自己を振りまわす, 自分の事ばかり述べ立てる. 〖《1789》← EGOT(ISM)

＋-IZE〛

égo-trip *vi.* 《口語》利己的な行為をする, 自己本位にふるまう. **～·per** *n.* ひとりよがりの人, うぬぼれ屋. 〖1970〗

égo trip *n.* 《口語》利己的な行為, 自己本位なふるまい, ひとりよがり. 〖1967〗

e·gre·gious /ɪɡríːdʒəs, iːɡ-, -dʒiəs/ *adj.* **1** 名うての (notorious): an ～ ass [fool] 大ばか者. **2** 実にひどい, とてつもない (flagrant): an ～ folly [blunder] とんでもない愚行[失錯]. **3** 《古》抜群の, すぐれた, 卓抜な (eminent). **～·ly** *adv.* **～·ness** *n.* 〖《*c*1534》□ L *ēgregius* distinguished, surpassing, 《原義》chosen from the herd ← *ē-* 'EX-¹'＋*greg-, grex* herd: ⇨ -ous: cf. gregarious〗

e·gress /íːɡres/ *n.* **1** (特に, 囲いの中から)出て行く[来る]こと: ～ and ingress 出入 / make entrance and ～ 出入する. **2** 出口, 出道 (way out, exit); (煙の)はけ口. **3** 出入権. **4** 《天文》(掩蔽(えんぺい)[星食]などにおける)出現 (↔ ingress). — /iːɡrés/ *vi.* 出て行く (issue). 〖《1538》□ L *ēgressus* (p.p.) ← *ēgredī* to go or come out ← *ē-* 'EX-¹'＋*gradī* to step: cf. gradient〗

e·gres·sion /iːɡréʃən, ɪ-/ *n.* **1** 出て行く[来る]こと. **2** 《天文》出現. 〖《?*a*1425》□ L *ēgressiō(n-)* ← *ēgressus* (↑): ⇨ -sion〗

e·gres·sive /iːɡrésɪv, ɪ-/ 《音声》*adj.* (主として)呼気(流)の, 呼気(流)音の (⇨ ejective). — *n.* 呼気(流)音《呼気によって発せられる音》. 〖《1691》← EGRESS＋-IVE〗

e·gret /íːɡrət, -ɡrɪt/ *n.* **1** 《鳥類》**a** シラサギ《シラサギ属 (*Egretta*) のサギの総称; コサギ (little egret) など》. **b** シラサギ以外の各種のサギの総称《サギ (heron)・アマサギ (cattle egret) など》. **2** シラサギの羽毛; 羽毛飾り. **3** 《植物》(アザミ・タンポポなどの)冠毛 (pappus). — *adj.* [限定的] シラサギの羽毛でできて[覆われて]いる. 〖《*c*1353》□ AF *egrette*＝(O)F *aigrette* 'AIGRETTE' □ OProv. *aigreta* ← *aigron* heron □ Frank. **heigro, haigro* < Gmc **χaiʒarōn* 'HERON': ⇨ -ET〗

E·gypt /íːdʒɪpt | -dʒɪpt/ *n.* エジプト《アフリカ北東部の共和国; 面積 1,002,000 km², 首都 Cairo; 公式名 the Arab Republic of Egypt エジプトアラブ共和国》. 〖《*c*1300》《略》? ← *Egipte lond* < OE *Egypta land* ← *Egipte* □ L *Aegyptus* // □ OF *Egipte* (F *Égypte*) □ L *Aegyptus* □ Gk *Aíguptos* □ Egypt. (方言) *Ḥikuptah* (異形) ← *Ha(t)-kaptah* (Memphis の古名)〗

Egypt. 《略》Egyptian.

E·gyp·tian /ɪdʒípʃən, iː-, iː-/ *adj.* **1** エジプトの; エジプト人[語]の: an ～ cigarette エジプト製巻きたばこ. **2** 《廃》ジプシー (Gypsy) の. **3** 極端な, 強烈な. ★ 通例次の句で: ～ darkness 濃い暗闇 (cf. *Exod.* 10: 22). — *n.* **1** エジプト人; エジプト語《古代のハム語》. **2** 《廃》ジプシー (⇨ Gypsy *n.* 1). **3** 《米》Illinois 州南部(生まれ)の人のあだ名. 〖Illinois 州に Cairo 市があることから〗 **4** 《口語》エジプト製巻きたばこ. **5** [*pl.*]《証券》エジプト国債. **6** [しばしば e-]《活字》エジプシャン《スクエアセリフを含めて, 筆線にコントラストの少ない活字書体》.

spóil the Egýptians 容赦なく敵(圧制者・金持ち)の物を奪う (cf. *Exod.* 3: 22).

〖《*c*1290》*Egipcien* □ OF ← *Egipte*: ⇨ Egypt, -ian〗

Egýptian béan *n.* 《植物》**1 a** ハス (Indian lotus). **b** ハスの種子. **2** ＝hyacinth bean. 〖1787〗

Egýptian clóver *n.* 《植物》＝berseem. 〖*c*1900〗

Egýptian cóbra *n.* 《動物》エジプトコブラ (⇨ asp¹ 1 a). 〖1931〗

Egýptian cótton *n.* エジプト綿《カイトウメン (sea island cotton) の系統に属し, 主としてエジプト Nile 川流域で栽培される繊維の長い良質の綿》. 〖1877〗

Egýptian góose *n.* 《鳥類》エジプトガン(*Alopochen aegyptiacus*)《アフリカ産》.

E·gyp·tian·ize /ɪdʒípʃənàɪz, iːdʒ-/ *vt.* エジプト化する; エジプト国有にする. 〖《1664》: ⇨ -ize〗

Egýptian líly *n.* 《植物》＝calla. 〖1847〗

Egýptian lótus *n.* 《植物》**1** (古代エジプトで神聖視された)スイレン《エジプト原産の次の 2 種》: **a** 白い花の咲く一種 (*Nymphaea lotus*). **b** 青い花の咲く一種 (*Nymphaea caerulea*). **2** ハス (Indian lotus).

Egýptian máu /-máu/ *n.* 《動物》エジプシャンマウ《目が明るいグリーン, 短毛でぶちのイエネコ》.

Egýptian póund *n.* エジプトポンド (略 £E).

Egýptian vúlture *n.* 《鳥類》エジプトハゲワシ (*Neophron percnopterus*)《アフリカ・南欧・アジア産》.

E·gyp·to- /ɪdʒíptoʊ, iːdʒ- | -təʊ/「エジプト」の意の連結形. 〖□ ? F *égypto-* □ L *Aegypto-* □ Gk *Aigupto-*: ⇨ Egypt〗

Egyptol. 《略》Egyptological; Egyptology.

E·gyp·to·log·i·cal /ɪdʒɪptəlɑ́(ː)dʒɪkəl, iːdʒ-, -kl | -lɔ́dʒɪ-/ *adj.* エジプト学の[に関する]. 〖《1864》< EGYPTOLOGY＋-ICAL〗

È·gyp·tól·o·gist /iːdʒɪptɑ́(ː)lədʒɪst | -dʒɪptɔ́lədʒɪst/ *n.* エジプト学者. 〖《1859》: ⇨ ↓, -ist〗

E·gyp·tol·o·gy /iːdʒɪptɑ́(ː)lədʒi | -dʒɪptɔ́l-/ *n.* エジプト学《古代エジプトの歴史・言語・文化・器物・建築などを研究する学問》. 〖《1862》← EGYPTO-＋-LOGY〗

eh /éɪ, ɛ́ | éɪ/ *int.* 《口語》えっ; 何だって; そうだろう《驚き・疑問を示したり, 同意を促したり, 相手の言葉の繰り返し・説明を求めたりする発声》: Wasn't it splendid, *eh?* どうだ, すばらしかったじゃないか. 〖《*c*1225》*ei*〗

EHF 《略》experimental husbandry farms; 《通信》extremely high frequency.

EHFA 《略》Electric Home and Farm Authority《1947 年廃止》.

EHO 《略》《英》Environmental Health Officer.

EHP 《略》effective horsepower; electric horsepower.

Eh·ren·breit·stein /ɛ́ᵊrənbràɪtstaɪn, èɪr- | ɛ̀ər-, èɪr-; G. èːʁənbʁáɪtʃtaɪn/ *n.* エーレンブライトシュタイン《ドイツ Rhineland-Palatinate 州の町; Rhine 川の右岸にあり, 現在は Koblenz の一部; 岩山の上に有名なローマ時代の古城がある》.

Eh·ren·burg /ɛ́ᵊrənbəːɡ | ɛ́ərənbəːɡ, ɛ́ɪr-; *Russ.* erʲinbúrk/, **Ilya (Grigorievich)** *n.* エレンブルグ《1891–1967; ロシアの作家・ジャーナリスト; 代表作 *Fall of Paris* (1941), *The Storm* (1948)》.

Ehr·lich /ɛ́əlɪk | ɛ́ə-; G. éːɐlɪç/, **Paul** *n.* エールリッヒ《1854–1915; ドイツの細菌免疫学者・化学者, サルバルサンの発見者; Nobel 医学生理学賞 (1908)》.

Ehr·lich /ɑ́ːlɪk, ɛ́ə- | ɑ́ː-/, **Paul Ralph** *n.* アーリック《1932– ; 米国の昆虫学者・生態学者; 人口問題を研究》.

EHT 《略》extremely high tension.

EHV 《略》《電気》extra high voltage 超高圧.

EI 《略》East India; East Indian; East Indies; electrical insulation.

-e·ian /iːən | íːən, íən/ *suf.*「…の, …に属する」などの意を表す形容詞を造る (cf. -ean): Bodl*eian*, Pompe*ian*, Rugb*eian*. 〖← -EY, -Y⁴＋-AN¹〗

EIB 《略》Export-Import Bank (of Washington) (ワシントン)輸出入銀行.

Ei·chen·dorff /áɪkəndɔːf | -dɔːf; G. áɪçəndɔʁf/, Baron **Joseph (Frei·herr** /fráɪhɛr/**) von** *n.* アイヒェンドルフ《1788–1857; ドイツのロマン派の詩人》.

Eich·mann /áɪkmən, áɪx-; G. áɪçman/, **(Karl) Adolf** *n.* アイヒマン《1906–62; ドイツのナチス将校; 第二次大戦中ユダヤ人大量虐殺を指揮; アルゼンチンに逃亡後捕えられ, 戦犯としてイスラエルで処刑された》.

ei·co·sane /áɪkəseɪn/ *n.* 《化学》エイコサン ($CH_3(CH_2)_{18}CH_3$)《パラフィン系炭化水素の一種》. 〖《1889》← Gk *eicosa-* twenty (← *eíkosi*)＋-ANE²〗

éi·co·sa·pen·ta·e·no·ic ácid /áɪkoʊsəpèntəɪnòʊɪk- | -kəsəpèntiːnəʊ-/ *n.* 《生化学》エイコサペンタエン酸《水産生物に含まれる, 炭素数 20 の長鎖の高度不飽和脂肪酸の一つ; 循環器系疾患の予防と治療に有効; 略 EPA》.

Eid /iːd/ *n.* ＝Id.

eide *n.* eidos の複数形.

ei·der /áɪdə | -də(r)/ *n.* **1** 《鳥類》ケワタガモ《北極地方のケワタガモ属 (*Somateria*) のカモの総称; ケワタガモ (*S. spectabilis*)・オオケワタガモ (*S. mollissima*) など》. **2** ＝eiderdown 1. 〖《1743》□ G *Eider* // OSwed. ～ □ Icel. *æðr* (gen. *æðar*) < ? Gmc. **ēðī* ← IE **ētī-* duck〗

ei·der·down /áɪdədàʊn | áɪdə-/ *n.* **1** ケワタガモ (eider) の綿毛[羽毛]《胸部の柔らかい毛》. **2** (特に, eider の綿毛を詰めた)羽[羽毛]ぶとん (cf. quilt 1). **3** 《米》けばの厚い綿ネル. — *adj.* [限定的] (eider の)綿毛を詰めた: an ～ quilt 羽ぶとん. 〖《1774》□ ? G *Eiderdaune* □ Icel. *æðardún*《原義》DOWN² of the EIDER〗

éider dùck *n.* 《鳥類》＝eider 1. 〖1852〗

ei·det·ic /aɪdétɪk | -tɪk/ *adj.* 《心理》直観的な, 直観像の: an ～ image 直観像《直前の視覚的印象がその刺激を取り去ってもなお実際あるかのように鮮やかに眼前に見えるもの; 子供に多い現象で聴覚的印象についてもいう》/ ～ children 直観像児. — *n.* 《心理》直観像を見る人. **ei·dét·i·cal·ly** *adv.* 〖《1924》□ G *eidetisch* ← Gk *eidētikós* (adj.) ← *eîdos* form, shape ← *ideîn* to see: ⇨ idea〗

ei·det·ics /aɪdétɪks | -tɪks/ *n.* 《心理》直観像理論. 〖《1930》: ⇨ ↑, -ics〗

ei·do·graph /áɪdoʊɡræf, -də- | -də(ʊ)ɡrɑ̀ːf, -ɡræf/ *n.* 縮図器 (pantograph) の一種. 〖《1801》← Gk *eîdos* form＋-GRAPH: cf. idea〗

ei·do·lon /aɪdóʊlən | -dɔ́ʊlɒn/ *n.* (*pl.* **ei·do·la** /-lə/, **～s**) **1** まぼろし, 幻覚, 幽霊, 妖怪. **2** 理想像, 理想化された人; 理想. 〖《1828》□ Gk *eídōlon* image, phantom, idea: cf. idol, idolum〗

ei·dos /áɪdɑ(ː)s, éɪ- | áɪdɒs/ *n.* (*pl.* **ei·de** /áɪdə, éɪdə | áɪdə/)《哲学》エイドス《プラトン哲学で, イデアとほぼ同じ》; 形相《アリストテレス哲学で, 一種類の事物を他のものから区別する本質的特徴》. 〖《*c*1935》□ Gk ～ 'form, type, idea'〗

Eif·fel /áɪfəl, -fl; F. ɛfɛl/, **Alexandre Gustave** *n.* エッフェル《1832–1923; フランスの建築技師, 1889 年の万国博覧会のためにエッフェル塔を建設》.

Éiffel Tówer *n.* [the ～] エッフェル塔《Paris にある高さ約 300 m の鉄塔; 現在はさらに約 20 m のテレビ塔がついている》. 〖《1890》↑〗

Ei·gen /áɪɡən; G. áɪɡn/, **Manfred** *n.* アイゲン《1927– ; ドイツの物理化学者; Nobel 化学賞 (1967)》.

ei·gen- /áɪɡən/《数学・物理》「固有の (proper)」の意味の連結形: *eigen*tone, *eigen*vector. 〖← G *eigen* own < OHG *eigan*〗

éigen·frèquency *n.* 《物理》固有振動数《定常な振動を持続できる振動数》. 〖《1955》《部分訳》← G *Eigenfrequenz* ← EIGEN- (↑)＋*Frequenz* 'FREQUENCY'〗

éigen·fùnction *n.* 《数学》固有関数《関数空間の作用素の固有ベクトル; characteristic function, proper function ともいう》. 〖《1926》《部分訳》← G *Eigenfunktion* ← EIGEN-＋*Funktion* function〗

éigen·stàte *n.* 《物理》(量子力学系の)固有状態. 〖《*c*1950》← EIGEN-＋STATE〗

éigen·tòne *n.* 《物理》固有音《振動体がそれぞれ自身もっている固有振動数で振動した時の音》. 〖《1962》《部分訳》← G *Eigenton* ← EIGEN-＋*Ton* 'TONE'〗

éigen·vàlue *n.* 《数学》固有値《ベクトル空間の作用素 A に対して $Ax=\lambda x$ が成り立つようなベクトル x が存在するところのスカラーλのこと; A が行列のときはその特性根 (characteristic root) と一致; characteristic value, proper value ともいう》. 〖《1927》《部分訳》← G *Eigenwert* ← EIGEN-＋*Wert* value: cf. worth¹〗

éigen·vèctor *n.* 《数学》＝characteristic vector. 〖《1955》《部分訳》← G *Eigenvektor* ← EIGEN-＋*Vektor* vector〗

Ei·ger /áɪɡə | -ɡə(r); G. áɪɡɐ/ *n.* [the ～] アイガー(山)《スイス中南部; Bernese Alps の山; 北壁は困難な登山ルートとして知られる (3,972 m)》: climb the north face of the ～ アイガー北壁を登攀(とうはん)する.

eight /éɪt/ *n.* **1** 8, 8 個, 8 人; 8 歳, 8 時: at ～ 8 時に / a child of ～ 8 歳の子. **2** 8 [VIII]の記号[数字]. **3** 8 人[個]一組. **4 a** 《スケート》＝figure eight 2. **b** 《航空》8 字飛行. **5 a** エイト《8 本オールのボート; そのクルー》. **b** [the Eights] (英国 Oxford 大学などの)学寮対抗ボートレース: ⇨ Eights Week. **6** (トランプなどの) 8 点の札: the ～ of hearts ハートの 8. **7** 8 番サイズの衣服. **8** 8 気筒エンジン(の自動車).

in éights (1) 《詩学》8 音節の詩行で (cf. octosyllable): a hymn in ～*s*. (2) 《書誌学》〈初期の印刷本が〉8 枚折製で. 《1858》 ***óne over the éight*** 《英口語》飲みすぎて: be [have had] *one over the* ～ 酔っている / have [take] *one over the* ～ 飲みすぎる《普通人の適量である 8 杯よりも 1 杯多く飲むの意から》. 《1925》

— *adj.* 8 の, 8 個の, 8 人の; [叙述的] 8 歳で: ～ per cent 8% [パーセント], 8 分 / ～ years old [of age] 8 歳 / ～ o'clock 8 時 / an *eight*-day /éɪtdeɪ/ clock 8 日巻き時計 / He is ～. 8 歳だ.

〖OE *e(a)hta* < Gmc **aχtō* (Du. & G *acht* / ON *átta*) < IE **oktō(u)*《原義》twice four (L *octō* / Gk *oktṓ*): cf. octave, October〗

éight báll *n.* **1** 《米》《玉突》エイトボール《8 と書いた黒球で, 他の球を全部ポケット (pocket) に入れぬ内にこの球を入れるとゲームは負けとなる》. 〖1932〗 **2** 《米俗》[軽蔑的に] 黒人 (Negro). **3** 《米俗》《通信》(先端に黒球のついた) 無指向性マイク. **4** 《米俗》へまばかりやる兵隊, 要領の悪いやつ (cf. sad sack).

behind the éight báll 《米俗》不利な[困った]立場に. 《1919》: 狙い玉が eight ball の後にあると eight ball をポケットに入れてしまう危険があることから》

eigh·teen /èɪtíːn⁻/ *n.* **1** 18; 18 歳. **2** 18 [XVIII] の記号[数字]. **3** [複数扱い] 18 人, 18 個; Australian Rules football のチーム (cf. eleven 3). **4** 18 番サイズの衣服. **5** [*pl.*] 18 枚折(判) (eighteenmo).

— *adj.* 18 の; [叙述的] 18 歳で: an *eighteen*-pounder 18 ポンド砲 / ～ months 1 年半 / in the *eighteen*-fifties 1850 年代に.

〖OE *eahtatēne*: ⇨ eight, -teen〗

18 /èɪtíːn⁻/ *n.*, *adj.* 《英》《映画》18 歳未満お断わりの(映画) (cf. X²).

eigh·teen·mo /èɪtíːnmoʊ | -məʊ⁻/ *n.* (*pl.* **～s**) 18 枚折(判); 18 枚折本《octodecimo ともいう》. — *adj.* 18 枚折(判)の; 18 枚折本の. 〖《1847》: ⇨ ↑, -mo: 18 mo の英語読み〗

eigh·teenth /èɪtíːnθ⁻/ *adj.* **1** 第 18 の, 18 番目の (18th). **2** 18 分の 1 の: a ～ part 18 分の 1. — *n.* **1** [the ～] 第 18, 18 番目, 第 18 位; (月の)(第) 18 日: on the ～ [18th] of this month 今月の 18 日に. **2** 18 分の 1 (eighteenth part). 〖OE *eahta-tēoþa* ← *eahta* 'EIGHT'＋*tēoþa* 'TENTH'〗

Eightéenth Améndment *n.* [the ～] 米国憲法修正第 18 条《1919 年成立, 1920 年に実施された禁酒に関する修正条項法; 1933 年修正第 21 条によって廃止; cf. prohibition 2》.

18-30 hòlidays *n. pl.* 《英》(18–30 歳の人々の参加する)グループ旅行. ★ eightéen thírty h- と読む.

éight·fòld *adj.* **1** 8 部分[部門, 要素]のある, 八重(やえ)の. **2** 8 倍の. — *adv.* 八重に; 8 倍に. 〖《?*c*1475》: cf. OE *eahtafeald*: ⇨ eight, -fold〗

Éightfold Páth *n.* [the ～] 《仏教》八正道(はっしょうどう)《涅槃(ねはん)に達するための 8 つの徳目; 正見 (belief)・正思惟 (resolve)・正語 (speech)・正業 (action)・正命 (livelihood)・正精進 (effort)・正念 (thought)・正定 (meditation) を指す; cf. Four Noble Truths》. 〖1871〗

éightfold wáy *n.* [the ～] 《物理》八道説《素粒子の一群であるハドロンの分類学で, 重粒子の八重項の現れる模型のこと; cf. SU (3) symmetry》. 〖1961〗

éight-fóur *adj.* 《米》(小学校 8 年・中学校 4 年の) 8–4 制の (⇨ elementary school; cf. six-three-three).

eighth /éɪtθ, éɪθ | éɪtθ/ *adj.* **1** 第 8 の, 8 番目の (8th). **2** 8 分の 1 の: a ～ part 8 分の 1. — *adv.* 第 8 に, 8 番目に. — *n.* **1** [the ～] 第 8 番目, 第 8 位; (月の)(第) 8 日: the ～ [8th] of May 5 月 8 日. **2** 8 分の 1 (eighth part). **3** 《音楽》8 度, オクターブ (octave). **～·ly** *adv.* 〖OE *eahtoþa*: ⇨ eight, -th¹〗

Éighth Commándment *n.* [the ～] (十戒の)第八戒 (⇨ Ten Commandments).

éighth nòte *n.* 《音楽》8 分音符《quaver ともいう》. 〖*c*1864〗

éight-hóur *adj.* 8 時間制の: the ～ (＝eight hours') day 1 日 8 時間労働制 / ～ labor 8 時間労働 / an ～ law 8 時間労働法. 〖1865〗

éighth rèst *n.* 《音楽》8 分休止符. 〖*c*1890〗

800 nùmber [lìne] /eɪthʌ́ndrəd-/ *n.* 《米》フリーダイヤル《1–800 とダイヤルする; 《英》toll-free number, 0800 (o-eight-hundred) number [line]》.

eight·i·eth /éɪtiɪθ | -ti-/ *adj.* **1** 第 80 の, 80 番目の (80th). **2** 80 分の 1 の. — *n.* **1** [the ～] 第 80, 80 番目. **2** 80 分の 1. 〖OE *(hund)eahtatigoþa*: ⇨ eighty, -th¹〗

E

eight·mo /éɪtmoʊ | -məʊ/ *n.* (*pl.* ~**s**) 〘製本〙= octavo.

eight·pence /éɪtpéns | éɪtpéns, -pí:ˉ, -pəns, -pn̩s/ ★ 発音・用法その他については ⇨ penny 1. *n.* (*pl.* ~, **-pences**) (英国の) 8 ペンス(の価). 〚1678〛

eight·pen·ny /éɪtpéni | éɪtpéni, -pí:ˉ, -pəns, -pn̩s/ ★ 発音・用法その他については ⇨ penny 1. *adj.* **1** 8 ペンスの. **2** (釘が) 2 1/2 インチ(の長さ)の《元来 100 本 8 ペンスであったことから》. 〚1596〛

éight·scóre *n.* 160 (eight times twenty).

eight·some /éɪtsəm/ *n.* エートサム《8 人で踊るスコットランド舞踏; eightsome reel ともいう; cf. foursome 1 c》. 〚(c1325)《原義》one of eight: ⇨ eight, -some²〛

E

Éights Wèek *n.* 〘英大学〙エイツウィーク《Oxford 大学大学祭期間; 5 月ごろ, 学寮対抗ボートレースや舞踏会が行われる; cf. May Week》.

eight·vo, 8vo /éɪtvoʊ | -vəʊ/ *n.* (*pl.* ~**s**) 〘製本〙= octavo. 〚3〛

eight·y /éɪṭi | -ti/ *n.* **1** 80; 80 個, 80 人, 80 歳: be over ~ 80 を越している. **2** [*pl.*] 80 台; 80 年代[歳台]: during the *eighties* 80 年代の間に / in one's *eighties* 80 歳代に. **3** 80 [LXXX] の記号[数字]. **4** 80 人[個]一組. **5** 《米》80 エーカーの土地. — *adj.* 80 の (fourscore), 80 個の, 80 人の; [叙述的] 80 歳代で. 〚OE (*hund*)*eahtatig*: ⇨ eight, -ty¹〛

eight·y-nin·er /éɪṭináɪnə | -tináɪnə⁽ʳ⁾/ *n.* 《米》「'89 年組」《1889 年 Oklahoma 州へ自作農移住を始めた人; cf. forty-niner 1, fifty-niner》. 〚⇨ -er¹〛

éighty-sìx (*also* **86**) 《米俗》*n.* **1** 1 杯の水. **2** (金を払わなかったり酔って暴れたりするので)料理[酒]を出さない客. — *vt.* **1** 〈好ましくない客〉の応対を断わる. **2** 排除する, 追い出す; 殺す. 〚(1936) nix² との押韻俗語: メニューで注文した品が一つも残っていないことを示すコックの隠語から〛

Eijk·man /áɪkmɑ:n, éɪk-; *Du.* éikmɑn/, **Christiaan** /krístjɑ:n/ *n.* エイクマン《1858–1930; オランダの医学者で近代栄養学の先駆者; Nobel 医学生理学賞 (1929)》.

ei·kon /áɪkɑ(:)n, -kən | -kɒn, -kən/ *n.* = icon 1, 2.

Ei·lat /eɪlá:t/ *n.* エイラト《イスラエル南部の Aqaba 湾に臨む港市》.

eild /i:ld/ *adj.* 《スコット》〈動物が〉子を産まない; 〈雌牛が〉乳が出ない. 〚OE *gelde*: cog. G *gelt*: cf. geld²〛

Ei·leen /aɪlí:n, eɪ- | áɪli:n/ *n.* アイリーン《女性名; 愛称形 Eily; 異形 Aileen; アイルランドでは Helen の代わりに用いる》. 〚□ Ir. *Eibhlín*=Evelyn〛

-ein /-i:n, -i̯n, -i̯n | -i:n, -i:n, -ɪn/ *suf.* 〘化学〙化合物を -in, -ine で終わる名称のものと区別して示すのに用いる; 通例 -eine は塩基に, -ein は塩基以外のものに用いる: nicotein, phthalein. 〚《変形》← -in²〛

ei·na /éɪnɑ:/ *int.* 《南ア》痛い, あいた.

E-in-C 《略》Engineer-in-Chief.

E Ind. 《略》East Indian.

Eind·ho·ven /áɪnthoʊvən | áɪndhəʊ-, áɪnt-; *Du.* éintho:və(n)/ *n.* エイントホーフェン《オランダ南部の都市》.

-eine /i:n/ *suf.* 〘化学〙⇨ -ein. 〚《変形》← -ine¹〛

ein·korn /áɪnkɔən | -kɔ:n/ *n.* 〘植物〙ヒトツブコムギ (*Triticum monococcum*)《中央ヨーロッパで作られる馬糧用のコムギ; einkorn wheat ともいう》. 〚(c1901) □ G ~《なぞり》← L *Trīticum monococcum*〛

ein·stein, E- /áɪnstaɪn/ *n.* **1** 〘物理・化学〙アインシュタイン《感光性の物質 1 モルに光化学反応を起こさせるのに必要な輻射エネルギーの単位》. **2** 極めて聡明な人, 秀才. 〚↓〛

Ein·stein /áɪnstaɪn; *G.* áɪnʃtaɪn/, **Albert** *n.* アインシュタイン《1879–1955; ドイツ生まれのユダヤ系の物理学者, 1941 年米国に帰化; 特殊相対性理論・一般相対性理論・光量子説などの創説者; Nobel 物理学賞 (1921)》.

Einstein, Alfred *n.* アインシュタイン《1880–1952; ドイツの音楽学者; 1945 年米国に帰化》.

Éinstein effèct *n.* 〘物理・天文〙アインシュタイン効果 (⇨ Einstein shift). 〚1927〛

Éinstein equàtion *n.* 〘物理〙アインシュタイン方程式《Einstein によって発見された幾つかの方程式; 次のようなものがある》: **a** =mass-energy equation. **b** =Einstein's photoelectric equation. **c** ブラウン運動 (Brown movement) の理論. **d** 一般相対性理論の基礎となる式. **e** 特殊相対性理論の基礎となる式.

Ein·stein·i·an /aɪnstáɪniən/ *adj.* アインシュタイン (Albert Einstein) の; アインシュタインの理論の; 相対性原理の. 〚(1925): ⇨ -ian〛

ein·stein·i·um /aɪnstáɪniəm/ *n.* 〘物理・化学〙アインスタイニウム《天然には存在せず, 人工的に合成される超ウラン元素の一つ; 米国で 1952 年に行われた熱核爆発テストの産物中に初めて発見された; 記号 Es, 原子番号 99》. 〚(1955) ← *Albert Einstein*+-ium〛

Éinstein shìft *n.* 〘物理・天文〙アインシュタイン偏移《重力の場にあるスペクトル線の波長が赤色方向にずれること; Einstein effect ともいう; cf. red shift》. 〚1934〛

Éinstein's làw *n.* 〘物理〙=Einstein equation.

Éinstein's photoeléctric equàtion *n.* 〘物理〙アインシュタインの光電(子についての)方程式.

Éinstein's relàtion *n.* 〘物理〙アインシュタインの関係《(静止)質量は(質量)×(光速)² に相当するエネルギーと等価であるという, Einstein の特殊相対性理論による関係》.

Éinstein thèory *n.* [the ~] 〘物理〙(アインシュタインの)相対性理論 (Einstein's theory of relativity ともいう; cf. relativity 3). 〚1912〛

Eint·ho·ven /áɪnthoʊvən, éɪnt- | áɪnthəʊ-; *Du.* éintho:v(n)/, **Willem** *n.* エイントホーフェン《1860–1927; オランダの生理学者; Nobel 生理学医学賞 (1924)》.

Ei·re /ɛ́ᵊrə, áɪrə, ǽrə, -ri | ɛ́ərə; *Irish* é:rʲə/ *n.* エール《アイルランド共和国のゲール語名》. 〚□ Ir. -Gael. *Éire* < OIr. *Ēriu*: ⇨ Erin〛

ei·re·nic /aɪrénɪk, -rí:n- | aɪ(ə)rí:n-, -rén-/ *adj.* = irenic. 〚1885〛

ei·ren·i·con /aɪrí:nɪkɑ(:)n, -kən | aɪ(ə)rí:nɪkɒn, -rén-/ *n.* 平和提議; (特に, 宗教的係争に対する)仲裁提議. 〚(1656) (1865) □ Gk *eirēnikón* peaceful ← *eirḗnē* peace: ⇨ irenic〛

EIS 《略》economic information system; Educational Institute of Scotland; epidemic intelligence service.

eis·e·ge·sis /àɪsədʒí:sɪs | -sɪdʒí:sɪs/ *n.* (*pl.* **-ge·ses** /-si:z/) (聖書などについて)自分の考えを読み込んだ本文解釈 (cf. exegesis). 〚(1892) ← Gk *eisḗgēsis* act of proposing, introducing ← *eisēgeîsthai* to propose, introduce ← *eis* into+*hēgeîsthai* to lead: cf. exegesis〛

ei·sell /áɪsəl, áɪ-, -sl̩/ *n.* 《廃》酢 (vinegar). 〚lateOE *eisil(e)* □ OF *aisil* < VL *acētillum* (dim.) ← L *acētum*〛

Ei·se·nach /áɪzənɑ:k, -zn̩-, -nɑ̀:x; *G.* áɪzənàx/ *n.* アイゼナハ《ドイツ Thuringia 地方の都市; J. S. Bach の生誕地; cf. Wartburg》.

Ei·sen·how·er /áɪzənhàʊə, -zn̩- | -hàʊə⁽ʳ⁾/, **Dwight David** *n.* アイゼンハワー《1890–1969; 米国の将軍・政治家; 第二次大戦中欧州派遣米軍最高司令官, 陸軍参謀総長 (1945–48), Columbia 大学総長 (1948–53), NATO 軍最高司令官 (1950–52), 第 34 代大統領 (1953–61); 愛称 Ike》.

Ei·sen·stadt /áɪzənʃtɑ̀:t, -zn̩-, -stɑ̀:t; *G.* áɪzn̩ʃtat/ *n.* アイゼンシュタット《オーストリア東部 Burgenland 州の州都》.

Ei·sen·staedt /áɪzənstæ̀t, -zn̩-/, **Alfred** *n.* アイゼンシュテット《1898–1995; ドイツ生まれの米国の写真家; 報道写真を芸術形式に高めることに貢献》.

Ei·sen·stein /áɪzənstaɪn; *Russ.* ejzʲɪnʃtʲéjn/, **Sergei** (**Mikhailovich**) *n.* エイゼンシュテイン《1898–1948; ロシアの映画監督; *Potemkin*「戦艦ポチョムキン」(1925)》.

Eisk /éɪsk; *Russ.* jéjsk/ *n.* =Yeisk.

ei·stedd·fod /aɪstéðvɑ(:)d, eɪs-, -vɑ(:)d | aɪstéðvɒd, ɪs-; *Welsh* əisdéðvɔ́d/ *n.* (*pl.* ~**s**, **ei·stedd·fod·au** /àɪsteðvɔ́:daɪ, èɪs-, -vɑ́(:)d- | àɪsteðvɔ́daɪ, -stedfɔ́d-; *Welsh* əisdeðvɔ́daɪ, -de/) **1** (ウェールズの)芸術祭《ウェールズの音楽・文芸などの保存・奨励を目的として毎年 8 月に一週間南北ウェールズで順番に開催される; cf. Gorsedd 2》. **2** (ある地方の)音楽コンクール(など). **ei·stèdd·fód·ic** /-dɪk | -dɪk⁻/ *adj.* 〚(1822) □ Welsh ~《原義》session ← *eistedd* to sit (← *sedd* seat ← IE **sed*- 'to sit')+*bod* to be (← IE **bheuə*- 'to be¹')〛

eis·wein, E- /áɪswaɪn, -vaɪn; *G.* áɪsvaɪn/ *n.* アイスヴァイン《ドイツ産の甘口高級ワイン》. 〚(1963) □ G~ 'ice wine'〛

ei·ther /í:ðə, áɪ- | áɪðə⁽ʳ⁾, í:-/ *adj.* **1** (二者のうち)どちらか一方の, どちらの…でも (one of two); [疑問・条件] どちらかの; [否定] どちらの…も: You can take ~ half of the cake. ケーキのどちらの半分を取ってもよい / Will you give me ~ book? どちらかの本を下さいますか / I *don't* like ~ child. どちらの子供も好きでない / I'll abstain from voting ~ way. どちら側への投票も控えます[保留にします]. **2** (両方の)どちらの…も, 各, 両方の: You can park on ~ side of the road. 道のどちら側に駐車してもよい《★ 状況によって each side, both sides を代わりに使える》/ in ~ case どちらの場合にも (cf. in *any* case (3 者以上の場合)) / people of ~ sex 両性の人たち, 男性も女性も.
— *pron.* いずれか一方, どちら(でも): *Either* will do. どちらでもよろしい / *Either of* you can go. 君たち(二人)のうちどちらが行ってもよい / I *won't* buy ~ *of* them. そのどちらも買わない. ★ ~+of+複数(代)名詞が主語の場合, 複数扱いにするのは《口語》(cf. neither *pron.* ★(1)): *Either* of the dictionaries *is* [*are*] good enough. どちらの辞書でも結構です.
— *conj.* [相関的に ~ … or … として] …かまたは…か(そのいずれかを, いずれでも): *Either* you *or* he must [has to, have to] go. あなたか彼かどちらかが行かなくてはならない / Its color is ~ black *or* white. その色は黒か白かどっちかだ《★《口語》では Its color is *either* black *or* white *or* red. のように三者についていうこともある》. / You must ~ come in *or* go out.=*Either* you must come in *or* (you must) go out. 入るか出るかどっちかにしなさい / You can have ~ this *or* that. これかあれかどちらでもあげます.
— *adv.* **1** [否定構文] …もまた(…ない) (cf. too): If you do not go, I shall *not* (go) ~. 君が行かないなら私も行かない / I didn't meet him.—*Nor* I ~. 彼に会いませんでした—いや, 私もです / There is no time to lose, ~. それにまた一刻も猶予できない. **2** 《口語》[特に否定の観念を伴う追加的表現を強調して] (あるいは)何なら, と言っても(…ではない): If you would come, *or* your wife ~, it would be all right. 君が一何なら奥さんでもよいんだが一来てくれれば, 大助かりだ / There was once such a time, *and not* so long ago ~. ある時のことだった, と言ってもそう昔のことではないが.
〚OE *ǣġþer*《略》← *ǣġ(e)hwæþer* < Gmc **aiwo ʒix-waþaraz*《原義》ever each of two ← **aiwaz* 'aye²'+ **ʒa* 'y-'+**χwaþaraz* 'whether': cf. each〛

éither-ór *adj.* [限定的] 〈命題・事情など〉二者のうちいずれかを選ぶべき, 二者択一の, 黒白の決着をつけるべき (black-or-white): an ~ question 二者択一の問題.
— *n.* 二者択一, 二分法 (dichotomy): The matter is not a simple ~. 事は単なる二者択一の問題ではない. 〚1922〛

e·jac·u·late /ɪdʒǽkjʊlèɪt, i:-/ *v.* — *vt.* **1** 〘生理〙〈液体を〉射出する, 射精する. **2** 〈祈りや感情のこもった言葉を〉不意に発する, 突然叫び出す. — *vi.* **1** (不意に)絶叫する. **2** 〘生理〙射精する.
— /-lɪ̯t/ *n.* 〘生理〙射精; (射出された)精液. 〚(1578) ← L *ējaculātus* (p.p.) ← *ējaculārī* to shoot out ← *ē-* 'ex-¹'+*jaculārī* to throw: cf. jet²: ⇨ -ate³〛

e·jac·u·la·tion /ɪdʒæ̀kjʊléɪʃən, i:-/ *n.* **1** 〘生理〙射精: early [premature] ~ 早漏. **2** 突然の叫び, (思わず声を出して)叫ぶこと, 絶叫 (sudden exclamation): an ~ of welcome [astonishment] 歓迎[驚き]の叫び声. **3** 〘カトリック〙射禱(しゃとう)《短く真剣な祈り》. 〚(1603) ← L *ējaculātus* (↑)+-tion〛

e·jac·u·la·ti·o prae·cox /ɪdʒæ̀kjʊléɪʃiòʊprí:kɑ(:)ks | ɪdʒæ̀kjʊléɪʃiəʊprí:kɒks/ *n.* 早漏.

e·jac·u·la·tive /ɪdʒǽkjʊlèɪtɪv, i:-, -lət- | -lət-, -lèɪt-/ *adj.* =ejaculatory. 〚(1660) ← ejaculate+-ive〛

e·jác·u·là·tor /-tə | -tə⁽ʳ⁾/ *n.* **1** 急に叫ぶ人. **2** 〘解剖〙射精筋. **3** 〘畜産〙精液採取器. 〚(1727–51) ← ejaculate+-or²〛

e·jac·u·la·to·ry /ɪdʒǽkjʊlətɔ̀:ri, i:- | -lətəri, -lèr-, -tri/ *adj.* **1** 絶叫的な: ~ passages [prayers] 絶叫的章句[祈り]. **2** 〘生理〙射精の. 〚(1644) ← ejaculate+-ory¹〛

ejáculatory dúct *n.* 〘生理〙射精管 (reproductive system 挿絵). 〚1751〛

EJC 《略》《米》Engineers' Joint Council.

e·ject /ɪdʒékt, i:-/ *vt.* **1** 〔場所・地位などから〕〈人を〉追い出す, 追放[放逐]する, つまみ出す (expel) 〔*from*〕. **2** 〔役から〕退ける, 免職する (dismiss) 〔*from*〕. **3** 〈人を〉(土地・家屋から)立ち退かせる (evict): The landlord ~*ed* the tenant who did not pay his rent. 家主は家賃滞納の借家人を追い出した. **4** 〘航空・宇宙〙(射出座席またはカプセルで) 〈パイロットを〉射出する: ~ a pilot *from* an aircraft [a spacecraft]. **5** 〈蒸気・煙などを〉噴出する, 吐き出す (emit); 〈薬莢(やっきょう)などを〉(尾筒外に)はじき出す: ~ saliva *from* the mouth 口からつばを吐き出す. **6** 〘精神医学〙〈自己の動機・性格を〉他に帰する.
— /í:dʒekt/ *n.* 投射, 投出《自己より類推して他人の意識の中に存在すると推測できる感覚, または心的状態》.

~·a·ble /-təbl̩/ *adj.* 〚v.: (?a1425) ← L *ējectus* (p.p.) ← *ē(j)icere* to cast out ← *ē-* 'ex-¹'+*jacere* to throw. — n.: (1878) □ L *ējectum* (neut. p.p.): ⇨ jet²〛

e·jec·ta /ɪdʒéktə, i:-/ *n. pl.* (火山などからの)噴出物; 排泄物. 〚(1886) ← NL ~ ← L *ējecta* (neut.pl.) ← *ējectus* (↑)〛

e·jec·tion /ɪdʒékʃən, i:-/ *n.* **1** 放出, 噴出. **2** 排出物, 噴出物《溶岩など》. **3** (土地・家屋からの)追出し, 放逐, 立退き(要求). **4** 〘航空・宇宙〙射出《パイロットが脱出装置により緊急脱出すること》. **5** 〘金属加工〙エジェクション, 突出し, はね出し. 〚(?a1425) □ L *ējectiō(n-)* ← *ējectus* (p.p.): ⇨ eject〛

ejéction càpsule *n.* 〘航空・宇宙〙射出[脱出]カプセル《航空機や宇宙船の中の切り離せる操縦室または船室; 緊急時に室全体が放出され, パラシュートで地上に降ろされるもの》.

ejéction sèat *n.* 〘航空・宇宙〙(緊急脱出用の)射出座席. 〚1945〛

e·jec·tive /ɪdʒéktɪv, i:-/ *adj.* **1** 放出的な, 放射的な, 駆逐的な. **2** 〘音声〙放出音の. — *n.* 〘音声〙放出音《口腔中に完全閉鎖を作り喉頭を押しあげて作る音》. **~·ly** *adv.* 〚(1657) ← eject (v.)+-ive〛

e·jéct·ment *n.* **1** 放逐, 追立て. **2** 投出し, 放出. **3** 〘法律〙**a** 借地占有回復訴訟, 不動産回復訴訟, (訴訟開始の)権利令状. **b** =dispossession 2. 〚(1523) ← eject (v.)+-ment〛

e·jéc·tor *n.* **1** 放出者[物], 放逐者. **2** 排出器[管]; 放出器, 排除器: an ~ condenser [sewer] 放射復水器[下水管]. **3** 蹴子(しゅうし)《空薬莢(やっきょう)をはじき出し装置》. **4** 〘金属加工〙エジェクター《成形品の一部を金型の外に押し出す突出しピン》. 〚(1640) ← eject (v.)+-or²〛

ejéctor sèat *n.* 〘航空・宇宙〙=ejection seat. 〚1945〛

e·ji·do /exí:ðoʊ, ɛhí:- | -dəʊ; *Am.Sp.* ehíðo/ *n.* (*pl.* ~**s**) (メキシコの村民による共同または個別使用の)共有農地. 〚(1889) □ (Mex.-)Sp. ~ □ L *exitus* a going out: ⇨ exit²〛

ejusd. 《略》〘処方〙*L.* ējusdem (=of the same).

e·jus·dem ge·ne·ris /eɪjúsdɛmgénərɪ̯s, i:dʒás-dɛmdʒén- | -rɪs/ *adj.* 〘法律〙同種の, 同類の《解釈上の原則で, 法律文書の始めに物や人について具体的特定(列記)がなされている場合, 当該文書記載の物や人はすべて原則として同種同等のものと解釈されることをいう》. 〚□ L ~ 'of the same kind'〛

ek·a- /ékə, éɪkə/ 〘化学〙「その次位にはいるべき」の意の連結形《周期律発見当時未知元素を呼ぶのにそれと同族の元素の名の前に付加した》: *eka*-aluminium エカアルミニウム《今の gallium》/ *eka*-silicon エカケイ素《今の germanium》/ *eka*-hafnium エカハフニウム《element 104 の仮称》/ *eka*-lead エカ鉛《114 番元素》. 〚← Skt *eka* 'one'〛

E·ka·te·rin·burg /ɪkǽtərənbə̀:g | ɪkǽtərɪnbə:g; *Russ.* jɪkətʲɪrʲinbúrk/ *n.* エカチェリンブルグ《ロシア Ural 山脈中部の東斜面にある工業都市; 旧名 Sverdlovsk》.

E·ka·te·ri·no·dar /ɪkǽtərí:nədɑ̀ə, ɛk- | -tərí:-nədɑ̀:⁽ʳ⁾; *Russ.* jɪkətʲɪrʲinadár/ *n.* エカテリノダル《Krasnodar の旧名》.

E·ka·te·ri·no·slav /ɪkǽtərí:nəslɑ̀:f, -slɑ̀:v; *Russ.* jɪkətʲɪrʲinaslάf/ *n.* エカテリノスラフ《Dnepropetrovsk の旧名》.

eke[1] /íːk/ *vt.* ⦅古・方言⦆ 増す, 引き延ばす (increase, lengthen).
éke óut (1) …の不足を〔…で〕補う (supplement) 〔*with*〕: He ~*d out* his income *with* odd jobs. 臨時仕事で収入の足しにした. (2) 〈演説・作文・行為を〉工夫して引き延ばす: ~ *out* a sermon. (3) かろうじて〈生計を〉立てて行く (spin out); 節約する: ~ *out* a bare living [existance] ⦅文語⦆ かろうじて生計を営む / He ~*d out* a scanty livelihood. 細々と生計を立てていった. ⦅1747⦆
〖(*c*1200) *ēke*(*n*) (*ēche*(*n*) の北部方言形) < OE *ēcan* (vt.), *ēacian* (vi.) to increase) < Gmc **aukan* (ON *auka* / Goth. *áukan*) ← IE **aug-*, **aweg-* to increase (L *augēre* / Gk *aúxein*): cf. nickname〗
eke[2] /íːk/ *adv., conj.* ⦅古⦆ また (also, too); なおまた, のみならず (moreover). 〖OE *ē*(*a*)*c* < Gmc **auke* (G *auch*) < IE **auge* (Gk *aû ge* again / L *autem* moreover): cf. eke[1]〗
EKG /íːkèɪdʒíː; G. éːkàːgéː/ ⦅略⦆ G. Elektrokardiogramm (=electrocardiogram); electrocardiograph.
e·kis·ti·cian /ɪ̀kɪstíʃən, ìː-/ *n.* 人間居住工学研究者[専門家]. 〖(1968): ⇨ ↓, -ian〗
e·kis·tics /ɪkístɪks, iː-/ *n.* エキスティックス, 人間居住工学 《人間の定住社会 (human settlement) を全体的に見る立場から都市問題を研究する学問》. **e·kís·tic** /ɪkístɪk, iː-/ *adj.* **e·kís·ti·cal** /-tɪkəl, -kl | -tɪ-/ *adj.* 〖(1958) ← Gk *oîkos* house + -ICS〗
ek·ka /ékɑː, ékə/ *n.* ⦅インド⦆ 一頭引きの小馬車. 〖(1811) □ Hindi *e*(*k*)*kā* ← Skt *eka* one〗
Ek·ka /ékə/ *n.* ⦅豪⦆ 毎年(通例 8 月に) Brisbane で開かれる農業祭 《公式名 Royal National Show》.
Ék·man láyer /ékmən-, -mɑːn-; *Swed.* éːkman/ *n.* 〚海洋〛 エークマン層 《地球自転と摩擦のため地面[海面]摩擦の影響を受ける地[海]表層》. 〖← *Vagn. Walfrid Ekman* (1874–1954: この現象を説明したスウェーデンの海洋学者)〗
ek·phore /ékfɔə | -fɔː(r)/ *vt.* 〚心理〛 =ecphore. 〖1917〗
ek·pwe·le /eɪkplwéɪleɪ, ɛk-/ *n.* エク(プ)ウェレ 《赤道ギニアの旧通貨単位; =100 cents; 記号 E》. 〖□ Afr. (現地語)〗
ekt·ex·ine /ɛktéksiːn, -saɪn/ *n.* 〚植物〛 胞子・花粉などの外膜 (exine) の外側の層. 〖← Gk *ekto-* 'ECTO-' + EXINE〗
e·kue·le /eɪkwéɪleɪ, ɛk-/ *n.* =ekpwele.
el[1] /él/ *n.* エル [L, l] の字 (cf. ell[1]). 〖L の字の名〗
el[2], **El** /él/ *n.* ⦅米口語⦆ 高架鉄道 (cf. L[2]). 〖(1906) ⦅略⦆ ← *el*(*evated railroad*)〗
EL ⦅略⦆ electrical laboratory; electronics laboratory; engineer lieutenant.
el. ⦅略⦆ elect; elected; electric; electricity; element; elevated; elevation; elongation.
el- /ɪl, ɛl/ *pref.* (l の前にくるときの) en-[2] の異形. 〖(異形) ← EN-[2]〗
-el[1] /əl, l/ *suf.* 主にラテン語系の語に用いられる指小辞: citad*el*, tunn*el*. 〖ME □ OF *-el*(*e*) □ L *-ellus*, *-ella*, *-ellum*〗
-el[2] /əl, l/ *suf.* -le[1] の異形: broth*el*, nav*el*, runn*el*.
El Aai·ún /èlaɪ(j)úːn/ *n.* エルアイウン 《モロッコの都市; Spanish Sahara の旧主都; Laâyoune ともいう》.
e·lab·o·rate /ɪlǽb(ə)rɪt/ *adj.* **1** 苦心して作り上げた, 苦心の; 念入りの, 凝った, 手の込んだ (complicated), 精巧な (cf. studied): an ~ device [design, dinner toilette, coiffure] 手の込んだ工夫[考案, ごちそう, 化粧, 調髪]. **2** 骨を折る, 丹念な (painstaking): an ~ collector 労を惜しまない採集家.
— /ɪlǽbərèɪt/ *vt.* **1** 苦心して作る. **2** 〈発明品を〉精巧に考案する[作り上げる]; 〈理論などを〉大成する (perfect); 〈論旨などを〉詳しく述べる; 〈考案などに〉みがきをかける, 〈文章を〉練る: ~ a system of logic 論理体系を大成する / ~ one's proposal 提案を詳述する. **3** 〈自然作用が〉〈物質を〉作り出す. **4** 〚生理〛 〈食物などを〉同化する. — *vi.* **1** 〔…を〕一層精巧にする, 〔…に〕みがきをかける 〔*on, upon*〕: ~ *on* a plan [theory] 計画を練る[理論にみがきをかける]. **2** 〔論旨などを〕詳しく敷延(ふえん)する, 詳論する 〔*on, upon*〕: Would you ~ *on* that remark? いま言ったことを詳しく述べてくれませんか / I asked her for more details, but she refused to ~. もっと詳しいことを教えてほしいと彼女に言ったが彼女は断わった. **3** 精巧になる, 凝ってくる.
~·ness *n.* 〖(1581) □ L *ēlabōrātus* (p.p.) ← *ēlabōrāre* to work out ← *ē-* 'EX-[1]' + *labōrāre* 'to LABOR'〗
e·láb·o·rate·ly *adv.* 念入りに, 丹念に, 精巧に. 〖(1633): ⇨ ↑, -ly[1]〗
e·láb·o·rà·ter /-rèɪtə | -tə(r)/ *n.* =elaborator.
e·lab·o·ra·tion /ɪlæ̀bəréɪʃən/ *n.* **1** 骨折って作ること, 綿密な仕上げ, 推敲(すいこう). **2** 手の込んでいること, 精巧, 精密 (elaborateness). **3** (複雑な)製作物, 苦心の作, 労作. **4** 〚生理〛 同化. 〖(?*a*1425) □ L *ēlabōrātiō*(*n-*) ← *ēlabōrātus*: ⇨ elaborate, -ation〗
e·lab·o·ra·tive /ɪlǽbərətɪv, -b(ə)rət- | -b(ə)rət-, -bərèɪt-/ *adj.* 入念な, 精巧な; 苦心の. 〖(1836–37) ← ELABORATE (v.) + -IVE〗
e·láb·o·rà·tor /-rèɪtə | -tə(r)/ *n.* 骨折って作る人, 〈文章を〉練る人. 〖(1884) ← ELABORATE (v.) + -OR[2]〗
e·lae·o- /ɪlíːoʊ | -əʊ/ =elaio-: *elaeo*meter.
e·lae·o·lite /ɪlíːəlàɪt/ *n.* 〚鉱物〛 =eleolite. 〖1816〗
el·ae·om·e·ter /èliá(ː)mətə | -ɔ́mɪtə(r)/ *n.* =oleometer. 〖□ ? F *élaiomètre*: ⇨ elaio-, -meter[1]〗
el·ae·op·tene /èliá(ː)ptiːn | -ɔ́p-/ *n.* 〚化学〛 =eleoptene. 〖1866〗
eláeo·steàric ácid *n.* 〚化学〛 =eleostearic acid.
El·a·gab·a·lus /èləgǽbələs, ìːl-/ *n.* =Heliogabalus.
e·lai·chi /iːláɪtʃi/ *n.* ⦅インド⦆ 〚植物〛 イラーイチー (cardamom の別名). 〖□ Hindi *ilāycī*〗
E·laine[1] /ɪléɪn | ɪl-, ɛl-/ *n.* エレイン 《女性名》. 〖ME ~ □ OF ~: ⇨ Helen〗
E·laine[2] /ɪléɪn | ɪl-, ɛl-/ *n.* エレイン 《Arthur 王伝説中の数人の人物の名; 特に次の二人》: **a** Lancelot に失恋して死んだ乙女 (the lily maid of Astolat). **b** Lancelot との間に Galahad を産んだ Pelles 王の娘. 〖↑〗
e·lai·o- /ɪláɪoʊ, ɪléɪ- | -əʊ/ 「オリーブ油, 油」の意の連結形: *elaio*plast. 〖← Gk *élaion* (olive) oil: cf. olive〗
El A·la·mein /èləlǽmeɪn, ─ ─ ─ ─; *Arab.* alʕalaméin/ *n.* エルアラメイン 《エジプト北西部, 地中海に臨む村; 連合国軍がドイツ軍に勝利をおさめた激戦地 (1942); 単に Alamein ともいう》.
E·lam /íːləm/ *n.* エラム 《Babylonia の東部, ペルシャ湾北方(イラン南西部)の地域名, またそこにあった古代王国; 首都 Susa; Susiana ともいう》. 〖□ Akkad. *Elamtu* (原義) highland〗
E·lam·ite /íːləmàɪt/ *adj.* エラム (Elam) の, エラム人[語]の. — *n.* **1** エラム人. **2** エラム語 《エラム人が話していた語族不明の言語; 主に楔形(くさびがた)文字で記されている; Susian ともいう》. 〖(*c*1384): ⇨ ↑, -ite[1]〗
E·lam·it·ic /ìːləmítɪk | -tɪk/ *n.* =Elamite 2.
é·lan /eɪlɑ́ː(ŋ), -lɑ́ːŋ; *F.* elɑ̃/ *n.* (*pl.* **~s** /~z; *F.* ~/) 勢い, 気力, 鋭気, 活力; (軍隊などの)躍進, 突進. 〖(1864) □ F ~ 'flight' < OF *eslan* ← *eslancer* to rush forth: ⇨ ex-[1], lance[1]〗
é·lan·cé /eɪlɑ́ː(ŋ)seɪ, -lɑ́ːŋ-; *F.* elɑ̃se/ *n.* (*pl.* **~s** /~z; *F.* ~/) 〚バレエ〛 エランセ 《前方へ足早に進み出る動作》. 〖□ F ~ (p.p. の名詞的用法) ← *élancer* to dart (↑)〗
e·land /íːlənd/ *n.* (*pl.* **~, ~s**) 〚動物〛 イランド, オオレイヨウ (*Taurotragus oryx*) 《アフリカ南・東部産の角がねじれた大形のレイヨウ; より大形のものは giant eland ともいう》. 〖(1600) □ Afrik. ~ □ Du. *eland* elk □ G (廃) *Elend* (cf. *elentier*) □ OLith. *ellenis* stag ← IE **el-* red, brown〗
é·lan vi·tal /eɪlɑ́ː(ŋ)viːtɑ́ːl, -lɑ́ːŋ-; *F.* elɑ̃vital/ *n.* 〚哲学〛 生命の飛躍, 生の躍動 《物質的要素の機械的結合によらず, 生物を内的かつ飛躍的に進化させる根源的な力; H. Bergson が「創造的進化」(1907) で用いた有名な用語》. 〖(1907) □ F ~: ⇨ élan〗
el·a·pid /éləpɪd, -pɪd | -pɪd/ *n., adj.* コブラ科の(毒ヘビ). 〖(1885) ← MGk *élaps* (=Gk *é*(*l*)*lops* sea-fish) + -ID[2]〗
E·lap·i·dae /ɪlǽpɪdìː/ *n. pl.* 〚動物〛 コブラ科. 〖← NL ~: ⇨ ↑, -idae〗
e·lapse /ɪlǽps/ *vi.* 〈時が〉経過する, 経つ, 過ぎ去る (pass away): An hour ~*d* before his return. 1 時間たって彼が帰って来た. — *n.* (時の)経過: We met again after an ~ of ten years. 10 年たってからまた会った. 〖(1644) ← L *ēlapsus* (p.p.) ← *ēlābī* to glide away ← *ē-* 'EX-[1]' + *lābī* to glide: ⇨ lapse〗
e·lápsed tíme *n.* 経過時間 《ボートや自動車などがレースに要した時間》; 〚電算〛 経過[応答]時間 《ジョブの処理にかかる時間》. 〖*c*1909〗
ELAS /élæs; *Mod.Gk.* élas/ ⦅略⦆ *NGk* Ethnikós Laikós Apelephtherōtikós Stratós ギリシャ人民解放軍 (National Popular Liberation Army) (cf. EAM). 〖1944〗
e·lasm- /ɪlǽzm/ (母音の前に来る時の) elasmo- の異形.
e·las·mo- /ɪlǽzmoʊ | -məʊ/ 「金属延べ板」の意の連結形. 〖□ F *élasmo-* // ← NL *elasmo-* ← Gk *elasmós* metal plate: ⇨ elastic〗
e·lás·mo·brànch /-brǽŋk/ 〚魚類〛 *adj.* 板鰓(ばんさい)亜綱の. — *n.* 板鰓亜綱の魚 《サメ・エイなど》. 〖(1872) ← NL *Elasmobranchii* (pl.) ← ELASMO- + *brágkhia* gills〗
e·làs·mo·sáu·rus /-sɔ́ːrəs, -mə-, -sɑ́ːr- | -sɔ́ː-/ *n.* (*also* **e·las·mo·saur** /ɪlǽzməsɔ̀ə | -sɔ̀ː(r)/) 〚古生物〛 エラスモサウルス 《海に生息していた *Elasmosaurus* 属の首の長い大形の爬虫類の総称》. 〖(1879) ← NL ~: ⇨ elasmo-, -saurus〗
e·last- /ɪlǽst/ (母音の前にくるときの) elasto- の異形.
e·las·tance /ɪlǽstəns/ *n.* 〚電気〛 エラスタンス 《静電容量の逆数》. 〖(1885) ← ELAST(IC) + -ANCE〗
e·las·tane /ɪlǽsteɪn/ *n.* エラステーン 《伸縮性ポリウレタン素材[繊維]; 下着などぴったりした衣類に用いられる》. 〖(*c*1975) ← ELAST(IC) + -ANE[2]〗
e·las·tase /ɪlǽsteɪs, -teɪz/ *n.* 〚生化学〛 エラスターゼ 《エラスティンを加水分解する, 特に膵液の中に生ずる酵素》. 〖(1949) ← ELAST(IC) + -ASE〗
e·las·tic /ɪlǽstɪk | -lǽs-, -lɑ́ːs-/ *adj.* **1** 伸縮性のある, 伸縮自在の. **2** 〈規則・評価・言語など〉融通性のある: an ~ word どうにでも解釈できる言葉 / ~ rules 融通のきく規則 / He seems to have an ~ conscience. 彼はものにこだわらない心の持主らしい. **3** 〈気体が〉膨張力のある. **4** しなやかな: an ~ cane しなやかな杖 / ~ movements しなやかな動き. **5** 〚物理〛 弾力性の; 弾力性のある: an ~ body 弾性体 / ~ force 弾力 / an ~ string [cord, tape] ゴム(平)ひも[(丸)ひも, テープ]. **6** 〈感情や人が〉反発力のある, 容易に屈しない: an ~ temperament 悲しい目にあってもすぐ快活になる性質. **7** 〚経済〛 弾力的な 《経済要因(例えば所得)の変化に対応して比較的大幅の変動を生じる; ↔ inelastic》. — *n.* **1** ゴムひも, ゴム糸: a piece of ~ ゴムひも一本. **2** 輪ゴム (rubber band). **3** ゴム入りの布; [通例 *pl.*] ゴム入り布の製品, (特に)靴下留め. **4** ⦅米⦆ エラスティック, 伸縮性の素材.
〖(1653) ← NL *elasticus* ← Gk *elastikós* impulsive ← *elaúnein* to propel, drive: cf. elater〗
e·las·ti·ca /ɪlǽstɪkə | -lǽstɪ-, -lɑ́ːs-/ *n.* **1** 〚解剖〛 (血管の)弾力層, 中膜. **2** 〚土木・建築〛 =elastic curve. 〖← NL ~ (fem.) ← *elasticus* (↑)〗
e·lás·ti·cal·ly *adv.* 弾力作用で, 弾性的に, 伸縮[屈伸]自在に. 〖(1816) ← ELASTIC + -AL[1] + -LY[1]〗
e·las·ti·cate /ɪlǽstɪkèɪt | -lǽs-, -lɑ́ːs-/ *vt.* 〈伸縮性のある糸などを織り込んで〉衣服・布地などに伸縮性を持たせる. **e·las·ti·ca·tion** /ɪlæ̀stɪkéɪʃən | -læ̀s-, -lɑ̀ːs-/ *n.* 〖← ELASTIC + -ATE[3]〗
e·lás·ti·càt·ed /-tɪd | -tɪd/ *adj.* **1** 〈織物が〉ゴム糸で織って伸縮性をもたせた: ~ slacks. **2** 〈比喩〉 伸縮自在の: I wish I had ~ arms. 伸縮自在の腕がほしいなあ. 〖(1925) ← ELASTIC + -ATE[3] + -ED〗
elástic bánd *n.* ⦅英⦆ =rubber band.
elástic clàuse *n.* (米国憲法の)弾力条項 《議会の潜在的な権限を規定するもの》.
elástic collísion *n.* 〚物理〛 弾性衝突 《二つの物体が衝突する時, 運動エネルギーの損失がない衝突》. 〖1948〗
elástic cónstant *n.* 〚物理〛 弾性定数, 弾性率 《弾性体の応力とひずみの比を表す定数》.
elástic cúrve *n.* 〚土木・建築〛 弾性曲線 《荷重を受けた弾性体である線材の材軸が描く曲線》.
elástic deformátion *n.* 〚物理〛 弾性変形 《応力が除かれれば元の形に復帰するような変形》.
e·las·tic·i·ty /ɪlæ̀stísəti, ìːlæs-, -sti | ìlæstísɪti, ɛl-, ìːl-, -lɑːs-, ɪlæ̀s-, ɪlɑ̀ːs-/ *n.* **1** 〚物理〛 弾性: ⇨ MODULUS of elasticity. **2** 伸縮性, 融通のきくこと, 変通性: There is no ~ in a mathematical fact. 数学上の事実には変通性がない. **3** 立ち直る力, 快活さ: He had lost the ~ of youth. 青年の快活さを失っていた. **4** 〚経済〛 =ELASTICITY of demand [supply].
elastícity of demánd 〚経済〛 (需要の)弾性値, 弾力性 《価格一単位あたりの変化に応じた需要の変化量; 単に elasticity ともいう》. 〖1966〗
elastícity of supplý 〚経済〛 (供給の)弾性値, 弾力性 《単に elasticity ともいう》. 〖(1664) ← ELASTIC + -ITY〗
e·las·ti·cize /ɪlǽstəsàɪz | -lǽstɪ-, -lɑ́ːs-/ *vt.* …にゴムを入れる; 伸縮自在にする. **e·lás·ti·cìz·er** *n.* 〖(1974) ← ELASTIC + -IZE〗
e·lásti·cì·zed *adj.* (織物が)伸縮性のある.
elástic límit *n.* 〚物理〛 弾性限(界), 弾性限度, 弾性極限. 〖1864〗
elástic módulus *n.* 〚物理〛 =MODULUS of elasticity.
elástic rébound thèory *n.* 〚地質〛 弾性反発説 《地殻内の弾性的ひずみは断層面の両側が急激にずれ動くときに解消され, そのとき地震波が発生するという説》.
elástic scáttering *n.* 〚物理〛 弾性散乱 《衝突する二つの粒子の内部エネルギーが不変であるような散乱》. 〖1933〗
elástic-sìde[-sìded] *adj.* 〈靴が〉両側にゴム布のはいった: ~ boots (19 世紀に用いられた)深ゴム靴. 〖1899〗
elástic sídes *n. pl.* (深ゴム靴の)両側のゴム布; =ELASTIC-SIDE boots. 〖1851〗
elástic stócking *n.* 〚医学〛 弾性靴下 (⇨ stocking 2 c). 〖1855〗
elástic tíssue *n.* 〚解剖〛 弾性組織 《皮下組織・動脈壁などにみられる弾力性の線維》.
elástic wáve *n.* 〚物理〛 弾性波 《弾性体を伝わる弾性振動の波》. 〖1848〗
e·las·tin /ɪlǽstɪn | -tɪn/ *n.* 〚生化学〛 エラスチン 《結締組織, 特に靱帯の弾性組織の主成分の硬蛋白質》. 〖(1871) □ G *Elastin*: ⇨ ↓, -in[2]〗
e·las·to- /ɪlǽstoʊ | -təʊ/ 「弾性(のある)」の意の連結形: *elasto*mer. ★ 母音の前では通例 elast- になる. 〖← NL ~: ⇨ elastic〗
elàsto·hydrodynámics *n.* 流体弾性力学.
elàsto·hydrodynámic *adj.* 〖← ELASTO- + HYDRODYNAMICS〗
e·las·to·mer /ɪlǽstəmə | -mə(r)/ *n.* 〚化学〛 エラストマー 《弾性のある高分子物質; 例えば合成ゴム; cf. plastomer》.
e·las·to·mer·ic /ɪlæ̀stəmérɪk/ *adj.* 〖(1939) ← ELASTO- + -MER〗
el·as·tom·e·ter /ɪlæstɑ́(ː)mətə | -tɔ́mɪtə(r)/ *n.* 弾力計. 〖← ELASTO- + -METER[1]〗
E·las·to·plast /ɪlǽstoʊplæst, -tə- | -tə(ʊ)plɑ̀ːst, -plæ̀st/ *n.* 〚商標〛 エラストプラスト 《英国製の伸縮性のあるばんそうこう; cf. Band-Aid》. 〖(*c*1920) ← ELASTO- + PLAST(ES)〗
E·lat /eɪlɑ́ːt/ *n.* =Eilat.
e·late /ɪléɪt | ɪl-, iːl-/ *vt.* …の意気をあげさせる; 元気づける; 得意にする: be ~*d with* [*by*] …で大得意である.
— *adj.* ⦅古⦆ 意気盛んな: an ~ spirit 盛んな意気.
〖(*c*1375) ← L *ēlātus* (p.p.) ← *efferre* to elevate ← *ef-* 'EX-[1]' + *ferre* 'to BEAR[1]'〗
e·lát·ed /-tɪd | -tɪd/ *adj.* 意気盛んな, 大得意の: He felt proud and ~. 胸がふくらむような高揚感を味わった.
~·ly *adv.* **~·ness** *n.* 〖(1615): ⇨ ↑, -ed〗
el·a·ter /élətə | -tə(r)/ *n.* **1** 〚植物〛 弾糸 《スギナやコケ類の胞子嚢(のう)の中に生じ, 胞子をはじき出すための器官》. **2** 〚昆虫〛 クロコメツキ属 (*Elater*) のコメツキムシの総称. **3** ⦅廃⦆ 弾力, 弾性. 〖(1653) ← NL ~ ← Gk *elatḗr* driver ← *elaúnein* to propel: cf. elastic〗
e·lat·er·id /ɪlǽtərɪd | -tərɪd/ *adj.* 〚昆虫〛 コメツキムシ(科)の. — *n.* コメツキムシ 《コメツキムシ科の甲虫の総称; click beetle ともいう》. 〖← NL *Elateridae*: ⇨ ↑, -id[2]〗
El·a·ter·i·dae /èlətérədìː | -rɪ-/ *n. pl.* 〚昆虫〛 (鞘翅

目)コメツキムシ科. 〖← NL ～ ← *Elater* (属名: ⇨ elater)＋-IDAE〗

e·lat·er·in /ɪlǽtərɪn | -tərɪn/ *n.* 〖薬学〗エラテリン ($C_{20}H_{28}O_5$) (elaterium から得られる白色結晶性粉末; 下剤用). 〖(1830) ← ELATER(IUM)＋-IN²〗

e·lat·er·ite /ɪlǽtəràɪt | -lǽt-/ *n.* 〖鉱物〗弾性瀝青(れきせい). 〖(1826) ◻ G *Elaterit*: ⇨ elater, -ite¹〗

el·a·te·ri·um /èlətíᵊriəm | -tíər-/ *n.* 〖薬学〗エラテリウム (テッポウウリ (squirting cucumber) の未熟果の絞り汁のエキスで, 20–30% のエラテリンを含む強力下剤). 〖(1578) ◻ L *elatērium* ◻ Gk *elatḗrion* (neut.) ← *elatḗrios* driving: ⇨ elater〗

E·lath /eɪlɑ́ːt/ *n.* ＝Eilat.

e·la·tion /ɪléɪʃən | ɪ̀l-, iːl-/ *n.* **1** 盛んな意気, 意気揚々 (exultation); 得意 (vainglory). **2** 〖病理〗多幸症; 病的高揚状態. 〖(?c1350) *elacioun* ◻ OF *elacion* // L *ēlātiō(n-)* ← *ēlātus* 'ELATE'〗

e·la·tive /iːlətɪv, él- | -tɪv/ 〖文法〗 *adj.* **1** (フィンランド語などの)出格の (cf. illative 1 b). **2** (アラビア語などの)独立最上級の. — *n.* **1** 出格. **2** 独立最上級. 〖(1595): ⇨ elate, -ative〗

É làyer *n.* [the ～] 〖通信〗E 層 (地上 80–150 km の高さに日中形成される電離層 (ionosphere) で, 長中波の電波を反射する; cf. sporadic E layer). 〖1930〗

E·la·zig /èləzíː(g), -lɑː-, -zí(g); *Turk.* ɛlázɯː/ *n.* エラズー (トルコ中東部 Elazig 州の州都).

El·ba /élbə; *It.* élba/ *n.* エルバ(島) (イタリア半島と Corsica 島との間のイタリア領の小島; Napoleon 一世が最初流された所 (1814–15); 面積 223 km²).

El·be /élbə, élb; *G.* élbə/ *n.* [the ～] エルベ(川) (チェコ西部に発し, ドイツの Dresden, Magdeburg, Hamburg を経て北海に注ぐ川 (1,165 km); チェコ語名 Labe). 〖◻ G ～ < OHG *Elba, Alba* ◻ L *Albis* ◻ Gk *Álbi(o)s*〗

El·ber·feld /élbəfèlt | -bə-; *G.* élbɐfɛlt/ *n.* ⇨ Wuppertal.

El·bert /élbət | -bət/ *n.* エルバート (男性名). 〖⇨ Albert〗

El·bert /élbət | -bət/, **Mount** *n.* エルバート山 (米国 Colorado 州中部 Sawatch 山脈中の山; 同州および Rocky 山脈の最高峰 (4,399 m)).

El·ber·ta¹ /elbə́ːtə | -bə́ːtə/ *n.* エルバータ (女性名). 〖(fem.) ← ELBERT〗

El·ber·ta² /elbə́ːtə | -bə́ːtə/ *n.* 〖園芸〗エルバータ (米国のモモの品種名; 果肉黄色で, 核離れがよい). 〖この品種の開発者 Samuel H. Rumph の妻の名から〗

El·blag /élblɔːŋ; *Pol.* élblɔŋk/ *n.* エルブロンク (ポーランド北部の港市, 工業都市; ドイツ語名 Elbing).

El Bou·laï·da /èlbuláɪdə | -də/ *n.* ＝Boulaïda.

el·bow /élboʊ | -bəʊ/ *n.* **1** (人間の)ひじ; (四足獣前肢の)ひじ; (服の)ひじ. ★ ラテン語系形容詞: anconeal. **2** L 字形の屈曲: **a** (煙突・管などの)曲がり (pipe elbow). **b** ひじ接手 (elbow joint). **c** ひじ掛け. **d** (土管の)雁首(がんくび). **3** (道路・河川・海岸線の)急屈曲. **4** 〖建築〗 **a** エルボ, 朝顔ずみ, わき腰, 呼び樋(とい) (通例 90 度曲がっている管). **b** ＝crossette 1.

at a person's [the] élbow すぐそばに, 手近に. (1548) ***cróok one's élbow*** ⇨ crook¹ 成句. ***élbow in (the) háwse*** 〖海事〗二つの錨を投じて双錨泊している船が 360°だけ旋回してしまった時に生じる錨鎖のからまった状態. ***from one's [the] élbow*** 手元から離れて. ***gét the élbow*** (英口語) (人に)縁を切られる, 絶交される, 首にされる. ***give a person the élbow*** 人をひじで押す; (英口語) 人と縁を切る, 絶交する, 首にする. ***lift [bénd, tip] the [one's] élbow*** 一杯やる (cf. elbow bending); (特に)飲み過ぎる, 深酒をする. ***óut at (the) élbow(s)*** (1) 〈衣服が〉ひじが破れてみすぼらしい. (2) 〈人が〉窮乏して. (1604) ***rúb [tóuch] élbows*** (…と)接触する, 付き合う (*with*). ***úp to the [one's] élbows*** (口語) (仕事などに)没頭して, 忙殺されて (*in*): We are *up to the* [*our*] ～*s in* orders. 注文に忙殺されている. (1883)

— *vt.* **1** ひじで突く, ひじで押す[押しのける]: ～ each other 押し合う / ～ a person *out of* the way 邪魔にならないように人を押しのける / ～ people *aside* [*off*] 人々を押しのける. **2** [～ one's way または ～ oneself で] (ひじで)押し分けて進む: He ～*ed his way through* the crowd. 人込みの中を押し分けて通った / I ～*ed myself into* the crowded room. 混雑している部屋に人を押し分けてはいった. — *vi.* **1** 押し分けて進む. **2** 角(かど)をなす; 曲がる. 〖OE *el(n)boga* (原義) arm bow < Gmc **alinoboȝon* (Du. *elleboog* / G *Ell(en)bogen*): ⇨ ell², bow³〗

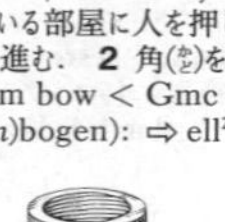

elbow 4 a

élbow bènding *n.* 一杯やること.

élbow·bòard *n.* 窓膳板 (window board).

élbow chàir *n.* ひじ掛け椅子. 〖1655〗

élbow-còp *n.* 〖甲冑〗肘当(ひじあ)て (⇨ armor 挿絵).

élbow-gàuntlet *n.* 〖甲冑〗(ひじまで覆う)長い籠手(こて).

élbow grèase *n.* (戯言) (口語) 激しくこすること; 大変な骨折り: bestow a lot of ～ on a work ある仕事に大いに骨を折る. 〖1672〗

élbow macaròni *n.* エルボーマカロニ (小さくて曲がったマカロニ).

élbow pàd *n.* 肘(ひじ)当て (スポーツなどでひじの保護用に使う).

élbow·pìece *n.* 〖甲冑〗肘当て. 〖1777〗

élbow·ròom *n.* (自由にひじを動かせるだけの)余地, 余裕, ゆとり; 自由な行動範囲 (free scope): have no ～ 身動きがとれない. 〖c1540〗

El·brus /elbrúːz, -brúːs; *Russ.* elʲbrús/, **Mount** *n.* (*also* **El·bruz** /～/) エルブルス山 (グルジアとの国境に近いロシア南西部, 北 Caucasus の Kabardino-Balkaria 共和国にある Caucasus 山脈中の山でヨーロッパの最高峰 (5,642 m)).

El·búrz Móuntains /elbúəz- | -búəz-/ *n. pl.* [the ～] エルブルズ山脈 (カスピ海の南岸を走るイラン北部の山脈; 最高峰は Demavend (5,604 m)).

El Ca·jon /èlkəhóʊn | -həʊn/ *n.* エルカホン (米国 California 州南部, San Diego 郊外の市).

El Cap·i·tan /èlkæpɪtǽn | -pɪ-; *Am.Sp.* elkapitán/ *n.* エルキャピタン (米国 California 州東部の Sierra Nevada 山脈中の山; Yosemite 峡谷では絶壁の高さ 1,100 m). 〖◻ Sp. ～ (原義) the captain〗

El Cau·dil·lo /èlkaʊdíː(l)joʊ | -(l)jəʊ; *Sp.* elkauðíʎo, -jo/ *n.* エルカウディヨ (スペイン内乱の反乱軍総帥 F. Franco 将軍の称号; cf. Il Duce, Führer 2). 〖◻ Sp. ～ (原義) the leader〗

El Chaco *n.* ⇨ Gran Chaco.

El·che /éltʃeɪ; *Sp.* éltʃe/ *n.* エルチェ (スペイン南東部 Alicante の南西にある市).

el cheap·o /eltʃíːpoʊ | -pəʊ/ (米俗) *adj.* 安物の, 安っぽい (cheap). — *n.* (*pl.* **el cheap·os**) 安物, 粗悪品. 〖(1967): Sp. *El Greco* などをまねて cheap を Sp. 風に変形させたもの〗

El Cid *n.* ⇨ the CID.

El Cid Campeador *n.* ⇨ the CID.

eld /éld/ *n.* **1** (英方言) 年齢, 年. **2** (古・詩) 老年. **3** (古・詩) いにしえ: men of ～ 昔の人々. 〖OE *eld(o)* age < Gmc **alþī* (OHG *eltī* / ON *elli*) ← **alþaz* 'OLD'〗

eld. (略) elder; eldest.

El Dar-el-Bei·da /èldɑ̀ːəlbeɪdɑ́ː | -dɑ̀ː-/ *n.* ＝Casablanca.

el·der¹ /éldə | -dəʳ/ *adj.* (old の比較級) **1** (兄弟など)年上の, 年長の: an ～ brother [sister] 兄[姉] / one's ～ son [daughter] 上の息子[姉娘] / Which is the ～ (of the two)? どちらが兄[姉]ですか. ★ elder, eldest は独立的に the elder [eldest] として用いられる場合以外には, 叙述的には用いられない. なお, elder, eldest の older, oldest との用法の相違については ⇨ old 2 b ★. ⇨ brother [日英比較]. **2** 古参の (senior); 地位・身分などが上位の, 経験がより豊富な: Pitt the *Elder* 大ピット. **3** 昔の (ancient, former): ～ times.

— *n.* **1 a** 年長者. **b** [通例 *pl.*] (古) 老人, 故老. **c** [*pl.*] 先輩, 長上: one's ～*s* and betters ⇨ better / Respect your ～*s*. **2** (民族・社会の)元老, 長老: the village ～*s*. **3** (初代教会で特に選ばれた指導者として)長老, 監督者, 世話役. **4** 〖長老派教会〗長老: ⇨ ruling elder, teaching elder. **5** (モルモン教会で)長老 (メルキゼデク神権 (Melchizedek Priesthood) の職のひとつ). **6** 元老院議員. **7** (一部のプロテスタント教会における)教会事務員 (礼拝の時などに牧師を助けることが多い).

〖OE (Mercian) *eldra* (＝WS *ieldra*) older < Gmc **alþizon* (G *älter*) (comp.) ← **alþaz* 'OLD': cf. eld, -er²〗

el·der² /éldə | -dəʳ/ *n.* 〖植物〗 **1** ニワトコ (スイカズラ科ニワトコ属 (*Sambucus*) の低木または小高木の総称; セイヨウニワトコ (European elder), アメリカニワトコ (American elder) など). **2** ニワトコに似た他の樹木 (ネグンドカエデ (box elder) など). 〖(a12C) *eldre* (d は音便上の挿入), *eller(ne)* < OE *ellærn* ← ? IE **el-* red, brown (cf. ELM)〗

élder abùse *n.* 老人虐待.

élder·bèr·ry /-bèri, -b(ə)ri/ *n.* 〖植物〗 **1** ニワトコの黒紫色または赤色の果実. **2** ＝elder². 〖(1589) *eldreberye*: ⇨ ↑, berry〗

élderberry wíne *n.* にわとこ酒 (ニワトコの実から造る果実酒; elder wine ともいう). 〖1840–41〗

Élder Bréthren *n. pl.* (London の)水先案内協会 (Trinity House) の幹部会員.

Élder Bróther *n.* Elder Brethren の一人.

élder·càre *n.* 老人介護.

élder·flòwer *n.* ニワトコの花.

élder-gùn *n.* (Shak) ニワトコ (elder) の中空の枝で作ったおもちゃの鉄砲.

élder hánd *n.* 〖トランプ〗＝eldest hand.

el·der·ly /éldəli | -də-/ *adj.* **1 a** 中年すぎの; (婉曲) (かなり)年配の, 初老の (⇨ aged SYN); [the ～; 名詞的に] 年配の人たち: an ～ lady. **b** 年配の人らしい: an ～ face. **2** 〈物が〉旧式の. **él·der·li·ness** *n.* 〖(1611) ← ELDER¹＋-LY²〗

élder·shìp *n.* **1** (長老教会の)長老の職. **2** 長老の集団. 〖(1549) ← ELDER¹＋-SHIP〗

élder státesman *n.* **1** (特に, 1818–1914 年の日本の)元老 (genro). **2 a** (政界などの)長老. **b** (集団・組織で)重きをなす人, 重鎮, 大御所. 〖1904〗

élder trèe *n.* ＝elder².

élder wíne *n.* ＝elderberry wine. 〖1735〗

el·dest /éldɪst/ *adj.* (old の最上級)長子の (first-born); 最も年上の (cf. elder 1 ★): one's ～ son [daughter] 長男[女] / the ～ brother [sister] 一番上の兄[姉]. 〖OE *eldest(a)* < Gmc **alþistaz* (G *ältest(e)*) (superl.) ← **alþaz* 'OLD': ⇨ -est¹〗

éldest hánd *n.* 〖トランプ〗(ポーカーで)一番手, 長(おさ)手, エルデストハンド (親の左隣に座り最初に札を配られる競技者; ある方式のポーカーでは後賭け権 (edge) をもつ). 〖1599〗

El Di·én·te Péak /èldiénti- | -ti-/ *n.* エルディエンテピーク (米国 Colorado 州南西部, Rocky 山脈中の山 (4,319 m)).

ELDO, Eldo /éldoʊ | -dəʊ/ (略) European Launcher Development Organization 欧州宇宙ロケット開発機構 (1962 年設立).

El Do·ra·do /èldərɑ́ːdoʊ, -réɪ- | -rɑ́ːdəʊ, -dɔr-/ *n.* (*pl.* ～**s**) エルドラード: **1** (スペイン人が南米 Amazon 河畔にあると想像した)黄金の国[都市]. **2** (特に, gold rush 時代の)米国 California 州の俗称. **3** 黄金郷, 宝の山. 〖(1596) ◻ Sp. ～ (原義) the gilded (country)〗

El·dred /éldrɪd | -drɪd, -drɛd/ *n.* エルドレッド (男性名). 〖OE *Ealdrēd* (原義) great in counsel: ⇨ old, rede〗

El·dridge /éldrɪdʒ/ *n.* エルドリッジ (男性名). 〖(異形) ← ALDRIDGE〗

el·dritch /éldrɪtʃ/ *adj.* (スコット) (詩) うす気味悪い (uncanny), ものすごい, 恐ろしい (terrifying). 〖(1508) (古形) *elrich* (d は音便上の挿入) ← ? OE **ælfriċe* fairyland ← *ælf* 'ELF'＋*riċe* realm: ⇨ rich〗

E·le·a /íːliə/ *n.* エレア (イタリア南西部 Lucania 海岸にあったギリシャの古代都市; ギリシャの哲学者 Parmenides とその弟子 Zeno of Elea によってエレア学派 (Eleatic school) が開かれた).

El·e·a·nor /élənə, -nɔə | élɪnəʳ/ *n.* エレナー (女性名; 愛称形 El, Ella, Ellie, Nell; 異形 Eleanora, Eleanore, Elinor, Leonore, アイルランド語形 Eileánóir). 〖◻ OF *Elienor* ◻ OProv. *Aliénor*〗

El·e·a·no·ra /èliənɔ́ːrə/ *n.* エレアノーラ (女性名). 〖◻ It. ～ (↑)〗

Éleanor Cróss *n.* レオノールの十字架 (Eleanor of Castile のひつぎが Lincoln から London に運ばれた時, Edward 一世の命によって 12 の休息箇所に建てられた十字架; 現在も Northampton, Waltham などに残る).

Éleanor of Áquitaine *n.* アキテーヌのエレオノール, エレオノールダキテーヌ (1122?–1204; フランス王 Louis 七世の妃であったが, 離婚; 英国王 Henry 二世の妃となった; Richard 一世と John 王の母).

Éleanor of Castíle *n.* カスティリャのレオノール (1244?–90; イングランド王 Edward 一世の后; そのひつぎの通った道筋の休憩地 12 箇所に王命により十字架 (Eleanor Cross) が建てられた).

El·e·at·ic /èliǽtɪk | -tɪk/ *adj.* **1** エレア (Elea) の. **2** エレア学派の, エレア派哲学の: the ～ school [philosophy] エレア学派[哲学]. — *n.* **1** エレア人. **2** エレア派の哲学者: the ～*s* エレア学派(の人々). 〖(1695) ◻ L *Eleāticus* ← *Elea* ◻ Gk *Eléā*: エレア学派の始祖と考えられていた Parmenides と Zeno of Elea の生誕地: ⇨ -ic¹〗

Èl·e·át·i·cìsm /-təsɪzm | -tɪ-/ *n.* エレア学派哲学 (紀元前 5 世紀の Parmenides が創始し Zeno of Elea が祖述した哲学で, 不可分で唯一の有を万物の根元と主張した). 〖(1867): ⇨ ↑, -ism〗

El·e·a·zar /èliéɪzə | -zəʳ/ *n.* **1** エリエーザー (男性名). **2** 〖聖書〗エレアザル (Aaron の息子で Israel の高僧としてその後を継いだ; cf. *Num.* 20: 25–28). 〖◻ LL ～ ◻ Gk *Eleazár* ◻ Heb. *El'āzār* (原義) God has helped: cf. Ebenezer〗

elec. (略) election; elector; electoral; electric; electrical; electrician; electricity; electron; electuary.

el·e·cam·pane /èlɪkæmpéɪn/ *n.* 〖植物〗オオグルマ (*Inula helenium*) (キク科植物; 昔薬用にした; scabwort ともいう). 〖(1373) (短縮) ← ML *enula campāna* (原義) field inula ← *enula* ((変形)) ← L *inula* elecampane)＋*campāna* of the field ((fem.) ← *campānus* ← L *campus* 'CAMP¹'): ⇨ inulin〗

e·lect /ɪlékt/ *vt.* **1** 〈議員・議長などを〉選挙する (⇨ choose SYN); [目的語＋補語を伴って] 〈人を×役に〉選任する (choose and appoint): ～ a magistrate 行政長官を選挙する / the ～*ed* 選ばれた人, 当選者 / We ～*ed* John (*to be*) chairman [～*ed* John *to the* chair]. ジョンを議長に選んだ / He was ～*ed to* the House in 1960. 1960 年に下院議員に当選した / Bill Clinton was ～*ed* President of the United States in 1993. ビル クリントンは 1993 年に合衆国大統領に選ばれた. **2** (文語) 〈方針などを〉定める (decide on); 〈…することに〉決める (choose) 〈*to do*〉: He ～*ed to* remain at home. 彼はうちにいることにした. **3** (米) 〈履習科目などを〉選ぶ, 選択する (choose, pick out): That year I ～*ed* the science course. その年私は理科を選んだ. **4** 〖神学〗〈神が〉(永遠の救いに値するものとして)選ぶ (cf. *n.* 2): those ～*ed* by God 神によって選ばれた人々.
— *vi.* 選ぶ, 選挙を行う.
— *adj.* **1** 特に選ばれた, 選定された (specially chosen); えり抜きの (select) (cf. elite): They believed themselves an ～ group. 彼らは自分たちをえり抜かれた者だと信じていた. **2** [通例名詞のあとに置かれ複合語をなして] (まだ就任していないが)選挙された, 当選した; 結婚の相手として選ばれた; the Mayor *elect* (当選した)次期市長 / the President *elect* (当選した)次期大統領 / the bride *elect* 選ばれた花嫁, いいなずけ. **3** 〖神学〗(救われるべく)神に選ばれた.
— *n.* **1** [the ～; 集合的] 選ばれた人々, 特権者. **2** [通例 the ～] 〖神学〗神に選ばれ(て永遠の救いを得)た人(々), (神の)選民 (cf. reprobate *adj.* 1): *the* ～ of God＝God's ～ 神に選ばれた人々.
e·lèct·a·bíl·i·ty /-təbíləti | -lɪti/ *n.* **e·léct·a·ble** /-təbl/ *adj.* 〖(v., adj.: ?a1425; n.: a1398) ← L *ēlectus* (p.p.) ← *ēligere* to choose ← *ē-* 'EX-¹'＋*legere* to collect: ⇨ lecture〗

elect. (略) electric; electrical; electridian; electricity; electuary.

e·lec·tion /ɪlékʃən/ *n.* **1 a** 選挙; 当選: canvass for

an ～ 選挙運動をする / win [lose] an ～ 選挙に勝つ[負ける] / a special ～ 《米》補欠選挙 (by-election) / ⇨ general election / His ～ *to* Congress pleased all his supporters. 彼が議員に当選したので支持者一同は喜んだ. **b** [形容詞的に]: an ～ address 選挙演説, (議員選挙の)政見発表演説 / an ～ agent 《英》選挙運動員 / an ～ campaign 選挙戦[運動] / an ～ committee 選挙委員会 / an ～ district 《米》選挙区 / ～ expenses 選挙費. **2** 国[市, 町, 村]民投票, 票決. **3** 選択, 選定, 選任. **4** 〘神学〙(ある使命または永遠の救いを与えられるための)神の選抜, 選び (cf. reprobation 3). 〘(*c*1290) *eleccioun* ◻ (O)F *élection* ◻ L *ēlectiō(n-)* ← *ēlectus* 'ELECT': ⇨ -tion〙

Eléction Dày *n.* 《米》 **1** 国民選挙日《11月の第1月曜日の次の最初の火曜日; 大統領と副大統領の選挙人を選挙する日, 上下両院議員の 1/3 が改選される日; 多くの州では legal holiday》. **2** [e- d-] 議員選挙日. 〘*c*1645〙

e·lec·tion·eer /ɨ̀lèkʃəníə | -níə(r)/ *vi.* 選挙運動をする, (候補者・党のために)選挙に(しばしば不正に)奔走する. — *n.* 選挙運動者. 〘(1789): ⇨ election, -eer〙

e·lèc·tion·éer·er /-níərə | -níərə(r)/ *n.* =electioneer. 〘1800〙

e·lèc·tion·éer·ing /-níərɪŋ | -níər-/ *n.* 選挙運動. — *adj.* 選挙運動を行う: an ～ agent 選挙運動員. 〘(1760): ⇨ -ing[1]〙

e·lec·tive /ɨléktɪv/ *adj.* **1** 選挙の, 選挙に関する. **2** 〈職・権能など〉選挙による (cf. nominative 1, appointive 1): ～ kings 選立君主 / an ～ office 公選の職. **3** 選挙するための, 選挙権を有する: an ～ body 選挙母体 / ～ franchise 選挙権. **4** 〈学科が〉選択性の, (随意)選択の (optional) (↔ required): ～ subjects 選択科目 / an ～ course 選択課程 / the ～ system 選択科目制度. **5** 〘化学〙選択的な: ～ affinity [attraction] 選択親和力[引力]. **6** 〘医学〙〈手術など〉随意の, 緊急を要しない. — *n.* 選択科目. **～·ly** *adv.* **～·ness** *n.* 〘(?*a*1425) ◻ (O)F *électif* ∥ ML *ēlectīvus* ← L *ēlectus* 'ELECT': ⇨ -ive〙

e·léc·tor /-tə, -tɔə | -tə(r)/ *n.* **1** 選挙人, 有権者. **2** 《米》大統領および副大統領選挙人《electoral college の一員》. **3** 〘(なぞり) ← G *Kurfürst*〙[通例 E-] 〘ドイツ史〙選帝侯, 選挙侯《神聖ローマ帝国で皇帝選定権をもっている諸侯の一人》. 〘(*a*1464) ◻ (O)F *électeur* ∥ L *ēlector* ← *ēlectus* 'ELECT': ⇨ -or[2]〙

e·lec·tor·al /ɨléktərəl, -trəl/ *adj.* **1** 選挙の; 選挙人の: ～ campaign 選挙運動 / an ～ law 選挙法 / an ～ district 選挙区. **2** 選挙人から成る. **3** [しばしば E-] 〘ドイツ史〙選帝侯の: an ～ prince 選帝侯の世継ぎ. **～·ly** *adv.* 〘(1675): ⇨ ↑, -al[1]〙

eléctoral cóllege *n.* **1** 《米》(大統領と副大統領を選挙する)選挙人団. **2** (一般に)選挙人団. 〘*a*1691〙

eléctoral crówn *n.* 〘ドイツ史〙選帝侯冠《神聖ローマ帝国の選帝侯のかぶった黄金冠; 白テンの毛皮にふちどられた深紅色のビロードの帽子とその上にかけられた黄金のアーチよりなる; cf. elector 3》.

eléctoral régister [róll] *n.* [the ～] 《英》選挙人名簿.

eléctoral vóte *n.* (米国の)大統領選挙人による投票《形式的なもの; cf. popular vote》.

e·lec·tor·ate /ɨléktərɨt, -trɨt/ *n.* **1** [集合的] 選挙民, (一選挙区の)全有権者. **2** 選挙区. **3** 《豪》 **a** 下院議員選挙区. **b** 選挙民. **4** (神聖ローマ帝国の)選帝侯の職[管轄]; 選帝侯領 (cf. Palatine electorate). 〘(1675) ◻ F *électorat*: ⇨ elector, -ate[1]〙

eléctor·shìp *n.* 選挙人の資格[身分, 地位]. 〘(1624) ← ELECTOR＋-SHIP〙

electr. 《略》 electric; electrical; electrician; electricity.

e·lectr- /ɨléktr/ (母音の前にくるときの) electro- の異形.

E·lec·tra /ɨléktrə/ *n.* **1** エレクトラ《女性名》. **2** 〘ギリシャ伝説〙エレクトラ《Agamemnon と Clytemnestra の娘; その弟 Orestes と協力して母とその情人を殺し父のかたきを討った》. **3** 〘ギリシャ神話〙エレクトラ (⇨ Pleiades). 〘◻ L *Ēlectra* ◻ Gk *Ēléktra* (原義) shining: cf. electric〙

Eléctra còmplex *n.* 〘精神分析〙エレクトラコンプレックス, 親父(しんぷ)複合《娘がその父親に対して無意識的に懐く性的な思慕; cf. Oedipus complex》. 〘1913〙

Eléctra pàradox *n.* 〘論理〙エレクトラの逆説《記述の仕方により事実に対する認識の有無が異なるというパラドックス; cf. de dicto》.

e·lec·tress /ɨléktrɨs/ *n.* **1** 女性選挙人. **2** [通例 E-] (神聖ローマ帝国の)選帝侯夫人. 〘(1618) ← ELECT(OR)＋-ESS[1]〙

e·lec·tret /ɨléktrɨt, -trɛt/ *n.* 〘電気〙エレクトレット《残留静電分極を有するもの》. 〘(1885) ← ELECTR(ICITY)＋(MAGN)ET〙

e·lec·tric /ɨléktrɪk/ *adj.* **1** 電気の, 電気性の: an ～ battery 電槽(でんそう) / ⇨ electric circuit, electric discharge, electric power / ～ energy 電気エネルギー / an ～ spark 電気火花. **2** 電気を帯びた[起こす, 伝える]; 電気作用の, 電気仕掛けの: an ～ bell 電鈴 / an ～ car 電車《車両》/ ～ clippers 電気バリカン / an ～ fan 扇風機 / an ～ heater 電熱器 / an ～ motorcar＝electric automobile / an ～ razor 電気かみそり / an ～ sign 電光看板 / an ～ toaster (電気)トースター / an ～ towel 電気タオル《ボタンを押すと熱気が出る温風機》/ an ～ train 電車《列車》/ an ～ typewriter 電動タイプライター / an ～ washing machine [washer] 電気洗濯機 / (an) ～ wire 電線 / an ～ radiator 電気暖房器 / (an) ～ cord 《米》電気コード (《英》 flex). **3** 電気のような, 電撃的な; わくわくする, 刺激的な: have an ～ effect 電撃的な効果を及ぼす / ～ eloquence 感動的な雄弁. **4 a** 〈楽器が〉電気的に音を増幅する (cf. acoustic 3): an ～ piano / ⇨ electric guitar. **b** 電気[エレキ]ギターで演奏される: an ～ folk song / ～ rock.
— *n.* **1** 《英口語》電気, 電力. **2** 電車; 電気鉄道 (electric railroad); 電気自動車; 電気機関車; 電気回路; 電灯. **3** [*pl.*] 電気設備; 電気回路. **4** 《古》起電物体《琥珀(こはく)・ガラスなど》.
〘(1646) ← NL *ēlectricus* ← L *ēlectrum* ◻ Gk *ḗlektron* amber (cf. *ēléktōr* the beaming sun): 英国の物理学者 W. Gilbert (1540–1603) が 1600 年ごろ命名, 琥珀(こはく)が摩擦により電気を起こすことから〙

SYN 電気の: **electric** 直接に「電気の」の意味でごく普通の語で, 電気を起こすもの, 電気で動くものについて使う. また, 比喩的な意味でも用いられる: an *electric* lamp 電灯 / an *electric* effect 電撃的な効果. **electrical** 上記の語と同義の場合もあるが, 特に「〈人や職業が〉電気に関した」の意で使う: *electrical* engineers 電気技師.

---

e·lec·tri·cal /ɨléktrɪkəl, -trə-, -kl̩ | -trɪ-/ *adj.* **1** 電気の[による] (electric): an ～ machine 電動機械 / an ～ lawn mower 電動芝刈機 / an ～ clock 電気時計 / ～ transmission (写真の)電送. **2** 電気に関する (⇨ electric SYN): ⇨ electrical engineer, electrical engineering. **3** 電気のような, 電撃的な: an ～ effect. **～·ly** *adv.* 〘(1635): ⇨ ↑, -al[1]〙

eléctrical conductívity *n.* 電気伝導率, 導電率.

eléctrical degrée *n.* 〘電気〙電気角《交流電流の 1 サイクルの 1/360》.

eléctrical enginéer *n.* 電気技師. 〘1883〙

eléctrical enginéering *n.* 電気工学. 〘1883〙

eléctrical precipitátion *n.* =electric precipitation. 〘1912〙

eléctrical scánning *n.* 〘電子工学〙電気的走査《のこぎり波などを用いて電気的に走査する方法; テレビのブラウン管などで用いている; electronic scanning ともいう; cf. mechanical scanning 2》. 〘*c*1880〙

eléctrical shéet *n.* (電気機器の鉄心を形成するための)電気鉄板.

eléctrical stórm *n.* =electric storm. 〘1934〙

eléctrical tápe *n.* 《米》絶縁テープ.

eléctrical transcríption *n.* 〘ラジオ・テレビ〙 **1** 録音を使用した放送. **2** 放送用に収録した録音盤[テープ, フィルム]. 〘1932〙

eléctric-árc fùrnace *n.* =arc furnace.

eléctric-árc wèlding *n.* =arc welding.

eléctric automobíle *n.* (蓄電池による電動機を用いた)電気自動車.

eléctric blánket *n.* 電気毛布. 〘1930〙

eléctric blúe *n.* 鋼青色《鋼鉄のような青色》. 〘1893〙

eléctric bráin *n.* =electronic brain.

eléctric cátfish *n.* 〘魚類〙デンキナマズ (*Malapterurus electricus*)《熱帯アフリカ産; raad ともいう》.

eléctric céll *n.* =cell[1] 6 a.

eléctric cháir *n.* (死刑用)電気椅子 (《米》 death chair); [the ～] 電気処刑 (electrocution): be sent to *the* ～ 電気椅子で死刑に処せられる. 〘*c*1875〙

eléctric chárge *n.* 〘電気〙電荷.

eléctric círcuit *n.* 電気回路.

eléctric clóck *n.* 電気時計. 〘1845〙

eléctric cónstant *n.* 〘電気〙絶対誘電率《真空の誘電率; 記号 ε_0; absolute permittivity ともいう》.

eléctric cúrrent *n.* 電流. 〘1837〙

eléctric dípole *n.* 電気双極子《正・負電荷の対(つい)》.

eléctric dípole mòment *n.* 〘電気〙電気双極子モーメント.

eléctric dischárge *n.* 〘電気〙放電: **a** 気体中を電流が流れること. **b** 電池やコンデンサーがエネルギーを放出すること.

eléctric displácement *n.* 〘電気〙電束密度, 電気変位.

eléctric dóuble láyer *n.* 〘電気〙電気二重層《正負の電荷が一つの面の表と裏に近接して分布しているもの; Helmholtz double layer ともいう》.

eléctric éel *n.* 〘魚類〙デンキウナギ, シビレウナギ (*Electrophorus electricus*)《南米北部の淡水に産し, 強い放電力を有する》. 〘1794〙

eléctric éye *n.* **1** 電気の目《光電素子を用いた街灯の自動点滅器などの総称》. **2** 〘電子工学〙螢光指示管, マジックアイ《同調状態の指示などを行う小型の陰極線管; electron-ray tube ともいう》. 〘1898〙

eléctric fénce *n.* 電流の流れている柵. 〘1901〙

eléctric fíeld *n.* 〘電気〙電界, 電場《電気力の場》. 〘*c*1889〙

eléctric fíeld strèngth *n.* 〘電気〙電界強度 (electric intensity) (記号 *E*).

eléctric fíre *n.* 電気ヒーター; (特に家庭用の)電気ストーブ (《英》 electric heater).

eléctric fúrnace *n.* 電気炉 (cf. arc furnace, induction furnace). 〘1885〙

eléctric glów *n.* 〘電気〙グロー《低圧ガス中の放電で発生する光で, ネオン管などに用いられる; cf. glow discharge》.

eléctric guitár *n.* 電気[エレキ]ギター (cf. acoustic guitar). 〘1940〙

eléctric hámmer *n.* 〘機械〙電気ハンマー《リベット打ち・かしめ (caulking) などに用いられる》.

eléctric háre *n.* (コースの内側を走る)電動式模型うさぎ (cf. dog racing). 〘1927〙

e·lec·tri·cian /ɨ̀lèktríʃən, ìːlɛk- | ɛ̀lɪk-, ɛ́lɛk-, ìːlɛk-, ìlɛk-, ɨ̀lɛk-/ *n.* 電気技師; 電気(機械)工, 電気係(員). 〘(1751) ← ELECTRIC＋-IAN〙

electrícian's tápe *n.* =electrical tape.

eléctric inténsity *n.* 〘電気〙電界強度.

eléctric íron *n.* 電気アイロン. 〘1907〙

e·lec·tric·i·ty /ɨ̀lèktrísəṭi, ìːlɛk-, -sti | ɛ̀lɪktrísɨti, ɛ̀lɪk-, ìːlɛk-, ɨ̀lɛk-/ *n.* **1** 電気: frictional ～ 摩擦電気 / magnetic ～ 磁電気 / resinous ～ 陰電気 / thermal ～ 熱電気. **2** 電気学. **3** 電流, 電力(供給): install ～ 電気を引く / a machine run by ～ 電動機械 / an ～ bill 電気代. **4** (他に感染する強い)興奮状態, 熱情. 〘(1646) ← NL *ēlectricus* 'ELECTRIC'＋-ITY〙

eléctric lámp *n.* 電灯. 〘1856〙

eléctric líght *n.* **1** 電灯の光. **2** =electric lamp. 〘1767〙

eléctric lóck *n.* 〘鉄道〙電気鎖錠器 (electric locking を行う装置). 〘1889〙

eléctric lócking *n.* 〘鉄道〙電気鎖錠《信号機や転轍(てんてつ)器で条件が備わっていない時に運動を電気的に阻止すること》.

eléctric lócomotive *n.* 電気機関車. 〘1884〙

eléctric móment *n.* 〘電気〙電気モーメント. 〘1903〙

eléctric néedle *n.* 〘外科〙電気針.

eléctric néws tàpe *n.* 電光ニュース.

eléctric órgan *n.* **1** 電気オルガン. **2** (デンキウナギなどの)発電器官. 〘1773〙

eléctric oscillátion *n.* 〘電気〙=oscillation 3. 〘1906〙

eléctric óutlet *n.* (電気の)差込み口, コンセント. 〘1958〙

Eléctric Péak *n.* エレクトリックピーク《米国 Montana 州南部 Yellowstone 国立公園にある山 (3,400 m); Gallatin 山脈の最高峰》.

eléctric poténtial *n.* 〘電気〙電位《アースなどの基準点からの電圧》. 〘1871〙

eléctric pówer *n.* 電力.

eléctric precipitátion *n.* 電気集塵《静電力で黒煙中の微粒子などを電極に吸いつけて除去すること》.

eléctric propúlsion *n.* 電気推進《船・自動車・鉄道車両などを電気で動かすこと》.

eléctric ráilroad [ráilway] *n.* 電気鉄道, 電鉄.

eléctric ráte *n.* 《英》電気料金率.

eléctric ráy *n.* 〘魚類〙シビレエイ《シビレエイ科の魚類の総称; 強い放電力がある》. 〘1774〙

eléctric sháver *n.* 電気かみそり.

eléctric shóck *n.* =shock[1] 5. 〘1767〙

eléctric shóck thèrapy *n.* 〘精神医学〙電気ショック療法 (electroshock therapy) (略 ECT). 〘*c*1940〙

eléctric shóvel *n.* 〘機械〙電気シャベル.

eléctric stéel *n.* 〘冶金〙電炉鋼《屑鉄を原料として電気炉で作られた鋼》. 〘1909〙

eléctric stórm *n.* 激しい雷雨 (thunderstorm). 〘1872〙

eléctric susceptibílity *n.* 〘電気〙=susceptibility 3 b.

eléctric tórch *n.* 《英》=flashlight 1.

eléctric utílity *n.* 電気事業, 電力会社.

eléctric wáve *n.* 〘電気〙 **1** =electromagnetic wave. **2** 電流波《導体中の高周波電流を波として捕える概念》. 〘1871〙

e·lec·tri·fi·ca·tion /ɨ̀lèktrɨfɨkéɪʃən | -frɪ-/ *n.* **1** 帯電, 充電. **2** 電力の使用, (鉄道・台所設備などの)電化: a rural ～ program 農村電化計画. **3** 感電. **4** 強い衝撃[感動]を与えられること: her ～ by John's proposal ジョンのプロポーズによる彼女の強い興奮. 〘(1748) ← ELECTRI(FY)＋-FICATION〙

e·lec·tri·fied *adj.* [限定的] 電気の流れた: an ～ body 帯電体.

e·lec·tri·fy /ɨléktrəfàɪ | -trɨ-/ *vt.* **1** …に(電撃のような)強い衝動[感動]を与える, ぎょっとさせる (thrill, startle): ～*ing* news ショッキングなニュース / The audience was *electrified*. 聴衆は強烈な感動を与えられた / He was *electrified* to hear the news. そのニュースを聞いてぎょっとした. **2** 電化する: ～ a railway system 鉄道を電化する. **3** …に電気を帯びさせる, 電気を通じる, 帯電させる, 充電する: ～ a wire 電線に電気を通じる. **4** 〈人〉に電気ショック(療法)を施す. **5** 電気的に〈音楽を〉増幅する. **e·léc·tri·fi·a·ble** /-fàɪəbl̩, ⏑⏑⏑⏑⏑/ *adj.* **e·léc·tri·fi·er** *n.* 〘(1745) ← ELECTRI(C)＋-FY〙

e·lec·tri·fý·ing *adj.* はっと[興奮]させるような.

e·lec·trize /ɨléktraɪz/ *vt.* =electrify 2, 3. **e·lec·tri·za·tion** /ɨ̀lèktrɨzéɪʃən | -traɪ-, -trɪ-/ *n.* **e·léc·trìz·er** *n.* 〘(1746) ← ELECTRI(C)＋-IZE〙

e·lec·tro /ɨléktroʊ | -trəʊ/ *v.*, *n.* (*pl.* ～**s**) 《口語》 **1** =electroplate (*v.*), electroplating (*n.*). **2** =electrotype (*n.*, *v.*). 〘(1864) 《略》 1: ← ELECTROPLATE. 2: ← ELECTROTYPE〙

e·lec·tro- /ɨléktroʊ | -trəʊ/「電気の, 電気による; 電子の」の意の連結形: *electro*magnet, *electro*type. ★ 母音の前では通例 electr- になる. 〘(19C) ← NL ～ ← L *ēlectrum* ◻ Gk *ḗlektron* amber〙

elèctro·acóustic *adj.* 電気音響学の. **elèctro·acóustical** *adj.* **elèctro·acóustically** *adv.* 〘1935〙

E

E

elèctro·acóustics *n.* 電気音響学. 〘1927〙
elèctro·análysis *n.* 〘化学〙電気分析, 電解(分析). **elèctro·analýtic** *adj.* **elèctro·analýtical** *adj.* 〘1903〙
eléctro·bàth *n.* (電気めっき用)電液, 電解浴.
elèctro·biólogy *n.* 生物電気学 (生物の電気現象を取り扱う). 〘1849〙
elèctro·cárdiogram *n.* 〘医学〙心電図 (略 ECG, EKG; cf. radiocardiogram). 〘1904〙
elèctro·cárdiograph *n.* 〘医学〙心電計 (心電図を描記する装置). **elèctro·cardiográphic** *adj.* **elèctro·cardiográphically** *adv.* 〘1913〙
elèctro·cardiógraphy *n.* 〘医学〙心電図記録(法), 心電図検査(法) (cf. radiocardiography). 〘1910〙
elèctro·cauterizátion *n.* 〘医学〙=electrocautery 2.
elèctro·cáutery *n.* 〘医学〙 **1** 電気メス, 電気焼灼(しょうしゃく)器. **2** 電気焼灼. 〘*a*1884〙
elèctro·chémical *adj.* 電気化学の. **～·ly** *adv.* 〘1807〙
electrochémical equívalent *n.* 〘物理・化学〙電気化学当量.
eléctrochemical séries *n.* 〘化学〙=electromotive series. 〘1848〙
elèctro·chémist *n.* 電気化学者. 〘1837〙
elèctro·chémistry *n.* 電気化学. 〘1814〙
elèctro·chromatógraphy *n.* 〘化学〙通電[電気]クロマトグラフィー (荷電物質の移動速度の差異により物質を分離する方法).
elèctro·chróm·ism /-króumɪzṃ | -krə́ʊ-/ *n.* 通電変色(性), エレクトロクロミズム (特に 金属にみられる, 電気的衝撃に応じて色を変える性質). **-chró·mic** /-króumɪk | -krə́ʊ-ˊ/ *adj.* 〘1961〙
elèctro·chrónograph *n.* 電気式クロノグラフ (記録用のペンが電磁式に動作するクロノグラフ; cf. chronograph). **elèctro·chronográphic** *adj.* **elèctro·chronógraphy** *n.* 〘1851〙
elèctro·coagulátion *n.* 〘医学〙電気凝固(法). 〘1913〙
elèctro-conductívity *n.* 〘電気〙電気の伝導性; 導電率.
elèctro·convúlsive *adj.* 〘精神医学〙電撃けいれんの. 〘1947〙
eléctro·convùlsive thérapy *n.* 〘精神医学〙=electroshock therapy (略 ECT). 〘1948〙
elèctro·cór·ti·co·gram /-kɔ́ətɪkəgræ̀m | -kɔ́:tɪ-kə(ʊ)-/ *n.* =electroencephalogram. 〘1939〙
e·lec·tro·crat·ic /ɪ̀lèktroukrǽtɪk, -trə- | -trə(ʊ)-krǽt-ˊ/ *adj.* 〘物理・化学〙〈コロイドの安定性がそのコロイド粒子のもつ荷電による (cf. lyocratic).
eléctro·cùlture *n.* 電気栽培 (電気を利用して植物の生育を刺激する). 〘1902〙
e·lec·tro·cute /ɪléktrəkjù:t/ *vt.* **1** 電気で殺す, 感電(死)させる. **2** (電気椅子で)電気死刑にする. 〘(1889) ← ELECTRO-＋(EXE)CUTE〙
e·lec·tro·cu·tion /ɪlèktrəkjú:ʃən/ *n.* **1** 電気で殺すこと, 感電(死). **2** 電気処刑. 〘(1890): ⇨ ↑, -tion〙
eléctro·cỳte *n.* 〘動物〙(発電器官の)発電細胞. 〘1970〙
e·lec·trode /ɪléktroud | -trəud/ *n.* 〘電気〙電極 (cf. anode, cathode). 〘(1834) ← ELECTRO-＋-ODE[2]〙
eléctrode·less dischárge *n.* 〘電気〙無電極放電.
e·lec·tro·del·ic /ɪlèktrədélɪk-ˊ/ *adj.* 電灯を用いてサイケデリックな効果を出す. 〘← ELECTRO-＋(PSYCHE)-DELIC〙
elèctro·depósit 〘物理・化学〙 *vt.* 電着させる. — *n.* 電着物. 〘1864〙
elèctro·deposítion *n.* 〘物理・化学〙電着 (電気分解によって電極表面に金属などを析出させること). 〘*c*1865〙
eléctrode poténtial *n.* 〘電気〙電極電位 (電極とこれに接触する電解質との間に生じる電位差). 〘1907〙
elèctro·dérmal *adj.* 皮膚の電気的性質に関する, 皮膚電気の. 〘1940〙
elèctro·dér·mo·gram /-dɚ́:məgræ̀m | -də́:-/ *n.* 〘医学〙皮膚電気抵抗図, 皮膚電位図 (略 EDG).
elèctro·diagnósis *n.* 〘医学〙電気診断(法).
elèctro·diálysis *n.* 〘物理・化学〙電気透析 (電場中の透析によるコロイドの精製法). **elèctro·dialýtic** *adj.* 〘1921〙
e·lec·tro·di·a·lyze /ɪlèktrədáɪəlàɪz/ *vt.* 〘物理・化学〙電気透析する. **e·lèc·tro·dí·a·lỳz·er** *n.*
elèctro-díscharge machìning *n.* 〘物理・化学〙放電加工.
elèctro·dissolútion *n.* 〘化学〙電溶 (電気分解により電極材料が溶解すること).
eléctro·dùct *n.* 〘電気〙電管路.
elèctro·dynámic *adj.* 動電的の, 電気力の; 電気力学の, 電気力学的な. 〘1827〙
elèctro·dynámical *adj.* =electrodynamic. 〘1907〙
eléctrodynamic lóudspeaker *n.* 〘通信〙ダイナミックスピーカー, 可動コイル拡声器 (磁界中におかれたコイルに電流を流して電気信号を振動に変換する原理のもの; dynamic loudspeaker ともいう). 〘1940〙
elèctro·dynámics *n.* 電気力学. 〘1827〙
elèctro·dynamómeter *n.* 電流力計, 電流動力計.

elèctro·encéphalogram *n.* 〘医学〙脳波 (脳波電位の記録; 略 EEG). 〘(1934) ◻ G *Elektrenkephalogramm*〙
elèctro·encéphalograph *n.* 〘医学〙脳波計. **elèctro·encephalógrapher** *n.* **elèctro·encephalógraphist** *n.* 〘1936〙
elèctro·encephalógraphy *n.* 〘医学〙脳波記録法, 脳波検査(法). **elèctro·encephalográphic** *adj.* **elèctro·encephalográphically** *adv.* 〘1936〙
elèctro·endosmósis *n.* =electroosmosis.
elèctro·enginéering *n.* 電気工学.
elèctro·engráving *n.* **1** 電気食刻, 電気彫刻(術). **2** 電気彫刻物.
elèctro·extráction *n.* 〘物理・化学〙電解抽出 (電気分解で金属を含んだ鉱石中より金属を抽出すること).
eléctro·fìshing *n.* 〘水産〙電戟(でんげき)漁法 (魚が直流電流に反応する傾向を利用する). 〘1950〙
eléctro·fòrm *vt.* 電鋳(でんちゅう)[電気鋳造]する. 〘(1931): ⇨ form (v.)〙
eléctro·fòrming *n.* 電鋳, 電形法, 電気鋳造法 (電気分解による電着 (electrodeposition) を利用して型どおりの金属体を作ること). 〘1934〙
elèctro·gás·dynámics *n.* 電気流体力学. **e·lec·tro·gás·dynámic** *adj.*
e·lec·tro·gen /ɪléktroudʒèn | -trə(ʊ)-/ *n.* 〘物理〙エレクトロゲン (照明を受けると電子を放つ分子). **e·lèc·tro·gén·ic** *adj.*
elèctro·génesis *n.* 〘医学〙(特に, 細胞組織の)電気発生. **e·lèc·tro·gén·ic** *adj.* 〘← ELECTRO-＋-GENESIS〙
elèctro·gílding *n.* 電気金めっき. 〘*c*1865〙
e·lec·tro·gram /ɪléktrəgræ̀m/ *n.* 〘医学〙エレクトログラム, 電気記録[曲線]図 (脳・心臓などの活動電位を記録したもの; 脳電図・心電図など).
e·lec·tro·graph /ɪléktrəgræ̀f | -grɑ̀:f, -græ̀f/ *n.* **1** 〘電気〙電位記録器. **2** 電気版彫刻器. **3** 〘化学〙電気斑点試験装置. **4** 写真電送装置. **5** レントゲン写真. **e·lec·tro·graph·ic** /ɪlèktrəgrǽfɪk-ˊ/ *adj.* **e·lèc·tro·gráph·i·cal·ly** *adv.* 〘(1840) ← ELECTRO-＋-GRAPH〙
elèctro·gráphite *n.* 〘電気〙電気黒鉛 (炭素を電気炉中で加熱して造った人工黒鉛で, カーボンブラシなどの材料; graphitized carbon ともいう).
e·lec·trog·ra·phy /ɪlèktrɑ́(:)grəfi, ɪ̀:lɛk- | ɛ̀lɪktrɔ́g-, ɪ̀:lɛk-, ɪlèk-/ *n.* **1** エレクトログラフィー, 電気的記録術, 電気的複写術, 写真電送術. **2** 〘化学〙電気斑点試験, エレクトログラフ法. 〘(1840) ← ELECTRO-＋-GRAPHY〙
elèctro·hemostásis *n.* 〘医学〙電気止血法.
elèctro·hydráulic *adj.* 〘電気〙 **1** 電気流体式の (電気的に駆動または制御される流体システムに関する). **2** 電気水力学の. **elèctro·hydráulically** *adv.* 〘1922〙
elèctro·hydráulics *n.* 電気水力学. 〘1966〙
eléctro·jèt *n.* 高層電流 (電離層を流れる電流; 磁気あらし・オーロラ現象などを起こす). 〘(1955): ⇨ jet[2]〙
elèctro·kinétic *adj.* 動電学的な, 動電学上の. **elèc·tro·kinétically** *adv.* 〘1881〙
elèctro·kinétics *n.* 動電学 (cf. electrostatics). 〘*c*1925〙
elèctro·kýmogram *n.* 〘医学〙(心臓)動態撮影装置, 電気キモグラム.
elèctro·kymógraphy *n.* 〘医学〙(心臓)動態撮影法, 電気キモグラフィー.
e·lec·tro·less /ɪléktroulɪs, -trə- | -trə(ʊ)-/ *n.* 〘物理・化学〙(電着 (electrodeposition) によるのではなく化学的方法による)無電解の: ～ plating 無電解めっき. 〘(1947) ← ELECTRO-＋-LESS〙
e·lec·tro·lier /ɪlèktrəlíə | -trə(ʊ)líə[r]/ *n.* 電気シャンデリア (cf. chandelier, gasolier). 〘(1882) ← ELECTRO-＋(CHANDE)LIER〙
e·lec·trol·o·gist /ɪlèktrɑ́(:)lədʒɪst, ɪ̀:lɛk- | ɛ́lɪktrɔ́l-ədʒɪst, ɪ̀:lɛk-, ɪlèk-/ *n.* 電気分解治療師 (針状の電極に電流を通じて, いぼ・ほくろ・あざなどを除去する). 〘(*c*1902) ← ELECTRO(LYSIS)＋-LOGIST〙
elèctro·luminéscence *n.* 電場発光, エレクトロルミネセンス (蛍光体に電場を作用させたときの発光現象). **elèctro·luminéscent** *adj.* 〘1889〙
E·lec·tro·lux /ɪléktrəlʌks, -troʊ- | -trə(ʊ)-/ *n.* 〘商標〙エレクトロラックス (スウェーデン最大の家庭電気製品メーカー; 主力製品は電気掃除機・冷蔵庫・洗濯機など).
e·lec·trol·y·sis /ɪlèktrɑ́(:)ləsɪs, ɪ̀:lɛk- | ɛ̀lɪktrɔ́lɪsɪs, ɪ̀:lɛk-, ɪlèk-/ *n.* **1** 〘物理・化学〙電気分解, 電解. **2** 〘医学〙電気分解(法) (腫瘍・毛根などを電流で破壊すること). 〘(1834) ← NL ～: ⇨ electro-, -lysis〙
e·lec·tro·lyte /ɪléktrəlàɪt/ *n.* 〘物理化学〙 **1** 電解液. **2** 電解質. 〘(1834) ← ELECTRO-＋-LYTE[1]〙
e·lec·tro·lyt·ic /ɪlèktrəlítɪk | -trə(ʊ)lítɪk-ˊ/ *adj.* **1** 電気分解の[による]. **2** 電解質の. — *n.* =electrolytic capacitor **e·lèc·tro·lýt·i·cal** *adj.* **e·lèc·tro·lýt·i·cal·ly** *adv.* 〘(1842) ← ELECTRO-＋-LYTIC〙
electrolýtic capácitor *n.* 電解コンデンサー (electrolytic condenser ともいう). 〘1940〙
eléctrolytic céll [báth] *n.* 〘物理・化学〙電解槽(そう). 〘1907〙
electrolýtic condénser *n.* =electrolytic capacitor. 〘1929〙
electrolýtic condúction *n.* 電解電導. 〘1899〙

electrolýtic condúctor *n.* 〘物理・化学〙=electrolyte 1.
eléctrolytic cópper *n.* 電気銅 (電気精錬により高純度化された銅). 〘1892〙
electrolýtic corrósion *n.* 電食 (地中に埋設した金属管などが電気分解により腐食すること).
electrolýtic dissociátion *n.* 〘物理・化学〙電離, 電気解離. 〘1909〙
eléctrolytic gás *n.* 爆鳴気 (水の電気分解により生ずる水素 2, 酸素 1 の体積比の混合気体).
electrolýtic interrúpter *n.* 〘電気〙電解断続器 (電解により電極表面に発生する泡の作用で断続電流を発生させる装置).
eléctrolytic pólishing *n.* 〘化学〙=electropolishing. 〘1937〙
eléctrolytic réctifier *n.* 〘電気〙電解整流器. 〘1931〙
electrolýtic refíning *n.* 〘物理・化学〙電気精錬 (粗製の金属を陽極として電気分解によって陰極に純粋な金属を析出させる方法; electrorefining ともいう). 〘1940〙
electrolýtic semicondúctor *n.* 電解型半導体.
e·lec·tro·lyze /ɪléktrəlàɪz | -trə(ʊ)-/ *vt.* **1** 〘物理・化学〙電気分解する, 電解する, 電解処理する. **2** 〘医学〙電気分解療法を施す; 電気分解法で取り除く. **e·léc·tro·lỳz·er** *n.* **elec·tro·ly·za·tion** /ɪlèktrəlɪzéɪʃən | -trə(ʊ)laɪ-, -lɪ-/ *n.* 〘(1834) ← ELECTRO-＋-LYZE〙
e·léc·tro·lỳz·er *n.* 〘物理・化学〙電解槽(そう).
elèctro·mágnet *n.* 電磁石. 〘1831〙
elèctro·magnétic *adj.* **1** 電磁石の. **2** 電磁気の. **elèctro·magnétically** *adv.* 〘1821〙
electromagnétic fíeld *n.* 〘電気〙電磁界, 電磁場.
electromagnétic indúction *n.* 〘電気〙電磁誘導. 〘1854〙
electromagnétic interáction *n.* 〘物理〙電磁相互作用 (多くの素粒子のふるまいに見られる電磁場と荷電粒子との相互作用).
eléctromagnetic léns *n.* 電波レンズ (電波を収束させるレンズ).
eléctromagnetic móment *n.* 〘物理〙=magnetic moment.
eléctromagnetic púmp *n.* 〘電気〙電磁ポンプ (電磁作用により電導性流体を移送するのに用いる).
electromagnétic radiátion *n.* 〘電気〙電磁放射. 〘1939〙
elèctro·magnétics *n.* =electromagnetism 2. 〘1953〙
eléctromagnetic spéctrum *n.* 〘電気〙電磁スペクトル. 〘*c*1934〙
eléctromagnetic swítch *n.* 電磁スイッチ (電磁力で接点を開閉するスイッチ類の総称).
eléctromagnetic tápe *n.* =magnetic tape.
electromagnétic únit *n.* 〘電気〙電磁単位 (略 EMU, emu). 〘1853〙
eléctromagnetic wáve *n.* 〘電気〙電磁波, 電波. 〘1908〙
elèctro·mágnetism *n.* **1** 電磁気. **2** 電磁気学. 〘1828〙
elèctro·mássage *n.* 電気マッサージ.
elèctro·mechánical *adj.* 電気機械の, 電気機械に関する. **～·ly** *adv.* 〘1888〙
elèctro·mechanizátion *n.* 電気機械化: ～ of farms.
e·lec·tro·mer·ism /ɪlèktroumérɪzṃ | -trə(ʊ)-/ *n.* 〘化学〙エレクトロメリー, 電子異性 (π 電子が特定原子に局在せず, 共役により移動する現象).
elèctro·métallurgist *n.* 電気冶金家[学者].
elèctro·métallurgy *n.* 電気冶金.
elèctro·metallúrgical *adj.* 〘1846〙
e·lec·trom·e·ter /ɪlèktrɑ́(:)mətə, ɪ̀:lɛk- | ɛ̀lɪktrɔ́mɪtə[r], ɪ̀:lɛk-, ɪlèk-/ *n.* **1** 静電電位計: a differential ～ 差動電位計 / ⇨ quadrant electrometer. **2** 〘電気〙電位差計 (電子回路を用いた, 被測定系からほとんど電流をとらずに電位差を測定する装置). **e·lèc·tro·mét·ri·cal** *adj.* **e·lèc·tro·mét·ri·cal·ly** *adv.* 〘(1749) ← ELECTRO-＋-METER[1]〙
e·lec·tro·met·ric /ɪlèktroumétrɪk | -trə(ʊ)-ˊ/ *adj.* 電位計の; 電気計測上の. 〘⇨ ↑, -metric[1]〙
e·lec·trom·e·try /ɪlèktrɑ́(:)mətri, ɪ̀:lɛk- | ɛ̀lɪktrɔ́mɪ-, ɪ̀:lɛk-, ɪlèk-/ *n.* 電気計測術; 電位計による計測. 〘(1868) ← ELECTRO-＋-METRY〙
elèctro·mótion *n.* **1** 電流移動; 電流通過. **2** 電動力. 〘1803〙
elèctro·mótive *adj.* 電動の, 起電の, 動電の. — *n.* 〘俗〙電気機関車 (cf. locomotive 1). 〘(1806) adj.: ← ELECTRO-＋-MOTIVE. — (1887) n.: ← ELECTRO-＋(LOCO)MOTIVE〙
eléctromotive fórce *n.* 起電力, 動電力 (略 EMF, e.m.f., 記号 *E*): induced ～ 誘起起電力 / ⇨ counter electromotive force. 〘1827〙
eléctromotive fórce sèries *n.* 〘化学〙=electromotive series.
eléctromotive séries *n.* 〘化学〙電気化学列 (金属を標準電極電位の順に並べた序列; electrochemical series, electromotive force series ともいう). 〘1889〙
elèctro·mótor *n.* 電動機, 電気モーター (electric motor). 〘1827〙
elèctro·músic *n.* 電子音楽.

elèctro·mýogram *n.* 〘医学〙 筋電図 (略 EMG). 〘1917〙
elèctro·mýograph *n.* 〘医学〙 筋電計. 〘1948〙
elèctro·myógraphy *n.* 〘医学〙 筋電図検査[記録](法). **elèctro·myográphic** *adj.* **elèctro·myográphical** *adj.* **elèctro·myográphically** *adv.* 〘1926〙
e·lec·tron /ɪléktrɑ(ː)n | -trɒn/ *n.* **1** 〘物理·化学〙 電子, エレクトロン: the ~ theory 電子説[論] / ⇨ positive electron. **2** 〘電気〙 電子 1 個の電荷に等しい電気量の単位. **3** =electrum 1. 〘(1891) ← ELECTR(IC)+-ON²: cf. Gk *ēlektron* amber: ⇨ electrum〙
eléctron affínity *n.* 〘物理〙 電子親和力.
elèctro·narcósis *n.* 〘医学〙 電気麻酔. 〘(1949) ← NL ~: ⇨ electro-, narcosis〙
eléctron ávalanche *n.* 〘物理·化学〙 電子なだれ. 〘1956〙
eléctron béam *n.* 電子ビーム《束状の電子流でブラウン管を光らせたりする働きをする》. 〘1927〙
eléctron càmera *n.* 電子カメラ. 〘1937〙
eléctron càpture *n.* 〘物理〙 電子捕獲《旧名 K-capture》: **a** 原子[イオン]が電子を捕まえること. **b** 原子核が軌道電子を吸収し中性微子を放出する過程, すなわち β 崩壊の逆過程のこと.
eléctron clòud *n.* 〘物理〙 電子雲《原子や分子などで, クーロン引力によって原子核に結合している電子; 量子力学によれば, このような電子の存在確率が核の周囲に雲のような分布を示すから》. 〘1926〙
eléctron diffràction *n.* 〘物理〙 電子回折《電子線の回折現象》. 〘1927〙
elèctro·négative *adj.* **1** 〘電気〙 負の電荷をもった, 負性の. **2** 〘物理·化学〙 非金属の (nonmetallic). **3** 〘化学〙 陰性の, 電気的陰性の (↔ electropositive). 〘1810〙
elèctro·negatívity *n.* 〘物理·化学〙 **1** 電気陰性度《分子内の原子が化学結合を通じて電子を引きつける能力》. **2** 負の電荷をもった状態. 〘1926〙
eléctron emìssion *n.* 〘物理〙 電子放出.
eléctron gàs *n.* 〘物理〙 電子気体《自由電子 (free electrons) の集まり》. 〘*c*1929〙
eléctron gùn *n.* 〘電子工学〙 電子銃. 〘1924〙
e·lec·tron·ic /ɪlèktrɑ́(ː)nɪk, ìːlɛk- | èlɪktrɒ́n-, èlɛk-, ìːlɛk-, ɪlèk-⁻/ ★ アクセント移動 (⇨ 巻末発音解説) の際には《米》では /ɪléktrɑ̀nɪk/, 《英》では /élɪktrɒ̀nɪk/ が普通. *adj.* 電子の; 電子工学の; 電子音楽の; 電子楽器の: an ~ calculator 電子計算機 / an ~ device 電子装置 / an ~ shell 電子殻弾. — *n.* 電子回路[装置]. **e·lec·trón·i·cal·ly** *adv.* 〘(1902) ← ELECTRON+-IC¹〙
eléctronic árt *n.* 電子美術《コンピューターなどを応用した美術》.
eléctronic bánking *n.* エレクトロニックバンキング《コンピューターなどで電子化された銀行業務》.
eléctronic Bóhr màgneton *n.* [the ~] 〘物理〙 =Bohr magneton.
eléctronic bráin *n.* 《口語》 電子頭脳, 電子計算機. 〘1945〙
eléctronic cárillon *n.* 電気[電子]カリヨン《電気楽器の一種; cf. carillon 3》.
eléctronic cásh *n.* 電子現金[通貨], e マネー《電子ネットワーク上の通貨; digital cash [money] ともいう》. 〘1995〙
electrónic compúter *n.* 電子計算機. 〘1946〙
eléctronic counter-cóuntermeasure *n.* [通例 *pl.*] 〘軍事〙 対電子対策, 対電波妨害《敵の対電子 (electronic countermeasure) に対して, 電磁放射線を確実有効に使用するためにとる一切の処置; 略 ECCM》.
eléctronic cóuntermeasure *n.* [通例 *pl.*] 〘軍事〙 対電子, 電子兵器対策, 電波妨害《敵の電子兵器による手段および戦術の効果を低下または無効にするためにとる一切の処置; 略 ECM》. 〘1962〙
eléctronic dáta pròcessing *n.* 〘電算〙 電子的情報処理 (略 EDP). 〘1955〙
eléctronic dáta pròcessing sỳstem *n.* 〘電算〙 電子的情報処理装置 (略 EDPS).
eléctronic éditing *n.* 〘テレビ·ラジオ〙 電子編集《電子的操作により録音テープ·ビデオテープの編集をすること》.
electrónic engineéring *n.* 電子工学.
eléctronic fíle càbinet *n.* 〘電算〙 電子ファイルキャビネット《情報を蓄積し, 検索するシステムの装置》.
eléctronic flásh *n.* 〘写真〙 電子フラッシュ (⇨ speedlight). 〘1946〙
eléctronic flíght informàtion sỳstems *n.* 〘航空〙 電子飛行情報システム (略 EFIS).
éléctronic fúnds trànsfer sỳstem *n.* 電子式資金移行システム《コンピューターネットワークにより資金の振替決済などのサービスを行うシステム; 略 EFTS》.
eléctronic gáme *n.* コンピューターゲーム (video game).
eléctronic gráphics *n.* コンピューターグラフィックス.
eléctronic héating *n.* 〘電気〙 =dielectric heating. 〘1946〙
eléctronic kéyboard *n.* (コンピューター·ワープロなどの)キーボード.
eléctronic máil *n.* 電子郵便, 電子メール (E-mail)《端末間でネットワークを介してメッセージやファイルを送受信するシステム; 同システムで送受信されるメール》. 〘1977〙
eléctronic máilbox *n.* 電子メールボックス《電子メールのデータを記憶する装置》. 〘1981〙
eléctronic móney *n.* 電子[エレクトロニック]マネー.
eléctronic músic *n.* 〘音楽〙 電子音楽《音源を得るところから, 音の変形·組合わせ, そして再生にいたるまで電子機器を用いた音楽(部分的にこの方法を使用した音楽も含む); 1950 年代から始まり現代音楽には不可欠な要素; cf. musique concrète》. 〘1931〙
eléctronic óffice *n.* 電子オフィス《コンピューターによって情報処理技術を高度に活用したオフィス》. 〘*c*1980〙
eléctronic órgan *n.* 電気[電子]オルガン. 〘1930〙
eléctronic órganizer *n.* 電子手帳.
eléctronic públishing *n.* 電子出版《情報の記録媒体としてフロッピーディスク, CD-ROM, IC カードなどを用いた出版》.
e·lec·tron·ics /ɪlèktrɑ́(ː)nɪks, ìːlɛk- | èlɪktrɒ́n-, èlɛk-, ìːlɛk-, ìlɛk-, ɪlèk-/ *n.* **1** エレクトロニクス, 電子工学《電子 (electron) の応用に関する学問および技術》: ⇨ medical electronics. **2** [複数扱い] 電子機器. — *adj.* エレクトロニクスの[に関する]. 〘(1910) ← ELECTRON(IC)+-ICS〙
eléctronic scánning *n.* 〘電子工学〙 =electrical scanning.
electrónics ìndustry *n.* 電子工業[産業].
eléctronic swítch *n.* 電子スイッチ《半導体素子などのスイッチ作用を利用した接点をもたないスイッチ類の総称》.
eléctronic tág *n.* 電子所在標識, 電子タッグ《単に tag ともいう》.
eléctronic tágging *n.* 電子タグによるモニター[監視].
eléctronic túbe *n.* 〘電子工学〙 =electron tube.
eléctronic wárfare *n.* 電子戦争《電子機器を使って敵の機器の使用を妨げたり, 無力化すること》. 〘1972〙
eléctron ímpact spectróscopy *n.* 電子衝撃分光法.
e·lec·tron·ize /ɪléktrənàɪz | -trɔ-, -trə-/ *vt.* …に電子装置を設備する.
eléctron lèns *n.* 電子レンズ. 〘1931〙
eléctron mìcroscope *n.* 電子顕微鏡, 電顕. 〘1932〙
eléctron micróscopist *n.* 電子顕微鏡観察者. 〘1948〙
eléctron micróscopy *n.* 電子顕微鏡法, 電子顕微鏡よる観察. 〘1934〙
eléctron mùltiplier *n.* 電子増倍管《増幅用電子管》. 〘1940〙
e·lec·tron·o·graph /ɪlèktrɑ́(ː)nəgræ̀f, ìːlɛk- | èlɪktrɒ́nəgrɑ̀ːf, ìːlɛk-, ɪlèk-/ *n.* 電子写真装置; 電子写真. 〘1975〙
e·lec·tro·nog·ra·phy /ɪlèktrənɑ́(ː)grəfi | -nɒ́g-/ *n.* **1** 〘印刷〙 エレクトロノグラフィー《電子的に文字·画像を紙に転写する方法》. **2** 〘光学〙 電子顕微鏡像. **e·lec·tron·o·graph·ic** /ɪlèktrɑ̀(ː)nəgrǽfɪk, ìːlɛk- | èlɪktrɒ̀n-, ìːlɛk-, ɪlɛk-⁻/ *adj.* 〘(1955) ← ELECTRON+-O-+-GRAPHY〙
eléctron óptics *n.* 電子光学《電子の波動性を利用した幾何光学と同じような体系》. 〘1916〙
eléctron páir *n.* 〘物理〙 電子対《時として電子と陽電子の対を指すこともある》. 〘1932〙
eléctron pròbe mìcroanálysis *n.* 〘化学〙 電子プローブ微量分析《ごく少量の物質に細い電子線で衝撃を加え, 発生する X 線スペクトラムを分析する方法》.
eléctron-rày tùbe *n.* 〘電子工学〙 =electric eye 2.
eléctron spín rèsonance *n.* 〘物理〙 電子スピン共鳴 (略 ESR). 〘1952〙
eléctron tèlescope *n.* 電子望遠鏡. 〘1948〙
eléctron tránsport *n.* 〘生化学〙 電子伝達《生物の酸化還元系に見られるように電子の伝達で酸化還元が行われること》. 〘*c*1950〙
eléctron tùbe *n.* 〘電子工学〙 電子管《この代表が真空管で, 他に放電管も含めていう》. 〘1923〙
eléctron·vòlt *n.* 〘物理〙 電子ボルト《イオン·素粒子などのエルネギーを表す単位で, 1.602×10^{-12} erg に等しい; 略 eV》. 〘1930〙
elèctro·óc·u·lo·gram /-ɑ́(ː)kjʊləgræ̀m | -ɒ́k-/ *n.* 〘眼科〙 電気眼球図, 眼電図. 〘(1947) ← ELECTRO-+OCULO-+-GRAM〙
e·lec·tro·oc·u·log·ra·phy /ɪlèktroʊɑ̀(ː)kjʊlɑ́(ː)grəfi | -trə(ʊ)ɒ̀kjʊlɒ́g-/ *n.* 〘医学〙 電気眼球図記録(法), 眼電図記録(法).
elèctro·óptics *n.* 電気光学. **elèctro·óptic** *adj.* **elèctro·óptical** *adj.* **elèctro·óptically** *adv.* 〘*c*1890〙
elèctro·orgánic chémistry *n.* 〘物理化学〙 電気有機化学.
elèctro·osmósis *n.* 電気浸透. 〘(1906) ← NL ~: ⇨ electro-, osmosis〙
elèctro·palatógraphy *n.* 〘音声〙 電気口蓋図作製法.
e·lec·trop·a·thy /ɪlèktrɑ́(ː)pəθi, ìːlɛk- | èlɪktrɒ́p-, ìːlɛk-, ɪlɛk-/ *n.* 〘医学〙 =electrotherapeutics. 〘← ELECTRO-+-PATHY 3〙
e·lec·tro·phile /ɪléktrəfàɪl/ *n.* 〘化学〙 求電子試薬, 親電子物質《電子を強く引きつける物質; cf. nucleophile》. 〘(1943): ⇨ electro-, -phile〙
e·lec·tro·phil·ic /ɪlèktrəfílɪk⁻/ *adj.* 〘化学〙 求電子(性)の, 親電子(性)の (cf. nucleophilic): ~ reagents 求電子[親電子]試薬 / ~ substitution 求電子置換. 〘1933〙
e·lec·tro·phi·lic·i·ty /ɪlèktroʊfɪlísəṭi | -trə(ʊ)fɪlísɪti/ *n.* 〘化学〙 求電子性, 親電子性. 〘⇨ ↑, -ity〙
e·lec·tro·phone /ɪléktrəfòʊn | -fəʊn/ *n.* **1** 電気補聴器. **2** 電音機《電話送話機の一種》. **3** 電子楽器. 〘(1864) ← ELECTRO-+-PHONE〙
e·lec·tro·phon·ic /ɪlèktrəfɑ́(ː)nɪk | -fɒ́n-⁻/ *adj.* 電気発声の; 電子楽器の, 電子音楽の (electronic). 〘1864〙
e·lec·tro·phore /ɪléktroʊfɔ̀ə, -trə- | -trə(ʊ)fɔ̀ː(r)/ *n.* 〘物理〙 =electrophorus. 〘(1778) 《英語化》 ← ELECTROPHORUS〙
e·lec·tro·pho·rese /ɪléktrəfəríːs, -ríːz/ *vt.* 〘物理化学〙 電気泳動 (electrophoresis) にかける. 〘《逆成》 ↓〙
e·lec·tro·pho·re·sis /ɪlèktrəfəríːsɪs | -trə(ʊ)fəríːsɪs/ *n.* 〘物理化学〙 電気泳動《コロイド溶液内に電極をおいて電圧を加えるとコロイド粒子が一方の極の方へ移動すること; cataphoresis ともいう》. **e·lèc·tro·pho·rét·ic** /-fərétɪk | -tɪk⁻/ *adj.* **e·lèc·tro·pho·rét·ical·ly** *adv.* 〘(1911) ← NL ~: ⇨ electro-, -phoresis〙 E
elèctro·pho·rét·o·gram /-fəréṭəgræ̀m | -rét-/ *n.* 〘物理〙 電気泳動図, エレクトロフォレトグラム. 〘(1954) ← ELECTRO-+*phoret(ic)* (⇨ -phoresis)+-GRAM〙
e·lec·troph·o·rus /ɪlèktrɑ́(ː)fərəs, ìːlɛk- | èlɪktrɒ́f(ə)rəs, ìːlɛk-, ɪlɛk-/ *n.* (*pl.* **-o·ri** /-rài, -rìː/) 〘物理〙 電気盆, 起電盤《摩擦電気による起電器の一種で, 絶縁物の円盤と金属板とから成る》. 〘(1778) ← NL ~: ⇨ electro-, -phorous〙
elèctro·photógraphy *n.* 電子写真, 乾式写真. **e·lèctro·photográphic** *adj.* 〘1894〙
elèctro·phrénic *adj.* 〘医学〙 横隔膜神経に通電する: ~ respiration 横隔膜神経通電呼吸《人工呼吸の一種》. 〘1948〙
elèctro·physiólogist *n.* 電気生理学者. 〘1889〙
elèctro·physiólogy *n.* 電気生理学. **elèctro·physiológic** *adj.* **elèctro·physiológical** *adj.* **elèctro·physiológically** *adv.* 〘1838〙
e·lec·tro·plaque /ɪléktrəplæ̀k | -plɑ̀ːk, -plæ̀k/ *n.* 〘動物〙 電函《電気魚の電気板がはいっているところ》.
eléctro·plàte *vt.* **1** 電気めっきする, 電鍍(でんと)する: an *electroplating* bath 電鍍槽. **2** =electrotype. — *n.* 電気めっき物《皿·スプーン·フォークなど》. 〘1844〙
eléctro·plàter *n.* 電気めっきする人; 電気めっき器. 〘*c*1850〙
eléctro·plàting *n.* 電気めっき, 電鍍. 〘1865〙
e·lec·tro·plax /ɪléktrəplæ̀ks/ *n.* 〘動物〙 =electroplaque. 〘← NL ~ ← ELECTRO-+Gk *pláx* anything flat and broad〙
e·lec·tro·plex·y /ɪléktroʊplèksi, -trə- | -trə(ʊ)-/ *n.* 《英》〘精神医学〙 =electroshock therapy. 〘(1950) ← ELECTRO-+(APO)PLEXY〙
elèctro·pólar *adj.* 〘物理〙 〈物体が〉電気的極性をもった.
elèctro·pólish *vt.* 〘化学〙 〈金属〉に電気仕上げをする, 電気研磨する. 〘1956〙
elèctro·pólishing *n.* 〘化学〙 電解研磨. 〘1966〙
eléctro·pòp *n.* 〘音楽〙 エレクトロポップ《シンセサイザーやシンセサイザードラムを用いたポピュラー音楽》.
e·lec·tro·po·ra·tion /ɪlèktroʊpəréɪʃən | -trə(ʊ)-/ *n.* 〘生物〙 電気穿孔法, エレクトロポレーション《電気パルスによって細胞膜に一時的に穴をあけ, そこから DNA を細胞内に導入することを利用した遺伝子導入法》. **e·lèc·tro·po·ráte** /-pɔːréɪt/ *vt.*
elèctro·pósitive *adj.* **1** 〘電気〙 正の電荷をもった, プラスに帯電した. **2** 〘物理化学〙 金属性の. **3** 〘化学〙 陽性の (↔ electronegative). 〘1813〙
e·lec·tro·pult /ɪléktrəpʌ̀lt, -pʊ̀lt/ *n.* 〘航空〙 電気式カタパルト《短い滑走路で飛行機を離陸可能速度に加速する軌道車および台車》. 〘← ELECTRO-+(CATA)PULT〙
elèctro·recéption *n.* 〘動物〙 電気受容.
elèctro·recéptor *n.* 〘動物〙 電気受容器《サメ·デンキウナギ·ナマズなどの体表にある弱い電気を感知する器官》. 〘1958〙
elèctro·refíning *n.* 〘物理·化学〙 =electrolytic refining.
elèctro·rét·i·no·gram /-réṭənəgræ̀m, -tṇ- | -rétɪn-/ *n.* 〘医学〙 網膜電位図, 網電図. 〘(1936) ← ELECTRO-+RETINO-+-GRAM〙
elèctro·rét·i·no·graph /-réṭənəgræ̀f, -tṇ- | -rétɪnəgrɑ̀ːf, -græ̀f/ *n.* 〘医学〙 網電計. **elèctro·ret·i·no·gráph·ic** /-rèṭənəgrǽfɪk, -tṇ- | -tɪn-⁻/ *adj.* 〘(1962): ⇨ ↑, -graph〙
elèctro·ret·i·nóg·ra·phy /-rèṭənɑ́(ː)grəfi, -tṇ- | -tɪnɒ́g-/ *n.* 〘医学〙 網膜電位図[網電図]記録(法). 〘1948〙
e·lec·tro·scope /ɪléktrəskòʊp | -skəʊp/ *n.* 検電器《電荷の有無や極性を調べる装置》. **e·lec·tro·scop·ic** /ɪlèktrəskɑ́(ː)pɪk | -skɒ́p-⁻/ *adj.* 〘(1810) ▭ ? F *électroscope*: ⇨ electro-, -scope〙
elèctro·sénsitive *adj.* 電気感光性の; 電流感応性の.
eléctro·shòck *n.* **1** 〘精神医学〙 電気ショック. **2** =electroshock therapy. 〘1941〙
eléctroshock thèrapy [trèatment] *n.* 〘精神医学〙 電気ショック療法. 〘1942〙
elèctro·slág *adj.* 〘化学〙 エレクトロスラグの: the ~ method エレクトロスラグ法《溶接法の一つ》. 〘1959〙
eléctro·slèep *n.* 〘医学〙 電気睡眠《低電位の電流による睡眠》.
elèctro·státic *adj.* 〘電気〙 **1** 静電気の; 静電気学の: ~ capacity 静電容量 / an ~ shielding 静電遮蔽(しゃへい).

2 静電塗装の. **elèctro·státically** *adv.* 〘1860〙
eléctrostatic fíeld *n.* 〘電気〙 =electric field. 〘1920〙
eléctrostatic génerator *n.* 〘電気〙 静電発電機, 起電機. 〘1931〙
electrostatic indúction *n.* 〘電気〙 静電誘導《静電容量を通じて起きる電気的誘導で, 相互インダクタンスを通じて起きる電磁誘導の対》. 〘1880〙
eléctrostatic léns *n.* 静電レンズ. 〘1953〙
eléctrostatic mícrophone *n.* コンデンサーマイクロホン.
electrostátic precipitátion *n.* 静電[電気]集塵(しゅうじん)《気体中の浮遊微粒子を電場で分離・採集する方法》.
electrostátic precípitator *n.* 静電[電気]集塵器.
eléctrostatic prínting *n.* 静電印刷[コピー]法《ゼロックスなど》.
elèctro·státics *n.* 静電気学 (cf. electrokinetics). 〘1827〙
eléctrostatic únit *n.* 〘物理〙 静電単位 (略 e.s.u., ESU). 〘1860〙
eléctrostatic vóltmeter *n.* 〘電気〙 静電電圧計. 〘1906〙
eléctro·stèel *n.* 〘冶金〙 =electric steel.
elèctro·stríction *n.* 〘電気〙 電気ひずみ, 電歪(でんわい)《誘電体に電界をかけたときにわずかな変形を生じる現象またはその変形; cf. magnetostriction》. 〘(1909) ← ELECTRO-+(CON)STRICTION〙
elèctro·súrgery *n.* 電気外科《外科手術に電気メス・ジアテルミー (diathermy) などを応用すること》. **elèctro·súrgical** *adj.* 〘*c*1903〙
elèctro·sýnthesis *n.* 〘化学〙《特に, 有機化合物の》電気合成. 〘(1898) ← NL ～: ⇨ electro-, synthesis〙
elèctro·táx·is /-tǽksɪ̀s | -sɪs/ *n.* 〘生物〙 走電性 (galvanotaxis)《自由運動をする生物が電流に対して示す走性》. 〘(1900) ← NL ～: ⇨ electro-, -taxis〙
elèctro·téchnics *n.* =electrotechnology. 〘1884〙
elèctro·technólogy *n.* 電気工学, 電子工学. 〘1885〙
elèctro·therapéutic *adj.* 〘医学〙 電気療法の.
elèctro·therapéutical *adj.* =electrotherapeutic. 〘1908〙
elèctro·therapéutics *n.* 〘医学〙 電気療法. 〘1868〙
elèctro·therapéutist *n.* 〘医学〙 電気療法医. 〘1899〙
elèctro·thérapist *n.* 〘医学〙 電気療法医. 〘1928〙
elèctro·thérapy *n.* 〘医学〙 電気療法. 〘1881〙
elèctro·thérmal *adj.* 電熱の; 電気と熱の. **～·ly** *adv.* 〘1884〙
eléctro·thèrmal prínter *n.* 〘電算〙 感熱式プリンター (thermal printer ともいう). 〘1884〙
elèctro·thérmic *adj.* =electrothermal. 〘1899〙
elèctro·thérmics *n.* 〘物理・化学〙 電熱化学.
e·lec·tro·tome /ɪ̀léktroutòum, -trə- | -trə(ʊ)tə̀ʊm/ *n.* 自動遮断器. 〘← ELECTRO-+-TOME〙
e·lec·trot·o·nus /ɪ̀lèktrɑ́(ː)tənəs, ìːlɛk-, -tn̩- | èlɪktrɔ́tən-, ìːlɛk-, ɪ̀lèk-, -tn̩-/ *n.* 〘生理〙 電気緊張.
e·lec·tro·ton·ic /ɪ̀lèktrətɑ́(ː)nɪk | -tɔ́n-ˈ/ *adj.* 〘(1878) ← NL ～: ⇨ electro-, tonus〙
e·lec·trot·ro·pism /ɪ̀lèktrɑ́(ː)trəpɪ̀zm, ìːlɛk- | èlɪktrɔ́tr-, ìːlɛk-, ɪ̀lèk-/ *n.* 〘植物〙 屈電性《電流によって生長運動の方向が定まる植物の性質; cf. galvanotropism》. 〘(1899) ← ELECTRO-+-TROPISM〙
e·lec·tro·type /ɪ̀léktroutàɪp, -trə- | -trə(ʊ)-/ *n.* **1** 〘印刷〙 電気版, 電鋳版, 電胎版. **2** =electrotypy 2. **3** 電気版印刷物. **4** 電気めっきで造った模造貨幣. ― *vt.* 電気版にする[取る], …の電鋳を行う. 〘1840〙
e·léc·tro·týp·er *n.* 電気製版工, 電気版技師. 〘*c*1850〙
e·lec·tro·typ·y /ɪ̀léktroutàɪpi | -trə(ʊ)-/ *n.* **1** 〘物理化学〙 電鋳, 電型法. **2** 〘印刷〙 電鋳法, 電気版術, 電気版製作法, 電気製版術. 〘← ELECTROTYPE+-Y¹〙
elèctro-ultrafiltrátion *n.* 〘物理〙 限外電気濾過(ろか).
elèctro·válence *n.* 〘化学〙 イオン価, イオン原子価 (cf. covalence). **elèctro·válent** *adj.* **elèctro·válently** *adv.* 〘1921〙
elèctro·válency *n.* 〘化学〙 =electrovalence. 〘1923〙
eléctrovalent bónd *n.* 〘物理化学〙 =ionic bond.
eléctro·wèak *adj.* 〘物理〙 電弱の《弱い力 (weak force) と電磁気力を統一して説明する理論についていう》. 〘1978〙
elèctro·wínning *n.* 〘化学〙 電解採取《電解液中から金属を析出させる方法》. 〘1924〙
e·lec·trum /ɪ̀léktrəm/ *n.* **1** 《古代ギリシャで貨幣に用いた》琥珀(こはく)金《金と銀の自然合金》. **2** 《古》 琥珀 (amber). **3** 洋銀 (German silver). 〘(*c*1384) □ L *ēlectrum* □ Gk *ḗlektron* amber: ⇨ electric〙
e·lec·tu·ar·y /ɪ̀léktʃuèri | -tjuəri/ *n.* 《シロップまたははちみつを用いた》練り薬, 舐剤(しざい). 〘(*a*1398) *electuarie* □ LL *ēlectuārium* (*ēlectus* elected と連想か) ← ? Gk *ekleíktón* electuary ← *ekleíkhein* to lick out ← *ek-* 'EC-¹'+*leíkhein* 'to LICK'〙
el·e·doi·sin /èlədɔ́ɪsɪ̀n, -sn̩ | -sɪn/ *n.* 〘薬学〙 エレドイシン《ある種のタコの唾液線から採取した蛋白質; 強力な血管拡張剤》. 〘(1963) ← NL *Eledone* (タコの属名)〙
el·ee·mos·y·nar·y /èlɪmɑ́(ː)sənèri, èlìə-, -mɑ́(ː)z- | èlìːmɔ́sɪnəri, èlìːm-, èlɪm-, -mɔ́z-/ *adj.* **1** 慈善的な, 慈善の (charitable): an ～ organization 慈善団体 / ～ spirit 慈善心. **2** 慈善的救助に頼る: the ～ poor 慈善救助を受けている貧民. ― *n.* 施しを受ける人. 〘(*c*1616) □ ML *eleēmosynārius* ← LL *eleēmosyna* 'ALMS'〙
el·e·gance /élɪ̀gəns/ *n.* **1 a** 優雅, 端麗, 上品, 気品 (grace, refinement): ～ of manners, language, style, etc. 態度[言葉遣い, 文体]の優雅さ. **b** 科学的に正確ですっきりしていて簡単であること, エレガンス: the ～ of the solution その解決法のエレガンス. **2** [通例 *pl.*] 優雅[高雅]な事物, 上品な言葉[作法]. 〘(*c*1510) □ (O)F *élégance*: ⇨ elegant, -ance〙
él·e·gan·cy /-si/ *n.* [通例 *pl.*] =elegance. 〘(?*a*1425): ⇨ ↑, -ancy〙
el·e·gant /élɪ̀gənt/ *adj.* **1** 《人品・態度など》上品な, 優雅な (graceful); 趣味の高い: ～ society 上品な[貴族的な]社会 / an ～ lady 端麗な女性. **2** 〈趣味・言行・服装など〉風雅な, 優美な, 上品な (tasteful) (⇨ delicate SYN): ～ compliments 上品なお世辞 / ～ furniture [dress] 上品な調度品[服装] / ～ taste 上品な趣味 / an ～ suit 上品なスーツ. **3** 〈芸術・文学・文体など〉気品の高い, 高雅な (polite): ～ literature [style] 典雅な文学[文体] / ～ arts 高雅な芸術 / an ～ writer 気品の高い作家. **4** 〈証明など科学的に正確ですっきりして簡単な, エレガントな: an ～ solution [argument] エレガントな解決法[論証]. **5** 《俗》 見事な, りっぱな; すばらしい, すてきな: ～ butter すばらしいバター. ― *n.* 上品[風雅]な人. **～·ly** *adv.* 〘adj.: (*c*1485) □ (O)F *élégant* // L *ēlegantem* fine, fastidious (pres.p.) ← **ēlegāre*=*ēligere* to pick out: cf. elect, eligible〙
é·lé·gante /èɪleɪgɑ́ː(n)t, -gɑ́ːnt; *F.* elegɑ̃ːt/ *n.* (*also* **e·le·gante** /～/) (*pl.* **～s** /～(s); *F.* ～/) 気品の高い女性, 服装の優美な淑女. 〘(1806) □ F ～ (fem.) ← *élégant* (↑)〙
e·le·gi·ac /èlɪ̀dʒáɪək, -æk ˈ/ *adj.* **1** 〘古典詩学〙 哀歌体[調]の, 挽歌(ばんか)形式の: an ～ couplet [distich] 哀歌調の連句《dactyl (— ◡ ◡) の六歩格と五歩格とが交互になった二行連句》/ the ～ meter 哀歌調 (elegiac couplet の詩格). **2** 哀歌 (elegy) (風)の; 哀調を帯びた, 哀愁的な: ～ strains 哀調. **3** 哀歌作りの, 哀歌詠(よ)みの: an ～ poet=elegist. ― *n.* [*pl.*] 哀歌[挽歌]体の詩(句). 〘(1542) □ F *élégiaque* □ LL *elegiacus* □ Gk *elegeiakós*: ⇨ elegy, -ac〙
el·e·gi·a·cal /èlɪ̀dʒáɪəkəl, -kl̩ ˈ/ *adj.* =elegiac. **～·ly** *adv.* 〘(1546): ⇨ ↑, -al¹〙
elegíac pentámeter *n.* 〘古典詩学〙 哀歌調五歩格(の詩).
élegiac stánza *n.* 〘詩学〙 哀歌連《弱強調五歩格 (iambic pentameter) の四行連句で a b a b と押韻する》. 〘Gray の *Elegy* などに用いられたところから〙
e·le·gi·ast /èlɪ̀dʒáɪəst, -æst/ *n.* =elegist. 〘(1766) ← ELEGY+-AST: cf. ecclesiast〙
el·e·gist /élɪ̀dʒɪ̀st | -dʒɪst/ *n.* 哀歌[挽歌(ばんか)]調詩人, elegy 作者. 〘(1774) ← ELEGY+-IST〙
e·le·git /ɪlíːdʒɪ̀t, ɛl- | -dʒɪt/ *n.* 〘法律〙 土地強制管理令状《判決によって確立した債権を有する者 (judgment creditor) が債務者の土地を管理し, 地代や収穫を債務の弁済として取り立てうる強制執行令状; 通常の動産執行令状の代わりに選択できた》. 〘(1503–4) □ L *ēlēgit* he has chosen ← *ēligere*: ⇨ elect〙
el·e·gize /élɪ̀dʒàɪz/ *vt.* 哀歌を作って哀悼する. ― *vi.* 哀歌を作る 〔*upon*〕. 〘(1702) ← ELEGY+-IZE〙
el·e·gy /élɪ̀dʒi/ *n.* **1** 《悲しみ事, 特に人の死を悼む》哀歌, 悲歌, 挽歌(ばんか) (P. B. Shelley の *Adonais*, Tennyson の *In Memoriam* など; cf. dirge). **2 a** 哀歌調 (elegiac meter) の詩[連句]. **b** 哀歌調の小曲. 〘(1501) □ F *élégie* □ L *elegia* □ Gk *elegeîa* (*õidḗ*) 《原義》 elegiac (ode) (fem.) ← *elegeíos* elegiac ← *élegos* song of lament ← ? Phrygian〙
E·lei·a /íːliə/ *n.* =Elia².
E·lek·tra /ɪ̀léktrə/ *n.* 〘商標〙 エレクトラ《米国 Elektra/Asylum/Nonesuch Records 製のレコードレーベル》. 〘cf. Gk *ēléktra* (← *ḗlektron* 'ELECTRON')〙
elem. 《略》 element(s); elementary.
el·e·ment /éləmənt | élɪ̀-/ *n.* **1** 成分, 要素; 構成分子; 〘文法〙 要素: an important ～ *of* glass ガラスの重要成分 / the ～ *of* national wealth 国富の要素 / There is an ～ *of* truth in what he says. 彼の言うことには幾分の真理がある / discontented [disaffected] ～*s of* [in] society 社会の不平分子 / the criminal ～ *in* society 社会の犯罪分子 / subversive ～*s* 破壊活動を行う分子 / the ～*s* of a sentence 文の要素《主語・述語動詞・目的語・補語など》/ reduced to its ～*s* 要素に分析されて[ると]. **2** 〘物理化学〙 元素: ⇨ element 104, element 105. **3** 《電熱器, 電気ポットなどの》熱線 (cf. 10). **4** [*pl.*] 《天候に現れる》自然力, 大気の力; 暴風雨: be exposed to the ～*s* 風雨にさらされる / the fury of the ～*s* 自然力の猛威, 荒れ狂う風雨 / a strife [war] of the ～*s* 大暴風雨, 大風. **5** [*pl.*] 《学問の》原理, 原則; 初歩: the ～*s of* grammar 文法の要綱 / Euclid's *Elements* ユークリッドの「(幾何学)原論」. **6 a** 《生物の本来のすみかとして見た》四大の一つ《例えば水は魚の, 空は鳥の》; 《生物の》本来のすみか, 固有の領域: Air is the ～ of birds. 空は鳥のすみかだ. **b** 《人の》本領, 適所, 持ち前: Poetry was his proper ～. 詩が彼の本領だった. **7** 《古代の自然哲学者らにより自然界を構成すると考えられた》基本要素: the four ～*s* 四元(素), 四大(素)《earth, air, fire, water》/ the devouring ～ (すべての物をなめ尽くす)火. **8** 〘数学〙 要素, 元素, 原素《集合 (set) を構成する個体, 行列または行列式を構成する数や式, 幾何の基本的対象としての点・直線・平面・角など》. **9** 〘天文〙 《問題の解決に要する》要素, 素子: the ～*s of* a planetary orbit 惑星の軌道要素《軌道の大きさ・形状・方向・傾斜およびその軌道内での惑星の位置・周期などを決定する》. **10** 〘電気〙 電池; 《電池の二つの金属の》電極の片方; 《真空管の》電極. **11** [*pl.*] 〘神学〙 《聖餐式の》パンとぶどう酒; 〘カトリック〙 秘跡的要素《ミサに用いるパンとぶどう酒》. **12 a** 〘軍事〙 《大隊・中隊・小隊・分隊のように, ある部隊内の下位区分としての》構成部隊, 小部隊. **b** 〘米空軍〙 最小単位の編隊《通例 2, 3 機》; 《飛行》小隊《編隊の中隊に対するもので, 通例 3 機》. **13** 〘植物〙 変形細胞《木部の道管あるいは篩部(しぶ)の篩管を作る細胞で, 全部または一部原形体を欠くもの》; 原生木部の細胞. **14** 《テレビ・ラジオ受信用の》アンテナの横棒[縦棒]. **15** 〘光学〙 素子《特定の光学系を構成する部品》.
an élement of surprise ⇨ surprise *n.* 成句. ***in one's élement*** 本領を発揮できて, 得意の境地にあって, 性(しょう)に合って (cf. 6 b): He is *in his* ～ in the laboratory. 実験室が彼の本領だ. 〘1645〙 ***out of one's élement*** 本領を発揮できなくて, 性に合わないで. 〘1677〙
〘(*c*1290) □ (O)F *élément* // L *elementum* natural element, a first principle, *elementa* (pl.) first principles (of an art or science) ← ?〙
élement 104 *n.* 〘化学〙 104 番元素《1960 年代末にソ連 Dubna, 米国 Berkeley のグループが発見した人工元素; 暫定名称 unnilquadium; 記号 Unq》. 〘1967〙
élement 105 *n.* 〘化学〙 105 番元素.
el·e·men·tal /èləméntl̩ | èlɪ̀méntl̩ˈ/ *adj.* **1** 自然のままの, むき出しの; 原始的な, 根元的な: ～ passions 原始的な激情 / Sex is an ～ drive. 性は根元的な衝動である. **2** 《自然力のように》絶大な, 恐ろしいほどの: ～ strength 《自然力のような》偉大な力 / a bold ～ imagination 大胆なすさまじい想像力. **3** 〘化学〙 元素の. **4** 要素の; 必須の; 天成の: the ～ ingredients of public opinion 世論の要素的成分. **5** 《古代自然哲学の》四元[四大] (earth, water, air, fire) の: ～ strife 《自然界の》四大闘争, 大暴風雨 / ～ tumults 暴風雨. **6** 自然力の; 自然力[自然現象]に関する: ～ forces 自然力 / ～ worship 自然力[四大の精霊]崇拝 / ～ spirits (四大を支配するという)四大の精霊. **7** 《米》 初歩の, 基本的な. ★ 今は elementary が普通: an ～ work upon astronomy 天文学の入門書. ― *n.* **1** 《秘術的に現れる》精霊, 霊, 幽霊. **2** [通例 *pl.*] 根本, 基本. 〘(*a*1477) □ ML *elementālis* ← L *elementum*: ⇨ element, -al¹〙
élemental área *n.* 《テレビなどの》画素《画面をテレビ・電光表示盤・印刷などで表すとき, 小さな点の集まりに分解するその一つ一つを画素という》. 〘1953〙
èl·e·mén·tal·ìsm /-tl̩ɪ̀zm, -tl̩- | -təl-, -tl̩-/ *n.* **1** 自然力崇拝. **2** 元素派《事物の基本形態だけを認めてそれを表現しようとする主義・傾向》. **3** 〘哲学〙 《構成》要素主義《事象の中に身・心, 時・空間, 単純な印象や知覚等の要素を認め, 要素への還元と要素からの合成によって物事を説明しようとする傾向・立場の総称》. 〘(1863): ⇨ -ism〙
el·e·men·tal·i·stic /èləmèntl̩ístɪk, -tl̩- | èlɪ̀mèntəl-, -tl̩-ˈ/ *adj.* 〘哲学〙 《構成》要素主義の. 〘(1946): ⇨ -istic〙
el·e·men·tal·ly /èləméntəli, -tl̩i | èlɪ̀méntəli, -tli/ *adv.* 要素的に; 基本的に. 〘(1643): ⇨ -ly¹〙
el·e·men·ta·ry /èləméntəri, -tri, -ménəri | èlɪ̀méntəri, -triˈ/ *adj.* **1** 初歩の, 初歩的な, 初等の; 小学校の: ～ errors 初歩的なミス / an ～ book 入門書 / ～ education 初等教育 / ～ teachers 小学校の教師たち. **2 a** 要素である, 単元的の, 合成[複合]でない. **b** 〘化学〙 元素の, 元素である: ～ substances 元素. **3** 〘数学〙 〈関数が〉初等の. **4** 四元[四大]の; 自然力の. ★ 今は elemental の方が普通: ～ war 自然力の闘争《地震・暴風雨・大水など》/ ～ gods 四大の神々. **el·e·men·tar·i·ly** /èləmèntérəli, -méntərə-, -trə- | èlɪ̀méntərɪ̀-, -trɪ̀-/ *adv.* **èl·e·mén·ta·ri·ness** *n.* 〘(*a*1396) *elementare* □ L *elementārius* ← *elementum*: ⇨ element, -ary〙
eleméntary análysis *n.* 〘化学〙 元素分析.
eleméntary bódy *n.* 〘医学〙 基本小体《封入体 (inclusion body) を形成する》.
eleméntary chárge *n.* 〘物理〙 電気素量.
eleméntary párticle *n.* **1** 〘物理〙 素粒子《物質構成の基本的粒子; electron, proton, neutron, positron, meson, neutrino など》. **2** 〘生物〙 =oxysome. 〘(1756) 1930〙
eleméntary prócess *n.* 〘物理化学〙 素過程, 素反応《最終的に化学反応式で表される反応が各段階に分けて起こっているとき, それぞれの段階の反応をいう》. 〘1938〙
eleméntary schóol *n.* 《米》 小学校《修業年限は 6–3–3 制で 6 年, 8–4 制で 8 年; 英国で, 1870–1918 年に 5–13 歳, その後 1944 年まで 5–14 歳の児童を収容した小学校だが, 現在は primary school という》. 〘1841〙
eleméntary spécies *n.* 〘生物〙 =subspecies.
el·e·mi /éləmi | élɪ̀-/ *n.* 〘化学〙 エレミ《熱帯地方産カンラン科の種々の木から採る芳香性樹脂; ワニス・ラッカーなどに用いる; gum elemi ともいう》. 〘(1543) ← NL *elemi* // □ Sp. *elemí* □ ? Vulgar Arab. *elemí*=Arab. *al-lāmī* the elemi〙
El·e·na /élənə, ɪ̀léɪnə; *Russ.* jɪlʲénə/ *n.* エレーナ, イリーナ《女性名》. 〘□ Russ. ～: ⇨ Helen〙
elenchi *n.* elenchus の複数形.
e·lench·tic /ɪ̀léŋ(k)tɪk/ *adj.* =elenctic. 〘1833〙
e·len·chus /ɪ̀léŋkəs/ *n.* (*pl.* **e·len·chi** /-kaɪ, -kiː/) **1** 〘論理〙 反対論証, 論破: ⇨ Socratic elenchus. **2** 論難, 論駁 (refutation), 間接論駁 (indirect refutation).

〘(1663) ◻ L ～ ◻ Gk *élegkhos* cross-examination, refutation ← *elégkhein* to disprove, disgrace〙

e·lenc·tic /ɪléŋ(k)tɪk/ *adj.* **1** 〘論理〙反対論証的な (cf. deictic). **2** 論駁的な, 論駁好きな. 〘(1866) ◻ Gk *elegktikós* fond of cross-examining ← *elégkhein* (↑)〙

el·e·o- /éliou, ɪ̀lɪ́:- | -əʊ/ =elaio-: *eleoptene*.

el·e·o·lite /ɪlí:əlàɪt/ *n.* 〘鉱物〙脂光石《かすみ石 (nephelite) の一種》. 〘◻ G *Eläolith*: ⇨ elaeo-, -lite〙

El·e·o·no·ra /èliənɔ́:rə/ *n.* エリオノーラ《女性名》. 〘◻ It. ～: ⇨ Eleanor〙

el·e·op·tene /èliɑ́(:)pti:n | -ɔ́p-/ *n.* 〘化学〙エレオプテン《揮発性油の液体部; cf. stearoptene》. 〘← eleo- 'ELAIO-'+Gk *ptenós* winged, fleeting〙

éleo·steàric ácid *n.* 〘化学〙エレオステアリン酸 ($C_4H_9(CH{\cdot}CH)_3(CH_2)_7COOH$)《桐油中に含まれる不飽和脂肪酸》. 〘*eleostearic*: ⇨ elaio-, stearic〙

el·e·phant /éləfənt | ɛ́lɪ̀-/ *n.* (*pl.* **～s,** ～) **1** ゾウ: ⇨ African elephant, Indian elephant / *Elephants* never forget《諺》象は忘れない《記憶力がよい》. **2** 厄介な所有物, 持て余し物 (cf. white elephant 2). **3** 巨大な物[人]: an ～ *of a* man 象のような巨漢. **4** 《英》エレファント判《筆記・図画・包装用紙の寸法; 23×28 から 28×34 インチまである》: double ～ エレファントダブル判. **5** 《米》エレファント《共和党の象徴; cf. donkey 4》. **6** 《廃》象牙 (ivory). ***sée the élephant*** 《米俗》(1) 世間を見る (see life): He's *seen the* ～. 彼は世間を知っている. (2) (大都会の)見物をする (see the sights). 〘(?a1200) *olifa(u)nt, elefaunt* ◻ OF *olifant* < VL **olifantu(m)*《変形》← L *elephantus, elephā(n)s* ◻ Gk *elephant-, eléphās*.〙

el·e·phan·ta /èləfǽntə | ɛ̀lɪ̀fǽntə/ *n.* 〘気象〙エレファンタ《9–10 月の夏季節風の終期のころ, インド南西部 Malabar 沿岸に吹く南(東)からの暴風》. 〘(1725) ◻ Port. *elephante*《原義》elephant ◻ L *elephantus* (↑): 象がインド天文学の第 13 月宿のしるしであり, そのころ暴風が起こるのにちなむ〙

Él·e·phan·ta Ísland /èləfǽntə- | ɛ̀lɪ̀fǽntə-/ *n.* エレファンタ島《Bombay 港内の小島; ヒンズー教の石窟寺院で有名》.

élephant bìrd *n.* 〘鳥類〙=aepyornis. 〘1889〙

élephant fìsh *n.* 〘鳥類〙ギンザメの類の魚 (*Callorhynchus callorhychus*)《南半球の深海に生息し, 吻(ふん)が長く先端が曲がっている》. 〘1867〙

élephant fòlio *n.* 〘製本〙エレファントフォリオ(本)《普通のフォリオ本より大きめの本; 14×23 インチ大; cf. atlas folio》. 〘1880〙

élephant gràss *n.* 〘植物〙 **1** ヨーロッパ産のガマの一種 (*Typha elephantina*)《かごなどを編む; cf. cattail 1》. **2** =napier grass. 〘1832〙

élephant gùn *n.* 象撃ち銃《象など大型の動物の狩猟に用いるライフル銃》. 〘1887〙

el·e·phan·ti·a·sis /èləfəntáɪəsɪ̀s, -fæn- | ɛ̀lɪ̀fən-táɪəsɪs, -fæn-/ *n.* (*pl.* **-a·ses** /-sì:z/) **1** 〘病理〙象皮病 (cf. filaria). **2** (好ましくない)増大, 膨張. 〘(1581) ← NL ～ ← L ～ ◻ Gk *elephantíasis*: ⇨ elephant, -iasis〙

el·e·phan·tine /èləfǽntaɪn, -ti:n | ɛ̀lɪ̀fǽntaɪn⁻/ *adj.* **1** (動作・態度・挙動などが)象のような; ぶざまな, ぎこちない (clumsy), 鈍重な: an ～ jest おもしろくもないだじゃれ / ～ humor さえないユーモア / ～ movements 鈍重な動作. **2** 象の, 象に関する: the ～ epoch 象属の全盛時代. **3** 巨大な; 〈仕事が〉象のような力のいる: ～ proportions 巨大な図体 / an ～ task 非常に力のいる仕事. **4** (古代ローマで)象牙製の: ～ books ローマ皇帝や元老の行動を記録した象牙製の本. 〘(1610) ◻ L *elephantinus* ◻ Gk *elephántinos*: ⇨ elephant, -ine[1]〙

El·e·phan·ti·ne /èləfæntáɪni, -tí:- | ɛ̀lɪ̀-/ *n.* エレファンティーネ(島)《エジプト南端, Nile 川の小島; Aswan の中洲にあり, 遺跡に富む》.

élephant màn's disèase *n.* 〘医学〙象男病《神経繊維腫症 (neurofibromatosis) のこと》. 〘この病気で見世物になった英国人 John Merrik (1862?–90) につけられたあだなから〙

el·e·phan·toid /èləfǽntɔɪd | ɛ̀lɪ̀-⁻/ *adj.* 象のような; 象類似動物の. 〘(1841) ← ELEPHANT+-OID〙

élephant sèal *n.* 〘動物〙ゾウアザラシ《ゾウアザラシ属 (*Mirounga*) の総称; アザラシ類中最大; 次の二種類がある》: **a** ミナミゾウアザラシ (*M. leonina*)《南極産》. **b** キタゾウアザラシ (*M. angustirostris*)《北米の北回帰線以北産》. 〘1839〙

élephant's-èar *n.* 〘植物〙象の耳のような大きな葉をつける植物の総称: **a** ベゴニア (begonia). **b** サトイモ属 (*Colocasia*) の植物; (特に)タロイモ (taro). 〘1866〙

élephant's-fòot *n.* (*pl.* **～s**) 〘植物〙 **1** ツルカメソウ (*Testudinaria elephantipes*)《南アフリカ共和国産のヤマイモ科の つる植物; 原住民の食用になる巨大な根茎の表面には亀甲のような裂け目があるので, tortoise plant ともいわれる》. **2** キク科イガコウゾリナ属 (*Elephantopus*) の植物の総称. 〘1845–50〙

élephant shrèw *n.* 〘動物〙ハネジネズミ《アフリカ産のゾウの鼻を思わせる長く敏感な口先をもつ食虫目ハネジネズミ科の動物の総称》. 〘1868〙

élephant's-trùnk snàke *n.* 〘動物〙ヤスリミズヘビ (*Acrochordus javanicus*)《アジア南部産の水中生活をする無毒のヘビ; 皮膚がだぶついてしわが多い》.

élephant trùnk *n.* 〘土木〙吐き管《コンクリートポンプの排出管》.

El Escorial /èlɛskɔ́:riəl | ɛ̀lɛskɔriá:l, -ǽl, ɛ̀lɛskɔ́:riæl; *Sp.* eleskoríal/ *n.* エルエスコリアル (⇨ Escorial).

El·eu·sin·i·a /èljusíniə | ɛ̀lju:-, ɛ̀lu:-/ *n. pl.* エレウシスの秘儀《古代ギリシャ Attica の Eleusis で豊饒の女神 Demeter の祭典として, もとは毎年, 後隔年あるいは 4 年ごとに挙行された神秘的な儀式》. 〘← Gk *Eleusínios* of Eleusis ← *Eleusís*; ⇨ -ia[2]〙

El·eu·sin·i·an /èljusíniən | ɛ̀lju:-, ɛ̀lu:-⁻/ *adj., n.* Eleusis の(市民). 〘(1611) ← L *Eleusinius* ◻ Gk *Eleusínios* ← *Eleusís*〙

Éleusinian mýsteries *n. pl.* =Eleusinia. 〘1643〙

E·leu·sis /ɪlú:sɪ̀s | ɛljú:sɪs, ɪ̀lj-, ɛlú:-/ *n.* エレウシス《古代ギリシャ Attica の Demeter の秘儀で有名な都市》. 〘◻ Gk *Eleusís*〙

e·leu·ther- /ɪlú:θər | ɪ̀ljú:-, ɛl-, -lu:-/ (母音の前にくるときの) eleuthero- の異形.

e·leu·ther·o- /ɪlú:θərou | ɪ̀ljú:θərəʊ, ɛl-, -ljú:-/「自由; 自由な」の意の連結形. ★ 母音の前では通例 eleuther- になる. 〘← Gk *eleútheros* free: ⇨ liberal〙

e·leu·ther·o·ma·ni·a /ɪlù:θərouméɪniə, -njə | ɪ̀ljù:θərə(u)méɪniə, ɛl-, -lù:-/ *n.* 自由狂《理想的な自由に対する熱狂的努力》. 〘⇨ ↑, -mania〙

e·leu·ther·o·ma·ni·ac /ɪlù:θərouméɪniæ̀k | ɪ̀ljù:θərə(u)-, ɛl-, -lu:-/ *n.* 自由狂の人. **—** *adj.* 自由狂の. 〘(1837): ⇨ ↑, -ac〙

elèuthero·pétalous *adj.* 〘植物〙離生した花弁のある, 離弁の. 〘(1875) ← ELEUTHERO-+PETALOUS〙

elèuthero·phýllous *adj.* 〘植物〙離生した葉のある, 離葉の. 〘(1875) ← ELEUTHERO-+-PHYLLOUS〙

elev. 《略》elevation; elevator.

el·e·vate /éləvèɪt | ɛ́lɪ̀-/ *vt.* **1** 〈人を〉昇進させる (exalt): ～ a commoner *to* the peerage ただの市民を貴族に昇叙する. **2 a** 〈評価を〉高める. **b** (知的・道徳的に)向上させる, 高潔にする (cf. elevated, elevating): ～ a person's character 人の品性を高める. **3 a** 〈声・調子などを〉高める, 上げる: ～ one's voice 声を張り上げる. **b** 〈温度を〉上昇させる; 〈脈拍を〉速める, 増進させる. **c** 〈希望などを〉高める. **4** 〈人〉の意気を盛んにする, 気分を浮き立たせる. **5 a** 〈物を〉上げる, 高める, 持ち上げる (⇨ lift[1] SYN): ～ a balloon 気球を上げる / ～ a bucket with a rope バケツをロープで引き上げる. **b** 〈目を〉上げる: ～ one's eyes 見上げる. **c** 〘カトリック〙〈聖体を〉奉挙する: ～ the Host 聖体を奉挙する. **6** 〘鉄道を〉高架にする. **7** 〘砲術〙〈砲〉に射角[照準角]を与える. **8** 《廃》建てる: ～ a lofty tower 高い塔を建てる. **—** *vi.* **1** 〈芸術などが〉徳性[知性]を高揚する. **2** 上がる: His eyebrows ～*d* slightly. 彼の眉が少し上がった. **—** /éləvèɪt, -vɪ̀t | ɛ́lɪ̀-/ *adj.* 《古》=elevated. 〘(a1391) ← L *ēlevātus* (p.p.) ← *ēlevāre* to raise ← *ē-* 'EX-[1]'+*levāre* to lift (← *levis* light): cf. lever〙

él·e·vàt·ed /-vèɪtɪ̀d | -tɪ̀d/ *adj.* **1** 〈地位など〉高い; (位置が)高められた, 高い; 〈温度など〉過度に高めた: an ～ rank 高位 / an ～ platform 高い壇 / an ～ train 高架列車 / an ～ temperature 高温. **2** 〈思想・気品など〉高尚な, 気高い, 高遇(こう)な (lofty, noble), 崇高な (sublime): ～ thoughts 高遇な思想 / an ～ style 格調の高い文体. **3** 意気の上がった, うきうきした; 《口語》一杯機嫌の. **—** *n.* =elevated railroad. 〘(1553): ⇨ ↑, -ed〙

élevated ráilroad [ráilway] *n.* 《米》高架鉄道 (《英》overhead railway) (cf. el[2], L[2]). 〘1868〙

él·e·vàt·ing /-tɪŋ | -tɪŋ/ *adj.* 精神[知性]を高める, 向上させる, 高尚にする (edifying): ～ thoughts 心[品位]を高める思想. 〘(1817) ← ELEVATE+-ING[2]〙

élevating àrc *n.* 〘砲術〙高低歯弧, 俯仰弧(ふぎょうこ)《火砲に高低の射角を与えるための機構の一部》.

el·e·va·tion /èləvéɪʃən | ɛ̀lɪ̀-/ *n.* **1** 高まった所, 小高い所, 高所, 高地. **2 a** 高さ, 海抜, 高度 (⇨ height SYN): a building of imposing ～ 堂々とした高層建築 / The airplane flew at an ～ of 3,000 ft. 飛行機は高度 3,000 フィートで飛行した. **b** 標高: ⇨ ANGLE of elevation. **c** 〘天文〙高度. **3** (建物の)正面, 前面; 〘建築〙立面図 (cf. ground plan 1); (特に)正面[前面]図. **4** (文体・品性などの)気高さ, 気品: the ～ of a writer's style 作家の文体の気品 / ～ of thought 思想の気高さ. **5** 昇進: ～ *to* the peerage 貴族への昇叙. **6 a** 〈物を〉高めること, 挙げること, 持ち上げること (*of*). **b** 〘カトリック〙(聖体の)奉挙: the *Elevation* of the Host 聖体奉挙, 聖挙. **7 a** 精神の高まり[向上, 高揚]. **b** (温度の)上昇; (脈拍が)速まること. **c** (皮膚の)はれあがり. **8** 〘砲術〙射角, 照準角. **9** (*also* **é·lé·va·tion** /*F.* elevasjɔ̃/) 〘バレエ・スケート〙空中跳躍, エレヴァシオン《ダンサーやスケーターが大きく跳躍して空中に止まっているように見えること》; その能力. **10** 〘測量〙仰角. **11** 〘言語〙(意味の)向上 (amelioration). 〘(a1398) ◻ L *ēlevātiō(n-)* ← *ēlevātus*: ⇨ elevate, -ation〙

elevátion hèad *n.* 〘物理〙位置水頭, 高度水頭《流体の位置エネルギーを長さの単位で示したもの》.

el·e·va·tor /éləvèɪtər | ɛ́lɪ̀vèɪtə[r]/ *n.* **1** 《米》エレベーター, 昇降機 (《英》lift): a pneumatic ～ 圧搾空気式昇降機. **2** 物を揚げる装置, 巻揚げ機 (hoist); 〘建築工事などの〙揚げ下ろし機, 〘穀物を倉庫に納める〙揚穀機, 水揚げ機, くみ揚げ機(など): a freight ～ 貨物エレベーター. **3** 〘航空〙エレベーター, 昇降舵《通例水平尾翼にあって操縦桿の操作によって動き, 機首の上げ下げをつかさどる; ⇨ airplane 挿絵》. **4** 〈物を〉持ち上げるもの[人]. **5** (揚穀設備のある)大穀物倉庫 (grain elevator). **6** 〘解剖〙挙筋(きょきん). **7** =elevator shoe. **8** 〘歯科〙ヘーベル《抜歯に用いる器具》. **9** 〘外科〙起子, てこ, エレベーター《陥没部などを持ち上げる器具》. 〘(1646) ← NL *ēlevātor* ← L *ēlevātus*: ⇨ -ator: 1 の初出は 1853 年〙

élevator mùsic *n.* 《米口語》〘軽蔑的に〙公共の場などで流れる(退屈な)音楽.

élevator òperator [màn, bòy, gìrl] *n.* 《米》エレベーター係. 〘1945〙

élevator shàft *n.* 〘建築〙エレベーターシャフト《エレベーターを納める垂直空間》. 〘1885〙

élevator shòe *n.* 〘通例 *pl.*〙中底を厚くし背丈を高く見せる工夫をした靴. 〘(1953) ← *Elevators*(商標名)〙

el·e·va·to·ry /éləvətɔ̀:ri | ɛ̀lɪ̀véɪtəri, -tri/ *adj.* 上げる, 高める. 〘(1833) ← ELEVATE+-ORY[1]〙

e·lev·en /ɪlévən/ *n.* **1** 11; 11 個, 11 人, 11 歳, 11 時: at ～ 11 時に / *eleven*-fifteen 11 時 15 分. **2** 11 [XI] の記号[数字]. **3** 11 人[個]一組; (特に)アメリカンフットボール[サッカー, クリケット]のチーム, イレブン: be in the ～ アメリカンフットボール[サッカー, クリケット]の選手である. **4** [the E-] キリストの十一使徒《十二使徒中ユダ (Judas) を除く》. **5** [*pl.*] 《英》=elevenses (cf. eleven o'clock). **—** *adj.* 11 の, 11 個の; [叙述的] 11 歳で. 〘OE *ellefne, endleofan* ← Gmc **ainlif-* (Du. & G *elf*) ← **ainaz* 'ONE'+**lif-* one left (over ten) (← IE **leikʷ-* 'to leave' (L *linquere* / Gk *leípein*): 《原義》10 数えて残り 1 (日本語の「与一」という名前の語源とされる「余一」と比較): cf. twelve〙

eléven·fòld *adj.* **1** 11 部分[部門, 要素]のある, 十一重の. **2** 11 倍の. **—** *adv.* 十一重に, 11 倍に. 〘⇨ ↑, -fold〙

eléven hòurs *n.* 《スコット》=eleven o'clock. 〘1805〙

eléven o'clòck *n.* 《英方言》(11 時ごろ食べる)軽食. 〘1845〙

e·lev·en·pence /ɪlévənpéns | ɪ̀lévənpéns, -pí:⁻, -pəns, -pṇs/ ★ 発音・用法その他については ⇨ penny 1. *n.* (*pl.* ～, **-penc·es**) (英国の) 11 ペンス(の価). 〘1775〙

e·lev·en·pen·ny /ɪlévənpéni | ɪ̀lévənpéni, -p(ə)ni, -pṇi/ ★ 発音・用法その他については ⇨ penny 1. *adj.* 11 ペンスの. 〘1826〙

eléven-plús *n.* (*also* **11+**) **1** [the ～] 中等学校進学適性検査 (eleven-plus examination)《もとイングランドとウェールズで, 各地方教育当局が進学学校の種類選定のため 11 歳に達した学童に受けさせた; 1965 年以後徐々に廃止され, 中学校は総合制学校 (comprehensive school) に再編成された》. **2** 《英》学童が小学校を卒業する年齢: at ～. **—** *adj.* [限定的] 《英》11 歳に達した学童の: the ～ examination. 〘1937〙

e·lev·ens·es /ɪlévənzɪ̀z/ *n. pl.* [通例単数扱い] 《英》午前 11 時ごろ食べる軽食《コーヒーまたは紅茶のみの場合もある; cf. fourses》: get one's ～. 〘(c1819) (double pl.) ← ELEVEN (o'clock)〙

e·lev·enth /ɪlévənθ/ *adj.* **1** 第 11 の, 11 番目の (11th). **2** 11 分の 1 の: an ～ part 11 分の 1. **—** *n.* **1** [the ～] 第 11, 11 番目, 第 11 位, (月の)(第) 11 日: *the* ～ [*11th*] of November 11 月 11 日. **2** 11 分の 1 (eleventh part). **3** 〘音楽〙 **a** 11 度(音). **b** =eleventh chord. 〘(c1380) *eleventh* ∽ ME *endleofte, enlefte* < OE *endleofta, endlyfta* < Gmc **ainliftōn* (Du. *elfde* / G *elfte*): ⇨ eleven, -th[1]〙

eléventh chórd *n.* 〘音楽〙11 度の和音《3 度を 5 回重ねた和音》.

eléventh-hóur *adj.* 最後の土壇場の: after ～ talks with the president 社長との最後の土壇場の話し合いの後. 〘1897〙

eléventh hóur *n.* きわどい時, 最後の土壇場. ***at the eléventh hóur*** きわどい時に, 最後の土壇場になって (cf. *Matt.* 20: 6, 9): Help came *at the* ～. 〘1826〙

e·lév·enth·ly *adv.* 11 番目に. 〘(1609): ⇨ -ly[1]〙

el·e·von /éləvɑ̀(:)n | ɛ́lɪ̀vɔ̀n/ *n.* 〘航空〙エレボン《昇降舵と補助翼の役目をする飛行機の舵で, デルタ翼機などに見られる》. 〘(1944) ← ELEV(ATOR)+(AILER)ON〙

E·lev·sís /ɛlɛfsí:s/ *n.* エレフシース《Eleusis の現代ギリシャ語名》.

elf /ɛlf/ *n.* (*pl.* **elves** /ɛlvz/, **～s**) **1** エルフ, いたずらな小妖精《体の小さな美しい妖精; しばしば隊を作って森・丘・荒野に住むと想像されている; cf. sprite, fairy 1》. **2** 小人, 一寸法師 (dwarf). **3** いたずら者, 意地悪な人: play the ～ 悪さ[いたずら]をする. **4** [E-] 〘商標〙エルフ《英国 Elf Petroleum 社製のガソリン》. **—** *vt.* 《まれ》《エルフがやるように》〈髪を〉もつれさせる (cf. elf-locks). 〘OE *ælf* < Gmc **aláiz, *albaz* (MDu. *elf* / G *Alp* nightmare / ON *ālfr*) ← IE **albho-* white: ⇨ alb〙

ELF 《略》extremely low frequency.

El Fai·yûm /ɛ̀lfaɪjú:m/ *n.* (*also* **El Fa·yum** /～/) ⇨ Faiyūm.

élf àrrow *n.* 《古》石矢じり《妖精が魔力をもったこの矢で家畜を射倒すという迷信から》. 〘1679〙

élf bòlt *n.* 《古》=elf arrow. 〘1773〙

élf chìld *n.* 取替え子 (changeling). 〘1856〙

élf cùp *n.* 〘植物〙チャワンタケ目 (Pezizales) のカップ状のキノコ《ヒイロチャワンタケ (*Aleuria aurantia*) (orange-peel fungus), ベニチャワンタケ (*Sarcoscypha coccinea*) (scarlet elf cup) のようにしばしば目立つ色をしている》. 〘1810〙

élf dàrt *n.* 《古》=elf arrow.

El Fer·rol /ɛ̀lfərɔ́(:)l | -fərɔ́l; *Sp.* elferól/ *n.* エルフェロル《スペイン北西部の海港; 海軍工廠(こうしょう)・造船所がある; El Ferrol de Caudillo /-dekaudíʎo/ ともいう》.

élf fìre *n.* 狐火, 鬼火 (ignis fatuus). 〘1855〙

elf·in /ɛ́lfɪ̀n | -fɪn/ *adj.* **1** 小妖精の[による]; 小妖精のような (elflike): an ～ storm 小妖精の起こしたあらし. **2** 小さくてかわいらしい, 繊細な; 不思議な魅力をもった. **—** *n.* 《古》小人, 子供. 〘(1567–83)《変形》← ? ME *elvene* (gen. pl.) ← ELF: Spenser の用語〙

élf·ish /-fɪʃ/ *adj.* **1** 小妖精らしい; ちびでいたずらな.

E

2 小妖精の; 妖精国の. **~·ly** *adv.* **~·ness** *n.* 〖(1542) ← ELF＋-ISH¹ ∞ ELVISH〗

élf·lànd *n.* (小妖精の住む)妖精の国 (fairyland). 〖c1480〗

élf·lìke *adj.* 小妖精のような. 〖1841〗

élf·lòck *n.* [通例 *pl.*] もつれ髪 (妖精の仕業といわれ, それを解くと不吉と考えられた). 〖(1595–96): ⇨ lock²: 小妖精のしわざとの想像から〗

élf òwl *n.* 〖鳥類〗サボテンフクロウ (*Micrathene whitneyi*) (米国南西部の砂漠地帯でサボテンの穴にすむ小形のフクロウ). 〖1887〗

El·fre·da /ɛlfríːdə | -də/ *n.* エルフリーダ (女性名). 〖OE *ælfþrȳþ* ← *ælf* 'ELF'＋*þrȳþ* strength〗

E

élf-strùck[-strìcken] *adj.* 小妖精に魅せられた, 魔力にかけられた (bewitched). 〖1699〗

El·ga /ɛ́lgə/ *n.* エルガ (女性名). 〖cf. Slav. *Olga* (原義) holy / Goth. *alhs* temple〗

El·gar /ɛ́lgɑə, -gə | -gɑː⁽ʳ, -gə⁽ʳ/, Sir **Edward** (**William**) *n.* エルガー (1857–1934; 英国の作曲家; *Pomp and Circumstance*「威風堂々」(1902)).

El·gin¹ /ɛ́lgɪn | -gɪn/ *n.* エルギン (スコットランド Morayshire 州の旧名; Elginshire ともいう). 〖ME ☐ Gael. *Eilginn*, *Eilgin* (dim.) ← *E(a)lg* Ireland〗

El·gin² /ɛ́lʤɪn | -gɪn/ *n.* エルジン (男性名). 〖cf. Elgin¹〗

El·gin /ɛ́lgɪn | -gɪn/, 8th Earl of *n.* ⇨ James BRUCE.

Él·gin márbles /ɛ́lgɪn-, -ʤɪn- | -gɪn-/ *n.* エルギンマーブルズ (大英博物館所蔵の古代ギリシャの大理石彫刻; Parthenon の彫刻群を含む). 〖(1809) ← *Thomas Bruce, 7th Earl of Elgin* (1766–1841): 昔 Athens の Acropolis にあったものを 19 世紀初めに Elgin が買い取って英国に運んだところから〗

El Gi·za *n.* ⇨ Giza.

El·gon /ɛ́lgɑ(ː)n | -gɒn/, **Mount** *n.* エルゴン山 (アフリカ東部ウガンダとケニアの国境にある死火山 (4,321 m)).

El Gre·co /ɛlgrékoʊ, -gréɪk-, -gríːk- | -grékəʊ, -gríːk-; *Sp.* elɣréko/ *n.* エルグレコ (1541–1614; Crete 島生まれでイタリアとスペインに住んだ画家・建築家・彫刻家; 本名, ギリシャ語名 Kyriakos Theotokopoulos, スペイン語名 Domingo Theotocopuli, イタリア語名 Domenico Teotocopulo). 〖☐ Sp. ～ (原義) the Greek〗

El Ha·sa /ɛlhɑ́ːsə/ *n.* ⇨ Hasa.

el·hi /ɛ́lhaɪ⁻/ *adj.* (米) 小中高校(用)の. 〖(1959) ← *el-(ementary)*＋*hi(gh school)*〗

E·li¹ /íːlaɪ/ *n.* **1** イーライ (男性名). **2** 〖聖書〗エリ (Samuel を教えて宗教的指導者としたヘブライの大祭司; cf. *1 Sam.* 1–3). 〖☐ Heb. *'Ēlī* (原義) high ← *'ālā́ʰ* to go up〗

E·li² /íːlaɪ/ (米) *n.* Yale 大学の学生[卒業生]. ***Children* [*Sóns*] *of Éli*** Yale 大学(卒業)生.
— *adj.* Yale 大学(卒業)生の: an ～ gag エール大学特有のしゃれ. 〖(1879) (略) ← *Elihu Yale*〗

E·li·a¹ /íːliə/ *n.* Charles LAMB の筆名.

E·li·a² /íːliə/ *n.* イーリア (ギリシャ南西部, Peloponnesus 半島の西にある区域; 古代には Elis 州のほとんどを占めていた; 現代ギリシャ語名 Ilía; 面積 2,681 km²).

E·li·as /ɪláɪəs, -æs/ *n.* **1** エライアス (男性名; cf. Eliot). **2** 〖聖書〗＝Elijah 2 (cf. *Matt.* 16: 14). 〖ME ～ ☐ LL ☐ Gk *Elías* ☐ Heb. *ēlīyā́h(ū)*: ⇨ Elijah〗

e·lic·it /ɪlísɪt, iːl- | -sɪt/ *vt.* **1** 〔人から〕〈事実・返事などを〉引き出す, 誘い出す (draw out) 〔*from*〕 (⇨ extract SYN): ～ a reply *from* a person (いやがる)人から返事を取る / My question ～*ed* a frown. 私が質問したら嫌な顔をされた / ～ information by inquiring 尋ねて情報を聞き出す / A stimulus ～*s* a response. 刺激は反応を引き出す. **2 a** 〈原理・真理などを〉論理的に引き出す (educe): ～ truths [principles] *from* data 所与の事項から真理[原理]を引き出す. **b** 〈潜在するものなどを〉引き出す (bring out): ～ sparks *from* flints 火打石で火を切る. **e·lic·i·ta·tion** /ɪlìsətéɪʃən, iːl- | -sɪ-/ *n.* **e·lic·i·tor** /-tə | -tə⁽ʳ/ *n.* **~·a·ble** /-təbl | -tə-/ *adj.* 〖(1641) ← L *ēlicitus* (p.p.) ← *ēlicere* to draw forth ← *ē-* 'EX-¹'＋*lacere* to entice: cf. delight〗

e·lide /ɪláɪd, iːl-/ *vt.* **1** 〖音声〗〈音を〉脱落させる; 〖詩学〗(次の語が母音で始まるときに)語尾の母音を省略する (例: th' (＝the) inevitable hour; cf. elision). **2** 黙殺する (suppress); 略す (ignore). **3** 〖法律〗省く, 削除する, 取り消す (annul). **e·líd·i·ble** /-dəbl | -dɪ-/ *adj.* 〖(1593) ☐ L *ēlīdere* to crush out ← *ē-* 'EX-¹'＋*laedere* to injure: cf. lesion〗

É·lie /eɪlíː; *F.* eli/ *n.* エリー (男性名). 〖ME ☐ (O)F *Élie*: ⇨ Elias, Elijah〗

el·i·gi·bil·i·ty /èlɪʤəbíləti | -ʤɪbílɪti/ *n.* **1** 被選挙資格, 入会資格: ～ *to* membership 会員となる資格. **2** 適任, 適格, 適当性 (fitness). 〖(1650): ⇨ ↓, -ity〗

el·i·gi·ble /ɛ́lɪʤəbl | -ʤɪ-/ *adj.* **1** 〔…に〕選ばれる資格のある, 適格の〔*for*〕; 被選挙資格のある: an ～ candidate 適格の候補者 / be ～ *for* membership 会員となる資格がある / A widow is ～ *to* collect her husband's checks. 未亡人は夫の小切手で支払いを受ける資格がある. **2** 望ましい, 適当な; (特に, 結婚の相手として)ふさわしい, 望ましい: an ～ young man (夫として)適当な青年 / an ～ bachelor 望ましい独身男性 / an ～ partner 適当な相手. **3** 〖アメフト〗フォワードパスを受けることができるようにフットボールルールに定められた (両エンドおよびバックスプレーヤーにいう). — *n.* 適格者; 適齢者. **él·i·gi·bly** *adv.* 〖(?a1425) ☐ (O)F *éligible* ☐ ML *ēligibilis* ← L *ēligere* to choose: ⇨ elect, -ible〗

él·i·gi·ble·ness *n.* ＝eligibility.

éligible páper *n.* (米)〖銀行〗適格手形 (米国連邦準備銀行で割り引きしてよいと認定された手形).

El·i·hu /ɛ́ləhjùː, ɪláɪhjuː | ɪláɪhjuː/ *n.* **1** エリヒュー, エライヒュー (男性名). **2** 〖聖書〗エリフ (苦悩するヨブに神の義を教え示そうとした若い友人; *Job* 32–37). 〖☐ Heb. *Elīhū* (原義) he is my God: cf. ↓〗

E·li·jah /ɪláɪʤə/ *n.* **1** エライジャ (男性名; 異形 Elias, Eliot, Ellie, Elliott, Ellis). **2** 〖聖書〗エリヤ (紀元前 9 世紀ごろのヘブライの預言者; cf. *1 Kings* 17, *2 Kings* 2). 〖☐ LL *Elias* ☐ Gk *Ēlioú* ☐ Heb. *ēlīyā́h(ū)* ← *ēlī* my God＋*yahwéh* 'YAHWEH': cf. ELIAS〗

E·li·kón /ɛliːkɔ́ːn, -kɑ́ːn | -kɔ́ːn/ *n.* エリコーン (Helicon の現代ギリシャ語名).

e·lim·i·na·ble /ɪlímənəbl | -mɪ-/ *adj.* 除去[削除]できる; 消去できる. **e·lim·i·na·bil·i·ty** /ɪlìmənəbíləti | -mɪnəbílɪti/ *n.* 〖(1862) ← ELIMIN(ATE)＋-ABLE〗

e·lím·i·nant /-nənt/ *n.* **1** 〖数学〗消去式. **2** 〖医学〗解毒剤, 除去作用を有するもの. 〖(1876): ⇨ ↓, -ant〗

e·lim·i·nate /ɪlímənèɪt | -mɪ-/ *vt.* **1** 除く, 排除する, 除去する, 削除する (⇨ exclude SYN); 〈人・チームを〉ふるい落とす: ～ errors [superfluous words] 誤り[余分の語]を除去する / ～ sex barriers 男女差別を撤廃する / ～ illiteracy 文盲をなくす / Our team was ～*d* by losing two successive games. 二度続けて試合に負けたためわがチームはふるい落とされた. **2** (口語・戯言) 殺す (cf. liquidate): We have to ～ him before he goes to the police. 警察に通報しないうちに彼を消さねばならない. **3** 〈問題の一部などを〉省く, 無視する. **4** 〖化学〗(化合物から)〈一成分を〉除去する. **5** 〖生理〗排出する, 排泄する; 解毒する, 除去する: ～ waste matter *from* the system 老廃物を体外へ排出する. **6** 〖数学〗消去する. **e·lim·i·na·tive** /ɪlímənèɪtɪv, -nət- | -mɪnət-, -nèɪt-/ *adj.* 〖(1568) ← L *ēlīminātus* (p.p.) ← *ēlīmināre* to thrust out of doors ← *ē-* 'EX-¹'＋*līmin-*, *līmen* threshold: ⇨ limen〗

e·lim·i·na·tion /ɪlìmənéɪʃən | -mɪ-/ *n.* **1** 除去, 削除, 排棄: the ～ of social ills like drug addiction and gambling 麻薬中毒やギャンブルといった社会悪の除去. **2** 排除, 追出し, 放出. **3** 〖生理〗排出, 排泄. **4** 〖数学・論理〗消去(法): ～ by comparison [substitution] 比較[代入]消去法. **5** 〖スポーツ〗予戦: ～ tournament 勝ち抜きトーナメント. 〖(1601): ⇨ eliminate, -ation〗

eliminátion plày *n.* 〖トランプ〗消去戦法, 焼土作戦 (ブリッジで攻撃側 (declarer) が自分の手とダミー (dummy) の手からあるスーツ (suit) の札を全部消却し, 敵側がそのスーツを打ち出したとき, 不要な札は捨てる (discard) などして得をする高等戦術; cf. endplay).

e·lím·i·nà·tor /-tə | -tə⁽ʳ/ *n.* **1** 除去者; 排除器. **2** 〖通信〗エリミネーター (電池の代わりに用いる交流電源から直流を得る電子回路電源用整流装置). 〖(1883) ← ELIMINATE＋-OR²〗

e·lim·i·na·to·ry /ɪlímənətɔ̀ːri | -mɪnèɪtəri, -nət-, -tri/ *adj.* 除去[削除, 排出, 排泄]の (eliminating). 〖(1847–49) ← ELIMINATE＋-ORY¹〗

El·i·nor /ɛ́lənə, -nɔə | ɛ́lɪnə⁽ʳ/ *n.* エリノー (女性名). 〖⇨ Eleanor〗

el·int, ELINT /ɛ́lɪnt, ɪlínt/ *n.* (高性能の偵察装置を備えた)情報収集船[機]; それによる情報収集活動, 電子偵察; その情報 (cf. humint, sigint). 〖(1961) (略) ← *el-(ectronic) int(elligence)*〗

el·in·var /ɛ́lɪnvɑ̀ə | -vɑ̀ː⁽ʳ/ *n.* 〖冶金〗エリンバー (熱膨張係数を特に小さくするために作られた鉄 50%, ニッケル 36%, クロム 12% の磁性合金で, 音叉などに用いられる). 〖(1922) ☐ F *élinvar* ← *él(asticité) invar(iable)* invariable elasticity〗

El·i·on /ɛ́liən/, **Gertrude Belle** *n.* エリオン (1918–99; 米国の薬理学者; 重要な新薬開発で多大な業績をあげた; Nobel 医学生理学賞 (1988)).

El·i·ot /ɛ́liət/ *n.* エリオット (男性名; 異形 Elliot, Elliott). 〖(dim.) ← ELIJAH & ELIAS〗

Eliot, Sir **Charles** *n.* エリオット (1862–1931; 英国の外交官・東洋学者・香港大学初代学長 (1912), 駐日大使 (1919–26); 仏教研究のため滞日中病気になり, 帰国の船中で没; *Hinduism and Buddhism* (1921)).

Eliot, Charles William *n.* エリオット (1834–1926; 米国の教育家・化学者; Harvard 大学総長 (1869–1909)).

Eliot, George *n.* エリオット (1819–80; 英国の小説家; Mary Ann Evans の筆名; *Silas Marner* (1861), *Middlemarch* (1871–72)).

Eliot, John *n.* エリオット (1604–90; 植民地時代の米国の伝道家; アメリカインディアンの間に伝道し, その言語に聖書を翻訳; 通称 the Apostle to the Indians).

Eliot, Sir **John** *n.* エリオット (1592–1632; 英国の政治家・演説家; 下院指導者として Charles 一世の政治を非難したために投獄されて獄中で病没).

Eliot, T(homas) S(tearns) *n.* エリオット (1888–1965; 米国生まれの英国の詩人・批評家・劇作家; Nobel 文学賞 (1948); *The Waste Land* (1922), *The Cocktail Party* (1950)). **El·i·ot·ian** /ɛ̀liɑ́(ː)tiən, -óʊt- | -ɒ́t-, -əʊt-⁻/ *adj.* **Eli·ot·ic** /ɛ̀liɑ́(ː)tɪk | -ɒ́t-⁻/ *adj.*

E·lis /íːlɪs | -lɪs/ *n.* エリス (ギリシャ南西部, Peloponnesus 半島北西部の古代の地域; 古代オリンピア競技会はこの地域の小平野 Olympia で行われた). 〖☐ Gk *Êlis*〗

E·lis·a /ɪlísə/ *n.* エリサ (女性名). 〖(dim.) ← ELIZABETH²〗

ELISA, Elisa /ɪláɪzə/ *n.* 〖医学〗酵素結合免疫吸着(剤)検定(法), エリザ, イライザ (特定の感染症(エイズなど)の血清学的診断法; 抗体に結合させた酵素と基質との反応による発色を利用した免疫学的測定法の一種で, 特にプラスチック製のプレートやビーズを反応容器に用いる方法をいう). 〖(頭文字語) ← *e(nzyme-)l(inked) i(mmunosorbent as)sa(y)*〗

E·lis·a·beth /ɪlízəbəθ; *G.* eliːzabɛt/ *n.* **1** エリザベス (女性名). **2** ＝Elizabeth² 2. 〖⇨ Elizabeth²〗

É·li·sa·beth /eɪliːzabɛ́t, -béɪt; *F.* elizabɛt, *G.* eliːzabɛt/ *n.* エリザベス (女性名). 〖☐ F ～ 'ELIZABETH²'〗

E·lis·a·beth·ville /ɪlízəbəθvìl/ *n.* エリザベトビル (Lubumbashi の旧名).

E·li·sa·vet·grad /ɪlìzəvétgræd, -grɑːd; *Russ.* jilʲɪzəvʲɪdgrát/ *n.* エリザベトグラード (Kirovograd の 1924 年までの旧名).

E·lise /ɪlíːz, -líːs | ɪlíːz/ *n.* エリーズ, エリース (女性名). 〖☐ F *Élise* (dim) ← *Élisabeth* (↑)〗

E·li·sha /ɪláɪʃə/ *n.* **1** イライシャ (男性名). **2** 〖聖書〗エリシャ (紀元前 9 世紀ごろのヘブライの預言者; Elijah の後継者; cf. 2 *Kings* 2–9). 〖☐ Heb. *Elīšā'* (原義) God is salvation ← *ēl* God＋*yéša'* salvation: cf. Isaiah, Joshua〗

E·li·sia /ɪlíʃə/ *n.* イリシャ (女性名). 〖⇨ Elysia¹〗

e·li·sion /ɪlíʒən/ *n.* **1** 〖音声〗(音の)脱落 (dangerous /déɪnʤ(ə)rəs/ の /ə/ や exactly /ɪgzǽk(t)li/ の /t/ など). **2** 〖文法〗(次の語が母音で始まるときの)語尾の母音省略 (詩歌において音節を少なくするために意図的に行う; 例: th' olden days; cf. synaloepha). **3** (本や談話での)省略, 削除 (omission). 〖(1581) ☐ LL *ēlīsiō(n-)* striking out ← *ēlīsus* (p.p.) ← *ēlīdere* 'to ELIDE'〗

e·lis·or /ɪláɪzə | -zɔː⁽ʳ, -zə⁽ʳ/ *n.* 〖法律〗陪審選定官 (eslisor ともいう). 〖(1433) *elisour* ☐ OF (F *éliseur*) ← *elis-*, *elire* to choose (⇨ elite)＋*-our* '-OR²'〗

E·lis·sa¹ /ɪlísə/ *n.* エリッサ (Dido のフェニキア語名).

E·lis·sa² /ɪlísə/ *n.* イリッサ (女性名). 〖(変形) ← ELISA〗

E·lis·ta /iːlístə; *Russ.* elʲístə/ *n.* エリスタ (ロシア連邦南西部, Kalmykia 共和国の首都).

e·lite /eɪlíːt, ɪl- | ɪl-, ɛɪl-; *F.* elit/ (*also* **é·lite** /～/) *n.* (*pl.* ～**s** /～s; *F.* ～/) **1** [複数扱い] (社会的・知的・職業的に)選ばれた者, えり抜きの人々, エリート: ⇨ corps d'élite / the ～ of society 上流人士, 名士. **2** [通例 elite] エリート (ほぼ 10 ポイントのタイプライター活字).
— *adj.* [限定的] **1** エリートの[にふさわしい]: a small ～ group of scientists 少数精鋭科学者集団. 日英比較「エリートコース」「エリートスクール」などは和製英語. **2** 精選された, 優等(品)の, 極上の (select): an ～ brand of tobacco.
〖(1823) ☐ F *élite* choice part, best < OF *e(s)lite* (p.p.) ← *eslire* (F *élire*) to choose < VL **exlegere*＝L *ēligere*: ⇨ elect〗

Elíte Guárd *n.* ＝Schutzstaffel.

e·lít·ism /-tɪzm/ *n.* **1** エリート主義, エリート的行動. **2** エリート意識. 〖(1947) ← ELITE＋-ISM〗

elit·ist /-tɪst | -tɪst/ *adj.* エリート主義(的)の; エリート(的)の. — *n.* エリート主義者; エリートを自任する人.

e·lix·ir /ɪlíksə | ɪlíksə, ɛl-, iːl-, -sɪə⁽ʳ/ *n.* **1** (錬金術の)霊薬, 錬金薬, エリクシル (卑金属を金に化するために錬金術師が調合したもの; cf. philosopher's stone, magistery). **2** ＝ELIXIR of life. **3** 万能薬. **4** 精髄 (quintessence): the ～ *of* his literary sense 彼の文学的センスの精髄. **5** 〖薬学〗エリキシル(剤) (主薬・香料・甘味剤を混合したアルコール性液剤).
elíxir of lífe [the —] 生命の霊薬 (不老不死の霊薬; 錬金術では elixir 1 と同一または関連あるものとされた). 〖(1471): cf. elixir vitae〗
〖(a1393) ☐ ML ～ ☐ Arab. *al-iksīr* ← *al* the＋*iksīr* philosopher's stone, elixir (☐ ? LGk *xḗrion* drying powder for wounds ← *xērós* dry)〗

elíxir vítae *L. n.* ＝ELIXIR of life. 〖(1576) ☐ ML *elixir vītae*〗

Eliz. (略) Elizabeth; Elizabethan.

E·li·za /ɪláɪzə/ *n.* イライザ (女性名). 〖(dim.) ← ELIZABETH²〗

E·liz·a·beth¹ /ɪlízəbəθ/ *n.* エリザベス (米国 New Jersey 州北東部の都市). 〖← *Elizabeth Carteret* (英国の政治家 Sir George Carteret (c1610–1680) の妻)〗

E·liz·a·beth² /ɪlízəbəθ/ *n.* **1** エリザベス (女性名; 愛称形・異形 Bess, Bessie, Beth, Betsy, Betty, Elisa, Elisabeth, Eliza, Elsa, Elsie, Libby, Lillian, Lily, Liz, Liza, Lizbeth, Lizzie; フランス語形 Elise, Lisette, Babette; イタリア語形 Bettina, Elisabetta; ドイツ語形 Else, Liesel; スペイン語形 Isabel, Belita; スウェーデン語形 Elisabet; アイルランド語形 Eilis; スコットランド語形 Elspeth). **2** 〖聖書〗エリザベツ (バプテスマのヨハネ (John the Baptist) の母; cf. *Luke* 1: 5–25). 〖☐ LL *Elizabetha* ☐ Gk *Elisábet* ☐ Heb. *Elīšébha'* (原義) ? (my) God is oath(?) ← *ēlī* my God＋*šebha'* seven〗

Elizabeth³ *n.* エリザベート (1843–1916; ルーマニア女王 (1881–1914); 著述家; Princess of Wied; 旧姓名 Pauline Elisabeth Ottilie Luise; 筆名 Carmen Sylva).

Elizabeth⁴ *n.* エリザベータ (1709–62; ロシアの女帝 (1741–62); Peter 大帝の娘; ロシア語名 Yelizaveta Petrovna).

Elizabeth⁵ *n.* エリザベス (1900–　; George 六世の妃 (1936–52); Elizabeth 二世の母; 称号 the Queen Mother; 旧名 Lady Elizabeth Bowes-Lyon).

Elizabeth, Saint *n.* 聖エリザベト (1207–31; ハンガリーの王女; 生涯を慈善と禁欲にささげた; 祝日 11 月 19 日).

Elizabeth I *n.* エリザベス一世 (1533–1603; Tudor 朝のイングランド女王 (1558–1603); Henry 八世と Anne Boleyn の娘で異母姉 Mary 一世の後継者; Tudor 朝最後の君主で彼女の後は Stuart 朝になった; cf. virgin queen 2).

Elizabeth II *n.* エリザベス二世 (1926–　; Windsor

朝の英国女王 (1952–), George 六世の長女).
E·liz·a·be·than /ɪ̀lɪzəbíːθən⁻/ *adj.* エリザベス女王 (Elizabeth I) の; エリザベス女王時代の: ~ drama, literature, writers, etc. / the ~ age エリザベス女王時代 (1558–1603). — *n.* エリザベス女王時代の英国人; (特に)エリザベス朝の詩人[劇作家, 政治家]. 〖(1807): ⇨ -an¹〗
Elizabethan sónnet *n.* 〘詩学〙エリザベス朝風ソネット (Italian sonnet に種々の変化を加えたもので, Shakespearean sonnet に代表される).
Élizabethan stýle *n.* **1** エリザベス朝建築様式 (英国 Elizabeth 一世時代の様式(多くは田舎の邸宅); Tudor 式にルネサンス式を加え, 大きめの長方形の窓, 装飾つき煙突, 左右対称などが特徴). **2** エリザベス朝家具様式 (重厚·古雅を特色とする). 〖1874〗
elk /élk/ *n.* (*pl.* ~, *4* では ~s) **1** 〘動物〙(ヨーロッパ)ヘラジカ (*Alces alces*) (ヨーロッパ·アジア産; シカ類の最大種; cf. moose). **2** (米·カナダ) =wapiti. **3** エルク(革) (丈夫な牛皮甲革; もとはエルクの皮から造ったバックスキン様の革) **4** [E-] (米) エルクス共済組合の一員 (⇨ BPOE). 〖(?*a*1437) *elk* (変形)? ← OE *eolh*, *e(a)lh elk* < Gmc **alʒiz* (G *Elch* / ON *elgr*) ← IE **el-* red, brown (Gk *élaphos* deer)〗
élk clòver *n.* 〘植物〙ウコギ科タラノキ属の多年草 (*Aralia californica*) (北米大西洋岸産; 観賞用).
élk-gràss *n.* 〘植物〙北米に野生するユリ科植物 (*Xerophyllum tenax*).
El Kha·lil /æ̀lkɑ(ː)líːl | -kɑ-/ *n.* アルカリール (Hebron のアラビア語名).
Elk·hart /élkhɑːt, élkɑːt | élkhɑːt/ *n.* エルクハート (米国 Indiana 州北部の都市).
élk·hòund *n.* =Norwegian elkhound.
Élk Ísland Nátional Párk *n.* エルク島国立公園 (カナダ Alberta 州中東部 Edmonton の東にある国立公園; buffalo, moose などが囲い込まれている).
Élk Móuntains *n. pl.* [the ~] エルク山脈 (米国 Colorado 州中西部にある Rocky 山脈の一山系; 最高峰 Mt. Carbon (4,346 m)).
Elks /élks/, **Benevolent and Protective Order of** *n.* ⇨ BPOE.
ell¹ /él/ *n.* **1** =el¹. **2** (米) 建物の L 字型延長部. **3** エルボ (L 字形に曲がった管継手). 〖(1773) L の字の名〗
ell² /él/ *n.* エル (尺度の単位; 所によって長さ不定; 英国では 45 インチ; 今ではほとんど用いられない): Give him an inch and he'll take an ~. (諺) 寸を与えれば尺を望む (少し親切にすればすぐつけ上がる). 〖OE *eln* (原義) the length from the ELBOW to tip of the middle finger < Gmc **alinā* (Du. *el* / G *Elle*) ← IE **el-* 'ELBOW, FOREARM' (L *ulna* / Gk *ōlénē*)〗
El·la /élə/ *n.* エラ (女性名). 〖□ ONF ~, *Ala* □ OHG *Alia* (原義) all〗
-el·la /élə/ *suf.* (*pl.* **-el·lae** /éliː, élaɪ/, ~s) 次の意味を表す指小辞: **1** 「…に似た[属する]小形のもの」: Molucc*ella*. **2** 「小さなもの」: umbr*ella*. **3** 愛称として: Cinder*ella*. 〖⇨ -el¹〗
el·lág·ic ácid /ɪ̀lǽdʒɪk-, el-/ *n.* 〘化学〙エラグ酸 ($C_{14}H_6O_8$) (エラグタンニンの加水分解の際生じる). 〖(1810) *ellagic*: □ F *ellagique* ← *ellag* ((逆つづり) ← *galle* 'GALL³') + *-ique* '-IC¹'〗
el·lag·i·tan·nin /ɪ̀lædʒɪtǽnɪn, el- | ɪlædʒɪtǽnɪn/ *n.* 〘化学〙エラグタンニン (加水分解によりエラグ酸を生じるタンニンの総称). 〖(1895) ← *ellagic* (↑) + TANNIN〗
El·lás /eláːs/; *Mod.Gk.* elás/ *n.* エラス (Greece の現代ギリシャ語名).
Ell·dridge /éldrɪdʒ/ *n.* エルドリッジ (男性名). 〖⇨ Eldridge〗
El·len /élən | élɪn/ *n.* エレン (女性名). 〖(変形) ← HELEN〗
El·ler·y /éləri/ *n.* エラリー (男性名). 〖← ME *eller* 'ELDER': ⇨ -y²〗
Ellery, William *n.* エラリー (1727–1820; 米国の政治家; 独立宣言署名者の一人).
Éllery Quéen *n.* ⇨ Queen.
Élles·mere Ísland /élzmɪə- | -mɪə-/ *n.* エルズミーア島 (Greenland の北西方, 北極海中の大島; カナダ領; 面積 212,688 km²).
Éllesmere Pórt *n.* エルズミーアポート (イングランド北西部, Manchester Ship Canal に臨む Cheshire 北西にある港町).
Él·lice Íslands /élɪs- | élɪs-/ *n. pl.* [the ~] エリス諸島 (⇨ Tuvalu).
El·lie /éli/ *n.* エリー (女性名). 〖(dim.) ← ELLEN: ⇨ -ie〗
El·ling·ton /élɪŋtən/, **Edward Kennedy** *n.* エリントン (1899–1974; 米国のジャズピアニスト·作曲家·バンドリーダー; 通称 Duke Ellington).
El·li·ott /éliət; F. eljot/ *n.* =Eliot.
el·lipse /ɪlɪ́ps, el-/ *n.* **1** 〘数学〙楕円, 長円; 楕円周. **2** =ellipsis. 〖(1753) □ F *ellipse* □ L *ellipsis* (↓)〗
el·lip·sis /ɪlɪ́psɪs, el- | -sɪs/ *n.* (*pl.* **el·lip·ses** /-siːz/) **1** 〘文法〙(統語上の語句の)省略 (例えば To err is human, to forgive (is) divine. の中の第二の is の省略); パラグラフの最後の文の省略. **2** 〘印刷〙(文字·語などの)省略記号, 省略符, エリプシス (—, …, *** など; ellipsis points [dots] ともいう; cf. suspension periods). 〖(1540) □ L *ellipsis* □ Gk *élleipsis* omission, defect ← *elleípein* to fall short ← *el-* 'EN-²' + *leípein* to leave〗
el·lip·so·graph /ɪlɪ́psəgræ̀f, el- | -grɑ̀ːf, -græf/ *n.* 楕円コンパス, 楕円規. 〖(1855) ← ELLIPSE + -O- + -GRAPH〗
el·lip·soid /ɪlɪ́psɔɪd, el-/ *n.* 〘数学〙楕円体, 長円体; 楕円面, 長円面.
ellipsoid of revolútion 〘数学〙回転楕円面 (spheroid). 〖(*a*1721) ← ELLIPSE + -OID: cf. F *ellipsoïde*〗
el·lip·soi·dal /ɪlɪpsɔ́ɪdl, el-, èlɪp- | èlɪpsɔ́ɪdl, ɪlɪp-, el-⁻/ *adj.* 楕円体の. 〖(1831): ⇨ ↑, -al¹〗
el·lip·som·e·try /ɪlɪpsɑ́(ː)mətri, el-, èlɪp- | èlɪpsɔ́mɪ̀tri, ɪlɪp-, el-/ *n.* 〘光学〙エリプソメトリー, 偏光解析法 (物体表面で光が反射する場合に生じる偏光状態の変化を測定することにより物質の光学定数や表面の性質(薄膜の存在やその厚さ等)を知る方法). 〖← ELLIPSE + -O- + -METRY〗
ellipt. (略) elliptical; elliptically.
el·lip·tic /ɪlɪ́ptɪk, el-/ *adj.* **1** 楕円(形)の, 楕円的な. **2** 省略法の, 省略的な: an ~ construction [phrase] 省略法構文[句]. **3** (言葉を)節約しすぎた, 簡潔な. **4** 〈文章など〉意味不明の; 不可解な. 〖(1726) □ Gk *elleiptikós*: ⇨ ellipse, -ic¹〗
el·líp·ti·cal /-tɪkəl, -tə-, -kl | -tɪ-/ *adj.* =elliptic. **~·ly** *adv.* 〖(1656): ⇨ ↑, -al¹〗
ellíptical gálaxy *n.* 〘天文〙楕円星雲. 〖1948〗
ellíptical polarizátion *n.* 〘光学〙楕円偏光 (光や電磁波の電気ベクトルの先端が進行方向から見て楕円運動をする状態; cf. circular polarization).
ellíptical spríng *n.* 〘機械〙=elliptic spring.
ellíptical stérn *n.* 〘造船〙楕円船尾.
ellíptic árch *n.* 〘建築〙楕円アーチ.
ellíptic fúnction *n.* 〘数学〙楕円関数 (有限複素数平面で有理形であるような二重周期関数). 〖1845〗
ellíptic geómetry *n.* 〘数学〙楕円幾何学 (リーマン幾何学 (Riemannian geometry) の別名; cf. hyperbolic geometry, parabolic geometry).
ellíptic íntegral *n.* 〘数学〙楕円積分 (楕円の弧長を求める際に現れる積分を一般化したもの).
el·lip·tic·i·ty /ɪlɪptísəti, el-, èlɪp- | èlɪptísɪ̀ti, ɪlɪp-, el-/ *n.* **1** 楕円率, 楕率 (楕円または回転楕円体の長径と短径との差を長径で除した商; 特に, 地球の形について用いる): the ~ of the earth. **2** 楕円形. 〖(1753) ← EL-LIPTIC + -ITY〗
ellíptic spríng *n.* 〘機械〙楕円ばね. 〖1875〗
ellíptic velócity *n.* 〘宇宙〙楕円速度 (楕円軌道上の物体の速度).
El·lis /élɪs | élɪs/ *n.* エリス (男性名). 〖⇨ Elias〗
El·lis /élɪs | élɪs/, **Alexander John** *n.* エリス (1814–90; 英国の音声学者·綴字改良家·数学者).
Ellis, (Henry) Have·lock /hǽvlɑ(ː)k | -lɔk/ *n.* エリス (1859–1939; 英国の批評家·生理学者·性心理研究家; *Studies in the Psychology of Sex* (7 vols., 1897–1928)).
Él·lis Ísland /élɪs- | élɪs-/ *n.* エリス島 (米国 New York 湾中の小島; もと移民検疫所があった (1891–1954)). 〖← *Sam Ellis* (この島の以前の所有者)〗
El·li·son /élɪsən, -sn/, **Ralph (Waldo)** *n.* エリソン (1914–94; 米国の黒人作家; *Invisible Man* (1952)).
Ells·worth /élzwə(ː)θ | -wə(ː)θ/ *n.* エルズワース (男性名). 〖(原義) Ell's homestead〗
Ellsworth, Lincoln *n.* エルズワース (1880–1951; 米国の極地探検家).
Ellsworth, Oliver *n.* エルズワース (1745–1807; 米国の法律家·政治家; 最高裁判所長官 (1796–1800)).
Éllsworth Lànd *n.* エルズワースランド (南極大陸の高地; Marie Byrd Land 東から Weddell 海西岸にわたる).
El·ly /éli/ *n.* エリー (女性名). 〖(dim.) ← ELLA〗
elm /élm/ *n.* **1** 〘植物〙ニレ (ニレ科ニレ属 (*Ulmus*) の植物の総称; アメリカニレ (American elm), ヨーロッパニレ (English elm), rock elm, slippery elm など). **2** ニレ材. **3** ニレの森. 〖OE ~ < Gmc **elmoz* (OHG *elm* (*boum*), *elmo*), **olmoz* (ON *álmr*) ← IE **el-* red, brown (L *ulmus*)〗
El·ma /élmə/ *n.* エルマ (女性名; 米国に多い). 〖(dim.) ← It. *Guglielma*: ⇨ William〗
El·man /élmən/, **Mi·scha** /míːʃə/ *n.* エルマン (1891–1967; ロシア生まれの米国のバイオリン奏者).
El Man·sû·ra /èlmænsúᵊrə | -súərə/ *n.* エルマンスーラ (エジプト北東部の都市; 1250 年十字軍が Mamelukes に破れ, Louis 九世が捕えられた地; Al Mansûrah ともいう).
élm bàrk bèetle *n.* 〘昆虫〙ニレキクイムシ (ニレ立ち枯れ病 (elm blight) を媒介する甲虫で, 次の二種がある): **a** 北米東部産キクイムシ (*Hylurgopinus rufipes*). **b** ヨーロッパ産キクイムシ (*Scolytus multistriatus*). 〖*c*1909〗
élm blìght *n.* 〘植物病理〙ニレ立ち枯れ病 (⇨ Dutch elm disease) (cf. elm bark beetle).
élm callígrapha *n.* 〘昆虫〙ニレの葉を食害するハムシの一種 (*Calligrapha scalaris*) (cf. calligrapha).
El·mer /élmə | -məʳ/ *n.* エルマー (男性名; 米国に多い). 〖⇨ Aylmer〗
Elm·hurst /élmhəːst | -həːst/ *n.* エルムハースト (米国 Illinois 州北東部, Chicago 郊外の都市).
El Min·ya /èlmínjə/ *n.* エルミニア (エジプト中部, Nile 河畔の都市; Al Minya ともいう).
El·mi·ra /elmáɪrə | -máɪərə/ *n.* エルマイラ (米国 New York 州南部の都市; 州立少年院および Mark Twain の家と墓がある). 〖← *Elmira Teall* (初期の移住者の子供名)〗
El Mis·ti /elmíːsti, -mís-; *Sp.* elmísti/ *n.* エルミスティ(山) (ペルー南部, Andes 山脈中の火山 (5,840 m)).
élm lèaf bèetle *n.* 〘昆虫〙ニレハムシ (*Galerucella xanthomelaena*) (米国東部に多い鞘翅(しょう)目ハムシ科に属するニレの害虫; 別種は日本にもいる). 〖1881〗
El Mon·te /elmɑ́(ː)nti | -mɔ́nti/ *n.* エルモンテ (米国 California 州南西部, Los Angeles 郊外の都市).
El Mór·ro Nátional Mónument /-mɑ́(ː)-roʊ-, -mɔ́(ː)r- | -mɔ́r-/ *n.* エルモロ国定記念物 (米国 New Mexico 州西部にある国定記念物; Inscription Rock と呼ばれる砂岩の崖に開拓者たちなどの名前が刻んである).
élm phlòem necrósis *n.* 〘植物病理〙ニレ篩管(しかん)ネクローシス (北米産ニレのウイルス病).
elm·y /élmi/ *adj.* (**elm·i·er**; **-i·est**) ニレ (elm) の多い, ニレの木の茂った. 〖(1757) ← ELM + -Y¹〗
El·nath /élnæθ/ *n.* 〘天文〙エルナト (おうし(牡牛)座 (Taurus) の β 星; 光度 1.8 等星; 昔はまれにおひつじ(牡羊)座 (Aries) の α 星をいうこともあった). 〖□ Arab. *al-naṭḥ* the butting one: 雄牛の角の位置にあることから〗
El Ni·ño /elníːnjoʊ | -njəʊ; *Am.Sp.* elníɲo/ *n.* (*pl.* ~s) 〘気象〙エルニーニョ (南米ペルー·エクアドル沿岸沖で毎年 12 月下旬海面水温が平年より上昇する現象; 特に数年に一度の大規模な異常高水温現象を指すことが多い, この為内陸部では豪雨·洪水, 海洋ではプランクトン·魚類(特にカタクチイワシ)の激減など災害がもたらされる; cf. La Niña). 〖(1896) □ (Am.) Sp. ~ (略) ← Sp. *El Niño de Navidad* the Christ Child: クリスマスのころにこの現象が起きることから〗
El O·beid /èloʊbéɪd | èləʊ-/ *n.* エルオベイド (スーダン中部の商業都市; 英·エジプト軍が Mahdi に敗れた地 (1883); Al-Obeid ともいう).
el·o·cute /éləkjùːt/ *vi.* (戯言) 弁舌を振るう, 芝居がかった話し方をする. 〖(1884) (逆成) ↓〗
el·o·cu·tion /èləkjúːʃən/ *n.* **1** 演説ぶり, 朗読調: an impressive [a bad] ~ 感銘的な[へたな]演説ぶり / theatrical ~ せりふ回し. **2** (身振り入りの)演説法, 雄弁術; 朗読法. **3** 誇張した[不自然な]弁論. 〖(?*a*1439) □ L *ēlocūtiō(n-)* ← *ēlocūtus* (p.p.) ← *ēloquī* to speak aloud ← *ē-* 'EX-¹' + *loquī* to speak〗
el·o·cu·tion·ar·y /èləkjúːʃənèri | èlə(ʊ)kjúːʃ(ə)nəri⁻/ *adj.* 演説法[雄弁術]上の; 朗読法上の. 〖(1846): ⇨ ↑, -ary〗
èl·o·cú·tion·ist /-ʃ(ə)nɪ̀st | -nɪst/ *n.* 演説法の教師, 朗読術教師; 演説[弁舌]の達人, 雄弁家. 〖(1847) ← ELOCUTION + -IST〗
e·lo·de·a /ɪlóʊdiə | ɪláʊdiə/ *n.* 〘植物〙カナダモ (北米および南米原産のトチカガミ科カナダモ属 (*Elodea*) の沈水性の多年生水草の総称; カナダモ (*E. canadensis*) など; アクアリウム (aquarium) に利用; cf. waterweed). 〖(*c*1868) ← NL ~ (変形) ← Gk *hélōdēs* marshy〗
é·loge /eɪlóʊʒ | -lóʊʒ; F. elɔːʒ/ *n.* (*pl.* ~s /~ɪz, ~əz; F. ~/) (特に, アカデミーフランセーズ会員の葬送時の)追悼演説. 〖(*c*1566) □ F ~ (変形) ← (廃) *eulogue* praise □ ML *eulogium* 'EULOGY': 今の語形は L *ēlogium* inscription on a tombstone との混同による〗
E·lo·him /elóʊhɪm, ɪlóʊ-, èloʊhíːm | eláʊhɪm, ɪláʊ-, èləʊhíːm/ *n.* エロヒム (旧約聖書で神を意味する普通名詞; 神名を表す固有名詞としては Yahweh, Jehovah; cf. Tetragrammaton). 〖(1605) □ Heb. *elōhīm* (pl.) ← *elōah* god: ヘブライ語では通例単数扱い〗
E·lo·hist /eloʊhɪst, eloʊ- | eláʊhɪst, ɪlə-, éloʊ-/ *n.* エロヒスト (旧約聖書最初の六書 (the Hexateuch) の中で, 神を Yahweh [Jehovah] と呼ばないで Elohim と呼んでいる部分の著者; cf. Yahwist). 〖(1862): ⇨ ↑, -ist〗
El·o·his·tic /èloʊhístɪk | èlə(ʊ)-⁻/ *adj.* 神を Elohim と呼ぶ; Elohist の. 〖(1841) ⇨ ↑, -ic¹〗
e·loign /ɪlɔ́ɪn/ (also **e·loin** /~/) *vt.* **1** (古) 〘法律〙〈動産占有回復 (replevin) の訴えの目的動産を〉遠くへ持ち去る, 不明の場所へ持ち去る. **2** (古) [~ oneself で] (遠くに)立ち退く, 去る. — *n.* 〘法律〙(差押さえになるべき品物の)管轄外移動報告. **~·er** *n.* **~·ment** *n.* 〖(*a*1500) *eloine(n)* □ OF *esloignier* (F *éloigner*) ← *es-* 'EX-¹' + *loin* far, far out (< L *longē* ← *longus* 'LONG¹')〗
El·o·ise /èloʊíːz, ⌐⌐⌐ | èləʊíːz/ *n.* エロイーズ (女性名). 〖(変形) ← F *Héloïse*〗
elong. (略) elongate; elongation.
E. Long., E. long. (略) east longitude 東経.
e·lon·gate /ɪlɔ́(ː)ŋgeɪt, iːl-, -lɑ́(ː)ŋ- | íːlɔŋgeɪt/ *vt.* 延長する, 引き延ばす (draw out, lengthen). — *vi.* 〈植物が〉伸びる, 伸びて細長くなる; 細形[先細形]をしている. — *adj.* 〘生物〙細長い, (先)細形の. 〖(?*a*1425) □ L *ēlongātus* (p.p.) ← *ēlongāre* to prolong ← *ē-* 'EX-¹' + *longus* 'LONG¹'〗
e·lón·gat·ed /-tɪ̀d | -tɪd/ *adj.* 〘生物〙=elongate. 〖1751〗
e·lon·ga·tion /ɪ̀lɔ(ː)ŋgéɪʃən, ɪl-, -lɑ(ː)ŋ- | ìːlɔŋ-/ *n.* **1** 伸長, 伸び: ~ of the boughs 枝の伸長 / ~ percentage 〘機械〙伸び率. **2** 伸長部, 延長線, 継ぎ足し, 伸張度. **3** 〘天文〙離隔, 離角 (惑星と太陽, 惑星と衛星との角距離; digression ともいう). 〖(1391) □ LL *ēlongātiō(n-)*: ⇨ elongate, -ation〗
e·lope /ɪlóʊp | ɪláʊp/ *vi.* **1** 〈女性·愛人同士が〉駆け落ちする, 〈愛人と〉家出をする 〔*with*〕: She ~*d with* her lover. **2** 出奔する, 失踪(しっそう)する (abscond): He ~*d with* my money. 私の金を持って逐電した. **e·lóp·er** *n.* 〖(1596) □ AF *aloper* □ ← *a-* away + MDu. *lōpen* 'to run, LEAP: cf. Du. *loopen* / G *entlaufen* to run away, elope〗
e·lópe·ment *n.* **1** 駆け落ち, (男女の)道行き. **2** 出奔, 逃亡, 失踪(しっそう). 〖(1641): ⇨ ↑, -ment〗
el·o·quence /éləkwəns | él-/ *n.* **1** 雄弁, 能弁, 弁舌の力: fiery ~ 熱弁 / a flow of ~ 流れるような雄弁. **2** 流暢(りゅうちょう)な話[話術], 説得力. **3** (古) 雄弁術, 修辞法 (rhetoric). **4** (古) 表情の豊かさ. 〖(1369) □ (O)F *élo-*

E

quence □ L *ēloquentia* ← *ēloquentem*: ⇨ ↓, -ence〗

el·o·quent /éləkwənt | él-/ *adj.* **1** 〈弁舌・文体など〉人を動かす力のある (persuasive). **2** 表情豊かな (expressive); 〔…を〕雄弁に表す 〔*of*〕: ~ looks, gestures, etc. / Eyes are more ~ than lips. 目は口よりものを言う / His whole attitude was ~ *of* delight. 彼の態度全体が喜びをよく表していた. **3** 雄弁な, 能弁な (⇨ fluent SYN): an ~ speaker 雄弁家. **~·ly** *adv.* 〖(*a*1393) □ (O)F ~ □ L *ēloquentem* (pres. p.) ― *ēloquī* to speak (eloquently) ← *ē-* 'EX-[1]' + *loquī* to speak〗

El Pas·o /elpǽsou | -səu/ *n.* エルパソ《米国 Texas 州西部の Rio Grande に臨む都市》. 〖□ Sp. ~ ← *El Paso del Norte*《原義》ford (of the river) of the north〗

El·phin·stone /élfɪnstòun | -fɪnstən/, **Mount·stu·art** /màuntstú:ət, -stjú:ət, -stjú:ət, stú:ət | -stjú:ət, -stjú:ət/ *n.* エルフィンストン《1779–1859; 英国の歴史家・インド行政官; *The History of India* (1841)》.

Elphinstone, William *n.* エルフィンストン《1431–1514; スコットランドの高位聖職者・政治家; Aberdeen 大学の創立者》.

El·ri·ca /elríːkə/ *n.* エルリーカ《女性名》. 〖← OHG *alh* 'ALL' + *ric* ruler〗

El·roy /élrɔɪ/ *n.* エルロイ《男性名》. 〖《変形》? ← *Gilroy* ← Ir. *Giolla Rua* (アイルランドの姓)《原義》red youth〗

El·sa /élsə; G. élza, It. élsa/ *n.* エルサ《女性名》. 〖□ G ~ (dim.) ← *Elisabet* □ LL *Elisabeth*: ⇨ Elizabeth[2]〗

El Sal [**Salv**]《略》El Salvador.

El Sal·va·dor /elsǽlvədɔ̀ə | -dɔ̀:(r; *Am.Sp.* elsalβaðór/ *n.* エルサルバドル《中米西部の共和国; 面積 21,000 km^2, 首都 San Salvador; 公式名 the Republic of El Salvador エルサルバドル共和国》. 〖□ Sp. ~《原義》the savior〗

El·san /élsæn/ *n.*〖商標〗エルサン《化学薬品を用いて汚水を殺菌・分解し悪臭を防ぐ便所槽》. 〖(1939–40) ← *E(phraim) L(ouis) (Jackson)* (製造者) + SAN(ITATION)〗

El·sass /G. élzas/ *n.* エルザス《Alsace のドイツ語名》. 〖□ G ~《原義》inhabitant of the other bank of the Rhine: cf. else〗

El·sass-Lo·thrin·gen /G. élzasló:trɪŋən/ *n.* エルザスロートリンゲン《Alsace-Lorraine のドイツ語名》.

else /éls/ *adj.* [不定代名詞・疑問代名詞に伴って] そのほかの, 他の (in addition, other): Everyone ~ liked it. ほかのだれもがそれが好きだった / You may take *someone* ~ with you. だれかほかの人を連れて行ってもよい / (Will there be) anything ~, sir?—Nothing ~ for me, thank you. ほかに何かお入り用のものはあるでしょうか—ほかは結構です / I saw *no one* ~ but him. 彼以外にはだれにも会わなかった / I'm worried because there may be [she may have found] someone ~. だれかほかの人がいる[だれかほかの人を彼女は見つけた]かもしれないので心配だ / Is *anybody* ~ coming? ほかにだれか来るのか / *Who* ~ is coming? ほかにだれが来るのか / *What* ~ can it be? そうでなくて一体何だろう / There was little [a lot] ~ to be done [to do]. ほかになすべきことはほとんどなかった[たくさんあった] / It's Mary Smith!—*Who* ~! メアリースミスだ—その通りだ / *Who* ~ but Mary Smith could have done it? メアリースミス以外にだれにそれができたであろうか / if nothing ~ ともかく, 少なくとも. ★ "不定[疑問]代名詞 + else" の所有格は else に 's をつけて造る; ただし who else's (あとに名詞が続く場合), whose else の両形が用いられる: It is *somebody* ~'s hat. だれかほかの人の帽子です / It's *no one* ~'s business. 他人に関係のないことだ / *Who* ~'s house could it have been? ほかのだれの家だったというのだろうか / I don't know *whose* ~ [*who* ~'s] this book is. この本がほかのだれのものなのか知らない.
— *adv.* **1** [不定副詞・疑問副詞に伴って] そのほかに, 別に (besides), その代わりとして (instead): You had better go *somewhere* ~. どこかほかの所へ行ったほうがよい / *How* ~ can you hope to get it?＝《古》How can you hope to get it ~? それ以外にどうして手に入れることが望めようか / *Where* [*Why*, *How*] ~ can it be? そうでなくて一体どこにあるのだろう[なぜだろう, どのようにしてだろう]. **2** [通例接続詞 or に伴って] でなければ, さもないと: It'll be here Monday, *or* ~ Tuesday. それは月曜日でなければ火曜日にはここに着くだろう / He must be joking, *or* ~ he is mad. 彼はふざけているに違いない, でなければ気が変だ / Run, *or* ~ [《口語》~] you will be late. 走れ, さもないと遅くなるぞ. ★《口語》では時に or else だけであとの陳述を表現せず, おどし・警告の意を暗示することがある: Do that at once, *or* ~! すぐそれをやれ, さもないと(ただではすまんぞ).
〖OE *elles* otherwise ((gen. sing.) ← *el-* other) < Gmc **aljaz* (MDu. *els* / OHG *elles*, *alles*) < IE **alios* other (of more than two) (L *alius* / Gk *állos*) ← **al-* beyond: cf. ALTER〗

El·se /élsə; G. élzə/ *n.* エルサ, エルザ《女性名》. 〖□ G ~: ⇨ Elsa〗

else·where /éls(h)wɛ̀ə | èls(h)wɛ́ə(r, ⌐–⌐/ *adv.* よそに[で, へ], どこかほかの所[場合]に (somewhere else): You must look [go] ~ for it. それはほかのどこかを捜さなければ[捜しに行かねば]ならない / here as ~ ほかの場合と同様この場合にも / His mind was [His thoughts were] ~. 心は別のことを考えていた. 〖OE *elles hwǣr*: ⇨ else, where〗

élse·whìther *adv.*《文語》どこかほかの所へ (elsewhere). 〖OE *elles hwider*: ⇨ else, whither〗

El·sie /élsi/ *n.* エルシー《女性名; スコットランドに多い》. 〖《スコット》~ (dim.) ← ELIZABETH[2], ALICE〗

El·si·nore /élsənɔ̀ə, ⌐–⌐–⌐ | èlsɪnɔ̀:(r, ⌐–⌐–⌐/ *n.* エルシノア (⇨ Helsingør). ★ Shakespeare の *Hamlet* では /⌐–⌐–⌐/ のアクセント.

El·speth /élspəθ, -spεθ/ *n.* エルスペス《女性名》. 〖《スコット》~: ⇨ Elizabeth[2]〗

ELSS《略》〖宇宙〗extravehicular life support system (宇宙飛行士の)宇宙船外生命維持装置.

ELT /i:èltí:/《略》《英》English Language Teaching《特に英語が母語でない学生に英語を教える場合を指す》.

El·ton /éltən, -tn/ *n.* エルトン《男性名》. 〖《原義》one who came from *Elton* (< OE *Ēltūn* village of ELLA)〗

El·ton /éltən, -tn/, **Charles** (**Sutherland**) *n.* エルトン《1900–91; 英国の動物生態学の創始者》.

Elton, Oliver *n.* エルトン《1861–1945; 英国の文学史家; *A Survey of English Literature, 1730–1880* (6 vols., 1912–28)》.

El Trelles /eltrélz/ *n.*〖商標〗エルトレルズ《米国 Universal Cigar 社製の葉巻》.

el·u·ant /éljuənt/ *n.*〖物理化学〗＝eluent.

É·luard /èɪljuá:ə | -á:(r; F. elɥa:ʀ/, **Paul** *n.* エリュアール《1895–1952; フランスの詩人; 本名 Eugène Grindel; シュールレアリスト; *Poésie et vérité 42* (1942)》.

el·u·ate /éljuɪ̀t, -èɪt/ *n.*〖化学〗溶出液, 溶離液. 〖(1934) ← L *ēluere* to wash out (← *ē-* 'EX-[1]' + *luere* to wash) + -ATE[1]: cf. elute〗

e·lu·ci·date /ɪlú:sədèɪt | ɪlú:sɪ-, ɪljú:-/ *vt.* 〈事柄・記述などを〉明らかにする, 〈意味を〉はっきりさせる, 説明する. — *vi.* (よくわかるように)説明する. 〖(*a*1568) ← LL *ēlūcidātus* (p.p.) ← *ēlūcidāre* to make lucid ← *ē-* 'EX-[1]' + *lūcidus* 'bright, LUCID': ⇨ -ate[3]〗

e·lu·ci·da·tion /ɪlù:sədéɪʃən | ɪlù:sɪ-, ɪljù:-/ *n.* 説明, 解明, 解説. 〖(1570): ⇨ ↑, -ation〗

e·lu·ci·da·tive /ɪlú:sədèɪtɪv | ɪlú:sɪdèɪt-, ɪljú:-, -dət-/ *adj.* 解説的な, 説明的な. 〖(1822) ← ELUCIDATE + -IVE〗

e·lú·ci·dà·tor /-tə | -tə(r/ *n.* 解明者, 説明者. 〖(?*a*1633) ← ELUCIDATE + -OR[2]〗

e·lu·ci·da·to·ry /ɪlú:sədətɔ̀:ri | ɪlú:sɪdèɪtəri, ɪljú:-, -tri/ *adj.* 説明上の; 説明的な (elucidative). 〖(1774) ← ELUCIDATE + -ORY[1]〗

e·lu·cu·brate /ɪlú:k(j)ubrèɪt | ɪlú:kju-, ɪljú:-/ *vt.* 苦心して作る[表現する]. **e·lu·cu·bra·tion** /ɪlù:k(j)ubréɪʃən | ɪlù:kju-, ɪljù:-/ *n.* 〖(1623) ← L *ēlūcubrātus* (p.p.) ← *ēlūcubrāre* to compose by lamplight ← *ē-* 'EX-[1]' + *lūcubrāre* 'to LUCUBRATE'〗

e·lude /ɪlú:d | ɪlú:d, ɪljú:d/ *vt.* **1 a** 〈ほしいものが〉〈人〉につかまらない: Success has so far ~*d* them. これまでは彼らは成功できないでいる / Sleep ~*d* me that night. その夜私はどうも眠れなかった. **b** 〈事物が〉〈観察・記憶などが〉からすり抜ける: ~ a person's understanding 〈問題などが〉どうしてもわからない, 理解できない / The idea ~*s* me. その考えは私にはわからない / The name [answer] ~*s* me. その名[答え]はどうも思い出せない. **2** 〈好奇心・監視の目などを〉かすめる, よける; 〈法律・命令・義務・支払いなどを〉免れる, 逃れる, 回避する (evade): ~ curiosity 好奇の目を避ける / ~ the law 法網をくぐる / ~ payment [taxation]《俗》支払い[課税]を逃れる. **3** 〈打撃・危険などを〉巧みに避ける[逃れる] (⇨ escape SYN): ~ a blow 身をかわして打撃を避ける / ~ a person's grasp (捕えようとしても)つかまらない / ~ pursuit [pursuers] 追跡(者)を逃れる. **e·lúd·er** *n.* 〖(1538) □ L *ēlūdere* to make sport of ← *ē-* 'EX-[1]' + *lūdere* to play: cf. L *lūdus* game, play〗

e·lu·ent /éljuənt/ *n.*〖物理化学〗溶離液《吸着した物質を溶離する液体》. 〖(1941) □ L *ēluentem* (pres.p.) ← *ēluere* to wash out: cf. eluate〗

E·lul /elú:l/ *n.* (ユダヤ暦の) 6 月《グレゴリオ暦の 8–9 月, 政暦の 12 月, 教暦の 6 月に当たる; ⇨ Jewish calendar》. 〖(1535) □ Mish.Heb. *Elūl* □ Akkad. *elūlu* harvest〗

e·lu·sion /ɪlú:ʒən | ɪlú:-, ɪljú:-/ *n.* 逃避, 回避, 言い抜け. 〖(1550) □ LL *ēlūsiō(n-)* evasion ← L *ēlūsus* (p. p.) ← *ēlūdere* 'to ELUDE': ⇨ -sion〗

e·lu·sive /ɪlú:sɪv, -zɪv | ɪlú:s-, ɪljú:s-/ *adj.* **1** (巧みに)逃げを打つ (evasive); 逃げやすい: Fortune and wealth are ~. 幸福と富は逃げやすい / The answer is ~. その答えは遁辞である. **2** とらえどころのない, 理解[記憶]しにくい: an ~ argument つかみにくい議論. **3** とらえる力の弱い: an ~ memory 弱い記憶力. **4** 確認しにくい, はっきりそれとわからない: a faint ~ smell かすかなはっきりそれとわからないにおい. 〖(1719): ⇨ ↑, -ive〗

e·lú·sive·ly *adv.* 巧みに逃げ隠れして; とらえどころがないように. 〖(1885): ⇨ ↑, -ly[1]〗

e·lú·sive·ness *n.* 逃げ隠れの巧妙さ, よく逃げを打つこと; とらえ難さ. 〖(1873): ⇨ -ness〗

e·lu·so·ry /ɪlú:s(ə)ri, -z(ə)ri | ɪlú:s-, ɪljú:s-/ *adj.* 逸しやすい, とらえどころのない (elusive); 当てにならない (deceptive): ~ hopes [promises] 漠として当てにならない希望[約束]. 〖(1646): ⇨ elusive, -ory[1]〗

e·lute /ɪlú:t | ɪlú:t, ɪljú:t/ *vt.* 抜き取る, 抽出する;〖物理・化学〗溶出する, 溶離する. 〖(1731) ← L *ēlūtus* (p. p.) ← *ēluere* to wash out ← *ē-* 'EX-[1]' + *luere* to wash〗

e·lu·tion /ɪlú:ʃən | ɪlú:-, ɪljú:-/ *n.* 抜取り, 抽出;〖物理化学〗溶出, 溶離《イオン交換樹脂などに吸着した物質を溶媒を用いて溶かし出す操作》. 〖(1612) ⇨ ↑, -tion〗

e·lu·tri·ate /ɪlú:trièɪt | ɪlú:-, ɪljú:-/ *vt.* **1** 洗い清める. **2**〖鉱山〗洗い分ける. 〖(*c*1727) ← L *ēlūtriātus* (p. p.) ← *ēlūtriāre*: ⇨ eluvium〗

e·lu·tri·a·tion /ɪlù:triéɪʃən | ɪlù:-, ɪljù:-/ *n.* **1** 浄化, 洗浄. **2**〖鉱山〗水簸(すいひ), 懸濁分離法《粉砕した鉱石を水で洗い沈んだ部分を採集する方法; levigation ともいう》. 〖(1661) ⇨ ↑, -ation〗

e·lú·tri·à·tor /-tə | -tə(r/ *n.*〖鉱山〗水簸機. 〖(1904) ← ELUTRIATE + -OR[2]〗

eluvia *n.* eluvium の複数形.

e·lu·vi·al /ɪlú:viəl | ɪlú:-, ɪljú:-/ *adj.* **1**〖地質〗残留堆積層の. **2**〖土壌〗溶脱の. 〖(1862) ← ELUVIUM + -AL[1]〗

e·lu·vi·ate /ɪlú:vièɪt | ɪlú:-, ɪljú:-/ *vi.* [通例 p.p. 形で]〖土壌〗溶脱する: ~*d* horizons 溶脱層位. 〖(1926) ← ELUVIUM + -ATE[3]〗

e·lu·vi·a·tion /ɪlù:viéɪʃən | ɪlù:-, ɪljù:-/ *n.*〖土壌〗溶脱《降雨・灌漑(かんがい)によって水が土壌中を下降するとき, 土壌中の物質を溶解し下層に移動させること; cf. illuviation》. 〖(1899): ⇨ ↑, -ation〗

e·lu·vi·um /ɪlú:viəm | ɪlú:-, ɪljú:-/ *n.* (*pl.* **-vi·a** /-viə/, **~s**)〖地質〗残留堆積物[層]《岩石の風化物がもとの場所に堆積したもの; cf. alluvium》. 〖(1882) ← NL ~ ← L *ēluere* to wash out ← *ē-* 'EX-[1]' + *luere* to wash〗

El·va /élvə/ *n.* エルバ《女性名; 異形 Elvie, アイルランド語形 Ailbhe》. 〖? 《原義》elf〗

el·van /élvən/ *n.*〖岩石〗**1** 脈斑岩《英国 Cornwall 産》; その大岩脈. **2** 花崗(こう)斑岩. 〖(1791) □ ? Corn. *elven* spark: 打ち合わせれば火花が出るほど硬いところから〗

el·ver /élvə | -və(r/ *n.*〖魚類〗シラスウナギ, ハリウナギ《遡河を始める時期のウナギの稚魚; まだ全身がほぼ透明》. 〖(*c*1640)《変形》← *eelvare* (南部方言) < *eelfare* passage of young eels (up a river)〗

elves *n.* elf の複数形.

El·vin /élvɪn | -vɪn/ *n.* エルビン《男性名》. 〖⇨ Alwin〗

El·vi·ra /elváɪrə, -víᵊrə | -váɪərə/ *n.* エルバイラ, エルビラ《女性名》. 〖□ Sp. ~ □ ? OHG *Alverat*: cf. Elva, Aubrey〗

El·vis /élvɪs | -vɪs/ *n.* エルビス《男性名》. 〖□ ON *Alviss*《原義》all wise〗

elv·ish /élvɪʃ/ *adj.* ＝elfish. 〖(?*a*1200) ← *elve* 'ELF' + -ISH[1]: elfish の古形〗

Élvis sìghting *n.* (死んだはずの)エルビス (Elvis Presley) を見たという話, エルビス目撃談.

El·win /élwɪn | -wɪn/ *n.* エルウィン《男性名》. 〖《異形》← ELVIN〗

El·wyn /élwɪn | -wɪn/ *n.* エルウィン《男性名》. 〖↑〗

E·ly /í:li/ *n.* イーリー《イングランド Cambridgeshire 州 Isle of Ely 地方の都市; 有名な美しい大聖堂がある》. 〖OE *Ēlig* ← *ēl*, *ǣl* 'EEL' + *ig* district〗

Ely, the Isle of *n.* アイルオブイーリー《イングランド東部 Cambridgeshire 州の北部を占める地方; もとは一州をなしていた; 面積 971 km^2》.

El·y·ot /éliət/, Sir **Thomas** *n.* エリオット《1490?–1546; 英国の辞書編纂者・外交官》.

E·lyri·a /ɪlíriə, -líᵊr- | ɪlír-, -líər-/ *n.* イリリア《米国 Ohio 州北部, Cleveland 近くの都市》.

É·ly·sée /èɪli:zéɪ | eɪlí:zeɪ, ɪl-; F. elize/ *n.* [the ~] エリゼ宮 (Paris の宮殿, フランス大統領官邸; the Elysée Palace ともいう); フランス政府 (cf. White House, Whitehall, Kremlin). 〖□ F ~ 'Elysian': cf. Champs Élysées〗

E·ly·sia[1] /ɪlíʒə/ *n.* イリシャ《女性名》. 〖□ L *Ēlysia*《原義》blissful: ⇨ Elysian〗

Elysia[2] *n.* Elysium の複数形.

E·ly·sian /ɪlíʒən, -lí:ʒ-, -ziən | ɪlíziən, i:-/ *adj.* **1** Elysium の(ような). **2** この上なく楽しい, 幸福な (blissful): ~ joy 極楽浄土[無上]の喜び. 〖(1579) ← ELYSI(UM) + -AN[1]〗

Elýsian fields *n. pl.* ＝Elysium 1. 〖1579〗

E·ly·si·um, e- /ɪlíʒiəm, -lí:-, -ziəm | ɪlíziəm, i:-/ *n.* (*pl.* **~s, -si·a** /-ʒiə, -ziə | -ziə/) **1**〖ギリシャ神話〗エリュシオン《善人が死後住む所》. **2** 死後の極楽, 浄土. **3** 理想郷, 楽土 (paradise). **4** 理想的な安楽境, 至上の幸福. **5**〖天文〗イリジアム《火星の北半球部; 地上から望遠鏡で明るく見える部分》. 〖(1599) □ L *Ēlysium* □ Gk *Ēlúsion* (*pedíon*) Elysian (field) ← ?〗

El·y·tis /elɪ́tɪs/, **Odysseus** *n.* エリティス《1911–96; ギリシャの詩人; *Ilios o Protos*「第一の太陽」(1943); Nobel 文学賞 (1979)》.

el·ytr- /élətr | élɪtr/ (母音の前にくるときの) elytro- の異形.

elytra *n.* elytron, elytrum の複数形. 〖← NL ~〗

el·y·tri- /élətrɪ-, -tri- | élɪ-/ elytro- の異形 (⇨ -i-).

el·y·tro- /élətrou | élɪtrəu/〖動物〗「翅鞘(しょう)」の意の連結形. ★ 時に elytri-, また母音の前では通例 elytr- になる. 〖← ? NL ~ ← ELYTRON〗

el·y·troid /élətrɔ̀ɪd | élɪ-/ *adj.* elytron のような. 〖(1864): ⇨ ↓, -oid〗

el·y·tron /élətrɑ̀(:)n | élɪtrɔ̀n/ *n.* (*pl.* **el·y·tra** /-trə/) **1**〖動物〗(甲虫類の)翅鞘, さやばね. **2**〖解剖〗膣(ちつ).
el·y·trous /élətrəs | élɪ-/ *adj.* 〖(1753) ← NL ~ ← Gk *élutron* sheath, cover〗

el·y·trum /élətrəm | élɪ-/ *n.* (*pl.* **el·y·tra** /-trə/)〖動物・解剖〗＝elytron. 〖(1816) ← NL ~〗

Elz.《略》Elzevir.

El·ze·vir[1] /élzəvɪə, -sə- | -zɪvɪə(r, -sɪ-/ *n.* **1** エルゼビア本, エルゼビア版. **2**〖活字〗エルゼビア. — *adj.* エルゼビアの, エルゼビア本[版, 家, 活字書体]の: an ~ edition エルゼビア版 / the ~ type エルゼビア活字. 〖↓〗

El·ze·vir[2] /élzəvɪə, -sə- | -zɪvɪə(r, -sɪ-; *Dutch* élzəvi:r/ *n.* エルゼビア《1581–1712 年まで続いたオランダの印刷・出版一家; ポケット版のラテン古典の出版で有名》.

em /ém/ *n.* **1** M [m] 字. **2**〖印刷〗**a** エム, 全角《各ポイントの欧文活字の深さの正方形; 和文活字の全角に相当; mutton, mut ともいう; cf. en[1]》. **b** (もと) M 字幅 (M 字の幅の長さ). **c** ＝em pica. — *adj.*〖印刷〗エムの, 全角の: ⇨ em quad. 〖(13C) M の字の名〗

'em /(弱) əm, m̩/ ★この語は常に弱く発音され, 強形がない. *pron.* 《口語》[人称代名詞; 第三人称・複数・目的格] 彼ら[彼女ら, それら]を[に, へ]. ★話し言葉において them の代わりとしてしばしば強勢のない位置に用いる. 〚《12C》《頭音消失》← ME *hem* < OE *heom* (dat. & acc.pl.) ← *hē* 'HE¹': *them* の省略形とみなされている〛

Em 《略》《化学》emanation; Emily; Emma; Emmanuel.

EM 《略》Earl Marshal; electromagnetic; electromotive; electron microscope; end matched; engineer of mines; 〘米軍〙enlisted man [men]; *L.* Equitum Magister (=Master of Horses; cf. equine); European Movement.

em. 《略》emanation; embargo; eminent.

e.m. 《略》emergency maintenance; 〘建築〙expanded metal; external memorandum.

em-¹ /ɪ̈m, ɛm/ *pref.* (b,m,p,ph の前にくるときの) en-¹ の異形: *embed, emmarvel, employ.*

em-² /ɪ̈m, ɛm/ *pref.* (b,m,p,ph の前にくるときの) en-² の異形: *embolism, empathy, emphasis.*

EMA 《略》European Monetary Agreement ヨーロッパ通貨協定.

e·ma·ci·ate /ɪ̈méɪʃièɪt | ɪ̈méɪʃièɪt, iːm-, -si-/ *vt.* **1** [特に p.p. 形で]〈人・顔などを〉やせ衰えさせる, 衰弱させる, やつれさせる: I was so ~*d* by illness. 病気でやつれてしまった. **2**〈土地を〉やせさせる. — *vi.* やせ衰える, やつれる. 〚《1646》← L *ēmaciātus* (p.p.) ← *ēmaciāre* to waste away ← *ē-* 'EX-¹' + *maciāre* to make lean: cf. meager〛

e·má·ci·àt·ed /-tɪ̈d | -tɪ̈d/ *adj.* やせ衰えた, やつれた (atrophied); 貧弱な; 勢いの弱まった: an ~ face やつれた顔. 〚《1665》: ⇨ ↑, -ed〛

e·ma·ci·a·tion /ɪ̈mèɪʃiéɪʃən, -mèɪsi- | ɪ̈mèɪ-, iːm-/ *n.* やせ衰え, やつれ, 憔悴(しょうすい), 羸痩(るいそう). 〚《1662》□ L *ēmaciātiō(n-)*: ⇨ -ation〛

em·a·gram /ɛ́məgræ̀m/ *n.* 〘気象〙エマグラム, 断熱図《縦軸に気圧を対数でとり横軸に気温をとるグラフ》. 〚← *e(nergy-per-unit) m(ass) (di)agram*〛

E-mail /íːmèɪl/ *n.* E メール, 電子郵便[メール] (electronic mail) 《e-mail, email ともいう》. — *vt.*〈人〉に電子メールを送る,〈…〉を電子メールで送る. 〚1982〛

É-mail address *n.* 〘電算〙電子メールアドレス, E メールアドレス《電子メールの送配でネットワーク上の個人を特定する 'name@site address' の形のアドレス情報》.

é·mail om·brant /eɪmáɪ(ə)ɔ̃(m)brɑ́ː(ŋ), -ɔ(ː)mbrɑ́ːŋ; *F.* emaj ɔ̃bʁɑ̃/ *n.* 〘窯業〙エマイユオンブラント《沈み彫りの上に透明釉をかけて深みを出す陶磁器彩飾法》. 〚《a1877》□ F ~《原義》a shading enamel〛

em·a·lan·gen·i /ɛməlæŋgéni, -lɑːŋ-/ *n.* lilangeni の複数形.

em·a·nant /ɛ́mənənt/ *adj.* (源から)発する: ~ dew on earth 大地に降りてくる露. — *n.* 〘数学〙放射式. 〚《1614》□ L *ēmānantem* (pres.p.) ← *ēmānāre* (↓)〛

em·a·nate /ɛ́mənèɪt/ *vi.*〈考えなどが〉広まる, 出る, 発する (⇨ rise SYN);〈光・熱・音・香りなどが〉発散する, 放射する: The idea ~*d from* him. その考えは彼から出たものだ / the radioactive rays *emanating from* uranium ウラニウムから発する放射線. — *vt.*〈光・香気などを〉発(散)する, 放射する. **ém·a·nà·tor** /-tə | -tə(r)/ *n.* **em·a·na·to·ry** /ɛ́mənətɔ̀ːri | -nèɪtəri, -tri/ *adj.* 〚《1756》← L *ēmānātus* (p.p.) ← *ēmānāre* ← *ē-* 'EX-¹' + *mānāre* to flow〛

em·a·na·tion /ɛ̀mənéɪʃən/ *n.* **1** 発散, 放射: the ~ of light *from* a candle ろうそくから放射される光. **2** 発散物 (efflux)《蒸気・香気・臭気など》;(人から発する)感化力(など): gaseous ~*s* 発散気体 / an ~ *from* a flower 花から発する香気 / unhealthy ~*s from* the river mud 川の泥から発する不衛生な臭気. **3** 〘化学〙エマネーション, エマナチオン《放射性元素の壊変によって生じる放射性気体元素の古典的呼び方; radon, thoron, actinon など; 略 Em》. **4** 〘哲学〙流出《万物は神による creation ではなく, 神からの流出によるとする考え方》. **~·al** /-ʃnəl, -ʃənl/ *adj.* 〚《1570》□ LL *ēmānātiō(n-)* ← L *ēmānātus* (↑)〛

èm·a·ná·tion·ism /-ʃənɪ̀zm/ *n.* 〘哲学〙流出説. 〚《1881》: ⇨ ↑, -ism〛

emanátion thèory *n.* 〘哲学〙流出説《一者としての神から万物は流出するとした新プラトン派の Plotinus の説; cf. Neoplatonism》.

em·a·na·tive /ɛ́mənèɪtɪv | -tɪv/ *adj.* **1** 流出する, 発散する. **2** 放射性の. 〚《1651》: ⇨ emanation, -ative〛

e·man·ci·pate /ɪ̈mǽnsəpèɪt, -tsə- | ɪ̈mǽnsɪ̈-, -tsɪ̈-/ *vt.* **1** 〔社会的・道徳的・政治的制約から〕解放する, 自由にする〔*from*〕: ~ oneself *from* the power of sin 罪の束縛から自由になる. **2**〈奴隷を〉解放する (⇨ free SYN): ~ slaves. **3** 〘ローマ法〙〈子供・妻を〉家父権[後見]から解放する. 〚《1613》← L *ēmancipātus* (p.p.) ← *ēmancipāre* to transfer one's authority ← *ē-* 'EX-¹' + *mancipāre* to transfer property: cf. manciple〛

e·mán·ci·pàt·ed /-tɪ̈d | -tɪ̈d/ *adj.* **1** 伝統[因襲]から解放された, 伝統にとらわれない, 自主的な, 自由な (free): an ~ woman 解放された(新しい)女性. **2** 解放された: an ~ slave. 〚《1726》: ⇨ ↑, -ed〛

e·man·ci·pa·tion /ɪ̈mæ̀nsəpéɪʃən | ɪ̈mæ̀nsɪ̈-/ *n.* **1** (社会的・道徳的・政治的制約からの)解放 (liberation): the ~ *of* slaves 奴隷の解放 / ⇨ Catholic Emancipation Act. **2** (迷信などからの)解放, 離脱, 解脱(げだつ): the national ~ *from* superstition 国民全体の迷信からの解放. **3** 〘ローマ法〙家父権からの解放. 〚《a1631》□ L *ēmancipātiō(n-)*: ⇨ emancipate, -ation〛

e·màn·ci·pá·tion·ist /-ʃ(ə)nɪ̈st | -nɪst/ *n.* (政治上または宗教上の)解放論者; (特に)奴隷解放論者. 〚《1822》: ⇨ ↑, -ist〛

Emancipátion Proclamátion *n.* [the ~] 〘米史〙奴隷解放宣言《1862 年 9 月に時の大統領 Abraham Lincoln が, 翌 63 年 1 月 1 日を期して奴隷は自由になるとした宣言; 実際は 1865 年発効の憲法修正第 13 条によって解放された》.

e·man·ci·pa·tive /ɪ̈mǽnsəpèɪtɪv | ɪ̈mǽnsɪ̈pèɪt-/ *adj.* =emancipatory. 〚《1862》← EMANCIPATE + -IVE〛

e·mán·ci·pà·tor /-tə | -tə(r)/ *n.* 解放する人; 奴隷解放論者: the Great *Emancipator* 大解放者《Abraham Lincoln のこと》. 〚《1782》□ LL *ēmancipātor*: ⇨ emancipate, -or²〛

e·man·ci·pa·to·ry /ɪ̈mǽnsəpətɔ̀ːri | ɪ̈mǽnsɪ̈pèɪtəri, -pət-, -tri/ *adj.* 解放の. 〚《1652》← EMANCIPATE + -ORY¹〛

e·man·ci·pist /ɪ̈mǽnsəpɪ̈st | ɪ̈mǽnsɪ̈pɪst/ *n.* (昔のオーストラリアの)満期出獄者, 免囚 (ex-convict). 〚《1827》← EMANCIP(ATE) + -IST〛

E·man·u·el /ɪ̈mǽnjuəl, -njʊl; G. emáːnweːl, -nwɛl, *Swed.* emǎːnuːel/ *n.* エマニュエル《男性名; ユダヤ人に多い》. 〚⇨ Emmanuel〛

E·man·ue·le /eɪmənwéɪleɪ; *It.* emanuɛ́ːle/ *n.* エマンウェーレ《男性名》. 〚□ It. ~ 'EMMANUEL'〛

e·mar·gi·nate /ɪmɑ́ədʒənɪ̈t, -nèɪt | ɪmɑ́ːdʒɪ̈-/ *adj.* **1** へりに切れ目のある. **2** 〘植物〙〈花弁・葉が〉先端の切れ込んだ, へこんだ, 凹形(おうけい)の. **~·ly** *adv.* **e·mar·gi·na·tion** /ɪmɑ̀ədʒənéɪʃən | ɪmɑ̀ːdʒɪ̈-/ *n.* 〚《1794》□ L *ēmarginātus* (p.p.) ← *ēmargināre* to deprive of an edge ← *ē-* 'EX-¹' + *margin-*, *margō* 'MARGIN'〛

e·már·gi·nàt·ed /-tɪ̈d | -tɪ̈d/ *adj.* =emarginate. 〚1731〛

e·mas·cu·late /ɪ̈mǽskjulèɪt | ɪ̈m-, iːm-/ *vt.* **1** (完全)去勢する (castrate, geld). **2** …の気力を奪う, 無気力にする; 柔弱にする;〈法律などを〉骨抜きにする;〈言語を〉貧弱なものにする: Luxury ~*s* our minds. 贅沢(ぜいたく)は我々の心を柔弱にする. **3**〈作品などを〉不穏の箇所などを削除して骨抜きにする;〈法律を〉修正などして骨抜きにする. **4** 〘植物〙除雄する《両性花の上人工受粉などに際し, 雄蕊蕊(ゆうずい)や葯(やく)を取り除くこし》.
— /ɪ̈mǽskjulɪ̈t | ɪ̈m-, iːm-/ *adj.* =emasculated.

e·más·cu·là·tive /-lèɪtɪv | -tɪv/ *adj.* **e·mas·cu·la·to·ry** /ɪ̈mǽskjulətɔ̀ːri | ɪ̈mǽskjulèɪtəri, -tri, iːm-, -lə-/ *adj.* **e·más·cu·là·tor** /-tə | -tə(r)/ *n.* 〚《1607》← L *ēmasculātus* (p.p.) ← *ēmasculāre* ← *ē-* 'EX-¹' + *masculus* male: ⇨ masculine, -ate³〛

e·más·cu·làt·ed /-tɪ̈d | -tɪ̈d/ *adj.* 無気力な, 骨抜きになった, 弱々しい (effeminate). 〚《1701》: ⇨ ↑, -ed〛

e·mas·cu·la·tion /ɪ̈mæ̀skjuléɪʃən | ɪ̈m-, iːm-/ *n.* **1** (完全)去勢, 全去勢(術), 除勢. **2** 骨抜き(にすること), 無力化; 柔弱. 〚《1623》: ⇨ emasculate, -ation〛

em·ball /ɪ̈mbɔ́ːl, ɛm-, -bɑ́ːl | -bɔ́ːl/ *vt.* 《古》球で包む. 〚《1580》← EN-¹ + BALL¹〛

em·ball·ing *n.* 《Shak》王位の印の球の授与. 〚《1612》↑〛

em·balm /ɪ̈mbɑ́ːm, ɛm-/ *vt.* **1**〈死体〉に防腐処置を施す, ミイラにする《もとは香油・香料を詰めたが, 今は通例薬品を用いる》: ~ dead bodies with tar 死体にタールを塗る. **2** 永く記憶にとどめる: The lines ought to ~ his memory. この詩行によって彼の名は永く記憶にとどめられるはずだ. **3** そのままで保存する; 成長[発展]させないでおく: His thoughts had been ~*ed* in a book. 彼の思想は一冊の本の中にそのままで保存されていた. **4** 《詩》…に香気を満たす (perfume); かぐわしくする: the morning air, ~*ed with* odors 種々の香気でかぐわしい朝の空気. 〚《15C》← *em-* 'EN-¹' + BALM ∞ 《c1378》*embaume(n)* □ (O)F *embaumer* ← *em-* 'EN-¹' + *baume* 'BALM'〛

em·bálm·er *n.* 死体に防腐処置を施す人. 〚《1587》: ⇨ ↑, -er¹〛

em·bálm·ment *n.* (死体の)防腐保蔵. 〚《1620》: ⇨ -ment〛

em·bank /ɪ̈mbǽŋk, ɛm-/ *vt.*〈沼・川を〉に築堤する, 堤防[土手]で囲む, 堤防[土手]で固める: ~ a river 川に築堤する. 〚《1576》← *ém-* 'EN-¹' + BANK²〛

em·bánk·ment /ɪ̈mbǽŋkmənt, ɛm-/ *n.* **1** (川・海岸などの)堤防, 土手. **2** (鉄道の)築堤, 土堤, 盛土. **3** 堤防を築くこと, 築堤. **4** [the E-] =Thames Embankment. 〚《1786》: ⇨ ↑, -ment〛

em·bar /ɪ̈mbɑ́ə, ɛm- | -bɑ́ː(r)/ *vt.* **1** 《古》閉じ込める (confine); 監禁する (imprison). **2** 《廃》止める, 禁止する (stop). 〚《c1475》□ (O)F *embarrer* ← *em-* 'EN-¹' + *barre* 'BAR¹'〛

em·bar·ca·de·ro /ɛmbɑ̀əkədɛ́ərou | -bɑ̀ːkədɛ́ərəu/ *n.* (*pl.* ~**s**) 《米西部》内陸の水路などの上陸場, 陸揚場《特に, バーク型帆船用》. 〚《1850》□ Sp. ~ ← *embarcado* ((p.p.) ← *embarcar* 'to EMBARK') + *-ero* '-ER¹'〛

em·bar·ca·tion /ɛ̀mbɑəkéɪʃən, -bə- | -bɑː-/ *n.* = embarkation. 〚*c*1645〛

em·bar·go /ɪ̈mbɑ́əgou, ɛm- | -bɑ́ːgəu/ *n.* (*pl.* ~**es**) **1** (商品の一時的)通商停止, 禁輸: be *under* an ~ 通商停止中である / an ~ *on* the export of gold=a gold ~ 金輸出禁止. **2** (政府による商船の)港内出入禁止, 出港禁止, (外国船に対する)入港禁止: lay [put, place] an ~ *on* [against] ships=lay ships *under* an ~ 船に出港停止を命じる / lift [take off, remove, raise] an ~ *on* …の出港停止を解く, …を解禁する. **3** (施設不足や滞貨による)貨物積込禁止命令. **4** 禁止, 禁制, 阻害: lay [impose] an ~ *on* [*upon*] free speech 言論の自由を抑圧する. — *vt.* **1**〈通商を〉禁止する. **2**〈商船〉に出港[入港]停止を命じる. **3**〈船舶・貨物を〉抑留する. 〚《1593》□ Sp. ~ ← *embargar* to restrain < VL **imbarricāre* ← L *em-* 'EN-¹' + VL **barricāre* to barricade (← **barrica* barrel, barrier ← **barra* 'BAR¹'): cf. embarrass〛

em·bark /ɪ̈mbɑ́ək, ɛm- | -bɑ́ːk/ *vi.* **1** 〔事業などに〕乗り出す, 従事する (start, engage) 〔(*up*)*on*〕: ~ *on* matrimony 結婚生活にはいる / ~ *on* life 人生のスタートを切る / ~ (*up*)*on* a new business venture 新しい事業を始める. **2** 船[飛行機など]に乗り込む, 乗船する; 〔目的地へ向かって〕出港する[飛び立つ]〔*for*〕: ~ *in* [*on*] a steamer 汽船に乗り込む / ~ *for* America 米国へ向かって船出する[飛び立つ]. — *vt.* **1**〈人・貨物を〉(船や飛行機に)乗せる, 積み込む, 積載する (cf. disembark). **2**〈人を〉事業に引き入れる;〈金を〉(冒険的に)投資する: ~ oneself *in* …に乗り出す / ~ money *in* an enterprise 事業に金を出す. 〚《1533》□ F *embarquer* □ LL *imbarcāre* ← IN-² + *barca* 'BARK³, small boat'〛

em·bar·ka·tion /ɛ̀mbɑəkéɪʃən, -bə- | -bɑː-/ *n.* **1** 乗船, 積込み. **2** 搭載物. **3** (新事業などへの)乗り出し. **4** 《古》船, ボート. 〚《c1645》⇨ ↑, -ation〛

embarkátion càrd *n.* 出国(記録)カード (cf. disembarkation card). 〚1958〛

embarkátion dèck *n.* 〘海事〙救命艇乗艇用甲板.

em·bárk·ment *n.* =embarkation 1. 〚1596〛

em·barque·ment /ɪ̈mbɑ́əkmənt, ɛm- | -bɑ́ːk-/ *n.* 《廃》障害 (impediment). 〚《1607》《変形》← *embargement* ← *embarge* to lay an embargo upon ← Sp. *embargo* 'EMBARGO'〛

em·bar·ras de choix /ɑ̃ː(m)bərɑ́ːdəʃwɑ́ː, ɑ̀ːm- | -də-; *F.* ɑ̃baʁadəʃwa/ *n.* あり余って困るほどの選択の道. 〚□ F ~《原義》embarrassment of choice〛

embarrás de ri·chésse /-dəriːʃɛ́s | -də-; *F.* -dʁiʃɛs/ *n.* あり余って困るほどの富. 〚《1751》□ F *embarras de richesses*《原義》embarrassment of riches〛

embarrás du chóix /-dəʃwɑ́ː | -də-; *F.* -dəʃwa/ *n.* =embarras de choix.

em·bar·rass /ɪ̈mbǽrəs, ɛm-, -bɛ́r- | -bǽr-/ *vt.* **1**〈人を〉困らせる, まごつかせる, (はたと)当惑させる, 恥ずかしがらせる: ~ a person *with* questions いろいろ質問をして人を困らせる / I am greatly ~*ed with* this work. この仕事には閉口している / He felt ~*ed* in the presence of the ladies. 女性たちの前に出てどぎまぎした[あがってしまった]. **2** 《古》**a**〈問題などを〉紛糾させる: Affairs are ~*ed*. 事態が紛糾している. **b**〈人・行動・進行・機能などを〉妨げる, 邪魔する: Carrying the bundle ~*ed* his movements. その包みをかかえて思うように体も動かせなくなった. **3** [特に p.p. 形で] 金銭上困らせる, …の財政を窮迫させる, …に借金を負わせる: They are ~*ed in* their affairs. 財政困難に陥って[金に詰まって]いる / The firm was ~*ed* by debts. 会社は借金で困っていた. **~·a·ble** /-səbl̩/ *adj.* 〚《1672》□ F *embarrasser* □ Sp. *embarazar* □ It. *imbarazzare* ← *imbarrare* to impede, bar, embarrass ← *im-* 'IN-²' + VL **barra* 'BAR¹'〛

em·bar·rassed /ɪ̈mbǽrəst, ɛm-, -bɛ́r- | -bǽr-/ *adj.* きまりの悪い[恥ずかしい]思いをした; どぎまぎした〈*about, at*〉.

em·bár·rassed·ly /-stli, -sɪ̈dli/ *adv.* 当惑して, まごまごして: She coughed ~. 当惑してせきをした. 〚《1883》: ⇨ ↑, -ly¹〛

em·bar·rass·ing /ɪ̈mbǽrəsɪŋ, ɛm-, -bɛ́r- | -bǽr-/ *adj.* 困惑させる, 厄介な. **~·ly** *adv.* 〚《1807》: ⇨ -ing²〛

em·bar·rass·ment /ɪ̈mbǽrəsmənt, ɛm-, -bɛ́r- | -bǽr-/ *n.* **1** 当惑, 困却, 困惑 (perplexity); (人前などでの)気後れ, どぎまぎ, きまり悪さ: feel ~ 当惑を感じる / cover one's ~ 当惑を隠す. **2** 困らせる物, 妨げ, 障害; 困り者. **3** 過多, あり余る数量: an ~ of riches あり余って困るほどの富. **4** [主に *pl.*] (財政上の)困難, 窮迫: financial ~*s*. **5** (病気による)機能障害. 〚《1676》□ F 《廃》*embarrassement*: ⇨ embarrass, -ment〛

em·bas·sade /ɛ́mbəsèɪd/ *n.* 《古》大使の一団; 大使の任務[使命]. 〚《c1480》□ F *ambassade*: ⇨ embassy〛

em·bas·sa·dor /ɪ̈mbǽsədə, ɛm- | -də(r)/ *n.* =ambassador.

em·bas·sage /ɛ́mbəsɪdʒ/ *n.* **1** 大使に委任する書状. **2** 《古》=embassy. 〚《?a1500》← ? OF *ambasse* (↓) + -AGE〛

em·bas·sy /ɛ́mbəsi/ *n.* **1** 大使とその全下僚, 大使の一団[一行]. **2** 大使館, 大使官邸: be attached to the *Embassy* in London 在ロンドン大使館付きである. **3** 大使の任務, (使節の)使命, 大使の職: go on an ~ 使命を帯びて[使節として]行く. **4** 大使の派遣. **5** 重大な[公的な]使命. 〚《1534》□ OF *ambassee* □ OIt. *ambasciata* □ Prov. *ambaisada* < VL **ambactiāta(m)* ← ML *ambactia*: ⇨ ambassador〛

em·bat·tle¹ /ɪ̈mbǽtl̩, ɛm- | -tl̩/ *vt.* **1** [通例 p.p. 形で] …に戦闘陣列を敷かせる, 戦陣を張らせる, …の陣容を整える (⇨ embattled¹). **2**〈町・建物〉に防備を施す (fortify): ~ a town [building]. 〚《a 1338》*embataille(n)* □ OF *embataillier* ← *em-* 'EN-¹' + *bataille* 'BATTLE'〛

em·bat·tle² /ɪ̈mbǽtl̩, ɛm- | -tl̩/ *vt.*〈建物・城壁〉に狭間(はざま)胸壁 (battlements) を設ける: ~ a wall. 〚《c1380》: ⇨ en-¹, battle²: cf. battlement〛

em·bat·tled¹ /ɪ̈mbǽtl̩d, ɛm- | -tl̩d/ *adj.* **1 a** (不快な現象に)絶えず悩まされている. **b** (敵に囲まれて)防御態勢にある. **2** 戦陣を張った, 戦列を敷いた: ~ forces. 〚《?c1451》(p.p.) ← EMBATTLE¹〛

em·bát·tled² *adj.* **1** 〘建築〙狭間(はざま)胸壁のある. **2** 〘紋章〙〈区画線など〉狭間状の凹凸(おうとつ)のある (cf. bretessé). 〚《?a1400》(p.p.) ← EMBATTLE²〛

em·bát·tle·ment *n.* 〘築城〙=battlement. 〚1538〛

E

em·bay /ɪ̀mbéɪ, ɛm-/ *vt.* **1** (湾状に)囲む; 包囲する, 包む (surround): We were ~*ed* by the ice. 我々は氷で囲まれてしまった. **2** 〈船などを〉湾内に入れる; 〈風・潮流が〉〈船などを〉湾内に吹き寄せる; 湾内に閉じ込める: ~ a ship [whale]. **3** 湾の形にする: an ~*ed* shore 湾状になった海岸. **4** [受身で]〈町が〉湾に取り囲まれる: The town was quite ~*ed*. その町はすっかり湾に取り囲まれていた. 〘(1583) ← *em-* 'EN-¹'+BAY¹〙

em·báy·ment *n.* **1** 湾, 入江. **2** 〖地質〗湾入. 〘(1815): ⇨ ↑, -ment〙

EMBD 《略》〖気象〗embedded in cloud.

Emb·den /ɛ́mdən/ *n.* エムデン《大形白色のガチョウの一品種》. 〘□ *Emden* (ドイツの海港都市)〙

Émb·den-Méyerhof páthway /ɛ́mdən-; G. ɛ́mpdn̩-/ *n.* 〖生化学〗エムデン マイアーホフ経路《グルコースをピルビン酸に分解するまでの代謝経路》.

em·bed /ɪ̀mbɛ́d, ɛm-/ *v.* (**em·bed·ded; -bed·ding**) — *vt.* **1 a** はめ込む, 埋める; (埋めるように)ぎっしりと取り囲む: The legs of the cot were ~*ded in* the concrete floor. 寝床の脚はコンクリートの床にしっかりと埋め込んであった / I was too ~*ded in* my own life to notice it. 自分自身の生活にすっかり没頭していたのでそれに気づかなかった / a bullet ~*ded in* the flesh 肉に食い込んだ弾丸. **b** 〔…の〕必須の部分にする 〔*in*〕: Inflation has become ~*ded in* the economy. インフレが経済の一部になってしまった. **2** 〔心・記憶・習慣などの中に〕深くとどめる 〔*in*〕: lie ~*ded in* one's mind 心に深くとどまっている. **3** 〖言語〗埋め込む (cf. embedding 3): an ~*ded* sentence 埋め込み文. **4** 〖数学〗埋め込む (cf. embedding 1). **5** 〖医学・生物〗包埋(ほうまい)する (cf. embedding 2). — *vi.* 埋め込まれる. 〘(1778) ← *em-* 'EN-¹'+BED (n.)〙

em·béd·ded sèntence *n.* 〖言語〗埋め込み文 (⇨ matrix sentence).

em·béd·ding /-dɪŋ | -dɪŋ/ *n.* **1** 〖数学〗埋め込み《位相空間 V から 位相空間 W の中への同相写像 *f* を V の W への埋め込みという; 群 G から群 H の中への同形写像 *f* を G の H への埋め込みという; 他の数学的構造についても同様》. **2** 〖医学・生物〗包埋(ほうまい)《組織標本を作るとき, 小片をパラフィンその他の中に入れて固め, 切りやすくする操作》. **3** 〖言語〗埋め込み《ある文の中に別の文が含まれること; 例えば, I know that he is honest. という文は I know S. の S の位置に he is honest が埋め込まれている》. 〘(1863): ⇨ ↑, -ing¹〙

em·béd·ment *n.* 深くはめ込むこと; 食い入っていること. 〘(1828–40): ⇨ -ment〙

em·bel·lish /ɪ̀mbɛ́lɪʃ, ɛm-/ *vt.* **1** 装飾して美しくする: ~ a garden *with* flowers 花を植えて庭を美しくする / ~ a house 家を飾り立てる. **2** 〈文章・物語などを〉(尾ひれをつけて)粉飾する, 潤色する 〔*with*〕: He ~*ed* the comedy *with* touches of sentiment. その喜劇に感傷を織り交ぜておもしろくした. **3** 〈メロディーなど〉に装飾音を加える. **4** 《廃》美しくする. **~·er** *n.* 〘(c1380) □ OF *embelliss-* (stem) ← *embellir* to beautify ← *em-* 'EN-¹'+*bel* beautiful (< L *bellum*): cf. beauty〙

em·bél·lish·ment *n.* **1** 装飾(すること), 飾り; 飾ってあること, 美装. **2** 文飾; 潤色; (物語などの)あや: indulge in rhetorical ~ 修辞に凝る. **3** 装飾となるもの, 飾り. **4** 〖音楽〗**a** 装飾(法); 装飾音 (ornament, grace). **b** 補助音. 〘(1591): ⇨ ↑, -ment〙

em·ber¹ /ɛ́mbə | -bə(r)/ *n.* **1** (残り火の中の)赤い石炭(一個), (薪の)燃えさし, おき. **2** [*pl.*] **a** 残り火, (くすぶっている)燃残り (smoldering remains). **b** (感情・思い出などの)くすぶり, なごり. 〘OE *ǣmerge* < Gmc **aimuzjōn* (OHG *eimuria*) ← **aim-* ashes+**uzjōn-* to burn (← IE **eus-* to burn (L *ūrere* to burn)): *b* は ISC に生じた音便上の挿入〙

em·ber² /ɛ́mbə | -bə(r)/ *n.* 〖鳥類〗=embergoose. 〘(1744) 《通俗語源》← Norw. *ymbre* < ON *himbrin* ember goose〙

Ember dàys, é- d- /ɛ́mbə- | -bə-/ *n. pl.* 〖カトリック〗四季の斎日, 〖英国国教会・聖公会系〗聖職按手節[日]《教会暦の四季の断食と祈りの3日; すなわち Lent の第一主日, Whitsunday, Holy-Cross Day (9月14日), St. Lucia's Day (12月13日)の後の水・金・土の3日》. 〘lateOE *ymbrendagas* ← *ymbryne* period (← *ymb* round+*ryne* course)+*dagas* days: cf. ambi-〙

ember·gòose *n.* 〖鳥類〗=common loon. 〘1744〙

Ember wèek, é- w- *n.* 四季大斎週間, 聖職按手週間 (Ember days の置かれている週(間); cf. Ember days). 〘OE *ymbrenwice*: ⇨ ember days, week〙

em·bez·zle /ɪ̀mbɛ́zl, ɛm-/ *vt.* 〈委託金・委託物などを〉横領する, 使い込む, 着服する: ~ money *from* a person 人から金を横領する / He ~*d* the party funds. 政党の基金を横領した. — *vi.* 着服する. **em·béz·zler** /-zlə, -zlə | -zlə(r), -zl-/ *n.* 〘(?c1425) *embesile*(*n*) □ AF *embesiler* ← *em-* 'EN-¹'+*besiler* to make away with〙

em·béz·zle·ment /ɪ̀mbɛ́zlmənt, ɛm-/ *n.* (雇人などの)使い込み, (公金などの)盗用, 着服; 〖法律〗(委託金・委託物の)横領(罪). 〘(1548): ⇨ ↑, -ment〙

em·bi·ot·o·cid /ɛ̀mbiɑ́(ː)təsɪd | -tɔ́sɪd/ *adj., n.* ウミタナゴ科の(魚). 〘↓〙

Em·bi·o·toc·i·dae /ɛ̀mbiətɑ́(ː)sədìː, -tóʊs- | -tɔ́sɪ-, -tə́ʊs-/ *n. pl.* 〖魚類〗ウミタナゴ科. 〘← NL ~ ← *Embiotoca* (属名: Gk *émbios* having life (⇨ en-², bio-)+*-toca* (← *tókos* offspring)+-IDAE〙

em·bit·ter /ɪ̀mbɪ́tə | ɛm- | -tə(r)/ *vt.* **1** 苦くする, …に苦みをつける. **2** つらくする, むごくする; 〈遺恨・不幸などを〉つのらせる: His misery was ~*ed* by his failure. 失敗によって彼の不幸はつのった. **3** 〈人を〉憤激させる, 怒らせる; 苦々しい気持ちにする: be ~*ed* by injustice [poverty]. 〘(c1485) ← *em-* 'EN-¹'+BITTER (adj.)〙

em·bít·ter·ment *n.* **1** 苦々しくすること, (不幸などの)激化; 苦難の加重. **2** 一層のつらさ, 苦々しさ, 憤激. 〘(1645): ⇨ ↑, -ment〙

Em·bla /ɛ́mblɑː/ *n.* 〖北欧神話〗エンブラ《神々によってトネリコ (ash) とニレ (elm) から作られた最初の女性; cf. Ask》. 〘□ ON ~ ← **Elmla* ← *Almilōn*〙

em·blaze¹ /ɪ̀mbléɪz, ɛm-/ *vt.* **1** 華美に飾る: ~ the floors. **2** 《古》=emblazon 1. 〘(1522) ← *em-* 'EN-¹'+BLAZE²〙

em·blaze² /ɪ̀mbléɪz, ɛm-/ *vt.* **1** 点火する, ともす. **2** 燃やす. 〘(15C) ← *em-* 'EN-¹'+BLAZE¹〙

em·bla·zon /ɪ̀mbléɪzən, ɛm-, -zn̩/ *vt.* **1** 〈盾形の紋地〉に紋章を描く[刻む]; 〔紋章で〕飾る (blazon) 〔*with*〕; (美しい色で)描く, 飾る: Against the eastern sky the bough of the pine was ~*ed* in gold. 東の空を背に松の幹が金色に染まっていた. **2** 輝かす, ほめあげる, 〈名声などを〉高める: ~ a person's deeds 人の行為をほめそやす / ~ a person's fame 人の名声を高める. **~·er** /-zənə, -znə, -znə | -zənə(r), -znə(r), -znə(r)/ *n.* 〘(1589) ← *em-* 'EN-¹'+BLAZON〙

em·blá·zon·ment *n.* **1** [通例 *pl.*] 紋章描画. **2** 装飾; 修飾; 賞揚; ほめあげ. 〘(1799): ⇨ ↑, -ment〙

em·bla·zon·ry /ɪ̀mbléɪzənri, ɛm-, -zn̩-/ *n.* **1** 紋章描画(法). **2** 華々しい装飾. 〘(1667): ⇨ emblazon, -ry〙

em·blem /ɛ́mbləm, -blɪm, -blɛm/ *n.* **1** しるし, 記章; 紋章に類するもの: the imperial ~ 皇室の紋章. **2 a** 象徴, 表象 (symbol): A star is an ~ *of* hope. 星は希望の象徴である. **b** 〔ある性質の〕典型, かがみ (type) 〔*of*〕. **3** 《古》寓意画, エンブレム (cf. emblem book). **4** (出版社などの)標識図案 (colophon). — *vt.* …の表徴となる, 象徴する (symbolize). 〘(c1430) □ L *emblēma* inlaid work □ Gk *émblēma* thing put on ← *embállein* to put in ← *em-* 'EN-²'+*bállein* to throw: cf. problem, symbol〙

em·blem·at·ic /ɛ̀mbləmǽtɪk | -mǽt-/ *adj.* 象徴的な, 典型的な (typical); 〔…を〕象徴[表象]する (symbolic) 〔*of*〕: Rosemary is ~ *of* constancy. ローズマリーは貞節を象徴する. **èm·blem·át·i·cal·ly** *adv.* 〘(1645) □ Gk *emblēmat-*, *émblēma* (↑): ⇨ -ic¹〙

èm·blem·át·i·cal /-tɪkəl, -kl̩ | -tɪ-/ *adj.* =emblematic. 〘1644〙

émblematic vérse *n.* エンブレム詩, 象徴図形詩《詩の行を十字架・祭壇・菱形など象徴的な形に並べ絵画性を兼ねた詩; G. Herbert や Dylan Thomas などの詩に見られる; emblematic(al) poetry ともいう》.

em·blem·a·tist /ɛmblɛ́mətɪst | -tɪst/ *n.* 標章考案者; 寓意画作者. 〘(1646) ← Gk *emblēmat-*, *émblēma* 'EMBLEM': ⇨ -ist〙

em·blem·a·tize /ɛmblɛ́mətàɪz/ *vt.* **1** 表象で[象徴的に]表す. **2** 〈事物が〉…の象徴となる, 象徴する (symbolize). 〘(1615) ← Gk *emblēmat-* (↑): ⇨ -ize〙

émblem bòok *n.* 寓意画集《象徴的または寓意的な絵を集め, 説明的な詩句・格言・教訓を付けたもので, 17世紀ごろ行われた; cf. emblem 3》. 〘1870〙

em·ble·ments /ɛ́mbləmənts, -bl̩-/ *n. pl.* 〖法律〗**1** 人工耕作物《自然的にではなく, 労働と勤勉によって土地から毎年取れる穀物などの収穫物》. **2** (借地人の)農作物収得権. 〘(a1455) *emblaiment* □ OF *emblaement* ← *emblaer* (F *emblaver*) < ML *imbladāre* ← *im-* 'IN-²'+*blada* corn, grain (□ (Frank.) **blād-* the produce of a land ← IE **bhel-* to thrive, bloom): cf. blade〙

em·ble·mize /ɛ́mbləmàɪz/ *vt.* =emblematize.

em·bod·i·ment /ɪ̀mbɑ́(ː)dimənt, ɛm- | -bɔ́di-/ *n.* **1** 具体化されたもの, 具体物, 化身(けしん), 権化(ごんげ); 具体的表現: an ~ *of* an idea 思想の具体化(されたもの) / He is an ~ *of* perfect health. 彼は健康そのものである. **2** 具体化, 具象, 体現, 具現. **3** 統合 (incorporation). 〘(1828): ⇨ ↓, -ment〙

em·bod·y /ɪ̀mbɑ́(ː)di, ɛm- | -bɔ́di/ *vt.* **1** 〈思想・感情など〉〔制度・作品・言葉・行動などで〕具体的に表現する, 具体化する 〔*in*〕; 〈制度・作品・言葉・行動などが〉体現[具現]する: His own romanticism is *embodied in* the heroine. 彼自身のロマン主義はヒロインに具現化されている / The President does not ~ the nation's sovereignty. 大統領は国家の主権を体現するものではない. **2** 〈要素を〉含む, 包含する (comprise, include, incorporate): The religion *embodies in* it some ancient truths. その宗教は幾つかの古い真理を含んでいる. **3** 一体にする, 統合する (incorporate); 〖軍事〗(部隊に)編成する (organize): ~ troops. **4** 〈精神〉に形体を与える, 肉体化する: Man is an *embodied* spirit. 人間は霊魂を肉体に包んだもの. **em·bód·i·er** *n.* 〘(1548) ← *em-* 'EN-¹'+BODY: cf. L *incorporāre* to embody〙

em·bog /ɪ̀mbɑ́(ː)g, ɛm-, -bɔ́(ː)g | -bɔ́g/ *vt.* (**em·bogged; -bog·ging**) **1** 泥沼にはまらせる. **2** (知的な)困難に陥らせる, 泥沼にはまってあがきが取れないようにする. 〘(1602) ← *em-* 'EN-¹'+BOG〙

em·boî·té /ɑ̃ː(m)bwɑːtéɪ, ɑ̀ːm-; F. ɑ̃bwate/ 〖バレエ〗 *n.* (*pl.* **~s** /~/) アンボアテ《バレエの第5ポジションから前方に跳躍し, 両脚のポジションを空中で変える一連のステップ》. — *adj.* 〈ステップが〉アンボアテの. 〘□ F ~ 《原義》boxed in (p.p.) ← *emboîter* 'to put in a BOX¹'〙

em·bol- /ɛ́mbəl/ (母音の前にくるときの) embolo- の異形.

em·bold·en /ɪ̀mbóʊldən, ɛm-, -dn̩ | -bə́ʊld-, -dn̩/ *vt.* …に勇気[自信]をつける, 大胆にする; 勇気づけて…させる 〈*to do*〉. 〘(c1385) *embolde*(*n*) ← *em-* 'EN-¹'+BOLD+-EN¹〙

em·bo·lec·to·my /ɛ̀mbəlɛ́ktəmi/ *n.* 〖外科〗塞栓(そくせん)摘出[切除](術). 〘(1923) ← EMBOL(US)+-ECTOMY〙

emboli *n.* embolus の複数形.

em·bo·li- /ɛ́mbəlɪ̀, -li/ embolo- の異形 (⇨ -i-).

em·bol·ic /ɛmbɑ́(ː)lɪk, ɪm- | -bɔ́l-/ *adj.* **1** 〖病理〗塞栓性[症]の. **2** 〖生物〗内展の, 陥入の, まくれ込んでいく. 〘(1866) ← EMBOL(US)+-IC¹〙

em·bol·ism /ɛ́mbəlɪzm/ *n.* **1** 閏(うるう)(日)を加えること; 閏として加えられた期間. **2** 挿入祈禱《ミサ聖祭で, 主禱文の最後の祈願につける祈禱》. **3** エンボリズム《聖餐式で「主の祈り」の結びの祈願につける祈り》. **4** 〖病理〗**a** 塞栓症《血栓などによる血管の閉塞》. **b** =embolus 1. 〘(1855) ← NL *embolismus*〙 **em·bo·lis·mic** /ɛ̀mbəlɪ́zmɪk/ *adj.* 〘(a1387) □ LL *embolismus* insertion, (ML) intercalation □ Gk *embolismós* ← *embállein* to throw in: ⇨ emblem〙

em·bo·li·za·tion /ɛ̀mbəlɪzéɪʃən | -laɪ-, -lɪ-/ *n.* 〖病理〗塞栓(そくせん)化; 塞栓症 (embolism). 〘(1677) ← EMBOL(ISM)+-IZATION〙

em·bo·lize /ɛ́mbəlàɪz/ *vt.* 〈塞栓が〉〈血管などを〉閉鎖する. 〘(1920) ← EMBOL(US)+-IZE〙

em·bo·lo- /ɛ́mbəloʊ | -ləʊ/「栓子 (embolus)」の意の連結形. ★ 時に emboli-, また母音の前では通例 embol- になる. 〘← NL ~ ← ML ~: ⇨ embolism〙

em·bo·lus /ɛ́mbələs/ *n.* (*pl.* **em·bo·li** /-làɪ/) **1** 〖病理〗塞栓, 栓子《血管内を流れ細い箇所を詰まらせる凝血塊・細胞群・脂肪・気泡などの異物》. **2** 《古》挿入物, ピストン. 〘(1669) □ L ~ 'piston of a pump' □ Gk *émbolos* stopper ← *embállein*: ⇨ embolism, emblem〙

em·bo·ly /ɛ́mbəli/ *n.* 〖生物〗陥入, 内展, 巻込み, まくれ込み《表面の細胞層の一部が内方へ向かって落ち込み, そこに新しい層または胞状体を生じる現象》. 〘(1877) □ Gk *embolḗ* throwing in: cf. embolism〙

em·bon·point /ɑ̃ː(m)bɔ̃ː(m)pwǽ(ŋ), ɑ̀ːmbɔ(ː)m-pwǽŋ; F. ɑ̃bɔ̃pwɛ̃/ *F. n.* 《婉曲》肥満 (plumpness). — *adj.* 肥満の. 〘(1670) □ F ~ ← *en bon point* 《原義》in good condition〙

em·bosk /ɪ̀mbɑ́(ː)sk, ɛm- | -bɔ́sk/ *vt.* 〈木の葉・つたなどで〉一面に覆う 〔*with*〕. 〘(1562: cf. imbosk) ← *em-* 'EN-¹'+BOSK〙

em·bos·om /ɪ̀mbúzəm, ɛm-, -búːz- | -búz-/ *vt.* 《文語》**1** [p.p. 形で] 囲む, 包む (enfold, envelop); 〈樹木などで〉囲む (surround) 〔*in, with*〕: The village was ~*ed with* mountains. 村は山に囲まれていた. **2** 心に抱く, 大切にする (cherish). **3** 胸に抱きしめる. 〘(1590) ← *em-* 'EN-¹'+BOSOM〙

em·boss /ɪ̀mbɑ́(ː)s, ɛm-, -bɔ́(ː)s | -bɔ́s/ *vt.* **1** 浮彫りにする, …に浮彫り細工を施す; …に〔模様・図案などを〕浮き上がらせる 〔*with*〕: ~ the stone [paper] *with* a design 石[紙]に図案などを浮き上がらせる. **2** 〔…に〕〈模様などを〉浮き出しにする, 打ち出す, 空押しする 〔*on*〕: ~ a pattern *on* metal 金属に模様を打ち出す. **3** 押形で〈布地〉に模様をつける, (型押しで)〈革など〉に浮出し模様をつける. **4** 膨らませる (bulge), 張り出させる. **~·a·ble** /-səbl/ *adj.* 〘(c1386) *emboce*(*n*) □ OF *embocer* to swell in protuberances ← *em-* 'EN-¹'+*boce* 'swelling, BOSS²'〙

em·bóssed *adj.* **1** 浮彫りを施した, 浮出し模様の; 浮出しの, 打ち出した, 押形付きの: ~ cambric 押形付きの白麻 / ~ paper (表紙用の)凸凹紙 / ~ printing 浮出し印刷《盲人または装飾用》/ ~ work 浮彫り細工, 打出し模様 / an ~ address on one's notepaper 自家用書簡箋につけた浮出し住所. **2** 《廃》〈狩られた獣が〉追いつめられて; 口から泡を出して. 〘(1541): ⇨ emboss, -ed〙

embóssed bóok *n.* 点字本. 〘1859〙

embóssed stámp *n.* 打出し印紙[切手].

em·bóss·er *n.* 浮彫り[打出し]細工師; 打出し機. 〘(1625) ← EMBOSS+-ER¹〙

em·bóss·ing *n.* **1** 空押し模様[図案]. **2** (布地に模様をつける)押形法. 〘(c1430): ⇨ emboss, -ing¹〙

embóssing prèss *n.* 〖機械〗打出しプレス, 型押付プレス. 〘1882〙

em·bóss·ment *n.* **1** 浮彫り(にすること), 浮上げ細工, 盛上げ; 打出し模様. **2** 膨らみ, 張出し, 隆起. 〘(1610) ← EMBOSS+-MENT〙

em·bou·chure /ɑ̀ːmbuːʃʊ́ə, ⸗⸗⸗ | ɑ̀ː(m)buːʃʊ́ə(r), ⸗⸗⸗; F. ɑ̃buʃyːʁ/ *n.* (*pl.* **~s** /~z; F. ~/) **1** 河口; (河川・入江などの)放水口. **2** (谷などの)開き口. **3** アンブシュール, 吹管《管楽器(特に金管楽器・フルート)のマウスピース》. **4** マウスピースへの唇の当て方, 吹奏の口つき. 〘(1760) □ F ~ ← *emboucher* to put into the mouth ← *em-* 'EN-¹'+*bouche* (< L *buccam* mouth, cheek): ⇨ buccal, -ure〙

em·bound /ɪ̀mbáʊnd, ɛm-/ *vt.* 《詩・古》閉じ込める (confine). 〘(1594) ← EN-¹+BOUND¹ (n.)〙

em·bour·geoise·ment /ɑ̀ː(m)bʊ̀əʒwɑːzmɑ́ː(ŋ), ɑːmbʊ̀əʒwɑːzmɑ́ːŋ | -bʊ̀ə-; F. ɑ̃buʁʒwazmɑ̃/ *F. n.* 中産階級化 (cf. bourgeoisification). 〘(1937) □ F ~: ⇨ en-¹, bourgeois, -ment〙

em·bow /ɪ̀mbóʊ, ɛm- | -bə́ʊ/ *vt.* 弓状に曲げる, 弓形にする. ★ p.p. 形以外は《古》. 〘(?a1400): ⇨ en-¹, bow³〙

em·bówed *adj.* **1** 弓状の, 弧形の; 湾曲した: an ~ roof 丸屋根 / an ~ window 弓形の張出窓. **2** 〖紋章〗ひじを曲げた, ひざをかがめた; 〈魚が〉体を弓なりにそらせた: a dolphin ~. 〘(1481): ⇨ ↑, -ed〙

em·bow·el /ɪ̀mbáʊəl, ɛm-, -báʊl/ *vt.* (**em·bow·eled, -elled; -el·ing, -el·ling**) 《古》=disembowel.

〘(1521) □ OF *emboweler* (変形) ← *esboueler* ← *es-* 'EX-¹'+*bouel* 'BOWEL': ⇨ en-¹〙

em·bow·er /ɪmbáʊə, ɛm- | -báʊə^(r)/ *vt.* 《詩》〔緑葉・樹木などで〕こんもりと覆う, 樹陰に隠す (shelter), 取り囲む (enclose)〔*in, with*〕: a house ~*ed in* trees 樹木に囲まれた家. 〘(1580) ← *em-* 'EN-¹'+BOWER¹〙

em·brace¹ /ɪmbréɪs, ɛm-/ *vt.* **1 a** 抱擁する, 抱きしめる《通例愛情の表現》: ~ one's children / The parents and children ~*d* each other. 両親と子供たちは互いに抱きしめ合った. **b** 《婉曲》(性交渉で)〈異性を〉抱擁する. **c** 取り巻く, 囲む: The woods ~ cornfields. 森は小麦畑を取り囲んでいる. **2** 〈方針などを〉採用する; 〈思想などを〉受容する; 〈教義・信条などを〉奉じる; 〈党派などに〉加わる: ~ an idea / ~ a doctrine [policy] 教義を奉じる[政策を採る] / ~ Christianity キリスト教を奉じる / They ~*d* different parties. 彼らは異なる党に加わった. **3** 〈機会を〉とらえる, 乗じる; 〈申し出などを〉(これ幸いと)受け入れる; 〈死・不幸を〉受け入れる: ~ an opportunity 機会をとらえる / ~ an offer 申し出に応じる / ~ one's death 死を受け入れる. **4** 〈職業〉に就く, 〈生活など〉にはいる: ~ the career of a missionary 宣教師になる / ~ the monastic life 修道の生活にはいる. **5** 〈多くのものを〉包含する (⇨ include SYN); 〈広範囲〉にわたる (encompass): ~ all the cases *in* [*with*] a single formula 単一の方式の中にすべての場合を包含する / In that text the masculine pronoun ~*s* the feminine. そのテクストでは男性代名詞は女性代名詞を包含する / ~ the whole field 全分野にわたる. **6** 見て取る, 悟る: ~ a situation ある情況を見て取る / Can religious truth be ~*d* by the understanding? 宗教的真実は悟性によって悟られるうるか. — *vi.* 抱き合う: The parents and children ~*d*. 両親と子供たちは抱き合った. — *n.* **1** 抱合い, 抱擁《通例愛情の表現》; 《婉曲》(性的な)抱擁. **2** 〔思想などの〕受入れ, 容認〔*of*〕: His sudden ~ *of* the Christian faith was a surprise to me. 彼が突然キリスト教を奉じるようになったのは驚きだった. **3** 取り巻くこと, 支配: She began to weep in the ~ of shame. 恥ずかしさに耐えかねて泣き出した. **~·a·ble** /-səbl/ *adj.* 〘*v.*: (*c*1350) □ OF *embrac(i)er* (F *embrasser*) to take into one's arms ← *em-* 'EN-¹'+*brace* two arms (⇨ brace). — *n.*: (1595–96) ← (*v.*)〙

em·brace² /ɪmbréɪs, ɛm-/ *vt.* 【法律】〈陪審員などを〉贈賄して抱き込む. 〘(1414) □ ? AF *embracer* = OF *embraser* to set on fire, incite ← *em-* 'EN-¹'+*braise* live coals: ⇨ braze²〙

em·bráce·ment *n.* **1** 抱合い, 抱擁 (embrace). **2** (喜んでする)受入れ, 快諾, 受諾 (ready acceptance). 〘(1485) ← EMBRACE¹+-MENT〙

em·brace·or /ɪmbréɪsə, ɛm- | -sə^(r)/ *n.* 【法律】陪審員抱込み者. 〘(1495) □ AF ~ = OF *embraceur* instigator: ⇨ embrace², -or²〙

em·brác·er¹ *n.* **1** 抱擁する人. **2** (思想などを)受け入れる人. 〘(1547): ⇨ embrace¹, -er¹〙

em·brác·er² *n.* = embraceor. 〘*c*1450〙

em·brác·er·y /ɪmbréɪs(ə)ri/ *n.* 【法律】(賄賂・嘆願・説得などによる)陪審員抱込み(罪). 〘(1450): ⇨ embrace², -ery〙

em·brác·ive /ɪmbréɪsɪv/ *adj.* 包括的な (comprehensive). 〘(1855) ← EMBRACE¹ (*v.*)+-IVE〙

em·branch·ment /ɪmbrǽntʃmənt, ɛm- | -brάːntʃ-/ *n.* (山脈などの)分枝, 分岐; (特に, 川の)分流, 支流 (ramification). 〘(1830) □ F *embranchement*: ⇨ en-¹, branch, -ment〙

em·bran·gle /ɪmbrǽŋgl, ɛm-/ *vt.* 混乱させる, 紛糾させる. 〘(1664) ← *em-* 'EN-¹'+*brangle* to wrangle (← BR(AWL¹)+(WR)ANGLE)〙

em·brán·gle·ment *n.* 混乱, 紛糾. 〘(1806–07): ⇨ ↑, -ment〙

em·bra·sure /ɪmbréɪʒə, ɛm- | -ʒə^(r), -ʒʊə^(r)/ *n.* **1** 【建築】(戸口または窓の周囲が外側より内側の方が広くなっている)朝顔形 (splay); 朝顔口; 斜間(しゃま). **2** 【築城】(朝顔形の)狭間(さま)銃眼, (城壁上部などに切り込んだ)狭間 (⇨ bartizan, bastion, battlement 挿絵). **3** 【歯科】鼓形(こ)空隙《隣接する歯の面で作られる鼓状の空隙》. **4** 《まれ》= embrace¹. 〘(1702) □ F ~ ← 《廃》*embraser* to widen an opening (through which a gun is fired): cf. embrace²〙

em·brit·tle /ɪmbrítl, ɛm- | -tl/ *vt.* 砕けやすくする, もろくする. — *vi.* 砕けやすくなる, もろくなる. **~·ment** *n.* 〘(1902) ← *em-* 'EN-¹'+BRITTLE〙

em·bro·cate /ɛ́mbroʊkèɪt, -brə- | -brə(ʊ)-/ *vt.* …に塗薬を塗擦する; 〔薬液で〕罨法(あんぽう)する〔*with*〕. 〘(1612) ← ML *embrocātus* (p.p.) ← *embrocāre* ← LL *embroc(h)a* □ Gk *embrokhḗ* lotion, fomentation ← *embrékhein* to foment+*em-* 'EN-²'+*brékhein* to wet〙

em·bro·ca·tion /ɛ̀mbroʊkéɪʃən, -brə- | -brə(ʊ)-/ *n.* **1** (薬剤の)塗布, 塗擦. **2** 塗り薬, 塗布剤 (liniment). 〘(?*c*1425) ← ML *embrocātus* (↑)+-ATION〙

em·bro·glio /ɪmbróʊljoʊ, ɛm-, -liòʊ | -bráʊliəʊ, -ljəʊ/ *n.* (*pl.* ~s) = imbroglio. 〘1826〙

em·broi·der /ɪmbrɔ́ɪdə, ɛm- | -də^(r)/ *vt.* **1** 〔布などに〕…の縫取りをする〔*on*〕; …に〔ある模様の〕刺繍を施す〔*with*〕: ~ figures *on* velvet ビロードに模様を刺繍する / ~ a handkerchief *with* a pattern ハンカチに模様を刺繍する. **2** 〈物語などを〉潤色する, 粉飾する, 誇張する: The story is much ~*ed*. この話は潤色が多い. — *vi.* **1** 縫取りする, 刺繍をする. **2** 〔…を〕粉飾する, 誇張する〔*on, upon*〕: ~ *upon* a theme ある主題を粉飾する. 〘(17C) ← *em-* 'EN-¹'+BROIDER ∞ (*a*1393) *embroudere(n)* □ AF *enbrouder* ← EN-¹+OF *brouder* to embroider〙

em·brói·der·er /-dərə | -dərə^(r)/ *n.* 縫取り師, 刺繍する人. 〘(1483): ⇨ ↑, -er¹〙

em·broi·der·y /ɪmbrɔ́ɪdəri, ɛm-, -dri | -dəri, -dri/ *n.* **1** 縫取り, 刺繍(法): an ~ frame 刺繍台, 縫箔(ぬいはく)台 / ~ scissors 刺繍ばさみ. **2** 刺繍細工, 縫取品. **3** 潤色, 修飾 (ornamentation); 装飾, 彩飾: I will give you the bare facts without ~. ありのままの事実を潤色することなく述べよう. 〘(*a*1393) *embrouderie* ← *embroudere(n)*: ⇨ embroider, -ery〙

em·broil /ɪmbrɔ́ɪl, ɛm-/ *vt.* **1** 〔紛争・戦争などに〕巻き込む (entangle)〔*in, with*〕: become ~*ed in* a quarrel けんかの巻添えを食う, けんかに巻き込まれる / She got ~*ed with* a young man. ある青年とかかわり合った. **2** 〈事件・事態などを〉混乱[紛糾]させる; 〈話を〉混乱させる. **3** 〔人と〕反目させる, 〔法律に〕反抗させる〔*with*〕: He was often ~*ed with* his superiors. 彼はよく上司と反目し合った. **~·er** /-lə | -lə^(r)/ *n.* 〘(1603) □ F *embrouiller* ← *em-* 'EN-¹'+*brouiller* to mix, confuse: ⇨ broil¹〙

em·bróil·ment *n.* **1** 混乱; 巻添え. **2** 紛糾, 争い, 騒動. 〘(1609) □ F *embrouillement*: ⇨ ↑, -ment〙

em·brown /ɪmbráʊn, ɛm-/ *vt.* …に茶色を帯びさせる, 茶色にする; 薄黒くする. — *vi.* 茶色に[薄黒く]なる. 〘(1667) ← *em-* 'EN-¹'+BROWN (adj.)〙

em·brue /ɪmbrúː, ɛm-/ *vt.* = imbrue.

em·brute /ɪmbrúːt, ɛm-/ *v.* = imbrute.

embry. 《略》embryology.

em·bry- /ɛ́mbri/ (母音の前にくるときの) embryo- の異形.

em·bry·ec·to·my /ɛ̀mbriɛ́ktəmi/ *n.* 【外科】胎児摘出(術). 〘← EMBRYO-+-ECTOMY〙

em·bry·o /ɛ́mbriòʊ | -briəʊ/ *n.* (*pl.* ~s) **1** 胚(はい), 胎児, 胎芽《人間は受胎後第 8 週の終わりまでのもの; cf. fetus》. **2** 萌芽, (発達の)初期, 萌芽時代. **3** 【植物】胚. ***in émbryo*** 未発達で, 初期で, 〈計画など熟さないで〉: a lawyer *in* ~ 法律家の卵 / Hollywood was then *in* ~. (映画の都)ハリウッドは当時草創期であった.
— *adj.* = embryonic.
〘(*a*1398) □ ML *embryō(n-)* □ Gk *émbruon* 《原義》that which grows in the body, fetus ← *em-* 'EN-²'+*brúein* to swell〙

em·bry·o- /ɛ́mbrioʊ | -briəʊ/ embryo の意の連結形. ★ 母音の前では通例 embry- になる. 〘□ ML *embryo-* ← Gk *émbruon* (↑)〙

èmbryo·génesis *n.* 【生物】= embryogeny.

èmbryo·genétic *adj.* 〘(1830) ⇨ ↑, -genesis〙

em·bry·og·e·ny /ɛ̀mbriά(ː)dʒəni | -ɔ́dʒ-/ *n.* **1** 【生物】胚(はい)形成, 胚発生. **2** 発生[胎生]学. **èmbry·o·génic** *adj.* 〘(1835) ← EMBRYO-+-GENY〙

em·bry·oid /ɛ́mbriɔ̀ɪd/ *n.* 【生物】胚質(はいしつ)《胚の構造と機能を有する植物[動物]》. 〘(1927) ← EMBRYO-+-OID〙

embryol. 《略》embryology.

em·bry·ol·o·gy /ɛ̀mbriά(ː)lədʒi | -ɔ́l-/ *n.* **1** 【生物・医学】発生学, 胎生学. **2** 【生物】胚(はい)の形成発達の特徴と現象. **em·bry·o·log·ic** /ɛ̀mbriəlά(ː)dʒɪk | -lɔ́dʒ-~/ *adj.* **èm·bry·o·lóg·i·cal** /-dʒɪkəl, -kl | -dʒɪ-~/ *adj.* **èm·bry·o·lóg·i·cal·ly** *adv.* **èm·bry·ól·o·gist** /-dʒɪst | -dʒɪst/ *n.* 〘(*c*1847) □ F *embryologie*: ⇨ embryo-, -logy〙

em·bry·on- /ɛ́mbriən/ (母音の前にくるときの) embryoni- の異形.

em·bry·o·nal /ɛmbráɪənl/ *adj.* = embryonic 1. 〘1652〙

em·bry·o·nat·ed /ɛ́mbriənèɪtɪd | -tɪd/ *adj.* embryo を有する. 〘(1652) ← EMBRYON-+-ATE²+-ED〙

em·bry·o·ni- /ɛmbriənɪ, -ni/ embryo の意の連結形. ★ 母音の前では通例 embryon- になる. 〘← ML *embryō(n-)*: ⇨ embryo〙

em·bry·on·ic /ɛ̀mbriά(ː)nɪk | -ɔ́n-~/ *adj.* **1** 胚(はい)に関する, 胎児の: an ~ development 胚発生. **2** 萌芽的な; 未発達の, 萌芽[未成熟]期の: in an ~ stage 発生の初期に / an ~ diplomat 外交官の卵. **èm·bry·ón·i·cal·ly** *adv.* 〘(*c*1841) ← NL *embryō(n-)* (⇨ embryo)+-IC¹〙

émbryonic dísk *n.* 【生物】**1 a** 胚盤(はいばん) (blastodisc). **b** 胚盤葉 (blastoderm). **2** 胚盾[楯](はいじゅん). 〘*c*1938〙

émbryonic láyer *n.* 【生物】胚葉(はいよう) (germ layer).

émbryonic mémbrane *n.* 【動物】胚膜(はいまく), 胚付属膜. 〘1947〙

émbryonic shíeld *n.* = embryonic disk 2.

em·bry·o·phyte /ɛ́mbriəfàɪt | -briə(ʊ)-/ *n.* 【植物】有胚(ゆうはい)植物《胚を有する植物; シダおよび種子植物が含まれる》. 〘(*c*1909) ← EMBRYO+-PHYTE〙

émbryo sàc *n.* 【植物】胚嚢(はいのう). 〘1872〙

em·bry·ot·ic /ɛ̀mbriά(ː)tɪk | -ɔ́t-~/ *adj.* = embryonic 2. 〘(1761) ← EMBRYO+-IC¹ (cf. patriotic)〙

em·bry·ot·o·my /ɛ̀mbriά(ː)təmi | -ɔ́t-/ *n.* 【外科】切胎(術). 〘(*c*1720) □ F *embryotomie*: ⇨ embryo, -tomy〙

em·bry·o·troph /ɛ́mbriətrὰ(ː)f, -tròʊf | -trɔ̀f/ *n.* (*also* **em·bry·o·trophe** /-tròʊf | -trəʊf/) 【生物】胚胎(はいたい)栄養《胎盤形成前の胚の栄養になる液体; cf. hemotrophe, histotroph》. 〘□ F *embryotrophe*: ⇨ embryo, tropho-〙

em·bry·ul·ci·a /ɛ̀mbriʌ́lsiə/ *n.* 【外科】(死)胎児摘出. 〘← NL ~ ← Gk *embruoulkía* ← *embruo-* (⇨ embryo)+*-olk-* (← *hélkein* to drag)+-IA¹〙

em·bue /ɪmbjúː, ɛm-/ *vt.* = imbue.

em·bus /ɪmbʌ́s, ɛm-/ *v.* (**em·bussed; -bus·sing**) — *vt.* バス[輸送車]に乗せる. — *vi.* バス[輸送車]に乗る. 〘(1915) ← *em-* 'EN-¹'+BUS: cf. entrain¹〙

em·bus·qué /ὰː(m)buːskéɪ, ὰːm-; *F.* ɑ̃byske/ *F. n.* (官吏または公務員になっての)兵役忌避者. 〘(1916) □ F ~ (p.p.) ← *embusquer* 'to AMBUSH'〙

em·cee /ɛ́msíː/ 《俗》【ラジオ・テレビ】*n.* 司会者 (master of ceremonies). — *vt., vi.* 司会する. 〘(1933) 《頭字語》← *M(aster of) C(eremonies)*〙

ém dàsh *n.* 【印刷】エムダッシュ, 全角ダッシュ (cf. en dash).

Em·den¹ /ɛ́mdən; G. ɛ́mdn/ *n.* エムデン《ドイツ北西部, Ems 河口の海港》.

Em·den² /ɛ́mdən/ *n.* = Embden. 〘⇨ Embden〙

EMDP, e.m.d.p. 《略》【電気】electromotive difference of potential 起電力の電位差.

eme /íːm/ *n.* 《スコット》**1** おじ. **2** 友人, 昔なじみ. 〘(*c*1330) *eem(e)* < OE *ēam* < Gmc **awahaim-* 《原義》he who dwells with the grandfather ← IE **awo-* an adult male relative other than one's father: cf. home〙

-eme /~ iːm/ *suf.* 【言語】「…素《特定言語の構造上の弁別単位》」の意の名詞を造る: morph*eme*, phon*eme*. 〘□ F *-ème* thing, unit □ Gk *-ēma* (*ē* は語幹形成母音, *-ma* は名詞語尾: cf. -ment)〙

e·meer /ɛmíə, ɪm-, eɪm- | -míə^(r)/ *n.* = emir.

E·mel·ia /ɪmíːljə, -liə/ *n.* イミーリア《女性名》. 〘⇨ Amelia, Emily〙

e·mend /ɪménd, iːm-/ *vt.* **1** 《まれ》〈誤りを〉正す, 訂正する (correct). **2** 〈文書・書籍の本文などを〉校訂する, 修正する (emendate): ~ the text of a book 本文を修正する / ~ an author 作家の著書を校訂する / ~ n *to* d n を d に修正する. **~·er** *n.* 〘(?*a*1425) □ L *ēmendāre* to correct ← *ē-* 'EX-¹'+*menda* fault: cf. amend〙

e·mend·a·ble /ɪméndəbl, iːm-/ *adj.* 修正[訂正]できる. 〘(1731–1800) □ L *ēmendābilis*〙

e·men·dan·dum /ìːmɛndǽndəm, ɛ̀m-, -mən-/ *n.* (*pl.* **-dan·da** /-də/) = corrigendum. 〘□ L *ēmendandum* (neut. gerundive) ← *ēmendāre* (↑)〙

e·men·date /íːmɛndèɪt, -mən-, ɪméndeɪt | íːmɛndèɪt, ɛ́m-/ *vt.* 〈本文を〉校訂[修正]する. 〘(1876) ← L *ēmendātus* (p.p.) ← *ēmendāre* 'to EMEND': ⇨ -ate³〙

e·men·da·tion /ìːmɛndéɪʃən, ɛ̀m-, -mən-/ *n.* **1** 校訂, 修正. **2** 【生物】修正《学名のつづりを変更すること》. 〘(*a*1460) □ L *ēmendātiō(n-)* ← *ēmendātus* (↑): ⇨ -ation〙

é·men·dà·tor /-tə | -tə^(r)/ *n.* 校訂者, 改訂者. 〘(1672) □ L *ēmendātor*: ⇨ emendate, -or²〙

e·mend·a·to·ry /ɪméndətɔ̀ːri, ɪm- | -dətəri, -tri/ *adj.* 校訂の, 校訂にかかわる. 〘(1660) □ LL *ēmendātōrius*: ⇨ -atory〙

Emer. 《略》Emeritus.

em·er·ald /ɛ́m(ə)rəld/ *n.* **1** 【鉱物】エメラルド, 緑玉 (⇨ birthstone). **2** エメラルド色, 鮮緑色 (emerald green). **3** 《英》【活字】エメラルド《活字の大きさの古い呼称; 6½ アメリカンポイントに相当; 米国の minionette に当たる; ⇨ type¹ 3 ★》. **4** = emerald moth. — *adj.* **1** エメラルド(製)の; エメラルド入りの: an ~ ring. **2** エメラルド色の, 鮮緑色の. **3** 【宝石】エメラルドカットの (cf. emerald cut). 〘(?*a*1300) *emeraude* □ OF *e(s)meraude* (F *émeraude*) < VL **smaragda(m)* (変形) ← L *smaragdus* □ Gk *smáragdos* emerald ← ? Sem. (cf. Arab. *zumúrrud*): cf. Skt *marakata-*〙

Em·er·ald /ɛ́m(ə)rəld/ *n.* エメラルド《女性名》. 〘↑〙

émerald cùt *n.* 【宝石】エメラルドカット《宝石の輪郭が正方形または長方形になるように階段状に切る方法; 通例 50 個の小面を作る》. 〘1926〙

émerald gréen *n.* エメラルドグリーン, エメラルド色, 鮮緑色. — *adj.* エメラルドグリーンの, 鮮緑色の. 〘1634〙

em·er·al·dine /ɛ́m(ə)rəldìːn, -dàɪn/ *adj.* エメラルド色の, 鮮緑色の. — *n.* 【化学】暗緑色染料. 〘(1855) ← EMERALD+-INE^{1,3}〙

Émerald Ísle *n.* [the ~] エメラルド島《Ireland の異名; 草木の鮮緑にちなむ; cf. Erin》.

émerald móth *n.* 【昆虫】アオシャク《シャクガ科 *Geometra, Hemithea, Cleora* 属などの緑色をしたガの総称》.

émerald toucanét *n.* 【鳥類】ミドリチュウハシ (*Aulacorhynchus prasinus*) (cf. toucanet).

émerald wédding *n.* エメラルド婚式《結婚 55 周年の記念式[日]; ⇨ wedding 4》.

e·merge /ɪmə́ːdʒ, iːm- | -mə́ːdʒ/ *vi.* **1** 〔物陰・暗闇などから〕出て来る, 現れ出る, 出現する〔*from, out of*〕(cf. immerge): ~ *from* [*out of*] water, a forest, etc. / The sun ~*d from* behind the clouds. 太陽が雲の陰から現れた. **2** 〔貧困・低い身分などから〕浮かび出る, 身を起こす〔*from, out of*〕: ~ *from* poverty 貧困から身を起こす / ~ *from* ignorance 無学の域を脱する / a writer barely ~*d out of* [*from*] obscurity やっと名を売り出しかけた作家 / new talent *emerging from* our art schools 我々の芸術学校から身を起こしつつある新しいタレントたち / The business is *emerging from* its difficulties. 事業は難局を切り抜けつつある. **3** 〈事実などが〉(探査の結果)現れる, 明らかになる; 〈問題・困難などが〉(急に)持ち上がる: A difficult question ~*d*. 難しい問題が持ち上がった / It ~*d that* there were serious financial irregularities. 重大な会計上の不正行為があることが明らかになった / The *emerging* problems must be faced. 持ち上がってきた問題に直面せねばならない. **4** (創発的進化により)発生[発現]する; (新

E

[改良]種[型]として)出現する: Something new is always *emerging* in this world. この世界には常に何か新しいものが発生している. 〚(1563–87) □ L *ēmergere* to come forth ← *ē-* 'EX-¹' + *mergere* 'to dip, MERGE'〛

e·mer·gence /ɪmə́ːdʒəns, iːm-, -dʒənts | -mə́ː-/ *n.* **1** 現出, 出現, 発現, 浮上: the ~ of serious financial irregularities 重大な会計上の不正行為の発覚. **2** 〔逆境などからの〕脱出 〔*from*〕: her sudden ~ *from* obscurity 彼女が無名の状態から急に名を売り出すこと. **3** 〘植物〙器官の上に生じた物 《こぶ・とげ・毛状体など》. **4** 〘生物・哲学〙(進化中予期できない新形質の)創発 (cf. emergent evolution). **5** 〘動物〙羽化 《昆虫がさなぎから成虫になること》. 〚(1649): ⇨ ↑, -ence〛

E **e·mer·gen·cy** /ɪmə́ːdʒənsi, iːm-, -dʒəntsi | -mə́ː-/ *n.* **1** 非常事態, 危急の場合; 突発事件: in (an) ~ 非常の事態に / in case of ~ 非常の場合には, まさかのときは / in this [any] ~ この[どんな]危急の際に[にも] / be ready [prepared] for all *emergencies* あらゆる危急な事態に対する用意[覚悟]ができている. **2** 治療に急を要する状態; 急患. **3** 〘政治〙準戦時体制; (婉曲に)戦争: declare [proclaim] a state of ~ (戒厳令などのしかれる)非常事態を宣言する. **4** 《NZ》(スポーツの)補欠選手. — *adj.* [限定的] 非常用の, 緊急の: an ~ call 非常召集 / ~ currency (非常時に発行の)緊急通貨 / an ~ exit 非常口 / ~ measures 緊急処置, 応急手段 / an ~ meeting 緊急集会 / an ~ room [ward] (病院の)救急室[病棟] / an ~ staircase [stairs] 非常階段 / For the ~ services dial 911 [《英》999]. 緊急のサービスには 911 番 [999 番]を回しなさい. 〚(*a*1631) □ ML *ēmergentia* a coming up ← *ēmergentem*: ⇨ emergent, -ency〛

emérgency àct *n.* 緊急法令, 非常時法. 〚1940〛

emérgency bòat *n.* 〘海事〙 =accident boat.

emérgency bràke *n.* (自動車の)サイドブレーキ 《駐車用・非常用》. 日英比較 「サイドブレーキ」は和製英語. 〚*a*1900〛

emérgency càse *n.* 救急箱; 急患.

emérgency lànding *n.* (航空機の)不時着: an ~ field 不時離着陸[水]場. 〚1956〛

emérgency màn *n.* **1** (アメフト・クリケットなどの)補欠選手. **2** 《アイル》臨時執行吏 《特に, 追立ての際に雇われる》. 〚1883〛

emérgency òrdinance *n.* =emergency act.

emérgency pàtient *n.* 救急患者.

emérgency pòwer *n.* (戦時・災害時などの)非常指揮権.

emérgency ràtion *n.* =iron ration. 〚1898〛

emérgency reàction *n.* 〘心理〙危急反応.

e·mer·gent /ɪmə́ːdʒənt, iːm- | -mə́ː-/ *adj.* **1** 〈国家など〉新興の, 生まれてくる: ~ countries 新興国家. **2** (水中・暗闇などから)出てくる, 現れ出る, 出現[発現]する. **3** 不意に起こる; 緊急の, 非常手段を要する. **4** 〘生物・哲学〙創発的進化の. — *n.* **1** 〘生物・哲学〙創発的形質. **2** 〘生態〙 **a** 周囲の木よりも高くそびえる木. **b** 抽水植物 《浅い水に根をおろし, 茎や葉の大部分は空中に伸びている植物》. **~·ly** *adv.* 〚(?*a*1425) □ L *ēmergentem* (pres.p.) ← *ēmergere* 'to EMERGE'〛

emérgent evolútion *n.* 〘生物・哲学〙創発的進化 《進化の過程には予想できない形質 (emergents) の出現があるという説; cf. creative evolution》. 〚1923〛

e·mérg·ing *adj.* 新生の, 新興の.

e·mer·i·tus /ɪmérətəs, iːm- | -rɪ̀t-/ *adj.* 名誉退職の, 前職礼遇の: a Profesor *Emeritus* [an *Emeritus* Professor] at [from] Harvard University ハーバード大学名誉教授 《★ 複数名詞に伴う場合は professors *emeriti*, 女性の場合は Professor *Emerita* Mary Smith とすることがある》. — *n.* (*pl.* **-i·ti** /-tàɪ/) 退職後も以前の称号を保つことを許された人 《名誉教授など》. 〚(*c*1750) □ L *ēmeritus* having served out one's time (p.p.) ← *ēmerēri* to earn (one's discharge) by service ← *ē-* 'EX-¹' + *merēri* to earn, deserve: cf. merit〛

em·er·ods /émərɑ̀ːdz | -rɔ̀dz/ *n.* 《古》痔疾(じしつ) (hemorrhoids) (*1 Sam.* 5:6). 〚(*a*1398) *emeroid(es)* □ OF *emoroides*: ⇨ hemorrhoid〛

e·mersed /ɪmə́ːst, iː- | -mə́ːst/ *adj.* **1** (水中などから)出てきた. **2** 〘植物〙水面上に現れた, 抽水の: leaves floating or ~ 水面に浮かんでいるまたは現れている葉. 〚(1686) ← L *ēmersus* (↓) + -ED〛

e·mer·sion /ɪmə́ːʒən, iː-, -ʃən | -mə́ːʃən, -ʒən/ *n.* **1** (没した物の)出現, (水面上に)浮かび出ること (cf. immersion 2). **2** 〘天文〙(日[月]食後または掩蔽(えんぺい)(星食)後の天体の)出現, 再現 (cf. immersion 4). 〚(1633) ← L *ēmersus* ((p.p.) ← *ēmergere* 'to EMERGE') + -SION〛

Em·er·son /éməsən, -sn̩ | émə-/, **Ralph Waldo** *n.* エマソン 《1803–82; 米国の評論家・詩人・哲学者; *Essays* (1841, 1844), *Representative Men* (1850); 異名 Sage of Concord》.

Em·er·so·ni·an /èməsóuniən | èməsə́u-ˈ/ *adj.* エマソン (Emerson) の(ような); エマソン風の. — *n.* エマソン崇拝家. 〚(1848): ⇨ ↑, -ian〛

Èm·er·só·ni·an·ìsm /-nìzm/ *n.* エマソン主義, (エマソン流の)超越主義 (transcendentalism). 〚(1902): ⇨ ↑, -ism〛

em·er·y /ém(ə)ri/ *n.* **1** 〘岩石〙エメリー, 金剛砂, 鑽鉄(さんてつ) 《鋼玉 (corundum) を主成分とし研磨材として用いられる》. **2** 《米》=emery bag. 〚(1481–90) □ (O)F *émeri* (変形) ← OF *esmeril* □ It. *smeriglio* < VL **smericulu(m)* ← Gk *smúris* emery powder ← ? Sem. (cf. Heb *šāmīr* adamant, emery)〛

Em·er·y /ém(ə)ri/ *n.* エメリー 《男性名; 異形 Emerick》. 〚ME ~, *Amary* □ OF *Amauri*, *Emaurri* □ OHG *Amalrīc* 《原義》workruler ← *amal* work + Gmc **rīk-* ruler〛

émery bàg *n.* 金剛砂袋 《針を突き刺して研磨する》. 〚1845〛

émery bòard *n.* (マニキュア用)爪やすり 《ボール紙に金剛砂の粉末を塗布してある》. 〚1725〛

émery clòth *n.* エメリー研磨布.

émery grìnder *n.* 研削盤.

émery pàper *n.* (金剛砂製)紙やすり, エメリー研磨紙. 〚1772〛

émery pòwder *n.* (粉末)金剛砂.

émery whèel *n.* 砥石車. 〚1873〛

em·e·sis /éməsɪ̀s | émɪ̀sɪs/ *n.* 〘病理〙嘔吐(おうと) (vomiting); つわり, 妊娠嘔吐[悪阻(おそ)]. 〚(1847) ← NL ~ ← Gk *émesis* ← *emeîn* 'to VOMIT': ⇨ ↓, -sis〛

e·met·ic /ɪmétɪk, iːm- | -mét-/ *adj.* **1** 嘔吐(おうと)を起こす(作用のある), 嘔吐を催させる, 催吐性の: an ~ medicine 吐剤. **2** 吐き気を催すような, 胸の悪くなる (sickening, mawkish). — *n.* 吐剤, 吐薬, 催吐薬, 催吐物.

e·mét·i·cal·ly *adv.* 〚(1657) □ L *emeticus* □ Gk *emetikós* ← *émetos* vomiting ← *emeîn* 'to VOMIT'〛

em·e·tine /émətiːn, -tn̩ | émɪ̀tiːn, -tɪn/ *n.* 〘薬学〙エメチン ($C_{29}H_{40}N_2O_4$) 《吐根 (ipecac) の主成分アルカロイドで製する; 吐剤および抗アメーバ赤痢剤》. 〚(1819) □ F *émétine* ← *émétique* □ L *emetica*: ⇨ emetic, -ine³〛

e·meu /íːmjuː/ *n.* 《古》〘鳥類〙=emu.

é·meute /eɪmə́ːt, iːmjúːt; *F.* emøːt/ *F. n.* (*pl.* **~s** /~s; *F.* ~/) 《特に人民の》暴動 (riot), 反乱. 〚(1782) □ F ~ < OF *esmeute* (変形) ← *emeu* (p.p.) ← *esmovoir* to excite〛

emf, EMF, e.m.f. 《略》〘電気〙electromotive force.

EMF 《略》European Monetary Fund 欧州通貨基金.

EMG /íːèmdʒíː/ 《略》electromyogram; electromyography.

EMI /íːèmáɪ/ *n.* 〘商標〙EMI 《英国の大手家電メーカー Thorn EMI 傘下のレコード会社のレーベル; 前身の Electrical and Musical Industries (略 EMI) は 1931 年設立》.

-e·mi·a /íːmiə/ 「血液の状態」の意の名詞連結形: bacteremia, leukemia. 〚← NL ~ ← Gk *-aimía* ← *haîma* blood: ⇨ hemo-〛

e·mic /íːmɪk/ *adj.* 〘言語〙イーミックな, 文化相対的な 《音声の研究のみならず, 人間行動の全般にわたって機能的な面に重点を置く研究についていう》; ↔ etic). 〚(1954) ← (PHON)EMIC: K. L. Pike の造語〛

e·mic·tion /ɪmíkʃən/ *n.* 〘医学〙放尿(の尿). 〚(1666) ← ML *ēmictus* (← *ēmingere* to make water) + -TION〛

em·i·grant /émɪ̀grənt/ *n.* **1** 移民, 移住者, 出稼ぎ人 (cf. immigrant, migrant): Japanese *~s to* Brazil 日本からのブラジル移民 / *~s from* Italy イタリアからの移民. **2** 《米》(19 世紀の)西部開拓のための移住者. **3** 〘生物〙移動植物[動物]. — *adj.* **1** (他国へ)移住する, 移民の, 移民用の: an ~ company 移民会社 / an ~ ship 移民船. **2** 〈鳥が〉移住性の (migratory). 〚(1754) □ L *ēmigrantem* (pres.p.) ← *ēmigrāre* 'to EMIGRATE'〛

em·i·grate /émɪ̀grèɪt/ *vi.* **1** (自国から他国へ)移住する (cf. immigrate) 〔*from, to*〕: ~ *from* Japan *to* Brazil 日本からブラジルへ移民する. **2** 《口語》転居する. — *vt.* 移住させる, 移住を助ける. 〚(1778) ← L *ēmigrātus* (p.p.) ← *ēmigrāre* to move out: ⇨ ex-¹, migrate〛

em·i·gra·tion /èmɪ̀gréɪʃən/ *n.* **1** (他国への)移住, (国外への)出稼ぎ (cf. immigration, migration); 《口語》転居. **2 a** [集合的] 移民(団): The ~ set out in autumn. 移民団は秋に立った. **b** [形容詞的に]: an ~ agent 移民取扱い人[業者] / ~ policy 移民政策. **3** 〘生態〙移動, 突発移動 《トビイナゴに見られるような, 何年かに一度突然起こり, 移動個体が再び戻らないような大規模な移動》. **4** 〘医学〙(細胞などの)遊出. **~·al** /-ʃənl, -ʃnəlˈ/ *adj.* 〚(1649) ← LL *ēmigrātiō(n-)* ← L *ēmigrātus*: ⇨ ↑, -ation〛

èm·i·grá·tion·ist /-ʃ(ə)nɪ̀st | -nɪst/ *n.* (海外)移住奨励者, 移民政策主張者. 〚⇨ ↑, -ist〛

em·i·gra·to·ry /émɪ̀grətɔ̀ːri | émɪ̀grətəri, -grèɪ-, èmɪ̀gréɪ-, -tri/ *adj.* **1** 移住の, 移住民の. **2** 《まれ》〈動物が〉移住[移動]性の. 〚(1839) ← EMIGRATE + -ORY¹〛

é·mi·gré /émɪ̀grèɪ, ˌ-ˌ-ˌ | ˌ-ˌ-ˌ; *F.* emigʁe/ *n.* (*pl.* **~s** /~z; *F.* ~/) **1** (政治上の迫害を逃れるための)国外移住者, 亡命者 (⇨ alien SYN). **2** (1789 年フランス革命の際に国外へ逃れた)亡命フランス人; (1917 年のロシア革命後国外へ逃れた)亡命ロシア人. 〚(1792) □ F ~ (p.p.) ← *émigrer* □ L *ēmigrāre* 'to EMIGRATE'〛

E·mil /íːməl, éɪ-, -ml̩ | émíːl, eɪ-; *G.* éːmiːl, *Dan.* emíˑ'l, *Russ* emʲíʲlʲij/ *n.* エーミル 《男性名》. 〚□ G ~ □ F *Émile* □ L *Aemilius* 《ローマの家名》← *aemulus* rivaling ← *aemulārī* to strive to equal: cf. Emillia, emulate〛

É·mile¹ /íːməl, -ml̩, eɪmíːl | eɪmíːl, eɪ-; *F.* emil/ *n.* エミール 《男性名》. 〚□ F ~ 'EMIL'〛

É·mile² /íːməl, -ml̩, eɪmíːl | eɪmíːl, eɪ-; *F.* emil/ *n.* 「エミール」(J. J. Rousseau 作の小説 (1762); Émile という少年と少女 Sophie についてその理想的教育法を説いたもの).

E·mi·lia-Ro·ma·gna /eɪmíːljəroumɑ́ːnjə | -rə(ʊ)-; *It.* emíːljaromáɲɲa/ *n.* エミリアロマーニャ(州) 《イタリア北部の州; 面積 22,123 km²》.

Em·i·lie /éməli | émɪ̀-; *G.* emíːliə/ *n.* エミリー 《女性名》. 〚↓〛

E·mil·lia /ɪmíljə, emíː- | ɪmíliə, eɪmíː-, -ljə/ *n.* イミリア 《女性名; 愛称形 Emmy, Emmie》. 〚□ L *Aemilia* (fem.) ← *Aemilius*: ⇨ Emily, Emil〛

Em·i·ly /éməli | émɪ̀-/ *n.* エミリー 《女性名》. 〚ME *Emelye* □ OF *Emilie* □ L *Aemilia*: ⇨ Emillia〛

em·i·nence /émənəns, -nənts | émɪ̀-/ *n.* **1** 高い地位[身分], 高位, 高貴: a man *of* social ~ 社会的地位の高い人 / have [occupy] a position of great ~ in the political world 政界で非常に高い[枢要の]地位を占める. **2** (学徳などの)傑出, 卓越; 名声, 著名 (fame): attain ~ in literature [journalism] 文学[ジャーナリズム]で名をなす. **3** (ひとかどの)人士, そうそうたる人物; 名士: literary *~s* そうそうたる文学者たち. **4** [E-] 〘カトリック〙エミネンス, 猊下(げいか) (cardinal の尊称): Your *Eminence* (=you) / His *Eminence* (=he) / Their *Eminences* (=they). **5** 小高い所, 高台, 高地 (elevation): a vernal ~ 緑の丘. **6** 〘解剖〙隆起 (protuberance). **7** 《廃》人より上をゆくこと. 〚(*a*1400) □ OF ~ □ L *ēminentia* ← *ēminentem*: ⇨ eminent, -ence〛

é·mi·nence grise /èmɪ̀nɑ̃ː(n)sgríːz, -nɑ́ːns- | -nəns-, -nɑ̃ː(n)s-, -nɑ́ːns-; *F.* eminɑ̃ːsgʁiːz/ *n.* (*pl.* **é·mi·nences grises** /~/) 陰の実力者, 黒幕: the ~ of journalism [the political world] 新聞界[政界]の黒幕. 〚(1838) □ F *L'Éminence grise* 《原義》grey eminence: Cardinal Richelieu の信任厚かった陰の実力者 Joseph 神父 (1577–1638) のあだ名から〛

em·i·nen·cy /émənənsi | émɪ̀-/ *n.* =eminence. 〚(1602) □ L *ēminentia*: ⇨ eminence, -ency〛

em·i·nent /émənənt | émɪ̀-/ *adj.* **1** 地位[身分]の高い; 高名な, 著名な (outstanding): an ~ statesman 著名な政治家 / a woman ~ *for* her poetry 詩で有名な女性 / be ~ *as* a scientist 科学者として著名である. **2** 〈性質・行為など〉優れた, 卓越した (⇨ famous SYN); 目立った, 顕著な: a person of ~ impartiality 極めて公平無私な人 / His success was ~. 彼の成功は顕著なものだった. **3 a** 突出した, 抜き出た. **b** 《詩・古》そびえ立つ. 〚(*c*1425) □ OF ~ // L *ēminentem* (pres.p.) ← *ēminēre* to stand out ← *ē-* 'EX-¹' + *minēre* to project: cf. L *mōns* mountain〛

éminent domáin *n.* 〘法律〙公用徴収権, 土地収用権 (cf. expropriation). 〚1783〛

ém·i·nent·ly *adv.* 抜きんでて, 著しく, 大いに (notably, very): be ~ successful 目覚ましい成功を収める. 〚(*c*1425): ⇨ -ly¹〛

e·mir /ɛmíə, ɪ̀m-, eɪm- | míə^(r)/ *n.* **1** 首長 《クウェート・バーレーン・カタールおよびアラブ首長国連邦構成諸国の君主》. **2** 指揮者, 指揮官; アッバース朝中期以降の地方政権の君主の称号, 小王朝の王子や高官の称号. **3** 《古》モハメッドの子孫の尊称. 〚(1595) □ F *émir* □ Sp. *emir* □ Arab. *amīr* commander ← *amara* to command: ⇨ admiral, amir〛

e·mir·ate /ɛmíərɪ̀t, -rèɪt, ɛmíᵊrɪ̀t, -reɪt, ɪ̀m-, ɛm- | émɪ̀rɪ̀t, -rèɪt, ɛmíərɪ̀t, ɪ̀m-, -reɪt/ *n.* 首長国; emir の管轄区域. 〚(1863) ⇨ ↑, -ate¹〛

Em·i·scan /émɪskæ̀n/ *n.* 〘商標〙エミスキャン 《コンピューターと組み合わされた放射線走査による軟組織の医用検査技術》.

em·is·sar·y /éməsèri | émɪs(ə)ri/ *n.* **1** 使者 (messenger), (特に)密使: an ~ of the Devil 悪魔の密使. **2** 密偵, 間諜(かんちょう), 特務機関員 (secret agent, spy). — *adj.* **1** 〘解剖〙〈静脈が〉導出性の, 輸出の: ~ veins 導出静脈. **2** 《廃》使者として派遣された; 使者の, 密使の. 〚(1616) □ L *ēmissārius* (one) sent out ← *ēmissus* (p.p.) ← *ēmittere* to send out: ⇨ emit, -ary〛

e·mis·sion /ɪmíʃən, iːm-/ *n.* **1** 〔光・熱・香り・ガスなどの〕発出, 放射, 放出 〔*of*〕: the ~ *of* heat *from* a fire 炉からの熱の放射. **2** 放射物, 放出物, 発出物. **3** (ラジオ電波の)送達, 送波; 〘電子工学〙放出 《真空管の熱した陰極から電子が放射されること, またその電子流》; 〘通信〙アンテナまたは天体から放射される電磁波. **4** 〘生理〙放射; 流出, 排泄; (特に)射精(液). **5** 《古》〔紙幣・株券などの〕発行, 発行高 〔*of*〕: the ~ *of* paper currency 紙幣の発行. **6** 《廃》(本などの)出版. 〚(?*a*1425) □ L *ēmissiō(n-)* ← *ēmissus* (↑)〛

emíssion cùrrent *n.* 放出電流 《熱電子などの放出によって流れる電流》.

emíssion nèbula *n.* 〘天文〙発行星雲 《紫外線放射によるガス微粒子のイオン化の結果発光する星雲; cf. Orion's Nebula》. 〚1956〛

emíssion spèctrum *n.* 〘物理〙発光スペクトル (cf. absorption spectrum). 〚1888〛

emíssion stàndard *n.* (汚染物質の)排出基準.

emíssion thèory *n.* [the ~] 〘光学〙(光の)放射説 (⇨ corpuscular theory). 〚1837〛

e·mis·sive /ɪmísɪv, iːm-/ *adj.* **1** 発出[放出]的な, 放出[放射]性の. **2** 放射[発出]された. 〚(*a*1663) ← L *ēmissus* (p.p.) ← *ēmittere* 'to EMIT': ⇨ -ive〛

emíssive pówer *n.* 〘物理〙放射度 《ある物体の単位表面積から単位時間あたり放射される放射エネルギー》. 〚1870〛

e·mis·siv·i·ty /èmɪ̀sívəti, ìːm- | -mɪsívɪ̀ti/ *n.* 〘物理・化学〙放射率, 輻射(ふくしゃ)能. 〚(1880) ← EMISSIVE + -ITY〛

e·mit /ɪmít, iːm-/ *vt.* (**e·mit·ted**; **e·mit·ting**) **1** 〈液・光・熱・香り・声などを〉発する, 出す (give out): ~ exhaust fumes 排気ガスを出す / He *~ted* a laugh. 笑い声を出した. **2** 〈信号を〉(ラジオ電波などで)送る; 〘電子工学〙〈電子を〉放出する. **3** 〈意見などを〉述べる, 発言する: ~ complaints 不平を述べる. **4** 〈法令などを〉発布する; 〈紙幣・手形などを〉発行する (issue). 〚(1623) □ L *ēmittere* to send out ← *ē-* 'EX-¹' + *mittere* to send〛

Em·i·tron /émətrɑ̀ː(n) | émɪ̀trɔ̀n/ *n.* 〘商標〙エミトロン 《英国の EMI 社で作ったアイコノスコープに似た撮像管》. 〚← EMI + -TRON〛

e·mit·tance /ɪmítṇs, iːm-/ *n.* 〘物理・化学〙 =emissivity. 〚1940〛

e·mít·ter /-tə | -tə^(r)/ *n.* **1** 放出するもの《特に, 粒子を放出する物質》. **2** 〘電子工学〙 エミッター《トランジスターの電極の一つ》. 〚(1883): ⇨ emit, -er¹〛

emítter fòllower *n.* 〘電子工学〙 エミッターフォロアー《トランジスター電力増幅回路の一種; cf. cathode follower》. 〚1962〛

EML 《略》 Everyman's Library.

Em·lyn /émlɪn | -lɪn/ *n.* エムリン: **1** 女性名. **2** 男性名. ★ ウェールズで一般的な名. 〚1: ← ? OHG《原義》 serpent of work. 2: ▭ Welsh ～ ▭ ? L *Aemiliānus*: ⇨ Amelia〛

Em·ma¹ /émə/ *n.* エマ《女性名; 愛称形 Em, Emmy》. 〚ME ▭ AF ～ ▭ OHG ～, *Imma* ← *ermin, irmin* 《原義》 whole〛

Em·ma² /émə/ *n.* 〘通信〙 エマ《文字 m を表す通信コード》. 〚(1891) M の通信用呼び名から〛

Em·ma /émə/, **Queen** *n.* エマ《982–1052; Normandy 公 Richard の娘で Ethelred the Unready の妻で Edward the Confessor の母; 夫の死後 Canute と結婚》.

Em·man·u·el /ɪmǽnjuəl, ɛm-, -njuɛ̀l, -njul; *F.* emanɥɛl, ɛm-/ *n.* **1** エマニュエル《男性名; 愛称形 Manny; 異形 Emanuel, Immanuel; ユダヤ人に多い》. **2** 〘聖書〙 =Immanuel 2. 〚▭ LL *Emmanuel* ▭ Gk *Emmanouḗl* ▭ Heb. *'immānū'ēl* 《原義》 God with us: cf. *Is.* 7:14〛

em·mar·ble /ɛmáəbl, ɪm- | -mɑ́ː-/ *vt.* 大理石に変える; 大理石の彫像にする; 大理石で飾る. 〚(1596) ← *em-* 'EN-¹'+MARBLE〛

Em·me·line /éməliːn, -làɪn | émɪliːn/ *n.* エメリーン《女性名; 異形 Emelina, Emeline, Emmaline》. 〚ME *Emlin(e)* ▭ OF *Ameline, Emeline* ← *Amal-* (cf. Amelia)+-INE⁴: cf. Emily, Emma¹〛

Em·men /émən; *Du.* ɛ́mə/ *n.* エメン《オランダ北東部, Drenthe 州の都市; 第2次大戦後の新興工業都市》.

em·men·a·gog·ic /ɪmènəgɑ́(ː)dʒɪk, ɛm-, -miːn- | -gɔ́dʒ-⁺/ *adj.* 〘薬学〙 通経作用のある. 〚(1678): ⇨ ↓, -ic¹〛

em·men·a·gogue /ɪménəgɑ̀(ː)g, ɛm-, -míːn-, -gɔ̀(ː)g | -gɔ̀g/ 〘薬学〙 *n.* 月経促進薬, 通経剤. — *adj.* =emmenagogic. 〚(1702) ← Gk *émmēna* menses ((neut.pl.) ← *émmēnos* monthly ← *em-* 'EN-²'+*mḗn* month)+-AGOGUE〛

em·men·i·a /ɪméniə, ɛm-, -míːn-/ *n.* 〘生理〙 月経 (menstruation). 〚▭ Gk *emmḗnia* (neut.pl.) ← *emmḗnios* monthly (↑)〛

Em·men·ta·ler /éməntɑ̀ːlə | -lə^(r); *G.* ɛ́məntaːlɐ/ *n.* (*also* **Em·men·tha·ler** /～/, **Em·men·tal, Em·men·thal** /-tɑ̀ːl; *G.* -taːl/) =Swiss cheese. 〚(1902) 《略》 ← G *Emmentaler Käse* Emmental cheese: Emmental はスイスの地名〛

em·mer /émə | émə^(r)/ *n.* 〘植物〙 エンマーコムギ (*Triticum dicoccum*) 《コムギの一種で, ヨーロッパ・アジア・米国西部で家畜飼料用に栽培される; cf. spelt²》. 〚(*c*1900) ▭ G *Emmer* < OHG *amer* spelt: cf. amylum〛

Em·mer·y /ém(ə)ri/ *n.* エメリー《女性名》. 〚⇨ Emery〛

em·met /émɪt | émɪt/ *n.* 《古・方言》 蟻. 〚OE *ǣmete* 'ANT'〛

Em·met /émɪt | émɪt/, **Robert** *n.* エメット《1778–1803; アイルランドの愛国者; フランスの援助を頼りにアイルランド独立の暴動を起こしたが, イギリス軍に捕えられて絞首刑に処せられた》.

em·me·tro·pi·a /èmətróupiə | èmɪtrə́u-/ *n.* 〘眼科〙 正常視 (normal vision). **em·me·trop·ic** /èmətrɑ́(ː)pɪk | èmɪtrɔ́p-⁺/ *adj.* 〚(1864) ← NL ～ ← Gk *émmetros* in measure, proportioned+-OPIA: cf. meter³〛

Em·mett /émɪt | émɪt/ *n.* エメット《男性名; 異形 Emmet》. 〚▭ OHG *Amalhardt* 《原義》 industrious, strong〛

Em·mie /émi/ *n.* エミー《女性名》.

Em·my¹ /émi/ *n.* エミー賞《米国で毎年テレビ各部門の優れた業績に対し Academy of Television Arts and Sciences (テレビ芸術科学アカデミー)から授与される小像》. 〚(1949) 《変形》 ← *Immy*: im(age orthicon camera) の俗称; 1948年米国のテレビ技師 H. R. Lubcke が Oscar 賞に対抗して命名したもの〛

Em·my² /émi/ *n.* エミー《女性名》. 〚(dim.) ← EMILY, EMILIA〛

em·o·din /émədɪn, -dṇ | -dɪn/ *n.* 〘化学〙 エモディン ($C_{14}H_4O_2(OH)_3CH_3$) 《ダイオウ (rhubarb) などから採れる黄色の結晶状の植物色素の一種で, 緩下剤として使用》. 〚(1858) ← NL (*Rheum*) *ēmōdi* Turkey rhubarb, 《原義》 rhubarb of the Himalaya+-IN²〛

e·mol·lient /ɪmɑ́(ː)ljənt, iː-, -liənt | -mɔ́li-/ *adj.* **1** 〈医薬品など〉(組織・皮膚などを)柔らかにする, 柔軟化性の. **2** 和らげる, なだめる: ～ words. — *n.* 〘主に *pl.*〙 〘薬学〙 (皮膚の)軟化薬, 緩和剤. 〚(1640) ▭ L *ēmollientem* (pres.p.) ← *ēmollīre* to soften ← *ē-* 'EX-¹'+*mollis* soft (cf. mollify)〛

e·mol·u·ment /ɪmɑ́(ː)ljumənt, iːm- | ɪmɔ́l-/ *n.* (地位・官職などから生じる)修得, 報酬, 手当, 俸給; 《古》 利益. 〚(1435) ▭ (O)F *émolument* // L *ēmolumentum* 《原義》 miller's fee for grinding grain ← *ēmolere* to grind out, work out ← *ē-* 'EX-¹'+*molere* to grind〛

Em·o·ry /ém(ə)ri/ *n.* エモリー: **1** 男性名. **2** 女性名. 〚《変形》 ← EMERY〛

Émory òak *n.* 〘植物〙 米国南西部産のブナ科の常緑低木 (*Quercus emoryi*). 〚*Emory*: ← W. H. Emory (1811–87: 米国の技師)〛

e·mote /ɪmóut, iː- | -mə́ut/ *vi.* 《口語》 **1** 大げさにふるまう[演技する]. **2** 感情を示す. **e·mót·er** /-tə | -tə^(r)/ *n.* 〚(1917) 《逆成》 ← EMOTION: *devote—devotion* などとの類推〛

e·mo·ti·con /ɪmóuṭɪkɑ̀(ː)n | -məutɪkɔn/ *n.* 〘電算〙 感情アイコン, 顔文字, エモーティコン《ASCII 文字を組み合わせて作った人の表情に似せた図; 電子メールなどで感情を表現するのに用いる; 英語圏では横から見る; 例 :-) (笑顔), :-((渋面)》.

e·mo·tion /ɪmóuʃən | ɪmə́u-/ *n.* **1** [しばしば *pl.*] (喜怒哀楽の)感情 (⇨ feeling SYN); 情緒: a person of strong ～s 感情の激しい人 / betray [display, show] one's [no] ～ 感情を顔に表す[表さない] / feel ～ at ...を見て感動する / suppress one's ～s 感情を抑える / His voice was hoarse with ～. 彼の声は怒りでかすれていた. **2** 感激, 感動: *with* ～ 感動して. **3** (理性や意志に対して)感情 (feeling): appeal to the ～s 感情に訴える. 〚(1579) ▭ F *émotion* ← *émouvoir* to excite, move < OF *esmovoir* < VL **exmovēre*=L *ēmovēre* to stir, shake ← *ē-* 'EX-¹'+*movēre* 'to MOVE'〛

e·mó·tion·al /ɪmóuʃnəl, -ʃənl | ɪmə́u-/ *adj.* **1** 情緒的な; 感情の: an ～ appeal [farewell] 感情への訴え[感情のこもった告別] / an ～ moment for us all 我々すべてにとって感動的な瞬間 / an ～ disorder 情緒障害. **2** 感情的な, 情にもろい, 感動しやすい, 涙もろい: an ～ nature [person] 情にもろい性質[人] / Don't get all ～: pull yourself together! あまり感情的になるな, 落ち着きなさい. **3** 感情的な, 感情に訴える: ～ poetry [music] 主情的な詩[音楽]. ***tired and emótional*** 《英婉曲》 酔った (drunk). **～·ly** *adv.* 〚(1834): ⇨ ↑, -al¹〛

e·mó·tion·al·ism /-ʃ(ə)nəlɪzm/ *n.* **1** 感激性, 情緒性. **2 a** 感情に訴えること; 物を感情的に見ること; 情緒本位. **b** 〘芸術〙 主情主義. **3** 感情表出; 感情表白癖. 〚(1865): ⇨ ↑, -ism〛

e·mó·tion·al·ist /-ʃ(ə)nəlɪst | -lɪst/ *n.* **1** 感情に走りやすい人, 感情家. **2 a** 感情にもろい人, 感激性の人. **b** 〘芸術〙 主情論者. **emo·tion·al·is·tic** /ɪmòuʃ(ə)nəlístɪk | ɪmə̀u-⁺/ *adj.* 〚(*a*1866): ⇨ emotional, -ist〛

e·mo·tion·al·i·ty /ɪmòuʃənǽləṭi | ɪmə̀uʃənǽlɪti/ *n.* 情緒性; 感激性, 感動性. 〚(1865): ⇨ emotional, -ity〛

e·mo·tion·al·ize /ɪmóuʃ(ə)nəlàɪz | ɪmə́u-/ *vt.* 感情[情緒]的にする; 情緒的に扱う: ～ religion 宗教を情緒的に扱う. **e·mo·tion·al·i·za·tion** /ɪmòuʃ(ə)nəlɪzéɪʃən | ɪmə̀uʃ(ə)nəlaɪ-, -lɪ-/ *n.* 〚(1879): ⇨ emotional, -ize〛

emótion·less *adj.* 情緒の欠けた; 無感動の, 感激のない: an ～ voice 無感動の声. **～·ness** *n.* 〚(1862): ⇨ -less〛

e·mo·tive /ɪmóuṭɪv | ɪmə́ut-/ *adj.* **1** 感動させる, 感動的な. **2** 感情の; 主情的な, 感情的な, 感情表白の: the ～ aspect of poetry 詩の感情的な面. **～·ly** *adv.* **～·ness** *n.* 〚(1735) ← EMOT(ION)+-IVE〛

emótive méaning *n.* 〘言語〙 喚情的意味《言語記号が人の心に喚起しうる, 快・不快などの, 主に連想に起因する意味; cf. referential meaning》. 〚1944〛

e·mo·tiv·ism /ɪmóuṭɪvìzm | -məutɪv-/ *n.* 〘倫理〙 情緒主義《道徳的判断は情緒[情動]の表白にすぎず, それに真偽を帰しえないとする logical positivism などの立場; cf. cognitivism, prescriptivism, descriptivism》. 〚(1960) ← EMOTIVE+-ISM〛

e·mo·tiv·i·ty /ìːmoutívəṭi, ɪmòu- | ìːməutívɪti/ *n.* 主情的性質, 感動性. 〚(1854) ← EMOTIVE+-ITY〛

EMP 《略》 electromagnetic pulse 電磁パルス《核爆発によって生ずる短時間の強い電磁放射》.

Emp. 《略》 Emperor; Empire; Empress.

e.m.p. 《略》 〘処方〙 *L.* ex mōdō prescriptō 指示の通りに (after the manner prescribed).

em·pai·stic /ɛmpéɪstɪk/ *adj.* 〈飾りなど〉彫りのある, 象嵌(ぞうがん)模様の. 〚(*c*1850) ← Gk *empaistikḗ* (*tékhnē*) the beater's (art)〛

em·pale /ɪmpéɪl, ɛm- | ɪm-, ɛm-/ *vt.* =impale. 〚1604〛

em·pa·na·da /ɛ̀mpənɑ́ːdə | -də; *Am.Sp.* empanáða/ *n.* エンパナーダ《スペイン・中南米などのパイ料理; 具には肉・魚・野菜など種々用いる》. 〚(*c*1922) ▭ Am.-Sp. ～=Sp. ～ (fem.) ← *empanado* breaded in (p.p.) ← *empanar* to put a crust of dough around ← *em-* 'EN-¹'+*pan* bread〛

em·pan·el /ɪmpǽnl, ɛm- | ɪm-, ɛm-/ *vt.* (～ed, -elled; ～·ing, -el·ling) =impanel. 〚1501〛

em·paque·tage /ɑ̃ː(m)pɑːktɑ́ːʒ, ɑ̀ːm-; *F.* ɑ̃paktaːʒ/ *F. n.* 〘美術〙 アンパクタージュ《キャンバスなどで包装する概念芸術 (conceptual art) の一手法》. 〚▭ F ～ 'packaging, package'〛

em·par·a·dise /ɪmpǽrədàɪs, ɛm-, -pér- | ɪmpǽr-, ɛm-/ *vt.* =imparadise. 〚1598〛

em·parl /ɪmpɑ́əl, ɛm- | ɪmpɑ́ːl, ɛm-/ *vi.* 〘法律〙 =imparl.

em·pa·thet·ic /ɛ̀mpəθéṭɪk | -tɪk⁺/ *adj.* =empathic. **em·pa·thét·i·cal·ly** *adv.* 〚1932〛

em·path·ic /ɛmpǽθɪk, ɪm- | ɛm-, ɪm-/ *adj.* 感情移入の; (...に)感情を移入して (*to, with*). **em·páth·i·cal·ly** *adv.* 〚(1909) ← EMPATHY+-IC¹〛

em·pa·thize /émpəθàɪz/ *vi.* 〘心理〙 (...に)感情移入を行う, 心から共感する (*with*): ～ *with* the speaker 話し手に心から共感する. — *vt.* 感情移入[共感]をもって扱う. 〚(*c*1921) ⇨ ↓, -ize〛

em·pa·thy /émpəθi/ *n.* 〘心理〙 感情移入, 共感《他人あるいは他の対象の中に自分の感情を移し入れること》. **ém·pa·thist** /-θɪst | -θɪst/ *n.* 〚(1904) ← *em-* 'EN-²'+-PATHY: G *Einfühlung* (《原義》 a feeling in) の訳語として Gk *empátheia* passion にならった造語〛

em·pearl /ɪmpə́ːl, ɛm- | ɪmpə́ːl, ɛm-/ *vt.* =impearl.

Em·ped·o·cles /ɛmpédəkliːz, ɪn- | -də-/ *n.* エンペドクレス《493 (または 490)–433 (または 430) B.C.; ギリシャの哲学者・政治家; Etna 山の噴火口に身を投じて死んだという伝説がある》.

em·pen·nage /ɑ̀ːmpənɑ́ːʒ, ɛ̀m- | ɛmpénɪdʒ, ɑ̀ːm-pənɑ́ːʒ; *F.* ɑ̃pɛnaːʒ/ *n.* (*pl.* **em·pen·nag·es** /～ɪz/; *F.* ～/) 〘航空〙 (飛行機・グライダー・飛行船の)尾部《通例水平安定板・昇降舵(だ)・垂直安定板・方向舵を含む》. 〚(1909) ▭ F ～ ← *empenner* to put feathers on an arrow ← *em-* 'EN-¹'+*penne* (< L *penna* feather): ⇨ pen¹, -age〛

E

em·per·or /émp(ə)rə | -rə^(r)/ *n.* **1** 皇帝, 帝王, 天皇: the Roman *Emperor* 神聖ローマ皇帝 / His Majesty the *Emperor* 皇帝[天皇]陛下. **2** 《英》 エンペラー《手すき紙では最大の 48×72 インチの紙で, 筆記および図画用紙用》. **3** [the E-] 「皇帝」(Beethoven 作曲のピアノ協奏曲第5番変ホ長調 op. 73 (1809) の通称). 〚(?*a*1200) *emperour(e)* ▭ OF *emperere* (F *empereur*) ▭ L *imperātor* ← *imperātus* (p.p.) ← *imperāre* to hold supreme command ← *im-* 'IN-²'+*parāre* 'to PREPARE, order': cf. imperial〛

émperor bùtterfly *n.* 〘昆虫〙 コムラサキ《タテハチョウ科コムラサキ亜科の数種のチョウの総称; コムラサキ (lesser purple emperor), オオムラサキ (*Sasakia charonda*) など》.

émperor mòth *n.* 〘昆虫〙 ヤママユガ科の各種のガ; (特に)クジャクサン (*Saturnia pavonia*) 《ヨーロッパ産の大形ヤママユガ》. 〚1748〛

émperor pènguin *n.* 〘鳥類〙 エンペラー[コウテイ]ペンギン (*Aptenodytes forsteri*) 《南極海に生息する最大種のペンギン》. 〚1885〛

émperor·shìp *n.* 帝位, 帝威, 皇帝の統治権. 〚(1575): ⇨ -ship〛

Émperor's Nèw Clóthes *n.* [The ～] 「皇帝の新衣装」「裸の王様」《Andersen の童話 (1837)》.

émperor wòrship *n.* (古代ローマで皇帝を神格化した)皇帝崇拝.

em·per·y /émp(ə)ri/ *n.* **1** 《詩》 絶対支配権. **2** 《古》 皇帝の領土. 〚(*c*1300) *emperie* ▭ OF ▭ L *imperium*: ⇨ empire〛

em·pha·sis /émfəsɪs | -sɪs/ *n.* (*pl.* **em·pha·ses** /-siːz/) **1 a** 強調(すること), 重要視, 重点(を置くこと) (cf. stress): lay [place, put] great ～ on [*upon*] ...に非常に力を入れる, ...を大いに強調する / dwell on a subject *with* ～ ある問題についてじゅんじゅんと力説する / I wish to say this *with* all the ～ at my command. この事をあくまでも強調して申し上げたい. **b** 強調点: The ～ of his sermon was *on* love. 彼の説教の強調するところは愛だった. **2** 〘音楽〙 強勢, (音型の反復による)強調. **3** 〘修辞〙 強勢法; (語順の移動・反復などによる)語の強勢, 文勢. **4** 〘美術〙 (輪郭や色彩の)強調. **5** 〘通信〙 エンファシス《通信系の特性改善のためある周波数を強調して送る方式; cf. preemphasis, de-emphasis》. 〚(1573) ▭ L ～ ▭ Gk *émphasis* implied meaning ← *emphaínein* to show (in), indicate ← *em-* 'EN-²'+*phaínein* to make to appear: ⇨ phantasm〛

em·pha·sise /émfəsàɪz/ *vt.* 《英》 =emphasize. 〚1589〛

em·pha·size /émfəsàɪz/ *vt.* **1** 〈事実などを〉力説する, 強調する (cf. stress): I need hardly ～ the point [*that* the point is important]. その点[その点が重要であること]を強調する必要はほとんどない. **2** 強い声で言う, 〈語句を〉強めて言う; (語順の移動・反復などによって)...の文意を強める: ～ words, a passage, etc. **3** (描写の明確・色彩の鮮明・配置の対照などによって)強調する, ...の調子を高める. **4** 〘音楽〙 (音の強弱・拍子の変化などによって)強調する. 〚(*c*1806) ← EMPHAS(IS)+-IZE〛

em·phat·ic /ɪmfǽṭɪk, ɛm- | ɪmfǽt-, ɛm-/ *adj.* **1** 〈言語・身振りなど〉力を入れた, 語気の強い, 〈表現が〉力のある (strong): an ～ utterance 強い発言 / an ～ denial ["No!"] 断固とした拒否 / an ～ opinion [tone, gesture, manner] 強い意見[語調, 身振り, 態度]. **2** 〈単語・音節が〉強調された, 強勢をもった (accented): ～ words 強調された語 / ～ syllables 強勢のある音節. **3** 〈人が〉力を込めて述べる, (...を)強調する (*about*): He was ～ in his assertion. 彼は断固として主張した / He was quite [very, most] ～ *about* the point. その点を相当[とても, 最も]強調した / He was ～ *that* I must see her at once. すぐ彼女に会わなければならないと強調した. **4** 〈行動など〉著しく目立つ, 際立った: an ～ success 大成功. **5** 輪郭のはっきりしている, くっきりとした: the ～ shadows of fir trees もみの木のくっきりした影. **6** 〘文法〙 強調用法の《特に, 助動詞 do; 例: I *do* think so.》. **7** 〘音声〙 〈セム語の子音が〉強勢音の《歯音の一部の歯茎音化などにいう》. — *n.* **1** 〘音声〙 強勢音(の子音). **2** 〘文法〙 強意特徴. 〚(1708) ▭ LL *emphaticus* ▭ Gk *emphatikós* 《変形》 ← *emphantikós* expressive ← *emphaínein*: ⇨ emphasis, -ic¹〛

em·phát·i·cal /-ṭɪkəl, -kl | -tɪ-⁺/ *adj.* 《古》 =emphatic. 〚(*a*1555): ⇨ ↑, -al¹〛

em·phát·i·cal·ly *adv.* 語勢を強めて, 強調して; 力を入れて, 力強く; 断固として. 〚(1584): ⇨ ↑, -ly¹〛

emphátic státe *n.* 〘文法〙 強意状態[語形] 《名詞屈折形の一つで, その名詞が定 (definite) であることを表す; シリア語・アラム語に見られる; cf. construct state》.

emphátic stréss *n.* 〘音声〙強調強勢《強めて発音した wonderful の第 1 音節の母音 [ʌ] が特に強く長くなったときなどの強勢》.

em·phy·se·ma /ɛ̀mfəzíːmə, -síː- | -fɪ̀síː-, -zíː-/ *n.* 〘病理・獣医〙気腫(きしゅ), 息療(そう): pulmonary ~ 肺気腫. **em·phy·sem·a·tous** /ɛ̀mfəzémətəs, -sém-, -zíːm-, -síːm- | -fɪ̀sémət-, -zém-⁻/ *adj.* 〘(1661) ← NL ~ ← Gk *emphúsēma* inflation ← *emphusân* to inflate ← *em-* 'EN-²'+*phusân* to blow〙

ém pìca *n.* 〘印刷〙エムパイカ, 12 ポイント全角《行の長さの測定単位; 12 アメリカンポイントまたは 1/6 インチ相当の全角》.

E

em·pire /ɛ́mpaɪə | -paɪə(r)/ *n.* **1** 帝国《多数の民族を含み王国より範囲広く帝王 (emperor) の統治する国; cf. kingdom》: the Roman *Empire* ローマ帝国 / ⇨ British Empire. **2** (同族・同志などの支配する)大企業: a steel ~. **3** [the E-] **a** 大英帝国 (the British Empire); 神聖ローマ帝国 (the Holy Roman Empire). **b** /《米》ではまた ɑ́ː(m)pɪə, ɔ́ː(m)-, ɑ́ːm-, ɔ́(ː)m-; *F.* ɑ̃piːʁ/ フランス第一帝政 (the first French Empire) (1804–15); フランス第二帝政 (the second French Empire) (1851–70). **4** 帝王の統治(権); 帝政. **5** 《古》絶対支配権; 支配力: Silence had reestablished its ~. 静けさが再びあたりを領していた. **6** (海外の)広大な版図[植民地]. **7** 領域, 世界: the ~ of death 死の世界. — *adj.* [E-] **1** 《英》英連邦産の: ~ wine, sherry, beer, etc. **2** 〈家具・服装など〉第一帝政様式の. 〘(*a*1338) ⊏ (O)F ~, OF *emperie* ⊏ L *imperium* (military) command, dominion ← *imperāre* to rule: ⇨ emperor〙

émpire bùilder *n.* **1** (領土拡大を目指す)帝国主義者. **2** 自己の勢力の拡大に努める人. **émpire-bùilding** *n., adj.* 〘1894〙

Émpire Cìty *n.* [the ~] 米国 New York 市の俗称. 〘1838〙

Émpire Dày *n.* 全英祝日《Commonwealth Day の旧称》. 〘1902〙

Émpire of the Éast [Wést] *n.* [the ~] 東[西]ローマ帝国 (the Eastern [Western] Empire).

Émpire Stàte *n.* [the ~] 米国 New York 州の俗称. 〘1834〙

Émpire Státe Bùilding *n.* [the ~] エンパイアステートビルディング《New York 市にある摩天楼; Shreve, Lamb & Harmon 事務所設計; 102 階 381 m, その上にさらにテレビ塔 (67.7 m) がある; World Trade Center ができるまでは世界最高 (1931–72)》. 〘1934〙

Émpire Stàte of the Sóuth *n.* [the ~] 米国 Georgia 州の俗称. 〘1889〙

em·pir·ic /ɪmpírɪk, ɛm- | ɪm-, ɛm-/ *n.* **1** 《古》(実験と観察だけにたより学問的理論を軽視する)経験主義者. **2 a** (経験のみで学理を無視した)古代経験医学派(の一人). **b** 《古》やぶ医者, いかさま師, 山師 (quack). — *adj.* =empirical. 〘(1541) ⊏ L *empiricus* (n.) ⊏ Gk *empeirikós* member of the sect of ancient physicians who relied only upon experience, 《原義》experienced ← *empeiría* experience ← *émpeiros* experienced ← *em-* 'EN-²'+*peîra* trial: ⇨ pirate〙

em·pir·i·cal /ɪmpírɪ̀kəl, ɛm-, -kl̩ | ɪmpírɪ-, ɛm-/ *adj.* **1** 実験[観察]で真偽を立証できる: ~ laws 経験的法則. **2** 〘哲学〙経験的な, 経験上の (cf. metempirical): an ~ concept 経験的概念 / an ~ test 経験によるテスト / ~ criticism 経験批判論 / ~ psychology 経験心理学 / ~ philosophy 経験哲学 / ~ sciences 経験科学. **3** 《古》〈医者・治療法など〉(学理を無視して経験だけによる)経験主義の; やぶ医者的な (quack). — *n.* 〘統計〙経験的確率《実際に監察した結果のみから計算される確率; mathematical [posterior] probability》. **~·ness** *n.* 〘(1569): ⇨ ↑, -al¹〙

empírical fórmula *n.* 〘化学〙実験式, 経験式《分子量によらずに元素分析の結果得られる最も簡単な原子数の比を示す化学式; cf. molecular formula, structural formula》. 〘1829〙

em·pír·i·cal·ly *adv.* 経験的に; 経験的事実に基づいて: judge ~. 〘(1631): ⇨ -ly¹〙

em·pír·i·cìsm /-rəsɪzm | -rɪ̀-/ *n.* **1** (自然科学などの)経験主義. **2** 経験主義的に得られた結論[教義]. **3** 〘哲学〙(経験を認識の根拠とする)経験論[主義]《特に Locke から Hume に至る英国哲学の傾向; cf. intellectualism, rationalism 1, sensationalism 3》. **4** (昔の)経験医学派, 経験主義的療法; (非科学的な)やぶ医者療法. 〘(1657): ⇨ -ism〙

em·pír·i·cist /-sɪ̀st | -sɪst/ *n.* **1** 経験主義者. **2** (哲学上の)経験論者. — *adj.* 経験主義の. 〘(1698–1712): ⇨ -ist〙

em·pir·i·co- /ɪmpírɪ̀kou, ɛm- | ɪmpírɪkəʊ, ɛm-/ = empirio-: *empirico*-skeptical.

em·pir·i·cu·tic /ɪmpìrɪ̀kjúːtɪk, ɛm- | -rɪkjúːt-⁻/ *adj.* 《Shak》やぶ医者の. 〘(1607) ← EMPIRIC: cf. pharmaceutical〙

Em·pi·rin /ɛ́mp(ə)rɪ̀n/ *n.* 〘商標〙エンピリン《アスピリンの商品名》.

em·pir·i·o- /ɪmpíriou, ɛm- | ɪmpíriəʊ, ɛm-/「経験主義(的); 実験(的)」の意の連結形: *empirio*criticism. 〘⊏ G ~ ← Gk *empeiría* experience: ⇨ empiric〙

empìrio·críticism *n.* 〘哲学〙経験批判論《ドイツの R. Avenarius (1843–96) らが唱えた, 形而上学的超越存在を排除する純粋経験の学説》. **empìrio·crít·ical** *adj.* 〘(1897); 《部分訳》← G *Empiriokritizismus* ← EMPIRIO-+*kritizismus* 'CRITICISM'〙

empìrio·lógical *adj.* 〘哲学〙論理経験主義の (cf. ontological). 〘⊏ F *empiriologique*: ⇨ empirio-, -logy, -ical〙

em·pi·rism /ɛ́mpərɪzm | -pɪ̀-/ *n.* 〘哲学〙=empiricism 3. 〘1716〙

em·place /ɪmpléɪs, ɛm- | ɪm-, ɛm-/ *vt.* (射撃のできる態勢の陣地に)〈銃砲を〉布置する, 据え(付け)る. — *vi.* 〘地質〙〈岩漿(がんしょう)・火成岩が〉迸入(へいにゅう)する. 〘(1865) 《逆成》← EMPLACEMENT〙

em·pláce·ment *n.* **1** (銃砲の)掩体, 銃座, 砲座, 砲床. **2** (銃砲の)布置, 砲列布置, 据え付け; (建物の)位置 (location). **3** 〘地質〙(岩漿・火成岩の)迸入. 〘(1802) ⊏ F ~ ← 《廃》*emplacer* to place in (a position): ⇨ en-¹, place¹, -ment〙

em·plane /ɪmpléɪn, ɛm- | ɪm-, ɛm-/ *v.* =enplane. 〘← *em-* 'EN-¹'+(AERO)PLANE: cf. entrain¹〙

em·plant /ɪmplǽnt, em- | ɪmpláːnt, ɛm-/ *vt.* = implant.

em·ploy /ɪmplɔ́ɪ, ɛm-/ *vt.* **1 a** 〈人を〉使用する, 雇っている: He is ~*ed in* a bank [*as* a manager]. 銀行に[支配人として]勤めている. **b** 雇い入れる: ~ a new typist タイピストを一人新規採用する. **2** 〈道具・手段を〉用いる, 使用する: ~ a master key to open a door ドアを開けるのにマスターキーを用いる / The king should ~ his prerogatives only *for* the people's good. 王は人民の幸福になる場合に限って特権を行使すべきである / He ~*ed* all his wiles to persuade her. 彼は彼女を説得しようとあらゆる手管を用いた. **3** 〈時・精力などを〉費やす (⇨ use SYN); 〈才能などを〉(ある目的に)傾ける 〔*to*〕: Your time might be better ~*ed (in)* learning English. 英語を勉強した方が一層時間の活用になろう. **4 a** 〔…に〕〈忙しく〉従事させる 〔*about, in, on*〕: He was busily ~*ed (in)* writing letters. せっせと手紙を書いていた. **b** [~ *oneself* で] 〔…に〕従事する 〔*in*〕: How do you ~ *yourself* of an evening? 夕方には何をしますか.
— *n.* **1** 雇用, 勤め, 奉公 (employment, service). ★ 主として *in* a person's ~, *in* the ~ *of* の句で用いる: Mr. Jones is no longer *in* our ~. ジョーンズさんはもう私たちの所に勤めていない / He might be an agent *in* the ~ *of* some foreign power. どこかの強国の密偵なのかもしれない. **2** 《古》職, 職業 (occupation).
〘v.: (?*a*1425) ⊏ (O)F *employer* < VL **implicāre*=L *implicārī* to be involved in ← *implicāre* to enfold. — n.: (1666) ⊏ F *emploi* ← *employer*: IMPLY と二重語〙

em·plóy·a·ble /ɪmplɔ́ɪəbl̩, ɛm-/ *adj.* 使用できる, 使用価値のある; (特に)雇用できる. — *n.* 雇用できる人.
em·plòy·a·bíl·i·ty /ɪmplɔ̀ɪəbíləṭi, ɛm- | -lɪ̀ti/ *n.* 〘(1593): ⇨ ↑, -able〙

em·ploy·é /ɪmplɔ̀ɪíː, ɛm-, —⁻— | ɑː(m)plɔ́ɪeɪ, ɑːm-; *F.* ɑ̃plwaje/ *n.* =employee. ★ 女性を指すときは employée /~/ を用いることが多い. 〘1834〙

em·plóyed *adj.* **1** 雇われている; 就職している. **2** [the ~; 名詞的に; 集合的] 使用人, 雇人; 給料生活者. 〘(1625) ← EMPLOY+-ED〙

em·ploy·ee /ɪmplɔ̀ɪíː, ɛm-, -plɔ́ɪiː | ɪ̀mplɔɪíː, ɛm-, ɛ̀mplɔɪíː/ *n.* (*also* **em·ploy·e** /~/) 使用人, 雇人, 従業員. 〘(1822) ⊏ F *employé(e)* (p.p.) ← *employer* 'to EMPLOY': ⇨ -ee¹〙

employée associàtion *n.* **1** 《米》職員組合《特に, 州・地方政府職員や教員などの専門職による共通目的追求のための任意団体》. **2** 《英》従業員会, 職員クラブ《単一の雇用組織の下で働く従業員からなる, 親睦その他の目的の団体》.

em·ploy·er /ɪmplɔ́ɪə, ɛm- | -plɔ́ɪə(r)/ *n.* **1** 雇用者, 雇主, 抱え主, 主人: ~*s* and employed 雇主と雇人[従業員]. **2** 雇用事業所[企業]. 〘(1598–99): ⇨ -er¹〙

emplóyers' associàtion *n.* 雇用主団体.

emplóyer's liabílity insùrance *n.* 〘保険〙雇主責任保険.

em·ploy·ment /ɪmplɔ́ɪmənt, ɛm-/ *n.* **1** (あてがわれる)職, 仕事, 業務, 職業: get [lose] one's ~ 就職[失業]する / be out of [without] ~ 失業している / seek [look for] ~ 職を求める / take a person *into* ~ 人を雇い入れる / Are you now *in* full-time ~? あなたは今常勤で働いていますか / paid [unpaid] ~ 有給の[無給の]仕事 / The factory gives ~ to 600 workers. その工場は 600 人の工員を仕事に就かせている. ⇨ occupation 日英比較. **2** 〔労力・労働者などの〕雇用 〔*of*〕; 雇用(量): the ~ *of* labor 労働者の使用 / people *in* government ~ 政府の役人 / full ~ 完全雇用 / increase ~ 雇用を増大する. **3** 〔…を〕使うこと, 使用, 利用 〔*of*〕: the ~ *of* machinery / the ~ of a person's time 時間の使い方. **4** 《廃》(弁ずべき)用, (使用)目的. 〘(1437) *employement*: ⇨ employ, -ment〙

emplóyment àgency *n.* (民間の)職業紹介所. 〘1888〙

emplóyment bùreau *n.* 《米》職業安定所. 〘1886〙

emplóyment exchànge [òffice] *n.* 《英》(英国雇用省の)職業安定所. 〘1909〙

em·po·di·um /ɛmpóudiəm | -pə́ud-/ *n.* (*pl.* **-dia** /-diə | -diə/) 〘昆虫〙爪(そう)間突起《節足動物の跗節のつめの間に生じる突起》.

em·poi·son /ɪmpɔ́ɪzən, ɛm-, -zn̩/ *vt.* 《古・文語》**1** …に毒を入れる; 毒殺する (poison). **2** 〈人の心・感情を〉憎悪に満ちたものにする; 〈人〉に悪感情をいだかせる (embitter): ~ a person's mind *against* a person. **3** 毒する, 腐敗させる, 堕落させる. **~·ment** *n.* 〘(*a*1375) *empoysone(n)* ⊏ (O)F *empoisoner*: ⇨ en-¹, poison〙

em·pói·son·er /-z(ə)nə, -zn̩ə | -z(ə)nə(r), -zn̩-/ *n.* 《古》=poisoner. 〘*c*1386〙

em·pol·der /ɪmpóuldə, ɛm- | ɪmpə́ldə(r), ɛm-, -pə́ʊl-/ *vt.* 〈海面下の土地などを〉埋立地にする, 埋め立てる. 〘(1889) ⊏ Du. *inpolderen*: ⇨ en-¹, polder〙

em·po·ri·um /ɪmpɔ́ːriəm, ɛm- | ɪm-, ɛm-/ *n.* (*pl.* **~s, -ri·a** /-riə/) **1** 市場 (mart); 商業の中心地: an ~ of commerce 商業の中心地. **2** 大雑貨店, (デパート式)大商店 / a mammoth ~ 大商店, 大百貨店. 〘(1586) ⊏ L ~ ⊏ Gk *empórion* market ← *émporos* trader ← *em-* 'EN-²'+*póros* journey〙

em·pow·er /ɪmpáuə, ɛm- | ɪmpáuə(r), ɛm-/ *vt.* 〔通例, 目的語+*to* do を伴って〕**1** (法律上)…に〈…する〉権能[権限]を付与する, 権力を委ねる, 権利を委任する (⇨ authorize SYN): He ~*ed* me *to* do it on his behalf. 彼は私にそれを代行する権利を与えた. **2** …に〈…する〉能力を与える, 〈…することを〉可能にさせる (enable); …に〈…することを〉許す (permit): We are not ~*ed to* do miracles. 奇跡を行う力は授かっていない. **em·pow·er·ment** /ɪmpáuəmənt, ɛm- | ɪmpáuə-, ɛm-/ *n.* 〘(1648) ← *em-* 'EN-¹'+POWER〙

em·press /ɛ́mprɪ̀s | -prɪs, -prɛs/ *n.* **1** 女帝; 皇后: Her Majesty the *Empress* 女王[皇后]陛下. **2** 女王的存在; (男の)心をとらえている女性: the ~ of the seas 海の女王《大海軍国》/ the ~ of one's heart 心の女王, 愛人. 〘(?*a*1160) *emperesse* ⊏ OF *emperesse*, *emper(er)is* < L *imperātrīcem* empress: cf. emperor, -ess¹〙

émpress-dówager *n.* 皇太后.

em·presse·ment /ɑ̃ː(m)prɛsmɑ́ː(ŋ), ɑ̀ːmprɛsmɑ́ːŋ; *F.* ɑ̃pʁɛsmɑ̃/ *F.* *n.* (*pl.* **~s** /~(z); *F.* ~/) 熱意, 誠意; 親切, 温情: He welcomed me *with* ~. 親切に迎えてくれた. 〘(1709) ⊏ F ~ ← *empresser* to urge: cf. impress〙

émpress trèe *n.* 〘植物〙=princess tree. 〘⇨ paulownia〙

em·prise /ɛmpráɪz/ *n.* (*also* **em·prize** /~/) 《古》**1** 壮図 (enterprise), 冒険. **2** 豪勇, 豪胆. 〘(*a*1325) ⊏ (O)F *empri(n)se* ← (fem.p.p.) ← *emprendre* to undertake ← *em-* 'EN-¹'+*prendre* to take (< L *pr(a)e(he)ndere*)〙

Emp·son /ɛ́m(p)sən, -sn̩/, **Sir William** *n.* エンプソン《1906–84; 英国の詩人・批評家; 来日 (1931–34); *Seven Types of Ambiguity* (1930), *Collected Poems* (1955)》.

empt /ɛ́m(p)t/ *vt.* 《方言》=empty. 〘?*a*1200〙

émp·ti·ly /-təli, -tɪ̀li | -tɪ̀li, -tɪli/ *adv.* ぼかんと; むなしく. 〘(1591) ← EMPTY+-LY¹〙

émp·ti·ness /ɛ́m(p)tɪ̀nɪ̀s/ *n.* **1** 喪失感, むなしさ, 寂寞感. **2** から, 空虚; 人が住んでいないこと. **3** (頭の)からっぽ, 無知; 無意味. **4** 空所, 真空. **5** 空腹. **6** 〘仏教〙涅槃(ねはん) (nirvana). 〘(*c*1450): ⇨ ↓, -ness〙

emp·ty /ɛ́m(p)ti/ *adj.* (**emp·ti·er**; **-ti·est**) **1 a** 〈容器などが〉からの, 空虚の; 〈場所が〉空いている, 人の住んでいない: an ~ bottle 空き瓶 / smoke on an ~ stomach すきっ腹にたばこを吸う / ~ stomachs 餓えた人々 / an ~ cupboard からの食器棚; 食物の欠乏 / return [come away, go away] ~ から手で[むなしく]帰る / send a person away ~ 人をむなしく帰す / an ~ street 人通りのない街路 / an ~ house あき家; 家具のない家. **b** 〈貨車・船など〉積み荷のない, からの: an ~ ship, wagon, etc. **c** 〔…が〕ない, 〔…を〕欠いている 〔*of*〕: a room ~ *of* furniture 家具のない部屋 / These words have become ~ *of* meaning. これらの単語は無意味になっている. **2** 〈物が〉空虚な, 無意味な (⇨ vain SYN); 〈人・計画など〉くだらない, 愚かな: ~ words [phrases] 無意味な言葉 / ⇨ empty word / an ~ promise [threat] から約束[こけ脅し] / ~ pleasures 空虚な快楽 / Life is (but) an ~ dream. 人生は(ただ)むなしい夢に過ぎない. **3** 《口語》空腹の: feel ~ 空腹を覚える. **4** 〘数学〙〈集合が〉空(くう)の《要素[元]を含まない; ↔ nonempty》: ⇨ empty set. **5** 〈雌牛など〉子をはらんでいない: an ~ cow 子をはらまない牛.
— *vt.* **1** 〔中身を〕出して〈容器などを〉からにする, あける 〔*of*〕: ~ one's glass グラスを飲み干す / ~ a bucket (*of* its water) バケツの水をあける / ~ a house 家から家具を取り除く; あき家にする / ~ a pocket of its contents ポケットから物を出してからにする / He tried to ~ his mind *of* every thought. 彼は頭からすべての想念を追い出そうとした / The rain *emptied* the streets. 雨で街路には人通りが絶えた / Rumors *emptied* the town (*of* its population). 流言でその町には全住民がいなくなった. **2** 〈内容物を〉〈容器から〉あける 〔*from, out of*〕; 〔他の器・場所に〕移す 〔*into, onto, on*〕: ~ (the water *out of* [*from*]) one bucket *into* another バケツの水を他のバケツへ移す / ~ a bag *on* [*onto*] the table 袋の中身をテーブルの上へあける. **3** [~ *itself* で] 〈川が〉〈海に〉注ぐ 〔*into*〕: The river *empties itself into* the Sea of Japan. その川は日本海に注ぐ. — *vi.* **1** からになる: The town is ~*ing*. 町は人気(ひとけ)がなくなりつつある. **2** 〈川などが〉〈海に〉注ぐ 〔*into*〕: The river *empties into* the bay.
émpty óut (*vt.*) 〈容器を〉すっかりからにする; 〈内容物を〉全部からにする: ~ *out* a pond [pocket] 池(の水)を干す[ポケットを全部からにする] / ~ *out* one's small change 小銭をすっかり出してしまう. (*vi.*) 〈容器が〉すっかりからになる: The hall soon *emptied out*. ホールはじきにからになってしまった.
— *n.* [通例 *pl.*] あき箱[びん], から包, 空き袋, 空き車(など): Please return all *empties*. 空き瓶は全て戻して下さい / returned *empties* 戻された空き瓶.
émp·ti·a·ble /-tiəbl̩/ *adj.* **émp·ti·er** *n.*
〘adj.: ME *empti* < OE *ǣm(et)tiġ* empty, at leisure ← *ǣmetta* leisure (< ? Gmc **āmōtiþa* ← ? **ā-* not+**mōt-* meeting)+*-iġ* '-Y⁴'. — v.: (1526) ← (adj.) ∽

《廃》 *empt* < OE *ǣmtian* ← *ǣmetta* (n.)》

SYN **1** からの: **empty** 中に何も入っていない: an *empty* bottle 空き瓶. **vacant** 〈場所・空間が〉普通中にあるはずのものがない: The house is *vacant*. その家は空き家だ. **blank** 〈紙が〉文字・印が書かれていない, 〈テープなどが〉録音されていない: a *blank* tape 空のテープ. **ANT** full.
2 空虚な: **empty** 〈言葉や行動などが〉空虚な: an *empty* promise から約束. **void** …が全くない《格式ばった語》: a proposal wholly *void* of sense 全く無分別な提案. **blank** 〈顔つきが〉表情がない: a *blank* look ぽかんとした顔つき. ⇨ absentminded.

émpty-céll pròcess [**trèatment**] *n.* [the ～] 〘土木〙空細胞法《木材防腐法の一種; 木材の細胞の隔壁だけに防腐剤を注入する方法; cf. full-cell process》. 〘1917〙

emp·ty-hand·ed *adj.* /ɛ́m(p)tihǽndɪ̀d/ **1** 何も得ないで, むなしく: He came back [returned] ～. むなしく戻って来た. **2** から手で, 手ぶらで: come [go] ～ 手ぶらで来る[行く]. 〘1589〙

émpty-héaded *adj.* 頭のからっぽな, 無知な. 〘1650〙

émpty nést *n.* (子供が巣立って)親だけになった家.

émpty néster *n.* 《口語》(子供が巣立って)取り残された親. 〘1962〙

émpty nést sỳndrome *n.* 空の巣症候群《子供に巣立たれた親にみられる鬱(ɔ̃)状態》. 〘1972〙

émpty-páted *adj.* =empty-headed.

Émpty Quárter *n.* エンプティー クォーター《Rub' al Khali の英語名》. 〘1910〙

émpty sét *n.* 〘数学・論理〙空(くう)集合《要素を一つも含まない集合; どのような集合にも, 部分集合として含まれると考える》.

émpty wórd *n.* 〘文法〙虚語《時制・叙法・態を造る助動詞, 比較級・最上級を造る more, most など語彙的意味をもたず文法的形態にすぎない語; form word ともいう; cf. full word, function word》. 〘1892〙

em·pur·ple /ɪ̀mpə́ːpl̩, ɛm- | ɪmpə́ː-, ɛm-/ *vt.* 紫色にする, 紫に染める. — *vi.* 紫色になる. 〘(1590) ← EM-'EN-¹' + PURPLE〙

em·py·e·ma /ɛ̀mpaɪíːmə, -piː- | -paɪ-/ *n.* (*pl.* ～s, ～·ta /～tə | ～tə/) 〘病理〙(副鼻腔(くう)・胸膜腔などの)蓄膿(症); 膿胸. **em·py·e·mic** /ɛ̀mpaɪíːmɪk, -piː- | -paɪ-/ *adj.* 〘(1605) □ LL ～ □ Gk *empúēma* suppuration ← *empueîn* to suppurate ← *em-* 'EN-²' + *pûon* 'matter, PUS'〙

em·py·re·al /ɛ̀mpaɪríːəl, -pɪr-, ɛmpíriəl, -páɪr- | ɛ̀mpɪríːəl, -paɪr-/ *adj.* **1** (古代人の宇宙論で)最高天の: the ～ heavens 最高天. **2** 空の, 天空の: the ～ blue 蒼穹(そうきゅう). **3** 崇高な, 高尚な: ～ charms 高尚な魅力. **4** 浄火の, 純粋の火からできた: ～ radiance 浄火の輝き. 〘(1481) ← LL *empyreus* (□ Gk *empúros* fiery ← *em-* 'EN-²' + *pûr* fire: cf. pyre) + -AL¹〙

em·py·re·an /ɛ̀mpaɪríːən, -pɪr-, ɛmpíriən, -páɪr- | ɛ̀mpɪríːən, -paɪr-/ *n.* **1** [the ～] **a** (古代宇宙論でいう五天中の)最高天《浄火と光の世界》. **b** 〘キリスト教〙天上界《神と天使の住む天国》. **2** 天空, 大空. — *adj.* 最高天の (empyreal). 〘(?a1425) ← LL *empyreus* (↑) + -AN¹〙

em·py·reu·ma /ɛ̀mpɪrúːmə/ *n.* (*pl.* -ta /～tə | ～tə/) (密閉容器で焼いた有機物の放つ)焦臭. 〘(1641) □ Gk *empúreuma* a live coal covered with ashes〙

ém quàd *n.* 〘印刷〙エムクワタ, 全角込め物 (cf. em). 〘1871〙

ém rùle *n.* 〘印刷〙エムルール, 全角ダッシュ (em dash) (cf. em). 〘1893〙

Ems /ɛ́mz; G. ɛ́ms/ *n.* [the ～] エムス(川)《ドイツ北西部を流れ北海に注ぐ川 (370 km)》.

EMS /íːɛ̀mɛ́s/ 《略》Emergency Medical Service 救急医療サービス; European Monetary System.

e·mu /íːmjuː/ *n.* 〘鳥類〙**1** エミュー (*Dromaius novaehollandiae*) (オーストラリア産のダチョウに似た大形の鳥). **2** 大形の飛べない鳥の総称《レア (rhea), ヒクイドリ (cassowary) など》. **3** 《豪口語》(当たり券を期待して)捨てられた賭けくじを拾う人. 〘(1613) □ Port. *ema* rhea ← ? Moluccan *emeu* cassowary〙

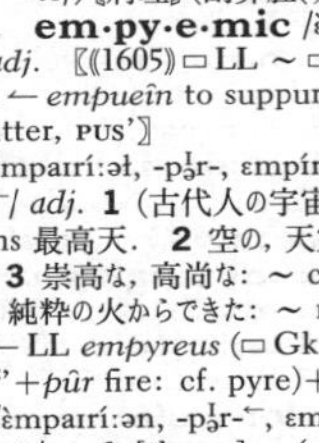

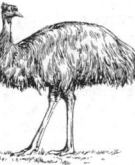

emu 1

EMU /íːɛ̀mjúː, íːmjuː/ 《略》economic and monetary union 経済通貨同盟《EC の通貨統合構想; EMS を基礎に, 金融政策の統一, 為替レートの固定化, 財政政策の協調強化を通じて単一通貨の段階的実現を目指す》. 〘1972〙

EMU, e.m.u., emu /íːɛ̀mjúː, íːmjuː/ 《略》〘電気〙electromagnetic unit(s) 電磁単位.

ému-bòbber *n.* 《豪口語》焼き払った跡で燃えた木を拾う人. 〘1920〙

ému bùsh *n.* 〘植物〙エミューブッシュ《豪州産ハマジンチョウ科 Eremophila 属の種々の低木; 実をエミューが食べる》. 〘1885〙

emul. 《略》emulsion.

em·u·late /ɛ́mjʊlèɪt/ *vt.* **1** 熱心にまねる[模倣する]. **2** 〘電算〙〈装置を〉エミュレートする《あたかもその装置であるかのように動作する》. **3** …と競う, 競争する, 張り合う, …に負けまいと努める: ～ the courage of one's ancestors 祖先の勇に劣るまいと努力する. **4** …に匹敵する: He could not ～ his friends. 友人にはかなわなかった. — *adj.* 《廃》=emulous. 〘(1582) ← L *aemulātus* having rivaled (p.p.) ← *aemulārī* to strive to equal ← *aemulus* rivaling, envious〙

em·u·la·tion /ɛ̀mjʊléɪʃən/ *n.* **1** まね, 模倣. **2** 〘電算〙エミュレーション《プログラムや装置が, 他のシステムの動作を模倣して動作すること》. **3** 競争, 対抗, 張り合い (⇨ competition **SYN**): the spirit of ～ 競争心. 〘(1542) □ L *aemulātiō(n-)* ← *aemulātus*: ⇨ ↑, -ation〙

em·u·la·tive /ɛ́mjʊlèɪtɪv | -lət-, -lèɪt-/ *adj.* 競争(的)の; 競争心(から); 〔…に〕負けまいとする 〔*of*〕: be ～ *of* each other 互いに負けまいとする, 張り合っている. **～·ly** *adv.* 〘(1593) ← EMULATE + -IVE〙

ém·u·là·tor /-tə | -tə(r)/ *n.* **1** 熱心な模倣者: a diligent ～ *of* Cicero 熱心なキケロの模倣者. **2** 〘電算〙エミュレーター《プログラムを他の(通例, 新型の)コンピューターにかけられるようにする装置》. **3** 競う[張り合う]人. 〘(1582) □ L *aemulātor* ← *aemulātus*: ⇨ emulate, -or²〙

em·u·la·to·ry /ɛ́mjʊlətɔ̀ːri | -lèɪtəri, tri/ *adj.* = emulative. 〘(1621): ⇨ -ory¹〙

e·mul·gent /ɪmʌ́ldʒənt/ *adj.* **1** 搾出性の. **2** 腎血管の. **3** 乳化させる. — *n.* **1** 〘解剖〙腎血管. **2** 乳化剤. **3 a** 利尿剤. **b** 利胆剤. 〘(1578) □ L *ēmulgentem* (pres.p.) ← *ēmulgēre* to milk out ← *ē-* 'EX-¹' + *mulgēre* 'to MILK'〙

em·u·lous /ɛ́mjʊləs/ *adj.* **1** 〔…を〕懸命に[熱心に]模倣しようとする 〔*of*〕: He was ～ *of* Grecian art. 彼は熱心にギリシャ美術を模倣しようとしていた. **2** 〈行為・態度など〉競争心からの, 競争的な: ～ fervor [ardor] 競争心から出た熱意. **3** 《古》〔名声などを〕熱望して(いる) (desirous) 〔*of*〕. **4** 《廃》ねたむ, 嫉妬深い (envious). **～·ly** *adv.* **～·ness** *n.* 〘(a 1398) ← L *aemulus* rivaling: ⇨ emulate, -ous〙

e·mul·si·ble /ɪmʌ́lsəbl̩ | -sɪbl̩/ *adj.* 乳化しうる. 〘← EMULS(ION) + -IBLE〙

e·mul·si·fi·ca·tion /ɪmʌ̀lsəfɪkéɪʃən | -sɪfɪ-/ *n.* 乳化. 〘(1876): ⇨ emulsify, -fication〙

e·múl·si·fi·er *n.* 乳化機, 乳化剤. 〘(1888): ⇨ ↓, -er¹〙

e·mul·si·fy /ɪmʌ́lsəfàɪ | -sɪ-/ *vt.* 乳状[乳剤]にする: an ～*ing* agent 乳化剤. **e·múl·si·fì·a·ble** /～əbl̩/ *adj.* 〘(1859) ← EMULS(ION) + -IFY〙

e·mul·sin /ɪmʌ́lsɪn, -sn̩ | -sɪn/ *n.* 〘化学〙エムルシン《β-グルコシド結合をもつ配糖体や二糖類をそれぞれの成分に加水分解する酵素; 通例混合物をいうが, β-グルコシダーゼと同義に用いられることもある》. 〘(1838) □ G *Emulsin* ← L *ēmulsus* (↓) + G *-in* '-IN²'〙

e·mul·sion /ɪmʌ́lʃən/ *n.* **1** エマルジョン塗料《展色剤がエマルジョン状の塗料; emulsion paint ともいう》. **2 a** 乳状液, (乳状の)混濁液. **b** 〘物理化学〙乳濁; 乳濁液, 乳剤. **c** 〘薬学〙乳剤: ～ of cod-liver oil 肝油乳剤《滋養強壮剤》. **3** 〘写真〙感光乳剤. — *vt.* エマルジョン塗料で塗る. 〘(1612) ← NL *ēmulsiō(n-)* ← L *ēmulsus* (p.p.) ← *ēmulgēre* to milk out: ⇨ emulgent, -sion〙

e·mul·sion·ize /ɪmʌ́lʃənàɪz/ *vt.* =emulsify. 〘1872〙

e·mul·sive /ɪmʌ́lsɪv/ *adj.* **1** 乳剤質の. **2** 乳状化性のある, 乳剤化できる. 〘(1861) ← EMULS(ION) + -IVE〙

e·mul·soid /ɪmʌ́lsɔɪd/ *n.* 〘物理化学〙乳濁質《分散したコロイド溶液》. **e·mul·soi·dal** /ɪmʌ̀lsɔ́ɪdl̩ | -dl̩/ *adj.* 〘(1909) ← L *ēmulsus* + -OID: ⇨ emulsion〙

e·munc·to·ry /ɪmʌ́ŋ(k)təri, -tri/ *adj.* 〘生理〙排出の; 排出器(官)の. — *n.* 排出器(官)《皮膚・腎臓・肺など》. 〘(1547) ← NL *ēmunctōrius* excretory ← L *ēmungere* to wipe the nose〙

ému paràde *n.* 《豪》グループで行うごみ拾い. 〘1941〙

ému-wrèn *n.* 〘鳥類〙エミュームシクイ (*Stipiturus malachurus*) (スズメ目ヒタキ科の鳥; 豪州産). 〘1834〙

en¹ /ɛ́n/ *n.* **1** N [n] 字. **2** 〘印刷〙エン, 半角, 2 分(にぶん) (全角 (em) の 2 分の 1). — *adj.* 〘印刷〙エン[半角, 2 分]の: ⇨ en quad. 〘(1792) N の字の名〙

en² /ɑ̃ː(ŋ), ɑ(ː)ŋ; F. ɑ̃/ F. *prep.* in, at, to, into, like などの意: ⇨ en bloc, en masse, en route, etc. 〘□ F *en* < L *in* (↓)〙

EN 《略》Enrolled Nurse.

en-¹ /ɪn, ɛn; /k/, /g/ の前ではまた ɪŋ, ɛŋ/ *pref.* 本来はフランス語系の語に付いて in, into の意を表す; b, m, p, ph の前では em- になる. **1** 名詞に付いて「…の中に入れる; …を与える, 付与する」の意の動詞を造る: *en*case, *en*shrine; *en*courage, *em*power. **2** 名詞または形容詞に付いて「(ある状態)に引き入れる, …にする, …にならせる」の意の他動詞を造る: *en*dear, *en*slave, *en*able. この場合さらに接尾辞 -en が加わることがある: *en*lighten, *en*liven. **3** 動詞に付いて in, into, within の意を加える: *en*fold, *en*shroud, *en*twine. ただし *en*kindle などでは, 単に他動詞の機能を与えるだけである. ★ en- はラテン語形 in- に対するフランス語形で, 互いに交換できることがある (cf. enclose / inclose; encumber / incumber) が, 最近では通例 en- が用いられる. 〘ME □ (O)F *en-*, *em-* < L *in-*, *im-* ← *in* (prep.) 'IN, into': cf. en-², in-²〙

en-² /ɪn, ɛn/ *pref.* 本来はギリシャ語系の借入語に付いて in, on, at, near などの意を表す; b, m, p, ph の前では em-に, l の前では el- に, r の前では er- に変わる: *en*harmonic, *en*thusiasm. 〘□ Gk *en-* ← *en* (prep.) 'IN': cf. en-¹, in-²〙

en-³ /ɪːn/ (母音の前にくるときの) eno- の異形 (⇨ oen-).

en-⁴ /ɛn/ 〘化学〙「不飽和化合物, (特に)二重結合をもつ化合物」の意の連結形. 〘⇨ -ene〙

-en¹ /ən, n̩/ *suf.* 形容詞・名詞に付いて「…にする, …になる」の意の動詞を造る: dark*en*, deep*en*, soft*en*, height*en*, strength*en*. 〘OE -(*n*)*ian* (cf. fasten): cf. ON -*na*〙

-en² /ən, n̩/ *suf.* 通例物質を表す名詞に付いて「…質[性]の, …から成る, …製の」の意の形容詞を造る: ash*en*, wax*en*. ★ (1) 物質名詞はそのままの形で形容詞的に用いられるので, -en 形の方は廃語 (例: ston*en*), 詩語 (例: oak*en*) となるか, または比喩的意味 (例: gold*en*) に限定して用いられる場合が多い. ただし earth*en*, hemp*en*, wood*en*, wool*en* などは日常語である. (2) この -en はアクセントのない音節の r に続くとき -n となる: silver*n*. 〘OE -*en* < Gmc *-*īnaz* (G -*en* / ON -*in*): cog. L -*inus* / Gk -*inos*: ⇨ -ine¹〙

-en³ /ən, n̩/ *suf.* 不規則動詞の過去分詞語尾: spok*en*, fall*en*, driv*en*. ★ この類の語には次のような場合がある. (1) 形容詞となるもの: beat*en*, drunk*en*, sunk*en*. (2) -ed を語尾とする形に取って代わられたもの: shap*en* → shap*ed*. (3) 廃語または古語: grav*en*. 〘OE (*ge-*) -*en* < Gmc *-*enaz*, *-*anaz* (Du. & G -*en*) < IE *-*énos*, *-*ónos* (Skt -*na*)〙

-en⁴ /ən, n̩/ *suf.* OE では本来弱変化の複数語尾で ME 南部方言では広く一般化し, 近代期に入って ox*en* 以外は標準英語から姿を消し -(e)s 複数が一般化した (cf. 《古》hos*en*); また他の古い複数形に付加されたいわゆる二重複数 (double plural) も造ることがあった; 《古》brethr*en* ← 《北部方言》brether / childr*en* ← 《北部方言》childer. 〘OE -*an*〙

-en⁵ /ən, n̩/ *suf.* 指小辞: chick*en*, kitt*en*, maid*en*. 〘OE -*en* < Gmc *-*īnam* (neut.) ← *-*īnaz* '-EN²'〙

-en⁶ /ən, n̩/ *suf.* **1** 古い女性名詞語尾: vix*en* (=she-fox). **2** 《まれ》名詞語尾として: burd*en*. 〘OE -*en*, -*in* < Gmc *-*ini*, *-*injō*〙

E·na /íːnə/ *n.* イーナ《女性名; 19 世紀末よりイングランドでも一般的になった》. 〘□ Ir. *Eithne* (原義) little friendly one〙

ENA /eɪnɑ́ː; F. ena/ 《略》F. École Nationale d'Administration (フランスの)国立行政学院.

en·a·ble /ɪnéɪbl̩, ɛn-/ *vt.* **1** [目的語+*to* do を伴って] …に〈…することを〉得させる, 〈…が〉できるようにする; 〈…する〉力[権利, 権能]を与える (empower, authorize, allow), 〈…するのを〉可能[容易]にする: Flying ～*s* us *to* travel rapidly over great distances. 飛行機ができて遠い距離を短時間で旅行できる / Money alone does not ～ one *to* do this. これは金だけではできないことだ / His income ～*d* him *to* live in comfort. 彼は十分な収入で楽な生活ができた. **2** 〈ある行為を〉容易[可能]にする: This ～*s* the dating of the play. =This ～*s* the play to be dated. これでその戯曲の年代決定が容易になる. **3** 〘電算〙〈割込みを〉可能にする, 作動させる. **en·á·bler** /-blə, -blə | -blə(r), -bl-/ *n.* 〘(1415): ⇨ en-¹, able〙

en·á·bling /-blɪŋ, -bl-/ *adj.* 〘法律〙特別の権能を賦与する: an ～ act [statute] 権能賦与法, 授権法, 制限解除法 / the *Enabling* Act (1919 年英国国教会への)自治権賦与法. 〘(1677): ⇨ ↑, ing²〙

en·act /ɪnǽkt, ɛn-/ *vt.* **1** 法律[法令]にする, 立法する. **2** 〈法を〉制定する, 設ける; 〈…と〉規定する 〈*that*〉: as by law ～*ed* 法律の規定するように / It is ～*ed that* …と規定されている. **3** 〈劇・幕を〉上演する; …の役を演じる: ～ a play [a scene] 劇[場]を上演する / be ～*ed* 演じられる, 起こる / ～ Hamlet ハムレットを演じる / ～ a part in life 人生という舞台で一役演じる. — *vi.* 演じる. — *n.* 《廃》=enactment. **～·a·ble** /-təbl̩/ *adj.* **en·ác·tor** *n.* 〘(1414) *enacte(n)*: ⇨ en-¹, act〙

en·áct·ing clàuse *n.* 〘法律〙制定条項《Be it enacted by … などの形式をもつ制定法の初めにある文句で, 一定の形式にのっとって制定者によって制定されたことを表す前文を指す》. 〘1670–71〙

en·ac·tion /ɪnǽkʃən, ɛn-/ *n.* =enactment. 〘1630〙

en·ac·tive /ɪnǽktɪv, ɛn-/ *adj.* 制定権[立法権]をもった. 〘(1658) ← ENACT + -IVE〙

en·áct·ment /ɪnǽk(t)mənt/ *n.* **1** (法の)制定, 設定, 立法. **2** 制定法, 法令, 法規; 制定法の条項. **3** (劇などの)上演. 〘(1817) ← ENACT + -MENT〙

en·ac·to·ry /ɪnǽktəri, ɛn-/ *adj.* 〘法律〙(新しい権利・義務を設定する)法律制定の[に関する] (cf. declaratory). 〘(1844) ← ENACT + -ORY¹〙

en·ac·ture /ɪnǽktʃə | -tʃə(r)/ *n.* 《Shak》実現すること. 〘(1600) ← ENACT + -URE〙

en·al·la·ge /ɛnǽlədʒi/ *n.* 〘修辞〙代替法《修辞的効果のために一つの文法形式の代わりに他の文法形式を使用すること; 例えば, 過去の出来事を述べるのに現在形を用いたり, I の代わりに editorial we を用いること》. 〘(1583) □ Gk *enallagē* interchange〙

enam. 《略》enamel; enamel(l)ed.

en·am·el /ɪnǽməl, ɛn-, -ml̩/ *n.* **1** エナメル; 琺瑯(ほうろう), (陶器の)上薬《他物質の表面に焼き付けられる着色被覆の総称》. **2** =enamelware. **3** エナメル塗料. **4** 〘解剖・動物〙(歯または魚のうろこを覆う)エナメル質, 琺瑯質. **5** 琺瑯細工, 《七宝のような美術品》. **6** マニキュア液. **7** 《詩》つややかな色彩[新緑]. — *vt.* (～ed, -elled; ～·ing, -el·ling) **1** …にエナメルを引く, 上薬をかける, 瀬戸引きにする. **2** …に琺瑯をかける, 〈七宝などを〉琺瑯で象眼する. **3** 〈革・布・厚紙などに〉エナメル光沢を付ける, つや出しする. **4** 《古》五色に彩る: fields ～*ed with* flowers 花で彩られた野原. **～·er**, **～·ist** /-m(ə)lɪst, -ml̩- | -ɪst/ *n.* 〘v.: (?c1380) *enamele(n)*, *enamayle(n)* □ AF *enameler, enamailler* ← EN-¹+*amail* enamel (=OF *esmail* (F *émail*) ◻ Gmc (G *Schmelz*). — n.: ⦅1421⦆ ← (v.): cf. smelt²⦆

en·ám·eled *adj.* エナメルをかけた, 琺瑯引きの; 琺瑯細工の; 七宝流しの: ~ brick (浴室・プールなどに用いる)琺瑯引きれんが / ~ glass 琺瑯引きガラス / ~ ironware 琺瑯鉄器 / ~ leather エナメル革 / ~ paper つや紙 / ~ ware=enamelware. 〘⦅1508⦆: ⇨ ↑, -ed 2〙

en·ám·el·er /-m(ə)lə, -mļə | -m(ə)lə⁽ʳ, -mļ-/ *n.* エナメルをかける人, エナメル職工; 琺瑯細工人, 七宝職工. 〘⦅1623⦆: ⇨ -er¹〙

e·nám·el·ing /-m(ə)lɪŋ, -mļ-/ *n.* **1** エナメル[琺瑯]細工. **2** エナメル[琺瑯]引き. 〘⦅1440⦆: ⇨ -ing¹〙

E

enámel òrgan *n.* 〖歯科〗エナメル器《歯のエナメル質を作る組織》. 〘1855〙

enámel·wàre *n.* 琺瑯鉄器; 琺瑯器. 〘1903〙

enámel wìre *n.* エナメル線《絶縁電線》.

enámel·wòrk *n.* 琺瑯細工. 〘1756–57〙

en a·mi /ɑ̃:nǽmi:, ɑ̀:-; *F.* ɑ̃nami/ *F.* 友人として. 〘◻F ~: ⇨ en², ami〙

en·a·mine /ɛ́nəmi:n/ *n.* 〖化学〗エナミン ($R_1R_2C=C-(NH_2)R_3$ 構造のアミンの総称). 〘⦅1942⦆ ← EN-⁴+AMINE〙

en·am·or, 《英》 **en·am·our** /ɪnǽmə, ɛn- | -mə⁽ʳ/ *vt.* [通例受身で]〔…に〕〈人〉の心を奪う, 魅惑する (charm) 〔*of*, (時に) *with*〕: He *was* ~*ed of* a girl. 女の子に心を奪われていた / They *are* ~*ed with* scientific researches. 彼らは科学の研究に魂を打ちこんでいる. **en·ám·ored** *adj.* 〘⦅?c1300⦆ *enamoure(n)* ◻ OF *enamourer* ← EN-¹+*amour* 'love, AMOUR'〙

en·an·the·ma /ɛ̀nænθí:mə/ *n.* 〖病理〗内[発]疹粘膜疹. 〘⦅1842⦆ ← NL ~ ← EN-²+-ANTHEMA〙

e·nán·thic éster /ɪnǽnθɪk-, i:-/ *n.* 〖化学〗エナントエステル ($CH_3(CH_2)_5COOC_2H_5$)《各種アルコール飲料の人工芳香剤として合成される; ethyl oenanthate ともいう》. 〘*enanthic*: ← *enanth-* (← L *oenanthē* wild grape)+-IC¹〙

en·an·ti·o- /ɪnǽnṭiou, ɛn- | ɛnǽntiəu, ɪn-/「対称, 相対」の意の連結形. 〘← NL ~ ← Gk *enantíos* opposite: ⇨ en-², anti-〙

en·an·ti·o·dro·mi·a /ɪnæ̀nṭioudróumiə, ɛn- | ɛnæ̀ntiə(ʊ)dráu-, ɪn-/ *n.* 転向《特に, 個人または社会が以前抱いていたのとは反対の思想・信念をもつこと》. 〘⦅1917⦆ ◻ Gk *enantiodromía* running in contrary ways ← *enantíos* (↑)+*drómos* running〙

en·an·ti·o·mer /ɪnǽnṭiəmə, ɛn- | ɛnǽntiəmə⁽ʳ, ɪn-/ *n.* 〖結晶〗=enantiomorph. **en·an·ti·o·mer·ic** /ɪnæ̀nṭiəmérɪk, ɛn- | ɛnæ̀ntiə-, ɪn-⁻/ *adj.* 〘⦅c1929⦆ ← ENANTIO-+-MER〙

enántio·mòrph *n.* **1** 〖結晶〗左右像, 左右晶. **2** 〖化学・結晶〗(光学的)対掌体, 鏡像体 (optical antipode ともいう) (cf. diastereoisomer). **enàntio·mór·phic** *adj.* **enàntio·mórphous** *adj.* **enán·tio·mòrphy** *n.* 〘⦅1885⦆: ⇨ enantio-, -morph〙

enàntio·mórphism *n.* 〖結晶〗対掌体を生じる現象. 〘⦅1885⦆ ← ENANTIO-+MORPHISM〙

en·an·ti·o·sis /ɪnæ̀nṭióusɪs, ɛn- | ɛnæ̀ntiə́usɪs, ɪn-/ *n.* (*pl.* **-o·ses** /-si:z/) 〖修辞〗(真意をそれと逆に表現する)反語的表現法; アイロニー (irony). 〘⦅1657⦆ ◻ Gk *enantíōsis*: ⇨ enantio-, -osis〙

en·an·ti·ot·ro·py /ɪnæ̀nṭiá(:)trəpi, ɛn- | ɛnæ̀ntió-trə-, ɪn-/ *n.* 〖化学・結晶〗エナンチオトロピー, 互変, 互変二形, 双変《転移点を境にして一つの結晶相が他の結晶相へ可逆的に移る現象; cf. monotropy》. 〘⦅1900⦆ ← ENANTIO-+-TROPY〙

en·arch /ɛ́nɑək | -ɑ:k/ *n.* =enarchist.

en·arched /ɪnɑ́ətʃt, ɛn- | -ɑ́:tʃt/ *adj.* 〖紋章〗下部がアーチ形になった, 下にアーチ形がついた. 〘⦅c1430⦆ (p.p.) ← (廃) *enarch*: ⇨ en-¹, arch¹〙

en·ar·chist /ɛ́nɑəkɪst | -ɑ:kɪst/ *n.* (フランスの)エリート官僚, エナ (ENA) 出身者. 〘← F *énarque* ← ENA+(MONA)RCH¹+-IST: 高級官僚として monarch のように威張ることから〙

E·nar·e·te /ɪnɑ́:rəṭi | ɪnɑ́:rɪti/ *n.* 〖ギリシャ神話〗エナレテ《Aeolus の妻》. 〘◻ Gk *Enarétē*〙

en·ar·gite /ɪnɑ́ədʒaɪt, ɛnədʒàɪt | ɪnɑ́:dʒaɪt, ɛnɑ:dʒàɪt/ *n.* 硫砒(ᵒᵒ)銅鉱 (Cu_3AsS_4). 〘⦅1852⦆ ← Gk *enargḗs* clear+-ITE〙

en·arme /ɪnɑ́əm, ɛn- | ɪnɑ́:m/ *n.* [通例 *pl.*] 楯(たて)を腕に留める革帯, 帯輪. 〘⦅1885⦆ ◻ F (廃) ~ ← *enarmer* to equip (a shield) with side straps: ⇨ en-¹, arm²〙

en ar·rière /ɑ̃:(n)æriɛ́ə, ɑ:n- | -riɛ́ə⁽ʳ; *F.* ɑ̃naʁjɛ:ʁ/ *F. adv., adj.* 〖バレエ〗アナリエール, 後方へ(の) (backward). 〘◻F ~: ⇨ en², arrear〙

en·ar·thro·sis /ɛ̀nɑəθróusɪs, | ɛ̀nɑ:θráusɪs/ *n.* (*pl.* **-thro·ses** /-si:z/) 〖解剖〗球窩(ᵒᵒ)関節 (ball-and-socket joint). **en·ar·thro·di·al** /ɛ̀nɑəθróudiəl | ɛ̀nɑ:θráud-⁻/ *adj.* 〘⦅1634⦆ ← NL ~ ← Gk *enárthrōsis* jointed ← EN-²+*árthrōsis* 'ARTHROSIS'〙

e·nate /í:neɪt/ *n.* 母方の親戚, 外戚 (cf. agnate). — *adj.* **1** =enatic. **2** 〖生物〗外部に(向かって)成長する, 外生的な. 〘⦅1666⦆ ◻ L *ēnātus* (p.p.) ← *ēnāscī* to issue forth ← *ē-* 'EX-¹'+*nāscī* to be born〙

e·nat·ic /ɪ:nǽṭɪk | -tɪk/ *adj.* 母方の. 〘⇨ ↑, -ic¹〙

e·na·tion /ɪnéɪʃən/ *n.* 〖生物〗隆起生長《植物の葉などの器官の表面が隆起してくる現象》. 〘⦅1842⦆: ⇨ enate, -ation〙

en at·ten·dant /ɑ̃:nətɑ̃:ndɑ́:ŋ, ɑ̀:nətɑ:ndá:ŋ; *F.* ɑ̃natɑ̃dɑ̃/ *adv.* その間に; 待っている間に. 〘⦅1743⦆ ◻ F ~ 'in attending'〙

en a·vant /ɑ̃:nævɑ́:(ŋ), ɑ̀:nævɑ́:ŋ; *F.* ɑ̃navɑ̃/ *F. adv., adj.* 〖バレエ〗アナバン, 前方へ(の) (forward, onward). 〘⦅1815⦆ ◻ F ~ 'in front': ⇨ en², avaunt〙

en bloc /ɑ̃:(m)blɑ́(:)k, ɑ:m-, ɛm- | ɑ̃:(m)blɔ́k, ɑ:m-, ɔ:m-; *F.* ɑ̃blɔk/ *F. adv., adj.* ひとまとめにして, 総括的に (as a whole): a resignation ~ 総辞職 / purchase an art collection ~ 美術のコレクションを一括購入する. 〘⦅1861⦆ ◻ F ~ 'in a lump': ⇨ en², block〙

en bro·chette /ɑ̃:(m)brouʃɛ́t, ɑ̀:m-, ɔ̀:m- | -brə-; *F.* ɑ̃bʁɔʃɛt/ *F. adv., adj.* ⇨ brochette. 〘⦅c1909⦆ ◻ F ~ 'on a BROCHETTE'〙

en brosse /ɑ̃:(m)brɔ́(:)s, ɑ:m-, -brɑ́(:)s | -brɔ́s; *F.* ɑ̃bʁɔs/ *F. adv., adj.* 〈男子の髪が〉ブラシの毛のように短く刈って[た]. 〘⦅1901⦆ ◻ F ~ 'in the manner of a BRUSH¹'〙

enc. (略) enclosed; enclosure.

en·cae·ni·a /ɛnsí:niə/ *n. pl.* [単数または複数扱い] **1** (教会などの)創立記念祭. **2** [しばしば E-] 《英》 (Oxford 大学などの) 創立記念祭 (Commemoration). 〘⦅a1398⦆ *encennia* ◻ L *encaenia* dedication ◻ Gk *egkaínia* feast of reconsecration ← EN-²+*kainós* new〙

en·cage /ɪnkéɪdʒ, ɛn- | ɪn-, ɛn-/ *vt.* おり[かご]に入れる; 押し込める, 閉じ込める (coop up). 〘⦅1590–91⦆ ← EN-¹+CAGE〙

en·camp /ɪnkǽmp, ɛn- | ɪn-, ɛn-/ *vi.* 露営陣を張る, 野営[露営]する. — *vt.* 〈軍隊を〉野営[露営]させる. 〘⦅1549⦆ ← EN-¹+CAMP¹〙

en·cámp·ment *n.* **1** 陣営を張ること, 野営[露営]すること. **2 a** 野営地. **b** [集合的] 野営の人たち. 〘⦅1598⦆: ⇨ ↑, -ment〙

en·cap·su·lant /ɪnkǽpsələnt, ɛn-, -sjʊ- | -sjʊ-, ɪŋ-, ɛŋ-/ *n.* カプセルに包むための材料. 〘⇨ ↓, -ant〙

en·cap·su·late /ɪnkǽpsəlèɪt, ɛn-, -sjʊ- | -sjʊ-/ *vt.* **1** 要約する, 縮約する (condense): ~ an aspect of history 歴史上の一局面を要約する. **2** カプセルに包む, さやに入れる; 内部に閉じ込める: In present-day airplanes the occupants are usually hermetically ~*d*. 今日の航空機では乗っている人間は通例気密のカプセルに包まれた形になっている. **3** 〖電算〗カプセル化する《複雑なデータの内部を気にせず, まとめて扱えるようにする》. — *vi.* カプセルに包まれる, さやに入れられる. **en·cap·su·la·tion** /ɪn-kæ̀psəléɪʃən, ɛn-, -sjʊ- | -kæ̀psjʊ-/ *n.* 〘⦅1874⦆ ← EN-¹+CAPSULATE〙

en·cáp·su·làt·ed /-ṭɪd | -tɪd/ *adj.* 〖生物〗莢(さや)膜で囲まれた. 〘⦅1894⦆: ⇨ ↑, -ed〙

en·cap·sule /ɪnkǽpsəl, ɛn-, -sļ, -su:l | -sju:l/ *vt.* = encapsulate. 〘1877〙

en·car·nal·ize /ɪnkɑ́ənəlàɪz, ɛn-, -nļ- | -kɑ́:-/ *vt.* **1** …に肉体を与える, 肉体化する (incarnate). **2** 肉欲[肉感]的にする. 〘⦅1847⦆ ← EN-¹+CARNALIZE〙

en·car·pus /ɛnkɑ́əpəs | -kɑ́:-/ *n.* (*pl.* **-car·pi** /-paɪ, -pi:/) 〖建築〗(フリーズ・柱頭の)花づな状の装飾《果実・花など》. 〘(ラテン語化) ← Gk *énkarpos* containing fruit: ⇨ en-², -carpous〙

en·case /ɪnkéɪs, ɛn-/ *vt.* 〔箱・包装などに〕入れる, 包む〔*in*〕: a pair of nice legs ~*d in* breeches ズボンに包まれた形のいい脚 / The room seemed to be ~*d in* thick gloom. 部屋は深い闇に包まれているようだった. 〘⦅1633⦆ ← EN-¹+CASE² (n.)〙

en·cáse·ment *n.* **1** 箱[包み]入れ(の動作); 箱[包装]入り(の状態). **2** 入れ物, 包装物, 覆い (covering, sheath). **3** 〖生物〗入れ子説《動物個体の卵巣中にすべての世代の子孫が入れ子式に含まれているという説》. 〘⦅1741⦆: ⇨ ↑, -ment〙

en·cash /ɪnkǽʃ, ɛn-/ *vt.* 《英》〈手形類を〉現金にする, 現金に引き換える; 現金で受け取る. **~·a·ble** /-ʃəbļ/ *adj.* **~·ment** *n.* 〘⦅1861⦆ ← EN-¹+CASH¹〙

en cas·se·role /ɑ̃:(ŋ)kǽsəròul, ɑ:ŋ-, ɛn-, -kǽz- | -kǽsəràul; *F.* ɑ̃kasʁɔl/ *F. adv., adj.* ⇨ casserole 2. 〘⦅1906⦆ ◻ F ~ 'in a CASSEROLE'〙

en·cas·tré /ɑ̃:(ŋ)kɑ:stréɪ, ɑ̀:ŋ- | ɛnkɑ́:streɪ; *F.* ɑ̃kas-tʁe/ *adj.* 〖土木〗〈梁(はり)が〉はめ込まれた.

en·caus·tic /ɪnkɔ́:stɪk, ɛn-, -kɑ́:s- | ɪn-, ɛn-/ *adj.* 焼付けの; 蠟(ろう)焼付け(画)の: ~ brick 化粧色煉瓦. — *n.* 蠟焼付け画, 蠟画. **en·cáus·ti·cal·ly** *adv.* 〘⦅1601⦆ ◻ L *encausticus* burnt in ◻ Gk *egkaustikós*: ⇨ en-², caustic〙

encáustic páinting *n.* 蠟画(法) (wax painting)《熱したこてで蠟に溶かした顔料を焼き付けるローマ時代の画法》. 〘1756〙

encáustic tíle *n.* [通例 *pl.*] (床敷・壁飾用)色タイル, 模様タイル. 〘1852〙

encáustic wáre *n.* =Etruscan ware.

en·cave /ɪnkéɪv, ɛn-/ *vt.* **1** ほら穴に入れる[隠す]. **2** (Shak) 隠す. 〘⦅1604⦆ ← EN-¹+CAVE¹〙

-ence /əns, ṇs/ *suf.* -ent に終わる形容詞に対応する名詞語尾; 性質・状態・行為などを表す (cf. -ance): diligence, prudence, emergence, reference. 〘ME ◻ OF ~ (F *-ance*) < L *-entiam* ← *-ent-*, *-ēns* (pres.p. suf.)+-IA¹: cf. -ent, -ency〙

en·ceinte¹ /ɑ̃:(n)sǽ(n)t, ɑ:nsǽnt; *F.* ɑ̃sɛ̃:t/ *adj.* 《古》妊娠している (pregnant). 〘⦅1599⦆ ◻ F ~ < LL *incinctam* ungirt ← IN-²+*cincta* ((fem.p.p.) ← *cingere* to gird: cf. cincture)〙

en·ceinte² /ɑ̃:(n)sǽ(n)t, ɑ:nsǽnt; *F.* ɑ̃sɛ̃:t/ *n.* (*pl.* ~**s** /~s/; *F.* ~/) 〖築城〗本郭, 城郭, 囲い; 郭内, 城内. 〘⦅1708⦆ ◻ F ~ (fem.p.p.) ← *enceindre* < L *incingere* to gird in ← IN-¹+*cingere* (↑)〙

En·cel·a·dus /ɛnsɛ́lədəs | -dəs/ *n.* **1** 〖ギリシャ神話〗エンケラドス《神々に反抗した百手の巨人; Zeus に殺されて Etna 山に埋められた》. **2** 〖天文〗エンケラドス《土星 (Saturn) の第 2 衛星》. 〘◻ L ~ ◻ Gk *Egkélados*〙

en·ceph·al- /ɪnsɛ́fəl, ɛn- | ɛnkɛ́f-, ɪn-, -sɛ́f-/ (母音の前にくるときの) encephalo- の異形.

encephala *n.* encephalon の複数形.

en·ce·phal·ic /ɛ̀nsəfǽlɪk | -kɪ̀f-, -sɪ̀f-⁻/ *adj.* 〖解剖〗脳(髄)の. 〘⦅1831⦆ ◻ F *encéphalique*: ⇨ encephalo-, -ic¹〙

en·ceph·a·lin /ɪnsɛ́fələn, -ɛn- | -kɛ́fəlɪn, -sɛ́f-/ *n.* 〖生化学〗=enkephalin.

en·ceph·a·li·tis /ɪnsɛ̀fəláɪṭɪs, ɛn- | ɛ̀nkɛfəláɪtɪs, -kɪf-, -sɛf-, -sɪf-, ɛnkɛ̀f-, ɛnsɛ̀f-/ *n.* (*pl.* **-a·lit·i·des** /-líṭədi:z | -tɪ-/) 〖病理〗脳炎. **en·ceph·a·lit·ic** /ɪnsɛ̀fəlíṭɪk, ɛn- | ɛ̀nkɛfəlít-, -kɪf-, -sɛf-, -sɪf-, ɛnkɛ̀f-, ɛnsɛ̀f-⁻/ *adj.* 〘⦅1843⦆ ← NL ~: ⇨ encephalo-, -itis〙

encephalítis le·thár·gi·ca /-lɪθɑ́ədʒɪkə | -θɑ́:dʒɪ-/ *n.* 〖病理〗嗜眠性脳炎. 〘⦅1920⦆ ← NL ~ (原義) lethargic encephalitis〙

en·ceph·a·li·to·gen·ic /ɪnsɛ̀fəlaɪṭədʒɛ́nɪk | -kɛ̀-fəlaɪtə(ʊ)-, -sɛ̀f-⁻/ *adj.* 脳炎誘発性の. 〘⦅1923⦆ ← ENCEPHALITIS+-O-+-GENIC〙

en·ceph·al·i·za·tion /ɪnsɛ̀fələzéɪʃən, ɛn- | ɛnkɛ̀-fəlaɪ-, ɪn-, -sɛ̀fə-, -lɪ-/ *n.* 〖生物〗大脳化《系統発生における皮質中枢から皮質への機能の移動》.

en·ceph·a·lo- /ɪnsɛ́fəlou, ɛn- | ɛnkɛ́fələʊ, ɪn-, -sɛ́-fə-/「脳 (brain)」の意の連結形. ★ 母音の前では通例 encephal- になる. 〘← NL *encephalo-* ◻ Gk *egkephalo-* ← *egképhalos* brain, (adj.) within the head ← EN-²+*kephalḗ* head: ⇨ cephalic〙

encèphalo·arteriógraphy *n.* 〖医学〗脳動脈造影[撮影](法), 脳動脈写.

en·ceph·a·lo·gram /ɪnsɛ́fələgræ̀m, ɛn- | ɛnkɛ́fə-lə(ʊ)-, ɪn-, -sɛ́fə-/ *n.* 〖医学〗脳造影[撮影]図. 〘⦅1928⦆ ← ENCEPHALO-+-GRAM〙

en·ceph·a·lo·graph /ɪnsɛ́fələgræ̀f, ɛn- | ɛnkɛ́fə-lə(ʊ)grɑ̀:f, ɪn-, -sɛ́fə-, -græ̀f/ *n.* 〖医学〗**1** =encephalogram. **2** =electroencephalograph. 〘⦅1928⦆ ← ENCEPHALO-+-GRAPH〙

en·ceph·a·log·ra·phy /ɪnsɛ̀fəlá(:)grəfi, ɛn- | ɛn-kɛ̀fəlɔ́g-, ɪn-, -sɛ̀f-/ *n.* 〖医学〗脳造影[撮影](法), 脳写. **en·ceph·a·lo·graph·ic** /ɪnsɛ̀fələgrǽfɪk, ɛn- | ɛnkɛ̀fələ(ʊ)-, ɪn-, ɛnsɛ̀fə-⁻/ *adj.* 〘⦅1922⦆ ← ENCEPHALO-+-GRAPHY〙

en·ceph·a·lo·ma /ɪnsɛ̀fəlóumə, ɛn- | ɛnkɛ̀fəláʊ-, ɪn-, -sɛ̀fə-/ *n.* (*pl.* ~**ta** /~ṭə | ~tə/, ~**s**) 〖病理〗脳腫瘤. 〘← NL ~: ⇨ encephalo-, -oma〙

encèphalo·malácia *n.* 〖病理〗脳軟化(症). 〘⦅1842⦆ ← NL: ⇨ encephalo-, malacia〙

encephalomata *n.* encephaloma の複数形.

encèphalo·meningítis *n.* 〖病理〗脳髄膜炎.

encèphalo·myelítis *n.* 〖病理・獣医〗脳脊髄炎. **encéphalo·myelític** *adj.* 〘⦅1908⦆ ← NL ~: ⇨ encephalo-, myelitis〙

en·ceph·a·lon /ɪnsɛ́fəlɑ̀(:)n, ɛn-, -lən | ɛnkɛ́fəlɔn, ɪn-, -sɛ́f-, -lən/ *n.* (*pl.* **-a·la** /-lə/) 〖解剖〗脳, 脳髄 (brain). **en·céph·a·lous** /-ləs/ *adj.* 〘⦅1741⦆ ← NL ~ ← Gk *egképhalon* (what is) within the head, the brain ← *egképhalos* brain: ⇨ encephalo-〙

en·ceph·a·lop·a·thy /ɪnsɛ̀fəlá(:)pəθi, ɛn- | ɛnkɛ̀-fəlɔ́p-, ɪn-, -sɛ̀fə-/ *n.* 〖精神医学〗エンセファロパシー, 脳障害, 脳症. **en·ceph·a·lo·path·ic** /ɪnsɛ̀fə-ləpǽθɪk, ɛn- | ɛnkɛ̀f-, ɪn-, -sɛ̀f-⁻/ *adj.* 〘⦅1866⦆ ← ENCEPHALO-+-PATHY〙

en·ceph·a·lo·sis /ɪnsɛ̀fəlóusɪs, ɛn- | ɛnkɛ̀fəláusɪs, ɪn-, -sɛ̀fə-/ *n.* 〖精神医学〗=encephalopathy. 〘← NL ~: ⇨ encephalo-, -osis〙

-en·ceph·a·lus /ɪnsɛ́fələs, ɛn- | ɛnkɛ́f-, ɪn-, -sɛ́f-/「病的[先天的]に…の状態の脳をもった状態[胎児]」の意の名詞連結形: micr*encephalus*. 〘← NL ~: ⇨ encephalo-〙

en·chain /ɪntʃéɪn, ɛn-/ *vt.* **1** (鎖で)つなぐ (chain up); 束縛する (fetter): He was never ~*ed* by rules. 規約に束縛されることはなかった. **2** 〈人の注意・感情などを〉引き付けておく (rivet): His song ~*ed* a thousand hearts. 彼の歌は千人もの人の心をしっかりとらえた. **~·ment** *n.* 〘⦅c1385⦆ *encheine(n)* ◻ (O)F *enchaîner* ← EN-¹+*chaîner* 'to CHAIN'〙

en·chaîne·ment /ɑ̃:(n)ʃeɪnmɑ́:(ŋ), ɑ̀:nʃeɪnmɑ́:ŋ; *F.* ɑ̃ʃɛnmɑ̃/ *n.* (*pl.* ~**s** /~z; *F.* ~/) 〖バレエ〗アンシェーヌマン《バレエの一連の組み合わされたステップ》. 〘⦅1830⦆ ◻ F ~: ⇨ ↑, -ment〙

en·chant /ɪntʃǽnt, ɛn- | -tʃɑ́:nt/ *vt.* **1** うっとりさせる (enrapture), …の心を奪う, 魅する (⇨ attract SYN): be ~*ed with* [*by*] …に魅せられる, うっとりとなる / He was ~*ed at* this offer. この申し出に大喜びした. **2** 魔法にかける (bewitch). 〘⦅c1378⦆ *enchaunte(n)* ◻ (O)F *enchanter* < L *incantāre* to chant a magic formula against ← IN-²+*cantāre* to sing: ⇨ chant〙

en·chánt·ed /-ṭɪd | -tɪd/ *adj.* **1** 魔法にかけられた (bewitched): an ~ castle. **2** 魔力をもった: an ~ amulet 魔よけのお守り. 〘⦅1590⦆: ⇨ ↑, -ed〙

en·chánt·er /-ṭə | -tə⁽ʳ/ *n.* **1** 魅惑する者. **2** 魔法使い. 〘⦅c1290⦆ ~, *enchauntour* ◻ OF *enchanteor* (F *enchanteur*) < LL *incantātōrem*: ⇨ enchant, -er¹〙

enchánter's níghtshade *n.* 〖植物〗タニタデ《北半球温帯産のアカバナ科タニタデ属 (*Circaea*) の多年草; 花は小さく, とげの多い実をつける》. 〘1597〙

en·chant·ing /ɪntʃǽnṭɪŋ, ɛn-, -tʃǽnɪŋ | -tʃɑ́:ntɪŋ/ *adj.* 魅惑的な, うっとりとさせる[悩殺する]ような (fascinating, charming): an ~ figure, smile, etc. **~·ly** *adv.* 〖((1555)): ⇨ -ing[2]〗

en·chánt·ment *n.* **1** うっとりさせるもの, 魅力: Distance lends ~ to the view. 遠くから見ると景色が魅力的になる. **2** 魔法を使う[かける]こと; 魅惑状態, うっとりとしたさま. 〖((c1290)) *enchautement* □ (O)F *enchantement* < L *incantāmentum* incantation ← *incantāre*: ⇨ enchant, -ment〗

en·chant·ress /ɪntʃǽntrɪ̀s, ɛn- | -tʃɑ́ːn-/ *n.* **1** 魅惑的な女性: a little ~ (戯言) かわいい少女. **2** 魔法使いの女性 (sorceress). 〖((c1380)) *enchaunteresse* □ (O)F *enchanteresse*: ⇨ enchanter, -ess[1]〗

en·chase /ɪntʃéɪs, ɛn-/ *vt.* **1** 〈宝石などを〉〈…に〉ちりばめる, はめる (set) 〔*in*〕; 〈宝石などを〉…にちりばめる 〔*with*〕: ~ a gem *in* a setting 宝石を台にはめる / ~ a gold ring *with* jewels 金の指輪に宝石をはめる. **2** …に〈…の〉浮彫[象眼, 彫刻]を施す 〔*with*〕; 〈模様などを〉〈…に〉彫り込む (engrave) 〔*on, in*〕: His armor was ~*d with* gold. 彼のよろいは金を象眼してあった. 〖((1463)) □ (O)F *enchâsser* ← EN-[1] + *châsse* 'CASE[2]'〗

en·chi·la·da /ɛ̀ntʃəlɑ́ːdə, -lǽdə | -tʃɪ̀lɑ́ːdə; *Am.Sp.* entʃiláða/ *n.* 〖料理〗エンチラーダ (とうがらし (chili) をきかせて調味した肉や野菜を詰めたトルティーヤ (tortilla) の応用メキシコ料理). ***the whóle enchiláda*** (米口語) 全て(の状況). 〖((1887)) □ Am.-Sp. ~ (fem.p.p.) ← *enchilar* to season with chili ← EN-[1] + *chile* 'CHILI'〗

en·chi·rid·i·on /ɛ̀nkaɪrɪ́diən, ɛ̀ŋ-, -kɪ̀r-, -diɑ̀(ː)n | -diən, -diɒ̀n/ *n.* (*pl.* **~s**, **-i·a** /-diə | -diə/) 手引書, 便覧. 〖((c1445)) □ LL ~ □ Gk *egkheirídion* ← EN-[2] + *kheír* hand + *-idion* '-IDIUM': ⇨ chiro-〗

en·chon·dro·ma /ɛ̀nkɑ(ː)ndróumə, ɛ̀ŋ- | -kɒndrə́ʊ-/ *n.* (*pl.* **~s**, **~·ta** /~tə | ~tə/) 〖病理〗内軟骨腫. **èn·chon·dróm·a·tous** /-drɑ́(ː)mətəs, -dróum- | -drɒ́mət-/ *adj.* 〖((1847)) ← NL ~ ← EN-[2] + Gk *khóndros* cartilage (⇨ chondro-) + -OMA〗

en·cho·ri·al /ɛnkɔ́ːriəl, ɛŋ-/ *adj.* **1** 〖考古〗= demotic 2. **2** 〈古代エジプトの民衆文字 (demotic writing) が〉ある地方[国]特有の; ある特別な地方[国]で用いられた. **3** (まれ) その地方特有の: the ~ tradition. 〖((1822)) ← Gk *egkhṓrios* of or in the country, native (← EN-[2] + *khṓrā* place) + -AL[1]〗

en·chor·ic /ɛnkɔ́(ː)rɪk, ɛŋ-, -kɑ́(ː)r- | -kɔ́r-/ *adj.* = enchorial.

-en·chy·ma /ɛ́ŋkəmə, ɛn- | -kɪ-/ (*pl.* **~·ta** /~tə | ~tə/, **~s**) 〖医学〗「…の組織」の意の名詞連結形: col*lenchyma*. 〖← NL ~ ← (PAR)ENCHYMA〗

-en·chyme /←ɪ̀ŋkaɪm, ɛ́ŋkaɪm, ɛ́n-/ = -enchyma.

en·ci·na /ɪnsíːnə, ɛn-; *Am.Sp.* ensína/ *n.* (米) 〖植物〗 **1** カシワの一種 (*Quercus virginiana*) (live oak ともいう). **2** = California live oak. 〖□ Am.Sp. ~ □ LL *ilicina* holm oak ← L *ilex* 'ILEX'〗

en·cinc·ture /ɪnsíŋ(k)tʃə, ɛn- | ɪnsíŋ(k)tʃə(r), ɛn-/ *vt.* …に(帯などを)めぐらす, 取り巻く: a lake ~*d* by a dark forest 暗い森に囲まれた湖. — *n.* (まれ) 取り巻いていること; 囲い地. 〖((1814)) ← EN-[1] + CINCTURE〗

en·ci·pher /ɪnsáɪfə, ɛn- | -fə(r)/ *vt.* 〈メッセージ・通信文などを〉暗号に変える (↔ decipher). **~·er** /-fərə | -rə(r)/ *n.* **~·ment** *n.* 〖((1577)) ← EN-[1] + CIPHER〗

en·cir·cle /ɪnsə́ːkl̩, ɛn- | -sə́ː-/ *vt.* **1** 取り巻く; 〔…で〕取り囲む (surround, encompass) 〔*with, by*〕: Mist ~*d* the island. 島はすっぽりと霧に包まれていた / Japan is ~*d by* the sea. 日本は海に囲まれている / a lake ~*d with* [*by*] woods 森に囲まれた湖水. **2** 一周する: ~ the globe 地球を一周する. **3** 〖軍事〗〈敵を〉全面包囲する, 包囲する (cf. envelop *vt.* 2). 〖((?a1400)) ← EN-[1] + CIRCLE (n.)〗

en·cír·cle·ment *n.* 〖外交〗(一国または数国による他国の)孤立化, 封じ込め. 〖((1919)): ⇨ ↑, -ment〗

encl. (略) enclosed; enclosure.

en clair /ɑ̃ː(ŋ)kléə, ɑːŋ- | -kléə(r); *F.* ɑ̃klɛːʁ/ *F. adv., adj.* 〈外交上の電文が〉〈暗号でなく〉普通文で[の]. 〖((1897)) □ F ~ (原義) in clear: ⇨ en[2], clear〗

en·clasp /ɪnklǽsp, ɛn- | -klɑ́ːsp/ *vt.* 握る, つかむ (clasp); 抱きしめる: He ~*ed* her in his arms. 彼女を両腕に抱きしめた. 〖((1596)) ← EN-[1] + CLASP〗

en·clave /ɛ́nkleɪv, ɑ́ːn- | ɛ́n-, ɛ́ŋ-; *F.* ɑ̃klaːv/ *n.* **1** 〖政治〗飛び領土, 包領 (大部分または全部他国の中に入り込んでいる自国の領土; 都市の中の特定の民族が住んでいる部分についてもいう; cf. exclave). **2** 孤立した少数集団. **3** 〖医学〗包入物 (正常な組織・器官から遊離して他所に封入された部分[物]). **4** 〖植物〗大群落の中に孤立する小さい植物群落 (多く残存性). 〖((1868)) □ F ~ (p.p.) ← *enclaver* to shut in < VL **inclāvāre* ← IN-[2] + L *clāvāre* to nail up (← *clāvis* key)〗

en·clit·ic /ɛnklɪ́tɪk, ɪn-, ɛŋ- | ɪnklɪ́t-, ɛn-/ 〖文法〗 *adj.* 〈語が〉前接的な (自らにアクセントがなくて直前の語の一部のように発音される; ↔ proclitic). — *n.* 前接語, 前接辞 (enclitic word) (cannot の not, prithee の thee など). **en·clít·i·cal·ly** *adv.* 〖((1656)) □ LL *encliticus* □ Gk *egklitikós* that leans its accent on the preceding word ← *egklínein* to cause to incline ← EN-[2] + *klínein* 'to LEAN': ⇨ -ic[1]〗

en·close /ɪnklóuz, ɛn- | -klə́ʊz/ *vt.* **1** (取り)囲む; 〈垣・壁などで〉囲う 〔*with, in*〕; …に囲いをする: ~ a letter *in* a circle 文字を丸で囲む / a small ~*d* garden 塀をめぐらした小さな庭園 / A broad fence ~*d* our property. 地所を広い垣が取り囲んでいた / The house is ~*d with* [*by*] walls. その家は塀で囲まれている. **2** 〈手紙・小包などに〉同封する, 封入する 〔*with*〕; 〈手紙が〉〈他の物を〉同封している: ~ a letter *with* another [in a separate envelope] 手紙を他の手紙の中に[別の封筒に入れて]同封する / ~ a check 小切手を同封する / *Enclosed* (herewith) please find a check for a thousand yen. 千円の小切手を封入致しておきますからお受け取り下さい / His letter ~*d* another. 彼の手紙には手紙がもう一通入っていた / The ~*d* document [document ~*d*] will explain everything. 同封の書類ですべてが明らかになるでしょう. **3** 〈小農地・公有地などを〉(私有の大農地にするために)囲い込む (⇨ enclosure 6): ~ common land 公共地を囲い込む. **4** 〖カトリック〗〈修道院などで〉〈人・建物などを〉禁域[禁入]制のもとにおく, 禁区として区切る: ~ the chapel 礼拝堂を禁域制のもとにおく. **5** 〖数学〗〈図形が〉〈図形を〉囲む; 〈集合が〉〈集合を〉含む. **en·clós·a·ble** /-zəbl̩/ *adj.* 〖((a1338)) ← (O)F *enclos(e)* (p.p.) ← *enclore* < VL **inclaudere* (L *claudere* to shut の影響による変形) ← L *inclūdere* 'to INCLUDE': ⇨ en-[1], close[1] (v.)〗

en·clósed *adj.* 〖通例限定的〗〈修道院などが〉俗界との接触を断った: an ~ convent, order, etc.

enclósed árc làmp *n.* 〖電気〗閉鎖アーク灯.

en·clós·er *n.* 囲い込む人; (特に, 公有地を私有地に)囲い込む人. 〖((1597)) ← ENCLOSE + -ER[1]〗

en·clo·sure /ɪnklóuʒə, ɛn- | -klə́ʊʒə(r)/ *n.* **1** 囲われたもの, 囲い地, 構内; (競馬場内の有資格者だけ入れる)特別区域: the Royal *Enclosure* 王室特別区域. **2** 包囲, 囲うこと. **3** (手紙の)同封物, 封入物. **4** 囲うもの, 囲い, 垣, 柵, 塀. **5** (公有地から私有地を分離して)囲い込むこと. **6** 〖経済〗綜劃(そうかく), エンクロージャー, 囲い込み (英国で 15–18 世紀にわたって行われた農業革命で, 大地主が分散している所有地を売買または交換により一箇所に集中して囲い込んだこと). **7** 〖カトリック〗(修道院などの)禁域 (修道士の住居として区切った部分); 禁域制. 〖((c1464)) □ OF ~: ⇨ enclose, -ure〗

enclósure àct *n.* 〖英法〗囲い地法 (共有地などを私有地とすることの許可に関する法令). 〖1765〗

en·clothe /ɪnklóuð, ɛn- | -klə́ʊð/ *vt.* …に着物を着せる (clothe). 〖((1832)) ← EN-[1] + CLOTHE〗

en·cloud /ɪnkláud, ɛn-/ *vt.* 雲に包む, 雲で覆う; さえぎる, 曇らせる (overshadow). 〖((1591)) ← EN-[1] + CLOUD (n.)〗

en·code /ɪnkóud, ɛn- | ɪnkə́ʊd, ɛn-/ *vt.* **1** 〈伝達内容を〉符号[記号]化する; 〈普通文を〉暗号に書き直す. **2** 〖電算〗コード化する, 符号化する (↔ decode). **3** 〈神経信号を〉脳が受容可能な形にする. **4** 〈アミノ酸・蛋白質などの再生に必要な情報を〉含む. — *vi.* (アミノ酸・蛋白質などを合成するために)遺伝情報を指定する. **en·cód·ing** /-dɪŋ | -dɪŋ/, **~·ment** *n.* 〖((c1919)) ← EN-[1] + CODE (n.)〗

en·cód·er /-də | -də(r)/ *n.* **1** 暗号器. **2** 〖通信・電算〗符号器, エンコーダー (送信内容を定められたルールに従い符号化する装置; cf. decoder 2). 〖((1944)): ⇨ ↑, -er[1]〗

en·coi·gnure /ɛnkɔ́(ː)njə, ɑ̃ː(ŋ)-, ɑːŋ-, -kɔ́ɪn- | -kɔ́njə(r), -kɔ́ɪn-; *F.* ɑ̃kɔɲyːʁ/ *n.* (*pl.* **~s** /~z; *F.* ~/) (部屋の隅に置く背の低い)三角(戸)棚. 〖((1848)) □ F ~ ← OF *encoignier* to put into a corner: ⇨ en-[1], coign[1], -ure〗

en·col·pi·on /ɛnkɑ́(ː)lpiən, -kɑ́(ː)l- | -kɔ́ɪ-, -kɔ́l-/ *n.* (*pl.* **-pia** /-piə/) 〖東方正教会〗胸間聖像 (通例, 聖母か救主の像で, 主教が胸にかける; panagia ともいう). 〖□ MGk *enkólpion* ← Gk *enkólpios* of the bosom ← EN-[2] + *kólpos* bosom〗

encomia *n.* encomium の複数形.

en·co·mi·ast /ɪnkóumiæ̀st, ɛn-, -miəst | -kə́ʊ-/ *n.* 賛辞を送る人, 称賛者, 賛美者 (eulogist); こびへつらう者. 〖((1610)) □ Gk *egkōmiastḗs*: ⇨ encomium〗

en·co·mi·as·tic /ɪnkòumiǽstɪk, ɛn- | -kə̀ʊ-, ɛn-ˊ/ *adj.* 称賛[賛美]する; 追従(ついしょう)の. **en·cò·mi·ás·ti·cal** /-tɪkəl, -kl̩ | -tɪ-/ *adj.* **en·cò·mi·ás·ti·cal·ly** *adv.* 〖((1599)): ⇨ ↑, -ic[1]〗

en·co·mi·en·da /ɛnkòumiéndə, -kɑ̀(ː)m- | -kə̀ʊm-, -kɒ̀m-; *Sp.* eŋkomjénda/ *n.* (*pl.* **~s** /~z; *Sp.* ~s/) エンコミエンダ (昔, スペインがラテンアメリカ植民者に, 貢税・労役の一部使用を許し, インディアン住民を管理かつ教化させた労働力確保の制度); その領域[住民]. 〖((1810)) □ Sp. ~: ⇨ en-[1], commend〗

en·co·mi·um /ɪnkóumiəm, ɛn- | -kə́ʊ-, ɛn-/ *n.* (*pl.* **~s**, **-mi·a** /-miə/) (公式の, または大仰な)賛辞 (⇨ tribute SYN). 〖((1589)) □ L *encōmium* □ Gk *egkṓmion* eulogy (neut.) ← *egkṓmios* belonging to a Bacchic revel ← EN-[2] + *kômos* feast, merrymaking: cf. comedy〗

en·com·pass /ɪnkʌ́mpəs, ɛn-, -kɑ́(ː)m- | -kʌ́m-/ *vt.* **1** 包含する, 含む: The book ~*es* all the subjects. その本は問題のすべてを含んでいる. **2** 取り囲む, 取り巻く (encircle); 包囲する (hem in), 囲い込む (enclose): a castle ~*ed with* walls 壁に囲まれた城 / a path ~*ed with* perils 危難に取り巻かれた道. **3** 包む, 覆う: A thick fog ~*ed* the city. 濃霧が市を包んだ. **4** 成就する, 成し遂げる: ~ a task. **5** (廃) 〈人〉の計略の裏をかく. **~·ment** *n.* 〖((c1350)) ← EN-[1] + COMPASS (n.)〗

en·co·pre·sis /ɛ̀nkɑ(ː)príːsɪ̀s, -kə- | -kəʊpríːsɪs/ *n.* (*pl.* **-ses** /-siːz/) 〖精神医学〗糞便[大便]失禁, 遺糞, 屎失禁(しっきん) (cf. enuresis).

en·core /ɑ́ːŋkɔə, ←ˊ | ɔ́ŋkɔː(r), ←ˊ; *F.* ɑ̃kɔːʁ/ *int.* アンコール, もう一度 (again, once more!). ★ フランス語ではこの語を使わずに Bis! という. — *n.* (*pl.* **~s** /~z; *F.* ~/) **1** アンコールに応じた演奏[歌唱]: give [sing] three ~*s* アンコールで 3 曲奏する[歌う]. **2** (客席からの)アンコール (Encore!) の叫び: get an ~ アンコールを受ける. — *vi.* アンコールを演奏する. — *vt.* **1** …のアンコールを要求する: ~ a song 今一度歌うことを所望する. **2** 〈演奏者・歌手〉にアンコールを呼び掛ける: ~ a singer. 〖((1712)) □ F ~ 'again, besides, still, yet' < ? VL **hinc ad hōram* from then to this hour〗

en·coun·ter /ɪnkáuntə, ɛn-, -káunə | -káuntə(r)/ *vt.* **1** 〈危険・困難などに〉遭遇する: ~ dangers [a storm, opposition, problems] 危険[嵐, 反対, 問題]に遭遇する. **2** (ばったり)…に出会う, 出くわす (⇨ meet[1] SYN): ~ an old friend on the road 旧友に道でばったり会う. **3** 〈敵〉と遭遇する, 交戦[会戦]する; (討論などで)…と渡り合う, 対抗する. — *vi.* 出くわす, 顔を合わせる; (特に)会戦する. — *n.* **1** 〔…との〕遭遇 (casual meeting), 出会い 〔*with*〕; 体験. **2** 〔…との〕会戦, 衝突, 遭遇戦 〔*with*〕 (⇨ battle[1] SYN). **3** 対抗; 論戦; 試合 (match, contest). **4** 〖精神医学〗出会い (encounter group の会合). **5** (廃) 応対ぶり, 態度. **~·er** /-tərə | -tərə(r)/ *n.* 〖((c1300)) □ (O)F *encontrer* to meet (cf. *encontre* meeting) < VL **incontrāre* ← IN-[2] + L *contrā* against〗

encóunter gròup *n.* (米) 〖精神医学〗エンカウンターグループ, 出会い集団 (集団心理療法の一つで, メンバーが自由に自分の感情をさらけ出して, 飾らない人間同士の出会いにより自己実現を促進する). 〖1967〗

en·cour·age /ɪnkə́ːrɪdʒ, ɛn- | -kʌ́r-/ *vt.* **1** [しばしば目的語 + to do を伴って] **a** 〈…するように〉勇気[元気]づける, …に自信をもたせる (hearten): Your letter ~*s* me greatly. お手紙により私は大いに力づけられた / He ~*d* me *to* write poems. 彼が私に詩を書く自信をもたせてくれた. **b** 〈…するように〉励ます, 激励する; …に勧める, 刺激する: That will merely ~ him in his idleness. それでは彼の怠惰を助長するだけだ / The teacher ~*d* his pupils *to* study harder. 先生は生徒たちを激励してもっと勉強させた. **2** 〈成長・活動・産業などを〉促進する, 助長する: ~ tourism 観光事業を奨励する / ~ confidence 自信を持たせる / The mayor did a great deal to ~ commerce in the city. 市長は市の商業の奨励に大いに力を尽くした. **en·cóur·ag·er** *n.* 〖((1429)) ME *enco(u)rage(n)* □ OF *enco(u)ragier* ← EN-[1] + *corage* 'COURAGE'〗

SYN 勇気づける: **encourage** 勇気や自信を与えて励ます: I *encouraged* him to apply for the post. そのポストに応募するように彼を励ました. **hearten** (普通は受身で)落ち込んでいる人を励まし陽気にさせる: He was *heartened* by the good news. 吉報で彼は元気づけられた. **inspire** 精神的な刺激によって, 自信を与え, 熱意を奮い起こさせる: His speech *inspired* all the students. 彼の話は学生達みんなを元気づけた. **cheer** 〈人を〉慰め励まして暗い気持ちを明るくさせる: The news *cheered* every one. その知らせを聞いて一同元気づいた. **nerve** 困難なあるいは危険なことをする前に〈人, 特に自分を〉勇気づける (格式ばった語): He *nerved* himself to save the drowning child. おぼれかけている子供を助けるために勇気を奮い起こした.
ANT discourage.

en·cour·age·ment /ɪnkə́ːrɪdʒmənt, ɛn- | -kʌ́r-/ *n.* **1** 奨励, 激励: grants for the ~ of research 研究奨励のための補助金 / give great ~ to a person 人を大いに激励する / take ~ from …から力を得る. **2** 奨励[激励]となる物, 刺激 (stimulus): They have been a great ~ to me [in my work, to work harder]. それらは私にとって[仕事の上で, もっと懸命に働く上で]大いに励みになってきた. 〖((1568)): ⇨ ↑, -ment〗

en·cour·ag·ing /ɪnkə́ːrɪdʒɪŋ, ɛn- | -kʌ́r-/ *adj.* 激励[奨励]の, 元気づける, 励みになる, 有望な: ~ news 快報. **~·ly** *adv.* 〖((1593)) ← ENCOURAGE + -ING[2]〗

en·crim·son /ɪnkrímzən, ɛn-, -zn̩, -sən, -sn̩ | -zən, -zn̩/ *vt.* 真っ赤に彩る. 〖((1597)) ← EN-[1] + CRIMSON〗

en·cri·nite /ɛ́ŋkrənàɪt, ɛ́n- | -krɪ̀-/ *n.* 〖動物〗ウミユリ (crinoid); (特に)ウミユリの化石. 〖((1808)) ← NL *encrinites* ← EN-[2] + Gk *krínon* lily: ⇨ -ite[1]〗

en·croach /ɪnkróutʃ, ɛn- | -krə́ʊtʃ/ *vi.* **1** 〔他人の権利・自由などを〕侵害する 〔*on, upon*〕 (⇨ trespass SYN): ~ *upon* [*on*] another's rights [privileges] 他人の権利[特権]を侵害する / ~ *upon* a person's time 邪魔をして人の時間をつぶさせる. **2** 〔他人の領土などに〕(少しずつ)侵入する, 蚕食する (intrude, trespass) 〔*on*〕; 〈海水などが〉〈陸などを〉浸食する 〔*on, upon*〕: ~ *on* [*upon*] a neighbor's land 隣の地面を蚕食する. **~·er** *n.* **~·ing·ly** *adv.* 〖((?c1380)) *encroche(n)* □ OF *encrochier* to seize upon ← EN-[1] + *croc(he)* hook: ⇨ crochet〗

en·cróach·ment *n.* **1** 〔領土・権利などへの〕侵害, 侵入, 侵略 〔*on, upon*〕. **2** 侵略[侵食, 浸水]地: the ~ of the sea 海水の浸水地. 〖((?1469)) □ AF ~: ⇨ ↑, -ment〗

en croûte /ɑ̃ː(ŋ)krúːt, ɑːŋ-; *F.* ɑ̃kʁut/ *adj.* 〖料理〗パイ生地やパンをくりぬいた皮に入れて焼いた: pâté ~ / fillet of beef ~. 〖□ F ~ 'in CRUST'〗

en·crust /ɪnkrʌ́st, ɛn-/ *vt.* **1** 外皮[殻, かさぶた]で覆う. **2** 〈表面〉にかぶせる, ちりばめる; …に化粧張りをする: a casket ~*ed with* jewels 宝石をちりばめた小箱. — *vi.* **1** 皮[殻]を形成する, (上部が)固まる: The snow ~*ed*. 雪の表面が固くなった. **2** かさぶたになる. 〖((1641)) □ F *incruster* (cf. encroûter) □ L *incrustāre* ← IN-[1] + *crusta* 'CRUST' ∥ ← EN-[2] + CRUST〗

en·crus·ta·tion /ɛ̀nkrʌstéɪʃən/ *n.* = incrustation.

en·crúst·ment *n.* 外層, 外被, 外殻. 〖((1861)): ⇨ -ment〗

en·crypt /ɪnkrípt, ɛn- | ɪn-, ɪŋ-, ɛn-, ɛŋ-/ *vt.* **1** 〈普通文を〉暗号に書き直す (encipher). **2** 記号化する, 発信する (encode). **3** 〖電算〗〈データを〉暗号化する. **4** 〈テレビなどの信号を〉勝手に解読できないように歪(ゆが)ませる. **en·crýpt·ed** *adj.* **en·cryp·tion** /ɪnkrípʃən, ɛn-/ *n.* 〖((1944)) ← EN-[1] + CRYPT(OGRAM)〗

en·cul·tu·rate /ɪnkʌ́ltʃərèɪt, ɛn-/ *n.* 〖社会学〗〈行動などを〉文化適応させる. **en·cul·tu·ra·tive** /ɪnkʌ́ltʃərèɪtɪv, ɛn- | -tɪv/ *adj.* 〖《逆成》? ← ENCULTURATION〗

en·cul·tu·ra·tion /ɪnkʌ̀ltʃəréɪʃən, ɛn-/ *n.* 〖社会学〗文化適応[吸収]《個人を伝統的な文化に適応させる過程》. 〖《1948》← EN-¹+(AC)CULTURATION〗

en·cum·ber /ɪnkʌ́mbə, ɛn- | -bə(r/ *vt.* **1** 〈人·動作などを〉〔…で〕邪魔する, 妨げる〔*with*〕; …の足手まといとなる (cf. cumber): His mantle ~*ed* his movement. マントを着ていたので動作が不自由になった / He is ~*ed with* a large family. 大家族という足手まといがある. **2** 〈負債·債務を〉〈人·土地に〉負わせる〔*with, by*〕: His large estate was ~*ed by* mortgages. 彼の広い土地は抵当権がついていた / He is ~*ed with* debts. 借金を背負っている. **3** 〈場所を〉〈妨害物で〉ふさぐ〔*with*〕: a room ~*ed with* useless furniture 不用な家具でごちゃごちゃの部屋. **4** 煩わしくする, 〔重荷などで〕押しつぶす〔*with*〕: He was ~*ed with* parcels. 包みを抱え込んでいた / be ~*ed with* cares [doubts] 心配事[疑惑]に煩わされる. **~·ing·ly** /-b(ə)rɪŋ-/ *adv.* **~·ment** *n.* 〖《*a*1338》 *encombre(n)* □ (O)F *encombrer* ← EN-¹+ *combre* hindrance (□ ? ML *combrus* obstruction □ Gaul. **comboros*: ⇨ cumber)〗

en·cum·brance /ɪnkʌ́mbrəns, ɛn- | ɪn-, ɪŋ-, ɛn-/ *n.* **1** 邪魔物, 余計なもの, 厄介物 (impediment). **2** 〖法律〗不動産上の負担[債務]《抵当権など》: an estate freed from all ~*s* 全然抵当にはいっていない地所. **3** 〈子供などの〉足手まとい, 係累: a person without ~*s* 子供のない人 / His son was an ~ *to* him. 彼の息子は彼の足手まといになっていた. 〖《?*a*1300》 □ OF *encombrance*: ⇨ ↑, -ance〗

en·cúm·branc·er *n.* 〖法律〗抵当権者, (不動産上の)負担の権利者. 〖《1858》: ⇨ ↑, -er¹〗

ency. 《略》 encyclopedia.

-en·cy /ənsi, nsi/ *suf.* 性質·状態を表す名詞語尾: coherency, consistency, dependency. 〖□ L *-entia*: ⇨ -ence, -y³〗

Ency. Brit. 《略》 Encyclopaedia Britannica.

encyc. 《略》 encyclopedia.

Encyc. Brit. 《略》 Encyclopaedia Britannica.

encycl. 《略》 encyclopedia.

en·cyc·lic /ɪnsíklɪk, ɛn-/ *n., adj.* =encyclical. 〖1824〗

en·cyc·li·cal /ɪnsíklɪkəl, ɛn-, -kl̩ | -lɪ-/ *n.* 同文[一般]通達《特に, ローマ教皇が世界の全司教 (bishops) に送る回勅》. **—** *adj.* 一般に送る, 同文通達の: an ~ letter of the Pope 教皇の同文通達. 〖《1616–61》← LL *encyclicus* ← L *encyclius* □ Gk *egkúklios* circular, in a circle, general ← EN-²+*kúklos* 'circle, CYCLE¹': ⇨ -al¹〗

Encyclopǽdia Bri·tán·ni·ca /-brɪtǽnɪkə | -nɪkə/ *n.* [the ~]「ブリタニカ大百科事典」《最古·最大の英語百科事典; 1768 年スコットランドの Edinburgh で創刊》.

en·cy·clo·pe·di·a /ɪnsàɪkləpíːdiə, ɛn- | ɪnsàɪkləpíːdiə, ɛ̀nsaɪk-/ *n.* (*also* **en·cy·clo·pae·di·a** /~/) **1** 百科事典, 百科全書. **2** (専門)事典: an ~ of gardening =a gardening ~ 園芸事典 / a walking ~ 生き字引. **3** [the E-] 百科全書 (1751–65)《フランス革命の少し前に Diderot, d'Alembert 等によって著され, 啓蒙的な内容はフランス革命の前ぶれとなった》. **4** 学問[知識]全般, 教育(課程)全般. 〖《1531》 □ ML *encyclopaedia* □ pseudo-Gk *egkuklopaideia* ← *egkúklios paideía* general education: ⇨ encyclical, cyclopedia〗

en·cỳ·clo·pé·dic /ɪnsàɪkləpíːdɪk, ɛn- | ɪnsàɪkləpíːdɪk, ɛn-, ɛ̀nsaɪ-⁻/ *adj.* (*also* **en·cy·clo·pae·dic** /~/) 百科事典的な; 知識の広い, 博学な: He has an ~ memory for trivia. 彼は些細なことを百科事典的に記憶していた / His knowledge was ~. 彼の知識は百科全書的であった. 〖《1824》: ⇨ ↑, -ic¹〗

en·cy·clo·pe·di·cal /-dɪkəl, -kl̩ | -dɪ-/ *adj.* = encyclopedic. **en·cỳ·clo·pédi·cal·ly** *adv.* 〖1651〗

en·cỳ·clo·pé·dism /-dɪzm | -dɪzm/ *n.* **1** 百科事典的知識. **2** [しばしば E-] フランスの百科全書派の主張[影響]. 〖《1833》← ENCYCLOPED(IA)+-ISM〗

en·cỳ·clo·pé·dist /-dɪst | -dɪst/ *n.* (*also* **en·cỳ·clo·páe·dist**) **1** 百科事典[全書]編集者. **2 a** [しばしば E-] (18 世紀の)フランス百科全書編集者[執筆者]. **b** 百科全書家. 〖《1651》← ENCYCLOPED(IA)+-IST〗

en·cyst /ɪnsíst, ɛn- | ɛn-, ɪn-/ 〖生物〗 *vt.* 包囊(ほうのう) (cyst) に包む: ~ itself 包囊を被(かぶ)る / ~*ed* venom 包囊毒《囊に包まれた毒》. **—** *vi.* 包囊に包まれる. **en·cýst·ed** *adj.* **en·cys·ta·tion** /ɛ̀nsɪstéɪʃən, ɪnsɪs-, ɛn- | ɛnsɪs-/ *n.* 〖《1845》← EN-¹+-CYST〗

en·cýst·ment *n.* 〖生物〗包囊形成. 〖《1865》: ⇨ ↑, -ment〗

end¹ /ɛ́nd/ *n.* **1 a** (時間·期間などの)終わり, 末 (close), 末期 (latter part): the ~ *of* a year, an hour, etc. / near the ~ *of* the century [war] その世紀[戦争]の終わりごろに / a person's journey's ~ 旅路の果て, 旅行の目的地 / at the ~ 最後に(は) / at the latter ~ 末期に, 末ごろに / to [until] the ~ *of* time いつまでも / to the very ~ ぎりぎりの最後まで. **b** (手紙·物語·出来事などの)末尾, 終わり, 結末: at the ~ *of* a letter 手紙の末尾に / near the ~ *of* the first movement [act, chapter] 第一楽章[幕, 章]の終わり近くに[で] / What will be the ~ *of* all this? 一体これはどうなることだろう. **c** (存在·行為などの)終止, 終局; 廃止; 滅亡, 死: bring … to an ~ =bring an ~ to …を終わらせる, …の幕を閉じる / ⇨ come [draw] to an END / make an ~ of …を終わらせる / have an ~ 終わりになる. **d** 破滅[滅亡]のもと: You'll be the ~ *of* me! お前は私の命取りになるだろう.

2 a (細長い物の)端, 先端, 末端; (広がりのある物の)狭い端, 末端部: the ~ *of* a line [string] 線[糸]の端 / the front [back, rear] ~ of a plane 機首[飛行機の後部] / both ~*s of* the table 食卓の両端 / at [to, toward] the top [bottom] ~ 上[下]の端に[の方に] / the deep [shallow] ~ (水泳プールの)一番深い[浅い]端 / the ~ *of* a field 畑の端 / at the (other) ~ *of* the street 街路の(向こう)端に / the other ~ *of* the room 部屋の突き当たり[向こう側の端] / She lives in the ~ house. 彼女は端の家に住んでいる / the voice at the ~ (電話の)相手の声 / ⇨ *the* ENDS *of the earth* / step on the ~ *of* a cat's tail 猫のしっぽの先を踏む / from ~ to ~ 端から端まで / from one ~ to the other 一方の端から他方の端まで. **b** (特定の用途をもつ)端: stand a barrel on (its) ~ 樽を真っすぐに立てる / light the wrong ~ *of* a cigarette (誤って)たばこの吸い口に火をつける / begin [start] at the wrong ~ 手始めからやりそこなう, 出発点を誤る / at the ~ of the barrel of a gun 銃を突きつけて / ⇨ big end, business end. **c** (都市の)中心部からはずれた地域; (個人の土地の)一角: the fashionable ~ *of* town 場末の繁華街 / ⇨ East End, West End.

3 a (知力·忍耐などの)限り, 際限, 極限, 限度 (limit): at the ~ *of* one's patience それ以上辛抱し切れないで / without ~ 果てしのない, 果てしなく / at one's wits' [wit's] ~ ⇨ wit¹ 成句 / He had reached the ~ *of* his endurance [resources]. 忍耐の限度に達して[万策尽きて]いた / There's an ~ *of* it. それだけのことだ《もう言うことは何もない》/ If we grant every wish of his, there'll be no ~ *to* it. 言うことをいちいち聞いていては際限がないだろう / If you say no, you'll never [not] hear the ~ *of* it. もし否と言えばそのことを何度も聞かされるだろう. **b** [the ~]《口語》どうにも我慢のならない人[物] (the limit): You simply are *the* (absolute) ~! もう君には全く我慢がならない. **c** [the ~]《米俗》最高, 極致 (acme): His performance was *the* (living) ~! 彼の演技はまさに至芸であった.

4 結局, 結果 (result); 行く末: the ~ *of* that man あの男の行く末 / come to a happy [sad] ~ 首尾よく[悲しい結果に]終わる / come to a bad ~ 〈人が〉破滅する / come to [meet] a sticky ~ ⇨ sticky *adj.* 2 b / I labored to no ~. 働いた結果が徒労に終わった.

5 部分, 分担 (side, share); (事業などの)部門, 担当分野, 面: the consumer ~ *of* the food distribution system 食料流通制度の消費者側 / How about [Let's hear] your ~ of it? 君の方はどうかね.

6 a 目的, 目当て (⇨ intention SYN): a means to an ~ 目的を達する一つの手段 / gain [attain] one's ~*s* 目的を達する / have [with] an ~ in view 目論見(もくろみ)を抱いて(いる) / the final ~ *of* the universe 宇宙[世界]の究極目的 / the ~ *for* which man exists 人間生存の終極の目的 / *for* political ~*s* 政治目的のために / *To* [*For*] what possible ~? いったいどんな目的のために / *for* [*to*] this [that] ~ この[その](目的の)ために / to the ~ that justice should be done 正義が行われるために / To him perfection is the ~ *of* life. 彼にとっては完全が人生の目的である (cf. 7) / The ~ justifies the means. 《諺》目的は手段を正当化する. **b** 〖哲学〗目的.

7 〖文語〗(遠回しに人の)死, 最期 (cf. 1 c): the ~ *of* life 人生の終わり, 死 (cf. 6 a) / the ~ *of* a person's life=a person's life's ~ 末期(まつご) / be near one's ~ 死期に近い / That night he met a terrible ~. その夜彼は非業の死をとげた.

8 a [通例 *pl.*] 端切れ, 残片, くず: cigarette ~*s* 巻きたばこの吸い殻 / ⇨ ODDS *and ends*. **b** (綱の結節から)先の余り端(の部分).

9 a 〖アメフト〗エンド《ラインズメン両翼の競技者でパスを受けられるプレーヤー; その位置》. **b** 〖クリケット〗(ピッチの両端にある)三柱門 (wicket) (の片方)《特に, 打手が打撃中のときにいう; cf. pitch¹ 2 b》.

10 (ボウリング·カーリングなどの) 1 イニング, 1 回.

11 〖アーチェリー〗標的地点; (1 回の競射で射手に許される) 矢数《英国では 3 本, 米国では 6 本》.

12 (ドミノの牌の)左[右]半部.

13 〖紡織〗(織物の)縦糸 (warp).

áll ènds úp 完全に, 徹底的に (thoroughly): beat a person *all* ~*s up* 人を完膚なきまでに打ちのめす / think a thing over *all* ~*s up* 物事を徹底的に考える. 《1921》 ***at a lóose ènd*** [《米》 ***énds***] 《1860》 ⇨ loose end 成句. ***at an énd*** 使い切って; 終わって. 《1594–95》 ***at an ídle énd*** 《古》(仕事や用がなくて)ぶらぶらして (cf. *at a* LOOSE END). 《1882》 ***at the énd of one's rów*** 《米》疲れ果てて; 切羽(せっぱ)詰まって. ***at the énd of the dáy*** とどのつまり, 結局(は) (after all). 《1875》 ***chánge énds*** (1) (テニス·サッカーなどで)〈選手·チームが〉コート[サイド]チェンジする, エンドを替える; (クリケットで)〈投手 (bowler) が投球位置を反対側に変える. (2) 〖狩猟〗〈猟犬が〉追ってきた臭跡を後戻りする. 《1715》 ***chóose énds*** (テニス·サッカーなどで)〈選手·チームが〉(コインを投げたりして)コート[フィールド]のどちら側 (half) かを選ぶ; (クリケットで)〈投手が〉どちらか好きな方の投球位置を選ぶ. 《1890》 ***cóme* [*dráw*] *to an énd*** (使い切って)なくなる; 終わる[終わりに近づく]. 《1850》 ***énd for énd*** 逆に, 逆さに: turn a thing ~ *for* ~ 物を引っくり返す / turn a telescope ~ *for* ~ 望遠鏡を逆さにする. 《1627》 ***an énd in itsélf*** それ自体が目的でやるもの. ***énd ón*** (1) 先端を前向きに. (2) 〖海事〗真っ向に, 船首[船尾]をまともに向けて (cf. BROADSIDE *on*). ***énd òver énd*** 回転しながら; とんぼ返りで: fall ~ *over* ~ 回転しながら落ちる. ***énd to énd*** 端と端を(縦に)つないで: put two things ~ *to* ~. 《1860》 ***énd úp*** 一端を上にして. ***gèt hóld of the wróng ènd of the stíck*** (物事を)誤解する, 取り違える, 勘違いする. 《1930》 ***gò óff* [*gò ín óff, gò óff at, gò ín at*] *the déep ènd*** 《口語》 (1) (ちょっとした事で)自制を失う, ひどく怒り出す[興奮する]. (2) むちゃな[無謀な]ことをする. (3) 抜き差しならぬ破目に陥る. 《《1921》《原義》水泳プールの最も深い所 (deep end) に飛び込んで深みにはまる; 第一次大戦の軍隊俗語から》 ***gó to gréat énds*** 《米》全力を尽くす. ***háve at one's fíngers'* [*fínger*] *énds*** ⇨ finger 成句. ***háve* [*gét*] *one's énd awáy*** 《英俗》セックスする, やる. ***in the énd*** 最後に, つ いに, 結局: He grew quite fond of her *in the* ~. 結局彼女のことがとても好きになった. 《1568》 ***júmp* [*díve, plúnge*] *ín at the déep ènd*** 《英口語》難しい[不慣れな]事を急にやる. ***kéep* [*hóld*] *one's énd ùp*=*kéep* [*hóld*] *úp one's énd*** 《口語》 (1) 責任を果たす, 立派にやってのける. (2) (抵抗や不利に対して)頑張り通す, 負けないでいる. 《1867》 ***màke* (*bóth*) *énds méet*** 収支を合わせる, 借金をしないで暮らす. 《《1662》 cf. F *joindre les deux bouts*》 ***nò énd*** 《口語》とても, ひどく: He helped me *no* ~. どれほど私の力になってくれたか知れない. ***nó énd of*** 《口語》 (1) 際限ない, とてもたくさんの: have *no* ~ *of* money [friends] 金[友人]は幾らでもある / After *no* ~ *of* trouble, he got what he wanted. さんざん苦労したあげく欲しいものを手に入れた. (2) すばらしい, すてきな: She is *no* ~ *of* a mind-reader. 読心術がとてもうまい / We think *no* ~ *of* you! 君を相当なものだと思うよ. (3) ひどい, 途方もない: He is *no* ~ *of* a fool. 途方もないばかだ. 《1599》 ***on énd*** (1) 立て続けに (continuously): It rained five days [for days] *on* ~. 5 日間[何日も]続けて雨が降った / right [straight] *on* ~ 打ち続いて, すぐあとから; 直ちに. 《*a*1300》 (2) 直立して: put [stand] a thing *on* ~ 物を立てる / make a person's hair stand *on* ~ 〈話などが〉(恐怖などのため)髪を逆立たせる. 《1634》 ***plày bóth énds agàinst the míddle*** 両者を争わせて漁夫の利を占める. 《1972》 ***pùt an énd to*** …を終わらせる; …を廃止する; …を滅ぼす. 《1647》 ***pùt an énd to it áll* [*one's lífe, onesélf*]** 自殺する. ***the dírty* [《卑》 *shítty*] *énd* (*of the stíck*)** 《口語》(物事の)厄介[いや]な部分; 不利な立場; 不当な扱い. 《1924》 ***the énd of one's téther* [*rópe*]** (方策·能力·根気などの)極限, 限界: (be) at *the* ~ *of one's tether* 行き詰まって(いる); もはや我慢がならなくなって(いる). 《1809》 ***the énd of the róad* [*líne*]** 行き詰まり, 窮地: It will be *the* ~ *of the road for* him. それで彼もおしまいだ. 《1924》 ***the énd of the wórld*** (1) [否定形で] 大災害; 大変な事, 重大な事. ★ (1) は次の表現で用いる: It isn't [wouldn't be] *the* ~ *of the world*. そんな事は何も大騒ぎするほどのことではない《大した事ではない》. 《1907》 (2) この世の終わり: to *the* ~ *of the world* この世の終わりまで. ***the énds of the éarth*** 地の果て: I would go to *the* ~*s of the earth* with him. 彼と一緒なら地の果てまでも[どんな遠い所へでも]行ってよい. 《OE》 ***the thíck énd of*** ⇨ thick *adj.* 成句. ***thrów a person ín at the déep ènd*** 〈人を〉(経験や対処する能力のない)困難な状況に投げ込む, 〈人に〉不慣れな[難しい]事を急にやらせる. ***to the bítter énd*** ⇨ bitter end¹. ***wróng énd fóremost*** 逆に, あべこべに: He has a bad habit of telling his stories *wrong* ~ *foremost*. 彼は話の順序をあべこべにするという悪い癖がある. ***énd of stéel*** 《カナダ》鉄道線路の端; 終点. 《1909》

— *vi.* **1** 終わる, 終了する: When does this class ~? この授業は何時に終わりますか / The road ~*ed in* a field. その道の果ては畑だった / The play ~*ed with* the reappearance of the long-lost heir. 劇は長いこと行方不明だった後継者が現れるところで終わった / Her letter ~*ed on* a more cheerful note. 彼女の手紙はもっと明るい調子で終わっていた. **2** 行動を終える; 語を終える: He ~*ed with* these words: …こう言って話を終わった / They ~*ed by* settl*ing* down in the cottage. おしまいにはその田舎家に腰を据えることになった. **3** 〔…に〕終わる, 終わりが〔…と〕なる〔*in*〕: ~ *in* smoke 煙に終わる; 結果がだめになる, 〈計画などが〉立ち消えになる / The match ~*ed in* a draw. 試合は引分けに終わった / The marriage ~*ed in* divorce. 結婚は離婚に終わった. **4** 死ぬ. **—** *vt.* **1** 終える; …に結末をつける; …の終わりとなる (terminate): He ~*ed* his days in poverty. 貧困のうちに一生を終えた / That ~*ed* the discussion. それで討議が終わりになった. / ~ poverty [unemployment, a war] 貧乏[失業, 戦争]を終わらせる / Brahms ~*ed* his Fourth Symphony with a passacaglia. ブラームスは彼の第 4 シンフォニーをパッサカリアで結んだ / She ~*ed* her letter *by* wishing them luck. 彼女は幸運を祈って手紙を結んだ. **2** …の端に〔…を〕つける, の先端を〔…で〕飾る〔*with*〕: a cane ~*ed with* an iron ferrule 先端に鉄の石突きをつけたステッキ. **3** 消滅させる, 殺す (kill): ~ one's own life 自ら生命を絶つ / A strong blow on the skull ~*ed* him. 頭部に強い一撃をくらって息絶えた. **4** [通例 *to* ~ として形容詞句を成して]〈すべての同種のものを〉凌(しの)ぐ (surpass): It was a [the] dinner *to* ~ all dinners. 全くまたとないご馳走だった.

énd it* (*áll*)** 《口語》自殺する. 《1911》 ***énd óff 〈演説·本などを〉結ぶ; (急に)終わる: There he ~*ed off* his lecture. そこで彼は講演の結びとした / The path ~*ed off* abruptly. その小道はぷっつりと絶えた. 《1881》 ***énd úp*** (1) 《口語》終わりとなる; 最後には〔…に〕なる, ついには〔…に〕至る〔*in, with, as*〕: I ~*ed up in* my father's business. 結局父の事業を受け継いだ / The dinner ~*ed up with* ice cream and coffee. 晩餐はアイスクリームとコーヒーで終わった / He ~*ed up as* President of the University. 最後には大学の学長となった / She ~*ed up* famous. ついには有名になった

/ She ~*ed up* (by) getting what she wanted. 最後には望むものを手に入れた. (2) 〈文などを〉終える, 閉じる. 《1921》
— *adj.* [限定的] 最後の, 最終の; 《米俗》 一番[最高]の. 〘n.: OE *ende* ← Gmc **anðja-* (Du. *einde* / G *Ende* / Goth. *andeis*) ← IE **ant-* front, forehead (Gk *antí* against / L *ante* before / Skt *anta* end). — v.: OE *endian* < Gmc **anðōjan* (Du. *einden* / G *enden*) ← **anðja-* (n.): cf. ante-, until〙

SYN 終了する: **end** 完成・未完成に関係なく今までやっていたことをやめる: Let's *end* this argument at once. 早速この議論をやめることにしよう. **finish** 特に, 最後の仕上げを施して〈着手した仕事を〉希望どおりに終わらせる: I have just *finished* the work. その仕事をやり終えたところだ. ★ 他動詞としては, *end* よりもはるかに普通, 自動詞としては *end* よりも略式的. **conclude** 一定の結末をつけた形で〈していることを〉終える (*end* よりも格式ばった語): He *concluded* his speech by saying some words of thanks. 謝辞を述べて演説を終えた. **complete** 〈特に時間のかかる仕事を〉初めから終わりまで完成する: When will your new novel be *completed*? 今度の小説はいつ完成しますか. **terminate** 長くつづいたものが限界, 期限にきて終了する (格式ばった語) The contract *terminates* on Sept. 9. その契約は 9 月 9 日に終了する.
ANT begin, commence.

---

end[2] /énd/ *vt.* 《英方言》〈干し草・穀物などを〉納屋に入れる. 〘? OE *innian* to lodge, put up〙

end[3] 《略》 endorse; endorsement.

end- /end/ (母音の前にくるときの) endo- の異形: *end*ameba.

-end /ənd, -n̩d/ *suf.* =-nd[3].

énd·àll *n.* 終結, 大団円(をもたらすもの). 《1606》

en·dam·age /ɪndǽmɪdʒ, ɛn-/ *vt.* …に損失[危害]を与える. **~·ment** *n.* 〘《c1380》 *endamage(n)*: ⇨ en-[1], damage〙

en·da·me·ba /èndəmí:bə/ *n.* (*pl.* **-bae** /-bi:/, **~s**) 〘動物〙 エンドアメーバ《主に昆虫に寄生するアメーバ》. **èn·da·mé·bic** /-mí:bɪk⁻/ *adj.* 〘《c1879》 ← NL ~: ⇨ endo-, amoeba〙

end·a·moe·ba *n.* =endameba.

end·an·ge·i·tis /èndændʒiáɪtɪ̀s | -tɪs/ *n.* 〘病理〙 血管内膜炎. 〘← ENDO-+*angeitis* (⇨ angio-, -itis)〙

en·dan·ger /ɪndéɪndʒə, ɛn- | -dʒə(r)/ *vt.* 危険に陥らせる, 危険[危難]にさらす, 危うくする: ~ one's life 生命を危うくする / The country is ~*ed* by a conspiracy. その国は謀反(むほん)のために危機にさらされている. **~·ment** *n.* 〘《1418》: ⇨ en-[1], danger〙

en·dán·gered *adj.* 〈動・植物が〉絶滅の危機にさらされた, 絶滅寸前の: an ~ mammal 絶滅の危機にさらされた哺乳動物 / ~ species 絶滅寸前の種, 絶滅危惧[危険]種. 〘《1597》: ⇨ ↑, -ed〙

Endángered Spécies Àct *n.* [the ~] 絶滅危惧種[動物]保護法.

end·a·or·ti·tis /èndeɪɔətáɪtɪ̀s | -ɔ:táɪtɪs/ *n.* 〘病理〙 大動脈内膜炎. 〘← ENDO-+AORTA+-ITIS〙

en·darch /éndaək | -da:k/ *adj.* 〘植物〙 内原型の《顕花植物の茎・葉などのように後生木部が外方へ発達する; cf. exarch[2], mesarch 1》. 〘《1900》 ← ENDO-+-ARCH[2]〙

énd aròund *n.* 〘アメフト〙 エンドアラウンド《エンドがクォーターよりボールをハンドオフされスクリメージライン内側を通り前進するトリックプレー》. 《1934》

en·dart /ɪndáət, ɛn- | -dá:t/ *vt.* (矢のように)射る. 〘《1595》 ← EN-[1]+DART〙

end·ar·te·rec·to·my /èndaətəréktəmi | -da:tə-/ *n.* 〘外科〙 動脈内膜除去(術). 〘《1950》 ← ENDARTER(I-UM)+-ECTOMY〙

endarteria *n.* endarterium の複数形.

end·ar·ter·i·tis /èndaətəráɪtɪ̀s | -da:təráɪtɪs/ *n.* 〘病理〙 動脈内膜炎. 〘《1866》 ← NL ~: ⇨ endo-, arteritis〙

end·ar·te·ri·um /èndaətíəriəm | -da:tíər-/ *n.* (*pl.* **-ri·a** /-riə/) 〘解剖〙 動脈内膜. 〘← NL ~: ⇨ endo-, artery〙

end·ar·ter·y /éndàətəri, -tri | -à:təri, -tri/ *n.* 〘解剖〙 終動脈. 〘《1880》 (なぞり) ← G *Endarterie*〙

én dàsh *n.* 〘印刷〙 2 分[半角, エン]ダッシュ《全角ダッシュの 2 分の 1》. 《1875》

énd-blòwn *adj.* 〘音楽〙 (管楽器で)吹管(すいかん)が末端についている《クラリネットのように》.

énd·bòard *n.* **1** =tailboard. **2** (本の)ボール表紙. 《c1860》

énd·bràin *n.* 〘解剖〙 終脳, 端脳. 〘《1927》 (なぞり) ← NL *telencephalon*: ⇨ telencephalon〙

énd brùsh *n.* 〘解剖〙 (神経線維の)終末刷子. 《c1891》

énd bùd [bùlb] *n.* 〘解剖〙 神経終末球. 《1710》

énd bùrner *n.* 〘宇宙〙 =restricted propellant.

énd cèll *n.* 〘電気〙 端電池《放電の始めと終わりに生じる電圧の差を補償するために開閉して用いる補助電池》.

en·dear /ɪndíə, ɛn- | -díə(r)/ *vt.* **1** 〔…にいとしく思わせる, 慕わせる 〔*to*〕: He ~*ed* himself *to* all his friends. 友人すべてに慕われるようになった / His kindness of heart ~*ed* him *to* all. 心が優しいので皆に慕われた. **2** 《廃》 値段[価値, 評価]を高くする. **3** 《廃》 恩に着せる. 〘《1580》 ← EN-[1]+DEAR[1]〙

en·déar·ing /ɪndíərɪŋ, ɛn- | -díər-/ *adj.* 心を引き付ける, かわいらしい; 親愛を表す: an ~ manner 親しみある態度 / He never speaks an ~ word to his wife. 彼は妻に優しい言葉をかけることがない. **~·ly** *adv.* 〘《1667》: ⇨ ↑, -ing[2]〙

en·déar·ment *n.* **1** 愛情, 親愛: terms of ~ 愛称, 親愛語 (cf. hypocorism). **2** (行為・言葉での)愛情の表示, 愛撫. **3** 愛着. 〘《1610》 ← ENDEAR+-MENT〙

en·deav·or, 《英》 **en·deav·our** /ɪndévə, ɛn- | -və(r)/ *vi.* **1** 〈…しようと〉努力する, 努める 〈*to do*〉 (⇨ try SYN): He ~*ed to* please everybody. 彼は皆に気に入られようと努めた. **2** 《古》 〔…を〕得ようと努める 〔*after*〕. — *vt.* 《古》 …を得ようと努める: ~ peace. — *n.* 努力, 真剣な試み: a first ~ 瀬踏み / vain ~*s* 無駄な努力 / make an ~ *to* promote their happiness 彼らの幸福を増進しようと努力する / They used their best ~*s to* maintain world peace. 彼らは世界平和を維持しようとあらゆる努力を尽くした. **~·er** /-vərə | -vərə(r)/ *n.* 〘v.: 《a1450》 *endevere(n)*: ⇨ en-[1], devoir: cf. F *se mettre en devoir* to do one's utmost. — n.: 《1417》 ← (v.)〙

En·de·cott /éndɪ̀kət, -kɑ̀(:)t | -dɪkət, -kɔ̀t/, **John** *n.* ⇨ Endicott.

en·dem·ic /ɛndémɪk, ɪn-/ *adj.* **1** 風土病(性)の, 地方病(性)の, 〈病気が〉一地方特有の (cf. epidemic 1): an ~ disease 風土[地方]病. **2** 〈動・植物が〉一国[一地方]特有の, その土地特産の (↔ exotic): ~ flowers in Japan 日本固有の花. **3** 〈思想など〉一国[一民族]特有の, 土着の: a problem ~ *to* the Western world 西側世界特有の問題. — *n.* **1** 風土病, 地方病 (⇨ epidemic SYN). **2** (動植物の)固有種. 〘《1662》 □ F *endémique* // ← NL *endēmicus* ← Gk *endēmios* native ← EN-[2]+*dêmos* people〙

en·dém·i·cal /-mɪ̀kəl, -kl̩ | -mɪ-/ *adj.* =endemic. 《1657》

en·dém·i·cal·ly *adv.* 風土的なものとして; 風土病として. 〘《1661》: ⇨ ↑, -ly[1]〙

en·de·mic·i·ty /èndəmísəti, -də- | -sɪ̀ti/ *n.* =endemism. 〘《1886》: ⇨ ↓, -ity〙

en·de·mism /éndəmɪzm/ *n.* 一地方的[風土的]性質, 風土性. 〘《1886》 ← ENDEM(IC)+-ISM〙

en·de·my /éndəmi/ *n.* 〘病理〙 地方(的)流行. 〘(逆成) ← ENDEMIC〙

énd·er *n.* 終える人[物], 完了する人[物]. 〘《c1384》: ⇨ end[1], -er[1]〙

Én·der·by Lànd /éndəbi- | -də-/ *n.* エンダービーランド《南極大陸の Queen Maud Land の東方, インド洋に面した地域; 1831 年に発見》.

end·er·gon·ic /èndə:gá(:)nɪk | -də:gɔ́n-⁻/ *adj.* 〘生化学〙 〈反応が〉エネルギーを要求する (↔ exergonic): an ~ reaction 吸エルゴン反応《自由エネルギーの増加を伴う変化》. 〘《1940》 ← ENDO-+Gk *érgon* work+-IC[1]〙

en·der·mic /ɛndə́:mɪk | -də́:-/ *adj.* 〘医学〙 〈薬など〉皮膚を通して作用する[させる], 皮膚に塗る. **en·dér·mi·cal·ly** *adv.* 〘《1831》 ← EN-[2]+DERMO-+-IC[1]〙

En·ders /éndəz | -dəz/, **John Franklin** *n.* エンダーズ (1897–1985; 米国の微生物学者; Nobel 医学生理学賞 (1954)).

en dés·ha·bil·lé /ɑ̃:(n)dèɪzəbi:éɪ, ɑ:n-, dèz-, dès-, -əbí:(l)/; *F.* ɑ̃dezabije/ *F. adv., adj.* 普段着で[の], 部屋着で[の]. 〘《1699》 □ F ~: ⇨ en[2], dishabille〙

end·ex·ine /ɛndéksi:n, -saɪn/ *n.* 〘植物〙 胞子などの外膜 (exine) の内層. 〘《1947》 ← ENDO-+EXINE〙

énd-fìre arrày *n.* 〘通信〙 縦形(指向性)アンテナ. 《1936》

énd·gàme *n.* 〘チェス・ブリッジ〙 終盤戦 (cf. middle game); 大詰め. 《1884》

éndgame stùdy *n.* 〘チェス〙 エチュード, 終盤問題 (一種の詰将棋).

énd·gàte *n.* 《米》 =tailboard. 《1905》

énd gràin *n.* (木材を軸に対して直角に切ったときの) 木口(こぐち)(の木目).

énd gròup *n.* 〘化学〙 末端基《高分子物質の末端を占める基》. 《1946》

énd·hànd *n.* 〘トランプ〙 (skat など 3 人遊びのゲームで) 最後に札を配られる人, びき《3 人だけでプレーするときは配り手自身》. 〘《1677》 (なぞり) ← G *Hinterhand*〙

En·di·cott /éndɪ̀kət, -kɑ̀(:)t | -dɪkət, -kɔ̀t/, **John** *n.* エンデコット (1588?–1665; 北米 Massachusetts 植民地の総督 (1629–30)).

end·ing /éndɪŋ/ *n.* **1** (本・劇などの)結尾, 大詰め; 結末, 終止 (termination), 終結: a happy ~ ハッピーエンド (★ happy end とはいわない) / a tragic ~ 悲劇的終局. **2** 〘文法〙 **a** (活用)語尾: the ~*s* of the verbs 動詞の語尾 / case ~*s* 格変化語尾 / plural ~*s* 複数語尾. **b** 語の尾部 (shadow の -ow のような). **3** 最期(さいご), 末期(まつご) (death). **4** 〘チェス〙 チェックメイトになる可能性が極度に少ない終盤戦. 〘lateOE *endung*〙

en·dis·tance /ɪndístəns, ɛn-/ *vt.* 〘演劇・映画〙 〈観客に距離感を抱かせる, 〈観客を〉異化する. 〘《1961》 ← EN-[1]+DISTANCE〙

en·dite /éndaɪt/ *n.* 〘動物〙 内突起, 内葉《節足動物の二枝型付属肢の各肢節から内方に出る突起; cf. exite》. 〘《1881》 ← ENDO-+-ITE[1]〙

en·dive /éndaɪv, ɑ́:ndi:v | -dɪv, -daɪv/ *n.* **1** 〘植物〙 エンダイブ, キクヂシャ, オランダヂシャ (*Cichorium endivia*) 《サラダ用; 縮れた葉の curly endive と広い葉の Batavian endive の 2 種類がある; escarole ともいう》. **2** 《米》 〘植物〙 (フランス)エンダイブ《チコリ (chicory) の一種であく抜きをしてサラダにする; French [Belgian] endive ともいう》. **3** (家具の)エンダイブ葉飾り. 〘《1373》 □ (O)F ~ □ ML *endivia* □ MGk *entúbia* □ L *intubus* ← ?: cf. Gk *entúbon* ← Egypt. *tybi* January: この月にできることから〙

énd làp *n.* 〘木工〙 相欠(あいが)き継ぎ手, 隅合い欠き《end lap joint, half lap ともいう》.

énd·lèaf *n.* 〘製本〙 =endpaper. 《1888》

end·less /éndlɪ̀s/ *adj.* **1** 果てしないような, 長々しい (interminable); 不断の, 数限りのない: an ~ argument [lecture, sermon] 果てしのない議論[講演, 説教] / ~ demands [complaints] ひっきりなしの要求[愚痴] / *Endless* attempts were made upon his life. 幾度となく彼の命はねらわれた / an ~ supply 無限の供給. **2** 果てしない, 永久に続く, 無限の (⇨ eternal SYN): the ~ mercy of God 神の無限の慈悲. **3** 〘機械〙 循環する, 継ぎ目なしの, 輪になった: an ~ band [strap] 継ぎ目なしベルト / an ~ cable 環索 / an ~ chain (自転車などの)継ぎ目なし鎖, 循環連鎖 / an ~ saw 帯のこ / an ~ screw ウォームねじ. **4** 《口語》 無数の, 数限りない. 〘OE *endelēas*: ⇨ end[1], -less〙

éndless bélt *n.* 〘機械〙 継ぎ目なしベルト. 《1909》

énd·less·ly *adv.* **1** 果てしなく, 際限なく; 永久に続くように, 無窮に. **2** 絶え間なく, やむ時なく. 〘《c1400》: ⇨ -ly[1]〙

énd·less·ness *n.* 無限, 無窮; (やむことのない)不断の連続. 〘《1340》: ⇨ -ness〙

énd lìne *n.* 〘球技〙 エンドライン. 《1893》

énd·lòng *adv.* 《古》 **1** 縦に (lengthwise). **2** 直立して, 垂直に (vertically). 〘《?a1200》 ← END[1] (n.)+-LONG ∞ ME *endelong* < OE *andlang* 'ALONG'〙

énd màn *n.* **1** 列の端の人. **2** minstrel show の列の両端の芸人《拍子木やタンバリンを打ち鳴らし列の中央の司会役 (interlocutor) と掛け合いをする》. 《1865》

énd màtter *n.* 〘印刷〙 後付け (⇨ back matter). 《1966》

énd-mèmber *n.* 〘鉱物〙 端成分(たんせいぶん)《固溶体の素成分の一つ》.

énd mìll *n.* 〘機械〙 底(そこ)フライス, エンドミル《円筒面と共に軸に直角な端面にも切刃をもっているフライス》.

énd moràine *n.* 〘地質〙 末端氷堆石(ひょうたいせき) (terminal moraine). 《1954》

énd·mòst *adj.* 一番端の; 一番遠方の. 〘《1775》 ← END[1] (n.)+(HIND)MOST〙

énd·nòte *n.* 後注《本文または章末の注; cf. footnote》. 《1926》

en·do- /éndou | -dəu/ 科学用語で次の意味を表す連結形: **1** 「内, 内部 (within, internal)」(↔ ecto-, exo-; cf. ento-): *endo*blast, *endo*centric. **2** 「吸収, 包含」: *endo*thermal. **3** 〘化学〙 「環状構造中の 2 原子を連結する」: *endo*ethylenic. ★ 母音の前では通例 end- になる. 〘← Gk *éndon* within ← EN-[2]+**dom-* (cf. *dómos* house: ⇨ dome)〙

èndo·adaptátion *n.* 〘生物〙 内適応《体内の器官の他の器官に対する適応; cf. exoadaptation》. 〘⇨ ↑, adaptation〙

èndo·an·gi·í·tis /-ændʒiáɪtɪ̀s | -tɪs/ *n.* 〘病理〙 = endangeitis.

èndo·aortítis *n.* 〘病理〙 =endaortitis.

èndo·arterítis *n.* 〘病理〙 =endarteritis.

èndo·biótic *adj.* 〘生物〙 生物体内生の《他の生物の体内で生活することをいう》. 〘《1900》 ← ENDO-+-BIOTIC〙

en·do·blast /éndəblæ̀st/ *n.* 〘生物〙 内胚葉 (endoderm) となる細胞 (cf. ectoblast). **en·do·blas·tic** /èndəblǽstɪk | -də(ʊ)-⁻/ *adj.* 〘《1857》 ← ENDO-+-BLAST〙

endocardia *n.* endocardium の複数形.

en·do·car·di·al /èndoukáədiəl | -də(ʊ)ká:diəl/ *adj.* (*also* **en·do·car·di·ac** /èndoukáədiæ̀k | -də(ʊ)-ká:di-/) 〘解剖〙 **1** (まれ) 心臓内の (intracardiac). **2** 心内膜 (endocardium) の[に関する]. 〘《1847–49》 ← ENDO-+Gk *kardía* heart (⇨ cardio-)+-AL[1]〙

en·do·car·di·tis /èndoukaədáɪtɪ̀s | -də(ʊ)ka:dáɪtɪs/ *n.* 〘病理〙 心内膜炎. **èn·do·car·dít·ic** /-dítɪk | -dít-⁻/ *adj.* 〘《1836–39》 ← NL ~: ⇨ ↓, -itis〙

èn·do·cár·di·um /-káədiəm | -ká:di-/ *n.* (*pl.* **-di·a** /-diə | -diə/) 〘解剖〙 心内膜. 〘《c1864》 ← NL ~ ← ENDO-+-*cardium* (← Gk *-kardion* ← *kardía* heart)〙

en·do·carp /éndəkàəp | -də(ʊ)kà:p/ *n.* 〘植物〙 内果皮 (cf. pericarp). **en·do·car·pal** /èndəkáəpəl, -pl̩ | -də(ʊ)ká:-⁻/, **èn·do·cár·pic** /-pɪk⁻/ *adj.* 〘《1830》 □ F *endocarpe*: ⇨ endo-, -carp〙

en·do·car·poid /èndəkáəpɔɪd | -də(ʊ)ká:-/ *adj.* 〘植物〙 裸子器内生の《地衣体の内部に裸子器の生じた》. 〘← NL *endocarpon*: ⇨ ↑, -oid〙

endo·càst *n.* =endocranial cast.

en·do·cen·tric /èndouséntrɪk | -dəu-⁻/ *adj.* 〘言語〙 内心的な (↔ exocentric): an ~ construction 内心的構造《中心語が語群全体と同じ機能を果たすもの; 例: hot water, bad work はそれぞれ water, work と同じ名詞的機能をもっている》. 〘《1933》 ← ENDO-+-CENTRIC〙

èndo·commènsal *n.* 〘生物〙 内部共生動物[植物] (↔ ectocommensal; cf. commensal 2).

endocrania *n.* endocranium の複数形.

én·do·cra·ni·al cást /èndoukréɪniəl-, də- | -də(ʊ)-/ *n.* 〘文化人類学〙 頭蓋(とうがい)内鋳型《おおざっぱに脳の容積や形を示す頭蓋腔の型; endocast ともいう》. 《1924》

en·do·cra·ni·um /èndoukréɪniəm, -də- | -də(ʊ)-/ *n.* (*pl.* **-ni·a** /-niə/) 〘解剖〙 頭蓋内膜《頭蓋腔を包む膜》. 〘《1877》 ← ENDO-+CRANIUM〙

en·do·crine /éndəkrɪ̀n, -kràɪn, -krì:n | -də(ʊ)kràɪn, -krɪn, -krì:n/ 〘生理〙 *n.* (*also* **en·do·crin** /-krɪ̀n | -krɪn/) **1** =endocrine gland. **2** 内分泌物, ホルモン. — *adj.*

1 内分泌の (↔ exocrine). 2 内分泌腺[器官]の: ~ disorders [function] 内分泌(性)疾患[の作用]. **en·do·cri·nal** /èndəkráɪnl̩, -krí:nl̩, -krínl̩ | -də(ʊ)-kráɪnl̩, -krí:nl̩ˈ/ *adj.* **en·do·crin·ic** /èndəkrínɪkˈ/ *adj.* **en·doc·ri·nous** /ɛndá(:)krənəs | -dɔ́krɪ-/ *adj.* 〖(1914) ← ENDO-＋-*crine* (← Gk *krínein* to separate)〗

éndocrine-disrùpting chémical *n.* [通例 *pl.*] 内分泌攪乱(こう)化学物質 (環境ホルモン; 略 EDC).

éndocrine disrùptor [disrùpter] *n.* ＝endocrine-disrupting chemical.

éndocrine glànd *n.* 〘生物〙内分泌腺 (甲状腺・副腎・下垂体・性腺など; ↔ exocrine gland). 〖1914〗

E **en·do·cri·nol·o·gy** /èndəkrɪ̆nɑ́(:)ləʤi, -kraɪ-, -kri:- | -də(ʊ)kraɪnɔ́l-/ *n.* 〘医学〙内分泌学 (↔ exocrinology). **en·do·cri·no·log·ic** /èndəkrìnəlɑ́(:)ʤɪk, -kràɪ-, -krì:- | -lɔ́ʤ-ˈ/ *adj.* **èn·do·cri·no·lóg·i·cal** /-ʤɪ̆kəl, -kl̩ | -ʤɪ-/ *adj.* **èn·do·cri·nól·o·gist** /-ʤɪ̆st | -ʤɪst/ *n.* 〖(1913) ← ENDO-CRINE＋-LOGY〗

èndo·cúticle *n.* 〘昆虫〙内クチクラ (昆虫の 3 層よりなるクチクラ (cuticle) の内層部). 〖(1929) ← ENDO-＋CUTICLE〗

en·do·cyt·ic /èndəsítɪk | -tɪkˈ/ *adj.* 〘生物〙エンドシトーシス (endocytosis) の. 〖⇨ ↓, -ic¹〗

en·do·cy·to·sis /èndəsaɪtóʊsɪ̆s | -sɪs/ *n.* (*pl.* **-to·ses** /-si:z/) 〘生物〙飲食作用, エンドシトーシス (細胞が食作用や飲細胞活動で物質を内部へ取り込む働き; ↔ exocytosis). **en·do·cy·tot·ic** /èndəsaɪtɑ́(:)tɪk | -tɔ́t-ˈ/ *adj.* 〖(1963) ← ENDO-＋CYTO-＋-OSIS〗

èndo·dèrm *n.* 1 〘生物〙内胚葉 (cf. ectoderm, mesoderm). 2 〘植物〙内皮層 (大胞子嚢(のう)の内側にある). 〖(1835) ☐ F *endoderme*: ⇨ endo-, -derm〗

èndo·dérmal *adj.* 1 〘生物〙内胚葉の. 2 〘植物〙内皮層に関する. 〖(1877) ← ENDO-＋DERMAL〗

èndo·dérmic *adj.* 1 〘生物・植物〙＝endodermal. 2 〘医学〙皮内(性)の: (an) ~ injection 皮内注射. 〖(1877) ← ENDO-＋DERMIC〗

èndo·dérmis *n.* 〘植物〙内皮 (厚皮と中心柱の間の細胞層). 〖(1884) ← NL ~: ⇨ endo-, dermis〗

en·do·don·ti·a /èndədɑ́(:)nʃiə | -dɔ́n-/ *n.* 〘歯科〙歯内療法学. 〖(1946) ← NL ~: ⇨ endo-, -odont, -ia¹〗

en·do·don·tic /èndədɑ́(:)ntɪk | -dɔ́nt-ˈ/ *adj.* 〘歯科〙歯内療法(学)の. **èn·do·dón·tal** *adj.* **èn·do·dón·ti·cal·ly** *adv.* 〖(1946): ⇨ ↑, -ic¹〗

en·do·dón·tics /èndədɑ́(:)ntɪks | -dɔ́nt-/ *n.* 〘歯科〙＝endodontia. 〖(1946): ⇨ ↑, -ics〗

èn·do·dón·tist /-tɪ̆st | -tɪst/ *n.* 〘歯科〙歯内療法専門医. 〖1946〗

en·do·don·ti·um /èndoʊdɑ́(:)nʃiəm | -də(ʊ)dɔ́n-/ *n.* 〘解剖〙歯髄. 〖← NL ~: ⇨ endodontia, -ium〗

èndo·énzyme *n.* 〘生化学〙内酵素 (細胞内のみにあって働く酵素; ↔ exoenzyme). 〖(*c*1909) ← ENDO-＋ENZYME〗

en·do·er·gic /èndoʊə́:ʤɪk | -dəʊə́:-ˈ/ *adj.* 〘物理・化学〙〈核反応が〉吸エネルギーの, 吸熱の, エネルギー吸収を伴う (↔ exoergic; cf. endothermic): an ~ reaction 吸熱反応. 〖(1940) ← ENDO-＋Gk *érgon* work＋-IC¹: ⇨ erg¹〗

èndo·erythrocýtic *adj.* 〘医学〙〈マラリア原虫など〉赤血球内にある. 〖← ENDO-＋ERYTHROCYTE＋-IC¹〗

énd-of-dáy glàss *n.* スパターグラス (spatter glass) (種々の色を混ぜ合わせて作った装飾用ガラス). 〖(1981): ガラス職工が'一日の仕事の終わり' に屑ガラスを溶かして作ったガラスに例えたもの〗

en·do·gam·ic /èndoʊgǽmɪk | -də(ʊ)-ˈ/ *adj.* 〘社会学・植物〙＝endogamous. 〖1873〗

en·dog·a·mous /ɛndɑ́(:)gəməs | -dɔ́g-/ *adj.* 1 〘社会学〙同族[族内]結婚の (↔ exogamous). 2 〘植物〙自家受粉の. 〖(1865) ← ENDO-＋-GAMOUS〗

en·dog·a·my /ɛndɑ́(:)gəmi | -dɔ́g-/ *n.* 1 〘社会学〙同族[族内]結婚 (↔ exogamy). 2 〘植物〙自家受粉. 〖(1865) ← ENDO-＋-GAMY〗

en·do·ge·al /èndoʊʤí:əl | -də(ʊ)-ˈ/ *adj.* 〘生態〙地中性の (地上性 (epigeal) と地下性 (hypogeal) との中間に位置する動物にいう; cf. aerial 2 b). 〖← ENDO-＋(EPI-)GEAL, (HYPO)GEAL〗

en·do·ge·an /èndoʊʤí:ən | -də(ʊ)-ˈ/ *adj.* ＝endogeal.

en·do·gen /éndəʤɪ̆n, -ʤèn/ *n.* 〘植物〙内長茎植物 (単子葉植物の旧名; その茎が内部から生長するものと誤って考えられた; ↔ exogen). 〖(1842) ☐ F *endogène*: ⇨ endo-, -gen〗

en·do·gen·ic /èndoʊʤénɪk | -də(ʊ)-ˈ/ *adj.* 〘地質〙内因性の (↔ exogenous): ~ process 内因的作用[営力]. 〖(*c*1904) ☐ G *endogenisch*: ⇨ ↑, -ic¹〗

en·dog·e·nous /ɛndɑ́(:)ʤənəs | -dɔ́ʤɪ-/ *adj.* (↔ exogenous) 1 〘植物〙〈芽胞など〉内部生長[発生]的な, 内生の: ~ spores 内生芽胞 / ~ branching 内生分枝. 2 〘生理・生化学〙(細胞や組織の)体内に由来する, 内因的な, 内因栄養の. 3 〘医学〙〈病気が〉内因性の. 4 〘解剖〙自生の, 自己発生的な (autogenous). 5 〘経済〙内生的な: an ~ sector 内生部門. **~·ly** *adv.* 〖(1830) ← F *endogène* endogenous: ⇨ endogen, -ous: cf. exogenous〗

en·dog·e·ny /ɛndɑ́(:)ʤəni | -dɔ́ʤɪ-/ *n.* 〘生物〙生物体の内部に形成されること; (芽胞などの)内生. 〖(1882) ← ENDO-＋-GENY〗

èn·do·líth·ic /èndəlíθɪkˈ/ *adj.* 〘生態〙〈ある種の藻類などが〉岩内生の (岩石サンゴなどの中で生活する).

endo·lymph /éndəlìmf/ *n.* 〘解剖〙内リンパ (内耳の膜迷路の中の液; cf. perilymph). **èndo·lymphátic** *adj.* 〖(1836–39) ← ENDO-＋LYMPH〗

èndo·mésoderm *n.* 〘生物〙＝mesendoderm.

endometria *n.* endometrium の複数形.

èndo·metriósis *n.* 〘病理〙子宮内膜症, エンドメトリオーシス. 〖(1925) ← NL ~: ⇨ endometrium, -osis〗

èndo·metrítis *n.* 〘病理〙子宮内膜炎. 〖(1872) ← NL ~: ⇨ ↓, -itis〗

en·do·me·tri·um /èndoʊmí:triəm | -də(ʊ)mítri-/ *n.* (*pl.* **-tri·a** /-triə/) 〘解剖〙子宮内膜. **èn·do·mé·tri·al** /-triəlˈ/ *adj.* 〖(1882) ← ENDO-＋Gk *mḗtra* womb＋-IUM〗

èndo·mitósis *n.* 〘生物〙核内有糸分裂. **èndo·mitótic** *adj.* 〖(1942) ← ENDO-＋MITOSIS〗

en·do·mix·is /èndəmíksɪ̆s | -də(ʊ)míksɪs/ *n.* 〘動物〙エンドミクシス, 単独混合, 内混 (繊毛虫類の一部に見られる自家生殖で, 2 個体間に行われるべき接合が 1 個体の中で行われて, 核の改造がなされる). **en·do·mic·tic** /èndəmíktɪk | -də(ʊ)-ˈ/ *adj.* 〖(1914) ← ENDO-＋NL *-mixis* (← Gk *mîxis* act of mixing: ⇨ mix)〗

éndo·mòrph *n.* 1 〘鉱物〙内包鉱物 (他の鉱物の内に包まれる鉱物; ↔ perimorph). 2 〘心理〙内胚葉型の人 (W. H. Sheldon の体型分類の一つ; 肥満体を特徴とする; cf. ectomorph, mesomorph 2). 〖(1882) ← ENDO-＋-MORPH〗

èndo·mórphic *adj.* 1 〘地質〙内変[混成]的な. 2 〘心理〙内胚葉型の. 〖(1888): ⇨ ↑, -ic¹〗

èndo·mórphism *n.* 1 〘地質〙混成 (迸入(へいにゅう)火成岩塊中に周囲の岩石が取り込まれて起こる変化). 2 〘数学〙自己準同形[型]写像, 自己準同形[型] (代数系の自分自身への準同形[型]写像; cf. homomorphism 6). 〖(1909): ⇨ ↑, -ism: cf. F *endomorphisme*〗

endomórphism rìng *n.* 〘数学〙自己準同形環 (加群または環の自己準同形写像 (endomorphism) 全体の作る環).

éndo·mòrphy *n.* 〘心理〙内胚葉型. 〖← ENDOMORPH＋-Y¹〗

énd-ón *adj.* [限定的] 1 真っ向からの, 真っ向の: an ~ attack [collision] 真っ向からの攻撃[衝突]. 2 〘教育〙産学連続式の (学生が修学と工場業務とを半年交代で行う): ~ courses 産学連続課程 (★ 最近は sandwich course という方が普通). 3 〘鉱山〙〈石炭などの継ぎ目細工が〉炭芽(たんが)[劈開(へきかい)面]に直角な. 〖1834〗

en·do·neu·ri·um /èndoʊnjʊ́ᵊriəm | -də(ʊ)njʊ́ər-/ *n.* (*pl.* **-ri·a** /-riə/) 〘解剖〙神経内膜 (末梢神経の神経線維を分ける結合組織). 〖← NL ~ ← ENDO-＋NEURO-＋-IUM〗

èndo·núclease *n.* 〘生化学〙内ヌクレアーゼ (デオキシリボ核酸 (deoxyribonucleic acid) 連鎖の内部を分断してばらばらに破壊する酵素; ↔ exonuclease). 〖(1962) ← ENDO-＋NUCLEASE〗

énd-òn wòrking *n.* 〘鉱山〙石炭の炭目(すじ)や節理あるいは滑り面に直角方向に炭層を採掘すること.

èndo·párasite *n.* 〘動物〙内部寄生虫, 体内寄生虫 (宿主体内で生活する寄生虫; ↔ ectoparasite). **èndo·parasític** *adj.* 〖(*c*1882) ← ENDO-＋PARASITE〗

èndo·párasitism *n.* 〘動物〙内部寄生.

èndo·péptidase *n.* 〘生化学〙エンドペプチダーゼ (蛋白のペプチッド連鎖の内部のペプチッド結合を加水分解する酵素; cf. proteinase; ↔ exopeptidase). 〖(1936) ← ENDO-＋PEPTIDE＋-ASE〗

èndo·perídium *n.* 〘植物〙内子殻 (cf. peridium). 〖← NL ~: ⇨ endo-, peridium〗

en·doph·a·gous /ɛndɑ́(:)fəgəs | -dɔ́f-ˈ/ *adj.* 〘動物〙内食性の (小形の動物が食物の中に入り込んで内部から食べていくことにいう; ↔ ectophagous). 〖← ENDO-＋-PHAGOUS〗

en·do·pha·sia /èndəféɪʒə, -ʒiə | -də(ʊ)féɪziə, -ʒiə/ *n.* 〘心理〙内言語, 内言 (聴取可能な発声を伴わない内的言語; ↔ exophasia). 〖☐ It. *endofasia*: ⇨ endo-, -phasia〗

en·doph·o·ra /ɛndɑ́(:)fərə | -dɔ́f-/ *n.* 〘文法〙内部照応 (名詞・代名詞などが言語コンテクスト内の対象を指示する場合の照応; 既出の事柄を指示する場合は anaphora (前方照応), これから述べる事柄を指示する場合は cataphora (後方照応) という; cf. exophora).

en·do·phyte /éndəfàɪt | -də(ʊ)-/ *n.* 〘植物〙内部寄生植物, 内生植物 (他の植物体の内部に生活するが, 寄生するとは限らない). 〖(1835) ← ENDO-＋-PHYTE〗

en·do·phyt·ic /èndəfítɪk | -tɪkˈ/ *adj.* 1 〘植物〙〈植物が〉内部寄生の, 内生の. 2 〘病理〙〈腫瘍など〉内部に向けて増殖する (↔ exophytic). **èn·do·phýt·i·cal·ly** *adv.* 〖(1887) ← ENDO-＋-PHYTIC〗

en·do·plasm /éndəplæ̀zm | -də(ʊ)-/ *n.* 〘生物〙内質 (細胞質 (cytoplasm) の内層; ↔ ectoplasm). **en·do·plas·mic** /èndəplǽzmɪkˈ/ *adj.* 〖(1882) ← ENDO-＋-PLASM: cf. ectoplasm〗

endoplásmic retículum *n.* 〘生物〙小胞体, 細胞質網状構造 (電子顕微鏡で細胞質にみられる網状または膜状の構造). 〖1947〗

en·dop·o·dite /ɛndɑ́(:)pədàɪt | -dɔ́p-/ *n.* 〘動物〙(甲殻類の)内肢, 内枝 (↔ exopodite). **en·dop·o·dit·ic** /ɛndɑ̀(:)pədítɪk | -dɔ̀pədít-ˈ/ *adj.* 〖(1870) ← ENDO-＋-POD¹＋-ITE¹〗

éndo·pòlyploid *adj.* 〘生物〙内部倍数体. 〖(1951) ← ENDO-＋POLYPLOID〗

éndo·pòlyploidy *n.* 〘生物〙内部倍数性. 〖(1945) ← ENDO-＋POLYPLOIDY〗

en·do·proct /éndəprɑ̀(:)kt | -də(ʊ)prɔ̀kt/ *adj.*, *n.* 〘動物〙＝entoproct. 〖← NL *Endoprocta* (↓)〗

En·do·proc·ta /èndəprɑ́(:)ktə | -də(ʊ)prɔ́k-/ *n. pl.* 〘動物〙内肛動物門. 〖← NL ~ ← ENDO-＋*-procta* (← Gk *prōktós* anus)〗

Èndo·pterygóta *n. pl.* 〘昆虫〙内翅類 (新翅類の中の一群; Exopterygota に対して用いられる). 〖← NL ~ ← ENDO-＋Gk *pterugōtá* (neut. pl.) winged insects: ⇨ pterygoid〗

èndo·ptérygote *adj.* 〘昆虫〙内翅類の. 〖(1928) ← NL *Endopterygota* (↑)〗

èndo·rádiosonde *n.* 〘医学〙体内挿入用ラジオゾンデ. 〖(1957) ← ENDO-＋RADIOSONDE〗

énd òrgan *n.* 〘生理〙(神経の)末端器官; 終末器官. 〖1917〗

en·do·rhe·ism /èndərí:ɪzm | -də(ʊ)-/ *n.* 〘地理〙(Tarim 盆地などのように, 海洋に直接通じる河流がない) 内部流域, 内陸流域; その状態. **èn·do·rhé·ic** /-rí:ɪkˈ/ *adj.* 〖(1963) ← ENDO-＋Gk *rheîn* to flow＋-ISM〗

en·dor·phin /ɛndɔ́əfɪ̆n | -dɔ́:fɪn/ *n.* 〘生化学〙エンドルフィン (モルヒネ様作用を示す内因性ペプチドの一種; 鎮痛作用がある). 〖(1975) ← ENDO(GENOUS)＋(MO)RPHINE〗

en·dors·a·ble /ɪ̆ndɔ́əsəbl̩, ɛn- | ɪ̆ndɔ́:s-, ɛn-/ *adj.* 裏書できる, 保証できる. 〖(1704): ⇨ ↓, -able〗

en·dorse /ɪ̆ndɔ́əs, ɛn- | -dɔ́:s/ *vt.* 1 〈人の言説などを〉是認する, 支持する (⇨ approve SYN); 裏書する, 保証する; (広告文で)〈商品などを〉保証[推薦]する: ~ a person's opinion 人の意見を是認する / ~ a policy ある政策を支持する / Communism does not ~ free enterprise. 共産主義は自由企業を是認しない / His latest play is highly ~*d* by the critics. 彼の最近の戯曲は批評家たちから大いに推奨されている. 2 a 〈注意書き・内容の説明・批評などを〉(書類の裏に)書き入れる (*on*): ~ some words on (the back of) a document. b (英)〈運転免許証・酒屋の営業許可証〉に違反行為を書き入れる: have one's licence ~*d* 免許証に違反事件を書き入れられる. 3 〘商業〙 a 受取人として〈小切手〉に署名裏書する: ~ a bill, check, promissory note, etc. b 〈手形・小切手・証書などに〉署名する (*on*). c 〈小切手・手形などに〉裏書して(…を)受取人に指定する (*to*). d (書類に)署名して〈指定金額〉の領収を確認する.

endórse óff (手形などに裏書して)〈額面金額〉の一部領収を証明する. (1686) ***endórse óut*** (アフリカ南部)〈黒人を〉都市から田舎へ追い払う (黒人の都会への流入を抑制する方法の一部). (1963) ***endórse óver*** 〈手形など〉に裏書して権利を(…に)譲り渡す (*to*). (1873)

— *n.* 〘紋章〙盾の ¹/₈ 幅の縦帯.

〖(1547) ☐ ML *indorsāre* ← IN-¹＋L *dorsum* back ∞ ME *endosse*(n) ☐ (O)F *endosser*〗

en·dórsed *adj.* 1 〘紋章〙〈縦帯 (pale) が〉二本の細帯に挟(はさ)まれた (cf. cotised). 2 ＝addorsed. 〖(*c*1500): ⇨ ↑, -ed〗

en·dor·see /ɪ̆ndɔ̀əsí:, ɛn-, èndɔə- | èndɔ:-/ *n.* 被裏書人, 譲受人 (裏書によって指定された受取人). 〖(1754): ⇨ ↑, -ee¹: cf. endorser〗

en·dórse·ment *n.* 1 保証, 是認 (approval); 推薦, 推奨 (recommendation): the ~ of a statement ある陳述の是認 / ~ money (運動選手などが受ける用具の)推薦広告料. 2 a 裏書; 裏書記名; 裏書注意(など) (cf. enfacement). b (英) (免許証への)違反の書入れ. 3 (小切手などの支払確認の)署名. 4 〘広告〙(商品などの)保証. 5 〘保険〙裏書 (保険証券記載事項の変更). 〖(1547) ← ENDORSE＋-MENT〗

en·dórs·er *n.* (*also* **en·dór·sor**) 裏書(譲渡)人. 〖(1682) ← ENDORSE＋-ER¹〗

en·do·sarc /éndəsɑ̀ək | -də(ʊ)sɑ̀:k/ *n.* 〘生物〙内肉, 内質 (endoplasm) (↔ ectosarc). 〖← ENDO-＋*sarc* (← Gk *sark-*, *sárx* flesh: ⇨ sarco-)〗

en·do·scope /éndəskòʊp | -skəʊp/ *n.* 1 〘医学〙内視鏡 (胃・腸・子宮・気管支などの検査用; cf. gastrofiberscope, gastroscope). 2 検査鏡 (真珠の天然・人造を鑑別するため穴を開けてその内面を調べるときに用いる). **en·dos·co·pist** /ɛndɑ́(:)skəpɪ̆st | -dɔ́skəpɪst/ *n.* 〖(1861) ← ENDO-＋-SCOPE〗

en·dos·co·py /ɛndɑ́(:)skəpi | -dɔ́s-/ *n.* 〘医学〙内視鏡検査法. **en·do·scop·ic** /èndəskɑ́(:)pɪk | -skɔ́p-ˈ/ *adj.* **èn·do·scóp·i·cal·ly** *adv.* 〖(1861): ⇨ ↑, -y¹〗

èndo·skéleton *n.* 〘動物〙内骨格 (脊椎動物の骨格など; cf. exoskeleton). **èndo·skéletal** *adj.* 〖(1839–47) ← ENDO-＋SKELETON〗

en·dos·mo·sis /èndɑ(:)zmóʊsɪ̆s, -dɑ(:)s- | -dɔz-mə́ʊsɪs, -dɔs-/ *n.* (*pl.* **-mo·ses** /-si:z/) 〘物理化学〙1 内浸透 (隔膜などを通しての浸入; cf. osmosis 1). 2 急性浸透 (cf. exosmosis). **en·dos·mot·ic** /èndɑ(:)zmɑ́(:)tɪk, -dɑ(:)s- | -dɔzmɔ́t-, -dɔs-ˈ/ *adj.* **èn·dos·mót·i·cal·ly** *adv.* 〖(1825) ← NL ~: ⇨ endo-, osmosis〗

éndo·spèrm *n.* 〘植物〙胚乳, 内乳 (cf. perisperm). **èndo·spér·mic** *adj.* **èndo·spér·mous** *adj.* 〖(*c*1850) ☐ F *endosperme*: ⇨ endo-, sperm〗

éndosperm nùcleus *n.* 〘植物〙二つの極核と精核の合一によって生じた 3 倍体の核. 〖*c*1900〗

en·do·spore /éndəspɔ̀ə | -spɔ̀:ʳ/ *n.* 1 〘植物〙＝intine. 2 〘細菌〙内生胞子 (↔ exospore). **en·do·spor·ic** /èndəspɔ́:rɪk | -də(ʊ)-ˈ/ *adj.* **en·do·spor·ous** /èndəspɔ́:rəs, ɛndɑ́(:)spər- | -də(ʊ)-spɔ́:r-ˈ/ *adj.* 〖(1875) ← ENDO-＋-SPORE〗

èn·do·spó·ri·um /-spɔ́:riəm/ *n.* (*pl.* **-ri·a** /-riə/)

〘植物〙=intine. 〚← NL ～: ⇨ ↑, -ium〛

endostea *n.* endosteum の複数形.

end·os·te·al /ɛndá(ː)stiəl | -dɔ́s-/ *adj.* 〘解剖〙骨内膜(endosteum) の, (軟)骨内に存在する. **～·ly** *adv.* 〚1868〛

éndo·stèrnite *n.* 〘動物〙内腹板《節足動物の腹部の体節の内面にあるキチン質の板》. 〚(1877) ← ENDO-＋*sternum*＋-ITE[1]〛

en·dos·te·um /ɛndá(ː)stiəm | -dɔ́s-/ *n.* (*pl.* **-te·a** /-tiə/) 〘解剖〙骨内膜. 〚(*c*1881) ← NL ～ ← ENDO-＋Gk *ostéon* bone: ⇨ osteo-〛

en·dos·to·sis /ɛ̀ndɑstóusɪ̀s | -dɔstə́usɪs/ *n.* (*pl.* **-to·ses** /-siːz/) 〘解剖〙軟骨内骨形成. 〚1870〛

en·do·style /ɛ́ndəstàɪl | -də(ʊ)-/ *n.* 〘動物〙内柱《ナメクジウオ・ホヤ類・円口類の鰓袋(さいたい)の腹面正中線を走る鰓下溝(さいかこう)の壁に発達する腺様組織》. 〚1854〛

en·do·sul·fan /ɛ̀ndəsʌ́lfæn | -də(ʊ)-/ *n.* 〘薬学〙エンドサルファン《塩素化硫酸塩 (chlorinated sulfate) を含む強力殺虫剤》. 〚(1962)? ← END(RIN)＋-O-＋SULFO-＋-AN[2]〛

èndo·symbiósis *n.* 〘生物〙内共生《宿主の体内で見られる共生》. 〚(*c*1940) ← NL ～: ⇨ endo-, symbiosis〛

en·do·the·ci·um /ɛ̀ndəθíːʃiəm, -siəm | -də(ʊ)-θíːsiəm/ *n.* (*pl.* **-ci·a** /-ʃiə, -siə | -siə/) 〘植物〙 **1** 葯(やく)の花粉室の内側壁の内膜. **2** (コケ類の)内側壁《胞子嚢(のう)内の裂開組織》. **3** 花粉粒の内層. **èndo·thécial** *adj.* 〚(1832) ← NL ～ ← ENDO-＋-*thecium* (← Gk *thēkíon* little case (dim.) ← *thḗkē* case: ⇨ theca)〛

en·do·the·li- /ɛ̀ndəθíːli | -də(ʊ)-/ (母音の前にくるときの) endothelio- の異形.

endothelia *n.* endothelium の複数形.

en·do·the·li·al /ɛ̀ndəθíːliəl | -də(ʊ)-ˊ/ *adj.* 〘解剖〙内皮 (endothelium) の. 〚(1876): ⇨ ↓, -al[1]〛

en·do·the·li·o- /ɛ̀ndəθíːliou | -də(ʊ)θíːliəʊ/ 〘解剖〙「内皮 (endothelium)」の意の連結形. ★ 母音の前では通例 endotheli- になる. 〚← ENDOTHELIUM〛

en·do·the·li·o·ma /ɛ̀ndəθìːlióumə | -də(ʊ)θìːliə́ʊ-/ *n.* (*pl.* **～s, ～·ta** /～tə | ～tə/) 〘病理〙内皮腫(しゅ). 〚(1880) ← ENDOTHELIO-＋-OMA〛

en·do·the·li·um /ɛ̀ndəθíːliəm | -də(ʊ)-/ *n.* (*pl.* **-li·a** /-liə/) **1** 〘解剖・動物〙内皮 (cf. epithelium). **2** 〘植物〙(種子の)内皮《種皮の内層がくずれて栄養組織となった部分》. 〚(1872) ← NL ～ ← ENDO-＋Gk *thēlḗ* nipple＋-IUM〛

en·do·the·loid /ɛ̀ndəθíːlɔɪd | -də(ʊ)-ˊ/ *adj.* 〘解剖・動物〙内皮細胞様の. 〚(1866) ← ENDOTHELIO-＋-OID〛

éndo·thèrm *n.* 温血動物. 〚(1946) ← ENDO-＋-THERM〛

èndo·thérmal *adj.* =endothermic.

èndo·thérmic *adj.* **1** 〘物理・化学〙吸熱の; 吸熱を伴う (↔ exothermic): an ～ reaction 吸熱反応. **2** 温血の. **èndo·thérmically** *adv.* **èndo·thérmism** *n.* 〚(1884) ← ENDO-＋THERMIC〛

èndo·tóxin *n.* 〘生化学〙(菌体)内毒素《細菌体内にある毒性物質の総称; ↔ exotoxin》. **èndo·tóxic** *adj.* 〚(1904) ← ENDO-＋TOXIN〛

èndo·tóxoid 〘免疫〙 *n.* エンドトキソイド《菌体内毒素から得られる変性毒素》. **—** *adj.* エンドトキソイドの. 〚⇨ ↑, -oid〛

èndo·trácheal *adj.* 〘医学〙気管内の; 気管内を通じての: ～ anesthesia. 〚(1910) ← ENDO-＋TRACHEAL〛

en·do·troph·ic /ɛ̀ndoutrɑ́(ː)fɪk, -tróu- | -dəʊtrɔ́f-ˊ/ *adj.* 〘植物〙〈菌根が〉内生の (↔ ectotrophic): ～ mycorrhiza 内菌根. 〚(1899) ← ENDO-＋-TROPHIC〛

en·dow /ɪndáu, ɛn-/ *vt.* **1** …に〔特権などを〕与える〔*with*〕; [特に p.p. 形で] …に〔才能などを〕賦与する, 授ける〔*with*〕: ～ a person *with* natural gifts [faculties, qualities] 人に生まれながらの天分[才能, 性質]を授ける / a man richly ～*ed* by nature 天分の豊かな人 / He is well ～*ed with* brains. 彼は十分な知力に恵まれている. **2** 〈美質などが〉…にあると考える〔*with*〕: He ～*ed* her *with* all the imaginable virtues. 彼女にはあらゆる美徳がすべて備わっていると彼は考えた. **3** 〈学校・病院・慈善院などに永久的財源を遺贈[寄付]する, 基金[財産]を寄付する: ～ a public institution 公共機関に基金を寄付する / an ～*ed* school 基本財産をもつ学校, 財団法人組織学校. **4** 《廃》〈女性〉に持参金[寡婦産] (dower) を与える. **～·er** *n.* 〚(1375) *endoue(n)* □ AF *endouer* ← EN-[1]＋(O)F *douer* to bestow (< L *dōtāre*): cf. dower〛

en·dow·ment /ɪndáumənt, ɛn-/ *n.* **1** (基金の)遺贈, 寄付: give a large ～ to an educational project 教育事業に大金を寄付する. / The ～ of the school took time. 学校への基金の寄付には時間がかかった. **2** (公共機関の)基本財産, 基金, 財団; (個人の)養老資金. **3** [通例 *pl.*] 資性, (生まれつきの)才能 (cf. acquirements): mental ～*s* 知的才能 / natural ～*s* 天賦の才能. **4** = endowment insurance; endowment policy. **5** 《豪》児童手当金. **6** 〘モルモン教〙エンダウメント《過去・現在の神権時代 (dispensation) に関する教えと儀式; 神殿の中でのみ与えられる》. 〚(1447) □ AF *endouement*: ⇨ ↑, -ment〛

endówment assùrance *n.* 《英》=endowment insurance. 〚1865〛

endówment insùrance *n.* 養老保険《被保険者が保険期間内に死亡した際にも, 保険期間の満期まで生存した場合にも, 保険金が支払われる生命保険; cf. pure endowment》. 〚1889〛

endówment mòrtgage *n.* 養老保険抵当融資《住宅ローンを組むときに同額同期間の養老保険に加入し, 満期または死亡時に保険金でローンを返済する契約》. 〚1965〛

endówment pòlicy *n.* 養老保険証券[契約]. 〚1965〛

en·do·zo·ic /ɛ̀ndəzóuɪk | -də(ʊ)zə́ʊ-ˊ/ *adj.* 〘生物〙動物体内生の. 〚(1930) ← ENDO-＋-ZOIC[1]〛

énd·pàper *n.* [通例 *pl.*] 〘製本〙見返し《書物の表・裏の両表紙の内側に張られた効き紙 (pastedown) と見返しの遊び紙 (flyleaf) から成る; endleaf, endsheet ともいう》. 〚1818〛

énd·pìece *n.* **1** (箱などの)末端部. **2** 〘時計〙ピボットの先の支え. **3** 末尾(のもの). 〚1839〛

énd pìn *n.* 脚棒, エンドピン《チェロやコントラバスの胴の最下端にあって高さを調節できる》.

énd plàte *n.* **1** 〘解剖〙終板《神経線維の終末が筋線維につながる点の特殊装置》. **2** 端が平たいプレート状の構造物. 〚1878〛

énd·plày 〘トランプ〙 *n.* (ブリッジで)エンドプレー《終盤の高等戦法の総称; cf. elimination play, coup[1] 5, squeeze play 3, throw-in 3》; (特に)打って返し (throw-in). **—** *vt.* 〈相手〉に打って返しをかける《わざと相手に手を渡し, 味方に有利な打出し (lead) をさせる》. 〚1931〛

énd pòint *n.* **1** 決定点《経過を示す決定的な点》. **2** 〘化学〙 **a** 終点《滴定における反応の完了点》. **b** (石油の)終留点. **3** [通例 endpoint] 〘数学〙終点《線分や光線の終わりを示す点》. 〚1899〛

énd posìtion *n.* 〘文法〙(文・節・句の)末部, 末尾位 (↔ front position). 〚1928〛

énd pròduct *n.* **1** 最終製品; (一連の反応の)最終結果. **2** 〘原子物理〙(連鎖反応でできた一連の同位元素の)最終同位元素. 〚1905〛

énd resùlt *n.* [通例単数で] 最終結果. 〚1912〛

énd rhýme *n.* 〘詩学〙脚韻 (⇨ rhyme). 〚1855〛

en·drin /ɛ́ndrɪ̀n | -drɪn/ *n.* 〘化学〙エンドリン ($C_{12}H_8Cl_6O$) 《農業用殺虫剤》. 〚(1952) ← ? EN-[2]＋(AL)DRIN〛

énd rìng *n.* 〘電気〙端絡環《誘導電動機の回転子の軸方向の導体を端部で短絡する環状導体》.

énd-rùn *vt., vi.* (**-ran, -run**) 《米口語》うまく避けて通る, 巧みにかわす.

énd rùn *n.* **1** 〘アメフト〙エンドラン《ボールキャリアーがエンドの外側を大きく回って前進するプレー; endsweep, sweep ともいう》. **2** 回避策. 〚1902〛

énd scràper *n.* 〘考古〙(先刃式)掻器. 〚1915〛

énd shàke *n.* 〘時計〙縦あがき《軸受内の軸端の軸方向に関する隙間[がた]; cf. shake 12》. 〚1881〛

énd·shèet *n.* 〘製本〙=endpaper.

énd stàndard *n.* 端度器《両端面の面間距離が規定の寸法離れている金属棒[ブロック]で表わされる長さ基準》.

énd stòp *n.* 段落点《終止符・疑問符・感嘆符など》.

énd-stòpped *adj.* 〘詩学〙(主に無韻詩において)行末に意味・構文上休止がある (↔ run-on): an ～ line. 〚1877〛

Ends·ville /ɛ́ndzvɪl/ *adj., n.* 《米俗》最も大きい[偉大な, すばらしい](もの): Tokyo is ～. 〚(1957) ← END[1] 3 c＋-VILLE〛

énd·swèep *n.* 〘アメフト〙=end run 1. 〚1706〛

énd tàble *n.* 《米》エンドテーブル《ランプ・灰皿などを置くために椅子やソファーのそばに置く小卓子》. 〚1851〛

énd thrùst *n.* 〘機械〙軸端スラスト《軸とか棒材に, その長手の方向に圧縮するように働く力》. 〚1888〛

énd tìme *n.* 末期; (特に, この世の)終末期. 〚1917〛

énd-to-énd *adj.* **1** 端と端をつないだ (cf. END *to end*). **2** 〘外科〙端端(たんたん)の, 断端同士の, (腸などの)切断した端を他の端と縫合する. 〚1920〛

en·due /ɪndúː, ɛn-, -djúː | -djúː/ *vt.* **1** …に〔能力・性質などを〕賦与する, 授ける〔*with*〕: a girl ～*d with* rare beauty まれな美しさに恵まれた少女 / He was ～*d with* literary talent. 文学的才能のある人だった. **2 a** 〈衣服を〉着用する; 《比喩》帯びる. **b** 〈人〉に〔…を〕着せる〔*with*〕: She was ～*d with* a gown. ガウンをまとっていた. 〚1: (?*a*1396) *endeue(n)* □ (O)F *enduire* < L *indūcere* 'to INDUCE': ENDOW と混合. 2: (?*a*1425) *indue(n)* □ L *induere* to put on〛

en·dur·a·ble /ɪndúᵊrəbl̩, ɛn-, -djúᵊr- | -djúər-, -djɔ́ːr-/ *adj.* 耐えられる, 耐えることのできる. **en·dur·a·bil·i·ty** /ɪndùᵊrəbíləti, ɛn-, -djùᵊr- | -djùərəbílɪ̀ti, -djɔ̀ːr-/, **～·ness** *n.* **en·dúr·a·bly** *adv.* 〚(1607) ← ENDURE＋-ABLE〛

en·dur·ance /ɪndúᵊrəns, ɛn-, -djúᵊr-, -rənts | -djúər-, -djɔ́ːr-/ *n.* **1** 忍耐, 我慢, 辛抱; 忍耐力 (⇨ patience SYN): It is beyond [past] ～. とても我慢[辛抱]し切れない. **2** 持久力, 耐久性: the ～ of steel 鋼鉄の耐久性 / His poetry shows every sign of ～. 彼の詩には大いに永続性がありそうだ. **3** 持続(期間): the joys of eternal ～ 永遠に持続する喜び. **4** 《まれ》(我慢しなければならない)困難, 苦労. **5** 〘航空〙航続時間. 〚(1494) ← ENDURE＋-ANCE〛

endúrance lìmit *n.* 〘物理〙=fatigue limit. 〚1925〛

endúrance strèngth *n.* 〘物理〙=fatigue strength.

endúrance tèst *n.* 〘物理〙=fatigue test. 〚1902〛

en·dure /ɪndúə, ɛn-, -djúᵊ | -djúə(r, -djɔ́ː(r/ *vt.* **1** 耐える, 耐え忍ぶ (⇨ bear[1] SYN): ～ suffering, pain, cold, etc. / What can't be cured must be ～*d.* 《諺》どうしようもない事は我慢するより仕方がない. **2** 〈物が〉…に持ちこたえる: The hut will not ～ a strong wind. 小屋は強風に持ちこたえられまい. **3** [しばしば否定構文で] 辛抱する, 我慢する; 〈…するに〉耐える 〈*to do*〉: can*not* [be unable to] ～ the sight とても見るに耐えない / I can't ～ cold mutton. 羊肉の冷たいのはまっぴらだ / I can't ～ that man. あの男は我慢できない / I could *not* ～ *to* see [see*ing*] her tortured. 彼女が苦しめられるのは見ていられなかった. **4** 《古》〈事が〉…を許容する, 許す. **—** *vi.* **1** 持ちこたえる; 我慢する, 辛抱する, 頑張る: We must ～ to the end. 最後[死ぬ]まで頑張らねばならない. **2** 持続する; 〈名声などが〉残る: as long as life ～*s* 命の続く限り / His fame will ～ forever. 彼の名声は永久に残るだろう. 〚(1375) *endure(n)* □ (O)F *endurer* < L *indūrāre* to harden ← IN-[2]＋*dūrāre* to harden, (LL) endure (⇨ dure[2])〛

en·dúr·ing /-dúᵊrɪŋ, -djúᵊr- | -djúər-, -djɔ́ːr-/ *adj.* **1** 永続的な, 不朽の (permanent); 持久力のある: ～ peace 恒久的平和 / an ～ fame 不朽の名声 / an ～ problem 長いこと未解決のままの問題. **2** 我慢強い: an ～ disposition 辛抱強い性質. **～·ly** *adv.* **～·ness** *n.* 〚(1470): ⇨ ↑, -ing[2]〛

en·dur·o /ɪndúᵊrou, ɛn-, -djúᵊr- | -djúərəʊ, -djɔ́ːr-/ *n.* 《米》(自動車・オートバイなどの)耐久レース. 〚(1935)? ← Sp. ～ ← *endurar* 'to ENDURE'〛

énd ùse /-jùːs/ *n.* 〘経済〙(生産物の)最終用途. 〚1953〛

énd ùser *n.* (製品の)最終使用者[消費者], エンドユーザー. 〚1963〛

énd·wàys *adv.* **1** 立てて: set a box ～ 箱を縦に置く[立てる]. **2** 端を上[先]に向けて. **3** 端の方向へ; 縦に. **4** (連結のとき)両端を接して. 〚(1575) ← END[1]＋-WAYS: cf (*c*1450) *endway*〛

énd·wìse *adv.* =endways. 〚1657〛

En·dym·i·on /ɛndímiən, ɪn-/ *n.* **1** 〘ギリシャ神話〙エンデュミオン《月の女神 Selene に愛され永久に眠ったままにされた羊飼いの美少年》. **2** 「エンディミオン」《Keats 作 (1818) の長詩》. 〚□ L *Endymiōn* □ Gk *Endumíōn* 《原義》diver ← *endúein* to sink into ← EN-[2]＋*dúein* to dive: 海に没する日の神であったことから?〛

énd zòne *n.* **1** 〘アメフト〙エンドゾーン《競技場の両端のエンドラインとゴールラインとの間の 160 ft.×30 ft. の地域で, ボールを持ち込む得点圏》. **2** 〘アイスホッケー〙エンドゾーン. 〚1916〛

ENE 《略》east-northeast.

-ene /iːn/ *suf.* 〘化学〙 **1 a** 二重結合をもつ直鎖炭化水素の名に用いる名詞語尾: hex*ene*, pent*ene*. **b** 二重結合をもつ環状炭化水素の名に用いる名詞語尾: cyclohex*ene*. **2** 合成薬品の商品名に用いる名詞語尾. 〚← NL *-ene* ← Gk *-ēnē* (父祖に由来する名を表す fem. suf.)〛

ENEA 《略》European Nuclear Energy Agency.

E·ne·as /iːníːəs, ɪn-, -æs/ *n.* =Aeneas.

E·ne·id /iníːɪd, iːn- | íːniɪd, iːníːɪd/ *n.* =Aeneid.

en·e·ma /ɛ́nəmə | ɛ́nɪ̀-/ *n.* (*pl.* **～s, ～·ta** /～tə | ～tə/) **1** 浣腸; 浣腸剤[液]: give a patient an ～ 患者に浣腸する. **2** 浣腸器. 〚(1681) □ LL ～ □ Gk *énema* injection, clyster ← *eniénai* to send in, inject ← EN-[2]＋*hiénai* to send, throw: cf. jet[2]〛

en·e·my /ɛ́nəmi | ɛ́nɪ̀mi/ *n.* **1** 敵: the public [King's, Queen's] ～ 公敵[朝敵] / ⇨ public enemy / a person's political *enemies* 政敵 / a lifelong [mortal, sworn] ～ 一生の[生かしておけない, 決して許されない]敵 / I made an ～ of his wife. 彼の妻を敵に回してしまった / He made a lot of *enemies* in business. 商売上の敵をたくさん作った. **2** 敵兵; [the ～; 集合的; しばしば複数扱い] 敵軍, 敵艦(隊), 敵機: *The* ～ *was* [*were*] retiring. 敵は後退し出していた. **3** 敵国, 敵国人. **4** [通例単数形] 〔…に〕反対する人[もの], 〔…を〕害する人[もの], 〔…の〕敵〔*of, to*〕: an ～ *of* freedom [progress] 自由[進歩]の敵 / an ～ *of* the people 人民の敵《共産主義者などが政敵を糾弾するときによく使う言葉》/ the ～ *of* health 健康を害するもの / the great [last] ～ 死 (cf. *1 Cor.* 15: 26) / Sunshine is the ～ *of* ill health. 日光は不健康の敵 / He is nobody's ～ but his own. 自分が損するだけの善人である / He is his own worst ～. (酒癖その他の悪癖のためで)自分で自分の体をこわすようなまねをしている / an ～ to faith 信仰の敵. **5** [the E-] (人類の敵である)悪魔 (the Devil): *the old Enemy* 悪魔.

How gòes the énemy? 《戯言・口語》今何時だい.

— *adj.* [限定的] **1** 敵の, 敵国に属する: ⇨ enemy alien / an ～ plane [ship] 敵機[艦] / ～ territory 敵の領地. **2** 《廃》敵意のある. 〚(?*c*1225) □ OF *enemi* (F *ennemi*) < L *inimīcum* ← IN-[1]＋*amīcus* friend: ⇨ enmity: cf. amicable〛

énemy álien *n.* (交戦国[自国]内の)敵性外国人.

E·ne·o·lith·ic /ìːnioulíθɪk | -ə(ʊ)-ˊ/ *adj.* 〘考古〙= Aeneolithic. 〚1911〛

en·er·get·ic /ɛ̀nərdʒɛ́tɪk | ɛ̀nədʒɛ́t-ˊ/ *adj.* **1** 精力的な, 元気に満ちた, エネルギッシュな (⇨ active SYN): an ～ person / ～ inquiries 精力的な聞き込み. **2** 強力な, 有力な, 効果的な: ～ chemicals 強力な化学薬品. **3** エネルギーの[に関する]: ～ stability エネルギーの安定度. 〚(1651) □ Gk *energētikós* active ← *energeîn* to be active, work ← *energḗs, energós* active: ⇨ energy, -ic[1]〛

èn·er·gét·i·cal·ly *adv.* 精力的に, 力強く, 元気一杯に. 〚(1775): ⇨ ↑, -al[1], -ly[1]〛

en·er·get·ics /ɛ̀nərdʒɛ́tɪks | ɛ̀nədʒɛ́t-/ *n.* [単数扱い] エネルギー論《エネルギーの法則を扱う力学の一分野》. 〚(1855): ⇨ energetic, -ics〛

en·er·gic /ɛnɜ́ːdʒɪk, ɪ̀n- | -nɜ́ː-/ *adj.* 《まれ》=energetic. 〚1665〛

en·er·gid /ɛ́nərdʒɪ̀d | ɛ́nə-/ *n.* 〘生物〙エネルギド《多核体中一つの核とその核の作用範囲; またはそれを取り囲む原形質の小塊》. 〚(1897) □ G *Energide* ← Gk *energós*＋

-ɪᴅ³: ⇨ energy〕

én·er·gìsm /-dʒìzm/ *n.* **1** 〘倫理〙精力主義, 活動主義《最高の善は快楽ではなく, 人間の平常な能力を有効に行使することにあるとする説》. **2** 〘心理〙エネルギズム《精神状態などの現象はエネルギーの概念で説明できるとする学説》.

én·er·gist /-dʒɪ̀st | -dʒɪst/ *n.* **en·er·gis·tic** /ènədʒístɪk | ènə-ˊˊ/ *adj.* 〘(1895)□G *Energismus*: ⇨ energy, -ism〕

en·er·gize /énədʒàɪz | énə-/ *vt.* **1** 〈人・仕事〉に精力を与える, 活発にする; 刺激[激励]する: ～ the will 意志を活発に働かせる / ～ a person for work 人を激励して仕事に向かわせる. **2** 〘電気〙加圧する, 生かす《電気回路に電圧を加える》. ― *vi.* 精力を出す; (精力的に)活動する. 〘(1752) ← ᴇɴᴇʀɢʏ＋-ɪᴢᴇ〙

E

én·er·gìz·er *n.* **1** 精力を与えるもの; 興奮剤. **2** 〘冶金〙活性化剤《炭化剤に添加して炭化速度を促進するための炭酸塩》. 〘(1750): ⇨ ↑, -er¹〙

en·er·gu·men /ènəgjúːmɪ̀n | ènəgjúːmɛn/ *n.* **1** 悪霊に取りつかれた人 (demoniac). **2** 狂信者 (fanatic). 〘(1702)□LL *energūmenus*□Gk *energoúmenos* worked on, (LGk) possessed by an evil spirit ← *energeîn* to operate, influence: ⇨ energetic〙

en·er·gy /énədʒi | énə-/ *n.* **1** 勢力, 力, 勢い: mental ～ 精神能力 / physical ～ 肉体的精力. **2** 精力, 活気, 元気 (⇨ power ꜱʏɴ): What ～ you have! 君は何という精力家だろう / Her ～ level is always high. 彼女はいつもとても活発だ / ⇨ energy level / full of ～ 精力に満ち満ちて / waste ～ 精力を浪費する / *energy*-giving 活気を与える / *energy*-wasting 精力を浪費する / work with ～ 精出して働く. **3** 活動, 行動; [しばしば *pl.*] 活動力, 行動力: brace one's *energies* 力を奮い起こす / devote [apply] one's *energies* to …に精力を傾ける. **4** 〘物理〙エネルギー (cf. power): ～ of motion [position] 運動[位置]のエネルギー / dissipation of ～ エネルギー消滅(の法則) / ⇨ ᴄᴏɴꜱᴇʀᴠᴀᴛɪᴏɴ of energy / motive ～ 運動エネルギー / latent ～ 潜在エネルギー / What is the government's ～ policy to meet the ～ needs of this century? 今世紀のエネルギー需要を満たすための政府のエネルギー政策は何か / ⇨ atomic energy, kinetic energy, potential energy, rest energy. **5** (表現などの)力, 力強さ. **6** 《古》(潜在的)能力. 〘(1550)□LL *energia*□Gk *enérgeia* force, agency ← *energós* at work, active ← ᴇɴ-²＋*érgon* work: ⇨ ergon〙

énergy àudit *n.* (施設のエネルギー消費節減のための)エネルギー監査[診断]. **énergy àuditor** *n.*

énergy bànd *n.* 〘物理〙エネルギー帯. 〘1937〙

énergy bùdget *n.* 〘生態〙エネルギー収支.

énergy chàrge *n.* 〘電気〙電力料金.

énergy dènsity *n.* **1** 〘物理・化学〙エネルギー密度. **2** 〘電気〙(電池の)エネルギー密度《単位質量[体積]から取り出せるエネルギー量》. 〘1927〙

énergy-effìcient *adj.* エネルギー効率のよい, 省エネの.

énergy gàp *n.* 〘物理〙エネルギーギャップ. 〘1937〙

énergy-inténsive *adj.* エネルギー集約型の.

énergy lèvel [stàte] *n.* 〘物理〙エネルギー準位《原子などの保有エネルギーの状態を表す準位》. 〘1910〙

énergy strùcture *n.* 〘美術〙動く芸術 (kinetic art) の構成作品.

énergy tàx *n.* エネルギー税《ガソリン, ガス, 電気などに課せられる税》.

en·er·vate /énəvèɪt | énə(ː)-/ *vt.* …の力を弱める, 元気[気力]を奪う; …の力を弱くする, 薄弱[柔弱, 無気力]にする (feeble) (⇨ weaken ꜱʏɴ): Idleness ～*s* the will. 怠惰は意志を薄弱にする. ― /ɪ̀nɜ́ːvɪ̀t, ɛn- | -nɜ́ː-/ *adj.* ＝enervated.

én·er·và·tor /-tə | -tə^(r)/ *n.* 〘(1603) ← L *ēnervātus* (p.p.) ← *ēnervāre* to extract the sinews of ← *ē-* 'ᴇx-¹'＋*nervāre* (← *nervus* 'ɴᴇʀᴠᴇ, sinew')〙

en·er·vat·ed /énəvèɪtɪ̀d | énə(ː)vèɪt-/ *adj.* 力を失った, 勢力のない, 薄弱な, 無気力な (spiritless): an ～ style 力の脱けた[弱々しい]文体. 〘(1660): ⇨ ↑, -ed〙

én·er·vàt·ing /-tɪŋ | -tɪŋ/ *adj.* 元気[気力]をそぐ(ような): an ～ climate. 〘(1821) ← ᴇɴᴇʀᴠᴀᴛᴇ＋-ɪɴɢ²〙

en·er·va·tion /ènəvéɪʃən | ènə(ː)-/ *n.* 元気[気力]を失うこと, 無気力, 柔弱, 衰弱. **en·er·va·tive** /énəvèɪtɪv | énə(ː)vèɪt-/ *adj.* 〘(1429) (*c*1555)□LL *ēnervātiō(n-)*: ⇨ enervate, -ation〙

E·nes·co /ənéskoʊ, ɛn- | -kəʊ; *F.* ɛnɛsko/, **Georges** *n.* エネスコ (1881–1955; 主にフランスに在住したルーマニアのバイオリン奏者・作曲家).

enew /ɪ̀núː, ɛn-, -njúː | -njúː/ *vt.* 《廃》〈鷹が〈獲物を〉水の中に追い込む. 〘(?*a*1400) *eneue(n)*□OF *eneauer* ← ᴇɴ-¹＋*eau* (⇨ eau)〙

En·e·we·tak /ènɪ̀wíːtɑ(ː)k | -tɔk/ *n.* ⇨ Eniwetok.

en·face /ɪ̀nféɪs, ɛn-/ *vt.* 《英》〔金額・期日・氏名などを〕〈手形・書類など〉の表面に記入[印刷]する 〔*with*〕; 〈金額などを〉〈手形など〉の表面に記入する 〔*on*〕: an ～*d* paper 呈示手形. 〘(1861) ← ᴇɴ-¹＋ꜰᴀᴄᴇ: ᴇɴᴅᴏʀꜱᴇ の類推〙

en face /ɑ̃ː(ŋ)fɑ́ːs, ɑːŋ-; *F.* ɑ̃fas/ *adv., adj.* **1** 〈人・肖像など〉前[正面]を向いて[た]. **2** 〘書誌〙反対側に[の] (opposite): a Latin poem with French translation ～ 反対ページに仏訳を付けたラテン詩集. 〘(1768)□F ～ 《原義》opposite: ⇨ en², face〙

en·fáce·ment *n.* 《英》(手形または紙幣の)表面記入, 刷込み(語句) (cf. endorsement 2 a). 〘(1861): ⇨ -ment〙

En·fa·mil /énfəmìl/ *n.* 〘商標〙エンファミル《米国 Mead Johnson & Laboratories 社製の, 大豆を原料とした乳児用植物性調整乳》.

en fa·mille /ɑ̃ː(ŋ)fɑːmíːjə, ɑːŋ-, -míːl | -míː; *F.* ɑ̃famij/ *F. adv., adj.* 一家の内で[の], 家族的に[な], 内輪で[の]; くつろいで[だ]; 略式に[の]. 〘(1726)□F ～ 'in the family, at home': ⇨ en², family〙

en·fant ché·ri /ɑ̃ː(ŋ)fɑ́ː(ŋ)ʃeɪríː, ɑːŋfɑ́ːŋ-, -ʃeríː; *F.* ɑ̃fɑ̃ʃeʁi/ *F. n.* 〘比喩〙甘やかされた子; (特に)流行児, 寵児(ちょうじ). 〘(1836)□F ～ 'cherished infant': ⇨ infant, cherish〙

en·fant gâ·té /ɑ̃ː(ŋ)fɑ́ː(ŋ)gɑːtéɪ, ɑːŋfɑ́ːŋ-; *F.* ɑ̃fɑ̃gate/ *F. n.* 甘やかされ[持ち上げられ]すぎた人. 〘(1802)□F ～ 'spoilt child'〙

en·fants per·dus /ɑ̃ː(ŋ)fɑ́ː(m)pɛədúː, -djúː, ɑːŋfɑ́ːm- | -pɛədjúː; *F.* ɑ̃fɑ̃pɛʁdy/ *F. n. pl.* 〘軍事〙決死隊. 〘(1611)□F ～ 《原義》lost children: ⇨ infant, perdu〙

en·fant ter·ri·ble /ɑ̃ː(ŋ)fɑ́ː(n)tɛríːbl̩, ɑːŋfɑ́ːn- | -tɛ-, -tə-; *F.* ɑ̃fɑ̃tɛʁibl/ *F. n.* (*pl.* **en·fants ter·ri·bles** /～/) **1** 恐るべき子供《大人が困るような事を言ったり, 聞きただしたりなどする「ませた子供」》. **2** (はたの迷惑を顧みない)無思慮[無責任]な人. 〘(1851)□F ～ 'terrible child': ⇨ infant, terrible〙

en·fee·ble /ɪ̀nfíːbl̩, ɛn-/ *vt.* 弱める, 弱らせる, 弱々しくする: With my ～*d* health I shall never be able to complete it. 健康が衰えてしまったのでとてもそれは完成できないだろう. **～·ment** *n.* **en·fée·bler** /-blə, -blə | -blə^(r), -bl-/ *n.* 〘(*c*1340) *enfeble(n)*□OF *enfeblir* ← ᴇɴ-¹＋*feble* 'ꜰᴇᴇʙʟᴇ'〙

en·feoff /ɪ̀nfíːf, ɛn-, -féf/ *vt.* **1** …に封土[知行]を与える, 封土[知行]として〔…を〕与える 〔*with*〕: He was ～*ed with* an estate. 封土として土地を与えられた. **2** 《古》〈一身を〉〔…に〕ゆだねる (surrender) 〔*to*〕: ～ oneself to tyranny 暴政にふける. 〘(?*a*1400) *enfeffe(n)*□AF *enfeoffer*＝OF *enfeffer* ← ᴇɴ-¹＋*feof* feoff: cf. fief〙

en·féoff·ment *n.* **1** 知行[封土]下賜(状); お墨付き. **2** (下賜された)知行, 封土 (fief). **3** 封土公示譲渡(証書). 〘(1421)□AF *enfeffement* ← *enfeffer*: ⇨ ↑, -ment〙

en fête /ɑ̃ː(ŋ)féɪt, ɑːŋ-, -fét; *F.* ɑ̃fɛt/ *F. adj.* **1** お祭り騒ぎをして. **2** 晴着を着て. 〘(1865)□F ～ 《原義》in festival: ⇨ en², fete〙

en·fet·ter /ɪ̀nfétə, ɛn- | -tə^(r)/ *vt.* **1** …に足かせ (fetters) を掛ける. **2** 奴隷にする 〔*to*〕. 〘(1599) ← ᴇɴ-¹＋ꜰᴇᴛᴛᴇʀ〙

en·fe·ver /ɪ̀nfíːvə, ɛn- | -və^(r)/ *vt.* ＝fever. 〘1647〙

En·field /énfiːld/ *n.* **1** エンフィールド (London 北部の自治区). **2** ＝Enfield rifle. 〘lateOE *Ēnefēlde* ← ? **ēan* lamb＋*fēld* 'ꜰɪᴇʟᴅ'〙

Énfield rífle *n.* エンフィールド銃: **a** 英陸軍がクリミア戦争で使用し, 米軍が南北戦争で使用した口径 0.577 インチの先込め銃; エンペロ銃ともいう. **b** 1902 年に作られた英軍の使用した口径 0.303 インチの遊底式元込めライフル銃. **c** 第一次大戦で米軍の使用した口径 0.30 インチのライフル銃. 〘(1854) ↑: 最初に作られたところ〙

en·fi·lade /énfəlèɪd, -lɑ̀ːd | ènfɪ̀léɪd, ˌˊˊˋ; *F.* ɑ̃filad/ *n.* **1** 〘軍事〙縦射; 縦射にさらされる位置. **2** 〘建築〙縦列《部屋などを平行に向かい合わせに規則的に並べる配置法》. ― *vt.* 〘軍事〙〈敵の縦隊・防御施設などを〉縦射する, …に縦射を浴びせる; …を縦射できる位置を占める. 〘(1705–30)□F ～ 'series, military enfilade' ← *enfiler* to rake with fire ← ᴇɴ-¹＋*fil* thread: ⇨ file¹, -ade〙

en·filed /ɪ̀nfáɪld, ɛn-/ *adj.* 〘紋章〙〈人間・動物など〉〔矢・ピンなどで〕突き通された 〔*with, of*〕. 〘(1830) ← *enfile* to put on a thread < ME *enfile(n)*□(O)F *enfiler* (↑)〙

en fin /ɑ̃ː(ŋ)fǽ(ŋ), ɑːŋfǽŋ; *F.* ɑ̃fɛ̃/ *F. adv.* 遂に, 最後に. 〘□F ～ 《原義》'in ꜰɪɴᴇ²': ⇨ en²〙

en·flame /ɪ̀nfléɪm, ɛn-/ *v.* ＝inflame.

en·fleu·rage /ɑ̃ː(m)fləːrɑ́ːʒ, ɑ̀ːm-, -flɜːr-; *F.* ɑ̃flœʁaːʒ/ *n.* 冷浸法《花の蒸発気に無臭油または脂肪を当ててする香水の製法》. 〘(1855)□F ～ ← *enfleurer* to impregnate with the scent of flowers ← ᴇɴ-¹＋*fleur* 'ꜰʟᴏᴡᴇʀ': ⇨ -age〙

en·flur·ane /ɛnflúᵊrəns | -flúər-/ *n.* 〘薬学〙エンフルラン《揮発性の吸入麻酔薬》.

en·fold /ɪ̀nfóʊld, ɛn- | -fə́ʊld/ *vt.* (～·**ed**; ～·**ed**, 《古》～·**en** /-dn, -dən/) **1** 包む: Night ～*ed* the village. 夜が村を包んだ. **2** 〈物を〉かかえる, 抱え込む; 抱き締める. **3** 意味する, 包む. **4** しわにする. **5** 折り込む; 畳み込む. **～·er** *n.* **～·ment** *n.* 〘(*c*1425) 《古形》*infold* ← ɪɴ-¹, ᴇɴ-²＋ꜰᴏʟᴅ¹〙

en·force /ɪ̀nfɔ́əs, ɛn- | -fɔ́ːs/ *vt.* **1** 〈法律などを〉実施する, 施行する: ～ a ceasefire 停戦を施行する / ～ the law 法律を施行する. **2** 〔人に〕〈服従・行動などを〉強要する (compel), (強制的に)押しつける 〔*on, upon*〕: ～ obedience to an order 命令への服従を強要する / He wanted to ～ his will *on* the children. 彼は自分の意思を子供たちに押しつけようとした. **3** 〈要求などを〉押し通す, 〈権利などを〉強く主張する: ～ a claim, one's rights, etc. **4** 〈言説など〉に力を添える, 補強する (reinforce): He ～*d* his argument *with* statistics. 統計をあげて主張の正しいことを強調した. **5** 《廃》力によって達成する. **en·fórc·er** *n.* 〘(?*c*1343)□OF *enforcier* to strengthen (F *enforcir*) < VL **infortiāre* ← ɪɴ-²＋L *fortis* strong: ⇨ en-¹, force¹〙

en·force·a·ble /ɪ̀nfɔ́əsəbl̩, ɛn- | -fɔ́ːs-/ *adj.* 実施[施行]できる; 励行できる; 強制できる. **en·force·a·bíl·i·ty** /ɪ̀nfɔ̀əsəbílə̀ti, ɛn- | -fɔ̀ːsəbílɪ̀ti/ *n.* 〘(1589): ⇨ ↑, -able〙

en·fórced *adj.* 強制的な (compelled): an ～ marriage 強制結婚 / ～ currency 強制通貨 / ～ liquidation 〘証券〙強制的売却処分. 〘(*c*1485): ⇨ enforce, -ed〙

en·fórc·ed·ly /-sɪ̀dli, -stli | -li/ *adv.* 強制的に, 強要されて, 強引に. 〘(1579): ⇨ ↑, -ly¹〙

en·force·ment /ɪ̀nfɔ́əsmənt, ɛn- | -fɔ́ːs-/ *n.* **1** (法律・命令などの)施行, 実行, 執行: ⇨ law enforcement. **2** 《まれ》強制, 強要. **3** 強調, 力説. 〘(1475)□OF ～: ⇨ enforce, -ment〙

enfórcement nòtice *n.* 〘英法〙(開発建築などの違反に対する)是正通知.

en·frame /ɪ̀nfréɪm, ɛn-/ *vt.* 枠にはめる, 額縁にはめる; …の枠となる. 〘(1848) ← ᴇɴ-¹＋ꜰʀᴀᴍᴇ〙

en·fran·chise /ɪ̀nfrǽntʃaɪz, ɛn-/ *vt.* **1** …に(政治上の)公権を許す; …に参政権[選挙権]を与える. **2** 〈奴隷などを〉解放する, 自由民とする (emancipate). **3** 〈都市など〉に国会議員選出権を与える, 選挙区にする. **4** 〘封建法〙〈謄本保有権 (copyhold) を〉自由保有権 (freehold) に変える. **en·frán·chis·er** *n.* 〘(1419)□OF *enfranchiss-* (stem) ← *enfranchir* ← ᴇɴ-¹＋*franc* 'free, ꜰʀᴀɴᴋ¹': ⇨ franchise〙

en·fran·chise·ment /ɪ̀nfrǽntʃaɪzmənt, ɛn-, -tʃɪ̀z- | -tʃɪ̀z-/ *n.* **1** 参政権[選挙権]賦与. **2** (奴隷などの)解放, 釈放. **3** 〘封建法〙(謄本保有権 (copyhold) の)自由保有権 (freehold) への改変. 〘(1594–96): ⇨ ↑, -ment〙

en·free /ɪ̀nfríː, ɛn-/ *vt.* 自由にする. 〘(1599) ← ᴇɴ-¹＋ꜰʀᴇᴇ〙

en·fréedom *vt.* ＝enfree. 〘(1594) ← ᴇɴ-¹＋ꜰʀᴇᴇᴅᴏᴍ〙

eng /éŋ/ *n.* 〘音声〙[ŋ] の記号.

ENG 《略》electronic news gathering 電子(機器による)ニュース取材《小型のビデオカメラと VTR でテレビニュースを取材し, 短時間で編集・放映できるシステム》.

eng. 《略》engine; engineer; engineering; engraved; engraver; engraving.

Eng. 《略》England; English.

En·ga·dine /éŋgədìːn, ˌˊˊˋ; *F.* ɑ̃gadin/ *n.* [the ～] エンガディン《スイス東部 Inn 川上流の峡谷で避暑地; 長さ 100 km; ドイツ語名 Engadin /éŋgadiːn/, イタリア語名 Engadina /*It.* eŋgadíːna/》.

en·gage /ɪ̀ngéɪdʒ, ɛn-/ *vt.* **1 a** 〈人・心などを〉引き付ける; 〈人を〉魅了する: His face ～*d* my attention. 彼の顔が私の注意を引き付けた / His pleasant manners ～*d* me *to* him. 彼の気持ちのいい態度につい引き付けられた. **b** 〔談話などに〕加わらせる, 引き込む 〔*in*〕: ～ a person *in* conversation [idle talk] 人を話[無駄話]に引き込む. **2 a** 雇う (hire): ～ a maid, plumber, lawyer, taxi, etc. / He ～*d* a German woman *as* his secretary. ドイツ女性を秘書に雇った / *Engage* somebody to stay with the sick man. 病人の付添いとしてだれか雇いなさい. **b** 〈部屋・席・助力などを〉予約する, 取っておく (cf. book, reserve): ～ a hotel room ホテルの部屋を予約する. **3 a** 〘機械〙〈歯車・クラッチなどを〉〔…と〕かみ合わせる 〔*with*〕, …とかみ合う: The two cogwheels ～ each other. 二つの歯車が互いにかみ合う. / ～ a gear ギアを入れる. **b** 〘建築〙〈柱を〉壁に取り付ける. **4** 交戦させる; …と交戦する: ～ troops *with* the enemy 軍隊を敵と交戦させる / ～ the enemy 敵と交戦する. **5** [通例 ～ *oneself* または受身で] 〈…すると〉…に言質を与えさせる 〈*to do*〉, 約束させる; 〔…を〕…に引き受けさせる 〔*to*〕: They ～*d* them*selves to* do what they could for us. 彼らは我々のためにできる限りのことをしてくれると約束した / You have ～*d* your*self to* perform your duties. 君は自分の義務を遂行することを約束している / I ～ my*self to* nothing. 私は何ひとつ言質を与えない / I *am* ～*d* for tomorrow. 明日は約束がある (cf. 7 a). **6** [通例受身, 時に ～ *oneself* で] 〔…と〕婚約させる 〔*to*〕: They were [got] ～*d* last month. / He became [got] ～*d to* Mary. 彼はメアリーと婚約した / She ～*d* her*self to* him a week ago. 彼女は 1 週間前に彼と婚約した. **7 a** [受身で] 〔…に〕従事して[携わって]いる 〔*in*, 《英》*on*〕; 〔…に〕着手している 〔《英》*on, upon*〕; 忙しい (busy, occupied): He [The firm] *is* ～*d in* tourism. 彼[会社]は観光業に従事している / I *was* busily ～*d* (*in*) reading proofs. 校正に忙殺されていた / She *was* ～*d in* [《英》*on*] national administration. 国家の行政に携わって[参画して]いた / They *are* ～*d in* [《英》(*up*)*on*] a new project. 新事業に着手している / He will see you if he *is* not otherwise ～*d*. 忙しくなければお会いするでしょう (cf. 5). **b** [～ *oneself* で] 〔…に〕従事する, 携わる 〔*in*〕: ～ oneself *in* writ*ing* a letter 手紙を書くのに余念がない / She ～*d* her*self in* the election campaign. 選挙運動に加わった. **8** 〈人の時間・労力などを〉必要とする: have one's time fully ～*d with* work 仕事で時間が全部ふさがっている / Assignments ～ most of a student's time. 宿題で学生の時間の大部分が取られてしまう. **9** 〘フェンシング〙〈剣を〉アンガジュマンする (⇨ engagement). **10** 《廃》はまり込ませる, 巻き込む.

― *vi.* **1** 〔仕事・職業などに〕就く, 従事する, 携わる 〔*in*〕; 〔…に〕加わる 〔*in*〕: After graduation, he ～*d in* business. 卒業後は実業に就いた / He ～*d in* teaching there for seven years. そこで 7 年間教師をした / He ～*d in* a game of tennis. テニスの試合に参加した. **2** 〈事柄・集団などと〉なじむ, しっくり行く, つきあう, 交流する 〔*with*〕. **3** 〔…と〕交戦する 〔*with*〕: ～ *with* the enemy 敵と交戦する. **4** 〘機械〙〈歯車などが〉〔…と〕かみ合う 〔*with*〕. **5 a** 〈…すると〉誓う (engage oneself) 〈*to do*〉: They ～*d to* do what they could for us. 彼らは我々のためにできるだけのことをすると誓った. **b** 《古》〔…を〕請け合う, 保証する 〔*for*〕: That's what I can ～ *for*. それが私の請け合えることです. **6** 〘フェンシング〙アンガジュマン (engagement) をする. **7** 《古》〔…に〕雇われる, 勤める 〔*with*〕: That year I ～*d with* a trading company. その年ある商事会社に入社した.

en·gág·er *n.* 〖(1430) □ OF *engagier* (F *engager*) ← EN-¹+*gage* 'pledge, GAGE¹'〗

en·ga·gé /ɑ̃ː(ŋ)gaːʒéɪ, ɑːŋ-; *F.* ɑ̃gaʒe/ *F. adj.* =engaged 3 b. 〖(1946) □ F ~ 'engaged': ↑〗

en·gaged /ɪ̀ngéɪdʒd, ɛn- | ɪ̀n-, ɪ̀ŋ-, ɛn-, ɛŋ-/ *adj.* **1** 婚約中の: an ~ couple 婚約中の男女. **2** 約束[契約]済みの; 予約済みの; 〈電話・トイレなど〉使用中の, ふさがっている: "*Engaged*"「使用中」,「貸切」/ The number [line] is ~. 《英》(電話が)話し中《《米》The number [line] is busy.》. **3 a** 没頭している, 熱心な (⇨ busy SYN). **b** 〈作家・作品など〉政治[社会]参加の. **4** 交戦中の: ~ troops 交戦中の部隊. **5 a** 〖機械〗かみ合いの, 連動の: ~ wheels (歯車の)連動輪. **b** 〖建築〗〈柱など〉壁に取り付けられた: an ~ column 付け柱《壁の前に立てられ, 上部の entablature が壁体につながっている柱》.

en·gág·ed·ly /-dʒɪ̀dli/ *adv.* 〖(1615) ← ENGAGE+-ED〗

engáged tòne *n.* 《英》=busy signal.

en·gáge·ment /ɪ̀ngéɪdʒmənt, ɛn- | ɪ̀n-, ɪ̀ŋ-, ɛn-, ɛŋ-/ *n.* **1 a** (会合などの)約束 (appointment); 予約; 取決め, 契約 (contract): a previous ~ 先約 / be *under* ~ 契約がある / break one's [an] ~ 約束を破る / make [enter into] an ~ *with* ... [*to* do ..., *that* ...] ...と[...すると]約束をする, 契約を結ぶ / undertake an ~ (*to* do) (...すると)契約を結ぶ / I have several ~*s for* tomorrow. 明日は幾つも約束がある / Let me check my ~ book. 約束を書いた手帳を調べさせて下さい. **b** [*pl.*]〖商業〗金銭上の約束, 債務: meet one's ~*s* 債務を弁済する. **2** 婚約: I announced my daughter's ~ *to* John. 娘とジョンとの婚約を発表した / a long ~ 長い婚約(期間) / break off an ~ 婚約を解消する, 破談にする / an ~ party 婚約披露宴. **3** 合戦, 交戦 (⇨ battle¹ SYN): a naval ~ 海戦 / an armored ~ 武力衝突 / bring about an ~ 戦いを起こす. **4 a** (契約による一定期間の)雇用; 雇用期間; 勤め口: an ~ *as* a typist タイピストの職. **b** 任務, 用事, 仕事. **5** 〖機械〗(歯車などの)かみ合い. **6** /ɑ̃ː(ŋ)gaːʒmɑ́ː(ŋ), ɔ̃ː(ŋ)gaːʒmɔ̃ː(ŋ), àːŋgaːʒmáːŋ, ɔ̀ː(ŋ)gaːʒmɔ́ː(ŋ); *F.* ɑ̃gaʒmɑ̃/ (作家・文学などの)政治[社会]参加《Sartre の用語》. **7** 〖フェンシング〗アンガジュマン《剣と剣の結び》. 〖(1599) ← ENGAGE+-MENT〗

engágement rìng *n.* (男が婚約者に贈る)婚約指輪, エンゲージリング《特に, ダイヤの一石もの》. 日英比較「エンゲージリング」は和製英語. 〖1861〗

en·gag·ing /ɪ̀ngéɪdʒɪŋ, ɛn-/ *adj.* 人を引き付ける, 魅力のある, 愛想のいい, 愛嬌(あいきょう)のある: an ~ conversationalist 人を楽しませる話術をもった人 / an ~ personality 人を引き付ける人柄. **~·ly** *adv.* **~·ness** *n.* 〖(1673) ← ENGAGE+-ING²〗

en gar·çon /ɑ̃ː(ŋ)gaəsɔ̃ː(ŋ), ɑːŋgaəsɔ́ːŋ | -gɑː-; *F.* ɑ̃gaʁsɔ̃/ *F. adv.* 男の子のように, 独身男として: dress ~ 男の子のような服装をする. 〖(1802) □ F ~: ⇨ en², garçon〗

en garde /ɑ̃ː(ŋ)gáəd, ɑːŋ- | -gáːd; *F.* ɑ̃gaʁd/ *F. adv.* 〖フェンシング〗[競技者に対する号令として] アンガルド, 構えよ. **— *adj.*** 〖□ F ~ 'in GUARD'〗〈フェンシングの選手が〉受けのかまえをした. 〖□ F ~ (原義) on guard: ⇨ en², guard〗

en·gar·land /ɪ̀ngáələnd, ɛn- | -gáː-/ *vt.* ...に花輪を置く; 〔花輪で〕飾る 〔*with*〕. 〖(1581): ⇨ en-¹〗

Eng D (略) Doctor of Engineering.

En·gel·bert /ɛ́ŋgəlbəːt, ɛ́ŋgl̩- | -bəːt; *G.* ɛ́ŋl̩bɛʁt/ *n.* エンゲルベルト《男性名》. 〖ME *Engelbricht*: ⇨ Angle, bright〗

Én·gel·mann sprúce /ɛ́ŋgəlmən-, ɛ́ŋgl̩-/ *n.* **1** 〖植物〗エンゲルマントウヒ (*Picea engelmannii*)《北米 Rocky 山脈地方産のマツ科の常緑高木》. **2** エンゲルマントウヒの材《軽くて柔らかい材質》. 〖(1866) ← *George Engelmann* (1809–84: ドイツ生まれの米国の植物学者)〗

En·gels /ɛ́ŋ(g)əlz, -gl̩z; *Russ.* éngʲilʲs/ *n.* エンゲルス《ロシア連邦西部, Volga 川沿いの市》.

En·gels /ɛ́ŋ(g)əlz, -gl̩z; *G.* ɛ́ŋl̩s/, **Friedrich** *n.* エンゲルス (1820–95; ドイツの社会主義者; Karl MARX と協力して科学的社会主義の理論を生み出した; *Das kommunistische Manifest*「共産党宣言」(1848; Marx と共著)).

Én·gel's coefficient /ɛ́ŋ(g)əlz-, -gl̩z-/ *n.* エンゲル係数《家計支出に占める飲食費の百分比》.

Éngel's láw *n.* 〖経済〗エンゲルの法則《ドイツの社会統計学者 Ernst Engel (1821–96) によって示された家庭経済の経験法則で, 収入が増加すると飲食費の割合は減少するが, 衣料費・光熱費・住宅費の割合はほとんど変化しない; 一方教育費・保健医療費・娯楽費などの文化費の割合は増加するという法則》.

en·gen·der /ɪ̀ndʒɛ́ndə, ɛn- | -də(r)/ *vt.* **1** 産み出す (produce); 起こす, かもし出す: Sympathy often ~*s* love. 同情からしばしば恋愛が生まれる / Poverty often ~*s* crime. 貧困はしばしば犯罪を引き起こす. **2** 《古》〈子供を〉作る. **— *vi.*** 《古》生じる, 発生する. **~·er** /-dərə, -drə | -dərə(r), -drə(r)/ *n.* **~·ment** *n.* 〖(c1330) *engendre(n)* □ (O)F *engendrer* < L *ingenerāre* to produce: ⇨ in-², generate〗

En·ghien /ɑ̃ː(ŋ)gǽ(ŋ), ɑːŋgǽŋ; *F.* ɑ̃gjɛ̃/, **Duc d'** *n.* アンガン (1772–1804; フランスの将軍 Prince of Condé の子, Napoleon 一世に処刑された; 本名 Louis Antoine Henri de Bourbon-Condé).

en·gild /ɪ̀ngɪ́ld, ɛn-/ *vt.* **1** 《古》鍍金(めっき)する. **2** 《廃》磨く, 輝かす. 〖(?c1400): ⇨ en-¹, gild¹〗

engin. (略) engineer; engineering.

en·gine /ɛ́ndʒɪ̀n/ *n.* **1** 機関, エンジン, 発動機: an auxiliary ~ 補助機関 / a hydraulic ~ 水力[水圧]機関 / start an ~ エンジンを始動する / ⇨ gasoline engine, steam engine. 日英比較「エンジンブレーキ」は和製英語. 英語では use the *engine* for braking. **2** 機関車 (locomotive). **3** =fire engine. **4** 特殊な機関装置: ⇨ dental engine. **5** 《古》兵器, 武器: an ~ of war(fare) 兵器. **6** 《古》手段, 道具 (means) 〔*of*〕. **7** 《廃》拷問道具. **— *vt.*** 〈汽船・航空機など〉にエンジンを据え付ける; ...に蒸気機関を備える. **~·less** *adj.* 〖(c1275) ME *engin* (something produced by) native talent □ (O)F < L *ingenium* natural quality, skill ← IN-²+*gen-*, *gignere* to beget: ⇨ ingenious〗

éngine bèarer *n.* 機関台; 〖航空〗=engine mount. 〖1867〗

éngine blòck *n.* =cylinder block.

éngine còmpany *n.* (消防署の)消防車隊.

-én·gined 「...のエンジンを備えた」の意の形容詞連結形: a two-*engined* plane. 〖← ENGINE+-ED 2〗

éngine depàrtment *n.* 〖海軍〗機関部.

éngine drìver *n.* 《英》(機関車の)機関士, 運転手 (《米》engineer); (一般に)機関手. 〖1828〗

en·gi·neer /ɛ̀ndʒɪ̀nɪ́ə | -nɪ́ə(r)/ *n.* **1** 技師, 技術者, エンジニア; 工学者: an electrical [mechanical, chemical, mining] ~ 電気[機械, 化学, 鉱山]技師 / a communication ~ 通信工学者 / ⇨ civil engineer, marine engineer. **2 a** (商船の)機関士: a chief ~ 機関長 / a first ~ 一等機関士. **b** 《米》(機関車の)機関士 (《英》engine driver). **c** 《英》機械工, 機関工 (machinist). **d** エンジン製作者. **3 a** 〖陸軍〗工兵: the Corps of *Engineers* 工兵科, 工兵隊[部], 施設部隊 / ⇨ Royal Engineers. **b** 〖海軍〗機関科将校. **4 a** (事の)巧みな処理者: the ~ of a financial project / ⇨ sales engineer. **b** 《古》の工作者 (contriver) 〔*of*〕. **c** 《古》策謀家, 策士. **5** [形容詞を伴って] (人間・社会を対象とする)専門(技術)家, ...工学者: a human [social, genetic] ~ 人間[社会, 遺伝子]工学者. **— *vt.*** **1** 工学的に作り出す: new plants (genetically) ~*ed* to resist blight 胴枯れ病に耐えるように(遺伝子)工学的に作り出された新しい植物. **2** 《口語》(巧妙に)工作する, たくらむ, 処理する: ~ a plot [scheme] 計略をめぐらす / ~ a coup クーデターをたくらむ / ~ (a) peace in the Middle East 巧みに中東に平和をもたらす / ~ a bill *through* Congress うまく法案を通過させる. **3** (技師として)...の工事を監督[設計]する. **— *vi.*** **1** 技師として働く, 技師を勤める. **2** 《口語》事を巧みに処理[運営]する. 〖(17C) ← ENGINE+-EER ∞ (a1338) *enginour* □ OF *engeigneor* (F *ingénieur*) < LL *ingeniātōrem* ← *ingeniātus* (p.p.) ← *ingeniāre* to contrive ← L *ingenium*〗

en·gi·neer·ing /ɛ̀ndʒɪ̀nɪ́ərɪŋ | -nɪ́ər-/ *n.* **1** 工学: aeronautical ~ 航空工学 / military ~ 工兵学 / mining ~ 鉱山[採鉱]工学 / ~ science 工学 / ⇨ civil engineering, electrical engineering, genetic engineering, hydraulic engineering, marine engineering, mechanical engineering, social engineering / an ~ college 工科大学. **2** 工学技術, 機関操縦[運用]術. **3** 巧みな工作[処理, 操縦], 策略 (maneuvering): The ~ of the plot took time. その策略の巧みな工作には時間がかかった. **4** (機械)技術者の職務活動. 〖(1720): ⇨ ↑, -ing¹〗

engineéring brìck *n.* エンジニアリングブリック《半浸透性で高強度の緻密なれんが》.

engineéring insùrance *n.* 〖保険〗機械保険《汽缶保険・機関保険などの総称》.

engineér òfficer *n.* 〖海軍〗機関将校.

engineér's chàin *n.* 〖測量〗⇨ chain 4.

engineér·shìp *n.* 技師[工学者, 機関士]の職[任務, 地位]. 〖(1649): ⇨ -ship〗

engineér's scále *n.* エンジニアの物差し《両縁にそれぞれ異なった目盛をもつ技術者用の物指し》.

éngine·hòuse *n.* 消防ポンプ置場; 機関車庫. 〖1702〗

éngine làthe *n.* 〖機械〗旋盤, 普通旋盤. 〖1832〗

éngine·màn /-mæ̀n, -mən/ *n.* (*pl.* **-men** /-mɛ̀n, -mən/) =engine driver. 〖1835〗

éngine mòunt *n.* 〖航空〗エンジンベッド[マウント], 発動機架. 〖1972〗

éngine ròom *n.* (船舶などの)機関室. 〖1839〗

éngine-room télegraph *n.* 〖海事〗エンジンテレグラフ《機関発停などの命令を伝えるためのブリッジと機関室を結ぶ通信器》.

en·gine·ry /ɛ́ndʒɪ̀nri/ *n.* **1** [集合的] 機関 (engines); 機械類. **2** [集合的] 兵器. **3** 策略, 計略. **4** 機構. 〖(1605) ← ENGINE+-ERY〗

éngine shèd *n.* 機関車庫. 〖1969〗

éngine sìze *n.* 〖製紙〗エンジンサイズ剤《インクのにじまない紙を作るのにビーター (beater) 中のパルプに混入する耐水剤; cf. size²》.

éngine-sìzed *adj.* 〖製紙〗エンジンサイズ剤の (cf. engine size): ~ paper エンジンサイズ紙. 〖1880〗

éngine-tùrned *adj.* ロゼット模様のある. 〖1765〗

éngine tùrning *n.* ロゼット模様《時計側や証券などに付ける線模様の彫付け》. 〖1764〗

en·gird /ɪ̀ngə́ːd, ɛn- | -gə́ːd/ *vt.* 帯で巻く; 取り巻く, 囲む. 〖(1566) ← EN-¹+GIRD¹〗

en·gir·dle /ɪ̀ngə́ːdl̩, ɛn- | -gə́ː-/ *vt.* =girdle. 〖1602〗

en·gla·cial /ɪ̀ngléɪʃəl, -ʃl̩ | -gléɪsɪəl, -glǽʃ-, -ʃɪəl, -sɪəl/ *adj.* 〖地質〗氷河の氷の中の; かつて氷河の氷の中にあった: an ~ moraine 内堆石(ないたいせき). **~·ly** *adv.* 〖(1891) ← EN-²+GLACIAL〗

Eng·land /ɪ́ŋglənd, ɪ́ŋlənd/ *n.* **1** イングランド《Great Britain 島南部 (Scotland と Wales を除いた部分) を占め, 連合王国の中枢を成す; ⇨ Great Britain, United Kingdom; ラテン語名 Anglia; 詩語 Albion; 面積 130,365 km², 主都 London; 公式名 the Kingdom of England》. **2** (行政上の一単位として)イングランドおよびウェールズ. **3** 《俗用》英国, イギリス (United Kingdom); Great Britain 島. 日英比較 日本語の「イギリス」に当たる英語は正式には the United Kingdom (of Great Britain and Northern Ireland) (略して the U.K.). また一般には Britain あるいは Great Britain という. ただし, Great Britain は厳密にはイングランド, スコットランド, ウェールズのみを指し, 北アイルランドは含まない. *England* はグレートブリテン島南部の地域で, イギリスの一部にすぎない. **4** 〖紋章〗イングランド王の紋章《赤の地に金のライオン 3 頭 (three lions passant guardant) を配した紋章》. 〖ME *Engeland* < OE *Englaland* (原義) 'the LAND¹ of the ANGLES'〗

E

Éng·land·er *n.* イングランド人; 英国人: ⇨ Little Englander. 〖(1820): ⇨ ↑, -er¹〗

Eng·ler /ɛ́ŋ(g)lə | -lə(r); *G.* ɛ́ŋlɐ/, **(Heinrich Gustav) Adolf** *n.* エングラー (1884–1930; ドイツの植物学者).

Éng·ler de·grèes *n.* [単数扱い] エングラー度《液体の粘性を計る尺度; cf. Redwood seconds》. 〖↓〗

Éngler flásk *n.* 〖化学〗エングラーフラスコ《蒸留用の通例 100 ml 入りの枝付きフラスコ》. 〖← *Karl Engler* (1842–1925: ドイツの化学者)〗

Eng·lish /ɪ́ŋglɪʃ, ɪ́ŋlɪʃ/ *adj.* **1** イングランド (England) の; (俗に)英国の, イギリスの; 英国風[流]の. **2** イングランド人の; (俗に)英国[イギリス]人の. ★ Scotland, Wales, Northern Ireland 出身者には不快感を与えるので England 出身者に限定したほうがよい. **3** 英語の; 英語で書かれた: ~ studies 英語研究 / ~ Language and Literature 英語英文学 / the ~ classics 英語の古典.

— *n.* **1 a** 英語: Modern ~ 近代英語《1500 年以後》/ Early Modern ~ 初期近代英語《1500–1700》/ Late Modern ~ 後期近代英語《1700 年以後》/ Present-day [Contemporary] ~ 現代英語《1900 年以後》/ Middle ~ 中(期)英語, 中世後期英語《1100–1500》/ Old ~ 古(期)英語, 中世前期英語《700–1100 年間のアングロサクソン語》/ American [British] ~ アメリカ[イギリス]英語 / ~ as a Foreign [Second] Language 外国語[第二公用語]としての英語 (略 EFL [ESL]) / ⇨ pidgin English, King's English, Queen's English. **b** (学科としての)英語英文学. **2 a** (簡明で)英語らしい英語 (cf. Greek 4): in plain ~ 平たく言えば / We wouldn't say that in ~. 英語ではそうは言わない. **b** 英訳, (外国語に対応する)英語: What is *the* ~ for 'bara'?「バラ」の英語は何ですか. **3** [the ~; 集合的] **a** イングランド人; (俗に)英国人, 英国民: *The* ~ are a great people. 英国人は偉大な民族である. **b** 英軍. **4** [時に e-] 《米》〖玉突・ボウリング〗ひねり (cf. body English). **5** [しばしば e-] 〖活字〗イングリッシュ《活字の大きさの古い呼称; 14 アメリカンポイントに相当; ⇨ type¹ 3 ★》. **6** 《米》〖製紙〗英国風仕上げ《光沢度の高くない仕上げ方》.

— *vt.* [時に e-] **1** 《古》英語に訳す. **2** 〈発音・つづりなど〉を英国風にする, 英国化する (Anglicize). **3** 《米》〖玉突・ボウリング〗〈玉・ボールを〉ひねる.

〖adj. & n.: OE *Englisċ* ← *Engle* 'ANGLE': ⇨ -ish¹. — v.: (c1395) ← (adj., n.)〗

Énglish blúebell *n.* 〖植物〗=wood hyacinth.

Énglish blúegrass *n.* 〖植物〗=meadow fescue.

Énglish bónd *n.* 〖建築・石工〗イギリス積み, 縦横交互積み《長方形の石材・れんがなどを一層おきに小口(こぐち)面と長手(ながて)面とを見せて交互に積み重ねる積み方》. 〖1825〗

Énglish bréakfast *n.* 英国式朝食《シリアル, 卵, ベーコン, トースト, 紅茶またはコーヒーからなる朝食; cf. continental breakfast》. 〖1807〗

Énglish bréakfast téa *n.* 工夫紅茶(コングー) (congou); (広義に)工夫紅茶に類似した茶.

Énglish cámomile *n.* 〖植物〗ローマカミツレ (*Anthemis nobilis*)《ヨーロッパ産キク科アンテミス属の多年草; 強い芳香がある》.

Énglish Canádian *n.* イギリス系カナダ人; 英語を話すカナダ人. 〖a1820〗

Énglish cápers *n.* (*pl.* ~) 〖植物〗=capuchin capers. 〖1750〗

Énglish chámomile *n.* 〖植物〗=English camomile.

Énglish Chánnel *n.* [the ~] イギリス海峡《英仏両国を分かち北海と大西洋を結ぶ; 長さ 560 km, 幅 34–180 km; the Channel ともいう》.

Énglish Chúrch *n.* [the ~] =CHURCH of England.

Énglish Cívil Wár *n.* [the ~] 〖英史〗イギリス大内乱, ピューリタン革命 (⇨ civil war 2 b).

Énglish cócker spániel *n.* イングリッシュコッカースパニエル《スペイン原産のスパニエルから英国で品種改良されたイヌ; 耳たぶが大きくて, 作業中尾を絶えず動かしている猟犬》. 〖1948〗

Énglish cówslip *n.* 〖植物〗=cowslip 1.

Énglish cróss bònd *n.* 〖建築〗(れんがの)イギリス十字積み, イングリッシュクロスボンド《イギリス積みの一種で, れんがの長平(ながひら)面を積んだ層の目地が, れんがの小口(こぐち)を積んだ層の小口中央になるような積み方》. 〖1888〗

Énglish dáisy *n.* 《米》〖植物〗=daisy 1. 〖c1890〗

Énglish disèase *n.* [the ~] 英国病《労働組合運動の発展に伴い, 労働者の諸権利が拡充される反面, 経営の合理化が抑制されて英国経済全体が危機に陥っている状態をさす; English sickness ともいう》. 〖1871〗

Énglish élm *n.* 〖植物〗ヨーロッパニレ (*Ulmus procera*)《ヨーロッパ西南部産》. 〖1838〗

Énglish Énglish *n.* イギリス英語 (British English). 〘1804〙
Éng·lish·er *n.* **1** ＝Englishman. **2** 英訳者. 〘1683〙
Énglish flúte *n.* ＝recorder 2. 〘1911〙
Énglish fóxhound *n.* イングリッシュフォックスハウンド《英国原産の猟犬; 狐狩に用いたり, 野外競技をしたり, 多数が一群となって狩りをする》. 〘1929〙
Énglish gálingale *n.* 〘植物〙 ＝galingale 2. 〘1861〙
Énglish góoseberry *n.* 〘植物〙 セイヨウスグリ, マルスグリ, オオスグリ (*Ribes grossularia*) 《ヨーロッパ原産の緑色の花が咲く低木》.
E **Énglish Héritage** *n.* 《英》 イングリッシュ ヘリテッジ《英国の遺跡・歴史的建造物の保護管理のため 1984 年に設立された特殊法人; 正式名称 Historic Buildings and Monuments Commission for England》.
Énglish hólly *n.* 〘植物〙 セイヨウヒイラギ (*Ilex aquifolium*). 〘1873〙
Énglish hórn *n.* イングリッシュホルン《音色の穏やかな oboe 族の木管楽器; oboe より 5 度低い》. 〘(1838) 《なぞり》 ← It. *corno inglese*〙

English horn

Énglish íris *n.* 〘植物〙 イングリッシュアイリス, イギリスアヤメ (*Iris xiphioides*) 《ピレネー山脈 (Pyrenees) 原産の濃紫色の花が咲くアイリス》.
Éng·lish·ism /-ʃɪzm/ *n.* **1** (「米語」に対して)イギリス語法 (Briticism) (cf. Americanism). **2** イギリス風, イギリス流, 英国式. **3** 英国主義《英国的なものへの愛着》. 〘(1855): ⇨ -ism〙
Énglish ívy *n.* 〘植物〙 ＝ivy 1 a.
Eng·lish·ize /ɪ́ŋglɪʃàɪz, ɪ́ŋl-/ *vt.* 英国風[式]にする. 〘(1858): ⇨ -ize〙
Énglish láurel *n.* 〘植物〙 ＝cherry laurel.
Éng·lish·ly *adv.* 英国人流に[らしく]. 〘(*a*1447) ← ENGLISH (adj.)＋-LY¹〙
Énglish máidenhair *n.* 〘植物〙 ＝maidenhair spleenwort.
Eng·lish·man /ɪ́ŋglɪʃmən, ɪ́ŋlɪʃ-/ *n.* (*pl.* **-men** /-mən, -mèn/) **1** (男性の)イングランド人; 英国人, イギリス人. **2** 英国[イギリス]船. 〘OE *Engliscman*: ⇨ English, -man〙
Énglishman's knót *n.* ＝fisherman's knot.
Énglish múffin *n.* 《米》 ＝muffin 1 a. 〘1902〙
Énglish mústard *n.* イングリッシュマスタード《からしの種子を粉にして製した辛味の強いからし》.
Énglish Nátional Bállet *n.* [the ～] イングリッシュ ナショナル バレエ《1950 年設立の英国のバレエ団; クラシックとモダンバレエの両方を公演する》.
Énglish Nátional Ópera *n.* [the ～] イングリッシュ ナショナル オペラ《1931 年設立の英国の歌劇団; 略 ENO》.
Énglish Náture *n.* イングリッシュ ネイチャー《英国の環境保護に従事する政府機関》.
Éng·lish·ness *n.* 英国[イギリス]風であること; 英語らしさ. 〘(1804): ⇨ -ness〙
Énglish óak *n.* 〘植物〙 **1** オウシュウナラ (*Quercus robur*) 《ヨーロッパ産ブナ科ナラ属の落葉高木》. **2** オウシュウナラ材《建築・家具用》.
Énglish óde *n.* 〘詩学〙 ＝Cowleyan ode. 〘1783〙
Énglish Pále *n.* [the ～] ＝pale² 4.
Énglish plántain *n.* ＝ribgrass 2.
Énglish prímrose *n.* 〘植物〙 イチゲサクラソウ (*Primula vulgaris*) 《ヨーロッパ産のサクラソウ》.
Énglish rábbit *n.* 〘動物〙 イングリッシュラビット《暗色の斑紋がある一品種の飼ウサギ》.
Énglish réd *n.* **1** イギリス赤《酸化鉄から採った赤色顔料》. **2** 濃い橙赤色. 〘1578〙
Énglish Revolútion *n.* [the ～] **1** イギリス革命《Stuart 王家の James 二世を追い William 三世と Mary 二世とを迎えて王・女王とした革命 (1688–89); Glorious Revolution (名誉革命)ともいう》. **2** ＝English Civil War.
Énglish róbin *n.* 〘鳥類〙 ＝robin¹ 1.
Eng·lish·ry /ɪ́ŋglɪʃri, ɪ́ŋl-/ *n.* **1** 《まれ》[集合的] (特に, アイルランドの)イギリス系の住民. **2** 英国生まれであること. **3** 英国風《言動など》. 〘(1439): ⇨ English, -ery〙
Énglish ryégrass *n.* 〘植物〙 ＝perennial ryegrass.
Énglish sáddle *n.* 〘馬具〙 イギリス鞍《通例狩猟鞍で, 韓革(あおり)の張り出しのないものをいう; cf. Western saddle》. 〘1817〙
Énglish sétter *n.* イングリッシュセッター《英国で作出された鳥猟の犬》. 〘1859〙
Énglish Shéepdog *n.* 《米》 ＝old English sheepdog.
Énglish shépherd dòg *n.* イギリス牧羊犬《中形の, 羊や牛の番犬》.
Énglish síckness *n.* ＝English disease. 〘1963〙
Énglish sónnet *n.* 〘詩学〙 イギリス風ソネット《Italian sonnet を簡易化したもので, 三つの四行連句 (quatrain) と結末の二行連句 (couplet) とからなり, a b a b c d c d e f e f g g の押韻形式をもつ; Shakespearean sonnet ともいう》. 〘*c*1903〙
Énglish spárrow *n.* 〘鳥類〙 ＝house sparrow. 〘1876〙
Énglish-spéaking *adj.* 英語を話す, 英語を使用する: the ～ world 英語圏 / ～ peoples 英語を用いる諸国民. 〘1829〙
Énglish-Spéaking Únion *n.* [the ～] 英語圏連合友好団体《1918 年に英語圏の国際交流を目的に設立された団体; 略 ESU》.
Énglish sprínger (spániel) *n.* イングリッシュスプリンガースパニエル《中形の狩猟犬; 断尾している尾をよく動かす; 垂れ耳が長く, 肢・耳・胸・腹部に飾り毛がある》. 〘1929〙
Énglish sỳstem *n.* 〘紡織〙 ＝Bradford system.
Énglish Tóurist Bòard *n.* [the ～] 《英》 イングランド観光局.
Énglish tóy spániel *n.* イングリッシュトイスパニエル《胴が短く小柄で, 短い上向きの鼻をもつ英国種のスパニエル犬》. 〘*c*1934〙
Énglish víolet *n.* 〘植物〙 ＝sweet violet. 〘1578〙
Énglish wállflower *n.* 〘植物〙 ニオイアラセイトウ (*Cheiranthus cheiri*) 《ヨーロッパ南部産のアブラナ科ニオイアラセイトウ属の多年草; 観賞用に栽培》.
Énglish wálnut *n.* 〘植物〙 **1** セイヨウグルミ, ペルシャグルミ, カシグルミ (*Juglans regia*) 《果殻が割合に薄いため手でも割れる; 菓子用・食用に広く栽培; Circassian walnut, French walnut, Persian walnut ともいう》. **2 a** ペルシャグルミの実. **b** ＝Circassian walnut 1. 〘1772〙
Eng·lish·wom·an /ɪ́ŋglɪʃwùmən, ɪ́ŋlɪʃ-/ *n.* **1** イングランド人女性; 英国人女性, イギリス人女性. **2** (カナダ・オーストラリアなどの)英国系の女性. 〘*c*1400〙
Énglish yéw *n.* 〘植物〙 セイヨウイチイ, ヨーロッパイチイ (*Taxus baccata*) 《ヨーロッパ・アジア・アフリカ北部原産の常緑高木; しばしば墓地に植えられる》.
Eng Lit /ɪ́ŋlɪ́t/ *n.* 学術研究の対象としての英文学.
en·glut /ɪ̀nglʌ́t, ɛn-/ *vt.* **1** 飲み下す. **2** 《古》…に十分[いやというほど]与える, 飽きさせる. 〘1: (1491) □ OF *englotir* (F *engloutir*) < LL *ingluttīre*. — 2: (*c*1485) ← EN-¹＋GLUT〙
en·gobe /ɑ̃ː(ŋ)góʊb, ɑːŋ- | -gɔ́ʊb; *F.* ɑ̃gɔb/ *n.* 〘窯業〙 エンゴーベ, 化粧土《粘土素地に色, 不透明性, あるいは他の性質を改善するために用いる泥漿掛け材料》. 〘(1857) □ F ～ ← *engober* to cover with slip ← EN-¹＋*gober* to swallow〙
en·gorge /ɪ̀ngɔ́ədʒ, ɛn- | -gɔ́ːdʒ/ *vt.* **1** むやみに詰め込む (gorge, cram); むさぼり食う (devour greedily). **2** 〘病理〙[通例 p.p. 形で] 充血させる, (液体充満のため)腫脹[拡張]させる: be ～*d with* blood 充血[鬱血(うっけつ)]している. — *vi.* 〈ヒルなどが〉血を体に一杯吸う. 〘(1515) □ F *engorger*: ⇨ en-¹, gorge¹〙
en·górge·ment *n.* **1** 飽食. **2** 〘病理〙 (血液・分泌液などの)鬱積(うっせき); 充血, 鬱血(うっけつ) (congestion). 〘(1611): ⇨ ↑, -ment〙
en·gou·lée /ɑ̃ː(ŋ)guːléɪ, ɑːŋ-; *F.* ɑ̃gule/ *adj.* 〘紋章〙 動物がむさぼり食う. ★ vorant より強い表現. 〘(1830) □ F ～ (fem. p.p.) ← *engouler* to swallow up: ⇨ en-¹, gula〙
engr. (略) engineer; engineering; engraved; engraver; engraving.
en·graft /ɪ̀ngrǽft, ɛn- | -grɑ́ːft/ *vt.* **1** 〈接(つ)ぎ穂を〉〔…に〕挿し込む, 接ぎ穂する, 接ぎ木する (graft) 〔*into, upon*〕: ～ an apricot *upon* a plum tree アンズの木をスモモの木に接ぎ木する. **2** 〈思想・主義などを〉〔…に〕移植する, 植え付ける (implant) 〔*in*〕; 〔…と〕統合する (incorporate) 〔*into*〕; 〈偶然的なものを〉〔…に〕付け加える (add) 〔*on, upon*〕: ～ an idea [principles, virtues] *in* the mind 思想[主義, 徳]を吹き込む / A bill of penalties should be ～*ed on* the bill of indemnity. その免責法案には刑罰法案を付加すべきである. **en·graf·ta·tion** /ɛ̀ngræftéɪʃən | -grɑ̀ːf-/, **～·ment** *n.* 〘(1585) ← EN-¹＋GRAFT¹: cf. ingraft〙
en·grail /ɪ̀ngréɪl, ɛn-/ *vt.* **1** 〘紋章〙 〈紋章図形〉の線や縁に波形のぎざぎざを付ける. **2** 〈硬貨などの〉表面の縁に小点[波線]を付ける. **～·ment** *n.* 〘(*a*1400) *engrele(n)* □ OF *engresler* (F *engrêler*) ← EN-¹＋*gresle* hail: cf. OF *gresle* (F *grêle*) slender (< L *gracilem* 'GRACILE')〙
en·gráiled *adj.* 〘紋章〙 〈紋章図形など〉縁を波形にした, ぎざぎざの波線状になった. 〘(?*a*1400): ⇨ ↑, -ed〙
en·grain /ɪ̀ngréɪn, ɛn-/ *vt.* **1** 《廃》〈染料を〉しみ込ませる. **2** 〈習慣などを〉根深くしみ込ませる. 〘(*c*1378) ← EN-¹＋GRAIN¹〙
en·gráined *adj.* 根深い (deep-dyed); 徹底した: an ～ rogue 根っからの悪党. 〘(*c*1378): ⇨ ↑, -ed〙
en·gram /ɛ́ngræm/ *n.* (*also* **en·gramme** /～/) **1** 〘生物〙 (刺激によって原形質の上に生じ後まで残る)印象. **2** 〘心理〙 記憶痕跡 (⇨ memory trace); (特に)エングラム《長期記憶を説明するために経験によって脳神経組織に生じると仮定された変化》. **en·gram·mat·ic** /ɛ̀ngrəmǽtɪk | -tɪk⁻/, **en·gram·mic** /ɛngrǽmɪk/ *adj.* 〘(1908) ← EN-²＋-GRAM: cf. G *Engramm*〙
en grande te·nue /ɑ̃ː(ŋ)grɑ̃ː(n)dtənúː, ɑːŋgrɑ́ːnd-, -njúː | -njúː; *F.* ɑ̃gʁɑ̃dtəny/ *F. adv.* 礼装で. 〘(1834) □ F ～ 'in full dress'〙
en grand sei·gneur /ɑ̃ː(ŋ)grɑ̃ː(n)seɪnjɜ́ː, ɑːŋgrɑːn- | -njɜ́ː(r; *F.* ɑ̃gʁɑ̃sɛɲœːʁ/ *F. adv.* 王侯のように. 〘(1805) □ F ～ 'as great lord'〙
en·grave /ɪ̀ngréɪv, ɛn-/ *vt.* **1** 〔金属・石・木などに〕〈文字・図案などを〉彫り付ける, 彫り込む 〔*on*〕; …に〔文字などを〕刻む, 彫刻する 〔*with*〕; 〈銅版などを〉彫る: ～ an inscription *on* a tomb ＝ ～ a tomb *with* an inscription 碑文を墓石に彫る. **2** 〔心に〕刻み込む, 感銘させる 〔*on, upon, in*〕: ～ a scene *on* [*upon*] one's memory 光景を強く記憶にとどめる / These words were ～*d in* our minds. これらの言葉は深く我々の心の中に刻み込まれた. **3** (銅版・木版などの彫刻版で)印刷する: His picture has been ～*d* several times. 彼の絵は数回木版印刷された. **4** (刻んだ文字・意匠などで)飾る: ～ spoons and forks *with* crests スプーンやフォークを紋章で飾る. **5** ＝photoengrave. 〘(1509) ← EN-¹＋GRAVE³: cf. F *engraver*〙
en·gráv·er *n.* 彫刻師, (特に, 木版・銅版などの)彫版師, 彫版工: the ～'s tool 彫版刀. 〘(1586): ⇨ ↑, -er¹〙
engráver bèetle *n.* 〘昆虫〙 キクイムシ (⇨ bark beetle). 〘1897〙
engráver's tríck *n.* 〘紋章〙 ＝trick 9.
en·gráv·ing *n.* **1** 彫刻, 彫版; 彫版術. **2** 彫刻された図[意匠]. **3** (銅版・木版などの)版木, 彫り版, 図版; 銅版[木版]刷り. 〘(1601) ← ENGRAVE＋-ING¹〙
en·gross /ɪ̀ngróʊs, ɛn- | -grə́ʊs/ *vt.* **1** 〈文書を〉大きな字体で書く[写す]; (昔の公文書体で)清書する; 〈法律書類を〉正式に書き上げる (cf. law-hand). **2** 〈注意・時間を〉奪う; [通例 p.p. 形で] 〈人を〉専心没頭させる 〔*in*〕: ～ a person [a person's attention] 人を専心没頭させる[人の注意を奪う]. / He was ～*ed in* the task. その仕事に熱中していた / He was deeply ～*ed in* thought. 深い物思いにふけっていた / We were [became, got] ～*ed in* (playing) our game. ゲームに熱中していた[熱中した]. **3** 《古》〈市場を〉独占する, 買占めをする; 〈権力・会話などを〉独占する. **4** 《廃》太らせる. **～·er** *n.* 〘1: (1418) □ AF *engrosser* ← EN-²＋(O)F *grosse* large letter // □ ML *ingrossāre* ← IN-²＋*grossa* large writing. — 2, 3.: (*a*1400) ← OF *en gross* in the lump, by wholesale ← *gros* thick, (n.) whole quantity: ⇨ en², gross〙
en·grόssed *adj.* 専心没頭した, 熱中した (⇨ busy, intent¹ SYN). **en·grós·sed·ly** /-sɪ̀dli, -st-/ *adv.* 〘(1640–44): ⇨ ↑, -ed〙
en·gróss·ing *adj.* **1** 専心させる, わき目もふらせない, 面白くてたまらない (absorbing): an ～ novel. **2** 独占的な, 独占したがる (monopolizing). **～·ly** *adv.* 〘(1595–96): ⇨ -ing²〙
en·gróss·ment *n.* **1** (正式な字体で大きく書く)清書, 浄写; (正式な字体で書いた)文書. **2** 専心, 没頭: one's ～ *with* a new novel 新しい小説に没頭していること. **3** 独占, 買占め. 〘(1526): ⇨ -ment〙
en·guard /ɪ̀ngɑ́əd, ɛn- | -gɑ́ːd/ *vt.* 守る. 〘(1604) ← EN-¹＋GUARD〙
en·gulf /ɪ̀ngʌ́lf, ɛn-/ *vt.* **1** 〔淵・波などの中に〕吸い込む, 飲み込む, 巻き込む (swallow up) 〔*in*〕: The ship was ～*ed in* a gray fog. 船は灰色の霧にすっぽりと包まれた / I was ～*ed in* a flood of letters. 山なす来信に掛かりきりとなった / Angola was ～*ed in* civil war. アンゴラは内戦に明け暮れていた. **2** 〈悲しみなどが〉〈人を〉襲う, 包み込む. **～·ment** *n.* 〘(1555) ← EN-¹＋GULF〙
en·ha·lo /ɪ̀nhéɪloʊ, ɛn- | -ləʊ/ *vt.* 光輪で取り囲む. 〘(1842) ← EN-¹＋HALO〙
en·hance /ɪ̀nhǽns, ɛn-, -hɛ́nts | -hɑ́ːns, -hɑ́ːnts/ *vt.* **1 a** (…の程度を)強める, 大きくする: ～ an injury, delights, etc. **b** 《古》 誇張する. **2** (…の価値・価格・魅力などを)高める, 増す (⇨ intensify SYN): ～ social welfare 社会の福祉を増進する. **en·hánc·ive** /-sɪv/ *adj.* 〘(*c*1280) *enhaunce(n)* □ AF *enhauncer*＝OF *enhaucer* < VL **inaltiāre* to raise ← IN-²＋L *altus* high: cf. hance, hawser〙
en·hánced *adj.* **1** (性質・価値などが)高まった, 増大した. **2** 〘紋章〙 〈紋章図形が〉正規の位置より盾の上部 (chief) 寄りに描かれた (↔ abased). 〘(1536): ⇨ ↑, -ed〙
enhánced óil recòvery *n.* (原油の)増進採収《通常の方法で採収しきれない原油を, 化学物質やガス, 熱などを利用して回収する方法》.
enhánced radiátion wèapon *n.* 強化放射線兵器《中性子爆弾など》. 〘1976〙
en·hance·ment /ɪ̀nhǽnsmənt, ɛn-, -hɛ́nts- | -hɑ́ːns-, -hɑ́ːnts-/ *n.* 高揚; 増進, 強化, 騰貴(とうき). 〘(1577): ⇨ -ment〙
en·hánc·er *n.* 高めるもの, 向上[増加]させるもの.
en·har·mon·ic /ɛ̀nhɑəmɑ́(ː)nɪk | -hɑːmɔ́n-⁻/ 〘音楽〙 *adj.* **1** 異名同音の《平均律では 1 オクターブが 12 の半音に等分されるため, 例えば C♯ と D♭ は名前が異なるが同じ音となる》: ～ change 異名同音的変化《和声機能にしたがって C♯ → D♭ のように同じ音を書き換えること》 / ～ interval 異名同音の音程《同上の理由で, 例えば増 4 度＝減 5 度》. **2** 細分律の《平均律のように半音を単位とせず, より小さな音程の差異を問題とする》. — *n.* **1** 異名同音(程). **2** 細分律. **3** エンハルモニー《古代ギリシャの音列で ¹/₄ 音を含む》.
èn·har·món·i·cal·ly *adv.* 〘(1603) □ LL *enharmonicus* □ Gk *enharmonikós* in harmony: ⇨ en-², harmony: ⇨ -ic¹〙
enharmónic modulátion *n.* 〘音楽〙 異名同音的転調. 〘1876〙
en·heart·en /ɪ̀nhɑ́ətn̩, ɛn- | -hɑ́ː-/ *vt.* 鼓舞する, 奮い立たせる, …に希望を新たにさせる. 〘(*c*1610) ← EN-¹＋HEARTEN〙
en·hy·drous /ɛnháɪdrəs/ *adj.* 〘鉱物〙 〈結晶が〉含水の. 〘(1812) □ LL *enhydrus* □ Gk *énudros*: ⇨ en-², hy-

dro-, -ous〕

en·i·ac, EN·I·AC /éniæ̀k/ *n.* 《米》エニアック《初めて作られたコンピューターの名称; cf. EBCDIC》. 〖《1945》(頭字語) ← *E*(*lectronic*) *N*(*umerical*) *I*(*ntegrator*) *A*(*nd*) *C*(*alculator*): 商標名〗

E·nid /íːnɪ̀d | -nɪd/ *n.* **1** イーニッド《女性名》. **2** 〖アーサー王伝説〗イーニド《Sir Geraint の美しく貞節な妻; Tennyson の詩 *Idylls of the King* にも出てくる》. 〖□ Welsh ～《原義》soul, purity〗

e·nig·ma /ɪ̀nígmə, ɛn-/ *n.* (*pl.* **～s, ～·ta** /～tə | ～tə/) **1** 謎の言葉, 謎 (⇨ mystery¹ SYN). **2** 謎の人; 不可解な事物[事件]: It is an ～ *to* me. / The ～ of his personality fascinated me. 謎のような彼の性格が私を引きつけた. 〖《1539》□ L *aenigma* □ Gk *aínigma* riddle ← *ainissesthai* to speak in riddles ← *aînos* tale, riddle ← ? IE **ai-* utterance〗

enígma cànon *n.* 〖音楽〗=riddle canon.

enigmata *n.* enigma の複数形.

en·ig·mat·ic /ènɪgmǽtɪk | -tɪk⁻/ *adj.* **1** 謎のような, 解き難い (puzzling): He gave an ～ smile. 謎めいた微笑を浮かべた. **2** 〈人物が〉得体の知れない, 不思議な (mysterious). 〖《1628–77》□ LL *aenigmaticus* ← L *aenigmat-, aenigma* 'ENIGMA': ⇨ -ic¹〗

èn·ig·má·ti·cal /-tɪ̀kəl, -kl | -tɪ-⁻/ *adj.* =enigmatic. **～·ly** *adv.* 〖1576〗

énigmatic cánon *n.* 〖音楽〗=riddle canon.

e·nig·ma·tize /ɪ̀nígmətàɪz, ɛn-/ *vt.* 謎[不可解]にする. — *vi.* 謎で言う (talk in enigmas). 〖《*a*1631》← ENIGMAT(IC)+-IZE〗

E·ni·sei /jènəséɪ | -nɪ̀-; *Russ.* jenʲisʲéj/ *n.* [the ～] = Yenisei.

en·isle /ɪ̀náɪl, ɛn-/ *vt.* 《文語》**1** 島にする. **2** 孤島に置く; 孤立させる, 隔離する. 〖《1612》← EN-¹+ISLE〗

En·i·we·tok /ènɪ̀wíːtɑ(ː)k | -tɒk/ *n.* エニウェトック《Marshall 諸島中の環礁, 1948–54 年米国の原・水爆実験地》.

en·jail /ɪ̀ndʒéɪl, ɛn-/ *vt.* 《古》獄につなぐ, 投獄する. 〖《1595》← EN-¹+JAIL〗

en·jamb·ment /ɪ̀ndʒǽmmənt, ɛn-/ *n.* (*also* **en·jambe·ment** /～/; *F.* ɑ̃ʒɑ̃bmɑ̃/) 〖詩学〗句[行]またがり《意味・構造上, 行末の休止なしに次の行に続くこと; 対句や連についてもいうことがある; 例 I fondly ask: —But Patience, to prevent // That murmur, soon replies.— Milton》. ★ 句またがりの起こる行を run-on line という. 〖《1837–39》□ F *enjambement* ← *enjamber* to stride over: ⇨ en-¹, jamb, -ment〗

en·join /ɪ̀ndʒɔ́ɪn, ɛn-/ *vt.* **1** 〔人に〕〈行為などを〉〈義務として〉課する, 申し付ける (impose) 〔*on, upon*〕: He ～*ed* honesty *on* his son. 息子に正直にせよと申し付けた / He ～*ed* silence *on* me with a gesture. 私に声を出すなと身ぶりで命じた. **2** [目的語+*to* do または *that*-clause を伴って]〈…するように〉〈…に〉言い付ける (instruct), 命じる (⇨ command SYN); 要求[強要]する (require): He ～*ed* them *to* do it [～*ed that* it should be done] at once. 彼は直ちにそれをするように命じた. **3** 〈事を〉禁じる, 〈人〉に〔…することを〕禁止する 〔*from doing*〕 (⇨ forbid SYN): ～ an action 行為を禁じる / ～ a person *from* infringing a right 人が権利を侵すのを禁止する. **～·er** *n.* **～·ment** *n.* 〖《?*a*1200》□ (O)F *enjoign-* (stem) ← *enjoindre* < L *injungere* to impose: ⇨ in-², join〗

en·joy /ɪ̀ndʒɔ́ɪ, ɛn-/ *vt.* **1** **a** 楽しむ, おもしろく[楽しく]経験する, 味わう: ～ good music よい音楽を聞いて楽しむ / ～ life 人生を楽しむ, 楽しい生活をする / ～ one's dinner おいしく食事をする / *Enjoy* your meal! (=Bon Appetit!) 存分に召し上がれ / He is ～*ing* the cool air. いい気持ちで涼んでいる / How did you ～ your vacation? 休日はいかがでしたか / I ～*ed* it very much. とてもおもしろかった / He ～*ed* walk*ing* around the pond. 池のまわりの散歩を楽しんだ. **b** [～ oneself で] 楽しい思いをする, 愉快に過ごす (have a good time): I ～*ed myself* whatever I did. 何をしても楽しかった / I ～*ed myself doing* all sorts of different things. いろいろなことをして愉快に過ごした. **2** 享受する, 享有する, もっている, 経験する (⇨ have¹ SYN): ～ a modest income [a large fortune, an honorable office] わずかの収入[大きな財産, 栄職]をもっている / ～ (the blessing of) good health 達者でいる / ～ the confidence of one's friends 友人の信頼を受ける / Its seeds ～ fame as a cure for baldness. その種子ははげの治療薬として名高い. **3** 《古》〈女性〉と交わる, 性交する. — *vi.* 《口語》楽しむ: See you later, guys! *Enjoy!* さよなら, 諸君. 楽しみたまえ. **<～·er** *n.* 〖《c1384》□ OF *enjoier* to cause to enjoy < EN-¹+*joie* 'JOY' // OF *enjoir* to enjoy ← EN-¹+*joir* (F *jouir*) < VL **gaudire*=L *gaudēre* to rejoice〗

en·joy·a·ble /ɪ̀ndʒɔ́ɪəbl̩, ɛn-/ *adj.* **1** 楽しい, 愉快な, おもしろい (⇨ pleasant SYN): an ～ excursion 楽しい遠足 / We had a very ～ time. とても楽しいときを過ごした. **2** 楽しむことのできる, 享受できる: ～ only by the young 若者だけに楽しむことができる. **～·ness** *n.* **en·jóy·a·bly** *adv.* 〖《1645》: ⇨ ↑, -able〗

en·joy·ment /ɪ̀ndʒɔ́ɪmənt, ɛn-/ *n.* **1** 快楽を与えるもの, 楽しみ, 喜び: Music is a great ～ to her. 音楽は彼女にとって非常な楽しみだ. **2** 享楽, 愉快 (⇨ pleasure SYN): get ～ *from* music 音楽を楽しむ / She heard the good news *with* great ～. 彼女はそのよい知らせを聞いて大変嬉しかった. **3** **a** 享有, 享受: her ～ *of* good health 彼女が健康に恵まれていること. **b** 〖法律〗(権利の)行使; 享有, 享受 〔*of*〕: the ～ of property 財産権の享有. **4** 《古》性交. 〖《1553》: ⇨ -ment〗

en·keph·al·in /ɪ̀nkéfəlɪ̀n, ɛn- | -lɪn/ *n.* 〖生化学〗エンケファリン《モルヒネ様作用を示すペプチドの一種; encephalin ともいう; cf. endorphin》. 〖《1975》← Gk *enképhalos*: ⇨ -in¹〗

en·kin·dle /ɪ̀nkíndl̩, ɛn-/ *vt.* **1** …に火をつける; 燃え上がらせる. **2** 〈感情を〉燃え立たせる, 煽(あお)る, 〈人〉の激情を煽る; 〈戦争などを〉起こさせる: ～ a desire for …に対する欲望を煽る. — *vi.* 火がつく, 燃え上がる. **en·kín·dler** /-dlə, dlə | -dlə^r, -dl-/ *n.* 〖《1542》← EN-¹+KINDLE¹〗

en·kol·pi·on /ɛnkóʊlpiən, kɑ́(ː)l- | -kɔ́ʊl-, -kɔ́l-/ *n.* (*pl.* **-pia** /-piə/) 〖東方正教会〗=encolpion.

enl. 《略》enlarge; enlarged; enlargement; enlisted.

en·lace /ɪ̀nléɪs, ɛn-/ *vt.* **1** …に巻き付ける (encircle), 取り巻く (surround), くるむ (enfold). **2** 組み合わせる, からませる (intertwine). **3** (網細工のように)覆う. **～·ment** *n.* 〖《c1380》*enlace(n)* □ OF *enlacier* (F *enlacer*): ⇨ en-¹, lace〗

en·lard /ɪ̀nlɑ́ːəd, ɛn- | -lɑ́ːd/ *vt.* 《廃》…に油を塗る; 太らせる. 〖《1556》← EN-¹+LARD〗

en·large /ɪ̀nlɑ́ːədʒ, ɛn- | -lɑ́ːdʒ/ *vt.* **1** 大きくする, 増大[拡大]する (⇨ increase SYN); 〈建物などを〉広げる; 〈本を〉増補する: ～ a house 家を建て増す. **2** 拡張する, 広くする (widen, expand): ～ a business 商売を広げる / ～ one's mind [views] 知力[見解]を広くする / ～ one's fortune 身代を殖やす. **3** 〖写真〗引き伸ばす: ～ a photograph. **4** 《古》放免する (release). — *vi.* **1** 広がる, 大きくなる. **2** 〔…を〕詳しく述べる 〔*on, upon*〕: We only ～*d on* trivia. 些細なことを詳しく話し合っただけだった / Would you ～ *on* the point you've just made? 今おっしゃった点をもう少し詳しく述べて下さいませんか. **3** 〖写真〗引き伸ばせる. **～·a·ble** /-dʒəbl̩/ *adj.* 〖《c1350》□ OF *enlargier*: ⇨ en-¹, large〗

en·lárged *adj.* **1** 増大[拡大]した; 増補した: a revised and ～ edition (本の)改訂増補版 / an ～ spleen 肥大した脾臓. **2** 〖写真〗引き伸ばした: an ～ photograph 引伸ばし写真. 〖《1599》: ⇨ ↑, -ed〗

en·large·ment /ɪ̀nlɑ́ːədʒmənt, ɛn- | -lɑ́ːdʒ-/ *n.* **1** 拡大, 増大; (心臓の)肥大: the ～ *of* one's mind 心を広くすること. **2** 増加物, 増補 (addition); 増築: build an ～ to …の建増しをする. **3** 〖写真〗引伸ばし: make an ～ from a negative ネガから引伸ばしを作る. **4** 《古》詳述. **5** 《古》釈放, 放免. 〖《1540》: ⇨ -ment〗

en·lárg·er *n.* 〖写真〗引伸ばし機. 〖《1545》← ENLARGE+-ER¹〗

en·lárg·ing *n.* 〖写真〗**1** 引伸ばし. **2** [形容詞的に] 引伸ばし(用)の: an ～ lens 引伸ばし用レンズ. 〖《c1433》: ⇨ enlarge, -ing¹〗

en·light·en /ɪ̀nláɪtn̩, ɛn-/ *vt.* **1** …に〔…について〕教える, 明らかにする 〔*on, about, as to*〕: ～ a person *on* a subject [*as to* one's intentions] 人にある主題について教える[意向を明らかにする] / They are thoroughly ～*ed upon* the question. 彼らはその問題のことを十分に理解している. **2** 啓発[教化]する; 文明に導く: ～ the ignorant [the heathen] 無知な人々を啓発する[異教徒を教化する]. **3** 《古・詩》…に光を注ぐ, 照らす. **～·er** /-tnə | -tnə^r/ *n.* 〖《c1325》*inlighte(n)*: ⇨ en-¹, light¹ (n.), -en¹〗

en·light·ened /ɪ̀nláɪtn̩d, ɛn-/ *adj.* **1** 十分に理解した上での, 賢明な: an ～ judgment 賢明な判断. **2** 啓発[教化]された; 開けた, 開化した: an ～ mind 進んだ知力 / an ～ age 文明の時代 / an ～ nation 文明開化した国民. 〖《1611》: ⇨ ↑, -ed〗

en·líght·en·ing /-tnɪŋ, -tn-/ *adj.* 啓発的な, はっきりさせる: one's ～ view on the modern economy 現代の経済に対する啓発的な見解. **～·ly** *adv.* 〖《1641》: ⇨ -ing²〗

en·light·en·ment /ɪ̀nláɪtn̩mənt, ɛn-/ *n.* **1** 啓発, 教化; 文明開化: seek ～ *on* …について教えを請う. **2** 〖仏教〗悟り, 般若(はんにゃ). **3** 〖哲学〗啓蒙; [the E-] 啓蒙運動《18 世紀にヨーロッパ, 特にフランスで著しかった合理主義的文化運動で, Montesquieu, Voltaire, Rousseau, Diderot などが代表的人物; cf. Aufklärung》. 〖《1669》: ⇨ -ment〗

en·link /ɪ̀nlíŋk, ɛn-/ *vt.* 継ぎ合わせる, 連結する (link together) 〔*with, to*〕. 〖《1560》← EN-¹+LINK¹〗

en·list /ɪ̀nlíst, ɛn-/ *vi.* **1** 〔軍隊に〕(志願して)入隊する, 兵籍に入る, (応募して)隊員となる 〔*in*〕: ～ *in* the army 陸軍に入隊する / ～ *as* a volunteer 志願兵として入隊する. **2** 〔主義・事業などに〕積極的に協力する, 参加する 〔*in*〕: ～ *in* an argument 議論に参加する / ～ under the banner of …の旗の下に参加する. — *vt.* **1** (志願により)兵籍に入れる; (兵として)徴募[募集]する: ～ men *for* the navy 海軍の兵籍に入れる. **2** 〔主義・事業などのために〕…の協力[支持]を得る 〔*in*〕: ～ a person's services [sympathy] *in* a cause 運動に人の協力[共鳴]を得る / ～ a person *as* one's friend 人を味方に得る. **～·er** *n.* 〖《1698–99》← EN-¹+LIST¹〗

en·líst·ed màn *n.* 〖米軍〗(男女を含めて)下士官兵; (特に)兵, 応募兵 (略 EM). 〖1724〗

enlisted wòman *n.* 〖米軍〗女性下士官兵 (略 EW).

en·list·ee /ɪ̀nlìstíː, ɛn-, ɛ̀nlɪstíː/ *n.* **1** (男女を含めて軍隊の)入隊者, 応募兵; (特に)現役志願兵 (cf. draftee). **2** (男女を含めて)下士官兵 (enlisted men) の一員. 〖⇨ enlist, -ee¹〗

en·líst·ment *n.* **1** 軍在籍期間, (隊員としての)規定服務期間. **2** 兵籍編入, 募兵; 入隊. 〖1765〗

en·liv·en /ɪ̀nláɪvən, ɛn-/ *vt.* 活気づける, にぎやかにする, 〈人〉に元気をつける, …の気を引き立たせる (⇨ animate SYN); 〈商売を〉景気づかせる; 〈光景・調子・談話・議事などを〉活気づける: ～ conversation 会話をはずませる / He endeavored to ～ the meal by jokes. 冗談で食卓を明るくしようとした. **～·er** /-v(ə)nə | -nə^r/ *n.* **～·ing** /-v(ə)nɪŋ/ *adj.* **～·ment** *n.* 〖《1604》← 《廃》*enlive* to enliven (⇨ en-¹, live² (adj.))+-EN¹〗

en·mar·ble /ɪ̀nmɑ́ːəbl̩, ɛn- | -mɑ́ː-/ *vt.* =emmarble. 〖1596〗

en masse /ɑ̃ː(m)mǽs, ɑːm-; *F.* ɑ̃mas/ *adv.* ひとまとめに, 一緒に, 全体として: stand ～ 総立ちになる. 〖《1795》□ F ～ 'in a mass'〗

en·mesh /ɪ̀nméʃ, ɛn-/ *vt.* **1** 網にかける, 網にからませる. **2** 〔困難などに〕巻き込む, 陥れる 〔*in*〕: be [get] ～*ed in* difficulties 困難に陥る. **～·ment** *n.* 〖《1604》← EN-¹+MESH〗

en·mi·ty /énməṭi | -mɪ̀ti/ *n.* (通例相互的な)敵意, 恨み, 悪意 (animosity); 憎しみ, 憎悪 (hatred) (⇨ hate SYN); 敵対, 対立 (antagonism): have [harbor] ～ *against* …に対して恨みを持つ[抱く] / at [in] ～ *with* …に敵意を抱いて, …と反目して / the ～ of Cassius to Caesar カシウスのシーザーに対する憎しみ. 〖《c1384》*en(e)mite* □ OF *en(n)emi(s)tie* (F *inimitié*) hostility < VL **inimicitāte(m)* ← L *inimīcus* 'ENEMY': ⇨ -ity¹〗

en·nage /énɪdʒ/ *n.* 〖印刷〗半角数, n 数《半角を単位として表した組版原稿の長さ》.

en·ne·a- /éniə/「9 (nine)」の意の連結形. 〖← Gk *ennéa* 'NINE'〗

en·ne·ad /éniæ̀d, éniəd/ *n.* **1** 九つ一組; 9 人組; 9 巻一部 (set of nine) 《書籍》. **2** 〖エジプト宗教〗**a** [E-] (Osiris, Isis などの) 九柱の神. **b** 九柱の神. **en·ne·ad·ic** /èniǽdɪk | -dɪk⁻/ *adj.* 〖《1550》□ Gk *ennead-, enneás* a group of nine ← *ennéa* (↑): ⇨ -ad¹〗

en·ne·a·gon /éniəgɑ̀(ː)n | -gən, -gɒ̀n/ *n.* 〖数学〗九角形, 九辺形 (nonagon). 〖《1660》← ENNEA-+-GON〗

en·ne·a·hed·ron /èniəhíːdrən | -hédrən, -híːdrən/ *n.* (*pl.* **-hed·ra** /-drə/) 〖数学・結晶〗九面体. **èn·ne·a·hé·dral** /-drəl⁻/ *adj.* 〖← NL ～: ⇨ ennea-, -hedron〗

en·ne·a·style /éniəstàɪl/ *adj.* 〖建築〗〈portico など〉(正面に) 9 本の円柱をもつ, 九柱式の (cf. distyle). 〖《1875》← ENNEA-+-STYLE¹〗

en·ne·a·sty·los /èniəstáɪləs/ *n.* 〖建築〗九柱式建造物《古典主義建築など前面に 9 本の円柱をもつ建物》. 〖← ENNEA-+Gk *stûlos* column (⇨ -style¹)〗

ènnea·sýllable *n.* 九音節語[詩行]. **ènnea·syllábic** *adj.* 〖《なぞり》← Gk *enneasúllabon*: ⇨ ennea-, syllable〗

Én·ner·dale Wáter /énədèɪl- | énə-/ *n.* エナデイル湖《イングランド北西部, Cumbria 州の Lake District にある湖; 全長 4 km》.

-en·ni·al /éniəl/「…年ごとの, …年おき」の意の形容詞連結形. 〖ME *-eniale* □ OF *-enial* ← L *-ennium* ← *annus* year: cf. annual〗

En·nis /énɪ̀s | énɪs/ *n.* エニス《アイルランド共和国西部, Clare 州の州都》.

En·nis·kil·len /ènɪ̀skílɪ̀n/ *n.* エニスキレン《北アイルランド南西部, Fermanagh 州の州都; Erne 川中の島; 1689 年 James 二世の軍が敗退した舞台; 旧名 Inniskilling》.

En·ni·us, Quin·tus /éniəs, kwíntəs/ *n.* エンニウス (239–169 B.C.; ローマの詩人).

en·no·ble /ɪ̀nóʊbl̩, ɛn- | -nə́ʊ-/ *vt.* **1** 気高くする, 昇揚する: Music ～*s* the mind. 音楽は精神を昇揚する. **2** 〈人〉に爵位を授ける, 貴族に列する. **en·nó·bler** /-blə, -blə | -blə^r, -bl-/ *n.* **en·no·bling** /-blɪŋ, -bl-/ *adj.* 〖《c1475》□ (O)F *ennoblir*: ⇨ en-¹, noble〗

en·nó·ble·ment *n.* 品位を高めること; 高貴にすること; 高潔; 授爵. 〖《1622》: ⇨ ↑, -ment〗

en·nui /ɑ̃ː(n)wíː, ɑːn-, ⁻⁻ | ⁻⁻, ⁻⁻; *F.* ɑ̃nɥi/ *n.* **1** 倦怠, 退屈, もの憂さ, アンニュイ; 手持ちぶさた (boredom). **2** 退屈させるもの, 倦怠のもと. 〖《1758》□ F ～ < OF *enui* annoyance: ⇨ annoy (n.)〗

en·nuy·é /ɑ̃ː(n)wiːjéɪ, ɑːn-, ⁻⁻⁻ | ⁻⁻⁻, ⁻⁻⁻; *F.* ɑ̃nɥije/ (*also* **en·nuy·ée** /～/) *F. adj.* 倦怠を感じている, 退屈な. — *n.* (*pl.* **～s, ～**) 倦怠を感じている人. ★ 女性をさすときは ennuyée を用いることが多い. 〖《1757》□ F ～ (p.p.) ← *ennuyer* to bore < OF *enuier* 'to ANNOY'〗

en·nuyed /ɑ̃ː(n)wíːd, ɑːn-, ⁻⁻ | ⁻⁻, ⁻⁻/ *adj.* = ennuyé.

E·no /íːnoʊ | -nəʊ/ *n.* 〖商標〗イーノ《発泡性制酸胃腸薬・緩下剤; 粉末状で水に溶かして飲む》.

ENO /íːènóʊ | -ə́ʊ/ 《略》English National Opera.

e·no- /íːnoʊ | -nəʊ/ =oeno-.

E·noch /íːnɑ(ː)k, -nɪ̀k | -nɒk/ *n.* **1** イーノック《男性名》. **2** 〖聖書〗エノク《Methuselah の父; cf. *Gen.* 5: 18–24》. **3** 〖聖書〗エノク《Cain の長男; cf. *Gen.* 4: 17–18》. **4** 〖聖書〗エノク書 (The Book of Enoch)《偽典 (pseudepigrapha) 中の一書; cf. *Jude* 14》. 〖□ LL ～ □ Gk *Enṓkh* □ Heb. *Ḥanōkh* 《原義》dedicated〗

Énoch Árden /-ɑ́ədn̩ | -ɑ́ː-/ *n.* **1**「イーノックアーデン」《英国の詩人 Alfred Tennyson 作の物語詩 (1864)》. **2** **a** その詩の主人公. **b** (この主人公のように)行方不明になって死んだと思われていたが実は生きていた人.

e·nol /íːnɔ(ː)l | -nɒl/ *n.* 〖化学〗エノール《二重結合で連結した炭素原子に結び付いた水酸基 (>C=C(OH)–) を含む有機化合物》. 〖《1894》← -ENE+-OL¹〗

E·no·la /ɪ̀nóʊlə/ *n.* エノーラ《女性名》. 〖《逆つづり》← ALONE〗

Enóla Gáy *n.* [the ～] エノラ ゲイ《1945 年 8 月 6 日広島に原爆を投下した B-29 爆撃機の愛称; 機長 Paul W. Tibbets の母親の名より》.

e·no·lase /íːnəlèɪs, -lèɪz/ *n.* 〖生化学〗エノラーゼ《筋肉

E

および酵母の中で発見される結晶酵素; 解糖系酵素の一つ; グリセリン酸二燐酸から H_2O を除去する酵素). 〘(1937) ← ENOL＋-ASE〙

e·no·late /iːnəlèɪt/ *n.* 〘化学〙エノラート《ケト・エノール互変異性で, エノール型から得られる金属塩》. 〘(1962) ← ENOL＋-ATE[1]〙

e·no·lic /iːnóʊlɪk, -ná(ː)l- | -nɔ́ʊl-, -nɔ́l-/ *adj.* 〘化学〙エノールの: the ~ form エノール型. 〘(1894) ← ENOL＋-IC[1]〙

e·no·lize /iːnəlàɪz/ 〘化学〙 *vt.* エノール化する. — *vi.* エノール型になる. 〘(1929) ← ENOL＋-IZE〙

e·nol·o·gy /iːná(ː)lədʒi | -nɔ́l-/ *n.* 《米》ワイン(醸造)研究. **e·no·log·i·cal** /iːnəlá(ː)dʒɪkəl, -kḷ | -lɔ́dʒɪ-⁻/ *adj.* **e·nól·o·gist** /-dʒɪst | -dʒɪst/ *n.* 〘(1814)《変形》← OENOLOGY〙

e·no·phile /iːnəfàɪl | -nə(ʊ)-/ *n.* ワイン愛好家 (oenophile).

e·nor·mi·ty /ɪnɔ́əməṭi | ɪnɔ́ːmɪti/ *n.* **1** 無法, 極悪 (outrageousness): the ~ of telling a fib 軽いうそをつくことの罪深さ. **2** 犯罪行為, 大罪; 重大な誤り. ★「巨大さ, 巨大なもの」の意味では enormousness を使う. 〘(1475) □ (O)F *énormité* □ L *ēnormitātem* irregularity ← *ēnormis*: ⇨ ↓, -ity〙

e·nor·mous /ɪnɔ́əməs | ɪnɔ́ː-/ *adj.* **1** 法外[非常]に大きい, 巨大な (huge), 莫大な (immense): an ~ animal [building] 巨大な動物[建物] / a man of ~ strength 大力の人 / an ~ sum of money 莫大な金額 / of ~ importance すこぶる重要で. **2** 《古》無法な, 極悪の (outrageous): the ~ guilt of destroying the city 都市を破壊するという言語道断の犯罪. **3** 《古》異常な (abnormal), 法外な. **~·ness** *n.* 〘(1531) ← L *ēnormis* huge, unusual (⇨ ex-[1], norm)＋-OUS〙

SYN 巨大な: **enormous** 並の大きさ・量・程度をはるかに越えた: an *enormous* dining room 非常に広い食堂 / *enormous* expenses 莫大な経費. **immense** 測定できないほど大きい(「異常」の意味を含まない): An ocean is an *immense* body of water. 大洋は広大な水の集まりである. **huge** 最も一般的な語で, かさ・程度・量が大きい: a *huge* elephant 巨大な象 / a *huge* sum of money 巨額のお金. **vast** 広がり・量の大きい: a *vast* expanse of desert 広大な砂漠. **gigantic** 大きさ・量・程度が極端に大きい, また比喩的にも用いられる: a *gigantic* tanker 巨大なタンカー / a *gigantic* appetite 旺盛な食欲. **colossal** Rhodes の巨像 (Colossus) のように大きい: a *colossal* building 巨大な建物. **tremendous** 恐怖や感嘆の念を起こさせるほど大きい《略式体ではしばしば強意語として用いる》: *tremendous* noise とてつもなく大きな音 / a *tremendous* talker 途方もないおしゃべり.

---

e·nór·mous·ly *adv.* 法外に, 莫大に, 非常に. 〘(1617): ⇨ ↑, -ly[1]〙

E·nos /íːnɑ(ː)s, -nəs | -nɒs/ *n.* 〘聖書〙エノス《Seth の息子; cf. *Gen.* 5:6》. 〘□ Gk *Enṓs* □ Heb. *Enṓš*《原義》man〙

e·no·sis /ɪnóʊsɪs, ɛn- | énə(ʊ)sɪs/ *n.* (トルコ支配に反対する)ギリシャキプロス同盟運動. 〘(1928) □ NGk *hénōsis* union ＜ Gk *henoûn* to unite (← *hen-*, *heîs* one)＋-OSIS〙

e·nough /ɪnʌ́f; /t, d, s, z/ の後ではまた nʌ́f/ *adj.* 十分な; 〔…に〕〔*for*〕; 〈…するに〉足る 〈*to do*〉: time ~ *for* the purpose その目的に足りる時間 / ~ heat *to* boil the kettle やかんの湯をわかすに十分な熱 / He hasn't ~ sense *to* realize his mistakes. 自分の間違いを悟るだけの分別がない / I have nearly ~ money *to* retire [*so that* I can retire, 《米》*that* I can retire]. 引退するのにほぼ十分なお金がある / I have ~ eggs. 卵は十分ある / The economic situation was serious ~ *that* Finland was obliged to devalue. 経済の状況は深刻だったのでフィンランドは平価切り下げを余儀なくされた / It was ~ *to* drive one crazy. それは人の気を狂わせるに足るものだった / ~ and to spare ⇨ *pron.* 成句.

enóugh síght [後に比較級また the＋最上級を伴って] 《米方言》はるかに, ずっと, 断然 (a good deal, by far): Yours is ~ *sight better* than mine. 君のが私のよりずっと良い / She likes Tom ~ *sight the best.* 彼女はトムをだれよりも一番好いている. (1845) ***That's enóugh!*** もういい《行動・会話などを制止するための決まり文句》.

— *pron.* **1** 十分(の量[数]); たくさん, たっぷり (plenty): You have done more than ~. 君は十二分にやった / We have had ~ *of* everything. 何もかも十分いただきました《もうたくさんだ, うんざりだ》/ I can never get ~ *of* your love. あなたの愛はいくら得ても十分ということはあり得ない / I have had quite [about] ~ *of* your nonsense! ばかなまねはもうたくさんだ《これ以上は我慢できない》/ nearly ~ ほぼ十分 / I had ~ *to* do to catch the tram. 電車に間に合うのがやっとのことだった / *Enough* is as good as a feast. 《諺》満腹はごちそうも同様 / *Enough* is ~. まずこれでよいとしよう, もうこの程度で十分だ[よそう], もうたくさんだ, いいかげんにしろ / As if that weren't ~, there was worse to come. まるでそれでは十分でないかのように, さらに悪いことがやって来た / He was not ~ *of* an optimist *to* believe it. 彼はそれを信じるほど楽天家ではなかった / *Enough* (of that)! = 《米》*Enough* already! もうたくさんだ, もうよしてくれ / ~ said もうそれだけ言えば十分, 後は言うな. **2** [単独で間投詞的に用いて] もうたくさんだ, よせ.

enóugh and to spáre あり余るほど(の): We have ~ *and to spare* (of food). (食物は)あり余るほどある. ★ 元来は, have bread ~ *and to spare* (あり余るほどのパンがある)のように形容詞句をなしたもの (cf. *Luke* 15:17). (1738)

— *adv.* **1** [修飾する形容詞・副詞・動詞の後に置いて] 十分に (sufficiently); 〔…に〕必要なだけ〔*for*〕; 〈…するに〉足りるだけ 〈*to do*〉: Is it large [small, long, short] ~? その大きさ[小ささ, 長さ, 短さ]でよいか / It's not nearly [nowhere near] big ~. それはとても十分な大きさではない / Are you warm ~? 寒くはありませんか / He isn't good ~ *for* her. 彼は彼女にあまりふさわしい人間ではない / It does not go far ~. 中途半端だ / He could do it well ~ if he liked. しようと思えば十分りっぱにやれる人だが / We cannot praise her ~. 彼女はいくらほめてもほめ足りない / I can never thank you ~. お礼の申しようもありません / It is boiled just ~. 煮え加減がちょうどいい / The meat is done ~. 肉がよくできた[煮えた, 焼けた] / He was kind [good] ~ *to* show me the way. 親切にも私に道を教えて下さった / You are old ~ *to* know better. もっと分別があってもよい年だ. ★ 次のように叙述用法の無冠詞の単数普通名詞の後に用いられることがある: He was not *optimist* [*fool*] ~ *to* believe it. 彼もそれを信じるほどの楽天家[ばか]ではなかった. **2 a** [軽い強意に用いて] 全く, ずいぶん; 確かに: We have stayed long ~. ずいぶん長らく滞在した / She is ready ~ to accept the proposal. もうすぐにでもその申し込みを受け入れようとしている / Funnily ~, I saw him only last week. 全く妙なことには, つい先週彼に会ったばかりだ / It is true (~) that [True (~),] I have met her several times, but …. 彼女に何度か会ったのはいかにも本当だが…. **b** [しばしば皮肉の意をこめて] まずまず, まずどうやら: a good ~ man in his way それなりにまずまずの男 / The house is comfortable ~. その家はまあまあ住み心地がいい.

〘adj.: ME *inough*, *ynough* ＜ OE *ġenōh*, *ġenōg* ＜ Gmc **ʒanōʒaz* (Du. *genoeg* / G *genug* / ON *gnógr*) ← **ʒa-* 'Y-'＋**naχ-* (← IE **nek-* to reach, attain (L *nancīscī* to obtain / Gk *enegkeîn* to bear / Skt *naś-* to attain)). — pron., adv.: OE *ġenōg* ← (adj.): cf. enow[1]〙

SYN 十分な: **enough** 特定の目的にとって数量が過不足無くちょうど足りる: I have *enough* money to buy a car. 車を買うだけの金はある. **sufficient** *enough* とほぼ同じ意味であるがやや格式ばった語: The sum will be *sufficient* for our needs. それだけあれば十分間に合うだろう. **plenty** あり余る程あって十分という意味: We have *plenty* of time. 時間は十分あります. **adequate** 特定の目的にとって数量あるいは質が必要最小限だけはある: Your skill in computing is not *adequate* for the job. その仕事をするには君のコンピューターの腕では不足だ.

---

e·nounce /ɪnáʊns, iːn-/ *vt.* **1** 〈提議などを〉はっきり述べる; 発表する, 声明する, 宣言する (declare). **2** 〈言葉を〉言う (utter), 発音する (pronounce). 〘(1805) □ F *énoncer* □ L *ēnuntiāre*: ⇨ enunciate〙

e·nóunce·ment *n.* 声明, 宣言. 〘(1836–37): ⇨ ↑, -ment〙

En·o·vid /ɛnóʊvɪd | ɛnɔ́ʊvɪd/ *n.* 〘商標〙エノビッド《黄体ホルモン剤・経口避妊剤》. 〘(⇨ en-[1], ovo-, -id[5])〙

e·now[1] /ɪnáʊ/ *adj.*, *adv.* 《古》 = enough. 〘OE *ġenōge* (nom. & acc.pl.) ← *ġenōg* 'ENOUGH'〙

e·now[2] /ɪnáʊ/ *adv.* 《英方言》 **1** = JUST[2] *now*. **2** = presently. 〘(1816)《短縮》← *even now*〙

en pan·tou·fles /ɑ̃ː(m)pɑ̃ː(n)túːfḷ, ɔ̀ːmpɔːm-; F. ɑ̃pɑ̃tufl/ *F. adv.* くつろいで. 〘(1921) □ F ~《原義》in slippers〙

en pa·pil·lote /ɑ̃ː(m)pæpijó(ː)t, ɑːm- | -jɔ́t; F. ɑ̃papijɔt/ *F. adj.* 油をひいた紙やホイルなどで包んで料理した. 〘(1860) □ F ~ 'in buttered paper': ⇨ en[2], papillote〙

en pas·sant /ɑ̃ː(m)pɑːsɑ́ː(ŋ), ɑ̀ːmpɑːsɑ́ːŋ, -pə- | ɑ̃ː(m)pǽsɑ̃ː(ŋ), ɑːmpǽsɑːŋ, ⁻⁻⁻; F. ɑ̃pasɑ̃/ *F. adv.* **1** ついでに, ちなみに (by the way). **2** 〘チェス〙通過中に, アンパッサンで. ★ 次の句で: take ~ 《(二ます進んで来た隣の行の)相手ポーンを》一ます進んで来たと同様として自分のポーンで取る. 〘(1665) □ F ~ 'in passing'〙

en pen·sion /ɑ̃ː(m)pɑ̃ː(n)sjɔ́ː(ŋ), ɑːmpɑːnsjɔ́ːŋ | ⁻⁻⁻, ⁻⁻⁻; F. ɑ̃pɑ̃sjɔ̃/ *F. adv.* 下宿人として: live ~ 下宿住いをする. 〘(1816) □ F ~: ⇨ en[2], pesion〙

en·phy·tot·ic /ɛ̀nfaɪtá(ː)tɪk | -tɔ́t-⁻/ 〘植物病理〙 *adj.* 風土病の. — *n.* 風土病《一地域に定期的に起こり慢性的な悪影響を与えるが, 余りひどくならない》; 風土病の発生. 〘← EN-[2]＋Gk *phúton* plant＋-OTIC[1]〙

en·plane /ɪnpléɪn, ɛn-/ *vi.* 飛行機に乗る (↔ deplane). 〘(1923) ← EN-[1]＋(AIR)PLANE〙

en plein /ɑ̃ː(m)plɛ̃ː(ŋ), ɑːmplɛ́ŋ; F. ɑ̃plɛ̃/ *F. adv.* (ルーレットなどで)一つの数字[箇所]に賭け金を全部賭けて. 〘(1881) □ F ~ 'in full'〙

en plein air /ɑ̃ː(m)plɛnέə, ɑːm- | -nέə[(r)]; F. ɑ̃plɛnɛːʁ/ *adv.* 戸外で, 野外で.

en pointe /ɑ̃ː(m)pwɛ̃́(n)t, ɑːmpwǽnt; F. ɑ̃pwɛ̃ːt/ *F. adv.* 〘バレエ〙爪先で立って. 〘(1611) □ F ~ 'on the extremity of the toe'〙

en poste /ɑ̃ː(m)pɔ́(ː)st, ɑːm- | -pɔ́st; F. ɑ̃pɔst/ *F. adj.* 〈外交官が公務について: be ~ in London ロンドンで公務についている. 〘(1932) □ F ~ 'in an official position'〙

en prise /ɑ̃ː(m)príːz, ɑːm-; F. ɑ̃pʁiːz/ *F. adj.* 〘チェス〙質(ち)の状態の《駒が取られる位置にある》. 〘(1821) □ F ~ '(exposed) to capture': ⇨ en[2], prison〙

ENQ 《略》〘情報〙enquiry.

én quad *n.* 〘印刷〙エンクワタ, 半角込め物. 〘(1967): ⇨ en[1] 2〙

en·quête /ɑ̃ː(ŋ)kɛ́t, ɑːŋ-; F. ɑ̃kɛt/ *F. n.* アンケート《一つの問題につき同文の質問を各方面の人に出して回答を求める小規模な世論調査形式; cf. questionnaire》. 〘□ F ~ 'inquiry': ⇨ inquest〙

en·quire /ɪnkwáɪə, ɛn- | -kwáɪə[(r)]/ *v.* = inquire.

en·quir·y /ɪnkwáɪ(ə)ri, ɛn-, ɛ́nkwəri, -kwaɪri, ɪ́nkwəri | ɪnkwáɪəri, ɛn-/ *n.* = inquiry.

en·rage /ɪnréɪdʒ, ən-, ɛn-/ *vt.* ひどく怒らせる, 憤らせる, 激怒させる (⇨ anger SYN): be ~*d at* [*by*] an insult [*with* a person] 侮辱[人]に対して怒る[憤る]. **en·ráged** *adj.* **en·rág·ed·ly** /-dʒɪd-, -dʒd-/ *adv.* 〘(*c*1500) □ (O)F *enrager* to become mad: ⇨ en-[1], rage〙

en·ráge·ment *n.* 激怒させること, 怒り, 憤り. 〘(1596): ⇨ ↑, -ment〙

en·rank /ɪnrǽŋk, ɛn-/ *vt.* 《まれ》〈兵などを〉一列に並べる. 〘(1589) ← EN-[1]＋RANK[1] (n.)〙

en rap·port /ɑ̃ː(n)ræpɔ́ə, ɑ̀ːn, -rə- | -ræpɔ́ː[(r)], rə-, ræpɔː[(r)]; F. ɑ̃ʁapɔːʁ/ *F. adj.* 〔…と〕共鳴して, 和合[一致]して; 交感して〔*with*〕. 〘(1818) □ F ~: ⇨ en[2], rapport〙

en·rapt /ɪnrǽpt, ɛn-/ *adj.* うっとりしている, 心を奪われた (rapt, enraptured): He was utterly ~ *with* the music. その音楽に心をすっかり奪われていた. 〘(1601) ← EN-[1]＋RAPT〙

en·rap·ture /ɪnrǽptʃə, ɛn- | -tʃə[(r)]/ *vt.* [p.p. 形で] うっとりさせる; 熱狂させる, 狂喜させる: gaze ~*d* at the scene うっとりとしてその光景に見とれる / The girls *were* ~*d* by his singing. 少女たちは彼の歌に熱狂した. 〘(1740): ⇨ ↑, rapture〙

en·rav·ish /ɪnrǽvɪʃ, ɛn-/ *vt.* = enrapture. 〘(1596) ← EN-[1]＋RAVISH〙

en·reg·i·ment /ɪnrédʒəmənt, ɛn- | -dʒɪ-/ *vt.* **1** 連隊に編制[編入]する; (連隊のように)組織[編制]する (organize). **2** 訓練する (discipline). 〘(1831) ← EN-[1]＋REGIMENT: cf. F *enrégimenter*〙

en·reg·is·ter /ɪnrédʒɪstə, ɛn- | -tə[(r)]/ *vt.* 登記する, 登録する, 記録する. 〘(1523) □ (O)F *enregistrer*: ⇨ en-[1], register〙

en règle /ɑ̃ː(n)réɪgḷ, ɑːn-, -régḷ; F. ɑ̃ʁɛgl/ *F. adv.*, *adj.* 規則通りに[の]; 正式に[の]. 〘□ F ~ 'in order': ⇨ en[2], reglet〙

En·ri·ca /ɛnríːkə; *It.* enriːka/ *n.* エンリーカ《女性名》. 〘(fem.) ← ENRICO〙

en·rich /ɪnrítʃ, ɛn-/ *vt.* **1** 富ませる (make rich): ~ a country by commerce 貿易で国を富ませる / He ~*ed* himself by an odious trade. いとわしい商売で金持ちになった. **2** 〘装飾で〙華美[豪奢(ごうしゃ)]にする, 飾る〔*with*〕: gold ~*ed with* diamonds ダイヤモンドをちりばめた黄金. **3** (…の味・香り・色などを)濃厚にする; (ビタミンやミネラルを補強して)〈食物の〉栄養価を高める: ~ food *with* [*by* adding] cream or butter クリームやバターで食物を濃厚にする / ~ a pudding by adding fruit 果物を入れてプディングの味をよくする. **4** 〈土地〉の地味を肥やす, 肥料を施す. **5** …の内容[価値, 効果]を豊富にする, 高める; 豊かにする, 富ませる: a museum ~*ed with* gifts 寄贈品で内容豊富になった博物館 / ~ one's experiences *with* [*by*, *through*] foreign travel 外国旅行で見聞を広める / an ~*ed* curriculum for the brighter students さらに頭のいい学生のために拡充されたカリキュラム. **6** 〘原子力〙〈放射性元素などを〉濃縮する. **~·er** *n.* 〘(*c*1384) □ (O)F *enrichir*: ⇨ en-[1], rich〙

en·riched urá·nium *n.* 〘原子力〙濃縮ウラン (cf. depleted uranium 2, natural uranium). 〘1949〙

en·rich·ment /ɪnrítʃmənt/ *n.* **1** 富ませること. **2** 豊富にすること; 濃厚化; 肥沃(ひよく)化. **3** 内容を豊富にするもの, 美観を増すもの《建築の装飾物など》. **4** 〘原子力〙(同位体)濃縮《同位体分離などによって, ある特定の同位体の含有率を高めること》. 〘(*a*1626) ← ENRICH＋-MENT〙

En·ri·co /ɛnríːkoʊ | -kəʊ; *It.* enriːko/ *n.* エンリーコ《男性名》. 〘□ It. ~ 'HENRY'〙

en·ridged /ɪnrídʒd, ɛn-/ *adj.* 《Shak》畝(うね)状に波立った. 〘(1604) ← EN-[1]＋RIDGE＋-ED〙

en·ring /ɪnríŋ, ɛn-/ *vt.* 輪で囲む. 〘(1589) ← EN-[1]＋RING[2]〙

en·robe /ɪnróʊb, ɛn- | -rɔ́ʊb/ *vt.* **1** …の法服[装束]を着せる; 装う (attire). **2** 〈菓子〉に(チョコレートなどの)衣を着せる. **en·rób·er** *n.* 〘(1593) ← EN-[1]＋ROBE〙

en·rol /ɪnróʊl, ɛn- | -rɔ́ʊl/ *v.* (**en·rolled; en·roll·ing**) 《英》 = enroll.

en·roll /ɪnróʊl, ɛn- | -rɔ́ʊl/ *vt.* **1 a** 名簿に載せる[記入する]; 登録する, 会員にする: ~ a person *in* a society 人を会の会員にする. **b** 兵籍に入れる[編入する] / ~ a person *as* a soldier 人を兵籍に入れる / ~ oneself 徴募に応じる, 兵士になる. **c** 入学[入園]させる: ~ a girl *in* primary school 女の子を小学校に入れる. **2 a** 記録[記載]する: names ~*ed in* the book of fame 歴史にとどめられた名. **b** 裁判所の記録に書き入れる. **c** 〘海事〙〈船を〉登録する, 登簿する. **3** 《米》〈通過した議案を〉最終的に清書する. **4** 《まれ》くるむ, 包む. — *vi.* 名簿に載る, 登録される, 一員になる; 兵籍に入る, 入隊する, 入会する: He ~*ed in* an acting course [*to* study acting] at New York University. ニューヨーク大学の演劇科に入学した. **~·er** *n.* 〘(*a*1400) □ OF *enroller* (F *enrôler*): ⇨ en-[1], roll〙

En·rólled Núrse *n.* ⇨ State Enrolled Nurse.

en·roll·ee /ɪnròʊlíː, ɛn- | ɪ̀nrəʊl-, ɪnrɔ̀ʊ-/ *n.* (学校・軍隊などに)登録されている人. 〘(1937): ⇨ ↑, -ee[1]〙

en·róll·ment *n.* **1** 記載, 記録, 収録, 登録: The ~ of the members took time. 会員の登録には時間がかかった. **2** 兵籍加入, 入隊; 入学; 入会: an ~ fee 入学[会]金 / ⇨ open enrollment. **3** (学部または学校の)登録

〔在籍〕者数: the white ～ in the school その学校の白人の登録者数 / School ～ is falling. 学校の在籍者数が低下している. 〖(1440) □ AF *enrollement*＝OF (F *enrôlement*): ⇨ enroll, -ment〗

en·root /ɪnrúːt, ɛn-, -rʊ́t | -rúːt/ *vt.* [通例 p.p. 形で] **1** 根づかせる. **2** 堅く据え付ける; 〔心に〕強く植え付ける〔*in*〕: The idea has been ～*ed in* our mind. その思想はわれわれの心に強く根づいている. **3** 《まれ》根のようにからませる. — *vi.* 根づく; 定着する. 〖(*c*1450) ← EN-[1]＋ROOT[1]〗

en·round /ɪnráʊnd, ɛn-/ *vt.* 《まれ》＝surround. 〖(?*a*1440) ← EN-[1]＋ROUND〗

en route /ɑːnrúːt, ɛn-, ɪn-, -ráʊt | ɑ̃ː(n)rúːt, ɑːn-, ɔn-; *F.* ɑ̃ʁut/ *adv.* 〔…への〕途中(で) (on the way) 〔*to, for*〕: We stopped at Hawaii ～ from Tokyo *to* Seattle. 東京からシアトルへの途中にハワイに立ち寄った. — *adj.* **1** 途中の. **2** 〖航空〗航空路上の. 〖(1779) □ F ～ 《原義》on (the) route〗

én rùle *n.* 〖印刷〗エンルール, 半角ダッシュ (en dash) (cf. en[1]). 〖⇨ en[1] 2〗

ens /ɛ́nz, ɛ́ns | ɛ́nz/ *n.* (*pl.* **en·ti·a** /ɛ́nʃiə, ɛ́ntiə | -ʃiə, -tiə/) 〖哲学〗存在者; 存在, 有 (being): ～ necessarium /nɛ̀sɪsέ°riəm | -sέər-/ 必然有, 神. 〖(1581) □ ML *ēns* ← L (neut.pres.p.) ← *esse* to be: cf. entity〗

Ens. 《略》Ensign.

EN·SA, En·sa /ɛ́nsə/ *n.* 《英》(第二次大戦中の軍隊を慰問する)慰安奉公会. 〖(1939) (頭字語) ← *E*(*ntertainments*) *N*(*ational*) *S*(*ervice*) *A*(*ssociation*)〗

en·sam·ple /ɪnsǽmpl, ɛn- | -sɑ́ːm-/ *n.* 《古》見本, 手本 (example). 〖(*c*1290) *ensaumple, asaumple* □ AF *ensa*(*u*)*mple*＝OF *essample*: ⇨ example〗

en·san·guine /ɪnsǽŋgwɪn, ɛn- | -gwɪn/ *vt.* **1** [通例 p.p. 形で] 血まみれにする, 血に染める: the ～*d* snow 血に染まった雪. **2** 真っ赤に染める: liquid of the same ～*d* hue 同じ真紅色の液体. 〖(1667) ← EN-[1]＋SANGUINE〗

en·sate /ɛ́nseɪt/ *adj.* 〖生物〗＝ensiform. 〖(1830) ← L *ensis* sword＋-ATE[2]〗

En·sche·de /ɛ́nskədèɪ, -skə-; *Du.* ɛ́nsxede/ *n.* エンスヘデー《オランダ東部の都市》.

en·schedule /ɪnskɛ́dʒuːl, ɛn- | -ʃɛ́djuːl/ *vt.* 《Shak》一覧表に書き込む. 〖(1599) ← EN-[1]＋SCHEDULE〗

en·sconce /ɪnskɑ́(ː)ns, ɛn- | -skɔ́ns/ *vt.* [主に ～ oneself で] **1** 安座させる, 〈身を〉落ち着ける: ～ *oneself in* an armchair ひじ掛け椅子におさまる / He was deeply ～*d* in a wing chair. 袖椅子に深々と身を沈めていた. **2** 隠す, 忍ばせる (conceal): He ～*d himself* behind the curtain. カーテンの陰に隠れた. 〖(1590) ← EN-[1]＋SCONCE[2]〗

en·scroll /ɪnskróʊl, ɛn- | -skrə́ʊl/ *vt.* **1** 巻物 (scroll) に記入する. **2** 記録する. 〖(1842) ← EN-[1]＋SCROLL〗

en·seam /ɪnsíːm, ɛn-/ *vt.* 《廃》…に油を塗る. 〖(1562) □ F 《古形》*enseimer* (F *ensimer*): ⇨ en-[1], seam[2]〗

en·sear /ɪnsíə, ɛn- | -síə[(r)]/ *vt.* 《廃》干上がらせる (dry up). 〖(*c*1485): ⇨ en-[1], sear[1]〗

en se·condes noces /ɑ̃ː(n)səgɔ̃ː(n)dənóʊs, ɑːnsəgɔ́ːnd- | -dənə́ʊs; *F.* ɑ̃sgɔ̃dnɔs/ *F. adv.* 二度目の結婚によって. 〖□ F ～ 'by a second marriage'〗

en·sem·ble /ɑːnsɑ́ːmbl, ɑ̃ː(n)sɑ́ː(m)- | ɔnsɔ́m-, ɑ̃ː(n)sɑ́ː(m)-, ɑːnsɑ́ːm-; *F.* ɑ̃sɑ̃ːbl/ *n.* (*pl.* **～s** /～(z); *F.* ～/) **1** (各部分を総合的に考えた)全体 (cf. tout ensemble). **2** (ドレス・帽子・靴など調和の取れた)衣装の一そろい, アンサンブル; (家具などの)一セット. **3** (芸術作品などの)全体的効果 (general effect). **4** 〖音楽〗**a** 合奏, 合唱, アンサンブル《複数の人間による演奏すべてにいう》. **b** 合奏団, 合唱団, アンサンブル. **5** (演芸の)共演者団《役者・ダンサー・歌手など》. **6** 〖数学〗(系の)集合《要素が系であるような集合; 集合と同義にも用いる》. **7** 〖物理〗(系の)集合, 集団. — *adv.* 一緒に; 一時に, 同時に. 〖n.: (*c*1425) □ (O)F ～ < VL **insemul*＝L *insimul* at the same time, together ← IN-[2]＋*simul* together: cf. simultaneous, assemble〗

ensémble ácting [**pláying**] *n.* 〖演劇〗アンサンブル演出《スター中心でなく全俳優の演技を統一し総合的効果をねらう演出法》. 〖1958〗

En·se·na·da /ɛ̀nsənɑ́ːdə | -dɑ; *Am.Sp.* ensenáða/ *n.* エンセナーダ《メキシコ北西部, Baja California Norte 州北部の港湾都市》.

en·sep·ul·cher /ɪnsɛ́pəlkə, ɛn- | -sɛ́pəlkə[(r)]/ *vt.* 墓に納める. 〖(1820) ← EN-[1]＋SEPULCHER〗

en·serf /ɪnsə́ːf, ɛn- | -sə́ːf/ *vt.* 農奴にする. **～·ment** *n.* 〖(1882) ← EN-[1]＋SERF〗

en·sheathe /ɪnʃíːð, ɛn-/ *vt.* (*also* **en·sheath** /～/) さや (sheath) (など)に納める, さや(など)で覆う. 〖(1593) ← EN-[1]＋SHEATHE, SHEATH〗

en·shelter /ɪnʃɛ́ltə | -tə[(r)]/ *vt.* 《Shak》避難させる. 〖(1604) ← EN-[1]＋SHELTER (n.)〗

en·shrine /ɪnʃráɪn, ɛn-/ *vt.* **1** [通例 p.p. 形で] (守る[尊重する]ために)正式に述べる, 記録する〔*in*〕. **2** 〈心の中に〉大事にする, 秘める〔*in*〕: memories ～*d in* one's heart 心の中に秘められた思い出. **3** 宮に納める[祭る]. **～·ment** *n.* 〖(1395) ← EN-[1]＋SHRINE〗

en·shroud /ɪnʃráʊd, ɛn-/ *vt.* **1** …に経帷子(きょうかたびら)を着せる. **2** 包む, 覆い隠す: The whole city was ～*ed in* mist. 全市は霧に包まれていた. 〖(1583) ← EN-[1]＋SHROUD〗

en·si·form /ɛ́nsəfɔ̀əm | -sɪfɔ̀ːm/ *adj.* 〖生物〗剣形の: an ～ cartilage (胸骨に付属している)剣形軟骨. 〖(1541) □ F *ensiforme* ← L *ēnsis* sword: ⇨ -form〗

en·sign /ɛ́nsən, -sn̩-, -saɪn | -saɪn, (*1, 2* は英海軍では) -sən, -sn̩/ *n.* **1** (船舶・航空機などが国籍を示すために掲げる)旗 (national ensign) (cf. national flag); 軍旗, 軍艦旗: a national ～ 国旗. **2** 《英》青・赤または白地でその一すみに Union Jack のある旗: ⇨ Blue Ensign, red ensign, white ensign. **3** /《米》-saɪn/ **a** 〖米海軍〗海軍少尉. **b** 〖英陸軍〗(昔, 軍旗の旗手を勤めた)歩兵少尉. ★ 今は second lieutenant という. **4** 《米》(官職・位階などを示す)記章 (badge); 標章 (emblem). 〖(1375) 《廃》*s*(*e*)*igne* □ (O)F *enseigne* < L *insignia*m 'INSIGNIA'〗

en·sign·cy /ɛ́nsaɪnsi/ *n.* ensign 3 の位[任務]. 〖(1767): ⇨ ↑, -cy〗

énsign·ship *n.* ＝ensigncy. 〖1745〗

énsign stàff *n.* 〖海事〗(国旗用の)船尾旗竿. 〖1707〗

en·si·lage /ɛ́ns(ə)lɪdʒ | ɛ́nsɪl-, -s(ə)l, ɪnsáɪl-, ɛn-/ *n.* **1** 生牧草保存法《青草をサイロまたはピットに入れて貯蔵する法》. **2** /《米》ではまた ɪnsáɪl-, ɛn-/ ＝silage. — *vt.* ＝ensile. 〖(1876) □ F ～: ⇨ ↓, -age〗

en·sile /ɪnsáɪl, ɛn-, ɛ́nsaɪl/ *vt.* 〈生牧草を〉サイロに貯蔵する; 貯蔵生牧草 (silage) にする. **en·si·la·bil·i·ty** /ɪnsàɪləbɪ́ləti, ɛn- | -lɪ̀ti/ *n.* 〖(1883) □ F *ensiler* □ Sp. *ensilar*: ⇨ en-[1], silo〗

en·sinew *vt.* 《Shak》＝insinew.

en·sky /ɪnskáɪ, ɛn-/ *vt.* (**en·skied, ～ed; ～·ing**) **1** 天[天国]へ上らせる, 天国にいるような気持ちにさせる. **2** 上空[空中]まで持ち上げる: An eagle *enskied* itself. ワシが空高く舞い上がった. 〖(1604) ← EN-[1]＋SKY〗

en·slave /ɪnsléɪv, ɛn-/ *vt.* **1** 奴隷にする. **2** 〔習慣・迷信などの〕とりこにする〔*to*〕: ～ a person *to* superstition 人を迷信のとりこにする / be ～*d* by one's passions 情欲の奴隷となる. 〖(1630) ← EN-[1]＋SLAVE〗

en·sláve·ment *n.* 奴隷にすること; 奴隷状態. 〖(1692): ⇨ ↑, -ment〗

en·sláv·er *n.* 奴隷にするもの; (特に)男をとりこにする女. 〖(1727) ← ENSLAVE＋-ER[1]〗

en·snare /ɪnsnέə, ɛn- | -snέə[(r)]/ *vt.* **1** わなで捕える, 〔わななどに〕掛ける (entrap) 〔*in*〕; 〈人を〉陥れる〔*in*〕(⇨ catch SYN). **2** 誘惑する, 〔…に〕つり込む (allure) 〔*in*〕. **en·snár·er** /-snέ°rə | -snέərə[(r)]/ *n.* **～·ment** *n.*

en·snár·ing /-snέ°rɪŋ | -snέər-/ *adj.* 〖(1576) ← EN-[1]＋SNARE〗

en·snarl /ɪnsnɑ́ːl, ɛn- | -snɑ́ːl/ *vt.* もつれさせる, こんがらかす (entangle). 〖(*c*1440) ← EN-[1]＋SNARL[1]〗

en so·leil /ɑ̃ː(n)sɔ(ː)léɪ, ɑ̀ːn- | -sɔ-; *F.* ɑ̃sɔlɛj/ *adj.* 〖紋章〗《図形が太陽光線を回りにあしらった (irradiated)《バッジ (badge) に多い図形で, Edward 四世のバッジが知られる》. 〖□ F ～ 《原義》in (the form of the) sun〗

En·sor /ɛ́nsɔə, -sə | -sɔː[(r)], -sə[(r)]; *Du.* ɛ́nsɔr/, **Baron James** (**Sidney**) *n.* アンソール, エンソル (1860–1949; ベルギーの油彩・エッチング画家).

en·sor·cell /ɪnsɔ́əsəl, ɛn-, -sl̩ | -sɔ́ː-/ *vt.* (*also* **en·sor·cel** /～/) 《古》魅了する, 魅惑する (bewitch). 〖(*a*1541) □ MF *ensorceler* 《変形》← OF *ensorcerer*: ⇨ en-[1], sorcery〗

en·soul /ɪnsóʊl, ɛn- | -sə́ʊl/ *vt.* **1** …に魂を入れる, 霊魂を吹き込む. **2** 肝に銘じる; 心の中に生かす[はぐくむ].

en·sóul·ment *n.* 〖(1605) ← EN-[1]＋SOUL〗

en·sphere /ɪnsfíə, ɛn- | -sfíə[(r)]/ *vt.* **1** 球の中に包む; 囲む (enclose). **2** 球形にする. 〖(1612) ← EN-[1]＋SPHERE〗

en·sta·tite /ɛ́nstətàɪt/ *n.* 〖鉱物〗エンスタタイト, 頑(がん)火輝石 ($MgSiO_3$) 《塩基性火成岩の重要成分》. 〖(1857) □ G *Enstatit* ← Gk *enstátēs* adversary: ⇨ -ite[1]: なかなか溶解しないことから〗

en·steep /ɪnstíːp, ɛn-/ *vt.* 《Shak》沈める. 〖(1604) ← EN-[1]＋STEEP[2] (v.)〗

en·stool /ɪnstúːl, ɛn-/ *vt.* (西アフリカで)〈首長を〉役職に付ける (↔ destool). **～·ment** *n.* 〖(1895) ← EN-[1]＋STOOL〗

en·sue /ɪnsúː, ɛn- | -sjúː, -súː/ *vi.* **1** 後から起こる (happen later), (すぐ)続いて起こる, 続く (come after): Silence ～*d.* その後はひっそりとした. **2** 〔…の〕結果として起こる〔*from, on*〕(⇨ follow SYN): What will ～ *from* this? この次にはどんな事が起こるだろうか. — *vt.* 《古》捜し求める, 追求する: ～ peace. 〖(*a*1400) □ OF *enseu* (p.p.) ← F *ensuivre* < VL **insequere*＝L *insequī* to follow after: ⇨ en-[1], sue〗

en·su·ing /ɪnsúːɪŋ, ɛn- | -sjúː-, -súː-/ *adj.* **1** 次の, 続く (following, succeeding): during the ～ months 次の数か月間 / the three ～ years その後の 3 年. **2** 次いで起こる, 結果として続く: the war and the ～ famine 戦争とそれに続いて起こった飢饉. 〖(1603): ⇨ ↑, -ing[2]〗

en suite /ɑ̃ː(n)swíːt, ɑːn-; *F.* ɑ̃sɥit/ *F. adv.* 続いて, 一続きに; 一そろいになって: a bedroom with the bathroom ～ 浴室と一続きになっている寝室. — *adj.* 一続きの: an ～ bathroom 寝室に直結している浴室 / an ～ bedroom 浴室つき寝室. 〖(1818) □ F ～: ⇨ en[2], suite〗

en·sure /ɪnʃʊ́ə, ɛn-, -ʃɔ́ː | -ʃɔ́ː[(r)], -ʃʊ́ə[(r)]/ *vt.* **1** 安全にする, 守る (protect): ～ a person *against* danger 人を危険から守る. **2** 確実にする, 確保する (secure); 保証する, 請け合う: It will ～ your success. それで君の成功は確実だ / ～ a person a job 人に職を保証する / The provisions will ～ them all a voice. その規定により彼らすべてが発言権を保証される / I cannot ～ *that* he will be there [his being there] in time. 彼が間に合ってそこへ行けるかどうか保証できない. **3** 《廃》…の保険をつける[引き受ける] (insure). **en·súr·er** /-ʃʊ́°rə, -ʃɔ́ːrə | -ʃɔ́ːrə[(r)], -ʃʊ́ərə[(r)]/ *n.* 〖(*c*1380) □ AF *enseurer* 《変形》← OF *asseurer* 'to ASSURE': ⇨ en-[1]〗

en·swathe /ɪnswéɪð, ɛn-, -swɑ́(ː)ð | ɪnswéɪð, ɛn-/ *vt.* **1** (包帯・布などで)くるむ, 包む. **2** 包む, 覆う: be ～*d in* mist 霧に包まれる. **～·ment** *n.* 〖(1609) ← EN-[1]＋SWATHE〗

ENT 《略》ear, nose and throat 耳鼻咽喉(科). 〖1944〗

ent- /ɛnt/ (母音の前にくるときの) ento- の異形: *entamoeba*.

-ent /ənt, -n̩t/ *suf.* **1** 行為・性質・状態などを表す形容詞語尾《本来語の -ing[2] に相当する》: appar*ent*, conven*ient*, dilig*ent*. **2** 行為者を表す名詞語尾: correspond*ent*, presid*ent*, solv*ent*. 〖ME □ (O)F ～ // L *-entem, -ēns* (pres.p.suf.): ラテン語第二, 第三変化動詞から: cf. -ant〗

en·tab·la·ture /ɪntǽblətʃə, ɛn-, -tʃʊ̀ə | ɛntǽblɪ̀tʃə[(r)], ɪn-, -tʃʊ̀ə[(r)], -tjʊ̀ə[(r)]/ *n.* 〖建築〗**1** エンタブラチュア《古典主義建築の柱の上に構成される部分の名称で, cornice, frieze および architrave から成る》. **2** エンタブラチュアをまねた装飾. 〖(1611) □ F 《廃》～ □ It. *intavolatura* ← *intavolato* (p.p.) ← *intavolare* ← IN-[2]＋*tavola* (< L *tabulam* 'TABLE')〗

en·ta·ble·ment /ɪntéɪblmənt, ɛn-/ *n.* 〖建築〗**1** 《まれ》＝entablature. **2** 像台 《台胴 (dado) の上の台座》. 〖(1664) □ F ～: ⇨ en-[1], table, -ment〗

en·tail /ɪntéɪl, ɛn-/ *vt.* **1** 〈結果・弊害などを〉残す, 必然的に伴う (involve); 〈労力・出費などを〉要する (require), 〔…に〕被らせる, 課する (impose) 〔*on, upon*〕: The new vaccine will ～ some risks. 新型のワクチンは多少危険を伴う / The enterprise will ～ enormous expense and labor *upon* them. その企てで彼らは莫大な費用と労力が必要となるだろう / It is ～*ed on* man to submit to God's will. 神意に従うことは人間に課せられた運命である. **2** 〖法律〗〈不動産〉の相続人を限定する; …の限嗣不動産権を設定する: ～ the estate *on* a cousin いとこにその地所の限嗣不動産権を設定する. **3** 〖法律〗所有者を限定して〈事物を〉譲る. **4** 〖哲学・論理〗含意[含立]する, 伴立する: The sentence she has two sons ～*s* the sentence she has two children. 彼女には息子が二人いるという文は, 彼女には子供が二人いるという文を含意する. **5** 《廃》〈人を〉〈ある状態・地位に〉永久的に固定する: ～ him and his heirs unto the crown 彼とその後継者に王冠を譲り渡すとは (Shak., 3 *Hen VI* 1. 1. 235).
— /《米》ɛ́nteɪl, ɪntéɪl, ən-, ɛn-/ *n.* **1** 〖法律〗**a** 限嗣相続; 限嗣不動産権: cut off the ～ 限嗣相続の制限を解く. **b** 限嗣相続されるもの《財産・土地・動産など》. **c** 財産相続法. **2** (官職などの)継承予定順位. **3** (性質・信念などの)宿命的遺伝.
～·er /-lə | -lə[(r)]/ *n.* 〖(?*a*1400) ← EN-[1]＋AF *taile* 'limitation, TAIL[2]'〗

en·táil·ment *n.* **1** 〖法律〗(不動産の)相続人限定. **2** 〖哲学・論理〗含意, 含立, 伴立《ある命題 *p* から別の命題 *q* を論理的に推論できること》. 〖(*a*1641): ⇨ ↑〗

en·tame /ɪntéɪm, ɛn-/ *vt.* 手なずける (tame). 〖(*c*1485): ⇨ en-[1], tame〗

ent·a·moe·ba /ɛ̀ntəmíːbə | -tə-/ *n.* 〖動物〗エントアメーバ《体内寄生性のアメーバ》. **ent·a·moe·bic** /ɛ̀ntəmíːbɪk | -tə-/ *adj.* 〖(1914) ← NL ～: ⇨ ento-, amoeba〗

en·tan·gle /ɪntǽŋgl, ɛn-/ *vt.* **1** もつれさせる (make tangled, tangle (up)); からませる, 引っかける (catch): ～ one's feet *in* a net 足を網にからませる / ～ one's fishing line *with* a neighbor's 釣糸を隣の人のともつれさせる. **2** 紛糾させる (complicate): ～ a subject 問題を込み入らせる. **3** 〔わななどに〕引っかける〔*in*〕; 〔困難などに〕陥れる (ensnare) 〔*in*〕; 〔いやな事・人などに〕巻き込む, かかり合いにする〔*in, with*〕(⇨ involve SYN): ～ a person *in* the meshes of a plot 人を策略のわなにかける / You must not ～ yourself *in* any dubious transactions. いかがわしい取引にかかり合ってはいけない / become [get] ～*d in* [*with*] …とかかわり合いになる; …に巻き込まれる / She got ～*d with* an undesirable man. よくない男とかかわり合いになった / He is easily ～*d* by flattery. 彼はすぐお世辞に引っかかる. **en·tán·gler** /-glə, -glə | -glə[(r)], -gl-/ *n.* 〖(*c*1425): ⇨ en-[1], tangle[1]〗

en·tán·gle·ment *n.* **1** もつらせること, こんがらかり; もつれ. **2** (事態の)もつれ, 紛糾 (complication), ごたごた, (特に)もつれた男女関係: avoid foreign ～*s* 外国との紛糾を避ける. **3** からませるもの, 引っかけるもの, わな (snare). **4** 〖軍事〗**a** 鹿砦(ろくさい): (barbed) wire ～*s* (有刺)鉄条網. **b** (港口の)防材. **5** 〖物理〗量子からみあい, エンタングルメント《離れた系の間での量子相関》. 〖(1535): ⇨ ↑, -ment〗

en·ta·sis /ɛ́ntəsɪs | -təsɪs/ *n.* (*pl.* **-ta·ses** /-sìːz/) **1** 〖建築〗エンタシス, 胴張り《古典主義建築の柱などに見られるわずかな胴部のふくらみ; 目の錯覚で細く見えるのを矯正するためといわれる》. **2** 〖生理〗(*also* **en·ta·si·a** /ɛntéɪziə/) 緊張性[強直性]痙攣(けいれん). 〖(1664) ← NL ～ ← Gk *éntasis* a stretching ← *enteínein* to strain ← EN-[2]＋*teínein* to stretch, strain〗

ENT dóctor /ìːɛ̀ntíː-/ *n.* 《米俗》耳鼻咽喉(こう)科医. 〖*ENT*: (頭字語) ← *E*(*ar*) *N*(*ose*) *T*(*hroat*)〗

En·teb·be /ɛntɛ́bi, ɪn-/ *n.* エンテベ《アフリカ東部ウガンダの Victoria 湖に臨む旧首都; 国際空港がある; cf. Kampala》.

en·tel·e·chy /ɛntɛ́ləki, ɪn- | -lɪ-/ *n.* 〖哲学〗**1** (アリストテレス哲学の)エンテレケイア《単なる可能性に対立する完成された現実性・行為》. **2** (ライプニッツ哲学の)完全主義的精神[原理]. **3** (生気論で)エンテレキー《生活体内の非物質的な力・生命力》. 〖(1592) □ LL *entelechia* □ Gk *entelékheia* complete reality ← EN-[2]＋*télei* ((dat.) ← *télos* perfection: ⇨ teleo-)＋*ékhein* to have〗

en·tel·lus /ɛntɛ́ləs, ɪn-/ *n.* 〖動物〗＝Hanuman 2.

E

〖(1843) ← NL ～ ← L *Entellus* (Virgil の *Aeneid* (5: 432–72) に出てくる Sicily の拳闘家・英雄の名)〗
entendre *n.* ⇨ double entendre.
en·tente /ɑ̀ːntɑ́ːnt | ɑ̃ː(n)tɑ̃ː(n)t, ɑ̀ːntɑ́ːnt⁻; *F.* ɑ̃tɑ̃ːt/ *n.* (*pl.* ～**s** /～s; *F.* ～/) 〘外交〙 **1** (国家間の)協約, 協商 《外交問題に関する相互了解 (understanding) で, 条約ほど正式なものでなく拘束力も弱い》. **2** 協商国 《二国》. **3** [the E-] ＝Triple Entente 2. 〖(1854) □ F ～ 'understanding' (fem.p.p.) ← *entendre* 'to INTEND'〗
entente cor·di·ale /–– kɔ̀ːdiɑ́ːl | -kɔ̀ːd-; *F.* -kɔʀdjal/ *n.* **1** (2 国家間の)和親協商 《特に, 1904 年の英仏協商》. **2** 1908 年に英・仏・露間で交わされた三国協商. 〖(1844) □ F ～ 'cordial understanding': ⇨ ↑, cordial〗

E

en·ter /éntə, énə | éntə(r)/ *vt.* **1** 〈場所・体内など〉にはいる, はいり込む; 貫通する (penetrate); 〈頭・心など〉に浮かぶ: ～ a house, room, tunnel, etc. / The bullet had ～*ed* his head. 弾丸が頭に食い込んだ / A new idea ～*ed* his head. 新しい考えが彼の頭に浮かんだ / It never ～*ed* my head [mind] that he was [could be] dead. 彼が死んだ[死ぬ]などとは全然思い浮かばなかった.
2 〈新時代・新生活・新職業など〉にはいる, 始める: ～ business [the legal profession] 実業界[法曹界]にはいる / ～ battle 戦闘を開始する / ～ a period of recession 不況の時代に入る / He ～*ed* politics in 1943. 1943 年に政界入りした / He's just ～*ing* his forties. 彼はちょうど 40 代になりかけです.
3 …に身を置いて考える, 立ち入る, 理解する: ～ the feelings of another 他人の感情を理解する. ★ この意味では enter into のほうが普通.
4 〈団体・クラブ・会など〉にはいる, 加入する, 入会する (join); 〈学校〉に入学する; 〈競技など〉に参加する: ～ a club [society] クラブ[会]に入会する / ～ (a) school [college, university] 学校[大学]に入学する / ～ hospital 入院する / ～ the army [the church] 軍人[牧師]になる / ～ the cloister 修道士[女]になる / ～ a contest [war] 競争[戦争]に参加する.
5 入れる, さし込む: ～ a wedge *into* a log 丸太にくさびを打ち込む / ～ a key *in* the door 戸に鍵をさし込む.
6 a 入学[入会]させる; 〈競争など〉に参加させる 〔*for, in*〕: ～ a girl *in* school [*at* a school] 少女を学校に入学させる / ～ a boy *for* a public school 少年をパブリックスクールに入学させる / ～ chrysanthemums *in* a flower show 草花品評会に菊を出品する / ～ a horse *in* [*for*] a race 馬を競馬に出す. **b** [～ *oneself* で] (…の参加を)申し込む (register): He ～*ed himself for* the examination for the college. その大学の受験を申し込んだ.
7 a 〈名前・日付・細目などを〉書き入れる, 記入[記録]する: ～ a note *in* a book 本に注を入れる / ～ a name [member] *on* a list 名簿に名[会員]を登録する / ～ (a record of) an event *in* [*into*] a diary 日記に出来事を記載する / ～ a sum [an account] *in* a ledger 元帳に金額[勘定]を記入する / The goods [orders] were ～*ed to* me by mistake. その品は誤って私の注文品と記されていた. **b** 〘法律〙(法廷で)記録する: ～ a judgment 判決を記録する / ⇨ *enter a* PROTEST. **c** 〘電算〙〈情報を〉入力する.
8 a 提出[提起]する: ～ an action [a claim] against a person 人に対する訴状を提出する, 人を告訴する[人に支払い要求を提出する]. **b** [～ a bid として] (競売などで)値を申し出る, 入札する. **c** (税関へ)〈船・積荷〉の入港[到着]を申告する: ～ a ship / ～ (a) cargo. **d** 《米》〈書籍・地図など〉の版権所有の申請[登録]をする: *Entered* according to act of Congress. 法令による版権登録済.
9 a 〈土地・不動産〉へ立ち入って占有する. **b** 《米》〈公有地〉の所有を申請する 《先買権確保のため土地管理局に登録する》. **10** 〈犬を〉馴らし始める, 仕込む; 〈馬を〉馴らす, 調教する; 〈鷹を〉初めて飛ばす: ～ a dog at [to] … 訓練中の犬に…の臭跡を追わせる.
— *vi.* **1** はいる: ～ *at* [*through*] the door 戸口からはいる / ～ *by* [*through*] a secret entrance 秘密の入口からはいる / The sword ～*ed* deep. 剣が深く刺さった / No one knew where he had ～*ed*. 彼がどこからはいったかだれにもわからなかった. **2** 登場する; 〘演劇〙[仮定法で] (通例, ト書きとして)登場せよ (↔ exit): *Enter* Caesar. シーザー登場. **3** 入会[入学]する, 加入する; 参加する: ～ *for* a contest (＝～ a contest) (名を書いて)競技への参加を申し込む / ～ *for* a post (＝apply for a post) 職を求めて申し込む / ⇨ ENTER *into* (1). **4** 〈新生活などを〉開始する, (…に)乗り出す 〔*upon, on*〕; 〈仕事・問題など〉にとりかかる, 着手する 〔*upon, on*〕: We ～*ed on* the question with enthusiasm. われわれは熱心にその問題にとりかかった.
enter into (1) 〈会話・討論・競争など〉に加わる, 参加する; 〈仕事を〉始める, …に従事する: ～ *into* conversation / ～ *into* negotiations 交渉を開始する / I won't ～ *into* an argument with you. 議論を始めるつもりはない / ～ *into* a sport with zest 熱心に運動に加わる / ～ (*into*) society 社交界にデビューする. (2) 〈問題などを〉調査する, 吟味する; 〈詳細〉に立ち入る, わたる: We shall ～ *into* this subject later on. この主題は後に取り上げたいと思う / He ～*ed into* no explanations. 少しも説明をしなかった / The book does not ～ *into* details. その本は詳細に立ち入っていない. (3) …の構成素[一部]となる; 〈勘定・計画など〉の中にはいる: Tin ～*s into* the composition of pewter. 錫はしろめの成分となる / The question of cost has not ～*ed into* our calculations. 費用の問題が計算にはいっていない / Those considerations don't ～ *into* it at all. それに対してこれらの考慮が全くなされていない. (4) 〈関係・協約など〉を結ぶ: ～ *into* a contract [a treaty, an agreement] *with* …と契約[条約, 協約]を結ぶ. (5) 〈他人の感情など〉を思いやる, …に同情する; 〈雰囲気・風土など〉に溶け込む, …を十分に理解する: You must ～ *into* the spirit of the occasion. その場の気分に溶け込まなければならない. (6) 〈特定の状態〉にはいる, 陥る: ～ *into* matrimony [marriage] 結婚生活にはいる / ～ *into* force 〈条約など〉発効する. ***enter on* [*upòn*]** (1) ⇨ *vi.* 4. (2) 〘法律〙(所有権主張のために)〈土地〉にはいる; 〈財産〉を相続する, …の所有権を得る: ～ *upon* an inheritance 相続権を得る. (3) …に踏み入る: ～ *upon* a new career 新しい職業に就く. ***ènter úp*** (1) 〔帳簿に〕全部記入する 〔*in*〕: ～ *up* an account *in* a ledger 勘定を元帳に記入する. (2) 正式に記入する. (3) 〘法律〙(裁判)記録に載せる.
— *n.* 《廃》登場; 入ること.
～·a·ble /-tərəbl | -tə-/ *adj.* **～·er** /-tərə | -tərə(r)/ *n.* 〖(*c*1280) *entre(n)* □ (O)F *entrer* < L *intrāre* to go into ← *intrā* within: ⇨ intra-〗
en·ter- /éntər | -tər/ (母音の前にくるときの) entero- の異形.
entera *n.* enteron の複数形.
en·ter·al /éntərəl | -tə-/ *adj.* ＝enteric. **～·ly** *adv.* 〖(1903) ← ENTERO-＋-AL[1]〗
en·ter·ec·to·my /èntəréktəmi | -tə-/ *n.* 〘外科〙腸切除(術). 〖(1877) ← ENTERO-＋-ECTOMY〗
éntered hóund *n.* 〘狐狩〙1 シーズン以上狐狩をした経験のあるフォックスハウンド.
en·ter·ic /entérɪk/ *adj.* 〘解剖〙 **1** 腸の (intestinal), 腸内の. **2** 〈薬品が〉腸溶性の 《胃はそのまま通過して腸で初めて溶けるように調製したものにいう》. — *n.* 〘病理〙＝enteric fever. 〖(*c*1859) □ Gk *enterikós* ← *énteron* intestine: cf. intestine〗
entéric féver *n.* 〘病理〙 **1** 腸チフス (typhoid fever). **2** パラチフス (paratyphoid). 〖1869〗
enteritides *n.* enteritis の複数形.
en·ter·it·i·dis /èntərítədɪ̀s, -ráɪtə- | -tərítɪdɪs, -ráɪtɪ-/ *n.* 〘獣医〙サルモネラ属 (*Salmonella*) の一菌種による(特に幼獣の)腸炎. 〖(pl.) ↓〗
en·ter·i·tis /èntəráɪtɪ̀s | -təráɪtɪs/ *n.* (*pl.* ～**es**, **-ter·it·i·des** /-rítədìːz | -tɪ-/) 〘病理・獣医〙腸炎. 〖(1808) ← NL ～: ⇨ ↓, -itis〗
en·ter·o- /éntərou | -tərəu/「腸 (intestine)」の意の連結形: *entero*lith 腸(結)石 / *entero*pathy 腸疾患. ★ 母音の前では通例 enter- になる. 〖(17C) □ L ～ □ Gk ～ ← *énteron* intestine: ⇨ enteric〗
enterobacteria *n.* enterobacterium の複数形.
Èntero·bac·te·ri·á·ce·ae /-bæktɪ̀əriéɪsiìː | -tɪər-/ *n. pl.* 〘細菌〙腸内細菌科. 〖← ENTERO-＋BACTERI-＋-ACEAE〗
èntero·bactérium *n.* (*pl.* **èntero·bactéria**) 〘細菌〙腸内細菌. **èntero·bactérial** *adj.* 〖(*c*1951): ⇨ entero-, bacteria〗
èntero·bí·a·sis /-báɪəsɪ̀s | -sɪs/ *n.* 〘病理〙蟯(ぎょう)虫症 (oxyuriasis) 《特に子供に発症する》. 〖(*c*1927) ← NL ～ ← *Enterobius* intestinal worm＋-IASIS: ⇨ entero-, bio-〗
èntero·chrómaffin *adj.* 〘医学〙腸クロム親和性の. 〖(*c*1941) ← ENTERO-＋CHROMAFFIN〗
èntero·cóccus *n.* 〘細菌〙腸球菌. **èntero·cóccal** *adj.* 〖(1908) ← NL ～: ⇨ entero-, -coccus〗
éntero·còele *n.* (*also* **én·tero·còel**) 〘動物〙腸体腔(こう). **èntero·cóelic** *adj.* **èntero·cóelous** *adj.* 〖(1877) ← ENTERO-＋-COELE〗
èntero·colítis *n.* 〘病理〙全腸炎. 〖(1857) ← NL ～: ⇨ entero-, colitis〗
èntero·crí·nin /-kráɪnɪ̀n, -krín- | -nɪn/ *n.* 〘生化学〙エンテロクリニン 《小腸で作られるホルモン; 腸腺の活動を高める》. 〖(1938) ← ENTERO-＋(ENDO)CRINE＋-IN[2]〗
èntero·gás·trone /-gæstroun | -trəun/ *n.* 〘生化学〙エンテロガストロン 《腸粘膜で作られるホルモン; 胃の運動と分泌を抑制する》. 〖(1930) ← ENTERO-＋GASTRO-＋(HORM)ONE〗
èntero·hepatítis *n.* 〘獣医〙＝blackhead 3. 〖(1895) ← NL ～: ⇨ entero-, hepatitis〗
èntero·kínase *n.* 〘生化学〙エンテロキナーゼ 《腸活素; 十二指腸に存在し, トリプシノーゲンをトリプシンにするエンドペプチダーゼ》. 〖(1902) ← ENTERO-＋KINASE〗
en·ter·on /éntərɑ̀(ː)n, -rən | -tərɔ̀n, -rən/ *n.* (*pl.* **en·ter·a** /-rə/, ～**s**) 〘解剖・動物〙 **1** 消化管, 腸, 腸管. **2** ＝coelenteron. 〖(1842) ← NL ～ ← Gk *énteron* intestine: ⇨ enteric〗
èntero·pathogénic *adj.* 腸病原(性)の: ～ bacteria. 〖← ENTERO-＋PATHOGENIC〗
en·ter·op·a·thy /èntərɑ́(ː)pəθi | -tərɔ́p-/ *n.* 〘病理〙腸疾患. 〖(*c*1889) ← ENTERO-＋-PATHY〗
en·ter·o·pex·y /éntəroupèksi | -tərə(u)-/ *n.* 〘外科〙腸固定(術).
en·ter·op·neust /éntərɑ(ː)pnùːst, -njùːst | -tərɔp-njùːst/ *n.* 〘動物〙腸鰓(ちょうさい)綱の動物. 〖↓〗
En·ter·op·neus·ta /èntərɑ(ː)pnúːstə, -njúːs- | -tərɔpnjúː-/ *n. pl.* 〘動物〙(半索動物門)腸鰓(ちょうさい)綱. 〖← NL ～ ← ENTERO-＋Gk *pneustós* (← *pneîn* to breathe)〗
en·ter·os·to·my /èntərɑ́(ː)stəmi | -tərɔ́s-/ *n.* 〘外科〙腸フィステル形成(術), 腸造瘻(ろう)術. 〖(1878) ← ENTERO-＋-STOMY[1]〗
en·ter·ot·o·my /èntərɑ́(ː)təmi | -tərɔ́t-/ *n.* 〘外科〙腸切開(術). 〖(1842) ← ENTERO-＋-TOMY〗
èntero·toxémia *n.* 〘獣医〙エンテロトキセミア, 腸性中毒症 《腸内細菌の毒素による中毒症》. 〖(1932) ← NL ～: ⇨ entero-, toxemia〗
èntero·tóxin *n.* 〘生化学〙エンテロトキシン, 胃腸(障害)毒素 《ある細菌によって作られる食中毒を起こす毒素》. 〖(*c*1928) ← ENTERO-＋TOXIN〗
èntero·vírus *n.* 〘病理〙腸内ウイルス. **èntero·víral** *adj.* 〖(1957) ← NL ～: ⇨ entero-, virus〗
en·ter·o·zo·a, E- /èntərouzóuə | -tərə(u)zə́uə/ *n. pl.* (*sing.* **-zo·on** /-zóuɑ(ː)n | -zə́uɔn/) 〘動物〙＝entozoa. 〖← NL ～: ⇨ entero-, -zoa〗
en·ter·prise /éntəpràɪz, -tə-, énə- | éntə-/ *n.* **1** 企画, 企て (plan, project); 冒険的な計画, 大仕事. **2** 企業, 事業; 企業体, 会社 (firm): a government [private] ～ 官営[民営]事業 / (a) public ～ 公企業 / embark on an ～ 大事業に乗り出す / undertake [take on] an ～ 事業を起こす / an old ～ specializing in textbooks 教科書専門の歴史のある会社 / ⇨ free enterprise / Can Britain become the ～ center of Europe? 英国はヨーロッパ企業の中心となり得るか. **3** 企業心, 冒険心: a [the] spirit of ～ 企業精神, 進取の気性 / have no ～ 企業心[進取の気性]がない. — *vt.* 《まれ》〈事業など〉に着手する, 乗り出す. 〖(*c*1440) □ (O)F *entreprise* (fem.p.p.) ← *entreprendre* to take in hand ← *entre-* 'INTER-'＋*prendre* to seize, take (< L *pr(a)e(he)ndere*: ⇨ prehensile)〗
Énterprise Allòwance Schème *n.* 《英》事業手当支給計画 《自分で事業を起こす意欲のある失業者に一定の条件で初年度手当が支給される制度》.
énterprise cùlture *n.* (進取・独立の気性に富む)企業[事業]家精神, 興業[起業](奨励)の気運, 企業家社会(の風土), 自由経済(社会).
en·ter·pris·er *n.* 事業家, 企業家. 〖(1523): ⇨ enterprise, -er[1]〗
énterprise zòne *n.* (大都市中心部の)産業振興地域, 企業(誘致)地区 《減税などの特典によって私企業を誘致し雇用機会の増加をはかることを定めた, 失業者の多い老朽化地域》. 〖1978〗
en·ter·pris·ing /éntəpràɪzɪŋ, -tə-, énə- | éntə-/ *adj.* **1** 〈人など〉企業的な, 企業的精神に富む (⇨ ambitious SYN): an ～ man 企業家 / an ～ firm 企業心の盛んな会社 / ～ spirit 企業心, 進取の気性. **2** 〈行動など〉進取的な, 冒険的な: an ～ policy. **～·ly** *adv.* 〖(1611) ← ENTERPRISE＋-ING[2]〗
en·ter·tain /èntətéɪn, ènə- | èntə-/ *vt.* **1 a** もてなす, 歓待[接待]する (⇨ amuse SYN): ～ friends *to* dinner 友人たちを招いてごちそうする (★ to を用いるのは英国式) / ～ the company *with* [*by* playing] music 音楽で客をもてなす / We were ～*ed with* refreshments in another room. 別室で茶菓のもてなしを受けた / ～ angels [an angel] unawares ⇨ angel 1. **b** 地元のグラウンド[コート]で〈相手チーム〉と試合をする. **2** (余興などで)〈人を〉楽しませる, 慰める, おもしろがらせる: The play ～*ed* us a great deal. 芝居はとてもおもしろかった. **3 a** 〈感情・意見・計画・希望などを〉心にいだく: ～ a novel opinion 変った意見をいだいている / ～ doubts [hopes, ideas] 疑念[希望, 考え]をいだく / He ～*s* a bitter hatred for me. 彼は私に激しい憎しみをいだいている. **b** 〈案・申し出など〉を考えに入れる, 考えてみる, 考慮する: ～ a proposal 申し出を受け止める / He refused even to ～ my request. 私の頼みを考えてみてくれようとさえしなかった. **4** 《古》〈文通・談話などを〉続ける, 持続する. **5** 《廃》〈人を〉迎え入れる (receive). — *vi.* もてなす, 歓待する: They do a lot of ～*ing*. ＝They ～ a lot. 彼らは大いにもてなす. — *n.* 《廃》＝entertainment. 〖(?*c*1460) □ (O)F *entretenir* < VL **intertenēre* to hold between ← INTER-＋L *tenēre* to hold: cf. tenable〗
en·ter·tain·er /èntətéɪnə, ènə- | èntətéɪnə(r)/ *n.* **1** (職業的)芸人, 歌手, 手品師. **2** 楽しませる人, 接待者. 〖(*a*1535): ⇨ ↑, -er[1]〗
èn·ter·táin·ing *adj.* おもしろい, 愉快な: an ～ conversation おもしろい談話 / an extremely ～ person 大変おもしろい人物. 〖(1568) ← ENTERTAIN＋-ING[2]〗
èn·ter·táin·ing·ly *adv.* おもしろく, 愉快に. 〖(1621): ⇨ ↑, -ly[1]〗
en·ter·tain·ment /èntətéɪnmənt, ènə- | èntə-/ *n.* **1** もてなし, 接待; 招待会, 宴会: give an ～ to …を招待[接待]する / a hotel noted for its ～ もてなしのいいので有名なホテル. **2** 慰み, 興, 娯楽: find ～ in reading 読書を楽しむ / afford good ～ for an idle hour 退屈な時にはよい楽しみになる / much *to* one's ～ 大いにおもしろかったことには / She played the piano for the ～ *of* the guests. お客を楽しませるためにピアノを弾いた. **3** 催し物, 余興, 演芸: put on [mount] an ～ for …のために余興を催す / a dramatic [theatrical] ～ 演劇, 芝居 / a musical ～ 音楽の余興, 音楽会 / an ～ tax 《英》興行税 / claim an ～ allowance 交際費を要求する / the ～ world 芸能界. **4** 娯楽小説. **5** 《古》支給(額), 払い (provision). **6** 《廃》職. 〖(1440) ← ENTERTAIN＋-MENT〗
en·thal·py /énθælpi, –´–/ *n.* 〘物理化学〙エンタルピー 《熱力学的関数の一つ; 一定圧力における熱量変化; 記号 H; heat content》. 〖(*c*1924) ← Gk *enthálpein* to warm in (← EN-[2]＋*thálpein* to warm)＋-Y[1]〗
en·thet·ic /enθétɪk | -tɪk/ *adj.* 〘医学〙 **1** 〈病気など〉外因性の. **2** (人工物による)補填(てん)療法の[による]. 〖(1867) □ Gk *enthetikós* fit for implanting ← *entithénai* ← EN-[2]＋*tithénai* to place: ⇨ thesis, -ic[1]〗
en·thral /ɪnθrɔ́ːl, en-, -θrɑ́ːl | -θrɔ́ːl/ *vt.* (**en·thralled**; **en·thrall·ing**) ＝enthrall. **～·er** /-lə | -lə(r)/ *n.*
en·thrall /ɪnθrɔ́ːl, en-, -θrɑ́ːl | -θrɔ́ːl/ *vt.* **1** …の心を奪う, 魅了する: be ～*ed by* a novel 小説に心を奪われる / She ～*ed* us *with* her superb performance. 見事な演技で我々を魅了した. **2** 奴隷(状態)にする. **～·er** /-lə | -lə(r)/ *n.* 〖(1447–48): ⇨ en-[1], thrall〗

en·thráll·ing /-lɪŋ/ *adj.* 心を奪う, 大変おもしろい (engrossing): an ～ story たまらなくおもしろい話. 〚(1871): ⇨ ↑, -ing²〛

en·thráll·ment *n.* **1** 心を奪うこと, 魅惑; 心を奪われた状態. **2** 奴隷化; 奴隷状態 (slavery). 〚(1611) ← ENTHRALL＋-MENT〛

en·throne /ɪ̀nθróʊn, ɛn- | -θrə́ʊn/ *vt.* **1** 王座[王位]につかせる: ～ a king. **2** 〘キリスト教〙〔bishop 等〕の座につかせる, 〔bishop に〕就任させる〔*as*〕: He was ～*ed as* archbishop. 彼は大司教に就任した. **3** …に〈心・愛情などの〉王座を占めさせる: The old Queen was ～*d in* the hearts of her people. 老女王は国民の敬愛の的となった. **4** あがめる, 祭りあげる (exalt). 〚(1606–7) ← EN-¹＋THRONE〛

en·thróne·ment *n.* **1** 即位(式), 国王奉戴(ほうたい)式. **2** bishop 推戴[就任]式. 〚(1685): ⇨ ↑, -ment〛

en·thro·ni·za·tion /ɪ̀nθroʊnɪ̀zéɪʃən, ɛn- | -θrəʊnaɪ-, -nɪ-/ *n.* ＝enthronement. 〚(*c*1460): ⇨ ↓, -ation〛

en·thron·ize /ɪ̀nθróʊnaɪz, ɛn- | -θrə́ʊn-/ *vt.* ＝enthrone. 〚(*a*1393) *intronize(n)* □ OF *entronizer* // LL *inthronizāre* □ Gk *enthronízein*: ⇨ enthrone, -ize〛

en·thuse /ɪ̀nθúːz, ɛn-, -θjúːz | -θjúːz, -θúːz/ *vt.* 〈人を〉熱狂させる, 感激させる: His plan ～*d* nobody. 彼の計画で熱狂した者はいなかった. — *vi.* 〔…に〕熱狂する, 感激する〔*about, on, over*〕: She ～*d about* the prospect of a stay in Paris. パリに泊まる見込みができたので熱狂した. 〚(1827) 《逆成》 ← ENTHUSIASM〛

en·thu·si·asm /ɪ̀nθúːziæ̀zm, ɛn-, -θjúː- | -θjúː-, -θúː-/ *n.* **1** (燃えるような)感激; 熱中, 熱狂, 情熱: blind ～ 盲目的熱狂 / ～ *for* the king 国王に対する熱誠 / ～ *for* sports スポーツ熱 / be full of ～ *about* …に熱中している / dampen a person's ～ 人の興に水を差す / She couldn't put any ～ into her voice. 声に熱を込めることができなかった / He was greeted with an outburst of ～. 嵐のような感激をもって迎えられた / The ～ reached its height [died down soon]. 熱狂的感激がその絶頂に達した[たちまち冷却した]. **2** (しばしば一時的な)熱狂の対象, 熱中している物: His present ～ is collecting stamps. 彼が今夢中になっているのは切手の収集だ. **3** 《古》宗教的[霊的]熱狂, 狂信; 神がかり. ★ 17 世紀の清教徒および 18 世紀のメソジスト教徒の宗教的態度を嘲って用いた語. 〚(1603) □ LL *enthūsiasmus* □ Gk *enthousiasmós* inspiration ← *enthousiázein* to be possessed by the god ← *énthous, éntheos* inspired ← EN-²＋*theós* god: ⇨ theo-〛

en·thu·si·ast /ɪ̀nθúːziæ̀st, ɛn-, -θjúː-, -əst | ɪnθjúːziæ̀st, ɛn-, -θúː-/ *n.* **1** 熱中者, 熱狂者, (…の)ファン, …狂 (⇨ zealot **SYN**): an astrological ～ 占星狂 / gun ～*s* 銃愛好家たち / an ～ *about* politics [*for* sports] 政治[スポーツ]狂. **2** 狂信者; 神がかりの人. 〚(1570) □ Gk *enthousiastés* ← *enthousiázein* (↑)〛

en·thu·si·as·tic /ɪ̀nθùːziǽstɪk, ɛn-, -θjùː- | ɪnθjùː-, ɛn-, -θùː-ˈ-/ *adj.* **1** 熱烈な, 〔…に〕熱狂的な〔*about, over, for*〕: ～ cheers [support, supporters] 熱狂的喝采(かっさい)[支持, 支持者] / an ～ gardener 庭いじりに熱心な人 / ～ admirers of literature 熱烈な文学愛好家たち / Most were not (over)*enthusiastic about* striking. 大半はストに(あまり)乗り気でなかった / He was very ～ *about* going on a picnic. ピクニックに行くことに大いに乗り気になっていた. **2** 狂信的な. 〚(1603) □ Gk *enthousiastikós* ← *enthousiázein* (↑): ⇨ -ic¹〛

en·thù·si·ás·ti·cal·ly *adv.* 熱狂的に, やっきになって: She welcomed us ～. 熱烈に歓迎した. 〚(1691): ⇨ ↑, -al¹, -ly¹〛

en·thy·meme /ɛ́nθəmìːm | -θɪ-/ *n.* 〘論理〙 省略三段論法《三段論法の大小前提の一つまたは結論を省いたもの》; 省略推理法. **en·thy·me·mat·ic** /ɛ̀nθəmiːmǽtɪk | -θɪmiːmǽt-ˈ-/ *adj.* **èn·thy·me·mát·ic·al** /-tɪ̀kəl, -kl | -tɪ-ˈ-/ *adj.* 〚(1551) □ L *enthȳmēma* □ Gk *enthúmēma* thought, argument ← *enthūmeîsthai* ← EN-²＋*thūmós* mind: cf. fume〛

entia *n.* ens の複数形. 〚□ ML ～〛

en·tice /ɪ̀ntáɪs, ɛn-/ *vt.* 誘う, おびき寄せる, 誘惑する (⇨ lure¹ **SYN**): ～ a person *into doing* [*to* do] something wrong 人をそそのかして何か悪事をさせる / ～ a girl *away from* home 娘を誘惑して家出させる / ～ a person *in* 人をつり込む, 誘い込む / She ～*d* him *from* his work. 彼をそそのかして仕事をやめさせた. **en·tíc·er** *n.* 〚(*c*1280) □ OF *enticier* to cause to burn ardently < VL **intītiāre* 《原義》 to set on fire ← IN-²＋L *tītiō* firebrand〛

en·tíce·ment *n.* **1** 誘い, おびき寄せ, 誘惑. **2** 誘惑物, えさ. 〚(?*a*1300) □ OF ～: ⇨ ↑, -ment〛

en·tic·ing /ɪ̀ntáɪsɪŋ, ɛn-/ *adj.* 心を引き[誘い]やすい, 心をそそる, 誘惑的な: ～looks 魅惑的な顔つき. **～·ly** *adv.* **～·ness** *n.* 〚(1553) ← ENTICE＋-ING²〛

en·tire /ɪ̀ntáɪə, ɛn-, ɛ́ntaɪə | ɪ̀ntáɪə^r, ɛn-/ *adj.* **1** 〈各部分が〉完備している, 全体の (↔ partial) (⇨ complete **SYN**); 終始一貫した (continuous): an ～ page まるまる 1 ページ / an ～ set of the dictionary 辞典の 1 セット全部 / The collection has been kept ～ in the museum. その収蔵品は記念館に全部そっくり保管されている / The ～ collection has been sold. その収集品はすべて売れてしまった / known through the ～ world 全世界中に知られた / The ～ mood of the concert was magnificent. 音楽会の雰囲気は終始荘厳なものだった / I was absent from the house the ～ afternoon. 午後はずっと家を留守にしていた. **2** 〈品物など壊れていない (unbroken), 無きずである (intact) (↔ defective): His body was found ～. 彼の死体は無傷で発見された. **3** (程度が)完全な, 全くの: a person's ～ affection 至純の愛情 / They are in ～ ignorance of it 彼らはそのことを全く知らない / We are in ～ agreement. 我々は完全に合意している. **4** 〘植物〙 縁(ふち)に切り込みがない, 全縁の: an ～ leaf [petal] 全縁の葉[花弁]. **5** 〈雄の獣が〉去勢されていない: an ～ horse. **6** 〘紋章〙 ＝throughout. **7** 《廃》 純粋の, まじりけのない. — *n.* **1** [the ～] 《まれ》全体; 完全. **2** 去勢しない馬, 種馬. **3** 《英》〘醸造〙 黒ビール (porter) の一種《今は居酒屋の看板にだけ用いる》. **4** 〘郵趣〙 エンタイヤ《切手・消印・宛名書きなどのそろった封筒[はがき, 帯封]》: on ～ 宛名書きのある封筒[はがき]に切手が貼ってある. 〚(*c*1390) *enter* □ (O)F *entier* < L *integrum, integer* whole: ⇨ integer〛

entíre fùnction *n.* 〘数学〙 整関数《有限のところでいたるところ正則であるような複素関数》.

en·tire·ly /ɪ̀ntáɪəli, ɛn-, ɛ́ntaɪə- | ɪ̀ntáɪə-, ɛn-/ *adv.* **1** 全然, 全く, 完全に, すっかり (completely, wholly): be ～ lost [forgotten] すっかりなくなって[忘れて]いる / We agree ～. 全く同感だ / The work is *not* ～ without flaws. その著作は完全無欠というわけではない. **2** もっぱら, ひたすら: He is devoted ～ to writing. 著述に専念している. 〚(*c*1340) ← ENTIRE＋-LY¹〛

en·tíre·ness *n.* **1** 完全(無欠), 十全; 完全状態, 全体のまま. **2** 純粋, まじりけのないこと. 〚(*a*1420) ← ENTIRE＋-NESS〛

en·ti·re·ty /ɪ̀ntáɪərəṭi, ɛn-, -táɪəṭi | -taɪərəti, -táɪəti/ *n.* **1** 完全, そっくりそのまま(の状態) (completeness). **2** [the ～] 全部, 全体, 全額 (the whole) 〔*of*〕.

by entíreties 〘法律〙 (夫婦による)全部連帯の, 不可分的に. 《(1613) コモンロー上, 夫婦は一体であるとされることから》 ***in its entírety*** そっくりそのまま, 全体(として) (as a whole): The picture was banned *in its* ～. その映画は全体が上映禁止となった. 《1853》 〚(*c*1350) *enterte* □ (O)F *entièreté* < L *integritātem* 'INTEGRITY': ⇨ entire, -ity〛

en·ti·sol /ɛ́ntɪsɔ̀(ː)l | -tɪsɔ̀l/ *n.* 〘土壌〙 エンチソル《層位がほとんどあるいは全くみられない土壌》.

en·ti·ta·tive /ɛ́ntəteɪtɪv | -tɪ̀tət-/ *adj.* 本質的な; 実体的な. 〚(*c*1600) □ ML *entitātīvus* ← *entitāt-, entitās* 'ENTITY': ⇨ -ative〛

en·ti·tle /ɪ̀ntáɪṭl, ɛn- | -tl/ *vt.* **1** 〈本などに名称を与える, 表題をつける; [目的語＋補語を伴って] 〈本などに〉…という表題を付ける (title), …と称する: The new work is ～*d* "Life and Liberty." 新著は「生命と自由」という題名である. **2** 〈事情・性質・行為などが〉…に〔…の〕権利[資格]を与える〔*to*〕; …に〈…すべき〉権利を与える 〈*to* do〉: His conduct ～*s* him *to* praise. 彼はその行動によって賞賛を受ける資格がある / His experience ～*s* him *to* be heard.＝He is ～*d to* be heard because of his experience. 経験を積んだ人として彼の意見には耳を傾けるべきだ / Every man is ～*d to* his fantasies. だれでも空想にふける権利がある / He is ～*d to* (receive) a pension. 年金を受ける資格がある / What ～*s* you *to* treat me like this? 君は何の資格でぼくをこのように扱うのか. **3** 《古》 …に名誉の称号を与える. 〚(*c*1380) □ OF *entit(e)ler* (F *intituler*) □ LL *intitulāre* ← IN-²＋L *titulus* 'TITLE'〛

en·ti·tle·ment /ɪ̀ntáɪṭlmənt | -tl-/ *n.* **1** 権利, 資格〔*to*〕; (給付の)受給権. **2** 《米》 エンタイトルメント《特定集団の成員に給付を与える政府の施策; 社会保障・恩給, Medicare, Medicaid など》.

en·ti·ty /ɛ́ntəṭi | -tɪ̀ti/ *n.* **1 a** (客観的・観念的な)存在物, 実在物: an actual [a real] ～ / an abstract ～ 抽象(的存在) / Utopia is an ideal ～. ユートピアは観念的存在である. **b** 自主[独立]的なもの; 統一体: a political ～ 国家. **c** 〘電算〙 実体, エンティティー《SGML, HTML で単位として参照できるデータ》. **2 a** 存在 (being, existence). **b** 自主性, 独自性: lose one's ～. **3** (属性などに対して)本質 (essence), 実体. **4** 〘哲学〙 存在者, 実在 (ens). 〚(1596) □ F *entité* // ML *entitātem* ← *ent-, ēns* a thing: ⇨ ens, -ity〛

en·to- /ɛ́ntoʊ | -təʊ/ 「内, 内部」の意の連結形 (cf. endo-): *ento*blast, *ento*zoic. ★ 母音の前では通例 ent- になる. 〚← NL ～ ← Gk *entós* within: cf. in〛

énto·blàst *n.* 〘生物〙 ＝endoblast. **ènto·blás·tic** *adj.* 〚(1864): ⇨ ↑, -blast〛

énto·dèrm *n.* 〘生物〙 ＝endoderm. **ènto·dér·mal** *adj.* **ènto·dérmic** *adj.* 〚(1879) ← ENTO-＋-DERM〛

en·toil /ɪ̀ntɔ́ɪl, ɛn-/ *vt.* 《古》 わなにかける (ensnare). **～·ment** *n.* 〚(1581) ← EN-¹＋TOIL²〛

entom. 《略》 entomological; entomology.

en·tom- /ɛ́ntəm | -təm/ (母音の前にくるときの) entomo- の異形.

en·tomb /ɪ̀ntúːm, ɛn-/ *vt.* **1** 墓に入れる[納める], 埋葬する (inter) (⇨ bury **SYN**); 埋没させる, 生き埋めにする. **2** …の墓となる: The sea ～*s* the sunken boat. 海がその沈んだ船の墓場となっている. 〚(1576) □ (O)F *entomber*: ⇨ en-¹, tomb〛

en·tómb·ment *n.* 埋葬; 埋没. 〚(1666): ⇨ ↑, -ment〛

en·tom·ic /ɛntɑ́(ː)mɪk | -tɔ́m-/ *adj.* 昆虫の. 〚(1862): ⇨ ↓, -ic¹〛

en·to·mo- /ɛ́ntəmoʊ | -təməʊ/ 「昆虫」の意の連結形. ★ 母音の前では通例 entom- になる. 〚(18C) □ F ～ □ Gk ～ ← *éntomon* insect (neut.) ← *éntomos* cut in ← EN-²＋*témnein* to cut: cf. insect, tome〛

èntomo·fáuna *n.* 〘生物〙 昆虫相; [集合的] (一定の地域の)昆虫. 〚(1951): ⇨ ↑, fauna〛

en·to·mog·e·nous /ɛ̀ntəmɑ́(ː)dʒənəs | -təmɔ́dʒɪ̀-ˈ-/ *adj.* 〘植物〙 〈菌類が〉昆虫体内生の, 虫生の. 〚(1865) ← ENTOMO-＋-GENOUS〛

entomol. 《略》 entomological; entomology.

en·tóm·o·lite /ɛntɑ́(ː)məlàɪt | -tɔ́m-/ *n.* 〘地質〙 化石の昆虫. 〚(1840–43) ← ENTOMO-＋-LITE〛

en·to·mo·log·i·cal /ɛ̀nṭəməlɑ́(ː)dʒɪ̀kəl, -kl | -təməlɔ́dʒɪ-ˈ-/ *adj.* (*also* **èn·to·mo·lóg·ic** /-dʒɪk-ˈ-/) 昆虫学(上)の. **～·ly** *adv.* 〚(1816) □ F *entomologique*: ⇨ entomology, -ical〛

en·to·mol·o·gist /ɛ̀nṭəmɑ́(ː)lədʒɪ̀st | -təmɔ́lədʒɪst/ *n.* 昆虫学者. 〚(1771) □ F *entomologiste*: ⇨ entomology, -ist〛

en·to·mol·o·gize /ɛ̀nṭəmɑ́(ː)lədʒàɪz | -təmɔ́l-/ *vi.* **1** 昆虫学を研究する. **2** 昆虫を採集する. 〚(1815): ⇨ ↓, -ize〛

en·to·mol·o·gy /ɛ̀nṭəmɑ́(ː)lədʒi | -təmɔ́l-/ *n.* **1** 昆虫学 (insectology): economic ～ 実用昆虫学, 害虫研究(論). **2** 昆虫を扱った論文. 〚(1766) □ F *entomologie*: ⇨ entomo-, -logy〛

en·to·moph·a·gous /ɛ̀nṭəmɑ́(ː)fəgəs | -təmɔ́f-ˈ-/ *adj.* 昆虫を食う, 食虫の (insectivorous). 〚(1839–47) ← ENTOMO-＋-PHAGOUS〛

en·to·moph·i·lous /ɛ̀nṭəmɑ́(ː)fələs | -təmɔ́fɪ̀-ˈ-/ *adj.* 〘植物〙 虫媒の (cf. anemophilous): an ～ flower 虫媒花. 〚(1880) ← ENTOMO-＋-PHILOUS〛

en·to·moph·i·ly /ɛ̀nṭəmɑ́(ː)fəli | -təmɔ́fɪ̀-/ *n.* 〘植物〙 虫媒.

En·to·mos·tra·ca /ɛ̀nṭəmɑ́(ː)strɪ̀kə | -təmɔ́strə-/ *n. pl.* 〘動物〙 切甲亜綱《現在の分類体系では多くの亜綱に細分されているが, 便宜的に使われる》. 〚← NL ～ ← ENTOMO-＋Gk *óstrakon* shell＋-A²〛

en·to·mos·tra·can /ɛ̀nṭəmɑ́(ː)strɪ̀kən | -təmɔ́strə-ˈ-/ *adj.* 〘動物〙 (甲殻類の中の)切甲亜綱の. — *n.* 〘動物〙 切甲亜綱の動物《ミジンコ・フジツボなど; 一般に小形で下等な特徴をもつ; cf. malacostracan》. **èn·to·mós·tra·cous** /-kəs-ˈ-/ *adj.* 〚(1835): ⇨ ↑, -an¹〛

en·to·mot·o·my /ɛ̀nṭəmɑ́(ː)ṭəmi | -təmɔ́t-/ *n.* 昆虫解剖(学). 〚← ENTOMO-＋-TOMY〛

ènto·párasite *n.* 〘動物〙 ＝endoparasite. 〚(1861) ← ENTO-＋PARASITE〛

en·to·phyte /ɛ́nṭəfàɪt | -tə(ʊ)-/ *n.* 〘植物〙 ＝endophyte. **en·to·phyt·ic** /ɛ̀nṭəfɪ́tɪk | -tə(ʊ)fɪt-ˈ-/ *adj.* 〚(1861) ← ENTO-＋-PHYTE〛

en·top·ic /ɛntɑ́(ː)pɪk | -tɔ́p-/ *adj.* 〘解剖〙 正所性の, 正常位置の (cf. ectopic).

en·to·proct /ɛ́nṭəprɑ̀(ː)kt | -təprɔ̀kt/ *adj., n.* 〘動物〙 内肛動物門の(動物). **en·to·proc·tous** /ɛ̀nṭəprɑ́(ː)ktəs | -təprɔ́k-ˈ-/ *adj.* 〚(1940) ↓〛

En·to·proc·ta /ɛ̀nṭəprɑ́(ː)ktə | -təprɔ́k-/ *n. pl.* 〘動物〙 内肛動物門. 〚← NL ～ ← ENTO-＋*procta* (← Gk *prōktós* anus)〛

en·top·tic /ɛntɑ́(ː)ptɪk | -tɔ́p-/ *n.* 眼球内にある[原因がある]. 〚(1876) ← ENTO-＋(O)PTIC〛

en·tou·rage /ɑ̀ːntʊrɑ́ːʒ | ɔ̀ntʊ(ə)rɑ́ːʒ, ɑ̀ː(n)-, ˌ-ˈ-ˈ; *F.* ɑ̃tuʁaːʒ/ *n.* (*pl.* **～s** /～ɪz, ～əz; *F.* ～/) **1** [集合的] (身分ある人などの)付け人, 従者, 付添い (attendants). **2** (建物の)周囲, 環境《テラス・階段・植込みなど》. 〚(1832–34) □ F ～ ← *entourer* to surround (← EN-¹＋*tour* 'TOUR')＋-AGE〛

en-tout-cas /ɑ̀ː(n)tuːkɑ́ː, ɑ̀ːn-ˈ-; *F.* ɑ̃tukɑ/ *n.* (*pl.* ～) **1** 晴雨兼用傘. **2** [En-Tout-Cas] 〘商標〙 アンツーカー《アンツーカーを敷いた全天候型のテニスコート》. — *adj.* 全天候型の; アンツーカー(水はけのよい赤褐色の土)を敷いた. 〚(1874) □ F ～ 《原義》 in any case〛

en·to·zo·a, E- /ɛ̀nṭəzóʊə | -təzə́ʊə/ *n. pl.* (*sing.* **-zo·an** /～n/, **-zo·on** /-zóʊɑ(ː)n | -zə́ʊɔn/) 〘動物〙 体内寄生虫 (cf. ectozoa). ★ しばしば分類群に用いられる. **en·to·zo·al** /-zóʊəl | -zə́ʊ-ˈ-/ *adj.* **en·to·zo·an** /-zóʊən | -zə́ʊ-ˈ-/ *adj.* 〚(1834) ← NL ～: ⇨ ento-, -zoa〛

en·to·zo·ic /ɛ̀nṭəzóʊɪk | -təzə́ʊ-ˈ-/ *adj.* 〘生物〙 体内寄生の: an ～ amoeba. 〚(1861) ⇨ ↑, -ic¹〛

entozoon *n.* entozoa の単数形.

en·tr'acte /ɑ́ː(n)trækt, ɑ́ːn-, ˌ-ˈ- | ɔ́ntrækt, ɑ́ː(n)-, ɑ́ːn-; *F.* ɑ̃tʁakt/ *n.* (*pl.* **～s** /～s; *F.* ～/) **1** 幕間(まくあい). **2** 幕間狂言[演芸, 舞踊], 間劇. **3** 〘音楽〙 (幕間の)間奏曲. 〚(1842) □ F ～ 《原義》 between-act ← *entre-* 'INTER-'＋*acte* 'ACT'〛

en·trails /ɛ́ntreɪlz, -trəlz | -treɪlz/ *n. pl.* **1** 内臓, 腹わた (bowels, viscera). **2** 腸. **3** (物の)内部: the ～ *of* the earth 地球の内部. 〚(?*a*1300) □ (O)F *entrailles* □ ML *intrālia* inwards 《変形》 ← L *interānea* (pl.) ← *interāneum* intestine ← *inter* within〛

en·train¹ /ɪ̀ntréɪn, ɛn-/ *vt.* 列車に乗せる[搭載する], (特に)〈軍隊を〉列車に乗せる: He took the mail to the station to be ～*ed*. 郵便物を列車に乗せるために駅へ持って行った. — *vi.* 列車に乗る, 乗車する (↔ detrain): ～ *for* London ロンドン行きの列車に乗る. **～·ing** *n.* 〚(1881) ← EN-¹＋TRAIN²: EMBARK にならった造語〛

en·train² /ɪ̀ntréɪn, ɛn-/ *vt.* **1** 引きずる. **2** 〘化学〙 (蒸留・蒸発などの際)〈蒸気が〉〈液体の微粒子を〉伴出する. **3** 〈液体が〉(攪拌(かくはん)や化学反応によって生じた)〈泡を〉吸収して消す. **4** 〘気象〙 (ある気流の中へ)〈空気を〉流入させる. **5** 〈気泡を〉コンクリートに混ぜ合わせる《耐霜性を高めるため》. **6** …の局面[期間]を決定[修正]する. **7** 〘生物〙 〈日周リズムの周期を〉決める, 変える. **～·er** *n.* 〚(1568) □ F *entraîner* ← EN-¹＋*traîner* to drag: ⇨ train¹ (v.)〛

en·train³ /ɑ̀ː(n)trǽ(ŋ), ɑːntrǽŋ; *F.* ɑ̃tʁɛ̃/ *F. n.* 熱狂, 生気. 〚(1859) □ F ～ 'in progress'〛

E

en·train·ment /ɪ̀ntréɪnmənt, ɛn-/ *n.* 〘化学〙エントレインメント, 飛沫同伴《蒸留・蒸発などの際に蒸気が液体の微粒子を伴出する現象》. 〖(1892): ⇨ entrain², -ment〗

en·tram·mel /ɪntrǽməl, ɛn-, -ml/ *vt.* (~**ed**, -**tram·melled**; ~**·ing**, -**mel·ling**) (網に掛けたように)からめとらえる (entangle); 拘束する, 妨げる (hamper): become ~*ed* by convention しきたりに拘束される. 〖(1603) ← EN-¹+TRAMMEL〗

en·trance¹ /éntrəns, -trənts/ *n.* **1** 入口, 戸口, 門口, 玄関: at the ~ 玄関で / the ~ *to* a town 町の入口 / the ~ *to* [*of*] a tunnel [bridge] トンネル[橋]の入口 / at the ~ of a river *into* the sea 川が海に流れ込む所に / Where is the ~? 入口はどこですか. **2** 入場, 入港 (⇨ admittance SYN); 入学; 入社, 入会 〔*into*〕: an ~ examination 入学[入社]試験 / ~ money=an ~ fee 入場料, 入会[入学]金 / ~ qualifications [requirements] 入会[入学, 入社]資格 / *Entrance* Free [掲示] 入場無料 / No ~ (to unauthorized personnel). [掲示] (許可なき者)入場お断わり, 立入禁止 / ~ *into* a port 入港 / ~ *into* college 大学入学. **3** はいること (cf. entry): a forced ~ 押入り, 闖入(ちんにゅう) / make [effect] one's [an] ~ はいる, はいり込む / make a grand ~ 堂々と入る / the ~ of the army *into* the city 軍隊がその町にはいったこと / The word found an ~ *into* polite society. その言葉は上流社会に用いられるようになった. **4** 〔新生活・職業などにはいること, 〔…への〕就職, 就任, 門出 〔*into, upon*〕: one's ~ *into* life 人生への旅立ち / make one's ~ *into* office 官職に就任する / one's ~ *into* one's twentieth year 20 歳になること. **5 a** はいる機会[権利], 入場権: have free ~ *to* …に自由にはいることを許されている / gain ~ *to* [*into*] …にはいり込む. **b** はいる手段: His own abilities were [guaranteed] his ~ *to* the profession. 彼自身の才能でその職につくことができた. **6** 〘演劇〙(俳優の)登場; 登場[退場]口: the ~ of an actor (*up*)*on* the stage 俳優の登場. **7** 〘音楽〙 **a** (声部の)入(い)り《ある楽器または声がアンサンブルに加わる箇所》: a difficult ~ アンサンブルに加わるのがむずかしい箇所. **b** その加わり方: a ragged ~ アンサンブルへのぎくしゃくした加わり方. **8** 入場料, 入会金, 入学金. **9** (部屋などへのある種の)はいり方: a clever ~ 上手なはいり方. **10** 〘古〙(ある時期の)始まり, 初め: at the ~ of the spring 春の初めに. **11** 〘海事〙水切部《水線より下にある船首前部》.

màke an* [*one's*] *éntrance (1) ⇨ 3. (2) 〈俳優などが〉(舞台に)登場する.

〖(1473) □ OF ~ ← *entrer* 'to ENTER': ⇨ -ance〗

en·trance² /ɪntrǽns, ɛn-, -trǽnts | -trɑ́:ns, -trɑ́:nts/ *vt.* **1** 〔喜びや恐怖で〕我を忘れさせる; 有頂天にする (enrapture) 〔*with*〕: be ~*d with* joy [fear]. **2** 恍惚状態に陥れる. 〖(1593) ← EN-¹+TRANCE〗

éntrance còne *n.* **1** 〘生物〙受精丘, 受精突起, 迎接突起《ある種の動物の受精の際に卵表面に現われる突出部》. **2** 〘空気力学〙収斂(しゅうれん)筒《気流を測定部に流入させる風洞の部分》.

éntrance hàll *n.* 玄関広間, 入口ホール. 〖1677〗

en·tránce·ment *n.* 狂喜, 忘我; 失神[恍惚]状態. 〖(1652) ← ENTRANCE²+-MENT〗

éntrance pàllet *n.* 〘時計〙=entry pallet.

éntrance pùpil *n.* 〘光学〙入射ひとみ《開口絞りから前方にある光学系によって作られる絞りの像; cf. exit pupil》.

éntrance·wày *n.* =entryway. 〖1865〗

en·tránc·ing *adj.* 魂を奪うばかりの; 楽しい: an ~ dream うっとりするような夢. **~·ly** *adv.* 〖(1842) ← ENTRANCE²+-ING²〗

en·trant /éntrənt/ *n.* **1** はいる人, はいろうとする人. **2** 新入者, 新参者; 新加入者, 新入会員, 新入生 (intrant). **3** 〔競争などへの〕参加者 〔*for*〕. 〖(1635) □ F ~ (pres.p.) ← *entrer* 'to ENTER': ⇨ -ant〗

en·trap /ɪntrǽp, ɛn-/ *vt.* (**en·trapped; en·trap·ping**) **1** わなにかける, おとし穴に陥れる. **2** 危険[困難]におびき入れる. **3** 手管を用いて〔…に〕陥れる, 陥れて…させる 〔*to, into*〕 (⇨ catch SYN): ~ a person *to* destruction 人をだまして破滅に導く / He was ~*ped into* doing so. 計略にかかってついそうした. **~·per** *n.* 〖(1534) □ OF *entraper*: ⇨ en-¹, trap¹〗

en·tráp·ment *n.* わなにかける[かかる]こと; 〘法律〙おとり捜査.

en tra·ves·ti /ɑ̃:(n)trævɛstí:, ɑ:n-; *F.* ɑ̃tʁavɛsti/ *adv., adj.* (特に劇で)〈男優[男性]が〉女装して[した], 〈女優[女性]が〉男装して[した].

en·treat /ɪntrí:t, ɛn-/ *vt.* **1 a** 〈人に〉〔…を〕懇願[嘆願, 懇請]する (ask earnestly) 〔*for*〕; …に〈…するように〉懇願する 〈*to do*〉 (⇨ beg¹ SYN): She ~*ed* him *for* mercy [*to* have mercy on her husband]. 彼にお情けを[夫に慈悲を垂れてくれるように]請うた / I ~ you [*of* you] *to* go. お願いですから行って下さい. **b** 〘文語〙〈物事を〉懇願する: I ~ your pardon.=I ~ *that* you will pardon me. お許しを願い上げます / I ~ this favor *of* you. どうぞこの願いを聞いて下さい. **2** 〘古〙扱う: be cruelly ~*ed* 虐待される. **3** 〘Shak〙〈時を〉過ごす. — *vi.* **1** 懇願する, 嘆願する (plead). **2** 〘廃〙〔…について〕扱う, 述べる 〔*of*〕. 〖(*c*1400) □ AF *entretier*=OF *entraiter* ← EN-¹+*traiter* 'to TREAT'〗

en·tréat·ing /-tɪŋ | -tɪŋ/ *adj.* 懇願[嘆願]する(ような): an ~ look 嘆願のまなざし. **~·ly** *adv.* 〖(1718): ⇨ ↑, -ing²〗

en·tréat·ment *n.* **1** 懇願, 嘆願. **2** 〘廃〙交渉; 会話. 〖(1557) ← ENTREAT+-MENT〗

en·treat·y /ɪntrí:ti, ɛn- | -trí:ti/ *n.* 懇願, 嘆願, 哀願, 切願: what by threats, what by *entreaties* おどしたりすかしたりして. 〖(1448): ⇨ entreat, -y¹〗

en·tre·chat /ɑ̃:(n)trəʃɑ́:, ɑ̀:n-, ⌐—⌐ | ⌐—⌐, ⌐—⌐; *F.* ɑ̃tʁəʃa/ *n.* (*pl.* ~**s** /~z; *F.* ~/) 〘バレエ〙アントルシャ《跳び上がっている間に脚を繰り返し交差させる, またその間にかかとを打ち合わせる動作》. 〖(1775) □ F ~ □ It. (*capriola*) *intrecciata* complicated (caper) (fem.p.p.) ← *intrecciare* ← IN-²+*treccia* 'plait, TRESS'〗

en·tre·côte /ɑ́:(n)trəkòut, ɑ́:n- | -kəʊt; *F.* ɑ̃tʁəko:t/ *n.* (*pl.* ~**s** /~s; *F.* ~/) アントルコート《ステーキに用いるあばら骨の間の肉》. 〖(1841) □ F ~ 《原義》between-rib ← *entre-* 'INTER-'+*côte* rib (□ L *costa*)〗

En·tre-Deux-Mers /ɑ̃:(n)trədu:méə, ɑ̀:n- | -də:méə^r; *F.* ɑ̃tʁədømɛ:r/ *n.* アントルドゥメール: **1** フランス南部, Dordogne 川と Garonne 川にはさまれた Gironde 県地区. **2** 同地区産のぶどう酒.

en·trée /ɑ́:(n)treɪ, ɑ̀:n-, —⌐ | ⌐—; *F.* ɑ̃tʁe/ *n.* (*pl.* ~**s** /~s | ~z; *F.* ~/) (*also* **en·tree** /~/) **1** 〘料理〙アントレ: **a** 本来正餐において魚と肉との間に出る料理《英国ではローストの前に出る》. **b** 《米》主要料理. **2** 入場(権): have the ~ *of* a house 家に自由に出入りを許されている / obtain the ~ *to* a club クラブへ出入りする許しを得る. **3** はいり込む手がかり[手段]. **4** 〘音楽〙(行進曲・舞踏曲の)序奏(的な)曲[楽節] (cf. entry 11 b). **5** (ショー・サーカス・演劇での演技者の)入場, 登場. 〖(1724) □ F *entrée* 'ENTRY'〗

en·tre·lac /ɑ́ntrəlæ̀k; *F.* ɑ̃tʁəlak/ *n.* 〘印刷〙(花と葉の)組飾り縁, 花づな, 飾り縁. 〖□ F ~ ← *entrelacer* 'to INTERLACE'〗

en·tre·mets /ɑ́:(n)trəmèɪ, ɑ́:n-, ⌐—⌐ | ⌐—⌐; *F.* ɑ̃tʁəmɛ/ *F. n.* (*pl.* ~ /~z; *F.* ~/) [単数または複数扱い] アントルメ: **a** チーズのあとに出される甘いデザート[菓子]. **b** 肉料理などメインディッシュにつけて出される野菜などの合の手料理. 〖(1475) □ OF *entremes* (F *entremets*) 《原義》between-dish ← *entre-* 'INTER-'+*mes*, 'MESS'〗

en·trench /ɪntréntʃ, ɛn-/ *vt.* **1 a** [~ *oneself* または受身で] 安全な場所に身を置く: He ~*ed himself* in a cave. 彼はほら穴にしっかりと身を隠した. **b** 〈習慣などを〉確立する, 強固にする: a custom ~*ed* by tradition 伝統によって確立した慣習. **c** 〈個人・集団などの〉立場を守る: They are ~*ed* behind a wall of privileges. 堅固な特権の陰に立てこもっている. **2 a** 〈都市・陣地などを〉塹壕(ざんごう)[壕]で囲む[防備する], …の回りに壕を構築する: ~ a town. **b** [~ *oneself* で] 〈部隊などが〉壕を掘って隠れる. **3** (侵食などによって)溝(みぞ)を作る. — *vi.* **1** 〈権利などを〉侵す; 〈人の時間などを〉取る, 食う (trespass) 〔*on, upon*〕: ~ *on* a person's rights 人の権利を侵す. **2** 壕を掘る[に入る]. **3** 〘古〙〔…に〕近づく, 類似する 〔*on, upon*〕: conduct ~*ing upon* impoliteness 非礼に近いふるまい. **~·er** *n.* 〖(1555) ← EN-¹+TRENCH〗

en·tréched *adj.* **1** 〈権利・慣習・観念など〉確立した, 強固な, 牢固とした: ~ bureaucracy, prejudices, etc. / the most ~ beliefs of the men. **2** 〈場所が〉塹壕(ざんごう)で守られた. 〖(1570–76): ⇨ ↑, -ed〗

en·trénch·ing tòol *n.* 塹壕(ざんごう)掘りの道具《つるはしなど》. 〖1775〗

en·trénch·ment *n.* **1** 壕(ごう)の構築, 塹壕(ざんごう)[壕]掘り(作業). **2** 塹壕(で固めた)陣地; 防備[防護]された[する]所[もの]; [通例 *pl.*] (砲火を防ぐための)胸土, (土の)胸壁. **3** 〘古〙(権利などの)侵害 (encroachment). 〖(1590) ← ENTRENCH+-MENT〗

en·tre nous /ɑ̃:(n)trənú:, ɑ̀:n-; *F.* ɑ̃tʁənu/ *F. adv.* ここだけの(内証の)話だが. 〖(1689) □ F ~ 'between ourselves': cf. inter nos〗

en·tre·pôt /ɑ́:(n)trəpòu, ɑ́:n-, ⌐—⌐ | ɑ́:(n)trəpəʊ, ɑ́:n-; *F.* ɑ̃tʁəpo/ *n.* (*pl.* ~**s** /~z; *F.* ~/) **1** 倉庫. **2** 貨物通過港, 中継ぎ港; 貨物集散地; 商業中心地. 〖(1721) □ F ~ < L *interpositum* (neut. p.p.) ← *interpōnere* 'to INTERPOSE': cf. depot〗

entrepôt tràde *n.* 中継ぎ[通過]貿易. 〖1883〗

en·tre·pre·neur /ɑ̀:ntrəprənə́:, -nʊ́ə, -njʊ́ə | ɔ̀ntrəprənə́:^r, ɑ̃:(n)-, ɑ̀:n-, -prɛ-; *F.* ɑ̃tʁəpʁənœ:ʁ/ *n.* (*pl.* ~**s** /~z; *F.* ~/) **1 a** アントルプルヌール, 企業家, 革新者, 事業家. **b** 企業家, 事業者[主]. **2 a** (演劇・音楽関係などの)興行師. **b** 興行主, 座元. **3** 仲介人, 請負人. **~·ship** *n.* 〖(1828) □ F ~ 'contractor' ← *entreprendre* to undertake: ⇨ enterprise〗

en·tre·pre·neur·i·al /ɑ̀:ntrəprənə́:riəl, -nʊ́^ər-, -njʊ́^ər- | ɔ̀ntrəprənə́:r-, ɑ̃:(n)-, ɑ̀:n-, -prɛ-⌐/ *adj.* [通例限定的] 企業家の[らしい]: ~ spirit 企業家精神.

en·tre·sol /ɑ́:ntrəsɑ̀(:)l | ɑ̃:(n)trəsɔ̀l, ɑ́:n-; *F.* ɑ̃tʁəsɔl/ *F. n.* (*pl.* ~**s** /~z; *F.* ~/) 〘建築〙中二階《一階と二階との中間の階》. 〖(1711) □ F ~ 《原義》between-floor ← *entre-* 'INTER-'+*sol* ground (< L *solum* floor: ⇨ sole²)〗

en·trism /éntrɪzm/ *n.* =entryism. 〖1963〗

en·tro·pi·on /ɛntróupiɑ̀(:)n, -piən | ɪntrə́ʊpiən, ɛn-/ *n.* 〘医学〙(眼瞼)内反.

en·tro·py /éntrəpi/ *n.* **1** エントロピー: **a** 〘物理化学〙熱力学の第二法則を数量的に表現するために導入された関数《秩序の高い状態は自動的にくずれて無秩序の状態へと移行していく傾向》. **b** 〘統計力学〙物体の状態の確率を表す数の対数. **c** 〘情報理論〙情報源の元 1 個あたりの平均情報量《単位はビット (bit)》. **d** 〘数学〙保測変換の不変量の一つ. **2** 《俗用》一様化, 同質(性), 無変化; 混沌(こんとん). **en·tro·pic** /ɛntróupɪk, -trɑ́(:)p- | -trɔ́p-/ *adj.* 〖(1868) □ G *Entropie* ← EN-²+Gk *tropḗ* turn, change: ⇨ tropy: R. J. E. Clausius の造語〗

en·trust /ɪntrʌ́st, ɛn-/ *vt.* **1** 〔人に〕〈任務・責任などを〉任せる, 委託する 〔*to*〕 (⇨ commit SYN); 〔…を〕〈人〉に任せる (charge) 〔*with*〕: ~ the duty of educating one's child *to* a person 子供を教育する任務を人に委任する / ~ one's safety *to* a boat 身の安全をボートに託する / I ~ you *with* the care of my property. 私の財産の管理をあなたに一任します. **2** 〔人に〕〈金銭などを〉信託する, 預ける, 〈子供などの〉世話を依頼する 〔*to*〕: ~ a large sum of money *to* a person 大金を人に預ける / ~ one's daughter *to* a friend 娘を友人に預ける. **~·ment** *n.* 〖(1602) ← EN-¹+TRUST〗

en·try /éntri/ *n.* **1** 〔…へ〕はいること, はいり込み, 入場, 出場 〔*into*〕 (cf. entrance¹): gain ~ 入ることを許される; (建物などに不法に)侵入する / refuse ~ 入ることを拒否する / force an ~ *into* …に無理やり押し入る / make an [one's] *into* [*to*] ~ …に入る / unlawful ~ (住居)不法侵入 / ⇨ no entry / his ~ *into* the movies 彼の映画界入り / an ~ *in* [*for*] a race レースへの出場 / an ~ *in* [*for*] a contest コンクールへの参加 / Japan's ~ *into* World War II 第二次大戦への日本の突入. **2** はいる権利, 入場権: Outsiders have free [unrestricted] ~ *to* this lobby. 部外者もこのロビーに自由に出入りができる. **3** はいり道《戸口・玄関・門口・路地など》; 入口, (特に)表玄関; 河口; 《英》(建物に通じる)小道: at the ~ *to* [*of*] the tunnel [cave] トンネル[洞穴]へのはいり口の所で. **4 a** 〔日記・登記簿・表などへの〕記載, 記入 〔*in, on*〕; 登録, 登記, (登録の)届け出, 申し立て: an ~ *in* the family register 入籍 / make an ~ *of* an item *in* an account book 事項を会計簿に記入する. **b** 〘電算〙(情報の)入力. **5** 記入条項, 記載項目, (辞書の)見出し語: The glossary contains 5,000 *entries*. この用語集は 5 千語を収録している. **6 a** (競技・競争などの)参加者[物]; 参加者全員[リスト]: a large ~ *in* [*for*] the tournament 試合への多数の参加者. **b** [集合的] 入学者, 受講者. **7** 〘法律〙(土地・家屋への)立入り, 占有, 家宅侵入. **8** 〘商業〙(税関で行う)通関手続; その書類; (貨物の)税関通過: a port of ~ (通関手続をする)通関港. **9** 〘簿記〙記帳: ⇨ double entry, single entry. **10** 〘演劇〙登場 (entrance): She made her first ~ (*up*)*on* the stage in 1950. 1950 年に初舞台を踏んだ. **11** 〘音楽〙 **a** (声部の)入(い)り《特に, フーガなどで主題が現われる箇所》. **b** 導入部《楽曲で主な楽想が現われてくる前の短い部分; cf. entrée 4》. **12** 〘トランプ〙 **a** エントリー, 手渡し《自分の手またはパートナーの手に勝たせて, 打出し (lead) 権を移行すること; またその手段》. **b** それを可能にする札《entry card ともいう》. **13** [しばしば young ~ として] 若い猟犬を初めて訓練すること; [集合的] 訓練中の若い猟犬; 《比喩》若い世代. 〖(?*a*1300) *entre*(*e*) □ (O)F *entrée* (fem. p.p.) ← *entrer* 'to ENTER'〗

éntry clèrk *n.* 〘会計〙記帳係. 〖1751〗

en·try·ism /éntriɪzm/ *n.* (政策・目的の変更をねらって政治組織に)加入[潜入]すること. **én·try·ist** /-trɪ̀st, -triɪst/ *adj., n.* 〖(1976) ← ENTRY+-ISM〗

éntry-lèvel *adj.* 入門レベルの, 初心者用の: an ~ job [word processor]. 〖1981〗

éntry pàllet *n.* 〘時計〙入つめ石《アンクルにある二つのつめ石のうちがんぎ車の進みに対して手前にあるつめ石; receiving pallet ともいう》.

éntry pèrmit *n.* 入国許可.

Éntry·phòne *n.* 〘商標〙エントリーホン《建物の入り口のインターホン》.

éntry·wày *n.* 《米》通路, はいり道. 〖1746〗

éntry wòrd *n.* =headword 1. 〖*c*1908〗

en·twine /ɪntwáɪn, ɛn-/ *vt.* **1** からみ合わせる, 組み合わせる (interlace): She ~*d* her arm in his. 彼の腕に自分の腕をからませた. **2** …に〔…を〕からませる, まつわらせる (wreathe) 〔*with, by*〕; 〔…の回りに〕巻きつける 〔*about, (a)round*〕: trees ~*d with* [*by*] creepers つたのからみついた木 / The vine ~*d* itself *about* the tree. つたが木に巻きついていた. **3** 編む: ~ a wreath 花輪を編む. **4** 〘古〙抱きしめる. — *vi.* からまる, 巻きつく 〔*about, (a)round*〕. **~·ment** *n.* 〖(1590) ← EN-¹+TWINE〗

en·twist /ɪntwɪ́st, ɛn-/ *vt.* 〘古〙 **1** 〔…を〕からみ込む, ねじ込む 〔*with*〕. **2** よる, より合わせる. 〖(1595–96) ← EN-¹+TWIST〗

e·nu·cle·ate /ɪnú:klièɪt, ɪ-, -njú:- | -njú:-/ *vt.* **1** 〘生物〙〈細胞〉から核 (nucleus) を除去する: ~*d* cell 除核細胞. **2** 〘外科〙〈核, できものの心, 眼球などを〉摘出する: ~ a tumor 腫瘍(しゅよう)を摘出する. **3** 〘古〙…の意味を明らかにする, 解明する (clarify), 説明する.
— /ɪnú:klɪ̀ət, ɪ-, -njú:-, -klièɪt | -njú:-/ *adj.* 〘生物〙心[核] (nucleus) のない.
〖(1548) ← L *ēnucleātus* (p.p.) ← *ēnucleāre* to take out the kernel ← *ē-* 'EX-¹'+*nūcleus* kernel: ⇨ nucleus〗

e·nu·cle·a·tion /ɪnù:kliéɪʃən, ɪ-, -njù:- | -njù:-/ *n.* **1** 〘外科〙摘出, 核出(術). **2** 〘生物〙除核. **3** 〘古〙解明, 説明 (elucidation). 〖(1650): ⇨ ↑, -ation〗

E·nu·gu /énú:gu:/ *n.* エヌグ《ナイジェリア南部の都市; Anambra 州の州都》.

É nùmber *n.* E 番号《E のあとに数字を入れて食品添加物を表す; 1970 年代より EC の規定に定められた; cf. E-free》. 〖1977〗

e·nu·mer·a·ble /ɪnú:m(ə)rəbl, ɪnjú:- | ɪnjú:-/ *adj.* 〘数学〙=denumerable. **e·nu·mer·a·bil·i·ty** /ɪnù:m(ə)rəbíləti, ɪnjù:- | ɪnjù:m(ə)rəbílɪti/ *n.* 〖1889〗

e·nu·mer·ate /ɪnú:mərèɪt, ɪnjú:- | ɪnjú:-/ *vt.* **1** 数える, 数え上げる (count). **2** 挙げる, 列挙する, 表にして示す: He ~*d* seventy species of plants. 70 種の植物を挙げた. **3** 《カナダ》投票者名簿に名前を登録する. 〖(1616) ← L *ēnumerātus* (p.p.) ← *ēnumerāre* ← *ē-* 'EX-¹'+*numerāre* 'to NUMERATE'〗

e·nu·mer·a·tion /ɪnù:məréɪʃən, ɪnjù:- | ɪnjù:-/ *n.*

1 計数, 計算. 2 枚挙, 列挙. 3 一項一項列挙したもの, 目録, 表. 4 〘論理〙枚挙《普遍的命題を得るために積極的事例を数え上げること》. 〖(1551) □ F *énumeration* ∥ L *ēnumerātiō(n-)*: ⇨ ↑, -ation〗

e·nu·mer·a·tive /ɪnúːmərèɪtɪv, ɪnjúː-, -rət- | ɪnjúːmərət-, -rèɪt-/ *adj.* 1 計数上の. 2 列挙の, 枚挙的な. 〖(1651) ← ENUMERATE＋-IVE〗

enúmerative indúction *n.* 〘論理〙枚挙的帰納法《積極的事例を数え上げてしかも例外が見出されぬ場合に全称命題を導き出すこと》.

e·nú·mer·à·tor /-tə | -tə(r)/ *n.* 1 調査員, 計数者; (特に)国勢調査員 (census taker). 2 《カナダ》選挙人名簿作成員. 〖(1856) ← L *ēnumerātor* ← *ēnumerāre* to ENUMERATE〗

e·nun·ci·a·ble /ɪnʌ́nsiəbl, -ʃiə- | ɪn-/ *adj.* 発音できる. 〖(1652) □ L *ēnuntiābilis* ← *ēnuntiāre*〗

e·nun·ci·ate /ɪnʌ́nsièɪt, -ʃi-/ *vt.* 1 〈理論などを〉明確に[体系的に]述べる (⇨ utter[1] SYN): ~ proposition [principle, theory] ある命題[原理, 説]を体系的に述べる. 2 宣言する, 言明する (proclaim): He ~*d* it as simple truth. 単純な真理としてそれを言明した. 3 〈語・文を〉(はっきりとまたはある特定の仕方で)発音する (pronounce): He ~*d* his words distinctly. はっきりと言葉を発音した. — *vi.* 明確に発音する. 〖(1623) ← L *ēnuntiātus* (p.p.) ← *ēnuntiāre* ← *ē-* 'EX-[1]'＋*nuntiāre* 'to ANNOUNCE'〗

e·nun·ci·a·tion /ɪnʌ̀nsiéɪʃən, -ʃi-/ *n.* 1 (理論などを)明確に[体系的に]述べること: the ~ of a law. 2 言明, 宣言 (declaration). 3 発音ぶり; 発音. 〖(1551) □ L *ēnuntiātiō(n-)*: ⇨ ↑, -ation〗

e·nun·ci·a·tive /ɪnʌ́nsiətɪv, -ʃi- | -ətɪ-, -èɪt-/ *adj.* 1 言明的な, 宣言的な, 声明の; 〔…を〕宣言する 〔*of*〕: The words are directly ~ *of* the doctrine. その言葉はずばりその主義を宣言している. 2 発音の. **~·ly** *adv.* 〖(1531) □ L *ēnuntiātīvus*: ⇨ enunciate, -ative〗

e·nún·ci·à·tor /-tə | -tə(r)/ *n.* 1 声明者, 宣明者, 宣言者. 2 発音者; 発声者. 〖(1809–12) □ LL *ēnuntiātor*: ⇨ enunciate, -or[2]〗

e·nun·ci·a·to·ry /ɪnʌ́nsiətɔ̀ːri, -ʃiə- | -siətəri, -ʃiə-, -èɪt-, -ʃi-, -tri/ *adj.* ＝enunciative. 〖*a*1693〗

e·nure /ɪnjʊ́ə, ɪnjʊ́ə | ɪnjʊ́ə(r), ɪnjɔ́ː(r)/ *v.* ＝inure. 〖*c*1489〗

en·u·re·sis /ènjuríːsɪs | ènju(ə)ríːsɪs/ *n.* 〘病理〙夜尿(症); 寝小便 (bed-wetting). **en·u·ret·ic** /ènjurétɪk | ènju(ə)rɪt-/ *adj.* 〖(1800) ← NL ~ ← Gk *enoureîn* to urinate in ← EN-[2]＋*oureîn* to urinate (← *oûron* 'URINE')〗

en·urn /ɪnə́ːn | ɪnə́ːn/ *vt.* ＝inurn.

env. 《略》envelope; environs.

Env. 《略》Envoy.

en·vei·gle /ɪnvéɪgl, ɛn-, -víː gl/ *vt.* 《英》＝inveigle.

en·vel·op /ɪnvéləp, ɛn-/ *vt.* 1 〔…に〕封じる, 包む 〔*in*〕: ~ oneself *in* a blanket 毛布にくるまる / be ~*ed in* flames [clouds] 炎[雲]に包まれる / The flames ~*ed* him. 炎が彼を包んだ / We were suddenly ~*ed in* babbling excitement. 突然ぺちゃくちゃしゃべる興奮の渦に包み込まれた. 2 包囲する《通例正面攻撃と同時に敵の一翼または両翼を攻撃すること; cf. encircle 3, outflank》: an ~*ing* attack 包囲攻撃. 3 覆い隠す (conceal), ぼんやりしたものにする: be ~*ed in* mystery 神秘に閉ざされる. — *n.* 《古》＝envelope. **~·er** *n.* 〖(*c*1390) *envolupe(n)* □ OF *envoluper* (F *envelopper*) ← EN-[1]＋*voluper* to wrap: cf. develop〗

en·ve·lope /énvəlòʊp, ɑ́(ː)n- | énvələʊp, ɔ́n-/ *n.* 1 封筒, 状袋. 2 包み, 覆い, 外被, 包被 (integument): The earth is surrounded with an aerial ~ or atmosphere. 地球は空気の外被つまり大気に取り囲まれている. 3 〘植物〙(芽などの)外被: ⇨ floral envelope. 4 〘数学〙包絡線《一群の曲線または曲面のすべてに接する曲線または曲面》. 5 a 〘航空〙(硬式飛行船の気嚢(のう)の)外包. b (硬式飛行船・気球の)気嚢 (gas bag). c エンベロープ, 範囲, 包囲線図《飛行機の運用などを許す限界を囲む範囲》. 6 〘電子工学〙(内部に電極を封入した)真空管のガラス[金属]製容器部分. 7 〘天文〙(彗星・天体の主要部分の)外被. 8 〘通信〙包絡線《被変調波の振幅変化を示す》.

on the báck of an énvelope (1) 〈計画などが〉未完成で, 未決定で. (2) 〈計算などを〉急いで, 大ざっぱに (cf. back-of-the-envelope). ***púsh the énvelope*** 《米》限界を越える.

〖(1707) □ F *enveloppe* ← *envelopper* (↑)〗

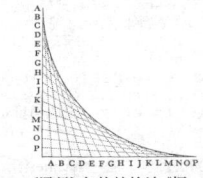

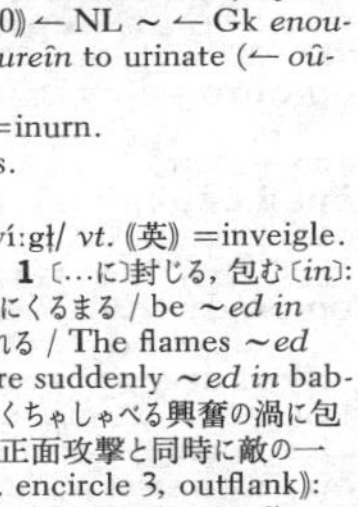

envelope 4
envelope formed by lines A-A, B-B, etc.

énvelope detèction *n.* 〘通信〙包絡線検波《振幅変調された波形からその包絡線をとり出すような復調(検波)法》.

énvelope tàble *n.* 三角形の垂板を広げて上部面積を大きくして使える小テーブル《18 世紀末–19 世紀にゲーム用に使用された》.

en·vél·op·ment *n.* 1 封じる[包む]こと; 包まれている状態. 2 包囲. 3 封, 包み (covering), 包み紙. 〖(1763) ← ENVELOP＋-MENT〗

en·ven·om /ɪnvénəm, ɛn-/ *vt.* 1 …に毒を入れる[含ませる], 有毒にする (make poisonous). 2 〈感情・言葉・行為を〉毒々しくする (embitter), …に敵意を抱かせる: ~*ed* words 毒を含んだ言葉 / an ~*ed* tongue 毒舌 / The debate was ~*ed* by bitter suspicions on both sides. 双方が強い疑いを抱いたために討論は敵意を帯びたものとなった. 〖(16C) ← EN-[1]＋VENOM ∞ (*c*1290) *envenime(n)* □ OF *envenimer* ← EN-[1]＋*venim* 'VENOM'〗

en·ven·om·ate /ɪnvénəmèɪt, ɛn-/ *vt.* (かむことなどにより)毒物[液]を注入する. **en·ven·om·a·tion** /ɪnvènəméɪʃən, ɛn-/ *n.*

en·ven·om·i·za·tion /ɪnvènəmɪzéɪʃən, ɛn- | -maɪ-, -mɪ-/ *n.* かみ傷[刺し傷]中毒. 〖(1960): ⇨ ↑, -ize, -ation〗

en ven·tre sa mère /ɑ̃ː(ŋ)vɑ̃ː(n)trəsɑːméə, ɑːŋvɑ́ːn- | -méə(r); F. ɑ̃vɑ̃tʀəsamɛːʀ/ *F. adj.* 〘フランス法〙〈子供が〉胎内に, 生まれずに. 〖(1848) □ F ~ 'in its mother's womb'〗

En·ver Pa·sha /énvɛəpɑ́ːʃə | -vɛə-/ *n.* エンベルパシャ《1881–1922; オスマン帝国の軍人・政治家; 青年トルコ党 (Young Turks) の指導者の一人》.

Env. Extr. 《略》Envoy Extraordinary.

en·vi·a·ble /énviəbl/ *adj.* 〈物・持主が〉うらやましい, ねたましい: an ~ possession うらやましい所有物. **en·vi·a·bil·i·ty** /ènviəbíləti | -lɪti/ *n.* **~·ness** *n.* 〖(1602) ← ENVY＋-ABLE〗

SYN うらやましい: **enviable** 〈人を〉うらやましがらせるような: His command of French is *enviable*. 彼のフランス語の力はうらやましい. **envious** 〈人が〉うらやましがる, ねたみ深い: I'm *envious* of your command of French. 君のフランス語の力はうらやましい.

én·vi·a·bly /-bli/ *adv.* うらやましくも; ねたましそうに. 〖(1823): ⇨ ↑, -ly[1]〗

én·vi·er *n.* うらやむ人, ねたむ人. 〖(15C) ← ENVY＋-ER[1]〗

en·vi·ous /énviəs/ *adj.* 1 〔…を〕ねたんで, そねんで, うらやましく思って (cf. jealous) 〔*of*〕 (⇨ enviable SYN): be ~ *of* a person's success 人の成功をねたむ[うらやむ]. 2 うらやましそうな: an ~ glance. 3 嫉妬深い. 4 《古》負けまいと競って. 5 《古》うらやましいほどの, 人もうらやむ. **~·ness** *n.* 〖(*c*1303) □ AF ~ ＝OF *envieus* (F *envieux*) ← *envie* 'ENVY': ⇨ -ous〗

én·vi·ous·ly *adv.* ねたんで, ねたましく; うらやましそうに: look on ~ うらやましそうに見ている. 〖(*c*1400): ⇨ ↑, -ly[1]〗

en·vi·ron /ɪnváɪrən, ɛn-, -váɪən | -váɪ(ə)rən/ *vt.* 取り巻く, 囲む; 包囲する 〔*by, with*〕: ~ a fortress とりでを包囲する / be ~*ed by* [*with*] hills [perils] 丘[危険]に囲まれている / Our boyhood was ~*ed with* the beautiful. 我々の少年時代は美しいものに取り巻かれていた. 〖(*c*1350) *enviro(u)ne(n)* □ (O)F *environner* ← *environ* around ← EN-[1]＋*viron* circuit (← *virer* 'to VEER[1]')〗

en·vi·ron·ment /ɪnváɪrənmənt, ɛn-, -váɪən- | -váɪ(ə)rən-/ *n.* 1 環境, 周囲(の情況): social [moral] ~ 社会的[道徳的]環境 / heredity versus ~ 遺伝対環境. 2 [the ~] 〘生物〙環境《生物体を取り巻く周辺の自然界の総和》; cf. ecology. 3 〘言語〙環境《特定言語要素の直前・直後の他の要素》: -y becomes -*i*- in the ~ -es. -y は -es という環境で -i- になる. 4 a 環境芸術[演劇]《見物人[観客]をその中に巻き込むもの》. b 環境芸術の作品; 環境演劇による劇. 5 包囲, 取巻き. 〖(1603): ⇨ ↑, -ment〗

en·vi·ron·men·tal /ɪnvàɪrənméntl, ɛn-, -vàɪən- | -vàɪ(ə)rənméntl/ *adj.* 1 環境上の (cf. ecological): ~ destruction [deterioration] 環境破壊[悪化] / ~ pollution 環境汚染, 公害 / an ~ group 環境保護論者の団体 / ~ protection laws 環境保護法 / ~ medicine 環境医学 / ~ science 環境科学. 2 〈美術・演劇が〉見物人[観客]をその中に巻き込む; 環境芸術[演劇]の: ~ art / (an) ~ theater. **~·ly** *adv.* 〖(1887): ⇨ ↑, -al[1]〗

envíronmental áudit *n.* 環境監査《ある企業の環境保全への取り組み方を第三者が調査査定すること》.

environméntal detérminism *n.* ＝environmentalism.

environméntal engineéring *n.* 環境工学.

Envíronmental Héalth Òfficer *n.* 《英》環境衛生監視官, 公害防止管理官 (略 EHO).

Envíronmental Héalth Sèrvice *n.* 《英》(地方自治体などの)環境衛生監視[公害防止]事業[業務].

en·vì·ron·mén·tal·ìsm /-təlɪzm, -tl- | -təl-, -tl-/ *n.* 環境説《個人・社会の発達は遺伝的素質よりも, むしろ環境によって規定されるとする説; cf. hereditarianism》.

en·vi·ron·men·tal·is·tic /ɪnvàɪrənmèntəlístɪk, ɛ̀n-, -vàɪən-, -tl- | -vàɪərənmèntəl-, -tl-/ *adj.* 〖(*c*1922): ⇨ ↑, -ism〗

en·vi·ron·ment·al·ist /ɪnvàɪrənméntəlɪst, -vàɪən-, -tl- | -vàɪrənméntəlɪst, -tl-/ *n.* 1 環境問題研究家, (特に)大気汚染問題研究家; 環境保護論者. 2 環境説論者 (cf. hereditarian). 3 環境芸術家. 〖(1916) ← ENVIRONMENTAL＋-IST〗

Environméntal Protéction Àgency *n.* [the ~] 《米》環境保護局 (略 EPA).

envíronment-friendly *adj.* 〈製品などが〉環境にやさしい.

en·vi·rons /ɪnváɪrənz, ɛn-, -váɪənz, énvərənz, -vaɪrənz | ɪnváɪ(ə)rənz, ɛn-, énvɪrənz/ *n. pl.* 1 (都市などの)周囲, 周辺, 近郊, 郊外: London and its ~ ロンドンおよびその近郊. 2 環境. 〖(1665) □ F ~ (pl.) ← *environ* surroundings: ⇨ environ〗

en·vis·age /ɪnvízɪdʒ, ɛn-/ *vt.* 1 心に描いてみる (visualize); もくろむ (contemplate): He could not ~ life without Elsa. エルサのいない生活を心に描くことはできなかった / The plan worked out as he ~*d* it. その計画は彼のもくろみ通りにいった. 2 (ある見方で)観察する, 〔…だと〕みなす (regard) 〔*as*〕: He ~*s* himself *as* a promising novelist. 彼は将来性ある小説家だと自認している. 3 《古》〈危険・事実などに〉直面する, 直視する. **~·ment** *n.* 〖(1820) □ F *envisager*: ⇨ en-[1], visage〗

en·vi·sion /ɪnvíʒən, ɛn-/ *vt.* (多く)〈未来の事を〉想像する, 心に描く; もくろむ: A mild form of control is ~*ed*. ゆるやかな統制方式が考えられている. 〖(1919) ← EN-[1]＋VISION〗

en·voi /énvɔɪ, ɑ́ːn-/ *n.* 《古》追連《ballade のような古い詩形で最後に加える献辞と結びを兼ねた短い連》, 反歌《フランス語式に l'envoi, lenvoi ともいう》. 〖(*c*1380) □ OF *envoy(e)* (F *envoi*) 《逆成》← *envoyer* (↓)〗

en·voy[1] /énvɔɪ, ɑ́ːn- | én-/ *n.* 1 公使; (特に)全権公使 (cf. ambassador 1): an *Envoy* Extraordinary and Minister Plenipotentiary 特命全権公使. 2 外交官. 3 使節: an Imperial ~ 勅使 / a special ~ 特使. 〖(1635) □ F *envoyé* (p.p.) ← *envoyer* to send out < VL **inviāre* ← IN-[2]＋L *via* way: ⇨ via[2]〗

en·voy[2] /énvɔɪ, ɑ́ːn- | én-/ *n.* ＝envoi. 〖(*c*1380) □ (O)F *envoi* ← *envoyer* (↑)〗

énvoy·shìp *n.* envoy[1] の身分[任務]. 〖(1736): ⇨ ↑, -ship〗

en·vy /énvi/ *n.* 1 うらやみ, ねたみ, そねみ, 嫉妬 (jealousy): out of ~ 嫉妬[うらやましさ]の余り / in ~ *of* …をうらやんで / I felt a great ~ *of* his success. 彼の成功を大いにうらやましく思った / I feel no ~ *at* his success. 彼の成功は少しもうらやましくない / Your good luck excites my ~. あなたの幸運を見ているとうらやましくなる. 2 [the ~] うらやましい物, 羨望(せんぼう)の的: His success made him *the* ~ *of* his friends. 彼はその成功によって友人たちの羨望の的となった / They are *the* ~ of us all. 彼らは私たち皆の羨望の的である. 3 《廃》悪意 (ill will).
— *vt.* 〈人・物をうらやむ, そねむ, うらやましく思う: I ~ her [her beauty]. 彼女[彼女の美貌]がうらやましい. ★ 時に二重目的語を従える: Everybody ~*ed* him the reputation he had attained. だれもみな彼の勝ち得た名声をうらやましいと思った. — *vi.* 《廃》嫉妬の念に駆られる.
〖n.: (*c*1280) *envie* □ (O)F □ L *invidia* malice, ill will ← *invidēre* to look askance at ← IN-[2]＋*vidēre* to see: ⇨ vision. — v.: (*c*1384) □ (O)F *envier* < ML *invidiāre* ← L *invidia*〗

SYN ねたむ: **envy** 自分が欲しいものを他人が所有していることにねたましさを感じる: I *envy* you your good fortune. あなたの幸運がうらやましい. **covet** 〈他人のものを〉ねたんで, 不当に熱烈に欲しがる: He is guilty of *coveting* his neighbor's wife. 彼は不埒(らち)にも隣人の妻をわがものにしたがっている.

én·vy·ing *adj.* ねたんでいる, うらやましそうな: one's ~ eyes. **~·ly** *adv.* 〖(*c*1384): ⇨ ↑, -ing[2]〗

en·weave /ɪnwíːv, ɛn-/ *vt.* (**en·wove** /-wóʊv | -wə́ʊv/, **~d**; **en·wo·ven** /-wóʊvən | -wə́ʊ-/, **en·wove**, **~d**) ＝inweave.

en·wheel /ɪn(h)wíːl, ɛn-/ *vt.* 《詩・廃》取り囲む (encircle). 〖(1604) ← EN-[1]＋WHEEL〗

en·wind /ɪnwáɪnd, ɛn-/ *vt.* (**en·wound** /-wáʊnd/) …に巻きつく, まといつく; 巻きつける. 〖(1850) ← EN-[1]＋WIND[2]〗

en·womb /ɪnwúːm, ɛn-/ *vt.* 1 《廃》胎内に宿す. 2 《古》深く埋蔵する[隠す]; 囲む, 包む. 〖(1590) ← EN-[1]＋WOMB〗

en·wrap /ɪnrǽp, ɛn-/ *vt.* (**en·wrapped**; **en·wrap·ping**) 1 〔…に〕包む, くるむ (wrap) 〔*in*〕: The dead body was ~*ed in* a shroud. 死体は経帷子(きょうかたびら)に包まれていた / The river was ~*ped* in fog. 川は霧に包まれていた. 2 〔気分・雰囲気などに〕包む 〔*in*〕. 3 夢中にさせる, …の心を奪う: He was ~*ped in* the the contemplation of his happiness. 彼は夢中になって自分の幸福のことを考えていた. 〖(*c*1384)《なぞり》← L *involvere* 'to INVOLVE': ⇨ en-[1], wrap〗

en·wreathe /ɪnríːð, ɛn-/ *vt.* 花輪で[花輪のように]巻く; からみ合わせる (intertwine). 〖(15C) ← EN-[1]＋WREATHE〗

en·wrought /ɪnrɔ́ːt, ɛn-/ *adj.* ＝inwrought.

En·zed /ɛnzéd/ *n.* 《豪口語》＝New Zealand(er). **~·der** *n.* 〖(1918) 頭文字の発音から〗

En·zens·ber·ger /éntsənsbɛ̀ːgə, -tsns- | -bɜ̀ːgə(r); G. ɛ́ntsnsbɛʁgɐ/, **Hans Magnus** *n.* エンツェンスベルガー《1929– ; ドイツの詩人・批評家》.

en·zo·ot·ic /ènzoʊɑ́(ː)tɪk | -zəʊɔ́t-/ *adj.* 〈動物の病気が〉ある地方[季節]特有の, 風土性の (cf. endemic). — *n.* 家畜の地方[風土]病. **èn·zo·ót·i·cal·ly** *adv.* 〖(1880) ← EN-[2]＋ZOO-＋-OTIC[1]: EPIZOOTIC にならった造語〗

enzoótic atáxia *n.* 〘獣医〙＝swayback 1 b.

en·zy·got·ic /ènzaɪgɑ́(ː)tɪk, -zɪ- | -zaɪgɔ́t-, -zɪ-/ *adj.* ＝monozygotic.

en·zyme /énzaɪm/ *n.* 〘生化学〙酵素, エンザイム《化学反応を触媒する蛋白質; cf. yeast 1》. **en·zy·mat·ic** /ènzɪmǽtɪk, -zaɪ- | -tɪk/ *adj.* **èn·zy·mát·i·cal·ly** *adv.* **en·zy·mic** /ɛnzáɪmɪk, -zím-/ *adj.* **en·zý·mi·cal·ly** *adj.* 〖(1881) □ G *Enzym* ←

MGk *énzumos* leavened ← EN-²+Gk *zúmē* leaven〕

énzyme detérgent *n.* 〖化学〗酵素洗剤《酵素の作用を利用する洗剤》.

en·zy·mol·o·gy /ènzɪ̀mά(ː)ləʤi, -zaɪ- | -mɔ́l-/ *n.* 酵素学. **en·zy·mo·log·i·cal** /ènzɪ̀məlά(ː)ʤɪ̀kəl, -zaɪ-, -kḷ | -zɪməlɔ́ʤɪ-⁻/ *adj.* **èn·zy·mól·o·gist** /-ʤɪ̀st | -ʤɪst/ *n.* 〖《1900》: ⇨ enzyme, -logy〗

en·zy·mol·y·sis /ènzɪ̀mά(ː)ləsɪ̀s, -zaɪ- | -mɔ́lɪ̀sɪs/ *n.* 〖生化学〗酵素性分解. **èn·zy·mo·lýt·ic** /ènzaɪməlítɪk, -zɪ̀- | -tɪk⁻/ *adj.* 〖← ENZYME+-OLYSIS〗

e.o. 《略》ex officio.

EO 《略》Eastern Orthodox; education officer; emergency operation; employers' organization; engineer officer; executive officer; executive order.

E

e·o- /íːoʊ | íːəʊ/ 〖地質・考古〗「始新・原始」の意の連結形. 〖《19C》□ Gk *ēó-* ← *ēṓs* dawn: ⇨ east〗

E·o·an·thro·pus /ìːoʊǽnθrəpəs, -ænθróʊ- | ìːəʊǽnθrə-, -ænθrə́ʊ-/ *n.* 〖人類学〗エオアントロプス属《ピルトダウン人 (Piltdown man) に命名された属名; 後に, この頭蓋は人為的に作られた偽物であったことが判明》. 〖《1913》← NL ~ 《原義》man of the dawn ← EO-+Gk *ánthrōpos* man: ⇨ anthropo-〗

èo·bíont *n.* エオビオント《生命の発生の前段階で生命の特徴のいくつかを備えた仮想化学構造》. 〖《1953》← EO-+-BIONT〗

EOC 《略》Equal Opportunities Commission 機会均等委員会.

E·o·cene /íːousìːn, íːə- | íːə(ʊ)-/ 〖地質〗 *adj.* 《第三紀の》始新世[統]の (cf. Oligocene): the ~ epoch [series] 始新世[統]. — *n.* [the ~] 始新世[統]. 〖《1831》← EO-+-CENE〗

e.o.d. 《略》every other day.

EOF 《略》end of file.

E·o·gene /íːoʊʤìːn, íːə- | íːə(ʊ)-/ *adj., n.* 《古》〖地質〗=Paleogene. 〖← EO-+Gk *gaîa* earth: ⇨ geo-〗

e·o·hip·pus /ìːoʊhípəs | ìːə(ʊ)-/ *n.* 〖古生物〗エオヒップス, 暁(ぎょう)馬《馬の進化の初期を示すものと考えられる狐大の動物の化石; 米国西部の第三紀始新世の地層から発掘された》. 〖《1879》← NL ~: ⇨ eo-, -hippus〗

e·o ip·so /èɪoʊípsoʊ | -ípsəʊ/ *adv.* それ自体に; その事実によって. 〖L *eō ipsō* (abl.) ← *id ipsum* that itself〗

EOJ 《略》end of job.

EOKA /eɪóʊkə | -ə́ʊ-/ *n.* エオカ《キプロスのギリシャ系住民によるギリシャ・キプロス併合運動の中心組織》. 〖《1955》《頭字語》〗

E·o·lan·de /ìːoʊlǽndə, joʊ- | ìːə(ʊ)-, jəʊ-/ *n.* イーオランデ《女性名》. 〖⇨ Yolande〗

e·o·li·an /iːóʊliən | iːə́ʊ-/ *adj.* 〖地質〗風の運搬堆積作用による, 風成の (wind-blown): an ~ deposit 風成層 / ~ rocks 風成岩. 〖《1853》← AEOLUS+-IAN〗

E·o·li·an /iːóʊliən | iːə́ʊ-/ *adj., n.* =Aeolian.

E·ol·ic /iːά(ː)lɪk | iːɔ́l-/ *adj., n.* =Aeolic. 〖1674〗

e·o·lienne /eɪòʊliέn, ìːòʊ- | eɪə̀ʊ-, ìːəʊ-; *F.* eɔljɛn/ *n.* 絹と羊毛[綿]のまぜ織りの布地《ポプリンに似ているが, もっと軽い》. 〖《1902》□ F *éolienne* (fem.) ← *éolien* 'AEOLIAN': その軽さにちなむ〗

e·ol·i·pile /iːά(ː)ləpàɪl | -ɔ́lɪ̀-/ *n.* =aeolipile.

e·o·lith /íːəlìθ | íːə(ʊ)-/ *n.* 〖考古〗原石器《第三紀層から発見される石器; 人類最古の手工品と主張する学者もある》. 〖《1895》← EO-+-LITH〗

E·o·lith·ic /ìːəlíθɪk | ìːə(ʊ)-⁻/ *adj.* 〖考古〗原石器時代の (cf. Mesolithic, Neolithic): the ~ era 原石器時代《石器時代の最初期を指すが, 現在はほとんど用いられない》. 〖《1890》□ F *éolithique* ← EO-+LITHIC〗

e.o.m. 《略》〖商業〗end of month; 〖商業〗every other month.

e·on /íːən, -ɑ(ː)n | -ən, -ɔn/ *n.* **1** =aeon 1, 2. **2** 〖地質〗地質時代の最大区分《代 (era) を二つ以上含む》. 〖《1647》□ LL ~: ⇨ aeon〗

e·o·ni·an /iːóʊniən | iːə́ʊ-/ *adj.* =aeonian. 〖1765〗

e·on·ism /íːənìzm/ *n.* 〖心理〗イオニズム, 服装倒錯《特に, 男性が女性の服装をして性的な満足を得ること; cf. transvestism》. 〖《1928》← *Chevalier Charles d'Éon* (1728–1810: フランスのスパイで, 女性になりすまして活動したことから): ⇨ -ism〗

e·o no·mi·ne /ìːounά(ː)məni, èɪounóumənèɪ | ìːəunɔ́mɪ-, èɪəunə́umɪnèɪ/ *adv.* その名で, その名のもとに (under that name). 〖《1627》□ L *eō nōmine* (abl.) ← *id nōmen* that name〗

E·os /íːɑ(ː)s | -ɔs/ *n.* 〖ギリシャ神話〗エオス《曙(あけぼの)の女神; ローマ神話の Aurora に当たる》. 〖□ L *Ēōs* □ Gk *Ēṓs*: *ēṓs* dawn の擬人化: cf. eo-〗

E·o·sat /íːəsæ̀t | íːə(ʊ)-/ *n.* イーオサット(社)《米国の RCA 社と Hughes Aircraft 社との合併企業体; 1986 年より地球資源探査衛星 (Landsat) を運用している》.

e·o·sin /íːəsɪ̀n, -sn | íːə(ʊ)sɪn/ *n.* (*also* **e·o·sine** /-sìːn, -sɪ̀n | -sìːn, -sɪn/) **1** 〖染色〗エオシン ($C_{20}H_8O_5Br_4$)《フタレイン系酸性染料で, 鮮麗な桃色; bromeosin ともいう》. **2** エオシン類似の染料. **è·o·sín·ic** *adj.* 〖《1866》← Gk *ēṓs* (↑)+-IN²: その色から〗

e·o·sin·o·phile /ìːəsínəfàɪl | ìːə(ʊ)sínə(ʊ)-/ (*also* **e·o·sin·o·phil** /-fìl/) 〖解剖〗 *n.* 好酸球《白血球の一種; cf. basophil》. — *adj.* 好酸性の《細胞など容易にエオシンで染まる》; 好酸球の. 〖《*c*1882》← EOSIN+-(O)PHILE〗

e·o·sin·o·phil·i·a /ìːəsɪ̀nəfíliə | ìːə(ʊ)sɪ̀nə(ʊ)-/ *n.* 〖病理〗好酸球増多症. 〖《1900》← NL ~: ⇨ ↑, -ia¹〗

e·o·sin·o·phil·ic /ìːəsɪ̀nəfílɪk | ìːə(ʊ)sɪ̀nə(ʊ)-⁻/ *adj.* **1** 〖解剖〗好酸性の, エオシン好性の, (エオシンなどの)酸性色素によく染まる (cf. basophilic). **2** 〖病理〗好酸球増多症の[を起こす]. 〖《1900》← EOSINOPHILE+-IC¹〗

e·o·si·noph·i·lous /ìːəsənά(ː)fələs | ìːəʊsɪ̀nɔ́fɪ̀ləs⁻/ *adj.* =eosinophilic. 〖1892〗

EOT 《略》〖電算〗end of tape テープ終端; 〖情報〗end of transmission 伝送終了(文字).

e·o·tech·nic /ìːoʊtέknɪk | ìːə(ʊ)-⁻/ *adj.* 原始技術的な: the ~ phase of industry 工業の原始技術的段階. 〖《1934》← EO-+Gk *tekhnikós* 'TECHNIQUE'〗

Eöt·vös bàlance /έtvəʃ-, έt-, ɜ́ːtvəːʃ- | ɜ́ːtvəs-; *Hung.* øtvøʃ/ *n.* 〖地球物理〗エートベッシュはかり《重力偏差計》. 〖《1922》← *Roland Eötvös* (1848–1919: ハンガリーの物理学者)〗

Eötvös ùnit /⌐⌐⌐⌐/ *n.* 〖地球物理〗エートベッシュ単位《エートベッシュはかりで重力の水平勾配を表す単位; 1 エートベッシュ単位は 10^{-9} gal/cm に等しい》. 〖《1963》← *Roland Eötvös* (↑)〗

-e·ous /⌐iəs/ *suf.* -ous の異形で「…の性質を有する」の意の形容詞を造る (cf. -ious). **1** ラテン語の名詞から: aqueous, ligneous. **2** フランス語系の《古》-te (今は -ty) で終る名詞から: beauteous, duteous. ★ ただし bounteous などは語尾 *-tivous* (OF *bontif*) からの転訛であり, righteous, courteous などは類推によって造られたもの. 〖□ L *-eus* (cf. Gk *-eos* composed of): ⇨ -ous〗

E·o·zo·ic /ìːəzóʊɪk | -zə́ʊ-⁻/ *n., adj.* **1** =Precambrian. **2** =Proterozoic. 〖《1873》← EO-+ZOO-+-IC¹〗

EP /íːpíː/ *n.* イーピー盤《1 分間 45 回転のレコード; 初期の片面 3–4 分のものを 6–8 分に延長 (extend) したもの; cf. LP》. — *adj.* 〈レコードが〉イーピー盤の: an ~ record. 〖《1962》《頭字語》← *e(xtended)-p(lay)*〗

EP 《略》European plan.

Ep. 《略》electroplate(d); *L.* Episcopus (=Bishop); Epistle.

e.p. 《略》editio princeps; endpaper; engineering personnel; 〖チェス〗en passant; estimated position (船舶・航空機の)推定位置.

ep- /ɛp/ *pref.* (母音の前にくるときの) epi- の異形: *ep*axial, *Ep*archean.

EPA /íːpìːéɪ/ 《略》〖生化学〗eicosapentaenoic acid; Environmental Protection Agency.

e·pact /íːpækt/ *n.* エパクト, 歳首月齢《1 年のある決まった日の月齢, 今は 1 月 1 日の月齢》. 〖《1552》□ F *épacte* □ LL *epacta* □ Gk *epaktḗ* (fem.) ← *epaktós* added ← *epágein* to intercalate ← EPI-+*ágein* to lead (cf. agent)〗

e·pa·go·ge /έpəgòʊʤi | -gə̀ʊ-/ *n.* 〖論理〗エパゴーゲー《個々の事例から一般的な概念ないし命題を導き出すこと》. 〖□ Gk *epagōgḗ* argument by induction ← EPI-+*agōgḗ* guide (← *ágein* (↑))〗

E·pam·i·non·das /ɪ̀pæ̀mənά(ː)ndəs, ɛp- | ɪ̀pæ̀mɪ̀nɔ́ndæs, ɪ̀pə-/ *n.* エパミノンダス (418?–362 B.C.; ギリシャ Thebes の将軍・政治家; Sparta 軍を Leuctra に破った (371 B.C.)).

ep·a·na·lep·sis /ɛ̀pənəlέpsɪ̀s | ɪ̀pænəlέpsɪs/ *n.* 〖修辞〗隔語句反復《間を置いて同一の語句を繰り返すこと; cf. repetition 3》. **ep·a·na·lep·tic** /ɛ̀pənəlέptɪk⁻/ *adj.* 〖《1584》□ Gk *epanálēpsis* ← *epana-* (⇨ ep-, ana-)+*lēpsis* (n.) taking〗

ep·a·naph·o·ra /ɛ̀pənǽfərə/ *n.* 〖修辞〗=anaphora 1. **ep·a·naph·o·ral** /ɛ̀pənǽfɔːrəl⁻/ *adj.* 〖《1678》□ LL ~ □ Gk *epanaphorá* ← EPI-+*anaphorá* 'ANAPHORA'〗

e·pan·o·dos /ɪ̀pǽnədὰ(ː)s, ɛp- | -dɔs/ *n.* 〖修辞〗**1** 倒置復説《前の語句を逆にして繰り返すこと; 話の要点を前と逆の順序で再説すること》. **2** 回帰反復《横道にそれた後本筋に戻って前の語句を繰り返すこと》. 〖《1589》□ LL ~ □ Gk *epanodós* a rising, return ← EPI-+ANA-+(*h*)*odós* way, path (⇨ -ode²)〗

ep·a·nor·tho·sis /ɛ̀pənɔəθóʊsɪ̀s | -nɔːθə́ʊsɪs/ *n.* (*pl.* **-tho·ses** /-siːz/) 〖修辞〗換語《ある語(句)を述べた直後に, より適当な語(句)で言い直すこと; 例: Most brave, nay, most heroic act!》. **ep·a·nor·tho·tic** /ɛ̀pənɔəθά(ː)tɪk | -nɔːθɔ́t-⁻/ *adj.* 〖《1579》□ LL ~ □ Gk *epanórthōsis* revision: ⇨ epi-, ana-, ortho-, -osis〗

ep·arch /έpɑək | έpɑːk/ *n.* **1** (東ローマ帝国の)州総督 (prefect); (近世ギリシャの)県知事 (governor). **2** 〖東方正教会〗主教 (bishop), 府主教 (metropolitan). 〖《1656》□ Gk *éparkhos* governor: ⇨ epi-, arch¹〗

ep·arch·ate /έpɑəkɪ̀t | έpɑː-/ *n.* =eparchy. 〖1882–83〗

ep·arch·y /έpɑəki | έpɑː-/ *n.* **1** (東ローマ帝国の)州; (近世ギリシャの)県. **2** 〖東方正教会〗主教区 (diocese), 大教区 (archdiocese). **ep·ar·chi·al** /ɛpάəkiəl | ɛpάː-/ *adj.* 〖《1796》□ Gk *eparkhíā*: ⇨ ↑, -y¹〗

é·pa·tant /eɪpɑːtά̃ː(ŋ), -tάːŋ; *F.* epatɑ̃/ *F. adj.* (常識論者の)肝をつぶさせるような, ショッキングな. 〖《1925》□ F ~ (pres.p.) ← *épater* (↓)〗

é·pa·ter /eɪpɑːtéɪ; *F.* epate/ *F. vt.* [~ les bourgeois として]〈常識論者などの肝をつぶさせる, 惰眠をさます (startle). 〖《1903》□ F ~ 'to flabbergast' ← *é-* 'EX-¹'+*patte* paw〗

e·paule·ment /ɪpóʊlmά̃ː(ŋ), -mάːŋ | ɛpɔ́ːlmənt, ɪp-; *F.* epolmɑ̃/ *n.* (*pl.* ~**s** /~(z) | ~s; *F.* ~/) 〖築城〗肩檣(けんしょう)《砲火を防ぐための堡塁(ほるい)の総称》. 〖《1687》□ F *épaulement* ← *épauler* to support with shoulder ← *épaule*: ⇨ epaulet, -ment〗

é·paule·ment /eɪpoʊlmά̃ː(ŋ), -mάːŋ | ɛpɔ́ːlmənt, ɪp-; *F.* epolmɑ̃/ *n.* 〖バレエ〗エポールマン《一方の肩を前方へ突き出し他方をあとへ引いて, 両方の肩を一本足で立っている脚の方向と直角にする姿勢》. 〖《1830》↑〗

ep·au·let /έpəlèt, ⌐⌐⌐ | ɛ̀pəlέt, -pɔːl-, ⌐⌐⌐/ *n.* (*also* **ep·au·lette** /~/) **1** 〖軍事〗正肩章《金色の房飾りの付いた肩章で, 以前は将校礼装用の肩飾りとして各国で広く用いられたが, 現在は米英海軍将校用として残るだけ》: win one's ~*s* 〈下士官が〉将校に昇進する. **2** 〖甲冑〗(鎖帷子(くさりかたびら)の上につける)肩当て. **3** 〖宝石〗エポレットカット《三角形の両角を切った 5 面状のカット》. 〖《1783》□ F *épaulette* (dim.) ← *épaule* shoulder < OF *espaule* < L *spatulam* blade: ⇨ spatula, -et〗

epaulet 1

epaulétte trèe *n.* 〖植物〗オオバアサガラ (*Pterostyrax hispida*)《中国および日本産のエゴノキ科アサガラ属の落葉高木》.

ep·ax·i·al /ɛpǽksiəl/ *adj.* 〖解剖〗軸上(部)の, 上軸椎の. 〖《1872》← EPI-+AXIAL〗

Ép·cot Cènter /έpkɑ(ː)t- | -kɔt-/ *n.* [the ~] エプコットセンター《Florida 州 Orland 市の Disney World にある未来都市を想定した遊園地》.

EPD 《略》earliest practicable date; excees-profits duty.

é·pée /eɪpéɪ, έpeɪ | έpeɪ, éɪp-, ⌐⌐; *F.* epe/ *n.* 〖フェンシング〗**1** エペ《半球形のつばのついた剣で, 突きで勝負する; cf. foil³, saber 1》. **2** エペ競技(種目)《有効面は全身で, 相手の体のどこに触れても得点になる》. 〖《1889》□ F ~ 'sword' < L *spatham* □ Gk *spáthē* blade: ⇨ spathe〗

é·pée·ist /eɪpéɪɪ̀st, έpeɪ- | έpeɪɪst, éɪp-/ *n.* 〖フェンシング〗エペ (épée) を使って競技をする人, エペの使い手. 〖《1910》□ F *épéiste*: ⇨ ↑, -ist〗

e·pei·ric /ɪ̀páɪrɪk, ɛp-/ *adj.* 〖地質〗〈浅い海が〉大陸周縁から内陸に延びる. 〖《1917》← Gk *ḗpeiros*+-IC¹〗

e·pei·ro- /ɪ̀páɪroʊ, ɛp- | -páɪ(ə)rəʊ/「大陸, 陸(地)」の意の連結形. 〖← Gk *ḗpeiros* continent, main land〗

epèiro·génesis *n.* 〖地質〗=epeirogeny. 〖1925〗

epèiro·genétic *adj.* 〖地質〗=epeirogenic. 〖1909〗

epèiro·génic *adj.* 〖地質〗造陸作用の: ~ movement 造陸運動. **e·pèi·ro·gén·i·cal·ly** *adv.* 〖《1890》: ⇨ ↓, -ic¹〗

ep·ei·rog·e·ny /ɛ̀paɪrά(ː)ʤəni | ɛ̀paɪ(ə)rɔ́ʤɪ̀-/ *n.* 〖地質〗造陸作用 (cf. diastrophism). 〖《1890》← EPEIRO-+-GENY〗

èpen·céphalon *n.* 〖解剖〗**1** =metencephalon. **2** =rhombencephalon. **èpen·cephálic** *adj.* 〖《1854》← NL ~: ⇨ epi-, encephalon〗

ep·en·dy·ma /ɛpέndəmə | -dɪ̀-/ *n.* 〖解剖〗(脳室)上衣. **ep·én·dy·mal** /-məl, -mḷ/ *adj.* **ep·en·dy·mar·y** /ɛpέndəmὲri | -dɪ̀məri/ *adj.* 〖《1872》□ Gk *epéndúma* wrap, upper garment ← EPI-+*éndu-ma* garment (← *endúein* to put on: cf. adytum)〗

ep·en·the·sis /ɛpέnθəsɪ̀s, ɪ̀p- | -θɪ̀sɪs/ *n.* (*pl.* **-the·ses** /-θiːz/) **1** 〖音声〗語中字挿入《例えば prince /prínts/ の /t/; cf. prothesis 1》. **2** 〖言語〗語中字挿入《例えば nimble (< ME *nymel* < OE *numol*) の m—l の間に生じたわたり音を表す b》. **ep·en·thet·ic** /ɛ̀pənθέṭɪk, -pɛn- | -tɪk⁻/ *adj.* 〖《1543》□ LL ~ □ Gk *epénthesis* insertion: ⇨ epi-, en-², thesis〗

ep·e·ol·a·try /ɛ̀piά(ː)lətri | -ɔ́l-/ *n.* 言葉の崇拝. 〖《1860》← Gk *ép(e)os* word: ⇨ -latry〗

e·pergne /ɪ̀pə́ːn, eɪp- | ɪpə́ːn, ɛ-, -péən/ *n.* 食卓中央の飾り皿《通例枝状になっていて果物や花などを載せる; 時にろうそくを立てる》. 〖《1761》《転訛》? ← F *épargne* saving, treasury ← *épargner* to save < OF *espargnier* □ Gmc (Frank.) **sparōjan* 'to SPARE'〗

epergne

ep·ex·e·ge·sis /ɛpɛ̀ksəʤíːsɪ̀s, ɪ̀p- | -sɪ̀ʤíːsɪs/ *n.* (*pl.* **-ge·ses** /-siːz/) 〖修辞〗補説(語)《前の語句の意味を明らかにするために付加する補足的説明; 例: in me, that is, *in my flesh*》. 〖《*c*1577》□ Gk *epexḗgēsis*: ⇨ epi-, exegesis〗

ep·ex·e·get·ic /ɛpɛ̀ksəʤέtɪk, ɪ̀p- | -sɪ̀ʤέt-⁻/ *adj.* =epexegetical. 〖《1888》: ⇨ ↑, -ic¹〗

ep·èx·e·gét·ical /-tɪ̀kəl, -kḷ | -tɪ-⁻/ *adj.* 補説(語)の, 補足的説明の. **~·ly** *adv.* 〖《1864》: ⇨ epexegesis, -ical〗

Eph. 《略》〖聖書〗Ephesians; Ephraim.

eph- /ɛf/ *pref.* (h の前にくるときの) epi- の異形; ただし h は繰り返さない: *eph*emera.

e·phah /íːfə, έfə | íːfə/ *n.* (*also* **e·pha** /~/) エファ《古代イスラエルの乾量の単位; =¹/₁₀ homer, 換算値は 22 リットルから約 40 リットルまで諸説がある》. 〖《*c*1384》□ LL *ēphi* □ Heb. *ēphāh* □ Egypt. *ipt*〗

eph·ebe /έfiːb, ɛfíːb, ɪ-/ *n.* =ephebus. 〖1880〗

ephebi *n.* ephebus の複数形.

e·phe·bic /ɪ̀fíːbɪk, ɛf- | ɪf-, ɛf-/ *adj.* (古代ギリシャの)青

年市民の[に関する]: ~ education. 〘(1865): ⇨ ↓, -ic[1]〙

e·phe·bus /ɪfíːbəs, ɛf-/ *n.* (*pl.* **e·phe·bi** /-baɪ/) (古代ギリシャの)青年; (特に, アテネの) 18–20 歳の青年市民 《その期間彼らは主に守備隊の任務に服した》. 〘(1697) □ L *ephēbus* □ Gk *éphēbos* a youth ← EPI-+*hḗbē* early manhood〙

e·phed·ra /ɪfédrə, ɛfə- | ɪfédrə, ɛfɪ-/ *n.* 〘植物〙マオウ属 (*Ephedra*) の植物の総称 《乾燥した砂地に生える; 漢薬として用いるマオウ(麻黄) (*E. sinica*) など》. 〘(*c*1891) ← NL ~ ← L ~ 'horsetail' □ Gk *ephédra* ← *éphedros* sitting upon ← EPI-+*hédra* seat〙

e·phed·rine /ɪfédrɪn, ɛf-, ɛfədriːn, -drɪn | ɛfɪdriːn, -drɪn, ɪfédrɪn, -driːn/ *n.* (*also* **e·phéd·rin** /-drɪn | -drɪn/) 〘薬学〙エフェドリン ($C_{10}H_{15}NO$) 《麻黄(まおう)に含まれる結晶アルカロイド; ぜんそくの薬》. 〘(1889) ← NL *ephedra*: ⇨ ↑, -ine[3]〙

e·phem·er·a[1] /ɪfém(ə)rə, ɛf- | -fém-, -fíːm-/ *n.* (*pl.* ~**s**, **-er·ae** /-məriː/) **1** 〘昆虫〙=ephemerid. **2** (カゲロウのように)極めて短命なもの, はかないもの; すぐ役に立たなくなるもの; 一時的に興味をひく[使用される, はやる]だけの(商業)印刷物 《ビラ・ポスター・チケットなどの端物(はもの)・ペラ物の類で収集の対象となる》. 〘(1677) ← NL *Ephēmera* ← Gk *ephḗmeron* short-lived insect ← *ephḗmeros* living only for one day ← EPI-+*hēméra* day〙

ephemera[2] *n.* ephemeron の複数形.

e·phem·er·al /ɪfém(ə)rəl, ɛf- | -fém-, -fíːm-/ *adj.* **1** 一日の命の, ただ一日限りの: ⇨ ephemeral fever. **2** 〈昆虫・花など〉二三日しかもたない, 短命の. **3** つかの間の; はかない (⇨ transient SYN): ~ pleasures はかない快楽. — *n.* 短命なもの 《昆虫・本・喜びなど》; (特に)(数日のうちに生長・開花・枯死する)短命植物. **~·ly** *adv.* **~·ness** *n.* 〘(1576) ← Gk *ephḗmer(os)* (⇨ ephemera[1]) + -AL[1]〙

ephémeral féver *n.* 〘獣医〙(家畜の)三日熱, 流行熱. 〘1866〙

e·phem·er·al·i·ty /ɪfèmərǽləti, ɛf- | -fèmərǽlɪti, -fìːm-/ *n.* はかなさ; [*pl.*] はかない事物. 〘(1822) ← EPHEMERAL + -ITY〙

e·phem·er·id /ɪfém(ə)rɪd, ɛf- | -fémərɪd, -fíːm-/ 〘昆虫〙*n.* カゲロウ目の昆虫の総称 (mayfly); (特に)カゲロウ, モンカゲロウ 《モンカゲロウ科に属する種類の総称》. — *adj.* カゲロウ類の, モンカゲロウの. 〘(1872): ↓〙

Eph·e·mer·i·da /èfəmérədə | -rɪdə/ *n. pl.* 〘昆虫〙カゲロウ目, 蜉蝣(ふゆう)目. 〘← NL ~: ⇨ ephemera[1], -ida〙

e·phem·er·is /ɪfémərɪs, ɛf- | -fémərɪs, -fíːm-/ *n.* (*pl.* **eph·e·mer·i·des** /èfəmérədiːz | ɛfɪmérɪ-/) 〘天文〙 **1** 天体暦 《天体の位置推算表》. **2** 《廃》暦. 〘(1508) □ LL *ephēmeris* □ Gk *ephēmerís* diary, calendar ← *ephḗmeros* daily: cf. ephemera[1]〙

ephémeris sécond *n.* 〘天文〙暦表秒 《天体暦に用いる時間の秒》. 〘1966〙

ephem·er·ist /ɪfémərɪst, ɛf- | -fémərɪst, -fíːm-/ *n.* チラシ・ポスター・チケットなどの収集家 (cf. ephemeron). 〘(1656–81): cf. ephemera[1]〙

ephémeris tíme *n.* 〘天文〙暦表時 《ニュートン力学が厳密に成立するような時刻系; 天体の公転から求められる》. 〘1950〙

e·phem·er·on /ɪfémərɑ̀(ː)n, ɛf- | -fémərɔ̀n, -fíːm-/ *n.* (*pl.* **-er·a** /-m(ə)rə | -mərə/, ~**s**) **1** 短命なもの (ephemeral). **2** 〘昆虫〙=ephemerid. **3** [通例 ephemera] 一時的に興味をひく[使用される, はやる]だけの(商業)印刷物 《ビラ・ポスター・チケットなどの類でマニアの収集の対象》. 〘(1578) ← NL ~ ← Gk *ephḗmeron*: ⇨ ephemera[1]〙

e·phem·er·op·ter·an /ɪfèmərɑ́(ː)ptərən | -rɔ́p-/ *n. adj.* =ephemerid.

e·phem·er·ous /ɪfémərəs, ɛf- | -fém-, -fíːm-/ *adj.* カゲロウのような; はかない (transitory). 〘(*a*1660) □ Gk *ephḗmeros*: ⇨ ephemera[1], -ous〙

Ephes. 《略》Ephesians (新約聖書の)エペソ人への手紙.

E·phe·sian /ɪfíːʒən, ɛf-, -ʒiən/ *adj.* Ephesus の. — *n.* **1** エフェソス人, エペソ人. **2** [*pl.*; 単数扱い] (新約聖書の)エペソ人(びと)への手紙, エペソ人への書 (The Epistle of Paul to the Ephesians) (略 Ephes.). **3** 《Shak》愉快な仲間. 〘(*c*1400) ← L *ephesius* (□ Gk *ephésios* ← *Éphesos* (↓))+-AN[1]〙

Eph·e·sus /éfəsəs | éfɪ-/ *n.* エフェソス 《小アジア (Asia Minor) 西部の古都; 聖書では「エペソ」という; 世界七不思議 (SEVEN Wonders of the World) の一つの Artemis の神殿の所在地》. 〘□ L ~ □ Gk *Éphesos*〙

ephippia *n.* ephippium の複数形.

e·phip·pi·um /ɪfípiəm, ɛf-/ *n.* (*pl.* **-pi·a** /-piə/) 〘動物〙卵殻包. 〘(1841–71) ← NL ~ ← Gk *ephíppion* saddlecloth ← *ephíppios* for putting on a horse ← EPI-+*híppios* of a horse (← *híppos* horse): ⇨ hippo-〙

eph·od /éfɑ(ː)d, íːf- | íːfɔd, éf-/ *n.* **1** 古代イスラエルの祭儀用の法衣 《リンネル製の簡素なものから, 大祭司用の豪華なものまである》. **2** 古代ヘブライ人の聖職者が神意をうかがうために用いた器具. 〘(*c*1384) *ephoth* □ LL ~ □ Heb. *ēphṓdh* ← *āphádh* to put on〙

eph·or /éfɔə, éfɔə | íːfɔː(r), éf-, -fə(r)/ *n.* (*pl.* ~**s**, **-or·i** /éfəràɪ, íːf-/) **1** (古代ギリシャの)古代ドーリア諸国家の行政長官; (特に, Sparta の) 五人監督官の一人. **2** (近世ギリシャの)官吏; (特に, 公共土木事業などの)監督官 (overseer). 〘(1579) □ L *ephorus* □ Gk *éphoros* overseer ← EPI-+*horân* to see〙

eph·or·ate /éfərèɪt, -rɪt/ *n.* 古代ドーリア諸国家の行政長官職; (特に, Sparta の) 1 年任期の五人監督官職 《王の行為をも監督; cf. ephor》. 〘(1841): ⇨ ↑, -ate[1]〙

ephori *n.* ephor の複数形.

E·phra·im /íːfriəm, -frəm | íːfreɪm, -friəm, -frəm; *G.* éːfʀaɪm/ *n.* **1** イーフレイム 《男性名; 米国に多い》. **2** /íːfriəm, -frəm | íːfreɪm, -friəm/ 〘聖書〙 **a** エフライム (Joseph の次男; cf. *Gen.* 41: 52). **b** エフライム族 《エフライムを祖とするイスラエルの十二支族の一つ; cf. *Gen.* 48: 1》. **c** 北王国イスラエル 《最初の王はエフライム族の Jeroboam》. 〘lateOE *Effraim* □ LL ~ □ Gk *Ephraím* □ Heb. *Ephráyim* ((通俗語源)) fertile land ← *pārā^h* to be fruitful) □ Akkad. *appāru* marshy country〙

E·phra·im·ite /íːfriəmàɪt/ *n.* **1** エフライム (Ephraim) の子孫; エフライム族の人. **2** 北王国イスラエルの民. — *adj.* =Ephraimitic. 〘(1611): ⇨ ↑, -ite[1]〙

E·phra·im·it·ic /ìːfriəmítɪk | -tɪk⁻/ *adj.* **1** エフライム族 (the Ephraimites) の. **2** 北王国イスラエルの. 〘⇨ -ic[1]〙

ep·i- /ɛpɪ, épi/ *pref.* **1** 「…の上, 外」の意: *epi*cycle, *epi*blast, *epi*zoon. **2** 「…以前, 後」の意: *epi*cnemial. **3** 〘化学〙 **a** 置換基の位置を表す(記号 ε). **b** エピ異性体を表す. ★ 母音の前では通例 ep-, また h の前では eph- になる(ただし h は繰り返さない). 〘ME □ (O)F ~ // L & Gk ~ ← Gk *epí* (prep.) at, upon, over, up to, besides, beyond < IE **epi*, **opi* near, at, against: cf. ob-〙

ep·i·ben·thos /èpɪbénθɑ(ː)s | èpɪbénθɔs/ *n.* 〘生物〙表在底生生物 《水底面で生活している生物》. 〘← EPI-+BENTHOS〙

èpi·biótic *adj.* 〘生物〙〈主に菌類が〉生物体表生の 《動植物の表面に通常寄生して生活する》. — *n.* 生物体表生生物. 〘(1930) ← EPI-+Gk *biotikós* (← *bíos* life)〙

ep·i·blast /épɪblæ̀st | épɪ-/ *n.* 〘生物〙 **1** 外胚葉 (ectoderm) (cf. hypoblast 1). **2** 嚢胚(のうはい)の外皮 《外胚葉 (ectoderm) となる細胞》. **ep·i·blas·tic** /èpɪblǽstɪk⁻/ *adj.* 〘(1866) ← EPI-+-BLAST〙

e·pib·o·ly /ɪpíbəli, ɛp- | ɛp-, ɪp-/ *n.* 〘生物〙外包, 覆いかぶせ 《一部分が発達して他の部分を包むこと》. **ep·i·bol·ic** /èpɪbɑ́(ː)lɪk | èpɪbɔ́l-⁻/ *adj.* 〘(1875) □ Gk *epibolḗ* a throwing on ← *epibállein* to throw on ← EPI-+*bállein* to throw: ⇨ ballistic〙

èpi·bránchial *adj.* 〘動物〙鰓(えら)上の. 〘(1846) ← EPI-+BRANCHIAL〙

ep·ic /épɪk/ *n.* **1 a** 叙事詩, 史詩, エピック 《通例, 英雄を主人公としてその冒険・事跡を歌った詩; Homer の *Iliad*, Virgil の *Aeneid*, Milton の *Paradise Lost* など》: a national ~ 国民史詩 《国民的伝統の理想を歌った詩; Homer の *Iliad* や古英詩 *Beowulf* など》. **b** [(the) ~] 叙事詩 (epic poetry). **2 a** 叙事詩的作品 《小説・劇・映画など》. **b** 叙事詩の主題としてふさわしい事柄: His life was a noble ~. 彼の生活は雄大な叙事詩と言うべきものであった. **3** [E-] =Old Ionic. — *adj.* **1** 叙事詩の; 史詩体の (cf. lyric 1): an ~ poem 叙事詩 / *Epic* dialect (ギリシャの)叙事詩語. **2 a** 叙事詩的な; 雄壮な, 英雄的な. **b** 並外れた, 大規模な: an ~ biography 壮大な伝記. 〘(1589) □ L *epicus* □ Gk *epikós* ← *épos* 'EPOS': ⇨ -ic[1]〙

ep·i·cal /épɪkəl, -kl | épɪ-/ *adj.* =epic. 〘(1827): ⇨ ↑, -al[1]〙

ép·i·cal·ly *adv.* 叙事詩的に; 叙事詩体で. 〘(1863): ⇨ ↑, -ly[1]〙

ep·i·ca·lyx /èpɪkéɪlɪks, -kǽl- | èpɪ-/ *n.* (*pl.* ~**es**, **-ca·lyc·es** /-kéɪləsìːz, -kǽl- | -lɪ-/) 〘植物〙(ゼニアオイなどの)萼(がく)状総苞(そうほう). 〘(1870) ← EPI-+CALYX〙

ép·i·can·thic fóld /èpɪkænθɪk- | èpɪ-/ *n.* 〘解剖〙内眼角贅皮(ぜいひ), 蒙古ひだ 《モンゴル人種に見られる上瞼のたるみ; 欧米人の描く日本・中国人の眼の特徴の一つ》. 〘(1913) *epicanthic*: ⇨ ↓, -ic[1]〙

ep·i·can·thus /èpɪkǽnθəs | èpɪ-/ *n.* 〘解剖〙=epicanthic fold. 〘(1865) ← NL ~: ⇨ epi-, canthus〙

epicardia *n.* epicardium の複数形.

èpi·cárdial *adj.* (*also* **èpi·cárdiac**) 〘解剖〙心外膜の. 〘(1908): ⇨ ↓, -al[1]〙

èpi·cárdium *n.* (*pl.* **-dia**) 〘解剖〙心外膜. 〘(1865) ← NL ~: ⇨ epi-, -cardium〙

ep·i·carp /épɪkɑ̀əp | épɪkɑ̀ːp/ *n.* 〘植物〙外果皮. 〘(1835) □ F *épicarpe*: ⇨ epi-, -carp〙

épic dráma *n.* =epic theater.

ep·i·cede /épɪsìːd | épɪ-/ *n.* =epicedium. 〘(1549) ↓〙

ep·i·ce·di·um /èpɪsíːdiəm | èpɪsíːd-/ *n.* (*pl.* **-di·a** /-diə | -diə/) 葬送歌, 哀歌. **èp·i·cé·di·al** /-diəl | -dɪəl⁻/ *adj.* 〘(1587) □ L *epicēdium* □ Gk *epikḗdeion* (neut.) ← *epikḗdeios* of a funeral ← EPI-+*kêdos* sorrow〙

ep·i·cene /épɪsìːn | épɪ-/ *adj.* **1** 両性具有[共通]の. **2** 男女の区別のない, 無性の (sexless). **3** 張りのない, 柔弱な; めめしい: an ~ creature めめしい人間. **4** 〘ラテン・ギリシャ文法〙両性通用の, 通性の 《男性または女性を示すのに唯一の語形しかもたない名詞についていう; 例: Gk *boûs*, L *bos* (ox or cow); ★ 英文法でも 'common' (通性の) と同義に用いることがある》. — *n.* **1** 両性具有者. **2** 柔弱な人, めめしい人. **3** 〘ラテン・ギリシャ文法〙通性語. 〘(*c*1450) □ LL *epicoenus* □ Gk *epíkoinos* common ← EPI-+*koinós* common: cf. Koine〙

ép·i·cèn·ism /-nɪzm/ *n.* 両性具有. 〘(1850): ⇨ ↑, -ism〙

ep·i·cen·ter, 《英》 **ep·i·cen·tre** /épɪsèntə | épɪsèntə(r)/ *n.* **1** 〘地震〙震央 《震源 (focus) 直上の地点》. **2** 中心点. **3** (原爆の)爆心地. 〘(1887) ← NL *epicentrum*: ⇨ epi-, center〙

epicentra *n.* epicentrum の複数形.

ep·i·cen·tral /èpɪséntrəl | èpɪ-⁻/ *adj.* 〘地震〙震央の. 〘(1866) ← Gk *epikentros*+-AL[1]〙

epicentral dístance *n.* 震央距離 《震央から観測地点までの距離》.

epicentre *n.* =epicenter.

ep·i·cen·trum /èpɪséntrəm | èpɪ-/ *n.* (*pl.* ~**s**, **-cen·tra** /-trə/) 〘地震〙=epicenter. 〘(1879) ← NL ~: ⇨ epicenter〙

ep·i·chei·re·ma /èpɪkaɪríːmə | èpɪ-/ *n.* (*pl.* ~**·ta** /~tə | ~tə/) 〘論理〙帯証式 《アリストテレスの論理学で, 大前提または小前提に理由を示す命題の付加している複合三段論法》. 〘(1721) □ L *epichīrēma* □ Gk *epikheírēma* an undertaking ← EPI-+*kheír* hand (⇨ chiro-)〙

èpi·chlorohýdrin *n.* 〘化学〙エピクロロヒドリン (C_3H_5ClO) 《揮発性の液体; エポキシ樹脂・弾性ゴムの製造に用いる》. 〘(*c*1891) ← EPI-+CHLOROHYDRIN〙

ep·i·cism /épɪsɪzm | épɪ-/ *n.* 叙事詩調, 叙事詩風, 叙事詩的特質 (cf. lyricism). 〘(1878) ← EPIC+-ISM〙

ép·i·cist /-sɪst | -sɪst/ *n.* 叙事詩作者, 叙事詩人. 〘(1853) ← EPIC+-IST〙

ep·i·cle·sis /èpɪklíːsɪs | èpɪklíːsɪs/ *n.* (*pl.* **-cle·ses** /-siːz/) 〘東方正教会〙聖霊への祈願, 聖霊の降下を求める祈り, エピクレシス 《特に, パンとぶどう酒の上に聖霊が下り, キリストの体と血にあずかることを求める祈りで, 聖別の祈りに続いて行われる》. 〘(1878) □ Gk *epíklēsis* invocation by name ← *epikaleîn* to call upon ← EPI-+*kaleîn* to call〙

èpi·cóndyle *n.* 〘解剖〙(上腕骨あるいは大腿骨の)上顆(じょうか). 〘(1836–39) □ F *épicondyle*: ⇨ epi-, condyle〙

epi·con·dy·li·tis /èpɪkɑ(ː)ndɪláɪtɪs | èpɪkɔndɪláɪtɪs/ *n.* 〘医学〙上顆炎. 〘(*c*1950): ↑, -itis〙

èpi·continéntal *adj.* 大陸[大陸棚]の上にある: ~ seas 縁海. 〘(1900) ← EPI-+CONTINENTAL〙

ep·i·cot·yl /èpɪkɑ́(ː)tl | èpɪkɔ̀tɪl/ *n.* 〘植物〙上胚軸 《子葉上部の若い茎》. 〘(1880) ← EPI-+COTYL(EDON)〙

ep·i·cra·ni·um /èpɪkréɪniəm | èpɪ-/ *n.* (*pl.* **-ni·a** /-niə/) 〘解剖〙頭蓋頂, 頭蓋冠. **èp·i·crá·ni·al** /-niəl⁻/ *adj.* 〘(1888) ← NL ~: ⇨ epi-, cranium〙

e·pic·ri·sis[1] /ɪpíkrəsɪs, ɛp- | ɪpíkrɪsɪs, ɛp-/ *n.* (特に, 病歴の)批評的[分析的]要約. 〘← NL ~ ← Gk *epíkrisis* judgement ← *epikrínein* to decide ← EPI-+*krínein* to judge: ⇨ crisis〙

èpi·crísis[2] *n.* 〘医学〙二次的分利 (cf. crisis 4). 〘← EPI-+CRISIS〙

ep·i·crit·ic /èpɪkrítɪk | èpɪkrít-⁻/ *adj.* 〘生理〙〈皮膚感覚など〉判別的な, 識別性の 《刺激に対して識別性が鋭敏であることにいう; cf. protopathic 1》. 〘(1905) □ Gk *epikritikós* determining ← *epíkritos* decided on ← *epikrínein*: ⇨ epicrisis[1], -ic[1]〙

épic símile *n.* 〘詩学〙叙事詩的比喩(ひゆ) 《特に, ギリシャの叙事詩に見られるような, 数行にもわたる長いもの; Homeric simile ともいう》. 〘1931〙

Ep·ic·te·tus /èpɪktíːtəs | èpɪktíːt-/ *n.* エピクテートス (60?–?120 (または 138); ギリシャのストア派の哲学者).

épic théater *n.* 叙事演劇 《社会問題を舞台装置なしに客観的に扱う 20 世紀の劇; 元来はドイツの劇作家 Brecht の用語》. 〘1957〙

ep·i·cure /épɪkjʊ̀ə | épɪkjʊ̀ə(r), -kjɔ̀ː(r)/ *n.* **1** 通人; (特に)食道楽の人, 美食家, 食通. **2** 《古》=epicurean 1. 〘(*c*1384) ← ML *epicūrus* ← L *Epicūrus*: ⇨ Epicurus〙

SYN **美食家: epicure** 美食家; 高級な飲食物を楽しむ人 《格式ばった語》. **gourmet** 食通, グルメ; 各種の飲食物の風味・性質の微妙な違いを味わい分けることのできる人. **gourmand** 健啖家; *gourmet* ほど好みがやかましくなく, 美食に興味を持ちそれを楽しむ人. **gastronome, gastronomist** 料理通; 美食学の専門家.

---

ep·i·cu·re·an /èpɪkjuríːən | èpɪkjʊ(ə)ri:-⁻/ *adj.* **1** 享楽主義の, 食道楽の (⇨ sensuous SYN). **2** 食通の好むような. **3** [E-] エピクロス (Epicurus) (派)の: the *Epicurean* school エピクロス学派. — *n.* **1** 享楽主義者 (epicure). **2** =epicure 1. **3** [E-] エピクロスの学徒. 〘(*c*1380) □ F *épicurien* ← L *epicūrēus* (□ Gk *epikoúreios* ← *Epíkouros*)+-AN[1]: ⇨ Epicurus〙

Èp·i·cu·ré·an·ìsm /-nɪzm/ *n.* **1** 〘哲学〙エピクロス主義, エピクロスの哲学説 《心の平静としての快楽を人生の最高善とする個人主義的快楽主義; cf. hedonism 1》. **2** [e-] =epicurism 1. 〘(*a*1751): ⇨ ↑, -ism〙

ép·i·cur·ism /-kjʊrɪzm | -kjʊ(ə)r-, -kjɔːr-/ *n.* **1** 美食癖, 食道楽. **2** [E-] 《古》=Epicureanism. 〘(1575) □ ? F *épicurisme*: ⇨ epicure, -ism〙

Ep·i·cu·rus /èpɪkjʊ́(ə)rəs | èpɪkjʊ́ər-, -kjɔ́ːr-/ *n.* エピクロス (342 (または 341)–271 (または 270) B.C.; ギリシャの哲学者; 道徳・節制・修養などで, 苦痛や混乱から解放された心の平静を人生の最高善と説いた; エピクロス派の祖). 〘□ L *Epicūrus* □ Gk *Epíkouros*〙

èpi·cúticle *n.* 〘昆虫〙上クチクラ 《昆虫の 3 層より成るクチクラ (cuticle) の外層部》. **èpi·cutícular** *adj.* 〘(1929) ← EPI-+CUTICLE〙

ep·i·cy·cle /épɪsàɪkl | épɪ-/ *n.* **1** 〘プトレマイオス天文学〙周転円 《その中心が従円 (deferent) の円周上に沿って回転する》. **2** 〘数学〙周転円 《一つの円の外側もしくは内側を転がる円》. **ep·i·cyc·lic** /èpɪsáɪklɪk, -sík- | èpɪ-⁻/ *adj.* **èp·i·cýc·li·cal** /-lɪkəl, -kl | -lɪ-/ *adj.* 〘(*a*1398) □ (O)F *épicycle* // LL *epicyclus* □ Gk *epíkuklos* ← EPI-+*kúklos* circle: ⇨ cycle[1]〙

épicyclic tráin *n.* 〘機械〙遊星歯車装置《同心の内・外歯車にはさんで歯車を入れた差動歯車装置》. 〖c1890〗

ep·i·cy·cloid /èpəsáɪklɔɪd | èpɪ-/ *n.* 〘数学〙外サイクロイド, 外擺(はい)線《円の外側を転がる円周上の定点のえがく曲線; cf. hypocycloid, epitrochoid》. **ep·i·cy·cloi·dal** /èpəsaɪklɔ́ɪdl | èpɪsaɪklɔ́ɪdl/ *adj.* 〖(c1755) □ ? F *épicycloïde*: ⇨ epi-, cycloid〗

épicycloidal whéel [géar] *n.* 〘機械〙外転サイクロイド車(epicyclic train 中の車輪[歯車]).

Ep·i·dau·rus /èpədɔ́ːrəs, -dáː- | -dɔ́ː-/ *n.* エピダウロス《ギリシャ南部, Peloponnesus 半島北東部, Argolis 地方にあった古代港湾都市》.

ep·i·deic·tic /èpədáɪktɪk | èpɪ-/ *adj.* 〘修辞〙〈演説・詩など〉誇張的な《人を過度に称賛または非難する技巧についていう》. 〖(1790) □ Gk *epideiktikós* showing off ← *epideiknúnai* to display: ⇨ epi-, deictic〗

ep·i·de·mi·a /èpədíːmiə | èpɪ-/ *n.* 〘病理〙流行(病). 〖□ LL *epidēmia* (↓)〗

ep·i·dem·ic /èpədémɪk | èpɪ-/ *adj.* **1** 〈伝染病が〉流行(性)の, 流行病の (cf. endemic 1, epizootic, pandemic): (an) ~ disease 流行病. **2** 〈思想・風俗など〉一般的流行の, 流行的に行われる. **3** 〈笑いなど〉移りやすい. **4** 〈害虫の発生など〉急激な. — *n.* **1** 流行病(の発生). **2** (病気・思想などの突然の)流行, 普及, はやり: an ~ of dysentery 赤痢の流行 / the AIDS ~ エイズの流行 / an ~ of terrorism テロの蔓延. **3** (昆虫などの)異常発生. 〖(1603) □ F *épidémique* ← *épidémie* □ LL *epidēmia* □ Gk *epidēmíā* ← *epidēmios* prevalent among the people: ⇨ epi-, demos〗

SYN 流行病: **epidemic** 一定地域に突発的に発生するもの. **pestilence** 文語的な語で, 特に悪質な流行病を指す.

èp·i·dém·i·cal /-mɪkəl, -kl | -mɪ-/ *adj.* =epidemic. 〖1621〗

èp·i·dém·i·cal·ly *adv.* 流行病的に; 流行的に, 一般に広まって. 〖(1641): ⇨ ↑, -ly¹〗

epidémic encephalítis *n.* 〘病理〙流行性脳炎.

ep·i·de·mic·i·ty /èpədəmísəti, -də- | èpɪdəmísɪti, -dɪ-/ *n.* (病気などの)流行性. 〖(1880) ← EPIDEMIC+-ITY〗

epidémic meningítis *n.* =cerebrospinal meningitis.

epidémic parotítis *n.* =mumps.

epidémic pleurodýnia *n.* 〘病理〙(Coxsackie virus による) 流行性胸膜炎.

èp·i·dè·mi·ól·o·gist /-dʒɪst | -dʒɪst/ *n.* 疫学者. 〖(1880): ⇨ ↓, -ist〗

ep·i·de·mi·ol·o·gy /èpədìːmiá(ː)lədʒi, -dèm- | èpɪdìːmiɔ́l-, -dèm-/ *n.* **1** 〘医学〙疫学. **2** 流行病学. **3** 病気[病原菌]の有無を統御する要因の総体. **ep·i·de·mi·o·log·ic** /èpədìːmiəlá(ː)dʒɪk, -dèm- | èpɪdìːmiəlɔ́dʒ-, -dèm-/ *adj.* **ep·i·dè·mi·o·lóg·i·cal** /-dʒɪkəl, -kl | -dʒɪ-/ *adj.* **èp·i·dè·mi·o·lóg·i·cal·ly** *adv.* 〖(c1860) ← Gk *epidēmios* (⇨ epidemic)+-LOGY〗

ep·i·den·dron /èpədéndrən | èpɪ-/ *n.* 〘植物〙=epidendrum 2. 〖← NL ~ (↓)〗

ep·i·den·drum /èpədéndrəm | èpɪ-/ *n.* 〘植物〙 **1** [E-] エピデンドルム属《熱帯アメリカ産ラン科の一属》. **2** エピデンドルム属の着生ランの総称《温室内に栽培され, 約 75 種ある; epidendron ともいう》. 〖(1791) ← NL ~ ← EPI-+Gk *déndron* tree: ⇨ -dendron〗

ep·i·derm /épədə̀ːm | épɪdə̀ːm/ *n.* 〘解剖・生物〙=epidermis. 〖(1835–36) □ F *épiderme* □: ⇨ epidermis〗

ep·i·derm- /èpədə́ːm | èpɪdə́ːm/ (母音の前にくるときの) epidermo- の異形.

ep·i·der·mal /èpədə́ːməl, -ml | èpɪdə́ː-/ *adj.* 〘解剖・生物〙表皮(性)の, 上皮(性)の (cf. dermal): an ~ gland 上皮腺 / ~ cells 表皮細胞. 〖(1816) ← EPIDERMO-+-AL¹〗

ep·i·der·mat·ic /èpədəːmǽtɪk | èpɪdəːmǽt-/ *adj.* **1** 〈軟膏が〉表皮のみに作用する. **2** 〘解剖・生物〙=epidermal.

ep·i·der·mic /èpədə́ːmɪk | èpɪdə́ː-/ *adj.* 〘解剖・生物〙=epidermal. 〖(1830) ← EPIDERMO-+-IC¹〗

ep·i·der·mis /èpədə́ːmɪs | èpɪdə́ːmɪs/ *n.* **1** 〘解剖〙上皮, 表皮. **2** 〘生物〙表皮 (cf. derma¹). **3** 〘植物〙(植物のクチクラの下の)上皮, 真皮. 〖(1626) □ LL ~ □ Gk *epidermís* outer skin: ⇨ epi-, derma¹〗

ep·i·der·mo- /èpədə́ːmoʊ | èpɪdə́ːməʊ/ 「表皮・上皮 (epidermis)」の意の連結形. ★ 母音の前では通例 epiderm- になる. 〖↑〗

ep·i·der·moid /èpədə́ːmɔɪd | èpɪdə́ː-/ *adj.* 〘解剖・生物〙類表皮の. — *n.* 〘病理〙類表皮腫, エピデルモイド. 〖(1835–36): ⇨ ↑, -oid〗

ep·i·der·moi·dal /èpədəmɔ́ɪdl | èpɪdəmɔ́ɪdl/ *adj.* =epidermoid.

ep·i·di·a·scope /èpədáɪəskòʊp | èpɪdáɪəskə̀ʊp/ *n.* **1** エピディアスコープ《透過光あるいは反射光を用い透明体・不透明体上の画像を投映する装置》. **2** =episcope. **ep·i·di·a·scop·ic** /èpədàɪəská(ː)pɪk | èpɪdàɪəskɔ́p-/ *adj.* 〖(1903) ← EPI-+DIA-+-SCOPE〗

ep·i·dic·tic /èpədíktɪk | èpɪ-/ *adj.* 〘修辞〙=epideictic.

ep·i·did·y·mis /èpədídəmɪs | èpɪdídɪmɪs/ *n.* (*pl.* **ep·i·di·dym·i·des** /-dədímədìːz | -dɪdímɪ-/) **1** 〘解剖〙副睾丸. **2** 〘生物〙精巣上体. **ep·i·did·y·mal** /èpədídəməl, -ml | èpɪdídɪ-/ *adj.* 〖(1610) ← NL ~ ← Gk *epididumís* ← EPI-+*dídumoi* testicles ((pl.) ← *dídumos* twin): cf. didymium〗

ep·i·did·y·mi·tis /èpədìdəmáɪtɪs | èpɪdìdɪmáɪtɪs/ *n.* 〘病理〙副睾丸炎. 〖(1849–52) ← NL ~: ⇨ ↑, -itis〗

ep·i·di·o·rite /èpədáɪəràɪt | èpɪ-/ *n.* 〘岩石〙変閃緑岩. 〖(1887) ← EPI-+DIORITE〗

ep·i·dote /épədòʊt | épɪdə̀ʊt/ *n.* 〘鉱物〙緑簾(りょくれん)石. **ep·i·dot·ic** /èpədá(ː)tɪk | èpɪdɔ́t-/ *adj.* 〖(1808) □ F *épidote* □ Gk **epidotós* ← *epididónai* to increase ← EPI-+*didónai* to give〗

épidote gròup *n.* 〘鉱物〙緑簾石群.

èpi·dúral *adj.* 〘解剖〙硬膜外の (extradural). — *n.* 〘医学〙=epidural anesthesia. 〖(1882) ← EPI-+DURAL¹〗

epidúral anesthésia *n.* 〘医学〙硬膜外麻酔(法).

èpi·fáuna *n.* 〘生態〙表生動物《底生動物のうち, 特に硬い海底にすむものをいう; cf. infauna》. **èpi·fáunal** *adj.* 〖(1914) ← NL ~: ⇨ epi-, fauna〗

èpi·fócal *adj.* =epicentral. 〖(1898) ← EPI-+FOCAL〗

ep·i·gam·ic /èpəgǽmɪk | èpɪ-/ *adj.* 〘動物〙〈羽毛の色など〉(繁殖期に)異性誘引的な: ~ colors. 〖(1890) ← Gk *epígamos* marriageable+-IC¹: ⇨ epi-, -gamous〗

èpi·gastrálgia *n.* 〘病理〙上腹部痛, 心窩部痛《胃痛など; cf. gastralgia》. 〖← NL ~: ⇨ epi-, gastralgia〗

epigastria *n.* epigastrium の複数形.

èpi·gástrial /-gǽstriəl/ *adj.* 〘解剖〙=epigastric. 〖1767〗

èpi·gástric *adj.* 〘解剖〙上腹部[季肋(きろく)部]の[にある], みずおちの, 胃部の. 〖(1656–81) ← EPI-+GASTRIC〗

èpi·gástrical *adj.* 〘解剖〙=epigastric. 〖1623〗

ep·i·gas·tri·um /èpəgǽstriəm | èpɪ-/ *n.* (*pl.* **-tri·a** /-triə/) 〘解剖〙上腹部, 心窩部, みずおち. 〖(1681) ← NL ~ ← Gk *epigástrion* (neut. adj.) over the belly ← EPI-+*gastḗr* belly: ⇨ gastro-〗

ep·i·ge·al /èpədʒíːəl | èpɪ-/ *adj.* **1** 〘生態〙〈昆虫など〉地上性の, 地表(近く)に生息する (cf. aerial 2 b, endogeal, hypogeal 1). **2** 〘植物〙 **a** 〈植物(の部分)が〉地表または地表近くに生じる; 〈子葉が〉地表上で開く: the ~ cotyledon 地表子葉. **b** 発芽時に地表子葉を出す. 〖(1861) ← EPIGE(OUS)+-AL¹〗

ep·i·ge·an /èpədʒíːən | èpɪ-/ *adj.* =epigeal.

ep·i·gene /épədʒìːn | épɪ-/ *adj.* **1** 〘地質〙〈岩石が〉地表[地表近く]で生成された (↔ hypogene): ~ rocks 表成岩. **2** 〘結晶〙〈結晶が〉(形成以後)変質した. 〖(1823) □ F *épigène* □ Gk *epigenḗs* growing after: ⇨ epi-, -gen〗

èpi·génesis *n.* **1** 〘生物〙 **a** 後成, 漸生《初め未分化の個体(接合子・胞子など)が次第に多様に分化しつつ発達する現象; cf. preformation 2》. **b** 後成説, 漸成説. **2** 〘地質〙後成《岩石の生成後その中に鉱石ができる過程》. **ep·i·gen·e·sist** /èpədʒénəsɪst | èpɪdʒénɪsɪst/ *n.* **e·pig·e·nist** /ɪpídʒənɪst | ɪpídʒɪnɪst/ *n.* 〖(1798) ← NL ~: ⇨ epi-, genesis〗

èpi·genétic *adj.* **1** 〘生物〙後成の[による]. **2** 〘地質〙後成の《岩石中に新たに鉱石ができた》. 〖(1883): ⇨ ↑, -genetic〗

ep·i·gen·ic /èpədʒénɪk | èpɪ-/ *adj.* 〘地質〙=epigenetic 2. 〖(1882) ← EPI-+-GENIC¹〗

e·pig·e·nous /ɪpídʒənəs, ep- | ɪpídʒɪ-, ep-/ *adj.* 〘植物〙〈菌類など〉葉の表面上に生育する (↔ hypogenous). 〖(1866) ← EPI-+-GENOUS〗

ep·i·ge·ous /èpədʒíːəs | èpɪ-/ *adj.* =epigeal. 〖(1835) ← Gk *epígeios* on the earth (← EPI-+*gaîa*, *gê* earth)+-OUS〗

ep·i·glot·tis /èpəglá(ː)tɪs | èpɪglɔ́tɪs, ⌐–⌐–/ *n.* 〘解剖〙喉頭蓋 (⇨ respiratory system 挿絵), 会厭(えん)(軟骨) (cf. larynx, pharynx). **ep·i·glot·tal** /èpəglá(ː)tl | èpɪglɔ́tl/ *adj.* **ep·i·glot·tic** /èpəglá(ː)tɪk | èpɪglɔ́t-/ *adj.* 〖(1543) ← NL ~ ← Gk *epiglōttís*: ⇨ epi-, glottis〗

ep·i·gone /épəgòʊn | -gə̀ʊn/ *n.* (*also* **ep·i·gon** /-gà(ː)n | -gɔ̀n/) **1** 子孫 (offspring). **2** (芸術・文学などにおける劣った)模倣者, 亜流, エピゴーネン. **ep·i·gon·ic** /èpəgá(ː)nɪk | èpɪgɔ́n-/ *adj.* **e·pig·o·nous** /ɪpígənəs, ep- | ep-, ɪp-/ *adj.* 〖(1865) □ G *Epigone* □ L *epigoni*: ⇨ Epigonus〗

Epigoni *n.* Epigonus の複数形.

e·pig·o·nism /ɪpígənɪzm, ep- | ep-, ɪp-/ *n.* (芸術・文学などにおける劣った)模倣.

E·pig·o·nus /ɪpígənəs, ep- | ep-, ɪp-/ *n.* (*pl.* **-o·ni** /-nàɪ, -nìː/) **1** [the Epigoni] ⇨ SEVEN against Thebes. **2** [e-] =epigone 2. 〖(1922) □ L ~ (pl. *Epigonī*) □ Gk *Epígonoi* sons of the Seven against Thebes (pl.) ← *Epígonos* ← *epígonos* born afterwards ← EPI-+*gígnesthai* to be born: cf. genus〗

ep·i·gram /épəgræ̀m | épɪ-/ *n.* **1** エピグラム, 警句 (cf. apothegm) (⇨ saying SYN); 寸鉄的な表現[言い回し]. **2** 短い諷刺詩, 寸鉄詩, エピグラム. 〖(?a1439) □ F *épigramme* ∥ L *epigramma* □ Gk *epígramma* inscription: ⇨ epi-, -gram〗

ep·i·gram·mat·ic /èpəgrəmǽtɪk | -tɪk/ *adj.* **1** 警句の, 警句的な, (寸鉄人を刺すように)鋭い. **2** 警句好きの, 警句を吐く. 〖(a1704) □ LL *epigrammaticus* □ Gk *epigrammat-*, *epígramma* (↑)〗

èp·i·gram·mát·i·cal /-tɪkəl, -kl | -tɪ-/ *adj.* =epigrammatic. 〖1605〗

èp·i·gram·mát·i·cal·ly *adv.* 警句的に, 寸鉄人を刺すように; 諷刺詩的に. 〖(1823): ⇨ ↑, -ly¹〗

ep·i·gram·ma·tism /èpəgrǽmətɪzm/ *n.* 警句[諷刺詩]風(の文体). 〖(1813) ← L *epigrammat-*, -ISM〗

èp·i·grám·ma·tist /-tɪst | -tɪst/ *n.* 警句家; 諷刺詩人. 〖(1589) □ LL *epigrammatista*〗

ep·i·gram·ma·tize /èpəgrǽmətàɪz/ *vi.* 諷刺詩を作る; 〔…について〕警句を作る[吐く]〔*on*〕. — *vt.* **1** 警句[諷刺詩]的に表現する: Voltaire ~*d* the same thought. ヴォルテールは同じ考えを警句的に表現した. **2** 〈人・物〉について警句[諷刺詩]を作る. **èp·i·grám·ma·tì·zer** *n.* 〖(1691) □ Gk *epigrammatizein*〗

ep·i·graph /épəgræ̀f | -grɑ̀ːf, -græ̀f/ *n.* **1** (建物や立像に刻まれた)碑銘, 碑文, 金石文. **2** (巻頭・章頭に引用された)エピグラフ, 題辞, 銘句. 〖(1624) □ Gk *epigraphḗ*: ⇨ epi-, -graph〗

e·pig·ra·pher /ɪpígrəfə, ep- | epígrəfə(r, ɪp-/ *n.* =epigraphist. 〖1887〗

ep·i·graph·ic /èpəgrǽfɪk/ *adj.* **1** 碑銘の[に関する]; 銘句的の, 題辞的な. **2** 碑銘研究の, 金石文学の. **èp·i·gráph·i·cal** /-fɪkəl, -kl | -fɪ-/ *adj.* **èp·i·gráph·i·cal·ly** *adv.* 〖(1858) ← EPIGRAPH+-IC¹〗

e·píg·ra·phist /-fɪst | -fɪst/ *n.* 碑銘学者, 碑銘[金石文]の専門家. 〖(c1864) ← EPIGRAPHY+-IST〗

e·pig·ra·phy /ɪpígrəfi, ep- | ep-, ɪp-/ *n.* **1** 碑銘研究, 金石文学. **2** [集合的] 碑銘; 碑銘[金石文]の書体. 〖(1851) ← EPIGRAPH+-Y¹〗

ep·i·gyne /épədʒàɪn | épɪ-/ *n.* 〘動物〙=epigynum. 〖(1875) ← EPI-+-GYNE〗

e·pig·y·nous /ɪpídʒənəs, ep- | ɪpídʒɪ-, ep-/ *adj.* 〘植物〙子房上の, 子房下位の (cf. hypogynous). 〖(1830) ← EPI-+-GYNOUS〗

e·pig·y·num /ɪpídʒənəm, ep- | ɪpídʒɪ-, ep-/ *n.* 〘動物〙(クモの)雌性生殖孔; (クモの)雌性生殖板. 〖← NL ~ ← EPI-+-*gynum* (← Gk -*gunon* (neut.) ← -*gunos* '-GYNOUS')〗

e·pig·y·ny /ɪpídʒəni, ep- | ɪpídʒɪ-, ep-/ *n.* 〘植物〙子房下位. 〖(1887) ← EPI-+-GYNY〗

ep·i·kle·sis /èpəklíːsɪs | èpɪklíːsɪs/ *n.* (*pl.* **-kle·ses** /-siːz/) 〘神学〙=epiclesis.

epil. 《略》epilepsy; epileptic; epilogue.

ep·i·late /épəlèɪt/ *vt.* 〘医学〙脱毛する. 〖(1886) 《逆成》← EPILATION〗

ép·i·lat·ing wàx /-tɪŋ- | -tɪŋ-/ *n.* 脱毛ワックス.

ep·i·la·tion /èpəléɪʃən/ *n.* 〘医学〙脱毛 (cf. depilation). 〖(1878) □ F *épilation* ← *épiler* ← *é-* 'EX-¹'+L *pilus* hair: ⇨ -ation〗

ép·i·là·tor /-tə | -tə(r/ *n.* 脱毛剤; (特に)脱毛ワックス.

ep·i·lep·sy /épəlèpsi/ *n.* 〘病理〙癲癇(てんかん) (falling sickness) (cf. grand mal, petit mal). 〖(1543) □ (O)F *épilepsie* ∥ LL *epilēpsia* □ Gk *epilēpsía* 《原義》seizure ← *epilambánein* to seize ← EPI-+*lambánein* to take ∽ (a1398) *epilencie* □ OF *epilence* □ LL *epilensia* □ Gk **epilēmpsía*: cf. latch, catalepsy〗

ep·i·lept- /èpəlépt/ (母音の前にくるときの) epilepto- の異形.

ep·i·lep·ti- /èpəléptɪ, -ti/ epilepto- の異形 (⇨ -i-).

ep·i·lep·tic /èpəléptɪk/ *adj.* **1** 癲癇(性)の, 癲癇にかかった: an ~ fit 癲癇の発作. **2** 癲癇にかかったような. — *n.* 癲癇患者. **èp·i·lép·ti·cal·ly** *adv.* 〖(1605) □ F *épileptique* □ L *epilēpticus* □ Gk *epilēptikós*: ⇨ epilepsy, -ic¹〗

ep·i·lep·ti·form /èpəléptəfɔ̀ːm | -tɪfɔ̀ːm/ *adj.* 癲癇(てんかん)に似た. 〖(c1859): ⇨ ↓, -form〗

ep·i·lep·to- /èpəléptoʊ | -təʊ/ 「癲癇(てんかん) (epilepsy)」の意の連結形. ★ 時に epilepti-, また母音の前では通例 epilept- になる. 〖⇨ epileptic〗

ep·i·lep·to·gen·ic /èpəlèptədʒénɪk | -tə(ʊ)-/ *adj.* 癲癇(てんかん)を引き起こす. 〖(c1882) ← EPILEPTO-+-GENIC¹〗

ep·i·lep·toid /èpəléptɔɪd | èpɪ-/ *adj.* **1** =epileptiform. **2** 癲癇(てんかん)病質の: an ~ person. 〖(c1860) ⇨ epilepto-, -oid〗

ep·i·lim·ni·on /èpəlímniὰ(ː)n | èpɪlímniɒ̀n/ *n.* (*pl.* **-ni·a** /-niə/) 〘地質〙表水層《湖水の温度躍層 (thermocline) より上の部分; 水温傾度は少なく強風時には攪拌(かくはん)される; cf. hypolimnion》. 〖(1910) ← NL ~ ← EPI-+Gk *límnion* small pond ((dim.) ← *límnē* pool, lake)〗

ep·i·lith·ic /èpəlíθɪk | èpɪ-/ *adj.* 〈植物が〉石の上に生育する, 石上性の: ~ mosses. 〖← EPI-+-LITHIC〗

ep·i·log /épəlɔ̀(ː)g, -lὰ(ː)g | -lɒ̀g/ *n.* =epilogue.

e·pil·o·gist /ɪpílədʒɪst, ep- | -dʒɪst/ *n.* **1** エピローグ (epilogue) の作者. **2** エピローグの語り手, エピローグを述べる俳優. 〖(1716): ⇨ ↓, -ist〗

ep·i·logue /épəlɔ̀(ː)g, -lὰ(ː)g | -lɒ̀g/ *n.* **1** **a** エピローグ, (劇の)納め口上, 閉幕辞《通例韻文で出演俳優の一人(以上)が述べる; cf. prologue》: an ~ *to* a play. **b** 納め口上の語り手. **2** (小説などの)結び, 終章 (conclusion). **3** 〘音楽〙終楽章, 終結部, コーダ (coda). **4** 《英》(ラジオ・テレビの)最終番組《一日の最後に放送される, 通例宗教的な内容の番組》. — *vt.* …に結語を付ける. 〖(?c1425) □ (O)F *épilogue* □ L *epilogus* □ Gk *epílogos* conclusion: ⇨ epi-, -logue〗

ep·i·mer /épəmə | épɪmə(r/ *n.* 〘化学〙エピマー《光学異性体の一種; 不整炭素原子 1 個のみが鏡像関係にある立体配置をもち, 互変異性する》. **ep·i·mer·ic** /èpəmérɪk | èpɪ-/ *adj.* 〖(1911) □ G *Epimer*: ⇨ epi-, -mer〗

epimera *n.* epimeron の複数形.

e·pim·er·ase /ɪpíməréɪs, ep-, -rèɪz | ɪpíməreɪs, ep-/

n. 〘化学〙エピメラーゼ《エピ化を行う酵素の総称》.〘(1960) ← EPI-+(ISO)MERASE〙

ep·i·mere /ép꞉ɪmɪə | ɛ́pɪmɪə^r/ *n.* 〘動物〙上分節《脊椎動物の胚の胚節中胚葉の背方部》.〘← EPI-+-MERE〙

e·pim·er·ism /ɪ́pímərɪ̀zm, ɛp- | ɪp-, ɛp-/ *n.* 〘化学〙エピ異性, エピメリズム.

ep·i·mer·ize /ép꞉ɪmərὰɪz | ɛ́pɪ-/ *vt.* 〘化学〙エピ化する.〘(1930) ← EPIMER+-IZE〙

ep·i·me·ron /èp꞉ɪmí(ə)rɑ(ː)n | èpɪmíərən/ *n.* (*pl.* **-me·ra** /-rə/) 〘昆虫〙後側板, 肢上部.〘(1872) ← NL ~ ← EPI-+*-meron* (← Gk *mērós* thigh)〙

Ep·i·me·the·us /èp꞉ɪmíːθiəs, -θjuːs | -míːθjuːs, -θiəs/ *n.* 〘ギリシャ神話〙エピメテウス《Prometheus の兄弟で, Pandora の夫》.〘□ L *Epimētheus* □ Gk *Epimētheús* 《原義》afterthought: cf. Prometheus〙

èpi·mórphism *n.* 〘数学〙=surjection.〘← EPI-+MORPHO-+-ISM〙

èpi·mórphosis *n.* 〘動物〙外形成, 真再生, 付加形成《動物体の失われた部分が, 細胞の新生と分化により再生すること》. **èpi·mórphic** *adj.*〘← NL ～: ⇨ epi-, -morphosis〙

èpi·myocárdium *n.* 〘生物〙心筋外膜《発生初期の心臓の中胚葉性の外層で, その後心外膜と心筋に分化する》.〘← NL ～: ⇨ epi-, myocardium〙

ep·i·mys·i·um /èp꞉ɪmíziəm, -ʒiəm | ɛpɪ-/ *n.* (*pl.* **-si·a** /-ziə, -ʒiə/) 〘解剖〙筋外膜, 筋肉鞘(しょう).〘(1900) ← NL ~ ← EPI-+Gk *mûs* mouse, muscle+-IUM〙

èpi·náos *n.* (*pl.* **-naoi**) 〘建築〙エピナオス《古代ギリシャ神殿建築において, 周囲を壁で囲んだ naos (=cella) の後室; cf. pronaos》.〘← EPI-+NAOS〙

ep·i·nas·ty /ép꞉ɪnæ̀sti | ɛ́pɪ-/ *n.* 〘植物〙上偏生長《特に, 葉·花弁の上面が下面よりも勢いよく生長する傾向; ↔ hyponasty》. **ep·i·nas·tic** /èpənǽstɪk | èpɪ-ˊ/ *adj.*〘(1880) □ G *Epinastie*: ⇨ epi-, -nasty: De Vries の造語〙

ep·i·neph·rine /èp꞉ɪnéfrɪ̀n | èpɪnéfriːn, -rɪn/ *n.* (*also* **ep·i·neph·rin** /-rɪ̀n | -rɪn/) 《米》〘生化学〙エピネフリン (⇨ adrenaline).〘(1899) ← EPI-+NEPHRO-+-INE^1〙

ep·i·neu·ri·um /èp꞉ɪnú(ə)riəm, -njú(ə)r- | èpɪnjúər-/ *n.* (*pl.* **-ri·a** /-riə/, **~s**) 〘解剖〙神経上膜.〘(*c*1882) ← NL ～: ⇨ epi-, neuro-, -ium〙

ep·i·ni·ci·an /èp꞉ɪníʃiən | èpɪ-ˊ/ *adj.* (古代ギリシャの)(競技)祝勝歌の.〘(1652) ← Gk *epiníkion* song of victory+-AN^1〙

Èpi·paleolíthic *adj.* 〘考古〙亜旧石器時代の《旧石器時代末期と中石器時代初頭にみられる文化の時代についていう》.〘(1921) □ Sp. *epipaleolítico*〙

ep·i·pas·tic /èp꞉ɪpǽstɪk | èpɪ-ˊ/ 〘医学〙*adj.* 散布用の. — *n.* 散布剤.〘(1710) ← Gk *epípastos* sprinkled over (← *epipássein* to sprinkle over ← EPI-+*pássein* to sprinkle)+-IC^1〙

èpi·pelágic *adj.* 〘生態〙表海水層の《海表面から深さ 100 m 前後までの水層で, 光合成が可能な光が当たる層》.〘(1940) ← EPI-+PELAGIC〙

èpi·pétalous *adj.* 〘植物〙〈花が〉花冠着生の.〘(1845) ← EPI-+-PETALOUS〙

Epiph. 《略》Epiphany.

ep·i·phan·ic /èp꞉ɪfǽnɪk | èpɪ-ˊ/ *adj.* エピファニー的な.〘(1951) ← EPIPHANY+-IC^1〙

e·piph·a·nous /ɪ́pífənəs, ɛp-/ *adj.* =epiphanic.〘1823〙

E·piph·a·ny /ɪ́pífəni, ɛp-/ *n.* **1** [the ~] 〘キリスト教〙 **a** (東方の三博士 (Magi) の訪れによって象徴される)救世主の顕現, 公現. **b** 御公現の祝日, 顕現日《1 月 6 日の三博士来訪の祝日; cf. Twelfth day》. **2** [e-] (神の)出現, 顕現. **3** 〘文学〙 **a** エピファニー《単純平凡な事件や経験を通して直観的に真実の全貌をつかむこと》. **b** エピファニー的な作品[場面].〘(*a*1310) □ (O)F *épiphanie* □ LL *epiphania* □ LGk *epipháneia* ← Gk *epiphaínein* to show forth ← EPI-+*phaínein* to disclose: ⇨ -y^1〙

èpi·phárynx *n.* **1** 〘解剖〙上咽頭, 鼻咽腔. **2** 〘動物〙上咽頭《昆虫の口腔の一部で, 上唇の内表面》.〘(1826) ← NL ～: ⇨ epi-, pharynx〙

epiphenomena *n.* epiphenomenon の複数形.

èpi·phenoménalism *n.* 〘哲学·心理〙付帯[副, 随伴]現象説《意識現象は大脳活動に随伴しそれに支配されるが, 逆は成りたたないとする説; cf. interactionism》. **èpi·phenoménalist** *n.*〘(1899) ← EPIPHENOMEN(ON)+-AL^1+-ISM〙

èpi·phenómenon *n.* (*pl.* **-ena, ~s**) **1** 〘病理〙偶発症状, 余病. **2** 〘哲学〙偶発, 徴候, 副[随伴]現象《他の物を原因としてそれに付随する二次的な徴候·現象; 特に, 身心問題で身体的出来事の随伴現象とみられる心的出来事》. **3** 〘心理〙付帯[副, 随伴]現象《大脳活動に随伴する副現象としての意識》. **èpi·phenómenal** *adj.* **èpi·phenómenally** *adv.*〘(1706) ← EPI-+PHENOMENON〙

ep·i·phloe·dal /èp꞉ɪflíːdl̩ | èpɪ-ˊ/ *adj.* 〘植物〙樹皮の表面に生育する, 樹皮生の: an ~ lichen.〘← EPI-+Gk *phloiós* bark of trees+-AL^1: *-d-* は添加音〙

ep·i·pho·ne·ma /èp꞉ɪfouníːmə | èpɪfə(ʊ)-/ *n.* (*pl.* **~s, -ne·mae** /-miː/) 〘修辞〙エピフォネーマ《話や詩の終りを感嘆文または警句的な評言で結ぶこと》.〘(1579) □ L ~ □ Gk *epiphṓnēma*: ⇨ epi-, phoneme〙

e·piph·o·ra /ɪ́pífərə, ɛp-/ *n.* **1** 〘病理〙流涙(症), 涙漏. **2** 〘修辞〙結句反復《同じ語句を相次いで文尾に反復すること; 例: of the people, by the people, for the people; epistrophe ともいう; ↔ anaphora》.〘(1657) ← NL ～: ⇨ epi-, -phora〙

ep·i·phragm /ép꞉ɪfræ̀m/ *n.* 〘生物〙冬蓋(ふた)《カタツムリや巻貝類が冬眠や夏眠中に, 殻の入り口を覆う薄い膜》.〘(1854) □ Gk *epíphragma* lid ← *epiphrássein* ← EPI-+*phrássein* to fence〙

ep·i·phyll /ép꞉ɪfɪ̀l/ *n.* 〘植物〙葉の表面に生育する着生植物.〘← EPI-+-PHYLL〙

e·piph·y·sis /ɪ́pífəsɪ̀s, ɛp- | -sɪs/ *n.* (*pl.* **-y·ses** /-sìːz/) 〘解剖〙 **1** 骨端 (cf. diaphysis). **2** (脳の)松果体, 松果腺. **e·piph·y·se·al** /ɪ̀pɪfəsíːəl, -zíːəl | -fɪ̀-ˊ/ *adj.* **ep·i·phys·i·al** /èp꞉ɪfíziəlˊ/ *adj.*〘(1634) ← NL ~ ← Gk *epíphusis* outgrowth: ⇨ epi-, physio-〙

ep·i·phy·tal /èp꞉ɪfáɪtl̩ | -tlˊ/ *adj.* 〘植物〙=epiphytic.〘1854〙

ep·i·phyte /ép꞉ɪfàɪt/ *n.* 〘植物〙着生植物《他の植物体の上に生育しているが, その養分を吸い取らない植物; cf. guild 3》.〘(1847–49) ← EPI-+-PHYTE〙

ep·i·phyt·ic /èp꞉ɪfítɪk | -fítˊ/ *adj.* 〘植物〙着生[気生]の: an ~ orchid 着生ラン. **èp·i·phýt·i·cal·ly** *adv.*〘(1830): ⇨ ↑, -ic^1〙

epi·phytólogy *n.* **1** 植物病発生の性質·生態·原因を究明する科学. **2** 植物病または病因をコントロールする因子の全体.〘(1940) ← EPIPHYT(E)+-LOGY〙

èpi·phy·tót·ic /-faɪtɑ́(ː)tɪk | -tɔ́tˊ/ *adj.* 〘植物〙〈病気が〉植物に流行する: an ~ disease 植物流行病. — *n.* 植物流行病の発生.〘(*c*1899) ← EPIPHYTE+-OTIC^1〙

ep·i·plex·is /èp꞉ɪpléksɪ̀s | èpɪpléksɪs/ *n.* 〘修辞〙エピプレクシス《聴衆を奮起させ, または煽動するために修辞的疑問文などを用いて間接に非難すること》.〘(1678) □ LL *epiplēxis* □ Gk *epíplēxis* rebuke ← *epiplḗssein* to strike, rebuke ← EPI-+*plḗssein* to strike: ⇨ -sis〙

e·pip·lo·on /ɪ́píplouɑ̀(ː)n, ɛp- | -ləuɔ̀n/ *n.* (*pl.* **-lo·a** /-louə | -ləuə/) 〘解剖〙大網 (greater omentum).〘(1541) ← NL ~ ← Gk *epíploon* ← *epipléein* to float on〙

epipodia *n.* epipodium の複数形.

e·pip·o·dite /ɪ́pípədàɪt, ɛp-/ *n.* 〘動物〙(節足動物の)副肢.〘(1869) ← EPI-+-PODITE〙

ep·i·po·di·um /èp꞉ɪpóudiəm | èpɪpə́ud-/ *n.* (*pl.* **-di·a** /-diə | -diə/) 〘動物〙(腹足類の)上足.〘(1877) ← NL ～: ⇨ epi-, podium〙

ep·i·proct /ép꞉ɪprɑ̀(ː)kt | ɛ́pɪprɔ̀kt/ *n.* 〘昆虫〙肛上板, 肛片《肛門上部の背側にある板》.

e·pi·ro- /ɪ́páɪrou, ɛp- | -páɪ(ə)rəu/ =epeiro-.

epìro·génic *adj.* 〘地質〙=epeirogenic.

e·pi·rog·e·ny /èpaɪrɑ́(ː)dʒəni | èpaɪ(ə)rɔ́dʒɪ-/ *n.* 〘地質〙=epeirogeny.

E·pi·rote /ɪ́páɪrout, ɛp- | -páɪərəut/ *n.* (*also* **E·pi·rot** /-rət/) エーペイロス (Epirus) の住人.〘(1660) □ L *Ēpīrōtēs* □ Gk *Ēpeirṓtēs* ← *Ḗpeiros* (↓)〙

E·pi·rus /ɪ́páɪrəs, ɛp- | -páɪər-/ *n.* エーペイロス: **1** 古代ギリシャの一地域《今のギリシャ北西部と Albania 南部に当たる》. **2** 現在のギリシャ北西部のイオニア海に臨む地方.〘□ L *Ēpīrus* □ Gk *Ḗpeiros*〙

Epis. 《略》Episcopal; Episcopalian; Epistle.

Episc. 《略》Episcopal; Episcopalian.

e·pi·sci·a /ɪ́píʃiə/ *n.* 〘植物〙熱帯アメリカ産イワタバコ科エピスシア属 (*Episcia*) の多年草の総称.〘(*c*1868) ← NL ~ ← Gk *epískia* (fem.) ← *epískios* shaded, dark ← EPI-+*-skios* (← *skiá* shade)〙

e·pis·co·pa·cy /ɪ́pískəpəsi | ɪp-, ɛp-/ *n.* **1** 監督[主教, 司教]制度 (bishops による教会政治形式); 監督[主教, 司教]政治. **2** 監督[主教, 司教]の職[任期]. **3** [the ~; 集合的] 監督[主教, 司教]団.〘(1647) ← LL *episcopātus* 'EPISCOPATE'+-ACY〙

e·pis·co·pal /ɪ́pískəpəl, -pl̩ | ɪp-, ɛp-/ *adj.* **1** 監督[主教, 司教]の, 監督[主教, 司教]団の: ~ government 監督[主教, 司教]政治 / an ~ ring (聖職の象徴として) bishop が儀式の時につける指輪. **2** [時に E-] (教会政治で)監督[主教, 司教]制の: the Methodist *Episcopal* Church メソジスト監督教会. **3** [E-] 監督派[英国国教会派]の: ⇨ Episcopal Church. — *n.* 《口語》=Episcopalian.〘(*c*1460) □ (O)F *épiscopal* // LL *episcopālis* ← L *episcopus* 'overseer, (LL) BISHOP': ⇨ -al^1〙

Epíscopal Chúrch *n.* **1** [the ~] (英国)聖公会, 英国国教会. **2** [The ~] 米国聖公会 (cf. Protestant Episcopal Church).

E·pis·co·pa·li·an /ɪ̀pɪ̀skəpéɪliən, -ljən | ɪ̀p-, ɛp-ˊ/ *adj.* **1** 監督[主教, 司教]制教会の[に属する]. **2** [e-] 監督[主教, 司教]制の; 監督制を支持する: the *episcopalian* system (教会の)監督[主教, 司教]制度. — *n.* **1** 監督[主教, 司教]制教会員; (特に)英国国教会員; 聖公会員. **2** [e-] 監督[主教, 司教]制主義者.〘(1690) ← EPISCOPAL+-IAN〙

E·pìs·co·pá·li·an·ìsm /-nɪ̀zm/ *n.* 監督制教会員[英国国教会員, 聖公会員]の主義·慣行.〘(1846): ⇨ ↑, -ism〙

e·pís·co·pal·ìsm /-lɪ̀zm/ *n.* (教皇制度 (papalism) に対する)監督[主教, 司教]制主義《教権は教皇のような一個人にあるのではなく, 監督[主教, 司教]団にあるという説》.

e·pís·co·pal·ly *adv.* 監督[主教, 司教]によって.〘(1680) ← EPISCOPAL+-LY^1〙

epíscopal vícar *n.* 〘カトリック〙司教代理《司教区の一部を牧することを委ねられた司祭》.

e·pis·co·pate /ɪ́pískəpɪ̀t, -pèɪt | ɪp-, ɛp-/ *n.* **1** 監督[主教, 司教]の職[任期]; 監督[主教, 司教]区 (bishopric). **2** [the ~; 集合的] 監督[主教, 司教]団. **3** 監督[主教, 司教]の聖職給.〘(1641) □ LL *episcopātus* ← *episcopus*: ⇨ episcopal, -ate^1〙

ep·i·scope /ép꞉ɪskòup | ɛ́pɪskəup/ *n.* 反射投映機《反射光を用いて不透明体の画像を映写する投映器》.〘(1909) ← EPI-+-SCOPE〙

e·pis·co·pize /ɪ́pískəpàɪz | ɪp-, ɛp-/ *vt.* **1** 監督[主教, 司教]にする. **2** 監督[主教, 司教]制教会員[主義者]にする. — *vi.* 監督[主教, 司教]を勤める.〘(1649) ← EPISCOP(AL)+-IZE〙

èpi·semátic *adj.* 〘動物〙〈色彩が〉同一種間での認識に役立つ.〘(1890) ← EPI-+SEMATIC〙

èpi·sémeme *n.* 〘言語〙文法意義素 (Bloomfield の用語; 文法素 (tagmeme) の意義).〘← EPI-+SEMEME〙

èpi·sépalous *adj.* 〘植物〙〈雄蕊(ずい)が〉萼(がく)上着生の.〘(1882) ← EPI-+-SEPALOUS〙

e·pis·i·o- /ɪ́píziou, ɛp- | -ziəu/ 「陰門 (vulva); 陰門と…との (vulva and …)」の意の連結形.〘← NL ~ ← Gk *epíseion* pubic region ← ?〙

e·pis·i·ot·o·my /ɪ̀pɪziɑ́(ː)təmi, ɛp- | -ɔ́t-, ɛp-/ *n.* 〘産科〙会陰切開(術).〘(1878): ⇨ ↑, -tomy〙

ep·i·sode /épəsòud | ɛ́pɪsəud/ *n.* **1** (小説·劇などの中間にはさむ)挿話, エピソード. **2** 挿話的な出来事《特に, 重要な事件·経験》(⇨ occurrence SYN): an ~ in history [one's life] 歴史上の[自分の一生の中の]挿話的事件. 日英比較 日本語の「エピソード」は挿話的でない「こぼれ話」についても用いるが,「こぼれ話」は英語では anecdote という. **3** (小説·放送番組などで, 連続ものの)一回(分), エピソード. **4** 〘音楽〙挿入部, 挿句, 間奏《二つの固定的な主題の間にある自由な楽節(句); 特にコンチェルト形式やロンド形式に不可欠》. **5** 〘映画〙回想形式の挿話を見せる場面. **6** (古代ギリシャ悲劇の, 二つの合唱の間にはさんだ)対話の場面. **7** 〘医学〙(再発性疾患の)症状の発現, 短期間の発作.〘(1678) □ Gk *epeisód-ion* a parenthetic addition (neut.) ← *epeisódios* coming in besides ← EPI-+*eísodos* entering: ⇨ -ode^2〙

ep·i·sod·ic /èpəsɑ́(ː)dɪk | èp꞉ɪsɔ́dˊ/ *adj.* **1** 挿話の, エピソード風の. **2** 偶発的な, 時たまの, 気まぐれな: one's ~ show of regard 時たまに敬意を示すこと.〘(1711): ⇨ ↑, -ic^1〙

èp·i·sód·i·cal /-dɪ̀kəl, -kl̩ | -dɪˊ/ *adj.* =episodic.〘1667〙

èp·i·sód·i·cal·ly *adv.* エピソード風に; 偶発的に; 無関連に, ばらばらに.〘(1753): ⇨ ↑, -ly^1〙

ep·i·some /ép꞉ɪsòum | ɛ́pɪsəum/ *n.* 〘生物〙エピソーム, 遺伝子副体《バクテリア細胞中にあり, ある時は染色体に取り込まれ, ある時は細胞質内で増殖する遺伝子》. **ep·i·som·al** /èp꞉ɪsóuməl, -ml̩ | èpɪsə́u-ˊ/ *adj.* **èpi·sóm·al·ly** *adv.* **ep·i·so·mic** /èp꞉ɪsóumɪk | èpɪsə́u-ˊ/ *adj.*〘(1931) ← EPI-+-SOME^3〙

ep·i·spa·di·as /èp꞉ɪspéɪdiəs | èpɪspéɪdi-/ *n.* 〘病理〙尿道上裂.〘← NL ~ ← EPI-+*-spadias* (← ? Gk *spádōn* eunuch: cf. spado)〙

ep·i·spas·tic /èp꞉ɪspǽstɪk | èpɪ-ˊ/ 《廃》〘医学〙*adj.* 引赤性の, 水疱(ほう)を生じる, 発疱の, 吸出しの. — *n.* 皮膚刺激薬, 発疱剤, 吸出し薬.〘(1657) ← NL *epispasticus* ← Gk *epispastikós* drawing toward ← *epispân* ← EPI-+*span* to draw: cf. spasm〙

épi·spèrm *n.* 〘植物〙=testa.〘(1819) ← EPI-+SPERM〙

épi·spòre *n.* **1 a** 〘植物〙胞子 (spore) 外膜[外被]. **b** 〘細菌〙=exospore 2. **2** 〘生物〙胞子嚢(のう)の外層.〘(1835) ← EPI-+-SPORE〙

Epist. 《略》Epistle.

e·pis·ta·sis /ɪ́pístəsɪ̀s, ɛp- | -sɪs/ *n.* (*pl.* **-ta·ses** /-sìːz/) **1** 〘生物〙(ある遺伝因子の他の遺伝因子に対する)上位, 優勢. **2** 〘医学〙 **a** (血液·月経·悪露(ろ)などの)鬱滞(たい), 停止. **b** 泡渣(さ)《尿の表面にできる浮き泡または薄膜》. **ep·i·stat·ic** /èp꞉ɪstǽtɪk | -stǽtˊ/ *adj.*〘(1807) ← NL ~ ← Gk *epístasis* a stopping: ⇨ epi-, -stasis〙

e·pis·ta·sy /ɪ́pístəsi, ɛp-/ *n.* =epistasis.〘(1918): ⇨ ↑, -y^1〙

ep·i·stax·is /èp꞉ɪstǽksɪ̀s | -sɪs/ *n.* 〘病理〙鼻出血, 鼻血.〘(1793) ← NL ~ ← Gk *epístaxis* dropping ← *epistázein* to drop on ← EPI-+*stázein* to drop〙

ep·i·ste·me /èp꞉ɪstíːmiː, -mi/ *n.* 知識; 認識.〘(1967) □ Gk *epistḗmē* ← *epístanai* to know, understand ← EPI-+*histánai* to set〙

ep·i·ste·mic /èp꞉ɪstíːmɪk, -stém-ˊ/ *adj.* **1** 〘哲学〙認識的な, 認識上の. **2** 〘言語〙陳述緩和の: ~ passive 陳述緩和受動文《対応する能動文のない受動文が文の陳述を緩和するところから; 例: He is said to be a scholar.》/ ~ verb 陳述緩和動詞《陳述緩和受動文で用いられる動詞; know, say, think など》. **èp·i·sté·mi·cal·ly** *adv.*〘(1922) ← Gk *epistḗmē* (↑)+-IC^1: cf. epistemology〙

ep·i·ste·mics /èp꞉ɪstíːmɪks, -stém- | èpɪ-/ *n.* 《英》エピステミックス《知の総体的研究》.〘(1969): ⇨ ↑, -ics〙

e·pis·te·mo·log·i·cal /ɪ̀pɪstəməlɑ́(ː)dʒɪ̀kəl, ɛp-, -kl̩ | -tɪ̀məlɔ́dʒɪ-ˊ/ *adj.* 〘哲学〙認識論上の, 認識論的な. **~·ly** *adv.*〘(1882) ← EPISTEMOLOGY+-ICAL〙

e·pis·te·mól·o·gist /-dʒɪ̀st | -dʒɪst/ *n.* 認識論学者.〘(*a*1897): ⇨ ↓, -ist〙

e·pis·te·mol·o·gy /ɪ̀pɪstəmɑ́(ː)lədʒi, ɛp- | -tɪ̀mɔ́l-/ *n.* 〘哲学〙認識論.〘(1856) ← *epistemo-* (← Gk *epistḗmē* knowledge: ⇨ episteme)+-LOGY〙

e·pis·te·mo·phil·i·a /ɪ̀pɪstəmoufíliə, ɛp- | -tɪ̀mə(ʊ)-/ *n.* 好学; 学問に対する異常な関心. **e·pis·te·mo·phil·i·ac** /ɪ̀pɪstəmoufíliæ̀k, ɛp- | -tɪ̀mə(ʊ)-/ *n.* **e·pis·te·mo·phil·ic** /ɪ̀pɪstəmoufílɪk, ɛp- |

E

-təmə(ʊ)-ˊ/ *adj.* 〖← NL ～ ← *epistemo-* (↑)＋-PHILIA〗

ep·i·ster·num /èpəstə́:nəm | èpɪstə́:-/ *n.* (*pl.* **-sterna** /-nə/) **1** 〘解剖〙胸骨柄(ᵉ̃ᵘ) (manubrium). **2** 〘動物〙上胸骨; 〘昆虫〙前側板 (cf. metapleuron). **èp·i·stér·nal** /-nl̩ˊ/ *adj.* 〖(1855) ← NL ～: ⇨ epi-, sternum〗

e·pis·tle /ɪ̀písl | ɪp-, ɛp-/ *n.* **1** 《通例戯言》書簡, 手紙《特に, 儀礼的·教訓的なもの》. **2** [E-] (新約聖書中の)使徒の書簡: the *Epistle* of Paul to the Romans (新約聖書の)ロマ書. **3** [the E-] (儀式の一部として読む[歌う])使徒書簡の抜粋. **4** (韻文·散文の)書簡体作品. 〖ME *epistel* □ OF *epistle* (F *épître*) □ L *epistola* □ Gk *epistolḗ* message, letter ← *epistéllein* to send ← EPI-＋*stéllein* to send ∞ OE *epistole* □ L *epistola*〗

E

e·pis·tler /ɪ̀písl͡ə, -slə | ɪ̀pís(t)ləʳ, ɛp-/ *n.* ＝epistoler. 〖(1610): ⇨ ↑, -er¹〗

epístle sìde *n.* [しばしば E-] (祭壇の)使徒書側, 書簡側《聖餐式において使徒書を朗読する側; 会衆席から祭壇に向かって右側; cf. gospel side》. 〖1885〗

e·pis·to·lar·y /ɪ̀pístəlèri, èpɪstá(:)ləri | ɪ̀pístələri, ɛp-, èpɪstɔ́l-/ *adj.* **1** 書簡の; 手紙による: ～ communications 文通. **2** 書簡体の; 手紙にふさわしい: an ～ style 書簡体 / an ～ novel 書簡体小説. — *n.* [*pl.*] 礼拝用書簡集を含む聖句集. 〖(1656) □ F *épistolaire* // L *epistolārius* ← *epistola*: ⇨ epistle, -ary〗

e·pis·to·ler /ɪ̀pístələ | ɪ̀pístələ(ʳ)/ *n.* **1** 書簡の筆者; (特に新約聖書中の使徒の書簡 (Epistle) の)筆者《Paul, James, Peter, John, Jude たちをいう》. **2** (英国国教会で聖餐式の)使徒書簡の朗読者 (cf. gospeler 1). 〖(1530) □ F *épistolier* // L *epistolāris* ← *epistola* (↑): ⇨ -er¹〗

ep·i·stol·ic /èpɪstá(:)lɪk | èpɪstɔ́l-ˊ/ *adj.* ＝epistolary. 〖1741〗

èp·i·stól·i·cal /-lɪ̀kəl, -kl̩ | -lɪ-ˊ/ *adj.* ＝epistolary. 〖1655〗

e·pis·to·lize /ɪ̀pístəlàɪz | ɪp-, ɛp-/ *vi.* 書簡をしたためる. — *vt.* …に書簡を寄せる. 〖(*c*1645) ← EPISTLE＋-IZE〗

e·pis·to·log·ra·phy /ɪ̀pìstəlá(:)grəfi | ɪ̀pìstəlɔ́g-, ɛp-/ *n.* 書簡文作法. 〖(1888) ← EPISTLE＋-GRAPHY〗

ep·i·stome /èpɪstòum | èpɪstəum/ *n.* 〘動物〙口上突起. 〖(1852) ← NL *epistoma*: ⇨ epi-, -stome〗

e·pis·tro·phe /ɪ̀pístrəfi, -fi: | ɪ̀pístrəfi, ɛp-/ *n.* **1** 〘修辞〙＝epiphora 2. **2** 〘音楽〙反復, 結句反復《一段落ごとに同じ楽句で終わること》. **3** 〘哲学〙回帰《新プラトン派の用語で, 善一者である神からの離離(ᵉ̃ᵘ)と, この離反を自覚し理性が行う一者への回転をいう》. 〖(*c*1584) □ Gk *epistrophḗ* turning about: ⇨ epi-, strophe〗

ep·i·style /èpɪstàɪl | èpɪ-/ *n.* 〘建築〙＝architrave 1. 〖(1615) □ F *épistyle* // L *epistȳlium* □ Gk *epistū́lion*: ⇨ epi-, -style¹〗

èpi·sýllogism *n.* 〘論理〙後[承前]三段論法《複合三段論法で, 先行する三段論法の結論が後続するそれの前提となっている場合, 後者をいう; cf. prosyllogism》. 〖(1837–38) ← EPI-＋SYLLOGISM〗

epit. 《略》epitaph; epitome.

ep·i·taph /èpɪtæ̀f | -tà:f, -tæf/ *n.* **1** 墓碑銘, 墓誌碑文. **2** 故人[過去の事柄]を記念する碑文体の小(詩)文. — *vt.* 〈人·事柄を〉墓碑[小(詩)文]によって記念する.

ep·i·taph·i·al /èpɪtǽfiəlˊ/, **èp·i·táph·ic** /-tǽfɪkˊ/ *adj.* 〖(*a*1338) □ (O)F *épitaphe* □ L *epitaphium* □ Gk *epitáphion* funeral oration (neut.) ← *epitáphios* upon a tomb ← EPI-＋*táphos* tomb〗

ép·i·tàph·ist /-fɪst | -fɪst/ *n.* 墓碑銘[碑文]の作者. 〖(1883): ⇨ ↑, -ist〗

e·pit·a·sis /ɪ̀pítəsɪs | ɪ̀pítəsɪs, ɛp-/ *n.* (古代演劇の前提部 (protasis) に続いて事件が発展する)展開部. 〖(1589) ← NL ～ ← Gk *epítasis* a stretching ← *epiteínein* to stretch upon ← EPI-＋*teínein* to stretch〗

ep·i·tax·i·al /èpɪtǽksiəlˊ/ *adj.* エピタクシー (epitaxy) の[に関する]. **～·ly** *adv.* 〖(1949) ← EPITAXY＋-AL¹〗

epitáxial grówth *n.* 〘電子工学〙エピタキシャル成長《半導体基板上に結晶軸とそろえて半導体を成長させていく半導体素子製造法》. 〖1960〗

epitáxial transístor *n.* 〘電子工学〙エピタキシャルトランジスター《エピタキシャル成長法により作られたトランジスター》.

ep·i·tax·is /èpɪtǽksɪs | -sɪs/ *n.* 〘結晶〙＝epitaxy. 〖← EPI-＋-TAXIS〗

ep·i·tax·y /èpɪtæ̀ksi/ *n.* 〘結晶〙エピタクシー, 配向成長《一つの結晶が他の結晶の表面上に成長するとき両者の方位の間に一定の関係が見られる現象; epitaxis ともいう》.

ep·i·tax·ic /èpɪtǽksɪkˊ/ *adj.* 〖(1929) □ F *épitaxie*: ⇨ epi-, -taxy〗

epithalami *n.* epithalamus の複数形.

epithalamia *n.* epithalamion, epithalamium の複数形.

ep·i·tha·la·mi·al /èpəθəléɪmiəl | èpɪ-ˊ/ *adj.* ＝epithalamic. 〖(1879) ← EPITHALAMI(UM)＋-AL¹〗

ep·i·tha·lam·ic /èpɪθəlǽmɪkˊ/ *adj.* 祝婚歌(風)の. 〖(1756) ← EPITHALAM(IUM)＋-IC¹〗

ep·i·tha·la·mi·on /èpɪθəléɪmiən, -mià(:)n | -miən, -miɔ̀n/ *n.* (*pl.* **-mi·a** /-miə/) **1** [E-]「祝婚歌」(Edmund Spenser 作の長詩 (1595)). **2** ＝epithalamium. 〖(1595) □ Gk *epithalámion* (↓)〗

ep·i·tha·la·mi·um /-miəm/ *n.* (*pl.* **～s, -mi·a** /-miə/) 婚礼を祝う歌, 祝婚歌 (nuptial song). 〖(*c*1589) □ L ～ □ Gk *epithalámion* bridal song (neut.) ← *epithalámios* nuptial ← EPI-＋*thálamos* bridal chamber〗

ep·i·thal·a·mus /èpɪθǽləməs | èpɪ-/ *n.* (*pl.* **-a·mi** /-màɪ/) 〘解剖〙視床上部《間脳の最上部》. 〖(1902) ← NL ～: ⇨ epi-, thalamus〗

ep·i·thal·a·my /èpɪθǽləmi | èpɪ-/ *n.* ＝epithalamium. 〖1589〗

èpi·théca *n.* **1** 外莢(ᵉ̃ᵘ)《イシサンゴ類に見られる莢壁の下部を覆う外部の層》. **2** 〘植物〙上殻, 上函《珪藻類の細胞の二つの汁杏状に重なった殻の外側の殻; cf. hypotheca》. 〖(1861) □ L ～ □ Gk *epithḗkē* ← *epí* on＋*thḗkē* case〗

ep·i·the·ci·um /èpɪθí:siəm | èpɪ-/ *n.* (*pl.* **-ci·a** /-siə/) 〘生物〙(子嚢菌類の)子実上層. 〖(1879) ← NL ～: ⇨ epi-, -thecium〗

ep·i·the·li- /èpɪθí:li | èpɪ-/ (母音の前にくるときの) epithelio- の異形.

epithelia *n.* epithelium の複数形.

ep·i·the·li·al /èpɪθí:liəl | èpɪ-ˊ/ *adj.* 〘生物〙上皮の, 上覆組織の: ～ cells 上皮細胞. 〖(1845) ← EPITHELIO-＋-AL¹〗

ep·i·the·li·al·ize /èpɪθí:liəlàɪz | èpɪ-/ *vt., vi.* ＝epithelize.

épithelial péarl *n.* 〘病理〙(上皮腫 (epithelioma) 内に生じる)上皮真珠.

ep·i·the·li·o- /èpɪθí:liou | èpɪθí:liəu/ *n.*「上皮 (epithelium)」の意の連結形. ★ 母音の前では通例 epitheli- になる. 〖⇨ epithelium〗

ep·i·the·li·oid /èpɪθí:liɔ̀ɪd | èpɪ-/ *adj.* 〘生物〙上皮のような, 上皮に似た. 〖(1878) ← EPITHELIO-＋-OID〗

ep·i·the·li·o·ma /èpɪθì:lióumə | èpɪθì:liə́u-/ *n.* (*pl.* **～s, ～·ta** /～tə | ～tə/) 〘病理〙上皮腫(ᵉ̃ᵘ), 上皮癌(ᵉ̃ᵘ).

èp·i·the·li·óm·a·tous /-təs | -təsˊ/ *adj.* 〖(1872) ← NL ～: ⇨ epithelio-, -oma〗

epithèlio·múscular *adj.* 〘動物〙上皮筋の: an ～ cell 上皮筋細胞. 〖← EPITHELIO-＋MUSCULAR〗

ep·i·the·li·um /èpɪθí:liəm | èpɪ-/ *n.* (*pl.* **～s, -li·a** /-liə/) **1** 〘解剖·動物〙上皮 (cf. endothelium). **2** 〘植物〙新皮, 皮膜組織, 上皮. 〖(1748) ← NL ～ ← EPI-＋Gk *thēlḗ* teat, nipple＋L *-um* (□ Gk *-ion* (dim. suf.))〗

ep·i·the·lize /èpɪθí:làɪz | èpɪ-/ 〘生物〙*vt.* 〈傷口などを〉上皮で覆う, 〈他の組織を〉上皮に変える. — *vi.* 〈傷口などが〉上皮でふさがる.

ep·i·thet /èpəθèt, -θɪt/ *n.* **1** (性質·属性を言い表す)形容語句, 形容辞, 修飾語《verdant lawn の verdant; Richard the Lion-Hearted の Lion-Hearted など》. **2** (人や物の名の代わりに用いられる)別称《the Lord の代わりに the Eternal を用いるような場合》. **3** 悪口[軽蔑]の語(句): 'Un-American' can be an ～.「非アメリカ的」は軽蔑語になる場合がある. **4** 〘生物〙小名《例えば *Rosa chinensis longifolia* のうち *chinensis* は種小名 (specific epithet), *longifolia* は変種小名 (varietal epithet)》. **5** 《廃》表現 (expression). 〖(1579) □ F *épithète* // L *epitheton* □ Gk *epítheton* an adjunct, adjective (neut.) ← *epíthetos* added ← EPI-＋*tithénai* to put〗

ep·i·thet·ic /èpəθétɪk | -θét-ˊ/ *adj.* **1** 形容語句の, 形容辞的の. **2** 形容辞を用いた. **èp·i·thét·i·cal·ly** *adv.* 〖(*a*1764): ⇨ ↑, -ic¹〗

èp·i·thét·i·cal /-tɪ̀kəl, -kl̩ | -tɪ-ˊ/ *adj.* ＝epithetic. 〖1715〗

epith·e·ton /ɪ̀píθətà(:)n | -θɪtɔ̀n/ *n.* ＝epithet. 〖(1547) □ L ～ (cf. epithet)〗

e·pit·o·me /ɪ̀pítəmi, ɛp-, -mì: | -təmi/ *n.* **1** 典型的[理想的]な例, 権化: He is the ～ *of* diligence. 勤勉の権化だ. **2** (…の)縮図: man, the world's ～ 世界の縮図である人間 / in ～ 縮図の形で. **3** (書籍·論文などの)要約, 摘要; (作品などの)梗概, 概要, あらまし. **ep·i·tom·ic** /èpɪtá(:)mɪk | èpɪtɔ́m-ˊ/ *adj.* **èp·i·tóm·i·cal** *adj.* 〖(1520) □ L *epitomē* □ Gk *epitomḗ* ← *epitémnein* to abridge ← EPI-＋*témnein* to cut: ⇨ tome〗

e·pít·o·mist /-mɪ̀st | -mɪst/ *n.* 摘要[梗概]作者. 〖(1611): ⇨ ↑, -ist〗

e·pit·o·mize /ɪ̀pítəmàɪz, ɛp- | -tə-/ *vt.* **1** 縮図的に示す, 具現する. **2** …の摘要[梗概]を作る, 要約[摘要]する. **e·pit·o·mi·za·tion** /ɪ̀pìtəmɪ̀zéɪʃən, ɛp- | -təmaɪ-, -mɪ-/ *n.* 〖(1594) ← EPITOM(E)＋-IZE〗

e·pít·o·mìz·er *n.* ＝epitomist. 〖1615〗

ep·i·tope /èpɪtòup | èpɪtəup/ *n.* 〘医学〙エピトープ《antigenic determinant の別名》. 〖(1960) ← EPI-＋Gk *tópos* place〗

ep·i·tra·che·li·on /èpɪtrəkí:lià(:)n, -liən | -liɔ̀n, -liən/ *n.* (*pl.* **-li·a** /-liə/) 〘東方正教会〙エピトラケリオン《司祭が肩から垂らすストールの一種; cf. stole² 1》. 〖□ MGk *epitrákhēlion* (neut.) ← *epitrákhēlios* ← EPI-＋Gk *-trakhēlios* (← *trákhēlos* neck)〗

ep·i·tro·choid /èpɪtróukɔɪd | èpɪtrə́u-/ *n.* 〘数学〙外トロコイド(曲線)《円の外側を転がる円周の半径もしくはその延長上の円周上にない定点が描く曲線; cf. epicycloid, hypotrochoid》. 〖(1843) ← EPI-＋TROCHOID〗

e·pit·ro·phy /ɪ̀pítrəfi, ɛp-/ *n.* 〘植物〙傾上性《側枝·側根の上側が下側よりよけいに生長すること; ↔ hypotrophy》. 〖← EPI-＋-TROPHY〗

ep·i·xy·lous /èpɪzáɪləs | èpɪ-ˊ/ *adj.* 〘植物〙木の上に生育する, 樹上生の: ～ fungi 樹上生のキノコ. 〖← EPI-＋XYLO-＋-OUS〗

ep·i·zeux·is /èpɪzú:ksɪs | èpɪzjú:ksɪs, -zú:k-/ *n.* 〘修辞〙畳語法《同一語を続けて反復させる強調法; 例: *Out, out,* brief candle》. 〖(1589) □ LL ～ □ Gk *epízeuxis* ← *epizeugnúnai* to fasten together ← EPI-＋*zeugnúnai* to join〗

epizoa *n.* epizoon の複数形.

ep·i·zo·ic /èpɪzóuɪk | èpɪzə́u-ˊ/ *adj.* **1** 〘生物〙体外寄生の, 体表着生の: an ～ plant 体表着生植物. **2** 〈植物の種などが〉動物に付着してまき散らされる. 〖(1857): ⇨ epi-, -zoic¹〗

ep·i·zo·ism /èpɪzóuɪzm̩ | èpɪzə́u-/ *n.* 〘生物〙体外寄生, 体表着生.

ep·i·zo·ite /èpəzóuaɪt | èpɪzə́u-/ *n.* 〘生物〙体外寄生体, 体表着生体. 〖⇨ -ite¹〗

ep·i·zo·ol·o·gy /èpɪzouá(:)lədʒi | èpɪzəuɔ́l-/ *n.* ＝epizootiology. 〖← EPI-＋ZOO-＋-LOGY〗

ep·i·zo·on /èpɪzóuɑ(:)n | èpɪzə́uɔn/ *n.* (*pl.* **-zo·a** /-zóuə | -zə́uə/) 〘動物〙(動物体への)付着生物; 外部寄生虫 (ectozoon). 〖(1836–39) ← NL ～: ⇨ epi-, -zoon〗

ep·i·zo·ot·ic /èpɪzouá(:)tɪk | èpɪzəuɔ́t-ˊ/ *adj.* 〈動物の病気が〉流行性の《人間の病気の epidemic に相当する; cf. enzootic, panornithic》. — *n.* 家畜の流行病.

èp·i·zo·ót·i·cal·ly *adv.* 〖(1748) □ F *épizootique*: ⇨ epi-, zoo-, -otic¹〗

èpizootic áphtha *n.* 〘獣医〙＝foot-and-mouth disease.

ep·i·zo·o·ti·ol·o·gy /èpɪzouòuṭiá(:)lədʒi | èpɪzəu-əutiɔ́l-/ *n.* **1** 動物流行病学. **2** 動物病発生の支配要因. **ep·i·zo·o·ti·o·log·ic** /èpɪzouòuṭiəlá(:)-dʒɪk | èpɪzəuəutiəlɔ́dʒ-ˊ/, **ep·i·zo·ò·ti·o·lóg·i·cal** /-dʒɪ̀kəl, -kl̩ | -dʒɪ-ˊ/ *adj.* **èp·i·zo·ò·ti·o·lóg·i·cal·ly** *adv.* 〖(1910): ⇨ ↑, -logy〗

ep·i·zo·o·tol·o·gy /èpɪzòuətá(:)lədʒi | èpɪzəuətɔ́l-/ *n.* ＝epizootiology. 〖(1781) ← EPIZOOT(IC)＋-OLOGY〗

ep·i·zo·o·ty /èpɪzóuəṭi | èpɪzə́uəti/ *n.* ＝epizootic. 〖(1781) □ ? F *épizootie*: ⇨ epizootic, -y¹〗

EPL 《略》excess-profits levy.

EPLF 《略》Eritrean People's Liberation Front エリトリア人民解放戦線.

e plu·ri·bus u·num /i:plúᵊrəbəsjú:nəm, i:plú:-rɪbusú:num | eɪplúərɪbʊs(j)ú:nəm, i:-, -plɔ́:r-, i:plú:-rɪbùsú:nʊm/ *L.* 多数からできた一つ, 多数の統一 (one out of many)《米国の国璽(ᵉ̃ᵘ)および一部の硬貨の標語》.

EPN *n.* 〘薬学〙イーピーエヌ《殺虫剤》. 〖(頭字語) ← *e(thyl)-p(ara)-n(itro-phenyl)*〗

EPNS 《略》electroplated nickel silver. 〖1897〗

EPO 《略》〘生化学〙erythropoietin; European Patent Office 欧州特許庁.

ep·och /épək, épɑ(:)k, í:pɑ(:)k | í:pɔk, ɛ́p-/ *n.* **1** 新紀元; 新時代の始まり: make [form, mark] an ～ in English literature 英文学に一新紀元を開く[新機軸を出す]. **2** (画期的な)時代 (⇨ period SYN): an ～ of revolution 革命時代 / a great ～ in history 歴史上の画期的一時代 / the Napoleonic ～ ナポレオン時代. **3** 記念すべき事件[日時]: the ～*s* of our life 人生の記念すべき事件. **4** 〘地質〙(地質時代区分の)世 (cf. period 9): the diluvial ～ 洪(ᵉ̃ᵘ)積世. **5** 〘天文〙**a** 元期(ᵉ̃ᵘ)《惑星軌道要素の一つ; また星表·星図等の基準年》. **b** 〘宇宙〙時代《宇宙の歴史を論じるときに使う》; (宇宙の開闢より数えた)時間. **6** 〘物理〙＝displacement 4. 〖(1614) ← NL *epocha* // □ F *époque* □ ML *epocha* □ Gk *epokhḗ* stoppage, fixed point of time ← *epékhein* to stop ← *ep-* 'EPI-'＋*ékhein* to hold〗

ep·och·al /épəkəl, épɑ(:)k-, -kl̩ | ɛ́pɔk-, í:p-, -pək, i:pɔ́k-/ *adj.* 新時代の, 画期的な (epoch-making). **～·ly** *adv.* 〖(1685): ⇨ ↑, -al¹〗

ep·o·che /épəki:/ *n.* 〘哲学〙エポケ, 判断中止《人間には本来到達不可能である真で絶対確実な知識の探究や決定を控え, この種のかかわりから心を解放して平静を得るためにギリシャの古代懐疑論者が推奨した態度; 方法論的には Descartes, Husserl らにも受けつがれている》. 〖□ Gk *epokhḗ*: ⇨ epoch〗

époch-màking *adj.* 新紀元を開くような, 新時代を画する, 画期的な: an ～ event [discovery] 画期的な事件[発見]. 〖(1863): cf. G *epochemachend*〗

ep·ode /époud | ɛ́pəud/ *n.* 〘詩学〙**1** (ギリシャの詩人 Archilochus が考案し, Horace が用いた)叙情短詩型《長短の行が交互し, 叙情的なものと諷刺的なものがある》. **2** ギリシャの合唱歌 (chorus) や叙情歌 (lyric ode) を構成する strophe と antistrophe とに続く終結[第三]部. 〖(1598) □ (O)F *épode* // L *epōdos* □ Gk *epōidós* aftersong: ⇨ epi-, ode〗

ep·o·nych·i·um /èpəníkiəm | èpə(ʊ)-/ *n.* **1** 〘生物〙胎生爪皮. **2** 〘解剖〙爪上皮. 〖(1885) ← NL ～: ⇨ epi-, onycho-, -ium〗

ep·o·nym /épənìm/ *n.* **1** 名祖(ᵉ̃ᵘ)《国·民族·土地などの名の起こりとなった人や物; 例えば Pelops から Peloponnesus が, Romulus から Rome が出たというなど》. **2** (古代アッシリアで)在職の時代を表す政府高官の名《例えば A 氏の首相在職時代を A 時代というなど》. **3** (発見者·創案者の名に基づく病気·薬などの)名称: the ～ "Weil's disease"「ワイル病」という名称. 《意味上 -onym と連想》〖(1846) □ L *eponymus* □ Gk *epṓnumos* named, surnamed ← EPI-＋*ónoma* 'NAME'〗

ep·o·nym·ic /èpəními kˊ/ *adj.* ＝eponymous. 〖1851〗

ep·ón·y·mìsm /-mìzm̩/ *n.* ＝eponymy. 〖1858〗

e·pon·y·mous /ɪ̀pá(:)nəməs, ɛp- | -pɔ́nɪ-/ *adj.* 名祖(ᵉ̃ᵘ)(eponym) の, 名祖としての: the church and its ～ saint 教会とその名祖となっている聖人. **～·ly** *adv.* 〖(1846) □ Gk *epṓnumos*: ⇨ eponym, -ous〗

e·pon·y·my /ɪ̀pá(:)nəmi, ɛp- | -pɔ́nɪ-/ *n.* (地名などが)名祖に由来すること《eponymism ともいう》. 〖(1865) □ Gk *epōnumía* surname ← *epṓnumos* (↑)〗

ep·o·pe·a /èpəpíːə/ *n.* ＝epopee. 〖□ Gk *epopoiía* (↓)〗
ep·o·pee /épəpìː | épə(ʊ)-/ *n.* (一編の)叙事詩《epopea, epopeia ともいう》: historical ～ 史詩. 〖(1697) □ F *épopée* □ Gk *epopoiía* epic poetry ← *epopoiós* epic poet ← EPOS＋*poieîn* to make〗
ep·o·pe·ia /èpəpíːə/ *n.* ＝epopee. 〖(1749) □ Gk *epopoiía* (↑)〗
ep·os /épɑ(ː)s | épɒs, íːp-/ *n.* **1 a** 口承の叙事詩群《共通の叙事詩的主題の部分が形式的には統合されていない》. **b** 叙事詩. **2** (叙事詩の題材にふさわしい)連続的大事件. 〖(*c*1828) □ L ～ □ Gk *épos* word, song ← IE **wekw-* to speak (L *vōx* 'VOICE' & *vocāre* to call)〗
E·pos /íːpɑ(ː)s | -pɒs/ *n.* イーポス《バーコードを用いて店の売上げを記録するシステム》. 〖1980〗
ep·ox·ide /ɛpɑ́(ː)ksaɪd, -sɪ̀d | ɛpɔ́ksaɪd/ *n.* 〖化学〗エポキシド《エチレンオキシド環》. 〖(1930) ← EPI-＋OXIDE〗
ep·ox·i·dize /ɛpɑ́(ː)ksədàɪz | ɛpɔ́ksɪ̀-/ *vt.* 〖化学〗〈不飽和化合物を〉エポキシドに変える. 〖(1945) ← EPI-＋OXIDIZE〗
ep·ox·y /ɪ̀pɑ́(ː)ksi, ɛp- | -pɔ́k-/ 〖化学〗 *adj.* **1** エポキシの《酸素原子が同一分子内の 2 原子の炭素と結合している構造の基をもつ》. **2** エポキシド (epoxide) の. ― *n.* ＝epoxy resin. ― *vt.* エポキシ樹脂で接着する. 〖(1916) ← EPI-＋OXY-¹〗
epóxy résin *n.* 〖化学〗エポキシ樹脂. 〖1950〗
Ép·ping Fórest /épɪŋ-/ *n.* エッピングフォレスト《London の北東方 Essex 州にある行楽地; 広さ 23 km²; もとは王室御料林で, 一時は Essex 州の全体にわたっていた》. 〖*Epping*: OE *Eppinges*, **Yppingas* upland dwellers ← *yppe* raised place＋*-ingas* descendants, dwellers: ⇨ -ing³〗
EPR 《略》ecological planning region.
é·pris /eɪpríː; *F.* epʀi/ *F. adj.* (*also* **é·prise** /eɪpríːz; *F.* epʀiːz/) 〔…に〕惚れて, 夢中で〔*of, with*〕. ★ 女性については éprise を用いることが多い. 〖(1793) □ F ～〗
EPROM /íːprɑ(ː)m | -prɒm/ *n.* 〖電算〗消去プログラム可能 ROM. 〖《頭字語》← *e*(*rasable*) *p*(*rogrammable*) *r*(*ead*) *o*(*nly*) *m*(*emory*)〗
É-proposítion *n.* 〖論理〗全称否定命題《「いかなる…も…でない」という全称否定を表す命題; cf. E 2》.
EPS, eps 《略》〖証券〗earnings per share 1 株当たりの利益.
ep·si·lon /épsəlɑ̀(ː)n, -lən | ɛpsáɪlən, ɪp-, -lɒn, épsɪ̀lɒ̀n, -lən/ *n.* **1** エプシロン《ギリシャ語アルファベットの 24 字中の第 5 字: *E, ε* (ローマ字の, E, e に当たる); ⇨ alphabet 表》. **2** 〖数学〗イプシロン《零に近い任意の正の数》. **3** [通例 E-; 星座名の属格を伴って] 〖天文〗エプシロン (ε) 星《星座中 5 番目に明るい星》. **4** 知性の低い人. **5** 《米口語》(数学者の間で用いて)子供. 〖(*c*1400) □ LGk *èpsilón* 《原義》'e' simple: e と発音が同じになった ai と区別するための呼び方〗
épsilon-délta *adj.* 〖数学〗イプシロンデルタ方式の《関数の極限概念を定義するのに, 直観によらず, 任意の正の数 ε と δ とを用いて厳密に述べる方式についていう》.
épsilon-néighborhood *n.* 〖数学〗イプシロン近傍《与えられた点からの距離がイプシロンよりも小さな点全体から成る集合》.
Ep·som /épsəm/ *n.* エプソム《イングランド Surrey 州の都市; London の南方 24 km; その南西郊外 Epsom Downs には大競馬場があり, ここで有名な Derby および Oaks の競馬が行われる; 付近の Ewell と合併して自治都市 Epsom and Ewell をなす》. 〖OE *Eb(b)eshām* 《原義》*Ebbe's* village or homestead: ⇨ home: *Ebbe* は人名〗
ep·so·mite /épsəmàɪt/ *n.* 〖鉱物〗天然瀉利(しゃり)塩. 〖(1814) ← EPSOM (SALTS)＋-ITE¹〗
Épsom sàlts *n. pl.* [通例単数扱い] 〖化学〗エプソム塩, 瀉利(しゃり)塩 ($MgSO_4 \cdot 7H_2O$) 《織物の染色や皮なめし, 下剤に用い, また浴湯に加えて発汗を促す; Epsom salt ともいう》. 〖(1770) ← EPSOM〗
Épsom wáter *n.* エプソム鉱泉水《英国 Epsom に湧き出る鉱泉; 昔はこの水を蒸発させて Epsom salts を採った》.
EPSRC 《略》《英》Engineering and Physical Sciences Research Council 工学・理化学研究会議《学術振興団体》.
Ep·stein /épstaɪn/, Sir **Jacob** *n.* エプスタイン《(1880–1959; 英国の彫刻家; ロシア人とポーランド人を父母として New York 市に生まれた》.
Épstein-Bárr vírus /-báːə- | -báː-/ *n.* [the ～] エプスタインバーウイルス《Burkitt lymphoma などさまざまな癌(がん)をひき起こすヘルペスウイルス; 略 EBV》. 〖(1968) ← M. A. *Epstein* & Y. M. *Barr* (1964 年にこのウイルスの分離に成功した英国の科学者)〗
EPT 《略》excess-profits tax. 〖1940〗
EPU 《略》European Payments Union ヨーロッパ支払同盟. 〖1950〗
e·pu·lis /ɪpjúːlɪ̀s | -lɪs/ *n.* 〖歯科〗歯肉腫, エプーリス《歯肉炎症反応性増殖》. 〖(1859) □ NL *epūlis* ← Gk *epoulís*〗
ep·u·ra·tion /èpjuréɪʃən/ *n.* (不忠または反逆的な官吏の)浄化, 粛清. 〖(1800) □ F *épuration* ← *épurer* to purify: ⇨ ex-¹, pure, -ation〗
EPW 《略》enemy prisoner of war.
e·pyl·li·on /ɛpíliən, -liɑ̀(ː)n | -liən, -liɒ̀n/ *n.* (*pl.* **-li·a** /-liə/, ～s) 〖文学〗小叙事詩. 〖(1876) □ Gk *epúllion* (dim.) ← *épos* 'EPOS'〗
EQ 《略》〖心理・教育〗educational quotient; emotional quotient 情動[恵情知性]指数.
eq. 《略》equal; equalizer; equalizing; equate; equation; equator; equatorial; equipment; equitable; equity; equivalent.
Eq. 《略》Equerry.
eqpt. 《略》equipment.
eq·ua·bil·i·ty /èkwəbíləṭi, ìːk- | -lɪ̀ti/ *n.* **1** (運動・温度などの)平等, 均等 (uniformity). **2** (気分・心の)平静, 落着き (equanimity). 〖(1531) □ L *aequābilitātem* ← *aequābilis* (↓)〗
eq·ua·ble /ékwəbl, íːk-/ *adj.* **1 a** 〈運動など〉一様な, 均等な (uniform). **b** 〈温度が〉極端[急激]な変化のない: an ～ climate. **2** 〈賦課などが〉均一な, 均等な, 公平な. **3** 〈気質など〉平静な, 穏かな (tranquil); 容易に動じない, 落ち着いた. **～·ness** *n.* **éq·ua·bly** *adv.* 〖(1643) □ L *aequābilis* that can be made equal ← *aequāre* to make equal: ⇨ equal, -able〗
e·qual /íːkwəl/ *adj.* **1** 〈数量・程度など〉〔…と〕相等しい (cf. equitable) 〔*to, with*〕 (⇨ same SYN): two ～ parts 二つの相等しい部分 / two boys of ～ height＝two boys ～ in height 背丈の等しい二人の少年 / of ～ difficulty＝～ in difficulty 同じぐらい難しい / be ～ *to* another in intelligence 知力が他と匹敵する / Let A be ～ *to* B. A は B に等しいとせよ / Twice 3 is ～ *to* 6. 2 掛ける 3 は 6 (2×3＝6) / on an ～ footing *with* …と同等の立場に立って, 同格で / on ～ terms *with* …と同等の条件で, 対等で / all things being ～＝(all) other things being ～ ⇨ other *adj.* 1. **2 a** 平等な, 対等の, 均等な: ～ rights [treatment] 平等の権利[扱い] / the principle of ～ opportunity 機会均等主義 / ～ pay for both sexes 男女均等給料 / All men are ～ (before the law). (法の下では)万人は平等である. **b** 〈法律など〉公平な; 〈配分・混合物など〉同じ割合の, 半々の: ～ laws / with ～ justice 公平に裁いて / ～ distribution 同じ割合の配分. **3** 〈試合など〉互角の: an ～ contest [fight] 互角の闘争. **4 a** 〈人が〉〔…の任務に〕堪えられる, 〔…に対する〕十分の力量[資格]がある〔*to*〕: be ～ *to* a task 仕事をりっぱにやってのけられる / be ～ *to* anything どんなことでもやれる / be ～ *to* the occasion [situation] その場に臨んで動じない, 平気で[りっぱに]事を処理できる / I do not feel ～ *to* receiving visitors. 体のぐあいが悪くて客の応対ができない. **b** 〔…に〕適当な, ふさわしい〔*to*〕: The soil is ～ *to* the pasture. その土地は牧畜に向いている. **5** 《古》〈表面が〉水平な, 平らな (level): an ～ plain 平らな平野. **6** 《古》〈精神・気分など〉平静な (equable): preserve an ～ mind 平静な心を保つ, 物に動じない.
― *n.* **1** 同等[対等]の人; 同輩 (cf. superior, inferior); 同等の物: I've always treated [regarded] her as an [my] ～. 彼女を私の同輩として常に扱って[みなして]きた / a person's ～*s in* rank 同地位の人たち / associate with one's ～*s* 同じ身分の人たちと交わる / a person's ～*s* and betters 身分の同じ人々と上の人々 / Women are political ～*s with* men. 女は男と政治的に平等だ. **2** (力量などで)相等しい者, 匹敵者[物]: He has no ～ [is without an ～] *in* [when it comes to] eloquence.＝Nobody is his ～ *in* eloquence. 雄弁にかけては彼に並ぶ者がない / I've never seen its ～. それに匹敵する物を見たことがない. **3** 等しい数量: Let A be the ～ *of* B. 〖数学〗A は B と等しいとせよ. **4** [E-] 〖商標〗イークォール《米国 Monsant 社製の人工甘味料(錠剤と粉末)》.
― *vt.* (**e·qualed, e·qualled; e·qual·ing, e·qual·ling**) **1** 〈数・量が〉…に等しい (be equal to): Three times five ～*s* fifteen. 3 掛ける 5 は 15 (3×5＝15) / Let A ～ B. A を B と等しくせよ / Chemical sales will soon ～ those of oil. じきに化学製品の売上高が油類の売上高に追い付くようになろう / Profits ～*ing* last year's were announced. 昨年に等しい利益が発表された. **2** 〈力量などで〉…と等しい, …に匹敵する (come up to)〔*in*〕; 〈品質が〉…に劣らない〔*in*〕: Nobody ～*s* him *in* strength. 力で彼に匹敵する者はいない / This wine does not ～ the first *in* flavor. このぶどう酒は風味が最初のには及ばない. **3** …と同等な物を作る, 対等なことをする: He ～*ed* the world's record in the swimming race. 彼はその水泳競技で世界タイ記録を作った. **4** 《古》同等[平等]にする (equalize); なぞらえる (liken) (cf. *Lam.* 2:13). **5** 《廃》十分つぐなう, …に報いる. ― *vi.* 等しくなる, 平均化する〈*out*〉.
〖adj.: (*c*1390) □ L *aequālis* ← *aequus* even, equal, like: ⇨ -al¹. ― n.: (1573) ← (adj.) ― v.: (1586) ← (adj.)〗
équal-área *adj.* 〖地理〗正積[等積]の, 正積投影[図法, 図式]の: an ～ map 正積図, 等積図 / ～ projection 正積[等積]図法. 〖*c*1929〗
Équal Emplóyment Opportúnity Commìssion *n.* [the ～] 《米》雇用機会均等委員会《政府内の独立機関; 人種・皮膚の色・宗教・性別・出身国に基づく雇用差別をなくすことを目的に制定 (1964); 略 EEOC》.
e·qua·li /ɪkwɑ́ːli; *It.* ekwáːli/ *n. pl.* 〖音楽〗同種の楽器グループのための小曲.
e·qual·i·tar·i·an /ɪ̀kwɑ̀(ː)lətéᵊriən, ìːk-, -kwɔ̀(ː)l- | -kwɔ̀lɪ̀téər-⁻/ *adj.* 平等主義[論]の. ― *n.* 平等主義[論]者. 〖(1799) ← EQUALIT(Y)＋-ARIAN〗
e·quàl·i·tár·i·an·ìsm /-nìzm/ *n.* 平等主義[論]. 〖(*a*1866): ⇨ ↑, -ism〗
e·qual·i·ty /ɪ̀kwɑ́(ː)ləṭi, iːk-, -kwɔ́(ː)l- | -kwɔ́lɪ̀ti/ *n.* **1** 等しいこと: ～ *of* years 同年輩. **2** 平等, 均等, 同等, 同格, 対等: the doctrine of the ～ *of* mankind [among men] 人間の平等主義 / racial ～ 人種的平等 / a footing of ～ *with* …と同等の立場 / on an ～ *with* …と対等で, 同等[同格]で / put … on ～ …を平等に扱う. **3** 一様性, 均一性 (uniformity, evenness): ～ of motion 運動の均一性. **4** 〖数学〗相等; 等式: a ratio of ～ 等比 / the sign of ～ 等号 (＝). 〖(*a*1398) *equalite* □ OF *équalité* (F *égalité*) □ L *aequālitātem*: ⇨ equal, -ity〗
equálity sìgn *n.* 〖数学〗＝equal sign.
Equálity Stàte *n.* [the ～] 米国 Wyoming 州の俗称. 〖(1891) 婦人参政権を与えた最初の州であることから〗
e·qual·i·za·tion /ìːkwəlɪ̀zéɪʃən | -laɪ-, -lɪ-/ *n.* **1** 同等化, 平等化, 均等化; (特に)課税査定の平準化: a board of ～ (米国の)査定平準局《州または郡にある機関》. **2** 〖電子工学〗等化, イコライゼーション: **a** 周波数特性を均等化してひずみをなくすこと; またそれにより音質を調整すること. **b** デジタル無線通信で, 受信信号から fading の影響を除くこと. 〖(1793) ← EQUALIZE＋-ATION〗
equalizátion accòunt *n.* 《英》〖金融〗為替平衡勘定.
equalizátion fùnd *n.* 〖金融〗**1** 為替平衡資金. **2** ＝stabilization fund.
e·qual·ize /íːkwəlàɪz/ *vt.* **1** 等しくする, 平等化する, 同等にする〔*to, with*〕. **2** 均等[均一]にする, 一様にさせる: ～ work load 仕事量を均等にする. **3** 〖電気〗均圧する《電位が等しくなる方が都合のよいところを導線で結び, 積極的にこれを実現する》. **4** 〖電子工学〗〈信号を〉等化する. ― *vi.* **1** 均等になる. **2** 《英》(競技で敵と)同点になる. 〖(*c*1585) ← EQUAL (adj.)＋-IZE〗
e·qual·iz·er /íːkwəlàɪzə | -zə(r)/ *n.* **1** 平等[同等]にするもの. **2** (ひずみ・圧力などの)平衡装置. **3 a** 〖電気〗均圧線. **b** 〖電子工学〗等化器, イコライザー《増幅器の周波数特性を変更して, 全体としての特性を改善するもの; 録音時の特性ひずみを再生時に補償するような目的に用いる》. **4** 《英》(競技で)同点にする得点. **5** 《米俗》(ピストルなどの)武器, 凶器. 〖(1792): ⇨ ↑, -er¹〗
e·qual·ly /íːkwəli/ *adv.* **1** 等しく, 同様に (similarly); 等分に. **2** 平等に, 同等に (alike). **3** 均等に, 一様に (evenly). 〖(*c*1395): ⇨ equal, -ly¹〗
Équal Opportúnities Commìssion *n.* [the ～] 《英》機会均等委員会《性差別廃止・機会均等のために設定された政府機関 (1975); 略 EOC》.
équal opportúnity *n.* (雇用の)機会均等《人種・皮膚の色・宗教・性別・出身国などによる差別を行わず, 待遇・権利を平等に与えること》. 〖1925〗
équal opportúnity emplòyer *n.* 機会均等雇用者《人種・皮膚の色・宗教・性別・出身国などによる差別扱いをしない雇用者》.
Équal Páy Àct *n.* [the ～] 同一賃金法《企業に男女同一労働同一賃金を義務づける法; 《米》で 1963 年に, 《英》では 1970 年に制定》.
Équal Ríghts Amèndment *n.* 《米》男女平等憲法修正案《女性差別を禁じた合衆国憲法修正条案のこと; 1972 年に議会を通ったが各州の賛成が得られず 82 年に廃案; 略 ERA》. 〖1972〗
équal sìgn *n.* 〖数学〗等号 (＝)《equality sign, equals sign, sign of equality ともいう》. 〖*c*1909〗
équal témperament *n.* 〖音楽〗等分平均律《1 オクターブを 12 の相等しい半音に区分した音律》.
équal tíme *n.* 《米》**1** 平等放送時間《対立する政党・候補者などがラジオやテレビで見解を述べるために与えられる同じ長さの無料放送時間; 普通別の日の同時刻》. **2** 非難や反対意見に応酬する平等の機会. 〖*c*1960〗
équal tíme pòint *n.* 〖航空〗＝equitime point.
E·qua·nil /íːkwənɪ̀l/ *n.* 〖商標〗イークァニル《meprobamate の商品名》.
e·qua·nim·i·ty /èkwəníməṭi, ìːk- | èkwənímɪ̀ti/ *n.* (緊張時における心の)平静 (calmness), 冷静, 落着き; あきらめ (resignation), 運命の甘受: He could face old age with ～. 平静な心で老年を迎えることができた. 〖(1607) □ F *équanimité* □ L *aequanimitātem* evenness of mind ← *aequanimis* having an equal mind ← *aequus* 'EQUAL'＋*animus* 'mind, ANIMUS'〗

SYN 落着き: **equanimity** 精神が平静で容易に怒ったり動転したりしないこと《格式ばった語》: A wise man bears misfortune with *equanimity*. 賢者は泰然として不幸に耐える. **composure** 克己心が強く難局に直面して動じないこと: He accepted the punishment with grave *composure*. 泰然自若として罰を受けた. **nonchalance** 落着きはらっていてあまり関心や情熱を示さないこと: He heard the news with *nonchalance*. その知らせを聞いたが平然としていた. **sangfroid** 危険・難局にあって極めて沈着冷静であること: He met the difficulty with his usual *sangfroid*. いつものように自若として困難に対処した. ⇨ calm. **ANT** discomposure, agitation, disquiet.

e·quan·i·mous /ɪkwǽnəməs, iːk-, ɛk- | -kwǽnɪ̀-, iːk-, ɛk-, -kwɔ́n-/ *adj.* 落ち着いた, 平静な, 冷静な. **～·ly** *adv.* 〖(1656) ← L *aequanimis* (↑)＋-OUS〗
e·quant /íːkwənt/ *n.* (プトレマイオスの天文学において)エカント《惑星の運動速度は一様であるという仮説に従って考え出した円》. ― *adj.* **1** エカントの. **2** 〈結晶が〉立方[等軸]晶系の. 〖(1621) □ L *aequantem* making EQUAL〗
e·quate /ɪ̀kwéɪt, iːk-/ *vt.* **1** 〔…と〕同一視する, 同等に考える〔*to, with*〕: Three generations were ～*d to* a century. 3 世代は 1 世紀に等しいと考えられた / He ～*s* Zionism *with* racism. シオニズムは人種差別主義に等しいと考えている. **2** 平均化する: ～ solar days 太陽日を平均化する. **3** 〈ある数が〉〈他の数と〉相等しいことを示す〔*to, with*〕; 〈二つの数〉の相等しいことを示す; 等式化する: ～ one quantity *to* [*with*] another ある数が他の数に相等しいことを示す. ― *vi.* 〔…と〕一致する〔*with*〕: The result ～*s* neatly *with* my hypothesis. 結果は私の仮説にぴった

り一致する. **e·quat·a·bil·i·ty** /ɨ̀kwèɪṭəbíləṭi, iːk- | -təbíl̩ti/ *n.* **e·quát·a·ble** /-ṭəbl | -tə-/ *adj.* 〖((?*a*1425)) ((1779)) *equateu* ← L *aequātus* (p.p.) ← *aequāre* to make level ← *aequus* ‘EQUAL’: ⇨ -ate³〗

Equat. Gui. [**Guin**] ((略)) Equatorial Guinea.

e·qua·tion /ɨ̀kwéɪʒən, iːk-, -ʃən | ɨ̀kwéɪʒən, -ʃən/ *n.* **1** 〔…の〕均分, 均等化 〔*of*〕; 均分法; 平衡[均衡]状態: the ～ *of* demand and supply 需要と供給の均衡. **2** 〘数学·化学〙式, 方程式, 反応式 (cf. inequality 7): solve an ～ 方程式を解く / a chemical ～ 化学方程式 / an ～ of the first [second] degree 一[二]次方程式 / simultaneous ～*s* 連立方程式 / a quadratic ～ 二次方程式 / ⇨ cubic equation, differential equation, identical equation (⇨ identical 3 b), simple equation. **3** 〔…と〕同一視すること 〔*with*〕: his ～ of might *with* right 彼が力と正義とを同一視していること. **4** 要因, 因子 (factor). **5** 〘天文〙差, 均差: the ～ of the equinoxes 平均分点と真分点の差 / ⇨ personal equation.

the óther síde of the equátion (一般的な見方の)裏面, 別の面, 副産物.

equátion of continúity 〘物理〙連続方程式 《流体の運動で質量保存の法則を表す方程式》.

equátion of státe 〘物理〙状態方程式 《熱平衡にある物質の状態量の関係を表す方程式》.

equátion of tíme 〘天文〙均時差 《視太陽時と平均太陽時との差》. ((1726))

〖((1391)) *equacioun* ◻ (A)F *équation* // L *aequātiō(n-)* ← *aequātus*: ⇨ equate, -ation〗

e·quá·tion·al /-ʒnəl, -ʒənl, -ʃnəl, -ʃənl/ *adj.* **1** 平均の. **2** 方程式の, 方程式上の. **3** 〘生物〙〈分裂が〉均等の, 等数の. **4** 〘文法〙**a** 平衡型[名詞文]の 《Every man his own lawyer のように, 連結詞なしに主語名詞と述語名詞[形容詞]とをそのまま並置する文型についていう; ロシア語などに見られる形式》. **b** 等式型の 《I am happy. のように, 連結詞を主動詞とする文型についていう》. **～·ly** *adv.* 〖((1864)): ⇨ ↑, -al¹〗

equátion clòck *n.* 〘天文〙均差時計 《平均太陽時と視太陽時との差を示すように作られたもの》.

e·qua·tor /ɨ̀kwéɪṭə, iːk-, íːkweɪṭə | ɨ̀kwéɪtə^(r)/ *n.* **1** [the ～] **a** (天体の)赤道; (特に地球の)赤道 (terrestrial equator): Quito lies almost *on the* ～. キートはほとんど赤道上にある. **b** 〘天文〙天(球上)の赤道 (celestial equator): Penguins live almost *under the* ～, on the Galapagos Islands. ペンギンはほとんど赤道(直)下のガラパゴス諸島にもすんでいる. **2** (赤道のような)均分円: the magnetic ～ 磁気赤道 (⇨ aclinic line). **3** 〘生物〙赤道 《動物の卵の上下を地球の南北極にたとえ, その赤道に当たる線をいう; cf. vegetal pole》. 〖((1391)) ◻ (O)F *équateur* // ML *aequātor* 《原義》 equalizer: ⇨ equate, -or²〗

eq·ua·to·ri·al /ìːkwətɔ́ːriəl, èk- | èk-, ìːk-⁻/ *adj.* **1** 赤道の[に関する]. **2** 赤道直下の, 赤道付近の(ような): the ～ climate 赤道地方の気候 / ～ Africa 赤道(直)下のアフリカ. **3** 〘生物〙(動物の卵の)赤道の: ～ cleavage 赤道面卵割(らんかつ) / ⇨ equatorial plate. **4** 〘天文〙〈天体望遠鏡など〉赤道儀式装置の: an ～ telescope. ── *n.* 〘天文〙赤道儀 《赤道儀式装置法による天体望遠鏡》. **～·ly** *adv.* 〖((1664)): ⇨ ↑, -ial〗

Équatorial África *n.* ＝French Equatorial Africa.

Équatorial Cúrrent *n.* [the ～] 赤道海流 《赤道付近を東から西に流れる海流》.

Équatorial Guínea *n.* 赤道ギニア 《アフリカ中西部にある共和国; もとスペインの植民地 (Spanish Guinea) であったが, 1968 年独立; 面積 28,051 km², 首都 Malabo; 公式名 the Republic of Equatorial Guinea 赤道ギニア共和国》.

équatorial móunting *n.* 〘天文〙赤道儀 《架台》.

équatorial pláne *n.* 〘生物〙赤道面 《有糸分裂の中期での紡錘体の中央の面; ここに染色体が並ぶ》. 〖*c*1892〗

équatorial pláte *n.* 〘生物〙**1** 赤道板 《有糸分裂の中期に染色体が紡錘体の中央に並んでできる平面; metaphase plate, nuclear plate ともいう》. **2** ＝equatorial plane. 〖1887〗

équatorial tíde *n.* 〘天文〙赤道潮.

équatorial tróugh *n.* 〘気象〙(北半球と南半球の亜熱帯の間に存在する)赤道低圧帯.

equátor·ward /ɪkwéɪṭəwəd, -wɔd | -təwəd/ *adv.*, *adj.* 赤道に向かって[た]: continue the voyage ～ 赤道に向かって旅を続ける / ～ winds 赤道に向かって吹く風. 〖cf. *equatorwards* (1875)〗

eq·uer·ry /ékwəri, ɨ̀kwéri | ɨ̀kwéri, ékwəri/ *n.* **1** 《英》(昔の, 君主や貴人の)馬屋番, 別当. **2** 主馬(しゅめ)係, 馬廻り, 侍従武官 《主馬頭(しゅめのかみ) (Master of the Horse) の部下の王室役人で, 式典時には君主や皇族に扈従(こじゅう)する》. ★ 英国宮廷の発音は /ɪkwéri/. 〖((1600)) 《変形》← ((1552)) *esquiry* royal stables ◻ OF *escu(i)rie* (F *écurie* stable) ← *escuier* ‘ESQUIRE’: 今の形は L *equus* horse の影響か〗

eq·ues /ékwɛs, íːkwiːz/ *n.* (*pl.* **eq·ui·tes** /ékwətèɪs, -tìːz | ékwɨ̀tìːz/) ⇨ equites. 〖◻ L ～ ← *equus* horse〗

e·ques·tri·an /ɨ̀kwéstriən, ɛk-/ *adj.* **1** 馬術の, 乗馬の: ～ exercises 乗馬練習 / ～ feats 曲馬芸 / ～ skill 馬術 (horsemanship). **2 a** 《古》馬に乗った: an ～ lady 騎馬の女性. **b** 〈彫像など〉馬上姿の, 騎馬の: an ～ statue 乗馬像 / sit for an ～ portrait 騎馬の肖像画のモデルになる. **3** (古代ローマの)騎士の, 騎士から成る: the ～ order ローマの騎士身分 (cf. equites). ── *n.* 乗馬者, 騎手 (horseman), 馬術家, 乗馬家; (特に)曲馬師. 〖((1656–81)) ← L *equestris* of a horseman (← *eques* (↑))＋-AN¹〗

equéstrian dirèctor *n.* (サーカスやカーニバルの)興業主任, 演技主任 (cf. ringmaster).

e·qués·tri·an·ism /-nìzm/ *n.* 馬術; 曲馬術: feats of ～ 曲馬のわざ. 〖((1872)) ← EQUESTRIAN＋-ISM〗

e·ques·tri·enne /ɨ̀kwèstrién/ *n.* 女性騎手; (特に)女性曲馬師. 〖((1864)) ← EQUESTRI(AN)＋-enne (cf. tragedienne)〗

equi- /íːkwɨ̀, ìːkwɨ̀, -kwi, ɛ́k-/ 「等しい, 等しく」の意の連結形: equidistant, equivalent. 〖◻ L *aequi-* ← *aequus* ‘EQUAL’〗

èqui·ángular *adj.* 等角の: an ～ figure 等角形 / an ～ triangle 等角三角形 / mutually ～ (対応する)角が互いに等しい. 〖((1660)): ⇨ ↑, angular〗

equiangular spíral *n.* 〘数学〙等角螺線(らせん) 《原点を始点とする半直線を等しい角度で切っていく螺線; logarithmic spiral ともいう》. 〖1884〗

èqui·calóric *adj.* 等カロリーの 《栄養的に同じカロリーをもつ》. 〖((1940)) ← EQUI-＋CALORIC〗

èqui·contínuous *adj.* 〘数学〙同程度連続の. 〖1926〗

eq·uid /ékwɨ̀d, íːk- | ékwɪd/ *n.* 〘動物〙ウマ科の動物. 〖((1889)) ↓〗

Eq·ui·dae /ékwədìː | -wɪ-/ *n. pl.* 〘動物〙ウマ科. 〖← NL ～: ⇨ Equus, -idae〗

e·qui·dis·tance /ìːkwɨ̀dístəns, èk-, -tṇs/ *n.* 等距離. 〖((1629)) ◻ F *équidistance* ← *équidistant* (↓)〗

e·qui·dis·tant /ìːkwɨ̀dístənt, èk-, -tṇt⁻/ *adj.* **1** 〔…から〕等距離の 〔*from*〕: The two houses are ～ *from* the station. その 2 軒の家は駅から等距離の所にある. **2** 〈地図など〉正距図法の. 〖((1570)) ◻ F *équidistant* ◻ LL *aequidistantem*: ⇨ equi-, distant〗

è·qui·dís·tant·ly *adv.* 等距離に[の所に]. 〖((1571)): ⇨ ↑, -ly¹〗

èqui·fínal *adj.* 〈異なるできごとが〉同じ結果になる.

equi·finality *n.* 〖((1961)) ← EQUI-＋FINAL〗

e·qui·form /íːkwəfɔ̀əm | -kwɨ̀fɔ̀ːm/ *adj.* 形[機能]が等しい, 同形の. 〖◻ LL *aequiformis*: ⇨ equi-, -form〗

èqui·fórmal *adj.* ＝equiform. 〖((1883)): ⇨ ↑, -al¹〗

e·qui·grav·i·sphere /ìːkwɨ̀grǽvəsfɪə- | -vɨ̀sfɪə^(r)/ *n.* 〘天文〙等引力圏 《地球と天体の間, または天体間の引力が等しい部分》. 〖← EQUI-＋GRAVI(TY)＋-SPHERE〗

e·qui·lat·er·al /ìːkwɨ̀lǽṭərəl, -trəl | -kwɨ̀lǽtərəl, -trəl⁻/ *adj.* 等辺の: an ～ triangle 正三角形. ── *n.* **1** 等辺形. **2** (他の辺に対する)等辺. **～·ly** *adv.* 〖((1570)) ◻ LL *aequilaterālis*: ⇨ equi-, lateral〗

equiláteral hypérbola *n.* 〘数学〙等辺双曲線 《rectangular hyperbola ともいう》. 〖1880〗

e·quil·i·brant /ɨ̀kwíləbrənt, iːk-/ *n.* 〘物理〙(他の力に対する)平衡力. 〖((1883)): ⇨ ↓, -ant〗

e·quil·i·brate /ɨ̀kwíləbrèɪt, iːk- | ìːkwɨ̀láɪbreɪt, èk-, -líb-, iːkwílɨ̀brèɪt, ɨ̀k-/ *vt.* 〈二つの物を〉平衡[均衡]させる, …の釣合いを取る (balance), …と〔…との〕均衡を保たせる (counterpoise) 〔*with*〕: ～ one's impulses さまざまの衝動の釣合いを取る / ～ the supply *with* the demand 供給と需要の均衡を保たせる. ── *vi.* 〈二物が〉平衡する, 平均が取れる, 〔…と〕釣り合う 〔*with*〕. 〖((1635)) ← LL *aequilibrātus* ‘in EQUILIBRIUM’: ⇨ -ate³〗

e·quil·i·bra·tion /ɨ̀kwìləbréɪʃən, iːk- | ìːkwɨ̀laɪb-, èk-, -lɪb-, iːkwìlɨ̀b-, ɨ̀k-/ *n.* **1** 平衡[釣合い]を保たせること. **2** 平衡(状態), 釣合い[均衡]保持: be in a state of ～ 釣り合っている. 〖((1612)) ◻ LL *aequilibrātiō(n-)* ← *aequilibrātus* (↑): ⇨ -ation〗

e·quí·li·brà·tor /-tə | -tə^(r)/ *n.* **1** 平衡を保たせるもの. **2** 〘航空〙(気球·飛行船の)平衡安定装置, 安定機. 〖((1908)) ← EQUILIBRATE＋-OR²〗

e·quil·i·bra·to·ry /ɨ̀kwíləbrətɔ̀ːri | ìːkwɪláɪbreɪtəri, -líb-, iːkwílɨ̀brèɪt-, ɨ̀k-, -trí/ *adj.* 平衡を保たせる. 〖((1875)) ← EQUILIBRATION＋-ORY〗

equilíbria *n.* equilibrium の複数形.

e·qui·lib·rist /ɨ̀kwíləbrɨ̀st, iːk-, ìːkwəlíb-, | iːkwílɪbrɪst, ɪk-, ìːkwɨ̀líb-, ɛ̀k-/ *n.* 釣合いを取る芸の得意な曲芸師; 綱渡り芸人 (ropedancer). 〖((1760)) ◻ F *équilibriste*: ⇨ equilibrium, -ist〗

e·quil·i·brís·tic /ɨ̀kwìləbrístɪk, ɛk-⁻/ *adj.* 綱渡り芸人の. 〖((1882)): ⇨ ↑, -ic¹〗

e·qui·líb·ri·um /ìːkwəlíbriəm, èk- | ìːkwɨ̀-/ *n.* (*pl.* **～s, -ri·a** /-briə/) **1** 〘物理〙(力の)釣合い, 平衡 《系が統計的に最も確率の高いエネルギーの分布をとっている状態》: neutral [indifferent] ～ 中立の平衡 / ⇨ stable equilibrium, unstable equilibrium. **2** (対抗勢力などの)均衡, 均勢: a political [social] ～ 政治[社会]上の均勢 / keep both powers in an ～ 両強国の勢力を釣り合わせておく / the ～ of demand and supply 需要と供給の均衡 / find an ～ *between* work and play 仕事と遊びとの間に均衡を見出す. **3** (心の)平衡状態, 平静: preserve the ～ of one's mind 心の平静を保つ. **4** 〘動物〙平衡状態 《動物が地面に対して一定の姿勢を保っている状態》. **5** 〘化学〙平衡 《正方向と逆方向の反応速度が等しくなったため一見反応が静止したように見える状態; cf. reversible reaction》. 〖((1608)) ◻ L *aequilibrium*: ⇨ equi-, libra〗

equilíbrium móisture cònțent *n.* 〘化学〙平衡含水量. 〖1934〗

equilíbrium vàlve *n.* 〘機械〙釣合い弁. 〖1874〗

èqui·mólal *adj.* 〘化学〙**1** 等重量モル濃度の. **2** ＝equimolar 1. 〖((1936)) ← EQUI-＋MOLAL〗

èqui·mólar *adj.* 〘化学〙**1** 等モルの. **2** 等モル濃度の. 〖((*c*1909)) ← EQUI-＋MOLAR〗

èqui·molécular *adj.* 〘化学〙**1** 等分子の: ～ solution 等分子溶液. **2** ＝equimolar 1. 〖((1909)) ← EQUI-＋MOLECULAR〗

e·quine /íːkwaɪn, ék- | ék-, íːk-/ *adj.* **1** ウマ科の, ウマの. **2** 馬のような, 馬に類する. ── *n.* ウマ科の動物 《horse, ass, zebra など》; (特に)ウマ (horse). **～·ly** *adv.* 〖((1778)) ◻ L *equīnus*: ⇨ Equus, -ine¹〗

équine distémper *n.* 〘獣医〙(馬の)腺疫(せんえき) (strangles).

équine encephalomyelítis *n.* 〘病理〙馬脳脊髄炎 《馬のウイルス性脳脊髄炎で, 人間も冒す》.

équine inféctious anémia *n.* 〘獣医〙馬の伝染性貧血 《ウイルスによる馬の伝染病の一種》.

équine influénza *n.* 〘獣医〙馬インフルエンザ.

e·quin·i·ty /ɨ̀kwínəṭi, iːk-, ɛk- | -nɨ̀ti-/ *n.* 馬の性質[特徴]. 〖((1829)) ← EQUINE＋-ITY〗

e·qui·noc·tial /ìːkwənɑ́(ː)kʃəl, èk-, -ʃl | -kwɨ̀nɔ́k-⁻/ *adj.* **1** 昼夜平分の; 分点の. **2** 昼夜平分時(春分または秋分)の. **3** 彼岸(のころ)の: the ～ week (春秋の)彼岸のころ / the ～ rains 彼岸のころの雨期 《赤道付近の多くの地に見られる》. **4** 赤道直下の, 赤道付近の: ～ heat 赤道付近の暑さ. **5** 〘植物〙〈花が〉一定時に開く. ── *n.* **1** [the ～] **a** 〘天文〙分点. **b** 《古》赤道. **2** 彼岸嵐. 〖((1391)) ◻ (O)F *équinoxial* // L *aequinoctiālis* ← *aequinoctium* ‘EQUINOX’: ⇨ -al¹〗

equinóctial círcle *n.* 〘天文〙＝celestial equator. 〖*a*1400〗

equinóctial colúre *n.* 〘天文〙二分経線 《春分点と秋分点と天の南北両極を通る大円》.

equinóctial gále *n.* 〘気象〙＝equinoctial storm. 〖1795〗

equinóctial hóur *n.* [the ～] 〘天文〙昼夜平分時, 分点時.

equinóctial líne *n.* 〘天文〙＝celestial equator. 〖1391〗

equinóctial póint *n.* 〘天文〙(春分·秋分の)分点: the autumnal [vernal] ～ 秋分[春分]点. 〖1726〗

equinóctial stórm *n.* 《口語》〘気象〙彼岸嵐 《春分·秋分ごろに起こる嵐の俗称; line storm ともいう》.

equinóctial tíde *n.* 彼岸潮.

equinóctial yéar *n.* 〘天文〙＝tropical year.

e·qui·nox /íːkwənɑ̀(ː)ks, ék- | ékwɨ̀nɔ̀ks, íːk-/ *n.* **1** 春[秋]分, 昼夜平分時, 彼岸の中日; 〘天文〙分点 (equinoctial point): the spring ～＝vernal equinox / a mean ～ 平均分点 / ⇨ autumnal equinox, PRECESSION of the equinoxes. **2** 《廃》彼岸嵐 (equinoctial storm). 〖((?*a*1400)) ～ ◻ (O)F *équinoxe* // ML *equinoxium*＝L *aequinoctium* equal night ← EQUI-＋*noct-*, *nox* ‘NIGHT’〗

èqui·númerous *adj.* 〘論理〙〔…と〕同数の構成要素を有する 〔*with*〕.

e·quip /ɨ̀kwíp/ *vt.* (**e·quipped; e·quip·ping**) **1** 〈ある目的のために〉〈人を〉用意[準備]させる 〔*for*〕; 〈船を〉艤装する, 〈軍隊を〉装備する: ～ a person *for* an occupation 人を職業のために養成する / His education will ～ him *to* get a good job. 教育があるからよい仕事につくことができるだろう / ～ a ship *for* a voyage 航海のために船を艤装する. **2 a** …に〔道具·装置など〕を備えつける 〔*with*〕 (⇨ furnish SYN): My car is ～*ped with* an airbag. 私の車はエアバッグが備えつけてある / The building is ～*ped with* a gymnasium, swimming pool, etc. その建物には体育館·プールその他が備わっている / The building is well ～*ped*. その建物は設備がよい. **b** 〔必要な学問·知識·教育などを〕…に授ける, …の身につけさせる (supply) 〔*with*〕: ～ a person *with* technical education 人に技術教育を授ける / She is well ～*ped* for [to handle] her new job. 彼女には新しい仕事ができる素養が備わっている. **3** …に身支度をさせる; …に〔…を〕装わせる (dress, array) 〔*with*, *in*〕: ～ one*self for* a journey 旅行の身支度をする / ～ oneself *with* …を身に着ける / be ～*ped with* …を身に着けている / be ～*ped in* armor よろいかぶとに身を固めている.

～·per *n.* 〖((1523)) ◻ F *équiper* < ? OF *esquiper* to embark, equip a ship ← Gmc (cf. ON *skipa* to man (a ship) ← *skip* ‘SHIP’)〗

equip. ((略)) equipment.

eq·ui·page /ékwəpɪdʒ | ékwɨ̀-/ *n.* **1 a** 供回りのついた馬車. **b** 馬車. **2** (軍隊·旅行などの)装備; 服装: camp ～ 野営の装備. **3** 《古》(セットになった)家庭用具: a tea ～ 茶道具一式. **4** 身の回り用品, 装身具セット: a dressing ～ 化粧道具セット. **5** 《古》(針·化粧品などを入れる)小箱. **6** 《古》制服, 礼服. **7** 《廃》従者, 供回り (retinue). 〖((1579)) ◻ F *équipage*: ⇨ ↑, -age〗

èqui·partítion *n.* 〘物理·化学〙等分配; ＝EQUIPARTITION of energy.

equipartítion of énergy エネルギーの等分配. 〖((1902)): ⇨ equi-, partition〗

e·quipe /eɪkíːp; *F.* ekip/ *n.* 〘スポーツ〙チーム (team). 〖((1937)) ◻ F *équipe* gang, crew ← *équiper* ‘to EQUIP’〗

e·quip·ment /ɨ̀kwípmənt/ *n.* **1** 設備[装備, 装置]すること; 供給 〔*with*〕; 準備, 支度 〔*for*〕: the ～ of a plant 工場の装備 / the ～ of a team *with* new uniforms チームへの新しいユニフォームの供給. **2 a** [集合的] 設備, 装置, 機材, 備品類 〔*for*〕: a piece of ～ / tennis ～＝～ *for* tennis テニス用具 / laboratory ～ 実験室の設備[装置] / a soldier's ～ 兵士の装備. **b** (個々の)装置, 機材, 用品(など) 〔*for*〕: the necessary ～*s* for a voyage 航海に必要な装具. **3** (仕事などに必要な)知識, 素養, 技術; 素質 〔*for*〕: linguistic ～ 語学の素養. **4** [集合的] 〘鉄道〙車両 (rolling stock). 〖((1717)) ← EQUIP＋-MENT〗

eq·ui·poise /ékwəpɔ̀ɪz, íːk- | -wɨ̀-/ *n.* **1** 均衡, 均勢, 釣合い, 平衡 (equilibrium): keep in ～ 釣合いを保たせ

る. 2 平衡おもり (counterpoise); ⦅比喩⦆ 均衡するもの[力]. — *vt.* 1 …に釣り合う: No praise can ～ his virtues. どんなに称賛しても彼の美点には及ばない. 2 釣り合わせる, 均衡させる; 〈心を〉どっちつかずの状態におく. 〚(*c*1630) ← EQUI-＋POISE (n.)〛

équipoise rúdder *n.* 〖海事〗＝balanced rudder.

e·qui·pol·lence /ìːkwəpɑ́(ː)ləns, èk- | -wɪ̀pɔ́l-/ *n.* 1 (力・効力の)均等, 均勢. 2 〖論理〗(概念や命題の)等値, 同値, 同義 ⦅例えば London と the capital of England⦆. 〚(?*a*1400) □ OF *equipolence* (F *équipollence*) □ ML *aequipollentia*: ⇨ equipollent, -ence〛

è·qui·pól·len·cy /-lənsi/ *n.* ＝equipollence. 〚1623〛

e·qui·pol·lent /ìːkwəpɑ́(ː)lənt, èk- | -wɪ̀pɔ́l-ˉ/ *adj.* 1 (力・効力などが)等しい, 平衡した (equivalent). 2 〖論理〗〈二つの概念または命題が〉等値の, 同値の, 同義の ⦅例えば All men are born good. と No men are born bad. のように⦆. 3 〖数学〗同値の. — *n.* ＝equivalent. **～·ly** *adv.* 〚(*c*1412) □ OF *equipolent* (F *équipollent*) □ L *aequipollentem* of equal value ← EQUI-＋*pollent-*, *pollēns* ((pres.p.) ← *pollēre* to be strong)〛

e·qui·pon·der·ance /ìːkwəpɑ́(ː)ndərəns, èk-, -drəns | -kwɪ̀pɔ́n-/ *n.* 重さの平衡, 均重; 釣合い (equipoise). 〚(1775): ⇨ equiponderant, -ance〛

è·qui·pón·der·an·cy /-dərənsi, -drən-/ *n.* ＝equiponderance. 〚(1710): ⇨ equiponderant, -cy〛

e·qui·pon·der·ant /ìːkwəpɑ́(ː)ndərənt, èk-, -drənt | -kwɪ̀pɔ́n-/ *adj.* 重さ[重要性]の等しい; 平衡した. 〚(*c*1630) □ ML *aequiponderantem* (pres.p.) ← *aequiponderāre* (↓)〛

e·qui·pon·der·ate /ìːkwəpɑ́(ː)ndərèɪt, èk- | -kwɪ̀pɔ́(ː)n-/ ⦅古⦆ *vt.* (…の重さ・重要さなどを)等しくする, 平衡させる. — *vi.* 重さ[重要性]が等しい. 〚(1641) ← ML *aequiponderātus* (p.p.) ← *aequiponderāre* ← EQUI-＋*ponderāre* 'to weigh, PONDER'〛

èqui·pótent *adj.* 1 力[効力]の等しい: ～ genes 効力の等しい遺伝子. 2 〖生物〗⦅卵の原形質が分化の生じていない. 3 〖数学〗対等な ⦅二つの集合について, 一対一の対応のあることをいう⦆. 〚(1875) ← EQUI-＋POTENT[1]〛

èqui·poténtial *adj.* 〖物理〗等位の, 等ポテンシャルの; 〖電気〗等電位の: an ～ surface 等ポテンシャル面; 等電位面. — *n.* 等ポテンシャル線[面]. **équi·potentiálity** *n.* 〚(*a*1678) ← EQUI-＋POTENTIAL〛

e·quípped *adj.* [普通は副詞を伴って] 準備の整った, 必要なもの[素養]を持った 〔*with*, *to do*〕.

èqui·próbabilism *n.* 〖カトリック〗中間蓋然説 ⦅道徳問題で相対立する議論が同等な蓋然性をもつ場合, そのいずれに従ってもよいとする説; cf. probabilism 2⦆. 〚(1888) ← EQUI-＋PROBABILISM〛

èqui·probabílity *n.* 1 〖論理〗等蓋然性, 同蓋然性. 2 〖数学・統計〗**a** 同程度に確からしいこと (cf. equiprobable 2). **b** 等確率性. 〚(1921) ← EQUI-＋PROBABILITY〛

èqui·próbable *adj.* 1 〖論理〗蓋然性が等しい, 同程度にあり[起こり]そうな: ～ alternatives 蓋然性の等しい二者択一. 2 〖数学・統計〗同程度に確からしい ⦅一方が他方に比べてより起こりやすいという積極的理由がないことをいう⦆. **èqui·próbably** *adv.* 〚(1921) ← EQUI-＋PROBABLE〛

e·qui·ro·tal /ìːkwəróʊtl̩, èk- | -kwɪ̀rə́ʊtl̩/ *adj.* 〈車・乗物など〉前輪と後輪が同じ大きさの. 〚(1839) ← EQUI-＋L *rota* wheel＋-AL[1]〛

equiseta *n.* equisetum の複数形.

eq·ui·se·tum /èkwəsíːtəm | èkwɪsíːtəm/ *n.* (*pl.* ～**s**, **-se·ta** /-tə | -tə/) 〖植物〗＝horsetail 3. 〚(1830) ← NL ～ ← L *equisaetum* horsetail (plant) ← *equus* horse＋*saeta* bristle〛

eq·ui·ta·ble /ékwəṭəbl̩ | ékwɪ̀t-/ *adj.* 1 衡平 (equity) の原則による, 公正な, 正当な (just and right), 公平な (fair): an ～ price 公平な定価. 2 〖法律〗衡平法上の; 衡平法上有効な: ～ conversion 衡平法上の財産の種類の転換. 3 〈気質・天候など〉穏やかな. **eq·ui·ta·bil·i·ty** /èkwəṭəbíləṭi | èkwɪ̀təbílɪ̀ti/ *n.* **～·ness** *n.* **éq·ui·ta·bly** *adv.* 〚(1646) □ F *équitable*: ⇨ equity, -able〛

équitable ássets *n. pl.* 〖法律〗衡平法上の遺産 ⦅エクイティー裁判所 (court of equity) の判決によって初めて使用できる遺産; cf. legal assets⦆.

eq·ui·tant /ékwəṭənt, -tn̩t | -wɪ̀t-/ *adj.* 〖植物〗〈葉が〉跨状(こじょう)の ⦅アヤメなどの葉のように基部が重なり合っていることにいう⦆. 〚(1830) □ L *equitantem* (pres. p.) ← *equitāre* to ride: ⇨ eques〛

eq·ui·ta·tion /èkwətéɪʃən | -wɪ̀-/ *n.* 乗馬; 馬術 (horsemanship). 〚(1562) □ F *équitation* ∥ L *equitātiō(n-)* ← *equitātus* (p.p.) ← *equitāre* (↑): ⇨ -ation〛

eq·ui·tes /ékwətèɪs, -tìːz | ékwɪ̀tìːz/ *n. pl.* (古代ローマの)騎兵部隊 (cavalry); 騎士団 ⦅元老院議員身分と平民との中間に位する⦆. 〚□ L *equitēs* (pl.): ⇨ eques〛

éq·ui·time pòint /ékwətàɪm-, íːk- | ékwɪ̀-/ *n.* 〖航空〗行動[進出]限界点. 〚← *équitime*: ⇨ equi-, time〛

eq·ui·ty /ékwəṭi | ékwɪ̀ti/ *n.* 1 公平, 不偏; (処理の)公正, 公明正大. 2 〖法律〗**a** 衡平の原則適用, 衡平に基づく裁決 ⦅法的決定に人間の良心と自然の正義の精神を適用すること⦆: the principle of ～ 衡平の原則 / the ～ of a statute 法文の条理解釈. **b** 衡平法 ⦅コモンロー (common law) の欠陥や厳格性を補充矯正するために生まれた法; 英国に発達し米国でも行われている⦆: ⇨ COURT of equity. **c** (特に, 不動産における)衡平法上の権利. **d** ＝EQUITY of redemption. 3 **a** 出資者の請求権 ⦅債権者の請求権と区別して⦆. **b** [*pl.*] 〖会計〗(企業資産の)持分 ⦅貸借対照表の貸方全体; 債権者持分 (equities of creditors) (＝負債)と株主持分 (stockholders' equity) (＝資本)からなる⦆. **c** [*pl.*] ⦅英⦆〖証券〗普通株. 4 (財産価額中の)正味所有分, (担保物の債務額を差し引いた)余分の価額. 5 [E-] 俳優組合 (⦅米⦆ Actors' Equity Association (略 AEA); ⦅英⦆ British Actors' Equity Association (略 BAEA)).

equities of créditors 〖会計〗債権者持分.

equity of redémption [the —] 〖法律〗(衡平法上の)受戻し権, 償還権 ⦅コモンロー上失権しても, 受戻し権喪失 (foreclosure) の手続きが承認される以前であれば, 債務者が元利と費用を支払うことによって担保物を回復することができるという衡平法上の権利⦆. (1712) 〚(*a*1333) *equite* □ (O)F *équité* □ L *aequitātem* equality ← *aequus* 'EQUAL': ⇨ -ity〛

équity càpital *n.* 〖経済〗(株主による)出資資本. 〚1942〛

équity còurt *n.* ＝COURT of equity. 〚*a*1832〛

équity secùrity *n.* 〖経済〗利権証書, (特に)普通株. 〚*c*1925〛

équity wàrrant *n.* 〖経済〗新株引受権(付きワラント債) ⦅発行企業の新株をあらかじめ決められた行使価格で買うことができる⦆.

equiv. ⦅略⦆ equivalency; equivalent.

e·quiv·a·lence /ɪ̀kwívələns/ *n.* 1 (価値・力・重要性・意義などの)同等, 等価, 等値; 等量. 2 〖論理〗等値, 同値 (cf. biconditional). 3 〖数学〗同値, 同値関係; 等積. 4 〖化学〗(原子の)等価, 当量. 〚(*a*1541) □ (O)F *équivalence* □ ML *aequivalentia*: ⇨ equivalent, -ence〛

equívalence clàss *n.* 〖数学〗同値類. 〚1952〛

equívalence relàtion *n.* 〖数学〗同値関係. 〚*c*1949〛

e·quív·a·len·cy /-lənsi/ *n.* ＝equivalence. 〚1535〛

e·quiv·a·lent /ɪ̀kwívələnt/ *adj.* 1 (価値・力・数量・意味・効果などで)〔…と〕同等の, 等しい, 対等の 〔*to*〕(⇨ same SYN); 〔…と〕同意義の, 等価値の, 等値の 〔*to*〕: ～ *in* value [amount] 価値[量]が同等で / His remark is ～ *to* an insult. 彼の言葉は侮辱と同じことだ. 2 (地位・機能などで)〔…に〕相当[対応]する 〔*to*〕. 3 〖物理・化学〗当量の; 等価の, 原子価の等しい. 4 〖数学〗同値の; 等積の: ～ figures 等積図形. 5 〖論理〗等値の, 同値の. — *n.* 1 同等物, 同価値の物, 等価物, 等量物: five dollars or its ～ in books 5 ドルまたはその金額に相当する書籍 / the prose ～ *of* a poem 詩に対応する散文. 2 (他国語での)相当語句, 同義語, 訳語; 同意義の文句[記号]: There is no proper Japanese ～ *to* [*of*, *for*] this English word. この英単語には適当な日本語の訳語がない. 3 **a** (位置・形態・構造・機能などの点で)相当する物. **b** 〖文法〗相当語句: a subjunctive ～ 仮定法相当句. 4 〖物理・化学〗当量, 等量, 対量, 等価量: ⇨ MECHANICAL equivalent of heat. 5 〖数学〗対等, 同値. **～·ly** *adv.* 〚adj.: (*c*1425) □ (O)F *équivalent* ∥ LL *aequivalentem* having equal power (pres.p.) ← *aequivalēre* ← EQUI-＋L *valēre* to be wroth (⇨ value). — n.: (1502) ← (adj.)〛

equívalent áirspeed *n.* 〖航空〗等価対気速度.

equívalent círcuit *n.* 〖電気〗等価回路 ⦅ある特性を実現する電気回路で, 例えばモーターや変圧器の電気的特性はインダクタンスと抵抗とを組み合わせた回路で等価される⦆. 〚1920〛

equívalent evaporátion *n.* 〖機械〗相当蒸発量 ⦅ボイラーで 1 毎時何キログラムの 100°C の飽和水を 100°C の飽和蒸気に変えることができるかを示す換算蒸発量⦆.

equívalent flát-plàte área *n.* 〖航空〗相当平板面積 ⦅航空機の機体や付加物の空気抵抗の大きさを表す量で, 空気抵抗を動圧で割った値⦆.

equívalent fócal lèngth *n.* 〖光学〗等価焦点距離 ⦅光学系の対応する主点から測った焦点距離; equivalent focus ともいう⦆. 〚1867〛

equívalent fócus *n.* 〖光学〗等価焦点 (⇨ equivalent focal length).

equívalent projéction *n.* 〖地理〗正積[等積]図法.

equívalent weight *n.* 〖物理・化学〗＝equivalent 4. 〚1904〛

équi·vàlve *adj.* 〖動物〗〈二枚貝が〉等殻の (↔ inequivalve). 〚(1862) ← EQUI-＋VALVE〛

e·quiv·o·cal /ɪ̀kwívəkəl, -kl̩/ *adj.* 1 〈語句など〉両義に取れる, あいまいな, 多義性の (cf. univocal 1) (⇨ obscure SYN): an ～ sentence [expression] あいまいな文[表現]. 2 〈人・職業など疑わしい, いかがわしい (dubious): an ～ mode of life いかがわしい暮らし方 / a woman of ～ reputation いかがわしい評判の女性. 3 〈行動・態度など〉はっきりしない, いずれとも決まらない (undecided). **～·ness** *n.* 〚(*c*1600–2) ← LL *aequivocus* of equal voice or significance＋-AL[1] ∽ (*a*1397) *equivoc* □ (O)F *équivoque*: ⇨ equi-, vocal〛

equívocal generátion *n.* 〖生物〗＝abiogenesis. 〚1662〛

e·quiv·o·cal·i·ty /ɪ̀kwìvəkǽləṭi | -vəkǽlɪ̀ti/ *n.* 多義性, 意義のあいまい; (言行などの)あやふやなこと, 疑わしさ. 〚(1734): ⇨ ↑, -ity〛

e·quív·o·cal·ly *adv.* 多義的に; (言行などが)あいまいに. 〚(1579) ← EQUIVOCAL＋-LY[1]〛

e·quiv·o·cate /ɪ̀kwívəkèɪt/ *vi.* 1 (わざと人を惑わすため)あいまいな言葉を使う. 2 言葉を濁す, 言い抜ける, ごまかす. 〚(?*a*1425) *equivacateu* ← ML *aequivocātus* (p.p.) ← *aequivocāre* to call by the same name ← LL *aequivocus*: ⇨ equivocal, -ate[3]〛

e·quiv·o·cát·ing·ly /-tɪŋli | -tɪŋ-/ *adv.* 言葉を濁して, あいまいに. 〚(1652): ⇨ ↑, -ing, -ly[1]〛

e·quiv·o·ca·tion /ɪ̀kwìvəkéɪʃən/ *n.* 1 あいまいな言葉を使うこと, 言葉を濁すこと. 2 あいまいな言葉. 3 〖論理〗(一語)多義性の虚偽. 4 〖カトリック〗あいまい表現の使用 ⦅意中留保 (mental reservation) の一種; cf. Jesuitism 1⦆. 〚(*c*1395) *equivocacioun* □ ML *aequivocātiō(n-)*: ⇨ equivocate, -ation〛

e·quív·o·cà·tor /-tə | -tə(r)/ *n.* あいまいな言葉を使う人, ごまかし屋. 〚(1599) □ L *aequivocator*: ⇨ equivocate, -or[2]〛

eq·ui·voque /ékwəvòʊk, íːk- | ékwɪ̀vəʊk/ *n.* (*also* **eq·ui·voke** /～/) 1 あいまいな語句 (verbal ambiguity). 2 両義, 意味のあいまい. 3 地口, しゃれ (pun). 〚(1614) □ F *équivoque* ∥ LL *aequivocus*: ⇨ equivocal〛

E·quu·le·us /ɪkwúːliəs | -wúl-/ *n.* 〖天文〗こうま(子馬)座 ⦅ペガスス座の西にある小星座; the Colt, the Foal ともいう⦆. 〚□ L ～ (dim.) ← *equus* (↓)〛

Eq·uus /ékwəs, íːk-/ *n.* 〖動物〗ウマ属 ⦅ウマ科の一属; 更新世 (Pleistocene epoch) に初めて現れる; horse, ass, zebra など⦆. 〚← NL ～ ← L *equus* horse: cf. equine〛

er /ə(ː), ɚ(ː) | ə(ː)/ *int.* えー, あー, あのー ⦅言葉につかえたときやわからないときなどの発声⦆. — *vi.* 「えー」と言う. 〚1862〛

er ⦅略⦆ elder.

er ⦅記号⦆ Eritrea ⦅URL ドメイン名⦆.

Er ⦅記号⦆〖化学〗erbium.

ER /íːɑ́ə | -ɑ́ː(r)/ ⦅略⦆〖野球〗earned run(s); Eastern Region; East Riding (of Yorkshire); East River (of New York City); *L.* Eduardus Rēx (＝King Edward: ⇨ rex[2]); *L* Elizabeth Rēgīna (＝Queen Elizabeth; ⇨ regina); emergency room (1965); engine room.

-er[1] /ə | ə(r)/ *suf.* 1 動詞または名詞から種々の意味の動作主名詞 (agent noun) を造る: **a** 「…する者; …する動物[植物]」: hunt*er*, sing*er*, walk*er*; woodpeck*er*, creep*er*. **b** 「…する物 ⦅器具・機械など⦆」: cutt*er*, gasburn*er*, penhold*er*. **c** 「(土地・地方)の人, …居住者」: London*er*, British*er*, Western*er*; cottag*er*, foreign*er*, villag*er*. **d** 「…に携わる人, …製作者, …商, …研究者, …学者」: farm*er*, garden*er*, hatt*er*, perfum*er*, astronom*er*, geograph*er*. **e** 「…に属する[関係のある]者」: colleg*er*, old-tim*er*. **f** 「…を提供するもの」: din*er*, pork*er*. **g** 「…させるような出来事」: eye-open*er*. **h** [数詞と連結して] 「(数が)…ある物」: tenn*er* / two-deck*er*. **i** 他の語尾をもつ名詞の簡略俗語化 ⦅もと Rugby 校, Oxford 大学の学生俗語; (多く形容詞で) -ers となることがある⦆: Rugg*er*, Socc*er*, foot*er* (← football): champ*ers*, pregg*ers*. 2 OF 借入の名詞語尾: offic*er*, carpent*er*, pott*er*, bord*er*. ★ (1) -w で終わる語では y を添えて -yer となることがある: law*yer*, saw*yer*. (2) 職業などを表す語の中には -ier の形をとるものがある: cloth*ier*, coll*ier*. 〚1: OE *-ere*, *-eri* < Gmc **-ārjaz*, **-ǣrjaz* (Du. & G *-er*): cf. L *-ārius* '-ARY'. 2: ME □ AF *-er*＝OF *-ier* < L *-ārius*, *-ārium*, *-āria* '-ARY'〛

-er[2] /ə | ə(r)/ *suf.* 形容詞[副詞]の比較級形成接尾辞: 1 単音節語の形容詞と, -y, -ly, -le, -er, -ow に終わる二音節の形容詞, および少数の他の形容詞(特にアクセントが最後の音節にくるもの)に付ける (cf. -est[1]): rich*er*, hott*er*, likel*ier*, tender*er*, seren*er*, narrow*er*. ★ ただし詩語・擬古体や俗語ではその他の形容詞にも用いられる. また単音節語でも, like や just, real, right のように本来比較を許さない語の場合は, more を付けて比較級を造る. 2 -ly で終わっていない副詞(主に形容詞と同形)も -er をとることが多い: hard*er*, fast*er*, soon*er*. 〚adj.: OE *-ra* (masc.), *-re* (fem., neut.) < Gmc **-izon-*: G *-er* (OHG *-iro*). — adv.: OE *-or* < Gmc **-ōz*: G *-er* (OHG *-ōr*)〛

-er[3] /ə | ə(r)/ *suf.* 動作・処置・手続などを表す名詞を造る: disclaim*er*, rejoind*er*; dinn*er*, supp*er*. 〚□ AF *-er* (inf. suf.) < L *-āre*〛

-er[4] /ə | ə(r)/ *suf.* 頻発・反復を表す動詞を造る: 1 動詞から: flick*er* (← flick) / wav*er* (← wave). 2 擬音語から: chatt*er*, patt*er*, twitt*er*. 〚OE *-(e)rian* < Gmc **-rōjan* (G *-ern*)〛

e·ra /ɪ́ᵊrə, érə, íːrə | íərə/ *n.* 1 [しばしば E-] 紀元, …暦: the Mohammedan ～ / the Christian [Common, Vulgar] ～ キリスト紀元, 西暦紀元. 2 年代, 時代: some three centuries before our ～ 我々の時代より約 3 世紀前. 3 (著名な人物またはある特徴のため際立った歴史上の)時代 (⇨ period SYN): the Victorian ～ / the colonial ～ 植民地時代 / an ～ of extravagance 浪費の時代. 4 新しい[重要な, 記憶すべき]年月日[事件]: inaugurate [mark] a new ～ 新時代を始める[画する] / The earthquake was a remarkable ～. その地震は注目すべき事件だった. 5 〖地質〗(地質時代区分の)代 (cf. period 9): the Paleozoic ～ 古生代.

Éra of Góod Féeling(s) [the —] 〖米史〗「好感情[融和]の時代」⦅政争がほとんどなく国家主義が伸長した時代で J. Monroe 在任期 (1817–25) にほぼ相当する⦆. (1817) 〚(1615) □ LL *aera* number by which reckoning is made ← L *aera* (brass) counters, items of calculation (pl.) ← *aes* brass, money: cf. ore〛

ERA ⦅略⦆〖野球〗earned run average; Equal Rights Amendment.

e·ra·di·ate /ɪréɪdièɪt, iː- | -di-/ *vt.* 〈光線などを〉放射する. 〚(1647) ← *e-* 'EX-[1]'＋RADIATE〛

e·ra·di·a·tion /ɪrèɪdiéɪʃən, iː- | ɪrèɪdi-/ *n.* 発光, 放

E

熱. 〖(*a*1630): ⇨ ↑, -ation〗
e·rad·i·ca·ble /ɪrǽdɪkəbl | -dɪ-/ *adj.* 根絶できる, 絶滅できる. **e·rad·i·ca·bly** *adv.* 〖(1847) ← ERADIC(ATE)+-ABLE〗
e·rad·i·cant /ɪrǽdɪkənt | -dɪ-/ *n.* (寄生生物)根絶剤 (cf. protectant). — *adj.* 殺虫作用のある: an ~ spray. 〖□ L *ērādīcantem* (pres.p.) ← *ērādīcāre* (↓)〗
e·rad·i·cate /ɪrǽdəkèɪt | ɪrǽdɪ-/ *vt.* **1** 〈雑草などを〉根こぎにする (root out). **2** 〈望ましくないものを〉根絶[絶滅]させる, 撲滅する (⇨ exterminate SYN): ~ malaria マラリアを根絶する. **3** (こすったり薬品を用いたりして)〈しみなどを〉消し去る. 〖(?*a*1425) *eradicate*(*n*) ← L *ērādīcātus* (p.p.) ← *ērādīcāre* ← *ē-* 'EX-[1]'+*rādīc-*, *rādīx* 'ROOT[1]'〗
e·rád·i·càt·ed /-tɪd | -tɪd/ *adj.* 〖紋章〗〈木など〉根も描き表した, 根上がり図の. 〖(1661): ⇨ ↑, -ed〗
e·rad·i·ca·tion /ɪrædəkéɪʃən | -dɪ-/ *n.* 〔…の〕根絶, 絶滅, 撲滅 (extirpation) 〔*of*〕. 〖(?*a*1425) *eradicacioun* □ LL *ērādīcātiō(n-)*: ⇨ eradicate, -ation〗
e·rad·i·ca·tive /ɪrǽdəkèɪtɪv, -kət- | -dɪkət-, -kèɪt-/ *adj.* 根絶[絶滅]的な; 根治させる: an ~ medicine 根治薬. 〖(*c*1425) □ OF *eradicatif*: ⇨ eradicate, -ive〗
e·rád·i·cà·tor /-tə | -tə(r)/ *n.* 雑草駆除具, 除草器; (インク・さびなどの)しみ抜き液. 〖(1659) □ ML *ērādicātor*: ⇨ eradicate, -or[2]〗
éra-màking *adj.* =epoch-making. 〖1894〗
e·ras·a·bil·i·ty /ɪrèɪsəbíləti | ɪrèɪzəbílɪti/ *n.* 消しやすさ, 削除しやすさ.
e·ras·a·ble /ɪréɪsəbl | ɪréɪz-/ *adj.* 消すことのできる, 抹殺できる. 〖(1849): ⇨ ↓, -able〗
e·rase /ɪréɪs | ɪréɪz/ *vt.* **1** 〈書いた文字などを〉ぬぐい消す, 〈彫った文字などを〉すり消す; 削除[抹消, 抹殺]する (⇨ abolish SYN): ~ a name *from* a list 名前を名簿から抹消する / ~ the blackboard=~ writing *from* the blackboard 黒板の文字を消す. **2 a** (録音テープなどから)〈磁気記録を〉消す, 消去する: ~ a tape. **b** 〖電算〗〈記憶を〉消去する, 抹消する. **3** 消し去る, (ぬぐったように)忘れる: ~ an event *from* the memory 出来事を忘れる / I did my best to ~ that night's horror *from* my mind. あの夜の恐怖を頭から消し去ろうと全力を尽くした. **4** 《俗》〈人を〉消す, ばらす: If we don't ~ him he'll squeal on us. やつを消さないと俺たちを密告するだろう. **5** 無効にする; 相殺する, 帳消しにする: ~ a $10 million deficit 1 千万ドルの赤字を帳消しにする. — *vi.* **1** (容易に)消える. **2** 書いた[記した]ものを消す. 〖(1605) ← L *ērāsus* scratched out (p.p.) ← *ērādere* ← *ē-* 'EX-[1]'+*rādere* to scrape: ⇨ rase〗

SYN 消す: **erase** 〈書いたり描いたり彫ったりしたものを〉こすり取る: *erase* the blackboard 黒板の字を消す. **efface** 表面からすっかりこすり取る (*erase* よりも強意的): Years of weathering *effaced* the inscription from the monument. 長年の風雨のために碑文がすっかり消えてしまった. **obliterate** 完全に消し去って跡形もなくなる: The heavy rain *obliterated* the footprints. 大雨で足跡が跡形もなくなった. **cancel** 〈線などを引いて記載事項を〉取り消す: *cancel* the registration 登録を取り消す. **delete** 〈不要部分の文字などを〉削除する: The word should be deleted. その語は削除すべきだ. **ANT** print, stamp.

---

e·rásed *adj.* 〖紋章〗引きちぎられた, ぎざぎざに切られた (cf. couped 2). 〖(1486): ⇨ ↑, -ed〗
erase hèad *n.* (テープレコーダーの)消去ヘッド (テープの磁気記録を消す装置). 〖1948〗
e·ras·er /ɪréɪsə | ɪréɪzə(r)/ *n.* **1** (ペン・鉛筆・チョークなどで書いたものを)消す道具 (黒板ふき・石板ふき・字消し用具・インク消し・消しゴムなど). **2** 削除者, 抹消者. 〖(1790) ← ERASE+-ER[1]〗
e·rás·ing hèad *n.* =erase head. 〖1959〗
e·ra·sion /ɪréɪʒən/ *n.* **1** すり消し, 抹消, 削除. **2** 〖外科〗(患部組織の)掻爬(そうは), くり抜き, 切除. 〖(1790) ← ERASE+-ION〗
E·ras·mi·an /ɪrǽzmiən ɛ-/ *adj.* エラスムス (D. Erasmus) 流[式]の. — *n.* **1** エラスムス学徒. **2** (古代ギリシャ語をエラスムス流に発音する)エラスムス式発音法採用者. 〖(*c*1750) ← ERASMUS+-IAN〗
E·ras·mus /ɪrǽzməs, ɛ-/ *n.* イラズムス (男性名; 愛称形 Ras, Rasmus). 〖□ L ~ (原義) beloved □ Gk *erásmios* lovely ← *erân* to love: cf. Erastus〗
Erasmus, Des·i·de·ri·us /dèzɪdí°riəs | -díər-/ *n.* エラスムス (1466?–1536; オランダの人文主義者・神学者, 文芸復興運動の先覚者; *Encomium Moriae* (*The Praise of Folly*)「愚神礼讃」(1509)).
E·ras·ti·an /ɪrǽstiən, ɛ-, -tʃən | -tiən/ *adj.* エラストゥス (T. Erastus) の, エラストゥス主義の[を奉じる]. — *n.* エラストゥス主義を奉じる人. 〖(1651) ← ERASTUS+-IAN〗
E·rás·ti·an·ism /-nɪzm/ *n.* エラストゥス主義 (T. Erastus が主張した宗教上の事柄に関する最高権は国家にあるとする説). 〖(1681): ⇨ ↑, -ism〗
E·ras·tus /ɪrǽstəs, ɛ-/ *n.* イラスタス (男性名; 愛称形 Ras, Rastos). 〖□ L ~ (原義) beloved □ Gk *erastós*: cf. Erasmus, erotic〗
E·ras·tus /ɪrǽstəs; G. eʀástus/, **Thom·as** *n.* エラストゥス (1524–83; スイスの神学者, ドイツ Heidelberg の医学教授; Zwingli 主義者).
e·ra·sure /ɪréɪʃə, -ʒə | ɪréɪʒə(r)/ *n.* **1** ぬぐい消し; 削除, 抹消, 消去. **2** 削除箇所, 抹殺部分; 消し跡. 〖(1734) ← ERASE+-URE〗
Er·a·to /érətòu | -tàu/ *n.* 〖ギリシャ神話〗エラト (叙情詩・恋愛詩をつかさどる; cf. Muse 1). 〖← □ L ~ □ Gk *Eratṓ* ← *eratós* beloved ← *erân* to love: cf. Erastus〗
Er·a·tos·the·nes /èrətá(:)sθəni:z | -tɔ́sθ-/ *n.* エラトステネス (276?–194 B.C.; ギリシャの地理学者・天文学者).
Er·bil /ə́:bɪl | ɔ́:-/ *n.* イルビル (イラク北部の都市; 古代名 Arbela; Arbil, Irbil ともいう).
er·bi·um /ə́:biəm | ɔ́:-/ *n.* 〖化学〗エルビウム (希土類元素の一つ; 記号 Er, 原子番号 68, 原子量 167.26). 〖(1843) ← NL ~ ← (Ytt)*erb*(y) (⇨ ytterbite)+-IUM〗
Er·ci·yas Da·gi /èədʒi(j)à:sdɑ:(g)í: | ɛə-; *Turk.* ɛrdʒijésdaɯ/ *n.* エルジャス山 (トルコ中部にある死火山; 小アジアにおける最高峰 (3,916 m)).
ERCP 《略》〖医学〗endoscopic retrograde cholangiopancreatography 内視鏡的逆行性胆道膵管造影撮影(法).
ere /ɛə | ɛə(r)/ (古・詩) *prep.* …の前に (before): ~ long ほどなく, やがて / ~ now 今より前に. — *conj.* **1** …する前に, …しないうちに: ~ (it is) too late 手遅れにならないうちに. **2** (…するよりは)むしろ. 〖OE *ǣr*, *ǣr* < Gmc **airiz* (Du. *eer* / G *eher*) (compar.) ← **air* early ← IE **ayer-* day, morning (Gk *êri* early, in the morning & *áriston* breakfast): ⇨ erst〗
'ere[1] /ɛə | ɛə(r)/ *adv.* (方言・卑) =there: that ~. 〖(頭音消失)〗
'ere[2] /ɪə | ɪə(r)/ *adv.* (方言・卑) =here: this ~. 〖(頭音消失)〗
Er·e·bus /érəbəs | érɪ-/ *n.* 〖ギリシャ神話〗**1** エレボス (Chaos の息子で Nyx (夜)の兄弟; 暗黒の擬人神). **2** この世と地獄 (Hades) との間の暗黒界: (as) dark as ~ 真っ暗な. 〖(1582) □ L ~ □ Gk *Érebos* □ Heb. *'érebh* sunset〗
Er·e·bus /érəbəs | érɪ-/, **Mount** *n.* エレバス山 (南極 Ross Island の火山 (3,794 m)).
Er·ech /érɛk/ *n.* エレク (イラク南部 Euphrates 川の近くにあった古代シュメールの都市; シュメール語名 Uruk; Gen 10:10).
E·rech·the·um /ɪrékθiəm, èrɛkθí:əm | èrɛkθí:əm, ɛrɪk-/ *n.* [the ~] エレクテイオン (Athens の Acropolis に建てられ, 女像柱 (caryatides) をもつイオニア式の神殿 (409? B.C. に完成); 今日なおよく保存されたギリシャ建築の代表例; cf. Erechtheus). 〖□ L ~ □ Gk *Erékhtheion* ← *Erekhtheús* (↓)〗
E·rech·the·us /ɪrékθiəs, ɛ-, -θu:s, -θju:s | ɪrékθju:s, ɛ-, -θiəs/ *n.* 〖ギリシャ神話〗エレクテウス (Hephaestus の息子で, Athene に育てられた後, Athens の王となった; Erechtheum を建てたと伝えられる). 〖□ L ~ □ Gk *Erekhtheús* (原義) Shaker (of the Earth) ← *erékhthein* to break, shake〗
e·rect /ɪrékt/ *adj.* **1** 直立した (cf. prone[1] 2): stand ~ 直立する / an ~ figure 直立像. **2** 〈頭・手などが〉もたげられた, 〈毛髪が〉逆立った: a dog with ears and tail ~ 耳と尾をぴんと立てた犬 / with every hair ~ 毛髪をことごとく逆立てて. **3** 〖植物〗直立の (cf. prone[1] 4, decumbent 2): an ~ stem 直立茎. **4** 〖紋章〗**a** 〈boar (猪)が〉頭などが鼻を上に向けて描かれた (直立したことを表現するが動物によって異なる; cf. hauriant). **b** 〈動植物以外のものが〉直立した. **5** 〖光学〗〈像が〉正立の: an ~ image 正立像. **6** 〖生理〗勃起(ぼっき)した. **7** (古) 高貴な, 高潔な: an ~ spirit. **8** (廃) 警戒して, 用心して. — *vt.* **1** 建設する; 建てる (construct, build): ~ a house [statue] 家[像]を建てる. **2** 直立させる, ぴんと立てる, 起こす (set upright): ~ a flagstaff 旗ざおを立てる / ~ oneself 体を起こす / ~ the ears 耳を立てる[そば立てる]. **3** 組み立てる: ~ a printing press 印刷機械を組み立てる / an ~*ing* shop (製作所の)組立工場. **4** 〈新国家・新制度などを〉打ち立てる, 創設する: ~ a dynasty 王朝を樹立する. **5 a** 〔…に〕昇格させる, 高める 〔*into*〕: ~ a territory *into* a state 准州を州に昇格させる. **b** 理想として掲げる. **6** 〈障壁などを〉設ける: ~ barriers. **7** 〖数学〗(与えられた基線や基底の上に)作図する. **8** 〖光学〗〈倒立像を〉正立像に変える. **9** 〖生理〗勃起(ぼっき)させる. **10** (古) 上方に向ける. **11** (廃) 勇気づける, 大胆にする. — *vi.* 直立する, ぴんと立つ. **~·a·ble** /-təbl/ *adj.* **~·er** *n.* **~·ly** *adv.* **~·ness** *n.* 〖(adj.: *c* 1390; v.: ?*c*1408) □ L *ērectus* upright (p.p.) ← *ērigere* to set up, build ← *ē-* 'EX-[1]'+*regere* to direct: cf. right〗
e·rec·tile /ɪréktl, -taɪl | -taɪl/ *adj.* **1** 直立性の, 直立させられる. **2** 〖解剖〗勃起性の, 起立性の: ~ tissue (動植物の)勃起性組織. 〖(1830) □ F *érectile* □ L *ērectus*: ⇨ ↑, -ile[1]〗
eréctile dysfúnction *n.* 〖病理〗勃起障害, 勃起不全, インポテンツ (略 ED).
e·rec·til·i·ty /ɪrɛktíləti, ì:r- | ɪrɛktílɪti/ *n.* 勃起性[力]. 〖(1860): ⇨ ↑, -ity〗
e·rec·tion /ɪrékʃən/ *n.* **1** 直立, 起立. **2** 建立, 建設; 架設; 組立て. **3** 樹立; 創設, 設立. **4** 建設物, 建物 (building). **5** 〖生理〗勃起. 〖(1450) *ereccioun* □ L *ērectiō(n-)* ← *ērectus*: ⇨ erect, -tion〗
eréction deficiency *n.* 〖医学〗勃起不全 (略 ED).
e·rec·tive /ɪréktɪv/ *adj.* 直立力のある. 〖(?1611): ⇨ erect, -ive〗
e·rec·tor /ɪréktə | -tə(r)/ *n.* **1** 建立者, 建設者 (builder); 組立て工; 創設者, 設立者. **2** 〖解剖〗勃起筋, 起立筋. 〖(1538) □ LL *ērector*: ⇨ erect, -or[2]〗
Eréctor Sèt *n.* 〖商標〗エレクターセット (鉄骨やクレーンを模した米国製の組立式のおもちゃ).
É règion *n.* [the ~] 〖通信〗E 層区域 (E 層 (E layer) のある領域). 〖1930〗
-er·el /ərəl/ *suf.*「小; 下落; 軽蔑」などの意の名詞を造る: cockerel, doggerel. 〖ME □ OF *-erel*, *-erelle*: cf. F *-ereau* / -rel〗
ère·lóng *adv.* (古) 間もなく, すぐに (before long, soon). 〖(1577) ← ERE (prep.)+LONG (adv.)〗
er·em- /érəm | érɪm/ (母音の前にくるときの) eremo- の異形.
er·e·mite /érəmàɪt | érɪ-/ *n.* (キリスト教の)隠者, 世捨て人 (hermit). 〖(?*a*1200) *heremit(e)*, *hermit(e)*, *eremite* □ OF *hermit(e)* (変形) ← *hermite* 'HERMIT': hermit との区別は 17 世紀から〗
er·e·mit·ic /èrəmítɪk | èrɪmít-⁻/ *adj.* 隠者的な. **èr·e·mít·i·cal** /-tɪkəl, -kl | -tɪk-⁻/ *adj.* **èr·e·mít·i·cal·ly** *adv.* 〖(1483) *heremytyke*: ⇨ ↑, -ic[1] (1859)〗
er·e·mit·ish /érəmàɪtɪʃ | érɪmàɪtɪʃ/ *adj.* 隠者のような, 隠者にふさわしい. 〖(1608–11) ← EREMITE+-ISH[1]〗
ér·e·mit·ism /-màɪtɪzm/ *n.* 〖隠者[隠遁]生活.
er·e·mo- /érəmòu | érɪmə(u)/ 〖生物〗「孤立した (solitary); 砂漠 (desert)」の意の連結形: *eremology*. ★ 母音の前では通例 erem- になる. 〖← NL ~ ← Gk *érē-mos* solitary, empty〗
er·e·moph·i·lous /èrəmá(:)fələs | èrɪmɔ́fɪ-/ *adj.* 〖動物〗砂漠に生息する. 〖⇨ ↑, -philous〗
er·e·mo·phyte /érəmoufàɪt | érɪmə(u)-/ *n.* 〖植物〗砂漠植物 (desert plant). 〖← EREMO-+-PHYTE〗
er·e·mu·rus /èrəmjú°rəs | èrɪmjúər-/ *n.* (*pl.* **-mu·ri** /-raɪ/) 〖植物〗エレムルス (アジア原産ユリ科エレムルス属 (*Eremurus*) の多年草の総称). 〖(1829) ← NL ~: ⇨ eremo-, -urus〗
Erenburg *n.* =Ilya EHRENBURG.
ère·nów *adv.* (古) 今まで, これまでに. 〖(*a*1325) ⇨ ere, now〗
e·rep·sin /ɪrépsɪn, -sn | -sɪn/ *n.* 〖生化学〗エレプシン (腸液中にある蛋白酵素; 今はペプチダーゼ (peptidase) の混合物と判明している). 〖(1902) □ G *Erepsin* ← L *erep(-tus)* ((p.p.) ← *eripere* to take away ← *-ē* 'EX-[1]'+*rapere* to take)+(PEP)SIN〗
er·e·thism /érəθɪzm | érɪ-/ *n.* 〖病理〗(異常)興奮, (神経)過敏(症). **e·reth·ic** /ɪréθɪk | ɪr-/ *adj.* **er·e·this·mic** /èrəθízmɪk, èrɪ-⁻/ *adj.* **er·e·this·tic** /èrəθístɪk, èrɪ-⁻/ *adj.* 〖(1800) □ F *éréthisme* □ Gk *erethismós* irritation ← *erethízein* to irritate〗
E·re·tri·a /ɪrí:triə | ɪrétriə/ *n.* エレトリア (ギリシャの Euboea 南岸に位置する古都; Ionia の植民地として建設され, 紀元前 490 年にペルシャ軍に破壊された).
Er·etz Is·ra·el [Yis·ra·el] /érɛtsjɪsrá:eɪl; *Hebrew* érɛtsjisraél/ *n.* 〖ユダヤ教〗イスラエルの地 (パレスティナ (Palestine) のこと).
er·ev /érəv | érɛv/ *n.* 〖ユダヤ教〗エレブ (ユダヤ教の祝祭日または安息日の前日). 〖□ ModHeb. *érev* < Heb. *'érebh* evening〗
Er·e·van /(j)èrəvá:n, -rɪ-/ *n.* =Yerevan.
ère·whíle *adv.* (古) 少し前に, しばらく以前 (a while before); 前に, 以前に. 〖(*c*1300): ⇨ ere, while〗
ère·whíles *adv.* (古) =erewhile. 〖(1584): ⇨ ere, whiles〗
Er·e·whon /érəh(w)à(:)n, -(h)wən | érɪ(h)wɔn, -(h)wən/ *n.*「エレホン」(Samuel Butler が架空の国に託してビクトリア朝の風俗習慣を諷刺した小説 (1872)). 〖(逆つづり) ← NOWHERE〗
erf /ə́:f, ɛ́əf | ə́:f, ɛ́əf/ *n.* (*pl.* **er·ven** /ə́:vən, ɛ́ə- | ə́:-, ɛ́ə-/) 《南ア》敷地, 小区画. 〖(1811) □ Afrik. ~ □ Du ~ 'inheritance'〗
Er·furt /ɛ́əfət, -fuət | ɛ́əfə:t, -fuət; G. ɛʁfʊʁt/ *n.* エルフルト (ドイツ中部 Thuringia 州の都市).
erg[1] /ə́:g | ɔ́:g/ *n.* 〖物理〗エルグ (エネルギーの cgs 単位; 1 ダイン (dyne) の力が物体に働いてそれを 1 センチだけ移動させる仕事の量; cf. joule, work *n.* 13). 〖(1873) ← Gk *érgon* 'ERGON': cf. work〗
erg[2] /ɛ́əg | ɔ́:g/ *n.* (*pl.* **~s**, **a·reg** /á:rɛg/) 〖地質〗エルグ (サハラ砂漠の一部のような移動する砂に覆われた地帯; 岩石砂漠に対する). 〖(1875) □ F ~ □ ? Arab. *'erg*〗
erg- /ə:g | ɔ:g/ (母音の前にくるときの) ergo-[1] の異形.
er·gas·tic /ə:gǽstɪk | ɔ:-/ *adj.* 〖生物〗エルガスチック (原形質が作った生命をもたない物質に属する). 〖(*c*1896) □ Gk *ergastikós* able to work ← *ergazeîn* to work〗
er·gas·to·plasm /ə:gǽstəplæ̀zm | ɔ:-/ *n.* 〖生物〗エルガストプラズム (細胞質中にある塩基性色素で, よく染まる線状・層状の構造). 〖(1902) ← *ergasto-* (← Gk *ergastikós* (↑))+-PLASM〗
er·gat- /ə:gǽt | ɔ:-/ (母音の前にくるときの) ergato- の異形.
er·gate /ə́:geɪt | ɔ́:-/ *n.* 〖昆虫〗働きアリ, 職アリ (アリの職階の一部; worker ant ともいう). 〖(1910) ← Gk *ergátēs* worker ← *érgon* 'ERG[1]'+*-ates* (agent suf.)〗
er·ga·tive /ə́:gətɪv | ɔ́:gət-/ 〖文法〗*adj.* 能格の. — *n.* 能格 (ergative case) (エスキモー語・バスク語などで他動詞文の主語の格をいう; 能格をもつ言語では, 例えば The stone moved. / John moved the stone. のような文で the stone (自動詞の主語と他動詞の目的語)は絶対格で, John (他動詞の主語)は能格で表される). 〖(1939) ← ERGATO-+-IVE〗
érgative vérb *n.* 〖文法〗能格動詞.
er·ga·tiv·i·ty /ə̀:gətívəti | ɔ̀:gətívɪti/ *n.* 能格性. 〖(1968): ⇨ ↑, -ity〗
er·gat·o- /ə:gǽtou | ɔ:gǽtəu/「働き手 (worker)」の意の連結形. ★ 母音の前では通例 ergat- になる. 〖← Gk *ergátēs*: ⇨ ergate〗
er·ga·toc·ra·cy /ə̀:gətá(:)krəsi | ɔ̀:gətɔ́k-/ *n.* (まれ) 労働者による政治. 〖(1920): ⇨ ↑, -cracy〗

er·go /ɛ́ɚgoʊ, ɚ́:- | ɜ́:gəʊ, ɛ́ə-/ *conj., adv.* 《戯言》だから, 故に (therefore): Cogito, ～ sum (⇨ 巻末). 〖(*a*1376) □ L *ergō* therefore〗

er·go-[1] /ɚ́:goʊ | ɜ́:gəʊ/「仕事 (work)」の意の連結形: *ergo*phobia. ★ 母音の前では通例 erg- になる. 〖← Gk *érgon* work〗

er·go-[2] /ɚ́:goʊ | ɜ́:gəʊ/「麦角(ばっかく) (ergot)」の意の連結形. 〖□ F ～ ← ERGOT〗

er·go·cal·cif·er·ol /ɚ̀:goʊkælsífərɔ̀(:)l | ɜ̀:gə(ʊ)-kælsífərɔ̀l/ *n.* ＝vitamin D_2. 〖1952〗

er·god·ic /ɚ:gá(:)dɪk | ɜ:gɔ́d-/ *adj.* 〖数学・統計〗エルゴード的な (一つの体系が, 十分長い時間のあとには, 可能性のあるどのような状態にもなりうることをいう): an ～ theorem エルゴード定理. **er·go·dic·i·ty** /ɚ̀:gədísəṭi | ɜ̀:gədísɪ̀ti/ *n.* 〖(1926) ← ERGO-[1]＋Gk *hodós* way＋-IC[1]〗

er·go·graph /ɚ́:gəgræ̀f | ɜ́:gəgrɑ̀:f, -græ̀f/ *n.* エルゴグラフ, 疲労測定器, 疲労記録計 (筋肉がする仕事量を計測・記録する装置). **er·go·graph·ic** /ɚ̀:gəgrǽfɪk | ɜ̀:-⁻/ *adj.* 〖(1892) ← ERGO-[1]＋-GRAPH〗

er·gol·a·try /ɚ:gá(:)lətri | ɜ:gɔ́l-/ *n.* 労働崇拝. 〖← ERGO-[1]＋-LATRY〗

er·gom·e·ter /ɚ:gá(:)məṭɚ | ɜ:gɔ́mɪ̀tə[r]/ *n.* 作業計, エルゴメーター (主に筋力の疲労測定器). **er·go·met·ric** /ɚ̀:gəmétrɪk | ɜ̀:-⁻/ *adj.* **er·gom·e·try** /ɚ:gá(:)mətri | ɜ:gɔ́mɪ̀-/ *n.* 〖(1879) ← ERGO-[1]＋-METER[1]〗

er·go·met·rine /ɚ̀:gəmétri:n, -mí:-, -trɪ̀n | ɜ̀:-/ *n.* 〖薬学〗＝ergonovine. 〖(1935) ← ERGO-[2]＋METRO-[2]＋-INE[3]〗

er·gon /ɚ́:gɑ(:)n | ɜ́:gɔn/ *n.* 〖物理化学〗**1** 1 エネルギー量子. **2** ＝erg[1]. 〖□ Gk *érgon* work〗

er·go·nom·ics /ɚ̀:gənɑ́(:)mɪks | ɜ̀:gənɔ́m-/ *n.* **1** 生体[生物]工学 (⇨ bionics). **2** 人間工学 (⇨ human engineering 2). **er·go·nom·ic** /ɚ̀:gənɑ́(:)mɪk | ɜ̀:gənɔ́m-⁻/ *adj.* **èr·go·nóm·i·cal** /-mɪ̀kəl, -kḷ | -mɪ-⁻/ *adj.* **er·gon·o·mist** /ɚ:gá(:)nəmɪ̀st | ɜ:gɔ́nəmɪst/ *n.* 〖(*c*1950) ← ERGO-[1]＋(EC)ONOMICS〗

er·go·no·vine /ɚ̀:gənóʊvi:n, -vɪ̀n | ɜ̀:gə(ʊ)nə́ʊvi:n, -vɪn/ *n.* 〖薬学〗エルゴノビン ($C_{19}H_{23}N_3O_2$) (麦角(ばっかく)アルカロイドの一種で, 子宮収縮剤として用いる). 〖(*c*1936) ← ERGO-[2]＋L *novus* new＋-INE[3]〗

er·go·sphere /ɚ́:gəsfɪ̀ɚ | ɜ́:gə(ʊ)sfɪ̀ə[r]/ *n.* 〖天文〗作用圏 (ブラックホール (black hole) を取り巻いていると仮定されている境域). 〖← ERGO-[1]＋-SPHERE〗

er·gos·ter·ol /ɚ:gá(:)stərɔ̀(:)l | ɜ:gɔ́stərɔ̀l/ *n.* 〖生化学〗エルゴステロール, エルゴステリン ($C_{28}H_{44}O$) (酵母・麦角菌(ばっかくきん)・シイタケなどから採る sterol; 紫外線に当たるとビタミン D_2 に変わる). 〖(1906) ← ERGO-[2]＋STEROL〗

er·got /ɚ́:gət, -gɑ̀(:)t | ɜ́:gət, -gɔt/ *n.* **1** 〖植物病理〗麦角病(ばっかくびょう) (麦角菌 (*Claviceps purpurea*) など麦角菌属の菌によるライ麦などの病気); 麦角 (麦角菌の菌核). **2** 〖薬学〗麦角 (麦角菌の菌核を乾燥したもの; 主要成分はアルカロイドで, 止血剤・子宮収縮剤などに用いる). **3** 麦角アルカロイド. 〖(1683) □ F ～ (原義) cock's spur ＜ OF *ar(i)got, argor* ← ?: 形の類似から〗

er·got·a·mine /ɚ:gá(:)ṭəmi:n, -mɪ̀n | ɜ:gɔ́tə-mi:n, -mɪn/ *n.* 〖薬学〗エルゴタミン ($C_{33}H_{35}N_5O_5$) (麦角の有効アルカロイド; 分娩後出血の対策に使う). 〖(1921) ← ERGOT＋AMINE〗

èrgo·thérapy *n.* 〖医学〗作業療法.

er·got·ic /ɚ:gá(:)ṭɪk | ɜ:gɔ́t-/ *adj.* 麦角菌(ばっかくきん)のついた, 麦角症状の. 〖(1875) ← ERGOT＋-IC〗

er·got·in /ɚ́:gəṭɪn, -tɪ̀n | ɜ́:gətɪn/ *n.* 〖薬学〗エルゴチン, 粗製麦角(ばっかく)エキス, 麦角素, 麦角精. 〖(1851) ← ERGOT＋-IN[2]〗

er·got·i·nine /ɚ:gá(:)ṭənì:n, -nɪ̀n | ɜ:gɔ́tənì:n, -nɪn/ *n.* 〖薬学〗エルゴチニン ($C_{35}H_{39}N_5O_5$) (ergotoxine の異性体). 〖(1875) ← ERGOTIN＋-INE[3]〗

er·got·ism /ɚ́:gəṭɪ̀zṃ | ɜ́:-/ *n.* **1** 〖医学〗麦角(ばっかく)中毒(症). **2** 〖植物病理〗＝ergot 1. 〖(1853) ← ERGOT＋-ISM〗

er·go·tized /ɚ́:gəṭàɪzd | ɜ́:-/ *adj.* **1** 〖医学〗麦角(ばっかく)中毒(症) (ergotism) にかかった. **2** 麦角 (ergot) を含む. 〖(1860): ⇨ ergot, -ize, -ed〗

èrgo·tóxine *n.* 〖薬学〗エルゴトキシン ($C_{35}H_{39}N_5O_5$) (強力な麦角(ばっかく)アルカロイドで子宮収縮剤). 〖(1906) ← ERGO-[2]＋TOXINE〗

-er·gy /⌐⌐ɚ:dʒi, ⌐ɚdʒi | ⌐⌐ɜ:dʒi, ⌐ədʒi/「仕事 (work); 効果 (effect)」の意の名詞連結形: syn*ergy*, al*ergy*. 〖□ LL *-ergia* ← Gk *érgon* work: ⇨ ergo-[1], -y[1]〗

Er·hard /ɛ́ɚhɑɚt | ɛ́əhɑ:t; G. é:ɐhaʁt/, **Ludwig** *n.* エアハルト (1897–1977; 西ドイツの政治家・経済学者; 経済相 (1949–63), 首相 (1963–66)).

er·ic /ɛ́rɪk/ *n.* (*also* **er·iach** /～/) 〖古アイル法〗殺人犯およびその親族が犠牲者の親族に払った罰金 (cf. wergild). 〖(1586) □ Ir. *eiric*〗

Er·ic /ɛ́rɪk/ *n.* エリック (男性名; 愛称形 Rex, Rick, Rickie). 〖□ ON *Eiríkr* (原義) honorable ruler: cf. Dan. & Swed. *Erik* / G *Erich*〗

ERIC (略) (米) Educational Resources Information Center.

er·i·ca /ɛ́rɪkə/ *n.* 〖植物〗エリカ (エリカ属 (*Erica*) の植物の総称; エイジュ (tree heath) など; cf. heath 2). 〖(1826) ← NL ～ ← L *ericē* heath □ Gk *er(e)íkē*〗

Er·i·ca /ɛ́rɪkə/ *n.* エリカ (女性名). 〖(fem.) ← ERIC: cf. erica〗

Er·i·ca·ce·ae /ɛ̀rəkéɪsiì: | ɛ̀rɪ̀-/ *n. pl.* 〖植物〗ツツジ科. **èr·i·cá·ceous** /-ʃəs⁻/ *adj.* 〖← NL ～: ⇨ erica, -aceae〗

Er·i·ca·les /ɛ̀rəkéɪli:z | ɛ̀rɪ̀-/ *n. pl.* 〖植物〗ツツジ目. 〖← NL ～ ⇨: erica, -ales〗

Er·ich /ɛ́rɪk; G. é:ʁɪç/ *n.* エリック, エーリヒ (男性名). 〖□ G ～ 'ERIC'〗

e·rich·thoi·di·na /ɪ̀rɪ̀kθɔɪdáɪnə, -dí:nə | ɪr-/ *n.* 〖動物〗エリクトイディナ (口脚類のトラフシャコ属 (*Lysiosquilla*) の幼生). 〖← NL ～ ← *erichthoid* (← *Erichthus* (← Gk *êri* early＋*ikhthús* fish)＋-OID)＋-INA[1]: ⇨ ere, ichthys〗

er·i·coid /ɛ́rəkɔ̀ɪd | ɛ́rɪ-/ *adj.* 〈葉が〉ヒースに似た; 細長くそり返りのある. 〖(1900) ← NL *Erica* (⇨ ERICA)＋-OID〗

Er·ic·son /ɛ́rɪksən, -sṇ/, **Leif** *n.* ＝Leif ERICSSON.

Er·ics·son /ɛ́rɪksən, -sṇ/, **John** *n.* エリクソン (1803–89; スウェーデン生まれの米国の技師・発明家).

Er·ics·son /ɛ́rɪksən, -sṇ; *Swed.* ě:rɪksɔn/, **Leif** /léɪf/ *n.* エーリックソン (11 世紀ごろのスカンジナビアの航海者; Olaf Tryggvessön によって Greenland にやられるが, 暴風に遭い Vinland を発見したという; Eric the Red の息子で, Greenland の植民者).

Éric the Réd *n.* 赤毛のエーリック (10 世紀のスカンジナビアの航海者; Greenland の発見者でアイスランドへの植民者; Leif Ericsson の父).

E·rid·a·nus /ɪ̀rídənəs, -dṇ- | ɛríd-, ɪ̀r-/ *n.* 〖天文〗エリダヌス座 (南天の星座; *α* 星 Achernar (0.5 等); the River ともいう). 〖□ L *Ēridanus* □ Gk *Ēridanós* (古代ギリシャの川の名)〗

E·rie /ɪ́ɚri | ɪ́əri/ *n.* **1** エリー (米国 Pennsylvania 州の北西部, Erie 湖に臨む港市). **2** (*pl.* ～, ～s) **a** [the ～(s)] エリ族 (米国 Ohio 州北部, Pennsylvania 州北西部および New York 州西部に住む). **b** エリ族の人. **3** エリ語 (エリ族の用いる言語). 〖(*c*1909) □ Am.-F ～ ← Huron *yĕnresh* wildcat, (原義) it is long-tailed＋-'e at the place of〗

Erie, Lake *n.* エリー湖 (米国とカナダとの境にある五大湖 (Great Lakes) の一つで, 五大湖中最も南にあって最も浅い; 面積 25,859 km²).

Érie Canál *n.* [the ～] エリー運河 (米国 New York 州 Albany と Buffalo 間の運河; Hudson 川と Erie 湖を結ぶ; 長さ 584 km; 1825 年完成; New York State Barge Canal の主要な水路).

E·rig·e·na /ɪrídʒənə | -dʒɪ-/, **Johannes Scotus** *n.* エリウゲナ (810?–?877; アイルランド生まれでフランスで活躍した神学者・哲学者).

e·rig·er·on /ɪ̀rídʒərɑ̀(:)n | ɪrídʒərən, ɪrígə-/ *n.* **1** 〖植物〗キク科ムカシヨモギ属 (*Erigeron*) の草本の総称 (ヒロハヒメジョオン (*E. speciosus*), アズマギク (*E. dubius*) など). **2** ムカシヨモギ属の植物の葉と頂芽 (昔, 利尿剤や止血剤に使われた). **3** ＝erigeron oil. 〖(1601) ← NL ～ ← L *ērigeron* □ Gk *ērigérōn* groundsel ← *êri* early＋*gérōn* old man: ⇨ ere, geronto-: 一部にみられる白い冠毛から〗

erígeron òil *n.* エリゲロン油 (ヒメムカシヨモギ (horseweed) から採取した油; 時に薬用に用いる).

Er·ik[1] /ɛ́rɪk; G. é:ʁɪk, *Swed.* ě:rɪk, *Dan.* é:ʁεg, *F.* eʁik/ *n.* エリック (男性名). 〖⇨ Eric〗

Er·ik[2] /ɛ́rɪk/ *n.* ＝Eric the Red.

Er·ik·son /ɛ́rɪksən, -sṇ/, **Erik Homburger** *n.* エリクソン (1902–94; ドイツ生まれの米国の精神分析家; 自我心理学の代表的理論家; *Childhood and Society* (1950)).

Er·iks·son *n.* ＝Leif ERICSSON.

Er·in /ɛ́rɪ̀n, ɪ́ɚr- | ɪ́ərɪn, ɛ́r-, ɛ́ər-/ *n.* (詩・文語) エリン (Ireland の古[雅]名; cf. Hibernia): sons of ～ アイルランド人. 〖□ OIr. *Ērinn* (dat.) ← *Ēriu* (later *Ēire*) Ireland〗

er·i·na·ceous /ɛ̀rənéɪʃəs | ɛ̀rɪ̀-⁻/ *adj.* ハリネズミ属の, ハリネズミのような. 〖← L *erināceus* hedgehog: ⇨ -ous〗

e·rin·go /ɪ̀ríŋgoʊ | -gəʊ/ *n.* (*pl.* ～es, ～s) ＝eryngo.

Er·in go bragh /ɛ́rɪŋgoʊbrɑ́: | -gəʊ-/ (アイル) アイルランドよ, 永遠なれ (Ireland forever).

e·ri·nus /ɪ̀ráɪnəs/ *n.* 〖植物〗エリヌス (ゴマノハグサ科イワカラクサ属 (*Erinus*) の多年草; 南アフリカ・南ヨーロッパに自生する).

E·rin·y·es /ɪ̀ríniì:z/ *n. pl.* (*sing.* **E·rin·ys** /ɪ̀rínɪ̀s, ɪ̀ráɪ- | -nɪs/) 〖ギリシャ神話〗エリニュエス (Furies の別名; ⇨ fury 3 a). 〖□ L ～ (pl.): *Erīnys* fury の擬人化〗

er·i·o- /ɛ́rioʊ | ɛ́riəʊ/「羊毛 (wool)」の意の連結形. 〖□ Gk *erio-* ← *érion* wool〗

er·i·o·phyl·lous /ɛ̀rioʊfíləs | ɛ̀riə(ʊ)-⁻/ *adj.* 〖植物〗綿状の軟毛で覆われた葉をもった, 軟毛葉のある. 〖← ERIO-＋-PHYLLOUS〗

E·ris /ɪ́ɚrɪ̀s, ɛ́rɪ̀s | ɛ́rɪs/ *n.* 〖ギリシャ神話〗エリス (不和の女神; ローマ神話の Discordia に当たる; cf. APPLE of discord). 〖□ L ～ □ Gk *Éris*: éris strife, discord の擬人化〗

ERISA /ərísə/ *n.* (米) エリサ法 (従業員退職所得保障法). 〖(頭字語) ← E(mployee) R(etirement) I(ncome) S(ecurity) A(ct)〗

er·is·tic /ɪ̀rístɪk, ɛr- | ɛr-, ɪ̀r-/ *adj.* **1** 争論の, 論争的な (controversial). **2** 論争好きの. — *n.* **1** 争論者, 論客. **2** 争論術. **er·ís·ti·cal** /-tɪ̀kəl, -kḷ | -tɪ-/ *adj.* **er·ís·ti·cal·ly** *adv.* 〖(1637) □ Gk *eristikós* ← *eristḗs* wrangler ← *erízein* to wrangle ← *éris* (↑)〗

E·rith /ɪ́ɚrɪθ | ɪ́ər-/ *n.* イアリス (Greater London の Bexley 区の一部; もとイングランド Kent 州の都市; London の東方 Thames 川に臨み, ヨットハーバーがある). 〖OE *Ēarhȳð* gravelly landingplace ← *ēar* gravel＋*hȳþ* harbor (⇨ Hythe)〗

Er·i·tre·a /ɛ̀rətrí:ə | ɛ̀rɪ̀tréɪə, -trí:ə/ *n.* エリトリア: **1** アフリカ北東部の紅海に臨む地方. **2** アフリカ北東部の国; 面積 117,600 km², 首都 Asmara; 公式名 the State of Eritrea; かつてはイタリアの植民地, のちエチオピアの一州, 1993 年に独立. **Er·i·tre·an** /ɛ̀rətrí:ən | ɛ̀rɪ̀tréɪən, -trí:-⁻/ *adj., n.*

Er·i·van /(j)ɛ̀rɪ̀vɑ́:n/ *n.* Yerevan の英語名.

erk /ɚ́:k | ɜ́:k/ *n.* (英俗) **1** 水兵. **2** 空軍二等兵. **3** 嫌なやつ, 嫌われ者. 〖(1925) (短縮) ← AIRC(RAFTSMAN)〗

Er·lang /ɚ́:læŋ | ɜ́:-/ *n.* 〖電子工学〗アーラン (通信系統におけるトラフィック量の単位). 〖(1947) ← *Agner K. Erlang* (1878–1929: デンマークの数学者)〗

Er·lang·en /ɛ́əlɑ:ŋən, -lɔ:ŋ- | ɛ́ə-; G. ɛ́ʁlaŋən/ *n.* エルランゲン (ドイツ Bavaria 州の都市; 大学がある).

Er·lang·er /ɚ́:læŋɚ | ɜ́:læŋə[r]/, **Joseph** *n.* アーランガー (1874–1965; 米国の生理学者; Nobel 医学生理学賞 (1944)).

Ér·len·mey·er flàsk /ɚ́:lənmàɪɚ-, ɛ́ə- | ɜ́:lən-màɪə-, ɛ́ə-; G. ɛ́ʁlənmàɪɐ-/ *n.* 〖化学〗エルレンマイヤーフラスコ, 三角フラスコ (こぼれる危険性をなくした, 円錐形平底の実験用フラスコ). 〖(*c*1890) ← *E. Erlenmeyer* (1825–1909: ドイツの化学者)〗

erl·king /ɚ́:lkɪŋ, ɛ́əl- | ɜ́:lkɪŋ, ⌐⌐/ *n.* 〖ゲルマン・北欧伝説〗小妖精の王 (特に子供に害を与え死に誘うという). 〖(1797) (部分訳) ← G *Erlkönig* (原義) alder-king (なぞり) ← Dan. *elle(r)konge, elverkonge* king of (the) elves: Herder が誤訳したもの〗

erm. (略) ermine.

ERM /í:ɑ̀əém | -ɑ̀:(r)-/ (略) Exchange Rate Mechanism.

Er·ma /ɚ́:mə | ɜ́:-/ *n.* アーマ (女性名). 〖□ OHG *Herimann* (原義) army maid〗

Er·man·a·ric /ɚ̀mǽnərɪk, ɚ:- | ɛə-, ɜ:-/ *n.* エルマナリク (4 世紀末の東ゴート族 (Ostrogoths) の王; 東ヨーロッパを支配した).

Er·mi·na /ɚ:mí:nə | ɜ:-/ *n.* アーミーナ (女性名). 〖(dim.) ← HERMIONE〗

er·mine /ɚ́:mɪ̀n | ɜ́:mɪn/ *n.* (*pl.* ～s, 1 ではまた ～) **1** 〖動物〗**a** オコジョ, エゾイタチ, アーミン, (俗に)白テン (*Mustela erminea*) (寒地では毛並みが細かく柔らかで, 毛色は冬期には白色, 夏期には赤褐色に変わるが, 尾の先端は常に黒い). **b** (米) 各種のイタチ (weasel). **2** アーミンの毛皮 (しばしばその黒い尾をうまくあしらって効果的にする); [時に *pl.*] アーミンの毛皮のへり飾り, アーミンの毛皮の外套. **3 a** アーミンの毛皮服を着ける職[身分] (英国の上級判事や貴族など): wear [assume] the ～ 判事の職に就く. **b** 純潔・公平の象徴. **4** 〖紋章〗アーミン (銀あるいは白地にアーミンの尾をかたどった特殊な形の黒点を散らした毛皮模様). **5** 毛皮の模様が白地に黒い斑点の動物 (馬など). **6** ＝ermine moth. — *adj.* アーミンの毛皮で作った[をあしらった]. 〖(?*c*1250) *ermin, hermin* □ OF *(h)ermine* (F *hermine*) □ ? ML *(mūs) Armēnius* Armenian (mouse): cf. OHG *harmīn* of the ermine (← *harmo* weasel)〗

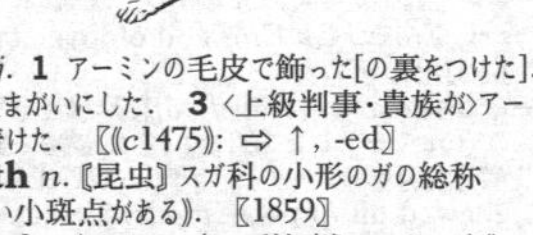

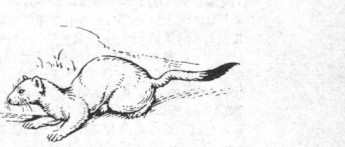

ermine 1 a

ér·mined *adj.* **1** アーミンの毛皮で飾った[の裏をつけた]. **2** アーミンの毛皮まがいにした. **3** 〈上級判事・貴族がアーミンの毛皮服を着けた. 〖(*c*1475): ⇨ ↑, -ed〗

érmine mòth *n.* 〖昆虫〗スガ科の小形のガの総称 (翅は白色で, 黒い小斑点がある). 〖1859〗

er·mines /ɚ́:mɪ̀nz | ɜ́:mɪnz/ *n.* 〖紋章〗アーミンズ (ermine の逆, つまり黒地に銀あるいは白の点の毛皮模様). 〖(1562) □ ? OF *hermines* (pl.) ← *herminet* (dim.) ← *hermine* 'ERMINE'〗

Er·min·trude /ɚ́:mɪ̀ntrù:d | ɜ́:mɪn-/ *n.* アーミントルード (女性名; 愛称形 Trudie; 異形 Ermentrude, Ermyntrude). 〖□ OHG *Ermantrudis* ← *ermin* whole＋*trūt, drūd* beloved, dear〗

Er·mite /ɚ́:maɪt | ɜ́:-/ *n.* アーマイト (カナダ Quebec 産の塩辛いブルーチーズ).

ern /ɚ́:n, ɛ́ən | ɜ́:n/ *n.* 〖鳥類〗＝erne.

Ern /ɚ́:n, ɛ́ən | ɜ́:n/ *n.* アーン (男性名). 〖(dim.) ← ERNEST〗

-ern /ɚn | ən/ *suf.* 方角を表す語の形容詞を造る: east*ern*, west*ern*. 〖OE *-erne*: cf. L *-āneus*〗

Er·na·ku·lam /ɚnɑ́:kələm | ɛə-/ *n.* エルナクラム (インド南西部 Kerala 州, Malabar 海岸沿いの市).

erne /ɚ́:n, ɛ́ən | ɜ́:n/ *n.* 〖鳥類〗ワシ (eagle); (特に)オジロワシ (whitetailed sea eagle). 〖OE *earn* ＜ Gmc **arnuz* eagle (Du. *arend* / G *Aar*) ← IE **orn-* ← **or-* large bird (Gk *órnis* bird)〗

Erne /ɚ́:n | ɜ́:n/ *n.* [the ～] アーン(川) (アイルランド北部の川; Donegal 湾に注ぐ (96 km)).

Erne, Lough アーン湖 (アイルランド北部の湖; Upper Lough Erne と Lower Lough Erne からなる).

Er·nest /ɚ́:nɪ̀st | ɜ́:-; *F.* ɛʁnɛst/ *n.* アーネスト (男性名; 愛称形 Ern, Ernie). 〖□ F ～ □ OHG *Ernust* (G *Ernst*) (原義) earnestness: ⇨ earnest[1]〗

Er·nes·tine /ɚ́:nɪ̀stì:n | ɜ́:-; G. ɛʁnɛstí:nə/ *n.* アーネスティーン (女性名). 〖(fem.): ⇨ ↑, -ine[4]〗

Er·nes·to /ɚnéstoʊ | ɛənéstəʊ; *It.* ernésto, *Sp.* ernésto, *Am.Sp.*/ *n.* エアネストー (男性名). 〖□ It. ～: ⇨ Ernest〗

Er·nie[1] /ə́ːni | ə́-/ *n.* アーニー《男性名》. 〖(dim.) ← ERNEST〗

Er·nie[2] /ə́ːni | ə́-/ *n.* 《英》〖証券〗アーニー《割増金付き債券の入賞番号を決めるコンピューター》. 〖《1956》《頭字語》← *e*(*lectronic*) *r*(*andom*) *n*(*umber*) *i*(*ndicator*) *e*(*quipment*)〗

Ernst /ə́ːnst, ɛ́ənst | ə́ːnst, ɛ́ənst; G. ɛ́ʁnst/ *n.* アーンスト, エアンスト《男性名》. 〖□ G ~: ⇨ Ernest〗

Ernst /ɛ́ənst, ə́ːnst | ɛ́ənst, ə́ːnst; G. ɛ́ʁnst/, **Max** *n.* エルンスト《1891–1976; ドイツ生まれの超現実派画家; ダダイズムの創始者; 米国・フランスの国籍をもつ; cf. frottage 1》.

Ernst, Paul *n.* エルンスト《1866–1933; ドイツの短編作家・劇作家》.

E **Ernst, Richard R**(**obert**) *n.* エルンスト《1933– ; スイスの化学者; Nobel 化学賞 (1991)》.

e·rod·a·ble /ɪróudəbl | ɪrə́ud-/ *adj.* =erodible.

e·ròd·a·bíl·i·ty /-dəbíləti | -dəbílɪti/ *n.*

e·rode /ɪróud | ɪrə́ud/ *vt.* **1** 〈酸などが〉腐食する (cf. corrode 1); 〈癌(がん)などが〉むしばむ; 〈金属を〉磨耗させる: Acids ~ metals. 酸は金属を腐食する. **2** 〈波・流水などが〉〈土地・岩石を〉浸食する (cf. erosion 2); 浸食して作る: The stream ~*d* a channel in the rock. 流水の浸食で岩に水路ができた. **3** 〈行為・習慣などが〉徐々に損なわせる[失わせる, 危なくする]: His habit of gambling has ~*d* his family life. ばくちの習慣のため家庭生活が損なわれていった. — *vi.* 腐食[浸食]される, むしばまれる. 〖《1612》□ F *éroder* // L *ērōdere* ← *ē-* 'EX-[1]'+*rōdere* to gnaw〗

E·rode /ɪróud | ɪrə́ud/ *n.* エロード《インド南部, Tamil Nadu 州の Cauvery 川に臨む都市》.

e·rod·ent /ɪróudənt, -dnt | ɪrə́ud-/ *adj.* 腐食[浸食]を引き起こす. 〖□ L *ērōdentem* (pres.p.) ← *ērōdere* erode〗

e·rod·i·ble /ɪróudəbl | ɪrə́udɪ-/ *adj.* 浸食可能な.

e·rod·i·bil·i·ty /ɪròudəbíləti | ɪrə̀udɪbílɪti/ *n.*

e·ro·di·um /ɪróudiəm | ɪrə́u-/ *n.* 〖植物〗温帯産フウロソウ科オランダフウロ属 (*Erodium*) の草本《オランダフウロ (alfilaria) など》. 〖← NL ~ ← Gk *erōdiós* heron+-IUM〗

er·o·gen·ic /èrədʒénɪk⁻/ *adj.* =erogenous. 〖1887〗

e·rog·e·nous /ɪrá(ː)dʒənəs | ɪrɔ́dʒɪ-, ɛr-/ *adj.* **1** 性欲を刺激する, 催春性の. **2** 性的満足を与える; 性的に敏感な: ~ zones 性感帯. **e·rog·e·ne·i·ty** /ɪrà(ː)dʒəníːəti | ɪɔ̀dʒɪníːɪti/ *n.* 〖《1889》← Gk *érōs* sexual love+-GENOUS〗

E·ro·i·ca /ɪróuɪkə, ɛr- | ɛrə́uɪ-, ɪr-; *It.* eróːika/ *n.* 「英雄」《Beethoven 作曲の交響曲第三番変ホ長調 (Op. 55) (初演 1805) の通称》. 〖← It. (*Sinfonia*) *Eroica* Heroic (Symphony)〗

-e·roo /ərúː/ *suf.* 《俗》戯言的な名詞語尾: boozeroo, blusheroo. 〖← ? (BUCK)AROO〗

Er·ops /érɑ(ː)ps | érɔps/ *n.* 航続距離拡大運航《民間航空機の着陸予定の飛行場を超える運航》.

E·ros /érɑ(ː)s, íᵊr- | íərɔs, érɔs/ *n.* **1** 〖ギリシャ神話〗エロス《Aphrodite と Ares の子で恋愛の神; ローマ神話 Cupid に当たる; ⇨ Psyche》. **2** 〖精神分析〗エロス, 生の本能《リビドーに由来する性的快楽と自己保存を目的とする本能; cf. Thanatos 2》. **3** 〖キリスト教〗エロス, (人間的な)愛 (cf. agape[2] 2). **4** [しばしば e-] 《プラトン哲学で》善きものの永久の所有に向けられる愛 (Platonic love). **5** 〖天文〗エロス《1898 年に発見された小惑星》. 〖《c1385》(1671) □ L *Erōs* □ Gk *Érōs* god of love: *érōs* love, desire の擬人化〗

e·rose /ɪróus | ɪrə́us/ *adj.* **1** (かじり取ったように)でこぼこの (uneven). **2** 〖植物〗〈葉など〉縁にぎざぎざのある, 不斉歯牙(しが)状の. **~·ly** *adv.* 〖《1793》□ L *ērōsus* gnawed off (p.p.) ← *ērōdere* 'to ERODE'〗

e·ro·si·ble /ɪróusəbl | ɪrə́usɪ-/ *adj.* 腐食[浸食]され得る. 〖《c1909》← ERODE+-IBLE〗

e·ro·sion /ɪróuʒən | ɪrə́u-/ *n.* **1** (酸などによる)腐食; (流体の衝撃による金属表面の)浸食. **2** 〖地質〗(水・氷・風・波などによる)浸食(作用) (cf. corrasion): ⇨ wind erosion. **3** 〖医学〗糜爛(びらん), ただれ; 浸食. **4** 低下 〔*of*〕. **e·ró·sion·al** /-ʒnəl, -ʒənl/ *adj.* **e·ró·sion·al·ly** *adv.* 〖《1541》□ F *érosion* □ L *ērōsiō*(*n*-) ← *ērōsus*: ⇨ erose, -sion〗

erósion sùrface *n.* 〖地質〗浸食面《浸食作用によって形成された平坦面》.

e·ro·sive /ɪróusɪv, -zɪv | ɪrə́usɪv, -zɪv/ *adj.* 食壊性の, 浸食的な, 浸食性の; 糜爛(びらん)性の. **~·ness** *n.*

e·ro·siv·i·ty /ɪròusívəti | ɪrə̀usívɪti/ *n.* 〖《1830》← L *ērōsus*+-IVE: ⇨ erose〗

er·o·te·ma /èroutíːmə | èrəu-/ *n.* (*also* **er·o·te·me** /érouti:m | érə(u)-/) =erotesis. 〖1589〗

er·o·te·sis /èrətíːsɪs | -sɪs/ *n.* 〖修辞〗エロテーシス《否定の答えを含意する修辞疑問》. 〖《1657》← NL ~ ← Gk *erṓtēsis* ← *erōtáein* to question〗

er·o·tet·ic /èroutétɪk⁻/ *adj.* **1** 〖修辞〗修辞疑問に関する. **2** 〖文法・哲学〗疑問[質問]に関する. 〖《1848》□ Gk *erotetikós* ← *erotáein* to question〗

e·rot·ic /ɪrá(ː)tɪk | ɪrɔ́t-/ *adj.* **1** 性愛の, 性愛を扱った (amatory) (⇨ sensuous SYN): ~ poetry 恋愛詩 / ~ dreams 性夢. **2** 性欲をかき立てる[満足させる]: an ~ stimulant 性欲刺激剤. **3** 〈人が〉好色な, 色情的な: an ~ person 好色家. — *n.* **1** 恋愛詩. **2** 好色家. 〖《1651》□ F *érotique* // Gk *erōtikós* of love ← *érōs* sexual love: ⇨ Eros〗

e·rot·i·ca /ɪrá(ː)tɪkə | ɪrɔ́tɪ-/ *n. pl.* 好色本, 性愛文学作品《しばしばカタログの見出しに用いられる》. 〖《1854》← NL ~ ← Gk *erōtiká* (neut. pl.) ← *erōtikós* (↑)〗

e·rót·i·cal /-tɪkəl, -kl | -tɪ-/ *adj.* =erotic. 〖1621〗

e·rót·i·cal·ly *adv.* 恋愛的に, 性愛的に. 〖《1882–83》: ⇨ ↑, -ly[1]〗

e·rót·i·cìsm /ɪrá(ː)təsìzm | ɪrɔ́tɪ-/ *n.* **1** エロチシズム, 煽情的傾向, 好色. **2** 性的興奮状態. **3 a** 性欲 (sexual desire). **b** 〖精神分析〗(特に, 異常な)性欲高進[亢進]. **e·rót·i·cist** /-sɪst | -sɪst/ *n.* 〖《1881》← EROTIC+-ISM〗

e·rot·i·cize /ɪrá(ː)təsàɪz | ɪrɔ́tɪ-/ *vt.* 性愛的[エロティック]にする. **e·rot·i·ci·za·tion** /ɪrà(ː)təsɪzéɪʃən | ɪrɔ̀tɪsaɪ-, -sɪ-/ *n.* 〖《1914》← EROTIC+-IZE〗

er·o·tism /érətìzm/ *n.* =eroticism. 〖《1849》: ⇨ ↓, -ism〗

e·rot·o- /ɪrá(ː)tou, ɪróu- | ɪrɔ́təu, ɪrə́u-/「性欲」の意の連結形. 〖← NL ~ ← Gk *erōto-* ← *érōs*: ⇨ Eros〗

eròto·génesis *n.* 性的感情の覚醒, 性感発生. 〖← NL ~: ⇨ eroto-, -genesis〗

eròto·génic *adj.* =erogenous. 〖1909〗

er·o·tog·e·nous /èrətá(ː)dʒənəs | -tɔ́dʒɪ-⁻/ *adj.* =erogenous. 〖1928〗

èr·o·tól·o·gist /-dʒɪst | -dʒɪst/ *n.* エロ作家, 性愛文学作家. 〖《1967》: ⇨ ↑, -ist〗

er·o·tol·o·gy /èrətá(ː)lədʒi | -tɔ́lədʒi/ *n.* 性愛文学[美術]. **er·o·to·log·i·cal** /ɪrə̀təlá(ː)dʒɪkəl, -kl | -tə-lɔ́dʒɪ-⁻/ *adj.* 〖《1886》← EROTO-+-LOGY〗

e·rot·o·ma·ni·a /ɪrà(ː)təméɪniə, ɪròu- | ɪrɔ̀tə(u)-, -rə̀ut-/ *n.* 〖精神医学〗淫乱症, 色情亢進. 〖《1874》← NL ~: ⇨ eroto-, -mania〗

e·rot·o·ma·ni·ac /ɪrà(ː)təméɪniæ̀k, ɪròu- | ɪrɔ̀tə-, ɪrə̀u-/ *n.* 色情症の人. 〖《1858》: ⇨ ↑, -ac〗

ERP 《略》European Recovery Program.

err /ə́ː, ɛ́ə | ə́ː(r)/ *vi.* **1 a** 正道からそれる, 踏み間違える; 誤る, 間違いをする: ~ *from* the truth [right path] 真理[正道]からそれる / ~ *in* one's judgment 判断を誤る / ~ *on* the side of mercy [severity] 慈悲[厳格]に失する / ~ *on* the right side (可能な間違いのうち)重大なものを避ける《冷淡であるよりも親切すぎるなど》/ It is best to ~ *on* the safe side. 誤っても大事を取るに越したことはない. **b** 《古》道を踏み迷う; さまよう, さすらう. **2** 過ちをする, 罪を犯す: To ~ is human, to forgive divine. 過つは人の常, 許すは神の業(わざ) (cf. Pope, *Essay on Criticism* 1. 525). **3** 〈陳述などが〉誤っている; 〈計器などが〉不正確である, 誤差を生じる: His statement ~*s* in this particular. 彼の陳述はこの点で間違っている. **err·a·ble** /ə́ːrəbl, ɛ́ᵊr- | ə́ːr-/ *adj.* 〖《a1300》*erre*(*n*) □ (O)F *errer* < L *errāre* to wander ← IE **ers-* to be in motion: cf. OE *ierre* wondering, angry〗

er·ran·cy /érənsi/ *n.* **1** 誤ること; 間違っていること; 誤り. **2** 〖キリスト教〗教義に反する見解を持つこと. 〖《1621》□ L *errentia* ← *errāns* (pres. p.) ← *errāre* (↑): ⇨ -ancy〗

er·rand /érənd/ *n.* **1** お使い, 用足し, 使い歩き, 使い走り: a gawk's ~ むだな使い走り, 無駄足, 徒労 / ⇨ fool's errand / run [do] ~*s* (*for* a person) (人のために)使い走りをする; 《米》(自分の買物など)走り回る / send a person *on* an ~ 人を使いにやる / go *on* an ~ *for* a person 人の使いに行く. **2** 《古》(特殊な)使命 (mission): come [go] *on* an ~ of …の使命を帯びて来る[行く]. **3** (使いの)用向き, 用事, 目的: I have an ~ *to* do in town. 町に用事がある. ***an érrand of mércy*** 恩情を伝える使い[使命]. ***màke an érrand*** (1) ちょっと出掛ける. (2) 行く口実を作る. 《c1400》 〖OE *ǣrende* message < Gmc **ǣrundjam* (OFris. *erende* / OS *ārundi* / OHG *ārunti*) ← ?: cf. OE *ār* messenger〗

érrand bòy [**gìrl**] *n.* 使いの少年[女の子], 使い走り. 〖1765〗

er·rant /érənt/ *adj.* **1** 遍歴の; 〈公務員が〉(公用などで)巡回の; 《古》(特に, 中世の武者修業などの)冒険的遍歴の: an ~ knight 遍歴の騎士 / ⇨ knight-errant. **2** さまよう: an ~ cloud あちこちと漂う雲. **3** 正しい規準をはずれた, 誤った: ~ conceptions 誤った考え. **4** 《廃》=arrant. — *n.* 武者修業者, 遍歴武士. **~·ly** *adv.* 〖《1335》*erraunt* □ (O)F *errant* (pres.p.) ← (i) OF *errer* to travel in quest of adventure < VL **iterāre*=LL *itinerāri* 'to ITINERATE' // (ii) (O)F *errer* 'to wander, ERR': ⇨ -ant〗

er·rant·ry /éranțri/ *n.* 遍歴; (特に, 中世騎士の)武者修行. 〖《1654》: ⇨ errant, -ERY〗

er·ra·ta /ərá:ṭə, ɪrá:-, -réɪ- | -tə/ *n.* **1** erratum の複数形. **2** 正誤表: give a sufficient ~ 十分な正誤表を掲げる. 〖《1589》□ L *errāta* (pl.) ← ERRATUM〗

er·rat·ic /ɪrǽṭɪk | ɪrǽt-, ɛr-/ *adj.* **1** とっぴな, 並外れた, 風変わりな: ~ conduct [behavior] とっぴな行為[行動] / an ~ market 乱調子な市場 / an ~ genius 風変わりな天才. **2 a** 移り気な; 不規則な. **b** 〈天体が〉軌道の定まらない. **c** 〈病気・苦痛が〉一局部に限らない, 遊走性の. **3** 《古》住所不定の; 放浪の. **4** 〖地質〗漂移性の: an ~ boulder [block] 捨て子石, 漂石《氷河などによって運ばれてきた岩石》. — *n.* **1** 移り気な人; 奇人. **2** 〖地質〗捨て子石, 漂石. **er·rát·i·cal·ly** *adv.* **er·rát·i·cìsm** /-ṭəsìzm | -tɪ-/ *n.* 〖《c1385》□ (O)F *erratique* // L *erraticus* wandering ← *errātus* (p.p.) ← *errāre* 'to wander, ERR': ⇨ -ic[1]〗

er·rát·i·cal /-ṭɪkəl, -kl | -tɪ-/ *adj.* =erratic. 〖1620〗

er·ra·tum /ərá:ṭəm, ɪrá:-, -réɪ- | -təm/ *n.* (*pl.* **-ra·ta** /-ṭə | -tə/) **1** 誤字, 誤写, 誤植. **2** ⇨ errata 2. 〖《1589》□ L *errātum* (neut.p.p.) ← *errāre* 'to ERR'〗

er·rhine /éraɪn, -rɪn | -raɪn, -rɪn/ *adj.* =sternutatory. — *n.* =sternutator. 〖《1601》← NL *errhīnum* ← Gk *érrhīnon* ← *er-* 'EN-[2]'+*rhīn-*, *rhís* nose〗

Er Rif /ɛərríf | ɛə-/ *n.* リフ山地《モロッコ北部の地中海沿岸に近い山岳地帯》.

err·ing /ə́ːrɪŋ, ɛ́ᵊr- | ə́ːr-/ *adj.* **1** 誤っている, 身を誤る. **2** (姦通などの)罪を犯している. **3** 《Shak》さまよう. 〖*c*1384〗

érr·ing·ly *adv.* 誤って, 身を誤って. 〖《1815》: ⇨ ↑, -ly[1]〗

Er·rol /érəl/ *n.* エロル《男性名》. 〖《変形》← ? HAROLD // ? EARL // ← L *error* wandering〗

erron. 《略》erroneous; erroneously.

er·ro·ne·ous /ɪróuniəs, ɛr- | -rə́u-/ *adj.* **1** 〈言説などが〉誤った, 間違った, 見当違いの: ~ opinions 誤った考え. **2** 《古》正道をはずれた. **3** 《廃》さまよう. **~·ly** *adv.* **~·ness** *n.* 〖《c1410》~ □ OF *erroneus* // L *errōneus* wandering ← *errō*(*n*-) vagabond ← *errāre* 'to ERR': ⇨ -ous〗

er·ror /érə | érə(r)/ *n.* **1** 誤り, 間違い (mistake): an ~ in translation 誤訳 / commit [make] an ~ 間違いをする / correct ~*s* 誤りを正す / fall into an ~ 誤りをやる; 了見違いをする / a printer's [typographical] ~ 誤植 / nature's ~ 造化の戯れ, できそこない / ⇨ clerical error / ~*s* and omissions excepted 誤謬(ごびゅう)脱落は別として[この限りでない] (略 E & OE) / an ~ of judgment 判断の誤り / human [mechanical] ~. 人間[機械]の誤り. **2 a** 誤信, 思い違い, 心得違い: be [stand] in ~ 考え違い[誤信]している. **b** 〖クリスチャンサイエンス〗(人間の苦しみの原因になっている)現実の真相についての謬見(びゅうけん). **3** 過ち, 過失, 過誤, 失錯, 手落ち, 落ち度; 違犯, 罪過: ~*s* of commission and omission 過失と怠慢の過ち / see one's ~=see the ~ of one's ways 前非を悔いる. **4** 〖数学・統計〗(計算・観測などの)誤り, 誤差; (計器・機械部品などの)誤差: the ~ of a planet 惑星の観測上の位置と計算上の位置との誤差 / make an ~ in calculation 計算違いをする / personal ~*s* 個人差. **5** 〖法律〗錯誤, 誤審: ⇨ WRIT[1] of error. **6** 〖スポーツ〗エラー, ミス, 失策. **7** 〖郵趣〗エラー《間違って作られた切手; 図案・刷色・紙質などに欠陥のあるもの; cf. variety 7》.

in érror (1) ⇨ 2 a. (2) 間違って: The letter was sent to me *in* ~. 手紙は間違って私の元に届けられた.

érror of clósure 〖測量〗閉合誤差, 閉合差, 閉差《閉多角形が閉合しない場合の距離誤差; closing error ともいう》.

~·less *adj.* 〖《?a1300》*errour* □ OF ~ (F *erreur*) < L *errōrem* ← *errāre* 'to wander, ERR'〗

SYN 誤り: **error** 真実・正確さ・正義などから逸脱することでやや非難の感じを示す: Correct *errors*, if any. 誤りがあれば正せ. **mistake** 通例不注意・誤解などから生じる誤り《最も一般的な語》: I used your towel by *mistake*. 間違えて君のタオルを使った. **blunder** 愚かな不必要な誤り: make an awful *blunder* とてつもないへまをやる. **slip** 会話や書き物で不注意から犯す軽い誤り: He often makes *slips* in grammar. よく文法上の誤りをする. **fault** 非難の対象となるほどではないが過失・落ち度・間違いの意味での誤り: a *fault* of emphasis アクセントの誤り. **boner** 《米俗》ばかげた間違い: pull a *boner* どじを踏む.

érror bàr *n.* 〖物理〗エラーバー《グラフで, 測定点などの周りの誤差の範囲を示す棒》.

érror corrècting [**detècting**] **còde** *n.* 〖通信〗誤り訂正[検出]符号《符号通信において伝送中の符号誤りが自動訂正[検出]可能な符号化法》. 〖1962〗

érror corrèction *n.* 〖電算〗データの誤りの自動訂正. 〖1964〗

érror cùrve *n.* 〖統計〗誤差曲線 (⇨ Gaussian curve).

érror-frée *adj.* 誤り[エラー]なしの. 〖1927〗

érror mèssage *n.* 〖電算〗エラーメッセージ《エラーが生じたとき表示されるメッセージ》.

ers /ə́ːs, ɛ́əs | ə́ːs, ɛ́əs/ *n.* 〖植物〗オオヤハズエンドウ (*Vicia ervilia*)《地中海沿岸・アジア諸国に産するソラマメ属の一種; ervil ともいう》. 〖《1578》□ F & Port. ~ □ LL *ervor-*, *ervus*=L *ervum*〗

-ers /əz | əz/ *suf.* =-er[1] 1 i.

ERS 《略》earnings-related supplement; earth resources satellite.

er·satz /éəzɑːts, ə́ː-, -sɑːts | ə́ːsæts, éəzɑːts; G. ɛʁzáts/ *adj.* 代用となる; 一時的の, 間に合わせの (temporary); 人工の; 劣った, 二流の (inferior): ~ coffee 代用コーヒー. — *n.* **1** 人造品; 模造品. **2** 代用品. 〖《1875》□ G *Ersatz* replacement ← *ersetzen* to replace < OHG *irsezzen* ← *ir-* (perfective pref.)+*sezzen* 'to SET'〗

Erse /ə́ːs | ə́ːs/ *n.* アース語《専門用語としては廃》: **a** スコットランド高地のゲール語 (Scottish Gaelic). **b** アイルランドのゲール語 (Irish Gaelic). — *adj.* (スコットランド高地・アイルランドの)ケルト族の; アース語の. 〖《c1375》《スコット》*Er*(*i*)*sche* (変形) ← IRISH〗

Er·skine /ə́ːskɪn | ə́ːskɪn/ *n.* アースキン《男性名》. 〖← ? Sc.-Gael. *airdsyainne* from the height of the cleft〗

Er·skine /ə́ːskɪn | ə́ːskɪn/, **John** *n.* アースキン: **1** (1509–91) スコットランドの宗教改革者; Erskine of Dun ともいう. **2** (1695–1768) スコットランドの法律家. **3** (1879–1951) 米国の学者・小説家; *The Private Life of Helen of Troy* (1925).

Erskine, Thomas *n.* アースキン《1750–1823; スコットランドの法律家; 称号 1st Baron Erskine》.

erst /ə́ːst | ə́ːst/ *adv.* 《古》昔, 以前に (formerly); 《廃》最初は, 初めに (originally). 〖OE *ǣr*(*e*)*st* earliest, soonest < (WGmc) **airistaz* (Du. *eerst* / G *erst*) (superl.)

← *air: ⇨ ere, -est[1]〗
erst·while /ə́ːst(h)wàɪl | ɜ́ː-/ *adv.* 《古》昔, 以前に (formerly). — *adj.* 昔の (former), 元の: her ~ rival 彼女のかつての競争相手. 〚《1569》: ⇨ ↑, while (adv.)〛
Er·té /ɛətéɪ | ɛ́əteɪ, ─⌐/; *F.* ɛʀte/ *n.* エルテ《1892–1990; ロシア生まれのフランスのファッションイラストレーター・服飾デザイナー; 本名 Romain de Tirtoff》.
Er·te·bøl·le /ə̀ːtəbɔ́(ː)lə, -bɑ́lə | ɜ̀ːtəbɔ́ːlə, ─⌐─⌐─; *Dan.* ɛ̀ɐdəbylə/ *adj., n.* 〖考古〗(北欧の中石器時代後期・新石器時代初期の)エルテベレ文化(期)(の). 〚《1927》← *Ertebølle* (デンマーク, ユトランド半島の地名)〛
Er·tha /ə́ːθə | ɜ́ː-/ *n.* アーサ《女性名》. 〚← ON *ertha* 'EARTH'〛
ERTS /ə́ːts | ɜ́ːts/ *n.* (米国の)地球資源科学技術衛星計画《人工衛星を利用して地球の資源を研究する宇宙計画》; この計画における一連の人工衛星. 〚《1968》《頭字語》← *E(arth) R(esources) T(echnology) S(atellites)*〛
Ertz /ə́ːts | ɜ́ːts/, **Susan** *n.* アーツ《1894?–1985; 英国生まれの米国の小説家; *Now East, Now West* (1927)》.
er·u·bes·cence /ɛ̀rubésəns, ɛ̀ruː-, -sṇs/ *n.* 赤らむ[赤みを帯びる]こと; 紅潮(状態). 〚((《1459》)) 《1736》⇨ ↓, -ence〛
er·u·bes·cent /ɛ̀rubésṇt | ɛ̀rʊbésənt, ɛ̀ruː-, -sṇt⌐/ *adj.* 赤くなる, 赤らむ (reddening). 〚《1736》□ L *ērubēscentem* (pres.p.) ← *ērubēscere* to redden ← *ē-* 'EX-[1]' + *rubēscere* to grow red (← *rubēre* 'to be RED'): ⇨ -escent〛
e·rú·cic ácid /ɪ̀rúːsɪk- | ɪr-/ *n.* 〖化学〗エルカ酸 $(CH_3(CH_2)_7CH{=}CH(CH_2)_{11}CO_2H)$《結晶; ナタネ油・カラシ油中にグリセリドとして存在》. 〚《1869》*erucic*: ← L *ērūca* colewort + -IC[1]〛
e·ru·ci·form /ɪ̀rúːsəfɔ̀əm | ɪrúːsɪ̀fɔ̀ːm/ *n., adj.* 〖昆虫〗ウジムシ型(の) (⇨ campodeiform). 〚《1874》← L *ērūca* caterpillar + -(I)FORM〛
e·ruct /ɪ̀rʌ́kt, iːr-/ *vt.* **1** 〈おくびを〉出す, 漏らす. **2** 〈火山が〉〈煙などを〉噴出する, 吐き出す. — *vi.* おくび[げっぷ]を出す. 〚《1666》□ L *ēructāre* to belch forth ← *ē-* 'EX-[1]' + *ructāre* to belch〛
e·ruc·tate /ɪ̀rʌ́kteɪt, iːr-/ *v.* =eruct. 〚《1638》← L *ēructātus* (p.p.) ← *ēructāre* (↑)〛
e·ruc·ta·tion /ɪ̀ːrʌktéɪʃən, ɛr-, ɪ̀rʌ̀k-, ɪrʌk-/ *n.* **1** おくびを出すこと (belching). **2** (火山の)噴出.
e·ruc·ta·tive /ɪ̀rʌ́ktəṭɪv, iːr- | -tɪv/ *adj.* 〚《?a1425》*eructuacioun* □ L *ēructātiō(n-)* ← *ēructātus* (↑)〛
er·u·dite /ɛ́rʊdàɪt, ɛ́rə- | ɛ́rʊ-/ *adj.* **1** 学殖豊かな; 博識な, 博学な: an ~ scholar 博識な学者. **2** 〈書物など〉学識の深さを示す, 学者らしい: an ~ commentary 学者的評釈. — *n.* 博学な人. **~·ly** *adv.* **~·ness** *n.* 〚《?a1425》□ L *ēruditus* instructed (p.p.) ← *ērudīre* to polish ← *ē-* 'EX-[1]' + *rudis* 'RUDE'〛
er·u·di·tion /ɛ̀rʊdíʃən, ɛ̀rə- | ɛ̀rʊ-/ *n.* **1** (文学・語学・歴史などの)博学, 学識 (⇨ knowledge SYN). **2** 学問探究. **~·al** /-ʃənḷ, -ʃnəl⌐/ *adj.* 〚《?c1400》*erudicioun* □ L *ēruditiō(n-)* ← *ēruditus* (↑): ⇨ -tion〛
e·rum·pent /ɪ̀rʌ́mpənt | ɪr-/ *adj.* **1** 突出する, 突然現れる. **2** 〖植物〗〈菌類・藻類などの子実体が〉〈表皮を突き破って〉突起した. 〚《1650》□ L *ērumpentem* (pres.p.) ← *ērumpere*: ⇨ ↓, -ent〛
e·rupt /ɪ̀rʌ́pt/ *vi.* **1** 〈火山・蒸気などが〉ほとばしり出る, 噴出する; 〈人・言葉・うっぷんなどが〉どっと出る; 《口語》激怒する: The crowd ~*ed into* wild cheers. 群衆はどっと激しく喝さいした. **2** 〈火山が〉噴火する, 爆発する; 〈間欠泉などが〉湧き出る, 噴出する. **3** 〈戦争・暴動などが〉急に起こる, 突発する: A typhoid epidemic ~*ed* among the refugees. 腸チフスが避難民の間で急に流行した. **4** 発疹(ほっしん)する: Youngsters are apt to ~ *with* acne. 青少年はにきびが出ることが多い. **5** 〈歯が〉生え出る, 萌出(ほうしゅつ)する. — *vt.* 吹き出させる; 〈火山が〉〈溶岩などを〉噴出する.
e·rúpt·i·ble /-təbḷ | -tɪ̀-/ *adj.* 〚《1657》← L *ēruptus* (p.p.) ← *ērumpere* ← *ē-* 'EX-[1]' + *rumpere* to break // (逆成) ← *eruption*: cf. rupture〛
e·rup·tion /ɪ̀rʌ́pʃən/ *n.* **1** (火山の)爆発 (breaking forth); 噴火: be in (a state of) ~ 噴火している / burst into ~ 突如爆発する. **2** (溶岩・蒸気などの)噴出; (間欠泉などの)噴出. **3** 〖地質〗(溶岩などの)噴出物. **4** (怒り・笑いなどの)爆発, (機知などの)湧出. **5** (病理などの)発生; 〖病理〗発疹(ほっしん), 皮疹. **6** (歯の)萌出(ほうしゅつ), 出齦(しゅつぎん): the ~ of the permanent teeth 永久歯の萌出. **~·al** /-ʃnəl, -ʃənḷ/ *adj.* 〚《?a1425》□ L *ēruptiō(n-)* ← *ēruptus*: ⇨ ↑, -tion〛
e·rup·tive /ɪ̀rʌ́ptɪv/ *adj.* **1** 爆発的な; 爆発性の. **2** 噴火作用の, 噴出性[状]の: an ~ fountain 噴出泉. **3** 〖地質〗〈岩石が〉溶岩噴出物からできた, 火成の: ~ rocks 噴出岩, 火成岩. **4** 〖病理〗発疹(ほっしん)性の. — *n.* 〖地質〗噴出岩, 火成岩 (eruptive rock). **~·ly** *adv.* **~·ness** *n.* **e·rup·tiv·i·ty** /ɪ̀rʌptívəṭi, ɪ̀ːrʌp- | ɪ̀ːrʌptívɪ̀ti/ *n.* 〚《1646》: ⇨ ↑, -ive〛
erúptive evolútion *n.* 〖生物〗噴火的進化《爆発的進化 (explosive evolution) よりやや遅い速度で放散的系統分岐を起こす進化》.
erúptive váriable *n.* 〖天文〗突発的変光星《突然明るさを大きく変える星》.
e·ruv /ɛ́rʊv/ *n.* (*pl.* **e·ru·vim** /ɛ́rʊvɪm/) 〖ユダヤ教〗エルーヴ《安息日には禁じられている移動などの行為も, その範囲に限っては許されるとされる便法的境界》. 〚《1718》□ ModHeb. *erúv* < Heb. *'ērūbh* mixing, confusion ← *'ārab* to mix〛
ERV 《略》English Revised Version.
erven *n.* erf の複数形.

er·vil /ə́ːvḷ | ɜ́ːvɪl/ *n.* 〖植物〗=ers. 〚《1551》□ L *ervilia* a kind of cultivated vetch: cf. ers〛
Er·vine /ə́ːvɪn | ɜ́ːvɪn/, **St. John (Greer)** /síndʒən gríə, sèɪntdʒɑ́(ː)n | síndʒən gríə(r)/ *n.* アーヴィン《1883–1971; アイルランドの小説家・劇作家; アベー座 (Abbey Theatre) の主宰者 (1915)》.
Er·ving /ə́ːvɪŋ | ɜ́ː-/, **Julius Winfield** *n.* アーヴィング《1950– ; 米国のバスケットボール選手; NBA の最優秀選手 (1987); あだ名は Dr. J》.
Er·win /ə́ːwɪn | ɜ́ːwɪn; *G.* ɛ́ɐviːn/ *n.* アーウィン《男性名》. 〚OE *Eoforwine* 《原義》boar-friend〛
-er·y /(ə)ri/ *suf.* 次の意味を表す名詞を造る: **1** 人の性質: bravery, snobbery. **2** 状態, 身分: slavery. **3** 職業, 技術: archery, cutlery, forgery, surgery. **4** 製造所, 店: bakery, grocery, drapery. **5** 人や物の集合[類]: nunnery, finery, pottery. **6** 《主に軽蔑》…と関係したもの: popery, tomfoolery. 〚ME *-erie* □ (O)F ~ ← *-ier* '-ER[1]' + *-ie* '-Y[1]': cf. -ry〛
Ér·y·man·thi·an bóar /ɛ̀rɪ̀mǽnθiən- | ɛ̀rɪ-/ *n.* 〖ギリシャ神話〗エリュマントスのイノシシ《Erymanthus 山にすみ, Arcadia を荒らし, Hercules に捕えられた狂暴なイノシシ》.
Er·y·man·thus /ɛ̀rɪ̀mǽnθəs | ɛ̀rɪ-/, **Mount** *n.* エリュマントス山《ギリシャ南部の Arcadia と Achaea との間の山 (2,220 m); Hercules がイノシシを狩った所とされている》. 〚□ Gk *Erúmanthos*〛
e·ryn·gi·um /ɪ̀ríndʒiəm | ɪrín-/ *n.* 〖植物〗=eryngo 1. 〚《1548》← NL ~ ← L *ēryngion* (↓)〛
e·ryn·go /ɪ̀ríŋgoʊ | -gəʊ/ *n.* (*pl.* **~es, ~s**) **1** 〖植物〗セリ科ヒゴタイサイコ属 (*Eryngium*) の草本; (特に) =sea holly 1. **2** 《廃》砂糖漬けにした sea holly の根《以前催淫剤として用いられた》. 〚《1597》□ ? It. & Sp. *eringio* □ L *ēryngion* □ Gk *ērúggion* (dim.) ← *ērúggos* sea holly, eryngo〛
er·y·sip·e·las /ɛ̀rəsíp(ə)ləs | ɛ̀rɪ̀síplɪ̀-/ *n.* **1** 〖病理〗丹毒 (St. Anthony's fire). **2** 〖獣医〗=swine erysipelas.
er·y·si·pel·a·tous /ɛ̀rəsɪ̀pélətəs | ɛ̀rɪ̀sɪ̀pélət-⌐/ *adj.* 〚《a1398》(*h*)*erisipila* □ L *erysipelas* □ Gk *erusípelas* ← *eruthrós* 'RED[1]' + *-pelas* skin: cf. pell〛
er·y·sip·e·loid /ɛ̀rəsípəlɔ̀ɪd | ɛ̀rɪ̀sípɪ̀-/ *n.* 〖病理〗類丹毒. 〚《1882》: ⇨ ↑, -oid〛
er·y·sip·e·lo·thrix /ɛ̀rəsípəloʊθrɪ̀ks | ɛ̀rɪ̀sípɪ̀lə(ʊ)-/ *n.* 〖細菌〗エリジペロトリックス《グラム陽性の放線状菌》. 〚← NL ~: ⇨ erysipelas, -thrix〛
Er·y·thei·a /ɛ̀rəθíːə | ɛ̀rɪ̀-/ *n.* 〖ギリシャ神話〗エリュテイア《Hera の黄金のリンゴの番をした四人姉妹の一人; ⇨ Hesperides 1》. 〚□ Gk *Erútheia*〛
er·y·the·ma /ɛ̀rəθíːmə | ɛ̀rɪ̀-/ *n.* 〖病理〗紅斑(こうはん).
er·y·the·mat·ic /ɛ̀rəθəmǽṭɪk | ɛ̀rɪ̀θɪ̀mǽt-⌐/ *adj.* **er·y·the·mal** /ɛ̀rəθíːməl, -mḷ | ɛ̀rɪ̀-⌐/ *adj.* **er·y·the·mic** /ɛ̀rəθíːmɪk | ɛ̀rɪ̀-⌐/ *adj.* **er·y·them·a·tous** /ɛ̀rəθémətəs | ɛ̀rɪ̀θémət-⌐/ *adj.* 〚《1766–83》← NL ~ ← Gk *erúthēma* redness ← *eruthrós* 'RED[1]'〛
er·y·thor·bate /ɛ̀rəθɔ́əbeɪt | ɛ̀rɪ̀θɔ́ː-/ *n.* 〖化学〗エリトルビン酸塩[エステル]《食品の酸化防止剤として用いられる》. 〚《1963》← *erythorb(ic acid)* + -ATE[1]〛
ér·y·thor·bic ácid /ɛ̀rəθɔ̀əbɪk- | ɛ̀rɪ̀θɔ̀ː-/ *n.* 〖化学〗エリトルビン酸《アスコルビン酸の立体異性体》. 〚《1963》*erythorbic*: ← ? *eryth(rose)* (← ERYTHRO- + -OSE[2]) + (ASC)ORBIC〛
e·rythr- /ɪ̀ríθr/ (母音の前に来るときの) erythro- の異形.
er·y·thrae·mia /ɛ̀rəθríːmiə | ɛ̀rɪ̀-/ *n.* =erythremia. 〚《1860》1908〛
e·ryth·re·de·ma /ɪ̀rɪ̀θrɪdíːmə/ *n.* 〖病理〗=acrodynia. 〚← NL ~: ⇨ erythro-, edema〛
er·y·thre·mi·a /ɛ̀rəθríːmiə | ɛ̀rɪ̀-/ *n.* 〖病理〗赤血病. 〚《1860》← NL ~: ⇨ erythro-, -emia〛
er·y·thrism /ɛ́rəθrɪzm, ɪ̀ríθrɪzm | ɛ́rɪ̀θrɪzm, ɪ̀rí-θrɪzm/ *n.* (皮膚・鳥の羽・毛髪などの)異常な赤色. **er·y·thris·mal** /ɛ̀rəθrízməl, -mḷ | ɛ̀rɪ̀-⌐/ *adj.* **er·y·thris·tic** /ɛ̀rəθrístɪk | ɛ̀rɪ-⌐/ *adj.* 〚《1864》← ERYTHRO- + -ISM〛
er·yth·rite /ɛ́rəθràɪt | ɛ́rɪ̀-/ *n.* **1** 〖鉱物〗エリスライト (⇨ cobalt bloom). **2** 〖化学〗=erythritol. 〚《1844》← ERYTHRO- + -ITE[1]〛
e·ryth·ri·tol /ɪ̀ríθrətɔ̀(ː)l | -rɪ̀tɔ̀l/ *n.* 〖化学〗エリトリトール, エリトリット $(HOCH_2(CHOH)_2CH_2OH)$《地衣類から採る無色の結晶; 甘みあり》. 〚《1891》: ⇨ ↓, -itol〛
e·ryth·ro- /ɪ̀ríθroʊ | -θrəʊ/「赤; 赤血球」の意の連結形. ★ 母音の前では通例 erythr- になる. 〚□ Gk *eruthr(o)-* ← *eruthrós* 'RED[1]'〛
e·ryth·ro·blast /ɪ̀ríθrəblæ̀st | -θrə(ʊ)-/ *n.* 〖解剖〗赤芽球. **e·ryth·ro·blas·tic** /ɪ̀rɪ̀θrəblǽstɪk | ɪrɪθrə(ʊ)-⌐/ *adj.* 〚《1890》⇨ ↑, -blast〛
e·ryth·ro·blas·to·sis /ɪ̀rɪ̀θrəblæstóʊsɪ̀s | -θrə(ʊ)blæstə́ʊsɪs/ *n.* (*pl.* **-to·ses** /-siːz/) 〖病理〗赤芽球症.
e·ryth·ro·blas·tot·ic /ɪ̀rɪ̀θrəblæstɑ́(ː)ṭɪk | -θrə(ʊ)blæstɔ́t-⌐/ *adj.* 〚《c1923》← NL ~: ⇨ erythroblast, -osis〛
erythroblastósis fe·tá·lis /-fɪ̀tǽlɪ̀s, -fɪ- | -lɪs/ *n.* 〖病理〗胎児赤芽球症. 〚《c1934》*fetalis*: ← NL ~ 'of FETUS'〛
erythroblastósis ne·o·na·tó·rum /-nìːənətɔ́ːrəm, -tóːr- | -tɔ́ːr-/ *n.* 〖病理〗新生児赤芽球症. 〚*neonatorum*: ← NL ~ 'of the newborn infants'〛
E·ryth·ro·cin /ɪ̀ríθrəsɪ̀n, -sn | -sɪn/ *n.* 〖商標〗エリスロシン《米国 Abbott Laboratories 製の抗生物質》.
e·ryth·ro·cyte /ɪ̀ríθrəsàɪt | -θrə(ʊ)-/ *n.* 〖解剖〗赤血球: ~ sedimentation rate 赤血球沈降速度, 赤沈, 血沈. **e·ryth·ro·cyt·ic** /ɪ̀rɪ̀θrəsíṭɪk | -θrə(ʊ)sít-⌐/ *adj.* 〚《1894》← ERYTHRO- + -CYTE〛
e·ryth·ro·cy·tom·e·ter /ɪ̀rɪ̀θrəsaɪtɑ́(ː)məṭə | -θrə(ʊ)saɪtɔ́mɪ̀tə(r)/ *n.* 〖医学〗(赤)血球計. **e·ryth·ro·cy·tóm·e·try** /-mətri | -mɪ̀-/ *n.* 〚⇨ ↑, -meter〛
erỳthro·dérma *n.* (*pl.* ~·ta) 〖病理〗紅皮症. 〚← NL ~ ⇨ -derma〛
erỳthro·génesis *n.* 〖生理〗赤血球生成.
erỳthro·génic *adj.* 〖医学〗**1** 赤血球生成性の. **2** 紅斑誘発性の: ~ toxin 発赤毒, 紅斑発生毒素.
er·y·throid /ɪ̀ríθrɔɪd, ɛ́rəθrɔ̀ɪd | ɪ̀ríθrɔɪd, ɛ́rɪ̀θrɔ̀ɪd/ *adj.* 〖解剖〗赤血球(系)の. 〚《1847》← ERYTHRO- + -OID〛
erỳthro·leukémia *n.* 〖医学〗赤白血病. 〚1927〛
e·ryth·ro·my·cin /ɪ̀rɪ̀θrəmáɪsɪ̀n, -sn | ɪ̀rɪ̀θrə(ʊ)máɪsɪn/ *n.* 〖薬学〗エリスロマイシン《1952 年に発見された抗生物質; 主にグラム陽性菌による感染症の治療に用いる》. 〚《1952》← ERYTHRO- + -MYCIN〛
er·y·thron /ɛ́rəθrɑ̀(ː)n | ɛ́rɪ̀θrɔn/ *n.* 〖解剖〗赤血球系(細胞). 〚《c1935》← NL ~ ← Gk *eruthrón* (neut.) ← *eruthrós* 'RED[1]'〛
er·y·thro·ni·um /ɛ̀rəθróʊniəm | ɛ̀rɪ̀θrə́ʊ-/ *n.* 〖植物〗エリスロニウム《ユリ科カタクリ属 (*Erythronium*) の球根植物の総称; dogtooth violet ともいう》.
e·ryth·ro·pho·bi·a /ɪ̀rɪ̀θrəfóʊbiə | -θrə(ʊ)-/ *n.* 〖精神医学〗**1** 赤色恐怖(症). **2** 赤面恐怖(症). 〚《1894》← NL ~: ⇨ erythro-, -phobia〛
e·ryth·ro·phyll /ɪ̀ríθrəfɪl | -θrə(ʊ)-/ *n.* 〖生化学〗葉赤素, エリトロフィール《葉を紅葉させる植物の色素》. 〚《1875》← ERYTHRO- + -PHYLL〛
e·ryth·ro·poi·e·sis /ɪ̀rɪ̀θroʊpɔɪíːsɪ̀s | ɪ̀rɪ̀θrə(ʊ)pɔɪ-íːsɪs/ *n.* 〖生理〗(骨髄での)赤血球産生[生成]. 〚《1918》← NL ~: ⇨ erythro-, -poiesis〛
erỳthro·poi·ét·ic /-pɔɪéṭɪk | -tɪk⌐/ *adj.* 〖生理〗赤血球を産生する. 〚《1908》← ERYTHRO- + -POIETIC〛
e·ryth·ro·poi·e·tin /ɪ̀rɪ̀θroʊpɔ́ɪəṭɪn, tṇ | -θrə(ʊ)-pɔ́ɪɪtɪn/ *n.* 〖生化学〗エリトロポイエティン《腎臓で作られるとされているホルモン; 赤血球産生を助ける》. 〚《1948》← ERYTHRO- + -POIETIC + -INE[1]〛
er·y·throp·sin /ɛ̀rəθrɑ́(ː)psɪ̀n | ɛ̀rɪ̀θrɔ́psɪn/ *n.* 〖生化学〗=rhodopsin. 〚← ERYTHRO- + (RHODO)PSIN〛
e·ryth·ro·sin /ɪ̀ríθrəsɪ̀n, -sn | -θrəsɪn/ *n.* (*also* **e·ryth·ro·sine** /-sɪ̀(ː)n/) 〖化学〗エリトロシン $(C_{20}H_6I_4Na_2O_5)$《フルオレセイン (fluorescein) のヨウ素置換によって作られる染料》. 〚《c1882》← ERYTHRO- + (EO)SIN〛
Erz·ge·bir·ge /ɛ́ətsgəbɪ̀əgə | ɛ́ətsgəbɪə-; *G.* éːɐts-gəbɪʀgə/ *n.* (*also* **Erz Ge·bir·ge** /~/) [the ~] エルツ山地《ドイツ南東部とチェコ北西部の境の山脈; 最高峰は Keilberg /káɪlbɛʀk/ (1,244 m); 英語名 Ore Mountains, チェコ語名 Krušné Hory》.
Er·zu·rum /ɛ̀əzərúːm, ə̀ːzə- | ɛ̀əzərùːm/ *n.* エルズルム《トルコ北東部の都市》.
es 《記号》Spain《URL ドメイン名》.
Es 《記号》〖化学〗einsteinium; 〖聖書〗Esther.
ES 《略》Econometric Society; electrostatic; 〖製紙〗engine-sized; Entomological Society.
ES 〖自動車国籍表示〗El Salvador.
e.s. 《略》eldest son; electrical sounding; electric starting.
es- /ɪ̀s, ɛs/ *pref.* =ex-[1]: *es*cheat, *es*cape. 〚ME □ OF *es-* < L *ex-*[1]〛
-es /ɪ̀z, z, s/ *suf.* (s, x, sh, ch および子音 +y の後にくるときの) -s[1,3] の異形.
ESA /íːèséɪ/ 《略》environmentally sensitive area; European Space Agency.
E·sá·ki diode /eɪsɑ́ːki-/ *n.* 〖電子工学〗エサキダイオード (⇨ tunnel diode). 〚← 江崎玲於奈 (1925– : 日本の物理学者)〛
E·sau /íːsɔː, -sɑː | -sɔː/ *n.* **1** イーソー《男性名》. **2** 〖聖書〗エサウ (Isaac と Rebecca の長子; 一わんの羹(あつもの) (mess of pottage) と引き換えに弟の Jacob に相続権を売った; *Gen.* 25: 21–34; cf. birthright). 〚□ LL *Ēsau* □ Gk *Hēsaû* □ Heb. *'Ēśāw* 《原義》? hairy: cf. Arab. *á'thā* hairy〛
ESB 《略》electrical stimulation of the brain 脳電気刺激. 〚1963〛
es·bat /ésbæt/ *n.* 魔女の会合. 〚《c1965》← ? OF ~ (F *ébats*) ← *esbatre* to frolic ← *é-* 'EX-[1]' + *batre* (F *battre*) to beat〛
Es·bjerg /ésbjəːg | -bjəːg; *Dan.* ésbjæɐ'/ *n.* エスビャア《デンマーク南西部, Jutland 半島の港市》.
Esc 《記号》〖貨幣〗escudo(s).
ESC 《略》Economic and Social Council (国連)経済社会理事会.
es·ca·drille /éskədrɪ̀l, -drìː | èskədríl; *F.* ɛskadʀij/ *n.* **1** (特に, 第一次大戦時のフランスの空軍の 6 機編成の)飛行隊, エスカドリル. **2** 《廃》(通例 8 隻編成の)艦隊. 〚《1912》□ F ~ □ Sp. *escuadrilla* flotilla (dim.) ← *escuadra* squadron □ It. *squadra* square: ⇨ squadron〛
es·ca·lade /èskəléɪd, -lɑ́ːd, ─⌐─⌐ | èskəléɪd, ─⌐─⌐/ *n.* はしご登り; (攻城戦ではしごを利用して)城壁をよじ登ること. — *vt.* はしごで〈城壁を〉よじ登る, はしごで〈城壁内〉に乗り込む. **és·ca·làd·er** /-də | -də(r)/ *n.* 〚《1598》□ F ~ □ Sp. *escalado* // It. *scalata* (fem. p.p.) ← *scalare* to scale ← *scala* ladder < L *scālam* 'SCALE[1]'〛
es·ca·late /éskəlèɪt/ *vt.* 段階的に拡大[増大]させる, エスカレートさせる: ~ the war [crisis] 戦争[危機]を拡大させる. — *vi.* **1** 段階的に拡大[増大]する, エスカレートする: A local war may ~ *into* a huge one. 局地戦争がエスカレートして大戦争になる場合もある. **2** (エスカレーターなどで)昇り降りする. **3** 〈賃金などが〉自動調節する, (急速に)増加する. 〚(1922)《逆成》← ESCALATOR〛

es·ca·la·tion /èskəléɪʃən/ *n.* **1** 〔戦争・紛争・インフレなどの〕拡大, エスカレーション〔*of*〕. **2** エスカレーター式調節《原料費の上昇に伴って自動的に物価を上げたり, 物価[生計費]の上昇に伴って自動的に賃金を上げる方式》. 〚(1938): ⇨ ↑, -ation〛

es·ca·la·tor /éskəlèɪtə | -tə(r)/ *n.* **1** エスカレーター (moving staircase). **2** (エスカレーターのような)上昇コース: the political ~ 政界の上昇コース. — *adj.* [限定的]〈条項・規定など〉エスカレーター方式の: cost-of-living wage ~ contracts 生活給のエスカレーター契約 / an ~ arrangement エスカレーター条項による取決め / ⇨ escalator clause. 〚(1900) ← ESCALA(DE)+(ELEVA)TOR: 米国の商標名から〛

E

éscalator clàuse *n.* **1** (1930 年のロンドン海軍条約の)伸縮条項《他国の建艦状況によって補助艦の制限外建造を認めた条項》. **2** (労働協約の)エスカレーター条項《労働協約中の一項目で, 物価指数に即して賃金の増減を認める規定》. 〚1925–30〛

es·ca·la·to·ry /éskələtɔ̀ːri | -lèɪtəri,- lət-, -tri/ *adj.* (戦争などの)規模を拡大させる: an ~ move. 〚(1965): ⇨ -ory¹〛

es·cal·lo·ni·a /èskəlóuniə | -ləu-/ *n.* 〘植物〙南米産ユキノシタ科 *Escallonia* 属の美しい花をつける低木または高木の総称. 〚(1882) ← NL ~ ← Sp. *Escallón* (18 世紀のスペイン人, その発見者)+-IA¹〛

es·cal·lop /ɪskɑ́(ː)ləp, ɛskǽl- | ɪskǽləp, -kɔ́l-, éskələp/ *n., vt.* =scallop. 〚(1472) □ OF *escalope* shell: ⇨ scallop〛

escállop shèll *n.* =scallop shell. 〚1610〛

es·ca·lope /éskəlòup | éskələp, ɪs-, -ləp, ɛskǽləp, -lɔp/ *n.* =scallopini. 〚1828〛

ESCAP 《略》Economic and Social Commission for Asia and the Pacific (国連)アジア太平洋経済社会委員会《従来の ECAFE が 1974 年に改称》.

es·cap·a·ble /ɪskéɪpəbl, ɛs-/ *adj.* 逃げられる, 避けられる (avoidable). 〚(1864) ← ESCAPE+-ABLE〛

es·ca·pade /éskəpèɪd, ⌐–⌐ | èskəpéɪd, ⌐–⌐/ *n.* **1** (社会常識に反して)はめをはずすこと, とっぴな行為; いたずら: a youthful ~ 若いときの脱線. **2** 《古》逃亡, 脱出. 〚(1653) □ F ~ □ Port. & Sp. *escapada* ← *escapar* < VL **excappāre* (↓): ⇨ -ade〛

es·cape /ɪskéɪp, ɛs-/ *vi.* **1** 〔監禁・追跡(者)などから〕逃げる, 逃れる, 逃亡する, 脱出する〔*from, out of*〕: ~ by the skin of one's teeth ⇨ skin 成句 / ~ with only slight injuries ほんのかすり傷程度で逃げる / ~ by [through] the window 窓から逃げる / ~ *from* [*out of*] prison 脱獄する / ~ *from* (the clutches of) one's captors 逮捕する者(の支配)から逃れる / ~ *to* a foreign country 外国へ逃げる[逃亡する]. 日英比較 日本語の「エスケープ」は学生語で「授業中教室を脱け出たり講義に欠席したりすること」を意味することがあるが, この意味は英語にはない. 英語では cut class という. **2** 〔危険・病気・苦痛・罰などから〕逃れる, 免れる; 〔現実などから〕逃避する (get away)〔*from*〕: ~ *from* a lonely life [official duties] 孤独な生活[公務]から逃れる. **3** 〔液・蒸気・電気・ガスなどが〕〔…から〕漏れる, 漏れ出る (leak)〔*from*〕: Water is *escaping from* the mains. 水が本管から漏れている / *escaping* gas 漏れているガス. **4** 〔記憶・脳裏から〕消え去る, 薄らぐ (fade)〔*from*〕. **5** 〘植物〙〈栽培植物が〉逸出する, 野生状に生育する. **6** 〘物理・宇宙〙〈ロケット・分子などが〉脱出速度に達する. **7** 〘レスリング〙エスケープする (cf. *n.* 7). **8** 〘電算〙〈画面などを〉中断[終了]する〔*from, out of*〕.
— *vt.* **1** 〈追跡・危険・災難などを〉逃れる, 免れる, 〈不快なことを〉(うまく)避ける: ~ infection, punishment, pursuit, etc. / ~ conscription [prison] 徴兵[刑務所入り]を免れる / ~ a task [*doing* something] 仕事[あることをするの]を免れる / He narrowly [barely] ~*d* death [*being* killed]. 危うく死を免れた. **2** 〈人の注目・嫌疑などを〉免れる: ~ a person's notice [attention] 人の注意を免れる, 見落とされる / The object ~*d* him in his search. その品物は彼の捜査で見逃された. / There's no *escaping* the fact that …という事実は認めなければならない. **3** 〈記憶を〉逸する (slip from); 〈話の要点などが〉〈人〉にわからない: The matter has completely ~*d* my memory. その事はすっかり忘れていた / I'm afraid your point [meaning] ~*s* me. お話の要点[意味]がわかりかねます. **4** 〈言葉・嘆息・微笑などが〉…から漏れ出る, 思わず出る: A moan ~*d* his lips. うめき声が口から漏れた.
— *n.* **1** 逃れること, 脱出, 逃亡; (うまく)免れること〔*from, out of*〕: make one's [an] ~ 逃げる / effect [make good] one's ~ 逃げおおせる, うまく逃れる / have a lucky ~ from …を運よく逃れる / an ~ *from* infection 感染を免れること / a narrow ~ かろうじて逃れること. **2** 逃れる手段; 避難装置; =fire escape; 逃げ道; 排出路, 排水路[管], 排気管 (cf. escape pipe): an air ~ 空気抜き / have one's ~ cut off 逃げ道を断たれる / Gardening was his only ~ *from* official routine. 庭いじりが公務からの唯一の逃げ場だった. **3** (水・ガスなどの)漏れ出ること, 漏れ (leakage): There was an ~ *of* gas *from* the stove. ストーブからガスが漏れていた. **4** 現実回避, 逃避: literature of ~ =~ literature 現実逃避文学 / ~ *into* fantasy [unreality] 空想[非現実]への逃避. **5** 〘植物〙逸出植物《栽培されていたのが野生に返ったもの》. **6** 〘物理・宇宙〙重力圏からの脱出速度に達すること, 引力圏脱出: ~ *from* the earth by rocket ロケットによる地球引力圏脱出. **7** 〘レスリング〙エスケープ《守勢の状態から対等の状態に戻ること; cf. takedown 4》.
〚v.: (c1290) *escape(n)* □ ONF *escaper*=OF *eschaper* (F *échapper*) < VL **excappāre* ← EX-¹+LL *cappa* 'CAPE¹, cloak'. — n.: (?a1300) ← (v.)〛

SYN 免れる: **escape** 差し迫った〈危険・災いなど〉から逃れる: He narrowly *escaped* death. 危うく死を免れた. **avoid** 意識的に努力して〈有害なものを〉避ける: It's wise to *avoid* quarrelsome neighbors. けんか好きな隣人を敬遠するのは賢明だ. **evade** 策略・機敏などでうまく切り抜ける: Some boys try to *evade* military service. 青年の中には兵役を免れようとする者がいる. **elude** 巧みに身をかわして逃れる: Finally he *eluded* his pursuers. ついに追跡者をまいた.

---

escápe àrtist *n.* **1** 縄抜け[かご抜け]などの曲芸師. **2** 牢(ろう)破り[牢抜け]の名人. 〚1943〛

escápe clàuse *n.* **1** (ある条件のもとで契約当事者がその義務を免除される)免除条項. **2** (GATT 規定の) 除外(例)条項. **3** (労働協約中の)除外条項《組合員維持のために就職後の短期間に限って組合脱退の自由を認める代わりに, その後は就業継続の条件として組合員でなければならないとする条項》. 〚1945〛

es·cáped *adj.* [限定的] 逃げた, 脱走した: an ~ convict, prisoner, etc.

es·ca·pee /ɪskèɪpíː, ɛs-, èskeɪ-/ *n.* 逃亡者; (特に)脱獄者, (捕虜の)脱走者. 〚(c1876): ⇨ -ee¹〛

escápe hàtch *n.* **1** (潜水艦・飛行機などの)脱出用ハッチ. **2** 〔責任・困難などを避ける[切り抜ける]手段〔*from*〕. 〚1925〛

escápe kèy *n.* 〘電算〙エスケープキー《画面を中断したり, 終了するキー》.

escápe·less *adj.* 逃げることができない. 〚(1855) ← ESCAPE+-LESS〛

escápe mèchanism *n.* 〘心理〙逃避機制《不快なあるいは危険な状態を意識的[無意識的]に避けようとする心理的なメカニズム; cf. defense mechanism 2》. 〚1927〛

es·cápe·ment *n.* **1** 〘時計〙脱進機《調速機構; 動力源からがんぎ車に達した一方向の回転トルクをてんぷや振子の往復運動に変え, がんぎ車の回転をてんぷ等の周期で規制する機構》: ⇨ club tooth lever escapement. **2** (タイプライターの)文字送り装置. **3** エスケープメント《ピアノのハンマーが弦をたたいたあとはね返らせる装置》. **4 a** 《まれ》逃げること; 〈産卵鮭(さけ)など〉逃れて生き延びる数. **b** 《古》逃げ口, はけ口 (outlet). 〚1: (1824) ← ESCAPE (v.)+-MENT. 2–4: (1755)《変形: F *échappement* の影響》← 《廃》*scapement*: ⇨ scape², -ment〛

escápement èrror *n.* 〘時計〙脱進機誤差《脱進機の存在のために生じるてんぷや振子の周期変動》.

escápe nòte *n.* 〘音楽〙エシャペ《非和声音の一種で, 旋律を装飾するのに用いる; 2 個の和声音の間に挿入され, 最初の和声音から本来の旋律とは逆方向に進行するのが特徴; escape tone, échappée ともいう》.

escápe pìpe *n.* (逃がし弁 (escape valve) から排出される液・蒸気などの)逃がし管. 〚1817〛

es·cáp·er *n.* (敵などから)逃れる人, 逃亡者. 〚(1611) ← ESCAPE+-ER¹〛

escápe ròad *n.* 緊急避難道路《制御不能になった自動車を乗り入れ停止させるための土盛りがある道路》.

escápe routìne *n.* 〘電算〙脱出ルーチン《一つのコンピュータープログラムの命令の列が終了する前にそこから抜け出して一時的に別の命令を始めるためのルーチン》.

escápe-shàft *n.* 〘鉱山〙非常用立坑. 〚1889〛

escápe tòne *n.* 〘音楽〙=escape note.

escápe vàlve *n.* 〘機械〙逃がし弁《安全弁の一種》. 〚1850〛

escápe velòcity *n.* 〘物理・宇宙〙脱出速度《ロケットなどが地球や他の天体の重力圏からの脱出に必要な最低速度; 地球の場合は 11.2 km/sec; cf. escape 6》. 〚1934〛

escápe·wày *n.* **1** 脱出口. **2** =fire escape.

escápe whèel *n.* 〘時計〙がんぎ車《脱進機の構成部品でアンクルと係合する; cf. club tooth lever escapement》. 〚1884〛

es·cáp·ism /-pɪzm/ *n.* 現実逃避(主義)《現実を逃避して空想などにふける習慣》. 〚(1933) ← ESCAPE+-ISM〛

es·cáp·ist /-pɪst | -pɪst/ *n.* **1** (刑務所からの)脱走者. **2** 現実逃避家. — *adj.* [限定的] 現実逃避的な: an ~ novel. 〚(1930) ← ESCAPE+-IST〛

es·ca·pól·o·gist /-dʒɪst | dʒɪst/ *n.* 《英》 **1** =escape artist 1. **2** (現実・苦境などからの)逃避主義者 (escapist). 〚(1926) ← ESCAPE (v.)+-LOGIST〛

es·ca·pol·o·gy /ɪskəpɑ́(ː)lədʒi, ɪskèɪ-, ɛs- | èskəpɔ́l-, èskeɪ-/ *n.* 《英》縄抜け[かご抜けなど]の技術. 〚(1939) ← ESCAPE+-LOGY〛

es·car·bun·cle /ɪskɑ́əbʌŋkl, ɛs- | -kɑ́ː-/ *n.* 盾飾り《盾の中心の突起 (boss) から八方に伸びた飾りで, 盾の補強にも役立ったとされている; 紋章図形に好んで用いられた》. 〚(a1500) □ OF ~《混成》← *es-(meraude)* 'EMERALD' +L *carbunculus* small coal (⇨ carbuncle)〛

es·car·got /èskɑəgóu | ɪskɑ́ːgəu, ɛs-, èskɑːgóu; *F.* ɛskaʀgo/ *F. n.* (*pl.* ~**s** /~(z); *F.* ~/) エスカルゴ《食用のカタツムリ; (特に)料理したもの; cf. edible snail》. 〚(1892) □ (O)F ~, OF *escargol* □ OProv *escaragol* ← ?〛

es·ca·role /éskəròul | -rəul/ *n.* 《英》〘植物〙=endive 1. 〚(1877) □ F ~ □ ML *escariōla*=L *ēscārius* of food ← *ēsca* food〛

es·carp /ɪskɑ́əp, ɛs- | -kɑ́ːp/ *n., vt.* =scarp¹. 〚n.: (1688) □ F *escarpe* □ It. *scarpa* 'SCARP¹'. — v.: (1728) □ F *escarper* ← *escarpe*〛

es·cárp·ment *n.* **1** 〘築城〙(城塁外堀内岸の)急な傾斜地, 急斜面. **2** 〘地理〙急な崖《層崖(そうがい)(ケスタ地形 (cuesta) の前面の急崖)や断層崖(断層運動によってできた断崖)など》. **3** (氷雪などの)急断面. 〚(1802) □ F *escarpement*: ⇨ ↑, -ment〛

es·car·tel·ly /ɪskɑ́ətəli, -tli | ɪskɑ́ːtəli, -tli/ *adj.* 〘紋章〙方形にくびれのある. 〚(1688)《変形》*escartelee* ← OF *escartelé* (F *écartelé*) (p.p.) ← *escarteler* to break into quarters ← *es-* 'EX-¹'+ML *quartellus* ((dim.) ← *quartus* fourth): ⇨ quarter, -ly²〛

Es·caut /ɛskóu | -kə́u; *F.* ɛsko/ *n.* [the ~] エスコ(川)《Scheldt のフランス語名》.

-esce /⌐–ɛ́s/ *suf.*「…し始める, …になる, …に化する, やや…になる」など起動を表すラテン語系動詞語尾: convalesce, effervesce. 〚□ L *-ēscere* (inchoative): cf. -ish²〛

-es·cence /⌐–ɛ́səns, -sns/ *suf.* -esce, -escent に終わる動詞または形容詞に対応する名詞語尾; 作用・過程・変化・状態(の初め, 発端)を表す: convalescence, luminescence. 〚□ F ~ < L *-ēscentiam*: ⇨ -escent〛

-es·cen·cy /⌐–ɛ́snsi, -sṇ-/ *suf.* 《古》=-escence: adolescency. 〚← -ESCENT+-CY〛

-es·cent /⌐–ɛ́sənt, -snt/ *suf.* 次の意味を表す形容詞を造る: **1** 「…し始めた, …になりかかりの, …期の」: adolescent, convalescent. **2** 「…性の」: alkalescent, effervescent. **3** 「…の光を出す」: fluorescent. 〚□ F ~ < L *-ēscentem*, *-ēscēns* (*-ēscere* で終わる動詞の現在分詞語尾): cf. -esce〛

esch·a·lot /ɛ́ʃəlɑ̀(ː)t, ⌐–⌐ | ɛ́ʃəlɔt, ⌐–⌐/ *n.* 〘植物〙=shallot. 〚(1707) □ F 《廃》*eschalotte*: ⇨ shallot〛

es·char¹ /ɛ́skɑə, -kə | -kɑː(r), -kə/ *n.* 〘病理〙(壊疽(えそ)・やけどなどのあとにできる)かさぶた, 痂皮(かひ); 焼痂(しょうか). 〚(?a1425) ME *escare* □ (O)F *eschare* // LL *eschara* □ Gk *eskhárā* hearth, burn: cf. scar¹〛

es·char² /ɛ́skɑə, -kə | -kɑː(r), -kə(r)/ *n.* 〘地質〙=esker.

es·cha·rot·ic /èskərɑ́(ː)tɪk | -rɔ́t-⌐/ 〘医学〙*adj.* 〈薬品など〉痂皮(かひ)性の, かさぶたを作る; 腐食性. — *n.* 腐食薬. 〚(1612) □ F *escharotique* // LL *escharōticus* □ Gk *eskharōtikós* ← *eskhárā*: ⇨ eschar¹〛

eschat. 《略》eschatology.

es·cha·to·log·i·cal /èskætəlɑ́(ː)dʒɪkəl, -kət-, -kl | -təlɔ́dʒɪ-, -kæt-⌐/ *adj.* 〘神学〙終末論[終末観]の. **~·ly** *adv.* 〚(1854): ⇨ ↓, -ical〛

es·cha·tol·o·gy /èskətɑ́(ː)lədʒi | -tɔ́l-/ *n.* **1** 〘神学〙終末論《人間と世界との最後的・究極的問題に関する研究, すなわち「死」「審判」「天国」「地獄」などを論じる神学の一分野》: realized ~ 現在的[実現した]終末論《神の国は未来にではなくイエスの出現とともに実現しているとし, その現在的意義を強調する》. **2** 終末観, 来生観. **ès·cha·tól·o·gist** /-dʒɪst | -dʒɪst/ *n.* 〚(1844) ← Gk *éskhatos* last+-LOGY〛

es·cha·ton /ɛ́skətɑ̀(ː)n | -tɔ̀n/ *n.* 〘神学〙終末, 神の計画の最後のできごと, 世界の終わり. 〚(c1935) □ Gk *éskhaton* (neut.) ← *éskhatos* last〛

es·cheat /ɪstʃíːt, ɛs- | ɪs-, ɛs-/ 〘法律〙*n.* **1** (土地の)復帰, 没収《所有者が相続人なく死亡した場合または重罪を犯した場合にその土地が中間領主または国王に帰属すること》. **2** 復帰した土地, 没収地. **3** 没収財産取得権. — *vt.* 〈財産を〉没収する; 〔…に〕復帰させる〔*to, into*〕. — *vi.* 〈財産が〉〔…に〕復帰する〔*to*〕. 〚n.: (a1338) □ OF *eschete* (p.p.) ← *escheoir* (F *échoir*) to fall to one's share < VL **excadēre*=L *excidere* to fall out: ⇨ ex-¹: cf. chance — v.: (a1382) □ OF *escheoiter*〛

es·cheat·a·ble /ɪstʃíːtəbl, ɛs- | -tə-/ *adj.* 〘法律〙復帰されうる. 〚(1611): ⇨ ↑, -able〛

es·cheat·age /ɪstʃíːtɪdʒ, ɛs- | -tɪdʒ/ *n.* 〘法律〙復帰[没収]地継承権. 〚(1611) ← ESCHEAT+-AGE〛

es·chéat·or /-tə | -tə(r)/ *n.* 〘法律〙復帰[没収]地管理官. 〚(a1398) □ AF *eschetour*: ⇨ escheat, -or²〛

Eschenbach *n.* ⇨ Wolfram von Eschenbach.

Esch·er /ɛ́ʃə | ɛ́ʃə(r); *Du.* ɛ́ʃər/, **M**(**aurits**) **C**(**ornelis**) *n.* エッシャー (1898–1972; オランダの版画家; だまし絵的な手法でありえない世界を写実的に描出).

Éscher figure *n.* エッシャー図形《オランダの版画家 M. C. Escher が好んで描いた不可能図形 (impossible figure)》.

Esch·e·rich·i·a /èʃərɪ́kiə/ *n.* 〘細菌〙エシェリヒア属, 大腸菌属《腸内菌科のグラム陰性の微生物の一属; cf. E. coli》. 〚← NL ~ ← *T. Escherich* (1857–1911: ドイツの小児科医): ⇨ -ia¹〛

Escheríchia cóli *n.* =E. coli.

es·chew /ɪstʃúː, ɛs-/ *vt.* 《(好ましくない)ある行為・飲食物などを》(習慣的に)避ける (shun), 控える, 慎む (abstain from): ~ evil 悪を避ける. **~·er** *n.* 〚(?c1300) *escheue(n)* □ OF *eschiver* to avoid < VL **skīvāre* □ Gmc **skeuχ(w)an* (OHG *sciuhen* to fear / G *scheuen* to be shy) ← **skeuχ(w)az* 'SHY¹'〛

es·chew·al /ɪstʃúːəl, ɛs-/ *n.* 避ける[控える]こと, 慎むこと. 〚(1583): ⇨ ↑, -al²〛

esch·schol(t)·zi·a /ɛʃóultsiə, ɪʃ-, -ʃɑ́ːl- | ɪskɔ́lʃə, ɛs-, -kɔ́ltʃə, -ɔ́ltsiə, ɛ-/ *n.* 〘植物〙ハナビシソウ《ケシ科ハナビシソウ属 (*Eschschol(t)zia*) の一年草または多年草; ハナビシソウ (California poppy) など; Noah's nightcap ともいう》. 〚(1857) ← NL ~ ← *J. F. von Esch scholtz* (1743–1831: ドイツの植物学者): ⇨ -ia¹〛

es·clan·dre /ɛsklɑ́ː(n)dr(ə), -klɑ́ːn-; *F.* ɛsklɑ̃ːdʀ/ *n.* (*pl.* ~**s** /~(z); *F.* ~/) 醜聞, 疑獄事件 (scandalous affair). 〚(1832) □ (O)F ~ 'SLANDER': cf. scandal〛

Es·cof·fier /èskɔ(ː)fjéɪ, -kɑ(ː)f- | ɪskɔ́fièɪ, ɛs-; *F.* ɛskɔfje/, **(Georges-)Auguste** *n.* エスコフィエ (1846–1935; 主に London で活躍し, 現代フランス料理を体系化したフランスの料理長).

es·co·lar /èskəlɑ́ə | -lɑ́ː(r)/ *n.* (*pl.* ~, ~**s**) 〘魚類〙 **1** クロタチカマス科の魚の総称. **2** バラムツ (*Ruvettus pretio-*

sus)《暖海のやや深い所にいる全長 3 m くらいの魚; 肉は油気が多い; oilfish ともいう》. 〖(*c*1890) ◻ Sp. ~《原義》scholar: 目のまわりに眼鏡のような輪が見えるのにちなむ〗

Es·con·di·do /èskəndíːdoʊ | -dəʊ/ *n.* エスコンディード《米国 California 州南部 San Diego 近くの都市》.

Es·co·ri·al /eskɔ́ːriəl | èskɔriáːl, -ǽl, eskɔ́ːriəl; *Sp.* eskoɾjál/ *n.* [the ~] エスコリアル《スペイン Madrid の北西部の町 El Escorial にある有名な建造物で宮殿・礼拝堂・僧院・国王墓所などを含む; 1563 年に Philip 二世が造営開始, 1584 年に一応完成》. 〖◻ Sp. ~《原義》a refuse heap ← *escoria* ◻ L *scōria* 'SCORIA'〗

es·cort /éskɔət | -kɔːt/ *n.* **1** [集合的にも用いて]《保護または儀礼上の》付添い, 護送者(一行), 護衛者(一行), 儀仗(ぎじょう)隊. **2** 《武装》護衛隊; 護衛艦(隊), 護送船[艦](隊); 援護機(隊), 護衛戦闘機(隊). **3** 護衛, 護送: under the ~ of …の護送の下に, …に護衛されて / under police ~ 警察に護衛されて. **4 a** 〈女性に〉付き添う男性, エスコート役: Mary's ~ *to* the party パーティーへ行くときのメアリーのエスコート役. **b** 雇われて社交場などへ同伴する人[特に若い女性], 社交嬢. **5** 案内役. **6** [E-]〖商標〗エスコート《米国 American Tourister 社製のアタッシェケース・旅行かばん》. **7** [E-]〖商標〗エスコート《Ford 社製の小型乗用車》. — /ɪ̀skɔ́ət, ɛs- | -kɔ́ːt/ *vt.* **1** 護衛する, 警護する (⇨ accompany **SYN**); 護送する: ~ a guest *to* the front door 客を玄関まで送って行く. **2** 〈女性〉に付き添う, エスコートする: ~ a girl home [*to* the ball] 女の子を家[舞踏会]までエスコートする. 〖(1579) ◻ F *escorte* ◻ It. *scorta* guard ← *scorgere* to guide < VL **excorrigere* ← EX-¹+L *corrigere* 'to CORRECT' // ◻ F escorter ◻ It *scortare* ← *scorta*〗

éscort àgency *n.* 社交場などへ同伴する若い男女の紹介所.

éscort càrrier *n.* 護衛空母《主に輸送船などを護送して潜水艦の攻撃に備える 4,000 トン前後の小型航空母艦; baby carrier ともいう》. 〖1944〗

éscort fìghter *n.* 《爆撃機を守る》護衛戦闘機. 〖1946〗

e·scribe /ɪ̀skráɪb, ɛs-/ *vt.* 〖数学〗《三角形の外側に》〈円を〉傍接させる: an ~*d* circle 傍接円. 〖((1558)) (1870) ← ē- 'EX-¹'+L *scrībere* 'to SCRIBE'〗

es·cri·toire /èskrətwáə, ―――́ | èskriːtwáː(ʳ, -krə-, ――――́; *F.* ɛskʀitwaːʀ/ *n.* 《書類分類箱と引出しの付いた折込みふた式の》書き物机. 〖(1611) ◻ OF ~ (F *écritoire*) < ML *scriptōrium* 'SCRIPTORIUM'〗

es·crow /éskroʊ, ―́―, ―――́ | éskrəʊ, ―́―, ɛs-/ *n.* 〖法律〗 **1** 条件付捺印(なついん)証書, エスクロー《第三者に預け, 一定条件が成就した場合に証書として効力を生ずるもの》. **2** 条件付捺印証書用の基金, 預金《固定資産税支払を確保するためなどのもの》. **3** 〖電算〗《暗号鍵の》預託. ***in éscrow*** 《米》〖法律〗条件付捺印証書として第三者または相手方に保管されて. (1888) — *vt.* 《米》〖法律〗《条件成就まで》第三者または相手方保管にする. 〖(1594) ◻ AF *escrowe*=OF *escro(u)e* 'SCROLL'〗

es·cu·age /éskjuɪʤ/ *n.* =scutage. 〖(1513) ◻ AF ~ ← OF *escu* (F *écu*) < L *scūtum*: ⇨ scutum, -age〗

es·cuch·eon /ɪ̀skʌ́tʃən, ɛs-/ *n.* 〖紋章〗=escutcheon.

es·cu·do /ɪ̀skúːdoʊ, ɛs- | ɪ̀skj(ú)úːdəʊ, ɪ̀ʃ-; *Port.* ɯʃkúðu, *Sp.* eskúðo/ *n.* (*pl.* ~s) **1 a** エスクード《Euro 流通前のポルトガル・カボヴェルデ (Cape Verde) の通貨単位; =100 centavos; 記号 $, Esc》. **b** 1 エスクード銀貨《昔のスペインの銀貨》. **2** エスクード《旧通貨単位; 記号 E; チリ (1960–75 年; peso に改称), ギニアビサウ (1976 年 peso, 1997 年 CFA franc に変更), サントメプリンシペ (1977 年 dobra に改称), モザンビーク (1980 年 metical に変更)》. 〖(1821) ◻ Sp. & Port. ~ < L *scūtum* (↑): cf. scudo〗

Es·cu·la·pi·an /èskjʊléɪpiən | ìːs-―/ *adj., n.* = Aesculapian. 〖1622〗

es·cu·lent /éskjʊlənt/ *adj.* 食用に適する, 食用の (edible). — *n.* 食用になる物, 《特に》野菜. 〖(1625) ◻ L *ēsculentus* good to eat ← *ēsca* food ← *edere* 'to EAT¹': ⇨ -ulent〗

es·cu·lin /éskjʊlɪn | íːskjʊlɪn/ *n.* 〖化学〗エスクリン, エスクレチングルコシド ($C_{15}H_{16}O_9$)《マロニエ・トチノキなどの樹皮から得られる; 日焼け止めクリームに使用》. 〖(1877) ◻ It. *esculina* ← NL *Aesculus* (← L *aesculus* oak)+It. *-ina* 'IN¹'〗

Es·cu·ri·al /ɛskjʊ́ᵊriəl | -kjʊ́əri-/ *n.* [the ~] =Escorial.

es·cutch·eon /ɪ̀skʌ́tʃən, ɛs-/ *n.* **1** 〖紋章〗紋章図形としての盾《その上に紋章を描く; 実用の shield に対する用語》. **2** 〖海事〗《船尾》船名板. **3** 《多く盾形の》飾り座金《鍵穴・取っ手などの周りに取り付けた板金; escutcheon plate ともいう》.

a* (*dárk*) *blót on* [*in*] *one's escútcheon ⇨ blot 成句.

escútcheon of preténse 〖(1677): 小さい盾 (inescutcheon) に収めて夫の紋章に加えるところから; cf. in pretense〗〖紋章〗女子相続人 (heiress) が結婚によって夫の紋章の中央に生家の紋章を権利として加えたもの.

~ed *adj.* 〖(1480) *escochon* ◻ AF & ONF *escuchon*=OF *escusson* (F *écusson*) < VL **scūtiō-ne(m)* ← L *scūtum*: ⇨ scutum〗

Esd. 《略》Esdras《聖書外典の》エズラ書.

És·da tèst /ésdə-, éz-/ *n.* エスダテスト《文書のページ作成順序を判定するテスト》.

Es·dra·e·lon /èzdreɪíːlən, -drə- | èsdreɪíːlɔn/ *n.* エスドラエロン(平原)《イスラエル北部の平原; Plain of Jezreel ともいう》.

Es·dras /ézdrəs | -dræs, -drəs/ *n.* 〖聖書〗エズラ書《Vulgate の第一書と第二書は Ezra および Nehemiah として正典に入り, 第三書と第四書はエズラ第一書, 第二書 (The First [Second] Book of Esdras) として外典 (Apocrypha) に収められている; 略 Esd.》. 〖◻ Gk *Ésdrās* ◻ Heb. *'Ezrā*: ⇨ Ezra〗

ESE, ese 《略》east-southeast.

-ese /-íːz, ìːs | íːz/ *suf.* 主に固有名詞に付き, 次の意味を表す形容詞・名詞を造る: **1** (*pl.* ~) 地名に付いて「言語; 住民」: Chinese (← China) / Portuguese (← Portugal) / Japanese (← Japan) / Milanese (← Milan). **2** 独特の作風をもつ作家名などに付いて「…風の, …特有の文体[用語]」《しばしば軽蔑・非難のニュアンスを含む》: Johnsonese; journalese, officialese. 〖ME ◻ OF *-eis* (F *-ois, -ais*) < L *-ensem, -ensis* belonging to, originating in〗

Es·ek /ésɪk | ésɪk/, **Uncle** *n.* Henry Wheeler SHAW の筆名.

es·em·plas·tic /èsɛmplǽstɪk, èsɪm-―/ *adj.* 《不同のものを》統一体にまとめる(力のある): the ~ power of the imagination 想像力の統一体にまとめる力. 〖(1817) ← Gk *es* into+*em*- (← Gk *hen-*, *heîs* one)+-PLASTIC: Coleridge の造語〗

E·se·nin /eséɪnɪn | -nɪn; *Russ.* jisʲénʲin/, **Sergei** (**Aleksandrovich**) *n.* エセーニン (1895–1925; ソ連の詩人).

es·er·ine /ésəriːn, -rɪn | -riːn, -rɪn/ *n.* 〖薬学〗エセリン (⇨ physostigmine). 〖(1879) ◻ F *ésérine* ← Benue-Congo (Efik) *esere* Calbar bean+-INE³〗

Es·fa·hān /èsfəháːn, -hǽn | èʃfəháːn, ès-/ *n.* イスファハーン《イラン中部の都市; もとペルシャの首都 (1598–1722); 旧名 Ispahan》.

E·sher /íːʃə | -ʃə(ʳ/ *n.* イーシャー《イングランド Surrey 州の都市》. 〖OE *Æscæron* ← ? *æsc* 'ASH²'+(i) *scearu* 'boundary, SHARE¹' // (ii) *scear* 'ploughshare, SHARE²'〗

Esh·kol /eʃkɔ́ːl, ―́―/, **Levi** *n.* エシュコル (1895–1969; イスラエルの政治家; 首相 (1963–69)).

E·sho·we /eʃóweɪ/ *n.* エショウエ《南アフリカ共和国 KwaZulu-Natal 州東部の町》.

-e·sis /ɪ́sɪs, ―əsɪs | íːsɪs, ―əsɪs/ *suf.* (*pl.* **-e·ses** /íːsiːz, ―əsiːz | íːsiːz, ―ɪsiːz/)「動作, (動作の)過程」の意のギリシャ語系名詞を造る: ecesis, energesis. 〖◻ L ~ ◻ Gk *-ēsis*〗

Esk. 《略》Eskimo.

es·ker /éskə | -kə(ʳ/ *n.* (*also* **es·kar** /~/) 〖地質〗エスカ《アイルランドの氷河底の流水によってできた砂や小石の細長い堤防状の丘; cf. kame》. 〖(1852) ◻ Ir. *eiscir* ridge < OIr. *escir* ← ?〗

Es·kils·tu·na /éskɪlst(j)ùːnə | -stjúː-; *Swed.* èskɪlstʉ̀na/ *n.* エスキルストゥーナ《スウェーデン南東部の工業都市》.

Es·ki·mo /éskəmòʊ | -kɪ̀məʊ/ *n.* (*pl.* ~, ~s) **1 a** [the ~(s)] エスキモー族. **b** エスキモー族の人. **2** エスキモー語. ★ Eskimo には「生肉を食べる人」という意味があると誤解されて嫌われ, 先住民自らが使う Inuit が好ましいとされている. ただし, 考古学や人類学ではまだ広く使われている (cf. Innuit). — *adj.* **1** エスキモー族(の人)の. **2** エスキモー語の. 〖(1584) *Esquimawe(s)* ◻ Dan. ~ // (O)F *Esquimaux* (pl.) ◻ N-Am.-Ind. (Abnaki) *esquimantsik* eaters of raw flesh: 北米のアルゴンキン族が北方のインディアンに付けた名; 自らは *Innuit* men と称する〗

Éskimo-Áleut *n., adj.* エスキモー・アリュート語系(の).

Es·ki·mo·an /èskəmóʊən | -kɪ̀məʊ-―/ *adj.* エスキモー人[語]の.

Éskimo cúrlew *n.* 〖鳥類〗エスキモーコシャクシギ (*Numenius borealis*)《新世界産のシギの一種; 今ではほぼ絶滅》. 〖1813〗

Éskimo dòg *n.* **1** エスキモー犬. **2** そり犬. 〖1774〗

Es·ki·mol·o·gy /èskəmɑ́(ː)ləʤi | -kɪ̀mɔ́l-/ *n.* エスキモー学《エスキモーの言語・文化の研究》. **Ès·ki·mól·o·gist** /-ʤɪst | -ʤɪst/ *n.* 〖⇨ -logy〗

Éskimo Píe *n.* 〖商標〗エスキモーパイ《チョコレートで覆ってあるアイスクリーム》. 〖1928〗

Éskimo róll *n.* 〖カヌー競技〗エスキモーロール《水中で完全に一回転してまた元に戻ること》. 〖1946〗

Es·ki·şe·hir /eskíːʃəhɪə | -hɪə(ʳ; *Turk.* ɛskíʃɛhiɾ/ *n.* エスキシェヒル《トルコ北西部の工業都市》.

Es·ky /éski/ *n.* 《豪》〖商標〗携帯用クーラーボックス. 〖1962〗

ESL /íːèsél/ 《略》English as a Second Language (cf. TESL). 〖1967〗

es·li·sor /eɪlíːzɔə, -zə | -zɔː(ʳ, -zə(ʳ/ *n.* 〖法律〗=elisor.

Es·mé /ézmi, -meɪ/ *n.* エズミ: **1** 女性名. **2** 男性名. 〖◻ (O)F ~ (i) (p.p.) ← *esmer* to esteem // (ii) (dim.) ↓: cf. Amy〗

Es·me·ral·da /èzmərǽldə/ *n.* エズメラルダ《女性名》. 〖◻ Sp. ~ ← *esmeralda* < VL **smaralda* 'EMERALD'〗

Es·mond /ézmənd/ *n.* エズモンド《男性名》. 〖OE *Estmund* ← *ēst* grace+*mund* protection // ◻ ON *Asmundr*《原義》divine protection〗

ESN 《略》educationally subnormal.

es·ne /ézni/ *n.* 《アングロサクソン時代の英国で》下層階級の人, 労働者. 〖OE ~ < Gmc **asnjoz* harvestman ← **asanoz* harvest〗

es·ne·cy /éznəsi | -nɪ-/ *n.* 《廃》〖英法〗《相続財産についての》長子権; 《特に》長姉分《姉妹の最年長者の有する優先的選択権によって取得する部分》. 〖(1607) ◻ ML *aesnecia*=OF *ainsneece* (F *aînesse*) position of elder brother or sister ◻ ML **antenātitia* ← *antenātus* ← ANTE-+*nātus* born〗

es·o- /ésoʊ | ésəʊ/ *pref.*「内の (inner); 内部の (internal)」の意: esonarthex, esotropia. 〖◻ Gk ~ ← *ésō* within: cf. Gk *eis* to, into〗

ESOL /íːsɑ(ː)l | -sɔl/ 《略》English for Speakers of Other Languages (cf. EFL, ESL, ESP, TEFL, TESOL). 〖1969〗

èso·nárthex *n.* 《教会の玄関廊が二重に設けられた場合の》後堂 (cf. exonarthex). 〖(1850) ← ESO-+NARTHEX〗

ESOP /íːsɑ̀ʊpíː, íːsɑ(ː)p | íːsɔ̀ʊpíː, íːsɔp/ *n.* 社員持株制度. 〖(1975)《頭字語》← *e(mployee) s(tock) o(wnership) p(lan)*〗

e·soph·ag- /ɪ̀sɑ́(ː)fəg, iːs-, -fəʤ | iːsɔ́f-, ɪs-/ 《母音の前にくるときの》esophago- の異形.

e·soph·a·ge·al /ɪ̀sɑ̀(ː)fəʤíːəl, iːs- | iːsɔ̀f-, ɪs-―/ *adj.* 食道の. 〖(1807) ← ESOPHAGO-+(TRACH)EAL〗

esóphageal spéech *n.* 食道発声法《喉頭を除去した人々に食道から空気を吐き出して発声させる方法》.

esophagi *n.* esophagus の複数形.

e·soph·a·gi·tis /ɪ̀sɑ̀(ː)fəʤáɪtɪs, iːs- | iːsɔ̀fəʤáɪtɪs, ɪs-/ *n.* 〖病理〗食道炎. 〖(1857) ← NL ~: ⇨ ↓, -itis〗

e·soph·a·go- /ɪ̀sɑ́(ː)fəgoʊ, iːs- | iːsɔ́fəgəʊ, ɪs-/「食道 (esophagus)」の意の連結形. ★ 母音の前では通例 esophag- になる. 〖← Gk *oisophágos*: ⇨ esophagus〗

e·soph·a·go·scope /ɪ̀sɑ́(ː)fəgəskòʊp, iːs- | iːsɔ́fəgə(ʊ)skəʊp, ɪs-/ *n.* 食道鏡. 〖(1884): ⇨ ↑, -scope〗

e·soph·a·gus /ɪ̀sɑ́(ː)fəgəs, iːs- | iːsɔ́f-, ɪs-/ *n.* (*pl.* **-a·gi** /-gàɪ, -ʤàɪ/) 〖解剖・動物〗食道 (⇨ digestive, throat 挿絵). 〖(1392) *isophagus* ◻ LL *oesophagus* ◻ Gk *oisophágos*《原義》passage for food ← *oíso-* (← ? *oísein* (fut. inf.) ← *phérein* to carry)+-PHAGOUS〗

es·o·ter·ic /èsətérɪk | èsə(ʊ)-, ìːs-―/ *adj.* **1** 奥義の; 深遠な, 難解な (profound, recondite). **2** 〈動機・目的など〉秘密の (secret): an ~ motive. **3** 〈教義など〉秘教的な, 《選ばれた少数者にだけ伝える》秘義の (↔ exoteric); 〈弟子など〉秘伝[奥義]を受けた: ⇨ esoteric Buddhism. — *n.* **1** 秘教[奥義]を授けられた人 (initiate). **2** [*pl.*] 秘教的な主義[論文]. **ès·o·tér·i·cal·ly** *adv.* 〖(1655–60) ◻ Gk *esōterikós* inner ← *esṓtero* ((compar.) ← *ésō* in, within)+-IC¹〗

es·o·ter·i·ca /èsətérɪkə, -soʊ- | -sə(ʊ)tér-, ìːs-/ *n. pl.* **1** 秘事; 《特に, 文学・芸術などの》奥義, 秘儀. **2** = pornography. 〖(*c*1929) ← NL ~ ← Gk *esōteriká* (neut. pl.) ← *esōterikós* (↑)〗

ésoteric Búddhism *n.* 〖仏教〗秘密仏教, 密教. 〖1883〗

es·o·ter·i·cism /èsətérəsɪ̀zm | èsətérɪ-, ìːs-/ *n.* **1** 秘教的な教義[行事]. **2** 秘教性, 難解性. 〖(1846): ⇨ -ism〗

es·o·ter·ism /ésətərɪzm | és-, íːs-/ *n.* =esotericism. 〖1835〗

es·o·tro·pi·a /èsətróʊpiə | -trə́ʊ-/ *n.* 〖眼科〗内斜視 (cross-eye). **es·o·trop·ic** /èsətrɑ́(ː)pɪk | -trɔ́p-―/ *adj.* 〖← NL ~: ⇨ eso-, tropo-, -ia¹〗

ESP 《略》electrostatic precipitator; 〖言語〗English for Special [Specific] Purposes; 〖心理〗extrasensory perception 超感覚的知覚.

esp. 《略》especially.

es·pa·da /ɛspáːdə | -də; *Sp.* espáda/ *n.* 〖魚類〗メカジキ (cf. swordfish 1). 〖(1882) ◻ Sp. ~《原義》sword < L *spatham*: cf. spade²〗

es·pa·drille /éspədrɪl | ――́, ――́―/ *n.* エスパドリーユ《薄い綱[ゴム]底でひもを足首に巻きつけるキャンバスシューズ》. 〖(1892) ◻ F ~ (変形) ← *espardille* ◻ Prov. *espardilho* (dim.) ← *espart* < L *spartum* 'ESPARTO'〗

es·pa·gnole /èspənjóʊl, -pæ- | -njə́ʊl, -njɔ́l; *F.* ɛspaɲɔl/ *n.* 〖料理〗エスパニョール(ソース) (espagnole sauce) (⇨ brown sauce). 〖(1845) ← F *sauce espagnol*: ↓〗

es·pa·gno·lette /ɛspæ̀njəlét, ɪ̀spæ- | ɛs-pæ̀njəlét, ɪs-, ――――́; *F.* ɛspaɲɔlɛt/ *n.* (*pl.* ~s /~(s); *F.* ~/) **1** イスパニア錠《両開き窓の締め具; 取っ手を回すと窓の上下にボルトが突出し, 戸締まりされる》. **2** エスパニョレット《家具の脚の上端に取り付けられた女性の胸の形をした飾り》. 〖(1870) ◻ F ~ ← *Espagnol* Spanish ← *Espagne* Spain: ⇨ -ette〗

es·pal·ier /ɪ̀spǽljə, ɛs-, -pǽljeɪ | ɪ̀spǽliə, -liə(ʳ; *F.* ɛspalje/ *n.* 〖園芸〗《壁や垣に沿った》垂直面内に枝を人工的に伸ばして仕立てた果樹などの樹木 (cf. cordon 5). **2** 《果樹などを垂直面内に仕立てるための》垣や支柱. **3** 〖甲冑〗《鎧(よろい)の》肩当て (pauldron より小型のもの; monnion ともいう). — *vt.* **1** 《壁などの上に》〈樹〉を仕立てる. **2** 《枝が垂直面内に伸びるように》〈垣や支柱〉を設ける. 〖(1662) ◻ F ~ ◻ It. *spalliera* support ← *spalla* shoulder (of animal) ◻ L *spatula* broad piece: ⇨ spatula〗

Es·pa·ña /ɛspáːnjə; *Sp.* espáɲa/ *n.* エスパーニャ《Spain のスペイン語名》. 〖◻ Sp. ~ 'SPAIN'〗

es·pa·ñol /èspɑːnjóːl | -njɔ́l; *Sp.* espaɲól/ *Sp. n.* (*pl.* **es·pa·ño·les** /-leɪs; *Sp.* ~es/) **1** スペイン人. **2** スペイン語. — *adj.* **1** スペインの. **2** スペイン人の. **3** スペイン語の. 〖◻ Sp. ~ 'SPANISH'〗

es·pan·toon /èspæntúːn/ *n.* 《米国 Baltimore 市で, 巡査の》警棒 (nightstick). 〖《変形》← SPONTOON〗

es·par·cet /ɪ̀spɑəsét | -pɑː-; *F.* ɛspaʀsɛ/ *n.* 〖植物〗イガマメ (⇨ sainfoin 1). 〖(1669) ◻ F & Prov. ~ (dim.) ← OProv. *espars* pod: ⇨ sparse〗

Es·par·te·ro /èspətéᵊroʊ | -təərəʊ; *Sp.* espaɾtéɾo/, (**Joaquín**) **Bal·do·me·ro** /bàldoméɾo/ *n.* エスパルテロ (1792–1879; スペインの将軍・政治家).

E

es·par·to /ɛspáətoʊ, ɪ̀s- | ɛspá:təʊ, ɪs-/ *n.* (*pl.* ~**s**) **1** 〘植物〙エスパルト, アフリカハネガヤ (*Stipa tenacissima*) 《南欧および北部アフリカ産のイネ科ハネガヤ属の草で, 細引き・かご・粗布などの材料または製紙原料になる; Spanish grass, esparto grass ともいう》. **2** エスパルトの繊維. 〘((1591)) (1845) ◻ Sp. ~ < L *spartum* ◻ Gk *spárton* rope ← *spártos* broomlike plant〙

espárto pàper *n.* 〘製紙〙エスパルト紙《エスパルトの繊維で作った紙; 筆記用紙・印刷用紙として用いる》.

espec. 《略》especially.

es·pe·cial /ɪ̀spéʃəl, ɛs-, -ʃl/ *adj.* **1** 特別な, 格別の (exceptional) (⇨ special SYN); 特に著しい (notable): a matter of ~ importance 特に重大な事 / I have an ~ dislike for cats. 私は特別に猫が嫌いです. **2** (特にある人・物・場合などのために)格別の: for his ~ use [safety] 特に彼の使用[安全]のために / an ~ lecture for the anniversary 記念日のための特別講演 / I took ~ care to make myself understood. 私の考えをわからせようと特別に気を遣った. **3** 〈友人など〉特に親しい, 懇意の (close): one's ~ friend. **4** (これといって)特別の (particular): He had no ~ intention. 特にこれといった意図はなかった. ***in espécial*** 《古》とりわけ, 特に (especially). ((c1390))
~·ness *n.* 〘(c1385) ◻ OF ~ ◻ L *speciālis* of a particular kind: SPECIAL と二重語〙

es·pe·cial·ly /ɪ̀spéʃ(ə)li, ɛs-, -ʃli/ *adv.* ことのほか, ことに, 特に (principally), 別して, とりわけ, 特別に (in particular): at an ~ critical moment 特に重大な時期に / I hate sugar, ~ in tea. 私は砂糖が嫌いだ—ことに紅茶に入れるのが / It is ~ cold this morning. 今朝は特に寒い. 〘(?a1400): ↑, -ly¹〙

SYN 特に: **especially** 最も著しい事例を選び出す: This book is designed *especially* for university students. この本は特に大学生を対象にしている. **specially** *especially* と異なり, ある特別の目的・用途のために限定する; 実際には両者ともいずれでもよい場合がある: He was trained *specially* for this purpose. 特にこの目的で訓練された. **particularly**「一般的に」と対比して, 幾つかある中から特定のものを選び出して「特に」という場合: Rice grows well in these prefectures, *particularly* in Niigata. 米はこれらの県, 特に新潟でよくできる.

---

es·per·ance /ɛ́sp(ə)rəns/ *n.* 《廃》希望, 期待 (expectation). 〘(1422) ◻ OF ~ < VL **spērantia(m)* ← L *spērantem* (pres.p.) ← *spērāre* to hope: cf. despair〙

Ès·pe·rán·tism /-tɪzm/ *n.* エスペラント語使用[採用].

Ès·pe·rán·tist /-tɪ̀st | -tɪst/ *n.* エスペラント語学者[使用者]; エスペラント語の普及に熱心な人. — *adj.* エスペラント語の, エスペラント語学者[使用者]の. 〘(1905): ↓, -ist〙

Es·pe·ran·to /ɛ̀spəræ̀ntoʊ, -rá:n- | -pərǽntəʊ, -per-, -rá:n-/ *n.* エスペラント(語)《ポーランドの眼科医 L. Zamenhof が 1887 年に創案・発表した(人工)国際語; cf. Volapük, Ido》. 〘(1892) ← *Dr. Esperanto* (その発明者 Zamenhof の筆名) 《原義》Hoping-one ← Sp. *esperanza* hope: ⇨ esperance〙

es·pi·al /ɪ̀spáɪ(ə)l, ɛs- | ɪs-, ɛs-/ *n.* 《古》**1** 探偵行為, 探索 (spying). **2** 監視, 観察 (observation). **3** 発見 (discovery). **4** 《廃》スパイ (espy); 斥候(隊). 〘(c1390) *espiaille* ◻ OF ← *espier* to spy: ⇨ espy, -al²〙

es·piè·gle /ɛspjɛ́gl̩, -glə; F. ɛspjɛgl/ *F. adj.* 悪党らしい (roguish); いたずらな, ちゃめの (frolicsome). ((1816)) ◻ F ~ ← *Ulespiegle* ◻ G (*Till*) *Eulenspiegel* (ドイツの伝説上の詐欺師の名)〙

es·piè·gle·rie /ɛspjɛ̀gləri:; F. ɛspjɛglʁi/ *F. n.* (*pl.* ~**s** /~/) いたずら, ちゃめ, やんちゃ. 〘(1816) ◻ F ~: ⇨ ↑, -ery〙

es·pí·er *n.* 探索者; 監視者; 発見者. 〘(c1384): ⇨ espy, -er¹〙

es·pi·o·nage /ɛ́spiənà:ʒ, -nà:dʒ, ɛ́spiənà:ʒ, -nà:dʒ, -nɪdʒ/ *n.* スパイ[諜報]活動《特に, 他国政府や競争相手の会社の計画や活動に関する情報を探知するための活動》: ~ activities スパイ活動 / industrial ~ 産業スパイ活動. 〘(1793) ◻ F *espionnage* a spying ← *espionner* to spy ← *espion* a spy ◻ OIt. *spione* (aug.) ← *spia* ← *spiare* to spy〙

Es·pí·ri·to San·to /ɛspírətù:sǽntu: | -rɪ-; *Braz.* ispíritusɐ̃tu/ *n.* エスピリトサント《ブラジル東部大西洋岸の州; 面積 45,597 km², 州都 Vitória /vitɔ́rja/》.

Es·pí·ri·tu San·to /əspírətù:sǽntu:/ *n.* エスピリトゥサント《太平洋南西部バヌアツ共和国中最大かつ最西部の島; 面積 3,947 km²》.

es·pla·nade /ɛ́splənà:d, -nèɪd | ɛ̀spləneɪ́d, -ná:d, ⸗⸗⸗/ *n.* **1** (特に, 海岸や湖岸の)ドライブ道, 散歩道, 遊歩道. **2** (要塞と市街との間の)空き地. 〘(1591) ◻ F ~ ◻ Sp. *esplanada* leveled place (p.p.) ← *esplanar* < L *explānāre* to level: ⇨ explain, -ade〙

Es·plan·di·an /ɛsplǽndiá:n/ *n.* エスプランディアン《中世の騎士物語で Amadis と Oriana の息子; the Black Knight と呼ばれた》.

es·plees /ɪ̀splí:z, ɛs- | ɪs-, ɛs-/ *n. pl.* 〘法律〙土地産出物《牧場の牧草や耕地の穀物・地代などその土地からの収益・産出物》. 〘(1598) ◻ AF *esple(t)z* (pl.) ← OF *esplet, esploit* revenue < L *explicitum* something unfolded: ⇨ exploit¹〙

ESPN /í:èspì:ɛ́n/ *n.* イーエスピーエヌ (Entertainment and Sports Programming Network)《米国のスポーツ専門のケーブルテレビ》.

Es·poo /ɛ́spoʊ | -pəʊ; *Finn.* ɛ́spɔ:/ *n.* エスポー《フィンランド南西部の都市》.

es·pous·al /ɪ̀spáʊzəl, ɛs-, -zl/ *n.* **1** 〔主義・説などの〕支持, 擁護 〔*of*〕. **2** 《古》[通例 *pl.*] 結婚; 婚約. 〘(a1393) *espousaille* ◻ OF *espousailles* (F *épousailles*) < L *spōnsālia* (neut. pl.) ← *spōnsālis* of betrothal ← *spōnsus*: ⇨ ↓, -al²: cf. spouse〙

es·pouse /ɪ̀spáʊz, ɛs-/ *vt.* **1** 〈主義・説などを〉信奉する, 支持する: He ~*d* Nazism. **2** 《古》妻にする, めとる. **3** 〈父が〉〈娘を〉嫁にやる, 〔…に〕縁づける 〔*to*〕. **4** 《廃》婚約する. **es·póus·er** *n.* 〘(?1435) *espouse(n)* ◻ OF *espouser* (F *épouser*) < L *spōnsāre* to betroth ← L *spōnsus* (p.p.) ← *spondēre*: cf. sponsion〙

es·pres·si·vo /ɛ̀sprɛsí:voʊ | -vəʊ; *It.* espressí:vo/ *adv.* 〘音楽〙気分を表して, 表情豊かに. 〘◻ It. ~ 'expressive': ⇨ express〙

es·pres·so /ɛsprɛ́soʊ | -səʊ; *It.* esprɛ́sso/ *n.* (*pl.* ~**s**) **1** エスプレッソコーヒー《細かく挽いたコーヒーに蒸気を通して入れた強いコーヒー》. **2** エスプレッソコーヒー沸かし器. **3** エスプレッソコーヒー店. 〘(1945) ◻ It. (*caffè*) *espresso* pressed-out (coffee) ◻ L *expressus*: ⇨ express〙

es·prit /ɛsprí:, ɪ̀s- | ɛsprí:, ɪ̀s-, ɛ́spri:; *F.* ɛspʁi/ *F. n.* **1** 機知, 才気, 才知, エスプリ. **2** =esprit de corps. 〘((?a1387)) (1591) *espirit* ◻ (O)F *esprit* ◻ L *spīritum* 'SPIRIT'〙

Es·prit /ɛsprí:, ɪ̀s-; *F.* ɛspʁi/ *n.* エスプリ《男性名》. 〘↑〙

esprit de corps /-⸗dəkɔ́ə | -⸗dəkɔ́:(r), ⸗⸗⸗; *F.* -dkɔ:ʁ/ *F. n.* 団体精神, 団結心《軍隊精神・愛党心・愛校心など》. 〘(1780) ◻ F ~ 'spirit of corps'〙

esprit de l'es·ca·lier /-dəlɛ̀skɑ:ljéɪ | -dɛskǽlièɪ; *F.* -dlɛskalje/ *F. n.* 後知恵. 〘(1906) ◻ F ~ 《原義》spirit of the staircase〙

esprit des lois /-deɪlwá:; *F.* -delwa/ *F. n.* 法の精神: *De l'Esprit des Lois*「法の精神について」《Montesquieu の著書》. 〘◻ F ~ 'spirit of laws'〙

esprit fort /-fɔ́ə | -fɔ́:(r); *F.* -fɔ:ʁ/ *F. n.* (*pl.* **esprits forts** /~/) 堅忍不抜の人; (特に)自由思想家 (freethinker). 〘(1750) ◻ F ~ 'strong spirit'〙

Es·pron·ce·da /ɛ̀sprɔ:nséɪdə, -prɑ(:)nséɪdə | -prɔnséɪdə; *Sp.* espɾonθéðə/, **José de** *n.* エスプロンセーダ (1808–42; スペインのロマン派詩人・革命家; the Spanish Byron と呼ばれる).

es·py /ɪ̀spáɪ, ɛs/ *vt.* 見つける; 認める (perceive); 〈欠点などを〉発見する (detect). 〘(a1250) *aspie(n) espie(n)* ◻ AF *aspier*=OF *espier* (F *épier*): ⇨ spy〙

Esq. 《略》Esquire (⇨ esquire 1).

Esqr. 《略》Esquire (⇨ esquire 1).

-esque /ɛ́sk/ *suf.*「…の様式(の), …風(の)」などの意の形容詞・名詞を造る: arabesque, statuesque, Disneyesque (← Walt Disney). 〘◻ F ~ ◻ It. *-esco* < VL **-iscu(m)* ◻ Gmc **-iskaz* (cf. OHG *-isc* '-ISH¹'): cf. L *-iscus* '-ISH¹'〙

Es·qui·line /ɛ́skwəlàɪn | -kwɪ̀-/ *n.* [the ~] エスクィリーヌスの丘《ローマの七丘 (Seven Hills) の一つ》. 〘◻ L *Esquilīnus (mons)* (hill) of Esquilinen〙

Es·qui·mau /ɛ́skəmòʊ | -kɪ̀məʊ/ *n.* (*pl.* **Es·qui·maux** /~z, ~/), *adj.* =Eskimo. 〘(1584) ◻ F ~: ⇨ Eskimo〙

es·quire /ɛ́skwaɪə, ɪ̀skwáɪə, ɛs- | ɪ̀skwáɪə(r), ɛs-/ *n.* **1** 《英》…殿, …様. ★ 前に称号を付けない場合に紳士の氏名の後に付けるが, 特に手紙の宛名または公式の書類で普通 Esq. または Esqr. と略して John Smith, Esq. のように書く; 米国では普通 Mr. であるが, 弁護士・治安判事などに用いることがある. **2** 《英》郷士(ごうし)《紳士階級の上層部に属し, knight に次ぐ社会的身分》. **3** 《古》(中世の)騎士志願者, 騎士の従者. ★ 歴史書では普通 squire の方を用いる. **4** 女性の付添い. **5** 《古》地主. — *vt.* **1** esquire の身分に昇格させる. **2** …への宛名に Esquire を用いる, 〈人を〉"…, Esquire" と呼ぶ. **3** 〈女性〉に付き添う, 護衛する. 〘(1374) *esquier* ◻ OF ~ (F *écuyer*) < LL *scūtārium* shieldbearer ← L *scūtum*: ⇨ scutum〙

Es·quire /ɛ́skwaɪə, ɪ̀skwáɪə, ɛs- | ɪ̀skwáɪə(r), ɛs-/ *n.* エスクワイア《米国の男性月刊誌》.

es·quisse /ɛskí:s; *F.* ɛskis/ *n.* 〘美術〙エスキス, 略図, 概観. 〘(1731–36) ◻ F ~ ◻ It. *schizzo*: ⇨ sketch〙

esquísse-esquísse *n.* 〘建築〙エスキス, 下図, スケッチ, 草案. 〘◻ F ~ (↑)〙

Es·qui·vel /ɛ̀skivɛ́l; *Am.Sp.* eskiβél/, **Adolfo Pérez** /péres/ *n.* エスキベル (1931– ; アルゼンチンの彫刻家・建築家・人権擁護運動家; Nobel 平和賞 (1980)).

ESR 《略》electron spin resonance; 〘冶金〙electroslag remelting エレクトロスラグ再溶解.

ESRC /í:ɛ̀sɑ̀əsí: | -ɑ̀:-/ 《略》《英》Economic and Social Research Council 経済社会学研究会議 (1965 年 Social Science Research Council として設立され, 84 年改称した学術振興団体; 政府の補助を受けて大学などへの研究助成金交付・各種専門研究所運営などを行う).

ESRO /ɛ́zroʊ | -rəʊ/ 《略》European Space Research Organization. 〘1961〙

ess /ɛ́s/ *n.* **1** S [s] の字. **2** S 字形の物, (道路の) S 字形のカーブ: the collar of ~*es*=the COLLAR of SS. 〘(1540): S の字の名〙

Ess /ɛ́s/ *n.* エス《男性名; 異形 Essa》. 〘(dim.) ← Esther〙

Ess. 《略》Essex.

-ess¹ /ɪ̀s, ɛs | ɛs, ɪ̀s, ɛ́s/ *suf.* 女性名詞語尾: actress, authoress, countess, lioness. 〘ME ◻ (O)F *-esse* < LL *-issam* ◻ Gk *-issa*〙

-ess² /ɪ̀s, ɛs/ *suf.* 形容詞から抽象名詞を造る: largess, duress (cf. riches, laches). 〘ME ◻ (O)F *-esse* < L *-itiam* '-ICE'〙

ESSA 《略》Environmental Science Services Administration (米国の)環境科学局, エッサ《1970 年に NOAA と改称》.

Es·sa·oui·ra /ɛ̀səwí°rə | -wíərə; *F.* ɛsawiʁa/ *n.* エッサウィーラ《モロッコ南西部の港市; 旧名 Mogador》.

es·say /ɛ́seɪ/ *n.* **1** 随筆, エッセイ; 小論文, 評論; (学校で課題などの)作文, リポート (cf. 2 b): an ~ *on* fishing [drink, travel] 釣り[酒, 旅](について)の随筆 / The *Essays* of Elia「エリア随筆集」(Charles Lamb 作) / The *Essays* of Montaigne「モンテーニュ随想録」. ★ 理路整然とした学術的論文である treatise, dissertation に対して, essay は通例文体が極めて自由で個性の色彩が強い. **2** /ɛséɪ, ⸗⸗/ **a** 企て, 試み (attempt); 努力 (endeavor): an ~ *at* reform 改革の企て / make an ~ *to* benefit a friend 友人のためになることをしようと努力する. **b** 試論 (cf. 1): *Essays in* Criticism「批評試論」. **c** (デザイン・芸術作品などの)新趣向, 試作: Picasso made many ~*s in* various art forms. ピカソはさまざまな美術形式において多くの新しい試みをした. **3** 〘郵趣〙エッセイ《切手の原図[下図]で採用されなかったもの》.
— /ɛséɪ, ⸗⸗/ *vt.* **1** 試みる, 企てる: ~ a method [task] ある方法[仕事]を試みる / ~ *to* do something / He ~*ed* a manly laugh. 男らしく笑ってみせようとした. **2** 《古》〈人・物を〉試す, 試験する (test).
〘v.: (1483) ◻ F *essayer* < VL **exagiāre* to weigh ← LL *exagium* a weighing ← L *exigere* to weigh out ← EX-¹+*agere* to do: cf. assay. — n.: (1593–99) ◻ F *essai* ← *essaire* (v.)〙

es·sáy·er *n.* **1** 試みる人, 試行者. **2** 《廃》=essayist 1. 〘(1611): ⇨ ↑, -er¹〙

éssay examinátion *n.* 論文式テスト《essay question(s) によるテスト; cf. objective test》.

es·say·ist /ɛ́seɪɪ̀st | -ɪst/ *n.* **1** 随筆家. **2** 《まれ》(何かを)してみようとする人, 試行者. 〘(1601): ⇨ -ist〙

es·say·is·tic /ɛ̀seɪístɪk⁻/ *adj.* **1** エッセイ[随筆](風)の. **2** 論文調の. **3** 説明的な (explanatory). 〘(1862): ⇨ -istic〙

éssay quèstion *n.* 論文式(試験)問題《文章で答えることを要求するもの; cf. essay examination》. 〘1947〙

éssay tèst *n.* =essay examination.

es·se /ɛ́si/ *L. n.* 〘哲学〙**1** 存在 (being); 実在, 実体 (actual existence); ⇨ in esse. **2** 本質. 〘(1592) ◻ ML ~ ← L ~ 'to be': cf. absent, essence〙

Es·sen /ɛ́sən, -sn; *G.* ɛ́sn̩/ *n.* エッセン《ドイツ North Rhine-Westphalia 州 Ruhr 地方の主都; Krupp 軍需工場で有名》.

es·sence /ɛ́səns, ɛ́sn̩s, ɛ́sənts, ɛ́sn̩ts/ *n.* **1 a** 本質, 真髄, 精髄: the ~ *of* poetry 詩の真髄 / Health is the very ~ *of* happiness. 健康は正に我々の幸福の源泉である / life in its ~ 本質的な面での人生. **b** 核心, 要諦(ようてい) (core, pith): This takes us to the very [inmost] ~ *of* the matter. ここで我々は正に事の核心に到達する. **2 a** (蒸留などによって抽出した植物・薬剤・食品などの)精, エキス (extract): ~ of beef 牛肉エキス. **b** エッセンス《植物性精油のアルコール溶液》: vanilla ~ バニラエッセンス / ~ of mint はっか精, はっか油. **c** (香水の)揮発性成分; 香水, 香料. **d** 〘化学〙=essential oil. **e** 〘薬学〙=spirit 13. **3 a** 〘哲学〙(偶有性・様態などに対しての)本質, 実在, 本体 (entity) (cf. attribute 3); (物をしてその物たらしめる)本質. **b** 存在; (特に)霊的実在.
in éssence 本質において, 本質的に, 基本的に (fundamentally): For all his scholarly activities he was *in* ~ a politician. 学問的活動はいろいろしているがもともと政治家だった / They are both the same *in* ~. 両者は基本的には同じだ. ***of the éssence (of …)*** (…に)必須で, 不可欠で: Time is *of the* ~. 時間が必須だ / Money is *of the* ~ *of the* plan. その計画にとって金が不可欠だ. ((1843)) ◻ F *de l'essence de*)
〘(a1398) *essencia* ◻ (O)F ~ *essence* ∥ L *essentia* being, essence of a thing ← **essent-* (pres.p. stem) ← *esse* to be: ⇨ esse〙

éssence pèddler *n.* **1** 《米》(万能薬などの)薬品行商人, 薬売り. **2** 《米俗》〘動物〙スカンク (skunk). 〘1838〙

Es·sene /ɪ̀sí:n, ɛs-, ɛ́si:n | ɛ́si:n, ⸗⸗/ *n.* エッセネ派の信徒《紀元前 2 世紀から紀元後 1 世紀末までパレスチナ (Palestine) にあったユダヤ教の一派で, 禁欲・独身・モーセ律法を厳守し, 秘教的なところがあった》. **Es·se·ni·an** /ɪ̀sí:niən, ɛs-/ *adj.* **Es·se·nic** /ɪ̀sí:nɪk, ɛs-/ *adj.* 〘(1553) ◻ L *Essēnī* (pl.) ◻ Gk *Essēnoí* ◻ ? Syriac *ḥasēn* (pl.) ← *ḥasē* pious〙

Es·sén·ism /ɪ̀sí:nɪzm, ɛs-, ɛ́si:nɪzm | ɛ́si:nɪ̀zm, ⸗⸗⸗/ *n.* エッセネ派の主義[教義]《財産の共有・独身主義など》.

es·sen·tial /ɪ̀sénʃəl, ɛs-, -ʃl, -tʃəl, -tʃl/ *adj.* **1** 本質の, 本質的な, 本来の (↔ extrinsic, accidental); 核心的な, 基本的な: ~ qualities 本質, 特質 / an ~ attribute 本質的属性 / an ~ property of matter 物質本来の性質 / the ~ character 〘生物〙(種・属を他と区別する)本質的形質, 本性 / an ~ proposition 〘論理〙本質的命題 / They are both the same in all ~ respects [aspects]. 両者は本質的な点[面]ですべて同じだ. **2** 〔…に〕欠くことのできない, 肝要な 〔*to*〕; 重要な, 主要な: Phosphate is an ~ ingredient in [of] fertilizer. リン酸塩は肥料の肝要な成分である / Impartiality is ~ *to* [*in*] a judge. 公平は裁判官にとって欠くことのできないものだ / It is ~ *to* [*for*] health [*for* the preservation of health]. それは健康に[健康を保つうえで]なくてはならない / It is ~ *to* know all the facts. すべての事実を知ることが肝要だ / It is ~ *that* every member (*should*) *be* [*is*] informed of these regulations. 各

会員がみなこれらの規定を心得ておくことが肝要である. **3** 精髄的な; 理想的な, 至高の: ~ happiness 理想的幸福. **4** (植物・薬剤・食品などの)精[エキス]の, 精[エキス]を含んだ: an ~ odor エキスの芳香 / ⇨ essential oil. **5** 〘音楽〙主要な, 基本の (楽曲の和声進行構成に必要なことにいう): ~ notes / ~ harmonies 主要和音. ★ 装飾音 (ornaments) や経過音 (passing notes) に対していう. **6** 〘数学〙 **a** 〈関数の不連続点が〉本質的な (cf. removable 4). **b** 〈複素変数関数の特異点が〉真性の: ~ singularity 真性特異点. **7** 〘病理〙原因不明の, 特発性の (idiopathic), 本態性の (inherent): ~ hypertension 本態性高血圧(症).

— *n.* **1** [通例 *pl.*] 本質的要素; 要綱, 基本, 主要点: *Essentials* of English Grammar 英文法要説《書名》/ Both are the same in all ~*s*. 両方とも肝要な点では同じだ. **2** 不可欠なもの, 肝要なもの: the first ~ *for* the patient 病人にとって一番肝要なもの, 必需品. **3** 〘音楽〙主音.

~·ness *n.* 〖(*c*1385) *essencial* □ (O)F *essentiel* // LL *essentiālis* ← L *essentia*: ⇨ essence, -al[1]〗

SYN 不可欠の: **essential** ある事物の存在・機能にとって本質的に不可欠の: Sleep and good food are *essential* for health. 睡眠と栄養に富む食品は健康には不可欠なものです. **vital** 極めて重要で事柄の成否を左右するほどに不可欠な: Your support is *vital* for our success. 君の支援は我々の成功のためには不可欠です **indispensable** 特定の目的を達するのになくてはならない: Air, food and water are *indispensable* to life. 空気と食物と水は生命にとって欠かすことができない. **necessary** 求める結果を得るために必要な: Sleep is *necessary* to health. 睡眠は健康に必要である. **requisite** 特定の目的に必要な《格式ばった語》: the subjects *requisite* for college entrance 大学入学に必要な科目. **ANT** dispensable.

esséntial ámino ácid *n.* 〘生化学〙必須アミノ酸《体内で合成できないので, 食物として取り入れる必要のあるアミノ酸》. 〖1935〗

es·sén·tial·ìsm /-lìzm/ *n.* **1** 〘哲学〙 **a** 実在論 (realism). **b** 本質主義《実存 (existence) よりも本質 (essence) を重視する説; 相対的関係・属性以外に内在的な本質を個体に認める見解; ↔ existentialism》. **2** 《米》〘教育〙基礎知識主義, 本質主義《ある文化の基礎をなす思想・技能は伝統的な方法によりすべての生徒に教えるべきだとする説; cf. progressivism 2》. **es·sén·tial·ist** /-lɪst | -lɪst/ *n.*, *adj.* 〖(1927): ⇨ ↑, -ism〗

es·sen·ti·al·i·ty /ɪ̀sènʃiǽləti, ɛs- | -lɪ̀ti/ *n.* **1** 本性, 本質, 精髄 (essence). **2** 必須なこと, 要件, 要点, 骨子 (essential point). 〖(?*a*1425): ⇨ -ity〗

es·sen·tial·ize /ɪsénʃəlàɪz, ɛs-/ *vt.* …の精髄[本質]を示す[を言い当てる]; …から精[エキス]を(蒸留)抽出する. 〖((1669)) (1913) ← ESSENTIAL＋-IZE〗

es·sen·tial·ly /ɪsénʃ(ə)li, ɛs-, -ʃli, -tʃ(ə)li, -tʃli/ *adv.* 本質的に, 本質上 (in essence); 本来: an ~ vulgar person 根っから野卑な人. 〖(1395): ⇨ -ly[1]〗

esséntial óil *n.* 〘化学〙精油, 植物精油《植物の枝葉・根茎・樹皮・花などから採る芳香油; 揮発性で香水の原料; ethereal oil, volatile oil ともいう; cf. fatty oil, fixed oil》. 〖1674〗

es·sen·tic /ɪsénṭɪk, ɛs- | -tɪk/ *adj.* 感情を表に表す: an ~ form of anger 表に表れた怒りの感情. 〖← L *essent-*, *essens* being＋-IC[1]: ⇨ essence〗

Es·se·qui·bo /èsɪ̀kw(ɪ)ìːbou | èsɪkwíːbəu/ *n.* [the ~] エセキボ(川)《ガイアナを北流して大西洋に注ぐ (1,014 km)》.

es·ses /ésɪ̀z/ *n.* SS の連字 (cf. COLLAR of esses). 〖(*pl.*) ← ESS〗

Es·sex /ésɪ̀ks/ *n.* エセックス: **1** イングランド南東部の州, Thames 河口部の北岸一帯; 面積 3,677 km², 州都 Chelmsford. **2** 〘英史〙イングランド東部, London を中心とした Anglo-Saxon の王国 (cf. heptarchy 2 b). **3** 米国 Maryland 州北部 Baltimore 市近郊の町. 〖OE *Ēast Seaxe* or *Seaxan* 《原義》the East Saxons〗

Es·sex /ésɪ̀ks/, (2nd) Earl of *n.* エセックス (1566-1601; 英国の軍人; Elizabeth 一世の寵を失い反乱を企てたが処刑された; 本名 Robert Devereux).

Éssex gírl [mán] *n.* 《英俗》エセックス娘[男]《ジョークなどで侮蔑的にエセックス人の典型として扱われる軽薄・尻軽なばか娘[野卑で俗物的な田舎者の男]》. 〖1990〗

Es·sie /ési/ *n.* エッシー《女性名》. 〖(dim.) ← ESTHER: ⇨ -ie〗

es·sive /ésɪv/ 〘文法〙 *adj.* 態格の《特に, フィンランド語・ハンガリー語で一時的な性質・状態などを表す》. — *n.* 態格. 〖(1890) □ Finn. *essiivi* ← L *esse* to be＋Finn. *-ivi* '-IVE'〗

Es·so /ésou | ésəu/ *n.* 〘商標〙エッソ《米国 Exxon Mobile 社製の軽油・ガソリンなど; 同社系列の石油会社》.

es·soin /ɪsɔ́ɪn | ɪs-/ *n.* **1** 〘英法〙(召喚に従って特定期日に裁判所に)不出頭の正当な理由; その申し立て. **2** 《廃》口実 (excuse), 延引. 〖(?*a*1300) *essoine* □ OF *essoi(g)ne* (F *exoine*) ← *essoi(g)ner* < ML *exsoniāre* ← EX-[1]＋*sonia* lawful excuse〗

es·so·nite /ésənàɪt, -sn̩-/ *n.* 〘鉱物〙肉桂(にっけい)石, 黄ざくろ石 (hessonite, cinnamon stone ともいう). 〖(1820) □ F ~ ← Gk *hḗssōn* inferior ((compar.) ← *éka* slightly)＋-ITE[1]: hyacinth などに比べて硬さが劣ることから〗

Es·sonne /esɔ́ːn, esɔ́ːn; F. esɔn/ *n.* エソンヌ《フランス北部の県; 県都 Évry》.

est /ést/ *n.* エスト, 心身統一訓練《自己発見と自己実現のための体系的方法》. 〖(1974)《頭字語》← *E(rhard) S(eminars) T(raining)*〗

EST 《略》Eastern Stadard Time; 〘医学〙electroshock therapy.

est. 《略》established; estate; estimate; estimated; estuary.

Est. 《略》Estonia; Estonian.

-est[1] /ɪ̀st/ *suf.* 形容詞・副詞の最上級形成接尾辞: hard*est*, clever*est*, common*est*, nobl*est*, lazi*est*.

語法 (1) -est の用法は大体 -er の場合に準じる (⇨ most *adv.* 2). (2) しかし barren, fragile などのように比較級に -er の形を取らない語でも, 最上級の場合 -est を用いることが往々にしてある (-id で終わる語, 例えば limpid も同じ). (3) 詩語・擬古体では beautiful*est* のように三音節以上の語の場合にも自由に用いられ, また俗語ではしばしば特に強意的に用いられる: in the brutal*est* [cheerful*est*, dogge*dest*, damnabl*est*, wicke*dest*] manner.

〖OE ~, *-ost* < Gmc **-istaz*, **-ōstaz* < IE **-ist(h)o-* (Gk *-isto-*)〗

-est[2] /ɪ̀st/ *suf.* 《古・詩》thou に伴う動詞の二人称単数直説法現在および過去の語尾: Thou sing*est* [do*est*, pass*est*, gett*est*]. ★ 歯擦音・母音以外のあとには -st となることもある. 〖OE ~, *-ast* ← *-es*＋*-t* (*þū* 'THOU' の同化変形): cf. OHG *-ist*, *-ōst*, *-ēst*〗

estab. 《略》established.

es·tab·lish /ɪstǽblɪʃ, ɛs-/ *vt.* **1** 〈国家・学校・企業などを〉樹立する, 設置[開設]する, 設立[創立]する (found, institute): ~ a national park 国立公園を設立する / ~ a company 商社を創立する. **2** 〈制度・法律・慣習などを〉設ける, 制定する, 確立する (set up, fix): ~ parliamentary democracy 議会民主制を制定する / ~ law and order 法と秩序を確立する / ~ a precedent 先例を作り上げる / ~ a new chair at a university 大学に新しい講座を設ける. **3** 〈教会・宗教を〉国教にする: ⇨ established church. **4** 〈地位・権威・信用・学説などを〉確立する; 〈記録を〉樹立する; 〈結果〉に到達する, 達成する (arrive at): She was apparently trying to ~ her authority over me. どうやら彼女は私に対する権威を確立しようとしているらしかった / He had ~*ed* a solid reputation as a man of character. 彼は人格者としての確固とした名声を確立していた / He ~*ed* a new philosophical doctrine. 彼は新しい哲学の教理を確立した. **5 a** 〈主張・事実などを〉立証する; 〈…ということを〉確証する, 証明する (demonstrate) 〈*that*〉: ~ (a) motive 動機を立証する / ~ the facts 事実を証明する. / ~ one's innocence 無罪を証明する / He ~*ed* his case at [in] law. 法廷で自分の言い分を立証した / We must ~ *that* he was not there at the time. 当時彼が現場に居合わせなかったことを証明しなければならない / That ~*ed* her *as being* back at home. その事は彼女が家に帰っていることを確証するものだった. **b** 《古》確認する (confirm). **6** 〈関係などを〉生じさせる, 成立させる (bring about): ~ communication 連絡[文通]を始める / ~ a friendship 交友関係を結ぶ / That year China ~*ed* diplomatic relations with Thailand. その年中国はタイと外交関係を確立した / Mutual confidence has been ~*ed* between the two diplomats. 二人の外交官の間に相互の信頼関係が成り立った. **7 a** [しばしば ~ *oneself* または受身で] 〈人を〉(住所・職業・地位などに)落ち着かせる, 〈身を〉固めさせる 〔*in*, *as*〕 (⇨ set **SYN**): ~ one's son *in* business 息子を仕事につかせる / He *is* ~*ed in* business. 一本立ちして商売をやっている / He ~*ed* his mistress in an apartment on Central Park West. 彼は愛人をセントラルパーク西に住まわせた / They married and ~*ed themselves in* the new house. 結婚して新居に落ち着いた / He ~*ed himself as* physician in the town. その町で医者を開業した / The work ~*ed* him *as* the foremost economist in England. その著作により彼は英国最高の経済学者としての地位を確立した. **b** [通例 ~ *itself* で] 〈夕闇・悪弊などが〉募る, 深まる, 浸透する: Though dusk had ~*ed itself*, he went on walking along the path. 日がもうとっぷりと暮れてしまったが彼はなおもその小道を歩き続けた. **c** 〈公務員などを〉常勤[本雇い]にする. **8** 〘映画・テレビ〙(観客・聴視者への印象効果を上げるため, 劇の初めに)〈ある人物・セットを〉念入りに写し出す, 〈重要な人物〉の配置・環境などを提示する. **9** 〘生物〙〈新品種などを〉定着させる. **10** 〘トランプ〙(ブリッジなどで)〈あるスーツ (suit) を〉エスタブリッシュする, 走るようにする《あるスーツの札を敵方に上位札がなくなるまで出し続け, 残りが全部取れるように下ごしらえする; cf. run[1] *vt.* 23》. **11** 《廃》〈財産などの〉継承権を設定する (settle).

— *vi.* 〘生物〙〈植物が〉定着する, 順化する (become naturalized): This kind of grass ~*es on* poor soil. この種の草はやせた土地にも定着する.

〖(*c*1380) *establisse(n)* □ OF *establiss-* (stem) ← *establir* (F *établir*) < L *stabilire* ← *stabilis* 'STABLE[1]': ⇨ -ish[2]〗

es·tab·lish·a·ble /ɪstǽblɪʃəbl, ɛs-/ *adj.* 確証[立証]しうる, 証明されうる. 〖(1667): ⇨ ↑, -able〗

es·tab·lished /ɪstǽblɪʃt, ɛs-/ *adj.* **1** 確立した, 確定の, 基礎[根底]の定まった (firmly founded, fixed): an ~ fact 確立した[既定の]事実 / the ~ order 確立した体制 / a person of ~ reputation 定評のある人物 / an ~ business 確立した商売 / a long-*established* business 長年にわたって確立した商売 / a person's ~ practice 決まった習慣 / ⇨ old-established. **2** 《英》常設の, 常勤の (permanent) (↔ temporary): an ~ clerk [position] 常勤の事務員[身分]. **3** 設定[制定, 確立]された (ordained); 国立の, 国教の: ~ usage 確立された慣用法 / ⇨ established church. **4** 〘生物〙〈動植物が〉(新しい土地に)定着した, 順化した (naturalized). 〖(1642): ⇨ -ed〗

estáblished chúrch *n.* **1** 国(立)教会《国家の公営機関として法的に認められた教会で, 通例各種の公的特権や財政的援助が与えられる; state church ともいう》. **2** [the E- C-] **a** ＝CHURCH of England. **b** ＝CHURCH of Scotland. 〖1731〗

es·táb·lish·er *n.* 確立者, 樹立者, 設立者, 制定者. 〖(*a*1600): ⇨ -er[1]〗

es·táb·lish·ing shót *n.* 〘映画・テレビ〙エスタブリッシングショット, 設定画面《細部を写す前に劇全体の背景的空間を設定するロングショット》. 〖1948〗

es·tab·lish·ment /ɪstǽblɪʃmənt, ɛs-/ *n.* **1 a** 設立, 創立, 創設, 設定, 制定, 設置, 開設 〔*of*〕: the ~ *of* a factory 工場の創設 / the ~ *of* a custom 慣習の確立. **b** (記録などの)樹立 〔*of*〕. **2** (学校・病院などの)設立物, 営造物. **3** 制度; (特に)法律 (law). **4** (結婚などによって)身を固めること; 世帯, 家庭 (household): keep a large ~ 大世帯を張っている / keep a second [separate] ~ 別宅を持つ, 《婉曲》妾宅(しょうたく)を構える. **5** 会社, 商館, 商店, 営業所 (firm, company): a manufacturing ~ 工業会社. **6** (行政制度としての)官庁, 政党, 陸軍, 海軍: the civil service ~ 一般官庁 / the military [army] ~ 陸軍 / the naval [navy] ~ 海軍. **7** [通例 the E-] **a** 支配階級, 体制(側)《例えば英国における王室・国教会・パブリックスクール・貴族・クラブ・イングランド銀行など上流階級を象徴するものの複合体》. **b** [通例形容詞を伴って] 既成の権力組織[集団]: the literary *Establishment* 既成文壇. **8 a** (教会の)国立, 国定. **b** [the E-] 国教会: the (Church) *Establishment* 国教会 (the Established Church), (特に)英国国教会 (the Church of England). **9** 《古》定給 (settled allowance), 定収入 (fixed income), 定職. **10** 〘生物〙(外来種の新環境での)定着, 順化 (naturalization).

on the estáblishment 《英》(家庭・会社などに)雇われて, 使用人で.

〖(1481): ⇨ -ment〗

es·tab·lish·men·tar·i·an /ɪstæ̀blɪʃməntéᵊriən, ɛs-, -mɛn- | -məntéəri-˝/ *adj.* 国教主義の, 国教会の, (特に)英国国教会の. — *n.* **1** 国教信奉者, 国教(主義)支持者. **2** [E-] 体制派, 体制側に属する人.

es·tàb·lish·men·tár·i·an·ìsm /-nìzm/ *n.* 〖(1846): ⇨ ↑, -arian〗

es·ta·fette /èstəfét; F. estafɛt/ *n.* 騎馬の伝令兵. 〖(1792) □ F ~ □ It. *estaffetta* 《原義》small stirrup (dim.) ← *staffa* ← Gmc〗

Es·taing /estǽ(ŋ), -tǽŋ; F. ɛstɛ̃/, Comte **Charles Hector d'** *n.* エスタン (1729-94; フランスの提督; 独立戦争中のアメリカ植民地勢力を支配した).

es·ta·mi·net /ɛstàːminéɪ | estǽmɪ̀nèɪ, ɪs-; F. estaminɛ/ F. *n.* (*pl.* **~s** /~(z); F. ~/) 小さな酒場 (bar), カフェー (café). 〖(1848) □ F ~ 'tavern' □ Walloon *staminet* ← *stamon* post □ ? G *Stamm* 'STEM[1]'〗

es·tan·cia /ɛstáːnsiə | ɪstǽnsiə, ɛs-; *Am.Sp.* estánsja/ *n.* (*pl.* **~s** /~z; *Sp.* ~s/) (南米で)地所 (landed estate); 牧畜場 (stock farm). 〖(1704) □ Sp. ~ 《原義》station ← L *stāre* 'to STAND'〗

es·tan·cie·ro /ɛstàːnsiéᵊrou | -tænsiéᵊrəu; *Am.Sp.* estansjéro/ *n.* (*pl.* **~s**) estancia の所有者[経営者]. 〖(1845) □ Am.-Sp. ~ ← *estancia* (↑)＋Sp. *-ero* (< L *-ārius* '-ER[1]')〗

es·tate /ɪstéɪt, ɛs-/ *n.* **1 a** (大きな)地所: have a large ~ in the country 田舎に大きな地所を持っている / an Imperial ~ 御料地 / an ~ concern 土地建物会社. **b** (大規模な)農園: a tea [rubber] ~ 茶[ゴム]園. **2** 〘法律〙 **a** 財産: ⇨ real estate, personal estate / an ~ of inheritance 相続財産 / an ~ in possession 既得財産 an ~ for life [years] 生涯[期間的]財産(権). **b** 不動産権《土地をある期間占有利用できる権利; 中世の英法では土地の絶対的所有権を認めなかった》: an ~ at will 任意不動産権《貸付人の意のままに返付すべき不動産権》/ an ~ in common 共有不動産権 / an ~ in fee 世襲不動産権 / an ~ in tail＝estate tail. **3** 〘法律〙(死者・破産者の)財産, 遺産 (⇨ property **SYN**): an ~ upon condition 条件付遺産 / leave an ~ of …の財産を残す / wind up an ~ 死者[破産者]の財産を清算する. **4** 《英》(住宅・工場)団地 (development): ⇨ council estate, housing estate, industrial estate. **5 a** (政治上・社会上の)身分, 階級: the Three *Estates* (of the Realm) (封建時代ヨーロッパ一般の)聖職者・貴族・平民の三身分; (英国で)の上院の聖職議員 (Lords Spiritual)・世俗議員 (Lords Temporal) および下院議員 (Commons) の三階級 / the second ~ 貴族階級 / ⇨ third estate, fourth estate. **b** [the Estates] 身分制議会, 等族議会《中世末から近世にかけてのヨーロッパの議会; 一般に three estates から成った; cf. Estates General》. **6** 《古》(生存の)状態, 情況 (state of being): reach [attain (to)] man's [woman's] ~ 男[女]子成年期に達する, 成人する, おとなになる / the (holy) ~ of matrimony 夫[妻]のある身分. **7** 《古》(個人の)資産, 身代; 生活情況, 暮らし向き: suffer in one's ~ 暮らし向きが苦しい / a person's poor ~ 貧乏暮らし. **8** 《古》威容, 壮観, 豪壮. **9** 《古》地位, 身分; (特に)高い地位: a man of ~ 身分の高い人. **10** ＝estate car [wagon]. — *vt.* 《廃》…に財産を授ける; 〈人を〉安定した地位につかせる. 〖(?*a*1200) *estat* □ OF ~ (F *état*) □ L *status* 'STATE'〗

estáte àgent *n.* 《英》不動産管理人; 土地ブローカー, 不動産屋 (《米》real-estate agent, realtor). **estáte àgency** *n.* 〖1880〗

estáte-bòttled *adj.* 〈ワインが〉農園で瓶詰めされた. 〖1940〗

estáte càr *n.* 《英》＝station wagon. 〖1950〗

es·tát·ed /-tɪ̈d | -tɪ̈d/ *adj.* 財産[不動産]のある. 〖《1607》← ESTATE+-ED〗

estáte dùty *n.* 《英》=estate tax. 〖1889〗

Estátes Géneral *n.* [the ~] 全国三部会《中世末期からのフランスの身分制議会で, 第一身分の聖職貴族, 第二身分の世俗貴族, 第三身分の平民から成り, フランス革命時に廃止された; States-General ともいう; cf. estate 5 b》. 〖《なぞり》← F *états generaux*〗

estáte tàil *n.* 〖法律〗限嗣封土権, 限嗣不動産権.

estáte tàx *n.* 〖法律〗遺産税《遺産全体に対して課せられる税金; cf. probate duty, inheritance tax》. 〖1928〗

estáte wàgon *n.* 《英》=station wagon. 〖1959〗

Es·te[1] /ésteɪ, -ti | -ti; *It.* éste/ *n.* エステ《イタリア北東部の都市; 古代ローマの遺跡や中世の要塞がある》.

Es·te[2] /ésteɪ, -ti | -ti; *It.* éste/ *n.* エステ《Alberto Azzo 二世 (996–1097) に始まるイタリアの名門貴族; 13–16 世紀 Ferrara を, 中世後期から 18 世紀末まで Modena と Reggio を支配した》.

Es·teb·an /estébən; *Sp.* estéβan/ *n.* エステバン《男性名》. 〖□ Sp. ~ 'STEPHEN'〗

Es·tée Lau·der /ésteɪlɔ́:də, -ti-, -lɑ́:- | -lɔ́:də^(r)/ *n.* 〖商標〗エスティローダー《米国の化粧品メーカー Estée Lauder, Inc. のブランド》.

es·teem /ɪ̈stí:m, ɛs-/ *vt.* **1** 〈人を〉尊ぶ, 重んじる, 尊重する (hold in respect) (⇨ appreciate, regard SYN); 〈物を〉珍重する (prize): I like him, but I cannot ~ him. 彼は好きだが尊敬できない / It is highly ~*ed for* the table. それは食べ物として大いに珍重される / He is highly ~*ed for* his bravery. 勇気があるので大いに尊敬されている. **2 a** [目的語+(*as*) 補語を伴って] …とみなす, 考える (consider): He ~*s* riches vain. 富をむなしいものと思っている / He ~*ed* himself lucky (*to* know her [*that* he knew her]). (彼女を知って)自分は運がよいと思った / I should ~ it (*as*) a favor if you would do so. そうして下されればありがたく存じます / We would ~ it a privilege [an honor] *to* work for you [if we could work for you]. あなたのために働けるなら光栄に存じます. **b** [目的語+*to be* または *that*-clause を伴って] 〈…と〉思う, 信じる (think, believe): I did not ~ him *to be* reliable. 彼が信頼できる人物だとは思わなかった / He ~*ed that* she loved him. 彼女が自分を愛しているものと考えた. **3** 《古》評価する.
— *n.* **1** 尊重, 尊敬, 敬服 (regard) (⇨ honor SYN); 名声: as a mark [token] of ~ 敬意のしるしとして / gain [get, win] high ~ 非常な尊敬を受ける / have (a) great ~ *for* …に大いに敬服している / lose [forfeit] another's ~ 他人の尊敬を失う / He [His learning] was held *in* (high) ~. 彼[彼の学識]は(大いに)尊重されていた / In this country academics are held *in* low ~. この国では学究人が尊敬されていない. **2** 《古》評価 (estimation); 意見 (opinion), 判断 (judgment): in one's ~ …の考える[見る]ところでは.
〖n.: 《*a*1338》 *esteme* □ (O)F *estime* ← *estimer* □ L *aestimāre* 'to ESTIMATE'. — v.: 《*a*1410》 *esteme(n)* □ (O)F *estimer*: ⇨ tome: cf. aim〗

es·téemed *adj.* 尊敬されている, (自分が)敬意を表している: an ~ scholar / my ~ friend. ★ しばしば商用文で敬語として用いる: your ~ letter 貴簡, お手紙. 〖《1549》: ⇨ ↑, -ed〗

Es·telle /estél, ɪ̈s; *F.* estɛl/ *n.* エステル《女性名》. 〖□ F ~ ← ? OF *esteile* (F *étoile*) star〗

es·ter /éstə | -tə^(r)/ *n.* 〖化学〗エステル《酸とアルコールから水分子を失って生じる化合物の総称》. 〖《1852》□ G *Ester* 《変形》← *Essigäther* ← *Essig* vinegar+*Äther* 'ETHER': ドイツの化学者 L. Gmelin (1788–1853) が ether と区別するために造った語〗

Es·ter /éstə | -tə^(r)/ *n.* エスター《女性名》. 〖⇨ Esther〗

es·ter·ase /éstərèɪs, -rèɪs, -rèɪz/ *n.* 〖生化学〗エステラーゼ《エステルを酸とアルコールに加水分解させる酵素の総称》. 〖《1910》← ESTER+-ASE〗

éster gùm *n.* 〖化学〗エステルガム《ワニス・ラッカーの製造に用いる》. 〖1940〗

es·ter·i·fi·ca·tion /estèrəfɪ̈kéɪʃən | -rɪ̈fɪ-/ *n.* 〖化学〗エステル化. 〖《1898》: ⇨ ↓, -cation〗

es·ter·i·fy /estérəfàɪ | -rɪ̈-/ *vt., vi.* 〖化学〗エステル化する. **es·ter·i·fi·a·ble** /estérəfàɪəbl, ——́——— | -rɪ̈-/ *adj.* 〖《*c*1905》← ESTER+-IFY〗

És·tes Párk /ésti:z-/ *n.* エスティーズパーク《米国 Colorado 州北部の町; Rocky 山脈国立公園の東の入口にあたる行楽地》.

Esth. 《略》Esther (旧約聖書の)エステル書; Esthonia.

Es·ther /éstə | -tə^(r), -θə^(r)/ *n.* **1** エスター《女性名; 愛称形 Ess, Essa, Essie, Ettie; 異形 Ester, Hester》. **2** 〖聖書〗**a** エステル《Ahasuerus 王のユダヤ人である妻; ペルシャ人からユダヤ民族を救った》. **b** (旧約聖書の)エステル記 [書] (The Book of Esther) (略 Esth.).
Rést of Ésther [The —] エステル書残篇《外典 (Apocrypha) の一書》.
〖□ LL *Esthera* □ Gk *Esthḗr* □ Heb. *Estér* □ ? Pers. *sitareh* star: cf. Babylonian *Ištar* (⇨ Ishtar)〗

es·the·sia /esθí:ʒə, -ʒiə | i:sθí:ziə, es-, -ʒiə/ *n.* 感覚能力, 知覚力 (sensibility). 〖《1879》← NL ~ ← Gk *aísthēsis* perception ← *aisthánesthai* to perceive〗

es·the·si·o- /esθí:ziou | i:sθí:ziəu, es-/「感覚 (sensation)」の意の連結形: *esthesio*metry. 〖← NL ~ (↑)〗

es·the·si·om·e·ter /esθì:ziɑ́(:)mətə | i:sθì:ziɔ́mɪ̈tə^(r), es-/ *n.* 〖医学〗触覚計, 知覚計. 〖⇨ ↑, -meter[1]〗

es·the·si·om·e·try /esθì:ziɑ́(:)mətri | i:sθì:ziɔ́mɪ̈-, es-/ *n.* 〖医学〗知覚測定法, 触空間域値測定. 〖← ESTHESIO-+-METRY〗

esthèsio·physiólogy *n.* 感覚生理学.

es·the·sis /esθí:sɪ̈s | i:sθí:sɪs, es-/ *n.* 感覚; 感情. 〖《*c*1851》← NL ~ ← Gk *aísthēsis*: ⇨ esthesia〗

es·thete /ésθi:t | í:s-, és-/ *n.* =aesthete. 〖1881〗

es·thet·ic /esθétɪk, ɪs- | i:sθét-, es-/ *adj., n.* =aesthetic. **es·thét·i·cal·ly** *adv.* 〖1798〗

es·thét·i·cal /-tɪ̈kəl, -kl | -tɪ-/ *adj.* =aesthetic. 〖1798〗

es·the·ti·cian /èsθətíʃən | ì:sθɪ-, ès-/ *n.* =aesthetician. 〖1829〗

es·thét·i·cìsm /-təsìzm | -tɪ-/ *n.* =aestheticism. 〖1855〗

es·thet·i·cize /esθétəsàɪz, ɪs- | i:sθétɪ-, es-/ *vt.* = aestheticize. 〖1864〗

es·thet·ics /esθétɪks, ɪs- | i:sθét-, es-/ *n.* =aesthetics. 〖1803〗

Es·tho·ni·a /estóuniə, ɪ̈s-, -θóu- | -tə́u-, -θə́u-/ *n.* = Estonia.

Es·tho·ni·an /estóuniən, ɪ̈s-, -θóu- | -tə́u-, -θə́u-/ *adj., n.* =Estonian. 〖1795〗

Es·tienne /estjén; *F.* ɛstjɛn/ *n.* **1** エスティエン《男性名》. **2** エスティエンヌ家《フランスの学匠印刷者一家; Henri Estienne (?–1520) が創業し, 息子 Robert (1503–59), 孫 Henri (1528–98) が発展させた》. 〖□ F ~ □ L *Stephanus*: ⇨ Stephen〗

es·ti·ma·ble /éstəməbl | -tɪ̈-/ *adj.* **1** 尊重[尊敬]すべき: an ~ young man りっぱな青年. **2** 《まれ》見積もり[評価]のできる. **3** 《古》価値のある. **~·ness** *n.*
és·ti·ma·bly *adv.* 〖《*a*1475》□ (O)F ~ □ L *aestimābilis* ← *aestimāre* (↓): ⇨ -able〗

es·ti·mate /éstəmèɪt | -tɪ̈-/ *v.* — *vt.* **1** (概括的・暫定的に)評価する, 値踏みする (appraise, assess, evaluate); 〔幾らと〕見積もる, 概算する〔*at*〕(⇨ calculate SYN); [目的語+*to be* または *that*-clause を伴って] 〈…と〉推定する: ~ the value of a person's property 財産の値踏みをする / ~ the cost *at* 2,000,000 yen 失費を 200 万円と見積もる / The death toll was ~*d at* more than 5,000. 死者の数は 5 千人以上と推定された / The urn is ~*d to be* around 20,000 years old. その古つぼはおよそ 2 万年前のものと推定されている / I ~*d that* the trip would take three hours. 旅行は 3 時間かかるだろうと推定した. **2 a** 〈人物・能力・事の重要性などを〉評価する, 判断する (judge): ~ a person's abilities by his performance 人の能力をその実績によって判断する. **b** 〈…と〉推断する (conclude), 判断する (judge) 〈*that*〉. — *vi.* 見積もりをする, 見積もり書を作成する: ~ *for* the repair of a house 家の修繕の見積もりをする.
— /éstəmɪ̈t, -mèɪt | -tɪ̈-/ *n.* **1 a** 見積もり, 値踏み, 評価, 推定, 概算 (rough calculation); [*pl.*] 概数, 推定数[量]: at a conservative ~ 内輪に見積もって / at [as] a rough ~ 大ざっぱに見積もって / by (general) ~ (*at* …) (…の)概算で, (…を)大まかに推定して / make [form] an ~ *of* …の見積もりを作る, …を評価する / give a precise ~ *of* the period [duration] その時期[期間]を正確に推定する / give an ~ *of* $50 *for* the repair [*to* repair the car] その修繕[車の修繕]を 50 ドルと見積もる / The importance of the matter is beyond ~. 事の重要性は計り知れない / The actual production figures have exceeded the ~*s*. 実際の生産高は見積もり高を上回った / *Estimates* ran to several hundred. 推定数は数百に及んだ. **b** 〖統計〗(推定量による真の値の)推定値. **2 a** (請負仕事の)見積書, 概算書: a written ~ 見積書. **b** [the Estimates] 《英》(大蔵大臣が議会に提出する)歳出歳入予算. **3** 〔人物・事態などの評価, 判断, 判定 (judgment, opinion)〔*of*〕: an ~ *of* a person 人物評価 / a critical ~ *of* a writer's literary position 作家の文学的地位の評定. **4** 《廃》名声 (repute).
〖《1464》 *estimat* □ L *aestimātus* (p.p.) ← *aestimāre* to value ← ?〗

SYN 評価する: **estimate** 個人的な判断によって評価を下す; 客観的でないことを暗示する: I *estimated* his ability too highly. 彼の能力を買いかぶっていた. **appraise** 価格・価値について正確なまたは専門的な判断を下す: The city *appraised* the property for taxation. 市当局はその財産を課税のために査定した. **evaluate** 価値について正確な判断を下そうとする《価格についてはあまり用いない》: She *evaluates* people by their clothes. 彼女は衣服を見て人の値打ちを決める. **rate** 特定の重要性・性質・能力を段階をつけて評価する: We *rated* the house as worth $30,000. その家屋を 3 万ドルと評価した.

és·ti·màt·ed /-mèɪtɪ̈d | -tɪ̈d/ *adj.* 見積もりの, 推定の: an ~ sum 見積もり高[額] / the ~ cost [value] 〖会計〗見積原価, 見積もり費用[価格] / the ~ crop for this year 本年度の予想収穫高 / an ~ 5,000 Bengal tigers 推定 5 千頭のベンガルトラ.

es·ti·ma·tion /èstəméɪʃən | -tɪ̈-/ *n.* **1** 見積もり, 評価, 概算 (estimate): the proper ~ of the expense 出費の正しい見積もり. **2** (価値の)判断 (judgment), 見方, 意見 (opinion): *in* the ~ of the law 法律上の見方では / He comes first *in* my ~. 私の見るところでは彼が一番だ / come down [go down, fall] in a person's ~ 人の評価が下がる / come [go] up in a person's ~ 人の評価が上がる. **3** 《古》**a** 尊重; 好評: stand high in public ~ 世評が高い / rise [fall] *in* the ~ of the public 世評が良く[悪く]なる / hold [be] *in* (high) ~ (大いに)尊重する[されている] / win a person's ~ 人の好評を博する. **b** 重要性, 意義深さ. **4** 〖化学〗定量. **5** 〖統計〗(統計的)推定 (statistical estimation). 〖《1375》 *estimacioun* □ OF *estimacion* (F *estimation*) □ L *aestimātiō(n-)* ← *aestimāre*: ⇨ estimate, -ation〗

es·ti·ma·tive /éstəmèɪtɪv, -mət- | -tɪ̈mət-, -mèɪt-/ *adj.* **1** 評価できる. **2** 概算に基づいた, 概算の. 〖《*a*1398》□ LL *aestimātivus* ← *aestimāre*: ⇨ estimate, -ive〗

és·ti·mà·tor /-mèɪtə | -tə^(r)/ *n.* **1** 評価者, 見積もり人. **2** 〖統計〗推定量. 〖《1611》□ L *aestimātor*: ⇨ estimate, -or〗

e·stip·u·late /i:stípjulɪ̈t, -lèɪt/ *adj.* 〖植物〗=exstipulate.

es·ti·val /éstəvəl, estáɪ-, -vl | i:stáɪ-/ *adj.* =aestival. 〖1386〗

es·ti·vate /éstəvèɪt | í:stɪ̈-, es-/ *vi.* =aestivate.
és·ti·và·tor /-tə | -tə^(r)/ *n.* 〖1626〗

es·ti·va·tion /èstəvéɪʃən | ì:stɪ̈-/ *n.* =aestivation. 〖1625〗

es·toc /éstɑ(:)k | -tɔ́k/ *n.* (13–17 世紀の)突き用の剣. 〖《1830》□ (O)F ~ 《原義》point (of a sword) ← Gmc: cf. stock / MD *stoken* to sting〗

es·to·ca·da /èstəkɑ́:də | -də; *Sp.* estokáða/ *n.* エストカーダ《闘牛士が闘牛の最後の段階で牛を殺すために首から大動脈へ向けて剣で突くこと》. 〖《*c*1575》□ Sp. ~ ← OSp. *estoque* estoc: ⇨ -ade〗

es·toile /estɔ́ɪl, -twɑ́:l/ *n.* 〖紋章〗(波形の 6 本の放射光のある)星形 (cf. mullet[2]). 〖《1572》□ OF ~ (F *étoile*) □ L *stēlla* star: ⇨ stellar〗

es·to·lide /éstəlàɪd, -lɪ̈d | -làɪd, -lɪd/ *n.* 〖化学〗エストライド《ヒドロキシ脂肪酸 2 分子から脱水でできる鎖式エステル》. 〖← EST(ER)+-OLE[1]+-IDE[2]〗

Es·to·ni·a /estóuniə, ɪ̈s- | -tə́u-/ *n.* エストニア《バルト海に臨む共和国; 1940 年ソ連内の共和国となったが 1991 年独立; 面積 45,100 km², 首都 Tallinn; 公式名 the Republic of Estonia》.

Es·to·ni·an /estóuniən, ɪ̈s- | -tə́u-/ *adj.* エストニアの, エストニア人[語]の. — *n.* **1** エストニア人. **2** エストニア語《フィンウゴル (Finno-Ugric) 語派に属する》. 〖《1795》: ⇨ ↑, -an[1]〗

es·top /estɑ́(:)p, ɪ̈s- | ɪ̈stɔ́p, es-/ *vt.* (**es·topped; es·top·ping**) **1 a** 〔…させないように〕妨げる (bar)〔*from*〕: He was ~*ped from* saying contrary. 反対のことを言うことを妨げられた. **b** 〖法律〗禁反言 (estoppel) ではばむ. **2** 《古》〈穴などを〉ふさぐ, 詰める (plug). 〖《*a*1420》□ AF *estoper* to stop up=OF *estouper* (F *étouper*) < VL **stuppāre* to close with tow ← L *stuppa* tow, oakum: cf. stop〗

es·top·page /estɑ́(:)pɪdʒ, ɪ̈s- | ɪ̈stɔ́p-, es-/ *n.* 〖法律〗禁反言 (estoppel) による阻止. 〖《1701》: ⇨ ↑, -AGE〗

es·top·pel /estɑ́(:)pəl, -pl, ɪ̈s- | ɪ̈stɔ́p-, es-/ *n.* 〖法律〗禁反言, エストッペル《自己のなした陳述や行為に反する事実を後になって主張することを禁止すること》. 〖《1531》□ ? OF *estoup(p)ail* stopper ← *estouper* 'to ESTOP'〗

Es·to·ril /èstəríl, ——́—; *Port.* ɪʃturíl/ *n.* エストリル《ポルトガル西部 Lisbon の西, 大西洋に臨むリゾート地; F1 レースの開催地》.

Es·tour·nelles de Con·stant /èstuənéldəkɔ:(n)stɑ́:(ŋ), -kɔ:n-, -stɑ́:ŋ | -tuə-; *F.* ɛstuʁnɛldəkɔ̃stɑ̃/, **Baron d'** /d/ *n.* エストゥールネル ド コンスタン (1852–1924; フランスの外交官・政治家; Nobel 平和賞 (1909)).

es·to·vers /estóuvəz, ɪ̈s- | ɪ̈stə́uvəz, es-/ *n. pl.* 〖法律〗**1** 必要物《借地人が燃料とし, または家・垣根などの修繕の目的で借地から伐採できる合理的な量の木材; また妻に対する別居手当 (alimony) など》. **2** 必要物収取権《特に, 同上の木材伐採権など》, 採木入会権. 〖《*a*1500》(pl.) ← AF *estover* necessaries=OF *estoveir* to be necessary ← ? L *est opus* it is necessary: cf. opus〗

estr- /estr | i:s-, es-/ (母音の前にくるときの) estro- の異形.

es·trade /estrɑ́:d, ɪ̈s-/ *n.* (部屋の一段高くなった)壇 (dais), 教壇. 〖《1696–1706》□ F ~ □ Sp. *estrado* < L *strātum* carpeted part of a room: ⇨ stratum〗

es·tra·di·ol /èstrədáɪɔ(:)l | èstrədáɪɔl, ì:s-/ *n.* 〖生化学〗エストラジオール ($C_{18}H_{24}O_2$) 《女性発情ホルモンの一種; 通例合成して作る薬剤は更年期障害の治療に用いる》. 〖《1934》← ESTR(US)+-DI[1]+-OL[1]〗

es·tra·gon /éstrəgɑ̀(:)n | -gɔ̀n; *F.* ɛstʁagɔ̃/ *n.* =tarragon. 〖□ F ~ 《変形》← OF *targon* □ Arab. *ṭarkhūn*: ⇨ tarragon〗

es·tral /éstrəl/ *adj.* =estrous.

éstral cýcle *n.* 〖動物〗=estrous cycle. 〖1941〗

es·trange /ɪ̈stréɪndʒ, es-/ *vt.* **1** 〈人を〉(感情・愛情の面で)〔…から〕疎遠にさせる〔*from*〕; (…の仲などを)離間する, 〔…と〕仲たがいさせる (alienate)〔*from*〕: be [become] ~*d from* each other 互いに疎遠になる, 仲が悪くなる / His recent conduct has ~*d* many of his friends. 最近の彼の行動で多くの友人は彼から離れた. **2** 〔いつもの環境などから〕遠ざける, 離れさせる〔*from*〕: ~ oneself *from* city life [politics] 都会生活[政治]から遠ざかる[疎くなる]. **3** 〔本来の用途・所有主から〕そらせる〔*from*〕. **es·tráng·er** *n.* 〖《1485》□ OF *estrangier* to remove (F *étranger*) < LL *extrāneāre* ← L *extrāneus* foreign: ⇨ ex-[1], strange〗

es·tránged *adj.* 疎遠になった, 仲たがいをした: an ~ heart 疎遠になった心. 〖《1552》: ⇨ ↑, -ED〗

es·tránge·ment *n.* 〔…との〕離間, 疎隔, 仲たがい〔*from*〕: an ~ *between* father and son 父と息子との仲たがい. 〖《1660》: ⇨ -ment〗

es·tray /ɪ̈stréɪ, es-/ *n.* **1** 〖法律〗(飼主の知れない状態で)さまよっている家畜《もとは, 発見公示の後 1 年 1 日内に所有者の知れないとき, 国王または領主のものとなった》. **2** さまよっているもの: an ~ *from* one's fellows 仲間を離れてさまよっている人. — *vi.* 《古》さまよう (stray). 〖v.:

《1572》◻ OF *estraier* 'to STRAY'. — n.: 《1523》◻ AF ～ ← OF *estraier*〙

es·treat /ɛstríːt | ɪs-, ɛs-/〘英法〙*n.* (誓言・罰金・科料言渡しなどの裁判記録の)副本, 抄本. — *vt.* **1** (執行のために)〈誓言・罰金・科料言渡しなどの〉裁判記録の副本[抄本]を取る. **2** 副本によって〈罰金などを〉徴集する;〈罰金・科料を〉取り立てる. 〘《a1325》◻ AF *estrete*＝OF *estraite* (fem. p.p.) ← *estraire* < L *extrahere* 'to EXTRACT'〙

Es·tre·ma·du·ra /ɛ̀strəmədúᵊrə, -dɔ́ːrə | -dúərə; *Sp.* estremaðúra/ *n.* エストレマドゥーラ: **1** スペイン西部のポルトガル国境に接する地方. **2** ポルトガル西部の旧州; 州都 Lisbon.

es·tridge /ɛ́strɪdʒ/ *n.*〘廃〙ダチョウ (ostrich).

Es·tril·di·nae /ɛstríldəniː | -dɪ-/ *n. pl.*〘鳥類〙(スズメ目)カエデチョウ科. 〘← NL ～〙

es·tril·dine /ɛ́strɪldàɪn, -dən | -dàɪn, -dɪn/ *adj., n.* カエデチョウ科の(鳥). 〘↑〙

es·trin /ɛ́strən | ɛ́strɪn, íːs-/ *n.*〘生化学〙＝estrone. 〘← NL ～: ⇨ estrus, -in²〙

es·tri·ol /ɛ́straɪɔ̀(ː)l | íːstriɒ̀l, ɛ́s-/ *n.*〘生化学〙エストリオール ($C_{18}H_{24}O_3$)《女性発情ホルモンの一種; 妊婦の尿から採る; theelol ともいう》. 〘《1933》← ESTR(IN)+(*tr*)*iol* (← TRI-+-OL¹)〙

es·tro- /ɛ́strou | íːstrəu, ɛ́s-/「発情 (estrus)」の意の名詞連結形: *estrogen.* 〘← ESTRUS〙

es·tro·gen /ɛ́strədʒən, -dʒɛ̀n | íːstrədʒən, ɛ́s-, -dʒɛ̀n/ *n.*〘生化学〙エストロゲン, 発情ホルモン物質《卵巣から分泌され, 女性の発情・二次性徴の発達を促すホルモンの総称; cf. androgen》. 〘《1927》: ⇨ ↑, -gen〙

es·tro·gen·ic /ɛ̀strədʒɛ́nɪk | ìːs-, ɛ̀s-ˉ/ *adj.*〘生化学〙**1** 発情を促す, 発情性の, 性欲を刺激する. **2** エストロゲン (estrogen) の, エストロゲンによって起こる. **ès·tro·gén·i·cal·ly** *adv.* 〘《1930》: ⇨ ↑, -ic¹〙

es·tro·ge·nic·i·ty /ɛ̀strədʒənísəṭi | ìːstrədʒənísɪ̀ti, ɛ̀s-/ *n.*〘生化学〙発情促進力.

Es·tron /ɛ́trɑ(ː)n | -trɒn/ *n.*〘商標〙エストロン《イーストマン社のアセテート繊維およびその繊維で造った糸・織物の商品名》. 〘← ESTER+-ON¹〙

es·trone /ɛ́stroun | íːstrəun, ɛ́s-/ *n.*〘生化学〙エストロン ($C_{18}H_{22}O_2$)《女性発情ホルモンの一種; 妊娠した動物の尿から採る; theelin, folliculin ともいう》. 〘《1933》← ES-TR(IN)+-ONE〙

es·trous /ɛ́strəs | íːs-, ɛ́s-/ *adj.* **1**〘動物〙発情 (estrus) の, 発情期の (cf. polyestrous). **2** さかりのついた. 〘《1900》← NL ～: ⇨ estrus, -ous〙

éstrous cỳcle *n.*〘動物〙発情周期. 〘1900〙

es·tru·al /ɛ́struəl | íːs-, ɛ́s-/ *adj.* ＝estrous. 〘《c1857》← ESTRUS+-AL¹〙

es·trum /ɛ́strəm | íːs-, ɛ́s-/ *n.* ＝estrus.

es·trus /ɛ́strəs | íːs-, ɛ́s-/ *n.* **1**〘動物〙**a** 発情; 発情期 (cf. anestrus, diestrus). **b** ＝estrous cycle. **2** 激しい欲望, 激烈な衝動. **3** 刺激. 〘《c1890》← NL ～ ← L *oestrus* gadfly, frenzy ◻ Gk *oîstros* ← IE **eis-* (L *īra* 'IRE')〙

es·tu·a·rine /ɛ́stʃuəràɪn, -rɪ̀n | -tjuəràɪn, -rìːn, -rɪn/ *adj.* 河口 (estuary) の; 河口にできた; 河口に見出される;〈船など〉河口向きの: ～ animals / ～ deposit 河口堆積物 / ～ craft 河口向きの船. 〘《1846》: ⇨ ↓, -ine¹〙

es·tu·ar·y /ɛ́stʃuèri, ɛ́ʃ- | ɛ́stjuəri, -tʃuəri, -tjʊri, -tʃʊri/ *n.* **1** エスチュアリ, 三角江《Thames 川の河口のように, らっぱ形をして潮の干満のある河口》; (幅の広い)河口. **2** (河口にできた)江湾, 入江. **es·tu·ar·i·al** /ɛ̀stʃuéᵊriəl, ɛ̀ʃ- | ɛ̀stjuéəri-, -tʃu-ˉ/ *adj.* 〘《1538》◻ L *aestuārium* tidal (mouth) ← *aestus* tide, surge: ⇨ -ary〙

Éstuary Énglish *n.*〘音声〙河口域英語《イングランドの南東部, Thames 川の河口地域から広まった階級性の薄いタイプの英語; 標準発音 (Received Pronunciation) と Cockney 発音の中間的な性格を持つ》. 〘1984〙

es·tu·fa /ɛstúːfə/ *n.* **1** エストゥファ《マデイラワイン (Madeira) を熟成させる加熱室》. **2** エストゥファ (Pueblo インディアンの(半)地下の広間; 中では火を絶やさず燃やし続け, 集会所として用いられる). 〘《1844》◻ Sp. ～: cf. stove〙

e.s.u., ESU〘略〙electrostatic unit(s).

e·su·ri·ence /ɪsúᵊriəns, iː- | ɪsúər-/ *n.* 空腹, 飢え; 貪欲. 〘《1825》: ⇨ esurient, -ence〙

e·su·ri·en·cy /ɪsúᵊriənsi, iː- | ɪsúər-/ *n.* ＝esurience. 〘1819〙

e·su·ri·ent /ɪsúᵊriənt, iː- | ɪsúər-/ *adj.*〘戯言・古〙飢えている (hungry); (無一文で)貪欲な (greedy): ～ eyes 貪欲そうな目つき / Young men are ～ *for* intellectual argument. 若者は知的な議論に飢えている. **～·ly** *adv.* 〘《a1672》◻ L *ēsurientem* (pres.p.) ← *ēsurīre* to desire to eat ← *edere* 'to EAT¹'〙

E. Sussex〘略〙East Sussex.

ESV〘略〙earth satellite vehicle 地球軌道衛星.

et /ɛt/ *L. conj.* ＝and. 〘◻ L ～〙

et〘記号〙Ethiopia (URL ドメイン名).

Et〘記号〙〘化学〙ethyl.

ET /íːtíː/〘略〙eastern time; Easter Term; educational therapy; electrical transcription; electric telegraph; Employment Training; engineering time; English Text; English Translation; entertainment tax; Exchange Telegraph; extraterrestrial.

E.T. /ìːtíː/ *n.* E.T.《Steven Spielberg 監督の SF 映画 *E.T. The Extra-Terrestrial* (1982) に登場する地球外生物》.

-et /ɪt, ət/ *suf.* **1** 主にフランス語系の指小辞: bull*et*, fill*et*, isl*et*, sonn*et*. ただし hatch*et*, pack*et*, pock*et* などは「小」の意を失った. **2**「(ある数の)集まり (group)」の意の名詞語尾: oct*et*, sest*et*. 〘ME ◻ OF *-et* (masc.), *-ete* (fem.) (F *-et, -ette*): cf. It. *-etto, -etta*: ⇨ -let〙

-et- /ɛt/〘化学〙「エチル基 (C_2H_5)」を表す連結形: ph*e*n*et*idine. 〘← ETHYL〙

e·ta /éɪṭə, íːṭə | íːtə/ *n.* **1** エータ《ギリシャ語アルファベット 24 字中の第 7 字: *H*, *η*; ⇨ alphabet 表》. **2**〘物理〙＝eta particle. 〘《c1400》◻ LL *ēta* ◻ Gk *êta* ◻ Heb. *ḥēth*: ヘブライ語アルファベットの第 8 字〙

-eta *suf.* -etum の複数形.

ETA¹ /ɛ́tə | ɛ́tə; *Sp.* éta/ *n.* エタ, 祖国バスクと自由《スペイン Basque 地方の分離独立を目指す過激派民族主義組織》. 〘《頭字語》← E(*uskadi*) *t*(*a*) *A*(*skatasuna*)〙

ETA²〘略〙estimated time of arrival. 〘1939〙

e·ta·cism /éɪṭəsìzm | -tə-/ *n.*〘ギリシャ文法〙母音字 *η* を [ɛː] または [eː] と発音すること (D. Erasmus が主張した; cf. itacism 1). 〘《1833》← ETA+(IOTA)CISM: cf. itacism〙

e·taer·i·o /ɛtíᵊriòu | ɛtíəriəu/ *n.* (*pl.* ～**s**)〘植物〙集合果《オランダイチゴのように多数の遊離心皮をもつ花からできる果実》. 〘《1832》◻ F *etairion* ← Gk *hetaireiā* association〙

é·ta·gère /èɪtɑːʒɛ́ə, -tə- | èɪtəʒɛ́ə(r, ɛt-; *F.* etaʒɛːʁ/ *F. n.* (*pl.* ～**s** /～/) (骨董品などを展示するための)飾り棚. 〘《1851》◻ F ～ 'whatnot, set of shelves' ◻ ← *étage* shelf < OF *estage* 'STAGE'〙

et al. /ɛ̀ṭáːl, -ǽl, -ɔ́ːl | ɛ̀tǽl/〘略〙*L.* et alibī (＝and elsewhere); *L.* et aliī (＝and others).

e·ta·lon /éɪṭəlɑ̀(ː)n, ɛ́ṭ-, -ṭl- | ɛ́təlɒn, -tl-/ *n.*〘光学〙エタロン《小さい透過率をもつ 2 枚の平行平面反射鏡を向い合わせ, 多重光束干渉によって鋭い干渉縞を作る高分解能干渉計; 面の間隔が可変なものを Fabry-Perot interferometer という》. 〘《1905》◻ F *étalon* < OF *estelon* stake, standard ← *estal* place ← ? Gmc: cf. stall¹〙

E·tam /íːtæm/ *n.*〘商標〙イータム《フランスに本社をもつ婦人服販売チェーン店とその製品》.

éta mèson *n.* ＝eta particle.

e·ta·mine /éɪṭəmìːn | ɛ́tə-; *F.* etamin/ *n.* エタミン《粗目の細糸平織の綿布または毛織物》. 〘《1714》◻ F *étamine*: < 〘廃〙*estamine* < ML *stāminia* ← L *stāmineus* made of thread ← *stāmen* warp (cf. stamen)〙

et·a·oin shrd·lu /ɛ̀ṭiɔ̀ɪnʃə́ːdluː | ɛ̀tiɔ̀ɪnʃə́ːd-/ *n.*〘印刷〙エタオインシャードルー《ライノタイプで一時的な目印とするために, キーボード左側の最初の 2 縦列に順に指を走らせて作る文字》. 〘1931〙

éta pàrticle *n.*〘物理〙エータ粒子《質量 548.8±0.6 Me V/c^2 の中性中間子; 記号 *η*》.

é·tape /eɪtǽp, -tɑ́ːp; *F.* etap/ *n.* (*pl.* ～**s** /～z; *F.* ～/)〘軍事〙**1**〘古〙(行軍中の部隊に支給される)糧食. **2** (一日の行軍終了後の)宿営地. **3** (一日の)行軍(行程). 〘◻ F ～ < OF *estaple* ◻ MDu. *stapel* storehouse: cf. staple¹〙

é·tat /eɪtáː | eɪ-, ɛ-; *F.* eta/ *F. n.* **1** 国家. **2** ＝estate: ⇨ tiers état. 〘◻ F ～ ◻ L *status*: cf. state, estate〙

e·tat·ism /eɪtáːtɪzm/ *n.* (*also* **é·tat·isme** /eɪtɑːtíːsm; *F.* etatism/) ＝state socialism. **e·tát·ist, é·tat·ist** /-təst | -tɪst/ *adj.* 〘《1923》◻ F *étatisme*: ⇨ ↑, -ism〙

état-ma·jor /eɪtáːmæʒɔ́ə | eɪtáːmæʒɔ́ː(r, ɛ-; *F.* etamaʒɔːʁ/ *F. n.*〘軍事〙参謀(部), 幕僚(部) (staff). 〘《1805》◻ F ～ '《原義》MAJOR estate': ⇨ état〙

etc., & c. /ɛtsɛ́ṭərə, ɛt-, -trə | -tərə, -trə/〘略〙et cetera.

et·cet·er·a /ɛtsɛ́ṭərə, ɛt-, -trə | -tərə, -trə/ *n.* [*pl.*] ～*s* その他種々の物[人] (odds and ends, sundries): these ～*s* これらさまざまの物 / 100,000 yen without ～*s* 10 万円かっきり. 〘《1598》《転用》↓〙

et cet·er·a /ɛtsɛ́ṭərə, ɛt-, -trə | -tərə, -trə/ その他, …など; 云々 (略 etc., & c.). [日英比較] その他種々のもの, 等の意味で用いるが, 英語では「物」を省略する場合にのみ用い, 人を略すときは et al. となる.

[語法] (1) 一般には《略》の etc. を用いる. また etc. を重ねて使うのは《口語》: He bought tea, coffee, sugar, *etc*.(, *etc.*) (2) 手紙の結びなどの決まり文句 (例えば yours sincerely) を短縮するために用いることがある: I remain yours, *etc.*

〘lateOE ◻ L *et cētera* (or *caetera*) and the rest〙

etch /ɛtʃ/ *vt.* **1** (酸類・腐食剤などで)〈銅板など〉に食刻する;〈図柄など〉を食刻する: ～*ed* glass 食刻ガラス / ～ a design *on* a copper plate 銅板に図柄を食刻する. **2**〈顔立ち・性格などを〉刻む, くっきり描く (delineate); …の輪郭を描く (outline): sharply ～*ed* features 輪郭のはっきりした目鼻立ち / She saw the crooked shape of a bough ～*ed on* the windowpane. 窓ガラスにくっきりと映った曲がった木の枝の影を見た. **3** [通例受身で]〔心・記憶に〕深く刻みつける[留める]〔*in, into, on*〕: Her face was securely ～*ed upon* his memory. 彼女の顔は彼の記憶にしっかりと刻み込まれていた. **4** (浸食作用で)〈細かな谷などを〉作り出す. — *vi.* 食刻法を行う, エッチングをする. — *n.* **1** エッチ液《エッチング用腐食液》. **2** 食刻(法). 〘《1634》◻ Du. *etsen* ◻ G *ätzen* to eat into (with corrosives) < Gmc **atjan* (caus.) ← **etan* 'to EAT¹'〙

etch·ant /ɛ́tʃənt/ *n.*〘化学〙エッチング用試薬. 〘《1904》: ⇨ ↑, -ant〙

étch·er *n.* 食刻師, 腐食銅板製作者. 〘《1662》← ETCH+-ER¹〙

étch fìgure *n.* [通例 *pl.*]〘鉱物〙食像《結晶を溶剤で腐食したときにできる小さい凹凸(おうとつ); その形と方向は結晶の性質を示す; etching figure ともいう》. 〘1879〙

étch·ing *n.* **1** 腐食法, 腐食版術, 食刻術. **2** 腐食銅板による図[画], 腐食銅板刷り, エッチング. **3** 腐食銅板 (etched plate). 〘《1634》: ⇨ -ing¹〙

étching fìgure *n.* [通例 *pl.*]〘鉱物〙＝etch figure. 〘1877〙

étching gròund *n.* 腐食銅板制作の際に版面に塗布する防食剤. 〘c1790〙

étching nèedle *n.* エッチング針, 食刻用彫刻針. 〘1821〙

ETD〘略〙estimated time of departure. 〘1939〙

E·te·o·cles /ɪtíːəkliːz | ɛ́tiə-, iːtíːə-/ *n.*〘ギリシャ神話〙エテオクレス《Oedipus の息子; 父の亡命後弟の Polynices と交代で Thebes を治めることにしたが, 違約のため兄弟の間に争いが起こり, 互いに相手の剣に倒れた; ⇨ SEVEN against Thebes》. 〘◻ L *Eteoclēs* ◻ Gk *Eteoklēs*《原義》of true fame ← *eteós* true, real+*kléos* fame〙

Et·e·o·cre·tan /ìːṭiouk rìːtn, ɛ̀ṭ- | -tiə(ʊ)-ˉ/ *n.* **1** クレタ島先住民. **2** 純正クレタ語《少量の碑文に残るギリシャ字と象形文字で書かれた未解読の言語》. — *adj.* クレタ島先住民の. 〘《1615》← Gk *Eteókrētes* (← *eteós* (↑)+*Krēt-*, *Krēs* Cretan)+-AN¹〙

e·ter·nal /ɪtə́ːnl, iː- | -tə́ː-/ *adj.* **1** 永遠の, 永久の (↔ temporal): ～ death (霊魂の)永遠に救いのない死滅 / ～ life [love] 永遠の生命[愛] / ～ punishment 永久に免れることのない罰. **2**〈真理・原理・法など〉永遠に変わらない, 不動の: ～ truth 永遠に変わらない真理 / ⇨ eternal feminine. **3**《口語》(うんざりするほど)果てしのない, 絶え間のない, あいも変わらぬ (cf. infernal): ～ bickerings のべつ幕なしの口げんか / ～ chatter 果てしのないおしゃべり. **4** 時を越えて存在する, 永遠不変の: the *Eternal* God 永遠不変の神. — *adv.*〘廃〙永遠に (eternally). — *n.* **1** [the ～] 永遠なるもの. **2** [the E-] 神 (God). **～·ness** *n.* 〘《c1380》◻ OF ～, *eternel* (F *éternel*) ∥ LL *aeternālis* ← L *aeternus*: ⇨ eterne, -al¹〙

SYN 永遠の: **eternal** 時間上の始まりも終わりもない: the *eternal* God 永遠の神. **everlasting**《文語》いつまでも存在し続ける: *everlasting* fame 不朽の名声. **endless** 時間的にも空間的にも果てしがないように思われる《しばしば誇張的》: an *endless* argument 果てしのない議論. **perpetual** 動作の持続性を強調し, 絶え間なく永遠につづくの意: *perpetual* damnation 永遠につづく天罰. **interminable**《悪い意味で》我慢できないくらい長たらしい: an *interminable* sermon いつまでたっても終わりそうもない説教. **unceasing** 終わることなく継続する: *unceasing* effort 絶え間のない努力.
ANT transitory, fleeting, short-lived.

Etérnal Cíty *n.* [the ～] 永遠の都市 (Rome の異名). 〘1609〙

etérnal féminine *n.* [the ～] 永遠に女性的なるもの《女性の本質; Goethe, *Faust* 第二部の Ewig-Weibliche の訳》.

e·ter·nal·i·ty /ɪtəːnǽləṭi, iː- | -təːnǽlɪ̀ti/ *n.* 永遠性. 〘《a1475》: ⇨ eternal, -ity〙

e·ter·nal·ize /ɪtə́ːnəlàɪz, iː-, -nl- | -tə́ː-/ *vt.* ＝eternize. **e·ter·na·li·za·tion** /ɪtəːnələzéɪʃən, iː-, -nl- | -təːnəlaɪ-, -nl-, -nəlɪ-, -nlɪ-/ *n.* 〘《1620》: ⇨ -ize〙

e·ter·nal·ly /ɪtə́ːnəli, iː-, -nli | -tə́ː-/ *adv.* **1** 永遠に, 永久に (everlastingly, forever); 不朽に. **2**《口語》不断に, 絶えず: quarrel ～ / I'd be ～ grateful if you would agree. 賛成していただけるならいつまでもありがたく思うでしょう. 〘《c1385》: ⇨ eternal, -ly¹〙

etérnal óbject *n.*〘哲学〙**1** イデアの実在. **2** 永遠的対象《A. N. Whitehead の用語で, 変化する現実的実在に対して, 永続的な可能的実在としての対象》.

etérnal recúrrence *n.* (ニーチェ哲学で)永劫回帰.

etérnal tríangle *n.* [the ～] (恋愛の)三角関係. 〘1907〙

e·terne /ɪtə́ːn, iː- | -tə́ːn/ *adj.*〘古〙＝eternal. 〘《c1370》◻ OF ～ ◻ L *aeternus* ← *aevum* age〙

e·ter·ni·ty /ɪtə́ːnəṭi, iː- | -tə́ːnɪ̀ti/ *n.* **1 a** 永遠, 無窮 (infinite time): through(out) all ～ 永遠に, 未来永劫(えいごう), とわに. **b** 無限の過去; 無限の未来: from [to] ～. **c** [the eternities] 幾時代 (ages): through *the eternities*. **2** 永遠の存在; 不朽, 不死, 不滅; (特に)不滅の名声. **3** (死後に始まる)永遠の未来, 来世: from here to ～ この世からあの世へ(至るまで) (cf. Kipling, *Gentlemen-Rankers*) / hover between this life and ～ この世とあの世との間[生死の境]をさまよう. **4** [the eternities] 永遠[不滅]の真理[事実]. **5**《口語》(際限なく思われる)非常に長い間: an ～ *of* regret 尽きぬ後悔 / A year, to Linda, seemed like an ～. リンダにとって一年は長くて待ち切れないような気がした. **6**〘哲学・神学〙永遠(性), 無始無終の時程; 超時間性. 〘《c1380》◻ (O)F *éternité* ◻ L *aeternitātem* ← *aeternus* (↑): ⇨ -ity〙

etérnity bòx *n.*〘米俗〙棺桶, 柩(ひつぎ).

etérnity rìng *n.* エタニティリング《宝石を切れ目なくはめこんだ細い指輪; 永遠を象徴する》. 〘1939-40〙

e·ter·nize /ɪtə́ːnaɪz, iː- | -tə́ː-/ *vt.* **1** …に永遠性を与える, 永久に続かせる, 果てしなくする. **2** 不朽のものとする: ～ the name 名声を永遠に伝える. **e·ter·ni·za·tion** /ɪtəːnəzéɪʃən, iː- | -təːnaɪ-, -nɪ-/ *n.* 〘《1568》◻ F *éterniser* ◻ ML *aeternizāre* ← L *aeternus*〙

e·te·si·an /ɪtíːʒən, -ʒiən | -ziən, -ʒən/ *adj.* [しばしば E-]〈地中海の風が毎年一定の季節に吹く: *Etesian* winds エテジア季節風《エーゲ海地方で毎年夏季およそ 40 日間吹く北西風》. — *n.* [しばしば E-; 通例 *pl.*] エテジア季節風.

〖(1601) ← L *etēsius* ▫ Gk *etḗsios* 《原義》 annual ← *étos* year: ⇨ -AN[1]〗

eth /éð/ *n.* ＝edh.

eth. 《略》 ether; ethical; ethics.

Eth. 《略》 Ethiopia; Ethiopian; Ethiopic.

eth- /eθ/ (母音の前にくるときの) etho- の異形.

-eth[1] /ɪ̀θ/ *suf.* ＝-th[3]. 〖OE -*aþ*, -*eþ*〗

-eth[2] /ɪ̀θ/ *suf.* ＝-th[1].

éth·a·cryn·ic ácid /èθəkrínɪk-/ *n.* 〘薬学〙 エタクリン酸 《利尿剤》. 〖(1964) *ethacrynic*: ← ETHO-＋AC(ETIC)＋(BUTY)RY(L)＋(PHE)N(OL)＋-IC[1]〗

eth·al /éθæl, í:θ-/ *n.* 〘化学〙 エタール (⇨ cetyl alcohol). 〖(1839) ← ETHO-＋-AL[2]〗

E

e·tham·bu·tol /eθǽmbjutɔ̀(:)l | -tɔ̀l/ *n.* 〘薬学〙 エタンブトール 《結核菌の発育を抑制する合成薬剤》. 〖(1965) ← ETH(YLENE)＋AM(INE)＋BUT(AN)OL〗

e·tha·mi·van /eθǽməvæ̀n | -mɪ-/ *n.* 〘薬学〙 エタミバン ($C_{12}H_{17}NO_3$) 《興奮剤》. 〖← (*di*)*eth*(*yl*) (⇨ di-[1], ethyl)＋AMI(DE)＋VAN(ILLIC *acid*)〗

E·than /í:θən/ *n.* イーサン 《男性名》. 〖▫ Heb. *Ēthān* 《原義》 strong, permanent〗

eth·a·nal /éθənæ̀l, -nl | éθ-, í:θ-/ *n.* 〘化学〙 ＝acetaldehyde. 〖(1892) ← ETHANE＋-AL[3]〗

e·than·a·mide /ɪθǽnəmàɪd, -mɪ̀d | ɪθénəmàɪd/ *n.* 〘化学〙 酢酸アミド (⇨ acetamide). 〖⇨ ↓, amide〗

eth·ane /éθeɪn | í:θ-, éθ-/ *n.* 〘化学〙 エタン (CH_3CH_3) 《メタン系炭化水素に属する気体で, 無色・無臭・可燃性のガス》. 〖(1873) ← ETHO-＋-ANE[2]〗

éth·ane·di·o·ic ácid /éθeɪndaɪòuɪk- | í:θeɪndaɪə̀uk-, éθ-/ *n.* 〘化学〙 ＝oxalic acid. 〖1966〗

eth·ane·di·ol /ì:θeɪndáɪɔ(:)l, èθ- | -ɔl/ *n.* 〘化学〙 ＝ethylene glycol. 〖1954〗

eth·ane·thiol /éθeɪnθàɪɔ(:)l | í:θeɪnθàɪɔl, éθ-/ *n.* 〘化学〙 エタンチオール (⇨ ethyl mercaptan). 〖⇨ ↑, thiol〗

Eth·a·nim /éθənɪm/ *n.* エタニム 《古代ユダヤ暦の 7 月; ユダヤ暦の Tishri に相当する; cf. *1 Kings* 8:2》. 〖(1535) ▫ Heb. *Ēthānīm*〗

éth·a·no·ic ácid /éθənòuɪk, í:θ- | -nə̀u-/ *n.* 〘化学〙 ＝acetic acid.

eth·a·nol /éθənɔ̀(:)l | éθənɔ̀l, í:θ-/ *n.* 〘化学〙 エタノール (⇨ ethyl alcohol 1). 〖(1900): ⇨ ethane, -ol[1]〗

eth·a·nol·a·mine /èθənɑ́(:)ləmì:n, -nóul- | èθənɔ́l-, ì:θ-/ *n.* 〘化学〙 エタノールアミン 《3 種のアミノアルコール; 溶媒・乳化剤・洗剤・医薬品の原料となる》: **a** モノエタノールアミン (monoethanolamine). **b** ジエタノールアミン (diethanolamine). **c** トリエタノールアミン (triethanolamine). 〖(1897): ⇨ ↑, amine〗

eth·a·nol·y·sis /èθənɑ́(:)ləsɪ̀s | èθənɔ́lɪ̀sɪs, ì:θ-/ *n.* (*pl.* **-y·ses** /-sì:z/) 〘化学〙 エタノリシス 《エチルアルコールを用いてエチルエステルのできる反応; cf. methanolysis》. 〖← NL ～: ⇨ ethanol -lysis〗

eth·chlor·vy·nol /èθklɔəvámɪ̀l | -klɔ:-/ *n.* 〘薬学〙 エトクロルビノール (C_7H_9ClO) 《無色芳香性の液体; 催眠剤・鎮静剤》.

Eth·el /éθəl/ *n.* エセル 《女性名》. 〖(dim.) ← ETHELDRED // ETHELIND〗

Eth·el·bert[1] /éθəlbə:t, éθl-, -bət | -bə:t, -bət/ *n.* エセルバート 《男性名》. 〖OE *Æðelberht, Æðelbryht* ← *æðel* noble (cf. Ethelind)＋*bryht* 'BRIGHT'〗

Eth·el·bert[2] /éθəlbə:t, éθl-, -bət | -bə:t, -bət/ *n.* エセルバート (552–616; 英国 Anglo-Saxon 時代の Kent 王; 妻 Bertha と Augustine に導かれてキリスト教に帰依し (597), 布教活動を助けた).

Eth·el·dred /éθəldrèd, éθl-/ *n.* エセルドレッド 《女性名》. 〖OE *Æðelðrȳð* < *æðel* noble＋*ðrȳð* strength〗

Eth·el·dre·da /èθəldrí:də, èθl- | -də/, Saint *n.* エセルドリーダ (630?–79; 英国の女子修道院長; Saint Audrey とも呼ばれる; cf. tawdry).

Eth·e·lind /éθəlɪnd/ *n.* エセリンド 《女性名》. 〖▫ OHG *Adellindis* ← *edili* noble＋*lind* serpent: cf. OE *æðel* / G *edel* noble (⇨ atheling, edelweiss)〗

Eth·el·red /éθəlrèd, éθl-/ *n.* エセルレッド 《男性名》. 〖OE *Æðelrǣd* ← *æðel* noble＋*rǣd* counsel (⇨ rede)〗

Éth·el·red I /éθəlrèd-, éθl-/ *n.* エセルレッド一世 (?–871; Wessex 王 (866–71); デーン人の侵入に抵抗した).

Éthelred II *n.* エセルレッド二世 (968?–1016; イングランド王 (978–1013, 1014–16); デーン人の侵入に苦しめられ, 一時は Normandy に亡命した; 異名 the Unready).

eth·ene /éθi:n/ *n.* 〘化学〙 ＝ethylene. ★ 系統命名法によるものであるが, ethylene の方が用いられる. 〖(1873) ← ETHO-＋-ENE〗

e·ther /í:θə | -θə[r]/ *n.* **1** 〘化学〙 **a** 《廃》 エーテル 《一般に ROR′ の構造を有する有機化合物の総称》. **b** エーテル ($(C_2H_5)_2O$) 《無色で刺激臭のある引火性の液体; 溶剤, 麻酔剤; diethyl ether, ethyl ether, ethyl oxide ともいう》: under ～ 麻酔をかけられて. **2** [the ～] 〘物理〙 エーテル 《光・熱・電磁波の輻射現象の仮想的媒体》. **3** [the ～] (古代人が想像した)天空にみなぎる精気, 霊気. **4** [the ～] 《詩》 (雲の上の)澄明な天空. **5** [the ～] 《口語》 ラジオ. 〖(*a*1398) (O)F *éther* // L *aethēr* ▫ Gk *aithḗr* the upper or purer air, sky ← *aíthein* to burn ← IE **aidh-* to burn (L *aedēs* (god's) dwelling, 《原義》 hearth): 化学用語としてはその発見者 A. S. Frobenius が 1730 年に命名〗

e·the·re·al /ɪθí(ə)riəl, i:- | -θíər-/ *adj.* **1** 微妙な, 霊妙な; この世のものとは思えない: ～ beauty [purity] 天使のような美しさ[清らかさ]. **2** 大気[空気]のような; (空気のように)極めて軽い, 希薄な. **3** 《詩》 天(上)の: an ～ messenger 天の使い. **4** 大空の, 天空の: the ～ air 大空の空気. **5** 〘物理〙 エーテルの; エーテル性の. **6** 〘化学〙 エーテルの, エーテル類似の, エーテル性の. **～·ly** *adv.* **～·ness** *n.* 〖(1513) ← L *aethereus, aetherius* (▫ Gk *aithérios* ← *aithḗr* (↑))＋-AL[1]〗

e·the·re·al·i·ty /ɪθì(ə)riǽləti, i:- | -θɪəriǽlɪ̀ti/ *n.* エーテルのような性質; 霊妙な性質, 霊性, 霊妙なもの. 〖(1827): ⇨ ↑, -ity〗

e·the·re·al·ize /ɪθí(ə)riəlàɪz, i:- | -θíər-/ *vt.* 霊気化する, 霊性化する (spiritualize); 霊妙にする; エーテルに変える.

e·the·re·al·i·za·tion /ɪθì(ə)riəlɪ̀zéɪʃən, i:- | -θɪəriəlaɪ-, -lɪ-/ *n.* 〖(1829) ← ETHEREAL＋-IZE〗

ethéreal óil *n.* 〘化学〙 ＝essential oil. 〖1694〗

ethéreal tíncture *n.* 〘薬学〙 エーテルチンキ 《主薬をエーテルとアルコールの混合液に溶解して製する》.

Eth·er·ege /éθərɪdʒ/, Sir **George** *n.* エサリッジ (1635?–91; 英国の喜劇作家; *The Man of Mode* (1676)).

éther èxtract *n.* 〘化学〙 エーテル抽出分. 〖*c*1900〗

e·the·ri·al /ɪθí(ə)riəl, i:- | -θíəri-/ *adj.* ＝ethereal.

e·the·ri·al·ize /ɪθí(ə)riəlàɪz, i:- | -θíər-/ *vt.* ＝etherealize.

e·ther·ic /ɪθérɪk, ɪθí(ə)r- | i:θér-, ɪ-/ *adj.* 〘化学・物理〙 エーテルの; エーテルによる. 〖(1878): ⇨ -IC[1]〗

e·ther·i·fi·ca·tion /ɪθèrəfɪ̀kéɪʃən, i:- | -θèrɪ̀fɪ-/ *n.* 〘化学〙 (アルコールの)エーテル化. 〖(1805): ⇨ ↓, -fication〗

e·ther·i·fy /ɪθérəfàɪ, i:- | -rɪ̀-/ *vt.* 〘化学〙 〈アルコールを〉エーテル化する. 〖(1857) ← ETHER＋-FY〗

e·ther·ish /í:θərɪʃ/ *adj.* エーテルのような.

e·ther·i·za·tion /ì:θərɪ̀zéɪʃən | -raɪ-, -rɪ-/ *n.* 〘医学〙 エーテル麻酔(法). 〖(1851): ⇨ ↓, -ation〗

e·ther·ize /í:θəràɪz/ *vt.* **1** 〘医学〙 …にエーテル麻酔をかける[施す]. **2** (エーテル麻酔をかけたように)麻痺させる. 〖(1748): ⇨ -ize〗

éther·ìz·er *n.* エーテル麻酔装置.

éther·lìke *adj.* ＝etherish.

E·ther·net /í:θənèt | -θə-/ *n.* 〘通信・商標〙 イーサネット 《同軸ケーブルをデータ伝送に用いる地域内情報通信網》. 〖1976〗

eth·ic /éθɪk/ *adj.* ＝ethical. — *n.* 倫理, 人倫, 道徳; 価値体系: the Christian ～ キリスト教道徳 / a materialistic ～ 唯物的価値体系. 〖adj.: (*c*1443) ▫ (O)F *éthique* // L *ēthicus* ▫ Gk *ēthikós* of morals, moral ← *ēthos* custom, (pl.) manners. — n.: (*c*1386) *etik* ▫ (O)F *éthique* ▫ LL *ēthica* (*scientia*) ethical (science) // L *ēthicē* ▫ Gk (*hē*) *ēthikḗ* (*tékhnē*) (the) moral (art)〗

eth·i·cal /éθɪ̀kəl, -kl | éθɪ-/ *adj.* **1** 倫理(学)的な, 倫理学上の, 道徳の, 道徳的な (⇨ moral SYN); (行為の)善悪に関する (cf. aesthetic): ～ emotion 道徳感情 / ～ culture 倫理教育 / an ～ movement 倫理化運動 / the ～ basis of education 教育の倫理学的根拠 / the ～ standard 道徳基準 / Have ～ standards fallen? 道徳基準は落ちてしまったのだろうか / ～ literature 倫理学の文献. **2** (ある社会・職業の道徳標準に照らして)正しい (right), 職業道徳的な, 徳義的な (↔ unethical): Physicians consider it ～ not to advertise. 医師は広告をしないことを道義的だと考える. **3** 〈薬品が〉処方箋なしには販売しない: ～ drugs. — *n.* 処方箋なしには販売しない薬品. **～·ly** *adv.* **～·ness** *n.* 〖(1607): ⇨ ↑, -al[1]〗

Éthical Cúlture *n.* 倫理運動 《米国の教育家 Felix Adler が 1876 年に始めた運動; 宗教とは別に倫理的目的の実現を人間の最大事とする》.

éthical dátive *n.* 〘文法〙 心性的与格 《話者の関心を表す me, または聞き手の関心を引くための you を虚辞的に動詞に添えて, 叙述に生気を与える用法; 例えば, I say, knock *me* at this gate. おい, この戸をたたいてくれってば》. 〖1849〗

éthical génitive *n.* 〘文法〙 心性的属格 《話者の軽侮の気持ちを示す your をいう; 例えば, So he is one of *your* wise men. するとあいつがいわゆる賢い人ってわけか》.

éthical invéstment *n.* 〘金融〙 (社会)倫理的投資 《例えば兵器生産企業, 公害発生企業などは投資の対象からはずされる》. 〖1980〗

eth·i·cal·i·ty /èθəkǽləti | èθɪkǽlɪ̀ti/ *n.* 倫理性. 〖(1890): ⇨ -ity〗

éthical níhilism *n.* 〘哲学〙 ＝nihilism 1.

éthical rélativism *n.* 〘倫理〙 倫理的相対論[主義] 《ある社会[個人]の道徳的規範は, その特定の社会[個人]の状況により相対的に決まるとする説》.

eth·i·cian /eθíʃən/ *n.* 倫理学者, 道徳論者, 道学者. 〖(1629): ⇨ ethics, -ian〗

eth·i·cist /éθəsɪ̀st | éθɪ̀sɪst/ *n.* ＝ethician. 〖(*c*1890): ⇨ -ist〗

eth·i·cize /éθəsàɪz | éθɪ̀-/ *vt.* 倫理的(な問題)にする, 倫理学的に考察する[取り扱う]. 〖(1816): ⇨ -ize〗

eth·i·co- /éθɪ̀kou | éθɪkəu/ 「倫理学 (ethics); 倫理的かつ (ethical and)」の意の連結形: *ethico*centered, *ethico*political. 〖← NL ～ ← L *ēthicus*: ⇨ ethic〗

eth·ics /éθɪks/ *n.* **1 a** 倫理学; 道徳論: practical ～ 実践倫理学. **b** 倫理学書. **2** [通例複数扱い] (個人・社会・職業の)道徳(原理), 徳義, 倫理: business ～ 商業道徳 / social [political] ～ 社会[政治]道徳 / journalistic ～ 新聞道徳. **3** [単数扱い] (学科目としての)倫理, 修身. 〖(*c*1450) ▫ (O)F *éthiques* // ML *ēthica* (pl.) ← Gk (*tà*) *ēthiká*: ⇨ -ics〗

e·thíd·i·um brómide /eθídiəm- | -dɪ-/ *n.* 〘生化学〙 (臭化)エチジウム 《DNA の染色などに用いる色素; 単に ethidium ともいう》. 〖(1959) ← ETH(YL)＋-IDE＋-IUM〗

e·thin·a·mate /eθínəmèɪt/ *n.* 〘薬学〙 エチナメート ($H{\equiv}C_9H_{13}NO_2$) 《催眠剤》.

eth·ine /éθaɪn, ── | í:θaɪn, éθ-/ *n.* 〘化学〙 ＝ethyne. 〖1877〗

e·thi·nyl /eθáɪnl̩, éθənɪ̀l | ɪθáɪnl̩, ɛ-, éθɪ̀nɪl/ *n.* 〘化学〙 ＝ethynyl.

eth·i·on /éθiɑ̀(:)n | -ɔn/ *n.* 〘化学〙 エチオン ($C_9H_{22}O_4P_2S_4$) 《殺虫剤》. 〖(*c*1960) ← E(THER)＋-*thion* (← Gk *theion* brimstone)〗

eth·i·on·am·ide /èθiɑ́(:)nəmàɪd | -ɔ́n-/ *n.* 〘薬学〙 エチオナマイド ($C_8H_{10}N_2S$) 《結核治療剤》. 〖(1960): ⇨ ↑, amide〗

e·thi·o·nine /eθáɪənì:n/ *n.* 〘化学〙 エチオニン ($C_2H_5S(CH_2)_2CH(NH_2)COOH$) 《アミノ酸の一種; 天然には存在しない》. 〖(1938): ⇨ -ine[3]〗

E·thi·op /í:θiɑ̀(:)p | í:θiɔ̀p/ *n.* (*also* **E·thi·ope** /-òup | -ə̀up/) ＝Ethiopian. — *adj.* 《古》 肌の黒い. 〖(*c*1250) ▫ L *Aethiops* ▫ Gk *Aithíops* 《原義》 burnt face ← *aíthein* to burn (⇨ ether)＋*ṓps* face〗

E·thi·o·pi·a /ì:θióupiə | -ə́up-/ *n.* エチオピア: **1** アフリカ東部の連邦共和国; 面積 1,221,900 km², 首都 Addis Ababa; 公式名 the Federal Democratic Republic of Ethiopia; 旧名 Abyssinia). **2** 古代のエジプトと紅海とに境するアフリカ北東部の地方. 〖▫ L *Aethiopia* ▫ Gk *Aithiopíā*: ⇨ ↑, -ia[1]〗

E·thi·o·pi·an /ì:θióupiən | ì:θiə́u-/ *adj.* **1** エチオピアの. **2** エチオピア人[族]の: the ～ race エチオピア族 《黒人種》. **3** エチオピア語の. **4** 《古》 (俗に)黒人の (Negro). **5** 〘動物地理〙 エチオピア区の 《マダガスカル, アラビア半島南部およびアフリカ北回帰線以南を含む地理的区分にいう》. **6** 《廃》 〘文化人類学〙 主にサハラ砂漠の南に住む黒人の. — *n.* **1** エチオピア人. **2** (アフリカの Negro および Negrito 族を含む) エチオピア族の人. **3** エチオピア語; (特に)アムハラ語. **4** 《古》 (俗に)黒人 (Negro). 〖n.: (*c*1250) *Ethiopien* ▫ OF — adj.: (1578): ⇨ ↑, -an[1]〗

Ethiopian Chúrch *n.* [the ～] 〘キリスト教〙 エチオピア教会 《4 世紀前半, Frumentius /fru:ménʃiəs/ と Edesius /ɪdí:ʃiəs | -siəs, -sjəs/ とによって設立されたといわれる; 教理的にはキリスト単性論 (Monophysitism); Abyssinian Church ともいう》.

E·thi·op·ic /ì:θiɑ́(:)pɪk, -óup- | -ɔ́p-, -ə́up-⁻/ *adj.* **1** 古代エチオピア語の. **2** エチオピア語群の. **3** 〘動物地理〙 ＝Ethiopian 5. — *n.* **1** 古代エチオピア語 《今もエチオピアのキリスト教会の儀式文に用いられる; Geez ともいう》. **2** (セム語族に属する)エチオピア語群 《Amharic, Tigre など》. 〖(1654) ▫ L *Aethiopicus* ▫ Gk *Aithiopikós*: ⇨ Ethiopia, -ic[1]〗

eth·mo- /éθmou | -məu/ 「篩骨(しこつ)の; 篩骨と…との」の意の連結形: *ethmo*turbinal. 〖← Gk *ēthmós* sieve〗

eth·moid /éθmɔɪd/ 〘解剖〙 *adj.* 篩骨の: the ～ bone 篩骨. — *n.* 篩骨. 〖(1741) ▫ F *ethmoïde* ▫ Gk *ēthmoeidḗs* sievelike: ⇨ ↑, -oid〗

eth·moi·dal /eθmɔ́ɪdl̩ | -dl⁻/ *adj.* 〘解剖〙 ＝ethmoid.

eth·narch /éθnɑək | -nɑ:k/ *n.* (古代ローマで, 民族・部族・国家などの)支配者. 〖(*a*1641) ▫ Gk *ethnárkhēs*: ⇨ ethno-, -arch[1]〗

eth·nar·chy /éθnɑəki | -nɑ:-/ *n.* ethnarch の職[統治, 統治権, 統治領]. 〖(1612) ▫ Gk *ethnarkhía*: ⇨ ↑, -archy〗

eth·nic /éθnɪk/ *adj.* **1** (特に, 共通の言語・文化をもつ集団としての)民族[人種, 種族]的な: ～ hatred 人種的な憎悪 / ～ psychology 民族心理学 (ethnopsychology) / the racial and ～ backgrounds of Americans アメリカ人の人種的民族的背景 / ⇨ ethnic group, ethnic minority. **2 a** (特定)少数民族の, 民族的[調]の: ～ costume / ～ music 民族音楽. **b** 《米口語》 風変わりな, 異国風の (exotic). **3** 《古》 (ユダヤ教徒またはキリスト教徒から見て)異邦人の, 異教徒の. — *n.* **1** 民族[種族]の一員 《特にその民族の言語・文化・習俗の特徴を保持している者についていう》. **2** 《米》 少数民族の人: Jews are ～s. **3** [*pl.*; 通例単数扱い] ＝ethnology. **4** 《廃》 異邦人, 異教徒. 〖adj.: *c*1470; n.: ?*a*1425) ▫ LL *ethnicus* ▫ Gk *ethnikós* national, heathen ← *éthnos* nation, 《原義》 people of one's own kind〗

eth·ni·cal /éθnɪ̀kəl, -kl | -nɪ-/ *adj.* **1** 民族的な, 人種的な, 種族的な. **2** 民族学的な. **～·ly** *adv.* 〖(1547): ⇨ ↑, -al[1]〗

éthnic cléansing *n.* 《婉曲》 民族浄化 《ある民族[宗教]集団が他のものを組織的に追放・殺害する企て》.

éthnic gróup *n.* 〘文化人類学〙 民族, 種族 《「人種」に対立する語で, 後天的に形成された文化的特徴によって人間の集団を分類したときの単位集団; ethnos ともいう; cf. demos 3》.

eth·nic·i·ty /eθnísəti | -sɪ̀ti/ *n.* 民族性. 〖(1772): ⇨ -ity〗

éthnic minórity *n.* 人種的少数派, 少数民族 《アメリカにおける先住民など》.

éthnic mónitoring *n.* 《米》 少数民族のモニタリング 《人種差別をなくす目的で組織が採用したり昇進させたりする少数民族出身者の数を監視・記録すること》.

eth·ni·con /éθnɪ̀kɑ̀(:)n | -nɪkɔn/ *n.* 種族[種族的集団, 民族, 国民]の名称 (Hopi, Ethiopian, Phoenician など). 〖▫ Gk *ethnikón* (neut.) ← *ethnikós* national: ⇨ ethnic〗

eth·no- /éθnou | -nəu/ 「民族 (nation), 人種 (race)」の意の連結形. 〖▫ F ～ ▫ LGk ～ ← Gk *éthnos* race, nation: ⇨ ethnic〗

èthno·archeólogy *n.* 民族考古学 《特定民族の文化を研究する考古学》. 〖1969〗

èthno·biólogy *n.* 民族生物学 《各民族固有の生活・風習に関連ある生物を研究する学問》. **èthno·bio-**

lógical *adj.* 〖⇨ ↑, biology〗

èthno·bótany *n.* **1** ある民族の植物に関する伝承. **2** 民族植物学《各民族の植物に関する知識を研究する学問》. **èthno·botánical** *adj.* **èthno·bótanist** *n.* 〖(1890) ← ETHNO-＋BOTANY〗

eth·no·cen·trism /èθnouséntrɪzm, -nə- | -nəʊ-/ *n.* 〘社会学〙 **1** 自民族中心主義, 中華思想《自民族が他民族より優れているとの信念》. **2** 他民族やその文化を自己の文化を基準に判断する傾向. **èth·no·cén·tric** /-séntrɪk⁻/ *adj.* **èth·no·cén·tri·cal·ly** *adv.* **èth·no·cen·tríc·i·ty** /-sentrísəṭi | -sɪ̀ti/ *n.* 〖(1907) ← ETHNO-＋CENTRO-＋-ISM〗

eth·no·cide /éθnousàɪd | -nəʊ-/ *n.* (文化的同化政策としての)特定民族集団の文化の破壊.

èthno·cúltural *adj.* 民族文化の; (ある社会内の)特定の民族集団の[に関する]. 〖1973〗

ethnog. 《略》 ethnographical; ethnography.

èthno·génesis *n.* 〘社会学〙 民族[人種]集団 (ethnic group) 形成. 〖*c*1950〗

eth·nog·e·ny /ɛθnɑ́(:)ʤəni | -nɔ́ʤ-/ *n.* 〘人類学〙 民族起源論. **eth·no·gen·ic** /èθnouʤénɪk | -nəʊ-⁻/ *adj.* **eth·nog·e·nist** /ɛθnɑ́(:)ʤənɪst | -nɔ́ʤənɪst/ *n.* 〖□ F *ethnogénie*: ⇨ ethno-, -geny〗

eth·nog·ra·pher /ɛθnɑ́(:)grəfɚ | -nɔ́grəfə(r)/ *n.* 民族誌学者. 〖(1854) ← ETHNOGRAPHY＋-ER¹〗

eth·no·graph·ic /èθnougrǽfɪk, -nə- | -nə(ʊ)-⁻/ *adj.* 民族誌学上の. **èth·no·gráph·i·cal·ly** *adv.* 〖(1836): ⇨ ↑, -ic¹〗

èth·no·gráph·i·cal /-fɪ̀kəl, -kl | -fɪ-⁻/ *adj.* ＝ ethnographic. 〖(1842): ⇨ ↑, -al¹〗

eth·nog·ra·phy /ɛθnɑ́(:)grəfi | -nɔ́g-/ *n.* 民族誌, 民族誌学. 〖(1834) □ F *ethnographie*: ⇨ ethno-, -graphy〗

èthno·hístory *n.* 民族歴史学《民族・文化の歴史を研究する》. **èthno·histórical** *adj.* **èthno·histórian** *n.* 〖1943〗

ethnol. 《略》 ethnological; ethnologist; ethnology.

èthno·làw *n.* 〘文化人類学〙 民族法.

èthno·linguístics *n.* 民族言語学《言語と文化のかかわりを研究する; anthropological linguistics ともいう》. **èthno·linguístic** *adj.* **èthno·línguist** *n.* 〖1947〗

eth·no·log·ic /èθnoulɑ́(:)ʤɪk, -nə- | -nə(ʊ)lɔ́ʤ-⁻/ *adj.* 民族[人種]学的な, 民族[人種]学上の. **èth·no·lóg·i·cal·ly** *adv.* 〖(1864): ⇨ ↓, -ic¹〗

èth·no·lóg·i·cal /-ʤɪ̀kəl, -kl | -ʤɪ-⁻/ *adj.* ＝ethnologic. 〖(1849): ⇨ ↑, -ical〗

eth·nól·o·gist /-ʤɪ̀st | -ʤɪst/ *n.* 民族学者, 人種学者. 〖(1842): ⇨ ↓, -ist〗

eth·nol·o·gy /ɛθnɑ́(:)ləʤi | -nɔ́l-/ *n.* 民族学《文化人類学の一部門; 文化人類学の同義語としても使う》. 〖(*c*1828) ← ETHNO-＋-LOGY〗

èthno·methodólogy *n.* 〘社会学〙 民族社会学的方法論. 〖1967〗

èthno·musicólogy *n.* 民族音楽学. **èthno·musicológical** *adj.* **èthno·musicólogist** *n.* 〖1950〗

èthno·mycólogy *n.* 民族菌類学. **èthno·mycológical** *adj.* **èthno·mycólogist** *n.*

èthno·polítical *adj.* 民族政策的な.

èthno·psychíatry *n.* 民族精神医学.

èthno·psychólogy *n.* 民族心理学 (folk psychology, ethnic psychology). 〖1886〗

eth·nos /éθnɑ(:)s | -nɒs/ *n.* 〘文化人類学〙 ＝ethnic group. 〖□ Gk *éthnos* race: ⇨ ethnic〗

èthno·scíence *n.* 民族科学, 民族誌学. 〖1961〗

èthno·semántics *n.* 民族意味論. 〖1968〗

eth·o- /éθou | éθəʊ/ 〘化学〙「エチル」の意の連結形. ★ 母音の前では通例 eth- になる. 〖← ETHYL〗

e·tho·gram /íːθəgræ̀m/ *n.* エソグラム《ある動物の行動の詳細な記録》. 〖1936〗

e·thol·o·gy /iːθɑ́(:)ləʤi, ɪθ- | -θɔ́l-/ *n.* **1** 人性学, 品性論. **2** 〘社会学〙 民習研究, 民族精神研究. **3** 〘動物〙 動物行動学, 行動生物学, 比較行動学, エソロジー. **eth·o·log·i·cal** /ìːθəlɑ́(:)ʤɪ̀kəl, èθ-, -kl | -lɔ́ʤɪ-⁻/ *adj.* **e·thól·o·gist** /-ʤɪ̀st | -ʤɪst/ *n.* 〖(1656–81) □ L *ēthologia* depicting of character □ Gk *ēthología*: ⇨ ↓, -logy〗

eth·o·none /éθənòun | -nəʊn/ *n.* 〘化学〙 ＝ketene. 〖← ETHO-＋-ONE〗

e·thos /íːθɑ(:)s, éθ-, -ous | íːθɒs/ *n.* **1** (社会・集団・個人などの)性格, 気質 (character, disposition). **2 a** 〘倫理・社会学〙 エートス《倫理的規範となる社会的な心的態度; cf. mythos 1》. **b** 〘文化人類学〙 エートス《各文化に独自な慣習の統合態》. **3** 〘芸術・哲学〙 エートス, 道徳的気品[風]《作品に内在して高い道徳的感銘を起こさせる普遍性のある道徳的・理性的特質》. 〖(1851) ← NL ～ ← Gk *éthos* character, custom: ⇨ ethic〗

eth·o·sux·i·mide /èθousʌ́ksəmàɪd | ìːθə(ʊ)sʌ́ksɪ-/ *n.* 〘薬学〙 エトスクシミド ($C_7H_{11}NO_2$) 《小発作・癲癇(てんかん)治療剤》. 〖← ETHO-＋-*suximide* (《変形》← *succinimide* ← L *succinum* amber＋IMIDE)〗

eth·ox·ide /ɛθɑ́(:)ksaɪd, -sɪ̀d | iːθɔ́ksaɪd/ *n.* 〘化学〙 エトキシド (ethylate). 〖⇨ ↓, -ide²〗

eth·ox·y /ɛθɑ́(:)ksi | ɛθɔ́k-/ *adj.* エトキシル (ethoxyl) の[を含む]. 〖(*c*1909): ⇨ ↓, -y⁴〗

ethòxy·éthane *n.* 〘化学〙 ＝ether 1 b. 〖1972〗

eth·ox·yl /ɛθɑ́(:)ksɪ̀l | ɛθɔ́ksɪl/ *n.* 〘化学〙 エトキシル (C_2H_5O– で表される 1 価の基). 〖← ETHO-＋OX(YGEN)＋-YL〗

Eth $ 《記号》〘貨幣〙 Ethiopian dollar(s).

eth·yl /éθəl, éθɪl | éθɪ̀l, ɛθl/ *n.* **1** 〘化学〙 エチル (C_2H_5 で表される 1 価の基). **2** アンチノック剤の四エチル鉛. ★ 英国の化学者たちは /íːθaɪl/ と発音する. ― *adj.* 〘化学〙 エチルの; エチル基 (ethyl group) を含む. 〖(1838) ← ETH(ER)＋-YL〗

éthyl ácetate *n.* 〘化学〙 酢酸エチル ($CH_3COOC_2H_5$) 《無色・揮発性で芳香のある液体エステル; 主に溶剤として使用》. 〖1874〗

éthyl acetoácetate *n.* 〘化学〙 アセト酢酸エチル ($CH_3COCH_2COOC_2H_5$) 《無色の液体; acetoacetic ester ともいう》. 〖1874〗

èthyl·acétylene *n.* 〘化学〙 エチルアセチレン (⇨ butyne a).

éthyl álcohol *n.* **1** 〘化学〙 エチルアルコール (C_2H_5OH) 《普通のアルコール; 単に alcohol, または ethanol ともいう》. **2** 《米俗》 ウイスキー. 〖1869〗

éthyl aminobénzoate *n.* 〘薬学〙 アミノ安息香酸エチル (⇨ benzocaine).

eth·yl·ate /éθəlèɪt | éθɪ̀-/ 〘化学〙 *vt.* エチル化する《化合物にエチル基を入れる》. ― *n.* エチラート, エチレート《エチルアルコールの金属誘導体; ethoxide ともいう》. 〖(1850): ⇨ ↑, -ATE³〗

eth·yl·a·tion /èθəléɪʃən | èθɪ̀-/ *n.* 〘化学〙 エチル化.

èthyl·bénzene *n.* 〘化学〙 エチルベンゼン ($C_6H_5C_2H_5$) 《通例ベンゼンとエチレンから合成される; スチレンの合成原料》. 〖1873〗

éthyl brómide *n.* 〘化学〙 臭化エチル (C_2H_5Br).

éthyl bútyrate *n.* 〘化学〙 酪酸エチル ($C_3H_7CO_2C_2H_5$) 《パイナップルの香りのする無色の液体; エッセンス・香水原料》.

éthyl cáproate *n.* 〘化学〙 カプロン酸エチル ($CH_3(CH_2)_4COOC_2H_5$) 《果実エッセンス製造に使用》.

éthyl cárbamate *n.* 〘化学〙 カルバミン酸エチル (⇨ urethane 1).

éthyl céllulose *n.* 〘化学〙 エチルセルロース《セルロースを部分的にエチル化したもの; フィルムラッカー・プラスチック原料》. 〖1936〗

éthyl chlóride *n.* 〘化学〙 塩化エチル (C_2H_5Cl) 《無色揮発性の気体または液体; テトラエチール鉛・エチルセルロースなどの製造原料, 麻酔剤; chloroethane ともいう》. 〖*c*1891〗

eth·yl·di·chlo·ro·ar·sine /èθəldaɪklɔ̀ːrouɑ́ːəsiːn | -klɔ̀ːrəʊɑ́ː-/ *n.* 〘化学〙 エチルジクロロアルシン ($C_2H_5AsCl_2$) 《無色揮発性の有毒な液体》. 〖⇨ di-¹, chloro-, arsine〗

eth·yl·e·na·tion /èθələnéɪʃən | èθɪ̀lɪ̀-/ *n.* 〘化学〙 エチレン化《化合物にエチレン基を入れること》. 〖⇨ ↓, -ation〗

eth·yl·ene /éθəlìːn | éθɪ̀-/ 〘化学〙 *n.* エチレン ($CH_2=CH_2$) 《エチレン系炭化水素の一つ; ethene ともいう》. ― *adj.* エチレンの; エチレン基 (ethylene group) を含む: ～ gas エチレンガス. **eth·yl·e·nic** /èθəlíːnɪk, -lén- | èθɪ̀-⁻/ *adj.* **eth·yl·é·ni·cal·ly** *adv.* 〖((1852)) (1966) ← ETHYL＋-ENE〗

éthylene brómide *n.* 〘化学〙 ＝ethylene dibromide.

éthylene chlóride *n.* 〘化学〙 ＝ethylene dichloride.

éthylene chlorohýdrin *n.* 〘化学〙 エチレンクロロヒドリン ($ClCH_2CH_2OH$) 《無色毒性の液体; 有機物の合成原料, 溶剤》.

éthylene cyanohýdrin *n.* 〘化学〙 エチレンシアノヒドリン ($CNCH_2CH_2OH$) 《淡黄色毒性の液体; アクリロニトリルの合成原料》.

èthylene·díamine *n.* 〘薬学〙 エチレンジアミン ($NH_2CH_2CH_2NH_2$) 《無毒の合成有機アミン; 溶解補助剤として薬物に添加する》. 〖1861〗

éthylene dibrómide *n.* 〘化学〙 二臭化エチレン ($BrCH_2CH_2Br$) 《無色毒性の液体; テトラエチール鉛に加えるアンチノック剤の成分, 溶剤; 略 EDB; ethylene bromide, dibromoethane ともいう》. 〖*c*1929〗

éthylene dichlóride *n.* 〘化学〙 二塩化エチレン ($ClCH_2CH_2Cl$) 《無色の重い毒性の液体; 有機合成の原料, 溶剤; ethylene chloride, dichloroethane ともいう》. 〖1901〗

éthylene glýcol *n.* 〘化学〙 エチレングリコール ($HOCH_2CH_2OH$) 《不凍剤; 単に glycol ともいう》.

éthylene gròup *n.* 〘化学〙 エチレン基 ($–CH_2CH_2–$ なる一般式を有する 2 価の基).

éthylene óxide *n.* 〘化学〙 酸化エチレン, エチレンオキシド (C_2H_4O) 《種々の有機化合物の合成に用いる, 特に洗剤など》. 〖1898〗

éthylene ràdical *n.* 〘化学〙 ＝ethylene group.

éthylene sèries *n.* [the ～] 〘化学〙 エチレン列 (>C=C< を 1 個含む炭化水素系列).

éthyl éther *n.* 〘化学〙 エチルエーテル (⇨ ether 1 b). 〖1878〗

éthyl gròup *n.* 〘化学〙 エチル基 《エタンから導かれる CH_3CH_2– 基》.

e·thyl·ic /ɛθílɪk | ɪ-, ɛ-/ *adj.* 〘化学〙 エチルの: ～ alcohol＝ethyl alcohol. 〖(1869): ⇨ -ic¹〗

éthyl íodide *n.* 〘化学〙 ヨウ化エチル (C_2H_5I) 《無色の液体; 有機物の合成に用いる》. 〖1877〗

éthyl láctate *n.* 〘化学〙 乳酸エチル ($CH_3CH(OH)COOC_2H_5$) 《無色の液体; 溶剤》.

éthyl málonate *n.* 〘化学〙 マロン酸エチル ($CH_2(CO_2C_2H_5)_2$) 《無色の液体; 芳香があり, 染料・香料などの有機合成中間体として用いる; diethyl malonate ともいう》.

éthyl mercáptan *n.* 〘化学〙 エチルメルカプタン (C_2H_5SH) 《悪臭のある無色揮発性液体; ethanethiol, thioethyl alcohol ともいう》.

éthyl nítrate *n.* 〘化学〙 硝酸エチル ($C_2H_5ONO_2$) 《無色爆発性の液体; 有機物の合成に用いる》.

éthyl nítrite *n.* 〘化学〙 亜硝酸エチル (C_2H_5ONO) 《黄色の揮発性液体; 有機合成用》. 〖1870〗

éthyl nítrite spírit *n.* 〘薬学〙 亜硝酸エチル酒精剤 ($C_2N_5NO_2$) 《発汗・利尿剤として用いた; spirit of nitrous ether, sweet spirit(s) of nitre ともいう》.

éthyl oe·nán·thate /-iːnǽnθeɪt/ *n.* 〘化学〙 エナント酸エチル (⇨ enanthic ester).

éthyl óxide *n.* 〘化学〙 酸化エチル (⇨ ether 1 b).

éthyl-pàra-amìno·bénzoate *n.* 〘薬学〙 ＝ benzocaine.

éthyl ràdical *n.* 〘化学〙 ＝ethyl group.

éthyl súlfide *n.* 〘化学〙 硫化エチル ($(C_2H_5)_2S$) 《悪臭のある無色の液体; 溶剤》.

eth·yne /éθaɪn, –⁻ | íːθaɪn, éθ-/ *n.* 〘化学〙 エチン (⇨ acetylene). 〖(*c*1929) ← ETH(YL)＋-YNE〗

e·thy·nyl /ɛθáɪnl̩, éθənɪl | ɪθáɪnl̩, ɛ-, éθɪ̀nɪl/ *n.* 〘化学〙 エチニル《アセチレンから誘導される不飽和の置換基 HC≡C–》. 〖(1929): ⇨ ↑, -yl〗

e·thy·nyl·a·tion /ɛθàɪnəléɪʃən, -nl̩- | ɪθàɪnɪ̀l-, -nl̩-/ *n.* 〘化学〙 エチニル化 (HC≡C– を導入すること).

ethýnyl gròup [ràdical] *n.* 〘化学〙 エチニル基 (HC≡C– なる一般式を有する 1 価の基).

et·ic /éṭɪk | ét-/ *adj.* 〘言語〙 エティックな, 自然相的な《音声の研究ひいては人間行為の全般にわたって物理的・即物的観点からする研究についていう; ↔ emic》. 〖(1954) ← (PHON)ETIC: K. L. Pike の造語〗

-et·ic /éṭɪk | ét-/ *suf.*「…の, …のような」の意の形容詞語尾 (cf. -ic¹): eid*etic*, path*etic*. ★ -esis に終わる名詞に対応する形容詞を造ることが多い: gen*etic* (← genesis). 〖□ L -*ēticus* □ Gk -*ētikós* ← -*ēt*- (名詞語幹形成要素)＋-*ikós* '-IC¹'〗

É·tienne /eɪtjén | eti-; *F.* etjɛn/ *n.* エチェン《男性名》. 〖⇨ Estienne〗

e·ti·o- /íːṭiou, éṭ- | -tiəʊ/「原因 (cause)」の意の連結形: *etio*logic. 〖□ ML *aetio-* □ Gk *aitio-*, *aitíā* cause, origin〗

e·ti·o·late /íːṭiəlèɪt | -tiə(ʊ)-/ *vt.* **1** (日光をさえぎって)〈植物を〉黄色く[白く]する, 〈セロリなどを〉軟白する. **2** 〈人や皮膚などを〉白く病的にする. **3** …から活力をなくさせる, 弱くする. ― *vi.* 〈植物などが〉(日光の不足で)黄色く[白く]なる, 白化する. 〖(1791) ← F *étioler* to blanch, 《原義》 to make or become like straw (← *éteule* a stalk < OF *esteule* < VL **stupula*(*m*)＝L *stipulam* stalk, straw (⇨ STUBBLE): ⇨ -ate³)〗

é·ti·o·làt·ed /-ṭɪ̀d | -tɪ̀d/ *adj.* **1** 黄色(または白)くなった: ～ vegetables 軟白野菜. **2** 活力のない: ～ poetry. 〖(1799): ⇨ ↑, -ed〗

e·ti·o·la·tion /ìːṭiəléɪʃən | -tiə(ʊ)-/ *n.* **1** 〘植物〙 黄化(現象), 白化(現象)《植物に日光が当たらないために起こる; cf. chlorosis 2》. **2** (皮膚などの)青白くなること. **3** 活力を失うこと; 頽廃 (decadence). 〖(1799) ← ETIOLATE＋-ATION〗

e·ti·o·log·ic /ìːṭiəlɑ́(:)ʤɪk | -tiəlɔ́ʤ-⁻/ *adj.* 因果関係学の; 原因[理由]を明らかにする: an ～ myth 原因説明的な神話. **è·ti·o·lóg·i·cal·ly** *adv.* 〖(*c*1753) □ Gk *aitiologikós*: ⇨ etiology, -ic¹〗

è·ti·o·lóg·i·cal /-ʤɪ̀kəl, -kl | -ʤɪ-⁻/ *adj.* ＝etiologic. 〖1834〗

e·ti·ol·o·gy /ìːṭiɑ́(:)ləʤi | -tiɔ́l-/ *n.* **1** 原因を明らかにすること, 理由づけ. **2** 因果関係学, 原因論《特に, アリストテレスの四原因の研究をいう; cf. cause 6 b》. **3** 〘医学〙 病因; 病因学, 病因論: the ～ of rheumatism リューマチの病因 / a disease of unknown ～ 病因不明の疾患. **è·ti·ól·o·gist** /-ʤɪ̀st | -ʤɪst/ *n.* 〖(*a*1555) □ ML *aetiologia* □ Gk *aitiologíā* ← *aitíā* cause: ⇨ -logy〗

et·i·quette /éṭɪkɪ̀t, -kèt | étɪkèt, -kət, ètɪkét/ *n.* **1** 礼式, 礼法, 礼儀作法, エチケット: a breach of ～ 無作法 / diplomatic ～ 外交上の儀礼 / It is not ～ to do so. そうするのは礼儀にそむく. **2** 儀式, 典礼 (⇨ decorum SYN): court ～ 宮中礼式. **3** (同業者仲間の)礼儀, 慣例, 仁義: medical [legal] ～ 医師[法官]仲間の礼儀. 〖(1750) □ F *étiquette* < OF *estiquette* label, ticket, etiquette ← *estiqu*(*i*)*er* to attach □ (Frank.) **stikkan* ← IE **steig-* 'to STICK': cf. TICKET〗

et·na /étnə/ *n.* (昔の)アルコール湯わかし器. 〖(1832) 《転用》 (↓)〗

Et·na /étnə; *It.* ɛtna/, **Mount** *n.* エトナ山《Sicily 島東部の活火山 (3,323 m)》. 〖□ Phoenician *Attūnā* 《原義》 furnace〗

ETO /ìːtìːóu | -təʊ/ 《略》 European Theater of Operations 欧州作戦地域.

Eto·bi·coke /ɛtóubɪ̀kòu, ɪ̀t- | ɛtəʊbɪkəʊ/ *n.* エトビコー《カナダ Ontario 州南東部, Toronto 西部の地区》.

é·toile /eɪtwɑ́ːl; *F.* etwal/ *F. n.* **1** 星; 星形のもの. **2** ＝prima ballerina. 〖(1730–36) □ F ～ < OF *esteile* < VL **stēlam*＝L *stella* star〗

E·ton /íːtn̩/ *n.* **1** イートン《イングランド南東部, London 西郊 Windsor 北隣の都市; Eton College がある》. **2** ＝Eton College. **3** [*pl.*] イートン校の制服: go into ～*s* イートン校の制服を着る, イートン校に入学する. ― *adj.* イートン校の制服に似た. 〖OE *Ēatūn* 《原義》 town on the Thames ← *ēa* river＋*tūn* 'TOWN'〗

Éton blúe *n.* 淡青色《イートン校の校色》. 〖1883〗

Éton bóy *n.* イートン校生徒. 〖1842〗

Éton cáp *n.* イートンキャップ《まびさしの短い少年用の帽子》.

Éton clóthes *n. pl.* イートン校制服.

Éton cóat *n.* =Eton jacket.
Éton cóllar *n.* イートンカラー《のりのきいた幅広の白カラーで上着の襟の上に掛ける》. 〖1887〗
Éton Cóllege *n.* イートン校《イングランド Eton にある有名なパブリックスクール; 1440 年 Henry 六世が創立; cf. Harrow School》.
Éton cróp *n.* (女性頭髪の)イートン校生徒式刈上げ断髪《1920 年代に流行》. 〖1926〗
Éton fives *n. pl.* [単数扱い]〘球技〙三面の壁で囲まれたコートで行う fives.
E·to·ni·an /iːtóuniən, ɪ- | -tə́ʊ-/ *adj.* イートン校の. — *n.* イートン校生徒[卒業生]: old ~s イートン校出身者[校友]. 〖(1749): ⇨ -ian〗
Éton jácket *n.* **1** イートンジャケット《イートン校制服の黒の丈の短い上着; おとなの燕尾(えんび)服に似ているが尾がない》. **2** (同上に似た)婦人の短い上着. 〖1881〗
é·touf·fée, é·touf·fee /èɪtuːféɪ; *F.* etufe/ *adj.* 〘音楽〙弱音器[ダンパー]を使った. — *n.* 〘料理〙エトゥフェ《ザリガニ・野菜・香辛料で作る Cajun 風のシチュー; ライスにかける》. 〖(c1933) □ F *a l'etouffee* braised ← *etouffer* to smother〗
é·tri·er /eɪtriéɪ; *F.* etʀie/ *n.* 〘登山〙(登山用の)縄ばしご, エトリエ. 〖(1955) □ F ~ 'stirrup' (変形) ← OF *estrier* □ (Frank.) **streup* strap〗
E·tru·ri·a /ɪtrúᵊriə | ɪtrúər-/ *n.* エトルリア《昔, イタリアの中西部にあった国家; Arno 川と Tiber 川との間の地域で今の Tuscany と Umbria の北部を含む; 相当高度の文明をもっていた》. 〖□ L *Etrūria* □ Gk *Turrēniā, Tursēniā* (原義) ? the town-builders: cf. Tuscany〗
E·tru·ri·an /ɪtrúᵊriən | ɪtrúər-/ *adj., n.* =Etruscan. 〖1623〗
E·trus·can /ɪtrʌ́skən/ *adj.* エトルリア (Etruria) の, エトルリア人[語]の: the ~ art エトルリアの芸術. — *n.* **1** 古代エトルリア人. **2** エトルリア語《死語》. 〖(1706) ← L *Etrusc(us)* 'of ETRURIA' + -AN¹〗
Etrúscan wàre *n.* エトルリア焼き《古代エトルリア陶器と古代青銅器をまねて, 光沢のない顔料をかけて作ったバサルト焼き (basaltes) の一種; Josiah Wedgwood が製作, 1770 年に特許を取った; encaustic ware ともいう》.
E·trus·col·o·gy /iːtrʌskɑ́(ː)lədʒi | -kɔ́l-/ *n.* エトルリア学《古代エトルリアの言語・文化遺跡の研究》. **È·trus·cól·o·gist** /-dʒɪst | -dʒɪst/ *n.* 〖(1889) ← ETRUS-C(AN) + -LOGY〗
ETS /íːtìːés/ (略) (米) Educational Testing Service 教育テストサービス《1947 年設置; 各種のテストや測定実施と調査研究を行う機関; 大学入学者の適性テスト SAT はその代表的なもの》.
et seq. (略) et sequens; et sequentes; et sequentia.
et seqq. (略) et sequentes; et sequentia.
et se·quens /ɛtsékwens, -síːkwenz, -kwɪnz/ *L.* および その次(の語・行・ページなど)参照 (略 et seq., et sq.). 〖□ L *et sequēns* and the following〗
et se·quen·tes /ɛtsɪkwéntiːz, -sekwénteɪs | -sɪ-kwéntiːz/ *L.* およびその次(の数語・数行・数ページなど)参照 (略 et seqq., et sqq.). 〖□ L *et sequentēs* (pl.): ⇨ ↑, sequentes〗
et se·quen·ti·a /ɛtsɪkwénʃiə, -tiə | -ʃiə, -tiə/ *L.* = et sequentes. 〖□ L ~ (neut.pl.): ⇨ ↑, sequentia〗
et sq. (略) et sequens; et sequentes; et sequentia.
et sqq. (略) et sequentes; et sequentia.
Et·ta /ɛ́tə | ɛ́tə/ *n.* エタ《女性名》. 〖(dim.) ← HENRIETTA〗
-ette /ɛ́t/ *suf.* **1** 名詞に付ける指小辞: cigar*ette*, statu*ette*, kitchen*ette*. ただし etiquette などは「小」の意を失った. **2** 女性を表す名詞語尾: coqu*ette*, suffrag*ette*. **3** 「まがい, 代用品 (sham)」の意の名詞を造る: leather*ette*. **4** =-et 2. 〖ME □ OF *-ete* (F *-ette*) (fem.) ← *-et*: ⇨ -et〗
Et·tie /ɛ́ti | ɛ́ti/ *n.* エティ《女性名》. 〖(dim.) ← ESTHER〗
et·tle /ɛ́tl | ɛ́tl/ (スコット) *vt.* 意図する, 計画する; 試みる; 期待する. — *vi.* 熱望する, ねらう. 〖(c1200) *atlie(n)* □ ON *ætla* to think, purpose: cf. OE *eahtian* to esteem〗
Ét·trick Fórest /ɛ́trɪk-/ *n.* エトリックの森《スコットランド南東部の森林地帯; かつての狩猟場》.
et tu, Bru·te! /ɛttùːbrúːteɪ/ *L.* ブルータスお前もか! (And you too, Brutus) 《Julius Caesar の最期のことば; Shak. *Caesar* 3: 1: 77》. 〖1599〗
ETU (略) Electrical Trades Union.
é·tude /éɪtuːd, -tjuːd, ←⌐ | éɪtjuːd, ←⌐; *F.* etyd/ *n.* (*pl.* ~s /~z; *F.* ~/) **1** (絵画・彫刻などの)習作, エチュード. **2** 〘音楽〙練習曲, エチュード. 〖(1837) □ F ~ < OF *estudie* 'STUDY'〗
e·tui /eɪtwíː, ←⌐ | ɛtwíː; *F.* etɥi/ *n.* (針・はさみ・めがね・化粧品などを入れる)手箱, 小箱. 〖(1611) □ F *étui* < OF *estui* prison ← *estuier* to shut up < LL *studiāre* to care for ← L *studium* 'STUDY'〗
-e·tum /íːtəm | -təm/ *suf.* (*pl.* **-e·ta** /-tə | -tə/, ~s) 「(ある植物の)庭園, 森」の意の名詞を造る: ros*etum*, pin*etum*, querc*etum*. 〖□ L *-ētum*〗
ETV (略) educational television.
e·twee /eɪtwíː, ←⌐ | ɛtwíː/ *n.* =etui.
ety., etym. (略) etymological; etymology.
etyma *n.* etymon の複数形.
etymol. (略) etymological; etymology.
et·y·mo·log·ic /ɛ̀təməlɑ́(ː)dʒɪk | ɛ̀tɪməlɔ́dʒ-⌐/ *adj.* =etymological. 〖(1813) □ L *etymologicus* □ Gk *etumologikós*: ⇨ etymology, -ic¹〗
et·y·mo·log·i·cal /ɛ̀təməlɑ́(ː)dʒɪkəl, -kl | ɛ̀tɪmə-lɔ́dʒɪ-⌐/ *adj.* 語源的な, 語源(学)上の: an ~ dictionary 語源辞典. **~·ly** *adv.* 〖(1592) ← L *etymologicus* (↑) + -AL¹〗
et·y·mo·log·i·con /ɛ̀təməlɑ́(ː)dʒɪkɑ̀(ː)n, -kən | ɛ̀tɪməlɔ́dʒɪkɔ̀n, -kən/ *n.* 語源辞典. 〖(1645) ← NL ~ ← Gk *etumologikón* (neut.) ← *etumologikós* 'ETYMOLOGIC'〗
èt·y·mól·o·gist /-dʒɪst | -dʒɪst/ *n.* 語源学者, 語源研究家. 〖(1635) ← ETYMOLOG(Y) + -IST〗
et·y·mol·o·gize /ɛ̀təmɑ́(ː)lədʒàɪz | ɛ̀tɪmɔ́l-/ *vt.* …の語源を尋ねる, …の語源をあげる[示す]. — *vi.* **1** 語源学を研究する. **2** 語源をあげる[示す]. 〖(c1530): ⇨ ↓, -ize〗
et·y·mol·o·gy /ɛ̀təmɑ́(ː)lədʒi | ɛ̀tɪmɔ́l-/ *n.* **1** 語源研究; 語源学. **2** (語の)起源, 出所; 語源. **3** 〘文法〙品詞論《19 世紀まで行われた旧式の呼称》. 〖(16C) □ ML *etymologia* □ Gk *etumología* ← *étumon* ∽ (*a*1398) *ethimologie* □ OF (F *étymologie*): ⇨ ↓, -logy〗
et·y·mon /ɛ́təmɑ̀(ː)n | ɛ́tɪmɔ̀n/ *n.* (*pl.* ~s, **et·y·ma** /-mə/) 〘言語〙(派生語・外来語のもとである)語の原形, 語根 (etymological base). 〖(1570-76) □ L ~ □ Gk *étumon* what is true, the original sense, form, or element of a word (neut.) ← *étumos* real, true〗
Et·zel /ɛ́tsəl, ɛ́tsl; *G.* ɛ́tsl/ *n.* 〘ゲルマン伝説〙エッツェル《Nibelungenlied で Siegfried 死後の Kriemhild の夫; Hun 族の王 Attila とされる》.
Eu (記号)〘化学〙europium.
EU /iːjúː/ (略) European Union; 〘キリスト教〙Evangelical Union 福音主義連盟.
eu- /juː/「良, 好, 善, 真, 正常」などの意を表す連結形 (↔ dys-): *eu*logy, *eu*pepsia, *eu*phemism. 〖ME □ L & Gk *eu-* ← Gk *eû* well (neut.) ← *eús* good, noble < IE **esu-* good ← **es-* 'to BE¹'〗
èu·bactérium *n.* (*pl.* **-ri·a** /-riə/) 〘細菌〙真正細菌《真正細菌目の細菌の総称》. 〖(1939): ⇨ eu-, bacterium〗
Eu·boe·a /juːbíːə, ju- | -bíːə, -bíə/ *n.* エビア(島), エウボイア(島)《エーゲ海西部にあるギリシャ最大の島; 現代ギリシャ語名 Évvoia, 英語名 Negropont》. **Eu·bóe·an** /-bíːən/ *adj., n.* **Eu·bó·ic** /-bóʊɪk | -bə́ʊ-/ *adj.* 〖□ L ~ □ Gk *Eúboia*〗
eu·caine /juːkéɪn, ←⌐/ *n.* 〘化学〙オイカイン ($C_{15}H_{21}NO_2$)《もと局部麻酔剤として使用; beta-eucaine ともいう》. 〖(1896) ← EU- + (CO)CAINE〗
eu·ca·lypt /júːkəlɪ̀pt/ *n.* 〘植物〙=eucalyptus. **eu·ca·lyp·tic** /jùːkəlíptɪk⌐/ *adj.* 〖(1877) ← NL *Eucalyptus*: ⇨ eucalyptus〗
eu·ca·lýp·tene hydrochlóride /jùːkəlíptiːn-/ *n.* 〘薬学〙塩酸ユーカリプテン ($C_{10}H_{16}$・2HCl)《腸内殺菌剤》. 〖*eucalyptene*: ← EUCALYPTUS + -ENE〗
eucalypti *n.* eucalyptus の複数形.
eu·ca·lyp·tol /jùːkəlíptɔ(ː)l | -tɔl/ *n.* (*also* **eu·ca·lyp·tole** /-toʊl | -təʊl/) 〘化学〙オイカリプトール ($C_{10}H_{18}O$) (⇨ cineole). 〖(1879): ⇨ ↓, -ol²〗
eu·ca·lyp·tus /jùːkəlíptəs/ *n.* (*pl.* **-lyp·ti** /-taɪ, -tiː/, ~·es) 〘植物〙ユーカリ《オーストラリア産フトモモ科ユーカリ属 (*Eucalyptus*) の芳香のある常緑樹の総称; ギンマルバユーカリ (*E. cinerea*), ユーカリノキ (*E. globulus*) など多数の種がある; cf. blue gum, swamp mahogany》; ユーカリ材. 〖(1801) ← NL ~ (原義) well-covered ← EU- + Gk *kaluptós* covered: 開花前の花の形にちなむ〗

eucalyptus
(*Eucalyptus* sp.)

eucalýptus òil *n.* ユーカリ油《ユーカリの葉を水蒸気蒸留 (steam distillation) して得られる無色または淡黄色の液体; 石鹸の香料などに用いる》. 〖1885〗
eu·car·pic /juːkɑ́ːrpɪk | -kɑ́ː-/ *adj.* 〘植物〙分実性の (cf. holocarpic). 〖← EU- + -CARPIC〗
eu·car·y·ote /juːkǽriòʊt, -kér-, -ət | -kǽriɔt, -ət/ *n.* 〘生物〙真核生物 (cf. procaryote). **eu·car·y·ot·ic** /juːkæ̀riɑ́(ː)tɪk, -kèr- | -kæ̀riɔ́t-⌐/ *adj.* 〖← EU- + *caryote* cell nucleus (← Gk *káruon* nut)〗
eu·cha·ris /júːk(ə)rɪs | -kərɪs/ *n.* 〘植物〙ユーカリス, アマゾンユリ《南米産ヒガンバナ科アマゾンユリ属 (*Eucharis*) の草本で, 白色鐘状の花が咲く; Amazon lily ともいう》. 〖(1866) ← NL ~ ← Gk *eúkharis* gracious, pleasing ← EU- + *kháris* grace〗
Eu·cha·rist /júːk(ə)rɪst | -kərɪst/ *n.* **1** [the ~] 〘キリスト教〙聖餐式. **2** [the ~] 聖餐, 〘カトリック〙聖体, 聖体拝領[拝受], 陪餐 (Holy Communion ともいう): give [receive] *the* ~ 聖体[聖餐]を授ける[受ける, 拝領する]. **3** 聖体[聖餐]用のパンとぶどう酒; (特に)パン. **4** [e-] 感謝 (thanksgiving), 感謝の祈り. **5** 〘クリスチャンサイエンス〙神との霊的交渉. 〖(?c1350) *eukarist* □ OF *eucariste* (F *eucharistie*) □ LL *eucharistia* □ Gk *eukharistía* gratitude, thanksgiving ← *eukháristos* grateful ← EU- + *kharízesthai* to show favor (← *kháris* (↑))〗
Eu·cha·ris·tic /jùːkərístɪk⌐/ *adj.* **1** 聖餐の. **2** [e-] 感謝の. **Eu·cha·rís·ti·cal·ly** *adv.* 〖(1664): ⇨ ↑, -ic¹〗
Èu·cha·rís·ti·cal /-tɪkəl, -kl | -tɪ-⌐/ *adj.* (古) = Eucharistic. 〖1534〗
Éucharistic Cóngress *n.* 聖体大会《カトリック教徒が聖体崇敬のため隔年開催する世界大会》.
Eu·chites /júːkaɪts/ *n. pl.* 〘キリスト教〙祈禱(きとう)派, ユーカイト: **1** 4–8 世紀のメソポタミア・シリア・小アジアの托鉢修士の一派; 不断の祈りによって悪魔を追い払うことができると信じた; Messalians ともいう. **2** 11 世紀のトラキア (Thrace) の同様の一派. 〖(1585) ← LL *euchīta, euchēta*〗
eu·chlo·rin /juːklɔ́ːrɪn | -rɪn/ *n.* (*also* **eu·chlo·rine** /-riːn/) 〘化学〙ユークロリン ((K, Na)$_8$Cu$_9$(SO$_4$)$_{10}$(OH)$_6$) (Vesuvius 火山の噴気孔中に産する鉱物). 〖(1812) ← EU- + CHLORIN〗
eu·cho·lo·gi·on /jùːkəlóʊdʒiɑ̀(ː)n | -lə́ʊdʒiən/ *n.* (*pl.* **-gi·a** /-dʒiə/) 〘東方正教会〙聖餐式次第書, 祈禱書. 〖(1651) □ Gk *eukhológion* ← *eukhḗ* prayer + *-log-* (← *légein* to say: ⇨ -logy)〗
eu·chol·o·gy /juːkɑ́(ː)lədʒi | -kɔ́l-/ *n.* =euchologion. 〖(1659): ↑〗
eu·chre /júːkə | -kəʳ/ *n.* **1** 〘トランプ〙ユーカー《通例 4 人が 2 組に分かれ, 6 から 2 までを除く 32 枚のカードのうち, それぞれ 5 枚を手札にして獲得したトリック数を競うゲーム; 切札を決定した側は少なくとも 3 組取らないと勝てない》. **2** (ユーカーで)負かす[負ける]こと. — *vt.* **1** (ユーカーで相手に 3 組取らせないで)負かす. **2** (米・豪口語) だます, 出し抜く; 〈人〉から〈…を〉だまし取る (cheat) 〔*out of*〕; 〈人〉をだまして…させる〔*into*〕: He was ~*d out of* his savings. 貯金をだまし取られた. **3** (豪口語) 消耗させる, 台なしにする. 〖(1841) ← ?: cf. G *Juchs* joke〗
èu·chrómatin *n.* 〘生物〙真正染色質《遺伝子をもつ部分で, 染色性は異質染色質 (heterochromatin) より弱い》. **èu·chromátic** *adj.* 〖(1932) □ G *Euchromatin*: ⇨ eu-, chromatin〗
èu·chrómosome *n.* 〘生物〙=autosome. 〖(1914) ← EU- + CHROMOSOME〗
Euck·en /ɔ́ɪkən; *G.* ɔ́ʏkn/, **Rudolf Christoph** *n.* オイケン (1846–1926; ドイツの哲学者; Nobel 文学賞 (1908)).
Eucl. (略) Euclid.
eu·clase /júːkleɪs, -kleɪz | -kleɪs/ *n.* 〘鉱物〙ユークレース (BeAlSiO$_4$(OH))《緑色または青色の割れやすい鉱物; 特に, 宝玉として用いる》. 〖(1804) □ F ~ ← EU- + Gk *klásis* a breaking (← *kláein* to break): そのもろさから〗
Eu·clid¹ /júːklɪd | -klɪd/ *n.* ユークリッド《米国 Ohio 州北東部, Cleveland 郊外の都市》.
Eu·clid² /júːklɪd | -klɪd/ *n.* ユークリッド《男性名》. 〖□ Gk *Eukleídēs* ← *eukleḗs* renowned ← EU- + *kléos* fame〗
Eu·clid³ /júːklɪd | -klɪd/ *n.* **1** エウクレイデース, ユークリッド《紀元前 300 年ごろに Alexandria に住んだギリシャの数学者, ユークリッド幾何学の組織者;「幾何学の父」と呼ばれる; *Elements*「(幾何学)原論」》. **2** ユークリッド幾何学; (俗に)幾何学 (geometry).
Eu·clid·e·an, e- /juːklídiən | -diən/ *adj.* (*also* **Eu·clid·i·an, e-** /~/) ユークリッドの, ユークリッド的な. 〖(1660): ⇨ Euclid³, -ean〗
Euclídean álgorithm, e- a- *n.* 〘数学〙ユークリッドの互除法《ユークリッドの原論 (Elements) にのっている最大公約数を求める方法》. 〖*c*1955〗
Euclídean domáin, e- d- *n.* 〘数学〙ユークリッドの整域《単位元をもち, かつ一般化された絶対値の概念が定義されている整域》.
Euclídean geómetry, e- g- *n.* ユークリッド幾何学. 〖*c*1865〗
Euclídean group, e- g- *n.* 〘数学〙運動群, 合同変換群《ユークリッド空間の平行移動, 回転および裏返しから成る群》.
Euclídean spáce, e- s- *n.* 〘数学〙ユークリッド空間《ユークリッド幾何学の公理をみたす空間, およびそれの n 次元への一般化》. 〖1883〗
Eu·clid·i·an, e- /juːklídiən | -diən/ *adj.* =Euclidean.
Éuclid's álgorithm, e- a- *n.* 〘数学〙=Euclidean algorithm.
eu·crite /júːkraɪt/ *n.* 〘岩石〙ユークライト《塩基性斜長石と普通輝石を主とする斑糲(はんれい)岩の一種, それと似た組成の石質隕石の一種》. **eu·crit·ic** /juːkrítɪk | -tɪk/ *adj.* 〖(*c*1899) □ G *Eukrit* □ Gk *eúkritos* readily chosen ← EU- + *kritós* separated ((p.p.) ← *krínein* to separate)〗
eu·cryph·i·a /juːkrífiə/ *n.* 〘植物〙エウクリフィア《エウクリフィア科エウクリフィア属 (*Eucryphia*) の常緑高木・低木の総称; オーストラリア, 南アメリカ原産; 葉は光沢のある暗緑色; 白い花が咲く》.
eu·cryp·tite /juːkríptaɪt/ *n.* 〘鉱物〙ユークリプタイト (LiAlSiO$_4$)《無色または白色の六方晶系の鉱物》. 〖← EU- + CRYPTO- + -ITE¹〗
eu·dae·mon /juːdíːmən/ *n.* 善魔, 善霊 (cf. cacodemon). 〖(1629) □ Gk *eudaímōn* fortunate, happy: ⇨ eu-, daemon〗
eu·dae·mo·ni·a /jùːdɪmóʊniə | -dɪmə́ʊ-/ *n.* **1** 幸福, 福利. **2** (アリストテレス哲学の)エウダイモニア《理性の活動に基づく最高善としての幸福》. 〖□ Gk *eudaimonía* ← *eudaímōn*: ⇨ ↑, -ia¹〗
eu·dae·mon·ic /jùːdɪmɑ́(ː)nɪk | -dɪmɔ́n-⌐/ *adj.* **1** 幸福の, 幸福をもたらす. **2** 幸福論[説] (eudaemonics) の. 〖(1865) □ Gk *eudaimonikós* ← *eudaimonía* happiness, prosperity〗
eu·dae·mon·ics /jùːdɪmɑ́(ː)nɪks | -dɪmɔ́n-/ *n.* **1** 幸福論 (science of happiness). **2** 幸福主義の実践. 〖(*a*1832): ⇨ -ics〗

eu·dae·mo·nism /juːdíːmənìzm/ *n.* 幸福主義《行為の究極目的基準を幸福に置く倫理(学)説; アリストテレスはその代表者》. **eu·dae·mo·nís·tic** /juːdìː-mənístɪk⁺/ *adj.* **eu·dàe·mo·nís·ti·cal** /-tɪ̀-kəl, -kl̩ | -tɪ-/ *adj.* **eu·dàe·mo·nís·ti·cal·ly** *adv.* 〖(1827) ☐ Gk *eudaimonismós*: ⇨ eudaemon, -ism〗

eu·dáe·mon·ist /-nɪ̀st | -nɪst/ *n.* 幸福主義信奉者, 幸福主義者. 〖(1818) ← Gk *eudaímōn*＋-IST: ⇨ eudaemon〗

eu·dai·mo·nism /juːdáɪmənìzm/ *n.* ＝eudaemonism.

eu·de·mon /juːdíːmən/ *n.* ＝eudaemon.

eu·de·mo·ni·a /jùːdɪmóʊniə | -dɪmə́ʊ-/ *n.* ＝eudaemonia.

eu·de·mon·ic /jùːdɪmá(ː)nɪk | -dɪmɔ́k-⁺/ *adj.* ＝eudaemonic.

eu·de·mon·ics /jùːdɪmá(ː)nɪks | -dɪmɔ́n-/ *n.* ＝eudaemonics.

eu·de·mo·nism /juːdíːmənìzm/ *n.* ＝eudaemonism.

eu·dé·mon·ist /-nɪ̀st | -nɪst/ *n.* ＝eudaemonist.

eu·di·om·e·ter /jùːdiá(ː)mətə | -diɔ́mɪ̀tə(r)/ *n.* 〖化学〗ユーディオメーター, 水電量計《気体の成分, 特に空気中の酸素の量を測定する器具》. 〖(1777) ← Gk *eúdios* clear (sky) (← EU-＋*Diós* god of the sky)＋-METER¹〗

eu·di·om·e·try /jùːdiá(ː)mətri | -dɪ́ɔmɪ̀-/ *n.* 〖化学〗(eudiometer による)電気量測定[分析]. **eu·di·o·met·ric** /jùːdiəmétrɪk | -diə-⁺/ *adj.* **èu·di·o·mét·ri·cal** /-trɪ̀kəl, -kl̩ | -trɪ-⁺/ *adj.* **èu·di·o·mét·ri·cal·ly** *adv.* 〖(1801): ⇨ ↑, -metry〗

Eu·dist /júːdɪ̀st | -dɪst/ *n.* 〖カトリック〗ユード会会員《フランスで 1643 年に設立された, 主に教育と伝道を目的とするイエズスマリア会 (The Congregation of Jesus and Mary) の会員》. 〖☐ F *eudiste* ← *Jean Eudes* (1601–1680: フランスの司祭): ⇨ -ist〗

Eu·do·ci·a /juːdóʊʃiə, -siə | -dóʊ-/ *n.* ユードーシア《女性名; 愛称形 Docie, Doxie》. 〖← Gk *eudoxía* good repute〗

Eu·do·ra /juːdɔ́ːrə/ *n.* **1** ユードーラ《女性名; 愛称形 Dora》. **2** 〖電算〗ユードラ《電子メールを扱うソフトウェア》. 〖☐ L *Eudōra* ☐ Gk *Eudṓrā*《原義》generous (fem.) ← *eúdōros* ← EU-＋*dôron* gift〗

Eu·dox·us of Cni·dus /juːdá(ː)ksəsəvnáɪdəs | -dɔ́ksəsəvnáɪdəs/ *n.* クニドスのエウドクソス《406?–?355 B.C.; ギリシャの天文学者・数学者; 1 年の長さを計算したといわれる》.

eu·fla·vine /juːfléɪviːn, -flǽv-, -vɪ̀n | -viːn, -vɪn/ *n.* 〖薬学〗ユーフラビン (⇨ acriflavine).

Eug. 《略》Eugene.

eu·ga·rie /júːgəri/ *n.* 《豪》〖貝類〗＝pipi《クイーンズランド方言》. 〖(1917) ☐ Austral. (Jagara) *yugari*〗

Eu·gen /júːdʒən, -dʒɪ̀n; G. ɔ́ʏgeːn, ─⁻/ *n.* ユージーン, オイゲン《男性名》. 〖☐ G ～: ↓〗

Eu·gene /juːdʒíːn, ─⁻ | juːdʒíːn, -dʒéɪn, júːdʒiːn/ *n.* **1** ユージーン《米国 Oregon 州西部 Salem の南, Willamette 川沿岸にある市; Oregon 大学の所在地》. **2** ユージーン《男性名; 愛称形 Gene; 米国およびアイルランドに多い》. 〖☐ F *Eugène* ☐ L *Eugenius* ☐ Gk *Eugénios* ← *eugenḗs* well-born: ⇨ eugenic〗

Eu·gène /juːdʒíːn, ─⁻ | juːdʒíːn, -dʒéɪn, júːdʒiːn; F. øʒɛn/ *n.* ユージーン《男性名》. 〖↑〗

Eu·gène /juːdʒíːn, ─⁻ | juːdʒíːn, -dʒéɪn, júːdʒiːn; F. øʒɛn/, Prince *n.* ウジェーヌ《1663–1736; フランス生まれのオーストリアの将軍・戦略家; 本名 François Eugène de Savoie-Carignan /savwakariɲɑ̃/》.

Eu·ge·ni·a /juːdʒíːniə/ *n.* ユージーニア《女性名; 愛称形 Gene, Genie; 異形 Eugénie》. 〖☐ L ～ ☐ Gk *Eugenía*《原義》nobility of birth: ⇨ Eugene, -ia¹〗

eu·gen·ic /juːdʒénɪk/ *adj.* **1** 優生学的な, 人種改良上の (↔ dysgenic). **2** すぐれた性質を受けついだ. **eu·gén·i·cal·ly** *adv.* 〖(1883) ← Gk *eugenḗs* well-born (← EU-＋*génos* race (⇨ -gen))＋-IC¹〗

eu·gén·i·cal /-nɪ̀kəl, -kl̩ | -nɪ-/ *adj.* ＝eugenic.

eu·gén·i·cist /-nəsɪ̀st | -nɪsɪst/ *n.* **1** 優生学者. **2** 人種改良論者. 〖(*c*1909): ⇨ ↓, -ist〗

eu·gen·ics /juːdʒénɪks/ *n.* **1** 優生学, 人種改良学 (cf. dysenics). **2** 人種改良法. 〖(1883): ⇨ eugenic, -ics〗

Eu·gé·nie /juːʒéɪni, -ʒíː-, -dʒéɪ-; F. øʒeni/ *n.* ユージェニー《女性名》. 〖☐ F ～: ⇨ Eugenia〗

Eu·gé·nie /juːʒéɪni, -ʒíː-, -dʒéɪ-; F. øʒeni/, **Empress** *n.* ウジェニー《1826–1920; Napoleon 三世の妃, スペイン生まれ; 本名 Marie Eugénie de Montijo de Guzmán /mòntixó de guðmán/》.

eu·gen·ist /juːdʒénɪ̀st | juːdʒənɪst/ *n.* 優生学者. 〖(1908) ← EUGENIC＋-IST〗

eu·ge·nol /júːdʒənɔ̀(ː)l | -dʒɪ̀nɔ̀l/ *n.* 〖化学〗オイゲノール ($C_{10}H_{12}O_2$)《丁子油などに含まれている芳香性無色の油状液》. 〖(1886) ☐ F *eugénol* ← NL *Eugenia* (丁子(ちょうじ)の属名: ← *Prince Eugène*)＋-OL²〗

eu·ge·o·syn·cline /jùːdʒiːousínklaɪn, -síŋ- | -əʊ-/ *n.* 〖地質〗優地向斜《激しい海底火山活動を伴う地向斜 (geosyncline) の一種》. **eu·gè·o·syn·clí·nal** /-sɪnkláɪnl̩, -sɪŋ-⁺/ *adj.* 〖(1944) ← EU-＋GEOSYNCLINE〗

eu·gle·na /juːglíːnə/ *n.* (*pl.* ～**s**, ～) 〖動物〗ミドリムシ《一本の鞭毛(べんもう)と単眼をもち, 葉緑体を有するエウグレナ属 (*Euglena*) の原生動物の総称; 池やたまり水に多量に発生すると, 水が緑色になる》. 〖(*c*1889) ← NL ～ ← EU-＋Gk *glḗnē* pupil of the eye, socket of a joint〗

eu·gle·noid /juːglíːnɔɪd/ *adj., n.* 〖動物〗エウグレナ目の(鞭毛虫). 〖(1885) ← NL *Euglenoidina* (↓)〗

Eu·gle·noi·di·na /jùːglənɔɪdáɪnə/ *n. pl.* 〖動物〗エウグレナ目. 〖← NL ～: ⇨ euglena, -oid, -ina¹〗

euglénoid mòvement *n.* 〖生物〗ユーグレナ様運動《鞭毛虫ミドリムシ類で見られる独特の運動; 細胞の一部が膨張し, 前後にうねるように運動する》.

eu·glob·u·lin /juːglá(ː)bjʊlɪ̀n | -glɔ́bjʊlɪn/ *n.* 〖生化学〗ユーグロブリン《真性蛋白質》. 〖(1904) ← EU-＋GLOBULIN〗

eu·gon·ic /juːgá(ː)nɪk | -gɔ́n-/ *adj.* (細菌培養が)発育[増殖]良好の (↔ dysgonic). 〖← EU-＋GONO-＋-IC¹〗

eu·he·dral /juːhíːdrəl | -híːdr-, -hédr-/ *adj.* 〖鉱物〗＝idiomorphic 2. 〖(1906) ← EU-＋-HEDRAL〗

eu·he·mer·ism /juːhíːmərìzm, -hém-/ *n.* **1** [通例 E-] エウエメロス説《「神話の神々は人間英雄を神化したものである」とする Euhemerus の説》. **2** [時に E-] 神話史実的解釈. 〖(1846) ← EUHEMERUS＋-ISM〗

eu·hé·mer·ist /-rɪ̀st | -rɪst/ *n.* エウエメロス説信奉者《神話の史実的見解を採る論者》. ― *adj.* ＝euhemeristic. 〖(1856) ← EUHEMERUS＋-IST〗

eu·he·mer·is·tic /jʊhìːmərístɪk, -hèm-⁺/ *adj.* エウエメロス説的見解の. **eu·hè·mer·ís·ti·cal·ly** *adv.* 〖(1856): ⇨ ↑, -ic¹〗

eu·he·mer·ize /jʊhíːməràɪz, -hém-/ *vi.* (神話解釈に)エウエメロス説を採る. ― *vt.* 〈神話を〉エウエメロス説に基づいて解釈する. 〖(1847): ⇨ ↓, -ize〗

Eu·he·mer·us /juːhíːmərəs, -hém-/ *n.* エウエメロス《紀元前 300 年ごろの Sicily 生まれの哲学者;「神々の記録」(Sacred History) (9 巻) の中でギリシャ神話の神々や英雄は人間の男女を神化したものであり, その事績は人間行動の想像的拡充に過ぎないと説いて, 神話を合理的に歴史に還元しようと試みた》. 〖☐ L *Euhēmerus* ☐ Gk *Euhḗmeros*《原義》bright, happy ← EU-＋*hēmérā* day (cf. ephemera¹)〗

eu·kar·y·ote /juːkǽriòʊt, -kér-, -ət | -kǽriɔ̀t, -ət/ *n.* 〖生物〗＝eucaryote. **eu·kar·y·ot·ic** /juːkæ̀riá(ː)tɪk, -kèr- | -kæ̀riɔ́t-⁺/ *adj.* 〖1943〗

Eu·la /júːlə/ *n.* ユーラ《女性名》. 〖(dim.) ← EULALIA〗

eu·la·chon /júːlɪ̀kà(ː)n | -ləkɔ̀n/ *n.* 〖魚類〗＝candlefish. 〖(1807) ☐ Chinook *ulâkân*〗

eu·la·li·a /juːléɪliə/ *n.* ススキ属 (*Miscanthus*) の草本; (特に)ススキ (*M. sinensis*), カヤ, オバナ. 〖↓〗

Eu·la·li·a /juːléɪliə/ *n.* ユーレイリア《女性名; 愛称形 Eula, Lallie; 異形 Eulalie》. 〖☐ L ～ ☐ Gk *Eulalía* ← *eúlalos* sweetly speaking ← EU-＋*lalía* talk, speech (← *lalós* talkative)〗

Eu·la·lie /juːléɪli/ *n.* ユーレイリー《女性名》. 〖☐ F ～: ↑〗

Eulenspiegel *n.* ⇨ Till Eulenspiegel.

Eu·ler /ɔ́ɪlə | -lə(r; G. ɔ́ʏlɐ, **Le·on·hard** /léːɔnhaʁt/ *n.* オイラー《1707–83; スイスの数学者・物理学者》.

Euler /Swed. ɵ́jler/, **Ulf Svan·te** /ʉ́lf svántə; Swed. ɵ́lf svǎnte/ **von** *n.* オイレル《1905–83; スウェーデンの生理学者; Nobel 医学生理学賞 (1970)》.

Éuler characterístic *n.* 〖数学〗オイラーの指標[標数]《多面体の(頂点の数)−(辺の数)＋(面の数)》. 〖← *L. Euler*〗

Eu·ler-Chel·pin /ɔ́ɪləkélpɪn, -piːn | -lə-; G. ɔ́ʏlɐkélpiːn/, **Hans** (**Karl August Simon**) **von** *n.* オイラーケルピン《1873–1964; ドイツ生まれのスウェーデンの化学者; Nobel 化学賞 (1929)》.

Éuler círcle *n.* 〖数学〗オイラー円 (⇨ nine-point circle). 〖← *L. Euler*〗

Éuler's cónstant *n.* 〖数学〗オイラーの定数 ($1+{}^1/_2+{}^1/_3 \ldots +{}^1/_n - \log n$ の極限; 無理数かどうかもわかっていない). 〖↑〗

Éuler's díagram *n.* 〖論理〗オイラーの図《概念の関係を円を用いて図式化したもの》. 〖↑〗

Éuler's fórmula *n.* オイラーの公式: **a** 〖数学〗指数関数と三角関数の関係を表す公式. **b** 〖機械〗長柱が座屈しようとするときの限界荷重に対して導いた公式. 〖↑〗

Éuler's phí-fùnction *n.* 〖数学〗オイラーのファイ関数《各自然数 *n* に, それよりも小さくかつそれと互いに素であるような自然数の個数 $\phi(n)$ を対応させる関数; ギリシャ文字 ϕ を用い, かつ L. Euler が初めて用いたのでこのようにいう; totient ともいう》.

eu·lo·gi·a¹ /juːlóʊdʒiə | -lə́ʊ-/ *n.* (*pl.* **-gi·ae** /-dʒiìː/) **1** 〖キリスト教〗エウロギア, (司祭や司教による)祝福, 祝福されたもの. **2** 〖東方正教会〗＝antidoron. 〖(1751) ☐ LL ～ ☐ Gk *eulogía*《原義》a speaking well, praise, (in N.T.) blessing: ⇨ eulogy〗

eulogia² *n.* eulogium の複数形.

eulogiae *n.* eulogia¹ の複数形.

eu·lo·gism /júːlədʒìzm/ *n.* 賛辞を述べること. 〖(1761) ← EULOG(Y)＋-ISM〗

éu·lo·gist /-dʒɪ̀st | -dʒɪst/ *n.* 賛辞を呈する人, 称賛者 (panegyrist). 〖(1808): ⇨ -ist〗

eu·lo·gis·tic /jùːlədʒístɪk⁺/ *adj.* ほめたたえの, 称賛的な: ～ inscriptions 称賛の碑文. **èu·lo·gís·ti·cal·ly** *adv.* 〖(1825): ⇨ ↑, -ic¹〗

èu·lo·gís·ti·cal /-tɪ̀kəl, -kl̩ | -tɪ-⁺/ *adj.* ＝eulogistic.

eu·lo·gi·um /jʊlóʊdʒiəm | -lə́ʊ-/ *n.* (*pl.* ～**s**, **-gi·a** /-dʒiə/) ＝eulogy. 〖(1621) ☐ ML ～: ⇨ eulogy〗

eu·lo·gize /júːlədʒàɪz/ *vt.* ほめたたえる (⇨ praise SYN). **eu·lo·gi·za·tion** /jùːlədʒɪ̀zéɪʃən | -dʒaɪ-, -dʒɪ-/ *n.* 〖(*a*1810) ← EULOGY＋-IZE〗

éu·lo·gìz·er *n.* ＝eulogist. 〖1837〗

eu·lo·gy /júːlədʒi/ *n.* **1** 賛辞, ほめたたえる言葉 (⇨ tribute SYN); 《米》(死者に対する)賞徳表: pronounce a ～ *on* [*upon*] the dead 故人に賛辞を呈する, 故人に対して賞徳表を捧げる. **2** 称賛, 称揚 (praise): chant the ～ *of* …をほめ立てる; 《戯言》…を呼売りする. 〖((*a*1475)) (1591) ☐ ML *eulogium* ← LL *eulogia* 'EULOGIA¹': ML の形は L *ēlogium* short saying の影響〗

Eu·mae·us /juːmíːəs/ *n.* エウマイオス《*Odyssey* 中の Odysseus の忠実な豚飼い》. 〖☐ L ～ ☐ Gk *Eúmaios*〗

èu·mélanin *n.* 〖生化学〗ユーメラニン《メラノサイト (melanocyte) 中の黒色・褐色の色素; cf. phaeomelanin》. 〖← EU-＋MELANIN〗

Eu·men·i·des /juːménədìːz | -nɪ̀-/ *n.* [the ～] **1** [*pl.*] 〖ギリシャ神話〗エウメニデス (⇨ fury 3 a). **2** 「エウメニデス」(Aeschylus の三部作悲劇 *Oresteia* の第三部). 〖☐ L ～ ☐ Gk *Eumenídes*《原義》the gracious ones ← *eumenḗs* well-disposed ← EU-＋*ménos* soul, spirit: cf. mind〗

Eu·met·a·zo·a /juːmètəzóʊə | -təzə́ʊə/ *n. pl.* 〖動物〗真正後生動物《腔腸動物以上のすべての門を含む》. 〖← NL ～: ⇨ eu-, Metazoa〗

èu·mórphic *adj.* 〖心理〗＝mesomorphic 3. 〖← EU-＋-MORPHIC〗

Eu·nice /júːnɪ̀s/ *n.* ユーニス《女性名》. 〖☐ L ～ ☐ Gk *Euníkē*《原義》victorious ← EU-＋*níkē* victory〗

eu·no·my /júːnəmi/ *n.* 良き法のもとの市民的秩序. 〖(1721–1800) ☐ Gk *eunomía* ← EU-＋*nomía* law〗

eu·nuch /júːnɪ̀k | -nək/ *n.* **1** 去勢された男. **2** 宦官(かんがん)《昔, 東洋またはローマ帝国の宮廷に仕えた去勢された男》. **3** 《口語》柔弱な男; 無能な人: a political ～.

éu·nuch·ìsm /-kìzm/ *n.* 〖(*a*1387) ☐ L *eunūchus* ☐ Gk *eunoûkhos* chamber attendant ← *eunḗ* bed＋*ékhein* to keep〗

eu·nuch·oid /júːnəkɔ̀ɪd/ 〖病理〗*adj.* 類宦官(症). ― *n.* 類宦官症の人[患者]. 〖(1906) ☐ Gk *eunoukhoeidḗs*: ⇨ ↑, -oid〗

éu·nuch·oid·ìsm /-dìzm/ *n.* 〖病理〗類宦官(かんがん)症. 〖(1925): ⇨ ↑, -ism〗

eu·on·y·mus /juːá(ː)nəməs | -ɔ́nɪ̀-/ *n.* 〖植物〗ニシキギ属 (*Euonymus*) の低木・小高木あるいはつる性植物の総称 (ニシキギ (winged spindle tree), オウシュウニシキギ (spindle tree), マサキ (*E. japonica*) など; evonymus ともいう). 〖(1767) ☐ NL ～ ← L *euōnymos* ☐ Gk *euṓnumos* spindle tree,《原義》of good name ← EU-＋*ónoma* 'NAME'〗

eu·pa·to·ri·um /jùːpətɔ́ːriəm/ *n.* 〖植物〗ヒヨドリバナ《キク科ヒヨドリバナ属 (*Eupatorium*) の各種の草本の総称; フジバカマ (boneset), hemp agrimony など》. 〖(1578) ← NL ～ ← Gk *eupatórion* ← *Eupátōr* (120?–63 B.C.: 薬草として最初に用いた Pontus の王)〗

eu·pat·rid /juːpǽtrɪ̀d | -trɪd/ *n.* (*pl.* **eu·pat·ri·dae** /juːpǽtrədiː | juːpǽtrɪ-/) **1** [しばしば E-] (Athens やその他の古代ギリシャ諸国の支配階級であった)世襲貴族. **2** 《まれ》貴族 (aristocrat, patrician). 〖(1833) ☐ Gk *eupatrídēs* of noble family ← EU-＋*patḗr* 'FATHER'〗

Eu·pen-et-Mal·mé·dy /ɔ́ɪpənermæ̀lmədiː; F. øpɛnemalmedi/ *n.* オイペン[ウペーヌ]マルメディ《ベルギー東部, ドイツ国境に接する二地方; 1919 年ベルギー領となり, 1940 年ドイツに併合, 現在はベルギー領; Eupen and Malmédy ともいう》.

eu·pep·sia /juːpépʃə, -siə | -siə/ *n.* **1** 〖医学〗消化良好 (↔ dyspepsia). **2** 幸福(感), 楽観主義. 〖(1706) ← NL ～ ← Gk *eupepsía* good digestion ← *eúpeptos* easy of digestion ← EU-＋*peptós* (← *péptein* to digest): ⇨ pepsin〗

eu·pep·sy /júːpɛpsi, ─⁻─ | ─⁻─/ *n.* 〖医学〗＝eupepsia. 〖1721–1800〗

eu·pep·tic /juːpéptɪk/ *adj.* **1** 消化良好の; 〈人など〉消化力のよい. **2** 消化を助ける (promoting digestion). **3** 明朗な (cheerful), 楽天的な. **eu·pép·ti·cal·ly** *adv.* **eu·pep·tic·i·ty** /jùːpɛptísəti | -sɪ̀ti/ *n.* 〖(1699) ← Gk *eúpeptos* (⇨ eupepsia)＋-IC¹〗

euph. 《略》euphemistic.

Eu·phau·si·a·ce·a /juːfɔ̀ːziéɪʃiə, -fɑ̀ː- | -fɔ̀ːziéɪsiə/ *n. pl.* 〖動物〗オキアミ目. 〖← NL ～ ← *Euphausia* (← ? EU-＋Gk *phaínein* to show＋*ousía* substance)＋-ACEA: cf. -phane〗

eu·phau·sid /juːfɔ́ːzɪ̀d, -fɑ́ː- | -fɔ́ːzɪd/ 〖動物〗*adj.* オキアミ目の. ― *n.* オキアミ類《外洋浮遊状の小形甲殻類; 外形はアミに似る》. 〖(1893) ← NL *Euphausia* (↑)＋-ID²〗

eu·phau·si·id /juːfɔ́ːziɪ̀d, -fɑ́ː- | -fɔ́ːziɪd/ *adj., n.* 〖動物〗＝euphausid. 〖1893〗

Eu·phe·mi·a /juːfíːmiə/ *n.* ユーフィーミア《女性名; 愛称形 Effie; 異形 Eufemia; スコットランドで好まれる》. 〖☐ L ～ ☐ Gk *Euphēmía* good speech, honor: ↓〗

eu·phe·mi·ous /juːfíːmiəs/ *adj.* ＝euphemistic. ～**·ly** *adv.* 〖(1867) ← Gk *eúphēmos* (↓)＋-IOUS〗

eu·phe·mism /júːfəmìzm | -fɪ̀-/ *n.* 〖修辞〗**1** 婉曲語法 (↔ dysphemism). **2** 婉曲語句[表現]: 'Pass away' is a ～ *for* 'die.' pass away は die の婉曲的表現である. 〖(1656–81) ☐ Gk *euphēmismós* ← *euphēmízein* to speak fair ← *eúphēmos* fair of speech ← EU-＋*phḗmē* speech: ⇨ fame, -ism〗

éu·phe·mist /-mɪ̀st | -mɪst/ *n.* 婉曲な言い回しをする人, 言い回しのじょうずな人. 〖(1860): ⇨ -ist〗

eu·phe·mis·tic /jùːfəmístɪk | -fɪ̀-⁺/ *adj.* 婉曲語法の; 婉曲な, 遠回しな: a ～ way of speaking 婉曲な言い方. **èu·phe·mís·ti·cal·ly** *adv.* 〖(1856): ⇨ ↑, -ic¹〗

èu·phe·mís·ti·cal /-tɪ̈kəl, -kl̩ | -tɪ-ˊ/ *adj.* =euphemistic. 〖1879〗

eu·phe·mize /júːfəmàɪz | -fɪ̈-/ *vt.* (当たりさわりのないように)婉曲に言う (speak euphemistically). — *vi.* (婉曲な語句を用いて)きれいな[上品な]言い方をする, 婉曲な文句を用いる. **éu·phe·mìz·er** *n.* 〖(1857) ← EU-PHEM(ISM)+-IZE〗

eu·phen·ics /juːfénɪks/ *n.* 〖医学〗表現型改良学, 人間改造学 (eugenics が genotype (遺伝型)を改良しようとするのに反して, phenotype (表現型)に対して臓器移植・欠損部補綴のような技術的手段によって生後の人間を改良しようとする学問; cf. eugenics). **eu·phen·ic** /juːféːnɪk/ *adj.* 〖(1963) ← EU-+PHENO-+-ICS: J. Lederberg の造語〗

E

eu·pho·ni·a /juːfóuniə | -fə́u-/ *n.* 〖鳥類〗フウキンチョウ科 *Euphonia* 属の鳥数種の総称. 〖← NL ~: ⇨ euphony〗

eu·phon·ic /juːfɑ́(ː)nɪk | -fɔ́n-/ *adj.* **1** 音調のよい, 口調のよい (euphonious). **2** 音便上の: ~ changes 音便. **eu·phón·i·cal** /-nɪ̈kəl, -kl̩ | -nɪ-/ *adj.* **eu·phón·i·cal·ly** *adv.* **eu·phón·i·cal·ness** *n.* 〖(1814) ⊏ ML *euphonicus*: ⇨ euphony, -ic¹〗

eu·pho·ni·ous /juːfóuniəs | -fə́u-/ *adj.* 音調のなだらかな[快い], 口調のよい; 快調の (smooth-sounding) (cf. cacophonous). **~·ly** *adv.* **~·ness** *n.* 〖(1774): ⇨ euphony, -ous〗

eu·pho·ni·um /juːfóuniəm | -fə́u-/ *n.* ユーフォニアム (saxhorn 属のテナー変ロ調真鍮管楽器). 〖(1865) ← NL ~ ← Gk *eúphōnos*: ⇨ euphony, -ium〗

eu·pho·nize /júːfənàɪz/ *vt.* …の音調[語調]をよくする, 口調をよくする. 〖(1774): ⇨ ↓, -ize〗

eu·pho·ny /júːfəni/ *n.* 快い音調, (話し言葉の)快い響き, 語呂のよい音の連続 (↔ cacophony). 〖(*c*1450) (O)F *euphonie* ⊏ LL *euphōnia* ⊏ Gk *euphōnía* ← *eúphōnos* sweet-voiced ← EU-+*phōnḗ* sound: cf. -phone〗

eu·phor·bi·a /juːfɔ́ːbiə | -fɔ́ː-/ *n.* 〖植物〗トウダイグサ (トウダイグサ属 (*Euphorbia*) の植物の総称; spurge ともいう). 〖(*a*1398) ← NL ~ (変形) ← L *euphorbea* an African plant ← *Euphorbus* (1 世紀ごろのギリシャの医師)〗

Eu·phor·bi·a·ce·ae /juːfɔ̀ːbiéɪsiː | -fɔ̀ː-/ *n. pl.* 〖植物〗トウダイグサ科. **eu·phòr·bi·á·ceous** /-ʃəsˊ/ *adj.* 〖← NL ~: ⇨ ↑, -aceae〗

eu·pho·ri·a /juːfɔ́ːriə, jʊ-/ *n.* **1** 多幸感, 幸福感, 陶酔; 〖精神医学〗多幸症, 上機嫌 (↔ dysphoria). **2** 《俗》麻薬による陶酔感. 〖(1684) ← NL ~ ← Gk *euphoria* a bearing well ← *eúphoros* easy to bear ← EU-+*phérein* 'to BEAR¹'〗

eu·pho·ri·ant /juːfɔ́ːriənt, jʊ-/ *adj.* 〈薬剤が〉多幸感を与える. — *n.* 〖薬学〗爽快剤, 多幸感発現剤. 〖(1947) ← EUPHORIA+-ANT〗

eu·phor·ic /juːfɔ́(ː)rɪk | -fɑ́(ː)r- | -fɔ́r-/ *adj.* 幸福感にあふれる; 幸福感を生ずる. — *n.* =euphoriant. **eu·phór·i·cal·ly** *adv.* 〖(1888) ← EUPHORIA+-IC¹〗

eu·pho·ri·gen·ic /juːfɔ̀ːrɪ̈dʒénɪk | -rɪ-ˊ/ *adj.* 〈麻薬など〉陶酔感を与える. 〖← EUPHORIA+-GENIC¹〗

eu·pho·ry /júːfəri/ *n.* =euphoria.

eu·pho·tic /juːfóutɪk | -fə́ut-, -fɔ́t-/ *adj.* 〖生態〗光をよく浸透する水深の. 〖(1909) ← EU-+PHOTIC〗

euphótic zòne *n.* 〖海洋〗真光層 (水面から, 光合成の行われる限度の深さまで). 〖1964〗

eu·phra·sia /juːfréɪʒə, -ʒiə/ *n.* 〖植物〗コゴメグサ属 (*Euphrasia*) の各種の草本, (特に) eyebright. 〖(1706) ↓〗

eu·phra·sy /júːfrəsi/ *n.* 〖植物〗=eyebright 1. 〖(1373) *eufrase* ⊏ ML *euphrasia* ⊏ Gk *euphrasía* delight ← *euphraínein* to delight ← EU-+*phrḗn* mind〗

Eu·phra·tes /juːfréɪtiːz/ *n.* [the ~] ユーフラテス(川), エウフラテス(川) (トルコの東部に起こり, シリア・イラクを経て, Tigris 川と合流して Shatt-al-Arab 川となり, ペルシャ湾 (Persian Gulf) に注ぐ川 (2,700 km); 下流は古代都市文明発祥地; cf. Mesopotamia 1). 〖⊏ L *Euphrātes* ⊏ Gk *Euphrā́tēs* ⊏ Avestan *huərəthwa* (原義) good to cross over〗

eu·phroe /júːfrou, -vrou | -frəu, -vrəu/ *n.* 〖海事〗天幕吊板 (つり綱 (crowfoot) を通す小穴の並んだ細長い板). 〖(1815) ⊏ Du. *juffrouw* (原義) young woman < MDu. *joncfrouwe, juffrouwe* (cf. G *Jungfrau*): cf. young, frow¹〗

Eu·phros·y·ne /juːfrɑ́(ː)zəniː, -frɑ́(ː)s- | -frɔ́zɪ̈niː/ *n.* 〖ギリシャ神話〗エウフロシュネ (宴の賑いや楽しさを司る女神; the three Graces の一人; cf. grace 10). 〖⊏ L ~ ⊏ Gk *Euphrosúnē* (原義) mirth ← *eúphrōn* of good mind, cheerful ← EU-+*phrḗn* mind: cf. phrenetic〗

Eu·phu·es /júːfjuiːz/ *n.* **1** 「ユーフュイーズ」(エリザベス朝の文人 John Lyly 作の小説 (1578–80)). **2** ユーフュイーズ (その主人公; アテネの才智ある優雅な青年で処世訓を語る). 〖((1570)) (*a*1613) ← Gk *euphuḗs* well-grown ← EU-+*phuḗ* growth (← *phúein* to grow)〗

eu·phu·ism /júːfjuìzm/ *n.* **1** ユーフュイズム, 誇飾・美文体 (対照法・直喩・頭韻などが特徴で, 16–17 世紀に英国に流行した; Lyly の小説 Euphues 式文体). **2** 華麗な文体; 美辞麗句, 気取った語句 (cf. conceit 2 a). 〖(1592): ⇨ ↑, -ism〗

éu·phu·ist /-fjuɪ̈st | -ɪst/ *n.* **1** *Euphues* の文体模倣者. **2** 美辞麗句の使用者, 気取った文を書く人, 華麗体の文章家. 〖(1593): ⇨ ↑, -ist〗

eu·phu·is·tic /jùːfjuístɪkˊ/ *adj.* 〈文体など〉気取って華麗な (⇨ bombastic SYN): ~ phrases 美辞麗句. **èu·phu·ís·ti·cal·ly** *adv.* 〖(1828): ⇨ ↑, -ic¹〗

èu·phu·ís·ti·cal /-tɪ̈kəl, -kl̩ | -tɪ-ˊ/ *adj.* =euphuistic. 〖1823〗

eu·plas·tic /juːplǽstɪk/ *adj.* 〖生理〗正常形成の. 〖(1847) ← EU-+-PLASTIC〗

eu·ploid /júːplɔɪd/ 〖生物〗 *adj.* 正倍数性の. — *n.* 正倍数. 〖(1926) ← EU-+-PLOID〗

eu·ploid·y /júːplɔɪdi | -di/ *n.* 〖生物〗正倍数性 (染色体数が基本数の整数倍であること). 〖(1926): ⇨ ↑, -y¹〗

eup·ne·a /juːpníːə | júːpniə, juːpníːə/ *n.* (*also* **eup·noe·a** /~/) (廃) 〖病理〗正常呼吸 (cf. dyspnea). **eup·ne·ic** /juːpníːɪk/ *adj.* 〖(1706) ← NL ~ ← Gk *eúpnoia* ← *eúpnoos* breathing well ← EU-+*pno(i)ḗ* breath (← *pneîn* to breathe)〗

eu·po·tam·ic /jùːpətǽmɪkˊ/ *adj.* 〖生態〗〈植物または動物が〉流止水性の (淡水の流水・止水両方で成育[生息]する; cf. autopotamic, tychopotamic). 〖← EU-+-POTAMIC〗

Eur. (略) Europe; European.

Eur- /jʊ̈ᵊr | jʊər/ (母音の前にくるときの) Euro- の異形.

Eur·af·ri·can /jʊ̈ᵊrǽfrɪ̈kən | jʊ(ə)r-, jɔːr-/ *adj.* ヨーロッパとアフリカの. — *n.* ヨーロッパ人とアフリカ人との混血児. 〖(1890) ← EUR(OPE)+AFRICAN〗

Eu·rail·pass /jʊ̈ᵊréɪlpæ̀s | jʊ(ə)réɪlpɑ̀ːs, jɔːr-/ *n.* ヨーロッパ鉄道割引券 (ヨーロッパ観光者用). 〖(短縮) ← *Eur(opean) rail(road) pass*〗

Eur·a·mer·i·can /jʊ̈ᵊrəmérɪ̈kən | jʊ̀ər-, jɔːr-ˊ/ *adj.* ヨーロッパとアメリカに共通の; 欧米の (Euro-American ともいう): the ~ culture 欧米文化. — *n.* ヨーロッパ人とアメリカ人との混血児. 〖(1941) ← EURO-+AMERICAN〗

Eur·a·sia /jʊ̈ᵊréɪʒə, -ʃə | jʊ(ə)réɪʒə, jɔːr-, -ʒiə, -ʃə/ *n.* ユーラシア(大陸) (ヨーロッパとアジアを併合した名称). 〖← EURO-+ASIA〗

Eur·a·sian /jʊréɪʒən, -ʃən | jʊ(ə)réɪʃən, jɔːr-, -ʒən/ *adj.* **1** ユーラシアの, 欧亜の: the ~ Continent ユーラシア大陸. **2** 欧亜混血の: a ~ girl 欧亜混血少女. — *n.* **1** [特にインドでは軽蔑的に] 欧亜混血児. **2** ユーラシア人. 〖(1844): ⇨ ↑, -an¹〗

EUR·A·TOM, Eur·a·tom /jʊ̈ᵊrǽtəm | jʊ(ə)rǽtəm, jɔːr-/ *n.* 欧州原子力共同体 (フランス・ドイツ・イタリア・ベルギー・オランダ・ルクセンブルクの 6 か国間に 1958 年発効した機構; 原子力の開発・研究・生産・管理などを目標としている; ⇨ European Community). 〖(1956) (頭字語) ← *Eur(opean) Atom(ic Energy Community)*〗

Eure /ɜ́ː | ɜ́ːʳ; *F.* œːʁ/ *n.* ウール(県) (フランス北部の県; 面積 6,004 km², 県都 Évreux /evʁø/).

Eure-et-Loir /ɜ́ːeɪlwɑ́ə | ɜ́ː(r)eɪlwɑ́ːʳ; *F.* œʁelwaːʁ/ *n.* ウールエロワール(県) (フランス北部の県; 面積 5,876 km², 県都 Chartres).

eu·re·ka /jʊríːkə | jʊ(ə)r-, jɔːr-/ *int.* わかった, しめた (何かを発見したときの喜びの叫び声; 米国 California 州の motto). 〖(1603) ⊏ Gk *heúrēka* I have found (it) (perf.) ← *heurískein* to find (cf. heuristic): Archimedes が King Hiero (308–215 B.C.: Syracuse の僭王) の王冠の黄金の純度を知る方法を発見したときの叫びから〗

Eu·re·ka /jʊríːkə | jʊ(ə)r-, jɔːr-/ *n.* **1** ユリーカ (米国 California 州北西部 Oregon 州との境界近くにある市). **2** 〖商標〗ユリーカ (米国 The Eureka Co. 社製の電気掃除機).

Euréka Stockáde *n.* 〖豪史〗ユリーカ砦事件 (1854 年 Ballarat で金採掘者たちが税金の軽減などを州政府に要求して起こした反乱; これにより採掘者たちは議会での権利を獲得した).

eu·rhyth·mic /jʊríðmɪk | jʊ(ə)ríð-, jɔːr-, -ríθ-/ *adj.* =eurythmic. 〖1831〗

eu·rhyth·mics /jʊríðmɪks | jʊ(ə)ríð-, jɔːr-, -ríθ-/ *n.* =eurythmics. 〖1912〗

eu·rhyth·my /jʊríðmi | jʊ(ə)ríðmɪ, jɔːr-, -ríθ-/ *n.* =eurythmy. 〖1624〗

Eurip. (略) Euripides.

euripi *n.* euripus の複数形.

Eu·rip·i·de·an /jʊrɪ̀pədíːən | jʊ(ə)rɪ̀pɪ̈-, jɔːr-ˊ/ *adj.* エウリピデス(風)の; エウリピデス劇の. 〖(1821): ⇨ ↓, -ean〗

Eu·rip·i·des /jʊrípədìːz | jʊ(ə)rípɪ̈-, jɔːr-/ *n.* エウリピデス (484?–?406 B.C.; ギリシャの悲劇詩人; *Alcestis* (438 B.C.), *Medea* (431 B.C.), *Electra* (413 B.C.), *Iphigenia at Aulis* (405? B.C.), *Bacchae* (405 B.C.)). 〖⊏ Gk *Euripídēs*〗

eu·ri·pus /jʊráɪpəs | jʊ(ə)r-, jɔːr-/ *n.* (*pl.* **eu·ri·pi** /-paɪ/) **1** (潮流の激しい)海峡. **2** (まれ) 激動, 変動. 〖(1601) ⊏ L *Eurīpus* ⊏ Gk *eúripos* ← EU-+*rhipḗ* impetus, rush (← *rhíptein* to throw)〗

Eu·ri·pus /jʊráɪpəs | jʊ(ə)r-, jɔːr-/ *n.* [the ~] エウリーポス(海峡) (ギリシャの Euboea 島と本土の Boeotia 間の海峡; 干・満潮時の潮流の激しいので有名). 〖↑〗

eu·ro /jʊ́ᵊrou | jʊ́ərəu, jɔ́ːr-/ *n.* (*pl.* ~, ~s) (豪) 〖動物〗アカワラルー (*Macropus antilopinus*) (大形のカンガルー; antilopine wallaroo ともいう). 〖(1855) ← Austral. ((Adynyamathanha))〗

Eu·ro, e- /jʊ́ᵊrou | jʊ́ərəu, jɔ́ːr-; *G.* ɔʏʀo, *F.* øʀo/ *n.* (*pl.* ~s /~z/) ユーロ (通貨統合に伴って EU 諸国に導入された統一通貨; 1999 年 1 月 1 日から単位として使われ, 2002 年 1 月 1 日から EU 内 12 か国で現金として流通; = 100 (Euro) cents; 記号 €). 〖(1981) (略) ← *Eurobond, Euro-dollar*, etc.〗

Eu·ro- /jʊ́ᵊrou | jʊ́ərəu, jɔ́ːr-/「ヨーロッパの (European); ヨーロッパと…との」の意の連結形. ★ 母音の前では通例 Eur- になる: *Euro*man ヨーロッパ人 / *Euro*-politics ヨーロッパ政策. 〖(1962) ← EUROPE〗

éu·ro·àd /jʊ́ᵊrouæ̀d | jʊ́ərəu-, jɔ́ːr-/ *n.* ユーロ広告 (欧州連合 (EU) 諸国向けの広告).

Èuro-Américan *adj.* =Euramerican. 〖1928〗

Èuro·asiátic *adj.* ヨーロッパとアジアの. 〖(1935) ← EURO-+ASIATIC〗

Éuro·bànk *n.* ユーロバンク (ユーロ市場で金融取引を行うヨーロッパの銀行業機関). 〖(1966) ← EURO-+BANK〗

Éuro·bèach *n.* ユーロ海岸 (海中のバクテリア量など EC の基準に適合し遊泳可能な海岸).

Éuro·bònd, e- *n.* 〖経済〗ユーロ債券 (ヨーロッパ資本市場において発行される外貨建て公社債). 〖(1966) ← EURO(DOLLAR)+BOND¹〗

Euro·centric /jʊ̀ᵊrouséntrɪk | jʊ̀ərə(ʊ)-, jɔ̀ːr-ˊ/ *adj.* ヨーロッパ(人)中心の. 〖1963〗

Éuro·chèque, e- *n.* (英) ユーロチェック (ヨーロッパ諸国で使用できるクレジットカード). 〖1969〗

Eu·roc·ly·don /jʊrɑ́(ː)klədɑ̀(ː)n | jʊ(ə)rɔ́klɪ̈dɔ̀n, jɔːr-/ *n.* **1** 〖気象〗ユーロクリダン (⇨ gregale). **2** (一般に) 暴風. 〖(1611) ⊏ Gk *euroklúdōn* ← *eûros* east wind (⇨ Eurus)+*klúdōn* wave: cf. *Acts* 27: 14〗

Èuro·cómmunism *n.* 〖政治〗ユーロコミュニズム (旧ソ連から独立して柔軟路線を執る西欧諸国共産党の自主・自由・民主路線). **Èuro·cómmunist** *n.*, *adj.* 〖(1976) ← EURO-+COMMUNISM〗

Eu·roc·ra·cy, e- /jʊrɑ́(ː)krəsi | jʊ(ə)rɔ́k-, jɔːr-/ *n.* [集合的] 欧州連合 (EU) の幹部連. 〖(1971) ← EURO-+-CRACY: BUREAUCRACY からの類推〗

Eu·ro·crat, e- /jʊ́ᵊrəkræ̀t | jʊ́ərə(ʊ)-, jɔ́ːr-/ *n.* (口語) 欧州連合 (EU) の幹部. 〖(1961): ⇨ ↑, -crat〗

Eu·ro·crat·ic /jʊ̀ᵊrəkrǽtɪk | jʊ̀ərə(ʊ)krǽt-, jɔ̀ːr-ˊ/ *adj.* 欧州連合 (EU) の運営に関する. 〖(1970): ⇨ ↑, -cratic〗

Éuro·cùrrency, e- *n.* 〖経済〗ユーロカレンシー, ユーロ通貨 (ヨーロッパ金融市場で使うためにヨーロッパの銀行に預けてある国際短期資金; ⇨ Eurodollar). 〖1963〗

Èuro·depósit, e- *n.* ユーロ預金 (ユーロ通貨による預金). 〖1971〗

Éuro·dìsney *n.* 〖商標〗ユーロディズニー (Walt Disney 社が Paris 郊外に設立した (1992) 広大な遊園地; Disneyland Paris の旧称).

Éuro·dòllar, é- *n.* 〖経済〗ユーロダラー (米国以外, 主としてヨーロッパ諸国の銀行に預けられた米ドル; ドル以外の通貨を含めるときは Eurocurrency という). — *adj.* ユーロダラーの. 〖1960〗

Èuro-éléction *n.* 欧州議会選挙.

eu·ro·ky /jʊróuki | jʊ(ə)rə́u-/ *n.* 〖生態〗広環境性 (多くの環境要因に対して広い耐忍範囲をもつこと; ↔ stenoky). **eu·ró·kous** *adj.*

Éuro·màrket, e- *n.* **1** [the ~] 欧州共同市場 (⇨ common market 1). **2** 〖金融〗ユーロ市場, ユーロマーケット (ユーロマネーまたはユーロ債の金融市場). 〖1957〗

Eu·ro·mart, e- /jʊ́ᵊrəmɑ̀ːt | jʊ́ərəmɑ̀ːt, jɔ́ːr-/ *n.* [the ~] =Euromarket 1. 〖1957〗

Éuro·mòney, é- *n.* 〖経済〗=Eurocurrency.

Euro-MP /-èmpíː/ *n.* 欧州議会議員 (cf. European Parliament). 〖1975〗

Eu·ro·pa /jʊ̈ᵊróupə | jʊ(ə)rə́u-, jɔːr-/ *n.* **1** 〖ギリシャ神話〗エウロペ (Zeus に愛された Phoenicia の王女; Zeus は白い牛に身を変えて彼女を背に乗せ Crete 島まで連れて行った; Zeus との間に Rhadamanthus, Minos, Sarpedon の三人の子供が生まれた). **2** 〖天文〗ユーロパ (木星 (Jupiter) の第 2 衛星; cf. Galilean satellites). 〖⊏ L *Eurōpa* ⊏ Gk *Eurṓpē*: ↓〗

Eu·rope /jʊ́ᵊrəp | jʊ́ər-, jɔ́ːr-/ *n.* **1** ヨーロッパ, 欧州 (東半球の北西部, 五大州の一つ; 面積 10,600,000 km²). ★ 英国ではしばしば England または British Isles と対照してヨーロッパ大陸 (the Continent) の意に用いる. **2** (英) ヨーロッパ共同市場: join [go into] ~ ヨーロッパ共同市場に加入する. 〖⊏ F ~ ∥ L *Eurōpa* ⊏ Gk *Eurṓpē* ← ? Sem. (cf. Heb. *'érebh* sunset, evening): したがって原義は the land of the setting sun と考えられるが, ギリシャ人の間で *eurṓpē* broad face (南北に狭く東西に広いことから?) と連想された〗

Eu·ro·pe·an /jʊ̈ᵊrəpíːən | jʊ̀ər-, jɔ̀ːr-ˊ/ *adj.* **1** ヨーロッパの, 欧州の; 全欧的な: a scholar of ~ fame 全欧に知られた学者. **2** ヨーロッパ人の, 白人の. **3** (英) 〈人が〉欧州連合 (EU) 支持の. — *n.* **1** ヨーロッパ人, 欧州人. **2** ヨーロッパ系人; (アフリカおよびアジアで) 白人. **3** (英) 欧州連合 (EU) 支持. 〖(1603) ⊏ F *européen* ← L *Eurōpaeus* (← Gk *Eurōpaîos* ← *Eurṓpē* (↑))+-EAN〗

European ásh *n.* 〖植物〗=common ash.

Européan Atómic Énergy Commùnity *n.* [the ~] ⇨ EURATOM.

European bírd chèrry *n.* **1** 〖植物〗エゾノウワミズザクラ (*Prunus padus*) (ヨーロッパおよび日本原産の落葉高木). **2** その実 (黒くて小さい).

European bíson *n.* 〖動物〗ヨーロッパバイソン (wisent).

European cháfer *n.* 〖昆虫〗コガネムシ科クロコガネの一種 (*Amphimallon majalis*) (ヨーロッパ原産で北米東部にも侵入してきて芝の害虫となっている). 〖1947〗

European Cóal and Stéel Commùnity *n.* [the ~] 欧州石炭鉄鋼共同体 (ヨーロッパに石炭と鉄鋼の単一市場を設定するために 1952 年に創設; 現在は EU 加盟 15 か国で構成; 略 ECSC).

Européan Commìssion *n.* [the ~] 欧州委員会 (1967 年設置; 20 人の委員から成る EC の執行機関; EC の政策の提案や諸国間の調整を行う; 略 EC).

European Cómmon Márket *n.* [the ~] 欧州

共同市場《現在は Common Market の方が普通; 略 ECM》.
Européan Commúnity *n.* [the ~] 欧州共同体《1967 年に欧州経済共同体 (EEC)・欧州石炭鉄鋼共同体 (ECSC)・欧州原子力共同体 (EURATOM) の三つの機関が統合したもの; 加盟国はそれぞれの場合と同じくフランス・ドイツ・イタリア・ベルギー・オランダ・ルクセンブルクの 6 か国, その後 1973 年英国・アイルランド・デンマークが 1981 年ギリシャが, 1986 年スペイン・ポルトガルが加盟; 略 EC; 三つの機関の総称として European Communities ともいう》.
Européan Convéntion on Húman Ríghts *n.* [the ~] 欧州人権条約《西欧諸国が人権と基本的自由の保護を集団的に保障するために成立させた条約 (1953); 略 ECHR》.
Éuropean córn bòrer *n.* 〖昆虫〗アワノメイガ, アワズイムシ (*Micractis nubilalis*)《ヨーロッパから米国およびカナダに 1917–20 年ごろ侵入; その幼虫はアワやトウモロコシなどの穀類に大害を与える; 単に corn borer ともいう》. 〖1920〗
Éuropean Cóuncil *n.* [the ~] 欧州理事会《EU の閣僚理事会 (Council of Ministers) や欧州委員会 (European Commission) で解決できない重大問題や国際政治問題を討議する EU 加盟国首脳会議; 通称 EU サミット》.
Éuropean Cóurt of Húman Ríghts *n.* [the ~] 欧州人権裁判所《所在地 Strasbourg; 略 ECHR》. 〖1959〗
Éuropean Cóurt of Jústice *n.* [the ~] 欧州司法裁判所《EC 条約とその関連法適用について判定を下す EC 機関; 所在地 Luxembourg; 略 ECJ》.
Éuropean cránberry *n.* 〖植物〗ツルコケモモ (*Vaccinium oxycoccus*)《北半球の冷温帯や高山に産するツツジ科コケモモ属の常緑低木; 液果は赤く酸味に富み食用; 米国では small cranberry ともいう》.
Éuropean Cúp *n.* [the ~] ヨーロッパカップ: **1** サッカーの UEFA 加盟国が参加する欧州大会. **2** 同大会の優勝杯.
Éuropean Cúp·wìnners' Cùp *n.* [the ~] ヨーロッパ カップウィナーズ カップ: **1** UEFA 加盟各国の国内勝抜き戦の優勝チームが出場するサッカーの欧州大会. **2** 同大会の優勝杯.
Éuropean Cúrrency Ùnit *n.* 欧州通貨単位《欧州連合 (EU) 加盟国の共通計算単位; 欧州通貨同盟 (EMU) 発足後の単一共通通貨は EURO》.
Européan Económic Commùnity *n.* [the ~] 欧州経済共同体《フランス・ドイツ・イタリア・ベルギー・オランダ・ルクセンブルクの 6 か国間に 1958 年発効した機構; 関税同盟の結成による加盟国相互間の関税・貿易制限の撤廃を目標にしている; 加盟国が形成する経済圏を通例 (European) Common Market と呼ぶ; 略 EEC; ⇨ European Community》.
Éuropean élder *n.* 〖植物〗セイヨウニワトコ (⇨ bourtree).
Européan Exchánge Ràte Mèchanism *n.* [the ~] 欧州為替相場メカニズム《各国の通貨当局が市場介入によって外国為替相場を調整する制度》.
Éuropean flý hóneysuckle *n.* 〖植物〗ヨーロッパおよびアジア原産のスイカズラ科の常緑低木 (*Lonicera xylosteum*).
Éuropean Frée Tráde Associàtion *n.* [the ~] 欧州自由貿易連合《1960 年欧州経済共同体 (EEC) 非加盟国 7 か国で結成された経済連合; 原加盟国は英国, デンマーク, ノルウェー, スウェーデン, スイス, オーストリア, ポルトガル; 1995 年からはスイス, ノルウェー, アイスランド, リヒテンシュタインの 4 か国で存続されている; 略 EFTA》.
Éuropean glóbeflower *n.* 〖植物〗セイヨウキンバイ (*Trollius europaeus*)《ヨーロッパ原産のキンポウゲ科の多年草》.
Éuropean góldenrod *n.* 〖植物〗キク科アキノキリンソウ属の植物 (*Solidago virga-aurea*)《その変種である *S. v.* var. *asiatica* はアキノキリンソウ, アワダチソウ, キンカなどと呼ばれる》.
Eu·ro·pe·an·ism /jù°rəpíːənìzm | jùər-, jɔ̀ːr-/ *n.* **1** ヨーロッパ主義, 欧州主義; 欧州気風[精神]. **2** ヨーロッパ的特色, (思想・風習・方法などの)欧州風. **3** (政治・経済の統合を主張する)ヨーロッパ主義. **4** ヨーロッパ共同市場加入支持(運動). 〖(1828): ⇨ -ism〗
Èu·ro·pé·an·ist /-nɪ̣st | -nɪst/ *n.*, *adj.* ヨーロッパ共同市場加入支持者(の). 〖(1962): ⇨ -ist〗
Eu·ro·pe·an·i·za·tion /jù°rəpìːənɪ̣zéɪʃən | jùərəpìːənaɪ-, jɔ̀ːr-, -nɪ-/ *n.* ヨーロッパ化すること, 欧化. 〖(1882): ⇨ ↓, -ation〗
Eu·ro·pe·an·ize /jù°rəpíːənàɪz | jùərəpíːən-, jɔ̀ːr-/ *vt.* **1** ヨーロッパ化する. **2** 〈一国を〉ヨーロッパ共同体機構に組み入れる. 〖(1857): ⇨ -ize〗
Éuropean lárch *n.* 〖植物〗ヨーロッパカラマツ (*Larix decidua*).
Éuropean Másters *n.* [the ~] 欧州マスターズ《欧州 PGA ツアーのゴルフトーナメントの一つ》.
Éuropean Mónetary Sỳstem *n.* [the ~] 欧州通貨制度《欧州共同体の域内通貨の安定, ならびに EC 通貨統合の促進などを目的として, 1979 年に発足した制度; 略 EMS》. 〖1978〗
Éuropean Ópen *n.* [the ~] 欧州オープン《欧州 PGA ツアーのゴルフトーナメントの一つ》.
Éuropean Párliament *n.* 欧州議会《欧州共同体加盟国の国民の直接選挙で選ばれた議員によって構成される議会; cf. MEP》. 〖1961〗
Éuropean pártners *n. pl.* [our ~] (英国から見た)他の EC 諸国.
Européan plàn *n.* [the ~] 《米》(ホテル経営で)ヨーロッパ式《部屋代とサービス代を定額とし食費を別勘定にする; cf. American plan》: on *the* ~. 〖1834〗
Éuropean póplar *n.* 〖植物〗ヨーロッパヤマナラシ (*Populus tremula*)《ヨーロッパ産ポプラの一種》.
Éuropean ráspberry *n.* 〖植物〗ヨーロッパキイチゴ (*Rubus idaeus*).
Européan Recóvery Prògram *n.* [the ~] 欧州復興計画 (略 ERP: cf. Marshall Plan).
Éuropean réd míte *n.* 〖動物〗リンゴハダニ (*Panonychus ulmi*)《果樹などの葉を害するハダニ》. 〖1940〗
Éuropean Spáce Àgency *n.* [the ~] 欧州宇宙機関《1975 年に発足した宇宙研究開発機関; 本部 Paris; 略 ESA》.
Éuropean Únion *n.* [the ~] 欧州連合《1993 年 11 月からの欧州連合条約発効を機に European Community (EC) を呼び替えたもの; 条約発効時の 12 か国に 95 年加盟のフィンランド・スウェーデン・オーストリアを合わせた 15 か国の共同体; 略 EU》. 〖1991〗
Éuropean yéw *n.* 〖植物〗=English yew.
Eu·ro·pe·o- /jù°rəpíːoʊ | jùərəpíːəʊ,- jɔ̀ː-/「ヨーロッパと…との (Europe and ...)」の意の連結形. 〖← L *Europaeus* 'EUROPEAN'〗
Éu·ro·phìle *n.* 《英》欧州連合強化に積極的な人. 〖← EURO-+-PHILE〗
Èuro·phóbic *adj.* 欧州連合恐怖症の.
eu·ro·pi·um /jʊróʊpiəm | ju(ə)ráʊ-, jɔːr-/ *n.* 〖化学〗ユウロピウム《希土類元素の一つ; 記号 Eu, 原子番号 63, 原子量 151.96》. 〖(1901) ← NL ~ ← L *Eurōpa* 'EUROPE'+-IUM〗
Eu·ro·po·cen·tric /jʊròʊpəséntrɪk | ju(ə)ràʊ-, jɔːr-⁻/ *adj.* ヨーロッパ中心主義の. **Eu·rò·po·cén·trism** /-trɪzm/ *n.* 〖(1926) ← EUROP(E)+-o-+-CENTRIC〗
Eu·ro·poort /*Du.* ǿːroːpoːrt/ *n.* Europort のオランダ語名.
Eu·ro·port /jú°roʊpɔ̀ət | júərəupɔ̀ːt, jɔ́ːr-/ *n.* ユーロポート《オランダ Rotterdam 付近に建設された欧州共同市場の主要港; 主に石油を扱う; オランダ語名 Europoort》. 〖← EURO-+PORT¹〗
Eu·ro·scep·tic /jú°roʊskèptɪk | júərə(ʊ)-, jɔ́ːr-/ *n.* (*also* **Eu·ro·skep·tic** /~/) 《英》欧州統合に消極的[懐疑的]な人. 〖1986〗
Eu·ro·star /jú°roʊstàə | júərəustàː(r, jɔ́ːr-/ *n.* ユーロスター《Channel Tunnel を通り London と Paris などを結ぶ列車》.
Éuro·stèrling *n.* 〖銀行〗ユーロスターリング《欧州大陸諸国の銀行に預けられた英国ポンド》. 〖1962〗
Eu·ro·trash /jú°roʊtræ̀ʃ | júərəu-, jɔ́ːr-/ *n.* 《口語・軽蔑》ユーロトラッシュ《特に米国で暮らす成金のヨーロッパ有閑族》. 〖(1983) ← EURO-+TRASH〗
Éuro·tùnnel *n.* =Channel Tunnel.
Eu·ro·vi·sion /jú°rəvɪ̀ʒən, -roʊ- | júərə(ʊ)-, jɔ́ːr-/ *n.* 〖商標〗ユーロビジョン《西ヨーロッパ諸国で作っているテレビ番組の国際中継・交換組織; 他地域との交換も行う; cf. intervision》. 〖(1951) ← EURO-+(TELE)VISION〗
Éurovision Sóng Cóntest *n.* [the ~] ユーロビジョンソングコンテスト《1956 年から始まったヨーロッパのポピュラーソングコンテスト; 各国の代表が競い合う模様がテレビで放映される》.
Eu·rus /jú°rəs | júər-, jɔ́ːr-/ *n.* **1** 〖ギリシャ神話〗エウロス《南東(また広義には東)の風の擬人化; cf. Volturnus》. **2** 南東の風 (southeast wind). 〖(*c*1380) □ L ~ □ Gk *Eûros* ← ? IE **eus-* to burn: ⇨ combust〗
eu·ry- /jú°rɪ̣, -ri | júər-/「広い (broad, wide)」の意の連結形 (↔ steno-): *eury*haline. 〖← NL ~ ← Gk *eurús* wide ← IE **werə-* wide, broad〗
Eu·ry·a·le /jʊráɪəliː | ju(ə)r-/ *n.* **1** 〖ギリシャ神話〗エウリュアレ《三人の Gorgons の中の一人》. **2** 〖動物〗エウリュアレー属《棘(ᵏᵒ)皮動物門ユウレイモヅル科の一属; ユウレイモヅル (*E. aspera*) などを含む》. 〖□ Gk *Euruálē*〗
eu·ry·bath /jú°rɪ̣bæ̀θ | júərɪ-/ *n.* 〖生態〗広深性生物《広範囲の水の深度の変化に耐え得る生物; ↔ stenobath》. **eu·ry·bath·ic** /jù°rɪ̣bǽθɪk | jùərɪ-⁻/ *adj.* 〖← EURY-+Gk *báthos* depth: (⇨ bathos)〗
eu·ry·cho·ric /jù°rɪ̣kɔ́ːrɪk | jùərɪ-⁻/ *adj.* 〖生態〗〈動植物が〉広域性の (↔ stenochoric). 〖← EURY-+Gk *chōr(ein)* to spread+-IC¹〗
Eu·ryd·i·ce /jʊrídəsiː | ju(ə)rídɪ̣si, jɔːr-, -siː/ *n.* 〖ギリシャ神話〗エウリュディケー《Orpheus の妻; Orpheus は音楽の力によって冥界 (Hades) から妻を救い出すが, Pluto の命令にそむいて, 妻が後からついて来たかを見ようとして振り返ったため, 彼女は再び冥界のやみに消え失せた》. 〖□ L ~ □ Gk *Eurudíkē*《原義》wide justice ← EURY-+*díkē* right, justice〗
eu·ry·ha·line /jù°rɪ̣héɪlaɪn, -hǽl- | jùərɪhéɪliːn, -laɪn⁻/ *adj.* 〖生態〗〈動植物が〉広塩性の《広い範囲の塩度の変化に耐え得る; ↔ stenohaline》. 〖(1888) ← EURY-+Gk *hálinos* of salt+-INE¹〗
eu·ry·hy·gric /jù°rɪ̣háɪgrɪk | jùərɪ-⁻/ *adj.* 〖生態〗〈動植物が〉広湿性の《広い範囲の湿度差に耐え得る; ↔ stenohygric》. 〖← EURY-+HYGRO-+-IC¹〗
eu·ry·o·ky /jù°rióʊki | jùəriə́u-, jɔ̀ːr-/ *n.* 〖生態〗= euroky.
eu·ryph·a·gous /jʊrífəgəs | ju(ə)r-/ *adj.* 〖生態〗〈動物が〉広食性の《広い範囲から栄養を摂取し得る; ↔ stenophagous》. 〖(1926) ← EURY-+-PHAGOUS〗
eu·ryp·ter·id /jʊríptərɪ̣d | ju(ə)ríptərɪd/ *adj.*, *n.* 〖古生物〗広翼亜綱の(動物). 〖(1871) ↓〗
Eu·ryp·ter·i·da /jù°rɪ̣ptérədə | jùərɪptérɪdə/ *n. pl.* 〖古生物〗広翼亜綱, ウミサソリ類《オルドビス紀からペルム紀にかけて存続した水生甲殻類》. 〖← NL ~: ⇨ eury-, ptero-, -ida〗
Eu·rys·the·us /jʊrísθiəs, -θuːs | -θjuːs, -θiəs/ *n.* 〖ギリシャ神話〗エウリュステウス《Hercules に十二の難業を命じた Mycenae の王》. 〖□ L ~ □ Gk *Eurustheús*〗
eu·ry·therm /jú°rəθə̀ːm | júərɪθə̀ːm/ *n.* 〖生態〗広温性生物. 〖(1888) □ G *Eurytherm*: ⇨ eury-, therm〗
èury·thérmal *adj.* 〖生態〗〈動植物が〉広温性の《広い範囲の温度差に耐え得る; ↔ stenothermal》. 〖(1881): ⇨ ↑, -al¹〗
èury·thérmic *adj.* 〖生態〗=eurythermal. 〖1903〗
èury·thérmous *adj.* 〖生態〗=eurythermal. 〖1940〗
eu·ryth·mic /jʊ°ríðmɪk | ju(ə)ríð-, jɔːr-, -ríθ-/ *adj.* **1** 快いリズムをもった, 律動的な. **2** (特に, 建築で)均斉がよくとれた. **eu·rýth·mi·cal** /-mɪ̣kəl, -kḷ | -mɪ-/ *adj.* **eu·rýth·mi·cal·ly** *adv.* 〖(1921) ← EURYTHMY+-IC¹〗
eu·ryth·mics /jʊ°ríðmɪks | ju(ə)ríð-, -ríθ-/ *n.* ユーリズミックス《スイスの作曲家 Émile Jaques-Dalcroze が考案した新しいリズム教育》. 〖(1912): ⇨ ↓, -ics〗
eu·ryth·my /jʊ°ríðmi | ju(ə)ríðmi, jɔːr-, -ríθ-/ *n.* 快いリズム; 律動的な運動; (建築などの)律動的調和[均斉]. 〖(1949) □ L *eurythmia* □ Gk *eurhuthmía* ← *eurhuthmós* rhythmical: ⇨ eu-, rhythm, -y¹〗
eu·ry·top·ic /jù°rɪ̣tɑ́(ː)pɪk | jùərɪtɔ́p-⁻/ *adj.* 〖生態〗〈動植物が〉(環境の変化に対し)広範囲適応性の (↔ stenotopic). **eu·ry·to·pic·i·ty** /jù°rɪ̣toʊpísəṭi | jùərətə(ʊ)písɪ̣ti/ *n.* 〖(*c*1945) ← ? G *Eurytop* (← EURY-+-top (← Gk *tópos* place))+-IC¹〗
-e·us /iəs/「筋 (muscle)」の意の名詞連結形: glut*eus*. 〖□ L ~: ⇨ -eous〗
Eus·den /júːzdṇ/, **Lawrence** *n.* ユーズデン《1688–1730; 英国の詩人; Newcastle 公の結婚をたたえたおかげで 1718 年に桂冠詩人となる》.
Eu·se·bi·us /juːsíːbiəs/ *n.* エウセビウス《260?–?340; パレスチナ (Palestine) の Caesarea の司教; 初期キリスト教会の歴史を書いた,「教会史の父」と呼ばれる; Eusebius Pamphili /pǽmfəlàɪ | -fɪ-/ ともいう》. **Eu·sé·bi·an** /-biən/ *adj.* 〖□ L ~ ← Gk *eusebḗs* pious〗
Eus·ka·ra /júːskərə; *Sp.* euskàra/ *n.* エウスカラ語《バスク人によるバスク語の呼称》.
Eus·kar·i·an /juːskǽ°riən | -skéər-/ *adj.* バスク族の (Basque). ── *n.* バスク語; バスク人. 〖(1864) ← Basque *Euskara* (変形) ← *Eskuara*, *Uskara* Basque language+-IAN〗
Eus·ke·ra /júːskərə; *Sp.* euskéra/ *n.* =Euskara.
eu·so·cial /juːsóʊʃəl, -ʃḷ | -sə́u-/ *adj.* 〖動物〗〈昆虫など〉完全に社会性の, 真社会性の. **eu·so·ci·al·i·ty** /juːsòʊʃiǽləṭi | -səʊʃiǽlɪ̣ti/ *n.* 〖(1972) ← EU-+SOCIAL〗
eu·sol /júːsɔ(ː)l | -sɒl/ *n.* 〖薬学〗ユーソル《塩化石灰と漂白粉と硼酸の混合溶液; 外傷の消毒液》. 〖(1915)《頭字語》← *E*(*dinburgh*) *U*(*niversity*) *s*(*olution*) *o*(*f*) *l*(*ime*): EU- および SOL(UTION) との連想もある〗
eu·spo·ran·gi·ate /jùːspərǽndʒiɪ̣t, -dʒièɪt/ *adj.* 〖植物〗〈シダ植物が〉真嚢(ᵘ)胞子嚢のある. 〖← NL *eusporangiatus*: ⇨ eu-, sporangium, -ate²〗
Eus·tace /júːstəs | -tɪ̣s/ *n.* ユースタス《男性名》. 〖ME □ OF ~ (F *Eustache*) □ LL *Eustachius* □ Gk *Eustákhios*《原義》fruitful ← EU-+*stákhus* ear of grain〗
Eu·stá·chian tùbe, e- t- /juːstéɪʃən-, -ʃiən-, -stéɪkiən-/ *n.* 〖解剖〗耳管, エウスタキー管, 欧氏管 (⇨ ear 挿絵). 〖(1741): ⇨ ↓, -an¹〗
Eu·sta·chio /euːstáːkiòʊ | -kiəʊ; *It.* eustáːkjo/, **Bar·to·lom·me·o** /bartolommέːo/ *n.* エウスターキオ《1524?–1574; イタリアの解剖学者; ラテン語名 Eustachius /juːstéɪkiəs, -ʃəs, -ʃiəs/》.
Eu·sta·cia /juːstéɪʃə, -ʃiə | -siə, -ʃə/ *n.* ユーステーシャ《女性名》. 〖(fem.): ← EUSTACE〗
eu·sta·cy /júːstəsi/ *n.* (*also* **eu·sta·sy** /~/) 〖地質〗海水面変動《氷河の消長などによって起こる地球規模の海水面の変化》. 〖(1946)《逆成》← *eustatic* (1906) □ G *eustatisch* (⇨ EU-, STATIC): ⇨ -y¹〗
eu·stat·ic /juːstǽṭɪk | -tɪk/ *adj.* 〖地質〗(地球規模の)海水面変動の. **eu·stát·i·cal·ly** *adv.* 〖(1906) □ G *eustatisch*〗
eu·stele /júːstiːl, juːstíːli/ *n.* 〖植物〗真正中心柱. 〖(*c*1920) ← EU-+STELE〗
eu·style /júːstaɪl/ 〖建築〗*n.* 正柱式《柱直径の $2^1/_4$ 倍の柱間隔をもつ柱割り (intercolumniation)》. ── *adj.* 正柱式の. 〖(1696) □ L *eustylos* having the columns at the best distances: ⇨ eu-, style〗
eu·tax·i·a /juːtǽksiə/ *n.* 〖工学〗易溶状態. 〖↓〗
eu·tax·y /júːtæksi, ─⁄─/ *n.* 整理, 整頓 (good order). 〖(1614) □ F *eutaxie* □ Gk *eutaxía* good arrangement ← *eútaktos* orderly ← EU-+*taktós* (← *tássein* to arrange)〗
eu·tec·tic /juːtéktɪk/ 〖化学・冶金〗*adj.* **1** 共融(晶)の, 低温で融解する: a ~ alloy 共融(晶)合金 / a ~ mixture 共融混合物 / the ~ point 共融点, 共晶点 / the ~ temperature 共晶[共融]温度 / ~ welding 低温溶接. **2** 共晶合金[混合物]の. ── *n.* **1** 溶けやすい物質, 共融混合物, 共晶, 共融晶. **2** 共晶[共融]溶解点(温度). 〖(1884) ← Gk *eútēktos* easily melted+-IC¹〗
eu·tec·toid /juːtéktɔɪd/ 〖化学・冶金〗*adj.* 共析の. ── *n.* 共析合金, 共析晶《特に, 固相中で他の相に変わるときに使われることが多い; cf. peritectoid》. 〖(1903): ⇨ ↑, -oid〗

Eu·ter·pe /juːtə́ːpi | -tə́ː-/ *n.* 〘ギリシャ神話〙エウテルペ《笛・叙情詩を司る; cf. Muse 1》. 〘□ L ～ □ Gk *Eutérpē* Muse of music, 《原義》well-pleasing ← EU-＋*térpein* to please〙

Eu·ter·pe·an /juːtə́ːpiən | -tə́ː-/ *adj.* エウテルペ (Euterpe) の; 音楽の.

eu·tha·na·sia /jùːθənéɪʒə, -ʒiə, -ziə | -ziə, -ʒiə, -ʒə/ *n.* **1** 安楽死(術) (mercy killing). **2** 《まれ》(安らかな) 大往生. **eu·tha·na·sic** /jùːθənéɪzɪk, -sɪk⁻/ *adj.* 〘(1646) □ Gk *euthanasíā* easy dying ← EU-＋*thánatos* death〙

eu·tha·nize /júːθənàɪz/ *vt.* 安楽死させる. 〘(1931): ⇨ ↑, -ize〙

eu·then·ics /juːθénɪks/ *n.* 環境改善学, 優境学《遺伝に基づく eugenics に対し, 人類の改善を目的として環境と生活状態の改善を研究する》. 〘(1905) ← Gk *euthēnéin* to thrive＋-ICS〙

eu·then·ist /juːθénɪ̀st, júːθə- | juːθénɪst, júːθɪ̀-/ *n.* 優境学者.

Eu·the·ri·a /juːθí(ə)riə | -θíər-/ *n. pl.* 〘動物〙真獣下綱 (⇨ Monodelphia). 〘← NL ～: ⇨ eu-, Theria〙

eu·the·ri·an /juːθí(ə)riən | -θíər-/ *adj., n.* 〘動物〙真獣下綱の(動物) (cf. metatherian, prototherian). 〘(1880): ⇨ ↑, -ian〙

eu·ther·mic /juːθə́ːmɪk | -θə́ː-/ *adj.* **1** 平熱の; 正常温度の. **2** 発熱性の, 誘熱性の. 〘← EU-＋THERMIC〙

eu·thym·i·a /juːθímiə/ *n.* 〘心理〙(客観的状況とは関係のない)快の感情. 〘□ Gk *euthūmía* ← EU-＋*thūmós* mind〙

eu·thy·roid /juːθáɪrɔɪd | -θáɪ(ə)r-/ *adj.* 〘解剖〙甲状腺機能正常の (cf. hyperthyroid, hypothyroid). 〘(1924) ← EU-＋THYROID〙

eu·to·ci·a /juːtóuʃiə, -siə/ *n.* 〘医学〙正常分娩 (↔ dystocia); 安産. 〘← NL ～ ← Gk *eutokía* happy child birth ← *eútokos* ← EU-＋*tókos* bringing forth〙

Eu·to·pi·a /juːtóupiə | -tóu-, ju-/ *n.* 理想郷; (時に) ＝Utopia. 〘(1556) ← NL ～ ← EU-＋Gk *tópos* place＋-IA¹: UTOPIA に語呂を合わせた T. More の造語〙

eu·tro·phic /juːtróufɪk | -tróf-, -tráuf-/ *adj.* **1** 〘医学〙栄養良好の. **2** 〘生態〙〈川・湖が〉富栄養の《藻類の発生が過度で, 水底は酸素不足で生物が少なくなる; cf. dystrophic, mesotrophic, oligotrophic》. 〘(1928): ⇨ eutrophy, -ic¹〙

eu·tro·phi·cate /juːtróufɪ̀kèɪt | juːtróf-, -tráuf-/ *vi.* 〘生態〙〈川・湖が〉富栄養化する. **eu·tro·phi·ca·tion** /juːtròufɪ̀kéɪʃən | -tròfɪ-, -tràuf-/ *n.* 〘⇨ ↑, -ate³〙

eu·tro·phy /júːtrəfi/ *n.* **1** 〘医学〙栄養良好, 栄養正常 (cf. atrophy 1). **2** 〘□ ? G *Eutrophie*〙〘生態〙(川・湖の)富栄養状態. 〘(1721) □ Gk *eutrophía* good nutrition: ⇨ eu-, tropho-, -y¹〙

Eu·tych·i·an /juːtíkiən/ *n.* **1** エウテュケス派の人, 《極端な》キリスト単性論者 (Monophysite). **2** ＝Eutychianus. 〘(1556) □ L *Eutychiānus* ← Eutyches＋-IAN〙

Eu·tych·i·a·nus /juːtìkiéɪnəs/, Saint *n.* 聖エウテュキアヌス《?-283; ローマ教皇 (275-83)》.

eux·e·nite /júːksənàɪt | -sɪ̀-/ *n.* 〘鉱物〙ユークセナイト《イットリウム・エルビウム・セリウム・ウラニウムを含む複雑な組成をもった黒褐色の鉱物》. 〘(1844) □ G *Euxenit* ← Gk *eúxenos* hospitable: ⇨ -ite¹〙

Éux·ine Séa /júːksən-, -sn-, -saɪn- | -saɪn-/ *n.* [the ～] エウクセイノス海 《Pontus Euxinus の英訳; the Black Sea の古称》. 〘⇨ Pontus Euxinus〙

eV, EV, ev 《略》〘物理〙electronvolt(s) (cf. MeV).

EV 《略》English Version (of the Bible).

E·va /íːvə, éɪvə | íːvə; *Sp., Am.Sp.* éβa/ *n.* エーバ《女性名》. 〘□ LL ～: ⇨ Eve〙

EVA 《略》extravehicular activity. 〘1965〙

evac. 《略》evacuate; evacuation.

e·vac·u·ant /ɪ̀vǽkjuənt/ *adj.* 〘医学〙排泄(はいせつ)促進の, 通じをつける. ― *n.* 〘薬学〙排泄薬; (特に)下剤, 瀉下(しゃげ)薬. 〘(1730-36) □ L *ēvacuantem* (pres.p.) ← *ēvacuāre* (↓): ⇨ -ant〙

e·vac·u·ate /ɪ̀vǽkjuèɪt/ *vt.* **1 a** 〈軍隊を〉引き上げる, 撤退させる; 〈作戦地帯から〉〈傷病兵・資材などを〉後送する; 〈空襲・戦禍などの危険区域から〉〈住民・民家などを〉移す, 疎開させる 〔*from*〕: ～ a garrison *from* a post 守備隊を陣地から撤退させる / ～ civilians 一般市民を疎開させる. **b** 〈場所・家〉から立ちのく; …から立ちのかせる; 〈軍隊などが〉〈占拠地などから撤退する: The fire forced 50 families to ～ their homes. その火事で 50 世帯が家を立ちのく羽目になった / The police ～*d* the theater. 警察は劇場から人々を立ちのかせた. **2 a** 〈容器などを〉空ける, からにする; …から〈空気などを抜く 〔*of*〕; 〈内容物を〉あける: ～ water *from* a pond 池から水をかい出す. **b** 真空状態にする. **3** 〘生理〙〈糞便などを〉排泄(はいせつ)する, 瀉下(しゃげ)する, 排除する (discharge); 〈腸など〉から〈糞便などを〉排泄する (void) 〔*of*〕: ～ the bowels (下剤などを用いて)排便させる. **4** …から〈内容・価値を〉奪う (deprive) 〔*of*〕: ～ a term of all its proper meaning 用語から正しい意味をすっかり奪ってしまう. ― *vi.* **1** (空襲・戦禍などから)避難する, 疎開する; 撤退する, 撤兵する. **2** 排泄する (void, defecate).

e·vac·u·a·tive /ɪ̀vǽkjuèɪtɪv, -ətɪv | -ət-, èɪt-/ *adj.*

e·vác·u·à·tor /-tə | -tə(r/ *n.* 〘(?a1425) *evacue(n), evacuate(n)* □ (O)F *évacuer* ∥ ← L *ēvacuātus* (p.p.) ← *ēvacuāre* to empty out ← *ē-* 'EX-¹'＋*vacuus* empty: cf. vacant〙

e·vac·u·a·tion /ɪ̀vækjuéɪʃən/ *n.* **1** (軍隊の)撤退, 撤去, 撤兵 (removal); (傷病兵・軍用資材などの)後送; (空襲などからの住民・民家などの)疎開, 避難: the ～ of civilians *from* a besieged city 包囲された都市からの市民の避難. **2** 明け渡し, 引払い, 引揚げ. **3** 内容を空けること, (器を)からにすること; (中身の)排除, 排出 (expulsion). **4** 〘生理〙排泄(はいせつ), 瀉下(しゃげ) (discharge), (特に)排便; 排泄物. **5** 〘機械〙排気 (exhaustion). 〘(a1400) □ (O)F *évacuation* ∥ LL *ēvacuātiō(n-)*: ⇨ ↑, -ation〙

evacuátion chùte *n.* 〘航空〙非常脱出用シュート.

e·vac·u·ee /ɪ̀vækjuíː/ *n.* (空襲などからの)避難者, 疎開者; (戦地からの)引揚者 (cf. repatriate). 〘(1918) □ F *évacué(e)*: ⇨ evacuate, -ee¹〙

e·vad·a·ble /ɪ̀véɪdəbl̩ | -də-/ *adj.* 避けられる. 〘(1857): ⇨ ↓, -able〙

e·vade /ɪ̀véɪd/ *vt.* **1** 〈追跡者・敵などを〉(巧みに)避ける, よける, 逃れる, 〈攻撃・打撃などを〉かわす, 〈困難・障害などを〉回避する (⇨ escape SYN): ～ pursuit [one's pursuers] 追跡[追跡者]をうまく逃れる / The ship ～*d* the obstacle. 船はその障害物を避けた. **2** 〈質問・返事・議論などを〉はぐらかす; 〈結論・事実などを〉認めることを避ける: ～ the fact 事実を直視しない / He ～*d* her questions with grins. にやにや笑って彼女の質問をはぐらかした. **3** 〈法律を〉潜(くぐ)る (get around). **4** 〈義務・支払いなどを〉回避[忌避]する: ～ (*paying*) taxes 脱税する / ～ payment of $119,000 in taxes 11 万 9 千ドルの脱税をする / ～ service 兵役を忌避する. **5** 〈成功・眠りなどが〉訪れない: Sleep ～*ed* her that night. その夜彼女は眠れなかった. **6** 〈物事が〉〈努力などを〉だめにする, むなしくする (baffle): a term that ～*s* definition 定義の困難な術語. ― *vi.* **1** 回避する, 言い抜ける. **2** 《まれ》逃げる, こっそり立ち去る. 〘(1513) □ F *évader* □ L *ēvādere* to escape ← *ē-* 'EX-¹'＋*vādere* to go〙

e·vád·er /-də | -də(r/ *n.* 忌避者: a draft ～ 徴兵忌避者. 〘(1754): ⇨ ↑, -er¹〙

e·vad·i·ble /ɪ̀véɪdəbl̩ | -dɪ̀-/ *adj.* ＝evadable.

e·vád·ing·ly /-dɪŋli | -dɪŋ-/ *adv.* 避けるように; 言い抜けをするように. 〘(1858) ← EVADE＋-ING²＋-LY¹〙

E·vad·ne /ɪvǽdni/ *n.* イバドニ《女性名》. 〘□ L ～ □ Gk *Euádnē*: the Seven against Thebes の一人 Capaneus の妻の名〙

e·va·ga·tion /iːvəgéɪʃən/ *n.* 《古》放浪. 〘(a1500) □ L *ēvagātiōn(em)* ← *ēvagārī* ← *ē* out＋*vagārī* to wander〙

e·vag·i·nate /ɪ̀vǽdʒənèɪt | -dʒɪ̀-/ *vt.* **1** 裏返しにする. **2** 〘生理〙〈管状器官を〉外転[翻転]する. 〘(1656-81) ← L *ēvāginātus* (p.p.) ← *ēvāgināre* to unsheathe ← *ē-* 'EX-¹'＋*vāgina* sheath: ⇨ vagina, -ate³〙

e·vag·i·na·tion /ɪ̀vædʒənéɪʃən | -dʒɪ̀-/ *n.* 〘生理〙(管状器官の)外転, 外反, 翻転, 膨出; 翻転部. 〘(1663-76) □ LL *ēvāginātiō(n-)*: ⇨ ↑, -ation〙

eval. 《略》evaluate; evaluation.

e·val·u·ate /ɪ̀vǽljuèɪt/ *vt.* **1** (綿密に)…の価値を検討する, 評価する (assess), 値踏みする, 鑑定する (⇨ estimate SYN): ～ a student's ability 学生の能力を評価する / have a painting ～*d* by an expert 絵を専門家に鑑定してもらう. **2** 〘数学〙…の数値を求める; 数的に表現する, 数的に見積る. **3** …の数量を決める, 合計する (estimate): The cost of the repairs was ～*d* at $11,000. 修理代は 11,000 ドルと見積られた. ― *vi.* 評価する.

e·vál·u·à·tor /-tə | -tə(r/ *n.* 〘(1842) 《逆成》← EVALUATION〙

e·val·u·a·tion /ɪ̀væljuéɪʃən/ *n.* **1** 数値を求めること, 数的表現. **2** 評価, 鑑定: At [By] his own ～, he's a genius. 彼は自分は天才だと思っている / the ～ of a painting by an expert 専門家による絵の鑑定. 〘(1755) □ F *évaluation* ← *évaluer*: ⇨ ex-¹, value〙

e·val·u·a·tive /ɪ̀vǽljuèɪtɪv | -ət-, -èɪt-/ *adj.* 評価的な: ～ terms 評価語. 〘(1927) ← EVALUATE＋-IVE〙

Ev·an /évən/ *n.* エバン《男性名》. 〘□ Welsh ～ 《原義》young: cf. L *juvenis* young〙

evan., E- 《略》evangelical.

E·van·der /ɪ̀vǽndə | -də(r/ *n.* 〘ローマ伝説〙エウァンドロス《Hermes の子; Arcadia からイタリアに植民し, (のちの)ローマの Palatine Hill に住んでいたが, Aeneas に助力してローマ建国を成功に導いた》. 〘□ L *Ēvander*〙

ev·a·nesce /èvənés | ìːv-, ìːv-/ *vi.* (次第に)消えて行く, 消えうせる, 消散する. 〘(1822) □ L *ēvānēscere* to vanish away ← *ē-* 'EX-¹'＋*vānēscere* to pass away (← *vānus* 'VAIN'): cf. evanish〙

e·va·nes·cence /èvənésəns, -sns | ìːv-, ìːv-/ *n.* **1** 消失, 消散 (disappearance): the ～ of vapor 湯気の消失. **2** 消えやすさ, はかなさ. 〘(1751): ⇨ ↓, -ence〙

ev·a·nes·cent /èvənésənt, -snt | ìːv-, ìːv-⁻/ *adj.* **1** 〈印象・外見・状態など〉消えやすい, (次第に)消えて行く (vanishing); つかの間の, はかない (⇨ transient SYN): ～ glory はかない栄光. **2** 極めてかすかな, 〈区別など〉認め難いほど小さい. **3** 〘植物〙〈植物の部分など〉すぐに凋落(ちょうらく)する, ちょっとしか続かない. **4** 〘数学〙無限小の (infinitesimal). 〘(1717) □ F *évanescent* □ L *ēvānēscentem* (pres.p.) ← *ēvānēscere*: ⇨ evanesce, -ent〙

èv·a·nés·cent·ly *adv.* (見る見る)消失して; 消失[消散]しやすく; はかなく. 〘(1847): ⇨ ↑, -ly¹〙

evang. 《略》evangelical.

e·van·gel¹ /ɪ̀vǽndʒəl, -dʒl̩ | ɪvǽndʒəl, -dʒl̩, -dʒɛl/ *n.* **1** (キリストによって世界が救われるという)福音 (gospel). **2** [E-] (新約聖書の)福音書: the *Evangels* 四福音書《Matthew (マタイ), Mark (マルコ), Luke (ルカ), John (ヨハネ)による四書》. **3** (福音のような)よい便り, 吉報 (good news). **4** (最重要な)指導原理, 政綱. 〘(c1340) *evaungel* □ (O)F *évangile* ∥ LL *ēvangelium* □ Gk *euaggélion* good tidings, gospel ← *euággelos* bringing good news ← EU-＋*ággelos* messenger: cf. angel〙

e·van·gel² /ɪ̀vǽndʒəl, -dʒl̩ | ɪvǽndʒəl, -dʒl̩, -dʒɛl/ *n.* ＝evangelist. 〘(1614) □ Gk *euággelos* (↑)〙

e·van·gel·ic /ìːvændʒélɪk, èvæn-, èvən-⁻/ *adj.* ＝evangelical. ― *n.* 《古》＝evangelical. 〘?a1425〙

e·van·gel·i·cal /ìːvændʒélɪ̀kəl, èvæn-, èvən-, -kl̩ | -lɪ-⁻/ *adj.* **1** 福音(書)の, 福音的な; 福音伝道の: ～ preaching 福音伝道説教. **2** 福音主義的な (⇨ Evangelicalism 1). **3** [時に E-] 新教の (Protestant). **4 a** [E-] (ドイツの)福音主義教会の[に関する]. **b** [しばしば E-] 根本主義 (fundamentalism) を信奉する[の特色をもった]. **c** [通例 E-] (英国の) Low Church 派の. **5** (evangelist らしく) 熱情に燃える: ～ patriotism 燃えるような愛国心. ― *n.* 根本主義者; [しばしば E-] (英国の) Low Church 派の人. **～·ly** *adv.* **～·ness** *n.* 〘(1531) ← LL *ēvangelicus* (⇨ evangel¹)＋-ICAL〙

È·van·gél·i·cal·ism /-lɪ̀zm/ *n.* **1** 福音主義《伝承・律法・儀式など外的権威に依存せず, 聖書に示されたキリストの十字架による罪の赦しと神の恩寵とに信仰の中心をおく教説》. **2** 福音主義信仰; 福音境界(派)支持. 〘(1831): ⇨ -ism〙

E·van·ge·line /ɪ̀vǽndʒəlìːn, -làɪn | -dʒɪ̀-/ *n.* **1** エバンジェリン《女性名; 愛称形 Vangie》. **2 a** 「エヴァンジリーン」(Longfellow の詩 (1847)). **b** エヴァンジリーン (*Evangeline* の女主人公). 〘□ F *Évangéline*: ⇨ evangel¹, -ine³〙

e·van·ge·lism /ɪ̀vǽndʒəlìzm | -dʒɪ̀-/ *n.* **1** 福音の伝道; 伝道活動. **2** ＝Evangelicalism 2. **3** 伝道的熱意. 〘(a1626) □ LGk *euaggelismós*: ⇨ evangel¹, -ism〙

e·van·ge·list /ɪ̀vǽndʒəlɪ̀st | -dʒɪ̀lɪst/ *n.* **1** [E-] 福音書記者[著者], 福音史家《Matthew, Mark, Luke, John の 4 人; cf. evangel¹ 2》. **2** 福音の宣教者, 福音伝道者. **3 a** 初代キリスト教会 (primitive church) の伝道者《使徒 (apostle)・預言者 (prophet) に次ぐ指導者》. **b** 俗人の伝道者. **c** 巡回説教者 (itinerant preacher). **4** 信仰復興運動者 (revivalist). **5** 〘モルモン教〙＝patriarch 7. **6** 熱烈な唱導者. 〘? lateOE *ewangeliste* □ (O)F *évangéliste* ∥ LL *ēvangelista* □ Gk *euaggelistḗs*: ⇨ evangel¹, -ist〙

E·van·ge·lis·ta /ɪ̀vændʒəlístə | -dʒɪ̀-/ *n.* エヴァンジェリスタ《男性名》. 〘□ LL *Ēvangelista* (↑)〙

e·van·ge·lis·ta·ry /ɪ̀vændʒəlístəri | -dʒɪ̀-/ *n.* 〘キリスト教〙(礼拝式で読む)四福音書聖句集. 〘(a1646) □ ML *ēvangelistārium* ← LL *ēvangelista*: ⇨ evangelist, -ary〙

e·van·ge·lis·tic /ɪ̀vændʒəlístɪk | -dʒɪ̀-⁻/ *adj.* **1** 福音伝道者の. **2** 福音主義的な: an ～ interpretation of the Bible 福音主義的な聖書の解釈. **3** 罪人の改宗に努める; 伝道的な, 伝道に適した. **4** [E-] 福音書記者[著者]の, 福音史家の. **e·vàn·ge·lís·ti·cal·ly** *adv.* 〘(1845) ← EVANGELIST＋-IC¹〙

e·van·ge·li·za·tion /ɪ̀vændʒəlɪ̀zéɪʃən | -dʒɪ̀laɪ-, -lɪ-/ *n.* 福音伝道[宣伝], キリスト教伝道. 〘(1651) □ LL *evangelizātiō(n-)*: ⇨ ↓, -ation〙

e·van·ge·lize /ɪ̀vǽndʒəlàɪz | -dʒɪ̀-/ *vt.* **1** …に(キリスト教の)福音を説く. **2** (福音を説いて)キリスト教に改宗させる: ～ the natives 土着民をキリスト教化する. ― *vi.* 福音を伝える, 伝道する. **e·ván·ge·lìz·er** *n.* 〘((c1384)) (a1652) □ LL *ēvangelizāre* □ Gk *euaggelízesthai, euaggelízein* to bring good news: ⇨ evangel¹, -ize〙

e·van·ish /ɪ̀vǽnɪʃ/ *vi.* 《文語》**1** 消失する. **2** 消滅する, 死ぬ. **～·ment** *n.* 〘(c1350) ← OF *e(s)vaniss-* (stem) ← *e(s)vanir* (F *évanouir*): ⇨ ex-¹, vanish〙

Ev·ans /évənz/, Sir **Arthur (John)** *n.* エバンズ《1851-1941; 英国の考古学者; Crete 島の Knossos 宮殿を発掘した》.

Evans, Dame **Edith (Mary Booth)** *n.* エバンズ《1888-1976; 英国の舞台女優》.

Evans, Sir **Geraint (Llewellyn)** *n.* エバンズ《1922-92; ウェールズのバリトン歌手; Royal Opera House の主席バリトン (1948-84)》.

Evans, Herbert Mc·Lean /məklíːn, -léɪn/ *n.* エバンズ《1882-1971; 米国の発生学者・解剖学者》.

Evans, Mary Ann *n.* エバンズ《英国の女性小説家; George ELIOT の本名》.

Evans, Maurice *n.* エバンズ《1901-89; 英国生まれの米国の俳優》.

Ev·ans /évənz/, **Mount** *n.* エバンズ山《米国 Colorado 州中北部 Denver の西南西にある山 (4,348 m)》.

Evans, Oliver *n.* エバンズ《1755-1819; 米国の発明家》.

Evans, Rudulph *n.* エバンズ《1878-1960; 米国の彫刻家》.

Evans, Walker *n.* エバンズ《1903-75; 米国の写真家》.

Ev·ans·ton /évənstən, -tn/ *n.* エバンストン《米国 Illinois 州北東部, Michigan 湖畔の市》.

Ev·ans·ville /évənzvɪl/ *n.* エバンズビル《米国 Indiana 州南西部, Ohio 川に臨む都市》. 〘← *Gen. R. M. Evans* (米英戦争に従軍した将軍で, この町の創立者の一人): cf. vill〙

evap. 《略》evaporate; evaporated; evaporation; evaporator.

e·vap·o·ra·bil·i·ty /ɪ̀væp(ə)rəbíləti | -lɪ̀ti/ *n.* 蒸発性. 〘(1854): ⇨ ↓, -ity〙

e·vap·o·ra·ble /ɪ̀vǽp(ə)rəbl̩/ *adj.* 蒸発させることのできる, 蒸発しやすい, 蒸発性の. 〘(1541): ⇨ ↓, -able〙

e·vap·o·rate /ɪ̀vǽpərèɪt/ *vt.* **1** 蒸気にする (turn into vapor); 蒸発させる: Heat ～*s* water. 熱は水を蒸発させる. **2** (熱などで)〈牛乳・野菜・果物など〉の水分を抜く,

脱水する: ～ fruit 果物の水分を抜く / ～ milk *down to* a proper consistency 牛乳を適当な濃度になるまで煮つめる / ～*d* apple (輪切りにして干した)乾燥りんご. **3** 〈希望などを〉消散[消失]させる. **4 a** 《化学》〈金属などを〉蒸着させる. **b** 《物理》核蒸発させる《核子を原子粒から蒸発させる》. **— *vi*.** **1** 蒸発する. **2** 〈溶液などの〉水分が抜ける[発散する]. **3** 〈希望・決意などが〉消散する (vanish): My hopes ～*d*. 希望が消散した. **4** 《戯言》〈人が〉いなくなる (disappear), 死ぬ. 〘《?*a*1425》← L *ēvapōrātus* (p.p.) ← *ēvapōrāre* to disperse in vapor (⇨ ex-¹, vapor)〙

e·váp·o·rat·ed mílk /-tɪ̬d- | -tɪd-/ *n.* 無糖練乳, エバミルク (cf. condensed milk). 〘《1870》〙

e·vap·o·rat·ing dish /-tɪŋ- | -tɪŋ-/ *n.* 蒸発皿. 〘《1826》〙

e·vap·o·ra·tion /ɪ̀væ̀pəréɪʃən/ *n.* **1 a** (水分の)発散; 蒸発(作用): ～ *to* dryness 蒸発乾固 / thicken by ～ 蒸発によって濃くする. **b** 《化学》蒸着《金属小片を加熱蒸発させてガラスなどの表面に薄膜として凝着させること》. **2** (蒸発による)脱水法, 濃縮法, 蒸発乾燥[濃縮]: the ～ of apple juice りんご果汁の濃縮. **3** 《古》蒸発気, 蒸気 (vapor); 蒸発量. **4** (希望などの)消散. 〘《*a*1398》◻ (O)F *évaporation* ∥ L *ēvapōrātiō(n-)*: ⇨ evaporate, -ation〙

e·vap·o·ra·tive /ɪvǽpərèɪtɪv | -rət-, -rèɪt-/ *adj.* 蒸気化の, 蒸発の[を起こす, による]: ～ power 蒸発力. **～·ly** *adv.* 〘《?*a*1425》◻ LL *ēvapōrātīvus*: ⇨ evaporate, -ive〙

e·vap·o·ra·tiv·i·ty /ɪvæ̀pərətívəti | -vɪ̀ti/ *n.* 蒸発する傾向; 蒸発の速度.

e·váp·o·rà·tor /-tə | -tə(r)/ *n.* 蒸発乾燥係; 蒸発器, 蒸化器; (果物などの)蒸発乾燥[濃縮]器. 〘《1827》← EVAPORATE＋-OR²〙

e·vap·o·rim·e·ter /ɪvæ̀pərímətə | -mɪ̀tə(r)/ *n.* 蒸発計 (atmometer). 〘《1828》← EVAPOR(ATE)＋-I-＋-METER¹〙

e·vap·o·rite /ɪvǽpəràɪt/ *n.* 《地質》蒸発残留岩[沈積物]《陸地内に閉じ込められた海水の蒸発でできた石膏(せっこう)・岩塩などの総称》. 〘《1924》← EVAPOR(ATION)＋-ITE¹〙

e·vap·o·rom·e·ter /ɪvæ̀pərɑ́(ː)mətə | -rɔ́mɪ̀tə(r)/ *n.* ＝evaporimeter.

e·vap·o·tran·spi·ra·tion /ɪvæ̀poʊtræ̀nspəréɪʃən | -pə(ʊ)træ̀nspɪ̀-/ *n.* 《気象》**1** 蒸発散《土壌面からの蒸発と植物の蒸散作用により土壌中の水分が失われること》. **2** 蒸発散量, 蒸発水量 (flyoff ともいう). 〘《1938》← EVAPO(RATION)＋TRANSPIRATION〙

e·vap·o·tran·spire /ɪvæ̀poʊtrænspáɪə | -pə(ʊ)trænspáɪə(r)/ *vt.* 《地質》蒸発によって土壌中の〈水分を〉失わせる. 〘《逆成》↑〙

Ev·arts /évəts | évəts/, **William Maxwell** *n.* エバーツ《1818–1901; 米国の法律家・政治家》.

é·va·sé /èvɑːzéɪ; *F.* evaze/ *adj.* 〈煙突・はけ口など〉朝顔形の, 広口の. 〘◻ F ～ (p.p.) ← *évaser* to widen the mouth of〙

e·va·sion /ɪvéɪʒən/ *n.* **1** (巧みに)逃げること; (責任・義務などの)回避, 忌避: the successful ～ of one's pursuers 追跡者を巧みにまくこと. **2** ごまかし, 言い抜け, 回避 (equivocation). **3** 逃げ口上 (subterfuge): take shelter [refuge] in ～*s* 逃げ口上を言って避ける. **4** (身体上の)脱出《避暑・避寒など》; (精神上の)逃避. **5** 脱税(行為): income tax ～ 所得税の脱税. **～·al** /-ʒnəl, -ʒənl/ *adj.* 〘《?*a*1425》◻ (O)F *évasion* ∥ LL *ēvāsiō(n-)* ← L *ēvāsus* (p.p.): ⇨ evade, -sion〙

e·va·sive /ɪvéɪsɪv, -zɪv | -sɪv/ *adj.* **1** 回避的な, 逃避的な: ～ idealism 逃避的な観念論. **2** (わざと)曖昧(あいまい)な, 言い抜けの, 捕え所のない, たちまち消える: an ～ answer 歯切れの悪い返答. 〘《1725》◻ F *évasif, -ive* ← L *ēvāsus*: ⇨ -ive〙

evásive áction *n.* **1** 《航空》(敵機または敵の高射砲を避ける)回避行動. **2** (不愉快・面倒を避けるための)回避行動: take ～. 〘《1940》〙

e·vá·sive·ly *adv.* 回避的に, 捕え難いように; 曖昧に, いなすように, うやむやにごまかして. 〘《1736》: ⇨ -ly¹〙

e·vá·sive·ness *n.* 逃避性, 回避; 捕えにくさ, (うまく言い抜ける)ずるさ. 〘《1730–36》: ⇨ -ness〙

Ev·att /évət/, **Herbert Vere** /víə | víə(r)/ *n.* エバット《1894–1965; オーストラリアの法律家・政治家; 国連総会議長 (1948–49)》.

eve /iːv/ *n.* **1** [しばしば E-] 宵(よい)祭, (祭日など特別の日の)前夜, 前日 (cf. night 2 b): Christmas *Eve* クリスマス前夜《12 月 24 日》/ New Year's *Eve* 大晦日(おおみそか) / *on* the ～ *of* the funeral 葬式の前日に. **2** (重要事件などの)直前: *on the* ～ *of* a revolution [sinking] 革命[沈没]のまぎわに. **3** 《古》晩, 夕 (evening) (cf. morrow). 〘《*c*1250》《異形》← EVEN²〙

Eve /iːv/ *n.* **1** イーブ《女性名; 愛称形 Evie; 異形 Eva》. **2** 《聖書》エバ, イブ《人類の始祖 Adam の妻, 神が創造した最初の女 (*Gen.* 3: 20)》: a daughter of ～ 女性, 女《しばしば女性特有の好奇心などに関連していう》. **3** (典型的な女性的特質をもった)女性, 女. ***nót knòw from Éve*** 〈ある女の人を〉全然知らない, 面識がない (cf. Adam¹). 〘OE *Ēfe* ◻ LL *Ēva* ◻ Gk *Eúa* ◻ Heb. *Ḥawwā́ʰ* 《通俗語源》a living being (← *ḥāyā́ʰ* to live); 《原義》? serpent (cf. OAram. *ḥwh* serpent), ? mother (cf. Akkad. *awa* mother)〙

Ève /ɛːv; *F.* ɛːv/ *n.* エーブ《女性名》. 〘◻ F ～: ↑〙

e·vec·tion /ɪvékʃən/ *n.* 《天文》出差《太陽の作用による月の運行の周期的不等》. **～·al** /-ʃnəl, -ʃənl/ *adj.* 〘《1656》◻ L *ēvectiō(n-)* ← *ēvectus* (p.p.) ← *ēvehere* to carry or convey out ← *ē-* 'EX-¹'＋*vehere* to carry: cf. vehicle〙

Ev·e·leen /évəliːn, évliːn | évəliːn, évliːn, íːvliːn/ *n.* エブリーン《女性名》. 〘◻ Ir. ～ ← Gael. *Eibhilin* 《原義》pleasant ∥ (dim.) ← EVA: cf. Evelyn〙

Ev·e·li·na /èvɪ̀líːnə/ *n.* エベライナ《女性名》. 〘⇨ Evelyn〙

Ev·e·line /évəlàɪn, -lìːn | év(ə)lɪ̀n, évəliːn/ *n.* エベライン《女性名》. 〘↓〙

Ev·e·lyn¹ /év(ə)lɪ̀n/ *n.* エベリン《女性名》《異形 Eveleen, Evelina, Eveline》. 〘ME ◻ ONF *Aveline* ◻ OHG *Avelina* (dim.) ← *Avi* (女性名)〙

Ev·e·lyn² /év(ə)lɪ̀n | év(ə)lɪ̀n, íːvlɪ̀n/ *n.* エベリン《男性名》.

Eve·lyn /íːvlɪ̀n/, **John** *n.* イーブリン《1620–1706; 英国の著述家; *The Diary* (1640–1706; 1818 刊行, 1955 無削除版)》.

e·ven¹ /íːvən/ *adj.* **1 a** 〈面・土地が〉平らな, 平坦な (⇨ level SYN); 〈線など〉切れ目[凹凸(おうとつ)]のない, 滑(なめ)らかな: an ～ surface 平らな表面 / an ～ ridge 平坦な尾根 / an ～ coastline なだらかな海岸線. **b** (…と)同一平面上にある, 同じ高さの, 平行な (*with*): The water rose till it was ～ *with* the floors. 水かさが増してついに床の高さにまで達した.
2 a 〈運動・過程など〉規則正しい (⇨ steady SYN); 〈色彩・形状など〉むらのない, 均一の, 一様な (uniform): an ～ red color むらのない赤い色 / ～ teeth きれいな歯並び / an ～ tone of voice なだらかな声 / an ～ stress 《音声》平板強勢 / an ～ pulse 規則正しい脈拍 / an ～ flow of work 終始よどみのない仕事の流れ / I could hear her ～ breathing. 彼女の規則正しい寝息が聞こえた. **b** 〈生活など〉単調な, 平穏な: an ～ tenor of life 平穏な日々の生活. **c** 〈気質など〉平静な, 穏やかな, 落着きのある: a person of (an) ～ temper 穏やかな気性の人.
3 〈数量・距離・得点など〉均等の, 同一の (cf. equal): ～ shares 均等な分け前 / an ～ score 同点 / The houses stood ～ distances apart. 家々は互いに同じ間隔を置いて立っていた / a valley enjoying an ～ temperature all year round 一年中温度が変わらない谷間 / of ～ date (発信と)同一日付の.
4 a 〈はかりなど〉平衡した, 釣合いの取れた; 〈行動・法律など〉平等な, 公平な: an ～ exchange 公平な交換 / (on) an ～ (playing) field (経済的に)公平な競争の場(で), 同じスタートライン(に立って) / on ～ ground 対等で / keep an ～ hand 法を平等に行う (cf. evenhanded) / The two scales hang ～. はかりが釣り合っている. **b** (互いに)借りのない, 清算済みの (square); 〈勝負など〉優劣のない, 互角の: get ～ 借金がなくなる / an ～ match [fight] 互角の試合[戦い] / The teams now stand ～. 両チームの得点がタイとなった / *Even* reckoning makes long friends. 《諺》貸借なければ交友は永保(も)ち / This will make everything ～. これでちょうど貸し借りがなくなる / ⇨ BREAK *even*. **c** [叙述的] (…に)仕返しをして, 復讐して (revenged, evenged) (*with*): I decided to get [be] ～ *with* him *for* the insult. 彼にその恥辱の仕返しをしてやろうと決心した.
5 〈見込み・勝算が〉五分五分の (fifty-fifty): The chances [odds] are ～. 見込み[勝目]は五分五分だ / ⇨ even break, even chance.
6 a 偶数の (↔ odd): an ～ number 偶数 / evenly ～ 4 で割り切れる / oddly ～ 奇数と偶数で割れる / unevenly ～ 2 で割り切れるが 4 で割り切れない. **b** 偶数に当たる; 偶数から成る: ～ pages (本の)偶数ページ / an ～ committee 偶数の構成員から成る委員会. **c** 《数学》〈関数・置換が〉偶の: ⇨ even function, even permutation.
7 〈金額・数など〉端数のない, 過不足のない, ちょうどの: an ～ hundred ちょうど 100 / It cost an ～ $10. ちょうど 10 ドルかかった. **8** 《廃》〈言葉など〉率直な, 単刀直入の (straightforward).
— *adv.* **1** ★ 後の強調する語の方が強く発音される.
a [事実・真実性・極端な事例などを強調して] …でさえも, すら; (そればかりではなく)本当に, (いや)実に (indeed): ～ then その時でさえ / ～ now 今でさえ, 今でも (cf. 2 b) / ～ in the summer 夏でさえも / He disputes ～ the facts. 彼は事実までも疑う / She refused ～ to meet him. 彼女は彼に会うことさえ断わった / *Even* a boy could carry this parcel. 子供だってこの荷物は運べる / Not ～ a giant could carry this parcel. 巨人だってこの荷物は運べないだろう / I ～ lent him my own books. 私は自分の本を貸してやることさえいとわなかった / Does he ～ suspect the danger? 大体彼は危険だと感づいているのかしら《感づいてさえおるまい》/ She never ～ opened [didn't ～ open] the letter. その手紙を[読むどころか]開けもしなかった / It seemed to me necessary, ～ unavoidable [unavoidable ～]. それは私には必要なこと, いや避けがたいことときえ思えた / I'd do anything for her, ～ that [lie]. そう[うそ]だとしても, 彼女のためならなんでもするだろう. **b** [～ *if*, ～ *though* などとして; 仮想・譲歩・不調和性を強調して] (たとえ)…でも: *Even if* you don't like it, you must do it. たとえいやでもしなければならない / *Even though* he disagrees, I'll agree. たとえ彼が賛成しなくても私は賛成する / He wears a coat ～ *when* it is midsummer. 彼は真夏でも上衣を着ている. **c** [比較級を強調して] なお, さらに (still): I can carry one ～ *larger*. もっと大きいのでも運べる / It was ～ *hotter* [*more* humid] yesterday. (これぐらいならよいほうで)きのうはまだ暑かった[蒸した] / She ran ～ *faster* [*more* quickly]. 彼女はもっと早く走った.
2 《古》**a** 十分に(…の程度に至るまで) (fully): He was loyal ～ unto death. 命を賭してまでも忠誠を尽くした. **b** ちょうど, 正しく, 正確に (just, precisely): ～ now ちょうど今, 正に今 (cf. 1 a) / ～ thus 正にこの通りに / It has turned out ～ *as* I expected. 正に予想していた通りになった / *Even as* he was speaking, a shot rang out. 彼がちょうど演説をしているときに銃声が響き渡った / *Even as* you deceived him, (so) he has deceived you. 君が彼をだましたとちょうど同じように彼は君をだました. **c** [強調的に同格語に先立って] ほかならぬ, すなわち (that is): God, ～ the Father of our Lord Jesus Christ 我らの主イエスキリストの父なる神 (2 *Cor.* 1: 3).
3 《俗》平らかに, 滑(なめ)らかに (evenly): keep things running ～ 事を滑らかに進展させる.
èven léss [否定文で] なおさら(…でない), まして(…でない).
èven ón 《スコット》間断なく, 引き続いて, 絶え間なく (continuously). ***èven só*** (1) [接続副詞的に] それはそうでも, そうとしても (even in that case): There are omissions, but ～ *so* the book is a good one. 遺漏はあるがそうとしてもこの本は良い本だ. 《1948》 (2) 《古》正にその通りで (cf. 2 b): It is ～ *so*.
— *n.* [～s; 通例単数扱い] 《英》**1** ＝even time 1: He ran the hundred in ～*s*. 百ヤードをちょうど 10 秒で走り抜いた / John broke ～*s* for 100 yards. ジョンは百ヤード 10 秒以下のタイムで走った. **2 a** ＝even money 1 a. **b** イーブン, 勝敗が五分五分の形勢 (even odds): The favorite started at ～*s*. その人気馬は五分五分の形勢でスタートを切った.
— *vt.* **1 a** 平らにする, ならす (level) 〈*out, off*〉: ～ (*out*) the ground 地面を平らにする. **b** 均等[平等]にする, (全体にわたって)調整する, 安定させる (stabilize) 〈*out*〉: ～ *out* an unequal distribution of wealth 富の不平等な分配を調整する. **2** 清算する; …に片をつける 〈*up, off*〉; (優劣なく)対等[五分]にする: ～ (*up*) accounts 勘定を精算する / He seemed to be ～*ing with* his rival. 競争相手との間の事はどうやらうまく収まったようだった / The win ～*ed* his record at 4–4. その勝ちで彼の成績は 4 勝 4 敗の五分となった. **3 a** 《古》(…と)同等[対等]に扱う (*to, with*). **b** (…に)なぞらえる (*to*).
— *vi.* **1 a** 平らになる 〈*out, up, off*〉. **b** 〈物価などが〉安定する 〈*out*〉. **2** 均衡がとれる, 平衡する 〈*up, off*〉. **3** 〈勝敗の見込みが〉五分五分である[となる]: The odds have ～*ed between* us. 我々の間の勝目は五分五分となった.
éven úp with 〈人〉に報いる, 仕返しをする.
〘adj.: OE *ef(e)n* level, even ＜ Gmc **ebnaz* (Du. *even, effen* / G *eben*) ← ?. — adv.: OE *efne* ＜ (WGmc) **ebnō*. — v.: OE *efnan, (ge)efnian* ← *ef(e)n* (adj.)〙

e·ven² /íːvən/ *n.* 《詩》＝evening. 〘OE *ǣfen, ǣfen* ← (WGmc) **ǣband(a)-* the later time (Du. *avond* / G *Abend*) ← IE **apo-* away (Gk *epí* on, after)〙

E·ven /eɪvén/ *n.* (*pl.* ～, ～s) **1 a** [the ～(s)] エベン族《Yakut 共和国に主として居住するシベリア民族》. **b** エベン族の人. **2** エベン語《トゥングース語群 (Tungusic) に属する》.

éven-áged *adj.* 〈森林など〉樹齢が(ほぼ)同一の立木からなる, 同齢の: an ～ forest 同齢林.

éven bréak *n.* 《米口語》平等の機会; 五分五分の見込み: get an ～ 対等のチャンスを得る / give a person an ～ 人に対等のチャンスを与える.

éven chánce *n.* [an ～] 五分五分の可能性[賭け] (*of*): It is *an* ～ that he will succeed. 彼の成功の見込みは五分五分だ / He stood *an* ～ *of* being elected. 五分五分ぐらいのところで当選しそうな形勢だった.

éven-Chrístian *n.* 《廃》友であるキリスト教徒. 〘lateOE *efencristen* equal Christian: ⇨ even¹〙

e·ven·er /íːv(ə)nə | -nə(r)/ *n.* 平均させる人[物]. 〘《*c*1390》: ⇨ even¹ *v.*, -er¹〙

éven-éven núcleus *n.* 《物理》偶偶核《偶数個の陽子と偶数個の中性子とからなる(原子)核; cf. even-odd nucleus, odd-even nucleus, odd-odd nucleus》. 〘《1940》〙

éven·fàll *n.* 《古》夕暮, たそがれ. 〘《1814》← EVEN²＋FALL (n.)〙

éven fúnction *n.* 《数学》偶関数《恒等的に $f(-x)=f(x)$ という関係を満足させる関数; cf. odd function》.

éven·hánded *adj.* 公平無私な, 公明正大な (impartial, fair): ～ justice 公平な裁判. **～·ly** *adv.* **～·ness** *n.* 〘《1606》: ⇨ even¹〙

éven harmónics *n.* 《電気》偶数次調波 (cf. odd harmonics).

eve·ning /íːvnɪŋ/ *n.* **1 a** 夕刻, 日暮; 晩, 夜分《特に, 日没[夕食時]から就寝時まで; cf. morning, afternoon, night》: this ～ 今晩 / yesterday [last] ～ 昨晩 / tomorrow ～ 明晩 / the other ～ 数日前の晩[夕方] / ⇨ good evening / at ～ 《古・詩人》＝in the ～ 日暮に, 晩に / at ten (o'clock) in the ～ 夜 10 時に / on a July ～ 7 月のある宵 / on Saturday ～ 土曜日の晩に / on the ～ of the 10th 10 日の晩に / ～ by ～ 夜な夜な / toward ～ 夕方近くに / of an ～ しばしば[よく]晩に (cf. of¹ 15) / *Evening* was approaching. ＝It was approaching ～. 日暮れが近づいていた / ⇨ evenings. 日英比較 日本語の「夕方」は「日が暮れかけ, 夜になろうとするころ」だが英語の *evening* は日暮れから就寝時までをいい, 夜でも活動時間であれば *evening* を用いる. **b** 《口語》今晩は (Good evening). **c** 《口語》夕刊. **2** 《米南部・中部》午後 (afternoon)《正午から暗くなるまで》. **3** 《文語》晩年, 末路; 衰退期: in the sad ～ of life 悲しい晩年に / He has arrived at the ～ of his days. 晩年に差しかかった. **4 a** (催し物などのある)夕べ (cf. F *soirée*, G *Abend*): a musical ～ 音楽の夕べ / an ～ at the theater 観劇の夕べ. **b** 夜会.
màke an évening of it 《口語》(外食・飲酒・観劇などで)晩を楽しく過ごす.
— *adj.* [限定的] 夕方の, 夕暮の, 夕方用いる[行われる, 現れる]: the ～ hours 夕方の時間, 夕刻 / an ～ bell 夕べの鐘, 晩鐘 / an ～ paper [edition] 夕刊(紙) / an ～ meal 夕食 / the ～ sky 夕方の空, 夕空.

E

〖lateOE *ǣfnung* (ger.) ← *ǣfnian* to draw toward evening ← *ǣfen* 'EVEN²': ⇨ -ing¹〗

évening bàg *n.* 夜会[イブニング]バッグ.

évening cámpion *n.* 〘植物〙 =white campion.

évening clàss *n.* (通例, 成人のために大学で開かれる)夜間学級, 夜学.

évening clòthes *n. pl.* =evening dress.

évening drèss *n.* **1** (男子用)夜会服 《full dress や tuxedo; cf. morning dress 1》. **2** (婦人用)夜会服 《通例袖なしで, デコルテ (décolleté) 風の服; cf. dinner clothes》. 〖1797〗

évening èmerald *n.* 〘鉱物〙 =peridot.

évening glòw *n.* 夕焼け.

évening gòwn *n.* 婦人用夜会服 (evening dress).

E

évening grósbeak *n.* 〘鳥類〙 キビタイシメ, タソガレシメ (*Hesperiphona vespertina*) 《北米西部産アトリ科のシメの一種》.

évening páper *n.* 夕刊.

évening párty *n.* 夜会. 〖1816〗

Évening Práyer, é- p- /-préə | -préə^(r)/ *n.* **1** 〘英国国教会〙 =evensong 1. **2** 〘カトリック〙 晩課 (vespers). 〖1598〗

évening prímrose *n.* 〘植物〙 マツヨイグサ, (俗に)宵待草 《アカバナ科マツヨイグサ属 (*Oenothera*) の夕方黄色の花を開く数種の植物の総称; 普通はメマツヨイグサ (*O. biennis*) を指す》. 〖1806〗

évening prímrose òil *n.* マツヨイグサ油.

eve·nings /íːvnɪŋz/ *adv.* 《米口語》 夕方に (in the evening), 夕方にはいつも (on any evening) (cf. mornings, nights): She works ~ as a movie cashier. 夕方は映画館の料金係の仕事をしている. 〖(1652): ⇨ -s² 1〗

évening schòol *n.* =night school. 〖1822〗

évening stár *n.* **1** (日没後西方に現れる)宵(よい)の明星; [the ~] (特に)金星 (Venus, Vesper) (cf. morning star 1). **2** 〘植物〙 星型の白い花をつけるヒガンバナ科の球根植物 (*Cooperia drummondii*) 《米国 Texas 州原産》. 〖1535〗

évening stóck *n.* 〘植物〙 ヨルザキアラセイトウ (*Matthiola bicornis*) 《アブラナ科で夜間紫の小花が咲く》.

évening stùdent *n.* 夜学生.

évening sùit *n.* (一そろいの)夜会服. 〖1862〗

évening úp *n.* 〘証券〙 手じまい 《信用取引での空売り, 空買いを反対売買で帳消しにすること》.

évening wàtch *n.* 〘海事〙 薄暮直 《4–8 p.m. の当直; (連続する)ふたつの折半直に代わるもの; cf. dogwatch 1》.

E·ven·ki /ɛrvéŋki/ *n.* (*pl.* ~, ~s) **1** エベンキ族 《シベリア東部, モンゴル北部および中国北東部に散在する民族》. **2** エベンキ語.

é·ven·ly *adv.* **1** 平らに; 滑(なめ)らかに; 一様に: spread paint ~ on the wall 壁にペンキを平らに[むらなく]塗る. **2** 平等に, 均等に: We divided the money ~ (among us). その金を均等に分けた. **3** 五分五分に, 公平に. **4** 平静に, 落ち着いて: speak quietly and ~ 静かに落ち着いて話す. 〖OE *efenlīce*: ⇨ even¹, -ly¹〗

éven-mínded *adj.* 心の平らかな; 落ち着いた, 気持ちのゆったりした, 平静な. **~·ness** *n.*

éven móney [《英》 **móneys**] *n.* **1 a** (賭け事で)双方同額の賭け金: The man bet him ~. その男は彼と同額の金を賭けた. **b** [形容詞的に]: an ~ bet 賭け金双方同額の賭け. **2** (賭け事などで)五分五分の勝目 (even chance): It is ~ that he will be elected. 彼の当選の見込みは 50% だ. 〖1891〗

é·ven·ness *n.* **1** 平坦, 平ら(であること). **2** 平等, 均等性. **3** 《古》 公平 (fairness). **4** (気分の)平静 (calmness). 〖lateOE *efennes*: ⇨ even¹, -ness〗

éven núcleus *n.* 〘物理〙 偶核 《質量数が偶数の原子核; cf. odd nucleus》.

éven-ódd núcleus *n.* 〘物理〙 偶奇核 《偶数個の陽子と奇数個の中性子とからなる(原子)核; cf. even-even nucleus》. 〖1955〗

éven ódds *n. pl.* 《米》 =even chance.

éven pár *adj.* 〘ゴルフ〙 〈プレーヤーが〉パーを取った.

éven permutátion *n.* 〘数学〙 偶置換 《偶数個の互換の合成として表される置換; cf. odd permutation》. 〖*c*1932〗

éven-pínnate *adj.* 〘植物〙 〈葉が〉偶数羽状の (paripinnate).

e·vens /íːvənz/ *adv., adj.* (賭けで)平等に[の], 均等に[の], 同額配当で[の]. — *n. pl.* 《英》 =even money.

éven·sòng *n.* **1** [しばしば E-] 〘英国国教会〙 晩禱(ばんとう)(式), 夕べの祈り (Evening Prayer ともいう). **2** [しばしば E-] 〘カトリック〙 晩課 (vespers). **3** 夕べの歌. **4** 《古》 晩禱の時間, 夕暮. 〖lateOE *ǣfensang*: ⇨ even², song〗

éven Sté·phen [Sté·ven], e- s- /-stíːvən/ *adj., adv.* (*also* ~s) 《口語》 **1** 対等の[に], 互角の[に], 五分五分の[に]: The fight was ~. けんかはどっこいどっこいだった / Our team is now ~ *with* theirs. これで我々のチームと彼らのチームとは同点となった / It's ~ we'll win. 勝つか負けるか五分五分だ. **2** 借金のない. 〖(1866): *Stephen* [*Steven*] は even との押韻のための無意味な添加語〗

e·vent /ɪvént/ *n.* **1 a** 出来事, 事件; (社会的な)催し物, 行事: the major [most important] ~s of the year その年の主な[最も重要な]出来事; 年中行事 / in the normal course of ~s 事の成り行き上当然 / in the (natural) course of (human) ~s (人事の)自然の成り行き[勢い]で / a turn of ~s (意外な)事の成り行き / Coming ~s cast their shadows before. 《諺》 事が起ころうとするときは前兆がある. 日英比較 日本語のイベントは「出来事, 事件, 行事」と漠然と広い意味に用いるが, 英語は意味の限定があり, 英語の *event* は「重要な出来事, 社会的な行事」を表す. 出来事を表す言葉には他に happening, occurrence (思いがけない出来事), incident (付随的に起こる小さな出来事), accident (不慮の出来事)などがある. **b** 大事件, 注目すべき出来事 (⇨ occurrence SYN); 事変: one of the major ~s of the twentieth century 20 世紀における大事件の一つ / It was (quite) an ~! 全く大事件[中々の騒ぎ]だった. **2** (プログラム中の)種目; (番組中の)一番 (item), 試合, 取組み, 勝負: track [field] ~s トラック[フィールド]種目 / throwing ~s 投てき競技 / a main [big] ~ 主な[お目当ての]試合 / pull off the ~ 《口語》 (試合に勝って)賞を得る / bring off a double ~ 〘玉突〙 二重勝利を得る. **3 a** (事の)成り行き, 結果, 結末: *in the* EVENT / It is easy to be wise after the ~. 《諺》 下司(げす)のあと知恵. **b** [通例 *in* … ~ として] (想定される事態の)結果, (…の)場合 (contingency, case): *in* either ~ (二つの場合のうち)いずれにしても / *in* that ~ その場合には, そうなれば / ⇨ *in any* EVENT, *in the* EVENT *of*. **c** 〘法律〙 訴訟の結果, 判決. **d** 《廃》 運命. **4 a** 〘哲学・物理〙 (相対性理論における)事象, 出来事 《単一物理過程の生起をもいう》. **b** 〘数学・統計〙 (確率)事象 《起こるか起こらないかが偶然によって支配される事がら》. **5** =eventing.

at* [*in*] *áll evènts 何にしても, とにかく (whatever happens, in any case): *At all* ~s you had better try. 何にしてもやって見た方がよい. (1818) ***in ány evènt*** =*at all* EVENTS: He will arrive soon; *in any* ~ I am told so. 間もなく到着するでしょう—とにかくそう聞いています. ***in the evént*** (1) 《英》 (結果として)実際には, 結局: But *in the* ~ nothing happened. しかし結局何も起こらなかった. (1612) (2) ⇨ *in the* EVENT (*that*). ***in the* (*unlikely*) *evént of*** (万一)…の場合には (in case of): *in the* ~ *of* a severe earthquake (万一)大地震の[に襲われた]場合には / *in the* ~ *of* anyone call*ing* in my absence 私の不在中にだれか訪問者があったら. (1602) ***in the* (*unlikely*) *evént* (*that*)** (万一)…の場合(に)は (if, in case). ★ that を略して接続詞的に用いるのは 《米》: *in the* ~ (*that*) it begins to rain 雨が降り出した場合(に)は.

— *vi.* 〈人・馬が〉乗馬競技に出場する. — *vt.* 〈人・馬を〉乗馬競技に出場させる.

e·vent·er /ɪvéntə | -tə^(r)/ *n.* 〖(*c*1570) ▭ OF ~ // L *ēventus* occurrence, outcome (p.p.) ← *ēvenīre* to come forth ← *ē-* 'EX-¹' + *venīre* 'to COME'〗

evént-dríven *adj.* 〘電算〙 イベント待ち方式の 《OS やプログラムなどが, ふだんは空転していて, マウスやキーからの入力があったときにそれに応じた処理をする》.

éven-témpered *adj.* 穏やかな気性の, 落ち着いた. 〖(1875): ⇨ even¹〗

e·vent·ful /ɪvéntfəl, -fl/ *adj.* **1** 出来事の多い, 多事な, 波瀾の多い: It is the story of her ~ life. 波瀾の多い彼女の生涯の物語である. **2** きわめて重大な: He waited calmly for the ~ day. そのきわめて重大な日を平静な気持ちで待ち受けた. **~·ly** *adv.* **~·ness** *n.* 〖(1599) ← EVENT + -FUL¹〗

evént horìzon *n.* 〘天文〙 事象の地平線 《ブラックホールの外縁》. 〖1969〗

éven·tìde *n.* 《古・詩》 夕まぐれ, 夕暮. 〖lateOE *ǣfentīd*: ⇨ even², tide¹〗

éventide hòme *n.* 《英》 老人ホーム 《もと救世軍が維持していた》. 〖1918〗

éven tíme *n.* **1** 〘競走〙 百ヤード 10 秒かっきりのタイム (《英》 evens). **2** 〘音楽〙 偶数拍子 (2 拍子系の拍子).

e·vent·ing /ɪvéntɪŋ | -tɪŋ/ *n.* 〘馬術〙 総合馬術 《馬場馬術 (dressage), 耐久馬術 (cross-country), 障害飛越(ひえつ) (showjumping) の 3 種目を通常 3 日間で行う》. 〖(1965): ⇨ -ing¹〗

e·vén·tive *adj.* 〘言語〙 〈文の主語・目的語が〉出来事 (event) を表す.

evént·less *adj.* 何事もない, (これといった)事件のない, 平穏無事な: an ~ day. 〖(1815): ⇨ -less〗

evént pàrticle *n.* 〘哲学〙 事象分子.

e·ven·tra·tion /iːventréɪʃən/ *n.* 〘医学〙 (腹壁からの)内臓突出(症). 〖(1836) ▭ F *éventration*: ⇨ ex-¹, ventral, -ation〗

evént rìsk *n.* 〘経済〙 イベントリスク 《株式公開買付け (takeover bid) などをかけることによって, それまで健全経営の企業の借金率が上昇し, 無担保社債の値が下がること》.

evént trèe *n.* (装置・系統の)事故[故障]結果予想系統図. 〖1976〗

e·ven·tu·al /ɪvéntʃuəl, -tʃʊl | -tjuəl, -tʃʊl, -tjuəl/ *adj.* **1** 結果として(いつかは)来るべき; 結局の, 終局の: have ~ success 結局(のところ)成功を収める. **2** 《古》 (成り行きによっては)あるいは起こり得る, 偶発的な. 〖(1612–15) ← L *ēventus* 'EVENT' + -AL¹: ACTUAL にならった: cf. F *éventuel*〗

e·ven·tu·al·i·ty /ɪvèntʃuǽləti, -tʃu-, -tju-/ *n.* **1** 偶発性 (contingency), 可能性 (possibility). **2** 万一の場合, 不慮の事件. **3** 究極の結果, 結末. 〖(1759): ⇨ ↑, -ity〗

e·ven·tu·al·ly /ɪvéntʃuəli, -tʃuli | -tʃuəli, -tʃuli, -tjuəli/ *adv.* **1** いつかは, 結局, ついには: He failed ~. 結局[ついに]失敗した. **2** [文修飾語として] やっと(のことで), ようやく: *Eventually*, he arrived. やっとのことで到着した. **3** 〘数学〙 =residually 2. 〖(1660): ⇨ -ly¹〗

e·ven·tu·ate /ɪvéntʃuèɪt | -tʃu-, -tju-/ *vi.* **1** [副詞を伴って] 〈成り行きが〉(ある)結果になる (turn out); 結局〈…に〉終わる (result, end) (*in*): ~ *well* [*ill*] 好結果[不首尾]に終わる / The meeting ~*d in* a quarrel. その会見は結局口論に終わった. **2** (結果として)起こる, 生じる.

e·ven·tu·a·tion /ɪvèntʃuéɪʃən | -tʃu-, -tju-/ *n.* 〖(1789) ← L *ēventus* 'EVENT' + -ATE³〗

ev·er /évə | évə^(r)/ *adv.* **1** [疑問・条件・否定構文で] かつて, 今まで, いつか (at any time): Is she ~ at home? 在宅することがあるか / Have you ~ seen [《口語》 Did you ~ see] a tiger? 虎を見たことがあるか / Did you ~ see him while you were in Tokyo? 在京中いつか彼に会ったか / Did you ~! =Was there ~! 《口語》 これは驚いた, まさか (★ それぞれ Did you ever see [hear] the like? / Was there ever anything like that? の意から) / I doubt whether there ~ was [was ~] any such accident. こんな事故が起こることがあったなど信じられない / Don't fail to visit us if you should ~ come this way. いつかこちらへお出での節はぜひ私どもをお訪ねください / If I ~ catch him! 彼を捕えようものなら(ただではおかない) / As if I should ~ promise such a thing! 私がまさかそんな約束などしますまいに / You *can't* ~ analyze yourself completely. いつも自分を完全に分析できるわけではない / There was *seldom*, *if* ~, such a violent earthquake. あんな強い地震は(たとえあるとしても)極めてまれだった / He is a man of character *if* ~ *there was* [*if there* ~ *was*] one. 《口語》 彼こそ本当の人格者と言うべき人だ / *Nothing* ~ happens in this village. この村では決して何事も起こらない 《ひどく単調だ》 / I *hardly* [*scarcely*] ~ go to bed before midnight. 12 時前に就寝するということはめったにない / It was *before* airplanes were ~ thought of. 飛行機など考えられもしないころだった.

2 いつも, 常に; 絶えず, 引き続いて; いかなる時でも. ★ この用法は次のような表現法の場合 (cf. 4 a) を除けば 《古》: as ~ 《英》 いつものように, 相変わらず / She is *as* beautiful *as* ~. 彼女は相変わらず美しい / He worked *as* hard *as* ~. 相変わらず精出して働いた[勉強した] / ⇨ *as* EVER *is* [*was*] / It was *colder than* ~ that night. その夜はいつにも増して寒かった / He did it *better than* ~. いつもよりもよくやった / ~ *after*(*ward*(*s*)) その後常に / And they lived happily ~ *after*. そしてその後ずっと彼らは幸せに暮らしました 《物語の終わりの決まり文句》 / I have known him ~ *since* he was a boy. 子供のときからずっと知っている / I've lived there ~ *since* [*since* the war (ended)]. それ以来[戦後]ずっとそこに住んでいる / He repeated ~ the same words. あいつはずっと同じ言葉を繰り返した / You will find me ~ at your service. いつでもあなたのために尽くします / All she ~ does is (to) buy hats. 彼女ったら帽子ばかり買っている / As ~ =Yours ~ =*Ever* (yours) いつもあなたの友なる(だれそれ) 《親しい間柄で用いる手紙の結辞; cf. yours 3》 / ~ *more* powerful bureaucracies 絶えず強力になる官僚機構.

3 [強意語 (cf. EVER *so*)] **a** [疑問詞に伴って] 一体(全体) (on earth): *What* ~ do you mean? 一体何のことを言っているのか / *Who* ~ can it be? 一体だれだろう / *Why* ~ didn't you say so? 一体なぜそう言わなかったのだ / *How* ~ did you do that? 一体どうやってそれをしたのだ. **b** [最上級に伴う限定語として, または as … as に導かれる節内に用いて]; かつて(経験したうちで); これまでになく: He is the *greatest* poet that (has) ~ lived. 古来彼以上の詩人はない / It is the *best* thing (that) I ~ saw. これほどよいものは見たことがない / He was the *most* successful player ~. 今までになく成功した選手だった / I'll do *as* much *as* ~ I can. できるだけの事はしましょう / He is *as* great a man *as* ~ lived [was]. 彼は非常に偉大な人だ / Be *as* quick *as* ~ you can! できるだけ急げ. **c** 《米口語》 [倒置構文で形容詞を強めて] たいそう, えらく: Is he ~ mad! 怒ったの怒らないの 《大変なもの》 / Is he ~ learned! 大した学者だ / Do you remember it?—Do I ~! 覚えているかね—無論覚えているとも.

4 a [複合語の第 1 構成素として] 常に: *ever*-active 常に活動的な / ⇨ *ever*-present / *ever*-changing 常に変化する / *ever*-growing 常に生成[増大]する / *ever*-increasing いや増す / *ever*-recurring 繰り返し繰り返し起こる / *ever*-flowing 小止みなく流れる / *ever*-blessed 常に幸いされる / *ever*-honored 常に尊敬される. **b** [疑問代名詞[副詞]に付いてその意味を強調する] たとえ…でも (cf. soever 1): who*ever*, whom*ever*, which*ever*, what*ever*, when*ever*, wher*ever*, how*ever*.

as éver is* [*wás*]** [ほとんど無意味な強調句として] 《口語》 全く, 実際: I'm seventy *as* ~ *was* this very month. 私もちょうどこの月で 70 になる. (1708) ***éver and agáin* [*anón*]** 《古》 時折, 時々. (1590) ***éver so [通例形容詞または副詞に先立って強意的に] (1) [譲歩節で] 《文語》 いかに(…であろうとも) (to any extent) (cf. NEVER *so*): Be it ~ *so* humble, there's no place like home. どんなに貧しくてもわが家にまさる所はない (J. H. Payne, *Home Sweet Home*). (1690–92) (2) 《口語》 非常に, 大きに (★ とくに女性が用いる): Thanks ~ *so much* [《英俗》 ~ *so*]. 本当にありがとうございます / It did me ~ *so much* good. とても役に立った, おかげで随分助かった / Such things happen ~ *so often*. そのようなことはとてもよく起こる. (1858) ***éver sùch a*** 《口語》 (1) [形容詞+名詞に前置して] とても ((a) very) (★ とくに女性が用いる): ~ *such a* nice day とてもいい日 / ~ *such* kind people. (2) [a(n)+名詞に前置して] とても…な: ~ *such a* wind とてもひどい風. ***for éver*** 永久に, いつまでも; 《口語》 とても長い間. ★ 《米》 では通例 *forever* と一語につづる (cf. forever): The Stars and Stripes *for* ~! 星条旗よ永遠に / He would go on talking *for* ~. 彼はとめどなくしゃべり続けるのであった / It seemed to last *for* ~. それは永遠に続くように思えた. (*a*1325) ***for éver and a dáy*** =***for éver and éver*** いつまでもいつまでも, 永遠に 《for ever の強意》.

〖(1549–62) OE *ǣfre* ← *ā* 'always, AYE²' + ? *fēorr* far // (短縮)? ← *ā tō fēore* ever in life〗

Ev·er·ard /évəràːd | -rɑ̀ːd/ *n.* エバラード 《男性名》. 〖ME ▭ OF ~ ▭ OHG *Eburhard* 《原義》 strong as a

boar ← *ebur* boar＋*hardu* 'HARD': cf. G *Eberhard*〗
éver·béarer *n.* (絶えず実と花をつける)四季成り性の植物. 〖1929〗
éver·béaring *adj.* 〈草木が〉絶えず実をつける, 絶えず芽を出す, 四季成り性の. 〖1921〗
éver·blóomer *n.* (一年中花をつける)四季咲き性の植物《特にバラ》. 〖1887〗
éver·blóoming *adj.* 絶えず花をつける, 四季咲き性の. 〖*c*1891〗
Ev·er·dur /évədùə | évədùə^(r)/ *n.* 〘商標〙エバジュール, エバダ《米国製の, 銅・珪素(けいそ)・マンガンの合金; 高抗張力を有し, また耐食性に富む》. 〖(逆成) ↓〗
éver·dúring *adj.* 《古》永久の, 永遠の. 〖(*c*1384): ⇨ ever, dure〗
Ev·er·est /év(ə)rɪ̀st, évərèst/ *n.* **1** [Mount ~] エベレスト《ネパールと中国の国境にあるヒマラヤ山脈中の世界最高峰 (8,850 m); 1953 年英国隊が初登頂; チベット語名 Chomolungma》. **2** (人・物事の)最高の峰, 頂点; 最大の難関. 〖← *Sir George Everest* (1790–1866: インドの測量長官)〗
Ev·er·ett¹ /év(ə)rɪ̀t, évərèt/ *n.* エベレット《米国 Washington 州北西部 Puget 湾に臨む都市》.
Ev·er·ett² /év(ə)rɪ̀t, évərèt/ *n.* エベレット《男性名》. 〖(変形) ← EVERARD〗
Ev·er·ett /év(ə)rɪt, évərèt/, **Edward** *n.* エベレット (1794–1865; 米国の政治家・演説家・牧師).
Ev·er·fresh /évəfrèʃ | évə-/ *n.* 〘商標〙エバーフレッシュ《米国 Everfresh Juice 社製のフルーツジュース・果汁入り飲料》.
ev·er·glade /évəglèɪd | évə-/ *n.* **1** 《米南部》沼沢地《ところどころに高い草のやぶがあり, 縦横に水路が通じている》. **2** [the Everglades; 複数扱い] エバグレーズ《米国 Florida 州南部の沼沢地方, その南部は国立公園 (Everglades National Park) をなす; 面積 10,000 km²》. 〖(1823) ← ? *ever(lasting) glade*: ⇨ glade〗
éverglade pálm *n.* 〘植物〙＝saw palmetto 2.
Év·er·glades Nátional Párk /évəglèɪdz- | évə-/ *n.* [the ~] エバーグレーズ国立公園《米国 Florida 州南部にあり, マングローブ (mangrove) の沼沢地; 珍しい鳥や植物などで有名, 1947 年指定; 面積 5,688 km²》.
Éverglade Stàte *n.* [the ~] Florida 州の俗称.
ever·green /évəgrì:n | évə-/ *adj.* **1** 常緑の (↔ deciduous): an ~ tree 常緑樹, ときわ木. **2** いつまでも新鮮な[絶えない] (perennial): the ~ good humor of the French フランス人のいつまでも絶えない上機嫌. — *n.* **1** ときわ木, 常緑樹[植物]. **2** [*pl.*] (装飾用)ときわ木の枝: Christmas ~*s* クリスマスに飾るときわ木. **3** いつまでも新鮮な[絶えない]もの: Mary is an ~. 〖(1644) ← EVER＋GREEN〗
évergreen fùnd *n.* エバーグリーンファンド《新しい会社に資本金を供給しその発展のために継続的に資金を供与する基金》.
évergreen grápe *n.* 〘植物〙アフリカ南部産のブドウ科の常緑つる植物 (*Cissus capensis*).
évergreen magnólia *n.* **1** 〘植物〙タイサンボク (*Magnolia grandiflora*)《米国南東部産の白い大きな花が咲くモクレン科の常緑樹》. ★ その花は米国 Louisiana 州および Mississippi 州の州花. **2** タイサンボク材. 〖1882〗
évergreen óak *n.* 〘植物〙常緑性のカシ類の総称《トキワガシ (holm oak) など》. 〖*a*1682〗
Évergreen Stàte *n.* [the ~] 米国 Washington 州の俗称.
ev·er·last·ing /èvəlǽstɪŋ | èvəlá:st-ˈ/ *adj.* **1** 永久に続く, 不朽の (⇨ eternal **SYN**): ~ fame [glory] 不朽の名声[光栄]. **2** 永続[耐久]性のある, 長持ちのする; 〈植物が〉乾いても色や形の変わらない: ~ colors 永く変わらない色. **3** 果てしのない, 相も変わらぬ, ひっきりなしの (perpetual); 退屈な: ~ jokes のべつ幕なしの冗談 / Enough of this ~ quarelling! こんな延々と続く口論はもうたくさんだ. — *n.* **1** 永久, 永遠: from ~ to ~ 無限から無限へ, 永遠にわたって. **2** 〘植物〙(いわゆる)ドライフラワー, 永久花《乾いてからも形や色の変わらない花をつける植物の総称; しばしば墓に供える; エゾノチチコグサ (pussytoe), ムギワラギク (strawflower), ハハコグサ (cudweed), カイザイクなど; everlasting flower, immortelle ともいう》; その花. **3** [the E-] 神 (God). **4** 丈夫なラシャ (lasting). **~·ness** *n.* 〖(*c*1225) *everlestind*, ~ (なぞり) ← L *aeternus* 'ETERNAL': ⇨ ever, lasting〗
èv·er·lást·ing·ly *adv.* 永遠[無窮, 永久]に, 尽きることなく: Her fame will live ~. 彼女の名声は永久に残るだろう / do nothing but gossip ~ 延々とおしゃべりばかりする. 〖(*c*1350): ⇨ ↑, -ly¹〗
everlasting péa *n.* 〘植物〙ヒロハノレンリソウ (*Lathyrus latifolius*)《ヨーロッパ原産マメ科レンリソウ属の多年生つる草; perennial pea ともいう》. 〖1705〗
everlasting thórn *n.* 〘植物〙トキワサンザシ (*Pyracantha coccinea*).
èver·líving *adj.* 《古》不死の, 永遠の (immortal). 〖1547〗
éver·lóving [通例 one's ~ として]《口語》*adj.* 〈妻が〉(夫への)愛情の変わることのない: *his* ~ wife. — *n.* 絶えず(夫を)愛し続ける妻, 愛妻: *his* ~. 〖1931〗
Év·er·ly Bróthers /évəli- | évə-/ *n. pl.* [the ~] エバリーブラザーズ《Don Everly (1937–　) と Phil Everly (1939–　) が 1956 年に結成した米国のポップデュオ》.
ever·more /èvəmɔ́ə | èvəmɔ́:^(r)ˈ/ *adv.* **1** 常に, いつも. **2** 《古》永遠に, 永久に. **3** 《廃》未来永劫に.
for evermóre ＝evermore.
〖(?*c*1200) *evermor* ∽ OE *ǣfre mā* any longer, ever again: ⇨ ever, more¹〗

ever-nòrmal gránary *n.* 《米》常時安定穀倉《価格を安定し, 不作に備えるため, 政府が買い入れ貯蔵する余剰農産物》.
èver-présent *adj.* 常に存在し続ける, 絶えることのない, 決してなくならない.
éver-réady *adj.* いつでも用意している[使用できる], 常に待機している, 常備の. — *n.* 常に用意されている人[物]; (特に)常備隊員. 〖1828〗
Éver Réady *n.* 〘商標〙エバレディー《英国 British Ever Ready 社製の電池》.
Éver·shàrp *n.* 〘商標〙エバーシャープ《米国 Acme United 社製のシャープペンシル》.
e·ver·si·ble /ɪvə́:səbl, i:v- | -və́:sɪ̀-/ *adj.* 外にめくり返せる. 〖(1877) ← EVERS(ION)＋-IBLE〗
e·ver·sion /ɪvə́:ʒən, i:v-, -ʃən | -və́:ʃən/ *n.* 〘医学〙(まぶたなどを)外にめくり返すこと, 外翻, 翻転, (足関節の運動としての)回外 (↔ inversion). 〖(*a*1420) □ OF *eversioun* □ L *ēversiō(n-)* ← *ēversus* (p.p.) < *ēvertere* (↓): ⇨ version〗
e·vert /ɪvə́:t, i:v- | -və́:t, i:v-/ *vt.* **1** 〈まぶた・腸などを〉外翻[翻転]する, 外にめくり返す: ~*ed* lips (黒人などの)外にめくれた唇. **2** 《古》〈政府・学説などを〉覆す, 打倒する (overthrow). 〖((1533)) (1804) □ L *ēvertere* ← *ē-* 'EX-¹'＋*vertere* to turn〗
Ev·ert /évət | évət/, **Chris(tine Marie)** *n.* エバート (1954–　; 米国のテニス選手; Mrs. Andy Mill).
e·vér·tor /-tə | -tə^(r)/ *n.* 〘解剖〙回外筋. 〖(1903) ← NL ~ ← L *ēvertere*: ⇨ evert, -or²〗
ev·ery /évri/ *adj.* **1** (一群・一団中の)ことごとくの, 一つ残らずの, いずれの…も皆. **a** [単数形の Countable Noun に先立って]: in (each and) ~ way あらゆる方法をつくして, すべての方面において, 全く / *Every* man has his [《口語》their] weak points. 人にはだれでも弱点はある / *Every* word of it is false. 一語一語ことごとく偽りだ / *Every* dog has his day. 《諺》だれでも得意な時代がある. **b** [否定文は部分否定になる]: *Every* man cannot be an artist. だれでも芸術家になれるものではない. **c** [(代)名詞の所有格の後に用いて]: Anger pervaded *his* ~ look. 彼のすべての表情に怒りの色がみなぎっていた. **2** 可能な限りの, あらゆる; 完全な, 全幅の: I have ~ reason to believe … と信じる理由が十分ある / I wish you ~ success. どこまでも御成功を祈ります / There was ~ likelihood that … いかにも…がありそうに思えた / He has ~ confidence in you. 彼はあなたに全幅の信頼を寄せている. **3** 毎…, …ごと: ~ day [week] 毎日[週] / ~ moment 刻々, 刻一刻と / ⇨ *every* TIME / at ~ step 一歩ごとに, 絶えず / I expected him ~ minute. 今か今かと彼を待っていた / Such things do not happen ~ day. こんな事はめったにない. ★ しばしば序数詞＋単数名詞, または数詞＋複数名詞を伴う: ~ fourth day＝~ four days 四日目ごとに, 三日置きに / ~ few months 数か月ごとに / *Every* third person has a car. 3 人に 1 人は自動車を持っている / Out of ~ five candidates only one was successful. 受験生 5 人につき 1 人の割にしか合格しなかった.
évery bít ⇨ bit² 成句. ***èvery hére and thére*** そこここ一面に, そこら辺一体に. ***évery lást*** 《口語》(最後の一つまで)ことごとくの…: spend ~ *last* cent 最後の 1 セントまで使い果たす / He learned it by heart, ~ *last* sentence of it. 一語一句漏れなく暗記した. (1888) ***èvery nów and thén*** [***agáin***] ＝NOW *and then*. ***évery one*** (1) /ˊ-ˋ-/ (ある集団の人・物のうち)どれもこれもことごとく (each): I tried ~ (single [last]) *one of* them. それを一つ残らず試みてみた / They were killed, ~ (single [last]) *one of* them. 彼らは一人残らず殺された. (2) /ˊ-ˋ-/ ＝everyone. ***èvery ónce in a whíle*** ＝ONCE *in a while*. ***èvery óther*** (1) [évery ˊ-] 一つ置きの: ~ *other* day 隔日に, 一日置きに; しょっちゅう / Write on ~ *other* line. 一行置きに書きなさい. (2) [èvery ˊ-] その他すべての: He was absent; ~ *other* boy was (＝all the other boys were) present. 彼は欠席したが, 他の生徒は残らず出席した. ***évery sécond*** ＝EVERY *other* (1). ***évery síngle*** ＝EVERY *last*. ***évery so óften*** 《口語》時々 (occasionally). ***èvery whích*** 《口語》ありとあらゆる…, いずれの…も (every の強意形): They came running from ~ *which* direction. 彼らはそれぞれいずこからともなく駆け寄って来た. ***èvery whích wáy*** 《米口語》(1) 四方八方に: He flung his arms about ~ *which way*. 腕を前後左右に振り回した. (2) ばらばらに, 乱雑に: The toys were scattered about ~ *which way*. おもちゃが乱雑にちらばっていた. 〖(1824)? — ME *everich wey*: ⇨ every, way〗 ***évery wáy*** ＝every-way.
〖(?*a*1200) *every*, *eueri(ch)* < lateOE *ǣfriċ* ← OE *ǣfre ǣlċ*: ⇨ ever, each〗
ev·ery·bod·y /évribɑ̀(:)di, -bʌ̀di | évribɔ̀di/ *pron.* だれでも(皆), 各人 (every person): ~ else 他の人は皆 / ~ who is anybody ⇨ anybody *n.* / Not ~ can be a poet. だれもかも詩人になれるものではない《詩人になれる人はめったにない》 ★ 部分否定 / *Everybody's* business is nobody's business. ⇨ business 5.

語法 構文上の扱いは次の通り (everyone についても同様): (1) 通例, 単数動詞で受ける. (2) 形式ばった文体では単数代名詞で受けるが, 通例は複数代名詞で受け, それに対応する動詞は複数となる: *Everybody* must do *his* best. すべての人は最善を尽くさなければならない / *Everybody is* coming, *aren't they*? みんな来るんでしょう.

〖(*c*1390): ⇨ every, body〗
ev·ery·day /èvridéɪˈ/ *adj.* **1** 毎日の (daily); 毎日決まりきった (routine): of ~ occurrence 毎日起こる. **2** 日常の, ふだんの, 平常の: ~ clothes [wear] ふだん着, 常用服 (cf. Sunday best) / ~ English 常用英語 / ~ words 常用語. **3** (毎日出くわすように)ありふれた, 平凡な (commonplace): ~ affairs 日常の些細な事 / an ~ matter 日常のありふれた事柄. 〖(*c*1625): ⇨ every, day〗
èvery·dáy·ness *n.* 日常性, 平凡さ. 〖(1840): ⇨ ↑, -ness〗
évery·hòw *adv.* あらゆる方法[やり方]で. 〖1837〗
ev·ery·man /évrimæ̀n/ *pron.* ＝everybody. 〖late OE *ǣfriċ mon*: ⇨ every, man〗
Ev·ery·man /évrimæ̀n/ *n.* (*pl.* **-men** /-mèn/) **1** 「人間」《オランダの劇 *Elkerlijk* から翻訳した 15 世紀英国の教訓劇 (morality play)》. **2** エブリマン (*Everyman* の主人公). **3** [しばしば e-] 普通の人, 並みの人. (1906)
évery-níght·er /-náɪtə | -tə^(r)/ *n.* (劇・音楽会などへ)毎回通い続ける客, 常連. 〖1905〗
ev·ery·one /évriwʌ̀n, -wən | -wʌ̀n/ *pron.* だれでも(皆) (everybody): ~ who is anyone＝everybody who is anybody ⇨ anybody *n.* / *Everyone* is liable to err. 人はだれでも誤りに陥りがちだ / *Everyone* has a right to express *his* own opinion. 各自皆自分の意見を述べる権利がある / *Everyone* had done a poor job, but *they* would not admit it. だれも仕事をよくしたものがなかったのに, 皆それを認めようとはしなかった (cf. everybody 語法). 〖(?*c*1200) *everich-on*: ⇨ every, one〗
évery·plàce *adv.* 《米口語》＝everywhere. 〖*c*1917〗
ev·ery·thing /évriθɪ̀ŋ/ *pron.* **1** なにもかも皆, 万事: ~ you (always [ever]) wanted to know about …, but never dared (to) ask [were afraid to ask]《戯言》(人にはちょっと聞けない)…のすべて(が分かる本[もの])《本・記事などの宣伝の文句》/ *Everything* interests me. なにもかも私にはおもしろい / *Everything* has its drawback. なんでも欠点のないものはない / They've lost ~! 彼らはすべて失ってしまった / *Everything* good was gone. いいものはみんななくなってしまった / I will do ~ in my power to assist you. 私の力の及ぶ限りなんでも御援助いたします / The book did ~ but sell. その書物は一向に売れなかった / He did ~ but stand on his head to sell me the car. その車を私に売ろうとしてあらゆる手管を使った / She was ~ a secretary should be. 秘書に要求されるすべてを備えた女性だった. **2** 最も大切なもの: Time [Health, Love] is ~. 時間[健康, 愛]が何より大切 / Money isn't ~ (in life). 人世は金だけがすべてではない / His child was [meant] ~ *to* him. 子供は彼にとってはかけがえのないものだった.
and éverything その他何やかや, …等々. ***befòre éverything*** (***élse***) 何はさておき, 何よりもまず: *Before* ~, you must pay him a visit. 何はさておき彼を訪問しなければならない. ***hàve éverything*** (***góing for*** one)《口語》あらゆる魅力[長所, 要件]を兼ね備えている: He *has* ~. 全くよくできた人だ / He put ~ he *had* into the work. その仕事に全力を注いだ. (1845) ***like éverything*** 《米口語》一生懸命に; ものすごく: He ran *like* ~. 彼は懸命に走った / It hurt *like* ~. それはひどく痛かった.
〖(?*c*1200): ⇨ every, thing¹〗
ev·ery·way /évriwèɪ/ *adv.* 四方八方に; どの方面[点]から見ても, どう見ても: You wrong me ~. 君はあらゆる点で僕を誤解している. 〖(*a*1398) *everi weies*〗
évery·whèn *adv.* どんな時でも, いつでも. 〖1843〗
ev·ery·where /évri(h)wèə | -(h)wèə^(r)/ *adv.* **1** どこでも, 至る所に (in every place); 《口語》いろんな所で (in many places): I looked for it ~. あらゆる所を捜してみた / Human nature is just the same ~. 人情はどの土地でも変わらない / ~ in Japan 日本中至る所. **2** 徹頭徹尾, 終始 (in every part, throughout): His argument was ~ coherent [coherent ~]. 彼の論旨は終始一貫していた. **3** [接続詞的に] どこでも…する所には (wherever): *Everywhere* you go, you will find the same thing. どこへ行って見たって同じことだよ. — *n.* **1** あらゆる所: *Everywhere* seemed silent. あたり一帯がしんとしているように思われた. **2** [the ~] 遍在する空間, 無窮. 〖(?*c*1200) (i) *everiwhere* < OE *ǣfre ġehwǣre* ← *ǣfre* 'EVER'＋*ġehwǣre* anywhere // (ii) *every-where*: ⇨ every, where〗
Eve·sham /í:vʃəm, (現地ではまた) í:vɪ-/ *n.* イーブシャム《イングランド Worcestershire 州南東部の都市; Simon de MONTFORT が敗北した所 (1265)》. 〖OE ~ ← *Eves* of E of (人名)＋*hamm* meadow〗
Éve's púdding /í:vz-/ *n.* 《英》下にりんごのスライスを敷いて焼いたスポンジプディング.
Éve-tèasing *n.* 《インド》性的いたずら, 痴漢行為, セクハラ. **Éve-tèaser** *n.*
evg. 《略》evening.
Ev·ge·ni /ɪvgéni, -géɪ-; *Russ.* jivɡʲénʲij/ *n.* イブゲニ《男性名》. 〖□ Russ. ~ □ Gk *Eugénios* ← *eugenḗs* ⇨ Eugene〗
E·vi·án wàter /èviá:(ŋ), -á:ŋ | ˊ-ˋ-; *F.* evjɑ̃/ *n.* エビアン水《フランス東部の Geneva 湖畔の町 Évian-les-Bains 産のミネラルウォーター》.
e·vict /ɪvíkt/ *vt.* **1** (法律の力によって)〈土地などから〉〈人を〉立ちのかせる, 追い立てる; …に追立てをくわせる 〔*from*〕. **2** (法律上の手続きによって)〈人から〉〈財産(権)を〉取り返す, 取り戻す 〔*of, from*〕. **e·víc·tor** *n.* 〖(1447) ← L *ēvictus* completely overcome (p.p.) ← *ēvincere* 'to EVINCE'〗
e·vict·ee /ɪvɪ̀ktí:/ *n.* (法律の力で)立ちのかされた人, 追い立てられた人. 〖(1879): ⇨ ↑, -ee¹〗
e·vic·tion /ɪvíkʃən/ *n.* **1** 追立て, 放逐; 立ちのき. **2** 〘法律〙(法律手続きによる土地からの)追立て; (追立てに基づ

E

く)取戻し. 〖(1461) □ L *ēvictiō(n-)*: ⇨ evict, -tion〗

evíction clàuse *n.* 〘演劇〙 =stop clause.

ev·i·dence /ɛ́vədəns, -dənts, -dn̩s, -dn̩ts, -dɛ̀ns, -dɛ̀nts | ɛ́vɪ̀dəns, -dənts, -dn̩s, -dn̩ts/ *n.* **1 a** 〔…の〕証拠 〔*of, for*〕: internal [external] ～ 内的[外的]証拠 / We need more [another piece of] ～. われわれはもっと[もうひとつ]証拠が必要だ / They had sufficient scientific ～ *for* evolution. 進化の科学的証拠が十分あった / We have found no definite ～ *of* (a) conspiracy. 共謀の確証はあがっていない / There was ～ *of* someone having entered the house. だれかが家に入った証拠があった / There is ～ (*to* show) that the U.S. can satisfy foreign demand for farm goods. 合衆国が農産物に対する海外需要をまかないうるという証拠がある. **b** 〘法律〙(立証するための)証拠 (⇨ proof SYN); 証拠物件, 物証; 証言: conclusive ～ 絶対[決定]的証拠, 確証 / ⇨ prima facie evidence, circumstantial evidence / give ～ *against* …に不利な証拠を述べる / hear ～ 証言をきく / take ～ 証人調べをする / *On* the ～ he is certainly guilty. 証拠があって彼の有罪は間違いない / The charges against him were dropped because of insufficient ～. 証拠不十分で彼に対する嫌疑が晴れた / ⇨ *in* EVIDENCE (2). **c** 〘法律〙 証人 (witness); (特に)共犯証人: ⇨ state's evidence, king's [queen's] evidence.
2 〔性質・行為などを明示する〕跡, 形跡 (sign) 〔*of*〕: ～ *of* glacial action 氷河作用の跡 / The country gave [bore, showed] ～ *of* careful cultivation. 土地は丹念に耕作されている跡を示していた / There was ～ *of* a struggle. 格闘の跡が見られた.
3 a 《古》明白さ, 明瞭さ. **b** 〘神学〙証(あかし), 証験, 明証: the ～*s* of Christianity キリスト教証験論.
in évidence (1) 存在して, 見られて; ありありと見えて, 目立って (conspicuous): The child was nowhere *in* ～. その子はどこにも見えなかった / She was very much *in* ～ at the ball. 舞踏会では彼女の姿がひときわ人目を引いた. 〖((*a*1393)) (1817) 《なぞり》 ← F *en évidence*〗 (2) 〘法律〙 証拠[証人]として: The weapon was accepted *in* ～. その凶器は証拠として受け入れられた / Anything you say may be used *in* ～ against you. どんなことを言ってもあなたに不利な証拠として利用されるかもしれませんよ / call a person *in* ～ 証人として人を呼び出す. ***on the évidence of*** …の証言に基づいて; …を証拠[根拠]にすれば.
— *vt.* **1** 〈人が〉立証する, 証言する; 〈物が〉…の証拠となる: She was here, as (is) ～*d* by this handkerchief. このハンカチで立証されるように彼女は確かにここにいた. **2** 明示する, 表明する: Her face ～*d* sincerity. 彼女の顔には誠実さがはっきりと表れていた.
〖(*c*1378) □ (O)F *évidence* □ L *ēvidentia* clearness ← *ē-* 'EX-¹' + *vidēre* to see: ⇨ ↓, -ence〗

ev·i·dent /ɛ́vədənt, -dn̩t, -dɛ̀nt | ɛ́vɪ̀dənt, -dn̩t/ *adj.* はっきり見えて; 明らかな, 明白な: Some discord was ～ in the nation. その国民の間にはある不一致がはっきり見えていた / an ～ mistake 明白な誤り / with ～ pride [satisfaction] いかにも得意[満足]そうに / It is ～ *to* everybody [*from* his manner] that …ということはだれにも[彼の態度から]明らかだ. 〖(*c*1384) □ (O)F *évident* □ L *ēvidentem* distinct, clear ← *ē-* 'EX-¹' + *videntem* ((pres.p.) ← *vidēre* to see: cf. vision)〗

SYN 明白な: **evident** 〈感情・態度・理由などが〉外面的な兆候からはっきりとわかる: It is too *evident* to require proof. それは証明するまでもなく明白である. **apparent** 特に, 演繹的な推論によって明らかな: It's *apparent* that she dislikes me. 彼女が私を嫌っているのは明らかだ. **obvious** 目につきやすく, だれにでも必ず知覚できる: The meaning of this compound is *obvious* from the component parts. この複合語の意味はその構成素を見ればすぐわかる. **explicit** 意味することが暗示的でなく, 極めて明瞭である: an *explicit* demand あからさまな要求. **manifest** 知覚に対して直接的・直感的に明らかな《格式ばった語》: The fact is *manifest* at a glance. その事実は一目瞭然だ. **patent** はっきり見えるのですべての人に理解される《格式ばった語》: a *patent* error 明らかな誤り. **plain** 単純なのですぐに知覚できる: a *plain* fact はっきりした事実.

ev·i·den·tial /ɛ̀vədɛ́nʃəl, -ʃl̩ | ɛ̀vɪ̀-ˊ/ *adj.* **1** 証拠上の, 証拠に基づく. **2** 証拠となる: an ～ fact. 〖(1610) □ ML *ēvidentiālis* ← L *ēvidentia*: ⇨ evidence, -al¹〗

èv·i·dén·tial·ly /-ʃəli/ *adv.* 証拠として, 証拠によって. 〖(1654): ⇨ ↑, -ly¹〗

ev·i·den·tia·ry /ɛ̀vədɛ́nʃəri, -ʃièri | ɛ̀vɪ̀dɛ́nʃəri ˊ/ *adj.* =evidential. 〖(1810) ← L *ēvidentia* + -ARY: ⇨ evidence〗

ev·i·dent·ly /ɛ́vədəntli, -dn̩t-, ɛ̀vədɛ́ntli, ˌ—ˌ—ˈ—ˌ— | ɛ́vɪ̀dəntli, -dn̩t-/ *adv.* **1** 明らかに, 明白に (obviously): A storm is ～ approaching. 明らかに嵐が近づいている.
2 [文副詞] 見たところでは, どうやら: *Evidently*, his business seems to have failed. どうやら彼の事業は失敗したようだ. 〖(*c*1380): ⇨ evident, -ly¹〗

év·i·dent·ness *n.* 明白性. 〖(1552): ⇨ -ness〗

E·vie /íːvi/ *n.* イービー《女性名》. 《(dim.) ← EVE》

e·vil /íːvəl, -vl̩ | -vl̩/ *adj.* **1 a** (道徳的に)悪い, 邪悪な, 悪質な (⇨ bad¹ SYN): an ～ face 悪党らしい人相 / ～ men 悪人たち / ～ practices 悪習 / an ～ influence 悪い影響 / ～ spirits 悪霊, 邪悪な妖精たち / ～ thoughts 邪念 / an ～ tongue 毒舌; 中傷者. **b** (評判などが)悪い: a house of ～ repute 評判のよくない家 (売春宿など).
2 災いの, 不祥な, 縁起の悪い, 不吉な: ～ news [tidings] 凶報 / an ～ sign 悪い兆候 / fall on ～ days ⇨ FALL *on* (2) / Help me in my ～ day! 不運なときに助けたまえ.
3 胸の悪くなるような, 不快にさせる: an ～ taste. **4** 有害な: ～ consequences 有害な結果. **5** 怒りっぽい, かんしゃくの強い: in an ～ temper 不機嫌で. **6** 《古》質の悪い, 貧弱な.
***postpóne* [*pùt óff*] *the évil hóur* [*dáy*]** [しばしば滑稽] (結局せざるをえない)いやなことを先延ばしにする.
— *n.* **1** 悪, 不善, 邪悪 (wickedness) (↔ good): do ～ 悪事を働く (cf. evildoing) / good and ～ 善悪 / return good for ～ 善をもって悪に報いる. **2** 害悪, 災い, 悪弊: ⇨ social evil / choose the lesser of two ～*s* 二つの災いのうち小さい方を選ぶ / the ～*s* of capitalism 資本主義の弊害 / war, famine, pestilence, and other ～*s* 戦争, 飢餓, 疫病その他の害悪. **3** 《廃》不運, 不幸 (ill luck), 凶事, 災害: wish a person ～ 人に災いあれと願う / bode ～ 凶兆を示す. **4** 《古》 =king's evil.
— *adv.* **1** 《廃》悪く, 不運に: It went ～ with him. 彼はひどい目に遭った. **2** 《古》あしざまに: Evil to him that ～ thinks. 《諺》 悪い考えをいだく者には災いあれ / speak ～ of …を悪く言う. ★ 現代英語ではこの evil を名詞と見ることもできる. **3** 《廃》害を与えるように, ひどく: ～ entreat 虐待する (cf. entreat 2; *Exod.* 5:22).
～·ness *n.* 〖OE *yfel* (adj. & n.), *yfle* (adv.) < Gmc **ubilaz*, 《原義》 (in) exceeding the proper limit (Du. *euvel* / G *übel*) ← IE **upelo-* under, up, over: 今の形は ME 《方言》 *evel* から発達〗

évil-dispósed *adj.* たちの悪い. 〖1563〗

évil·dòer *n.* 悪い事をする人, 悪人 (↔ well-doer). 〖*a*1387〗

évil·dòing *n.* 悪事, 悪行 (↔ well-doing). 〖*c*1390〗

évil éye *n.* **1 a** [通例 the ～] 邪眼, 悪意の目 《こういう目を持っている人ににらまれると災いがくるという》. **b** 気味の悪い目つき, (ねたみなどの)恐ろしい目つき: give a person *the* ～ 人を非難がましい目で[憎々しげに]見る. **2** 邪眼の持主. 〖OE *eage yfel*〗

évil-éyed *adj.* **1** 悪意の目を持った. **2** (ねたみなどで)恐ろしい目つきをした. 〖(1609–10): ⇨ ↑, -ed〗

évil·héarted *adj.* 邪悪な心をした. 〖1832〗

évil-lóoking *adj.* 人相の悪い.

e·vil·ly /íːvəlli, -vəli, -vl̩i | íːvl̩li, -vl̩i/ *adv.* 邪悪に, 凶悪に (wickedly); 悪く: be ～ disposed 悪意を持っている / be ～ treated 虐待される. 〖(*c*1400): ⇨ evil, -ly¹〗

évil-mínded *adj.* **1** 悪心を持った, 腹黒い; 意地悪の (malicious, wicked). **2** (語句などを)猥褻(わいせつ)な意味にとる; 好色な, みだらな. **～·ly** *adv.* **～·ness** *n.* 〖1531〗

Évil Òne, é- ò- *n.* [the ～] 悪魔 (the Devil, Satan).

évil-stárred *adj.* =ill-starred.

e·vince /ɪvíns/ *vt.* **1** 〈人や態度が〉〈感情・希望などを〉明らかに示す, はっきり表す: ～ great sorrow at parting 別離に際して大いに悲しむ / He ～*d* no surprise. 少しも驚きを示さなかった / He ～*d* a strong desire to enter the medical profession. 彼は医者になりたいという強い希望を表明した. **2** 〈…ということを〉明らかにする, 証明する 〈*that, how*〉: The fact ～*s how* very opposite their sentiments are. その事実は彼らの気持ちが全く正反対であることを明らかにしている. **e·vín·ci·ble** /-səbl̩ | -sɪ̀-/ *adj.* 〖(1608–11) □ L *ēvincere* to vanquish, prove ← *ē-* 'EX-¹' + *vincere* to conquer: cf. evict〗

e·vin·cive /ɪvínsɪv/ *adj.* 明らかに示す, 表示する (indicative). 〖(1806): ⇨ ↑, -ive〗

ev·i·rate /ɛ́vərèɪt, íːv- | íːvɪ̀-, ɛ́v-/ *vt.* 《まれ》 去勢する (castrate); 女々しく[柔弱に]する (emasculate). **e·vi·ra·tion** /ɛ̀vəréɪʃən, ìːv- | ìːvɪ̀-, ɛ̀v-/ *n.* 〖(1621) ← L *ēvirātus* (p.p.) ← *ēvirāre* to deprive of virility ← *ē-* 'EX-¹' + *vir* man: ⇨ virile, -ate³〗

e·vis·cer·ate /ɪvísərèɪt, iːv-/ *vt.* **1** …の内臓を抜く (disembowel): ～ a turkey 七面鳥の内臓を抜く. **2** 〘外科〙〈人〉から内臓を摘出する; 〈臓器〉の内容物を摘出する. **3** 〈議論などを〉骨抜きにする, …の肝心なところを抜く. — *vi.* 〘外科〙 **1** 〈臓器が外科切開により飛び出す. **2** 〈患者が〉切開による臓器の飛び出しを起こす. — *adj.* 内臓の飛び出した (disemboweled). **evís·cer·à·tor** *n.* 〖(1607) ← LL *ēviscerātus* (p.p.) ← *ēviscerāre* to disembowel: ⇨ ex-¹, viscera, -ate³〗

e·vis·cer·a·tion /ɪvìsəréɪʃən, iːv-/ *n.* **1** 〘医学〙 内臓摘出(術), 除臓(術). **2** 骨抜き(の状態). 〖(1628) □ ML *ēviscerātiō(n-)*: ⇨ ↑, -ation〗

E·vi·ta /ɛvíːtə, ɪ̀v- | -tə; *Am.Sp.* eβíta/ *n.* **1** エビータ《女性名》. **2** 「エビータ」《アルゼンチンの大統領夫人 Eva Perón (通称 Evita) の生涯を描いたミュージカル (1978)》.

ev·i·ta·ble /ɛ́vətəbl̩ | -tɪ̀-/ *adj.* 《まれ》 避けられる. 〖(1502) □ L *ēvitābilis* avoidable: ⇨ evite, -able〗

ev·i·tate /ɛ́vətèɪt | ɛ́vɪ̀-/ *vt.* 《廃》 避ける (evite). 〖(1588) ← L *ēvitātus* (p.p.) ← *ēvitāre* (↓)〗

e·vite /ɪváɪt/ *vt.* 《古》 避ける. 〖(1503) □ (O)F *éviter* // L *ēvitāre* to avoid ← *ē-* 'EX-¹' + *vītāre* to shun〗

E·vi·us /íːviəs/ *n.* 〘ギリシャ・ローマ神話〙 =Dionysus. 〖□ L *Ēvius, Euhius* □ Gk *Eúios*: cf. evoke〗

ev·o·ca·ble /ɛ́vəkəbl̩, ɪ̀vóʊk- | ɛ́vək-, ɪ̀vóʊk-/ *adj.* 呼び出せる, 呼び覚ませる. 〖(1886) □ F *évocable*: ⇨ evoke, -able〗

e·vo·ca·tion /ɛ̀vəkéɪʃən, ìːvoʊ- | ɛ̀və(ʊ)-, ìːv-/ *n.* **1** 呼出し; 招魂 (死者の霊を呼び起こすこと); (神への)祈願; 〔記憶・感情などの〕喚起 〔*of*〕. **2** (他の時代・場所などの)想像力豊かな芸術的な描写. **3** 〘法律〙 (下級裁判所から他の裁判所への)訴訟の移送 (cf. certiorari). **4** 〘生物〙 =induction 6 a. 〖(*c*1450) □ L *ēvocātiō(n-)* ← *ēvocātus* (p.p.): ⇨ evoke, -ation〗

e·voc·a·tive /ɪvɑ́(ː)kətɪv | ɪ̀vɔ́kət-/ *adj.* **1** 〔思い出などを〕呼び起こす〔*of*〕: a scene ～ *of* happier days 幸せだった日々を思い浮かばせる場面[情景]. **2** 感動的な, 効果的な: an ～ word. **～·ly** *adv.* **～·ness** *n.* 〖(1657) □ LL *ēvocātīvus*: ⇨ evoke, -ative〗

e·vo·ca·tor /ɛ́vəkèɪtə, íːvoʊ- | ɛ́və(ʊ)kèɪtə(r), íːv-/ *n.* **1** 死者の霊を呼び起こす人, 降霊者. **2** 〘生物〙 形態形成物質, 誘導物質, 喚起因子. 〖(1794) □ L *ēvocātor*: ⇨ evocation, -or²〗

e·voc·a·to·ry /ɪvɑ́(ː)kətɔ̀ːri | ɪ̀vɔ́kətəri, -tri/ *adj.* = evocative. 〖(*a*1771) □ LL *ēvocātōrius*: ⇨ ↓, -atory〗

e·voke /ɪvóʊk, iːv- | -vóʊk/ *vt.* **1** 〈感情・心象・記憶などを〉心に呼び覚ます, 喚起する (⇨ extract SYN): The place ～*d* memories of childhood. その場所は子供時代の思い出を呼び覚ました. **2** 〈笑い・喝采などを〉引き出す, 博する: ～ criticism 物議をかもす / His acting ～*d* tears as well as laughter. 彼の演技は涙と笑いを誘った. **3** (呪いによって)〈死者の霊などを〉呼び起こす, 呼び出す (call up): ～ the Devil 悪魔を呼び出す. **4** (芸術的に)いきいきと描く[再現する]. **5** 〘法律〙〈訴訟を〉上位裁判所へ移送する. **e·vók·er** *n.* 〖(1623–26) □ F *évoquer* // L *ēvocāre* to call forth ← *ē-* 'EX-¹' + *vocāre* to call (← *vōx* 'VOICE')〗

e·vóked poténtial *n.* 〘生理〙 (大脳皮質の)誘発電位. 〖1968〗

é·vo·lué /èɪvoʊlwéɪ | -vəʊ-; *F.* evɔlɥe/ *n.* ヨーロッパ風の教育を受けたアフリカ人; ヨーロッパ風の思考様式を取り入れたアフリカ人. — *adj.* 〈アフリカ人が〉ヨーロッパ風の教育を受けた, 考え方がヨーロッパ風の. 〖(1953) □ F ～ (p.p.) ← *évoluer* 'to EVOLVE'〗

ev·o·lute¹ /ɛ́vəlùːt, íːv- | íːvəlùːt, ɛ́v-, -ljùːt/ *adj.* **1** 〘数学〙 縮閉した. **2** 〘植物〙 後ろに反った, 開いた. — *n.* 〘数学〙 縮閉線 (cf. involute). 〖(1730–36) □ L *ēvolūtus* unrolled (p.p.) ← *ēvolvere* 'to EVOLVE'〗

ev·o·lute² /ɛ́vəlùːt, ìːv- | ìːvəlùːt, ɛ̀v-, -ljúːt/ *vi.* 進化する. — *vt.* 進化させる, 発展させる. 〖(1884) 《逆成》 ↓〗

ev·o·lu·tion /ɛ̀vəlúːʃən, ìːv- | ìːvəlúː-, ɛ̀v-, -ljúː-/ *n.* **1 a** 進化 (↔ devolution); 進化論 (cf. creationism): the ～ of man 人間の進化 / the theory [doctrine] of ～ 進化論[説] / social ～ =the ～ of society 社会の進展. **b** (簡単な物から)徐々に発展してできたもの (product): the ～ of modern art 現代美術の発展. **c** 〘天文〙 (天体の)進化: the ～ of planets. **2** 展開; (事件・劇の筋・議論などの)発展, (徐々の)進展, 進化: the ～ of an argument 議論の展開. **3** (位置・隊形の変換のために行う部隊・艦隊などの)運動, 機動, 移動 (maneuver). **4 a** (ダンス・スケートなどの)展開動作, 旋回. **b** (機械の)旋回, 旋転. **5** (熱・ガス・光・音などの)発生, 放出: a constant ～ of heat and light 絶え間のない熱と光の放出. **6** 〘数学〙 開方 (↔ involution). 〖(1622) □ L *ēvolūtiō(n-)* unrolling of a book ← *ēvolūtus*: ⇨ evolute¹, -tion〗

èv·o·lú·tion·al /-ʃnəl, -ʃənl̩ˊ/ *adj.* **1** 進化(論)的な: the ～ theory of ethics 進化論的倫理説. **2** 展開的な; (系統的)発達[発展, 進展]の. 〖(1862): ⇨ ↑, -al¹〗

èv·o·lú·tion·al·ly /-ʃ(ə)nəli/ *adv.* 進化的に, 進化の過程をたどって, 進化論的な立場からは. 〖(1922): ⇨ ↑, -ly¹〗

èv·o·lú·tion·ar·y /ɛ̀vəlúːʃənèri, ìːv- | ìːvəlúːʃ(ə)nəri, -ljúː-ˊ/ *adj.* **1** 発展[展開]の; 進化的な. **2** 進化論の[による]: Darwin's ～ theories ダーウィンの進化論. **3** 展開行動の. **e·vo·lu·tion·ar·i·ly** /ɛ̀vəlùːʃənérəli, ìːv- | ìːvəlúːʃ(ə)nərɪ̀li, ɛ̀v-, -ljúː-/ *adv.* 〖(1846) ← EVOLUTION + -ARY〗

è·vo·lú·tion·ìsm /-ʃənìzm/ *n.* **1** 進化論, 進化説 (cf. creationism). **2** (特に, 生物の)進化を支持する[信ずる]こと. 〖(1869): ⇨ -ism〗

è·vo·lú·tion·ist /-ʃ(ə)nɪ̀st | -nɪst/ *n.* 進化論(学)者. — *adj.* **1** 進化論(学)者の; 進化論的な. **2** 進化の. 〖(1859): ⇨ -ist〗

e·vo·lu·tion·is·tic /ɛ̀vəlùːʃənístɪk, ìːv- | ìːv-, ɛ̀v-, -ljùː-ˊ/ *adj.* =evolutionist. **è·vo·lù·tion·ís·ti·cal·ly** *adv.* 〖1883〗

e·vo·lu·tive /ɛ̀vəlúːtɪv, ìːv- | ìːvəlúːt-, ɛ̀v-, -ljúː-ˊ/ *adj.* 進化の; 進展の; 進化[進展]を促進する. 〖(1874) ← EVOLUT(ION) + -IVE〗

e·volv·a·ble /ɪvɑ́(ː)lvəbl̩, ɪ̀vɔ́(ː)lv-, iːv- | -vɔ́lv-/ *adj.* 展開できる; 発展できる. 〖(1869): ⇨ ↓, -able〗

e·volve /ɪvɑ́(ː)lv, iːv-, -vɔ́(ː)lv | -vɔ́lv/ *vt.* **1** 〈論理・理論などを〉徐々に発展させる; 〈結論・法則などを〉導き出す: ～ a theory [a plan] 理論[計画]を発展させる / ～ something *from* one's inner consciousness 内部の意識から徐々にある考えをまとめる. **2** [主に受身で] 進化的に発達させる, 進化させる: Societies *are* ～*ed* in function. 社会の機能は進化していく. **3** 《古》 (徐々に)展開する, 開く (unfold, unroll): His whole opinions were ～*d* in these articles. 彼の意見はすべてこれらの論文の中で展開された. **4** 〈蒸気・ガス・熱などを〉発生する. — *vi.* **1** 進化する: The method has ～*d out of* a long process of trial and error. その方法は試行錯誤の長い過程の中から発達した / Ape-men ～*d into* men. 猿人は人間に進化した. **2** 展開する; 〈物語などの筋が〉次第に進展[発展]する. **3** 《米》 知れる, 判明する. **e·vólv·er** *n.* 〖(1623) □ L *ēvolvere* to unfold, unroll ← *ē-* 'EX-¹' + *volvere* to roll (cf. volute)〗

e·vólve·ment *n.* 展開, 進展 (evolution). 〖(1845): ⇨ ↑, -ment〗

e·von·y·mus /ɪvɑ́(ː)nəməs, ɛv- | -vɔ́nɪ̀-/ *n.* 〘植物〙 = euonymus.

E·vo·ra /ɛ́vərə; *Port.* ɛ́vuɾɐ/ *n.* エボラ《ポルトガル中南部

の市; ローマ時代の遺跡と大寺院がある; 古代名 Ebora /íːbərə/).
EVR 《略》electronic video recorder; electronic video recording.
Év·reux /evrúː, -rə́ː | ´-´/; *F.* evʀø/ *n.* エブル《フランス北西部の工業都市; 第二次大戦で大戦災を受けた》.
Év·ros /évrɔ(ː)s | -rɒs/ *n.* [the ~] エブロス(川)《Maritsa 川の現代ギリシャ語名》.
e·vulse /ɪvʌ́ls, iːv-/ *vt.* 引き抜く, 抜き取る (root out): ~ a tooth. 〖《1827》□ L *ēvulsus* (p.p.) ← *ēvellere* ← *ē-* 'EX-¹'+*vellere* to pluck〗
e·vul·sion /ɪvʌ́lʃən, iːv-/ *n.* 《まれ》抜き取り, 引き抜き (forcible extraction). 〖《?a1425》□ L *ēvulsiō(n-)* pulling out ← *ēvulsus* (↑): ⇨ -sion〗
Év·voia /évjaː/ *n.* =Euboea.
ev·zone /évzoun | -zəun/ *n.* 《ギリシャ陸軍の》精鋭歩兵部隊員. 〖《1897》□ NGk *eúzōnos* 《原義》well girdled: ⇨ eu-, zone〗
EW 《略》《米軍》enlisted woman [women].
E·wald /éɪvaːlt/; *G.* éːvalt/ *n.* エーバルト《男性名》. 〖□ G ~ 《原義》eternity, power〗
E·wald /ívaːl/, **Johannes** *n.* エーバル《1743–81; デンマークの詩人・劇作家; デンマーク国歌を作詞》.
Ew·an /júːən/ *n.* ユーアン《男性名; 異形 Ewen, Ewing; スコットランドにみられる》. 〖□ Gael. *Eoghan* 《原義》youth: cf. Evan, Owen〗
Ew·art /júːət | júːət/ *n.* ユーアト《男性名》. 〖⇨ Everard〗
Ew·art /júːət | júːət/, **Gavin** (**Buchanan**) *n.* ユーアート《1916–95; 英国の詩人; 軽妙な諷刺詩で有名》.
ewe /júː/ *n.* 《成長した》雌羊, 《羊の》雌 (cf. ram 1). 〖OE *ēwe, ēowu* ← Gmc **awi-* (Du. *ooi* / G *Aue* sheep) ← IE **owi-* (L *ovis* / Gk *ó(w)is* / Skt *avi* sheep)〗
E·we /éɪweɪ, éɪveɪ | éweɪ, éɪ-/ *n.* (*pl.* ~, ~s) **1 a** [the ~(s)] エウェ族《西アフリカのトーゴ・ガーナなどに住む黒人》. **b** エウェ族の人. **2** エウェ語《Kwa 語群に属する》. 〖← Ewe〗
éwe equívalent *n.* 《NZ》家畜を数える基本単位 (1 Jersey cow=6.5 ewe equivalents).
éwe làmb *n.* **1** 《乳離れしていない》雌の小羊. **2** 《貧しい者が》一番大事にしている所有物, 虎の子 (cf. 2 *Sam.* 12: 3). 〖*c*1200〗
Ew·ell /júːəl/ *n.* ⇨ Epsom.
Ew·ell /júːəl/, **Richard Stoddert** *n.* ユーエル《1817–72; 南北戦争時の南部連邦の将軍》.
Ew·en /júːən | júːɪn/ *n.* ユーエン《男性名; スコットランドにみられる》. 〖⇨ Ewan〗
éwe-nèck *n.* 《犬・馬などに見られる》前肩のへこんだ貧弱な羊のような首; そのような首の犬[馬]. **~ed** *adj.* 〖1820〗
ew·er /júːə, júə | júːə(r)/ *n.* **1** 《広口の》水差し (water jug) 《特に, 洗面用》: a ~ and basin 水差しと洗面器《寝室に備えておく》. **2** 《中世の優美な金属製水差し. 〖《1413》□ AF *ewiere*=(O)F *aiguière* < VL **aquāriam* (fem.) ← L *aqua* water〗

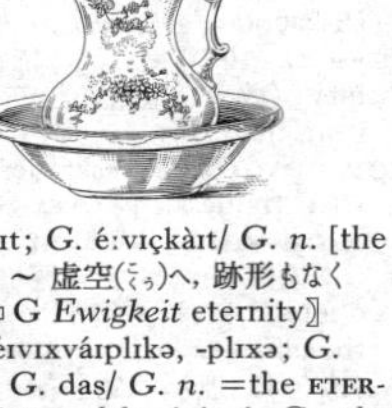

ewer and basin

E·wig·keit, e- /éɪvɪxkàɪt/; *G.* éːvɪçkaɪt/ *G. n.* [the ~] 永遠, 永久: in(to) *the* ~ 虚空(こくう)へ, 跡形もなく (into thin air). 〖《1877》□ G *Ewigkeit* eternity〗
E·wig-Weib·li·che /éɪvɪxváɪplɪkə, -plɪxə; *G.* éːvɪçváɪplɪçə/, **das** /dɑːs; *G.* das/ *G. n.* =the ETERNAL feminine. 〖□ G ~ 'eternal feminine': Goethe の造語〗
Ew·ing /júːɪŋ/, Sir (**James**) **Alfred** *n.* ユーイング《1855–1935; スコットランドの物理学者; 1878–83 年の間, 東京帝国大学で講じ, 地震の研究をした》.
Ewing, Juliana Horatia *n.* ユーイング《1841–85; 英国の女流児童文学者; *The Miller's Thumb* (1873); 旧姓 Gatty /gǽti | -ti/》.
EWO 《略》《英》Educational Welfare Officer; Essential Work Order 《英》主要管務令.
ex¹ /éks, eks/ *prep.* **1** 「…から (from)」の意でラテン語の句に用いる: *ex* animo / *ex* officio. **2** 《商業》**a** …で売渡し (sold from); で引渡し (delivered at): *ex* bond 保税倉庫渡し / *ex* pier 桟橋渡し / *ex* quay [wharf] 波止場渡し / *ex* rail 鉄道渡し / *ex* ship 本船渡し, 船側渡し / *ex* warehouse 倉庫渡し. **b** 《証券》…落ち, なし (excluding) (cf. cum 2): *ex* coupon 利札落ち / ⇨ ex dividend, ex new, ex rights. **3** 《米大学》…年度の《ただし卒業しなかった》: John Smith, Harvard *ex* '65 ハーバード 1965 年度クラス中退のジョンスミス. 〖《*c*1755》□ L ~ 'from, out of, by virtue of' ← IE **eghs* out: ⇨ ex-¹〗
ex² /éks/ *n.* (*pl.* ~es, ~'s, ~s) 《口語》前任者; 《特に》前の夫[妻]: one's *ex*. — *adj.* 《口語》前の (former) (cf. ex-²); 時代遅れの (outdated): It looks hopelessly ~. どうしようもなく時代遅れに見える.
ex³ /éks/ *n.* X [x] の文字; X 形のもの. — *vt.* X じるしで消す ⟨*out*⟩. 〖1889〗
ex⁴ /éks/ *n.* 《米俗》試験 (cf. exam). 〖《略》← EXAMINATION〗
ex. 《略》examination; examined; example; excellent; except; exception; excess; exchange; exclusive; excursion; excursus; executed; executive; executor; exempt; exercise; exhibit; exit; export; express; extension; extra; extract.
Ex. 《略》Excluded; Exeter; 《聖書》Exodus (旧約聖書の)出エジプト記.
ex-¹ /ɪks, eks/ *pref.* **1** 「外に, 外へ (out, forth)」の意: *ex*clude, *ex*it, *ex*pire. **2** 「…から (out of), …から離れて (away from)」の意: *ex*propriate, *ex*patriate. **3** 「全く, 完全に」など強意を表す: execute, exterminate. **4** 「反対, 否定」の意: execrate, *ex*stipulate / *ex*-directory. ★ 通例母音と h, c, p, q, s, t の子音で始まる語の前ではそのままの形 ex-, f の前では ef-, 他の子音 (x を除く)の前では e- となる. 〖ME □ (O)F *ex-* // L *ex-* ← *ex, ē* (prep.) 'EX¹'〗
ex-² /éks/ *pref.* 自由に官名などに付いて「以前の, 前… (former)」の意. ★ 通例ハイフンを伴う: *ex*-premier, *ex*-president, *ex*-husband, *ex*-wife / *ex*-detective 刑事あがり. 〖ME □ LL *ex-* ← L *ex*: ↑〗
ex-³ /eks/ 《母音または h の前にくるときの》exo- の異形: *ex*ergonic, exorcise.
ex·a- /éksə, egzə/ *pref.* 《単位》エクサ (=10¹⁸; 記号 E): *exa*meters 100 京(けい)メートル (10¹⁸ m) / *exa*volt 100 京ボルト. 〖《1976》《変形》← EXO- 'outer' ← Gk *exō-* out of, outside〗
ex·ac·er·bate /ɪgzǽsəbèɪt, eg-, ɪks-, eks- | -sə-/ *vt.* **1** 〈悪意・病気・情勢などを〉悪化させる, 一層悪くする (aggravate): His wife's death ~*d* his misery. 妻の死で彼の不幸は一層つのった. **2** 〈人〉の感情を激させる, いらだたせる (embitter): He was ~*d* by disappointment. 失望のためいらだちを感じた. 〖《1660》← L *exacerbātus* (p.p.) ← *exacerbāre* to exasperate ← EX-¹+*acerbus* 'ACERB'〗
ex·ác·er·bàt·ing /-tɪŋ | -tɪŋ/ *adj.* いらだちを引き起こす, 憤激を誘うような.
ex·ac·er·ba·tion /ɪgzæ̀səbéɪʃən, eg-, ɪks-, eks- | -sə-/ *n.* **1** 《悪感情などの》激化; 《病気・症状の》再燃, 悪化, 増悪. **2** いらだち, 憤激. 〖《*a*1400》□ LL *exacerbātiō(n-)*: ⇨ exacerbate, -ation〗
ex·act /ɪgzǽkt, eg- | ɪgz-, egz-/ *adj.* **1** 〈行為・描写・知識など〉正確な, 的確な (accurate, correct) (⇨ explicit¹ SYN); 〈数量など〉きっかりの: an ~ copy [translation] 正確な写し[翻訳] / an ~ instrument 精密な器械 / ~ *to* the letter [second] そっくりそのままで, 極めて正確な / ~ *to* the life 実物と少しも違わない / the ~ time 正確な時間 / be ~ *to* a cent 勘定が 1 セントも違わない / She gave the shopkeeper the ~ money [change]. 店主にきっかりの代金[釣銭]を渡した. **2** まさにその: the ~ spot まさにその場所 / the ~ opposite まさに正反対. **3** 〈人が〉きちょうめんな, 厳正な: an ~ scholar / a man ~ in keeping appointments 約束を守ることの堅い人. **4** 〈方法・言葉など〉厳密な; 精密な, 綿密な: the ~ meaning of a word 言葉の厳密な意味. **5** 〈法律・規律・命令など〉厳重な, 厳格な: ~ directions 厳重な指図 / ~ discipline 厳重な訓練. **6** 《数学》〈微分方程式が〉完全な《微分方程式の左辺が完全微分になっていることにいう》.
to be exáct 厳密[正確]に言うと.
— *vt.* **1** 〔…から〕〈服従・告白・履行などを〉強要する, 強いる (⇨ demand SYN); 〔…に〕〈否応なしに〉迫る, 嫌でも…させる (call for) 〔*from*〕: Christ came to ~ obedience *from* every creature. キリストは万人に服従を強いるためにやってきた / His gray hairs ~ *from* us a particular respect. 彼の白髪は我々に特別の尊敬を払わせる. **2** 〈仕事・事情が〉緊急に必要とする: This task ~*s* very careful [the closest] attention. この仕事には非常に綿密な注意がいる. **3** 〔人から〕〈金・税などを〉厳しく取り立てる, 無理取りする 〔*from*〕: ~ money *from a person* 人から金を厳しく取り立てる.
〖v.: 《1440》← L *exactus* (p.p.) ← *exigere* to force out, demand ← EX-¹+*agere* to drive. — adj.: 《1533》□ L *exactus*: cf. act〗
ex·ac·ta /ɪgzǽktə, eg- | ɪgz-, egz-, ɪks-, eks-/ *n.* 《米》《競馬》=perfecta. 〖1964〗
ex·áct·a·ble /-təbl/ *adj.* 強請できる, 強制取立て可能の, 強要できる. 〖《1838》: ⇨ -able〗
exáct differéntial *n.* 《数学》完全微分(式)《微分式 $a(x,y)\,dx+b(x,y)\,dy$ が $df(x,y)$ という形に書けるときにいう》. 〖1825〗
ex·áct·er *n.* =exactor. 〖1561〗
ex·áct·ing *adj.* **1** 〈気質など〉《義務遂行を》厳しく要求する, 厳しい (severe): an ~ master 厳格な主人. **2** 〈仕事など〉厳密な注意を必要とする, 精密さを要する; 非常に骨の折れる, 厄介な (arduous) (⇨ troublesome SYN): an ~ job 厄介な仕事. **3** 取立ての厳しい, 搾取的な (extortionate). **~·ly** *adv.* **~·ness** *n.* 〖《1583》: ⇨ -ing²〗
ex·ac·tion /ɪgzǽkʃən, eg- | ɪgz-, egz-, ɪks-, eks-/ *n.* **1** 強請, 強要, 強制取立て, 無理取り: the ~ of tribute 貢物の強制取立て. **2** 不当な[厳しい]要求: the ~*s* of the teaching profession 教職のつらさ / the ~*s* of life in society せちがらい世の中. **3** 強制取立金, 苛税(かぜい). **4** 《法律》不法報酬請求罪《官吏が受けてはならない手数料・報酬などを請求すること》. 〖《*c*1384》*exaccioun* □ L *exactiō(n-)*: ⇨ exact, -tion〗
ex·ac·ti·tude /ɪgzǽktətùːd, eg-, -tjùːd | ɪgzǽktɪtjùːd, egz-, ɪks-, eks-/ *n.* 正確[精確]さ, 精密度, 厳正, きちょうめんさ (preciseness): with scientific ~ 科学的正確さで / a man of great ~ 非常にきちょうめんな人. 〖《1734》□ F ~: ⇨ exact, -tude〗
ex·act·ly /ɪgzǽk(t)li, eg- | ɪgz-, egz-, ɪks-, eks-/ *adv.* **1** 正確に, 厳密に; きっかり, まさに, ちょうど: He is ~ the (right) person for the job. ぴったりはまった適任者だ / at ~ one o'clock=at one o'clock ~ きっかり 1 時に / He arrived ~ on time. ちょうど時間通りに到着した / This is ~ what I want. これがちょうど私が欲しいものだ / Your answer is ~ right. 君の答えはまさに正解だ / *Exactly* when [When ~] did it happen? 正確にいつそれは起こったのか. **2** 《英》ではぞんざいな発音ではまた gzǽkli, ksǽk-/ [同意または賛成を表して] 全く, 仰せの通り.
not exáctly (1) 必ずしも…(で)ない; [返事として] 全くその通りというわけでもない: She is *not* ~ beautiful [*not* beautiful, ~], but she is attractive. はっきり美人とはいえないが愛嬌(あいきょう)がある / Do you agree with me?—Well, *not* ~. 私に賛成かね—さあ, 少し違うがね / The two of them were *not* ~ friends. 二人は必ずしも友人というのではなかった. (2) 《口語》決して[少しも]…でない (not at all): Are you satisfied with your apartment?—*Not* ~: I'm looking for a better one. 今のアパートに満足していますか—そんなことはなくて, もっとよい所を探している / It wasn'*t* ~ what you would call a pleasant experience. それは少しも楽しい経験なんていうものではなかった. 《1893》
〖《*a*1533》: ⇨ -ly¹〗

E

ex·áct·ness *n.* =exactitude. 〖1564〗
ex·ác·to knife /ɪgzǽktou- | -təu-/ *n.* 《米》小型ナイフ.
ex·ác·tor *n.* 強請者, 強要者; 《特に》厳しい取立人[収税吏]. 〖《*c*1384》*exactour* □ L *exactor*: ⇨ exact, -or²〗
exáct scíence *n.* 精密科学《数学・物理学など明確かつ客観的な科学》. 〖1843〗
ex·a·cum /éksəkəm/ *n.* 《植物》エクサクム《リンドウ科 (*Exacum*) の草本の総称; 熱帯アジア産》. 〖□ L ~ 'centaury' ← EX-¹+*agere* to drive〗
ex ae·quo et bo·no /ɛksáɪkwouɛtbóunou | -kwəuɛtbəunəu/ *L. adv.* 公正と善の原則によって. ★ 特に, 国際法で用いる. 〖□ L *ex aequō et bonō* according to what is equitable and good: ⇨ ex¹, equal, bonus〗
ex·ag·ger·ate /ɪgzǽdʒərèɪt, egz- | ɪgz-, egz-, ɪks-, eks-/ *vt.* **1** 大げさに言う, 誇張する (↔ understate): It is impossible to ~ the importance of …の重要性はどのように大げさに言っても言いすぎではない. **2** 《実際よりも》誇大に考える, 過大視する: ~ in one's mind the difficulties of …の困難を大層に思い込む / A friend ~*s* a person's virtues. 友人は人の美点を過大視する. **3** 《古》〈器官を〉病的に拡大させる; 〈病気などを〉つのらせる, ますます激しくする: a heart greatly ~*d* by disease 病気のためひどく肥大した心臓. — *vi.* 誇張して言う, 大げさな言葉を使う. 〖《1533》← L *exaggerātus* (p.p.) ← *exaggerāre* to amplify, enlarge ← EX-¹+*aggerāre* to heap up (← *agger* (← *ag-* 'AD-'+*gerere* to carry)): ⇨ -ate³〗
ex·ág·ger·àt·ed /ɪgzǽdʒərèɪtɪd, egz- | ɪgzǽdʒərèɪtɪd, egz-, ɪks-, eks-/ *adj.* **1** 誇張された, 誇大な; 過大視された, 思いすぎの, 買いかぶった: an ~ report [account] 誇大な報告[説明] / an ~ sense of one's own importance 自己の重要性の過大視, うぬぼれ / He has an ~ opinion of my powers. 私の能力を買いかぶっている. **2** 《病理》〈器官など〉肥大化した: ~ crests 病的に肥大したとさか. **~·ness** *n.* 〖《1552》: ⇨ ↑, -ed〗
ex·ág·ger·àt·ed·ly *adv.* 誇張されて, 誇大に, 大げさに. 〖《1854》: ⇨ ↑, -ly¹〗
ex·ág·ger·àt·ing·ly /-tɪŋli | -tɪŋ-/ *adv.* 大げさに. 〖《1858》← EXAGGERATE+-ING²+-LY¹〗
ex·ag·ger·a·tion /ɪgzæ̀dʒəréɪʃən, egz- | ɪgz-, egz-, ɪks, eks-/ *n.* **1** 誇張, 過大視: *Exaggeration* is a kind of lying. 誇張はうその一種だ. **2 a** 誇大な言説; 誇張的な言い回し (hyperbole): It is no ~ to say that …と言うのは過言ではない. **b** 《芸術》誇張的表現. 〖《1565》□ L *exaggerātiō(n-)*: ⇨ exaggerate, -ation〗
ex·ag·ger·a·tive /ɪgzǽdʒərətɪv, eg-, -rət- | ɪgzǽdʒərətɪv, egz-, ɪks-, eks-, -rèɪt-/ *adj.* **1** 〈記述など〉誇張的な, 仰々しい. **2** 〈人が〉誇張好きな; 誇張癖のある. **~·ly** *adv.* 〖《1797》← EXAGGERATE+-IVE〗
ex·ág·ger·à·tor /-tə | -tə(r)/ *n.* 誇張者, 大げさに言う人. 〖《1822》□ LL *exaggerātor*〗
ex·ag·ger·a·to·ry /ɪgzǽdʒərətɔ̀ːri, eg- | ɪəgzǽdʒərèɪtəri, egz-, ɪks-, eks-, -tri/ *adj.* =exaggerative. 〖1759〗
ex·al·bu·mi·nous /èksælbjúːmənəs | -mɪ-´-/ *adj.* 《植物》=exendospermous. 〖《1830》← EX-¹+ALBUMINOUS〗
èx-áll *adv.* 《財政》〈利子・配当など〉受益権が何もついていない.
ex·alt /ɪgzɔ́ːlt, eg-, -zɑ́ːlt | ɪgzɔ́ːlt, egz-, ɪks-, eks-, -zɒ́lt/ *vt.* **1** …の位[権力, 品位など]を高める, 昇進させる: be ~*ed to* the position of Prime Minister 首相に昇任する. **2** 称揚する, ほめそやす: ~ a person *to* the skies 口を極めて人をほめたたえる. **3** [受身または現在分詞で] 《古》《誇り・喜びなどで》…の意気を高くする: an ~*ing* effect 意気を高める効果 / The audience was ~*ed* by the music. 聴衆はその音楽で気分がよくなった. **4** 〈想像などを〉強める, 刺激する; 〈音調・色調などの〉効果を高める, 強める: ~ the imagination 想像力を刺激する. **5** 《古》上げる; 〈声などを〉高める: *Exalt* thy head. 頭を上げよ / ~ one's voice 声を高める. **6** [受身に用いて] 《占星》〈惑星が〉最高星位 (exaltation) にある. — *vi.* 心を高揚させる. **~·er** /-tə | -tə(r)/ *n.* 〖《*a*1410》□ (O)F *exalter* // L *exaltāre* to raise ← EX-¹+*altus* high〗
ex·al·ta·tion /ègzɔːltéɪʃən, èks-, -aːl- | -ɔːl-, -ɒl-/ *n.* **1 a** 高める[高められる]こと, 高揚. **b** ほめそやすこと, 賛美. **2** 昇進; 登位: the ~ *of* the Pope 教皇の登位 / John's ~ *to* the position of governor ジョンが知事に昇

進したこと. 3 大得意, 意気揚々, (精神的な)高揚状態; 狂喜: with great ~ 狂喜して. 4 (器官の機能の)異常な高進. 5 〘占星〙最高星位《惑星が人の運命に最高の影響力を発揮する黄道上の位置; ↔ descension》. 6 〘モルモン教〙昇栄《神の王国における最高の光栄ある状態》. 7 《廃》(ヒバリの)飛翔する群れ: an ~ of larks.

Exaltátion of the Cróss [the ―] 〘カトリック〙(聖)十字架称賛の祝日《9月14日; 320年, Saint Helena がイエスの処刑された十字架をエルサレムで発見したとされた記念の日》. 《1389》

〖《1389》☐ (O)F *exaltation* // L *exaltātiō(n-)* ← *exaltātus* (p.p.) ← *exaltāre*: ⇨ ↑, -ation〗

ex·al·té /ɛgzɔ́ːteɪ, -zɑ́ːl- | -zɔ́ːl-, -zɔ́l-; F. ɛgzalte/ (*also* **ex·al·tée** /~/) F. *adj.* 興奮した, 有頂天の. ― F. *n.* 有頂天になった人. ★ 女性を指すときは exaltée を用いることが多い. 〖《1831》☐ F ~ (p.p.) ← *exalter* 'EXALT'〗

ex·alt·ed /ɪgzɔ́ːltɪd, ɛgz-, -zɑ́ːlt- | ɪgzɔ́ːlt-, ɛgz-, ɪks-, ɛks-/ *adj.* 1 位[身分]の高い, 高貴の (dignified, noble): an ~ personage 高貴の人 / a person of ~ rank 位の高い人. 2 《口語》〈人が〉大得意の, 意気揚々の, 有頂天の. 3 〈感情・能力・心などが〉気高い (noble); 〈言葉などが〉高尚な, 大げさな: an ~ mind 気高い心 / one's ~ power 高い能力 / ~ expressions 大げさな表現. **~·ly** *adv.* **~·ness** *n.* 〖《1594》← EXALT+-ED〗

ex·am /ɪgzǽm, ɛg- | ɪgz-, ɛgz-, ɪks-, ɛks-/ *n.* 1 《口語》試験 (cf. ex[3]); 《米》(試験の)問題用紙. 2 《米》診察, 検査. 〖《1877》《略》← EXAMINATION〗

exam. 《略》examination; examined; examinee; examiner.

ex·a·men /ɪgzéɪmɪn, ɛg- | ɪgzéɪmɛn, ɛgz-/ *n.* 1 〘キリスト教〙(良心・魂などの)糾明, 吟味: a daily ~ of conscience 毎日の良心の吟味. 2 (作家・現象などの)批評的研究: an ~ of Pope's poems ポープの詩の批評的研究. 〖《1606》☐ L *exāmen*: ⇨ examine〗

ex·am·in·a·ble /ɪgzǽmɪnəbl̩, ɛg- | ɪgz-, ɛgz-, ɪks-, ɛks-/ *adj.* 1 検査[審査]可能の. 2 〘法律〙尋問[審理]しうる. 〖《1594》☐ LL *exāminābilis*: ⇨ examine, -able〗

ex·am·i·nant /ɪgzǽmɪnənt, ɛg- | ɪgz-, ɛgz-, ɪks-, ɛks-/ *n.* 1 試験官, 審査員, 検察官 (examiner). 2 《古》審査される人, 尋問を受ける人《証人など》. 〖《1588》☐ L *exāminantem*: ⇨ examine, -ant〗

ex·am·i·na·tion /ɪgzæ̀mənéɪʃən, ɛg- | ɪgzæ̀mɪ-, ɛgz-, ɪks-, ɛks-/ *n.* 1 〔…の〕検査, 調査, 審査, 試験 〔*of, into*〕 (⇨ inquiry SYN): on (closer [further]) ~ (さらによく)調査[検査, 試験]の上で, (さらによく)調べて見ると / under ~ 調査[試験]中 / make an ~ *of* …を検査[審査]する / an ~ *into* [*of*] a matter 事件の調査 / undergo an ~ 検査[試験]を受ける. 日英比較 日本語の「試験」は「性能・能力などを試す」(例: 新製品の性能試験)という意味と人の性質・能力を調べるための学校のテストや, 資格を与えるための試験(例: 調理師試験)の意で用いられ, 情況, 健康状態, 問題などを調べるときには,「調査」「検査」「診断」「検討」など他の語句が用いられる. しかし, 英語ではこれらにも *examination* が用いられる. / an *examination* into the matter その事件の調査 / a physical *examination* 健康診断 / a medical *examination* 診察. ただし, 英語でも, 税関や保健所などの「検査」は inspection, 警察などの「検査」は investigation として使い分ける. 2 a (学術・技能などの)試験 (★ 口語では exam と略す); 成績考査, 検定試験: a competitive ~ 競争試験 / college entrance ~*s* 大学入試 / an ~ *in* English / an oral [a written] ~ 口頭試問[筆記試験] / a qualifying ~ 資格検定試験 / fail (in) an ~ 試験に落第する / go in [up] for one's ~ 試験を受ける / pass an ~ 試験に通る[及第する] / take [do, 《英》sit] an ~ 試験を受ける. b 試験問題; 試験の答案. 3 (学説・問題などの)検討, 考察, 吟味; (医師の行う)検査, 診察: a medical ~ 診察 / a physical ~ 体格検査, 健康診断. 4 〘法律〙 a 尋問, 審問; 審理: the ~ of a witness 証人の尋問 / a preliminary ~ 予審 / under ~ 〈人が〉尋問を受けて. b 尋問[審理]記録. 〖《c1390》☐ (O)F ~ // L *exāminātiō(n-)* ← *exāminātus* (p.p.) ← *exāmināre*: ⇨ examine, -ation〗

ex·àm·i·ná·tion·al /-ʃnəl, -ʃənl̩/ *adj.* 試験の; 審査[検査]上の, 審問の, 審理上の. 〖《1826》: ⇨ ↑, -al[1]〗

examinátion-in-chíef *n.* 〘法律〙主尋問, 直接尋問 (《米》direct examination)《交互尋問制で, 証人を申請した側において当事者またはその弁護士が行う最初の尋問; cf. cross-examination》. 〖1838〗

ex·àm·i·ná·tion·ism /-ʃənɪzm/ *n.* 試験主義, 試験制度主張者. 〖《1884》: ⇨ -ism〗

examinátion pàper *n.* 試験問題; 試験答案, 答案用紙. 〖1837〗

ex·am·i·na·to·ri·al /ɪgzæ̀mɪnətɔ́ːriəl, ɛg- | ɪgzæ̀mɪn-, ɛgz-, ɪks-, ɛks-/ *adj.* 試験の, 試験委員[官]の; 審査(員)の. 〖《1866》← LL *exāminatōrius* (⇨ examine, -atory)+-AL[1]〗

ex·am·ine /ɪgzǽmɪn, ɛg- | ɪgzǽmɪn, ɛgz-, ɪks-, ɛks-/ *vt.* 1 a 検査[審査, 検閲, 検分]する: ~ a picture 絵を審査する / ~ records 記録を検閲する / ~ baggage *for* contraband goods (税関などで)輸出入禁制品を持っていないかと荷物を検査する. b 〈器官・患者を〉診察する: ~ a patient [a patient's eyes] / He needs to have his head ~*d*. 《口語》頭を見てもらう必要がある《ばか[恥知らず]である》. 2 〈問題・言説・良心などを〉調べる, 調査[検討, 考察]する, 〈…かどうか〉調べる 〈*whether*〉 (⇨ scrutinize SYN): ~ a theory [proposal] 理論[提議]を検討する / ~ one's conscience 良心を吟味する / ~ one's own heart 自分の心の中を考えてみる, 内省する / ~ *whether* something is good or bad ある事柄が善か悪かを吟味する. 3 〈人を〉〔…に関して〕試験する, 試問する 〔*in, on*〕: ~ pupils *in* English [*on* a subject] 生徒に英語の[ある科目の]試験をする. 4 〘法律〙〈証人・被告を〉尋問[審問]する; 審理する: ~ a witness [suspected person] 証人[容疑者]を尋問する. ― *vi.* 〔…を〕調査[審理, 吟味]する 〔*into*〕: ~ *into* the matter 事を調査する. 〖《c1303》☐ (O)F *examiner* ☐ L *exāmināre* to weigh, test ← *exāmen* tongue of a balance, consideration < **exag(s)men* ← EX-[1]+*agere* to drive, act: cf. exact〗

SYN 調べる: **examine** ものの性質・効力などを決定するために念入りに調べる: Let's *examine* his proposal carefully. 彼の提案を注意深く検討してみよう. **scrutinize** 細かいところまで観察するために, 綿密に徹底的に調べる: *scrutinize* a coin 貨幣を綿密に調べる. **inspect** 過失・欠点などを見つけるために, 綿密で批判的な観察をする: He *inspected* the car for defects. 欠点がないか車を念入りに調べた. **investigate** 新事実を見出したり, 事実の誤りがないことを確かめるために調べる: The police are *investigating* his death. 警察は彼の死を調べている.

---

ex·am·in·ee /ɪgzæ̀məníː, ɛg- | ɪgzæ̀mɪ-, ɛgz-, ɪks-, ɛks-/ *n.* 受験者, 被験者; 審理を受ける人. 〖《1788》: ⇨ -ee[1]〗

exámine-in-chíef *vt.* 〘法律〙…に主尋問をする (cf. examination-in-chief, cross-examine).

ex·ám·in·er /ɪgzǽm(ə)nə, ɛg- | ɪgzǽmɪnə^(r), ɛgz-, ɪks-, ɛks-/ *n.* 1 試験官, 試験委員. 2 審査官[員], 検査[調査]官: a customs ~ 税関検査官 / ⇨ bank examiner. ***sátisfy the exáminers*** 〘英大学〙試験委員の意を満たす《優等ではないが試験に及第する; honours でなく pass をとる》. 〖(《a1325》) 《1561》: ⇨ examine, -er[1]〗

ex·ám·in·ing /-m(ə)nɪŋ | -mɪn-/ *adj.* 試験をする[行う]: an ~ body 試験委員会 / an ~ judge 予審判事 / an ~ officer (税関の)検査官. **~·ly** *adv.* 〖《a1608》← EXAMINE+-ING[2]〗

exám pàper *n.* =examination paper.

ex·am·ple /ɪgzǽmpl̩, ɛg- | ɪgzɑ́ːm-, ɛgz-, ɪks-, ɛks-/ *n.* 1 例, 実例, 例証 (typical instance) (⇨ instance SYN): as an ~ =by way of ~ 例証として, 一例として / give an ~ *of* …の例を挙げる, 一例を示す / an excellent ~ of brevity 簡潔な文の好適例 / to cite one ~ 一例を挙げると / Take Japan for ~. 例を日本に取ってみよ / *Examples* abound. 例はいくらもある / *Example* is better than precept. 《諺》実例は教訓にまさる. 2 (行為の)手本, 典型, 模範, かがみ (⇨ model SYN): follow a person's ~ =follow the ~ of a person 人の例にならう / set [give] a good [an] ~ to others 他の人たちによい模範を示す / take ~ *by* another 他人の例にならう / a bad ~ よくない手本 / an ~ of dedication 献身のかがみ / He set us a dangerous ~. 彼は我々に悪いお手本を示した / by ~ 手本を示して. 3 (数学などの)例題: ~*s* for practice 練習用の例題. 4 見せしめ, 戒め; 見せしめとして罰せられる人: Let this be an ~ to you. これを戒めにしなさい / make an ~ of a truant boy ずる休みをする男子生徒を見せしめのために懲らす. 5 類例, 前例, 比類: generosity without ~ 比類のない寛大さ / be without [beyond] ~ in history 歴史上前例のない, 空前である.

for exámple 例えば (for instance). ★ しばしば e.g. と略す. 《c1575》

― *vt.* 1 [受身に用いて] …の実例[見本]となる: Such a fervid assiduity has not often been ~*d*. そのような熱のこもった精勤さの実例はめったになかった. 2 《古》…に手本を示す, …の手本となる.

〖《c1384》☐ OF ~ (F *exemple*) (L にならった変形) ← *essample* ☐ L *exemplum* sample, precedent ← *eximere* to take out ← EX-[1]+*emere* to take ∞ 《c1290》 *ensaumple* ☐ AF *ensample*=OF *essample*: cf. exempt〗

ex·an·i·mate /ɛgzǽnəmɪt | -nɪmɪt, -mèɪt/ *adj.* 1 死んでいる(ように見える). 2 元気[気力, 活気]のない (inert). **ex·an·i·ma·tion** /ɛgzæ̀nəméɪʃən | -nɪ-/ *n.* 〖《c1534》☐ L *exanimātus* (p.p.) ← *exanimāre* to deprive of life ← EX-[1]+*anima* breath, life (⇨ animate)〗

ex an·i·mo /ɛksǽnɪmòu, -ɑ́ːnɪ- | --məu/ *L. adv., adj.* 心の底から(の); 真心から(の). 〖《1612》☐ L *ex animō* 《原義》from the soul: ⇨ ex[1], animus〗

ex an·te /ɛksǽnti | -ti/ *adj.* 事前の, 見積もりの (↔ ex post): ~ profit 事前利益. 〖☐ L 'from before'〗

ex·an·them /ɛgzǽn(t)θəm, ɛ̀ksænθɛ̀m | ɛksǽnθɛm/ *n.* 〘病理〙発疹; 発疹性熱病. **ex·an·the·mat·ic** /ɛgzæ̀nθəmǽtɪk, ɛksæ̀n- | ɛksæ̀nθɪmǽtɪk/ *adj.* **ex·an·them·a·tous** /ɛ̀gzænθɛ́mətəs, ɛ̀ksæn- | ɛ̀ksænθɛ́mətəs/ *adj.* 〖《1656》← NL *exanthēma* ← LL ☐ Gk *exánthēma* 《原義》a bursting into flower: ⇨ ex-[1], -anthema〗

ex·an·the·ma /ɛ̀gzænθíːmə, ɛ̀ksæn- | ɛ̀ksæn-/ *n.* (*pl.* **~·ta** /~tə | ~tə/, **~s**) 〘病理〙=exanthem. 〖《1657》 ↑〗

ex·a·rate /ɛ́ksərèɪt/ *adj.* 〘昆虫〙〈さなぎが〉裸の, 脚や翅が身体から離れて自由に動けるようになった (cf. obtect). 〖《1870》☐ L *exarātus* (p.p.) ← *exarāre* to plow up ← EX-[1]+*arāre* to plow〗

ex·arch[1] /ɛ́ksɑək | -sɑːk/ *n.* 1 (ビザンティン帝国からアフリカ・イタリアなどに派遣された)太守, 総督 (viceroy, governor). 2 〘東方正教会〙総主教 (patriarch) 代理《metropolitan より上に位する bishop; 起源的には archbishop, metropolitan, patriarch と同義》. 3 ブルガリア正教会の総主教. **ex·ar·chal** /ɛ́ksɑəkəl, -kl̩ | -sɑ́ː-/ *adj.* 〖《1588》☐ LL *exarchus* ☐ Gk *éxarkhos* leader ← *exárkhein* to take the lead ← EX-[1]+*árkhein* to rule, lead: ⇨ -arch[1]〗

ex·arch[2] /ɛ́ksɑək | -sɑːk/ *adj.* 〘植物〙外原型の《すべての植物の根のように後生木部が内方へ発達する; cf. endarch, mesarch[1]》. 〖《1891》← EX-[1]+-arch[2]〗

ex·arch·ate /ɛ́ksɑəkèɪt | -sɑː-/ *n.* exarch[1] の職[権限, 管区]. 〖《a1561》☐ LL *exarchātus* ← LL *exarchus*: ⇨ exarch[1], -ate[1]〗

ex·ar·chy /ɛ́ksɑəki | -sɑː-/ *n.* =exarchate. 〖《1656–81》: ⇨ exarch[1], -y[1]〗

ex·as·per·ate /ɪgzǽspərèɪt, ɛg- | ɪgzǽs-, ɛgz-, ɪks-, ɛks-, -zɑ́ːs-/ *vt.* 1 いらだたせる, じらす; 怒らせる (⇨ irritate[1] SYN): be [get] ~*d by* [*at*] …に激怒する. 2 〈病気・苦痛・反感などを〉激化させる, 悪化させる, つのらせる (exacerbate): His headstrong temper was ~*d* by disease. 彼の片意地な気質は病気のために一層つのった. ― /ɪgzǽspərɪt, ɛg-, -rèɪt | ɪgzǽsp-, ɛgz-, ɪks-, ɛks-, -zɑ́ːs-/ *adj.* 1 立腹した. 2 〘生物〙ざらざらした, でこぼこした: ~ seed coats ざらざらした種の皮.

ex·ás·per·àt·er /-tə | -tə^(r)/ *n.* 〖《1534》← L *exasperātus* (p.p.) ← *exasperāre* to provoke ← EX-[1]+*asperāre* to rouse up (← *asper* rough)〗

ex·as·per·at·ed /-tɪd | -tɪd/ *adj.* 立腹して, いらだって: be ~ *by* [*at*] …に激怒する / The poor are ~ *against* the rich. 貧乏人は金持ちに腹を立てている. **ex·ás·per·àt·ed·ly** *adv.* 〖《1607》: ⇨ ↑, -ed〗

ex·ás·per·àt·ing /-tɪŋ | -tɪŋ/ *adj.* いらいらさせる, 腹立たしい, しゃくに触る (provoking, irritating). 〖《a1665》← EXASPERATE+-ING[2]〗

ex·ás·per·àt·ing·ly *adv.* いらいらさせるように, 腹立たしくなるように. 〖《1851》: ⇨ ↑, -ly[1]〗

ex·as·per·a·tion /ɪgzæ̀spəréɪʃən, ɛg- | ɪgzæ̀s-, ɛgz-, ɪks-, ɛks-, -zɑ̀ːs-, -zɑ̀ːs-/ *n.* 1 a いらだち (irritation); 激高, 激怒 (violent anger): He groaned *in* ~. いらだってうめき声を上げた. b 激怒させること; いらだちの種, 腹立ちの原因: His wife was a constant ~. 彼の妻はいつも腹立ちの種だった. 2 〔病気などの〕悪化, 激化 〔*of*〕. 〖《1547》☐ LL *exasperātiō(n-)*: ⇨ exasperate, -ation〗

exc. 《略》excellency; excellent; except; excepted; exception; exchange; excommunication; excudit; excursion; excuse.

Exc. 《略》Excellency.

Ex·cal·i·bur /ɛkskǽləbə, ɪks- | -lɪbə^(r)/ *n.* エクスカリバー《Arthur 王の魔法の剣》. 〖《?a1400》☐ OF *Escalibor* 《変形》← ML *Caliburnus* ☐ Welsh *Caledvwlch* ← Celt **kaleto-* hard: cf. Ir. *Caladbolg*〗

ex·cam·bi·on /ɛkskǽmbiən/ *n.* 〘スコット法〙土地の交換の契約. 〖《1572》☐ ML *excambium* 《変形》? ← OF *eschange*: ⇨ exchange〗

ex·car·di·na·tion /ɛkskɑ̀ədənéɪʃən, -dn̩- | -kɑ̀ːdɪn-, -dn̩-/ *n.* 教区転出《聖職者をある bishop の管区から別の bishop の管区へ移すこと; cf. incardination》. 〖← EX-[1]+*-cardination* (← L *cardin-*, *cardō* hinge of a door: ⇨ cardinal): cf. incardination〗

ex ca·the·dra /ɛ̀kskəθíːdrə, ɛkskǽθɪdrə, ɛ̀ks- | ɛ̀kskəθíːdrə, -θɛ́drə/ *L. adv.* 権威をもって: speak ~. ― *L. adj.* 権威ある, 権威による: an ~ pronouncement (教皇の)聖座宣言. 〖《1818》☐ L *ex cathedrā* from the chair: ⇨ ex[1], cathedra〗

ex·cau·date /ɛkskɔ́ːdeɪt, -kɑ́ː- | -kɔ́ː-/ *adj.* 〘動物〙尾のない (tailless). 〖← EX-[1]+CAUDATE〗

ex·ca·vate /ɛ́kskəvèɪt/ *vt.* 1 …に穴を掘る, (掘って)…の内部をうつろにする; 掘り抜く: ~ the side of a hill *for* a tunnel トンネルを造るために山腹に穴を掘る / The foot of the cliff was ~*d into* a cavern. 崖下を掘って洞穴が造られた. 2 〈埋もれた物を〉掘り起こす, 発掘する; 採掘する: ~ an ancient town 古代の都市を発掘する. 3 〈土などを〉掘り出す: ~ earth, rock, etc. 4 〈穴・水路などを掘り抜いて造る, 切り開く: ~ a cave [tunnel] 洞穴[トンネル]を掘る. ― *vi.* 穴掘りをする, 発掘[採掘]する. 〖《1599》← L *excavātus* (p.p.) ← *excavāre* to hollow out ← EX-[1]+*cavāre* to make hollow (← *cavus* hollow): cf. cave[1]〗

ex·ca·va·tion /ɛ̀kskəvéɪʃən/ *n.* 1 穴掘り, くり抜き, うがつこと, 掘削. 2 (掘ってできた)くぼみ, 洞穴 (⇨ hole SYN); (トンネルと区別して)切通し, 掘割道 (cutting, channel). 3 発掘; 採掘; 発掘物, 発掘された遺物[遺跡]. 4 〘解剖〙窩(か), 陥凹(かんおう). **~·al** /-ʃnəl, -ʃənl̩/ *adj.* 〖《1611》☐ L *excavātiō(n-)*: ⇨ ↑, -ation〗

éx·ca·và·tor /-tə | -tə^(r)/ *n.* 1 穴掘り人, 開削者, 発掘者. 2 a 掘削機, 開削機; 穴さらえ機: a ditch ~ 溝掘り機. b 〘歯科〙エキスカベーター《虫歯の中に詰まった食片や罹患部を除去するのに用いる器具》. 〖《1815》: ⇨ excavate, -or〗

Ex·ced·rin /ɪksɛ́drɪn, ɛk- | -drɪn/ *n.* 〘商標〙エキセドリン《米国 Bristol-Myers 社製の鎮痛解熱剤》.

ex·ceed /ɪksíːd, ɛk-/ *vt.* 1 〈限度・権限・力・予想などを〉超える; 〈一定数量を〉超過する: ~ the speed limit 速度制限を超える / ~ one's instructions 訓令以上のことをする / ~ one's authority 越権行為をする / ~ all expectations 全く期待以上だ / It (far) ~*s* anything you could have hoped for. 全く思いもよらないことだ / ~ 6% 6% を超える / a sum not to ~ [not ~*ing*] $1,000 千ドルを上回らない金額 / Imports ~*ed* exports by $27 billion. 輸入額が輸出額を270億ドル上回った. 2 〈力〉に余る, …を上回る; 〔…の点で〕…にまさる 〔*in*〕: ~ the power of human understanding 人間の理解力に余る / ~ another *in* height [strength, courage] 身長[力, 勇気]で他人に勝る. **3** 〈場所などを〉越えて伸びる. **— *vi.* 1** 〔数量・程度などで〕他に勝る, 卓越する〔*in*〕: ~ *in* beauty [strength] 美しさ[力]が卓越している. **2** 《廃》〈感情などが〉度を超える (go too far); 〔飲食などに〕度を過ごす〔*in*〕: ~ *in* eating 食べすぎる. **~·a·ble** /-dəbl | -də-/ *adj.* **~·er** *n.* 〖《*c*1380》□ (O)F *excéder* □ L *excēdere* to go out, surpass ← EX-¹+*cēdere* to go: cf. cede〗

ex·céed·ing /-dɪŋ | -dɪŋ/ *adj.* 過度の; 非常な, 並外れた, けた外れの (extreme): a scene of ~ beauty 非常に美しい景色. **— *adv.*** 《古》=exceedingly. 〖《1494》: ⇨ ↑, -ing²〗

ex·ceed·ing·ly /ɪksíːdɪŋli, ɛk- | -dɪŋ-/ *adv.* 非常に, すばらしく, はなはだ: an ~ fine day すばらしく天気のよい日. 〖《*c*1470》: ⇨ ↑, -ly¹〗

ex·cel /ɪksél, ɛk-/ *v.* (**ex·celled; ex·cel·ling**) **—** *vt.* 〔…で〕〈他を〉しのぐ, 〈他人〉に勝る, すぐれる〔*in, at*〕: ~ others *in* virtue [courage, swimming] 美徳[勇気, 水泳]で他人に勝る / He ~*led* others *at* wrestling [swimming]. 彼はレスリング[水泳]では他をしのいでいた / You've really ~*led* yourself this time. 今度はいつもよりうまくやった. **— *vi.*** 〔…に〕秀でている, 抜きんでる, 卓越する〔*in, at*〕: ~ *in* (writing) English [*at* a game, *as* a speaker] 英語(を書くこと)が[勝負事が, 演説家として]すぐれている. 〖《?*c*1408》□ (O)F *exceller* ∥ L *excellere* to rise above ← EX-¹+-*cellere* to rise: cf. hill, column〗

SYN 秀でる: **excel** 優秀さ・熟練などの点で他に勝る: He *excels* at sports. スポーツに秀でている. **surpass** 比較や記録において量・質・程度が他より上回っている《格式ばった語》: No one *surpasses* him in this field. この分野で彼にかなう者はいない. **transcend** はるかに他に抜きんでている《格式ばった語》: The genius of Shakespeare *transcends* that of all other men. シェークスピアの才能は他のすべての人よりもはるかに抜きんでている. **outdo** 他よりも上手にやる: He did not want to be *outdone* by anyone in bravery. 勇気ではだれにも負けたくなかった.

Ex·cel /ɪksél, ɛk-/ *n.* 〖商標〗エクセル《米国 Microsoft 社製のパソコン用表計算ソフト》.

ex·cel·lence /éks(ə)ləns, -lənts/ *n.* **1** 卓越, 傑出 (superiority), 優秀, 優良, 秀逸 (extreme goodness): receive [get, win] a prize for ~ *in* English 英語が優秀で賞を受ける. **2** 卓越している点, 美点, 美質: a moral ~ 道徳上の美点. **3** [通例 E-] =excellency 1. 〖《?*c*1350》□ (O)F ~ □ L *excellentia*: ⇨ excellent, -ence〗

ex·cel·len·cy /éks(ə)lənsi, -ləntsi/ *n.* **1** [E-] 閣下: your *Excellency* (直接に呼び掛けて)閣下 (you) / his *Excellency* (間接に)閣下 (he, him) / their *Excellencies* 閣下 (they, them). ★ もとは王族にも用いたが, 今では大臣・大使・全権公使・使節・総督・大司教・司教などに限られ, 米国では大統領・州知事および外国からの大使に対しても用いる; 以上の夫人には your *Excellency*, her *Excellency* を用いる. **2** [通例 E-] Excellency の称号で呼ばれる人. **3 a** 優秀. **b** [通例 *pl.*] 美点, 美質. 〖《?*c*1200》□ L *excellentia*: ⇨ ↑, -ency〗

ex·cel·lent /éks(ə)lənt/ *adj.* **1** 優秀な, 優良な (remarkably good); 〈成績が〉優の; すてきな (very good): She is an ~ dancer. ダンスがすこぶる上手だ / Mother's health is ~. 母の健康は申し分ない / He is ~ *at* his job [reading aloud]. 仕事[朗読]がとてもいい. **2** 《古》並外れた, ずぬけた. **— *int.*** よろしい, たいへんけっこう, おみごと《承認・満足などを表す》. 〖《*a*1349》□ (O)F ~ □ L *excellentem* (pres.p.) ← *excellere* 'to EXCEL': ⇨ -ent〗

éx·cel·lent·ly *adv.* すぐれて, すてきに (very well). 〖《?*c*1390》: ⇨ ↑, -ly¹〗

ex·cel·si·or /ɪksélsiɔ̀ːə, -siə, ɛk- | -siɔ̀ː(r, -siə(r/ *int.* より高く: the *Excelsior* State 米国 New York 州《米国 New York 州の標語》. **— *n.* 1** (詰め物用の)木毛(もくめん) (wood-wool)《梱包用の詰め物などに用いる薄い木の削りくず》: (as) dry as ~ からからに乾いて. **2** 《米》〖活字〗エクセルシオ《活字の大きさの古い呼称; 3 アメリカンポイント相当で, 英国の minikin に当たる; ⇨ type¹ 3 ★》. 〖《1778》□ L ~ 'higher' (compar.) ← *excelsus* high, 《原義》risen above others ← *excellere* 'to EXCEL'〗

ex·cen·ter /ɛ́ksɛntə | -tə(r/ *n.* 〖数学〗(三角形の)傍心《傍接円の中心》. 〖← EX-¹+CENTER〗

ex·cen·tric /ɪkséntrɪk, ɛk-/ *adj., n.* =eccentric. 〖1866〗

ex·cept¹ /ɪksépt, ɛk-, -sèpt/ *prep.* **1** …を除いて(は), …以外(に)は (⇨ excepting, EXCEPT *for* (2)): Everyone ~ Jim [him] came.=Everyone came ~ Jim [him]. ジム[彼]以外は皆来た / He doesn't like any exercise ~ taking a dog for a walk. 犬を散歩に連れて行く以外運動は好まない. **2 a** [不定詞を伴って] …する以外(は): It had no effect ~ *to* make him angry. 怒らせただけだった / He never came to visit ~ *to* borrow something. 来るのはいつも何かを借りるためだった. ★ 先行する述部に助動詞や do があるときは, 通例原形: He doesn't do anything ~ watch TV. テレビを見てばかりいる. **b** [副詞(句・節)を伴って] …(の場合)以外では; …でなければ (cf. *conj.* 1): The weather is good, ~ here [in the south]. ここ[南部]以外は天気がよい / He is everywhere ~ where he ought to be. どこへでも顔を出すが肝心の所にはいない.

excépt for (1) …を別にすれば, …があるだけで (cf. *conj.* 1 b): The play is good ~ *for* the length [the fact that it is too long]. その芝居は長すぎる点を除けばよい. (2) …以外(に)は: You can all go ~ *for* (=except) Bill. ビル以外は皆行ってよい. ★ 単独の except と違って文頭にも用いる: *Except for* Jim, everyone came. (3) …がない[なかった]ならば (but for): *Except for* your help, we would have been late. 援助がなければ遅れていただろう. 《1842》

— *conj.* 1 [しばしば ~ that として] **a** …ということ以外(に)は: I know nothing ~ *that* he was there. 彼がそこにいたこと以外何も知らない. **b** …ということを別にすれば (cf. EXCEPT *for* … (1)): The play is good ~ (*that*) it is too long. **c** …ということがなければ, ただ(しかし)…: I would go with you, ~ (*that*) I have a cold. 一緒に行きたいが風邪だよ. **2** 《古・俗》もし…(という条件)でなければ, …でない限り (unless): He won't go ~ I tell him to. 私が言わない限り行くまい.

〖(prep.: *c*1378; conj.: *a*1420) □ L *exceptus* (↓): L の ablative absolute の用法から〗

SYN …を除いて: **except** 最も普通に用いられる語で, 特にすべての中で唯一の除外を強調する: Everyone went *except* him.=Everyone *except* him went. 彼を除いてみんな出かけた. **but** [no-, wh-, all, any-, every- の後で] *except* とほぼ同じ意味だが除外の意味はそれほど強調されない: No one answered *but* me. 私のほかはだれも答えなかった. **excepting** *except* と同じ意味だが, より格式ばった語: *Excepting* the baby, they were all right. 赤ん坊のほかはみんな無事だった. **save, saving** *except* と同じ意味だが, 格式ばった, または古めかしい表現で用いられる: Nothing was in sight *save* sand. 砂のほか何一つ見えなかった.
★ 次の文では except, but, save のどれでも使える: There's no one *except* [*but, save*] me. 私のほかはだれもいない. しかし, 前置詞句の前では *but* は使えない: The gate is never opened *except* [*save*] on special occasions. この門は特別な場合を除いて決して開けられない.
ANT including.

ex·cept² /ɪksépt, ɛk-/ *vt.* 例外とする, 〔…から〕(例外として)除く, 省く, 除外する〔*from, out of*〕; 話の範囲外に置く: ~ a person *from* an obligation ある人を責務から除外する / It is always open, Sundays ~*ed*. 日曜を除いて毎日開いている / nobody ~*ed* 一人の例外もなく / present company ~*ed* ⇨ present¹ *adj.* 2 a / … not ~*ed* …も例外でなく. **— *vi.*** 《まれ》〔…に〕異議を申し立てる (object)〔*against, to*〕: ~ *against* [*to*] a proposition ある提案に異議を申し立てる. 〖《*a*1393》□ (O)F *excepter* ∥ L *exceptāre* (freq.) ← *exceptus* (p.p.) ← *excipere* to take out ← EX-¹+*capere* to take; cf. captive〗

ex·cept·ing /ɪkséptɪŋ, ɛk-/ *prep.* [通例, 文頭または not, all, without, always の次に用いて] …を除いて[けば] (⇨ except¹ SYN): *Excepting* his son, they are all all right. 彼の息子を除いて皆無事です / Everybody must obey the law, *not* ~ the king. 皆法律は守らねばならない, 国王とても同様 / ⇨ ALWAYS excepting. **— *conj.*** 《古》=except¹. 〖《1549》: ⇨ ↑, -ing²〗

ex·cep·tion /ɪksépʃən, ɛk-/ *n.* **1** 例外[特別]扱い, 〔…からの〕除外 (exclusion)〔*from*〕; 〔…の〕除外例, 例外(の人・物・場合)〔*to*〕: with the ~ of … …を除いて, …のほかは (except) / an ~ *to* a grammatical rule 文法規則の除外例 / allow [admit] of no ~ 〈規則・規定が〉例外を認めない / make an ~ (of …) …は例外[除外例]とする, 格外に扱う / make no ~(*s*) 特別扱いはしない / be no ~ 例外ではない / be the ~ rather than the rule 通例というよりむしろ例外である / Every rule has its ~*s*. どんな法則にも例外がある / without ~ 例外なく, 残らず / The ~ proves the rule. 《諺》例外があるということは規則のある証拠 / You occasionally get a comfortable bed; but it is really the ~. 時に寝心地のよいベッドにありつくこともあるが, それはまず例外に属する. **2** 異論, 異議, 反対(意見): a declaration open [subject] to ~ 異議の出そうな発言. **3** 〖法律〗 **a** (口頭・文書による)抗議, 正式異議. **b** (土地譲渡証書中の)物件除外約款. **4** 〖電算〗例外《変数が想定外の値をとる不正事象》.

abòve [***beyònd***] ***excéption*** 非難を受けない, 文句をいわれない. ***tàke excéption*** (1) 〔…に〕異議を申し立てる, 不服を唱える〔*to, against, at*〕. (2) 〔…に〕腹を立てる〔*to, at*〕. 《1542》

〖《*c*1384》□ (O)F *exception* ∥ L *exceptiō(n-)* ← *exceptus*: ⇨ except², -tion〗

ex·cep·tion·a·ble /ɪksépʃ(ə)nəbl, ɛk-/ *adj.* **1** [通例否定語を伴って] 異議を唱えられる, 非難の余地がある (objectionable): There is *nothing* ~ in that. それには非難すべきところは少しもない. **2** 《俗用》例外的な (exceptional). **ex·cep·tion·a·bil·i·ty** /ɪksèpʃ(ə)nəbíləti, ɛk- | -lɪ̀ti/ *n.* **~·ness** *n.* **ex·cép·tion·a·bly** *adv.* 〖《1691》: ⇨ ↑, -able〗

ex·cep·tion·al /ɪksépʃnəl, -ʃənl/ *adj.* **1** 並でない, 非凡の, すぐれた: ~ ability 非凡な能力 / Her beauty is ~. 彼女の美しさは並のものではない. **2** 例外的な, 異例の; 格別の, まれな: an ~ use of a word 言葉の例外的な使い方 / ~ advantages 特別[非常]な便益 / under [in] ~ circumstances 例外的な事情の下では. **3** 《米》〈子供が〉(能力優秀, または心身の欠陥のため)特殊教育を必要とする: ~ children 特殊児童. **~·ness** *n.* 〖《1846》← EXCEPTION+-AL¹〗

ex·cep·tion·al·i·ty /ɪksèpʃənǽləti, ɛk- | -lɪ̀ti/ *n.* 例外, 異例, 格別, 非凡. 〖《1854》: ⇨ ↑, -ity〗

ex·cép·tion·al·ly /-ʃ(ə)nəli/ *adv.* **1** 例外として, 例外的に, 異例に, 破格に: It happened quite ~. 全く異例の出来事であった. **2** 並外れて, ことのほか, 格別に, 非常に; 格別に上手に: an ~ bad harvest 格別な不作 / It was very ~ performed. それは特に上手に演奏された. 〖《1848》: ⇨ -ly¹〗

ex·cep·tis ex·ci·pi·en·dis /ɛksképtiːs ɛkskìpiéndiːs/ *L. adv.* しかるべき例外を認めたうえで. 〖《1877》□ LL ~ '(due) exceptions having been made'〗

ex·cep·tive /ɪkséptɪv, ɛk-/ *adj.* **1** 除外的な, 例外的な; 除外性の, 例外を示す: an ~ clause 除外条項 / ~ conjunctions 除外の接続詞《unless, except that など》/ ~ propositions 例外的命題《例: Nothing on earth *but man* is great.》. **2** 《古》〈人・発言が〉反対好きの, 揚げ足を取る (captious). 〖《1563–87》□ ML *exceptīvus* ← L *exceptus*: ⇨ except², -ive〗

ex·cept·less /ɪkséptlɪ̀s, ɛk-/ *adj.* 《Shak》例外なしの, いつもの. 〖《1607–8》← EXCEPT²+-LESS〗

ex·cerpt /ɛ́ksəːpt, ɛ́gz- | ɛ́ksəːpt, ɛ́gz-, ɛksə́ːpt/ *n.* 抄録, 抜粋 (extract); 引用(句); 〔学会誌などからの〕抜刷り (offprint)〔*from*〕: an ~ *from* a book.
— /ɛksə́ːpt, ɛgz- | ɛksə́ːpt, ɪk-, ɪgzə́ːpt/ *v.* **— *vt.*** 抄録[抜粋]する: ~ passages *from* the author's writings 著者の著作中から数節を抄録する. **— *vi.*** 抄録を作る, 抜粋する.
~·er *n.* **ex·cérp·tor** *n.* 〖v.: 《*c*1536》← L *excerptus* (p.p.) ← *excerpere* to pick out ← EX-¹+*carpere* to pluck. — n.: 《*a*1638》□ L *excerptum* (neut.) ← *excerptus*〗

ex·cerp·ta /ɛksə́ːptə, ɛgz- | ɛksə́ːp-, ɪk-/ *n. pl.* 小品文; 抜粋; (特に)要約 (résumés). 〖□ L ~ (pl.) ← *excerptum* (↑)〗

ex·cerpt·i·ble /ɛksə́ːptəbl, ɛgz- | ɛksə́ːptɪ̀-, ɪk-/ *adj.* 抜粋[抄録]できる. 〖《1880》: ⇨ -ible〗

ex·cerp·tion /ɛksə́ːpʃən, ɛgz- | ɛksə́ːp-, ɪk-/ *n.* **1** 抄出, 抜粋(すること). **2** 《古》抜粋(した物), 抄録, …抄, 抄録集. 〖《*a*1618》□ L *excerptiō(n-)*: ⇨ excerpt, -tion〗

ex·cess /ɪksés, ɛk-, ɛ́ksɛs/ *n.* **1 a** 超過, 余分; 超過量[額], 余剰: an ~ of exports [imports] 輸出[輸入]超過 / an ~ of income *over* expenditure 支出に対する収入の超過 / an ~ of ¥100,000 *over* the estimate 見積もり(予算)に対して 10 万円の超過. **b** 〖保険〗超過額《損害についての被保険者の自己負担額を超える部分; cf. excess insurance》. **c** 〖化学〗(反応などに)必要以上の量. **2** 過度, 度を過ごすこと: carry [do] something *to* ~ 事を過度に運ぶ[やり過ごす] / go [run, be given] *to* ~ 極端にやる, やりすぎる, 過度になる / in ~ 過度に. **3** [しばしば *pl.*] やりすぎ, 不謹慎; (特に)不節制; 暴飲, 暴食: the ~*es* of the preceding night 前夜の飲みすぎ. **4** 過多, 過剰, 過分: an ~ *of* zeal 熱意過多. **5** 《Shak》高利 (usury).
in excéss of …より超過して, …以上の (over): gifts *in* ~ *of* $1,000 千ドル以上の贈与 / a sum not *in* ~ *of* $1,000 千ドルを超えない金額 / Her style of living was far *in* ~ *of* her income. 彼女の生活ぶりは収入ではとてもまかないきれなかった. ***to excéss*** 過度に (immoderately) (cf. 2): eat [drink] *to* ~ 食い[飲み]すぎる / He is generous *to* ~. 気前がよすぎる.
— /ɛ́ksɛs, ɪksés, ɛ̀k-ˊ/ *adj.* [限定的] 超過量[額]に対しての, 制限外の, 余分の (extra): ⇨ excess baggage [luggage] / ~ postage 郵便の不足追徴金 / an ~ fare (鉄道の)乗越し追徴金; (優等車への)乗換割増金 / ~ income 超過所得 / ~ issue (紙幣の)限外発行 / ~ profits 超過利潤 / ~ purchasing power 余剰購買力.
— *vt.* (公務員, 教員などの)余剰人員を整理[解雇]する, 休職[降格, 転任]させる.
〖《*c*1384》□ (O)F *excès* ∥ LL *excessus* departure (p.p.) ← *excēdere* 'to EXCEED'〗

éxcess bággage *n.* **1** (飛行機などの無料手荷物許容量外の)超過手荷物. **2** 《口語》余計な物[人], お荷物.

éxcess condemnátion *n.* 超過収用, 付帯収用《都市計画事業などの際, 当面の目的に必要とされるよりも余分の土地を収用すること》.

éxcess demánd *n.* 〖経済〗需要超過, 需要過剰.

éxcess insùrance *n.* 〖保険〗超過額保険, 第 2 次保険《損害をまず塡補する第 1 次保険 (primary insurance) に対して, それによって塡補されない超過部分を塡補する保険》.

ex·ces·sive /ɪksésɪv, ɛk-/ *adj.* 過多な (overmuch); 過度の, 極端な, 不当な (unreasonable): ~ indulgence 極端な甘やかし / an ~ demand 法外な要求 / an ~ drinker 飲み過ぎる人. **~·ness** *n.* 〖《*a*1393》□ (O)F *excessif, -ive* □ ML *excessīvus*: ⇨ excess, -ive〗

SYN 過度の: **excessive** 数量・程度などがあまりにも大きい: *excessive* drinking 過度の飲酒. **exorbitant** *excessive* の度がさらに強く, 〈金額・欲望・要求などが〉不当に過大な: an *exorbitant* rent 不当に高い家賃. **extravagant** 《軽蔑》〈思想・言葉・行動が〉妥当・普通・必要を越えている: *extravagant* behavior とっぴな行動 / an *extravagant* price 法外な価格. **extreme** 最大限に過度な: I was in *extreme* pain. 痛くてたまらなかった. **inordinate** 慣習・良識の限度を越えた《格式ばった語》: *inordinate* demands 法外な要求.
ANT deficient.

ex·cés·sive·ly *adv.* **1** 過多に; 過度に, はなはだしく, 過激に, 法外に (inordinately). **2** 《口語》非常に, ひどく. 〖《1413–19》: ⇨ ↑, -ly¹〗

éxcess-lóss reinsùrance *n.* 〖保険〗超過損害再保険.

éxcess lúggage *n.* =excess baggage 1.

éxcess-prófits tàx [**dùty**] *n.* (戦時)超過利得税.

éxcess resèrves *n. pl.* 〖銀行〗超過準備金.

E

E

éxcess supplý *n.* 〘経済〙供給超過, 供給過剰.

exch. 《略》 exchange; exchanged; exchequer.

ex·change /ɪkstʃéɪndʒ, ɛks-, ékstʃeɪndʒ | ɪkstʃéɪndʒ, ɛks-/ *vt.* **1** 〔…と〕交換する, 換える, 取り替える 〔*for*〕: ~ old money *for* new 旧貨幣を新貨幣と引き換える / ~ commodities *with* foreign countries 外国と物資を交易する / ~ money 両替する. **2 a** 〈買った品などを〉〈別な品と〉取り替える 〔*for*〕: Please ~ this purchase for me. この(購入)品を取り替えて下さい / I asked him to ~ the hat *for* a smaller one. 彼にその帽子を小さいのと取り替えてくれと言った. **b** 《廃》〈別な品〉と取り替える. **3** 〔…と〕〈互いに〉交換し合う, 取り交わす 〔*with*〕: ~ gifts [greetings] 贈り物[あいさつの言葉]を取り交わす / ~ insults 侮蔑的なことを言い合う / ~ angry words 口論する / ~ prisoners of war 捕虜を交換する / ~ (significant) glances 互いに(意味ありげに)見交わす / Blows were ~*d*. なぐり合いがあった / Will you ~ places [seats] *with* me? 私と席を替えてくれませんか / I haven't ~*d* more than a few words *with* him. 彼とはほとんど言葉も交わしたことがない. **4** 〔…を取る代わりに〕捨てる (part with) 〔*for*〕: ~ a palace *for* a cell 宮殿を捨てて小屋に住む. **5** 〘チェス〙〈駒を〉交換する.
— *vi.* **1** 交換をする; (任務・地位などの)交代をする.
2 〈通貨が〉〈…と同価値のものとして〉交換できる, 両替できる 〔*for*〕: A dollar ~*s for* less than 120 yen. 1 ドルは 120 円未満で両替される / This currency ~*s at* par. この通貨は平価で交換される.
— *n.* **1 a** 交換, 取替え, 引換え; やり取り, 取り交わし; 交易: the ~ *of* gold *for* silver 金と銀との交換 / a welcome ~ *of* poverty *for* comfort 貧困から安楽への歓迎すべき転換 / the free ~ *of* ideas 自由な意見の交換 / an ~ *of* ambassadors [prisoners] 大使[捕虜]の交換 / an ~ of students (それぞれの大学の)学生の交換 (cf. exchange student) / an ~ *of* greetings 挨拶の取り交わし / an ~ *of* rings *between* bride *and* groom 新郎新婦の指輪交換 / an ~ of blows なぐり合い / the ~*s between* Portia *and* Shylock in the court scene 法廷の場面でのポーシャとシャイロックの応酬 / make an ~ 交換する / value in ~ 交換価値 / ⇨ *in* EXCHANGE / an ~ *for* the better [worse] 得[損]になる交換 / *Exchange* [Fair ~] is no robbery. 《諺》交換は強奪ではない《不公平な交換を押しつけるときの弁解》. **b** やり取り, 言い合い, 口論: a bitter ~ 激論. **c** 〘チェス〙(駒の)交換: gain [win, get the better of] the ~ 交換して得をする《特に, bishop または knight と交換に rook を取る》/ lose on the ~ 交換して損をする. **d** [形容詞的に用いて] (一定期間の協定によって)交換される, 交換制の: ⇨ exchange professor, exchange student, exchange teacher / an ~ teaching job 交換教師としての職 / ~ visits of students abroad 学生の交換留学.
2 a 為替; 為替手数料: domestic [internal] ~ 内国為替 / ⇨ foreign exchange / arbitration of ~ 為替の裁定 / a bill of ~ 為替手形 / the rate of ~ = exchange rate. **b** 為替相場: ~ fluctuations 為替相場の変動 / the ~ quotation 外国為替相場表 / The ~ is against us [in our favor]. 為替相場は逆調[順調]だ. **c** 為替相場の開き, 為替差額. **d** 為替手形: a set of ~ 組為替手形《紛失・盗難に備えるため正副二通または三通発行するもの》/ first [second, third] of ~ (組為替手形の)第一[第二, 第三]手形. **e** [*pl.*] 交換高《手形交換所で交換清算された小切手・為替手形・約束手形などの総額》.
3 a 取引所: a cotton [wool] ~ 綿花[羊毛]取引所 / ⇨ corn exchange, stock exchange. **b** (特定の商品の)専門店《購入・再販売・修理を行う》: a camera ~ カメラ専門店. **c** 協同組合の売店; 協同組合. **d** 電話交換局[機] (telephone exchange). **e** 《英古》職業安定所 (jobcentre): ⇨ employment exchange, labor exchange.
4 a 取換え品: Would this be a fair ~ *for* that? それをいただくのにこれを受け取ってもらえるでしょうか. **b** 交換雑誌; (新聞の)交換記事[論説].
5 両替; 両替の手数料. **6** 〘医学〙輸血 (transfusion).
7 〘物理〙(核子間の粒子の)交換.
in exchánge 〔…と〕引換えに, 〔…の〕代償として 〔*for*〕: He demanded 50,000,000 yen *in* ~ *for* the kidnapped child. 彼は誘拐した子供の身代金として 5 千万円を要求した / For this, will you give me that *in* ~? こちらの代わりにあちらを交換していただけますか.
〖v.: 《1415》□ AF *eschaungier*=OF *eschangier* (F *échanger*) < VL **excambiāre* ← EX-[1]+LL *cambiāre* to exchange. — n. 《c1378》 *eschaunge* □ AF=OF *eschange* (F *échange*) ← *eschangier*: ⇨ change: cf. excambion: *ex-* は L との類推で 15C から〗

SYN 交換する: **exchange** 〈同種のものを〉取り交わす, あるものを他のものと交換する《一般的な語》: They *exchanged* greetings. あいさつを交わした / Will you *exchange* this camera for yours? このカメラを君のと交換してくれませんか. **interchange** あるものを他の物とを相互に置き[入れ]換える; 特に継続的であり, 相互でということを強調する《やや格式ばった語》: L and r were frequently *interchanged* in many languages. l と r とは多くの言語でよく置き換えられていた. **barter** 物と物を交換する: *barter* oil for machinery 石油を機械類と交換する. **trade** 物と物, 異種のものなどを交換する: They *traded* furs for rifles. 彼らは毛皮とライフル銃を交換した.

---

ex·change·a·bil·i·ty /ɪkstʃèɪndʒəbíləṭi, ɛks- | -lɪ̀ti/ *n.* 交換[交易]できること; 交換価値. 〖《1778》: ⇨ ↓, -ity〗

ex·change·a·ble /ɪkstʃéɪndʒəbl̩, ɛks-/ *adj.* 交換できる, 取り替えられる; 交易できる 〔*for*〕: ~ goods 交換財, 商品 / ~ value 交換価値[価格] / This watch is ~ if it is not satisfactory. この時計はご満足のいかない場合にはお取り替え致します / Wool is ~ *for* money. 羊毛は金と交換できる. **ex·chánge·a·bly** *adv.* 〖《1575》: ⇨ -able〗

Exchánge and Márt *n.* 「エクスチェンジ アンド マート」《英国の広告専門週刊誌; 手軽な売買情報誌として人気がある》.

exchánge bànk *n.* 外国為替銀行.

exchánge bròker *n.* 外国為替仲買人. 〖《1704》〗

exchánge clèaring *n.* 〘経済〙外国為替清算. 〖《1934》〗

exchánge contròl *n.* 為替管理. 〖《1931》〗

ex·chang·ee /ɛkstʃeɪndʒíː, ɪkstʃèɪn-/ *n.* (交換計画によって)交換される人《交換教授・学生など》. 〖⇨ exchange (v.), -ee[1]〗

exchánge equalizátion accòunt *n.* 《英》為替平衡勘定《為替の安定と投機の排除のため設けられた勘定》.

exchánge fòrce *n.* 〘物理〙交換力《二つのハドロンの間に働く力の一種で, 粒子間の距離の関数であるばかりでなく, 粒子の位置・スピン・電荷などの交換を伴うもの》. 〖《1934》〗

exchánge professor *n.* 交換教授.

ex·cháng·er *n.* **1** 交換する人. **2** 両替商人. **3** 〘物理・化学〙イオン交換体 (ion exchanger); 熱交換器 (heat exchanger). 〖《1469》 *eschaungeour* □ AF=OF *eschaungeor* (F *echangeur*): ⇨ -er[1]〗

exchánge ràte *n.* (外国)為替相場[レート]《二国間における通貨の交換比率》. 〖《1896》〗

exchánge-ràte mèchanism *n.* 為替相場メカニズム《各国の通貨当局が市場介入によって外国為替相場を調整する制度; 略 ERM; 特に EU のものを指す》. 〖《1978》〗

exchánge reàction *n.* 〘物理〙交換反応《分子内の原子をその同位元素によって置き換える反応; 二つの素粒子間の反応で, 素粒子に固有の物理量(電荷・スピン・重粒子数など)の交換を伴う反応》.

exchánge stabilizátion fùnd *n.* 《米》為替安定資金.

exchánge stùdent *n.* 交換学生. 〖《c1930》〗

exchánge tèacher *n.* 交換教師.

exchánge tìcket *n.* 《米》〘証券〙売付株式確認票《取引所で行った売買を確認するため売手会員が証券清算会社に提出する売買明細書》.

exchánge transfùsion *n.* 〘医学〙交換輸血《患者の血を採りながら同時に健康な血を輸血する》. 〖《1946》〗

exchánge vàlue *n.* 交換価値. 〖《1863》〗

ex·cheq·uer /ɪkstʃékə, ɛks-, ékstʃɛkə | ɪkstʃékə[r], ɛks-/ *n.* **1** 国庫. **2** [the E-] (英国の)大蔵省 (⇨ treasury 3 a): the Chancellor of the *Exchequer* 大蔵大臣. **3** [the E-] 〘英史〙(中世の)王室会計局, 財務局《12 世紀前半に設けられ, 1833 年まで存続》. **4** [the E-] 〘英史〙財務裁判所《COURT of Exchequer の略称》. **5** 《口語》資金, 財源, 財政(状態), 資力: the impoverished state of my ~ 私の苦しい財政状態. 〖《c1250》 *escheker* □ AF *eschek(i)er*=OF *eschequier* (F *échiquier*) □ ML *scaccārium* chessboard: ⇨ chequer: *ex-* のつづりは AF=OF *es-* を L *ex-* と誤認したことから: 語義 3 はもと勘定の際使用した碁盤じまのテーブルクロスにちなむ〗

exchéquer bìll *n.* (英国のかつての)大蔵省証券《一時的借入れのための政府の証券であったが, 19 世紀末以後 treasury bill に変わった》. 〖《1701》〗

exchéquer bònd *n.* (英国政府の出す)国庫債券. 〖《1859》〗

ex·cide /ɛksáɪd, ɪk-/ *vt.* 《まれ》=excise[2]. 〖《1758》□ L *excīdere* to cut out: ⇨ excise[2]〗

ex·ci·mer /éksəmə | -saɪmə[r]/ *n.* 〘化学〙エキシマー《励起状態において存在する二量体》. 〖《1960》← EXCI(TED)+(DI)MER〗

éxcimer láser *n.* 〘光学〙エキシマーレーザー《励起状態でのみ存在する分子のレーザー; 紫外線領域の短波長レーザーは高効率高出力で, スターウォーズ計画における指向性エネルギー兵器の一つ; 医療などにも応用されている》. 〖《1973》〗

ex·cip·i·ent /ɪksípiənt, ɛk-/ *n.* 〘薬学〙(薬の)賦形剤, 結合剤《砂糖・ゼリーなど》. 〖《1753》□ L *excipientem* taking out (pres.p.) ← *excipere*: ⇨ except[2]〗

ex·ci·ple /éksəpl̩ | -sɪ-/ *n.* 〘植物〙果托(かたく)《ある種の地衣類の子実層 (hymenium) の周囲の皿形の縁》. 〖《1866》← EXCIPULUM〗

ex·ci·plex /éksəplèks | -sɪ̀-/ *n.* 〘化学〙励起錯体, エクシプレックス《異種分子間の励起状態の錯体》. 〖《1966》(略) ← *exci(ted) (com)plex*〗

ex·cip·u·lum /ɛksípjʊləm/ *n.* (*pl.* **-u·la** /-lə/) 〘植物〙=exciple. 〖《1857》← NL ~ ← ML ~ 'device for catching fish' ← *excipere*: ⇨ excipient〗

ex·cir·cle /ék(s)sə̀ːkl̩ | -sɜ̀ː-/ *n.* 〘数学〙傍接円 (escribed circle). 〖← EX-[1]+CIRCLE〗

ex·cis·a·ble[1] /éksaɪzəbl̩, -saɪs-, ɪksáɪz-, ɛk- | ɛksáɪz-, ɪk-/ *adj.* 消費[物品]税を課することのできる, 消費税の対象となる. 〖《1689》: ⇨ excise[1]〗

ex·cis·a·ble[2] /ɪksáɪzəbl̩, ɛk-/ *adj.* 削除できる, 切り取れる. 〖《1855》: ⇨ excise[2]〗

ex·cise[1] /éksaɪz, -saɪs | éksaɪz, ɛksáɪz, ɪk-/ *n.* **1** [しばしば ~ tax で] 内国消費税, (酒・たばこなどの生産・消費に課する)物品税; (ある種の娯楽・営業に対する)免許税: an ~ on tobacco. **2** [the E-] 〘英史〙間接税務局《今は Board of Customs and Excise》.
— /éksaɪz, -saɪs, ɪksáɪz, ɛk- | ɛksáɪz, ɪk-/ *vt.* **1** 《まれ》〈人〉に物品税を払わせる; 〈物〉に物品税を課する. **2** 《古》…に法外な代金を請求する; 《比喩》…に不当な要求をする. 〖《1494》□ MDu. *excijs* 《異形》← *accijs* □ OF *acceis* tax < VL **accensum* ← *ac-*, 'AD-'+L *census* tax: EXCISE[2] と混同された: ⇨ census〗

ex·cise[2] /ɪksáɪz, ɛk-/ *vt.* **1** 〈できもの・こぶなどを〉切開する, 切り取る: ~ a page with a razor blade かみそりの刃で 1 ページを切り取る. **2** 〔…から〕〈句・文などを〉消す, 削る, 削除する 〔*from*〕. **3** …に刻み目をつける. 〖《1578》← L *excīsus* (p.p.) ← *excīdere* to cut out or off ← EX-[1]+*caedere* to cut〗

éxcise làw *n.* **1** 消費税法. **2** 《米》酒類製造販売規律法. 〖《1765》〗

ex·cise·man /éksaɪzmən, -saɪs-, -mæ̀n | éksaɪzmæ̀n, ɛksáɪz-, ɪk-/ *n.* (*pl.* **-men** /-mən, -mɛ̀n | -mɛ̀n/) 〘英史〙間接税担当官《間接税の取立てや違反摘発に当たった》. 〖《1647》: ⇨ excise[1]〗

éxcise tàx *n.* =excise[1] 1.

ex·ci·sion /ɪksíʒən, ɛk-/ *n.* **1** 切取り, 切除; 削除 (erasure): the ~ of a clause ある条項の削除. **2** 〘外科〙切除. **3** (教会からの)破門, 除名. 〖《1490》□ (O)F ~ // L *excīsiō(n-)*: ⇨ excise[2], -sion〗

ex·cit·a·bil·i·ty /ɪksàɪṭəbíləṭi, ɛk- | -təbílɪ̀ti/ *n.* **1** 激しやすい性質, 興奮性; (刺激に対する)敏感. **2** 〘生理〙(器官・組織の)興奮性; 被刺激性. 〖《1788》: ⇨ ↓, -ity〗

ex·cit·a·ble /ɪksáɪṭəbl̩, ɛk- | -tə-/ *adj.* **1** 激しやすい, 興奮性の (↔ sedate): an ~ disposition [temperament, nature] 興奮しやすい気性. **2** 〘生理〙〈器官・組織が〉刺激を感じやすい. **~·ness** *n.* **ex·cít·a·bly** *adv.* 〖《1609》□ LL *excitābilis*: ⇨ excite, -able〗

ex·ci·tant /ɪksáɪṭənt, ɛk-, -tn̩t, éksə- | éksɪ̀tənt, ɪksáɪtənt, ɛk-, -tn̩t/ *adj.* 刺激性の, 興奮させる (exciting): ~ drugs 興奮剤. — *n.* 〘生理〙刺激物; 刺激薬, 興奮薬, 覚醒薬. 〖《1607》□ L *excitantem* (pres.p.): ⇨ excite, -ant〗

ex·ci·ta·tion /ɛksaɪtéɪʃən, -sə- | -sɪ̀-, -saɪ-/ *n.* **1 a** 刺激(作用), 興奮状態. **b** 《古》刺激(するもの). **2** 〘電気〙 **a** 励磁《電動機・発電機などの界磁に電流を流すこと》. **b** 励磁電圧. **c** 励弧《電流が流れ出すようにすること》. **3** 〘電子工学〙励振《真空管を動作させるために格子に電圧を加えること; drive ともいう》. **4** 〘物理〙励起《原子・分子・原子核・素粒子などのエネルギー準位を高めること》. **5** 〘生理〙興奮. 〖《1384》□ (O)F ~ □ LL *excitātiō(n-)* ← *excitātus*: ⇨ excite, -ation〗

ex·cit·a·tive /ɪksáɪṭəṭɪv, ɛk- | -tət-/ *adj.* **1** 刺激力のある, 刺激性の, 興奮させる, 挑発的な. **2** 〘電気〙励起可能な, 励振できる. 〖《1490》□ F *excitatif, -ive* ← *exciter*: ⇨ excite, -ative〗

ex·cit·a·to·ry /ɪksáɪṭətɔ̀ːri, ɛk- | -tətəri, -tri/ *adj.* **1** =excitative. **2** 興奮を示す. 〖《1803》← EXCITA-T(ION)+-ORY[1]〗

ex·cite /ɪksáɪt, ɛk-/ *vt.* **1 a** 〈人〉の感情を刺激する, 興奮させる; 性的に興奮させる: ~ oneself 興奮する / become [get] ~*d* 興奮する, 激する, 気が立つ, やっきとなる / be nothing to get ~*d about* 〈映画・本などが〉大したことない, つまらない / He was wildly ~*d with* joy at the victory [*over* the news]. 勝利に[そのニュースに]躍り上がらんばかりに喜んだ / These words ~*d* him *to* anger. この言葉を聞いて彼はかっとなった. **b** 〈人・動物を〉激させる, 奮い立たせる, 煽動する; 〈ハチの巣などを〉かきたてる: He attempted to ~ the people *to* rebellion [*to* resist]. 彼は民衆を煽動して反乱を起こさせよう[抵抗させよう]と企てた. **2** 〔人の中に〕〈感情・想像力などを〉奮い起こす, 振起する (arouse) 〔*in*〕 (⇨ provoke **SYN**); 〈注意・興味などを〉喚起する, そそる (awaken): ~ interest 興味を起こさせる / That manner of his ~*d* envy and hatred. 彼のその態度は嫉妬と憎しみの気持ちをかきたてた / The rumor ~*d* the curiosity [enthusiasm] of the people. そのうわさに人々は好奇心[情熱]をかきたてられた / The scene ~*d* my pity. その光景を見て私の心に同情が湧いてきた. **3** 〘生理〙〈器官・組織〉の活動を促す, 刺激する (stimulate). **4** 〘物理〙 **a** 〈原子・分子・原子核・素粒子などを〉励起させる. **b** (スペクトルが出るように)〈物質〉の中の原子などを励起させる; 〈スペクトルを〉放出させる. **5** 〈活動・状態などを〉引き起こす (bring about): ~ rebellion 反乱を起こさせる. **6 a** 〘電気〙…に電流を流させる; …に磁界を生じさせる, 励磁する: ~ a dynamo 発電機を励磁する. **b** 〘電子回路〙に入力を加えて動作させる. — *vi.* 興奮させる: The drama failed to ~. そのドラマは刺激的効果がなかった. 〖《c1340》□ (O)F *exciter* □ L *excitāre* (freq.) ← *excitus* (p.p.) ← *excīēre* to call out or forth ← EX-[1]+*ciēre* to call: ⇨ cite〗

ex·cit·ed /ɪksáɪṭɪ̀d, ɛk- | -tɪ̀d/ *adj.* **1** 興奮している, 興奮状態の; かきたてられた, 喚起された; 性的に興奮した: an ~ mob 興奮した群衆 / ~ curiosity 喚起された好奇心 / He burst into ~ speech. だしぬけに興奮してしゃべり始めた. **2** 〘物理〙〈原子・分子・原子核・素粒子など〉励起状態にある; 励起された: ~ atoms [molecules] 励起原子[分子]. **~·ness** *n.* 〖《1660》: ⇨ -ed〗

ex·cít·ed·ly *adv.* 興奮して, 躍起となって. 〖《1852》: ⇨ ↑, -ly[1]〗

excíted stàte *n.* 〘物理〙(原子・分子・原子核・素粒子などの)励起状態. 〖《1927》〗

ex·cite·ment /ɪksáɪtmənt, ɛk-/ *n.* **1** 興奮させる[刺激する]こと; 興奮, 気の立つ[躍起になる]こと: speak in ~ 興奮して[躍起になって]話す / be unable to sleep for ~ 気持ちが高ぶって眠れない / His hands were shaking from ~. 両手が興奮してぶるぶる震えていた. **2** 刺激的事物, 興奮させるもの: the ~*s* of town life 都会生活の刺激. **3** (おもしろい[喜ばしい]事・心配な事などに伴う)騒ぎ, (人心の)動揺 (agitation): cause great ~ in a family 家中に大騒ぎを起こす / What's all the ~ about? この騒ぎは何事だ. 〖((c1425)) ((1830)): ⇨ excite, -ment〗

ex·cít·er /-tə | -tə^(r)/ *n.* **1** 刺激者[物]. **2** 〖電気〗 **a** 励磁機. **b** (電子回路を動作させる)搬送波発振器など. 〖((a1387)): ⇨ excite, -er[1]〗

ex·cít·ing /ɪ̀ksaɪtɪŋ, ɛk- | -tɪŋ/ *adj.* 刺激的な, 興奮させる, 躍起とならせる, はらはらさせる, 面白くてたまらない, 胸を躍らせるような: an ~ book, story, scene, etc. **~·ly** *adv.* 〖((1811)) ← EXCITE＋-ING[2]〗

excíting cùrrent *n.* 〖電気〗 励磁電流.

ex·ci·to·mo·tor /ɪ̀ksàɪtəmóʊtə, ɛk- | -təməʊtə^(r)/ *adj.* (*also* **ex·cì·to·mó·tor·y** /-móʊtəri | -məʊt-⁻/) 〖生理〗 運動(機能)促進性の: ~ nerves 運動促進神経. — *n.* 運動機能促進剤. 〖((1870)) ← EXCIT(OR)＋MOTOR〗

ex·ci·ton /ɛ́ksətɑ̀(ː)n, -saɪ- | -saɪtɒ̀n, -sɪ̀-/ *n.* 〖物理〗 励起子 (励起に伴う量子). **ex·ci·ton·ic** /ɛ̀ksətɑ́(ː)nɪk | -sɪtɒ́n-⁻/ *adj.* 〖((1936)) ← EXCIT(ATION)＋-ON[2]〗

ex·ci·ton·ics /ɛ̀ksətɑ́(ː)nɪks, -saɪ- | -sɪ̀tɒ́n-/ *n.* 〖物理〗 励起子論. 〖⇨ ↑, -ics〗

ex·cí·tor /-tə | -tə^(r)/ *n.* **1** 〖生理〗 刺激神経. **2** = exciter. 〖((1816)) ← EXCITE＋-OR[2]〗

ex·ci·tron /ɛ́ksətrɑ̀(ː)n | -sɪ̀trɒn/ *n.* 〖電気〗 エクサイトロン (励弧極付き単極水銀整流器). 〖((1940)) ← EXCI(TATION)＋-TRON〗

excl. (略) exclamation; exclamatory; exculded; excluding; exclusive.

ex·claim /ɪ̀kskléɪm, ɛks-/ *vi.* **1** (苦痛・怒り・喜び・驚きなどで)叫ぶ (cry out), 大声で言う: ~ with [in] delight 喜んで叫ぶ. **2** [~ against として] (古) …の非を鳴らす, …に抗議する: ~ *against* injustice 不公平に抗議する. — *vt.* 〈…と〉叫ぶ, 絶叫する: He ~*ed that* he was betrayed by his wife. 彼は妻に裏切られたと叫んだ.

~·er *n.* 〖((1570)) (古形) *exclame* ◻ F *exclamer* ◻ L *exclāmāre* to call out: ⇨ ex-[1], claim〗

exclam. (略) exclamation; exclamatory.

ex·cla·ma·tion /ɛ̀kskləméɪʃən/ *n.* **1** 叫び, 絶叫 (outcry): an ~ of pain, sympathy, surprise, annoyance, etc. / break into an ~ 突然叫び声を上げる. **2** 感嘆, 詠嘆: a mark [note] of ~ = exclamation mark. **3** (古) 〔…に対する〕抗議 〔*against*〕. **4** 〖文法〗 感嘆文; 感嘆詞, 間投詞 (interjection). **5** 〖修辞〗 強い感情の動きを表すために感嘆句を用いる技巧 (cf. apostrophe 2). **~·al** *adj.* 〖((c1384)) ◻ L *exclāmātiō(n-)* ← *exclāmātus* (p.p.): ⇨ exclaim, -ation〗

exclamátion màrk [((米)) **pòint**] *n.* 感嘆符 (!). ★ 強意のために !!, !!!, …のように用いることもある. 〖1824〗

ex·clam·a·tive /ɪ̀kskláemətɪv, ɛks- | ɛkskláemət-, ɪ̀ks-/ *adj.* = exclamatory. 〖1730-36〗

ex·clam·a·to·ry /ɪ̀kskláemətɔ̀ːri, ɛks- | -təri, -tri/ *adj.* **1** 絶叫的な; 詠嘆的な: a very ~ letter とても詠嘆的な手紙. **2** 感嘆の, 感嘆を表す: an ~ phrase 感嘆句 / an ~ sentence 〖文法〗 感嘆文 (cf. DECLARATIVE sentence). **ex·clám·a·tò·ri·ly** *adv.* 〖((1593)): ⇨ exclamation, -ory[1]〗

ex·clau·stra·tion /ɛ̀ksklɔːstréɪʃən, -klɑː- | -klɔː-/ *n.* 還俗(げんぞく). 〖((1945)) ← NL *exclaustrātiō(em)*〗

ex·clave /ɛ́kskleɪv/ *n.* 〖政治〗 飛び領土 (一国の本土から離れて他国内に入っている領土; 飛び領土の主権国から言う語で, その領土が入り込んでいる外国からは enclave と呼ばれる). 〖((1888)) ← EX-[1]＋(EN)CLAVE〗

ex·clo·sure /ɪ̀ksklóʊʒə, ɛks- | -kləʊʒə^(r)/ *n.* 囲い地 (柵をして家畜・野ネズミなどの侵入を防ぐ). 〖((1920)) ← EX-[1]＋(EN)CLOSURE〗

ex·clud·a·bil·i·ty /ɪ̀ksklùːdəbíləti, ɛks- | -dəbílɪ̀ti/ *n.* 排除[除外]の可能性.

ex·clud·a·ble /ɪ̀kskluːdəbl̩, ɛks- | -də-/ *adj.* 除外できる, 排除しうる. 〖((1916)): ⇨ ↓, -able〗

ex·clude /ɪ̀ksklúːd, ɛks-/ *vt.* (↔ include) **1** 〈場所・組織・特権などから〉締め出す, 〔…に〕(拒否して)入れない, …の入ることを拒む〔*from*〕: ~ foreigners *from* a port 外国人の入港を拒む / ~ a person *from* some privilege 人にある特権を許さない / That will ~ sunlight *from* the room. そうすれば部屋に日光が入らなくなる / There is no need to ~ him *from* the meeting. 彼を会から締め出す必要はない. **2** 〔…から〕排除する, 放逐する〔*from*〕: He was ~*d from* the succession to the throne. 彼は王位継承権を剝奪(はくだつ)された. **3** 〈疑惑・見込みなどを〉不可能にする, 防止する: The improvement ~*d* the possibility of error. その改良により誤りが起こりえなくなった. **4** 〈考慮などから〉除く, 除外する〔*from*〕: The matter was ~*d from* further consideration. その件はそれ以上の考慮の対象外とされた. **ex·clúd·er** /-də | -də^(r)/ *n.* 〖((c1384)) ◻ L *exclūdere* ← EX-[1]＋*claudere* to shut up: cf. close[1]〗

SYN 締め出す: **exclude** 〈外のものが〉入ってくるのを拒む: He was *excluded* from membership. 入会を拒まれた. **eliminate** 〈内部の不要なものを〉取り除く (格式ばった語): *eliminate* waste matter from the system 老廃物を体内から締め出す. **debar** 法律・規則によって権利の行使などを妨げる (格式ばった語): In Japan people under nineteen are *debarred* from voting. 日本では 19 歳以下の人は投票が認められていない.

ex·clúd·ed míddle /-dɪ̀d- | -dɪ̀d-/ *n.* 〖論理〗 排中律. 〖1837-38〗

ex·clud·i·ble /ɪ̀kskluːdəbl̩, ɛks- | -dɪ̀-/ *adj.* = excludable.

ex·clud·ing /ɪ̀ksklúːdɪŋ, ɛks- | -dɪŋ/ *prep.* …を除いた, を除いて (↔ including): There were fifteen present *excluding* myself. 私を除いて 15 人出席した.

ex·clu·sion /ɪ̀ksklúːʒən, ɛks-/ *n.* **1** 除外, 排除, 排他, 排斥: The letter filled my mind to the (total [complete]) ~ *of* everything else. その手紙のことで頭がいっぱいになってしまい, それ以外のことは考えられなくなった. **2** 〖生理〗 (入口の)遮断, 排除; 圧排. **3** (出入国管理当局による)入国拒否. 〖((a1402)) ◻ L *exclūsiō(n-)* ← *exclūsus* (p.p.) ← *exclūdere* 'to EXCLUDE': ⇨ -sion〗

ex·clú·sion·à·ry /-ʒənèri | -ʒ(ə)nəri/ *adj.* 除外する, 排他的な: ~ regulations 排他的な規則. 〖((1817)): ⇨ ↑, -ary〗

exclúsionary rúle *n.* [the ~] 〖米法〗 (違法収集証拠)排除の原則 (被告人の憲法上の権利を侵犯するような方法で収集された証拠は採用しないとの原則; 合衆国最高裁判所が確立 (1914), 州裁判所では 1961 年から). 〖1964〗

exclúsion clàuse *n.* 〖保険〗 除外条項.

ex·clú·sion·er /-ʒ(ə)nə | -nə^(r)/ *n.* = exclusionist. 〖1685〗

ex·clú·sion·ism /-ʒənɪ̀zm/ *n.* 排他主義. 〖((1846)): ⇨ -ism〗

ex·clú·sion·ist /-ʒ(ə)nɪ̀st | -nɪst/ *n.* 排他論者. — *adj.* [限定的] 排他的な: the ~ system. 〖((1756)): ⇨ -ist〗

exclúsion òrder *n.* 〖英法〗 (テロ活動をする者の入国を禁ずる)入国拒否命令. 〖1946〗

exclúsion prìnciple *n.* [the ~] 〖物理〗 排他原理, 排他律 (フェルミ粒子は一つの量子状態に 2 個以上入ることを許されないという W. Pauli が 1924 年に提唱した原理; Pauli (exclusion) principle ともいう). 〖1926〗

exclúsion zòne *n.* 立入禁止区域. 〖1976〗

ex·clu·sive /ɪ̀ksklúːsɪv, ɛks-, -zɪv | -sɪv/ ★ inclusive と対照させるときには /ɛ́ksklùːsɪv/ と発音されることがある. *adj.* **1** 〈組織など〉排他的な, 非開放的な; 〈人・気質など〉気位の高い (aloof): an ~ circle of friends 排他的な友人グループ. **2** 高級の, 上流の; 高価な: an ~ hotel 高級ホテル / ~ periodicals 高級雑誌 / the most ~ circles 最上流の社会 / an ~ school 名門校. **3 a** 〈権利・所有物など〉独占的な, 専属的な, 占有的な: an ~ agency policy 一手販売制 / ~ competency 専(属)管(轄) / an ~ jurisdiction 専属管轄区 / ~ privileges 独占権, 専業権 / ~ rights 専有権, 独占権 / an ~ interview with …との単独会見 / enjoy the ~ use of …の専用権を有する. **b** 〔…に〕のみ限定されている〔*to*〕: be ~ *to* the members of the club クラブの会員のみに限られている. **4** 〈商品など〉他で入手できない; 〈取材記事が〉他社の知らない, 特だねの〔*to*〕: ~ *to* Harrods ハロッズでしか売っていない / an ~ story 特だね[独占]記事. **5** [数詞・日付けなどのあとに置いて] (勘定から)両端を除外して, 計算に入れないで (↔ inclusive): from 10 to 21 ~ 10 から 21 まで, ただし 10 と 21 は除く (⇨ EXCLUSIVE *of*). **6** 除外[排除]的な; 〔…と〕相入れない〔*of*〕: mutually ~ ideas 互いに相入れない考え. **7** (ある物事だけに)限られた; 唯一の (sole, only): ~ devotion to work 仕事に専念する / Reading is his ~ occupation [interest]. 読書だけが彼の唯一の仕事[興味]だ. **8** 〖論理〗 排他の, 排反の: an ~ proposition 排他[排反]的命題. **9** 〖文法〗 〈'we' が〉除外の (話者と第三者を含むが聴者を含まない): ~ 'we' 除外の 'we' (↔ inclusive 'we').

exclúsive of …を除外して, …を計算に入れないで (↔ inclusive of): ~ *of* interest 利子を計算に入れないで / There were four men ~ *of* myself [me]. 私を入れないで 4 人いた. 〖1762〗

— *n.* **1** 独占記事, 特だね (scoop). **2** 排他的なグループ[クラブなど]の一員; 交際を限る人. **3** 独占権. 〖((c1450)) ◻ ML *exclūsīvus* ← L *exclūsus*: ⇨ exclusion, -ive〗

Exclúsive Bréthren *n. pl.* [the ~] エクスクルーシブ ブレズレン (⇨ Plymouth Brother 1).

exclúsive disjúnction *n.* 〖論理〗 排反的選言 (二命題の一方のみが真の場合にだけ全体が真となる選言 p⊻q; cf. inclusive disjunction). 〖1942〗

exclúsive éconómic zóne *n.* (水産・鉱物資源に関する)排他的経済水域 (単に economic zone ともいう; 略 EEZ). 〖1975〗

ex·clu·sive·ly /ɪ̀ksklúːsɪvli, ɛks-, -zɪv- | -sɪv-/ *adv.* 排他的に; 独占[占有]的に, 一手に; もっぱら (solely): This offer is intended ~ for readers of the magazine. この商品は本誌の読者限定です. 〖((?a1425)): ⇨ exclusive, -ly[1]〗

ex·clú·sive·ness *n.* **1** 排除, 除外; 排他, 排他的性質. **2** 独占, 専有, 専属. 〖((1730-36)): ⇨ -ness〗

exclúsive ór *n.* 〖論理〗 = exclusive disjunction.

exclúsive OR cìrcuit [**gàte**] *n.* 〖電算〗 排他的論理和回路[ゲート] (cf. OR circuit).

exclúsive representátion *n.* 〖労働〗 排他的代表権 (組合員であると否とを問わず被雇用者全体を代表するものとして交渉にあたる).

ex·clú·siv·ism /-sɪ̀vɪzm/ *n.* 排他主義; 独占主義.

ex·clú·siv·ist /-vɪ̀st | -vɪst/ *n.* **ex·clù·siv·ís·tic** /-klùːsɪ̀vístɪk⁻/ *adj.* 〖((1834)) ← EXCLUSIVE＋-ISM〗

ex·clu·siv·i·ty /ɛ̀ksklùːsívəti, ɪ̀ksklùːs-, ɛks-, -zív- | -sívɪ̀ti/ *n.* **1** 排他性(があること). **2** 独占権. 〖((1926)) ← EXCLUSIVE＋-ITY〗

ex·cog·i·tate /ɛkskɑ́(ː)dʒətèɪt | -kɒ́dʒɪ̀-/ *vt.* **1** (完全に理解するために)熟考する, 十分に吟味する: ~ one's subject 主題を十分に考える. **2** 考え出す, 案出する, 創案する (devise): ~ new rigging for ships 船舶用の新しい索具を案出する. **ex·cóg·i·ta·ble** /-təbl̩ | -tə-/ *adj.* **ex·cóg·i·tà·tor** /-tə | -tə^(r)/ *n.* 〖((c1530)) ← L *excōgitātus* (p.p.) found out by thinking ← *excōgitāre*: ⇨ ex-[1], cogitate〗

ex·cog·i·ta·tion /ɛkskɑ̀(ː)dʒətéɪʃən | ɛkskɒ̀dʒɪ̀téɪʃən, ⸺⸺/ *n.* 熟考; 案出, 工夫, 考案(物). 〖((1531)) ◻ L *excōgitātiō(n-)*: ⇨ ↑, -ation〗

ex·cog·i·ta·tive /ɛkskɑ́(ː)dʒətèɪtɪv | -kɒ́dʒɪ̀tət-, -tèɪt-/ *adj.* 熟考する; 考案する. 〖((1846)) ← EXCOGITATE＋-IVE〗

ex·com·mu·ni·ca·ble /ɛ̀kskəmjúːnɪ̀kəbl̩ | -nɪ-/ *adj.* 破門されるべき; 〈罪科が〉破門の罰に値する. 〖((1594)): ⇨ excommunicate, -able〗

ex·com·mu·ni·cant /ɛ̀kskəmjúːnəkənt | -nɪ̀-/ *n.* 破門された人. 〖1586〗

ex·com·mu·ni·cate /ɛ̀kskəmjúːnəkèɪt | -nɪ̀-/ *vt.* **1** 〖キリスト教〗 破門する, 放逐する, 除名する (聖餐その他の儀式への参加など教会員としての特権を奪う). **2** (除名・放校処分などで)放逐する.

— /ɛ̀kskəmjúːnəkɪ̀t, -kèɪt | -nɪ̀-/ *n.* 破門[放逐]された人. — *adj.* 破門(を宣告)された. 〖((?a1425)) ← LL *excommūnicātus* (p.p.) ← *excommūnicāre*: ⇨ ex-[1], communicate〗

ex·com·mu·ni·ca·tion /ɛ̀kskəmjùːnəkéɪʃən | -mjùːnɪ̀-/ *n.* **1** 〖キリスト教〗 破門, 放逐; 破門宣告: major [greater] ~ 大破門 (教会から全面的に放逐する) / minor [lesser] ~ 小破門 (陪餐を停止する). **2** 除名, 放逐. 〖((1459)) ◻ LL *excommūnicātiō(n-)*: ⇨ ↑, -ation〗

ex·com·mu·ni·ca·tive /ɛ̀kskəmjúːnəkèɪtɪv, -kə- | -nɪ̀-, -kət-, -kèɪt-/ *adj.* 破門(上)の; 破門宣告の. 〖((1825)) ← EXCOMMUNICATE＋-IVE〗

èx·com·mú·ni·cà·tor /-tə | -tə^(r)/ *n.* 破門する人, 破門宣告者. 〖((1643)) ◻ LL *excommūnicātor*: ⇨ excommunicate, -or[2]〗

ex·com·mu·ni·ca·to·ry /ɛ̀kskəmjúːnɪ̀kətɔ̀ːri | -nɪkətəri, -kèɪt-, -tri/ *adj.* 破門の, 破門を宣する; 破門の原因となる. 〖((1683)) ◻ ML *excommūnicātōrius*: ⇨ excommunicate, -ory[1]〗

ex-con /ɛ́kskɑ́(ː)n | -kɒ́n/ *n.* (俗) = ex-convict. 〖略〗

éx-cónvict *n.* 前科者. 〖1867〗

ex·co·ri·ate /ɛkskɔ́ːrièɪt, ɪ̀ks- | -kɔ́ːr-, -kɔ́r-/ *vt.* **1** …の皮膚をはぐ (peel off); 〈皮膚を〉擦りむく (abrade). **2** 激しく非難する, 痛罵する (censure, denounce). — /ɛkskɔ́ːriɪ̀t, ɪ̀ks-, -rièɪt | -kɔ́ːr-, -kɔ́r-/ *adj.* 〈皮膚が〉擦りむけた; 〈皮膚が〉はがれた. 〖((?a1425)) ← L *excoriātus* (p.p.) ← *excoriāre* to strip off (the hide): ⇨ ex-[1], corium〗

ex·co·ri·a·tion /ɛkskɔ̀ːriéɪʃən, ɪ̀ks- | -kɔ̀ːr-, -kɔ̀r-/ *n.* **1** (皮膚の)擦りむき, 擦過傷, 擦り傷; 皮膚の擦りむけた所. **2** 厳しい非難. 〖((?a1425)) ◻ (O)F ~ // ML *excoriātiō(n-)*: ⇨ ↑, -ation〗

ex·cor·ti·cate /ɛkskɔ́ətɪ̀kèɪt | -kɔ́ːtɪ-/ *vt.* …の外皮[果皮, 樹皮, 皮膚]をはぐ. **ex·cor·ti·ca·tion** /ɛkskɔ̀ətɪ̀kéɪʃən | -kɔ̀ːtɪ-/ *n.* 〖((1600)) ← LL *excorticātus* (p.p.) ← *excorticāre* ← EX-[1]＋L *cortic-*, *cortex* rind, bark: ⇨ cortex, -ate[3]〗

ex·cre·ment /ɛ́kskrəmənt | -krɪ̀-/ *n.* **1** 糞便 (feces). **2** [*pl.*] 排泄物. **3** (廃) (髪やつめなどの)成長.

ex·cre·men·tal /ɛ̀kskrəméntl̩ | -krɪ̀méntl̩⁻/ *adj.* **èx·cre·mén·tal·ly** *adv.* 〖((1533)) ◻ (O)F *excrément* // L *excrēmentum* ← *excrētus* (p.p.) ← *excernere* to discharge: ⇨ excrete, -ment〗

ex·cre·men·ti·tious /ɛ̀kskrəmentíʃəs, -mən- | -krɪ̀-⁻/ *adj.* 糞便の (excremental); 糞便のような. 〖((1586)) ← EXCREMENT＋-ITIOUS〗

ex·cres·cence /ɛkskrésns, ɪ̀ks-/ *n.* **1** (まれ) 正常生成物 (毛髪・爪など): Nails are ~*s*. 爪は正常生成物である. **2** 変態的成長, 異常増殖. **3** (動植物体の)突出物, 異常増殖物 (いぼ・贅肉(ぜいにく)・こぶなど): warts and such like ~*s* いぼやその類の異常増殖物. **4** 邪魔物, 無用の長物 (superfluity): The house is a mere unsightly ~ on the landscape. その家は景色の邪魔物である. **5** 〖音声〗 = excrescency 3. 〖((?a1425)) ◻ OF *excressance* (F *excroissance* ◻ L *excrēscentia* ← *excrēscentem*: ⇨ excrescent, -ence〗

ex·cres·cen·cy /ɛkskrésnsi, ɪ̀ks-/ *n.* **1** 異常増殖. **2** 異常増殖物 (こぶ・いぼなど). **3** 〖音声〗 剰音[贅字(ぜいじ)]の生起. 〖((1545)) ◻ L *excrēscentia*: ⇨ ↑, -ency〗

ex·cres·cent /ɛkskrésnt, ɪ̀ks-/ *adj.* **1** 病的に隆起[増殖]した; 贅肉(ぜいにく)の, いぼ[こぶ]の. **2** (古) 余計な (superfluous). **3** 〖音声〗 剰音の: an ~ letter 剰音文字, 贅字 (音便上加わっただけで語源的には余計な文字; 例えば sound [< ME soun] の d). **~·ly** *adv.* 〖((a1500)) ◻ L *excrēscentem* (pres.p.) ← *excrēscere* to grow out: ⇨ ex-[1], crescent〗

ex·cres·cen·tial /ɛ̀kskrəsénʃəl, -krɛ-, -ʃl̩⁻/ *adj.* 異常生成物の; 余計な (redundant). 〖((1849)): ⇨ ↑, -al[1]〗

ex·cre·ta /ɪ̀kskríːtə, ɛks- | -tə/ *n. pl.* 〖生理〗 排泄物, 腺(せん)分泌物 (汗・あかなど); (特に)糞尿. **ex·cré·tal** /-tl̩ | -tl/ *adj.* 〖((1857)) ← NL ~ ← L *excrēta* (neut. pl.) ← *excrētus*: ↓〗

ex·crete /ɪ̀kskríːt, ɛks-/ *vt., vi.* **1** 〖生理〗 排泄する (cf. secrete[1]). **2** 〖植物〗 分泌する, 排出する. **ex·crét·er** /-tə | -tə^(r)/ *n.* 〖((1620)) ← L *excrētus* (p.p.) ← *excernere* to sift out, discharge ← EX-[1]＋*cernere* to sift: cf. certain〗

ex·cre·tion /ɪ̀kskríːʃən, ɛks-/ *n.* 〖生理〗 **1** 排泄(作用), 排出 (f. secretion[1]): ~ *of* urine 尿の排泄, 泌尿(作用). **2** 排泄物 (汗・大小便など). 〖((1603)) ◻ L *ex-*

E

crētiō(n-) ← *excrētus* (↑)〗

ex·cre·tive /ɪ̀kskríːtɪv, ɛks- | -tɪv/ *adj.* 排泄促進的な, 排泄作用を営む. 〖(1666) ← EXCRETE＋-IVE〗

ex·cre·to·ry /ékskrətɔ̀ːri | ɪ̀kskríːtəri, ɛks-, -tri-/ *adj.* 排泄機能をもつ, 排泄[排出]の: an ～ organ 排泄器官 / an ～ duct 排泄[排出]管. — *n.* 排泄管 (excretory duct). 〖(1681) ← EXCRETE＋-ORY[1]〗

ex·cru·ci·ate /ɪ̀kskrúːʃièɪt, ɛks- | -ʃi-, -si-/ *vt.* **1** 〈人·心を〉責めさいなむ (distress); ひどくいらだたせる: ～ the mind with cares 心配事で心を悩ます. **2** 《廃》(拷問にかけるように)〈五官などを〉ひどく苦しめる; (肉体的に)ひどく苦しめる (torture). 〖(1570) ← L *excruciātus* (p.p.) ← *excruciāre* to torture severely ← EX-[1]＋*cruciāre* 'to CRUCIFY'〗

E

ex·crú·ci·àt·ing /-tɪŋ | -tɪŋ/ *adj.* **1 a** 激しい痛みを伴う, 耐えがたい (to): an ～ disease 苦しくてたまらない病気. **b** 並外れた, 極度の: ～ pain 激痛 / in ～ delight ひどく喜んで. **2** 《口語》腹立たしい, しゃくに触る, うるさい. **3** 《戯言》お粗末な, 最低の: an ～ pun まずい地口 / an ～ joke 下手な冗談. **～·ly** *adv.* 〖(1599): ⇨ ↑, -ing[2]〗

ex·cru·ci·a·tion /ɪ̀kskrùːʃiéɪʃən, ɛks-, -si-/ *n.* **1** (極度に)苦しめること, 苦悩させること. **2** (極度の)苦痛, 苦悩, 苦悶, 苦しみ. 〖(1618) □ LL *excruciātiō(n-)*: ⇨ excruciate, -ation〗

ex·cu·bi·to·ri·um /ɛkskjùːbətɔ́ːriəm | -bɪ̀-/ *n.* (*pl.* **-ria** /-riə/) **1** (古代ローマの都市の)夜警[哨兵]の番所. **2** 教会の当直部屋. 〖□ L *excubitōrium* ← *excubitus* (p.p.) ← *excubāre* to watch: ⇨ -ory[2]〗

ex·cu·dit /ɛkskúːdɪt | -dɪt/ *L.* 「彼[彼女]これを制作す」《版画に記入する略号; 普通は出版元を指すが, 制作者を兼ねることが多い; 略 exc., excud.》. 〖□ L ～ 'he [she] printed or engraved (this)' ← *excūdere* ← EX-[1]＋*cūdere* to strike〗

ex·cul·pa·ble /ɪ̀kskʌ́lpəbl̩, ɛks-/ *adj.* 無罪にできる, 弁明のできる. 〖(1646): ⇨ ↓, -able〗

ex·cul·pate /ékskʌlpèɪt, ɪ̀kskʌ́lpeɪt, ɪ̀ks-/ *vt.* **1** 無罪にする; …に〖罪のないことを〗証明する (clear) 〔*from*〕: ～ a person *from* a charge [blame] 無実の罪を晴らす / ～ oneself *from* …でないと身のあかしを立てる[申し開きをする]. **2** 〈証拠·事実などが〉〈人〉の〈罪を〉免れさせる 〔*from*〕. 〖(1656–81) ← ML *exculpātus* (p.p.) ← *exculpāre* ← EX-[1]＋L *culpāre* to blame (← *culpa* fault, blame)〗

ex·cul·pa·tion /ɛ̀kskʌlpéɪʃən/ *n.* **1** 無罪弁明, (無実の罪であることの)証明; 無実の罪が晴れたこと. **2** 申し開き(となるもの), 弁解, 弁護 (excuse, vindication). 〖(*a*1715) □ ML *exculpātiō(n-)*: ⇨ ↑, -ation〗

ex·cul·pa·to·ry /ɪ̀kskʌ́lpətɔ̀ːri, ɛks- | -təri, -tri/ *adj.* 〈陳述·証拠など〉申し開きとなる, 弁明の, 無実の罪を晴らす (vindicatory): an ～ letter 弁明となる手紙. 〖(1779–81) ← EXCULPATE＋-ORY〗

ex cu·ri·a /ɛkskjʊ́ᵊriə | -kjúər-/ 裁判[法廷]外で. 〖□ LL *ex cūriā* out of court〗

ex·cur·rent /ɛkskə́ːrənt | -kʌ́r-/ *adj.* **1** 流れ出る. **2** 〖動物〗流出させる, 流出口となる: ～ canals (海綿動物の)流出溝. **3** 〖植物〗延出的な《葉の中肋(ちゅうろく)が辺縁より延び出ている》; 延頂的な《樹幹の先端が頂をなして突出している》; 一本幹の. 〖((1605)) (1826) □ L *excurrent-em* running out (pres.p.) ← *excurrere* (↓)〗

ex·curse /ɪ̀kskə́ːs, ɛks- | -kə́ːs/ *vi.* **1** さまよう (wander); わき道へそれる (digress). **2** 遠足する. 〖(1748) ← L *excursus* (p.p.) ← *excurrere* to make an excursion: ⇨ ex-[1], curse[1]〗

ex·cur·sion /ɪ̀kskə́ːʒən, ɛks- | -kə́ːʃən, -ʒən/ *n.* **1** 遠足, 小旅行 (⇨ trip[1] SYN); (ふつう割引の)周遊[遊覧]旅行: a pleasure ～ 遊覧旅行 / a river ～ 川の遊覧旅行 / an ～ train [steamer] 遊覧列車[船] / go on [for] an ～ 遠足に行く / make an ～ to [into] …へ遠足に出かける / He set out on his business ～. 商用旅行に出かけた. **2** わき道へそれること, 脱線: make ～*s into* the historical domain 脱線して歴史の領域に踏み込む. **3** 遊覧旅行団体, 遠足団体; 遊覧列車. **4 a** 〖物理〗平衡位置からの物体の変位; 変位の距離; 変位のマグニチュード. **b** 〖機械〗行程. **5** 〖医学〗可動域; 偏位《眼球が中央位置から動くことや呼吸の際の肺の移動など》. **6** 《廃》出撃, 急襲. **7** 〖原子力〗エクスカーション《原子炉の出力が何らかの原因で増大し, その結果炉の運転をすぐ停止しなければならなくなること》. — *adj.* [限定的] 遊覧旅行の: an ～ fare 遊覧旅行料金 / ⇨ excursion ticket. 〖(1574) □ L *excursiō(n-)* 《原義》a running out ← *excursus*: ⇨ ↑, -sion〗

ex·cúr·sion·al /-ʒnəl, -ʒənl | -ʃnəl, -ʃənl, -ʒnəl, -ʒənl/ *adj.* 遠足の, 旅行の; 行楽的な, 周遊[遊覧]旅行の: an ～ trip 周遊旅行. 〖(1848): ⇨ ↑, -al[1]〗

ex·cúr·sion·àr·y /-ʒənèri | -ʃ(ə)nəri, -ʒ(ə)n-/ *adj.* ＝excursional. 〖1769〗

ex·cúr·sion·ist /-ʒ(ə)nɪ̀st | -ʃ(ə)nɪst, -ʒ(ə)n-/ *n.* 遠足者; 周遊[遊覧]旅行者 (tripper). 〖(1830) ← EXCURSION＋-IST〗

excúrsion tìcket *n.* 割引周遊切符, 周遊券.

ex·cur·sive /ɪ̀kskə́ːsɪv, ɛks- | -kə́ː-/ *adj.* **1** うろつき回る, 放浪的な. **2** 〈読書など〉とりとめのない, 散漫な, 脱線的な: ～ reading 乱読 / an ～ fancy とりとめのない空想. **～·ly** *adv.* **～·ness** *n.* 〖(1673) ← L *excursus* 'EXCURSUS'＋-IVE〗

ex·cur·so·ry /ɪ̀kskə́ːs(ə)ri, ɛks- | -kə́ː-/ *adj.* ＝excursive. 〖(1590) ← L *excursus* (↓)＋-ORY[1]〗

ex·cur·sus /ɪ̀kskə́ːsəs, ɛks- | -kə́ː-/ *n.* (*pl.* ～**·es**, ～) **1** (巻末付記の)余論, 付説, 補説. **2** (小説·物語などの中の)本筋から離れた話, 挿話, 横道, 脱線. 〖(1803) □ L ～ 'digression, a running out' (p.p.): ⇨ excurse〗

ex·cur·vate /ékskəvèɪt, ɪ̀kskə́ːvɪ̀t, ɛks- | ékskə-, ɪ̀kskə́ː-/ *adj.* ＝excurved. 〖← EX-[1]＋CURVE＋-ATE[2]〗

ex·cur·va·tion /ɛ̀kskəːvéɪʃən | -kəː-/ *n.* ＝excurvature. 〖(1877) ← EX-[1]＋CURVATION〗

ex·cur·va·ture /ɛkskə́ːvətʃə, -tʃʊ̀ə | -kə́ːvətʃə(r), -tjʊə(r)/ *n.* (中心から)外側へ反っていること; 湾曲部. 〖← EX-[1]＋CURVATURE〗

ex·curved /ékskəːvd | -kəːvd/ *adj.* (中心から)外側へ反っている, 湾曲した. 〖(1884) ← EX-[1]＋CURVED〗

ex·cus·a·ble /ɪ̀kskjúːzəbl̩, ɛks-/ *adj.* 許される, 許してもよい, 申し訳の立つ, 無理もない: an ～ error 許される誤り. **ex·cús·a·bly** *adv.* **～·ness** *n.* 〖(*c*1385) □ (O)F □ L *excūsābilis* ← *excūsāre*: ⇨ excuse, -able〗

excúsable hómicide *n.* 〖法律〗免責殺人《刑罰を免れさせられる殺人; 事故によるものと故意なき自己防衛のための殺人を含む; cf. chance-medley 1》. 〖1769〗

ex·cus·a·to·ry /ɪ̀kskjúːzətɔ̀ːri, ɛks- | -təri, -tri/ *adj.* 申し訳の, 弁解の. 〖(*a*1447) □ LL *excūsātorius* ← L *excūsātus* (p.p.) ← *excūsāre*: ⇨ ↓, -ory[1]〗

ex·cuse /ɪ̀kskjúːz, ɛks-/ *vt.* **1** 〔…のことで〕〈人を〉許す, 勘弁する, 容赦する (pardon) 〔*for*〕; 〈欠点·違反などを〉大目に見てやる (overlook): ～ a fault 過失を許す / ～ a person (*for*) his fault 人の過失を許す / I will ～ you this time. 今度だけは許してやろう / *Excuse* my delay in answering your letter. お手紙の返事が遅れてすみませんでした / *Excuse* me *for* not having answered your letter sooner. もっと早くお返事申し上げるべきでしたが遅れて相すみません / Please ～ me (*for*) coming late.＝Please ～ my coming late [my late arrival]. 遅刻してすみません / if you'll kindly ～ me まことに失礼ですが.

2 a 〈人·行為などを〉言い訳する, 弁明[弁解]する: He ～*d* his late arrival *as* due to a traffic accident. 到着の遅れたことを交通事故のせいだと言い訳をした. **b** [～ *oneself* で (cf. 3 b, 5 a)] 〔…の〕言い訳をする, 〔…を〕弁解する, 謝る 〔*for*〕: He ～*d himself for* his late arrival [*for being* late]. 遅参の言い訳をした.

3 a 〈人を〉〔義務などから〕免じる, 〈人〉のために〔…を〕免除してやる (release) 〔*from*〕: We must ～ him *from* the obligation [*from* attending the meeting]. 彼の義務を[彼には会の出席を]免除してやらなければならない / I'd rather be ～*d from* it. それはごめんこうむりたいものだ. **b** 《英》[～ *oneself* で (cf. 2 b, 5 a)] 〔…を〕辞退する, ごめんこうむりたいと言う 〔*from*〕: I ～*d myself from* coming [being present]. 出かけるのは[出席は]ご勘弁願いたいと申し出た.

4 〈事情などが〉〈人·行為〉の言い訳になる (justify): Nothing will ～ (him *for*) such a selfish act. どんな事情があっても(彼が)あのような利己的な行為をしてよいという言い訳にはならない.

5 a [～ *oneself* で (cf. 2 b, 3 b)] 辞去する, 中座を申し出る: She ～*d herself* when she had finished her tea. 彼女はお茶を飲むと「ちょっと失礼します」と言って席を立った. **b** [受身に用いて] 《口語》(部屋, 特に教室から)一時出させてもらう, トイレに立つ: Please, may I *be* ～*d*?＝Please, would you ～ me? ちょっと失礼してもよろしいでしょうか《トイレへ行かせて下さい》.

6 《英》〈義務·負債などを〉免除する (remit); [二重目的語を伴って] 〈人〉から〈義務·負債などを〉免除する: We will ～ your attendance. あなたは出席しなくてもよい / We have ～*d* him the fee. 彼の会費は免除している / I am ～*d* night duty. 私は夜勤は免除されている / I want to be ～*d* my lesson today. 今日はレッスンを休ませてください.

Excúse me. (1) ちょっと失礼, ごめんください: *Excuse me*, (but) … 失礼ですが《見知らぬ人に話しかけたり, 相手の言葉をさえぎったりするときに言う》/ *Excuse me* (for living [breathing])! すいませんねえ, 悪うございましたねえ《相手が不快なことを言ったときに言う》. (2) 《米》ごめんなさい, 失礼しました, すみません《人に失礼なことをして謝るときに言う》: *Excuse me*: I didn't mean to step on your toe. ごめんなさい, 足を踏むつもりはなかったんです. ***Excúse me?*** 《米》何ですって, すみませんが(もう一度おっしゃってください).

— /ɪ̀kskjúːs, ɛks-/ *n.* **1 a** 弁解, 言い訳, 弁明 (⇨ apology SYN): make an ～ *for* …の言い訳をする / make a poor [plausible] ～ まずい[もっともらしい]言い訳をする / stammer out some ～*s* しどろもどろに言い訳をする / by way of ～＝in ～ 言い訳に, 弁解として / This admits of no ～. これには何ら弁解の余地がない / Don't make ～*s for* him [his conduct]! 彼[彼の行為]の弁明などするな. **b** [*pl.*] (会に欠席するときなどに人に言伝てに頼む)遺憾の意の表明: Please make my ～*s* to your mother. お母さまにはよろしく願います. **c** (生徒の父兄または教師が送る)欠席届け, 欠席通知書: He brought an ～ from home. 家から欠席届を持ってきた.

2 a (過失などの)理由 (justification): That is no ～ (*for* his conduct). そんなことは(彼の行為の)理由にはならない / You have no ～ *for being* idle. 怠けていては理由が立つまい / What was your ～ *for being* absent yesterday? きのう欠席した理由は何だったのですか / Have you no better ～ to give? 理由はそんなことか, もっとよい理由はないのか / Can you use poverty as an ～ *for* crime? 貧乏を犯罪の理由にすることができるのか / without ((a) good) ～ (正当な)理由なしに. **b** 言い抜け, 口実 (pretext): His headache was a mere ～ *for* not going to the party. 頭痛というのはパーティーに行かないための口実にすぎなかった.

3 容赦, 勘弁, 許し; (義務などの)免除.

4 [通例 a poor [bad, etc.] ～ として] 《口語》〔…の〕できの悪い例, 申し訳的なもの 〔*for*〕: *a poor* ～ *for* a house 家とは名ばかりのもの / He is *a bad* ～ *for* a poet. 詩人とは名ばかりのような男だ.

〖v.: (*c*1225) □ (O)F *excuser* □ L *excūsāre* to release from a charge ← EX-[1]＋*causa* 'charge, CAUSE'. — n.: (*c*1375) □ (O)F ～ ← *excuser*〗

ex·cúse·less /-kjúːzlɪ̀s, -kjúːs-/ *adj.* 許すことのできない, 許しがたい (inexcusable). 〖(1548): ⇨ ↑, -less〗

excúse-me *n.* 無礼講ダンス《舞踏中にパートナーを横取りできる; excuse-me dance ともいう》.

ex·cús·er /-zə | -zə(r)/ *n.* 許す人, 言い訳をする人, 弁解者. 〖(*c*1475): ⇨ excuse *v.*, -er[1]〗

ex·cuss /ɪ̀kskʌ́s, ɛks-/ *vt.* 〖法律〗〈債務者の財産を〉差し押さえる. 〖(1570) □ L *excussus* shaken out, sent forth (p.p.) ← *excutere* ← EX-[1]＋*cutere* (← *quatere* to shake)〗

ex·cus·si·o /ɪ̀kskʌ́ʃiòʊ, ɛks- | -ʃiəʊ/ *n.* 〖ローマ法〗(債務者の)財産差押え. 〖□ LL *excussiō*: ⇨ ↑, -sion〗

ex de·bi·to jus·ti·ti·ae /ɛksdébətòʊjuːstíʃiàɪ | -bɪtəʊjuːstíti-/ *L. adj.*, *adv.* 〖法律〗(法律上の)義務として(の) (↔ ex gratia). 〖← NL *ex dēbitō iūstitiae* by reason of an obligation of justice〗

ex del·ic·to /ɛksdɪlíktoʊ, -dɪ- | -dɛlíktəʊ/ *L. adj.*, *adv.* 不法の[に]; 不法行為による[よって]. 〖(19C) □ L *ex dēlictō* out of a crime〗

èx-diréctory *adj.* 《英》〈電話番号が〉電話帳に載っていない; 〈人が〉電話帳に電話番号を載せていない (《米》unlisted). 〖1936〗

ex div. (略) 〖証券〗ex dividend. 〖1845〗

ex dívidend *adv.*, *adj.* 〖証券〗配当落ちで[の] (略 ed., ex div.) (cf. cum dividend). 〖1878〗

Exe /éks/ *n.* [the ～] エクス(川)《イングランド南西部の川; Somerset 州 Exmoor に発し, 南流して Exeter を通過し英仏海峡に注ぐ(約 96 km)》.

ex·e·at /éksiæ̀t | -siæt, -sièt/ *n.* **1** (bishop が牧師に出す)管区転出認可状. **2** 《英》(大学·修道院などの)一時休暇許可, 外泊許可. 〖(1727–51) □ L ～ 'let (him) go out' (3 sing. pres. subj.) ← *exīre* to go out: cf. exit[2]〗

ex·ec /ɪ̀gzék, ɛg-/ *n.* 《口語》＝executive. 〖(1896) 《略》〗

exec. (略) execute; executed; execution; executive; executor.

ex·e·cra·ble /éksɪkrəbl̩ | -sɪ̀-/ *adj.* **1** のろうべき, のろわしい, 忌まわしい (abominable): an ～ cynic 忌まわしい皮肉屋. **2** 実にひどい[嫌な] (wretched): ～ weather. **～·ness** *n.* 〖(*c*1384) □ L *ex(s)ecrābilis* ← *ex(s)ecrārī*: ⇨ execrate, -able〗

éx·e·cra·bly /-bli/ *adv.* **1** のろわしく, 忌まわしく. **2** 実にひどく[へたに] (very badly). 〖(1633): ⇨ ↑, -ly[1]〗

ex·e·crate /éksəkrèɪt | -sɪ̀-/ *vt.* **1** 忌み嫌う, ひどく憎む, ぞっとするほど嫌がる (abhor, detest): His name was ～*d*. 彼の名は忌み嫌われた. **2** ひどく非難する[けなす]. **3** 《古》のろう (curse). — *vi.* ののしる (curse), のろいの言葉を発する (swear). **éx·e·crà·tor** /-tə | -tə(r)/ *n.* 〖(1561) ← L *ex(s)ecrātus* (p.p.) ← *ex(s)ecrārī* to curse ← EX-[1]＋*sacrāre* to consecrate: cf. sacred〗

ex·e·cra·tion /ɛ̀ksəkréɪʃən | -sɪ̀-/ *n.* **1** のろうこと; 忌み嫌うこと. **2** 呪文(じゅもん), のろいの言葉 (imprecation, curse). **3** のろいの的(まと), ひどく嫌われるもの, 嫌なもの. 〖(*c*1384) □ L *ex(s)ecrātiō(n-)*: ⇨ ↑, -ation〗

ex·e·cra·tive /éksəkrèɪtɪv, -krət- | -sɪ̀krət-, -krèɪt-/ *adj.* ＝execratory. **～·ly** *adv.* 〖1830〗

ex·e·cra·to·ry /éksəkrətɔ̀ːri | -sɪ̀krèɪtəri, -tri/ *adj.* のろいの; のろいを含んだ. 〖(1611) □ L *exsecrātōrius* ← *exsecrārī*〗

ex·e·cut·a·ble /éksəkjùːtəbl̩, ‿ ‿ ‿ ‿ ‿ | éksɪ̀kjùːt-/ *adj.* 実行[執行, 遂行]できる. 〖(1796) ← EXECUTE＋-ABLE〗

éxecutable fíle *n.* 〖電算〗実行可能ファイル《通例 .exe で終わるファイル名をもつプログラムファイル》.

ex·ec·u·tant /ɪ̀gzékjʊtənt, ɛg-, -kʊ-, -tnt | ɪ̀gzékjʊtənt, ɛg-, ɪ̀ks-, ɛks-/ *n.* 実行者, (特に)演奏家: an ～ *of* music 音楽演奏家 / an ～ *on* the organ オルガンの演奏家. — *adj.* **1** 実行[実施]者の; (特に)演奏家の: ～ music. **2** 実際に行う, (特に, 人前で)演じる: ～ musicians. 〖(1858) □ F *exécutant*: ⇨ ↓, -ant〗

ex·e·cute /éksɪ̀kjùːt/ *vt.* **1** …に死刑を執行する, 処刑する (⇨ kill[1] SYN): ～ a murderer [spy] 殺人犯人[スパイ]を処刑する / He was ～*d* by (a) firing squad. 銃殺隊によって処刑された. **2** 〈目的·仕事·計画·命令などを〉実行[実施]する, 達成する (carry out) (⇨ perform SYN); 〈行動などを〉行う; 〈任務などを〉果たす: ～ a purpose [plan, piece of work] 目的を果たす[計画を実行する, 仕事を達成する] / ～ one's duties 職責を果たす / ～ a person's orders [commands] 命令を実行する / ～ an assault 襲撃する. **3** 〈楽曲を〉演奏する; 〈劇の役などを〉演じる (perform): ～ a piece of music admirably 楽曲を見事に演奏する / The part was poorly ～*d*. その役は演技がまずかった. **4** 〖法律〗 **a** 〈法律·命令·裁判処分·遺言などを〉実施[施行, 執行]する: ～ a person's will 人の遺言を執行する. **b** 〈契約·登記·証書などを〉法規通り作成する: ～ a deed, will, contract, mortgage, etc. **c** 〈地所を〉譲渡する: ～ an estate. **5** 〈芸術品などを〉仕上げる, 制作する: ～ a picture 絵画を仕上げる / ～ a portrait in pen and ink 肖像画をペンで制作する. **6** 〖電算〗〈プログラム·命令を〉実行する. **éx·e·cùt·er** /-tə | -tə(r)/ *n.* 〖(*c*1385) □ (O)F *exécuter* 《逆成》(⇨ executor) // □ ML *execūtāre* ← L *ex(s)ecūtus* (p.p.) ← *exsequī* ← EX-[1]＋*sequī* to follow〗

éx·e·cùt·ed /-tɪ̀d | -tɪ̀d/ *adj.* 〖法律〗〈法律·命令·遺言などが〉実施された, 施行された, 執行済みの, 〈契約などが〉履行済みの (cf. executory 2). 〖(1592): ⇨ ↑, -ed〗

ex·e·cu·tion /ɛ̀ksɪ̀kjúːʃən/ *n.* **1** 死刑執行, 処刑: a place of ～ 刑場. **2** (仕事·目的·計画·命令などの)実

行, 達成, 遂行: in (the) ~ *of* one's duty 職務を遂行中に / carry … into [put … in, put … into] ~ 〈計画などを〉実行する, 実施する. **3** 〘法律〙 **a** (職務・裁判・処分・命令・遺言などの)執行, 強制執行, 遂行, 実施: the ~ of a will 遺言の執行 / forcible ~ 強制執行. **b** (判決の)執行令状. **c** 捺印証書や遺言書の作成. **4** (芸術作品などの)制作; 演奏; (制作・演奏の)技術, 手法, 演奏ぶり; 演技: be engaged in the ~ *of* a statue 彫像の制作に従事している / marvelous ~ すばらしい出来栄え[演奏ぶり] / The ~ leaves much to be desired, though the idea is good. 着想はいいが手法はまだまだ十分でない. **5** 〘電算〙 (プログラムの)実行. **6** 《古》 [通例 do の目的語として用いて] (武器の)破壊力, 殺傷効果: *do* great ~ 大いに効を奏する, 恐ろしい威力を発揮する. **èx·e·cú·tion·al** /-ʃnəl, -ʃənl-/ *adj.* 〖《c1380》 *execucioun* □ AF *execucioun*=(O)F *exécution* □ L *ex(s)ecūtiō(n-)*: ⇨ execute, -tion〗

Execútion Dòck *n.* [the ~] 昔 London の Thames 河岸 Wapping にあった海賊の処刑場. 〖1694〗

èx·e·cú·tion·er /-ʃ(ə)nə | -nə(r)/ *n.* **1** 刑の執行官; (特に)死刑執行人. **2** (政治[犯罪]組織の放つ)殺し屋, ヒットマン. 〖《1536》: ⇨ -er[1]〗

ex·ec·u·tive /ɪgzékjʊtɪv, ɛg-, -kʊ- | ɪgzékjʊt-, ɛg-, ɪks-, ɛks-/ *adj.* **1** 法律を執行する, 法の執行に関与する, 行政上の, 行政的な, 行政部, 執行部の (cf. legislative 1, judicial 1): ~ authorities 行政当局 / an ~ board 理事会 / the ~ branch (軍艦の)戦闘部門 / ⇨ executive committee / the ~ branch of a government 政府の行政部 / ~ power 行政能力. **2** 管理職の, 経営者[幹部, 役員]の: ~ experience 管理者としての経験. **3** 経営者向きの, 重役にふさわしい: ~ housing 高級住宅. **4** 実行上の, 実行力のある: a person of rare ~ ability まれな実行的手腕の持主. **5** 《口語》 高価な.
— *n.* **1** 経営者, 取締役, 管理職(員): a chief [top] ~ (会社などの)最高業務執行者, 最高幹部 《社長・取締役会長》 / a subordinate ~ (会社などの)副業務執行者 《副社長・会計部長・総支配人など》 / a sales ~ 販売担当重役. **2** 行政官 (executive officer(s)): the (Chief) *Executive* 最高行政官, 行政長官 《大統領・各州知事》. **3** (政府の)行政部, 執行部. **4** 行政[実行]的手腕家. **5** 実行委員会. **6** 〘電算〙 監視プログラム (supervisor).
~·ly *adv.* 〖《(?a1425)》 《1649》 □ ML *executīvus*: ⇨ execute, -ive〗

exécutive agréement *n.* 〘外交〙 (米国大統領が上院の同意なしに独自に他国の政府と結ぶ)行政協約. 〖1942〗

exécutive clémency *n.* 《米》 行政官減刑 《大統領・州知事などによる減刑》.

exécutive commìttee *n.* **1** 実行[執行]委員会; 執行部. **2** 〘経営〙 経営委員会, 管理委員会.

exécutive còuncil *n.* **1 a** (英国植民地で)行政委員会議. **b** (英連邦内の諸国で)行政最高委員会 《英本国の枢密院に当たる》. **2** 最高執行委員会. 〖1778〗

Exécutive Mánsion *n.* [the ~] **1** (米国の)大統領官邸 (the White House). **2** (米国の)州知事公邸.

exécutive ófficer *n.* **1** (会社の)役員: the Chief *Executive Officer* 社長, 会長 (略 CEO). **2** 行政官, 執行官. **3** 〘軍事〙 **a** 副隊長. **b** (師団より下位部隊の)先任幕僚, 先任将校. **c** (軍艦などの)副長. 〖1881〗

exécutive órder *n.* (法律的拘束力のある)行政命令; [E- O-] 《米》 (陸海軍その他政府各省への)大統領命令, 政令. 〖1883〗

exécutive prívilege *n.* 《米》 (機密保持に関する)行政府特権, 大統領特権. 〖1940〗

exécutive sécretary *n.* 行政上の仕事をもった秘書; (特に, 団体の)幹事. 〖1950〗

exécutive séssion *n.* (米国上院などの)秘密会. 〖1840〗

ex·ec·u·tor /ɪgzékjʊtə, ɛg-, -kʊ- | ɪgzékjʊtə(r), ɛgz-, ɪks-, ɛks-/ *n.* **1** 〘法律〙 (遺言中で指定された)遺言執行者 (cf. administrator 5): a literary ~ (故人の遺言による)遺著[未刊書]の管理者. **2** 執行者, 実行する人. ★「execute する人」という意味では /ɛksɪkjù:tə | -tə(r)/ とも発音する. **ex·ec·u·to·ri·al** /ɪgzèkjʊtɔ́:riəl | ɪgzèk-, ɛgz-, ɪks-, ɛks-/ *adj.* 〖《c1290》 □ AF *execut(o)ur*=(O)F *exécuteur* □ L *ex(s)ecūtor* 《原義》 one who follows out: ⇨ execute, -or[2]〗

exécutor de són tórt /-dəsɔ́:(n)tɔ́ə, -sɔ́:n- | -tɔ́:(r); *F.* -dəsɔ̃tɔ:ʁ/ *n.* 〘法律〙 無権遺言執行者 《遺言執行者の権限がないのにその行為をする人》. 〖□ AF ~ 'executor of his own wrong'〗

exécutor·shìp *n.* 遺言執行人の資格[職務].

ex·ec·u·to·ry /ɪgzékjʊtɔ̀:ri, ɛg-, -kʊ- | ɪgzékjʊtəri, ɛgz-, ɪks-, ɛks-, -tri/ *adj.* **1** 行政上の. **2** 〘法律〙 〈契約・遺言など〉未来に効力の発生する, 未履行の, 未確定の (cf. executed). 〖《1437》 □ LL *ex(s)ecūtōrius*: ⇨ execute, -ory[1]〗

ex·ec·u·trix /ɪgzékjʊtrɪks, ɛg-, -kʊ- | ɪgzékjʊ-, ɛgz-, ɪks-, ɛks-/ *n.* (*pl.* **ex·ec·u·tri·ces** /ɪgzèkjʊtráɪsi:z, ɛg-, -kʊ- | ɪgzèkjʊ-, ɛgz-, ɪks-, ɛks-/, ~·**es**) 女性の executor. 〖《c1385》 □ ML *executrix* (fem.) ← L *ex(s)ecūtor*: ⇨ executor, -trix〗

ex·e·dra /ɛksədrə | ɛ́ksɪ-/ *n.* (*pl.* **ex·e·drae** /-drì:/) **1** エクセドラ 《古代ギリシャ・ローマの住宅などに見られる背面が凹曲した会合用の玄関の間》. **2** 戸外用のベンチ 《古代ローマの半円形または長方形で背部が高く, 壁面の凹所などに設けられた座席》. 〖《1706》 □ L ~ □ Gk *exédra* ← *ex-* 'EXO-'+*hédra* seat, bench〗

ex·e·ge·sis /ɛ̀ksədʒí:sɪs | -sɪdʒí:sɪs/ *n.* (*pl.* **-ge·ses** /-si:z/) **1** (聖書の)釈義, 解釈, 評釈 (cf. eisegesis, hermeneutics). **2** 説明, 解説. 〖《1619》 ← NL ~ ← Gk *exḗgēsis* explanation ← *exēgeîsthai* to explain ← *ex-* 'EXO-'+*hēgeîsthai* to guide〗

ex·e·gete /ɛ́ksədʒi:t | -sɪ-/ *n.* (聖書の)注釈・批判などに卓越した人, (聖書)注釈家. 〖《1730–36》 □ Gk *exēgētḗs*: ↑〗

ex·e·get·ic /ɛ̀ksədʒɛ́tɪk | -sɪdʒɛ́t-/ *adj.* (聖書)解釈[釈義]的な, 聖書解釈学的方法による: ~ criticism.

èx·e·gét·i·cal·ly *adv.* 〖《1655–60》 □ Gk *exēgētikos* ← *exēgeisthai*〗

èx·e·gét·i·cal /-tɪkəl, -kl | -tɪ-/ *adj.* =exegetic. 〖*a*1623〗

ex·e·get·ics /ɛ̀ksədʒɛ́tɪks | -sɪdʒɛ́t-/ *n.* 聖書解釈学, 解釈的神学 (hermeneutics). 〖《1852》: ⇨ exegesis, -ics〗

èx·e·gét·ist /-tɪst | -tɪst/ *n.* =exegete. 〖《1848》: ⇨ exegete, -ist〗

exempla *n.* exemplum の複数形.

ex·em·plar /ɪgzémplə, ɛg-, -plɑə | ɪgzémplə(r), ɛgz-, ɪks-, ɛks-, -plɑ:(r)/ *n.* **1** 手本, 模範. **2** 典型; 標本; 類例 (parallel instance). **3 a** 原型, 範型. **b** 〘哲学〙 範型. **4** (本・テキストなどの)原本, 底本, 親本. **5** (本の)部, 冊 (copy). 〖《c1384》 *exaumplere* □ (O)F *exemplaire* □ LL *exemplārium* 《変形》 ← L *exemplum* 'model, EXAMPLE'〗

ex·ém·plar·ism /-plərɪzm/ *n.* **1** 〘神学〙 範型論 《この世の有限な事物は神のうちに存在する範型の写しにほかならないとする教説》. **2** (キリスト)模範主義 《キリストの死は完全な愛と自己犠牲の模範としてのみ人間に役立つとする説》. 〖《1893》: ⇨ -ism〗

ex·em·pla·ry /ɪgzémpləri, ɛg- | ɪgz-, ɛgz-, ɪks-, ɛks-/ *adj.* **1** 模範的な, 模範となる; りっぱな: an ~ parish priest 模範的な教区司祭 / ~ conduct 模範的[りっぱな]行為. **2** 〈罰など〉見せしめとなる; 戒めとなる: an ~ punishment [penalty] 見せしめの懲罰. **3** 典型的な; 適例となる, 例として役立つ, 好例の: collect ~ passages 適例となるくだりを集める. **4** 説話の, 説話から成る: ~ literature 説話文学. **5** 《古》 注目すべき, 著しい. **ex·em·plar·i·ly** /ɛgzəmplérəli, ⸗⸗⸗⸗ | ɪgzém-pləri, ɛgz-, ɪks-, ɛks-/ *adv.* **ex·ém·plàr·i·ness** *n.* **ex·em·plar·i·ty** /ɪgzèmplǽrəti, ɛg-, -plér- | -plǽrɪti/ *n.* 〖《1589》 □ LL *exemplāris* ← L *exemplum*: ⇨ example, -ary〗

exémplary dámages *n. pl.* 〘法律〙 =punitive damages.

ex·em·pli·fi·ca·tion /ɪgzèmpləfɪkéɪʃən, ɛg- | -plɪfɪ-/ *n.* **1** 例証, 例示, 模範. **2** 適例, 好例 (example). **3** 〘法律〙 証明付謄本, 認証謄本. 〖《1442》 □ AF ~ □ ML *exemplificātiō(n-)*: ⇨ exemplify, -ation〗

ex·em·pli·fi·ca·tive /ɪgzémpləfɪkèɪtɪv, ɛg- | ɪgzémplɪfɪkèɪt-, ɛgz-, ɪks-, ɛks-, -kət-/ *adj.* 例証[範例]となる. 〖《1826》 □ ML *exemplificātivus* (p.p.) ← *exemplificāre* (↓)〗

ex·em·pli·fy /ɪgzémpləfàɪ, ɛg- | ɪgzémplɪ-, ɛgz-, ɪks-, ɛks-/ *vt.* **1** 例証する, 例示する (illustrate): Let me ~ what I say. 私の言っていることを例証しよう. **2** …の実例となる, 実証する: These facts ~ the correctness of my statement. これらの事実は私の陳述の正しさを実証している. **3** 〘法律〙 **a** …の認証謄本を作る. **b** 〈法律文書を〉複写する. **ex·em·pli·fi·a·ble** /ɪgzémpləfàɪəbl, ɛg-, ⸗⸗⸗⸗⸗ | ɪgzémplɪ-, ɛgz-, ɪks-, ɛks-/ *adj.* **ex·ém·pli·fi·er** *n.* 〖《(?c1408)》 □ OF *exemplifier* □ ML *exemplificāre* ← L *exemplum* 'EXAMPLE'+*-ficāre* to make: ⇨ -fy〗

ex·em·pli gra·ti·a /ɪgzémpligrá:tià:, -plaɪgréɪʃiə, ɛg- | -grá:tià:, -plaɪgréɪʃiə/ *L.* 例えば (for example) 《通例 e.g. と略し, 'for example' に置き換えて読むことが多い》. 〖《1602》 □ L *exemplī grātiā* 《原義》 'for the sake of EXAMPLE': ⇨ grace〗

ex·em·plum /ɪgzémpləm, ɛg-, ɪks-, ɛks-/ *n.* (*pl.* **ex·em·pla** /-plə/) **1** (中世の説教などに用いられた)道徳的物語, 説話. **2** 例, 範例 (example). 〖《1890》 □ L ~: ⇨ example〗

ex·empt /ɪgzém(p)t, ɛg- | ɪgz-, ɛgz-, ɪks-, ɛks-/ *vt.* **1** 〈人〉に〔義務・責任などを〕免じる, 免除する (excuse) 〔*from*〕: ~ a person *from* an examination [taxes, service] 人に試験[税, 兵役]を免除する. **2** 《廃》 切り離す, 除く. — *adj.* **1** 〔課税・危険・統制・義務などを〕免除された, 免れた (exempted) 〔*from*〕: ~ *from* taxation 税金を免除された / Women are ~ *from* conscription. 女性は徴兵を免除されている. **2** 《廃》 切り[引き]離された; 除外された (excluded). — *n.* **1** 義務を免除された人, (特に)被免税者. **2** 《英》 =exon[1]. **~·i·ble** /-təbl | -tɪ-/ *adj.* 〖《c1380》 □ (O)F ~ □ L *exemptus* (p.p.) ← *eximere* to take out ← EX-[1]+*emere* to take〗

exémpt càrrier *n.* 《米》 免除運輸会社 《州(際)通商法の規定の適用を免除されたタクシー業などのサービス業や農産物・花や苗などの商品を扱う業者》.

ex·emp·tion /ɪgzém(p)ʃən, ɛg- | ɪgz-, ɛgz-, ɪks-, ɛks-/ *n.* **1** 〔義務の免除, 解除; 特免 (immunity) 〔*from*〕: ~ *from* penalties 刑の免除 / ~ *from* taxation =tax ~ 課税免除, 免税 / ~ *from* military service [conscription]=《米》 draft ~ 兵役[徴兵]免除. **2 a** 所得税控除. **b** 所得税控除の対象 《扶養家族・火災・病気など》. **c** 所得税控除額. 〖《c1400》 □ (O)F ~ □ ML *exemptiō(n-)*: ⇨ exempt, -tion〗

ex·emp·tive /ɪgzém(p)tɪv, ɛg- | ɪgz-, ɛgz-, ɪks-, ɛks-/ *adj.* 免除の, 免除を与える. 〖《1827》: ⇨ exempt, -ive〗

èx·endospérmous *adj.* 〘植物〙 〈種子が〉無胚乳の. 〖⇨ ex-[1], endosperm, -ous〗

ex·en·ter·ate 〘外科〙 /ɪgzéntərèɪt, ɛksén- | -tə-/ *vt.* **1** 〈器官・眼球などを〉取り除く: ~ an eyeball 眼球を摘出する. **2** 《まれ》 …の内臓を除去する (disembowel).
— /-rɪt/ *adj.* 《まれ》 内臓を除去した.

ex·en·ter·a·tion /ɛgzɛ̀ntəréɪʃən, ɛksɛ̀n- | -tə-/ *n.* 〖《1607》 ← L *exenterātus* (p.p.) ← *exenterāre* □ Gk *exenterízein* to disembowel ← EX-[1]+*énteron* intestine: ⇨ -ate[3]〗

ex·e·qua·tur /ɛ̀ksɪkwéɪtə, -kwá:tə | ɛ̀ksɪkwéɪtə(r)/ *n.* **1** (駐在国政府から他国の領事または貿易事務官に与える)承認書, 認可状. **2** (ローマ教皇の勅令または教皇配下の bishop の職務執行に関する)主権者[君主]の承認書. 〖《1788》 □ L *ex(s)equātur* let him perform (his duties) (3rd sing. pres. subj.) ← *ex(s)equi* 'to EXECUTE'〗

ex·e·qui·al /ɛksí:kwiəl/ *adj.* 葬儀の, 葬式の (funeral). 〖《1613》 □ L *ex(s)equiālis* ← *exsequiae* (↓)〗

ex·e·quies /ɛ́ksəkwiz | -sɪk-/ *n. pl.* 葬儀, 葬式; (時に)葬列. 〖《c1384》 □ OF ~ // L *ex(s)equiās* (acc.) ← *ex(s)equiae* (pl.) funeral procession ← *exsequī*: ⇨ execute〗

ex·er·cis·a·ble /ɛ́ksəsàɪzəbl, ⸗⸗⸗⸗ | -sə-/ *adj.* 行使[運用]できる. 〖《1741》: ⇨ ↓, -able〗

ex·er·cise /ɛ́ksəsàɪz | -sə-/ *n.* **1 a** (体の)運動: lack of ~ 運動不足 / open-air [outdoor] ~ 野外[戸外]運動 / take [《英》 get] ~ 運動する / Running is good ~. ランニングはよい運動だ. **b** 体操: do gymnastic [physical] ~s 体操をする. **2** (部隊・艦隊・飛行隊などの)演習 (maneuver); 訓練, 教練: a naval ~ 海軍演習 / on an ~ 演習中で. **3** (課題などに基づく)勉強, 練習, 学習; 練習問題, 課題(曲): do one's ~ (学生が)学課を調べる, 練習問題を勉強する / an ~ *in* debate ディベートの練習 / an ~ *in* composition [grammar]=a composition [grammar] ~ 作文[文法]練習問題. **4** 練習, 稽古, 実習: five-finger ~*s on* the piano ピアノの五指練習 / ~*s on* the harp [piano] ハープ[ピアノ]の練習 / vocal ~*s* 発声練習 / an ~ in futility まったく役に立たない行為. **5** 〈器官・精神力などを〉働かせること, 用いること, 運用, 使用 〔*of*〕; 〔影響などを〕及ぼすこと; 〔徳などの〕実践, 実行 〔*of*〕: the ~ *of* the imagination 想像力を働かせること / by the ~ *of* one's own free will 自分の意志を働かせて / the ~ *of* virtues [patience] 徳[忍耐力]の実践. **6** [*pl.*] 《米》 式(次第), 儀式: inauguration ~*s* 就任式 / opening ~*s* 開会式 / commencement [graduation] ~*s* 卒業式. **7** [*pl.*] (学位請求資格として必要な)修業課程. **8** 〔職務・職権などの〕行使, 執行 〔*of*〕: the ~ *of* one's privileges 特権の行使 / in the ~ *of* one's office 職務の執行中に / the ~ of one's option(s) under a contract 契約によるオプションの行使. **9** (芸術・学問などの)習作, 試作: a literary ~ 文学的習作. **10** (特定の目的のための)行為, 努力: The press conference was little more than a public-relations ~. その記者会見は PR のためのものにすぎなかった. **11** 礼拝, 勤行(ごんぎょう): religious ~*s* 宗教的儀式. **12** 非常に目立つ副次的な面をもつ本[劇, 言葉]. ***the óbject of the éxercise*** (一見むだとも思える行動などの)真の目的.
— *vt.* **1** 〈権力などを〉行使する (make use of); 〈職務などを〉執行する (discharge): ~ one's rights [authority] 権利[権力]を行使する / They decided to ~ their option to buy the company. 彼らはその会社を買収するというオプションを行使することにした. **2 a** 〈手足を〉動かす, 訓練する; 〈人を〉運動させる (⇨ practice SYN); 〈人〉に〔…の〕練習をさせる 〔*in*〕: ~ one's arms and legs 手足を動かす[運動させる] / ~ the voice 発声練習をする / ~ oneself *in* fencing フェンシングの稽古をする. **b** 〈犬・馬を〉運動[散歩]させる: ~ one's dog 犬を運動[散歩]させる. **c** 〈兵などを〉訓練する (drill). **3** 〈器官・能力・知力・想像力などを〉働かせる, 用いる (use): ~ one's sight [strength, intelligence, patience] 視力[力, 知力, 忍耐力]を働かせる / ~ judicious caution [care] 賢明な用心をする / ~ forbearance 忍耐する. **4** 〔…に〕〈影響・力などを〉及ぼす (exert) 〔*on, over*〕: ~ a salutary influence (*up*)*on* a person 人に有益な影響[感化]を及ぼす / ~ pressure (*up*)*on* a person 人に圧迫を加える. **5** …の注意[感情]を引きつける; 〈心・人を〉煩わす, 悩ます, 心配させる, 怒らせる (perplex, worry, harass): I am greatly ~*d about* his future [health]. 彼の将来[健康]を大いに心配している / People get ~*d* about the most trivial things nowadays! 人々は最近はごく些細なことで頭を悩ますようになった.
— *vi.* **1** 練習する; 運動する. **2** 礼拝[勤行]をする.
〖n.: 《c1340》 □ (O)F *exercice* □ L *exercitium* (neut. p.p.) ← *exercitus* (p.p.) ← *exercēre* to set to work, train, practice ← EX-[1]+*arcēre* to shut up, restrain. — v.: 《c1380》 ← (n.)〗

éxercise bìcycle [bìke, cỳcle] *n.* エクササイズバイク 《ペダルを踏むだけの, 自転車に形が似た室内運動器械; stationary bicycle ともいう》.

éxercise bòok *n.* 練習帳, 練習曲集; ノート(ブック).

éxercise prìce *n.* 〘金融〙 (オプションを行使できる)権利行使価格 《売買オプションの保有者が設定する権利をもっている売買価格》.

éx·er·cìs·er *n.* **1** 運動する人; 行使者. **2** 運動[体操, トレーニング]用器具; =exercise bike. **3** 馬の運動係(の馬丁). 〖《1552》 ← EXERCISE v.+-ER[1]〗

ex·er·ci·ta·tion /ɪgzə̀:sətéɪʃən, ɛg- | -zə̀:sɪ-/ *n.* 《まれ》 **1** 〔知力・能力などを〕働かせること, 使用 〔*of*〕: an ~ *of* the senses 五感を働かせること. **2** (人や知力の)訓練, 習練. **3** 宗教儀式の執行; 礼拝. **4** 談論, 論文 (discourse, treatise). 〖《c1380》 *exercitacioun* □ L *exer-*

E

citātiō(n-) exercise, practice ← *exercitātus* (p.p.) ← *exercitāre* (freq.) ← *exercēre* 'to EXERCISE': ⇨ -ation》

Ex·er·cy·cle /éksəsàɪkl | -sə-/ *n.* 《商標》エクササイクル《米国 Exercycle 社の exercise bicycle》. 〖《1936》← EXERCISE＋CYCLE[2]〗

ex·er·gon·ic /èksə(ː)gɑ́(ː)nɪk | -sə(ː)gɔ́n-/ *adj.* 《生化学》〈反応が〉エネルギー発生の, エネルギーを放出する (↔ endergonic): an ～ reaction 発エルゴン反応《自由エネルギーの減少を伴う変化》. 〖《1940》: ⇨ ex-[1], ergon, -ic[1]〗

ex·ergue /éksəːg, égzəːg | eksə́ːg, ⌐–⌐ | / *n.* (貨幣・メダルなどの)刻銘部《ふつう裏面の, 意匠の下部に横線で画した部分; 年・銘・デザイナーの頭文字, 時には鋳造場所などを刻す》; その刻銘. **ex·érgu·al** /-gəl, -gl/ *adj.* 〖《1697》◻F ～ ← NL *exergum*: ⇨ ex-[1], ergon〗

E

ex·ert /ɪgzə́ːt, ɛg- | ɪgzə́ːt, ɛgz-, ɪks-, ɛks-/ *vt.* **1** 〈力・知力などを〉出す, 働かせる, 発揮する; 〔…に〕〈影響力などを〉及ぼす, 加える 〔*on*〕: ～ all one's powers 全力を尽くす / ～ influence [pressure] *on* …に感化を及ぼす[圧力を加える] / He ～*ed* every effort to survive. 生き残るためにあらゆる努力をした. **2** [～ one*self* で] 努力する: ～ *oneself to* do something [*for* an objective] ある事をしようと[ある目的のために]努力する / Don't ～ yourself too much. あまりやりすぎないように / ⇨ overexert. 〖《1660》← L *ex(s)ertus* (p.p.) ← *ex(s)erere* to put forth ← EX-[1]＋*serere* to join: cf. series〗

ex·er·tion /ɪgzə́ːʃən, ɛg- | ɪgzə́ː-, ɛgz-, ɪks-, ɛks-/ *n.* **1** 力を出すこと, (力の)発揮: an ～ *of* a person's ability 能力の発揮. **2** 尽力, 努力; 骨折り: make [put forth] an ～ 尽力[努力]する / It is no ～ [an ～] *for* him to do so. そうすることは彼には何でもない[ひと苦労だ] / This enterprise requires your utmost ～*s*. この企てには君の最大の努力がいる. **3** 〔権力などの〕行使 〔*of*〕: the ～ *of* one's powers 権力の行使. **4** 骨の折れる作業[運動]. 〖《1668》: ⇨ ↑, -tion〗

ex·ert·ive /ɪgzə́ːtɪv, ɛg- | ɪgzə́ːt-, ɛgz-, ɪks-, ɛks-/ *adj.* 努力する: the ～ faculty 努力する能力. 〖《(1560))(1836–7) ← EXERT＋-IVE〗

ex·es /éksɪz/ *n. pl.* 《口語》費用. 〖《1864》《略》← EXPENSES〗

Ex·e·ter /éksɪtə | -tə(r)/ *n.* エクセター《イングランド南西部 Devon 州の州都; 大聖堂がある》. 〖OE *Exanċeaster* ← *Exe* 《音位転換》← *Esce* ◻Brit. *Iscā* (川の名: cf. Ir. *easc* water))＋*ċeaster* fort, city: ⇨ -chester〗

Éxeter Háll *n.* **1** エクセター会館《London の Strand 通りにあり, 1907 年まで宗教的・慈善的な集会に使用された; 現在はホテル》. **2** (英国国教会の)福音主義 (Evangelicalism), 福音的熱情.《福音派 (Evangelical Party) の五月集会がこの会館で催されたことから》

ex·e·unt /éksiʌnt, -siənt, -siʊnt | éksiʌnt, -seɪ-, -ʊnt, -síənt/ *vi.* 《演劇》〈複数の俳優が〉退場する《脚本のト書き; cf. exit[2], manent》. 〖《c1485》◻L ～ 'they go out' (3rd pers. pl. pres.): ⇨ exit[2]〗

éxeunt óm·nes /-ɑ́(ː)mniːz, -neɪs | -ɔ́m-/ *L.* 《演劇》全員[一同]退場(する) (all go out) 《脚本のト書き》. 〖◻L *exeunt omnēs* they all go out: ⇨ ↑, omni-〗

ex fa·ci·e /eksféɪʃ(i)iː, -fáːkièɪ | -féɪʃ(i)iː/ *adv.* 《法律》(法律文書の)文面では. 〖《1861》◻L *ex faciē* 'from the FACE': ⇨ ex[1]〗

ex·fil·trate /eksfɪ́ltreɪt/ *vi., vt.* 《米軍俗》敵陣からひそかに脱出する[させる]. **ex·fil·tra·tion** /èksfɪltréɪʃən/ *n.* 〖《1968》← EX-[1]＋(IN)FILTRATE〗

ex·fo·li·ant /eksfóuliənt | -fə́ʊ-/ *n.* ＝exfoliator.

ex·fo·li·ate /eksfóulièɪt | -fə́ʊ-/ *vi.* **1** 〈樹皮が〉薄片になってはげ落ちる; 〈木が〉樹皮の薄片を落とす: the *exfoliating* bark 薄片になってはげ落ちる樹皮. **2** 《地質》〈岩石の表面が〉薄片となって裂ける, はげ落ちる. **3** 《外科》〈皮膚・骨などが〉剥脱(はく)する, はげ落ちる. **4** 葉を出(すように)して広がる, 大きくなる. — *vt.* **1** 薄片状にはぎ落とす, 剥離する. **2** 葉を出(すように)して広げる. **3** 《外科》〈皮膚・骨などの表面を〉剥脱する, 剥皮する. **ex·fo·li·a·tive** /eksfóulièɪtɪv, -liət- | -fə́ʊliət-, -lièɪt-/ *adj.* 〖《1612》← LL *exfoliātus* stripped of leaves (p.p.) ← *exfoliāre* ← EX-[1]＋*folium* leaf: cf. folio〗

ex·fo·li·a·tion /eksfòuliéɪʃən, ⌐–⌐–⌐ | eksfə̀ʊliéɪʃən, ⌐–⌐–⌐/ *n.* **1** 《地質》(風化による岩石の)剥脱(はく)作用, 鱗脱(りん), 剥離, 剥落. **2** 《医学》剥脱; 落屑(らく). **3** 剥落物. 〖《?a1425》◻? ML **exfoliātiō(n-)* ← LL *exfoliātus*: ⇨ ↑, -ation〗

ex·fó·li·à·tor /-tə | -tə(r)/ *n.* 皮膚剥離(はく)剤[材, 具], 剥脱剤《古い皮膚細胞をこすり落とすことで新細胞の発生を促す化粧品[道具]》. 〖← EXFOLIATE＋-OR[2]〗

ex.g. 《略》exempli gratia.

ex gra·ti·a /eksgréɪʃiə, -ʃə, -gráːtiàː | -gréɪʃə/ *L. adj., adv.* 《法律》恩恵から(の), 任意の[で] (↔ ex debito justitiae): We should like to make you an ～ payment of £50 for this rebroadcast. この再放送に対して無償で 50 ポンドお支払い致します. 〖《1769》◻L *ex grātiā* 'out of grace'〗

exh. 《略》exhaust; exhibition.

ex·hal·ant /ekshéɪlənt, ɛkséɪ- | ekshéɪ-, ɪks-, ɛgzéɪ-/ *adj.* 吐き出す, 放出する. — *n.* (軟体動物などの)出水管. 〖《1771》◻F ◻L *exhālantem* (pres.p.) ← exhale, -ant〗

ex·ha·la·tion /èkshəléɪʃən, èksə- | èkshə-, èksə-/ *n.* **1** (水蒸気・湯気などの)発散; (特に, 息の)吐き出し, 呼気, 呼息. **2** 蒸気 (vapor) 《水蒸気・もやなど》; (香気・臭気などのような)発散物. **3** (怒りなどの)爆発, 発散 〔*of*〕. **4** 《古》流星. 〖《a1393》*exalacioun* ◻OF *exalation* (F *exhalation*) // L *exhālātiō(n-)*: ⇨ ↓, -ation〗

ex·hale[1] /ekshéɪl, ɛkséɪl, ⌐–⌐ | ekshéɪl, ɪks-, ɛgzéɪl, ɪg-/ *vt.* **1** 〈息・生命・魂・言葉などを〉吐き出す, 吐く (↔ inhale): He ～*d* a cloud of smoke. 彼はたばこの煙を盛んに吐き出した. **2** 〈蒸気・香気・臭気などを〉発散する; 《古》蒸発させる. **3** 〈怒りなどを〉爆発[発散]させる. — *vi.* **1** 〈蒸気・香気・臭気などが〉〔…から〕発散する, 蒸発する; 消散する 〔*from, out of*〕: Incense ～*s from* roses. バラからの香気が発散する. **2** 息を吐き出す (↔ inhale).

ex·hál·a·ble /-ləbl/ *adj.* 〖《a1400》*exale(n)* ◻(O)F *exhaler* ◻L *exhālāre* to breathe out ← EX-[1]＋*hālāre* to breathe: cf. inhale〗

ex·hale[2] /ekshéɪl, ɛkséɪl, ⌐–⌐ | ekshéɪl, ɪks-, ɛgzéɪl, ɪg-/ *vt.* 引き出す (draw out), 〈剣などを〉抜く. 〖《1594》← EX-[1]＋HALE[2]〗

ex·hal·ent /ekshéɪlənt, ɛkséɪ- | ekshéɪ-, ɪks-, ɛgzéɪ-/ *adj., n.* ＝exhalant. 〖1782〗

ex·hál·ing fòrce /-lɪŋ-/ *n.* 《音声》呼気圧.

ex·haust /ɪgzɔ́ːst, ɛg-, -zɑ́ːst | ɪgzɔ́ːst, ɛg-, ɪks-, ɛks-/ *vt.* **1** 〈体力・忍耐力などを〉使い尽くす (use up) (⇨ weaken SYN); 〈国を〉疲弊させる, 〈土地を〉不毛にする, やせさせる, 〈人を〉疲れ果てさせる (tire out): I have ～*ed* myself work*ing*. 働き疲れてしまった / The long war ～*ed* the country. 長年の戦争でその国は疲弊してしまった / Lime ～*s* the soil. 石灰は土壌をやせさせる / They were ～*ed with* toil [*by* war]. 彼らは骨折り仕事で[戦争で]疲れ果てた (cf. exhausted 1). **2** 〈国庫・資源・財産などを〉枯渇させる, 使い果たす: Our stock is nearly [completely, totally] ～*ed*. うちのストックはもう切れかかっている[すっかり切れてしまった]. **3** 〈題目などを〉研究[検討]し尽くす: ～ a subject 問題を徹底的に検討する / We cannot ～ the mind of another. 他人の心は知り尽くせるものではない. **4** 〈薬品などの〉成分を溶媒を用いて取り尽くす. **5 a** 〈容器などを〉からにする (empty); …から[中身を]抜く 〔*of*〕. **b** 真空にする. **c** 〈空気・ガス・水などを〉排出する (draw off). — *vi.* 〈使用済みの蒸気などが〉〔…に〕放出される, 〈タンクなどが〉水を吐き出す, すっかり注ぐ (discharge, empty) 〔*into*〕; 〈エンジンが〉排気を吐き出す.
— *n.* **1** (エネルギーを失った気体の)排出; 排気装置, 吐き出し口, 排気管 (exhaust pipe). **2** 排気, 排気ガス: inhale ～ fumes 排気ガスを吸い込む. **3** 枯渇.
〖《1533》← L *exhaustus* (p.p.) ← *exhaurīre* to empty, drain out ← EX-[1]＋*haurīre* to draw out (water), breathe〗

ex·haust·ed /ɪgzɔ́ːstɪd, ɛg-, -zɑ́ːst- | ɪgzɔ́ːst-, ɛg-, ɪks-, ɛks-/ *adj.* **1** 疲れ切った, 弱り果てた (tired out) (⇨ tired[1] SYN): She felt quite ～ after a day's shopping. 一日中の買物で疲れ切っていた. **2** 使い尽くされた, 消耗した (emptied, used up): ～ soil やせた土地. **3** 〈くみ干した, 水のかれた: an ～ well [cask] 水のかれた井戸[中身がからになったたる]. **～·ly** *adv.* **～·ness** *n.* 〖《1656–81》: ⇨ ↑, -ed〗

ex·háust·er *n.* **1** (換気扇・ポンプなどの)排気器具[装置], 排風機. **2** (缶詰食品の)乾留用レトルト操作係. **3** 真空管の空気・不純物などを排除する機械を操作する人. 〖《1743》: ⇨ -er[1]〗

exháust fàn *n.* 換気扇. 〖1874〗

exháust gàs [fùmes] *n.* 排気ガス.

ex·haust·i·bil·i·ty /ɪgzɔ̀ːstəbɪ́ləti, ɛg-, -zɑ̀ːst- | ɪgzɔ̀ːstɪbɪ́lɪti, ɛgz-, ɪks-, ɛks-/ *n.* 尽くし[からし]うること[能力], 被消耗性. 〖《1836》: ⇨ ↓, -ity〗

ex·haust·i·ble /ɪgzɔ́ːstəbl, ɛg-, -zɑ́ːst- | ɪgzɔ́ːstɪ-, ɛgz-, ɪks-, ɛks-/ *adj.* 尽きることのある, 枯渇しうる (cf. inexhaustible). **～·ness** *n.* 〖《1667》: ⇨ -ible〗

ex·haust·ing /ɪgzɔ́ːstɪŋ, ɛg-, -zɑ́ːst- | ɪgzɔ́ːst-, ɛg-, ɪks-, ɛks-/ *adj.* 消耗的な, 心身を疲労させる, 精根枯らすほどの (fatiguing): ～ efforts. **～·ly** *adv.* 〖《1539》: ⇨ -ing[2]〗

ex·haus·tion /ɪgzɔ́ːstʃən, ɛg-, -zɑ́ːs- | ɪgzɔ́ːs-, ɛgz-, ɪks-, ɛks-/ *n.* **1** 極度の疲労: He collapsed from ～. 極度の疲労のため倒れた / nervous ～ 神経症, ノイローゼ. **2** 消耗, 窮乏, 枯渇; 疲弊 〔*of*〕 (⇨ lethargy SYN): the ～ *of* wealth [supplies, resources] 財産[糧食, 資源]の枯渇 / the ～ of the soil 土地をやせさせること. **3** 《機械》排気. **4** (問題などの)徹底的な解決[論究]. 〖《1646》◻LL *exhaus-tiō(n-)* ← L *exhaustus*: ⇨ exhaust, -tion〗

ex·haus·tive /ɪgzɔ́ːstɪv, ɛg-, -zɑ́ːs- | ɪgzɔ́ːs-, ɛgz-, ɪks-, ɛks-/ *adj.* **1** 余すところのない, 徹底的な, 網羅的な (thoroughgoing): an ～ investigation 徹底的な調査 / an ～ treatment of a subject 問題の徹底的な処理. **2** (資源・力などを)枯渇させる, 消耗的な. **～·ness** *n.*

ex·haus·tiv·i·ty /ɪgzɔ̀ːstɪ́vəti, ɛg-, -zɑ̀ːs- | ɪgzɔ̀ːs-, ɛg-, ɪks-, ɛks-, -vɪti/ *n.* 〖《1786》◻L *exhaustīvus* (p.p.) ← *exhaurīre*: ⇨ -ive〗

ex·háus·tive·ly *adv.* 余すところなく, 徹底的に, 完全に. 〖《1816》: ⇨ ↑, -ly[1]〗

exháust·less *adj.* 尽きることのない, 無尽蔵の (inexhaustible): an ～ supply of water 水の尽きることのない[無限の]供給. **～·ly** *adv.* **～·ness** *n.* 〖《1712》: ⇨ -less〗

exháust mànifold *n.* 《機械》排気マニホルド, 排気集合管《多シリンダー機関の排気管をひとまとめにしたもの》.

exháust nòzzle *n.* 《機械》(ジェットエンジンにおける高速燃焼ガスの)噴出口, ジェット排気ノズル.

exháust pìpe *n.* 《機械》排気管. 〖1889〗

exháust price *n.* 《証券》証拠金残額消耗価格.

exháust stròke *n.* 《機械》(4 サイクルエンジンなどの)排気行程 (scavenge stroke). 〖1894〗

exháust sỳstem *n.* 排気装置.

exháust vàlve *n.* 《機械》排気弁. 〖1848〗

exháust velòcity *n.* 《宇宙》噴出速度《ロケットのノズルから噴出する流れのノズルに対する速度》.

exhbn 《略》exhibition.

ex·he·dra /eks(h)íːdrə/ *n.* (*pl.* **ex·he·drae** /-driː/) ＝exedra.

ex·hib·it /ɪgzɪ́bɪt, ɛg- | ɪgzɪ́bɪt, ɛgz-, ɪks-, ɛks-/ *vt.* **1** 〈兆候などを〉見せる, 示す (display, show): ～ anger [courage] 怒り[勇気]を見せる / ～ signs of nervousness 神経質の兆候を見せる / The wisdom of the Creator is ～*ed* to us every hour. 創造主の英知は我々に常時示されている. **2** 展覧する, 公開する, 出品する, 陳列する (⇨ show SYN); 見せびらかす, 誇示する: ～ articles for sale in a shop 店の商品を並べる / ～ paintings in a gallery 画廊に絵画を陳列する. **3** (数字や画で)表す; 明らかにする, 説明する: the power of ～*ing* character through dialogue 対話を用いて人物を明示する力. **4 a** 《法律》(証拠物件として)〈書類を〉裁判所に提示する. **b** 〈嘆願・請求などを〉提出する. **5** 《廃》《医学》〈薬を〉服用させる, 施薬[投薬]する, 〈医療を〉施す. — *vi.* 展覧会を開く; 展示する: ～ at a gallery 画廊に出品する.
— /ɪgzɪ́bɪt, ɛg- | ɪgzɪ́bɪt, ɛgz-, ɪks-, ɛks-, égzɪ-, éksɪ-/ *n.* **1** 陳列品, 出品物, 展示品. **2** 《米》公示, 出品, 展示 (exhibition); 小展覧会: on ～ 展示されて(いる). **3** 《法律》証拠物件[書類], 参照物件[書類] (⇨ proof SYN). **exhíbit Á** (1) 《法律》証拠物件 A. (2) 最重要証拠. 〖《1447》← L *exhibitus* (p.p.) ← *exhibēre* to hold out, display ← EX-[1]＋*habēre* 'to HAVE': cf. habit〗

ex·hib·i·tant /ɪgzɪ́bɪtənt, ɛg-, -tnt | ɪgzɪ́bɪtənt, ɛgz-, ɪks-, ɛks-, -tnt/ *n.* ＝exhibitor. 〖1818〗

ex·híb·it·er /-tə | -tə(r)/ *n.* ＝exhibitor. 〖1599〗

ex·hi·bi·tion /èksəbɪ́ʃən | -sɪ-/ *n.* **1 a** 展覧会, 共進会; 《英》博覧会: a competitive ～ 共進会, 品評会 / an industrial ～ 産業[勧業]博覧会 / an art ～ 美術展覧会 / ⇨ Great Exhibition. **b** 《米》学芸会: the Sophomore *Exhibition* 二年生の学芸会. **c** 展示物, 陳列品 (exhibit(s)); 見もの, 変わった見もの: make an ～ of oneself (ばかな事をして)いい恥をさらす. **2** 〔…の〕陳列, 展示, 展覧 (display); 〈感謝などを〉示すこと 〔*of*〕: the ～ *of* a cultural film 文化映画の公開 / a good opportunity for the ～ *of* a person's talents 才能を示すよい機会 / an unusual ～ *of* tenderness いつになく優しさを示すこと / place [put] one's works *on* ～ 作品を展覧する / articles *on* ～ 出品物. **3** (勝敗よりもむしろ演技を見せることに重点をおく)模範試合, 公開演技, エキジビション: a fencing ～ フェンシングのエキジビション / an ～ tennis match テニスの模範試合 / an ～ game 公開試合[ゲーム]. **4** 《英》奨学金 (scholarship) (cf. exhibitioner). **5** 《廃》《医学》投薬, 施薬. **6** 《廃》小遣い, 贈り物. 〖《a1325》◻(O)F ～ ◻L *exhibitiō(n-)*: ⇨ exhibit, -tion〗

èx·hi·bí·tion·er /-ʃ(ə)nə | -nə(r)/ *n.* 《英》給費生 (cf. exhibition 4). 〖《c1575》: ⇨ ↑, -er[1]〗

èx·hi·bí·tion·ism /-ʃənɪzm/ *n.* **1** (能力などの)誇示癖, 自己宣伝癖. **2** 《精神医学》露出症; 露出症的行為. 〖《1893》: ⇨ -ism〗

èx·hi·bí·tion·ist /-ʃ(ə)nɪst | -nɪst/ *n.* **1** (能力などの)誇示癖のある人, 自己宣伝家. **2** 《精神医学》露出症患者. — *adj.* **1** (能力などで)誇示癖のある, 自己宣伝をしたがる. **2** 《精神医学》露出症の. **ex·hi·bi·tion·is·tic** /èksəbɪʃənɪ́stɪk | -sɪ-⌐/ *adj.* 〖《1821》: ⇨ -ist〗

ex·hib·i·tive /ɪgzɪ́bɪtɪv, ɛg- | ɪgzɪ́bɪt-, ɛgz-, ɪks-, ɛks-/ *adj.* 展示に適する; 〔…を〕表示する 〔*of*〕. **～·ly** *adv.* 〖《1596》← NL *exhibitivus* ← L *exhibitus*: ⇨ exhibit, -ive〗

ex·híb·i·tor /ɪgzɪ́bɪtə, ɛg- | ɪgzɪ́bɪtə(r), ɛgz-, ɪks-, ɛks-/ *n.* **1** (展覧会・品評会などの)出品人, 展覧会参加者. **2** 映画館の経営者[支配人]. **3** 《法律》(証拠物件[書類]の)提出人, 提示者. 〖《1654》◻LL ～: ⇨ exhibit, -or[2]〗

ex·hib·i·to·ry /ɪgzɪ́bətɔ̀ːri, ɛg- | ɪgzɪ́bɪtəri, ɛgz-, ɪks-, ɛks-, -tri/ *adj.* 展覧の, 展示するための. 〖《1772》◻LL *exhibitōrius*: ⇨ exhibit, -ory[1]〗

ex·hil·a·rant /ɪgzɪ́lərənt, ɛg- | ɪgzɪ́l-, ɛgz-, ɪks-, ɛks-/ *adj.* 気分を浮き立たせる (exhilarating). — *n.* 気分を爽快にする飲料, 興奮剤. 〖《1803》◻F ◻L *exhilarantem* (pres.p.) ← *exhilarāre* (↓)〗

ex·hil·a·rate /ɪgzɪ́lərèɪt, ɛg- | ɪgzɪ́l-, ɛgz-, ɪks-, ɛks-/ *vt.* **1** 〈人〉の気分を浮き立たせる, 〈人・気分などを〉陽気にする; 鼓舞する, 刺激する (stimulate): Snow ～*s* our spirits. 雪は我々の気分を浮き立たせる / I was ～*d at* [*by*] the sight. その光景を見て気がうきうきした. **2** 〈物事・仕事などを〉活気づける (enliven): a dinner ～*d* by plenty of wine 多くのワインで活気づいた正餐. **ex·híl·a·rà·tor** /-tə | -tə(r)/ *n.* 〖《1540》← L *exhilarātus* (p.p.) ← *exhilarāre* to gladden ← EX-[1]＋*hilarāre* to make cheerful (← *hilaris* 'HILARIOUS')〗

ex·híl·a·ràt·ed /-tɪd | -tɪd/ *adj.* 気分がうきうきしている, 陽気な; 一杯機嫌の.

ex·hil·a·rat·ing /ɪgzɪ́lərèɪtɪŋ, ɛg- | ɪgzɪ́lərèɪt-, ɛg-, ɪks-, ɛks-/ *adj.* 気分を浮き立たせる, 陽気にさせる (cheering): an ～ drink 興奮性飲料, 酒. **～·ly** *adv.* 〖《1643》← EXHILARATE＋-ING[2]〗

ex·hil·a·ra·tion /ɪgzɪ̀ləréɪʃən, ɛg- | ɪgzɪ̀l-, ɛgz-, ɪks-, ɛks-/ *n.* うきうきした気分, 陽気, はしゃぎ, 愉快; うさ晴らし. 〖《1623–26》◻LL *exhilarātiō(n-)*: ⇨ exhilarate, -ation〗

ex·hil·a·ra·tive /ɪgzɪ́lərèɪtɪv, ɛg-, -rət- | ɪgzɪ́lərət-, ɛg-, ɪks-, ɛks-, -rèɪt-/ *adj.* 気分を浮き立たせる. 〖《1864》◻L *exhilarātīvus* ← *exhilarāre*: ⇨ -ive〗

ex·hil·a·ra·to·ry /ɪgzɪ́lərətɔ̀ːri, ɛg- | ɪgzɪ́lərèɪtəri, ɛgz-, ɪks-, ɛks-, -tri/ *adj.* ＝exhilarative. 〖1871〗

ex·hort /ɪgzɔ́ət, ɛg- | ɪgzɔ́:t, ɛgz-, ɪks-, ɛks-/ *vt.* **1** …に熱心に説く[勧める] (⇨ urge SYN): ~ a person *to* do …するように人に説き勧める / ~ an audience *to* diligence and economy 聴衆に勤勉と経済を説く. **2** 勧告する, 訓戒する, 戒告する, 戒める (warn). — *vi.* **1** 強く勧める. **2** 訓戒を与える. **~·er** /-tə | -tə(r)/ *n.* 〖(*c*1400) □ (O)F *exhorter* ∥ L *exhortārī* to urge, encourage ← EX-¹+*hortārī* to urge〗

ex·hor·ta·tion /ɛ̀ksɔətéɪʃən, ɛ̀gzɔə-, ɛ̀ksə- | ɛ̀gzɔ:-, ɛ̀ksɔ:-/ *n.* **1** 説き勧めること, 奨励 (exhorting). **2** 勧告, 訓戒, (牧師の)説教; 勧告の言葉: earnest ~*s* 熱心な勧告 / make an ~ 説教をする. 〖(*c*1384) □ (O)F ~ □ L *exhortātiō(n-)*: ⇨ ↑, -ation〗

ex·hor·ta·tive /ɪgzɔ́ətəṭɪv, ɛg- | ɪgzɔ́:tət-, ɛg-/ *adj.* 奨励の; 勧告的な; 訓戒的な. 〖(1564) □ L *exhortātīvus* (p.p.) ← *exhortārī*: ⇨ -ative〗

ex·hor·ta·to·ry /ɪgzɔ́ətətɔ̀:ri, ɛg- | ɪgzɔ́:tətəri, ɛg-, -tri/ *adj.* =exhortative. 〖1544〗

ex·hu·ma·tion /ɛ̀ks(h)ju:méɪʃən, ɛ̀gzu:-, -zju:- | ɛ̀ks(h)ju:-, ɛ̀gzju:-/ *n.* 発掘, 死体[墓地]発掘. 〖(1430) □ ML *exhumātiō(n-)*: ⇨ ↓, -ation〗

ex·hume /ɪgzú:m, ɛg-, ɪks(h)jú:m, ɛks- | ɛks(h)jú:m, ɪgzjú:m/ *vt.* **1** 発掘する (dig out); (特に)〈死体·墓を〉暴く. **2** 〈無名の人·作品などを〉掘り出す, 明るみに出す: ~ some obscure works 無名の作品を発掘する. **3** 浸食作用によって露出させる. **ex·húm·er** *n.* 〖(1430) □ ML *exhumāre* ← EX-¹+L *humus* earth: ⇨ humus〗

éx-húsband *n.* 前の夫, 前夫 (《口語》ex).

ex hy·po·the·si /ɛ̀kshaɪpɑ́(:)θəsàɪ, -si | -pɔ́θɪ-/ *L. adj., adv.* 仮説によって[従って]. 〖□ LL *ex hypothesī* by hypothesis〗

ex·i·geant /ɛ́gzɪʒɑ̃:(ŋ), -ʒɑ́:ŋ; *F.* ɛgziʒɑ̃/ *adj.* =exigent. 〖(1803) □ F ~ (pres.p.) ← *exiger* □ L *exigere* to drive out: ⇨ exigent〗

ex·i·gence /ɛ́ksədʒəns, ɛ́gzə- | -sɪ-, -zɪ-/ *n.* =exigency. 〖(1447) □ (O)F ~ □ ML *exigentia* ← L *exigentem*: ⇨ ↓, -ence〗

ex·i·gen·cy /ɛ́ksədʒənsi, ɛ́gzə-, ɪgzɪ́dʒ-, ɛg-, ɪks-, ɛks- | -sə-, -zə-/ *n.* **1** 危急, 急迫 (urgency). **2** 緊要な[急迫した]事情, 急場, 難局 (emergency): in this ~ この急場に. **3** [しばしば *pl.*] (事情·状況などに基づく)急務, 要求, 要件 (⇨ need SYN): the *exigencies* of life / meet the *exigencies* of the times 時勢の急務に応じる. 〖(1581) ← ML *exigentia* (← L *exigentem* (↓))+-ENCY〗

ex·i·gent /ɛ́ksədʒənt, ɛ́gzə- | -sɪ-, -zɪ-/ *adj.* **1** 〈状態·事情など〉危急の (critical, urgent); 差し迫った, 急迫した: ~ circumstances 危急の事態. **2** 〔…を〕しきりに[法外に]要求する (demanding) 〔*of*〕; せちがらい, (世渡りの)苦しい: this body ~ *of* rest 休息をしきりに求めているこの肉体 / this ~ life このせちがらい世の中. — *n.* 《廃》窮状, 困窮, 危急. **~·ly** *adv.* 〖(1670) □ L *exigentem* requiring (pres.p.) ← *exigere* to drive out ← EX-¹+*agere* to drive: cf. exact〗

ex·i·gi·ble /ɛ́ksədʒəbl, ɛ́gzə- | -sɪ-, -zɪ-/ *adj.* 強要できる, 〔人に〕要求できる, 〔人から〕求められる (demandable) 〔*against, from*〕. 〖(1610) □ F ~ ← *exigere* 'to demand': ⇨ exigent, -ible〗

ex·i·gu·i·ty /ɛ̀gzɪgjú:əṭi, ɛ̀ks- | ɛ̀ksɪgjú:ɪti/ *n.* わずか, 僅少(きんしょう). 〖(1623–26) □ F *exiguité*: ⇨ ↓, -ity〗

ex·ig·u·ous /ɪgzɪ́gjuəs, ɛgz-, ɪks-, ɛks-/ *adj.* わずかな, 乏しい; 小さい: ~ budget 乏しい予算. **~·ly** *adv.* 〖(1651) ← L *exiguus* scanty (← *exigere*: ⇨ exigent) +-ous〗

ex·íg·u·ous·ness *n.* =exiguity. 〖1730–36〗

ex·ile /ɛ́gzaɪl, ɛ́ksaɪl | ɛ́ksaɪl, ɛ́gzaɪl/ *n.* **1** (故国を捨てて)他国をさまようこと, 流浪; 亡命; 亡命期間: be [live] in ~ さすらいの身となって[亡命して]異境に暮らす. **2** 亡命客, 流浪者, さすらい人. **3** 追放, 流罪(るざい), 流刑 (banishment); 追放期間: a king in ~ 配所の王 / a government in ~ 亡命政府 / condemn a person to ~ 人を追放[流罪に]する / go [be sent] into ~ 追放の身となる[追放する]. **4** 追放人, 流罪人. **5** [the E-] 《聖書》 =Babylonian captivity 1. — *vt.* 〈人〉に(故国·家郷を)離れ[捨て]させる 〔*from*〕; 追放する, 島流しにする, 流罪に処する (⇨ banish SYN): ~ a person *from* his country [home (land)] 故国から追放する / ~ oneself 流浪する, 亡命する. 〖n.: (?*a*1300) □ OF *exil* (n.) □ L *ex(s)ilium* banishment ← *ex(s)ul* banished person ← EX-¹+IE **al-* to wander. — v.: (*a*1325) □ OF *exil(i)er* □ LL *ex(s)iliāre* ← *ex(s)ilium*〗

éx·iled *adj.* (本国から)追放された.

ex·il·i·an /ɛgzɪ́liən, ɛksɪ́l-/ *adj.* =exilic. 〖1882–83〗

ex·il·ic /ɛgzɪ́lɪk, ɛksɪ́l-/ *adj.* (バビロンに幽囚となったユダヤ人のように)追放の, 追放の民の. 〖(1888) ← EXILE+-IC¹〗

Ex·im·bank /ɛ́ksɪmbæ̀ŋk/ *n.* (*also* **Exim Bank** /~/) アメリカ合衆国輸出入銀行 (Export-Import Bank).

ex·im·i·ous /ɛgzɪ́miəs/ *adj.* 《古》すぐれた, 卓越した (distinguished). **~·ly** *adv.* 〖(1547) □ L *eximius* select ← *eximere* to take out: ⇨ -ous: cf. exempt〗

ex·ine /ɛ́ksi:n, -saɪn/ *n.* 《植物》外膜, 外壁 (胞子や花粉の内外 2 層の膜のうち外側の膜; exosporium, extine ともいう; cf. intine). 〖(1884): ⇨ ex-¹, -ine¹〗

ex int. 《略》ex (=without) interest.

ex·ist /ɪgzɪ́st, ɛg- | ɪgz-, ɛgz-, ɪks-, ɛks-/ *vi.* **1** 存在する, 現存する, (現実に)ある (be): God ~*s.* 神は実在する / Such things do not ~. そんな物は存在しない / cease to ~ 消滅する. **2** 生命をもっている, 生きている (live); (不利の条件の下で)生きながらえる, 生きていく: barely manage to ~ *on* one's pension かろうじて恩給で生活していく / Animals cannot ~ without oxygen. 動物は酸素なしで生きていけない / How do you ~ *on* this diet? こんな食べ物でよく生きていられるね / It's just ~*ing*, but it's not really living. それはただ存在しているだけで本当の意味で生きているわけではない. **3** (特殊な条件または場所に)ある, 存在する, 現れる: It ~*s as* ice. それは氷として[の形で]存在する / The notion ~*ed in* the poet's fancy only. その考えは詩人の空想の世界にだけ存在していた / Lime ~*s in* many soils. 石灰は各種の土壌の中にある / Does life ~ on other planets? 他の遊星に生物があるだろうか. **4** 《哲学》存在する, 実存する. **5** 《論理》〈対象が〉存在する. 〖(1602) □ L *ex(s)istere* to stand forth, exist ← EX-¹+*sistere* to set (《加重》← *stāre* 'to STAND'): cf. assist〗

ex·is·tence /ɪgzɪ́stəns, ɛg-, -tənts, -tns, -tnts | ɪgz-, ɛgz-, ɪks-, ɛks-/ *n.* **1** 存在, 存在の事実[状態], 現存 (being): deny the ~ of …の存在を否定する / prove the ~ of God 神の存在を証明する / bring [call] … *into* ~ …を生じる, 生み出す, 〈事を〉成立させる / come *into* ~ 生まれる, 成立する / *in* ~ 現在ある[いる], 現存の (existing, living) / the most miserable being *in* ~ この世における最もみじめな人間 / go *out of* ~ 滅びる, 消滅する / The village was bombed *out of* ~. その村は爆撃で消滅してしまった. **2** 存在を続けていくこと, (特に, 不利な条件下における)生存, 生活 (life): to the last hour of one's ~ いまわのきわまで, この世にある限り / the struggle for ~ 生存競争 / a peaceful ~ 平穏な生活 / lead a wretched [miserable] ~ みじめな生活をする / a precarious [hollow] ~ 心もとない[空虚な]生活. **3** (すべて)存在するもの, 実在物. **4** (個々の)存在[実在]物, 個体. **5** 《哲学》(「非存在」「現象」「虚無」などに対する)存在, 実存; (「本質」に対する)実存, 現存; (実存哲学で, 抽象や理論に対し主体的に生きる現実存在としての)実存. **6** 《論理》(話題となる対象の)存在. 〖(*c*1380) □ (O)F ~ □ LL *ex(s)istentia* ← L *ex(s)istentem*: ⇨ ↓, -ence〗

ex·is·tent /ɪgzɪ́stənt, ɛg-, -tnt | ɪgz-, ɛgz-, ɪks-, ɛks-/ *adj.* **1** 存在している, 現存の (existing). **2** 現下の, 目下の, 現行の (current): the ~ circumstances 目下の事情. — *n.* 存在物[者], 生存物[者]. 〖(1561) □ L *ex(s)istentem* (pres.p.): ⇨ exist, -ent〗

ex·is·ten·tial /ɛ̀gzɪsténʃəl, ɛ̀ks-, -ʃl⁻/ *adj.* **1** (人間の)存在の, 存在に関する; 経験に基づく (empirical). **2** 《論理》存在的な, 存在の. **3** 《哲学》存在的な, 存在の, 実存の; 実存主義の: ~ philosophy=existentialism. (《なぞり》← Dan. *eksistentiel* & G *existential*) — *n.* 《論理》**1** 存在命題, 存在形式. **2** =existential quantifier. **~·ly** *adv.* 〖(1693) □ LL *ex(s)istentiālis* ← *ex(s)istentia*: ⇨ existence, -al¹〗

èx·is·tén·tial·ìsm /-ʃəlɪzm/ *n.* **1** 《哲学》実存主義 (19 世紀の理性主義的観念論·科学主義·実証主義的思潮などに対する反動として起こった, 主体的存在としての実存を中心概念とする哲学的立場; Sören Kierkegaard, Karl Jaspers, Martin Heidegger, Jean-Paul Sartre らの哲学がそれで, それぞれが独自の性格をもつ; ↔ essentialism). **2** 《文学》実存主義 (Sartre らの一派の作品に見られる実存主義的な文学態度). 〖(1941) □ G *Existentialismus*: ⇨ ↑, -ism〗

èx·is·tén·tial·ist /-ʃ(ə)lɪst | -lɪst/ *n.* 実存主義者. — *adj.* **1** 実存の. **2** 実存主義の, 実存主義者の.

ex·is·ten·tial·is·tic /ɛ̀gzɪstènʃəlɪ́stɪk, ɛ̀ks-⁻/ *adj.* **èx·is·tèn·tial·ís·ti·cal·ly** *adv.* 〖(1942): ⇨ -ist〗

ex·is·ten·tial·ize /ɛ̀gzɪsténʃəlàɪz, ɛ̀ks- | ɛ̀gzɪs-/ *vt.* **1** 《哲学》存在させる, 実存(主義)化する. **2** 《論理》存在化する.

exìstential óperator *n.* 《論理》=existential quantifier.

exìsténtial propósition *n.* 《論理》存在命題 (「…が存在する[ある]」の形式の命題).

exìsténtial psychólogy *n.* 《心理》実存心理学 (実存主義の影響を受け, 人間存在そのものを理解することを強調する立場).

existential quántifier *n.* 《論理》存在量化[限量]詞, 存在量化[限量]記号 (「しかじかである対象 *x* が存在する」を表す量化記号 (quantifier) E または ∃; cf. universal quantifier). 〖1940〗

ex·ist·ing /ɪgzɪ́stɪŋ, ɛg- | ɪgz-, ɛgz-, ɪks-, ɛks-/ *adj.* 現存する, 現に[今]ある (in existence); 現行の, 目下の (current): ~ forms of life 現存の生物 / ~ condition 現状 / under ~ laws 現行法では / under the ~ circumstances 現状では. 〖(1762): ⇨ -ing²〗

ex·it¹ /ɛ́gzɪt, ɛ́ksɪt | ɛ́ksɪt, ɛ́gzɪt/ *n.* **1 a** 出口 (way out): an emergency ~ 非常口 / the only (means of) ~ 唯一の出口. **b** (高速道路からの)出口. **2** 外出 (egress); 退出, 退去; 外出[出国]の自由: ~ permit 出国許可. **3** 《演劇》(役者の)退場 (↔ entrance); 死亡: make one's ~ 退場する; 死ぬ. **4** 《トランプ》(ブリッジなどで)逃げ打ち (次に自分の手から打ち出すと不利になる場合, わざと高位の札を捨てるなどしてリード権が自分の手に入ることを防ぐ戦法; 対 throw-in 戦法); 逃げ札 (exit card) (上記の理由でわざと負ける札). — *vi.* **1** 退出[退去]する (go out); この世を去る (die). **2** 《トランプ》逃げ打ちする. **3** 《電算》プログラムシステムから抜ける. — *vt.* **1** 〈建物·乗物などから出る. **2** 《電算》プログラムシステムから抜ける. 〖(1594–95) (i) 《特殊用法》← EXIT² ∥ (ii) □ L *exitium* a going out ← *exitus* (p. p.) ← *exīre* (↓)〗

ex·it² /ɛ́gzɪt, ɛ́ksɪt | ɛ́ksɪt, ɛ́gzɪt/ *vi.* 《演劇》〈一人が〉退場する (脚本のト書き; cf. exeunt, manet; ↔ enter): *Exit* Macbeth. マクベス退場. 〖(1538) □ L ~ 'he or she goes out' ← *exīre* to go out ← EX-¹+*īre* to go〗

Ex·it /ɛ́gzɪt, ɛ́ksɪt | ɛ́ksɪt, ɛ́gzɪt/ *n.* エグジット (安楽死の合法化を求めて活動する英国の団体).

ex·it·ance /ɛ́ksɪtəns, -tns | -təns, -tns/ *n.* 《物理》(物体表面における光·放射などの)発散度 (cf. luminous exitance, nadiant exitance). 〖← EXIT¹+-ANCE〗

ex·ite /ɛ́ksaɪt/ *n.* 《動物》外葉, 外突起 (節足動物の二枝型付属肢の各肢節から外方に出る突起; cf. endite). 〖(1881) ← ex- 'EXO-'+-ITE¹〗

éxit pàllet *n.* 《時計》出つめ石 (アンクルにある二つのつめ石のうちがんぎ車の進みに対して後方にあるつめ石).

éxit pòll *n.* 投票所出口調査 (投票所から出てきた人に対して実施される有権者抽出調査; だれに投票したかを尋ねる). 〖1976〗

éxit pùpil *n.* 《光学》射出ひとみ (開口絞りから後方にある光学系によって作られる絞りの像; cf. entrance pupil).

éxit stòne *n.* 《時計》=exit pallet.

éxit visa *n.* 出国査証[ビザ]. 〖1949〗

ex ju·re /ɛksdʒʊ́ᵊri | -dʒʊ́əri/ *L. adj., adv.* 正当な権利によ[よって]. 〖□ L *ex jūre* 'of or by legal right'〗

ex le·ge /ɛksléɪgeɪ, -lí:dʒi/ *L. adv.* 法律によって. 〖□ LL *ex lēge* from law〗

ex. lib 《略》ex libris.

ex li·bris /ɛkslí:brɪs, -bri:s | -lí:bri:s, -brɪs, -láɪbrɪs/ *L. prep.* (…の)蔵書より: ~ William Morris ウィリアム モリス蔵書より. — *n.* (*pl.* ~) エクスリブリス, 蔵書票 (⇨ bookplate 1). 〖(1880) □ L *ex librīs* 'from the books or library (of so-and-so)': ⇨ library〗

ex-li·brist /ɛkslí:brɪst | -lí:brɪst, -láɪb-/ *n.* 蔵書票収集家. 〖(1880): ⇨ ↑, -ist〗

Ex·moor /ɛ́ksmʊə | -mɔə(r), -mʊə(r)/ *n.* **1** エクスムア (イングランド Somerset 州北部と Devon 州北部にわたる高原地方; 国立公園; Blackmore の小説 *Lorna Doone* の舞台). **2 a** =Exmoor horn. **b** =Exmoor pony. 〖ME *Exemora*: ⇨ Exeter, moor¹〗

Éxmoor hórn *n.* エクスムア種の羊(羊肉用). 〖1960〗

Éxmoor Nátional Párk *n.* エクスムア国立公園 (英国 Exmoor 地方の荒野の台地, 特に海岸美で有名, 1954 年指定; 面積 690 km²).

Éxmoor póny *n.* エクスムア種の小型の馬. 〖1831〗

Ex·mouth /ɛ́ksməθ, -maʊθ/ *n.* エックスマス (イングランド Devon 州 Exe 川の河口にある町).

èx néw *adv., adj.* 《証券》新株落ちで[の] (cf. cum new).

ex ni·hi·lo /ɛksní:hɪlòʊ, -náɪhɪ-, -ní(h)-, -náɪ(h)- | -(h)ɪləʊ/ *L. adv., adj.* 無から(の): a creation ~ 無からの創造. 〖(1573–80) □ L *ex nihilō* from nothing〗

ex·o- /ɛ́ksoʊ | -səʊ/「外, 外部」などの意の連結形 (↔ endo-): *exo*centric, *exo*enzyme. ★ 母音または h の前では通例 ex- になる. 〖← Gk *éxō* outside < IE **eghs* out (L *ex* 'EX-¹')〗

èxo·adaptátion *n.* 《生物》外適応 (外界の環境への適応; cf. endoadaptation). 〖⇨ ↑, adaptation〗

èxo·átmosphere *n.* 外大気圏 (地球大気圏の最も外側の部分). **èxo·atmosphéric** *adj.* 〖← EXO-+ATMOSPHERE〗

èxo·biólogy *n.* 《生物》地球外生物学. **èxo·biológical** *adj.* **èxo·biólogist** *n.* 〖(1960): ⇨ exo-, biology〗

ex·o·carp /ɛ́ksoʊkɑ̀əp | -sə(ʊ)kɑ̀:p/ *n.* 《植物》=epicarp. 〖(1845): ⇨ exo-, -carp〗

ex·o·cen·tric /ɛ̀ksoʊséntrɪk | -sə(ʊ)-/ *adj.* 《言語》外心的な (↔ endocentric): an ~ construction 外心的構造 (in the ground, with him, Jack plays などのように句や文がその構成要素中の中心語と同一の機能を果たさないもの). 〖(1914) ← EXO-+-CENTRIC〗

Ex·o·cet /ɛ́ksoʊsɛ̀t | -sə(ʊ)-; *F.* ɛgzɔsɛt/ *n.* 《商標》エグゾセ (フランス製対艦ミサイル).

ex·o·crine /ɛ́ksəkrɪn, -krɪ̀n | -sə(ʊ)krɪn, -krì:n/ *adj.* 外分泌(性)の (↔ endocrine). — *n.* 外分泌. 〖(1911) ← EXO-+-*crine* (← Gk *krínein* to separate): cf. endocrine〗

éxocrine glànd *n.* 《生理》(唾液腺·汗腺などのような)外分泌腺 (↔ endocrine gland). 〖*c*1927〗

ex·o·cri·nol·o·gy /ɛ̀ksəkrɪnɑ́(:)lədʒi, -kraɪ-, -kri:- | ɛ̀ksə(ʊ)kraɪnɔ́l-, -krɪ-/ *n.* 《生理》外分泌学 (↔ endocrinology). 〖← EXOCRINE+-LOGY〗

èxo·cúticle *n.* 《昆虫》外クチクラ (三層より成るクチクラ (cuticle) の中間層部). 〖1929〗

èxo·cýclic *adj.* 《化学》(化学構造の, 例えばベンゼン)環の外にある, 環外の. 〖1888〗

ex·o·cy·tose /ɛ̀ksoʊsaɪtóʊs, -tóʊz | -səʊsaɪtə́ʊs, -tə́ʊz/ *vt., vi.* 《生物》〈細胞が〉〈物質を〉エキソサイトーシスによって放出[分泌]する. 〖《逆成》↓〗

ex·o·cy·to·sis /ɛ̀ksoʊsaɪtóʊsɪs | -səʊsaɪtə́ʊsɪs/ *n.* 《生物》開口分泌, エキソサイトーシス (細胞内に小胞を作って細胞外へ物質を放出·分泌する作用; ↔ endocytosis).

èx·o·cy·tót·ic /-saɪtɑ́(:)ṭɪk | -tɔ́t-⁻/ *adj.* 〖(1963) ← EXO-+CYTO-+-SIS〗

Exod. 《略》Exodus (旧約聖書の)出エジプト記.

ex·o·derm /ɛ́ksoʊdə̀:m | -səʊdə̀:m/ *n.* **1** 《植物》=exodermis. **2** 《生物》=ectoderm. 〖1879〗

ex·o·der·mis /ɛ̀ksoʊdə́:mɪs | -səʊdə́:mɪs/ *n.* 《植物》(根の)外皮層. 〖(*c*1900) ← NL ~: ⇨ exo-, -dermis〗

exodoi *n.* exodos の複数形.

ex·o·don·tia /ɛ̀ksədɑ́(:)nʃə, -ʃiə | -sə(ʊ)dɔ́nʃiə, -ʃə/ *n.* 《歯科》抜歯(術). 〖(1913) ← NL ~: ⇨ ex-¹, -odont, -ia¹〗

ex·o·don·tics /ɛ̀ksədɑ́(:)ntɪks | ɛ̀ksə(ʊ)dɔ́nt-/ *n.* 《歯科》=exodontia. 〖⇨ ↑, -ics〗

E

ex·o·don·tist /èksədá(ː)ntɪ̣st | -dɔ́ntɪst/ *n.* 抜歯専門医. 〘(1913): ⇨ ↑, -ist〙

ex·o·dos /éksədɑ̀(ː)s | -dɔ̀s/ *n.* (*pl.* **ex·o·doi** /-dɔ̀ɪ/) (古代ギリシャ劇のコーラスの最後の歌に続く)最後の場面. 〘□ Gk *éxodos* (↓)〙

ex·o·dus /éksədəs, égzə- | éksəd-/ *n.* **1** (避暑客など)大勢出て行くこと, 大勢の外出 (flocking out); (移民団などの)出国, 出発, 移住: an ~ of technicians from Portugal to Brazil ポルトガルからブラジルへの技術者の移住 / An ~ takes place from London in summer. 夏期にはロンドンから大勢の人々が(海岸などへ)出て行く. **2 a** [the E-] (Moses に率いられたイスラエル人の)エジプト出国[退去]. **b** 〖NZ史〗[the (great) ~] 人口大流失 (1880 年代の不況時に多数のニュージーランド人がオーストラリアなどに移住したこと). **3** [E-] (旧約聖書の)出エジプト記 (モーセ五書 (Pentateuch) の第二書; 略 Exod.). 〘lateOE ~ □ L □ Gk *éxodos* a going out ← *ex-* 'EXO-'＋*hodós* way, journey〙

èxo·eléctron *n.* エキソ電子 (応力の下で金属表面から放出される電子).

èxo·énzyme *n.* 〖生化学〗外酵素 (細胞外に分泌されて作用する酵素; ↔ endoenzyme). 〘(*c*1923) ← EXO-＋ENZYME〙

ex·o·er·gic /èksouə́ːdʒɪk | -sauə́ː-ˊ/ *adj.* 〖物理・化学〗〈核反応が〉エネルギーを放出する; 発熱の, 発エネルギーの (↔ endoergic). 〘(1942) ← EXO-＋ERGO-[1]＋-IC[1]〙

èxo·erythrocýtic *adj.* 〖病理〗〈マラリア原虫の発育期が〉赤血球外における[に生ずる]. 〘(1946) ← EXO-＋ERYTHROCYTIC〙

ex off. 《略》ex officio.

ex of·fi·ci·o /èksəfíʃiòu, -fís- | -əfíʃiəu, -ɔf-/ *L. adv.* 職権上(の資格で): be present at a committee ~ 職権上の資格で委員会に出席する. — *adj.* 職権上の, 職務上の: an ~ member 職務上当然構成員となっている者. 〘(1532) □ L *ex officiō* 'from office'〙

ex·o·gam·ic /èksəgǽmɪk | -sə(ʊ)-ˊ/ *adj.* 〖社会学・生物〗＝exogamous. 〘1873〙

ex·og·a·mous /ɛksá(ː)gəməs | -sɔ́g-/ *adj.* **1** 〖社会学〗異族[族外]結婚の (↔ endogamous). **2** 〖生物〗異系交配の. 〘(1865): ⇨ ↓, -ous〙

ex·og·a·my /ɛɛsá(ː)gəmi | -sɔ́g-/ *n.* **1** 〖社会学〗異族[族外]結婚 (↔ endogamy). **2** 〖生物〗異系交配 (cf. inbreeding 1). 〘(1865) ← EXO-＋-GAMY〙

ex·o·gas·tru·la /èksougǽstrələ | -sə(ʊ)-/ *n.* (*pl.* ~**s**, **-tru·lae** /-lìː/) 〖動物〗外腸胚. 〘← EXO-＋GASTRULA〙

ex·o·gen /éksədʒən, -dʒèn/ *n.* 〖植物〗外生植物 (双子葉植物 (dicotyledon) の旧名; ↔ endogen). 〘(1838) ↓〙

ex·o·gene /éksədʒìːn/ *adj.* ＝exogenous. 〘□ F *exogène*: ⇨ exo-, -gene〙

ex·og·e·nous /ɛksá(ː)dʒənəs | -sɔ́dʒɪ̣-/ *adj.* **1** 〖地質〗外因性の (↔ endogenic): ~ process 外因的作用[営力]. **2** 〖生理・生化学〗(細胞や組織の)体外に由来する, 外因的な, 外来栄養の. **3** 〖病理〗〈病気が〉外因性の. **4** 〖植物〗〈芽胞など外部成長[発生]的な, 外生の, 外生植物に属する. **5** 〖経済〗外生的な: an ~ variable 外生変数. (2–5 では ↔ endogenous) **~·ly** *adv.* 〘(1830): ⇨ ↑, -ous〙

èxo·hórmone *n.* 〖生化学〗外ホルモン (体外に分泌して他の個体にホルモン様活性をするもの; cf. pheromone). 〘← EXO-＋HORMONE〙

ex·on[1] /éksɑ(ː)n | -sɔn/ *n.* (英国王室の 4 人の)親衛兵長, 近衛伍長 (上官不在のときは交代で指揮をとる; exempt ともいう). 〘(1767) 《変形》← F *exempt* 'EXEMPT (n. 2)': F /ɛgzɑ̃/ の表音式つづり〙

ex·on[2] /éksɑ(ː)n | -sɔn/ *n.* 〖生物〗エクソン (DNA の塩基配列のなかで mRNA に転写され, タンパク質構造に翻訳される部分; cf. intron). **ex·on·ic** /ɛksá(ː)nɪk | -sɔ́n-/ *adj.* 〘(1979) ← EX-[1]＋-ON[2]〙

Exon. 《略》*ML.* Exonia (＝Exeter); *ML.* Exoniēnsis (＝of Exeter) (Bishop of Exeter が署名に用いる; ⇨ Cantuar. 2).

èxo·nárthex *n.* (教会の玄関廊が二重に設けられた場合の)前堂 (cf. esonarthex). 〘(1850) ← EXO-＋NARTHEX〙

ex·on·er·ate /ɪgzá(ː)nərèɪt, ɛg- | ɪ̣gzɔ́n-, ɛgz-, ɪ̣ks-, ɛks-/ *vt.* **1** 〈人を〉〔非難・罪などから〕解放する[免れさせる] 〔*from, of*〕: ~ a person *from* blame 人の非難を免れさせる / He was ~*d* completely *from* suspicion. 彼の容疑は完全に晴れた. **2** 〔義務・責任・支払いなどから〕免除する, 解除する (relieve, exempt) 〔*from*〕: There is no reason for *exonerating* him *from* the performance of such duties. 彼からそのような仕事の執行を免除する理由は少しもない. **ex·ón·er·à·tor** /-tə | -tə[r]/ *n.* 〘(1448) ← L *exonerātus* disburdened (p.p.) ← *exonerāre* to free from a burden ← EX-[1]＋*onerāre* to load (← *oner-, onus* load, burden)〙

ex·on·er·a·tion /ɪgzɑ̀(ː)nəréɪʃən, ɛg- | ɪ̣gzɔ̀n-, ɛgz-, ɪ̣ks-, ɛks-/ *n.* **1** 無実の罪を晴らすこと, 免罪. **2** 免責; 義務の免除, 責任の解除. 〘(1640–41) □ LL *exonerātiō(n-)*: ⇨ ↑, -ation〙

ex·on·er·a·tive /ɪgzá(ː)nərèɪtɪv, ɛg-, -rət- | ɛgzɔ́nərət, -reɪt-, ɪ̣ks-, ɛks-/ *adj.* 免罪的な, 免責的な, 義務免除の. 〘(1819) ← EXONERATE＋-IVE〙

èxo·núclease *n.* 〖生化学〗外ヌクレアーゼ (デオキシリボ核酸 (deoxyribonucleic acid) 連鎖の末端から破壊する酵素; ↔ endonuclease). 〘(1963) ← EXO-＋*nuclease* (← NUCLEO-＋-ASE)〙

ex·o·nu·mi·a /èksənúːmiə, -njúː- | -sə(ʊ)njúː-/ *n. pl.* (貨幣・紙幣以外のメダル・レッテル・クーポンなどの)収集品. 〘(1966) ← EXO-＋*numia* (← NUMISMATICS)〙

èx·o·nú·mist /-mɪ̣st | -mɪst/ *n.* (貨幣・紙幣以外の)メダル類専門家.

ex·o·nym /éksənɪm | -sə(ʊ)-/ *n.* エクソニム (外国で呼ばれる地名の異名). 〘(1972) ← EXO-＋(TOPO)NYM 'place name'〙

èxo·párasite *n.* ＝ectoparasite. **exo·parasític** *adj.*

èxo·péptidase *n.* 〖生化学〗エキソペプチダーゼ (蛋白質分解酵素の一つ; 末端のアミノ酸を分離する; ↔ endopeptidase). 〘(1936) ← EXO-＋PEPTIDASE〙

èxo·perídium *n.* 〖植物〗外子殻 (cf. peridium). 〘← NL ~: ⇨ exo-, peridium〙

ex·oph·a·gy /ɛksá(ː)fədʒi | -sɔ́f-/ *n.* 異部族食人(の風習). **ex·oph·a·gous** /ɛksá(ː)fəgəs | -sɔ́f-/ *adj.* 〘← EXO-＋-PHAGY〙

ex·o·pha·sia /èksouféɪʒiə, -ʒə | -sə(ʊ)féɪziə, -ʒiə, -ʒə/ *n.* 外的言語, 外言 (実際に発声器官を使って行った発話; ↔ endophasia). **ex·o·phas·ic** /èksə(ʊ)féɪzɪk | -sə(ʊ)-ˊ/ *adj.* 〘← NL ~: ⇨ exo-, -phasia〙

ex·oph·o·ra /ɛksá(ː)f(ə)rə | -sɔ́f-/ *n.* 〖文法〗外部照応 (名詞・代名詞などが言語外の事象を指示する場合の照応; cf. endophora). **ex·o·phor·ic** /èksəfɔ́(ː)rɪk, -fá(ː)r- | -sə(ʊ)fɔ́r-ˊ/ *adj.* 〘(1976) ← EXO-＋-PHORA〙

èxo·phória *n.* 〖眼科〗(眼球)外斜位 (cf. heterophoria). 〘(1886) ← NL ~: ⇨ exo-, -phore, -ia[1]〙

ex·oph·thal·mi·a /èksɑ(ː)fθǽlmiə | -sɔf-/ *n.* 〖病理〗＝exophthalmos. 〘(1721–1800) ← NL ~: ⇨ exophthalmos, -ia[1]〙

ex·oph·thal·mic /èksɑ(ː)fθǽlmɪk | -sɔf-ˊ/ *adj.* 〖病理〗眼球突出性の. 〘(1878): ⇨ exophthalmos, -ic[1]〙

éxophthalmic góiter *n.* 〖病理〗眼球突出性甲状腺腫(しゅ) (バセドウ病 (Basedow's disease) のこと; 英米では Graves' disease と呼ぶことが多い). 〘1878〙

ex·oph·thal·mos /èksɑ(ː)fθǽlməs, -mɑ(ː)s | -sɔf-θǽlməs, -mɔs/ *n.* (*also* **ex·oph·thal·mus** /-məs/) 〖病理〗眼球突出 (proptosis, ocular proptosis). 〘(1872) ← NL ~ ← Gk *exóphthalmos* (adj.) with prominent eyes ← *ex-* 'EXO-'＋*ophthalmós* eye: ⇨ opthalmo-〙

ex·o·phyt·ic /èksoufáɪtɪk | -sə(ʊ)fáɪt-ˊ/ *adj.* **1** 〖植物〗〈植物が外部寄生の, 外生の. **2** 〖病理〗〈腫瘍などが〉外方に増殖する (↔ endophytic). 〘← EXO-＋(ENDO)PHYTIC〙

ex·o·plasm /éksouplæ̀zm | -sə(ʊ)-/ *n.* 〖生物〗＝ectoplasm 1. 〘(1888) ← EXO-＋-PLASM〙

ex·op·o·dite /ɛksá(ː)pədàɪt | -sɔ́p-/ *n.* 〖動物〗(甲殻類の)外肢, 外枝 (↔ endopodite). **ex·op·o·dit·ic** /ɛksɑ̀(ː)pədɪ́ṭɪk | -sɔ̀pədít-ˊ/ *adj.* 〘(1870) ← EXO-, -POD[1], -ITE[1]〙

Ex·op·ter·y·go·ta /èksɑ(ː)ptèrəgóuṭə | -sɔptèrɪ-góutə/ *n. pl.* 〖昆虫〗外翅類 (バッタ・ゴキブリ・セミなど外皮が硬く, 不完全変態をするさなぎの期間のないグループ; cf. Holometabola). 〘← NL ~ ← EXO-＋Gk *pterugōtá* (neut. pl.) winged insects: ⇨ pterygoid〙

èxo·ptérygote *n.* 外翅類 (*Exopterygota*) の昆虫 (cf. endopterygote). 〘↑〙

exor 《略》executor.

ex·o·ra·ble /éks(ə)rəbl̩/ *adj.* 嘆願に心を動かされる, 拝み倒しのきく (↔ inexorable). **ex·o·ra·bil·i·ty** /èks(ə)rəbíləṭi | -lɪ̣ti/ *n.* 〘(1563–87) □ L *exōrābilis* ← *exōrāre* to pray ← EX-[1]＋*ōrāre* to plead: ⇨ -able〙

ex·or·bi·tance /ɪgzɔ́əbəṭəns, ɛg-, -tṇs | ɪ̣gzɔ́ːbɪ̣t-, ɛg-, ɪ̣ks-, ɛks-/ *n.* **1** (要求・値段などの)法外, 過大, 過度 (excessiveness). **2** 《古》常軌を逸した[無法な]行為. 〘(1449) □ (O)F ~: ⇨ exorbitant, -ance〙

ex·ór·bi·tan·cy /-ṭənsi, -tṇ- | -tən-, -tṇ-/ *n.* 《古》＝exorbitance. 〘1619〙

ex·or·bi·tant /ɪgzɔ́əbəṭənt, ɛg-, -tṇt | -zɔ́ːbɪt-, ɛg-, ɪ̣ks-, ɛks-/ *adj.* **1** 〈欲望・要求・値段・人など〉法外な, 途方もない (⇨ excessive SYN): an ~ price 途方もない値段 / He was ~ *in* his demands. 彼の要求は法外なものだった. **2** 《古》常軌を逸した. **~·ly** *adv.* 〘(1437) □ (O)F ~ □ LL *exorbitantem* (pres.p.) ← *exorbitāre* to go out of the track ← EX-[1]＋L *orbita* wheel track: ⇨ orbit〙

ex·or·cise /éksɔəsàɪz, -sə- | éksɔː-, -sə-, égz-/ *vt.* **1** (呪文や神の名を唱えて)〔人・場所から〕〈悪霊などを〉追い払う (expel) 〔*from, out of*〕; 〈人・場所〉から〔悪霊などを〕厄払いする, 払い清める (clear) 〔*of*〕: ~ evil spirits *from* [*out of*] a person [place] ＝ ~ a person [place] *of* evil spirits 人[場所]から悪霊を払う. **2** 〈心など〉から〔悪い考え・悩みなどを〕取り除く 〔*of*〕; 〈悩みなどを〉取り除く: This joy ~*d* his heart of his past miseries. この喜びのため彼の心から過去の不幸が取り除かれた. **3** 《まれ》〈霊などを〉呼び出す (conjure up). **~·ment** *n.* **éx·or·cìs·er** *n.* 〘(?a1400) □ (O)F *exorciser* // LL *exorcizāre* □ Gk *exorkízein* to banish (an evil spirit) with an oath ← EXO-＋*horkízein* to cause to swear (← *hórkos* oath)〙

ex·or·cism /éksɔəsìzm, -sə- | éksɔː-, -sə-, égz-/ *n.* **1** 悪魔払い, 魔よけ, 厄払い. **2** 〖キリスト教〗悪魔払い(式), 祓魔(ふつま)(式); 魔よけの呪文 (悪魔[悪鬼]につかれている者から祈りや呪文でその悪霊を追い出すこと, またはその儀式). 〘(1395) □ (O)F *exorcisme* // LL *exorcismus* □ Gk *exorkismós* ← *exorkízein*: ⇨ ↑, -ism〙

éx·or·cist /-sɪ̣st | -sɪst/ *n.* **1** 悪魔払いの祈禱師. **2** 〖カトリック〗祓魔師 (下級聖職階 (minor orders) の 4 階級中の第 2 位に属する; 1972 年廃止). 〘(*c*1384) □ LL *exorcista* □ Gk *exorkistḗs* ← *exorkízein*: ⇨ exorcise, -ist〙

ex·or·cis·tic /èksɔəsístɪk, -sə- | èksɔː-, -sə-, ègz-ˊ/ *adj.* ＝exorcistical.

èx·or·cís·ti·cal /-tɪ̣kəl, -kl̩ | -tɪ-ˊ/ *adj.* 悪魔払いの[に関する]. 〘(1664): ⇨ ↑, -al[1]〙

ex·or·cize /éksɔəsàɪz, -sə- | éksɔː-, -sə-, égz-/ *vt.* ＝exorcise.

exordia *n.* exordium の複数形.

ex·or·di·al /ɛgzɔ́ədiəl, ɛksɔ́ə- | ɛksɔ́ːdiəl, ɛgzɔ́ː-/ *adj.* 序説の, 緒論の. 〘⇨ ↓, -al[1]〙

ex·or·di·um /ɛgzɔ́ədiəm, ɛksɔ́ə- | ɛksɔ́ːdiəm, ɛg-zɔ́ː-/ *n.* (*pl.* **~s**, **-di·a** /-ḍiə | -diə/) 初め, 冒頭 (beginning); (特に, 論文・講演・説教などの)前置き, 序論 (introductory part) (⇨ introduction SYN). 〘(1577) □ L *exōrdium* beginning (of a web or of a speech) ← *exōrdīrī* to begin a web, begin a speech ← EX-[1]＋*ōrdīrī* to lay a warp〙

ex·o·rha·son /èksourá:sɔ(ː)n, -sɑ(ː)n | -səuráːsɔn/ *n.* 〖東方正教会〗＝rhason.

exors. 《略》executors.

èxo·skéleton *n.* 〖動物〗外骨格 (動物体の表面にあって体を支持する骨格; 甲殻類の殻, ワニ・カメなどの甲, 魚の骨性のうろこなど; cf. endoskeleton). **èxo·skéletal** *adj.* 〘(1847) ← EXO-＋SKELETON〙

ex·os·mose /éksɑ(ː)zmòus, -sɑ(ː)s- | -sɔzməus/ *n.* 〖物理化学〗＝exosmosis. 〘(1828) □ F ~: ↓〙

ex·os·mo·sis /èksɑ(ː)zmóusɪ̣s, -sɑ(ː)s- | -sɔzmáusɪs, -sɔs-/ *n.* 〖物理化学〗**1** 浸出 (薄膜の外へ流出する浸透作用; cf. osmosis 1). **2** 緩性浸透 (↔ endosmosis). **ex·os·mot·ic** /èksɑ(ː)zmá(ː)ṭɪk, -sɑ(ː)s- | -sɔzmɔ́t-, -sɔs-ˊ/ *adj.* **ex·os·mic** /ɛksá(ː)zmɪk, -sá(ː)s- | -sɔ́z-, -sɔ́s-/ *adj.* 〘(1839) ← EXO-＋OSMOSIS〙

ex·o·sphere /éksousfɪə | -sə(ʊ)sfɪə[r]/ *n.* [the ~] 〖気象〗外気圏, 逸出圏 (高度 500–1,000 km で始まり, 1,500°K–2,000°K の高温と考えられている大気圏の外縁部分). **ex·o·spher·ic** /èksousférɪk, -sfɪ́ər- | -sə(ʊ)sfér-ˊ/ *adj.* 〘(1951) ← EXO-＋-SPHERE〙

éxo·spòre *n.* **1** 〖植物〗**a** ＝epispore 1 a. **b** ＝conidium. **2** 〖細菌〗外生胞子 (↔ endospore). **èxo·spóral** *adj.* **èxo·spórous** *adj.* 〘(1859) ← EXO-＋-SPORE〙

ex·o·spo·ri·um /èksəspɔ́ːriəm | -sə(ʊ)-/ *n.* (*pl.* **-ri·a** /-riə/) 〖植物〗＝exine. 〘← NL ~: ⇨ exo-, sporo-, -ium〙

ex·os·to·sis /èksɑ(ː)stóusɪ̣s | -sɔstáusɪs/ *n.* (*pl.* **-to·ses** /-siːz/) 〖病理〗外骨症, 外骨腫(がいこつしゅ)症. **ex·os·tot·ic** /èksɑ(ː)stá(ː)ṭɪk | -sɔstɔ́t-ˊ/ *adj.* 〘(1736) ← NL ~ ← Gk *exóstōsis* outgrowth of bone: ⇨ exo-, -ostosis〙

ex·o·ter·ic /èksətérɪk, -sou- | -sə(ʊ)-ˊ/ *adj.* **1** 〈教義・話し方など〉部外者にもわかりやすい, 公教的な (↔ esoteric). **2** 〈弟子が〉奥義を伝えられていない. **3** 通俗の, 単純な, 平凡な. **4** 外部の. — *n.* **1** 部外者, 門外漢 (layman). **2** [*pl.*] 公衆向きの教義[説話]. **ex·o·tér·i·cal·ly** *adv.* **èx·o·tér·i·cism** /-tέrə-sìzm/ *n.* 〘(1655–60) □ L *exōtericus* □ Gk *exōterikós* (原義) external ← *exōtérō* (compar.) ← *éxō* outside: ⇨ exo-, -ic[1]〙

èxo·thérmal *adj.* 〖物理化学〗＝exothermic. **~·ly** *adv.* 〘1906〙

èxo·thérmic *adj.* 〖物理化学〗発熱の, 発熱を伴う (exoergic) (↔ endothermic): an ~ reaction 発熱反応. **èxo·thérmically** *adv.* 〘(1884) ← EXO-＋THERMIC〙

ex·ot·ic /ɪgzá(ː)ṭɪk, ɛg- | ɪ̣gzɔ́t-, ɛgz-, ɪ̣ks-, ɛks-/ *adj.* **1** 異国物らしい(趣のある), 異国情調の, 異国風の, エキゾチックな: Do you find Japan ~? 日本は異国的だと思いますか. **2 a** 〈動植物・単語・流行など〉外国産の, 外国種の, 外来の (foreign) (cf. native; ↔ indigenous, endemic): ~ fruits [flowers, plants] 外来果実[草花, 植物] / ~ words 外来語. **b** 《古》外国の, 異国の. **3** 特に珍しい, 風変わりな; 色やデザインの珍しい. **4** ストリップショー (striptease) の: ~ dancing. **5** 〈燃料・金属など〉新種の, 新型の: ~ fuels 新型燃料. **6** 〖物理〗エキゾティックな (普通でない素粒子, 特にハドロンについていう); 〈状態が〉普通でない. **7** 《NZ》〈特に松の木が〉(北半球産の)外来種だがニュージーランドで生育した. — *n.* **1** 外来物, 外来種 (渡来植物・外来語など); 外来趣味. **2** ＝exotic dancer. **~·ness** *n.* 〘(1599) □ L *exōticus* □ Gk *exōtikós* alien, foreign: ⇨ exo-, -ic[1]〙

ex·ot·i·ca /ɪgzá(ː)ṭɪ̣kə, ɛg- | ɪ̣gzɔ́tɪ-, ɛgz-, ɪ̣ks-, ɛks-/ *n. pl.* 珍奇な品々, 珍品[器] (美術品など); 異国趣味の文学作品; 異国風の文物. 〘(1876) □ L *exōtica* (neut. pl.): ⇨ ↑, -a[2]〙

ex·ót·i·cal·ly *adv.* 外来的に; 異国風に. 〘(1670–98): ⇨ exotic, -al[1], -ly[1]〙

exótic dáncer *n.* ストリッパー (stripteaser); ベリーダンサー (belly dancer).

ex·ot·i·cism /ɪgzá(ː)ṭəsìzm, ɛg- | ɪ̣gzɔ́tɪ-, ɛgz-, ɪ̣ks-, ɛks-/ *n.* **1** (芸術上の)異国趣味, 異国情緒. **2** 外来のもの; 外来語, 外来語法[表現]. 〘(1827): ⇨ -ism〙

exótic shórthair *n.* エキゾチック ショートヘア (ペルシャ猫とアメリカンショートヘアの交配種; 体形などはペルシャ猫で被毛だけが短い).

èxo·tóxin *n.* 〖生化学〗(菌体)外毒素 (菌体が寄生組織または食物の中に分泌する毒素; ↔ endotoxin). **èxo·tóxic** *adj.* 〘(1920) ← EXO-＋TOXIN〙

ex·o·tro·pi·a /èksoutróupiə | -sə(ʊ)tráu-/ *n.* 〖眼科〗外斜視 (walleye) (*cf.* esotropia). 〘(1897) ← NL ~: ⇨ exo-, -trope, -ia[1]〙

exp 《記号》〖数学〗exponential.

exp. 《略》 expand; expansion; expedition; expense(s); experience; experiment; experimental; expiration; expired; expires; export; exportation; exported; exporter; express; expression.

ex·pand /ɪkspǽnd, ɛks- | ɪ̵ks-, ɛks-/ *vt.* **1** 広げる, 伸べ広げる, 広げて伸ばす; (…の範囲・大きさなどを)拡張する: ~ wings [sails, leaves] 翼[帆, 葉]を広げる / ~ business 事業を拡張する / ~ one's vocabulary 自分の語彙を増やす / ~ a company's activities 会社の事業を拡充する. **2** 〔…に〕拡大する, 〈議論などを〉発展させる 〔*into*〕; 敷延する; 〈省略形を〉完全な形にする: ~ a phrase *into* a clause 句を拡大して節とする. **3 a** (…の容積などを)膨張させる: Metals are ~*ed* by heat. 金属は熱で膨張する / You can ~ your chest with this device. この用具を使えば胸を発達させることができる. **b** 〈プラスチックや樹脂に〉ガスを送り込む (⇨ expanded plastic). **4** 〈心を〉広くする: ~ a child's mind by education 教育によって子供の心を広くする. **5** 〖数学〗展開する. — *vi.* **1** 膨らむ, 膨張する (↔ contract): Water ~*s with* heat [by heating]. 水は熱によって膨張する. **2** 〔…に〕拡大する, 発展する 〔*into, to*〕: Our trade with China is steadily ~*ing*. 中国との貿易は着実に拡大している / The settlement can ~ only *to* the north. その開拓地は北の方へしか拡張できない. **3** 〔…について〕詳しく述べる, 詳細にわたる 〔*on, upon*〕: He did not ~ greatly *on* his statement. 自分の所信をあまり詳しく述べなかった. **4** 〈人が〉打ち解ける, 口がほぐれる, 愛想よくなる: He would ~ over a glass of wine. よく彼はワインを飲みながら打ち解けてきたものだった. **5** 展開する, 伸び開く, 広がる; 伸び広がる: The buds have not yet ~*ed*. つぼみはまだ膨らんでいない. **6** 〈心が〉膨らむ, 開ける, 伸びる: Her heart ~*ed* in joy. 喜びで心が膨らんだ.
~·a·ble /-dəbl/ *adj.* 〖(1422) ◻ L *expandere* to spread out ← EX-[1]+*pandere* to spread: cf. pace[1]〗

SYN 膨張させる[する]: **expand** 長さ・幅・深さを増大する《最も一般的な語》: Heat *expands* objects. 熱は物体を膨張させる. **swell** 内部の圧力によって異常に膨らませる: The population of this city has now *swollen* to twice its previous size. この都市の人口はいまや2倍に膨張した. **inflate** 空気やガスで膨張させる: *inflate* a life jacket 救命胴衣を膨らませる. **dilate** 〈目・鼻孔など円形のものを〉広く大きくする: The cat's eyes *dilated* with fear. 猫の目がおびえて大きくなった.
ANT contract.

---

ex·pánd·ed *adj.* **1** 拡大された, 膨張した, 伸張した. **2** 広がった, 開いた. **3** 〖活字〗エキスパンドの《字幅の幾分広い; cf. condensed 3, extended》: ~ letters エキスパンド. **4** 〈プラスチックが〉発泡性の (cf. expand 3 b).
~·ness *n.* 〖(?a1425): ⇨ ↑, -ed〗

expánded métal *n.* 〖建築〗エキスパンデッドメタル《一定の間隔に刻み目を入れて引っ張り広げて網状にした金属板で, 壁下地用》. 〖1890〗

expánded plástic *n.* 〖化学〗海綿状プラスチック《発泡スチロールなど》. 〖1945〗

expánded ténse *n.* 〖文法〗拡充時制《Jespersen の用語で, 進行形のこと》. 〖1931〗

ex·pánd·er *n.* **1** 広げる人[物]. **2** 〖機械〗エキスパンダー《配管の際, 管の末端の内側から押し広げ密着させる工具》. **3** 〖電子工学〗伸長器 (cf. compressor, compander). **4** 〖医学〗増量剤 (extender). **5** エキスパンダー《筋肉をきたえる器具》. 〖(1862): ⇨ -er[1]〗

ex·pánd·ing *adj.* **1** 伸び広がっていく: an ~ blossom. **2** 膨張[拡大]していく: an ~ business. 〖(1776): ⇨ -ing[2]〗

expánding úniverse *n.* [the ~] 〖天文〗膨張宇宙《すべての銀河系が我が銀河系から遠ざかりつつあるという観測事実から, 宇宙が膨張しているという説に基づく宇宙》: ~ theory 膨張宇宙論. 〖1931〗

ex·panse /ɪkspǽns, ɛks-, -pǽnts | ɪ̵ks-, ɛks-/ *n.* **1 a** 広げられたもの; (広い)広がり: a broad ~ *of* brow 広い[はげ上がった]額 / an ~ *of* water [lake] 広々とした一面の水[湖] / the boundless ~ *of* the Pacific 広々と限りなく広がる太平洋. **b** [the ~] 天空 (the firmament). **2** 膨張, 拡張 (expansion, extension). 〖(1667) ◻ L *expansum* (neut. p.p.) ← *expandere* 'to EXPAND'〗

ex·pan·si·bil·i·ty /ɪkspæ̀nsəbíləti, ɛks- | ɪ̵kspæ̀nsɪ̵bíl ɪ̵ti, ɛks-/ *n.* **1** 伸張力[性], 拡充性. **2** 膨張力, 膨張性. **3** (国勢などの)発展性[力]. 〖(1701): ⇨ ↓, -ity〗

ex·pan·si·ble /ɪkspǽnsəbl, ɛks- | ɪ̵kspǽnsɪ̵bl, ɛks-/ *adj.* **1** 伸張[展開]できる; 伸び広がる, 伸張性の. **2** 膨張できる, 膨張しやすい. **3** 発展性のある. 〖(a1691) ← L *expansum* 'EXPANSE'+-IBLE〗

ex·pan·sile /ɪkspǽnsɪ̵l, ɛks-, -saɪl | ɪ̵kspǽnsaɪl, ɛks-/ *adj.* **1** 伸び広がる, 拡張できる, 膨張できる (expansible). **2** 膨張性の, 膨張しようとする: ~ force 膨張力. 〖(1730–36): ⇨ ↑, -ile[1]〗

ex·pan·sion /ɪkspǽnʃən, ɛks-, -pǽntʃən | ɪ̵ks-, ɛks-/ *n.* **1** 発展, 増大, 拡大 (development), 拡張 (extension); 領土拡張; 〖商業〗取引の拡張: the ~ *of* a company's actvities 会社の事業の拡張 / the ~ *of* the currency 〖財政〗通貨の膨張[増発] / the ~ *of* feelings 感情の膨張 / a policy *of* ~ (領土)拡張政策 / territorial ~ 領土拡張 / the ~ of a town into the countryside 町の田園地帯への広がり / the ~ *of* trade [business] 貿易[業務]の拡張. **2** 膨張 (dilatation); 膨張量[度]: the coefficient of ~ 膨張率 / a cubical [linear] ~ 体[線]膨張 / the ~ *of* gas 気体の膨張. **3** 伸張, 展開: the easy ~ *of* the wings of a bird 鳥が翼をゆったりと広げること. **4** 詳述, 敷延; (省略形などの)完全表記: His ~ on that point left us still confused. 彼はその点についてさらに詳述したが私たちは相変わらず訳がわからなかった. **5** 誇張性, 誇大性《自己に関する著しい冗舌を特徴とする性質》. **6** 《古》広がったもの[部分, 面], 広がり (expanse): the starr'd ~ *of* the skies 星をちりばめた空の広がり. **7** 〖数学〗展開, 展開式. **8** 〖機械〗(気筒内気体の)膨張. **9** 〖病理〗(腫瘍などの)膨張性の発育[増殖]. **ex·pán·sion·al** /-ʃnəl, -ʃənl/ *adj.* 〖(1611) ◻ LL *expansiō(n-)*: ⇨ expanse, -sion〗

ex·pan·sion·ar·y /ɪkspǽnʃənèri, ɛks- | ɪ̵kspǽnʃ(ə)nəri, ɛks-/ *adj.* 拡張[発展, 膨張]性の: an ~ diplomatic policy 拡張的外交政策 / an ~ economy 拡張経済. 〖(1936): ⇨ ↑, -ary〗

expánsion áttic *n.* 拡張用屋根裏《完成した家の中で, 未完成で残される屋根裏部屋; 後に居室に変更可能》.

expánsion bénd *n.* 〖工学〗伸縮ベンド《伸縮継手の一種; 配管の途中に置いて配管の伸縮を調整できる》.

expánsion bít *n.* 〖木工〗=expansive bit.

expánsion bólt *n.* 〖機械〗開きボルト.

expánsion cárd *n.* 〖電子工学〗拡張カード《スロットに挿入して用いる付加回路を組み込んだ基板》.

expánsion chámber *n.* =cloud chamber.

ex·pán·sion·ìsm /-ʃənɪzm/ *n.* (領土などの)拡張発展政策[主義]; (通貨の)膨張政策. 〖(1899): ⇨ -ism〗

ex·pán·sion·ist /-ʃ(ə)nɪ̵st | -nɪst/ *n.* 拡張論者, 膨張論者; 領土拡張論者. — *adj.* 領土拡張を行う[主張する], 拡張策の. 〖(1862): ⇨ -ist〗

ex·pan·sion·is·tic /ɪkspæ̀nʃənístɪk, ɛks- | ɪ̵ks-, ɛks-/ *adj.* =expansionist.

expánsion jóint *n.* 〖機械・土木〗伸縮継手, 膨張継手, 伸縮目地《伸縮自在の継手》. 〖1849–50〗

expánsion slót *n.* 〖電算〗拡張スロット《機能用の回路基盤を挿入するコンピューター本体のスロット》.

expánsion téam *n.* 《米》〖スポーツ〗(リーグ拡大に伴う)新チーム.

expánsion trúnk *n.* 〖造船〗膨張トランク, 膨張囲壁《タンカーのメーンタンクの中央上部に狭く垂直になっている囲い部分で, 温度変化による積載油の膨張に備えて余裕を設けたもの》.

expánsion válve *n.* (機関の)膨張弁, 締切弁. 〖1849〗

expánsion wáve *n.* 〖航空〗膨張波《超音速の流れが角などを曲がって加速する場合, 空気が下流に向かって膨張し空気中を伝播する膨張の波》.

ex·pan·sive /ɪkspǽnsɪv, ɛks-, -pǽntsɪv | ɪ̵ks-, ɛks-/ *adj.* **1** 広々とした, 広大な (broad, extensive): an ~ brow 広い額. **2** 心の広い, 包容力のある; 〈人・感情・話し方が〉のびやかな, 打ち解けた, 屈託のない, 開放的な: an ~ personality 開放的な性格 / He grew ~ over a glass of sherry. シェリーを飲みながら打ち解けてきた. **3** 膨張の, 膨張力のある, 膨張しようとする, 膨張性の: ~ force 膨張力 / an ~ engine 膨張式機関. **4** 発展的な; 拡張的な; 展開的な, 展開性のある: Those towns are very ~. それらの町は大いに発展性がある. **5** 豪勢な, ぜいたくな. **6** 〖精神医学〗誇大妄想的な: ~ delusion 誇大妄想. **~·ness** *n.* 〖(1651) ← L *expansum* 'EXPANSE'+-IVE〗

expánsive bít *n.* 〖木工〗調節ドリル, 可変ドリル《種々の大きさの穴をあけることができる》.

expánsive classificátion *n.* [the ~] 〖図書館〗展開分類法《7 表からなる図書資料の分類法; Cutter classification ともいう; cf. decimal classification》.

ex·pán·sive·ly *adv.* 膨張的に; 発展的に; 広やかに. 〖(1839): ⇨ -ly[1]〗

ex·pan·siv·i·ty /ɪ̵kspæ̀nsívəti, ɛks-, ɛ̀kspæn- | -vɪ̵ti/ *n.* **1** 膨張[伸張]性, 発展性. **2** 〖物理〗膨張係数. 〖(1837) ← EXPANSIVE+-ITY〗

ex par·te /ɛkspáːəti | -páːti, -teɪ/ *L. adj., adv.* **1** 〖法律〗〈証拠・証言など〉(当事者の)片方だけの[に], 一方だけに関した[て]: an ~ testimony (当事者の)一方だけの証言. **2** 〈陳述など〉一方のみの[で]: an ~ statement 一方的陳述. 〖(1672) ◻ ML ~ 'from one side (only)': ⇨ ex[1], part〗

ex·pat /ɛkspǽt/ *n., adj.* 《口語》=expatriate. 〖1962〗

ex·pa·ti·ate /ɛkspéɪʃièɪt, ɪ̵ks-/ *vi.* **1** 〔…について〕詳細に説く[書く], 長々と述べる (enlarge) 〔*on, upon*〕: ~ *upon* the value of language study 語学研究の価値を長々と述べる / The topic has been frequently ~*d upon*. その題目は何度も詳細に論じられてきた. **2** 《まれ》自由に[気の向くままに]動き回る[さまよう]. **3** 気ままに思いを巡らす, 自由に想像力を働かせる. **ex·pá·ti·à·tor** /-tə | -tə[r]/ *n.* 〖(1538) ← L *ex(s)patiātus* (p.p.) ← *ex(s)patiārī* to extend, digress ← EX-[1]+*spatiārī* to walk about (← *spatium* 'SPACE'): ⇨ -ate[3]〗

ex·pa·ti·a·tion /ɛkspèɪʃiéɪʃən, ɪ̵ks-/ *n.* 詳説, 詳述. 〖(1612): ⇨ ↑, -ation〗

ex·pa·ti·a·to·ry /ɛkspéɪʃiətɔ̀ːri, ɪ̵ks-, -ʃə- | -təri, -tri/ *adj.* 詳述的な; くどい, 冗漫な. 〖(1816) ← EXPATIATE+-ORY〗

ex·pa·tri·ate *v.* /ɛkspéɪtrièɪt, ɪks- | -pǽtri-, -péɪ-/ *vt.* **1** 国外に追う, 追放する; 国籍を捨てさせる (⇨ banish SYN). **2** [~ *oneself* で] 自国を立ち退く; (他国に帰化するため)本国の国籍を捨てる. — *vi.* 自国を立ち退く; 国籍を捨てる.
— /-trɪ̵ət, -trièɪt/ *adj.* 追放された; 国外在住の.
— /-trɪ̵ət, -trièɪt/ *n.* 国籍離脱者; 国外在住者.
〖(1784) ◻ ML *expatriātus* (p.p.) ← *expatriāre* ← EX-[1]+L *patria* fatherland (← *patr-, pater* 'FATHER'): ⇨ -ate[1,2,3]〗

ex·pa·tri·a·tion /ɛkspèɪtriéɪʃən, ɪks- | -pæ̀tri-, pèɪ-/ *n.* **1** 本国退去, 国外追放 (banishment); 国外在住. **2** 国籍離脱: the right of ~. 〖(1816) ◻ F ~: ⇨ ↑, -ation〗

ex·pect /ɪ̵kspékt, ɛks-/ *vt.* **1** [しばしば目的語+*to* do を伴って] 〈…の来る[起こる]ことを〉期待する, 予期[予想]する, 待ち設ける: I am ~*ing* him (*to* come) any minute (now). 彼が今にも来るかと待っているところです / She is ~*ing* a baby [child]. 出産の予定である / They ~*ed* war any day. 彼らはいつ戦争が起こるかもしれないと思っていた / He was ~*ed* in London yesterday. 彼はきのうのロンドンに着くはずだった / *Expect* me when you see me. 《英口語》いつ帰れるかわからない《当てにしないように》. 日英比較 *expect* は「期待する」と訳されることが多いが, 日本語の「期待する」はよいことを予想し, 望む場合に用いるのに対して, 英語の *expect* はよくないこと, 望ましくないことにも用いる. We *expect* a very cold winter this year. 今年は寒さの厳しい冬になるだろうと思う.
2 a [しばしば *to* do, *that*-clause, または目的語+*to* do を伴って] (ありそうなこと・確実なこととして)予期する, …しそうに思う (think likely): as (was to be) ~*ed* 予想していた通りに, 案の定 / as might have been ~*ed* 当然予期された通りに, さすがに / I never ~*ed* such treatment. まさかこんな待遇を受けようとは思わなかった[意外だった] / It happened when I was least ~*ing* it. それは予想もしなかったときに起こった / I ~ *to* be forgiven. = I ~ (*that*) you will forgive me. 許してもらえるものと考えています / It is not so bad as (what) I ~*ed* (it to be). 思ったほど悪くはない / Just what [as] I ~*ed*! 思った通りだ / You never know what to ~ with him! 彼は何をするかわかったもんじゃない / What (else) did [could] you ~? そうなるに決まっていたじゃないですか / That is (only) to be ~*ed*. それは当然だ. **b** (当然[正当, 必要]なものとして)〔…に〕期待する 〔*of, from*〕: Do you ~ payment at once for this? この代金は今お支払いするのでしょうか / As might be ~*ed of* a samurai, he was as good as his word. 彼はさすがが武士だけあって言ったことは実行した / You ~ too much *from* [*of*] him. 君はあの男に余り期待をかけ過ぎている / How could you possibly have ~*ed* that *of* him? 一体なんで彼にそんなことを期待したのか. **c** [目的語+*to* do, または *that*-clause を伴って] 《義務として》…することを〉〈人〉に期待する, 要求する: England ~*s* every man *to* do his duty. 英国は各人にその義務を果たされんことを望む《英国の提督 Horatio Nelson が Trafalgar 海戦で言ったことば》 / It is ~*ed that* every man will do his duty. 各人がその義務を果たすことを期待する / You cannot ~ him *to* do such a thing. = He cannot be ~*ed to* do such a thing. そんな事を彼に望むのは無理だ[望んでもだめだ] / I ~ you *to* obey [*that* you will obey]. 君が従ってくれるものと期待している / Do you really ~ me to believe that? 君は本当に私がそれを信じることを期待しているのか / A schoolmaster is ~*ed to* be a good man. 教師は善良な人たるべきことを要求されている / You are ~*ed to* be here at eight tomorrow. 明日は8時にここに来てください.
3 [通例 *that*-clause を伴って] 《口語》…と思う, 〈…である〉はずだ: I ~ (*that*) there is some sugar left in the kitchen. 台所にまだ砂糖が残っているはずだ / I ~ you've heard the news. 君は多分そのニュースは聞いているだろう / I ~ so. 多分そうだと思う / I don't ~ so. = I ~ not. 多分そうではあるまい / He will come, I ~. 彼が来ると思う.
4 《古》待つ, 待ち構える.
— *vi.* **1** [be ~*ing* として] 《口語・婉曲》出産の予定である, 妊娠中である: She is ~*ing* again. 近々またおめでたです. **2** 期待する, 予期する. **3** 《古》待つ.
— *n.* 《Shak》=expectation.
~·a·ble /-təbl/ *adj.* **~·a·bly** *adv.* **~·er** *n.* 〖(1560) ◻ L *ex(s)pectāre* to look out for, await ← EX-[1]+*spectāre* to look at (← *spectus* (p.p.) ← *specere* to see)〗

SYN 期待する: **expect** 事柄がきっと起こるだろうと思う; よいこと, 悪いこと両方に用いる: I *expect* them to win. 彼らがきっと優勝すると思う. **anticipate** 喜びまたは不安の気持ちで待ちうける: I eagerly *anticipate* a quiet vacation at a mountain resort. 山の保養地で静かな休みが過ごせると期待しています. **hope** 願わしいことの実現を信じて待ち望む: I *hope* you'll be better soon. じきお元気におなりでしょう. **await** 〈人や事を〉いつ来るかと待ちうける: We *await* your early reply. 早いご返事をお待ちしています.
ANT despair of.

---

ex·péc·tance /-təns, -tn̩s/ *n.* 《英・古》=expectancy. 〖1601–02〗

ex·pec·tan·cy /ɪ̵kspéktənsi, ɛks-, -tn̩-, -təntsi, -tn̩tsi/ *n.* **1** 予期, 期待, 待望 〔*of*〕: ever-increasing ~ いや増す期待 / *Expectancy* darkened into anxiety. 期待が暗い不安の念に変わった. **2** (将来所有の)見込み, 心当て; 〖法律〗将来所有権: an estate in ~ (いずれ占有し, 利用することになる)将来不動産権. **3** 期待するもの, 期待の対象物. **4** 《古》待つこと. **5** 〖統計〗(余命など, 統計的確率に基づく)予測数量: ⇨ life expectancy. 〖(1598) ◻ ML *ex(s)pectantia*: ⇨ ↓, -ancy〗

ex·pec·tant /ɪ̵kspéktənt, ɛks-, -tn̩t/ *adj.* **1** 〔…を〕予期して[待ち構えて]いる (expecting): an ~ look [hush, multitude] 期待に胸をはずませている顔つき[静けさ, 群衆]. **2** 《婉曲》出産を控えている, 妊娠中の: an ~ mother 妊婦 / an ~ father 《戯言》出産を待ち構えている父親. **3** (手をこまぬいて)成行きを待つ, ただ待っている: an ~ policy 日和見政策 / ⇨ expectant treatment. **4** 将来所有の当て[希望, 見込み]のある, 予期の; 〖法律〗(財産の享有の)

E

将来の (reversionary) (cf. contingent 4): an ～ estate 将来財産権 / an ～ heir 財産承継の見込みのある者, 推定相続人. ── *n.* **1 a** 期待者, 予期者. **b** 《廃》(官職・聖職などの)志望者, 採用予定者. **2** 〖法律〗期待相続人. 〖(*a*1393) □ (O)F ～ // L *exspectantem* (pres.p.) ← *ex(s)pectāre*: ⇨ expect, -ant〗

ex·péc·tant·ly *adv.* 予期して, 期待して. 〖(1857): ⇨ ↑, -ly¹〗

expéctant tréatment [méthod] *n.* 〖医学〗期待[自然]療法《病気の進行に積極的な介入をせずに苦痛を取り除こうとする方法》.

ex·pec·ta·tion /èkspektéɪʃən, ɪ̀kspèk- | èkspek-/ *n.* **1 a** 期待; 予期, 予想 (anticipation) 〔*of*〕: according to ～(*s*) 予期した通り / against [contrary to] (all) ～(*s*) (全く)予期に反して / beyond (all) ～(*s*)＝beyond a person's ～*s* 思いの外, 予想外に / answer [meet, come up to, live up to] a person's ～(*s*) 期待に添う / exceed a person's ～ 予想以上である / fall short of [do not come up to, do not live up to] a person's ～(*s*) 予想に達しない, 思ったほどでない / wait *in* ～ 期待して待つ / *in* ～ *of* war 開戦を見越して / They sat before me, their eyes bright *with* ～. 彼らは期待で目を輝かせながら私の前に座っていた. **b** [*in* ～ として] 期待[予期]されている状態: a sum of money *in* ～ (将来入ってくることを)予期している[当てにしている]金額. **2** (心当てにして)待ち構えているもの; (良くも悪くも)予期しているもの. **3** [通例 *pl.*] 将来の見込み (future prospects); (特に)遺産相続の見込み: He had great ～*s* from his uncle's estate. 彼には叔父の遺産を引き継げる見込みが大いにあった. **4** (起こる)可能性, 見込み (probability) 〔*of*〕 / 〈*that*〉: There is little ～ *of* getting away early [*that* I shall get away early]. 早く抜け出して来られる見込みはまずない. **5** 〖統計〗 **a** ＝expectancy 5. **b** ＝expected value. **6 a** 《古》待つこと. **b** ＝expectant treatment.

E

expectátion of lífe ＝life expectancy. 〖1725〗
〖(1536) □ L *ex(s)pectātiō(n-)* ← *ex(s)pectātus* (p.p.): ⇨ expect, -ation〗

Éxpectation Súnday *n.* 期待の日曜日《昇天祭 (Ascension Day) と聖霊降臨日 (Whitsunday) の間の日曜日; 使徒たちがキリストの昇天後聖霊の降臨を期待したことに由来する名称》.

Expectátion Wèek *n.* 期待の週間《昇天祭 (Ascension Day) から聖霊降臨日 (Whitsunday) までの 10 日間; cf. Expectation Sunday》. 〖1622〗

ex·pec·ta·tive /ɪkspéktətɪv, ɛks-, -tɪv/ *adj.* **1** 期待の, 待望[予期]の的である; 期待[予期]の. **2** (聖職禄)継承権の. ── *n.* 予期されるもの. 〖(1488) □ ML *expectātīvus*: ⇨ expect, -ative〗

ex·péct·ed *adj.* 期待された, 予期の. **～·ly** *adv.* **～·ness** *n.* 〖(1586): ⇨ -ed〗

expécted fréquency *n.* 〖統計〗期待頻度.

expécted utílity *n.* 〖統計〗期待効用《確率分布と効用関数の積の総体または積分値》.

expécted válue *n.* 〖統計〗期待値 (⇨ mathematical expectation). 〖1947〗

ex·péct·ing *adj.* 《口語》妊娠している. 〖1890〗

ex·pec·to·rant /ɪkspéktərənt, ɛks-, -trənt/ *adj.* 〖医学〗痰(たん)の排出を促す. ── *n.* 去痰薬. 〖(1782) □ L *expectorantem* (pres.p.) ← *expectorāre*: ⇨ ↓, -ant〗

ex·pec·to·rate /ɪkspéktərèɪt, ɛks-/ *vt.* **1** せき上げる (cough up), 吐き出す: ～ phlegm [blood] 痰[血]を吐く. **2** 〈つばを〉吐く. ── *vi.* **1** 痰[血]をせき上げる. **2** つばを吐く (spit): Do not ～ on the sidewalks. 歩道につばを吐くな. **ex·péc·to·rà·tor** /-tə | -tə(r)/ *n.* 〖(1601) ← L *expectorātus* (p.p.) ← *expectorāre* to drive from the breast ← EX-¹＋*pector-*, *pectus* breast: cf. pectoral〗

ex·pec·to·ra·tion /ɪkspèktəréɪʃən, ɛks-/ *n.* **1** 痰(たん)などの喀出(かくしゅつ). **2** 吐いた物《痰など》, 喀痰. 〖(1672): ⇨ ↑, -ation〗

ex·pe·di·ence /ɪkspíːdiəns, ɛks- | -di-/ *n.* **1** ＝expediency. **2** 《廃》冒険 (enterprise). **3** 《廃》急ぐこと (haste). 〖(?1457) □ (O)F *expédience*: ⇨ expedient, -ence〗

ex·pe·di·en·cy /-diənsi | -di-/ *n.* **1** 便宜, 好都合; 得策, (事の)適否, 得失 (advisability). **2** (是非よりも便宜を優先する)方便主義, ご都合主義, 便宜主義: political ～ 政治的便宜主義. **3** 便宜的なもの, 便法 (expedient). **4** 《廃》急ぐこと (haste). 〖(1612) □ ML *expedientia*: ⇨ ↓, -ency〗

ex·pe·di·ent /ɪkspíːdiənt, ɛks- | -di-/ *adj.* **1** 便宜の, 好都合の (convenient); 当を得た, 適当な; 情勢に応じた, 有利な: the most ～ action in the circumstances 現状における最も適切な行動 / Do whatever is ～. 適宜な処置を取れ / It was ～ in time of war. それは戦時には時宜に適したことであった / It is ～ that you (should) follow his advice. 彼の忠告に従うのが得策だ / What is ～ is not always right. 都合のいいことが必ずしも正しくはない. **2** (事の是非に対して)便宜主義的な, 方便的な, 政略的な. **3** 《廃》＝expeditious. ── *n.* **1** 急場の手段, 応急の処置, 方便, 便法 (⇨ resource SYN): a temporary ～ 一時的な便法, 間に合わせ策 / by questionable ～*s* いかがわしい方法で / resort to an ～ 方便に訴える, 便法を講じる. **2** (目的のための)手段 (means). 〖(*a*1400) □ (O)F *expédient* // L *expedientem* (pres.p.) ← *expedīre* 'to EXPEDITE'〗

ex·pe·di·en·tial /ɪkspìːdiénʃəl, ɛks-, -ʃl | -di-ˈ-/ *adj.* 便利[都合]のための, 便宜上の, ご都合主義の, 方便的な: an ～ policy 便宜的方策. **～·ly** *adv.* 〖(1850) ← EXPEDIENCY＋-IAL〗

ex·pé·di·ent·ly *adv.* 便宜的に, 便宜上; 方便的に. 〖(?*a*1425): ⇨ expedient, -ly¹〗

ex·ped·i·tate /ɛkspédətèɪt | -di-/ *vt.* 〈犬〉の前足のつめまたは肉趾(にくし)を切り落す《鹿追い防止のため》. 〖(1502) ← ML *expeditātus* (p.p.) ← *expeditāre* ← EX-¹＋*peditāre* (← L *ped-*, *pēs* foot): ⇨ ↓, -ate³〗

ex·pe·dite /ékspədàɪt | -pɪ-/ *vt.* **1** はかどらせる, 促進する (hasten): ～ a negotiation [destruction] 交渉[破壊]を早める. **2** 〈仕事などを〉手早く片付ける (dispatch): We will ～ her business. 彼女の仕事を手早く片付けよう. **3** 《まれ》〈荷物などを〉発送する; (公式に)〈文書を〉発送する (dispatch); 〈急使を〉差し立てる, 〈軍隊などを〉派遣する (send out). ── *adj.* 《廃》 **1** 支障のない, 邪魔されない. **2** 〈行動など〉急速な, 迅速な. **3** 〈兵士など〉身軽な, 軽装の. **4** 〈人など〉敏速な; 〈道具などすぐ使える, 便利な (handy). **～·ly** *adv.* 〖(1471) □ L *expedītus* (p.p.) ← *expedīre* to help forward, 《原義》to free the foot (from fetters) ← EX-¹＋*ped-*, *pēs* 'FOOT'〗

éx·pe·dit·er /-tə | -tə(r)/ *n.* 原料供給[生産物積出し]係; 公報発表係; (仕事・工事などの)促進係. 〖(1891): ⇨ ↑, -er¹〗

ex·pe·di·tion /èkspədíʃən | -pɪ-/ *n.* **1** 探検[討伐]旅行, 遠征; (楽しみのための)遠出, 旅行: an antarctic ～ 南極探検 / a military ～ 遠征 / a scientific ～ 研究旅行 / an ～ to explore unknown territory 未知の地域への探検旅行 / a hunting ～ 狩猟の旅 / go [start] on an ～ 遠征[探検]の途に上る / make an ～ (*into* the country) 遠征する, (奥地へ)探検の旅をする / She left on a shopping ～. 買物に出かけた. **2** 遠征隊, 探検隊, 遠征船隊. **3** 急速, 迅速(じんそく) (promptness) (⇨ haste SYN): use ～ 急ぐ, てきぱきやる / with ～ 迅速に, さっさと. 〖(?*a*1425) □ (O)F *expédition* // L *expeditiō(n-)*: ⇨ expedite, -tion〗

èx·pe·dí·tion·àr·y /-ʃənèri | -ʃ(ə)nəri/ *adj.* 遠征的(性質)の; 遠征の, 探検(隊)の: an ～force 派遣軍. 〖(1817): ⇨ ↑, -ary〗

èx·pe·dí·tion·ist /-ʃ(ə)nɪ̀st | -nɪst/ *n.* 遠征[探検]隊員. 〖(1841): ⇨ -ist〗

ex·pe·di·tious /èkspədíʃəs | -pɪ-ˈ-/ *adj.* 〈人・行動・返事など〉急速な, 手早い (quick); 迅速(じんそく)な (speedy); 〈処置など〉応急の: an ～ messenger 急使 / an ～ march 急行軍 / an ～ answer 即答 / ～ measures 応急手段. **～·ly** *adv.* **～·ness** *n.* 〖(*c*1475): ⇨ expedition, -tious〗

éx·pe·dì·tor /-tə | -tə(r)/ *n.* ＝expediter.

ex·pel /ɪkspél, ɛks-/ *vt.* (**ex·pelled; ex·pel·ling**) **1 a** 〔学校・政党などから〕放逐する, 除名する, 免職する 〔*from*〕: They approved a resolution to ～ Israel *from* the U.N. 彼らはイスラエルを国連から除名するという決議案を承認した. ★ 受身では from が省かれることがある: The boy was ～*led (from)* the school for fighting with his teacher. 少年は教師とけんかをしたというかどで放校処分にあった. **b** 〔国などから〕駆逐する, 追放する 〔*from*〕: ～ aliens *from* the country 外国人を国外へ退去させる. **2** 〔容器・体内などから〕排出する, (強く)吐き出す (force out), 駆除する (drive out) 〔*from*〕: ～ burnt gases through the exhaust 排気装置から燃焼したガスを排出する / He ～*led* a long breath [a lot of cigarette smoke]. 彼はぷーっと長く息[もうもうとたばこの煙]を吐き出した. **3** 〔銃から〕〈弾丸などを〉発射する 〔*from*〕. **ex·pél·la·ble** /-ləbḷ/ *adj.* 〖(*c*1385) □ L *expellere* ← EX-¹＋*pellere* to drive: cf. compel, impel〗

ex·pel·lant /ɪkspélənt, ɛks-/ *adj.* 追出しの, 駆除力のある. ── *n.* 駆除剤, 排毒薬. 〖(1858) □ L *expellentem* (p.p.) ← *expellere*〗

ex·pel·lee /èkspelíː, ɪkspèlíː, ɛks-/ *n.* 国外追放者. 〖(1888): ⇨ expel, -ee¹〗

ex·pel·lent /ɪkspélənt, ɛks-/ *n.* ＝expellant. 〖1823〗

ex·pél·ler /-lə | -lə(r)/ *n.* **1** 追い出す者[物]. **2** (豆類などの)搾油機. **3** [*pl.*] (豆類の)搾油かす, 油かす《飼料用》. 〖(1577) ← EXPEL＋-ER¹〗

ex·pend /ɪkspénd, ɛks-/ *vt.* **1** 〔…(すること)に〕〈金・時・労力などを〉使う, 費す, 消費する (spend) 〔*on, in*〕. ★ この意味では spend の方が普通: Large sums were ～*ed on* model farms. 模範農場に大金が支出された / ～ money *on* the purchase of [*to* purchase] a car 車の買入れに金を使う / ～ money [time, energy] *in* doing [*to* do] something ある事をするのに金[時, 精力を]費す. **2** 〈資材・力などを〉使い切る (use up): He ～*ed* all his arrows [resources]. 矢[資産]を使い果たした. **3** 〖海事〗(戦闘・嵐で)〈円材・マストなどを〉失う; 〈ロープを〉円材などに巻き付けて使い切る. **～·er** *n.* 〖(1413) □ L *expendere* to weigh out, lay down, pay out ← EX-¹＋*pendere* to weigh, pay: cf. spend, suspend〗

ex·pend·a·bil·i·ty /ɪkspèndəbíləṭi, ɛks- | -lɪ̀ti/ *n.* 消費[消耗]性.

ex·pend·a·ble /ɪkspéndəbḷ, ɛks-/ *adj.* **1** 消費[消耗]される; 保存[節約]に値しない, 使い捨ての: ～ supplies 消耗品 / Don't think you're indispensable. You are ～! お前は欠くべからざる人物などと考えるな. お前なんか消耗品だぞ. **2** 〖軍事〗〈施設・資材・兵員など〉(軍事目的のため)犠牲にされうる, 消耗的な, 消耗性の. ── *n.* [通例 *pl.*; 集合的] 消耗品《特に, 軍事目的のため敵の犠牲にされうる施設・資材・兵員など》. 〖(1805): ⇨ -able〗

ex·pend·i·ble /ɪkspéndəbḷ, ɛks- | -dɪ̀-/ *n.* ＝expendable. 〖1956〗

ex·pend·i·ture /ɪkspéndɪ̀tʃə, -dətʃʊ̀ə | -tʃə(r)/ *n.* **1** 〔…への〕支出 〔*on*〕; (金・時・労力などの)消費: a great ～ *of* energy and time 精力と時間の非常な消費 / increase ～ *on* armaments 軍備費をふやす / A war involves a great ～ *of* money. 戦争は莫大な支出を伴う / He is lavish in his ～. 金遣いが荒い. **2** 経費, 費用; (金・時・労力などの)消費高[量]: annual ～ 歳出 / current ～ 経常費 / extraordianry ～ 非常[臨時]支出 / ordinary ～ 経常支出 / revenue and ～ 歳入と歳出. 〖(1769) ← ML *expenditus* (← L *expensus* (p.p.) ← *expendere*)＋-URE: ⇨ expend〗

ex·pense /ɪkspéns, ɛks-, -pénts/ *n.* **1 a** 費用, 物入り (cost); 〈時・労力などを〉費すこと: *at* any ～ どんなに費用がかかっても / *at* government [public] ～ 官[公]費で / *at* great ～ to the taxpayer 納税者の大きな負担で / publish a book *at* one's own ～ 書物を自費で出版する / go to the ～ *of* buying a piano 奮発してピアノを買う / go to any ～ いくらでも金[時間, 労力]をかける / go to great [a lot of] ～ *to* do …するのに大金を使う / put a person to great [a lot of] ～ 人に大金を使わせる, 散財させる / put a person to the ～ of (doing) …(するの)に人に金を使わせる / regardless of ～ 費用を顧みないで, 金に飽かして / spare no ～ 費用を惜しまない (cf. *no* EXPENSE(*s*) *spared*). **b** 費用のかかるもの: Marriage is a great ～ (*to* people). 結婚は大変費用がかかる. **c** 犠牲, 代価 (sacrifice). **2** [通例 *pl.*] **a** 支出金, 入費, …費: incidental ～*s* 臨時費 / sundry ～*s* 雑費 / school ～*s* 学費 / traveling ～*s* 旅費 / clear one's ～*s* 出費分の金を稼ぐ / cut down (on) one's ～*s* 入費[費用]を切り詰める / meet one's ～*s* 費用を支出する / My ～*s* have increased considerably. 入費がひどくかさんだ / He offered to pay my ～*s* through the university. 大学卒業までの学費を出してくれると言った. **b** (雇い主が払う)手当, 所要[必要]経費, 交際費 (cf. expense account): be on ～*s* 〈会社などが〉費用を負担する. **3** 《古》消費, 支出 (expenditure). **4** 《廃》損失, 喪失 (loss).

áll expénses páid 〈会社などが〉費用を全額負担して[した], 全額支給で[の]. ***at a pérson's expénse*** (1) 人の費用で (cf. 1 a). (2) ＝*at the* EXPENSE *of*. (3) (冗談など)人をだしにして[からかって]: They laughed [amused themselves] *at his* ～. 彼をからかって笑った[おもしろがった]. ***at the expénse of*** (1) ＝*at a person's* EXPENSE (1). (2) 〈物事・人〉を犠牲にして, を失って, に迷惑をかけて; …という犠牲を払って: *at the* ～ *of* intelligence [sentiment] 知性[情操]を犠牲にして / He completed it *at the* ～ *of* his health. 健康を犠牲にしてそれを完成した. ***nó expénse(s) spáred*** 金に糸目をつけずに (cf. 1 a).
── *vt.* 《米・カナダ》必要経費を請求する; 費用勘定につける; 必要経費として扱う.
〖(*c*1384) □ AF ～＝OF *espense* // LL *expensa* (*pecūnia*) (money) paid out (fem. p.p.) ← L *expendere* 'to EXPEND'〗

expénse-accòunt *adj.* [限定的] (会社などの)交際費の[による], 「社用の」: an ～ dinner, tour, etc.

expénse accòunt [shèet] *n.* **1** 〖会計〗経費勘定; その記録. **2** ＝expense 2 b. 〖1872〗

ex·pen·sive /ɪkspénsɪv, ɛks-, -péntsɪv/ *adj.* 費用[経費]のかかる; 高価な: ～ clothes 高価な衣服 / an ～ restaurant [lawyer] 金のかかるレストラン[弁護士] / an ～ mode of living ぜいたくな暮し方 / come ～ 高いものにつく / She has somewhat ～ tastes. いささか金のかかる趣味の持主だ. 日英比較 日本語より意味が狭く, 予定より「高い」, 品物の割に値段が「高い」ことをいう. 品質が良いために高いことは costly という. **～·ness** *n.* 〖(1628) ← EXPENSE＋-IVE〗

ex·pén·sive·ly *adv.* (多額の)費用をかけて, 高価に; ぜいたくに: be dressed ～ ぜいたくな身なりをしている. 〖(*a*1631): ⇨ -ly¹〗

exper. 《略》experiment; experimental.

ex·pe·ri·ence /ɪkspí(ə)riəns, ɛks-, -riənts | -píər-/ *n.* **1 a** (一般事象の)経験, 体験; (知識・技能などを伴う特定の職業・仕事などの)経験, 経歴: the ～ of joy, pain, sorrow, etc. / learn *by* ～ 経験で[によって]学ぶ / speak *from* ～ 経験に基づいて話す / know *from* ～ *that* …ということを経験で知っている / a motorist of many years' ～ 長年の経験をもつドライバー / business ～ 事務の経験 / ～ *in* dressmaking [*of* being a secretary] 洋裁[秘書]の経験 / have (the) ～ *of* keeping chickens 養鶏の経験がある / He had ～ (*in* dealing) *with* children. 子供を扱った経験があった / *Experience* tells [shows]. 経験が物を言う[役に立つ] / Despite all his ～ *as* a botanist he had not seen such a plant. 植物学者としての彼の経験を通してみてもそんな植物は見たことがなかった / *Experience* keeps a dear school. 経験の学校は月謝が高い《人はひどい目に遭って利口になる》(B. Franklin, *Poor Richard's Almanac*). **b** (人生の)経験, 知恵: a person of ～. **c** (集団の)経験: human ～ 人類の経験. **2** 経験した事柄[出来事]: have a most unusual ～ 非常に変わった体験をする / have an out-of-body ～ 体外遊離の経験をする. **3** [*pl.*] 経験談, 体験談. **4** [通例 *pl.*] (霊的・宗教的生活の)体験: religious ～*s* 宗教的体験 / (⇨ experience meeting. **5** 〖哲学〗経験《広義の対象・事象などを知覚その他を通して認識する過程, またはその成果としての知識》.
── *vt.* **1** 経験する, 体験する (suffer, feel): ～ poverty 貧苦をなめる / ～ pleasure 楽しい思いをする. **2** 《まれ》〈…ということを〉経験して知る 〈*that, how*〉.
〖(*c*1380) □ (O)F *expérience* □ L *experientia* trial, knowledge ← *experientem* (pres.p.) ← *experīrī* to try ← EX-¹＋-*perīrī* (cf. *perīculum* 'PERIL'): ⇨ -ence〗

ex·pe·ri·enced /ɪkspí(ə)riənst, ɛks-, -riəntst | -píər-/ *adj.* **1** (実地の)経験をもった; 経験家である, 賢明な (wise). **2** 老練な, 熟練の, ベテランの (⇨ expert

SYN): an ~ detective, doctor, speaker, etc. / have an ~ eye 目がきく, 眼識が高い / a grammarian ~ *in* teaching 教授に慣れている文法家. **3** 〈苦難など〉体験された (undergone). 〖(1569): ⇨ ↑, -ed〗

expérience mèeting *n.* (教会の)信仰経験談話会[体験座談会].

expérience ràting *n.* 〘保険〙 経験料定率(方式) 《ある被保険者集団の保険料率を過去の経験によって決定する方法》.

expérience tàble *n.* 〘保険〙 経験(死亡)表 《生命保険に加入した被保険者についての統計に基づいて作成される死亡表; cf. life table, mortality table》. 〖1879〗

ex·pe·ri·en·tial /ɪkspɪ̀əriénʃəl, ɛks-, -ʃl | -pɪər-/ *adj.* **1** 経験(上)の; 経験から得た. **2** 経験的な: ~ philosophy (経験を知識の基礎とする)経験哲学. **~·ly** *adv.* 〖(1816) □ ML *experientiālis*: ⇨ experience, -al¹〗

ex·pè·ri·én·tial·ism /-lìzm/ *n.* 〘哲学〙 経験主義 《すべての知識は経験から得られるとする認識論; cf. empiricism 3》. 〖(1865): ⇨ ↑, -ism〗

ex·pè·ri·én·tial·ist /-lɪst | -lɪst/ *n.* 〘哲学〙 経験主義者. 〖(1870): ⇨ -ist〗

ex·per·i·ment /ɪkspérəmənt, ɛks- | -rɪ-/ *n.* **1** (科学上の)実験 (⇨ trial¹ SYN): a chemical ~ 化学実験 / do [try, conduct, carry out, perform, run] an ~ *with* electricity [*in* physics] 電気[物理]の実験をする / prove by ~ 実験によって証明する. **2** (実地の)試み: a new ~ *in* education 教育上の新しい試み. **3** 《古》 試験, 試し (test, trial): make (an) ~ *of* …を試す. **4** 実験用器具. **5** 《廃》 =experience.
— /ɪkspérəmènt, ɛks- | -pérɪ-/ *vi.* 〔…の〕実験をする, 実験を試みる 〔*in, on, with*〕: ~ *with* electricity [*in* chemistry, *with* drugs, *on* human subjects] 電気[化学, 薬, 人体]の実験をする / ~ *in* [*with*] plowing by steam power 蒸気力で耕作の実験をする.
〖(?1348) □ OF ~ // L *experīmentum* trial ← *experīrī* to try: ⇨ experience, -ment〗

ex·per·i·men·tal /ɪkspèrəméntl, ɛks-, èkspərə- | -rɪ-, -tl/ *adj.* **1** 実験の[に関する], 実験に基づく, 実験的な (cf. speculative 1, observational); 実験用の: ~ science 実験科学 / an ~ scientist 実験科学者 / ~ chemistry [physics] 実験化学[物理] / an ~ theater 実験劇場 / an ~ school 実験学校 / an ~ opera 実験オペラ / an ~ animal 実験用動物 / ~ diabetes 実験糖尿病 《研究のために意図的につくり出される》. **2** 試験的な, 試みの: a first and ~ attempt 初めての試験的な企て. **3** 経験上の, 経験を基礎とする: an ~ knowledge of God 神についての経験的知識 / ~ religion 経験宗教. 〖(*c*1449) □ (O)F *expérimental* // ML *experīmentālis*: ⇨ ↑, -al¹〗

experiméntal condítion *n.* 〘統計〙 実験条件 《統計上のテストや計算を行うために従属変数値を決める独立変数の状態》.

experiméntal empíricism *n.* 〘哲学〙 実験的経験論 《能動的・実験的な経験の獲得と理解を強調する J. Dewey 哲学の基本的立場》.

experiméntal evolútion *n.* 〘生物〙 実験進化 《遺伝因子や遺伝型の実験的変更による属 (race) および種 (species) の人工的生産》.

experiméntal genétics *n.* 実験遺伝学.

ex·pèr·i·mén·tal·ìsm /-təlìzm, -tl- | -təl-, -tl-/ *n.* **1** 実験主義; 経験主義 《特に instrumentalism》. **2** 実験依存[愛好癖], 新しがり. 〖(*a*1834): ⇨ -ism〗

ex·pèr·i·mén·tal·ist /-təlɪst, -tl- | -təlɪst, -tl-/ *n.* (科学的な)実験家; 実験愛好者. 〖(1762): ⇨ -ist〗

ex·per·i·men·tal·ize /ɪkspèrəméntəlàɪz, ɛks-, èkspərə-, -tl- | -rɪméntəl-, -tl/ *vi.* 実験をする[試みる], 実験的に研究する. 〖(1800): ⇨ -ize〗

ex·pèr·i·mén·tal·ly *adv.* 実験的に, 実験によって, 実験上(の立場から). 〖(1593): ⇨ -ly¹〗

experiméntal phonétics *n.* 実験音声学.

experiméntal psychólogy *n.* 実験心理学. 〖1878〗

ex·per·i·men·ta·tion /ɪkspèrəmentéɪʃən, ɛks-, -mən- | -rɪ-/ *n.* 実験, 実地演習; 実験作業, 実験法. 〖(1675): ⇨ -ation〗

ex·per·i·men·ta·tive /ɪkspèrəméntətɪv, ɛks- | -rɪméntət-/ *adj.* 実験的な, 実験的傾向[性格]の. 〖(1825): ⇨ -ative〗

ex·pér·i·mènt·er /-mèntə | -tə(r)/ *n.* 実験者. 〖(1570): ⇨ -er¹〗

experiménter effèct *n.* 〘心理〙 実験者効果 《実験者の属性・期待感などが結果に及ぼす影響》.

expériment fàrm *n.* 実験農場, 農事試験場.

ex·per·i·men·tize /ɪkspérəmentàɪz, ɛks- | -rɪ-/ *vi.* 〔…の〕実験をする, 実験を試みる 〔*on, upon*〕. 〖(1847): ⇨ -ize〗

expériment stàtion *n.* (農業・鉱業など特殊研究を行う)試験場. 〖1874〗

ex·pert /ékspəːt | -pəːt/ *n.* **1** 〔…の〕熟練者, 達人, 玄人(くろうと), (その道の)大家, 専門家 〔*in, at, on, with*〕 (cf. amateur): an ~ *in* linguistics=a linguistics ~ 言語学の専門家 / an ~ *on* mining=a mining ~ 鉱山技師 / an economics ~ 経済の専門家 / an ~ *with* needle 針仕事に器用な人. **2** [the ~] 《豪口語》 羊毛刈り小屋の機械[刃物]係.
— /ékspəːt, ɛkspə́ːt, ɪks- | ékspəːt, ɛkspə́ːt, ɪks-/ *adj.* **1** 〔…に〕熟練した, 老練な, 巧者な (skillful) 〔*in, at, with*〕: an ~ golfer ゴルフの巧者 / ~ knowledge 専門的な知識 / He is ~ *in* [*at*] carving. 彫刻が上手だ. **2** 専門家の[である], 専門の: an ~ botanist 植物専門の学者 / ~ evidence 鑑定家の証言, 鑑定 / ~ advice 専門家の忠告 / an ~ witness 〘法律〙 鑑定人 (cf. lay³ 2). **3** 〈製作品など〉精巧な, 巧妙な (skillfully done).
— *vi.* 《米口語》 専門家として働く 〔*on*〕.
〖adj.: (*c*1384) □ (O)F ~ (変形) ← OF *espert* // L *expertus* (p.p.) ← *experīrī* to try. — n.: (1825) □ F ~ ← (adj.): ⇨ experience〗

SYN 熟練した: **expert** 訓練や研究によって特別の技能・知識を身につけている: an *expert* pilot 練達のパイロット. **proficient** 訓練の結果人並み以上熟達した: He is *proficient* in Japanese. 日本語が達者だ. **experienced** 経験をつんで老練な: an *experienced* nurse ベテランの看護婦. **skillful** 〈人や動作について〉技術や機敏さを有する: a *skillful* teacher 練達の教師. **skilled** 〈人や技術について〉事を上手にやるのに必要な知識と能力とを身につけている: a *skilled* mechanic 腕の立つ職人.
ANT clumsy.

ex·per·tise /èkspə(ː)tíːz, -tíːs | -pə(ː)tíːz/ *n.* **1** 専門的技術[知識]. **2** 専門的意見. 〖(1868) □ F ~ < OF ~ 'expertness' ← *expert* 'EXPERT'〗

éx·pert·ism /-tìzm/ *n.* =expertise 1. 〖1886〗

ex·pert·ize /ékspətàɪz | -pə(ː)-/ *vi.* 〔…について〕専門的意見を下す 〔*on*〕. — *vt.* …に専門的意見を下す. 〖(1889): ⇨ -ize〗

ex·pert·ly /ékspəːtli, ɛkspə́ːt-, ɪks- | ékspəːt-, ɛkspə́ːt-, ɪks-/ *adv.* 熟練家らしく, 上手に, 巧妙に (skillfully). 〖(?*a*1425): ⇨ expert, -ly¹〗

éxpert sỳstem *n.* 〘電算〙 エキスパートシステム 《専門家の経験則から導いた知識で構築した人工知能の一つ; 素人に専門家の経験を提供する》. 〖1977〗

ex·pi·a·ble /ékspiəbl/ *adj.* 償う[あがなう]ことのできる (atonable). 〖(1570) □ F ~ // LL *expiābilis*: ⇨ ↓, -able〗

ex·pi·ate /ékspièɪt/ *vt.* **1** (罰を受けて)〈罪を〉あがなう, …の罪をあがなう: ~ sin [crime] 罪[罪悪]を償う / ~ one*self* 罪滅ぼしをする. **2** …の償いをする, 埋合わせをする: They ~*d* their crime by restoring the plunder. 略奪品を戻して罪の償いをした. **3** 《廃》 消す, (死によって)終わらせる, やめさせる. — *vi.* 罪滅ぼしをする. — *adj.* 《Shak》 終わった. 〖(1594) ← L *expiātus* (p.p.) ← *expiāre* ← EX-¹+*piāre* to atone for (← *pius* 'PIOUS'): ⇨ -ate³〗

ex·pi·a·tion /èkspiéɪʃən/ *n.* **1** 罪滅ぼし; (罪の)あがない, 償い: in ~ *of* one's sin 罪滅ぼしに. **2** 罪滅ぼしにする事; 補償. **~·al** /-ʃnəl, -ʃənl/ *adj.* 〖(?*a*1425) □ (O)F ~ // L *expiātiō(n-)*: ⇨ ↑, -ation〗

éx·pi·à·tor /-tə | -tə(r)/ *n.* 罪滅ぼし[罪の償いを]する人. 〖(1847) □ LL *expiātor*: ⇨ expiate, -or²〗

ex·pi·a·to·ry /ékspiətɔ̀ːri | -təri, -èɪt-, èkspiéɪtəri, -tri/ *adj.* 罪の償い[罪滅ぼし]となる. 〖(1548) □ LL *expiātōrius*: ⇨ expiate, -ory¹〗

ex·pi·ra·tion /èkspəréɪʃən | -pɪr-, -paɪ(ə)r-/ *n.* **1** (息を)吐き出すこと, 呼息 (exhalation) (↔ inspiration). **2** 〔期間・法・協定などの〕終結, 満了, 満期 (expiry) 〔*of*〕: the ~ *of* a lease [treaty] 借地権の期限[条約期間]の満了 / at the ~ *of* one's term (of office) 任期が満ちて. **3** 《古》 死亡. 〖(?*a*1425) □ L *ex(s)pīrātiō(n-)* ← *ex(s)pīrātus* (p.p.) ← *ex(s)pīrāre* 'to EXPIRE': ⇨ -ation〗

expirátion dàte *n.* 《米》 (食品などの)賞味期限, (クレジットカード・免許などの)使用[有効]期限; (契約などの)満期(日).

ex·pi·ra·to·ry /ɪkspáɪrətɔ̀ːri, ɛks-, ékspə(ə)rə- | -páɪrətəri, -pɪ́r-, -tri/ *adj.* 息を吐き出す, 呼息(性)の: an ~ movement 呼息運動 / an ~ sound 〘音声〙 呼気音. 〖(1847): ⇨ ↑, -atory〗

ex·pire /ɪkspáɪə, ɛks- | -páɪə(r)/ *vi.* **1** 〈期間が〉尽きる, 切れる, 終了する, 満期になる (terminate); 〈権利などが〉消滅する: The lease [license] has ~*d*. 借地権[免許証]の期限が切れた. **2 a** 息を引き取る, 死ぬ (⇨ die SYN). **b** 息を吐く (exhale) (↔ inspire). **3** 〈灯火・光などが〉消える, 絶える (die out). — *vt.* **1** 〔肺から〕〈息を〉吐き出す (breathe out): ~ air [breath] *from* the lungs. **2** 《廃》 〈芳香・蒸気などを〉発散する (emit). **3** 《廃》 終わらせる (conclude). **ex·pír·er** /-páɪ(ə)rə | -páɪərə(r)/ *n.* 〖(1419) □ (O)F *expirer* // L *ex(s)pīrāre* ← EX-¹+*spīrāre* to breathe: cf. spirit〗

ex·pi·ry /ɪkspáɪri, ɛks-, ékspəri | ɪkspáɪəri, ɛks-/ *n.* **1** 〔期限などの〕終了, 満了, 満期 (expiration) 〔*of*〕: the ~ *of* a contract 契約期間の満期 / at the ~ *of* the term 期間満了の時に. **2** 《古》 息を吐き出すこと; 死; 絶滅 (extinction). 〖(1752): ⇨ ↑, -y¹〗

expíry dàte *n.* 《英》 =expiration date.

ex·pis·cate /ɪkspɪ́skèɪt, ɛkspɪ́skeɪt/ *vt.* 《スコット》 探り出す, 捜し出す (search out). 〖(*c*1611) ← L *expiscātus* (p.p.) ← *expiscārī* ← EX-¹+*piscārī* to fish (← *piscis* 'FISH')〗

ex·plain /ɪkspléɪn, ɛks-/ *vt.* **1 a** [しばしば *wh*-clause, *wh*-word+to do を伴って] 説明[解説]する, 明らかに[つまびらかに]する; 解明する, (論理的に)証明する: ~ a proposal 提案を説明する / ~ an obscure point to a person 人に曖昧(あいまい)な点を明らかにする / He ~*ed what* he meant [*how to* solve the problem]. 彼はどういう考えなのか[その問題の解き方]を説明した / That ~*s* everything! それですべての事情がわかった. **b** [しばしば *that*-clause を伴って] 説明して言う: I ~*ed to* him *that* I could not stay there any longer. それ以上そこにいられないことを彼に説明した. **c** [~ one*self* で; cf. 3 b] 意図を明らかにする, はっきり物を言う. **2** …の意味を説明する, 解釈する: ~ a passage in a book 本の一節の意味を説明する. **3 a** …の理由を説く; 〈行為などを〉弁明[釈明]する: I ~*ed why* I was late. 遅刻の理由を説明した / *Explain* your conduct [behavior] to me. なぜあんなまねをしたのか理由を言ってみたまえ. **b** [~ one*self* で; cf. 1 c] 自分の行為の理由[動機]を説明する, 立場を釈明する. — *vi.* 説明[弁明]する: He went on to ~. 彼は言葉を続けて説明した / Let me ~ *about* him. 彼のことを[について]説明しましょう.
expláin awáy (1) 〈自分の行為などを〉うまく言い抜ける: He could not ~ *away* his absence the day before *to* the teacher. 彼は先生に前日の欠席理由をうまく言ってのけることができなかった. (2) 説明して〈難点・疑いなどを〉除く: He tried to ~ *away* the difficulties connected with his theory. 彼は自分の説にまつわる疑問点をうまく説明しようと努めた. 《1704》
〖(*c*1425) □ L *explānāre* to make plain ← EX-¹+*plānus* 'PLAIN¹'〗

SYN 説明する: **explain** 相手にわかるように記述する《最も一般的な語》: Let me roughly *explain* my idea. ざっと私の考えを説明してみましょう. **illustrate** 〈理論などを〉実例・図・表などで説明する; 例示・解説なども含む: He *illustrated* how to operate the machine. 彼はその機械の操作を説明した. **interpret** 想像力・感性・イマジネーションを働かせて物事の意味を理解・解釈して説明する: I *interpreted* his silence as a concession. 彼の沈黙を譲歩だと解釈した. **expound** 〈意見・説などを〉明晰かつ詳細に説明する《格式ばった語》: *expound* one's theory 自説を解説する. **explicate** *expound* より格式ばった語; 〈特に文学作品を〉詳細に分析説明して明らかにする: *explicate* the meaning of a dogma 教理の意味を解明する. **construe** 〈行動・言明などに〉特定の解釈を与える《格式ばった語》: He *construed* her words as an insult. 彼女の言葉を侮辱と受け取った.
ANT mystify, obscure.

ex·plain·a·ble /ɪkspléɪnəbl, ɛks-/ *adj.* 説明できる; 弁明できる. 〖(1610): ⇨ ↑, -able〗

ex·pláin·er *n.* 説明者, 解説者. 〖(1589): ⇨ -er¹〗

ex·pla·nan·dum /èksplənǽndəm/ *n.* 〘哲学・論理〙 (言葉・事象の説明において, 説明される方の)被説明項 (↔ explanans). 〖(1892) ← NL ~ (neut.) ← L *explānandus* (gerundive) ← *explānāre* 'to EXPLAIN'〗

ex·pla·nans /èkspléɪnænz/ *n.* 〘哲学・論理〙 (説明における)説明項 (↔ explanandum). 〖(1948) ← NL ~ ← L *explānāns* (pres.p.) ← *explānāre* (↑)〗

ex·pla·nate /ékspləneɪt, ɛkspléɪneɪt/ *adj.* 〘生物〙 平らに広がった. 〖(1846) □ L *explānātus* (p.p.): ⇨ explain, -ate²〗

ex·pla·na·tion /èksplənéɪʃən/ *n.* **1** 〔…を〕説明すること 〔*of*〕; 説明: by way of ~ (*for* …) (…の)説明として / in ~ *of* …の説明[釈明]として / without (further) ~ (それ以上の)説明なしに. **2** 〔…についての〕(与えられた)説明, 説明となる陳述[理由, 事情] 〔*of, for*〕: the ~ *of* [*for*] the murder 殺人事件の真相 / come up with [provide, make] an ~ 説明する / give an ~ *of* [*for*] …を説明する / It needs [requires] no ~. それは説明を要しない / There must be some rational ~! なにか筋の通った説明が必要だよ / *For* this he offers two ~*s*. このことにつき二つの説明をしている. **3** 了解, 和解 (reconciliation); (和解のための)話し合い: come to an ~ with a person 人と話し合いがつく, 人と互いに了解する. 〖(*c*1384) □ L *explānātiō(n-)*: ⇨ explain, -ation〗

ex·plan·a·tive /ɪksplǽnətɪv, ɛks- | -tɪv/ *adj.* = explanatory. **~·ly** *adv.* 〖(*c*1616) □ LL *explānātīvus* ← L *explānātus* (p.p.) ← *explānāre* 'to EXPLAIN': ⇨ -ative〗

ex·pla·na·tor /éksplənèɪtə | -tə(r)/ *n.* =explainer. 〖(1816) □ L *explānātor*: ⇨ explanate, -or²〗

ex·plan·a·to·ri·ly /ɪksplæ̀nətɔ́ːrəli, ɛks-, èks-, ——————— | -plǽnətərɪ-, -trɪ-/ *adv.* 説明的に, 説明[釈明]として: ~ adequate 〘言語〙 説明的に妥当な. 〖(1865): ⇨ ↓, -ly¹〗

ex·plan·a·to·ry /ɪksplǽnətɔ̀ːri, ɛks- | -nətəri, -tri/ *adj.* **1** 説明上の, 説明的な, 解釈上の; 〔…の〕説明に役立つ 〔*of*〕 (cf. self-explanatory): an ~ science 説明科学 《物理学・化学など事実の推論を目的とする科学; cf. DESCRIPTIVE science》 / an ~ title (映画の)説明字幕 / ~ notes 解説的な注 / an ~ hypothesis 解釈上の仮設. **2** 釈明的な. 〖(1618) □ LL *explānātōrius*: ⇨ explanate, -atory〗

explánatory ádequacy *n.* 〘言語〙 説明的妥当性.

ex·plant /ɪksplǽnt | -plɑ́ːnt/ *vt.* 〘生物〙 《動植物の生体の一部を》(培養基へ)移植する. — /——/ *n.* 移植片, 外植片. 〖(1578) ← EX-¹+PLANT〗

èx·plantátion *n.* 〘生物〙 外植, 体外培養 《個体からその一部分を分離し, 体外で培養すること》. 〖(1578): ⇨ ↑, -ation〗

ex·ple·ment /ékspləmənt | -plɪ-/ *n.* 〘数学〙 同伴角 《与えられた角と 360° との差》. 〖(1593) □ L *explēmentum* something that fills ← *explēre* to fill up ← EX-¹+*plēre* to fill (cf. plenum): ⇨ -ment〗

ex·ple·mén·ta·ry ángle /èkspləméntəri-, -tri- | -plɪméntəri-, -tri-/ *n.* 〘数学〙 =explement.

ex·ple·tive /ékspləṭɪv | ɪksplíːt-, ɛks-/ *adj.* **1** (格別の意味もなくまたは単に勢いを添えるために付け加えた)補充的な, 付加的な: ~ phrases 付け足し語句. **2** 〘文法〙 虚辞を使う. — *n.* **1** 〘文法〙 虚辞 《There is a book. It is wrong to say so. の there や it など》. **2** (無意味な)間投

E

詞; (特に, 卑猥(ひわい)なまた瀆神(とくしん)的な)ののしり言葉 《My Goodness!, Damn!, Shit! など》. **3** 《まれ》場ふさぎ, 間に合わせ. **~·ly** *adv.* 〖《c1450》□ LL *explētīvus* serving to fill out ← L *explētus* (p.p.) ← *explēre* to fill up: ⇨ explement〗

ex·ple·to·ry /ɛ́kspləṭɔ̀:ri | ɪ̀kspliːtəri, ɛks-, -tri/ *adj.* =expletive. 〖《1672》← L *explētus* (↑)+-ORY¹〗

ex·plic·a·ble /ɪ̀ksplíkəbḷ, ɛks-, ɛ́ksplɪk-/ *adj.* [しばしば否定構文で] 説明のできる (↔ inexplicable): His rudeness is *not* ~. 彼の無作法は説明がつかない. **ex·plíc·a·bly** *adv.* 〖《1556》□ L *explicābilis*: ⇨ explicate, -able〗

E

ex·pli·cand /ɛ́kspləkæ̀nd | -plɪ̀-/ *n.* 〘哲学〙 =explicandum. 〖《1882》← NL *explicandus* (↓)〗

ex·pli·can·dum /ɛ̀kspləkǽndəm | -plɪ̀-/ *n.* (*pl.* **-can·da** /-də/) 〘哲学・論理〙 (言葉・事象の解明において, 解明される方の)被解明項 (↔ explicans). 〖《1867》← NL ~ (neut.) ← L *explicandus* (gerundive) ← *explicāre* 'to EXPLICATE'〗

ex·pli·cans /ɛ́kspləkæ̀nz | -plɪ̀-/ *n.* (*pl.* **ex·pli·can·ti·a** /ɛ̀kspləkǽnʃiə/) 〘哲学・論理〙 (解明における)解明項 (explicatum ともいう; ↔ explicandum). 〖《1882》← NL *explicans* ← L (pres.p.) ← *explicāre* (↓)〗

ex·pli·cate /ɛ́kspləkèɪt | -plɪ̀-/ *vt.* **1** 〈論旨・原理・命題などを〉次第に展開する (develop): This principle has been ~*d into* three general axioms. この原理は三つの一般的公理に展開されている. **2** 解き明かす, 説明する (⇨ explain SYN): ~ obscure passages あいまいな箇所を解明する. **éx·pli·cà·tor** /-ṭə | -tə(r)/ *n.* 〖《1531》← L *explicātus* (p.p.) ← *explicāre* to unfold ← EX-¹+ *plicāre* to fold〗

ex·pli·ca·tion /ɛ̀kspləkéɪʃən | -plɪ̀-/ *n.* **1** (意義の)解き明かし, 解明, 説明 (explanation). **2** 詳しい記述, 詳説. **3** (論旨の)精細な展開. **4** 〘哲学〙解明 《explicandum を explicans で置き換えること》. 〖《1528》□ F ~ // L *explicātiō(n-)*: ⇨ ↑, -ation〗

ex·pli·ca·tion de texte /ɛ̀ksplɪkɑːsjɔ́:(n)dətɛ́kst, -sjɔ̃:n-; *F.* ɛksplikasjɔ̃dtɛkst/ *F. n.* (*pl.* **ex·pli·ca·tions de texte** /~/) 解明的文学批評 《本文を詳細に分析し, 部分と部分および部分と全体との相互関係を究明することによって作品を評価しようとする文学批評の一方法》. 〖《1935》□ F ~ 'explication of text'〗

ex·plic·a·tive /ɛ̀ksplíkəṭɪv, ɪ̀ks-, ɛ́kspləkèɪt- | ɛks-plíkət-, ɪ̀ks-, ɛ́ksplɪ̀kèɪt-/ *adj.* 説明となる, 解説的な (explanatory). — *n.* 説明的[解説的]表現. **~·ly** *adv.* 〖《1627-77》□ L *explicātus* (p.p.) ← *explicāre*: ⇨ explicate, -ive〗

ex·plic·a·to·ry /ɛ́ksplɪ̀kəṭɔ̀:ri, ɪ̀ksplíkə-, ɛks- | ɛks-plíkətəri, ɪ̀ks-, ɛ́ksplɪ̀kèɪ-, ɛ̀ksplɪ̀kéɪ-, -tri/ *adj.* =explicative. 〖1625〗

ex·pli·ca·tum /ɛ̀kspləkɑ́:ṭəm, -kéɪt- | -plɪ̀kɑ́:t-, -kéɪt-/ *n.* 〘哲学・論理〙 =explicans. 〖← NL ~ (neut.) ← L *explicātus*: ⇨ explicit¹〗

ex·plic·it¹ /ɪ̀ksplísɪ̀t, ɛks- | -sɪt/ ★ implicit と対照させるときには /ɛ́ksplɪ̀sɪ̀t | -sɪt/ と発音されることがある. *adj.* (↔ implicit) **1 a** 〈言葉・表現など〉(意味が暗示的でなく)明示的な, 明瞭な, はっきりとした (clear): an ~ statement 明確な陳述. **b** 〈表現が〉あからさまな, あからさまな性描写のある. **2** 〈人・性質など〉腹蔵のない, 率直な (outspoken): be (clear and) ~ *in* one's statements 陳述が(明瞭かつ)率直である / be ~ *about* a fact [*on* a point] ある事[点]について腹蔵なく述べる. **3** 〈知識・概念など〉明確な(理解に基づく): ~ faith [belief] 〘神学〙 (教義などを十分理解した上での)確固たる信仰 (cf. implicit 2). **4** 〈行動・型など〉顕在的な, 明白に観察できる: an ~ phenomenon 顕在的な現象. **5** 即金で払うべき: ~ costs. **6** 〘数学〙陽関数表示の 《$y=x^2+x+z$ のように x の項で直接表された y が関数 $f(x)$ に含まれている場合をいう; cf. implicit》. **~·ness** *n.* 〖《1609》□ F *explicite* // L *explicitus* (変形) ← *explicātus* (p.p.) ← *explicāre* 'to EXPLICATE'〗

SYN 明示された: **explicit** 〈陳述・規則などが〉明瞭に表現されていて, 全くあいまいさがない: He gave such *explicit* directions that everyone understood them. 極めて明確な指示をしたのでみんなのみ込めた. **express** 〈命令・希望などが〉強制力を持つほどにはっきりと明確に述べられた 《格式ばった語》: He disobeyed his father's *express* wishes. 父親の明確な希望に従わなかった. **definite** 完全に明瞭で細部にまでも疑問を差しはさむ余地がない: I expect a *definite* answer. はっきりした返事が聞きたい. **exact** 細部の一つ一つまで完全に正確な: What is the *exact* time? 正確な時刻は何時ですか. **precise** 正確に述べられた: a *precise* statement 正確な陳述.
ANT vague, ambiguous.

ex·pli·cit² /ɛ́kspləkɪt, -sɪt | -sɪt/ *n.* **1** 巻尾(語), 巻末(語) 《古写本・初期刊本で, (時に著者名などの説明付きで)巻末を示すのに用いた語句; ↔ incipit》. **2** 結末, 終わり (finis). 〖《c1250》□ LL ~ 《語尾省略》← L *explicitus* (*est liber*) (the book is) unfolded (↑): 昔の本は巻物であったので, これで終わりの意となる〗

explícit fúnction *n.* 〘数学〙陽関数 (↔ implicit function) 《$y=f(x)$ の形になっている関数》. 〖1830〗

ex·plíc·it·ly *adv.* **1** 明示的に, 明瞭に, はっきりと; 顕在的に. **2** 〘神学〙明確な理解に基づいて. 〖《a1638》← EXPLICIT¹+-LY¹〗

ex·plode /ɪ̀ksplóʊd, ɛks- | -pləʊd/ *vi.* **1** 〈ガス・火薬・爆弾などが〉爆発する; 〈容器などが〉破裂する (cf. implode): The boiler [bomb] ~*d* with a loud noise. ボイラー[爆弾]は大きな音を立てて破裂した. **2** 〈感情が〉激発する, 〈言葉などが〉ほとばしり出る (burst forth); 〈人が〉〈感情などを〉爆発させる 〔*with*〕, 感情を爆発させて…する 〔*in, into*〕: ~ *with* laughter [rage] どっと笑う[かっと怒る] / ~ *into* laughter どっと笑う / The public ~*d in* [*with*] outrage [indignation]. 民衆は激怒した / She ~*d at* my suggestion. 彼女は私の提案に腹を立てた. **3** 〈人口などが〉(爆発的に)急増する. **4** 〘音声〙〈閉鎖音が〉破裂する; 外破する (cf. implode 2). **5** 〘ゴルフ〙ボールをエクスプロージョンショット (explosion shot) で打ち出す. — *vt.* **1 a** 爆発させる, 破裂させる: ~ dynamite [a bomb] ダイナマイト[爆弾]を爆発させる / ⇨ *explode a* BOMBSHELL. **b** 爆破する: ~ a bridge. **2** 〈誤りを〉あばく (expose); 〈理論・迷信などを〉論破する, (論駁して)粉砕する (shatter): ~ a theory ある理論を論駁する / ~ a rumor うわさを粉砕する / ~ a superstition [myth] 迷信[神話]を打破する. **3** 〘音声〙〈閉鎖音を〉破裂させる; 外破させる. **4** 〘ゴルフ〙〈ボールを〉エクスプロージョンショット (explosion shot) で打ち出す. **5** 〘原子力〙…に急速な核融合[分裂]反応を起こさせる. **6** 《古》(非難の声を浴びせて)〈役者を〉舞台から追い出す, 〈劇を〉引っ込めさせる. **ex·plód·a·ble** /-dəbḷ | -də-/ *adj.* 〖《1538》□ L *explōdere, explaudere* to drive off (the stage) by clapping or hissing ← EX-¹+ *plōdere, plaudere* to clap, beat: ⇨ plaudit〗

ex·plód·ed /-dɪ̀d | -dɪd/ *adj.* **1** 爆発した, 破裂した. **2** 〈理論・迷信・風習など〉論破[打破]された: an ~ superstition. **3** 〈図が〉機械を分解してその部品の正しい配列・相互関係を示す: an ~ view [diagram] of a carburetor 気化器の分解組立写真[図]. 〖《1626》: ⇨ ↑, -ed〗

ex·plo·dent /ɪ̀ksplóʊdənt, ɛks-, -dnt | -pləʊd-, -dnt/ *n.* 〘音声〙破裂音 (explosive). 〖《1861》□ L *explōdentem* (pres.p.): ⇨ explode, -ent〗

ex·plód·er /-də | -də(r)/ *n.* **1** 爆発させる人[物]. **2** 起爆[発火]装置, 雷管. 〖《1659》← EXPLODE+-ER¹〗

ex·plód·ing stár /-dɪŋ- | -dɪŋ-/ *n.* 〘天文〙爆発する星 《新星・超新星などのように急激に光度を増す変光星》.

ex·ploit¹ /ɪ̀ksplɔ́ɪt, ɛks-/ *vt.* **1** 〈山野・森林などを〉開拓する, 〈鉱山・資源などを〉開発する: ~ mineral resources 鉱物資源を開発する. 日英比較 この語は「開発する」「開拓する」と訳されることが多いが, 文脈によってしばしば悪い意味に用いられるので, 日本語の一般的な「開発する」には develop, 「開発」には development を用いるのがよい. **2 a** 利用[活用]する (utilize): He ~*ed* the situation (to his own advantage). その状況を(自分に有利に)活用した. **b** 〈人〉の弱点・無知などを利用する, 食い物にする: Quack doctors ~ (the fears of) country people. にせ医者は地方の人々(の恐怖心)を食い物にする. **c** 〘社会学〙〈労働者を〉搾取する, …の剰余価値を占取する. **3** 〘広告〙宣伝する (publicize), (宣伝して)売り込む (promote). 〖《(?a1400)》《1838》□ OF *expleitier* (F *exploiter*) to accomplish < VL **explicitāre* ← L *explicitus* (p.p.) ← *explicāre* to unfold: ⇨ explicate: 現在の意義は Mod.F からの借入〗

ex·ploit² /ɛ́ksplɔɪt/ *n.* 行為; (特に)功績, 偉業, 手柄: the ~*s* of Robin Hood ロビンフッドの偉業. 〖《(c1290)》《c1538》 *expleit* success □ OF *esplait* achievement (F *exploit*) < VL **explictum*=L *explicitum* unfolded ← *explicāre* (↑)〗

SYN 偉業: **exploit** 冒険的・英雄的, または輝かしい行為: He won the medal for his *exploits* in the war. 戦争中の武功により勲章を授けられた. **feat** 体力・器用さ, さらにしばしば勇気に基づく偉業: Climbing Mount Everest is a *feat*. エベレスト登頂は偉業である. **achievement** 特に困難や抵抗を冒して成就したきざましい努力: brilliant *achievements* of science 輝かしい科学の業績. **accomplishment** 価値ある目的を立派に達成・完成させた行為, あるいはその仕事[成果]: the literary *accomplishments* of the Brontë sisters ブロンテ姉妹の文学上の功績.

ex·ploit·a·ble /ɪ̀ksplɔ́ɪṭəbḷ, ɛks- | -tə-/ *adj.* 開発[開拓]できる; (有利に)利用できる. 〖《(1611)》《1887》: ⇨ ↑, -able〗

ex·ploit·age /ɪ̀ksplɔ́ɪṭɪdʒ, ɛks- | -tɪdʒ/ *n.* **1** 〔資源などの〕利用, 開発 〔*of*〕: the ~ *of* mineral wealth. **2** 利己的な利用, 搾取. 〖《1884》← EXPLOIT¹+-AGE〗

ex·ploi·ta·tion /ɛ̀ksplɔɪtéɪʃən/ *n.* **1** 〔新国土・資源・森林地などの〕開発, 開拓, 利用; 〔鉱山の〕採掘作業 (opening up), 〔販路の〕開拓 〔*of*〕: the ~ *of* water power 水力利用 / ruthless ~ 乱獲, 乱伐, 乱掘. **2** 〔無知な人などを〕食い物にすること, 利己的利用 (selfish utilization); 〔…の〕略奪, 搾取 《労働者に対し正当な賃金を支払わないこと》〔*of*〕: a great deal of ~ *of* child labor in the cotton industry 綿糸業における幼年労働のひどい搾取. **3** (企業間の連繋による芸能人・新製品・映画などの)合同宣伝, 総合的宣伝. **4** 〘生物〙搾取作用 《共働の一種で, 一方の生物に有利で他方に不利になる作用》. 〖《1803》□ F ~: ⇨ exploit¹, -ation〗

ex·ploit·a·tive /ɪ̀ksplɔ́ɪṭəṭɪv, ɛks-, ɛ́ksplɔɪt- | -tət-/ *adj.* 開発(的)の; 乱獲[乱伐, 乱掘]の; 搾取の. **~·ly** *adv.* 〖《1885》← EXPLOIT¹+-ATIVE〗

ex·plóit·er /-ṭə | -tə(r)/ *n.* (悪い意味での)利用者, 他を食い物にする人; (労働の)搾取者. — *vt.* 食い物にする, 搾取する. 〖n.: 《1870》← EXPLOIT¹+-ER¹. — v.: 《1853》□ F ~ 'to EXPLOIT¹'〗

ex·ploit·ive /ɪ̀ksplɔ́ɪṭɪv, ɛks- | -tɪv/ *adj.* =exploitative. 〖1921〗

ex·plo·ra·tion /ɛ̀kspləréɪʃən, -plɔːr-/ *n.* **1** 〔…の〕(実地)踏査, 探査, 探検; 探検旅行 〔*of*〕: the ~ *of* the sources of a river 川の源流の探検 / ~*s of* space = space ~*s* 宇宙探検 / offshore oil ~ 沖合での石油踏査. **2** (問題などの)探究, 精査 (investigation). **3** 〘医学〙触診, 診察, 探査. **~·al** /-ʃnəl, -ʃənl/ *adj.* 〖《(c1540)》《1823》□ L *explōrātiō(n-)*: ⇨ explore, -ation〗

ex·plor·a·tive /ɪ̀ksplɔ́:rəṭɪv, ɛks- | -plɔ́rət-, -plɔ́:r-/ *adj.* =exploratory. **~·ly** *adv.* 〖1738〗

ex·plor·a·to·ry /ɪ̀ksplɔ́:rəṭɔ̀:ri, ɛks- | -plɔ́rətəri, -plɔ́:r-, -tri/ *adj.* **1** 〘外科〙探査の, 診査の; 試験的な: ~ incision 診査[試験]切開. **2** 探検の, (実地)踏査の, 探索の, 探検上の: ~ drilling for oil 石油を探索してボーリングすること / ~ behavior 〘心理〙探索行動. **3** 探索好きの; 詮索好き. **4** 予備的な; 入門的な. 〖《a1460》□ L *explōrātōrius*: ⇨ explore, -atory〗

ex·plore /ɪ̀ksplɔ́ə, ɛks- | -plɔ́:(r)/ *vt.* **1** 〈国・地域などを〉探検する, 踏査する: ~ new country 未開の地域を探検する. **2** 〈原因・事実などを〉調査する; 探査する, 詮索する: ~ the cause of his death 彼の死因を調査する / ~ a bookstall 古本屋をあさる / ~ the Dutch archives オランダ記録保管所を探査する / He ~*d* my face with his eyes. じろじろと私の顔を探り見た. **3** 〘外科〙〈病巣・傷を〉探り針で探る (probe), 診査[探査]する. **4** 《廃》捜し求める, 捜し出す. — *vi.* **1** 〔…を求めて〕探査する 〔*for*〕: ~ *for* oil. **2** 探検をする, 探検に行く: an *exploring* party 探検隊. 〖《1585》□ F *explorer* // L *explōrāre* to search out, examine ← EX-¹+*plōrāre* to cry out (擬音語: 獲物を見つけた猟師の呼び声から?)〗

ex·plor·er /ɪ̀ksplɔ́:rə, ɛks- | -plɔ́:rə(r)/ *n.* **1** 探検家; 探査者, 探究者, 調査者. **2 a** 探索器具[装置]. **b** 〘医学〙探り針 (probe). **c** 〘歯科・医学〙(虫歯・傷などの診査に用いる)診断針, 探査, 探針. **3** [E-] 《米》エクスプローラー 《米国ボーイスカウト連盟の 14-20 歳の加盟員; 《英》Venture Scout》. **4** [E-] エクスプローラー 《米国の初期の科学衛星; Explorer I (1958) は米国初の人工衛星》. 〖《1684-85》: ⇨ ↑, -er¹〗

explórer tènt *n.* 探検者用テント 《棟木 (ridgepole) のついた低く広いテント》.

ex·plór·ing còil *n.* 〘電気〙 =search coil. 〖1884〗

ex·plo·si·ble /ɪ̀ksplóʊzəbḷ, ɛks-, -sə- | -pləʊzɪ̀-/ *adj.* 爆発[破裂]させられる. **ex·plò·si·bíl·i·ty** /-zəbílәṭi, -sə- | -bílɪ̀ti/ *n.* 〖《1799》← EXPLOS(ION)+-IBLE〗

ex·plo·sim·e·ter /ɛ̀ksploʊzímәṭə, -sím- | -plə(ʊ)zímɪ̀tə(r), -sím-/ *n.* 〘物理〙爆発力計. 〖← *explosi(bility)* (⇨ explosible, -ity)+-METER¹〗

ex·plo·sion /ɪ̀ksplóʊʒən, ɛks- | -pləʊ-/ *n.* **1** 爆発 (cf. implosion); 爆発音. **2** (人口などの)急激な増加 〔*in*〕: the population [demographic] ~ 人口の急増. **3** 〔怒り・笑いなどの〕爆発 (violent outburst) 〔*of*〕: an ~ *of* anger [laughter] / the ~ *of* a revolt 暴動の発生. **4** 〔迷信などの〕論破, 打破 〔*of*〕: the ~ *of* a superstition [theory]. **5** (内燃機関内の混合気の)燃焼. **6** 〘音声〙(閉鎖音の)破裂 (plosion); 外破, (閉鎖音の)出わたり (off-glide). **7** =explosion shot. 〖《c1616》□ L *explōsiō (n-)* a driving off by clapping ← *explōsus* (p.p.): ⇨ explode, -sion〗

explósion shòt *n.* 〘ゴルフ〙エクスプロージョンショット 《バンカー内から球を打ち出す時の, 砂ごと打つ通常より深めのショット》. 〖1926〗

explósion wèlding *n.* =explosive welding.

ex·plo·sive /ɪ̀ksplóʊsɪv, ɛks-, -zɪv | -pləʊsɪv, -zɪv/ *adj.* **1** 爆発する, 爆発性の; 爆発によって動く: an ~ material 爆発性物質 / an ~ device 爆発物, 爆破装置. **2 a** 〈状況など〉非常に危険な; 〈問題など〉議論の紛糾する: an ~ situation 一触即発の状況 / an ~ issue 議論のやかましい問題. **b** 〈増加など〉急激な: ~ population growth 爆発的な人口の増加 / Unemployment reached an ~ 1 million. 失業者は 100 万人に激増した. **c** 〈人・気性など〉激情的な: an ~ person 激情家. **3** 爆発に似た, 爆発的な: an ~ clap of thunder 万雷の拍手. **4** 〘音声〙破裂音の (plosive); 外破(音)の (cf. implosive). — *n.* **1** 爆薬, 火薬: (a) high ~ 高性能爆薬, 炸薬(さくやく) 《ダイナマイト・綿火薬など》/ (a) low ~ 発射薬 / an initial ~ 起爆薬 / detonate ~*s* 爆薬を爆発させる / an ~*s* cache 爆薬貯蔵庫. **2** 〘音声〙破裂音 (plosive); 外破音 《入りわたり (on-glide) がなく破裂の出わたり (off-glide) だけの閉鎖音; act /ækt/ の /t/ など; cf. implosive 1》. 〖《1667》← L *explōsus*+-IVE: ⇨ explosion〗

explósive D /-díː/ *n.* D 爆薬 (⇨ dunnite).

explósive evolútion *n.* 〘生物〙爆発的進化 《短期間に放散的系統分岐を起こす進化; cf. eruptive evolution》.

explósive fórming *n.* 〘冶金〙爆発成形 《爆発の衝撃波を利用して金属材料を所定の形状に変形させる加工法》.

ex·pló·sive·ly *adv.* 爆発的に; 爆音的に. 〖《1805》: ⇨ -ly¹〗

ex·pló·sive·ness *n.* 爆発性. 〖《1826》: ⇨ -ness〗

explósive rivet *n.* 〘機械〙爆発リベット 《火薬の力によりリベット締めされる》. 〖1948〗

explósive wélding *n.* 爆発溶接 《爆発の力を利用して金属を圧接する加工法》.

ex·po, E- /ɛ́kspoʊ | -pəʊ/ *n.* (*pl.* **~s**) 展覧会, 博覧会; [E-, EXPO] 万国博(覧会). 〖《1963》《略》← EXPOSITION〗

ex·po·nence /ɪ̀kspóʊnəns, ɛks-, ɛ́kspoʊ- | ɪ̀kspə́ʊ-, ɛks-/ *n.* 〘言語〙エクスポーネンス, 具現 《文法範疇(はんちゅう)を言語資料に関連づける尺度; realization ともいう; cf. delicacy 10, rank¹ 10》. 〖《1880》: ⇨ ↓, -ence〗

ex·po·nent /ɪ̀kspóʊnənt, ɛks-, ɛ́kspoʊn- | -pə́ʊ-, ɪks-/ *n.* **1** 説明者[物], 解説者[物] (expounder); 〔音楽

などの)解釈者, 演奏者; 〔…の〕唱導者, 支持者 〔of〕: a popular ～ *of* evolution 進化論の通俗解説者 / an ～ *of* nonviolence 非暴力の唱導者. **2** (典型的)代表者, 代表的な人[物] (representative): He is an ～ *of* kindness. 典型的に親切な人物だ. **3** 〘数学〙指数, べき指数 (power, index). **4** 〘言語〙具現形 《抽象的な範疇(はんちゅう)の具体的に現れたもの; 例えば, books の s は複数の具現形》. ── *adj.* 例示する, 説明する. 〘《1581》□ L *expōnentem* (pres.p.) ← *expōnere* 'to EXPOUND': ⇨ -ent〙

ex·po·nen·tial /èkspənénʃəl, -pou-, -ʃl | -pə(ʊ)-ˊ/ *adj.* **1** 〘数学〙指数の; 指数関数的な. **2** 〈増加など〉ますます速度を増す. ── *n.* 〘数学〙＝exponential function. **～·ly** *adv.* 〘《1704》: ⇨ ↑, -ial〙

éxponential cúrve *n.* 〘数学〙指数曲線.

exponéntial distribútion *n.* 〘統計〙指数分布 《材料の寿命や偶発する出来事の間の空時間等の一次元連続分布》.

exponéntial equátion *n.* 〘数学〙指数方程式 《未知数の指数関数 (exponential function) を含む方程式》. 〘1739〙

éxponential fúnction *n.* 〘数学〙指数関数 《定数 *e* (＝2.7182818 2845…) の右肩に変数を含む関数》. 〘*c*1890〙

éxponential grówth *n.* (人口の)指数関数[幾何級数]的増加, 急激な人口増加.

éxponential hórn *n.* 〘電気〙エクスポネンシャルホーン, 指数ホーン 《伝送帯域の周波数特性がよいラウドスピーカー用のホーン》. 〘1927〙

éxponential séries *n.* 〘数学〙指数級数 《指数関数を展開してえられる幂級数; cf. logarithmic series》.

ex·po·nen·ti·a·tion /èkspənènʃiéɪʃən/ *n.* 〘数学〙＝involution 5. 〘《1903》: ⇨ exponent, -ation〙

ex·po·ni·ble /ɪkspóunəbl, ɛks- | -páun-/ *adj.* **1** 説明可能な. **2** 〘論理〙〈命題など〉再説を必要とする: an ～ proposition. ── *n.* 〘論理〙再説を必要とする命題 (exponible proposition). 〘(adj.: 1788; n.: 1569) □ ML *expōnibilis*: ⇨ exponent, -ible〙

ex·port /ɪkspɔ́ət, ɛks-, ékspɔət | ɪkspɔ́:t, ɛks-, éks-pɔ:t/ ★ import (*v.*) と対照するときには /ékspɔət | -pɔ:t/ と発音されることが多い. *vt.* **1** 〈商品などを〉輸出する, (外国へ)輸送する (send abroad) (↔ import): ～ raw cotton *to* a foreign country / ～ capital 資本を輸出する. **2** 〈思想・制度などを〉輸出する, 伝え(広め)る: ～ slavery. **3** 〘電算〙〈データを〉エクスポートする 《他のシステム用にデータを書き出す》. **4** 《まれ》運び去る (carry away). ── *vi.* 輸出(を)する.

── /ékspɔət | -pɔ:t/ *n.* **1** 輸出 (exportation) 〔of〕: the ～ *of* arms to Spain スペインへの武器の輸出 / be engaged in ～ 輸出業に従事する / grow tea for ～ お茶を輸出用に栽培する. **2 a** 輸出品. **b** [通例 *pl.*] 輸出高[量].

── /ékspɔət | -pɔ:t/ *adj.* [限定的] 輸出の, 輸出に関する: an ～ car 輸出向け自動車 / an ～ bill 輸出手形 / an ～ bounty 輸出奨励金 / an ～ duty [tax] 輸出税 / ～ trade 輸出貿易 / an ～ trader 輸出業者 / an ～ license 輸出認可.

〘v.: 《*c*1485》□ L *exportāre* ← EX-[1]＋*portāre* to carry. ── n.: 《1690》← (v.): ⇨ port[1,5]〙

ex·port·a·ble /ɪkspɔ́ətəbl, ɛks- | -pɔ́:t-/ *adj.* 輸出できる, 輸出向きの: ～ goods 輸出向きの品物 / the ～ copper in the world 世界中の輸出できる銅. **ex·pòrt·a·bíl·i·ty** /-təbíləti | -təbílɪti/ *n.* 〘《1717》: ⇨ ↑, -able〙

ex·por·ta·tion /èkspɔətéɪʃən, -pə- | -pɔ:-/ *n.* **1** 輸出 (↔ importation): the ～ *of* wheat to Japan 日本への小麦輸出. **2** 《米》輸出品, 輸出役務. **3** 〘論理〙移出法 《$(p \wedge q) \to r \leftrightarrow p \to (q \to r)$》: the law of ～ 移出律. 〘《*a*1610》 L *exportātiō(n-)*: ⇨ export, -ation〙

ex·port·er /ɪkspɔ́ətə, ɛks-, ékspɔətə | ɪkspɔ́:tə(r, ɛks-, ékspɔ:t-/ *n.* 輸出業者, 輸出商, 輸出国 (↔ importer). ★ 会社の場合は通例複数: an oil ～ 石油輸出国 / Ecuador is the world's largest ～ *of* bananas. エクアドルは世界最大のバナナ輸出国だ. 〘《1691》: ⇨ -er[1]〙

éxport-ímport bànk *n.* **1** 輸出入銀行. **2** [the Export-Import Bank] (米国の)合衆国輸出入銀行 《米国政府の独立機関》.

éxport pòint *n.* 〘経済〙金輸出点 《金現送点 (gold point) の上限のこと》.

éxport rèject *n.* (品質の劣る)国内向けの製品. 〘1952〙

éxport sùbsidy *n.* 輸出補助金.

ex·pos·al /ɪkspóuzəl, ɛks-, -zl | -páuz-/ *n.* 暴露 (exposure). 〘《1651》: ⇨ ↓, -al[1]〙

ex·pose /ɪkspóuz, ɛks- | -páuz/ *vt.* **1** 人目にさらす, 現す; 露出する, はだける (lay bare) (⇨ show SYN): Excavations ～*d* an ancient wall. 発掘によって古代の城壁が現れた / ～ the neck [chest] 首[胸]を露出する. **2 a** 〈人を〉〈攻撃・危険・あざけりなどに〉さらす, 〈危い目に〉遭わせる (subject) 〔to〕: ～ a person *to* danger 人を危険にさらす[危い目に遭わせる] / ～ oneself *to* risk [unfavorable comments] 危険に身をさらす[悪評をまともに受ける] / ～ oneself *to* ridicule あざけりを浴びる. **b** 〈影響などを〉〈人に〉受けさせる, 被らせる (subject) 〔to〕: He was ～*d to* evil influences. 悪い影響にさらされた. **3** 〈秘密・犯罪・過失などを〉暴露する, あばく, 摘発する (disclose, reveal); 〈悪者などの〉正体[罪]をあばく: ～ a plot [scandal] 陰謀[醜聞]をあばく / ～ an impostor [a fraud] 詐欺師の正体をあばく / ～ a crime 犯罪を摘発する / ～ one's own ignorance 自分の無知を暴露する. **4** 〘写真〙〈フィルム・印画紙などを〉感光させる, 露出する, 露光する, 焼く. **5 a** 〈日光・風雨などに〉さらす 〔to〕: a situation ～*d to* every wind 吹きさらしの位置 / be ～*d to* the rain 雨に当たる, 雨ざらしになる / ～ the bedding *to* sunlight 寝具を日光に当てる. **b** [p. p. 形で] 〈家・部屋を〉〈ある方向に〉向ける 〔to〕: The house is ～*d to* the south. その家は南向きです. **6** 陳列する (exhibit), 店頭に出す (put up), 売物に出す: ～ articles for sale 品物を店頭に並べる. **7** 〈子供・ペットなどを〉捨てる, 遺棄する (abandon): ～ an infant. **8** 《廃》〈失態などを〉〈言い立てて〉世の笑い草にする (ridicule). **9** 〘トランプ〙〈札を〉(見せてはいけない場合に)見せる. **10** 〘カトリック〙〈聖遺物・聖体などを〉開帳[顕示]する.

expóse onesèlf (1) ⇨ 2 a. (2) (人前で)自分の体(特に性器)を露出する.

ex·pós·a·ble /-zəbl/ *adj.* 〘《*a*1422》□ (O)F *exposer* (← EX-[1]＋*poser* 'to POSE[1]') ← L *expōnere* 'to EXPOUND'〙

ex·po·sé /èkspouzéɪ, -pə-, ˌ-ˌ-ˊ | ɛkspə́uzeɪ, ɪ̀ks-; F. ɛkspoze/ (*also* **ex·po·se** /～/) *n.* **1** 声明, 陳述 (statement). **2** (醜聞などの)暴露, すっぱ抜き; 暴露記事. 〘《1715》□ F ～ (p.p.) ← *exposer*: ↑〙

ex·posed /ɪkspóuzd, ɛks- | -páuzd/ *adj.* **1** 露出した, むきだしの (bare, bared); 野ざらしの, 風雨にさらされている: an ～ slice of life 露呈された人生の断片 / a house in an ～ position 吹きさらしの位置にある家屋. **2** (危険などに)さらされた, 攻撃を受けやすい. **3** 〘トランプ〙 **a** (正規のルールで, 持ち札を)さらした, 開いた: an ～ hand (ブリッジの)ダミー (dummy); (ソロの)さらし (spread misère). **b** (反則として)見せた, 見られた: an ～ card (ブリッジなどで)ビッド中やプレー中に不注意で見せた札. **4** 〈子供が〉捨てられた: ～ infants. **5** 〘登山〙高く切り立った岩の上で行われる.

ex·pós·ed·ness /-zɪ̀dnɪ̀s, -zd- | -zd-/ *n.* 〘《*c*1623》← EXPOSE＋-ED〙

ex·pós·er *n.* expose する人[物, 装置]. 〘《1611》← EXPOSE＋-ER[1]〙

ex·pos·it /ɪkspɑ́(:)zɪ̀t, ɛks- | -pɔ́zɪ̀t/ *vt.* ＝expound. 〘《1882》□ L *expositus* (↓)〙

ex·po·si·tion /èkspəzíʃən, -pou- | -pəʊ-/ *n.* **1** (意味・理論・計画などの)説明 (explanation); 解説, 注解. **2** 展示会, 展覧会, 博覧会 (exhibition): hold a great [an international] ～ 大[国際]博覧会を開催する. **3** (子供を)捨てること, 遺棄 (exposure): the ～ *of* children 捨て子. **4** 《古》露出(状態). **5** 〘演劇〙序説的説明(部), 提示(部) 《第一幕》. **6** 〘音楽〙(ソナタ・フーガなどの)主題の提示(部). **7** 〘カトリック〙(聖遺物・聖体などの)開帳, 顕示. **～·al** /-ʃnəl, -ʃənl/ *adj.* 〘《*c*1390》□ (O)F ～ ‖ L *expositiō(n-)* ← *expositus* (p.p.) ← *expōnere* 'to EXPOSE': ⇨ -tion〙

ex·pos·i·tive /ɪkspɑ́(:)zətɪv, ɛks- | ɛkspɔ́zɪ̀t-, ɪks-/ *adj.* ＝expository. **～·ly** *adv.* 〘《1535》← L *expositus* (↑)＋-IVE〙

ex·pos·i·tor /ɪkspɑ́(:)zətə, ɛks- | -pɔ́zɪ̀tə(r/ *n.* 説明[解説]者. 〘《*c*1340》□ (O)F *expositeur* ‖ L *expositor* ← *expositus*: ⇨ exposition, -or[2]〙

ex·pos·i·to·ry /ɪkspɑ́(:)zətɔ̀:ri, ɛks- | -pɔ́zɪ̀təri, -tri/ *adj.* 説明[解説]的な; 〔…の〕説明[解釈]に役立つ 〔of〕: ～ writing 解説文. **ex·pos·i·to·ri·ly** /ɪkspɑ̀(:)zətɔ́:rəli, ɛks-, ─ˌ─ˊ─ | -pɔ́zɪ̀tərɪ̀-, -trɪ̀-/ *adv.* 〘《?*a*1425》□ LL *expositōrius*: ⇨ exposition, -ory[1]〙

ex post /ɛkspóust | -páust˘/ *adj.* 事後の, 実現した (↔ ex ante).

ex post fac·to /ɛ̀kspòustfǽktou | -pə̀ustfǽktəu/ *L. adv.* 〘法律〙事後において (subsequently); 過去にさかのぼって. ── *adj.* 事後の (after the fact), 過去にさかのぼった: ～ approval. 〘《1632》□ LL *ex post factō* 《原義》 from what is done afterwards: ex[1], post[4], fact〙

éx pòst fácto làw *n.* 〘法律〙遡及(そきゅう)法, 事後法 《制定時以前にさかのぼって適用される法律; この法律による遡及処罰は合衆国憲法や日本国憲法で禁止されている; retroactive law ともいう》. 〘1789〙

ex·pos·tu·late /ɪkspɑ́(:)stʃulèɪt, ɛks- | -pɔ́stʃu-, -tju-/ *vi.* 〈人に〉説諭する, 説いて聞かせる, いさめる 〔with〕: ～ *with* a person *on* [*about*] the impropriety of his conduct 人にその行為の不当を説き聞かせる. ── *vt.* 《廃》討論する, 論ずる (discuss). **ex·pós·tu·là·tor** /-tə | -tə(r/ *n.* 〘《*c*1534》← L *expostulātus* (p.p.) ← *expostulāre* ← EX-[1]＋*postulāre* 'to POSTULATE'〙

ex·pós·tu·làt·ing·ly /-tɪŋli | -tɪŋ-/ *adv.* いさめて, いさめるように. 〘《1883》: ⇨ ↑, -ing[2], -ly[1]〙

ex·pos·tu·la·tion /ɪkspɑ̀(:)stʃuléɪʃən, ɛks- | -pɔ̀s-tʃu-, -tju-/ *n.* (懇切な)説諭, いさめ; いさめの言葉. 〘《1540》□ L *expostulātiō(n-)*: ⇨ expostulate, -ation〙

ex·pos·tu·la·tive /ɪkspɑ́(:)stʃulèɪtɪv, ɛks- | -pɔ́stʃulət-, -tju-, -lèɪt-/ *adj.* 説諭を目ざした. 〘《1837》← EXPOSTULATE＋-IVE〙

ex·pos·tu·la·to·ry /ɪkspɑ́(:)stʃulətɔ̀:ri, ɛks- | -pɔ́stʃulətəri, -tju-, -tri, -lèɪtəri, -tri/ *adj.* いさめの, 説諭の. 〘《1586》← EXPOSTULATE＋-ORY〙

ex·pos·ture /ɪkspɑ́(:)stʃə, ɛk- | -pɔ́stʃə(r/ *n.* 《Shak》(身を)さらすこと (exposure). 〘《1607-8》↓〙

ex·po·sure /ɪkspóuʒə, ɛks- | -páuʒə(r/ *n.* **1** 〈危険などに〉身をさらすこと, 〈恥辱などを〉まともに受けること 〔to〕: ～ *to* danger. **2** 〈日光・風雨などに〉さらすこと[さらされること]; 〈厳寒など厳しい気候に〉無防備でさらされている状態 〔to〕: ～ *to* the weather 風雨にさらすこと / die of [from] ～ / His face is tanned by years of ～ *to* the tropical sun. 熱帯の太陽に長年身をさらしていたので顔がすっかり日焼けしている. **3** 〈秘密・犯罪・過失などの〉暴露 (disclosure), 摘発, すっぱ抜き (unmasking) 〔of〕: the ～ *of* a fraud [an impostor] 詐欺[詐欺師]の正体暴露 / He committed suicide after his ～. 彼はことがばれると自殺した. **4 a** (目に)ふれさせること, (人中で)見せること 〔of〕: the indecent ～ *of* the body in public 人前でみだらに体を露出すること. **b** (才能などを)公に示すこと, (テレビ・映画・舞台などに)出演すること: That actor had quite a bit of ～ last year. あの俳優は昨年はかなり舞台に立つことができた. **5** 〘写真〙露光(量), 露出(時間); 感光面; フィルムの一齣(ひとこま): a roll of 36 ～s 36 枚どりの巻きフィルム / ⇨ double exposure. **6** 日光[風]の当たる位置; (家・部屋の)向き (aspect); 露出面: a wing with a southern ～ 南に向いている棟. **7** 〘商品の〙陳列 〔of〕: the ～ *of* goods in a store 商品を店に陳列すること. **8** (放射線などへの)暴露, 被曝(ひばく); 照射: an ～ dose 照射[被曝]量. **9** (子供の)遺棄 (exposition) 〔of〕: the ～ *of* infants 捨て子. **10** 〘登山〙登山で危険にさらされる度合い (cf. exposed 5). 〘《1601-02》← EXPOSE＋-URE〙

expósure fàctor *n.* 〘写真〙露出倍数.

expósure ìndex *n.* 〘写真〙露光[露出]指数.

expósure mèter *n.* 〘写真〙露出計, 露光計 (light meter). 〘1891〙

ex·pound /ɪkspáund, ɛks-/ *vt.* **1** 〈意見などを〉述べる, 陳述する (state); 〈理論・原理などを〉明確に説く, 詳述する (set forth) (⇨ explain SYN): ～ one's views 意見を述べる / ～ a theory *to* one's students 学生に理論を説く. **2** 〈難解な箇所・聖典の真義などを〉説明する, 解釈する, 解説する: ～ one's own analysis 自分の分析を解説する. ── *vi.* 〔…について〕意見を述べる; 説明を加える, 解説する 〔on〕: ～ *on* Marxism マルクシズムを解説する. 〘《*c*1340》 *expoun(d)e(n)* □ AF *espoundre* ＝OF *espondre* < L *expōnere* ← EX-[1]＋*pōnere* to put: OF の inf. の -*d*- は *n* と *r* との間に添加されたもの〙

ex·póund·er *n.* **1** 解説者. **2** 《まれ》解釈書, 釈義. 〘《*c*1395》 *expoun(d)ere*: ⇨ ↑, -er[1]〙

èx-président *n.* (存命の)前大統領. 〘⇨ ex-[2], president〙

ex·press /ɪksprés, ɛks-/ *vt.* **1 a** (言葉で)言い表す, 表現する (⇨ utter[1] SYN): Just ～ what [how] you feel. 感じたままを表現しなさい / I don't know how to ～ it. それはどう言ってよいかわからない / It cannot be ～*ed* in words. それは言葉には言い表せない. **b** (文学・絵画・音楽などで)描き出す, 描写する (depict): The sense of wonder is vividly ～*ed* in his poems. 驚きの気持が彼の詩に生々しく描き出されている. **c** [～ oneself で] 思うことを述べる, 意見を述べる: He ～*ed himself* very strongly *on* the subject. その問題について大いに力説した / She found it difficult to ～ *herself* more plainly. 彼女はそれ以上はっきりと自分の考えを述べるのがむずかしいと思った / He can ～ *himself in* good English. りっぱな英語を使って自分の考えを話すことができる. **d** [～ oneself で] (芸術的に)自己を表現する: God ～*ed himself* to mankind in the landscape. 神は人間に向かって風景によって自己を表現した. **2** (表情・しぐさなどで)〈感情・印象などを〉表出する, 示す (show): She ～*ed* her willingness by her look. 顔つきで承諾の意を表した / His face ～*ed* surprise [despair, pain]. 彼の顔には驚き[絶望, 苦痛]の色が現れた. **3** (符号[記号, 数式]で)表す: The sign ＋ ～*es* addition. ＋符号は加算を表す / Salt is ～*ed as* NaCl. 食塩は NaCl と表記される. **4** 〘← (n.)〙 速達(便)で送る, 至急便で送る, 急送する: I will ～ the parcel *to* you. 小包は速達でお送りします. **5 a** 〔…から〕〈果汁・乳などを〉絞り出す, 絞る (squeeze out) 〔*from, out of*〕; 〈果物・実などを〉搾る: ～ the juice of oranges オレンジの果汁を搾り出す / ～ milk *from* the breast 乳房から乳を搾り出す / ～ apples *for* cider りんご酒を造るためりんごを搾る. **b** 〈液・香りを〉にじみ出させる, 発する (emit). **c** (何かを搾り出すために)圧力をかける. **6** [特に受身で] 〘生物〙〈特定の遺伝子に帰せられる形質を〉(表現型に)表現する; 〈遺伝子〉に関連する形質を発現させる: Can this gene *be* ～*ed* [～ itself]? この遺伝子は発現されるのか.

── *vi.* 〘← (n.)〙 急行(列車)で行く (travel express).

── /ɪksprés, èksprésˊ/ *n.* **1** (列車・バス・エレベーターなどの)急行 (cf. local): the 7:30 ～ *to* Reading 7 時 30 分発のレディング行き急行 / travel by ～ 急行で行く. **2** 《英》急使, 特使 (express messenger); 急信 (express message); 速達便, 至急報: send a letter by ～ 手紙を速達便で出す. **3** 《米》速達運送業 (cf. freight 1); 至急便貨物, 速達運賃, 速達現金; 急行便運送会社: send a package by ～ 小荷物を速達運送便で発送する. **4** ＝express rifle. **5** ＝pony express.

── /ɪksprés, èksprésˊ/ *adj.* [限定的] **1 a** 〈意味・規定・法律・言葉など〉明確に述べられた, 明示された (expressed) (⇨ explicit[1] SYN); 〈言葉など〉はっきりした, 明白な (↔ implied): an ～ command はっきりした命令 / an ～ denial はっきりした拒否 / an ～ contract (条件などが)明確に述べられた契約 / by [with] his ～ consent 彼のはっきりした承諾を得て. **b** 《古》〈肖像など〉そっくりの, 正確な: Language is the ～ image of thought. 言語は思考をそっくり映している. **2** 〈目的・意図など〉特別の, それだけの (particular, specific): for the ～ purpose of …のためだけに, わざわざ / according to his ～ desire 特に彼の希望で. **3 a** 高速の, 急行の: an ～ ticket 急行券 / an ～ highway 高速道路 (expressway) / an ～ bus [《英》coach] 急行[直通]バス / an ～ elevator [《英》lift] (各階に止まらない)急行エレベーター / ⇨ express train. **b** 《英》速達便の: ～ post 速達郵便 (express delivery) / an ～ letter 速達の手紙 (《米》special delivery letter) (cf. express delivery 1) / an ～ messenger 速達便配達人 / an ～ message 急信 / an ～ charge [fee] 速達料金. **c** 速達運送便の: ～ charges 速達運送料 / an ～ company 通運会社 (cf. express delivery 2) / an ～ agency 通運会社代理店 / An ～ service is available. 速達運送

E

便が利用できます / ⇨ express car. **d** 速射(銃)用の: ～ shooting 速射銃を用いる銃猟 / ⇨ express bullet, express rifle.

— /ɪ̀kspréṣ/ *adv.* **1 a** 《英》速達(便)で, 至急便で (by express): send a letter ～. **b** 速達運送便で: send a package ～ 小包を速達運送便で送る. **2** 急行(列車[バス, エレベーター])で; 直行で: This elevator runs ～ to the eleventh floor. このエレベーターは 11 階まで直行です. **3** 《廃》特別に, 特に (expressly).

〖v.: (*c*1384) □ OF *expresser* < VL **expressāre* (freq.) ← L *exprimere* (F *exprimer*) ← EX-¹+*premere* 'to PRESS¹'. — adj.: (?*c*1380) (1667) □ (O)F *exprès* □ L *expressus* (p.p.) ← *exprimere* (cf. F *exprimer* to express). — adv.: (?*c*1380) (1667) ← (adj.) // □ L *expressē* (adv.). — n.: (1619) ← (adj.)〗

ex·press·age /ɪ̀ksprésɪdʒ, ɛks-/ *n.* 《米》 **1** (小荷物・金銭の)速達運送業. **2** 速達運送料金. 〖(1857): ⇨ ↑, -age〗

expréss bòiler *n.* 〘海事〙急速気醸ボイラー《急速に蒸気を生成するための船舶用ボイラー》. 〖1902〗

expréss bùllet *n.* 速射猟銃 (express rifle) 用弾丸. 〖1888〗

expréss càr *n.* 速達運送便用の(鉄道)車両.

expréss delívery *n.* **1** 《英》速達便 (《米》special delivery). **2** 《米》通運会社の配達便. 〖1891〗

expréssed álmond òil *n.* 〘化学〙 =almond oil 1.

ex·préss·er *n.* 〔意見などを〕表明する人 〔*of*〕. 〖(1581): -er¹〗

ex·press·i·ble /ɪ̀kspréṣəbl̩, ɛks- | -sɪ̀-/ *adj.* (言語などで)表現できる; しぼり出せる. 〖(1605): ⇨ -ible〗

ex·pres·sion /ɪ̀kspréʃən, ɛks-/ *n.* **1 a** (思想・感情などの言語・記号・造型などによる)表現: verbal ～ 言語による表現 / pictorial ～ 絵画による表現 / emotional ～ 感情表現 / give ～ to one's feelings 感情を表現する / be beautiful beyond [past] ～ 言葉で言い表せないほど美しい / This has found frequent ～ in recent literature. このことは最近の文学によく出ている. **b** 〔性質・気持ちなどを〕示すもの, 表れ, しるし 〔*of*〕: I sent her flowers as an ～ *of* sympathy [congratulantion, thanks]. 同情[お祝い, お礼]のしるしとして花を送った. **2 a** (顔などの)表情, 顔色: the ～ of the eyes 目の表情, 目もと / She has a vivacious ～. 潑剌(はつらつ)とした表情をしている. **b** 表現[表情]に富んでいること: eyes possessing wonderful ～ すばらしく表情に富んでいる目. **3** (言葉の)言い表し方, 言いこなし, 表現, 語法; 語句, 辞句: a clumsy [vulgar] ～ まずい[野卑な]言い回し / a happy ～ 巧みな表現, うまい言いこなし / a fresh unhackneyed ～ 新しい使い古しでない表現 / a common [strange] ～ 普通の[変わった]言い表し方 / if you will excuse [forgive, pardon] the ～ このような言い方をお許し願えるなら, こう申しては何ですが. **4** (音声の)調子, 音調; 〘絵画・彫刻〙(性格・感情・行動などの)表現(法); 〘音楽〙(楽節の)表情, 発想: play with ～ 表情豊かに演奏する. **5** 〘数学〙式: a binominal ～ 二項式 / a numerical ～ 数式. **6** (油など液体の)搾り取り; 搾油. **7** 〘言語〙 **a** 表現《Bloomfield の用語で, 形態素を形成する語・句の総称; 例えば, John も poor John も共に実詞表現である》. **b** 表現《元来言理学 (glossematics) の用語であるが, 一般的に用いられるようになっている; cf. content¹ 6》. **8** 〘生物〙(遺伝子によるその表現型の)発現: the ～ of a genetic characteristic 遺伝的特質の発現. 〖(?*a*1425) □ (O)F ～ □ L *expressiō(n-)* a pressing out, (ML) representation: ⇨ express (v.), -sion〗

ex·prés·sion·al /-ʃnəl, -ʃənl/ *adj.* 表情の, 表情的な; (特に)芸術的表現の: ～ arts 表現芸術《音楽・劇など》. 〖(1803): ⇨ ↑, -al¹〗

ex·prés·sion·ìsm /-ʃənɪ̀zm/ *n.* 〘芸術〙表現派, 表現主義《20 世紀初めに起こり第一次大戦後のヨーロッパ, 特にドイツに流行した極端に主観的傾向の強い思潮; 美術に始まって他の分野にも及んだ》. 〖(*c*1901): ⇨ expression, -ism: cf. G *Expressionismus*〗

ex·prés·sion·ist /-ʃ(ə)nɪ̀st | -nɪst/ *adj.*, *n.* 〘芸術〙表現派の(人), 表現主義の, 表現主義者: the ～ school 表現派. 〖1850〗

ex·pres·sion·is·tic /ɪ̀ksprèʃənístɪk, ɛks-⁻/ *adj.* 〘芸術〙表現主義的な. **ex·près·sion·ís·ti·cal·ly** *adv.* 〖(1921): ⇨ ↑, -ic¹〗

expréssion·less *adj.* 無表情な, 表情の乏しい; 気持ちの表現が薄い (↔ expressive): ～ black eyes 無表情な黒い目 / Her face and voice were absolutely cold and ～. 彼女の顔も声も全く冷やかで無表情だった. **～·ly** *adv.* **～·ness** *n.* 〖(1819): ⇨ -less〗

expréssion màrk *n.* 〘音楽〙発想記号.

expréssion·stòp *n.* (足踏みオルガンの)エクスプレッションストップ《音に抑揚をつける音栓》. 〖1880〗

ex·pres·sive /ɪ̀ksprésɪv, ɛks-/ *adj.* **1** 〈言葉・身振りなど〉表現[表情]に富む; 意味深長な (↔ expressionless): one's ～ face [eyes, mouth] 表情に富んだ顔[目, 口] / an ～ glance [smile] 意味深長な一瞥(べつ)[微笑]. **2** 〔意味・感情などを〕表現する, 表す 〔*of*〕: be ～ *of* contempt [doubt, gratitude] 軽蔑[疑念, 感謝]を表す. **3** 表現的な: the ～ function of language 言語の表現機能. **4** 表現の; 表現上の: an ～ medium 表現の媒体. **5** 〘社会学〙〈群衆が〉顕示的な, 自己表出的な《泣く・踊る・叫ぶなどの無目的の表現行為に従事していることをいう》. **～·ly** *adv.* **～·ness** *n.* 〖(*a*1400) (1602–03) □ (O)F *expressif*, *-ive* // ML *expressīvus* ← L *expressus* (p.p.) ← *exprimere*: ⇨ express, -ive〗

ex·pres·siv·i·ty /ɛ̀kspresívəti | -vɪ̀ti/ *n.* **1** 〘生物〙発現度, 表現度《遺伝子がその表現型を発現させうる程度と種類; cf. penetrance 2》: constant [variable] ～ 絶対[相対]発現性. **2** 〖⇨ ↑, -ity〗表現能力. **3** (特に芸術作品における)表現の豊かさ. 〖(1934) □ G *Expressivität*〗

expréss làne *n.* 《米》(高速道路の)追い越し車線 (fast lane).

expréss lìner *n.* 高速定期船.

ex·préss·ly *adv.* **1** 明白に, はっきりと (explicitly): He ～ denied it. はっきりと否定した. **2** 特別の目的で, 特に, わざわざ: I was sent ～. 私はわざわざよこされたのです / The school was founded ～ *for* foreigners. その学校は特に外国人のために創設された. 〖(*a*1393): ⇨ express (adj.), -ly¹〗

Expréss Màil *n.* 〘商標〙エクスプレスメール《米国郵政公社 (US Postal Service) が行う翌日配達郵便》.

expréss·màn /-mæ̀n, -mən | -mæ̀n/ *n.* (*pl.* **-men** /-mɛ̀n, -mən | -mɛ̀n/) 《米》運送屋; 荷物集配人, 小荷物運送人 (cf. EXPRESS company). 〖1839〗

ex·pres·so /ɪ̀kspréṣoʊ, ɛks- | -səʊ/ *n.* (*pl.* **～s**) = espresso.

expréss rìfle *n.* 速射猟銃《大量装薬が可能な大口径の軽量の猟銃; 大きな初速で発射され短距離で大きな獲物を射殺するのに用いる; cf. express bullet》.

expréss tràin *n.* 急行列車 (cf. accommodation train). 〖1841〗

expréss trùst *n.* 〘法律〙明示信託 (cf. constructive trust).

ex·pres·sure /ɪ̀kspréʃə, ɛk- | -ʃə(r)/ *n.* 《廃》 **1** 表現 (expression). **2** 絵, 似姿. 〖(?*a*1425) ← L *express-* (⇨ express)+-URE: cf. pressure〗

expréss wàgon *n.* 《米》 **1** 運送便用の(大型)荷車. **2** (子供の遊び用または新聞配達用の)手押し車.

expréss·wày *n.* 《米・カナダ》高速道路《原則として有料; express highway [road, route] ともいう; 《英》motorway》. 〖1944〗

ex·pro·bra·tion /ɛ̀ksproʊbréɪʃən | -prə(ʊ)-/ *n.* 《古》非難, とがめ. 〖(?*a*1425) □ L *exprobrātiō(n-)* ← *exprobrātus* (p.p.) ← *exprobrāre* to upbraid ← EX-¹+*probrum* shameful deed: cf. opprobrium〗

ex·pro·pri·ate /ɪ̀ksproʊpriɛ̀ɪt, ɛks- | -prəʊ-/ *vt.* **1 a** 〈国家が〉(土地収用権によって)〈土地などを〉(所有者から)収用する, 買い上げる: ～ idle land 遊んでいる土地を収用する[買い上げる]. **b** (公用のため)〈人を〉〔土地などから〕追い立てる 〔*from*〕: ～ a person *from* an estate 人から地所を収用する[徴収する]. **2** 〈他人の土地などを〉奪う; 私用に供する. **ex·pró·pri·a·ble** /-priəbl̩/ *adj.* **ex·pró·pri·à·tor** /-tə | -tə(r)/ *n.* 〖(*c*1449) ← ML *expropriātus* (p.p.) ← *expropriāre* to dispossess of ownership ← EX-¹+L *proprium* property: ⇨ proper, -ate³〗

ex·pro·pri·a·tion /ɪ̀kspròʊpriéɪʃən, ɛks- | ɛks-prəʊ-, ɛ̀kspraʊ-/ *n.* (土地などの)収用, 公用徴収. 〖((*c*1443)) (1878) □ ML *expropriātiō(n-)*: ⇨ ↑, -ation〗

ex pro·pri·o mo·tu /ɛksprόʊpriòʊmóʊtu: | -prəʊpriəʊmə́ʊtju:/ *L. adv.* 自発的に, 自分から進んで. 〖□ L *ex propriō mōtū* from one's own emotion: ⇨ ex¹, proper, motion〗

expt 《略》experiment.

exptl 《略》experimental.

ex·pugn·a·ble /ɛkspjú:nəbl̩, -pʌ́gnə-/ *adj.* (敵の攻撃などに)負けやすい, 征服[襲撃]されやすい. 〖(1570) □ L *expugnābilis* ← *expugnāre* to take by storm ← EX-¹+*pugnāre* to fight: ⇨ -able〗

ex·pulse /ɪ̀kspʌ́ls, ɛks-/ *vt.* =expel. 〖(?*a*1425) □ L *expulsāre* (freq.) ← *expellere* (↓)〗

ex·pul·sion /ɪ̀kspʌ́lʃən, ɛks-/ *n.* **1** 排除, 放逐, 駆逐 (expelling): the ～ *of* the enemy *from* a trench 塹壕(ざんごう)からの敵兵の駆逐. **2** 追放, 除名 (dismissal): the ～ *of* a boy *from* a school 生徒の放校 / the ～ *of* a member *from* a club 会員のクラブからの除名. 〖(*a*1400) □ L *expulsiō(n-)* a driving out ← *expulsus* (p.p.) ← *expellere* 'to EXPEL': ⇨ -sion〗

ex·pul·sive /ɪ̀kspʌ́lsɪv, ɛks-/ *adj.* 駆逐力のある, 排出性の; 駆除的な, 排除的な. **—** *n.* 〘医学〙排出傾向. 〖(*c*1385) □ (O)F *expulsif* // ML *expulsīvus* ← L *expulsus*: ⇨ ↑, -ive〗

ex·punc·tion /ɪ̀kspʌ́ŋ(k)ʃən, ɛks-/ *n.* 抹消, 抹殺 (erasure). 〖(1606) □ LL *expunctiō(n-)* ← L *expunctus* (p.p.) ← *expungere*: ⇨ ↓, -tion〗

ex·punge /ɪ̀kspʌ́ndʒ, ɛks-/ *vt.* **1** 〔…から〕消す, 消去する (erase), 削る, 削除する 〔*from*〕: ～ a word *from* a sentence / ～ his name *from* the list 彼の名をリストから削除する. **2** 〈罪・偏見などを〉ぬぐい消す, ぬぐい取る (wipe out); 絶滅させる; 根絶する. **ex·púng·er** *n.* 〖(?*a*1425) □ L *expungere* to mark for deletion (a name in a list) by points set above or below ← EX-¹+*pungere* to prick: cf. pungent〗

ex·pur·gate /ɛ́kspəgèɪt | -pə(:)-/ *vt.* **1** (発表[刊行]前に)〈書物などの〉不穏当な[猥褻(わいせつ)な]箇所を削除する: an ～*d* edition 削除版. **2** 〈いかがわしいものを〉駆逐[削除]する. **ex·pur·gàt·ed** /-tɪ̀d | -tɪ̀d/ *adj.* **éx·pur·gà·tor** /-tə | -tə(r)/ *n.* 〖(1621) ← L *expurgātus* (p.p.) ← *expurgāre* ← EX-¹+*purgāre* 'to PURGE': ⇨ -ate³〗

ex·pur·ga·tion /ɛ̀kspəgéɪʃən | -pə(:)-/ *n.* (不穏当・猥褻(わいせつ)な箇所の)削除. 〖(?1440) □ ML *expurgātiō(n-)* cleaning: ⇨ ↑, -ation〗

ex·pur·ga·to·ri·al /ɪ̀kspə̀:gətɔ́:riəl, ɪks-, ɛ̀kspə:- | ɛkspə̀:gətɔ́:r-, ɪks-, ɛ̀kspə:-⁻/ *adj.* **1** 削除(者)の. **2** =expurgatory. 〖(1807): ⇨ ↓, -al¹〗

ex·pur·ga·to·ry /ɛkspə́:gətɔ̀:ri, ɪks- | -pə́:gətəri, -tri/ *adj.* いかがわしい[不穏当な]箇所を削除する. 〖(1625) ← NL *expurgātōrius*: ⇨ expurgate, -ory¹〗

Expúrgatory Índex *n.* 〘カトリック〙 =Index Expurgatorius. 〖1625〗

expwy 《略》expressway.

expy 《略》expressway.

ex·quis·ite /ɪ̀kskwízɪ̀t, ɛks-, ɛ́kskwɪz-/ *adj.* **1** 非常に美しい, 絶妙な, この上なく見事な[おいしい, 結構な] (⇨ delicate SYN); 申し分のない, 至上の: an ～ woman / an ～ flower, jewel, piece of music, etc. / a passage of ～ beauty 極度に表現の美しい一節 / The weather was so ～. 天気はとても素晴らしかった / She smiled, a tender ～ smile. 彼女はにっこりした, 優しい実に美しい微笑であった. **2 a** 〈感覚など〉鋭敏な, 繊細な: He has an ～ ear for music. 音楽を聞く鋭敏な耳を持っている. **b** 〈苦痛・快感など〉鋭い, 激しい, 強烈な (acute, intense): an ～ pain 身を切るような痛み, 激痛 / ～ pleasure 強烈な快感. **3** 〈細工物など〉精巧な (elaborate): an article of ～ workmanship 精巧な細工品 / ～ works of art 精巧な芸術品. **4 a** 〈趣味・態度など〉繊細な, 優雅な (nice): ～ taste 優雅な趣味. **b** 《古》〈人が〉上品な, 洗練された (accomplished): an ～ gentleman 上品な紳士. **5** 〈言葉など〉選び抜かれた, 精選された (choice). **6** 《古》正確な (accurate). **7** 《廃》こじつけの (far-fetched). **—** *n.* 《古》(着物などにひどく凝る)しゃれ男, だて男 (dandy). **～·ly** *adv.* **～·ness** *n.* 〖(?*a*1425) □ L *exquīsītus* (p.p.) ← *exquīrere* to seek out ← EX-¹+*quaerere* to search, seek: cf. query, -ite²〗

exr 《略》executor.

èx rights *adv.*, *adj.* 〘証券〙(新株引受けの)権利落ちで[の] (cf. cum rights).

exrx. 《略》executrix.

exs. 《略》examples; expenses.

ex·san·gui·nate /ɛk(s)sǽŋgwənèɪt | -gwɪ̀-/ *vt.* 《まれ》〈人〉から血を取り去る, 放血[瀉血(しゃけつ)]する. **ex·san·gui·na·tion** /ɛk(s)sæ̀ŋgwənéɪʃən | -gwɪ̀-/ *n.* 〖(*c*1800) ← L *exsanguinātus* bloodness: ⇨ ex-¹, sanguine, -ate³〗

ex·san·guine /ɛk(s)sǽŋgwɪ̀n | -gwɪn/ *adj.* 血を失った, 貧血の (anemic). **ex·san·guin·i·ty** /ɛk(s)sæŋgwínəṭi | -gwínɪ̀ti/ *n.* 〖(1647) ← EX-¹+SANGUINE: cf. L *exsanguis* bloodless〗

ex·san·gui·nous /ɛk(s)sǽŋgwənəs | -gwɪ̀-/ *adj.* = exsanguine.

ex·scind /ɛksínd/ *vt.* 切り取る, 切り除く, 切り裂く (excise). 〖(1662) □ L *exscindere* ← EX-¹+*scindere* to cut asunder: cf. scissile〗

exsec. 《略》exsecant.

èx·sécant *n.* 〘数学〙エックスセカント《ある角の正割から 1 を引いたもの; 角 θ のエックスセカントを exsec θ と書く; exsec θ=sec θ−1》. 〖← EX-¹+SECANT〗

ex·sect /ɛksékt/ *vt.* 切り除く, 切除する (cut out). **ex·sec·tion** /ɛkséktʃən/ *n.* 〖(1641) ← L *exsectus* (p.p.) ← *execāre* to cut out ← EX-¹+*secāre* to cut: cf. section〗

ex·sec·tile /ɛkséktl̩, -taɪl | -taɪl/ *adj.* 切除可能な. 〖(1861) ← L *exsect-*+-ILE〗

ex·sert /ɛksə́:t | -sə́:t/ *vt.* 〘生物〙突き出す, 突き出させる; 裸出する. **—** *adj.* =exserted. **ex·ser·tion** /ɛksə́:ʃən | -sə́:-/ *n.* 〖(1665) □ L *ex(s)ertus* (p.p.) ← *ex(s)erere* to put forth: ⇨ exert〗

ex·sért·ed /-tɪ̀d | -tɪ̀d/ *adj.* 〘植物〙〈雄蕊(ずい)・雌蕊が〉(花冠の外に)突き出した, 伸出した (projecting); (さやなどから)裸出した (↔ included). 〖(1816): ⇨ ↑, -ed〗

ex·ser·tile /ɛksə́:ṭl̩, -taɪl, -tɪl | -sə́:taɪl/ *adj.* 〘生物〙突き出せる, 伸出可能な. 〖(1828) □ F ～: ⇨ exsert, -ile¹〗

èx-sérvice *adj.* 《英》〈軍人が〉退役の. 〖← EX-²+SERVICE¹〗

èx-sérvice·man /-mən/ *n.* (*pl.* **-men** /-mən, -mɛ̀n/) 《英》(戦地経験のある)退役軍人, 元軍人 (《米》veteran) 《女性形は ex-servicewoman》. 〖⇨ ↑, -man〗

ex·sic·cate /ɛ́ksɪ̀kèɪt | ɛ́ksɪ-/ *vt.* …から湿気を取る, 乾燥させる; 〈泉などを〉干上がらせる; 乾かす (dry). **—** *vi.* 乾燥する, 乾く. **ex·sic·ca·tion** /ɛ̀ksɪ̀kéɪʃən | ɛ̀ksɪ-/ *n.* **éx·sic·cà·tor** /-tə | -tə(r)/ *n.* 〖(?*a*1425) ← L *exsiccātus* (p.p.) ← *exsiccāre* ← EX-¹+*siccāre* to dry up: ⇨ siccative, -ate³〗

ex·sic·ca·tive /ɛ́ksɪ̀kèɪṭɪv | ɛ́ksɪ-/ *adj.* 乾燥の, 乾燥力のある. **—** *n.* 乾燥剤. 〖(*a*1400) □ ML *exsiccātīvus*: ⇨ ↑, -ive〗

ex si·len·ti·o /ɛk(s)sɪ̀lénʃiòʊ | -ʃiəʊ/ *L. adv.*, *adj.* 反証がない(ので). 〖(1909) □ L ～ 'from silence'〗

ex·solve /ɛk(s)sá(:)lv | -sɔ́lv/ *vi.* 〘鉱物〙溶離する《高温で一相の固溶体鉱物が低温で二種の固相に分離する》. **ex·so·lu·tion** /ɛ̀k(s)səlú:ʃən | -lú:-, -ljú:-/ *n.* 〖□ L *exsolvere*: ⇨ ex-¹, solve〗

ex·stip·u·late /ɛk(s)stípjʊlɪ̀t/ *adj.* 〘植物〙托葉(たくよう) (stipule) のない. 〖⇨ ex-¹, stipulate²〗

èx stóre *adv.*, *adj.* 〘商業〙店頭渡しで[の]《それまでの費用・危険の一切を売主側が負担することにいう》. 〖⇨ ex¹, store〗

ex·stro·phy /ɛ́kstrəfi/ *n.* 〘医学〙(器官の)外転, 外反, エクストロフィー, (特に)膀胱(ぼうこう)外反症《一種の奇形》. 〖(1836) ← EX-¹+*strophe* (← Gk *stréphein* to turn: cf. strophe)+-Y¹〗

ext. 《略》extend; extension; extent; exterior; external; externally; extinct; extra; extract; extraction; *L.*

extractum (=extract); extreme.

ex·tant /ékstənt, ɛkstǽnt/ adj. 1 a 現存の: the ~ inequities between men and women 現存している男女間の不平等. b 〈書類など〉残存している: an ~ copy 残存している版本. 2 《古》突き出ている. 〘(1545) ☐ L *ex(s)tantem* (pres.p.) ← *ex(s)tāre* ← EX-¹+*stāre* 'to STAND'〙

ex·ta·sy /ékstəsi/ n. 《古》=ecstasy.

ex·tem·po·ral /ɛkstémp(ə)rəl, ɪ̀ks-/ adj. 《古》=extemporaneous. **~·ly** adv. 〘(1570) ☐ L *extemporālis*: ⇨ ex-¹, temporal〙

ex·tem·po·ra·ne·i·ty /ɪ̀kstèmpərəníːəṭi, ɛks-, ɪ̀ks-|-níːɪ̀ti/ n. 即席(性); 間に合わせ (extemporaneousness). 〘(1937): ⇨ ↓, -ity〙

ex·tem·po·ra·ne·ous /ɪ̀kstèmpəréɪniəs, ɛks-, ɪ̀ks-←/ adj. 1 a 〈演説・祈りなど〉即席の, その場での, 即席の, 即興の (⇨ spontaneous SYN): ~ prayer 即席の祈り. b (準備したものを)メモなしで行う: ~ lectures メモなしで行う講義. c 〈人が〉ぶっつけ本番を得意とする: an ~ comedian ぶっつけ本番を得意とする喜劇俳優. 2 a 一時しのぎの, 間に合わせの (makeshift): an ~ shanty 一時しのぎの小屋 / an ~ supper 間に合わせの夕食. b 〈薬が〉処方箋に応じて調合した (cf. officinal 2). 3 突然の, 突発的な. **~·ly** adv. **~·ness** n. 〘(1656–81) ☐ LL *extemporāneus*: ⇨ extempore, -aneous〙

ex·tem·po·rar·i·ly /ɪ̀kstèmpərérəli, ɛks-, ――――|ɪ̀kstémp(ə)rərɪ̀li/ adv. 即席に; 臨機的に, (一時の)間に合わせに. 〘(1667): ⇨ ↓, -ly¹〙

ex·tem·po·rar·y /ɪ̀kstémpərèri, ɛks-|-p(ə)rəri/ adj. =extemporaneous. **ex·tém·po·ràr·i·ness** n. 〘(1596): ⇨ ↓, -ary〙

ex·tem·po·re /ɪ̀kstémpəri, ɛks-/ adv. 準備なしで; 即席に, 即興的に, その場ですぐ (offhand): speak ~ (メモなしでまたは原稿を見ないで)即席に話す / pray ~ 即席のお祈りを唱える. ― adj. 1 〈演説・弁士・俳優など〉下準備[腹案]なしでする, 即席の, 即興的な (offhand): an ~ speech [sermon] (メモなしで, または原稿を見ないでする)即席演説[説教] / an ~ actor 即興で演じる俳優. 2 臨時の, 間に合わせの (makeshift): an ~ sofa 間に合わせのソファー. 〘(a1553) ☐ L *ex tempore* instantaneously, 《原義》 out of the time ← EX-¹+*tempore* ((abl.) *tempus* time: ⇨ temporal)〙

ex·tem·po·ri·za·tion /ɪ̀kstèmpərɪ̀zéɪʃən, ɛks-|-raɪ-, -rɪ-/ n. 1 即席に作ること, 即興的作曲(法) (improvisation). 2 即興の作; 《音楽》即興作, 即題作; その楽曲; 即興[即題]的演奏. 〘(1860): ⇨ ↓, -ation〙

ex·tem·po·rize /ɪ̀kstémpəràɪz, ɛks-/ vt. 1 (原稿なしに)即席に話す, 即興的に作る[歌う, 演奏する] (improvise): ~ some stanzas 何節かを即興的に作る. 2 間に合わせで作る[用意する]: ~ an army 軍隊を間に合わせで編成する. ― vi. 1 即席に演説をする. 2 即題で作る; 即興的に作曲[演奏]する. **ex·tém·po·riz·er** n. 〘(1644) ← EXTEMPORE+-IZE〙

ex·tend /ɪ̀kstέnd, ɛks-/ vt. 1 a (空間的・時間的に)延長する (prolong): ~ a railway line *from* here *to* the next town 鉄道をここから次の町まで延長する / ~ one's visit *for* a few days longer 滞在をもう二三日延ばす. b 《軍事》散開[展開]させる, 疎開させる, …の間隔を開く: The troops were thinly ~*ed along* the riverbank. 部隊は川岸沿いに広間隔に散開した. c 《金融》〈負債など〉の支払期間を延期する. 2 a 〈範囲・領土などを〉広げる, 拡張する (enlarge); 〈勢力などを〉伸ばす; 〈知識・能力などを〉増長させる, 向上させる (advance): ~ a building 建増しする / ~ one's power [influence] 勢力を伸長する / ~ one's domains *to* the sea [*across* the ocean] 領地を海まで[海の向こうまで]拡張する / further ~ our knowledge of …についての私たちの知識をさらに広げる / The U.S. ~*ed* its fishing zone from 12 to 200 miles. アメリカ合衆国は漁業水域を12海里から200海里に拡大した. b 〈法律などの〉適用範囲を拡張する; 〈意義を〉拡充する: ~ the rule of law 法の適用範囲を拡張する / The sense of the phrase has been unduly ~*ed*. その句の意味は不当に拡大されている. c 《廃》誇張する.
3 〈全身・手足・コンパスなどを〉十分に伸ばす; 〈手・腕などを〉差し伸ばす (hold out); 〈帆・翼などを〉(一杯に)引き伸ばす, 広げる (stretch out): Christ was ~*ed* on the cross. キリストは十字架に磔(はりつけ)にされた / She ~*ed* her arms *to* me. 彼女は両腕を私に差し出した / She ~*ed* her hand to me in friendship. 彼女は親愛の情を示して私に手を差し出した.
4 a 〔…に〕〈援助・恩典などを〉施す, 〈同情などを〉寄せる (grant) 〔*to, toward*〕: ~ help *to* the poor 貧民に救助の手を差しのべる / The U.S. will ~ economic and technological assistance *to* those countries. 合衆国はそれらの国々へ経済的および技術的援助を施そうとしている. b 〔…に〕〈祝辞などを〉述べる, 〈招待状などを〉差し出す (offer) 〔*to*〕: ~ congratulations [an invitation] *to* a person 人に祝辞を述べる[招待状を送る] / ~ a warm welcome to a person 人を温かく歓迎する / I'd like to ~ my thanks to tonight's speaker. 今晩お話し下さった方に感謝の意を表したい.
5 a [受身または ~ *oneself* で] 〈馬・競技者が〉全力疾走する, 精一杯力を出す; [~ *oneself* で] 懸命に努力する, 精神を尽くす: He can walk the distance without ~*ing himself*. 彼はその距離なら(あまり)無理をしなくても歩ける / I had to ~ *myself* to finish on time. 時間通りに終えるために頑張らなければならなかった / All the children in this school are fully ~*ed*. この学校のすべての生徒は全力で努力している. b 《馬術》〈馬を〉歩幅一杯に歩かせる[走らせる]; いっぱいに追う.
6 〈縄・針金などを〉張る, 張り渡す (draw): ~ a rope *across* a street 街路を横切って綱を張り渡す.
7 〔…を混ぜて〕〈食品などの〉量をふやす, …の品質を落とす 〔*with*〕: ~ chopped meat *with* bread crumbs 小間切れ肉にパン粉を混ぜて量をふやす.
8 《簿記》〈数字などを〉次欄に送る (carry forward); 〈掛算をした結果を〉次欄に記入する.
9 〈速記を〉普通の文字に書き直す, 反訳する.
10 a 《英》《法律》(債務を取り立てるために)〈土地・建物を〉評価する (assess); (差押え令状によって)〈土地などを〉差し押さえる (seize). b 《廃》没収する, 奪い取る.
― vi. 1 〈距離・期間・範囲などが〉〔…に(まで)〕拡大する, 延長する, わたる 〔*over, into, to*〕; 〈関心・勢力などが〉〔…にまで〕及ぶ 〔*to*〕: The country ~*s* fifty miles *from* north *to* south. その国は南北延長50マイルにわたる / The festival ~*s over* three days. 祭礼は三日にわたる / Stagflation threatens to ~ *into* the winter. スタグフレーションは冬まで続きそうである / criticisms ~*ing to* the Prime Minister himself 首相自身にまで及ぶ批判. 2 広がる, 伸びる; 広がりが〔…まで〕ある, 延長が〔…に〕達する 〔*to*〕: The line ~*s to* a length of 100 miles. 線路の延長は100マイルに及ぶ / The branches ~*ed out over* the hedge. 枝が垣根の上まで伸び広がっていた. 3 《馬術》〈馬が〉(歩幅や馬体において)伸長する.
~·a·ble /-dəbl/ adj. **ex·tend·a·bil·i·ty** /ɪ̀kstɛ̀ndəbíləṭi, ɛks-|-lɪ̀ti/ n. 〘(a1338) ☐ L *extendere* ← EX-¹+*tendere* to stretch: ⇨ tend¹〙

SYN 引き伸ばす: **extend** 空間的・時間的な距離・範囲を広げる: *extend* a road 道路を延長する / *extend* one's visa ビザを延長する. **stretch** 伸縮するものを力で引っぱって伸ばす: *stretch* trousers (しわをとるために)ズボンを引き伸ばす. **lengthen** 時間的・空間的に長くする[なる]: The days *lenghthened*. 日が長くなった / She *lengthened* her skirt. スカートの丈を長くした. **prolong** 予定の時間よりも長くする: She *prolonged* her stay by a week. 滞在期間を1週間だけ延ばした. **protract** (しばしば不必要に)時間を長引かせる: a *protracted* disease 長引いた病気.
ANT abridge, shorten.

ex·tend·ed /ɪ̀kstέndɪ̀d, ɛks-/ adj. 1 伸ばした, 張り出した; 広がった; 広げた; 〈遺体が〉手足を伸ばして埋葬された: the length of his ~ limbs 彼の伸ばした手足の長さ / ~ burial 伸展葬. 2 (期間を)延長した; 長い, 長期にわたる: ~ bonds 償還延期公[社]債 / an ~ inquiry 長期にわたる調査 / an ~ discussion 長々しい討論 / make an ~ stay 長期滞在する. 3 持続的な, 集中的な: ~ efforts.
4 (範囲の)拡張した; 広く行きわたった, 広範囲にわたる: ~ plains of grass 広々とした草原 / Its scope is far more ~. その範囲はずっと拡大している. 5 《軍事》散開した: ⇨ extended order. 6 《活字》エキステンドの《字幅がかなり広い; cf. condensed 3, expanded》. 7 派生した (derivative): an ~ sense of a word 語の派生的な意味.
8 《馬術》a 〈行進中の馬が〉伸長した, 伸長姿勢の (cf. collected 3). b 〈馬の歩調が〉伸長速歩の. 9 《社会学》〈家族など〉拡大した (↔ nuclear): ⇨ extended family.
~·ly adv. **~·ness** n. 〘(a1450): ⇨ ↑, -ed〙

extended cáre n. 延長治療, 拡張看護《退院後の一定期間特別の施設や自宅でなされる看護治療》.

extended cómplex pláne n. 《数学》拡大複素平面《複素平面に無限遠点 (∞) をつけ加えたもの》.

extended cóverage n. 《保険》拡張担保《普通の保険で担保される危険の範囲を拡張して, 他の危険をも担保するもの》.

extended fámily n. 《社会学》拡大家族《親子のみならず直系血族・婚姻血族をも含む大家族で核家族 (nuclear family), 複婚家族 (polygamous family) と並ぶ家族形式》. 〘c1935〙

extended hármony n. 《音楽》開離和声 (⇨ open harmony).

extended insúrance n. 《保険》=extended term insurance. 〘1889〙

extended órder n. 《軍事》疎開[分散, 散開]隊形 (cf. close order).

extended-pláy adj. 〈レコードが〉EP (盤)の (cf. EP): an ~ record. ― n. EP (盤)レコード. 〘1954〙

extended réal númber sỳstem n. 《数学》拡大実数系《通常の実数系に正負の無限大 (+∞, −∞) をつけ加えたもの》.

extended térm insùrance n. 《保険》延長定期保険.

ex·ténd·er n. 1 extend する人[もの]. 2 a 体質顔料《他の顔料の希釈・増量用の無色または白色の顔料; extender pigment ともいう》. b 増量剤, 展延剤《ゴム製品・プラスチックなどの容積を増加させて単価を安くするために加える物質》. 3 《英》大学公開講座の教師. 4 《医学》=expander 4. 〘(1611): ⇨ -er¹〙

ex·tend·i·ble /ɪ̀kstέndəbl, ɛks-|-dɪ̀-/ adj. =extensible. **ex·tend·i·bil·i·ty** /ɪ̀kstɛ̀ndəbíləṭi, ɛks-|-lɪ̀ti/ n. 〘(1477): ⇨ -ible〙

ex·ten·si·bil·i·ty /ɪ̀kstɛ̀nsəbíləṭi, ɛks-|-sɪ̀bílɪ̀ti/ n. 伸張性, 延長性, 伸展性, 拡張[展開]可能性. 〘(a1640): ⇨ ↓, -ity〙

ex·ten·si·ble /ɪ̀kstέnsəbl, ɛks-|-sɪ̀-/ adj. 1 広げることのできる, 伸ばせる, 伸張性のある. 2 《動物・解剖》=extensile 1. **~·ness** n. 〘(1611) ☐ F ~: ⇨ extension, -ible〙

ex·ten·sile /ɪ̀kstέnsəl, ɛks-, -sl|-saɪl/ adj. 1 《動物・解剖》伸ばせる, 突き出せる, 伸張性のある. 2 =extensible 1. 〘(1744) ← L *extēnsus*+-ILE¹: ⇨ extension〙

ex·ten·sim·e·ter /èkstɛnsíməṭə|-mɪ̀tə(r)/ n. 《機械》=extensometer.

ex·ten·sion /ɪ̀kstέnʃən, ɛks-, -téntʃən/ n. 1 延長部分, 建足し; (鉄道の)延長線; 拡張部分; (建物の)増築部分, 建増し部分 (annex): an ~ from A to B AからBへの延長線 / make ~s 建増しをする. 2 〔…を〕伸ばすこと, 伸長, 延長〔*of*〕; 〔…の〕拡張〔*of*〕; 伸長力: the ~ *of* a road 道路の延長 / the ~ *of* an arm 腕を差しのべる[十分に伸ばす]こと / the ~ *of* a person's premises 屋敷の拡張 / the ~ *of* knowledge [influence] 知識[勢力]の伸長 / an ~ *of* the meaning of a word 語義の拡張. 3 a 《電話》内線, 切替え電話: listen (in) on an ~ 別の内線で盗み聞きする. b (電気の)延長コード (extension cable). 4 (大学の)公開講座 (university extension).
5 a 日延べ, 延期; 酒類販売時間延長(許可証): an ~ of a leave of absence 賜暇の延期 / an ~ of a loan 借付金の支払延期. b 《商業》返済延期. 6 (広さ・大きさ・程度などの)範囲 (extent): the ~ of logic as a science 科学としての論理学の範囲. 7 《物理》填充(てんじゅう)性《物体が空間を占める性質》. 8 《解剖》(手足を)伸ばすこと, 伸展(運動) (cf. flexion 2); 伸展位置. 9 《外科》(脱臼整復などに用いる)伸展療法. 10 《論理》外延 (denotation) (↔ intension): *Flower* has wider ~ than *rose*. 「花」は「バラ」よりも外延が広い. 11 《文法》(主部または述部の)拡充, 敷衍(ふえん). 12 《数学》(概念や条件の)外延; 拡張; (群や体などの)拡大; (線の)延長. 13 《電算》拡張子《ファイル名のピリオド以降の部分で, ファイルの種別を表す; .TXT など》. 14 《馬術》(馬体の)伸長, 伸びきった状態, 伸長姿勢《首が伸び, あごが胸から離れ, 前後肢ともいっぱいに拡がって動いている状態; cf. collection 8》.
by exténsion さらに踏み込んで; ひいては.
― adj. [限定的] 1 継足しの: ⇨ extension cord [cable]. 2 伸縮自在の: ⇨ extension ladder. 3 拡張の: ~ work 拡張工事. 4 (大学教育を学外に及ぼそうとする)大学拡張運動の (cf. university extension): ~ courses [lectures] 大学公開講座[講義]《夜間[校外, 通信]教授による大学教育の公開》/ an ~ student 公開講座聴講生.
〘(a1400) ☐ (O)F ~ // LL *extensiō(n-)* ← L *extensus* (p.p.) ← *extendere* 'to EXTEND': ⇨ -sion〙

exténsion àgent n. 《米》=county agent. 〘1949〙

ex·tén·sion·al /-ʃnəl, -ʃənl/ adj. 1 拡張の, 伸長の, 延長の. 2 《論理》外延(的)の, 外在的な (↔ intensional): an ~ definition 外延的定義 / an ~ meaning 外延[外在]的意味《外的世界の指示的対象》. **ex·ten·sion·al·i·ty** /ɪ̀kstɛ̀nʃənǽləṭi, ɛks-|-lɪ̀ti/ n. **~·ly** adv. 〘(1647): ⇨ -al¹〙

ex·ten·sion·al·ism /-ʃ(ə)nəlìzm/ n. 《言語》(意味論における)外在[外延]主義《抽象のレベルを意識し, 常に実在の対象に意味を引き戻していくことにより意味の混同をさけようとする立場; Korzybski の説》.

exténsion còrd [càble] n. 延長[継足し]コード.

exténsion fìeld n. 《数学》拡大体《与えられた体を含む体; overfield ともいう》.

exténsion làdder n. (消防用)繰出しばしご. 〘1874〙

exténsion lèad /-lìːd/ n. 《英》=extension cord.

exténsion lèns n. 《写真》=teleconverter.

exténsion nùmber n. 内線番号.

exténsion rìng [tùbe] n. 《写真》中間リング《カメラ本体とレンズとの間に置き接写のために焦点を調節する》.

Exténsion Sèrvice n. (米国の)農事調査機関《大学と協力して農業問題や農村生活に関する調査を行う農務省の機関; 結果は郡農事顧問 (county agent) などに知らされる》.

exténsion tàble n. 伸縮テーブル. 〘1864〙

exténsion tèlephone n. 内線(電話), 増設[切替え]電話.

ex·ten·si·ty /ɪ̀kstέnsəṭi, ɛks-|-sɪ̀ti/ n. 1 拡張[伸長]性. 2 広がり, 範囲 (range). 3 《心理》(感覚の)拡がり. 〘(a1834) ← LL *extensīvus* (↓)+-ITY〙

ex·ten·sive /ɪ̀kstέnsɪv, ɛks-, -téntsɪv/ adj. 1 広い, 広大な (wide): ~ domains [fields] 広大な領土[畑]. 2 広範囲にわたる (far-reaching); 手広い, 大規模の: ~ reading 粗読, 多読 (cf. INTENSIVE reading) / ~ business 手広い営業 / ~ knowledge 該博な知識 / do ~ research 大規模な調査をする / Computers are in ~ use nowadays. コンピューターは現在では広く用いられている.
3 長大な (lengthy), 長々しい: We cannot indulge in ~ quotation. 長々と引用をほしいままにすることはできない.
4 《経済・農業》粗放的な (↔ intensive): ~ agriculture [farming] (広大な土地を使用する)粗放農業[農法].
5 《論理》外延的な (↔ intensive). 6 多量な, 多数の: ~ capital 多額の資金 / ~ examples 多数の例. 7 《物理》示量的な《物質の体積または質量に比例する特性(に)ついて》. **~·ness** n. 〘(1605) ☐ LL *extensīvus* ← L *extensus*: ⇨ extension, -ive〙

ex·tén·sive·ly adv. 広大に, 広く; 手広く, 大規模に; 外延的に. 〘(1645): ⇨ ↑, -ly¹〙

extenso ⇨ in extenso.

ex·ten·som·e·ter /èkstɛnsá(ː)məṭə|-sɔ́mɪ̀tə(r)/ n. 《機械》伸び計《伸縮やひずみを測定する; cf. deflectometer》. 〘(1887) ← EXTENS(ION)+-O-+-METER¹〙

ex·ten·sor /ɪ̀kstέnsə, ɛks-, -sɔə|-sə(r), -sɔː(r)/ n. 《解剖》伸筋 (cf. flexor). 〘(1713) ← NL ~ ← L *extensus*: ⇨ extension, -or²〙

exténsor mùscle n. 《解剖》伸筋. 〘1830〙

ex·tent /ɪ̀kstέnt, ɛks-/ n. 1 広がり, 区域; 広さ, 大きさ; 広大な地域[水域]: the ~ *of* a park 公園の区域 / the ~ *of* an eagle's wings ワシの翼の長さ / a vast ~ *of* land 広

大な土地 / The sky is *of* boundless ～. 空は際限なく広い / *in* ～ (土地など)広さは, 大きさは; (川など)長さは. **2 a** 程度; 限界, 限度: *to* some [a certain] ～ ある点までは, やや, 幾分 (partly) / *to* a great [large] ～ 大部分は / *to* a great [large] or small ～ 多かれ少なかれ / to a greater [lesser] ～ それより大きい程度で[程度は小さいが] / *to* the ～ that ...する[である]ほどまでに (*to* such an extent that ...); ...する限りにおいては, ...する場合には / He disliked me *to* the ～ of trying [*to* such an ～ that he tried] to have me fired. 彼は私を首にしようとするほど私を嫌っていた / He became unjust *to* the full ～ of his power. 権限の許す限り不当な行いをした / I hardly know *to* what ～ he can be trusted. どの程度まで彼を信用していいかわからない. **b** (適用などの)範囲 (scope): reduce the ～ *of* the law's application 法の適用範囲を制限する. **c** 〘鳴鐘術〙範囲, 音域. **3** 〘論理〙外延 (extension). **4 a** 〘古〙〘英法〙(特に, 課税のための土地の)評価 (assessment). **b** 〘英法〙差押え令状 (writ of extent). **c** 〘英法〙(令状による)差押え執行, (土地などの)差押え (seizure). **d** 〘英法〙強制管理令状. **e** 〘米法〙(債権者に債務者の土地の一時的所有権を与える)差押え令状. **5** 〘廃〙(法の)執行; (儀礼の表示 〔*of*〕. **6** 〘廃〙〔...への〕攻撃, 襲撃 (assault) 〔*against, on*〕. **7** 〘廃〙(親切や正義を)行うこと. 〘(*c*1303) ◻ AF *extente* ◻ LL *extenta* (fem. p.p.) ← L *extendere* 'to EXTEND'〙

ex·ten·u·ate /ɪksténjuèɪt, ɛks-/ *vt.* **1 a** 〈犯罪〉の情状を酌量する, 〈罪などを〉軽くする (mitigate); 〈罪などを〉(軽くしようと)言い訳する (palliate): ～ a crime / You cannot ～ his misconduct. 彼の不品行は情状酌量の余地がない. **b** 〈事情が〉...の言い訳となる: Nothing can ～ his negligence. 彼の怠慢には言い訳が立たない. **2** 〘古〙見くびる, 軽視する: ～ danger [difficulty] 危険[困難]を軽視する. **3** 〘古〙〈人を〉やせさせる: be ～*d* by hunger 飢えのためやせる. **4** 〘古〙〈液体・気体を〉薄める. **5** 〘古〙...の力[効果]を減少させる, 弱める: ～ laws 法の力を軽減する. **6** 〘廃〙軽蔑する. **ex·tén·u·à·tor** /-tə | -tə^(r)/ *n.* 〘(adj.: ?*a*1425; v.: 1529) ◻ L *extenuātus* (p.p.) ← *extenuāre* to make thin ← EX-¹+*tenuāre* (← *tenuis* 'THIN')〙

ex·tén·u·àt·ing /-tɪŋ | -tɪŋ/ *adj.* 〈事情など〉酌量できる: ～ circumstances 〘法律〙酌量すべき情状. **～·ly** *adv.* 〘(1607): ⇨ ↑, -ing²〙

ex·ten·u·a·tion /ɪkstènjuéɪʃən, ɛks-/ *n.* **1** 情状酌量, (罪の)軽減 (palliation) 〔*of*〕: plead circumstances *in* ～ *of* one's guilt 事情を述べて減刑の申し立てをする. **2** 軽減するもの; 酌量すべき事情[言い訳] (partial excuse). 〘(?*c*1425) ◻ (O)F *exténuation* ◻ L *extenuātiō(n-)*: ⇨ extenuate, -ation〙

ex·ten·u·a·tive /ɪksténjuèɪtɪv, ɛks-, -njuət- | -ət-, -èɪt-/ *adj.* =extenuatory. 〘1610〙

ex·ten·u·a·to·ry /ɪksténjuətɔ̀ːri, ɛks- | -èɪtəri, -ətri/ *adj.* 軽減的性質の, 情状酌量的な: an ～ defence 〘法律〙情状酌量的弁護. 〘(1807) ◻ LL *extenuātōrius*: ⇨ extenuate, -atory〙

ex·te·ri·or /ɪkstí(ə)riə, ɛks- | -tíəriə^(r)/ ★ interior と対照させるときには /ékstí(ə)riə | -stɪəriə^(r)/ とも発音される. *adj.* **1 a** 外の, 外部の (↔ interior): the ～ side [surface] 外側[外面] / ～ decorations 外部の装飾. **b** 屋外用の[に適した]: ～ paint 屋外塗装用のペンキ. **c** 〘映画〙野外の (outdoor) (cf. *n.* 3). **2** 外面の, 表面上の, 外観上の (outward) (↔ inward); 外界の, 外因的な (extrinsic) (↔ internal, intrinsic): ～ quietness 表面上の落着き / the ～ man＝outer man. **3** 〔...の〕外にある; 〔...とは〕かけ離れた, 〔...と〕無関係の 〔*to*〕: matters ～ *to* one's real character 本性とは無関係の事柄. **4** 対外的な, 外交上の. **5** 〘数学〙〈角が〉外側の (↔ interior): ⇨ exterior angle.
— *n.* **1** 外部, 外面, 外観: the ～ of a house 家の外面 / a good man with a rough ～ 外面は粗野だが心は善良な人. **2** [*pl.*] 〘古〙外貌. **3** 〘映画・テレビ〙**a** 野外シーン用セット. **b** (実際に野外で撮影した)野外シーン. **4** 〘数学〙外部 (閉包の補集合, 補集合の内部). 〘(1528) ◻ L ～ (compar.) ← *exterus* outer, outside (compar.) ← *ex*: ⇨ ex¹〙

extérior ángle *n.* 〘数学〙**1** (多角形の)外角 (1 辺と隣り合う他の 1 辺の延長とが成す角; cf. interior angle). **2** (2 直線が 1 直線と交わってできる)外角 (2 直線の外側にできる四つの角の一つ). 〘*c*1864〙

extérior ballístics *n.* 砲外[腔外]弾道学 (発射後の弾丸の銃砲腔外における運動エネルギーに関する科学; cf. interior ballistics).

ex·te·ri·or·i·ty /ɪkstì(ə)riɔ́(ː)rəti, ɛks-, -riɑ́(ː)r- | -tɪəriɔ́rɪti/ *n.* =externality. 〘1611〙

ex·te·ri·or·ize /ɪkstí(ə)riəràɪz, ɛks- | -tɪər-/ *vt.* **1** 具体化する; 〈観念を〉客観化する; 物質的実在として認識[表現]する (externalize). **2** 〘外科〙(手術などのため)〈内臓を〉体外に出す. **ex·te·ri·or·i·za·tion** /ɪkstì(ə)riərɪzéɪʃən, ɛks- | -tɪəriəraɪ-, -rɪ-/ *n.* 〘(1879): ⇨ -ize〙

ex·té·ri·or·ly *adv.* **1** 外部的に; 外部[外面]から. **2** 外面[表面]的に, 外観的に, 皮相的に. 〘(1550): ⇨ -ly¹〙

extérior plánet *n.* 〘天文〙外惑星 (⇨ superior planet).

ex·ter·mi·na·ble /ɪkstɔ́ːmənəbl̩, ɛks- | -tɔ́ːmɪ-/ *adj.* 根絶[絶滅]できる. 〘(1667): ⇨ ↓, -able〙

ex·ter·mi·nate /ɪkstɔ́ːmənèɪt, ɛks- | -tɔ́ːmɪ-/ *vt.* 〈望ましくない生物・事柄を〉根絶[絶滅]する, 撲滅する, 皆殺しにする (extirpate): ～ rats / ～ every error すべての誤りを根絶する / I was busily *exterminating* dandelion roots. 忙しくタンポポの根を抜いていた. 〘(1541) ← L *exterminātus* (p.p.) ← *extermināre* to drive beyond the boundaries ← EX-¹+*termināre* to limit (← *terminus* 'TERMINUS'): ⇨ -ate³〙

SYN 絶滅する: **exterminate** 〈ある種全体を〉完全に絶滅する (格式ばった語): This poison will *exterminate* rats. この毒を使えばネズミが絶滅する. **eradicate** 〈望ましくないものを〉根絶する: Yellow fever has been *eradicated* in Japan. 日本では黄熱病は根絶された. **uproot** 〈植物を〉根こそぎにするの意味から比喩的に根だやしにする: Bad habits are hard to *uproot*. 悪癖の根絶はむずかしい.

ex·ter·mi·na·tion /ɪkstɔ̀ːmənéɪʃən, ɛks- | -tɔ̀ːmɪ-/ *n.* 根絶, 絶滅, 皆殺し. 〘(1459) ◻ LL *exterminātiō(n-)*: ⇨ ↑, -ation〙

exterminátion càmp *n.* 死の収容所 (囚人の多数が処刑される収容所). 〘1945〙

ex·ter·mi·na·tive /ɪkstɔ́ːmənèɪtɪv, ɛks-, -nət- | -tɔ́ːmɪnət-, -nèɪt-/ *adj.* =exterminatory. 〘1884〙

ex·tér·mi·nà·tor /-tə | -tə^(r)/ *n.* 根絶者, 撲滅者; 害虫[害獣]駆除業者[剤]. 〘(1611) ◻ LL *exterminātor*: ⇨ exterminate, -or²〙

ex·ter·mi·na·to·ry /ɪkstɔ́ːmənətɔ̀ːri, ɛks- | -tɔ́ːmɪnətəri, -nèɪt-, -tri/ *adj.* 根絶的な, 絶滅的な. 〘(1790) ← EXTERMINATE+-ORY〙

ex·tern¹ /ékstəːn | ékstəːn, ɪkstɔ́ːn, ɛks-/ *n.* **1 a** (寄宿生に対して)通学生. **b** (病院の)通勤医師[医学生] (cf. intern¹ 1). **2** 渉外担当修道女 (女子カルメル会のような厳格な禁入制下の修道会で院内の禁域外に居住して外部との交渉に当たる修道女). **～·ship** *n.* 〘(1533) ◻ F *externe* // L *externus*: external〙

ex·tern² /ɪkstɔ́ːn, ɛks- | -tɔ́ːn/ *adj.* 〘古〙=external. — *vt.* 〘インド〙(国から)追放する (banish).

ex·ter·nal /ɪkstɔ́ːnl̩, ɛks-, èks- | -tɔ́ː-⁻/ ★ internal と対照させるときには /ékstəːnl̩ | -təː-/ とも発音させる. (↔ internal) *adj.* **1 a** 外の, 外部(から)の, 外面の: ⇨ external angle / ～ economies [diseconomies] 外部経済[不経済] (ある経済主体の行動が他の経済主体に有利[不利]に働くこと) / ～ evidence 外的証拠 / an ～ injury 外傷 / ～ stimuli 外部からの刺激 / ～ force [pressure] 〘物理〙外力[外圧]. **b** 〔...の〕外にある; 〔...と〕無関係な 〔*to*〕: those who are ～ *to* Christianity キリスト教に無縁である人々. **c** 〘電算〙外付けの. **2** 対外的な: ～ affairs [politics, commerce] 対外事件[政策, 貿易] / an ～ loan [debt] 外債. **3** (外面的)形式上の, 見てくれの, 形式的な (formal): ～ religion 形式的宗教 / the ～ worship of God 形式的な神の崇拝. **4** 〘医学〙外用の, 外部に用いる[からの]: an ～ preparation 外用薬 / ～ application [use] (薬の)外用. **5** 偶然的な, 表面的な, 付帯的, 本質的でない: ～ circumstances 偶然的な事情. **6** 〘解剖・動物〙身体の中心から遠い所にある, 外側の, 最外側の: ⇨ external ear. **7** 〘哲学〙外界の, 客観界の, 客観的(存在)の, 外的な (objective): the ～ world (個人から独立して存在する)外的[客観的]世界, 外界 / ～ objects 外界の事物. **8** 〘英・豪〙〈学生が〉学外の (通学はせずに試験だけ当の大学で受ける); 〈試験官が〉学外の; 〈試験・学位が〉学外試験による: an ～ examiner.
— *n.* **1** 〘古〙外部, 外面. **2** [*pl.*] **a** 外形, 外観, 外貌: judge by ～*s* 外観で判断する / the ～*s* of religion 宗教の外面的形式 (儀式など), 外礼. **b** 外界の事物; 外的な事情[情況]. **c** (非本質的な)偶有事物, 付帯事項 (nonessentials): the subordination of ～*s* to essentials 偶有的な物を本質的な物に従属させること. **3** 〘豪〙公開講座受講生. 〘(?*a*1425) ← L *externus* outward (← *exterus* (compar.) ← *ex* 'EX¹')+-AL¹〙

extérnal ángle *n.* **1** 〘数学〙=exterior angle. **2** 〘建築〙出隅(ﾃﾞｽﾐ) (90 度以上の角度で突き出した角の部分; cf. reentering angle 3). 〘1706〙

extérnal áuditory meátus *n.* 〘解剖〙外耳道 (cf. internal auditory meatus).

extérnal-combústion *adj.* 〘機械〙外燃の (↔ internal-combustion): an ～ engine 外燃機関. 〘1915〙

extérnal degrée *n.* 大学外(取得)学位 (通信教育課程修了者などの, 大学外でなされた業績などに対して与えられる学位).

extérnal éar *n.* **1** 外耳. **2** =pinna 3.

extérnal gálaxy *n.* 〘天文〙銀河系外星雲, 島宇宙.

extérnal gíll *n.* 〘動物〙外鰓(ｶﾞｲｻｲ).

extérnal hémorrhoid *n.* [通例 *pl.*] 〘病理〙外痔核.

extérnal íliac ártery *n.* 〘解剖〙外腸骨動脈 (⇨ iliac artery 2).

ex·tér·nal·ìsm /-nəlɪzm, -nl-/ *n.* **1** =externality 1. **2** 外形主義; (特に, 宗教上の)形式尊重主義. **3** 外界崇拝. **4** 外在論, 現象論 (phenomenalism). 〘(1856): ⇨ -ism〙

ex·tér·nal·ist /-nəlɪst, -nl- | -tɔ́ːnəlɪst, -nl-/ *n.* 形式尊重者; 実在論[現象論]者. 〘(1879): ⇨ -ist〙

ex·ter·nal·i·ty /èkstəːnǽləti | -təːnǽlɪti/ *n.* **1** 外部[外面]性. **2** 〘哲学〙外界[客観的]存在性, 外在性. **3 a** 外物, 外的特質 (external characteristic). **b** 外界事物, 外界. **4** 外観に心を奪われること; 形式主義. **5** 〘経済〙外部性 (個別企業や産業全体の活動が外部企業の生産費に影響を与えること). **6** 工業的[技術的]発達の長期にわたる副次的影響. 〘(1673): ⇨ external, -ity〙

ex·ter·nal·i·za·tion /ɪkstɔ̀ːnəlɪzéɪʃən, ɛks-, -nl- | -tɔ̀ːnəlaɪ-, -lɪ-, -nl-/ *n.* **1** (内部的なものの)客観化, 具体化. **2** 体現, 具現 (embodiment). **3** 〘心理〙外在化 (自分の欲求や感情を外在する他者の内に投入すること; しばしば投射と同義に使われる). **4** 〘証券〙取引所取引 (立会所で行う株売買). 〘(1803): ⇨ ↓, -ation〙

ex·ter·nal·ize /ɪkstɔ́ːnəlàɪz, ɛks-, -nl- | -tɔ́ːnəl-, -nl-/ *vt.* **1** 〈内部的なものを〉客観化する, 客観的存在物として考える; 〈思想・心象に〉外観性[形体]を与える, 具体化する: Language ～*s* the process of thinking. 言語は思考作用を具体化するものである. **2** 〈関心を〉外に向けさせる, 〈人・性格を〉外向的にさせる. **3** 〘心理〙〈自分の欲求・感情を〉外的原因によるとする. 〘(1852): ⇨ -ize〙

ex·tér·nal·ly *adv.* 外部に[で], 外部から; 外面的に; 外用として: apply ～ (薬を)外用する. 〘(1594): ⇨ -ly¹〙

extérnally fíred bóiler *n.* 外だきボイラー (cf. internally fired boiler).

extérnal máxillary ártery *n.* 〘解剖〙顔面動脈.

extérnal pháse *n.* 〘物理化学〙外相 (⇨ dispersion medium).

extérnal relátion *n.* 〘哲学〙外的[偶有的]関係 (↔ internal relation).

extérnal respirátion *n.* 〘生理〙外呼吸 (外界と呼吸器の間で行われる酸素と炭酸ガスの交換; cf. internal respiration). 〘1940〙

extérnal wórk *n.* 〘物理〙外力に対してなす仕事.

ex·terne /ɛkstɔ́ːn, ɪks- | -tɔ́ːn/ *n.* =extern¹.

ex·ter·o·cep·tive /èkstərouséptɪv | -rəu-⁻/ *adj.* 〘生理〙外受容性の, 外部感受性の. 〘(*c*1921) ← *extero-* (← L *exterus* 'EXTERIOR')+(RE)CEPTIVE〙

ex·ter·o·cep·tor /èkstərouséptə | -rəuséptə^(r)/ *n.* 〘生理〙(外)受容器, 感覚器官 (sense organ) (耳・目・鼻・皮膚など; ↔ interoceptor). 〘(1906) ← NL ～ ← *extero-* (↑)+(RE)CEPTOR〙

ex·ter·ri·to·ri·al /èkstèrətɔ́ːriəl | -rɪtɔ́ːr-⁻/ *adj.* = extraterritorial. **～·ly** *adv.* 〘(1880) ← EX-¹+TERRITORIAL〙

ex·ter·ri·to·ri·al·i·ty /èkstèrətɔ̀ːriǽləti | -rɪtɔ̀ːriǽlɪti/ *n.* =extraterritoriality. 〘(1836) ◻ F *exterritorialité*: ⇨ ↑, -ity〙

extg 〘略〙extracting.

ex·tinct /ɪkstíŋ(k)t, ɛks-/ *adj.* **1** 〈生命・希望・情熱・病気など〉絶えた, 終息した; 〈家族・民族・動植物など〉死に絶えた, 絶滅した (⇨ dead SYN): His last hope was ～. 彼の最後の希望は絶えた / an ～ species 絶滅種. **2** 〈法律・官職・制度など〉廃れた: ～ laws and customs 廃れた法律や習慣. **3** 〈火・灯・光など〉消えた; 〈火山が〉活動を止めた (cf. active 4 b): The spark was not yet ～. 火花はまだ消えていなかった / an ～ volcano 死火山; 〘比喩〙以前の活力をなくした人. **4** 〈爵位など〉(相続者がなくて)消滅[断絶]した: an ～ marquisate 断絶した侯爵位 / The title became ～ with the death of the seventh Earl. 第 7 代伯爵の死でその爵位は消滅した. — *vt.* 〘古〙〈火〉を消す. 〘(?*a*1425) ◻ L *ex(s)tinctus* (p.p.) ← *ex(s)tinguere* 'to EXTINGUISH'〙

ex·tinc·tion /ɪkstíŋ(k)ʃən, ɛks-/ *n.* **1** 抑止, 廃止 (abolition); 死滅, 絶滅 (destruction); (種族・家系・種などの)消滅, 断絶, 絶滅: The species are threatened with ～. その種は絶滅の危機に瀕している. **2** 消火, 消光, 終息: the ～ of a lamp [volcano] ランプの消光[火山の終息] / the ～ of feelings 感情の枯渇. **3** 〘物理〙消光, 吸光, 消衰 (吸収などにより光が弱くなること). **4** 〘天文〙減光 (大気の吸収で星の明るさが暗く見えること). **5** 〘法律〙(権利・負債などの)消滅: the gradual ～ of a debt 負債の段階的な消滅. **6** 〘心理〙消去 (条件刺激のみを反復して与えた結果, 条件反射が弱まること; cf. habituation). 〘(?*a*1425) ◻ L *ex(s)tinctiō(n-)*: ⇨ ↑, -tion〙

extínction àngle *n.* 〘物理〙消光角.

extínction coefficient *n.* 〘物理〙吸光[消衰]係数, 消光率. 〘1902〙

extínction mèter *n.* 〘写真〙消像式光学露出計 (絞りを絞って像がよく見えなくなる点で露出をきめる). 〘1931〙

ex·tinc·tive /ɪkstíŋ(k)tɪv, ɛks-/ *adj.* 消滅性の, 消滅的な: ～ prescription 〘法律〙(刑の)消滅時効. 〘(1600) ← L *extinctivus* (p.p.) ← *ex(s)tinguere*〙

ex·tinc·ture /ɪkstíŋ(k)tʃə, ɛks- | -tʃə^(r)/ *n.* 〘Shak〙= extinction. 〘(1609) ← EXTINCT+-URE〙

ex·tine /ékstiːn, -taɪn/ *n.* 〘植物〙=exine. 〘1835〙

ex·tin·guish /ɪkstíŋgwɪʃ, ɛks-/ *vt.* **1** 〈火・光などを〉消す (put out): ～ a fire [candle]. **2** 〈情熱・希望・記憶などを〉失わせる, 消滅させる (⇨ abolish SYN); 〈音を〉静める; 〈生命を〉絶やす: The last gleam of my hope was sadly ～*ed*. 私の最後の望みの光もあわれにも消滅した. **3** 〘法律〙**a** 〈負債を〉償却する (pay off): ～ a national debt 国の負債を償却する. **b** 〈権利・要求などを〉消滅させる: ～ a mortgage (負債を返済して)抵当権を消滅させる. **4** 〈相手〉の影を薄くする, 顔色なからしめる (obscure); 〘口語〙〈相手を〉沈黙させる: He was quite ～*ed* by his wife in intelligence. 知能の点では妻にすっかり圧倒された. **5** 絶滅させる; 断絶させる; 廃止する: Can the misery of human life be ～*ed* after all? 結局人生の不幸はすっかり無くすることができるのだろうか. **6** 〘心理〙〈条件反射を〉消去する. — *vi.* 〘古〙消える. 〘(1545) ← L *ex(s)tinguere* (← EX-¹+*stinguere* to quench)+-ISH²: cf. distinguish〙

ex·tin·guish·a·ble /ɪkstíŋgwɪʃəbl̩, ɛks-/ *adj.* 消火できる; 消滅させられる. 〘(1509): ⇨ ↑, -able〙

ex·tin·guish·ant /ɪkstíŋgwɪʃənt, ɛks-/ *n.* 消火物(水・消火剤など). 〘← EXTINGUISH+-ANT〙

ex·tín·guish·er *n.* **1** 消す物[人]. **2** (帽子型の)ろうそく消し, (ランプの)消灯器; 消火器 (fire extinguisher): a chemical ～ 化学消火器. 〘(1560): ⇨ -er¹〙

ex·tín·guish·ment *n.* **1** 消火, 消灯, 消光.

2 絶滅. 3 〘法律〙(権利などの)消滅; (負債の)償却. 〘(1503): ⇨ -ment〙

ex·tirp /ɪ̀kstə́ːp, ɛks- | -tə́ːp/ *vt.* 《古》 =extirpate.

ex·tir·pate /ɛ́kstəpèɪt, ɪ̀kstə́ːpeɪt, ɛks- | ɛ́kstə(ː)-/ *vt.* 1 〔…から〕〈種族・国民・悪風・邪教などを〉根絶する, 全く…のあとを絶つ, 絶滅させる〔*out of, from*〕: The breed was ~*d out of* the island. その種族はその島から絶滅した. 2 〈草木を〉根絶やしする, 根こぎにする (root up): ~ weed 雑草を根絶やしにする. 3 〘外科〙摘出する: ~ an organ [a tumor] 器官[腫瘍(しゅよう)]を摘出する. **ex·tir·pa·tive** /ɛ́kstəpèɪtɪv, ɪ̀kstə́ːpət-, ɛks- | ɛ́kstə(ː)pèɪt-/ *adj.* 〘(1535) ← L *ex(s)tirpātus* (p.p.) ← *ex(s)tirpāre* to root out ← EX-¹+*stirps* 'STIRPS': ⇨ -ate³〙

ex·tir·pa·tion /ɛ̀kstəpéɪʃən | -tə(ː)-/ *n.* 1 根絶, 根絶やし, 絶滅, 撲滅; 除去, 切除. 2 〘外科〙摘出(術). 〘(?a1425) □ L *ex(s)tirpātiō(n-)*: ⇨ ↑, -ation〙

éx·tir·pà·tor /-tə | -tə(r)/ *n.* 撲滅者. 〘(1706) □ L *ex(s)tirpātor*: ⇨ extirpate, -or²〙

ex·tol /ɪ̀kstóʊl, ɛks-, -tɑ́(ː)l | -tə́ʊl, -tɔ́l/ *vt.* (**ex·tolled; ex·tol·ling**) (*also* **ex·toll** /~/) 称揚する, 激賞する: ~ the winner *as* a hero 勝者を英雄とほめそやす / ~ the merits [virtues] of …の美点[長所]を激賞する / Some ~*led* you to the skies. 口を極めて君をほめる人々がいた. **ex·tól·ler** /-lə | -lə(r)/ *n.* **ex·tól·ling·ly** /-lɪŋ-/ *adv.* **~·ment** *n.* 〘(a1400) □ L *extollere* to lift up, exalt ← EX-¹+*tollere* to raise: cf. tolerate〙

ex·tor·sion /ɛkstɔ́əʃən | -tɔ́ː-/ *n.* (身体部分の)外転, (外側への)ねじれ (cf. intorsion). 〘(1899) ← EX-¹+TORSION〙

ex·tor·sive /ɪ̀kstɔ́əsɪv, ɛks- | -tɔ́ː-/ *adj.* 〘法律〙恐喝になりうる; 恐喝によって得た, (官吏による)財物強要罪になりうる. 〘(1669) ← L *extors-* ((stem) ← *extorquēre* (↓)) +-IVE〙

ex·tort /ɪ̀kstɔ́ət, ɛks- | -tɔ́ːt/ *vt.* 1 〘法律〙〔人から〕〈金銭を〉ゆする, 強請する (⇨ extract SYN); 〈官吏が〉(職権を利用して)不法に奪う〔*from*〕: ~ money [bribes] *from* a reluctant person いやがる人に金[賄賂]を出させる. 2 過度に〈代価・料金を〉請求する. 3 〔…に〕〈約束・自白・称賛・譲歩などを〉強いる, 強要する〔*from*〕: ~ a confession [promise] *from* a person by torture 拷問にかけて人に自白[約束]を強いる / My agonies ~*ed* tears *from* me. 苦悩のあまり涙を押さえることができなかった. 4 〔文章・前提から〕〈意味・結論を〉無理に導き出す[引き出す]〔*from*〕: How can you ~ such a meaning *from* this passage? このくだりからどうしてそんな意味を強引に引き出すことができるのですか. **~·er** /-tə | -tə(r)/ *n.* 〘(1529) ← L *extortus* (p.p.) ← *extorquēre* to wrench out ← EX-¹+*torquēre* to twist〙

ex·tor·tion /ɪ̀kstɔ́əʃən, ɛks- | -tɔ́ː-/ *n.* 1 強請, 強要; 強奪 (rapacity), 搾取: the ~ *of* an excessive price [interest] 不当な値段[利子]の強要. 2 〘法律〙(官吏の)強要による財物取得. 3 強奪物; 不当な掛値. 〘(a1325) □ L *extortiō(n-)*: ⇨ ↑, -tion〙

ex·tór·tion·àr·y /-ʃənèri | -ʃ(ə)nəri/ *adj.* 《古》 = extortionate. 〘1805〙

ex·tor·tion·ate /ɪ̀kstɔ́əʃ(ə)nɪ̀t, ɛks- | -tɔ́ː-/ *adj.* 1 〈値段など〉法外に高い (exorbitant): an ~ charge [price] 法外な料金[値段]. 2 〈人・性質・行為など〉強奪的な, 強請的な, 恐喝的な: He is ~ *in* his demands. 彼の要求は不当である. **~·ly** *adv.* 〘(1789) ← EXTORTION+-ATE²〙

ex·tór·tion·er /-ʃ(ə)nə | -nə(r)/ *n.* 強奪[強請]者, 搾取者. 〘(1395) ← EXTORTION+-ER¹〙

ex·tór·tion·ist /-ʃ(ə)nɪ̀st | -nɪst/ *n.* =extortioner. 〘1885〙

ex·tor·tive /ɪ̀kstɔ́ətɪv, ɛks- | -tɔ́ːt-/ *adj.* 強奪的な, 搾取的な. 〘(1646) □ L *extortīvus* ← *extorquere*〙

ex·tra /ɛ́kstrə/ *adj.* 1 余分の (additional); 臨時の; 特別増しの, 割増しの: an ~ general meeting 臨時総会 / an ~ hand 臨時雇人 / ~ gentlemen [ladies] 《廃》エキストラ男優[女優] / an ~ inning game (野球の)延長戦 (⇨ extra time) / ~ news 号外 / ~ pay 余分の手当, 臨時給与 / an ~ train 臨時[増発]列車 / ~ work 臨時仕事, (時間外の)余分の仕事 / ~ efforts 特別な努力 / take ~ care 特に注意を払う / optional ~ features 希望で選べる特別目玉商品 / an ~ edition 特別号, 臨時増刊 / an ~ day 振替え(休)日 / an ~ special 《英》(最終版の)特別夕刊 (cf. special edition) / ~ freight 割増し運賃 / an ~ allowance 臨時[特別]手当 / (⇨ extra dividend / That took me an ~ half hour. そのおかげで 30 分余分にかかった / Wine [Coffee] is ~. ワイン[コーヒー]は別料金です / Dinner $20 and [with] wine ~. 晩餐 20 ドルでワインは別(勘定). 2 格外の; 特別上等[優良]の: ~ foolscap (洋罫紙の)特大判 / ~ binding 特別装丁, 特装. 3 《カリブ》自慢の; 騒ぎたてる; いばりちらす.

— *n.* 1 別勘定の支払いを要するもの; 割増し金 (extra charge): Dancing is an ~. ダンスの勘定は別. 2 〘映画〙エキストラ, 群衆用出演者. 3 余分の物, 特別な物 (extra thing, something extra); 号外, 臨時増刊; 課外講義; 番外, 景物; (舞踏会の)特別番組; 予備[余分]のコピー[刷り], 写し: a special ~ 夕刊の最終版 / an ~ of *The Times*「タイムズ」紙の号外. 4 臨時雇. 5 《米》特別上等な物: a real ~ 本当に特別上等な品. 6 〘通例 *pl.*〙〘クリケット〙打球以外で得た得点《例えばバイ (bye) によって得た点》.

— *adv.* 1 付加的に, 余分に: be charged ~ 余分に[別途に]徴収される / pay ~ 別に金を払う / work ~ 余分に働く. 2 特別に, 格別に: ~ large 特大の / ~ fine 特別[とびきり]上等の / ~ dry ⇨ extra sec / ~ good wine 特別上等なワイン / an ~ special edition 《英》=an extra special (⇨ *adj.* 1) / an ~ strong binding 特別丈夫な仕立て[製本] / try ~ hard 特に精を出してやって見る / She was ~ careful. 彼女はこの上なく注意深かった. 〘(1776) 《略》? ← EXTRAORDINARY: cf. L *extrā* (↓)〙

ex·tra- /ɛ́kstrə/ *pref.* 通例形容詞に付いて「…外の, …の範囲外の, …以外の」の意を表す: *extra*cellular, *extra*-official. 〘ME □ L ~ ← *extrā* (adv., prep.) outside (of), without=*exterā* (abl. fem.) ← *exterus*: ⇨ external〙

èxtra·atmosphéric *adj.* 大気圏外の. 〘1871〙

éxtra-báse hít *n.* 〘野球〙長打《二・三・本塁打》. 〘c1949〙

èxtra·bóld *n.* 〘活字〙エクストラボールド《非常に肉太な活字書体》. — *adj.* 〈活字書体が〉エクストラボールドの.

èxtra·canónical *adj.* 〘聖書〙正典外の, 正経書外の. 〘1831〙

èxtra·cápsular *adj.* 〘解剖〙包外の, 嚢外の, 被膜外の. 〘1885〙

èxtra·cárdial *adj.* 〘解剖〙心臓外の.

èxtra·céllular *adj.* 〘生物〙細胞外の (↔ intracellular). **~·ly** *adv.* 〘1867〙

èxtra·chromosómal *adj.* 〘生物〙染色体外の. 〘1940〙

èxtra·condénsed *adj.* 〘活字〙エクストラコンデンスの《字幅の非常に狭い》.

èxtra·corpóreal *adj.* 〘解剖〙体外の, 生体外の, 生体の外に起こる: ~ circulation 体外循環. **~·ly** *adv.* 〘1865〙

èxtra·cósmical *adj.* 宇宙外の. 〘1865〙

éxtra cóver *n.* 〘クリケット〙エキストラカバー《カバーポイントとミッドオフの中間の位置; その位置の野手; extra cover point ともいう》. 〘1867〙

èxtra·cránial *adj.* 〘解剖〙頭蓋外の. 〘(1884) ← EXTRA-+CRANIAL〙

ex·tract /ɪ̀kstrǽkt, ɛks-/ *vt.* 1 〔…から〕〈歯などを〉抜く, 引き抜く, 抜き取る, 摘出する (pull out)〔*from*〕: ~ a tooth / ~ a cork *from* a bottle / She ~*ed* a notebook *from* her bag. バッグから手帳を取り出した. 2 a 〔…から〕〈精分などを〉抽出する (draw forth), 圧搾する, 蒸留して取る (distill out)〔*from*〕: ~ nitrogen *from* the air 空気から窒素を抽出する / ~ poisons *from* plants 植物から毒物を取り出す. b 〈金属を〉〈鉱床・鉱石から〉分離[抽出]する〔*from*〕. 3 〈金・情報・約束などを〉〈人から〉無理に引き出す (force), 取り付ける, 得る (obtain)〔*from*〕: ~ a confession *from* a person 人に無理に自白させる / I could ~ no money *from* him. 彼からびた一文取れなかった. 4 《米》ではまた ɛ́kstrækt/ 〈章句を〉〔書物・文書から〕抜き出す, 引用する, 抜粋する, 〈文書を〉抄出する〔*from*〕: ~ examples [passages] *from* a book 書物から例を抜き出す[章句を抄出する]. 5 〈楽しみ・喜びなどを〉〔…から〕引き出す, 得る (derive); 《古》〈原理・意味などを〉導き出す〔*from*〕: He tried to ~ some pleasure *from* his lonely life. 孤独な生活から多少の楽しみを得ようと努めた. 6 〘数学〙〈根を〉求める, 〈数を〉開く: ~ the root of a number.

— /ɛ́kstrækt/ *n.* 1 抜粋, 引用句 (excerpt), …抄 (selection): ~*s from* a book [Pope] 本[ポープ]からの抜粋. 2 抽出物; せんじ出し, せんじ汁, エキス, 精剤: beef [vanilla] ~ 牛肉[バニラ]のエキス / ~ of roses バラの精. 3 (薬剤・植物などの)(粘着性)抽出物, 溶液, 調合剤.

ex·tráct·a·ble /-əbl̩/ *adj.* **ex·tráct·i·ble** /-təbl̩ | -tə-, -tɪ-/ *adj.* **ex·tract·a·bil·i·ty** /ɪ̀kstræ̀ktəbíləti, ɛks- | -lɪ̀ti, -tɪ-, -lɪ-/ *n.* 〘v.: (?a1425) ← L *extractus* (p.p.) ← *extrahere* ← EX-¹+*trahere* 'to DRAW'. — n.: (c1443) □ ML *extractum* (neut. p.p.) ← L *extractus*: cf. tract¹, traction〙

SYN 引き出す: **extract** 〈情報・金銭などを〉強引に引き出す: We *extracted* a promise from him. 彼から約束を取りつけた. **educe** 〈潜在するものを〉引き出す《格式ばった語》: *educe* laws from the careful comparison of facts 事実を綿密に比較して法則を導き出す. **elicit** 〈事実・情報などを〉特に非常に努力して引き出す《格式ばった語》: *elicit* information by inquiring いろいろ尋ねて情報を引き出す. **evoke** 情感を刺激して〈心象などを〉呼び起こす《格式ばった語》: The music *evoked* memories of the past. その音楽を聴くと過去の思い出が呼び起こされた. **extort** 暴力・おどしを用いてもぎ取る: *extort* money by blackmail 金をゆすり取る.

ex·tract·ant /ɪ̀kstrǽktənt, ɛks-/ *n.* 〘化学〙抽出用溶剤[溶媒]. 〘⇨ ↑, -ant〙

ex·trac·tion /ɪ̀kstrǽkʃən, ɛks-/ *n.* 1 〔…の〕抜取り, 引抜き, 摘出; 〔天産物の〕採取〔*of*〕: the ~ *of* a tooth 抜歯 / the ~ *of* gold *from* ore 鉱石から金を採取すること / an ~ groove (弾丸の空薬莢(やっきょう)排出のための)引抜き溝. 2 〔金・告白などを〕無理に引き出すこと〔*of*〕: the ~ *of* money *from* one's uncle おじさんに無理に金を出させること. 3 (書物などから)抜粋すること; 〘化学〙〔…の〕抽出, 浸出; 〔薬物などの〕せんじ出し; 〔液・油などの〕搾り出し: spirits of the first ~ 初回蒸留抽出火酒. 4 抜き取った物; 抜いた歯; (書物・文書などの)抜粋, 引用句; 抽出物, エキス. 5 生まれ, 素性; 血統, 系統: a person of foreign [French] ~ 外国[フランス]系の人 / He is *of* Japanese ~. 彼は日系人だ. 6 〘数学〙(数の)開方, 開立. 7 [*pl.*] (豆類の挽きを搾り取った)かす, 油かす. 〘(?a1425) □ (O)F ~ // LL *extractiō(n-)*: ⇨ extract, -tion〙

extráction fàn *n.* =extractor fan.

extráction ràte *n.* 抽出率《製粉された小麦粉の重量と製粉前の重量との百分率》.

ex·trac·tive /ɪ̀kstrǽktɪv, ɛks-/ *adj.* 1 抽出の; 抜取り[抜粋]的な: ~ processes 抽出過程 / ~ industries 〘経済〙(自然物)採取産業《鉱業・農業・漁業などの天然資源から物資を採取する産業》. 2 抽出できる, 抽出性の, エキス性の: ~ matter 抽出物. — *n.* 抽出物; エキス, 精分 (extract). **~·ly** *adv.* 〘n.: (?a1425) (1844–57) □ L *extractīvus*: ⇨ extract, -ive〙

extráctive distillátion *n.* 〘化学〙抽出蒸留.

ex·trác·tor *n.* 1 抽出者; 抜粋者. 2 a 抽出装置, 抽出器; (滴出)分離器: an oil ~ 抽油器. b =extractor fan. 3 a 抜取り器具. b (銃の薬室から打殻薬莢(やっきょう)を抜き出すための)抽筒子: an ~ knob 抽筒子把手. c 〘外科〙摘出器, 鑷子(せっし), 鉗子(かんし) (forceps). 4 (果汁などの)搾り器: a juice ~ 電動式ジューサー. 〘(1611): ⇨ -or²〙

extráctor fàn *n.* (窓などの)換気扇. 〘c1945〙

éxtract prìnting *n.* 〘染色〙=discharge printing.

éxtract wòol *n.* 炭化羊毛《毛と植物繊維との交織物を炭化して反毛し回収した羊毛》.

E

èxtra·currícular *adj.* 1 正課以外の, 課外の; (学校でスポーツ・クラブ活動など)課外の活動の: ~ activities 課外活動. 2 本務以外の: ~ functions of a secretary 秘書の本務以外の仕事. 〘1925〙

èxtra·currículum *adj.* =extracurricular.

ex·tra·dit·a·ble /ɛ́kstrədàɪtəbl̩, ―――― | -tə-/ *adj.* 1 〈人が〉(逃亡犯人として)引き渡されるべき: Smith is ~ under the law of nations. スミスは国際法に基づき引き渡されるべきである. 2 〈犯罪など〉引渡し処分に該当する: ~ offenses. 〘(1881): ⇨ ↓, -able〙

ex·tra·dite /ɛ́kstrədàɪt/ *vt.* 1 〈外国からの逃亡犯罪人または被疑者を〉(引渡し条約によって本国の官憲に)引き渡す (deliver up), 送還する. 2 …の引渡しを受ける, 引き取る. 〘(1864) 《逆成》↓〙

ex·tra·di·tion /ɛ̀kstrədíʃən/ *n.* 1 (国際間の)逃亡犯罪人引渡し; (罪人・亡命者などの)引渡し; 本国送還: an ~ treaty 逃亡犯罪人引渡し条約. 2 〘心理〙感覚の射出. 〘(1839) □ F ~ ← EX-¹+L *trāditiō(n-)* a delivering up: ⇨ tradition〙

éxtra dívidend *n.* 〘証券〙特別配当(金) (⇨ special dividend).

ex·tra·dos /ɛ́kstrədɑ̀(ː)s, -dòʊs | ɛkstréɪdɒs/ *n.* (*pl.* ~ /-dòʊz, -dɑ̀(ː)s | -dəʊz/, ~·**es**) 〘建築〙(アーチの)外側の面, 外輪(そとわ), 外孤面 (cf. intrados). 〘(1772) □ F ~ ← EXTRA-+*dos* back (< L *dorsum*): cf. dorsal¹〙

èxtra·dúral *adj.* 〘解剖〙硬膜 (dura mater) 外の. 〘1900〙

èxtra·embrýonal *adj.* 〘生物〙=extraembryonic.

èxtra·embryónic *adj.* 〘生物〙胚体外の. 〘1903〙

èxtra·esséntial *adj.* 本質外の, 主要でない. 〘1666〙

èxtra·fascícular cámbium *n.* 〘植物〙維管束外形成層 (⇨ secondary cambium).

èxtra·flóral *adj.* 〘植物〙花外(かがい)の: ~ nectaries 花外蜜腺.

èxtra·galáctic *adj.* 〘天文〙銀河系外の. 〘1851〙

èxtragaláctic nébula *n.* 〘天文〙銀河系外星雲.

èxtra·hepátic *adj.* 肝(臓)外の. 〘c1923〙

èxtra·íllustrate *vt.* (他の資料から)〈書物などに〉挿絵[写真]を入れる.

èxtra·judícial *adj.* 1 法廷外の; 裁判外の, 裁判権外の: an ~ opinion by the judge 判事の非公式の意見. 2 法の手続きをふんでいない: an ~ execution 非合法の処刑, 私刑. **~·ly** *adv.* 〘1630〙

èxtra·légal *adj.* 法制外の, 法の範囲を越えた. **~·ly** *adv.* 〘1644〙

ex·tra·lim·it·al /ɛ̀kstrəlímɪ̀tl̩ | -mɪtl/ *adj.* 〘生態〙〈有機体が〉ある地方にいない. 〘(1874) ← EXTRA-+LIMIT+-AL¹〙

èxtra·linguístic *adj.* 言語外の, 言語学以外の. **èxtra·linguístically** *adv.* 〘1927〙

ex·tral·i·ty /ɛkstrǽləti | -lɪ̀ti/ *n.* =extraterritoriality. 〘(1925) 《略》← EXTRATERRITORIALITY〙

èxtra·lów-fréquency *adj.* 〘電子工学〙超低周波の: an ~ oscillator 超低周波発振器《周期が 100 秒程度以上の電気信号が出せる発振器》.

èxtra·lúnar *adj.* 月の外の.

èxtra·márital *adj.* 〈男女関係が〉結婚[夫婦]外の: ~ intercourse [relations] 婚外交渉 / an ~ affair 浮気, 不倫. 〘1929〙

èxtra·métrical *adj.* 〘詩学〙〈詩行が〉余剰音節の. 〘1863〙

ex·tra·mun·dane /ɛ̀kstrəmʌndéɪn, ―――――/ *adj.* 1 地球外の (extraterrestrial). 2 物質世界外の. 〘(1665) □ LL *extramundānus*: ⇨ extra-, mundane〙

ex·tra·mu·ral /ɛ̀kstrəmjʊ́ərəl | -mjʊ́ər-/ *adj.* 1 城壁外の; (都市・病院などの)郭外の, 構外の, 院外の (↔ intramural). 2 a 大学構外の, 校外の: ~ activities (学生・教授などの)学外活動 / an ~ lecture [lecturer] 学外から頼んでくる講義[講師] / ~ students (通信教授による)校外生. b 《英》大学公開講座の (cf. university extension): ~ classes. 3 《米》〈試合など〉(大学間での)非公式対抗の. **~·ly** *adv.* 〘(1854) ← EXTRA-+MURAL〙

èxtra·músical *adj.* 音楽外の. 〘1923〙

ex·tra·ne·ous /ɪ̀kstréɪniəs, ɛks-/ *adj.* 1 (固有の物でなく)外来の, 外生の; (外に)付着した; 異質の (strange): ~ aid [interference] 外部[国外]からの援助[干渉] / be coated with ~ matter 外物が固着して覆っている / wash ~ matter away from …から付着物を洗い落とす. 2 〔…に〕(本質に)無関係の (unrelated), 偶有的な; 〔…に〕本質的[重要]でない〔*to*〕: a matter ~ *to* the question 問題に

無関係の事柄. **3**〘数学〙無縁の: a ～ root 無縁根. 〚(1638)□L *extrāneus* external, foreign ← *extrā*: ⇨ extra-, -aneous: cf. strange〛

ex·trá·ne·ous·ly *adv.* 外来的に, 外部的に; 無関係に. 〚(1755): ⇨ ↑, -ly¹〛

ex·trá·ne·ous·ness *n.* 外来的性質, 異質性; 偶有性; 無関係. 〚(1881): ⇨ -ness〛

èxtra·núclear *adj.* **1** (細胞内で)核外の. **2** (原子の)核外の. 〚1887〛

èxtra·ócular múscle *n.*〘解剖〙外眼筋《眼球運動をつかさどり, 左右の眼に6個ずつある》. 〚1939〛

èxtra·offícial *adj.* 職権外の, 職務外の. 〚1797〛

E

ex·traor·di·naire /ɛ̀kstrɔ̀ədənéə, ɛks-, -dn-, ɛ̀kstrəɔ́ə- | ɪ̀kstrɔ̀ːdɪnéə(r, ɛks-, -dn-; *F.* ɛkstʁaoʀdinɛːʁ/ *adj.* [名詞の後に置いて] 並はずれた, 非凡な; すばらしい. 〚(1940)□F ～〛

ex·traor·di·nar·i·ly /ɪ̀kstrɔ̀ədənérəli, ɛks-, -dn-, ─́─́─́─, ɛ̀kstrəɔ̀ədənérəli, ─́─́─́─́─ | ɪkstrɔ́ːdɪn(ə)rɪli, ɛks-, -dn(ə)-, -dn(ə)-, ɛ̀kstrɔ́ː-/ *adv.* 非常に, 異常に, 法外に, 驚くばかりに. 〚(1564) ← EXTRAORDINARY＋-LY¹〛

ex·traór·di·nàr·i·ness *n.* 法外さ, 並[けた]はずれ, 非凡さ, 異常性. 〚(1628): ⇨ ↓, -ness〛

ex·traor·di·nar·y /ɪ̀kstrɔ́ədənèri, ɛks-, -dn-, ɛ̀kstrəɔ́ə- | ɪkstrɔ́ːd(ə)nəri, ɛks-, ɛ̀kstrəɔ́ː-⁻/ *adj.* **1** 尋常でない, 並々でない, 異常な, 非凡な (⇨ abnormal SYN): a woman of ～ beauty [talent, goodness] まれに見る美しい[非凡な才能のある, 珍しく善良な]女性 / make an ～ effort 異常な努力をする / an ～ event 異常な出来事, 異変 / He has ～ ability. 非凡な才能の持ち主だ. **2** 法外な, 途方もない, とっぴな; 驚くべき, 妙な: an ～ appearance とっぴな風采 / do [say] ～ things 途方もない事をする[言う] / It is ～ that he has not come. 彼が来ないとはとても変だ / How ～ that he has not married [should not have married]! 彼が結婚しないとは何てことだ / That is an ～ thing to say. それはまた妙な言葉だ. **3** 臨時の: ～ expenditure [revenue] 臨時歳出[歳入] / an ～ general meeting 臨時総会 / the ～ session (of the Diet) 臨時議会. **4** 〈役人など〉特別任用の, 特派の, 特命の: an ～ ambassador＝an ambassador ～ 特命大使 / an envoy ～ 特派[特命]使節 (cf. envoy¹) / an ～ professor 講座外教授. ― *n.*《古》並でないもの. ― *adv.*《廃》＝extraordinarily. 〚(1431)□L *extraordinārius* out of the common: ⇨ extra-, ordinary〛

extraórdinary rày *n.*〘光学・結晶〙異常光線《複屈折で分かれた2種の光のうち, 速度すなわち屈折率が方向によって異なり, 普通の屈折の法則に従わないもの; cf. ordinary ray》. 〚1872–73〛

extraórdinary wàve *n.*〘無線〙異常波《電波が電離層の中で地球磁界の影響を受けて二つに分かれるとき, 一般に楕円(だえん)偏波となる場合の右回りの電波; X-wave ともいう; cf. ordinary wave》. 〚1883〛

èxtra·paróchial *adj.* 教区(牧師管轄区)外の. 〚1674–81〛

èxtra·pérsonal *adj.* 個人の外部にある[から来る]. 〚1909〛

èxtra·phýsical *adj.* 物質的法則外の. 〚1822〛

éxtra póint *n.*〘アメフト〙**1** コンバート (conversion) で得た得点. **2** [*pl.*] エクストラポイント《タッチダウンの後の追加点》. 〚*c*1949〛

ex·tra·po·la·bil·i·ty /ɪ̀kstræ̀pələbíləti, ɛks- | -pələbílɪti/ *n.*〘数学・統計〙外挿可能性.

ex·trap·o·late /ɪkstrǽpəlèɪt, ɛks-/ *vt.* **1**〘数学・統計〙(既知の数値・関係から)〈未知の数値・関係を〉推定する, 外挿(がいそう)する, 補外する (cf. interpolate 3). **2 a** (既知の事項から)〈未知のことを〉推定[推測]する. **b** 〈既知の事実を〉推定に用いる. ― *vi.*〘数学・統計〙外挿法[補外法]を行う. **ex·trap·o·la·tive** /ɪkstrǽpəlèɪtɪv, ɛks- | -lət-/ *adj.* **ex·tráp·o·là·tor** /-tə | -tə(r/ *n.* **ex·tráp·o·la·tò·ry** /-pələtɔ̀ːri | -təri/ *adj.* 〚(1831) ← EXTRA-＋(INTER)POLATE // (逆成) ← *extrapolation* (↓)〛

ex·trap·o·la·tion /ɪkstræ̀pəléɪʃən, ɛks-/ *n.* **1**〘数学・統計〙外挿(法), 補外(法) (cf. interpolation 2). **2** 推定; 延長; 敷延. 〚(1872): ⇨ ↑, -ation〛

èxtra·polítical *adj.* 政治(学)以外の.

èxtra·posítion *n.* **1** 外(側)に置くこと. **2**〘文法〙**a** 外位置《There he sat, *a giant among dwarfs* における斜字体の部分のように文の構造外に置かれること; cf. apposition²》. **b** 外置変形. 〚1927〛

èxtra·proféssional *adj.* 専門[本職]外の. 〚1799〛

èxtra·púnitive *adj.*〘心理〙外罰的な《欲求不満の原因を他人あるいは外部の責任に帰したがることにいう; cf. impunitive, intropunitive》.

èxtra·pyrámidal *adj.*〘解剖〙錐体(すいたい)外路の; 錐体路外の. 〚(1912) ← EXTRA-＋PYRAMIDAL〛

èxtra·relígious *adj.* 宗教との関係のない.

éxtra séc *adj.* 〈シャンパンがかなり辛口の, エクストラセック (extra dry)《糖量が1.5–3%のものにいう; cf. champagne 1》.

èxtra·sénsory *adj.* 正常感覚外の;〘心理〙超感覚的な. 〚1934〛

extrasénsory percéption *n.*〘心理〙超感覚的知覚《千里眼・透視・精神感応などのように科学的に説明できないような知覚; 略 ESP; cryptesthesia ともいう; cf. clairvoyance, telepathy》. 〚1934〛

èxtra·sólar *adj.* 太陽系の外の: ～ life. 〚1889〛

èxtra·spécial *adj.*《口語》極上の, とび切り上等の.

èxtra·spéctral *adj.* スペクトル (spectrum) 外の. 〚1849〛

èxtra·sýstole *n.*〘病理〙(心臓の)期外収縮. **èx·tra·systólic** *adj.* 〚(1900) ← NL ～: ⇨ extra-, systole〛

èxtra·ténsion *n.*〘心理〙＝extroversion.

èxtra·ténsive *adj.*〘心理〙外向性の (cf. extroversive, introversive): ～ type 外向型.

èxtra·terréstrial *adj.* 地球外の, 地球大気圏外の. ― *n.* 他の惑星の生物, 地球外生物 (略 ET). 〚1868〛

èxtra·territórial *adj.* **1 a** 〈大使など〉治外法権上の (exterritorial). **b** 治外法権享有者の. **2** 〈法律など〉域外適用の. **～·ly** *adv.* 〚(1869) ← EXTRA-＋TERRITORIAL〛

èxtra·territoriálity *n.* **1** 治外法権 (exterritoriality). **2**〘法律〙域外適用《領土を越えて国外の行為に自国の法律を適用すること》. 〚1836〛

éxtra tíme *n.*〘スポーツ〙エキストラタイム, 延長時間《サッカーなど, 選手の交替などの時間が設けられていない競技で, ロスタイムを補うための時間; 引分けを避けるための普通30分の延長時間》: The match went into ～. 試合は延長戦に入った.

èxtra·trópical cýclone *n.* 温帯低気圧. 〚1923〛

ex·traught /ɪkstrɔ́ːt, ɛks-, -trɑ́ːt | -trɔ́ːt/ *adj.*《廃》抜き出された; …に由来する, …から出ている. 〚(1523)《変形》← *extract* (p.p.): cf. distraught〛

èxtra·úterine *adj.* 子宮 (uterus) 外の. 〚1709〛

éxtraúterine prégnancy *n.*〘医学〙外妊, 子宮外妊娠 (ectopic pregnancy). 〚1709〛

ex·trav·a·gance /ɪkstrǽvɪgəns, ɛks-, -gənts | -və-/ *n.* **1** ぜいたく; 浪費(性); 散財, 濫費(らんぴ): cut out all one's ～s 濫費を切り詰める / It was one of the ～s he permitted himself. それは彼が自分に許しているぜいたくの一つであった. **2** (言行・考え方などの)無節制, 放縦; 放縦な言行, 乱行; 途方もない考え. **3**《廃》(決まった道から)さまよい出ること, 逸脱 (deviation). 〚(1643)□F ～: ⇨ extravagant, -ance〛

ex·tráv·a·gan·cy /-gənsi/ *n.* **1** ＝extravagance. **2** ＝vagrancy. 〚1601–2〛

ex·trav·a·gant /ɪkstrǽvɪgənt, ɛks- | -və-/ *adj.* **1** むだ使いの, 浪費する, ぜいたくな (⇨ profuse SYN); むだな, 無茶な: an ～ person 金遣いの荒い人 / an ～ expenditure 無茶な出費 / She is ～ when it comes to clothes. 着物にぜいたくだ / He is an ～ tipper. 彼はチップをたっぷりはずむ. **2** 〈要求など〉無茶な, 無法な; 〈値段・利子など〉ばかに高い, 法外な: ～ demands 法外な要求 / an ～ price 法外な値段 / He receives an ～ salary for it. それに対して法外なサラリーを貰っている. **3** 〈行為・性格・意見など〉無茶な, 途方もない, とっぴな (↔ restrained) (⇨ excessive SYN): ～ abuse 頭ごなしの悪口 / ～ behavior 無茶な行為 / ～ laughter ばか笑い / load a person with ～ praise むやみに人をほめ立てる / make ～ claims for a product 製品に対して法外なクレームをつける / He is ～ *in* his use of flattery. やたらにお世辞を使う. **4** 過度に飾りたてた, けばけばしい. **5**《古》さまよい歩く. **6**《廃》(木の枝など)やたらにはびこった. **7**《廃》変な, 奇妙な. **～·ness** *n.* 〚(*a*1387)□(O)F ～□ML *extrāvagantem* (pres.p.) ← L *extrāvagārī* to wander beyond bounds ← EXTRA-＋*vagārī* to wander (⇨ vagary)〛

Ex·trav·a·gan·tes /ɪkstræ̀vəgǽntiːz, ɛks-/ *n. pl.* [the ～]〘カトリック〙旧教会法付属書《教皇 John 二十二世がまとめた教会集で旧教会法典の一部 (1317); 教皇自身の教令を集めたものとその他の教令を集めた Extravagantes Communes から成る》. 〚(1547)□ML *extrāvagantēs* (↑)〛

ex·tráv·a·gant·ly *adv.* 法外に, 無法に; ぜいたくに, 浪費的に: spend [praise] ～ / ～ beautiful 途方もなく美しい. 〚(1623): ⇨ ↑, -ly¹〛

ex·trav·a·gan·za /ɪkstræ̀vəgǽnzə, ɛks-, ɛ̀kstræv-/ *n.* **1 a** 狂想曲, (楽想と手法のとっぴな)狂想的な楽曲. **b** エクストラヴァガンザ《19世紀米国で流行した形式・感情とも奇抜で衣装や舞台装置なども手の込んだコミックオペラの類; cf. RESTRAINED music》. **c** 狂想的な文学作品. **2** とっぴな[華々しい, 奇抜な]もの《衣装・アクセサリー・建物など》. 〚(1789)□It. (*e*)*stravaganza* extravagance ← (*e*)*stravagante*□ML *extrāvagantem*〛

ex·trav·a·gate /ɪkstrǽvəgèɪt, ɛks-/ *vi.*《古》**1** (あてどなく)放浪[漂泊]する, さまよう. **2** 〔正道などを〕踏み外す 〔*from*〕; 〔誤りなどに〕踏み迷う 〔*into*〕; 法外[とっぴ]なことをする. **ex·trav·a·ga·tion** /ɪkstræ̀vəgéɪʃən, ɛks-/ *n.* 〚(1600): ⇨ extravagant, -ate³〛

èxtra·váginal *adj.*〘植物〙〈草の新芽など〉葉鞘(ようしょう)外で生長する. 〚⇨ extra-, vaginal〛

ex·trav·a·sate /ɪkstrǽvəsèɪt, ɛks-/ *vt.* **1**〘病理〙〈血液・リンパ液などを〉(脈管から周囲の組織の中へ)あふれ出させる, 溢血(いっけつ)[溢出]させる. **2**〘地質〙〈溶岩などを〉噴出させる. ― *vi.* **1**〘病理〙〈血液・リンパ液などが〉(周囲の組織の中へ)にじみ出る (ooze), 溢血[溢出]する. **2**〘地質〙溶岩を噴出する. ― *n.* **1**〘病理〙(血液などの)溢出[遊出]物. **2** 噴出物《溶岩など》. 〚(1668) ← EXTRA-＋L *vās* vessel＋-ATE³: ⇨ vase〛

ex·trav·a·sa·tion /ɪkstræ̀vəséɪʃən, ɛks-, ɛ̀kstræv-/ *n.* **1**〘病理〙**a** (リンパ液・血液などの脈管外への)溢出(いっしゅつ), 遊出; (打撲などによる)溢血, 内出血. **b** (血管外への)溢出[遊出]物. **2**〘地質〙**a** (溶岩などの)噴出. **b** 噴出物《溶岩など》. 〚(1676): ⇨ ↑, -ation〛

èxtra·váscular *adj.*〘解剖〙脈管[血管]外の. 〚1804〛

èxtra·vehícular *adj.* **1** 〈宇宙飛行士の活動が〉船外の: ～ activity 船外活動. **2** 船外活動の: an ～ assignment. 〚(1965): ⇨ vehicular〛

ex·tra·ver·sion /ɛ̀kstrəvə́ːʒən, -ʃən | -və́ːʃən, -ʒən/ *n.*〘心理〙＝extroversion 1. 〚(*a*1691) 1915〛

ex·tra·ver·sive /ɛ̀kstrəvə́ːsɪv | -və́ː-⁻/ *adj.* ＝extroversive. 〚1937〛

ex·tra·vert /ɛ́kstrəvə̀ːt | -və̀ːt/ *n., adj., v.* ＝extrovert. 〚1669〛

éx·tra·vèrt·ed /-tɪd | -tɪd/ *adj.*〘心理〙＝extroverted. 〚1915〛

èxtra·vírgin *adj.* 〈オリーブ油が〉最上等処女油の.

extrema *n.* extremum の複数形.

Ex·tre·ma·du·ra /*Sp.* estɾemaðúɾa/ *n.* エストレマドゥーラ《Estremadura のスペイン語名》.

ex·tre·mal /ɪkstríːməl, ɛks-, -mɪ/〘数学〙*adj.* 極値的な: ～ length 極値的長さ. ― *n.* 停留曲線《変分法の問題におけるオイラーの微分方程式の解》. 〚(1901) ← EXTREM(UM)＋-AL¹〛

ex·treme /ɪkstríːm, ɛks-/ *adj.* (**more ～, most ～; ex·trem·er, ex·trem·est**) **1** 〈性質・事情など〉極端な, 非常な, 極度の, はなはだしい (⇨ excessive SYN): ～ poverty, kindness, patience, etc. / an ～ case 極端な例[場合] / ～ old age 非常な老齢[高齢] / the ～ penalty 極刑《死刑 (capital punishment) のこと》/ exercise ～ care 細心の注意を払う / He was in ～ peril. 非常な危険に瀕していた. **2** 〈行為・手段・意見・人など〉極端な, 過激な, 急激な (↔ moderate): ～ measures [opinions] 過激な手段[意見] / an ～ radical 最急進過激派の人 / the ～ Left [Right] 極左[右]派. **3** [限定的] (中心から)最も遠い; 一番端の, 最端の, 果ての, 先端[末端]の: the ～ border of a field 畑の一番遠い端 / the ～ end of a rope 綱の一番端 / the face on the ～ right of the picture 写真の一番右端に写っている顔. **4**《古》最終の, 最後の: the ～ hour of life 臨終 / in one's ～ moments 死ぬ間際に, 臨終に. **5**〘音楽〙**a** (和声で)増(ぞう)… (augmented). **b** (多声音楽曲の)最高および最低声部の: ～ parts. **6**〘気象〙大陸(性)気候の; 極値の.

extréme and méan rátio〘数学〙外中比, 黄金比 (⇨ golden section): be divided into ～ *and mean ratio* 外中比に分割される.

― *n.* **1** 極度; [通例 *pl.*] 極端な手段 (extreme measures): go [be driven] *to* ～*s* 極端に走る, 極端なやり方をする / go from one ～ *to* the other＝go to the opposite ～ 一方の極端からもう一方の極端に走る / go *to* the ～ of …という極端な手段に訴える / carry something (*in*)*to* ～*s* [an ～]＝take something *to* ～*s* あることを極端にやる. **2** 極端な状態 (extreme condition); (特に)窮境, 危期. **3** [*pl.*] 両極端: the ～*s* of north and south [of heat and cold, of wealth and poverty] 南北の[寒暑の, 貧富の]両極端 / experience the ～*s* of fortune 運命の両極端[激しい栄枯盛衰]を経験する / *Extremes* meet.《諺》両極端は一致する / He is unaffected by the ～*s* either of bliss or of grief. 喜悦や悲しみの両極端のどちらにも影響されない. **4**〘数学〙**a** (比例・比または級数の)外項《初項または末項》. **b** 極値《極所的な最大・最小値》. **5**〘論理〙**a** (三段論法の結論における)大名辞 (major term) または小名辞 (minor term) (cf. middle term 1). **b** (命題の)主語または述語 (cf. copula 1). **6**《古》末端, はじ.

in the extréme 極端[極度]に, 極めて: His manner was cold *in the* ～. 彼の態度は極端に冷たいものだった. (1604)

― *adv.*《古》＝extremely: an ～ fine woman.

～·ness *n.* 〚(?*a*1425)□(O)F *extrême*□L *extrēmus* (superl.) ← *exterus* outward: ⇨ exterior〛

extréme bréadth *n.*〘造船〙＝breadth extreme.

extréme clípper *n.*〘海事〙(19世紀中頃の)大型快速帆船.

extréme fíber strèss *n.*〘物理〙縁応力《物体の外表面における応力》.

ex·treme·ly /ɪkstríːmli, ɛks-/ *adv.* **1** 非常に, 実に, とても (very): an ～ nice boy 実に感じのいい少年 / It is ～ good of you to invite me. お招きにあずかって本当にありがとうございます. **2** 極端に; 極めて, はなはだしく (very much): It pains me ～ to have to say this. この事を言わなければならないのははなはだ心苦しい. 〚(1531): ⇨ extreme, -ly¹〛

extrémely hígh fréquency *n.*〘通信〙超高周波《30–300ギガヘルツの周波数; 略 EHF》. 〚1952〛

extrémely lów fréquency *n.*〘通信〙超低周波《30–300ヘルツの周波数; 略 ELF》.

extréme únction, /ɪkstríːm-, ɛks-, ɛ́kstriːm-/, **E- Ú-** *n.*〘カトリック〙終油の秘跡, 終油礼, 末油(まつゆ)(式)《かつては本当に死期が迫っていた時に執行された塗油式であるが, 現在では, 死の危険が伴うと考えられる重い病気・手術の際に執行されるので, Anointing of the Sick (病人の塗油)という》. 〚1579〛

extréme válue *n.*〘数学〙＝extremum.

extremis ⇨ in extremis.

ex·trem·ism /ɪkstríːmɪzm, ɛks-/ *n.* **1** 極端論, 極端主義, 過激主義. **2** 極端さ (extremeness). 〚(1865) ← EXTREME＋-ISM〛

ex·trém·ist /-mɪst | -mɪst/ *n.* 極端論者, 過激論者, 極端家. ― *adj.* 極端論の, 過激派の, 過激主義者の: ～ leaders 過激派の指導者. 〚(1846) ← EXTREME＋-IST〛

ex·trem·i·ty /ɪkstréməti, ɛks- | -mɪti/ *n.* **1** 端, 先端, 末端 (extreme point): *at* the northern ～ of …の北端に / a pimple *at* the ～ of a person's nose 鼻先の吹出物. **2** (人・動物の)肢 (limb), (鳥の)翼 (wing); [*pl.*] 手足: A person's age often shows itself first in the *extremities*. 人の年はまず手足に現れることが多い. **3** 極度 (extreme degree), 〔…の〕極み〔*of*〕: an ～ *of* pain and misery 極度の苦痛と不幸. **4** [しばしば *pl.*] 行詰まり, 難局, 窮境, 窮地, 危地 (extreme distress): be reduced [driven] to (the last) ~ [*extremities*] 最後の土壇場に追いつめられる, 窮地に陥る, 絶体絶命となる. **5** [通例 *pl.*] 《古》 極端な策 (extreme measure), 過激な行動: proceed [go] to *extremities* 最後の手段に訴える, 過激な行動を取る. **6** 極端さ (extremeness): the very ~ of his views 彼の意見の真の極端さ. **7** 限度, 限界 (utmost degree): They provoked him *to the* ~ *of* his endurance. 彼らはそれ以上耐え切れないほど彼を挑発した. **8** 《古》 最後 (end); 死, 臨終 (last moments): in a man's dying ~ 死の間際に臨んで / resist to the last ~ 最後[死ぬ]まで抵抗する. 〖《1375》□ (O)F *extrémité* □ L *extrēmitātem*: ⇨ extreme, -ity〗

ex·tre·mum /ɪkstríːməm, ɛks-/ *n.* (*pl.* **ex·tre·ma** /-mə/) 〔数学〕 極値 《極大値または極小値》. 〖《1904》 ← NL ~ ← L *extrēmum* end (neut.) ← *extrēmus* 'EXTREME'〗

ex·tric·a·ble /ɪkstríkəbl, ɛks-, ékstrɪk-/ *adj.* 救出できる, 脱出できる (↔ inextricable). 〖《1623–26》 ← L *extricāre* (↓)+-ABLE〗

ex·tri·cate /ékstrəkèɪt | -trɪ-/ *vt.* **1** 〔監禁・紛糾・困難などから〕脱出させる, 救出する (set free) 〔*from*〕: ~ a person *from danger* 人を危険から救い出す / ~ *oneself from* a thicket [difficulties] 森[困難]の中から抜け出す. **2** 《まれ》 〔化学〕 遊離させる. **3** 〔…から〕識別[弁別]する 〔*from*〕. **4** 《古》 もつれを解く. **éx·tri·cà·tor** /-tə | -tə^r/ *n.* 〖《1614》 ← L *extricātus* (p.p.) ← *extricāre* to disentangle ← EX-¹+*tricae* perplexities: ⇨ -ate³: cf. intricate〗

ex·tri·ca·tion /èkstrəkéɪʃən | -trɪ-/ *n.* **1** 救出, 脱出; 離脱 (disentanglement). **2** 〔化学〕 遊離. 〖《1650》 □ LL *extricātiō(n-)*: ⇨ ↑, -ation〗

ex·trin·sic /ɛkstrínzɪk, ɪks-, -sɪk | -sɪk, -zɪk/ *adj.* (↔ intrinsic) **1 a** 〔…の〕外部の[にある]; 〔…に〕外在的な (external); 〔…に〕無関係な 〔*to*〕: ~ differences 外観上の相違 / The statement is ~ *to* our discussion. その陳述は当面の問題には無関係だ. **b** 〈原因・影響など外部からの: ~ stimuli 外部からの刺激. **2** 外的な, 非本質的な, 偶然的な, 付随[付帯]的な (↔ inherent): ~ value / 付帯価値 / ~ circumstances 偶然的な事情. **3** 〔電子工学〕 外因性の: ⇨ extrinsic semiconductor. **4** 〔医学〕 〈神経・筋肉・物質など〉外来性の, 外因性の. **ex·trín·si·cal·ly** *adv.* 〖《1541》 □ F *extrinsèque* □ LL *extrinsecus* (adj.) ← L *extrinsecus* from without (adv.) ← *exter-, extra-* 'EXTRA-'+*-im* (adv. suf.: cf. interim)+*secus* beside: 語尾 *-ic* は -IC¹ との類推から〗

ex·trín·si·cal /-zɪkəl, -sɪ-, -kl | -sɪ-, -zɪ-/ *adj.* 《古》 =extrinsic. 〖1578〗

extrínsic fáctor *n.* 〔生化学〕 外来因子 《現在は vitamin B_{12} として知られる; cf. intrinsic factor》. 〖1938〗

extrínsic semicondúctor *n.* 〔電子工学〕 外因性半導体 《純粋な元素(例えばシリコン Si) にわずかの不純物 (例えばヒ素 As) を加えて作った半導体; cf. intrinsic semiconductor》.

ex·tro- /ékstroʊ | -trəʊ/ *pref.* 「外へ」の意を表す連結形 (cf. extra-) (↔ intro-): *extro*pection, *extro*version. 〖← EXTRA-: INTRO- の影響による変形〗

ex·tror·sal /ɛkstrɔ́ːəsəl, -sl | -trɔ́ː-/ *adj.* 〔植物〕 = extrorse. 〖1842〗

ex·trorse /ɛkstrɔ́ːəs, ⌐⌐ | ɛkstrɔ́ːs, ⌐⌐/ *adj.* 〔植物〕 《葯(ﾔｸ)が》外向きの, 外曲した (↔ introrse). **~·ly** *adv.* 〖《1858》 □ F ~ □ LL *extrōrsus* outwards ← EXTRA-+L (*intr*)*ōrsus* 'INTRORSE'〗

ex·tro·spec·tion /èkstrəspékʃən | -trə(ʊ)-/ *n.* 外観法 (↔ introspection). 〖⇨ ↓, -tion〗

ex·tro·spec·tive /èkstrəspéktɪv | -trə(ʊ)-⌐/ *adj.* 外観の; 外観的な (↔ introspective). 〖《1909》 ← EXTRO-+(INTRO)SPECTIVE〗

ex·tro·ver·sion /èkstrəvə́ːʒən, -ʃən | -trəvə́ːʃən, -ʒən/ *n.* **1** 〖□ G *Extroversin, Extraversion*〗 〔心理〕 外向性 《関心が自己の内面よりも主に外界に向けられる性向; cf. introversion 3, ambiversion》. **2** 〔病理〕 《まぶたなどの》外翻, 外反, 外転. 〖《1656–81》 ← EXTRO-+VERSION〗

ex·tro·ver·sive /èkstrəvə́ːsɪv | -trə(ʊ)və́ːs-⌐/ *adj.* 外転性の; 〔心理〕 外向性の (↔ introversive). **~·ly** *adv.* 〖《1923》: ⇨ ↓, -IVE〗

ex·tro·vert /ékstrəvə̀ːt, -troʊ- | -trə(ʊ)və̀ːt/ *n.* 〔心理〕 外向性の人 (↔ introvert). **—** *adj.* =extroverted. **—** *vt.* 〈心を〉外部に向ける. 〖《1671》 《1918》 《変形》 ← G *extrovertiert* (adj.) ← EXTRO-+L *vertere* to turn: cf. introvert〗

éx·tro·vèrt·ed /-tɪd | -tɪd/ *adj.* 〔心理〕 外向性の (↔ introverted). 〖《1923》 《変形》 ← G *extrovertiert* (↑): ⇨ -ed〗

éx·tro·vèrt·ish /-tɪʃ/ *adj.* やや外向性の. 〖《1946》 ← EXTROVERT+-ISH¹〗

ex·trude /ɪkstrúːd, ɛks-/ *vt.* **1** 〈人・物を〉〔…から〕押し出す, 突き出す (push out), 追い出す (expel) 〔*from*〕: a snail *extruding* its horns 角(ﾂﾉ)を出しているかたつむり / ~ toothpaste *from* the tube 練り歯磨をチューブから押し出す. **2** 〈金属・プラスチック・ゴムなどを〉型から押し出して成形する. **3** 〈食品を〉加工成形する. **—** *vi.* **1** 〔…から〕突き出る (protrude) 〔*from*〕. **2** 〈金属・プラスチック・ゴムなどが〉(型から押し出されて)成形される: This metal does not ~ well. この金属はうまく成形されない. **3** (表面・外側へ)現れ出る (emerge). **4** 〔地質〕 岩漿が噴出する. **ex·trúd·a·ble** /-dəbl | -də-/ *adj.* **ex·trùd·a·bíl·i·ty** /-dəbíləti | -dəbílɪti/ *n.* 〖《1566》 □ L *extrūdere* ← EX-¹+*trūdere* to thrust: cf. intrude〗

ex·trúd·er /-də | -də^r/ *n.* 〔機械〕 《熱可塑性樹脂などの》押出機. 〖《1938》: ⇨ ↑, -er¹〗

ex·tru·sion /ɪkstrúːʒən, ɛks-/ *n.* **1** 押出し, 突出し; 駆逐 (expulsion) (↔ intrusion). **2 a** 《金属・プラスチック・ゴムなどを型から》押し出して作った物, 押出品. **b** 押出し加工. **3** 〔地質〕 《溶岩の》噴出, 迸出(ﾎｳｼｭﾂ); 噴出物, 溶岩. **ex·tru·si·ble** /ɪkstrúːsəbl, -zə-, ɛks- | -sɪ-/ *adj.* 〖《1540》 □ ML *extrūsiō(n-)* ← L *extrūsus* (p.p.): ⇨ extrude, -sion〗

extrúsion mólding *n.* 〔化学〕 押出成形 《溶融状態の樹脂を連続的に押し出して板・管・棒などに成形する方法; cf. injection molding》.

ex·tru·sive /ɪkstrúːsɪv, ɛks-, -zɪv | -sɪv/ *adj.* **1** 押出しの, 突出しの. **2** 〔地質〕 噴出的[性]の (cf. intrusive 3 b): ~ rocks 迸出岩, 噴出岩. **—** *n.* 〔地質〕 噴出岩. 〖《1816》 ← L *extrūsivus* (p.p.) ← *extrūdere*: ⇨ extrude, -ive〗

ex·tu·bate /ɛkstúːbeɪt, -tjúː- | -tjúː-/ *vt.* 〔外科〕 〈あらかじめ挿入した管を〉引き抜く, 抜管する. **ex·tu·ba·tion** /èkstuːbéɪʃən, -tjuː- | -tjuː-/ *n.* 〖← EX-¹+TUBE+-ATE³〗

ex·u·ber·ance /ɪgzúːb(ə)rəns, ɛg-, -rənts | ɪgzjúː-, ɛgz-, -zúː-, ɪksjúː-, ɛk-, -súː-/ *n.* **1 a** 豊富, 潤沢 (abundance): an ~ of delight [feeling, mirth] あふれるばかりの喜び[感情, 歓喜]. **b** (活力・喜びなどの)横溢(ｵｳｲﾂ), 幸福感 (euphoria): dance and sing *in* [*out of*] sheer ~ ものすごく幸せで踊り歌う. **2** 繁茂: an ~ of foliage [vegetation] 繁茂した枝葉[植物]. 〖《1638》 □ F *exubérance* □ L *exūberantia*: ⇨ exuberant, -ance〗

ex·ú·ber·an·cy /-rənsi/ *n.* =exuberance. 〖1611〗

ex·u·ber·ant /ɪgzúːb(ə)rənt, ɛg- | ɪgzjúː-, ɛgz-, -zúː-, ɪksjúː-, ɛk-, -súː-/ *adj.* **1** 〈元気・気力・喜びなど〉あふれるばかりの, 快活な; 〈人・行為が〉元気に満ちあふれた, いかにも健康[うれし]そうな: an ~ person / in ~ health はち切れるように健康で / He was in ~ spirits. 張り切って元気一杯だった. **2** 生い茂る, 〈枝葉が〉繁茂した; 豊富な: ~ growth 繁茂 / ~ foliage [vines, branches, vegetation] 繁茂した葉[つる, 枝, 植物]. **3** 〈想像力など〉豊かな: an ~ imagination. **4** 〈言語・文体が〉華麗な; 〈弁舌などが〉ほとばしり出る, 言葉数の多い: ~ compliments 口をきわめた賛辞. **5** 度はずれの, けたはずれの, 一通りでない: The tanker was of ~ bulk. そのタンカーはけたはずれの大きさだった. **6** 〈泉・川など〉あふれるばかりの: an ~ fountain. **~·ly** *adv.* 〖《1459》 □ (O)F *exubérant* ∥ L *exūberantem* being fruitful (pres.p.) ← *exūberāre* to grow luxuriantly ← EX-¹+*ūberāre* to be fruitful (← *über* fertile ← *über* 'UDDER'): ⇨ -ant〗

ex·u·ber·ate /ɪgzúːbərèɪt, ɛg- | ɪgzjúːbərèɪt, ɛgz-, -zúː-, ɪksjúː-, ɛk-, -súː-/ *vi.* 《まれ》 **1** 〔…が〕おびただしい (abound), 〔…で〕あふれる (overflow) 〔*in, with*〕: His breast ~*d with* human kindness. 心は人情にあふれていた. **2** 〔…に〕熱狂的になる, 欣喜雀躍する 〔*in, over*〕. 〖《1471》 ← L *exūberātus* (p.p.) ← *exūberāre* (↑): ⇨ -ate³〗

ex·u·date /éks(j)ʊdèɪt, ékʃʊ-, -sə- | éksjuː-, ɪgzjuː-/ *n.* **1** 浸出物. **2** 〔医学〕 滲出物[液]. 〖《1876》 ← EXUDE+-ATE¹〗

ex·u·da·tion /èks(j)ʊdéɪʃən, èkʃʊ-, -sə- | èksjuː-, ègzjuː-/ *n.* **1** 浸出, 滲出; (汗などの)にじみ出ること, (液の)放出, 排出 (issue, discharge). **2** =exudate. 〖《1612》 □ LL *ex(s)ūdātiō(n-)*: ⇨ exude, -ation〗

ex·u·da·tive /ɪgzúːdətɪv, ɛg- | ɪgzjúːdət-, ɛgz-, ɪksjúː-, ɛk-/ *adj.* 滲出性の: ~ pleurisy 湿性[滲出性]胸膜炎. 〖《1859》 ← L *ex(s)ūdātivus* (p.p.) ← *exūdāre*: ⇨ ↓, -ative〗

ex·ude /ɪgzúːd, ɛg- | ɪgzjúːd, ɛg-, -zúːd, ɪksjúːd ɛk-, -súːd/ *vi.* 〈汗などが〉〔…から〕にじみ出る, 浸出[滲出]する, しみ出る (ooze out) 〔*from*〕: Gum ~*d from* the incisions. 切り口からゴムがにじみ出た. **—** *vt.* **1** 〈香気・魅力などを〉発散する (diffuse): He stood silently *exuding* admiration. 賛美の気持ちを発散させて黙って立っていた. **2** 〈汗などを〉にじみ出させる (discharge): He ~*ed* an icy sweat. 冷汗をにじみ出させた. 〖《1574》 □ L *ex(s)ūdāre* ← EX-¹+*sūdāre* (← *sūdor* 'SWEAT')〗

ex·ult /ɪgzʌ́lt, ɛg-/ *vi.* **1** 〔…を〕非常に喜ぶ, 〔…に〕歓喜[狂喜]する 〔*at, over, in*〕; 〈…して〉大喜びする 〈*to do*〉: ~ *at* [*over*] one's success 成功に狂喜する / He ~*ed over* (winning) first prize. 一等を取って大喜びした / I ~*ed to* find him alive. 私は彼が生きているのを知って大喜びした. **2** 〔…に〕勝ち誇る (triumph) 〔*over*〕: He ~*ed over* his fallen enemy. 敵を倒したことで勝ち誇った. **3** 《廃》 (喜んで)跳び上がる, はね上がる (leap, spring). 〖《1570》 □ F *exulter* □ L *ex(s)ultāre* (freq.) ← *exsilīre* ← EX-¹+*salīre* to leap: cf. salient〗

ex·ul·tance /ɪgzʌ́ltəns, ɛg-, -tn̩s | ɪgzʌ́l-, ɛgz-, ɪks-, ɛk-/ *n.* =exultation. 〖《1650》 □ LL *ex(s)ultantia*: ⇨ exultant, -ance〗

ex·úl·tan·cy /-tənsi, -tn̩- | -tən-, -tn̩-/ *n.* =exultation. 〖1621〗

ex·ul·tant /ɪgzʌ́ltənt, ɛg-, -tn̩t | ɪgzʌ́l-, ɛgz-, ɪks-, ɛk-/ *adj.* 狂喜する, 歓喜の, 得意満面の, 意気揚々とした (jubilant): a wild ~ cry 荒々しい喜びの叫び声. **~·ly** *adv.* 〖《1653》 □ L *ex(s)ultantem* (pres.p.): ⇨ exult, -ant〗

ex·ul·ta·tion /èksʌltéɪʃən, -səl-, -sl-, ègz- | ègz-, èks-/ *n.* **1** 歓喜, 狂喜 (rapturous delight). **2** [*pl.*] 喜びの叫び声. 〖《*a*1400》 □ (O)F ~ ∥ L *ex(s)ultātiō(n-)*: ⇨ exult, -ation〗

Ex·ul·tet /ɪgzʊ́ltɛt, ɛg-/ *n.* [the ~] 〔カトリック〕 エクスルテト 《復活祭前日の復活祭ろうそく (paschal candle) の祝別の折に助祭が歌う讃歌》. 〖《1869》 ← L *ex(s)ultet* let (it) rejoice (3rd sing. pres. subj.) ← *ex(s)ultāre*: ⇨ exult: この讃歌の冒頭の語から〗

ex·últ·ing *adj.* 歓喜する, 勝ち誇る: an ~ heart 喜びに踊る心. **~·ly** *adv.* 〖《1613》: ⇨ -ing²〗

Ex·u·ma /ɪksúːmə, ɪgzúː-/ *n.* エクスマ 《Bahama 諸島中部の New Providence 島の南東にある島群; Great Exuma 島, Little Exuma 島とほかの岩礁からなる》.

ex·urb /éksəːb, égzəːb | -səːb, -zəːb/ *n.* 準郊外, 郊外周辺(高級)住宅地, 郊外別荘地 《suburb よりさらに都市を離れ, 主に富裕階級が住む》. 〖《1955》 ← EX-¹+(SUB)URB〗

ex·ur·ban /ɛksə́ːbən, ɛgzə́ː-, -bn̩ | -sə́ː-, -zə́ː-/ *adj.* 準郊外の. 〖《1901》 ← EX-¹+URBAN〗

ex·ur·ban·ite /ɛksə́ːbənàɪt, ɛgzə́ː- | -sə́ː-, -zə́ː-/ *n.* 郊外周辺(高級)住宅地に住む人 《会社役員・文筆家など》. **—** *adj.* 郊外周辺(高級)住宅地(住民)らしい[ふうの]. 〖《1955》 ← EX-¹+(SUB)URBANITE〗

ex·ur·bi·a /ɛksə́ːbiə, ɛgzə́ː- | -sə́ː-, -zə́ː-/ *n.* [集合的] 郊外周辺(高級)住宅地域 (cf. suburbia, urbia, stockbroker belt). 〖《1955》 ← EX-¹+(SUB)URBIA〗

ex·u·vi·ae /ɪgzúːviìː, ɛg- | ɪgzjúː-, ɛgz-, -zúː-, ɪks-, ɛks-/ *n. pl.* (*sing.* **ex·u·vi·a** /-viə/) **1** 《蛇・甲殻類・昆虫などの》抜け殻. **2** 残骸, 遺物. **ex·ú·vi·al** /-viəl/ *adj.* 〖《1653》 □ L ~ 'things stripped off' ← *exuere* to pull off ← EX-¹ +IE **eu-* to put on〗

ex·u·vi·ate /ɪgzúːvièɪt, ɛg- | ɪgzjúː-, ɛgz-, -zúː-, ɪks-, ɛks-/ *vi., vt.* 〔動物〕 脱皮する. 〖《1855》 ← EXUVIAE+-ATE³〗

ex·u·vi·a·tion /ɪgzùːviéɪʃən, ɛg- | ɪgzjùː-, ɛgz-, zùː-, ɪks-, ɛks-/ *n.* **1** 脱皮, 脱殻. **2** 抜け殻. 〖《1839》: ⇨ ↑, -ation〗

ex vo·to /ɛksvóʊtoʊ | -vɔ́ʊtəʊ/ *L. adv., adj.* 誓いの通りに; 誓願をこめて奉納する (votive). **—** *n.* (誓願をこめて捧げる)奉納物, 奉納額面. 〖《1787》 □ L *ex vōtō* according to vow: ⇨ ex¹, vote〗

éx-wòrks *adv., adj.* 《英》 〈価値・値段など〉《輸送の費用や特に卸売商・小売商の利益を含めずに》工場渡しで(の), 工場から直接で[の].

exx 《略》 examples; executrix.

Ex·xon Mo·bil /ɛ́ksɑ(ː)nmóʊbl̩, -bɪl | -sɒnmə́ʊ-/ *n.* エクソンモービル(社) (~ Corp.) 《米国の石油会社; 米石油最大手 Exxon 社が業界 2 位の Mobil 社を 1988 年に買収して合併, 世界最大の石油会社となる》.

-ey /i/ *suf.* (-y で終わる語に付くときの) -y⁴ の異形: clay*ey*.

e·ya·let /èɪjɑːlét/ *n.* =vilayet. 〖《1853》 □ Turk. *eyālet* □ Arab. *iyālah* government ← *āla* to be at the head of〗

Ey·am /íːm, íːəm/ イーム 《イングランド中部 Derbyshire 州の村; 1665 年ペストに襲われ村人以上に広がらないようにと孤立状態で暮らし, ほとんどの人が死亡した》.

ey·as /áɪəs/ *n.* **1** 〔鷹狩〕 巣びな (nestling); (巣立つ前に捕えた)子鷹, ひな鷹 (cf. haggard). **2** 子供. 〖《1475》 《異分析》 ← 《廃》 (*a*) *neyas* □ (O)F *niais* bird taken from the nest < VL **nīdācem* ← L *nīdus* nest: cf. adder, newt〗

Eyck /áɪk; *Du.* ɛ́ik/ =van Eyck.

eye¹ /áɪ/ *n.* **1** 目, 眼球; 虹彩 (iris); 目の辺り[まわり]: compound ~*s* (昆虫の)複眼 / a glass ~ 義眼, 入れ目 / blue [brown] ~*s* 青い[とび色の]目 / ⇨ black eye, naked eye / cry one's ~*s* out 目を泣きはらす / open one's ~*s* 目を開ける; 驚いて目を見張る / open one's ~*s* wide (ショックや驚きで)目を見開く / ⇨ *open a person's* EYES *to* … / make a person open his ~*s* 人に目を見張らせる, 人を驚かせる / close [shut] one's ~*s* 目を閉じる / raise one's ~*s* 視線を上げる / lower [drop] one's ~*s* (恥ずかしくて)視線を落とす, 目を伏せる / narrow one's ~*s* 目を細める 《まぶしいとき, または敵意・疑問・詰問の表情》 / meet a person's ~ ⇨ meet¹ *vt.* 10 / look a person (straight [right]) in the ~ 人の[ひとと]見すえる / rub one's ~*s* (驚いて)目をこする / as far as the ~ can see 見渡すかぎり / I saw it with my (very) own ~*s*. それは私がこの目で見たのだ(だから確かなものだ) / ⇨ *more to* [*in*] … *than meets the* EYE / Where are your ~*s*? (それを見損なうとは)君の目は一体どこについているのか / *Eyes* right [left]! 〔軍事〕 頭(ｶｼﾗ)右[左] / *Eyes* front! 〔軍事〕 頭中; 直れ. ★ ラテン・ギリシャ語系形容詞: ocular, ophthalmic. **2** 観察力, 見わける力, 眼識, 鑑識力: an ~ *for* color 色を見わける力 / have an [a good] ~ *for* beauty [the beautiful] 審美眼がある / have an ~ in one's head 眼識がある, 抜かりがない.
3 [しばしば *pl.*] 目の働き[機能]; 視覚, 視力 (eyesight, vision): lose one ~ 一眼を失う, 片目がつぶれる / put out a person's ~*s* 目をつぶす / have sharp ~*s* 視力が強い; 眼力が鋭い (cf. sharp-eyed) / have strong [good] ~*s* 視力が強い / have weak ~*s* 視力が弱い.
4 [しばしば *pl.*] 目つき, 目もと, 目の表情 (look): lovely ~*s* かわいい目もと / the green ~ 嫉妬の目 (cf. green-eyed) / view a person with a friendly [jealous] ~(*s*) 人を親しげな[嫉妬に満ちた]目で眺める / a stern ~ 厳しい目つき / ⇨ evil eye, glad eye.
5 目のような物, 眼状の物; 眼状の斑点: **a** (植物の)幼芽; (ジャガイモなどの)芽; (果物の)軸跡. **b** (カーテンなどの)環, リング; (ホック留めの)小穴; (ロープやワイヤーの端に作った)輪, 小環 (loop). **c** (針の)めど; (斧などの)柄を通す穴; (まなこ棒など, 引張材先端部の)穴 (⇨ eyebar); アイ 《錨の上端の輪を通す穴》. **d** (魚や昆虫の卵の)小黒点, 目; (クジャクの尾やチョウの羽の)目玉模様, 眼状斑紋. **e** (めがねの)

E

玉, レンズ; (花や渦巻模様などの)中心 (center); (的(まと)の)星 (bull's-eye). **f** (熟成中の Swiss cheese, Gruyère などに生じる)ガス孔.
6 〖気象〗台風の中心, 目《しばしば雲間に青空が見える》: the ~ of a typhoon 台風の目.
7 [しばしば *pl.*] 凝視の目, 注目, 注視: fix [fasten] one's ~*s* on …に目を注ぐ, …をじっと見つめる / hold the public ~ 世間の目を引く / in the public ~ ⇨ public 成句 / ⇨ *keep an* EYE *on, keep one's* EYES *fixed*) / *cast* [*run*] *an* ~ [*one's* ~(*s*)] over …にざっと目を通す / turn one's ~*s* away from …から目をそらす[そむける] / take one's ~*s* off …から目を離す / The ~*s* of the world are now upon the U.S. economy. 世界の目は今アメリカ経済に注がれている / This letter is *for* your ~*s* only. この手紙は他人には見せないでください(内緒です).
8 [しばしば *pl.*] 監視の目 (watch): have an ~ on …に目をつける, …を手に入れようとねらう / He has never caught the ~ of the police. 彼はまだ警察の目を引いたことはない.
9 着眼; 目的; 意図: have something in one's ~ ある事を眼中におく[もくろむ] / ⇨ *with an* EYE *to.*
10 [しばしば *pl.*] 物の見方, 見地, 所見, 見解: look with different ~*s* on …に異なった見方をする / *in the* ~*s of* the law 法律上の見地からは / *to* a person's ~(*s*) 人の考えでは / The fez looks exotic *to* Western ~*s*. トルコ帽は西洋人の目には異国的に映る. **11** 〖食品〗目, アイ: **a** 牛肉のラウンド (round) の中心部をカットした三角形の肉. **b** ポーク, ラム, または子牛の肉片 (chop) の中の主筋肉. **c** リブ・ロインの脂身の中にある筋肉組織.
12 (光・知性・影響などの)中心. **13** 〖海事〗(風の)まともの方向, 中心: in the wind's ~=in the ~ of the wind 風にまともに逆ら[向か]って. **14** [*pl.*]〖海事〗船首部, へさき《エジプト時代から船首の両側に目を描く習慣があった; 今日もジャンクその他にこの習慣が残っている》. **15** 《口語》探偵 (detective): a private ~ 私立探偵. **16** =photoelectric cell. **17** 《米軍俗》レーダー受像装置. **18** 《廃》(かすかな)色合い (cf. Shak., *Tempest* 2. 1. 56).
a béam in** one's* (ówn***) ***éye***(***s***) ⇨ beam 成句. ***a gléam*** [***glínt, twínkle***] ***in*** *a person's* ***éye*** 《口語》(1) まだ全く漠然とした考え. (2) まだできていない子供: All this happened when you were just *a glint in* your father's ~. これはみな君がまだ生まれていないずっと前に起こったことなのだ. 《1964》 ***Áll éyes are on …*** (新聞などで)世間が…に注目している. ***Áll my éye*** (***and Bétty Mártin***)***!*** 《英口語》とんでもない, ばかばかしい (Humbug, Nonsense!). 《《1768》 ← ? (cf. F *mon oeil!*): 一説では L Ō *mihi, beāte Martine* O, to me, blessed Martin (ラテン語の祈り)の戯言的転訛という》 ***an éye for an éye*** 目には目(でする仕返し), 同じ方法[手段]による(直接の)報復《同程度の報復; cf. *Exod.* 21:24》. 《*a*1300》 ***be áll éyes*** (全身を目にして)一心に注視する. 《1611》 ***befòre*** [***in frónt of, ùnder***] *a person's* (***véry***) ***éyes*** (すぐ)目の前に[で]; おおっぴらに, 公然と (openly). 《1870》 ***belíeve*** *one's* ***éyes*** ⇨ believe 成句. ***by*** (***the***) ***éye*** 目分量で, 目測で. 《1774》 ***cást*** [***máke***] ***shéep's éyes at*** ⇨ sheep's eye. ***cátch*** *a person's* ***éye*** (1) 〈物が〉人の目にとまる. (2) 〈人が〉人の注意[注目]をひく (⇨ *n.* 8). 《1736》 ***cátch the Spéaker's éye*** 〖議会〗(下院で議長の目をとらえて)発言を許される. ***cláp*** [***láy, sét***] ***éyes on*** [通例否定構文で]《口語》…を見かける, 認める, (偶然)見つける: I've *never clapped* ~*s on* you in my life. 今までに一度もお目にかかったことがない. 《1838》 ***clóse*** *one's* ***éyes to*** …をわざと見ない, …を見ないようにする, …を無視する (ignore). 《1923》 ***cút*** *one's* ***éye àfter*** [***at, on***] *a person* 《カリブ》〈人に〉軽蔑のまなざしを向けてから目を閉じて, ふんと顔をそむける. ***dó*** *a person* ***in the éye*** 《口語》〈人を〉だます, 傷つける, へこます. 《1891》 ***éasy on the éyes*** 《口語》目に快い, 見目(みめ)よい, ほれぼれする, 魅力的で: This type is *easy on the* ~. この活字は目が疲れない / She is very *easy on the* ~. 彼女はとてもかわいらしい. 《1938》 *one's* ***éyes are bígger than*** [***tòo bíg for***] *one's* ***stómach*** [***bélly***] 《口語》食べ切れもしないくせに欲張る, がつがつする: *His* ~*s are bigger than his stomach.* ***éyes pópping óut of*** *one's* ***héad*** 《英口語》(驚いたりして)目が飛び出して. ***féast*** *one's* ***éyes on*** …を眺めて楽しむ, …で目を楽しませる. ***gét*** [***háve***] *one's* ***éye in*** ボールに目を慣らす[目が慣れている], (方向[距離]に対する)勘を身につける[つけている]; 技能を磨く[技能が磨かれている] (cf. *get one's* HAND *in, keep one's* EYE *in*). 《《1882》: もと球戯などで距離を読む勘を身につけるの意から》 ***gét the*** (***glád***) ***éye*** 《口語》色目を使われる (cf. glad eye). ***gíve an éye to*** (1) …に注目する. (2) …の世話をする, 面倒を見る (look after). ***gíve*** *one's* ***éyes*** 《口語》〈…するためには〉目だってくれてやる, どんな犠牲もいとわない 〈*to* do〉: I would *give my* ~*s to* go with you. ご一緒できるのならどんなことでもします. 《1857》 ***gíve*** *a person* ***the éye*** 《口語》(感心して人に)見とれる, 人に色目を使う (cf. glad eye); 人をじろりと見る. ***gò éyes óut*** 《豪口語》全力をあげる; 全速力を出す. ***gó through the éye of a néedle*** =*pass through the* EYE *of a needle.* ***hálf an éye*** 半ば見開いた目, わずかな知覚[注意力]; さりげない注意: ⇨ *with half an* EYE, *have half an* EYE *on.* 《1579》 ***hàve an éye to*** (1) …に目をつけている, …を目当てとする. …を目ざす, もくろむ. (2) …に注目する, 気をつける. 《1526》 ***hàve an éye to*** [***for, on***] ***the máin chánce*** ⇨ main chance. ***hàve éyes at*** [***in***] ***the báck of*** *one's* ***héad*** 非常に警戒している. ***hàve éyes bígger than*** *one's* ***stómach*** [***bélly***]=*one's* EYES *are bigger than one's stomach.* ***hàve éyes ónly for***=*only have* EYES *for.* ***hàve éyes to sée*** 注意深い, 観察力がある. ***hàve*** *one's* ***éye in***=*get one's* EYE *in.* ***hàve*** *one's* ***éyes on*** (1) …を監視する (watch): He *had his* ~*s on* me the whole time. 彼はずっと私を監視していた. (2) …を欲しいと思う: I'*ve had my* ~*s on* that car for quite a while now. もう長い間その車を欲しいと思っている. ***hàve hálf an éye on*** …を横目で見る, それとなく見張っている; (同時に)…に注意を払っている: if you *had half an* ~ (*on* …) (…に)少し目が開いて[頭が働いて]いたなら, もっと利口だったら. 《1579》 ***háve in*** *one's* ***éye*** …のことを心に描いている. ***hàve óne éye on***=*have half an* EYE *on.* ***hàving an éye to***=*with an* EYE *to.* ***hít*** *a person* ***in the éye*** (1) 人の目の辺りを打つ. (2) 火を見るより明らかである, 明々白々である; 強烈な印象を与える. ***hít*** *a person* (***ríght***) ***betwèen éyes***=*hit a person in the* EYE (2). ***in a píg's éye*** ⇨ pig[1] 成句. ***in frónt of*** *a person's* (***véry***) ***éyes***=*before a person's* (*very*) EYES. ***in*** *one's* ***mínd's éye*** ⇨ mind's eye. ***in the éye of dáy*** 《文語》白昼に, 真っ昼間に (in broad daylight). ***kéep a clóse*** [***shárp***] ***éye on*** …を厳しく監視する[見守る]. ***kéep an*** [*one's*] ***éye on*** [***upòn***] …から目を離さないでいる; 〈容疑者などを〉監視している: *keep an* ~ *on* one's baby 赤ん坊から目を離さないようにして(気をつけて)いる / *keep a* careful ~ *on* the situation 情勢を注意深く見守っている. ***kéep an éye òut*** [***òpen***]=***kéep*** *one's* [***bóth***] ***éyes*** (***wíde***) ***ópen***=***kéep*** *one's* ***éyes pèeled*** [***fíxed, skìnned***] 目を見開いている; 〔…を〕いつも警戒して[見張って]いる〔*for*〕. 《1833》 ***kéep*** *one's* ***éye in*** 《英》(日ごろ練習して)技能を維持している, 技が衰えないようにしている (cf. *keep one's* HAND *in, get* [*have*] *one's* EYE *in*). ***kéep*** *one's* ***éye on the báll*** ⇨ *on the* BALL[1]. ***láy éyes on*** =*clap* EYES *on.* ***léap to the éye*** すぐ目につく, 一目瞭然である (be quite obvious). 《《なぞり》 ← F *sauter aux yeux*》 ***màke*** (***shéep's***) ***éyes at*** …に色目を使う, 秋波を送る; …を物ほしそうな目で眺める (cf. sheep's eyes). 《1852》 ***móre to*** [***in***] *…* ***than méets the éye*** …における見かけ以上のもの《隠れた資質・困難, 背後の理由など》: There's *more in* most things *than meets the* ~. 大抵のものには目に触れる以上のものがある (John Milton, *Il Penseroso*). ***Mý éye!*** 《口語・まれ》これは驚いた, おやおや, まあ, あら, まさか. 《1826》 ***óne in the éye*** 《口語》人の目にくらわせる一発; (ひどい)打撃, 失望, 失敗, 負け〔*for*〕 (cf. one *n.* 6 a): give a person *one in the* ~ / The vote was *one in the* ~ *for* the government. その投票は政府にとってひどい打撃だった. ***ónly hàve éyes for*** …に関心がある; …(特定の異性)にしか興味がない, …以外には目もくれない: He *only has* ~*s for* money. 金にしか関心がない. 《1810》 ***ópen*** *a person's* ***éyes to*** …に対して人の目を開かせる, 人に…を悟らせる: *open a person's* ~*s to* the truth その事実に対して人の目を開かせる[迷いをさまさせる] ***páss through the éye of a néedle*** きわめて狭い所を通り抜ける; きわめて困難なことをする (cf. *Matt.* 19:24). ***píck the éyes òut*** 《豪》〔…から〕最上のものを選ぶ〔*of*〕. ***pípe*** *one's* ***éye***(***s***)=***pípe an éye*** 《英口語》(めそめそ)泣く (weep). 《1789》 ***róll*** *one's* ***éyes ùp*** 目を上目使いにくるくるさせる《失望・落胆・あきらめなどの表情》. ***sèe éye to éye*** 〔…と〕見解が全く一致する〔*with*〕 (cf. *Isa.* 52:8): I don't quite *see* ~ *to* ~ *with* them about [on] that. 私はそれについて彼らと意見が全く一致しているわけではない. 《1879》 ***sèt éyes on***=*clap* EYES *on.* ***shút*** *one's* ***éyes to***=*close one's* EYES *to.* ***sláp*** *a person* ***in the éye*** ⇨ slap[1] 成句. ***spít in the éye of*** ⇨ spit[1] 成句. ***stríke the éye*** 目につく, 顕著である. ***the ápple of*** *a person's* ***éye*** ⇨ apple 成句. ***the éye of dáy*** [***héaven***] 《詩》太陽 (the sun). 《1590》 ***the éyes of héaven*** [***níght***] 《詩》星 (the stars). 《1600–1》 ***through*** *a person's* ***éyes***=***through the éyes of*** *a person* 人の見地[観点]から. ***the éye of the stórm*** (1) ⇨ 6. (2) 不和[論争]の原因: be at [in] *the* ~ *of the storm.* ***thrów dúst in*** *a person's* ***éyes*** ⇨ dust 成句. ***thrów éyes*** [***the éye***] ***at*** 《豪》=*make* EYES *at.* ***thrów úp*** *one's* ***éyes*** (うんざりしたりあきれたりして)目を上に向ける. ***to the éye*** 表面上は, 見た目には. ***túrn a blínd éye to*** …を見ようとしない, …に注目しない; …を見て見ぬふりをする: Some officials are *turning a blind* ~ *to* illicit trade. 役人の中には密貿易を見て見ぬふりをする者がいる. 《1823》 ***ùnder*** *a person's* (***véry***) ***éyes*** =*before a person's* (*very*) EYES. ***ùp to the*** [*one's*] ***éyes*** 〔仕事に〕没頭して〔*in*〕; 〔借金に〕深くはまり込んで〔*in*〕. 《1778》 ***wét the óther éye*** 何杯もたて続けに飲む. ***wípe*** *a person's* ***éye*** (1) 《口語》(狩猟で)人の射損なった獲物を仕留める. (2) 《口語》人の鼻をあかす, 人を出し抜く, ぎゃふんと参らせる. (3) 《俗》人を目に黒あざができるほど殴る. ***with*** [***hàving***] ***an éye to*** …に関して; …を目的として; …に注意を払って: His article was written *with an* ~ *to* picturesque effect. 彼の記事は迫真的な効果をねらって書かれていた / He did it *with an* ~ *to* deceiving me. 私を欺こうとしてそうした / *with a* single ~ *to* the ministry 牧師の仕事にひたすら専心して / *with an* ~ *to* the main chance ⇨ main chance. 《1607》 ***with hálf an éye*** (1) 一目で, たやすく. (2) 〔…にも〕(同時に)目をやりながら, 〔…を〕横目でにらみながら〔*on*〕. ***with*** *one's* ***éyes òpen*** (1) ⇨ 1. (2) すべて事情を知りながら, わざと. 《1796》 ***with*** *one's* ***éyes shùt*** [***clòsed***] (1) 事情をよく知らないで, やみくもに. (2) 目を閉じたままでも, ごく容易に.
— *v.* (**eyed**; **~·ing, ey·ing**) — *vt.* **1** じっと見る (gaze upon); (物珍しそうに[いぶかしそうに])じろじろ見る (stare at): ~ a person askance 人を横目でじろっと見る / ~ with curiosity 物珍しそうに見る / ~ a person suspiciously [with suspicion] 疑いの目で人を見る / ~ a person from head to foot [up and down] 頭のてっぺんから足のつま先までじろじろ見る / The two of them ~*d* each other. その二人はお互いの顔を見合った. **2** …に気を配っている; もくろむ, 狙う: ~ a suspicious person うさん臭い人に気を配っている. **3** 〈針など〉にめどをあける. — *vi.* 《廃》見える. ***éye úp*** *vt.* 《口語》〈異性〉に色目をつかう, (異性の)品定めをする.
〖n.: ME *iye, ye,* ~ < OE *ēaġe* < Gmc **auʒon* (Du. *oog* / G *Auge*) < IE **okw* to see (L *oculus* eye / Gk *ósse* the two eyes): cf. eyne, eyen (-*s* 複数形は 14 世紀から). — v.: 《1566》 ← (n.)〗

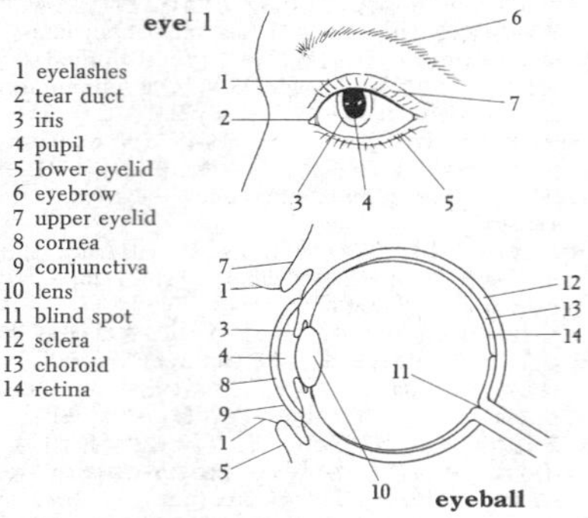

eye[2] /áɪ/ *n.* 《廃》=nye. 〖*c*1430〗
éye appèal *n.* 《口語》人目を引く力, 魅力, 見ばえ. 〖1926〗
éye-appèaling *adj.* 《口語》人目を引く, 魅力的な.
éye·bàby *n.* (相手の)ひとみに映る(自分の)映像. 〖1890〗
eye·ball /áɪbɔ̀ːɫ, -bɑ̀ːɫ | -bɔ̀ːɫ/ *n.* 眼球 (⇨ eye[1] 挿絵). ***éyeball to éyeball*** 《口語》〔相手と〕(敵意をもって)顔をつき合わせて〔*with*〕. ***ùp to the*** [*one's*] ***éyeballs*** 《口語》=*up to the* EARS. — *vt.* 《米口語》〈相手を〉じっと〔鋭く〕見つめる. 〖1592–93〗
éyeball-to-éyeball *adj.* 《口語》(敵意をもって)顔をつき合わせた, 面と向かっての (face-to-face). 〖1962〗
éye bànk *n.* アイバンク, 角膜銀行《盲人に移植するために死者の目から取った角膜を保存しておく施設》. 〖1944〗
éye·bàr *n.* まなこ棒, 輪付き棒《橋梁などに用いる両端に穴のあいている金属棒材》. 〖1890〗
éye·bàth *n.* **1** 眼浴. **2** 《英》=eyecup. 〖1830〗
éye·bèam *n.* 《古》(ちらりと見る)一目, 一瞥(いちべつ). 〖1594–95〗
éye·blàck *n.* マスカラ (mascara). 〖1927〗
éye·bòlt *n.* 〖機械〗(なわ・フックなどをひっかける輪つきの)アイボルト, 輪つきボルト. 〖1769〗
éye·brìght *n.* (*pl.* **~s, ~**) 〖植物〗 **1** コゴメグサ《ゴマノハグサ科コゴメグサ属 (*Euphrasia*) の植物の総称; 昔, 眼病の治療に用いられた; 特にヨーロッパ産の *E.officinalis*》. **2** ルリハコベ (scarlet pimpernel). 〖1533〗
eye·brow /áɪbràʊ/ *n.* **1** 眉弓(びきゅう); 眉, 眉毛: knit one's ~*s* 眉をひそめる. **2** 〖建築〗平縁; (横木がなく, 波形をした屋根が覆っている)屋根窓. **3** 〖印刷・ジャーナリズム〗=kicker 8. **4** 〖海事〗船窓のひさし. ***píssed úp to the éyebrows*** ⇨ pissed *adj.* 成句. ***ráise*** [***líft***] ***an*** [*one's*] ***éyebrow***=***ráise*** *one's* ***éyebrows*** 〔…に〕眉を上げる〔*at*〕《驚き・軽蔑・疑念などの表情》: This she did to their *raised* ~*s*. 彼女がこれを実行したのには彼らは驚いた[あきれた]. 《1918》 ***ùp to the*** [*one's*] ***éyebrows*** (1) 〔仕事などに〕没頭して, 夢中になって〔*in*〕. (2) 〔借金などに〕深くはまり[のめり]込んで〔*in*〕. 《1925》 〖*c*1410〗
éyebrow pèncil *n.* (鉛筆型)まゆ墨. 〖1881〗
éye càndy *n.* 《口語》表面的にはおもしろいが頭をはたらかせる必要のない視覚映像, おいしい映像, 目のお菓子.
éye-càtcher *n.* **1** 強く人目を引くもの; 目玉商品: She's a real ~. 本当に人目を引く美人だ. **2** 〖建築〗(無用の)あずまや (⇨ folly 6). 〖1923〗
éye-càtching *adj.* 〈物が〉人目を引く (attractive): ~ posters 人目を引くポスター / an ~ item 目玉商品. **~·ly** *adv.* 〖1933〗
éye chàrt *n.* 視力検査表.
éye còntact *n.* 視線を合わせること: avoid [keep, make] ~ with a person 人の視線を避ける[人と視線を合わせ続ける, 合わせる]. 〖1965〗
éye·cùp *n.* 《米》洗眼用コップ (《英》eyebath, eyeglass). 〖*c*1874〗
eyed /áɪd/ *adj.* **1** [しばしば複合語の第 2 構成素として] (…の)目をした; 目が…のような: blue-*eyed* 青い目の / ⇨ Argus-eyed, eagle-eyed. **2** 目穴のついた: ~ hooks. **3** 眼状斑紋のある: the peacock's ~ tail クジャクの目玉模様のある尾. 〖《*c*1385》: ⇨ eye[1], -ed 2〗
éye dìalect *n.* 視覚方言《says を sez とつづるなどして, 話し手が無学であるという印象を伝えようとするもの》. 〖1925〗
éyed·ness *n.* 利(き)き目《単眼顕微鏡などを使用するとき一方の目を偏用すること》. 〖《1924》: ⇨ ↑, -NESS〗
éye dòctor *n.* 《口語》目医者. 〖1885〗
éye dòg *n.* 《豪》(目で指導する)羊の番犬 (strong-eye dog). 〖1951〗
éye·dròp *n.* 涙 (tear). 〖1598〗
éye·dròpper *n.* 《米》点眼器. 〖1937〗
éye·dropper·fùl /-fʊ̀ɫ/ *n.* 点眼器一杯分〔*of*〕.
éye dròps *n. pl.* 目薬, 点眼剤[液]. 〖1598〗

éye-éar plàne *n.* 〘人類学〙＝Frankfurt horizontal.

éye-fìlling *adj.* 《米口語》見た目に魅力のある, 目を見張るような, すごく美しい.

eye·ful /áɪfʊ̀l/ *n.* **1** 《口語》たっぷり見ること (a good look). **2** 《口語》人目を引くもの, 注目すべきもの; すごくきれいな女性. **3** 〔ごみ・しぶき・目薬などの〕目に入った量〔*of*〕: He got an ～ *of* dust. 目にほこりがはいった. **4** 微量: an ～ *of* sleep 一睡.
gét [*háve*] *an éyeful* (1) 《口語》〔…を〕たっぷり見る〔*of*〕(cf. 1): He *got an* ～ *of* life. 人生を十分に見た. (2) 《口語》注目すべき[美しい]ものを見る (cf. 2). (3) ⇨ 3. 《1914》
〘(1832): ⇨ -ful²〙

éye·glàss *n.* **1** 単眼鏡, 片眼鏡 (monocle); きず見《時計業者が使用する単眼鏡》. **2** [*pl.*] (双鏡の)めがね (spectacles); (特に)鼻めがね (pince-nez). **3** 〘光学〙(双眼鏡・顕微鏡などの)接眼鏡, 接眼[対眼]レンズ (cf. objective lens). **4** 《英》＝eyecup. **5** 《Shak》目の水晶体. 〘1610–11〙

éye-gràbbing *adj.* 人の目を奪うような: ～ covers.

éye·hòle *n.* **1** 眼窩(がんか) (eyepit). **2** (仮面などの)のぞき穴 (peephole). **3** (ピン・綱・かぎなどの)目穴. 〘1637〙

éye·hòok *n.* アイフック《ロープや鎖などの端の丸環につけた鉤(かぎ)》.

éye ìndexing *n.* 〘農業〙(ジャガイモの)一芽検定 (cf. index *vt.* 3, hill indexing).

eye·lash /áɪlæ̀ʃ/ *n.* (一本の)まつ毛; [しばしば *pl.*; 集合的] まつ毛, 睫毛(しょうもう). *flútter one's éyelashes* 〈女性が〉色目を使う. 〘1752〙

éye lèns *n.* (光学機械の)接眼レンズ (eyepiece). 〘1871〙

éye·less *adj.* **1** 目のない; 盲目の (blind): an ～ man. **2** 盲目的な: an ～ guide でたらめなガイド. 〘(?1440) *eieles* lacking buds (of plant): ⇨ eye¹, -less〙

eye·let /áɪlɪ̀t/ *n.* **1** 小さな目 (small eye). **2** アイレット: **a** はと目《ひも通しの小穴でボタンホールステッチでかがったもの》. **b** エンブロイダリーレースなどの装飾的な小穴; 装飾的な小穴のある刺繍 (eyelet embroidery); 装飾的小穴のある生地. **c** はと目金. **3** (塀などの)のぞき穴 (eyehole, peephole). **4** 〘築城〙銃眼, 狭間 (loophole).
— *vt.* **1** …に目穴を作る. **2** …にはと目金をさし込む. 〘(c1600) ← EYE＋-LET ∽ ME *oilet* ◻ (O)F *œillet* (dim.) ← *œil* 'EYE¹' < L *oculum*〙

eye·let·eer /àɪlɪtíə | -lɪ̀tíə^(r)/ *n.* (千枚通しのような)穴をあける道具. 〘(1874): ⇨ -eer〙

éyelet-hòle *n.* ひも穴《特に, ボタンかがりをする前の穴》. 〘1497〙

éyelet pùnch *n.* (ひも穴を作る)穴あけ器, パンチ.

éye-lèvel *n.* 目の高さ: at ～ 目の高さの所に.
— *adj.* 目の高さの. 〘1909〙

eye·lid /áɪlɪ̀d/ *n.* **1** まぶた, 眼瞼(がんけん): the upper [lower] ～ 上[下]まぶた. **2** 〘航空〙アイリッド《ジェットエンジンの排気ノズル周囲にあって推力を制御するためにノズルのあきの大きさを変化させる装置; 時に類似の形の逆噴射装置 (thrust reverser); clamshell ともいう》.
háng ón by the [*one's*] *éyelids* かろうじてすがりついている, 危地にいる. 《1778》 *nót* [*néver*] *bát an éyelid* 《口語》まぶた一つ動かさない; 少しも動じない, 平気でいる. 〘(c1225): ⇨ eye¹, lid〙

éye·lìner *n.* アイライナー《アイラインを引くための化粧品》: apply [put on] ～ / an eyeliner アイラインを引く《通例不可算名詞だが, ペンシル状のものは可算名詞》. 日英比較「アイライン」は和製英語. 〘1947〙

éye·màrk *n.* **1** 目標, 目じるし. **2** 目を見張らせるもの, 見もの (spectacle). 〘1595〙

éye-mèmory *n.* 視覚記憶 (visual memory). 〘1880〙

éye-mínded *adj.* 〘心理〙視覚型 (visual type) の (cf. ear-minded). **～·ness** *n.* 〘1888〙

Eye·mo /áɪmoʊ | -məʊ/ *n.* 〘商標〙アイモ《米国 Bell and Howell 会社製の携帯用映画撮影機の商品名》.

ey·en /áɪən/ *n.* 《古》eye¹ の複数形. 〘ME < OE *ēagan* (pl.) ← *ēage* 'EYE¹'〙

éye-òpener *n.* **1** 《口語》(目を見張らせるような)驚嘆的な事件[行為, 話], 真相を示す事実; 実に啓蒙[啓発]的なもの: The report was an ～ to the public. その報道を聞いて世人はさてはと目を見張った. **2** 《米》(寝起きの)目覚ましの一杯, 朝酒. 〘1818〙

éye-òpening *adj.* **1** 目を見張らせるような (astonishing): with ～ results 目覚ましい成果を挙げて. **2** 実に啓蒙[啓発]的な.

éye·pàtch *n.* 眼帯.

éye pèncil *n.* ＝eyebrow pencil.

éye·pìece *n.* (光学機械の)接眼レンズ, 接眼鏡, アイピース (eyeglass) (⇨ ocular *n.* 1): a negative [positive] ～ 負[正]接眼鏡. 〘1790〙

éyepiece micrómeter *n.* 〘光学〙接眼マイクロメーター《円形ガラス板に細かい目盛を入れ, 顕微鏡・望遠鏡の接眼レンズに入れて像の大きさを測るのに使用する; ocular micrometer ともいう》. 〘1874〙

éye·pìt *n.* **1** 眼窩(がんか) (eye socket). **2** 眼のくぼみ. 〘(c1250) *eie-put*: ⇨ eye¹, pit¹〙

éye·pòint *n.* 〘光学〙望遠鏡・顕微鏡などを使用する時に目の瞳(ひとみ)をおく位置《射出瞳 (exit pupil) と一致する》. 〘1856–58〙

éye-pòpper *n.* 《米俗》**1** (目玉の飛び出るような)どえらいこと[もの] (eye-opener). **2** 手に汗にぎらせる[わくわくさせる]もの. 〘1941〙

éye-pòpping *adj.* 《米俗》**1** (目玉が飛び出すほど)びっくりさせる (astonishing). **2** 手に汗にぎらせるような, わくわくさせる (thrilling).

ey·er /áɪə | áɪə^(r)/ *n.* 見る人, 観察者 (observer). 〘(1399): ⇨ eye¹, -er¹〙

éye·rèach *n.* 視界, 視野 (eyeshot). 〘1622–62〙

éye rhỳme *n.* 〘詩学〙視覚韻《母音の発音が異なるがつづりの上では押韻しているようにみえるもの, ただし古い発音では完全韻をなしていることもある; 例: move, love; bouth, though》. 〘1871〙

éye-sèrvant *n.* 《古》雇主の見ているところだけでよく働く使用人. 〘1552〙

éye-sèrver *n.* 《古》＝eye-servant. 〘1835〙

éye-sèrvice *n.* **1** 《古》(雇主の)見ているところだけの勤めぶり. **2** 目で尊敬を表すこと, 賞賛[崇拝]のまなざし (admiring look). 〘1526–34〙

éye·shàde *n.* まびさし《電灯の下の読書の際またはテニスのときなどに用いる》. 〘1845〙

éye shàdow *n.* (化粧用)アイシャドー. 〘1930〙

éye·shòt *n.* **1** 目の届く所, 視界, 視野 (cf. earshot): beyond [out of] ～ *of* …から目の届かない所に / within [in] ～ *of* …から見える所に. **2** 《古》一瞥(いちべつ). 〘1599〙

eye·sight /áɪsàɪt/ *n.* **1** 視覚, 視力, 眼力 (sight): have good [bad] ～ 視力がよい[悪い] / lose one's ～ 失明する. **2** 《古》見ること (seeing). **3** 《古》視界, 視野 (eyeshot): in [from] a person's ～ 人の眼前に[から]. 〘(?a1200): ⇨ eye¹, sight〙

éye sòcket *n.* 眼窩(がんか) (eyepit) (⇨ skull¹ 挿絵). 〘1841–44〙

eye·some /áɪsəm/ *adj.* 《詩》見目うるわしい, 愛らしい: an ～ maiden. 〘(1584) ← EYE＋-SOME¹〙

éyes-ónly *adj.* 《口語》〈機密情報など〉他見[回覧]無用の; 極秘の (top-secret) (cf. eye *n.* 7). 〘1972〙

éye·sòre *n.* (多くの人の)目ざわり(になるもの): Posters in the park are ～*s* to the walkers. 公園内のビラ[張り紙]は散歩する人には目ざわりである. 〘lateOE *ēagesār* soreness of eyes: ⇨ eye, sore〙

éye-spàn *n.* 〘教育〙視覚域《両眼で一回に見てとれる範囲を文字数などで表したもの》.

éye-spèck *n.* 〘動物〙＝eyespot 1. 〘1839〙

éye splìce *n.* 〘海事〙アイスプライス, 索眼《索端の環形つぎ手》, 環接合. 〘1769〙

éye·spòt *n.* **1 a** 〘動物〙下等動物の感光器官; 眼点《原生動物のミドリムシなどにある赤い小体; 感光器として働く》. **b** 〘植物〙眼点《下等藻類の細胞中の小体で一種の感光器官と考えられている》. **2** (クジャクの尾・チョウの羽などの)眼状斑点, 目玉模様 (ocellus). **3** 〘植物病理〙眼状斑点病《サトウキビなどの病気》. 〘1801〙

éye·stàlk *n.* 〘動物〙(エビ・カニなどの)眼柄. 〘1854〙

éye·stràin *n.* 目の疲労; 疲れ目, 眼精疲労: She developed ～. 眼精疲労にかかった. 〘1874〙

éye·strìngs *n. pl.* 《廃》(眼球を動かす)眼筋《昔は死ぬときまたは盲目になるときこれが切れると考えられた》. 〘1590〙

éye·strìpe *n.* 〘鳥類〙過眼線《眼を通り後部に至る頭部の線》.

Eye·tie /áɪtaɪ, -ti | -taɪ, -ti/ *n., adj.* 《英俗・軽蔑》イタリア人(の). 〘(1925) ← *Eyetalian* 《戯言的発音綴り》← ITALIAN〙

éye·tòoth *n.* (特に上あごの)犬歯, 糸切り歯 (canine tooth). *cút one's éyeteeth* 物心がつく: He has *cut his* ～. もうりっぱな大人だ. 《1837》 *cút one's éyeteeth on* ＝cut one's teeth on (⇨ tooth 成句). *give one's éyeteeth* 〔欲しい物・地位などを得るために〕大切な[かけがえのない]ものを与える, 〔…が得られるなら〕どんな犠牲を払ってもよい〔*for*〕; 〈…するために〉どんな犠牲でも払う〈*to do*〉. 《1930》 〘(c1545): その位置が目の下であるから〙

éye·wàll *n.* 〘気象〙台風眼の外壁《台風の目の周囲の荒れ狂っているじょうご形の雲の層》. 〘1966〙

éye·wàsh *n.* **1** 洗眼薬[剤]. **2** 《口語》ごまかし, でたらめ (humbug); おべんちゃら. — *vt.* 《俗》飾りたてて人目を欺く; …の見てくれだけをよくする; …のうわべを飾る. 〘c1859〙

éye·wàter *n.* **1** 《古》目薬; 洗眼液 (eyewash). **2** 《古》〘解剖〙(目の)水様液. **3** 《古》涙 (tears). **4** 《俗》たわごと (nonsense). **5** 《俗》＝gin². 〘1590〙

éye·wèar *n.* アイウェア《眼鏡・コンタクトレンズ・ゴーグルなど》. 〘1926〙

E

éye·wìnk *n.* **1** またたき; 目くばせ. **2** 一瞬間 (instant): in an ～ たちまち. **3** 《廃》ひと目 (look). 〘1597〙

éye·wìnker *n.* **1** ＝eyelash; eyelid. **2** (異物など)目を刺激してしばたたかせるもの. 〘1808〙

eye·witness /áɪwɪ́tnɪ̀s, ⌐⌐⌐/ *n.* (現場の)目撃者; 実地証人; 目撃証人 (cf. earwitness): an ～ *to* the crime その犯罪の目撃者 / an ～ account 目撃者の話[報告].
— *vt.* 目撃する. 〘1539〙

éye wòrm *n.* 〘動物〙眼虫(がんちゅう)《眼に寄生する線虫》: **1** ガンチュウ科テラジア属の小線虫 (*Thelazia*); イヌ・ネコ・ヒツジ・ヒトなど哺乳動物の涙管やまぶたの裏に寄生し, 時に失明に至らせる. **2** ロア糸状虫 (*Loa loa*); 成虫は運動性があり, 人の皮下組織・眼に寄生する; アフリカ中部・西部に分布.

eyne /áɪn/ *n.* 《古》eye の複数形. 〘OE *ēagan* (pl.) ← *ēage* 'EYE¹'〙

ey·ot /éɪət, éɪt | éɪt, éɪət, aɪt/ *n.* ＝ait. 〘(1883)《変形》← AIT: 語尾はフランス語の dim. suf. *-ot* の影響を受けた〙

ey·ra /éɪrə/ *n.* 〘動物〙アイラ (⇨ jaguarundi). 〘(1860) ◻ Am.-Sp. & Port. ～ ◻ Tupi (*e*)*irara*〙

eyre /ɛ́ə | ɛ́ə^(r)/ *n.* **1** 巡回. **2** 〘英史〙(裁判官の)巡回, 巡回裁判: the Justices in *Eyre* 巡回判事. 〘(c1300) *eire* ◻ AF ～＝OF *erre* < L *iter* journey: cf. errant〙

Eyre /ɛ́ə | ɛ́ə^(r)/, **Edward John** *n.* エア (1815–1901; 英国の探検家・植民地行政官; ジャマイカ知事 (1864–66) のときに黒人の反乱を弾圧; Lake Eyre, Eyre Peninsula に名を残す).

Eyre /ɛ́ə | ɛ́ə^(r)/, **Lake** *n.* エア湖《オーストラリア South Australia 州北東部にある浅い塩水湖 (9,324 km²)》.

Eyre /ɛ́ə | ɛ́ə^(r)/, Sir **Richard** *n.* エア (1943– ; 英国の舞台・映画監督; 英国国立劇場監督 (1988–97)).

Éyre Península *n.* [the ～] エア半島《オーストラリア South Australia 州南部の半島》.

ey·rie /áɪri, ɛ́ᵊri, íᵊri | íəri, ɛ́əri, áɪ(ə)ri/ *n.* ＝aerie. 〘1581〙

ey·rir /éɪrɪə | -rɪə^(r)/ *n.* (*pl.* **au·rar** /ɔ́:rɑə | -rɑ:^(r)/) **1** エイリール《アイスランドの通貨単位; ＝¹/₁₀₀ krona》. **2** 1 エイリール貨. 〘(c1927) ◻ Icel. ～ < ON 'ounce' ◻ ? L *aureus* gold coin: cf. Swed. *öre*〙

ey·ry /áɪri, ɛ́ᵊri, íᵊri | íəri, ɛ́əri, áɪ(ə)ri/ *n.* ＝aerie.

Ey·senck /áɪzɛŋk/, **Hans** (**Jür·gen** /jɜ́:gən | jɜ́:-/) *n.* アイゼンク (1916–97; ドイツ生まれの英国の心理学者; 精神分析の有効性を否定して behavior theory を提唱).

Ez 《略》Ezra (旧約聖書の)エズラ記.

Ezech 《略》Ezechiel.

E·ze·chi·el /ɪzí:kiəl | ɪzí:kiəl, ɛz-/ *n.* ＝Ezekiel. 〘⇨ Ezekiel〙

Ezek. 《略》Ezekiel (旧約聖書の)エゼキエル書.

E·ze·ki·el /ɪzí:kiəl | ɪzí-, ɛz-/ *n.* **1** 男性名《愛称形 Zeke》. **2** 〘聖書〙**a** エゼキエル《紀元前 6 世紀ごろのヘブライの預言者》. **b** (旧約聖書の)エゼキエル書 (The Book of Ezekiel) (略 Ezek.). 〘◻ LL *Ezechiēl* ◻ Gk *Iezekiēl* ◻ Heb. *Yᵉḥezqēl* (原義) ? God strengthens ← *ḥāzáq* to be strong＋*ēl* God: cf. Hezekiah〙

E·ze·ki·el /ɪzí:kiəl | ɪzí-, ɛz-/, **Moses Jacob** *n.* エゼキエル (1844–1917; 米国の彫刻家).

Ezr. 《略》Ezra (旧約聖書の)エズラ記.

Ez·ra /ɛ́zrə/ *n.* **1** エズラ《男性名》. **2** 〘聖書〙**a** エズラ《紀元前 5 世紀ごろのヘブライの律法学者で祭司》. **b** (旧約聖書の)エズラ書[記] (The Book of Ezra). 〘◻ LL ～ ◻ Heb. *'Ezrā* 《短縮》← *'Azaryāh*(*ū*) Yah (＝Yahweh) has helped: cf. Esdras〙

F f

F, f /éf/ *n.* (*pl.* **F's, Fs, f's fs** /~s/) **1** 英語アルファベットの第 6 字. ★ 通信コードは Foxtrot. **2** (活字・スタンプなどの) F または f 字. **3** F [f] 字形(のもの): the *f* holes (弦楽器の) f 字孔. **4** 文字 f が表す音 (face, if などの [f]). **5** (連続したものの)第 6 番目(のもの). **6** (中世ローマ数字の) 40. **7**〘音楽〙**a** ヘ音, (ドレミ唱法の)ファ音; ヘ音の弦[鍵(けん)], (パイプオルガンの)パイプ: *F* sharp 嬰(えい)ヘ音 (記号は F♯) / *F* clef ヘ音[低音部]記号 (bass clef). **b** ヘ調: *F* major [minor] ヘ長調[短調] (cf. key¹ 3 a). 〖OE *F*, *f* ◻ L (Etruscan を経由) ◻ OGk *F* (digamma) ◻ Phoenician Y: cf. U: ⇨ A¹ ★〗

f (記号)〘電気〙faraday;〘気象〙fog (視程 1 km 以下);〘音楽〙forte;〘数学〙function (例: $y = f(x)$).

F (略) Fahrenheit; family; February; Fellow; fiction; finance; firm; fleet; France; French; Friday.

F (記号) **1**〘電気〙farad. **2**〘時計〙fast (緩急針ダイヤル用; cf. S). **3** [時に f]《米》**a**〘教育〙(学業成績の評語として)不可, 落第 (failure). **b** 落第生; F の成績がついた教科. **c** まずまずの (fair) 成績, 平均的な成績. **4**〘米軍〙fighter 戦闘機: *F*-15. **5**〘生物〙(generation of) filial offspring 子の代 (例: F_1 雑種第 1 代 (first filial generation), F_2 雑種第 2 代; cf. P). **6**〘鉛筆〙fine *or* firm 細字用の. **7**〘貨幣〙florin(s); forint(s); franc(s). **8**〘化学〙fluorine. **9**〘光学・写真〙focal length.

f, f. (略) false; feast; feet; femto-; finish; fluidness; foot; for; force;〘植物〙forma; formula; forward;〘野球〙foul; fragile; from; full; furlong(s); furlough.

f, f., f/, f: (記号)〘写真〙レンズの明るさ[絞り] (⇨ f-number).

f., F. (略)〘処方〙L. fac 作る (make); fair; father; fathom;〘貨幣〙farthing;〘法律〙felon; female;〘文法〙feminine;〘処方〙L. fiat 作れ (let it be made);〘冶金〙fire; fluid; folio; following; founded; frequency.

fa /fáː/ *n.*〘音楽〙**1** (階名唱法の)「ファ」(全音階的長音階の第 4 音; ⇨ do²). **2** (固定ド唱法の)「ファ」, ヘ (F) 音 (ハ調長音階の第 4 音; fah とも書く). 〖(*a*1300) ◻ ML ~ (略) ← L *famulī* (pl.) ← *famulus* servant: ⇨ gamut〗

FA /éféɪ/ (略) fanny adams; field artillery;〘野球〙fielding average; Fine Arts;《英》Football Association; freight agent.

f.a. (略) fire alarm; first aid; free alongside.

FAA (略) Federal Aviation Administration〘航空〙(アメリカ)連邦航空局; Fellow of the Australian Academy of Science; Fleet Air Arm;〘海上保険〙free of all average.

FAAAS (略) Fellow of the American Academy of Arts and Sciences; Fellow of the American Association for the Advancement of Science.

fab /fǽb/ *adj.* (口語) すてきな (excellent), すばらしい, すごい. 〖(1961) (略) ← FABULOUS〗

Fab /fǽb/ *n.* ファブ (男性名). 〖← FABIAN²〗

fab. (略) fabric; fabricate; fabricated; fabulous.

fá·ba bèan /fáːbə-/ *n.* (米) =broad bean.

fa·ba·ceous /fəbéɪʃəs/ *adj.* **1**〘植物〙マメ科の. **2** 豆の(ような) (leguminous の方が普通). 〖(1727–36) ← LL *fabāceus* ← L *faba* bean: ⇨ -ous〗

Fab·er·gé /fæ̀bəʒéɪ | -bə-; *Russ.* fabʲirʒé/, **Peter Carl** /kárl/ *n.* ファベルジェ (1846–1920; ロシアの彫金家・宝石商).

Fa·bi·a /féɪbiə/ *n.* フェービア (女性名). 〖(fem.) ← *Fabius*: ⇨ Fabian²〗

Fa·bi·an¹ /féɪbiən/ *adj.* **1** (古代ローマの将軍)ファビウス (Fabius) (流)の; (戦わずに敵を自滅させるような)持久策[戦術]を採る; (改革・進歩に)慎重な: a ~ policy. **2** フェービアン協会 (Fabian Society) の. ― *n.* フェービアン協会員[支持者]. 〖(1777) ◻ L *Fabiānus* ← *Quintus Fabius*〗

Fa·bi·an² /féɪbiən/ *n.* フェービアン (男性名). 〖◻ L *Fabiānus* ← *Quintus Fabius*〗

Fá·bi·an·ìsm /-nìzm/ *n.* フェービアン主義 (英国の Fabian Society の採っている漸進的社会主義). 〖(1890): ⇨ -ism〗

Fá·bi·an·ist /-nɪ̀st | -nɪst/ *n., adj.* フェービアン主義者(の). 〖(1909): ⇨ -ist〗

Fábian Society *n.* [the ~] フェービアン協会 (1884 年 G. B. Shaw, Sidney Webb などによって London に創立された平和的手段による英国流の漸進的社会主義思想団体).

fa·bism /fáːbɪzm/ *n.*〘病理〙=favism.

Fa·bi·us /féɪbiəs/ *n.* ファビウス (?–203 B.C.; 持久策[戦術]でカルタゴの勇将 Hannibal を悩ました古代ローマの将軍・政治家; フルネーム Quintus Fabius Maximus Verrucosus; 異名 Cunctator (のろのろ将軍)).

fa·ble /féɪbl/ *n.* **1** 作り話, 作り事 (cf. fairy tale): **a** (動物を主人公にした)教訓を含んだ短い物語, 寓話 (cf. allegory 1, parable 1): Aesop's *Fables* イソップ物語. **b** [時に集合的] (超自然的または驚異的な物語の)伝説, 神話, 説話: It is celebrated in Eastern ~. 東洋の伝説に名高い. **c** うそ, 作り話. **d**《古》世間話, むだ話: old wives' ~*s* むだ話. **2** 架空のもの, 寓話的なこと; 噂の種. **3**《古》(劇・叙事詩などの)筋. ― *vi.* (古・詩) **1** 寓話を話す[書く]. **2** 作り話を言う, うそを言う. ― *vt.* (本当らしく)言う; …の作り話をする: Ghosts are ~*d to* appear in the house. その屋敷は幽霊が出るとまことしやかに言われている. 〖n.: (?*c*1300) ◻ (O)F ~ < L *fābulam* narrative, story, discourse ← *fārī* to speak: cf. affable. ― v.: (?*c*1384) *fable(n)* ◻ OF *fabler* ◻ L *fābulārī* to talk ← *fābula*〗

fá·bled *adj.* **1** 寓話によく出てくる, 伝説に名高い; 伝説的な (legendary), 神話的な (mythical): a ~ island populated by monsters 怪獣の住む伝説の島. **2** 作り話の, 虚構の: a ~ misfortune 見せかけの不幸. 〖(1606): ⇨ ↑, -ed〗

fá·bler /-blə, -blə | -blə(r), -bl-/ *n.* =fabulist. 〖(*a*1376) ◻ OF *fableor*: ⇨ fable (v.), -er¹〗

fab·li·au /fǽbliòu | -liə̀u; *F.* fablijo/ *n.* (*pl.* **-li·aux** /~(z); *F.* ~/) ファブリオー (中世フランスの滑稽(こっけい)な, 時に卑猥(ひわい)で諷刺的な韻文による下世話な小話). 〖(1804) ◻ F ~ ← OF (Picardy 方言) ~ ← *fablel* (dim.) ← *fable* 'FABLE'〗

Fab·lon /fǽblɑ(ː)n | -lən/ *n.*〘商標〙ファブロン (棚板などに張りつける接着剤付きのプラスチック板[ビニールシート]).

Fa·bre /fáːb(ə), -brə | fáːbr(ə); *F.* faːbʀ, fabʀ/, **Jean Henri** *n.* ファーブル (1823–1915; フランスの昆虫学者; *Souvenirs entomologiques*「昆虫記」(1879–1907)).

Fa·bri·a·no /fɑ̀ːbriáːnou | -nəu; *It.* fabriáːno/, **Gentile da** *n.* ファブリアーノ (1370?–?1427; イタリアの画家; 本名 Niccolo di Giovanni di Massio; フランシスコ修道会の影響下に宗教画を描いた).

fab·ric /fǽbrɪk/ *n.* **1 a** 織物, 編物 (布・フェルト・レースなど): silk [woolen] ~*s* 絹[毛]織物 / cloth of exquisite ~ 精巧な織りの生地. **b** 織地, 織方 (texture). **2 a** 構造, 組立て, 組織, 骨組 (framework, structure): the ~ of society = the social ~ 社会組織[機構] / the ~ of nineteenth-century thought 19 世紀思想の構造 / the very ~ of human nature 人間の本性. **b** (建物の)外部構造 (屋根・壁・床など);《古》(部分を組み立てて出来上がる)構造物, 建物 (building). **c** 建築, 建造. **d**《英》(教会建造物の)建立と維持. **3** 構成法, 構造法. **4** 製造所, 工場. **5**〘地質〙組織, 石理(せきり) (岩石を構成する鉱物の大きさ・形状・配列の仕方・接合の様子などをいう). 〖(1483) ◻ (O)F *fabrique* ◻ L *fabrica* workshop ← *faber* a worker in wood, stone, or metal〗

fab·ri·ca·ble /fǽbrɪ̀kəbl/ *adj.* 製造可能な, 組み立てることのできる. **fab·ri·ca·bil·i·ty** /fæ̀brɪ̀kəbíləṭi | -lɪ̀ti/ *n.*

fab·ri·cant /fǽbrɪ̀kənt/ *n.*《古》製作者, 製造人[業者] (manufacturer). 〖(1757) ◻ F ~ ◻ L *fabricantem* (pres.p.) ← *fabricāre* (↓): ⇨ fabric, -ant〗

fab·ri·cate /fǽbrɪ̀kèɪt/ *vt.* **1 a**〈話・理論・うそなどを〉作り上げる, でっち上げる (invent): ~ a legend, theory, lie, etc. **b** 偽造する (fake, forge): ~ a document / Her conviction was based on ~*d* evidence. 彼女の有罪判決はでっちあげの証拠に基づいていた. **2** (技術と労働で)製造する (manufacture); 組み立てて製造する (⇨ make SYN): Automobiles are ~*d* from a lot of parts made in different factories. 自動車はさまざまな工場で作られる部品から組み立てられる / ~ a book 製本する / Some of the finest watches are ~*d* in Switzerland. **3 a** (規格に従って)〈部品を〉作る **b**〈原料を〉〈製品に〉作り直す, 加工する (shape) 〔*into*〕;〔原料から〕〈製品を〉作る 〔*from*〕: ~ aluminium sheet *into* various shapes and forms アルミ板をいろいろな形状にする / The propeller is ~*d from* aluminium alloy sheet. そのプロペラはアルミ合金板から作られる. **fab·ri·cà·tive** /-ṭɪv | -tɪv/ *adj.* 〖(*c*1450) ← L *fabricātus* (p.p.) ← *fabricāre* to construct: ⇨ fabric, -ate³〗

fáb·ri·càt·ed fóod *n.* 組立て食品, コピー食品 (動植物資源から特定成分を取り出して組み合わせ, 調味料・着色料などを加えて作った食品).

fab·ri·ca·tion /fæ̀brɪ̀kéɪʃən/ *n.* **1** 偽造(物), でっち上げ; 作り事, 作り話, うそ (⇨ fiction SYN): He began an elaborate ~ of lies. 念の入ったうそ八百を並べ始めた. **2** 製作 (manufacture); 構成, 組立て. **3** 構造物, 建物. 〖(*a*1500) ◻ L *fabricātiō(n-)*: ⇨ ↑, -ation〗

fáb·ri·cà·tor /-ṭə | -tə(r)/ *n.* **1** 製作者. **2** うそつき.

Fa·bri·ci·us /fəbríʃiəs, -ʃəs/, **Johann Christian** *n.* ファブリシウス (1745–1808; デンマークの昆虫学者).

fábric sòftener [conditioner] *n.* 柔軟仕上げ剤 (洗濯した生地・衣服を柔らかくふわふわした仕上がりにする; 単に softner ともいう).

fábric tíre *n.* 布タイヤ (良質の綿布にゴムを浸透させたタイヤ; コードタイヤ (cord tire) に比べて弱く, 現在は使用されない).

Fab·ri·koid /fǽbrɪ̀kɔ̀ɪd/ *n.*〘商標〙ファブリコイド (布地に硝酸繊維素 (pyroxylin) を塗った耐水織物で革・布などの代用品). 〖← FABRIC + -OID〗

Fa·brý-Pe·rót étalon /fæbríːpɛróu-, fɑː- | -róu-; *F.* fabʀipeʀo/ *n.*〘光学〙ファブリーペローのエタロン (微少な透過率をもつ間隔が可変の 2 枚の平行平面反射鏡から成る光学共振器). 〖← *Charles Fabry* (1867–1945: フランスの物理学者) + *Alfred Pérot* (1863–1925: フランスの物理学者)〗

Fabrý-Perót interferómeter *n.*〘光学〙ファブリーペロー干渉計 (⇨ etalon).

fab·u·lar /fǽbjulə | -lə(r)/ *adj.* 寓話の[に関する]; 寓話の形態をした. 〖(1684) ◻ L *fābulāris*: ⇨ fable, -ar¹〗

fab·u·late /fǽbjulèɪt/ *vt.* できごとを作り話として語る, お話にする. ― *vi.* 作り話を言う. **fab·u·la·tion** /fæ̀bjuléɪʃən/ *n.* 〖(1616) ◻ L *fabulat-* 'narrated as a fable' p.p. ← *fābulārī-* to speak ← *fābula* 'FABLE'〗

fab·u·list /fǽbjulɪ̀st | -lɪst/ *n.* **1** 寓話作者. **2** うそつき (liar). 〖(1593) ◻ F *fabuliste* ← L *fābula*: ⇨ fable, -ist〗

fab·u·los·i·ty /fæ̀bjulɑ́(ː)səṭi | -lɔ́sɪ̀ti/ *n.* **1** 寓話[伝説]的性質. **2**《古》作りごと, 作り話, 寓話 (fable). 〖(1599) ◻ F *fabulosité* // L *fābulōsitātem* ← *fābulōsus* (↓): ⇨ -ity〗

fab·u·lous /fǽbjuləs/ *adj.* [主に限定的] **1** (口語) すばらしい, すてきな (wonderful): a ~ jewel. **2** 信じられないくらいの, うそのような; 法外な; 巨大な: a ~ price うそのような[法外な]値段 / a house of ~ size 途方もない大邸宅. **3** 寓話[伝説]の, 神話的な, 非史実的な; 寓話[伝説]によく出てくる: a ~ hero [story] 伝説的英雄[物語] / a ~ animal 伝説的動物 / the ~ age in Chinese history 中国史の伝説時代. **~·ness** *n.* 〖(?*a*1425) ◻ L *fābulōsus* ← *fābula* 'FABLE': ⇨ -ous〗

fáb·u·lous·ly *adv.* **1** (口語) とても, 非常に (exceedingly): a ~ wealthy person. **2** うそのように, 膨大に. **3** 伝説的に, 伝説として. 〖(1593): ⇨ ↑, -ly¹〗

fab·ur·den /fǽbədn | -bə-/ *n.*〘音楽〙=fauxbourdon.

fac. (略) facade; facial; facility; facsimile; factor; factory; faculty.

fa·cade /fəsáːd, fæ-/ *n.* (*also* **fa·çade** /~/) **1**〘建築〙(建物の)正面, ファサード (front). **2** (事物の)前面, 正面. **3** (事物の)見かけ, 外見, うわべ: maintain a ~ of peace 見かけだけの平和を維持する / Behind his ~ of benevolence he hides a cruel nature. 見かけは情け深そうだがその背後に残忍さを隠している. 〖(1656–81) ◻ F *façade* ◻ It. *facciata* ← *faccia* (↓): ⇨ -ade〗

face /féɪs/ *n.* **1 a** 顔 (額からあご下まで, 耳から耳までの head の部分; cf. countenance 1): with a smile on one's ~ 顔に微笑を浮かべて / be with one's ~ on [to] the ground うつむいている / lie on one's ~ うつ伏せになる / ⇨ *fall on one's* FACE / Her ~ is her fortune. 美貌(びぼう)が彼女の身上. 日英比較 日本語の「頭」は普通頭髪のある部分をいうので,「窓から顔を出す」のような場合には「頭」とはいわない. しかし, 英語ではこのような場合にも head を用いる. 英語の head は普通首から上の部分全体をいうので, *face* も head の一部である. **b** [形容詞(句)を伴って] (ある特質の)人, 著名人;《米俗》白人: I see lots of new ~*s* here as well as the old ones. ここには昔なじみの顔はもちろん新顔もたくさん見えますね (⇨ new face). **c**《古》面前, 人前: Thou fleddest from the ~ of Esau. 汝兄エサウの面(おもて)をさけて逃ぐ (cf. *Gen.* 35. 1) / ⇨ *in a person's* FACE, *to a person's* FACE.
2 a 顔つき, 顔色, 表情 (countenance): a sad [happy, lovely, smiling] ~ 悲しい[嬉しそうな, かわいらしい, にこにこした]顔 / ⇨ long face / turn an angry ~ on one's son 息子に怒り顔を向ける / make ~*s* in the mirror 鏡に向かっていろいろな顔つきをする / make one's ~ fall 人をがっかりさせる, (気分を)沈ませる / His ~ fell. がっかりした顔をした (cf. *Gen.* 4:5). **b** [しばしば *pl.*] しかめっ面 (grimace); (特に)いやな顔: make [pull] a ~ [~*s*] at a person 人に対してしかめっ面をする. **c**〘医学〙(症状としての)顔貌 (facies): an adenoid ~ アデノイド顔貌 / an oily ~ あぶら顔 / ⇨ moon face.
3 a (地面・水・物の)表面, 面(おもて): on the ~ of the earth 地表に; 地球上で / the ~ of the water(s) 水面. **b** (一地域の)地勢 (topography). **c** (裏面・側面と区別して)表側, 表面, 表: the right ~ 表面. **d** (建物などの)正面: the ~ of a building, an arch, etc. **e**〘登山〙(山・崖(がけ)の)切り立った面: climb the north ~ of a mountain 山の北側を登る. **f** (時計の)文字盤: a watch with a blue ~. **g** (貨幣・紙幣などの)表 (obverse).
4 a (物の)装飾[仕上げ]したほうの面. **b** (皿・飾り板など

の)表. **c** (トランプの)表《マークや番号が書いてある面》: a card lying on its ～ 表を伏せたトランプ札. **d** (布・皮などの)表 (right side). **e** (文書・地図などの)印刷面, 文面, (株券などの)券面: on the ～ of a document 書類の文面上[文字の上では]. **f** (本・本のカバーの)上側面. **g** 額面 (face value).
5 a (器具・道具などの)使用面. **b** (槌(つち)の)打つ面 (cf. face hammer); (ゴルフクラブ・ラケットなどの)打つ面, フェース. **c** (ナイフの)切れる方, 刃. **6** (cf. Chin. *mianzi* (面子): もと中国在住の英国人が用いた) 面目, 面子(メンツ): ⇨ *lose* FACE, *save* FACE / (a) loss of ～ 面目[品位]失墜 / get ～ 面目を施す. **7 a** 外見, 外観; うわっつら, うわべ, 見せかけ: an old problem with a new ～ 外観は新しいが古い問題 / ⇨ *put a new* FACE *on*. **b** うわべだけの調査, ざっと目を通すこと: ⇨ *on the* (*mere*) FACE *of it*. **8 a** 仮面 (mask): wear [put on] a funny ～. **b** 《口語》顔の化粧 (makeup): do [put on] one's ～ 化粧する. **9** 《口語》**a** 平気な顔, 涼しい顔. **b** 自信, 確信. **c** [the ～] ずうずうしさ, 厚かましさ: He had *the* ～ *to* deny it. ずうずうしくもそれを否定した. **10** 〔数学〕面: the ～*s* of a cube 立方体の面. **11** 〔鉱山〕切羽(きりは)《鉱石の採掘現場》(working face). **12** 〔印刷〕**a** (活字・版の)面, 字面(じづら). **b** 活字書体 (typeface) (⇨ boldface, lightface). **13** 〔築城〕稜堡(りょうほ)外向斜面. **14** 〔海事・航空〕《プロペラ羽根の》圧力面《装備したプロペラを船体[機体]の後ろから見て手前の面; cf. back[1] 13》. **15** 〔電子工学〕＝faceplate 4. **16** 〔アイスホッケー〕＝face-off 2. **17** ＝face card.

accept the face of 《古》＝*accept the* PERSON *of*. ***at the first face*** ちょっと見たところでは. ***before** a person's **face*** 人の面前で, 公然と. ***be not just a pretty face*** 《戯言》見かけだけじゃない, 能力もある. ***blow up in** a person's **face*** 〈企てなど〉突然失敗に終わって人の面目を失わせる. ***cross** a person's **face*** 〈ある表情が〉…の顔をよぎる[に浮かぶ]. ***do** one's **face*** ⇨ *n.* 8 b. ***a person's face doesn't fit*** 人が(組織・仕事などに)合わない, 向いていない. ***a person's face was a picture*** 《英》…の顔のすごかったのなんの《驚き・怒りの表情を表して》. ***face to face*** (cf. face-to-face) (1) 面と向かって, (人と)差し向かいで, 直接に (cf. NOSE *to nose*, TOE *to toe*). (2) 〔…に〕直面して 〔*with*〕: be (brought) [come] ～ *to* ～ *with* danger [death]. 《1340》 ***face up*** (***down***)＝***face upward*** [***downward***] 顔を上[下]げて; 表を上[下]にして: He went on ～ *down*, climbing the hill. 顔を下に向けたまま丘を登り続けた / He lay ～ *up* [*down*]. 仰向け[うつ伏せ]に横になった. ***fall*** (***flat***) ***on** one's **face*** (1) うつ伏せに倒れる. (2) 〈計画などが〉完全に失敗する. 《1399》 ***feed** one's **face*** 《口語》がつがつ食べる. ***fly in the face of*** …の真っ向から飛びかかる; 〈権威・伝統などに〉真っ向から反抗する, …を公然と無視する. 《1553》 ***from the face of the earth*** ＝*off the* FACE *of the earth*. ***get out of** a person's **face*** [通例命令形で]《米俗》〈人を〉困らせるのをやめる, 口出しするのをやめる. ***go up in** a person's **face*** ＝*blow up in a person's* FACE. ***grind the faces*** [***face***] ***of*** …の膏血(こうけつ)を絞る (*Isa.* 3: 15): *grind the* ～*s of* the poor. 《1388》 ***have a face as long as a fiddle*** ⇨ fiddle. ***have two faces*** 裏表がある, 二心を抱く; 〈言葉が〉二様にとれる. 《1889》 ***in** a person's **face*** 面前で, 公然と: laugh *in a person's* ～ 面と向かって人をあざける, 人を公然とばかにする / shut [slam] the door *in a person's* ～ ⇨ door 成句 / throw *in a person's* ～ ⇨ throw 成句. ***in the*** [***one's***] ***face*** まともに受けて: have [with] the wind *in one's* ～ 風をまともに受ける[受けて] / look a person (full) *in the* ～ 人の顔をまともに[臆(おく)せず]見る, 人と面と向かう / look death *in the* ～ (勇敢に)死に直面する / look facts *in the* ～ 事実を直視する. 《*c*1430》 ***in the*** (***face***) ***of*** (1) …の前に (in front of): *in the* ～ *of* the sea 海に面して. (2) …に直面して, まともに, 面と向かって (confronting): *in the* ～ *of* the enemy 敵に面と向かって / ⇨ *fly in the* FACE *of*. (3) …を目前にして, はばからず; …にもかかわらず (notwithstanding): *in the* ～ *of* many obstacles 多くの障害を物ともせずに / *in the* ～ *of* the public [world] 世間体もはばからず / *in the* ～ *of* the evidence 証拠があがっているのに. ***in the first face*** ＝*at the first* FACE. ***in your*** [***yer***] ***face*** ⇨ in-your-face. ***keep a straight face*** ⇨ straight face. 《1398》 ***lose face*** (自分の)顔をつぶす, 面子(メンツ)が立たない, 面目を失う, 恥をかく (cf. *n.* 6; ↔ save face). 〘《1876》《なぞり》← Chin. *tiu lien* (丢臉)〙 ***make a face*** [***faces***] ⇨ *n.* 2 b. ***off the face of the earth*** (突然)この世から(消えて), 完全に(なくなって). ***on the*** (***mere***) ***face of it*** (単に)うわべだけで, 一見したところでは (apparently); 明らかに, 明白に (cf. *n.* 7 b). : The report is suspicious *on the* ～ *of it*. ざっと見たところでは報告書の真偽のほどは怪しい. 《1882》 ***open** one's **face*** 《米俗》口を開く, 話す (speak). ***pull a face*** [***faces***] ⇨ *n.* 2 b. ***put a bold*** [***brave***] ***face on*** ＝***put on a bold*** [***brave***] ***face*** 〈物事〉を平気な顔をして我慢する. ***put a good*** [***the best possible***] ***face on*** (1) …をよく[最高に]見せる, の見かけをよく[最高に]する. (2) 〈物事〉をせいぜい我慢する (make the best of). 《1867》 ***put a new face on*** …の局面を一新する. ***put** one's **face on*** 《口語・戯言》化粧する. ***save face*** 顔をつぶさない, 顔を立てる, 面子(メンツ)が立つ (cf. *n.* 6; ↔ lose face): *save* ～ (自分の)顔をつぶさずにすむ. 《1898》 ***set** one's **face*** 毅然とした表情[顔]をする (cf. *Isa.* 50: 7). ***set** one's **face against*** …に断固として反対[反抗]する. ***set** one's **face like flint*** 覚悟する, 毅然としている. ***set** one's **face to*** [***toward***] (1) …の方に向く. (2) …を志す, に着手する (cf. 2 *Kings* 12: 17). ***shoot off** one's **face*** ⇨ shoot[1]. ***show** one's **face*** ⇨ show 成句. ***shut** one's **face*** ⇨ shut 成句. ***slap** a person **in the face*** ⇨ slap[1] 成句. ***spit in the face of*** … ⇨ spit[1] 成句. ***stare** a person **in the face*** 〈捜している物が〉人のすぐ目の前にある; 〈事実などが〉人に明々白々である; 〈不幸・死・敗北などが〉人の眼前に迫る: Death [Ruin] *stared him in the* ～. 死[死滅]が眼前に迫った. 《1690》 ***stuff** one's **face*** ＝*feed one's* FACE. ***to** a person's **face*** 人に面と向かって, まのあたり, あからさまに. 《1553》 ***turn face about*** ぐるりと振り向く; 〈形勢などが〉逆転する. ***turn** one's **face to the wall*** 《死期の迫ったことを悟った人が》(病床で)顔を壁に向ける (cf. 2 *Kings* 20: 2; *Isa.* 38: 2). ***wash its face*** 《俗》〈事業などが〉どうにかやっていける(程度の利益を上げる). ***Was my face red!*** 《口語》恥ずかしかったのなんのって, 顔から火の出る思いだった. ***what's his*** [***her***] ***face*** あの何とか言う人, 例のあの人《名前を忘れて思い出せない男[女]の人を指す》.

— *vt.* **1** 〈人が〉…の方向に向く[顔を向ける], …に面と向かう; 〈物(の正面・前面)が〉…に面する, 対面する: They ～*d* each other. 互いに向き合った / They sat *facing* each other. 互いに向き合って座った / The room ～*s* the sea. その部屋は海に面している / the picture *facing* p. 15 15 ページに面した絵. **2 a** …に真っ向から向かう, 対抗する; …に敢然として[ものともしないで]立ち向かう, 怯(ひる)まない (⇨ dare[1] SYN): ～ risks, dangers, consequences, death, etc. / ～ the enemy 敵に立ち向かう / ～ a new situation bravely 新しい状況に勇敢に立ち向かう / ～ fearful odds 恐ろしい大敵に立ち向かう. **b** …に直面する; 〈人を〉〈物・事に〉面と向かわせる〔*with*〕: ～ the facts / ～ a maximum of ten years in prison 最高 10 年の懲役をくらう / ～ stiff opposition 手ごわい反対に遭う / ～ a person *with* proof 人に証拠を突きつける / be ～*d with* [*by*] danger [difficult problems] 危険[難問]にぶつかる. **3** 〈危険・困難などが〉…の前に現れる, …に迫ってくる: A crisis ～*d* us. 危機が差し迫ってきた. **4** 〈壁など〉に上塗りをする, 上張り[化粧張り]をする〔*with*〕: a wooden house ～*d with* brick れんがで化粧張りをした木造家屋. **5** 〈服など〉に縁飾りをつける〔*with*〕: ～ a coat *with* gold braid 上衣に金モールの縁飾りをつける. **6** 〈石材・鋳物など〉の表面を平らにする, 仕上げる〈*off*〉: a stone not properly ～*d* 正しく仕上げてない石. **7 a** 〈トランプなど〉の表を出す: ～ a card. **b** 〈郵便物を〉面ぞろえする《宛名面を上にして同じ向きにそろえる》. **8** 〈安物の緑茶〉に着色する. **9** 〔米軍〕〈隊を〉〈…に〉向けさせる〈*to*〉: ～ one's men *to* the left 兵を左に向けさせる. **10** 〔アイスホッケー〕〈審判が〉〈パックを〉向かい合った二人の競技者の間に投げ込む《これを二人が取り合って試合が始まる; cf. face-off》.

— *vi.* **1** 〔…に〕顔を向ける〔*to, toward*〕: Which way shall I ～? どちらに顔を向けましょうか / *Face* that way, please. あちらを向いてください / ～ front 前[正面]を向く / He ～*d toward* the wall. 壁に顔を向けた. **2** 〈建物などが〉〈ある方向に〉向いている, 〈ある場所に〉面する〔*on, onto, to, toward*〕: an office *facing* out *on* [*onto*] Times Square タイムズスクウェアに面する事務所 / ～ *on* the sea 海に面する / ～ eastward / ～ (*to* the) north, etc. / ～ due north, etc. **3** 〔軍事〕転回する: About ～! 回れ右 / Left [Right] ～! 左向け左[右向け右]. **4** 〔アイスホッケー〕フェースオフによって試合を開始[再開]する〈*off*〉.
face about (1) 振り向く, 向き直る. (2) 〔軍事〕転回させる. ***face away*** 顔を背ける; 〈建物などが向きが(…から)〉それている〔*from*〕. ***face down*** 堂々と[厚かましく]立ち向かう; 恐ろしいけんまくでおどす, 威圧する: He ～*d down* these objections. 彼は平然としてこれらの反対を押し切った. ***face it out*** (非難・敵意などを)無視する, ものともしない (cf. BRAZEN it out): He ～*d it out*. 彼はしゃあしゃあとしらをきった. ***face off*** (1) 〔命令形で〕〔アイスホッケー〕試合開始 (cf. *vt.* 10, *vi.* 4). (2) 〈川の流れを〉そらす. (3) 《米》〈相手〉と対決する (confront). ***face out*** (1) 〈困難などを〉耐え忍ぶ. (2) (誤りと知りながら)ずうずうしく[強引に]押し通す. (3) 《米》＝FACE *down*. ***face up*** ひるまない (cf. FACE *up to*). ***face up to*** (1) 認める, 容認する (acknowledge): He won't ～ *up to* the fact that he is too old for the job. その仕事をするには年をとりすぎていることをどうしても認めようとしない. (2) …の真正面から迫る; 〈事実・困難などに〉敢然と立ち向かう (confront): When you are ～*d* with a crisis, you must ～ *up to* it. 危機に臨んだらひるまず立ち向かっていかねばならぬ. 《1920》 (***let's***) ***face it***＝(***let's***) ***face*** (***the***) ***facts*** (言いたくはないが)率直に言おう, (不都合なものでも)事実は事実として認めよう.
〘n.: 《*c*1290》□ (O)F ～ < VL **faciam* face, appearance＝L *faciēs* form, figure, face ← *facere* to make (⇨ fact): cf. facet. — v.: 《?*a*1400》← (n.)〙

SYN 顔: **face** 頭部の前面で, 額からあごまでの部分. 最も普通に使われる語: a beautiful *face* 美しい顔. **look** 顔の表情, 顔つきを意味する: He gave a queer *look*. 彼は変な顔をした. **countenance** *look* とほぼ同じ意味で, より格式ばった語; 情緒や感情を反映する顔の表情: a happy *countenance* 幸福そうな表情. **features** 目・鼻・口など顔のつくり全体を指しての顔, 顔立ち: fine *features* 上品な顔. **physiognomy** 性格を表すものとしての顔《格式ばった語》: He has the *physiognomy* of a playboy. プレイボーイの顔つきをしている.

face·a·ble /féɪsəbḷ/ *adj.* **1** (ある方向に)向けることができる. **2** 〈建築が〉化粧張りできる.

fáce-abóut *n.* ＝about-face.

fáce·àche *n.* **1** 顔面神経痛 (facial neuralgia). **2** 《英俗》悲しげな顔つきの人, 沈み屋.

fáce àngle *n.* 〔数学〕面角《多面角の隣り合う 2 辺のなす角》. 〘1913〙

fáce·bàr *n.* 〔レスリング〕フェースバー《相手の顔の皮膚を後方にひっぱりながら行う押さえ技》.

fáce·bòw /-bòʊ | -bəʊ/ *n.* 〔歯科〕顔弓《上下のあごの位置関係を模型上に再現する器械》.

fáce brìck *n.* 化粧れんが, 表積みれんが, 外装タイル.

fáce càrd *n.* **1** 《米》〔トランプ〕絵札 (king, queen, jack のカード; 《英》court card ともいう). **2** 《米俗》重要人物, お偉方, 花形, 人気者, スター. 〘1826〙

fáce-cèntered *adj.* 〔結晶〕面心の《結晶空間格子で単位胞の各頂点のほかに各面の中央にも格子点のある; cf. body-centered》. 〘1913〙

fáce-cèntered cúbic strúcture *n.* 〔結晶〕面心立方構造《原子の位置が面心立方格子を成す結晶構造》.

fáce-cèntered láttice *n.* 〔結晶〕面心格子《格子の単位胞の隅の他に各面の中央にも格子点をもつ結晶格子》.

fáce·clòth *n.* **1** (洗面用)手ぬぐい, (顔をふく)タオル (《米》washcloth, 《英》(face) flannel)《一般に約 30 センチ四方のもの》. **2** 表が滑らかなけばのウール地. **3** 死者の顔にかける布. 〘1602〙

F

fáce còrd *n.* 燃料用木材の単位《長さ 12–18 インチの薪を幅 8 フィート, 高さ 4 フィートに積み上げたもの》.

fáce crèam *n.* フェースクリーム, 美顔クリーム.

faced /féɪst/ *adj.* [通例複合語の第 2 構成要素として] **1** …の顔の[をした]: bold-[gloomy-, sad-]*faced* 大胆な[陰気な, 悲しそうな]顔をした / ⇨ barefaced, double-faced. **2** (物の)表面が…な: rough-*faced*, two-*faced*, etc. 〘《*c*1500》← FACE (n.)＋-ED 2〙

fáce·dówn *adv.* 《米》顔を下にした[向けて], うつ伏せになって; 〈物の表面を〉伏せて, 下向きにして (↔ faceup): deal the cards ～ カードを伏せて配る. — /⸗⸗/ *n.* (米口語)(相手との)対決. 〘1949〙

fáce flànnel *n.* 《英》＝facecloth 1.

fáce flỳ *n.* 〔昆虫〕ヨーロッパ産のイエバエの近似種 (*Musca autumnalis*)《家畜類の顔にうるさくまとわりつくハエ; 北米に侵入し土着した》. 〘1961〙

fáce·fùngus *n.* 《英口語》〔おどけて〕ひげ, (特に)あごひげ.

fáce gèar *n.* 〔機械〕フェースギヤ, 正面歯車《平[斜歯(はすば)]歯車とかみ合うクラウン歯車に似た歯車》.

fáce guàrd *n.* (溶接工・フットボール選手・フェンシング選手用などの)顔当て, 面(めん), マスク.

fáce hàmmer *n.* 平槌(つち) (cf. face *n.* 5 b).

fáce-hàrden *vt.* 〔冶金〕〈鋼鉄その他の金属〉に表面硬化(法)を施す, 膚焼きをする (cf. case-harden 1).

fáce·less /féɪsləs/ *adj.* **1** 顔のない: a ～ apparition のっぺらぼう. **2** だれとも区別のつかない, 個性を欠いた: a ～ crowd. **3** 身元の確認できない, 身元を隠した, 正体不明の: a ～ contributor 覆面の投書家. **4** 〈貨幣など〉表面が摩滅した; 〈時計が〉文字盤のない. **～·ness** *n.* 〘《1567》: ⇨ -less〙

fáce·lìft *n.* ＝facelifting. — *vt.* **1** …の顔のたるみやしわをとる. **2** 〈建物など〉を改築[改装]する; 〈自動車など〉のデザインを新しくする, モデルチェンジをする. 〘1934〙

fáce·lìfting *n.* **1** 顔若返り手術; (皮膚のたるみやしわをとったり筋肉を引き締める)顔の美容整形. **2** (建物の)改装, 化粧[外装]直し, 改築; (自動車の毎年の, 通例小規模の)モデルチェンジ; 《雑誌などの》表紙のデザインの変更.

fáce·man /-mən, -mæ̀n/ *n.* (*pl.* **-men** /-mən, -mèn/) (鉱山の)切羽(きりは)で働く作業員.

fáce màsk *n.* **1** 〔スポーツ〕フェースマスク《野球の捕手などがかぶる顔の防護用の覆い》. **2** (一般に)顔面保護用マスク《ヘルメットなどに取り付けてある》. 〘1906〙

fáce mìll *n.* 〔機械〕正面フライス.

fáce-òff *n.* **1** 《米》(相手との)対決〔*with*〕. **2** 〔アイスホッケー〕フェースオフ《試合開始または競技中断後の再開の方法; 両チーム各 1 名の競技者がスティックを氷上におき審判がパック (puck) をその中間に落とすこと》. 〘1896〙

fáce pàck *n.* 美顔用パック.

fáce pàint *n.* 顔用の絵の具.

fáce pàinting *n.* 顔に(扮装やカモフラージュのため)絵の具を塗ること《ハロウィーンには子供がやることが多い》.

fáce·plàte *n.* **1** (宇宙服などのヘルメットの)顔覆い. **2** 〔機械〕面板(めんいた)《回し板より大型の旋盤の工作物取付装置》. **3** ＝surface plate. **4** 〔電子工学〕フェースプレート《テレビなどのブラウン管の前面ガラス; face ともいう》. 〘1841〙

fáce pòwder *n.* おしろい.

fác·er *n.* **1** 化粧仕上げをする人[物]; (衣類の)へり取りを縫う人. **2** 《口語》(ボクシングなどで)顔面の強打, 顔面パンチ. **3** 《英口語》人を面食らわせる物[事], 突然の大きな障害[困難], 思いがけない打撃[敗北]: I've had a good many ～*s* in my life. 随分思わぬ障害に出遭ったものだ. **4** フェーサー《旋盤で回転軸と直角方向に使用面を向ける工具》. 〘《15C》: ⇨ face, -er[1]〙

fáce-sàver *n.* 面子(メンツ)[顔]を立てるもの (cf. save FACE). 〘1923〙

fáce-sàving (cf. save FACE) *n.* 顔をつぶさないこと, 面子(メンツ)を立てること. — *adj.* 顔をつぶさない, 顔の立つ, 面子を立てる: ～ compromise / in a ～ way 面子をつぶさないで. 〘1922〙

fac·et /fǽsɪt | -sɪ̀t, -sɛt/ *n.* **1** (多面体の)面, (特に, 結晶体・宝石の)小面, 彫面, (カットグラスの)切子面 (⇨ bril-

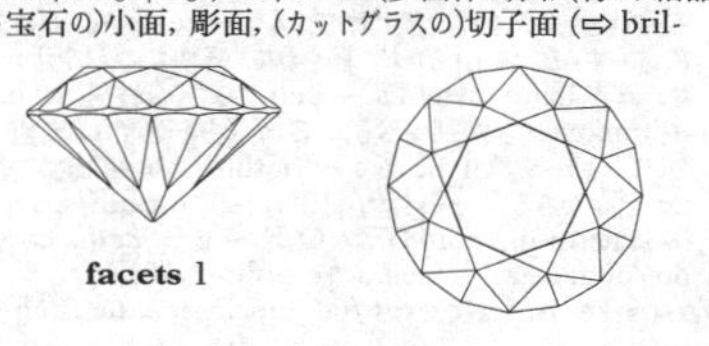

facets 1

F

liant). 2 (物事・人格などの)面, 相 (⇨ phase SYN).
3 〘建築〙(円柱のフルーティング (fluting) の溝と溝の間の)畔(あぜ). 4 〘昆虫〙a (複眼を構成している一つ一つの)個眼. b 個眼面, 小眼面. 5 〘歯科〙小面, 局面, ファセット《上下の歯が擦れ合った小面》. — *vt.* (**-et·ed, -et·ted; -et·ing, -et·ting**) 〈宝石〉に小面[彫面]を刻む[切り出す]. 〖(1625) □ F *facette* (dim.) ← *face* 'FACE': ⇨ -et〗

fa·cete /fəsíːt/ *adj.* 《古》滑稽な (facetious), ひょうきんな. **~·ly** *adv.* **~·ness** *n.* 〖(1603) □ L *facētus*: cf. facetious〗

fác·et·ed /-tɪ̀d | -tɪ̀d/ *adj.* 面[小面, 切子面]のある[から成る]. 〖(1859): ⇨ -ed〗

fa·ce·ti·ae /fəsíːʃiìː/ *n. pl.* 1 滑稽な文, しゃれ. 2 〘書店用語〙滑稽本; 猥(わい)本, 春本, 艶笑本, エロ本[雑誌]. 〖(1529) □ L *facētiae* (pl.) ← *facētia* (↓)〗

fáce tìme *n.* (テレビに)短時間出る[映る]こと; (短時間の)対面, 面談, 顔合わせ; 《電算俗》対面時間, フェースタイム, オフラインで会う時間, オフ会《電子メールなどではなく, じかに会って交流する時間》.

fa·ce·tious /fəsíːʃəs/ *adj.* 滑稽な, ひょうきんな, 笑わせる (⇨ witty SYN): ~ remarks / a ~ person. **~·ly** *adv.* **~·ness** *n.* 〖(1592) □ F *facétieux* ← *facétie* jest □ L *facētia* jest, witticism ← *facētus* elegant, witty: ⇨ -ious〗

fáce-to-fáce *adv.* 1 ごく近くで[に]; 膝を交えて. 2 差し迫って, 直面して: come ~ *with* the problem 問題に直面する. 3 向き合って: printed ~.
— *adj.* [限定的] 1 ごく近くでの; 膝を交えての: ~ negotiations [discussions] 直接交渉[討議]. 2 差し迫った. 3 向き合った. 〖1340〗

fáce-to-fáce gròup *n.* 〘社会学〙対面集団.

fáce tòwel *n.* 顔ふきタオル.

fa·cette /fæsɛ́t | -sɪ̀t, -sɛt/ *n., vt.* =facet.

fác·et·ted /-tɪ̀d | -tɪ̀d/ *adj.* =faceted.

fáce·úp *adv.* 顔を上に向けて; 〈物の表面を〉上に向けて (↔ facedown). 〖1897〗

fáce valídity *n.* 〘心理〙(テストの)表面的妥当性《内容だけから妥当性だと決めるような見かけ上の妥当性》.

fáce válue *n.* 1 a (証券などの)額面価額, 券面額: at ~ 額面通りに. b (生命保険の)満期金額. 2 額面[表面]通りの価値: words taken at their ~ 額面[言われた, 書かれた]通りに(受け)取った[信用した]言葉. 〖1876〗

fáce·wòrker *n.* =faceman.

fa·cia /féɪʃə, -ʃiə/ *n.* 《英》=fascia. 〖1881〗

fa·cial /féɪʃəl, -ʃɫ | -ʃəl, -ʃɫ, -ʃiəl/ *adj.* [通例限定的] 1 a 顔の, 顔面の: one's ~ expression 顔の表情. b (美容で)顔に使う, 美顔用の: ~ cream 美顔クリーム. 2 表面の, 表面上の (superficial). — *n.* 1 顔面マッサージ, 美顔術. 2 〘解剖〙顔面神経[動脈].
〖(1609) □ ML *faciālis* ← L *faciēs* 'FACE': ⇨ -al[1]〗

fácial àngle *n.* 〘人類学〙顔面角《ナジオン (nasion) とプロスチオン (prosthion) とを結ぶ線とフランクフルト水平面 (Frankfort horizontal) とがなす角》.

fácial ártery *n.* 〘解剖〙=maxillary artery b.

fácial éczema *n.* 〘獣医〙顔面湿疹《ニュージーランド North Island の暖地に見られる羊・牛の病気; 顔面が腫れ肝機能障害を起こす》. 〖1910〗

fácial índex *n.* 〘人類学〙顔面指数《顔面の高さの幅に対する比を 100 倍して表した指数; cf. cranial index》. 〖*c*1889〗

fá·cial·ly /-ʃəli | -ʃəli, -ʃiəli/ *adv.* 顔の点では, 顔について: resemble each other ~ 互いに顔が似ている. 〖(*a*1641): ⇨ -ly[1]〗

fácial nèrve *n.* 〘解剖〙顔面神経. 〖*c*1818〗

fácial neurálgia *n.* 〘病理〙顔面神経痛.

fácial scrúb *n.* 洗顔用スクラブ《顆粒入りの洗顔料》.

fácial tìssue *n.* 化粧紙《吸湿性のティッシュペーパー》. 〖1930〗

fa·ci·a·tion /fèɪʃiéɪʃən/ *n.* 〘生態〙ファシエーション《群集 (association) の下でロシエーション (lociation) の上の単位; 2, 3 の優占種から成る群落》. 〖(1920) ← L *faciēs* 'FACE'+-ATION〗

fa·ci·end /féɪʃiɛ̀nd/ *n.* 〘数学〙被乗数, 被作用子.
〖(*a*1832) □ L *faciendum* (gerundive) ← *facere* (↓)〗

-fa·cient /féɪʃənt/ *suf.* 「…化する(もの), …の作用を起こす(もの), …性の(もの)」などの意の形容詞・名詞を造る: cale*facient*, rube*facient*.
〖□ L *-facientem* ← *facientem*, *faciēns* (pres.p.) ← *facere* 'to DO[2], make': ⇨ -ent〗

fa·ci·es /féɪʃiìːz, -ʃiːz/ *n.* (*pl.* ~) 1 〘生態〙a (動物・植物などの)外観, 外見. b ファシース《種の量的相違による植物群落の下位単位》. 2 〘地質〙相(そう)《地層を岩石の性質に従って泥質・砂質・石灰質などの相に分ける》. 3 a 〘医学〙(病状を示す)顔貌. b 〘解剖〙面.
〖(1727–36) □ L *faciēs* 'FACE'〗

fac·ile /fǽsɪ̀l, -sɫ | -saɪl/ *adj.* 1 [しばしば軽蔑的に] a うわすべりの, 表面的な (shallow); もっともらしい: offer a ~ solution 安易な解答[解決策]を出す. b たやすく得られた: a ~ victory 楽勝. c 楽に理解できる, 使いやすい: a ~ style 平易な文体. d 〈感情・態度など〉(しばしば深み・誠実さを欠き)すぐ表に出てくる: ~ tears 安っぽい涙.
2 すらすら動く, 滑らかな, 軽やかな, 軽快な, 〈口や手が〉まめな: a ~ hand / wield a ~ pen すらすら筆を運ぶ / have a ~ tongue ぺらぺらしゃべる. 3 a 《古》従順な, 素直な, 人のいい, 御しやすい: have a ~ nature. b 〈態度が〉落着いた, 自信のある. **~·ly** /-sɪ̀(l)li, -sɪ̀li | -saɪlli/ *adv.* **~·ness** *n.* 〖(1483) □ (O)F ~ ∥ L *facilis* easy (to do, of access) ← *facere* 'to DO[2]': ⇨ -ile〗

fa·ci·le prin·ceps /fǽsəliprínsɛps, fáːkɪ̀lèɪpríŋkɛps | fǽsɪliprínsɛps, fáːkɪlèɪpríŋkɛps/ *L. adj.* 優に第一位の, 楽に第一位になった. — *n.* 楽に第一位になった人, 誰しも認めるトップ[指導者]. 〖(1834) L *facile princeps* easily first, pre-eminent: cf. ↑, prince〗

fa·cil·i·tate /fəsílətèɪt | -lɪ̀-/ *vt.* 1 〈物・事が〉〈行為・解決・結果などを〉容易にする, 楽にする; 〈交渉などを〉すらすら運ばせる, 促進する, 助長する: ~ an action, a process, development, change, etc. 2 〈人〉の労働を軽減する, 助ける. 〖(1611) □ F *faciliter* □ It. *facilitare*: ⇨ facile, -ate[3]〗

fa·cil·i·ta·tion /fəsìlətéɪʃən | -lɪ̀-/ *n.* 1 容易にすること, 便利[簡易]化; 容易にするもの, 手助け, 便宜: the ~ of travel, development, change, etc. 2 〘心理〙促進, 開路 (cf. inhibition 2 a). 〖(1619): ⇨ ↑, -ation〗

fa·cil·i·ta·tive /fəsílətèɪtɪv | -lɪ̀tət-, -tèɪt-/ *adj.* 容易にする, 促進する. 〖(1864) ← FACILITATE+-IVE〗

fa·cil·i·tà·tor /-tə | -tə(r)/ *n.* 1 補助者, まとめ役. 2 促進するもの.

fa·cil·i·ty /fəsíləti | -lɪ̀ti/ *n.* 1 [しばしば *pl.*] a 便利(な手段), 便益, 便宜, 設備 (means); (機器などの)機能, 装置; (制度などの)特別サービス, 特約: *facilities for* transportation 運送機関[施設] / *facilities for* study=study *facilities* 研究の便宜 / educational *facilities* 教育機関 / computer *facilities* 電算機設備 / give [afford, accord] a person every ~ *for* … 人に…のためにあらゆる便宜を与える / a call-back ~ (電話の)コールバック機能 / an account with a fast-withdrawal ~ 迅速引き出しサービス口座. b 建造物, 施設《病院・図書館・工場など》: sports [recreational, sleeping] *facilities* スポーツ[レクリエーション, 宿泊]施設 / a new medical ~ serving a wide catchment area 広範な通院圏を受け持つ新しい医療施設 / a maximum-security correctional ~ 最も警備の厳重な矯正施設. c 《口語》便所, トイレ. 2 熟練 (skill), (熟練から生じる)たやすさ, 手早さ, 手際よさ (readiness), 腕前, 才能 (aptitude): write *with* great ~ すらすらと(たやすく)書く / a ~ for (learning) English 英語の(学習)能力 / the ~ to copy documents fast 文書をすばやく書き写す才能 / have great ~ *in* doing [learning] …をする[学ぶ]非常な才能がある / Practice gives (a) wonderful ~. 練習をすればすばらしい腕前になる. 3 たやすくできること, 容易さ, 手軽さ, 平易 (ease) (↔ difficulty): the ~ of the work. 4 (文などの)なだらかさ: one's ~ of style. 5 《古》(頼まれれば何でもする)人のよさ, 従順, 御しやすさ.
〖(?*a*1425) □ (O)F *facilité* ∥ L *facilitātem* ← *facilis* easy: ⇨ facile, -ity〗

fac·ing /féɪsɪŋ/ *n.* 1 〘建築〙a (外壁などの)表面仕上げ, 化粧(仕上げ); 化粧[仕上げ]面. b 外部の化粧材, 外部表面の仕上げ材: a brick wall with a ~ of stone 石の上張りをしたれんが塀(へい). 2 (衣類の)見返し《襟(えり)ぐり・前打合わせなどを仕上げる布切れ》: a black coat with red silk ~*s* 赤い絹の見返しをつけた黒い上衣. 3 [*pl.*] (軍服の襟や袖に施した)縁取り, 定色《兵種を示す襟章・袖章》.
4 〘軍事〙(号令に応じてのある方向への)転回, 向き. — *adj.* [複合語の第 2 構成素として] …向きの: south-*facing* 南向きの. 〖(?*a*1400): ⇨ face, -ing[1]〗

fácing brìck *n.* =face brick.

fácing sànd *n.* 〘金属加工〙肌砂(はだずな)《鋳型模型のまわりにかぶせる良質の砂》.

fácing tòol *n.* 〘機械〙(旋盤などの)正面削り工具.

fa·cin·o·rous /fəsínərəs/ *adj.* 《古》極悪の (atrociously wicked). 〖(1548) □ L *facinorōsus* ← *facinus* (bad) deed ← *facere* 'to DO[2]': ⇨ -ous〗

fa·çon·né /fæ̀sənéɪ⁻/ *adj.* 〈織物が〉細かく精巧な模様のついた. — *n.* (*also* **fa·çon·né** /~; *F.* fasɔne/) 1 ファソネ《表面を起毛してある精巧な模様のついた輪奈(わな)織》. 2 生地に織り込まれている細かい模様.
〖□ F *façonné* (p.p.) ← *façonner* to work ← *façon* fashioning, manner < L *factiō(n-)*: cf. fashion〗

FACP 《略》Fellow of the American College of Physicians.

FACS 《略》Fellow of the American College of Surgeons.

fac·sim·i·le /fæksíməli | -mɪ̀-/ *n.* 1 (筆跡・印刷物・絵画などの)原物通りの複写, 複製, 模写 (exact copy); 生き写し: not the original but a ~ 本物ではなく複製 / reproduce in ~ 原物通りに複写する / He was a ~ of Dickens's Mr. Pickwick. 彼はディケンズの描いたピクウィック氏にそっくりだった. 2 〘通信〙a 模写電送, 写真電送, ファクシミリ, ファクス (telefacsimile, fax)《文字・図形・画像などを通信回線を通して電気的に送受信すること; cf. phototelegraph》: receive a ~ message ファクシミリのメッセージを受け取る. b 模写電送写真. ★ 短縮して fax というほうが普通.
— *adj.* [限定的] 複写の, 模写の; 生き写しの: a ~ edition (of a manuscript) 複写版 / ⇨ facsimile telegraph.
— *vt.* 1 (原物通りに)複写[模写]する. 2 〘通信〙模写電送する (fax). — *vi.* 原物通りの複写[模写]になる.
★ 短縮して fax というほうが普通.
〖(*a*1661) ← NL ~ ← L *fac* (imper.) ← *facere* 'to DO[2], make')+*simile* ((neut.) ← *similis* 'SIMILAR')〗

facsímile tèlegraph *n.* 〘通信〙ファクシミリ装置, 模写電送装置 (⇨ facsimile 2 a).

fact /fǽkt/ *n.* 1 a 実際の出来事, (経験上明らかな, または確証されうる)事実 (cf. truth): an established ~ 動かしがたい事実 / Just stick to the ~*s*, please. 事実から離れないようにしなさい / solid ~*s* 確かな事実 / hard ~*s* 動かせぬ[確かな]事実 / a novel based on ~(*s*)=a novel with a basis in ~ 事実に基づいた小説 / face the ~*s* 事実を直視する[と対決する] / the obvious ~ *of* his irresponsibility 彼の無責任を示す明らかな事実 / One should not overlook the ~ *that* fire burns. 火が燃えるという事実を忘れてはならない / The cancellation was due to the ~ *that* the speaker was late. その中止は講演者が遅れたためだった / It is ~, not fancy. それは空想ではなく事実である / I went and saw him yesterday.—Is that a ~! きのう彼に会いに行ってきました—そうだったのですか / I know *for* a ~ that you saw him. 君が彼に会ったということを確かに知っている / I actually saw him only yesterday. *Fact!* 《口語》実際彼に会ったのは昨日が初めてなんだ. 本当だよ / *Fact* is stranger than fiction. ⇨ fiction 1 a. b 事実として述べられた事, 申し立ての事実: His ~*s* are false. 彼の言う事実とは偽りである / We must check the accuracy of her ~*s*. 彼女の申し立ての正確さを確かめなければならない. 2 実際, 真相, 現実性: The ~ is that I went and saw him yesterday. 実はきのう彼に会いに行って来たのだ. ★ 《口語》ではしばしば接続詞 that を省いて The ~ is(,) …と いい, また冒頭の定冠詞を略して Fact is(,) …のようにもいう / The ~ of the matter is (that) …. 事の真相は…だ / The fact remains (that) … …という事実は依然として残る, …ということは否定できない. 3 〘法律〙a (犯罪の)事実, 犯行: before [after] the ~ (犯行の)事前[事後]に[の]. b [しばしば *pl.*] (証拠に基づいて認定される)事実.
4 《古》行為, 行動 (action). 5 《古》実行, 実演 (performance). 6 《廃》偉業, 離れわざ (feat).
as a matter of fáct ⇨ matter 成句. ***a fáct of life*** (1) (動かしがたい厳しい[不快な])人生の現実; (考慮せざるをえない)現実: Old age is *a ~ of life*. 老齢は人生の現実である. (2) [the ~*s* of life として]《口語》性の事態[知識]: teach children *the ~s of life* 子供に性教育をする. 《1854》 ***fácts and fígures*** 正確な資料[情報]. 《1845》 ***in fáct*** 実際(は), 事実上(は) (cf. in NAME); 事実は; もっと言うならば, それどころか; 要するに. ★ 大体 as a matter of fact と同じであるが, それよりも広く, 文頭ばかりではなく文中または文尾にも用いる: They say he's a saint, but *in* (actual) ~ he's a sinner. 人は彼のことを聖人だというが, 実は罪深き男なのだ / He is a liar and a thief. *In* ~ he is the greatest scoundrel I ever saw. 彼はうそつきで泥棒だ. いや実際彼ほどの悪党は見たこともない. ***in póint of fáct*** ⇨ in FACT. 《1707》

fáct in cóntroversy 〘法律〙(当事者間で争いのある)付随的事実, 間接事実 (cf. FACT in issue).

fáct in íssue 〘法律〙主要事実, 争点たる事実《通常陪審が決定する; question of face ともいう; cf. FACT in controversy》.
〖(*c*1485) (1539) □ L *factum* something done, deed (neut. p.p.) ← *facere* 'to DO[2], make': FEAT[1] と二重語〗

facta *n.* factum の複数形.

fáct fìnder *n.* (労働争議などの)実情調査(委)員. 〖1926〗

fact-find·ing /fǽk(t)fàɪndɪŋ/ *adj.* 実情[現地]調査の; 調停の: a ~ committee 実情調査委員会. — *n.* 実情[現地]調査.

Fac·tice /fǽktɪ̀s | -tɪs/ *n.* 〘商標〙ファクティス《植物性油を硫黄(いおう)または塩化硫黄で硫化して造ったゴム様物質の商品名》. 〖□ F ~ □ L *factītius* artificial〗

fac·tic·i·ty /fæktísəti | -sɪ̀ti/ *n.* 事実であること, 事実性. 〖(1945) □ F *facticité* ∥ G. *Faktizität*〗

fac·tion[1] /fǽkʃən/ *n.* 1 (通例, 主流派に異議を唱えたり, または利己主義的な)党派, 党中の党, 派閥; 党派心: a discontented ~ 不平分子 / the contending ~*s* in the party 党内の対立分子 / split into petty ~*s* 小党派に分裂する. 2 派閥争い, 党争, 内紛; 紛争. 〖(1509) □ (O)F ~ □ L *factiō(n-)* a making, doing, party ← *factum*: ⇨ fact, -ion: FASHION と二重語〗

fac·tion[2] /fǽkʃən/ *n.* ファクション, 実話[実録]物《実際の事件を基にドラマ化したテレビ番組・映画・文学作品など》. 〖(1967) ← FACT+(FICT)ION〗

-fac·tion /fǽkʃən/ *suf.* -fy で終わる動詞に対応する名詞を造る (cf. -fication): lique*faction* (← liquefy) / satis*faction* (← satisfy). 〖ME *-faccioun* □ (O)F ~ ∥ L *-factiō(n-)*: ↑〗

fac·tion·al /fǽkʃnəl, -ʃənɫ/ *adj.* 1 党派の, 徒党の: a ~ leader. 2 党派的な, 党派心の強い; 党内派閥の: severe ~ disputes in the party 党内の激しい派閥間抗争. **~·ly** *adv.* **~·ist** /-ʃ(ə)nəlɪ̀st | -lɪst/ *n.* 〖(1650): ⇨ -al[1]〗

fác·tion·al·ism /-ʃ(ə)nəlìzṃ/ *n.* 党派心, 党派根性; 党派主義, 派閥主義. 〖(1904): ⇨ -ism〗

fac·tion·al·ize /fǽkʃ(ə)nəlàɪz/ *vt.* 〈政党などを〉派閥化する. — *vi.* 派閥に分かれる. **fac·tion·al·i·za·tion** /fæ̀kʃ(ə)nəlɪ̀zéɪʃən | -laɪ-, -lɪ-/ *n.* 〖(1970): ⇨ ↑, -ize〗

fác·tion·ar·y /-ʃənèri | -ʃ(ə)nəri/ *n.* 党派[徒党]の一員 (partisan). — *adj.* 党派の, 派閥の. 〖(1555): ⇨ -ary〗

fác·tion·ist /-ʃ(ə)nɪ̀st | -nɪst/ *n.* 徒党を組む人; 党人; 徒党煽動者, 党派[派閥]主義者. 〖(1609): ⇨ -ist〗

fac·tious /fǽkʃəs/ *adj.* 党派本位の, 党派のための; 党派心[根性]の, 党派心の強い (factional), 党争を好む; 煽動的な (seditious): from ~ motives 党派的動機から / a ~ spirit 党派心 / ~ arguments [tendencies] within a party 党内での党派的論争[傾向] / ~ opposition 党派対立. **~·ness** *n.* 〖(1532) □ L *factiōsus*: ⇨ faction, -ous〗

fác·tious·ly *adv.* 党派的に: They are ~ inclined. 彼らは党派的に傾いている. 〖(1591): ⇨ ↑, -ly[1]〗

fac·ti·tious /fæktíʃəs/ *adj.* 1 (自然にできたものではなく)人為的な, 人工的な. 2 a 作った, こしらえた; 純真でない, わざとらしい, 不自然な, 作為的な: ~ enthusiasm わざとらしい[見せかけの]熱心さ. b まがい物の (sham, spurious). **~·ly** *adv.* **~·ness** *n.* 〖((1646)) ← L *facticius* artificial ← *factus* (p.p.) ← *facere* 'to DO², make': ⇨ -ous〗

fac·ti·tive /fǽktəṭɪv | -tɪ̈t-/ 〘文法〙 *adj.* **1** 作為の (cf. causative 2): a ~ verb 行為動詞《目的語と補語をもつ他動詞で, *make* him president, *call* him a fool, *think* him wise の make, call, think など》. **2** 作為動詞の. — *n.* 作為動詞. **~·ly** *adv.* 〖((1846)) ← NL *factitīvus* ← L *factitāre* to do often (freq.) ← *facere* 'to DO², make': ⇨ fact, -ive〗

fac·tive /fǽktɪv/ *adj.* 〘言論〙 叙実的な《動詞・形容詞・名詞について, その従属節の意味内容が事実であると前提されているものをいう; Mary doesn't regret that she refused the offer. の regret など》. — *n.* 叙実的表現. 〖((1612)) ((1880)) ◻ L *factivus ← *facĕre* to make〗

-fac·tive /fǽktɪv, fæk-/ *suf.* 「…を形成する, を作る (making)」の意 (cf. -faction): petri*factive*. 〖◻ (O)F -*factif*: ⇨ -faction, -ive〗

fac·toid /fǽktɔɪd/ *n.* **1** (繰り返し活字化されたりして事実らしく思われる)信用できない情報, 類事実. **2** 事実として広く受け入れられている作り話. — *adj.* 類事実の[じみた]. 〖((1973)) ← FACT＋-OID〗

fac·tor /fǽktə | -tə^(r)/ *n.* **1 a** (所定の結果を生み出す)要因, 素因, 要素: Wealth may be a ~ in happiness. 富は幸福の一要因であろう / The feel good ~ may swing the next election the government's way. (大衆に)満足した気分がただよっているので次の選挙では政府与党が勝つかもしれない. **b** 生産要素《土地・労働・資本など; factor of production, agent of production ともいう》. **c** 評価要素《職務評価において評価の対象とされる職務の構成要素, 熟練・努力・責任・労働条件など; job factor ともいう》. **2** 〘数学〙因数, 因子: The ~s of 4 are 1, 2, 4. / break up a quantity into ~s ある数を因数に分解する / ⇨ common factor / a prime ~ 素因数. **3** 〘機械〙係数, 率: the ~ of evaporation (ボイラーの)蒸発係数. **4** 〘化学〙係数, 換算係数, 化学係数《化合物中に含まれる原子または基の量の比など》; ファクター, 補正ファクター, 力価《標準液の濃度を表すときの係数》. **5** 〘写真〙係数《画像が現れるまでの時間に乗じて適正な現像時間を算定する定数》. **6** 〘生物〙因子, 要因, 遺伝因子《現在では gene を使う》. **7** 〘生化学〙ある特定の生理機能をもつ物質《ホルモン・ビタミン・血液凝固物質・免疫物質など》. **8 a** 仲買人, 問屋, 受託売買人: a corn ~ 穀物問屋. **b** 《古》代理人. **c** 《スコット》土地差配[管理]人 (steward). **d** (商人などへの)金融業者, 金貸し. **e** 債権買取り業者. **f** (もと)東インド会社 (East India Company) の事務員《帳簿係 (writer) の上, 取引員 (merchant) の下; cf. factory 2》. **9** 〘米法〙(Vermont 州と Connecticut 州とで用いられる)第三債務者.

by a factor of [数字を伴って] …倍に: Output has gone up [increased] *by a ~ of* three. 生産高は 3 倍に上った.

fáctor of adhésion 〘鉄道〙車輪の粘着摩擦と率(ﾘﾂ)引力の割合《普通パーセンテージで表す; adhesion, adhesive factor ともいう》.

fáctor of prodúction ＝factor 1 b.

fáctor of sáfety 〘機械〙安全率, 安全係数《材料の極限強さと許容応力との比; safety factor ともいう》: the ~ *of safety* of a bridge 橋の安全率. ((1858))

— *vt.* **1** 〘数学〙因数に分解する (factorize). **2** …の代理[仲買]人として行動する. — *vi.* **1** 代理[仲買]人として働く. **2** (商取引などから生じた)債権を金融目的で買い取る, 売掛け債権を買い取る.

fáctor in 《口語》要素として含める, 計算に入れる: When considering the outcome, we have to ~ *in* the growing discontent with government policy. 結果を考えてみるとき, 政府の政策に対する不満が募っていることを計算に入れておかねばならない. ***fáctor into*** 《口語》〈物事を〉〈計画・結果などに〉入れる: We have to ~ growing discontent *into* our calculations [projections]. 高まる不満を我々の予測(値)に入れておかなければならない. ***fáctor óut*** 《口語》無視する(disregard), 排除する (eliminate): Our hypotheses will remain unreliable until we ~ *out* our preconceptions. 先入観を排除しなければ, 我々の仮説はあてにならないだろう.

~·a·ble /-tərəbl̩, -trə-/ *adj.* **fac·tor·a·bil·i·ty** /fæ̀ktərəbíləṭi | -lɪ̈ti/ *n.* 〖((1432)) ◻ (O)F *facteur* ◻ L *factor* maker, doer ← *factus*: ⇨ fact, -or²〗

fac·tor·age /fǽktərɪdʒ/ *n.* **1** 代理業, 問屋業. **2** 問屋口銭, 仲買手数料. 〖((1613)): ⇨ ↑, -age〗

fáctor anàlysis *n.* 〘統計・心理・社会学〙因子分析(法). **fáctor-analýtic** *adj.* ((1931))

fáctor còst *n.* 〘経済〙要素費用《土地・労働・資本など生産要素を使用するのに要する費用》: at ~ 要素費用表示で《国民所得会計用語》.

fáctor VIII /-éɪt/ *n.* 〘生化学〙第 8 因子, 抗血友病因子《蛋白質の一種で血液の凝固にかかわる因子; 血友病 A で欠損; 血友病 A の治療に用いられる》.

fáctor gròup *n.* 〘数学〙因子群 (quotient group).

fac·to·ri·al /fæktɔ́ːriəl/ *adj.* **1** 代理商の; 問屋の. **2** 〘数学〙階乗の: a ~ expression 階乗式. — *n.* 〘数学〙階乗. 〖((1816)): ⇨ -ial〗

factórial stóp sỳstem *n.* 〘写真〙＝f-stop system.

fác·tor·ing /-tərɪŋ/ *n.* **1** 〘金融〙債権買取業. **2** 〘数学〙因数分解.

fac·tor·i·za·tion /fæ̀ktərɪ̈zéɪʃən | -raɪ-, -rɪ-/ *n.* 〘数学〙因数分解. 〖((1886)): ⇨ -ization〗

fac·tor·ize /fǽktəràɪz/ *vt.* **1** 〘数学〙〈数を〉因数に分解する. **2** 〘法律〙…に債権差押さえの通告をする《債権者が債務者の第三債務者に対してもっている債権を差押さえる通知をする》. 〖((1864)) ← FACTORIAL＋-IZE〗

fáctor·shìp *n.* 問屋業, 代理業. 〖((1599)): ⇨ -ship〗

fac·to·ry /fǽktəri, -tri/ *n.* **1 a** 工場, 製造所, 製造工場 (manufactory, works): an iron ~ 鉄工場 / a ~ chimney 工場の煙突 / ~ accounting [bookkeeping] 工場会計[簿記] / ~ law 工場法 / ⇨ factory price / a ~ girl 女子工員 / a ~ hand 職工, 工員. 日英比較 工場を表す一般的な言葉で mill (原材料製造工場), plant (大規模工場), works (古風な語であるが, gasworks, ironworks など特定の製造工場)などの上位語である. これに対して日本語の「工場」には英語に対応する下位語がない. **b** 《比喩》製造場所: the *factories* of diplomas 卒業証書製造所《大学など》. **c** ＝factory ship. **2** 《まれ》在外商館 (cf. factor 8): an English ~ at Hirado (九州)平戸の英国商館. **3** 《英俗》刑務所; 警察署. **4** 《カナダ・古》毛皮取引[交易]所. **~·like** *adj.* 〖((1560)) ((1582)) ◻ ML *factōria* ← L *factor*: cf. F *factorie*: ⇨ factor, -ory²〗

Fáctory Àcts *n. pl.* [the ~] (英国の)工場法《労働者のための工場の労働条件・安全規制などに関する法律》. ((1802))

fáctory fàrm [fàrming] *n.* 工場方式による畜産飼育《狭い飼育舎に動物を閉じ込め, 特別のえさを与えて手っ取り早く食肉や牛乳・卵などを生産する》. ((1890))

fáctory flòor *n.* ★ 次の成句で: ***on the fáctory flòor*** 平(ﾋﾗ)社員[工員]の間で[に].

fáctory-gáte *adj.* 工場渡しの: ~ prices 工場渡し価格.

fáctory-màde *adj.* 工場製の.

fáctory òutlet *n.* メーカー直営店; メーカー品直売店《単に outlet ともいう》.

fáctory òverhead *n.* 〘会計〙工場間接費.

fáctory prìce *n.* 工場渡し値段 (factory-gate price).

fáctory shìp *n.* **1** 捕鯨母船; 工船《蟹工船・鮭工船など》. **2** 〘海事〙工作船《他船の修理などを海上でするための工作機械を設備した船》. ((1927))

fáctory shòp *n.* 《米》＝factory outlet.

fáctory sỳstem *n.* (産業革命によってもたらされた)工場制度 (cf. domestic system).

fac·to·tum /fæktóuṭəm | -táut-/ *n.* さまざまな仕事[責任]をもっている人; (主人の)一切の雑用をする人, 雑働き人. 〖((1566)) ◻ ML *factōtum* ← L *fac* ((imper.) ← *facere* 'to DO²')＋*tōtum* (neut.) ← *tōtus* all)〗

fáct shèet *n.* (ある問題についての)主要事実記載書, 概要報告書.

fac·tu·al /fǽktʃuəl, -tʃʊl, -ʃuəl, -ʃʊl | -tʃuəl, -tjuəl, -tʃʊl, -tjʊl, -ʃuəl, -ʃʊl/ *adj.* **1** 事実の[に関する, を対象とする]: a ~ report 事実報告. **2** 〘論理〙(想像上・理論上に対して)事実に基づく, 事実上の; 実際の, (真・偽が経験的)事実による (cf. contingent 5). **~·ness** *n.* 〖((*a*1834)): *act-actual* の類推による〗

fác·tu·al·ìsm /-lɪzm/ *n.* 〘哲学〙事実[実証](第一)主義(の理論). **fac·tu·al·is·tic** /fæ̀ktʃuəlístɪk, -tʃʊl-, -ʃuəl-, -ʃʊl- | -tʃuəl-, -tjuəl-, -tʃʊl-, -tjʊl-, -ʃuəl-, -ʃʊl-ˈ/ *adj.* 〖((1936)): ⇨ ↑, -ism〗

fác·tu·al·ist /-lɪ̈st | -lɪst/ *n.* 事実[実証](第一)主義(論)者. 〖((1935)): ⇨ -ist〗

fac·tu·al·i·ty /fæ̀ktʃuǽləṭi | -tʊǽlɪ̈ti, -tjʊ-/ *n.* 事実であること, 実際性. 〖((1887)): ⇨ -ity〗

fác·tu·al·ly /fǽktʃuəli, -tʃə-, -ʃuə-, -ʃə- | -tʃuə-, -tʃə-, -tjuə-, -tjʊ-, -ʃuə-, -ʃə-/ *adv.* 事実上, 実際. 〖((1852)): ⇨ -ly¹〗

fac·tum /fǽktəm/ *n.* (*pl.* **fac·ta** /-tə/, **~s**) 〘法律〙事実, 行為, 犯罪行為; (遺言書の)作成; 事実の陳述書; 覚書. 〖((1748)) ◻ L ~ 'FACT'〗

fac·ture /fǽktʃə | -tʃə^(r)/ *n.* **1** 製作[完成]法 (execution); (絵画の)仕上げ, 仕上がり具合. **2** (文芸上の)作品, 制作. **3** 《古》製作行為[過程]. 〖((*c*1400)) ◻ (O)F ~ ◻ L *factūra*: ⇨ fact, -ure〗

fac·u·la /fǽkjʊlə/ *n.* (*pl.* **-u·lae** /-lìː/) 〘天文〙(太陽光球面上の)白斑(ﾊｸﾊﾝ) (cf. macula 1 b). **fác·u·lar** /-lə | -lə^(r)/ *adj.* **fác·u·lous** /-ləs/ *adj.* 〖((1706)) ◻ L ~ 'little torch' (dim.) ← *fax* torch: ⇨ -ula¹〗

fac·ul·ta·tive /fǽkəltèɪṭɪv | -tətɪv, -tèɪt-/ *adj.* **1** 権能[権威, 特権]を与える; 許可を与える, 許容の (cf. obligatory 2 a, compulsory 2): ~ legislation 権能付与立法. **2** 任意の, 随意の: a ~ course 任意科目. **3** 起こったり起こらなかったりの, 偶発的な. **4** 能力[機能]の[から生じる]. **5** 〘生物〙条件的な, 〈寄生菌・寄生虫など〉環境に応じて異種の生活ができる (cf. obligate 3): ~ parasites 任意寄生虫[植物]. **~·ly** *adv.* 〖((1820)) ◻ F *facultatif* ← *faculté* 'FACULTY': ⇨ -ative〗

fácultative reinsúrance *n.* 〘保険〙任意再保険《元受保険者の出再および再保険者の受再がそれぞれ自由な再保険; cf. obligatory reinsurance》.

fac·ul·ty /fǽkəlti, -kl̩-/ *n.* **1 a** (先天的・後天的な)能力, 才能, 力 (⇨ ability SYN): How infinite in ~! 人間の能力はなんと限りがないのだろう (Shak., *Hamlet* 2. 2. 317) / He has a ~ for [the ~ of] settling quarrels. けんかの仲裁をする才能がある. **b** (身体器官の)機能: the ~ *of* speech [sight, smell, touch, hearing] 言語能力[視覚, 嗅覚, 触覚, 聴覚] / lose one's *faculties* 諸器官の機能を失う / amaze the very *faculties* of eyes and ears 目や耳の働きまでも狂わせる (Shak., *Hamlet* 2. 2. 592). **c** (心的)能力; 天賦の才: mental *faculties* 心的能力《記憶力・推理力・知覚力・言語能力など》. **d** 《米口語》(実務処理の)才, 働き, 手腕. 〘((*a*1387)) ◻ ML *facultātem*: Aristotle の用語 *dúnamis* branch of learning ((原義) power, ability) の訳語〙(大学の)分科, 学部: the ~ of law [arts] 法[文]学部 / the four *faculties* (中世大学の)四分科 (Divinity, Law, Medicine, Arts). **3 a** (大学の各学部の)教授団; 《米》[集合的] (大学・学校の)教員 ((teaching) staff): The ~ is meeting. 教授会が開催中である / a ~ meeting 教授会 / ~ members 教員メンバー. **b** (医者・弁護士などの)同業者団体: the *Faculty* 《英口語》医師団 / the legal [law] ~ 弁護士団. **4 a** (上の人から与えられる)権能, 特権. **b** 〘キリスト教〙特許, 免許; 特別権限. **5** (支払い能力に見られるような)金銭状態; 資力, 財産. **6** 《古》(訓練を要する)職業.

Fáculty of Ádvocates [the ―] (スコットランドの)弁護士協会. ((1711))

〖((*c*1380)) *faculte* ◻ (O)F *faculté* ◻ L *facultātem* power, means ← *facilis* easy: ⇨ facile, -ty²〗

fáculty advìser *n.* 《米》(大学の)指導教官, 相談係.

fáculty psychólogy *n.* 〘心理〙能力心理学《ドイツの Wolff が 18 世紀初めに唱えた心理学で, 認知能力と欲求能力を中心に, 心理過程を能力の概念で説明した古典的体系》. ((1886))

fáculty thèory *n.* 〘税法〙支払能力課税論. ((1894))

FÀ Cúp *n.* [the ~] 《英》 **1** 英国サッカー協会所属チームによって争われるトーナメント大会. **2** その大会の優勝チームに与えられる銀製カップ.

fad /fǽd/ *n.* 物好き, 気まぐれ (whim); 一時的(で気まぐれな)流行 (⇨ fashion SYN): Hula-hooping was the ~ of the year. その年の流行はフラフープだった. **~·lìke** *adj.* 〖((1834)) 《略》? ← *fidfad* 《短縮》← FIDDLE-FADDLE // 《略》? ← F *fadaise* trifle, nonsense〗

FAD 《略》〘化学〙flavin adenine dinucleotide (cf. FMN). ((1944))

Fad·den /fǽdn̩/, Sir **Arthur William** *n.* ファデン (1895–1973; オーストラリアの政治家; 首相 (1941)).

fád dìet *n.* はやりすたりの激しいダイエット法.

fád·dish /-dɪʃ | -dɪʃ/ *adj.* 気まぐれな, 流行を追う; 一時的流行の. **~·ness** *n.* 〖((1855)) ← FAD＋-ISH¹〗

fád·dism /-dɪzm̩/ *n.* 一時的流行を追う傾向; 物好き, 酔狂.

fád·dist /-dɪ̈st | -dɪst/ *n.* 気まぐれ者, 物好きな人, 一時的流行を追う人. **fad·dis·tic** /fædístɪk/ *adj.* 〖((1883)) ← FAD＋-IST〗

fad·dle /fǽdl̩ | -dl/ *n., vi.* 《方言》＝fiddle-faddle. 〖((1688)) 《略》? ← FIDDLE-FADDLE: cf. fad, daddle〗

fad·dy /fǽdi | -di/ *adj.* (**fad·di·er**; **-di·est**) ＝faddish. **fád·di·ness** *n.*

fade /féɪd/ *vi.* **1 a** 〈色が〉あせる, 〈光が〉薄れる, 〈音などが〉消えてゆく: It will not ~ or wrinkle if cleaned properly. (指示通り)きちんと洗えば色があせたりしわになったりしない / The colors ~ *into* one another. 色が薄れて互いに溶け込んでゆく / The light ~*d away* into gray. 光は灰色にぼやけた / The sound has ~*d into* [*away* (*in*)*to*] silence. 音は遠のいて聞こえなくなった. **b** 〈記憶・印象などが〉薄らぐ, 薄れる; 〈感情が〉さめていく: The rumor seems to have ~*d out of* the neighbors' minds. うわさはいつしか近所の人たちの記憶から薄れていったようだ / Love has ~*d from* his heart. 愛情が彼の心からさめてしまった. **c** (次第に)消え去る, 姿を消す (⇨ disappear SYN): All hope of success soon ~*d away*. 成功の望みは間もなくすべて消え去った / The sunbeams were *fading* fast into the clouds. 太陽光線は見る見る雲の中に消えかけていた / a movie star who just ~*d away* after initial success はじめは成功したもののすぐに消えた映画スター. **2** 〈花などが〉しぼむ, しおれる (⇨ wither SYN); 〈若さ・新鮮さ・美しさ・体力などが〉衰える: The flower has ~*d*. / Beauty ~*s*. 容色は移ろう / She got sick and slowly ~*d* away. 病気になり段々衰弱していった / The old man is *fading* fast. その老人は急速に衰えている / "Old soldiers never die; They simply ~ away." 老兵は死なず, ただ消えゆくのみ《第一次大戦中の英国の歌 (1920) から》. **3** [しばしば ~ back として] 〘アメフト〙〈攻撃側のクォーターバックがボールを持って〉スクリメージライン (scrimmage line) から後ろへさがる. **4** 〘ゴルフ〙〈ボールが〉フェードする《打球が落ち際に利き腕の方向へ曲がる》. **5** 〈自動車のブレーキが〉(過熱などにより)制動力が次第に弱くなる, 次第に利かなくなる, フェードする 〈out〉. **6** 〘映画・テレビ〙(画面をぼかしながら)次の場面へ移る: ~ *from* a shoot-out *to* [*into*] gently flowing streams 撃ち合いのシーンからゆったりと流れる川のシーンへ移る / ⇨ FADE in, FADE out — *vt.* **1** …の色をあせさせる: The sun has ~*d* the curtains. 日に当たってカーテンの色があせた. **2** 〈力・新鮮さを〉衰えさせる; …の力・新鮮さを衰えさせる, しおれさせる: Time had ~*d* her beauty. 歳は争われず彼女の容色も衰えていた. **3** 《俗》〈さい振り人など〉の賭けに応じて(同額の賭けをする) (cf. cover 11). **4** 〘ゴルフ〙〈ボールを〉フェードさせる (cf. *vi.* 4).

fáde ín (cf. fade-in) (1) 〘映画・テレビ〙〈画面が〉次第に明るくなる, 溶明する; 〈画面を〉次第に明るくさせる, 溶明させる. (2) 〘ラジオ・録音〙ボリューム[音量]が次第に上がる[はっきりする]; …のボリューム[音量]を次第に上げる[はっきりさせる]. ***fáde óut*** (cf. fade-out) (1) 〘映画・テレビ〙〈画面が〉次第に暗くなる, 溶暗する; 〈画面を〉次第に暗くさせる, 溶暗させる. (2) 〘ラジオ・録音〙ボリューム[音量]が次第に下がる[ぼやける]; …のボリューム[音量]を次第に下げる[ぼやかす].

— *n.* **1 a** ＝fade-in; fade-out. **b** 〘映画・テレビ〙映像の溶暗. **2** (自動車のブレーキの)制動力の減退.

dò a fáde 《俗》姿を消す, ずらかる.

fád·a·ble *adj.* 〖((*a*1375)) *fade*(*n*) ◻ OF *fader* ← *fade* dull, pale < VL *fatidum 《混成》← L *fatuus* 'silly, FATUOUS'＋*vapidus* 'VAPID'〗

fáde·awày *n.* **1** 姿を消すこと; 衰微, 衰弱, 衰退. **2** 〘野球〙 **a** ＝screwball 1. **b** 走者がタッチされるのを避けて体を横向きにしてベースに滑り込むこと. **3** 〘バスケット〙

F

ディフェンスの相手から遠ざかりながら行うジャンピングシュート. 〘1909〙

fád·ed /-dɪ̣d | -dɪd/ *adj.* しおれた, 色あせた; 衰えた (withered): ~ photographs / ~ youth 衰えた青春. **~·ly** *adv.* **~·ness** *n.* 〘(*c*1470): ⇨ fade, -ed〙

fáde-ìn *n.* 1 〘映画・テレビ〙フェードイン, 溶明 (画面が現像処理によって暗黒から次第に明瞭になる視覚的効果). 2 〘ラジオ・録音〙(音量が)次第に上がる[はっきりする]こと (↔ fade-out). 〘1917〙

fáde·less *adj.* しおれることのない; 色のあせることのない, 退色しない (unfading); 不朽の. **~·ly** *adv.* 〘(1652): ⇨ -less〙

Fade-Om·e·ter /feɪdɑ́(ː)mətə | -dɔ́mɪ̣tə^(r)/ *n.* 〘商標〙フェードオメーター (退色試験器の商品名; 日光の代わりにアーク光で照射して日光に対する色のあせ具合を試験する装置). 〘(1925) ← FADE＋-O-＋-METER¹〙

fáde-òut *n.* 1 〘映画・テレビ〙フェードアウト, 溶暗 (画面が現像処理によって通常の状態から次第に暗黒化する視覚的効果). 2 〘ラジオ・録音〙(音量が)次第に下がる[ぼんやりする]こと (↔ fade-in). 3 漸次姿を消すこと: take ~s 姿を消す. 〘1917〙

fád·er /-də | -də^(r)/ *n.* 1 消えてゆく人[物]. 2 〘映画〙(トーキーの)音量調節器, (フィルム現像の)光量調節器. 3 〘ラジオ・テレビ〙フェーダー (フェードイン・フェードアウトの手法に使う電気回路). 〘2, 3: (1931) ← FADE＋-ER¹〙

fadge /fǽdʒ/ *vi.* 《廃》1 適する, 合う, 一致する. 2 成功する, うまくいく. — *n.* 《豪・NZ》100 kg 以下の羊毛の梱(こり). 〘(1578) ← ?: cf. fay²〙

Fad·i·man /fǽdəmən | -dɪ̣-/, **Clif·ton** /klɪ́ftən/ *n.* ファディマン (1904–99; 米国の著述家・雑誌編集者).

fád·ing /-dɪŋ | -dɪŋ/ *n.* 1 衰退, 減退. 2 〘通信〙フェーディング (到来電波の強さが伝搬経路の異なる電波の干渉などにより変動する現象). 3 〘教育〙(プログラム教授法における)ヒントの漸減. 4 《廃》歌の繰り返し (refrain). — *adj.* 次第に色あせる, 衰えゆく, 薄れてゆく: a ~ sound 次第に消えゆく音 / a ~ cinema star 衰えゆく映画スター. 〘(1535) ← FADE＋-ING²〙

FADM, F. Adm. 《略》fleet admiral.

fa·do /fɑ́ːdou | -dəuː, -dəu; *Port.* fáðu/ *n.* (*pl.* ~s) 〘音楽〙ファード (ポルトガルの物悲しい調子の民謡). 〘(1902) □ Port. ~ (原義) fate < L *fatum* 'FATE'〙

fae·cal /fíːkəl, -kl/ *adj.* =fecal.

fae·ces /fíːsiːz/ *n. pl.* =feces.

Faed /feɪd/, **Thomas** *n.* フェード (1826–1900; 英国の画家).

fa·e·na /fɑːéɪnə; *Sp.* faéna/ *n.* ファエナ (闘牛士が牛を殺す場面となる闘牛の最終段階). 〘(1927) □ Sp. ~ (原義) task ← L *facienda* (gerundive) thing to be done ← *facere* 'to DO²' (⇨ fact)〙

Fa·en·za /fɑːénzə, -éntsə; *It.* faéntsa/ *n.* ファエンツァ (イタリア北部の都市; ファイアンス陶器 (faïence) の原産地; 15・16 世紀にはマジョリカ (majolica) 陶器で有名だった).

fa·er·ie /féɪəri, féəri | féəri, féəri/ 《古》*n.* 1 妖精の国. 2 妖精. — *adj.* =fairy. 〘(1590) 《古形》← FAIRY: Spenser が擬古的に採用したもの〙

Fa·er·ie Queene /féɪərikwìːn, fé^(ə)ri- | féɪəri-, féəri-/, **The** *n.*「神仙女王」(英国の詩人 Edmund Spenser 作の未完の叙事詩で寓意的騎士物語 (6 巻; 1589–96)).

Fáer·oe Íslands /fé^(ə)rou- | féərəu-/ *n. pl.* [the ~] フェロー諸島 (アイスランドと Shetland 諸島の中間にある 21 の島から成るデンマーク領の群島, 1948 年自治権確立; 面積 1,399 km², 主都 Thorshavn /tɔ́ːrshaun/).

Faer·oes /fé^(ə)rouz | féərəuz/ *n. pl.* [the ~] =Faeroe Islands.

Faer·o·ese /fè^(ə)rouíːz, -íːs | fèərəuíːz˝/ *n.* (*pl.* ~) 1 a [the ~] フェロー族 (フェロー諸島 (Faeroe Islands) に住むゲルマン人). b フェロー族の人. 2 フェロー語 (北方ゲルマン語の一方言). — *adj.* 1 フェロー族の. 2 フェロー語の. 〘1851〙

fa·er·y /féɪəri, fé^(ə)ri | féəri, -féɪəri/ *n., adj.* =faerie.

FAF 《略》〘商業〙free at field (航空機引渡しの条件).

faff /fǽf/ 《英口語》*vi.* やきもき[おろおろ]する, から騒ぎする: ~ about [around] 不要なことをして時間を過ごす, もたもたする. — *n.* やきもき, おろおろ, から騒ぎ. 〘(1874) ←《英方言》~ (原義) to blow in sudden gusts〙

Faf·nir /fɑ́ːvnə, fɔ́ːvnɪə | -nɪə^(r), -nɪə^(r)/ *n.* 〘北欧神話〙ファーヴニル (小人 Andvari の宝庫を守った竜, Sigurd に殺された). 〘□ ON *Fāfnir*〙

fag¹ /fǽg/ *n.* 1 《英口語》a 苦しい仕事, 骨折り仕事, 労役 (drudgery, toil): It is too much (of a) ~. あまりに骨の折れる仕事だ / What a ~! 何ていやな事だろう. b 疲労, 消耗 (exhaustion) (cf. brain fag). 2 a 《英口語》(public school で上級生の雑用をする)当番下級生: act as a ~. b こき使われる人 (drudge). — *v.* (**fagged; fag·ging**) — *vi.* 1 (…を)へとへとになるまでする, 一心に働く, せっせと働く, 熱心にする 〈*at*〉: ~ (*away*) *at* Latin ラテン語の勉強に余念がない. 2 疲れる, 疲労する. 3 《英口語》(public school で)〈上級生の〉雑用をする 〈*for*〉. 4 〘海事〙〈ロープの端が〉ほぐれる[よりが戻る]. — *vt.* 1 [通例 p.p. 形で]〈仕事などが〉〈人を〉疲れさせる (⇨ tired¹ SYN): He was ~*ged out.* ぐったり疲れてしまった / I can't be ~*ged.* 《英口語》くたくたで[うんざりして]やる気が起こらない. 2 《英口語》(public school で)〈下級生を〉雑用に使う. 3 〘海事〙〈ロープの端を〉ほぐす[よりを戻す]. ***fág alóng*** 《米俗》馬を飛ばす (カウボーイ用語). ***fág óut*** (1) くたくたに疲れさせる (cf. *vt.* 1). (2) 〘クリケット〙外野手をつとめる (field). **fág·ging** *n.* 〘(1530) 《廃》to droop (変形) ? ← FLAG²: cf. fatigue〙

fag² /fǽg/ *n.* 1 (布などの)織り端 (fag end). 2 《英俗》巻きたばこ; 安たばこ. 〘(*c*1580) (略) ← FAG END〙

fag³ /fǽg/ *n.* 《米・俗》=faggot². **fág·gy** *adj.* 〘(略) ← FAGGOT²〙

Fa·ga·ce·ae /fəgéɪsiìː/ *n. pl.* 〘植物〙ブナ科. **fa·gá·ceous** /-ʃəs/ *adj.* 〘← NL *fāgāceae* ← *Fāgus* (属名: ← L *fāgus* beech): -aceae〙

Fa·ga·les /fəgéɪliːz/ *n. pl.* 〘植物〙ブナ目. 〘⇨ ↑, -ales〙

Fa·gan /féɪgən/ *n.* フェイガン (男性名; 異形 Fagin) 〘□ Gael. *Faodhagan* (原義) little fiery one〙.

fág énd *n.* 1 a 《口語》切れ端, 末端, 残り物 (remnant): the ~ of a cigar 葉巻の吸残り. b 綱のほぐれた末端. c (織物の)織り端. d 《英口語》たばこの吸残り. 2 最後, 終わり; (会話などの)つまらない[どうでもよい]部分 〈*of*〉: till the ~ of the party パーティーの最後の最後まで. 〘(1613) ← FAG¹ (廃) to droop〙

fagged *adj.* [しばしば ~ out] 《口語》疲れきった.

faggot¹ *n., v.* =fagot.

fag·got² /fǽgət/ *n.* 《米俗・軽蔑》(男性の)同性愛者, ホモ. 〘(1914): ⇨ fagot〙

fág·got·ing /-tɪŋ | -tɪŋ/ *n.* =fagoting.

fag·got·ry /fǽgətri/ *n.* 《俗》(男性の)同性愛, ホモ行為.

fággot-stitch *n.* =fagoting 1.

fággot vòte *n.* 《英》かき集め投票 (一定の財産所有が選挙資格の一つであった当時, 財産を一時的に分割して幾人もの有権者を作ってかき集めた投票). 〘(1817): cf. fagot〙

fag·got·y /fǽgəti | -ti/ *adj.* 《米俗》同性愛の; 男らしくない, めめしい. 〘(1928) ← FAGGOT²＋-Y¹〙

fag·gy /fǽgi/ *adj.* 《米俗》ホモの, ホモみたいな; 女々しい. 〘1963〙

fág hàg *n.* 《俗》おこげ (男性同性愛者との交際を求める女性). 〘1969〙

fág·hòok *n.* 《英方言》柄の長い鉈鎌(なたがま) (生垣剪定用).

Fa·gin, f- /féɪgɪ̣n | -gɪn/ *n.* (子供のすりや泥棒を手先に使う)盗賊, 故買人. 〘(1847) Dickens の小説 *Oliver Twist* 中の老賊の名〙

fag·ot, 《英》**fag·got** /fǽgət/ *n.* 1 《英》ファゴット (豚の肝臓を刻んで味付けしボール[ロール]状にして焼いた料理). 2 a まき束, 束しば, そだ. b (昔の)火刑用まき束; 火刑: fire and ~ ⇨ fire *n.* 8 a. 3 〘冶金〙(これから加工すべき)鉄棒の束, 束鉄, 積み地金 (1 束 120 ポンド). 4 集めた物, ひとからげ. 5 いやな女性, 不愉快な女性; 老婆. 6 《英》=faggot vote. 7 =bouquet garni. — *vt.* 1 a まき束にする, 束ねる: ~ all the pamphlets *together* パンフレットのすべてを束ねる. b 〈異端者などの〉周りに火刑用のまき束を置く. 2 〈織物を〉ファゴティングで飾る. — *vi.* 束を作る. 〘(*c*1312) □ (O)F ~ □ It. *fagotto* (dim.) ← ? VL **facus* (逆成) ← Gk *phákelos* bundle: Gk の語尾を L *-ellus* (dim. suf.) と混同したための逆成〙

fág·ot·ing /-tɪŋ | -tɪŋ/ *n.* 1 ファゴティング (布の横糸を抜き縦糸を束ねたあるいは縦糸を抜き横糸を束ねた飾りつき, または 2 枚の布を糸・リボン・ブレードなどを用いて縦にかがったり千鳥かがりなどでつなぎ合わせること). 2 [集合的] (川堤などの護岸用)そだ束. 〘(*c*1850): ⇨ ↑, -ing¹〙

fa·gott /fəgɑ́(ː)t | fəgɔ́t; *G.* fagɔ́t/ *G. n.* (*pl.* **fa·got·te** /-tə | -tə; *G.* ~ə/) ファゴット (⇨ bassoon). 〘□ G ~ □ It. *fagotto*: ↓〙

fa·got·to /fəgɑ́(ː)tou | -gɔ́təu; *It.* fagɔ́tto/ *n.* (*pl.* **fa·got·ti** /-tiː; *It.* -ti/) ファゴット (⇨ bassoon). 〘(1724) □ It. ~ (原義) bundle: ⇨ fagot〙

fah /fɑ́ː/ *n.* 〘音楽〙=fa.

Fah. 《略》Fahrenheit.

FAHA 《略》Fellow of the Australian Academy of the Humanities.

Fahd /fɑ́ːd/, **ibn al-Aziz** *n.* ファハド (1922–　; サウジアラビア国王 (1982–　)).

fahl·band /fɑ́ːlbɑːnt, -bænd; *G.* fáːlbant/ *n.* 〘鉱山〙灰色帯 (岩石中の金属の硫化物の帯). 〘(1880) □ G ~ ← *fahl* pale (⇨ fallow²)＋*Band* 'BAND¹'〙

Fahr. 《略》Fahrenheit.

Fahr·en·heit /fǽrənhàɪt, fɑ́ːr- | fǽr-, fɑ́ːr-/ *adj.* カ氏[華氏](温度)の, カ氏… (氷点 (freezing point) 32°F =thirty-two degrees F, カ氏 32 度; 沸点 (boiling point) 212°F, カ氏 212 度; 略 F, Fah., Fahr.; cf. Celsius, centigrade): the ~ thermometer [scale] カ氏温度計[度盛り] / 30° ~ 華氏 30°. ★ 英・米で特に F., C. と断わってないときの温度は F. F=9/5C+32. — *n.* カ氏温度計 (cf. Celsius). 〘(1753) ← G. D. *Fahrenheit*〙

Fahr·en·heit /fǽrənhàɪt, fɑ́r- | fǽr-, fɑ́ːr-; *G.* fáːʁənhàɪt/, **Gabriel Daniel** *n.* ファーレンハイト (1686–1736; 水銀温度計を作りカ氏温度目盛を定めたドイツの物理学者).

FAI 《略》Fédération aéronautique internationale 国際航空連盟; Football Association of Ireland.

FAIA 《略》Fellow of the American Institute of Architects 米国建築家協会正会員.

Fa·ial /fəjɑ́ːl, fɑɪɑ́ːl; *Port.* fəjáɫ/ *n.* ファイアル島 (大西洋北部 Azores 諸島中の島; 面積 171 km²).

fa·ïence /faɪɑ̃́ː(n)s, feɪ-, -ɑ́ːns; *F.* fajɑ̃ːs/ *n.* (*also* **fa·ience** /~/) 1 ファイアンス陶器 (酸化錫を乳濁剤に用い, この点 majolica と delft に類似する). 2 《英》施釉(せゆう)建築用製品 (タイルなど). 3 《米》透明釉のかかった装飾陶器. 〘(1714) □ F ~ ← *Faenza* (16 世紀にこの陶器が製造された北イタリアの都市)〙

fail¹ /féɪl/ *vi.* 1 a 〈人・物事が〉(…に)失敗する, しくじる (↔ succeed) 〈*in*〉: ~ *in* business 商売に失敗する / ~ *in* one's duty 義務を果たさない / The attack [experiment, business] ~*ed*. 攻撃[実験, 商売]は失敗した / She ~*ed* —but not by much. 失敗したもののそれほどひどい失敗ではなかった. b 〔試験・学科に〕落第する, 落ちる, 単位を落とす〔*in*〕(cf. *vt.* 1 a): ~ *in* an examination / ~ *in* geography 地理(の試験)にしくじる[不合格点を取る]. ★ 今は in を用いなくなっている. c 《古》〈物事・人が〉〈事の実現・成就に〉至らずに終わる, 果たさない 〈*of*〉: ~ *of* effect 〈事が〉効果をあげない / The venture ~*ed of* success. 冒険は失敗した / He ~*ed of* re-election. 再選に失敗した / The prophecy ~*ed*. 予言ははずれた. 2 [*to* do を伴って] a …し損なう, 〈…することが〉できない; 怠る, しない: I ~*ed to* persuade him. 彼を説得できなかった / I ~*ed to* get the job I was after. 私は求めた仕事が得られなかった / He never ~*s to* keep his word. 彼はいつも必ず約束を守る / Don't ~ *to* let me know. きっと私に知らせて下さい / I ~ *to* see [understand] … (失礼ながら)…を理解しかねます / I ~ *to* see why not! どうしてしないのか訳がわからない. b 〈物事が〉〈可能なはずのこと・期待されていることを〉果たせない: This news can hardly ~ *to* startle him. このニュースに彼がびっくりしないことはまずありえない. 3 〈機械・器官などが〉機能が止まる, 作動[作用]しなくなる; 〈建物の一部などが〉つぶれる, 曲がる: The electricity [engine] suddenly ~*ed*. 突然停電した[エンジンが止まった] / The patient's heart is ~*ing*. 患者の心臓が止まりそうになっている. 4 〈健康・力・視力などが〉衰える, 弱る (deteriorate); 〈人・植物が〉活力を失う, しなびる; 〈風が〉落ちる, 〈におい・音などが〉消える: His health [sight] has ~*ed* sadly since last year. 彼の健康[視力]は昨年以来ひどく衰えた / The old man is ~*ing* fast. 老人はどんどん衰弱していく / The light was ~*ing* fast. 日はどんどん暮れていった. 5 〈会社などが〉破産[倒産]する, 支払い不能になる. 6 a 〈供給などが〉十分でない, 尽きる, 切れる: The water supply ~*ed* last summer. 去年の夏は水が出なくなった. b 〈作物が〉不作になる: The crop(s) ~*ed* three years running. 3 年連続の凶作だった. c 〈嗣子が〉できない; 〈家系が〉絶える: Their family line ~*ed* with his death. 彼が死んで彼らの家系が絶えた. 7 〈ある素質などが〉不足[欠乏]する〔*in*〕: ~ *in* courage [truthfulness] 勇気[誠実さ]が足りない. — *vt.* 1 a 〈試験・課程〉に落第する, 落ちる, しくじる (cf. *vi.* 1 b): I've ~*ed* the geography exam [~ *ed* geography]. 地理を落っことした. b 〈生徒・受験者を〉落第させる, …に落第点をつける: The teacher ~*ed* me in English. 先生は私の英語に落第点をつけた. 2 a 失望させる, …の期待に背く, (いざというときに)…にとって役に立たない: Do not ~ me in my hour of need. 困ったときには必ず力になって下さい. b 〈頼りになる物が〉〈人を〉見捨てる: Words ~ me (*to* express my amazement)! (驚きを表す)言葉がない / His voice [strength, courage] ~*ed* him. 彼は声[力, 勇気]が出なくなった. 3 …に欠ける. ***fáil sàfe*** ⇨ fail-safe.
— *n.* 1 (試験などの)落第(点): get two ~*s* and a pass 落第を二つ, 及第を一つもらう. 2 (約束・命令などを)実行しないこと, 不履行 (failure). ★ 今は下の成句にのみ用いる. 3 〘商業〙(証券などの取引における)受渡し不履行. ***withòut fáil*** 間違いなく, きっと (for certain): I will perform my duty *without* ~. 必ず義務を果たします. 〘(?*a*1200) *fail*(*l*)*e*(*n*) □ (O)F *faillir* < VL **fallire*=L *fallere* to deceive, disappoint ← ?〙

fail² /féɪl/ *n.* 《スコット》芝, 芝生. 〘(1513) □ ? Gael *fāl* a sod〙

fáiled /féɪld/ *adj.* 〈人・物事が〉失敗した; 破産した: a ~ poet 詩人として失敗した人, だめな詩人 / a ~ crop 不出来な作物, 不作. 〘(1490): ⇨ ↑, -ed〙

fail·ing /féɪlɪŋ/ *n.* 1 失敗: His ~ was due to lack of funds. 彼の失敗は資金不足によるものだった. 2 (些細な)欠点, 弱点, 短所 (⇨ fault SYN): Want of firmness is his principal ~. 毅然たるところがないのが彼の主な欠点だ. — *adj.* 1 衰えゆく, 絶える: the never ~ youth 決して衰えることのない青春. 2 〈答案・リポートなど〉落第の, 落第点を取った. — *prep.* 《文語》…がない場合には, …がないので: *Failing* payment, we shall attach your property. お支払いのない場合は財産を差し押さえます / *Failing* a purchaser, he rented the farm. 買い手がないので彼は農場を賃貸した / which ~=~ which もしそれがだめな場合は / ~ this このことが起こらなければ. **~·ly** *adv.* 〘(*c*1353): ⇨ fail, -ing^(1,2)〙

faille /fáɪl, féɪl | féɪl; *F.* faj/ *n.* ファイユ (軽いつや消しの柔らかい横うねのある絹布). 〘(1869) □ F ~〙

fáil-sàfe *adj.* 1 a フェイルセイフの (故障や誤作動などの場合に安全側に作動するような): a ~ system. b 安全を保証する, 絶対安全な. 2 [時に F-] 〘軍事〙(核装備の爆撃機が何かの誤りで攻撃目標を爆撃することを防ぐ)制御組織[装備]の. — *n.* [時に F-] (爆撃機などが特別の指令なしには越えられない)規制地点, 進行制限地点 (fail-safe point ともいう). — *vi.* (故障などのときに)安全側に作動する, 安全装置が働く. — *vt.* 安全側に作動させる, …に安全装置[フェイルセイフ機構]を施す[備える]. 〘1946〙

fail·ure /féɪljə | -ljə^(r)/ *n.* 1 失敗, 仕損じ, 不首尾 (↔ success): meet with [end in] (dismal [miserable]) ~ (みじめな)失敗に終わる / one's ~ in [on] an examination 試験の不合格 / One more ~ and you're fired! もう一度失敗したら首だ. 2 失敗者〔*in*〕; 失敗した企て, 不出来な物, 失敗作: a social ~ 社会の落伍者 / He was a ~ as a teacher. 教師としては失格だった / The attack was a (complete [total]) ~. その攻撃は(大)失敗だった. 3 a [*to* do を伴って] 怠慢, 不履行: a ~ *to* do one's duty 義務の不履行. b (事態の)発生しないこと. 4 不足, 欠乏, 不十分: a ~ *of* supplies [rain] 供給[雨量]の不足 / a ~ *of* crops=a crop ~ 不作 / through ~ *of* heirs 後継者がいなかったために. 5 〘教育〙落第〔*in*〕; 《米》落第点 (failing grade) (cf. F); 落第者. 6 機能[運転]停止; (建物

などの使用に耐えないほどの)破損: an electric power [a power] ~ 停電. **7** 〔力などの〕衰弱, 減退; 〔身体器官などの〕(機能)不全 〈*in, of*〉: a ~ *of* health [memory, sight, nerve] 健康[記憶力, 視力, 気力]の減退 / ⇨ heart failure. **8** (支払い不能による)破産, 倒産: a bank ~ 銀行の倒産. 〘(1641) (1643) (古形) *failer* ◻ AF=OF *faillir* to fail (不定詞の名詞用法): 語尾は後に -o(u)r, -ure と混同した: ⇨ fail (v.), -ure〙

fain¹ /féɪn/ *adj.* [叙述的] (~·er; ~·est) 《廃》 **1 a** 〈…するのを〉〔切に〕望んで, …したがって, 喜んで〈…する〉(willing) 〈*to* do, *of doing*〉: Man and birds are ~ *of* climbing high. 人間も鳥も高い所に昇りたがる (Shak., *2 Hen VI* 2. 1. 8). **b** 喜んで, うれしい〔*of*〕/〈*to* do〉. **2 a** 甘んじて, あきらめて〈…する〉〈*to* do〉. **b** やむ[仕方]なく〈…する〉(obliged)〈*to* do〉: He was ~ *to* acknowledge my rights. 彼はやむなく私の権利を認めた. — *adv.* 《古》 **1** [would ~ として] 喜んで, 快く: I *would* ~ depart. 喜んで去りましょう. **2** むしろ(…したい). 〘OE *fæġen* glad, rejoicing < Gmc **fazin-*, **fazan-* (ON *feginn*) ← **faχ-* (OE *ġefēon* to rejoice) ← ? IE **pek-* to make pretty: cf. fair¹〙

fain² /féɪn/ *int.* [通例 Fain(s) I, Fen(s) I として] 《英俗》 いやだよ: *Fain(s) I* keeping goal. ゴールの守備はいやだよ 《子供がゲームなどでいやな役を免れるのに用いる決まり文句; fen, fens ともいう》. 〘(1870) 《転訛》? ← *fen* (尾音消失) ← FEND〙

fai·naigue /fənéɪg/ *vi.* **1** 〖トランプ〗 =revoke *vi.* 2. **2** 《口語》 欺く, ごまかす (cheat). **3** 《英方言》 仕事[責任]を回避する. — *vt.* 《口語》〈人を〉ちょろまかす, 欺く (cheat). 〘《変形》 ← FINAGLE〙

fai·ne·ance /fèɪneɑ́ː(n)s, -ɑ́ːns, féɪniəns | féɪniəns; *F.* feneɑ̃ːs/ *n.* =faineancy.

fai·ne·an·cy /féɪniənsi/ *n.* 無為, 怠惰. 〘(1854): ⇨ ↓, -cy〙

fai·ne·ant /féɪniənt, fèɪneɑ́ː(ŋ), -ɑ́ːŋ | féɪniənt; *F.* feneɑ̃/ (*also* **fai·né·ant** /~/) *adj.* 何にもしない, 怠惰な, 無精な. — *n.* (*pl.* ~s /-ɑ́ː(ŋ)(z), -ɑ́ːŋ(z), -ənts | -ənts; *F.* ~/) なまけ者, 無精者. 〘(1619) ◻ F *fainéant* do-nothing, idler (← *faire* to do+*néant* nothing) 《通俗語源》 ← OF *faignant* idler (pres.p.) ← *faindre* 'to FEIGN'〙

fai·nites /féɪnaɪts/ *int.* 《方言》 =fain².

fains /féɪnz/ *int.* 《方言》 =fain².

faint¹ /féɪnt/ *adj.* (~·er; ~·est) **1** かすかな, ほのかな, 淡い, ぼんやりした, 不鮮明な (⇨ weak SYN): a ~ color, light, sound, voice, smell, taste, etc. / a ~ line [outline, shape] 不鮮明な線[輪郭, 形] / There was a ~ (trace of) hesitation in her voice. 彼女の声にかすかなためらいがあった / There is not the ~*est* hope. わずかの望みもない / I have not got the ~*est* idea. 全く見当がつかない / I haven't the ~*est*. 《口語》 私は全く知らないよ / There isn't the ~*est* resemblance between them. 彼らには似たところがみじんもない. **2** 弱い, 弱々しい, 無力の; 気乗りのしない (half-hearted): make a ~ show of resistance 微弱な抵抗をする / ⇨ *damn with faint* PRAISE / The beating of the heart became ~. 鼓動は段々微弱になっていった. **3** [叙述的] 〔疲労・空腹・病気・ショックなどで〕ぐったりして, ふらふらして, めまいがして, 気が遠くなって 〔*for, with*〕: feel ~ 気が遠くなる / be ~ *with* fatigue [hunger] 疲労[空腹]でふらふらになっている / be ~ *for* [*from*] lack of sleep 寝不足でふらふらである. **4** 勇気のない, 気の弱い, おどおどした: a ~ heart 臆病, 弱気 (cf. fainthearted) / *Faint* heart ne'er won fair lady. 《諺》 弱気が美人を得たためしはない 《恋の秘訣は押しの一手》. **5** 《古》〈空気・においが〉むっとする, 気分の悪くなるような: a ~ smell いやな匂い / The air was ~ *with* sweet scent. あたりは甘ったるい匂いで重苦しかった. **6** 〖法律〗 根拠のない, 事実無根の.

— *n.* 気絶, 卒倒, 失神 (swoon) 《専門的には syncope という》: fall (down) [collapse] in a (dead) ~ 卒倒する.

— *vi.* **1** 気が遠くなる, 卒倒[気絶]する (swoon)〈*away*〉: be practically ~*ing from* [*with*] fatigue [hunger] 疲労[空腹]から[で]ほとんど卒倒しそうだ. **2** 《古・詩》 **a** 弱る, 元気を失う, 気がくじける. **b** 明るさを失う. — *vt.* 《古》 …に元気を失わせる, 気力をなくさせる (depress): It ~*s* me to think what follows. 次に来るものを思うと気がくじける (Shak., *Hen VIII*. 2. 3. 103).

〘(?a1300) ◻ OF *faint* (p.p.) ← *faindre, feindre* 'to FEIGN'〙

faint² /féɪnt/ *adj., adv., n.* 〖印刷〗 =feint².

faint³ /féɪnt/ *n.* 〖物理〗 フェーント 《核物理学で用いる長さの単位; $=10^{-15}$》. 〘?〙

fáint·er /-ṭə | -tə(r)/ *n.* 卒倒[気絶]者. 〘(1826) ← FAINT²+-ER¹〙

fáint·hèart *n.* 意気地なし, 臆病者. — *adj.* = fainthearted.

fáint·héarted *adj.* 勇気のない, 臆病な, 意気地のない, 気の弱い (⇨ timid SYN): be not for the ~ 《戯言》 臆病者には向かない(大変なことだ). **~·ly** *adv.* **~·ness** *n.* 〘1440〙

fáint·ing /-tɪŋ | -tɪŋ/ *n.* 卒倒, 気絶. — *adj.* 卒倒する(ような), 気が遠くなる(ような). **~·ly** *adv.* 〘(1558) ← FAINT¹+-ING¹·²〙

fáinting fìt [spèll] *n.* 失神(の発作): have a ~.

fáint·ish /-tɪʃ | -tɪʃ/ *adj.* **1** 気が遠くなりそうな. **2** かすかな, あるかないかの: a ~ mark [line] かすかなしるし[線]. **~·ness** *n.* 〘(1667) ← FAINT¹+-ISH¹〙

fáint·ly *adv.* **1** かすかに, ほのかに. **2** 力なく, 弱々しく, 気力なく. **3** 意気地なく, おずおずと. 〘(c1300): ⇨ faint¹, -ly¹〙

fáint méter *n.* 〖物理〗 =fermi.

fáint·ness *n.* **1** 弱々しさ, 弱さ. **2** かすかなこと, 微弱; 不鮮明. **3** 意気地のなさ: ~ of heart 臆病. **4** 失神, 気の遠くなること: be attacked with ~ 失神する. 〘(?a1325): ⇨ faint, -ness〙

fáint-rúled *adj.* 〈写字用紙・書簡用紙など薄罫(けい)線入りの.

faints /féɪnts/ *n. pl.* 〖醸造〗 =feints. 〘《異形》 ← FEINTS〙

fair¹ /féə | féə(r)/ *adj.* (~·er; ~·est) **1 a** 公正な, 公平な (just, impartial) (↔ unfair): a ~ judgment [judge] 公正な判断[裁判官] / I found him a very ~ man. 彼が非常に公正な人だとわかった / He is ~ in his dealings. 処置が公平である / ⇨ *be* FAIR / give a person a ~ hearing 人の言い分を公平に聞いてやる / Such high taxes are not ~ *to* [*on*] small businesses! そんな高額の税金は小企業にとっては公正といえない / by ~ means 公正な手段で / by ~ means or foul 手段を選ばず, 是が非でも / a ~ field and no favor ⇨ field 成句 / All's ~ in love and war. 《諺》 恋愛と戦争では手段を選ばない. **b** 〈賃金・価格・交渉など〉公正な, 穏当な: a ~ price / ~ wages 公正な賃金 / A ~ day's work for a ~ day's pay! 適正な労働を適正な賃金で / *Fair* shares for all! 全員に正当な分け前を / ~ market value 公正市場価格 / a ~ compromise [deal] 穏当な妥協[公正な取引].

2 a (競技などの)ルールにかなった, 正当な, 公明正大な: a ~ blow [tackle] 正当な打撃[タックル] / ⇨ fair play. **b** 〖野球〗 〈打球が〉フェアの 《ファウル線の内側に落ちた; ↔ foul》: ⇨ fair ball. **c** 〈獲物が〉(猟期がきて)正当に捕獲して[取って]よい: ⇨ fair game.

3 a 〈収入・数量など〉相当な, かなりの, たっぷりの (considerable): a ~ income 相当な収入. **b** 〈推測などが〉おそらく正しい; 可もなく不可もない, まずまずの (average): ~ health まずまずの[普通の]健康 / He has a pretty ~ understanding of the situation. 彼はかなりよく事態を理解している / ⇨ FAIR *to middling*.

4 a 有望な (promising); 順調な; 〈…する〉見込みのある (likely)〈*to* do〉: a ~ chance of victory 勝利の見込み十分. **b** 〖海事〗 〈風・潮が〉帆走に好都合な, つれ潮の, 追風の: a ~ wind 順風.

5 色白の (light-colored); 金髪の (blond) (cf. brunet 2, dark 2 b): a ~ skin, complexion, etc. / ~ hair 金髪 (cf. fair-haired).

6 〈空が〉晴れた, 雲のない (cloudless, clear); 〈天候が〉よい, 好天の (cf. fine¹ 8): ~ weather 晴天 (cf. fair-weather) / a ~ day [sky] 晴れた日[空] / Will it be ~ tomorrow? 明日は晴れるだろうか. ★ 米国気象庁の予報では, たとえ曇天でも, 降雨量が 100 分の 1 インチ未満の場合に fair を用いる.

7 [程度を強調して] 《口語》 全くの, 本当の, 丸々の: It was a ~ scramble getting away. 抜け出すのがまるで戦争だった / ⇨ fair treat.

8 a まことしやかな, 口先だけの, もっともらしい: a ~ promise 口先だけの約束 / ~ words お世辞, ほめ言葉; 巧言. **b** 丁寧な, しとやかな.

9 《古》 **a** きれいな, 汚れのない (unsullied), 清い (clean); 〈印刷・筆跡などが〉鮮明な, 明瞭な: write a ~ hand きれいな筆跡である / ~ water 清水, 真水 / ⇨ fair copy. **b** 〈名声など〉疵(きず)のない, 立派な: a ~ name 令名 / a man of ~ fame 清廉潔白で評判のよい人.

10 《文語》 **a** 美しい, きれいな, (見目)うるわしい: a ~ woman [lady] / a ~ landscape / a ~ one 美人 / ~ eyes / A ~ face may hide a foul heart. 《諺》 顔に似ぬ心 / A ~ face is half a fortune. 《諺》 美貌は宝[財産]. **b** 女性の: ⇨ fair sex / my [our] ~ readers 我が女性の読者 / a ~ visitor 女性客. **c** [the ~; 名詞的に] 女性たち. **11 a** 平坦(たん)な, なだらかな: a ~ surface 平面. **b** 《古》 〈道など〉障害[さえぎる物]のない.

a fáir cóp 《英俗》 合法的な逮捕: It's *a* ~ *cop*. とうとう年貢の納め時だ. ***a fáir cráck of the whíp*** ⇨ crack 成句. ***be fáir*** 公平である, 厳しすぎない: *Be* ~: she deserves more money. 公平にしなくちゃ. 彼女はもっとお金をもらってしかるべきだ / To *be* ~ (*to* her), she's done her best. (彼女に)公平を期していえば, 彼女はやれるだけのことはやった. ***be* [*sèem*] *sèt fáir*** (1) 天気が好天が続きそうである. (2) 〔…に〕有利な状況にある〔*for*〕; …しそうである〈*to* do〉. ***fáir and squáre*** ⇨ *adv.* 成句. ***Fáir dó* [*dós, dó's*]**. 《英口語》 公平にやろう 《相手に正当な扱いを要求する》. ***Fáir enóugh!*** 《口語》 (提案などに対して)結構だ, もっともだ, オーケーだ. 《(1926)》 ***Fáir gó!*** 《豪》 そんなことはやめろ; そんなはずはない. ***fáir to míddling*** 《口語》 かなりの, まあいい (so so): The dinner was only ~ *to middling*. 食事はまずまずといったところだった. 《(1865)》 ***in a fáir wáy*** ⇨ way 成句. ***with one's ówn fáir hánd(s)*** 《戯言》 (わざわざ)自分の手で, 独力で.

— *adv.* (~·er; ~·est) **1** 公正に, 公平に, 公明正大に (fairly): play ~ 公正に勝負する, 公平にふるまう, フェアプレーを演じる, 卑怯(ひきょう)なふるまいをしない / fight ~ 正々堂々と[ルールに従って]戦う. ★ fight, play 以外の動詞には fairly を使う. **2** [強意的に] 《英・豪》 全く, 完全に, 本当に (fairly): It ~ took my breath away. (驚いて)全く息も止まってしまうくらいだった. **3** 平らに, まっすぐに, 真っ向に: strike a man ~ on the chin [between the eyes] 顎(あご)[眉間(みけん)]をまともに打つ. **4** 順調に, 好都合に, 有望に (promisingly). ★ 次の句における以外は 《廃》: ⇨ *bid* FAIR *to do*. **5** うるわしく, きれいに, 心地よく; はっきり (clearly, plainly): shine ~ 美しく輝く / copy [write out] ~ 浄書[清書]する. **6** 《古》 しとやかに (graciously), 丁寧に. ★ 今は次の句にのみ用いる: speak a person ~ 人に丁寧に物を言う (cf. fair-spoken).

bíd fáir to dó …する見込みが十分ある, …しそうである: He *bids* ~ *to* succeed. / The weather *bids* ~ *to* be fine. お天気になりそうだ. ***fáir and squáre*** (1) 公正に[な], 公明正大に[な], 正しく[い]. (2) 真っ向から, まともに; ちょうど: hit the target ~ *and square* (in the middle) 的のど真ん中を射抜く. 《(1604)》 ***sày fáirer (than thàt)*** (それ以上に)気前よくする, まける.

— *n.* **1** 《教育》 良(の評価): Tom got a grade of ~ in French. トムはフランス語で良をもらった. **2** 《古》 美人; 婦人; (特に)恋人. **3** 《廃》 美しさ. **4** 《古》 幸先のよい事, めでたい事; 幸運: Now, ~ befall you! ではご幸運であられますよう (Shak., *Rich III* 3. 5. 47).

Fáir's fáir. 《口語》 (お互いに)公平にやろう, フェアでいこう, 恨みっこなしにしよう. ★ 前の fair は *adj.* を臨時に *n.* として用いたもの. 《(1898)》 ***for fáir*** 本当に (for sure), 完全に. 《(1900)》 ***nó fáir*** 《口語》 ルールにかなわないこと, 公明正大でないこと, 卑怯なこと: No ~! いけない, 卑怯だ.

— *vt.* **1** 〈船舶・航空機を〉(流線型などに)整形する; 設計に合わせて〈フレームや型板 (template) などの形を〉直す; 〈造船中の船のフレームを正しい位置にそろえる; 〈びょう[リベット]の穴を〉まっすぐにそろえる. **2** 《廃》 きれいにする, 美化する.

— *vi.* [The weather または It を主語として] 《方言》 〈天気が〉晴れる (clear)〈*up, off*〉: *It's* ~*ed up*. 雨が上がった, 天気になった.

〘adj.: OE *fæġer* beautiful, pleasant < Gmc **fazraz* (ON *fagr*) ← IE **pek-* to make pretty: cf. fain¹. — adv.: OE *fæġre* ← (adj.)〙

SYN **1** 公平な: **fair** 自分の感情・利害とは無関係に他の人を平等に扱う 《一般的な語》: He is *fair* even to people he dislikes. 嫌いな人にも公平だ. **just** 倫理・正義・合法の基準を堅く守る: Our teacher is *just* in his grading. 先生は公正に評点する. **impartial** 一方にかたよることなく, すべての関係者にえこひいきしない 《やや格式ばった語》: an *impartial* chairperson 公平な議長. **unbiased** 「先入観や偏見がなく公平な」の意味で, *impartial* より強い語調 《やや格式ばった語》: an *unbiased* jury 公平な陪審員. **unprejudiced** 上記の語とほぼ同じ意味で, 偏見・先入観などにとらわれていなくて公平な: an *unprejudiced* mind 公平な心. **objective** 個人的な感情・利害に影響されない: I always try to take an *objective* view of things. いつも物事を客観的に見ようと努めている. **2** 美しい: ⇨ beautiful. **ANT** prejudiced, biased.

fair² /féə | féə(r)/ *n.* **1 a** 見本市, 展示会; 博覧会, フェア: a book ~ / a camera ~ カメラ見本市 / an international trade ~ 国際見本市. **b** (農産物・畜産物などの)共進会, 品評会 《優秀なものには賞を与える; 米国では見せ物や飲食店も立ち並びにぎわう; cf. county fair》: an agricultural ~ 農産物共進会 / ⇨ world's fair. **c** (特定の場所で多くは聖人祭日などに定期的に開かれる)市, 定期市, 縁日: a cattle ~ / a horse ~ / an Easter ~ / all the fun of the ~. **d** 《英》 =funfair. **2** 慈善市.

a dáy àfter the fáir*=*behìnd the fáir あとの祭, 手おくれ(で) (too late). 〘(c1250) *feire* ◻ OF (F *foire*) < LL *fēriam* holiday, festival ← L *fēriae* (pl.): cf. feast〙

fáir báll *n.* 〖野球〗 フェアボール 《打者の打った線内球; ↔ foul ball》. 〘1856〙

Fair·banks /féəbæŋks | féə-/ *n.* フェアバンクス 《米国 Alaska 州中部, Tanana 河畔の町; Alaska Railroad と Alaska Highway の終点; 空軍基地がある》. 〘← C. W. *Fairbanks*〙

Fair·banks /féəbæŋks | féə-/, **Charles Warren** *n.* フェアバンクス 《1852–1918; 米国の政治家; Theodore Roosevelt 政権の副大統領 (1905–09)》.

Fairbanks, Douglas (Elton) *n.* フェアバンクス 《1883–1939; 米国の映画俳優・製作者》.

Fairbanks, Douglas, Jr. *n.* フェアバンクス 《1909–2000; 米国の映画俳優; Douglas Fairbanks の息子》.

fáir cátch *n.* 〖アメフト・ラグビー〗 フェアキャッチ 《蹴った球を相手方が捕えること; フェアキャッチの意志を示せば相手方の選手は捕球を妨げるタックルをしてはならない》. 〘c1876〙

Fair·child /féətʃaɪld | féə-/, **David Grandison** *n.* フェアチャイルド 《1869–1954; 米国の植物学者》.

fáir cómment *n.* 事実をありのままに述べたコメント; (中傷でない)公正批判(権).

fáir cópy *n.* **1** 清書 《最終的修正を終えたあとの書類のコピー》. **2** 正確なコピー; 正確なコピーの状態. 〘1709〙

Fáir Déal *n.* [the ~] 〖政治〗 フェアディール 《米国の Truman 大統領が 1949 年第 81 議会に提出した内政政策; 大体は New Deal の発展的継承で, 特に社会保障の拡張や資源開発などに重点を置いたもの》.

Fáir Déaler *n.* Fair Deal の主張[実行]者.

fáir dínkum 《豪・NZ 口語》 *adj.* 本物[本当]の; まっとうな; 〔…に〕熱心な〔*about*〕. — *adv.* 本当に, 正直なところ.

fáir dós /-dúːz/ *n.* 《英口語》 公平な分け前; 平等な扱い. 〘1859〙

fáir emplóyment *n.* (人種・宗教などの差別なく平等をモットーとした)公平雇用.

fáirer sèx *n.* =fair sex.

fáir-fáced *adj.* **1** 色白の; 顔の美しい, 美貌の. **2** 体裁のよい (specious). **3** 《英》 〖建築〗 〈れんが造りが〉しっくいの塗られていない. 〘1593–94〙

Fair·fax /féəfæks | féə-/ *n.* フェアファックス 《男性名》. 〘ME *Faierfax* ← OE *fæġer* 'FAIR'+*feax* hair〙

Fair·fax /féəfæks | féə-/, **Thomas** *n.* フェアファックス: **1** (1612–71) 英国の将軍, Civil War (大内乱)で Charles 一世に対して議会軍を指揮 (1643); 称号 3rd Baron Fairfax of Cameron. **2** (1692–1782) 米国 Virginia 州に植

民した英国人; 称号 6th Baron Fairfax of Cameron.
Fair·field /féəfiːld | féə-/ *n.* フェアフィールド: **1** 米国 Connecticut 州南西部の都市. **2** 米国 California 州西部の都市.
fáir gáme *n.* **1** 《古》解禁された猟獣[猟鳥]. **2 a** (攻撃・嘲笑の)好目標, かも: He was ~ *for* ridicule [*by* the satirist]. 嘲笑されても仕方のない男[諷刺家にはよいかも]だった. **b** 互角の相手. 〖2: (1801)〗
fáir·gròund *n.* 定期市の開かれる場所, 共進会場; サーカス・競馬などの開かれる場所. ★《米》ではしばしば *pl.* で単数扱い: a spot for a ~*s*. 日英比較 日本の野球で「フェアグラウンド」というのは和製英語; 英語では fair territory という. 〖1741〗
fáir-háired *adj.* **1** 金髪の (light-haired, blond). **2** 《口語》お気に入りの.
fáir-hàired bóy *n.* 《米口語》お気に入り, 人気者 (favorite) (cf. white-headed 3) (《英》では blue-eyed boy という). 〖1909〗

F

fair·i·ly /fɛ́ᵊrəli | fέərɪ̀li/ *adv.* 《詩》妖精 (fairy) のように; 軽快で優美に. 〖(1864) ← FAIRY＋-LY¹〗
fair·ing¹ /fɛ́ᵊrɪŋ | fέər-/ *n.* **1** 市(いち)などで買った[もらった]みやげ[贈り物]. **2** 贈り物 (gift).
gét one's fáiring 《スコット》当然の報いを受ける. (1785)
〖(1575): ⇨ fair², -ing¹〗
fair·ing² /fɛ́ᵊrɪŋ | fέər-/ *n.* 整形《抵抗減少のため船体・飛行機の機体・自動車の車体などの表面を平滑かつ流線形にすること; fillet ともいう》; 流線形の覆い, フェアリング (cf. cowling). 〖(*a*1865) ← FAIR¹＋-ING¹〗
fair·ish /fɛ́ᵊrɪʃ | fέər-/ *adj.* 《口語》**1** まずまずの; かなり(大きい)な. **2** 〈髪が〉金髪に近い; 〈顔色が〉色白のほうの.
~·ly *adv.* 〖(1611) ← FAIR¹＋-ISH¹〗
Fáir Ísle /féə- | fέə(r)-/ *n.* **1** フェア島《スコットランド北方にある Shetland 諸島中の最南端の島》. **2** フェアアイル《フェア島で始まった多色の幾何学的模様を特色とする編み方》: a ~ sweater, pullover, etc.
fáir·lèad /-lìːd/ *n.* **1** 〖海事〗**a** フェアリーダー, (滑車・輪または穴のあいた板などによる)索導器, つな道《索が他物にからんだりすれ合って損傷しないように所要の方向に導く綱受け用の金具; fairleader ともいう》. **b** (他にからんだりすれ合ったりしないように導いた)動索の通路. **2** 〖航空〗(アンテナ線・操舵索などの)索導管. 〖(*c*1841) ← FAIR¹ (adj. 11)＋LEAD²〗
fáir·lèad·er /-lìːdə | -də(r)/ *n.* 〖海事〗＝fairlead 1 a.
Fair·ley /féəli | fέə-/ *n.* フェアリー《男性名; 異形 Fairleigh, Farley》. 〖? ME *Fayrelye* 《原義》fair lea: もと地名〗
fáir·lìght *n.* 《英》＝transom window.
fair·ly /féəli | fέə-/ *adv.* **1** 幾分, まずまず; 大体, かなり, 相当に: a ~ good book, but no masterpiece まずまずの本だが名作とはいえない / It's a ~ cool day. かなり涼しい日だ / We are getting along ~ well. (生活・仕事で)まあ何とかやっている. **2** 《英口語》**a** 全く, まさしく, まんまと; [誇張的に] いわば: He was ~ knackered. 全く疲れ果てた / I ~ cried with joy. うれしくて思わず大声を上げた / The speaker ~ bellowed across the ball. 講演者は全く会場全体に響き渡るような声で話した. **b** 真っ向から, まともに (squarely): Our trenches were struck ~ (and squarely) by salvoes from the enemy. 味方の塹壕(ざんごう)は敵からの一斉砲撃をまともに浴びた. **3 a** 正しく, 公平に, 公正に (justly, impartially): judge ~ / deal ~ with everyone 皆を公平に扱う. **b** 正当な手段で, 公明正大に: beat one's enemy ~ 敵と正々堂々と戦って勝つ. **c** 正当に; 当然なこととして, もっともなことで: ~ priced articles 穏当な値の品 / We may ~ claim that our answer is correct. こちらの回答に誤りなしと主張して当然である. **4 a** 明らかに, はっきりと: I ~ caught sight of a ship. 一隻の船をはっきりと見た. **b** 《古》美しく; きれいに(清書して): write ~ きれいな字で書く. **5** 《廃》穏やかに, 柔らかに; 丁寧に.
fáirly and squárely (1) 公正に, 公明正大に, 正しく. (2) ＝FAIR¹ *and square* (2). (1638)
〖(1340): ⇨ fair¹, -ly¹〗
fáir màid *n.* 〖魚類〗米国太平洋岸産のタイ科の食用魚 (*Stenotomus versicolor*) (cf. scup).
fáir-máid-of-Fébruary *n.* 〖植物〗＝snowdrop.
fáir-mínded *adj.* 公正な, 公平な, 物のわかった (just, unprejudiced). **~·ly** *adv.* **~·ness** *n.* 〖1874〗
fair·ness /féənɪ̀s | féə-/ *n.* **1** 公正, 公平; 公平な扱い[取引]. **2** (皮膚の)白色, 美しさ; (頭髪の)金色. **3** 《文語・詩》きれいなこと, 美しさ.
in fáirness to …に対して公平に言えば; …を公平に扱って: *In* ~ *to* him, we must reconsider our plans. 我々は彼の言い分(など)を尊重して計画を考え直すべきだ.
〖OE *fæġernyss*〗
fáirness dòctrine *n.* 《米》〖放送〗(社会的に重要な問題に関するさまざまな見解の放送の)機会公平の原則.
Fáir Óaks *n.* フェアオークス《米国 Virginia 州東部, Richmond 付近にある南北戦争の戦跡 (1862); Seven Pines ともいう》.
fáir pláy *n.* **1** 正々堂々のプレー, フェアプレー. **2** 公平[公正]な扱い[裁き]. 〖1594–96〗
fáir rént *n.* 《英》公定家賃.
fáir séx *n.* [the ~; 集合的] 女性たち (women). 〖1690〗
fáir sháke *n.* 《米口語》**1** 公平な取引. **2** 公平な機会[扱い]: give the others a ~ ほかの連中に(も)公平な(発言などの)機会を与える. 〖1830〗
fáir-sízed *adj.* かなり大きい; 相当の数の. 〖1861〗
fáir-skínned *adj.* [限定的] 白い肌の.
fáir-spóken *adj.* **1** (言葉遣いの)丁寧な, 慇懃(いんぎん)な (polite, civil). **2** 口先のうまい (smooth-tongued), もっともらしい. **~·ness** *n.* 〖(*a*1464) ← *speak fair* (⇨ fair¹ (adv. 6))〗
fáir térritory *n.* 〖野球〗フェアグラウンド《ホームベースを含むファウルラインの内側; 「フェアグラウンド」は和製英語 (⇨ fairground)》.
fáir-tráde 〖経済〗*vt.* 〈商品を〉公正取引協定(法)の規定に従って売る. — *adj.* [限定的] 〈商品・価格など〉公正取引協定(法)の[による]. 〖1947〗
fáir tráde *n.* **1** 〖経済〗公正取引《公正取引協定(法)に基づいた商取引》. **2** 密輸. ★ 18 世紀に用いられた婉曲語. 〖1774〗
fáir-tráde agrèement *n.* 〖経済〗公正取引協定《製造業者のつけた販売価格以下では小売りできない旨を定めた協定; cf. resale price maintenance》. 〖1937〗
fáir tráder *n.* **1** 〖経済〗公正取引業者. **2** 〖古婉曲〗密輸業者 (smuggler). 〖1673〗
fáir tréat *n.* **1** 《口語》楽しい[魅力的な]物[人] (cf. fair¹ *adj.* 7). **2** [副詞的に]: ⇨ *a* TREAT. 〖1898〗
fáir·wàter *n.* 〖海事〗**1** (潜水艦の)流線形のブリッジと展望塔. **2** 船の推進器軸の船外部分を支える流線形の軸鞘(じくしょう). 〖1910〗
fáir·wày *n.* **1 a** 〖海事〗航路筋, 澪(みお)《港内・川または水底障害物間の航行を許す筋道》. **b** 妨害されない通路[場所]. **2** 〖ゴルフ〗フェアウェイ《tee と putting green との間の芝の刈り込まれた区域; fair green ともいう; cf. rough 1 b》. 〖1584〗
fáir-wèather *adj.* **1** 好天気の際だけの[に適する]: ~ craft 暴風のときには間に合わない船 / a ~ sailor 日より船頭《難航のときには役に立ちそうもない船乗り》. **2** 順調なときだけの, まさかのときに頼みにならない: a ~ friend, system, etc. 〖1736〗
Fair·weath·er /féəwèðə | féəwèðə(r)/, **Mount** *n.* フェアウェザー山《米国 Alaska 州南東部とカナダ British Columbia 州との境にある山 (4,663 m)》.
fair·y /fɛ́ᵊri | fέəri/ *n.* **1** 精, 妖精《多くの場合小人の形をした魔物で特殊な魔力をもっており, 通例よい意味で人事に干渉する, 民間伝承などに出てくる; cf. brownie 3, elf 1, goblin, leprechaun, Puck 1》. **2** ＝fairy green. **3** 《口語》同性愛の男性; ホモ的傾向があると思われるめめしい男性. — *adj.* **1** 妖精の, 妖精に関する. **2** 妖精のような; 軽快な, 優美な, 優雅な; 小さくて美しい, かわいい: a ~ shape 優美な形. **3** 想像上の, 架空の.
〖(?*a*1300) *fairie* fairyland, enchantment ◻ OF *faerie* ← *fae* (F *fée*) 'fairy, FAY¹'〗
fáiry armadíllo *n.* 〖動物〗＝pichiciago.
fáiry blúebird *n.* 〖鳥類〗ルリコノハドリ《南アジアに生息するコノハドリ科ルリコノハドリ属 (*Irena*) の 2 種の鳥の総称》.
fáiry càke *n.* 《英》小さなスポンジケーキ.
fáiry chéss *n.* 通常のルールにない動きの駒や, 特殊ルールを用いるチェス《特に problem に使われる》.
fáiry círcle *n.* **1** ＝fairy ring. **2** 妖精の踊り. 〖1653〗
fáiry cỳcle *n.* 《英》子供用小型自転車. 〖1926–27〗
fáiry fàns *n.* (*pl.* ~) 〖植物〗クラーキア (*Clarkia breweri*) 《米国 California 州原産のアカバナ科の一年草, 花は 4 弁でピンク》.
fáiry fláx *n.* 〖植物〗＝purging flax.
fáiry·flòss *n.* 《豪》＝candy floss. 〖1945〗
fáiry flỳ *n.* 〖昆虫〗膜翅類の昆虫.
fáiry gódmother *n.* **1** (来るたびにみやげなどを持って来たり, 困ったときに突然現れたりする)親切な人[おばさん]. **2** 代母にあたる妖精. 〖(1851): Cinderella 物語の fairy godmother にちなむ〗
fáiry gòld *n.* **1** 妖精のお金《使うとき木の葉などに変わるといわれる妖精からもらったお金》. **2** 当てにならぬ金, すぐなくなってしまう財産; 架空の富.
fáiry gréen *n.* 黄緑色《単に fairy ともいう》.
fáiry·hòod *n.* **1** 妖精であること, 妖精らしさ. **2** [集合的] 妖精 (fairies). 〖(1832): ⇨ -hood〗
fáiry·ìsm /-rìɪzm/ *n.* **1** 妖精存在説; 妖精説話. **2** 《古》妖精的性質, (人を魅する)魔性. 〖(1715): ⇨ -ism〗
fáiry làmp *n.* (ろうそくを用いた装飾用の)豆ランプ. 〖1886〗
fáiry·lànd *n.* **1** 妖精の国, おとぎの国, 仙境. **2** この世とも思えないような美しい所, 不思議の国: ~*s* of science 不思議な科学の世界 (Tennyson). 〖1592–94〗
fáiry líght *n.* [通例 *pl.*] **1** 着色豆電灯《クリスマスツリーや戸外照明用に木々の間などにつるす; cf. fairy lamp》. **2** 終夜灯の一種 (night light). 〖1871〗
fáiry·lìke *adj.* 妖精のような.
fáiry líly *n.* 〖植物〗**1** ＝atamasco lily. **2** 米国 Texas 州原産のヒガンバナ科の多年草 (*Cooperia pedunculata*) 《夜間咲く白い花がユリに似ている》.
Fáiry Líquid *n.* 〖商標〗フェアリーリキッド《緑色の食器用液体洗剤; 単に Fairy ともいう》.
fáiry mòney *n.* ＝fairy gold.
fáiry pénguin *n.* 〖鳥類〗コビトペンギン (*Eudyptula minor*) 《オーストラリア沿岸にすむ頭と背が青みがかったペンギン; little [blue] penguin ともいう》. 〖1848〗
fáiry prímrose *n.* 〖植物〗ケショウザクラ, オトメザクラ (*Primula malacoides*) 《中国産の長柄の葉のあるサクラソウ科の多年草》.
fáiry ring *n.* **1** 菌環, 仙女の輪, 菌輪《時々芝生の上に現れる暗緑色の環状の部分; 妖精たちが夜中に舞踏した跡と信じられたが, 実はシバフタケなど多くの地上生キノコが牧場・芝生などの最初の発生点を中心にして環状に並んだもの》. **2** 〖植物〗菌環の中に生えるシバフタケ (*Marasmius oreades*) (fairy ring mushroom ともいう). 〖1599〗
fáiry shrìmp *n.* 〖動物〗無甲目の淡水産の数種のエビの総称. 〖1857〗
fáiry slìpper *n.* 〖植物〗ホテイラン (*Calypso bulbosa*).
fáiry stòry *n.* ＝fairy tale.
fáiry swàllow *n.* 〖鳥類〗(羽毛が青と白の)愛玩用のイエバトの一種.
fáiry-tàle *adj.* [限定的] **1** おとぎ話のような. **2** 信じられないほど美しい[優雅な]: ~ dresses. 〖1924〗
fáiry tàle *n.* **1** 妖精物語, おとぎ話. **2** 信じられない話, 作り話; うそ.
〖(1749) (なぞり) ← F *conte de fées* tale of fairies〗
fáiry tèrn *n.* 〖鳥類〗シロアジサシ (*Gygis alba*) 《熱帯産》.
Fai·sal /fáɪsəl, -sl̩/ *n.* ファイサル (1906–75; サウジアラビア国王 (1964–75); 同国の国際政治・経済における地位を高めたが暗殺された; 正式名 Faisal Abdel Aziz al /əbdέl æzíːz æl/ Saud).
Fai·sa·la·bad /fàɪsɑːləbάːd, -sæləbǽd | fáɪsələbæ̀d, -sl̩-, -zəl-, -zl̩-/ *n.* ファイサラバード《パキスタン北東部 Punjab 州の Lahore の西にある都市; 綿花と小麦の集散地; 旧名 Lyallpur (1979 まで)》.
Faisal I *n.* ファイサル一世 (1885–1933; 第一次大戦中 Medina でのアラブ反乱を指揮; シリア王国の王 (1920), イラク国王 (1921–33)).
Faisal II *n.* ファイサル二世 (1935–58; Faisal 一世の孫で, イラク国王 (1939–58); 革命により殺された).
fai·san·dé /fèɪzɑ̃ː(n)déɪ, -zɑːn- | ˌ-ˌ-ˈ-; F. fəzɑ̃de/ *F. adj.* 気取った (affected), 芝居がかった. 〖(1912) ◻ F ~ (p.p.) ← *faisander* to hang (game) till high〗
fait ac·com·pli /féɪtəkɔ̃ː(m)plíː, fέtə-, fέtæ-, -kɔ(ː)m- | féɪtəkɔ́mpliː, fέt-, -kɔ̃ː(m)-, -kʌ́m-; F. fɛtakɔ̃pli/ *F. n.* (*pl.* **faits ac·com·plis** /féɪtəkɔ̃ː(m)plíː(z), fέtə-, fέtæ-, -kɔ(ː)m- | féɪzəkɔ́mpliː(z), fέɪts-, fέɪt-, fέz-, -kʌm-, -kɔ̃ː(m)-; F. fezakɔ̃pli/) 既成事実. 〖(1845) ◻ F ~ 'accomplished fact': ⇨ fact, accomplish〗
faites vos jeux /fèɪtvouʒúː, fέt- | -vəuʒə́ː; F. fɛtvoʒø/ *int.* 賭け金をどうぞ, お賭け下さい《ルーレット賭博などで用いられるかけ声》. 〖(1867) ◻ F ~〗
faith /féɪθ/ *n.* (*pl.* **~s** /féɪθs, féɪðz | féɪθs/) **1** (証拠を求めない絶対の)信, 信頼, 信用 (⇨ belief SYN): put one's ~ *in* a person＝pin one's ~ on a person 人を信じる / have ~ *in* her culinary skill 彼女の料理の腕を信じている / lose ~ *in* a person 人を信用しなくなる. **2** 信念; 信仰, 信心: have ~ *in* Christ キリストを信仰する / ~, hope, and charity [love] 信・望・愛《キリスト教の三大徳; cf. *1 Cor.* 13:13》/ *Faith* can move mountains. 《諺》信仰は山をも動かす,「思う念力岩をも通す」(cf. *1 Cor.* 13:2). **3 a** 信条, 教義, 教旨; 宗教: my own ~ 私の信条 / marry outside one's ~ 信仰を越えて結婚する / ⇨ *an* ACT *of faith* / the Christian [Jewish] ~ キリスト[ユダヤ]教. **b** [集合的] 信者たち; 宗派: The protest was supported by people of all ~*s*. その抗議はいろいろな宗派の人々の支持を受けた. **4** [the ~, the F-] 真正の信仰, 正信《キリスト教の信仰》: ⇨ DEFENDER of the Faith. **5 a** 誓約, 約束: give [pledge, plight] one's ~ 《古》誓いを立てる, 固く約束する / keep [break] ~ with …との約束を守る[破る]. ★ ラテン語形容詞: fiducial. **b** 約束を守ること, 信義, 誠実, 忠信: ⇨ bad faith, good faith / ⇨ PUNIC faith.
by one's fáith 《古》誓って, 本当に, 実際. (*c*1350) *by the fáith of* 《古》…にかけて, 誓って. (1600) *in fáith*＝*i' fáith* 《古》まことに, 実に. (*c*1386) *on fáith* (疑問をはさむことなく)信用して, 信じて: take everything *on* ~ あらゆることを信じ込む. *on the fáith of* …を信用して, …の保証で. (1734)
— 《短縮》← *in faith*〗 *int.* 《古》本当に, 全く.
— *vt.* 《古》信じる (believe); 信用する (trust).
〖(*c*1250) *feith* ◻ OF *feid, feit* (F *foi*) < L *fidem, fidēs* trust, belief ← *fīdere* to trust: ME *-th* は OF 音を表し truth, sooth などの影響で残った: cf. fay³〗
Faith /féɪθ/ *n.* フェイス: **1** 女性名. **2** 男性名《愛称形 Fee; 異形 Fay》. 〖↑〗
fáith cùre *n.* 信仰療法, 信仰治療《医薬によらず祈禱と信仰による治療; cf. divine healing》. 〖1885〗
fáith cùrer *n.* 信仰療法を行う人, 信仰治療家. 〖1888〗
faith·er /féðə | -ðə(r)/ *n.* 《スコット》＝father.
faith·ful /féɪθfəl, -fl̩/ *adj.* **1** 信義を守る; 〔人に〕誠実な, 実直な 〔*to*〕; 〔約束・誓約などを〕忠実に守る 〔*to*〕: a ~ friend, husband, dog, etc. / be ~ *to* one's principles [friends] 主義[友]に忠実である / be ~ till [《古》unto] death 死ぬまで誠実である. **2** 信頼できる; 事実通りの, 原本に即した, 正確な: a ~ report of the incident 事件の正確な報告. **3** 《古》信仰に厚い, 信心深い. — *n.* (*pl.* ~, ~*s*) **1 a** 忠実な信者. **b** 忠実な会員[団員]: party ~*s*. **2** [the ~; 集合的] **a** (聖餐式に列する資格のある)キリスト教信者たち (cf. heathen 1 c). **b** (イスラム教徒の間で)信仰者, イスラム教徒: the Father [Commander] of the *Faithful* 信徒の父[指揮者], 大教主 (caliph の称号). 〖(*a*1325): ⇨ -ful¹〗

SYN 忠実な: **faithful** 人・組織・理念などを首尾一貫して支持する: a *faithful* wife 貞節な妻. **true** 他を裏切ることがない意; *faithful* と同じ意味; 交換して用いられることもある: You should be *true* to your word. 自分の言葉には忠実でなければいけない. **loyal** 《よい意味で》友人・主義・祖国などに対してゆるがぬ忠誠心を示す: a *loyal* subject 忠誠な臣下. **constant** 愛情・忠誠心において移り気がない: a *constant* lover 忠実な恋人. **staunch** 《よい意味

で》人・主義・組織などに忠実で強く支持する: a *staunch* supporter 忠実な支持者. **ANT** faithless.

---

faith·ful·ly /féɪθfəli, -fḷi/ *adv.* **1** 忠実に, 誠実に: Yours ~ 《英》敬具《手紙の結辞; cf. yours 3》. **2** 正確に. **3** 《口語》固く(保証して): promise ~ 固く[はっきり]約束する. 〖《*a*1338》: ⇨ ↑, -ly¹〗

fáith·ful·ness *n.* 信義に厚いこと, 誠実; 貞節; 正確. 〖《*c*1395》: ⇨ -ness〗

fáith hèaler *n.* =faith curer.

fáith hèaling *n.* =faith cure.

fáith·less *adj.* **1** 約束[義務]を守らない, 信義のない, 不忠実な, 不誠実な, 不実[不忠, 不貞]な (disloyal, false) 〔*to*〕: a ~ wife [servant] / be ~ *to* one's duties 仕事に忠実でない. **2** 信頼できない, 当てにならない (unreliable): ~ allies. **3** 《古》信仰のない, 不信心な (unbelieving). **~·ly** *adv.* **~·ness** *n.* 〖《*a*1325》: ⇨ -less〗

SYN 不実な: **faithless** 誓い・責任・義務などを守らない《やや格式ばった語》: a *faithless* wife 不貞の妻. **unfaithful** *faithless* とほぼ同じ意味; 特に配偶者・恋人などに対して不実な: her *unfaithful* husband 彼女の不実な夫. **disloyal** 友人・主義・祖国などに対する忠誠を破る: *disloyal* to one's country 国家に不忠な. **false** 恋人や友人に対して忠実でない: a *false* lover 不実の恋人. **treacherous** 〈人や行為が〉人を裏切るので信用できない; 〈道・海などが〉安全そうに見えて危険な: a *treacherous* person 二心のある人 / *treacherous* sand 危険な砂地. **perfidious** 不実な上に下劣な《*treacherous* よりも軽蔑的; 格式ばった語》: a *perfidious* ally 背信の同盟国.
ANT faithful, loyal.

---

fai·tour /féɪtə | -tə^(r)/ *n.* 《古・まれ》(病気や不幸を偽ってかたる)詐欺師, ぺてん師. 〖《*c*1340》 ~ ◻ AF ~ 'impostor'=OF *faitor* doer, maker < L *factōrem*: cf. factor〗

faits accomplis *n.* fait accompli の複数形.

Fai·yūm /feɪ(j)úːm, faɪ-/ *n.* ファイユーム《エジプト北部 Cairo の南西方の都市; Al-Faiyūm, El Faiyūm ともいう》.
— *adj.* 〘絵画〙エジプトで発達した肖像画法[画風]の.

fa·ji·ta /fəhíːṭə, fɑː-| fæhíːtə, fə-; *Am.Sp.* fahíta/ *n.* [*pl.*] 〘料理〙ファヒータ《細長く切った牛肉または鶏肉を焼いてマリネにしたもの; トルティヤとともに食べるメキシコ料理》. 〖◻ Am.Sp. ~ (dim.) ← *faja* strip < L *faciam* band〗

Fa·ka·ra·va /fɑ̀ːkərɑ́ːvə/ *n.* ファカラバ《太平洋南部, フランス領ポリネシアの Tuamotu 諸島にある環礁》.

fake¹ /féɪk/ *n.* **1 a** 偽造品, 模造品, まやかし物, 偽作, いんちき; 虚報. **b** (観衆には気づかない魔術師の)仕掛け, からくり. **2** いかさま師, 詐欺師: Don't trust him: he's a ~. 彼を信じてはいけない, あいつは詐欺師だ. **3** 〘スポーツ〙フェイント (feint)《キック・パス・ジャンプなどをするふりをして相手を欺く牽制(けんせい)動作》.
— *adj.* 偽の, 模造[偽造]の, まやかしの (⇨ false **SYN**): a ~ signature にせの署名 / a ~ passport 偽造旅券.
— *vt.* **1 a** 偽造[模造]する (counterfeit): ~*d* passports 偽造旅券. **b** (いい加減に)こしらえ上げる, 捏造(ねつぞう)する (get up, improvise) 〈*up*〉: ~ (*up*) a report 報告を捏造する / ~ an alibi アリバイをでっち上げる. **2** …のふりをする, …と見せかける, 装う (feign): ~ ignorance 知らないふりをする / ~ illness 仮病を使う / ~ an orgasm いったふりをする. **3** …のあらを隠す, (あらを隠すために)…に手を加える, (うわべだけ)取り繕う. **4** 《米》〘スポーツ〙(試合で)〈相手を〉だます, …にフェイントを使う. **5** 〘ジャズ〙**a** 〈曲などを〉フェイクする《即興的にくずして演奏する》. **b** 即興的に演奏する: ~ a solo 即興的にソロを演奏する. **6** 《米俗》即席でする. — *vi.* **1** 偽造する, 見せかける. **2** 〘スポーツ〙(試合で)相手をだます, フェイントを使う. **3** 〘ジャズ〙フェイクする.
fáke it 手探り[即興]でやる. *fáke óut* 《米口語》〈人を〉だます, 不当な手段で欺く.
〖(adj.: 1775; v.: 1812)《変形》← ? 《廃》*feak, feague* to beat, thrash ◻ ? G *fegen* to sweep〗

fake² /féɪk/ 〘海事〙*vt.* (するすると走り出るように 8 の字状などに)〈綱などを〉わがねて置く, 〈綱を〉巻き重ねる 〈*down*〉.
— *n.* (わがねた綱の)輪の一つ. 〖《?*c*1400》 faken ← ?〗

fáke bòok *n.* 〘ジャズ〙フェイクブック《著作権所有者の許可なく曲のメロディーなどを伴奏ハーモニーなしで出版した楽譜集》. 〖1965〗

fa·keer /fəkíə, fɑː-, fæ-, féɪkə | féɪkɪə^(r), fɑ́ːk-, fǽk-, fəkíə^(r), fæ-/ *n.* =fakir¹.

fáke·lòre *n.* 偽りの民間伝承《筋や文を加えたり変えたりして原作と異なっているもの》.

fáke·ment *n.* 《口語》**1** いんちき, ぺてん, からくり (dodge). **2** まやかし物, いか物. 〖《1812》← FAKE¹ +-MENT〗

fák·er *n.* 《口語》**1** 偽造[模造]者. **2** いかさま師, ぺてん師. **3** (いか物を売る)大道[露店]商人, 行商人. 〖《1846》← FAKE¹+-ER¹〗

fak·er·y /féɪk(ə)ri/ *n.* ごまかし, いかさま, いんちき; まやかし物, いか物. 〖《1887》← FAKE¹+-ERY〗

fak·ey /féɪki/ *adj.* 《口語》偽りの, 偽善的な.

fa·kir¹ /fəkíə, fɑː-, fæ- | féɪkɪə^(r), fɑ́ːk-, fǽk-, fəkíə^(r), fæ-/ *n.* **1** (イスラム教・バラモン教などの)行者, 托鉢(たくはつ)僧 (cf. mendicant 2). **2** イスラム教教団に属する人. **3** ヒンズー教の苦行僧. 〖《1609》◻ Arab. *faqīr* poor (man)〗

fa·kir² /féɪkə | -kə^(r)/ *n.* 《俗用》=faker.

fa la /fɑːlɑ́ː/ *n.* 〘音楽〙**1** ファラ《はやし言葉のファララという語を何回も繰り返した折返しの文句》. **2** ファラの折返しをもつ合唱曲《16–17 世紀に流行したマドリガル曲 (madrigal) の一種》. 〖《1595》⇨ fa, la¹〗

fa·la·fel /fəlɑ́ːfəl, -fḷ | -lɑ́ːf-, -lǽf-/ *n.* 〘料理〙フェラーフェル《中東起源のスナックの一種; ソラマメまたはヒヨコマメをすりつぶして味つけし丸めて揚げたもの; ピタ(パン) (pita) にはさんで食べる》. 〖◻ Arab. *falāfil* (pl.) ← *filfil* 'pepper'〗

Fa·lan·ge /féɪlændʒ, fǽlændʒ, féɪ-; *Sp.* faláŋxe/ *n.* [the ~] ファランヘ党《1936–39 年の内乱後政権を握った Franco 将軍旗下のスペインのファシスト党》. 〖《1937》◻ Sp. ~ 'PHALANX'〗

Fa·lan·gism /fəlǽndʒɪzm, féɪlændʒɪzm, féɪ-/ *n.* ファランヘ主義. 〖《1941》: ⇨ ↑, -ism〗

Fa·lán·gist /-dʒɪ̀st | -dʒɪst/ *n.* **1** ファランヘ党員. **2** レバノンの右翼キリスト教派の一員. 〖《1936》◻ Sp. *Falangista* ← FALANGE〗

fa·lar·i·ca /fəlǽ^(ə)rɪkə | -lέər-/ *n.* 〘武器〙(古代の)投槍, 火箭(ひや), (中世の)投槍機. 〖◻ L *falārica* ← *fala* scaffold, catapult〗

Fa·la·sha /fəlɑ́ːʃə | -lǽʃə/ *n.* (*pl.* ~, ~s) ファラシャ人《エチオピアのユダヤ教を信奉するハム族》. 〖《1710》◻ Amharic ~ 'exile'〗

fal·ba·la /fǽlbələ/ *n.* (婦人服に使う)縁飾り《ギャザーやプリーツを入れたフラウンス (flounce) で 17 世紀に流行した》. 〖《1704》◻ F ~ ← ? Prov. *farbélla* fringe, lace (?擬音語): cf. furbelow〗

fal·cate /fǽlkeɪt, fɔ́ːl-, fɑ́ːl- | fǽl-/ *adj.* 鎌(かま)形の, 鎌状の, かぎ状の (hooked): a ~ moon 三日月 / a ~ leaf [claw] 鎌形の葉[かぎ状のつめ]. 〖《1826》◻ L *falcātus* sickle-shaped ← *falc-, falx* sickle〗

fál·cat·ed /-tɪ̀d | -tɪd/ *adj.* =falcate.

fálcated téal *n.* 〘鳥類〙ヨシガモ (*Anas falcata*)《アジア東部に生息するマガモ属の小形のカモ》.

falces *n.* falx の複数形.

fal·chion /fɔ́ːltʃən, fɑ́ːl- | -fɔ́ːl-/ *n.* **1** (中世の)広幅湾刀. **2** 《古・詩》刀, 剣. 〖《*a*1300》 *fauchoun* ◻ OF *fauchon* < VL **falciōne(m)* ← L *falc-, falx*: 今の綴りは 16C の It. *falcione* からの再構成〗

fal·cial /fǽlʃəl, fɔ́ːl-, fɑ́ːl-, -ʃl | fǽl-, fɔ́ːl-/ *adj.* 〘解剖〙鎌(かま)状の, 大脳[小脳]鎌状膜 (falx) の.

fal·ci·form /fǽlsəfɔ̀əm, fɔ́ːl-, fɑ́ːl- | fǽlsɪ̀fɔ̀ːm, fɔ́ːl-/ *adj.* 〘解剖〙鎌(かま)形の, 鎌状の. 〖《1766》← L *falc-, falx* sickle+-FORM〗

fal·cíp·a·rum malária /fælsípərəm-, fɔːl-, fɑːl- | fæl-, fɔːl-/ *n.* 〘病理〙熱帯熱マラリア《熱帯熱マラリア原虫 (*Plasmodium falciparum*) によって起こる: cf. vivax malaria》. 〖《1940》← NL ~ ← L *falci-* (*falx* sickle の連結形)+*-parum* (neut.) ← *-parus* '-PAROUS'〗

fal·con /fǽlkən, fɔ́ːl-, fɑ́ːl- | fɔ́ːlkən, fǽl-, fɔ́l-, fɔ́ː-/ *n.* **1** 〘鳥類〙ハヤブサ《ハヤブサ科の鳥の総称; シロハヤブサ (gyrfalcon) など》; (特に)ハヤブサ (peregrine falcon). **2** 〘鷹狩〙雌ハヤブサ (cf. tiercel). ★ /l/ を発音しない伝統的な発音は《英》でも減少している. **3** ファルコン砲, 鷹砲《15–17 世紀の軽砲; cf. falconet 2》. ★ 鷹狩関係者の発音は《英》では /fɔ́ːkən/, 《米》では /fɔ́ː-, fɔ́l-/. — *vi.* 鷹狩をする. 〖《1496》◻ LL *falcō(n-)* ◻ ? Gmc **falkon* (原義) gray bird ⇐ 《*c*1250》 *faucoun* ◻ (O)F *faucon, fauc* < LL *falcōnem*〗

fál·con·er *n.* **1** 鷹使い, 鷹匠. **2** 鷹狩をする人. 〖《*c*1395》 ME *fauconer* ◻ (O)F *fauconnier*〗

fal·co·net /fǽlkənèt, fɔ́ːl-, fɑ́ːl-, ˌ—ˌ—ˊ | fɔ̀ːlkənét, fǽl-, fɔ́ːl-, fɔ́l-/ *n.* **1** 〘鳥類〙スズメハヤブサ《南アジア産スズメハヤブサ属 (*Microhierax*) の小形のハヤブサの総称》. 〖《1851》← FALCON+-ET〗 **2** ファルコネット砲, 小鷹砲《16–17 世紀の小型軽砲; cf. falcon 3》. 〖《1559》◻ It. *falconetto* (dim.) ← *falcone* 'FALCON'〗

fálcon-géntle [-géntil] *n.* 雌ハヤブサ《雌の peregrine falcon の鷹匠用語》. 〖《1393》 ME *gentil faucon* (なぞり) ← (O)F *faucon gentil* (原義) noble falcon〗

fal·con·i·form /fælkóunəfɔ̀əm, fɔːl-, fɑːl- | fɔːl-kə́unɪ̀fɔ̀ːm, fæl-, fɔl-/ *adj.* 〘鳥類〙ワシタカ目の. 〖← FAL-CON+-I-+-FORM〗

fal·co·nine /fǽlkənàɪn, fɔ́ːl-, fɑ́ːl- | fɔ́ːl-, fǽl-, fɔ́l-, fɔ́ːk-/ *adj.* **1** ハヤブサの, ハヤブサに似た. **2** ハヤブサ科 (*Falconidae*) の. 〖⇨ -ine¹〗

fal·con·ry /fǽlkənri, fɔ́ːl-, fɑ́ːl- | fɔ́ːl-, fǽl-, fɔ́ːk-, fɔ́l-/ *n.* **1** 鷹狩 (hawking). **2** 鷹の訓練法. 〖《1575》◻ F *fauconnerie*: ⇨ falcon, -ry〗

fal·cu·la /fǽlkjulə, fɔ́ːl-, fɑ́ːl- | fǽl-, fɔ́ːl-/ *n.* (ネコのような)鋭いとがったつめ. 〖◻ L ~ 'small sickle (dim.)' ← *falx* sickle〗

fal·da /fɔ́ːldə, fɑ́ːl- | fɔ́ːl-/ *n.* 〘カトリック〙ファルダ《宗教儀式などに教皇がまとう白い絹製の長衣》. 〖◻ It. ~ 'fold of cloth, skirt'〗

fal·de·ral /fɑ́(ː)ldərɑ̀(ː)l, fǽldəræ̀l | fǽldɪ̀ræ̀l/ *n.* (*also* **fal·de·rol** /-rɑ̀(ː)l | -rɔ̀l/) =folderol. 〖1701〗

fald·stool /fɔ́ː(l)dstùːl, fɑ́ː(l)d- | fɔ́ː(l)d-/ *n.* **1** 〘カトリック〙司教用床几(しょうぎ)[小椅子]《背はないが肘(ひじ)かけのある移動性の椅子で, 司教が正座 (throne) につかないときに用いる》. **2** 《英》(祈りのときにひざまずく)畳み小机; (特に, 戴(たい)冠式に英国王・女王がひざまずく)畳み小机. **3** 〘英国国教会〙嘆願[連禱(とう)]台 (litany-desk[-stool]). 〖《1603》《部分訳》← ML *faldistolium* folding stool ◻ OHG *fald(i)stuol* < Gmc **falþistōlaz* (OE *fældestōl*) ← **falþan* 'to FOLD¹'+**stōlaz* 'STOOL'〗

fal·e /fɑ́ːleɪ/ *n.* (*pl.* ~) 《豪・NZ》サモア式草ぶき民家. 〖《1902》◻ Samoan ~〗

Fa·le·ri·i /fəlí^(ə)riàɪ | -lɪ́ər-/ *n.* ファレリイ《イタリア中部ローマ北方にあった古代都市》.

Fa·ler·ni·an /fəlɔ́ːniən | -lɔ́ː-/ *adj.* 〈ぶどう酒など〉カンパニア地方[産]の《イタリア南部の古代 Campania 地方はもと Falernian field と呼ばれ, ここで Horace が称賛した良質のファレルノ(ワイン)を産する》. — *n.* ファレルノ(ワイン). 〖《1726》← L (*vīnum*) *Falernum* Falernian (wine): ⇨ -ian: ローマ人によって *ager Falernus* Falernian field と呼ばれた Campania 地方の地名にちなむ〗

Fa·ler·num /fəlɔ́ːnəm | -lɔ́ː-/ *n.* 〘商標〙ファレルナム《庶糖にライム・アーモンド・ジンジャー・香料などを加えた白いシロップの商品名; カクテル用》. 〖↑〗

Fa·lie·ri /fəljéri; *It.* faljέːri/, **Marino** *n.* ファリエーリ《1278?–1355; Venice の総督 (doge) (1354)》.

Fa·lis·can /fəlískən/ *n.* ファリスキ語《イタリアの古代言語の一つ; Falerii など Tiber 川の北側で使用された; ラテン語との関連が深い》. 〖《1600》← L *Faliscus*: ⇨ -an〗

Falk /fɔ́ːk, fɔ́ːlk, fɑ́ːk, fɑ́ːlk | fɔ́ːk, fɔ́ːlk/, **Peter** *n.* フォーク《1927–2011; 米国の映画・テレビ俳優; テレビ番組の *Columbo* (刑事コロンボ)で人気俳優となる》.

Fal·ken·hayn /fɑ́ːlkənhàɪn, fǽl-; G. fálkṇhaɪn/, **Erich von** *n.* ファルケンハイン《1861–1922; ドイツの軍人; 第一次大戦中の参謀総長》.

Fal·kirk /fɔ́ːlkə(ː)k, fɑ́ːl- | fɔ́ːlkə(ː)k, fɔ́l-/ *n.* フォールカーク《スコットランド中部 Glasgow の東北東にある町; Wallace の率いたスコットランド軍がイングランド軍に破れた地 (1298)》. 〖← 《スコット》 *faw, fauch* dun, pale red+KIRK〗

Fálk·land Íslands /fɔ́ːklənd-, fɔ́ːlk-, fɑ́ːk-, fɑ́(ː)lk- | fɔ́ːk-, fɔ́ːlk-, fɔ́lk-, fɑ́ː(l)k-/ *n. pl.* [the ~] フォークランド諸島《南米の南端 Magellan 海峡の東約 483 km にある約 200 の島から成る英領の群島; 面積 11,961 km^2, 主都 Stanley; スペイン語名は Islas Malvinas》.

Fálkland Íslands Depéndencies *n.* フォークランド諸島保護領《Falkland Islands 東方のほとんど人の住んでいない英領諸島; South Sandwich Islands と South Georgia から成る; 面積 4,090 km^2》.

Fálklands Wár *n.* [the ~] フォークランド紛争《1982 年にフォークランド諸島の領有をめぐり英国とアルゼンチンとの間に起こった紛争; 英国が勝利し領土を奪回》.

Falk·ner /fɔ́ːknə, fɑ́ːk- | fɔ́ːknə^(r)/, **William** *n.* = William FAULKNER.

fall /fɔ́ːl, fɑ́ːl | fɔ́ːl/ *v.* (**fell** /fél/; **~·en** /fɔ́ːlən, fɑ́ːl- | fɔ́ːl-/, 《方言》**fell**) (↔ rise) — *vi.* **1 a** 落ちる, 落下する, 墜落する (cf. drop *vi.* 4): ~ downstairs 階下へ落ちる / ~ overboard 船から水中へ落ちる / ⇨ LET¹ *fall* / The leaves were ~*ing from* the trees. 木から枯葉が落ちていた / I laughed till I nearly *fell off* my chair. 笑いころげて椅子から落っこちそうになるほどだった (cf. *nearly fall off one's* CHAIR) / ~ *down* the stairs 階段から落ちる / ~ *to* one's death 落ちて死ぬ / The stream ~*s over* a cliff. 小川は崖から流れ落ちている / The shot *fell* near him. 弾丸は彼の近くに落ちた. 日英比較 英語の *fall* は「地面に落ちる」意で, 立っている人または物が「倒れる」意味も含み, 日本語の「落ちる」「下がる」より意味領域が広い. **b** 〈雨・雪が〉降る, 〈霜などが〉降りる: Snow began to ~. 雪が降り始めた. **c** 〈花・葉が〉散る; 〈毛髪などが〉抜け落ちる: The blossoms *are* ~*ing* in the wind. 花は風に吹かれて散っている.
2 a 〈人が〉倒れる, 転ぶ; ひれ伏す: ~ forward [backward] うつ伏せに[仰向けに]倒れる / ~ *on* the floor [one's back] 床[仰向け]に倒れる / ~ *over* a chair 椅子につまずく[つまずいて転ぶ] / He stumbled and *fell to* the ground. 彼はつまずいて地面に倒れた / The servant *fell at* his master's feet. 召使は主人の足下にひれ伏した / ⇨ FALL *down* (1), (2) / ⇨ *fall on one's* KNEES. **b** 《婉曲》負傷して[息絶えて]倒れる; 戦死する: ~ dead 倒れて死ぬ / ~ *in* battle 戦死する / ~ *on* one's sword 自刃する / Two lions *fell to* his rifle. 2 頭のライオンが彼の銃で倒れた[死んだ]. **c** 〈建物・家屋などが〉倒壊する, くずれ落ちる; 〈国家・政府などが〉つぶれる, 倒れる: Many houses *fell* in the earthquake. たくさんの家が地震で倒壊した / This wall should be supported or it will ~. この塀(へい)は支えをしないと倒れそうだ. **d** 〈城・都市などが〉陥落する, 陥る; …に屈する: The fortress *fell to* the enemy. 要塞は敵の手に落ちた / ~ *to* an irresistible impulse [temptation] どうしようもない衝動[誘惑]にかられる. **e** 〈政党が〉政権を失う; 〈人が〉失脚する, 没落[零落]する: The Labour Party has ~*en from* power. 労働党は政権を失った / The government *fell* after losing a vote of confidence. 信任投票で敗れた後, 政府は倒れた. **f** 〘クリケット〙〈三柱門が〉倒れる《打者がアウトになる》: The first wicket *fell*. 第一打者がアウトになった. **g** 《俗》(罪状により)逮捕される.
3 a 〈水銀柱・温度などが〉下がる (↔ rise): The barometer has ~*en*. 気圧計が下がった / The temperature *fell* sharply [(by) 5°]. 温度が急に[5 度]下がった. **b** 〈音・声が〉低くなる, 下がる: Her voice *fell to* a whisper. 彼女の声が小さくなってささやきとなった / The noise of the crowd *fell*. 群衆の騒がしさは和らいだ.
4 〈髪・外衣・カーテンなどが〉垂れる, 垂れ下がる: Her golden hair *fell* in masses over her shoulders. 彼女の金髪は肩の上にふさふさと垂れ下がっていた / Her dress *fell* gracefully *to* her knees. 彼女のドレスはひざのところまで優雅に垂れ下がっていた.
5 a [補語を伴って]〈ある状態・関係に〉陥る; 〈…に〉なる (become): ~ asleep 寝入る; 《婉曲》永眠する / She *fell* ill. 彼女は病気になった / ~ pregnant 《英》妊娠する / The bill ~*s* due next week. 手形は来週支払期日が来る / They all *fell* victim to the disease. 彼らは皆, その病気の犠牲になった / ~ prey to ⇨ prey *n.* 成句 / The dish *fell* apart [*in* two]. 皿は砕け散った[二つに割れた] / ~ *into* disuse 使われなくなる, 廃れる (⇨ FALL *into* (3)) / ~ *to* pieces 粉々になる, 粉砕される. **b** [*to doing* または《古》*a-doing* を伴って] …し出す, し始める (begin) (cf. FALL *to* (1)): They *fell to* working at once. 彼らは早速仕事に取りかかった / She *fell a-crying* [*a-laughing*]. 《古》

彼女は泣き[笑い]出した.
6 〈夕闇・静寂などが〉たれこめる, 〈わざわい・罰・睡魔などが〉降りかかる, 襲う〔*on, upon*〕: Night is ～*ing* fast. 急に夜になってきた / Darkness *fell upon* the heath. 夜のとばりがヒースの野に降りた / Sleep *fell* suddenly *upon* me. 急に眠気が私を襲った / Then a hush *fell on* the audience. すると聴衆がしんと静まり返った / Heaven's vengeance *fell on* the unjust. 不正なやからに天罰がくだった.
7 a 〈弾丸・矢などが〉(…に)打ち当たる, 〈光が〉(…に)落ちる, 〈音が〉(…に)鳴り響く〔*on*〕: The sunlight was ～*ing on* the desk. 日差しが机に当たっていた / A strange sound *fell on* my ear. 私の耳に異様な音が聞こえてきた. **b** 〈目・視線が〉(ふと)(…に)注がれる〔*on*〕: My eye [glance] *fell on* a little box in the drawer. 引出しの中の小さな箱が目に留まった.
8 a 〈負担・義務が〉(人の)肩にかかる, 〈分配・遺産などが〉(人の)ものとなる (devolve)〔*to*〕: In the absence of his superior the duty *fell to* him. 上役が不在なのでその任務は彼の肩にかかった / The estate *fell to* her only son. 遺産は彼女の独り息子のものとなった / It *fell to* me to support my grandmother after my father's death. 父の死後は祖母の扶養は私の肩にかかってきた. **b** 〈くじなどが〉(…に)当たる〔*on, upon*〕: The lot *fell* (*up*)*on* him. くじが彼に当たった / Our choice *fell* (*up*)*on* him. 彼が選ばれることになった. **c** 〈収益などが〉(主君に)帰属する〔*to*〕: The revenues ～ *to* the Crown. 歳入は王室に帰属する.
9 a 〈時・季節などが〉来る (arrive); 〈休日などが〉(…に)当たる〔*on, at*〕: Xmas ～*s on* (a) Thursday this year. 今年はクリスマスは木曜に当たる / Easter ～*s* early this year. 今年は復活祭が早い. **b** (偶然)起こる, 来る (occur): if riches ～ in my way ひょっとして私が金持ちになったら / It *fell* into his mind to drop in on his brother. ふと弟のところに寄ってみようという考えが彼の頭に浮かんだ. **c** 〈アクセントなどが〉(ある位置に)くる〔*on*〕: The accent ～*s on* the second syllable. アクセントは第 2 音節にくる. **d** 《文語》(順序・成行きからして)〈…されることと〉なる, 〈…となるに〉到る〈*to* be (done)〉.
10 a 〈洪水などが〉減退する, 退く, 〈川などが〉水位が下がる; 〈潮が〉引く, 落ちる; 〈風が〉静まる, なぐ, やむ; 〈火が〉下火になる: The wind has ～*en* during the night. 夜の間に風が静まった. **b** 〈気力が〉落ちる, 沈む; 〈気分・感情が〉去る, 冷める; 〈会話などが〉途絶える: The fevered mood *fell from* me. 私の興奮した気分はなくなった. **c** 〈顔色が〉沈む, 生気を失う, 曇る: His face *fell* at the news. その知らせを聞いて彼は沈痛な面持ちになった. **d** 減少する; 〈価格・市場などが〉落ちる, 低下する, 悪化する: Stock prices *fell* sharply. 株価が急激に下落した.
11 a 〈川が〉(海・湖に)流れ込む, 注ぐ〔*into*〕: These rivers ～ *into* the Sea of Japan. これらの川は日本海に注いでいる. **b** 〈土地が〉低下する, 傾斜する〈*away*〉〔*to, toward*〕: The foot of the hill ～*s away toward* the sea. 山のふもとは傾斜して海の方へ延びている.
12 〈目が〉下を向く, 伏し目になる: His eyes *fell*. 伏し目になった.
13 〈言葉が〉(ふと)漏れ出る: A grunt *fell from* his lips. 不平のつぶやきが彼の口から漏れた.
14 a 誘惑に陥る, 罪を犯す (sin); 堕落する: She was tempted and *fell*. 誘惑されて堕落した. **b** 《婉曲》〈女性が〉貞操を失う. **c** 《英方言》妊娠する.
15 (偶然)(…の)仲間に入る〔*into*〕; (…に)出会う〔*among*〕: ⇨ FALL *into* (4), FALL *in with* (1) / ～ *among* thieves 盗賊に出遭う[取り囲まれる, 襲われる] (cf. *Luke* 10: 30).
16 (分類上)(…に)分かれる (separate)〔*into*〕; (ある範疇(はんちゅう)に)属する〔*into, within, under*〕: The story ～*s into* four parts. 物語は四部に区分される / This item ～*s under* [*into*] another category. この項目は別の範疇に属する / This does not ～ *within* our authority. これは我々の権限外である.
17 〈子羊などが〉生まれる.
— *vt.* 《豪・方言》〈木などを〉切り倒す: (as) easy as ～*ing* off a log (⇨ log¹ 1).
fáll abóard of ⇨ aboard *adv.* 成句. ***fáll abóut*** (1) 《主に英・豪口語》おかしくて転げ回る〔*at*〕: She *fell about* laughing. 転げ回って笑った. (2) 〈病気・酔いなどに〉ふらつく. ***fáll acróss*** 《古》〈人〉に偶然会う. ***fáll afóul of*** ⇨ afoul 成句. ***fáll àll óver*** *a person* 《口語》(歓心を買うために)〈人〉にちやほやする, サービスに努める. ***fáll amóng*** ⇨ *vi.* 15. ***fáll apárt*** (1) ⇨ *vi.* 5 a. (2) 〈組織・関係などが〉分裂[崩壊]する, だめになる. (3) 〈人が〉取り乱す.
fáll awáy (1) (本体から)離れて落ちる, (…の表面から)はがれ落ちる〔*from*〕: Once it's in orbit, the rocket's launching apparatus ～*s away*. 軌道に乗れば, ロケットの発射装置は(ロケット本体から)離れて落ちる. (2) (離れて)後退する, 退く: One by one my pursuers *fell away*. 追っ手は一人ひとり私から離れていった. (3) 〈需給・生産高などが〉(次第に)減少する (diminish), 弱る, 衰える, 衰微する (decline); 〈感情・態度などが消え去る (vanish); 〈景色などが〉見えなくなる; 細る, やせる (fall off): Subscriptions are ～*ing away*. 予約申し込みが次第に減少している / His flesh *fell away*. 彼はやせた, やせ細った[衰えた]. (4) ⇨ *vi.* 11 b. (5) (交友・支援から)手を引く, 見捨てる (desert); 信仰を棄てる, 背教者となる, 変節する (apostatize): His former friends *fell away* (*from* him). もとの友人たちは彼を見捨てた. (6) 〈船が〉針路をそらす: The ship *fell away* to port. 船は針路から左へそれた. ***fáll báck*** (1) (驚き・恐怖で)あとずさりする, 退く (retreat); たじろぐ, 屈する (give way): The troops *fell back* before the enemy bombardment. 軍隊は敵の砲撃を受けて後退した. (2) (もとの状態に)戻る, 後退する: He tried to reform but *fell back* into his old habits. 行いを改めようとしたが昔の癖に戻ってしまった. (3) 遅れる, 落伍する. (4) 《主に英・豪》減る〔*to*〕. ***fáll báck on*** [***upòn***] (1) 【軍事】〈後方陣地など〉へ撤退する, 退いて…に拠(よ)る: The infantry had to ～ *back on* their earlier positions. 歩兵隊はもとの陣地まで後退しなければならなかった. (2) (資金・方策などを)…に頼る, (代策などを)…に求める: ～ *back on* one's imagination [one's own resources] (資料不足のときなど)自分の想像力[自分自身の資質]に頼る / They had no funds to ～ *back upon*. 彼らにはいざというとき頼りにできる資金がなかった. ***fáll báck to*** ＝FALL *back on* [*upon*] (1). ***fáll behínd*** (1) 遅れる, あとに取り残される; 〈人が〉(仕事などで)遅れる〔*in, with*〕; (得点で)負ける: ～ *behind in* one's work 仕事が遅れる. (2) 〈支払いなどが〉遅れる; 〈人が〉(家賃・借金・税金・手紙の返事などを)滞らせる, 滞納する〔*with, in, on*〕: ～ *behind with* [*in*] one's monthly payments 月賦(など)の支払いを滞らせる. ***fáll behínd*** … (1) 〈競走相手など〉より遅れる, …に追い抜かれる; より進歩が遅れる; …に負ける: He got tired and *fell behind* the others. 疲れて他の者に抜かれた. (2) 〈予定など〉より遅れる. ***fáll belòw*** 〈基準など〉に達しない, …を下まわる.
fáll dówn (1) (地面などに)急に[強く]倒れる, 転倒する (fall over): The old horse [The ladder] *fell down*. / He *fell down on* the ground. 地面に倒れた. (2) 平伏する: I *fell down* before him. 彼の前にひれ伏した. (3) 落下する; 降る: The rain began to ～ *down* really hard. 雨が本当にひどく降り始めた. (4) [通例進行形で] 〈荒れた建物が〉倒れる, 崩れる (tumble down): The old temple is ～*ing down*. あの古寺は倒れかかっている. (5) 〈計画・議論などが〉つぶれる, 失敗する (fail). (6) 《口語》(仕事などで)十分な成績を上げない, しくじる, 失敗する〔*on*〕: Don't ～ *down on* it [the job] this time. 今度はしくじるなよ. (7) 【海事】流れに乗って(川を)下る; 下げ潮に乗って沖に出る (drop down). ***fáll flát*** ⇨ flat¹ *adj.* 成句. ***fáll for*** 《口語》(1) 〈異性〉にほれ込む; 〈物事〉を好きになる, ほしくてたまらなくなる: ～ *for* a girl. (2) 〈策略・うその話など〉につり込まれる, だまされる. ***fáll fóul of*** ⇨ foul *adj.* ***fáll frée*** 自由落下 (free-fall) をする. ***fáll hóme*** ⇨ home *adv.* 成句. ***fáll ín*** (*vi.*) (1) (川などに)落ち込む: Don't ～ *in*. 落ちないようにして. (2) 〈地盤などが〉めり込む, 陥没する, 沈下する (sink); 〈屋根などが〉落ち込む, 〈家が〉くずれる (give way). (3) 【軍事】整列する, 伍につく〔*behind, beside*〕; [号令] 集まれ: ～ *in* at the end of a line 列のあとにつく. (4) 〈年金・土地・家屋の借用期間・借金の期限などが〉満期となる, 切れる (run out); 〈土地などが〉(借用期限が切れて)所有者の所有に帰する; 使えるようになる: The lease of the land has ～*en in*. 《英》その土地の借用期限が切れた. (5) 《豪》間違いをする, 失敗する, わなにはまる. (6) 《NZ》妊娠する. (7) 同意する. — (*vt.*) 【軍事】〈兵士を〉整列させる, (…に)隊伍を組ませる. ***fáll in behínd*** 〈人〉の後について歩く. ***fáll ínto*** (1) 〈川など〉に落ち込む. (2) 〈川などが〉…に注ぐ (cf. *vi.* 11 a). (3) 〈ある状態〉になる, に陥る; …を始める: ～ *into* error 誤る / ～ *into* difficulties 困難に陥る / ～ *into* conversation with …と話し込む / ～ *into* a rage かっと怒り出す / ～ *into* a bad habit 悪癖に陥る[がつく]. (4) (偶然)…の仲間に入る (cf. *vi.* 15): He *fell into* bad company. 悪い仲間に入った. (5) …に属する, …に区分[分類]される (cf. *vi.* 16). ***fáll in with*** (1) …に偶然出会う, …といっしょになる, と親しくなる (cf. *vi.* 15): There I *fell in with* an American teacher. そこで私はひとりのアメリカ人の教師と知り合いになった / ～ *in with* bad company [a gang of delinquents] 悪い仲間[非行グループ]と知り合いになる. (2) …と意見が一致する, 〈申し出など〉に同意する; 〈慣行など〉に従う: He *fell in with* my proposal. 私の提案に同意した. (3) …と調和する, つり合う; 符合する: It *fell in with* his own plans. それは彼自身の計画と一致した.
fáll lów ⇨ low¹ *adj.* 成句. ***fáll óff*** (1) (…から)落ちる, 取れる, 外れる. (2) (…から)離れる, それる; 背(そむ)く (revolt); 遠ざかる, 疎隔する; 〈海岸線が〉曲がって行く. (3) 〈数量が〉減じる (decrease); 〈事業などが〉衰退する, 〈質・サービスが〉悪化[低下]する (deteriorate); 〈体力が〉衰弱する; 〈気力・興味などが〉衰える (decline): Attendance has ～*en off* markedly. 出席者数が著しく減った / Enthusiasm is ～*ing off*. 熱意が減退してきた. (4) 【海事】〈船が〉(風上に船首を立てかねて)風下へ落ちる. ***fáll ón*** 攻撃する. ***fáll on*** [***upòn***] (1) 《英》…への攻撃を始める, …に襲いかかる (attack); …を奇襲する, 待ち伏せして襲う (ambush); むさぼるように…を食べ始める: They *fell on* the roast duck with glee [relish]. ローストダックをさも嬉しそうに[うまそうに]がつがつ食べ始めた. (2) 〈不運な経験など〉に出遭う (chance upon): ～ *on* evil days [times] 不運に遭う, 零落する, 落ちぶれる (cf. Milton, *Paradise Lost*) / He *fell on* hard times. 彼は不幸な[辛い]目に遭った, 難儀した. (3) 〈考えなど〉をふと思いつく (come upon): He *fell upon* the idea while browsing in his study. 書斎で漫然と本を読んでいるうちにふとその考えが彼の頭に浮かんだ. (4) 〈義務・災難などが〉…の身に降りかかる (devolve upon) (cf. *vi.* 8 a): The expenses must ～ *on* the purchaser. 費用は買手の方で負担しなければならない / It *fell upon* him to support the family. 家族扶養の義務が彼の肩にかかってきた. (5) (うれしくて)…に抱きつく. ★ その他の用法については ⇨ *vi.* 2 a, b, 6, 7 a, b, 8 b, 9 a, c. ***fáll on one's féet*** ⇨ foot 成句. ***fáll óut*** (1) (…から)落ちる〔*of*〕. (2) 〈髪・歯など〉抜ける. (3) 〈汚染物質などが〉広がる. (4) (…と)仲違いする, 争う (quarrel)〔*with*〕(cf. falling-out): ～ *out with* a person about [over] trifles 些細(ささい)なことで人と不和になる / They *fell out* (*with* each other) over [about] a trifle. 些細なことでお互い仲が悪くなった. (5) 《詩》起こる, 生じる (happen); (結果が)…となる[判明する] (turn out): As it *fell out*, the theater was almost empty. たまたま劇場はほとんどが空きだった / It (so) *fell out that* I was not able to attend the meeting. たまたま私はその会に出席できなかった / Everything *fell out* very well. 万事が至極上首尾に進んだ. (6) 【軍事】列から離れる, 落伍する; (分列隊形などから)開散する; [号令] 分かれ. ***fáll óut of*** (1) 〈習慣〉をやめる, 〈癖などが〉抜ける, 直る (give up). (2) 〈引き立てなど〉を失う. ***fáll outsíde*** …の範囲外である. ***fáll óver*** (1) 〈人が〉つまずく, つまずいて転ぶ; 〈物が〉傾く, かしぐ, 倒れ(かか)る. (2) 《スコット》寝入る. (3) 《廃》〈敵〉に襲いかかる. ***fáll òver*** … ⇨ *vi.* 1 a, 2 a. ***fáll óver báckward*** ⇨ backward *adv.* 成句. ***fáll óver èach óther*** [***one anóther***] 《口語》我がちに[先を争って]…しようとする (scramble)〈*to do*〉/〔*in doing*〕. ***fáll óver onesèlf*** ＝*fall over* BACKWARD. ***fáll shórt*** ⇨ short *adv.* 成句. ***fáll thróugh*** 〈計画などが〉失敗に終わる, だめになる (drop through): The deal *fell through* at the last minute. その取引は土壇場でだめになった. ***fáll tó*** (1) (勢いよく)取りかかる; (特に)けんか[殴り合い]を始める; 食べ始める: They *fell to* with a hearty appetite. さもうまそうに食べ始めた / Let us ～ *to*. さあ始めよう. (2) 〈門などが〉自動的に閉じる. ***fáll to*** … (1) …を始める, やり出す (begin); …し始める〈*doing*〉: ～ *to* blows [work] 殴り合い[仕事]を始める / ～ *to* crying [working] 泣き出す[仕事に取りかかる] / (2) ⇨ *vi.* 5 b. (2) ⇨ *vi.* 2 b, d, 4, 5 a, b, 8 a, c. ***fáll togéther*** 【音声】〈二つの音(おん)が〉同じになる, 同音になる. ***fáll to the gróund*** (1) ⇨ *vi.* 2 a. (2) ⇨ ground¹ 成句. ***fáll ùnder*** (1) 〈管理・勢力〉の下にある, 〈支配・検査・観察など〉を受ける: ～ *under* a person's notice [observation] 人の目に留まる. (2) ⇨ *vi.* 16. ***fáll upòn*** ＝FALL *on*.
— *n.* **1 a** 落ちる[散る]こと, 落下; 墜落; 降ること, 降下物; 降雨[降雪]量: the ～ *of* the leaves 落葉 (cf. the FALL *of the leaf*) / The garden was covered with a ～ *of* hail. 庭は降ったひょうで覆われていた / The ～ *of* rain (＝rainfall) was much less this year than last. 今年の降雨量は昨年よりもずっと少なかった. **b** 降下した隕石(いんせき)(の破片).
2 倒れること, 転ぶこと, 転倒, 倒壊: the ～ of a building 建物の倒壊 / have [take] a bad ～ ひどく転ぶ / He had a serious ～ while skiing. スキーをしているときにひどく転んだ(けがをした).
3 低落, 減少, 減退; (特に, 価格の)低下: a ～ *in* prices [*in* temperature] 物価[温度]の低下 / a rapid ～ *in* purchasing power 購買力の急速な低下 / a ～ *in* [*of*] interest rates 利率の低落 / a ～ *of* tide 引き潮.
4 〘(1677) 落葉 (the fall of the leaf) の季節の意から〙 《米》 **a** [しばしば F-] 秋 (⇨ autumn 1 ★): in the ～. **b** 《米》[形容詞的に] 秋(季)の; 秋向きの: ～ winds 秋風 / the ～ term 秋学期 / ～ colors [tints] (秋の)紅葉, 秋色 / the ～ issue of a magazine 雑誌の秋季号.
5 衰微, 衰亡; 没落; (城市などの)陥落; (政府・内閣の)失脚, 落選: the decline and ～ of the Roman Empire ローマ帝国の衰亡 / the ～ of Troy [Dien Bien Phu] トロイ[ディエンビエンフー]の陥落 / the rise and ～ of nations 民族の盛衰[興亡].
6 a (土地の)降下, 低下, 沈下; 勾配の下り, 下り傾斜. **b** (水の)落下, 落水, (川の)流注. **c** 《サーフィン》(サーファーを)投げ落とす波. **d** [通例 *pl.*; 単数または複数扱い] 滝, 瀑布(ばくふ) (waterfall, cataract): The ～*s* are about fifty feet high. ★ 固有名詞の場合は通例単数扱い: Niagara *Falls* consists of the American *Falls* and the Horseshoe *Falls*. ナイアガラ瀑布はアメリカ滝とカナダ滝から成っている.
7 a 降下距離, 落差: a waterfall with a ～ *of* 100 feet / a ～ of about 200 feet in (a distance of) less than a mile 1 マイル以下の距離に対して約 200 フィートの落差. **b** 傾斜度, 勾配: The gutter needs a steeper ～. 雨どい[溝]の勾配はもっと急にする必要がある.
8 (誘惑への)屈服; 堕落; (女性の)貞操喪失: a ～ from virtue [grace] 徳の低下[神の恩寵を失うこと] / the *Fall* (of Man) 人間の堕落 《Adam と Eve の原罪; cf. original sin 1》.
9 a (頭髪・衣服などの)垂れ具合; 垂れ下がる物; (衣装につける)レースやラッフルの飾り: the smooth ～ of her hair down her shoulders 肩までなめらかに垂れ下がっている髪の毛. **b** 婦人帽の後ろにつけ肩のあたりまで下げる不透明なベール. **c** (17 世紀の, 特に王党員 (Cavaliers) が着けた)肩を覆う大きさの襟(えり). **d** (水夫服などの)ズボンの正面の垂れふた. **e** [しばしば *pl.*] 上衣のすそへり. **f** [通例 *pl.*] アヤメの外花被片 《外側へ下垂する》. **g** (テリヤの)前頭部に垂れ下がっている長い毛. **h** (女性の)長く垂れ下げた付け毛.
10 《レスリング》 **a** フォール 《相手の両肩を一定の短時間マットにつけること; それによる勝ち; pinfall ともいう》. **b** 一試合, 一番: win (by) two ～*s* out of three 3 回の勝負で 2 回勝つ / ⇨ *try a* FALL. **11** (しかるべき場所への)所属, 位置: the ～ of the primary stress *on* the third syllable 第 1 強勢が第 3 音節に置かれること. **12** (材木の)伐採(量). **13** (動物の, 特に子羊の)出産; 一腹の子.
14 《俗》逮捕, 拘引. **15** 【音楽】終止法. **16** 【音声】下降調 《声の高さや大きさが低くなること》. **17** 【機械】巻揚げ機の(滑車に通した)引綱[鎖]; (特に)その手で引く部分.
18 [*pl.*] 【海事】つり綱 《救命艇・船荷を船上に上げ下ろしする綱》. **19** 【甲冑】軽装かぶと (burgonet) の眉庇(まびさし) 《上げ下げ可能》. **20** 【狩猟】落としわな.
ride for a fáll (1) 無茶な乗り方をする. (2) 無茶なことをする. (3) 一か八かやってみる, 敢行する. 〘(1884)〙 ***take the fáll*** 《米口語》(…で)非難[処罰]される; 逮捕される〔*for*〕. ***the fall of the léaf*** 《文語》落葉のころ, 秋 (cf. *n.*

4). 《1545》 ***trý a fáll*** 〔…と〕一番取る, 一勝負試みる; 戦う, 勝負する 〔*with*〕.
〖v.: OE *fallan, feallan* < Gmc **fallan* (G *fallen*) ← IE **p(h)ol-* to fall: cf. fell². — n.: 《?a1200》 □ ON *fall* / ← (v.) ∽ OE *fiell, fyll*〗

fal la /fɑː(ː)lɑ́ː/ *n.* =fa la.

Fal·la /fɑ́ːjə, fɑ́ːljɑː, -ljə | fɑ́ɪjə, fɑ́ːljə, fǽl-; *Sp.* fáʎa, -jɑ/, **Manuel de** *n.* ファリャ 《1876–1946; スペインの作曲家; *El sombrero de tres picos*「三角帽子」(バレエ音楽, 1919)》.

fal·la·cious /fəléɪʃəs/ *adj.* **1** 誤りを含む, 誤っている, 虚偽の: ~ reasoning 誤った推論. **2** 人を惑わす[欺く], 当てにならない (misleading, delusive): ~ hopes あだな希望. **~·ly** *adv.* **~·ness** *n.* 〖《1509》 □ (O)F *fallacieux* // L *fallāciōsus*: ⇨ ↓, -acious〗

fal·la·cy /fǽləsi/ *n.* **1** 誤った考え, 誤った議論, 誤信; 誤り, 誤謬: a popular ~ (一般の人々が抱きがちな)通俗的な誤り[誤信]. **2** 論理[推論]上の誤り[欠点]; 〖論理〗虚偽, 誤謬(ごびゅう): the ~ of many questions 誤った前提を認めないと答えられないレトリックのトリック / ⇨ formal fallacy, material fallacy, verbal fallacy, pathetic fallacy. **3** 人を誤らせやすいこと, まぎらわしいこと; 欺瞞性, たよりなさ: the ~ of human friendship 友情のたよりなさ / the ~ of expectations 期待の当てにならないこと. **4** 《廃》ごまかし, 詐欺, 虚偽. 〖《1481》 *falacye* □ L *fallācia* deceit ← *fallere* to deceive ∽ 《?a1387》 *fallace* □ (O)F *fallace*: ⇨ false, -y¹〗

fal-lal /fælǽl, fǽ(ː)læl | fæ(ː)lǽl/ *n.* 《古》(衣装につける)装飾品; (見かけ倒しの)華美な装身具, 安ぴか物 (gewgaw). 〖《a1706》 (変形)? ← FALBALA〗

fal·lal·er·y /fælǽləri, -lɛ́r- | -lǽr-/ *n.* [集合的] 《古》装飾品. 〖《1833》: ⇨ ↑, -ery〗

fáll ármyworm *n.* 〖昆虫〗アメリカ産行列毛虫ヨトウガの一種 (*Spodoptera frugiperda*) の幼虫 《シロナヨトウ近似種で穀類の大害虫; 北は New-England あたりまで移動する》. 〖1881〗

fáll·bàck *n.* **1** 退くこと, 後退. **2** (いざというときの)頼みの綱, たくわえ, 準備金. **3** 臨時給; (仕事のないときに支払われる)最低賃金. **—** *adj.* 臨時の; (特に, 仕事がないときに支払われる)最低賃金の: a ~ wage. 〖1851〗

fáll dándelion *n.* 〖植物〗(ヨーロッパ原産の)キクニガナに似たキク科の草本 (*Leontodon autumnalis*).

fall·en /fɔ́ːlən, fɑ́ːl- | fɔ́ːl-/ *v.* fall の過去分詞.
— *adj.* **1** 落ちた; 墜落した; 地上に横たわった, 倒れた: ~ leaves 落葉. **2** 転覆した, 壊滅した, 破滅した: a ~ city (敵軍に囲まれて)陥落した都市. **3** 堕落した, 〈女性が〉貞操を失った: a ~ woman 堕落した女性, 売春婦 / a ~ angel (天国を追われた)堕落天使, 堕天使 (悪魔). **4 a** (戦場で)倒れた, 死んだ, 戦死した: the ~ soldiers 戦没兵士. **b** [the ~; 名詞的に; 複数扱い] 戦没者. **5 a** (平らなものが)凹んだ: ~ cheeks 落ちた[こけた]頬. **b** たるんだ: a ~ arch of one's foot 偏平足. 〖《?a1400》 (p.p.) ← FALL〗

fáll·er /-lə | -lə^(r)/ *n.* **1** 《豪》伐採者 (woodcutter). **2** 落下するもの; 落下して作用する装置 《きねなど》. 〖《c1440》 'one who falls': ⇨ -er¹〗

fáll·fìsh *n.* 〖魚類〗北米東部産コイ科の淡水魚 (*Semotilus corporalis*). 〖c1811〗

fáll frónt *n.* (上部に書棚を備えた)机の前面のちょうつがいの付いた開閉自在の扉 《扉を開くとライティングテーブルとなる》.

fáll gùy *n.* 《米口語》 **1** 人の罪[責任]を背負う人, 身代わり (scapegoat). **2** だまされやすいお人好し, 「かも」. 〖1906〗

fal·li·bi·lism /fǽləbəlɪzm | -lɪ̀bɪ-/ *n.* **1** 〖哲学〗可謬(かびゅう)論 《完全な検証が不可能という理由で, 絶対に確実な経験的知識への到達を不可能とする説》. **2** 〖カトリック〗可謬説 (cf. infallibilism). 〖《c1897》 ← FALLIBLE + -ISM〗

fal·li·bil·i·ty /fæ̀ləbɪ́ləṭi | -lɪ̀bɪ́lɪ̀ti, -lɪti/ *n.* 誤りに陥りやすいこと, 誤りやすさ, 誤ることのありうること; 誤りを免れないこと, 不正確の可能性 (fallibleness) (cf. infallibility 1). 〖《1634》: ⇨ ↓, -ity〗

fal·li·ble /fǽləbḷ | -lɪ̀-/ *adj.* **1** 〈人・性質など〉誤りに陥りがちな, 誤りやすい, 誤ることのありうる (↔ infallible): All men are ~. **2** 〈法則・意見など〉誤りを免れない, 誤りのありうる, 間違いのやすい, 必ずしも正確でない. **~·ness** *n.* **fál·li·bly** *adv.* 〖《c1412》 □ LL *fallibilis* capable of being deceived ← L *fallere* to deceive: ⇨ -ible〗

fall·ing /fɔ́ːlɪŋ, fɑ́ːl- | fɔ́ːl-/ *n.* **1** 落下, 墜落; 降下: the ~ of the leaf. **2** 陥落; (岩石の)崩落. **3** 堕落.
— *adj.* **1** 落ちる, 下がる: a ~ body 落下物, 落体 / the law of ~ bodies 落体の法則 / a ~ tide 落潮. **2** 下降の, しり下がりの: a ~ intonation [tone] 下降調. **3** 〈家畜が〉衰弱しつつある. 〖《c1280》: ⇨ fall, -ing^(1,2)〗

fálling-báll clòck *n.* 〖時計〗吊られたボールの形をした重力時計 《下降するにつれてボール中央部の帯状ダイヤルが水平に回転し, 時刻を示す; 持ち上げれば上のロープはボール内に巻きこまれる》.

fálling bànd *n.* =fall *n.* 9 c.

fálling díphthong *n.* 〖音声〗下降二重母音 《英語の一般の二重母音のように前の母音が後の母音よりも強い二重母音; 英語の ice の /aɪ/, foul の /aʊ/ など; cf. rising diphthong》. 〖1888〗

fálling dóor *n.* 落とし戸 (flap door). 〖1753〗

fálling léaf *n.* 〖航空〗木の葉落とし 《左右に横滑りしながら木の葉が落ちるように降下する高等飛行術》. 〖1918〗

fálling-óff *n.* =falloff.

fálling-óut *n.* (*pl.* **fallings-**, **~s**) 不和 (disagreement), 衝突, 仲違(なかたが)い (quarrel) (cf. FALL *out*): We had a ~ *with* them. 彼らと仲間割れした. 〖1568〗

fálling rhýthm *n.* 〖詩学〗下降韻律 《強音節に一つまたはそれ以上の弱音節の続く詩脚から成る韻律形式 (trochaic, dactylic); ↔ rising rhythm》. 〖1918〗

fálling síckness [èvil] *n.* 《古》癲癇(てんかん) (epilepsy の旧名).

fálling slúice *n.* 自動水門 《水つきになると自動的に閉じる》.

fálling-sphére viscómeter *n.* 落球粘度計 《球体が重力の作用により液体中を落下する速さから液体の粘度を測定する計器》.

fálling stár *n.* 流星 (shooting star). 〖1563〗

fálling stóne *n.* 〖天文〗隕石(いんせき).

fálling wèather *n.* 《米中部》大雨や雪の天候, 険悪な天候, 悪天候. 〖1859〗

fáll lìne *n.* 《米》 **1** 〖地理〗瀑布(ばくふ)線, 滝線 《川が台地などを横切って流れる場合, その縁で滝や早瀬をつくっていることが多い, 複数の川のこれらを結んだ線のこと》. **2** [the F- L-] Piedmont 台地と海岸平野との境界線 《米国 Appalachian 山脈の東南部をこれとほぼ平行に走る》. **3** 〖スキー〗フォールライン, 最大傾斜線 《傾斜面の上下の 2 点間を結ぶ最短距離》. 〖1882〗

fáll·òff *n.* (量や力の)衰退, 減退, 減少 (decline): a ~ in exports. 〖1888〗

Fal·ló·pi·an túbe, f- t- /fəlóʊpiən- | -ləʊ-/ *n.* 〖解剖・動物〗卵管 (⇨ reproductive system 挿絵; cf. oviduct). 〖《1706》 ← *Gabriello Fallopio* (1523–62: その発見者であるイタリアの解剖学者(ラテン語名 *Fallopius*): ⇨ -an¹〗

fall·out /fɔ́ːlàʊt, fɑ́ːl- | fɔ́ːl-/ *n.* **1** (空からのちり・すすなどの)降下; (特に)原子灰 (atomic dust) の降下. **2** (空からの)降下物 (ちり・すす・火山灰など); (特に, 核爆発からの)放射性降下物, 放射能灰: radioactive [radiation] ~ 放射性降下物 / a ~ shelter 放射性降下物退避所. **3** 偶然の結果[副産物] (side effects). 〖1949〗

fal·low¹ /fǽloʊ | -ləʊ/ *adj.* **1** 〈畑地が〉休閑中の, 作付けをしてない (uncultivated): a ~ field / lie ~ 〈畑地が〉休んでいる / lay land ~ 土地を休める. **2 a** (能力などが)ありながら使っていない, 眠っている (dormant). ★ 主に lie fallow の句で用いる: Her musical talent *lay* ~ for ten years. 彼女の音楽的才能は 10 年間眠っていた. **b** (次の活動にそなえて)休んでいる, (休んで)力を蓄える: He went through a long ~ period before writing his masterpiece. 彼は長い休息[休筆]期間を切り抜けて代表作を書いた. **3** 妊娠していない: a ~ sow. **—** *n.* **1** 休閑 《通例, 耕地をすき返して 1 年または一期間作付けしないで休めておくこと》: land in ~ 休閑地. **2** 休閑地; 《廃》耕した土地. **—** *vt.* 〈土地を〉すき返して休めておく, 休閑する: ~ land. **~·ness** *n.* 〖OE *fealh, fealg* fallow land ← ? Gmc **falʒō*: cog. G *Felge*〗

fal·low² /fǽloʊ, -lə | -ləʊ/ *adj.* 淡黄褐色の, 朽葉色の, こげ茶色の (dun). **—** *n.* 淡黄褐色, 朽葉色. 〖OE *f(e)alu*, dun, yellow < Gmc **falwaz* (G *fahl, falb* fallow) ← IE **pel-* 'PALE¹'〗

fállow déer *n.* 〖動物〗ダマジカ (*Dama dama*) 《ヨーロッパ・小アジアに生息し, 夏に白い斑点が出る》. 〖《c1410》: ⇨ fallow² (↑)〗

fáll-pìpe *n.* 縦樋 (down-spout).

Fáll Ríver /fɔ́ːl-, fɑ́ːl- | fɔ́ːl-/ *n.* フォールリヴァー 《米国 Massachusetts 州南東部の海港; 織物の産地》.

fáll-tràp *n.* 落としわな. 〖c1450〗

fáll wébworm *n.* 〖昆虫〗アメリカシロヒトリおよびその近似種の幼虫の総称 (cf. webworm).

fáll wind /-wɪnd/ *n.* 〖気象〗おろし (katabatic wind) 《地表の空気の冷却により斜面を吹き下りてくる風》. 〖1867〗

Fal·mouth /fǽlməθ/ *n.* ファルマス 《イングランド南西部 Cornwall 州の海港; 海水浴場》. 〖ME *Falemuth* ← *Fal* (Cornwall の川の名: < OE *Fæle* ← ?) + *muth* 'MOUTH'〗

false /fɔ́ːls, fɑ́ːls | fɔ́ːls, fɔ́ls/ *adj.* (**fals·er**; **-est**) **1 a** 誤った, 間違った, 正しくない, 不正確な; 誤った考えに基づく, 根拠のない: a ~ report 根拠のない報道 / ~ agreement 〖文法〗擬似一致 / ~ concord 〖文法〗(数・性・格などの)擬似呼応 / ~ quantity (韻文または発音で)母音の長短の誤り / make a ~ start 〖スポーツ〗スタートでフライングをする; 踏出しを誤る / give a ~ impression 誤った印象を与える / ~ pride [shame] 誤った自尊心[羞恥心]. **b** 無分別な, 無思慮な, 軽率な: ⇨ false move. **2 a** にせの, まやかしの, 偽造の; 見せかけの, うわべだけの: a ~ god 邪神 / a ~ prophet にせ予言者 / a ~ signature 偽筆の署名 / ~ tears そら涙 / ~ modesty 見せかけの謙遜, ねこかぶり / a ~ alibi にせのアリバイ / a ~ attack 〖軍事〗陽攻 《真の攻撃をごまかすための偽りの行動》 / a ~ coin ⇨ coin *n.* 1 / a ~ passport 偽造旅券 / the ~ West of the movies 映画に出るまやかしの西部 / give a ~ color to ⇨ color *n.* 8 a. **b** 人工の, 人為的に作られた (artificial, counterfeit): ⇨ false teeth, false eyelash / ~ hair 入れ毛, かもじ / a ~ flower 造花 / a ~ diamond 人造ダイヤ / a ~ pearl 模造真珠. **c** 語源の思い誤りでできた: *Pea* is a ~ singular formed from the real singular *pease*. もともと単数形の pease を複数形と思い誤って pea という単数形ができた. **d** (外形はそれらしく作り出されているが何もない, からの: a ~ window めくら窓. **e** 自然さを欠いた, 不自然な, わざとらしい: a ~ manner わざとらしい態度 / with ~ cheerfulness わざと陽気に. **3** 信の置けない; 不誠実な, 不貞な, 不実な, 不信の (↔ true): be ~ *to* a person's trust [*to* a person] 人の信頼に背く / a ~ friend 不信の友. **4 a** 欺瞞的な, いんちきな, 不正の: ~ weights 不正分銅. **b** 不法な: ⇨ false imprisonment. **5** 虚偽の[を述べる], うそを言う: a ~ charge 〖法律〗誣告(ぶこく) / make ~ promises 偽りの約束をする / ⇨ false pretenses. **6** 仮の, 一時的な, 補助的な, 副の: ~ pillars 仮柱 / a ~ deck (甲板の上に張った)補助甲板. **7** 〖植物〗一見類似している, 疑似の: ⇨ false acacia. **8** 〖病理〗〈疾患など〉疑似の, 偽性の: ~ cholera 疑似コレラ. **9** 〖音楽〗調子はずれの: ⇨ false note.
in a fálse posítion ⇨ position *n.* 成句.
fálse líly of the válley 〖植物〗ニセスズラン 《ユリ科マイヅルソウ属 (*Maianthemum*) の多年草; 米国北部・カナダ産; 特に Canada mayflower; bead-ruby ともいう》.
— *adv.* **1** 《古》間違えて, 誤って, 不正確に (incorrectly, wrongly). **2** 不実に (faithlessly). ★ 主に次の句に用いる: play a person ~ (勝負などで)人にずるい手を使う; だます, 裏切る / My memory played me ~. (それは)私の記憶違いだった. 〖lateOE *fals* (adj., n.) □ L *falsus* deceptive (p.p.) ← *fallere* to deceive: cf. OF *fals, faus* (F *faux*)〗

SYN **1** **偽りの: false** 本物らしく見せかけて作った 《時に人を欺く意図を含む》: *false* teeth 義歯 / a *false* coin 偽造硬貨. **sham** あるものに見せかけた 《通例人を欺く意図がある》: *sham* compassion 見せかけの同情. **counterfeit** 〈金・宝石などが〉本物として通るほど入念に模倣されている 《常に人を欺く意図を含む》: *counterfeit* money にせ金. **fictitious** 現実・事実とは違う架空の, 虚構の意 《常に人を欺く意図とは限らない》: under a *fictitious* name 偽名で. **spurious** 格式ばった語で本物でないの意 《必ずしも人を欺く意図を含まない》: a *spurious* MS 偽筆の稿本 / *spurious* gaiety 見せかけの陽気さ. **bogus** にせものの 《人を欺く意図を含む》: *bogus* ten-dollar bills にせものの 10 ドル紙幣. **fake** 時に人を欺くために本物らしく見せかけたまやかしの: *fake* pearls 模造真珠. **2** **不実な:** ⇨ faithless.
ANT genuine, real.

fálse acácia *n.* 〖植物〗=black locust.

fálse alárm *n.* **1** (消防署への)虚偽の火事の通報; 誤警報: give a ~ 誤警報を発する. **2** 人騒がせなもの[人]; 期待はずれ, 思いすごし. 〖1579〗

fálse áloe *n.* 〖植物〗米国の南東部に産するリュウゼツラン属 (*Agave*) の球根性の草本の総称; (特に) *A. virginica*.

fálse ankylósis *n.* 〖解剖〗偽強直, 偽関節 《繊維性強直 (pseudoarthrosis) の非専門用語》.

fálse ánnual ríng *n.* 〖林業〗=false ring.

fálse arrést *n.* 〖法律〗不法逮捕, 不法抑留. 〖1926〗

Fálse Báy /fɔ́ːls-, fɑ́ːls- | fɔ́ːls-, fɔ́ls-/ *n.* フォルス湾 《南アフリカ共和国の南西部, Cape of Good Hope 近くの湾》.

fálse bédding *n.* 〖地質〗=cross-bedding.

fálse bóttom *n.* **1** (秘密の物入れにする, 箱・トランクなどの)二重底, 裏底. **2** (箱などの)入れ底, 上げ底 (cf. kick² 1). 〖1596〗

fálse búckthorn *n.* 〖植物〗=buckthorn 2.

fálse cádence *n.* 〖音楽〗=deceptive cadence.

fálse-cárd *vi.* 〖トランプ〗(ブリッジで)まぎわし札を出す. 〖1902〗

fálse cárd *n.* 〖トランプ〗(ブリッジで)まぎわし札 《防御側が相手 (declarer) の読みを狂わせる目的で出す故意に高い[低い]札》.

fálse cást *n.* 〖釣〗フォールスキャスト 《fly casting の動作で, 毛針を頭上で前後に振ること》.

fálse céiling *n.* 〖建築〗=suspended ceiling. 〖1870〗

fálse chéek *n.* 〖金属加工〗中継ぎ枠(わく), 中枠 《鋳型の上型と下型との間に重ねる鋳型枠》.

fálse círrus *n.* 〖気象〗(雷雲の上にできる)偽巻雲.

fálse cólor *n.* 偽(ぎ)色彩(法) 《赤外線を利用して色合成する特殊な色調を出す写真技法》. **—** *adj.* 偽色彩(法)の. 〖《1573》 1968〗

fálse cólors *n.* **1** 偽の国旗 《敵を欺くためなどに掲げる》. **2** 偽名.

fálse cónsciousness *n.* 〖社会学〗虚偽意識.

fálse dáwn *n.* 〖天文〗 **1** 日の出前の黄道帯の光. **2** =zodiacal light. **3** (はかなく消える)一時的な成功, むなしい希望[期待], ぬか喜び. 〖1832〗

fálse ecónomy *n.* (実際にはより大きな出費につながる)見かけの[誤った]節約[経済性].

fálse éyelash *n.* 付けまつげ.

fálse fáce *n.* 仮面 (mask). 〖1818〗

fálse-fàced *adj.* 偽善の. 〖《1607–8》: ⇨ faced〗

fálse fóxglove *n.* 〖植物〗ニセジギタリス 《foxglove に似た黄色の花をつける北米産のゴマノハグサ科 *Gerardia* 属の植物の総称》.

fálse fríend *n.* =faux ami.

fálse frónt *n.* **1** (建物を実際以上に大きく見せるための)にせ正面. **2** 付け前髪. **3** 虚飾, こけおどし.

fálse frúit *n.* 〖植物〗=accessory fruit.

fálse-héarted *adj.* 信義のない, 不実の, 不信の, 背信の (treacherous): a ~ traitor. 〖1571〗

fálse héraldry *n.* 〖紋章〗紋章ルールに違反した紋章.

fálse·hòod *n.* **1** うそ, 虚言 (⇨ lie² SYN): tell a ~ うそをつく. **2** うそをつくこと (lying); 偽り, 虚偽 (falsity). **3** 誤った信念・理論・考えなど. **4** 《廃》瞞着(まんちゃく), 欺瞞 (deception). 〖《c1300》 *falshed(e)*: ⇨ -hood〗

fálse horízon *n.* 〖測量〗偽水平線, 人工地平線 《高度などを測るのに用いる地平線に似せた線または面》.

fálse imprísonment *n.* 〖法律〗不法監禁; 不法監禁に基づく訴訟. 〖1386〗

fálse índigo *n.* 〖植物〗 **1** マメ科センダイハギ属 (*Bap-*

F

tisia) の植物の総称. **2** クロバナエンジュ, イタチハギ (*Amorpha fruticosa*)《米国東部産のマメ科の落葉低木; 花は暗紫青色》.

fálse Jerúsalem chérry *n.* 〘植物〙ナス科の低木 (*Solanum capsicastrum*)《ブラジル産; 球形の実が美しいので, 観賞用に栽培》.

fálse jóint *n.* ＝pseudoarthrosis.

fálse kéel *n.* 〘海事〙張付キール, 仮竜骨《木造船の竜骨の下に重ねて暗礁などによる損傷を防ぐ》. 〘1627〙

fálse kéy *n.* ＝picklock.

fálse lábor *n.* 〘産科〙偽(性)分娩《陣痛の前に起こる子宮頸部の痛みを伴う収縮》.

fálse lóosestrife *n.* 〘植物〙チョウジタデ, ミズキンバイ《米国産の湿地を好み黄色い花が咲くアカバナ科ミズユキノシタ属 (*Ludwigia*) の草本の総称》.

F

fálse·ly *adv.* 不正に, 不当に; 偽って; 誤って; 不誠実に, 不実に; もっともらしく: be ～ accused 無実の罪をきせられる. 〘(?a1200) *falsli(che)*: ⇨ -ly[1]〙

fálse mémbrane *n.* 〘医学〙偽膜《ジフテリアなど炎症のあるとき線維素や白血球などからできる膜状物》.

fálse-mémory sỳndrome *n.* 〘精神医学〙虚偽記憶症候群《実際にはなかった事柄を記憶があるように信じ込む状態》.

fálse míterwort *n.* 〘植物〙北米産の春に白い花の咲くユキノシタ科ズダヤクシュ属の耐寒性多年草 (*Tiarella cordifolia*)《foamflower ともいう》. 〘1868〙

fálse móve *n.* 人に警戒心を起こさせる動き; (事故や失敗につながる)誤った行動[動作]: make a ～ 軽率に動く / One ～ and I'll shoot! 下手に動いたら撃つぞ.

fálse-négative *n., adj.* 〘医学〙偽陰性(の) (cf. false-positive).

fálse·ness *n.* **1** 偽り, 虚偽(性). **2** 不正, 欺瞞, 詐欺. **3** 不信, 不実, 不誠実, 裏切り: ～ of heart. 〘(c1300): ⇨ -ness〙

fálse néttle *n.* 〘植物〙イラクサ科マオ属 (*Boehmeria*)・*Laportea* 属の植物の総称.

fálse nóte *n.* **1** 〘音楽〙調子はずれの音, 不正音. **2** ちぐはぐな感じ, 不調和な要素.

fálse pápers *n. pl.* 〘海事〙偽造書類《船の積載貨物に関し積出し港などの記載事項が, 偽る目的で真実を書いていない書類》.

fálse párt *n.* 〘金属加工〙＝oddside.

fálse píle *n.* 〘土木〙雇い杭《もっと深く打ち込むため他の杭の上に取り付けた杭》.

fálse posítion *n.* 不本意な[意図に反する]立場《自分の主義・利益に反して行動しなければならない状況》. 〘1830〙

fálse-pósitive *n., adj.* 〘医学〙偽陽性(の) (cf. false-negative).

fálse prégnancy *n.* 〘病理〙想像妊娠. 〘c1860〙

fálse preténses *n. pl.* 〘法律〙詐欺罪《人から金銭または物品を詐取する行為; 犯罪とされる》. 〘1757〙

fálse proscénium *n.* 〘劇場〙フォールスプロセニアム《舞台額縁の内側に必要に応じて一時的に設けられる縁取り》.

fálse quántity *n.* 〘詩学〙(朗読・作詞上の)母音の長短の誤り, 音量の誤り. 〘1711〙

fálse relátion *n.* 〘音楽〙対斜《異なる声部間での斜めの増 1 度の関係; cross relation ともいう》.

fálse representátions *n. pl.* 〘法律〙虚偽の表示《うそを信用して金銭的損害を被った場合訴訟原因となる》.

fálse retúrn *n.* 不正申告: He made a ～ of his income. 彼は偽りの所得申告をした.

fálse ríb *n.* 〘解剖〙仮肋(ろく), 偽肋《胸骨に付着していない肋骨; ヒトでは下方五対; cf. floating rib》. 〘15C〙

fálse rídgepole *n.* 〘建築〙棟押さえ, 化粧棟《屋根の上に棟を作るために棟木の上に据え付ける板》.

fálse ríng *n.* 〘林業〙偽年輪《外的条件の非常な変化などによって年輪と年輪の間に形成される年輪様のもの; cf. annual ring 1》.

fálse scórpion *n.* 〘動物〙擬蠍(ぎかつ)目 (*Pseudoscorpionida*) クモ綱に属する捕食性の虫の総称《book scorpion はその一種》. 〘1875〙

fálse Sólomon's-sèal *n.* 〘植物〙ユキザサ《ユリ科ユキザサ属 (*Smilacina*) の植物の総称; 花は薄緑色》. 〘c1856〙

fálse spíkenard *n.* 〘植物〙北米東部産のユキザサの一種 (*Smilacina racemosa*)《ユリ科の多年草で太い根茎があり白い小花をつける》.

fálse stárt *n.* **1** (水泳・陸上競技で)不正なスタート, フライング: make a ～ フライングする. **2** 誤った第一歩, 出だしのつまずき. 〘1815〙

fálse stép *n.* **1** つまずき. **2** 賢明さを欠く行為, 愚行; 失策 (blunder) (cf. faux pas).
máke* [*táke*] *a fálse stép 足を踏みはずす; つまずく, よろめく; へまをやる.
〘1700〙

fálse téeth *n.* 義歯, 入れ歯《特に取りはずしのできるものをいう》.

fálse títle *n.* 〘製本〙＝half title 1.

fálse tópaz *n.* 〘鉱物〙擬黄玉《黄水晶または黄色の蛍石》.

fal·sét·tist /-tɪ̣st | -tɪst/ *n.* ファルセット歌手, 裏声でしゃべる人. 〘(1889): ⇨ ↓, -ist〙

fal·set·to /fɔːlsétoʊ, fɑːl- | fɔlsétəʊ, fɔːl-/ *n.* (*pl.* ～**s**) **1 a** 〘音楽〙ファルセット《男声, 特にテノール歌手が普通の声域より高い音を裏声で出す発声法》. **b** (不自然な)作り声, 裏声: in ～ 裏声で, 仮声で. **2** ファルセット歌手 (falsettist). — *adj.* **1** 仮声[裏声]の: a ～ tone. **2** ファルセットで歌う. — *adv.* 仮声[裏声]で: sing ～. 〘(1774) □ It. ～ (dim.) ← *falso* 'FALSE'〙

fálse vámpire bàt *n.* 〘動物〙チスイコウモリモドキ《東南アジア・アフリカ・オーストラリアのアラコウモリ科または中南米のヘラコウモリ科のチスイコウモリモドキ属 (*Vampyrum*) のコウモリの総称; チスイコウモリモドキ (*V. spectrum*) など; 生血を吸うという誤伝からこの名がある; cf. vampire 5 b》.

fálse vócal fòlds [**còrds**] *n. pl.* 〘解剖〙仮声帯《真声帯 (true vocal cords) の上にあるもう一組のひだ(室ひだ)のことを臨床的に呼ぶ慣用名; これを使った病的な発声は一種のだみ声になる》.

fálse wáter *n.* **1** 〘蒸気機関〙偽水面《急激な蒸気発生により起こる水面計の上昇》. **2** [*pl.*]〘生理〙仮羊水.

fálse wíntergreen *n.* 〘植物〙北米東部産の白い花をつけるイチヤクソウ科の多年草 (*Pyrola rotundifolia* var. *americana*)《consumption weed ともいう》.

fálse·wòrk *n.* 〘土木〙足場, 仮構. 〘c1874〙

fals·ie /fɔ́ːlsi, fɑ́ːl- | fɔ́ːl-, fɔ́l-/ *n.* 《口語》つけ髭(ひげ). 〘← FALSE＋-IE〙

fals·ies /fɔ́ːlsiz, fɑ́ːl- | fɔ́ːlsiz, fɔ́l-/ *n. pl.* 《口語》(胸を豊かに見せるためにブラジャーに入れる)パッド, 乳パッド, ブラパッド; パッドつきのブラジャー. 〘(1943) ← FALSE＋-IE＋-s[1]〙

fal·si·fi·ca·tion /fɔ̀ːlsəfɪ̣kéɪʃən, fɑ̀ːl- | fɔ̀ːlsɪ̣fɪ-, fɔ̀l-/ *n.* **1** 偽造, 贋造(がんぞう); 変造. **2** (事実の)曲解 (perversion), 歪曲 (distortion); 誤伝 (misrepresentation): ～ of facts. **3** 虚偽の立証, 論破 (disproof). 〘(1565) □ F ～ □ LL *falsificātiō(n-)*: ⇨ falsify, -ation〙

fal·si·fy /fɔ́ːlsəfàɪ, fɑ́ːl- | fɔ́ːlsɪ̣-, fɔ́l-/ *vt.* **1** 〈事実・記録などを〉偽る, 曲げる, 偽り伝える, 歪曲する (distort): ～ evidence 証拠を曲げる. **2** 〈書類などを〉(不正に)変造する (forge): ～ a will 遺言書に手を入れる / ～ a passport 旅券を変造する. **3** …の偽り[誤り]を立証する, …の反証を挙げる (disprove), 論破する. **4** 〈結果が〉〈期待などを〉裏切る: ～ one's hopes 期待を裏切る. — *vi.* 誤り伝える, うそを言う. **fál·si·fì·a·ble** /-fàɪəbl/ *adj.* **fál·si·fì·er** *n.* 〘(c1449) □ (O)F *falsifier* □ LL *falsificāre* ← L *falsificus* that acts falsely: ⇨ false, -fy〙

fal·si·ty /fɔ́ːlsəṭi, fɑ́ːl- | fɔ́ːlsəti, fɔ́l-, -sɪ-/ *n.* **1** (陳述などの)誤っていること, 虚偽 (untruth); 虚偽性, 欺瞞(ぎまん)性 (deceitfulness); 不正直; 不信, 裏切り. **2** [*pl.*] うそ, 偽りのもの, 偽作. 〘(c1275) □ OF *falsete* (F *fausseté*) □ L *falsitātem*: ⇨ false, -ity〙

Fal·staff /fɔ́ːlstæf, fɑ́ːl- | fɔ́ːlstɑːf, fɔ́l-/, Sir **John** *n.* フォールスタッフ《Shakespeare の劇 *Henry IV* と *Merry Wives of Windsor* に登場する人物; 陽気で頓知に富み, ほら吹きの肥満した騎士》.

Fal·staff·i·an /fɔːlstǽfiən, fɑːl- | fɔːlstɑ́ːf-, fɔl-/ *adj.* フォールスタッフ (Falstaff) の(ような); フォールスタッフのように肥満して陽気でほら吹きの. 〘(1808): ⇨ ↑, -ian〙

Fal·ster /fɑ́ːlstə, fɔ́ːl- | -stə(r; *Dan.* fál'sdʌ/ *n.* ファルスター(島)《デンマーク南東部バルト海 (Baltic Sea) 中の島; 面積 513 km²》.

falt·boat /fɑ́ːltbòʊt, fɔ́ːlt- | fǽltbəʊt, fɑ́ːlt-, fɔ́ːlt-, fɔ́lt-/ *n.* 〘海事〙折りたたみ舟《組立て式の骨組にゴム引き布を張った軽便なボートで, 大きさも形も kayak ぐらいで持運びに便利; foldboat ともいう》. 〘(1926) (部分訳) ← G *Faltboot* ← *falten* 'to FOLD[1]'＋*Boot* 'BOAT'〙

fal·ter /fɔ́ːltə, fɑ́ːl- | fɔ́ːltə(r, fɔ́l-/ *vi.* **1** つまずく, よろめく. **2** どもる, 口ごもる: His tongue [He] ～*s*. **3 a** たじろぐ, ためらう, ひるむ (⇨ hesitate **SYN**). **b** 〈気力・効力などが〉弱まる, 衰微する, にぶる. — *vt.* 口ごもり[どもり]ながら言う 〈*out*〉: ～ *forth* [*out*] an extemporized excuse 口ごもりながら出まかせの言い訳をする. — *n.* **1** よろめき; たじろぎ, ためらい. **2** 口ごもり[どもり]声. **～·er** /-tərə | -tərə(r/ *n.* **～·less** *adj.* 〘(c1390) *faltere(n)* ← ? *falde(n)* 'to FOLD[1]'＋*-ter* (cf. totter[1]) // □ ON *faltrask* to be cumbered: ⇨ -er[4]〙

fál·ter·ing /-tərɪŋ, -trɪŋ/ *adj.* **1** よろめく: ～ steps よろよろとした足どり, 千鳥足. **2** 口ごもる, どもる: a ～ voice / one's ～ tongue. **3** ためらう. 〘(1549): ⇨ ↑, -ing[2]〙

fál·ter·ing·ly *adv.* よろめきながら; 口ごもって; ためらいながら (hesitantly). 〘(1611): ⇨ ↑, -ly[1]〙

Fa·lun /fɑ́ːluːn; *Swed.* fɑ̌ːlɵn/ *n.* ファールン《スウェーデン中部 Stockholm の北西にある市; 黄銅鉱を産出する》.

falx /fǽlks, fɔ́ːlks, fɑ́ːlks | fǽlks, fɔ́ːlks/ *n.* (*pl.* **fal·ces** /-siːz/) **1** (古代の)戦車鎌(がま)《馬車の車輪につけた大鎌》. **2** 〘解剖〙鎌(状膜), 鎌状器官[組織]; (特に)大脳鎌(状膜), 小脳鎌(状膜). 〘(1706) □ L ～ 'sickle'〙

FAM 《略》Free and Accepted Masons (cf. Freemason).

fam. 《略》familiar; family.

f.a.m. 《略》foreign airmail; free at mill.

fa·ma·cide /féɪməsàɪd/ *n.* 〘法律〙悪口を言う人 (defamer), 中傷者. 〘← L *fāma* 'FAME'＋-CIDE〙

Fam·a·gus·ta /fɑ̀ːməgúːstə, fæ̀m- | fæ̀məgʊ́stə, fɑ̀ːm-/ *n.* ファマグスタ《キプロス東部, Famagusta Bay に面する港市; 14 世紀にはキリスト教国中最も豊かな市の一つとなった》.

fam·a·ti·nite /fæ̀mətíːnaɪt, fɑ̀ːm-/ *n.* 〘鉱物〙ファマチナ鉱 (Cu_3SbS_4)《アルゼンチン産の赤みがかった灰色の結晶状鉱物》. 〘(1875) □ G *Famatinit* ← *Sierra de Famatina* (アルゼンチン北西部の山脈)＋*-it* '-ITE[1]'〙

fame /féɪm/ *n.* **1** 名声, 令名, 声望 (renown, famousness): undying ～ 不朽の名声 / a politician of considerable ～ 令名ある政治家 / Dr. Fleming of penicillin ～ ペニシリンの発見で有名なフレミング博士 / seek ～ 名声を求める / come [rise] to ～＝gain [win] ～ 有名になる / bring ～ to …に名声をもたらす, を有名にする. **2** 世評, 評判: a house [woman] of ill ～《古》売春宿[婦]. **3** 《まれ》うわさ, 風聞 (rumor). — *vt.* **1** [p.p. 形で] …の名声をひろめる, 有名にする (cf. famed). **2** [通例受身で]《古》(…と)世間で言う 〔*as, for*〕/ 〈*to be* [*do*]〉: He is ～*d as* [*to be, for* being] cruel. 彼は残忍だとの世評だ.
～·less *adj.* 〘(?a1200) □ OF ～ (F *fâme*) □ L *fāma* (cog. Gk *phḗmē*) voice, rumor, fame ← IE **bhā-* to speak (L *fārī* / Gk *phánai*): cf. phone[2]〙

famed /féɪmd/ *adj.* 有名な, 名高い (famous): Japan's most ～ tourist spot 日本の最も著名な観光地 / That pub *is* ～ *for* its beer. その酒場はビールで有名である / He is ～ *for* (his) cruelty. 彼は残酷なことで知られている. 〘*a*1533): ⇨ ↑, -ed〙

Fa·meuse /fəmjúːz; *F.* famøːz/ *n.* 〘園芸〙紅紋《リンゴの品種名》. 〘□ F ～ (fem.) ← *fameux* famous〙

fa·mil·ial /fəmíljəl, -liəl | -liəl, -ljəl/ *adj.* **1** 家族の, 一族の. **2** 〈病気が〉家族性の[に起こる]: a ～ disorder. 〘(1900) □ F ～: ⇨ family, -al[1]〙

fa·mil·iar /fəmíljə, -liə | -liə(r, -ljə(r/ *adj.* **1** よく知られている, 見慣れた, 聞き慣れた (⇨ common **SYN**); ありふれた, 通俗な: an experience ～ *to us* all われわれだれにでも珍しくない経験 / a ～ face 見慣れた顔 / hear a ～ voice 聞き覚えのある声を聞く / a ～ tool like a knife ナイフのようにありふれた道具 / It seems [looks, sounds] ～. それはよく知られているようだ[見慣れている, 聞き慣れている]. **2** 〔…をよく知っている, 〔…に〕通じている, 詳しい 〔*with*〕: people ～ *with* things Japanese 日本のことに詳しい人たち / She made herself ～ *with* the local shops. 彼女は地元の店に詳しくなった. **3 a** 〔…と〕親しい, 仲がいい, 心安い 〔*with*〕: be ～ *with* …と親しい / be on ～ terms with …と親しい仲である. **b** 〔…と〕(性的)関係のある 〔*with*〕. **4 a** くだけた, 打ち解けた, 気楽な: a ～ conversation 打ち解けた談話 / write in an easy ～ style (くつろいだ)口語体で書く / ～ letters (商用文・公文に対して)日用[社交]書簡. **b** 度を超えて親しい, 馴れ馴れしい, 無遠慮な, 厚かましい: His manner is too ～. 態度が馴れ馴れし過ぎる / He is [is getting] too ～ *with* them. 彼らに対して無遠慮すぎる[になりすぎている]. **5** 〈動物など〉飼い慣らした, 慣れた. **6** 《まれ》家庭の, 家内の; 家族用の, 家族のよく行く: a ～ resort. ★ この意味では今は family を形容詞的に用いる. **7** 《廃》愛想のよい, 社交的な. — *n.* **1** 親しい仲間, 親友. **2** ＝familiar spirit. **3 a** (あることに)精通している人. **b** (ある場所を)よく訪ねる人. **4** (宗教裁判所の)捕吏. **5** 〘カトリック〙(教皇または司教の)用人. **6** 高官一家の構成員. **～·ness** *n.* 〘(c1380) *familier* □ (O)F □ L *familiāris* domestic, friendly: ⇨ family, -ar[1]〙

SYN 親しい: **familiar** 絶えず交際しているので家族のように親しい: I'm not *familiar* with cousins on my father's side. 父方のいとこたちとは親しくしていない. **friendly** 友達として仲のよい関係を意味し, 広い範囲で親しい間柄を示す最も一般的な語. **close** 愛情・利害の点で非常に近しい関係にある: *close* friends 親友. **intimate** 親しく付き合っていて気心がよくわかっている; 異性間に用いるときは性的な関係を暗示することがある: They have an *intimate* relationship. ごく親しい間柄だ.

fa·mil·i·ar·i·ty /fəmìliǽrəṭi, -ljǽr-, -ǽr- | -liǽrɪ̣ti/ *n.* **1 a** 親密, 親交; 心やすさ, 懇意, 親しみ (familiarness) 〔*with*〕: be on terms of ～ *with* …と親しい間柄である / treat one's friends with ～ 友人に対して親切にする. **b** 《婉曲》(いやがられる)性的関係. **c** [*pl.*] 愛撫 (caresses). **2** 馴れ馴れしさ, 無遠慮; [*pl.*] 馴れ馴れしい言行 (liberties): *Familiarity* breeds contempt. 《諺》馴れすぎは侮りを招く,「親しい仲にも垣(かき)をせよ」. **3** よく知っていること, 熟知, 精通 〔*with*〕: show thorough ～ *with* …に精通していることを示す. 〘(?a1200) *familiarite* □ (O)F *familiarité* □ L *familiāritātem*: ⇨ ↑, -ity〙

fa·mil·iar·i·za·tion /fəmìljərɪ̣zéɪʃən, -liə- | -liəraɪ-, -ljə-, -rɪ-/ *n.* 親しませる[習熟させる, なじませる]こと. 〘(1755): ⇨ -ization〙

fa·mil·iar·ize /fəmíljəràɪz, -liə- | -liə-, -ljə-/ *vt.* **1** 〈人を〉〔…に〕慣れ親しませる, 習熟させる 〔*with*〕: ～ a person *with* the manners of society 人を社交法に習熟させる / ～ oneself *with* …に親しむ, に精通[習熟]する. **2** 〈事物を〉〈人に〉親しませる, よく知らせる 〔*to*〕. **3** 《古》〈人〉と親しくする; 気楽に〈人〉と交わる. — *vi.* 《古》気軽にふるまう; 〔…と〕馴(な)れ馴れしくする 〔*with*〕. **fa·míl·iar·ìz·er** *n.* 〘(1608) □ F *familiariser*: ⇨ familiar, -ize〙

fa·mil·iar·ly *adv.* **1 a** 親しく (intimately). **b** 打ち解けて (unceremoniously). **b** 馴れ馴れしく, 厚かましく, 無遠慮に; 大胆に. **3** 通例, 俗に. 〘(1386): ⇨ -ly[2]〙

famíliar spírit *n.* **1** 使い魔, 使いの精《魔法使いや魔女などについてその用足しをすると想像される魔物》. **2** 霊媒などによって呼び起こされた死者の霊魂. 〘1565〙

fam·i·lism /fǽməlìzm | -mɪ̣-/ *n.* **1** 家族主義. **2** [しばしば F-] ファミリスト派の教義[慣行], ファミリスト主義 (cf. familist). 〘(1642) ← FAMILY＋-ISM: cf. Family of Love (⇨ family 成句)〙

fám·i·list, F- /-lɪ̣st | -lɪst/ *n.* ファミリスト派 (「愛の朋(とも)」派,「愛の家族」派) の教徒《1540 年ごろドイツ人 Hendrik Niclaes が創設し, 以後 16–17 世紀にかけてヨーロッパに流行した神秘主義的宗派 (the Familists, Family of Love) の教徒; 四海同胞を唱え, 宗派の根源が愛にあると説いた》. **fam·i·lis·tic** /fæ̀məlístɪk | -mɪ̣-/ *adj.* 〘1592〙

fa·mille /fəmíː(j), fæ- | -míː(ɪ); *F.* famij/ *n.* 軟彩磁器《17, 8 世紀中国に現れた, 主として黄・黒・赤・緑色で上絵付けした磁器; 上絵の色により famille jaune (ファミーユジョーン, 黄), famille noir (ファミーユノアール, 黒), famille rose (ファミーユローズ, 赤), famille vert (ファミーユヴェルト, 緑) という). 〖□F ～ ← *famille* 'FAMILY'〗

fam·i·ly /fǽm(ə)li | -m(ə)-, -mɪ-/ *n.* **1** [集合的] **a** 所帯, 家族 (household) 《両親とその子女に召使・下宿人をも含めて一つ屋根の下に住んでいる人; cf. individual 1》: ⇨ happy family / a sense of ～ 家族意識. **b** 家族, 家庭 《両親とその子女, また配偶者と子供たちを指す》: I took my (whole) ～ on vacation. 家の者(全員)を休暇に連れて行った. **c** 一家の子女, 子供たち: He has a large ～. 彼には子供が多い. ★家族の一人一人を指すときは複数扱いとなる: My ～ *are* all early risers. 家族の者はみな早起きだ / Are all your ～ in [at home]? ご家族はみんなおうちですか / How *is* [*are*] your ～? ご家族の皆さんはお元気ですか / members of the (same) ～＝～ members / I've always treated her like one of the ～. 彼女のことをいつも家族のように扱ってきた. **2 a** 一族, 一家, 一門: one's immediate ～ 近親 / My ～ has been in Devonshire since the 16th century. 私の一族は 16 世紀以来ずっとデボンシャーに住んでいる / the *Family* of York ヨーク家《英国の一王家》. **b** 《英》家柄, 家門, 家系; 門閥(ばつ), 名門: a man [woman] of (*good*) ～ 名門の出の人 / a man *of* no ～ 家柄の低い人. **c** 種族, 民族 (race): the Arian [Teutonic] ～ アーリア族[チュートン族]. **3 a** (共通の特徴による)群, 種族: welcome a country into the ～ of free nations ある国を自由国家群の中に迎える / a ～ of languages＝a linguistic [language] ～ 語族 / the viol ～ 弦楽器群. **b** (高官・事務所の)スタッフ《特に米国大統領についていう》. **c** (マフィアなどの)暴力団の一家《特定の地域内での行動を担当する》: a Mafia ～ マフィアの一家. **d** 〖言語〗(通例言語分類上, 親縁関係が確立されている)語族 (cf. phylum 2): English and French belong to the Indo-European ～. 英語とフランス語はインドヨーロッパ語族に属する. **e** 〖化学〗(元素の)族. **4** [集合的] **a** 《古》(一人に奉仕する)召使いたち. **b** (役人の)全下僚: ⇨ official family. **5** 〖社会学〗家族《夫婦を中核としその近親の血縁者から成る小集団》: ⇨ extended family, nuclear family. **6 a** 〖生物〗科 (cf. classification 1 b): the cat ～ ネコ科 / the dog ～ イヌ科 / the rose ～ バラ科. **b** (雌の血統をひく)家畜. **7** 〖数学〗族: a ～ *of* sets 集合族. **8** 〖生態〗科, 家族. **9** 〖活字〗ファミリー《同系統の欧文活字書体の一群》.

be óne of the fámily グループのれっきとした一員[仲間]である. ***rún in the*** [*one's*] ***fámily*** 〈性格・素質が〉家族に遺伝している. ***She's*** [***He's***] ***fámily.*** 《口語》あの人は身内[親類]です.

Fámily of Lóve [the —] the Familists の別称; ⇨ familist. 《1579》

— *adj.* [限定的] **1** 家の, 家族の, 家門の: a ～ affair [party] 内輪の事[だけの集まり] / a small ～ business 小規模な家業 / rising ～ income 増加する家族の収入 / a *family*-size package of potato chips 徳用サイズのポテトチップス一袋 / a ～ estate 家代々に伝わる不動産 / ～ jewels [silver] 家宝の宝石[銀食器類] 《family jewels には睾丸の意味もある》 / a ～ failing 家族特有の欠点 / the ～ home 一家族の主な住まいである家 / a two-*family* house 二世帯住宅 / a ～ likeness [resemblance] 骨肉[肉親]の似寄り / ～ pride 家族の自慢 / ～ ties 家族のきずな[つながり] / ⇨ family tree. **2** 家庭の; 家族向きの, 家族的な; 家庭出入りの: ～ life 家庭生活 / a ～ butcher 《英》(個々の家庭に)出入りの肉屋 / ～ law 家の者だけが知っている家訓 / a ～ council [conference] 親族会議 / a ～ friend＝a friend of the ～ 家族一同の友人 / ～ prayers 家庭で行う祈禱式 / a ～ hotel 家族向きホテル / a ～ trip 家族連れの旅行, 家族旅行 / traditional ～ values 伝統的な家庭中心の価値観.

in a fámily wày (1) 家族的に, 親しく打ち解けて. (2) 《口語》＝*in the* FAMILY *way*. 《1709》 ***in the fámily wày*** 《口語》妊娠して (pregnant): put [get] a woman *in the* ～ *way* 女性を妊娠させる. 《1796》

〖《?*a*1425》□ L *familia* household, servants of a household ← *famulus* servant〗

fámily allówance *n.* **1** (使用者または国が支給する)家族手当《現在では child benefit という》. **2** 《英》(政府が支給した)児童手当 (⇨ child benefit). 〖1924〗

fámily bénefit *n.* 《NZ》児童手当《以前 18 歳未満の子を持つ親または養育者に支給されていた》.

fámily Bíble *n.* 家庭用聖書《家族の誕生・死亡・結婚などを記録するページがついた大型聖書》. 〖1740〗

fámily círcle *n.* **1** 一家の人々, 家の内々の者たち: a secret known only within the ～ 身内の者だけが知っている秘密. **2** 《米》(劇場などの)家族席《通例天井桟敷 (gallery) の上か背後にある》. 〖1809〗

Fámily Círcle *n.*「ファミリーサークル」《若い主婦を対象にした米国の家庭実用雑誌; 1932 年創刊》.

fámily cóach *n.* 《英》家族用大型有蓋馬車.

Fámily Cómpact *n.* **1** [the ～] 家族協定《18 世紀にフランス・スペイン両シチリア王国 (Two Sicilies) のブルボン家の間に結ばれた同盟; 1733 年の第 1 回協定, 1743 年の第 2 回協定, 1761 年の第 3 回対英防衛同盟がある》. **2** 《カナダ》[the ～] 寡頭(かとう)政治《19 世紀に旧英領カナダの 1 州である Upper Canada で行われた》. 〖1761〗

fámily cóurt *n.* 家庭裁判所. 〖*c*1931〗

fámily crédit *n.* 《英》社会保障手当《低収入で扶養児童のいる家庭に給付される; 1988 年に Family Income Supplement に代わって制度化された》.

fámily disorganizátion *n.* 〖社会学〗家族崩壊, 家族解体.

Fámily Divísion *n.* (英国高等法院の)家事部《1971 年検証・離婚・海事部の後身として改称》.

fámily dóctor *n.* かかりつけの医師, ホームドクター《family physician ともいう; cf. general practitioner》. 日英比較「ホームドクター」は和製英語. 〖1846〗

fámily gróuping *n.* 《英》ファミリーグルーピング《幼児学校でいろいろな年齢の子供を一つの学習集団に編成する方式; vertical grouping ともいう》.

Fámily Íncome Sùpplement *n.* 《英》所得補助手当《一定収入額に達しない家族に国が支給; ⇨ family credit》.

fámily làw *n.* 家族法《養子縁組・結婚・離婚などを扱う法律》.

fámily màn *n.* **1** (扶養すべき)家族のある男性, 所帯持ち. **2** 家庭を大事にする人, マイホーム主義の人; 所帯じみた人. 〖1856〗

fámily nàme *n.* **1** 姓 (⇨ name 1, first name 日英比較). **2** ある家系で好んで用いる洗礼名. 〖1699〗

fámily pàck *n.* ファミリーパック《店売商品の家庭用パック・大型パック》.

fámily physícian *n.* ＝family doctor.

fámily plánning *n.* (産児制限による)家族計画 (cf. birth control). 〖1939〗

Fámily Plánning Associàtion *n.* [the ～] 《英》家族計画協会《家族計画に関して無料相談を行う民間団体; cf. 《米》Planned Parenthood》.

fámily práctice *n.* 《米》家庭医療《年齢・性別を問わず一般的な健康問題を扱う医療部門》.

fámily practítioner *n.* 《米》家庭医, ホームドクター (family doctor).

fámily reúnion *n.* **1** 一族再会. **2** 《豪》家族再会移民制度.

fámily románce *n.* **1** 〖精神分析〗家族ロマンス《自分は実の親の子ではなくもっと身分の高い人の子であるという空想》. **2** 家族構成員間の関係.

fámily ròom *n.* 《米》家族部屋, 居間 (living room) 《家族の団欒用の大きな部屋》. 〖1853〗

fámily skéleton *n.* 外聞をはばかる一家内の秘密 (cf. *a* SKELETON *in the closet*). 〖1881〗

fámily stỳle *adj.*, *adv.* (銘々(めいめい)が自由に取って食べられるように)食卓の上に食べ物を載せた[て]: a ～ dinner / Meals are served ～. 食事は銘々自由に取って食べられるように食卓に一盛りにして出される. 〖1932〗

fámily trée *n.* **1** (家)系図 (pedigree) 《genealogical tree ともいう》. **2** 〖言語〗系統樹《一つの源から分化したと思われる諸言語の関係を, 幹とそれから分かれた枝によって図示したもの》. **3** (1 本の木に三つ以上の変種を接ぎ木した)リンゴ[ナシ]の木. 〖1807〗

fámily-trée thèory *n.* [the ～] 〖言語〗系統樹説《ドイツの言語学者 A. Schleicher (1821-68) が提唱した学説で, 言語は 1 本の木の幹から枝葉が分かれるように分化すると主張し, 印欧語の諸語派の分布を 1 本の樹に描いたもの; cf. wave theory》.

fámily válues *n. pl.* (伝統的な)一家[一族]の価値観《通常高い道徳基準や規律を重視する》.

fam·ine /fǽmɪ̀n | -mɪn/ *n.* **1** 飢饉: suffer from ～. **2** (物資の)大払底, 大欠乏: a water [coal] ～ 水[石炭]飢饉 / a labor [house] ～ 労働者[住宅]の大払底. **3** 《古》旺盛な食欲, 空腹: die of ～ 餓死する. 〖《*a*1376》□ (O)F ～ (i) ← *faim* hunger < L *famem*, *fames* ← ? IE **dhē-* to vanish: ⇨ -ine² // (ii) < VL **famina(m)* ← L *fames* hunger〗

fámine príces *n. pl.* 飢饉相場《品不足から生じる高値》. 〖1847〗

fam·ish /fǽmɪʃ/ *vt.* **1** [通例受身で] 飢えさせる, ひもじい思いをさせる (starve); 〔食べ物などの欠乏で〕極度に苦しめる 〔*for*〕: Some *were* ～*ed* to death. 餓死したものもいた. **2** 《古》餓死させる. **3** 《アイル》すごく寒くする. — *vi.* **1** 飢える (starve). **2 a** 〔食べ物などの欠乏で〕ひどく苦しむ 〔*for*〕. **b** (精神的に)〔…に〕飢える, 渇望する 〔*for*〕. **3** 《古》餓死する.

be fámished [***fámishing***] 《口語》ひどく腹がすいている. 〖《?*a*1400》*famishe(n)* (変形) ? ← *fame(n)* to starve 《頭音消失》← OF *afamer* < VL **affamāre* ← L *af-* 'AD-' ＋*fames* hunger: ⇨ famine, -ish²〗

fám·ished *adj.* 飢えた; 《口語》腹ぺこの (⇨ hungry SYN); 欠乏した.

fám·ish·ment *n.* **1** 飢餓. **2** 《古》餓死. 〖《1464》: ⇨ ↑, -ment〗

fa·mous /féɪməs/ *adj.* **1** 有名な, 名高い, 評判の: Switzerland is ～ *for* its mountains. スイスは山で有名である / ～ *as* a poet 詩人として有名な / the rich and ～ お金持ちの名士たち / celebrities who are ～ *for* being ～ 単に有名なだけの有名人 / After the news story she was ～ *for* fifteen minutes. そのニュースのあと彼女はほんの短い間だけ有名だった / ⇨ *famous* LAST WORDS. **2** 《口語》結構な, すばらしい, すてきな, 一流の: a ～ victory 目覚ましい勝利 / have a ～ appetite すばらしく食欲がある / be a ～ hand at …の名手である. **3** 《古》悪名高い, 名うての. — *vt.* 《古》有名にする. **～·ness** *n.* 〖《*c*1380》□ AF ～ ＝OF *fameus* (F *fameux*) □ L *fāmōsus* ← *fāma* 'FAME': ⇨ -ous〗

SYN 有名な: **famous** 〈人や物が〉一般によく知られて話題にされている《一般的な語》: a *famous* writer 有名な作家. **well-known** *famous* と同じく, よく知られているの意味だが, 好ましくない場合にも用いられる: a *well-known* brand 有名ブランド. **renowned** ある顕著な性質・技術・業績などのために世間によく知られている: He is *renowned* for his learning. 学識で名高い. **celebrated** 〈人や物が〉公の名誉や称賛を大いに博している: a *celebrated* scholar 高名な学者. **noted** 特定の性質・能力のために世の注目を引いている: a town *noted* for its beautiful scenery 景観で名高い町. **distinguished** 〈人や物が〉同類の中で傑出したものとして高く評価されている: a *distinguished* professor 著名な教授. **eminent** 〈人が〉科学や芸術面で著しく卓越している《*distinguished* よりも意味が強い》: an *eminent* physician 名医. **prominent** 多くの人の中で目立ってよく知られている: a *prominent* man in his circle 仲間内では名の通った人. **notorious** 悪い意味で広く知られ, 話題になっている: a *notorious* lawyer 悪名の高い弁護士. **infamous** 道義的に好ましくないこと, 不名誉なことなどで世間に知れ渡っている《やや格式ばった語》: He became *infamous* because of the bribery case. 彼は汚職事件で有名になった.
ANT obscure, unknown.

fa·mous·ly /féɪməsli/ *adv.* **1** 著名に, 名高く: He is a novelist but more ～ a poet 彼は小説家だが, 人に知られているのは詩人としてだ. **2** 《口語》すてきに, うまく, すばらしく: get on ～ with one's work 仕事がうまくはかどる. **3** 《口語》とても, すごく (very): ～ expensive とても高価な. 〖《*c*1445》: ⇨ ↑, -ly¹〗

fam·u·lus /fǽmjʊləs/ *n.* (*pl.* **-u·li** /-lài, -lìː/) (魔術師・学者などの)手下, 弟子, 助手 (servant, attendant). 〖《1837》□ L ～ 'servant': cf. family〗

fan¹ /fǽn/ *n.* 《口語》(競技・映画・俳優などの)ファン, 熱心な愛好者, 熱狂者: a baseball ～ 野球ファン / a movie [film] ～ 映画ファン. 〖《1889》《略》← FANATIC〗

fan² /fǽn/ *n.* **1 a** 風を送るもの. **b** うちわ, 扇: a folding ～ 扇子. **c** ファン, 送風機, 扇風機: an electric ～ 扇風機. **d** 《俗》(飛行機の)プロペラ. **2 a** 扇形のもの. **b** 鳥の翼 (wing); 鳥の尾 (tail). **c** (スクリュー・推進器・風車などの)扇形翼. **d** 〖植物〗扇形の葉. **e** 〖建築〗＝fanlight. **f** 〖地理〗扇状地 (alluvial fan). **3** (穀物を吹き分ける)唐箕(とうみ).

hít the fán 《米俗》(突然)混乱状態になる, 面倒なことになる. (***when***) ***the shít híts the fán*** 《米俗》大変な事態になる(と).

— *v.* (**fanned; fan·ning**) — *vt.* **1** (扇で)あおぐ; …に送風する; あおいで払う 〈*away*〉: ～ *away* the smoke あおいで煙を除(の)ける / ～ one's face with a hat 帽子で顔をあおぐ / ～ oneself 扇を使う, あおぐ. **2** 〈火を〉あおる; 〈けんかなどを〉あおる, 煽動する, たきつける: ～ coals into a blaze 石炭をあおいでかっかと燃え立たせる. **3** 〈風が〉…にそよそよと吹きつける: The breeze ～*ned* the curtain. そよ風がカーテンを揺らせた. **4** 扇形に広げる 〈*out*〉: ～ *out* the cards トランプを扇形に広げる / The peacock *is* ～*ning* his tail. 孔雀(くじゃく)が尾を扇形に広げている. **5 a** 〈穀物を〉(唐箕(とうみ)で)吹き分ける. **b** 〈籾殻を〉(唐箕を使って吹き分けて)取り除く. **6** 《俗》**a** ぶつ, なぐる, たたく. **b** (片手で引き金を引き片手で撃鉄を続けざまに叩いて)〈拳銃を〉たてつづけに発射する. **7** 《俗》(拳銃・短刀などの有無を調べるため)〈人・身体を〉さぐる, 検査する (frisk). **8** 《古》振る. **9** 〖野球〗〈打者を〉三振させる. — *vi.* **1** 扇のように動く, ひらひらと動く (flap), ぱたぱた動く: The curtain ～*ned* in the breeze. カーテンがそよ風にひらひら動いた. **2** 扇形に広がる 〈*out*〉; 〖軍事〗散開する, 展開する 〈*out*〉. **3** 〖野球〗三振する.
〖OE *fann* □ L *vannus* winnowing fan ← IE **vatno-* ← **wet-* to blow: cf. van⁴〗

Fan /fǽn/ *n.* ＝Fang.

Fa·na·ga·lo /fɑ̀ːnəgəlóu | fænəgəlǝ́u, ⸗⸗⸗⸗/ *n.* (*also* **Fa·na·ka·lo** /-kə-/) 〖言語〗ファナガロ語《英語と Afrikaans 語が混交した一種のピジン言語; 特にアフリカ南部の鉱山で用いられる》. 〖《1947》← Fanagalo (*kuluma*) *fana ga lo* (to speak) like this ← Zulu *fana* be like ＋ *ka* poss. prefix＋*lo* demonst.〗

Fa·na·ka·lo /fɑ̀ːnəkəlóu, ⸗⸗⸗⸗ | fǽnəkəlǝ̀u/ *n.* ＝Fanagalo.

Fa·nar·i·ot /fənǽriət, -riɑ̀(ː)t | -nǽəriət, -riɒ̀t/ *n.* ＝Phanariot.

fa·nat·ic /fənǽtɪk | -tɪk/ *n.* 狂信者; 熱狂者 〔*about*, *on*〕 (⇨ zealot SYN). — *adj.* ＝fanatical. 〖《*c*1525》□ F *fanatique* // L *fānāticus* inspired, frantic ← *fānum* temple: cf. fane, -atic〗

fa·nat·i·cal /fənǽtɪkəl, -kl̩ | -tɪ-/ *adj.* **1** 熱狂的な (frantic, mad); (特に)狂信的な; 熱狂家らしい. **2** 《廃》偏執狂の, 突飛な (extravagant).
～·ly *adv.* **～·ness** *n.* 〖《1550》: ⇨ ↑, -al¹〗

fa·nát·i·cìsm /-təsìzm | -tɪ-/ *n.* 熱狂, 狂信. 〖《1652》← FANATIC＋-ISM〗

fa·nat·i·cize /fənǽtəsàɪz | -tɪ-/ *vt.* [通例 p.p. 形で形容詞に用いて] 熱狂させる; 狂信的にする: a ～*d* mob 熱狂[狂信]的群衆. — *vi.* 熱狂する, 狂信的に行動する. 〖《1715》← FANATIC＋-IZE〗

fán·bàck *adj.* **1** 〈椅子が〉扇形の背もたれの付いた. **2** 〈ウィンザーチェアーなど〉数本の背棒で扇形の背もたれがある. — *n.* ファンバック《扇形の背もたれの付いた椅子》.

fán bèlt *n.* 〖自動車〗ファンベルト《ラジエーター冷却用のファンを駆動するベルト》. 〖1956〗

fán blòwer *n.* ファン, 扇風機, 送風機. 〖1909〗

fán bràke *n.* 〖機械〗ファンブレーキ, 羽根ブレーキ.

fan·ci·a·ble /fǽnsiəbl/ *adj.* 《英口語》(性的に)魅力のある. 〖《1934》← FANCY＋-ABLE〗

fan·cied *adj.* **1** 空想で作られた, 想像上の, 架空の (imaginary): ～ fears [rights] 想像上の(実際にはない)恐怖[権利]. **2** 気に入った, 好きな (favorite). **3** 技巧を凝らした, 装飾的な. 〖《1568》← FANCY＋-ED〗

fan·ci·er /fǽnsiə, fǽntsiə | -siə^r, -tsiə^r/ *n.* **1 a** 熱狂家 (enthusiast): a ～ of sports. **b** (花・小鳥・犬などの)愛好家, (愛好的または商売的)飼育者 (cf. fancy *vt.* 5): a bird [dog, pigeon, rose] ～. **2** 空想家, 夢想家

F

(dreamer). 〖(1765) ← FANCY＋-ER¹〗
fan·ci·ful /fǽnsɪf(ə)l, fǽntsɪ-, -fl/ *adj.* 1 想像力に富む; 気まぐれな, とりとめのない: a ~ mind 気まぐれな心. 2 空想的な, 夢想的な, 非現実的な: a ~ scheme 現実離れのした[空想的な]計画. 3 奇想を凝らした, 風変りな, 珍奇な, 突飛な: ~ drawings [patterns] 奇抜な絵[模様]. **~·ness** *n.* 〖(a1627) ← FANCY＋-FUL¹〗
fán·ci·ful·ly /-fəli, -fli/ *adv.* 気まぐれに; 空想的に, 奇抜に. 〖(1664): ⇨ ↑, -ly¹〗
fán·ci·less *adj.* 空想のない, 想像力に乏しい; 現実的な, 実際的な. 〖(1753) ← FANCY＋-LESS〗
fán·ci·ly /-sɪli/ *adv.* 1 空想的に, 想像的に. 2 念入りに, 精巧に, 装飾的に.
fán·ci·ness *n.* 1 幻想性, 気まぐれ. 2 (文体などの)凝り過ぎ, 精巧.
fán clùb *n.* ファンクラブ《映画スター・タレント・有名人などのファンで組織する団体》. 〖1941〗
fán-còil ùnit *n.* 〖建築〗ファンコイルユニット《暖冷房装置で, 熱交換用のコイルと送気用のファンを組み込んだもの》.
Fan·có·ni's anémia /fɑːnkóuniz- | -kɔ́u-; *It.* faŋkóːni-/ *n.* 〖病理〗ファンコニ貧血《赤血球の褐色化を伴う遺伝性で悪性の貧血; 体質性汎骨髄癆(ろう)》. 〖← *Guido Fanconi* (1882–?1940: スイスの小児科医): ⇨ anemia〗
fan·cy /fǽnsi, fǽntsi/ *vt.* 1 a (外観に引かれて)好む, …が気に入る (like); (好んで)食べる (enjoy): I don't ~ this room [idea] at all. どうもこの部屋[考え]は気にくわない / (D'you) *Fancy* another drink? もう一杯いかがですか / Don't you ~ anything? (病人などに)何か食べてみたいものはないですか / What d'you ~? 何が食べたいですか. b 〈人を〉好きである; 《英口語》…に恋焦がれる: He *fancies* that woman. あの女にほれ込んでいる. 2 a 《口語》[しばしば動名詞句, 目的語＋*doing*, *wh*-clause などを伴って; 命令文に用い, 驚きなどの感情を表す]: Just ~ that! そんなことがあるなんて, こりゃ驚いた / *Fancy* traveling with him all the way! ずっと彼と旅行することを想像してもご覧(いやなことだ) / *Fancy* his [him] doing a thing like that! あの人があんなことをするとは(驚くではないか) / Just ~ *how* I felt then! そのとき私がどんな気持ちだったかちょっと考えてもみてくださいよ. b [しばしば目的補語, 目的語＋(*to* be), *that*-clause などを伴って] 空想[想像]に描く, 空想[想像]する: He liked ~*ing* himself (*to be*) (a) grown-up [in a three-piece suit]. 彼は自分が大人だと[三つぞろいを着ているところを]空想するのが好きだった / She *fancied that* her father was sitting there. 父親がそこに座っているのだと空想した. c 《口語》…にうぬぼれる: ~ one's ability [chances] / ⇨ FANCY *oneself* (3). 3 (何となく)…だと思う 〈*that*〉: I ~ he is somewhere about the house. 彼は家のどこかにいそうな気がする / I rather ~ (*that*) she is a widow. 彼女はどうも未亡人らしい / I *fancied* (*that*) I heard a noise. 物音が聞こえたような気がした. 4 《英》〈チーム・競技者・競争馬を〉勝つと予想する, 本命視する. 5 〈動物などを〉(趣味で)飼育する; 〈草花を〉栽培する (cf. fancier). — *vi.* 空想する, (とりとめなく)考える. ★ しばしば命令法で軽い驚きを表して間投詞的に用いる: (Just) *Fancy!* 考えてもごらん, まさか (Fancy that! ⇨ *vt.* 2 a).
fáncy onesèlf (1) ⇨ *vt.* 2 b. (2) 自分が〈…であると〉思い込んでいる 〈*to be*〉/〈*as*〉: She *fancies herself* (*to be*) beautiful. 美人のつもりでいる. (3) 《英口語》うぬぼれている 〈*as*〉: He *fancies himself* ((*as*) a pop star). 彼は(ポップスターだと)うぬぼれている / He rather *fancies himself*, does Jim! ジムのやつときたら, うぬぼれてるんだ. ***fáncy úp*** 〈衣服を〉やたらに飾る, 〈衣服に〉飾り物を付ける. (1934)
— *n.* 1 a 《口語》(気まぐれな)好み: have a ~ *for* …が好きである, ほしい / catch [take] a person's ~＝catch [take] the ~ of a person 人の気に入る / tickle a person's ~ 人を面白がらせる; 人の感興をそそる[気を引く] / The house has (quite) taken my wife's ~.＝My wife has taken (quite) a ~ *to* the house. その家は女房が気に入った / She had never taken a ~ *to* him. 彼女は彼を好きだと思ったことがなかった / I had a ~ *for* collecting stamps. 切手集めが好きだった. b 《廃》恋, 恋心 (cf. fancy-free 1). 2 a (気まぐれでとりとめもない)想像, 空想 (⇨ imagination SYN); (空想から生まれる)心象 (mental image), 奇想, 幻想; 空想[想像]の所産《伝奇的怪獣など》: a wild [foolish] ~ とりとめのない[ばかげた]空想. b (詩人・画家などの制作に示される)芸術的想像力, 創造力. c 《古》夢幻, 空漠(くう). 3 思いつき, 気まぐれ(な考え) (caprice, whim); 漠然(ぜん)とした直観: a passing ~ 一時のでき心, ふとした気まぐれ / I behave as the ~ takes me. 私は気の向くままに行動する. 4 ＝fancy cake. 5 《口語》(競馬などで)勝ちそうな馬[人]. 6 《まれ》(芸術・服飾などに関する)趣味; 鑑賞眼, 鑑識. 7 [the ~] a [集合的] 好きな道にたずさわる[同じ趣味の]人々, 愛好者; スポーツファン, (特に)ボクシング好き; 動物の愛好飼育者たち. b 趣味[道楽]の対象; (特に)ボクシング (pugilism); ペットの飼育. 8 〖音楽〗17 世紀英国の弦楽合奏曲 (cf. fantasia 1 c).
— *adj.* (**fan·ci·er**; **-ci·est**) 1 a 装飾的な; 意匠を凝らした, 変わり模様の (↔ plain): ~ bread 変わり形のパン / ⇨ fancy cake / a ~ button 飾りボタン / a ~ mat 花むしろ / ~ soap おもしろい形の石鹸 / a ~ waistcoat 変わり模様のチョッキ / ~ embroidery 凝った縫取り / nothing ~ (特別なものが加わっていない)ごく単純[平凡]なもの. b 〈花など〉染分けの, 雑色の: a ~ pansy. c 〈動植物が〉(実益性を欠いて)変わり種の, 珍種の: a ~ dog, pigeon, goldfish, etc. d 《米》〈缶詰食品など〉特別優良の, 特選の: ~ fruit 極上の果物 / canned goods graded ~ 特選品と格付けされた缶詰食品. 2 《口語》〈値段・家賃など〉相場以上の, 特に高い; 法外な, 途方もない: at a ~ price 法外に高い値段で / a ~ bid [rent] 法外な付け値[家賃]. 3 a 空想[想像]的な: a ~ picture 想像画. b 気まぐれな (capricious). 4 曲技の, 妙技の, 名人芸の: a ~ flier 曲技飛行家 / ~ skating 曲技スケート, (高度な)フィギュアスケート / ~ diving ファンシーダイビング, 曲飛込み (cf. fancy dive). 5 a 小間物 (fancy goods) を売る: a ~ (goods) shop 小間物店. b 特選食品を売る: a ~ delicatessen 特選食品販売店.
〖(1465) 《短縮》← FANTASY〗
fáncy báll *n.* ＝fancy dress ball.
fáncy cáke *n.* デコレーションケーキ. 日英比較 decoration cake は和製英語. *fancy cake* も特定の呼称ではなく, 単に「飾りのついたケーキ」の意である. 英米ではケーキは一般に各家庭の自家製の場合が多く, 誕生日, クリスマスなどの特別な日のためのもののほかに, デザート用に各家庭で工夫をこらしてケーキを作る. いわゆるデコレーションケーキをケーキ屋で買ってくる日本の習慣とは異なる. ⇨ cake. 〖1912〗
fáncy Dán, f- d- *n.* 《俗》1 (実力以上に見せようとする)しゃれもの, 気取り屋 (fop). 2 パンチ力の欠けた技巧に頼るボクサー. 〖c1943〗
fáncy díve *n.* 〖水泳〗ファンシーダイブ, 曲技飛込み《コミック的ダイブのえび飛や逆とんぼがえりなど》.
fáncy dréss *n.* (仮装舞踏会などに用いる動物や歴史上の人物などを表す奇抜な)仮装服. 〖1770〗
fáncy drèss báll *n.* 仮装舞踏会. 〖1882〗
fáncy fóotwork *n.* 軽快なフットワーク; 《比喩》巧みなやり方[ごまかし].
fáncy fránchise *n.* 《英》(昔の)勝手な[複雑な]制限のついた選挙権. 〖1859〗
fáncy-frée *adj.* 1 恋を知らない, 無邪気な (cf. Shak., *Mids N D* 2. 1. 164; heart-free). 2 一つの物事に執心しない; 想像をほしいままにする. 3 悩みのない, 気楽な. 〖1595–96〗
fáncy gírl *n.* 《口語・軽蔑》＝fancy woman.
fáncy góods *n. pl.* 小間物, 装身具. 〖1792〗
fáncy lády *n.* 《口語・軽蔑》＝fancy woman.
fáncy màn *n.* 《軽蔑》1 《古・俗》愛人 (lover). 2 《俗》(売春婦の)情人, ひも (pimp). 〖1811〗
fáncy-pànts *adj.* 《米俗》上品ぶった, 気取った, きざな. 〖1945〗
fáncy pànts *n.* 《米俗》女みたいな(服装の)男. 〖1942〗
fáncy pìece *n.* 《俗》気に入りの女, 愛人.
fáncy-sìck *adj.* 《古》＝love-sick.
fáncy wòman *n.* 《口語・軽蔑》情婦, 囲(かこ)われ女 (mistress); 売春婦 (fancy girl, fancy lady ともいう). 〖1812〗
fáncy·wòrk *n.* (装飾的な)手芸品, 編物, 刺繍. 〖1810〗
F & A 《略》fore and aft.
F and AM 《略》＝FAM.
fán dànce *n.* ファンダンス《大きな扇を使って踊るヌードダンス; cf. bubble dance》. 〖1879〗
fán dàncer *n.* ファンダンスを踊るダンサー (cf. bubble dancer). 〖1936〗
fan·dan·gle /fændǽŋgl/ *n.* 《口語》1 奇抜な装飾. 2 ばかげたこと (nonsense). 〖(1835) 《変形》↓〗
fan·dan·go /fændǽŋgou | -gəu; *Sp.* fandáŋgo/ *n.* (*pl.* ~**s**, ~**es**) 1 ファンダンゴ《カスタネットをもって男女で踊る軽快な三拍子のスペイン南部アンダルシア地方のダンス》; その曲. 2 《米南西部》舞踏会. 3 (公共事・重大事における)愚行; 幼稚[お粗末]な行為[発言]. — *vi.* ファンダンゴを踊る. 〖(c1750) □ Sp. ~ (i) ← W-Ind. 《現地語》// (ii) □ Port. ← *fado* popular song and dance of Portugal ← L *fātum* 'FATE'〗
f. & d. 《略》〖海運〗freight and demurrage 運賃および滞船料.
fán délta *n.* 〖地理〗扇状三角洲.
F and F 《略》fixtures and fittings.
fan·dom /fǽndəm/ *n.* [集合的] (スポーツなどの)ファンたち. 〖(1903): ⇨ fan¹, -dom〗
f. & t. 《略》〖保険〗fire and theft.
fane /féɪn/ *n.* 《古・詩》1 神殿: a holy ~ 聖堂, 聖殿. 2 教会堂. 〖(c1384) □ L *fānum* temple〗
fa·ne·ga /fənéɪgə; *Sp., Am.Sp.* fanéγa/ *n.* (*pl.* ~**s** /~z; *Sp.* ~s/) 1 ファネーガ《スペイン語国の乾量単位; 米国の 1.58 ブッシェルに当たる》. 2 ファネーガ《メキシコの地積の単位; 8.81 エーカーに当たる》. 〖(1502) □ Sp. ~ □ Arab. *faníqa^h* sack, container〗
fa·ne·ga·da /fænəgάːdə, fɑ̀ː- | -də; *Sp.* faneγáða/ *n.* (*pl.* ~**s** /~z; *Sp.* ~s/) ファネガーダ《スペイン語国の地積の単位名; $1^1/_4$–$1^3/_4$ エーカーに当たる》. 〖⇨ ↑, -ado〗
Fán·euil Háll /fǽnjuəl-, -nl-, -njuəl-/ *n.* ファナル会館《米国 Boston 市にある市場の建物でまた公会堂; 独立戦争当時愛国者たちが集会所として用いたため the Cradle of Liberty の名がある》. 〖← *Peter Faneuil* (1700–43: 米国の商人でその建設者)〗
fan·fare /fǽnfɛə | -fɛə^r/ *n.* 1 〖音楽〗(祝典のおりなどに奏される)華やかなトランペット(など)の吹奏, ファンファーレ (flourish)《一般にド・ミ・ソ音を吹奏し五度に終止する》. 2 (華やかな)誇示, 虚勢 (showy display). 〖(a1605) □ F ~ 《擬音語》?〗
fan·fa·ron /fǽnfərὰ(ː)n | -rɔ̀n/ *n.* 1 ほら吹き (braggart). 2 ＝fanfare. 〖(1622) □ Sp. *fanfarrón* □ Arab. *farfār* babbler 《擬音語》〗
fan·far·on·ade /fænfærənéɪd, -fərə-, -fɛrə-, -nάːd | fænfærənάːd, -fərə-, -néɪd/ *n.* 1 《まれ》大ほら (bragging), から威張り, こけおどし (bluster). 2 〖音楽〗＝fanfare 1. 〖(1652) □ F *fanfaronnade* □ Sp. *fanfarronada* ← *fanfarrón* (↑)〗
fán Fínk trùss /-fíŋk-/ *n.* 〖建築〗扇形フィンクトラス.
fán·fìsh *n.* 〖魚類〗ベンテンウオ (*Pteraclis velifera*)《ひれの大きい遠海魚》.
fán·fòld *n.* カーボン複写用紙帳(簿). — *adj.* [限定的] 〈帳簿など〉複写用紙帳で作られた; 〈紙など〉屏風(びょうぶ)だたみの. — *vt.* 〈紙・毛布などを〉屏風だたみにする. 〖1925〗
fánfold pàper *n.* (コンピュータープリント用の)連続用紙《紙の両側にミシン目を入れ交互に折り重ねた用紙》.
fang /fǽŋ/ *n.* 1 a (へびの)毒牙(どく). b (肉食動物, 特に犬・狼の)牙(きば), 犬歯 (canine tooth) (⇨ tooth SYN). c 《英口語》歯 (tooth). d (クモの)腮肢(さいし). 2 《古》(歯の)根, 歯根. 3 a 物の先端. b (小刀などの)小身(こみ). c (柄の中に納まる)道具のなかご. d (道具などの)刀根. e (ひげの)先. 4 《廃》捕まえること (grip). — *vt.* 1 牙でかむ[つかむ]. 2 〈ポンプ〉に迎え[呼び]水をさす. 3 《古・英方言》捕まえる (seize), とらえる. **~·lìke** *adj.* 〖OE ~ 'capture, catch' □ ON ~ ← Gmc **faŋg-*, **faŋχ-* (G *Fang*) ← IE **pag-*, **pǎk-* to fasten〗
Fang /fǽŋ, fɑ́ːŋ/ *n.* (*pl.* ~, ~**s**) 1 a [the ~(s)] ファン族《ガボンや赤道ギニアの主として熱帯雨林に住む》. b ファン族の人. 2 ファン語《Niger-Congo 語族の Bantu 語の一種》.
fáng bòlt *n.* 〖機械〗鬼ボルト, 逆目ボルト《ボルト頭が鬼の金棒のようになっているボルト》.
fanged *adj.* (毒)牙[歯根]のある. 〖(1600–01): ⇨ -ed〗
Fan·gio /fǽndʒiòu | -dʒiəu; *Am.Sp.* fáŋhjo/, **Juan Manuel** *n.* ファンジオ《1911–95; アルゼンチンのカーレーサー; 1951 年から 1957 年にかけて 5 回世界チャンピオン》.
fan·gle /fǽŋgl/ *n.* 流行 (fashion). ★ 常に new fangle として軽蔑的に用いる: *new* ~*s* of hats 最近はやりの帽子. 〖(1548) 《逆成》← NEWFANGLED〗
fán·gled *adj.* めかした. 〖(1587): ⇨ ↑, -ed 2〗
fáng·less *adj.* 牙(きば)のない; 害毒を与える力を失った. 〖(1598): ⇨ -less〗
fan·go /fǽŋgou | -gəu; *It.* fáŋgo/ *n.* (*pl.* ~**s**) 〖医学〗ファンゴ, 温泉泥《イタリアの Battaglio /battáʎʎo/ 温泉から採った泥土でリューマチなどの治療に用いる》. 〖(1900) □ It. ~ 'mud' ← Gmc: cf. fen¹〗
fán hèater *n.* 温風器, ファンヒーター. 〖1961〗
fán ìn *n.* 〖電子工学〗ファンイン《電子回路の入力側の接続(可能)数; ↔ fan out》.
fan·ion /fǽnjən/ *n.* (兵士・測量師が位置を示すのに用いる)小旗. 〖(1706) F ~: ⇨ fanon〗
fán·jèt *n.* 〖航空〗1 ファンジェット(エンジン) (⇨ turbofan). 2 ファンジェットエンジン(装備)機. 〖1962〗
fan·kle /fǽŋkl/ 《スコット方言》*vt.* もつれさせる, 混乱させる. — *n.* 混乱, 紛糾. 〖(c1450) ← Sc. *fank* (変形) ← *fang* coil of rope < OE *fang*: ⇨ -LE³〗
fán·lèaf *n.* 〖植物病理〗ファンリーフ病《ブドウの接木などの際に伝染したウイルスにより葉が扇状になった病変》.
fánleaf pálm *n.* 〖植物〗＝fan palm.
fán lètter *n.* ファンレター (cf. fan mail). 〖(1932): ⇨ fan¹〗
fán·lìght *n.* 《英》〖建築〗扇形明かり取り, 扇窓《ドアや窓の上にある扇のような半円形の窓》, 欄間窓 (《米》transom window). 〖1819〗
fán·lìke *adj.* 1 扇のような, 扇状の. 2 〖植物〗〈葉が〉扇のような褶襞(しゅうへき)のある (plicate).
fán magazìne *n.* ファン雑誌《スポーツ・芸能関係の有名人のゴシップを扱った雑誌》. 〖⇨ fan¹〗
fán màil *n.* [集合的] ファンレター (fan letters).
fán màrker *n.* 〖無線〗ファンマーカー, 扇形無線位置標識《航空路にそって配置され上空に向かって扇を立てた形に電波を出し航空機を誘導する無線位置標識 (radio marker) の一種》. 〖1948〗
fán·ner *n.* 1 扇を使う人; あおぐ人, あおり手. 2 唐箕(とうみ), 箕 (winnowing fan). 3 通風[送風, 扇風]機. 〖(c1515) ← FAN²＋-ER¹〗
Fan·nie /fǽni/ *n.* ファニー《女性名》. 〖《古形》*Franny* (dim.) ← FRANCES〗
Fánnie Máe [Máy] *n.* ファニーメイ: 1 Federal National Mortgage Association の俗称. 2 同協会が発行する抵当証券. 〖1948〗
fánning mìll *n.* ＝winnowing machine.
fan·ny¹ /fǽni/ *n.* 1 《米》しり (buttocks). 2 《英卑》女性性器. 〖(1928) ← ? FANNY: cf. Fanny Adams〗
fan·ny² /fǽni/ 《俗》*vt.* ぺらぺらしゃべってだます[説得する]. — *n.* 口軽なおしゃべり (glib talk), ほら, うそ話. 〖← ? FANNY〗
fan·ny³ /fǽni/ *n.* 〖海事〗(ビール・飲料などの)缶. 〖← ? FANNY ADAMS〗
Fan·ny /fǽni/ *n.* ファニー《女性名》. 〖(dim.) ← FRANCES〗
fánny ádams, F- Á- *n.* 《英口語》1 [通例, 前に sweet を付けて] 完全に何もないこと (f.a., FA, SFA と略すことがある; fuck all の婉曲語法として用いられる). 2 〖海事〗缶詰の(特にマトン)肉. 〖(1889) ← *Fanny Adams* (1867 年ごろ殺害され切り刻まれて川に投げ込まれた女性)〗
fánny pàck *n.* 《米》ウエストバッグ[ポーチ] (belt bag, 《英》bum bag ともいう). 〖1971〗
fan·on /fǽnən/ *n.* 〖カトリック〗1 ＝maniple 2. 2 教皇肩衣《教皇が荘厳ミサのとき amice の上に着る肩掛け》. 〖(1361) *fanoun* □ (O)F ~ □ ML *fanōnem*, *fanō* banner, napkin □ (cf. OHG *fano* flag, cloth): cog. vane〗
Fa·non /fǽnɑ(ː)n | -nɔn; *F.* fanɔ̃/, **Frantz** /frɑ̃ːs/ *n.* ファノン《1925–61; フランス領マルチニーク島生まれの精神分析医・社会思想家》.
fán òut *n.* 〖電子工学〗ファンアウト《電子回路の出力側の接続(可能)数; ↔ fan in》.

fán pàlm *n.* 〖植物〗オオギバヤシ《日本産ワジュロ, talipot, cabbage palmetto など; fanleaf palm ともいう; cf. feather palm》. 〖1820〗

fán-shàped *adj.* 扇形の, 扇状の. 〖1776〗

Fan·ta /fǽntə | -tə/ *n.* 〖商標〗ファンタ《米国 Coca-Cola 社製の清涼飲料; オレンジ・グレープ・レモンなどの色と味のものがあるが無果汁》.

fan·tab·u·lous /fæntǽbjʊləs/ *adj.* 《俗》信じられないほどすばらしい, すごく優秀な. 〖《混成》← FANT(ASTIC)+(F)ABULOUS〗

fan·tad /fǽntæd/ *n.* =fantod.

fán·tàil *n.* **1** 扇形の尾[尾部]. **2** 扇形の炎を出すガス口. **3** 《英》扇形帽 (sou'wester)《石炭積み降ろしまたは暴風雨のとき用いるもの》. **4** 〖鳥類〗**a** 扇尾バト, クジャクバト《家鳩の一種》. **b** オオギヒタキ《南アジア・オーストラリア産 *Rhipidura* 属の小鳥の総称》. **5** クジャクオ(孔雀尾)《金魚の一品種》. **6** 〖建築〗扇形《アーチの型枠など, 扇状の形をした建築部材の総称》. **7** 〖海事〗《扇状の》船尾張出し部. 〖1728〗

fantail 4 a

fán-tàiled *adj.* 〈鳥・魚が〉扇形の[扇状に開く]尾のある. 〖1812〗

fán-tailed wárbler *n.* 〖鳥類〗セッカ (*Cisticola juncidis*)《ヒタキ科の小鳥》.

fántail stérn *n.* 〖海事〗扇形船尾《斜梁・斜肋骨からできた扇状に広がった船尾》. 〖1948〗

fan-tan /fǽntæ̀n/ *n.* **1** 〖トランプ〗ファンタン, 西洋七並べ《7 を一度に出さないこと, 出せる札があるのにパスすると反則になることを除けば「七並べ」と同じゲーム; parliament, sevens ともいう》. **2** ファンタン《茶わんの中に隠したたくさんの貨幣[豆]などから 4 個ずつ減らしてゆき最後に何個残るかを賭ける中国の遊び》. 〖《1878》□ Chin. *fantan* ← *fan* 番+*tan* 攤 'share'〗

fan·ta·sia /fæntéɪʒə, -ʒiə, -ziə, fæ̀ntəzíːə | fæntéɪziə, -tɑ́ː-, -ʒə, fæ̀ntəzíːə, -síːə/ *n.* **1** 〖音楽〗**a** 幻想曲, ファンタジア《形式にとらわれず自由に楽想を展開した曲》. **b** 《オペラや俗楽曲などの中の旋律を集めた》接続曲 (potpourri). **c** 16–17 世紀の厳格な対位法を用いた器楽曲 (fancy ともいう). **2 a** 幻想的文学作品. **b** 幻想的[奇怪]な物. 〖《1724》□ It. ~《原義》'FANCY' < L *phantasiam*: cf. fantasy〗

fán·ta·sied *adj.* **1** 空想上の, 非現実的な. **2** 《廃》空想に満ちた, 気まぐれの. 〖《1561》← FANTASY+-ED〗

fan·ta·sist /fǽntəsɪ̀st, -zɪ̀st | -təsɪst/ *n.* 幻想文学作家; 幻想曲作曲家.

fan·ta·size /fǽntəsàɪz | -tə-/ *vt.* 空想で描く, 空想する. **— *vi.*** 空想にふける (fantasy)〔*about*〕. 〖《1926》← FANTASY+-IZE〗

fan·tasm /fǽntæzm/ *n.* =phantasm.

fan·tas·ma·go·ri·a /fæntæ̀zməgɔ́ːriə | fæ̀ntæzməgɔ́r-, fæntæ̀z-, -gɔ́ːr-/ *n.* =phantasmagoria.

fan·tast /fǽntæst/ *n.* **1** 幻想家, 空想家, 夢想家 (visionary, dreamer). **2** 奇想天外な考えをする人. **3** =fantasist. 〖《1588》□ G ~ □ ML *phantasta* □ Gk *phantastḗs* boaster: cf. phantasm〗

fan·tas·tic /fæntǽstɪk, fən-/ *adj.* **1** 《口語》すばらしい, すてきな: a ~ song. **2** 《大きさ・程度が》巨大で信じられないほどの, 法外な: spend ~ sums of money on the furniture 家具類に途方もない金を使う. **3** 風変わりな, 怪奇な, 異様な, 奇異な: a ~ costume 風変わりな衣裳 / ~ ideas 奇抜な着想. **4 a** 空想的な, 空想による; 空想癖の. **b** 気まぐれな, とっぴな, 突拍子もない (capricious, extravagant). **5 a** 想像上の; 根拠のない, 根も葉もない, いわれのない (unreal); 不合理な (irrational): ~ fears 根拠のない恐怖. **b** ばかげた; 非現実的な: a ~ idea of his importance 自分を偉いと思うばかげた考え.
the light fantástic* (*tóe*)** ⇨ toe 成句. **— *n. 《古》空想[幻想, 夢想]家, 奇想天外な考え方[行動]をする人. 〖《c1385》*fantastik* □ (O)F *fantastique* □ ML *fantasticus* imaginary =LL *phantasticus* □ Gk *phantastikós* making a show: ⇨ fantasy, -ic¹〗

SYN 異様な: **fantastic** 〈話など〉非常に奇妙で信じがたい; 〈計画・考えなど〉あまりにも極端または現実離れしていて実行できそうもない: a *fantastic* story 途方もない話 / a *fantastic* plan とっぴな計画. **bizarre** 驚くべき不調和などのために並外れて風変わりな: *bizarre* behavior 異様な行動. **eccentric** 〈人・行為が〉普通とはかけはなれ, 他人に違和感を抱かせる; 好ましくないという意味をもつ: an *eccentric* person 変人. **grotesque** 外見が滑稽なまでに不自然にゆがめられている: *grotesque* monsters グロテスクな怪物.

fan·tás·ti·cal /-tɪ̀kəl, -kl | -tɪ-/ *adj.* =fantastic. **~·ness** *n.* 〖《?a1425》: ⇨ ↑, -al¹〗

fan·tas·ti·cal·i·ty /fæntæ̀stɪkǽləti, fən- | -tɪkǽlɪti/ *n.* **1** 空想的なこと, 気まぐれ. **2** 奇異, 怪奇. **3** 怪奇な出来事[物語]; 狂想 (whim, crotchet). 〖《1592》: ⇨ ↑, -ity〗

fan·tás·ti·cal·ly /-tɪk(ə)li, -kli | -tɪ-/ *adv.* **1** 空想的に, 奇異に. **2** [強意語として] とても, 非常に. 〖《1526》: ⇨ -ly¹〗

fan·tas·ti·cate /fæntǽstəkèɪt, fən- | -tɪ-/ *vi.* 奇想天外な考えにふける. **— *vt.*** 奇想天外[異様]にする.

fan·tas·ti·ca·tion /fæntæ̀stəkéɪʃən, fən- | -tɪ-/ *n.* 〖《1600》: ⇨ -ate³〗

fan·tás·ti·cism /-təsɪzm | -tɪ-/ *n.* **1** 怪奇[怪異]を求める心; 風変わり. **2** 《文学や芸術で》ファンタジー (fantasy) を盛り込むこと. 〖《a1688》: ⇨ ↑, -ism〗

fan·tas·ti·co /fæntǽstɪkòʊ, fən- | -tɪkəʊ/ *n.* (*pl.* **~es**) 奇想天外な人. 〖《1595–96》□ It.〗

fan·ta·sy /fǽntəsi, -zi | -tə-/ *n.* **1** とりとめもない想像; 夢のような空想, 夢想; 幻想 (⇨ imagination **SYN**). **2** 気まぐれ, 酔狂; 奇抜な考え. **3** 《通貨としてではなく, 主にコイン収集家用に発行される》硬貨. **4** 幻想(的)文学作品; (時に)空想科学小説 (science fiction). **5** 〖心理〗空想, 白日夢. **6** 〖音楽〗幻想曲, ファンタジー (fantasia). **7** 《廃》幻覚 (hallucination). **— *vt.*** 想像[空想]する. **— *vi.*** **1** 空想にふける; 白日夢をみる; 性的興奮状態を想像する. **2** 幻想曲を奏する, 即興的に楽器を演奏する. 〖《c1350》*fantasie* □ OF (F *fantaisie*) □ L *phantasia* idea, fancy □ Gk *phantasía* imagination: cf. phantasm〗

fántasy fóotball *n.* ファンタジーフットボール《実在の選手をもとに仮想のフットボール[サッカー]チームをつくり, 彼らの実際の成績によって勝敗を競うゲーム》.

fántasy·lànd *n.* おとぎの国, 理想郷; ファンタジーランド (theme park).

Fan·ti /fǽnti, fɑ́ːn- | fǽnti/ *n.* (*also* **Fan·te** /~/, **Fan·tee** /~/) (*pl.* **~, ~s**) **1 a** [the ~(s)] ファンティー族《西アフリカの Ghana に住む原住民》. **b** ファンティー族の人. **2** ファンティー語《Akan 語に属する; cf. Twi》.
***gò Fánti* [*Fánte, Fántee*]** 《英》〈ヨーロッパ人が〉現地風の生活をする, 現地風になる.

Fan·tin-La·tour /fɑ̀ː(n)tæ̃(n)lɑːtúə, fæntǽn- | -túə^r; F. fɑ̃tɛ̃latuːʁ/, **(I·gnace** /iɲas/) **Henri** (**Jo·seph Théodore**) *n.* ファンタンラトゥール (1836–1904; フランスの画家; 静物画・人物画で有名).

fan·toc·ci·ni /fæ̀ntətʃíːni, fɑ̀ːn- | fæ̀ntə-; *It.* fantotʃíːni/ *It. n. pl.* **1** 操り人形 (puppets). **2** 操り人形芝居. 〖《1771》□ It. ~ (pl.) ← *fantoccino* (dim.) ← *fantoccio* puppet ← *fante* boy < L *infantem, infans* 'INFANT'〗

fan·tod /fǽntɑ(ː)d | -tɒd/ *n.* **1** [通例 the ~s] 《戯言》いらいら[びっくり]した状態, 心配[驚き]の状態; (はっきりしない)精神的[肉体的]障害: give a person *the* ~*s* 人をいらいらさせる. **2** いらいらの発作, 感情の爆発. 〖《1839》《変形》? ← *fantigue* state of anxiety《混成》← FANT(ASTIC)+(FAT)IGUE〗

fan·tom /fǽntəm | -təm/ *n., adj.* =phantom.

fan·toosh /fæntúːʃ/ *adj.* 《スコット》気取った, 見栄を張った.

fán tràcery *n.* 〖建築〗扇形天井の天井面に見られるはざま (cf. fan vault). 〖1815〗

fán trùss *n.* 〖建築〗ファントラス, 扇形トラス《弦材の一点から二本以上の束材(つかざい)の出ているトラス》.

fán vàult *n.* 〖建築〗(末期ゴシック様式の)扇形天井, 扇形ヴォールト.

fán vàulting *n.* 〖建築〗扇形天井作り, 扇形ヴォールトによる天井架構《palm vaulting ともいう》. 〖1835〗

fán·wèed *n.* 〖植物〗=pennycress.

fán wìndow *n.* 〖建築〗扇形窓 (fanlight). 〖1874〗

fán·wìse *adv., adj.* 扇を広げたように[ような], 扇形に広げられて[た], 開扇状に[の].

fán·wòrk *n.* =fan tracery. 〖1801〗

fán wòrm *n.* =feather-duster worm. 〖1851〗

fán·wòrt *n.* 〖植物〗フサジュンサイ, ハゴロモモ (*Cabomba caroliniana*)《北米南部原産のスイレン科の水草; water shield ともいう》.

FANY /fǽni/ 《略》《英》**1** First Aid Nursing Yeomanry 応急看護婦部隊. **2** FANY の一員 (Fany, Fanny, FANYs, Fanys, Fannies ともいう).

fan·zine /fǽnziːn/ *n.* (SF の)ファン雑誌. 〖《1949》《短縮》← FAN MAGAZINE〗

FAO /èfèɪóʊ | -óʊ/ 《略》Food and Agriculture Organization of the United Nations 国連食糧農業機関《開発途上国の農業開発・食糧状態改善を目的として 1945 年に設立された国連の専門機関》.

fap /fǽp/ *adj.* 《廃》酩酊した (drunk). 〖《1597》← ?〗

FAQ /èfèɪkjúː/ 《略》〖インターネット〗frequently asked questions (and answers)《よくある質問とそれに対する答えをまとめたもの》.

f.a.q., FAQ /èfèɪkjúː/ 《略》〖商業〗fair average quality (平均)中等品(質); free alongside [at] quay 埠頭(ふとう)渡し.

fa·qih /fɑkíː/ *n.* (*pl.* **~s**) 〖イスラム教〗イスラムの法学者.

fa·qir /fəkíə, fɑː-, fæ- | féɪkɪə^r, fɑ́ːk-, fǽk-, fəkíə^r/ *n.* (*also* **fa·quir** /~/) =fakir¹.

far /fɑ́ə | fɑ́ː^r/ *adv., adj.* (**far·ther** /fɑ́əðə | fɑ́ːðə^r/, **fur·ther** /fə́ːðə | fə́ːðə^r/; **far·thest** /fɑ́əðɪ̀st | fɑ́ː-/, **fur·thest** /fə́ːðɪ̀st | fə́ː-/) **— *adv.*** **1** [空間; 通例, 副詞(句)・前置詞を伴って] 遠方に[へ], はるかに (↔ near) (⇨ distant **SYN**): ~ *away* はるか遠くに / ~ *off* ずっと向こうに / You've gone ~ *enough*. 君は十分先へ進んでいる / ~ *ahead* はるか前方に / ~ *apart* はるか離れて / ~ *out* at [to] sea はるか沖合いに[へ] / swim ~ *out* 遠く沖へ泳ぎ出る / ~ *above* the trees 樹木のはるか上方に / ~ *beyond* the sea(s) はるか海の彼方に / ~ *up* the mountain 山をはるかに登ったところに / He stood ~ *back* by himself. 彼は一人でずっと後方に立っていた / He penetrated ~ *into* the jungle. ジャングル深く入りこんでいった / He wandered ~ *from* the town. 彼は町から遠くさすらい歩いた / They were ~ *from* each other. 彼らは互いに遠く離れていた / They were ~ *from* agreement. 彼らは合意に達するどころではなかった (cf. FAR from) / How ~ is it *from* here *to* there? ここからそこまでどれ位ありますか / How ~ can you walk? どこまで[どれほど]歩けますか. ★《口語》では far は単独には通例, 疑問文・否定文に用い, 肯定文では awfully [quite, too, very] far のように副詞を伴うか, far away または a long way を用いる: It's not (very) ~ now. もう(あまり)遠くない / We didn't go so ~. 我々はそれほど遠くまで行かなかった / It's quite ~ [a long way] to the station. 駅までかなり遠い.
2 [時間; 副詞・前置詞を伴って] 遠く, ずっと: ~ *back in* the past ずっと以前に / look ~ *back into* the past 遠く過去を振り返ってみる / look ~ *into* the future 遠く将来のことを考える / ~ *into* the night 夜ふけまで / He was ~ *on in* years. 彼はかなり年老いていた / He can't be ~ *off* retirement (age). 退職(年齢)までそう遠くはないはずだ / He wasn't ~ *off* getting really angry. もう少しで本気で怒りだすところだった.
3 [程度] はるかに, 大いに, ずっと: in the ~ distant future [past] 遠い未来[過去]に / take a metaphor too ~ 比喩を極端な意味にとる / carry [take] teasing [the joke] too ~ からかい[冗談]の度がすぎる / That won't get us very ~. そんなことではあまり話が進まない[役に立たない] / It is ~ *beyond* my powers. それはとうてい私の力の及ぶところではない / I have no idea how ~ he will go. [比喩的に用いて] 彼がどこまで行くか私にはわからない. ★ しばしば比較級・最上級の形容詞・副詞を修飾する: This is ~ (= much) *better* than [*superior* to] that. これはあれよりもずっと良い / This is ~ (=by far, far and away) *the best*. これはずば抜けて最上である / Do it ~ *more* carefully. もっとずっと注意してやりなさい.

as fár as (1) …と同様に遠く(まで)[ずっと]《★ これに対する否定はしばしば not … so far as; cf. so FAR as (1)》: They've lived here *as* ~ back *as* I can remember. 私の記憶では彼らはずっとここに住んでいる / Is the work *as* ~ along *as* that? 仕事は(本当に)そこまで進んでいるのか. (2) [前置詞的に] …まで (up to): Let's walk *as* ~ *as* the river. 川まで歩いて行こう / She can swim *as* ~ *as* 500 yards [*to* the raft]. 彼女は 500 ヤードも[浮き台まで]泳げる / He carried his deception *as* ~ *as* that. 彼は偽りをそこまで続けた. (3) [接続詞的に] 〈…できる〉限り; …する限りでは (to the extent that): I tried to help her *as* ~ *as* I could. できるだけ彼女を助けてやろうとした / *as* ~ *as* I am concerned 私に関する限りでは / All right *as* ~ *as* it goes. その件に関する限りは[それだけは]よろしい / My brother, *as* ~ *as* I can tell [I know], committed no crime. 私の知っている限りでは, 兄は何も罪を犯していなかった / *as* ~ *as* one knows ⇨ know 成句. ★ 上のあとの 4 例のような意味では so FAR as も用いる. ***by fár*** [比較級・最上級などを強めて] はるかに, 断然 (cf. much *adv.* 1): This is *by* ~ the *better* of the two [the *best* of all]. これが二つのうちでは断然良い[全部のうちで群を抜いている] / It's too expensive *by* ~. それは(他と比べて)全く[かけ離れて]高い. ***by fár and awáy*** 《俗用》=FAR and away.
fár and awáy [しばしば比較級・最上級を強めて] はるかに, 飛び抜けて, 断然 (by far): His new play is ~ *and away* the *best* comedy that has been staged for years. 彼の新作戯曲は近年上演されたうちでは断然すぐれた喜劇だ.
fár and néar 遠く近く, 至る所に (everywhere): People came *from* ~ *and near*. 人々が至るところから来た.
fár and wíde 遠くまた広く, あまねく: He has traveled ~ *and wide*. 彼は広く至るところを旅行している / He has searched ~ *and wide* for his missing daughter. 彼は行方不明の娘を至るところ捜し回っている. ***Fár bè it from mé* (*to dó*)** 少しも(…する)つもりはない, 決して…したくはない: *Far be it from me to* say that. その事を言うつもりはこれっぽっちもない. ★ be は願望を示す仮定法. ***fàr betwéen*** ⇨ between *adv.* 成句. ***fár from*** …とは全く異なって; [形容詞に先立って] 決して…ではない (never): This work is ~ *from* completion. この仕事は完成どころではない / The storm, (so) ~ *from* abating, (actually) increased in its fury. 暴風は静まるどころか(実際)ますます激しさを増した / His explanation was ~ *from* satisfactory. 彼の説明は決して得心のいくものではなかった / She seemed ~ *from* content. 彼女は少しも満足そうには見えなかった / *Far from* it! そんなことはとんでもない. ***fár góne*** =far-gone. ***fár óut*** (1) ⇨ *adv.* 1. (2) =far-out. ***féw and fár betwéen*** ⇨ few¹ *adj.* 成句. ***from fár*** 遠方から (from afar): ⇨ *n.*, FAR *and* near. ***gèt fár*** ⇨ get 成句. ***gó fár*** (1) 遠くへ行く; [go too far として] 度が過ぎる: This time you've *gone too* ~! 君は今回はやりすぎだ. (2) ⇨ go¹ *v.* 成句. ***in so* [*as*] *fár as*** [接続詞的に] …する限りでは, …である範囲では: *In so* ~ *as* money is concerned, we are ready to agree to the proposal. 金のことだったら, 我々はすぐにその申し出に応じるつもりです / She is a saint—*in so* ~ *as* that word can be applied to someone still alive. 彼女は聖人だ. その言葉を生きている人に当てはめてよければの話だが. ★ insofar as とも書く; *so* FAR *as* (2) と同意であるが, それよりもやや強意的. ***I wóuldn't gò thát fàr.* =*I wóuldn't gò so* [*as*] *fàr as to sáy thát.*** そこまではいえないでしょう《同意が無理なときの文句》. ***nót fár óff* [*óut, wróng, shórt*]** 《口語》〈答えなどが〉(あまり)はずれていない, 当たらずといえども遠からずで, (ほぼ)正しい. ***so far*** (1) /ㄥㄥ/ ここまでは (to this extent), そこまでは (to that extent); 今までのところでは (up to now), その時までは (up to then): The thief has [had] *so* ~ escaped apprehension. 今までのところ[その時まで]賊は逃れている[いた] / Things have gone well *so* ~ this year. 今年は今までのところ, 物事がうまくいっている / *So* ~ and no

F

F

further! ここまではいいが，それ以上はだめだ / So ~ (,) so good. これまではこれでよろしい / The Story So Far. 前回(まで)の梗概[荒筋]. (2) /⏤⏤/ ある点[程度]までは: You can only go so ~ on fifty dollars. 50 ドルではある程度まではしかやっていけない. ***so fàr as*** (1) [否定文に用いて] …ほど遠くまで(ない): We didn't go so ~ as the others. 他の人たちほどに遠くまで行かなかった《★ ただし We didn't go as ~ as the others. ともいう》/ I wouldn't go so ~ as to deny that possibility altogether. その可能性を全く否定するつもりはない. (2) [接続詞的に] …する限りでは (cf. as FAR as (3)): My brother, so ~ as I can tell [I know], committed no crime. 私の知っている限りでは弟は何の罪も犯していない / so ~ as I am concerned 私に関する限りでは / so ~ as it goes ある範囲内では，それなりに(は).
thús fàr 《文語》=SO FAR (1): *Thus* ~ and no *further!*
— *adj.* [限定的] **1** 遠い (cf. *adv.* 1); 遠くへの: a ~ journey / come from a ~ country 遠国からはるばるやって来る / in the ~ distance はるか遠方に / the ~ north [west] はるかなる北方[西方] / a ~ cry ⇨ cry 成句. **2** 〈見識など〉遠大な，長期的な: a ~ look ahead はるか前方を見る視線. **3** 〈二者のうちで〉より遠い，向こうの: It's at the ~ end. むこうの端にある / ⇨ far side. **4** 〈主義・政見など〉極端な: the ~ left 極左 / a ~ right [far-right] organization 極右団体[組織]. **5** 〈光の波長が〉長い: far-red 遠赤外部の.
— *n.* 遠方，遠距離: come from ~ 遠方から来る.
~·ness *n.* 〖OE *feor(r)* < (Gmc) *ferrō- (Du. *ver* / OHG *fer* (G *fern*)) (compar.) ← *fer- < IE *per forward, through (L *per* throught / Gk *péra* further)〗

FAR 《略》Federal Aviation Regulations (米国の)連邦航空規則 (cf. CAR); Federation of Arab Republics アラブ共和国連合.

far. 《略》farad; farthing.

far·ad /fǽrəd, fǽr-, -ræd | fǽrəd, -ræd/ *n.* 〖電気〗ファラッド《静電容量の単位; 記号 F》. 〖(1881) ← *Michael Faraday*〗

far·a·da·ic /fæ̀rədéɪɪk, fɛ̀r- | fæ̀r-/ *adj.* 〖電気〗=faradic. 〖1875〗

far·a·day /fǽrədèɪ, fǽr-, -dì | fǽrədèɪ, -di/ *n.* 〖電気〗ファラデー《電気分解に用いられる電気量の単位; =96,494 coulombs; 記号 f》. 〖(1904) ← *Michael Faraday*〗

Far·a·day /fǽrədèɪ, fǽr-, -dì | fǽrədèɪ, -di/, **Michael** *n.* ファラデー (1791–1867; 英国の物理学者・化学者; *The Chemical History of a Candle* (1861)).

Fáraday càge *n.* 〖電気〗ファラデーケージ《接地された導体網でできた容器で，静電界の影響を遮蔽するためのもの》. 〖1916〗

Fáraday dárk spàce *n.* 〖電気〗ファラデー暗部《グロー放電で陰極直前の負グローと陽光柱との間の暗い部分》. 〖1893〗

Fáraday effèct *n.* 〖物理〗ファラデー効果《磁場を加えた物質を磁場に平行に直線偏光が通過する際，偏光面が回転する現象; cf. Kerr effect》. 〖1889〗

Fáraday rotàtion *n.* 〖物理〗ファラデー回転《ファラデー効果による電磁波の偏波方向の回転》.

Fáraday's cónstant *n.* 〖電気〗ファラデー定数. 〖1931〗

Fáraday's láw *n.* 〖物理〗ファラデーの法則: **a** 折出量・溶解量は通過電荷量に比例するという法則. **b** 電磁誘導起電力は鎖交磁束の減少率に比例するという法則 (Faraday's law of induction ともいう). 〖1850〗

far·ad·ic /fərǽdɪk | -dɪk/ *adj.* 〖電気〗誘導[感応]電流の. 〖(1875): ⇨ farad, -ic[1]〗

far·a·dism /fǽrədɪ̀zm, fǽr- | -fǽr-/ *n.* **1** 〖電気〗誘導電流，感応電流. **2** 〖医学〗=faradization. 〖(1876) □ F *faradisme*: ⇨ farad, -ism〗

far·a·di·za·tion /fæ̀rədɪ̀zéɪʃən, fɛ̀r- | fæ̀rədaɪ-, -dɪ-/ *n.* 〖医学〗感応電流療法. 〖(1867) □ F *faradisation*: ⇨ ↓, -ation〗

far·a·dize /fǽrədàɪz, fǽr- | fǽr-/ *vt.* 〖医学〗感応電流で刺激[治療]する (cf. galvanize 3). **fár·a·dìz·er** *n.* 〖(1864) □ F *faradiser*: ⇨ farad, -ize〗

fárad·mèter *n.* 〖電気〗静電容量計，ファラッドメーター.

Fár·al·lon Íslands /fǽrəlɑ̀(ː)n- | -lɔ̀n-/ *n. pl.* [the ~] ファラロン諸島《米国 California 州中西部，Golden Gate の西にある小島群》.

far·and /fǽrənd, fǽr- | fǽr-/ *adj.* =farrand.

far·an·dole /fǽrəndòʊl, fǽr- | -dɔ̀ʊl; *F.* faʀɑ̃dɔl/ *n.* **1** ファランドール《フランスの Provence 地方に始まったといわれる 8 分の 6 拍子の快活な舞踏; 踊り手はみな手をつなぎ，またはハンカチを持ちいろいろな形を作って踊る》. **2** ファランドールの曲. 〖(1863) □ F ~ □ Prov. *farandoulo* ← ? *fa* to make＋*roundelo* round dance (← L *rotundus* round: cf. roundel)〗

far·a·way /fɑ́ːrəwéɪ | fɑ́ː(r)əwéɪ/ *adj.* **1 a** (距離・時間・関係などが)遠くの，遠方の，遠い (⇨ distant SYN): live in a ~ town / in the ~ past 遠い過去に / a ~ cousin 遠縁の者. **b** 〈音・声など〉遠方から聞こえてくる: the ~ tinkle of a bell. **2** 〈顔つき・目つきなど〉ぼんやりした (absent, abstracted), 夢見るような (dreamy): She has a ~ look in her eyes. うっとりと夢見るような目をしている. 〖1735〗

farce /fɑ́ːəs | fɑ́ːs/ *n.* **1** 笑劇，茶番狂言，道化芝居，ファルス (cf. comedy 1 a). **2** 茶番; ばかばかしいおかしみ，人笑わせ，道化; 滑稽なまねごと. **3** =forcemeat. — *vt.* **1** 〔機知のある内容・引用句などを〕〈本・文・演説など〉に添える[入れる]，味をつける 〔*with*〕: ~ a speech [book] *with* wit [quotations] 演説[本]に機知[引用文]を添える. **2** 《廃》〈鳥〉に肉・野菜・香味料などを詰める (stuff). 〖v.: (*c*1340) *farse(n)* □ (O)F *farsir* (F *farcir*) < L *farcīre* to stuff. ← ? IE *bhrekʷ- to cram together. — n.: (1530) □ F ~ < OF ~ 'stuffing' ← *farcir, farsir* (v.)〗

fárce·mèat *n.* =forcemeat. 〖1627–77〗

fárc·er *n.* =farceur. 〖1791–1823〗

far·ceur /fɑːəsə́ː | fɑːsə́ː(r; *F.* faʀsœːʀ/ *F. n.* (*pl.* ~**s** /~z; *F.* ~/) **1** 道化師，ひょうきん者，おどけ者 (joker, humorist). **2** 笑劇[戯文]作者. **3** 茶番役者，道化役者. 〖(1781) □ F ~: ⇨ farce, -or[2]〗

far·ceuse /fɑːəsə́ːz | fɑː-; *F.* faʀsøːz/ *n.* farceur の女性形.

far·ci /fɑːəsíː | fɑː-; *F.* faʀsi/ *adj.* [通例名詞の後に置いて] 詰物をした; (特に)調味したひき肉 (forcemeat) を詰めた (stuffed): clams ~. — *n.* 詰物をした料理. 〖(1903) □ F ~ (p.p.) ← *farcir* 'to stuff, FARCE'〗

far·ci·cal /fɑ́ːəsɪkəl, -kl | fɑ́ːsɪ-/ *adj.* **1** 笑劇体の，茶番狂言式[風]の，ファルス風の: a ~ play 笑劇. **2** 茶番めいた，人笑わせの，滑稽な，ばかげた (cf. funny[1] SYN). **~·ly** *adv.* **~·ness** *n.* 〖(1716) ← FARCE＋-IC[1]＋-AL[1]: *comical, tragical* との連想による造語か〗

far·ci·cal·i·ty /fɑ̀ːəsɪkǽləṭi | fɑ̀ːsɪkǽlɪti/ *n.* 茶番めいた滑稽(味). 〖(1849): ⇨ ↑, -ity〗

far·cie /fɑːəsí | fɑː-; *F.* faʀsi/ *adj.* =farci.

fár córner *n.* 遠くて人目につかないところ: ~s of the world 世界の僻地.

far·cy /fɑ́ːəsi | fɑ́ː-/ *n.* 〖獣医〗**1** (馬の)鼻疽(ʲˢ). **2** (牛の)致命的慢性放線菌症. 〖(*c*1380) *farsi(n)* □ (O)F *farcin* < L *farciminum* farcy ← *farcīre* (⇨ farce)〗

fárcy bùd [bùtton] *n.* 〖獣医〗鼻疽潰瘍(ᵏᵃⁱʸᵒ), 鼻疽病結節.

fard /fɑ́ːəd | fɑ́ːd/ *vt.* **1** [通例 p.p. 形で形容詞的に用いて]〈顔〉に化粧品を塗る，化粧する: a thickly ~*ed* face 厚化粧の顔. **2** 《古》〈欠点などを〉うまく隠す; 糊塗する，ごまかす (gloss over). — *n.* 《古》(顔に塗る)化粧品. **~·ed** /-dɪ̀d | -dɪd/ *adj.* 〖(?*c*1450) *farde(n)* □ (O)F *farder* to paint (the face) ← Gmc〗

far·del /fɑ́ːədḷ | fɑ́ːdl/ *n.* 《古》**1** 束 (bundle); 寄せ集め (collection). **2** (厄介な)重荷: Who would ~s bear, to grunt and sweat under a weary life? 誰が重荷を耐え忍んで生活の圧迫にうめき，汗水を絞ろう (Shak., *Hamlet* 3. 1. 75–76). 〖(*a*1325) □ OF ~ (F *fardeau*) (dim.) ← *farde* burden □ Arab. *fárdaʰ* single one〗

fár-dístant *adj.* はるかに遠い，はるかな (cf. far 1). 〖1793〗

fare /fɛ́ə | fɛ́ə(r/ *n.* **1** (乗物の)運賃，料金《車賃・汽車賃・船賃・航空運賃など; cf. freight》: rail ~s 鉄道運賃 / a taxi ~ タクシー料金 / a single [double] ~ 片道[往復]料金 / *Fares, please!* 《英》(バスなどで)切符をお買い下さい (Tickets, please!). **2** [集合的にも用いて] (乗車料金を払う)乗客 (passenger(s)). **3** 飲食物 (⇨ food SYN): plain English [vegetarian] ~ 質素な英国[野菜]食 / hospital [prison] ~ 病院[刑務所]食 / ⇨ BILL of fare. **4** (娯楽用の)出し物; (テレビ番組などの)内容: theater ~ 上演作品. **5** 《米》(漁船の)獲物. **6** 《古》情勢，状態，運命: What ~? どんな様子だ. — *vi.* **1** [it を主語として] 《古》〈ある事が〉(…の具合に)運ぶ，成る，成っていく (turn out, happen): ~ well [ill] うまく[まずく]いく，成功[失敗]する / It has ~*d* ill *with* him. 彼はうまくいかなかった / How ~s it *with* you? どうやっていますか(お変わりはありませんか). **2** (よく・まずく)やっていく，暮らす (get on) (cf. 1): ~ well, ill, etc. / How did you ~ in London? ロンドンではいかがでしたか / How have you ~*d* on your exam? 試験の結果はどうでした / You may go farther [further] and ~ worse. 《諺》高望みするとかえって損をする，いい加減のところで我慢するのがよい / *Fare* you [thee] well! 《古》ご無事で. **3** 《古》飲食する (feed), 食物をもてなされる: ~ well, ill, badly, etc. (cf. 1, 2) / You'll ~ simply but well in our house. お粗末ですが十分召し上がっていただけます. **4** 《古・詩・文語》行く; 旅をする 〈*forth*〉: ~ *forth* on one's journey 旅に出立する. 〖v.: OE *faran* to go, travel < Gmc *faran (Du. *varen* / G *fahren*) ← IE *per to lead, pass over (Gk *póros* passage). — n.: OE *fær* (< Gmc *faram) & OE *faru* (< Gmc *farō) journey, road, proceedings ← Gmc *faran〗

Far East /fɑ́ːəíːst | fɑ́ː(r)íːst/ *n.* [the ~] 極東《アジア東部の太平洋に沿う諸地域; 中国・日本・朝鮮・フィリピンなど; cf. Middle East, Near East》. 〖(1616) 1852〗

Fár Éastern *adj.* 極東の.

Fár Éastern Région *n.* [the ~] 極東地区《ロシア連邦の Khabarovsk 地域を中心とする地方の旧名》.

fáre·bòx *n.* 《米》(地下鉄・バスなどの公共交通機関の)運賃箱，料金箱.

Fare·ham /fɛ́ərəm | fɛ́ər-/ *n.* フェアラム《イングランド Hampshire 州南部の都市》. 〖late OE *Fernhām*: ⇨ fern, home〗

Fa·rel /færél, fɑː-; *F.* faʀɛl/, **Guillaume** *n.* ファレル (1489–1565; スイスの宗教改革者).

far·er /fɛ́ərə | fɛ́ərə(r/ *n.* [通例複合語の第 2 構成要素として] 旅人 (traveler): way*farer*, sea*farer*, etc. 〖((1513)) (1881) ← FARE＋-ER[1]〗

fáre stàge *n.* 《英》(バスなどの)同一料金区間; 同一区間最後の停留所. 〖1926〗

fáre-thee-wèll *n.* 《口語》**1** 完璧[完全無欠，最高度]の状態: The index of this book is done to a ~. この本の索引は完璧にできている. **2** 最大限，最高: The pianist played the sonata to a ~. ピアニストはそのソナタを最高に演奏した (fare-you-well ともいう). 〖(1884) ← *fare thee well* (⇨ fare (vi.) 2)〗

fare·well /fɛ̀əwél | fɛ̀ə-/ *int.* ごきげんよう，さらば (goodbye, adieu). — *n.* **1** 暇乞(ᶦᵗᵒᵐᵃ)い，告別，別れ (leave-taking); 告別のあいさつ: "A *Farewell* to Arms" 「武器よさらば」(E. Hemingway 作の小説, 1929) / The last ~s were now uttered. 最後の告別のあいさつが述べられた / one's ~ to life 生への訣別，死 / If things go on like this, you can say ~ to law and order! 事態がこの調子でいけば，法という秩序にはおさらばだ / bid a person ~ 人に別れを告げる / take one's ~ of 《古》…に別れを告げる，暇乞いをする / make one's ~s 別れのあいさつをする. **2** 送別会; 告別式. — *adj.* [限定的] 告別の，送別の (parting): a ~ address [speech] 告別の辞 / a ~ appearance [performance] さよなら出演[公演] / a ~ party [dinner] 送別会[の宴] / a ~ present [gift] 餞別(ˢᵉⁿᵇᵉᵗˢᵘ) / a ~ sermon 告別説教 / take a ~ look at …を見て名残を惜しむ. — *vt.* **1** …に別れを言う. **2** 《豪》送別会を開く. 〖(*c*1369) ← *fare well* (imper.): ↑〗

Fare·well /fɛ́əwèl, ⏤⏤ | fɛ́əwèl, -wəl/, **Cape** *n.* フェアウェル[ファーヴェル]岬《Greenland の南端の岬; デンマーク語名 Kap Farvel》.

fárewell-súmmer *n.* 《米》遅咲きのアスター《heath aster などの》.

farewéll-to-spríng *n.* 〖植物〗イロマツヨイ (*Godetia amoena*)《北米中西部産のアカバナ科の夏に花の咲く一年生草本》.

fáre-you-wèll *n.* (*also* **fáre-ye-wèll**) 《米口語》=fare-thee-well. 〖1884〗

Fár·ey sèquence /féᵊri- | féəri-/ *n.* 〖数学〗ファレイ数列《分母が一定数を超えない既約分数を小さいものから順に並べて得られる数列; 例えば一定数が 3 の時は $^0/_1$, $^1/_3$, $^1/_2$, $^2/_3$, $^1/_1$; この一定数をそのファレイ数列の次数という》.

fár-fámed *adj.* 広く知れ渡った. 〖1624〗

far·fel /fɑ́ːəfəl, -fl | fɑ́ː-/ *n.* (*also* **far·fal** /~/) (*pl.* ~) 〖料理〗ファーフェル《大麦と卵などで作っただんご; スープの浮き身などに用いるユダヤの料理》. 〖(1892) □ Yid. ~ (pl.) □ MHG *varveln* (pl.) noodles, noodle soup〗

fár·fétched /-fétʃt/ *adj.* **1** 持って回った，こじつけの，無理な: a ~ example, joke, etc. **2** 《古》遠くから持ってきた. **fár·fétched·ness** /-tʃt-, -tʃɪ̀d- / *n.* 〖1583〗

fár-flúng *adj.* **1** ひろがった，広く延びた，広範囲にわたる: a ~ empire, battle line, etc. **2** 遠く離れた (remote): ~ sections of the country. 〖1895〗

fár-fórth *adv.* 非常に遠く(に)，極度に，高度に. 〖(*c*1300): ⇨ far, forth〗

Far·go /fɑ́ːəgoʊ | fɑ́ːgəʊ/ ファーゴ《米国 North Dakota 州東部，Red 川沿いの都市》.

Far·go /fɑ́ːəgoʊ | fɑ́ːgəʊ/, **William George** *n.* ファーゴ (1818–81; 米国の運送業の先駆者; 1850 年 American Express 社を創立した一人; cf. Wells Fargo).

fár-góne *adj.* **1** 遠く離れた (remote): ~ places 遠隔の地. **2 a** (病状などがずっと進んだ，こうじた. **b** ひどく酔った，ぐでんぐでんの. **c** 借金がかさんだ. **d** 〈着物・靴など〉ぼろぼろになった. — *adv.* 《米方言》はるかに，断然 (unquestionably): known to be ~ the best watch ずばぬけてよい時計として知られた.

Fa·ri·da·bad /fəríːdəbɑ̀ːd | -də-/ *n.* ファリダバード《インド北部 Haryana 州の工業都市》.

fa·ri·na /fəríːnə | -ríː-, -ráɪ-/ *n.* **1** (穀類などの)粉，穀粉 (meal, flour). **2** 《英》(じゃがいもの)澱粉 (starch). **3** 花粉 (pollen). 〖(*a*1398) □ L *farīna* grits, powder ← *far* corn ← IE *bhares- 'BARLEY[1]'〗

Fa·ri·na /fəríːnə; *It.* faríːna/, **Sal·va·to·re** /salvatóːre/ *n.* ファリーナ (1846–1918; イタリアの小説家).

far·i·na·ceous /fæ̀rənéɪʃəs, fɛ̀r- | fæ̀rɪ̀-/ *adj.* **1** 澱粉質の (starchy): ~ seeds. **2 a** 粉のような，粉状の (mealy). **b** 〈昆虫・植物など〉白粉をかけたような表面の. **3** 《古》穀粉の，穀粉を含んだ，粉製の. **~·ly** *adv.* 〖(1656) □ LL *farīnāceus*: ⇨ ↑, -aceous〗

fár ínfrared ráys *n. pl.* 〖電気〗遠赤外線《波長が数 10 マイクロメートルから 1 ミリメートルの電磁波; cf. near infrared rays》.

fa·ri·nha /fəríːnjə; *Port.* fɐɾíɲɐ/ *n.* カサバ (cassava) の粉. 〖(1726) □ Port. ~ < *farīnam* 'FARINA'〗

far·i·nose /fǽrənòʊs, fǽr- | fǽrɪ̀nòʊs, -nəʊz/ *adj.* **1** 澱粉を生じる; 粉を生じる，粉から成る. **2** 粉状の (mealy). **3** 〖生物〗白粉を吹いた. **~·ly** *adv.* 〖(1727) □ L *farīnōsus*: ⇨ farina, -ose[1]〗

far·kle·ber·ry /fɑ́ːəklbèri | fɑ́ːkḷb(ə)ri/ *n.* 〖植物〗ツツジ科コケモモ属の小低木 (*Vaccinium arboreum*). 〖(1765) 《変形》? ← WHORTLEBERRY〗

farl /fɑ́ːəl | fɑ́ːl/ *n.* (*also* **farle** /~/) 《スコット》(オートミール製の)薄いパンケーキ. 〖(1724) 《短縮》← 《廃》*fardel* quarter 《変形》← *ferde del* < OE *fēorþa dǣl*: ⇨ fourth, deal[2]〗

farm /fɑ́ːəm | fɑ́ːm/ *n.* **1** 農地，農場，農園《もと小作人に貸されていた》: work on a ~ (雇われて)農場で働く / have a ~ 農場を経営する / ⇨ home-farm. 日英比較 単に「農場」「農園」と訳すと意味のずれが起こる. 日本語の農業は伝統的には米作り，野菜作りを意味した. 英米では日常の食物の関係で，ミルク，チーズ造りも農民の大きな仕事で，いわゆる酪農業 (dairy *farming*) は農業の大きな分野を占めていた. しかも，イングランドの一部，スコットランドの高地など酪農業しかできない地勢もある. 今やわが国でも，従来の伝統が変わって酪農業も農業の大きな分野を占めるようになりつつあるが，やはり「農場」「農園」は一般的には米作り，野菜作りを連想させる. 前後関係によって，「牧場」「飼育場」という日本語との対応もあるという認識は大事である. *farm* は家畜だけでなく，魚類，家禽類の飼育場にも用いる. **2 a** 飼育場，養殖場; (特に)毛皮動物飼育場: a chicken [poultry] ~ 養鶏場 / an oyster ~ かき養殖場 / a mink [chinchilla] ~ ミンク[チンチラ]飼育場. **b** (石油などの)

貯蔵所. **3** 農場の家屋, 農家 (farmhouse). **4** 託児所 (baby farm). **5** 《米》(アル中患者・精神病患者用の)田舎の療養所. **6** 《英》 **a** (昔の)租税取立請負制度; (その制度で)請負人が集めた地域. **b** (昔, 取立て請負人が集めた地代・小作料・租税から差し出す)上納金; 地代, 土地賃貸料; 借地. **7** 《米》〖野球〗ファーム《大リーグ所属の二軍チーム; 選手養成用; farm club [team] ともいう》.
— *adj.* [限定的] 農場の: ~ workers 農場労働者 / ~ produce 農産物.
— *vt.* **1** 〈土地を〉耕作する (cultivate), 農地とする, 農事用(耕作・牧畜など)に供する: ~ 500 acres / ~ one's own land. **2 a** 〈租税・料金〉の取立てを請け負う: ~ taxes from the government 政府から租税の取立てを請け負う. **b** 〈租税・料金〉の取立てを請け負わせる 〈*out*〉: ~ *out* taxes / ~ *out* space at an exhibition 展覧会場の場所を請け負わせる. **c** 〈仕事を〉下請けに請け負わせる. **d** 〈労働者を〉賃金制で働かせる. **3** (一定の料金で)〈人・施設・土地などの保護[管理]を契約する: ~ babies 赤ん坊を預かる, 赤ん坊の養育を(料金を取って)引き受ける. **4** 《廃》賃借する (rent): To pay five ducats, five, I would not ~ it. 5 ダカット払うといっても, 5 ダカットでも, 私は借りません (Shak. *Hamlet* 4. 4. 20). **5** 〖クリケット〗〈投球されるボール〉の多数を受けるように操作する. — *vi.* **1** 耕作する, 農場[養育場]を経営する: ~ on one's own land 自分の土地で農業をする. **2** 〖クリケット〗(一組(二人)の打手が打撃に立っている間)打手の一人が投手からより多くの球を受けるように操作する.
fárm óut (1) 〈土地・商売を〉(一定の金額で)貸す. (2) 〈仕事を〉下請けに出す. (3) 〈子供・人を〉(一定の料金で)預ける. (4) (連作によって)〈土地を〉疲れさせる. (5) ⇨ *vt.* 2 b. (6) 《米》〖野球〗〈選手を〉ファーム[二軍チーム]に所属させる. ***fárm the séa*** ⇨ sea 成句.
~·a·ble *adj.* 〚(*c*1300) *ferme* ◻ (O)F farm, rent (cf. ML *firma* fixed payment) ← *fermer* to fix < L *firmāre* to confirm: FIRM[1] と二重語〛

far·man /fɑ́ːəmɑːn, -mən | fɑːmɑ́ːn, fɑ́ː-mɑːn, -mən/ *n.* =firman.

Far·man /fɑːəmɑ́ː(ŋ), -mɑ́ːŋ, fɑ́ːəmən | fɑ́ːmən; *F.* faʁmɑ̃/, **Henri** *n.* ファルマン《1874–1934; フランスの飛行家・飛行機製作者》.

fárm bàiliff *n.* 地主の執事, 農場管理人.

fárm bèlt *n.* 農業地帯; [時に F- B-] 穀倉地帯《アメリカ北中部などを指す》.

fárm-bìke *n.* 《NZ》農耕用のオートバイ.

fárm blòc *n.* 農業グループ《米国上下両院の各党議員よりなる超党派的農民利益代表団》.

fárm chèese *n.* =farmer cheese.

farm·er /fɑ́ːəmə | fɑ́ːmə[(r)]/ *n.* **1** 農業経営者, 農業家 (agriculturist); 農場主; 農民, 農夫 (cf. peasant 1): a landed ~ 自作農 / a peanut ~ ピーナッツ農場主 / ⇨ tenant farmer. **2** (租税などの)取立て請負人. **3** 幼児預り人, 託児所経営者. **4 a** 無知な田舎者. **b** 無骨者, 間抜け. **c** 《米俗》新米(しんまい), 青二才 (greenhorn). 〚(*c*1384) *fermour* ◻ AF *fermer*=(O)F *fermier*: ⇨ -er[1]〛

Far·mer /fɑ́ːəmə | fɑ́ːmə[(r)]/, **Fannie (Merritt)** *n.* ファーマー《1857–1915; 米国の料理研究家; *Boston Cooking School Cook Book* (1896)》.

Farmer, James Leonard *n.* ファーマー《1920–99; 米国の公民権活動家; 人種平等会議 (Congress of Racial Equality) 議長 (1961–65)》.

Farmer, John *n.* ファーマー《1565?–1605; 英国のマドリガル作曲家・オルガン奏者》.

fármer chèese *n.* ファーマーチーズ《牛乳またはスキムミルクで作るプレスチーズ; cottage cheese に似る》. 〚1949〛

farm·er·ette /fɑ̀ːəmərét | fɑ̀ː-/ *n.* 《口語》農業をする[農場で働く]女性, 農婦. 〚(1902): ⇨ -ette〛

fármer-géneral *n.* (*pl.* **farmers-**) (フランス革命前の)徴税請負人. **~·shìp** *n.* 〚(1711)《なぞり》← F *fermier général*〛

Fármer Jóhn *n.* ファーマージョン《米国の製肉会社》.

Fármer-Lábor Pàrty *n.* [the ~] 《米国の》労農党: **a** 社会主義的傾向をもつ小政党; 1920 年に大統領選挙を争い, 1924 年 La Follete の進歩党に合流. **b** Minnesota 州で無党派連盟を母体にできた第 3 政党; 1944 年民主党に吸収された.

fármers coóperative *n.* 農業協同組合.

fármer's lúng *n.* 〖病理〗農夫肺《かびの生えた乾草のほこりなどを吸いこんで起きる》.

Fár·mer's redúcer /fɑ́ːəməz- | fɑ́ːməz-/ *n.* 〖写真〗ファーマー減力液《赤血塩とハイポの混合溶液》. 〚← *E. Howard Farmer* (1860?–1944: この薬液を発明した英国の写真技師)〛

fármer tàn *n.* 農夫焼け, 土方焼け.

farm·er·y /fɑ́ːəməri | fɑ́ː-/ *n.* 《英》農場施設 (farmstead) 《建物と仕事場とを含む》. 〚(1656): ⇨ -ery〛

fárm-gàte sále *n.* 《NZ》農産物の産地直売.

fárm·hànd *n.* **1** 農場労働者, 作男 (farm laborer). **2** 《米》〖野球〗ファームチームに配属された選手. 〚1843〛

fárm·hòuse *n.* **1** 農場付属の住宅; 農家. **2** 《英》大形の食パンの一種《farmhouse loaf ともいう》. — *adj.* 自家製の《特に食物についていう》: farmhouse cheese 自家製チーズ. 〚1597〛

farm·ing /fɑ́ːəmɪŋ | fɑ́ːm-/ *n.* **1** 農場経営; 農作, 農業. **2** 飼養; 養殖; (幼児)預かり: oyster-farming カキ養殖. **3** (租税などの)取立て請負; ~ out (収税などを)請負に出すこと. **4** [形容詞的に] 農業の: ~ implements 農具 / ~ land 農地 / a ~ region 農業地方. 〚(1423) *Ferming*: ⇨ -ing[1]〛

Fár·ming·ton Hílls /fɑ́ːəmɪŋtən- | fɑ́ː-/ *n.* ファーミントンヒルズ《米国 Michigan 州南東部, Detroit 郊外の都市》.

fárm làborer *n.* =farmhand 1. 〚1875〛

fárm·lànd /fɑ́ːəmlæ̀nd, -lənd | fɑ́ːm-/ *n.* (耕作中の, あるいは耕作に適した)農地. 〚*c*1350〛

fár·mòst *adj.* 《まれ》最も遠い (farthest). 〚1618〛

fárm·stèad *n.* **1** 農場《農舎も含む》. **2** 農家. 〚1807〛

fárm·stèading *n.* =farmstead.

fárm stòck *n.* 農業資産《家畜・農具・作物など》. 〚1860〛

fárm sỳstem *n.* **1** 〖野球〗ファームシステム《大リーグ選手の養成のためのマイナーリーグ (minor league) 合同運営制; cf. farm *n.* 7》; ファームシステムで運営されるマイナーリーグチーム. **2** 《カナダ》〖ホッケー〗ファームシステム.

fárm tèam *n.* (野球などの)ファーム, 二軍.

fárm-tòun /-tùn/ *n.* 《スコット》(納屋などの付属建築物を含めた)農家.

fárm wòrk *n.* 畑[野良]仕事. 〚1816〛

fárm wòrker *n.* 農場労働者, 農民.

fárm·yàrd *n.* 農家の構内《農家・納屋などの周囲の囲いの中のあき地; cf. yard[2]》; 《特に》=barnyard. 〚1748〛

Far·na·by /fɑ́ːənəbi | fɑ́ː-/, **Giles** *n.* ファーナビー《1565?–1640; 英国の作曲家》.

Farn·bor·ough /fɑ́ːənbəːroʊ | fɑ́ːnb(ə)rə/ *n.* ファーンバラ《イングランド南部, Hampshire 州の北東部にある町; 2 年ごとに航空ショーが開かれる》.

Far·ne·se /fɑːənéɪzi, -si | fɑː-; *It.* farnéːze/, **Alessandro** /alesándro/ *n.* ファルネーゼ: **1** ⇨ Paul III. **2** (1545–92) スペイン王 Philip 二世に仕えたイタリアの軍人, スペイン領 Netherlands の総督 (1578); 3rd Duke of Parma.

far·ne·sol /fɑ́ːənəsɔ̀(ː)l | fɑ́ːnɪsɔ̀l/ *n.* 〖化学〗ファルネソール ($C_{15}H_{26}O$) 《アカシアの花・桂(けい)油などの中に含まれる香料の成分》. 〚(1904) ← NL (*Acacia*) *farnes*(*iana*) huisache (← *Odoardo Farnese* (1600 年頃のイタリアの枢機卿))+-OL[1]〛

Farn·ham /fɑ́ːənəm | fɑ́ː-/ *n.* ファーナム《イングランド南部, Surrey 州の北西部にある町》.

Fár Nórth *n.* [the ~] 北極圏, 亜北極圏.

far·o /fɛ́ᵊroʊ | fɛ́ərəʊ/ *n.* (*pl.* **~s**) 〖トランプ〗ファロ, 銀行《フランスに発し米国で流行した胴元賭博の一種; 52 枚のカードと特殊な盤を用い, 客は胴元が札箱から出す一対のカードの数字に賭ける》. 〚(1739) ◻ F *pharaon*: Pharaoh の絵札にちなむ?〛

Fa·ro /fɑ́ːroʊ | -rəʊ/ *n.* ファロ《ポルトガル南部の大西洋に臨む港町》.

Fár·oe Íslands /fɛ́ᵊroʊ- | fɛ́ərəʊ-/ *n. pl.* [the ~] = Faeroe Islands.

Far·oes /fɛ́ᵊroʊz | fɛ́ərəʊz/ *n.* [the ~] =Faeroe Islands.

Far·o·ese /fɛ̀ᵊroʊíːz, -íːs | fɛ̀ərəʊíːz/ *n.* (*pl.* ~), *adj.* =Faeroese.

far-off /fɑ́ːəɔ́(ː)f, -ɑ́(ː)f | fɑ́ː(r)ɔ́f/ *adj.* [後に置く場合は far off] **1** (場所・時間的に)はるかかなたの, 遠く離れた (⇨ distant **SYN**): the ~ days 遠い昔 / the ~ whistle of a train 遠くで聞こえる汽車の汽笛. **2** 上の空の (abstracted): ~ thoughts. **~·ness** *n.* 〚1590–91〛

fa·rouche /fərúːʃ | fə-, fæ-; *F.* faʁuʃ/ *adj.* **1** 激しい (fierce), 荒い (wild). **2** (教養・経験不足で洗練されていない, むっつりした, 無愛想な (sullen), 内気な (shy). 〚(1765) ◻ F ~ 《変形》← OF *forache* < LL *forasticum* foreign ← L *foras* outside〛

Fa·rouk I /fərúːk- | fə-, fæ-/ *n.* =Faruk I.

far-out /fɑ́ːəáʊt | fɑ́ː(r)-/ *adj.* [後に置く場合は far out] **1** 遠く離れた (remote). **2** 《口語》 **a** 因襲・伝統にとらわれない. **b** 〈ジャズ・ジャズファンなど〉斬新な, 前衛的な, 進んだ (avant-garde). **c** 〈意見など〉急進的な, 極端な (extreme). **d** 〈趣味・服装など〉風変りな, 現実離れした; 垢(あか)抜けした, すばらしい (excellent). **e** 深遠な, 難解な (recondite). **~·ness** *n.* 〚1887〛

fár-óut·er /-tə | -tə[(r)]/ *n.* 《口語》非常に斬新な人, 前衛的な人.

fár pòint *n.* 〖眼科〗遠点《目が明瞭に物を見得る最も遠い点; cf. near point》. 〚1876〛

Far·quhar /fɑ́ːəkwə, -kə | fɑ́ːkwə[(r)], -kə[(r)]/ *n.* ファーカー《男性名; Highlands に多い》. 〚◻ Gael *Fearchar* ← *fer* man+*car* friendly〛

Far·quhar /fɑ́ːəkwə, -kə | fɑ́ːkwə[(r)], -kə[(r)]/, **George** *n.* ファーカー《1678–1707; アイルランド生まれの英国の喜劇作家; *The Beaux' Stratagem* (1707)》.

Fár·quhar Íslands /fɑ́ːəkwə- | fɑ́rkwə(r)-, -kə(r)-/ *n.* [the ~] ファーカー諸島《インド洋西部 Seychelles 諸島の一部》.

far·ra·gi·nous /fərǽdʒənəs | -rǽdʒɪ-, -réɪdʒ-/ *adj.* 寄せ集めの, ごたまぜの. 〚(1615) ← L *farrāgin-*, *farrāgo* (↓)+-OUS〛

far·ra·go /fərɑ́ːgoʊ, -réɪg- | -gəʊ/ *n.* (*pl.* **~s, ~es**) 寄せ集め, ごたまぜ (mixture): this ~ of cowardice, cunning, and cant この臆病者で横着者の偽善者. 〚(1632) ◻ L *farrāgo* mixed fodder, medley ← *far* grain, corn: cf. farina〛

Far·ra·gut /fǽrəgət, fɛ́r- | fǽr-/, **David Glasgow** *n.* ファラガット《1801–70; 米国の南北戦争当時の北軍の提督》.

far·rand /fǽrənd, fɛ́r- | fǽr-/ *adj.* (*also* **farand, far·rant** /fǽrənt, fɛ́r- | fǽr-/)《スコット・北英》[通例複合語の第 2 構成素として] (…の)性質[外見]の: a fair-*farrand* girl 美少女 / be fighting-*farrand* けんかっ早い. 〚(?*c*1380) *farand* comely (pres.p.) ← fare (v.)〛

Far·rand /fǽrənd, fɛ́r- | fǽr-/ *n.* ファランド《男性名》. 〚ME *Feran*(*t*) ◻ OF *Fer*(*r*)*ant* 'FERDINAND': cf. OF *ferrant* iron-grey〛

fár-ránging *adj.* **1** 広い範囲に及ぶ, 遠くまで届く. **2** 広範囲をカバーする. 〚1923〛

Far·rar /fǽrə, fɛ́rə | fǽrə[(r)]/, **Frederic William** *n.* ファラー《1831–1903; 英国 Canterbury の首席司祭 (dean); 教育・宗教関係の著書が多い; 通称 Dean Farrar》.

Far·rar /fərɑ́ə | -rɑ́ː[(r)]/, **Geraldine** *n.* ファラー《1882–1967; 米国のソプラノ歌手; 通称 Mrs. Lou Tellegen》.

far-reach·ing /fɑ́ːəríːtʃɪŋ | fɑ́ː-/ *adj.* 広範囲の; 《効果・影響など》遠くに達する, 広範囲に及ぶ: a ~ influence / a ~ design 遠大な計画. **~·ly** *adv.* 〚1824〛

fár-réd *adj.* 〖物理〗遠赤外の《赤外線より長い波長の輻射の》. 〚1951〛

Far·rell /fǽrəl, fɛ́r- | fǽr-/ *n.* ファレル《男性名》. 〚◻ Gael. *Fearghal* 《原義》most valorous man〛

Far·rell /fǽrəl, fɛ́r- | fǽr-/, **Eileen** *n.* ファレル《1920–; 米国のソプラノ歌手; クラシックほかコメディーやポピュラーソングでも知られる》.

Farrell, J(ames) G(ordon) *n.* ファレル《1935–79; 英国の小説家; *Troubles* (1970), *The Singapore Grip* (1978)》.

Farrell, James T(homas) *n.* ファレル《1904–79; 米国の小説家; *Young Lonigan: A Boyhood in Chicago Streets* (1932), *The Young Manhood of Studs Lonigan* (1934), *Judgment Day* (1935), 以上の 3 作をまとめて *Studs Lonigan: A Trilogy* (1935)》.

Farrell, Suzanne *n.* ファレル《1945– ; 米国のバレリーナ; New York City Ballet で活躍》.

far·ri·er /fǽriə, fɛ́r- | fǽriə[(r)]/ *n.* **1** 《英》蹄鉄工, 装蹄師 (horseshoer). **2** 《英》馬医者; 《特に, 資格を持たない》獣医. **3** 〖軍事〗(騎兵隊の)軍馬係下士官. 〚(1562)《変形》← ME *ferrour* ◻ OF *ferreor* (F *ferreur*) < L *ferrārium* blacksmith ← *ferrum* iron〛

far·ri·er·y /fǽriəri, fɛ́r- | fǽr-/ *n.* 《英》**1** 蹄鉄術; 蹄鉄所. **2** 獣医外科術. 〚(1737): ⇨ ↑, -y[4]〛

far·row[1] /fǽroʊ, fɛ́r- | fǽrəʊ/ *n.* **1** (豚の)分娩: 20 at one ~ 一腹で 20 匹の子豚. **2** 一腹の豚の子. **3** 《廃》子豚. — *vt.* 〈子豚を〉生む. — *vi.* 〈豚が〉子を生む 〈*down*〉. 〚OE(WS) *fearh* (Anglian) *færh* young pig < (WGmc) **farχaz* (G *Ferkel*) < IE **porko-* young pig (L *porcus* 'PORK')〛

far·row[2] /fǽroʊ, fɛ́r- | fǽrəʊ/ *adj.* 《スコット・方言》〈雌牛が〉(ある年・期間)子をはらんでいない, 子を産まない. 〚(1494)《スコット・方言》*ferow* ◻ ? Flem. **verwe*, **varwe* (cf. *verwekoe* barren cow)〛

far·ru·ca /fərúːkə; *Sp.* farúka/ *Sp. n.* 〖ダンス〗ファルーカ《フラメンコの一種; アンダルシア地方のジプシーの踊り》. 〚(1931) ◻ Sp. ~ (fem.) ← *farruco* Galician, Asturian〛

fár·séeing *adj.* **1** 先見の明のある, 達見の. **2** 遠方が見える, 遠目のきく (farsighted). **~·ness** *n.* 〚1837〛

Far·si /fɑ́ːəsi | fɑ́ːsi, fɑːsíː/ *n.* (イランの言語としての)現代ペルシャ語 (cf. Persian). 〚(1878) ◻ Pers. *fārsī* ← *Fārs* Persia〛

fár síde *n.* [the ~] 遠い方の側, 向こう側.
on the fár síde of (1) …の向こう側に: *on the ~ side* of the river. (2) …の範囲を越えて, 以上に (beyond): just *on the ~* of 50 50 の坂を越えたばかりで.

fár·síghted *adj.* **1 a** 遠目のきく. **b** 〖病理〗遠視(眼)の (hypermetropic). **2** 先見の明のある, 達見の (prescient); 賢明な (↔ near-sighted). **~·ly** *adv.* 〚1609〛

fár·síghted·ness *n.* **1** 遠目のきくこと[状態]. **2** 〖病理〗遠視 (hyperopia). 〚1829〛

fart /fɑ́ːət | fɑ́ːt/ 《卑》*n.* **1** 屁(へ); 屁をすること, 放屁(ほうひ). **2** 《俗》くだらないやつ; おいぼれ. — *vi.* **1** 屁をひる[こく]. **2** 《俗》ぶらぶらする, むだに時を過ごす 〈*about, around*〉. 〚v.: (*a*1300) *ferte*(*n*) < OE **feortan* < Gmc **fertan* ← IE **perd-*; n.: (*c*1390)〛

far·ther /fɑ́ːəðə | fɑ́ːðə[(r)]/ [far の比較級; cf. further ★] *adv.* **1** もっと遠く, もっと先に, さらにはるかに: I can go no ~. これ以上先へはもう行けない / He lives ~ on. 彼の家はもっと向こうです / We may go back still ~ in history. なお歴史をさかのぼってみてもよい / No ~! もうよろしい, これでたくさん / I'll see you ~ (first). 《古・口語》まっぴらご免だ (cf. further *adv.* 2) / wish a person ~ ⇨ wish *vt.* 3 a. **2** 一層進んで, もっと先で; 《古》なおその上に, さらに (besides).
— *adj.* **1** もっと遠い, もっと向こうの (more distant): the ~ shore 向こうの岸 / The trip to the city was ~ than I had expected. その都市までの旅は思ったよりも遠いものだった / Nothing is ~ from my intention than to do such a thing. そんなことをする気は少しもない / a memory of a ~ childhood もっと昔の子供時代の思い出. **2** もっと進んだ (more advanced); なおその上の, それ以上の (additional).
〚(?*a*1300) *ferther* 《変形》← OE *furþor* 'FURTHER': *u* → *e* の変化は ME *ferrer* ((comp.) ← *fer* 'FAR') の影響による〛

Fárther Índia *n.* =Indochina 1.

fárther·mòst *adj.* 最も遠い[はるかな] (farthest). 〚15C〛

far·thest /fɑ́ːəðɪst | fɑ́ː-/ [far の最上級; cf. furthest] *adv.* **1** 最も遠く: The town lies ~ *off*. その町は最も遠く離れた所にある. **2** 最も進んだ程度に, 極端に (most): It will go ~ toward settling the problem. それは問題の解決にこの上もなく寄与するであろう / The book was ~

F

removed from her comprehension. その本は彼女の頭ではとても理解できそうなものではなかった.
— *adj.* **1** 最も遠い (remotest): the ～ corner of the world 世界の一番遠い片すみ. **2** 最も程度の進んだ, 極度の. ***at* (*the*) *fárthest*** 遅く[遠く]とも (at latest), せいぜい (at most). (1596–97)
〚(*c*1378) *ferthest* (変形) ← FURTHEST: cf. farther〛

far·thing /fɑ́ːðɪŋ | fɑ́ː-/ *n.* **1** ファージング (もと英国の通貨単位で $^1/_4$ penny に相当); ファージング硬貨 (最初銀貨で, のち銅貨になり 1860 年以後は青銅貨, 1961 年 1 月 1 日廃止). **2** [主に否定構文で] わずか, 少し, ちっとも: be *not* worth a (brass) ～ びた一文の値打ちもない / *not* take [have] a ～ びた一文も受け取らない[持っていない] / I do*n't* care a (brass) ～. ちっとも構わない[気にしない].
〚OE *fēorþing* ← *fēorþa* 'FOURTH' + -ING[3]〛

far·thin·gale /fɑ́ːðɪŋgèɪl, -ðɪn- | fɑ́ːðɪŋ-/ *n.* 〚服飾〛 **1** ファージンゲール (16–17 世紀ごろに多く着用されたスカートのヒップを誇張する仕掛け). **2** ファージンゲールですそを広げたスカート[ペチコート] (cf. hoopskirt 1). 〚(1552) □ OF *verdugale* (F *vertugadin*) □ Sp. *verdugado* ← *verdugo* young shoot of a tree, hoop ← *verde* green < L *viridem*: cf. vert[1]〛

fárthingale chàir, F- c- *n.* ファージンゲールチェア (エリザベス一世の時代に流行したファージンゲールスカートを着用した女性のためのひじ掛けのない広い椅子). 〚1904〛

fart·lek /fɑ́ːtlek | fɑ́ːt-; *Swed.* fɑ́ːtlek/ *n.* (英) 〚スポーツ〛 ファルトレク (中・長距離ランニングの訓練方法で緩急スピードを取りまぜて行うもの). 〚(1952) □ Swed. ～ ← *fart* speed + *lek* play〛

Fa·ruk I /fərúːk- | fə-, fæ-/ *n.* ファルーク一世 (1920–65; エジプト王 (1936–1952)).

fár últra·vìolet ráys *n. pl.* 〚電気〛 遠紫外線 (波長が 1–200 ナノメートル (nm) の範囲にある電磁波; cf. near-ultraviolet rays).

Fár Wést *n.* [the ～] (米国の)極西部地方 (Rocky 山脈以西太平洋岸一帯の地方; もとは Mississippi 川以西の地方をいった; cf. west *n.* 2 b). **Fár Wéstern** *adj.* 〚1830〛

FAS (略) Foreign Agricultural Service; fetal alcohol syndrome.

FAS, f.a.s. (略) firsts and seconds; 〚貿易〛 free alongside ship.

fasc. (略) fascicle.

fas·ces /fǽsiːz/ *n. pl.* [しばしば単数扱い] **1** (古代ローマの)束桿(そっかん) (束ねた棒の中央に斧を入れて縛った一種の権威標章で, 執政官など高官の先駆である lictor が奉持する). **2** (束桿の象徴する)権威[官職]; イタリアファシズムの象徴. 〚(1598) □ L *fasces* (pl.) ← *fascēs* (pl.) ← *fascis* bundle ← ? IE *bhasko-* band〛

Fa·sching /fɑ́ːʃɪŋ; G. fáʃɪŋ/ *n.* (特に南ドイツ, オーストリアの)謝肉祭(週間). 〚(1911) □ G ～〛

fas·ci·a /fǽʃiə, -ʃə | féɪʃə, -ʃiə/ *n.* (*pl.* **-ci·ae** /-ʃiìː/, ～s) **1** 〚建築〛 **a** 鼻隠し(板) (軒先の垂木(たるき)の端を隠すための横板; fascia board ともいう). **b** (英) ではまた féɪʃɪə/ [通例 *pl.*] 帯状面, ファシア (古典主義建築などに見られる平滑な面をもつ構成素材; 特にイオニア式建築で architrave を構成する 3 段の各面). **2 a** /(英) fǽʃɪə, -ʃə/ 〚動物〛 筋膜; 〚解剖〛 筋膜. **b** 〚動物〛 色帯, 横帯. **c** 包帯. **3** (英) (店頭上部に掲げる)横長の看板 (店名などが入っている). **4** (英) (自動車の)計器盤 (dashboard) (fascia board ともいう). **fas·ci·al** /fǽʃiəl, -ʃəl, -ʃl/ *adj.* 〚(1563) □ L ～ 'band, fillet': FASCES〛

fás·cia bòard /féɪʃə-, -ʃiə-/ *n.* (英) =fascia 1 a, 4. 〚1924〛

fas·ci·ate /fǽʃièɪt, -ʃiɪt/ *adj.* **1** 帯で縛った, 結束した, 包帯した. **2** 〚植物〛 束になって生えた, 叢(そう)生した; (茎・枝などの異常発育によって)密束合生した, 扁平帯形の, 帯化の. **3** 〚動物〛 帯状の縞のある, 色帯のある. 〚(1658) □ L *fasciātus* (p.p.) ← *fasciāre* to swathe ← *fascia* 'FASCIA'〛

fas·ci·at·ed /fǽʃièɪtɪd | -tɪd/ *adj.* =fasciate. 〚1715〛

fas·ci·a·tion /fæ̀ʃiéɪʃən, -si-/ *n.* **1** 結束, 包帯巻き. **2** 〚植物〛 (ケイトウなどの)帯状合生, (茎・枝などの異常発育による)帯化. 〚(1650) □ F ～: ⇨ fascia, -ation〛

fas·ci·cle /fǽsɪkl/ *n.* **1** 小束 (small bundle). **2** 分冊 (一著作を編集などの都合で分割して出版したもの; 後に合冊製本することが多い). **3** 〚植物〛 密繖(さん)花序; (花・葉などの)叢(そう)生, 束生. **4** 〚解剖〛 (筋や神経の)(線維)束. 〚(*a*1500) □ L *fasciculus* (dim.) ← *fascis* bundle: cf. fasces〛

fás·ci·cled *adj.* 〚植物〛 叢生[束生]した: ～ leaves (タンポポ・カラマツなどの)叢生葉. 〚(1792): ⇨ ↑, -ed〛

fas·cic·u·lar /fəsíkjulə, fæ- | -lə(r)/ *adj.* **1** 〚植物〛 叢生の, 束生の. **2** 〚解剖〛 線維束の: ～ fibers 線維束. **～·ly** *adv.* 〚(1656–81) ← FASCICLE + -AR[1]〛

fascícular cámbium *n.* 〚植物〛 線管束内形成層 (1 個の維管束の木部と師部との間にある形成層; cf. interfascicular cambium, secondary cambium).

fas·cic·u·late /fəsíkjulɪt, fæ-, -lèɪt/ *adj.* 〚植物〛 叢生の, 束生の. **～·ly** *adv.* 〚(1794) □ LL *fasciculātus* (p.p.) ← *fasciculāre* to bundle ← L *fasciculus* 'FASCICLE'〛

fas·cic·u·lat·ed /fəsíkjulèɪtɪd, fæ- | -tɪd/ *adj.* = fasciculate. 〚1777〛

fas·cic·u·la·tion /fəsìkjuléɪʃən, fæ-/ *n.* **1** 〚植物・解剖〛 叢生, 束生, 束状. **2** 〚生理〛 (線維)束(性)攣縮(れんしゅく). **3** 〚鉱物〛 束針状結晶. 〚(1938) ← FASCICULATE + -ATION〛

fas·ci·cule /fǽsɪkjùːl/ *n.* =fascicle 2. 〚(1699) □ F ～ ∥ L *fasciculus* 'FASCICLE'〛

fas·cic·u·lus /fəsíkjuləs, fæ-/ *n.* (*pl.* **-u·li** /-làɪ/) **1** 〚解剖〛 =fascicle 4. **2** =fascicle 2. 〚(1713) □ L ～: ↑〛

fas·ci·i·tis /fæ̀ʃiáɪtɪs, -si- | -tɪs/ *n.* 〚医学〛 筋膜炎. 〚(1893) ← FASCIA + -ITIS〛

fas·ci·nate /fǽsənèɪt, -sn- | -sɪn-, -sn-/ *vt.* **1** 魅する, …の魂を奪う, 悩殺する (⇨ attract SYN); 興味をそそる: be ～*d* by [with] a dancer 踊り子に悩殺される. **2** 〈へびが〉かえるなどを〉にらんですくませる, 見込む: The snake ～*s* its victim. **3** (廃) 魔術にかける (bewitch). — *vi.* 人の興味[注意]を引く; 魅力的である. **fás·ci·nàt·ed** /-tɪd | -tɪd/ *adj.* **fás·ci·nàt·ed·ly** *adv.* **fás·ci·nà·tive** /-tɪv | -tɪv/ *adj.* 〚(1598) (1815) □ L *fascinātus* (p.p.) ← *fascināre* to bewitch, enchant ← *fascinum* charm〛

fas·ci·nat·ing /fǽsənèɪtɪŋ, -sn- | -sɪnèɪt-, -sn-/ *adj.* 魅惑的な, 魂を奪うほどの, うっとりさせる (charming, enchanting): a ～ girl, song, scene, etc. **～·ly** *adv.* 〚(1648): ⇨ ↑, -ing[2]〛

fas·ci·na·tion /fæ̀sənéɪʃən, -sn- | -sɪn-, -sn-/ *n.* **1** 魅惑, うっとりした状態; (へびが)見込むこと. **2** 魅力, 魅惑力, あだっぽさ (allure, charm). **3** (催眠術の)感応. **4** 〚トランプ〛 =Klondike[1] 2. 〚(1605) □ L *fascinātiō(n-)*: ⇨ fascinate, -ation〛

fás·ci·nà·tor /-tə | -tə(r)/ *n.* **1** 魅する[うっとりさせる]もの, 魅惑的な女性; 魔法使い. **2** (かぎ針で編んだ)婦人用頭巾(ずきん). 〚(1750) □ L *fascinātor* ← *fascināre* 'to FASCINATE'〛

fas·cine /fæsíːn, fə-/ *n.* **1** 薪(まき)束 (faggot). **2** 〚建築〛 粗朶束(そだそく) (溝を埋めたり塹壕の側壁, 道路や河川の堤防の穴の応急的補修などに用いる). — *vt.* 粗朶束で補強する[守る, 覆う]. 〚(*a*1688) □ F ～ □ L *fascīna* faggot, bundle (of sticks) ← *fascis* bundle〛

fascíne dwèlling *n.* (有史以前の)湖上家屋 (粗朶束を組み重ねて支えとした). 〚1866〛

fas·ci·o·la /fəsíːələ, -sáɪə-/ *n.* 〚動物〛 (*pl.* **-o·lae** /-lìː/, ～s) **1** 細い色帯[横帯]. **2** [F-] カンテツ(肝蛭) (草食動物などの)肝臓に寄生するカンテツ属の吸虫など). 〚(1848) □ L ～ 'small bandage'〛

fas·ci·o·li·a·sis /fəsìːəláɪəsɪs, -sàɪə- | -sɪs/ *n.* 〚獣医〛 肝蛭(かんてつ)症. 〚(1890) ← NL ～ ← L *fasciola* small bandage ((dim.) ← *fascia* 'FASCIA') + -IASIS〛

fas·cism /fǽʃɪzm/ *n.* **1** [しばしば F-] ファシズム: **a** B. Mussolini らのファシスト党による 1922 年から 1943 年までのイタリアの独裁的政治制度と全体主義的体制. **b** ドイツのナチ・スペインのファランヘ党を含めて民主的議会制・個人の自由・多元的社会秩序などを否定した一党の力による独裁主義 (cf. Nazi Party, Nazism 1). **2** [F-] (イタリアの)ファシズム運動. **3 a** ファッショ化. **b** 極右的国家主義; 極右的傾向. 〚(1922) □ It. *fascismo* ← *fascio* group, bundle < L *fascem*, *fascis* bundle of sticks (as a lictor's emblem): cf. fasces〛

fa·scis·mo, F- /fɑːʃíːzmou | -məu; *It.* faʃʃízmo/ *n.* =fascism. 〚(1921): ↑〛

fas·cist /fǽʃɪst | -ʃɪst/ *n.* **1** ファシズム信奉者, ファシスト. **2** [F-] (イタリアの)ファシスト党員 (cf. Nazi 1 a).
— *adj.* **1** ファシズムを信奉する. **2** [F-] (イタリアの)ファシスト党[派]の: the *Fascist* movement ファシズム運動. 〚(1921) □ It. *fascista*: ⇨ fascism, -ist〛

Fa·scis·ta /fæʃístə, fə-; *It.* faʃʃísta/ *It. n.* (*pl.* **Fa·scis·ti** /-tiː; *It.* -ti/) (イタリアの)ファシスト党員 (Fascist). 〚↑〛

Fa·scis·ti /fæʃístiː, fə-; *It.* faʃʃísti/ *n. pl.* [the ～] **1** (イタリアの)ファシスト党 (Fascists) (1919 年 3 月に Mussolini が組織した極右的国家主義団体; 独裁政権を確立 (1922–43)). **2** (他の国の)ファシスト党に類似した党. 〚(1921) (pl.) ↑〛

fa·scis·tic /fəʃístɪk, fə-/ *adj.* =fascist. **fa·scís·ti·cal·ly** *adv.* 〚1935〛

fa·scist·i·za·tion /fæʃɪstɪzéɪʃən | -ʃɪstaɪ-, -tɪ-/ *n.* ファッショ化. 〚(1925): ⇨ ↓, -ation〛

fa·scist·ize /fǽʃɪstàɪz | -ʃɪs-/ *vt.* 〈国・人を〉ファッショ[ファシズム]化する. 〚(1940) ← FASCIST + -IZE〛

Fáscist pàrty *n.* [the ～] =Fascisti.

FASE /féɪs/ *n.* 〚電算〛 簡易英語. 〚(頭字語) ← *F*(*undamentally*) *A*(*nalyzable*) *S*(*implified*) *E*(*nglish*)〛

fash /fǽʃ/ (スコット) *vt.* 悩ます, 苦しめる, 怒らす (worry, trouble): ～ oneself 悩む, 苦しむ. — *vi.* 悩む, 苦しむ. ***fásh one's béard*** [***héad, thúmb***] (英方言) 悩む, 苦しむ. — *n.* 悩み, 苦悩 (worry, trouble). 〚(1533) □ OF *fascher* (F *fâcher*) < VL **fastīdicāre* = L *fastīdire* to feel disgust ← *fastīdium* disgust: cf. fastidious〛

fash·ion[1] /fǽʃən/ *n.* **1** (礼法・行為などの一時的な)流行の風習[様式]; (服装などの)はやりの型, 流行, ファッション; (特に)上流社会の慣習[風習]: the requirements of ～ 流行の必需品 / a ～ color 流行色 / the latest ～ in shoes 靴の最新流行型 / be in [out of] ～ 流行して[すたれて]いる / be all [quite] the ～ 大流行である / come into ～ はやってくる / go out of ～ すたれる / follow the ～ 流行を追う / lead the ～ 流行のさきがけをする / set [start] the ～ (*for* sports car) (スポーツカーの)流行を決める[作り出す] / It is now (all) the ～ among young people to drive a sports car. スポーツカーを運転するのが今若者たちの間ではやっている. **2** [the ～] 流行の人[物]: He is (all) *the* ～. 彼は今売れっ子だ / try on *the* latest ～ 最新流行の服を着てみる. **3** 方法, 仕方: the ～ of a person's speech 人のしゃべり方 / *in* this ～ こんな風に / *in* one's own ～ 独特のやり方で / *in* the old ～ 昔風に, 昔流に / *in* the English [Japanese] ～ イギリス[日本]流に / *in* like [similar] ～ 同様に / *in a friendly* ～ 親しげに / *after* [*in*] the ～ of …にならって, …風[流]に / It's not her ～ to reveal her feelings. 感情をあらわにするのは彼女の流儀ではない. **4 a** 作り, こしらえ, でき, 様式, 様子, みかけ, (格好などの)型: the ～ of a person's clothes 衣服の型. **b** (古) 種類: gentlemen of all ～*s* あらゆる種類の紳士. **c** (廃) 製作; 細工, 作り. **5** [集合的] 上流社会(の人々); 流行界, 社交界: the world *of* ～ 上流社交界 / people *of* ～ 上流(社交界)の人々.
àfter [***in***] ***a fáshion*** 幾らかどうにか, 曲がりなりにも: He speaks Japanese *after a* ～. まずどうやら日本語が話せる. 〚1614〛 ***like it's gòing òut of fáshion*** 大いに, むやみやたらに. ***so fáshion*** (方言) このように, こんな具合に (in this way).
— *adj.* [限定的] 流行[ファッション]の: the latest ～ news 最新のファッション情報.
— *adv.* [通例複合語の第 2 構成素として] …のように, …式に (-wise): sit tailor-*fashion* あぐらをかく / sidle along crab-*fashion* 横に歩く.
— *vt.* **1 a** 形づくる; こしらえる (shape); 〔…に〕作り上げる 〔*into, to*〕: ～ a plan 計画を立てる / ～ steel *into* awls 鋼鉄で錐(きり)を作る / ～ a vase *from* clay 粘土で花びんを作る / ～ a boat *out of* a tree trunk 木の幹でボートを作る. **b** 変える, 変形する (transform). **c** (訓練や教育によって)〈特定の人物・性格に〉〈人・性質などを〉形成する (mold) 〔*into*〕: ～ him *into* a great revolutionary 彼を偉大な革命家に仕立て上げる. **2 a** 〔…に〕合わせる, 適合[適応]させる 〔*to*〕: music ～*ed to* our taste 我々の好みに合った音楽. **b** 〈靴下を〉足形に合わせる (⇨ fashioned 2). **3** (廃) 工夫する, 計画する, 仕組む (contrive, manage). **4** 〚造船〛 〈板金を〉熱しないで曲げる.
〚(?*c*1300) *facioun* □ AF *fasun* = (O)F *façon* < L *factiōnem* making, doing ← *factus* (p.p.) ← *facere* 'to make, DO[2]': FACTION と二重語〛

SYN **1** 流行: **fashion** 特定の時期にのみ人気を得て広まる風俗, 特に服装・ヘアスタイルなど, 最も一般的に用いられる語: She likes to read about the latest *fashions*. 最新の流行に関する記事を読むのが好きだ. **style** *fashion* と同じ意味に用いられるが, 特に衣服の流行で, 独特な型に注目した場合の流行をさす: She has a good sense of *style*. 流行をセンスよく取り入れる[着こなす]. **vogue** ある *fashion* が一時的に非常に人気があること: There is a great *vogue* for pearls now. いま真珠が大流行だ. **mode** 衣服・美術・文学などの流行: Some time ago, a man of forty was all the *mode*. 少し前は 40 歳の男がすごくもてはやされた. **fad** 一つの *fashion* に一時的に熱狂的に飛び付くこと: Green ties are a recent *fad*. グリーンのネクタイが近頃は大人気だ. **rage** ほんの一時の熱狂的流行を意味し, 軽蔑的な感じを表す語: Dog racing was a *rage*. ドッグレースは一時熱狂的に流行した.
2 方法: ⇨ method. **3** 形づくる: ⇨ make.

---

fashion[2] /fǽʃən/ *n.* [*pl.*] (廃) 馬の病気; 馬鼻疽腫(びそしゅ). 〚(*a*1592) (転訛) ← *farcin*: ⇨ farcy〛

fash·ion·a·ble /fǽʃ(ə)nəbl/ *adj.* **1** 流行の, はやりの, 当世風の: ～ clothes, hats, etc. / ～ amusements 流行の娯楽 / ～ goods 流行品. **2** 流行を追う, 流行の先端を行く; 流行界の, 社交界の, 上流の; 流行を追う[上流の]人々の愛好する[集まる]: ～ society 上流社会 / ～ people 上流社会の人々 / a ～ doctor 上流人がよくかかる医者 / a ～ watering place [restaurant] 上流の人々の集まる海水浴場[レストラン] / a ～ place to visit 人々が行くはやりの場所. — *n.* 流行を追う人, 上流社会の人, 上流社交人. **～·ness** *n.* **fash·ion·a·bil·i·ty** /fæ̀ʃ(ə)nəbíləti | -lɪti/ *n.* 〚(1601–02): ⇨ ↑, -able〛

fásh·ion·a·bly /-bli/ *adv.* 当世風に, 流行を追って, いきに: be ～ dressed 流行の服装をしている. 〚(1614): ⇨ ↑, -ly[1]〛

fáshion bòok *n.* ファッションブック, 新型[流行]服装見本集. 〚1840〛

fáshion coòrdinator *n.* ファッションコーディネーター (デパートなどで衣服のスタイル・色彩・材質などの調和を専門とする人).

fáshion desìgner *n.* ファッション[服飾]デザイナー. 〚1909〛

fáshion displày *n.* =fashion show.

fásh·ioned *adj.* [複合語の第 2 構成素として] **1** …風[式]の: ⇨ old-fashioned. **2** 〈靴下などが〉…の形をした (shaped): ⇨ full-fashioned. 〚(1535): ⇨ -ed〛

fásh·ion·er /-ʃ(ə)nə | -nə(r)/ *n.* **1** 形を作る[与える]人. **2** (廃) 洋服屋 (tailor), 洋裁師. 〚(1548): ⇨ -er[1]〛

fáshion hòuse *n.* 高級洋装店, オートクチュールの店. 〚1958〛

fáshion·mònger *n.* **1** 流行を追う人. **2** 流行を作る人. 〚1595–96〛

fáshion plàte *n.* **1** ファッションプレート (多く色刷りで大判の新型服装図). **2** 最新流行の服を着た人. 〚1851〛

fáshion plàte stém *n.* 〚海事〛 ファッションプレート型船首 (船首材で作られたとがった船首ではなしに, 板金を丸味を帯びた形に曲げて船首に張り, 内側に水平板で補強をした形の船首; soft nose stem ともいう).

fáshion shòw *n.* ファッションショー. 〚1938〛

fáshion víctim *n.* 流行をひたすら追う人 (自分に似合うかどうかや値段に関係なく流行の衣服を着る人をいう). 〚1984〛

Fa·sho·da /fəʃóudə, fæ- | -ʃəudə/ *n.* ファショーダ (スー

ダン南東部の都市 Kodok の旧名; 1898 年ここで英仏両国の利害が衝突して Fashoda incident をひき起こした》.

FASSA 《略》Fellow of the Academy of Social Sciences in Australia.

Fass·bin·der /fǽsbɪndə | -də(r; G. fásbɪndɐ/, **Rainer Werner** *n.* ファスビンダー《1946–82; ドイツの映画監督; *The Marriage of Maria Braun* (1978)》.

fast[1] /fǽst | fɑ́:st/ *adj.* (~·er; ~·est) **1 a** 速い, 急速な (swift, quick, rapid): How ~ is it [she]? それ[彼女]はどれくらい速いのか / a ~ horse 快速の馬 / a ~ runner 足の速い人 / a ~ train [service] 急行列車[便] / You're too ~ for me! 君は速すぎてついていけない. 日英比較 日本語では動きについても時についても「はやい」「はやく」を用いるが, 英語では動きが「はやい」には fast とその類義語を, 時が「はやい」「初めのほうで」には early を用いる. 日本語でも書くときには前者には「速い」, 後者には「早い」のように漢字を区別するが, たとえば「早瀬」「早技」などのように動きについても「早」を用いることもあり余り厳密な区別ではない. このことは, 日本語の「はやい」「はやく」は本来動きと時の両方をあわせた大きな意味領域の語で, 漢字はあとから意味を細分するために当てはめられたことを示している. 英語の fast は「動きのはやい」ことを表す最も一般的な語で, 原則的にはその類義語, quick, rapid, speedy などのいずれの語の代わりにもなり得る. (ただし, コロケーションの制約で用いられない場合もしばしばある; cf. quickstep, quick-witted, etc.) ⇨ SYN **b** 動きの速い: a ~ mechanism. **c** 素早い, 敏速な, 敏捷な (prompt, hurried); 素早く出来る, 速成の: ~ work 手早い仕事 / a ~ reader [speaker] 速読家[早口の人] / I don't trust ~ talkers like him. 彼のような早口の[口のうまい]人は信用しない (cf. fast-talk). **d** 性急な, せっかちな: Not so ~! 《口語》そんなにあわてないで, そうせかないで (cf. *adv.* 1 a). **e** 物覚えの早い: a special class for ~ students. **f** 効果の早い: a ~ medicine 即効薬 / ~ relief from acid indigestion 胃酸の出すぎによる胃弱に即効性があること.

2 a 〈時計が〉早い, 進む: My watch is five minutes ~. 時計は 5 分進んでいる. **b** 〈計量器が〉正値以上を示す. **c** 夏時間による: ⇨ fast time.

3 〈走路・地面など〉急走に適した; 〈玉突き台・ラケットなど〉はずみのよい, 球のよく転がる[はね返る]: a ~ track 急走路 (cf. fast track) / a ~ tennis court, cricket ground, billiard table, putting green.

4 〈金・利益が〉難なく[早く]もうかる; ずるいやり方でもうけた: make some ~ money on horseracing 競馬で楽々と金をもうける / ⇨ fast buck.

5 a (次から次へと)歓楽を追う; 生活のすさんだ, 放埒(ほうらつ)な: a ~ life すさんだ生活 / a ~ liver プレイボーイ, 遊び人 / get in with a ~ crowd 放埒な連中とかかわりを持つ. **b** 〈女性が〉身持ちの悪い: a ~ woman 尻軽女.

6 当てにならない, 不誠実な, 頼りない.

7 〖競馬〗〈馬場が〉乾燥した, 完全良馬場の.

8 〖写真〗高速撮影の: a ~ lens [film] 高速撮影レンズ[高感度フィルム].

9 〖野球〗速球を投げる: a ~ pitcher 速球投手 / a ~ pitch 速球投法.

10 a 〈結び目など〉しっかりしている, 固い; 〈同盟・協定が〉固く結ばれた (secure). **b** 〈握り方が〉固い, しっかりとした (tight): a ~ grip 固い握り / take a ~ hold of a purse 財布をしっかりつかむ. **11** 固く締まった; 〔…に〕しっかりつないだ〔*to*〕: make a rope ~ ロープをしっかり結ぶ / a rope ~ *to* the wharf 波止場にしっかりとつないだロープ / make a boat ~ *to* a post 舟を柱にしっかりつなぐ. **12 a** 定着[固着]した, 容易にはなれない, しっかりした, ぐらつかない (stable, firm): a stake ~ in the ground しっかり地中に打ち込んだ杭(くい). **b** 離れることのできない: ⇨ bedfast / a fox ~ *in* a trap わなにかかって逃げられない狐. **13** 心の変わらない, 忠実な (loyal): ~ friends / ~ friendship 変わらぬ友情. **14** 〈眠りが〉深い. **15** 〈色が〉あせない; 〔…に〕色あせしない〔*to*〕: a ~ color 不変色 / ⇨ sunfast. **16** [通例複合語の第 2 構成素として]〖細菌〗〈細菌が〉耐…性の; 死滅しない: acid-*fast* bacteria 抗酸菌. **17** 《カリブ》邪魔をする; おせっかいな.

fast and furious ものすごく速い[速くて], 猛スピードで, 狂乱の[して], 騒々しい[しくて], 〈ゲーム・遊びなど〉白熱した[して]. ***púll a fást òne*** (*on* ...) 《俗》(人を)うまくだます, 一杯食わせる, ぺてんにかける.

— *adv.* (~·er; ~·est) **1 a** 速く, 急速に (rapidly): move [run] ~ 速く動く[走る] / think ~ (火急な場合に)頭を機敏に働かす, 急いで考える / This medicine works ~. この薬は即効性がある / read [speak, write] ~ / I got here as ~ as I could! 出来るだけ早くここに来た / You're going too ~ for me! 君は速すぎて追いつけない! / How ~ can you go? 君はどれくらい速く行けるか / *Faster!* もっと速く! / Not so ~! そんなに速くはしないで! (cf. *adj.* 1 d); まだまだですよ(まだ実現[完了]していない) / I can sell them as ~ as you can make them. 作る片っ端からどんどん売っていける. **b** 〈時計が〉進んで. **c** 〈列車など〉定刻より早く. **2** しっかりと, 固く (tightly); 忠実に (loyally): a door shut ~ 固く締まっている戸 / a *fast*-rooted tree しっかり根をおろしている木 / a ship ~ aground 擱座(かくざ)して動きのとれない船 / bind ~ しっかり[固く]縛る[括(くく)る] / hold ~ *to* a rail 手すりにしがみつく / hold ~ *to* one's faith 信念を忠実に守る / hold a person ~ 人をしっかり捕える / stick ~ ぴったりくっつく, 粘着する / stand ~ しっかりと立つ; 断固として譲らない / *Fast* bind, ~ find. 《諺》締まりが堅けりゃ失せものなし《後の fast は 1 a の意味》. **3** 〈眠りが〉深く, ぐっすりと (soundly): be ~ asleep ぐっすり眠っている. **4** どしどし, ずんずん, ひっきりなしに, しきりに: The hour is ~ approaching. その時間がぐんぐん迫ってきている / It is raining ~. 雨がしきりに降っている[降りしきる] / Her tears fell ~. とめどなく涙が落ちた. **5** 放蕩して: live ~, die young, and have a beautiful corpse 放蕩な暮らしをし, 若死にし, 美しい死体を残す. **6** 《古・詩》〔…の〕間近に迫って〔*by, behind, beside, upon*〕: sit ~ *by* him.

láy a person fást 《古》〈人を〉しっかり捕える, 動けなくする; 《廃》〈人を〉閉じ込める (confine). ***plày fást and lóose*** 《口語》行動に定見がない, 言行が一致しない, 当てにならない; 〔…を〕もてあそぶ〔*with*〕.

〖adj.: OE *fæst* firm < Gmc *fastuz (Du. *vast* / G *fest* / ON *fastr*) ← IE *past- solid, firm. — adv.: OE *fæste* firmly ← adj.: cf. fast[2]〗

SYN 速[早]い: **fast** 〈人や物が〉迅速に動くことを意味する最も一般的な語《時間には使わない》: a *fast* runner 速いランナー / a *fast* train 速い列車. **quick** 動作がすばやい; 時間がかからない: *quick* at work 仕事が速い / a *quick* visit あわただしい訪問. **rapid** *quick* よりやや格式ばった語; 動き・経過が驚くほどすばやい: a *rapid* river 流れの速い川 / a *rapid* recovery 速い回復. **speedy** 実際の速さよりも比喩的に速いことを意味する; 文語的なニュアンスを持つ語; 迅速になされる: a *speedy* answer 即座の答え / a *speedy* journey 急ぎの旅行. **swift** 《文語》動きが迅速かつ円滑な: a *swift* horse 駿馬. **ANT** slow.

fast[2] /fǽst | fɑ́:st/ *vi.* **1** 断食する, 絶食する: I have been ~*ing* all day. 一日中何も食べていない. **2** (宗教的修行のため, また服喪のしるしとして)物断ちをする, 精進(しょうじん)する; 〖カトリック〗大[小]斎を守る: ~ on bread and water パンと水だけで精進生活をする. — *vt.* …に食物を与えない, 断食[絶食]させる.

fást óff 絶食して治す: ~ an illness *off*. ***fást on [upòn, agàinst] a person*** 〖アイル法〗絶食による自力救済をする《原告が相手方[債務者]の家の戸口で絶食して, その請求や債務の支払がなされるか, または裁判所による財産差押え以前に抵当物件が提供されるか, されるまでは待ち続ける》.

— *n.* **1 a** 断食, 絶食, 物断ち, 精進: break a [one's] ~ 絶食後食事をする; 朝飯を食べる (cf. breakfast 1). **b** [F-, Fasts]〖キリスト教〗斎日. **2** 断食期間, 断食日: keep [observe] a ~ 斎日を守る, 一日断食する.

Fást of Ésther [the —]〖ユダヤ教〗エステルの断食《ペルシャ王妃 Esther は王臣 Haman のユダヤ人殺戮(さつりく)の奸計を知り, 同胞の救済のため, 3 日間断食して神に祈願した, これを記念して行う断食》. (1887)

~·er *n.* 〖OE *fæstan* < Gmc *fastējan to hold fast, observe (Du. *vasten* / G *fasten* / Goth. *fastan*) ← *fastuz (↑)〗

fast[3] /fǽst | fɑ́:st/ *n.* 係船索, 係船鎖《船をつなぐロープや鎖》. 〖(1440)《変形》← ME *fest* ◻ ON *festr* rope ← *fastr* firm (↑)〗

Fast /fǽst | fɑ́:st/, **Howard** (**Melvin**) *n.* ファースト (1914– ; 米国の歴史小説家; *Citizen Tom Payne* (1943)).

fást·bàck *n.* **1** 〖自動車〗**a** ファーストバック《乗用車の屋根から後部バンパーにかけてとぎれなく流線形を描いた車体のスタイル; cf. notchback 1》. **b** ファーストバックの車. **2** 《英》〖製本〗硬背. **3** 《英》ファーストバック《ブタの一品種; Landrace または大型の White を改良したもので脂肪分が少ない》. 〖1912〗

fást·bàll *n.* 〖野球〗速球, 直球, ストレート. 日英比較 「ストレート (straight)」は和製英語. 〖1912〗

fást bréak *n.* (バスケットボールなどで)速攻(法)《相手チームが防御の態勢を整える前に攻める方法》. 〖c1949〗

fást-bréaking *adj.* 〈ニュースが〉たちまちセンセーションを巻き起こす(ような).

fást bréeder *n.* =fast breeder reactor. 〖1954〗

fást bréeder reàctor *n.* 〖原子力〗高速(中性子)増殖炉 (fast breeder ともいう; 略 FBR). 〖1954〗

fást búck *n.* 《米俗・豪俗》楽にかせいだ 1 ドル; あぶく銭, 容易な[ぼろい]もうけ. 〖1949〗

fást cóloureds *n. pl.* 《英》(洗濯したとき)色落ちしない衣類.

fást dày *n.* 断食日; 斎日. 〖a1325〗

fas·ten /fǽsən, -sn̩ | fɑ́:-/ *vt.* **1 a** しっかり定着させる[留める] (fix); しっかり括(くく)りつける, 結びつける (attach securely): ~ a rope / ~ the ends of a rope / ~ a boat *to* a quay 船を波止場につなぐ / ~ the button *to* [*on*] the skirt スカートにボタンをつける / The pack was ~*ed onto* the saddle. 荷は鞍(くら)にしっかりと結わえつけられた. **b** (釘などで)打ち付ける; (ボタンなどで)留める: ~ two boards together with nails 2 枚の板を釘でしっかりと打ち付ける. **c** 〈戸・窓などに〉錠[かんぬきなど]を下ろす, 締める: ~ a window with a bolt 窓にかんぬきを掛ける / He ~*ed* the gate shut. 彼は門をしっかりと閉ざした. **d** 〈歯を〉食い込ませる: The dog ~*ed* its teeth *in* his left thigh. 犬は彼の左のももにかみついた. **2 a** 〈目・注意を〉〔…に〕じっと留める; 〈希望などを〉〔…に〕かける (fix steadily)〔*on, upon*〕: ~ one's eyes [hopes] *on* …に目を留める[望みをかける] / He ~*ed* his eyes *upon* a house in the distance. 彼は目を遠くの家に留めた / I ~*ed* my hopes *on* his success. 私は彼の成功に望みをかけた. **b** 〔目を〕…にじっと注ぐ〔*with*〕: The girl ~*ed* me *with* her clear eyes. 少女はその澄んだ目をじっと私に向けた. **3 a** 〈罪・汚名・制度などを〉〔…に〕帰する, 負わせる, 課する (impose)〔*on, upon*〕: They ~*ed* the blame [mistake] *on* her. 彼らは少女に罪をかぶせた[失敗を彼女のせいにした]. **b** 〈名前などを〉つける. **c** [~ one*self* で] (いやらしく)〈人に〉接近する, つきまとう〔*on, upon*〕: He ~*s himself on* pretty girls. 彼はかわいい娘につきまとう. — *vi.* **1** 〈錠・締め金・ドアなどが〉締まる, 〈ボタンなどが〉留まる; 〈漆喰(しっくい)などが〉固まる: The lock [clasp] will not ~. 錠[締め金]がなかなか締まらない / The dress ~*s* at the back. このドレスは背中で留まる[締まる]ようになっている / The box ~*s* at the top. この箱は上で締まるようになっている. **2** 〔…に〕つかまる, しがみつく; 〈視線などが〉〔…に〕集中する; 〔非難・攻撃の的に〕飛びつく, 〔口実などを〕捕える〔*on, upon*〕: The dog ~*ed on* the seat of his pants. 犬は彼のズボンの尻にかみついた / Her eyes ~*ed on* a picture on the wall. 彼女の目は壁にかかっている 1 枚の絵に注がれた / She ~*ed onto* me and kept talking. 私をつかまえて話しつづけた / He ~*ed on* [*onto*] anything I said about it as an excuse. 彼はそれについて私が言ったどんな言葉にも口実として飛びついた.

fásten dówn 〈箱のふた・雨戸などを〉打ち付ける; 〈意味などを〉確定する (fix definitely). ***fásten ín*** 締め込む (enclose securely), (…の中に)しっかり閉じ込める: ~ a wolf *in* a cage 狼を檻(おり)の中に閉じ込める. ***fásten óff*** 《絞り目・返し針などで》〈糸を〉留める. ***fásten úp*** (*vt.*) (1) しっかり閉じる[留める]; 釘づけにする: ~ *up* one's coat 上着にきちんとボタンをかける / ~ *up* a parcel しっかり荷物をからげる / ~ *up* a box 箱を釘づけにする. (2) つなぎ留める, 閉じ込める: ~ *up* a dog *in* a yard 中庭に犬をつなぎ留める. —(*vi.*) しっかり締まる[留まる] (cf. DO up (3)): The dress ~*s up* at the back. このドレスは背中でしっかり締まる[留まる]ようになっている.

〖OE *fæstnian* < Gmc *fastinōjan ← *fastuz: ⇨ fast[1] (adj.), -en[1]〗

F

SYN 固定する: **fasten** ひも・バンド・にかわ・釘などで〈ある物を〉他の物に結合する; 以下の語に比べて最も一般的で強い意味をもつ: *fasten* a shelf to the wall 壁に棚を固定する. **fix** しっかりと動かないように固定する: He *fixed* a mirror on the wall. 鏡を壁に固定した. **secure** ある箇所へ絶対に取れないよう念を入れて固定する: He *secured* the parcel tightly to the back of his motorcycle. その小包をオートバイの荷台にしっかりと固定した.
ANT unfasten, loosen, loose.

fás·ten·er /-snə, -sn̩ə | -snə(r, -sn̩ə(r/ *n.* **1** 締める人. **2** 締める物, 締め具, 締め金具, ファスナー《チャック・ジッパー・クリップ・スナップ・ホックなど》; 留め物, 留め具, 留め針; とじ込み機. 〖(1628): ⇨ ↑, -er[1]〗

fás·ten·ing /-snɪŋ, -sn̩ɪŋ/ *n.* **1** 固着(法), 締付け, 留め. **2** 留め金具, 締め具《ボルト・かんぬき・掛け金・錠・ボタン・ひも・ピンなど》. 〖(a1225): ⇨ -ing[1]〗

fást-fìt *adj.* スピード修理の《いろいろな車種を迅速に修理する》: ~ garages スピード修理自動車工場.

fást-fóod *adj.* [限定的]《米》ファーストフードの, 簡易料理専門の: a ~ restaurant chain. 〖1951〗

fást fóod *n.* 《米》ファーストフード, 簡易[即製]料理《ハンバーガー・ホットドッグ・フライドチキンなど》. 〖1951〗

fást-fórward *n.* (テープレコーダーやビデオの)早送り装置: press ~ on a tape-recorder テープレコーダーの早送りボタンを押す. — *vt.* (テープレコーダーやビデオを)早送りする. — *vi.* 急速の進歩を遂げる. 〖1948〗

fást fréight line *n.* 〖鉄道〗急行貨物鉄道.

fas·ti /fǽsti:, -taɪ/ *n. pl.* **1** (古代ローマの年中行事などを記した)暦. **2** 年代記. 〖(1611) ◻ L *fāsti* court calendar (pl.) ← *fāstus* (*diēs*) lawful (day) ← *fās* right, law〗

fást íce *n.* (海岸沿いの)定着氷.

fas·tid·i·ous /fæstídiəs, fəs- | -di-/ *adj.* **1** 好みのむずかしい, 気むずかしい, やかましい, えり好みの激しい, 潔癖な (⇨ dainty SYN); (標準が高くて)満足させにくい (over-nice): a ~ taste 気むずかしい好み / be ~ about one's food [clothes] 食べ物[着る物]にやかましい. **2** 〖細菌〗〈バクテリアなど〉栄養条件のめんどうな, 特殊培養基を要する. **3** 《古》冷笑的な. **~·ly** *adv.* **~·ness** *n.* 〖(c1425) ◻ L *fastīdiōsus* ← *fastīdium* loathing, disgust ← *fastus* contempt (← IE *bhar-projection, bristle + *taedium* 'weariness') ⇨ -ous: cf. fash〗

fastigia *n.* fastigium の複数形.

fas·tig·i·ate /fæstídʒiɪ̀t/ *adj.* **1** 円錐状に先のとがった: a ~ hilltop. **2** 〖植物〗枝が平行に直立して(ほうきのように)集まった. **3** 〖動物〗円錐束状の. **~·ly** *adv.* 〖(1662) ◻ ML *fastīgiātus* lofty ← L *fastīgium* top of a gable ← IE *bhar- (↑) ⇨ -ate[2]〗

fas·tig·i·at·ed /fæstídʒièɪtɪ̀d | -tɪ̀d/ *adj.* =fastigiate. 〖1647〗

fas·tig·i·um /fæstídʒiəm/ *n.* (*pl.* **~s, -i·a** /-dʒiə/) **1** 〖医学〗(熱・病気などの)極期. **2** 〖解剖〗(第四脳室の)脳室頂. 〖(1677) ◻ L *fastīgium*: ⇨ fastigiate〗

fást·ing *n.* 断食, 絶食. — *adj.* 絶食(者)の: a ~ cure 絶食療法 / a ~ day 精進日 (fast day). 〖(?a1200): ⇨ fast[2], -ing[1]〗

fást·ish /-tɪʃ/ *adj.* **1** やや早い. **2** 多少不身持ちな: a ~ young man. 〖(1854) ← FAST[1] + -ISH[1]〗

fást láne *n.* **1** (高速道路の)追い越し車線: in the ~ 追い越し車線に. **2** 活動[競争]の激しい場所: live life in the ~ 過激[華麗]な生活をする. **3** (競争の激しい)出世街道. 〖1966〗

fást·ly *adv.* 《古・まれ》=fast[1]. 〖OE *fæstlīce*: ⇨ -ly[1]〗

fást mótion *n.* 〖映画〗こま落とし《再生すると正常で撮影した動きより速く見える; slow motion》.

fást-móving *adj.* **1** すばやく動く(ことの可能な), 高速の. **2** 〈劇・文芸作品など〉(事件が急速に展開して)興味の尽きない, 息もつけない, テンポの速い.

fast·ness /fǽs(t)nɪ̀s | fɑ́:s(t)-/ *n.* **1** 固着; (色の)定着; (染色・染物の)堅牢(けんろう)度. **2** 《古》迅速, 早さ. **3** 不身持ち. **4 a** 要塞, 堡塁: a mountain ~ (山賊などの住む)山塞(さんさい). **b** [しばしば *pl.*] 奥まった場所, 隠れ場, 隠遁

所．5〘細菌〙(有毒物質に対する)耐性，抵抗性 (cf. fast[1] *adj.* 16)．〘OE *fæstnes*: ⇨ -ness〙

Fast·net /fǽs(t)nɛt, -nɪt | fɑ́:s(t)-/ *n.* [the ～] ファストネットレース《イングランドの Wight 島の Ryde からアイルランド沖の Fastnet Rock を回り，Devon 州の Plymouth に戻る 1,085 km の国際ヨットレース; 隔年で 8 月に開催される》．

fást néutron *n.*〘物理〙高速中性子．〘1933〙

fást néutron reáctor *n.*〘原子力〙=fast reactor.

fást píle *n.*〘原子力〙=fast reactor. 〘1949〙

fást reáctor *n.*〘原子力〙高速(中性子)炉．〘1947〙

fást réd *n.* [しばしば F- R-]〘化学〙ファストレッド《赤色系酸性アゾ染料》: **a** 赤褐色粉末，羊毛・絹を赤色に染める《Fast Red A ともいう》．**b** 褐色粉末，羊毛・絹を赤紫に染める《Fast Red B ともいう》．

fást-tàlk *vt., vi.*《米口語》(通例欺くために)弁舌で説き伏せる，口車に乗せる〔*into, out of*〕: ～ a person *into* doing 人を言いくるめてさせる．
fást-tàlk one's wáy《米口語》人を言いくるめて進んでいく〔*into, out of*〕．
〘1946 ← FAST (adv.)+TALK (v.)〙

F

fást tálk *n.*《俗》人を欺く巧みな弁舌，まくしたて．

fást-tàlker *n.* 口車に乗せるのがうまい人，口巧者(くちごうしゃ)．

fást tìme *n.*《米口語》(標準時と区別して)夏時間(など)．

fást-tràck *adj.* [限定的] **1**〈仕事など〉昇進の早い，出世街道の．**2** 迅速な．〘1968〙

fást tráck *n.* 手っ取り早い方法[手段]〔*to*〕; 出世コース (cf. fast[1] *adj.* 3): high-fliers on the ～ *to* promotion 出世街道に乗った野心家．〘1934〙

fást-twìtch *adj.*〘生理〙〈筋繊維が〉(瞬発力を出すために)急激に収縮する，速い収縮の (cf. slow-twitch)．

fas·tu·ous /fǽstʃuəs | -tjuəs, -tʃu-/ *adj.* **1** 傲慢(ごうまん)な (haughty)．**2** 見栄を張る (ostentatious)．**～·ly** *adv.* 〘(*a*1638) □ F *fastueux* ∥ L *fastuōsus* ← L *fastus* arrogance: ⇨ -ous〙

fást wórker *n.*《口語》**1** (自分の利益を得るのに)抜け目のない人．**2** 異性をたやすく魅惑する[弁舌たくみに信じさせる]人，口説きのうまい人，手の早い人: He's a ～ *with* the ladies! 彼は女性に手が早い．〘1921〙

fat[1] /fǽt/ *adj.* (**fat·ter; fat·test**) **1 a** (丸々と)太った，肥満した; 贅肉(ぜいにく)のついた，でっぷりした: a ～ baby / ～ cheeks / get ～ 太る / look ～ 太って見える / a ～ woman [man] 太った女性[男性] / ～ guts《まれ》でぶ，太っちょ / Laugh and grow ～．《諺》笑って太れ(憂いは身の毒)，「笑う門には福きたる」．★ 人については fat を避け，婉曲的に (rather) overweight，または他の形容詞を用いる．**b**〈食肉用の動物が〉(市場用に)特に太らせた: a ～ ox [sow] 屠畜牛[豚]．
2 脂肪質の，油質の;〈肉が〉脂肪の多い (↔ lean);〈料理など〉油っこい: ～ meat, soup, etc.
3 a 地味のよい，肥えた: ～ land, pasture, etc. **b** 実りの多い: a ～ year for grapes ぶどうの豊年．
4〈指など〉太い，ずんぐりした (lumpy); 肉厚の，分厚い，大きい (thick, big): a ～ cigar, dictionary, etc.
5 a ふくれた (well-filled): The pods of the peas are getting ～. えんどうのさやは実がはいってきた / a ～ purse (金がたんまりはいって)ふくれた財布 / an envelope ～ *with* photos 写真が中に入ってふくれた封筒．**b** ふくれた，はれた (swollen): get a ～ lip from the blow 殴られて唇をはらす．**c** 蓄えの豊富な (well-stocked); 豊富な．**d**〈声が〉豊かな．
6 a 裕福な: grow ～ on a big fraud べらぼうな詐欺で肥え太る / cut up ～ ⇨ CUP *up* (*vi.*) (4)．**b**〈仕事など〉実入りの多い，有利な，もうかる: a ～ profit 大きな利益 / a ～ salary 高給 / a ～ check 高額小切手．**c**〘演劇〙〈役柄など〉見せ場の多い，やりがいのある (effective): a ～ part (見せ場の多い)もうけ役 (⇨ *n.* 7)．**d**《俗》《反語》(ほとんど)ない: ⇨ (*a*) FAT *chance, a* FAT *lot.*
7 a (ある物質の)含有量の多い．**b**《米》〈木材が〉樹脂の多い: ～ wood 樹脂の多い木材．**c**〈石炭が〉揮発分の多い．**d**〘窯業〙〈粘土・土など〉可塑(かそ)性に富んだ，高可塑性の (long): ～ clay 油[高可塑性]粘土．**e**〈石灰が〉純粋な: ～ lime 富石灰．**f**〈空気が〉湿気[臭気]を含んだ．**g**〈ビール・ワインが〉こくのある．
8 a (太った動物を思わせるような)鈍い，遅鈍な，愚鈍な．**b**〈事が〉退屈な; 怠惰な，無精な．
9〘印刷〙**a**〈活字書体が〉幅広の;〈活字書体の縦線が〉肉太の．**b**〈組版の行の幅が〉長目の．**c**〈スラッグのボディーが〉大き目の．
10《廃・方言》汗ばむ，汗かきの (sweaty) (cf. Shak., *Hamlet* 5. 2. 287)．
(*a*) *fát chánce*《口語》《反語》心細い見込み，見込み薄．*a fát lót*《口語》《反語》ほとんど[全く]…ない〔*of*〕: A ～ *lot* I care. 私はちっとも構わない / A ～ *lot of* use [good] it will be! そんなこと[もの]役に立つものか．*cút it (tòo) fát*《古俗》(あまりにも)見栄をはる，見せびらかす．(「肉片を厚みに切る」の意から) *grów fát on* …で金持ちになる，肥え太る．
— *n.* **1 a** 脂身，脂肉 (cf. lean[2] *n.* 1)．**b** 脂肪，脂肪質; (oil と区別して，常温で固体の)脂; 料理用脂，ヘット (cf. lard): beef ～ / mutton ～ / animal [vegetable] ～ / polyunsaturated ～ 多価不飽和脂肪 / The ～ is the fire. (へまをやって)とんでもないことになった，ただではすむまい《今に大目玉を食らうことになるぞ》．**c**〘化学〙脂肪，油脂．**2** 肥満，脂肪太り (cf. fatness): run to ～ 太り過ぎる / In her later years, she inclined to ～. 晩年彼女は肥満がちであった．**3** 最もよい[滋養に富んだ]部分．★ 今は次の成句で用いる: ⇨ the FAT *of the land.* **4** もうかる[割のよい]仕事．**5** 余分なもの，むだ; 備蓄 (reserves): There's no ～ on it. 余計なものが全くない，完璧(かんぺき)だ / Trim the ～ off [from] the military budget. 軍事予算のむだを削れ．**6** [*pl.*]《豪》(肥育して)太った牛[羊]．**7**《口語》〘演劇〙もうけ役《見せ場が多くてやりがいのある役柄; cf. *adj.* 6 c》．**8**〘印刷〙(詩集など空白部分が多いので)植字の楽な組版 (cf. lean[2] *n.* 3)．
a bit of fát《口語》幸運; もうけ(のチャンス)．*chéw the fát* ⇨ chew 成句．*líve on one's fát*《口語》自分の蓄え[備蓄]でやっていく．*the fát of the lánd* 手に入れられる最上のもの，最上の部分，ぜいたく: live on [《英》off] *the* ～ *of the land* ぜいたくな暮らしをする (*Gen.* 45: 18)．〘1611〙
— *v.* (**fat·ted; fat·ting**)《古》**—** *vt.* (売るためまたは食用に)〈動物を〉太らせる (fatten)〈*up, out*〉: kill the ～*ted* calf (for …) ⇨ calf[1] 成句．**—** *vi.* 太る．
〘OE *fǣt(t)* < (WGmc) **faitiðaz* (Du. *vet* / G *feist*) (p.p.) ← **faitjan* to fatten ← Gmc. **faitaz* fat ← IE **pei(ə)-* to be fat, swell (L *pinguis* fat / Gk *píōn, pîar* fat)〙

SYN 太った: **fat** 筋肉がゆるんで脂肪の多い; 感じのよくない意味で用いられる: I'm *fat* around the waist. 腰まわりが太っている．**overweight** 太り過ぎの意味で *fat* を婉曲に表現する際に用いられる．**fleshy** *fat* と同じ意味だが嫌なニュアンスはない．特に，筋肉組織のたくさんある: a *fleshy* arms 太い腕．**stout** *fat* と同じ意味であるが，中年を過ぎた人について婉曲な表現で用いる: She calls herself stylishly *stout*. 自分のことを格好よく太目だと言っている．**portly** 太って威厳のある《格式ばった語》: a *portly* old gentleman かっぷくのよい老紳士．**plump** 身体が丸みを帯びて，見た目に気持ちよく太っている: a *plump* baby 丸々と太った赤んぼう．**buxom**〈女性が〉健康で魅力的で豊かな胸をした: *buxom* women in Renoir's paintings ルノワールの絵の中の豊満な女性たち．**chubby** 健康でまるまると肥えた，子供などに用いられる: her *chubby* cheeks 彼女のふっくらした頬．**obese** ひどく肥満した《格式ばった語》: an *obese* old woman 肥満体の老婦人．
ANT skinny, scrawny.

fat[2] *n.*《廃・方言》=vat (cf. *Mark* 12: 1)

FAT《略》〘電算〙file allocation table《保存されているファイルがディスクのどの位置に記録されているか管理しているデータ》．

fát ácid *n.*〘化学〙脂肪酸 (fatty acid)．

Fatah *n.* =Al Fatah.

fa·tal /féɪtl | -tl/ *adj.* **1** 命にかかわる，死活に関する，致命的な，致死の (cf. lethal, mortal): a ～ accident 命にかかわる事故 / a ～ disease [illness] 不治の病 / a ～ wound 致命傷 / That proved ～ to him. それは彼に致命傷となった．日英比較 日本語の「致命的な」は，たとえば，「彼は致命的な傷を負ったが助かった」などのように必ずしも結果的に死に至ったことは意味しない．しかし英語では *fatal* は結果的に死に至ったことを含意する語である．**2** 破滅的な; きわめて有害な，ゆゆしい: an action ～ to one's reputation 名声を台無しにするような行為 / a ～ blunder 取返しのつかない失策．**3 a** 運命の，運命を決する (cf. fateful): the ～ day [year] 運命の日[年]，厄(やく)日[年] / the ～ thread [shears] (人間の)寿命[死] (cf. the Fates ⇨ fate 4)．**b**《古》宿命的な，免れることのできない，避けられない．**c**《廃》不吉な; 予言的な: a ～ prophecy 不吉な予言．**4**〈女が〉妖しい魅力をもった (cf. femme fatale)．**5**《廃》運命づけられた; 運の尽きた，非運の．〘(*c*1380) □ (O)F ∥ L *fātālis* ordained by fate: ⇨ fate, -al[1]〙

SYN 命取りの: **fatal** 死をもたらす，死につながったの意味で，結果として死に至ることを意味する: a *fatal* wound 致命傷．**deadly** 命にかかわるほどで，おそらく死を引き起こしそうな: Cyanide is a *deadly* poison. 青酸カリは劇毒である．**mortal** 状態・出来事などについて，死を思わせるような: a *mortal* illness 死病．**lethal** 死をもたらす(力のある)《格式ばった語》: a *lethal* dose of poison 致死量の毒薬．

fá·tal·ìsm /-təlìzm, -tl- | -təl-, -tl-/ *n.* **1** 運命としてあきらめる心持ち，宿命観．**2**〘哲学〙宿命論 (cf. determinism)．**3** 困難に直面しても何の努力や行動もしないこと．〘(1678): ⇨ ↑, -ism; cf. F *fatalisme*〙

fá·tal·ist /-təlɪst, -tl- | -təlɪst, -tl-/ *n.* 宿命論者．〘(1650) □ F *fataliste* ∥ ← FATAL + -IST〙

fa·tal·is·tic /fèɪtəlístɪk, -tl- | -təl-, -tl-/ *adj.* 宿命論的な，宿命論者の; 宿命的な．**fà·tal·ís·ti·cal·ly** *adv.* 〘(1832): ⇨ ↑, -ic[1]〙

fa·tal·i·ty /feɪtǽləti, fə- | fətǽlɪti, feɪ-/ *n.* **1 a** (災害・事故・戦争などによる)不慮の死，事故死．**b** (惨事などによる)死者; 死亡数: There were more than fifty *fatalities*. 死者は 50 人以上あった．**c** (病気や事故の)致命的なこと，不治．**d**〘医学〙致命率，致死率．**2 a** (不幸な)運命，宿命; 因縁; 不可避: by a strange ～ 不思議な運命で．**b** =fatalism. **3 a** (死を招く)災害，惨事，事故 (calamity)．**b** 不幸，災難．〘(1490) □ (O)F *fatalité* ∥ LL *fātālitātem*: ⇨ fatal, -ity〙

fa·tal·ize /féɪtəlàɪz, -tl- | -təl-, -tl-/ *vt.*《古》運命に従わせる．

fá·tal·ly /-təli, -tli | -təli, -tli/ *adv.* **1** 致命的に (mortally): be ～ wounded [ill] 致命傷を受ける[不治の病にかかっている]．**2** 取返しのつかないほど，ひどく; 抵抗できないほど，とても: She is ～ charming [attractive]. 彼女はとても魅力的だ．**3** 宿命的に; 不可避的に (inevitably)．〘(*a*1420): ⇨ -ly[1]〙

fátal sísters *n. pl.* [時に F- S-; the ～] 運命の三女神 (the Fates)．

Fa·ta Mor·ga·na, f- m- /fɑ́:təmɔəgɑ́:nə, -gǽnə | -təmɔ:gɑ́:-; *It.* fa:tamorgá:na/ *n.* **1 a** モルガナのお化け，蜃気楼 (mirage)《特に，イタリア半島と Sicily 島との間の Messina 海峡に現れるもの》．**b** 幻．**2** =Morgan le Fay. 〘(1818) □ It. ～ 'Fairy Morgan' ← *fata* 'FAIRY' + *Morgana* 'MORGAN LE FAY': その魔法で蜃(しん)気楼が現れるとの言伝えから〙

fát·bàck *n.* **1** (豚の)背部の肉《脂身が多く通例塩漬け用; ⇨ pork 挿絵》．**2**〘魚類〙**a** =menhaden. **b** 米国大西洋岸で捕れるアジの類のムツ科の食用魚 (*Pomatomus saltatrix*)．〘1903〙

fát bòdy *n.*〘動物〙脂肪体《特に蛙などの生殖腺の隣にある塊状または房状をした脂肪組織; cf adipose tissue》．〘1869〙

fát-bráined *adj.* 物分りの悪い，低能の，愚鈍な．〘1597〙

fát cát *n.* **1**《米俗》**a** 多額の政治献金をする金持ち[立候補者]．**b** 特権に俗する金持ち．**c** 大物，大立て者 (big shot)．**2** 無気力で満足しきった人．〘1928〙

fát cèll *n.*〘解剖〙脂肪細胞．〘1845〙

fát cíty *n.* すごく快適な状態[生活状態]; 裕福な状態．

fát dórmouse *n.*〘動物〙(ヨーロッパ)オオヤマネ (*Glis glis*)《ヨーロッパ・小アジア産; 時に食用とされる; edible dormouse ともいう》．

fate /féɪt/ *n.* **1** (避けがたく起こるべく予定されていると信じられている)宿命，運命，天命; 運命づけられているもの，避けられないもの: ～ in Greek tragedy ギリシャ悲劇における運命 / the decrees of ～ 宿命 / as ～ would have it 運悪くも / *Fate* decreed that he would be killed. 彼は殺されるというのが天の命ずるところだった / She intended to be a teacher, but ～ had decided [decreed] otherwise. 彼女は教師になるつもりだったが，運命はそうさせなかった / People don't know what ～ has in store (for them). どんな運命が待ち構えているのか，人にはわからないものだ．**2 a** (しばしば不運な，人・国家などの)運命，運; 非運，悪運: decide [fix, seal] a person's ～ 人の運命を決する / a ～ worse than death ⇨ *worse than* DEATH / It was his ～ to die young. 彼は若死にする運命だった / We left them to their ～. 彼らを運命の手にゆだねた．**b** 大きな災難; 死 (death)，破滅; 最後: go to one's ～ 最期を遂げる; 破滅する．**3** 最終結果; (発達の)当然の結果．**4** [F-]〘ギリシャ・ローマ神話〙運命の女神: the (three) *Fates* 運命の三女神《人間の生命の糸 (thread) を紡ぐ Clotho，その糸の長さをきめる Lachesis，その糸をはさみ (shears) で切る Atropos; Weird Sisters ともいう; cf. fatal 3 a》/ a trick of *Fate* 運命(の神)のいたずら．
(as) súre as fáte ⇨ sure 成句．*méet one's fáte* (1) 最期を遂げる，殺される．(2) 最後には自分の妻となるべき女性に会う．*témpt fáte* ⇨ tempt 成句．
— *vt.* [主に p.p. 形で (cf. fated)] 宿命を負わせる，(宿命的に)あらかじめ定める (preordain)，運命づける (destine): He was ～*d to* be hanged. 絞首刑に処せられる運命となっていた / It was ～*d* that she would die young. 彼女は若死にする宿命であった．
〘(*c*1385) □ L *fātum* prediction, fate,《原義》(thing) said (p.p.) ← *fārī* to speak: ⇨ fame〙

SYN 運命: **fate** 抵抗しがたく出来事を支配していると考えられる力: It was his *fate* to be exiled. 追放されるのが彼の運命であった．**destiny** 必ず起こって変更したり制御したりできないこと《しばしばよい結果を暗示する》: It was his *destiny* to lead the nation. 国家を導くのが彼の運命だった．**doom** 不幸または悲惨な *fate*: He met his *doom* bravely. 勇ましい最後を遂げた．**fortune** 幸・不幸のいずれでもよいが，好ましい運命という感じが強い語; また運命の女神を表す: tell one's *fortune* 人の運命を占う．**lot**《文語》くじで決まるようなでたらめな運の割り当て: It seemed her *lot* to be unhappy. 不幸なのが彼女の定めのようだった．

fat·ed /féɪtɪd | -tɪd/ *adj.* **1** 宿命を負わされた，宿命で定まっている: one's ～ lot (抗(あらが)いようのない)宿命．**2** 運の尽きた，のろわれた (doomed); 運命づけられた (destined): the ～ day 運命の日．〘(1602–3): ⇨ ↑, -ed〙

fate·ful /féɪtfəl, -fl/ *adj.* **1** 運命を決する，決定的な (decisive): Each minute seemed ～ to her. 彼女の運命が決まるのは今か今かと思われた．**2** 致命的な，破滅的な．**3** 宿命的な，不可避な．**4** 予言的な，不吉な (⇨ ominous SYN): a ～ remark. **～·ness** *n.* 〘(1715–20): ⇨ -ful[1]〙

fate·ful·ly /-fəli, -fli/ *adv.* **1** 宿命的に，決定的に．**2** 致命的に．〘(1863): ⇨ ↑, -ly[1]〙

Fates /féɪts/ *n. pl.* [the ～] ⇨ fate 4.

fát fàrm *n.*《米俗》=health spa. 〘1969〙

fát-frée *a.* 脂肪のない[を含有しない]，無脂肪の．

fath, fath.《略》fathom.

fát·hèad *n.* **1**《口語》うすのろ，のろま．**2**〘魚類〙=fathead minnow. 〘1842〙

fát·hèaded *adj.*《口語》うすのろの，のろまの (stupid)．**～·ly** *adv.* **～·ness** *n.* 〘*c*1510〙

fáthead mínnow *n.*〘魚類〙北米全域に見られるコイ科の魚 (*Pimephales promelas*)《fathead ともいう》．

fát hén *n.*〘植物〙**1** アカザ属 (*Chenopodium*) などの多汁の[葉の厚い]各種植物の総称《シロアカザ (lamb's quarters) など》．**2** ハマアカザ属の植物の総称《*Atriplex lastata* など》．〘1795〙

fa·ther /fɑ́:ðə | -ðə(r)/ *n.* **1 a** 父，父親: I'd like you to meet my ～ and mother. 父と母に会ってほしい / an adoptive ～ 養父 / like a ～ 父親のように; 厳しく，厳格に / Like ～, like son [daughter].《諺》父が父なら子も子，この親にしてこの子あり．★ 主に家族間では無冠詞(大文字)で固有名詞的に用いられることが多い．他人に自分の親について話すときは通例 my をつける; mother, baby, aunt,

uncle, cook, nurse なども同様; *Father* is here. おとうさんはここです. **b** 義父 (father-in-law); 継父; 養父. **c** 《口語》[妻が夫に向かって] おとうさん, パパ.
2 《口語》真の父のように世話をする人; 父と仰がれる人: be a ~ to …に対して父のようにふるまう / a ~ to the poor children 貧しい子供たちの父 / the ~ of his country 国の父, 国父.
3 [the ~] 父の情, 父性愛: All *the* ~ rose in my heart. 父親の情が胸にわき起こった.
4 [通例 *pl.*] 父祖, 祖先 (forefather, ancestor): be gathered to one's ~*s*=sleep with one's ~*s* 死ぬ (cf. *Judges* 2:10; *Deut.* 31:16).
5 a 創始者, 始祖, 元祖: the ~ of modern science 現代科学の父 / ⇨ Founding Father(s), Pilgrim Father(s) / ⇨ FATHER of lies, FATHER of Medicine, etc. **b** 本源, 源; 原型: The child is ~ of [to] the man. 《諺》子供は成人の父,「三つ子の魂百まで」(cf. Wordsworth, *My Heart Leaps Up* 7) / The wish is ~ to the thought. 《諺》そうあれかしと願うからこそそう思うのだ; 願っていると本当らしくなってくるもの.
6 [F-] 神, 天帝, 造物主 (God the Creator); [the F-] (三位一体の第一位である)神, 父なる神 (the First Person of the Trinity) (cf. son¹ 5, Holy Ghost).
7 [聖職者の尊称として] 師父, 神父, 霊父; 聴罪師 《しばしば名に冠して用いる》: *Father* Flanagan / the Holy *Father* ローマ教皇 / Most Reverend *Father* in God (英国国教会の)大主教の尊称 / Right Reverend *Father* in God (英国国教会の)主教の尊称.
8 [しばしば Fathers] 教父 《古代教会の中で, 教会によって使徒的信仰の代弁者として認められている(特に 1–5 世紀の)人々; Father(s) of the Church ともいう》.
9 [老人の尊称として] …老. ★ しばしば人間以外の長く存続するものを擬人化してその前につけて用いる: *Father* Thames 父なるテムズ川 / ⇨ Father Time.
10 [通例 *pl.*] 《英》(同業・市町村・議会などの)最年長者, 長老, 古参者 (cf. dean¹ 5): the *Father* of the House (of Commons) 〘英議会〙最古参の下院議員 / the city ~*s* 市の長老たち.
11 [*pl.*] 〘ローマ史〙=conscript fathers 1.
(a bit of) hów's your fáther 《英口語・戯言》性行為, セックス 《特にこそこそした場合に用いる》; こっけいな[ばかげた]こと, ナンセンス. ***from fáther to són*** 代々. ***the fáther (and móther) of a*** … 《英口語》とても激しい, たいへんな, とても大きい: *the ~ and mother of a* row 大騒ぎ. 《1892》
Fáther of Énglish póetry [the —] 英詩の父 《Geoffrey Chaucer のこと》.
Fáther of his Cóuntry [the —] 建国の父 《George Washington のこと》.
Fáther of Hístory [the —] 歴史の父 《Herodotus のこと》.
Fáther of líes [the —] 嘘偽の祖 《Satan のこと; cf. *John* 8:44》.
Fáther of Médicine [the —] 医学の父 《Hippocrates のこと》.
fáther of the chápel [the —] 《英》印刷工組合委員長 (略 FoC.). 〘1683: 印刷所 (chapel) の組合の議長を最年長者 (father) が務めたことから〙
Fáther of the Constitútion [the —] 《米》憲政の父 《James Madison のこと》.
Fáther of the Fáithful [the —] 信徒の父 《caliph の称号》.
Fáther of the Hóuse (of Cómmons) [the —] ⇨ 10.
Fáther of Wáters [the —] 《米》=Mississippi.
Fáther(s) of the Chúrch ⇨ 8.
— *vt.* **1** (父として)〈子を〉生む, …の父となる (cf. beget): Cowards ~ cowards. 臆病者は臆病者を生む (Shak., *Cymb.* 4. 2. 26). **2** …の著者である, 〈新説・新法案などを〉唱道する(人となる), 創始する. **3** …に父親らしくふるまう, 父らしく世話をする. **4** …の父親だと名乗る, 〈子供〉の父親であることを認める. **5 a** 〈子供〉の父の名を言う; 〔…を〕…の父親だと決める 〔*on, upon*〕: ~ a child on [*upon*] a person 人を子供の父親だとする. **b** 〈著作などを〉〔…の〕作だという, 〔人を〕…の著作者[発言者, 発案者, 創始者]とする 〔*on, upon*〕: This saying is ~*ed on* Socrates. この格言はソクラテスの言葉とされている. **c** (根拠なしに)〈ある物事を〉〔…に〕結びつける, 賦与する 〔*on, upon*〕: ~ a false meaning *on* a law 法律に誤まった意味をもたせる. **6** …の責任を負う. — *vi.* 父親のように人の世話をする.
〘OE *fæder* < Gmc **faðer* (Du. *vader* / G *Vater*) < IE **pətér*- father (L *pater* / Gk *patḗr* / Skt *pitár-*)〙
Fáther Ábraham *n.* (南北戦争中の) Lincoln 大統領の通称.
Fáther Chrístmas *n.* 《英》=Santa Claus.
father conféssor *n.* **1** 〘カトリック〙告解を聞く司祭, 聴罪師. **2** (個人的悩みの)相談相手.
fáther fígure *n.* =father image 1. 〘1934〙
fáther fixàtion *n.* 〘精神分析〙父固着 《発達のある段階でリビドー (libido) が父に固着すること》.
fáther·hòod *n.* **1** 父であること, 父の資格, 父権 (paternity). **2** [通例 F-] 父なる神 (Godhood). **3** = fathership 2. 〘(*a*1325): ⇨ father, -hood〙
Fáther Hú·go's róse /-(h)júːgouz- | -gəuz-/ *n.* 〘植物〙=Hugo rose.
fáther ìmage *n.* **1** 父親の代わりと思われている人. **2** 父親の理想像. 〘1937〙
father-in-law /fáːðərɪnlɔ̀ː, -làː | -ðə(r)ɪnlɔ̀ː/ *n.* (*pl.* **fathers-** /-ðəz | -ðəz/) **1** 義理の父, 義父, 舅(しゅうと) 《配偶者の父》. **2** 《英口語》継父, まま父 (stepfather). 〘(*c*1375) *fader in laue, fader-lau*〙
Fáther Knóws Bést *n.*「パパは何でも知っている」《1950 年代のアメリカのテレビドラマ》.
fáther·lànd *n.* 祖国; 父祖の地 (cf. mother country). 〘(*a*1121) 《なぞり》← G *Vaterland* (cf. L *patria* native country)〙
fáther làsher *n.* 〘魚類〙カジカ科ギスカジカ属の魚 (*Myoxocephalus scorpius*) 《英国やヨーロッパ沿岸に生息する; short-spined sea scorpion ともいう》. 〘1674〙
fáther·less *adj.* **1** 父のない, 父を失った. **2** 作者不詳の: ~ essays. **~·ness** *n.* 〘OE *fæderlēas*〙
fáther·lìke *adj.* 父のような, 父らしい. — *adv.* 父らしく. 〘(1604): ⇨ -like〙
fáther·li·ness *n.* 父らしさ, 父の慈愛. 〘(1551) ← FATHERLY＋-NESS〙
fáther lónglegs *n.* (*pl.* ~) 〘昆虫〙=crane fly. 〘1796〙
fá·ther·ly *adj.* **1** 父の, 父としての: ~ authority [responsibility] 父としての権威[責任]. **2** 父らしい, 慈父のような: a ~ action, smile, etc. / in a ~ tone 父らしい口調で / take a ~ interest in …をわが子のように面倒をみる. — *adv.* 《古》父のように, 父らしく. 〘OE: *fæderlic*: ⇨ -ly²〙
fáther rùle *n.* 〘人類学〙父長政治, 父権政治.
Fáther's Dày *n.* 父の日 《6 月の第 3 日曜日; オーストラリアなどでは 9 月の第 1 日曜日; cf. Mother's Day》.
fáther·shìp *n.* **1** 父たる身分[資格]. **2** (団体の)長老[元老]たること (cf. father 10). 〘(1442) *fadership*: ⇨ -ship〙
Fáther Tíme *n.* 時の翁 《時間 (time) の擬人化で, 大鎌 (scythe) と水差し (water jar) または砂時計 (hourglass) を持ち, 前髪 (forelock) を残したはげ頭であごひげをはやした老人の姿で表される; cf. forelock¹》.

Father Time

fath·o·gram /fǽðəgræ̀m/ *n.* 〘海事〙音響測深機の深度記録. 〘(1950) ← FATHO(METER)＋-GRAM〙
fath·om /fǽðəm/ *n.* (*pl.* **~s**, ~) **1** 尋(ひろ) 《主に水深を計るのに用いる長さの単位; =6 ft; 183 センチ》. **2** 《英》木材の層積(積み重ねた木材の占める空間の容積)の単位 (=216 ft³; 6.116 m³). **3** 洞察, 理解. — *vt.* **1** (測鉛などを用いて)〈水深を〉計る, 測深する. **2** 〈人の心などを〉推し計る, 推測する; 突き止める. **3** 《古》(計るために)両腕で抱える. — *vi.* **1** 測深する. **2** 探(さぐ)りを入れる, 探る. **~·er** /-mə | -mə(r)/ *n.* 〘n.: OE *fæþm* outstretched arms < Gmc **faþmaz* (G *Faden*) ← IE **petə-* to spread (L *pandere* to spread out / Gk *pétalos* spreading). — v.: OE *fæþm(i)an* ← *fæþm*〙
fath·om·a·ble /fǽðəməbl/ *adj.* 計れる, 測深できる; 洞察[推察]し得る. 〘(1633): ⇨ ↑, -able〙
Fa·thom·e·ter /fæðá(ː)mətə | -ðɔ́mɪtə(r)/ *n.* 〘商標〙ファゾメーター 《sonic depth finder の商品名》. 〘(1925) ← FATHO(M)＋-METER¹〙
fáthom·less *adj.* **1** 計り知れない, 底の知れない, 非常に深い. **2** うかがい知ることのできない, 不可解な, 洞察できない: the ~ mystery of the universe 不可解な宇宙の神秘. **~·ly** *adv.* **~·ness** *n.* 〘(1601–2): ⇨ -less〙
fáthom lìne *n.* 〘海事〙(水深を「尋(ひろ)」単位で示した)測鉛線 (sounding line).
fa·tid·ic /feɪtídɪk, fə- | -dɪk/ *adj.* 予言する力のある, 予言の (prophetic). 〘(1671) □ L *fātidicus* prophesying ← *fātum* 'FATE'＋*dicere* to say〙
fa·tíd·i·cal /-dɪ̀kəl, -kl | -dɪ-/ *adj.* =fatidic. **fa·tíd·i·cal·ly** *adv.* 〘1607〙
fa·ti·ga·ble /fǽtɪgəbl, fǽtɪ̀- | fǽtɪ-, fətí-/ *adj.* 疲れやすい. **fa·ti·ga·bil·i·ty** /fæ̀tɪgəbíləti, fæ̀tɪ̀- | fæ̀tɪgəbílɪ̀ti, fətìː-/ *n.* 〘(1608) □ (O)F — // LL *fatīgābilis*: ⇨ fatigue, -able〙
fat·i·gate /fǽtɪ̀gèɪt | -tɪ-/ 《廃・方言》*adj.* 疲れた, 疲労した. — *vt.* 疲れさせる, 疲労させる (fatigue). 〘ME □ L *fatgātus* (p.p.) ← *fatigāre* (↓)〙
fa·tigue /fətíːg/ *n.* **1** (心身の)疲労, 疲れ (weariness, exhaustion). **2** 〘機械〙(材料の)疲労, 疲れ 《繰返し応力のため強さの落ちる現象》: metal ~ 金属疲労. **3** 〘生理〙(細胞・器官などの)疲労 《刺激に反応する力を失っている状態》. **4** (疲労をきたす)労働, 労苦, 労役 (toil, labor). **5** 〘軍事〙**a** [*pl.*] 作業服[衣]. **b** (労務)作業, 使役, 雑役: on ~ 雑役に服して. — *adj.* [限定的] 作業の, 雑役の: a ~ cap 作業帽 / ~ clothes [dress] 作業服[衣] / ~ duty (本務以外の)作業, 使役, 雑役. — *vt.* **1** [しばしば p.p. 形で] 疲れさせる, 疲労させる: be [feel] ~*d* 疲れる. **2** 〘機械〙〈材料を〉疲れさせる, 弱める. — *vi.* **1** 〘機械〙〈材料が〉疲れる, 強度が減る. **2** 〘軍事〙労務作業[雑役]をやる. 〘(1669) □ F ~ ← *fatiguer* (v.) □ L *fatigāre* to weary ← **fatis* exhaustion＋*ag-* to drive (cf. *agere* to drive)〙
fa·tígued *adj.* [叙述的] 疲れ(果て)た (⇨ tired¹ SYN).
fatígue·less *adj.* 疲労しない, 疲れを知らない. 〘(1818): ⇨ ↑, -less〙
fatígue lìmit *n.* 〘物理〙疲れ限度, 疲労限度, 耐久限度, 疲労限界 《材料に外力を無限回繰り返して加えても破壊することのない応力変動の最大範囲》. 〘1911〙
fatígue pàrty *n.* 〘軍事〙作業班, 使役班, 雑役班. 〘1840〙
fatígue strèngth *n.* 〘物理〙=fatigue limit. 〘1912〙
fatígue tèst *n.* 〘物理〙疲れ試験, 疲労試験 《疲れ限度 (fatigue limit) に至るまでの繰返し回数を求める試験》. 〘1905〙
fa·tígu·ing·ly *adv.* 疲労させるように. 〘(1807) ← FATIGUE＋-ING²＋-LY¹〙
Fa·ti·ha /fáːtɪhàː | -tɪ-/ *n.* (*also* **Fa·ti·hah** /~/) 《イスラム教》ファティハ 《コーランの短い第 1 章, 祈禱(きとう)文として用いられる》. 〘(1821) □ Arab. *fātiḥah* that which begins〙
Fat·i·ma¹ /fǽtɪ̀mə, fáː- | fǽtɪ-/ *n.* ファティマ 《女性名》. 〘← *Fatima*²〙
Fat·i·ma² /fǽtɪ̀mə, fáː- | fǽtɪ-/ *n.* ファティマ 《606?–32; Muhammad の娘の一人; イスラム教徒の間で範とすべき婦人とされている》.
Fat·i·ma³ /fǽtɪ̀mə, fáː- | fǽtɪ-/ *n.* ファティマ 《Bluebeard の 7 番目すなわち最後の妻で彼に殺されなかった唯一人の妻; 転じて「穿鑿(せんさく)好きの女」の意に用いられる》.
Fá·ti·ma /fǽtɪ̀mə, fáː- | fǽtɪ-/ *n.* ファティマ 《ポルトガル中部, Lisbon の北北東にある村; 聖母マリアの聖堂があり, 巡礼者を集める》.
Fat·i·mid /fǽtəmɪ̀d | -tɪmɪd/ *n.* **1** ファーティミッド 《ファーティマ朝の王; Fatima² と Ali の子孫と称した》. **2** [*pl.*] ファーティマ朝 (909–1171) 《北アフリカに興り, エジプト・シリア一帯を支配したシーア派 (Shi'a) の王朝; 首都 Cairo を建設した》. **3** Fatima² と Ali の子孫. — *adj.* **1** Fatimid の末裔の. **2** Fatima と Ali の血を引いた Muslim 支配者の. 〘⇨ Fatima², -id¹〙
Fat·i·mite /fǽtəmàɪt | -tɪ-/ *n.* =Fatimid.
fat·ism /fǽtɪzm/ *n.* =fattism.
fát-kídneyed *adj.* 《古》でぶの (gross). 〘1596–97〙
fát lámb *n.* 《豪・NZ》(特に輸出用の)冷凍肉用子羊. 〘1891〙
fát·less *adj.* 〈肉が〉脂肪のない, 赤身の (lean). 〘(1825): ⇨ -less〙
fát·lìke *adj.* 脂肪のような (fatty).
fat·ling /fǽtlɪŋ/ *n.* 肥畜 《食肉用として肥育した子牛・子羊など》. 〘(1526–34) ← FAT (v.)＋-LING¹: cf. nursling〙
fát·ly *adv.* **1** 肥満して, 太って; でぶでぶして; 無器用に. **2** 大いに; 豊富に. **3** 満足そうに, 悦に入って. 〘(*c*1475) (1866) ⇨ ly¹〙
fát móuse *n.* 〘動物〙ネズミ科カミンマウス類 (*Steatomys*) の短尾のネズミ 《美味のためアフリカ人が好んで食べる》.
fát·ness *n.* **1** 太っていること, 肥満. **2** (土地・地味の)肥沃(ひよく). **3** 油っこいこと (oiliness). 〘OE *fǣtnes*: ⇨ -ness〙
fats /fǽts/ *n.* =fatso.
Fat·shan /fàːtʃáːn/ *n.* =Foshan.
fats·hed·e·ra /fæ̀ts(h)édərə, -drə | hédrə, -drə/ *n.* 〘植物〙セイヨウキヅタ (ivy) とタラノキ (*Aralia elata*) の雑種で掌状葉をもつウコギ科の小高木. 〘(1948) ← NL *Fatsia* (属名)＋*Hedera* (属名: ← L *hedera* ivy)〙
fat·si·a /fǽtsiə/ 〘植物〙*n.* ウコギ科ヤツデ属 (*Fatsia*) の低木の総称; (特に)ヤツデ (*F. japonica*). 〘(1881) ← NL ~ ← ? Jpn. *hachi* (八) (cf. *yatsude* (八つ手))＋-IA²〙
fat·so /fǽtsou | fǽtsəu/ *n.* (*pl.* **~es**) [しばしば軽蔑・戯言の呼び掛け] 《俗》でぶ. 〘(1944) ← *Fats* (肥えた人のあだ名)＋-o〙
fát-sòluble *adj.* 〘生化学〙〈ビタミンが〉油脂に溶解する. 〘1922〙
fát·stòck *n.* [集合的] (市場向けに肥育した)家畜. 〘1880〙
fát-tàiled shéep *n.* 〘畜産〙脂尾羊 《尾骨の両側に脂肪の蓄積する粗い毛の羊》.
fát·ted /-tɪ̀d | -tɪd/ *adj.* 《古》肥育された, 太った: ⇨ *kill the fatted* CALF¹. 〘(1552) ← FAT v.＋-ED〙
fat·ten /fǽtn/ *vt.* **1** 肥満させる, 太らせる 〈*up*〉, (特に, 食肉用に)肥育する 〈*off*〉: ~ (*up*) young animals for market 市場に出すために動物の子を太らせる. **2** 〈土地を〉肥やす. **3** 〘トランプ〙**a** (ポーカーで)〈場 (pot) を〉肥やす, 高くする 《場代 (ante) や賭金を追加してある回の上りを大きくする》. **b** (ピノクル (pinochle) などで)〈場札 (trick)〉にお土産をつける 《味方が勝ちそうなときに自分の高得点札を出す》. — *vi.* **1** 太る, 肥満する: The cattle ~ *on* the clover. 牛たちはクローバーを食べて太る. **2** 豊かになる 〔*on*〕: ~ *on* the labor of workers 労働者の労働を種に私利を謀る. **~·a·ble** /-tnəbl, -tn-/ *adj.* 〘(1552) ← FAT (adj.)＋-EN¹〙
fát·ten·er /-tnə, -tnə | -tnə(r), -tnə(r)/ *n.* **1** 肥満させる人; (家畜などの)肥育者. **2** 肥畜 《食肉用に肥育される家畜》. 〘(1611): ⇨ ↑, -er¹〙
fát·ten·ing /-tnɪŋ, -tn-/ *adj.* 〈食物が〉人を太らせる.
fát·ti·ness *n.* **1** 脂肪分含有度; 脂肪質. **2** 油っこさ (greasiness). **3** 脂肪過多(性). 〘(1572) ← FATTY＋-NESS〙
fát·tish /-tɪʃ | -tɪʃ/ *adj.* やや太った, やや肥満した, 太り気味の. 〘(1369): ⇨ fat¹, -ish¹〙
fat·tism /fǽtɪzm/ *n.* [通例戯言的] 肥満(者に対する)差別, でぶいじめ.
fat·ty /fǽti | -ti/ *adj.* (**fat·ti·er**; **-ti·est**) **1** 脂肪質の; 脂肪様の: ~ tissue 脂肪組織 / a ~ tumor 〘病理〙脂肪腫(しゅ) / ⇨ fatty acid, fatty oil. **2** 油っこい. **3** 〘病理〙脂肪性の, 脂肪過多(性)の: a ~ heart [liver] 脂肪心[肝]. **4** 太った, ぽっちゃりした. — *n.* [しばしば呼び掛け・あだ名に用いて] 《口語》でぶちゃん, でぶっちょ, 太っちょ.

fát·ti·ly /-təli, -tɪli | -tɪ̈li, -tli/ *adv.* 〖(*c*1384): ⇨ fat[1] (n.), -y[4]〗

fátty ácid *n.* 〘化学〙脂肪酸 (fat acid). 〖1863–72〗

fátty degenerátion *n.* 〘病理〙(細胞・組織の)脂肪変性. 〖1877〗

fátty óil *n.* 〘化学〙脂肪油, 脂油 《植物または海産動物からとる油脂で, 常温で液体のもの; cf. essential oil》. 〖1831〗

fátty túmor *n.* 〘病理〙脂肪腫 (lipoma).

fa·tu·i·tous /fətúːətəs, fæ-, -tjúː- | -tjúːɪ̈t-/ *adj.* 愚鈍な, 間抜けな, とんまな (fatuous). 〖(1633): ⇨ ↓, -ous〗

fa·tu·i·ty /fətúːəti, fæ-, -tjúː- | -tjúːɪ̈ti/ *n.* **1** 愚鈍, 間抜け, 愚かしさ (foolishness). **2** 愚行, 愚言. **3** 《古》白痴 (imbecility). 〖(1538) ◻ F *fatuité* ∥ L *fatuitātem*: ⇨ ↓, -ity〗

fat·u·ous /fǽtʃuəs, -tju- | -tju-, -tʃu-/ *adj.* **1** 間抜けの, ぼんやりの: a ~ smile 間抜けた笑い / a ~ attempt 愚挙. **2** 《古》実体のない, 空な: a ~ fire 鬼火. **~·ness** *n.* 〖(1608) ← L *fatuus* foolish ← ?: ⇨ -ous〗

fát·u·ous·ly *adv.* ぼんやりして; たわいもなく. 〖1876〗

fat·wa /fǽtwɑː; *Arab.* fátwa/ *n.* ファトワー 《イスラム教指導者による公的な裁断》. 〖(1989) ◻ Arabic *fátwā* formal legal opinion〗

fát-wítted *adj.* 愚鈍な, とんまな (stupid). 〖1596–97〗

fau·bourg /fóubʊə, fóubʊəg | fə́ubʊəg, -bɔːg; *F.* fobuːʁ/ *F. n.* (*pl.* **~s** /~z; *F.* ~/) (フランスの都市, 特に Paris の) 郊外, 近郊 (suburb); 城外, (もと城外だった)都市の一部. 〖(1432) *fabo(u)r, faubourgh* ◻ OF *fauxbourg* (F *faubourg*) 《原義》 false town 《通俗語源》 ← *forsborc* ← *fors* outside (< L *foris* out) + *borc* town (⇨ borough)〗

fau·cal /fɔ́ːkəl, fɑ́ː-, -kl | fɔ́ː-/ *adj.* **1** 〘解剖〙口峡(部)の, のどの, 咽頭(いんとう)の. **2** 〘音声〙咽頭音の (pharyngeal). **— *n.*** 〘音声〙咽頭音. 〖(1864): ↓, -al[1]〗

fau·ces /fɔ́ːsiːz, fɑ́ː- | fɔ́ː-/ *n. pl.* **1** [通例単数扱い] 〘解剖〙口峡(部). **2** 〘植物〙合弁花冠の咽喉(いんこう)部. **3** (古代ローマ人の住宅の)玄関廊 《街路から atrium に至る通路兼ホール》. 〖(1541) ◻ L *faucēs* throat〗

fau·cet /fɔ́ːsɪ̈t, fɑ́ː- | fɔ́ː-/ *n.* **1** 《米》(水道の)蛇口, 水栓, コック (cock). **2** (樽(たる)の)のみ口. 〖(?*a*1400) ◻ (O)F *fausset* vent peg ← *fausser* to force in, damage < LL *falsāre* to falsify ← L *falsus*: ⇨ false〗

fau·chard /fouʃɑ́ə | fəuʃɑ́ː(r); *F.* foʃaːʁ/ *n.* (長柄の)長刀 (glaive). 〖◻ F ~〗

fau·cial /fɔ́ːʃəl, fɑ́ː-, -ʃl | fɔ́ː-/ *adj.* 〘解剖〙口峡(部)の. 〖(1807) ← L *faucēs* throat + -IAL〗

faugh /fɔ́ː, fɑ́ː | pɸː, fɔ́ː/ *int.* うふん, へっ 《嫌悪・軽蔑を表す; 実際の会話では /pɸ/ を強く発音するか, 唇を震わせて「ブー」という》. 〖(1542) 擬音語: cf. F *pouh*〗

fauld /fɔ́ːld, fɑ́ːld | fɔ́ːld/ *n.* 〘甲冑〙(鎧(よろい)の)腰足掻(あがき)の板 《草摺(くさずり)をつける胸当のすその鉄板; ⇨ armor 挿絵》. 〖(1874) 《変形》← FOLD[1]〗

Faulk·ner /fɔ́ːknə, fɑ́ː- | fɔ́ːknə(r)/ *n.* フォークナー 《男性名》. 〖ME *Faukener, Fauconer* ← (O)F *fauconnier* 'FALCONER'〗

Faulk·ner /fɔ́ːknə, fɑ́ːk- | fɔ́ːknə(r)/, **William (Cuthbert)** *n.* フォークナー (1897–1962; 米国の小説家; Nobel 文学賞 (1949); *The Sound and the Fury* (1929), *Absalom, Absalom!* (1936)). **Faulk·ner·ian** /fɔːkníəriən, fɑːk- | fɔːkníər-/ *adj.*

fault /fɔ́ːlt, fɑ́ːlt | fɔ́ːlt, fɔ́lt/ *n.* **1** (悪事の)責任, 罪 (sin), (許しうる程度の)悪事, 怠慢 (delinquency): The ~ is his own. 罪は彼自身にある / It was (all) my ~ that the experiment failed. 実験が失敗したのは(すべて)私の責任だった / The experiment failed through no ~ of my own. 私が悪いわけでもないのに実験は失敗した. **2** (性格・知性などの)あら, きず, 欠点, 短所 (defect, flaw): a person with many virtues and few ~s 美徳が多く欠点の少ない人 / a grave [serious] ~ in a theory 理論上の重大な欠点 / With all his ~s I like him better than the rest. 彼にはあんなに欠点はあるが他のだれよりも好きだ. **3** 誤り, 過失, 過誤 (⇨ error SYN); 落ち度, 非行 (misdeed): a ~ of grammar 文法上の誤り / acknowledge one's ~s 自分の過失を認める. **4** 《廃》欠乏: for (the) ~ of a worse [better] これ以上悪い[よい]のがないから. **5** 〘電気〙(回路の)障害, 漏電. **6 a** 〘テニス〙フォールト 《サーブの失敗》: ⇨ double fault, foot fault. **b** 〘バドミントン〙(シャトルコックを)相手側コートに打ち返せないこと. **7** 〘狩猟〙(獲物の)臭跡のとだえ; 臭跡を失うこと (check). **8** 〘地質〙断層: an underwater ~ 海底断層. **9** 〘馬術〙馬が障害物を跳び越える時の失敗; 跳越拒否・逸走などによる減点.

at fáult (1) 悪い, 罪がある (guilty); 間違って(いる), 誤って(いる): His observation was not *at* ~. 彼の観察は間違ってはいなかった / He was *at* ~ *for* not noticing it earlier. それにもっと早く気づかなかったのは彼が悪い. (2) 途方にくれて, 当惑して. (3) 臭跡を失って (cf. 7). ***find fáult with*** …のあらを探す, を非難する, とがめる: You can't *find* ~ *with* her performance. 彼女の演技に文句をつけられない. ***in fáult*** 《古》罪がある, 悪い; 間違って(いる), 誤って(いる): Who is *in* ~? だれが悪いのか. ***to a fáult*** 欠点と言ってよいほど, 過度に, 極端に (excessively): He is generous *to a* ~. 彼は寛大すぎる. 〖1752〗 ***with áll fáults*** 〘商業〙損傷を保証せず, 一切買主の責任で: The lot was sold *with all* ~*s*. ***withòut fáult*** 《古》確実に, 間違いなく.

— *vt.* **1** …のあらを探す; 非難する, とがめる: You can't ~ her performance. = You can't ~ her *on* (her) performance. 彼女の演技に文句をつけられない. **2** …でへまをやる: ~ a performance. **3** [通例 p.p. 形で] 〘地質〙…に断層を起こさせる. **— *vi.*** **1** 過失を犯す. **2** 〘地質〙断層を起こす.

〖(?*a*1300) *faute* ◻ (O)F < VL **fallita(m)* ← L *fallere* 'to FAIL, deceive': 現形の *l* はラテン語にならった語源的挿入〗

SYN 欠点: **fault** 性格や組織の不完全なところ 《最も一般的な語》: His *fault* is stubbornness. 彼の欠点は頑固な点だ. **failing** *fault* よりも軽い, 人や機械の小さな欠点: Short temper is one of his *failings*. 短気が彼の欠点の一つだ. **shortcomings** 人や事物にみられる短所・弱点を指し, ごく軽い意味での欠点: With all his *shortcomings*, he is a wonderful person. いろいろと欠点はあるがすばらしい人だ. **weakness** 性格の弱さから起こる小さな欠点: We all have our little *weaknesses*. 人間だれしもちょっとした欠点がある. **foible** 小さな, 通例罪のない性格上の癖または弱点の意味の欠点: Nervous giggling is one of her *foibles*. 神経質なくすくす笑いが彼女の癖の一つだ. **drawback** 落ち度・不利益をもたらす点という意味での欠点: The plan has one hidden *drawback*. その計画には1つ隠れた欠点がある.

---

fáult blòck *n.* 〘地質〙断層地塊. 〖1897〗

fáult cúrrent *n.* 〘電気〙障害電流, 漏電.

fáult-fìnder *n.* **1** とがめだて[あら探し]をする人, やかまし屋. **2** 〘電気〙(回路などの)障害点測定器, 故障点検知器, 故障点標定器. 〖(1561) ← *find fault* (*with*) (⇨ fault 成句)〗

fáult·fìnding *adj.* あら探しをしたがる, 小言をいう, 口やかましい, 揚げ足取りの (censorious). **— *n.*** とがめだて, あら探し, 非難. 〖(1662) ↑〗

fáult·ful /-fəl, -fl/ *adj.* 《古》罪のある (culpable). 〖1591〗

fáult·i·ly /-təli, -tɪli | -tɪ̈li, -tli/ *adv.* 誤って, 不完全に. 〖(1577) ← FALTY + -LY[1]〗

fáult·i·ness *n.* 過失[欠点]のあること, 不完全さ. 〖(1530) ← FALTY + -NESS〗

fáult·ing *n.* 〘地質〙断層作用; 断層 (fault). 〖(1849): ⇨ -ing[1]〗

fault·less /fɔ́ːltlɪ̈s, fɑ́ːlt- | fɔ́ːlt-, fɔ́lt-/ *adj.* 欠点のない, 過失のない, 無傷の (flawless), 申し分のない, 完全な (perfect). **~·ly** *adv.* **~·ness** *n.* 〖(?*c*1380) *faultles*: ⇨ -less〗

fáult lìne *n.* 〘地質〙断層線. 〖1862〗

fáult lócalizer *n.* 〘電気〙障害点発見装置, 故障点標定器.

fáult plàne *n.* 〘地質〙断層面.

fáult scàrp *n.* 〘地質〙断層崖. 〖1897〗

fáult tòlerance *n.* 〘電算〙フォールトトレランス 《故障が起きても動作に支障がないこと》.

fault·y /fɔ́ːlti, fɑ́ːl- | fɔ́ːl-, fɔ́l-/ *adj.* (**fault·i·er; -i·est**) **1** 欠点のある (defective), 不完全な (imperfect): a ~ digestion 不完全消化. **2** 《古》道徳上とがめられる; 罪のある, 悪い. 〖(?*c*1380) *fauti*: ⇨ fault, -y[4]〗

fáulty rhýme *n.* 〘詩学〙= imperfect rhyme.

fáult zòne *n.* **1** 〘地質〙断層帯. **2** 〘土木〙(トンネルを建設中に出くわす)粉砕された岩石の塊. 〖1931〗

faun /fɔ́ːn, fɑ́ːn | fɔ́ːn/ *n.* 〘ローマ神話〙ファウヌス 《牧夫や農夫があがめる半人半獣の林野の神; 通例上半身は人間で, 下半身が山羊の姿をし, 尖った耳と小さな角と尾をもつ; ギリシャ神話の satyr と同一視される》. 〖(*c*1385) ◻ (O)F *faune* ∥ L *Faunus* ← ?: Faunus〗

fau·na /fɔ́ːnə, fɑ́ː- | fɔ́ː-/ *n.* (*pl.* **~s, fau·nae** /-niː, -naɪ/) **1** [集合的] (一地域または一時代に特有な)動物相, 動物群, ファウナ; (分布上の)動物区系 (cf. flora): the ~ of tropical America [the Ice Age] 熱帯アメリカ[氷河時代]の動物相 / marine ~ 海産動物相. **2** (ある地域・時代の)動物誌. 〖(1771) ← NL ~ ← L *Fauna* (↓)〗

Fau·na /fɔ́ːnə, fɑ́ː-, fáʊ-/ *n.* 〘ローマ神話〙ファウナ (Faunus の娘, 姉妹または妻とされる女神; Bona Dea と同一視されている). 〖◻ L ~: cf. faun〗

fau·nal /fɔ́ːnl̩, fɑ́ː- | fɔ́ː-/ *adj.* **1** 動物群[相]の. **2** 動物誌の. **~·ly** *adv.* 〖(1877) ← FAUNA + -AL[1]〗

fáu·nist /-nɪ̈st | -nɪst/ *n.* 動物相[動物区系]研究者. 〖(1766) ← FAUN(A) + -IST〗

fau·nis·tic /fɔːnístɪk, fɑː- | fɔː-/ *adj.* 動物群[相]研究上[者]の; 動物区系上の. 〖(1881): ⇨ ↑, -ic[1]〗

fau·nís·ti·cal /-tɪ̈kəl, -kl | -tɪ-/ *adj.* = faunistic. **~·ly** *adv.* 〖1885〗

fáun·lìke *adj.* faun のような.

faun·tle·roy, F- /fɔ́ːntlərɔɪ, fɑ́ːnt- | fɔ́ːnt-, fɔ́nt-/ *adj.* 〘服飾〙フォーントルロイの 《1890 年代のドレスアップ用のカラーとカフスにレースのラッフルがついた黒いベルベットの上衣と膝丈のズボンからなる男児服にいう》. 〖(1911): ↓〗

Faunt·le·roy /fɔ́ːntlərɔɪ, fɑ́ːnt- | fɔ́ːnt-, fɔ́nt-/ *n.* [lord ~] フォーントルロイ卿 (F. H. Burnett の小説 *Little Lord Fauntleroy* (「小公子」, 1886) の主人公; 弱いめめしい男の子の代名詞として使われる).

fau·nu·la /fɔ́ːnjulə, fɑ́ː- | fɔ́ː-/ *n.* (*pl.* **-nu·lae** /-njuliː/) **1** (単一の狭い環境の)動物相, 動物群. **2** (単一層や隣接する数種の薄い地層で見られる)化石層. 〖← NL ~ (dim.): ⇨ fauna〗

Fau·nus /fɔ́ːnəs, fɑ́ː- | fɔ́ː-, fáʊ-/ *n.* 〘ローマ神話〙ファウヌス 《ローマの古い森の神で動物・農作物の保護神; ギリシャ神話の Pan に相当》. 〖◻ L ~: cf. faun〗

faur /fɔ́ə | fɔ́ː(r)/ *adj.* 《スコット》= far.

Fau·ré /fouréɪ, fɔː- | fɔ́ːreɪ, fɔ́r-; *F.* foʁe/, **Gabriel (Urbain)** *n.* フォーレ (1845–1924; フランスの作曲家: *Requiem* (1887)).

Faust /fáʊst; *G.* fáʊst/, **Johann** *n.* ファウスト (1480?–?1538; ドイツの魔法使い・錬金術師・占星家; これが伝説の中に取り入れられ, 権力および知識との交換に魂を悪魔 Mephistopheles に売ったが, 最後に地獄に落ちるという Faust 伝説の主人公となり, Marlowe (ここでの名は Faustus) や Goethe などの作品の元となった). 〖◻ G ~: ⇨ Faustus〗

Faust·i·an /fáʊstiən, fɔ́ːs- | fáʊstiən/ *adj.* **1** ファウスト (Faust) の(ような). **2** ファウスト的な: **a** (権力・物質的利益などのために)精神的価値を犠牲にする, 魂を売り渡す. **b** 精神的不満感をもつ. **c** 飽くことなく知識と支配を求める. 〖(1876): ⇨ ↑, -ian〗

Faus·ti·na /faʊstíːnə, fɔːs- | fɔːs-, faʊs-/ *n.* ファウスティナ 《女性名; 異形 Faustine》. 〖(fem.) ↑: ⇨ -ina[2]〗

Faus·tus /fáʊstəs, fɔ́ːs- | fɔ́ːs-, fáʊs-/ *n.* ファウスタス 《男性名》. 〖← L *faustus* fortunate ← *favor* 'FAVOR'〗

faut /fɔ́ːt, fɑ́ːt | fɔ́ːt/ *vi.* 《スコット》= fault.

faute de mieux /fóʊtdəmjə́ː, -mjúː | fə́ʊtdəmjə́ː; *F.* foːtdəmjø/ *F. adv., adj.* 外によいものがないから(採られた), しかたなく(採られた). 〖(1766) ◻ F ~ 'for want of a better'〗

fau·teuil /fóʊtɪl, foʊtə́ːjə | fə́ʊtəːi, fəʊtə́ːi, -tə́ːɪ; *F.* fotœːj/ *F. n.* (*pl.* **~s** /~z; *F.* ~/) **1** 《古》ひじ掛け椅子 (armchair), 安楽椅子. **2** 《英》**a** (劇場の)一階前方の一等席. **b** (ひじ掛け椅子に似た)バスの座席. **3** フランス学士院の会員の椅子; フランス学士院の会員の地位[資格]. 〖(1744) ◻ F ~ < OF *faudestuel*: ⇨ faldstool〗

Fauve, f- /fóʊv | fə́ʊv/ 〘美術〙 *n.* **1** フォーヴ, 野獣派画家. **2** 反抗派. **— *adj.*** 野獣派の, 野獣派的な. 〖(1915) ◻ F ~ 《原義》 wild beast: 他の派から *Les fauves* (= The wild beasts) とあだ名されたことから: ↓〗

Fau·vism, f- /fóʊvɪzm̩ | fə́ʊ-/ *n.* 〘美術〙フォーヴィズム, 野獣派 《アカデミズムや新印象主義 (Neo-Impressionism) の画風に飽きたらず, 1906 年ごろ Matisse, Rouault, Dufy, Derain などが主唱した一種の表現主義 (expressionism)》. 〖(1922) ◻ F *Fauvisme* ← *fauve* (↑): ⇨ -ism〗

Fáu·vist /-vɪ̈st | -vɪst/ *n.* 〘美術〙野獣派画家. 〖(1915) ← FAUVE + -IST〗

faux /fóʊ | fə́ʊ; *F.* fo/ *adj.* まがいものの, 偽の, 人造の. 〖◻ F ~ 'FALSE'〗

faux a·mi /fòʊzæmíː | fə̀ʊ-; *F.* fozami/ *n.* (*pl.* **faux a·mis** /-míːz; *F.* ~/) フォザミ, 偽りの友 《2 言語間で形態上は類似しているが意味を異にする 2 語》. 〖◻ F ~ 'false friend'〗

faux bon·homme /fóʊbɔ(ː)nɔ́(ː)m | fə̀ʊbɒnɒ́m; *F.* fobɔnɔm/ *F. n.* 食わせ者 《好人物に見えて実はずる賢い人物》. 〖(1916) ◻ F ~ 'false good-natured man'〗

faux·bour·don /fóʊbədɑ̀(ː)n | fə́ʊbədɒ̀n; *F.* fobuʁdɔ̃/ *n.* 〘音楽〙フォーブルドン (faburden) 《14–15 世紀に多く用いられた, 六の和音を主体とする作曲法技; 聖歌の旋律の上方に 3 度および 6 度で上声部が付加されるのが普通》. 〖(1879) ◻ F *fauxbourdon* ← *faux* 'FALSE' + BOURDON〗

faux-na·ïf /fóʊnɑːíːf | fə̀ʊnaɪ-, -nɑː-; *F.* fonaif/ *F. adj.* **1** うぶ[純真]に見せかける. **2** (文学・芸術上の様式が)素朴を装った; 子供っぽく見せかける, 荒けずりな. **— *n.*** かまとと; 素朴を装った文体[作品]. 〖(1941) ◻ F ~ ← *faux* 'FALSE' + NAÏF (⇨ naive)〗

faux pas /fóʊpɑ́ː | fə́ʊ-; *F.* fopɑ/ *F. n.* (*pl.* ~ /~(z); *F.* ~/) 過失, 失策, 非礼; (特に, 女性の)不謹慎, 不品行; 淫(いん)らな言葉: commit a ~. 〖(1676) ◻ F ~ 'false step': ⇨ false, pace[1]〗

fa·va /fɑ́ːvə/ *n.* = broad bean 1 (fava bean ともいう). 〖(1928) ◻ It. *fava* ← L *faba* bean〗

fave /féɪv/ *n., adj.* 《口語》= favorite. 〖1938〗

fa·ve·la /fəvélə; *Braz.* favέla/ *n.* (*also* **fa·vel·la** /~/) (ブラジルの都市郊外にある)安普請の小屋集落, 貧民窟, スラム街 (slum). 〖(1946) ◻ Port. ~〗

fa·ve·la·do /fɑ̀ːvəlɑ́ːdoʊ | -dəʊ; *Braz.* fàveládu/ *n.* favela に住む人; スラム街の居住者. 〖(1961) ◻ Port. ~〗

fa·vel·la /fəvélə/ *n.* (*pl.* **fa·vel·lae** /-liː/) 〘植物〙にかわ質の外包で包まれた囊果(のうか). 〖(1857) ← NL ~ ← L *favus* honeycomb: ⇨ -ella〗

fav·el·lid·i·um /fæ̀vəlídiəm | -diəm/ *n.* (*pl.* **-i·a** /-diə | -diə/) 〘植物〙藻類の表面に浸された囊果. 〖(1857) ← NL ~: ⇨ ↑, -idium〗

fa·ve·o·late /fəvíːəlɪ̈t, -lèɪt/ *adj.* 蜂の巣状の, 気胞[小孔]のある. 〖(1866) ← NL *faveolus* ((dim.) ← L *favus* honeycomb) + -ATE[2]〗

fa·ve·o·lus /fəvíːələs/ *n.* (*pl.* **fa·ve·o·li** /-làɪ/) ハチの巣状をしたへこみ[小穴]. 〖(1882) ← NL ~ (dim.) ← *favus* honeycomb〗

fáve ràve *n.* 《英俗》(芸能人, 特に歌手に)夢中になること, のぼせあがること. 〖1967〗

favi *n.* favus 2 の複数形. 〖◻ L *favī*〗

fa·vism /fɑ́ːvɪzm̩/ *n.* 〘病理〙そらまめ中毒(症) 《ソラマメ (fava) を食べたりまたはその花粉を吸い込んで起きる急性溶血性貧血》. 〖(1903) ◻ It. *favismo* ← *fava* 'FAVA': ⇨ -ism〗

fa·vo·ni·an /fəvóʊniən, feɪ- | -və́ʊ-/ *adj.* **1** 西風の. **2** 穏やかな (mild), 都合のよい (favorable), さい先のよい. 〖(1656–81) ◻ L *favōniānus*: ↓〗

Fa·vo·ni·us /fəvóʊniəs, feɪ- | -və́ʊ-/ *n.* 〘ローマ神話〙ファヴォニウス (西風の神; cf. Zephyrus). 〖◻ L *Favōnius* west wind (cf. *fovēre* to warm)〗

fa·vor, 《英》**fa·vour** /féɪvə | -və(r)/ *n.* **1 a** 好意, 親切 (kindness): enjoy the ~ of a person 人の好意にあずかる. **b** 親切な行い, 世話, 恩恵, 恩顧: ask a ~ of a person = ask a person a ~ 人に事をお願いする / I have a ~ to ask of you. 一つお願いがあります / do a person a ~

=do a ~ *for* a person 人のために尽くす, 人に恩恵を施す / Would [Will] you do me a ~? お願いがあるのですが / Why don't you do yourself a ~ and take a vacation? 自分を大事にして休暇をとっては? / heap ~*s* upon …に重ね重ね親切を尽くす / by ~ of Mr. A A 氏に託して《封筒の添書》/ A great ~ was granted us. 大きな好意が我々に示された / I shall esteem it a great ~. (そうしていただければ)まことにありがたい. **c** [*pl.*] (人のための)尽力, 心尽くし (attention) (cf. 5): The two courtiers vied (with each other) for the queen's ~*s*. 二人の廷臣は競い合って女王への忠勤に励んだ. **d** 《古》援助, 後援, 支援, 庇護(ひご): by [under] (the) ~ of …の援助のもとに / under ~ of night 闇に紛れて.

2 a 引立て, 愛顧, 寵愛(ちょうあい), 恩寵 (good graces); ひいき, 支持 (support), 是認 (approbation); 人気, 評判 (popularity): win the ~ of the voters=win ~ *with* the voters 投票者の支持を得る / He would not agree with any doctrine that was *in* ~ at the moment. 彼はそのころ認められているどのような教義にも迎合しようとしなかった / Those ideas were then *out of* ~. それらの思想は当時世人に無視されていた / He was no longer *in* ~ [was now *out of* ~] *with* his master. 彼はもう主人に気に入られてはいなかった / ⇨ *in a person's* FAVOR / find ~ *with* the audience [voters] 観客[選挙民]の好評を得る[からひいきされる] / find ~ in a person's eyes=find ~ with a person 人に目をかけられる[かわいがられる] (cf. *Gen.* 30: 27, *Deut.* 24: 1, etc.) / lose [fall from] ~ *with* one's patron 後援者[パトロン]の愛顧を失う / lose ~ in a person's eyes …に嫌われる, …にあいそをつかされる / ⇨ *curry* FAVOR *with* / look with ~ (up)on an enterprise 企てをひいき目で見る[に好意を示す]. **b** 偏愛, えこひいき: show undue ~ to …をえこひいきする / win a position by ~ more than by merit 実力よりも情実で地位を得る / ⇨ *a fair* FIELD *and no favor* / treat a person with ~ 人をえこひいきする / without fear or ~ ⇨ fear 成句. **c** 《古》寛大, 大目に見ること; 容認, 許可: by your ~=under ~ ご免をこうむって, (こう申しては)失礼ですが.

3 a 《米》(パーティーの客などに配る)贈り物, 記念品《クラッカー・紙帽子・小装飾品・花束など》. **b** (政党員などの着ける)記章, 会[団]員章. **c** (昔女性が騎士に贈ったりなどした)寵愛の印《手袋・リボンなど》.

4 《古・英》書簡. ★ 特に商用文に用いる: your ~ of yesterday 昨日付けの貴簡.

5 [*pl.* または the ultimate ~ として] (女が男に許す)色よい返事, 情交の同意: bestow one's ~*s* on one's lover 〈女が〉愛人に身を許す / grant *the ultimate* ~ to a man 男の求めに応じる.

6 a 《古》顔かたち, 容貌, 風貌 (looks, countenance) (cf. well-[ill-]favored). **b** 《古》魅力, 愛くるしさ.

cúrry fávor with 〈人〉のきげんを取る, 〈人〉に取り入ろうとしてお世辞を使う. 《《通俗語源》← 《廃》*curry favel* 《部分訳》← OF *estriller fauvel* to curry the chestnut horse, employ deceit》 ***dó me* [*us*] *a fávor=dó a fávor for me* [*us*]** (1) 頼む(…してくれ) (cf. 1 b). (2) 《英口語》(ばかな冒[話, こと]など)やめてくれ, 冗談じゃない, 見損なわないでくれ: *Do me a* ~ and be quiet! 頼むから静かにしてくれ / Him treat me fairly? *Do me a* ~! 奴が俺の事を公平に扱うと思うかね. 冗談じゃない! ***fàll óut of fávor*** 〔…に〕嫌われる〔*with*〕 ***gò óut of fávor*** 流行遅れになる, 廃れる ***in a person's fávor*** (1) 人に気に入られて[の寵愛を受けて] (cf. 2 a): He stood [was] high *in the teacher's* ~. 彼は先生の大変なお気に入りだった. (2) 有利に[で]: The evidence is *in his* ~. 証拠は彼に有利である / That's an important point *in her* ~. それは彼女に有利な重要な点だ. ***in fávor (of)*** (1) (…を)支持して, (…に)賛成して; …のほうを選んで: I am *in* ~ *of* (accepting) the proposition. 私はその提議(の受け入れ)に賛成です / All (those) *in* ~ say "Aye." 賛成の人は「賛成」と言ってください / He turned down the athletic scholarships *in* ~ *of* a career in professional baseball. 彼はプロ野球の道を選んで運動選手奨学金の受領を断わった. (2) …の利益となるように: The jury returned a verdict *in* ~ *of* the accused. 陪審は被告人の無罪を答申した. (3) 〈小切手などが〉…に払い渡すように: draw a check *in* ~ *of* Mr. A A 氏受取りの小切手を振り出す.

— *vt.* **1 a** …に好意を示す; 賛成する; 奨励する; 援助[後援]する: ~ a proposal 提案に賛成する / *Favored* by … (手紙を)…に託して / Fortune ~*s* the brave. 《諺》勇者は幸運に恵まれる / He decided to ~ the cause *with* ample funds. 彼はその運動に十分な資金援助をすることにした / Which horse does he ~ *to* win the race? 彼はどの馬に勝ってほしくて応援しているのか. **b** 〈主張・学説などを〉裏づける, 確証づける. **2 a** 特に目をかける; 偏愛する, えこひいきする: The old father ~*ed* his youngest son. 老いた父は特に末子を可愛がった. **b** …にくみする (side with): We should not ~ either side. 我々はどちら側にもくみしてはならない. **c** …のほうを好む; 〈流行品などを〉好んで用いる[着る]: Some ~ harder beds. 固いベッドのほうがよいと言う人もある. **d** [~ *doing* として] …するほうを好む (prefer): I ~ *staying* behind. 私は後に残りたい. **3** 〈人〉に恵む, 贈る, 〔…の〕栄を与える; 〔特性・素質などを〕〈人〉に賦与する〔*with*〕: The premier ~*ed* the journalists *with* an interview. 首相は記者団に会見を許した / Will you ~ us *with* a song? 一つ歌って聞かせて下さいませんか / We beg to be ~*ed with* your orders. (商用文で)御用命のほどお願い致します / She is ~*ed* (by nature) *with* good looks and great talent. 彼女は(生まれつき)才色兼備である. **4** 〈天候・事情などが〉…に便宜を与える, 有利[好都合]である: The weather ~*ed* our voyage. 航海は天候に恵まれた / The market ~*s* (the) buyers. 市況は買手に有利 / Yellow ~*s* her complexion. 黄色が彼女の顔によく似合う. **5** 〈体の一部などを〉大事にする, (こき使わないで)いたわる: ~ one's eyes 目を大事にする. **6** 《口語》〈親などに(顔が)似る: He ~*s* his father in the face. 彼の顔は父親似だ.

〖《?*a*1300》 *favo(u)r* □ OF (F *faveur*) < L *favōrem*, *favor* good-will ← *favēre* to be favorable〗

fa·vor·a·ble /féɪv(ə)rəbl/ *adj.* **1** 好意的な, 推賞する; 賛成[承諾]する〔*to*〕: a ~ answer 好意のある[色よい]返事 / a ~ comment 好評 / be ~ *to* a scheme 計画に好意を示している. **2** 〈形勢・情況・事情など〉有望な, 順調な; 〈時期・機会など〉有利な, 〔…に〕都合の好い〔*to, for*〕: a ~ position [opportunity] 有利な立場[好機] / ~ conditions 有利な条件 / a ~ wind 順風, 追い風 / take a ~ turn 好転する / soil ~ *to roses* バラに好適の土壌 / *The wind was* ~ *for* a start. 風は出発に好都合だった. **3** 〈貿易が〉輸出超過の. **~·ness** *n.* 〖《*a*1376》□ (O)F ~ □ L *favōrābilis*: ⇨ ↑, -able〗

SYN 好都合な: **favorable** ある目的を達成するのに状況などがはっきりと有利な: a *favorable* climate for oranges オレンジ栽培に好適な風土. **convenient** 必要や目的に便利がよくて好都合な: If that is the case, it would be *convenient* for us. もしそうならば私たちには好都合です. **propitious** 〈事情・時が事を始めるのに有利な《格式ばった語》: *propitious* circumstances for reform 改革に好都合な事情. **ANT** adverse, unfavorable.

---

fa·vor·a·bly /féɪv(ə)rəbli/ *adv.* **1** 好意をもって, 好意的に: be ~ disposed toward …に好意的である / look ~ on an enterprise 事業を好意的に見る / be received ~ 受けがよい, 歓迎される / His novel was ~ spoken of. 彼の小説は好評だった. **2** 好都合に, 順調に, 有利に; 有望に: be ~ impressed by a person 人からよい印象を受ける. 〖《1395》: ⇨ ↑, -ly[1]〗

fá·vored *adj.* **1** 好意[好感]を持たれている, 人気のある, 流行の: a ~ movie star 映画の人気スター. **2 a** (便宜・利益などの特典を)恵まれている, 才能のある, 有望な; 特権のある (privileged): this ~ clime この恵まれた風土 / ⇨ most-favored-nation clause / the ~ classes 特権階級 / one of the ~ few who knew him personally 彼を個人的に知った数少ない恵まれた人のうちの一人. **b** 特別優遇の, 特恵の: ~ rates of credit 特恵的信用貸し. **3** [通例複合語の第 2 構成素として] 顔[外貌]が…の, (…の)顔つきの: an ill-*favored* [a well-*favored*] child 醜い顔をした[器量のよい]子供 / hard-*favored* いかつい顔つきの. **~·ly** *adv.* **~·ness** *n.* 〖《?*a*1400》: ⇨ -ed〗

fá·vor·er /-v(ə)rə | -rə^(r)/ *n.* 愛顧者; 保護者, 補助者; 賛成者. 〖《1425》: ⇨ -er[1]〗

fá·vor·ing /-v(ə)rɪŋ/ *adj.* 好都合の, 順調の: ~ winds 順風. **~·ly** *adv.* 〖《1586》: ⇨ -ing[2]〗

fa·vor·ite /féɪv(ə)rɪ̀t/ *adj.* 気に入りの, ひいきの, 最も好きな; 人気のある (popular, preferred). ★ most の意味が含まれているので most favorite とはしない: a ~ song of mine 私の大好きな歌 / one of my ~ songs 大好きな歌の一つ / one's ~ author 愛読の作家 / one's ~ book 愛読書 / a ~ child 秘蔵っ子 / a ~ daughter 気に入りの娘, 愛娘(まなむすめ) / one's ~ dish 好物(の料理) / one's ~ topic 得意の話題. — *n.* **1** お気に入り, 人気者, 寵児(ちょうじ); 好きな物, 好物: the ~ of fortune 運命の寵児 / a general ~ みんなに好かれる人気者 / He is a great ~ *with* [*of*] the ladies. 彼は女性たちに大もてだ / It is a ~ *with* [*of*] the author himself. 著者会心の作だ. **2** (競技の)優勝候補; [the ~] (特に, 競馬の)人気馬, 本命: a title ~ 優勝候補 / *The* ~ came (in) third. 人気馬は 3 着だった. **3** (宮廷の)寵臣 (minion). **4** [通例 *pl.*] (17–18 世紀に流行した, こめかみのあたりでカールする)短い巻き毛. **5** [the ~] 〖証券〗人気株, 愛好株.

pláy fávorites えこひいきする: Be fair to everyone and don't *play* ~*s*. だれにでも公平な態度で接し, えこひいきしてはいけない.

〖《1583》□ OF *favorit* (F *favori*) □ It. *favorito* (p.p.) ← *favorire* 'to FAVOR': ⇨ -ite[2]〗

fávorite sénténce *n.* 〖言語〗愛用文《ある言語で最も好んで用いられる型の文; 英語では He won. のような「動作者+動作」型の文》. 〖1933〗

fávorite són *n.* 《米》**1** 〖政治〗(大統領候補を指名する党大会で)自州の代議員を支持者にもつ候補者. **2** (功績をあげ地元で)賞賛をあびる有名人, 人気者. 〖1788〗

fá·vor·it·ism /-tɪzm/ *n.* 偏愛; えこひいき, 情実. 〖《1763》← FAVORITE+-ISM〗

fav·o·site /féɪvəsàɪt/ *n.* 〖古生物〗ハチノスサンゴ《ファボシテス属 (*Favosites*) のサンゴの化石》. 〖⇨ ↓, -ite[1]〗

Fav·o·si·tes /fæ̀vəsáɪti:z/ *n.* 〖古生物〗ファボシテス《床板サンゴ目, Favositidae 科の代表的な属名; 俗に, ハチノスサンゴ (honeycomb coral) ともいいシルリア紀やデボン紀に多く見られた》. 〖《1832》← NL ~ ← **favosus* (← L *favus* honeycomb)+-ITES[1]〗

fa·vour /féɪvə | -və^(r)/ *n.*, *vt.* =favor.

Fa·vríle glàss /fəvrí:l-/ *n.* ファブリールガラス《L. C. Tiffany が開発した玉虫色の光彩のガラス; 以前は商標名; Tiffany glass ともいう》.

fa·vus /féɪvəs/ *n.* **1** 〖病理〗黄癬, 白癬(はくせん), しらくも. **2** (*pl.* **fa·vi** /féɪvaɪ/) 六角形の舗装用タイル[石板]. 〖《*c*1543》□ L ~ 'honeycomb' ← ?: 白癬にかかった頭とはちの巣との類似から〗

Faw·cett /fɔ́:sɪ̀t, fá:- | fɔ́:-/, Dame **Millicent Garrett** フォーセット《1847–1929; 英国の婦人参政権論の指導者; 全国婦人参政権協会連合会長》.

Fawkes /fɔ́:ks, fá:ks | fɔ́:ks/, **Guy** *n.* フォークス《1570–1606; 1605 年 11 月 5 日英国の議事堂を爆破して国王 James 一世と議員たちを殺そうとしたが発覚した火薬事件 (Gunpowder Plot) の首謀者で, 翌年処刑された; cf. guy[2] 1 a》.

fawn[1] /fɔ́:n, fá:n | fɔ́:n/ *n.* **1** 子鹿《特に, 乳離れしていない 1 歳以下の子; cf. deer》: in ~ 〈鹿が〉子をはらんで. **2** (子鹿の)鹿毛, 栗毛(くりげ)色《淡黄茶色; fawn brown ともいう》. — *adj.* 鹿毛色の, 淡黄茶色の: a ~ coat. — *vi.* 〈鹿が〉子を産む. **~·lìke** *adj.* 〖《*a*1338》 *foun* □ OF *faon, feon* young animal < VL **fetōne(m)* ← L *fētus, foetus* offspring, young: ⇨ fetus〗

fawn[2] /fɔ́:n, fá:n | fɔ́:n/ *vi.* **1** 〈犬が〉(手をなめたり, 飛び上がったり, 尾を振ったりして)じゃれる, 甘える〔*on, upon*〕: The puppy is ~*ing on* its master. 子犬が飼い主にじゃれている. **2** 〈人が〉(卑屈な態度で)〔目上の人などに〕ごきげんを伺う, 媚(こ)びへつらう, おもねる (flatter, cringe)〔*on, upon*〕: ~ *upon* one's superiors 目上の者にごまをする. 〖《*c*1225》 *faune(n), faghne(n)* to flatter < OE *fagnian* ← *fægnian* to rejoice, fawn ← *fægen* 'glad, FAIN[1]'〗

Fawn /fɔ́:n, fá:n | fɔ́:n/ *n.* フォーン《女性名》. 〖⇨ fawn[1]〗

fáwn-cólored *adj.* 子鹿色の, 栗(くり)毛色の, 鹿毛(かげ)色の, 淡黄茶色の. 〖1803〗

fáwn·er *n.* 媚びへつらう[おもねる]人. 〖《1440》: ⇨ fawn[2], -er[1]〗

fáwn·ing *adj.* 媚びへつらう, おもねる; 〈犬などが〉じゃれる. **~·ness** *n.* 〖《*a*1325》: ⇨ fawn[2], -ing[2]〗

fáwn·ing·ly *adv.* おもねりへつらって, ぺこぺこして. 〖《1591》: ⇨ ↑, -ly[1]〗

fáwn lìly *n.* 〖植物〗=dogtooth violet. 〖*c*1894〗

fawn·y /fɔ́:ni, fá:- | fɔ́:-/ *adj.* (**fawn·i·er**; **-i·est**) 子鹿[栗毛]色に近い色の. 〖《1849》← FAWN[1]+-Y[4]〗

fax[1] /fǽks/ *n.* =facsimile 2. — *vt.* 〈通信文・写真などを〉ファックスで送る. 〖《1948》《短縮》← FACSIMILE〗

fax[2] /fǽks/ *n. pl.* 《口語》事実, 情報 (facts).

fáx machìne *n.* =facsimile 2.

fay[1] /féɪ/ *n.* 《文語》(おとぎ話の)妖精. — *adj.* (**~·er**; **~·est**) **1** 妖精に似た. **2** 《口語》もったいぶった, 気取った. 〖《*c*1390》 *faie* □ OF *fae* (F *fée*) < L *Fāta* the Fates (pl.) ← *fātum* 'FATE': cf. fairy〗

fay[2] /féɪ/ *vt.* 〖造船〗〈船材を〉ぴったり接合させる, 接着させる (fit closely). — *vi.* **1** 〈表面などが〉(あるものと)ぴったり合う, 密着する〔*into, with*〕/〔*in, together*〕. **2** 《古》一致する, 賛成する (agree). 〖OE *fēgan* to join < (WGmc) **fōgjan* (G *fügen*) ← IE **pag-*, **pak-* to fasten (Gk *pēgnúnai* to fix)〗

fay[3] /féɪ/ *n.* 《古》=faith: by my ~ 誓って, 確かに. 〖《*a*1250》 *fei* □ OF (F *foi*): ⇨ faith〗

fay[4] /féɪ/ *n.* 《俗》白人 (ofay). 〖《1927》《頭音消失》? ← OFAY〗

Fay, Faye /féɪ/ *n.* フェイ: **1** 女性名. **2** 男性名. ★ 19 世紀末より一般化した. 〖1: 《短縮》? ← FAITH (cf. fay[3]) // ← ? ⇨ FAY[1]. 2: ⇨ Gael. *Feich* 《原義》raven〗

Fa·yal /fəjá:l, faɪá:l; *Port.* faiáł/ *n.* =Faial.

fa·yal·ite /fəjá:laɪt, faɪá:-/ *n.* 〖鉱物〗鉄橄欖(かんらん)石 (Fe_2SiO_4). 〖《1844》← Fayal+-ITE[1]〗

fa·yence /faɪá:(n)s, feɪ-, -á:ns/ *n.* =faïence.

Fay·ette /feɪét/ *n.* フェイエット《女性名; 異形 Fayetta》. 〖(dim.) ← FAY〗

Fay·ette·ville /féɪətvɪ̀l, -vɪ̀l | -ɛtvɪl, -ɪ̀t-/ *n.* フェイエットビル: **1** 米国 North Carolina 州南部, Cape Fear 川沿岸にある市. ★ 現地では /fédvɪ̀l, -vɪ̀l/ とも発音される. **2** 米国 Arkansas 州北西部, Fort Smith の北にある市; 夏季行楽地.

fayre /féə | féə^(r)/ *n.* 《古》=fair[2].

Fa·yum /feɪ(j)ú:m, faɪ-/ *n.* (*also* **Fa·youm** /~/) = Faiyum.

faze[1] /féɪz/ *vt.* [通例否定構文で] 《口語》…の心を騒がす, あわてさせる, ひるませる, 困らす (disturb, bother): That didn't ~ me. そんなことには困らなかった. 〖《1830》《変形》← FEEZE〗

faze[2] /féɪz/ *vt.* 《廃》=feeze.

fa·zen·da /fəzéndə/ *n.* **1** ブラジルの農園, (特に)コーヒー園. **2** (ブラジルの)農園にある家. 〖《1825》□ Port. ~ =Sp. HACIENDA〗

FB 《略》Fenian Brotherhood; fire brigade; fishery board; flat bottom.

f.b. 《略》flat bar; fog bell; foreign body; freight bill.

f.b., fb 《略》fullback.

FBA 《略》《米》Federal Bar Association; Fellow of the British Academy 英国学士院会員.

FBI /èfbì:áɪ, -bi-/ 《略》Federal Bureau of Investigation. 〖1936〗

fbm 《略》feet board measure.

FBM 《略》fleet ballistic missile.

FBOA 《略》Fellow of the British Optical Association.

FBR 《略》〖原子力〗fast breeder reactor.

FBW 《略》〖航空〗fly-by-wire.

fc 《略》footcandle; franc; 〖野球〗fielder's choice; 〖校正〗follow copy 原稿のママ.

Fc 《略》〖気象〗fractocumulus.

FC 《略》Federal Cabinet; fencing club; Fifth Column; fighter command; fire control (man); food control; football club; Forestry Commission; 《スコット》Free Church.

FCA 《略》《米》Farm Credit Administration 農業金融局; 《英》Fellow of the Institute of Chartered Accountants.

FC & S clàuse /éfsì:əndés-/ *n.* 〖海上保険〗捕獲拿捕

F

(㊞)不担保約款. 〘← F(ree of) C(apture) and S(eizure) clause〙

fcap, fcap. 《略》 foolscap.

FCC 《略》《米》 Federal Communications Comission 連邦通信委員会.

F cènter /éf-/ *n.* 〘物理〙 F 中心 《イオン結晶で陰イオンの抜けた空格子点に電子がとらえられたもの》. 〘F: ← G *Farbe* color〙

FCIC 《略》 Federal Crop Insurance Corporation 連邦作物保険会社.

FCII 《略》 Fellow of the Chartered Insurance Institute.

FCIS 《略》 Fellow of the Chartered Institute of Secretaries.

F clèf /éf-/ *n.* 〘音楽〙 へ音記号, 低音部記号 《譜表上にヘ音の位置を決める記号で, 通例第 4 線に書かれる; bass clef ともいう; cf. C clef, G clef; ⇨ clef 挿絵》. 〘1596〙

FCO 《略》《英》 Foreign and Commonwealth Office.

fcp 《略》 foolscap.

fcs 《略》 francs.

FCS 《略》 Fellow of the Chemical Society.

FCSC 《略》 Foreign Claims Settlement Commission.

fcy 《略》 fancy.

FD 《略》 *L.* Fidēī Dēfēnsor (=Defender of the Faith); Fire Department; focal distance.

fd. 《略》 field; ford; forward; found(ed); fund.

f.d. 《略》 flight deck; focal distance; free delivery; free discharge; free dispatch; free dock.

FDA /éfdìːéɪ/ 《略》《米》 Food and Drug Administration 食品医薬品局.

FDC 《略》 Fire Direction Center; 〘郵趣〙 first-day cover.

f.d.c. 《略》〘貨幣〙 fleur de coin.

FDD 《略》 floppy disc drive.

FDDI *n.* 〘電算〙 FDDI 《光ケーブルを用いたコンピューターネットワークの規格》. 〘《頭字語》← F(iber) D(istributed) D(ata) I(nterface)〙

FDIC 《略》 Federal Deposit Insurance Corporation (米国の)連邦預金保険公社.

F-displày *n.* 〘電子工学〙 =F-scope.

F-distribùtion *n.* 〘統計〙 F 分布 《$X_1, \ldots, X_m, Y_1, \ldots, Y_n$ が標準正規分布に従う独立な確率変数の時, $X_1, \ldots, X_m$ の平方の平均と $Y_1, \ldots, Y_n$ の平方の平均との商が従う確率分布のこと》. 〘《1947》← (*Sir Ronald*) *F(isher)* (1890–1962: 英国の遺伝学者・統計学者)〙

FDM, fdm 《略》 frequency-division multiplex 電波数分割多重方式.

FDN 《略》 foundation.

FDP 《略》 G Freie Demokratische Partei (=Free Democratic Party) (ドイツの)自由民主党.

FDR 《略》 Franklin Delano Roosevelt.

Fe 《記号》〘化学〙 iron. 〘← L. *ferrum*〙

fe. 《略》 fecit.

FE further education.

feal /fíːl/ *adj.* 《古》 誠実な, 忠実な. 〘《1568》□ OF ~ (変形) ← *feeil* < L *fidēlem* faithful ← *fidēs* 'FAITH'〙

fe·al·ty /fíːəlti, fíːlti/ *n.* **1** (領主に対して臣下の誓う)忠誠 (⇨ allegiance SYN); 忠誠の誓い: do [make, swear] ~ to one's lord 主君に忠誠を誓う / receive ~ 忠誠の誓いを受ける. **2** 《古・詩》 忠実, 信義, 誠実 (faithfulness). 〘《?a1300》 *feaute* □ OF *fea(u)lte* (F *féauté*) < L *fidēlitātem* 'FIDELITY'〙

fear /fɪə | fɪəʳ/ *n.* **1** (危険・災いなどに対する)恐れ, 恐怖: be overcome by [with] ~ 恐怖に打ちひしがれる / be living in (daily [constant]) ~ of (日々[絶えず])…を心配して暮らしている / He confessed out of ~ of the consequences. 結果を恐れて白状した / feel [have] no ~ こわさを知らない, びくともしない / have a ~ of …を恐れる, こわがる / We passed the night in ~. 我々は恐怖の中に一夜を過ごした. **2** [しばしば *pl.*] 不安, 心配, 懸念, 気づかい (anxiety): full of hopes and ~*s* 希望と心配でいっぱいになって / ~ *for* a person's safety 人の安否を気づかう気持ち / He went *in* ~ *of* his life. 命を取られはしないかとびくびくしていた / There was some ~ (*that*) you had missed the train. あなたが列車に乗り遅れたのではという心配があった. **3** 恐怖[不安]の種[理由]; (危険や好ましくない事の)可能性, 恐れ: Unemployment is a constant ~ with [among] workers. 勤労者にとって失業は常に不安のもとである / There is no ~ *of* rain today. きょうは雨の降る心配はない. **4** (神に対する)畏怖, 崇敬, 畏敬: The ~ of the Lord is the beginning of wisdom. 神を恐るるは知恵の初めなり (*Ps.* 111:10).

for féar of (1) …を恐れて: I dare not enter *for* ~ *of* the dog. 犬がこわくて入れない. (2) …をしない[のない]ように: I didn't call on you *for* ~ *of* disturbing you. お邪魔になるかと思ってお訪ねしませんでした. ***for féar*** (***that*** [***lèst***]) …することを[しはしないかと]恐れて, …すると悪いと思って (lest): He was worried *for* ~ the child would hurt himself. 彼はその子がけがをするのではないかと気づかった. ***hàve nó féars*** (1) 〈人が〉何の心配も(持た)ない: I *have* no ~*s* now. (2) 〈物事が〉〈人に〉何の不安[恐れ]も与えない 〔*for*〕: Interviews *had* no ~*s* for him. 彼は面接なんか何とも思わなかった. ***in*** [***with***] ***féar and trémbling*** 恐れおののきつつ, おずおず[びくびく]して (*Eph.* 6:5, *Philip.* 2:12, etc.). ***nó féar*** [間投詞的に] 《口語》 心配無用, 大丈夫: Did you lend him the money?—No ~! 彼にその金を貸したのかね—とんでもない. 《1930》 ***pùt the féar of Gód in(to)*** *a person* (ひどく叱責したりして)人を震え[縮み]上がらせる. 《1905》 ***withòut féar or fávor*** 公平に. 《1906》

— *vt.* **1 a** 恐れる, こわがる, 心配する, 危ぶむ: ~ death [fire, threats, violence, war] 死[火, 脅迫, 暴力, 戦争]を恐れる / ~ the worst 最悪の事態(になること)を恐れる / We ~ *what* will [may] happen. 何事が起こるかと懸念している / I ~*ed* (*that*) we would be too late. 遅れるのではないかと心配した / You need not ~ (*that*) he will fail [not succeed]. 彼が失敗する[成功しない]のではないかと心配する必要はない / I ~*ed* (*that*) it might [would] anger him. 彼を怒らせはしまいかと気づかった (cf. *vi.*). **b** …ではないかと思う, 心配する, 危ぶむ (suspect) 〈*that*〉: I ~(*that*) we are too late. もう間に合いそうもない / You are ill, I ~. 君はどうもからだの具合が悪いようだ / Is he angry?—I ~ so. 彼は怒っているのか—そうらしい / Will he get better?—I ~ not. 彼はよくなるだろうか—だめらしい (★ この意味では《口語》では fear よりも I am afraid が好まれる; cf. I hope). **c** 〈…するのを〉恐れる, ためらう (hesitate) 〈*to do*〉, しりごみする (shrink from) 〈*doing*〉: I ~*ed* to see [seeing] him. 彼に会うのをしりごみした / She sat still, ~*ing to* wake the child. 彼女は子供を起こすのを恐れてじっと座っていた. **2** 〈神などを〉かしこみ畏(かしこ)まる, 崇敬する: *Fear* God. 神を畏れよ (*1 Pet.* 2:17). **3** 《古・方言》 恐れさせる, こわがらせる. **4** 《古》 [通例 I fear me の再帰形で] 恐れる: I ~ *me* he is killed. 彼は殺されたのではないかと思う. — *vi.* 恐れる, こわがる; 気づかう, 懸念する, 不安がる 〔*for*〕: Never ~! 心配無用, 大丈夫 / I ~ *for* his safety [him]. 彼の安否[彼のこと]が心配だ / I ~*ed lest* it might [should] anger him. 彼を怒らせはしまいかと気づかった (cf. *vt.* 1 a).

〘n.: OE *fǣr* sudden, calamity, danger ← Gmc **fēra-* (OS *fār* ambush / Du. *gevaar* danger / G *Gefahr* danger) ← IE **per* to try, risk (L *perīculum* trial, peril). — v.: OE *fǣran* to frighten ← (n.)〙

SYN 恐怖: **fear** 危険に陥ったときに感じる大きな不安の感情 《最も一般的な語》: He has no *fear* of death. 死をちっとも恐れていない. **dread** 危険やいやなことを予測するときの大きな恐怖 《格式ばった語》: He had a *dread* of heights. 高所をひどく恐れていた. **fright** 突然で瞬間的な強い恐怖: The child took *fright* at the sight of an enormous dog. 子供は大きな犬を見てひどくおびえた. **terror** 非常に大きく, 多少持続する恐怖: He was frozen with *terror*. 恐怖のために血も凍る思いだった. **alarm** 突然に危険に気づいたときの恐怖: He exclaimed in great *alarm*. 肝をつぶして大声を上げた. **panic** (特に群衆に感染する)突然の大きな恐怖; しばしば根拠のないことがあり, 人々を混乱におとしいれる: War rumors have created a *panic*. 戦争のうわさが恐慌を来した. **horror** 身の毛もよだつほどの激しい恐怖または嫌悪: He was filled with *horror* at the sight. その光景を見て慄然(りつぜん)とした.

ANT fearlessness, boldness, courage, assurance.

Fear /fɪə | fɪəʳ/, **Cape** *n.* フィアー岬 《米国 North Carolina 州南東沖の小島にある岬; Cape Fear 川の河口にあたる》. 〘この岬で船員たちが難破を恐れて恐慌状態になったことから〙

feared *adj.* 《方言》 おびえた, 怖がって, 恐れて. 〘*a*1325〙

fear·er /fɪ́ərə | fɪ́ərəʳ/ *n.* 恐れる人, 心配する人.

fear·ful /fɪ́əfəl, -fl | fɪ́ə-/ *adj.* **1** [叙述的] 恐れて, こわがって; 〔…を〕気づかって, 危ぶんで 〔*of*〕 (⇨ afraid SYN): be ~ *of* committing an error 間違いをしないかと気づかう / be ~ *to* run the risk 心配でその冒険をしかねている / I am ~ *that* [*lest*] he should do it. 彼がそれをしやしないかと心配だ. **2** こわがる, びくびくした; 臆病な (timorous): a ~ look びくびくした顔つき. **3** 恐ろしい (⇨ horrible SYN): a ~ punishment [railroad accident] 恐ろしい罰[鉄道事故] / be ~ to look upon 見るも恐ろしい. **4** 《口語》 大変な, ひどい, 恐ろしい: What a ~ mess! なんとひどい有様だ. **5** 神を恐れる, かしこみ恐れる, 敬虔な. 〘《c1384》 *ferful*: ⇨ fear, -ful〙

féar·ful·ly /-fəli, -fli/ *adv.* **1** びくびくして, こわがって. **2** 《口語》 大いに, ひどく, 恐ろしく: be ~ pleased [tired] ひどく喜ぶ[疲れる]. 〘《?a1439》: ⇨ ↑, -ful¹〙

féar·ful·ness *n.* **1** 恐ろしさ, ものすごさ. **2** こわがること, 小心, 恐怖心: with ~ こわそうに, こわごわ. 〘《c1450》: ⇨ -ness〙

féar·less /fɪ́ələs | fɪ́ə-/ *adj.* 恐れを知らない, 何物をも恐れない (⇨ brave SYN); 大胆不敵な, 豪胆な; 〔…を〕恐れない 〔*of*〕: a ~ soldier / He is ~ *of* any danger. 彼はどんな危険も恐れない. 〘《a1400–50》: ⇨ -less〙 **~·ly** *adv.* **~·ness** *n.*

féar·nòught *n.* (*also* **féar·nàught**) **1** (オーバー・コート用の)厚手の羊毛布地; その布製のコート, オーバー. **2** 〘紡織〙 (羊毛用の)調合機 《繊維のもつれを開く機械》. 〘《1772–84》← FEAR (imper.)+NOUGHT: cf. dreadnought〙

fear·some /fɪ́əsəm | fɪ́ə-/ *adj.* **1** 〈顔など〉恐ろしい, ものすごい (terrible). **2** 恐れている, びくびくした, 臆病な (timid): a ~ mouse. **3** 《口語》 大変な, ひどい. **~·ness** *n.* 〘《1768》← FEAR+-SOME¹〙

féar·some·ly *adv.* 恐ろしいほど, ものすごく; びくびくして. 〘《1876》: ⇨ ↑, -ly¹〙

fea·sance /fíːzəns, -zns/ *n.* 〘法律〙 作為, 行為; (条件・債務・義務などの)履行 (performance). 〘《1538》□ AF *fesance*=(O)F *faisance* ← *faire* to do: ⇨ -ance: cf. feasible〙

fea·si·bil·i·ty /fìːzəbíləti | -zɪ̀bíl₃ti/ *n.* 実行できること, 成否, (実行の)可能性 (feasibleness) (↔ unfeasibility) (cf. viability). 〘《1624》← FEASIBLE+-ITY〙

feasibílity stùdy *n.* (工事計画などの)実行可能性の研究[調査]. 〘1959〙

fea·si·ble /fíːzəbl | -zɪ̀-/ *adj.* **1** 実行できる, 実行可能の, 可能性のある, うまくゆきそうな (cf. viable): That would make your plan ~. そうすれば君の計画もうまくいきそうだ / Is it ~ for us to do it? 我々がそうすることは可能だろうか / Is it a ~ thing for us to do? それは, 我々にとって実行可能だろうか. **2** 《口語》 役に立つ; 〔…に〕適した 〔*for*〕. **3** 《口語》 〈話など〉もっともな, ありそうな: a ~ excuse, story, etc. **~·ness** *n.* 〘《1443》 *fesable* □ (O)F *faisable* ← *faire* < L *facere* 'to DO²': ⇨ fact〙

féa·si·bly /-bli/ *adv.* 実行できるように, (実際的に)間に合うように, うまく (cf. viably): It may be done very ~. それは実行可能のようだ. 〘《1649》: ⇨ ↑, -ly¹〙

feast /fíːst/ *n.* **1** 饗宴, 祝宴, 宴会 (banquet): hold a ~ 祝宴を催す / Enough is as good as a ~. 《諺》 満腹はごちそうも同様. **2** (耳目を)喜ばすもの, (…の)喜び, 楽しみ, 悦楽: a ~ *for* the eyes [ears] 目[耳]のごちそう / the ~ *of* reason 名論卓説, 高論清談 (A. Pope, *Satires and Epistles of Horace Imitated*) (cf. the FLOW of soul). **3** (主に宗教的な)祝祭, 祝い (festival); (毎年の)祭礼; 祭日, 祝日: the ~*s* of the church (教会暦で定めた)祝日, 祭日 《Ascension Day, Epiphany, Nativity, Pentecost など》/ immovable ~*s* 定祭日 《クリスマスのように日の一定したもの》/ ⇨ movable feast 1.

(***it's***) ***féast or fámine*** あまりにも多すぎるか少なすぎるかのいずれか(である): *It's* either ~ *or famine* with us! 我々には全く過剰か過少のどっちかだ. ***màke féast*** 《古》 (1) お祭り騒ぎをする, 歓楽を尽くす. (2) ごちそうを食べる. 《《なぞり》← F *faire fête*》

Féast of Bóoths [the —] 〘ユダヤ教〙 =Sukkoth.

Féast of Dedicátion [the —] 〘ユダヤ教〙 聖殿献堂の記念日 (⇨ Hanukkah).

Féast of Fóols [the —] 愚人祭, ばか祭り 《主に中世紀フランスの教会内で行われた 1 月 1 日のばか騒ぎ》. 《《なぞり》← ML *festum stultōrum*》

Féast of Íngathering [the —] 〘ユダヤ教〙 =Sukkoth.

Féast of Lánterns [the —] (1) (中国の)上元節 《1 月 15 日の夜に行うものでちょうちんを飾る》. (2) (日本の)盆 (⇨ Bon¹).

Féast of Líghts [the —] 〘ユダヤ教〙 灯明の祭り (⇨ Hanukkah).

Féast of Lóts [the —] 〘ユダヤ教〙 くじの祭り (⇨ Purim).

Féast of Órthodoxy [the —] 〘東方正教会〙 東方正(統)教会祝日, (東方)正統信仰記念祭 (842 年, 画像崇敬の復活を記念して設けられたもので, 四旬節(大斎節) (Lent) の第一主日がその祝日).

Féast of Tábernacles [the —] 〘ユダヤ教〙 仮庵(かりいお)の祭り (⇨ Sukkoth).

Féast of Trúmpets [the —] 〘ユダヤ教〙 角笛の祭り (⇨ Rosh Hashanah).

Féast of Unléavened Bréad [the —] 〘ユダヤ教〙 種なしパンの祝い 《本来 Canaan の農民の大麦の鎌入れの祝いが, 過越しの祝いと合体したものとみられ, 過越しの祝いの翌日から 7 日間, 酵母なしに焼いたパンを食べる》. (cf. *Exod.* 23:15: ⇨ Passover)

Féast of Wéeks [the —] 〘ユダヤ教〙 七週の祭り (⇨ Shabuoth).

— *vi.* **1** 〔…を〕大いに楽しむ, 楽しんで見る[聞く] 〔*on*〕: ~ *on* beautiful pictures 美しい絵を見て楽しむ. **2** 祝宴に列する, もてなしにあずかる, ごちそうになる[を食べる].

— *vt.* **1** 〈耳・目などを〉喜ばせる, 楽しませる (delight, regale, gratify): ~ one's ears *with* music 音楽を聞いて耳を楽しませる / ~ one's eyes *on* [*upon*] beautiful scenes 美しい景色を見て目を楽しませる. **2** 〈人〉にごちそうする: ~ one's friends / I was ~*ed on* steak. ステーキをごちそうになった. **3** 毎年祝祭をして祝う.

féast awáy 饗宴をして過ごす: ~ a night *away* 夜通しの宴を張る.

〘n.: 《?a1200》 *feste* □ OF (F *fête*) < VL **festa(m)* (fem. sg.)=L *fēsta* (pl.) ← *fēstus* festal. — v.: 《?a1300》 □ OF *fester* ← (n.)〙

SYN 宴会: **feast** お祝いとして多数の客にご馳走を供する宴会: a wedding *feast* 結婚披露宴. **party** 公式・非公式をとわず, 相集って飲食し歓談をすること 《最も日常的な語》. **banquet** 特定の人・機会を祝う儀式としての公式の宴会: A *banquet* was given in honor of the hero. その英雄を主賓として大宴会が催された.

---

féast dày *n.* **1** (宗教的な)祝日, 祝祭日, 祭日. **2** 聖名祝日 《当人と同名の聖人の祝日》. 〘*c*1290〙

féast·er *n.* 饗宴に列する人; 饗宴を張る人. 〘《a1450》: ⇨ -er¹〙

feast·ful /fíːstfəl, -fl/ *adj.* 《古》 祭礼の, 祝日の, 祝祭の (festive, festal): a ~ day. 〘《c1425》: ⇨ -ful¹〙

féast-or-fámine *adj.* 〈商売・政策などが〉一進一退する, 浮き沈みする.

féast-wón *adj.* (Shak) 接待によって獲得した: ~, fast-lost ごちそうの切れ目が縁の切れ目 (Shak., *Timon* 2.2.171).

feat¹ /fíːt/ *n.* **1 a** 《古》 行い, 行為: these crimeful ~*s* これらの犯罪行為. **b** (勇敢な)手柄, 功業, 偉業, 功績, 勲功 (⇨ exploit² SYN): ~*s* of arms 武功, 武勲 / achieve a ~ 手柄をたてる. **2** 目ざましい技; 演技, 芸当, 離れ技; すばらしい成果, 業績: a ~ of agility 早技 / a ~ of strength 力技 / ~*s* of scholarship 学問的業績 / ~*s* of horsemanship 曲馬 / His performance was a regular ~. 彼の演技は全くすばらしいものだった. **3** 《廃》 技術; 専門. 〘《a1376》 *fete, fait* action, deed □ OF *fet, feit* (F *fait*) < L *factum* deed, (thing) done ← *facere* 'to DO²': FACT と二重語〙

feat² /fíːt/ adj. (~·er; ~·est)〘古・英方言〙1 手際のいい, 巧妙な, 鮮やかな. 2 こぎれいな. 3 似合う, 適当な. — vt. こぎれいにする. 〖(a1450) fete ◻ OF fet (F fait) (p.p.) ← faire to make < L facere (↑): ⇨ fact〗

feath·er /féðə | -ðəʳ/ n. 1 a (一本の)羽: a white ~ / (as) light as a ~ 羽のように軽い. b [しばしば pl.]〘古〙(美しくて大きい)羽毛 (plume). c [しばしば pl.; 集合的]〘廃〙羽毛 (plumage). d [pl.]〘廃〙翼 (wings). e (犬・馬などの羽毛状の)房毛, 立毛. 2 a (帽子・衣装などの)羽飾り, 飾り羽. b [pl.]〘古〙衣装, 装い: Fine ~s make fine birds. 《諺》「馬子にも衣装」. c [集合的にも用いて] 矢羽; 矢ばず. 3 a [集合的] 猟鳥類 (cf. fur 3): fur and ~ ⇨ fur 3. b 〘廃〙鳥. 4 a (目・ガラス・宝石などの中の)羽状のきず. b 羽毛のように軽い[弱い, 小さな, つまらない]物: Your trouble is a mere ~. 君の悩みなぞ全く小さい / I don't care a ~. 私は少しも気にしない / You could have knocked me down with a ~. ⇨ KNOCK down (1). c =featherweight. 5 (同じ)羽色; (同)種類, たぐい: I am not of that ~. 私はそんなたぐいの人間じゃない / birds of a ~ ⇨ bird 成句. 6 調子, 状態; 気分: in good [high, fine] ~ 上機嫌で, 威勢よく, 意気揚々と / ⇨ in full FEATHER. 7 (潜水艦の潜望鏡でできる)航跡. 8〘木工〙(板の接合の)実(さね), 雇い実. 9〘ボートレース〙フェザー《オールのブレードを水平に返すこと; cf. vt. 5》. 10〘石工〙矢《くさび状の鉄材で, 石に穿(うが)った穴に打ち込み石を割る》. 11〘機械〙=feather key.

a féather in one's cáp 誇りや光栄となるもの, 立派な業績, 功績, 名誉. 《(1655): 昔, 英国で軍功めざましい騎士がかぶとに羽毛をつけた故事から》 ***cróp a person's féathers*** 人の高慢の鼻を折る. ***find a white féather in a person's táil*** ⇨ white feather. ***in féather*** 羽の生えた, 羽のある, 羽で飾った. ***in fúll féather*** 〈ひななど〉羽の生え揃った; 盛装して, 元気で. ***máke the féathers flý*** =make the fur FLY¹ (1). ***shów the white féather*** ⇨ white feather. ***smóoth a person's rúffled féathers*** 人に落着きを取り戻させる, 人をなだめる. 《1849》

— adj. [限定的] 羽毛製の, 羽毛のはいった: a ~ comforter [boa] 羽毛のえり巻き / a ~ pillow 羽枕.

— vt. 1 羽毛で覆う, ふさふさと覆う; (羽毛をつけたように)飾る: a hill ~ed with birch かばの木が生えている丘 / boughs ~ed with frost 霜のかかった枝. 2 〈帽子などに〉羽(飾り)をつける; 〈矢〉に羽をはさむ, 矢羽をつける: ~ an arrow 矢に矢羽をつける. 3 …のへりを取る; 〈毛髪を〉短く先細に切る. 4 〈鳥が〉〈風を〉翼で切る; 〈魚が〉〈水を〉ひれで切る. 5〘ボートレース〙(オールを戻すとき風圧を少なくするため)〈オール〉のブレードを水平に抜く (cf. n. 9): ~ one's [an] oar. 6〘木工〙そぎ端(は) (featheredge) に合うように…の端をそぐ; 実(さね)を溝に入れて接合する. 7〘狩猟〙〈鳥を〉殺さずに羽を撃って落とす: ~ a bird. 8〘航空〙〈飛行機のプロペラ・ヘリコプターのローターを〉フェザリング (feathering) させる. — vi. 1 羽毛を生じる, 羽がのびる 〈out〉. 2 羽状をなす; 羽のように動く[揺れる, 広がる]; 羽毛のように浮かぶ: The snow came ~ing down. 綿のような雪がちらちら降ってきた. 3 〈インクが〉にじむ. 4 〈煙などが〉広がって薄れる 〈away, out〉. 5〘ボートレース〙(ブレードを水平にするように)オールを抜く. 6〘狩猟〙〈猟犬が〉(臭跡を捜しながら)尾を神経質に動かす, 身震いする. 7〘航空〙プロペラ[ヘリコプターのローター]をフェザリング (feathering) する.

féather óut 《米》〈インフレなどが〉次第に鎮まる. ***féather úp to a person*** 《米俗》〈人〉に言い寄る, 求婚する. ***tár and féather*** ⇨ tar¹ v. 成句.

~·like adj. 〖n.: OE feþer < Gmc *feþrō (Du. ve(d)er / G Feder) ← IE *pet(ə)- to rush, fly (Gk pterón feather / L penna wing). — v.: OE (ġe)fiþ(e)rian ← (n.)〗

féather álum n. 〘鉱物〙=alunogen.

féather·bèd vt. 1 〈仕事を〉水増し雇用で行う. 2 〈産業・経済などを〉政府補助金で援助する. 3 (利益や便宜を与えて)〈人を〉甘やかす (pamper). — vi. 1 a 水増し雇用を要求する. b (フェザーベッド法の下で)生産を制限する. 2 (フェザーベッド法の下で)水増し雇用の仕事をする. — adj. [限定的] 1 水増し雇用の: a ~ rule フェザーベッド法, 水増し雇用の慣用. 2 政府補助金で援助された: a ~ job. 〖1949〗

féather béd n. 1 羽入り敷きぶとん. 2 安楽な境遇[地位]. 〖OE feþerbed〗

féather·bèd·ding n. 〘労働〙フェザーベッド法, 水増し雇用《失業を避けるために故意に生産を低下させるような手段によって雇用者に不必要な労働者を雇わせようとする労働組合の制限的慣行》. 〖1921〗

féather bòa n. =boa 2. 〖1895〗

féather bòarding n. 〘木工〙下見張り. 〖1846〗

féather·bòne n. 羽骨《鶏・あひるなどの羽の茎から作った鯨のひげの代用品; コルセット・ガードルの土台やフープスカートの輪骨に用いる》. 〖1887〗

féather·bòning n. =featherbone.

féather·bràin n. 頭が空っぽな人. 〖1839〗

féather·bràined adj. 頭が空っぽな, ばかな. 〖1820〗

féather cròtch n. (材の枝分かれ部分から採った)ベニヤの木目の羽根模様.

féather·cùt n. フェザーカット《羽毛のように見せる女性の短い髪型》.

féather dúster n. 羽ばたき. 〖1858〗

féather-dùster wórm n. 〘動物〙ケヤリムシ, カンザシゴカイ《石灰質の管の中に住み, 頭部に羽のような鰓冠(さいかん)をもつケヤリムシ科およびカンザシゴカイ科の多毛類の総称: fan worm, feather worm ともいう》.

féath·ered /féðəd | -ðəd/ adj. 1 羽毛の生えた: our ~ friends=the ~ tribe 鳥類. 2 〈矢など〉羽をつけた; 羽毛飾りのある; 羽毛状の物をつけた. 3 a 〈枝・葉など〉羽毛状の: ~ spray 羽毛を散らしたようなしぶき. b 〈薄板など〉端を薄くそいだ. 4 翼のある (winged), 迅速な: one's ~ feet (飛ぶような)速い[軽やかな]足. 5 [通例複合語の第 2 構成素として] (…の)羽をもった: black-feathered 黒羽の. 〖OE ġefeðerede: ⇨ feather (n., v.)〗

féather·èdge n. 1 容易に折れたり曲がったりする薄い端. 2〘木工〙薄刃べり, そぎ端(は). 3 (石臼の)溝の端. — vt. 〈板〉の片方の端をそぐ, 薄刃べりにする. — adj. =featheredged. 〖1616〗

féather·èdged adj. 薄刃べりのある, 片刃べりにした, そぎ端のある. 〖(1703): ⇨ ↑, -ed〗

féatheredge fìle n. 〘機械〙ひしやすり《断面がひし形や半円形を向かい合わせた形のやすり》. 〖1874〗

féather-flèece n. 〘植物〙葉が多く茂り鱗茎(りんけい)(球根)のあるユリ科の植物 (Stenanthium gramineum).

féather-fòil n. 〘植物〙サクラソウ科 Hottonia 属の白い花が咲く水生植物の総称. 〖1776〗

féather-fòoted adj. 静かに軽やかに動く: a ~ dancer. 〖1565〗

féather gerànium n. 〘植物〙=Jerusalem oak 1.

féather gràss n. 〘植物〙ナガホハネガヤ (Stipa pennata) 《ヨーロッパ・アジアに産するイネ科の多年草植物でドライフラワーに利用される》. 〖1776〗

féather·hèad n. 頭の悪い人 (featherbrain). 〖1831〗

féather·hèaded adj. 頭の悪い, ばかな. 〖1647〗

féath·er·i·ness n. 1 羽毛状. 2 羽毛のような軽さ. 〖(1689) ← FEATHERY+-NESS〗

féath·er·ing /-ð(ə)rɪŋ/ n. 1 a [集合的] 羽毛, 羽 (plumage): the ~ of a bird. b 矢羽のつき具合. c [集合的] 矢羽. 2 a (犬の足などの)羽毛状の房毛. b (花の)羽毛状の斑紋. 3〘ボートレース〙フェザリング《オールを抜いたときブレードを水平にすること》. 4〘音楽〙フェザリング《バイオリンの弓の軽い微妙な使い方》. 5 [集合的]〘建築〙(窓飾りの)いばら (cusps). 6〘航空〙フェザリング: a エンジン故障などの際プロペラの翼角を気流に並行にして空気抵抗を減少させること. b ヘリコプターの前進飛行中にローター翼の前進側と後退側との揚力を釣合わせるために翼角を周期的に増減すること. 〖(1530): ⇨ -ing¹〗

féather jòint n. 〘木工〙雇実接(やといざねつぎ)《接合する両方の材に溝を作り, そこに実(さね)をはめて接合する》. 〖1874〗

féather kèy n. 〘機械〙フェザー[平行, すべり]キー.

féather·less adj. 羽毛のない. **~·ness** n. 〖(?c1400): ⇨ -less〗

féather-líght adj. 非常に軽い. 〖c1837〗

féather mèrchant n. 《米俗》楽な[責任のない]仕事をしている人, 労力[責任を]回避する人, なまけ者. 〖1858〗

féather pàlm n. 〘植物〙羽状葉のヤシ (cf. fan palm).

féather·pàte n. =featherhead.

féather·páted adj. =featherheaded. 〖1820〗

féather shòt copper n. 〘金属〙粒状になった銅. 〖1869〗

féather stàr n. 〘動物〙=comatulid. 〖1862〗

féather·stìtch n. 〘服飾〙フェザーステッチ《ブランケットステッチの一種で, 羽のようなデザインのジグザグ状ステッチ》. — vt. 羽形に縫う, フェザーステッチで飾る, 羽形に飾る. 〖1835〗

featherstitch

féather-vèined adj. 〘植物〙〈葉が〉羽状葉脈の. 〖1861〗

féather·wèight n. 1 (ボクシング・重量挙げ・レスリングの)フェザー級の選手 (⇨ weight 表). 2 非常に軽い人[物]. 3 つまらない人[物]; 頭が空っぽの人 (featherbrain). 4〘競馬〙最軽量ハンディキャップ; 最軽量騎手. — adj. 1 非常に軽い. 2 重要でない, つまらない, 取るに足らない: a ~ comedy. 3 フェザー級の. 〖1812〗

féather wòrm n. 〘動物〙=feather-duster worm.

feath·er·y /féð(ə)ri/ adj. (more ~, most ~; -er·i·er, -i·est) 1 羽の生えた, 羽に覆われた(ような), 羽毛を付けた (feathered). 2 羽のような, 羽毛状の; 軽い, 軽やかな (airy): ~ spray [clouds, snow] 羽毛を散らしたようなしぶき[雲, 雪]. 〖(1580): ⇨ -y¹〗

feat·ly /fíːtli/ adj. (more ~, most ~; feat·li·er, -li·est) 1 上品な. 2〘廃〙きちんとした, こぎれいな; 適当な, ぴったりした. — adv. 〘古〙1 巧妙に, 鮮やかに; きちんと, 正しく. 2 こぎれいに, 上品に. **féat·li·ness** n. 〖(?c1380): ⇨ feat², -ly¹〗

fea·tous /fíːṭəs | -təs/ adj. 〘廃〙優美な, 美しい (handsome). **~·ly** adv. 〖(?c1380) fetys ◻ OF fetis ← L facticius〗

fea·ture /fíːtʃə | -tʃəʳ/ n. 1 (著しい)特徴, 特色; 目立つ点, 要点, 主眼点: the geographical ~s of a district ある地方の地勢 / a significant ~ of our time 現代の著しい特色 / the principal ~s of the treaty その条約の主眼点 / The speech contained some excellent ~s. その演説には目立ってよい点が幾つかあった. 2 [しばしば形容詞的に] a (映画・ラジオ・テレビ・演芸などのプログラム中の)呼び物, 聞き物, 見物(みもの): make a ~ of …を呼び物とする / a ~ performer 主役俳優, 主演者. b (新聞・雑誌の)主要[特別]記事《単なるニュースでない特定の題目についての記事・小論文・随筆・連続漫画・諷刺画など; cf. column 4 b; feature story ともいう》. c (主要な上映物としての)長編映画《通例 8 巻以上のもの; feature film ともいう》. d 《英》(ラジオ・テレビの)ドキュメンタリー特別番組 (feature program). 3 顔の造作の一つ《目・耳・鼻・口・額・あごなど》: Her eyes are her best ~. 彼女は目が一番美しい. 4 a [pl.] 顔, 顔つき, 顔だち, 容貌, 目鼻立ち (⇨ face SYN): a man with handsome [good, poor] ~s 容貌の美しい[良い, まずい]男. b 〘廃〙肉体美. 5 (スーパーなどの)特売品, 値切り品. 6〘言語〙特徴, 素性: ⇨ distinctive feature. 7〘古〙形, 姿; 風采(ふうさい), 風体(ふうてい), 風姿: that unmatch'd form and ~ of blown youth あのたぐいない花の盛りのお姿 (Shak., Hamlet 3. 1. 159: Folio 版).

— vt. 1 特色[呼び物]にする; 〈新聞・雑誌が〉〈事件などを〉特集する, 特筆する; 〈俳優を〉主演[出演]させる: ~ a story in a newspaper 新聞である記事を呼び物にする / a film featuring famous actors 有名な俳優主演の映画 / The show ~s this famous dancer. そのショーはこの有名なダンサーを呼び物にしている / A new actor was ~d in the movie. その映画では新人が主役を演じた. 2 …の(著しい)特徴になる, 特色をなす. 3〘古〙〈人・動植物・物などの〉特徴を描く, 叙述する. 4 《米口語・英方言》考える, 想像する. 5〘方言〙〈親などに〉顔が似る (cf. favor vt. 6).

— vi. 1 主要部分を含める, 目立つ. 2 主役を演じる, 主演する; 主要な役割を持つ 〔in〕.

〖(c1325) feture ◻ OF faiture form, shape < L factūram something made, formation ← facere 'to DO², make': ⇨ fact, -ure〗

féa·tured adj. 1 呼び物(記事)の, 特色とされた; スターとしての (starring): a ~ story [article, cartoon] 呼び物となった読物[記事, 漫画] / a ~ actor 主演俳優. 2 [通例複合語の第 2 構成素として] (…の)顔つきの: a well-featured face 目鼻立ちのよい顔 / ⇨ sharp-featured. 3〘廃〙形作られた. 〖(a1420)〗(1742): ⇨ ↑, -ed〗

féature fìlm n. (主要な上演物としての)長編特作映画 (cf. feature n. 2 c). 〖1911〗

féature-léngth adj. 《米》〈映画・読物が〉長編の: ~ pictures 長編映画.

féature·less adj. (著しい)特色[特徴]のない; 何の奇もない, おもしろくない (uninteresting): a ~ landscape 何の変哲もない風景. **~·ly** adv. **~·ness** n. 〖(1593–99): ⇨ -less〗

féature pìcture n. =feature film. 〖1913〗

féature prògram n. (一つのテーマによる)特集番組. 〖1928〗

féature stóry n. 〘ジャーナリズム〙(単なるニュースでない新聞・雑誌の)主要[特別]記事. 〖1912〗

fea·tur·ette /fìːtʃərét, ←−−́/ n. 短編特作映画; (漫画・ニュースなどの)短編映画. 〖(1940) ← FEATURE+-ETTE〗

féa·tur·ish /-tʃərɪʃ/ adj. 〘ジャーナリズム〙主要[特別]記事と同質の; 主要[特別]記事となるような, 呼び物記事を掲載している (cf. featured 1, straight 14).

feaze¹ /fíːz, féɪz/ vt. =feeze, faze.

feaze² /féɪz, fíːz/ vt. 〈綱の端を〉ばらばらにほぐす (unravel). — vi. 〈綱の端が〉ほぐれる (unravel). 〖(1568) ◻ LG fäsen ∥ ← MDu. vese fringe: cf. OE fæs (> ¹fas fringe)〗

feaz·ings /féɪzɪŋz, fíːz-/ n. pl. ほぐれたロープの先端. 〖(1867): ⇨ ↑, -ing¹, -s¹〗

Feb. 《略》February.

feb·ri- /fébrɪ̀, -ri/「熱 (fever)」の意の連結形. 〖← L febris 'FEVER'〗

fe·bric·i·ty /fɪbrísəṭi | -sɪ̀ti/ n. 熱のある状態, 発熱性. 〖(1873) ◻ L febricitātem ← febris (↑)〗

feb·ri·fa·cient /fèbrəféɪʃənt | -rɪ̀-←/〘医学〙adj. 熱を出す. — n. 発熱因子, 発熱剤. 〖(1803) ⇨ ↓, -facient〗

fe·brif·er·ous /fɪbríf(ə)rəs/ adj. 〘医学〙熱を出す. 〖(1874) ← FEBRI-+-FEROUS〗

fe·brif·ic /fɪbrífɪk/ adj. 〘古〙〘医学〙熱を出す, 熱がある (feverish). 〖(1710) ← FEBRI-+-FIC〗

fe·brif·u·gal /fɪbrífjʊgəl, fèbrɪ̀fjúːgəl←/ adj. 〘医学〙解熱性の, 駆熱性の. 〖(1651): ⇨ ↓, -al¹〗

feb·ri·fuge /fébrɪ̀fjùːdʒ/ adj., n. 〘薬学〙=antipyretic. 〖(1686) ◻ F fébrifuge ◻ ML febrifugia: ⇨ febri-, -fuge〗

feb·rile /fíːbraɪl, féb- | -braɪl/ adj. (有)熱性の, 熱の(ある), 発熱の (feverish). 〖(1651) ◻ F fébrile ◻ LL febrilis feverish: ⇨ febri-, -ile¹〗

fe·bril·i·ty /fɪbríləṭi, fiː- | -lɪ̀ti/ n. =feverishness. 〖1873〗

Feb·ru·ar·y /fébruèri, -bjuèri | fébruəri, -bju(ə)ri/ n. (pl. -ar·ies, ~s) 2 月 (略 Feb., F.). 〖(?c1200) fever(y)er, feverel ◻ OF feverier (F février) < VL fabrāriu(m)=L februārius (mēnsis) month of purification. ← februa (pl.) festival of purification (この祭りがこの月の 15 日に行われたのにちなむ)〗

Fébruary fìll-dike n. =February (cf. fill-dike). 〖1557〗

Fébruary Revolútion n. [the ~] 二月革命 (⇨ Russian Revolution).

fec. 《略》fecerunt, fecit (cf. del).

fe·cal /fíːkəl, -kl/ adj. 《米》1 おり[かす]の. 2 糞(便)の, (大)便の: ~ matter 糞便. 〖(1541) ◻ F fécal ◻ L faec-, faex: ↓〗

fe·ces /fíːsiːz/ n. pl. 《米》1 おり, かす (dregs, sediment). 2 排泄物, 大便, 糞便. 〖(a1400) ◻ L faecēs (pl.) ← faec-, faex dregs: cf. fecula〗

Fech·ner /féknə, féx- | -nəʳ; G. féçnɐ/, **Gustav Theodor** n. フェヒナー《1801–87; ドイツの物理学者・心理

F

学・哲学者; 精神[心理]物理学 (psychophysics) の創始者).

fecht /fɛ́kt, fɛ́xt/ *vi.* 《スコット》 =fight. **fécht·er** *n.*

fe·cial /fíːʃəl, -ʃɪ̀l/ *n., adj.* =fetial.

fe·cit /fíːsɪ̀t, féɪkɪ̀t | fíːsɪt, féɪkɪt/ *L. v.* …作る, …描く, …の筆. ★ 作品の署名に添える; 略 fe. fec.; cf. pinxit, sculpsit: John Jones ~ / *fec.* Charles Warner. 〖□ L ~ 'he (or she) made (it)' ← *facere* to make〗

feck /fɛ́k/ *n.* 《スコット・北英》《廃》 **1** 価値 (worth); 効能. **2** 額, 量. **3** [the ~] 大部分, 大多数. 〖(*c*1470) 《スコット》 ~ 《頭音消失》 ← *effeck* 'EFFECT'〗

feck·et /fɛ́kɪ̀t/ *n.* 《スコット》 男子用チョッキ. 〖1795 ← ?〗

féck·less *adj.* **1** 無能な, 弱々しい (ineffective), 無気力な (spiritless). **2** 無価値な, 取るに足らない, 役に立たない (worthless). **3** 無器用な, へたな. **4** 無思慮な, 軽率な, あてのない; 無責任な, 信頼のおけない. **~·ly** *adv.* **~·ness** *n.* 〖(1599) ← FECK+-LESS〗

F

feck·ly /fɛ́kli/ *adv.* 《スコット・北英》 大部分; ほとんど, たいてい (almost, nearly) 〖(*c*1680): ⇨ -ly¹〗.

fec·u·la /fɛ́kjʊlə/ *n.* (*pl.* **-u·lae** /-lìː/) **1** (昆虫の)糞, 虫糞. **2** 澱粉 (starch); おり, かす (dregs). 〖(1684) □ L *faecula* crust of wine (dim.) ← *faex* dregs: cf. feces〗

fec·u·lence /fɛ́kjʊləns/ *n.* **1** 不潔, 汚濁 (foulness). **2** 汚物 (filth); おり, かす. 〖(*a* 1648) □ F *féculence*: ⇨ ↓, -ence〗

fec·u·lent /fɛ́kjʊlənt/ *adj.* 汚れた, 濁った (muddy, turbid); 汚物がいっぱいの, 不潔な (foul). 〖(1471) □ (O)F *féculent* // L *faeculentem* abounding in dregs, impure: ⇨ feces, -ulent〗

fe·cund /fíːkənd, fɛ́k-, -kʌnd/ *adj.* **1** 多産の (prolific), よく実る, 〈土地が〉肥えた (⇨ fertile SYN): a ~ animal 多産の動物 / a ~ soil よく作物のできる土地. **2** よく考え出す, 創造力の豊かな: the ~ mind of Shakespeare シェークスピアの創造力豊かな精神. 〖(16C) □ L *fēcundum* fertile ∞ (*c*1425) *fecounde* □ (O)F *fécond*〗

fe·cun·da·bil·i·ty /fìːkəndəbíləti, fɛ̀k-, -kʌnd- | -lɪ̀ti/ *n.* 〖医学・生物〗 (一定期間内における)受胎確率.

fe·cun·date /fɛ́kəndèɪt, fíːk-/ *vt.* **1** 多産[豊饒(ほうじょう)]にする. **2** 〖生物〗 受胎[受精]させる. **fé·cun·dà·tor** *n.* **fe·cun·da·to·ry** /fɪkʌ́ndətɔ̀ːri | fɪkʌ́ndətəri, -tri/ *adj.* 〖(*a*1631) ← L *fēcundātus* (p.p.): ⇨ fecund, -ate²〗

fe·cun·da·tion /fìːkəndéɪʃən, fɛ̀k-, -kʌn-/ *n.* 〖生物〗 受胎作用; 受胎, 受精 (impregnation). 〖(1541) ⇨ ↑, -ation〗

fe·cun·di·ty /fɪ̀kʌ́ndəti, fɛ-, fiː- | -dɪ̀ti/ *n.* **1** (雌性の)生産力, 生殖能力; 多産性, 繁殖性 (productiveness). **2** 多産, 肥沃(ひよく) (fertility). **3** (創造力・想像の)豊かさ: ~ of imagination 豊かな想像力. 〖(?*c*1425) □ L *fēcunditātem*: ⇨ fecund, -ity〗

fed /fɛ́d/ *v.* feed¹ の過去形・過去分詞. **— *adj.*** **1** 〈家畜が〉(市場向けに)肥育された: ~ lambs. **2** 《俗》 [叙述的] =FED *up*: I was ~ to death. もうほとほといやになった, 心の底からうんざりだ.

féd úp 《口語》 食傷気味で, 飽き飽きして, ほとほといやになって, 腹にすえかねて: He was really ~ *up with* the whole thing. 何もかももうほとほといやになっていた / I'm ~ *up* (*with*) waiting for him. 彼を待っているのはもううんざりだ. (1900)

〖(1483) ME *fedd* ← *fede*(*n*) 'to feed'〗

Fed /fɛ́d/ *n.* 《米》 **1** [しばしば f-] **a** =federal 2. **b** 《俗》 (連邦政府の)国家公務員; (特に) FBI の一員. **2** [the ~] =Federal Reserve System. **3** =Federation. 〖(1916) 《略》 ← FEDERAL〗

fed. 《略》 federal; federated; federation.

Fed. 《略》 Federal.

fe·da·ry /fíːdəri | -də-/ *n.* 《Shak》 共謀者. 〖(1604) 《変形》 ← *feudary*〗

fe·da·yee /fədɑ́ːjíː | fɛ̀dɑ́ːjíː, fɛ-/ *n.* (*pl.* **fe·da·yeen, fe·da·yin** /fədɑːjíːn | fɛ̀dɑ́ːjiːn/) (反イスラエルの)アラブゲリラ. 〖(1955) □ Arab. *fidā'ī* one who offers himself for his native land〗

fed·er·a·cy /fɛ́dərəsi, -drə- | -dərə-, -drə-/ *n.* 《古》 連合, 同盟. 〖(1647) 《逆成》 ? ← CONFEDERACY // ← FEDER(ATE)+-ACY〗

fed·er·al /fɛ́dərəl, -drəl | -dərəl, -drəl/ *adj.* **1** 連邦の, 連邦制の; 連邦政府の, 中央政府の, 連邦組織の (cf. statal 1): a ~ union 連合国家, 連邦 / a ~ government 連邦政府. **2** [しばしば F-] 《米》 (各州政府 (State government) に対して)連邦政府の, 合衆国の: a ~ court 連邦[中央]政府裁判所 / *Federal* officers 国家公務員 (米国官吏). **3** [F-] (米国の南北戦争当時の)北部連盟[北軍]の[に関する] (cf. confederate 2); (北部)連邦主義者の: the *Federal* States (南北戦争時代の)北部連邦諸州 (cf. CONFEDERATE Sates of America) / the *Federal* army 北部連盟軍. **4** 《古》 連合の, 同盟の (allied). **5** [F-] 〖建築〗 連邦スタイルの (1790 年ごろから 1830 年ごろの間に, 米国で流行した古典主義復興の建築・装飾様式にいう): The *Federal* style. **6** 〖キリスト教〗 (神と人間との関係における)契約(説)の. **7** 《英》〖教育〗 (独立単位として機能する)カレッジ連合の[から成る].

— *n.* 《米》 **1** [F-] 連邦主義者 (Federalist). **2** [F-] (米国の南北戦争当時の)北部連盟支持者 (Unionist); 北部連盟派の人, 北部連盟の兵士, 北軍兵. **3** 米国官吏, 国家公務員.

Féderal Búreau of Investigátion [the —] (米国の)連邦捜査局 (司法省の一局; 略 FBI).

Féderal Góvernment (of the Uníted Státes) [the —] 米国連邦政府.

〖(1645) ← NL *foederālis* L *foeder-*, *foedus* covenant (cf. L *fidēs* 'FAITH')+-AL¹〗

Féderal Cápital Térritory *n.* 連邦首都特別地域 (Australian Capital Territory の旧名).

Féderal cáse *n.* 《米》 連邦裁判所[連邦法執行機関]が調査・決議する事件.

***màke a Féderal cáse of* [*óut of*]** 《米口語》 (ささいな事で)大げさに騒ぎ立てる, 空騒ぎする.

Féderal Cíty *n.* [the ~] 連邦都市 (Washington, D.C. の異名).

Féderal Communicátions Commìssion *n.* [the ~] (米国の)連邦通信委員会 (独立行政機関で, 全国の電気通信組織・放送事業を規制する; 略 FCC).

Féderal Constitútion *n.* [the ~] 《米》 =CONSTITUTION of the United States.

féderal dístrict *n.* 連邦地域 (中央政府所在の特別行政区でメキシコや南米諸国で行われている; 米国では Washington, D.C.; federal territory ともいう). 〖*c*1934〗

féderal dístrict cóurt *n.* 《米》〖法律〗 連邦地方裁判所 (連邦の裁判権に属するすべての民事・刑事の事件を取り扱う第一審の裁判所). 〖1948〗

Féderal Énergy Régulatory Commìssion *n.* [the ~] 《米》 連邦エネルギー規制委員会 (電気料金の設定・発電計画・エネルギー資源の調査などを行う; 略 FERC).

fed·e·ra·lese, F- /fɛ̀dərəlíːz, -drə-, -líːs | -dərəlíːz, -drə-/ *n.* 《米俗》 政府用語; 政府独特の表現法. 〖(1944) ← FEDERAL+-ESE〗

Féderal Expréss *n.* フェデラルエクスプレス(社) (米国の宅配便会社).

féderal fúnds *n. pl.* 《米》 (連邦準備銀行の)準備金. 〖1950〗

Féderal Hóusing Administràtion *n.* [the ~] (米国の)連邦住宅管理局 (1934 年の連邦住宅法に基づいて設置された官庁で, 住宅金融公庫などによる住宅の建設を促進する; 略 FHA).

fed·er·al·ism /fɛ́dərəlɪ̀zm, -drə- | -dərə-, -drə-/ *n.* **1** 連邦主義, 連邦制度. **2** [F-] (米国)連邦党 (Federalist Party) の主義. **3** [F-] 〖キリスト教〗 契約説, 聖約説 (神と人間との関係は契約に基づくとする主張; cf. federal theology). 〖1789〗

fed·er·al·ist /fɛ́dərəlɪ̀st, -drə- | -dərəlɪst, -drə-/ *n.* **1** 連邦主義者. **2** [F-] (米国の)北部連盟支持者 (cf. confederate 2), フェデラリスト; 連邦党 (Federalist Party) 員. **3** =world federalist. **— *adj.*** =federalistic. 〖1787〗

fed·er·al·is·tic /fɛ̀dərəlístɪk, -drə- | -dərə-, -drə-/ *adj.* 連邦主義(者)の. 〖(1862): ⇨ ↑, -ic¹〗

Féderalist Pàrty *n.* [the ~] (米国の)連邦党 (独立戦争後 Alexander Hamilton や John Adams を指導者として米国憲法制定を主張し, 憲法制定後は強力な中央政府を唱道した初めての全国的政党 (1789–1816); cf. Democratic-Republican Party). 〖1876〗

fed·er·al·i·za·tion /fɛ̀dərəlɪ̀zéɪʃən, -drə- | -dərəlaɪ-, -drə-, -lɪ-/ *n.* 連邦化. 〖(*c*1860): ⇨ ↓, -ation〗

fed·er·al·ize /fɛ́dərəlàɪz, -drə- | -dərə, -drə-/ *vt.* **1** 連合させる, 連邦にする. **2** 連邦政府の管轄にする: ~ the welfare system. 〖(1801): ⇨ -ize〗

Féderal Lánd Bànk *n.* [the ~] 《米》 連邦土地銀行 (農地を抵当として農業経営者に長期の融資を行う目的で 1916 年に設立された 12 の地方銀行の一つ).

féd·er·al·ly /-rəli/ *adv.* 連合的に, 同盟的に, 連合によって; 連邦的に. 〖(1644–45): ⇨ -ly¹〗

Féderal Nátional Mórtgage Assocìation *n.* [the ~] 《米》 連邦国民抵当協会 (住宅金融機関から住宅抵当融資債権を買い取り, 住宅金融のための資金を供給する連邦政府認可の民間法人組織).

Féderal Pàrty *n.* [the ~] 《米》 =Federalist Party.

Féderal Repúblic of Gérmany *n.* [the ~] ドイツ連邦共和国 (西ドイツ (West Germany) および統一後のドイツの公式名; 略 FRG).

Féderal Resérve Bànk *n.* [the ~] (米国の)連邦準備銀行 (全国を 12 区に分け各地区に 1 行ずつある; 略 FRB; ⇨ central bank). 〖1914〗

Féderal Resérve Bòard *n.* [the ~] (米国の)連邦準備制度理事会 (合衆国大統領の任命による 7 人の委員制で連邦準備銀行の業務を統制監督する; 略 FRB).

Féderal Resérve dìstrict *n.* 《米》 連邦準備区 (連邦準備銀行の受け持つ地区; 略 FRD).

Féderal Resérve nòte *n.* (米国の)連邦準備券 (連邦準備銀行の発行する銀行券).

Féderal Resérve Sỳstem *n.* [the ~] (米国の)連邦準備銀行制度 (略 FRS).

féderal státe *n.* (州または邦の自治権が大幅に認められている)連邦国家.

féderal térritory *n.* =federal district.

féderal theólogy *n.* 〖キリスト教〗 (神と人との間に契約があるとの教義に基づく)契約神学, 聖約神学. 〖1878〗

Féderal Tráde Commìssion *n.* [the ~] (米国の)連邦取引委員会 (1914 年に連邦取引委員会法によって設立され, シャーマン法・クレイトン法に基づき, 公正な競争的市場を維持するため調査活動などを行う; 日本の公正取引委員会に相当; 略 FTC).

féderal univérsity *n.* 《英》 連合大学. 〖1954〗

fed·er·ate /fɛ́dərèɪt | -də-/ *vi.* 連合[同盟]に加わる, 合同する 〔*with*〕. **— *vt.*** **1** 〈国・組織などを〉連合させる, 連邦化する: a ~*d* state. **2** …に連邦制度をしく.

— /fɛ́dərɪ̀t, -drɪ̀t, -dərèɪt | -dərɪ̀t, -dərèɪt/ *adj.* 連合した, 連盟の, 連邦制度の: ~ nations 連合国, 連邦を構成する国々. 〖(1671) ← L *foederātus* leagued together (p.p.) ← *foederāre*: ⇨ federal, -ate²〗

fed·er·at·ed /fɛ́dərèɪtɪ̀d | -dərèɪt-/ *adj.* 連邦の; 連合の. 〖(1814): ⇨ ↑, -ed〗

féderated chúrch *n.* 〖教会〗 連合教会 (教派を異にしながら共通のプログラムの下に連合している地方教会). 〖*c*1926〗

Féderated Maláy Stàtes *n. pl.* [the ~] (旧英領の)マレー連邦諸州 (Malay 半島南端の Perak, Selangor, Negri Sembilan および Pahang 4 州の連合; 今は Federation of Malaysia に統合されている; ⇨ Malaysia).

fed·er·a·tion /fɛ̀dəréɪʃən | -də-/ *n.* **1** 連合組合, 組合連合会, 連盟, 総同盟: a ~ of labor unions 労働組合総同盟 / the *Federation* of the world 世界連合[連盟] (Tennyson, *Locksley Hall* 128). **2** (植民地・州・国家などが結合した)連邦, 連盟, 連合 (⇨ alliance SYN); 連邦化. **3** 連邦制度, 連邦政府.

Federátion of Indo-Chína [the —] インドシナ連邦 (ベトナム・カンボジア・ラオスの連盟で, もとフランス領インドシナ (French Indochina) と称したもの; フランス連合 (French Union) の一員; 連邦主都 Hanoi (Tonkin)).

Federátion of Rhodésia and Nyásaland [the —] ローデシアニアサランド連邦 (⇨ Rhodesia 2).

Federátion of Sóuth Arábia [the —] 南アラビア連邦 (アラビア南西部の State of Aden (もと英国植民地 Aden) と南アラブ保護領 (Protectorate of South Arabia (もと英国保護領 Aden)) 20 州の中の 16 州とが合併して 1962 年にできた連邦で, 英国保護領; 1967 年抜けていた 4 州も加わって独立し南イエメン (Southern Yemen) となった).

Federátion of the Wést Índies [the —] 西インド諸島連邦 (西インド諸島中の Jamaica, Trinidad and Tobago および Lesser Antilles 内の英領の島々で構成された英連邦の植民地; 主都 Trinidad 島の Port of Spain; 1958 年成立したが, 1962 年 Jamaica および Trinidad and Tobago が独立したため解消; West Indies Federation ともいう; cf. West Indies Associated States).

〖(1721) □ F *fédération* □ LL *foederātiō*(*n-*): ⇨ federate, -ation〗

fèd·er·á·tion·ist /-ʃ(ə)nɪ̀st | -nɪst/ *n.* 連合[連盟]主義者, 連邦論者. 〖(1865): ↑, -ist〗

Federátion whéat *n.* 《豪》 連邦小麦, 早場麦 (1901 年から栽培された農学者 William Farrar が改良した早熟の耐乾性小麦).

fed·er·a·tive /fɛ́dərèɪtɪv, -dərə-, -drə- | -dərət-, -rèɪt-/ *adj.* 連合の, 連盟の[に基づいた] (federal). **~·ly** *adv.* 〖(1690) ← L *foederātus*: ⇨ -ative〗

Fe·de·ri·co /fɛ̀dəríːkoʊ | -deríːkəʊ; *It.* federíːko, *Sp.* fedeɾíko/ *n.* フェデリーコ (男性名). 〖□ It. ~ 'Frederick'〗

Fe·de·ri·go /fɛ̀dəríːgoʊ | -deríːgəʊ; *It.* federíːgo/ *n.* フェデリーゴ (男性名). 〖□ It. ~ 《異形》 ↑〗

fed·ex /fɛ́dɛ́ks/ *vt.* Federal Express で送る.

FedEx /fɛ́dɛ̀ks/ *n.* =Federal Express.

fedn 《略》 federation.

Fë·dor /fíːədɔə | -dɔː(r; *Russ.* fjódər, *G.* féːdoːɐ/ *n.* =Feodor.

fe·do·ra /fɪ̀dɔ́ːrə; *F.* fedɔʁa/ *n.* ソフト帽 (trilby) (ソフトなフェルト製のつばの反(そ)った中折帽). 〖(1895) ← *Fédora* (Sardou 作の劇 (1882))〗

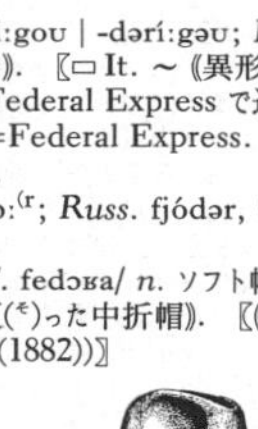

fedora

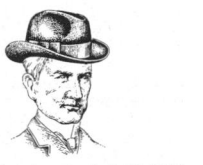

Fe·do·ra /fɪ̀dɔ́ːrə; *F.* fedɔʁa/ *n.* フィドーラ (女性名). 〖□ F *Fédora*: ⇨ Feodora〗

Fë·do·ro·vich /fióʊdərəvɪtʃ | fiə́ʊd-; *Russ.* fʲódərəvʲɪtʃʲ/ *n.* =Feodorovich.

fee /fíː/ *n.* **1 a** (専門職業者へ払う)報酬, 謝礼 (⇨ wage SYN): a doctor's ~ for a visit (医師の)往診料 / a lawyer's ~ (弁護士の)弁護料[謝礼金] / an official's ~ (公務員の)給料 / ⇨ retaining fee / Take some remembrance of us, as a tribute, not as ~. 私たちの記念の品をおもちください, 報酬としてではなく贈り物として (Shak., *Merch* V 4. 1. 422–23). **b** (フットボールなどの選手の移籍のためにチームのオーナーに支払う)移籍金. **2** 料金, 手数料: an admission [entrance] ~ 入場料 / a license ~ 免許料 / ~ paid 料金支払済. **3** (入学・入会などの)納付金; [しばしば *pl.*] 授業料, 会費: tuition ~*s* 授業料 / a *fee*-paying school [student] 授業料を必要とする学校[納めている生徒] / a membership ~ 会費. **4 a** 《古》 心付け, 祝儀: a porter's ~. **b** 《英方言》 (召使の)賃金. **c** 《廃》 賄賂. **5** 〖封建法〗 **a** 領地, 封土(権). **b** 領地所有権. **6** 〖法律〗 相続財産 (特に不動産; cf. fee simple, fee tail): an absolute ~ 無条件相続[世襲]地 / an ecclesiastical ~ 寺領. ***at a pín's fée*** ⇨ pin 成句.

***hóld in fée* (*símple*)** 〖法律〗 〈土地を〉単純封土権[無条件相続地]として保有する (cf. fee simple).

— *vt.* (**feed, fee'd**; **~·ing**) **1** …に料金[謝礼金, 給与]を支払う, 心付け[チップ]をやる. **2 a** 《スコット》 雇う (hire). **b** 《英方言》 用いる, 利用する.

〖(*c*1290) □ AF ~ =OF *fé, feu, fiu* 'FEE' < VL **feudu*(*m*) =ML *feodum, feudum* ← ? Frank. **fehuod* (cattle-property: cf. OE *feoh* cattle) IE **peku-* movable propetty (L *pecus* cattle)〕

feeb /fíːb/ *n.* 《米俗》ばか. 〘《1914》《短縮》← *feeble-minded*〙

Fee·bie /fíːbi/ *n.* 《米俗》連邦捜査局 (FBI) の捜査官, G メン. 〘← FBI: FEEB との連想による頭文字発音〙

fee·ble /fíːbḷ/ *adj.* (**fee·bler, -blest; more ～, most ～**) **1 a** (老齢・病気などのため)弱った, 弱々しい (⇨ weak SYN): a ～ body, old man, etc. **b** 〈声・光・力・効果など〉弱い, かすかな, 微弱な: a ～ moan 弱々しいうめき声 / a ～ pulse 微弱な脈 / a ～ reason [excuse] 薄弱な理由[言い訳]. **c** 〈物が〉弱い, 壊れやすい, もろい: a ～ barrier もろいさく. **2** (精神力の)薄弱な, 気力の乏しい, 低能の; 劣った: a ～ mind 薄弱な精神 / a ～ brain 低能. **fée·bly** /-bli/ *adv.* **～·ness** *n.* 〘late OE *feble* ◻ AF=OF (F *faible*) 《異化》← *fleible* < L *flēbilem* weeping, weak ← *flēre* to weep: ⇨ -ble: foible と二重語〙

féeble-mínded *adj.* **1** 精神薄弱の《精神年齢が 8 歳から 9 歳程度の者にいう》. **2** 頭の弱い; 低能な. **3** 《廃》意志の弱い. **～·ly** *adv.* **～·ness** *n.* 〘1534〙

féeble-vóiced *adj.* 弱々しくてはっきりしない声の.

fée·blish /-bḷɪʃ, -bl-/ *adj.* 弱そうな, やや弱々しい, 力のなさそうな. 〘《1674》← FEEBLE＋-ISH¹〙

feed¹ /fíːd/ *v.* (**fed** /féd/) ── *vt.* **1 a** 〈動物などに〉食べ物を与える, えさをやる; 〈乳児に〉授乳する; 〈幼児・病人に〉食事をさせてやる, 食べ物を口に運んでやる: ～ the pigs [chickens] / ～ a baby with a spoon 赤ん坊にスプーンで食事を与える / The baby can't ～ itself yet. 赤ん坊はまだひとりでものが食べられない / ～ the fishes ⇨ fish¹ 成句. **b** 〈動物などに〉食糧[えさ]として与える〔*to*〕: ～ turnips *to* cattle 牛にかぶらを与える / ～ milk *to* a cat 猫に牛乳を飲ませる.

2 a 養う (nourish); 〔…で〕飼う, 育てる〔*on, with*〕: ～ a kitten *on* [*with*] cow's milk 子猫を牛乳で育てる / ～ plants *with* fertilizer 肥料を施して植物を育てる / He had a big family to ～. 大家族を養わなければならなかった / The children are well [poorly] *fed*. 子供たちは栄養がよい[悪い] / Well *fed*, well bred. 《諺》「衣食足りて礼節を知る」. **b** (精神的に)養う: ～ the mind.

3 a 〔原料を〕〈機械〉に送り込む, 〔燃料を〕〈炉〉に供給する〔*with*〕: ～ a printing press *with* paper 印刷機に紙を送り込む / ～ a furnace [fire] *with* coal 炉[火]に石炭をくべる / ～ a computer *with* data コンピューターにデータを入れる. **b** 〔機械に〕〈原料を〉送り込む; 〔炉に〕〈燃料を〉供給する〔*to, into*〕: ～ paper *to* [*into*] a printing press 印刷機に紙を送り込む / ～ coal *to* a furnace 炉に石炭をくべる / ～ data *into* a computer コンピューターにデータを入れる / Just ～ the data *in*. データを入れてくれ. **c** 〈川などが〉〈より大きな川・湖などに〉注ぎ込む: a river *fed* by tributaries 支流が注ぎ込む川.

4 a 〈電力を〉送る; …に送電する. **b** 〈信号を〉〈電子回路へ〉送る〔*to*〕. **c** 〈テレビ・ラジオ番組を〉〈送信所へ〉回線を通じて送る〔*to*〕.

5 〈想像などを〉欲しいままにさせる, 〈欲望・虚栄心などを〉満足させる (gratify); 〈希望・疑念などを〉つのらせる, あおりたてる (fortify): His vanity was *fed* by their flattery. 彼の虚栄心は彼らの追従(ついしょう)で増長した / That *fed* the flame of jealousy in her mind. そのため彼女の嫉妬の炎があおりたてられた / His enmity was *fed* with [by] envy. 彼の憎しみはねたみによってあおりたてられた.

6 〈土地・牧場などが〉…のための食料を生み出す; 〈穀物・鳥獣などが〉…の食料となる: Plants ～ many creatures. 植物はいろいろな生物の食料となる / These prairies used to ～ great herds of buffalo. この大草原にはもと野牛の大群がその草を食って生きていた.

7 a 〈土地を〉牧場の使用する; 〈牧草を〉家畜に食べさせる: ～ (*down*) grassy land 草地を牧場にする. **b** 〈家畜〉に草をはませる, 放牧する.

8 《口語》〘演劇〙〈相手役〉に台詞(せりふ)のきっかけを与える (prompt); 〈喜劇俳優〉に観衆を笑わせるための台詞を言わせる[仕草をさせる]; 〈(きっかけとなる)台詞を〉〈俳優〉につけてやる: ～ lines *to* an actor＝～ an actor his lines 俳優に台詞をつけてやる.

9 〘スポーツ〙(サッカーなどで)〈味方〉にゴールショットのために送球する.

── *vi.* **1 a** 〈牛馬などが〉物を食う (eat): The sheep are ～*ing* in the meadow. 羊は牧場で草を食っている. **b** 《口語》[しばしば軽蔑的・戯言的]〈人が〉食事をする: ～ well 美食する. **2 a** 〔…を〕えさにする, 常食とする (prey)〔*on, upon, off*〕: Cattle ～ chiefly *on* grass. 牛は主に草を食う / Crows *fed off* a crop of turnips. からすが畑のかぶらを食った. **b** 〔…によって〕生きている, 増長する〔*on, upon*〕: He just ～*s on* hope. 希望を頼りに生きているようなものだ / Her jealousy *fed upon* suspicions. 彼女の嫉妬心は疑惑によってますます増長した. **3 a** 〈原料などが〉〔機械に(流れるように)〕はいる, 送り込まれる〔*into*〕: Fuel ～*s into* the furnace through this hopper. このホッパーを通して燃料が炉に注がれていく. **b** 〈弾丸が〉〈銃に〉装塡(そうてん)される〔*into*〕. **4** 《口語》〘演劇〙〈俳優が〉相手役に台詞のきっかけを与える.

féd úp ⇨ fed *adj.* 成句. *féed a cóld* ⇨ cold 成句. *féed báck* 〘電気・心理・社会学・生物〙フィードバックする, 饋還(きかん)する (⇨ feedback). 《1921》 *féed úp* 〈人〉にうまい[栄養のある]物をたくさん食べさせる; 〈家畜を〉太らせる (fatten): This child needs ～*ing up*. この子はたくさん食べさせて元気にしなければならない.

── *n.* **1 a** (家畜・家禽(かきん)の)食料, 飼料, まぐさ; (家畜の)混合飼料: ～ for horses 馬のかいば. **b 1** 回分の飼料: a ～ of oats 一回分のからす麦のかいば / at one ～ 一食に / Let the cow have a ～. 牛に飼料をやりなさい. **2 a** (赤ん坊への)授乳. **b** 《口語》(赤ん坊の)食事; 腹いっぱいのごちそう: We had a good ～. ごちそうを腹いっぱい食べた. **c** 給食; 給餌. **d** 《廃》食べること. 《1576》 **3 a** (機械への原料の)送り込み, 急送, (工作機械の切削(せっさく)の)送り, (炉への燃料の)供給; 供給材料(の量); 給送装置, 給送口. **b** (銃の)装塡(そうてん). **4** 《口語》〘演劇〙 **a** 観客を笑わせるきっかけをつくる台詞. **b** 台詞のきっかけを与える役. **c** (喜劇俳優に対する)引立て役. **5** 〘スポーツ〙(チーム仲間への)送球.

óff one's féed (1) 〈家畜が〉えさを食べたがらない; 《口語》〈赤ん坊が〉食欲がない, 〈大人が〉食欲がない: The baby is *off its* ～. (2) 《俗》気分がすぐれない; がっくりした, しょげた. 《1816》 *on the féed* 〈魚が〉えさについて[を求めて]. 《1879》 *óut at féed* 〈牛などが〉牧場に出て草をはんで.

～·able *adj.* 〘OE *fēdan* < Gmc **fōðjan* (Du. *voeden* / OHG *fuoten*) ← **fōðon* 'FOOD'〙

SYN **1** 飼料: **feed** 動物や家禽の食料《最も一般的な語》: chicken *feed* にわとりのえさ. **fodder** 馬・牛などに与える乾燥飼料《乾草・カラスムギなど》: Lack of *fodder* killed the horses. まぐさが無くて馬が死んだ. **forage** 放牧中の家畜が食べる草や若葉: Lost cattle can usually live on *forage*. 迷った牛は通例草を食べて生きていく.
2 食料品: ⇨ food.

---

feed² *v.* fee の過去形・過去分詞.

fee'd /fíːd/ *v.* fee の過去形・過去分詞.

féed·bàck *n.* **1** (操作・実験などの補正的な)結果についての情報; (講演などに対する)反応 (reaction), 《参考》意見, 感想 (response): ～ *from* the audience, readers, etc. **2** 〘電気〙帰還, 饋還(きかん), フィードバック《出力側の信号の一部を入力側に返還する操作; 増幅器・自動制御装置などに用いられる》: ⇨ negative feedback, positive feedback. **3** 〘心理〙フィードバック《出力としての行動の一部を, 目標に向かうように修正するために入力側に戻すこと》. **4** 〘生物〙フィードバック《ある物質の生産に関与する経路の各段階の活性が, その経路の最終産物の量によって制御されること》. **5** 〘社会学〙送還《ある方式を補強修正するために現在の効果の一部を振出しに戻すこと》. **6** ハウリング《スピーカーからの音の一部がマイクを通じて繰り返し増幅されることによるキーンという騒音》. ── *adj.* [限定的]〘電気〙帰還[饋還] の[を行った]. 〘1920〙

féedback inhibítion *n.* 〘生化学〙フィードバック的抑制《一連の代謝過程の後の物質が過剰になったとき, その初めの方の反応を抑制すること》. 〘1960〙

féedback lòop *n.* 〘電算〙フィードバックループ《出力の一部を入力として用いシステムを修正または制御する回路》.

féed·bàg *n.* (馬の首にかける)かいば袋 (⇨ nose bag). *pùt ón the féedbag* 《俗》食べる, 食事をする. 〘1840〙

féed bèlt *n.* 保弾帯《機関銃など自動火器の送弾に用いる布製[金属製]の弾薬保持用ベルト; cf. cartridge belt》.

féed·bòx *n.* **1** 餌箱. **2** 〘機械〙送り変速装置. 〘1836〙

feed·er /fíːdə | -dəʳ/ *n.* **1 a** [通例形容詞を伴って] 食い手, 食う人[動物]; 肥料を要する植物: a large [gross] ～ 大食家 / a quick ～ 早食い(の人). **b** 肥育用の家畜; (特に)肥育用去勢牛 (cf. stocker 2). **2 a** (河川の給水源となる)支流, 培養水路. **b** (鉄道の)培養支線 (feeder line). **c** (バスの)支線. **d** (航空)支線, 支線航空路 (feeder line). **e** (主要幹線道路に対して)支線道路 (feeder road). **f** 供給源. **3 a** 餌箱, (自動)給餌器, かいばおけ. **b** えさを与える者, 飼手, 飼養者; 肥畜飼育者. **c** 哺乳瓶. **4** 〘機械〙供給機[装置]; 送り装置. **5** 〘電気〙給電[送電]線, フィーダー《アンテナと電子回路との間の高周波電流の通路》. **6** 〘鉱山〙(選鉱の)給鉱機; 給水機; 給油器. **7** 《英》(食事のときに子供がかける)よだれ掛け. **8** 煽動者, 奨励者: a ～ of riots. **9** 《口語》〘演劇〙 **a** 脇役, 引立て役 (straight man) (cf. feed¹ *vt.* 8, *vi.* 4). **b** ＝feed¹ 4 b. **10** 《廃》召使. ── *adj.* **1** 〈道路・鉄道などが〉支線の, ローカルの; 支流の. **2** 〈学校・チームなど〉人材の供給源となる. 〘《*a*1398》 *feder(e)*: ⇨ -er¹〙

féeder àirline *n.* ＝feeder 2 d.

féeder hèad *n.* 〘金属加工〙＝feedhead.

féeder lìne *n.* **1** ＝feeder 2 b. **2** ＝feeder 2 d. 〘1895〙

féeder ràilway *n.* ＝feeder 2 b.

féeder ròad *n.* ＝feeder 2 e. 〘1959〙

féed·fórward *n.* 〘電気〙フィードフォワード《出力信号を入力側に返還する帰還 (feedback) に対し, 入力や途中の出力の信号を用いて最終出力までの段階で行う制御の方法》. 〘1961〙

féed gràin *n.* 飼料用穀物.

féed·hèad *n.* 〘金属加工〙押湯(おしゆ)《鋳物が凝固収縮する際の空洞を防ぐために鋳型上部に設けた湯だまり; riser ともいう》. 〘1849–50〙

féed-ìn *n.* 無料食料を受給する人たちの集まり. 〘1967〙

féed·ing /-dɪŋ | -dɪŋ/ *n.* **1 a** 給食, 飼養; 授乳: artificial [breast, mixed] ～ 人工[母乳, 混合]栄養. **b** 〘医学〙栄養補給. **2 a** 急送; 給水; 給電. **b** [形容詞的に] 給水[給電](用)の: a ～ engine 給水機関. **3** 放牧地, 牧草地. **4** 〘言語〙供給《二つの規則の間で, 一方を適用すると他方の適用が可能になること》: a ～ rule (⇨ bleeding *n.* 6). ── *adj.* **1** 食物を摂取する; 給食の, 飼料を給する. **2** (刻々)激しさを増す: a ～ storm 荒れつのる暴風雨. 〘n.: OE *fēding*: ⇨ -ing¹ ─ adj.: 《*a*1398》 *feding*: ⇨ ing²〙

féeding bòttle *n.* ＝nursing bottle. 〘1858〙

féeding cùp *n.* (病人用の)吸い飲み. 〘1882〙

féeding frènzy *n.* (サメなどが狂ったようにえさを奪い合う[むさぼる]こと; 《過熱した》報道合戦[競争].

féeding gròund *n.* (動物たちの)餌場.

féeding hèad *n.* 〘金属加工〙＝feedhead.

féeding·stùff *n.* ＝feedstuff.

féeding tìme *n.* (動物園などの動物の)給食時間. 〘1832〙

féed·lìne *n.* フィードライン《コメディアンなどが言うおちのきっかけとなる文句・台詞》.

féed·lòt *n.* (家畜群を肥育するための)飼育用地. 〘1889〙

féed pìpe *n.* 〘機械〙給水管, 送り管.

féed pùmp *n.* 〘機械〙(ボイラーへの)給水ポンプ.

féed scrèw *n.* 〘機械〙送りねじ《雄ねじと雌ねじの組合わせによって送り運動を与える場合の雄ねじ; cf. lead screw》.

féed shàft *n.* 〘機械〙送り軸《工作機械の刃物に送り運動を与えるための軸》.

féed·stòck *n.* 機械または加工工場に供給する原料. 〘1932〙

féed·stòre *n.* 家畜用飼料店.

féed·stùff *n.* 飼料 (fodder). 〘1856〙

féed tànk *n.* (ボイラー・機関車などの)給水タンク; 飲用水タンク.

féed·thròugh *n.* 〘電気〙フィードスルー《面の逆側にある二つの回路を結ぶ導体》.

féed tròugh *n.* 《米》(家畜用の)細長いかいばおけ.

féed·wàter *n.* (ボイラーへの)給水. 〘1862〙

fée fàrm *n.* 〘法律〙(約定地代を納付して保有する)永代借地; 永代地代付き自由保有《実質的には貸借権で特別の負担なし》. 〘《*c*1290》《*c*1399》 *fe(e)-ferme* ◻ AF *feeferme*＝OF *feuferme, fiofferme*: ⇨ fee, farm〙

fee-faw-fum /fìːfɔ̀ːfʌ́m/ *int.* ぶるぶるぶるっ, おばけだぞ. ── *n.* **1** (子供などを脅かす時の)脅し言葉. **2** 巨人, 化け物, 怪物 (ogre). 〘《1604–05》: おとぎ話 *Jack the Giant Killer* の中の巨人が用いた脅かしの叫び〙

fée-grìef *n.* 《Shak》個人的な悲しみ. 〘1606〙

feel /fíːl/ *v.* (**felt** /félt/) ── *vi.* **1** [補語を伴って] **a** 〈人が〉…の感じがする, 心持がする, 〈寒暑などを〉覚える, …のように感じる: ～ ill [sick, worse, well, better] / ～ cold [warm] 寒く[暖かく]感じる, 寒い[暖かい] / ～ comfortable いい気持ちがする / ～ hungry 空腹を感じる / ～ sad [happy, proud, angry, sure, doubtful] 悲しく[楽しく, 誇らしく, 腹立たしく, 大丈夫に, 疑わしく]感じる / I *felt* moved by the music. その音楽に感動した / I ～ very good about my decision. 自分の決定にとても満足している / I ～ bad about our quarrel yesterday. 昨日のけんかを後悔して[気にして]いる / ～ one's age 寄る年波を感じる / ～ at ease 気楽に感じる[思う], 安心する / He *felt* certain that she would succeed. 彼女は成功するだろうと彼は確信した / How are you ～*ing* this morning? けさはご気分はいかがですか / She *felt as if* [*though*] her head were bursting. 頭が割れるような気がした / I *felt* a fool. 自分がばかみたいだった (cf. FEEL *like* (2)). **b** 〈物事が〉…の感じがする; …と感じられる: The water *felt* colder than expected. 水は思ったより冷たかった / It ～*s* chilly today. 今日は寒い / How does it ～ to be married? 結婚されてどんな気持ちですか. **c** 〈物が〉触感[手触り]が…だ: Velvet ～*s* smooth (to the touch). ビロードは(触ると)すべすべする / The surface ～*s* rough. 表面はざらざらした感触だ.

2 a 探る, 手探りする〔*for*〕: I *felt for* the key in my pocket. 手探りでポケットの中の鍵を探った / He was ～*ing* (*about* [*around*]) *for* the light switch in the darkness. 彼は暗やみで電灯のスイッチを探し(回っ)た. **b** 《米》〔…に〕触って(調べて)みる〔*of*〕: She *felt of* the cloth to see if it was silk. 彼女はその布地が絹かどうか触ってみた.

3 感覚がある, 感じがある: The dead cannot ～. 死者には感覚がない.

4 a 〈人を〉思いやる, 同情する, 哀れむ (be sorry)〔*for*〕: I ～ *for* you deeply. 君に大いに同情する / He *felt for* her in her troubles. 困っている彼女がかわいそうだと思った. **b** 〔人と〕同感である, 共鳴する〔*with*〕.

5 [副詞(句)を伴って] (賛否などの)感想を抱く, 考え方をする: I ～ *differently* now. 今は考えが変わった / He *felt strongly about* [*on*] the matter. 彼はその事についてはっきりした考えを持っていた / How do you ～ *toward* [*about*] her? 彼女をどう思っているか《好きか嫌いか》/ I ～ *badly* about our quarrel yesterday. 昨日のけんかを後悔して[気にして]いる.

6 (何となく)感じる: Don't mistake ～*ing* for thinking. (何となく)感じるだけのことを考えることと勘違いするな.

── *vt.* **1** …に触ってみる, 触れる (touch): ～ the edge of a knife ナイフの刃に触ってみる / ～ a person's pulse 人の脈をみる / He *felt* the water and realized how cold it was. 彼は水に触ってみてどんなに冷たいかがわかった.

2 a (触覚で)探る; 探り[捜し]出す (search), 〈情勢・人心・反応など〉に探りを入れる, 確かめる (sound) 〈*out*〉: ～ the ground with one's foot [a stick] 地面を足で踏んで[つえでたたいて]みる / It was a few minutes before I could ～ *out* my gun in the box. 箱の中で拳銃を手探りで捜し出すのに数分かかった / He *felt out* the opinion of his colleagues about it. それについて同僚の意見を探ってみた. **b** [従属節を目的語として] 〈…を〉触って確かめようとする 〈*if, whether, how*〉: He *felt if* [*whether*] his wallet was in the pocket. 札入れがポケットにあるかどうかと触ってみた. **c** [～ one's way として] 手探りで[用心しながら]進む; 慎重に事を進める: He *felt his way* in the dark. 暗闇の中を手探りで進んだ.

3 a [しばしば目的語＋原形不定詞・do(*ing*)・過去分詞を伴って] 感じる, 感知する (experience): ～ delight, a need, interest, sorrow, fear, hunger, heat, cold, etc. / ～ a drink 酒の酔いを感じる / ⇨ *feel no* PAIN / I ～ the heat very much. ひどく暑さがこたえる / She *felt* the

blood forsake her cheeks.＝The blood was *felt to* forsake her cheeks. 彼女は顔から血が引いていくのを感じた / He *felt* his anger ris*ing*. 怒りがだんだんわいてくるのを感じた / I *felt* myself touch*ed* by someone. だれかに触られるのを感じた / An earthquake was *felt* last night. 昨夜地震があった. **b** 〈無生物が〉…の影響[害]を受ける: The auto industry is still ～*ing* the effects of the energy crisis. 自動車業界はエネルギー危機の影響をいまだに受けている / The ship began to ～ the helm. 船に舵(かじ)がきき始める.
4 痛切に感じる, 思い知る, 感得する: ～ a friend's death 友人の死を痛惜する / ～ music [poetry] 音楽[詩]に打たれる / ～ a person's insult keenly 侮辱を身にしみて感じる / She *felt* her husband's infidelity deeply. 夫の浮気に彼女の胸は煮えくり返った / I *felt* the truth of what was said. 言われた事の真実をつくづくと感じた / He shall ～ my vengeance. 彼に恨みを思い知らせてやるぞ / I ～ the anomaly of your position. 君の地位が変則的なのは感じている.

F

5 悟る, 自覚する, 気づく, 意識する: ～ the approach of age＝begin to ～ one's age 老いの迫るのを感じる, 年取ってきたことに気づく / ～ one's own power 自分の力を自覚する.
6 a [しばしば *that*-clause または目的語＋do(*ing*) を伴って] (何となく)感じる, …という感じがする, 気づく: I ～ strongly *that* some disaster is impending. 何か災難が迫っているようなひどい胸騒ぎがする / The Party *felt* public opinion turn(*ing*) against it. その党は世論の支持を失いそうな気配を感じた / ⇨ *feel in one's* BONES. **b** [*that*-clause, 目的語＋*to* be, 目的語＋補語を伴って] …と思う, 考える: I ～ you'd better have a rest. ちょっと休んだほうがよいと思う / It was *felt to be* inexpedient. それは得策でないと思われた / I *felt it* (*to be*) my duty to accompany her. 彼女に同伴するのが務めだと感じた / I *felt it* (*to be*) important to accompany her. 彼女に同伴するのが大事だと感じた.
féel frée to do ⇨ free 6 a. ***Fèel frée!*** ⇨ free 成句.
féel like (1) 《口語》…したい[を欲しい]ような気がする: She *felt like* crying [being alone]. 泣きたい[ひとりになりたい]ような気持ちがした / I don't ～ *like* (taking) a walk just now. 今は散歩に出たくありません / I ～ *like* (having) a cup of tea. 紅茶を 1 杯飲みたい. (2) 〈人が〉…のように感じられる: I ～ *like* a fool. われながらばかみたいな気がする. (3) 〈物事が〉…のような感じがする. (どうやら)…らしい: It ～*s like* rain today. 今日は雨になりそうだ. ***féel* (*like* [*quite*]) *onesélf*** [通例, 否定構文で] (精神や健康が)いつもと変わりがない, 調子がよい, 落ち着いている: He has*n't* been ～*ing like himself* since then. あれ以来彼はどうも調子が変である / I do*n't* ～ *myself*. 何だかいつもの自分のようでない, どうも気分が悪い. ***féel óut*** 《口語》 (1) 〈人の態度・情勢などを〉探る, 打診する, 〈人〉の気持ちを探ってみる (cf. *vt.* 2 a): Let's ～ him *out* and see if he is interested in [about] the job. この仕事に関心をもっているかどうか彼に探りを入れてみよう. (2) (慎重な方法で)〈思想などの実効性を試す[調べる]. ***féel úp*** 《俗》〈人〉の性器(のあたり)を愛撫する. ***féel úp to*** [通例, 否定・条件構文で] 《口語》…ができると感じる, …に耐えられそうな気がする: I do*n't* ～ *up to* (going on) a trip in weather like this. こんな天気に(旅行に)出かける気になれない.
― *n.* **1** 手触り, 感触, 感じ: This handle has a sticky ～ (to it). この取っ手はべとべとする / It is rough [smooth] to *the* ～. 手触りがざらざらしている[なめらかだ] / I know this is silk *by* its ～. 手触りで絹だということがわかる. **2** [a ～] 《口語》(手や指で)さわる行為: Just have *a* ～ of this cloth! ちょっとこの生地に触ってごらんなさい. **3** (物理的・精神的)感じ, 気持ち (feeling, sensation); 雰囲気 (atmosphere): have a ～ *of* home 家庭的な雰囲気がある / There is already a ～ *of* autumn in the air. もう秋の気配が感じられる / I'm trying to get a ～ *for* how things are done here. ここでは物事がどう処理されているのかを感じ取ろうと努めている. **4** (生来の)勘, こつ; (芸術などにおける)感覚, センス: He had a ～ *for* good art. 彼にはすぐれた芸術に対する勘が備わっていた / The artist has a real ～ *for* color. その画家は真の色彩感覚をもっている.
cóp a féel 《俗》〈人の〉性器(のあたりを)愛撫する. ***gét the féel of*** …の感じをつかむ, …に慣れる: I'm trying to *get the* ～ *of* the place. その場所をよく知ろうと努めている.
〘v.: OE *fēlan* < (WGmc) **fōljan* (Du. *voelen* / G *fühlen*) ← IE **pōl-* to touch, feel, shake (L *palpus* a touching' / Gk *psállein* to twang, play the harp (⇨ psalm)). ― n.: ← (v.)〙

féel·er /-lə | -lə^(r)/ *n.* **1** 〖動物〗触角, 触手, 触毛 (tentacle), 触鬚(しょくしゅ) (palpus). **2** (他人・世間の意向[反応]を探るための)探り, 打診: put [throw] out ～*s* 探りを入れる / The speech was a ～ to test public reaction to the idea. 演説はその考えに対する世間の反応を試すための探りだった. **3** さわってみる人, 触知者. **4** 〖軍事〗斥候(せっこう) (scout). **5** すき間ゲージ《すき間の幅を測るため薄い金属板でできた, 厚みの段階的に異なる金属板を組にしたゲージ; feeler gage, thickness gage ともいう》. **6** 〖機械〗(旋盤などに用いて)切歯の位置を制御するために原形・原物の輪郭をたどる指針. **7** 〖海事〗触手鉤(こう) 《測深儀のおもりが海底に達するのを触覚で知るための小金具》. 〘《1435》: ⇨ ↑, -er¹〙
fée·less *adj.* 謝礼のない; 謝礼を要求しない. 〘《1740》: ⇨ -less〙
féel·gòod *n.* 《米俗》 **1** [通例 F-] 偽医者 (quack doctor). **2** いい気分, 恍惚, 満足の態, 完全な満足, 夢心地, 充足感. ― *adj.* 満足しきった, 充足感に満ちた. 〘《1972》← *feel good*〙

féelgood fàctor *n.* [the ～] 《英》(大衆の)楽観的ムード, 好景気感.
feel·ie /fíːli/ *n.* 感覚鑑賞美術作品[媒体] 《視覚だけでなく触角・臭覚・聴覚などを通して鑑賞する》.
feel·ing /fíːlɪŋ/ *n.* **1 a** 感じ, 心地, 気持ち; 心境, 印象; 意見: a ～ *of* pleasure [discomfort, warmth, pain] ＝a pleasant [uncomfortable, warm, painful] ～ 快[不快, 温, 痛]感 / a ～ *of* drowsiness 眠気 / a ～ *of* hope [gratitude, joy, fear] 希望[感謝, 歓喜, 恐怖]の心持ち / experience a ～ *of* inferiority 劣等感を味わう / express one's ～*s* about …についての印象を述べる[心境を語る] / I had a ～ *that* someone was looking through the hole in the ceiling. だれかが天井の穴からのぞいているような感じがした / The general ～ of the meeting was against the proposal. 会の全般の空気はその提議に反対だった.
日英比較 日本語の「フィーリング」は「フィーリングのいい店[人]」のように「雰囲気」とか「印象」の意で用いられるが, 英語ではこのような場合には *feeling* ではなく, atmosphere, impression などが用いられる. **b** 〖心理〗感情, 感じ 《快・不快, 緊張・弛緩, 興奮・沈静などの気持ち》.
2 a [*pl.*] (鋭敏な)感情 (sensibilities): enter into a person's ～*s* 人の感情を酌み取る / hurt a person's ～*s* 人の感情を傷つける / spare a person's ～*s* 人の感情を害さないようにする. **b** (反応的な)感情; (個人間・国家間などに生じる)感情: rouse the ～*s* of the mob 群衆の感情をかきたてる / control one's ～*s* 感情を抑制する / relieve one's ～*s* (どなりちらしたり, わっと泣いたりして)気を晴らす / have a friendly [kindly] ～ toward a person 人に親しい気持ち[好意]を感じる / appeal to a person's finer ～*s* 繊細な感情に訴える / good ～ 友情, 親しみ / bad [ill] ～ 悪感情, 反感 / The ～ *between* their families was one of animosity. 両家間の感情は敵意であった / No hard ～*s*! 《口語》悪く思わないで下さい.
3 触覚; 触感, (肉体的)感覚: lose all ～ in the legs すっかり脚の感覚を失う.
4 思いやり, 同情, 哀れみ, 情け; 恋心: a person of ～ 思いやりのある[感情的な]人 / a person without any ～(*s*) 人情のない人 / show a good deal of ～ *for* the sufferings of other people 他人の苦しみに対して大いに同情する / have no [not a grain of] ～ *for* …に少しも思いやり[同情]がない / I don't have any ～ *about* her. 彼女のことは何とも思っていない.
5 興奮, 感動 (sensation); 険悪な感情, 反感, 敵意: speak *with* ～ 感動して(しみじみ)語る (cf. 9) / *Feelings* ran high during the election. 選挙気分が盛り上がった / His speech roused strong ～*s* on all sides. 彼の演説は各方面に強い反感を巻き起こした / I have no ～(*s*) *about* his attack on me. 彼の攻撃は別に何とも思っていない.
6 (周囲などの)感じ, 気配, 雰囲気, 情趣: This building has the ～ *of* a church. この建物にはどこか教会のような感じがある / The party had a ～ *of* false gaiety (about it). パーティーにはわざとらしい陽気な感じがあった.
7 予感, 虫の知らせ: I had a ～ *that* something would happen. 何かが起こりそうな予感がした.
8 a 感受性 (sensibility); (芸術的・審美的)共感: have a ～ *for* the beautiful 美に対する感受性がある / a person *of* fine ～ 感受性のこまやかな人. **b** 直観, センス (feel), 適性 (aptitude) 〈*for*〉: an author with a good ～ *for* words 語感の鋭い作家 / He has a real [no] ～ *for* music. 彼には音楽に対する本当のセンスがある[全然ない].
9 (芸術作品・芸術家の)喚情性, 叙情性 (emotion); (作品が与える)情調: a poem without [that lacks] ～ 感情の表されていない詩 / play the violin *with* ～ 感じを込めてバイオリンを弾く (cf. 5) / The landscape painting has a pastoral ～. その風景画には田園的情調が漂っている.
― *adj.* [限定的] **1** 感動しやすい, 同情[思いやり]のある; 感情のこもった; 感情的な: a ～ heart 思いやりのある心, 同情心 / in a ～ way 感覚的に / a ～ retort 感情的な口答え. **2** 感じる, 感覚のある (sentient), 感じやすい (sensitive): a ～ creature. **3** 《廃》心にこたえる, しみじみと感じる: a ～ grief.
～·ness *n.* 〘? lateOE *fēlung* (n.): ⇨ feel, -ing^(1, 2)〙

SYN **1** 感覚: ⇨ sense. **2** 感情: **feelings** ある状況に対する精神的・肉体的な反応 《一般的な語で, 理性や判断力と対立する》: His words hurt my *feelings*. 彼の言葉が私の感情を傷つけた. **emotion** 精神的・肉体的に顕現する強い感情: betray one's *emotions* 感情を顔に表す. **sentiment** 感情から生じる思想や判断をも含めたものを意味する 《やや格式ばった語》: The movement is supported by strong public *sentiment*. その運動は強い国民感情に支持されている.

feel·ing·ful /fíːlɪŋfəl, -fl/ *adj.* 強く感情を表した: a ～ remark. 〘《1907》: ⇨ ↑, -ful¹〙
féel·ing·less *adj.* 感情のない, 感知する能力のない; 触感を失った. **～·ly** *adv.* 〘《1821》: ⇨ -less〙
féel·ing·ly *adv.* 感情を表して[込めて], 感動して, しみじみと; 痛切に: speak ～. 〘《c1384》: ⇨ feeling (pres.p.), -ly¹〙
feel·thy /fíːθi/ *adj.* 《俗》卑猥な, いやらしい. 〘《1933》《転訛》← FILTHY: 外国人が [ɪ] を [iː] と発音するのを真似たもの〙
fée-pàying *adj.* 《英》〈学生・客などが〉料金を払っている; 〈施設などが〉有料の.
fée símple *n.* (*pl.* **fees s-**) 〖法律〗単純封土権, 無条件相続地(権) 《土地所有権に最も近い不動産権; fee は相続可能性を, simple は法定相続人の範囲に限定のないことを示す; cf. fee *n.* 6, fee tail》. 〘《c1387–95》□ AF ～〙
fée splitter *n.* fee splitting する人.
fée splìtting *n.* (医師・弁護士などの専門分野を持つ人が同業者から受けた患者・依頼者の紹介に対し)自分の受ける報酬の一部を分けること. 〘1943〙
feet /fíːt/ *n.* foot の複数形.
fée táil *n.* (*pl.* **fees t-**) 〖法律〗限嗣封土権, 限嗣相続不動産(権) 《権利者の直系卑属のみが相続できる自由保有権; cf. fee simple》. 〘《1427》□ AF *fee tail(l)é*: ⇨ fee, tail²〙
féet·first *adv.* ＝feet first (⇨ foot 成句).
féet·less *adj.* 足のない. 〘《1605》: ⇨ -less〙
fée-TV /-tíːvíː/ *n.* 有料テレビ (cf. subscription television).
feeze /fíːz, féɪz/ *n.* **1** 《方言》いらだち, 不安, 心配, 狼狽(ろうばい) (worry). **2** 《方言》突進, 激突 (crash). ― *vt.* **1** 《廃・方言》追い出す (drive away); 驚かす, まごつかせる. **2** ＝faze. 〘《OE》《c1385》*fēs(i)an* to drive ← ?: cf. Norw. *föysa* / Swed. *fösa* to drive away〙
feh /féɪ/ *int.* へっ, ちぇっ, くそっ 《嫌悪感・軽蔑を表す》.
Féh·ling solùtion /féɪlɪŋ-; G. féːlɪŋ/ *n.* 〖化学〗フェーリング液 《ロッシェル塩 (Rochelle salt) を含む水酸化第二銅のアルカリ性溶液で, 酸化剤; Fehling's solution [reagent] ともいう》. 〘《1873》← *Hermann Fehling* (1812–85: ドイツの化学者)〙
feign /féɪn/ *vt.* **1** 装う, …に見せかける, …のふりをする (⇨ assume SYN): ～ indifference 無関心を装う, 無頓着に見せかける / ～ madness [*that* one is mad, oneself (*to be*) mad] 狂気を装う / ～ illness [*to* be ill] 仮病を使う / escape death by ～*ing* it 死んだふりをして死を逃れる. **2** 《古》〈口実・話などを〉こしらえる, 作り上げる; 〈文書を〉偽造する: ～ an excuse [an accusation] 口実[非難]をでっち上げる. **3** 《古》まねる: ～ a person's voice 人の声色(こわいろ)を使う. **4** 《廃》想像する: The poet ～*ed that* Orpheus drew trees to him. 詩人はオルフェウスが木を自分の方へ動かすと想像したのだ (cf. Shak., *Merch* V 5. 1. 79–80). **5** 《廃》(本体・本性を)隠す, 偽る. ― *vi.* **1** 偽り装う, 見せかけをする. **2** 作り話をする. **～·er** *n.* 〘《?a1300》 *feigne(n)* □ (O)F *feign-*, *feindre* to feign < L *fingere* to form, invent: cf. fiction〙
feigned *adj.* **1** 虚偽の, にせの, 偽りの (pretended, false): a ～ name 偽名 / ～ compliments そらぞらしいお世辞 / in a ～ voice 声色(こわいろ)を使って. **2** 作り上げた, こしらえた (fictitious): a ～ tale 作り話 / ～ feigned issue.
féign·ed·ness /-nɪ̀dnɪ̀s, -nd-/ *n.* 〘《?c1380》: ⇨ ↑, -ed 2〙
féigned íssue *n.* 〖法律〗仮作争点, 仮装争点 《事実問題について陪審の判断を求める目的で当事者間で仮に作られる争点》. 〘1768〙
féign·ed·ly /-nɪ̀dli, -nd-/ *adv.* 偽り装って, そらぞらしく; 偽って. 〘《c1443》: ⇨ -ly¹〙
féign·ing·ly *adv.* 装って, 偽って. 〘《a1387》: -ing², -ly¹〙
fei·jo·a /feɪdʒóʊə, -hóʊə | -dʒóʊə, -hə́ʊə; *Braz.* feiʒóa/ *n.* 〖植物〗 **1** フェイジョア 《南米産フトモモ科フェイジョア属 (*Feijoa*) の常緑樹の総称; ファイジョア (*F. sellowiana*) など》. **2** フェイジョアの果実. 〘《1898》← NL ～ ← *J. de Silva Feijó* (19 世紀のスペインの博物学者)〙
fei·jo·a·da /fèɪʒouáːdɑː, -də | -ʒəuáːdɑːdə; *Braz.* fèiʒoádɐ/ *n.* 〖料理〗フェイジョアーダ 《黒豆・米・ソーセージや豚肉などを煮込んだブラジル料理のシチュー》. 〘《1941》□ Port. *feijão* bean〙
Fei·ning·er /fáɪnɪŋə | -ŋə^(r)/, **Lyonel (Charles Adrian)** *n.* ファイニンガー 《1871–1956; 米国の画家》.
fein·schmeck·er /fáɪnʃmèkə | -kə^(r)/ *n.* 《米俗》(これみよがしの)文化愛好家; 美食家 (gourmet). 〘□ G ～ ← *fein* 'FINE' ＋ *schmecker* taster〙
feint¹ /féɪnt/ *n.* **1** 〖フェンシング・ボクシング・軍事〗フェイント, (敵を欺く)牽制(けんせい)運動, 陽動作動: a ～ *at* the head 頭を打つふり. **2** 見せかけ, ふり, 装い, 偽り. ― *vi.* ふりをする, 偽る; 〔…を〕打つふりをする, フェイントをかける, 牽制攻撃をかける 〔*at, upon, against*〕: He ～*ed at* me with his right hand and hit me with his left. 右手で打つふりをして左手で私を殴った. ― *vt.* 見せかけでだます[欺く]; …のふりをする, 装う. 〘《1679》□ F *feinte* something feigned (p.p.) ← *feindre* 'to FEIGN'〙
feint² /féɪnt/ 〖印刷〗 *adj., adv.* (帳簿や帳面の淡青色や灰色の)薄い罫線の[で]: ～ lines 薄罫線 / ruled ～＝*feint*-ruled 薄罫(線)引きの. ― *n.* (淡青色や灰色の)薄罫線. 〘《1859》《異形》← FAINT¹〙
feints /féɪnts/ *n. pl.* 〖醸造〗フェイント 《ウイスキーなどの蒸留の最初と最後に出るフーゼル油 (fusel oil) を含む不純な下等アルコール; cf. low wine》. 〘《1743》← FAINT¹＋-s¹〙
fei·rie /fíːri/ *adj.* 《スコット》 **1** 頑健な, 強い. **2** 活動的な. 〘《c1425》《スコット》*fery* < ? OE **fērig* ― for going＋-ig '-Y¹'〙
feis /féʃ/; *Ir.* fʲéʃ/ *n.* (*pl.* **fei·sean·na** /féʃənə/) **1** (古代ケルト王の)議会. **2** (アイルランド・スコットランドの)芸術祭. 〘《1792》□ Ir. ～, *fess* assembly〙
Fei·sal /fáɪsəl, -sl/ *n.* ＝Faisal.
feiseanna *n.* feis の複数形.
feist /fáɪst/ *n.* 《米方言》 **1** 雑種の小犬, (特に)気性の荒い野良犬 (cur). **2** つまらないやつ; 短気な人. 〘《(1440)》《1860》*fist, fest* 《短縮》← 《廃》*fisting* (dog) small pet dog < OE *fisting* breaking wind〙
feist·y /fáɪsti/ *adj.* (**feist·i·er**; **-i·est**) 《米口語》 **1** いらいらした; 怒りっぽい, 短気な. **2** よくじゃれる (frisky), 元気のいい. **3** 気取った, 威張った (haughty); わがままな (wilful). 〘《1896》: ⇨ ↑, -y⁴〙
Fei·sul /fáɪsəl, féɪ-, -sl/ *n.* ＝Faisal.
fe·la·fel /fəláːfəl, -fl | -láːf-, -lǽf-/ 〖料理〗＝falafel.
feld·sher /féld͡ʃə | -ʃə^(r); *Russ* fʲélʲdʃɨr/ *n.* (*also* **feld·scher** /～/) (ロシアの医師の助手を務める)医師補, 准医

師．〘(1877) ▭ Russ. *fel'dsher* ▭ G *Feldscher* field surgeon〙

feld·spar /fέł(d)spɑə | -spɑː(r)/ *n.* 〚鉱物〛長石 (《英》 felspar). 〘(1757)《古形》*feldspat(h)*《部分訳》▭ G *Feldspat(h)* ▭ *Feld* field＋*Spat* spar〙

feld·spath·ic /fèł(d)spǽθɪk⁻/ *adj.* 〚窯業〛長石質の，長石を含む (《英》 felspathic)《特に，長石を含む磁器釉に用いる》: ～ earthenware 長石質陶器 / ～ glaze 長石釉．〘(*c*1828) ← *feldspath*＋-IC[1]〙

feld·spath·oid /fέł(d)spæθɔɪd/ *n.* 〚鉱物〛准長石．

feld·spath·oi·dal /fèł(d)spæθɔ́ɪdł | -dł⁻/ *adj.* 〘(1896): ← G *Feldspat(h)* 'FELDSPAR'＋-OID〙

feld·spath·ose /fèł(d)spǽθous | -θəus/ *adj.* 〚窯業〛＝feldspathic. 〘(1811): ⇨ ↑, -ose[1]〙

Fé·li·bre /feɪlíːbr(ə); *F.* felibʁ/ *n.* 〚文学〛フェリブリージュ (Félibrige) 運動の共鳴者．〘(1876) ▭ F ～ ▭ Prov. *felibre* (イエスが 12 歳のとき，宮で質問をした教師が原義; cf. *Luke* 2: 46): F. Mistral による呼称〙

Fé·li·brige /fèɪliːbríːʒ; *F.* felibʁiːʒ/ *n.* [the ～] フェリブリージュ協会《1854 年に Mistral, Roumanille らによって結成された近代プロバンス語再興を目指す文学運動の団体》．〘(1902) ↑〙

Fél·i·brism /féləbrìzṃ | -lɪ-/ *n.* フェリブリージュ (Félibrige) 運動[主義]．〘(1911): ↑, -ism〙

Fe·lice /fəlíːs | fɪ̀-, fɛ-/ *n.* フェリース: **1** 女性名．**2** 男性名．〘1:《変形》↓; 2:《変形》← FELIX〙

Fe·li·cia /fəlíʃə, -líʃiə, -líːʃə, -lísiə | fɪ̀lísiə, fɛ-, -sjə, -ʃiə/ *n.* フェリシア《女性名; 異形 Felice, Feliciana, Felicidad, Felicity》．〘(1865) ▭ L ～ ← *fēlix* happy〙

fe·li·cide /fíːləsàɪd | -lɪ̀-/ *n.* 猫殺し(行為)．〘(1832) ← L *fēli-*, *fēlēs* cat＋-CIDE〙

fe·li·cif·ic /fìːləsífɪk | -lɪ̀-⁻/ *adj.* **1** 幸福にする[をもたらす]．**2** 幸福によって価値をはかる: a ～ ethics. 〘(1865) ▭ L *fēlīcificus* making happy ← *fēlīc-*, *fēlix* happy: ⇨ -fic〙

félicific cálculus *n.* 〚倫理〛幸福計算《行動するに当たって生じるであろう快楽と苦痛のバランスをはかることによって行動の正しさを決定する方法; hedonic calculus ともいう》．〘1945〙

fe·lic·i·tate /fɪ̀lísətèɪt | fɪ̀lísɪ̀-, fɛ-/ *vt.* **1** 祝う，慶賀する (congratulate): ～ a friend *on* his [her] success [marriage] 友人の成功[結婚]を祝う．**2** [～ *oneself* で]〔…をうれしいと思う〔*on*〕; 〈…ということを幸せ[幸運]と思う〔*that*〕: He ～*d* himself *on* having [*that* he had] chosen so wisely. 彼はそのように賢明な選択をしたことを幸いに思った．**3**《古》幸福にする．〘(1604–05) ▭ LL *fēlīcitātus* (p.p.) ← *fēlīcitāre* to make happy ← L *fēlix* happy: ⇨ ate[3]〙

fe·lic·i·ta·tion /fɪ̀lìsətéɪʃən | fɪ̀lìsɪ̀-, fɛ-/ *n.* [通例 *pl.*] 祝賀，慶賀 (congratulation); 賀詞，祝辞: offer one's ～*s on* …の祝辞を述べる．〘(1709): ⇨ ↑, -ation〙

fe·líc·i·tà·tor /-tə | -tə(r)/ *n.* 祝辞を述べる人，祝賀客．〘(1890) ← FELICITATE＋-OR[2]〙

fe·lic·i·tous /fɪ̀lísətəs | fɪ̀lísɪ̀t-, fɛ-/ *adj.* **1**〈言葉・表現・用法など〉適切な，妥当な，うまい (happy): a ～ remark [phrase, allusion, illustration] 巧みな言葉[語句，引照，例示]．**2** 表現[言い回し]のうまい: be ～ *in* the choice of words 言葉の選択がうまい．**3**《まれ》幸いな，幸福な (happy); 楽しい (pleasant). **～·ly** *adv.* **～·ness** *n.* 〘(1735): ⇨ ↓, -ous〙

fe·lic·i·ty /fɪ̀lísəṭi | fɪ̀lísɪ̀ti, fɛ-/ *n.* **1** 幸福なこと[状態]，幸福; 至福 (⇨ happiness SYN). **2 a** 幸福をもたらすもの，幸い，天恵; 慶事．**b**《古》幸運．**3 a** (表現などの)うまさ，手際のよさ: ～ in speech さわやかな弁舌 / with ～ 適切に，うまく．**b** 適切な表現，名文，佳句，名文句．〘(*c*1375) *felicite* ▭ OF (F *félicité*) ▭ L *fēlīcitātem* happiness, good fortune ← *fēlīc-*, *fēlix* happy: ⇨ -ity〙

Fe·lic·i·ty /fɪ̀lísəṭi | fɪ̀lísɪ̀ti, fɛ-/ *n.* フェリシティ《女性名》．〘↑ (*c*1889)〙

fe·lid /fíːlɪ̀d | -lɪd/ 〚動物〛*adj.* ネコ科の．— *n.* ネコ科の動物《cat, lion, tiger, puma, leopard など》．〘(*c*1889) ⇨ ↓, -id[2]〙

Fe·li·dae /fíːlədìː | -lɪ-/ *n. pl.* 〚動物〛(食肉目)ネコ科．〘← NL ～ ← L *fēlēs* cat＋-IDAE〙

fe·line /fíːlaɪn/ *adj.* **1** 〚動物〛ネコ科の，ネコ属 (*Felis*) の，ネコの．**2 a** 猫のような．**b** 人目を盗む: with ～ care 猫のような慎重さで．**c** ずるい，陰険な (sly). **d** しなやかな: ～ grace. — *n.* ネコ科の動物 (felid); ネコ．**～·ly** *adv.* **～·ness** *n.* 〘(1681) ▭ L *fēlīneus* of a cat ← *fēlēs*: ⇨ ↑, -ine[1]〙

féline distémper *n.* 〚獣医〛**1** ＝panleucopenia. **2** ねこ無顆粒(ぢゅう)細胞症《猫の伝染病で発熱・睡眠・下痢を伴い死亡率が高い》．〘1942〙

féline enterítis *n.* 〚獣医〛＝panleucopenia. 〘*c*1943〙

féline panleucopénia *n.* 〚獣医〛＝panleucopenia. 〘*c*1943〙

fe·lin·i·ty /fɪ̀línəṭi, fiː- | -nɪ̀ti/ *n.* 猫らしさ; 猫の特性．〘(1855) ← FELINE＋-ITY〙

Fe·lix /fíːlɪks; *G.* féːlɪks/ *n.* フィーリクス《男性名》．〘← L *fēlix* happy, lucky: cf. Felicity〙

Fé·lix /féɪlɪks; *F.* feliks; *Sp.* féli(k)s/ *n.* フェーリクス《男性名》．〘▭ F ～: ↑〙

fe·lix cul·pa /fèɪlɪkskúlpɑː/ *n.* 幸福なる罪過《原罪の結果キリストが出現したことに関連していう》．〘▭ L ～ 'happy fruit'〙

Félix the Cát *n.* 猫のフィーリクス《米国の漫画のキャラクター; 顔だけが白い賢い黒猫; 作者は Pat Sullivan (1887–1933); 無声漫画映画で初登場 (1917)》．

fell[1] /féł/ *v.* fall の過去形・《方言》過去分詞．〘OE *fēoll*〙

fell[2] /féł/ *vt.* **1 a** 倒す，切り倒す，伐採する (cut down); 打ち倒す，投げ倒す，なぐり倒す (knock down): ～ a tree / ～ an ox with a single blow 一撃で雄牛を打ち倒す．**b** 殺す (kill): A stroke of heart attack ～*ed* him. 彼は心臓発作で死んだ．**2**《スコット》屠殺する．**3** 〚服飾〛〈縫い目の縁を〉折伏せ縫いにする: ～ a seam. — *n.* (一期の)伐採量．〘OE (Anglian) *fellan* < Gmc **falljan* (G *fällen*) (caus.) ← **fallan* 'to FALL'〙

fell[3] /féł/ *adj.* (～·er; ～·est) **1**《詩・文語》残忍な (cruel); すさまじい，激しい (fierce): a ～ hate [wind] ひどい憎しみ[暴風] / ⇨ *at* [*in*] *one fell* SWOOP. **2**《古》致命的な，恐ろしい (deadly): a ～ poison 猛毒 / a ～ disease 命取りになる病気．**3**《スコット》ぴりっとくる，刺激性の．— *adv.*《スコット》**1** 激しく，残忍に．**2** 大いに，非常に．**～·ness** *n.* 〘(?*c*1225) ▭ OF *fel* firece, cruel < ML *fellōnem* villain: ⇨ felon[1]〙

fell[4] /féł/ *n.* **1** 獣皮，毛皮 (pelt, hide). **2** (人間の)皮膚: ⇨ FLESH *and fell*. **3** (皮膚下の)膜皮．**4** (もじゃもじゃの)毛髪，毛髪; (もつれた)羊毛 (fleece): a ～ of hair もつれ髪，ぼうぼうの髪．〘OE *fel(l)* hide, skin < Gmc **fellam* (Du. *vel* / G *Fell*) ← IE **pel-* skin (L *pellis* / Gk *pélma*)〙

fell[5] /féł/ *n.* 《英》**1** (イングランド北部・スコットランドの荒れた)高原地帯，丘陵．**2** [地名に用いて] …山 (hill, mountain): Bow *Fell*, *Scafell*, etc. 〘(*c*1300) ▭ ON *fjall*, *fell* mountain: cog. G *Fels* rock〙

Fell /féł/, Dr. **(John)** *n.* ⇨ Dr. Fell.

fel·la /félə, fəláː | félə, -laː/ *n.*《口語》＝fellah[1].

fell·a·ble /féləbł/ *adj.* 伐採できる，伐採に適する．〘(1581) ← FELL[2]＋-ABLE〙

fell·age /félɪʤ/ *n.* (木などを)切り[打ち]倒すこと，伐採すること．〘(1839) ← FELL[2]＋-AGE〙

fel·lah[1] /félə/ *n.* ＝fellow 1. 〘(変形) ← FELLOW〙

fel·lah[2] /félə, fəláː/ *n.* (*pl.* **～s**, **fel·la·hin**, **fel·la·heen** /fèləhíːn, -lɑː- | ⸗⸗⸗́, ⸗⸗⸗́/) (エジプト・シリアなどの)農夫，小作人，作男．〘(1743) ▭ Arab. *fallāḥ* husbandman〙

fel·late /féleɪt, ⸗́ | feléɪt, fɪ̀-/ *vt.*, *vi.* (…に)フェラチオ (fellatio) をする．**fel·la·tion** /fəléɪʃən, fɪ̀-/ *n.*

fél·la·tor /-tə | -tə(r)/ *n.* 〘(1948)《逆成》: ↓〙

fel·la·ti·o /fəléɪʃiòu, fɛ-, -ʃou, -láːtiòu | fɛléɪʃiəu, fɪ̀-/ *n.* (*pl.* **～s**) フェラチオ，吸茎《男性性器を口唇で愛撫すること; cf. cunnilingus》．〘(*c*1890) ← NL *fellātiō(n-)* ← L *fel(l)ātus* (p.p.) ← *fel(l)āre* to suck〙

fel·la·trice /félətrɪ̀s | -trɪs/ *n.* フェラチオをする女性．

fel·la·trix /féleɪtrɪks/ *n.* フェラチオをする女性．〘(1887) ← FELLATE＋-TRIX〙

féll·er[1] /-lə | -lə(r)/ *n.* **1** 伐採者; 伐木機．**2** 折伏せ縫いをする人; (ミシンの)伏縫い付属器．〘(*c*1390): ⇨ fell[2], -er[1]〙

fel·ler[2] /félə | -lə(r)/ *n.*《俗・戯言》＝fellow 1. ***yóung féller-me-làd***《古俗・戯言》軽薄な若者，「あんちゃん」〘(1909)〙〘1825〙

féll·ing /-lɪŋ/ *n.* 伐木，伐採 (fellage). 〘(1447–48) ← FELL[2]＋-ING[1]〙

Fel·ling /félɪŋ/ *n.* フェリング《イングランド北部，Tyne and Wear 州の鉱山町》．

Fel·li·ni /fəlíːni, fɪ̀-, *It* fellíːni/, **Federico** *n.* フェリーニ《1920–1993; イタリアの映画監督; *La Strada*「道」(1954)》．

féll·mònger *n.* 《英》(獣皮から毛を取る)獣皮[毛皮，皮革]商人，(特に)羊皮商人．**～ed** *adj.* **～·ing** *n.* 〘(1530) ← FELL[4]＋MONGER〙

féll·mòngery *n.* 《英》**1** (獣皮から毛を取る)獣皮[羊皮]商[業]．**2** 獣皮[羊皮]製造所．〘(1759): ⇨ ↑, -y[1]〙

fel·loe /félou | -ləu/ *n.* ＝felly[1]. 〘OE *felg(e)* < ? (WGmc) **felʒam* (Du. *velg* / G *Felge*)〙

fel·low /félou | -ləu/ *adj.* [限定的] **1** 仲間同士である，同輩の; 同業の，同じ境遇[身分]の: ～ students 学友，同窓生，同学の友 / ～ sufferers 同じ苦労をする人々，罹災者同士 / ～ Christians キリスト教信者仲間 / ～ countrymen 同国人 / a ～ citizen 同国の市民 / my ～ Americans アメリカ国民の皆さん / a ～ lodger 同宿者 / ⇨ fellowman / a ～ member 会員仲間，同僚 / a ～ soldier 戦友 / ～ members of NATO 北大西洋条約機構の加盟国．**2** 同行する，道連れの: ～ passengers 同乗者，同船者，乗り合わせた乗客同士．

— *n.* **1** /félo(ʊ), -lə | -ləu, -lə/《口語》**a** 男，やつ (guy, chap): a very pleasant ～ とても感じのいい男 / an able ～ 腕ききの男 / a stupid ～ ばかなやつ / a jolly ～ おもしろい男 / ⇨ good fellow / Poor ～! 気の毒なやつ，まあかわいそうに / that ～ あいつ，あの野郎 / a few ～*s* and girls 何人かの男と女の子 / A few scientist ～*s* are waiting downstairs. 何人かの科学者が下で待っている．**b** [呼び掛けに用いて] 君: my dear [good] ～ やあ君 / I say, old ～, would you show me the way to the station? おい君，駅へ行く道を教えてくれないか．**c** [a ～ として] (漠然と)人 (one, a guy, a chap), (話し手の)自分 (I): A ～ must eat. 人は食わねばならぬ / A ～ can't work all day long. だれだって一日中働いてばかりいられるものではない / What can *a* ～ say to him? (私は)彼に何と言ったらいいのか．**d** (女性の)色男，恋人，ボーイフレンド: She's got herself a new ～. 新しい恋人ができた．**2 a** [通例 *pl.*] (主に男性の)仲間，同輩，同僚: surpass all one's ～*s* 同輩をしのぐ．**b**《古》(悪事の)仲間．**c**《廃》(幸・不幸を)共にする人: a ～ *in* good fortune [*in* misery] 幸[不幸]を共にする人．**3 a** (地位・能力・性質などの)同等の人[もの]，同類: He will never find his ～. 彼にはとてもかなう者がない / Beer has no ～ in summer. 夏はビールがいちばんだ．**b** [通例 *pl.*] 同時代の人: ～*s* of Shakespeare シェークスピアと同時代の人々．**4** (一対の物の)片方，相手: the ～ of a shoe 靴の片方 / I've found one of my gloves, but its ～ is missing. 手袋の片一方は見つかったがもう一方が見つからない．**5** [通例 F-] (学術協会の)特別会員《通例，普通会員 (Member) よりも高位の会員》: a *Fellow* of the Royal Society, the British Academy, etc. **6 a**《米》特別研究員《研究基金 (fellowship) から研究費を支給されて学内に生活し，多くは教授・講師・助教授を兼ねる》．**b**《英》大学教員; フェロー《大学の上級専任教員》．**c** (主に英国の大学でその卒業生中から選ばれた)評議員．**7** (米国の大学の)奨学金給費研究員 (cf. fellowship 4 a). **8 a**《古》粗野な男，くだらない奴，つまらぬ男．**b**《廃》身分の卑しい男．

yóung féllow-me-làd ＝young FELLER[2]-*me-lad*.

— *vt.*《古》…と対等にさせる，…に匹敵する．

〘late OE *fēolaga* ▭ ON *fēlagi* partner,《原義》one who lays down money for a joint undertaking ← *fē* money (⇨ fee)＋**laʒ-* 'to LAY[2]'〙

féllow cómmoner *n.* (もと Oxford や Cambridge 大学で)評議員 (fellows) と食事の席を共にする特権をもった学生 (cf. gentleman-commoner). 〘1591〙

féllow créature *n.* (同じ造物主に造られた)動物同士; (特に)人間同士，同胞．〘*a*1648〙

féllow féeling *n.* **1** 同情，共感 (sympathy). **2** 相互理解感，共同利害感，連帯感，仲間意識．〘1613〙

fél·low·ly *adj.* 友愛的な，社交的な (companionable). — *adv.* 友愛的に，社交的に．〘(?*a*1200): ⇨ -ly[1, 2]〙

féllow·mán /-mǽn/ *n.* (*pl.* **-men** /-mén/) 人間同士，同胞．〘1667〙

féllow sérvant *n.* 〚法律〛(同じ主人の)雇い人，共働者，同僚被用者《同僚の雇い人の過失によって傷害を受けた場合には雇い主は責任を負わないという法則 (fellow servant rule) があったが，1948 年に廃止》．〘1534〙

fellow·ship /félouʃɪp | -ləu-/ *n.* **1 a** (利害・活動などを同じくする)団体; …会，社団．**b** (宗教上の)団体，講社．**c**《古》(同業)組合．**2** 交友，親交; 友情，連帯感: good ～ 交友的な精神，和気あいあい (cf. good fellowship). **3 a** 仲間であること，仲間同士．**b** (利害などを)共にすること; 共同，協力: ～ *in* misfortune 不幸を共にすること．**4 a** (大学の)特別研究員 (fellow) の地位[身分，給費]; 大学評議員の地位[報酬]; (学術協会の)特別会員の地位[身分] (cf. scholarship 2). **b** 研究奨励金授与財団．**c** 研究助成金．**5**《古》(ある会の)会員[同人]であること[資格].

give the right hánd of féllowship ⇨ right hand 成句．

— (《米》) *v.* (**fellow·shiped**, **-shipped**; **-ship·ing**, **-ship·ping**) — *vt.* (宗教団体などの)会員にする．— *vi.* (宗教団体などの)会員になる．

〘(?*a*1200) *felauship(e)*: ⇨ -ship〙

féllow-trável *vi.* (共産党の)同調者である，シンパとして活動する．〘(1949)《逆成》↓ (2)〙

féllow tráveler *n.* **1** 旅の道連れ，同行者．**2** (共産党に対する非共産党員の)同調者，シンパ．《(1925) (1936)《なぞり》← Russ. *poputchik*》〘1611〙

féllow-tráveling *adj.* (共産党の)同調者である，シンパとして活動する．— *n.* (共産党の)同調者・支持者; 支持活動．〘1941〙

fel·ly[1] /féli/ *n.* (車輪の)外縁(がわ)，輪縁 (⇨ wheel 挿絵). 〘OE *felg(e)*: ⇨ *felloe*《異形》← FELLOE〙

fel·ly[2] /félli, féli/ *adv.*《古》激しく，無残に，仮借なく (fiercely, ruthlessly). 〘(*c*1300): ⇨ fell[3], -ly[1]〙

fe·lo-de-se /fìːloudəsíː, fèl-, -séɪ | -ləudɪ-, dɪ̀-/ *L.* *n.* (*pl.* **fe·lo·nes-de-se** /fìːlounìːz-, fèl- | -lə(u)-/, **fe·los-de-se** /-louz- | -lə(u)z-/) **1 a** 自殺者 (self-murderer). **b** 違法行為を犯した結果自ら死ぬ人．**2** 自殺 (suicide). 〘(1607) ▭ ML *fel(l)ō-dē-sē* 'FELON[1]'＋*dē sē* 'of oneself'〙

fel·on[1] /félən/ *n.* **1** 〚法律〛重罪犯人．**2**《廃》悪党，暴漢 (villain). — *adj.*《詩・古》凶悪な (wicked)，残酷な (cruel). 〘(*c*1250) *feloun* ▭ (O)F *felon* wicked man, traitor < ML *fellōnem* villain, crminal ▭ ? (Frank.) *fill(j)o* whipper (of slaues): cf. fell[3]〙

fel·on[2] /félən/ *n.* 〚病理〛瘭疽(ひょうそ)《whitlow ともいう; 医学用語は paronychia》．〘(1373) *feloun* ▭ ? L *fel* bile, venom // OF *felon* (↑)〙

felones-de-se *n.* felo-de-se の複数形．〘1689〙

fe·lo·ni·ous /fəlóuniəs, fɛ- | fɪ̀ləu-, fɛ-/ *adj.* **1** 〚法律〛重罪の，重罪犯の．**2**《詩・古》凶悪な (malicious)，邪悪な (wicked). **～·ly** *adv.* **～·ness** *n.* 〘(*a*1338) ← FELONY＋-OUS〙

felónious homícide *n.* 〚法律〛殺人罪《故殺 (manslaughter) と謀殺 (murder) および自殺を含む》．〘1769〙

fel·on·ry /félənri/ *n.* **1** [集合的] 重罪人 (felons). **2** (徒刑地における)囚人団．〘(1837): ⇨ -ry〙

fel·on·y /féləni/ *n.* 〚法律〛重罪《昔は処刑された上に全財産没収処分を受けた殺人・強姦・放火などのような重大な罪; cf. misdemeanor 1》．〘(*c*1290) ▭ (O)F *felonie*: ⇨ felon[1] (n.), -y[1]〙

fel·sen·meer /félzənmɪə, -zn- | -mɪə(r)/ *n.* 岩海，岩塊原《高木限界域で風雨に打たれた，岩石層で覆われた地域》．〘(1905) ▭ G ～ 'rock-sea'〙

fel·sic /félsɪk/ *adj.* 〚鉱山〛珪長(けいちょう)質の．〘(1912) ← FE(LDSPAR)＋*lenad* (＝FELDSPATHOID)＋S(ILICA)＋-IC〙

fel·site /félsaɪt/ *n.* 〘岩石〙珪長岩. **fel·sit·ic** /fɛlsítɪk | -tɪk/ *adj.* 〘(1794): ⇨ ↓, -ite¹〙

fel·spar /félspɑə | -spɑː(r/ *n.* 《英》〘鉱物〙=feldspar. 〘(1794)《変形》← FELDSPAR〙

fel·spath·ic /fɛlspǽθɪk/ *adj.* 《英》〘窯業〙=feldspathic. 〘1832〙

fel·spath·ose /félspəθòʊs | -θəʊs/ *adj.* 《英》〘窯業〙=feldspathic.

fél·stòne /fél-/ *n.* 〘岩石〙=felsite. 〘(1858)《部分訳》← G *Felsstein* ← *Fels* rock+*Stein* stone〙

felt¹ /félt/ *v.* feel の過去形・過去分詞. — *adj.* (痛切に)感じられる: a ~ earthquake 有感地震《人体に感じる地震》. 〘1581〙

felt² /félt/ *n.* **1** フェルト《羊毛を重ねて縮充して製した毛氈(もうせん)》. **2** フェルト製品《帽子など》. **3** フェルト状のもの. — *adj.* [限定的] フェルト製の: a ~ carpet フェルト氈, 毛氈 / a ~ hat フェルト帽, 中折れ帽 / ~ slippers フェルト製の室内履き. — *vt.* フェルト(状)にする; フェルトで覆う: ~ the cylinder of a steam engine 蒸気機関の円筒をフェルトで包む / ~*ed* cloth 薄手のフェルト地. — *vi.* フェルト地[状]になる 〈*up*〉. 〘OE ~ < (WGmc) **feltaz*, **feltiz* (G *Filz*) ← IE **pel-* to thrust: cf. filter〙

félt·ing *n.* **1** フェルト製法; 縮充(すること). **2** フェルトの材料; フェルト地, 毛せん類: ~ products フェルト製品. 〘(1686) ← FELT²+-ING¹〙

félt màrker *n.* マジック(インキ), マーカー. 日英比較 「マジック(インキ)」は和製英語で商標.

félt pén *n.* フェルトペン《ペン先がフェルトでできたペン; felt tip, felt-tip pen, felt-tipped pen ともいう》. 〘1966〙

félt síde *n.* 〘製紙〙フェルトサイド, フェルト面《機械すき紙の抄紙機のすき網に接しない面; 通例は表面; cf. wire side》.

félt-tìp pén *n.* =felt pen. 〘1957〙

felt·y /félti/ *adj.* (**felt·i·er**; **-i·est**) フェルトに似た, フェルト状の. 〘(1846) ← FELT²+-Y⁴〙

fe·luc·ca /fəlʌ́kə, -lúːkə | fɛlʌ́kə, fɪ̆-/ *n.* (*also* **fe·lu·ca** /~/) **1** フェラッカ船《2 本または 3 本マストで, 櫂(かい)または三角帆で走る小型沿岸航行帆船で, 地中海で用いられる》. **2** San Francisco 付近でギリシャ系漁民が用いた小舟《1 本マスト三角帆》. 〘(1615) □ It. *felu(c)ca* □ Sp. 《廃》*faluca* □ Arab. *fulūk* (pl.) ← *fulk* ship〙

felucca 1

fel·wort /félwəːt | -wɔːt/ *n.* 〘植物〙オノエリンドウ (*Gentianella amarella*)《リンドウ科チシマリンドウ属 (*Gentianella*) の二年草》. 〘OE *feldwyrt* 'fiddroot'〙

fem /fém/ *n.* 女の子, 女性 (cf. femme). 〘《変形》← FEMME〙

fem. 《略》female; feminine.

FEMA 《略》《米》Federal Emergency Management Agency 連邦緊急事態管理庁.

fe·male /fíːmeɪl/ *adj.* **1** (男子に対して)女子の, 女性の, 女性(特有)の: a ~ dress 婦人服 / ~ education 女子教育 / ~ charm [weakness] 女性の魅力[弱さ] / the ~ sex 女性 / a ~ child 女児 / a ~ operative 女工. **2** 雌の: a ~ dog. **3** 〘植物〙雌性の, 雌蕊(しずい)だけある: a ~ flower 雌花 / a ~ gamete 雌性配偶子. **4** 〘機械〙雌型の, 穴型の: a ~ screw 雌ねじ. **5** 〈宝石が〉薄色の: ~ sapphires. **6** 《廃》女みたいな, めめしい, 弱々しい. — *n.* **1 a** (男性・男子に対して)女性, 女子. **b** (動物の)雌. **2** [軽蔑的に] 女. **3** 〘植物〙雌性植物, 雌株. **~·ness** *n.* 〘(*a*1333) *femal(e)* (MALE との連想による), *femelle* □ (O)F *femelle* < L *fēmellam* (dim.) ← *fēmina* woman: ⇨ feminine〙

SYN **1** 女性: ⇨ woman. **2** 女性の: **female** 〈人間や動物が〉子を産む性に属する: the *female* sex 女性 / a *female* elephant 雌の象. **feminine** 〈特徴・属性・性質が〉女性特有の: *feminine* curiosity 女性らしい好奇心. **ladylike** 〈行動が〉教養があって育ちのよい女性らしい: *ladylike* behavior 淑女らしいふるまい. **womanly** 《よい意味で》女性にふさわしいと思われる性質を持った[示す]: *womanly* modesty 女性らしい慎ましさ. **womanish** 《軽蔑》〈男性が〉性格・ふるまい・外見が女性のような: *womanish* tears 女々しい涙. **womanlike** 欠点などが特徴的に女性的な: *womanlike* expression of sorrow 女らしい悲しみの表現.

ANT male, masculine, manlike, mannish.

---

fémale circumcísion *n.* 女子割礼《陰核(と時に陰唇)の切除(術); アフリカやオーストラリアの一部の民族の間で伝統的に行われる》. 〘1908〙

fémale cóndom *n.* 女性用コンドーム《膣内に挿入する薄いゴム製の避妊具》.

fémale fáctory *n.* **1** [F- F-] 〘豪史〙植民地時代の New South Wales 女囚刑務所. **2** 女囚刑務所.

fémale férn *n.* 〘植物〙**1** ミヤマメシダ (lady fern). **2** ワラビ (*Pteridium aquilinum*). 〘1597〙

fémale génital mutilátion *n.* 〘民俗〙女性器切除《女性の外部性器の一部ないし全部を切除する手術で, 一部の発展途上国で行われている宗教的儀式または通過儀礼 (rite of passage); 略 FGM》.

fémale impérsonator *n.* (寄席(よせ)や演芸などで)女性に扮(ふん)する芸人.

fémale lánguage *n.* 女性言葉, 女性用語.

fémale pronúcleus *n.* 〘生物〙雌性前核《多細胞動物の卵細胞が雄性前核と合一するまでの間をいう; cf. male pronucleus》.

fémale rhýme *n.* 〘詩学〙=feminine rhyme. 〘1581〙

fémale súffrage *n.* 婦人参政権 (woman suffrage).

fémale vòice chóir *n.* 女声合唱団.

fem·cee /fémsíː/ *n.* (ラジオやテレビの)女性司会者 (cf. emcee). 〘← F(EMALE)+EMCEE〙

feme /fém | fiːm, fém/ *n.* **1** =femme 1. **2** 〘法律〙女性 (woman). 〘(1567) □ AF & OF ~ (F *femme*) woman < L *fēminam*〙

féme cóv·ert /-kʌ́vət | -vət/ *n.* (*pl.* **femes c-**) 〘法律〙既婚女性, 有夫の女性 (cf. coverture 4, discovert, feme sole). 〘(1602) □ AF ~ 'woman covered, *i.e.* protected'〙

fem·er·ell /fém(ə)rəl, -mərèl/ *n.* 〘建築〙(排煙・換気用の)屋根側面の開口部, 屋根窓. 〘(1440) □ OF *fumeraille* 《変形》← *fumerole*〙

féme sóle *n.* (*pl.* **femes s-**) 〘法律〙**1** 独身女性, 未婚女性 (spinster), 寡婦, 離婚した女性 (divorcée) (cf. feme covert). **2** 独立女性《財産に関して夫から法律上独立している》. 〘(1642) □ AF *feme soul(e)* sole woman alone〙

féme-sòle tráder [mérchant] *n.* 〘英法〙(London の慣習によって) 夫とは独立に商業を営む女性.

Fem·i·dom /féməḍəm | -mɪ̆dəm/ *n.* 〘商標〙フェミドム《女性用避妊具; cf. female condom》.

fem·i·na·cy /fémənəsi | -mɪ̆-/ *n.* (*pl.* **-cies**) 女らしさ, 女性の特質. 〘(1847) ← L *fēmina*: ⇨ -acy〙

fem·i·nal /fémənl̩ | -mɪ̆-/ *adj.* 女性らしい, 女性的な. 〘((*a*1398)) (1907) □ ML *fēminālis* ← L *fēmina* woman: ⇨ -al¹〙

fem·i·nal·i·ty /fèmənǽləṭi | -mɪ̆nǽlɪ̆ti/ *n.* **1** 女性の特色; 女性気質 (womanliness). **2** 女性の好むもの, 小間物 (knick-knack). 〘(1646): ⇨ ↑, -ity〙

fem·i·ne·i·ty /fèməníːəṭi | -mɪ̆níːɪ̆ti/ *n.* =femininity. 〘(1820) ← L *fēmineus* 'FEMININE'+-ITY〙

fem·i·nie /féməni | -mɪ̆-/ *n.* [集合的] 女性 (women). 〘(*c*1385) □ OF ~ ← L *fēmina* woman〙

fem·i·nin /fémənɪ̆n | -mɪ̆nɪn/ *n.* 〘生化学〙=estrone.

fem·i·nine /fémənɪ̆n | -mɪ̆nɪn/ *adj.* (↔ masculine) **1** 女の, 女性の: ~ beauty 女性美 / ~ qualities 女性の特性. **2** 女らしい, 女性特有の (⇨ female SYN); か弱い, 優しい: a ~ body [voice, nature] 女らしい肉体[声, 性質]. **3** 〈男が〉女じみた, 女のような, めめしい, 柔弱な. **4** 〘文法〙女性の (cf. masculine, neuter): the ~ gender 女性 / a ~ noun 女性名詞 / a ~ form 女性形. **5** 〘詩学〙女性押韻の, 女性行末[休止]の: ⇨ feminine caesura, feminine ending, feminine rhyme. **6** 〘音楽〙女性終止の: ⇨ feminine cadence. — *n.* **1 a** [the ~] 女性的なもの, 女性の本質: *the* eternal ~ 永遠に女性的なもの. **b** 女らしい女性, 女性的な女性. **2** 〘文法〙**a** 女性. **b** 女性名詞《actress, heroine, aviatrix など》; 女性代名詞《she, her など》; 女性形; 女性冠詞《フランス語・イタリア語・スペイン語の la など》: What's the ~ of that word? その単語の女性形は何ですか / Put it into the ~. 女性形にしなさい. **~·ness** *n.* 〘((?*c*1350)) □ (O)F *féminin* // L *fēminīnus* ← *fēmina* woman, 《原義》the sucked one ← IE **dhēi-* (⇨ fetus): ⇨ -ine¹〙

féminine cádence *n.* 〘音楽〙女性終止《小節の第 1 強拍以外に最後の主和音がくる終止法; cf. masculine cadence》〘1954〙.

féminine caesúra *n.* 〘詩学〙女性休止《弱音節の直後にくる中間休止; cf. masculine caesura》.

féminine énding *n.* **1** 〘詩学〙女性行末《詩の行末にくる強音節の後に一つまたは二つの弱音節が続くこと; (特に) blank verse で第 11 音節に現れる弱音節を指す; 例: O Cassius, Brutus gave the word too early—Shak. *Caesar*; cf. masculine ending》. **2** 〘文法〙女性形語尾《女性形であることを示す語尾で, lion*ess*, hero*ine*, aviat*rix* など》. 〘1893〙

fém·i·nine·ly *adv.* 女らしく; めめしく. 〘(1649): ⇨ -ly¹〙

féminine rhýme *n.* 〘詩学〙女性韻《強勢のある音節のあとにさらに弱い 1 [2] 音節が続く 2 音節または 3 音節にまたがる押韻; 例: mótion, nótion (double rhyme) / fórtunate, impórtunate (triple rhyme); weak rhyme ともいう; cf. masculine rhyme》. 〘1870〙

fem·i·nin·ism /fémənɪ̆nìzm | -mɪ̆nɪn-/ *n.* 女らしい言葉遣い[言い回し]. 〘(1846) ← FEMININE +-ISM〙

fem·i·nin·i·ty /fèmənínəṭi | -mɪ̆nínɪ̆ti/ *n.* **1** 女らしさ (womanliness): keep one's ~ 女らしさを失わない. **2** めめしさ. **3** [集合的] 女性 (women). 〘(*c*1390): ⇨ feminine, -ity〙

fem·i·nism /fémənìzm | -mɪ̆-/ *n.* **1 a** 男女同権主義[論]. **b** 女権拡張運動, 女性解放論, フェミニズム《女性の社会・政治・法律上の権利拡張を主張する説》. **2** 〘病理〙女性化《男性における女性的特徴の現れ》. **3** 《まれ》女性的性質. 〘(1851) □ F *féminisme*〙

fem·i·nist /fémənɪ̆st | -mɪ̆nɪst/ *n.* 男女同権論者; 女性解放論者; 女権拡張論者. 日英比較 日本語の「フェミニスト」には「女に甘い男」の意味があるが, 英語にはこの意味はない. — *adj.* 男女同権論の; 女権拡張論の: the ~ movement 女権拡張運動. 〘(1894) □ F *féministe*〙

fem·i·nis·tic /fèmənístɪk | -mɪ̆-/ *adj.* 男女同権主義の, 女権拡張論の (feminist). 〘1908〙

fe·min·i·ty /fɛmínəṭi | -mínɪ̆ti/ *n.* =femininity. 〘?*c*1408〙

fem·i·ni·za·tion /fèmənɪ̆zéɪʃən | -mɪ̆naɪ-, -nɪ-/ *n.* 女性化. 〘(1844): ⇨ ↓, -ation〙

fem·i·nize /fémənàɪz | -mɪ̆-/ *vt.* **1** 女性化する, 女性的にする. **2** (卵巣移植や女性発情物質の投与によって)〈雄を〉雌性化する. **3** 男性(の数)より女性(の数)のほうを多くする. — *vi.* 女性的になる. 〘(1652) □ F *féminiser*: ⇨ feminine, -ize〙

Fem Lib /fémlíb/ *n.* (*also* **Fem·lib** /~/) =women's lib. 〘1970〙

femme /fém | fém, fǽm, fíːm; *F.* fam/ *F. n.* (*pl.* **~s** /~z; *F.* ~/) **1** 女性 (woman); 妻 (wife): ⇨ BARON and femme. **2** 《米口語》(同性愛で)女役をする女性, 女役のレズ (cf. butch¹ 2). 〘(1814) □ F ~: cf. feme〙

femme de cham·bre /fèmdəʃɑ̃ːmbr(ə), fǽm-, -ʃɑ́ːm- | fǽm-; *F.* famdəʃɑ̃ːbʁ/ *F. n.* (*pl.* **femmes d-** /~/) **1** 侍女, お手伝い (lady's maid). **2** (ホテルなどの)客室係メード. 〘(1762) □ F ~ 'chambermaid': ⇨ ↑, chamber〙

femme fa·tale /fèmfətǽl, fǽm-, -tάːl | fǽmfətáːl; *F.* famfatal/ *F. n.* (*pl.* **femmes fa·tales** /~(z)/) 魔性の女, 妖婦型の女; 妖しい魅力をもった女. 〘(1912) □ F ~ 'FATAL woman'〙

femora *n.* femur の複数形.

fem·o·ral /fém(ə)rəl/ *adj.* 〘解剖〙大腿(だいたい)部の, 腿(もも)の. 〘(1782) ← L *femor-*, *femur* 'FEMUR'+-AL¹〙

fémoral ártery *n.* 〘解剖〙大腿動脈. 〘*c*1771〙

fem·to- /fémtoʊ | -təʊ/ 「10^{-15} の」の意の連結形: *femto*ampere. 〘(1961) ← Dan. *femten* fifteen〙

fe·mur /fíːmə | -mə(r/ *n.* (*pl.* **~s, fem·o·ra** /fém(ə)rə | fém-, fíːm-/) **1** 〘解剖〙大腿骨; 大腿(部), もも (thigh). **2** 〘昆虫〙(昆虫の)腿節. 〘(*c*1485) □ L ~ 'thigh' ← ?〙

fen¹ /fén/ *n.* 沼地, 沢地, 沼沢地 (marsh); 干拓地. 〘OE *fen(n)* < Gmc **fanjaz* (G *Fenn* fen / ON *fen* bog) ← IE **pen-* swamp (Skt *paṅka* bog)〙

fen² /fʌ́n, fén; *Chin.* fə̄n/ *n.* (*pl.* ~) **1** 分《中華人民共和国の通貨単位; =1/10 角 (jiao), 1/100 元 (yuan)》. **2** 1 分アルミ貨[紙幣]. 〘□ Chin. *fen* (分)〙

fen³ /fén/ *int.* =fain². 〘← FEND〙

FEN /éfìːén/ 《略》Far East Network (極東米軍の)極東放送網《現在は AFN》.

fe·na·gle /fɪ̆néɪgl̩/ *v.* =finagle.

fén·bèr·ry /-bèri | -b(ə)ri/ *n.* 〘植物〙=European cranberry.

fence /féns, fénts/ *n.* **1 a** (侵入・逃亡を防ぐための)囲い; 垣, 柵(さく), 塀, 垣根《木柵・鉄柵・石垣・れんが塀も含む》(cf. hedge, wall, border): ⇨ snow fence / a wooden [stone, picket] ~ 木の柵[石垣, くい垣] / ⇨ sunk fence. **b** (外観・機能など)囲い[柵]に似たもの: build a ~ of antiaircraft guns around the city 都市の周囲に高射砲網を建設する / build a ~ around the law to prevent any possible infringements あらゆる違法行為を防ぐために法律を整備する. **c** (障害競馬・馬術競技の)障害物: put the horse at [to] the ~ 馬に障害物(垣など)を跳び越すように仕向ける. **2** 《口語》**a** 盗品売買者, 故買屋. **b** 盗品買受所. **3** 〘機械〙案内(取付け), 囲い. **4** [通例 *pl.*] 政治的地盤: mend one's ~*s* ⇨ 成句 (2). **5** 議論の受流しのうまさ, 当意即妙の応答の才. **6** 《古》剣術, フェンシング (fencing): a master of ~ 剣客, 剣道の達人. **7** 《古》防御; 防御手段, 防護物, 防壁.

còme dówn óff the fénce どっちつかずの態度をやめる, 日和見をやめる. *còme dówn on óne síde of the fénce or the óther* どちらか一方を指示する. *còme dówn on the ríght síde of the fénce* (形勢を見て)旗色のいい方に味方する. (1891) *ménd (one's) fénces* (1) 仲直りする, 人気の回復を図る. (2) 〈国会議員が〉自己の地盤の手直しをする. (1888) *on the fénce* どっちにも加担せずに, 中立の[で]; 態度が決まらない: sit [be] *on the* ~ (on an issue) (ある問題について)形勢を観望する, 洞(ほら)が峠を決め込む. (1829) *on the óther síde of the fénce* 反対側に[で], 反対党に加わって. *rúsh one's fénces* 軽率に行動する, あわてすぎる. (1922) *stráddle [wálk] the fénce* 日和見を決め込む.

— *vt.* **1** …に垣[柵]をめぐらす, 囲いをする, (柵で)囲い込む, (柵で)閉め出す 〈*in, off, out, up*〉: ~ land. **2** 防護する, さえぎる, かばう, 防ぐ (defend, protect) 〔*from, against*〕: ~ a place *from* the wind その場所の周囲に塀をして風を防ぐ. **3** 〈質問を〉巧みに受け流す (evade). **4** 〈盗品を〉売買する, 故買する. **5** 《古》防ぎ止める, 払いのける (ward off, repel) 〈*out, off*〉: ~ *off* an undesirable person 好ましからぬ人物を追い払う. **6** 〘海事〙〈帆にあけた穴など〉の周囲を補強する. — *vi.* **1** 垣[柵, 塀]を築く. **2** 〈馬・騎手などが〉障害物を跳び越す. **3** 剣を使う, 剣術[フェンシング]をする. **4** 〔質問(者)・議論などを〕(巧みに)受け流す (parry), (うまく)言い抜ける 〔*with*〕: ~ *with* a question [questioner] (うまく)質問[質問者]を受け流す. **5** 盗品を売買する. **6** 〘クリケット〙〈打者が〉ボールを打ち損じる 〔*at*〕. **7** 《廃》防御する 〔*against*〕.

fénce abóut 〔防護物などで〕囲いをめぐらす 〔*with*〕: be ~*d about with* penalties 罰則で保護される. *fénce (a)róund* (1) 〈質問などを〉受け流す: ~ *(a)round* the point 要点をうまく逃げる. (2) =FENCE *about*. *fénce ín* (1) …を囲い込む (cf. *vt.* 1). (2) 〈人を〉封じ込める: I want to be free: don't ~ me *in*! 自由になりたい, 閉じ込めないでくれ. *fénce óff [óut]* (1) ⇨ *vt.* 1. (2) (巧みに)受け流す (fend off): ~ *off* unwelcome questions いやな質問をかわす. (3) ⇨ *vt.* 5.

~·lìke *adj.* 〘n.: (*a*1338) *fens* 《頭音消失》← DE-

FENSE. — v.: 《*c*1410》← (n.)》

fénce·less *adj.* **1** 囲いのない. **2** 《詩·古》無防備の (unfortified). **~·ness** *n.* 〖《1587》: ⇨ ↑, -less〗

fénce lìzard *n.* 〖動物〗 **1** カキネハリトカゲ (pine lizard). **2** ミドリアノール ((green) anole, American chameleon). 〖1889〗

fénce-mènding *n.* 《米口語》(特に政治における)信頼回復, 関係修復; 政治的てこ入れ. — *adj.* 関係修復の. 〖*c*1940〗

fénce mònth *n.* 《英》(鹿狩の)禁猟期《出産期にかかる6月中ごろから7月中ごろまでの約1か月間》. 〖1594〗

fénce-òff *n.* 〖フェンシング〗(個人戦や団体戦の)優勝決定戦.

fénc·er *n.* **1** 剣客, 剣士 (swordsman); フェンシングの選手. **2** 《主に豪》柵作り人, 柵修理者. **3** 障害物を跳び越す馬: a good ~ 巧みに障害物を跳び越す馬. 〖《1581》← FENCE+-ER[1]〗

fence·row /-ròu | -rəu/ *n.* 《米》フェンスロウ《柵の立っている一条の土地; 柵の両側の耕作されていない部分も含めていう》. 〖《1842》← FENCE+ROW[1]〗

fénce-sìtter *n.* 形勢を観望する人, 日和見主義者; 中立の人. 〖《1905》← (*sit*) *on the fence* (⇨ fence (n.) 成句)〗

fénce-sìtting *n.* 形勢を観望すること, 態度のはっきりしないこと, 日和見(主義). — *adj.* 特定の立場をとらない, 中立の. 〖1940〗

fénce-stràddler *n.* 《米口語》(議論などで)両者どっちつかずの態度を取る人, 不和雷同型の人間. **fénce-stràddling** *n.*, *adj.*

fen·ci·ble /fénsəbl | -s³-/ *n.* 《古·スコット》国防兵: the *Fencibles* 国防軍. — *adj.* **1** 《古》防ぐことのできる; 国防兵の. **2** 《スコット》〈人が〉兵役に適する. 〖《*c*1410》 *fensible* 《頭音消失》← DEFENSIBLE: ⇨ fence, -ible〗

fénc·ing /fénsɪŋ, féntsɪŋ/ *n.* **1** フェンシング, 剣術 (swordplay). **2** (議論や質問の)巧みな受け流し. **3** 柵[塀]の材料. **4** 《集合的にも用いて》柵, 塀. **5** (馬の)垣[障害物]の跳越え. **6** 《俗》盗品売買, 故買. 〖《1462》: ⇨ fence (v.), -ing[1]〗

féncing màster *n.* フェンシングの教師[師範]. 〖*a*1648〗

féncing schòol *n.* フェンシング学校[道場]. 〖1637〗

féncing wìre *n.* (農場などの)電流を通した柵用の太い針金. 〖1878〗

fend /fénd/ *vt.* **1** 受け流す, 払う (ward) 〈*off*〉: ~ *off* blows [accusation, reporters] 打撃[非難, 記者たち]を受け流す. **2** 近づけない, 追っ払う (keep off) 〈*away*〉. **3** 《古·詩》防ぐ (defend) 〔*from*〕. **4** 《英方言》養う, 扶養する. — *vi.* **1** 防衛する, 抵抗する (resist). **2** 受け流す, そらす (parry). **3** やりくりする; 〔…を〕養う (provide) 〔*for*〕: ~ *for* oneself 一人でやっていく, 自活する. — *n.* 《スコット》自主独行の努力[試み]: make a ~. 〖《?*a*1300》《頭音消失》← DEFEND: cf. fence〗

fend·er /féndə | -də(r)/ *n.* **1 a** (機関車·電車などの前後に付ける)緩衝装置, 排障器. **b** 《米》(自動車などの)フェンダー, 泥よけ (《英》wing, mudguard; ⇨ bicycle, car 挿絵). **c** (暖炉 (fireplace) の前面に置く低い)炉格子; ストーブ囲い. **2 a** 〖海事〗防舷材《激突や摩損から船を守るために舷に取り付けた緩衝物; fender beam など》. **b** 防護材《桟橋·岸壁·浮標などの側面に取り付けた木材やゴム材など》. **3** 〖馬術〗フェンダー《騎乗者の脚を保護するために鐙革(あぶみがわ)に取り付ける長方形[三角形]の革製の覆い》. 〖《1294–95》: ⇨ ↑, -er[1]〗

Fen·der /féndə | -də(r)/ *n.* 〖商標〗フェンダー《エレキギターの一種; その発明者 Leo Fender (1907–91) の名にちなむ》.

fénder bèam *n.* 〖海事〗(船の舷側につける)緩衝用防舷材. 〖1874〗

fénder bènder *n.* 《米俗》(フェンダーがへこむ程度の)軽い衝突事故. 〖1966〗

fénd·ered *adj.* 緩衝装置を付けた. 〖《1795》: ⇨ -ed〗

fénder·less *adj.* 防護物のない. 〖《1878》: ⇨ -less〗

fénder pìle *n.* 〖海事〗防舷杭. 〖1739〗

fénder stòol *n.* 炉格子前の足のせの長台. 〖1870〗

Fe·nel·la /f³nélə/ *n.* フェネラ《女性名; 異形 Finella, アイルランド語形 Finola; スコットランドに多い》. 〖□ Gael. *Fionnghuala* ← *fionn* white+*guala* shoulder〗

Fé·ne·lon /fénəlɔ̃:(ŋ), -lɔ̃:ŋ, fénəlɑ(:)n, -nl- | fèɪnəlɔ̃:(ŋ), -lɔ̃:ŋ, fénələn, -nl-; *F.* fenlɔ̃/, **François de Sa·li·gnac de La Mothe** /d saliɲak də lə mɔt/ *n.* フェヌロン (1651–1715; フランスの教育論者·著述家·Cambrai の大司教; *Aventures de Télémaque*「テレマックの冒険」(1699)).

fen·er·a·tion /fènəréɪʃən/ *n.* 《廃》〖法律〗高利貸し (usury), 利息付消費貸借. 〖《1598》□ L *faenerātiō(n-)* ← *faenerāre* to lend on interest ← *faenus* interest〗

fen·es·tel·la /fènəstélə | -n³-/ *n.* (*pl.* **-tel·lae** /-liː/, **~s**) 〖建築〗 **1** 小窓. **2** 窓形壁龕(へきがん)《piscina または credence の上に設けられる》. 〖《1797》□ L ~ (dim.) ← *fenestra* (↓)〗

fe·nes·tra /f³néstrə/ *n.* (*pl.* **fe·nes·trae** /-triː, -traɪ/) **1** 〖解剖·動物〗窓《骨の中などの窓状の穴》. **2** 〖昆虫〗明斑《ガなどの羽の透明斑点》. **3** 〖建築〗窓の型にあけること, 窓. **4** 《外科》(内耳開窓術による)窓. **fe·nés·tral** /-trəl/ *adj.* 〖《(*c*1737)》《1828》L ~ 'window' ← ? Etruscan: cf. G *Fenster* / F *fenêtre*〗

fenéstra o·vá·lis /-ouvá:l³s | -əuvá:lɪs/ *n.* 〖解剖〗(内耳の)卵円窓, 前庭窓. 〖《1844》← NL ~ 《原義》oval window〗

fenéstra ro·tún·da /-routʌ́ndə | -rəu-/ *n.* 〖解剖〗(内耳の)正円窓. 〖《1844》← NL ~ 《原義》round window〗

fe·nes·trate /fénəstreɪt, f³néstreɪt | f³néstreɪt, fén³strèɪt/ *adj.* 〖解剖·動物·植物〗=fenestrated 2. 〖1835〗

fen·es·trat·ed /fénəstrèɪt³d, f³néstreɪt- | f³néstreɪt-, fén³strèɪt-/ *adj.* **1** 〖建築〗窓のある, 窓のうがたれた (windowed). **2** 〖解剖·動物·植物〗窓[穴]のある, 有窓の. **3** 〖外科〗(内耳に)窓をあけた, 開窓術を施した. 〖《1826》← L *fenestrātus* ((p.p.) ← *fenestrāre* to furnish with windows ← *fenestra* window)+-ED 2〗

fénestrated mémbrane *n.* 〖解剖〗有窓膜《動脈の内膜や中膜に見られる穿孔弾性膜》. 〖1849–52〗

fen·es·tra·tion /fènəstréɪʃən | -n³s-/ *n.* **1** 〖建築〗窓割り《建物外面の窓配置を割り付けること》; (建物正面の装飾としての)窓. **2** 〖解剖·動物〗窓[穴](のあること). **3** 〖外科〗(内耳)開窓術. 〖《1846》← FENESTRATE+-ATION〗

fén fìre *n.* (沼沢地方の)鬼火 (will-o'-the-wisp). 〖1814–15〗

F Eng 《略》Fellow of the Fellowship of Engineering.

fêng huang /fʌ́ŋ(h)wɑ́:ŋ; *Chin.* fə̀ŋxuáŋ/ *n.* 鳳凰(ほうおう) (phoenix)《中国の想像上の瑞鳥》. 〖□ Chin. *fenghuang*〗

feng shui /fèŋʃúːi, fʌ̀ŋʃwéɪ; *Chin.* fə̄ŋʂuǐ/ *n.* 風水《中国の民間伝承で山川水流の状態を見て宅地や墓地を定める術》.

Feng·tian /fʌ̀ŋtjén; *Chin.* fə̀ŋtʰiɛ̄n/ *n.* **1** 奉天 (⇨ Mukden). **2** 奉天(フォンティエン)省《遼寧省 (Liaoning) の旧名》.

Feng·tien /fʌ̀ŋtjén/ *n.* =Fengtian.

Fen He /*Chin.* fə́nxɤ́/ *n.* 汾河(フェンホー)《黄河の支流; 山西省中部を南流し, 同省南西部で黄河に注ぐ (483 km)》.

Fe·ni·an /fíːniən/ *n.* **1** 〖アイル伝説〗フィニア武士団員《2–3 世紀にアイルランドで活躍した豪勇をもって鳴る武士団 (Fianna) に属した人; 円卓の騎士と比較される》. **2** フィニア会 (Fenian Brotherhood) 会員. — *adj.* フィニア会の, フィニア会主義[政策]の. 〖《1816》《混成》← OIr. *fēne* (古代アイルランド居住民の名称の一つ)+OIr. *fiann* (伝説上のアイルランド国王 Finn MacCool 王の親衛兵): ⇨ -ian〗

Fénian Bróthérhood *n.* [the ~] フィニア会《アイルランドの独立を目的として在米アイルランド人により 1858 年 New York に結成された秘密結社; 1877 年以降米国での運動は下火になり, 1921 年 Irish Free State ができて消滅した; Irish Republican Brotherhood ともいった》. 〖1865〗

Fénian cýcle *n.* [the ~] フィニア伝説《古代アイルランドのフィニア武士団 (Fianna) の武士たちの行動に関する一連の説話》.

Fé·ni·an·ism /-nìzm/ *n.* フィニア会の主義[運動]. 〖《1866》: ⇨ -ism〗

fenks /féŋks/ *n. pl.* 鯨脂のかす. 〖《1820》← ?〗

fén·lànd /-lænd, -lənd/ *n.* [しばしば *pl.*] 沼沢地方. 〖*a*1000〗

Fen·land /fénlənd, -lænd/ *n.* フェンランド《イングランド東部, Cambridgeshire 州の地方自治区》.

fén·man /-mən/ *n.* (*pl.* **-men** /-mən, -mèn/) (イングランド東部の)沼沢地方の人. 〖1610〗

fen·nec /fének, -nɪk/ *n.* 〖動物〗フェネックギツネ (*Fennecus zerda*)《北アフリカ·アラビアの砂漠地帯にすむイヌ科フェネック属の耳が大きいキツネ》. 〖《1790》□ Arab. *fának*〗

fennec

fen·nel /fénl/ *n.* 〖植物〗 **1** ウイキョウ (*Foeniculum vulgare*)《ヨーロッパ地中海沿岸原産のセリ科の植物; 薬用·香味料》; ウイキョウの実 (fennel seed)《芳香油を採る》. **2** =marihuana 2. **3** =mayweed. 〖OE *fenol*, *finu(g)l* □ VL **fēnuclum*=L *fēniculum* fennel (dim.) ← *fēnum* hay ← ?〗

fénnel-flòwer *n.* 〖植物〗=love-in-a-mist. 〖1863〗

fénnel òil *n.* ういきょう油《調味料に用いる》.

fénnel wàter *n.* ういきょう水《刺激剤·駆風剤に用いる》. 〖1757〗

fen·nish /fénɪʃ/ *adj.* 沢地の; 沼沢性の. 〖《1574》← FEN[1]+-ISH[1]〗

Fen·no- /fénou | -nəu/「フィンランドと…との; フィンランドを含む」の意の連結形: *Fenno*-German, *Fenno*-Scandian. 〖□ Swed. ~ ← L *Fennī* Finns〗

Fèn·no·scán·di·a /-skǽndiə/ *n.* **1** 〖地理〗フェノスカンジア《フィンランド·スウェーデン·ノルウェー·デンマークを含む北欧地域の名称》. **2** 〖地質〗(古代の)フェノスカンジア亜大陸. **Fèn·no·scán·di·an** /-diən⁻/ *adj.* 〖《1907》← FENNO-+L *Scandia* (Scandinavia 半島南部の古名)〗

fen·ny /féni/ *adj.* **1** 沼沢性の; 沼沢の多い. **2** 沼地にすむ[特有の]. 〖OE *fennig*: ⇨ fen[1], -y[1]〗

Fen·ol·lo·sa /fènəlóusə | -ləu-/, **Ernest Francisco** *n.* フェノロサ (1853–1908; 米国の東洋美術研究家; 東京高等師範学校教授 (1890–97)).

fén-pòle *n.* 《英》跳越し棒《沼沢地方の人が溝を越すのに用いる棒》. 〖1844〗

fén-rèeve *n.* 《英》沼沢地方監督官. 〖1865〗

Fen·rir /fénrɪə | -rɪə(r)/ *n.* 〖北欧神話〗フェンリル《狼の姿をした怪物で Loki の長子; 小島につながれていたが神々の最期 (Ragnarok) の際自由になり Odin を食いその息子 Vidar に殺される》. 〖□ ON ~〗

Fén·ris·wòlf /fénrɪs-/ *n.* 〖北欧神話〗=Fenrir.

fén-rùnners *n. pl.* (沼沢地方で用いる)スケート. 〖1873〗

fens /fénz/ *int.* =fain[2].

Fens /fénz/ *n.* [the ~] フェンズ《イングランド東部 Lincolnshire の Wash 湾付近の沼沢地であったが長期にわたって干拓工事が行われた結果, 現在では耕地になっている》.

fén-sùcked *adj.* 《Shak》沼地上がりの; 沼地にすむ. 〖1604–05〗

fen·ta·nyl /féntənl̩, -nɪl | -tənàɪl/ *n.* 〖薬学〗フェンタニール ($C_{22}H_{28}N_2O$)《鎮痛剤》. 〖《変形》← *phentanyl* ← *phen-* 'PHENYL'+ET(HYL)+AN(ILINE)+-YL〗

fen·thi·on /fenθáɪən, -ɑ(:)n | -ɔn/ *n.* 〖薬学〗フェンシオン ($C_{10}H_{15}O_3PS_2$)《有機リンの殺虫剤》. 〖← *fen-* (《変形》← *phen-* (↑))+-*thion* (⇨ thio-)〗

Fen·ton /féntn̩ | -tən/ *n.* フェントン《男性名》. 〖OE *Fenntun* 《原義》marsh farm: ⇨ fen[1]〗

Fen·ton /féntn̩ | -tən/, **James (Martin)** *n.* フェントン (1949– ; 英国の詩人·ジャーナリスト·批評家).

Fenton, Roger *n.* フェントン (1819–69; 英国の写真家; 王立写真協会の創設者で初代会長; クリミア戦争の報道写真で知られる).

fen·u·greek /fénjugrìːk/ *n.* 〖植物〗コロハ (*Trigonella foenumgraecum*)《マメ科植物でその種子には芳香があり薬用となる》. 〖OE *fenogrecum* □ L *fēnugraecum* 《原義》Greek hay ← *fēnum* hay+*Graecum* Greek)〗

feod /fjúːd/ *n.* 《古》=feud[2].

feo·dal /fjúːdl̩ | -dl/ *adj.* 《古》=feudal[1].

Fe·o·dor /fíːədɔə | -dɔː(r); *Russ.* fʲódər, *G.* féːdoːɐ/ *n.* フィオドア《男性名》. 〖□ Russ. ~ 'THEODOR'〗

Fe·o·do·ra /fìːədɔ́ːrə | fìːə(u)-; *Russ.* fʲidórə/ *n.* フィオドラ《女性名》. 〖□ Russ. ~ 'THEODORA'〗

Fe·o·do·ro·vich /fiòudərəvɪtʃ | fiəudə-; *Russ.* fʲódərəvʲitʲʃ/ *n.* フィオドロビッチ《男性の父称》. 〖□ Russ. ~ 《原義》'son of FEODOR'〗

feoff /fíːf, féf/ *n.* 封土, 領地. — *vt.* …に領地[封土]を与える, 封じる. 〖《*c*1290》 *feoffe(n)* □ AF *feoffer*=OF *fieuffer* (F *fieffer*) ← *fief* 'FIEF': cf. fee〗

feoff·ee /fefíː, fiː-/ *n.* 封土[領地]受領者.
feoffée in [of] trustée 封土[領地]管理人; (慈善事業などのための)公共不動産管理人.
〖《1411》□ AF *fe(o)ffé* (p. p.) ← *feoffer* (↑): ⇨ -ee[1]〗

feof·fer /féfə, fiː- | -fə(r)/ *n.* =feoffor.

feoff·ment /fíːfmənt, féf-/ *n.* **1** 領地[封土]授与. **2** 封土公示譲渡《自由保有権 (freehold) の譲渡方法で, 譲渡人が公開で土地を譲受人に引き渡した》. **3** 封土授与[譲渡]証書. 〖《?*a*1325》 *feffement*, *feoff(e)ment* □ AF *fe(o)ffement*: ⇨ feoff, -ment〗

feof·for /féfə, fiː-, féfɔə, fiː- | féfə(r), fiːf-, féfɔː(r), fiː-/ *n.* 領地授与者, 封土譲渡人. 〖《*a*1422》 *feffour* □ AF ~: ⇨ feoff, -or[2]〗

FEP 《略》front-end processor.

FEPA 《略》Fair Employment Practices Act (米国の)公正雇用慣行法.

FEPC 《略》Fair Employment Practices Commission (米国の)公正雇用慣行委員会.

-fer /⁻⁻fə | -fə(r)/ *suf.* 形容詞 -ferous に対応する名詞を造る: coni*fer* (=coniferous tree). 〖□ L ~ 'bearing' ← *ferre* 'to BEAR[1]'〗

FERA 《略》Federal Emergency Relief Administration (米国の)連邦緊急救済局.

fe·ra·cious /fəréɪʃəs/ *adj.* 《まれ》多産な, 肥沃な. 〖《1637》← L *ferāci-*, *ferāx* (← *ferre* 'to BEAR[1]')+-OUS〗

fe·rac·i·ty /fərǽsəti | -s³ti/ *n.* 《まれ》多産, 肥沃. 〖《?1440》□ L *ferācitātem* ← *ferāx* (↑)〗

fe·rae na·tu·rae /fɪəraɪnətúːràɪ, fiːriːnətúːᵊri | féraɪnaːtjúərai, -tjɔːr-/ *L. adj.* 〖法律〗〈動物が野生の[で] (cf. domitae naturae): Hares are [The hare is] ~. 野ウサギは野生動物である《飼育動物ではない》/ animals ~ 野生動物. 〖《*a*1661》□ L *ferae nātūrae* 'of a feral nature': ⇨ ↓, nature〗

fer·al[1] /férəl, fíᵊr- | féɪ-, fɪər-/ *adj.* **1** 野生の (wild); 野生に返った: ~ animals [plants] 野生動物[植物] / a ~ dog 野犬 / plants in their ~ state 野生状態の植物. **2** 〈人が〉野性的な, 猛悪な, 凶暴な. 〖《1604》← L *fera* wild beast ((fem.) ← *ferus* wild)+-AL[1]〗

fer·al[2] /férəl, fíᵊr- | féɪ-, fɪər-/ *adj.* **1** 《古》死の, 致命的な (fatal). **2** 《詩》弔いの (funereal); 陰鬱な. 〖《1621》□ L *fērālis* of a funeral, of the dead〗

Fe·ra·li·a /fəréɪliə | f³-/ *n. pl.* (古代ローマの)フェラリア祭《死者の追善供養祭; 2月21日(パレンタリア祭 (Parentalia) の最終日)に行った》. 〖□ L *Fērālia* (neut. pl.) ← *fērālis* (↑)〗

fer·bam /fə́ːbæm, -bəm | fɜː-/ *n.* 〖化学〗ファーバム ($C_9H_{18}FeN_3S_6$)《ジメチルジチオカルバミン酸第二鉄を主成分とする果樹用の農薬で, 殺菌剤》. 〖《1950》← *fer(ric dimethyldithiocar)bam(ate)*〗

Fer·ber /fə́ːbə | fɜ́ːbə(r)/, **Edna** *n.* ファーバー (1887–1968; 米国の女性作家·劇作家; *Show Boat* (1926)).

fer·ber·ite /fə́ːbəràɪt, féᵊr- | fɜː-, féə-/ *n.* 〖鉱物〗鉄重石 ($FeWO_4$)《タングステンの原鉱》. 〖《1868》□ G *Ferberit* ← *Rudolph Ferber* (19 世紀のドイツの鉱物学者): ⇨ -ite[1]〗

fer-de-lance /fɛ̀ədəlǽns, -lɑ́ːns | fɛ̀ədəlɑ́ːns; *F.* fɛʀdəlɑ̃ːs/ *n.* (*pl.* ~) 〖動物〗フェルドランス (*Bothrops atrox*)《中米やブラジル地方にいる猛毒大形のハブの一種》. 〖《1880》□ F ~ 'iron (tip) of a LANCE[1]': 頭が槍の穂先のような三角形をしている〗

F

F

Fer·die /fə́ːdi | fə́ːdi/ *n.* ファーディ《男性名》. 〖(dim.) ↓〗

Fer·di·nand /fə́ːdənæ̀nd, -dṇ- | fə́ːdɪnæ̀nd, -nənd, -dṇ-; *F.* fɛʁdinɑ̃; *G.* fɛ́ʁdinant; *Swed.* fæ̀ːrdinand/ *n.* ファーディナンド《男性名; 愛称形 Ferd, Ferdie; 異形 Farrand, Fernande》. 〖(16C) □ It. *Ferdinando* ← Gmc **farði* journey (cf. fare)+**nanþi* risk (cf. OE *nēþan* to risk)〗

Ferdinand I *n.* **1** フェルナンド一世《1000?–65; Castile 王 (1035?–65), León 王 (1037–65), スペイン皇帝 (1056–65); Ferdinand the Great》. **2** フェルディナント一世《1503–64; 神聖ローマ帝国皇帝 (1558–64), ボヘミアおよびハンガリー王 (1526–64)》. **3** フェルディナント一世《1793–1875; オーストリア皇帝 (1835–48)》. **4** フェルディナント一世《1861–1948; ブルガリア皇帝 (1908–18)》.

Ferdinand II *n.* **1** フェルディナント二世《1578–1637; 神聖ローマ帝国皇帝 (1619–37), ボヘミア王 (1617–19, 1620–37), ハンガリー王 (1618–37), 三十年戦争を再開 (1625)》. **2** ⇨ Ferdinand V.

Ferdinand III *n.* **1** ⇨ Ferdinand V. **2** フェルディナント三世《1608–57; ボヘミアおよびハンガリー王, 神聖ローマ帝国皇帝 (1637–57), Westphalia 条約を締結 (1648)》.

Ferdinand V *n.* フェルナンド五世《1452–1516; スペイン王国を創建したスペイン王, Seville に宗教裁判所設立 (1480), ユダヤ人およびムーア人を駆逐 (1492), Christopher Columbus の航海を援助(アメリカ発見 1492); Ferdinand 二世として Aragon 王 (1479–1516), また Sicily 王 (1468–1516), Ferdinand 三世として Naples 王 (1504–16), Ferdinand 五世として妻の Isabella 一世と共に Castile の共同支配者 (1474–1504), また単独でスペイン連合国の支配者 (1506–16); 異名 the Catholic》.

Ferdinand VII *n.* フェルナンド七世《1784–1833; スペイン王 (1808;1814–33), ナポレオンにより投獄される (1808–14), その後反動政治を行い, アメリカの植民地のほとんどを失った》.

Fer·di·nan·da /fəːdənǽndə, -dṇ- | fəːdɪn-, -dṇ-/ *n.* ファーディナンダ《女性名; 異形 Fernanda》. 〖(fem.) ← FERDINAND〗

fere /fíə | fíə^r/ *n.* **1** 《古・スコット》 **a** 友達, 仲間 (companion, mate). **b** 連れ合い, 配偶者 (spouse). **2** 《英方言》 同階位[能力]の人 (equal, match). 〖ME *fere* < OE (*ġe*)*fēra* 《原義》 fellow-traveler: cf. y-, fare〗

fer·e·to·ry /férətɔ̀ːri, -tɔ̀ri | -rɪtəri, -tri/ *n.* 〖キリスト教〗 **1 a** (聖人 (saint) の遺骨を納める)聖骨箱 (shrine), 聖遺物匣(こう) (reliquary) 《その聖人の祝日にはかついで行列を行う》. **b** 《英》 棺架 (bier). **2** (教会堂内の)聖骨箱安置所. 〖((15C)) □ L *feretrum* □ Gk *phéretron* bier ← *phérein* 'to BEAR[1]' ∞ ((*a*1338)) *fertre* □ AF ~ =OF *fiertre* < L *feretrum*: ⇨ -tory〗

fer·fel /férfəl, -fl | fə́ː-/ *n.* =farfel.

Fer·ga·na /fəgáːnə | fəː-; *Russ.* firgánə/ *n.* (*also* **Fer·gha·na** /~/) フェルガナ: **1** 中央アジア西部の地域《主としてウズベキスタン共和国, 一部はタジキスタンとキルギスにまたがる》. **2** ウズベキスタン共和国東部の主都.

Fer·gus /fə́ːgəs | fə́ː-/ *n.* **1** ファーガス《男性名; 主にスコットランド・アイルランドで用いられる》. **2** 〖アイル伝説〗 ファーガス《Ulster の英雄で Cuchulain の後見人》. 〖□ Celt. ~ ← *fer* man+*gustus* choice〗

fer·gu·son·ite /fə́ːgəsənàɪt, -sṇ- | fə́ː-/ *n.* 〖鉱物〗 フェルグソン石《稀土類元素を含む鉱物》. 〖((1827)) ← R. *Ferguson* (*d.*1865: その発見者であるスコットランドの医者): ⇨ -ite[1]〗

Fer·gus·son /fə́ːgəsən, -sṇ | fə́ː-/, **Robert** *n.* ファーガソン《1750–74; スコットランドの詩人》.

fe·ri·a[1] /fí(ə)riə, fér- | fíər-, fér-/ *n.* (*pl.* **fe·ri·ae** /fí(ə)riːi, férièɪ | fíəriìː, férièɪ/, **~s**) **1** [*pl.*] (古代ローマの)祭日, 休日 (holidays): ~*e Jovi* /-dʒóuvaɪ, -jóuviː | -dʒə́uvaɪ, -jə́uviː/ ジュピター (Jupiter) 祭日. **2** 〖カトリック〗 平日《主日[日曜日]以外の月曜日から土曜日まで》. 〖((*c*1465)) □ ML *fēria* ← L *fēriae* (pl.) holidays: cf. fair[2]〗

fe·ri·a[2] /fériə, -riàː; *Sp.* férja/ *n.* (通例, 守護聖人を祝って催されるスペインおよび中南米諸国の)市, 縁日 (fair). 〖((1844)) □ Sp. ~ 'fair, market' (↑)〗

feriae *n.* feria[1] の複数形.

fe·ri·al /fí(ə)riəl, fér- | fíər-, fér-/ *adj.* **1** 〖カトリック〗 平日の: ~ service 平日の典礼. **2** 《古》 休日の. 〖((*c*1384)) □ (O)F *férial* □ ML *fēriālis*: ⇨ feria[1], -al[1]〗

fe·rine /fí(ə)raɪn, fér-, -rɪn | fíəraɪn/ *adj.* =feral[1]. 〖((1640)) □ L *ferīnus* ← *fera* wild beast: ⇨ -ine[1]〗

fer·i·ty /férəti | -rɪti/ *n.* **1** 野生(状態). **2** 凶暴, 野蛮. 〖((*c*1534)) □ L *feritātem* wildness: ⇨ feral[1], -ity〗

fer·lie /fə́ːli, féə- | fə́ː-, féə-/ 《スコット》 *n.* 驚異. — *adj.* 不思議な; 奇妙な. 〖((?*c*1200)) *ferli* < OE *fǣrlic* sudden ← *fǣr* 'FEAR': ⇨ -ly[2]〗

Fer·lin·ghet·ti /fəːlɪŋgéti | fəːlɪŋgéti/, **Lawrence (Monsanto)** *n.* ファーリンゲッティ《1919– ; 米国のビート派の詩人; *A Coney Island of the Mind* (1958)》.

fer·ly /fə́ːli, féə- | fə́ː-, féə-/ *n.* 《スコット》 =ferlie.

Ferm. 《略》 Fermanagh.

Fer·man·agh /fə(ː)mǽnə | fə(ː)-/ *n.* ファーマナ《北アイルランド南西部の州; 面積 1,850 km², 州都 Enniskillen /ènɪskílɪn | ènɪs-/》. 〖□ Ir. ~ 《原義》 men of Monach〗

Fer·mat /fɛəmáː | fə(ː)mǽt, fə́ːmæt, -maː; *F.* fɛʁma/, **Pierre de** *n.* フェルマー《1601–65; フランスの数学者》.

fer·ma·ta /fɛəmáːṭə | fəəmáːtə; *It.* fermáːta/ *n.* (*pl.* **~s, -ma·te** /-teɪ; *It.* -te/) 〖音楽〗 **1** フェルマータ《楽曲により特別な表情をつけるため途中または終わりで拍子の運動を停止すること》. **2** フェルマータ記号 (𝄐 または 𝄑; 音符, 休止符両方に使用). 〖((1876)) □ It. ~ ← *fermare* to stop < L *firmāre* to make firm ← *firmus* 'FIRM[2]'〗

Fermát's lást théorem *n.* 〖数学〗 フェルマーの大定理, フェルマーの問題《n が 2 より大きい自然数のとき方程式 $x^n+y^n=z^n$ は整数解をもたないというもの; Fermat のメモにあったのでこの名がある; 1994 年英国の数学者 Andrew Wiles によって証明された》. 〖((1865)) ↓〗

Fermát's prínciple *n.* 〖光学〗 フェルマーの原理《光は 1 点から他の 1 点に進むのに極小の時間で到達しうるような経路をとるという原理》. 〖((1888)) ← *P. de Fermat*〗

Fermát's théorem *n.* 〖数学〗 フェルマーの小定理《整数 *a* が素数 *p* の倍数でなければ, *a* の (*p*-1) 乗から 1 を引いたものは p で割り切れるという定理》. 〖((1811)) ↑〗

fer·ment /fə́ːmɛnt | fə́ː-/ *n.* **1 a** (沸き返るような)大騒ぎ, 騒動, 動乱; 興奮: The country was in (a) political [a stage [state] of (political)] ~. その国は政治的混乱[(政治的)騒乱状態]にあった. **b** (しばしば乱雑な)活動的な発達過程. **2** 発酵. **3 a** 発酵体, 発酵素《発酵を起こさせる物質 (enzyme など), または生物体 (yeast)》. **b** 《古》 酵素.
— /fə(ː)mént | fə(ː)-/ *v.* — *vt.* **1** 発酵させる, …に発酵を起こさせる: ~*ed* substances 発酵(した)物質. **2** …の血を沸き返らせる; 〈感情・激情・不安・騒動などを〉刺激する, 激発する, かきたてる. — *vi.* **1** 発酵する: ~*ing* substances 発酵している物質. **2** 〈感情・情勢などが〉沸き返る, 激動する, 沸騰する.
〖n.: ((?*a*1425)) □ (O)F ~ // L *fermentum* leaven, agitation ← IE **bh*(*e*)*reu-* to boil (⇨ brew). — v.: ((*a*1398)) □ (O)F *fermenter* to ferment〗

fer·ment·a·bil·i·ty /fə(ː)mɛ̀nṭəbíləṭi | fə(ː)mɛ̀ntəbílɪti/ *n.* 発酵性, 発酵能. 〖((1788)): ⇨ ↓, -ity〗

fer·ment·a·ble /fə(ː)ménṭəbl | fə(ː)mént-/ *adj.* 発酵可能の, 発酵性の. 〖((1731–37)): ⇨ -able〗

fer·men·ta·tion /fə̀ːmɛntéɪʃən, -mən- | fə̀ː-/ *n.* **1** 発酵(作用). **2** (沸き返るような)動揺, 動乱 (agitation); 興奮 (excitement). 〖((*c*1395)) ((1601)) □ LL *fermentātiō*(*n-*): ⇨ ferment, -ation〗

fermentátion lòck *n.* 発酵栓《ワインの発酵の際発生する炭酸ガスを逃がすために樽や瓶の口につけた弁》.

fer·men·ta·tive /fə(ː)ménṭəṭɪv | fə(ː)méntət-/ *adj.* 発酵力のある, 発酵による, 発酵性の: ~ changes. **~·ly** *adv.* **~·ness** *n.* 〖((1661)) □ L *fermentātivus*: ⇨ -ive〗

fer·ment·er /fə(ː)ménṭə | fə(ː)méntə^r/ *n.* (*also* **fer·men·tor**) 発酵を起こさせる有機体; 発酵槽. 〖((1918)): ⇨ ferment, -er[1]〗

fer·mi /fə́ːmi, féə- | fə́ː-, féə-/ *n.* 〖物理〗 フェルミ《核物理学で用いる長さの単位; $=10^{-15}$ m; 記号 fm; faint meter ともいう》. 〖((1955)) ↓〗

Fer·mi /féəmi, fə́- | fə́ː-, féə-; *It.* férmi/, **Enrico** *n.* フェルミ《1901–54; イタリア生まれの米国の原子物理学者; Nobel 物理学賞 (1938); 原子炉の実用化, フェルミ系統の発見, β 崩壊の理論などで知られる》.

Férmi-Dirác statìstics *n.* 〖物理〗 フェルミディラック統計《半奇数 ($^1/_2$, $^3/_2$, …) のスピンをもつ粒子の従う統計で, 二つ以上の同一粒子が同じ状態に存在しえない; Fermi statistics ともいう; cf. Bose-Einstein statistics》. 〖((1928)) ← *E. Fermi* & *P. A. M. Dirac*〗

Férmi ènergy [lèvel] *n.* 〖物理〗 フェルミエネルギー[準位]《固体の電子エネルギーの準位のうち最も高い準位》. 〖1936〗

Férmi·làb *n.* フェルミ研究所《米国 Illinois 州にある, 500 GeV 陽子シンクロトロンをもつ高エネルギー物理学研究のための国立研究所》. 〖← *Fermi* (*National Accelerator*) *Lab*(*oratory*)〗

fer·mi·on /fə́ːmiɑ̀(ː)n, féə- | fə́ːmiɒn, féə-/ *n.* 〖物理〗 フェルミオン, フェルミ粒子《電子・陽子・中性子などのようにスピンが半奇数でフェルミディラック統計に従う粒子; cf. boson》. 〖((1947)) ← *E. Fermi*+-ON[2]〗

Férmi statìstics *n.* 〖物理〗 =Fermi-Dirac statistics. 〖1927〗

Férmi sùrface *n.* 〖物理〗 フェルミ面《フェルミエネルギーをもつ電子が運動量空間で形成する面》. 〖1952〗

fer·mi·um /fə́ːmiəm, féə- | fə́ː-, féə-/ *n.* 〖化学〗 フェルミウム《放射性元素の一つ; 記号 Fm, 原子番号 100》. 〖((1955)) ← *E. Fermi*+-IUM〗

fern /fə́ːn | fə́ːn/ *n.* **1** 〖植物〗 シダ《シダ目の植物の総称》: ⇨ royal fern. **2** [集合的] シダの茂み: go through heath and ~ (生い茂る)ヒースやシダの中を押し分けて行く. **3** シダの葉. 〖OE *fearn* < (WGmc) **farn-an* (Du. *varen* / G *Farn*) ← IE **per-* to lead (Skt *parṇa* feather)〗

Fern /fə́ːn | fə́ːn/ *n.* ファーン《女性名》. 〖↑〗

Fer·nand /fɛənɑ̃́ː(ŋ), -náːŋ | fɛə-; *F.* fɛʁnɑ̃/ *n.* フェルナン《男性名》. 〖□ F ~ 'FERDINAND'〗

Fer·nan·da /fə(ː)nǽndə | fə(ː)-; *Sp.* feɾnánda/ *n.* ファーナンダ《女性名》. 〖□ Sp. ~ (fem.) ← *Fernando* 'FERDINAND'〗

Fer·nan·del /fɛənɑ̃ndél, fɛə- | fə-, fɛə-; *F.* fɛʁnɑ̃dɛl/ *n.* フェルナンデル《1903–71; フランスの喜劇俳優; 本名 Fernand Joseph Désiré Contandin》.

Fer·nán·dez /fə(ː)nǽndɛz | fə(ː)-; *Sp.* feɾnándeθ/, **Juan** *n.* フェルナンデス《1530?–?99; スペインの航海者; 南米南岸を初めて周航》.

Fer·nan·dez /fɛənɑːndéz, -déz | fɛənɑːn-; *F.* fɛʁnɑ̃dɛs, -de:z/, **Ra·mon** /ʁamɔ̃/ *n.* フェルナンデス《1894–?1944; フランスの作家・評論家; 本名 Petro Estala》.

Fer·nan·do /fənǽndou, fɛə-, -náːn- | fənǽndəʊ; *Sp.* feɾnánðo, *Port.* fwɨ̃nɐ̃́du, *Braz.* feʁnɐ̃́du/ *n.* ファーナンド《男性名》. 〖□ Sp. ~ 'FERDINAND'〗

Fernándo de No·ró·nha /-dənəróunjə | -nərə́u-; *Port.* -ðwnuɾóɲɐ/ *n.* フェルナンド デ ノローニャ(島)《南大西洋にあるブラジル連邦直轄地の孤島; もと流刑地; 面積 26 km²》.

Fer·nan·do Pó·o /fənǽndoupóu, fɛənáːn- | fənǽndəupə́u/ *n.* (*also* **Fer·nan·do Pó·o** /~/; *Sp.* fernándopó/) フェルナンド ポー(島)《Bioko の旧名 (1973 年まで); cf. Macías Nguema Biyogo》.

férn·bìrd *n.* 〖鳥類〗 シダセッカ (*Bowdleria punctata*) 《ヒタキ科の鳴鳥; ニュージーランドの沼沢地に生息する淡黄色の小形の鳥》. 〖1882〗

férn·bràcken *n.* 〖植物〗 =fernbrake.

férn·bràke *n.* **1** 〖植物〗 ワラビ (*Pteridium aquilinum*) 《単に brake, hog brake という》. **2** シダのやぶ. 〖((1611)) ← FERN+BRAKE[3]〗

fern·er·y /fə́ːnəri | fə́ːn-/ *n.* **1** 群生したシダ. **2** シダ栽培地, (装飾用)シダ栽培ケース. 〖((1840)): ⇨ -ery〗

férn·less *adj.* シダの生えていない. 〖((1888)): ⇨ -less〗

férn·lìke *adj.* シダの葉のような, シダ状の. 〖1650〗

férn òwl *n.* 〖鳥類〗 ヨーロッパヨタカ (*Caprimulgus europaeus*) (nightjar). 〖1678〗

férn sèed *n.* シダの胞子《昔これを持っていると姿が人に見えなくなると信じられていた》. 〖1596–97〗

fern·y /fə́ːni | fə́ː-/ *adj.* (**fern·i·er, -i·est; more ~, most ~**) **1** シダの(ような), シダ状の. **2** シダの多い[茂った]. 〖((1324)): ⇨ -y[4]〗

fe·ro·cious /fəróuʃəs | fɪrə́u-/ *adj.* **1** 獰猛(どう)な, 狂暴な, 野蛮な, 残忍な (⇨ fierce SYN): a ~ look 獰猛な顔つき / a ~ murder 非道な殺人. **2** 《口語》 激しい, ひどい (excessive): ~ heat ひどい暑さ, 酷暑 / a ~ appetite ものすごい食欲. **~·ly** *adv.* **~·ness** *n.* 〖((1646)) ← L *ferōci-*, *ferōx* (← *ferus* 'FIERCE')+-IOUS〗

fe·roc·i·ty /fərɑ́(ː)səṭi | fɪrɔ́sɪti/ *n.* **1** 獰猛さ, 狂暴(性), 野蛮(性), 残忍(性) (fierceness, cruelty). **2** 狂暴な行為, 蛮行. 〖((1606)) □ F *férocité* □ L *ferōcitātem* fierceness: ⇨ ↑, -ity〗

-fer·ous /-f(ə)rəs/「…を生じる, 産する, 含む」などの意の形容詞連結形; 常に -i- を伴って -iferous となる: *auriferous*, *coniferous*, *pestiferous*. 〖⇨ -fer, -ous〗

fer·ox /férɑ(ː)ks | -rɔks/ *n.* 《英》〖魚類〗 スコットランドの湖にすむ大形のマスの一種 (*Salmo ferox*) 《現在はブラウントラウト (brown trout) と同種にされている; ferox trout ともいう》. 〖((1867)) □ L ~ 'FIERCE'〗

Fer·rand /férənd/ *n.* フェランド《男性名》. 〖(異形) ← FERDINAND〗

Fer·ra·ra /fəráːrə; *It.* ferráːra/ *n.* フェラーラ《イタリア北部 Emilia Romagna 州の Po 川の河口に近い都市; 中世紀に創始された古い大学・大聖堂がある; Ariosto および Tasso の誕生地》.

Fer·ra·rese /fèrəríːz, -ríːs | -ríːz-/ *adj.* フェルラーラの. — *n.* (*pl.* ~) フェルラーラの人[市民]. 〖((1573)): ⇨ ↑, -ese〗

Fer·ra·ri /fəráːri | fə-, fɛ-; *It.* ferráːri/ *n.* 〖商標〗 フェラーリ《イタリア Ferrari 社製のスポーツカー》. 〖↓〗

Fer·ra·ri /fəráːri | fə-, fɛ-; *It.* ferráːri/, **En·zo** /éntso/ *n.* フェラーリ《1898–1988; イタリアのレーシングカーの設計・製作者》.

fer·rate /féreɪt/ *n.* 〖化学〗 鉄酸塩 (H_2FeO_4) 《仮説上の鉄酸の塩; 深赤色の結晶》. 〖((1854)) ← L *ferrum* iron (⇨ ferrum)+-ATE[1]〗

fer·re·dox·in /fèrədɑ́(ː)ksɪn | -rɪdɔ́ksɪn/ *n.* 〖生化学〗 フェレドキシン《葉緑体の中にある含鉄蛋白質で電子伝達系となる》. 〖((1962)) ← L *ferrum* (↑)+REDOX+-IN[2]〗

fer·rel /férəl/ *n.* 《古》 =ferrule.

Fér·rel's láw /férəlz-/ *n.* 〖気象〗 フェレルの法則《コリオリの力 (Coriolis force) の影響で, 南半球では左へ, 北半球では右へ風が偏向する法則》. 〖← *William Ferrel* (1817–91: アメリカの気象学者)〗

fer·re·ous /fériəs/ *adj.* 鉄の[のような, を含んだ]. 〖((1646)) □ L *ferreus* of iron: ⇨ ferri-, -ous〗

Fe·rrer Guar·di·a /fərέəgwáːdiə | -réəgwáːdiə; *Sp.* feréɾɣwárðja/, **Francisco** *n.* フェレール グワルディヤ《1859–1909; スペインのアナキスト; 処刑された》.

Fer·re·ro /fəréərou | feréərəu; *It.* ferréːro/, **Gug·liel·mo** /guʎʎélmo/ *n.* フェレーロ《1871–1943; イタリアの歴史家・社会学者》.

fer·ret[1] /férɪt/ *n.* **1** 〖動物〗 **a** フェレット (*Mustela fulo*) 《ヨーロッパケナガイタチ (European polecat) の畜産品種で, 欧米では飼いならしてウサギ・ネズミなどを穴から追い出すのに用いる》. **b** =black-footed ferret. **2** 探索者 (searcher), 探偵. **3** 〖航空〗 レーダー基地探索機.

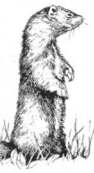

ferret[1] 1

— *vi.* **1** フェレットを使って狩りをする: go ~*ing*. **2** 捜し回る 〈*about, around*〉; 捜し出す 〈*out*〉: ~ *about* [*around*] among [in] old papers and books 古い書類や書物の中をひっかき回して捜す. — *vt.* **1** 捜し出す, 暴き出す 〈*out*〉: ~ *out* a secret, the facts, etc. **2** 狩り立てる, 狩り出す 〈*out*〉. **3 a** フェレットを使って〈ウサギ・ネズミなどを〉狩る. **b** フェレットを使って〈野原を〉守る[あさる]: ~

the field. 4 《古》〈人を〉苦しめる, いらいらさせる, 責める.
～·er /-ṭə | -tə(r)/ n. 〖(c1350) feret ◻ OF fu(i)ret (F furet) < VL *fūrittu(m) (dim.) ← L fūr thief, robber〗
fer·ret[2] /férɪ̀t/ n. 《古》(絹または木綿の丈夫な)細幅リボン[テープ]《物をくくったりまた縁飾りなどに用いる》; 靴ひも. 〖(1576) ◻ It. fioretti floss silk (pl.) ← fiorotto (dim.) ← fiore < L flōrem, flōs flower〗
férret-bàdger n. 〖動物〗イタチアナグマ (*Helictis moschata*)《アジア南部および東部産でアナグマに似たイタチ科の獣》.
férret-èyed adj. フェレットのような目をした《縁の赤い丸い小さいぱちくりした目をいう》.
fér·ret·ing /-ṭɪŋ | -tɪŋ/ n. =ferret[2].
fer·ret·y /férɪ̀ṭi | -ti/ adj. フェレットのような. 〖(1801) ← FERRET[1]＋-Y[1]〗
fer·ri- /férɪ̀, -ri/ 1 ferro- の異形 (⇨ -i-). 2 〖化学〗「第二鉄 (ferric iron) を含む, 3 価の鉄 (Fe^{III}) を含む」の意の連結形. 〖(変形) ← FERRO-〗
fer·ri·age /férɪɪdʒ/ n. 1 船渡し(便); 渡船業. 2 渡船料金, 渡し賃. 〖(1330): ⇨ ferry, -age〗
fer·ric /férɪk/ adj. 1 鉄の[に関する, を含む]. 2 〖化学〗第二鉄の, 3 価の鉄 (Fe^{III}) の (cf. ferrous): ～ iron 第二鉄 / ～ salt 鉄 (III) 塩, 第二鉄塩《3 価の鉄塩》/ ～ sulphide 硫化鉄 (III), 硫化第二鉄. 〖(1799) ← L ferrum iron＋-IC[1]〗
férric ammónium cítrate n. 〖化学〗クエン酸鉄 (III) アンモニウム, クエン酸第二鉄アンモニウム ($FeNH_4(SO_4)_2 \cdot 12H_2O$)《赤褐色の鱗片状結晶で, 医薬鉄剤に用いる》. 〖c1924〗
férric ammónium óxalate n. 〖化学〗蓚酸(しゅうさん)鉄 (III) アンモニウム, 蓚酸第二鉄アンモニウム ($(NH_4)_3Fe(C_2O_4)_3 \cdot 3H_2O$)《緑色の水溶性結晶で, 青写真に用いる》.
férric chlóride n. 〖化学〗塩化鉄 (III), 塩第二鉄 ($FeCl_3$)《橙色の結晶; iron trichloride, iron perchloride ともいう》. 〖1885〗
férric diméthyl·dithiocárbamate n. 〖化学〗ジメチルジチオカルバミン酸鉄 (III) (ferbam).
férric hydróxide n. 〖化学〗水酸化鉄 (III), 水酸化第二鉄 ($Fe_2O_3 \cdot nH_2O$). 〖1885〗
férric óxide n. 〖化学〗酸化鉄 (III), 三酸化二鉄, 酸化第二鉄 (Fe_2O_3)《暗赤色粉末または塊, 天然には赤鉄鉱として産する》. 〖1882〗
férric súlfate n. 〖化学〗硫酸鉄 (III), 硫酸第二鉄 ($Fe_2(SO_4)_3$).
férri·cyànic ácid n. 〖化学〗ヘキサシアノ鉄 (III) 酸, フェリシアン酸 ($H_3Fe(CN)_6$)《褐色で結晶をなし, 水溶性の固形物質》. 〖← FERRI-＋CYANIC〗
fèrri·cýanide n. 〖化学〗ヘキサシアノ鉄 (III) 酸の塩, フェリシアン化物 ($Fe(CN)_6^{---}$) を含む塩: ～ of potash＝potassium ～ フェリシアン化カリウム, 赤色血鹵(けつろ)塩, 赤血塩 / ～ of soda フェリシアン化ソーダ, 赤血ソーダ. 〖1845〗
Fer·ri·er /fériə | -riə(r)/, **Kathleen** n. フェリアー《1912–53; 英国のアルト歌手》.
fer·rif·er·ous /fərɪ́f(ə)rəs, fɛ-/ adj. 鉄を産する[生じる, 含む]: ～ rocks, soil, etc. 〖(1811) ← FERRI-＋-FEROUS〗
fèrri·hémoglobin n. 〖生化学〗フェリヘモグロビン (⇨ methemoglobin).
férri·màgnet n. 〖物理〗フェリ磁石《フェリ磁性による磁石》. 〖1963〗
fèrri·magnétic adj. 〖物理〗フェリ磁性の. **fèrri·magnétically** adv. 〖(1951): ⇨ ↑, -ic[1]〗
fèrri·mágnetism n. 〖物理〗フェリ磁性《結晶中に 2 種類の強磁性原子があり, それらの相互作用で自発磁化を生じる性質》. 〖(1948) ◻ F ferrimagnétisme〗
Fér·ris whèel /férɪ̀s- | -rɪs-/ n. (フェリス式)観覧車, 水車型大観覧車. 〖(1893) ← George W. G. Ferris (1859–96: その発明者である米国人技師)〗
fer·rite /féraɪt/ n. 1 〖化学〗亜鉄酸塩 ($H_2Fe_2O_4$). 2 〖冶金〗フェライト《α 鉄の組織名の一つ》. 3 〖鉱物〗フェライト《$MO \cdot Fe_2O_3$ (M は 2 価の金属)の形をもつ強磁性化合物; 各種電気機器や記憶装置に応用される》. 4 〖窯業〗フェライト《強磁性を示す焼結材料》. **fer·rit·ic** /fərɪ́tɪk, fɛ- | -tɪk/ adj. 〖(1851) ← L ferrum iron＋-ITE[1]〗
férrite mágnet n. 〖化学〗フェライト磁石.
férrite-ròd áerial n. 〖電子工学〗フェライトロッドアンテナ《フェライト棒の回りにコイルを巻いたラジオ受信機用のアンテナ》.
fer·ri·tin /férəṭɪ̀n, -tn | -rɪ̀tɪn/ n. 〖生化学〗フェリチン《20% 以上の鉄を含み赤褐色の結晶状をなす金属蛋白質》. 〖(1937) ← FERRO-＋-ITE[1]＋-IN[2]〗
fer·ro- /férou | -rəu/ 1 「鉄分を含む, 鉄の」の意の連結形. ★ 時に ferri- になる. 2 〖化学〗「第一鉄 (ferrous iron) を含む, 鉄 (II) を含む」の意の連結形: ferrocyanide. 〖← L ferrum iron〗
fèrro·álloy n. 〖化学〗鉄合金, 合金鉄. 〖1955〗
fèrro·cálcite n. 〖鉱物〗含鉄方解石. 〖1868〗
fer·ro·cene /férəsìːn/ n. 〖化学〗フェロセン ($(C_5H_5)_2Fe$)《シクロペンタジエン (cyclopentadiene) と鉄の化合物で, ガソリンなどに添加し燃焼効率を良くする》. 〖(1952) ← FERRO-＋-CENE〗
férro·chròme n. 〖化学〗=ferrochromium.
fèrro·chrómium n. 〖化学〗クロミウム鉄, クロム鉄《クロムを 60–90% 含む鉄合金》.
fèrro·cóncrete n. 鉄筋コンクリート (reinforced concrete). 〖1900〗
fèrro·cyánic adj. 〖化学〗ヘキサシアノ鉄 (II) 酸, フェロシアン酸の. 〖(1819) ← FERRO-＋CYANIC〗
fèrro·cyànic ácid n. 〖化学〗ヘキサシアノ鉄 (II) 酸, フェロシアン酸 ($H_4Fe(CN)_6$)《無色の結晶物で, 空中で酸化されて青色の Prussian blue に変わる》. 〖1819〗
fèrro·cýanide n. 〖化学〗フェロシアン化物 ($Fe(CN)_6^{----}$ 基を含む塩): ⇨ potassium ferrocyanide, sodium ferrocyanide. 〖(1810–26) ← FERRO-＋CYANIDE〗
fèrro·eléctric 〖電気〗adj. 強誘電性の. — n. 強誘電体. **fèrro·eléctrically** adv. 〖1935〗
fèrro·electrícity n. 〖電気〗強誘電性《電界をかけると著しい誘電分極が起こる性質》. 〖1946〗
fèrro·flúid n. 強磁性流体《磁性微粒子を含む液体》.
Ferrol n. ⇨ El Ferrol.
fèrro·magnésian 〖地質〗adj. 〈鉱物・岩石が〉鉄とマグネシウムを含む, 鉄苦土化合物の. — n. 鉄とマグネシウムを含んだ鉱物. 〖1899〗
fèrro·mágnet n. 〖磁気〗=ferromagnetic.
fèrro·magnétic 〖磁気〗adj. 強磁性の《磁界の方向に強く磁化する性質をもつ; cf. paramagnetic》: a ～ body [substance] 強磁性体《鉄・ニッケル・コバルトなど》. — n. 強磁性体. 〖1850〗
fèrro·mágnetism n. 〖磁気〗強磁性《磁界を加えるとその方向に強く磁化する性質; また, この結果として磁界を取り去っても磁化が残る性質; cf. diamagnetism, paramagnetism, magnet, Curie-Weiss Law》. 〖1851〗
fèrro·mánganese n. 〖冶金〗フェロマンガン, マンガン鉄《マンガンを多量に含む鉄合金》. 〖1864〗
fer·rom·e·ter /fərɑ́(ː)məṭə, fɛ- | -rɔ́mɪ̀tə(r)/ n. 〖磁気〗(鋼鉄や鉄などについて)透磁率や強磁性体を決定する装置. 〖1935〗
fèrro·molýbdenum n. 〖冶金〗モリブデン鉄《モリブデンを 65% 程度含む鉄合金》.
fèrro·níckel n. 〖冶金〗ニッケル鉄《ニッケルを 20–40% 程度含む鉄合金》.
fèrro·phósphorus n. 〖冶金〗フェロフォスフォル, リン鉄《鉄とリンとの合金》.
fèrro·résonance n. 〖電気〗鉄共振《鉄心の飽和特性による跳躍現象を伴う電気的共振》. 〖1924〗
fèrro·sílicon n. 〖冶金〗フェロシリコン, ケイ素鉄《鉄と 15–95% のケイ素との合金》. 〖1882〗
fer·ro·so- /fəróusou, fɛ- | -róusəu/ 〖化学〗「第一鉄を含む, 第一鉄と…との」の意の連結形: ferroso-ferric. 〖← NL ferrōsus 'FERROUS'〗
fèrro·titánium n. 〖冶金〗フェロチタン, チタン鉄《鋼とチタンの合金》.
fèrro·túngsten n. 〖化学〗タングステン鉄《タングステンを 70% 以上含む鉄合金》. 〖1881〗
fer·ro·type /férətàɪp, -rou- | -rə(u)-/ 〖写真〗n. 1 フェロタイプ, つや出し乾燥. 2 鉄板写真(法) (tintype)《薄い黒色鉄板上に湿板法によって撮影した写真》. — vt. 1 〈焼き付けした陽画[プリント]を〉フェロタイプする, つや出し乾燥する, …にフェロをかける. 2 鉄板写真にとる. 〖(1844) ← FERRO-＋-TYPE〗
férrotype plàte n. 〖写真〗フェロタイプ板《写真陽画の面を光沢面にするために使用する滑面のクロムメッキ板; 昔は黒エナメル塗り薄鉄板》. 〖1879〗
fer·rous /férəs/ adj. 1 鉄の, 鉄から採った; 鉄を含む: ～ and nonferrous metals 鉄金属と非鉄金属. 2 〖化学〗第一鉄の, 2 価の鉄 (Fe^{II}) の (cf. ferric): ～ iron 第一鉄. 〖(c1865) ← L ferrum iron (⇨ ferrum)＋-OUS〗
férrous chlóride n. 〖化学〗塩化鉄 (II), 塩化第一鉄 ($FeCl_2$, $FeCl_2 \cdot 4H_2O$). 〖1876〗
férrous hydróxide n. 〖化学〗水酸化鉄 (II), 水酸化第一鉄 ($Fe(OH)_2$).
férrous óxalate n. 〖化学〗蓚酸(しゅうさん)鉄 (II), 蓚酸第一鉄 ($FeC_2O_4 \cdot 2H_2O$).
férrous óxide n. 〖化学〗酸化鉄 (II), 酸化第一鉄 (FeO). 〖1873〗
férrous sált n. 〖化学〗鉄 (II) 塩, 第一鉄塩《2 価の鉄塩》.
férrous súlfate n. 〖化学〗硫酸鉄 (II), 硫酸第一鉄, 緑礬(りょくばん) ($FeSO_4 \cdot 7H_2O$)《染料・インク製造・写真用薬品などに使用; copperas, green vitriol, iron vitriol, iron sulfate ともいう》. 〖1865〗
férrous súlfide n. 〖化学〗硫化鉄 (II), 硫化第一鉄 (FeS).
fer·ru·gin·e·ous /fèruːdʒíniəs⁻/ adj. =ferruginous.
fer·ru·gi·nous /fərúːdʒənəs, fɛ- | -dʒɪ̀-/ adj. 1 鉄の, 鉄分を含有する, 鉄質の: a ～ spring 含鉄鉱泉, 鉄泉. 2 鉄銹(さび)色の, 赤褐色の. — n. 鉄銹色, 赤褐色. 〖(1656–81) ← L ferrūginus (← ferrūgō iron rust ← ferrum iron)＋-OUS〗
ferrúginous dúck n. 〖鳥類〗メジロガモ (*Aythya nyroca*)《ユーラシア産のガンカモ科の鳥; 白い翼帯に赤みがかった茶色の羽毛をしている》.
fer·rule /férəl, -ruːl | -ruːl, -rəl/ n. 1 (先端の)きせ金具, はめ輪, (つえ・こうもり傘などの)石突き. 2 〖機械〗a フェルール, (ボイラー管の)はめ輪, 口輪, くさび管. b (接合部補強のための)はばき金, 金環. 3 〖機械〗(弓ぎりの)回し車. 4 〖釣〗さおの継ぎ目の部分. — vt. …にきせ金具[石突き, フェルール]を付ける. 〖(1611)《変形》← 《廃》verrel ◻ OF virelle (F virole) < L virolam (dim.) ← viriae armlets, bracelets: 今の形は L ferrum iron との連想による〗
fér·ruled adj. きせ金具[石突き, フェルール]を付けた. 〖(1867): ⇨ ↑, -ed〗
fer·rum /férəm/ n. 〖化学〗鉄 (iron)《記号 Fe, 原子番号 26, 原子量 55. 847》. 〖◻ L ～: ⇨ farrier〗
fer·ry /féri/ n. 1 渡し場, 渡船場; 渡船施設. 2 フェリー(ボート) (ferryboat), 渡し船: by ～ / on a ～. 3 渡し, 船渡し; 渡船営業権. 4 a (新造飛行機の工場から現場まで運ぶ)フェリー, 自力現場輸送. b (2 地点間の)定期空輸. 5 宇宙船フェリー《宇宙飛行士を惑星や宇宙基地へ輸送するフェリー》.
táke the férry 《戯言》死ぬ (die) (cf. Charon 1).
— vt. 1 a 船を渡す: ～ men and animals *over* the water, *across* a river, etc. b 〈川などを〉フェリーで渡る[横切る]: ～ the river. 2 a 〈人・物資を〉フェリーで輸送する; 空輸する. b 〈船を〉操る, やる. c 〈新造の航空機を〉(異なる基地間, または工場から発注[目的]地まで, 乗客や貨物をのせずに)空輸する. 3 〈人を〉(車などで)運ぶ, 連れて行く 〔*to, from*〕. — vi. 船で渡る: ～ *across* the river / ～ *across* to Dover.
〖n.: (1286) ◻ ON ferja < Gmc *farjōn ← *far- to go: ⇨ fare (v.). — v.: OE ferian to carry < Gmc *farjan〗
fer·ry·age /férɪɪdʒ/ n. =ferriage.
férry·bòat n. フェリーボート, 渡し船, 渡船, 連絡船. 〖1374–75〗
férry brìdge n. (フェリーの乗降に用いる)渡船橋《浮上型・つり下げ型などがある》. 〖1874〗
férry·man /-mən, -mæ̀n/ n. (*pl.* **-men** /-mən, -mèn/) 渡船業者; 渡し守, 渡船夫. 〖1464〗
férry stèamer n. 連絡汽船, 蒸気渡船.
fer·tile /fə́ːṭḷ | fə́ːtaɪl/ adj. 1 a 〈土地が〉肥えた, 肥沃な (productive) (cf. barren, infertile): ～ land [soil] 肥えた土地[土] / ～ plains 肥沃な平野. b 〔…の〕産出力に富んでいる 〔*of, in*〕: a land ～ *of* [*in*] rice 米多産地. c 発達に好条件を提供する: ～ soil *for* scholarship 学問の発達に適した土壌. 2 a 子を多く産む, 多産な (prolific, fecund). b 豊作をもたらす: ～ rains 慈雨. 3 創造力に富んだ, 創意の豊かな; 〔想像・想像力などの〕豊富な 〔*of, in*〕: be ～ *in* invention [imagination] 独創力[想像力]が豊かである / a ～ brain [imagination] 創意豊かな頭脳[豊かな想像力] / a mind ～ *in* schemes 工夫に富む心. 4 〖生物〗a 〈種子・卵が〉繁殖能力のある. b 生殖能力のある. c 受精[受胎]した (fertilized): a ～ egg 受精卵. d 〈茎状体など〉胞子を生じる機能をもった: ⇨ fertile frond. e 〈花・木が〉実のある, 結実する. f 〈葯(やく)が〉花粉を含んだ. 5 〖物理〗核分裂物資に変換できる, 核燃料の原料となる: ～ material (核)燃料親物質 / ～ uranium 238. 6 《廃》豊産の, 豊富な: ～ tears あふれる涙.
～·ly /-ṭḷ(l)i | -taɪlli/ adv. **～·ness** n. 〖(1436) ◻ (O)F ～ ◻ L fertilis fruitful ← ferre 'to BEAR[1]': ⇨ -ile[1]〗

SYN 肥沃な: **fertile** 〈土地が〉たくさんの健康な植物の生長を助ける; 〈想像力などが〉豊かな: *fertile* ground 肥沃な土地 / a *fertile* imagination 豊かな想像力. **productive** 生産力・生産性が高い《比喩的にも用いられる》: *productive* land 肥沃な土地. **fecund** 〈土地・生物がたくさんの作物や子を生み出す《格式ばった語》; 〈創造力が〉豊富な: *fecund* soil 肥沃な土地 / a *fecund* inventive genius 豊かな創造の才. **fruitful** たくさんの果実を実らせる; 多くの好結果を生む: *fruitful* branches たくさんの実を付ける枝 / a *fruitful* discovery 実り多き発見.
ANT sterile, barren.

Fértile Bélt n. [the ～] 肥沃地帯《カナダの Winnipeg 湖および Wood /wʊ́d/ 湖から Rocky 山脈にわたる特に地味の肥えた地帯》.
Fértile Créscent n. [the ～] 肥沃な三日月地帯《人類が初めて農耕を行ったと考えられている Palestine からアラビアの北部を回ってペルシャ湾に達する三日月形の地域》. 〖(1914) James H. Breasted (1865–1935: アメリカのエジプト学者・考古学者)の造語〗
fértile frónd n. 〖植物〗実葉, 胞子葉《生殖に直接関連して胞子形成機能をもつ葉の総称》.
fer·til·i·ty /fə(ː)tíləṭi | fə(ː)tílɪ̀ti/ n. 1 肥沃, 豊産, 多産; 豊富 (richness): ～ *of* fancy [invention] 空想[独創力]に富んでいること. 2 (土地の)生産力: the ～ of soil =soil ～ 地力. 3 出生率 (cf. mortality 3). 4 〖生物〗受精[受胎]能力, 繁殖力, 生殖力; 〖植物〗稔性.
— adj. [限定的] 1 豊穣の, 農作の, 多産の: ～ charms 豊作祈願の呪文. 2 〖民俗〗豊穣神崇拝の[に結びついた]: ～ myths. 〖(?a1425) ◻ (O)F fertilité ◻ L fertilitātem: ⇨ fertile, -ity〗
fertílity cùlt n. 〖民俗〗1 豊穣神崇拝(の儀式). 2 [集合的] 豊穣信仰の信者たち. 〖1933〗
fertílity drùg n. 〖薬学〗排卵誘発剤《女性の不妊治療剤; 主として性腺刺激ホルモンを使用する》. 〖1965〗
fertílity pìll n. 〖薬学〗排卵誘発型避妊錠《排卵誘発剤によって排卵日を定め, リズム法による避妊を確実にするタイプのピル》.
fertílity sỳmbol n. (fertility cult で祭る) 繁殖のシンボル, (特に)男根(像).
fer·til·iz·a·ble /fə́ːṭəlàɪzəbḷ, -ṭḷ- | fə́ːtɪ̀l-, -tḷ-/ adj. 1 〈土地が〉肥沃化の可能な. 2 〖生物〗受精[受胎]の可能な. 〖(1832) ← FERTILIZE＋-ABLE〗
fer·til·i·za·tion /fə̀ːṭəlɪ̀zéɪʃən, -ṭḷ- | fə̀ːtɪ̀laɪ-, -lɪ-, -tḷ-/ n. 1 多産化; (地味の)肥沃化, (土地の)肥沃法; 施肥. 2 (知的・経済的発達の)促進 (enrichment). 3 受精[授精](現象), 受胎(現象), 配偶子合体 (cf. synkaryon). **～·al** /-ʃnəl, -ʃənḷ⁻/ adj. 〖(1857) ← FERTILIZE＋-ATION〗
fertilizátion cóne n. 〖動物〗=entrance cone 1.
fertilizátion mémbrane n. 〖生物〗受精膜《受精後に卵の周りに形成される膜》. 〖1931〗
fer·til·ize /fə́ːṭəlàɪz, -ṭḷ- | fə́ːtɪ̀l-, -tḷ-/ vt. 1 (施肥な

どによって)〈土地を〉肥沃にする，〈土地〉の地味を肥やす (enrich). **2** 豊富にする，豊かにする：～ the mind. **3** …の発達を促進する. **4**〘生物〙受精[受胎]させる：～ an animal, a plant, etc. / ～ an egg [an ovum, a female reproductive cell] 卵子[卵細胞，雌性生殖細胞]を受精させる / Insects ～ flowers. 昆虫が花を受精させる. 〖((1648)) ◻ F *fertiliser*: ⇨ fertile, -ize〗

fer·til·iz·er /fə́ːtəlàɪzə, -tḷ- | fə́ːtɪ̀laɪzə(r)/ *n.* **1** 肥沃[豊か]にするもの[人]. **2** 肥料；(特に)化学肥料. **3**〘生物〙受精媒介者[物]：Butterflies are good ～*s*. チョウはよく花の受精媒介をする. 〖((*a*1661)): ⇨ ↑, -er[1]〗

fer·til·i·zin /fə(ː)tɪ́ləzɪ̀n, -zṇ | fə(ː)tɪ́lɪ̀zɪn/ *n.*〘生化学〙受精素《ウニ・ヒトデ・ゴカイなどの未受精卵から分泌される物質で，精子に作用して凝着を起こさせる》. 〖((1919)) ← FERTILIZE＋-IN[2]〗

fer·u·la /fér(j)ʊlə, -rə-/ *n.* (*pl.* ～**s**, **-u·lae** /-lìː/)〘植物〙**1** [F-] オオウイキョウ属《セリ科の一属》. **2** オオウイキョウ《オオウイキョウ属の植物の総称；地中海・中央アジア地方に産する薬用植物；アギ (asafetida) など；devil's dung ともいう；cf. galbanum》. **3** ＝ferule[1]. **fer·u·la·ceous** /fèruléɪʃəs, -rju:-/ *adj.* 〖((*a*1398)) ◻ L ～ 'giant fennel, rod'〗

F

fer·ule[1] /férəl, -ruːl | -ruːl, -rəl/ *n.* **1 a** むち《体罰用，特に手のひらを打つために用いる物差し状の木べら；cf. rod 2 b, cane[1] 2 c》. **b** むちによる体罰. **2** 厳しい学校訓育：be under the ～ (学校で)厳しく教育される. — *vt.* むちで打ち懲らす. 〖((1580)) ◻ L *ferula* (↑): cf. OE *ferele* rod〗

fer·ule[2] /férəl, -ruːl | -ruːl, -rəl/ *n.*, *vt.* ＝ferrule.

fe·rú·lic ácid /fərúːlɪk-, fe-/ *n.*〘化学〙フェルラ酸 ($HO(CH_3O)C_6H_3CH{:}CHCOOH$). 〖1876〗

fer·ven·cy /fə́ːvənsi | fə́ː-/ *n.* 熱烈，熱誠，燃えるような熱情 (fervor). 〖((*c*1412)) ◻ OF *fervence* ◻ LL *ferventia*: ⇨ -ency〗

fer·vent /fə́ːvənt | fə́ː-/ *adj.* **1** 熱烈な (ardent)，熱心な (zealous) (⇨ passionate SYN)；強烈な (intense)：a ～ lover [prayer] 熱烈に愛する[祈る]人 / have a ～ desire for peace 熱烈に平和を望む / ～ love, desire, hatred, etc. **2**《古・詩》非常に熱い，焼ける，燃える (burning)，白熱する (glowing)：～ heat 白熱 (2 *Pet.* 3:10). **～·ly** *adv.* **～·ness** *n.* 〖((1340)) ◻ (O)F ～ // L *ferventem* (pres.p.) ← *fervēre* to boil: cf. brew〗

fer·vid /fə́ːvɪ̀d | fə́ːvɪd/ *adj.* **1** 燃えるような，熱烈な，熱情的な：a ～ preacher 熱烈な説教家 / ～ loyalty 燃えるような忠誠心. **2**《古・詩》燃える，白熱の，熱い. **～·ly** *adv.* **～·ness** *n.* 〖((1599)) ◻ L *fervidus* fiery, burning, vehement ← *fervēre* (↑)〗

fer·vid·i·ty /fə(ː)vídəti | fəːvídɪ̀ti/ *n.* 〖((1727)): ⇨ ↑, -ity〗 **1** 白熱. **2** 熱烈，熱情 (zeal, passion).

Fer·vi·dor /fə́ːvɪ̀dɔ̀ə | fə́ːvɪdɔː(r); *F.* fɛʀvidɔːʀ/ *n.* 熱月 (⇨ Thermidor). 〖◻ F ～ ← L *fervidus* 'FERVID' ＋Gk *dôron* gift〗

fer·vor, (英) fer·vour /fə́ːvə | fə́ːvə(r)/ *n.* **1** (感情・情熱の)熱烈，熱情 (⇨ passion SYN)：religious ～ 宗教的熱情 / the ～ of one's devotion 熱愛 / preach with great ～ 非常な熱情をもって説教する. **2** 白熱(状態)；炎熱：the ～ of an African climate. 〖((*c*1384)) ◻ OF *fervo(u)r* (F *ferveur*) ◻ L *fervōr* violent heat ← *fervēre*: ⇨ fervent, -or[1]〗

Fès /fés/ *n.* ＝Fez.

FES《略》Federation of Engineering Societies; Fellow of the Entomological Society; Fellow of the Ethnological Society;〘フェンシング〙foil, épée and sabre.

Fes·cen·nine /féserəɪ̀n, -nìːn, -sṇ- | -sɪ̀n-/ *adj.* **1** (古代 Etruria の一都市) Fescennia の神祭[結婚式]で詠唱された. **2** [しばしば f-] (Fescennia の神祭で歌われた詩歌の文句のように)下品な，卑猥な，みだらな (obscene)：～ verse, songs, etc. 〖((1601)) ◻ L *Fescennīnus* ← *Fescennia*: ⇨ -ine[1]〗

fes·cue /féskjuː/ *n.* **1**〘植物〙イネ科ウシノケグサ属 (*Festuca*) の植物の総称《ウシノケグサ (sheep fescue) など有用な牧草が多い；fescue grass ともいう》. **2**《まれ》(昔子供に文字の読み方を教えるときに用いたわら・小枝・針金製などの)字突き，教鞭. 〖((*c*1378)) *festu* ◻ OF (F *fétu*) straw < VL **festucum*＝L *festūca* straw〗

féscue fòot *n.*〘獣医〙(牛の)ウシノケグサ中毒《ウシノケグサを食べて起こる麦角中毒 (ergotism) に似た牛の脚の病気》. 〖1949〗

fess[1] /fés/ *vi.* (*also* **'fess**)《口語》告白する，白状する (own) 〈*up*〉. 〖((1840))《頭部省略》← CONFESS〗

fess[2] /fés/ *n.* (*also* **fesse** /～/)〘紋章〙フェス《盾の約 1/3 幅の横帯；実際は 1/3–1/5 とその幅は一定していない》.
in féss 横帯の形に，横帯状に. ((1572)) ***párty per féss*** 〈盾が〉上下に二分された.
〖((*c*1400)) ◻ OF *fesse* (F *fasce*) < L *fasciam* band: cf. fascia〗

fess[3] /fés/ *adj.*《英方言》**1** いきいきした，元気のいい. **2** うぬぼれた，厚顔の. 〖《変形》? ← FIERCE〗

féss [fésse] pòint *n.*〘紋章〙盾形紋地のほぼ中心点. 〖1562〗

féss·wàys *adv.*〘紋章〙＝*in* FESS[2].

féss·wìse *adv.*〘紋章〙＝*in* FESS[2].

-fest /fèst/《米口語》「(にぎやかな・非公式の)会合，集い，大会」の意の名詞連結形：song*fest*. 〖((1889)) ◻ G ～ ← *Fest* 'FEAST, celebration'〗

fes·ta /féstə; *It.* fésta/ *n.* (イタリアで守護聖人を祝う)祭り，祝祭，祭日，祝日 (festival, holiday). 〖((1818)) ◻ It. ～ < VL **festa(m)* 'FEAST'〗

fes·tal /féstḷ/ *adj.* (宗教的な)祝祭 (festival) の；祝祭にふさわしい，お祭りらしい，陽気な (gay, joyous)：～ mirth お祭りの歓楽 / a ～ day 祝祭日 / a ～ mood お祭り気分 / ～ music 祝祭音楽. 〖((1479)) ◻ OF *festel* ◻ L *fēstālis*: ⇨ feast, -al[1]〗

fés·tal·ly /-təli, -tḷi/ *adv.* お祭りのように，祝祭気分で，にぎやかに，陽気に (gaily). 〖((1852)): ⇨ ↑, -ly[1]〗

fes·ter /féstə | -tə(r)/ *n.* (体表部の)潰瘍(かいよう)，膿疱(のうほう)；うみ，膿(のう). — *vi.* **1** 〈傷口などが〉うむ. **2** 腐る，腐敗する. **3** (炎症を起こして)うずく，痛む. **4** 〈憤り・怒りなどが〉ずきずきする，胸にわだかまる：The resentment ～*ed* in his mind. その恨みは心にわだかまった. **5**《英口語》なまける，何もしない. — *vt.* **1** 〈傷口などを〉うませる. **2** 炎症を起こさせる. **3** 〈心身を〉悩ます；毒する，…に悪影響を与える. 〖((*a*1325)) *festre* ◻ OF < L *fistrum* ulcer〗

fes·ti·na len·te /fɛstíːnəlénti | -ti/ *L.* ゆっくり急げ，急がば回れ (hasten slowly)《ラテン語慣用表現》. 〖1590〗

fes·ti·nate /féstənèɪt | -tɪ̀-/ *vi.* **1**《まれ》急ぐ，急いで行く. **2**〘病理〙《神経性疾患の際に次第に》歩行が加速する. — /féstənɪ̀t, -nèɪt | -tɪ̀-/ *adj.*《まれ》急速な，せっかちな. **～·ly** *adv.* 〖((1596)) ← L *festīnātus* (p.p.) ← *festīnāre* to hasten〗

fes·ti·na·tion /fèstənéɪʃən | -tɪ̀-/ *n.* **1**《まれ》急ぎ (haste). **2**〘病理〙加速歩行 (cf. festinate 2). 〖((1540–41)) ← L *festīnātiō(n-)* haste: ⇨ ↑, -ation〗

fes·ti·val /féstəvəl, -vḷ | -tɪ̀-/ *n.* **1** 祝祭，祭礼，祝い，祭：the ～ of Christmas クリスマス祝祭 / the New Year's ～ 正月の祝い. **2** 祭日，祝日. **3** (定期的)催物シーズン，フェスティバル，…祭：a music ～ 音楽祭 / the Wagner [Wagnerian] ～ (毎年6月 Bayreuth で開かれる) ワーグナー祭. **4** (祝祭の)饗宴(きょうえん)，宴楽 (merrymaking)：hold [keep, make] ～ 饗宴を催す. **5** 陽気さ，上機嫌. **6** ＝fair[2].
Féstival of Brítain [the ～] 英国祭 (1951–52 年に London の Thames 川南岸を会場に催された大博覧会百周年記念祭；戦後耐乏時代の終了を画すできごと).
Féstival of Fóols [the —] ＝FEAST of Fools.
Féstival of Fréedom [the —]〘ユダヤ教〙＝Passover 1.
Féstival of Lánterns [the —] ＝FEAST of Lanterns.
Féstival of Líghts [the —]〘ユダヤ教〙＝Hanukkah.
Féstival of Wéeks [the —]〘ユダヤ教〙＝Shabuoth.
— *adj.* 祝祭[祭礼]の，祝[祭]日の，お祭りらしい (festal). 〖((?*c*1380)) ◻ OF ～ ◻ ML *festivālis* ← L *festīvus* 'FESTIVE'〗

féstival·gòer *n.* 祝祭[フェスティバル]に出かける人. 〖1959〗

Féstival Háll *n.* ＝Royal Festival Hall.

fes·tive /féstɪv/ *adj.* **1** 祝祭の，お祝いの：the ～ season 祝祭季節《クリスマス季節などのこと》. **2** 祝祭日らしい，喜ばしい，愉快な (joyous, merry)，浮かれる (jovial)：a ～ mood お祭り気分 / ～ mirth 陽気な笑いさざめき. **～·ly** *adv.* **～·ness** *n.* 〖((1651)) ◻ L *festīvus* merry ← *festum* 'FEAST': ⇨ -ive〗

fes·tiv·i·ty /fɛstívəti, fəs- | fɛstívɪ̀ti/ *n.* **1** 祭礼，祝祭，祭典. **2** [*pl.*] お祝いの催し，浮かれ騒ぎ，お祭り騒ぎ：social *festivities* 社交的なお祭り騒ぎ. **3** お祭り気分，浮かれ気分，陽気なにぎわい；歓楽，歓喜. 〖((*a*1387)) ◻ (O)F *festivité* // L *festīvitātem*: ⇨ ↑, -ity〗

fes·ti·vous /féstəvəs | -tɪ̀-/ *adj.* ＝festive. 〖1654〗

fes·toon /fɛstúːn, fəs- | fɛs-/ *n.* **1** (装飾などに用いる)花綱(はなづな)，花綱状の物. **2**〘建築・家具〙花綱飾り，フェストーン，懸華装飾. **3**〘歯科〙**a** 歯肉肥大《歯頸線に沿った歯肉の膨隆》. **b** (義歯の)歯肉形成《歯肉の膨隆に似せて義歯の床に刻んだ彫刻》. — *vt.* **1 a** 花綱で飾る，…に花綱を垂らす. **b** 華やかに飾る：～*ed with* electric lights 電飾した. **2** 花綱に作り上げる；花綱状につなぐ. **3**〘歯科〙〈義歯〉の歯肉形成をする. **4** イラガ科のガ (*Apoda avellana*). 〖((1630)) ◻ F *feston* ◻ It. *festone* ← *festa* 'FEAST': ⇨ -oon〗

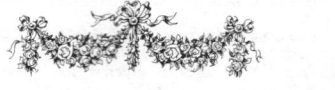

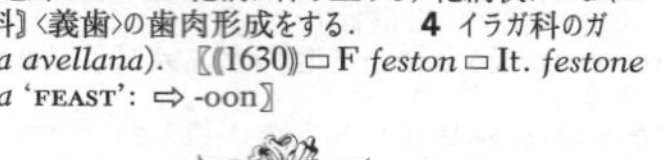

festoon 1

festóon blìnd *n.* フェストーンブラインド《布地でできていて，引き上げるとひだ状にまとまる窓用の日よけカーテン》.

festóon clòud *n.*〘気象〙＝mammatocumulus.

fes·toon·er·y /fɛstúːnəri, fəs- | fɛs-/ *n.* **1** [集合的] 花綱(はなづな) (festoons). **2**〘建築・家具〙花綱装飾. 〖((1836)): ⇨ -ery〗

Fest·schrift, f- /féṣ(t)ʃrɪft; *G.* féstʃʀɪft/ *n.* (*pl.* **Fest·schrif·ten** /～ən; *G.* ～ən/, ～**s**) (学術)記念論文集 〔*for*〕. 〖((1898)) ◻ G ～ ← *Fest* festival＋*Schrift* writings〗

FET《略》〘電子工学〙field-effect transistor.

fe·ta /fétə | -tə; *Mod.Gk.* féta/ *n.* フェタ(チーズ)《羊または山羊の乳から造り，塩水で保蔵するギリシャの堅い白チーズ；feta cheese ともいう》. 〖((1940)) ◻ NGk (*turi*) *pheta* ← *turós* cheese＋*pheta* (◻ It. *fetta* slice)〗

fe·tal /fíːtḷ | -tḷ/ *adj.*〘生物〙胎児の：～ movement 胎動. 〖((1811)) ← L *fētus* 'FETUS'＋-AL[1]〗

fétal álcohol sỳndrome *n.*〘医学〙胎児期アルコール症候群《妊娠中の母親のアルコール過飲による精神遅滞・異常小頭症など；略 FAS》.

fétal diagnósis *n.*〘医学〙(羊水穿刺法などによる)胎児診断.

fétal hémoglobin *n.*〘医学〙胎児ヘモグロビン. 〖1950〗

fe·tal·i·za·tion /fìːtəlɪ̀zéɪʃən, -tḷ- | -təlaɪ-, -lɪ-, -tḷ-/ *n.*〘動物〙胎児化，胎形保有《哺乳類の成体が祖先動物の胎児の形態のまま成体する現象；人類の特徴が類人猿の幼児のそれに似ている事実などはその例；cf. gerontomorphosis, neoteny, paedomorphosis》.

fétal posítion *n.* [the ～]〘精神医学〙(手足を縮めて胸元に引き寄せ体を丸めた)胎児型姿位. 〖1963〗

fétal ríckets *n. pl.* [単数または複数扱い]〘病理〙胎児佝僂(くる)病 (⇨ achondroplasia).

fe·ta·tion /fiːtéɪʃən/ *n.*〘生物〙妊娠 (pregnancy)；胎児形成. 〖← L *fētāt(us)* ((p. p.) ← *fētāre* to bring forth)＋-ION〗

fetch[1] /fétʃ/ *vt.* **1** [しばしば二重目的語を伴って] (行って)取ってくる，(行って)連れてくる (⇨ bring SYN)；来て連れて行く：I'll go and ～ the book *from* the library [*for* you]. 図書室から本を持ってきてあげよう[こよう] / She ～*ed* her child (home) *from* school. 子供を(迎えに行って)学校から連れて帰った / Please (go and) ～ the doctor. 医者を呼んできて下さい / He went home to ～ his sister. 家へ妹を連れに行った / *Fetch* me my hat. 帽子を取ってきて下さい. **2**《口語》〈商品が〉〈ある値に〉売れる，〈値を〉呼ぶ，〈収益・収入を〉もたらす：The corn ～*ed* an excellent price at the market. 穀物は市場でいい値に売れた / This won't ～ (you) much. これは大した金にはなるまい / His ability as a teacher did not ～ so much money here. 彼の教師としての才能でも当地ではさほどよい報酬は得られなかった. **3 a**《口語》[しばしば二重目的語を伴って]〈一撃を〉食わす：The man ～*ed* him a blow on the nose. その男は彼の鼻頭に一撃をくらわした. **b**《俗》〈人を〉殺す. **4 a**《古・口語》〈人〉の心を動かす，引き付ける，魅了する；〈聴衆などの〉人気を呼ぶ[さらう] (cf. fetching)：A little flattery will ～ him. 彼は少しおだててやればすぐいい気になる / The girl's beauty ～*ed* him completely. 彼女の美しさに彼はすっかりまいってしまった. **b**《英》いらいらさせる. **5 a** 取り出す，出てこさせる，呼び出す，誘い出す；《古》〈血・涙を〉流させる：～ a pump ポンプに迎え水をする / The call ～*ed* him (here [back]) at once. 呼び声に応じて彼はすぐ出て[戻って]きた / The words ～*ed* a laugh *from* the students. その言葉に学生は笑い出した / The story ～*ed* tears *from* [*to*] her eyes. その話を聞いて彼女は涙を流した. **b**《まれ》〈論点・類推などを〉引き出す，推論する 〔*from*〕. **6**〘狩猟〙〈猟犬が〉〈獲物を〉捜して持ってくる. **7**〘電算〙〈データを〉検索する，取得する 〔*from*〕. **8 a** 〈息を〉吸う，吸い込む. **b**《古》〈呼気・嘆息を〉吐く，漏らす；〈叫び・うめき声などを〉出す，発する：～ a sigh [a deep breath] ため息[深い息]をつく / ～ a scream [groan] 叫び[うめき]声を発する. **9**《方言・古》〈運動・動作を〉やってのける：～ a leap [turn] 跳躍[回転]をする. **10**〘海事〙(逆風・逆流に打ち勝って)到達する，着く：～ the harbor 着港する.
— *vi.* **1** 行って物を持ってくる：⇨ FETCH *and carry*. **2** 遠回りをして行く；回る 〈*around, round, about*〉：They ～*ed around* through the park. 彼らは公園を通って迂回(うかい)した. **3**《スコット》息切れする. **4**〘狩猟〙〈猟犬が〉獲物を取ってくる. ★ しばしば犬に向かっての命令に用いる：Go ～! 取ってこい. **5**〘海事〙〈船が〉(ある方向に)針路を保って進航する；針路を変える：～ headway [sternway] 前進[後退]する / to ～ windward 風上に向ける.
fétch abóut (1) ⇨ *vi.* 2. (2)〘海事〙〈帆船が〉進行方向の転換点に来る. ***fétch and cárry*** (召使のように)〈人のために〉使い走りをする，雑役をする 〔*for*〕：He was expected to ～ *and carry for* everybody in the office. 彼は事務所では皆の使い走りをすることになっていた. ***fétch aróund*** (1) ⇨ *vi.* 2. (2)《方言》生き返らせる. ***fétch awáy* [*wáy*]**〘海事〙(船の震動につれて)〈船中の物が〉揺れて踊り出す，ずれ動く. ***fétch dówn*** 射落とす，たたき落とす (bring down)；〈市価などを〉引き下げる：One shot ～*ed* the bird *down*. 一回の発砲でその鳥は射落とされた. ***fétch óff***《廃》始末する. ***fétch óut*** 引き出す (draw forth)；〈色つやなどを〉出す，表す：～ *out* the colors of marble. ***fétch róund*** (1) ⇨ *vi.* 2. (2) 〈人を〉納得させる：His argument ～*ed* me *round*. 彼の議論を聞き私も納得した. ***fétch úp*** (*vi.*)《口語》(1) 〈船・人が〉不意に止まる，ぴたりと止まる；到着する：～ *up* all standing (船が暗礁に乗り上げたときなど)帆を張ったまま突然ぴたりと止まる. (2) 〔…で〕終わる，結局〔…に〕行き着く 〔*in, with*〕：He ～*ed up in* jail. とどのつまりは刑務所行きとなった. (3)《俗》吐く，もどす. —(*vt.*) (1)《英口語》吐く. (2) 不意に[ぴたりと]止まらせる：He was ～*ed up* short by a sudden peal of thunder. 突然の雷鳴で急に立ち止まった. (3)《方言》育てる：～ *up* a child. (4) 作り出す；思い起こす，思い出す：～ *up* a memory to mind 記憶を呼び戻す，思い起こす. (5) 〈失ったものを〉回復する (make up). (6)《俗》吐く.
— *n.* **1** 取って[持って]くること，もたらすこと；取ってくる間の距離. **2** 風の吹送距離 (sweep)《海上・陸上における一定の方向と速さをもった風域の長さ》；(海上・湖面などにおける)波の発生域：a clear ～ of a thousand miles 風[波]のとぎれなく吹き[立ち]渡る千マイルの距離. **3** (何事かをもたらそうとする)術策，策略，計略. **4**〘海事〙**a** (湾などの)対岸の2点を結ぶ線，対岸距離，全長. **b** 波の進んだ距離.
～·er *n.* 〖OE *feċċ(e)an*《変形》← *fetian* to fetch, summon ← Gmc **fatōjan* to grasp (G *fassen* to grasp) ← IE **ped-* 'FOOT'〗

fetch[2] /fétʃ/ *n.* **1** (死の直前に遠くの親族・友人などの所に幻影となって現れるという)生霊(いきりょう) (wraith). **2** (外見・動作などよく似たもの，そっくりなもの (counterpart). **3** 幽霊，亡霊 (ghost). 〖((1787))?〗

fétch càndle *n.* 人魂(ひとだま)《人の死の前にその家から墓場へ行くのが見られるという燐光；死の前兆だと言い伝えられている；corpse candle ともいう》. 〖1852〗

fétch·ing *adj.* 人の心を奪う，魅力的な (attractive):

a ~ hat, girl, gown, etc. **~·ly** *adv.* 〖(1880): ⇨ -ing[2]〗

fete /féɪt, fét | féɪt; *F.* fɛt/ (*also* **fête** /~/) *n.* **1 a** 祝祭, 祭り (festival); 祝日, 祭日; 祝祭日, 休日 (holiday): a national ~ 国祭日. **b** 〖カトリック〗聖名祝日《当人と同名の聖人の日で誕生日と同様に祝う》. **2** (戸外の)祝宴, 饗宴(きょうえん): a garden [lawn] ~ 園遊会. **3** 慈善バザー. — *vt.* …のために(宴を張って)祝う; 敬意を表する, 賓客扱いする], 饗応する; (式を挙げて)祝う: a plan to ~ the day その日を祝おうという計画 / He was ~*d* everywhere he went. 彼は至る所で饗応[賓客扱い]された. 〖(1754) □ F *fête* 'FEAST'〗

fête cham·pê·tre /féɪtʃɑ̃:(m)pétr(ə), fét-, -ʃɑ:m- | fét-; *F.* fɛtʃɑ̃pɛtʁ/ *F. n.* (*pl.* **fêtes champêtres** /~/) **1** 野外大園遊会 (garden party). **2** 田舎の祭り. 〖(1774) □ F ~ 'rural festival'〗

fête dày *n.* 祭日, 祝日, 祝祭日; 聖名祝日 (cf. fete *n.* 1). 〖1817〗

fet·e·ri·ta /fèṭərí:ṭə | -tərí:tə/ *n.* 〖植物〗米国南西部で栽培されるイネ科モロコシの一種 (*Sorghum vulgare*). 〖□ Sudanese Arab. ~: cf. Arab. *faṭīrā^h* unleavened bread〗

fe·ti- /fí:ṭl̩, -ṭi | -tl̩, -ti/ feto- の異形 (⇨ -i-): *feticide*.

fe·tial /fí:ʃəl, -ʃl/ *n.* (*pl.* **fe·ti·a·les** /fi:ʃiéɪli:z/, **~s**) (古代ローマで人民の代表として宣戦講和などに当たった 20 人の)外交担当祭司団の一員. — *adj.* **1** (古代ローマの) 20 人の外交担当祭司団の. **2** 国際問題・宣戦および平和条約に関する: ~ law. **3** 伝令使の (heraldic); 外交の (diplomatic). 〖(1533) □ L *fētiālis* of the fetials // L *fētiālēs* (pl.) college of priests〗

fet·ich /féṭɪʃ, fí:ṭ- | -tɪʃ/ *n.* =fetish.

fét·ich·ìsm /-ʃɪzm/ *n.* =fetishism.

fét·ich·ist /-ʃɪst | -ʃɪst/ *n.* =fetishist.

fet·ich·is·tic /fèṭɪʃístɪk, fì:ṭ- | -tɪ-ˈ/ *adj.* =fetishistic.

fe·ti·cid·al /fì:ṭəsáɪdl̩ | -tɪsáɪdl̩ˈ/ *adj.* 胎児殺しの, 堕胎の.

fe·ti·cide /fí:ṭəsàɪd | -tɪ-/ *n.* 胎児殺し, 堕胎. 〖(1844) ← FETO-+-CIDE〗

fet·id /féṭɪd, fí:ṭ- | -tɪd/ *adj.* 悪臭のある[を放つ], いやに臭(くさ)い. **~·ly** *adv.* **~·ness** *n.* 〖(?a1425) □ L *fētidus, foetidus* stinking ← *fētēre* to stink: ⇨ -id[4]〗

fe·tid·i·ty /fetídəṭi, fi:- | -dɪti/ *n.* 悪臭(を発すること). 〖(1831): ⇨ ↑, -ity〗

fe·tip·a·rous /fi:típərəs/ *adj.* 〖動物〗〈カンガルーなど有袋類が〉早産の. 〖← FETO-+-PAROUS〗

fet·ish /féṭɪʃ, fí:ṭ- | -tɪʃ/ *n.* **1** 呪物(じゅぶつ), 物神《未開人などに霊力があるとして崇拝される物》. **2 a** 迷信の対象; 盲目的崇拝物: make a ~ of …を盲目的に崇拝する; …に熱狂する[熱を上げる]. **b** 異常な愛着[崇拝], 病的執着: have a ~ *for* [*about*] underwear. **3** 〖精神医学〗フェティッシュ (fetishist の性欲の対象物). **~·like** *adj.* 〖(1613) □ F *fétiche* □ Port. *feitiço* a charm < L *factītium* 'FACTITIOUS'〗

fét·ish·ìsm /-ʃɪzm/ *n.* **1** 呪物崇拝, 物神崇拝《例えば羽毛・木片・塊石などに霊力があるとして, それを崇拝して災いを免れ病気を治そうとする風習》. **2** 盲目的崇拝. **3** 〖精神医学〗フェティシズム, 淫物愛, 拝物愛《異性の体の一部(手足・髪など)や衣類・装身具などの無生物に性愛の対象を置くこと》. 〖(1801): ⇨ ↑, -ism: cf. F *fétichisme*〗

fét·ish·ist /-ʃɪst | -ʃɪst/ *n.* **1** 呪物崇拝者, 物神崇拝者. **2** 〖精神医学〗フェティシスト, 拝物性愛者. 〖(1845): ⇨ -ist〗

fet·ish·is·tic /fèṭɪʃístɪk, fì:ṭ- | -tɪ-ˈ/ *adj.* **1** 呪物の, 物神の. **2** 呪物[物神]崇拝的な; 盲目的崇拝の. **3** 〖精神医学〗フェティシズムの. 〖(1867): ⇨ -istic〗

fet·ish·ize /féṭɪʃàɪz | -tɪ-/ *vt.* …を盲目的に崇拝する. 〖(1934) (逆成) ← *fetishized* adj.: ⇨ fetish, -ize〗

fet·lock /fétlɑ(:)k | -lɒk/ *n.* **1** けづめ毛《ひづめの上部後方のむら毛》. **2** 球節, けづめ毛突起《馬などの足のけづめ毛の生じる部分; fetlock joint ともいう》. **3** 〖馬具〗=fetterlock 2. 〖(?a1300) *fitlock* (原義) 'LOCK[2] of the FOOT' ? MDu. & MLG (Du. *vetlok*: cf. MHG *vizzeloch, -lach* (G *Fissloch*): cf. fetter〗

fétlock-déep *adv., adj.* けづめ毛の上の所まで(の深さの). 〖1599〗

fe·to- /fí:ṭoʊ | -təʊ/「胎児 (fetus)」の意の連結形. ★時に feti- になる: *fetometry*. 〖← L *fētus, foetus* a bringing forth: ⇨ fetus〗

fe·tol·o·gy /fi:tɑ́(:)lədʒi | -tɔ́l-/ *n.* 胎児学. **fe·tól·o·gist** /-dʒɪst | -dʒɪst/ *n.* 〖(1965) ← FETO-+-LOGY〗

fe·tor /fí:ṭə, -tɔə | -tə^r, -tɔ:^r/ *n.* 強い悪臭: ~ of breath. 〖(a1500) □ L *fētor, foetor* ← *fētēre* to stink: cf. fetid, -or[1]〗

fe·to·scope /fí:ṭoʊskòʊp | -tə(ʊ)skə̀ʊp/ *n.* 〖医学〗 **1** 胎児鏡《子宮内の胎児を直接観察するための内視鏡》. **2** 胎児用聴診器《胎児の心音を聞くための聴診器》. **fe·to·scop·ic** /fì:ṭouskɑ́(:)pɪk | -tə(ʊ)skɔ́p-ˈ/ *adj.* **fe·tos·co·py** /fi:tɑ́(:)skəpi | -tɔ́s-/ *n.* 〖(1971) ← FETO-+-SCOPE〗

fet·ta /féṭə | -tə/ *n.* =feta.

fet·ter /féṭə | -tə^r/ *n.* [通例 *pl.*] **1** 足をくくり付ける鎖, 足かせ, 足鎖. **2** 束縛, 拘束: in ~s 囚人の身で; 束縛されて. — *vt.* **1** …に足かせをかける. **2** 束縛[拘束]する (⇨ hamper[1] SYN); 無力[無能]にする: be ~*ed* in prison 獄舎につながれる / be ~*ed* by tradition 因襲にとらわれる. **~·er** /-ṭərə | -tərə^r/ *n.* 〖OE *feter* < Gmc **feterō* (Du. *veter* lace / G (廃) *Fesser*) ← **fet-* < IE **ped-* 'FOOT'〗

fétter bòne *n.* 〖獣医〗(馬の)繫(けい)の骨, 馬の第一指骨 (pastern)《けづめとくるぶしとの間の骨》.

fétter·bùsh *n.* 〖植物〗 **1** 米国南部産ツツジ科アセビ属の常緑低木 (*Pieris floribunda*). **2** ヒース (heath) 類の低木の総称.

fétter·less *adj.* 足かせのない; 束縛のない, 自由な. 〖(1604): ⇨ -less〗

fétter·lòck *n.* **1** =fetlock 1, 2. **2** 〖馬具〗(昔使用された馬の) D 字形の足かせ. **3** 〖紋章〗D 字形足かせの形をした紋章図形. 〖(1362): ⇨ fetter, lock[1]〗

fet·tle /féṭl̩ | -tl̩/ *n.* **1** 状態 (condition): *in* fine [good] ~ すばらしい状態で, 非常に元気で. **2** 〖冶金〗=fettling. — *vi.* **1** 〖冶金〗〈反射炉〉の炉床を修理する. **2** 〖金属加工〗〈鋳造品の〉から砂を取り除く. **3** 〖窯業〗…の合わせ目の坏土(はいど)を取り除く, …に仕上げを施す. **4** (古・方言) **a** 準備する, 使えるようにする; 修理する (mend); 整理する (arrange). **b** 仕上げる (finish); 正装する (array). 〖(?c1380) ← ME *fetlen* to get ready ← ? OE *fetel* girdle < Gmc **fatilaz* ← IE **ped-* container: ⇨ vat〗

fet·tler /fétlə, -ṭlə | -tlə^(r), -tlə^(r)/ *n.* (英・豪) (鉄道の)保線員. 〖(1871): ⇨ ↑, -er[1]〗

fet·tling /fétlɪŋ, -ṭl- | -tl-, -tl-/ *n.* **1** 〖冶金〗フェットリング《反射炉の内壁をフラックス・鉱石などで保護する操作; それに用いるフラックス・鉱石など》. **2** 〖金属加工〗鋳肌掃除. 〖(1847): ⇨ ↑, -ing[1]〗

fet·tuc·ci·ne /fèṭətʃí:ni | -tʊ-; *It.* fettuttʃí:ne/ *n. pl.* [単数または複数扱い] フェットゥチーネ《幅の狭いリボン状のパスタ; その料理; fettucine, fettucini ともいう》. 〖(1912) □ It. ~ (pl.) ← *fettuccina* (dim.) ← *fetta* slice〗

fe·tus /fí:ṭəs | -təs/ *n.* 〖動物〗胎児《人間は受胎後第 8 週の終わりから出生までのもの; cf. embryo 1》. 〖(a1398) □ L *fētus, foetus* a bringing forth, offspring ← IE **dhēi-* to suck: cf. filial〗

feu /fjú:/ 〖スコット法〗*n.* (兵役義務の代わりに穀物や金銭を支払う)土地保有(権); 永代貸借地; 領地, 封土. — *vt.* 〈土地を〉永代貸借として与える. 〖(1497) *few* □ OF *fieu* FIEF: cf. fee〗

feu·ar /fjú:ə | fjú:ə^(r)/ *n.* 〖スコット法〗(兵役義務の代わりに穀物や金銭を支払う)土地保有者, 永代貸借者. 〖(1513–75): ⇨ ↑, -ar[2]〗

Feucht·wang·er /fɔ́ɪktvɑ:ŋə, fɔ́ɪxt- | -ŋə^(r); *G.* fɔ́ʏçtvaŋɐ/, **Lion** *n.* フォイヒトワンガー (1884–1958; ドイツの小説家・劇作家; 1933 年ナチ政府により国籍を奪われ 1940 年米国に亡命; *Jud Süss*「ユダヤ人ジュース」(1925)).

feud[1] /fjú:d/ *n.* **1 a** (2 族間・2 家族間などで流血と復讐を重ねる)確執, 反目, (相互間の)宿根《deadly feud ともいう; cf. blood feud, vendetta 1》. **b** (長年にわたる激しい)確執, 不和. **2** 反目, 争い: be at ~ with …と反目として, 争っている. — *vi.* 反目する, 争う (*with*). 〖(17C) (*a* を *u* と読み違えたための変形 ?) ← (廃) *fead* < (a1325) *fed(e)* □ OF *faide* □ OHG *fēhida* (G *Fehde*) enmity < Gmc **faiχiþō* (OE *fǣhþ* enmity): ⇨ foe, -th[2]〗

feud[2] /fjú:d/ *n.* 〖法律〗領地, 封土 (fee), 封. 〖(1614) □ ML *feudum, feodum*: cf. fief, feoff〗

feu·dal[1] /fjú:dl̩ | -dl/ *adj.* **1** 領地の, 封土の (cf. alodial): ~ estates 封土 / ~ tenure 封建的保有地, 封土. **2 a** 封建制(度)の, 封建時代の: the ~ system 封建制度 / ancient ~ castles 昔の封建時代の城 / ~ law 封建法 / the ~ age [days, times] 封建時代 / a ~ lord 封建君主, 藩主, 領主. **b** 封建制(度)に似た. 〖(1614) □ ML *feudālis*: ⇨ ↑, -al[1]〗

feu·dal[2] /fjú:dl̩ | -dl/ *adj.* 確執の, 不和の, 反目の.

féudal invéstiture *n.* 封土[領地]授与《封建制度において領主が家臣に封土を授与すること》.

féu·dal·ism /-dəlɪzm, -dl̩- | -dəl-, -dl-/ *n.* 封建制度, 封建制. 〖(c1818): ⇨ -ism〗

féu·dal·ist /-dəlɪst, -dl̩- | -dəlɪst, -dl-/ *n.* 封建制主張[擁護]者. 〖(1822): ⇨ -ist〗

feu·dal·is·tic /fjù:dəlístɪk, -dl- | -dəl-, -dl-ˈ/ *adj.* 封建制度の; 封建(制)的な: a ~ idea 封建的思想. 〖(1882–83): ⇨ -istic〗

feu·dal·i·ty /fju:dǽləṭi | -lɪti/ *n.* **1** 封建性; 封建制. **2** 封土, 領地 (fief). **3** [集合的] 封建貴族, 封建支配階級. 〖(1790) □ F *féodalité*: ⇨ feudal, -ity〗

feu·dal·i·za·tion /fjù:dələzéɪʃən, -dl̩- | -dəlaɪ-, -lɪ-, -dl-/ *n.* 封建制化. 〖(1862): ⇨ ↓, -ation〗

feu·dal·ize /fjú:dəlàɪz, -dl̩- | -dəl-, dl-/ *vt.* …に封建制度[藩政]をしく, 封建制にする; 〈土地を〉封土にする. 〖(1828): ⇨ -ize〗

féu·dal·ly /-dəli, -dl̩i | -dəli, -dli/ *adv.* 封建制度にのっとって, 封建制下に. 〖(1839): ⇨ -ly[1]〗

feu·da·ry /fjú:dəri | -də-/ *n.* **1** 小作領民. **2** 共謀者. **3** 家臣, 召使 (Shak. では語義 2 で FEDARY, federary も用いられている). 〖(a1387) *feodarice* □ ML *feodārius* ← *feodum* 'FEUD': ⇨ -ary〗

feu·da·to·ry /fjú:dətɔ̀:ri | -dətəri, -tri/ *adj.* **1** (…に)封土を受けている, 家臣である (*to*). **2** 〈土地・国家が〉封土である, 領地として授けられている. — *n.* **1** 封建臣下, 封臣, 家臣 (vassal). **2** 領地, 封 (fief, fee). 〖(1592) □ ML *feudātōrius* ← *feudāre* to enfeoff: ⇨ feud[2], -atory〗

feu de joie /fə́:dəʒwɑ́:; *F.* fødəʒwa/ *F. n.* (*pl.* **feux de joie** /~/) (銃の発射による勝利の)祝砲; 祝火 (bonfire). 〖(1609) □ F ~ (原義) 'fire of JOY' ← *feu* < L *focum*: ⇨ focus〗

féud·ist[1] /-dɪst | -dɪst/ *n.* (米) 宿恨によって争う人. 〖(1901) ← FEUD[1]+-IST〗

féud·ist[2] /-dɪst | -dɪst/ *n.* 封建法学者. 〖(1607) ← FEUD[2]+-IST〗

Feu·er·bach /fɔ́ɪəbɑ̀:k, -bɑ̀:x | fɔ́ɪə-; *G.* fɔ́ʏɐbàx/, **Ludwig (Andreas)** *n.* フォイエルバッハ (1804–72; ドイツの哲学者; *Das Wesen des Christentums*「キリスト教の本質」(1841)).

Féuerbach's círcle *n.* 〖数学〗フォイエルバッハの円 (⇨ nine-point circle). 〖← *Karl Wilhelm Feuerbach* (1800–34; ドイツの数学者)〗

Feuil·lant /fə:jɑ́:(ŋ), -jɑ́:ŋ; *F.* fœjɑ̃/ *n.* (フランスの)フォイヤンクラブ員《フランス革命当時の立憲王政を主張したクラブ員; このクラブは 1791 年に結成され, 翌年 Jacobin 党に抑圧されて解散した》. 〖彼らの会合場所が以前は Feuillants 派 (Languedoc の Feuillants に起こったシトー修道会 (Cistercian Order) の改革派)の修道院だったことから〗

feuil·le·ton /fə́:jətɔ̃(ŋ), -tɔ:ŋ; *F.* fœjtɔ̃/ *n.* (*pl.* **~s** /~z; *F.* ~/) **1** (フランスの新聞の)文芸欄《通例ページの下部をそれに当てる》. **2** 文芸欄物《随筆・評論・短編・連載小説など》. **3** (新聞・雑誌の)大衆読者欄; 大衆向けの作品. **~·ism** /fə́:jətɔ̀:nɪzm, -tɔ́n- | fə́:ɪtɔ̀:n-, fə́:ɪ-, -tɔ̀n-/ *n.* **~·ist** /-nɪst | -nɪst/ *n.* **feuil·le·ton·is·tic** /fə̀:jətɔ:nístɪk, -tɔ̀n- | fə̀:ɪ-, fə̀ɪl·le·tˈ/ *adj.* 〖(1845) □ F ~ (原義) leaflet added to the newspaper (dim.) ← *feuille* leaf: cf. folio〗

Feul·gen /fɔ́ɪlgən; *G.* fɔ́ʏlgn/ *adj.* 〖生物〗フォイルゲンの核染色反応の[に関する, を利用した, で染色した]: ~ mitochondria. 〖(1928) ← *R. Feulgen* (1884–1955; ドイツの生化学者)〗

Féulgen reàction *n.* [the ~] 〖生物〗フォイルゲンの核染色反応《特別の染色により染色糸 (DNA) の存在を証明する方法》. 〖1928〗

fe·ver /fí:və | -və^(r)/ *n.* **1** 発熱(状態); (病気の)熱: Has he got a ~? / a high ~ 高熱 / intermittent ~ 間欠熱 / an attack of ~ 発熱 / in a ~ 熱に浮かされて.
日英比較 英語の *fever* は, あくまでも「病気の熱」であるから, 日本語の「熱」とは違い「平熱」の意で normal *fever* とはいえない. *normal (bodily) temperature* とすべきである.
2 熱病: yellow ~ 黄熱病 / quartan ~ 四日熱 / ⇨ scarlet fever, typhoid fever. **3 a** [通例 a ~] 極度の興奮(状態), 激情, フィーバー; (感情・不安・欲望などの)異常な強烈さ: a ~ of passionate love 激しい熱愛 / in a ~ of impatience [excitement] ひどくあせって[興奮して] / a sea ~ 海へのあこがれ, 海洋熱《海と海上生活への強いあこがれ; John Masefield の詩の題名より》. **b** (広く伝播する が一時的な)熱狂: gold ~ 黄金熱, 金鉱熱 / election ~ 選挙騒ぎ. **4** 精神的[社会的]に異常な状態. ★ ラテン語系形容詞: febrile.
stárve a féver 食べないで[絶食して]熱を下げる (cf. feed a COLD).
féver and águe (古) 〖病理〗=malaria 1.
— *vt.* **1** 発熱させる; 熱病にかからせる. **2** 興奮させる, 熱狂させる. — *vi.* **1** 発熱する, 熱が出る. **2** 熱狂的に行動[生活]する.
〖OE *fēfer, fēfor* □ L *febris* ← ? IE **dhegʷh-* to burn (L *fovēre* to warm)〗

féver blìster *n.* 〖病理〗=herpes simplex.

fé·vered *adj.* **1** (病的な)熱のある (feverish); 熱病にかかった: one's ~ brow 熱っぽい[熱のある]額. **2** 熱のこもった, 極度に興奮した: a ~ imagination 妄想. 〖(1628): ⇨ -ed〗

fe·ver·few /fí:vəfjù: | -və-/ *n.* 〖植物〗ナツシロギク (*Chrysanthemum parthenium*)《白い小さい花が咲くキク科の多年草で, 以前は解熱剤に用いた》. 〖(15C) *fevyrfew* □ AF **fevrefue* ∽ OE *fēferfūg(i)e* □ L *febrifug(i)a* a kind of herb ← *febris* 'FEVER'+*fugāre* to put to flight: ⇨ -fuge〗

féver hèat *n.* **1** 熱 (病的な高体温). **2** =fever pitch. 〖1838〗

fe·ver·ish /fí:v(ə)rɪʃ/ *adj.* **1** 熱のある, 熱っぽい, 熱性の: a ~ condition 発熱状態 / a ~ forehead 熱で熱い額. **2** 熱病の. **3** 激しく興奮した, 熱狂的な (excited), 焦燥的な (restless); 不安定な: ~ activities 大わらわの活動 / with ~ excitement 熱狂して. **4** 〈土地が〉熱病流行の, 熱病の多い. **5** 不快なほどに暑い, 蒸し暑い. **~·ly** *adv.* **~·ness** *n.* 〖(a1398): ⇨ -ish[1]〗

féver·less *adj.* (病的な)熱のない. 〖(1819): ⇨ -less〗

fe·ver·ous /fí:v(ə)rəs/ *adj.* =feverish. **~·ly** *adv.* 〖a1398〗

féver pìtch [pòint] *n.* (群衆などに急速に広がる)異常な興奮(状態), 熱狂 (fever heat): at ~ ひどく興奮して, 熱狂して / The excitement rose to ~. 興奮は熱狂にまで高まった. 〖1915〗

féver·ròot *n.* 〖植物〗ツキヌキソウ (*Triosteum perfoliatum*)《米国産のスイカズラ科の植物; その根は薬用になる; feverwort, horse gentian ともいう》. 〖1853〗

féver sòre *n.* 〖病理〗=fever blister.

féver thèrapy *n.* 〖医学〗(発)熱療法《中枢神経梅毒の一療法; cf. cryotherapy》. 〖1924〗

féver thermómeter *n.* =clinical thermometer.

féver trèe *n.* (米) 〖植物〗マラリア解熱の効があると信じられた数種の樹木の総称: **a** ユーカリ (eucalyptus). **b** 米国南部産アカネ科植物の一種 (*Pinckneya pubens*). 〖1868〗

féver·wèed *n.* 〖植物〗セリ科ヒゴタイサイコ属 (*Eryngium*) の植物の総称《西インド諸島産の *E. foetidum*, 米国産の *E. aquaticum*, ヨーロッパ産の *E. campestre* など; 根は芳香があり解熱剤・食用にする》. 〖1855〗

féver·wòrt *n.* (米) 〖植物〗 **1** =feverroot. **2** =boneset. 〖c1814〗

few[1] /fjú:/ (↔ many) *adj.* (**~·er**; **~·est**) [複数名詞を修飾して] **1** [否定的] 少数の (not many), 少しの(…しかない), ほとんどない (cf. little B 1): He has ~ friends. 彼

F

には友だちが少ししかいない[ほとんどない] ★《口語》では few の代わりに not many を使う / a person of ~ words 言葉数の少ない人 / I had ~ or no opportunities. ほとんど機会がなかった / Such cases are comparatively [very] ~ nowadays. 近ごろはそういうことは比較的[きわめて]少ない / Seeing baseball games is one of his ~ pleasures. 野球観戦が彼の数少ない楽しみの一つだ / The entertainment was welcomed by the ~ people present. その余興は少数の出席者に歓迎された / *Fewer* people study Latin today than fifty years ago. 今日ではラテン語を学ぶ人は50年前より少ない / He made the ~*est* mistakes. 彼の誤りが一番少なかった / The [What] ~ mistakes he made were trivial. 彼の犯したわずかな誤りは[どれも]ささいなことだった / in the next [last] ~ days 次[最後]の数日間に / As ~ as five pills could make you addicted. わずか5錠だけで中毒(症状)になることがある. **2** [a ~ として; 肯定的] 多少の, 少しは(ある) (cf. little B 2): He has *a* ~ friends. 友だちが少しはある / in *a* ~ days 二三日[数日]たてば / a very ~ ごくわずかだが[少ないが].

F

a góod féw 《英口語》=*quite a* FEW. ***but féw*** 《文語》=*only a* few: He has *but* ~ chances of success. 成功の見込みがほとんどない. ***évery féw ...*** [複数名詞を伴って] 二三...ごとに: *every* ~ minutes [days, hours] 二三分[日, 時間]ごとに. ***féw and fár betwéen*** 大きな間隔をおいた[て], ごくまれな[で], たまさかの[で] (cf. angel 1): Visitors, if any, were ~ *and far between*. 訪ねてくる人は, よしあるとしても, きわめてまれだった. 〖《1668》T. Campbell の詩, *Pleasures of Hope* (1799) の用例により一般化した〗 ***nò féwer than*** ...ほども(多くの[で]), ...も (as many as) (cf. *no* LESS *than* (1)): There were *no* ~*er than* fifty present. 50 人も出席者があった. ***nòt a féw*** 少なからぬ, かなり多数の (cf. *pron.* (, *n.*) 成句): *Not a* ~ students have gone home. 少なからぬ学生は帰って[帰郷して]しまった. ***ònly a féw*** ほんのわずか[少し]の (few) (cf. *pron.* (, *n.*) 成句): *Only a* (very) ~ people visited us. ほんの少数の人しか我々を訪ねる者がなかった. ***qùite a féw*** 《口語》かなりの, 相当数の (cf. *pron.* (, *n.*) 成句): He has *quite a* ~ books. ***sòme féw*** 《口語》少数の, 少しばかりの (some but not many). 《1593》 ***whàt féw*** [複数名詞とともに] わずかであるが全部の.

— *pron.* (, *n.*) [複数扱い] **1** [否定的] 少数(しか...ない) (cf. *adj.* 1): Many are called, but ~ are chosen. 招かるる者は多かれど選ばるる者は少なし (*Matt.* 22:14) / *Few* of my friends were there. そこには私の友人は少ししかいなかった / *Of* my friends ~ live in England. 私の友人のうち英国に住んでいる者は少ない. ★ *adj.* 用法に準じて very, too, so, as, how などの副詞に修飾されることがある: Very ~ understood what he said. 彼の言うことのわかった者はきわめて少数だった. **2** [a ~ として; 肯定的] 多少(はある) (cf. *adj.* 2): He brought *a* ~ *of* them [the books] with him. 彼はその[その本の]うちの少数を持ってきた / I met *a* ~ *of* my friends there. 私はそこで数人の友人に会った / A ~ *of* us disagree with you. 我々のうち君と意見の合わない者が少数いる. **3** [the ~] (「多数(者)」に対して)少数(者), 選ばれた人たち (the elect): privileges for *the* ~ 少数者のための特権 / *the* discerning ~ 洞察力をもった少数者.

a féw 《方言・俗》[副詞的に] 幾分, 少々 (a little). ***a góod féw*** 《英口語》=*quite a* FEW. ***hàve a féw*** (***tòo mány***) 《口語》酒を 3, 4 杯飲む. 《1946》 ***in féw*** 《古》簡単に. 《1565》 ***jùst a féw*** =*only a* FEW. ***nòt a féw*** かなり多数 (cf. *adj.* 成句): *Not a* ~ *of* the students were absent. 学生のうち少なからぬ者が欠席していた. ***ónly a féw*** ほんのわずか[少し] (few) (cf. *adj.* 成句): *Only a* (very) ~ understood what he said. ほんの少数の人しか彼の言うことを理解しなかった. ***quite a féw*** 《口語》かなり多数, 相当数 (a good many) (cf. *adj.* 成句): not a hundred but still *quite a* ~ 百はないが, それでもかなり多数 / *Quite a* ~ *of* them agreed. 彼らのうち賛成する者もかなり多かった. 《1883》 ***whàt féw*** わずかばかりのもの全部. 〖OE *fēawe, fēawa* (pl.) ← Gmc **faw-* (OHG *fō(h)* / ON *fár*) ← IE **pau-* few, little (L *paucus* Gk *paûros* little, (in pl.) few)〗

few[2] /fjúː/ *n.* =feu.

few·er /fjúːə | fjúːə(r)/ *adj.* few の比較級 (cf. few[1] *adj.* 1). — *pron* [複数扱い] より少数(の人々): Few know and ~ care. 知っている人は少数だが, 心配する人はより少数だ / The ~ the better. 少なければ少ないほどよい / To *the* ~ ye shalt give the less inheritance. 人少なきには少しの産業を与うべし (*Num* 33:54).

féw·ness *n.* 少数, わずか. ***féwness and trúth*** 端的に (Shak., *Measure* 1. 4. 39). 〖OE *fēanis*: ⇨ few[1], -ness〗

few·trils /fjúːtrɪ̀lz/ *n. pl.* 《英方言》つまらない[くだらない]もの (trifles). 〖《c1750》← ?〗

fey /féɪ/ *adj.* (~·er; ~·est) **1** 《スコット》 **a** 死ぬ運命の. **b** 死にかかっている, 臨終の. **2** 《主にスコット》 **a** (臨終近い人のように)興奮した. **b** 気のふれた, 狂気の. **3 a** 未来を見透かすことのできる, 第六感のある, 千里眼的な. **b** 現実離れした, 空想的な. **c** 小妖精のような; 異様な. 《FAY[1] と連想?》 **~·ly** *adv.* **~·ness** *n.* 〖OE *fǣge* doomed to death < Gmc **faiʒjaz* (Du. *veeg* about to die / G *feige* cowardly) ← IE **peig-* hostile〗

Fey·deau, Georges /feɪdóu | féɪdəu; *F.* fɛdo/ *n.* フェドー《1862–1921; フランスの劇作家》.

Fey·der /feidέə, fɛ- | -dέə(r); *F.* fɛdɛːʁ/, **Jacques** *n.* フェーデ《1888–1948; フランスの映画監督》.

Feyn·man /fáɪnmən/, **Richard Phillips** *n.* ファインマン《1918–88; 米国の物理学者; Nobel 物理学賞 (1965)》.

Féynman dìagram *n.* 〘物理〙ファインマン図《素粒子間などの相互作用を表す図》. 〖《1968》↑〗

fez /féz/ *n.* (*pl.* **fez·zes, ~·es**) トルコ帽, フェズ《元来はトルコ人が着用した赤いフェルト製円錐台型の帽子で, 黒や濃紺の房が下がっている; cf. tarboosh》. 〖《1802–3》F ~ ▭ Turk. *fes* ← *Fez* (↓)〗

fez

Fez /féz; *F* fɛːz/ *n.* フェス《アフリカ北西部, モロッコ北部の都市》.

Fez·zan /fɛzǽn | -záːn, -zǽn/ *n.* フェザン《アフリカ北部, リビアの南西部, Sahara 砂漠中の肥沃な地方; 面積 551,168 km²; 主都 Murzuq》.

ff 《記号》〘音楽〙fortissimo.

ff. 《略》*L.* facerunt (=(they) made); folios; (and the) following (pages); and what follows.

f.f. 《略》fixed focus.

FFA 《略》Future Farmers of America.

f.f.a. 《略》free foreign agent; 〘商業〙free from alongside (ship) 船側渡し.

Ffes·ti·ni·og /fɛstíniɑ̀(ː)g, -ɔ̀(ː)g | -ɔ̀g; *Welsh.* fɛsdínjog/ *n.* フェスティニアグ《北ウェールズの町; かつてスレートの石切り場があった; 狭軌鉄道が近くを走っている》.

fff 《記号》〘音楽〙fortississimo.

FFV 《略》First Families of Virginia.

f.g. 《略》fine-grain; fully good.

FG 《略》Federal Government; Fire Guards; Foot Guards; friction-glazed; full gilt.

FG, f.g. 《略》field goal(s).

f.g.a., FGA 《略》〘海上保険〙free of general average.

FGCM 《略》field general court-martial.

F₁ generàtion /ɛ́fwʌ́n-/ *n.* 〘遺伝〙雑種第 1 代《親世代の後の第 1 世代》.

F₂ generàtion /ɛ́ftúː-/ *n.* 〘遺伝〙雑種第 2 代《親世代の後の第 2 世代》.

FGM 《略》female genital mutilation.

Fg Off. 《略》Flying Officer.

FGS 《略》〘医学〙fiber gastroscope.

FH 《略》field hospital; fire hydrant 消火栓.

f.h. 《略》fore hatch 〘海事〙前部倉口《船首の方にある倉口》.

FHA 《略》Federal Housing Administration (米国の)連邦住宅庁《1934–65; 住宅金融公庫などによる住宅の建設を促進する》; Farmers Home Administration.

FHLBB 《略》Federal Home Loan Bank Board (米国の)連邦住宅金融銀行委員会《3 人の委員から成り, 全国 12 の住宅金融銀行・連邦貯蓄金融公社などを監督する》.

f-hòle /ɛ́f-/ *n.* 〘楽器〙f 字孔《ヴァイオリン属の楽器の表板にある f 字形の通気孔》. 〖1836〗

fhp 《略》friction horsepower.

FHSA 《略》《英》Family Health Services Authority.

FHWA 《略》Federal Highway Administration (米国の)連邦道路局.

fi 《記号》Finland (URL ドメイン名).

FI 《略》Falkland Islands.

f.i. 《略》for instance (cf. e.g.); 〘海運〙free in.

FIA 《略》Fédération Internationale de l'Automobile 国際自動車連盟《国際自動車レースの総括団体》; 《英》Fellow of the Institute of Actuaries 保険数理士協会会員.

f.i.a. 《略》〘保険〙full interest admitted 海上保険で被保険者が保険金額まで被保険利益を有することを保険者が認める趣旨の約款.

fi·a·cre /fiάːkr(ə), -kə, -kr(ə); *F.* fjakʁ/ *n.* (*pl.* ~s /~(z), ; *F.* ~/) (フランスの)小型四輪乗合馬車, フィアクル馬車. 〖《1699》▭ F ~ ← *Hôtel de St. Fiacre* (7 世紀アイルランド出身の聖 Fiachra にちなむ Paris のホテルの名. ここで最初にこの馬車が使われた)〗

fi·an·cé /fìːɑːnséɪ, ─ ─ ─ | fiɔ́nseɪ, -ɑ́ːn-; *F.* fjɑ̃se/ *n.* (*pl.* ~s /~z; *F.* ~/) [one's ~] 婚約中の男性, いいなずけの男性, フィアンセ (cf. betrothed). 〖《1864》▭ F ~ (p.p.) ← *fiancer* to betroth ← *fier* to trust < VL **fidare*=L *fidere*〗

fi·an·cée /fìːɑːnséɪ, ─ ─ ─ | fiɔ́nseɪ, -ɑ́ːn-; *F.* fjɑ̃se/ *n.* (*pl.* ~s / ~z; *F.* ~/) [one's ~] 婚約中の女性, いいなずけの女性, フィアンセ (cf. betrothed). 〖《1853》▭ F ~ (fem.) ← *fiancé* (↑)〗

fi·an·chet·to /fìːənkέtou, -tʃέt- | -tʃέtəu, -kέt-; *It.* fjaŋkétto/ 〘チェス〙*n.* やぐら(に構えること)《ビショップを N2, N7 に据えること》. — *vt.* 《ビショップを》やぐらに構える. 〖《1848》▭ It. ~ (dim.) ← *fianco* side ▭ OF *flanc* 'FLANK'〗

Fi·an·na /fíːənə, fíːnə; *Irish* fíənə/ *n.* 〘アイル伝説〙フィニア武士団 (cf. Fenian). 〖↓〗

Fíanna Fáil /-fɔ́ɪl, -fάɪl; *Irish* -fάːlʲ/ *n.* アイルランド共和党《アイルランドの二大政党の一つ; 1926 年英国からの独立を目指して de Valera らによって組織された; 1932 年以来ほとんど政権をとっている; cf. Fine Gael》. 〖《1927》▭ Ir. ~ 'armed men of Ireland' ← *Fianna* band of hunters (cf. Fenian)+*Fāil* ((gen. sing.) ← *fāl* defensive fortification): cf. L *vallum* 'WALL'〗

fi·ar /fíːə | fíːə(r)/ *n.* 〘スコット法〙生涯権 (life rent) として単純封土権 (fee simple) を有する者. 〖《c1470》*fiar, fear* ← *fe* 'FEE'+*-ar* '-ER[1]'〗

fi·as·co /fiǽskou, -άːs- | fiǽskəu; *It.* fjásko/ *n.* (*pl.* 1 では ~(e)s, 2 では **fi·as·chi** /-kiː; *It.* -ki/) **1** (野心的企てが滑稽な結果に終わるような)失策, 大失敗: His great enterprise ended in a ~. 彼の大きな企画はとんでもない失敗に終わった. **2** 《米》では fiάːskou/ ワイン (特に Chianti) 用の瓶《わらでくるんである》. 〖《1855》▭ It. ~ 'bottle': cf. flask〗

fi·at /fíːət, -æt, -ɑːt | fíːæt, fáɪ-/ *n.* **1** (法の権威による)命令, 厳命: by ~. **2** 認可: under the ~ of the police 警察の許可を得て. **3** 勝手な布告. **4** (二者択一の)決定, 決断: a ~ of conscience. 〖《a1631》▭ L ~ 'let it be done' ← *fieri* to be done〗

Fi·at /fíːɑːt | fíːət, -æt; *It.* fíːat/ *n.* 〘商標〙フィアット《イタリア Fiat 社製の自動車》. 〖▭ It ~ 《頭字語》← *F(abbrica) I(taliana) A(utomobili) T(orino)* Italian automobile factory, Turin〗

fíat mòney *n.* 《米》名目貨幣, 法定不換紙幣《国家によって法的に承認されたもの; cf. metallic money, paper money》. 〖1880〗

fib[1] /fíb/ *n.* ささいな[他愛ない, 罪のない]うそ (trivial lie). — *vi.* (**fibbed; fib·bing**) ささいなうそをつく, ちょっとしたごまかしを言う (⇨ lie[2] SYN). **~·ber** *n.* 〖《1568》《短縮?》← 《方言》*fible-fable* nonsense 《加重》← FABLE〗

fib[2] /fíb/ 《英俗》*vt.* (**fibbed; fib·bing**) 打つ, たたく (beat): ~ him on the head 彼の頭をたたく. — *n.* (ボクシングなどでの)一撃 (blow). 〖《1665》← ?〗

FIB 《略》《英》Fellow of the Institute of Bankers 銀行家協会会員.

f.i.b. 《略》〘商業〙free into barge 艀(はしけ)積込み値段; free into bunkers (石炭の)船内炭庫積込み渡し.

fi·ber, 《英》**fi·bre** /fáɪbə | -bə(r)/ *n.* **1 a** (綿・麻・石綿・ガラスなどの)繊維; 繊維質; 繊維組織; 繊維素材: a ~ of rayon / synthetic ~s 合成繊維 / cotton ~ 綿繊維 / wood ~ =xylem fiber. **b** 〘電算〙ファイバー (optical fiber). **2 a** 性格, 性質, 素質; 本質: a man of coarse [fine] ~ 粗野な[繊細な]性格の男性 / a man *of* strong moral ~ 道義心の堅い人 / the very ~ of his poetic imagination 彼の詩的想像力の本質. **b** 力[実質, 実体]を与えるもの, 強み, 力: His originality gave ~ to his theory. 彼の独創性が彼の理論の強みになっていた. **c** 耐久力; 剛毅さ: a youth *of* solid ~ 屈強の若者 / a person *of* real ~ 真に気骨のある人. **3** 〘植物〙繊維細胞, 靱皮(じんぴ)繊維; (草などの)ひげ根. **4** 〘解剖・動物〙線維, 繊維《神経・筋肉・連結組織の細い糸状の細胞; 近年の解剖学の用字では「線維」を用いる》: a muscle ~ 筋線維. **5** 〘栄養〙食物繊維 (dietary fiber).

with évery fíber [***to the véry fíber***] ***of one's béing*** 心底から, 強烈に(思う[感じる]).

~·lìke *adj.* 〖《a1398》《1607》▭ (O)F *fibre* ▭ L *fibra* fiber, filament, (*pl.*) entrails〗

fíber·bòard *n.* 有機質繊維板《建築用》. 〖1897〗

fíber bùndle *n.* 〘光学〙光学繊維束《光学ファイバー (optical fiber) を束ねたもの》.

fí·bered *adj.* **1** 繊維を持つ, 繊維質の. **2** [複合語の第 2 構成素として] (...の)繊維[素質]から成る: finely-*fibered* 細かい繊維の; 気質の繊細な / a tough-*fibered* spirit 強靱(きょうじん)な精神. 〖《1776》: ⇨ -ed〗

fíber·fìll *n.* ファイバーフィル《クッションなどの詰め物用の人造繊維》. 〖1962〗

fíber gástroscope *n.* 〘医学〙胃ファイバースコープ《自由に曲がるガラス繊維束の光学的性質を利用した胃内視鏡 [胃カメラ]; 略 FGS》.

Fi·ber·glas /fáɪbəglæ̀s | -bəglɑ̀ːs/ *n.* 〘商標〙ファイバーグラス《米国 Owens-Corning Fiberglas 社のガラス繊維製品》. 〖《1937》← FIBER+GLAS(S)〗

fíber·glàss *n.* **1** ガラス繊維《糸に紡いで織物材料にしたり, 束にして電気の絶縁用にしたりする; fibrous glass, spun glass ともいう》. **2** ガラス繊維入りのプラスチック, グラスファイバー強化プラスチック《自動車の車体などに用いられる; 略 FRP》. 〖1937〗

fi·ber·ize /fáɪbəràɪz/ *vt.* **1** 繊維にする, 繊維化する. **2** ...に繊維を混ぜる. **fi·ber·i·za·tion** /fàɪbərɪ̀zéɪʃən | -bəraɪ-, -rɪ-/ *n.* **fí·ber·ìzer** *n.* 〖《1925》: ⇨ -ize〗

fíber·less *adj.* **1** 繊維のない. **2** 精神力のない, 性格の弱い, 骨なしの. 〖《1864》: ⇨ -less〗

fíber óptics *n. pl.* **1** ファイバーオプティックス《光(像)を伝えるための屈曲自由なガラス繊維の束; 内視鏡や胃カメラなどに用いる; cf. optical fiber》. **2** [単数扱い] 繊維光学. **fíber-óptic** *adj.* 〖1956〗

fíber saturátion pòint *n.* 〘建築〙繊維飽和点《木材の細胞膜が結合水のみで飽和される含水率; 含水率 25–35%》. 〖1930〗

fí·ber·scope /fáɪbəskòup | -bəskə̀up/ *n.* 〘光学〙ファイバースコープ《自由に屈曲できる光学繊維束 (optical fiber) を利用して, 胃の内部等の直接光の届かない場所を観察する光学器械》. 〖《1954》: ⇨ -scope〗

fìber trácheid *n.* 〘植物〙繊維(状)仮導管《末端がとがって有縁膜孔のある細胞内部の空所(内腔)の小さい仮道管をいう》. 〖1898〗

Fi·bi·ger /fíːbɪ̀gə | -bɪgə(r); *Dan.* fiːˈbiɣʌ/, **Johannes Andreas Grib** *n.* フィービガ《1867–1928; デンマークの病理学者; Nobel 医学生理学賞 (1926)》.

Fi·bo·nac·ci /fìːbənάːtʃi, fìb- | fìb-, fiːb-; *It.* fibonáttʃi/, **Leonardo** *n.* フィボナッチ《1174?–1250; イタリアの数学者; ヨーロッパに十進法を広めた》.

Fibonácci nùmbers [sèries, sèquence] *n. pl.* 〘数学〙フィボナッチ数列《1, 1, 2, 3, 5, 8, 13, ... のよ

うに, 第 3 項以降がそれに先行する 2 項の和になっている数列). 〖(1891) ↑〗

fi·br- /faɪbr, fɪb-/ (母音の前にくるときの) fibro- の異形: *fibr*-in.

Fi·branne /fáɪbreɪn, -bræn/ *n.* **1** 〖商標〗ファイブラン《スパンレーヨンの織物》. **2** [f-] ファイブランの織物.

fi·bra·tus /faɪbréɪṭəs | -təs/ *adj.* 〖気象〗〈雲が〉毛髪状の, 線状の. 〖□ L *fibrātus* ← *fibra* 'FIBER'〗

fibre *n.* =fiber.

Fi·bre·glass /fáɪbəglæ̀s | -bəglɑ̀ːs/ *n.* 〖商標〗ファイバーグラス《英国 St. Helens の Fibreglass 社のガラス繊維製品の商品名》.

fi·bri·form /fáɪbrəfɔ̀əm, fíb- | fáɪbrɪ̀fɔ̀ːm/ *adj.* 繊維状の. 〖(1846) ← FIBRE＋-(I)FORM〗

fi·bril /fáɪbrəl, fíb- | fáɪbrɪ̀l/ *n.* **1** 小繊維, 原繊維. **2** 〖植物〗根毛, ひげ根. **3** 〖解剖〗(神経・筋肉などの)原線維. 〖(1664) ← NL *fibril(la)* (dim.) ← *fibra* 'FIBER'〗

fi·bri·lar /fáɪbrələ, fíb- | fáɪbrɪ̀lə^(r)/ *adj.* **1** (小)繊維の. **2** 〖解剖〗原線維(性)の: ~ twitchings. 〖(1847–49): ⇨ -ar¹〗

fi·bril·lar·y /fáɪbrəlèri, fíb- | fáɪbrɪ̀ləri/ *adj.* **1** 小繊維の; 根毛の. **2** 〖解剖〗(原)線維の; (原線維性攣縮(れんしゅく)の. 〖(1788) ← NL *fibrilla* 'FIBRIL'＋-ARY〗

fi·bril·late /fáɪbrəlèɪt, fíb- | -brɪ̀-/ *adj.* 小繊維のある. — *v.* 〖病理〗 — *vi.* 〈心臓の筋肉が〉線維性攣縮を起こす. — *vt.* 〈心臓〉に線維性攣縮を起こさせる. 〖(1839–47) ← FIBRIL＋-ATE³〗

fi·bril·làt·ed /-ṭɪd | -tɪ̀d/ *adj.* =fibrillate. 〖1847–49〗

fi·bril·la·tion /fàɪbrəléɪʃən, fìb- | -brɪ-/ *n.* **1** 小繊維組織[根毛]の形成(作用); 小繊維状. **2** 〖病理〗線維(性)攣縮, 微振動; (心臓の)細動. 〖(1839–47) ← FIBRIL＋-ATION〗

fi·bril·li·form /faɪbrílɪ̀fɔ̀əm, fɪ̀- | -lɪ̀fɔ̀ːm/ *adj.* 小繊維状の. 〖(1847–49) ← FIBRIL(LA)＋-(I)FORM〗

fi·bril·lose /fáɪbrəlòus, fíb- | -brɪ̀ləus/ *adj.* 小繊維の[から成る]. 〖(1829) ← NL *fibrilla* 'FIBRIL'＋-OSE¹〗

fi·brin /fáɪbrɪ̀n | -brɪn/ *n.* **1** 〖生理〗線維素, フィブリン《血液凝固の際に形成される線維状蛋白質》. **2** 〖植物〗麩質(ふしつ) (gluten). 〖(1800) ← FIBER＋-IN²〗

fi·bri·no- /fáɪbrənou, fíb- | -brɪ̀nəu/「線維素 (fibrin)」の意の連結形. ★ 母音の前では通例 fibrin- になる. 〖↑〗

fi·brin·o·gen /faɪbrínədʒɪ̀n | -dʒən, -dʒen/ *n.* 〖生理〗線維素原, フィブリノゲン《血漿中に含まれる血液凝固に関与する物質》. 〖(1872): ⇨ ↑, -gen〗

fìbrino·génic *adj.* 〖生理〗 **1** 線維素 (fibrin) の. **2** 線維素を作る. 〖1876〗

fi·bri·nog·e·nous /fàɪbrənɑ́(ː)dʒənəs | -brɪ̀nɔ́dʒɪ̀-˜/ *adj.* 〖生理〗=fibrinogenic.

fi·bri·noid /fáɪbrənɔ̀ɪd, fíb- | -rɪ̀-/ *n.* 〖生理〗フィブリノイド《血管壁や結合組織に病変的に形成されるが, 胎盤中には正常に存在する一様な好酸性屈折性物質》. 〖(1910) ← FIBRINO-＋-OID〗

fìbrino·kínase *n.* 〖生化学〗フィブリノキナーゼ《バクテリアの中に発見される酵素; plasminogen を plasmin に変える働きをする》.

fi·bri·nol·y·sin /fàɪbrənɑ́(ː)ləsɪ̀n, -sn | -brɪ̀nɔ́lɪ̀sɪn/ *n.* **1** 〖生化学〗フィブリノリジン (⇨ plasmin). **2** 〖薬学〗線維素溶解素 (⇨ streptokinase). 〖(1915) ← FIBRINO-＋LYSIN〗

fi·bri·nol·y·sis /fàɪbrənɑ́(ː)ləsɪ̀s | -brɪ̀nɔ́lɪ̀sɪs/ *n.* 〖生化学〗線維素溶解現象. **fi·bri·no·lyt·ic** /fàɪbrənoulíṭɪk | -brɪ̀nə(u)lít-˜/ *adj.* 〖(1907) ← FIBRINO-＋-LYSIS〗

fìbrino·péptide *n.* 〖生化学〗フィブリノペプチッド《線維素原 (fibrinogen) を構成するペプチッド》. 〖1960〗

fi·bri·nous /fáɪbrənəs, fíb- | fáɪbrɪ̀-/ *adj.* 〖生化学〗線維素を含む; 線維素質の. 〖(1830) ← FIBRIN＋-OUS〗

fi·bro /fáɪbrou | -rəu/ *n.* (*pl.* ~s) 《豪》 **1** 〖建築〗=fibro-cement. **2** フィブロセメントで建てた家. 〖1953〗

fi·bro- /fáɪbrou-, fíb- | -brəu-/「繊維; 〖医学〗線維 (fiber)」の意の連結形. ★ 母音の前では通例 fibr- になる. 〖← L *fibra* 'FIBER'〗

fibro·adenoma *n.* 〖医学〗繊維腺腫.

fi·bro·blast /fáɪbrəblæ̀st | -brə(u)-/ *n.* 〖解剖・動物〗線維[繊維]芽細胞, フィブロブラスト. **fi·bro·blas·tic** /fàɪbrəblǽstɪk | -brə(u)-˜/ *adj.* 〖(1876): ⇨ ↑, -blast〗

fìbro·cártilage *n.* 〖解剖・動物〗線[繊]維軟骨(構造). 〖1835–36〗

fìbro-cemént *n.* 《英》〖建築〗=asbestos cement.

fibro·cýstic *adj.* 〖医学〗繊維嚢胞性の.

fi·bro·cyte /fáɪbrəsàɪt/ *n.* 〖解剖〗線維細胞. **fi·bro·cyt·ic** /fàɪbrəsíṭɪk | -tɪk˜/ *adj.* 〖(1911) ← FIBRO-＋-CYTE〗

fi·broid /fáɪbrɔɪd/ *adj.* 繊維[線維]性の, 繊維[線維]類似組織の; 線維腫(しゅ)に似た: a ~ tumor 類線維腫. — *n.* 〖病理〗 **1** 類線維腫. **2** 子宮筋腫. 〖(1852) ← FIBRO-＋-OID〗

fi·bro·in /fáɪbrouɪ̀n | -brəuɪn/ *n.* 〖生化学〗フィブロイン《sericin と共に絹繊維・クモの糸などの主成分をなす硬蛋白質》. 〖(1861) ← FIBRO-＋-IN²〗

fi·bro·lite /fáɪbrəlàɪt/ *n.* **1** 〖鉱物〗=sillimanite. **2** [F-] 《NZ》〖商標〗ファイブロライト《石綿とセメントを含む新建材》. 〖(1802) ← FIBRO-＋-LITE〗

fi·bro·ma /faɪbróumə | -brə́u-/ *n.* (*pl.* ~s, ~·ta /~ṭə | ~tə/) 〖病理〗線維腫(しゅ). **~·tous** /~ṭəs | ~təs/ *adj.* 〖(1847–49) ← NL ~: ⇨ fibro-, -oma〗

fi·bro·nec·tin /fàɪbrənéktɪ̀n, -brounéktɪ̀n | -brə(u)néktɪn/ *n.* 〖生理〗フィブロネクチン《線維性結合蛋白; 宿主防衛機構を構成する》. 〖(*c*1975) ← FIBRO＋L *nectere* to bind (⇨ connect)＋-IN¹〗

fìbro·plásia *n.* 〖医学〗(傷の治療などで)線維組織形成. 〖(1929) ← FIBRO-＋-PLASIA〗

fìbro·sarcóma *n.* 〖病理〗線維肉腫. 〖(1878) ← FIBRO-＋SARCOMA〗

fi·bro·sis /faɪbróusɪ̀s | -brə́usɪs/ *n.* 〖病理〗線維症, 線維形成. **fi·brot·ic** /faɪbrɑ́(ː)ṭɪk | -brɔ́t-/ *adj.* 〖(1873) ← NL ~: ⇨ fibro-, -osis〗

fi·bro·si·tis /fàɪbrəsáɪṭɪ̀s | -brə(u)sáɪtɪs/ *n.* 〖病理〗結合組織炎. 〖(1904) ← NL ~ ← *fibrōsus* (↓)＋-ITIS〗

fi·brous /fáɪbrəs/ *adj.* **1** 繊維のある[から成る], 繊維状の; 繊維性の: the ~ husk of the coconut やしの実の繊維質の殻 / a ~ tumor 線維腫(しゅ) / ~ roots 線維根. **2** 筋骨たくましい, 強靱(きょうじん)な. **~·ly** *adv.* **~·ness** *n.* 〖(1626) ← NL *fibrōsus*: ⇨ fiber, -ous〗

fibrous gláss *n.* =fiberglass 1.

fibrous róot *n.* 〖植物〗ひげ根 (cf. taproot, tuberous root). 〖1626〗

fìbro·váscular *adj.* 〖植物〗維管束の《篩組織と伝導性組織から成る》. 〖(1845) ← FIBRO-＋VASCULAR〗

fìbro·vàscular búndle *n.* =vascular bundle 1.

fib·ster /fíbstə | -stə^(r)/ *n.* (軽い)うそをつく人. 〖(1848) ← FIB¹＋-STER〗

fib·u·la /fíbjʊlə/ *n.* (*pl.* **-u·lae** /-lìː, -làɪ | -lìː/, ~s) **1** 〖解剖〗腓(ひ)骨 (cf. tibia; ⇨ skeleton 挿絵). ★ ラテン語系形容詞: peroneal. **2** (古代ギリシャの)(通例多少装飾のある)留め金, 襟止め. **3 a** 〖動物〗脛骨で固着されている動物の後脚. **b** 〖昆虫〗翅垂(しすい)《昆虫の前翅の後翅に接触する後方に突出している部分》. **fíb·u·lar** /-lə | -lə^(r)/ *adj.* 〖(1615) □ L *fibula* buckle, pin ← ? *figere* to fix〗

-fic /～fɪk/ *suf.*「…にする, …を起こす, …に化する, …化的な」などの意の形容詞を造る; 通例 -i- を伴って -ific となる: sopori*fic*, speci*fic*, terri*fic* 《例外 bene*fic*, male*fic*》. 〖□ L *-ficus* making ← *facere* 'to make, DO²': cf. F. *-fique*〗

FICA /fáɪkə, fíː- | fíː-/ 《略》Federal Insurance Contributions Act.

-fi·cal·ly /fɪ̀k(ə)li, -kli | fɪ-/ *suf.* -fic の副詞を造る: speci*fically* (← specific) / terri*fically* (← terrific). 〖← -FIC＋-ALLY〗

-fi·ca·tion /ˌ˗ ˗fɪ̀kéɪʃən | -fɪ-/ *suf.*「…にすること, …化」の意で -fy に終わる動詞に対応する名詞を造る; 常に -i- を伴って -ification となる: glori*fication* (← glorify) / paci*fication* (← pacify) / puri*fication* (← purify). 〖ME *-ficacioun* □ (O)F *-fication* // L *-ficātiō(n-)* ← *-ficāre* '-FY': cf. -faction〗

fice /fáɪs/ *n.* =feist. 〖cf. ON *fīsa* to break wind〗

FICE 《略》Fellow of the Institute of Civil Engineering.

fiche /fíːʃ, fíʃ | fíːʃ/ *n.* (*pl.* ~, ~s) =microfiche (cf. ultrafiche). 〖(1959) 略〗

Fich·te /fíktə, fíx-; G. fíçtə/, **Johann Gottlieb** *n.* フィヒテ (1762–1814; ドイツの哲学者; 自我とそれに対立する非我として知識論の構想によってカント哲学を観念論へと徹底させ, ドイツ観念論の嚆矢(こうし)となった).

Fich·te·an /fíktiən, fíx-/ *adj.* フィヒテ(哲学)の. — *n.* フィヒテ哲学の支持者[研究家]. 〖1817〗

fich·u /fíʃuː, fíː-ʃ-, fiːʃúː | fíːʃuː, fíʃ-; F. fiʃy/ *n.* (*pl.* ~s /~z; F. ~/) フィシュー《三角形のスカーフまたはショールで肩にかけ胸の位置で結ぶ; またはブラウスやドレスのフィシューに似せた胸飾り》. 〖(1803) □ F ~ (p.p.) ← *ficher* < VL **figicāre*=L *figere* 'to FIX'〗

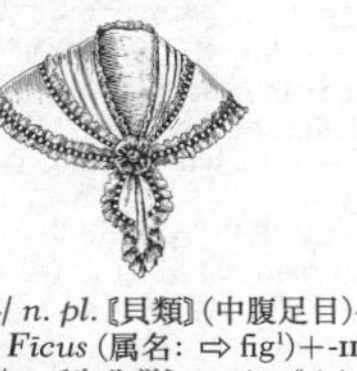

fichu

Fic·i·dae /fɪ́sədiː | -sɪ-/ *n. pl.* 〖貝類〗(中腹足目)イチヂクガイ科. 〖← NL ~ ← *Ficus* (属名: ⇨ fig¹)＋-IDAE〗

fi·cin /fáɪsɪ̀n, -sn | -sɪn/ *n.* 〖生化学〗フィチン《イチジクの樹液中にあるパパイン型の蛋白質分解酵素》. 〖(1930) ← NL *Ficus* (↑)＋-IN²〗

Fi·ci·no /fiːtʃíːnou | -nəu; *It.* fitʃíːno/, **Mar·si·lio** /marsíːljo/ *n.* フィチーノ (1433–99; イタリアの新プラトン主義の哲学者).

fick·le /fíkḷ/ *adj.* (**more** ~, **most** ~; **fick·ler, -lest**) 気まぐれな, むら気な, 移り気の (⇨ inconstant SYN); 変わりやすい, 定まりない: a ~ lover [woman] 浮気な愛人[女] / ~ weather 気まぐれ天気 / Fortune's ~ wheel 定めなき運命(の車). **~·ness** *n.* **fick·ly** /-kli/ *adv.* 〖OE *ficol* deceitful < Gmc **fikala-* (OE *ġefic* deceit, *befician* to deceive) ← IE **peig-* hostile〗

fi·co /fíːkou | -kəu/ *n.* (*pl.* ~es) **1** 《古》=fig¹ 5 a, b. **2** 《廃》=fig¹ 5 c. 〖(1596) □ It. ~ < L *ficum* 'FIG¹'〗

fict. 《略》fiction; fictional; fictitious; *L.* fictilis (= made of pottery).

fic·tile /fíktḷ, -tɪl | -taɪl/ *adj.* **1** 塑造できる, 可塑性の (plastic): ~ clay. **2 a** 塑造の (molded), 粘土製の: a ~ deity 土製の神体. **b** 陶製の, 陶器の: ~ ware 陶器. **c** 製陶の. **3** 言いなりになる (pliable). 〖(1626) □ L *fictilis* made of clay (p.p.) ← *fingere* (↓)〗

fic·tion /fíkʃən/ *n.* **1 a** [集合的] 小説, 創作 (novels) (cf. story¹ 6 a, tale 1, romance¹ 2 a, poetry 1; ↔ nonfiction) (⇨ novel¹ SYN); 小説作法: Fact [Truth] is stranger than ~. 《諺》事実は小説より奇なり / He reads only Japanese ~. 彼は日本の小説しか読まない. **b** (個々の)小説, 物語. **2** 作り事, 作り話: an improbable ~ 全くありもせぬ作り事 / We want fact(s), not ~(s). 作り事でなく事実を望む. **3** 想像, 虚構, 仮構, 仮作. **4** 〖法律〗擬制《法規を適用するため, ある事実が実際に存在するしないにかかわらず存在するとみなすこと; cf. presumption 2》: a legal ~ 法律上の擬制. **5** 《古》作り出すこと. 〖(*c*1412) □ (O)F ~ □ L *fictiō(n-)* fiction, making ← *fingere* 'to fashion, FEIGN'〗

SYN 作り話: **fiction** 種々の動機から出た作り話: He invented a *fiction* to detain her. 彼女を引き留めるために作り話をした. **fabrication** 人をだますために入念に作り上げた全くの作り話: His story was a complete *fabrication*. 彼の話は全くのでっち上げだった. **invention** 事実とは異なって勝手に考え出した話・説明など: His story must be of his own *invention*. 彼の言ったことは作り話にちがいない.

ANT fact.

fic·tion·al /fíkʃnəl, -ʃənḷ/ *adj.* **1** 小説の, 小説体の; 小説的な, 空想的な: a ~ character, hero, setting, etc. **2** 虚構の, 作り事の, 仮作の, 仮作的な. **fic·tion·al·i·ty** /fìkʃənǽləṭi | -lɪ̀ti/ *n.* **~·ly** *adv.* 〖(1843): ⇨ ↑, -al¹〗

fic·tion·al·ize /-ʃ(ə)nəlàɪz/ *vt.* 小説化する; 小説とみなす; 小説的に扱う. **fic·tion·al·i·za·tion** /fìkʃ(ə)nəlɪ̀zéɪʃən | -laɪ-, -lɪ-/ *n.* 〖(1918): ⇨ ↑, -ize〗

fic·tion·eer /fìkʃəníə | -níə^(r)/ *n.* 多作の小説家. 〖(1923): ⇨ -eer〗

fic·tion·eer·ing /fìkʃəníə^(ə)rɪŋ | -níər-/ *n.* 平凡な小説を多作すること, (小説の)乱作. 〖(1923): ⇨ -ing¹〗

fic·tion·ist /-ʃ(ə)nɪ̀st | -nɪst/ *n.* 小説家. 〖(1829): ⇨ -ist〗

fic·tion·ize /fíkʃənàɪz/ *vt.* =fictionalize. **fic·tion·i·za·tion** /fìkʃ(ə)nɪ̀zéɪʃən | -naɪ-, -nɪ-/ *n.* 〖1831〗

fic·ti·tious /fɪktíʃəs/ *adj.* **1** うその, 偽の, 虚構の, 虚偽の (feigned, false): under a ~ name 偽名で. **2** 仮構の, 創作的な, 小説的な; 想像上の, 仮想の, 架空の (unreal, imaginary): the ~ characters in a novel 小説に出てくる架空の人物 / a ~ narrative 創作の物語. **3** 〖法律・商業〗擬制の: a ~ bill 空(から)手形 / ~ capital 擬制資本 / a ~ price 掛け値 / ~ transactions 擬制取引, 空取引. **~·ly** *adv.* **~·ness** *n.* 〖(1615) □ L *ficticius* feigned (p.p.) ← *fingere*: ⇨ fiction, -itious〗

SYN 架空の: **fictitious** 想像力によって作り出され, 真実のものでない: Characters in novels are usually *fictitious*. 小説中の人物は普通架空のものである. **imaginary**「想像力で考え出した架空の」の意味; *fictitious* とほぼ同じ意味であるが, それほど堅苦しい感じはない: *imaginary* animals 架空の動物. **unreal** 実体がなく想像上の: an *unreal* continent 架空の大陸. **mythical** 実在ではなく神話の中にのみ存在する意味で架空の: The Sphinx is a *mythical* monster. スフィンクスは神話上の怪物だ.

ANT real¹, true, factual.

fictítious pérson *n.* 〖法律〗 **1** 仮設の受取人《振出人の意図によって小切手上に受取人と指名されてはいるが, その小切手に対して何ら権利を持たない人》. **2** =juristic person.

fictítious yéar *n.* 〖天文〗仮想年.

fic·tive /fíktɪv/ *adj.* **1** 架空の, 虚構の, 仮構の, 虚偽の: ~ tears 空涙. **2** 創作上の, 創作的な: ~ talent 創作の才能. **~·ly** *adv.* 〖(*c*1491) □ F *fictif*: ⇨ fiction, -ive〗

fi·cus /fáɪkəs, fíː-/ *n.* (*pl.* ~) 〖植物〗クワ科イチジク属 (*Ficus*) の植物の総称 (cf. rubber plant). 〖(1864) □ L *ficus* fig (tree)〗

fid /fíd/ *n.* **1** 〖海事〗くさび, 栓. **2** 〖海事〗(綱のこ (strands) などを開きほぐす)円錐(えんすい)状木製ピン. **3** 〖海事〗(中檣(しょう)や上檣の下部を固定する)フィッド, 帆柱止め栓. **4** 《英方言》塊 (lump). 〖(1615) ?〗

fid. 《略》fidelity; fiduciary.

-fid /fɪ̀d | fɪd/ *suf.*「分割された; 〖植物〗分裂した (lobed, cleft)」の意の形容詞を造る; 通例 -i- を伴って -ifid となる: tri*fid*, multi*fid*, pinnati*fid*. 〖□ L *-fidus* cleft ← *findere* to cleave〗

-fi·date /fədɪ̀t, -deɪt | fɪ̀dɪ̀t, -deɪt/ *suf.* =-fid.

Fid. Def., FID DEF 《略》《英》Fidei Defensor.

fid·dle /fídḷ | -dl/ *vt.* **1** 《口語》だます, かたる; 〈数字などを〉ごまかす; だまし取る: ~ one's income tax return 所得税の申告をごまかす / He ~*ed* himself a good job by using his political contacts. 政治的なコネを利用していい仕事を不正に手に入れた. **2** 《口語》〈時間などを〉空費[浪費]する 〈*away*〉: ~ *away* a whole day [a fortune] まる 1 日を空費する[一財産使い果たす]. **3** 〈曲を〉バイオリンで弾く: ~ a tune. — *vi.* **1** 《口語》〔…を〕いじくる, (指で)もて遊ぶ 〈*about, around*〉 〔*with, at*〕: He was *fiddling* (*about*) *with* his hat. 彼は帽子をもてあそんでいた / Stop *fiddling* (*around*) *with* the radio dial and listen to me. ラジオのダイヤルをいじくるのをやめて私の話を聞きなさい. **2** 《口語》〔…を〕ごまかす 〔*on, with*〕: ~ *on* one's income tax return 所得税の申告をごまかす. **3** 《口語》(何をするあてもなく)ぶらぶらしている 〈*about, around*〉: ~ *about* doing nothing 何もしないでぶらぶらしている. **4** バイオリンを弾く. **5** 〖製本〗〈本の折丁や紙葉を〉糸でとじる. — *n.* **1 a** 《口語》[通俗的・軽蔑的に] バイオリン (vio-

F

lin). ★ folk music や country music では violin と呼ばずに fiddle という. **b** バイオリン属の弦楽器 (viola, violoncello など). **2** 《英口語》 詐欺(さぎ), 詐取 (swindle): an insurance [pension, tax] ～. **3** 《英口語》 手先の器用さを要すること, 厄介な[難しい]こと. **4** 《海事》(船の動揺で食器がテーブルから落ちるのを防ぐ)止め枠, 食器受け. ***at* [*on*] *the fiddle*** 《英口語》 不正を働いて, 詐欺[いんちき]をして: Don't trust him: he's *on the* ～. 彼を信用するな, ごまかしをやっているのだから. ***(as) fit as a fiddle*** 《口語》 至極壮健で, ぴんぴんして. 《1616》 ***háng úp** one's **fíddle when** one **cómes hóme*** (外では面白いことを言う人物なのに)家に帰るとむっつりしている[黙り込む]. 《1889》 ***hàve a fáce as lóng as a fíddle*** 《口語》 ひどく陰鬱な顔[暗い顔]をしている. ***pláy sécond fíddle*** 《口語》 脇役を務める, 〔人の〕下につく 〔*to*〕 (cf. *play first* VIOLIN). 《1778》
— *int.* ばかな (Nonsense!) (cf. fiddlestick).
〘OE *fiþele* < Gmc **fiþula* (G *Fiedel*) ▭ VL **vītula* ← ? L *vītulārī* to celebrate a festival ← *Vītula* goddess of joy and victory〙

F

fíddle·bàck *n.* **1** バイオリンに形の似た物; (特に)バイオリン形の上祭服 (fiddleback chasuble ともいう). **2** = fiddleback chair. **3** 細かい滑らかな波うつような板の目.
— *adj.* [限定的] 〈椅子がバイオリンに形の似た(背板のある). 〘1890〙

fiddleback cháir *n.* バイオリンの形をした堅い背板のある椅子.

fiddleback chásuble *n.* =fiddleback 1.

fíddle blòck *n.* 《海事》 フィドル滑車 《大きさの異なった 2 つの車が縦に並んでいるだるま型滑車》. 〘1858〙

fíddle bòw *n.* **1** バイオリンの弓. **2** 《海事》 =clipper bow. 〘1827〙

fíddle bràce báck *n.* 座の後方突出部から出た 2 本の筋かい棒で笠木(かさぎ)が支持された背もたれのウィンザーチェアー.

fíddle càse *n.* 《植物》 ある豆の莢(さや)のようにがらがら鳴る果実. 〘1878–86〙

fid·dle·dee·dee /fɪ̀dḷdiːdíː | fɪ̀dḷ-/ (*also* **fid·dle·de·dee** /-diːdíː/) *int.* ばかばかしい, ばかな, いらいらするなあ (Nonsense!) 《焦燥・不信・軽蔑を表す》. — *n.* ばかばかしいこと. 〘(1784) ← FIDDLE＋*deedee* (無意味な添加)〙

fíddle drìll *n.* =bow drill.

fid·dle-fad·dle /fɪ́dḷfæ̀dḷ | fɪ́dḷfæ̀dḷ/ *n.* ばかげたこと[言行]; つまらないこと[物], ささいな事[物]. — *adj.* 〈人・物が取るに足らない, くだらない, つまらない (petty, fussy).
— *vi.* つまらないことに騒ぐ, 空(から)騒ぎする (fuss, trifle).
— *int.* ばかな. **-fàd·dler** /-dlə, -dḷə | -dlə^(r), -dl-/ *n.* 〘(1577) 《加重》 ← FIDDLE〙

fíddle-fòoted *adj.* **1** 〈馬など〉物に驚きやすい, 飛びはねる (skittish). **2** 放浪がちな. 〘1941〙

fíddle·hèad *n.* **1** 《海事》 渦巻彫りの船首飾り 《船首に取り付けたバイオリンの頭部状の装飾用の彫刻》. **2** 《植物》 (ゼンマイなどの)渦巻状の若葉. 〘1799〙

fíddle-nèck *n.* 《植物》 ハゼリソウ (*Phacelia tanacetifolia*) 《米国 California 州原産の青い花が咲く一年生草本》.

fíddle pàttern *n.* (スプーンやフォークの柄の)軍配扇形. 〘1865〙

fid·dler /fɪ́dlə, -dḷə | -dlə^(r), -dḷə^(r)/ *n.* **1** バイオリン弾き; バイオリニスト (violinist). **2** 《俗》 詐欺師. **3** 《動物》 =fiddler crab. **4** 《魚類》 =spotted cat.
(as) drúnk as a fíddler ⇨ drunk *adj.* 成句. ***fíddler's néws*** 古臭い話 《流しのバイオリン弾きが, よく古臭い話を新しいニュースのように吹聴したところから》. ***páy the fíddler*** =*pay the* PIPER[1].
〘OE *fiþelere*: cog. ON *fiðlari*: ⇨ fiddle, -er[1]〙

fíddler càt *n.* 《魚類》 =spotted cat.

fíddler cràb *n.* 《動物》 シオマネキ 《スナガニ科シオマネキ属 (*Uca*) のカニの総称で, 河口に群れをなしてすみ, 雄は片方だけ極端に大きいはさみを持っている; 単に fiddler ともいう》. 〘1843〙

Fíddler's Gréen *n.* 水夫や騎兵の楽園 《酒と女と歌の歓楽境[天国]》. 〘(1825) バイオリンの音のやむことのない歓楽の園の意から〙

fíddler-shàped *adj.* バイオリンの形をした.

fíddle·stìck *n.* **1 a** 《古》(バイオリンの)弓 (fiddle bow). **b** [通例 *pl.*] 《米南部》 拍子棒 《バイオリンを弓で弾きながら拍子をとるために同時に弦をたたくための棒》. **2** 少し, 少量, わずか (trifle): not care a ～ ちっともかまわない. **3** [通例 *pl.*] くだらないこと[もの]: utter ～*s*. — *int.* [～*s*] ばかばかしい, くだらない (Nonsense!) 《不信・嘲笑を表す》. 〘*a*1425〙

fíddle strìng *n.* バイオリンの弦. 〘1728〙

fíddle·wòod *n.* 《植物》 西インド諸島産クマツヅラ科 *Citharexylum* 属の樹木の総称 《木材は重くて堅い》.

fid·dley /fɪ́dli, -dḷi | -dli, -dḷi/ *n.* 《海事》 缶室(かましつ)通風囲壁(いへき). 〘(1881) ← ?〙

fid·dling /-dlɪŋ, -dḷ- | -dlɪŋ, -dl-/ *adj.* つまらない, くだらない. 〘(1652) ← FIDDLE＋-ING[2]〙

fid·dly /fɪ́dli, -dḷi | -dli, -dli/ *adj.* 《口語》 手間[暇]のかかる, 骨の折れる. 〘(1926) ← FIDDLE＋-Y[4]〙

FIDE 《略》 Fédération Internationale des Échecs (= International Chess Federation) 国際チェス連盟.

fideicommissa *n.* fideicommissum の複数形.

fi·de·i·com·mis·sar·y /fàɪdiaɪkɑ́(ː)məsèri, -kəmísəri | daɪkɔ́mɪs-, -kəmís-/ *n.* 《ローマ法》 信託受益者. 〘(1880) ▭ L *fideī commissārius*: ⇨ ↓, -ary[1]〙

fi·de·i·com·mis·sum /fàɪdiaɪkəmísəm | -di-/ *n.* (*pl.* **-mis·sa** /-sə/) 《ローマ法》 遺贈信託. 〘(1727–41) ▭ L *fideī commissum* (neut. p.p.) ← *fideī committere* 'to entrust to FAITH': ⇨ commit〙

Fi·de·i De·fen·sor /fíːdeɪìː dɛfénsɔə, fàɪdiàɪdɪ̀fén- | fàɪdiàɪdɪfénsɔː^(r), fìːdeɪìː dɛfén-/ *L. n.* 法[教え]の守護者, 擁護者 《英国王の尊称の一つ; 略 FD, Fid. Def., FID DEF》. 〘▭ L *Fideī dēfēnsor* 'DEFENDER of the FAITH'〙

fi·de·ism /fíːdeɪɪzm/ *n.* 《哲学》 信仰主義 《絶対者・真理は理性でなく感情・信仰のみによって把握できるとする宗教的・哲学的立場; cf. natural theology》. **fi·de·ist** /-ɪ̣st | -ɪst/ *n.* **fi·de·is·tic** /fìːdeɪístɪk⁻/ *adj.* 〘(1885) ← L *fidēs* 'FAITH'＋-ISM〙

Fi·del /fɪ̣dél, fiː- | fɪ-, fiː-; *Sp.* fiðél/ *n.* フィデル 《男性名》. 〘← L *fidelis* faithful〙

Fi·de·li·a /fɪ̣díːliə, -ljə | -díːliə, -déɪ-/ *n.* フィディーリア 《女性名》. 〘(fem.) ↑〙

Fi·del·ism /fɪ̣délɪzṃ | fɪ-/ *n.* カストロ主義 《キューバの革命家 Fidel Castro の理論と実践に基づいたラテンアメリカの共産革命運動; Castroism ともいう》. 〘(1960) ▭ Sp. *Fidelismo* ← *Fidel Castro*: ⇨ -ism〙

Fi·del·is·mo, f- /fìːdəlíːzmoʊ | -lízməʊ; *Am.Sp.* fiðelísmo/ *n.* =Fidelism. 〘(1958) ▭ Sp. ～ (↑)〙

Fi·dél·ist /-lɪ̣st- | -lɪst/ *n.* カストロ主義者. — *adj.* **1** カストロの[に関する]. **2** カストロ主義(者)の[に関する]. 〘(1961): ⇨ -ist〙

Fi·de·lis·ta, f- /fìːdəlístə; *Am.Sp.* fiðelísta/ *n., adj.* =Fidelist. 〘1960〙

fi·del·i·ty /fɪ̣déləṭi, faɪ- | -lɪ̣ti/ *n.* **1** 忠実, 誠実; 忠誠, 忠節 (loyalty) 〔*to*〕 〔約束・義務などの〕厳守 (⇨ allegiance SYN): ～ *to* one's principles [religion, leader] 主義[宗教, 統率者]に対する忠誠. **2** (夫婦間の)貞節. **3** (写しなどが原物に)真に迫っていること, 迫真, 正確 (exactness): reproduce with complete ～ 全く原物通りに複製する. **4** 《通信》 忠実度 《ラジオ・増幅器などの電子装置が入力信号を正確に再生する度合い》: a high ～ receiver 高忠実度受信機 (cf. high fidelity, hi-fi). **5** 《生態》 群落適合度 《ある種が調査しているある植物群落とどの程度緊密に結びついているかを表す度合い》. 〘(?*a*1425) *fidelite* ▭ (O)F *fidélité* ▭ L *fidēlitātem* faithfulness ← *fidēlis* faithful: cf. fealty〙

fidélity insùrance *n.* 《保険》 誠実保険 《従業員の不正行為による雇主の損害を塡補する保険》.

fi·des Pu·ni·ca /fáɪdiːzpjúːnɪkə/ *L. n.* 不信義, 二心, 背信. 〘▭ L *fidēs Pūnica* (原義) 'PUNIC faith'〙

fidge /fɪ́dʒ/ *v., n.* 《方言》 =fidget. 〘(1575) 《変形》 ? ← 《方言》 *fitch* (v.): cf. G *ficken* / ON *fikja* to move restlessly〙

fidg·et /fɪ́dʒɪ̣t/ *vi.* **1** そわそわ[せかせか]する 〈*about*〉: Be still and don't ～ (about)! そわそわするな, じっとしていなさい. **2** くよくよする, 気にやむ 〔*about*〕. **3** いじりまわす 〔*with*〕: ～ *with* a pen. — *vt.* **1** そわそわさせる, 気をもませる, いらいらさせる: It ～*s* me not to know where he is. 彼の行方がわからないので気がもめる. **2** (落ち着かないで)いじくる. — *n.* **1 a** そわそわ, せかせか, いらいら: be in a ～ そわそわしている. **b** [the ～*s*] 落着かぬ気持ち; せかせか, そわそわ: have [get] *the* ～*s* そわそわ[もじもじ]する / give a person *the* ～*s* 人をいらいらさせる. **2** そわそわ[くよくよ]する人, 落ち着かない人; 気をもませる人: What a ～ you are! **3** (衣服などの)さらさらする音, 衣(きぬ)ずれ. 〘(1674) 《変形》 ↑〙

fidg·et·ing·ly /-ṭɪŋli | -tɪŋ-/ *adv.* 落ち着かない様子で, そわそわして, いらいらして. 〘(1882): ⇨ ↑, -ing[2], -ly[1]〙

fidg·et·y /fɪ́dʒɪ̣ti | -ti/ *adj.* **1** そわそわする, せかせかする, じっとしていられない, 落ち着かない (restless, uneasy). **2** むだな騒ぎ立てをする (fussy); 細部に凝りすぎる, 枝葉末節にこだわり過ぎる: ～ ornamentation. **fídg·et·i·ness** *n.* 〘(1730–36): ⇨ fidget (n.), -y[4]〙

fíd hòle *n.* 《海事》 フィッド穴 《マストの下端に設けられたフィッド (fid) 差込み用の穴》. 〘1789〙

fid·i·bus /fɪ́dəbəs | -dɪ-/ *n.* (*pl.* ～**·es**, ～) (パイプなどの)点火用紙より, 点火紙. 〘(1829) ▭ G ～ ▭ L ～ (abl. pl.) ← *fidēs* lyre: Horace の詩句にそれとなく言及したもの?〙

fid·ley /fɪ́dli/ *n.* =fiddley.

fi·do /fáɪdoʊ | -dəʊ/ *n.* (*pl.* ～**s**) 鋳造ミスの貨幣. 〘(1967) 《頭字語》 ← *f*(*reaks*)＋*i*(*rregulars*)＋*d*(*efects*)＋*o*(*ddities*)〙

Fi·do[1] /fáɪdoʊ | -dəʊ/ *n.* 飼犬の名 (cf. Rover).

FIDO, Fido[2] /fáɪdoʊ | -dəʊ/ *n.* 《航空》 ファイドー 《滑走路の近くで油などを燃やして霧を消す方法》. 〘(1945) 《頭字語》 ← *F*(*og*) *I*(*nvestigation*) *D*(*ispersal*) *O*(*peration*)〙

fi·du·cial /fɪ̣dúːʃəl, faɪ-, -djúː-, -ʃḷ | -djúːʃiəl, -siəl/ *adj.* **1** (神を)信じて疑わない, 信頼の固い: live with a ～ dependence upon God 固く神を信じて生きる. **2** 《法律》 信託の (fiduciary). **3** 《物理・測量・天文》 起点の, 基準の: a ～ line [point] 起線[点], 基準線[点]. 〘(1571) ▭ LL *fīdūciālis* reliable ← L *fīdūcia* trust ← *fīdere* to trust (cf. *fidēs* 'FAITH')〙

fi·dú·cial·ly /-ʃəli | -ʃiəli, -siə-/ *adv.* 確信して, 頼みにして. 〘(1647): ⇨ ↑, -ly[1]〙

fi·du·ci·ar·y /fɪ̣dúːʃièri, faɪ-, -djúː-, -ʃəri | -djúːʃiəri, -siə-, -ʃəri/ *adj.* **1** 《法律》 信用の, 信頼の, 信託の, 受託者の: in a ～ capacity [character] 受託者の資格で / ～ estates 信託財産 / a ～ institution 信用機関 《銀行・信託会社など》 / a ～ loan (抵当なしの)信用貸付金 / ～ relationship 信頼関係 《受託者の受益者に対するまたは取締役の会社に対する関係など》 / ～ work 信託業務. **2** 〈紙幣が〉(正貨準備なく)信用発行の: ～ notes [paper currency] (無準備発行の)信用紙幣 / ⇨ fiduciary issue. **3** 《廃》 信用[信頼]に基づく. — *n.* 《法律》 受託者, 被信託者. **fi·du·ci·ar·i·ly** /fɪ̣dùːʃiérəli, faɪ-, -djùː-, ⸺⸺⸺ | -djúːʃiərəli, -siər-, -ʃər-/ *adv.* 〘(1593) ▭ L *fīdūciārius* ← *fīdūcia*: ⇨ fiducial, -ary〙

fidúciary bònd *n.* 《保険》 受託者保証 《受託者の忠実な行為を保証する契約》.

fidúciary issue *n.* (無保証・無担保の)信用発行, 無準備発行; (金準備のない銀行券の)保証発行.

fi·dus A·cha·tes /fáɪdəsəkéɪtiːz, fíːdʊsɑːkɑ́ːtɛs | fáɪdəsəkéɪtiːz, fíːdʊsɑːkɑ́ːtɛs/ *L. n.* **1** 《ローマ神話》 忠実なアカーテース 《Aeneas の忠実な友》. **2** (アカーテースのような)信義に厚い友. 〘(1603) ▭ L *fidus Achātēs* 'faithful ACHATES'〙

fie /fáɪ/ *int.* 《古》 えーっ, まあ, これ, ちぇっ 《不快・非難・嫌悪を表す; 現在では, しばしばふざけてびっくりした風を装って言う》: *Fie upon* you! まあ, いやだね(君は) / *Fie*, for shame! (子供をしかるときなどの)まあみっともない. 〘(*c*1300) ME *fi* ▭ (O)F ～ < L *fī*: cf. ON *fī* / F *fi donc!* / G *pfui*〙

FIE 《略》 F. Fédération Internationale d'Escrime (= International Fencing Federation) 国際フェンシング連盟.

Fied·ler /fíːdlə | -lə^(r)/, **Arthur** *n.* フィードラー (1894–1979; 米国の指揮者; Boston Pops Orchestra を指揮 (1930–79)).

fief /fíːf/ *n.* **1** (封建時代の)封土, 領地 (fee, feud). **2** 支配[権利行使]領域. 〘(1611) ▭ F ～ 'FEE': cf. feoff〙

fief·dom /-dəm/ *n.* =fief. 〘1814〙

fie-fie /fáɪfàɪ/ *adj.* けしからん, みっともない, 言語道断の (improper, scandalous). 〘(1812) ← FIE (加重)〙

field /fíːld/ *n.* **1** [通例 *pl.*] **a** (森林・建物などのない)野, 原, 野原, 野辺, 原野 (open country): flowers of the ～ 野の花 / over dales and ～*s* 谷を越え野を越えて / in the ～*s* 野原で. **b** (都市周辺の)原っぱ. ★ 単数形は今は 《詩》 以外は 《まれ》; ラテン語系形容詞: campestral.
2 (生け垣・溝・堤などで囲まれた)牧草地; 一画の耕地, 田畑; [the ～*s*; 集合的] 田野, 野良: a wheat ～ 小麦畑 / a turnip ～ かぶら畑 / go out into *the* ～*s* 畑へ出る / work in *the* ～*s* 野良仕事をする.
3 a 《スポーツ》 (トラックの内側の)競技場, フィールド (cf. track 2 b); (野球・フットボールなどの)屋外グラウンド, 球場: a baseball [cricket] ～ 野球場[クリケット競技場]. **b** 《野球》 (広義には内野 (infield)・外野 (outfield) を含めた)球場, グラウンド; (狭義には)外野 (right, center, left field). **c** 《野球・クリケット》 [集合的] 守備側; 野手 (fielders): take (to) the ～ 守備につく. **d** 野手 (fielder): ⇨ long field.
4 (鉱産物の)埋蔵地帯: a coal ～ 炭田 / a gold ～ 金産地 / oil ～*s* 油田 / diamond ～*s* ダイヤモンド産地.
5 《物理・電気》 (電気的・磁気的に力を及ぼす)場 《field of force ともいう》; (粒子の)場: ⇨ electric [gravitational, magnetic] field.
6 (ある特定の目的のための)地面, …使用地, 広場, 乾燥場: a fuller's ～ (布類の)洗い張り場 / a circus ～ サーカス場 / ⇨ flying field, landing field.
7 (活動・研究の)領域, 分野 (scope, province, area): a ～ of research [trade] 研究[取引]範囲 / the ～ of English literature 英文学の領域 / one's ～ of activity 活動方面[舞台] / What's his ～? =What ～ is he in? 彼の専門分野は何ですか / be pre-eminent in one's own ～ (餅(もち)は餅屋で)自分の分野で秀でている / Our company was the first in the ～. わが社はその分野のパイオニアであった / be out of a person's ～ 専門外である, 畑違いである / cover a wide ～ of inquiry 広い研究範囲にわたる / ⇨ *in the* FIELD.
8 (実験室・研究室などを離れた)実地活動の場, 現場; 活躍舞台: He left his rival in possession of the ～. 彼は相手に現場をゆずって身を引いた / ⇨ *in the* FIELD.
9 a 実戦の場, 戦闘の場[地域]; 戦場, 戦地 (battlefield): a ～ of battle 戦場 / the ～ of Agincourt アジャンクール古戦場 / ⇨ *in the* FIELD / ⇨ *hold* [*keep, maintain*] *the* FIELD / lose the ～ 陣地を失う, 敗戦を招く. **b** 《口語》 (米陸軍で)ワシントン以外の軍隊所在地. **c** 戦い, 戦闘 (battle). ★ 次のような句に用いる以外は 《まれ》: a hard-fought [hard-won] ～ 激戦 / a single ～ 一騎打 / ⇨ stricken field.
10 [集合的] **a** 《スポーツ》 全競技者, 全参加者: She won against a strong ～. 強い相手を敵にして勝った. **b** 《アメフト》 (グラウンドにいる)全選手. **c** 《競馬・ドッグレース》 (通例人気馬[犬]以外の)全出走馬[犬]: back [bet on] the ～ (人気馬[犬]以外の)全出走馬[犬]に賭ける (cf. *vi.* 2) / back [bet] against the ～ (他の出走馬[犬]を相手にしないで自分の持ち馬など)ただ一頭に賭ける / ⇨ *play the* FIELD. **d** 《狐狩》 (当主と猟犬係以外の)全遊猟参加者.
11 a 《光学》 視野, 視界, 視域 《field of view ともいう》: the ～ of a microscope [telescope] 顕微鏡[望遠鏡]の視野. **b** 《テレビ》 フィールド 《1 回の垂直走査分の映像; 通常 1 画面(フレーム)は 2 フィールドからなる》.
12 (海・空・氷・雪などの)一面の広がり, (天の原・氷原などの)原 (expanse): a ～ of sea [sky] 海原[大空] / a snow ～ 雪原 / ⇨ ice field.
13 a (絵・旗・貨幣などの)地: a flag with a white elephant on a ～ of red [red ～] 赤地に白い象のある旗. **b** 《紋章》 excutcheon の表面 《紋章図形を描くところ》.
14 《電算》 フィールド, 欄 《データベースで最小限のデータの集まり; record をなす単位》.
15 《電気》 **a** 界磁. **b** =field intensity.
16 《数学》 **a** 体(たい): a real number ～ 実数体. **b** 場: a vector ～ ベクトル場.
17 《生物》 (胎生期組織の分化すべき)場; 場形成媒介体.
18 《心理》 心理的場(ば), 場: the ～ of consciousness 意識の場[視野] / ⇨ field theory.
19 《言語》 意味の場 《一群の語の関係する意味の全領域; 例えば親族名称・色彩名など》.

20〘写真〙**a** フィールド《撮影する被写体の範囲, 鮮鋭に写る範囲[画角]》. **b** 焦点面, 被写界《許容できる鮮鋭度に写る被写体の前後の範囲》: the depth of the ～ 被写界深度.
21〘医学〙野, 区, 領域: the ～ of operation 手術野《手術が行われる身体の部位》/ the irradiation ～ (X 線などの)照射野.
a fáir fíeld and nó fávor 機会均等で情実なし, 公平無私, えこひいきなし. ***a góod fíeld*** 大勢の好敵手 (cf. *n.* 10). ***hóld the fíeld*** (1) (世間で)認められている, 地歩を保つ. (2) (試合などで)一歩も退かない. (3) 陣地を維持する; 戦闘を継続する. (1887) ***in the fíeld*** (1) (研究所・実験室でなく)現場で; 実際[地]に(使用して), 実用の際と同じ条件下で使用して: a salesman *in the* ～ 現場の販売員 / The new apparatus was tested for ten months *in the* ～. その新しい装置は 10 か月にわたった実地使用によるテストを受けた. (2) (野外・現地で)基礎資料を収集中で. (3) 戦場に出て, 従軍して: be *in the* ～ 戦闘中である, 従軍している. (4) 競技に参加して; 守備について (cf. *at* BAT[1]). (5) 立候補して. (6) 専門分野で. (1724) ***kéep [maintáin] the fíeld*** 《古》戦闘を継続する. ***léad [be ahéad] the fíeld*** (ある競技・活動で)他をリードする. ***léave the fíeld*** 《口語》競争[戦闘]をやめる. ***pláy the fíeld*** (1) 《口語》(一人ではなく)多くの異性とデートする (cf. go STEADY). (2) 《口語》いろいろな事[方面]に手を出す. (3) (人気馬以外の)全出走馬に賭ける (cf. *n.* 10 c, *vi.* 2). (1936) ***revérse one's fíeld*** 回れ右をして進む, 逆の方向に向きを変えて進む. ***táke the fíeld*** (1) 出陣する, 戦闘を開始する: *take the* ～ *against* corruption 汚職に立ち向かう. (2) 競技[試合]を開始する. (3) ⇨ 3 c. (*a*1612)
field of fire [the ―]〘軍事〙(銃・大砲の)射界.
field of fórce [the ―]〘物理〙=field 5. (1850)
field of hónor [the ―] (1) 戦場. (2) 決闘場.
field of víew [the ―]〘光学〙=field 11 a. (*c*1816)
field of vísion [the ―] =visual field. (1862)
― *adj.* [限定的] **1** 野の, 野原の, 野外(で)の; 野原にすむ[いる]: ～ flowers 野生の草花 / ⇨ field mouse / ～ work 野良仕事, 畑仕事 (cf. fieldwork). **2** 現場の, 実地の; 現場で働く: a ～ survey [investigation] 実地踏査 / a ～ study 野外研究, 実地調査, フィールドワーク / ～ notes (測量者・採集者などの長居でとった)現場手控え, 野帳 (cf. field book). **3**〘スポーツ〙競技場の, (track に対して)フィールドの: ⇨ field event, field sports 2. **4** 野戦の: ～ operations 野戦, 野外作戦 / ～ soldiers (後方勤務兵に対して)野戦兵. **5** 畑で働く: a ～ hand 農業労働者, 小作人.
― *vt.* **1**〘野球・クリケット〙((外)野手として)〈打球を〉さばく: The ball was well ～*ed*. **2**《口語》〈質問・電話などをてきぱき処理する, さばく: ～ a question adroitly 巧みに質問をこなす. **3 a**〈プレーヤー・チームを〉試合[出場]させる: ～ a weak team. **b**〈軍隊を〉戦場に送る. **4**〈穀物を〉野ざらしにする. ― *vi.* **1**〘野球・クリケット〙(外)野手をやる, ボールをさばく; 守備につく. **2**〘競馬・ドッグレース〙(人気馬[犬]以外の)全出走馬[犬]に賭ける (cf. *n.* 10 c).
〚OE *feld* < (WGmc) **felþu(z)* (Du. *veld* / G *Feld*) ← IE **pelə-* 'PLAIN[1]' (OE *folde* earth, land)〛
Field /fíːld/, **Cyrus West** *n.* フィールド《1819–92; 米国の資本家; 最初の大西洋海底ケーブル敷設者 (1858, 1866); D. D. Field の弟》.
Field, David Dudley *n.* フィールド《1805–94; 米国の法律学者; C. W. Field, S. J. Field の兄》.
Field, Eugene *n.* フィールド《1850–95; 米国の詩人・ジャーナリスト》.
Field, John *n.* フィールド《1782–1837; アイルランドの作曲家・ピアニスト; 1803 年よりロシアに住みノクターンを初めて作曲した》.
Field, Stephen Johnson *n.* フィールド《1816–99; 米国の法律学者, 米国最高裁判所判事 (1863–97); D. D. Field の弟》.
field allòwance *n.* 《英》〘軍事〙戦時増俸, 戦地(勤務)手当, 出征特別手当, 演習手当. 〚1853〛
field àmbulance *n.* **1** =ambulance 2. **2**《英》野戦病院部隊. 〚1916〛
field àrchery *n.*〘スポーツ〙フィールドアーチェリ《野外に狩の場面を想定したコース・標的を設けて行う洋弓競技》.
field àrmor *n.* 野戦用甲冑.
field àrmy *n.* 野戦軍 (⇨ army 3).
field àrrow *n.* 狩猟に用いる矢.
field artìllery *n.*〘軍事〙**1** [集合的] 野(戦)砲, 野戦砲兵 (cf. garrison artillery). **2** [F- A-] 米国野戦砲兵隊. 〚1644〛
field bàg *n.*〘軍事〙=musette bag.
field·bàll *n.* フィールドボール《1 チーム 11 人編成で対抗し, サッカー, バスケットまたはバレーにボールを用い, バスケットやサッカーの技術を応用して相手のゴールへ手で投げて得点する競技》.
field bàttery *n.*〘軍事〙野砲隊, 野戦砲兵中隊. 〚1825〛
field bèd *n.* **1** 野戦用ベッド. **2** アーチ形の天蓋付き小型(可動式)ベッド. 〚1580〛
field bòok *n.* (測量者の)野帳, 現場手帳; (採集者の)採集覚帳). 〚1616〛
field bòot *n.* [通例 *pl.*] ひざまでの長さのぴったりした長靴.
field capàcity *n.*〘土壌〙圃場容水量. 〚1938〛
field càptain *n.* **1**〘アメフト〙試合中のオフェンス, ディフェンスのキャプテン. **2** (アーチェリーで)安全管理に当たる上級役員.
field cènter *n.* 現地調査センター《フィールドワークが行われる地域にある中心地》.
field chàmomile *n.*〘植物〙=corn chamomile.
field chìkweed *n.*〘植物〙=grasswort.
field còil *n.*〘電気〙界磁コイル, 界磁巻線《モーターの回転子などの場所に磁界を発生させるための電磁石のコイル》. 〚1892〛
field còrn *n.* 《米》(家畜の飼料用に栽培する)トウモロコシ (dent corn, flint corn など). 〚1856〛
field-cornét *n.* (南アフリカ Cape Province などの)下級治安判事; (もと民衆蜂起のころの)民兵隊長. 〚(1812) (なぞり) ← Afrik. *veldkornet*〛
field·cràft *n.* (特に荒野などの)野外生活に関する能力・経験・技術・知識. 〚1887〛
field crìcket *n.*〘昆虫〙コオロギ科の昆虫の総称; (特に)米国に生息する普通のコオロギ (*Acheta assimilis*). 〚1600〛
field cròp *n.*〘農業〙農作物《稲・大豆・牧草・綿花など田・畑に大面積に栽培する作物》. 〚1860〛
field cùrrent *n.*〘電気〙界磁電流.
field dày *n.* **1 a** (生物学などの)野外研究日. **b** 戸外の催し, ピクニック(など), 《米》(学校の)運動会(日). **c** 《英》(狐狩の)狩猟日. **d** 戸外[野外]での一日. **2** 重要な会議[討議]の日 (cf. field night). **3** (陸軍の)野外演習日; (軍艦の)大掃除日. **4**《英》(アマチュア無線の)野外交信競技会. **5**《豪》**a** 農機具の展示日[期間]. **b** 馬の飼育場公開日兼馬の即売日.
have a field dày 大いに楽しく[忙しく, あわただしく]過ごす; 大いに腕を奮う. (1747)
〚*c*1746〛
field dràin *n.* 排水用土管. 〚1933〛
field drèssing *n.* (戦闘中の)応急手当. 〚1884〛
field drìver *n.* (初期 New England で)持主不明の家畜類を没収する役人. 〚1826〛
field·ed *adj.* **1**〘クリケット・野球〙〈打球を〉受け止めて投げ返して. **2**《古・まれ》戦場に出て, 戦場で戦っている. 〚(1607–08): ⇨ field (v.)〛
fielded pánel *n.*〘建築〙浮出羽目《外縁が繰形(くりがた)で彫り巡らされ凸所や凹所のあるパネル raised panel ともいう》; (浮出羽目の)細分されたパネル. 〚1940〛
fíeld effèct transìstor *n.*〘電子工学〙電界効果トランジスター《普通の接合トランジスターと違って, 電界により電流の通路幅が変わることを利用; 略 FET; cf. JUGFET, IGFET》. 〚1953〛
field emìssion *n.*〘電気〙電界放出《強い電界をかけた物質の表面から電子が放出される現象; cold emission ともいう; cf. photoemission, thermionic emission》. 〚1928〛
field·er /fíːldə | -də(r)/ *n.* **1**〘野球〙野手, (特に)外野手 (outfielder). **2**〘クリケット〙野手; 守備側の選手 (fieldsman). 〚(1832) *feldere* farmer: ⇨ -er[1]〛
fielder's chóice *n.*〘野球〙野選, フィルダースチョイス《打者を 1 塁でアウトできるのに, 打者でなく塁上の走者を 1 塁以外の塁で刺殺しようとすること》. 〚1902〛
field evènt *n.* [通例 *pl.*]〘陸上競技〙フィールド競技[種目]《砲丸投げ・高跳び・幅跳びなど; cf. track event》. 〚1899〛
field èxercise *n.*〘軍事〙(実戦を想定した)野外演習.
field·fare /fíːldfɛə | -fɛə(r)/ *n.*〘鳥類〙ノハラツグミ (*Turdus pilaris*)《冬季群れをなして英国に渡って来る北欧産のツグミの一種; snowbird ともいう》. 〚ME *feld(e)fare* < lateOE *feldefare* field-goer: ⇨ field, fare〛
field formàtion *n.*〘生物〙場形成 (individuation).
field glàss *n.* **1** 小型望遠鏡. **2** [*pl.*] (戸外用の携帯)双眼鏡 (binoculars). 〚1836〛
field gòal *n.* 《米》フィールドゴール: **a**〘アメフト〙トライフォーポイント以外のフィールドからキックして得た点 (3 点). **b**〘バスケット〙フィールドからのゴール (2 点または 3 点), 野投. 〚1902〛
field gràde *n.*〘陸軍〙佐官級, 佐官クラス (cf. field officer). 〚1944〛
field gráy *n.* 灰緑色; (第一次大戦当時のドイツ兵の)灰緑色の軍服; ドイツ兵. 〚(1915) (なぞり) ← G *Feldgrau*: ⇨ field, gray〛
field guìdance *n.* (重力場などの)場の特性を利用したミサイルの誘導.
field guìde *n.* フィールドガイド, 検索図鑑《動植物などの野外観察用ハンドブック》. 〚1934〛
field gùn *n.* 野戦砲, 野砲 (fieldpiece). 〚1828〛
field hànd *n.* 《米》(もとは)アメリカ開拓地の農場で働いた黒人奴隷. **2** 農場労働者, 作男. 〚1826〛
field hòckey *n.* 《米・カナダ》(フィールド)ホッケー《各 11 人の 2 組のチームで, stick でボールを相手方のゴール内に打ち込んで得点を争う競技; 単に hockey ともいう; cf. ice hockey; ⇨ hockey 挿絵》. 〚1903〛
field·hòller *n.*〘音楽〙フィールドホラー《裏声などを使った黒人労働歌の唱法; 後にブルースに取り入れられた》.
field hòrsetail *n.*〘植物〙スギナ (*Equisetum arvense*).
field hòspital *n.* 野戦病院 (cf. base hospital). 〚1701〛
field hòuse *n.* **1** 競技場付属の建造物《ロッカールーム・更衣室・マッサージ室など》. **2** (陸上競技などを行う)室内競技場. 〚1895〛
field ìce *n.*〘地理〙野氷, 氷原 (cf. iceberg, ice field). 〚1796〛
field·ing *n.*〘野球・クリケット〙フィールディング, 守備 (cf. batting 2 a). 〚((1526)) (1823): ⇨ -ing[1]〛
Fiel·ding /fíːldɪŋ/, **Henry** *n.* フィールディング《1707–54; 英国の小説家; *Joseph Andrews* (1742), *Tom Jones* (1749)》.
fielding àverage *n.*〘野球〙守備率《アウトにしたり, またはアウトに結びつくプレーを全部のプレーの数から割り出したもの》. 〚1947〛
field intènsity *n.*〘電気〙電界の強さ, 磁界の強さ.
field ìon mìcroscope *n.* (放射型電子)イオン顕微鏡《試料表面から放出される電子またはイオンを高電圧で加速し, 蛍光板上に表面の拡大像を作る顕微鏡》. 〚1952〛
field jàcket *n.* (陸軍の)野戦用上衣, (濃い黄緑色の)作業上衣.
field júdge *n.*〘アメフト〙フィールドジャッジ, 地域担当《レフェリーを補佐する審判員》. 〚*c*1929〛
field kìtchen *n.*〘陸軍〙**1** 野外[野戦]炊事場. **2** (携帯用の)野外[野戦]炊事用具. 〚1915〛
field làrk *n.* 《米方言》〘鳥類〙=meadowlark. 〚1678〛
field làrkspur *n.*〘植物〙ルリヒエンソウ (*Delphinium consolida*)《ヨーロッパ産の一年草》.
field làyer *n.*〘生態〙草本層 (herb layer)《植物群落の階層の一つ; ⇨ layer》.
field lèns *n.* 視野レンズ《光学器械の像付近に置くレンズ》. 〚1837〛
field màgnet *n.* 界磁石《発電機・電動機などの固定の電磁石》. 〚1883〛
field màrigold *n.*〘植物〙=corn marigold.
field màrshal *n.* (英国その他の国の軍隊で)陸軍元帥 (cf. GENERAL of the Army). 〚1614〛
field màster *n.*〘狐狩〙狩猟参加者の名誉会員《参加者の行動の責任を負う》. 〚1893〛
field mìnt *n.* **1**〘植物〙=catnip. **2**〘昆虫〙=cornmoth.
field mòuse *n.* **1** 野ネズミ. **2** vole[1] の旧称. 〚*c*1500〛
field mùshroom *n.*〘植物〙ハラタケ (*Agricus campestris*)《ハラタケ科の食用きのこ》. 〚1832〛
field mùsic *n.*〘軍事〙**1** [集合的] 野戦軍[音]楽隊《鼓手・らっぱ手・横笛手・風笛手などの編成で, 軍楽隊の代わりになる》. **2** 野戦音楽.
field mùstard *n.*〘植物〙=charlock.
field nìght *n.* 重要な会議[討議]などが行われる夜 (cf. field day 2). 〚1861〛
field nòte *n.* フィールドノート《現地調査で得たデータの個々の記録》.
field òfficer *n.*〘陸軍〙佐官級の将校, 佐官《colonel, lieutenant colonel および major; cf. company officer 1, field grade》. 〚1656〛
field pèa *n.*〘植物〙フィールドピー (*Pisum sativum* var. *arvense*)《エンドウの一種; 種穀や牧草用品種, 絹さやなど東洋起源のさやエンドウが含まれる》. 〚1709〛
field pènnycress *n.*〘植物〙=pennycress.
field·pìece *n.* 野戦砲, 野砲 (field gun). 〚1590〛
field pòppy *n.*〘植物〙=corn poppy.
field pòst òffice *n.* 野戦郵便局(略 FPO).
field prèacher *n.* 野外伝道[説教]者. 〚1688〛
field prèaching *n.* 野外伝道[説教]. 〚1739〛
field pùnishment *n.*〘軍事〙野戦刑罰 (略 FP). 〚1907〛
field rànk *n.*〘陸軍〙=field grade.
field ràtion *n.* 《米陸軍》(一人一日分の)野戦糧食, (野戦用)携帯口糧.
field rhéostat *n.*〘電気〙界磁抵抗器. 〚1910〛
field rívet *n.* 現場リベット, 現場鋲《工事現場で打つリベット; cf. shop rivet》.
Fields /fíːldz/, **Dame Gracie** *n.* フィールズ《1898–1979; 英国の女性ポピュラー歌手・コメディアン; 本名 Grace Stansfield》.
Fields, W. C. *n.* フィールズ《1880–1946; 米国の喜劇映画俳優; 本名 William Claude Dukenfield》.
field-sequéntial sỳstem *n.*〘テレビ〙フィールド順次方式 (⇨ sequential system). 〚1950〛
field sèrvice *n.* (軍隊・社会奉仕団などの)野外活動[奉仕].
fields·man /-mən/ *n.* (*pl.* **-men** /-mən, -mèn/)〘クリケット〙野手 (fielder). 〚1767〛
field spàniel *n.* フィールドスパニエル《英国で異種交配を繰り返して作出されたイヌ; 胴が長く, 脚が短い猟犬》. 〚1867〛
field spàrrow *n.*〘鳥類〙**1** 北米東部産ホオジロの一種 (*Spizella pusilla*). **2** =hedge sparrow.
field spòrts *n. pl.* **1** 野外スポーツ (outdoor sports); (特に)狩猟, 銃猟, 魚釣り, 乗馬. **2** (トラック競技に対して)フィールド競技. 〚1674〛
field·stòne *n.* (建築用の未加工の)自然石, 粗石. 〚1799〛
field stòp *n.*〘光学〙視野絞り.
field strèngth *n.*〘電気〙=field intensity.
field·strip *vt.* 〈武器〉普通分解をする《手入れまたは小修理のため武器の主要部分のみを分解する》. 〚1947〛
field stùdy *n.* [しばしば *pl.*] 現地調査, フィールドスタディー (cf. field 8).
field tèlegraph *n.* 野戦電信(機). 〚1874〛
field tèlephone *n.* 野戦電話. 〚1908〛
field-tèst *vt.* 〈新製品などを〉実地に試験する. 〚1950〛
field tèst *n.* 実地試験. 〚1948〛
field thèory *n.* **1**〘物理〙場の理論《場 (field) との相互作用を通じて粒子同士が力を及ぼし合うとする立場で構成された理論》. **2**〘心理〙場の理論《心理現象を諸過程のダイナミックな相互作用の場としてとらえる理論; cf. field *n.* 18》. 〚1901〛
field tìle *n.* 《英・NZ》=field drain. 〚1958〛
field trìal *n.* **1** (猟犬・作業犬などの)野外における競技 (cf. bench show). **2** 実地試験. 〚1849〛

F

field trìp *n.* **1** (学生の)実地見学(旅行). **2** (研究調査のための)野外研究旅行. 〖1926〗
field ùmpire *n.* 〖野球〗塁審.
field vòle *n.* 〖動物〗キタハタネズミ (*Microtus avalis*) (ヨーロッパ産; しばしば畑を荒らす).
field·ward /fíːldwəd | -wəd/ *adv.* 野原の方へ; 戦場の方へ. 〖(1805): ⇨ -ward〗
field·wards /-wədz | -wədz/ *adv.* =fieldward. 〖1866〗
field wàrehousing *n.* 〖商業〗出保管(でほかん).
field-wèakening contròl *n.* 〖電気〗弱め界磁制御 (直流電動機の界磁磁束を減らすことによって行う電気車の速度制御法).
field wìnd·ing /-wàındıŋ/ *n.* 〖電気〗界磁巻線. 〖1893〗
field·wòrk *n.* **1 a** (博物学者などの)野外研究, 採集. **b** (社会·人類·言語学などの)実地[現地]調査[踏査], (現地での)資料収集, フィールドワーク. **c** (測量士などの)野外作業, 外業. **2** [しばしば *pl.*] (臨時に土を盛って造った)堡塁(ほるい), 土塁, 野戦築城. **~·er** *n.* 〖1767〗

F

fiend /fiːnd/ *n.* **1 a** 鬼[悪魔]のような人, 極悪非道な人. **b** 《口語》意地悪な人; いたずらっ子. **2** 《口語》**a** 凝り屋, …マニア, …の鬼: a golf [baseball, film] ~ ゴルフ[野球, 映画]マニア / a camera ~ カメラおたく / a fresh-air ~ 熱狂的なアウトドア派. **b** 過度に常用する人, 中毒者: a drug ~ 麻薬中毒患者 / an opium ~ アヘン常用者 / a ~ for icecream アイスクリームをよく食べる人 / ⇨ dope fiend. **3** 《口語》(技術·勉強の)優れた人, 達人: a math ~ 数学の鬼 / He's a ~ *at* tennis. **4 a** 魔神, 悪霊, 鬼, 悪鬼. **b** [the F-] 《古》悪魔. 〖OE *fēond* enemy, 《原義》the hater ← Gmc **fijand-* (G *Feind*) (pers.p.) ← **fijējan* to hate (OE *fēogan*) ← IE **pē(i)-* to hurt: cf. friend〗
fiend·ish /-dıʃ/ *adj.* **1** 非常に巧妙な, 複雑な: a ~ plan [device]. **2** すごく不愉快な, 非常に悪い; とてもむずかしい: ~ weather いやな天気. **3** 悪魔[悪鬼]のような, 魔性の; 極悪の, 鬼のような, 極悪非道な (cruel): ~ brutalities 鬼畜のような残虐行為. **~·ly** *adv.* **~·ness** *n.* 〖(1529): ⇨ ↑, -ish¹〗
fiend·lìke *adj.* 悪魔[鬼畜]のような. 〖1593–94〗
fiend·ly *adj.* (**fiend·li·er; -li·est**) 《古》悪魔のような, 悪魔の. 〖lateOE *fēondlīc*: ⇨ fiend, -ly²〗
fier /fíə | fíə^(r)/ *n.* (*also* **fiere** /~/) 《スコット》=fere.
fierce /fíəs | fíəs/ *adj.* (**fierc·er; -est**) **1 a** (気性·行動など)荒々しい, 獰猛(どうもう)な; 攻撃的な, 好戦的な: a ~ animal [dog] 猛獣[犬] / a ~ fighter 猛烈な闘士 / ~ native tribes 好戦的土着民族. **b** (容貌が)ものすごい, 険(けわ)しい, 人を寄せつけない: ~ looks ものすごい顔つき / a ~ old hermit いかめしい容貌の老隠者. **2** 激しい, 熱烈な, 熱狂的な, 積極的な, 強い: a ~ desire 激しい欲望 / ~ hatred 激しい憎悪. **3** 〈風雨·寒暑など〉荒れ狂う, すさまじい, 猛烈な: a ~ tempest [wind] 猛烈な嵐[暴風] / ~ heat [cold] 猛暑[酷寒] / ~ pain 激痛. **4** 〈機械·装置など〉急に作動する, ききがよすぎる. **5** 《口語》ひどい, 鼻もちならない; 不快な: ~ taste 俗悪な趣味. **6** 《英方言》元気のいい, いきいきした.
sòmething fíerce [副詞的に] 《米俗》大いに, 猛烈に, すごく.
— *adv.* =fiercely.
~·ness *n.* 〖(?a1300) *fers* □ AF=OF *fiers* (nom. sing.) (F *fier* proud) < L *ferus* wild: cf. ferocious〗

SYN 狂暴な: **fierce** 〈気質·態度·行動が〉荒々しく, 見るからに恐ろしい: a *fierce* boar 狂暴ないのしし. **violent** 暴力をふるい, 周りに危害を及ぼすような: The man turned *violent* suddenly. その男は突然狂暴になった. **ferocious** 特に〈気質·行動が〉極端に獰猛(どうもう)な: That man looks *ferocious*. あの男は狂暴な顔をしている. **truculent** 《軽蔑》〈顔つき·態度が〉挑戦的かつ攻撃的な: His *truculent* attitude kept them terrified and submissive. 彼の凶暴な態度に彼らは恐れて服従していた.
ANT tame, mild.

fierce·ly *adv.* 荒々しく, 猛烈に; 激しく, すごく, ひどく. 〖(?a1325): ⇨ ↑, -ly¹〗
fierc·en /fíəsən, -sn | fíəs-/ *vi.* 荒々しくなる, 獰猛になる. 〖(1831) ← FIERCE+-EN¹〗
fi·eri fa·ci·as /fáıərifèıʃiəs, -ʃəs, fiːərifáːkiàːs | fáıəràıféıʃiès, fiːərifáːkiàːs/ *n.* 〖法律〗強制執行令状, 動産執行令状 (略 fi. fa.). 〖(1464) L □ *fieri facias* 'cause (it) to be done, see that (the sum) is made' ← *fieri* to be made+*facias* (← *facere* to make, cause)〗
fi·er·i·ly /fáıᵊrəli, fáır- | fáıərɪ̀li/ *adv.* 火のように; 火のように激しく, 熱烈に. 〖(1600) ← fiery, -ly¹〗
fi·er·i·ness *n.* 熱烈, 激烈.
fi·er·y /fáıᵊri | fáıəri/ *adj.* (**more ~, most ~; fi·er·i·er, -i·est**) **1 a** 火[火炎]の, 火炎のついた: ~ sparks 火の粉 / a ~ arrow 火矢 / a ~discharge from a volcano 火山の火炎の噴出. **b** 火がついた, 燃えている: a ~ furnace 火のはいった炉. **c** 火を用いる, 火力による. **d** 〈ガス·炭層など〉引火しやすい: ~ vapor. **e** (引火性のガスを含んで)爆発しやすい: a ~ coal seam 爆発しやすい炭層. **2** 火のように赤い; 赤々と輝く, きらきら光る: a ~ sky 真っ赤に輝く空 / ~ red 火のような赤い色 / ~ eyes きらきら光る目. **3** 〈酒·薬味など〉ひりひりする: a ~ taste / drink ~ liquor ぴりっと舌にくる酒を飲む. **4** 熱情的な, 熱烈な; 激しやすい, 性急な: ~ zeal 燃えるような熱意 / a ~ temper 激しい気性 / a ~ speech 熱弁 / a ~ steed [courser] はやる馬. **5** 火のように熱い, 灼熱(しゃくねつ)の, 焼けつくような: ~ winds [desert sands] 熱風[砂漠の熱砂] / ~ heat 焼けつくような暑さ. **6 a** 炎症を起こした: a ~ sore 赤いただれ / a ~ face 丹毒にかかった赤い顔. **b** 赤く熱っぽい: a ~ forehead. **7** 〖クリケット〗〈投球が〉危険な程高くはずむ. — *adv.* =fierily. 〖(c1290) *firi*: ⇨ fire, -y¹〗
fìery cróss *n.* **1** 《米》火の十字 (Ku Klux Klan などの標章). **2** 血火の十字架 《昔スコットランド高地で戦争開始を知らせ兵を集めるために, 集落から集落へ走者によって運ばれた木の十字架; 一部を焼き焦がし, 時には山羊の血に浸して作った》. 〖1615〗
Fie·so·le /fiéızəlèı, fjéı-, -li; *It.* fjɛ́ːzole/ *n.* フィエーゾレ 《イタリア中部, Tuscany 州の Florence に近い町; 古名 Faesulae》.
Fie·so·le /fiéızəlèı, fjéı-, -li; *It.* fjɛ́ːzole/, **Giovanni da** /da/ *n.* フィエーゾレ (⇨ Fra ANGELICO).
fi·es·ta /fiéstə/ *n.* **1** (スペイン·ラテンアメリカで, 宗教上の)祝祭, 聖人の祝日 (saint's day) (の祭り). **2** 祭典 (festivity); 休日 (holiday). 〖(1844) □ Sp. ~ 'FEAST'〗
Fi·es·ta /fiéstə/ *n.* 〖商標〗フィエスタ 《米国 Ford 社製の小型乗用車》.
fiésta flòwer *n.* 〖植物〗米国 California 州原産のルリカラクサ属の一年生草本 (*Nemophila aurita*).
FIFA /fíːfə/ *n.* 国際サッカー連盟, フィファ. 〖(1946) 《頭字語》← F. *F(édération) I(nternationale de) F(ootball) A(ssociation)* (=International Football Federation)〗
fi. fa. /fáıféı/ 《略》〖法律〗fieri facias.
fife /fáıf/ *n.* **1 a** (鼓笛隊用の)横笛, ファイフ: a drum and ~ band 鼓笛隊. **b** 〖楽器〗(パイプオルガンの)ファイフ音栓 《高く鋭い音を出す》. **2** =fifer. — *vi.* 横笛を吹く. — *vt.* 〈曲を〉横笛で吹く: ~ a tune. 〖(1539) □ G *Pfeife* 'PIPE': cf. F *fifre* fife player〗
Fife¹ /fáıf/ *n.* ファイフ: **1** スコットランド東部の州 (1975 年に成立); 面積 1,300 km², 州都 Glenrothes. **2** (1975 年以前の)スコットランドの旧州 《現在の Fife と同じ地域》. 〖← *Fibe, Fibh* (Pict 族の祖とされる Cruithne の 7 人の息子の 1 人)〗
Fife² /fáıf/ *n.* =Phyfe.
fif·er *n.* 横笛吹奏者. 〖(1540) ← FIFE+-ER¹〗
fife ràil *n.* 〖海事〗**1** (昔の)軍艦の後甲板の手すり. 《錨を巻き上げる間 fifer がそこで笛を吹いた習慣から?》 **2** 帆づな止め座 《マストの根もとその他に取り付けた手すりのようなのでビレーピン (belaying pin) を差し込むためのもの; cf. pin rail》. 〖1721–1800〗
Fife·shire /fáıfʃə, -ʃìə | -ʃə^(r), -ʃìə^(r)/ *n.* =Fife¹. 〖⇨ Fife, -shire〗
Fi·fi /fíːfiː/ *n.* フィーフィ 《女性名》. 〖(dim.) ← JOSEPHINE〗
fi·fi hòok /fíːfiː-/ *n.* 〖登山〗フィフィ 《エトリエ (étrier) の先端につける金属のかぎの手》.
Fi·fine /fiːfíːn/ *n.* フィフィーン 《女性名》. 〖(dim.) ← JOSEPHINE〗
FIFO, fifo /fáıfou | -fəu/ *n.* =first-in, first-out.
FIFO list /fáıfou- | -fəu-/ *n.* 〖電算〗先入れ先出しリスト 《先に格納したデータから取り出すようになっている》.
fif·teen /fìftíːn⁻/ *n.* **1** 15; 15 個, 15 名, 15 歳. **2** 15 [XV] の記号[数字]. **3** 15 人[個]一組; ラグビーチーム: a Rugby ~. **4** 15 番サイズの衣料品. **5** 〖テニス〗フィフティーン 《最初の得点(1 点); 2 点目を thirty, 3 点目を forty という; cf. love 9》: ~ love [forty] フィフティーンラブ[フォーティ] 《サーブ側 1 点レシーブ側 0 [3] 点》 / ~ all フィフティーンオール 《双方が最初の 1 点ずつを得た場合》. **6** [the F-] (英国の)十五年の乱 《James 二世の子 Old Pretender を王に立てようとした Jacobites の 1715 年の反乱》. — *adj.* 15 の, 15 個の, 15 人の; [叙述的] 15 歳の. 〖OE *fīftēne* ← *fīf* 'FIVE'+-*tēne* '-TEEN'〗
15 /fìftíːn⁻/ *n., adj.* 《英》〖映画〗15 歳未満の子供には適当でない(映画).
fiftéen·fòld *adj., adv.* 15 倍の[に].
fif·teenth /fìftíːnθ⁻/ *adj.* **1** 第 15 の, 15 番目の (15th). **2** 15 分の 1 の: a ~ part 15 分の 1. — *n.* **1** [the ~] 第 15, 15 番目, 第 15 位; (月の)(第)15 日: *the* ~ [15th] of March 3 月 15 日. **2** 15 分の 1. **3** 〖音楽〗**a** 15 度(音程) (2 オクターブ). **b** (オルガンの) 2 オクターブ高く響く音栓, 2 フィート音栓 (two-foot stop). 〖ME *fiftenthe* ∽ OE *fīftēoþa* ← *fīftēne* 'FIFTEEN'+*tēoþa* tenth: ⇨ -th¹〗
fifth /fífθ, fíftθ/ *adj.* **1** 第 5 の, 5 番目の (5th): the ~ act 第五幕, 終幕; 老境. **2** 5 分の 1 の: a ~ part 5 分の 1. — *n.* **1** [the ~] 第 5, 5 番目, 第 5 位; (月の)第 5 日; [*pl.*] 五等品: *the* ~ [5th] of May 5 月 5 日. **2 a** 5 分の 1. **b** 《米口語》5 分の 1 ガロン (5 分の 4 クオート; アルコール飲料を量る単位); 5 分の 1 ガロン入りの瓶[容器]. **3 a** 〖音楽〗5 度音程; 第 5 度 《音階の主音から数えて 5 番目の音》: the augmented [diminished] ~ 増[減] 5 度. **b** 5 度の差のある音の和音. **4** 〖自動車〗(変速機の)第 5 段[速]. **5** 《米》[the F-] **a** =Fifth Amendment: take *the Fifth* (on …) 《口語》(…について)黙秘権を行使する, 黙秘する; 回答を拒む. **b** =Fifth Avenue. — *adv.* 第 5 に, (第) 5 番目に.
〖(?c1200) *fifte* < OE *fīfta* (今の *-th* は *fourth* などからの類推で late ME から): ⇨ five, -th¹〗
Fífth Améndment *n.* [the ~] 〖法律〗(米国憲法の)修正第 5 箇条 《被告人が自己に不利益な証言をすることを強要されず, 以前にすでに裁かれて刑が確定した罪状のために再度裁かれることがないこと, および法の正統な手続 (due process of law) によらずに生命, 自由または財産を奪われないことを定めたもの》.
Fífth Ávenue *n.* 五番街 《米国 New York 市の中心 Manhattan を南北に貫く大通りで繁華街》. 〖1858〗
fifth-cólumn *attrib. adj.* 第五部隊[第五列]員, 第五列的な: ~ activities.
fifth cólumn *n.* [集合的] 第五部隊, 第五列 《スパイ行為によって国内の事情を敵国[敵軍]に通報し, または敵軍の国内への進撃を助けるような裏切行為をする一団の人々; cf. sixth column》. 〖(1936) 《なぞり》← Sp. *quinta columna*: スペイン内乱中 1936 年 Madrid 市の攻略を企図した Emilio Mola 将軍が四縦隊 (four columns) で進撃したとき, 同市内の Franco 将軍の隠れた第五縦隊がこれに同調して反逆すると公表されたことによる〗
fifth cólumnist *n.* 第五部隊員, 第五列員; 裏切者, スパイ (cf. fifth column). **fifth cól·um·nìsm** /-kɑ́(ː)ləm(n)ìzm | -kɔ́l-/ *n.* 〖1958〗
Fífth Commándment *n.* [the ~] (十戒の)第五戒 (⇨ Ten Commandments).
Fífth dáy *n.* (クエーカー派の間で)木曜日. 〖1698〗
fifth fórce *n.* 〖物理〗第五の力 《素粒子間に働くことが理論的に予想される力; 重力, 電磁力, 弱い力, 強い力の四つのほかに存在する可能性があるとされる微弱な力》. 〖1976〗
fifth-generátion *adj., n.* 〖電算〗第五世代(の) 《人工知能の実現を目指す次世代の(コンピューター)》: a ~ computer.
fifth·ly *adv.* 第 5 に, 5 番目に. 〖(1526): ⇨ -ly¹〗
Fífth Mónarchy *n.* [the ~] 第五王国 《アッシリア·ペルシャ·ギリシャおよびローマの滅亡後神が最終的に樹立すると Daniel が預言した王国; cf. *Dan.* 2: 44》.
Fífth Mónarchy Màn *n.* (*also* **Fífth-mónarchy-màn**) 第五王国結社員 《キリストの再来が近づいていると信じて, 暴力を用いても第五王国を急いで樹立しなければならないと唱道した 17 世紀中ごろ Cromwell の時代に英国に起こった狂信者の一員》. 〖1657〗
fifth posítion *n.* 〖バレエ〗第五ポジション 《バレエの基礎技法である脚の五つのポジションの一つ; 両足を 180 度外側に開き, 一方のかかとが他方の爪先にくるほど, 深く平行に交差させる》.
Fífth Repúblic *n.* [the ~] (フランスの)第五共和制 《1958 年国民投票による承認をもって発効した新憲法下のフランスの政体; 初代大統領は de Gaulle; cf. Fourth Republic》. 〖《なぞり》← F *La Cinquième République*〗
fifth sỳstem *n.* 〖音楽〗五度組織 《5 度音程を積み重ねて得られる音列を基礎とする音組織》.
fifth whéel *n.* **1** (四輪馬車の車台下の前車軸の上部に備えた)転向輪. **2** (馬車の)予備車輪. **3** 〖自動車〗第 5 輪 《トラックとトレーラーをつなぐ役割をしている転向輪》. **4** 余分の[余計な]物, 無用の長物; 冗員. 〖c1874〗
fif·ti·eth /fíftiɪθ | -ti-/ *adj.* **1** 第 50 の, 50 番目の (50th). **2** 50 分の 1 の: a ~ part 50 分の 1. — *n.* **1** [the ~] 第 50, 50 番目, 第 50 位. **2** 50 分の 1. — *adv.* 50 番目に. 〖OE *fīftigoþa*: ⇨ ↓, -eth¹〗
fif·ty /fífti/ *n.* **1** 50; 50 個, 50 人, 50 歳, 50 年. **2** 50 (L) の記号[数字]. **3** 50 人[個]一組. **4** 50 番サイズの衣料品. **5** [*pl.*] 50 台, 50 年代[歳台]: a man in his *fifties* 50 代の人. **6** 《英口語》50 ポンド紙幣; 《米口語》50 ドル紙幣. **7** 〖クリケット〗打者の 50 点から 99 点までの間のスコア. — *adj.* **1** 50 の, 50 個の, 50 名の; [叙述的] 5 歳の. **2** (漠然と)多数の: I have ~ things to tell you. 話したいことが山ほどある. 〖OE *fīftiġ* ← *fīf* 'FIVE' +-*tiġ* '-TY¹'〗
fifty-fifty 《口語》*adv.* 50 対 50 に, 半々に, 五分五分に, 等分に (equally): go ~ with [on] …と[…の]分け前[負担]を半々にする / divide the loot ~ with him 略奪品を彼と等分する. — *adj.* **1** 50 対 50 の, 半々の, 五分五分, 等分の (equal): on a ~ basis 対等で. **2** 運不運が五分五分の; 賛否同数の: a ~ chance to live 生死の見込み五分五分 / a ~ decision 賛否同数の採決. 〖1913〗
fifty·fòld *adj., adv.* 50 倍の[に]. 〖OE *fīftiġfeald*〗
fifty-nín·er /-náınə | -nə^(r)/ *n.* [時に Fifty-Niner] 《米》1859 年 Colorado の金鉱, Nevada の銀鉱発見で西部にやって来た採鉱者 (cf. forty-niner, eighty-niner, Argonaut).
fifty pénce *n.* 《英》**1** 50 ペンス 《1969 年 10 月に発行された ½ ポンド相当の硬貨》. **2** [*pl.*] 50 ペンス.
fig¹ /fíg/ *n.* **1** 〖植物〗イチジク (*Ficus carica*) 《クワ科の植物; fig tree ともいう》; イチジクの果実 《生または乾燥し, またはジャムにして食べる》: green ~*s* 新鮮なイチジク 《干したものに対していう》 / ⇨ pulled figs, Smyrna fig, Turkey fig. **2 a** イチジクに似た実をつける植物. **b** =fig marigold. **c** イチジクの実に似たもの. **3** (たばこの)小片: a ~ of tobacco. **4** 《方言》オレンジの房. **5 a** [否定構文で] ちっぽけな物; わずか: not care a ~ [~'s end] for …をてんで問題にしない, …なんかどうでもいい / It isn't worth a ~. 全然取るに足らない / I would *not* give a ~ *for* it. そんな物にびた一文でも出すものか(ばかばかしい). **b** [しばしば軽蔑·嘲笑を表す間投詞的用法で] つまらない物, 無価値なこと: A ~ *for* you! 君なんか何だい, あかんべいだ, ばか / Virtue! a ~! 力だと, ばかばかしい (Shak., *Othello* 1. 3. 319). **c** 人さし指と中指の間から親指を出す[親指の先を上の歯の下に当てる]下品な軽蔑の仕草 (fig of Spain ともいう; Shak., *Hen V* 3. 6. 62). 〖(1579) □ F (*faire la*) *figue* (make the) fig 《なぞり》← It. (*far la*) *fica* ← *fica* fig, vulva〗
— *vt.* 軽蔑の仕草をする (cf. *n.* 5 c).
〖(?a1200) *fige* □ (O)F *figue* □ Prov. *figa* < VL **fica* (*m*)=L *fīcus* fig (tree): cf. Heb. *pagh* half-ripe fig〗
fig² /fíg/ *vt.* (**figged; fig·ging**) **1** 盛装させる, 飾り立てる 〈*out, up*〉: ~ *out* [*up*] a horse 馬を飾り立てる / be ~*ged out with* jewelry 宝石をつけて派手に着飾る. **2** (活を入れるため)〈馬〉の肛門[膣]にコショウ[ジンジャー]を入れる; 活を入れる, 元気を出させる. — *n.* 《口語》**1** 服装, 身支度: *in* full ~ 盛装して. **2** 様子, 健康状態: be *in*

fine [good] ～ きわめて元気だ, 申し分のない状態だ. 〖(1810)《変形》? ←《廃》feague to do for, settle □ G fegen to polish〗

fig. 《略》figurative; figuratively; figure(s).

Fi·ga·ro /fígəròu | -ràu; It. fí:garo/ n. フィガロ《Mozart の歌劇「フィガロの結婚」(Le Nozze di Figaro) の主人公; 従僕ながら生来の機知で主人の伯爵に対抗し, めでたく侍女と結婚する; 貴族社会に対抗する新興の市民階級を代表する人物として描かれている》.

Fi·ga·ro /fígəròu, fí:- | -ràu; F. figaʀo/, **le** /lə; F. lə/ n. 「フィガロ」《1856 年創刊のフランス有数の日刊新聞名(朝刊紙); 政治的には保守系でやや右傾的》.

fíg·bìrd n. 〖鳥類〗オーストラリア産コウライウグイス属 (*Sphecotheres*) の主にイチジクを食する大形の緑黄色の鳥の総称.

fíg·èater n. **1** 〖昆虫〗=green June beetle. **2** 〖鳥類〗=beccafico.

fig·gy /fígi/ adj. (fig·gi·er, -gi·est) イチジクを入れた[に似た]: a ～ cake. 〖(1548) ← FIG¹+-Y⁴;《廃》full of figs〗

fight /fáɪt/ v. (fought /fɔ́:t, fɑ́:t | fɔ́:t/) — *vi.* **1 a** 戦う, 戦闘する, 合戦する, 格闘する, 組打ちをする (contend in battle): ～ (on) *against* overwhelming odds [*with* an enemy] 優勢な大軍[敵軍]と(ずっと)戦う / ～ *for* one's country [a cause, recognition] 祖国のために[主義のために, 承認を得ようとして]戦う / ～ *for* right *against* wrong 正義に味方して悪と戦う / ～ *to* a [the] finish 勝負がつくまで戦う / ～ *to* the last man 最後の一人まで戦い通す, 死力を尽くして戦う / ～ together 相共に戦う / ～ tooth and nail 徹底的に[飽くまで]戦う / ～ fair [dirty] 公正な[汚い]戦いをする / They are ～*ing* among themselves. 内輪げんか[同士打ちをしている / two dogs ～*ing over* a bone 1 本の骨を取り合ってけんかしている 2 匹の犬 / in ～*ing* trim ⇨ trim n. 4. **b** (プロとして)ボクシングをする. **c** 攻撃的なボクシングをする. **2** 口論する, 言い争う, 口げんかする (quarrel, row, argue): We *fought* (*with* each other) a lot—but we always kissed and made up in the end. (お互いに)よく口論はしたが, いつも最後はキスをして仲直りした / We *fought about* where to go on our vacation. 休暇にはどこに行こうかと言い争った. **3** (論争・訴訟などで)戦う, 優劣を競う, 〔誘惑などに〕抵抗して戦う〔*against*〕; 〔…のために〕奮闘する, 努力する〔*for*〕: ～ *against* temptation [despair] 誘惑[絶望]と戦う / They *fought* bitterly *against* (the passage of) the bill. 法案(の通過)に反対して激しく戦った / ～ *for* existence 生存のために戦う / ～ *for* fame [liberty] 名声[自由]を得ようと奮闘する / We should ～ *for* our cause to the last [the bitter end]. 主義のために最後まで奮闘すべきだ / You must ～ *to* achieve your goal. 目的達成のために努力しなければならない / They were determined to go down ～*ing*. あくまでも戦う[がんばる]決意であった.

— *vt.* **1 a** 〈敵などと〉戦う; 〈病気などと〉戦う, …に反対する; …とボクシングをする: ～ an enemy / ～ a fire 〈消防士が〉消火にあたる / ～ a bad habit 悪癖と戦う / They *fought* (the passage of) the bill bitterly. 彼らはその法案(の通過)と激しく戦った / ～ the fear of death 死の恐怖と戦う. **b** (行動・議論などで)…と戦う: ～ the opposition candidate in an election 選挙で反対党の候補者と戦う. **2 a** 〈戦を〉する, 戦う: ～ a battle / ～ the good fight of faith 信仰のためよく戦う (cf. *2 Tim.* 4:7). **b** 〈ボクシングの試合〉に出場する. **c** 〈選挙(戦)〉に出馬する, 〈選挙区〉に立候補して戦う. **3 a** 戦って獲得する, (…を得ようと)争う; 〈主義・主張などを〉戦って支持する, 〈訴訟事件などを〉争う: He *fought* the case up to the Supreme Court. 最高裁までその事件を争った. **b** [～ one's way として] 苦労しながら進む, 奮闘して進路を切り開く[活路を見出す]: We *fought our way to* the top [*to* victory]. 我々は苦労しながら頂上まで登った[最後の勝利を得た] / He *fought his way through* life. 彼は奮闘努力の生涯を送った. **4** 〈ボクサー・闘鶏・犬などを〉戦わせる: ～ cocks 闘鶏を戦わせる. **5 a** 〈軍隊・船などを〉(戦闘中・嵐の中で)操縦する, 動かす. **b** 〈機具などを〉手荒く[不器用に]扱う.

fight báck (1) 抵抗する, 反撃する〔*against*〕: *Fight back*: don't take it lying down! 反撃しろ, そんなことを甘んじて受けるな. (2) 〈感情などを〉抑える, くい止める: ～ *back* nausea [tears] 吐き気[涙]を抑える / ～ *back* an impulse to …したい気持ちを抑える. ***fight dówn*** 〈欲望・感情などを〉抑制する, こらえる: He tried to ～ *down* his fear. 恐怖の心を押し静めようと努めた. ***fight óff*** (1) (戦って)駆逐[撃退]する; 〈ノミなどを〉退治する: ～ *off* an assailant [a cold] 襲撃者[かぜ]を撃退する. (2) …から手を引こうと努める: ～ *off* the temptation to …したい誘惑をしりぞける. ***fight ón*** 戦い続ける. ***fight óut*** (1) …と最後まで戦う, 凌ぎ抜く: ～ *it out* 飽くまで戦う, 戦い抜く, 雌雄を決する (cf. BOX² *vt.* 1) / We have *fought out* a number of difficulties. 幾多の困難を乗り越えて来た. (2) 戦って解決する: the issues which are not *fought out* まだ(係争中で)決着のついていない問題. 《1548》 ***fight shý of*** ⇨ shy¹ adj. 成句.

— *n.* **1 a** 戦い, 戦闘, 合戦, 会戦; 闘争, 格闘, 組打ち (⇨ quarrel SYN): in a fair [dirty] ～ 公正な[汚い]争いで / a ～ *between* two boys [dogs] / The two boys [dogs] had a ～ (*with* each other). 二人の少年[2 匹の犬]はけんかした / a ～ *between* two armies 二軍の会戦 / ～*s* by land and sea 陸海の戦闘 / a free ～ 乱闘 / a sham ～ 模擬戦 / a running ～ 追撃戦, (海上の)航走戦 / a snowball ～ 雪合戦 / a standup ～ ⇨ stand-up / ⇨ dogfight / pick a ～ with a person 人にけんかを吹っかける, 人を相手に口論を始める / put up a good [poor] ～ 善戦する[だらしのない闘いをする]. **b** ボクシングの試合: ⇨ prizefight. **c** 激しい口論, 激論〔*between, with*〕: They had a ～ *about* where to go on their vacation. 休暇にどこに行くかで激しい口論になった. **2** 優劣の争い, 競争; 〔ある目的を達するための〕戦い, 闘争〔*for, against*〕: a ～ *for* superiority 争覇戦 / a ～ *for* higher wages 賃上げ闘争 / a ～ *for* existence 生存競争 / the ～ *against* disease 闘病. **3** 戦闘力, 闘争心, 闘志, 戦意, ファイト: show ～ 戦う気勢を示す, 闘志を表す, 抵抗する / He is still full of ～.=He has plenty of ～ left in him. 彼はまだ闘志満々だ. **4** 《廃》〖海軍〗(戦闘中, 甲板上の兵員を保護しまたは隠すため用いた)盾, 防壁, 幕.

have a fight on one's hánds (目的の達成のために)奮闘する必要がある. ***màke a fight of it*** 抵抗する.

〖v.: OE *feohtan* < (WGmc) **feχtan* (G *fechten*) ← ? IE **pek-* to pluck the hair, fleece, comb (L *pectere* / Gk *pektein* to shear, *pékein* to comb). — n.: OE (*ġe*)*feoht* ← (v.)〗

fight·a·ble /fáɪtəbḷ | -tə-/ adj. **1** 戦争[戦闘]に適した: a ～ ship. **2** 戦いたがっている: a ～ wrestler 闘志満々のレスラー. 〖(1823): ⇨ ↑, -able〗

fight·bàck n. 《英》抵抗; 反撃, 反攻, 逆襲.

fight·er /fáɪtə | -tə(r)/ n. **1** 〖軍事〗=fighter plane. **2 a** 戦う人, 戦士; 闘士 (combatant): a ～ *for* justice 正義のために戦う人. **b** けんか好きの人. **3** (プロ)ボクサー (prizefighter). **4** 闘争用にしつけられた動物《闘犬・闘牛・闘鶏など》. 〖(?c1200): cf. OE *feohtere*; ⇨ -er¹〗

fighter àircraft n. 〖軍事〗=fighter plane.

fighter-bómber n. 〖軍事〗戦闘爆撃機. 〖1936〗

fighter-interéeptor n. 〖軍事〗要撃[迎撃]戦闘機.

fighter plàne n. 〖軍事〗戦闘機. 〖1939〗

fight·ing /fáɪtɪŋ | -tɪŋ/ n. [形容詞的に用いて] 戦い, 戦闘, 交戦; 闘争: heavy ～ 激戦 / street ～ 市街戦 / a ～ field 戦場 / a ～ formation 戦闘隊形 / the ～ line 戦線; (軍の)交戦部 / ～ power 戦闘力. — *adj.* **1** 戦う, 戦闘する: ～ men 戦闘員, 戦士, 闘士 / ～ forces [units] 戦闘部隊 / a ～ family 軍人一家 / a ～ stock 武家, 軍人の系統. **2 a** 戦闘的な, けんか腰の, 挑戦的な: a ～ attitude けんか腰 / a ～ spirit 闘争心, 闘志 / ～ words (けんかを売るような)挑戦的な言葉, 売り言葉. **b** 《口語》[副詞的に]: ～ drunk [tight] 酔ってけんか早くなって / ～ mad ひどく怒って, 激昂 / ～ fit=fighting-fit. 〖(?a1200): ⇨ -ing¹·²〗

fighting chàir n. 〖釣〗大物と闘うためトローリングボートの後尾甲板に取り付けてある回転式の椅子《脚が固定できるようになっている》. 〖1950〗

fighting chánce n. 努力次第で獲得できる成功の見込み; 可能だがむずかしい見込み: have a ～ to live 努力次第で生きる見込みがある. 〖1889〗

fighting còck n. **1** 闘鶏 (gamecock): feel like a ～ 意気盛ん[闘志満々]である / live like a ～ (闘鶏のようにうまい物ばかり食べて)贅沢に暮らす. **2** 《口語》けんか好きな人. 〖1607〗

fighting cráb n. 〖動物〗=fiddler crab.

fighting físh n. 〖魚類〗=betta.

fighting-fít adj. **1** 《口語》体調が良好で, 絶好調の: be [feel] ～. **2** 戦闘準備のできた. **～·ness** n. 〖1891〗

Fighting Frénch n. [the ～]「戦うフランス軍」《1940 年 6 月 de Gaulle の指揮の下, London で結成された自由フランス (Free France) のための戦闘部隊》.

fighting fúnd n. (カンパによる)軍[闘争]資金. 〖1940〗

fighting tóp n. (軍艦の)戦闘檣楼(しょうろう)《指揮・見張り・小口径砲の射撃用にマストの中ほどに作った円形の座で, 現代の軍艦では射撃管制所・高射砲操作台などがある》. 〖1896〗

fight-or-flíght n. 〖生理〗闘争・逃走(反応)《ストレス下で闘争か逃走に向かおうとする本能的反応; この衝動の発散が阻害されると, 交感神経・アドレナリン系による自律反応として, 心臓神経症などが発症する》: the ～ reaction.

fíg lèaf n. **1 a** イチジクの葉. **b** (彫刻・絵画などの)イチジクの葉形の局部の覆い (cf. *Gen.* 3:7). **2** (不体裁な事物を)隠すためのもの, 臭いものにするふた. 〖c1390〗

fíg màrigold n. 〖植物〗マツバギク《アフリカ南部産ツルナ科マツバギク属 (*Mesembryanthemum*) の植物の総称; イチジクの形の実を結ぶ》. 〖1731〗

fig·ment /fígmənt/ n. 作りごと, 虚構の話[説], 絵空事: a ～ of the [one's] mind [imagination] 想像の産物. 〖(?a1425) □ L *figmentum* formation, fiction, image ← **fig-* (stem) ← *fingere* 'to FEIGN': ⇨ -ment: cf. figure〗

fi·go /fí:gou | -gəu/ n. 《廃》=fico.

fíg shèll n. 〖貝類〗イチジクガイ科の巻貝の総称. 〖1752〗

fíg trèe n. 〖植物〗イチジク (fig). ***dwéll under*** one's ***víne and fíg trèe*** ⇨ vine 成句. 〖c1340〗

Fi·guei·re·do /fì:gəréɪdu:; Braz. figeiɾédu/, **João Baptista de Oliveira** /ʒoɐ̃ũbàpitʃístadʒiòlivéiɾa/ n. フィゲイレード《1918–99; ブラジル大統領 (1979–85)》.

fig·u·line /fígjulàɪn/ 《まれ》adj. 粘土の, 粘土のような. — n. 陶器. 〖(1657) ← L *figulīnus* ← *figulus* potter〗

fi·gu·ra /fɪgjúᵊrə | fɪgjúərə/ n. **1** 〖神学〗=type¹ 8. **2 a** ある理想を具現する人物[存在], (ある人にとっての)理想の像. **b** 象徴的行動《性格の特徴を示すような行為[行動]》. 〖(1959) □ L *figūra* 'FIGURE'〗

fig·ur·a·ble /fígjurəbḷ | -gər-, -gjur-/ adj. **1** 定形を取ることのできる, 図形にすることの可能な. **2** 成形性の. 〖(1605) ← FIGURE+-ABLE〗

fig·u·ral /fígjurəl | -gər-, -gjur-/ adj. **1** 〖音楽〗修飾的な (figurate). **2** 〖芸術〗人間[動物]像から成る. **3** 《廃》像[図]で示された (figurative). 〖(?a1402) □ OF ～ // LL *figurālis*: ⇨ figure, -al¹〗

fig·u·rant /fìgjurɑ́:nt, -rǽnt, -rɑ́:(ŋ), -rɑ̀:ŋ, ⏑⏑⏑́ | fígjurənt | fígjurənt; F. figyʀɑ̃/ n. (pl. ～s /fìgjurɑ́:nts, -rɑ́:(ŋ)z, -rɑ̀:ŋz, -rǽnts, ⏑⏑⏑́, fígjurənts | fígjurənts; F. ～/) **1** 〖バレエ〗(グループの一員としてだけ出演する)男性ダンサー. **2** 〖演劇〗(せりふのつかない)端役(はやく). 〖(1807) □ F ～ (pres.p.) ← *figurer* 'to FIGURE' < L *figūrāre* to shape: ⇨ -ant〗

fig·u·rante¹ /fìgjurɑ́:nt, -rǽnt, -rɑ́:(n)t, -rɑ̀:nt, ⏑⏑⏑́ | fígjurənt, -rɑ́:nt; F. figyʀɑ̃:t/ n. (pl. ～s /～s; F. ～/) **1** 〖バレエ〗(グループの一員としてだけ出演する)女性ダンサー. **2** 〖演劇〗(せりふのつかない)端役女優. 〖(1775) □ F ～ (fem.) ↑〗

fig·u·ran·te² /fìgjurǽnteɪ | -ti; It. figuránte/ It. n. (pl. -ran·ti /-ti:; It. -ti/) =figurant, figurante¹. 〖□ It. ～〗

fig·u·rate /fígjurḷt, -rèɪt/ adj. **1** 定形をもっている: Plants are all ～. 植物はみな一定の形をもっている. **2** 〖音楽〗修飾的な (florid). **～·ly** adv. 〖(1530) □ L *figūrātus* (p.p.) ← *figūrāre* 'to FIGURE'〗

figurate nùmber n. 〖数学〗多角数《平面上に, 同じ大きさの円板を正多角形状に充実して並べたときの個数》. 〖1706〗

fig·u·ra·tion /fìgjuréɪʃən | -gər-, -gjur-/ n. **1** 形づけ, 形体[定形]付与, 成形, 成形作用[過程]. **2** (生じた)形, 形状, 形態, 外形 (form, outline). **3** 比喩[象徴]的表現[描写]. **4** (図案などでする)装飾 (ornamentation). **5** 〖音楽〗フィギュレーション《旋律や和声の主要な音と音の間を旋律的, リズム的に装飾して音型 (figure) を形作ること》. **～·al** /-ʃnəl, -ʃənl/ adj. 〖(a1398) *figuracioun* □ (O)F *figuration* // L *figūrātiō(n-)*: ⇨ figurate, -ation〗

fig·u·ra·tive /fígjurətɪv | gjurətɪv, -gər-/ adj. **1** 比喩的な, 形容的な (cf. literal 2): the ～ use of a word 言葉の比喩的用法 / in a ～ sense 比喩的な意味で. **2** 〈文章や作家が〉修飾的な, 比喩[形容詞語句]の多い, 文飾に富んだ, 華やかな: a ～ style 華麗な文体, 美文体 / a highly ～ description 非常に文飾に富んだ描写 / a ～ writer 文飾に富んだ作家. **3** 表象[象徴]的な: a ～ ceremonial 表象的な儀式 / a ～ design 象徴的な意匠. **4** 造形による, 彫塑的表現の, 形象描写の: the ～ arts 造形美術《絵画・彫刻など》. **～·ness** n. 〖(c1395) □ (O)F *figuratif* // L *figūrātīvus* ← *figūrātus* (p.p.) ← *figūrāre* 'to FIGURE': ⇨ -ative〗

fig·u·ra·tive·ly adv. 比喩的に; 転義的に. 〖(?a1387): ⇨ ↑, -ly¹〗

fig·ure /fígjə, -gjuə | -gə(r)/ n. **1 a** (特に統計上の)数字, 数値; (数字で示す)量, 額: the crime [unemployment] ～*s* 犯罪[失業者]数. **b** 数字, (特に)アラビア数字 (Arabic numeral); (計数上の)位, 桁(けた): the ～ 7 [8] 数字の 7 [8] ⇨ significant figures / What's the cost in round ～*s*? 費用はおよその数字でどのくらいですか / give [cite] ～*s* 数字を挙げる / put a ～ on …の正確な数字[金額]を言う / three [two, double] ～*s* 三[二]桁の数 / a six-*figure* income 6 桁(数字)の収入 / reach three ～*s* 〖クリケット〗百点以上の点を取る. **c** [*pl.*] 計数, 数字計算, 算数: be good at ～*s* 算数がうまい, 数字に強い. **d** 合計の数, 高. **e** 〖紋章〗紋章図形としての数字.
2 a 姿, 容姿, 風采, 押出し, かっこう, 外観 (body shape, physical appearance) (⇨ form SYN); 目立つ姿, 異彩: She has a slender [slim, trim] ～. ほっそりした姿をしている / She has a good ～. 姿がりっぱである / make an imposing ～ 押出しが堂々としている / a fine ～ of a man [woman] りっぱな体格の男性[女性] / ⇨ *cut a* FIGURE / In the same ～, like the king that's dead. お亡くなりになった先君そのままの姿で (Shak., *Hamlet* 1.1.41). **b** すらりとした体型: keep one's ～ すらりとした姿でいる《太らない》/ lose one's ～ 太る. **c** (形からのみ判断できるような)人[物]の姿, 人影, 物影: I saw a ～ crouching among the bushes. 茂みの中にしゃがんでいる人影を見た. **d** (輪郭のはっきりしている)形, 形態, 形状 (form, shape).
3 a (世間の目に映る)人物, 人; 大人物, 名士, 大立者: one of the great ～*s* of the age 当代の大人物の一人 / an influential political ～ 政界の実力者 / a ～ in society 社交界の名士 / an international ～ 国際的な名士 / a public ～ 世間に知られた人, 名士 / the dominant ～ in modern immunology 現代免疫学の第一人者. **b** 《古》(人の)重要性 (importance), 著名 (distinction): a man *of* ～ 有名人, 地位のある人.
4 (絵画・彫刻などの)人物, 彫像, 絵姿, 画像, 肖像, (特に)裸体像: a ～ of Cupid / a wall decorated with ～*s* of birds and flowers 花鳥の絵で装飾された壁.
5 図, 図解, 挿絵 (略 fig.): in *Fig.* 1 第一図に.
6 (布地・天然物などの)図案, 紋様, 模様: a polka-dot ～ 水玉模様 / a ～ in the carpet じゅうたんの模様; すぐはっきりわからない模様.
7 表象, 象徴: The dove in a ～ of peace. 鳩は平和の象徴である.
8 a 〖修辞〗=FIGURE of speech (1), (3). **b** 〖文法〗修飾上の変則[破格].
9 〖ダンス〗フィギュア《旋回運動 (evolution) の一組》; 一旋回 (cf. figure-dance).
10 〖スケート〗フィギュア《滑りながら氷上に画く図形; cf. figure skating》.
11 〖音楽〗**a** 音型《いくつかの音で構成された短く特徴のある音楽の要素》. **b** (通奏低音 (figured bass) に与えられる)数字《和声技法上音程の度数または音階の音度を指示する; cf. *vt.* 7》.

12 〖数学〗図形, 図: a geometric(al) ～ 幾何学的図形 / plane ～*s* 平面図形 / solid ～*s* 立体図形.
13 〖論理〗(三段論法の)格《媒概念の位置によって生じる形式; cf. mood[2] 2》.
14 〖光学〗(反射望遠鏡などの鏡面の)精確な形状.
15 〖占星〗点象図, 十二宮図 (horoscope).
cút a fígure (1) 〈人が(…の)印象を与える, (…に)見える (cf. *n.* 2 a): *cut a* fine [good] ～＝*cut* quite *a* ～ (なかなか)りっぱに見える, 目立つ / *cut an* imposing ～ 堂々とした印象を与える / *cut a* poor [sorry] ～ みすぼらしく見える / *cut a* ridiculous ～ こっけいに見える. (2) (ある分野で)異彩を放つ, 名を揚げる (cf. *n.* 2 a): *cut* no ～ (世間などで)名が現れない, 問題にされない. (1766) ***a fígure of fún*** (1) こっけいな[だらしない]様子の子, 異様な人(物). (2) 物笑いの種: make a person *a* ～ *of fun* 人をばかにする, からかう. (1811)
fígure of éight ＝figure eight. (1607)
fígure of mérit 示性数《装置・材料などの使用目的に関するよさを示す数量》. (*c*1865)
fígure of spéech (1) 言葉のあや, 文の修飾, 比喩的表現 (metaphor). (2) 誇張, うそ. (3) 〖修辞〗修辞的表現法, 文彩, 詞姿《種々の表現効果をあげるために用いる修辞法で apostrophe, climax, anticlimax, hyperbole, personification, metonymy, synecdoche, simile, metaphor など》. (1824)
― *vt.* **1** 《米・NZ口語》 **a** …だと判断する, 思う〈*that*〉: I ～*d* he was envious of me. 彼は私をねたんでいるのだと思った. **b** 〈…を×…であると〉考える, 〈…を×…と〉みなす.
2 a 数える, 計算する〈*up*〉: ～ *up* an account. **b** 数字で表す; …に数字を与える[つける]: water depth which is ～*d* from sea level 海面から計算された水深. **3** …に模様を施す, 図案で飾る (⇨ figured). **4** 形どる, 形象[彫像, 絵画など]に表す; …の像を作る; 図形に表す, 図示する; 描写する. **5** 想像する, 心に描く. **6** 比喩で表す, 表象する. **7** 〖音楽〗(数字をつけて)伴奏和音[音階の音度]を示す, 修飾する (cf. *n.* 11; ⇨ figured 4). **8** 〖光学〗正確な形状に作る.
― *vi.* **1 a** 目立つ, 頭角を表す, 異彩を放つ; 含まれる: ～ largely *in* the account 話の中でひときわ目立つ / That ～*s among* our most important achievements. それは私たちの最も重要な業績の一つである. **b** 〔ある人物として〕現れる, 通る, 〔…の〕役を演じる〔*as*〕: ～ *as* a king in a pageant 野外劇に王になって出る. **2** 《口語》 **a** [it あるいは that を主語として]〈立場・要求・行為などが〉筋道が立つ, 予期[予想]通りである, わかる: She likes him. ―*That* ～*s*. 彼女は彼が好きなんだ―それは当然だろう[もっともなことだ] / That idea sounds strange, but *it* ～*s*. 変な考えにも思えるが, 道理にかなっている. **b** …しそうなことである (seem likely): a team that ～*s to* win the pennant 優勝しそうなチーム. **3** 計算をする.
fígure ín (1) …に加わっている, 連座する: He didn't ～ *in* his brother's plan. 兄の計画には加わっていなかった / He ～*d in* the accusations. 告訴状の中に名があがっていた. (2) 《米》計算に加える. (*c*1934) ***fígure on*** 《米》(1) 計算[考慮]に入れる: I hadn't ～*d on* that. それは計算に入れてなかった. (2) …をたよりにする, 当てにする (rely on, expect): I ～ *on* him [his] help*ing* us. 彼が我々を助けてくれることを当てにしている. (3) 計画する, 企画する (plan): I ～ *on* going up to Canada. カナダに行くつもりだ. (1837) ***fígure óut*** (1) 解決する (solve); 了解する, 理解する (understand): ～ a problem *out* 問題を解決する / ～ a person *out* 人(の行動)を理解する / *I cannot* ～ *out what* he is saying. 彼の言っていることがわからない / I finally ～*d out that* he wanted help. 彼は助けを求めているのだということがやっとわかった. (2) 〈試験問題を〉解く, …の答えを出す. (3) 計算して合計を出す (reckon): be ～*d out at* … 総計…と算出される. (4) 推定する. (5) 《米》突き止める, 見分ける. ***fígure úp*** 総計する, 合計する. ***Gò fígure!*** 《米口語》信じられない, わけわかんない《'Go figure that out!' の短縮形》. (1833)
〘n.: (?*a*1200) □ (O)F ～ □ L *figūra* figure (of speech) ← **fig-* (stem) ← *fingere* 'to FEIGN': ⇨ -ure: cf. fiction. ― v.: (1389) □ (O)F *figurer* □ L *figūrāre* ← *figūra*〙
fíg·ured *adj.* **1** あやのある, 型つきの, 紋織りの, 意匠模様のある: a ～ mat 花ござ / ～ satin 紋繻子(じゅす), 繻珍(しゅちん) / ～ silk 紋織絹 / ～ wall paper 模様入り壁紙 / ⇨ figured glass. **2** (彫刻・刻印などに)形象化された, 描写された, 図示された. **3** 文飾のある, 形容の多い: ～ language 文飾に富む言語. **4** 〖音楽〗修飾された, 華彩の; (器楽の低音部譜表で)数字付きの: ⇨ figured bass. **5** 〖紋章〗(月・太陽などに)顔を描いた. 〘(1389): ⇨ ↑, -ed 2〙
fígure-dànce *n.* 〖ダンス〗フィギュアダンス《複雑な姿態・旋回を主とするダンス; cf. figure *n.* 9》. 〘1801〙
fígure-dàncer *n.* フィギュアダンサー. 〘1753〙
fígured báss *n.* 〖音楽〗数字つき低音《和声を示す数字がつけられたバス声部; 通奏低音 (continuo) の同義に使うことが多い》. 〘1801〙
fígured glάss *n.* (ロール成型)型板(かたいた)ガラス《片面あるいは両面に模様をつけた板ガラス》.
fígure éight *n.* **1 a** 一つづきの線を交差させて二つのつながった輪を作った形, 8 の字形. **b** (ロープの) 8 の字形結び. **c** 〖航空〗8 の字飛行. **2** 〖スケート〗エイト《フィギュアスケートで 8 の字を描いて滑ること; 単に eight ともいう》. 〘1887〙
fígure-éight knòt *n.* ＝figure-of-eight knot.
fígure-gròund *n.* 〖心理〗図―地《背景から浮き上って知覚される対象を図といい, その背景を地という》.
fíg·ure·head /fígjəhèd | -gə-/ *n.* **1** 名目上の頭領, お飾り(の人), 表看板. **2** 〖海事〗船首像, フィギュアヘッド《水切りの直上を飾る全身・半身または首だけの彫像》. 〘1765〙

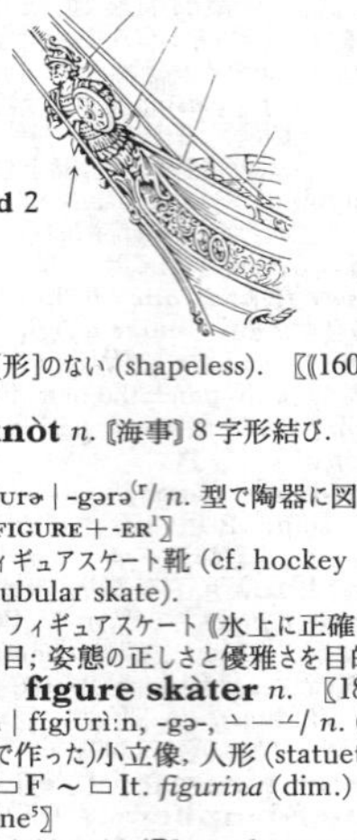
figurehead 2

fígure·less *adj.* 姿[形]のない (shapeless). 〘(1606): ⇨ -less〙
fígure-of-éight knòt *n.* 〖海事〗8 字形結び. 〘*c*1860〙
fíg·ur·er /-gjərə, -gjʊrə | -gərə(r)/ *n.* 型で陶器に図案をつける人. 〘(1548) ← FIGURE＋-ER[1]〙
fígure skàte *n.* フィギュアスケート靴 (cf. hockey skate, racing skate, tubular skate).
fígure skàting *n.* フィギュアスケート《氷上に正確な曲線図形を描くスケート種目; 姿態の正しさと優雅さを目的とする; cf. figure *n.* 10》. **fígure skàter** *n.* 〘1852〙
fig·u·rine /fìgjʊríːn | fígjʊrìːn, -gə-, ←-ー/ *n.* (金属・陶土・テラコッタなどで作った)小立像, 人形 (statuette): a china ～. 〘(1854) □ F ～ □ It. *figurina* (dim.) ← *figura* 'FIGURE': ⇨ -ine[3]〙
fíg wàsp *n.* 〖昆虫〗イチジクコバチ (*Blastophaga psenes*) 《イチジクコバチ科, 地中海沿岸に分布, caprifig の果実から出た雌が栽培種のスミルナイチジク (Smyrna fig) に入り受粉させる》. 〘1883〙
fíg·wòrt *n.* 〖植物〗ゴマノハグサ科ヒナノウスツボ属 (*Scrophularia*) の植物の総称 (cf. carpenter's square). 〘(1548) ← FIG[1] 《廃》hemorrhoid＋WORT[2]〙
Fi·ji /fíːdʒiː | ←-, ―←/ *n.* (*pl.* ～, **～s**) **1** フィジー《ニュージーランドの北方, フィジー諸島 (Fiji Islands) とその付属諸島から成る英連邦内の国; もと英国の植民地であったが, 1970 年独立; 面積 18,274 km², 首都 (Viti Levu 島の) Suva》. **2** ＝Fijian. ― *adj.* ＝Fijian. 〘《変形》← Fijian *Viti Levu* (その最大の島の名)〙
Fi·ji·an /fíːdʒiən, fɪdʒíːən | fɪdʒíːən, fiː-/ *adj.* **1** フィジー(諸島)の. **2** フィジー人[語]の. ― *n.* **1 a** [the ～(s)] フィジー族《フィジー諸島に住むメラネシア民族》. **b** フィジー(族の)人. **2** フィジー語《マライポリネシア語族に属する》. 〘(1809): ⇨ ↑, -an[1]〙
Fíji Íslands *n. pl.* [the ～] フィジー諸島《南太平洋にある Viti Levu, Vanua Levu その他約 250 の小島から成る諸島で, フィジー (Fiji) の大部分を成す; 面積 18,223 km²》.
fike[1] /fáɪk/ *n.* 《英方言》そわそわさせるもの, じれったくさせるもの (fidget); 心配, 面倒 (worry). ― *vi.* 《英方言》そわそわする, 気をもむ (fuss)〔*about*〕. ― *vt.* 《スコット》…に痛い目に合わせる, 傷つける (hurt). 〘(*a*1250) *fike(n)* □ ? ON *fikja* to move briskly〙
fike[2] /fáɪk/ *n.* ＝fyke.
fil /fɪl/ *n.* ＝fils[2]. 〘《逆成》← FILS[2]〙
fil. 《略》filament; fillet; filter; filtrate.
fila *n.* filum の複数形.
fil·a·gree /fíləgrìː/ *n., adj., vt.* ＝filigree.
fil·a·ment /fíləmənt/ *n.* **1** (連続して長い)繊条, 単繊維《紡織用繊維 (fiber) の一条》; 細糸; クモの糸. **2** 〖電気〗(電球・真空管の)フィラメント, 繊条. **3** 〖植物〗**a** (雄蕊(ずい)の)花糸. **b** (海草・菌類などの)繊維状細胞. **4** 〖鳥類〗綿毛の羽枝(?). **5** 〖病理〗(尿・炎症液中の)糸状体. **6** 〖解剖〗(精子の尾部などの)繊条組織. **7** 《古》〖物理〗光纖維《空気・光線などの目に見えない微粒子の列》. 〘(1594) □ F ～ ∥ NL *filāmentum* ← LL *filāre* to spin ← L *filum* 'FILUM'〙
fil·a·men·ta·ry /fìləméntəri, -tri | -təri, -tri←/ *adj.* 繊条の, 繊条質の; 繊維状の; 花糸の. 〘(1841): ⇨ ↑, -ary〙
fílament bàttery *n.* 〖電気〗線条電池 (⇨ A battery). 〘1919〙
fil·a·ment·ed /-məntɪ̀d, -mɛ̀nt- | -məntɪ̀d/ *adj.* 繊条のある. 〘(1889): ⇨ -ed〙
fil·a·men·tous /fìləméntəs | -təs←/ *adj.* 繊条の[から成る, を含む]; 繊維状の, 糸状の: a ～ fungus 糸状菌. 〘(1671) □ F *filamenteux*: ⇨ filament, -ous〙
fi·lar /fáɪlə | -lə(r)/ *adj.* 糸[線]の; (視野内に)糸[線]をもつ: a ～ microscope. 〘(*c*1859) ← L *fīl(um)* thread＋-AR[1]〙
fil·a·ree /fìlərìː/ *n.* 《米》〖植物〗＝alfilaria.
fi·lar·i·a /fɪ̀lɛ́(ə)riə | -lέər-/ *n.* (*pl.* **-i·ae** /-riìː/) 〖動物〗糸状虫, フィラリア《糸状虫科の一群の寄生線虫; 人畜の血管や組織内に寄生し, フィラリア症・象皮病の原因となる; cf. heartworm》. **fi·lár·i·an** /-riən/ *adj.* 〘(1834) ← NL ～: ⇨ filum, -aria[1]〙
fi·lar·i·al /fɪ̀lɛ́(ə)riəl | -lέər-/ *adj.* 〖動物・獣医〗糸状虫[フィラリア](症)の: ～ disease フィラリア症. 〘(1881): ⇨ ↑, -al[1]〙
fil·a·ri·a·sis /fìləráɪəsɪ̀s | fìləráɪəsɪs, fɪ̀lɛ̀əriéɪ-/ *n.* 〖獣医〗糸状虫症, フィラリア症 (cf. elephantiasis). 〘(1879) ← NL ～: ⇨ filaria, -asis〙
fi·lar·i·id /fɪ̀lɛ́(ə)riɪ̀d | -lέərɪɪd/ (*also* **fi·lar·id** /fɪ̀lɛ́(ə)rɪ̀d, fílər- | fɪléərɪd, fílər-/) 〖動物〗*adj.* 糸条虫科の, フィラリアの. ― *n.* ＝filaria. 〘(1929) ↓〙
Fil·a·ri·i·dae /fìləráɪədìː | -ráɪɪ-/ *n. pl.* 〖動物〗糸状虫科. 〘← NL ～: ⇨ filaria, -idea〙
fi·lasse /fɪ̀lǽs/ *n.* (糸などの原料となる黄麻(こうま)・ラミー(ramie)・綿などの)植物の繊維. 〘(1858) □ F ～ ＜ OF *filace* ＜ VL **filaceam* ← L *filum* 'FILUM'〙
fi·late /fáɪleɪt/ *adj.* 糸から成る, 糸状の. 〘(1826) ← L *fil(um)* (↑)＋-ATE[2]〙
fil·a·ture /fílətʃə, -tʃʊə | fílətʃə(r)/ *n.* **1** (繭から糸を取る)糸繰り, 製糸 (reeling). **2** 糸繰り車, 糸取り機 (reel). **3** 糸取り場, 製糸場. 〘(1759) □ F ～ ← LL *filātus* (p.p.) ← *filāre* to spin ← L *filum* (↑): cf. It. *filatura*〙
fil·bert /fílbət | -bət/ *n.* **1** 〖植物〗セイヨウハシバミ (*Corylus avellana*) 《ヨーロッパ産のハシバミ (hazel) の一種》; セイヨウハシバミの実 (hazelnut) 《食用になる》. **2** はしばみ色, 薄茶色 《filbert brown ともいう》. **3** 《俗》自称専門分析家, …おたく: a football ～. **4** 《俗》頭 (head). **5** 〖美術〗フィルバート《油絵用の先が楕円形の平筆》. 〘(*c*1390) □ AF *philbert* 《略》← **noix de Philibert* St. Philibert's nut: このハシバミが St. Philibert's day (8 月 22 日)のころ熟すことから〙
filch /fíltʃ/ *vt.* こっそり盗む, かっぱらう (pilfer) (⇨ steal SYN). **～·er** *n.* 〘(*c*1300) ← ?: cf. 《廃》*file* to pick pockets〙
file[1] /fáɪl/ *n.* **1 a** ファイル, 書類とじ; 紙差し具, 状差し; (書類の)とじ板, とじ金. **b** 書類整理箱[ケース]. **c** とじひも, とじ糸. **2** (書類・新聞などの)とじ込み, ファイル; (項目別に整理された文書の)とじ込み, とじ込み新聞[雑誌]: a ～ of The Times タイムズ紙のとじ込み / ⇨ back file / keep … *in a* ～ …をとじ込みにしておく / open [have, keep] a ～ *on* …に関する記録を取り始める[取っている, 保存しておく] / close the ～*(s) on* a case 事件のファイルを閉じる, 事件を終結する. **3** 〖電算〗ファイル《同一集団に属する関連記録の集まり》: open [close] a ～ ファイルを開く[閉じる]. **4 a** (通例箱に入れた)整理カード. **b** (整理された)資料, 記録. **c** 《廃》目録, 名簿 (list, roll). **5 a** (前後に)整列した人[物], (縦の)行, 列, 線 (cf. rank[1] 3 a); (序列のある)一団の人々. **b** 〖チェス〗盤の縦の行 (cf. rank[1] 5 a). **6** 〖軍事〗**a** 伍(ご), 縦列《前後に整列した兵員; ⇨ line[1] SYN); 縦列を構成する兵員(の一人): a ～ of men 伍をなす一組《前後の二人》/ half a ～ 伍の一人 / a leading ～ 先頭伍 / ～ by ～ 組々に; 続々 / in ～ 伍をなして, 次々に / double the ～*s* 伍を重ねる / ⇨ Indian file, RANK and file, single file. **b** 進級名簿上の序列番号.
on fíle＝***on the*** [*a person's*] ***fíles*** とじ込んで, (いつでも参照できるように)整理されて: She had a police record and her fingerprints were *on* ～. 前科があったので警察の台帳に指紋が載っていた.
― *vt.* **1** 〈公文書・新聞などを〉ファイルにとじ込む; 〈書類などを〉とじ込んで整理をする: ～ letters / ～ old documents *away* 古い書類をファイルしてしまう. **2** 〈告訴・(離婚)訴状・申請[申告]書・計画(書)などを〉提出する, 提起する: ～ an application *with* …に申し込みをする, 出願する / ～ a complaint *with* the authorities 当局に苦情を申し込む. **3** 〈記者が〉(電話・電信などで新聞社に)〈記事を〉送る: ～ a report, story, etc. **4** 縦列で行進させる. ― *vi.* **1** 〔…の〕申し込み[申請]をする〔*for*〕: ～ *for* divorce 離婚訴訟を起こす. **2** 《米》〔予選会 (primary election) に〕候補者として登録する〔*for*〕. **3** 書類などをファイルにとじ込む. **4** 一列となって行進する: ～ *in* 列をなして繰り込む / ～ *off* [*away*] 縦列をなして行進する, (単縦列で)分列行進をする / ～ *out* 列を作って繰り出す / *File* left [right]! [号令]組々左[右](へ進め). **5** 〈記者が〉記事を送る.
fíle·a·ble /-ləbl/ *adj.* 〘(1525) □ (O)F *fil* thread, string ＜ L *filum* 'FILUM': cf. F *file* row. ― v.: (1464) □ (O)F *filer* ＜ LL *filāre* ← L *filum*〙
file[2] /fáɪl/ *n.* **1** やすり: a flat ～ 平型やすり / a nail ～ つめやすり. **2** 磨き立て, 仕上げ: It needs the ～. 今一段の仕上げが必要だ(これでは未完成である). **3** 《英俗》抜け目のない人, ずるい人; やつ, 人 (person): a close ～ けちん坊 / an old [a deep] ～ 食えないやつ. **4** 〖昆虫〗鑢(?)状器《こすり合わせて音を出すやすり状の部分》.
bíte [***gnáw***] ***a fíle*** (まるで)歯が立たない, むだ骨を折る《やすりを噛みくだこうとした毒へびの寓話から》. (1484)
― *vt.* **1** …にやすりをかける; やすりで削る[切る, 磨く, 研ぐ]〈*away, down*〉: ～ an iron bar in two やすりで鉄棒を二つに切る / ～ one's fingernails 指のつめにやすりをかける / ～ *away* [*off*] roughnesses やすりをかけてざらざらをすり落とす / ～ a saw やすりでのこぎりの目立てをする / ～ it smooth やすりをかけてなめらかにする. **2** 〈文章などに〉磨きをかける, 最後の仕上げをする.
― *vi.* やすりを使う, やすりで仕事をする; (文章に)磨きをかける, 推敲する.
〘OE *fīl, fēol* ＜ Gmc **fiŋχlō* (G *Feile*) ← IE **peig-* to cut (L *pingere* 'to PAINT' / Gk *pikrós* sharp)〙
file[3] /fáɪl/ *vt.* 《廃・方言》汚す, よごす (defile); 堕落させる, …の名を汚す (dishonor). 〘OE *fȳlan* to defile ＜ (WGmc) **fūljan* ← **fūlaz* 'FOUL'〙
fi·lé /fɪ̀léɪ, fiːléɪ, ←-; *F.* file/ *n.* 〖料理〗フィレ《ササフラス (sassafras) の葉の粉末; クレオール (Creole) の料理に用いる》. 〘(1850) □ Louiana Fr. ～ (p.p.) ← F *filer* to twist〙
fíle bóttom *n.* 〖海事〗ファイルボトム《船底の型の一つ; 床部が平らで船側へ急に曲がって立ち上がるようになっている》.
fíle cábinet *n.* 《米》(書類などの)整理用キャビネット (《英》filing cabinet).
fíle càrd *n.* (やすりの目を掃除する)金属ブラシ. 〘1884〙
fíle clèrk *n.* (事務所の)ファイル係. 〘1919〙
fíle·fìsh *n.* 〖魚類〗**1** モンガラカワハギ科の一部, 鱗の退化した魚類の総称 (triggerfish). **2** カワハギ科の魚類の総称. 〘(1774) ← FILE[2]＋FISH〙

fil·e·mot /fíləmɑ̀(:)t | -lɪ̀mɔ̀t/ 《古》 n., adj. 枯れ葉色[朽葉色](の). 〖(1647) □ F *feuille morte* dead leaf〗
fíle·nàme n. 〖電算〗(検索用の)ファイル名. 〖1971〗
fil·er¹ /fáɪlə | -lə^(r)/ n. 文書とじ込み整理係 (file clerk). 〖(1880) ← FILE¹+-ER¹〗
fil·er² /fáɪlə | -lə^(r)/ n. やすりをかける[で切る, で削る]人, 目立て屋. 〖(1349): ⇨ file², -er¹〗
fíle sèrver n. 〖電算〗ファイルサーバー《ネットワーク上のファイル管理装置[システム]》.
fi·let /fɪ̀léɪ, fíleɪ | fíleɪ, fí:l-; F. filɛ/ n. **1** =fillet 1. **2** =filet lace. — vt. =fillet 1. 〖(1841) □ F ～: ⇨ fillet (n.) 1〗
filet lace /-⁻⁻, ⁻⁻⁻/ n. メッシュレース《メッシュ地をダーニングステッチ (darning stitch) で埋めながらさまざまなパターンを作り出すレース》. 〖(1907) ← F *filet* net < OF *filé* (p.p.) ← *filer*: ⇨ file¹〗
filet mi·gnon /filéɪmi:njɔ́:n, -jɑ́:n, fileɪmi:njɑ́(:)n | fíleɪmí:njɔn, -njɔ̃:(ŋ), -mínjən; F. filɛmiɲɔ̃/ n. (pl. **filets mi·gnons** /～/) フィレミニョン《牛のヒレ肉の細い端に近い部分 (tenderloin tip) から切り取ったステーキ用の肉; 通例ベーコンを巻いて焼く》. 〖(1906) □ F ～ 'dainty fillet'〗
fil·i- /fíl‌ɪ̀, fáɪ-, -li/「糸」の意の連結形. 〖← L *fīlum*: ⇨ filum〗
fil·i·al /fíliəl/ adj. **1** 子の, 子としての, 子としてふさわしい; 子に関係のある (cf. parental 1): ～ affection [duty] 子としての情愛[義務] / ～ obedience 孝順 / ～ anxiety 子の親(の健康)を気遣う心 / ⇨ filial piety. **2** 〖生物〗雑種の, 雑種世代の: ⇨ filial generation. **～·ness** n. 〖(?a1387) □ (O)F // LL *fīliālis* ← L *fīlius* son & *fīlia* daughter: ⇨ -al¹〗
fílial generátion n. 〖生物〗後代《交雑の結果生じる子孫; 記号では雑種第1代をF_1, 雑種第2代をF_2, …と記す》. 〖1909〗
fil·i·al·ly /fíliəli/ adv. 子として, 子としてふさわしく, 孝行に: behave ～ 子らしく[孝行に]ふるまう. 〖(1613): ⇨ -ly¹〗
fílial píety n. 孝行《中国道徳の基準徳目》.
fil·i·ate /fílièɪt/ vt. **1** 《古》=affiliate. **2** 〖法律〗〈嫡出でない子〉の父を決定する. 〖(1791) ← ML *fīliātus* (p.p.) ← *fīliāre* to have a child: ⇨ filial, -ate³〗
fil·i·a·tion /filiéɪʃən/ n. **1** (人の)子であること, (子が親に対する)親子関係. **2 a** 系統を引くこと, 素性(すじょう), 由来, 系統: determine the ～ of a language ある言語の発生系統を決定する. **b** (言語・文化などの)派生関係の解明. **c** (言語・会などの)分派. **3** 〖法律〗**a** (嫡出でない子の)認知《父を確定し, 扶養の義務を負わすこと》. **b** 子供の両親への帰属とその社会的結果を規定した一連の規則. **4** 《まれ》=affiliation order. 〖(c1450) □ (O)F ～ // ML *fīliātiō(n-)* ← *fīliāre*: ⇨ ↑, -ation〗
fil·i·beg /fílɪ̀bèg/ n. =fillebeg. 〖1746〗
fil·i·bus·ter /fíləbʌ̀stə | -lɪ̀bʌ̀stə^(r)/ n. **1** 《米》**a** (少数派議員が法案の通過を妨害するために行う)長演説; 議事の進行妨害 (cf. obstruction 1 b). **b** 議事妨害演説者. **2 a** 不法戦士《外国に侵入して革命を企てたり, 土地侵犯の目的で戦いを仕掛けたりするような不正规兵; 特に, 19 世紀中頃ラテンアメリカの革命や反乱を煽動(せんどう)した米人》. **b** 海賊, 海賊的冒険者. — vt. **1** 《米》〔法案の通過を阻止するために〕(長々しい演説などで)議事の進行を妨害する 〔*against*〕: ～ *against* a bill. **2** 不法戦士として働く, (外国に)みだりに侵入する; 海賊的行為をする. — vt. 《米》(長々しい演説などで)〈法案〉の通過を阻止[妨害]する: ～ a bill. 〖(a1587) □ Sp. *filibustero* (原義) freebooter □ ? F. *flibustier, fri-* □ Du. *vrijbuiter* one who plunders freely ← *vrij* 'FREE'+*buiter* plunderer: cf. booty〗
fil·i·bùs·ter·er /-tərə | -rə^(r)/ n. **1** 《米》=filibuster 1 b. **2** =filibuster 2 a.
fil·i·bùs·ter·ism /-tərìzm/ n. 《米》(長演説などによる)議事進行妨害. 〖(1862): ⇨ -ism〗
fil·i·cide /fíləsàɪd | -lɪ̀-/ n. 子殺し《行為》; 子殺し《犯人》(cf. parricide). **fil·i·cid·al** /fìləsáɪdl | -lɪ̀-sáɪdl⁻/ adj. 〖(1665) ← L *fīlius* son, *fīlia* daughter: ⇨ -cide〗
fil·i·cite /fíləsàɪt | -lɪ̀-/ n. シダ類の化石. 〖← L *filic-*, *filix* fern+-ITE¹〗
fil·i·coid /fíləkɔ̀ɪd | -lɪ̀-/ 〖植物〗adj. シダ様の. — n. シダに類似した植物. 〖(1847): ⇨ ↑, -oid〗
fil·i·form /fíləfɔ̀əm, fáɪl- | -lɪ̀fɔ̀:m/ adj. 糸状の, 繊維状の (threadlike): ～ crystals of feldspar 長石の糸状結晶. 〖(1757) ← FILI-+-FORM〗
fil·i·gree /fíləgrì: | -lɪ̀-/ n. **1** (金銀などの)線条細工《主に金・銀・ガラス器具などの部分的装飾に用いる》. **2** 精巧繊細なデザインのすかし細工. **3** 繊弱なもの, (精巧優美に過ぎて)損じやすい脆弱(ぜいじゃく)な物. — adj. [限定的] (金銀などの)線条細工の, (金銀線などを用いて)すかし細工を施した: a ～ basket 針金(すかし)細工のかご / ～ patterns (金属に施した)すかし模様 / ～ work (レース状の)金銀線細工(品). — vt. 線条細工で飾る, 線条細工[すかし細工]にする. 〖(1693) 《古形》*filigreen* □ F *filigrane* □ It. *filigrana* ← L *fīlum* 'FILUM'+*grānum* 'GRAIN¹'〗
fil·i·grèed adj. (金銀の)線条細工を施した, 針金すかし細工の. 〖(1831): ⇨ ↑, -ed〗
fil·ing¹ /fáɪlɪŋ/ n. (資料の)とじ込み, ファイリング: a ～ system. 〖(1712) ← FILE¹+-ING¹〗
fil·ing² /fáɪlɪŋ/ n. **1** やすり仕上げ. **2** [*pl.*] やすり粉, やすりくず: iron ～*s* 鉄のやすりくず. 〖(1389): ⇨ file², -ing¹〗
fíling càbinet n. 《英》=file cabinet.
fíling clèrk n. 《英》=file clerk. 〖1922〗
fil·i·o·pi·e·tis·tic /filiouṗàɪətístɪk | -liə(ʊ)-⁻/ adj. 先祖[伝統]を過度に崇拝する. 〖(1893) ← L *fīlius* son+-O-+PIETISTIC〗
fil·i·o·que /fì:lióukwi, fàɪ- | -liə́ʊ-/ L. n. (父)そして子からも《ニカイア信条 (Nicene Creed) に西方教会側が挿入したことば; 聖霊が父からだけでなく子からも発生したという主張》: ～ controversy 聖霊発出論争. 〖(1876) □ L ～〗
fil·ip /fíl‌ɪ̀p | -lɪp/ n. =fillip.
Fi·li·pi·na /fìləpí:nə | -l‌ɪ̀pí:nə/ n. Filipino の女性形.
Fil·i·pine /fíləpì:n, ⁻⁻⁻ | fíl‌ɪ̀pì:n, ⁻⁻⁻/ adj. = Philippine.
Fil·i·pi·no /fìləpí:nou | -l‌ɪ̀pí:nəu⁻/ n. (pl. ～**s**) **1** フィリピン人; フィリピン語. **2** =Tagalog. — adj. = Philippine. 〖(c1889) □ Sp. ～ ← (*das Islas*) *Filipinas* the Philipine islands〗
Filipíno lánguage n. フィリピン(共和国)公式国語 (⇨ Pilipino).
Fi·lip·pi·no /fi:lɪpí:nou | -nəu; It. filippí:no/ n. フィリピーノ (⇨ Lippi). 〖□ It. ～ (dim.) (↓)〗
Fi·lip·po /fɪlí:pou | -pəu; It. filíppo/ n. フィリポー《男性名》. 〖□ It. ～ 'PHILIP'〗
fil·is·ter /fíl‌ɪ̀stə | -lɪstə^(r)/ n. =fillister.
fill¹ /fíl/ vt. **1 a** 〔…で〕〈容器・家・部屋などを〉満たす, 一杯にする; …に一杯[ぎっしり]詰め込む 〈*up*〉〔*with*〕: ～ one's pipe パイプにたばこを詰める / ～ (*up*) a cup *with* tea 茶わんにお茶をつぐ / ～ a room (*up*) *with* people [furniture] 部屋に人[家具]をぎっしり詰め込む / ～ oneself (*up*) *with* …で腹をいっぱいにする, …で満腹する / ～ a garden *with* flowers 庭一面に花を咲かせる / ～ a tire *with* air タイヤに空気を入れる / a pocket ～*ed with* money 金がたっぷり入っているポケット / The bus was ～*ed* to capacity [bursting (point)]. バスは満員[超満員]だった / The old well was ～*ed with* poisonous gas. 古井戸には有毒ガスが充満していた. **b** 〔容器に〕〈液体などを〉一杯に入れる, つぐ, 詰める (pour put) 〔*into*〕: ～ wine *into* bottles 瓶にぶどう酒を詰める / ～ sand *into* a box 箱に砂を詰める.
2 a 〈穴・空所・欠所を〉埋める, ふさぐ, …に詰め物をする, 充填(じゅうてん)する 〔*with*〕; 〈歯〉に詰め物をする: ～ a hole 穴をふさぐ / ～ a tooth 歯をうめる / have three teeth [cavities] ～*ed* 歯[虫歯の穴]3本[3つ]に詰め物をしてもらう / ～ one's ear *with* cotton 耳に綿を詰める / ～ (in) a gap one's records 記録の欠落を埋める. **b** 〈パンなど〉に中身を入れる; 〈食品・石鹸など〉に混ぜ物をする: ～*ed* rolls 中身をはさんだロールパン / ⇨ filled milk. **c** 〈布地・皮・木材など〉のすき間を埋めて加工する, のり[にかわなど]を…の表面に塗る. **d** [通例 p.p. 形で] …に(金などを)被(き)せる: a gold-*filled* watch / ⇨ filled gold.
3 〈場所・空間・時間などを〉全面的にふさぐ, 占める; …に充満する, 満ちあふれる, 広がる: Smoke ～*ed* the room. 煙が部屋に満ちた / a smoke-*filled* room 煙がいっぱいの部屋 / a gas-*filled* balloon ガスが充満した風船 / The crowd ～*ed* the hall. 大勢詰めかけて会堂はあふれるばかりだった / Tears ～*ed* her eyes. 涙が目に一杯たまった / Sorrow ～*ed* her heart. 悲しみで彼女の心は一杯だった / That ～*ed* every minute of the day. そのために1日中の時間が全部ふさがってしまった.
4 〈心を満たす, 一杯にする, 〈人〉の心を満たす〔*with*〕: ～ one's mind 心に(知識を)満たす《学ぶ》/ ～ a person *with* dismay 人を狼狽させる / The good news ～*ed* his heart *with* joy. その朗報に彼の心は喜びで一杯だった.
5 a 〈要求などを〉満たす; 〈需要〉に応じる: ～ a want 要求を満たす / ～ an order 注文に応じる / ～ a person's needs 人の要望にこたえる. **b** 〈業務命令・約束などを〉遂行する, 果たす. **c** 《米・カナダ》〖薬学〗〈処方薬を〉調合する: ～ a prescription.
6 a 〈地位を〉占める (occupy, hold), 〈職務を〉務める: ～ a position 地位を占める[職につく] / ～ an office satisfactorily りっぱに職を務める. **b** 〈空位を〉満たす, 補充する 〈*up*〉: ～ a vacant place [post] あいている地位を補充する / ～ a vacancy 欠員を埋める / His place will not be easily ～*ed*. 彼の後任は容易に得られまい.
7 〔食べ物などで〕(十分)満足させる, 飽満させる (satisfy) 〔*with*〕; 〈食べ物などが〉…に満腹感を味わわせる (satiate) (cf. filling adj.).
8 a 〈風が〉〈帆を〉はらませる (distend) 〈*out*〉: The wind ～*ed* the sails (*out*). 風をはらんで帆がふくらんだ. **b** 〈帆〉に風をはらませる(ように調節する); (帆が風をはらむように)〈帆桁(ほげた)〉を回す.
9 〖トランプ〗(ポーカーで必要な札を引いて)〈full house, flush または straight を〉仕上げる.
10 〖土木〗土盛りする: ～ low ground *with* sand and earth 低い土地を土砂で土盛りする.
— vi. **1** 満ちる, 一杯になる, 〔…で〕充満する 〈*up*〉〔*with*〕: The church ～*ed* (*up*) rapidly. 教会堂はたちまち一杯になった / a rapidly ～*ing* church たちまち一杯になる教会 / The entire sky ～*ed with* stars. 満天に星が満ちていた / The boat ～*ed with* water. ボートは水で一杯になった / His eyes ～*ed with* tears. 彼の目は涙で一杯になった / My heart ～*ed with* grief. 胸が悲しみで一杯になった. **2** 一杯に[なみなみと]注ぐ. **3** 〈帆が〉〈風をはらんで〉ふくらむ 〔*with*〕: The sails ～*ed with* wind. **4** 〖気象〗(中心)気圧を増す: a ～*ing* cyclone 衰弱しつつある低気圧.
fill and stánd ón 〖海事〗〈帆船が〉風に切り上げ過ぎて止まってしまった後また風をはらんで走り出す. ***fill awáy*** 〖海事〗帆桁(ほげた)を回して帆が風をよく受けるようにする; 船首を風下に落して船に前進力をつけて進む. (1840) ***fill ín*** (vt.) (1) 〈証書・手形など〉に所要の書入れをする (cf. FILL *out* (vt.) (1), FILL *up* (vt.) (4)); 〈数字・事項などを〉書き入れる (insert); 〈穴などを〉ふさぐ, 充填(じゅうてん)する (fill up) (cf. vt. 2); 〈時間〉ふさぎをする; 〈輪郭・図画・意匠などを〉完全にする, 精彩のあるものにする: ～ *in* an application 申込書に(必要事項を)書き入れる / ～ *in* the blanks (書類・問題用紙などの)空所に文字[答え]を記入する / Can you ～ *in* the details for us? 細部を補充して下さいませんか. (2) 《口語》〈人〉に〔…のことを〕詳細に知らせる 〔*about, on*〕: I'd be glad to ～ you *in about* your faults. よろこんで君の欠点について詳しく語ってあげよう / He ～*ed* us *in on* the latest news. 彼は我々に最近の情報を流してくれた. (3) 《英俗》殴る, …に大けがをさせる. — (vi.) (1) 〔…の〕代理[代役]をする (substitute) 〔*for*〕: We'll find someone to ～ *in for* you. 君の代わりをしてくれる人を見つけよう. (2) ふさがる, 閉鎖される. (1840) ***fill óut*** (vt.) (1) 《米・カナダ》〈文書・名簿などの〉の余白を満たす, 余白に書き込む (cf. FILL *in* (vt.) (1), FILL *up* (vt.) (4)); 〈報告などを〉(補充・拡充して)十分[完全]にする: ～ *out* a check 小切手に書き込みをする, 小切手を書く. (2) 《米》〈任期などを〉全うする. (3) 〈衣類などをふっくらとさせる; 〈ほおなどを〉膨らませる. (4) ⇨ vt. 8 a. (vi.) 十分ふくらむ (swell out); 〈ほお・体が〉肉がつく: Her cheeks have begun to ～ *out*. 彼女のほおがふっくらとしてきた. (a1700) ***fill the bíll*** ⇨ bill¹ 成句. ***fill úp*** (vt.) (1) いっぱいに満たす (cf. vt. 1 a, vi. 1): ～ *up* one's cup. (2) 〈自動車を〉満タンにする: *Fill* it [《口語》her] *up*. 満タンにしてくれ. (3) …に詰め込む, ぎっしりふさぐ (cf. vt. 1 a); 〈池などを〉埋める: ～ *up* one's room *with* furniture 部屋にぎっしり家具を入れる / The wreckage of the plane ～*ed* the runway *up* completely. 飛行機の残骸が滑走路を完全にふさいだ. (4) 〈余白を〉埋める; 《英》〈文書など〉の余白を満たす (cf. FILL *in* (vt.) (1), FILL *out* (vt.) (1)): ～ *up* the blanks 空欄を埋める. (5) 〈空位を〉補充する. — (vi.) (1) 満腹する, 腹いっぱい食べる: *fill up on* rice ご飯で腹いっぱいにする. (2) 〈劇場などが〉一杯[満員]になる, 充満する: The theater ～*ed up* rapidly. 劇場はたちまちいっぱいになった. (3) 〈溝などが〉埋まる (silt up) 〔*with*〕: The channel of the river ～*ed up with* mud. 川床は泥で埋まった. (1596)
— n. **1** [通例 one's ～] いっぱい, 十分 (full supply); (特に)存分, 腹いっぱい: drink [eat, have] *one's* ～ 腹いっぱい飲む[食う] / get *one's* ～ *of* rest 十分に休む / weep [fret] *one's* ～ 存分に泣く[じれる] / grumble *one's* ～ たらたら不平を言う / She has had *her* ～ *of* sorrow. 彼女はいやというほど悲しみを味わっている. **2** 《英》[a ～] (満量の)詰込み, 一服の盛り (charge): *a* ～ *of* tobacco たばこ一服. **3** 〖土木〗**a** (鉄道工事場などの)盛り土 (embankment). **b** 盛り土の材料《土砂・砂利・石など》. **4** (市場に売り出す前の)家畜の消化管内の中身.
〖v.: OE *fyllan* < Gmc **fulljan* (Du. *vullen* / G *füllen*) ← **fullaz* 'FULL¹'. — n.: OE *fyllu* ← Gmc **fullīn-* (G *Fülle*) ← **fullaz*〗
fill² /fíl/ n. 《廃・方言》(荷・馬車の)梶棒(かじぼう), 長柄(ながえ). 〖(1601–2) 《転訛》← THILL〗
fill·a·gree /fíləgrì:/ n., adj., vt. =filigree.
fíll càp n. フィルキャップ《燃料タンクの給油口についている通例, ねじ式のふた》.
fíll-dike adj. (降雨・雪解けのために)溝の水のあふれる. ★ February の形容詞として用いる. — n. 2月 (February fill-dike). 〖1611〗
fille /fí:jə; F. fij/ F. n. (pl. ～**s** /～/) **1 a** 娘 (daughter). **b** 女子 (girl). **c** 未婚の女性 (spinster). **2** 売春婦. 〖□ F ～ □ L *fīlia* daughter〗
fil·le·beg /fíl‌ɪ̀bèg/ n. 《スコット》=kilt. 〖(1746) □ Sc.-Gael. *feileadhbeag* ← *feil(e)adh* kilt, fold+*beag* small (cf. *feileadhmor* large kilt)〗
fille de cham·bre /fí:jədəʃɑ́:(m)br(ə), -ʃɑ́:m-; F. fijdəʃɑ̃:bʁ/ F. n. (pl. **filles d-** /～/) 《古》侍女, 腰元, 小間使 (chambermaid). 〖(1675) □ F ～ 'girl of CHAMBER'〗
fille de joie /fí:jədəʒwɑ́:; F. fijdəʒwa/ F. n. (pl. **filles d-** /～/) 売春婦. 〖(1705) □ F ～ 'girl of joy'〗
fílled góld n. 被せ金, 張り金 (rolled gold) 《真鍮(しんちゅう)などの台に総重量の 1/20 以上の金を接着させる》.
fílled mílk n. 脱脂乳に植物性脂肪を加えた牛乳. 〖1934〗
fill·er¹ /fílə | -lə^(r)/ n. **1** 詰物; (板穴などの)埋木; 塡(てん)材《アスファルト・コンクリートなどで骨材のすき間を充填する材料》; [*pl.*] 〖化学〗充塡剤. **2 a** (新聞・雑誌の)埋め草記事 (cf. time copy): a ～ from an encyclopaedia. **b** 《口語》(テレビ・ラジオ・劇場などの)時間ふさぎの番組, 小曲, 短編映画. **c** (話の途中に入れる)つなぎの言葉《er や you know など》. **3** 《口語》(競技場などの)満員にするもの, 客寄せ. **4** 満たすもの, 埋めるもの, 充塡するもの, 混ぜるもの. **5** 〖木工〗目止め(剤), 充塡材; かい木《二つの材の間にはさんで間隔を正しく保つための木片》. **6** 〖医学・薬学〗賦形(ふけい)剤《微量の有効成分の扱いや服用を便利にするため加える乳糖・澱粉その他の薬物》. **7** (パイなどの)中身; 葉巻[紙巻きたばこ]の中身のたばこ. **8** 吸入器, じょうご, 導管: a fountain pen ～ 万年筆のインキ入れスポイト. **9** (量・重さ・粘りなどを増すための)混ぜ物, 増量剤. **10** 〖製靴〗中物《靴の中底と表底との間の充填物(スポンジ・コルクなど); bottom filler ともいう》. **11** (ルーズリーフの)替え紙. **12** 〖放送〗(非視聴地域をカバーする)小型送信所. **13** 満たす人, (クッションなどの中身を)詰める人. 〖(1496): ⇨ -er¹〗
fil·ler² /fíleə, fí:l- | fí:leə^(r); Hung. fille:r/ n. (pl. ～**s**, ～) (*also* **fil·lér** /～/) **1** フィレル《ハンガリーの通貨単位; =1/100 forint》. **2** フィレル小銅貨. 〖(1904) □ Hung. *fillér*〗
fíller càp n. 〖自動車・航空〗フィラーキャップ《燃料タンクの給油口のふた》. 〖1927〗
fíller mètal n. 〖金属加工〗(溶接に用いる)溶加材.

fil·les·ter /fíl̩stə | -lɪstə(r)/ *n.* ＝fillister.

fil·let /fíl̩t | fílɪt/ *n.* **1** ★《米》ではまた /fɪléɪ, fíleɪ/ とも発音する.（*also* **filet**）**a**（主に牛の)ヒレ(肉)《サーロイン (sirloin) の下側の肉; ごく柔らかい; fillet steak, tenderloin ともいう》. **b** 子牛[子羊]のももから取った厚みのある肉. **c**（おろして骨を除いた)魚の切り身, 上身;（鶏など)家禽の骨をはずした胸肉. **2**（髪をくくったり頭を縛ったりする)細長いひも[リボン], 髪ひも, はち巻き. **3 a** ひも状のもの. **b** 帯, 縛り帯. **c**（木材・金属などの)条片. **d**（砲口などの)環状帯. **e**（ベルト状の)カード用針布. **f**（物の表面の)高縁(ﾀｶﾌﾁ), 飾り縁. **4**〘解剖〙(長い帯状の束になっている)神経線維束,（特に)＝lemniscus. **5**〘航空〙フィレット《翼・胴体, 翼・ナセル (nacelle) などの取合い部の整形覆い; fairing ともいう》. **6**〘建築〙(二つの繰形の間の)平縁(ﾋﾗﾌﾞﾁ), 幕面, フィレット;（イオニア式またはコリント式円柱の溝と溝との間の)あぜ. **7**〘機械〙隅肉(ｽﾐﾆｸ), 肉付け《溶接継手で内側の隅を角ばらせずに肉盛りした部分》. **8**〘製本〙(表紙の平(ﾋﾗ) (side) に図柄を押しつけるための)筋車;（筋車を押しつけて作った)筋線. **9**〘写真〙(台紙などの)輪郭線条(金筋など)を作る機械. **10**〘紋章〙フィレット《チーフ (chief) の約 $^{1}/_{4}$ 幅の図形》.

— *vt.* **1** ★《米》ではまた /fɪléɪ, fíleɪ/ とも発音する. **a**〈魚を〉(三枚におろして)骨なしの切り身にする. **b**〈肉を〉切り分けてヒレ肉を取る. **2**〈頭髪を〉(リボンで)くくる, 飾る, はち巻きをする. **3**〘製本〙…に筋線を付ける; 筋線で飾る. **4**〘機械〙隅肉にする, …に肉付けをする. **5** …から余計な部分を取り除く.

〖(*a*1325) *filet* □ (O)F (dim.) ← *fil* thread, string < L *filum*: ⇨ file¹〗

fil·let·ing /fíl̩tɪŋ | -lɪt-/ *n.*〘建築〙(モルタルなどを用いた)雨押え《壁と窓, 屋根と煙突などの接合部への雨水の侵入を防ぐための材》. 〖(1598): ⇨ ↑, -ing¹〗

fillet wèld *n.*〘機械〙隅肉(ｽﾐﾆｸ)溶接《のど厚の方向が母材の面とほぼ 45° の角をなす側面の溶接》. 〖1926〗

fil·li·beg /fíl̩bèg/ *n.* ＝kilt. 〖(*c*1745) □ Sc.-Gael. ~ ← *feile* kilt＋*beag* little〗

fill-in *n.* **1** 代理, 補欠, 空席を満たす人: He was an able ~ for the vacationing star. 彼は休暇中の俳優の補欠をりっぱに務めていた. **2 a**（書式などの)書込み, 記入 (insertion). **b**（在庫の)補充商品[注文]. **c** 代用品, 埋め草. **3**《米口語》概要説明[報告]: an up-to-date ~ on the crisis in Africa アフリカの難局に関する最新の概要報告. **4**〘服飾〙はめ込み;（特に)婦人物ドレスやブラウスのロウネックラインのはめ込み. — *adj.* [限定的] 代理[代用品]の[による]: a ~ job during the vacation 休暇中の代理人による仕事. 〖1917〗

fill·ing /fílɪŋ/ *n.* **1 a**〘歯科〙充填(ｼﾞｭｳﾃﾝ)物《金・アマルガム・セメントなど》: a ~ for a tooth. **b** 詰め物, 充填物. **2**（パイ・ケーキ・サンドイッチなどの)中身: the ~ of a pie. **3** 満たすこと, 充填. **4**《米》(織物の)横糸 (woof, weft). **5**〘服飾〙レースや刺繍のデザインの空間を埋めるステッチ.

— *adj.*〈食料品がたっぷりある, 食べごたえのある: This food is very ~. ＝This is very ~ food. これは腹によくたまる食べ物だ. 〖(1325–26): ⇨ -ing¹〗

filling stàtion *n.*（自動車の)給油所, ガソリンスタンド. 日英比較「ガソリンスタンド」は和製英語. ⇨ gas station; petrol station. 〖1921〗

fil·lip /fíl̩p | -lɪp/ *n.* **1** 刺激; 刺激剤: a ~ *to* the memory 記憶の喚起 / a ~ *to* one's spirits 元気を出させる刺激 / Champagne gives a useful ~ on occasion. シャンパンは時には有用な刺激剤となる. **2** 指はじき; 指はじきの軽打, 軽くたたくこと: make a ~ 指はじきする. **3** つまらない物 (trifle); つまらない飾り: It is not worth a ~. それは少しの値打ちもない. — *vt.* **1** 刺激する, 促す, 喚起する (stimulate): ~ one's memory 記憶を促す. **2** ぴしっと打つ. **3 a**〈指を〉はじく. **b** 指[爪]ではじく; はじき飛ばす: ~ *off* a coin [marble] 貨幣[おはじき]をはじく / ~ a little dust *from* one's coat 上着のちりを軽く払い落とす. — *vi.* 指はじきをする. 〖(*c*1450)《擬音語》← FLIP¹〗

fil·lis /fíl̩s | -lɪs/ *n.*〘園芸〙(麻などの)ゆるめの撚(ﾖ)りひも. 〖(1900): ⇨ filasse〗

fil·lis·ter /fíl̩stə | -lɪstə(r)/ *n.*〘木工〙**1** ＝fillister plane. **2**（窓障子の組子外縁の)しゃくり溝《ガラスをはめてパテを付ける溝; sash fillister ともいう》. 〖(1819) ← ?: cf. F *feuilleret*〗

fillister plàne *n.*〘木工〙(溝付け用)しゃくりかんな, くりかんな.

fill lìght *n.*〘写真〙補助光《主照明によってできた影を除去したりやわらかくしたりする照明》.

Fill·more /fílmɔə | -mɔː(r)/, **Mil·lard** /míləd | -ləd/ *n.* フィルモア《1800–74; 米国第 13 代の大統領 (1850–53); M.C.Perry を日本に派遣した (1853)》.

fill-ùp *n.* **1** ガソリン補給. **2** 満たすもの; 埋め草. 〖1853〗

fil·ly /fíli/ *n.* **1**（通例 4 歳未満の)雌の若馬 (cf. colt 1 b). **2**《口語》おてんば娘, 活発な小娘; 女の子 (girl). 〖(1404) □ ON *fylja* female foal: cf. foal〗

film /fílm/ *n.* **1 a**（一編の)映画 (cf. movie 1 a): a silent ~ 無声映画 / a black-and-white [color] ~ 白黒[カラー]映画 / make a ~ of a book＝turn a book into a ~ 本を映画化する / ⇨ sound film. **b** 映画界[産業]: She works in ~*s*. 映画の仕事をしている. **2** [(the) ~] (芸術・娯楽としての)映画: the history of ~ 映画史. **3 a**〘写真〙(写真)フィルム《感光乳剤を塗布した薄膜》; 感光膜: a roll of ~ for a camera 一巻のカメラ用の写真フィルム. **b** 一本の写真フィルム. **4 a**（表面に生じた)薄皮 (pellicle),（セロファン・プラスティックなどの)薄膜, 薄い包み紙, ラップ; 薄葉. **b** 薄い層: a thin ~ *of* dust ほこりの薄い層 / I could see a ~ of sweat on his forehead. 彼の額にうっすらにじんだ汗が見えた. **c** [通例 *pl.*]（厚さ 0.001–0.009 インチの)雲母板. **5**（目の)かすみ, くもり: a ~ over the eye 目のかすみ. **6** 薄がすみ, もや: a ~ *of* twilight 夕闇. **7**（クモの糸のような)細い糸: a ~ *of* gossamer (空中に漂う)クモの糸 / floating ~*s* 漂うクモの糸.

— *adj.* [限定的] 映画の, 映画に関する: a ~ actor [actress] 映画俳優[女優] / a ~ censor 映倫委員, 映画検閲員 / ~ censorship 映倫, 映画の検閲(機関) / ~ cutting 映画編集 / a ~ script 映画の脚本 / a ~ fan [buff] 映画ファン / ~ music 映画音楽 / ~ rights 映画上映権 / a ~ studio 映画撮影所[スタジオ] / a ~ version (小説の)映画化版.

— *vt.* **1**〘映画〙撮影する;〈小説などを〉映画化する: ~ a novel. **2**〘写真〙〈情景などを〉フィルムに納める[写す]: ~ a battle. **3** 薄皮[薄膜]で覆う;〔…で〕薄膜状に覆う〔*with*〕: The water was ~*ed with* green. 水面には緑色藻が膜のように張っていた. — *vi.* **1 a** 映画撮影に従事する, 映画を製作する. **b**（映画)撮影に向いている: She ~*s* well. 彼女は映画写りがよい / This novel is unlikely to ~ well. この小説は映画に向きそうにない. **2** 薄皮で覆われる, 薄膜が張る,（一面に)薄膜[薄がすみ]を生じる, かすむ〈*over*〉〔*with*〕: The landscape ~*ed over*. 一面に薄もやがかかった / The lake ~*ed over with* ice. 湖は一面氷が張っていた.

~·er *n.* 〖《OE》(1577) *filmen* membrane < Gmc **filminjam* ← **felmon* ← **fellam* 'FELL¹': cog. Gk *pélma* sole (of foot or shoe)〗

film·a·ble /fílməbl̩/ *adj.*〈物語・小説など〉映画化に適する, 映画向きの. 〖(1920): ⇨ ↑, -able〗

film bàdge *n.*〘医学〙フィルムバッジ《放射線取扱者が被曝線量の目安として身につける》. 〖1945〗

film báse *n.*〘写真〙フィルムベース《フィルムの感光乳剤を塗布するセルロイドなどの薄く柔軟な支持体》. 〖1923〗

film·càrd *n.*〘写真〙＝microfiche.

film clìp *n.*〘テレビ〙フィルムクリップ《生(ﾅﾏ)放送番組の中に補助的に入れて放映する映画フィルム》. 〖1958〗

film còlor *n.*〘心理〙平面色, 面色《青空の色のように実体感のない色の広がり》.

film·dom /-dəm/ *n.* **1** 映画界. **2** 映画産業. 〖(1914): ⇨ film, -dom〗

Fil·mer /fílmə | -mə(r)/, **Sir Robert** *n.* フィルマー《1589–1653; 英国の政治思想家, 王権神授説 (divine right of kings) を主張した; *Patriarcha* (1680)》.

film fèstival *n.* 映画祭.

film gàte *n.*（映写機・プリンターなどの)フィルム窓.

film·gòer *n.* よく映画を見に行く人, 映画ファン. 〖1919〗

film·ic /fílmɪk/ *adj.* **1** 映画の(ような), 映画を思わせる. **2**（映画のテーマやストーリーに対して)映像特性の. **3** 映像的にすばらしい. **film·i·cal·ly** *adv.* 〖(1930): ⇨ -ic¹〗

film·i·ly /-m̩li/ *adv.* 薄皮[薄膜]状に; かすんで; もうろうと, うすぼんやりと.

film·ing /fílmɪŋ/ *n.*（映画の)撮影; 撮影期間. 〖(1912): ⇨ -ing¹〗

film íntegrated círcuit *n.*〘電子工学〙膜集積回路.

film·ize /fílmaɪz/ *vt.* 映画化する.

film·lànd *n.* **1** 映画界. **2** ハリウッド (Hollywood) (など). 〖1913〗

film·let /fílml̩t/ *n.* 短編映画. 〖(1931): ⇨ -let〗

film lìbrary *n.* フィルムライブラリー《映画・スライドなどの保存・収集・貸し出しなどを行う機関》.

film·maker /fílmmèɪkə | -kə(r)/ *n.* **1** 映画製作者. **2**（写真用の)フィルム製造者. 〖1859〗

film·màking *n.* 映画製作. 〖1913〗

film nóir *n.*〘映画〙フィルムノワール《(特に 1944–54 年代の)ハリウッド製の陰鬱な犯罪映画; 単に noir ともいう》. 〖(1958) □ F ~ 'black film'〗

film·og·ra·phy /fɪlmɑ́(ː)grəfi | -mɔ́g-/ *n.*（テーマ別・俳優別・監督別などにして系統的に編集した)映画作品リスト; 映画に関する著作[本]. 〖(1962) ← FILM＋-o-＋-GRAPHY〗

film pàck *n.*〘写真〙容器入りフィルム, フィルムパック《通例 12 枚のフィルムをそのままカメラに装填(ｿｳﾃﾝ)し連続して撮影できるようにシートフィルムを容器に入れたもの》. 〖1903〗

film pìckup *n.*〘テレビ〙フィルム撮像《映画フィルムのビデオテープへの変換》.

film prem·ière /-prɪmjéə, -míə | -prémièə(r)/ *n.*（新作映画の)プレミアショー.

film recòrder *n.* 映画用録音機.

film resìstor *n.*〘電気〙被膜抵抗器《金属薄膜・炭素被膜などを抵抗体とする抵抗器》.

film·sèt *adj.* 写真組版[植字]の. — *vt.* 写真組版[植字]にする. **~·ter** *n.* 〖1958〗

film sèt *n.*（撮影用の)映画のセット. 〖1933〗

film·sètting *n.*〘印刷〙写真植字 (photocomposition, photosetting). 〖1954〗

film·slìde *n.*〘(フィルム)スライド《投影用フィルム》.

film spèed *n.* **1** フィルム感度《ISO 数値が大きいほど感度が高い》. **2**（撮影機や映写機を通る)フィルムの速度. 〖1915〗

film stàr *n.* 映画スター (《米》movie star). 〖1914〗

film stòck *n.* 未使用の映画フィルム. 〖1911〗

film·strìp *n.* **1**（教材用などの)フィルムストリップ《1 こまずつを見せるためスライド用に作られた通例 35 ミリフィルム; slidefilm, stripfilm ともいう》. **2**（試験用などの)フィルム片. 〖1930〗

film wìndow *n.* ＝film gate.

film·y /fílmi/ *adj.* (**film·i·er**; **-i·est**) **1** フィルムのような; 薄い, かぼそい; 薄皮[薄膜]性の; 薄膜状の: ~ ice 薄氷 / a ~ veil [curtain, nightie] 薄いベール[カーテン, ネグリジェ]. **2 a** 薄もやのような, おぼろにかすんでいる: ~clouds 薄雲 / the ~ orb of the moon 月のかさ. **b**〈目が〉かすんだ, どんよりした: ~ eyes. **film·i·ness** *n.* 〖(1604): ⇨ -y⁴〗

film yéast *n.*〘醸造〙＝flor.

filmy fèrn *n.*〘植物〙コケシノブ科 (*Hymenophyllaceae*) のシダの総称. 〖1861〗

fi·lo /fíːlou, fáɪl- | fáɪləu, fíːl-, fíl-; *Mod.Gk.* fílo/ *n.* ＝phyllo.

FILO /fáɪlou | -ləu/ *n.*〘電算〙ファイロ, 先入れ後出し方式《最初に入れたデータが最後に取り出される方式のデータ格納法》. 〖《頭字語》← *f*(*irst*) *i*(*n*) *l*(*ast*) *o*(*ut*)〗

fil·o- /fílou, fáɪl- | -ləu/ fili- の異形.

Fi·lo·fax /fáɪləfæks | -lə(u)-/ *n.*〘商標〙ファイロファックス《英国 Norman & Hill 社製の革表紙のルーズリーフ式システム手帳》. 〖1931〗

fílo pástry *n.* フィロペストリー (phyllo).

fil·o·plume /fíləpluːm, fáɪl-/ *n.*〘鳥類〙毛状羽《羽軸のみあって羽枝(ｳｼ)をほとんど欠く羽毛》. 〖(1884) ← NL *filoplūma*: ⇨ filum, plume〗

fil·o·po·di·um /fìləpóudiəm, fàɪ-, -lou- | -lə(u)-póud-/ *n.* (*pl.* **-di·a** /-diə | -diə/)〘生物〙糸状仮足《アメーバ類に見られる仮足》. 〖(1926) □ G ~ ← L *filum* thread: ⇨ podium〗

fi·lose /fáɪlous | -ləus/ *adj.* **1** 糸状の (threadlike). **2** 先端が糸状になっている. 〖(1823) ← L *filum* (↓)＋-OSE¹〗

fil·o·selle /fíləsèl, -zél; *F.* filɔzɛl/ *n.* **1** 釜糸《floss silk より品質が劣る》. **2** 釜糸製刺繍糸. 〖(*a*1605) □ F ~ □ It. 《方言》*filosello* cocoon of the silkworm《混成》← VL **follicellus* (＝L *folliculus* little bag (dim.) ← *follis* bag)＋It. *filo* (< L *filum* 'FILUM')〗

fi·lo·sus /fɪlóusəs | fɪləu-/ *adj.*〘気象〙＝fibratus. 〖← NL ~ ← L *filum* (↑)＋*-ōsus* '-OSE¹'〗

fi·lo·vìrus /fíːlou- | -ləu-/ *n.*〘生物〙フィロウイルス《フィロウイルス属 (*Filovirus*) の RNA ウイルス; Ebola ウイルスと Marburg ウイルスが含まれる》.

fils¹ /fíːs; *F.* fis/ *F. n.* (*pl.* ~) 息子《フランス人の同名の父子を区別するため Jr. の意味で子の姓に添える; cf. père》: Dumas ~ 小デュマ. ★ 他の国で用いる場合は《戯言》: Smith ~. 〖(1886) □ F ~ 'son' < L *filium*〗

fils² /fíls/ *n.* (*pl.* ~) **1** フィルス: **a** バーレーン・イラク・ヨルダン・クウェート・南イエメンの通貨単位; ＝$^{1}/_{1,000}$ dinar. **b** アラブ首長国連邦の通貨単位; ＝$^{1}/_{100}$ dirham. **c** イエメンアラブ共和国の通貨単位; $^{1}/_{100}$ rial. **2** 1 フィルス硬貨. 〖(1931) □ Arab. ~ ← *fals* □ LGk *phóllis* small coin〗

fil·ter /fíltə | -tə(r)/ *n.* **1** 濾過(ﾛｶ)器, 濾過装置, 水こし (strainer); 濾(ﾛ)紙 (filter paper). **2** 濾過用多孔性物質《フェルト・布・紙・木炭・砂・砂利など》. **3**（たばこの)フィルター; フィルター付きたばこ. **4**《英》(交差点での)左折[右折]合流システム (cf. *vi.* 3). **5**〘写真・光学〙濾光(ﾛｺｳ)器, 濾光板, 色障, フィルター (color filter). **6**〘電気〙濾波器, フィルター《信号の周波数成分に応じて通過させるもの; cf. band-pass filter》. **7**〘数学〙フィルター《一つの集合の部分集合から成る集合で, 空集合を含まず, その要素を含む集合がまた要素であり, かつ二つの要素の共通部分がまたその要素であるようなもの》. **8**〘物理〙＝acoustic filter. **9**〘電算〙フィルター《入力データを順次加工して出力するプログラム》. — *vt.* **1** こす, 濾過する. **2**〈不純物を〉濾過して取り除く〈*off, out*〉: ~ *off* [*out*] impurities. **3**〈物が〉…にフィルターの働きをする. — *vi.* **1 a** しみ出る,〈水などが〉こされる〔*through*〕〈*down, away*〉: ~ *through* the sand 砂を通って(水が)こされる. **b**〈光線・X 線・音などが〉透かして入る[流れ込む]: Dim light ~*ed* down through the lace curtain. 薄明りがレースのカーテンを通して流れ込んでいた. **c** ゆっくりと[しみ込むように]動く[入る, 出る]: They came ~*ing out of* the hall. ホールから徐々に流れ出てきた. **2**〈風評・思想などが〉漏れる, しみ込む, 浸透する〔*into, through*〕: New ideas began to ~ *into* people's minds. 新思想が人々の心にしみ込み始めた. **3**《英》(交差点で直進方向が赤信号のとき, 警官の合図や緑色の矢印の信号に従い)流れている交差車線に左折[右折]合流する.

— *adj.* [限定的]《口語》〈たばこが〉フィルター付きの: a ~ cigarette. 〖(?*a*1425) □ (O)F *filtre* (F *feltre*) □ ML *filtrum* strainer □ (WGmc) **filtir* 'FELT²': フェルトが濾過に用いられたことによる〗

fil·ter·a·bil·i·ty /fìltərəbíləṭi, -trə- | -l̩ti/ *n.* 濾過し得ること, 濾過性. 〖(1910): ⇨ ↓, -ity〗

fil·ter·a·ble /fíltərəbl̩, -trə-/ *adj.* **1** 濾過の可能な. **2**〘細菌〙濾過性の《ウイルスのように素焼のフィルターをくぐりぬける; ↔ unfilterable》. **~·ness** *n.* 〖(1908): ⇨ -able〗

filterable vírus *n.*〘細菌〙濾過性ウイルス《現在では専門用語としては用いない》. 〖1911〗

filter àid *n.* 濾過助剤. 〖1946〗

filter bèd *n.* **1**（水処理用の)濾過池[タンク]の濾床(ﾛｼｮｳ)《砂・砂利など; cf. bacteria bed》; 濾過池[タンク]. **2** 濾過物質の層. 〖1874〗

filter càke *n.* 濾塊(ﾛｶｲ)《濾過機において濾紙の上に残った滓(ｶｽ)の塊》. 〖1912〗

filter cènter *n.* 防空情報審査所, 対空情報本部《航空警戒管制組織内の一部門で, 対空監視哨所から来る情報資料を審査し, これを防空統制所および防空指揮所に伝える》.

filter còffee *n.* フィルターを使っていれたコーヒー.

fil·ter·er /-tərə | -tərə(r)/ *n.* こす[濾過する]人; 濾過装置を取り扱う[操作する]人. 〖(1809): ⇨ -er¹〗

filter fàctor *n.*〘写真〙フィルター係数《フィルターを使用

したとき必要な露出倍数). 〖1921〗

filter fèeder *n.* 〘動物〙濾過摂食者《水中に浮遊している有機物や微小生物を, 水流を濾過して集め, 食物とする動物》. 〖1928〗

filter fèeding *n.* 〘動物〙濾過摂食 (cf. filter feeder). 〖1931〗

filter flỳ *n.* 〘昆虫〙濾床(ろしょう)バエ《下水処理場などに生息するチョウバエ科のハエの総称》.

filter·less *adj.* フィルターのついていない: a ～ cigarette.

filter pàper *n.* こし紙, 濾過紙. 〖*c*1846〗

filter prèss *n.* フィルタープレス, 圧濾(あっろ)器. 〖1889〗

filter pùmp *n.* 濾過ポンプ.

filter tìp *n.* (紙巻きたばこ・葉巻き用)フィルター; フィルター付きたばこ. 〖1932〗

filter-típped *adj.* 〈たばこが〉フィルター付きの. 〖1954〗

filth /fílθ/ *n.* **1** (極端な)不潔, 不浄; 汚物, 不潔物. **2 a** (道徳的)汚らわしさ, 堕落, 下品, 卑猥(ひわい). **b** 卑猥な言葉[読み物]; 猥談, みだらな考え. **3** [the ～]《英俗》警察 (police). **4**《廃・英方言》悪党, ならず者; 自堕落な女, 売春婦. 〖OE *fȳlþ*: ⇨ foul, -th²〗

filth·i·ly /-θɨ̀li/ *adv.* ひどく汚ならしく, 不潔に; 下品に. 〖(1552): ⇨ ↓, -ly¹〗

filth·y /fílθi/ *adj.* (**filth·i·er; -i·est**) **1** ひどく不潔な, よごれた, 汚ならしい (very dirty) (⇨ dirty **SYN**): a ～ street. **2** 汚らわしい, 下品な, 不潔な, 卑猥な: a ～ joke. **3** 堕落[腐敗]しきった, 卑劣きわまる: ～ politics. **4**《英口語》〈天候が〉とても不快な, いやな: ～ weather. **5**《口語》たくさんある, 多くある; 〔金など〕腐るほどある〔*with*〕: He is ～ *with* money. 彼には金が腐るほどある. ── *adv.*《口語》ひどく, 非常に: ～ dirty ひどく不潔な[汚ない] / ～ rich 大金持ちの. **filth·i·ness** *n.* 〖(*a*1300): ⇨ filth, -y⁴〗

filthy lúcre *n.* **1**《廃》不正な金, 悪銭 (cf. *1 Tim.* 3: 3, *Titus* 1:7,11). **2**《戯言》金銭, 金 (money). 〖1526–34〗

fil·tra·bil·i·ty /fìltrəbíləṭi | -lɨ̀ti/ *n.* ＝filterability.

fil·tra·ble /fíltrəbl̩/ *adj.* ＝filterable.

fil·trate /fíltreɪt/ *vt., vi.* ＝filter.
── /fíltreɪt | ─ ˊ, ˊ─/ *n.* (濾過(ろか)された)こし水, 濾過液, 濾液. 〖(1612) ← ML *filtrātus* (p.p.) ← *filtrāre* 'to FILTER'〗

filtrate fàctor *n.* 〘生化学〙＝pantothenic acid.

fil·tra·tion /fɪltréɪʃən/ *n.* 濾過, 濾過作用. 〖(1605) □ F ～ ← *filtrer* to FILTER〗

filtrátion plànt *n.* 浄水場.

fi·lum /fáɪləm/ *n.* (*pl.* **fi·la** /-lə/) 繊条[糸条]組織; 繊条 (filament). 〖□ L *filum* thread ← IE **gwheia-* thread, tendon: cf. file¹, fillet〗

fim·ble /fímbl̩/ *n.* 〘植物〙雄麻 (male hemp); 雄麻の繊維《麻は雌雄異株である; fimble hemp ともいう》. 〖(1484) □ Du. *femel* ∥ LG *fimel* □ (O)F (*chanvre*) *femelle* (原義) FEMALE (hemp)〗

FIMBRA /fímbrə/《略》Financial Intermediaries, Managers, and Brokers Regulatory Association.

fim·bri·a /fímbriə/ *n.* (*pl.* **-bri·ae** /-briìː, -briàɪ | -briː/) [しばしば *pl.*] **1** 〘生物〙(へりの)房, ぎざぎざへり, 房状へり. **2** 〘動物〙房状縁《お足類の入水管の縁辺にあるひだ状の突起で感受性が鋭敏》. **fim·bri·al** /-briəl/ *adj.* 〖(1752) □ L ～ 'thread, fringe'〗

fim·bri·ate /fímbriɨ̀t, -brièɪt/ *adj.* **1** 〘生物〙ふさ[ぎざぎざ]のへり取りのある, 毛のへり取りのある: ～ petals. **2** 〘紋章〙＝fimbriated 2.
── /fímbrièɪt/ *vt.* 〘紋章〙〈fess, bend など ordinary (幾何学的図形)を〉細く別の色で縁取る.
〖adj.: (1829) ← L *fimbriātus*: ⇨ ↑, -ate². ─ v.: (1486) ← L *fimbria* (↑)＋-ATE³〗

fim·bri·at·ed /fímbrièɪṭɨ̀d | -tɨ̀d/ *adj.* **1** ＝fimbriate 1. **2** 〘紋章〙〈fess, bend など ordinary (幾何学的図形)が〉細く別の色で縁取られた (cf. voided 3). 〖(1486): ⇨ ↑, -ed〗

fim·bri·a·tion /fìmbriéɪʃən/ *n.* **1** ふさ飾り, (ふさの)へり取り (fringe). **2** 〘生物〙ぎざぎざへり, ぎざぎざのへり取り. **3** 〘紋章〙(ordinary (幾何学的図形)に施した)細い帯状の縁取り. 〖(1864) □ ML *fimbriātiō(n-)*: ⇨ fimbria, -ation〗

fim·bril·late /fɪmbrílɨ̀t/ *adj.* 〘生物〙細かいぎざぎざのある. 〖← NL *fimbrilla* (dim.) ← L *fimbria* 'FIMBRIA'＋-ATE²〗

fi·mic·o·lous /faɪmíkələs, fɨ̀- | fɪ-/ *adj.* 〘植物〙糞生の《特に菌類が糞の中[上]で生活する》. 〖(1874) ← L *fimus* dung＋*colere* to inhabit＋-OUS〗

fin¹ /fín/ *n.* **1** (魚の)ひれ; (アザラシ・ペンギンなどの)ひれ状器官, ひれ状の前肢(し): ⇨ adipose, fin, anal fin, caudal fin, dorsal fin, pectoral fin, ventral fin / fish of very ～ あらゆる種類の魚. **2** 〘航空〙(航空機の)垂直安定板 (⇨ airplane 挿絵). **3** 〘自動車〙(テール)フィン《自動車の車体後部に設けられた装飾用または走行安定性を増すためのひれ形突起; tail fin ともいう》. **4** 〘海事〙**a** (潜水艦の)水平舵(だ). **b** ＝fin keel. **5** [通例 *pl.*] (スキンダイビング用の)フリッパー, 水かき (flippers). **6** 〘機械〙(暖房器・冷却器・空冷機関などの)ひれ; (機械の)ひれ状部. **7 a** 〘冶金〙鋳ばり《型板の部分の目に残された金属の隆起; flash ともいう》. **b** 〘ガラス製造〙＝flash¹ 13 b. **8**《古俗》腕 (arm); 手 (hand): Tip [Give] us your ～. さあ手を出しな(握手だ). ── *v.* (**finned; fin·ning**) ── *vi.* **1 a** ひれを動かす. **b** 〈瀕死の鯨が〉ひれで水を打つ. **2** 魚のように泳ぐ, 水に潜って[両手をひれのように動かして]泳ぐ. ── *vt.* **1** 〈魚〉のひれを切り取る; 〈魚を〉(ひれを取って)おろす. **2** [通例 p.p. 形で]〘機械〙ひれをつける. 〖OE *finn* < Gmc **finnō* (Du. *vin* / G Finne) ← ? IE **spei-* something pointed (L *spina* 'SPINE')〗

fin² /fín/ *n.*《米俗》5 ドル(紙幣). 〖(1925) □ Yid. *finf* 'FIVE'〗

fin.《略》ad finem; final; finance; financial; financier; *L.* finis (＝the end); finish; finished.

Fin.《略》Finland; Finnish.

Fi·na /fíːnə, fáɪ-/ *n.* 〘商標〙フィーナ《ベルギーの Petrofina 社系列の米国の石油化学企業; 英国をはじめ各国でガソリンスタンドを経営》.

fin·a·ble /fáɪnəbl̩/ *adj.* 科料に処せられる, 罰金を課せられる. **～·ness** *n.* 〖(1485): ⇨ fine², -able〗

fi·na·gle /fɨ̀néɪgl̩/《口語》*vi.* 小細工を用いる; 詐欺を働く. ── *vt.* **1 a** 欺く, だます, ぺてんにかける. **b** 〈人を〉だまして[ぺてんにかけて]〔…を〕手に入れる〔*out of*〕: He ～*d* her *out of* her house. 彼女をだまして家を手に入れた. **2** (だまして)うまく手に入れる, せしめる: ～ a job / ～ a week's holiday 1 週間の休暇をせしめる. 〖(*c*1924)《変形》← FAINAIGUE ∥ ← *Feingel* (George IV 摂政時代の催眠術師で whist の名人として知られたドイツ人)〗

fi·ná·gler /-g(ə)lə, -glə | -glə(r, -gl-/ *n.* 詐欺師, ぺてん師.

fi·nal /fáɪnl̩/ *adj.* **1** 最終の, 最後の (⇨ last¹ **SYN**); 最後に出てくる: the ～ chapter of book 本の最後の章 / the ～ round of a tournament 競技試合の最終回, 決勝回 / the ～ edition (新聞の)最終版. **2** 変更不可能な; 終局の, 最終的な: the ～ ballot 決選投票 / our ～ purpose 我々の究極目的 / make the ～ decision 最後の[最終的]決定を下す / I said No, and that's ～! だめと言ったら, それまで(変更したりしない) / That's my ～ word on the subject. その問題についての私の最終的発言だ / All sales are ～. すべての売物はこれで最後です / ⇨ final cause. **3** 目的をなす, 目的の; 目的に関する[を表す]: a ～ clause 〘文法〙目的節 (in order that, lest などに導かれて目的を表す節). **4** 〘法律〙〈判決など〉終結的な; 決定的な (determining, conclusive): a ～ judgement [decree] 終局判決[命令]. **5 a** 〈文字・音が〉語[音節]の最後にある, 末尾の, 語末の (cf. initial 2, medial 2): The ～ letter in "autumn" is *n* but the ～ sound is [m] "autumn" の語末の文字は n だが最後の音は [m] である / in word-[clause-]*final* position 語[節]の最後の位置にある. **b** 〈ヘブライ語・アラビア語などの文字が〉語末のみで用いる字体の. **6** 〘音楽〙完全終止の (cf. perfect cadence). ── *n.* **1** [通例 *pl.*] (競技などの)決勝戦, 優勝決定戦, ファイナル: the tennis ～*s* テニス決勝戦 / run [play] in the ～*s* 決勝に残って競走[競技]する. **2** [通例 the [one's] ～*s*] (大学などの)最終[期末]試験 (cf. midyear 2): take *one's* ～*s* 最終試験を受ける / prepare for *the* ～*s* 最終試験の準備をする. **3** 最後の[最終]のもの. **4** (新聞のその日の)最終版. **5 a** 〘音声〙語末音, 末尾音. **b** (語・音節の)末尾字. **c** (ヘブライ語・アラビア語などの文字の)語末のみで用いる字体 (⇨ alphabet 表). **6** 〘音楽〙終止音《特に教会旋法の主音》. 〖(*a*1338) □ (O)F ～ ∥ L *fīnālis*: ⇨ finis, -al¹〗

final cáuse *n.* 〘哲学〙**1** 究極(的)原因. **2** 目的因《アリストテレス哲学における 4 原因のひとつ; cf. efficient cause》. 〖*c*1385〗

final dríve *n.* 〘自動車〙終減速機. 〖1907〗

fi·na·le /fɨ̀nǽli, -nάːli, -nάːleɪ | -nάːli, -leɪ/ *n.* **1** 〘音楽〙終曲, 終楽章, フィナーレ. **2** (演劇・演芸の)最後の幕, 大詰め, フィナーレ. **3** 終局, 結末, 大団円 (end). 〖(1783) □ It. ～ ← (adj.) < L *fīnālem, fīnālis* 'FINAL'〗

fi·na·lis /fɪnάːlɨ̀s | -lɪs/ *n.* (*pl.* **fi·na·les** /-leɪs/) 〘音楽〙＝final *n.* 6. 〖⇨ final〗

fi·nal·ism /fáɪnəlìzm, -nl̩-/ *n.* 〘哲学〙究極[目的]原因論 (cf. teleology). 〖(1883): ⇨ -ism〗

fi·nal·ist /fáɪnəlɨ̀st, -nl̩- | -nəlɪst, -nl̩-/ *n.* **1** 決勝戦出場者. **2**《英》(大学などの)最終試験受験者. **3** 〘哲学〙究極[目的]原因論の信奉者. ── *adj.* 究極[目的]原因論の. 〖(1883) □ F *finaliste*: ⇨ final, -ist〗

fi·nal·is·tic /fàɪnəlístɪk, -nl̩-ˊ/ *adj.* ＝finalist. 〖1927〗

fi·nal·i·ty /faɪnǽləṭi, fɨ̀- | faɪnǽlɨ̀ti/ *n.* **1** 最後[最終, 決定]的であること, 終局性 (conclusiveness); 結末, 決着: an air of ～ 決定的な[きっぱりした]態度 / in a tone of ～ 断固たる調子で / speak with ～ 決定的に[きっぱりと]言う, 断言する. **2** 最後的な事物; 最後の言葉[行為]. **3** 〘哲学〙目的性質; 究極性 (cf. teleology). 〖(1541) (1833) □ F *finalité*: ⇨ final, -ity〗

fi·nal·ize /fáɪnəlàɪz, -nl̩-/ *vt.* **1** 〈事を〉決定的にする, …に決着[結末]をつける, 終了[完成]させる. **2** 最終的に承認する, 決裁する. ── *vi.* **1** 終える, 決着をつける. **2** 協定[交渉]をまとめる, 取引を成り立たせる. **fi·nal·i·za·tion** /fàɪnəlɨ̀zéɪʃən, -nl̩- | -nəlaɪ-, -lɪ-, -nl̩-/ *n.* 〖(1901) ← FINAL＋-IZE〗

fi·nal·ly /fáɪnəli, -nli/ *adv.* **1** 最後に, 終わりに当たって, 結論として, 遂に, 結局. **2** 最終[決定]的に: be ～ settled 最後的に決定される. 〖(*c*1380): ⇨ final, -ly¹〗

final prócess *n.* 〘法律〙(終局判決に基づいて発せられる)強制執行令状 (execution). 〖1768〗

final sácrifice *n.* [the ～]＝supreme sacrifice.

final solútion *n.* **1** [the F- S-] (ナチスの)ヨーロッパのユダヤ人殺戮(さつりく)計画. **2** (人種などの)集団虐殺計画. 〖(1947)《なぞり》← G *Endlösung*〗

final stráw *n.* [the ～]＝last straw 2.

fi·nance /fáɪnæns, -nænts, faɪnǽns, fɨ̀-, -nǽnts/ *n.* **1** 財政, 財務: public ～ 国家財政 / the Minister [Ministry] of *Finance* (日本などの)大蔵大臣[省] / a ～ committee 財政委員会 / a ～ secretary 財産長官. **2** [*pl.*] (国家・団体・個人の)財政; 金回り, 財源: adjust the ～*s* 財政を整理する / His ～*s* were low then. そのころ彼は資金が欠乏していた[財政困難だった]. **3** 資金の調達, 融資, 金融. **4** 財政学.
── /faɪnǽns, fɨ̀-, -nǽnts, fáɪnæns, -nænts/ *vt.* **1** …に金を融通[工面]する, 資金を調達[供給]する, 融資する: ～ an undertaking 事業に金に出す / ～ researchers at a university 大学の研究員に資金を提供する / ～ an enterprise *with* foreign capital 企業に外資を調達する. **2** 〈商品を〉掛売りする. ── *vi.* 財政を処理する, 財務に従事する, 資金を調達する.
〖((?*a*1400)) (1770) □ OF *fina(u)nce* 'ending, payment' ← *finer* to settle a debt ← *fin* end, settlement: ⇨ fine², -ance〗

finance bìll *n.* **1** 財政法案. **2**《米》金融手形. 〖1901〗

finance còmpany [hòuse] *n.* **1** 金融会社《商業・製造業・消費者などに対する金融貸付業者》. **2** 割賦金融会社 (cf. hire purchase). 〖*c*1924〗

F

fi·nan·cial /faɪnǽnʃəl, fɨ̀-, -ʃl̩, -nǽntʃəl, -tʃl̩/ *adj.* **1** 財政上の, 財務の; 財界の; 金融上の: be in ～ trouble 財政困難にある / ～ ability 財力 / ～ administration 財務行政, 財政 / ～ affairs [matters] 財務, 金融(事業); 金銭上のこと / a ～ agent [commissioner] 財務官 / a ～ book 会計簿 / ～ circles＝the ～ world 財界 / the ～ condition [situation] 財政状態 / ～ difficulties [operations] 財政困難[操作] / a ～ man 財政家 / a ～ magnate 財界の大立物 / a ～ report 会計報告 / ～ resources 財源 / a ～ editor ⇨ editor 2. **2**《豪・NZ》(クラブ・組合などの)会費を払う (cf. honorary 1 a): a ～ member (名誉会員に対して会費を払う)通常会員. **3**《豪・NZ口語》金のある. 〖(1769) ← FINANCE＋-IAL〗

SYN 財政的な: **financial** (特に莫大な)金銭上の問題に関する: The firm has a good *financial* standing. その会社は財政的に基盤がしっかりしている. **fiscal** 政府や公共団体の歳入・歳出に関する: the end of the *fiscal* year《米》会計年度末. **monetary** 金・通貨に関する: The *monetary* unit of Japan is yen. 日本の貨幣単位は円だ.

fináncial accóunting *n.* 〘会計〙財務会計《企業外部の投資家・債権者などの利害関係者に役立つ会計情報を収集し提供する会計; cf. managerial accounting》.

fi·nán·cial·ly /faɪnǽnʃəli, fɨ̀-, -nǽntʃə-/ *adv.* 財政的に, 財政上: get into trouble ～ 財政(上)困難に陥る. 〖(1795): ⇨ -ly¹〗

Fináncial Ómbudsman *n.*《英》財政オンブズマン《Banking Ombudsman (銀行オンブズマン; 1986 年設立), Building Societies Ombudsman (住宅金融組合オンブズマン; 1987 年設立), Insurance Ombudsman (保険オンブズマン; 1981 年設立)を指す; 1988 年以降, Unit Trust Ombudsman (契約型投資信託オンブズマン)も管理している》.

fináncial sérvice *n.* 〘証券〙投資サービス機関《市況案内などの出発物を発行して投資家に投資についての情報や助言を提供する投資顧問の一種》.

fináncial státements *n. pl.* 〘会計〙財務諸表《主として損益計算書 (income statement) と貸借対照表 (balance sheet), 資金運用表 (funds flow statement) からなる》.

Fináncial Tímes *n.* [the ～] 〘商標〙「ファイナンシャルタイムズ」《英国の高級経済日刊紙; ピンクの紙面に印刷されている; 1888 年創刊》.

Fináncial Tímes Ìndex *n.* [the ～]＝Financial Times Industrial Ordinary Share Index.

Fináncial Tímes Indústrial Órdinary Sháre Ìndex *n.*《英》ファイナンシャルタイムズ工業株価指数《英国の主要 30 銘柄の平均株価; 略 FT Index》.

Fináncial Tímes Stóck Exchànge 100 Ìndex /-wʌnhʌ́ndrɨ̀d-/ *n.*《英》ファイナンシャルタイムズ 100 銘柄株価指数《FT 100 Share index, FTSE 100, FTSE Index ともいう; cf. Footsie》.

fináncial yéar *n.*《英》会計年度 (⇨ fiscal year). 〖1861〗

fin·an·ci·er /fɨ̀nænsíə, -nǽntsiə, finənsíə, fàɪnæn-, -nən- | faɪnǽnsiə(r, fɨ̀-, -nǽntsi-/ *n.* **1** 財政家, 理財家; 財務官. **2** 金融業者, 資本家 (capitalist), 金主. ── *vt.* …に金をやりくりする. ── *vi.* (しばしば非情で抜け目のないやり方で)金融業を営む. 〖(1618) □ F ～: ⇨ finance (n.), -ier〗

fi·nan·cière /fìːnɑ̃ː(n)sjέə, -nɑːn- | -sjέə(r; *F.* finɑ̃sjɛːʁ/ *adj.* フィナンシェールの《鶏のとさか・腎臓・クネル (quenelle)・トリュフ (truffle)・マッシュルームを主材料としトリュフ入りの demi-glace sauce であえた; パイケースに入れたり子牛の胸腺料理などのつけ合わせにする》. 〖□ F (*à la*) *financière* in the manner of a financier〗

fi·nánc·ing *n.* 資金の調達[供給]; 調達[供給]された資金. 〖(1827) ← FINANCE＋-ING¹〗

fináncing gàp *n.* 供給資金の差額《ある国が必要とする外貨額と海外から入る額の差》.

fín·bàck *n.* 〘動物〙ナガスクジラ《米国の大西洋岸や太平洋岸に生息するナガスクジラ属 (*Balaenoptera*) のヒゲクジラの総称, 背びれが突き出ている; シロナガスクジラ (sulphur-bottom), イワシクジラ (*B.borealis*) など; rorqual, finback whale, fin whale ともいう》. 〖← FIN¹＋BACK¹ (n.): 背びれが大きいことから〗

fin·ca /fíŋkə; *Sp.* fíŋka/ *n.* (スペインやスペイン語圏アメリカ諸国の)農園, 大農場. 〖(1909) □ Sp. ～ ← *fincar*〗

finch /fíntʃ/ *n.* 〘鳥類〙**1** アトリ科の小鳥の総称《鳴き声の美しいものが多い; アトリ (mountain finch), ムラサキマシコ (purple finch) など; しばしば複合語の第 2 構成素として用いられる》: ⇨ bullfinch¹, chaffinch, goldfinch, greenfinch. **2** カエデチョウ科の鳥の一部の総称. 〖OE *finc* < (WGmc) **fiŋkiz* (G *Fink*) ← IE **(s)ping-* sparrow, finch〗

Finch·ley /fíntʃli/ *n.* フィンチリー《もとイングランド Middlesex 州の都市, 1965 年から Greater London の Barnet 区の一部》. 〖ME *Finchelee*: ⇨ ↑, lea¹〗

find /fáind/ *v.* (**found** /fáund/) *vt.* **1 a** (捜して·努力して)見つけ出す; 〈紛失した物·人を〉捜し出す; 〈人〉に〈物·人を〉捜してやる: I can't ~ my page [my place in the book]. ページがわからない[読みたいページを見出せない] / Where [How] can we ~ a suitable person for the job? その職に適当な人をどこで[どうやって]探したらよいのだろう / The lost child was *found* by the police. 行方不明になっていた子供は警察によって発見された / Will you ~ me my fountain pen? 私の万年筆を捜してくれないか / She *found* a nice necktie *for* me. **b** (研究·実験などの結果)発見する, 見出す: ~ the answer to a question 問題の解答を見出す / *Find* the cube root of 71. 71 の立方根を求めよ. **c** (努力して·工夫して)得る; 考え出す, 思いつく: ~ safety in flight 逃亡して身の安全を得る / I could not ~ anything new to say. 新しく言うことを何も思いつけなかった / Can you ~ the time to look over these papers? この書類にざっと目を通していただけるお時間の都合がつきましょうか / I can't ~ the courage to say "No" to him. 私は彼に「ノー」と言う勇気は出ない / We must ~ a way [the money] to make ends meet. 収支償(つぐな)う方法[金]を見つけなければならない. **d** 〖狩猟〗(隠れていた)〈獲物を〉見つける.

2 a [時に目的語＋補語, do*ing* または p.p. 形を伴って] (偶然)発見する, 見出す; …に(ふと)出会う, (偶然)会う (come upon): You can ~ water everywhere. 水はどこにでもある / You will ~ a letter in that drawer. あの引き出しをあけると手紙がはいっている / I *found* this in the street. これを通りで拾いました / Leave the room as you ~ it. 部屋はあなたが見たときのままにして置きなさい / The dog was *found* dead [dying]. (発見したときには)犬は死んで[死にかけて]いた / She *found* a baby abandoned by the roadside. 彼女は路傍に赤ん坊が捨てられているのを発見した. **b** [受身に用いて] 見られる, 存在する (exist): Hares *are* (*to be*) *found* in this wood. 野ウサギがこの森の中にいる. **c** [~ one*self* で; 目的語＋補語, 前置詞付きの句, do*ing* などを伴って]〈ある場所·状態·健康状態にいる[ある]〉ことに気づく: When he woke up, he *found himself in* (a) hospital. 目がさめてみると病院にいた / I *found myself* outwitted. (気がついたときには)出し抜かれていた / She *found herself* (*sitting*) in the church. (いつの間にか)彼女は教会の中に(座って)いた. **d** [年·月·日·時間などを主語として] 見出だす: Two days later *found* me in Lausanne. 二日後私はローザンヌにいた.

3 [しばしば目的語＋補語, *to* do または原形不定詞 / *that*-clause を伴って] (経験によって)…と知る, 悟る, 認める, …に気づく, 〈…と〉みなす (perceive, consider): ~ Christ [Jesus, God] キリスト[神]を発見する《キリスト教の真理を霊的に経験して確信をもつ》/ She ~*s* pleasure in reading. 彼女は読書に楽しみを見出している / I *found* him a trustworthy boy. 彼が信頼できる少年だとわかった / I *found* a good friend *in* Linn. (交際してみたら)リンはよい友達だった / They *found* life difficult in that climate. 彼らはその風土での生活が楽なものでないと悟った / You won't ~ it so easy to define these terms. これらの用語の定義をすることはそう容易なものでないと気づくだろう / How did you ~ the room? 部屋はどうでしたか / I *found* the room in perfect order. 部屋はきちんと片づいていた / We *found* the rumor (*to be*) true.＝The rumor was *found* (*to be*) true. うわさが本当だということがわかった / I ~ (*that*) the business pays. やってみるとこの仕事は割に合う / *It* has often been *found that* courtesy pays. 人に礼をつくせばよいこともあるということはよく知られている.

4 〖法律〗判定する, …の判決を下す (judge); 〈起訴·評決·判決などを〉宣言[宣告]する: ~ a person guilty 人を有罪と判定する / He was *found* innocent. 彼は無罪になった.

5 〈待遇·歓迎などを〉受ける; 〈望ましいものを〉得る: ~ favor with a person 人の愛顧を得る, 人に気に入られる / The Government's policy *found* few supporters. 政府の政策を支持する者は少なかった.

6 a …が使えるようになる: ~ one's voice 口がきけるようになる / ~ one's feet ⇨ foot 成句 / ⇨ find one's TONGUE. **b** [~ one*self* で] 自分の天分を知る, 本領を発揮する, 適所を得る: Florence Nightingale *found herself* and became a military nurse. フローレンス ナイチンゲールは自己の天職を自覚して従軍看護婦になった. **c** [~ one*self* で] 〖海事〗〈新造船が〉装備や機具を必要なだけ整備する; 〈鉄鋼船が〉(造船中に得た)磁性を消去し自差修正をする: The ship has not *found herself* yet.

7 a 〈目標·的などに〉届く, 達する; 探り当てる: The bullet *found* its mark. 弾丸はその目標に当たった / The blow *found* my chin. その一撃は私のあごに当たった / Water ~*s* its own level. 水は低きにつく. **b** 《古》〈人〉の良心に訴える[届く].

8 a 〔…に〕給する, あてがう, 調達する (provide, furnish) 〔*for*〕; (特に雇用条件として)〈宿舎·食事を〉支給する: The employer ~*s* accommodation. 雇用者は宿舎を支給する / We must ~ food *for* the workmen. 労務員に食べ物を出してやらなければならない / Bring your baggage, and we'll ~ a car *for* the trip. 手荷物だけ待って来てくれれば旅行用の車はこちらで用意しましょう. ★ 雇用条件をいう場合しばしば p.p. 形で (and) all *found* または and *found* として用いる: They are offering me 20 pounds (*and*) *all found*. 20 ポンドの給料と部屋·食事一切を支給すると言っている / Wages £200 a month *and found*. 1 か月 200 ポンドの給料以外に部屋·食事付き. **b** 〔…を〕…に備える, 供給する〔*in*〕. **c** [~ one*self* で] 《英》(衣食を)自弁する.

9 《俗》盗む (steal).

— *vi.* **1** 〖法律〗判定を下す: The jury *found for* [*against*] the defendant 陪審は被告人に対して有利[不利]な評決を下した. **2** 《英》〖狩猟〗〈猟犬が〉獲物[嗅跡]を見出す.

find* (*it*) *in one's héart* [*onesèlf*] *to dó [通例否定·疑問構文で] …したい[する]気持ちになる (be inclined to do), (冷酷にも)…しようと思う: He couldn't ~ *it in his heart to* leave the poor orphans. 哀れな孤児たちを残して行くに忍びなかった. ***find one's* [*its*] *wáy*** ⇨ way 成句. ***find óut*** (*vt.*) (1) [しばしば *that*-clause を伴って] 〈事実などを〉発見する, 悟る; 案出する: He tried to ~ *out* her name and address. 彼は彼女の名前と住所を知ろうとした / She *found out that* he was married. 彼が結婚していることがわかった. (2) 〈罪を〉見破る, 〈犯人を〉見つける; 〈人〉の正体[本心]を暴く: Be careful not to be *found out*. ばれぬように気をつけなさい. (3) 〈罪が〉〈その本人を〉暴露する: His sins have *found* him *out*. 彼の罪は露見してしまった (cf. *Num.* 32: 23). — (*vi.*) 真相を発見する, 秘密を見破る: I hope he won't ~ *out*. 彼が探り出さなければよいが / I *found out about* their quarrel. 彼らのけんかのこと[いきさつ]がわかった.

— *n.* **1 a** 見つけ物, 発見物; (特に)貴重な発見物, 掘出し物: an archeological ~ 考古学上の掘出し物. **b** 《口語》[比喩的に] 掘出し物, めっけ物: This boutique is quite a ~. / The new secretary is a real ~. 今度の秘書は本当に掘出し物だ. **2 a** 発見; 掘り当てること: make [have] a great ~ すばらしい掘出し物をする. **b** 〖狩猟〗獲物[(特に)狐]の発見.

a súre find 《英》(1) 〖狩猟〗獲物がきっといる所《特に, 狐の見つかる所》. (2) きっと見つかる人, (尋ねて行けば)必ずいる人. 《1838》

Find the Lády 〖トランプ〗＝three-card monte.

〖OE *findan* < Gmc **finþan* to come upon (Du. *vinden* / G *finden*) ← IE **pent-* to tread (L *pōns* 'bridge, PONS' / Gk *póntos* way, sea, *pateîn* to step): cf. path〗

find·a·ble /fáindəbl̩/ *adj.* 見つけ出せる, 発見できる. 《*c*1443》: ⇨ -able〗

find·er /fáində | -də(r)/ *n.* **1 a** 見つける人[物], 発見者, 拾得者: *Finders* keepers. 《口語》見つけた[拾った]物は自分の物. **b** (税関の)密輸出入品検査係. **2** (カメラの)ファインダー (viewfinder). **3** (大望遠鏡に付属した)見出し望遠鏡; (顕微鏡の)ファインダー, 探知機. **4** (靴屋などの)付属品類 (findings) を売る人. **5** 《米》(商取引の)仲立ち人: ~'s fee 仲介手数料. 〖《?*a*1300》: ⇨ -er¹〗

fin de siè·cle /fǽ(n)dəsiékl̩ə, fæn-, -sjék-, -kl̩ | -sjék-, -siék-; *F.* fɛ̃dəsjɛkl/ *adj.* (*also* **fin-de-siè·cle** /~/) **1** 世紀末の《文芸において頽廃(たいはい)的気風の著しかった 19 世紀末についていう》. **2** 世紀末的な, 頽廃的な (decadent); 近代的な (modern). 〖《1890》□ F ~ 'end of the century'〗

fínd·fàult *n.* 《廃·方言》あら探しをする人 (fault-finder). 《1577》

find·ing /fáindiŋ/ *n.* **1 a** [しばしば *pl.*] (研究や調査の)結果, 結論, 所見, 報告: publish one's ~*s* in an academic journal 研究結果を学術雑誌に発表する / the ~*s* of a committee of inquiry 調査委員会の結論. **b** 〖医学〗所見. **2** 見出すこと, 発見 (discovery); [通例 *pl.*] 発見物, 拾得物, 掘出し物. **3** 〖法律〗(判事の審理による)決定, 判決, 裁決, (陪審の)認定, 評決. **4** [*pl.*] 《米》(職業用の)諸道具や付属材料, 付属品類 (accessories): shoemakers' ~*s* 靴屋の付属材料《釘·鳩目金·靴紐·締め金などで革は別》/ dressmakers' ~*s* 洋裁師の付属材料《ボタン·糸·ジッパー·裏地などで生地は別》/ jewelers' ~*s* 宝石細工師の付属材料《引き金·留め金·針金など》. 〖《?*a*1300》: ⇨ -ing¹〗

finding lìst *n.* 〖図書館〗ファインディングリスト《簡潔な記載の図書·古銭などの目録; cf. checklist 2》. 《1889》

Find·ley /fíndli/ *n.* フィンドリー《男性名》. 〖《異形》← FINLEY〗

fínd·spòt *n.* 〖考古〗(遺物·埋蔵品などの)発見地(点), 出土地(点). 《1876》

Fin·dus /fíndəs; *Swed.* fíndɵs/ *n.* 〖商標〗フィンダス《スウェーデンの冷凍食品会社 Fruit Industries の製品》.

fine¹ /fáin/ *adj.* (**fin·er**; **-est**) **1 a** 立派な, 見事な, すぐれた (excellent, admirable): a ~ house 立派な家 / a ~ specimen of Japanese pottery 日本陶器の見事な一例 / He has a ~ future before him. 彼には洋々たる前途が開けている. **b** (技能の)優れた, 優秀な: a ~ musician [singer, performer] 優秀な音楽家[歌手, 演奏家] / ~ singing 見事な歌い振り / a ~ play 見事な演技, 美技. **2 a** (弱い意味で)立派な, 申し分のない: (That's) ~. 結構です / We had a ~ time. 愉快に時を過ごした, 楽しかった / It will be a ~ thing for him. それは彼にはよい薬になろう. **b** 至極元気で (very well): I'm ~, and you? 至極元気です, であなたは? / I feel (just) ~ 気分は上々です. **c** [強意的に]大変な, すごい (awful): in a ~ rage ものすごく怒って / You've made a ~ mess of it. 大変なへまをしでかしたね. ★ しばしば皮肉に反語的意味に用いる: That's a ~ excuse to make! そいつは全くいい口実だ《それで弁解とは恐れ入る》/ A ~ friend you have been! 君は立派な友だちだったよ《友だちがいもない男だった》/ That's all very ~, but …それは大いに結構だ, だが…《何が結構なものか》. **3 a** (外観·形状など)立派な, 美しい; 〈光景など〉雄大な: a ~ face, nose, etc. / a ~ goose, lobster, cedar, potato, etc. / a man of ~ presence 押出しの立派な男 / a ~ view 絶景, 壮観 / a ~ expanse of water 広々とした一面の水. **b** 〈人が〉美貌な, 魅力のある: a ~ young man ハンサム[立派]な青年.

4 a 微細な, 粒の細かい (minute); 細い (very thin); 希薄な, 薄い; 〈区別·細部など〉細かい, 微妙な: ~ dust, powder, etc. / ~ rain [snow] 小ぬか雨[粉雪, 細雪(ささめゆき)] / ~ thread, wire, hair, etc. / a ~ pen 先の細いペン / a ~ pencil (細線用)硬質の鉛筆 / ~ gas 薄いガス / a ~ line (製図の)細線 / There's often a very ~ line between success and failure. 成功と失敗はしばしば紙一重だ / There's a ~ distinction of meaning between those two words. その二語の間には微妙な意味の相違がある / ~ tuning (ラジオ·テレビなどの)微調整 / the government's ~ tuning of the economy 政府が行う経済の微調整 / ~ profit margins わずかの利鞘(りざや) / ⇨ fine gravel, fine print, fine sand. **b** 織目[きめ]の細かい: ~ linen [lace] 目の細かいリンネル[レース] / His skin has a very ~ texture. 彼の膚は非常にきめが細かい. **c** 精巧な, 繊細な: ~ workmanship 精巧な細工 / a ~ adjustment 精密な調整. **d** (尖端の)鋭い: a ~ edge [point] 鋭い刃[先].

5 a 〈感覚·識別眼など〉繊細な, 鋭敏な, 明敏な, さとい: a ~ mind 明敏な頭 / He has a ~ ear for music. 彼には音楽を聞く鋭敏な耳がある. **b** ほのかな, かすかな, 淡い: ~ irony かすかな皮肉.

6 a 〈衣服·宝石など〉高価な; 派手な, けばけばしい (showy); 身なりのスマートな (smart): a ~ dress / ~ clothes. **b** 〈文章など〉(美辞麗句で)飾り立てた, 華麗な (ornate); 〈言葉が〉お世辞の, 体裁のいい: ~ writing 美文 / say ~ things about …についてお世辞を言う / call things by ~ names 婉曲な言い方をする.

7 a 洗練された, 上品な, 立派な (polished, refined): a person of ~ manners 上品な人 / a ~ character 立派な人物. **b** お上品振った, きざな: a ~ gentleman [lady] お上品な紳士[淑女]《当世風で仕事を軽視するような人》/ She is too much the ~ lady for me. 彼女はいやにお上品振っていて嫌いだ. **c** (体など)よく鍛えた, 鍛えて体重を軽くした, よく発達した: a ~ athlete [horse] すばらしい競技者[馬].

8 天気のよい, 快晴の, 明るくさわやかな (bright and clear) (cf. fair¹ 6): a ~ morning, day, etc. / ~ weather 上天気, 快晴 / It turned ~. 晴れ上がった. ★ 次の慣用法では fine がほとんど無意味に用いられる: one ~ day [morning] ある日[朝]《物語などで, 次に何事か起こる場合によく用いる句》/ one of these ~ days いつかそのうち / Some ~ day you will be sorry. いつか後悔する日がくるぞ.

9 a (品質の)優良な, 上等な, 精製した (refined), 〈金属が〉純良な (pure): ~ tea 上等茶 / ~ sugar 精製糖 / ~ gold 純金 / vessels of ~copper 純銅の器. **b** 〈金·銀など〉…の純度の (略 f., F.): gold twenty-two carats ~ 二十二金.

10 a 〖印刷〗〈印刷の状態が〉美しい: ~ printing. **b** 〖書店用語〗〈本の保存状態が〉良い.

11 〖製紙〗〈書籍用紙が〉上質の.

12 〖クリケット〗(投球された方向からわずかそれて)三柱門後方への: ~ leg 三柱門後方の守備位置(の野手). **13** 〖海事〗ほぼすぐ前方[後方]の.

áll vèry fíne and lárge [しばしば皮肉な意味を込めて] いかにも大変立派[結構]なことだ (cf. 2 c). ***nót to pùt tóo fíne a póint*** [***an édge***] ***on it*** 率直[ざっくばらん]に言えば (to speak bluntly). ***the fíner póints of*** …の細かな点[奥義].

— *adv.* (**fin·er**; **-est**) **1** 《口語》立派に, うまく (finely, very well): talk ~うまいことを言う / That will suit me ~. それは好都合だ / I'm doing (just) ~! 私は元気でやっています / How do you like it?—(I like it) *Fine!* どう, 気に入った—結構ですよ. **2** 細かく, 小さな字で; 精巧に, 繊細に: chop carrots up very ~ ニンジンをみじん切りにする. **3** すれすれに, ぎりぎりに (narrowly): The car cut the corner ~. 車は角をすれすれに回って走って行った. **4** 〖玉突〗突き球が相手球にすれすれに触れるように. **5** 〖海事〗できるだけ詰め開きで.

cút [***rún***] ***it fíne＝cút things fíne*** 《口語》(必要な時間·数量などを)ぎりぎりに切り詰める, すれすれ間に合うようにする. 《1871》 ***dráw it fíne*** ⇨ draw 成句.

— *vt.* **1** 〈ワイン·ビールなどの酒類を〉(濾過などで)澄ませる 〈*down*〉; 〈金属〉の純度を高める (purify); 〈ガラスを〉清澄にする (cf. fining). **2** 細く[細かく, 薄く]する 〈*down*〉; 次第に細める[削減する] 〈*away, down*〉. **3** 〈案などを〉だんだんよく[正確に]する 〈*down*〉.

— *vi.* **1** 〈ワイン·ビールなどの酒類などが〉(濾過などで)澄む, 澄んでくる 〈*off*〉: The beer gradually ~*d*. **2** 細く[細かに]なる, 先細になる, 次第に細まる[小さくなる] 〈*away, down, off*〉: She will soon ~ *down*. (太った)彼女もじきにやせてくるだろう. **3** 《豪·NZ 口語》晴天になる, 晴れ上がる 〈*up*〉.

— *n.* **1** [*pl.*] (ふるい分けた)鉱石の細粒, 小鉱石; 細炭; 微繊維; 微粒子. **2** 《まれ》晴天, 上天気: in rain or ~ 降っても照っても, 晴雨にかかわらず.

〖《*c*1250》□ (O)F *fin* (cf. G *fein*) < LL *finus* ← L *fīnīre* 'to FINISH'〗

SYN 上等の: **fine** 品質が極めてすぐれている《一般的な語》: *fine* wine 上等のワイン. **good** 「質·内容が良質で上等の」の意で, 最も一般的に用いられ, 他の語と置き換えが可能: This meat is *good* in quality. この肉は上等です. **choice** 入念に選りすぐられている: a *choice* piece of steak 上肉のステーキ. **superior** 他のものより格段によいという感じで商品の広告などで使われる: very *superior* cloth 極上の生地.
ANT poor, inferior.

---

fine[2] /fáɪn/ n. 1 a 科料, 罰金 (mulct). b 〘図書館〙延滞料金. 2 〘法律〙a (民事訴訟で)敗訴側が相手に支払う金. b (借地人が借地契約の締結または更新の際地主に納める)負担金. 3 〘古英法〙a (封建領主への)上納金, みつぎ金. b 和解譲渡《仮装的訴訟を起こし和解の形式によって行われた土地譲渡》. 4《古》結末 (end), 終り. ★ 今は次の成句にだけ用いる:
in fine 最後に, 結局 (finally); 要するに (in short).
— vt. 1 〈人〉に罰金を科する, 科料に処する: ~ a person heavily *for* speeding 人にスピード違反に重い罰金を科する. 2 [二重目的語を伴って]〈人〉に〈罰金〉を科する: ~ a person fifty dollars 人に50ドルの罰金を科する.
3《廃》終える. — vi. 《古》罰金を払う.
〖(c1250) □ (O)F *fin* < L *finem, finis* end, (ML) settlement, fine: ⇨ finis: cf. fine[1]〗

fi·ne[3] /fíːneɪ; It. fíːne/ n. 〘音楽〙フィーネ, (楽曲の)終わり《特にダカーポ (dacapo) 型式の反復部の最後に記される》. 〖(c1798) □ It. ~ < L *finem* (↑)〗

fine[4] /fiːn; F. fin/ n. 1 (並の品質の)フランスブランデー. 2 =fine champagne.

fine·a·ble /fáɪnəbl/ adj. =finable. **~·ness** n.

fine ággregate n. 〘土木〙細骨材《5 mm ふるいを通過する骨材》.

fine árt n. 1 a [通例 the ~s] 美術, 造形芸術《絵画・彫刻・工芸・建築》. b [集合的] 美術品. 2 (広義の)芸術. 3 高度の技術を要するもの[仕事]; 名人芸: Handling people is a ~.
hàve [gèt] ... dówn to a fíne árt …を完璧にやれる, …のこつを心得ている: He's *got* it *down to a* ~. 《口語》そのことでは名人だ, こつを知っている.
fíne-árt adj. 〖(1767) (なぞり) ← F *beaux-arts*〗

fine cham·pagne /fiːnʃɑ̃(m)páːnjə, -ʃɑːm-; F. finʃɑ̃paɲ/ n. フィーヌシャンパーニュ《フランスの Grande Champagne と Petite Champagne のぶどう園のブドウから造られる最高級のブランデー》. 〖(1868) □ F ~ 'fine champagne'〗

fine chémical n. [しばしば pl.] (少量で取り扱う)精薬品《写真薬品・香料・医薬品など; cf. heavy chemical》. 〖1882〗

fine-cút adj. 〈たばこを〉細刻みの, 細かく刻んだ (cf. rough-cut). 〖1837〗

fine cút n. 細刻みのたばこ. 〖1844〗

fine-dráw vt. 1 〈ほころび・裂け目などを〉縫目が見えないように縫い合わせる. 2 〈針金などを〉細く引き伸ばす. 3 〈議論などを〉細かいところまでせんさくしていく. 〖1756〗

fine-dráwn adj. 1 〈ほころびなど〉縫目が見えないように縫い合わされた. 2 〈針金など〉きわめて細く引き伸ばした, 細線の. 3 〈議論など〉精細をきわめた, 精細に過ぎて主旨がとらえ難い: ~ arguments 精細過ぎる議論. 4 〈スポーツマンなど〉(過度の訓練や練習によって)体重の落ちた. 〖1840〗

Fi·ne Gael /fíːnəgéɪl/ n. 統一アイルランド党《アイルランド共和国の二大政党の一つ; Fianna Fáil 党よりも保守的; 1923年創設, 1933年現在の党名に変更》.

fine-gráin adj. 〘写真〙1 〈感光乳剤が〉微粒子の. 2 〈現像液が〉微粒子用の. 〖1927〗

fine-gráined adj. 1 〈木材・石材などが〉きめ[木目]の細かい. 2 〘写真〙a 〈印画紙など〉微粒状の, 微粒面の. b =fine-grain 2. 〖1538〗

fine grável n. (直径1–2 mmの)小砂利.

fine·ish /fáɪnɪʃ/ adj. =finish[2].

fine lég n. 〘クリケット〙ファインレッグ《ウィケットの後方レッグサイドの守備位置[野手]》.

fine·less adj. 《まれ》無限の: ~ riches. 〖(1604): ⇨ -less〗

Fi·nel·la /fɪnélə | fɪ-/ n. フィネラ《女性名》. 〖《異形》← FENELLA〗

fine·ly /fáɪnli/ adv. 1 細かく, 細く: ~ chopped carrots みじん切りのニンジン. 2 精巧に, 精細に: a ~ detailed map [chart] of the moon 細密な月の地図[図]. 3 微妙に, 繊細に; 敏感に: a noble and ~ modulated voice 気高くかつ繊細な抑揚の声. 4 美しく, 立派に: The princess was ~ dressed. 王女は美しい衣装をまとっていた. 5 立派に, 見事に (splendidly): behave ~ りっぱにふるまう. 〖(?a1300): ⇨ fine[1], -ly[1]〗

fine·ness /fáɪnnɪ̀s/ n. 1 (質の)細かさ, 細さ; (織地の)細かさ, しなやかさ, 精巧. 2 (精神・知能などの)繊細, 精細, 精密, 明敏; 鋭敏. 3 (形状などの)立派さ, 見事さ, 美しさ, 上品さ (shapeliness, elegance). 4 (品質の)優良 (excellence). 5 a 純粋, 純度. b (合金中の金銀の)純分度, 公差. 〖(1444): ⇨ fine[1], -ness〗

fineness rátio n. 〘航空・宇宙〙長短比, 細長比《航空機の胴体など流線型の物体の長さと最大直径の比》. 〖1911〗

fine prínt n. 細字部分《借地[借家]契約書・保険契約書等に契約者に不利と思われる所を特に細かい字で印刷した契約条件の注意事項》. 〖1951〗

fin·er /fáɪnə | -nə(r)/ adj. 〘数学〙〈位相が〉強い, 細かい《第一の位相 (topology) の開集合の一員として, 第二の位相の開集合がすべて加わっていること; cf. coarser》. 〖(compar.) ← FINE[1]〗

fin·er·y[1] /fáɪnəri/ n. 1 a (過度な)装飾 (decoration). b [集合的] 美服, 美装, 美しい装飾品: a garden in its summer ~ 夏の装いを凝らした庭園. 2《廃》華麗, 華美 (splendor). 〖(1680) ← FINE[1]+-ERY〗

fin·er·y[2] /fáɪnəri/ n. 精錬所 (refinery). 〖(1607) □ F *finerie* ← *finer* to refine+*-ie* '-Y[1]'〗

fine sánd n. (直径0.05–0.25 mmの)細砂.

fines herbes /fiːn(z)ɛ́əbz | -(z)ɛ́əb, -(z)ɜ́ːb; F. finzɛʀb/ n. pl. 〘料理〙フィーヌゼルブ《細かく刻んだチャーヴィル (chervil), チャイヴ (chives), エストラゴン, パセリを合わせたもので, スープやソースに香味をつける》. 〖(1846) □ F ~ 'fine herbs'〗

fine·spún adj. 1 極細に紡いだ; 繊細な (delicate), 華奢(きゃしゃ)な (flimsy). 2 〈学説・議論など〉余りに精細な, 精細すぎて実際的でない (oversubtle). 〖1647〗

fi·nesse /fɪnés/ n. 1 巧妙な処理, 技巧, 手腕, 手際の鮮やかさ[さえ]: the ~ of love 恋の技巧[手練手管] / show ~ in dealing with people 人の扱いに腕のさえを見せる. 2 術策, 策略. 3 (仕上げ・細工・味付けなどの)見事さ, 優雅, 上品さ. 4 (ワインの)微妙な風味. 5 〘トランプ〙フィネス《ブリッジ・ホイストで, 敵側の高位札が下手(しもて)にはないことを見越して比較的低位の札を出して勝とうとする戦法》. — vi. 1 手腕をふるう, 術策を用いる. 2 〘トランプ〙フィネスする, 盗む〔for, against〕: ~ *for* the queen *against* the (opponent's) king 味方のクィーンに向けてフィネスし(敵の)キングを盗む. — vt. 1 a 術策[策略]を用いて行う[もたらす]: ~ one's way *through* difficulties 策を弄して難局を脱する. b 巧みに避ける: ~ the enemy's sentinels 敵の歩哨の目をごまかす. 2 〘トランプ〙〈味方の低位札〉でフィネスする, ヒネる; 〈敵方の高位札を〉フィネスする, 盗む. 〖(1528) □ F ~ 'fineness, trick': ⇨ fine[1], -ess[2]〗

fin·est /fáɪnɪ̀st/ n. [通例, 都市・地域の所有格と共に用いて; 集合的] 警察官たち (policemen): the city's ~. 〖(1951) (superl.) ← FINE[1]〗

fine strúcture n. 〘物理〙微細構造《系列的原子スペクトルにおけるスペクトル線の多重性; cf. hyperfine structure》. **fine strúctural** adj. 〖1918〗

fine-tòoth-cómb vt. 入念[徹底的]に調査する. 〖1949〗

fine-tòoth cómb n. 1 目のつんだ櫛. 2 入念[徹底的]な吟味[調査]: go over [through] a room with a ~ 部屋中をしらみつぶしに調べる[捜す]. 〖1839〗

fine-tòothed cómb n. =fine-tooth comb.

fine-túne vt. 微調整する. **fine-túning** n. 〖1967〗

fin·fìsh n. pl. (shellfish に対して, ひれのある本当の)魚. 〖(1694) ← FIN[1]+FISH[1]〗

fin·fòot n. (pl. ~s) 〘鳥類〙=sun-grebe.

fin-fòoted adj. みずかき[ひれあし]のある. 〖1646〗

Fin·gal /fíŋgəl, -gl/ n. 1 フィンガル《男性名》. 2 =Finn[2] 2. 〖← Gael. *fronn* fair+*gal* stranger, Norseman〗

Fíngal's Cáve n. フィンガルの洞窟《スコットランド Hebrides 諸島中の無人島 Staffa 島の玄武岩の洞窟; Mendelssohn 作曲の同名の序曲 (1830) で有名》.

fin·ger /fíŋgə | -gə(r)/ n. 1 a 手指, 指《通例親指 (thumb) 以外の4指の一本; cf. toe 1; ⇨ hand 挿絵》: the index [first] ~ 人差し指 / the middle ~ 中指 / ⇨ little finger, ring finger / by a ~'s breadth ほんのわずかの差で, 危うく / wag [shake, waggle] one's ~ at a person (非難・警告などの身振りとして)人に向かって指を振る《人差し指を立ててこれを相手の鼻先につきつけ上下に振る》/ He has more wit in his little ~ than I've ever seen you display. 彼は君よりはるかに知恵者だ / His ~s are (all) thumbs. 彼は実に不器用だ / My ~s are itching to do … …したくて手がむずむずしている, …したくてたまらない (cf. *have itchy* FINGERS) / the ~ of God 神の御手, 神の御業(みわざ) (*Exod.* 8:19; *Deut.* 9:10). 日英比較 日本語では通例手の指は10本とされるが, 英語では基本的には *finger* は親指以外の8本である. しかし, 場合によっては親指も *finger* に数えられることもある. また日本語の「指」は手の指, 足の指の両方を指すが, 英語では *finger* は手の指だけを表し, 足の指は toe という. b (手袋などの)指. 2 a 指状のもの: a long ~ of light 長く伸びた一条の光 / *Fingers* of morning sunshine began to touch the mountain top. 朝日の光条が山頂を染め始めた. b (機械などの)指状突起. c (指の役目をする)指示物, (時計の)指針: the ~ of a clock. d (印刷機械の)紙つまみ. e (菓子などの)指形小片, フィンガービスケット: ⇨ fish finger. f (一本の)バナナ. g (空港の)フィンガー《細長く突き出た乗降・送迎用デッキ》. 3 a 指幅《グラスのウイスキーを量るときに用いる; 約 3/4 インチ》. b グラスの指幅分の酒量: a ~ of whiskey. c 指の長さ《布を量るときに用いる; 約 4 1/2 インチ》. 4 [pl.]《口語》所有: He got his ~s on the industry. 彼はその産業を手に入れた. 5《俗》=bird 8 c. 6《俗》a =finger man. b 巡査; 刑事. c すり.
búrn one's fíngers=*gèt [hàve] one's fíngers bùrned [bùrnt]* (早まったり余計な手出しなどをして)ひどい目[痛い目]に遭う. 〖(1710)〗 *cróok one's fínger* (1) 指をかぎ形に曲げる. (2) 〔…に対し〕指を曲げて招く〔at〕. *cróok one's líttle fínger* ⇨ crook[1] 成句. *cróss one's fíngers* (1) (まじないの印に, 一本の)指を隣の指の上に折り重ねる (cf. *keep [have] one's* FINGERS *crossed*). (2) ひたすら幸運[成功]を祈る. 〖(c1920)〗 *for the lífting of a fínger* 指一本立てるくらいのたやすさで, 容易に, らくに: You can have it *for the lifting of a* ~. そんなものはすぐ手にはいるさ. *gét one's fínger óut*=*pull one's* FINGER *out*. *give a person the fínger* 《米口語》人に怒り[軽蔑]を示す《握りこぶしの甲を相手に向けて, 中指だけを立てる下品なしぐさ; 《英》では人さし指も立てることがあり, これを put two fingers up at a person という》. *háve a fínger in the [évery] píe* ある[色々な]事に関係している[する]; ある事に[何にでも]手出しをしている[する]. 〖(1649)〗 *háve at one's fínger's énds [fínger énds]* 《英》=*have at one's* FINGERTIPS (2). 〖(1553)〗 *háve [kéep] one's fínger on the púlse* ⇨ pulse 成句. *háve sticky [ítchy] fíngers* 《口語》盗癖がある, 手癖が悪い. *kéep [háve] one's fíngers cróssed* (指を折り重ねて)ひたすら幸運[成功]を祈って[願って]いる (⇨ *cross one's* FINGERS). 〖(1924)〗 *láy a fínger on* (1) …に(敵意をもって)指で触れる: Don't you dare to *lay a* ~ *on* me! 私の体に指一本触れるな. 〖(1865)〗 (2) …を的確に指摘する. 〖(1889)〗 (3) …を発見する, つきとめる. *lóok through one's fíngers at* …をそっと見る, 見て見ぬふりをする. 〖(1549)〗 *nót líft [ráise] a fínger* 何もしない, 何も試みない: *not lift a* ~ to help 少しの援助の労も取らない. 〖(1854)〗 *póint the [one's, a] fínger at* (1) 〈人〉を(公然と)非難する. 〖(1833)〗 (2) 〈人〉を軽蔑[指弾]する. *púll [táke] one's fínger óut* [しばしば命令形で]《俗》仕事を始める, 急ぐ, 急いでやる. 〖(1941)〗 *pút one's fínger in one's éye* 《英口語》(めそめそ)泣く. *pút one's fínger on* …を正確に指摘する: You've *put your* ~ *on* the real problem. 君は本当の問題を正確に指摘した / It isn't anything I could *put my* ~ *on*: it's just a feeling I have about him. はっきり指摘できるようなものでなく, ただ彼について私が持っている感じにすぎないのです. *pút the fínger on* 《口語》(1) 《警察など》に…を密告する. (2) 〈盗賊などが〉〈犯行の対象として〉〈人・場所を〉指示する, 選ぶ. 〖(1926)〗 *pùt twó fíngers ùp at a person* 《英口語》⇨ *give a person the* FINGER. *rún one's fíngers through one's háir* 指で髪をすく[いじる]《緊張・当惑などのしぐさ》. *slíp through one's fíngers* 〈機会などが〉手の中から逃げる: He let a good chance *slip through his* ~*s*. 好機をのがしてしまった / The money just *slipped through my* ~*s*. お金がなくなってしまった. 〖(1622)〗 *snáp one's fíngers* 《口語》(1) 〔…を〕軽蔑[無視]する〔at〕 (cf. snap vt. 2 b). (2) (指を鳴らして)〔召使などを〕呼ぶ〔to〕. 〖(1742)〗 *stíck to a person's fíngers* 〈金が〉人の手元にいく, 着服される, 横領される; 盗まれる. *twíst [túrn, wínd, wráp] a person róund [aròund] one's (líttle) fínger* 《特に, 女性が》人を完全に左右する, 意のままに操る (cajole). 〖(1780)〗 *with a wét fínger* 《古》容易に, 苦もなく. 〖(1754)〗 *with fíngers cróssed* ひたすら幸運[成功]を祈りながら (cf. *keep [have] one's* FINGERS *crossed*). 〖(1966)〗 *wórk one's fíngers to the bóne* ⇨ bone 成句.
— vt. 1 …に指を触れる; 指でいじる, ひねくり回す, もてあそぶ: ~ one's mustache. 2 《口語》a 〈人を〉警察に知らせる, 密告する. b 選び出す [for]; (犯行の対象として)〈人・場所を〉実行者に指示する. 3 〘音楽〙a 〈楽器を〉指を使って演奏する: ~ a keyboard. b 〈楽曲を〉指定の指使いで演奏する. c 〈楽譜〉に符号をつけて運指法を示す. 4 指のように…に伸びる[貫く]: The cathedral's tall spire was ~*ing* the sky. 大聖堂の高い尖塔が空に向かって指のように伸びていた. 5《俗》a 指さす, 指摘する. b 尾行する, …から目を離さない. 6《まれ》〈他人の物〉に手を出す, 盗みをする. — vi. 1 指でさわる, 手先でいじる. 2 〘音楽〙a 〈ピアノ・クラリネットなどが〉ある運指法で演奏される: It ~s like a flute. それはフルートと同じ運指法で吹奏される. b (演奏に)特定の指使いをする, ある運指法で演奏する. 3 指のように伸びる.
〖OE ~ < Gmc **fiŋʒraz* (Du. *vinger* / G *Finger*) < IE **penkʷros* 《原義》one of five ← **penkʷe* 'FIVE': cf. fist〗

finger àlphabet n. =manual alphabet.

finger·bòard n. 1 (バイオリン・ギターなどの)指板 (⇨ violin 挿絵). 2《まれ》(ピアノ・オルガンなどの)鍵盤. 3 =fingerpost. 〖a1672〗

finger bòwl n. フィンガーボール《dessert の後に指を洗うための水を入れた小鉢》. 〖c1860〗

finger·brèadth n. 指幅《約 3/4 インチ; cf. finger 3 a; finger's breadth ともいう》. 〖1594〗

finger bùffet n. 立食式の食事《カナッペ, パイなどの finger food が出る》.

finger-drỳ vt., vi. (ドライヤーを使わずに)〈髪を〉指でかき上げ[整え]ながら乾かす.

fin·gered adj. 1 [通例複合語の第2構成素として] (…)指の, 指が…の: three-*fingered* 三本指の / ⇨ light-fingered, rosy-fingered. 2 〈商品など〉(手で触れられて)傷物になった, 傷んだ. 3 〈楽譜が〉運指記号を記した. 4 a 〘植物〙〈果実・根が〉指状の; 〈葉など〉掌状の. b 〘動物〙指状の. 〖(a1529): ⇨ -ed 2〗

fingered cítron [lémon] n. 〘植物〙=Buddha's hand.

fin·ger·er /-gərə | -rə(r)/ n. 1 指で触れる人, 指でいじる人; (特に)どろぼう (thief). 2 手袋の指を作る人. 〖(1561): ⇨ -er[1]〗

finger fèrn n. 〘植物〙=scale fern.

finger·fìsh n. 〘動物〙=starfish.

finger·flòwer n. 〘植物〙=purple foxglove.

finger fòod n. 指につまんで食べられる食物《ニンジン・はつか大根など》. 〖1928〗

finger·fùck vt., vi. 《卑》〈女性の性器を〉指で愛撫する; 〈女性が〉オナニーにふける.

fin·ger·ful /fíŋgəfʊ̀l | -gə-/ n. 指に載るほどの量; 少量. 〖(1889): ⇨ -ful[1]〗

finger glàss n. ガラス製フィンガーボール《dessert の後に指を洗うための水を入れたガラス小鉢》. 〖1814〗

finger hòle n. 1 (管[吹奏]楽器の)指穴, 管側孔. 2 (ボウリング用ボールの中指[薬指]を入れる)指穴. 3 (電話のダイヤルの)指穴. 〖1854〗

fin·ger·ing[1] /-g(ə)rɪŋ/ n. 1 指いじり, つまぐり. 2 〘フェンシング〙指でのフルーレ (foil) の操作. 3 〘音楽〙運指法; 運指記号. 〖(c1386): ⇨ -ing[1]〗

fin·ger·ing[2] /fíŋg(ə)rɪŋ/ n. (手編み用)細毛糸《fingering yarn ともいう》. 〖(1681)《古形》*fingram*《変形》← ? F *fin grain* fine grain〗

Fínger Làkes n. pl. [the ~] フィンガー湖《米国 New York 州中部・西部にある一群の細長い氷河湖》.

finger lànguage n. (聾唖(ろうあ)者が用いる)指話(法)

《finger [manual] alphabet を組み合わせて言葉とする意思伝達法》. 〖1842〗
fin·ger·less *adj.* 指をなくした; 〈手袋など〉指なしの. 〖(1838): ⇨ -less〗
fin·ger·lìke *adj.* 指のような, 指状の (digitate).
fin·ger·ling /fíŋɡəlɪŋ | -ɡə-/ *n.* **1** (指ほどしかない)小魚; 《英》サケ科の魚の幼魚《1年までの稚魚をいう; cf. parr》: a ~ trout. **2** 非常に小さいもの. 〖((1440)) (1835) 《廃》 fingerstall ← FINGER (n.)+-LING[1]: cf. G *Fingerling* thimble〗
fin·ger màn *n.* 《米俗》(実行者に)誘拐する[殺す, 盗む]相手(など)の所在を教える人; 密告者 (informer). 〖1930〗
fin·ger·màrk *n.* (汚れた)指跡. 〖1840〗
fin·ger millet *n.* 〖植物〗シコクビエ (⇨ raggee).
fin·ger·nàil /fíŋɡənèɪl | -ɡə-/ *n.* (手の)指の爪: bite one's ~s 指の爪をかむ. ***to the fingernails*** 完全に, すっかり. 〖c1225〗
fin·ger nùt *n.* 〖機械〗つまみナット (wing nut).
fin·ger-pàint *vi.* フィンガーペイントを用いる.
— *vt.* フィンガーペイントでかく. 〖1950〗
fin·ger pàint *n.* フィンガーペイント《指頭画用のゼリー状の絵の具》. 〖1950〗
fin·ger pàinting *n.* 〖美術〗フィンガーペイント画, 指頭画《筆の代わりに指で描いた絵》; 指頭画法. 〖1937〗
fin·ger·pìck 〖音楽〗*vt., vi.* (しばしばピックを使わずに)(ギターなどを)爪弾(つまび)きする. — *n.* (指先に付ける)ピック.
fin·ger·pìcking *n.* 〖音楽〗フィンガーピッキング《ギターなどの弦楽器を爪弾きする方法; fingerpick を付けることもある》.
fin·ger pìn *n.* 〖海事〗=feeler 6.
fin·ger plàte *n.* 指板《ドアの開閉で扉に指跡がつかないようにドアの立て框(かまち)に張った金属または陶器の板; cf. hand plate》. 〖1851〗
fin·ger-pòinting *n.* 《米》(不当な)告発; 非難, 指弾.
fin·ger·pòst *n.* **1** 指道標, 案内標, 道しるべ (signpost, guidepost). **2** 案内書, 手引き書: a ~ *to* the study of English. 〖1785〗
fin·ger·print /fíŋɡəprɪnt | -ɡə-/ *n.* **1** 指紋: the ~ system of identification 指紋による個人識別法 / take a person's ~s 人の指紋を取る. **2** はっきり識別できる跡[特徴]. **3** 〖化学〗指紋: the ~ region 指紋領域《赤外線吸収スペクトルやクロマトグラムなどで指紋や同様に化合物の決定に役立つ特徴的な部分》.
— *vt.* **1** …の指紋を取る: ~ a car 車から指紋を採取する. **2** …の DNA サンプルを採る.
〖n.: 1859; v.: 1905〗
fin·ger·prìnting *n.* 指紋採取. 〖1955〗
fin·ger pùppet *n.* 指人形.
fin·ger rèading *n.* (盲人が指で触って行う)点字読法.
fin·ger rìng *n.* 指輪.
fin·ger-shàped *adj.* 指形の.
fin·ger spèlling *n.* 手話 (dactylology).
fin·ger·stàll *n.* (親指以外の)指サック (cf. stall[1] *n.* 5). 〖?c1475〗
fin·ger-tìght *adj.* 手[指]で力いっぱい(握り)締めた. 〖1940〗
fin·ger·tip /fíŋɡətìp | -ɡə-/ *n.* **1** 指先, 指頭 (finger end). **2** (指先を保護する)指サック.
hàve at one's fingertips (1) (いつでも使えるように)手元にもって[用意して]いる: He *has* every material *at his* ~*s*. 全材料を手元に用意している. (2) 熟知[習熟]している: He *has* the subject *at his* ~*s*. その事項に習熟している. 《1905》 ***to the*** [*one's*] ***fingertips*** 完全に, 何から何まで: a teacher *to his* ~*s* 完璧な教師. 《1886》
— *adj.* [限定的] **1** いつでも使える[用意している]: ~ controls 〖自動車〗指先操作(装置)《自動ドア[天蓋(てんがい)]の開閉など指先で簡単にできる操作(装置)》. **2** 〈コート・ベールなど〉フィンガーティップ丈の《腕を下げたとき肩から指先までの長さの》.
〖1842〗
fin·ger tròuble *n.* 〖電算〗(キーの押し間違いなど)指の操作ミスによる障害.
fin·ger wàve *n.* 指ウェーブ《香油を塗った髪を指で押えて作るウェーブ》. 〖1934〗
fin·ger·y /fíŋɡ(ə)ri/ *adj.* 指状に広がった, 指のような. 〖(1821): ⇨ -y[4]〗
Fin·go /fíŋɡou | -ɡəu/ *n.* (*pl.* ~, ~**s**) フィンゴ族《南アフリカ共和国の Ciskei と Transkei 地方に住むコーサ語 (Xhosa) を用いる部族》. 〖(1829) ← Bantu *amaMfengu* destitute people in search of work ← *fenguza* to seek service〗
fi·ni /fi:ní:; *F.* fini/ *F. adj.* 終えて, 終わって. 〖□F ~ (p.p.) ← *finir* 'to FINISH'〗
fin·i·al /fíniəl | fáɪn-, fín-/ *n.* **1 a** 〖建築〗フィニアル, 頂華《切妻・尖塔などの頂点を飾る装飾; cf. terminal *n.* 6; ⇨ gable 挿絵》. **b** (家具などの頂上に飾る)先端装飾. **2** 〖活字〗(イタリック書体で)縦線の筆末の曲がっている部分. **~ed** *adj.* 〖(1433) □? AF *finial* // Anglo-L *fīniālis* ← L *finis* end〗
fin·i·cal /fínɨk(ə)l, -kl | -nɪ-/ *adj.* **1** (服飾などを)いやに気にする, いやに潔癖な, 凝り性の, 気むずかしい (⇨ dainty SYN). **2** 《古》凝り過ぎた, 手のこみ過ぎた. **fin·i·cal·i·ty** /fìnəkǽləti | -nɪkǽlɪti/ *n.* **~·ness** *n.* **~·ly** *adv.* 〖(1592) ← ? FINE[1]+-ICAL: MDu. *fijnkens* accurately, neatly の影響か: cf. finicking〗
fin·ick /fínɪk/ *vi.* **1** 気どる. **2** ぶらぶらする. 〖(1857) 《逆成》 ↓〗
fin·ick·ing /fínɨkɪŋ, -kɨn | -nɪkɪŋ/ *adj.* =finicky (⇨ dainty SYN). 〖(1661) 《変形》 ← ? FINICAL〗

fin·ick·y /fínɨki | -nɪ-/ *adj.* **1** いやに気にする, 凝り性の, 気むずかしい (⇨ dainty SYN). **2** 〈仕事など〉細かい(注意が必要な), 厄介な. **fin·ick·i·ness** *n.* 〖(1825): ⇨ -y[4]〗
fin·i·kin /fínɨkɨn | -nɪkɪn/ *adj.* =finicky.
fin·ing /fáɪnɪŋ/ *n.* **1** 〖ガラス製造〗清澄《融けたガラスを均質にし, また泡を除くこと》. **2 a** (ワイン・ビールなどの酒類の濾過などによる)清澄法. **b** [しばしば *pl.*] 酒類清澄剤《寒天溶液・卵白など》. 〖(1607) ← FINE[1] (v.)+-ING[1]〗
fi·nis /fínɨs, fáɪ-, fí:-, fɨní: | fínɪs, fí:-, fáɪ-/ *n.* **1** 終わり, 完 (end, conclusion)《本・映画の末尾に記す語》. **2** 一生の終わり, 末期(まつご). 〖(a1460) □ L *finis* end < ? **figsnis* firmly set ← *figere* 'to FIX': cf. final, fine[1,2]〗
fin·ish[1] /fínɪʃ/ *vt.* **1 a** 〈仕事などを〉終える, 終了[完了, 完成]する (⇨ end[1] SYN); 〈期間・課程などを〉終える: ~ one's work [an investigation] / ~ school 学校を卒業する / ~ one's life in loneliness [alone] 孤独のうちに一生を終える / I ~*ed* reading the book and shut it. / My house will soon be ~*ed*. 家は間もなく仕上がるでしょう. **b** 〈物事を〉(…して[で])終わりにする, 締めくくる 〔*by, with*〕: ~ *off* one's speech *by* reading a poem 最後に詩を朗読してスピーチを終える. **c** …の終わりとなる, 終わりを飾る: The chorus ~*ed* the music. 合唱でその音楽は終わりとなった. **2** 読み[書き]終える; 〈飲食物を〉食べ[飲み]終える, きれいに平らげる, 使い切る 〈*off, up*〉: ~ a book 本を読み[書き]終える / ~ a goose at one meal 一回の食事でガチョウ一羽をきれいに平らげる / Your sandwich has ~*ed* the loaf. あなたの分のサンドイッチでパンを使い切った / He ~*ed off* [*up*] the rest of the water. 彼は残った水を全部飲み干した / He ~*ed off* the can of paint. 一缶分のペンキを使い果たした. **3 a** …の(最後の)仕上げをする 〈*up*〉; 〈木材・布地・革など〉に仕上げを掛ける, 上塗りをする 〔*with, in*〕: ~ (*up*) a painting 絵の仕上げをする / ~ a table *with* varnish テーブルにワニスを塗る / ~ a desk *in* red lacquer 机に赤漆の上塗りをする. **b** 〈人に〉仕上げ教育をする, 〈特に〉〈若い女性を〉花嫁学校 (finishing school) に上げる: Where were you ~*ed*? 学校は最後はどこでしたか. **4 a** 滅ぼす, …にとって致命的となる, …の命取りとなる; 片づける, 殺す 〈*off*〉: The cavalry charge almost ~*ed* the enemy 騎兵隊の突撃で敵軍はほとんど潰滅した / This scandal will just about ~ him (*off*) (as a politician). このスキャンダルで彼はほとんど(政治家としての)一生を棒に振ってしまうだろう / He ~*ed off* the snake with a stick. 彼はヘビを棒でたたき殺した. **b** 《口語》へとへとに疲れさせる, 参らせる: I can't go on: I'm just about ~*ed*. これ以上行けない. 全く力つきた. **5** 〖製本〗…の仕上げをする (cf. finishing 1 d). — *vi.* **1** 済む, 終わる: I thought the sermon would never ~. 説教はいつまでも終わらないのかと思った / The disease ~*ed* fatally for him. その病気は結局彼にとって致命的なものとなった. **2 a** 仕事(など)をし終える; 〔…して[で]〕最後を飾る, おしまいにする[切り上げる] 〔*by, with*〕: I can't come till I have [am] ~*ed*. 仕事が済むまでは帰れない / The pianist ~*ed with* a Chopin polonaise. ピアニストはショパンのポロネーズを弾いておしまいにした / As soon as he had [was] ~*ed with* the novel he went on to another. その小説の執筆を済ますとすぐまた別なものに取りかかった / I shall ~ *by* reciting a poem by Wordsworth. 終わりにワーズワースの詩の一節を暗誦することにしよう. **b** [何着の意の補語を伴って] 競走[競技]を〈何着[等]で〉終える, 決勝点にはいる, 〈…の〉決勝となる: She ~*ed first* in the piano competition. 彼女はピアノコンテストで一等になった. **c** 〔…と〕縁を切る, 絶交する 〔*with*〕: He ~*ed with* her for ever. 彼女と永久に手を切った / He 'll never show his face here again once I've [I'm] ~*ed with* him! 彼と絶交してしまえばここに二度と顔を出すことはない. **3** (サッカーで)得点を入れる. **4** 〈家畜が〉市場に出荷できる体重になる. **5** 《英》仕上げ教育を受ける, 花嫁学校で学ぶ.
finish óff (1) 〈仕事などを〉片づける, 仕上げる, 完了する; 〈仕事などが〉おしまいになる, 仕上がる. (2) ⇨ *vt.* 4 a. (3) ⇨ *vt.* 1 b. (4) ⇨ *vt.* 2. ***finish úp*** (*vi.*) (1) 完了する: It was three o'clock when I ~*ed up*. 終わったのは 3 時だった. (2) 最後には(…に)陥る 〔*in*〕; 最後には(…に, …することに)なる 〔*with, by doing*〕: ~ *up in* failure 失敗に終わる / The car ~*ed up in* the ditch. おしまいには車は溝にはまり込んだ / You'll ~ *up by* apologizing to her. 最後には彼女に謝ることになるよ. — (*vt.*) (1) ⇨ *vt.* 3. (2) ⇨ *vt.* 2.
— *n.* **1 a** 終わり, 終結, 終局 (end): fight to a [the] ~ 最後まで戦う / a fight to the ~ (いずれか一方が)敗れるまでの敢闘, 死闘 / from start to ~ 初めから終わりまで. **b** (競走・狩猟などの)最終の場面, 決勝点入り, 決勝, フィニッシュ: a close ~ in the race 競走の接戦の決勝 / the ~ of a hunt 狐狩の最後の場面. **2 a** 仕上げ; (壁土・しっくい・ペンキなどの)仕上げ塗り, 上塗り, 上張り, つや出し; 上塗り材料: put a mahogany ~ on the table テーブルにマホガニー仕上げをする. **b** 〖建築〗内部工事の仕上げ, 仕上げ用材: a black walnut ~ 黒くるみ材の仕上げ. **3 a** 最後の仕上げ; 仕上げの出来映え, 仕上げの仕方: a delicate [an artistic] ~ 上品[芸術的]な仕上げ / The artist was putting the ~ on his work. その画家は彼の作品に最後の仕上げをしているところだった / The picture gives just the right ~ to the room. この絵でその部屋の仕上げは完璧だ. **b** (態度・言葉遣いなどの)あか抜け (social polish): Her manners lack ~. 彼女の態度はあか抜けていない. **4** (ワインの)後味. **5** 身を滅ぼすもと, 破滅の原因 (downfall): His fanatic love for horse racing was his ~. 彼の熱狂的な競馬好きが身を滅ぼすもととなった.
be in at the finish (1) 最後の場面に参加する[立ち合う]. (2) 〖狩猟〗狐の最後を見届ける. 《1875》
〖(a1375) *finishe(n)* □ OF *feniss-* (F *finiss-*) (stem) ← *fenir* (F *finir*) < L *fīnīre* to limit, end ← *finis* end: ⇨ finis, -ish[2]〗
fin·ish[2] /fáɪnɪʃ/ *adj.* 優秀な, 良質の: ~ carpentry 優秀な木工品. 〖(1583) ← FINE[1] (adj.)+-ISH[1]〗
fin·ished /fínɪʃt/ *adj.* **1** 〔…に〕もはや係わり[関心]のない 〔*with*〕 (cf. finish[1] *vi.* 2 c). **2** 終えた, 終了[完了]した (concluded); 仕上げられた, 仕上がった, 完成した; 上塗り[つや出し]を施した: a ~ novel 完成した小説 / a ~ manuscript 完全原稿 / ~ parts 完成部分品 / the ~ product 完成品 / I'm [I've] ~ for the day. 《口語》きょうの仕事は済んだ (cf. finish[1] *vi.* 2 a). **3** 過去のものとなった, 敗北した, 零落した, 気息奄々(えんえん)の, 望みを絶たれた (doomed): He is ~ as a politician. 彼は政治家としてはもう過去の人物だ. **4** (技能・教養などの点で)完全な, 磨きのかかった, 申し分のない, あか抜けした (perfected): a poem written with ~ craftsmanship 完璧な技巧を凝らして書かれた詩 / a ~ gentleman あか抜けした紳士 / ~ manners 洗練された[上品な]礼儀作法 / Mary's ~ grace メアリの完璧な優美さ. 〖(1583): ⇨ ↑, -ed〗
finished càrd *n.* 〖紡織〗(毛糸の製造に使用される)3組のカード[梳(そ)毛機]のうちの最後のカード.
fin·ish·er *n.* **1** 完成者, 仕上げた人; 仕上げ工: a leather ~ 皮革仕上げ工. **2** 仕上げ機. **3** 《口語》とどめの一撃. **4** 〖ボクシング〗決定打. ***the finisher of the láw*** 《戯言》死刑執行人, 絞首刑執行吏. 《1708》 〖(1526): ⇨ -er[1]〗
fin·ish·ing *n.* **1 a** 最後の仕上げ; (特に各種製品・細工品などの)仕上げ工程. **b** 仕上げ教育, (特に)花嫁教育: She received [had] her ~ in Switzerland. 彼女はスイスの花嫁学校で教育を受けた. **c** [*pl.*] 〖建築〗仕上げ仕事, (目に触れる)表面の仕上げ. **d** 〖製本〗仕上げ《下ごしらえ (forwarding) の後に行う表紙への文字入れ・箔押しなどの一連の作業; cf. finish[1] *vt.* 5》. **2** [形容詞的に] 仕上げの: a ~ coat 仕上げ塗り, 上塗り / the ~ touch [stroke] 仕上げの一筆(など). **3** 〖サッカー〗ゴールで得点を入れること[技術]. 〖(?c1425): ⇨ -ing[1]〗
finishing lìne *n.* 《英》=finish line.
finishing nàil *n.* 仕上げ釘《細長くて頭が非常に小さい》.
finishing schòol *n.* 教養[花嫁]学校《若い女性が社交界に出る準備として, 職業教育よりも教養・身だしなみを重んじる最終教育を目的とする私立の学校》. 〖1836–37〗
finish lìne *n.* 《米》(走路の)決勝線. 日英比較 日本語では競争での決勝点を「ゴール」というが, 英語の goal はフットボール, ホッケーなどの球を入れて得点する場所をいう. ⇨ goal 日英比較. 〖1899〗
Fin·is·tère /fìnəstéə | fìnɨstéə(r), ‒‒‒́; *F.* finistɛːʁ/ *n.* フィニステール《フランス最西端の大西洋に面する県; 面積 6,786 km^2, 県都 Quimper》.
Fin·is·ter·re /fìnəstéə, -téri | fìnɨstéə(r); *Sp.* finistére/, **Cape** *n.* フィニステレ岬《スペイン北西部の岬; スペインの最西端》.
fi·ni·tar·y /fáɪnətèri, fín- | -nɪtəri/ *adj.* 〖論理〗有限(的)の. 〖(1952): ⇨ ↓, -ary〗
fi·nite /fáɪnaɪt/ *adj.* **1 a** 限度のある, 制限[限定]されている, 有限の (limited) (↔ infinite): our ~ intelligence 我々の限りある知力 / Human understanding is ~. 人間の悟性には限度がある. **b** 絶対でない, 人間的な, 死すべき. **2** 〖数学〗有限の (cf. infinite), 定まった: a ~ number [decimal] 有限個[小数] / ⇨ finite set. **3** 〖文法〗定形の《人称・数・法などの限定を受ける動詞形についていう; cf. infinitive, finite verb》 (↔ non-finite). — *n.* [the ~] 有限, 有限性; [集合的]有限物. **~·ly** *adv.* **~·ness** *n.* 〖(1410) □ L *finītus* (p.p.) ← *fīnīre* 'to FINISH[1]'〗
finite cánon *n.* 〖音楽〗有限カノン(曲)《繰返しをしないカノン曲》.
finite-diménsional *adj.* 〖数学〗有限次元の.
finite field *n.* 〖数学〗有限体 (⇨ Galois field).
finite fórm *n.* 〖文法〗定形 (cf. finite *adj.* 3).
finite intersection pròperty *n.* 〖数学〗有限交差性《集合の集合に関する性質で, 有限個の要素は必ず空でない共通部分をもつというもの》.
fi·nite·ly additive fùnction *n.* 〖数学〗有限加法的集合関数《集合の集合で定義された関数で, 有限個の互いに素な集合の和集合に対する関数値が各集合に対する関数値の和に等しいようなもの》.
finite sét *n.* 〖数学〗有限集合《有限個の要素から成る集合》.
finite vérb *n.* 〖文法〗(Participle, Infinitive, Gerund に対し人称・数・時制・法等に制限される)定(形)動詞《例えば be について言えば am, is, are, was, were 等》. 〖1795〗
fi·nit·ism /fáɪnaɪtɪzm/ *n.* 〖哲学〗有限論, 有限主義《特定の実在, およびその全体や認識等が有限であるとする立場; 無制限に大きな無限の存在を認めず, 有限記号から構成できる限りの無限を許容する論理・数学の立場》.
fi·nit·ist /-tɨst | -tɪst/ *n., adj.* 〖(1922) ← FINITE +-ISM〗
fi·ni·to /fɪní:tou | -təu/ *adj.* 《口》終わった, 済んだ. 〖□ It. ~〗
fi·ni·tude /fáɪnətù:d, fín-, -tjù:d | fáɪnɨtjù:d, fín-/ *n.* 有限であること, 有限性. 〖(1644) ← FINITE+-TUDE〗
fink[1] /fíŋk/ 《米・カナダ俗》*n.* **1** (会社側に雇われる労働者の)スパイ, 密告者 (informer). **2** スト破り. **3** 不愉快な奴, いやな奴. **4** 刑事, 警察官. — *vi.* **1** 警察に通報する; 密告する 〔*on*〕. **2** スト破りをする.
fink óut (1) (活動などから)身を引く, 支持するのをやめる, 計画(など)をやめる, 約束を破る. (2) 信頼できなくなる. (3) ひどく失敗する. 《1956》

〚(1903)〛□ ? G *Fink* 'FINCH': cf. G *Schmierfink* dirty person; hack〛

fink² /fíŋk/ *n.* 〚鳥類〛 **1** 《アフリカ》 =finch. **2** 《アフリカ南部》 =weaverbird. 〚(1834)□ Afrik. *vink*〛

Fink *n.* ⇨ Mike Fink.

fin kéel *n.* 〚海事〛 **1** フィンキール, 深(ふか)竜骨 《ヨットなどの船底に横流れを防ぐ[重心を下げる]ために深く垂れ下がらせた竜骨; 単に fin ともいう》. **2** フィンキール艇 《深竜骨をつけた細長く浅い船[ヨット]》. 〚1893〛

Fin·land /fínlənd/ *n.* フィンランド 《ヨーロッパ北部の共和国; 面積 337,000 km², 首都 Helsinki; 公式名 the Republic of Finland フィンランド共和国; フィンランド語名 Suomi》. 〚⇨ Finn¹〛

Finland, the Gulf of *n.* フィンランド湾 《フィンランドの南部, バルト海 (Baltic Sea) の湾》.

Fin·land·er /fínləndə | -də(r)/ *n.* フィンランド人. ★ 今は通例 Finn を用いる. 〚(1727) ← FINLAND+-ER¹〛

Fin·land·i·za·tion /fìnləndɪzéɪʃən | -daɪ-, -dɪ-/ *n.* フィンランド化 《第二次大戦後のソ連とフィンランドの関係のように超大国が小国に大国寄りの外交政策を取らせること》. 〚(1969): ⇨ -ization, after G. *Finnlandisierrung*〛

Fin·land·ize /fínləndàɪz/ *vt.* フィンランド化する, …にフィンランド化政策を取らせる. 〚(1972)《逆成》↑〛

Fin·lay /fínleɪ, -li/ *n.* フィンレー 《男性名》. 〚《異形》← FINLEY〛

Fin·lay /fínleɪ, -li; *Am.Sp.* finléi/, **Carlos Juan** *n.* フィンライ (1833–1915; キューバの医師; 黄熱病は蚊が媒介することを発見した).

fin·let /fínlɪt/ *n.* (魚等の)小びれ. 〚(1874) ← FIN¹+-LET〛

Fin·ley /fínli/ *n.* フィンリー 《男性名》. 〚□ Ir. -Gael. *Fionnghalac* 《原義》 little fair-haired valorous one〛

fín·lìke *adj.* ひれのような, ひれに似た.

Finn¹ /fín/ *n.* **1** フィンランド人. **2** 《米国・ロシアなどに居住し》フィンランド語を話す人. **3 a** [the ~s] フィン族. **b** フィン族の人. 〚(1599)□ Swed. *Finne* < ON *Finnr* ∞ OE *Finnas* (pl.) Finns: cf. L *Fennī* / Gk *Phínnoi*〛

Finn² /fín/ *n.* **1** フィン 《男性名》. **2** 〚アイル伝説〛 フィン 《3 世紀ごろの英雄で Ossian の父; 豪勇をもって知られる Fianna の指導者で, Macpherson の *Ossian* では Fingal となる》. 〚□ Ir. *Fiann*: cf. Gael. *fionn* fair, white: cf. Fiona〛

Finn /fín/, **Huckleberry** *n.* フィン 《Mark Twain の *Adventures of Huckleberry Finn* (1884) の主人公; 浮浪児で黒人 Jim と共に Mississippi 川をいかだで下る》.

Finn. 《略》 Finnish.

fin·nan háddie [háddock] /fínən-/ *n.* フィナンハドック 《タラの一種 (haddock) の燻製》. 〚(1707)《変形》← *Findhorn* (スコットランドの川・漁港の名) ← Gael. *fionn* white: ⇨ haddie, haddock〛

finned /fínd/ *adj.* **1** ひれ[ひれ状物]のある, [複合語の第 2 構成素として] (…の)ひれのある, ひれの: long-[short-] *finned* ひれの長い[短い] / red-[yellow-] *finned* 赤[黄]びれの. **2** 〚紋章〛〈魚が〉ひれが体の色と異なる. 〚(*c*1350): ⇨ fin¹, -ed〛

Fín·ne·gans Wáke /fínɪgənz-/ *n.* 「フィネガンズ ウェイク」 (James Joyce の小説 (1939); 難解で独特の言語表現を駆使した).

fin·ner /fínə | -nə(r)/ *n.* 〚動物〛 =finback. 〚1793〛

finnes·ko /fínzkou, fínzkòu | fínəskòu/ *n.* (*pl.* ~) 《表面に毛の生えたままの》トナカイ革の靴. 〚(1890)□ Norw. *finnsko* ← *finn* Finn¹+*sko* shoe〛

Fin·ney /fíni/, **Albert** *n.* フィニー (1936–　; 英国の舞台・映画俳優).

Fin·nic /fínɪk/ *adj.* **1** フィン族の. **2** フィン語の, フィン語族の: the ~ languages フィン語派 (Finno-Ugric 語族の一分派で Lapp, Finnish, Estonian などの諸語を含む). — *n.* フィン語派. 〚(1668) ← FINN¹+-IC¹〛

fin·nick /fínɪk/ *vi.* =finick.

fin·nick·y /fínɪki | -nɪ-/ *adj.* =finicky.

Finn·ish /fínɪʃ/ *adj.* **1** フィンランド (Finland) の; フィンランド人の, フィン族の. **2** フィンランド語の. — *n.* フィンランド語. 〚(1699) ← FINN¹+-ISH¹〛

Fínn MacCóol /-məkúːl/ **[Mác·Cum·haill** /-məkámheɪl, -haɪl/] *n.* 〚アイル伝説〛 フィンマックール (= Finn²).

Finn·mark /fínmɑək | -mɑːk; *Norw.* fìnmàrk/ *n.* フィンマルク 《ノルウェー北端の州; 州都 Vadsø》.

fin·nock /fínək/ *n.* 淡水に戻って来た若いマスやサケ. 〚□ Sc.-Gael. *fionnag* ← *fionn* white〛

Fin·no-U·gri·an /fìnouúːgriən, -júː- | -nəu-/ *adj.* **1** フィン ウゴル人の (⇨ Ugrian). **2** =Finno-Ugric. — *n.* **1** フィン ウゴル人. **2** フィン ウゴル語派. 〚1880〛

Fin·no-U·gric /fìnouúːgrɪk, -júː- | -nəu-/ *adj.* フィン ウゴル語派の. — *n.* フィン ウゴル語. 〚1879〛

Fínno-Úgric lánguages *n. pl.* [the ~] フィン ウゴル語派 《ヨーロッパ北東部からシベリア西部にわたるウラル語族のうちの大言語群; Finnish, Estonian, Magyar を含む; cf. Finnic 2, Ugric》.

fin·ny /fíni/ *adj.* (**fin·ni·er; -ni·est**) **1** ひれをもつ (finned); ひれのような (finlike). **2** 《詩》 魚の, 魚の多い: the ~ deep 魚の多い深海 / the ~ tribe 魚族. 〚(1590) ← FIN¹+-Y¹〛

fi·no /fíːnou | -nəu; *Sp.* fíno/ *n.* (*pl.* ~**s**) フィーノー 《スペイン産の最も軽い辛口の上質のシェリー酒の総称; cf. sherry》. 〚(1846)□ Sp. ~ 《原義》 fine¹〛

fi·noc·chi·o /fɪnóukiòu | -nɔ́kiəu; *It.* finɔ́kkjo/ *n.* (*also* **fi·no·chi·o**) (*pl.* ~**s**) 〚植物〛 イタリアウイキョウ (⇨ Florence fennel). 〚(1723)□ It. ~ 'fennel'〛

fín rày *n.* 〚動物〛 ひれすじ, 鰭条(きじょう) 《魚のひれを支える細い線状の構造》. 〚1863〛

Fins·bur·y /fínzbèri, -b(ə)ri | -b(ə)ri/ *n.* フィンズベリー 《もと London の自治区; 現在は Islington 区の一部》. 〚ME *Finesbury* 《原義》 'manor of *Finn* (人名)': cf. -burg〛

Fin·sen /fínsən, -sn; *Dan.* fén'sn/, **Niels Ry·berg** /ʀýbæʀ'/ *n.* フィンセン (1860–1904; デンマークの外科医; 光線療法 (phototherapy) の創始者; Nobel 医学生理学賞 (1903)).

Fínsen lámp *n.* 〚医学〛 フィンセン灯, 人工太陽灯, 石英[水銀]アーク灯 《紫外線療法用》. 〚(1902): ↑〛

Fínsen líght *n.* 〚医学〛 フィンセン光線 (Finsen lamp によって作られる光). 〚1902〛

Fin·ster·aar·horn /fìnstəɑ́əhɔən | -tə(r)ɑ́ːhɔːn; *G.* fɪnstəʀáːɐhɔʀn/ *n.* フィンステラールホルン 《スイス南部 Bernese Alps 中の最高峰 (4,273 m)》.

fín whàle *n.* 〚動物〛 =finback. 〚1885〛

Fin·zi /fínzi/, **Gerald** *n.* フィンジ (1901–56; 英国の作曲家).

FIO, f.i.o. *n.* 〚海運〛 積荷・揚荷船内人夫賃船主無関係 《積荷や揚荷のための人夫賃については船主に責任はないという契約, すなわちステベ賃は荷主の負担》. 〚《頭字語》← *f*(*ree*) *i*(*n and*) *o*(*ut*)〛

Fi·o·na /fióunə | fiə́u-/ *n.* フィオーナ 《女性名》. 〚← *Fiona Macleod* (William Sharp が自分の筆名とした名) (fem.) ? ← Gael. *fionn* fair, white: cf. Fenella, Finley〛

Fionn /fín/ 〚アイル伝説〛 =Finn² 2.

fiord /fjɔ́əd, fiɔ́əd | fjɔ́ːd, fiɔ́ːd; *Norw.* fjúːr/ *n.* = fjord.

Fiord·land /fjɔ́ədlæ̀nd, fiɔ́əd- | fjɔ́ːd-, fiɔ́ːd-/ *n.* フィヨルドランド 《ニュージーランド南島の南西部にある国立公園; フィヨルドに似た多くの入江がある》.

fi·o·rin /fáɪərɪn, fiːə- | fáɪərɪn/ *n.* 〚植物〛 ハイコヌカグサ (⇨ creeping bent grass). 〚(1809)□ Ir. *fiorthān* long coarse grass〛

fi·o·ri·tu·ra /fìːɔːrətúᵊrə | -rɪtjúərə; *It.* fjoritúːra/ *n.* (*pl.* **-tu·re** /-ri, -reɪ | -reɪ; *It.* -re/) [通例 *pl.*] 〚音楽〛 フィオリトゥーラ 《旋律に装飾を施すこと》. 〚(1841)□ It. ~ 'bloom' ← *fiorire* to bloom: cf. florid〛

fip /fíp/ *n.* 《米》 =fippenny bit.

fip·pence /fípəns, -pṇs/ *n.* 《英口語》 =fivepence. 〚1607〛

fip·pen·ny /fíp(ə)ni/ *adj.* 《英口語》 =fivepenny. 〚(1802)《変形》← FIVEPENNY〛

fippenny bìt [pìece] *n.* 《米》 フィッペニービット 《1857 年以前に米国東部に用いられたスペイン銀貨; 約 6 セント, スペインの real の ½ に相当した; fip ともいう》. 〚(1802)《変形》← *fivepenny bit* [*piece*]〛

fip·ple /fípl/ *n.* 〚楽器〛 《管楽器の歌口の広さを詰める》詰め栓. 〚(1626) ← ?: cf; Icel. *flipi* horse's lip〛

fípple flùte *n.* 〚楽器〛 fipple のあるフルート (recorder, flageolet など). 〚1911〛

fir /fə́ː | fə́ː(r)/ *n.* **1** モミ: **a** マツ科モミ属 (*Abies*) の樹木の総称 (balsam fir, red fir, silver fir など). **b** モミ属と近縁の樹木の総称 (Douglas fir, Scotch fir, spruce fir など). **2** 樅(もみ)材. 〚(?*c*1300) *firre* □ ? ON *fyri-* < Gmc **furχja-* ← **furχō* (OE *furh*(*-wudu*) fir-wood, pine / G *Föhre* / ON *fura* fir) < IE **perkʷu-* oak (L *quercus* oak)〛

fir. 《略》 firkin(s).

Fir·bank /fə́ːbæŋk | fə́ː-/, **(Arthur Annesley) Ronald** *n.* ファーバンク (1886–1926; 英国の小説家; *Vainglory* (1915), *Sorrow in Sunlight* (米国では *Prancing Nigger*) (1924)).

fír còne *n.* 樅(もみ)の毬果(きゅうか). 〚1818〛

Fir·dau·si /fədáusi, fɪə-, -dɔ́ːsi | fədáu-, fɪə-/ (*also* **Fir·du·si** /-dúːsi/) *n.* フィルダウシー (940?–1020; ペルシャの叙事詩人; *Shah Namah*「シャーナーメ」; 本名 Abul Qasim Mansur).

fire /fáɪə | fáɪə(r)/ *n.* **1 a** 火: *Fire* burns. 火は燃える / strike ~ (こすったり, 吹いたりして)火をつける / There is no ~ without, smoke. 《諺》 (煙を立てずに火に起こせないことから)何ごともよいことばかりでは済まぬ, 二つよいことはないもの / There is no smoke [No smoke] without ~. =Where there's smoke, there's ~. 《諺》 火のないところに煙は立たぬ. 日英比較 英語の *fire* は日本語の「火」より意味がやや狭くライター, マッチ, ろうそくなどの小さい火は light や flame というのが普通. **b** (地獄などの)劫火, (火山の)焦熱, 熱火: the ~*s* of hell (=hellfire) 地獄の劫火.
2 火事, 火災: insure against ~ 火災保険をかける / a forest ~ 山火事 / A ~ broke out. 火事が起こった / The ~ spread rapidly from house to house. 火事は家から家へどんどん燃え広がった / *Fire!* 火事だ / ⇨ Great Fire.
3 a (炉・ストーブの)火, 炉火, 炭火, 焚(た)き火: a cheerful ~ 気持ちのよい炉の火 / bank up a ~ ⇨ bank² *vt.* 3 / have a ~ in one's room 部屋に火をたいておく / light a ~ 火を焚きつける / make a ~ 火を焚く[起こす] / make up a ~ 火に燃料をつぎ足す / lay a ~ (火を焚く用意に)薪(まき)を積む / stir the ~ with a poker 火かき棒で火をかき立てる / put a kettle on the ~ 火にやかんをかける / cook on a low [slow] ~ とろ火で料理する / It is too warm for ~*s*. 暖かいから火はいらない. **b** 《英》 小型ガス[電気]ヒーター: a gas ~ / switch on the (electric) ~ 電気ヒーターをつける / a two-bar [three-bar] ~ 電熱線 2 [3] 本の電気ヒーター.
4 a (銃砲・火器の)射撃, 発射, 砲火; (ミサイル・ロケットの)発射, 点火: cease ~ 射撃をやめる, 戦闘を中止する (cf. ceasefire) / be exposed to the enemy's ~ 敵の砲火にさらされる / covering ~ 援護(えんご)射撃[砲火] / random ~ 乱射 / ⇨ *open* FIRE, LINE of fire. **b** (矢継ぎ早の)激しい言葉の攻撃, 非難; (発言などの)連発: a ~ of reproaches 矢継ぎ早の非難 / ⇨ running fire / He was [came] under heavy ~ in the Diet. 彼は国会で激しい攻撃を受けた.
5 情火, 情熱, 燃える思い; 熱血, みなぎる活気: the ~ of love [rage] 燃える愛[怒り] / be full of ~ and courage 熱情と勇気に満ちている / a speech lacking ~ 熱のない演説 / ~ in the [*one's*] belly やる気, 野心. **6** 激しい想像力, 詩的霊感: a poet's ~ 詩人の霊感. **7 a** 火のような輝き, 光輝: the ~ of a gem 宝石の光輝 / eyes full of ~ きらきら光る目 / ⇨ St. Elmo's fire. **b** 《詩》 (星などの)きらきら輝くもの, 星 (star): heavenly ~*s*=~*s* of heaven 空の星, 星辰. **8 a** 火責め; [the ~] 火刑: ~ and fagot (昔, 異端者などに対して行った)火あぶりの刑 / under threat of *the* ~ 火刑のおどしで. **b** [しばしば *pl.*] 試練, 苦難: go through ~ 辛い試練を受ける. **9 a** [集合的にも用いて] 火花. **b** 《古》 火薬; 花火: ⇨ Greek fire. **c** 《英方言》 まき, たきつけ. **d** 《古》 電光 (lightening), 雷電 (thunderbolt). **10** (古代哲学で四大 (four elements) の一つとしての)火. **11** (病気の)熱; 熱病, 炎症: the ~ of a wound / ⇨ St. Anthony's fire. **12** (火酒の)熱気, 火気; 火酒.

betwèen twó fires 腹背に敵の砲火を受けて, 板ばさみになって: They are caught *between two* ~*s*. 両面攻撃を受けている. (1885) ***blów the fire*** ⇨ blow¹ 成句. ***bréathe fire*** 悪態をつく, かんかんに怒る. ***build a fire ùnder a person*** 人を奮起させる, 人に発破をかける. ***cátch fire*** (1) 火がつく: The tent *caught* ~. テントに火がついた. (2) 興奮する, 熱狂する. (3) 熱気を帯びる, 活気づく; (一般の)関心[興味]を呼び起こす. ***cátch on fire*** =catch fire (1), (3). ***dráw fire*** 〈案などが〉(…から)批判される 〔*from*〕. ***dráw a person's fire*** (しばしば意図的に)人の攻撃の的となる, 人の非難[怒り]を招く. ***fight fire with fire*** 相手が用いた手口[戦術]を用いて対抗する; 火の戦いには火で応ずる. ***fire and brímstone*** (1) 火と硫黄(いおう), 地獄の責め苦, 天罰 (cf. *Gen.* 19: 24, *Rev.* 19: 20). (2) [間投詞的に] 《古》 畜生 (ののしりの言葉): *Fire and brimstone!* (*a*1300) ***fíre and swórd*** (侵入軍による)放火や殺戮(さつりく), 戦禍. (1600) ***gó on fíre*** 《スコット・アイル》 燃え始める, 火がつく. ***gó through fire (and wáter)*** 水火をも辞さない, あらゆる危険を冒す, どんな試練にも耐える (*Ps.* 66: 12). (*c*1825) ***háng fire*** (1) 決断がつかない, ぐずぐずする, 手間取る. (2) 〈弾薬が〉遅発する (cf. hangfire). (1781) ***hóld*** (*one's*) ***fire*** 意見を述べることを差し控える, 論議を抑える; 人にしゃべらない. ***in the líne of fíre*** ⇨ line¹ 成句. ***light a fire ùnder a person*** (怠慢な)人をせきたてる. ***míss fire*** (1) 〈弾薬が〉発火しない, 不発に終わる, ミスファイアを起こす. (2) 不成功に終わる, 失敗する. (1727) ***on fire*** (1) 火災を起こして, 燃えて: The house is *on* ~. (2) 熱中して, 興奮して. ***ópen fire*** (1) 火ぶたを切る, (…に対し)砲火[砲門]を開く, 射撃を開始する 〔*on, at*〕. (2) (物事を)始める, 火ぶたを切る. ***pláy with fire*** (1) (軽率に)危険な事に手を出す. (2) 火をいじる, 火遊びする. (1887) ***púll a person's chéstnuts òut of the fire*** ⇨ chestnut 成句. ***púll [snátch] òut of the fire*** (1) 災害から救い出す. (2) 〈(負けそうになった)勝負などを〉盛り返す, 勝利に導く. (1893) ***sét a fíre*** 《米》 =*start a* FIRE. ***sèt fire to … =sét … on fire*** (1) …に火をつける[放つ], 燃やす, 火災を起こさせる: *set* a house *on* ~. (2) …を興奮させる, 激させる. (1623) ***sét the wórld*** [《英》 ***Thámes,*** 《スコット》 ***héather***] ***on fire*** 《口語》 [通例否定構文で] 華々しい事をして名をあげる: He won't *set the world on* ~. (1785) ***stárt a fire*** 火事を起こす, 放火する. ***táke fire*** (1) 火がつく, 発火する. (2) 熱狂する, 夢中になる. ***ùnder fire*** (1) 砲火を浴びて. (2) 非難[攻撃]を受けて (cf. *n.* 4 b). (1855) ***Whére's the fire?*** 《戯言》 (急いでいる人に向かって)火事場はどこです. (1924)

Fire of Lóndon [the —]=Great Fire.

— *vt.* **1 a** 〈銃砲を〉撃つ, 発火させる, 発砲する, 射撃する, 放つ: ~ a gun, pistol, etc. / ~ a volley 一斉射撃をする / ~ a salute 礼砲を放つ. **b** 〈ミサイル・ロケットなどを〉発射させる: ~ a rocket [torpedo]. **c** 〈爆薬などを〉爆発させる, 爆破する: ~ a coal mine. **2** 首にする, 解雇する (⇨ dismiss SYN): ~ a servant / be [get] ~*d* 首になる. **3** 〈感情・想像力などを〉燃え立たせる, 刺戟する, 熱中させる; 感激させる; …に霊感を与える: ~ a person's blood 人の熱血を燃え立たせる / ~ the imagination 想像力をかきたてる. **4 a** 火に当てる[かける], …に火を通す; 〈れんがなどを〉焼く: ~ bricks [pottery] れんが[瀬戸物]を焼いて作る. **b** 〈茶・たばこの葉などを〉火で乾燥する: ~ tea 茶に火入れをする; 茶をほうじる. **c** いぶし火で〈果樹園などの〉霜を防ぐ (smudge): ~ a young orange grove. **5 a** …に火を入れる, たきつける, 〈炉などを〉たく, 〈たばこの火をつける〈*up*〉: ~ a boiler [furnace] かま[炉]をたく. **b** 〈内燃機関を〉発火させる, 始動させる: ~ a rocket engine. **6 a** 〈質問・非難などを〉浴びせる: ~ questions at …に質問を浴びせる / ~ a hard glance at a person 人に激しいいちべつを投げる. **b** 《口語》 〈石などを〉勢いよく投げる, ぶつける. **c** 〚写真〛 〈シャッターを〉切る (release). **7** …に火をつける, 火を放つ, 燃やす: ~ a house 家に火をつける, 放火する. **8** (火がついたように)光らせる, 輝かせる, 赤くさせる. **9** (ゲーム・試合で)…を得点する: ~ a 40. **10** 〚獣医〛 (焼きごてで)焼烙(やく)する[を押す] (cauterize). **11** 《古》 火で清める, 追い払う 〔*out of, from*〕: ~ doubt *out of* …の疑惑をなくす.

— *vi.* **1** 発砲する, 射撃する; 〈銃砲が〉火を吹く, 発火[発射]する: ~ *at* [*into, on*] a ship 船を射撃する / give the

F

order to ~ 発射[発砲]の号令を下す / (Ready, Aim) *Fire!* (構えて, 狙って)撃て. **2 a** 火がつく, 燃えつく. **b** 〈内燃機関などが〉発火する, 始動する: All cylinders (are) *firing*, sir! エンジン(が)全開(しております). **3 a** 輝く, 光る, 赤く燃える. **b** 〈穀物が〉(早熟で)黄熟する. **4 a** (興奮して)真っ赤になる, 熱する, 興奮する, 激する. **b** 急にかっとなる, 憤激する 〈*up*〉. **5** 《口語》石(など)を勢いよく投げる. **6** 火をつける, 火の番をする. **7** 〈瀬戸物などが〉火で変化する: a glaze that ~*s* blue 火を入れると青色になる上薬. **8** 〖音楽〗鐘の音を一斉に鳴らす. **9** 《豪口語》〈運動選手などが〉上手に[意気込んで]プレーする, 燃える.
fire ahéad =FIRE *away* (*vi.*) (1). ***fire awáy*** (*vt.*) 〈弾丸などを打ち尽くす: ~ *away* all one's ammunition 弾薬を全部打ち尽くす. — (*vi.*) (1) 《口語》〔質問・仕事などを〕どんどん[やつぎばやに]し始める 〔*with*〕; [命令形で] どしどし[さっさと]やれ: ~ *away at* the prime minister 首相にどんどん質問し始める / "May I ask you some questions?" "*Fire away!*" お尋ねしたいことがありますが—(さあ)どうぞ. (2) 打ち続ける: ~ *away at* the enemy 敵をどんどん射撃する. (3) 《英》写真をとる. (1840) ***fire óff*** (*vt.*) (1) 撃つ, 発射する (discharge): ~ *off* a gun 銃砲を発射する. (2) 放つ, 飛ばす: ~ *off* questions 質問を放つ. (3) 〈窯(よう)〉の火を落とす, 〈火を〉消す. (4) 写真を撮る. ***fire úp*** (*vt.*) (1) 憤慨させる: Her insult really ~*d* me *up*. 彼女に軽蔑されて本当に憤慨した / I got all ~*d up*. 全くかっとなった. (2) 熱狂させる: Her speech ~*d* me *up* to join the party. 彼女の演説に感激して入党した. (3) ⇨ *vt.* 5 a. — (*vi.*) ⇨ *vi.* 4 b.
~·a·ble *adj.* 〖OE *fȳr* < Gmc **feuraz* (Du. *vuur* / G *Feuer*) ← IE **pūr-* (Gk *pûr* fire)〗

F

fire alàrm *n.* **1** 火災警報. **2** 火災探知機. 〖1849〗
fire-and-brímstone *adj.* (説教などで)地獄の責め苦を熱心に説く. 〖(n.: 1601–2) *c*1800〗
fire ànt *n.* 〖昆虫〗ハリアリ類の総称 (主として熱帯地方に多く, 刺針を持つ). 〖1796〗
fire·àrm /fáɪəɑ̀əm | fáɪə(r)ɑ̀ːm/ *n.* [《英》通例 *pl.*] 火器; (特に)小火器 (rifle, pistol など; cf. cold steel). 〖1646〗
fire àrrow *n.* 火矢, 火箭(ひや) (14 世紀の弩砲(どほう) (ballista) から発射する火のついた矢). 〖1720〗
fire·bàck *n.* **1** (炉火反射用の)暖炉の鉄板製の背壁. **2** 〖鳥類〗コシアカキジ (南アジア産 *Lophura* 属の雄の背後部が金属赤色のキジの総称; ハッカンウチワキジなど; fire-backed pheasant ともいう). 〖1847〗
fire·bàll *n.* **1 a** 火の玉 (太陽など). **b** 球電 (火の玉のように見える稲妻; ball lightning ともいう). **c** 〖天文〗火球, 光る大流星 (bolide). **d** 火球, 火の玉 (核爆発の際に生じる中心の光輝部). **2** 《口語》非常に精力的な力, 活動家. **3** 〖野球〗火の玉速球. **4** 〖兵器〗(昔の)焼夷(しょうい)弾. 〖1555〗
fire·bàll·er *n.* 〖野球〗剛速球投手.
fire ballòon *n.* **1** 熱気球. **2** 花火気球 (ある高さまで上ると爆発する仕掛けの花火材料をつけた風船). 〖1822〗
fire bàr *n.* (炉の)火格子棒. 〖1703〗
fire·bàse *n.* 〖軍事〗重砲基地. 〖1968〗
fire bàsket *n.* (かがり火をたく携帯用の)火かご, かがりかご. 〖1855〗
fire bày *n.* 〖築城〗塹壕内の他の部分より前方に弧状に突き出したライフル兵たちのいる区間. 〖1917〗
fire bèetle *n.* 〖昆虫〗**1** ホタルコメツキ (北米南部から中南米の全域にわたるコメツムキシ科 *Pyrophorus* 属の 60 余種の甲虫の総称). **2** 《豪》灯火に飛来する昆虫の総称. 〖1842〗
fire bèll *n.* 出火警鐘, 半鐘. 〖*a*1626〗
fire·bèlt *n.* (森林地などの)防火帯, 防火線 (firebreak).
fire·bìrd *n.* 〖鳥類〗羽が赤色または橙色の小鳥の総称; (特に)バルチモアムクドリモドキ (Baltimore oriole). 〖1824〗
fire blàst *n.* 〖植物病理〗(ホップなどの)枯縮病. 〖1727〗
fire·blìght *n.* 〖植物病理〗**1** (リンゴなどの)腐爛(ふらん)病. **2** 腐爛病病原菌 (*Erwinia amylovora*). 〖1817〗
fire blòcks *n. pl.* 火災防塞板. 〖1836〗
fire·bòard *n.* **1** 炉蓋(ろぶた), 炉板 (夏期使用しないときに fireplace をふさぐための板). **2** 《米中部》=mantel-piece. 〖*a*1828〗
fire·bòat *n.* 消防艇[船]. 〖1826〗
fire·bòmb *n.* 補助タンク焼夷(しょうい)弾, 火炎爆弾 (飛行機の補助タンクに焼夷剤を入れたもの); 焼夷弾. — *vt.* …に焼夷弾を落とす; 焼夷弾で攻撃する. 〖1895〗
fire bòss *n.* 《米》〖鉱山〗爆発ガス警戒係 (gasman, fireman ともいう).
fire·bòx *n.* **1** (ボイラー・機関車の)火室. **2** 火災報知機. **3** 《廃》火口(ほくち)箱 (tinderbox). 〖1791〗
fire·brànd *n.* **1** (激情を)あおる者, (紛争の)煽動者. **2** たいまつ, 燃え木. 〖?*a*1300〗
fire·bràt *n.* 〖昆虫〗マダラシミ (*Thermobia domestica*) (かまどなど熱い所に集まる). 〖1895〗
fire·brèak *n.* 防火帯, 防火線 (森林・草原中に火事の広がるのを防ぐために開拓伐木された地帯). 〖1841〗
fire-brèathing *adj.* 〈話し方・態度など〉恫喝(どうかつ)的な, 攻撃的な(感じの).
fire·brick *n.* 耐火れんが (耐火粘土製のれんが). 〖1793〗
fire brìdge *n.* 火堰(ひせき) (火格子の後方を仕切る耐火れんがの低い壁).
fire brigàde *n.* **1** 《英》消防隊[団]. **2** 《米軍俗》(異常事態発生などの処理のために組織された)機動部隊. 〖1838〗
fire bùcket *n.* 非常用消火バケツ.
fire·bùg *n.* **1** 《口語》放火者, 放火狂. **2** 《米方言》ホタル. 〖1789〗
fire chìef *n.* 《米》**1** 消防署長. **2** =fire marshal 2. 〖1889〗
fire·clày *n.* 耐火粘土 (耐火れんが用). 〖1819〗
fire còmpany *n.* **1** 《米》消防隊. **2** 《英》火災保険会社.
fire contròl *n.* **1** 〖軍事〗射撃統制, 射撃(の)指導 (射撃の計画準備および実施に関するすべての運用をいう, fire direction より範囲が広い). **2** 防火, 消火. 〖1864〗
fire·cràcker *n.* **1** 爆筒, 爆竹, かんしゃく玉. **2** 燃えるような赤色. 〖1829〗
fire·crèst *n.* 〖鳥類〗マミジロキクイタダキ (*Regulus ignicapillus*) (ヨーロッパ産のキクイタダキの一種). 〖1843〗
fire cròss *n.* =fiery cross 1. 〖1547〗
fire-cùre *vt.* 《米》(たばこに特有の味を与えるため)たき火の煙を当てて処理する (cf. flue-cure). **fire-cúred** *adj.*
fire cùrtain *n.* **1** (劇場などの)耐火カーテン. **2** 〖軍事〗弾幕砲火.
fired *adj.* [複合語の第 2 構成素として] (…を)たく, (…を)燃料とする: a coal-*fired* furnace. 〖(1889) ← FIRE *v.* +-ED〗
fire·dàmp *n.* **1** (炭坑内に生じる)爆発ガス (主にメタンから成り, ある程度空気と混じると爆発する; cf. afterdamp, blackdamp). **2** (爆発ガスと空気の混じった)爆発気. 〖1677〗
fire depàrtment *n.* 《米・カナダ》**1** (都市の)消防部, 消防署 (《英》fire service). **2** [集合的] 消防部員. 〖1825〗
fire dirèction *n.* 〖軍事〗射撃指揮 (射撃目標の選定・火力の集中と配分・弾薬の配当など, 1 部隊以上の火力を戦術的に運用すること; fire control より範囲が狭い).
fire·dòg *n.* (炉の)まきのせ台; 火格子. 〖1792〗
fire dòor *n.* **1** (炉・ストーブなどの)たき口の戸. **2** 防火扉, (特に, 火災の際の熱で作動する)自動防火扉.
fire·dràgon *n.* =firedrake. 〖?*a*1475〗
fire·dràke *n.* **1** 〖ゲルマン神話〗火竜 (口から火を吐く竜で, 財宝の守護者). **2** 流れ星; 鼻の赤い人. 〖OE *fȳrdraca* firedragon: ⇨ fire, drake[1]〗
fire drìll *n.* **1** 消防演習; (学校・工場などの)防火[消火]訓練. **2** (原始人の用いた)火起こし錐(きり). 〖1890〗
fire-èater *n.* **1** 火食い術の魔術師. **2** (血気にはやる)無鉄砲者, けんか好き (bully). **3** 《口語》《米史》(南北戦争前の南部の)熱烈な奴隷制度支持者. ★ 北部の奴隷制度反対者が主に用いた. 〖1672〗
fire-èating *adj.* 血気にはやる, けんか好きの: a ~ radical. 〖1819〗
fire èngine *n.* 消防用(蒸気)ポンプ; 消防(自動)車. 〖*c*1680〗
fire escàpe *n.* 火災避難装置, 避難ばしご, 非常階段: a wheeled ~ 車台に取り付けた避難ばしご. 〖1788〗
fire èxit *n.* 非常口.
fire extìnguisher *n.* 消火器. 〖1849〗
fire-éyed *adj.* 《古・詩》目のきらきらと光る. 〖1596〗
fire·fàng *vi.* 〈肥料・穀物が〉有機物の酸化分解によって極端に乾燥変質する. 〖1513〗
fire·fìght *n.* 〖軍事〗射撃戦. 〖1899〗
fire fìghter *n.* 消防士, 消防隊員 (fireman). 〖1903〗
fire fìghting *n.* 消火活動, 消防.
fire flàir *n.* 《英》〖魚類〗アカエイ (*Dasyatis pastinaca*). 〖*a*1705〗
fire·flàught /-flɔ̀ːt, -flɑ̀xt | -flɔ̀ːt, -flɔ̀xt/ *n.* 《スコット》**1** 電光, 稲光, 稲妻. **2** 流星. **3** 短気な人, 怒りっぽい人. 〖(*c*1375) ← FIRE (n.)+《スコット》*flaught* flash (< ME *flaught* turf < OE **fleaht*: cf. flake[1])〗
fire·flòat *n.* 消防船.
fire·flòod *n.* 火攻法, 地下燃焼法 (油層内の原油の一部を燃焼させ, 発生したガス圧によって産出を増加させる油田若返り法; fireflooding ともいう). 〖1821〗
fire·flỳ *n.* 〖昆虫〗ホタル (ホタル科の昆虫の総称; ただし米国ではコメツキムシ科のヒカリコメツキ類も含むことが多い; cf. glowworm). 〖1658〗
fire gìlding *n.* 金と水銀のアマルガムを用いて金箔をつける方法. 〖1831〗
fire gràte *n.* 火格子 (fireplace の火床).
fire·guàrd *n.* **1** 暖炉前の囲い金網; ストーブの囲い (fire screen). **2** 《米》(森林・草原地の)防火地帯 (firebreak). **3** 《米》(森林地帯の)火災監視人. 〖1833〗
fire·hàll *n.* 《北米・カナダ》=fire station. 〖1881〗
fire hòok *n.* **1** とび口. **2** 火かき棒. 〖1395–96〗
fire hòse *n.* 消火ホース. 〖1883〗
fire·hòuse *n.* 《米》消防ポンプ小屋, 消防詰所, 消防署 (fire station). 〖OE *fȳrhūs*: ⇨ fire, house〗
fire hùnt *n.* 《米》夜間灯火を用いて行う狩猟; 狩猟地に火を付けて行う狩猟. 〖1788〗
fire hỳdrant *n.* 消火栓, 防火栓 (fireplug).
fire insùrance *n.* 火災保険: a ~ company 火災保険会社 / a ~ contract 火災保険契約.
fire ìrons *n. pl.* **1** 炉辺鉄具[用具] (tongs, poker, shovel など). **2** (炉の)まき載せ台 (andirons). 〖(*c*1290) 1812〗
fire làdder *n.* (火災避難用の)非常ばしご; 消防用はしご. 〖1832〗
fire·less *adj.* **1** 火のない, 火の気(け)のない: a ~ room. **2** 活気のない. 〖(?*a*1400): ⇨ -less〗
fireless cóoker *n.* 火なしこんろ, 蓄熱料理器.
fire·lìght *n.* (炉やキャンプファイヤーなどの)火明かり: in the ~. 〖OE *fȳrleoht*〗
fire·lìghter *n.* **1 a** 火をつける人. **b** 火つけ道具, ライター. **2** 《英》たきつけ. 〖1779〗
fire lìmits *n. pl.* (建築物に一定の防火基準の要求される, 都市などの)防火区画.
fire lìne *n.* **1** (森林地の)防火線 (firebreak). **2** [通例 *pl.*] (火災現場の危険防止のための)消防非常線. 〖1902〗
fire·lòck *n.* **1 a** (16 世紀の)輪燧(りんすい)銃; 輪燧発機 (wheel lock). **b** (17 世紀の)燧石銃; 燧発機 (flintlock). **2** 《古》燧発銃兵. 〖1547〗
fire màin *n.* (消火用水道の)消火主管.
fire·man /-mən/ *n.* (*pl.* **-men** /-mən, -mèn/) **1** 消防士, 消防隊員 (fire fighter). **2 a** (炉や機関の)汽罐(きかん)員 (stoker). **b** 《英》(機関車の)機関助士. **c** 〖海事〗(昔は)火夫, (今は)機関員. **d** 《米海軍》機関兵. **3** 《俗》〖野球〗火消し役, 救援投手, リリーフピッチャー (relief pitcher). **4** 〖鉱山〗=fire boss. **5** 紛争調停人. **6** 紛争地域へ行くジャーナリスト. 〖1377–79〗
fire màrshal *n.* 《米》**1** (州や市の)消防部長. **2** (会社・工場などの)防火管理[責任]者 (fire chief).
fire·màster *n.* 《スコット》消防隊長. 〖(1622) 1865〗
fire-néw *adj.* 《古》真新しい. 〖1592–93〗
Fi·ren·ze /*It.* firéntse/ *n.* フィレンツェ (Florence のイタリア語名).
fire òffice *n.* 《英》火災保険会社の事務所. 〖1684〗
fire òpal *n.* 〖鉱物〗ファイヤーオパール (⇨ girasol 1). 〖1816〗
fire·pàn *n.* 《英》火取り具, 十能; 火鉢 (brazier). 〖OE *fȳr-panne*〗
fire patròl *n.* 〖保険〗=salvage corps.
fire pìnk *n.* 〖植物〗米国東部産ナデシコ科マンテン属の鮮紅色の花をつける植物 (*Silene virginica*). 〖1882〗
fire·place /fáɪəplèɪs | fáɪə-/ *n.* **1** 壁炉, (部屋の壁に設けられた)暖炉; 炉床. **2** (キャンプ場などにある)野外[戸外]炊事炉. 〖1698〗

fireplace 1
1 mantel
2 hob
3 andirons

fire·plùg *n.* (米・NZ) (水道本管と連絡している)消火栓, 防火栓 (fire hydrant) (略 FP). 〖1713〗
fire pòint *n.* 〖化学〗(揮発性燃焼物の)発火点 (cf. ignition point).
fire pòlicy *n.* 火災保険証書. 〖1855〗
fire-pòlish *vt.* 〖ガラス製造〗火仕上げする, 口焼きする.
fire pòlishing *n.* 〖ガラス製造〗火造り, 口焼き (加工の過程でガラスをガスの炎にあてて軟化させ表面張力によってなめらかに仕上げる方法). 〖1849〗
fire·pòt *n.* **1** 火つぼ (炉やストーブの燃料の燃える所). **2** (中世の)磁砲 (土器の壺に爆発物を詰めた手投げ弾). **3** (はんだ用の)るつぼ (crucible). 〖1627〗
fire·pow·er /fáɪəpàuə | fáɪəpàuə(r)/ *n.* **1** 〖軍事〗火力, 火力量 (部隊または兵器が一定時間に目標に向かって効果的に発射し得る弾丸の能力または総量). **2** 〖スポーツ〗(チームの)得点可能力. 〖1913〗
fire·pràctice *n.* 《英》=fire drill 1.
fire·pròof *adj.* 防火の, 耐火性の; 不燃性の, 不燃加工をした: a ~ construction 防火構造 / a ~ curtain (劇場の客席と舞台を分かつ)防火幕 / a ~ dish 耐熱皿 / a ~ vault 耐火地下室 (金庫室). — *vt.* 耐火性にする.
~·ness *n.* 〖*a*1638〗
fire·pròof·ing *n.* **1** 耐火性化, 防火装工, 防火処理. **2** 耐火材料.
fir·er /fáɪ(ə)rə | fáɪərə(r)/ *n.* **1** 点火物. **2** [通例複合語の第 2 構成要素として] 発火器, 銃: a single-*firer* 単発銃 / a quick-*firer* 速射砲. **3** 発火者, 発砲者, 射撃者. **4** 火の番をする人, (窯などの)火入れ工. **5** 火つけ, 放火犯人. 〖(1602) ← FIRE+-ER[1]〗
fire-ràiser *n.* 《英》放火犯人.
fire-ràising *n.* 《英》放火罪 (arson). 〖1685〗
fire-réd *adj.* 火のように赤い, 朱色の. 〖*c*1384〗
fire rèel *n.* 《カナダ》=fire engine.
fire resistance *n.* 耐火性.
fire-resìstant *adj.* 〈構造物が〉耐火性の. 〖1902〗
fire-retàrdant *adj.* 防火効力のある. — *n.* 防火材料. 〖1915〗
fire-retárded *adj.* 防火材料で保護[被覆]された.
fire rìsk *n.* 〖保険〗火災危険. 〖1865〗
fire-ròbed *adj.* 《Shak》火の衣をまとった.
fire·ròom *n.* (蒸気船の)火たき室, 汽罐(きかん)室. 〖1632〗
fire sàlamander *n.* 〖動物〗マダラサラマンドラ (*Salamandra salamandra*) (黒い皮膚に赤・オレンジ・黄の模様のある尾の短い夜行性イモリ).
fire sàle *n.* 《米》焼け残り品特売[売出し]. 〖1891〗
fire scrèen *n.* **1** (暖炉の前に置く)火よけついたて (時に装飾用); (炉を使わないときに置く)装飾用ついたて. **2** = fireguard 1. 〖(1420) 1758〗
fire sèrvice *n.* 《英》消防署 (《米》fire department).
fire sètting *n.* 〖鉱山〗火力採掘 (古く行われた岩石の破砕方法; 岩石の前面でたき火をし, その熱によって岩石を破壊する).

fire·shìp *n.* 焼き打ち船, 火船 《昔, 敵艦船を焼き払うため燃料や爆発物を満載点火し敵船の風上に流した船》. 〚1588〛
fire shòvel *n.* 十能 《石炭を火にくべるためのシャベル》. 〚lateOE *fȳrscofl*〛
fire shùtter *n.* (金属製の)防火シャッター.
fire·sìde *n.* **1** (室内の)炉ばた, 炉辺: sit by the ~. **2 a** 炉辺のまどい, 一家だんらん. **b** 家庭 (home), 家庭生活. ― *adj.* [限定的] 炉辺の: a ~ scene 炉辺[家庭生活]の場面 / ~ comfort 家庭生活の慰楽 / a ~ chat 炉辺の打ち解けた談話; 炉辺閑談 (F. D. Roosevelt 大統領の採った政見発表の形式). 〚1563〛
fire stàrter *n.* 《米》 たきつけ(にする燃えやすいもの).
fire stàtion *n.* 消防詰所, 消防署 (《米》 firehouse, station house). 〚1877〛
fire stèp *n.* 〘軍事〙 (塹壕(ざん)内の)発射踏み台 (塹壕内の兵士が射撃・敵情観測のため上がる踏み台). 〚1916〛
fire stìck *n.* **1** (原始時代にすり合わせて火を起こした)火起こし棒, 火切り棒. **2** 燃え木, たいまつ (firebrand). **3 a** [*pl.*] (2本の箸からなる原始的な)火ばさみ. **b** 火かき棒 (poker). 〚*c*1300〛
fire·stòne *n.* **1** (炉の内張り材に適した)珪質岩. **2** 火打石 (flint); (昔, 火打石として用いた)黄鉄鉱 (pyrite). 〚OE *fȳrstān*〛
Fire·stone /fáiəstoun | fáiəstəun/, **Harvey Samuel** *n.* ファイアストーン (1868–1938; 米国の実業家; タイヤ・ゴム製品の製造業者).
fire-stòp *n.* 火災止め 《火災の広がりを防ぐために建物の中空層をもつ壁の要所を密封する部材》. ― *vt.* …に火災止めをつける. 〚1897〛
fire·stòrm *n.* **1** 火事場風 (大火・(原子)爆弾などによって生じる上昇気流のためにしばしば雨を伴う強風を引き起こす大気現象). **2** (憤り・抗議などの)激発: a ~ of protest. **3** 《詩》 火の嵐. 〚1581〛
fire-tèazer *n.* 《英》 火夫, 機関夫 (stoker). 〚1827〛
fire tènder *n.* (時に消防自動車に取り付けられた)消火用器具運搬車, 小型消防車.
fire·thòrn *n.* 〘植物〙 トキワサンザシ (*Pyracantha coccinea*) 《南ヨーロッパ・西アジア原産の白い花をつける低木》. 〚*c*1900〛
fire tòwer *n.* (森林などにある)火災監視塔, 火の見やぐら. 〚1827〛
fire tràil *n.* 《豪》 消火道 《森林火事消火活動のために切り開いてある》.
fire·tràp *n.* **1** 火災の際逃げ場のない極めて危険な建物[場所]. **2** 火災を起こす可燃物のがらくた. 〚1881〛
fire trèe *n.* 〘植物〙 ヒノキ (⇨ sun tree). 〚1801〛
fire trènch *n.* 〘軍事〙 戦闘壕, 散兵壕 《小銃発射のための塹壕(ざん)》. 〚1909〛
fire trùck *n.* 《米》 消防(自動)車. 〚1935〛
fire tùbe *n.* 〘機械〙 =flue[1] 2 c.
fire-tùbe bòiler *n.* 煙管ボイラー.
fire wàlk *n.* 火渡り (火の中や焼け石の上をはだしで歩く宗教的儀式で, Fiji 島などで行われる; 昔はヨーロッパでも正邪を決めがたいときの裁判法として行われた). 〚1898〛
fire wàlker *n.* 火渡り術者[行者]. 〚1895〛
fire wàlking *n.* 火渡り(の術, 儀式) (fire walk). 〚1899〛
fire·wàll *n.* **1** 〘建築〙 防火壁. **2** 〘航空〙 (エンジン収容部の)防火壁. **3** 〘証券〙 ファイアウォール 《金融機関の銀行業務と証券業務の完全分離に関する取り決め》. **4** 〘電算〙 ファイアウォール 《侵入防止のため LAN とインターネットとの間に介在させる保安システム》. 〚1759〛
fire wàrd *n.* 《古》 =fire warden.
fire wàrden *n.* 《米》 都市などの消防監督官; (キャンプの)火の番, 防火責任者; (森林地の)防火官吏. 〚1724〛
fire-wàtcher *n.* (空襲時の)火災監視人. **fire-wàtching** *n.* 〚1910〛
fire·wàter *n.* 《口語》 強いアルコール飲料, 火酒(か゚ˢ). 〚1817〛
fire·wèed *n.* 〘植物〙 焼け跡・開墾地に生える厄介な雑草 (ヤナギラン (willow herb) やシロバナヨウシュチョウセンアサガオ (jimson weed) など). 〚1784〛
fire·wood /fáiəwùd | fáiə-/ *n.* まき, 薪. 〚1378〛
fire·work /fáiəwə̀ːk | fáiəwə̀ːk/ *n.* **1 a** 花火: a display of ~*s* 花火大会 / light a ~ 花火に火をつける / set ~*s* 仕掛け花火 / let [set] off a ~ 花火を打ち上げる. **b** [*pl.*] 花火大会. **2** [しばしば *pl.*] のろし. **3** [通例 *pl.*; 時に単数扱い] 《口語》 **a** (才気の)ひらめき, 煥発(かん); (音楽などの)卓越した妙技. **b** (論戦などの)火花; (感情・怒りの)ほとばしり: a ~ *s* of rage ほとばしる怒り. **4** [*pl.*] 《口語》〘軍事〙 (高射砲などの)対空砲火; 砲撃. 〚1560〛
fire wòrship *n.* **1** 拝火. **2** 《俗用》 拝火教 (Zoroastrianism). 〚1774〛
fire wòrshiper *n.* 拝火教信者. 〚1806〛
fir·ing /fáɪ(ə)rɪŋ | fáɪər-/ *n.* **1** (鉄砲・地雷などの)発火, 発砲, 発射, 射撃: ~ practice 射撃演習. **2** (かまどなどの)火入れ; (陶器などの)焼成; (茶の)火入れ. **3** 燃料, 薪炭 (fuel). **4** (不良な土壌などによる植物の)焼けの症状 (scorching). **5** 解雇. 〚(1374): ⇨ fire, -ing[1]〛
firing àngle *n.* 〘電気〙 点弧角 《サイリスター (thyristor) などをオンにする時点を電気角で表現した量》.
firing bàttery *n.* 〘軍事〙 射撃中隊 《砲兵部隊の中で本部・管理補給部隊以外の, 実際に射撃を行う中隊》; 戦砲隊 《射撃中隊の中で実際に射撃位置について戦闘する部隊》.
firing dàta *n. pl.* 〘軍事〙 射撃諸元 《砲兵の射撃のために必要な目標・射撃方向・使用弾薬などに関するデータ》.
firing ìron *n.* 〘獣医〙 烙鉄(らく). 〚1753〛
firing lìne *n.* **1** 〘軍事〙 **a** 火線, 射線 (front line) 《戦闘または射撃演習の際に射撃のため隊員を配置した最前線》. **b** 砲列線 《firing battery (戦砲隊)が砲列をしいた線》. **c** [単数または複数扱い] 火線配置についた部隊. **2** (活動・行動の)第一線. ★ 主に次の句で: on [in] the ~ (非難・攻撃などを受けやすい)第一線で; 非難の矢面に立たされて (in the line of fire). 〚1881〛
firing òrder *n.* (多筒内燃機関の各気筒の)点火順序. 〚1910〛
firing pàrty *n.* 〘軍事〙 **1** 弔(ちょう)銃発射(部)隊 《軍の儀礼により埋葬する死者のため墓地で弔銃を発射する1分隊位の兵》. **2** 銃殺執行(部)隊. 〚1859〛
firing pìn *n.* 〘銃器〙 (銃砲の)撃針. 〚1874〛
firing pòint *n.* 〘軍事〙 (射撃訓練における)射撃位置. 〚1878〛
firing potèntial *n.* 〘電気〙 放電開始電圧.
firing rànge *n.* 射撃練習[訓練]場; 射程.
firing squàd *n.* 〘軍事〙 =firing party.
firing stèp *n.* 〘軍事〙 =fire step.
firk /fə́ːk | fə́ːk/ *vt.* 《古》 殴る (cf. Shak., *Hen V* 4. 4. 28). 〚(1567) OE *fercian* to bring, conduct, assist〛
fir·kin /fə́ːkɪn | fə́ːkɪn/ *n.* **1** ファーキン (略 fir): **a** 英国の容量単位; kilderkin の 1/2 で, 8–9 ガロン; =1/4 barrel. **b** 英国の重量の単位; 特に, バターを量るのに用いる; 56 ポンドに相当. **2** (バターなどを入れるのに用いる)木製の小おけ (8–9 ガロン入り). 〚(1391) *ferdekin* ◻ ? MDu. **vierdelkijn* (原義) the fourth part of a barrel (dim.) ← *vierdel* ← *vierde* 'FOURTH' + *-del* part: ⇨ -kin〛
firm[1] /fə́ːm | fə́ːm/ *n.* **1 a** (二人以上の合資で経営される)商会, 商店, 会社: a long ~ 《英》 (品物を受け取って代金を払わない)インチキ会社, 幽霊商会. **b** 会社名, 社名: the ~ of Smith & Co. **2** 商社, 企業. **3** [集合的] 医療チーム. 〚(1574) ◻ It. *firma* (*commerciale*) & Sp. *firma* confirmation, signature ← *firmar* to sign < L *firmāre* to confirm ← *firmus* (↓)〛
firm[2] /fə́ːm | fə́ːm/ *adj.* (~·**er**; ~·**est**) **1** 堅い, 堅固な; (堅く)引き締まった: ~ wood 堅(い)木 / ~ flesh [muscles] 引き締まった肉[筋肉] / ~ texture 目のつんだ織地 / ~ ground (海に対して)陸地, 大地. **2** しっかり固着[固定]した, ぐらつかない: ~ teeth ぐらつかない歯 / be (as) ~ as a rock 岩のようにしっかり固着している / be ~ on one's legs しっかり(自分の足で)立っている. **3 a** 〈態度・動作などが〉がっちりした, 力強い, 確固とした: a ~ handshake 力強い握手 / a ~ step しっかりした足取り / a ~ touch on the piano しっかりしたピアノのタッチ. **b** 健全な, 健康な: a ~ mind. **4 a** 〈信念など〉固い, 強固な, 不抜の; 〈人物・主義など〉ぐらつかない, 志操堅固な, しっかりした, 堅実な (constant) 〔*to*〕: a ~ faith [belief] 確固たる信仰[信念] / ~ friendship 変わらない友情 / a ~ friend 忠実な友 / be ~ *about* a decision 決意が固い. **b** 〈声・表情など〉毅然たる態度[決意]を示す: a ~ mouth [jaw] しっかりした口元[引き締めたあご] / a ~ voice しっかりした声 / a ~ face 決意を見せる顔 / His face became ~*er*. 顔つきがますます毅然としてきた. **5 a** 法的に確定した, 決定した, 最終の: a ~ contract, order, etc. **b** 確実な, 確立した; 十分な: She has a ~ mastery of the language. その言語に十分精通している. **6** 〈相場が〉底堅い, 手堅い (↔ weak); 〈市況が〉引き締まった: a ~ market 堅調な市況. ***a firm hánd*** 厳しいしつけ[管理]. ***on firm gróund*** 確かな基盤[基礎]の上に立っている, 確かな論拠がある.
― *adv.* (~·**er**; ~·**est**) しっかりと, 堅く, 堅固に (firmly, fast). ★ 主に次の句に用いられる: hold ~ to …にしっかりつかまる, …をどこまでも固守する / stand ~ しっかりと立つ; 断固とした態度を示す.
― *vt.* **1** 堅くする, 固める, 安定させる, 〈樹木を〉しっかり植え付ける 〈*up*〉: ~ *up* the ground after planting 植えたあとで地面を固める. **2** 〈契約を〉確定する, (最終的に)決定する 〈*up*〉: ~ *up* the details 細目を詰める. **3** 強める 〈*up*〉. ― *vi.* **1** 堅くなる, 固まる 〈*up*〉: His opinions have not yet ~*ed up*. **2** 〈市場が〉手堅くなる, 引き締まる 〈*up*〉: The market is ~*ing up* after a shaky start to trading. 商いのスタートは不安定だったが, その後市場は引き締まりつつある. **3** 《豪》〘競馬〙 (馬の)賭け率が下がる.
~·ish *adj.* 〚(1375) ◻ (O)F *ferme* < L *firmus* firm, strong ← IE **dher-* to hold firmly (Gk *thrânos* bench & *thrónos* 'THRONE' / Skt *dhārayati* he holds)〛

SYN 堅い: **firm** 物質の構成素が緻密で強く押しても復元する: *firm* muscles 引き締まった筋肉. **hard** 堅くて貫通・切断しにくい: This ball is as *hard* as a stone. このボールは石のように固い. **solid** 中身が詰まって堅い: build a house on *solid* ground 堅固な土地に家を建てる. **tough** 食肉などが堅い: This steak is so *tough* that I can hardly cut it. このステーキは堅くて切れない.
ANT loose, flabby.

fir·ma·ment /fə́ːməmənt | fə́ː-/ *n.* **1** [通例 the ~] 《文語》 (雲と星の見える)天空, 大空, 蒼穹, 穹天 (heavens, sky): this brave o'erhanging ~ この頭上を覆うすばらしい大空 (Shak., *Hamlet* 2. 2. 312). **2** (古代天文学で)星が固定していると考えた天空. **3** (活動などの)分野, …界. 〚(*c*1250) ◻ (O)F ∥ L *firmāmentum* support, (LL) firmament (なぞり) ← Gk *steréōma* solid body (なぞり) ← Heb. *rāqīaʻ*: ⇨ firm[2], -ment〛
fir·ma·men·tal /fə̀ːməméntl | fə̀ːməméntl⁻/ *adj.* 大空の. 〚(1559): ⇨ ↑, -al[1]〛
fir·man /fə(ː)máːn, fə́ːmaːn, -mən | fə(ː)máːn, fə́ːmən, -mæn/ *n.* **1** (東洋の君主の発行した)勅令, 勅許(状). **2** 免許[許可](状). 〚(1616) ◻ Turk. *fermān* ◻ Pers. *fermān* ← IE **per-* pro-[1] + *mē-* 'to MEASURE'〛
fir·mer /fə́ːmə | fə́ːmə(r)/ *adj.* 薄刃のみの. ― *n.* = firmer chisel. 〚(1823) ← F *fermoir* (変形) ← *formoir*〛
fir·mer chisel /fə́ːmə- | fə́ːmə-/ *n.* (木工用)薄刃のみ. 〚(1823) *firmer*: (混成) ← F *fermoir* chisel (《変形》 ← *formoir* ← *former* 'to FORM' + *fermer* to make firm (< L *firmāre* ← *firmus* 'FIRM[2]')〛
firm·ly /fə́ːmli | fə́ːm-/ *adv.* しっかりと, 堅く, 堅固に; 断固として. 〚(*c*1380): ⇨ firm[2], -ly[1]〛
firm·ness /fə́ːmnɪs | fə́ːm-/ *n.* 堅固, 堅実, (性格などの)確固; 手堅さ. 〚(1561): ⇨ firm[2], -ness〛
firm·wàre *n.* 〘電算〙 ファームウェア (hardware でも software でもないコンピューターの構成要素の一種, 通常 hardware で処理されるコンピューターの機能を実現するためのマイクロプログラムはその一種). 〚1967〛
firn /fíən | fíən; G. fírn/ *n.* 〘地質〙 (高峰の)万年雪, (氷河の上方にある, または氷河にたまる)粒状の雪, フィルン (névé あるいは firn snow ともいう). 〚(1853) ◻ G ~ '(snow) of last year' ← 《Swiss 方言》 *firn* of last year (Goth. **faírneis* old) ← IE **per-* 'PRO-[1]': cf. OE *fyrn* old〛
fir nèedle *n.* 樅(もみ)の葉. 〚1883〛
fir·ring /fə́ːrɪŋ | fə́ːr-/ *n.* 〘建築〙 =furring 6. 〚1678〛
fir·ry /fə́ːri | fə́ːri/ *adj.* **1** 樅(もみ)の, 樅材の. **2** 樅の多い: ~ woodlands. 〚(1833) ← FIR + -Y[4]〛
first /fə́ːst | fə́ːst/ *adj.* **1** (時間・順序・場所など)第一の, 第一番目の (1st); 最初の (↔ last): Mary was my ~ child. メアリーは私の最初の子だった / the ~ form (英国の) 1年級 / the ~ train (決めた時間の)最初の列車; 一番列車 / the ~ flowers of spring 春の初花 / the ~ snow [frost] of the season 初雪[霜] / the ~ performance of Mahler's Eighth Symphony マーラーの交響曲第八番の初演 / one's ~ impression(s) of …の第一印象 / the ~ month of the year 1月 / the ~ (day) of May 5月1日 / the ~ days of May 5月早々 / ⇨ first day / the ~ horse in the race 競馬で第1着の馬 / Edward the *First* エドワード一世 / the ~ house you come to あなたが最初にたどり着く家 / the ~ man to cross the Atlantic 最初の大西洋横断者 / the ~ guest to arrive (パーティーなどで)最初[一番先]に着いた[着く]お客 / the ~ two [three] men=the two [three] ~ men 初めの2[3]人 (⇨ last[1] *adj.* 1 a ★) / ⇨ first floor / He obeyed at her ~ word. 彼女の一言ですぐ従った / at the ~ opportunity 機会のあり次第 / on the ~ fine day 天気になり次第. **2** (地位・重要性・価値など)最も重要な, 主要な, 第一流の: win ~ prize 一等賞をとる / a [the] ~ secretary (大公使館の)一等書記官 / of the ~ importance 一番重要な / the ~ scholar of the day 当時の第一流の学者 / the ~ men in the country 国の指導者たち / the ~ subject of the King 国王の第一の臣下 / ⇨ First Lord. **3** (自動車などの)(第)一速の, 最低速伝動の, ローの: ⇨ first gear. **4** 〘音楽〙 (各声部または各楽器群で)最高音部の, 首位を占める: the ~ violin, horn, oboe, etc. **5** [否定形と共に用いて] ほんのわずかの: I have*n't* the ~ idea what you mean. 君の意味していることが少しもわからない. **6 a** 《米北部》 …したがる. **b** 《英方言》 [時を表す語に後置して] 次の: I'll come to see him Sunday ~. 次の日曜日に彼に会いに行きます.
at first hánd ⇨ hand 成句. ***at first síght*** ⇨ sight 成句. ***for the first tíme*** 初めて. ***in the first ínstance*** ⇨ instance 成句. ***in the first pláce*** ⇨ place 成句. ***(the) first thíng*** ⇨ thing[1] 成句. ***(the) first ... but óne [twó]*** 最初から2[3]番目の.
first áxiom of countabílity [the ―] 〘数学〙 第一可算公理 (⇨ AXIOM of countability).
Fírst Dáy of Lént [the ―] 大斎始日 (⇨ Ash Wednesday).
Fírst Géntleman of Éurope [the ―] 英国王 George 四世のあだ名.
fírst láw of thermodynámics [the ―] 〘物理・化学〙 熱力学第一法則 (⇨ LAW of thermodynamics).
― *n.* **1** [通例 the ~] **a** 第一, 第1位[等, 番, 級]; 第1部[号], (本の)初版; 最初の人[物]: Mary was *my* ~. メアリーは私の最初の子だった / He was *the* ~ to help me. 彼が真っ先に私を助けてくれた / I am *the* ~ and the last. われは始めなり終わりなり (*Rev.* 22: 13). **b** (月の)(第)1日, (時期・治世などの)第1年: *the* ~ *of* August 8月1日 / *the* ~ *of* Elizabeth II エリザベス二世の治世第1年目 / *the* ~ *of* the year 年の始め. **2 a** 初め, 始まり: from ~ to last 初めから終わりまで, 終始 / from the (very) ~ (そもそもの)初めから. **b** [the F-] 《英》 9月1日 (シャコ (partridge) 猟の開始日). **3 a** (競走などの)第1着(の人, 馬など), 第1位: She came (in) [finished, was] an easy ~. 楽々1位でゴールインした. **b** 《英》 (大学の優等試験で)第1級 (first class) (の人) (cf. class 7): get [take] a ~ in mathematics 数学で第1級にはいる / a starred ~ at Cambridge ケンブリッジ大学第1級の学位 / ⇨ double first. **4** 〘野球〙 一塁 (first base).
日英比較 日本語の「ファースト」は野球の「一塁」のほかに「一塁手」もいう. しかし, 英語の *first* は「一塁」の意のみで, 「一塁手」は, *first* baseman という. **5** 〘音楽〙 **a** (管弦楽・合唱の)最高音部. **b** (管弦楽・合唱の各パートの)首席. **6** (自動車などの変速機の)前進第一段, ロー(ギヤ) (first gear). **7** [*pl.*] (小麦粉・バター・陶磁器など日用品の)極上品, 一等品.
at first 最初は[に], 初めは[に]: *At* ~ it all seemed so simple! 最初はすべてとても簡単そうだったんだ / I didn't understand *at* ~. 初めは理解できなかった. 〚(*c*1570)〛 ***first among équals*** 同輩内の指導[責任]者.
first of exchánge 〘商業〙 第一手形 (組手形の第1号).
― *adv.* **1** 第一に, (何よりも)先に, 最初に (⇨ firstly):

～ of all まず第一に / He ～ asked my name. 彼はまず私の名を聞いた / Safety ～. 安全第一 / Ladies ～! まず女性からどうぞ / Women and children ～! 女性と子供たちが先に / I must get this done ～. まずこれを片付けてしまわなければならない. **2** 第 1 位に, 先頭に: come [leave] ～ 真っ先に来る[去る] / You go ～. あなたが先にどうぞ / I got in [there] ～. 私が最初に到着した / *First* come, ～ served. 《諺》先着順に接待,「早い者勝ち」《1545》/ rank ～ 第 1 位にいる / come (in) [finish, be] ～ 1 着になる / stand ～ 先頭に立つ. **3 a** 初めて: I ～ met him five years ago. 5 年前に初めて彼に会った. **b** 《米北部》…したてで: when he ～ left college 大学を出たてのころ. **4** (…するくらいなら)まず(…する), むしろ(…のほうを選ぶ), いっそ(…のほうがいい) (sooner, rather): He said he would die ～. (そんな事をするくらいなら)いっそ死んでしまったほうがよいと彼は言った / I'll see you damned [hanged] ～. そんな事をだれがするものか《絶対的拒絶の決まり文句》. **5** 《英》一等(車)で (first-class): travel ～ 一等で旅行する.

F

first and fóremost いの一番に, 真っ先に (first of all). 《1377》 ***first and lást*** 前後を通じて; 本質的に; 総じて. 《1589》 ***first, lást, and áll the time*** 《米》終始一貫して: We are against it ～, *last, and all the time*. ***first, midst, and lást*** 初めから終わりまで, 終始一貫して (cf. Milton, *Paradise Lost*). ***first óff*** 《米口語》まず第一に; すぐに. ***first or lást*** 早晩, 遅かれ早かれ (sooner or later). ***first things first*** 大事なことをまず先に, 重要事項を優先で. 《1894》 ***pùt first thìngs first*** いちばん大切なことを最初にやる.

〘OE *fyr(e)st* (adj. & adv.) < Gmc **furistaz* (OHG *furist* first / G *Fürst* prince) (superl.) ← **fur-*, **for-* ← IE **per* forward: 本来 FORE[1] の最上級 (cf. L *primus*)〙

first-áid *adj.* 応急[救急](用): a ～ kit 救急箱. 〘1882〙

first áid *n.* **1** 応急手当, 救急処置[療法]: give a person ～ 人に応急手当をする. **2** (バルバドスで)定時を過ぎて営業する日用品店. **first-áider** *n.* 〘1944〙

First Austrálian *n.* 《豪》オーストラリア先住民, アボリジニ.

first bálcony *n.* 《米》=dress circle.

First Bálkan Wár *n.* [the ～] 第一次バルカン戦争 (1912–13)《ブルガリア・セルビア・ギリシャ・モンテネグロ対トルコの戦争》.

first báse *n.* 〘野球〙一塁, ファースト; 一塁の守備位置: run to ～ 一塁に走る.

réach [gét to, máke] first báse (1) 〘野球〙一塁に達する. (2) 《米・カナダ口語》[通例否定・疑問構文に用いて] (目標の)第一歩をやってのける, 実際に開始する; うまくいく (succeed): They haven't got to ～ *with* their project. 彼らの企画はまだ実っていない. 〘1845〙

first báseman *n.* 〘野球〙一塁手.

first-bòrn *adj.* 最初に生まれた, 長子の (eldest): one's ～ child. — *n.* (*pl.* ～, ～s) **1** 初産の子, 長子, 長男, 長女. **2** 最初の結果. 〘*c*1340〙

first cátegory *n.* 〘数学〙第一類《可算個の疎集合の和集合として表される, という位相空間の部分集合に対する条件; cf. second category》.

first cáuse *n.* **1 a** 〘哲学〙第一原因 (cf. prime mover 4). **b** [しばしば the F- C-] 造物主, 神. **2** 原動力. 〘*c*1390〙

first-cáuse àrgument *n.* 〘哲学〙第一原因論《因果系列の究極にはもはや結果とはならない根本の原因がなければならないとする説で, 神の存在証明に多用される; cf. cosmological argument》.

First Chámber *n.* [the ～] オランダ議会 (States General) の上院.

first-chóp *adj.* 《英口語》最上の, 第一級の, 最優良の (cf. chop[4] 2 b).

first-class /fə́ːs(t)klǽs | fə́ːs(t)klɑ́ːs⁻/ *adj.* **1** 第一等の, 一流の, 最高級の, 最上の; 優秀な, すてきな (superior): a ～ hotel [firm] 一流のホテル[商会] / a ～ paper 一流[優良]手形 / a ～ shot 射撃の名人 / The weather was ～. 天気はすばらしかった. **2** 《乗物の》一等の: a ～ carriage [berth, passenger, ticket] 一等車[寝台, 乗客, 切符]. **3** 〘郵便〙 **a** 《米・カナダ》第一種の: ～ matter 第一種郵便物《一般には書状, 米国では葉書も含む》. **b** 《英》優先扱いの《速達に準ずる; cf. second-class 3 b》. — *adv.* **1** 一等で: go [travel] ～ 一等で行く. **2** 〘郵便〙first-class で (cf. *adj.* 3). **3** =first-rate. 〘1851〙

first cláss *n.* **1** 第一級, 一流; (列車・航空機・船などの)一等. **2** 〘郵便〙 **a** 《米・カナダ》第一種郵便物. **b** 《英》優先扱いの郵便物. **3** 《英》(大学の優等試験で)最上[第一]級(の学生), 最優良成績(の学生). 〘1750〙

first clássman *n.* 《米》(陸海軍士官学校の)四年生.

first cóat *n.* **1** (ペンキの)下(地)塗り. **2** =scratch coat. 〘1823〙

first-cóme, first-sérved bàsis *n.* ★ 次の成句で: ***on a first-cóme, first-sérved bàsis*** 先着順に.

first·còmer *n.* 最初の来訪者, 先着者.

First Commándment *n.* [the ～] (十戒の)第一戒 (⇨ Ten Commandments).

First Cómmoner *n.* [the ～] 《英》第一平民《位階上貴族の次に位する筆頭平民の地位を占める人で, 1919 年までは下院議長 (the Speaker) であったが, 今は枢密院議長 (Lord resident of the Council)》.

First Commúnion *n.* 〘カトリック〙初聖体.

first cónsonant shìft *n.* 〘音声〙第一子音推移 (⇨ consonant shift 1).

first cóst *n.* 《英》〘経済〙=prime cost.

first cóusin *n.* **1** いとこ, 従兄[弟, 姉, 妹] (⇨ cousin 1 a). **2** 密接な関係にある人[もの]. 〘1661〙

first dày *n.* **1** [F- d-, F- D-] (クエーカー派 (Quakers) の間で)日曜日. **2** 〘郵趣〙 **a** 初日《郵便切手の発行日》. **b** =first-day cover. 〘*a*1690〙

first-dày cíty *n.* 〘郵趣〙初日発売地《公式に指定され新発行切手にちなむ地で, 記念印が使用される》.

first-day cóver *n.* 〘郵趣〙初日カバー《封筒に切手を張り, その切手の発行初日の消印を押したもの》. 〘1932〙

first-degrée *adj.* **1** 第一度の, 最も低い, 最も軽い: ～ burn 〘病理〙第一度熱傷《最も軽度のもの; 紅斑性熱傷; cf. burn 1 a》. **2** 第一級の, 最高の: ～ murder 第一級謀殺. 〘1929〙

first derívative *n.* 〘数学〙一次導関数《導関数; より高次の導関数と区別ないしは対比したいときに用いる; cf. second derivative》. 〘1834〙

first divísion *n.* 《米》〘野球〙A クラス《米国の二大プロ野球連盟 (National League と American league) のそれぞれ上位 5 チーム; cf. second division 2》.

first dòwn *n.* 〘アメフト〙ファーストダウン《キックオフ後におけるゲームにおいては 10 ヤード区域制があり, この突破に許されている 4 ダウン中の第 1 回目のダウン》. 〘1897〙

first edítion *n.* **1** (文学作品などの)初版, 第 1 版; (新聞の)第 1 版. **2** 初版本. 〘1828〙

First Émpire *n.* [the ～] (Napoleon 一世治下の) フランス第一帝政 (1804–14). 〘《なぞり》← F *Le Premier Empier*〙

first estáte, F- E- *n.* 第一身分《封建時代の三身分 (the three estates) の最上位のもの; cf. estate 5》. 〘1935〙

first-éver *adj.* かつてない, 空前の.

first fámily *n.* [the ～] **1** [しばしば F- F-] 《米》大統領[州知事]の一家[家族]. **2** 最高の社会的地位にある一家. **3** 《米》(ある地域の)旧家, 名家.

first féature *n.* 〘映画〙(映画興行番組中の)主要長編物 (cf. supporting program). 〘1936〙

first fílial generátion *n.* 〘生物〙雑種第 1 代《交雑によって生じる第一代目の子; 記号 F_1》.

first fínger *n.* 人差し指 (forefinger).

First Fléet *n.* 《豪》第一次開拓移民移送船団《1788 年 Port Jackson に到着》. **First Fléeter** *n.*

first flóor *n.* **1** 《米・カナダ》 **a** 一階《《英》ground floor》. **b** (地階がある建物の)二階. **2** 《英》二階. **first-flóor** *adj.* 〘(15C) 1663〙

first-fóot 《北英・スコット》 *n.* **1** 元旦の初客《ブルネットの人なら幸運を, ブロンドの人なら悪運をもたらすと民間に信じられている》. **2** (洗礼・婚礼に行く途中で)最初に会った人. — *vt.* **1** 元旦の日に最初に訪問する. **2** [～ it として] 元旦の日に初客となる. — *vi.* 元旦の初客になるために訪ね歩く. **～·er** *n.* **～·ing** *n.* 〘1805〙

first fóur shíps *n. pl.* 《NZ》Canterbury Province の開拓のために 1850 年上陸した移民船.

cóme with the first fòur shìps Canterbury 創設者の一人である.

first-frúits *n. pl.* **1** (昔, 神に捧げた)季節最初の収穫物, 初穂, 初物. **2** 最初の成果[結果]. **3** 初穂税, 初年度収入税《bishop や archbishop がローマ教皇(宗教改革以後は国王)に上納した就任初年収入; cf. annates》. 〘(*c*1384)《なぞり》← L *primitiae*〙

first géar *n.* 《英》=first speed.

first-generátion *adj.* 《米》**1** 〈移民の子が〉米国で生まれた. **2** 〈帰化した米国人が〉外国生まれの, 一世の.

first-hand /fə́ːsthǽnd | fə́ːst-⁻/ *adj.* 直接の, じかの, 直接得た (direct); じき仕入れの (cf. secondhand): ～ information 直接に得た情報 / ～ investigation 実地調査 / ～ goods じき仕入れ品. — *adv.* 直接に, じかに. 〘1732〙

first-ín, first-óut *n.* 〘会計〙先入れ先出し法《仕入れ単価の異なる同じ種類の商品を出庫するとき, 一番先に仕入れた口の商品が, 一番先に出庫したものとして, その払出価額を計算する方法; 頭文字をとって FIFO, fifo ともいい, また first-in, first-out method ともいう; cf. last-in, first-out》.

first ínstance *n.* 〘法律〙第一審: the court of ～ 第一審裁判所, 事実審裁判所 (trial court).

first inténtion *n.* **1** 〘外科〙一次[一時]癒合(ゆごう) (⇨ healing). **2** 〘スコラ哲学〙第一志向《直接対象に向けられた意識; cf. second intention 2》.

First Internátional *n.* [the ～] 第一インターナショナル (⇨ International *n.* 2).

first lády *n.* **1** [しばしば F- L-] 《米》ファーストレディ《米国大統領夫人または州知事夫人》: the *First Lady* in the land 大統領夫人. **2** 国家元首[首相]夫人. **3** (芸術・職業などで)指導的立場にある女性, 第一人者: the ～ of the theater. 〘1834〙

first lánguage *n.* 第一言語, 母語《生まれて最初に習得する言語》. 〘*a*1387〙

first lieuténant *n.* **1** 〘米陸空軍・海兵隊〙中尉 (⇨ lieutenant 2). **2** 〘米海軍〙甲板士官. **3** 〘英海軍〙(少佐の階級がまだなかった時代に軍艦で)艦長・副長以外の兵科将校の最先任者《今の少佐または大尉に当たる》. 〘1782〙

first líght *n.* 明け方, 夜明け: at ～. 〘1946〙

first-líne *adj.* **1** 〘軍事〙第一線の, 最前線の: ～ troops [aircraft]. **2** 最重要の, (品質が)最良の: ～ statesmen / a ～ camera. 〘1914〙

first·ling /fə́ːs(t)lɪŋ | fə́ːs(t)-/ *n.* [通例 *pl.*] **1** 初物, はしり; (同種類中の)最初の物. **2** (家畜の)初児. **3** 最初の産物; 最初の結果. 〘(1535) ← FIRST+-LING[1]〙

First Lórd *n.* 《英》長官, 委員長.

First Lórd of the Tréasury [the ―] (英国の)国家財政委員長《Treasury Board の委員長で通例首相が兼務する》.

first-lòss pólicy *n.* 〘保険〙第一次損害保険契約《全損の可能性が極めて少ない物件の保険で物件の財産総評価額より低い額を補償する損害保険契約》.

first lóve *n.* **1** 初恋. **2** お気に入りのもの[仕事, 持ち物, 娯楽など]. 〘1741〙

first·ly /fə́ːs(t)li | fə́ːs(t)-/ *adv.* (まず)第一に. ★ 話題などを列挙するときに用いるが, first のほうを用いて first, second(ly), third(ly), … last(ly) のようにいうことが多い. 〘(*c*1532): ⇨ -ly[1]〙

first máin tráck *n.* 〘鉄道〙主要幹線鉄道.

first máte *n.* 〘海事〙一等航海士 (chief mate)《副船長格; 日本では次席一等航海士; first officer ともいう》.

first merídian *n.* 〘地理・天文〙本初子午線 (prime meridian).

first mólar *n.* 〘歯科〙第一大臼歯, 六歳臼歯.

first mórtgage *n.* 〘金融〙第一抵当. 〘1855〙

first mótion *n.* 〘宇宙〙(発射台からのロケットやミサイルの)最初の動き[運動]. 〘1888〙

first móvement fòrm *n.* =sonata form.

first móver *n.* =first cause.

first-náme *vt.* …に名[洗礼名]で呼び掛ける. — /⁻⁻/ *adj.* [限定的] (洗礼)名で呼びあえるほどに親しい: I'm on ～ terms with him. 彼とは洗礼名で呼びあえるほど親しい仲だ / be on a ～ basis おれお前の仲だ. 〘1940〙

first nàme *n.* (姓に対して)名, 洗礼名 (⇨ name 1). 日英比較 日本語の「名」は姓の後に置かれるので "*first name*" と訳すのは適切ではない. またキリスト教徒でない人はもとより, キリスト教徒であっても洗礼名と戸籍上の名とは別なので "Christian name" とも言うことはできない. いちばん問題のない表現は,「名」の場合は "given name",「姓」の場合は "family name" である. 〘*c*1250〙

first-níght *adj.* (演劇などの)初日の.

first níght *n.* (演劇の)初日; 初日の舞台. 〘1711〙

first-níghter *n.* (演劇の)初日を欠かさない観客, 初日の常連. 〘1882〙

first offénder *n.* 初犯者 (cf. habitual criminal). 〘1849〙

first ófficer *n.* **1** 〘海事〙=first mate. **2** =copilot.

first-órder *adj.* **1** (構成・分析・経験など)最も根本的な(レベルの), 単純な, 直接の, 第 1 次の. **2** 〘数学〙1 次の, 1 階の.

first pápers *n. pl.* 《米》〘法律〙第一次書類, 市民権申請書《外国人が帰化の意志あることを宣言する書類で, 帰化手続きの第一段階; cf. second papers, citizenship papers》. 〘1912〙

first-pàst-the-póst *adj.* 〈選挙制度が〉単純多数得票主義の《得票数の多い候補者から順次当選者とする》: Should Britain change from its ～ system to proportional representation? 英国は単純多数得票制から比例代表制に変更すべきか. 〘1952〙

first pérson *n.* **1** 〘文法〙第一人称(の語形)《話者を示す人称; 英語では I と we; cf. person 8》. **2** (小説などで)一人称を基調とする文体. 〘1520〙

First Philósophy *n.* 〘哲学〙(アリストテレスの)第一哲学《存在そのものを対象とし, 形而上学とほぼ同義; cf. second philosophy》.

first posítion *n.* 〘バレエ〙第一ポジション《バレエの技法の基礎である脚の五つのポジションの一つ; 両足をかかとの部分で密着させ, 足を 180 度に開いて一直線においた状態》. 〘1880〙

first póst *n.* 〘英軍〙就床予備らっぱ (cf. last post). 〘(1864) 1885〙

first príncıples *n. pl.* **1** 〘論理〙第一原理《理論・思想などの体系でもっとも根本的な原理; 公理・公準など》. **2** 〘数学〙公理.

first quárter *n.* 〘天文〙**1** 上弦《新月から半月までの期間; cf. last quarter》. **2** 上弦の月.

first-rate /fə́ːs(t)réɪt | fə́ːs(t)-⁻/ *adj.* **1** 第一流の, 第一級の (cf. second-rate): a ～ politician, biographer, painter, etc. / the ～ Powers 一等国. **2** すばらしい, すてきな, 優秀な: a ～ dinner / His acting was ～. 彼の演技はすばらしいものだった. — *adv.* 《口語》非常に(調子)よく (excellently): feel ～ 非常に気分がよい / go ～ 〈事が〉とても順調に進む. **～·ness** *n.* 〘1666〙

first-ráter *n.* 第一級の人[物]. 〘1806〙

First Réader *n.* 〘クリスチャンサイエンス〙第一読唱者《M. B. Eddy の著作を読み上げて, 集会や儀式を指揮する; cf. Second Reader》. 〘1895〙

first réading *n.* 〘議会〙第一読会《議案の名称と番号のみを議会に提出する; cf. second reading, third reading》. 〘1703〙

first refúsal *n.* (家屋・商品などの)第一先買権《優先的選択権; cf. refusal》. 〘1871〙

First Réich *n.* [the ～] 第一帝国《神聖ローマ帝国 (Holy Roman Empire) (962–1806) の別称; ⇨ Reich》.

First Repúblic *n.* [the ～] (革命後 Napoleon が帝国を樹立するまでの)フランス第一共和制 (1792–1804).

first-rún *adj.* 〈映画(館)が〉封切りの: a ～ movie (theater [house]) 封切りの映画(館). 〘1912〙

first rún *n.* **1** (映画の)封切り (release). **2** サトウカエデから最初に出てくる甘い樹液. 〘1912〙

first schóol *n.* 《英》初等学校《5 歳から 8 歳または 9 歳の児童を対象とする; cf. middle school》. 〘1967〙

First Séa Lórd *n.* (英国の)海軍本部委員会第一軍事委員《米国の Chief of Naval Operations に当たる》.

first sérgeant *n.* 〘米陸軍・海兵隊〙曹長《上級曹長の下, 一等軍曹の上の階級》, 中隊先任下士官. 〘1860〙

first spéed *n.* (自動車などの変速機の)前進第一段, ローギヤ (low gear) (cf. first *adj.* 3).

Fírst Stàte *n.* [the ～] 米国 Delaware 州の俗称.〖1787 年最初に連邦 (the Union) に参加したことから〗

first stóry *n.* =first floor.

first-stríke〖軍事〗*adj.* 第一撃の, 奇襲攻撃の《一般に核兵器に関して, 戦争の最初の攻勢行動についていう; cf. second-strike》: a ～ capability 第一撃能力.〖1960〗

first stríke *n.* 第一撃, 奇襲[先制]攻撃.

first-stríng *adj.*《口語》**1**〖スポーツ〗(フットボールチームなどで)一軍選手の, レギュラーの (cf. second-string); (テニス, スカッシュなどの)一線級選手の. **2** 一流の, 優秀な: a ～ art critic 一流の美術評論家.〖1917〗

first stríng *n.*〖スポーツ〗一線級選手《テニス, スカッシュなどの競技チームで相手チームの最強選手と最初に対戦する選手》; 一軍[レギュラー]選手.

first-tìme búyer *n.* 初めて不動産[家屋]を購入する人.

first-úp *adj.*《豪口語》初めての, 初めて試みる. **—** *n.* 初めての試み.

first violín *n.*〖音楽〗(管弦楽・弦楽四重奏の)第一バイオリン(奏者, 声部)《首席第一バイオリン奏者は concertmaster と呼ばれる》: play ～ ⇨ violin 成句.

first wátch *n.*〖海事〗初夜直 (⇨ watch *n.* 6).

first wáter *n.* **1** (宝石類の)最良質: a diamond of the ～ 最高(級)のダイヤ. **2** 第一等, 第一流: an error of the ～ 致命的な誤り / a joke of the ～ 高級な冗談.〖1753〗

Fírst Wórld, f- w- *n.* [the ～] 第一世界 (cf. Second World, Third World, Fourth World): **1** 先進資本主義国《米国・西ヨーロッパ・日本など》. **2** 先進工業国《特に米国・ソ連》.〖(1967): cf. Third World〗

Fírst Wórld Wár *n.* [the ～] =World War I.〖1931〗

firth /fə́ːθ | fə́ːθ/ *n.* (スコットランド地方の, 陸地に深く入り込んだ)入江, 峡湾; 河口 (estuary).〖(*c*1425) ◻ ON *fjǫrðr* fiord: cf. ford〗

Firth /fə́ːθ | fə́ːθ/, **John Rupert** *n.* ファース《1890–1960; 英国の言語学者》.

Fir·thi·an /fə́ːθiən | fə́ː-/ *adj., n.* ファース学派の(人).〖(1961) ↑: ⇨ -ian〗

fir·tle /fə́ːtḷ | fə́ːtḷ/ *vi.*《英方言》**1** 気をもむ, せかせか[そわそわ]する. **2** (無駄に)ちょこまか[おたおた]する.

fír trèe *n.*〖植物〗**1** フトモモ科のニュージーランド産常緑高木 (*Metrosideros tomentosa*)《材は堅硬で建築材》. **2** =sun tree.〖*c*1384〗

FIS《略》Fédération Internationale de Ski (=International Ski Federation) 国際スキー連盟.

FISA《略》Finance Industry Standards Association.

fisc /físk/ *n.* **1** (古代ローマの)国庫; (帝政時代の)内帑金(ないどきん). **2**《まれ》国庫 (state treasury, exchequer).〖(1598) ◻ F ← ◻ L *fiscus* basket, purse, treasury〗

fis·cal /fískəl, -kḷ/ *adj.* **1** 国庫の, 国庫収入上の: ⇨ fiscal stamp. **2** 財政上の, 財務の (⇨ financial SYN); 会計の: ～ law 会計法 / ⇨ fiscal policy, procurator fiscal. **3**〖経済〗財政操作で経済安定をはかる政府の政策の (cf. Keynesian). **—** *n.* **1**《スコット》=procurator fiscal. **2** (イタリア・スペインなどで)検事 (prosecutor); (フィリピンで)検察官. **3** =fiscal stamp. **～·ly** *adv.*〖(1539) ◻ F & Sp. ～ ∥ L *fiscālis*: ⇨ ↑, -al¹〗

fiscal drág *n.*〖経済〗財政的歯止め《税収超過などの果たす経済成長抑制効果》.〖1964〗

fis·cal·ist /fískəlɪ̀st | -lɪst/ *n.* 財政主義者《財政の運営で経済政策を考えようとするケインズ学派 (Keyensian) の人; cf. monetarist》.

fiscal périod *n.*〖会計〗会計期間 (⇨ accounting period).

fiscal pólicy *n.*〖経済〗財政政策《特定の経済政策目標を達成するための財政的支出の体系》.

fiscal stámp *n.* 収入印紙 (revenue stamp).

fiscal yéar *n.* 会計年度《企業会計における期間損益計算の, もしくは政府会計における財政収支の年度のこと; 後者の場合, 米国政府では 9 月 30 日に終わり, 英国政府では 3 月 31 日(税務関係では 4 月 5 日)に終わる; 英国では通例 financial year という》.〖1843〗

Fi·scher /fíʃə | -ʃə^(r)/, **Edmond Henri** *n.* フィッシャー《1920–　; 中国生まれ(両親はフランス人)の米国の生化学者; Nobel 医学生理学賞 (1992)》.

Fi·scher, Edwin /fíʃə | -ʃə^(r); G. fíʃɐ/ *n.* フィッシャー《1886–1960; スイスのピアニスト》.

Fischer, Emil Hermann *n.* フィッシャー《1852–1919; ドイツの有機化学者; Nobel 化学賞 (1902)》.

Fischer, Hans *n.* フィッシャー《1881–1945; ドイツの化学者; Nobel 化学賞 (1930)》.

Fischer, Robert James *n.* フィッシャー《1943–　; 米国のチェスプレーヤー; 世界チャンピオン (1972–75); Bobby の愛称で知られている》.

Fi·scher-Dies·kau /fíʃədíːskoʊ | -ʃədíːskaʊ; G. fíʃɐdíːskaʊ/, **Dietrich** *n.* フィッシャーディースカウ《1925–　; ドイツのバリトン歌手》.

Fi·scher-Jør·gen·sen /fíʃəjə́ːnsən, -sn̩ | -ʃəjə́ːn-; *Dan.* fiʃajœ̀ɐ̯ʌnsən/, **E·li** /éːli/ *n.* フィッシャーヨーアンセン《1911–　; デンマークの女性音声学者》.

Fí·scher-Trópsch pròcess [synthesis] /fíʃətróʊpʃ-, -trɔ́(ː)pʃ-, -trɑ́(ː)pʃ- | fíʃətrɔ́ʊpʃ-, -trɔ́pʃ-; G. fíʃɐtrɔ́pʃ-/ *n.* [the ～]〖化学〗フィッシャートロップシュ法《石炭や天然ガスから得られる一酸化炭素を水素と接触化合させて, 液体[気体]燃料その他の有機物を作る製法》.〖(1933) ← *Franz Fischer* (1877–1947: ドイツの化学者) ＋*Hans Tropsch* (1889–1935: チェコスロバキア生まれのドイツの化学者)〗

Físcher von Ér·lach /-ə̀əlɑːk, -lɑːx | -ə̀ə-; G. -ɛ́ɐ̯lax/, **Johann Bernhard** *n.* フィッシャーフォンエルラハ《1656–1723; オーストリアの建築家; ドイツバロック建築の第一人者》.

fish¹ /fíʃ/ *n.* (*pl.* ～, ～·es) **1** 魚; [集合的] 魚類, 魚族:

> 語法 (1) ラテン語系形容詞: piscine. (2) 複数形は集合的の場合 fish; 個別的複数の場合, 一般に猟・釣りの対象としては fish が用いられ, fishes は特に複数の種類をいうときに用いるが, その場合でも four *fishes* よりも four kinds of *fish* のような表現のほうが好まれる (cf. fruit 1 a ★).

I caught a ～ [a lot of ～] this morning. けさ魚を 1 匹[たくさん]釣った / There are lots of ～ of many kinds in this pond. この池には各種の魚が多数いる / This river teems with ～. この川には魚が多い / The cartilaginous ～*es* are covered with placoid scales. 軟骨魚(類)は板金状のうろこに覆われている / All is ～ that comes to (the [his]) net.《諺》彼は何事でも利用する (cf.「転んでもただでは起きぬ」) / There are as good ～ in the sea as ever came out of it.《諺》魚は海にはいくらでもいる《失恋しても落胆するな》/ The best ～ smell when they are three days old.《諺》よい魚も三日たてば臭くなる,「珍客でも三日目には鼻につく」. **2** 魚肉, 魚: dried ～ 魚の干物 / salted ～ 塩魚 / smoked ～ 薫製の魚 / fresh ～ 鮮魚, 生魚 / eat ～ on Fridays 金曜日(精進日)には魚を食べる / ～, flesh, and fowl 魚肉・獣肉および鳥肉 (cf. *neither* FISH *nor fowl*) / *Fish* is cheap this week. 今週は魚が安い / Which do you like better, ～ or meat? 魚と肉とではどちらがお好きですか. **3** [通例複合語の第 2 構成素として] 水産動物, 魚介: shell*fish*, jelly*fish*, star*fish*. **4**《口語》**a** [しばしば軽蔑の意を含む形容詞に伴って] (特殊な)人物, 人, 奴: a queer ～ おかしな人, 変人 / a poor ～ 哀れな人 / a dull ～ 鈍感な奴 / a cool ～ 図々しい奴 / ⇨ odd fish. **b** だまされやすい人, かも (sucker): She was an easy ～ to catch. だまされやすい女性だった. **5** [the Fishes] **a**〖天文〗うお(魚)座 (⇨ Pisces 2). **b**〖占星〗魚座, 双魚宮 (⇨ Pisces 3). **6**《米海軍俗》魚形水雷, 魚雷. **7** (*pl.* ～)《米俗》ドル (dollar). **8**〖海事〗錨釣り揚げ用の滑車装置.

a bíg físh in a smáll [líttle] pónd お山の大将, 井の中の蛙(かわず). ***(as) drúnk as a físh*** ひどく酔っ払って, 泥酔して (cf. *drink like a* FISH). ***crý stínking físh***《古》自分自身[自分の仕事]を自分でけなす, 自ら人の不信をかう.〖1660〗 ***drínk like a físh*** 大酒を飲む, 鯨飲する: He *drinks like a* ～. ***féed the físhes*** (1) 溺死する.〖(「海の)魚の餌食となる」の意から〗(2) 船酔いする. ***a físh òut of wáter*** (陸に上がった魚のように)場違いの所に出て途方に暮れて[どぎまぎして]いる人: I felt like *a* ～ *out of water* among so many linguists. たくさんの言語学者に囲まれて私は陸に上がった魚みたいにどぎまぎするばかりだった.〖1613〗 ***hàve óther [bígger] físh to frý***《口語》他にしなければならない[差し迫った, もっと大切な]用事がある: I was asked to run for Congress but *had other* ～ *to fry*. 国会議員に立候補するよう依頼されたが, 他にもっと大切なことがあった.〖1660〗 ***lánd one's físh*** 捕えた魚を引き揚げる; 狙った目的物を手中に納める. ***nèither físh, nor fówl (nor góod réd hérring)*** =***nèither físh, flésh, fówl, nor góod réd hérring*** 得体の知れ[捕えどころの]ない, どっちつかずの; 信念のない(人), ひより見主義の(人).〖1528〗

— *adj.* [限定的] 魚の; 釣りの, 漁業の; 魚を商う: ～ soup / a ～ restaurant 魚料理の店 / the ～ course 魚のコース[料理].

— *vi.* **1** (釣竿や網で)魚をとる, 釣りをする, すなどる; 水底から採取する: ～ *in* the sea 海で釣りをする / go to ～ *in* the sea / go to the sea to ～ / go (out) ～*ing for* trout ます釣りに行く[出かける] / ～ *for* pearls 真珠採りをする. **2 a** (水中・懐中などを)捜す, 探る (search, grope) 〔*for*〕: ～ *for* buried treasure 水底に埋蔵されている宝物を探る / He ～*ed in* an inside pocket *for* the paper. 彼は内ポケットに手を入れてその書類を捜した. **b**〖石油〗(油井発掘中に失った)器具を捜す[見つけ出す]. **3** (誘いをかけて)つり出す, (それとなく)手に入れようとする 〔*for*〕: ～ *for* compliments 誘いをかけてお世辞を言わせようとする / ～ *for* information それとなく情報を引き出す. **4** 〈網などが〉漁ができるように用意されている, 魚漁[魚釣り]に使用できる.

— *vt.* **1 a** 〈ある場所〉で釣る, …で漁をする: ～ the mouth of a river 河口で魚を捕る / This lake has never been ～*ed*. この湖ではまだだれも釣りをした人がない. **b** 〈船・網・えさを〉使って漁をする, …で釣る. **2** 〈魚を〉捕る, 釣る; 〈さんご・真珠などを〉採取する: ～ trout, salmon, pearls, etc. **3** 〔水中・ポケットなどから〕引っ張り出す, 取り出す, 引き揚げる 〔*out of, from*〕: ～ a coin [key] *out of* one's pocket ポケットからコイン[鍵]を取り出す / ～ *up* a dead man *from* the pond 池から死人を引き揚げる. **4**〖海事〗〈錨を〉滑車で引き揚げる《一旦揚げた錨を錨床に固定するため, その爪の方を引っかけてつりあげる》: ～ the anchor.

fish in tróubled wáters ⇨ water 成句. ***físh or cút báit***《米口語》(やるのかやらないのか)二つのうちのどちらかに決める, 去就をはっきりさせる. ***físh óut*** (1) 〈物を〉取り出す, 引っ張り出す; 〈事実・秘密・意見・世論などを〉探る, くまなく集める. (2) 〈池・湖などの魚を捕り尽くす: This stream seems to have been ～*ed out*. この川の魚は捕り尽くされているようだ.〖1892〗

〖n.: OE *fisc* < Gmc **fiskaz* (Du. *vis* / G *Fisch*) ← IE **peisk-* fish (L *piscis*). —v.: OE *fiscian* ← (n.)〗

fish² /fíʃ/ *n.* (*pl.* 1, 2 ～·es; 3 ～·es, [集合的] ～) **1**〖海事〗(帆柱や帆桁の傷ついた部分にかぶせて補強する長い)添え

fish¹

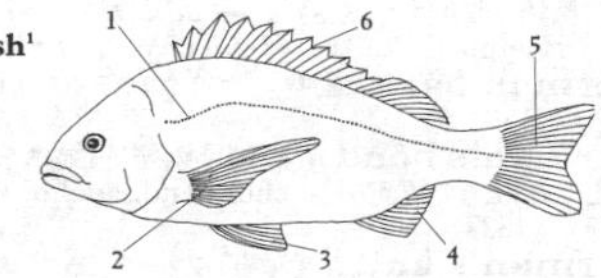

1 lateral line 2 pectoral fin 3 pelvic fin 4 anal fin 5 caudal fin 6 dorsal fin

木. **2** =fishplate. **3** (ゲーム用の)魚型の数取り. **—** *vt.* **1** 〈レールなどを〉継ぎ目板 (fishplate) で補強する. **2**〖海事〗〈帆柱・帆桁〉に添え木をかぶせて補強する.〖n.: (1666) ◻ (O)F *fiche* peg, counter (in games) (逆成) ← *ficher* to thrust in: その形が魚に似ていることから fish¹ と混同. — v.: (1626) ◻ (O)F *ficher* < VL **figicāre* ← L *figere* 'to FIX'〗

F

Fish /fíʃ/, **Hamilton** *n.* フィッシュ《1808–93; 米国の政治家》.

fish·a·ble /fíʃəbl/ *adj.* 魚の捕れる[釣れる], 釣りに適した; 魚獲を法的に認められている, 魚を捕ってもよい: a ～ stream. **fish·a·bil·i·ty** /fìʃəbíləṭi | -lɪ̀ti/ *n.*〖(1611) ← FISH¹＋-ABLE〗

fish and chíps /-ʃən-/ *n.*《英》フィッシュアンドチップス《フライドポテトを盛り合わせた魚のフライ; 店で買う英国の大衆料理; fish 'n' chips /fíʃəntʃíps/ ともいう》.〖(1876) 1913〗

físh-and-chíp shòp *n.*《英》フィッシュアンドチップスを作って売る店; chip shop, chipper ともいう》.〖1876〗

fish bàck file *n.* =crossing file.

fish bàll *n.*〖料理〗フィッシュボール《魚肉にマッシュポテトを混ぜ球状にして揚げたもの》.

físh-bèllied *adj.*〖建築・機械〗〈はり・継ぎ面など〉底面が凸状の.

físh·bòlt *n.*《英》(レールの継ぎ目板 (fishplate) 用の)継ぎ目ボルト.〖1875〗

físh·bòne *n.* 魚の骨.〖1530〗

fishbone thistle *n.*〖植物〗アザミ属の紫色の花をつける植物 (*Cirsium diacantha*)《シリア産》.

físh·bòwl *n.* **1** ガラス製金魚ばち. **2** 八方から人目にさらされる場所[状態], ガラス張りの場所[状態]. **3**《米俗》(刑務所の)観察房, (警察署の)観察室.〖1906〗

fish·bur·ger /fíʃbəːgə | -bəːgə^(r)/ *n.*《米》フィッシュバーガー《ハンバーグの代わりに魚のフライを使ったハンバーガー》.

físh càke *n.* フィッシュケーキ《平たくした fish ball》.〖1854〗

físh-càrver *n.* =fish slice a.

físh cròw *n.*〖鳥類〗ウオクイカラス (*Corvus ossifragus*)《米国大西洋岸にすみ, 主として魚や貝類を食する》.

físh cùlture *n.* 養魚(法) (pisciculture).〖1865〗

físh-cùlturist *n.* 養魚家.〖1874〗

físh dàvit *n.*〖海事〗(昔用いていた)収錨用ダビット《錨を錨床へ納めるときに使う鉤柱(かぎばしら); davit ともいう; cf. cat davit》.

físh dày *n.*〖キリスト教〗肉食禁止日.〖*a*1325〗

físh dòctor *n.*〖魚類〗ハダカゲンゲ (*Gymnelis viridis*)《オホーツク海・ベーリング海・北極海でみられるうろこのないゲンゲ科の魚》.

físh dùck *n.*〖鳥類〗=merganser.〖1858〗

físh èagle *n.*〖鳥類〗**1** =osprey 1. **2** =eagle vulture.〖1678〗

físh·èater *n.* **1** 魚を食べる人 (cf. ichthyophagi). **2**《英》魚料理用のナイフとフォーク.〖1741〗

físh·er *n.* (*pl.* ～s, 4 ではまた ～) **1** 捕魚性動物. **2** 漁船. **3**《古》漁夫, 漁師. **4**〖動物〗フィッシャー, ペナントテン (*Martes pennanti*)《北米産の魚類を食べるテン》; その毛皮.

a físher of mén 福音伝道者 (cf. *Matt.* 4:19).

〖OE *fiscere* < Gmc **fiskarjaz*〗

Fish·er /fíʃə | -ʃə^(r)/, **Andrew** *n.* フィッシャー《1862–1928; スコットランド生まれのオーストラリアの政治家; 首相 (1908–09, 1910–13, 1914–15)》.

Fisher, Dorothy Can·field /kǽnfiːld/ *n.* フィッシャー《1879–1958; 米国の作家; *The Bent Twig* (1915)》.

Fisher, Geoffrey Francis *n.* フィッシャー《1887–1972; 英国の聖職者; Canterbury 大主教 (1945–61); 称号 Baron of Lambeth》.

Fisher, Herbert Albert Laurens *n.* フィッシャー《1865–1940; 英国の歴史家・政治家; *Bonapartism* (1908)》.

Fisher, Irving *n.* フィッシャー《1867–1947; 米国の経済学者》.

Fisher, Saint **John** *n.* フィッシャー《1469–1535; 英国の聖職者・人文主義者; Henry 八世に反対し処刑される; 祝日 6 月 22 日》.

Fisher, John Arbuthnot *n.* フィッシャー《1841–1920; 英国の提督; 称号 1st Baron of Kilverstone /-kílvəstən | -və-/》.

Fisher, Mary Frances Kennedy *n.* フィッシャー《1908–92; 米国の作家》.

Fisher, Sir **Ronald (Aylmer)** *n.* フィッシャー《1890–1962; 英国の推測統計学者》.

físher·bòat *n.* 漁船, 漁舟.〖?*a*1350〗

físher·bòy *n.* 少年漁夫.

físher·fòlk *n.* [複数扱い] 漁民.〖1854〗

fisher·man /fíʃəmən | -ʃə-/ *n.* (*pl.* **-men** /-mən, -mɛ̀n/) **1 a** 漁夫, 漁師. **b** 釣り人, 釣り師 (angler). ★ ラテン語系形容詞: piscatorial, piscatory. **2** 漁船, 漁舟. **3** フィッシャーマン錨《もっとも古い型の錨; 錨幹と

直角に横棒を取り付けてある》. — *adj.* フィッシャーマンニット (fisherman's knit). 〚1462–63〛

físherman bàt *n.* 〘動物〙ウオクイコウモリ《bulldog bat ともいう》.

físherman's bénd *n.* 〘海事〙錨結び《錨綱を錨の鐶(かん)などに結ぶときの結び方; anchor bend, anchor knot ともいう》. 〚1823〛

físherman's knít *n.* 〘海事〙フィッシャーマンズニット《太い縄編み目で柄を浮かせたニット; fisherman knit ともいう》. 〚1960〛

físherman's knót *n.* 〘海事〙フィッシャーマンズノット《綱の結び方の一つで, 2 本の綱をつなぐときに使う》. 〚1876〛

físherman's rèef *n.* 〘海事〙フィッシャーマンズリーフ《正規の縮帆をせず, シートを充分のばして強い風を帆から抜くようにする方法》.

físherman's ríng *n.* 〘カトリック〙ローマ教皇がはめる認印つき指輪. 〚1727–41〛

F

Físherman's Whárf *n.* フィッシャーマンズウォーフ《米国 San Francisco 北端部の漁港; 観光地》.

físher·wòman *n.* 女性の漁師[釣人]. 〚1816〛

físh·er·y /fíʃ(ə)ri/ *n.* **1 a** 漁場, 海産物採取場: ⇨ pearl-fishery / a salmon ~ さけ漁場. **b** 《米》魚類養殖[孵化]場. **2 a** 漁業, 水産業: inshore [deep-sea] ~ [*fisheries*] 沿海[深海]漁業 / cod ~ たら漁業. **b** 漁獲高: the salmon ~ for this season 今期の鮭の漁獲高. **c** 漁期. **3** 水産会社. **4** [通例 *pl.*] 漁業技術, 水産技術. **5** 〘法律〙漁業権 (piscary): ⇨ common fishery. 〚(1528) ← FISH (v.)+-ERY // FISHER+-Y[1]〛

físh·èye *n.* **1** 魚眼. **2** [the ~] 疑り深そうな目つき: give a person *the* ~ 人に疑いの目を向ける. **3** 石膏の表面にできる斑点の傷. **4** 〘鉱物〙月長石《宝石に用いる》: a ~ stone 魚眼石 (apophyllite). 〚1914〛

físh-èye *adj.* 魚眼レンズの[を用いた]: a ~ camera. 〚1916〛

físh-eye léns *n.* 〘写真〙魚眼レンズ《180 度(以上)の範囲が写せるように作られたレンズ》.

físh fàctory *n.* 水産物加工場《もっぱら魚油や魚粉を製造する》.

físh fàrm *n.* 養魚場. 〚1865〛

físh-fàrming *n.* 養魚(法). 〚1869〛

físh-fìnder *n.* 魚群探知器. 〚1961〛

físh fìnger *n.* 《英》フィッシュフィンガー《細長い指状に作った魚肉にパン粉をつけて揚げたもの; 《米・カナダ》fish stick》. 〚1962〛

físh flàke *n.* 《カナダ》魚の乾燥台. 〚1837–40〛

físh flòur *n.* 魚粉《乾魚の粉末》. 〚1880〛

físh fòrk *n.* **1** 魚肉用フォーク. **2** (漁夫や魚屋が用いる)魚鉤(うおかぎ).

físh frỳ *n.* **1** 魚のフライ. **2** 《米》魚のフライのピクニック[会食]. 〚1824〛

físh gerànium *n.* 〘植物〙テンジクアオイ (*Pelargonium hortorum*)《アフリカ南部の魚類の香気をもっている小低木状の多年草植物》. 〚1865〛

físh·gìg *n.* (魚を突く)やす. 〚《*a*1642》《変形》← FIZGIG〛

físh glòbe *n.* (球形ガラスの)金魚ばち.

físh glùe *n.* にべ (isinglass); にかわ. 〚?*c*1425〛

Físh·guard /fíʃgɑɚd | -gɑːd/ *n.* フィッシュガード《ウェールズ南西部 Cardigan 南西の港町・行楽地》.

físh hàwk *n.* 〘鳥類〙ミサゴ (⇨ osprey 1). 〚1709〛

físh·hòld *n.* (漁船の)魚倉.

físh·hòok *n.* **1** 釣針. **2** 〘海事〙収錨鉤(しゅうびょうこう) (fish tackle を掛ける大鉤). **3** 〘論理〙内包記号 (⥽). 〚*a*1387〛

fishhook 1
1 bend
2 shank
3 eye
4 barb
5 gape
6 point
7 spear
8 bite

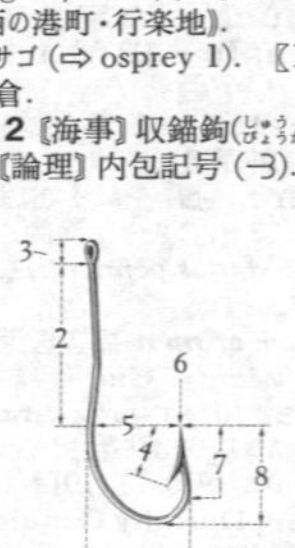

físhhook càctus *n.* 〘植物〙**1** =cholla. **2** キンセキリュウ(金赤竜) (*Ferocactus wislizenii*)《米国南西部やメキシコ産のサボテン》. 〚1846〛

físh·i·fy /fíʃəfàɪ/ *vt.* (Shak) 〈肉を〉魚肉に変える; 駄目にする. 〚(1595–96) ← FISH[1]+-FY〛

físh·i·ly /-ʃəli/ *adv.* **1** 魚のように; 魚臭く. **2** (魚の目のように)どんよりと鈍く. **3** 《口語》いかがわしく; うさんくさそうに (questionably). 〚《1851》← FISHY+-LY[1]〛

físh·i·ness *n.* **1** 生臭さ, 魚臭. **2** (魚の目のような)どんよりとした鈍さ, 無表情. **3** 《口語》いかがわしさ, うさんくささ. 〚《1766》← FISHY+-NESS〛

físh·ing /fíʃɪŋ/ *n.* **1** 魚捕り, 魚釣; 漁業, 漁獲: be fond of ~ 魚釣りが好きである / do a little ~ ちょっと釣りをする / line ~ 糸釣り, 釣り / net ~ 網漁 / night ~ 夜釣り. ★ ラテン語系形容詞: piscatorial, piscatory. **2** 漁獲権, 漁業権. **3** 釣場, 漁場 (fishery). **4** 〘細菌〙釣菌《試料中の菌を釣り上げるように採取すること》. 〚《?*c*1225》: ⇨ fish[1], -ing[1]〛

físhing bànks *n. pl.* 魚礁《好漁場となる海の浅瀬堆》.

físhing bòat *n.* 漁船, 漁舟, 釣舟. 〚1732〛

físhing càt *n.* 〘動物〙スナドリネコ (*Felis viverrina*)《東南アジア産》.

físhing dèrby *n.* 《米》釣りの競技会.

físhing expedìtion *n.* 《口語》**1** 〘法律〙(事件に直接は役に立たない)開示《文書持参証人召喚令状 (subpoena duces tecum) を用いて証拠を開示させたり, 証人を捜すために相手方に対して書類・書物などの提出を強制する命令を申請したりすること》. **2** 的確な資料を得る目的で明確な権限もなく遂行される職務上の調査. *be on a fishing expedition* 《米》〈秘密などを〉探り出そうとしている. 〚1925〛

físhing flỳ *n.* 〘釣〙毛針, フライ, (飛ぶ虫の) 生き餌.

físhing fròg *n.* 〘魚類〙=angler 2.

físhing gròund *n.* 漁場. 〚1641〛

físhing lìne *n.* 釣糸 (fishline). 〚1466〛

físhing nèt *n.* 漁網. 〚1530〛

físhing pòle *n.* 釣竿《竿の先端から直接釣糸をたらす簡単な, 時に即席のものをいう》. 〚1791〛

físhing ròd *n.* 釣竿《通例ガイド (line guide), 握り手などの付いたさおで, リールとともに用いるのをいう》. 〚1552〛

físhing stòry *n.* =fish story.

físhing tàckle *n.* 釣道具, 釣具. 〚1703〛

físhing víllage *n.* 漁村. 〚1699〛

físhing wòrm *n.* =fishworm.

físhing zòne *n.* 漁業水域.

físh jòint *n.* 〘土木〙添接(てんせつ)《レールや鉄桁などの継ぎ目を連接する添え板接合; fished joint ともいう》. 〚1849〛

físh kèttle *n.* 魚のゆで煮用なべ《マスなど一尾丸のまま煮るのに用いる; cf. turbot kettle》. 〚1681〛

físh knìfe *n.* 魚肉用ナイフ. 〚1403–04〛

físh làdder *n.* 魚ばしご, 魚梯(ぎょてい)《魚がダム・滝・堰などを上れるように作った段状の魚道》. 〚1865〛

físh lèad /-lɛ̀d/ *n.* 〘海事〙漁業用測深鉛.

físh·less *adj.* 魚のいない, 魚のない; 魚肉のない. 〚《1591》← FISH[1]+-LESS〛

físh·lìke *adj.* **1** 魚のような, 魚臭い: a ~ smell. **2** 冷淡な, 冷血漢の. 〚1611〛

físh·lìne *n.* 釣糸. 〚1639〛

físh lòuse *n.* 〘動物〙サカナジラミ《魚に寄生する甲殻類の小虫; (特に)鰓(えら)尾目のチョウ属 (*Argulus*) 数種のシラミの総称》.

físh màrket *n.* 魚市場. 〚1288〛

físh·mèal *n.* 魚粉《乾魚の粉末で, 肥料または動物飼料》. 〚1598〛

físh·mònger *n.* 《英》魚商人, 魚屋 (fish dealer): at a ~'s 魚屋(の店)で. 〚1349〛

físh·nèt *n.* **1** 《米・カナダ》漁網. **2** 粗(あら)い穴のあいた布, 網目織物. — *adj.* 網目織の: ~ tights. 〚OE *fiscnet(t)*〛

físh òil *n.* 魚油《鯨油・肝油・いわし油などで, 塗料・石鹸などに用いる》. 〚1861〛

físh pàste *n.* 練り魚肉《anchovy paste や日本の鯛(たい)みそ・かまぼこなど; cf. paste 4 c》.

físh·plàte *n.* (レールなどの)継ぎ目板, 目板. 〚1855〛

físh pòle *n.* =fishing pole.

físh·pònd *n.* **1** 養魚池, いけす. **2** 《戯言》海 (sea) (cf. herring pond). **3** (魚釣りをまねて品物を釣りとらせる)福引き袋 (grab bag). 〚(*c*1325) *a*1400〛

físh pòol *n.* =fishpond 1. 〚OE *fiscpōl*〛

físh pòt *n.* (ウナギ・エビ・カニの捕獲用のかご状の)魚わな, 筌(うえ), 筬(ど) (cf. eel pot). 〚*a*1555〛

físh·pòund *n.* 《米》(魚を捕るための)魞(えり), 筌(うえ) (weir).

físh pròtein còncentrate *n.* 魚類濃縮蛋白《タラなどの魚の蛋白質を乾燥粉末にした無味無臭の食料; 略 FPC》. 〚1961〛

físh sàuce 魚醤(ぎょしょう)《魚を発酵させて造る》.

físh-scàle disèase *n.* 〘病理〙=fishskin disease.

físh·skìn *n.* **1** 魚皮, (特に)サメの皮《木板を磨くのに用いる》. **2** 〘病理〙=fishskin disease. 〚1651〛

físhskin disèase *n.* 〘病理〙魚鱗癬(りんせん) (ichthyosis). 〚1814〛

físh slìce *n.* 魚料理用のへら: **a** 《英》サービス用の魚ナイフ《卓上で切って皿に移すときに用いる》. **b** 料理用魚返し《なべの中に魚をすくい返すときに用いる》. 〚1748〛

físh sòund *n.* (魚の)気胞, 浮袋, 鰾(ふえ) (cf. sound[4] 3). 〚1879〛

físh spèar *n.* やす《魚を突き刺す道具》. 〚1611〛

físh stìck *n.* 《米・カナダ》フィッシュスティック《小さな細長い形の魚の切り身にパン粉を付けて揚げたもの; 《英》fish finger》. 〚1875〛

físh stòry *n.* 《口語》ほら話. 〚《1819》釣師のてがら話にほらが多いことから〛

físh tàckle *n.* 〘海事〙フィッシュテークル《いったん揚げた錨を船ばたに引き寄せて錨床へ載せるための滑車装置》.

físh·tàil *n.* **1 a** 魚の尾; (動き・形などが)魚尾状[様]のもの. **b** 飛翔中尻を振りぐらつく矢. **c** 進入警報の V 字形鉄道信号. **2** 魚尾《平らな炎にするためにバーナーの火口にかぶせる魚尾形のアタッチメント》. **3** 〘航空〙尻振り滑空《着陸の際尾部を左右に急激に動かして減速する操縦法》. — *adj.* [限定的] 魚尾状[様]の. — *vi.* **1** 〈車が〉後輪を横滑りさせる. **2** 船尾を左右に振る. **3** 〘航空〙(着陸の際に)尻振り滑空する. 〚*c*1450〛

físh tàil *n.* 足をすばやく交差させる社交ダンスのステップ.

físhtail bùrner *n.* 魚尾灯, 魚尾状バーナー, 拡炎器《魚尾 (fishtail) を火口に取り付けたガスバーナー》.

físh-tàiled *adj.* =fishtail.

físhtail wìnd /-wìnd/ *n.* 不定風, 魚尾風《射撃場で的に向かって吹く弾道を狂わせる風》.

físh tànk *n.* (魚類の飼育・観賞用の)水槽.

físh torpèdo *n.* 魚形水雷, 魚雷. 〚1878〛

físh wàrden *n.* 《米》魚類[漁場]監督官. 〚1826〛

físh·wày *n.* (滝・堰に設けた)魚の登り道, 魚道; (特に)魚梯(ぎょてい) (fish ladder). 〚1845〛

físh·wèir *n.* 簗(やな) (weir). 〚OE *fiscwer*〛

físh wèll *n.* (漁船の)いけす.

físh·wìfe *n.* **1** 女の魚売り. **2** 言葉遣いの乱暴な[口汚い]女. 〚1413〛

físh·wòman *n.* =fishwife.

físh·wòrks *n.* (*pl.* ~) =fish factory.

físh·wòrm *n.* 《米》(魚釣りの餌にする)ミミズ.

físh·y /fíʃi/ *adj.* (**fish·i·er**; **-i·est**) **1** 〈形状・におい・味が〉魚のような, 魚臭い, 生臭い: a ~ breeze, smell, taste, etc. **2** 《口語》**a** いかがわしい, うさんくさい, 怪しい, 眉つばの: a ~ translation 怪しげな翻訳. **b** けげん(そう)な: a ~ glance けげんそうないちべつ. **3** 〈目や宝石が〉(魚の目のように)鈍く光りのした, 無表情な, 精彩を欠いた: a ~ eye [stare] どんよりした目[凝視] / a ~ diamond 鈍色のダイヤモンド. **4** 魚の, 魚から成る: a ~ diet 魚料理の食事. **5** 《戯言・詩》魚の多い: a ~ stream. 〚《?*c*1475》: ⇨ fish[1], -y[4]〛

físhy·bàck *n.* フィッシュバック方式の輸送《はしけ・船による貨物トレーラーまたは貨物コンテナで物資輸送; cf. birdyback, piggy-back 2》. 〚← FISHY+(PIGGY)BACK〛

fisk /físk/ *n.* 《スコット》=fisc 2.

Fiske /físk/, **John** *n.* フィスク《1842–1901; 米国の歴史家・哲学者; 旧性名 Edmund Fisk Green》.

fis·si- /físɨ̬, -si/「分裂 (fission), 裂開の (cleft)」の意の連結形. 〚← L *fissus* (p.p.) ← *findere* to cleave ← IE **bheid-* to split: ⇨ bite〛

fis·sile /físɨ̬ɫ, -sɫ̩ | -saɪɫ/ *adj.* **1** 裂けやすい, 分裂性の (cleavable). **2** 《米・カナダ》〘物理〙=fissionable. 〚《1661》□ L *fissilis*: ⇨ fissi-, -ile[1]〛

fis·sil·i·ty /fɪsíləṭi | -lɨ̬ti/ *n.* **1** 分裂しやすい性質, 裂開性. **2** 〘地質〙(岩石の)剥離(はくり)性. 〚《1670–81》: ⇨ ↑, -ity〛

fis·sion /fíʃən, -ʒən | -ʃən/ *n.* **1** 裂開, 分裂. **2** 〘物理・化学〙核分裂《nuclear fission ともいう; cf. fusion 3》. **3** 〘生物〙分裂, 分体: reproduction by ~ 分裂繁殖, 分体生殖. — *vt.* 〘物理〙…に核分裂を起こさせる. — *vi.* **1** 〘物理〙核分裂する. **2** 小部分に分裂する. 〚《*c*1617》□ L *fissiō(n-)* a cleaving; ⇨ fissi-, -ion〛

fis·sion·a·ble /fíʃ(ə)nəbɫ̩, -ʒ(ə)n- | -ʃ(ə)n-/ 〘物理〙 *adj.* 核分裂性の, 核分裂する: ~ material(s) 核分裂物質《ウランなど》. — *n.* [*pl.*] 核分裂物質. **fis·sion·a·bil·i·ty** /fìʃ(ə)nəbíləṭi | -lɨ̬ti/ *n.* 〚《1945》: ⇨ ↑, -able〛

fis·sion·al /-ʃnəɫ, -fənɫ̩, -ʒnəɫ, -ʒənɫ̩ | -ʃnəɫ, -ʃənɫ̩/ *adj.* 〘生物〙分裂の, 分体の: ~ reproduction 分裂繁殖, 分体生殖.

físsion bòmb *n.* 核分裂爆弾, 原子爆弾 (cf. fusion bomb, atom bomb). 〚1941〛

físsion càpture *n.* 〘物理〙核分裂(を伴う)捕獲《中性子等が原子核に捕獲(吸収)され核分裂の起こる過程》.

físsion cháin reàction *n.* 〘物理〙核分裂連鎖反応. 〚1950〛

físsion fràgment *n.* 〘物理〙核分裂の破片. 〚1950〛

físsion-fúsion bòmb *n.* =fusion bomb.

físsion gàs *n.* 〘物理〙核分裂気体.

físsion pròduct *n.* 〘物理〙核分裂生成物. 〚1939〛

físsion reàctor *n.* 〘物理〙核分裂反応を起こす原子炉. 〚1948〛

físsion-tràck dáting *n.* 〘物理〙核分裂飛跡による年代決定法《岩石・隕石などの年代を決める方法の一つ; サンプルの中に含まれる放射性原子核の自発核分裂破片が残した飛跡の数がサンプルの年齢に比例することを利用する》.

fis·sip·a·rous /fɨ̬sípərəs | fɪ-/ *adj.* **1** 〘生物〙〈細胞が〉分裂繁殖の, 分体生殖の. **2** 分裂して広がる. **~·ly** *adv.* **~·ness** *n.* 〚《1835–36》← FISSI-+-PAROUS〛

fis·si·ped /físəpɛ̀d | -sɪ-/ 〘動物〙 *adj.* **1** 分趾の (cloven-footed). **2** 裂脚亜目の. — *n.* 裂脚亜目の動物 (cf. pinniped). 〚《1646》□ LL *fissiped-*, *fissipēs*: ⇨ fissi-, -ped〛

fis·sip·e·dal /fɨ̬sípəḍɫ̩ | fɪsípɪdɫ̩/ *adj.* =fissiped. 〚1883〛

fis·si·ros·tral /fìsərɑ́(ː)strəɫ | -sɪrɔ́s-ˉ/ *adj.* 〘鳥類〙 **1** くちばしの広く裂けた《ツバメなどのように》. **2** 〈くちばしが〉深く裂けた. 〚← FISSI-+ROSTRAL〛

fis·sure /fíʃɚ | fíʃə(r, -ʃʊə(r/ *n.* **1** 裂け目, 割れ目, 亀裂(きれつ): a ~ in a rock / They were divided by a deep social ~. 両者の間には社会的に深い亀裂があった. **2** 〘外科・解剖〙(脳などの)裂, 裂溝(れっこう); 〘歯科〙裂溝《歯の咬合面の溝状のくぼみ》. **3** 〘病理〙裂傷, 亀裂: anal ~ 肛門裂傷; 裂痔(きれじ). **4** 〘地質〙岩石中の破断面, 割れ目.

fissure of Ro·lán·do /-roulǽndou, -lάːn- | rəulǽndəu, -lάːn-/ 〘解剖〙ローランド裂[溝(か)] (⇨ central sulcus). 《← *Luigi Rolando* (1773–1831: イタリアの解剖学者)》

fissure of Sýl·vi·us /-sílviəs/ 〘解剖〙シルビウス裂溝 (⇨ lateral fissure).

— *vt.* …に割れ目[裂け目]を生じさせる. — *vi.* 割れ目[裂け目]を生じる; 分裂する (divide). 〚《*a*1400》□ (O)F ~ // L *fissūra* cleft: ⇨ fissi-, -ure〛

fís·sured *adj.* 裂け目[割れ目]のはいった, 亀裂の生じた: a ~ rock. 〚《1788》: ⇨ ↑, -ed〛

físsure erùption *n.* 〘地質〙割れ目噴火《割れ目から溶岩が流れ出る》.

fist[1] /físt/ *n.* **1** 握りこぶし, げんこ, げんこつ: He struck me with his ~. げんこで私を殴った / the mailed ~ 腕力, 暴力 / clench [double] one's ~ こぶしを握る, げんこつを固める / hold out one's clenched ~*s* ぎゅっと握りしめた両こぶしを差し出す《戦う構え》/ use one's ~*s* on a person げんこで人を殴る / shake one's ~ at a person 人に

(威嚇の身振りで)握りこぶしを振る / with one's [a] closed ～ こぶしを固めて. **2** 手一杯, 一握り (fistful). **3** 《口語》試み, 企て: make a good ～ *of* [*at*] …をうまく試みる, 上手にやる / He made a poor ～ *of* the assignment. 課題をしくじった. **4 a** 《英口語》手 (hand): Give us your ～, old fellow. おい握手だ(手を出したまえ). **b** 《英口語》筆跡 (handwriting): know a person's ～ 人の筆跡を知っている / write a good [an ugly] ～ 筆跡が見事だ[まずい]. **c** 《英口語》把握: the whip in his ～ 彼の握っている鞭(むち). **5** 〘印刷〙指標, 指じるし (index) (☞ 印): ⇨ fistnote. — *vt.* **1** 〈手を〉こぶしにする. **2** こぶしで打つ; こぶしで握る. **3** 〘海事〙〈帆・オールなどを〉操縦する, 扱う. 〖OE *fȳst* < (WGmc) **fūstiz* (Du. *vuist* / G *Faust*) < Gmc **fuχstiz* ← IE **penkʷe* 'FIVE'〗

fist² /fáɪst/ *n.* =feist. 〖(1440) 1770〗

fist·ed *adj.* **1** 〈手が〉握ってこぶしにした. **2** [複合語の第2構成要素として] こぶしの…な, 握りの…な: one's close-[hard-]*fisted* hand しっかり[固く]握り締めた手. 〖(1806) ← FIST¹+-ED〗

fist·fight *n.* 素手[握りこぶし]でけんかすること, 殴り合い. 〖1603〗

fist·ful /fístfʊ̀l/ *n.* **1** 手一杯, 一握り 〔*of*〕: a ～ *of* sand 一握りの砂 / a ～ *of* nuts 手一杯の木の実. **2** 多数 〔*of*〕: a ～ *of* piano pieces たくさんのピアノ作品. 〖(1611) ← FIST¹+-FUL²〗

fist·i·an·a /fìstiǽnə, -ɑ́ːnə, -éɪnə | -tiɑ́ːnə/ *n.* 《戯言》ボクシング界. 〖(1840) ← FIST¹+-I-+-ANA〗

fist·ic /fístɪk/ *adj.* 《戯言》ボクシングの (pugilistic); げんこの殴り合いの: ～ skill ボクシング技術 / a ～ contest ボクシング大会 / a ～ arena ボクシング場. 〖(1806) ← FIST¹+-IC¹〗

fist·i·cal /-tɪ̀kəl, -kḷ | -tɪ-/ *adj.* =fistic. 〖1767〗

fist·i·cuff /fístɪ̀kʌ̀f | -tɪ-/ *n.* **1** [*pl.*; 単数または複数扱い] 殴り合い: come to ～*s* 殴り合いになる. **2** げんこの一撃. 〖(1605) ← FIST¹+-I-+CUFF¹〗

fist·i·cùff·er *n.* ボクサー, 拳闘家. 〖(1888): ⇨ ↑, -er¹〗

fist làw *n.* 強い者勝ち, 強者の圧制, 弱肉強食. 〖(1831) (なぞり) ← G *Faustrecht* ← *Faust* 'FIST¹'+*Recht* 'RIGHT'〗

fist·mele /fístmiːl/ *n.* 〘アーチェリー〙フィストメル《親指を立てた握りこぶしの幅; 弓に張った弦の位置を確かめるのに用いる; 約7インチ》.

fist·nòte *n.* 指じるし注《本・印刷物中に指じるし(☞)で示してある重要な注意[指示]》. 〖1934〗

fis·tu·la /fístʃʊlə | -tjʊ-, -tʃʊ-/ *n.* (*pl.* ～**s**, **-tu·lae** /-lìː, -làɪ | -lìː/) **1** (昆虫などの)管状器官, (鯨の)噴気孔 (spout). **2** 〘病理・獣医〙フィステル, 瘻(ろう), 瘻孔, 瘻管: anal ～ 痔瘻. **3** 《廃》笛 (pipe). 〖(1373) □ OF *fistule* // L *festula* 'pipe, tube, ulcer': cf. fester〗

fis·tu·lar /fístʃʊlə | -tjʊlə(r), -tʃʊ-/ *adj.* =fistulous. 〖(1704) □ L *fistulāris*: ⇨ ↑, -ar¹〗

fis·tu·lize /fístʃʊlàɪz | -tjʊ-, -tʃʊ-/ *vi.* 〘病理〙フィステル[瘻(ろう)]ができる. — *vt.* 〘外科〙〈フィステルを〉形成する.

fis·tu·lose /fístʃʊlòʊs | -tjʊlə̀ʊs/ *adj.* =fistulous. 〖?1440〗

fis·tu·lous /fístʃʊləs | -tjʊ-/ *adj.* **1** 管状の, 空管様の, 筒形の, 中空の (hollow). **2** 〘病理〙瘻(ろう)(性)の, 瘻状の. 〖(?a1425) □ L *fistulōsus*: ⇨ fistula, -ous〗

fistulous withers *n.* (*pl.* ～) [単数または複数扱い] 〘獣医〙(馬の)鬐甲瘻(きこうろう)《鬐甲にできた化膿性瘻管》. 〖c1900〗

fit¹ /fít/ *v.* (**fit·ted**, 《米》 ～; **fit·ting**)

語法 過去・過去分詞は fitted であるが, 《米》では, 口語では《英》でも, 特に (1) 受身が不可能なとき(例: That suit (has) ～ (me) in the past.) や (2) 主語が人でなく to 不定詞を伴わないとき(例: My training (has) ～ me for the job.) に fit を用いることもできる.

— *vi.* **1** 適合する, (形・大きさが)合う, 似合う: Her dress ～*ted* [《米》 ～] beautifully. 彼女の服はぴったりと体に合った / The broken pieces won't ～ together. 破片がうまく合わない / This won't ～ *into* the drawer. これはうまく引出しの中にはいらない / The key ～*ted* [《米》 ～] *into* the lock. 鍵が錠にぴったり合った / Somehow the facts just don't ～ (together). どうも事実がうまくかみ合わない. **2** 〈環境などに〉調和する, 和合する (agree) 〔*into*, *with*〕: He did not ～ so easily *into* American life. 彼はアメリカでの生活にあまりうまくなじめなかった / ⇨ FIT *in*. **3** 《古》[特に非人称構文で用いて] 適当である, ふさわしい (be fitting): Let it stand where it best ～*s* to be. それを置くに最もふさわしい所に置くがよい (Shak., 2 *Hen VI* 2. 3. 44).

— *vt.* **1** …に適合する, 合う (suit); …に適当する, 相応する: The carpet ～*s* the floor exactly! カーペットは床の寸法にぴったりだ / The key ～*s* the lock. 鍵は錠にぴったり合う / This dress ～*s* her perfectly. このドレスは彼女にぴったり合う / I will find a present to ～ the occasion. その場合にふさわしい贈り物を探そう / The example does not ～ the case. その例はその場合に当てはまらない[適例でない] / Your interpretation ～*s* the facts. あなたの説明は事実に適合している / The punishment ～*s* the crime. その処罰は罪に相応している.

2 a 〈人〉の〈衣服・めがねなどの〉寸法[度]に合わせて作る[調整する] 〔*for*〕; …に〈衣服の寸法合わせをする〉〔*with*〕: He ～*ted* her *with* her new dress. 彼は彼女に新調のドレスの寸法合わせをした / I went to the tailor's to be ～*ted*. 服の寸法を測ってもらいに[仮縫いに]洋服屋へ行った / He is being ～*ted* for a new suit. 新しいスーツの仮縫いをしてもらっている. **b** 〈部屋など〉の大きさに合わせて〈準品を〉取り付ける 〔*for*〕; 〈適当な品を〉〈家・船などに〉備える, 設備する (furnish, equip) 〔*with*〕: ～ a room *with* curtains 寸法を測って部屋にカーテンを取り付ける / have a carpet ～*ted* カーペットを(寸法に合わせて)取り付ける / ～ a library with shelves 書庫に棚を設ける / ～ a pistol *with* a silencer ピストルに消音装置を付ける / ⇨ FIT *out*, FIT *up*.

3 a 〔…に〕適合させる 〔*to*〕, 〈…の寸法・型などを〉合わせる, 合わせて作る[作り直す], 調整する: We must ～ our policy *to* the new situation. 我々は政策を新しい情勢に適合させていかなければならない / Please ～ this ring *on* my finger. この指輪を指に合うようにして下さい / I'll go and get my glasses ～*ted*. (度を計って)めがねを合わせてもらいに行ってこよう / He agreed to ～ the plans *to* suit us. 彼は我々にも都合のよいように計画を変えることに同意した. **b** 〔任に〕適させる, …に準備をさせる 〔*for*, *to*〕: ～ *oneself for* a job 仕事に備える / Hard training ～*ted* [《米》 ～] him *for* the job [*to* do the work]. 彼は猛訓練の結果その職をやっていける[その仕事ができる]ようになった / She is (well) ～*ted for* the job. 彼女はその職に(とても)ふさわしい人だ / She is ～*ted to* do the job by her age and experience. 年齢と経験からして彼女はその仕事に向いている. **c** …に〔大学入学の〕準備をさせる 〔*for*〕: The school ～*s* students *for* college. その学校は大学の入学準備教育をする.

4 〔…に〕ぴたりとはめ込む, うまく割り込ませる 〔*in*, *into*, etc.〕; 〔…に〕(うまく)収容する 〔*into*〕: ～ a key *in* a lock 鍵を錠に差し込む / ～ one's cigarette *between* one's lips 巻きたばこをくわえる / ～ a stopper *into* a bottle 瓶にきっちりと栓をする / ～ a cupboard *under* the stairs 階段の下に戸棚をはめ込む / He ～*ted* the revolver *into* the hip holster. 彼は拳銃を腰のホルスターに差した / All the pieces of the jigsaw puzzle were successfully ～*ted into* place [together]. はめ絵パズルのはめ込みがうまくいった / ⇨ FIT *in* (*vt.*).

5 〘数学〙〈曲線を〉あたえられた一組の点を通るように調整する. **6** 《古》[特に非人称構文で用いて] 〈人〉にふさわしい (befit): I must go where it ～*s* not you to know. お前たちの知ってはならぬ所へ行かねばならぬ (Shak., *Winter's* 4. 4. 297–98).

fit in (*vt.*) 適合させる, はめ込む, 割り込ませる: ～ *in* a visit 訪問[参観]の時間を割り込ませる / Can you ～ me *in* this afternoon, doctor? 先生, 今日の午後に予約を入れてもらえませんか / I managed to ～ the bookcase *in* between the windows. 本箱を何とか窓と窓の間にはめ込むことができた. — (*vi.*) 適合する, 調和する, はまり込む; 他の人にも都合がよいように調節する: The cupboard ～*s in* nicely. 戸棚はうまくはまり込む / My temperament seemed to ～ *in with* his optimism. 私の性分が彼の楽天主義に適合したようだ / You'll soon ～ *in with* the other workers. じきほかの従業員とうまくいくようになろう.

fit ón (*vt.*) (1) 〈衣服を〉合うかどうか着てみる. (2) (仮縫いして)〈衣服を〉〈人に〉着せてみる. — (*vi.*) 〈缶のふたなどが〉うまくはまる: make the lid ～ *on* ふたをうまくはめる.

fit óut (*vt.*) (1) 〈人〉に〔必要品を〕調達する, 整えてやる 〔*with*〕: ～ a person *out with* equipment 人に必要品を整えてやる / be ～*ted out for* school (学童が)入学の支度をしてもらう. (2) 装備する (equip): ～ *out* a ship for a voyage 船を艤装する / ～ *out* an expedition 遠征隊の準備を整える. — (*vi.*) 装備する. ***fit úp*** (1) 〔付属品・必要品などを〕…に設備する, 備えつける (furnish) 〔*with*〕: ～ *up* a room 部屋に家具を入れる / ～ *up* a study as a library 書斎を図書室に改装する / They were being ～*ted up with* electric light. 電灯の設備をしているところだった. (2) 〈器具などを〉取り付ける, 架設する. (3) 《英俗》〈人〉にぬれぎぬを着せる (frame) 〔*for*〕.

— *adj.* (**fit·ter**; **-test**) **1 a** 適当な, 〔…に〕適した, 適合する 〔*for*〕, 〈…するのに〉適した 〈*to do*〉: a ～ opportunity 適当な機会 / decide on ～ time and place 適当な時と所を決める / be ～ *for* the purpose 目的にかなっている / food not ～ *to* eat とても食えない(そうにない)食物 / I am not ～ *to* be seen. このままでは人前に出られない. **b** 〔…の任に〕耐え得る, 適任の 〔*for*〕; 〈…するのに〉耐え得る, 適任で 〈*to do*〉: be ～ *for* the post 適任である / He is physically ～ *to* be a boxer. 肉体的にボクサーに適している / I found him a ～ man. 彼が適任だということがわかった. **c** 環境に適合[順応]した. ★ 特に次の句で: the survival of the ～*test* 適者生存.

2 a 〔…に〕似つかわしい, ふさわしい, 相応な 〔*for*〕; 至当な, 穏当な: books not ～ *for* young people *to* read 若い人が読むのにふさわしくない本 / "All the news that's ～ *to* print" 「印刷するにふさわしいすべてのニュース」(ニューヨークタイムズ紙のモットー; これは… news that's ～ *to* be printed ともいえる) / ～ *for* a king ⇨ king 成句 / *It is* not ～ *that* he should [～ *for* him *to*] say so. 彼がそんなことを言うのは穏当でない. **b** [think *or* see ～ (*to do*) として] 〈身勝手なこと, ばかげたことなどをするのが〉ふさわしいと思う, (しばしばそうでないのに適当だと考えて)〈…する〉ことにする: ⇨ THINK *fit* (*to do*) / *Do as you think* [*see*] ～. 君が適当だと思う通りにやりなさい / He didn't *think* [*see*] ～ *to* recognize me. (私に挨拶するのが都合悪かったので)そ知らぬふりをした.

3 a いつでも〔…の〕用意ができて(いる) 〔*for*〕; 〈…する〉ばかりになって(いる) 〈*to do*〉: a ship ～ *for* a voyage 航海を待っている船 / These pears will be ～ *to* eat [*to* be eaten] in three days. このナシは三日たてば食べ頃になる. **b** [叙述的] 《口語》(怒り・苦悩・落胆・疲労(など)のあまり)…せんばかりで, 今にも…しそうで 〈*to do*〉: I walked till I was ～ *to* drop. 倒れそうになるまで歩いた / She cried ～ *to* break her heart. 胸も張り裂けんばかりに泣いた.

4 [通例叙述的] 《口語》(肉体的・精神的に)健康で, (特に日頃の運動により)よい調子[コンディション]で: (as) ～ as a fiddle [《英》flea] ぴんぴんして / feel ～ (体の具合が)しごくよい / keep ～ 健康でいる / be in a ～ state [condition] (to do) (あることができる)元気である / fighting ～ とても元気で / Is he ～ *for* work [～ *to* travel] yet? 彼はもう仕事[旅行]ができますか.

fit to be tíed 《口語》今にもかんしゃく玉を破裂させそうで, ひどく立腹して, かんかんになって (cf. 3 b). ***fit to búrst*** [《英》 ***bûst***] 今にも張りさけんばかりに, 大いに: He was laughing ～ *to burst*. 彼は笑いころげていた. ***fit to kill*** ⇨ kill¹ 成句.

— *n.* **1** (衣服の)体への合い具合, 着具合; 体に合う衣服[服装品]: This dress is a good ～. この服はぴったりだ / The ～ of her clothes is perfect. 彼女の服のぴったり加減は最高だ / The coat is a poor [perfect] ～. その上衣はよく合わない[ぴったりして申し分ない]. **2** 適合, しっくりした状態 (adjustment): It will be a tight ～ to get them all in. 皆入れるときちきちだろう. **3** 〘機械〙はまり, はめあい, すり合わせ, なじみ: ⇨ loose fit, tight fit. **4** 〘統計〙(標準のデータとの)適合度.

～·ta·ble *adj.* 〖v.: (?a1400) *fitte*(*n*) to marshal troops, arrange; be fitting ← ?: cf. ON *fitja* to knit. — adj.: (?c1375) ← ?〗

SYN ふさわしい: **fit** ある目的・人物にふさわしい《やや〈だけた一般的な語》: That shack is not *fit* to live in. あの小屋は住むに適しない. **suitable** ある目的・事情に適切である《最も一般的な語》: He is quite *suitable* for the job. その仕事にうってつけだ. **proper** 理性的な判断に基づき, ある物に本来[当然]ふさわしい: She wore a *proper* dress for the occasion. その場にふさわしい服を着ていた. **appropriate** ある人や事情に特にふさわしい《格式ばった語》: Woolen sweater is not *appropriate* for a hot summer day. ウールのセーターは夏の暑い日にはふさわしくない. **right** 「最も適当な」の意味で, 他の語と置き換え可能; 口語的で使用範囲が広いので, 場合によっては意味があいまいになることもある: I don't think he is the *right* man for her. 彼女の相手として彼はふさわしくないと思います. **apt** 目的にぴったり適応する: an *apt* quotation 適切な引用. **fitting** *suitable* と同義で, 格式ばった語: It was a *fitting* evening for a dance. ダンスパーティーにふさわしい晩であった. **becoming** 〈行為や言葉が〉その人の品性・地位に似つかわしい: Gentleness is *becoming* in a nurse. 優しさは看護婦に似つかわしい. **seemly** 礼儀正しさ, よい趣味の点で似つかわしい: Swearing is not *seemly* in a girl. 口ぎたなくののしるのは若い女性には似つかわしくない.
ANT unfit, unfitting.

fit² /fít/ *n.* **1** (病気の)発作 (spasm); 引き付け, 差し込み, 痙攣(けいれん): ⇨ fainting fit / an epileptic [apoplectic] ～ てんかん[卒中]発作 / a ～ of coughing (発作的な)ひとしきりのせき込み / fall down *in* a ～ 卒倒する / go *into* ～*s* 卒倒する. **2** (感情の)激発 (outburst): burst *into* a ～ of laughter [rage] ぷっと吹き出す[かっとなる] / *in* a ～ of passion 激情に駆られて / *in* a ～ of anger [rage] 腹立ちまぎれに / in a ～ *of* remorse 急に自責の念に駆られて. **3** (発作的に起こった)一時的興奮状態, 気まぐれ, (一時的な)気分: *in* a ～ of generosity つい大まかな気になって, 急に気が大きくなって / when the ～ is on one 《古》(どうかして)気が向くと.

béat a person to [***into***] ***fits*** 《口語》〈人を〉さんざんにやっつける. ***by*** [***in***] ***fits*** (***and stárts***) 発作的に, 時々思い出したように: work by ～*s and starts* 気まぐれに[思い出したように]働く. (1620) ***give a person a fit*** 〈人〉に不意打ちを食わせる; 〈人を〉怒らせる. ***give a person fits*** 《口語》 (1) =*beat a person to* FITS. (2) 《米》〈人を〉ひどく叱る, どなりつける. ***hàve a fit*** (1) 《口語》ものすごく怒る[興奮する]; びっくり[仰天]する. (2) 発作を起こす, ひきつけを起こす. ***hàve a person fits*** 人を大笑いさせる. ***thrów a fit*** =*have a* FIT (1). (1896)
〖(OE) (1536–41) *fitt* conflict ← ?〗

fit³ /fít/ *n.* **1** 《古》(詩の)一節 (canto); (歌の)ひとくさり (strain). **2** 《廃》歌 (song, ballad). 〖OE *fitt* song ← ?〗

fit⁴ /fít/ *v.* 《方言》=fought.

fitch /fítʃ/ *n.* **1** 〘動物〙ケナガイタチ (*Mustela putorius*) 《ヨーロッパ・北アジア産のイタチ科の動物; fitchet, foul martin, foumart polecat ともいう》; ケナガイタチの毛皮. **2** (ケナガイタチなどの毛で作った)絵筆《fitch brush ともいう》. 〖(1421) ME *fiche* □ OF // MDu. *visse* polecat ← ? IE **weis-* to flow〗

Fitch /fítʃ/, **John** *n.* フィッチ (1743–98; 米国の発明家; 1787 年 Fulton に先駆けて蒸気船を開発したが実用化には失敗した).

Fitch, (William) Clyde *n.* フィッチ (1865–1909; 米国の劇作家).

fitch·é(e) /fítʃi, fɪtʃéɪ/ *adj.* 〘紋章〙 **1** 細くなった, とがっている: ～ at the foot 〈十字架が〉下の先がとがっている. **2** とがったところがある. 〖(1572) □ F *fiché* (p.p.) ← *ficher* to fix: ⇨ fichu〗

fitch·er /fítʃə | -tʃə(r)/ *vi.* 〈ドリルの溝が〉詰まる. 〖(1865) ← ?〗

fitch·et /fítʃɪ̀t | -tʃɪt/ *n.* 〘動物〙=fitch 1. 〖1535〗

fitch·ew /fítʃuː/ *n.* =fitch. 〖(?c1395) ME *ficheux* □ OF *fichau* □ MDu. *fisse*〗

fitch·y /fítʃi/ *adj.* 〘紋章〙=fitchée. 〖1650〗

fit·ful /fítfəl, -fl/ *adj.* **1** 発作的な, 断続的な, 変わりやすい, 気まぐれな (spasmodic, intermittent): a ～ gleam ちらちら明滅する光 / a ～ wind 思い出したようにときどき吹く風 / a ～ worker 気まぐれな働き手. **2** 《廃》発作病の:

～ fever. **～·ly** *adv.* **～·ness** *n.* 〖((1592)) ((1810)) ← FIT²＋-FUL¹〗

fit·ly *adv.* **1** 適合するように, 適当に, 適切に, ぴったりと (suitably). **2** 適時に, 適宜に (opportunely). 〖((*c*1550)) ← FIT¹＋-LY¹〗

fit·ment *n.* **1** (作り付けの)備品, 家具. **2** [*pl.*] 造作, 取付け, 建具 (fittings). **3** ((廃)) **a** 準備. **b** 義務. 〖((1851)) ← FIT¹＋-MENT〗

fit·ness *n.* **1** (健康状態の)良好, 健康. **2** 適当, 適合; 適任である資格. **3** 適合性, 合目的性, (言行などの)よろしきを得ること, 合宜性 (propriety): the (eternal) ～ of things 事物本来の合目的性. 〖((1580)) ← FIT¹＋-NESS〗

fitness frèak *n.* ((軽蔑)) フィットネス狂い ((スポーツクラブなどでいつも運動している人)).

fit·òut *n.* ((英口語)) (旅の)支度 (equipment, outfit).

fit·ted /fítɪ̣d | -tɪd/ *adj.* **1** (体の)形に合うように作られた: a ～ coat 体の線に合うように仕立てた上着 / a ～ carpet 床面全体に敷きつめられるように切ったじゅうたん / ～ sheets マットレスをぴったりくるむように作ったシーツ. **2** (仕事・職種に)合っている, 適した. **～·ness** *n.* 〖((1666)) ← FIT¹＋-ED〗

fit·ten /fítn̩/ *adj.* ((方言)) 適した, 一致した (fit). 〖((1642)) FIT¹ *v.* の強変化過去分詞をもどき〗

fit·ter /-ṭə | -tə(r)/ *n.* **1 a** (作り付け家具などの)取付け人; (機械・備品などの)組立て工, 仕上工; (建具などを取り付ける)仕上げ大工, 取付け大工: a gas-*fitter*. **b** 整備係, 調整係: an engine-*fitter*. **c** のこぎりの目立て屋. **2 a** (仮縫いなどの)着付け人. **b** 装身具[旅行用品]商. 〖((1660)) ← FIT¹＋-ER¹〗

fit·ting /fítɪŋ | -tɪŋ/ *n.* **1** 備品, 付属品; [通例 *pl.*] (作り付け)家具, 建具(類), 造作, (自動車などの)部品: gas and electric-light ～*s* ガスと電灯設備. **2** (仮縫いのための)着付け, 試着. **3** 取付け, すえ付け; 適合; 合わせてみること. **4** ((英)) 〘商業〙 (靴・靴下などの)大きさ, 型: a broad [narrow] ～ 幅の広い[狭い]型. ── *adj.* 適当な, 適切な, ちょうど頃合の (⇨ fit¹ SYN): a ～ observance of the feast 時宜にかなった祭礼の挙行. **～·ly** *adv.* **～·ness** *n.* 〖((*a*1420)): ⇨ fit¹, -ing²〗

fitting ròom *n.* (服飾品店などの)試着室. 〖1909〗

fitting shòp *n.* 組立て工場[作業場]. 〖1888〗

Fit·ti·pal·di /fìtɪ̣pǽldi | fɪtɪ-; *Braz.* fitʃipáwdʒi/, **Emerson** /iméʁsõ/ *n.* フィティパルディ ((1946– ; ブラジルのレーシングドライバー; 世界選手権獲得 (1972, 1974))).

fit·ùp *n.* ((英)) **1** 臨時劇場; 臨時[携帯用]の舞台 (装置). **2** 旅回り劇団 (fit-up company ともいう). 〖1864〗

Fitz /fíts/ *n.* フィッツ (男性名). 〖↓〗

Fitz- /fɪts/ *pref.* 「(…の)子息 (the son of)」の意 (cf. Ibn-, Mac-, O'). ★ アクセントを伴わず姓の前に添えて通例国王または王族の庶子であることを示す: *Fitzroy* 王(の庶)子 / *Fitzclarence* クラレンス公 (Duke of Clarence) の庶子. 〖□ AF *fitz*＝OF *fiz* (F *fils*) < L *filius* son〗

Fitz·ger·ald /fɪtsdʒérəld/ *n.* フィッツジェラルド (男性名). 〖⇨ ↑, Gerald〗

Fitz·Ger·ald /fɪtsdʒérəld/, **Edward** *n.* フィッツジェラルド ((1809–83; 英国の詩人, *Rubáiyát of Omar Khayyám* の翻訳者; Fitzgerald とも書く)).

Fitz·ger·ald /fɪtsdʒérəld/, **Ella** *n.* フィッツジェラルド ((1918–96; 米国の黒人女性ジャズ歌手)).

Fitz·ger·ald, F(rancis) **Scott** (**Key**) *n.* フィッツジェラルド ((1896–1940; 米国の小説家; *The Great Gatsby* (1925))).

FitzGerald, Garret *n.* フィッツジェラルド ((1926– ; アイルランドの政治家; アイルランド首相 (1981–82; 1982–87))).

FitzGérald(-Lórentz) contràction [effèct] *n.* [the ～] 〘物理〙 フィッツジェラルド短縮 ((マイケルソンモーリーの実験 (Michelson-Morley experiment) を説明するために FitzGerald が仮定した運動物体の長さの運動方向の短縮)). 〖((1905)) ← *George F. FitzGerald* (1851–1901: アイルランドの物理学者)〗

Fitz·hugh /fɪtshjúː/ *n.* フィッツヒュー (男性名). 〖⇨ Fitz-, Hugh〗

Fitz·ro·vi·a /fɪtsróuviə | -rə́u-/ *n.* ((口語)) フィッツロービア ((London の Oxford Street の北側, Fitzroy Square の周辺地区を指す呼称; 1930–40 年代詩人のたまり場として有名)).

Fitz·sim·mons /fɪtssímənz, fɪt-/, **Bob** *n.* フィッツシモンズ ((1862–1917; 英国生まれのニュージーランドのボクサー; ミドルウェイト (1891–97), ヘビーウェイト (1897–99), ライト・ヘビーウェイト (1903–05) の世界チャンピオン)).

Fiu·me /fjúːmeɪ, fiúː-; *It.* fjúːme/ *n.* フィウメ ((Rijeka のイタリア語名)).

five /fáɪv/ *n.* **1** 5; 5 個, 5 人, 5 歳, 5 時: ～ and twenty＝twenty-*five* 25 / at ～ 5 時に / *five*-twenty 5 時 20 分 / a child of ～ 5 歳の子供 / the big *Five* 五大国, 五大巨頭 / ⇨ Big Five. ★ ラテン語系形容詞: quinary. **2** 5 [V] の記号[数字]. **3** 5 人[個]一組; バスケットボールチーム. **4** (トランプの) 5 の札; (さいの) 5 の目; 半面に 5 個の点のあるドミノの牌(はい): the ～ of spades スペードの 5. **5** 〘クリケット〙 5 点(打). **6** ((英口語)) 5 ポンド紙幣; ((米口語)) 5 ドル札. **7** 5 番サイズの衣服; [*pl.*] 5 番サイズの手袋[靴]: wear a ～. **8** [*pl.*] ((英)) 五分利物. **9 a** [*pl.*] 5 本指, 手, こぶし (hand): a bunch of ～*s* ((英俗・米古)) (握り)こぶし, 手. **b** ((米俗)) ＝9 a: give a person (a) ～ (喜びのしるしとして)人にハイファイブのあいさつをする (cf. high-five) / Give me ～. 握手をしよう. **10** [*pl.*] 〘球技〙 ⇨ fives¹. **11** [the F-] 〘音楽〙 五人組 ((19 世紀ロシアの作曲家グループ; Balakirev, Borodin, Cui, Mussorgsky, Rimski-Korsakov がそのメンバー; Russian Five ともいう)).
háng fíve ⇨ hang *v.* 成句. *tàke fíve* ((口語)) (仕事などを) 5 分間休む. ((*c*1925))
five of a kínd 〘トランプ〙 ファイブカード ((ポーカーで 4 枚の同位札に鬼札 (wild card) を加えた手; 鬼札を使う方式のポーカーでは最高位の出来役とされる)). ((1897))
── *adj.* 5 の, 5 個の, 5 人の; [叙述的] 5 歳で: ～ percent 5%, 5 分, 5 パーセント / the ～ senses 五感 (⇨ sense A 2 a) / ～ o'clock 5 時 / ～ years old [of age] 5 歳 / a *five*-pound note 5 ポンド紙幣.
〖OE *fīf* < Gmc **fimfe* (Du. *vijf* / G *fünf*) ← IE **pénpe* (変形) ← **penkʷe* (L *quīnque* / Gk *pénte*): cf. finger, fist¹, penta-, quinque-〗

five-alàrm ((口語)) *adj.* 大火事の; 〈トウガラシなどが〉特別辛い, 激辛の.

five-and-díme *n.* ((米)) ＝five-and-ten.

five-and-tén *n.* ((米)) (もと 5 セントか 10 セント均一の)安物(雑貨)店 (five-and-ten-cent store ともいう; cf. dime store). 〖1880〗

five-a-síde *n.* 〘サッカー〙 ファイブアサイド ((各チーム 5 人ずつで戦うサッカーの一種)).

five-by-five *adj.* ((米俗)) 太った, ずんぐりした.

Five Cívilized Nátions [Tríbes] *n. pl.* [the ～] ((米)) ((1830–40 年に Indian Territory (今の Oklahoma 州東部) に強制移住させられた)アメリカインディアンの五族 (Cherokee, Chichasaw, Choctaw, Creek および Seminole 族; 伝統文化が発達していたので, 当時の米国役人がこう呼び始めた)).

five-dày wéek *n.* 週休二日制 ((1 週 5 日(労働)制の 1 週)). 〖1926〗

five-èighth *n.* ((豪)) 〘ラグビー〙 ファイブエイス ((ハーフバック (halfbacks) とスリークォーターバック (three-quarter backs) との間のプレーヤー; そのポジション)). 〖1905〗

five-fàced bíshop *n.* ((英)) 〘植物〙 ＝moschatel.

five-fìnger *n.* **1** 〘植物〙 **a** ＝cinquefoil 1. **b** ＝bird's-foot trefoil. **c** ＝oxlip. **d** ＝Virginia creeper. **2** 〘動物〙 ヒトデ (starfish). ── *adj.* [限定的] 五指の. 〖OE *fīffingre*〗

five-finger discóunt *n.* ((米・豪俗)) 万引き, 窃盗.

five-finger éxercise *n.* **1** (ピアノの)五指練習. **2** 簡単なこと[仕事]. 〖1903〗

five·fòld *adj.* **1** 五部分[部門, 要素]のある. **2** 五重の, 5 倍の. ── *adv.* 五重に; 5 倍に. 〖OE *fīffeald*〗

Five Fórks *n.* ファイブフォークス ((米国 Virginia 州南東部, Petersburg の南西にある地域; 1865 年 3 月 31 日–4 月 1 日 Pickett の率いる南軍を Sheridan 指揮下の北軍が破った地)).

five-gáited *adj.* 〘馬術〙 五種歩訓練ずみの ((米国の乗用馬で並足 (walk), 速歩 (trot), 普通駆け足 (canter), 緩歩(かんぽ) (slow gait), ラック (rack) が行えるように訓練した; cf. three-gaited)).

five húndred *n.* 〘トランプ〙 五百, ノートラ ((euchre をもとに米国で考案されたゲーム; euchre と同じ 32 枚に joker を加え, 通常 3 人が 10 枚の手札で獲得する組 (trick) 数により得点を競う; 500 点に達した者が勝ち)). 〖1920〗

five hùndred rúm [rúmmy] *n.* 〘トランプ〙 五百点ラミー ((rummy の一種で, 500 点先取した者が勝ちとなる; pinochle rummy ともいう)).

five Ks /-kéɪz/ *n. pl.* [the ～] シーク教の男子が身につけるべき 5 つのもの ((kuccha (短ズボン), kangha (櫛(くし)), kara (鉄製の腕輪), kesh (ひげと刈らない頭髪), kirpan (短剣)の 5 K を指す)).

five-lìne whíp *n.* ⇨ whip 6.

Five Nátions *n. pl.* [the ～] ((米)) ((現在の New York 州に住み, 連合組織を作っていた)アメリカインディアンの五族 ((Mohawk, Oneida, Onondaga, Cayuga, Seneca; 彼らを総称して Iroquois 族と呼ぶ; cf. Six Nations)). 〖1684〗

five-o'clòck shádow *n.* (朝剃ったものが伸びて) 5 時ごろ男の顔に見えてくるひげ. 〖1937〗

five-o'clóck tèa *n.* ((英)) 午後のお茶 (cf. tea 5). 〖1872〗

501's /fáɪvòuwʌ́nz | -əu-/ *n.* 〘商標〙 501 ((米国 Levi Strauss 社製のジーンズ; ボタンフロント)).

five·pence /fáɪvpéns | fáɪvpéns, fáɪf-, -píː-, fáɪfpəns, -pn̩s⁻/ ★ 発音・用法その他については ⇨ penny 1. *n.* (*pl.* ～, ～s) **1** (英国の) 5 ペンス(の価). **2** ((米)) 5 セント; 5 セント(白銅)貨. 〖1564〗

five·pen·ny /fáɪvpəni, fáɪvpèni | fáɪfpəni, fáɪv-/ ★ 発音・用法その他については ⇨ penny 1. *adj.* 5 ペンスの: a ～ rate [tax] 1 ポンドにつき 5 ペンスの割の率[税金]. ── *n.* (英国の) 5 ペンス(白銅)貨 (略 5 p); (以前の) 5 ペンス銀貨. 〖1799〗

five-percénter *n.* ((米)) 五分の手数料を取って役所の仕事を世話したり, 代わって役所の請負をする人. 〖1949〗

five·pìns *n.* [単数扱い] (特にカナダで行われる)五柱戯, ファイブピン(ボーリング). **five·pin** *adj.* 〖1962〗

fiv·er /fáɪvə | -və(r)/ *n.* ((口語)) **1** ((米)) 5 ドル札. **2** ((英)) 5 ポンド紙幣. 〖1843〗

fives¹ /fáɪvz/ *n. pl.* [単数扱い] ((英)) 〘球技〙 ファイブズ ((壁で囲まれたコートでグラブをはめた手またはバットで革装のボールを前面の壁に打ち当てる; 2–4 人で行う; cf. Eton fives, Rugby fives, handball 2 a, squash tennis)). 〖((1636)) (pl.) ← FIVE〗

fives² /fáɪvz/ *n. pl.* ((廃)) ＝vives.

five-spìce pówder *n.* 五香粉 (ウーシアンフェン) ((中国の混合香辛料; 普通は, アニス・胡椒・茴香(ういきょう)・丁字(ちょうじ)・桂皮(けいひ)の 5 種類が混合されている; 単に five-spice ともいう)).

five-spòt *n.* **1** ＝five 4. **2** ((米俗)) 5 ドル札. **3** 〘植物〙 米国 California 州産ハゼリソウ科ルリカラクサ属の, 花弁が白色で先端に濃紫色の斑点のある花を付ける一年草 (*Nemophila maculata*). 〖1903〗

five-stár *adj.* **1** 五つ星の: a ～ general ((米口語)) 陸軍[空軍]元帥 / a ～ admiral ((米口語)) 海軍元帥. **2** 〈ホテルなど〉最高水準の, 第一級の, すぐれた: a ～ hotel, telefilm, etc. ((星印をつけてその評価を示すことから)) 〖1913〗

five·stònes *n. pl.* [単数扱い] ((英)) 五玉(ごだま)遊び ((5 個の石を用いて行う一種のお手玉; cf. jackstone 1)). 〖1900〗

five-to-twó *n.* ((俗)) ユダヤ人 (Jew). 〖((1914)) *Jew* と *two* とを韻を踏ませたもの〗

Five Tówns *n. pl.* [the ～] ファイブタウンズ ((イングランドの Potteries を構成した 5 つの町 Tunstall, Burslem, Hanley, Stoke-on-Trent, Longton の総称; 1910 年に合併して Stoke-on-Trent となった; この名を特に有名にした Arnold Bennett の小説では以上の五町村はそれぞれ Knype, Hanbridge, Bursley, Turnhill, Longshaw となっている)).

five Ẃs *n. pl.* [the ～] 〘ジャーナリズム〙 五つの W ((who (誰が), what (何を), when (いつ), where (どこで), why (なぜ)を指し, how (どのように)とともに 5-W·1 H と呼ばれてニュース報道の際に盛り込まねばならない要素とされる)).

five-yèar plán, Fíve-Yèar Plán *n.* [the ～] (旧ソ連・中国などの)五か年計画. 〖((1929)) (なぞり) ← Russ. *pyatiletka*〗

fix /fíks/ *v.* (～ed, ((詩)) fixt /fíkst/) ── *vt.* **1** 固定[定着, 固着]させる, 据える (⇨ fasten, set SYN): ～ a loose plank ゆるい板を固定させる / ～ a bayonet (銃に)銃剣をつける (cf. bayonet 1) / ～ a tent *with* pegs テントを杭で留める / ～ a statue *on* a pedestal 像を台の上に据える / ～ a lid *on* a box 箱にふたをする / ～ a post *in* the ground 柱を地面にしっかりと立てる / ～ a feather *in* one's hat 帽子に羽を挿す / ～ a picture [lamp] *to* the wall 壁に絵を張りつける[ランプを取り付ける] / ～ a dining table in the middle of a room.

2 a 決定する, 定める, 決める: He ～*ed* the price [rent] at $30. 値段[家賃]を 30 ドルに決めた / ～ a day for a meeting 会合の日を決める / ～ English spelling 英語のつづり方を決定する / Have the date and place of the wedding been ～*ed* yet? 結婚式の日取りと場所はもう決めましたか / ～ one's residence *in* the suburbs ((古)) 郊外に住居を定める. **b** [～ oneself または p.p. 形で] (相当の期間)居を定める, 住みつく.

3 a 直す, 修理する (⇨ mend SYN); 調整[整頓]する, 用意する; 〈髪・顔などを〉整える: He didn't know how to ～ his motorcycle. オートバイの修理の仕方を知らなかった / ～ a machine so that it will work 動くように機械を調整する / I'll ～ the room *for* you. (すぐ使えるように)その部屋を用意しておきます / Please ～ the table *for* breakfast. 朝食のための食卓の用意を頼みます / ～ one's hair 髪を整える. **b** 解決する, 始末する: That sort of thing won't ～ anything. そのようなことでは何一つ解決しない / ⇨ FIX *it*. **c** [時に二重目的語を従えて] 〈食事〉の支度をする; 〈料理・飲み物を〉こしらえる (prepare): ～ a salad サラダを作る / He ～*ed* himself a meal. 彼は自分で食事の支度をした / I have ～*ed* you a little snack [drink]. あなたに簡単な食事[飲み物]を用意しました. **d** ((米・カナダ口語)) 〈歯〉の(矯正)治療をする; ((米口語)) 〈けがした身体部位を〉治す: You should have your teeth ～*ed*. 歯を治してもらうといい / The doctor will ～ your leg for you. 医者が足のけがをよくしてくれるよ.

4 a 〈目・注意などを〉〈…に〉じっと注ぐ, 向ける 〔*on, upon*〕; 〔ある目つきで〕〈人・物を〉見据える, じっと見つめる 〔*with*〕: He stood there *with* his eyes ～*ed on* the picture. 彼は目をじっとその絵に向けたままそこに立っていた / ～ one's attention [affection, hopes] *on* …に注意[愛情, 希望]を向ける / She ～*ed* Tom *with* a keen glance. 鋭い目付きでトムをじろりと見た. **b** 〈人の目・注意を〉引き留める, 引きつける: try to keep one's mind ～*ed on* one's task 自分の仕事に集中しようとする / The sight ～*ed* her attention. その光景は彼女の目を引きつけた.

5 〈顔つきなどを〉固定させる, すわらせる, こわばらせる (make rigid); 〈顔を〉〈ある表情に〉する 〔*in*〕: ～ one's features きつい顔つきをする / He ～*ed* his face *in* an expression of sheer admiration. 彼はまったく感服の至りといった顔をしていた.

6 a 〈観念・意見などを〉固定させる, 不動なものにする; 〔心・記憶に〕留める (implant) 〔*in*〕: ～ one's fluctuating opinions 動揺する意見を固定させる / ～ facts [dates] *in* one's mind [memory] 事実[年代や日時]をしっかり覚える / ⇨ fixed idea. **b** 〈言語・文学・文体などを〉固定化する, 恒久化する.

7 〈罪・責任などを〉〈人に〉帰する, かぶせる, 負わせる (assign) 〔*on*〕: ～ the blame [responsibility] *on* a person 人に罪[責任]を負わせる.

8 ((口語)) 内密[不正]に取り決める, …にいかさまをする; あらかじめ…に手を回す, (賄賂(わいろ)などで買収して)抱き込む: ～ a jury 陪審員を買収する / ～ an election 選挙が有利になるように工作する / ～ a race 競馬[競輪]で八百長をする.

9 ((口語)) 〈愛玩動物などを〉去勢する, …の卵巣を取り去る.

10 ((口語)) やっつける, 罰する, こらしめる (do for); …に仕返しする; 殺す, 片付ける (kill).

11 ((俗)) …に麻薬を注射する.

12 a 〘染料〙 色留めする: ～ a color 色留めする. **b** 〘写真〙 定着する: ～ a photographic negative 写真原板を定着する / ⇨ fixing agent.

13 〘化学〙 〈流動体を〉凝固させる, (不揮発性に)固定させる; 〈空気中の窒素を〉〈硝酸塩・アンモニアなどとして〉固定させる (combine). **14** 〘生物〙 〈細胞・組織を〉〈薬品で〉固定する; 〈標本を〉保存する: ⇨ fixing fluid.

— *vi.* **1** 固定する, 定着する; 固まる, 凝固する (congeal); 〈顔つきなどが〉硬化する, すわる (stiffen). **2** 〈目・注意が〉〔…に〕留まる, 集中する (focus)〔*on, upon*〕: My eyes ~*ed on* a hole in the ceiling. 私の目は天井の穴に留まった. **3** 〔日取り・場所・金額などを〕決定する, 決める〔*on, upon*〕: ~ *on* a date for a journey 旅行の日取りを決める / ~ *upon* a person *to* do the work その仕事をさせる人を決める. **4** 定住する, 腰をすえる (settle down). **5** 《米方言・口語》[主に進行形で; *to* do を伴って]〈…する〉用意をする, 〈…する〉つもりだ, …しようとする (be about): I *was* just ~*ing to* leave home. ちょうど出かけしようとしたところだった. **6** 《俗》麻薬の注射をする.

fix it 《口語》処理する, 取り計らう: any way you can ~ *it* どんな風にやってみても, どうしても / He ~*ed it* (*with* the boss) so I didn't have to do it. 彼は(上司と話をして)私がそれをしなくてもいいように計らってくれた. ***fix óver*** 《米口語》〈衣類・機械などを〉修理[改造]する. ***fix úp*** (*vt.*) (1) 《口語》取り決める, 手配する; 組織する, 編成する: ~ *up* an arrangement to see the manager 支配人と会う手はずを整える. (2) 《口語》〈家・部屋を〉整頓する, 片付ける, …に手を入れる; 見せかける: He ~*ed* the room *up as* a study. その部屋を書斎に改造した / The murderer ~*ed up* the body *to* look as though somebody else had done it. 犯人は別の人間の仕業(しわざ)に見せかけようとして死体に手を加えていた. (3) 《口語》修繕する; …の病気を治す: This medicine will ~ you *up*. この薬を飲めば病気が治るだろう. (4) 《口語》〈人〉のために用意を整える, 〔必要な物・望ましい物・食べ物などを〕…に供給する〔*with*〕; 〈人〉に〔デートの相手などを〕あてがう〔*with*〕: He ~*ed* me *up with* a job. 彼は私に仕事をあてがってくれた. (5) 《口語》(協調的に)解決する, 取りまとめる: ~ *up* a quarrel [differences] 争い[不和]を解決する, 和解する / I'll ~ it *up with* the manager. 支配人と打ち合わせて決めよう / I ~*ed up with* him to meet at five. 5 時に会うように彼と話をつけた. (6) 《口語》罰する. (7) [one*self* を伴って] 《米口語》身なりを整える: She ~*ed herself up* as well as she could. できるだけめかし立てた. —(*vi.*) 《米口語》身なりを整える. 〘1831〙

— *n.* **1** 《口語》(動きの取れない)苦境, 窮境, 苦しい羽目: be *in* a (pretty) ~ 苦しい羽目[窮境]に陥(っている), 進退窮まる / I found myself *in* an awful ~. (いつの間にか)恐しい羽目に陥っていた / get oneself *into* a bad ~ 窮境に陥る. **2** 《俗》**a** (ヘロインなど)麻薬の注射; 注射された麻薬(の量): get [give] a ~ (麻薬の)注射を受ける[する]. **b** (必要とするものの)分量, 一杯 (dose); ひどくほしいもの: have a regular ~ *of* coffee in the morning 朝いつも欠かさずコーヒーを一杯飲む. **3** 《俗》(官憲を買収したり顔をきかせたりして行う)不正な取り決め, 結託; 賄賂(わいろ), 袖の下; 八百長(試合). **4 a** (既知点の方角・距離・天体観測・無線信号などによって決定される船舶や航空機の)位置; 決定位置: ⇨ radio fix. **b** (事態などについての)はっきりとした理解[考え]: I'm trying to get a ~ *on* the situation. 情勢をはっきり理解しようと努めている.

òut of fix 《米口語》〈機械など〉壊れて, 調子が狂って.

〚(c1370) ▭ ML *fixāre* ∥ ← L *fixus* (p.p.) ← *figere* to fix ← IE **dhīgʷ-* to stick: cf. dig, ditch〛

SYN 窮地: **fix** 《口語》困った[困難な]立場: be in a *fix* 窮地に陥っている. **predicament** 特にどうしてよいかわからないような困難な状態《格式ばった語》: be in a dreadful *predicament* 大変な窮地に陥っている. **plight** 深刻で困難な状況: be in a sad *plight* 悲惨な苦境に陥っている. **quandary** 困難な状況にあってどうすべきか決定できない状態: I am in a *quandary* about what to do next. 次に何をすべきかわからず困り果てている. **scrape** 《口語》愚かな行動によって陥った困った立場: He is always in some *scrape* or other. いつも何かへまをやっている.

fix·a·ble /fíksəbl/ *adj.* 固定可能の; 留めることのできる; 一定にすることのできる. 〚(1486): ⇨ ↑, -able〛

fix·ate /fíkseɪt/ *vt.* **1** 《精神分析》**a** 〈リビドー (libido) を〉固着させる《リビドーのある段階で, 対象へのリビドー固着が起こり, それが後の段階にまで継続して影響を与える》. **b** 〈人〉のリビドーを固着させる. **2** …に視線を集中する, 凝視する: Carefully ~ the point marked. しるしをつけた点に注意深く視線を集中しなさい. **3** 固定[定着]させる (fix): ~ the eyes 目を据える, じっと見詰める. — *vi.* **1** 〔…に〕固執する〔*on, upon*〕. **2** 固定[定着]する; 〔…に〕視線を集中する〔*on, upon*〕: ~ *on* a light. 〚(1885) ← L *fixus* (⇨ fix)+-ATE[1]〛

fix·at·ed /-tɪd | -tɪd/ *adj.* 〔…に〕病的にこだわって, 固執して〔*on, upon, with, by*〕 〚(1926): ⇨ ↑, -ed〛

fix·a·tion /fɪkséɪʃən/ *n.* **1 a** 病的執着, 固執〔*on, with*〕. **b** 視線の集中, 注視, 凝視. **2** 《精神分析》**a** (リビドーの)固着, 固定. **b** 《俗》(ある物[事]への)執着, 強迫観念. **3** 定着, 固着, 固定; 定置, 据付け. **4** 《化学》(液体・ガス体などの)凝固, 不揮発性化; (空中窒素の)固定 (cf. nitrogen fixation). **5** 《写真》定着. **6** 《染色》染料などを固着すること, 色留め(法). **7** 《生物》固定. 〚(a1393) ▭ ML *fixātiō(n-)* ← *fixāre*: ⇨ fix, -ation〛

fix·a·tive /fíksətɪv | -tɪv/ *n.* **1** 定着剤[液]; (香水に入れる)揮発保留剤(じゃこう・安息香など). **2** 《写真》(オシログラフ (oscillograph) などの感光紙を一時的に光に安定にする黄色の)安定化液, (感光剤を光・熱などに安定な物質にする)安定化液. **3** 《染色》固着剤, 色留め剤. **4** 《生物》=fixing fluid. **5** 《絵画》(木炭画・クレヨン画などに吹きかける)定着液, フィクサティーフ《薄いワニスなど》. — *adj.* 固定[固着]力のある, 定着性の; (染色で)色留めの. 〚(1644) ← FIX+-ATIVE〛

fix·a·ture /fíksətʃə | -tʃə(r)/ *n.* 《英》(毛髪などの位置を固定させるために用いる)堅練り香油, チック, 鬢(びん)付け. 〚(1860) ← FIXATE+-URE〛

fixed /fíkst/ *adj.* **1** 固定的な; 決まった, 確定している, 不変の, 不動の; 〈様式などが〉凍結した: a ~ color 不変色 / a ~ date 確定日, 定めた日 / ~ holidays (毎年暦の上の日が一定している)固定休日 / a ~ income 固定収入, 定額所得《給料などと区別して, 年金・配当金など》/ a ~ salary 固定給 / the ~ par of exchange (為替(かわせ)の)法定平価 / He has no ~ address. 彼は住所不定である. **2** 定着した, 固定した; 取り付けてある, 据え付けの: a ~ bridge 固定性ブリッジ / a ~ pulley 定滑車 / ⇨ fixed light, fixed signal. **3** 〈観念などが〉固執的な, とらわれた: ⇨ fixed idea. **4** 〈視線など〉じっとして動かない: look at a person with a ~ gaze 人をじっと見詰める / a ~ smile こわばったほほえみ. **5** 〈人工衛星が〉静止した. **6** 《米口語》[叙述的]〔必要なもの, 特に金を〕支給されて〔*for*〕; 金をあてがわれて: How are you ~ *for* money? お金の工面はどうしていますか / She is well [comfortably] ~ for life. 彼女は一生涯生活が安定している[不自由なく暮らしていける]. **7** 《口語》内密[不正]に取り決めた, あらかじめ工作した; (賄賂(わいろ)で)買収された: a ~ jury 買収された陪審員 / a ~ match [race] 八百長試合[レース] / a ~ slot machine いかさまスロットマシーン. **8** 《化学》固定した; 凝固した, 不揮発性の: ~ nitrogen 固定窒素 / a ~ acid 不揮発酸 / ⇨ fixed oil. **9** 《数学》(変換に対して)不変の, 固定した. **10** 《占星》不易相の (⇨ fixed sign). **fix·ed·ness** /-sɪdnɪs, -s(t)- | -sɪd-/ *n.* 〚(1552): ⇨ -ed〛

fixed árch *n.* 《建築》固定アーチ《両端が固定されてヒンジを一つも使用しないアーチ》.

fixed ássets *n. pl.* 《会計》固定資産《通常の営業活動で, 1 年以内に現金化されない長期所有の資産のことで, 機械・建物など; capital assets ともいう; cf. current assets, asset 2》. 〚1898〛

fixed béam *n.* 《建築》固定ばり.

fixed béd *n.* 《化学》固定層《触媒粒子を固定した層に反応気体を通じて反応させる装置》.

fixed cápital *n.* 《経済》固定資本《建物・機械など; cf. circulating capital, capital[1] *n.* 2 a》. 〚1848〛

fixed chárge *n.* 《会計》**1** 固定料金. **2** 確定負債《社債の利子など》. **3** [*pl.*] =fixed costs. 〚c1901〛

fixed cóst *n.* [通例 *pl.*] 《会計》**1** 固定費《操業度が変化してもその発生総額が変化しない原価のことで, 建物減価償却費・固定資産税・火災保険料など; cf. variable cost》. **2** 諸経費, 間接費《賃借料・光熱費・税金など; overhead ともいう》.

fixed-dó sỳstem /-dóu- | -dáu-/ *n.* 《音楽》固定「ド」方式[唱法]《調の変化に関係なく楽譜のハ音 (C) をいつも「ド」として歌う唱法; cf. movable-do system》.

fixed-fócus *adj.* 《写真》固定[常]焦点の: a ~ camera. 〚1892〛

fixed focus *n.* 《写真機の》固定焦点.

fixed hèad cóupe *n.* 《英》=coupé 1.

fixed idéa *n.* **1** 固定観念 (idée fixe). **2** 《心理・精神医学》固定観念, 固着[固執]観念《長い期間にわたって行動を支配し, 一定の方向に向ける観念》.

fixed-íncome *adj.* 固定収入の, 定額所得の. 〚1858〛

fixed íncome *n.* 固定収入, 定額所得. 〚1858〛

fixed invéstment trùst *n.* 《経済》固定型投資信託 (cf. unit trust).

fixed liabílities *n. pl.* 《会計》固定負債《支払期限が一年以上の負債, 長期借入金・社債など; funded debt ともいう; cf. current liabilities》.

fixed líght *n.* 《海事》不動光《航路標識の灯質の一種で, 一定の高度を持続し暗間のないもの》. 〚1889〛

fixed locátion *n.* 《図書館》固定排架《図書の位置が固定している排架方式; cf. relative location》.

fix·ed·ly /-sɪdli, -st- | -sɪd-/ *adv.* **1** じっと (intently): stare ~ into space じっと虚空を見詰める / She looked ~ at me. 彼女は私をじっと見詰めた. **2** 定着して, 固定して. **3** 確固として, しっかりと. 〚(1598): ⇨ -ly[1]〛

fixed ódds *n. pl.* 固定賭け率《配当率が前もって決められているもの》. 〚1950〛

fixed óil *n.* 《化学》不揮発性油; (特に)脂肪油 (fatty oil ともいう; cf. essential [volatile] oil). 〚c1800〛

fixed percéntage mèthod *n.* 《経営》定率法《減価償却費として毎事業年度固定資産の一定比率を見積もる方法; cf. straight-line method》.

fixed-póint *adj.* 《数学》固定小数点の《小数点を用いる通常の仕方で数を表示する方式を採用していること; cf. floating-point》. 〚1960〛

fixed póint *n.* **1** 《化学》定点《温度目盛の基準として用いられる標準物質の沸点・氷点・融点など》: the ~ of temperature 温度の定点. **2** 《数学》不動点《一つの集合からそれ自身への写像によって自分自身に写される点》. **3** 《英》交番, 巡査駐在所.

fixed-pòint representátion *n.* 《電算》固定小数点表示 (cf. floating-point representation).

fixed príce *n.* **1** 定価, 正札値段; 公定[協定]価格. **2** (レストランの)定食の値段. 〚1907〛

fixed próperty *n.* 《経済》固定資産 (不動産): a ~ tax 固定資産税. 〚1845〛

fixed sátellite *n.* 《宇宙》静止衛星《赤道上の軌道を西から東に向けて 24 時間で地球を一周する人工衛星; そのため地上からは静止しているように見える》.

fixed sérvice *n.* **1** 《無線》固定業務《一定の固定地点間の無線通信業務; cf. fixed station》. **2** 《電気》常時供給《電力需要のうち変動分を除いた常に必要とする分に対する供給》.

fixed sígn *n.* 《占星》不易宮《金牛(きんぎゅう), 獅子(しし), 天蝎(てんかつ), 宝瓶(ほうへい)の四宮の総称》.

fixed sígnal *n.* 《鉄道の》常置信号機.

fixed stár *n.* 《天文》恒星 (cf. planet[1] 1 a). 〚1561〛

fixed státion *n.* 《無線》固定局《移動局に対し固定地点の無線局》.

fixed sýllable *n.* 《音楽》固定綴(つづ)字 (⇨ syllable name).

fixed trúst *n.* 《経済》固定型投資信託 (cf. unit trust). 〚1930〛

fixed-wíng *adj.* 《航空》固定翼の: a ~ aircraft [airplane] 固定翼航空機. 〚1949〛

fix·er *n.* **1** 《口語》**a** (買収や権勢を用いて事件などをもみ消したり, 政治的引立てを得させる)仲介者, フィクサー; (事件の)始末屋; 買収者. **b** (サーカス開催の取決めに雇われる)仲介者, 弁護士. **c** (交渉による)党派紛争調停人 (troubleshooter). **2** 取り付ける[固定する]人[物]; 機械修理工. **3** (染色・現像用の)定着剤, 定着液, 固着剤 (fixative) (cf. bath 4 b). **4** 《米俗》(麻薬の)販売人. 〚(1849): ⇨ -er[1]〛

fixer-úpper *n.* 《米》安い古家《改築を要する》.

fix·ing *n.* **1** [*pl.*] 《米》付属品[物], 備品, 装飾品[物] (accessories); (特に, 料理の)つま, 付け合わせ: a turkey dinner with all the ~s 付け合わせ一式を備えた七面鳥料理. **2** [*pl.*] 《英》(家具などの)固定用の部品《ネジ・ボルトなど》. **3** 固定, 固着; 凝固; 据付け, 取付け. **4** 《写真》定着. **5** 調整, 修理. 〚(a1475): ⇨ -ing[1]〛

fixing àgent *n.* **1** 《写真》定着剤[液]. **2** 《染色》固着剤. 〚1855〛

fixing bàth *n.* 《写真》定着浴. 〚1868〛

fixing flùid *n.* 《生物》(細胞・組織または昆虫標本の)固定液, 保存液 (cf. fix *vt.* 14). 〚1927〛

fixit /fíksɪt | -sɪt/ (*also* **fix-it** /~/) *adj.* 《米口語》修理の[をする]. — *n.* 何でも屋, 便利屋: Mr. *Fixit*. 〚(1911) ← *fix it* (⇨ fix 成句)〛

fix·i·ty /fíksəti | -sɪti/ *n.* **1** 定着, 固定; (所有権の)永久性; (習癖の)不変性: ~ of tenure (不動産の)永久保有 / stare with ~ じっと見据える. **2** [*pl.*] 定物, 固定した物. 〚(1666) ← L *fixus* (⇨ fix)+-ITY〛

fixt /fíkst/ *v.* 《詩》fix の過去形・過去分詞.

fix·ture /fíkstʃə | -tʃə(r)/ *n.* **1 a** 定着物, 固定物; [通例 *pl.*] (建物などの)据付け品, 作り付け備品, 設備; (特に)据付けの電気設備: electric-light ~s 電灯設備 / with ~s and fittings (=with f and [&] f) 家具類・調度品付きの / ⇨ gas fixture. **b** [*pl.*] 《法律》(土地・建物・店舗に付属した)定着物, 付合物《当然主体物体の付属物と見られる建物・植木・埋設鉄管・取付家具などの類で, 特に不動産定着物 (immovable fixtures) という; 主体物件に何らの損傷も与えずに取り去り得る造作・器具備品などを可動定着物 (movable fixtures) ということもある; cf. movable》. **2 a** (一定の職や場所に)居着きの人, 居すわりの人, 帰りそうにない客: Professor A is now a ~ at Oxford. A 教授は今ではすっかりオックスフォードに居着いてしまっている. **b** 決まって[いつも]ある物, 根づいた物, お定まりの物: The circus seems to be a ~. そのサーカスは土地に根づいたようだ. **3** 《英》**a** (競技・競馬など)期日の確定した大会, 競技種目[番組]; 大会予定期日, 開催日: racing [football] ~s for the season 当期の競馬[フットボール]開催予定日. **b** (祭など)定期的行事. **4** 固着[定着, 決定]すること; 固定(状態), 定着性. **5** 《商業》定期貸付け金. **6** 《狐狩》(狐狩会通知状 (fixture card) にある一連のスケジュールにより月 1 回開催される)狐狩猟会. 〚(1597) 《MIXTURE との類推による転訛》 ← FIXURE〛

fixture càrd *n.* 狐狩猟会通知状 (cf. fixture 6). 〚1886〛

fixture·less *adj.* 備品[設備, 取付け物, 造作]のない.

fix·ure /fíkʃə | -ʃə(r)/ *n.* 《古》しっかりしていること, 不動, 堅実. 〚(?a1425) ▭ LL *fixūra* ← *fixus*: ⇨ fix, -ure〛

fiz /fíz/ *n.* =fizz. — *vi.* (**fizzed**; **fiz·zing**) =fizz.

Fi·zeau /fiːzóu | -záu; *F.* fizo/, **Armand Hippolyte Louis** *n.* フィゾー (1819–96; フランスの物理学者).

fiz·gig /fízgɪg/ *n.* **1** 《古》はすっぱ娘, 尻軽女. **2** しゅっと音を出す湿った花火. **3** (しゅっと音を立てる)回転おもちゃ, むちごま. **4** (魚を突く)やす. — *adj.* 《古》軽薄な, はすっぱな. 〚(a1529) (古形) *fisegig* ← ? 《廃》*fise* (⇨ fizzle)+GIG[1] 《廃》frivolous person, whirling thing〛

fizz /fíz/ *vi.* **1** しゅっと音を立てる[鳴る], しゅうしゅう沸騰する; 発泡する, 泡立つ. **2** わくわくする: ~ with eager anticipation for Christmas クリスマスを楽しみにわくわくする. — *n.* **1 a** 活発, 元気. **b** しゅうという音; 発泡. **2** 《口語》**a** 発泡性飲料; ソーダ水. **b** フィズ《蒸留酒・レモンジュース・砂糖とソーダを混ぜ氷を入れたカクテル》: ⇨ gin fizz. **c** シャンパン. 〚(1665): 擬音語〛

fízz·er *n.* **1** しゅっと音を立てるもの. **2** 《英口語》一流のもの. **3** 《クリケット》快速球. **4** 《豪俗》がっかりさせる人[物], 期待はずれ; 失敗作. 〚(1866): ⇨ ↑, -er[1]〛

fiz·zle /fízl/ *vi.* **1** (最初の華々しさに似合わず)しくじる, 失敗する; (線香花火のように)あっけなく立ち消えに終わる, 掛け声だけで終わる, 竜頭蛇尾に終わる 〈*out*〉: The plan ~*d out* in six months. 計画は半年で立ち消えになった. **2** かすかにしゅうという. — *n.* **1** しゅうしゅういう音. **2** 《口語》しくじり, 失敗 (fiasco, failure). 〚(c1532) (古形) *fysel(l)* ← 《廃》*fise* fart (cf. ON *fisa* to break wind)+-LE[3]〛

fiz·zog /fízɑ(ː)g | -zɔg/ *n.* =phiz.

fízz·wàter *n.* ソーダ水; 発泡性飲料.

fizz·y /fízi/ *adj.* (**fizz·i·er**; **-i·est**) しゅうしゅう発泡する[泡立つ], 発泡性の (fizzing): a ~ drink. — *n.* 発泡性の飲み物《シャンパンなど》. **fízz·i·ness** *n.* 〚(1855) ← FIZZ+-Y[1]〛

fj 《記号》Fiji (URL ドメイン名).

F

fjeld /fjéld; *Norw.* fjél:/ *n.* 〘地理〙フィエルド《スカンジナビア半島の森林限界以上の高地; 多くは氷蝕をうけており, 波状の高原ないし氷蝕峰をもつ山地となっている》. 〘(1860) ▭ Dan. ～: cf. fell[5]〙

fjord /fióəd, fjóəd | fjó:d, fió:d; *Norw.* fjú:r/ *n.* **1** 〘地理〙(ノルウェー・アラスカなどの海岸に多い)峡江, 峡湾, フィヨルド《両岸が高い断崖をなし, その間を奥深く谷状に入り込んだ狭い湾》. **2** (スカンジナビアの)湾 (bay). 〘(1674) ▭ Norw. < ON *fjǫrðr* firth < Gmc **ferþuz* ford ～: cf. ford, firth〙

FKCL 《略》Fellow of King's College, London.

fl 《略》fluid.

Fl 《略》〘アメフト〙flanker; 《廃》〘化学〙fluorine.

FL 《略》Flight Lieutenant; 〘米郵便〙Florida (州); focal length; foreign language; 〘自動車国籍表示〙Liechtenstein.

fl. 《略》floor; floruit; flourished; flower; fluid.

Fl. 《略》Flanders; Flemish.

f.l. 《略》*L.* falsa lēctiō (=false reading).

Fla. 《略》Florida.

flab /flǽb/ *n.* **1** 《口語》たるんだ[締まりのない]肉; たるみ. **2** 《俗》脂肪. 〘(1825)《逆成》← FLABBY〙

flab·ber·gast /flǽbəgæ̀st | -bəgɑ̀:st/ *vt.* 《口語》(口がきけないほど)仰天させる, 面食らわせる (⇨ surprise SYN). 〘(1772) ← ?: cf. flabby, aghast〙

fláb·ber·gàst·ing·ly *adv.* びっくりするほど.

fláb·bi·ly /-bɨli/ *adv.* たるんで, ゆるんで; 軟弱に, だらしなく. 〘(1846): ⇨ ↓, -ly[1]〙

flab·by /flǽbi/ *adj.* (**flab·bi·er**; **-bi·est**) **1** 〈肉・筋肉が〉ゆるんだ, たるんだ, (ゆるんでいて)締まりがない (cf. firm[2]) (⇨ limp[2] SYN): ～ muscles [flanks, cheeks] たるんだ筋肉[横腹, 頬]. **2** 気力のない, 意志の弱い, 軟弱な, だれている (weak, feeble): a man of ～ will [character] 意志[性格]の軟弱な人 / a ～ speech だらだら締まりのない演説. **fláb·bi·ness** *n.* 〘(1697)《変形》←《廃・方言》*flappy* ← FLAP＋-Y[4]〙

flabella *n.* flabellum の複数形.

fla·bel·late /fləbélɨt, flǽbəlèɪt/ *adj.* 〘生物〙扇形の, 扇状の. 〘(1819) ⇨ ↓, -ate[2]〙

fla·bel·li- /fləbélɨ, -li/「扇 (fan)」の意の連結形. 〘← L *flābellum* 'FLABELLUM'〙

fla·bel·li·form /fləbéləfɔ̀əm | -lɨfɔ̀:m/ *adj.* 〘生物〙=flabellate. 〘(1777) ⇨ ↑, -form〙

fla·bel·lum /fləbéləm/ *n.* (*pl.* **-bel·la** /-lə/) **1** 〘カトリック〙羽扇, 聖扇《儀礼の際に教皇の前に奉持する白羽の扇》. **2** 〘動物〙(甲殻類の動物の)扇状部, 扇状器官. 〘(1867) ▭ L *flābellum* fan, fly whisk (dim.) ← *flābrum* breeze ← *flāre* 'to BLOW[1]'〙

flac·cid /flǽ(k)sɨd | -sɪd/ *adj.* **1** 〈筋肉など〉ぐにゃぐにゃした, 軟弱な, たるんだ, 締まりのない (↔ tense) (⇨ limp[2] SYN): ～ muscles 締まりのない筋肉. **2** 〈精神などゆるんだ, だらけた, 柔弱な (weak, feeble). **3** 〘植物〙〈葉などし おれる, しぼんだ. **～·ly** *adv.* **～·ness** *n.* 〘(1620) ▭ F *flaccide* ∥ L *flaccidus* ← *flaccus* flabby〙

flac·cid·i·ty /flæ(k)sídəti | -dɨti/ *n.* 軟弱, 締まりなさ, 無気力. 〘(1676): ⇨ ↑, -ity〙

flack[1] /flǽk/ 《米俗》*n.* 宣伝係. ― *vi.* (…の)宣伝係となって働く (*for*): ～ *for* Martha Mitchell. 〘(1939) ?〙

flack[2] /flǽk/ *n.* =flak.

flack·ery /flǽk(ə)ri/ *n.* 《俗》宣伝 (publicity).

flac·on /flǽkən, -kɑ(:)n | -kən, -kɔn; *F.* flakɔ̃/ *n.* (*pl.* **～s** /～z; *F.* ～/) (栓のある)小瓶, 小フラスコ《香水などを入れる; cf. flagon》. 〘(1824) ▭ F ～: cf. flagon〙

fla·cour·ti·a /fləkɔ́ətiə, -kɔ́ə- | -kɔ́:t-, -kɔ́:-/ *adj.* 〘植物〙イイギリ科の.

Fla·cour·ti·a·ce·ae /fləkùətiéɪsiì:, flæ-, -kɔ̀ə- | -kùəti-, -kɔ̀-/ *n. pl.* 〘植物〙イイギリ科《熱帯産の高木または低木》. **fla·cour·ti·á·ceous** /-ʃəs⁻/ *adj.* 〘← NL ～ ← *Flacourtia* (属名: ← *Étienne de Flacourt* (17 世紀のフランス植民地開拓者)＋-IA[1])＋-ACEAE〙

flag[1] /flǽg/ *n.* **1 a** 旗 (cf. banner 1 c, ensign, pennant 1, guidon, standard 6 a, color 6 b): a yellow ～ =QUARANTINE *flag* / ⇨ black flag, national flag, red flag, white flag / a ～ of truce 休戦旗《白旗》/ under the ～ of …の旗の下に(はせ参じて) / wave a ～ 旗を振る / raise [hoist] a ～ 旗を揚げる / lower a ～ 旗を下げる / dip the ～ 旗を少し下げてまた上げる《商船が軍艦に出会ったときに行う敬礼; cf. flag salute》/ drop the ～ (競走の出発または決勝の合図に)旗を振り降ろす / hang out [hoist] a ～ at half-mast 半旗を揚げる《弔意のしるし》. **b** 旗艦旗, 司令旗, 将旗. **c** 旗の模様[形]: embroider a ～ on a cushion クッションに旗の刺繍をする. **d** 旗状のもの. **2 a** 旗で表されるもの. **b** =flagship 1 a. **c** 《口語》提督. **d** (登録による船・飛行機の)国籍 (registry ともいう). **3 a** (setter 種や Newfoundland 種の犬の)ふさふさした尾. **b** 鹿の尾. **c** [*pl.*] 《古》(鷹などの)脚部の長い羽毛. **4** 《英・豪》(タクシーのメーターに取り付けた)フラッグ ("For Hire" と記した金属板): hold the ～ down (乗客が乗って)フラッグを下げておく. **5** (心覚えなどのためにカードや紙に取り付ける)小紙片, 付箋, (金属製やプラスチック製のカラー)クリップ. **6** 〘ジャーナリズム〙=masthead 2 b. **7** 〘音楽〙符鉤(ふこう)《八分音符や十六分音符などの垂直線の先端に付くかぎ; hook ともいう》. **8** 〘印刷〙さし紙, フラッグ《植字工が活字の訂正・追加をする部分の行間にはさむ小紙片; watchman ともいう》. **9** 《まれ》しおり (bookmark). **10** 〘テレビ・映画〙カメラ用遮光幕. **11** 〘電算〙フラッグ《コンピューター中である事象の発生を示すのに用いるシンボル・ディジットなど; tag, sentinel ともいう》.

flý the flág 愛国心[支持, 信念]を表明する. *hóist one's* [*the*] *flág* (1) 〘海軍〙将官旗を掲げる; 〈将官が〉司令官に就任する. (2) (発見した領土などに)旗を立てる. *kéep the flág flýing* (1) 旗を降ろそうとしない, 降参しない, 戦闘を続ける. (2) (特に反対に直面したとき)信念[意見]を曲げない. *like a réd flág to a búll* 〈人を〉かんかんに怒らせるような, 憤激させるような. *lówer* [*stríke*] *one's* [*the*] *flág* (1) 〘海事〙〈艦船が〉(敬意・降伏などの印に)艦旗[船旗]を降ろす; 将官旗を降ろす; 〈将官が〉司令官を退任する. (2) (議論・競争などで)譲歩[降参]する. *pùt the flág óut* 戦勝(など)を祝う. *shów the flág* (1) 〈軍艦が〉外国の港を公式訪問する. (2) 《口語》(会などに)ちょっと顔出しする; 自分[自国, 自社など]の存在をはっきりさせる. (1918) *wáve the flág* 愛国心を誇示する.

flág of convénience (船の)便宜置籍国の旗《税金その他の点で自国よりも便宜を与えてくれる国に船籍登録する場合のその国の旗》. (1956)

flág of distréss (船の)遭難信号旗.

― *v.* (**flagged**; **flag·ging**) ― *vt.* **1** 〈本に紙片・符せんなどを〉つける. **2** 信号旗で〈人〉に知らせる (inform); 〈…ということを〉伝える, 伝達する 〈*that*〉. **3** 〈列車を〉信号旗(など)を振って止める (cf. flag station); 〈人・車を〉合図して[声を掛けて]止める 〈*down*〉: ～ (*down*) a train [taxi]. **4** …に旗を立てる[掲げる]; 旗で飾る: ～ the streets for a festival 町に旗を立てて祭日を祝う. **5** 旗で合図[信号]する, 旗で示す, 信号旗で警告する: ～ a course 競走路を旗で示す. **6** 〈猟鳥獣を〉旗(など)を振っておびき寄せる. **7** (NZ) 軽く扱う, 無視する 〈*away*〉.

flág óut 〈船を〉便宜置籍国の旗の下で登録する.

～·ger *n.* **～·less** *adj.* 〘(1481–90)《転用》? ← 《廃》*flag* (adj.) hanging down (▭ ? OF *flac* < L *flaccum*)〙

flag[2] /flǽg/ *v.* (**flagged**; **flag·ging**) ― *vi.* **1** 〈力・気力・興味などが〉衰える, 弱る, ゆるむ (⇨ wane SYN); 〈作風・遊戯・談話などがだれる, 興味などが減少する. **2** 〈帆などがだらりとたれる; 〈草木が〉(水不足で)しなだれる, しおれる. ― *vt.* 《古》**1** …の元気を奪う, …の力を弱める. **2** しおれさせる, 弱める. ― *n.* 〘植物病理〙(水不足で)しおれた葉, 枯葉; 葉のしおれた[枯れた]枝. 〘(1545) ← ? Scand. (cf. ON *flakka* to flicker, flutter, *flǫgra* to flap about) ∥ 《転用》? ← †*flag* (adj.) (↑)〙

flag[3] /flǽg/ *n.* **1** (敷石用)板石 (flagstone). **2** [*pl.*] 板石舗道二[床]. ― *vt.* (**flagged**; **flag·ging**) …に板石を敷く, (板石で)舗装する. **～·less** *adj.* 〘(1415–16) ▭ ON *flaga* flagstone ← ?: cf. FLAKE[1]〙

flag[4] /flǽg/ *n.* **1** 〘植物〙長い剣形の葉をもつアヤメ科アヤメ属 (*Iris*) の植物の総称《キショウブ (*I. pseudacorus*), ガマ (cattail), ショウブ (sweet flag) など》; それらの花. **2** (ショウブの葉のような)刀状葉片. 〘(*a*1387) *flagge* reed, rush ← ? *flakke(n)* to flutter: cf. Du. *vlag* / Dan. *flæg* iris〙

flag[5] /flǽg/ *n.* 〘鳥類〙羽軸《鳥の翼の強い羽根》. 〘(1486) ← ? 《廃》*flag* hanging down: ⇨ flag[1]〙

flág bèarer *n.* 旗持ち, 旗手. 〘1835〙

flág·bòat *n.* 旗艇《ボートレースなどで目標の旗を掲げた艇》. 〘1815〙

flág bòttom *n.* 藺草(いぐさ)で編まれた椅子の座(面). 〘cf. *flag-bottomed* (1840)〙

flág càptain *n.* 〘海軍〙旗艦の艦長. 〘1829〙

flág càrrier *n.* 国の代表的な輸送会社《英国の British Airways, ロシアの Aeroflot などの航空会社, あるいは代表的な船会社》.

flág dày *n.* **1** [F- D-] 《米》国旗制定記念日《米国の国旗制定 (1777) の記念日, 6 月 14 日》. **2** 《英》旗の日《街頭で慈善・公共事業などのために基金を募集する日で, 寄付者には記念の小旗をつけてやる; cf. tag day》. 〘1894〙

flagella *n.* flagellum の複数形.

flag·el·lant /flǽdʒələnt, flədʒél- | flǽdʒɨlənt, flədʒél-, flæ-/ *n.* **1** むち打つ人. **2 a** (宗教上の修業の手段として)自己をむち打つ人. **b** [F-] 鞭打(べんだ)苦行者《主に 13–18 世紀頃ヨーロッパで人の見る所で自分をむち打つことを苦行とした一派の狂信者; 今日なお米国 Colorado 州, New Mexico 州に見られる; cf. disciplinant 2》. **3** (性的興奮の手段として)自分[他人]をむち打つ人; むち打たれて喜ぶ性倒錯者. ― *adj.* **1** むち打ちの; むち打ちを好む. **2** 厳しく批判する: a ～ attack. **～·ism** /-tìzm/ *n.* 〘(1563–87) ▭ L *flagellantem* (pres.p.) ← *flagelāre* 'to FLAGELLATE'〙

fla·gel·lar /flədʒélə, flǽdʒə- | flədʒélə(r, flæ-, flǽdʒɨ-/ *adj.* 鞭毛(べんもう)状の. 〘(1889) ← FLAGELL(UM)＋-AR[1]〙

Flag·el·la·ta /flæ̀dʒəlɑ́:tə, -léɪ- | -dʒɨlɑ́:tə, -dʒɛ-, -léɪ-/ *n. pl.* 〘動物〙鞭毛虫綱 (Mastigophora). 〘← NL ～: ⇨ flagellum, -ata: cf. flagellate〙

flag·el·late[1] /flǽdʒəlèɪt | -dʒɨ-/ *vt.* **1** (特に宗教上の修業・性的満足のために)むち打つ (scourge, whip). **2** 鞭撻(べんたつ)する, 厳しく罰する[非難する, 難詰する]. 〘(1623) ← L *flagellātus* (p.p.) ← *flagellāre* to whip: ⇨ flagellum, -ate[1,3]〙

flag·el·late[2] /flǽdʒəlɨt, -lèɪt, flədʒélɨt, flæ- | flǽdʒɨlɨt, -dʒəlèɪt/ *adj.* **1** 〘生物〙鞭毛 (flagella) のある. **2** 〘植物〙(イチゴのように)匍匐枝(ほふくし) (runners) のある. **3** 〘動物〙鞭毛虫の[による]. ― /flǽdʒəlɨt, -lèɪt, flədʒélɨt | flǽdʒɨlèɪt, -dʒɛ-, flədʒélèɪt/ *n.* 〘動物〙鞭毛虫《鞭毛虫綱 (Flagellata) の動物》. 〘(1867) ← FLAGELL(UM)＋-ATE[2]〙

flag·el·la·ted /flǽdʒəlèɪtɨd | -dʒɨlèɪt-/ *adj.* =flagellate[2] 1, 2. 〘1874〙

flágellated chámber *n.* 〘動物〙鞭毛室《海綿動物の溝系の中心をなす小室》. 〘1887〙

flag·el·la·tion /flæ̀dʒəléɪʃən | -dʒɨ-/ *n.* **1** むちで打つこと, むち打ち. **2** 〘生物〙鞭毛発生. 〘(*a*1415) ▭ L *flagellātiō(n-)*: ⇨ flagellate, -ation〙

flág·el·là·tor /-tə | -tə(r/ *n.* =flagellant. 〘1691〙

flag·el·la·to·ry /flǽdʒələtɔ̀:ri, flədʒélə-, flæ- | flǽdʒɨlətəri/ *adj.* むちで打つような, むちで身を打つ苦行の. 〘(1838): ⇨ ↑, -ory[1]〙

fla·gel·li·form /flədʒéləfɔ̀əm, flæ- | -lɨfɔ̀:m/ *adj.* 〘生物〙鞭毛状の, 細長くしなやかな. 〘(1826) ← L *flagelli-* (FLAGELLUM (↓) の連結形)＋-FORM〙

fla·gel·lin /flədʒélɨn | -lɪn/ *n.* 〘生物〙フラジェリン《細菌の鞭毛を構成する蛋白質》. 〘(1955) ← FLAGELL(UM)＋-IN[1]〙

fla·gel·lum /flədʒéləm, flæ-/ *n.* (*pl.* **-gel·la** /-lə/, **～s**) **1 a** 〘生物〙鞭毛. **b** 〘昆虫〙鞭節《昆虫類の触角で第 3 節以下の節を合わせていう》. **2** 〘植物〙匍匐枝(ほふくし) (runner). **3** (ローマ時代の)むち, しもと. 〘(1807) ▭ L ～ 'whip' (dim.) ← *flagrum* scourge〙

flag·eo·let[1] /flæ̀dʒəlét, -léɪ | flæ̀dʒə(ʊ)lét, -léɪ; *F.* flaʒɔlɛ/ *n.* **1** フラジョレット《6 個の音孔とくちばし状(など)の歌口のある縦笛》. **2** 〘音楽〙フラジョレット奏法《バイオリンなどの弦楽器で弦を軽く押さえ, 弓で軽く引いてフラジョレットに似た音色の倍音を出す奏法》. **3** (パイプオルガンの)フラジョレット音栓. 〘(1659) ▭ F ～ (dim.) ← OF *flageol, flajol* flute < VL **flābeolum* ← L *flāre* to blow〙

flag·eo·let[2] /flæ̀dʒəléɪ | -dʒə(ʊ)-; *F.* flaʒɔlɛ/ *n.* (*pl.* **～s** /～/) フランス産のインゲン豆 (kidney bean) の一種. 〘(1877)《転訛: ↑の影響による》← Prov. *fageolet* (dim.) ← *fageole* ▭ It. *fagiuolo* bean < VL **fabeolum* 《混成》← L *faba* bean＋*phaseolus* ((dim.) ← *phasēlus* ▭ Gk *phásēlos* a sort of bean)〙

flágeolet tòne *n.* 〘音楽〙フラジョレット音. 〘1888〙

flág fàll *n.* 《英・豪》(タクシーの)最低[初乗り]料金. 〘(1931): ⇨ flag[1] (n.) 4〙

flág·fìsh *n.* 〘魚類〙フラッグフィッシュ《熱帯地方の海にすむ鮮やかな色彩の魚類の総称》.

flág fóotball *n.* 〘スポーツ〙フラッグフットボール《1 チーム 6 人か 9 人で行われるフットボールの一種; 選手は特殊なベルトに旗を差し, ボールを運んでいる選手の旗を奪わなければプレーを中断させることができない; 旗の代わりにハンカチを腰のポケットにいれてプレーすることもある》. 〘1954〙

Flagg /flǽg/, **James Montgomery** *n.* フラグ (1877–1960; 米国の画家).

flág·ging[1] *adj.* **1** だらりとした, 垂れ下がる (drooping); ぐったりした, 疲れた (fatigued), 衰弱した (weak). **2** だれ気味の, 衰退しかけた, 弱まりだした: ～ hopes, spirits, etc. **～·ly** *adv.* 〘(1545) ⇨ flag[2], -ing[2]〙

flág·ging[2] *n.* **1** 板石畳み, 板石舗装. **2** [集合的] 板石 (flagstones). 〘(1474–75): ⇨ flag[3], -ing[1]〙

flag·gy[1] /flǽgi/ *adj.* (**flag·gi·er**; **-gi·est**) 《古》**1** 垂れ下がる, だれる. **2** ぐにゃぐにゃの. 〘(*a*1565) ← FLAG[2]＋-Y[1]〙

flag·gy[2] /flǽgi/ *adj.* ハナショウブ[イチハツ]の多い. 〘(*c*1384): ⇨ flag[4], -y[1]〙

flag·gy[3] /flǽgi/ *adj.* **1** 〈土壌が〉板石から成る. **2** 板石状の; 〈板石のように〉はがれる. 〘(1847) ← FLAG[3]＋-Y[1]〙

fla·gi·tate /flǽdʒətèɪt | -dʒɨ-/ *vt.* 嘆願[懇願]する. 〘(1623) ← L *flāgitātus* (p.p.) ← *flāgitāre* (↓)〙

fla·gi·tious /flədʒíʃəs/ *adj.* **1** 極悪非道の, 凶悪な. **2** 〈罪など〉破廉恥な, ふらちな, 悪名の高い (infamous). **～·ly** *adv.* **～·ness** *n.* 〘(*c*1384) ▭ OF *flagitieux* ∥ L *flāgitiōsus* ← *flāgitium* shameful deed ← *flāgitāre* to importune: ⇨ flagellum, -ous〙

flág lieuténant *n.* 〘海軍〙(将官付属の)副官または参謀. 〘1798〙

flág lìst *n.* 《英》〘海軍〙現役将官名簿. 〘1873〙

flág·man /-mən/ *n.* (*pl.* **-men** /-mən, -mèn/) 信号旗手, (競馬などの)旗振り信号手; (鉄道の)監視員, 信号手, 踏切番. 〘1666〙

flág òfficer *n.* **1** 〘海軍〙**a** 将官《その座乗艦には位階を示す将旗を掲げる; cf. flag rank, general officer》. **b** (将官艦隊または戦隊の)司令官. **2** ヨットクラブの会長. 〘1665〙

flag·on /flǽgən/ *n.* **1** フラゴン: **a** 柄・ふた・口付きの細口瓶. **b** 聖餐式[ミサ]用ぶどう酒瓶. **c** 首の短い大瓶. **2 a** フラゴン一杯分の容量: a ～ of wine. **b** 約 2 クォート (quart) 分の液量. 〘(1442) *flakon* ▭ OF *fla(s)con*: ⇨ flask〙

flág·pòle *n.* 旗竿 (flagstaff). 〘1884〙

fla·grance /fléɪgrəns, flǽg- | fléɪg-/ *n.* =flagrancy.

fla·gran·cy /fléɪgrənsi, flǽg- | fléɪg-/ *n.* 悪名; 極悪. 〘(1599) ▭ L *flagrantia*: ⇨ fragrant, -ancy〙

flág rànk *n.* 〘海軍〙将官の階級 (cf. flag officer). 〘1894〙

fla·grant /fléɪgrənt, flǽg- | fléɪg-/ *adj.* **1** 〈犯罪・誤り・犯人など〉極悪の, 悪名高い, はなはだしい; (悪業で)ひどく目立つ: a ～ crime [sinner] 極悪の犯罪[罪人] / a ～ violation of the law 目に余る違法行為. **2** 《古》赤々と燃えさかる. **～·ly** *adv.* **～·ness** *n.* 〘(1450) ▭ (O)F ～ ∥ L *flagrantem* (pres.p.) ← *flagrāre* to burn ← IE **bhel-* to shine: ⇨ -ant〙

SYN 甚だしく悪い: **flagrant** 〈犯罪・過失などが〉極めて明白で隠しようがない《格式ばった語》: a *flagrant* violation of the rules 目に余る規則違反. **glaring** 〈誤り・不正などが〉*flagrant* よりも一層ひどくて, すぐ目に付く: a *glaring* error in grammar 文法上のとんでもない誤り. **outrageous** 途方もなく非道でけしからぬ《甚だしく悪いことの強意語として用いられる》: *outrageous* behavior けしからぬふるまい. **gross** 非難されるほどひどい: *gross* indecency ひどい不作法. **rank** [悪い意味をもった名詞の前に置いて] 紛れもなく甚だしい: *rank* folly 全くの愚行.

---

fla·gran·te de·lic·to /flәgrǽntidɪlíktoʊ, -grɑ́ːn- | -flәgrǽn-, -tɪdɪlíktәʊ, -teɪ-/ *L. adv.* 〘犯罪〙現行犯で: catch an incendiary (in) ～ 放火犯人を現行犯で捕まえる. 〘(1826)▭ L *flagrante dēlictō* in the blazing of the crime〙

flág salùte *n.* 〘海事〙船と船または船と沿岸との間で交わされる敬礼《いっぱいに掲げておいた国旗を途中まで下げてまた上げて敬意を表す; cf. dip the flag (⇨ flag¹ *n.* 1)》.

flág sèat *n.* ＝flag bottom. 〘⇨ flag⁴〙

flag·ship /flǽgʃɪp/ *n.* **1 a** 旗艦《司令官旗を掲げた軍艦で司令官の座乗船》. **b** (船会社の)主要船. **c** 航路就航船[就航機]中の最大豪華客船[航空機]. **2** (グループ・シリーズの中で)最も大きい[美しい, 重要な]もの; 看板商品. 〘1672〙

flág smùt *n.* 〘植物病理〙 **1** 黒穂病. **2** 黒穂病菌 (*Urocystis tritici*). 〘⇨ flag⁴〙

Flag·stad /flǽgstæd, flɑ́ːgstɑː; *Norw.* flɑ́gsta/, **Kirsten Ma·ri·e** /çírstәnmaríә/ *n.* フラグスタート, フラクスター《1895–1962; ノルウェーのソプラノ歌手》.

flág·stàff *n.* 旗竿 (flagpole). 〘*a*1613〙

Flag·staff /flǽgstæf | -stɑːf/ *n.* フラッグスタッフ《米国 Arizona 州中部の都市; 海抜 2,100 m》.

flág stàtion *n.* 〘鉄道〙(旗の合図のあるときだけ列車の止まる)信号停車駅 (cf. flag stop). 〘1852〙

flág·stick *n.* 〘ゴルフ〙(グリーンにあるホールの位置を示す)旗竿, フラッグスティック (pin ともいう). 〘1926〙

flág·stòne *n.* **1** (敷石用)板石 (slabstone). **2** [*pl.*] 板石道. **3** 敷石にすることのできる石《砂岩・頁岩(けつがん)など》. 〘(1730) ← FLAG³＋STONE〙

flág stòp *n.* (旗の合図のあるときだけバス・電車・列車の止まる)臨時停車地点 (cf. flag station). 〘1941〙

flág-wàgging *n.* **1** 愛国的誇示[熱意]. **2** 《俗》〘海事〙手旗信号. ― *adj.* ＝flag-waving. 〘1887〙

flág-wàver *n.* **1** 旗をふる人, 旗振り信号手. **2** (民衆運動などの)煽動家 (agitator); これみよがしの愛国者. **3** 愛国心を駆り立てるもの《歌など》. 〘1894〙

flág-wàving *n.* これみよがしの愛国心; (感情的な)愛国主義. ― *adj.* 過度に愛国的な. 〘1892〙

Fla·her·ty /flǽәti, flɑ́ːṭi | flǽәti, flɑ́ː(h)әti, flǽhә-/, **Robert Joseph** *n.* フラハーティ《1884–1951; 米国の記録映画監督》.

flail /fléɪl/ *vi.* **1 a** 〈手足が〉ばたばたする, 激しく揺れる. **b** もがく (flounder) 〈*about, around*〉. **2 a** 殻竿(からざお)打ちの仕事をする; 打つ. **b** (殻竿を打って進むように)不規則に進む. ― *vt.* **1 a** 〈腕を〉ばたばた振り回す, 〈足を〉ばたばたさせる; 連打する, 打つ. **b** むち打って〈動物を〉追う. **2** 殻竿で〈穀物を〉打つ. ― *n.* **1** (穀物を打つ)殻竿. **2** (中世に用いた)殻竿状の武器. 〘(?c1200) *fleil* < OE *flegil* < (WGmc) *flagil-* ▭ ? L *flagellum* flail〙

fláil tànk *n.* フレール戦車, 対地雷戦車《前部に地雷爆破の装置がついている》. 〘1944〙

flair¹ /fléә | fléә(r)/ *n.* **1** 直覚的な識別力, 鋭い眼識, 勘, ひらめき, 第六感; (金もうけなどの)才能 (aptitude): a ～ *for* good poetry よい詩がすぐわかる眼識 / reporters with a ～ *for* news ニュースをかぎつける勘のある報道記者 / have a ～ *for* making money 金もうけの才能がある. **2** スマートさ: have no ～ やぼったい. **3** 好み, 傾向 (inclination, bent). **4** 〘狩猟〙《まれ》遺臭 (scent); 嗅覚. 〘((c1390)) (1881) ▭ (O)F ～ 'scent, nose (of a dog), perspicacity' ← *flairer* < VL *flagrāre* (異化) ← L *frāgrāre* to emit odor: cf. flagrant〙

flair² /fléә | fléә(r)/ *n.* 《スコット》＝floor.

flak /flǽk/ *n.* **1** 《口語》矢継ぎ早の非難; 厳しい批判: take ～ from the left wing 左翼から激しい非難を浴びる. **2** 対空射撃, 高射砲火; 高射砲部隊. 〘(1938) ▭ G *Flak* (頭字語) ← *Fl(ieger)a(bwehr)k(anone)* anti-aircraft gun〙

flák-càtcher *n.* 《俗》苦情処理担当者《企業・政府などで不平や非難に応対する係》.

flake¹ /fléɪk/ *n.* **1** 薄片, はがれる一片: ～*s of* stone [ice, rust] 石[氷, さび]の薄片 / ～*s of* fish (タラ・サケの身のように)はがれた魚肉片 / slice the potatoes into ～*s* じゃがいもを薄切りにする / ⇨ soap flakes. **2** (雪・羽毛などの)断片, 片, ひとひら; (火炎の)一片, (火の粉・火花の)閃光(せんこう), 飛火: ～*s of* snow (＝snowflakes) 雪ひら, 雪片 / Snow was falling *in* ～*s*. 雪がちらちら降っていた. **3** [*pl.*] フレーク《穀粒を薄片状にした食料品》: コーンフレーク (cornflakes): crisp ～*s* with cold milk and sugar. **4** カーネーションの園芸品種の一種《2色の縞のある重弁花をつける》. **5** 《米俗》風変わりな人, 変人 (kook). **6** 〘金属加工〙白点《鋼材の仕上げ面に生じる微細な割れ目でその破面が白色の斑点として現れるもの》. **7** 〘考古〙フレーク, 剥片《道具として利用するため打ちはがされた石の破片》. ― *vi.* **1** 薄片になる; 薄片になってはげ落ちる 〈*away, off*〉: The dark spots show where the paint has ～*d* (*off*). 薄黒い点はペンキがはげ落ちた所を示す. **2** 片々と舞い落ちる[散る]; 〈雪などが〉ちらちら降る: The flowers were [came] *flaking down* in the breeze. 花がそよ風に片々と舞い落ちていた. ― *vt.* **1** 薄片にする, 薄片に[裂く]: ～ fish. **2** 薄片で覆う: The floor was ～*d with* shavings. 床はかんなくずの薄片で覆われていた. **3** …から薄片をけずり取る. **4** 〘考古〙〈原石材・石角〉からフレークをうちはがす, 剥片をとる. **flák·er** *n.* 〘(*a*1325) ← ? ON (cf. Norw. *flak* / ON *flakna* to flake off): cf. flaw¹〙

flake² /fléɪk/ *n.* **1 a** 魚干し棚[すのこ]. **b** (食料品などの)貯蔵棚. **2** 〘海事〙(修理などのときにつるす)船側足場. 〘((1323)) (*a*1338) ▭ ? ON *flaki, fleki* hurdle, wicker-work shield ← ? IE *plāk-* to be flat〙

flake³ /fléɪk/ *vt., n.* 〘海事〙＝fake². 〘(1626) (変形) ← FAKE²: cf. G *Flechte*〙

flake⁴ /fléɪk/ *n.* 《英・豪》(食料用の)サメの肉. 〘(1906) (転用) ? ← FLAKE¹〙

flake⁵ /fléɪk/ *vi.* [通例 ～ *out* として] 《俗》(疲れ果てて, または酔いつぶれて)寝入る, こくりこくりする; ぐったりする, 意識を失う (faint). 〘(変形) ← FLAG² // (方言) *flack* to hang loosely〙

fláke·bòard *n.* チップボード, 乾式繊維板《木材の薄片を合成樹脂で固めた板》.

flaked *adj.* [叙述的] [通例 ～ *out* として] 《口語》疲れ果てて, 寝入って, 無意識となって: He looked a bit ～ *out*. 少々ばて気味の様子だった. 〘(1577) ← FLAKE⁵〙

flake·let /fléɪklɪt/ *n.* (雪・石などの)小片, 小薄片. 〘1887〙

fláke whíte *n.* ＝white lead.

flák jàcket *n.* (榴(りゅう)散弾防御用の)防弾チョッキ《鋼鉄板を綿の詰め物でくるんだもの》. 〘1950〙

fla·ko /fléɪkoʊ | -kәʊ/ *adj.* 《米俗》酔っぱらった (drunk). 〘(縮約) ← FLAKED＋-O〙

flák shìp *n.* 高射砲を装備した船. 〘1940〙

flák sùit *n.* 〘米空軍〙(榴(りゅう)散弾防御用の)防弾服《綿の詰め物を重ねたもの; flak vest ともいう》. 〘1956〙

flák tràin *n.* 高射砲を装備した列車.

flák vèst *n.* 〘米空軍〙＝flak suit.

flak·y /fléɪki/ *adj.* (**flak·i·er; -i·est**) **1** 薄片から成る, はげ落ちやすい; 〈魚肉などが〉はげる: ～ pastry. **2** 薄片状の, 薄片のような: ～ snow ひらひら舞い降りる[落花のような]雪. **3** 《米俗》風変わりな, 変わり者の (eccentric, crazy). **flák·i·ly** /-kɪli/ *adv.* **flák·i·ness** *n.* 〘(1580) ← FLAKE¹＋-Y¹〙

fláky pástry *n.* 薄い生地を重ねて焼いたペストリー《パイ・菓子を作るのに用いる》.

flam¹ /flǽm/ 《口語》 *n.* **1** 虚偽, うそ; 瞞着(まんちゃく), ぺてん. **2** たわごと, くだらぬこと. ― *v.* (**flammed; flam·ming**) ― *vt.* 〈人を〉だます, 瞞着する: ～ a person *off* with lies うそで人をごまかす. ― *vi.* だます, ぺてんにかける: Stop your ～*ming*! でたらめ言うのはよせ. 〘(c1500) (短縮) ← FLIMFLAM: cf. (廃) *flamfew* gewgaw ▭ OF *fanfelue* bubble〙

flam² /flǽm/ *n.* 〘音楽〙フラム《小太鼓 (side drum) で前打音をもって音符にアクセントをつける打ち方の一種》. 〘(1796) 擬音語?〙

flam³ /flǽm/ *n.* 〘海事〙＝flare 5. 〘(1711) (変形) ? ← (方言) *flan* to widen outwards ← ?: cf. flange〙

flam·ant /flǽmәnt, fléɪm-/ *adj.* 〘紋章〙〈山・木などが〉炎に包まれている. 〘(1607) ▭ OF ～ (pres.p.) ← *flamer* 'to FLAME'〙

flam·bé /flɑːmbéɪ | flɑ́ː(m)beɪ, flɑ́ːm-; *F.* flɑ̃be/ *adj.* **1** [通例名詞の後に付けて] 〈料理・菓子が〉フランベの《食卓でブランデーなどをかけ火をつけて香りを移すことにいう》. **2** 〘陶磁器〙フランベの《色釉(いろぐすり)で起こる変化に富んだ色彩効果にいう》. ― *vt.* (**flam·béed; flam·bé·ing**) 〈菓子・料理〉にフランベする: cake ～*ed with* brandy. ― *n.* フランベの料理[菓子]. 〘(1886) ▭ F ～ (p.p.) ← *flamber* to blaze, singe〙

flam·beau /flǽmboʊ | -bәʊ-/ *n.* (*pl.* **flam·beaux** /～z; *F.* ～/, ～**s**) **1** (儀式・余興などに使用する)たいまつ. **2** (装飾付き)大燭台. **3** 〘植物〙＝royal poinciana. 〘(1632) ▭ F ～ (dim.) ← *flambe* flame (変形) ← OF *flamble* < L *flammula* (dim.) ← *flamma* 'FLAME'〙

flam·béed /flɑːmbéɪd | flɑ́ː(m)beɪd, flɑ́ːm-/ *adj.* ＝flambé 1.

flambé glaze /―́―/ *n.* 〘陶磁器〙火炎釉(ゆう)《中国磁器で紫色または青色の筋が火炎のような外観を呈している釉; 新しい陶磁器では上掛け釉で作った還元銅釉》. 〘1904〙

Flám·bor·ough Héad /flǽmbәːroʊ-, -rә- | -b(ә)rә-/ *n.* フランバラ岬《イングランド北東部, Humber 河口の北方にある白亜の岬》.

flam·boy·ance /flæmbɔ́ɪәns/ *n.* **1** (けばけばしい)華麗さ; (趣味・装飾などの)けばけばしさ. **2** 〘建築〙火炎状, フランボワイアンス. 〘(1891) ⇨ flamboyant, -ance〙

flam·bóy·an·cy /-bɔ́ɪәnsi/ *n.* ＝flamboyance.

flam·boy·ant /flæmbɔ́ɪәnt/ *adj.* **1** 目もあやな, 華やかな, 華麗な: ～ rhetoric 美辞麗句. **2** 燃えるような, けばけばしい: ～ colors けばけばしい色彩. **3** 遠慮のない, でかでかした: ～ advertising どぎつい広告. **4** [しばしば F-] 〘建築〙 **a** 〈窓飾りなど〉火炎形をした. **b** フランボワイアン様式の, 火炎式の《15–16 世紀中葉のフランスの教会建築に見られる後期ゴシック様式の; cf. rayonnant 1》. ― *n.* 〘植物〙＝royal poinciana. ～**·ly** *adv.* 〘(1832) ▭ F ～ (pres.p.) ← *flamboyer* to flame ← *flambe*: ⇨ flambeau, -ant〙

flame /fléɪm/ *n.* **1 a** [しばしば *pl.*] 炎, 火炎 (⇨ blaze¹ SYN); 燃え上がっている状態: the ～ of a gas stove ガスストーブの炎 / burst into ～ ぱっと燃え上がる / commit a letter to the ～*s* 手紙を焼き捨てる / *in* ～*s* 炎となって, 燃え上がって. **b** 火炎状[形]のもの. **2** 燃えるような情熱, 情火, 激情: ～*s* of anger [indignation, love, enthusiasm] 怒り[憤激, 愛情, 感激]の炎. **3** 炎のような光輝, 光炎; 輝かしい光彩: the ～*s* of sunset 燃えるような夕映え. **4** 〘電算〙フレーム, ののしり(のメール)《電子掲示板[メール]で送られる口ぎたないメッセージ》. **5** 《戯言》恋人, 情人: an old ～ 昔の恋人. **6** ＝flame color.

fán the fláme(s) 情熱(など)をあおる, けんかをあおる[たきつける], 思いをつのらせる: *fan the* ～*s* of discontent [nationalism] 不満[ナショナリズム]の炎をあおり立てる.

― *vi.* **1** (炎のように)輝く, (燃えるように)照りはえる; 〈顔が〉さっと赤らむ, さっと顔を赤らめる; 〈太陽が〉ぎらぎらと照る; 炎のようにゆらぐ: The western sky ～*d*. 西の空が真っ赤に燃えた / The setting sun ～*d* in the sky. 夕日が空に輝いた / The garden ～*d* with azaleas. 庭園はつつじで赤々と燃えていた / Her face ～*d* with shame. 恥じらってさっと顔を赤らめた / The girl ～*d up*. 少女はぱっと顔を赤らめた. **2** 火炎を発する[吐く], 炎を上げて燃える, 燃え立つ 〈*away, forth, out, up*〉. **3** 〈情熱・怒りなどがむらむらと燃え上がる; かっと怒り出す 〈*out, up*〉: ～ with anger 烈火のように怒る / His anger ～*d out*. 怒りが爆発した / Anger ～*d* in her heart. 彼女の胸の中に怒りがむらむらと燃え上がった. **4** 〘電算〙ののしる. **5** 《詩》炎のように動く. ― *vt.* **1 a** (殺菌などのために)炎に当てる, 火に掛ける. **b** 〈食べ物〉にブランデーをかけて火をつける (cf. flambé). **c** (火炎放射器を用いて)〈雑草を〉燃やす. **2** 〈信号などを〉火炎で伝える. **3** 〘電算〙〈相手〉にののしりのメールを送る, ののしる. **4** 炎で輝かせる, …に燃えている様相を与える: The setting sun ～*d* the sky. 夕日が空を真っ赤に染めた. **5** 《詩》〈感情を〉燃え上がらす, 怒らす. **6** 《廃》燃やす.

fláme óut (1) 〘航空〙〈ジェットエンジンが〉(燃料・空気不足のために)燃焼室の炎が消えて止まる (cf. flameout). (2) 《米》(派手に)しくじる.

flám·er *n.* ～**·lìke** *adj.* 〘n.: (c1303) ▭ OF ～ (F *flamme*) < L *flammam* flame < ? OL **flagma* ← IE **bh(e)leg-* to blaze ← **bhel-* to shine: cf. flagrant. ― v.: (c1303) ▭ OF *flamer* (F *flammer*) < L *flammāre* ← *flamma*〙

fláme azàlea *n.* 〘植物〙米国東部地方に産するツツジの一種 (*Rhododendron calendulaceum*)《花はオレンジ色ないし真紅色; yellow azalea ともいう》.

fláme cèll *n.* 〘動物〙炎(ほのお)細胞, 火炎細胞《後生動物の排出器官の末端にある細胞》. 〘1888〙

fláme còlor *n.* 炎色《赤みがかっただいだい色》. 〘1604〙

fláme-còlored *adj.* 炎色の. 〘1596–97〙

fláme cùltivator *n.* 〘農業〙火炎除草器 (cf. flamethrower).

fláme·fìsh *n.* 〘魚類〙北米からブラジルにかけて産するテンジクダイ科の魚 (*Apogon maculatus*).

fláme·flòwer *n.* 〘植物〙＝red-hot poker. 〘1882〙

fláme gùn *n.* 火炎除草器 (cf. flamethrower). 〘1931〙

fláme·hòlder *n.* 〘航空〙フレームホルダー《ジェットエンジンのアフターバーナー中の高速の流れの中に火炎を保持するために装備する邪魔板》.

fláme·less *adj.* 炎を出さない, 無炎の: Coke is ～. 〘(1606): ⇨ -less〙

flame·let /fléɪmlɪt/ *n.* 小さな炎, 小火炎. 〘(1849): ⇨ -let〙

fla·men /fléɪmәn, -mәn | fléɪmen, flɑ́ː-/ *n.* (*pl.* ～**s**, **flam·i·nes** /flǽmәniːz, flɑ́ː- | flǽmɪ-/) (古代ローマのある特定の神に奉仕する)神主, 祭主, 祭司. 〘(*a*1338) *flamin* ▭ L *flāmen*: cf. Skt *brahman* 'BRAHMA¹'〙

fla·men·co /flәméŋkoʊ | -kәʊ; *Sp.* flaméŋko/ *n.* (*pl.* ～**s**) フラメンコ《スペイン Andalusia 地方のジプシーの踊り》; その曲[歌]. ― *adj.* フラメンコ(調)の. 〘(1896) ▭ Sp. ～ 'Flemish, gipsy' ▭ ? MDu. *Vlāming* 'FLEMING': ⇨ flamingo〙

fláme-of-the-fórest *n.* 〘植物〙 **1** (マレーシア) ＝royal poinciana. **2** ハナモツヤクヤクノキ (*Butea monosperma*)《インド・東南アジア産マメ科の落葉高木; 密生した赤い花がさがって咲く》. **3** カエンボク (*Spathodea campanulata*)《ノウゼンカズラ科カエンボク属の高木》.

fláme·òut *n.* **1** 〘航空〙フレームアウト《燃料あるいは空気の供給不足などのためにジェットエンジンの炎が消えること; blowout ともいう》. **2** 《米》突然の失敗, 大失敗. 〘1950〙

fláme photómeter *n.* 〘金属加工〙炎光分析計《高温の火炎に溶融した金属塩を溶射し, その分光分析によって金属の成分を定量する装置》. **fláme photométric** *adj.*

fláme photómetry *n.* 〘金属加工〙炎光分析.

fláme projèctor *n.* ＝flamethrower.

fláme·pròof *adj.* 防炎性の, 防炎加工を施した; 炎によってすぐには発火しない. ― *vt.* 防炎性にする. ～**·er** *n.* 〘1886〙

fláme reàction *n.* 〘化学〙炎色反応《ある種の元素またはその化合物が炎の中でその元素特有の色を現す現象》.

fláme resìstant *adj.* 耐燃性の.

fláme retàrder *n.* 難燃[遅燃]剤. **fláme-retàrdant** *adj.*

fláme scàrlet *n.* (強烈な色彩の)赤みがかったオレンジ色.

fláme spéctrum *n.* 〘化学〙炎光スペクトル. 〘1862〙

fláme stìtch *n.* フレームステッチ《ニードルポイント刺繍のステッチの一種で炎状にジグザグに刺す》. 〘1936〙

fláme tèst *n.* 〘化学〙炎色試験《炎の色により化合物中の金属の存在を検知するテスト; 例えばナトリウムを含むと黄色の炎を出す》.

fláme·thròwer *n.* 火炎放射器《筒先より火炎を出す器具で, 軍事用または殺虫・除草など農業用に用いられる》. 〘(1917) (なぞり) ← G *Flammenwerfer*〙

Fláme Tokáy *n.* 〘園芸〙フレームトーケー (⇨ Tokay 2).

fláme trèe *n.* 〘植物〙 **1** ゴウシュウアオギリ (*Brachychiton acerifolius*)《オーストラリア産のアオギリ科の常緑樹, 花は鮮紅色で美しい》. **2** ＝royal poinciana. **3** 鮮紅色の花をつける樹木. 〘1860〙

fláme·wàre *n.* [集合的] 直火用(調理)容器. 〘1938〙

flamines *n.* flamen の複数形.

flam·ing /fléɪmɪŋ/ *adj.* **1** 火炎を発している, 火を吐く, 燃え立つ: a ～ fire. **2 a** (色彩が)燃えるような, 燃えるよ

F

うに赤い: ~ colors [poppies] 真紅の色[けしの花] / ~ red 燃えるような赤色. **b** [副詞的に] 燃えるように: a ~ red rose 燃えるように赤いばら. **3 a** 〈口論など〉激しい: a ~ row 大げんか. **b** 情熱に燃える, 熱烈な, 激烈な: ~ eyes きらきら光る目 / ~ enthusiasm [youth] 燃えさかる熱情[青春] / a ~ harangue (舌端火を吐く)熱烈な演説, 熱弁 / be in a ~ temper 激怒している, 激情にかられている. **4** 《英口語・豪俗》[強意語として] 大変な, 途方もない, ひどい: a ~ nuisance 全く厄介なもの. **5** じりじり照りつける, 炎熱焼くような: under a ~ sun 焼くように暑い太陽の下で / a ~ August 焼けつくような8月. **6** 《古》誇張した, 大げさな, けばけばしい; 大げさにほめた: a ~ picture, description, lie, etc. **~·ly** *adv.* 〘(*c*1303): ⇨ flame, -ing²〙

fla·min·go /fləmíŋgou | fləmíŋgəu, flæ-/ *n.* (*pl.* ~s, ~·es) 〘鳥類〙フラミンゴ, ベニヅル《フラミンゴ科の鳥の総称》. 〘(1565) □ Port. *flamengo* □ Sp. *flamenco* □ Prov. *flamenc* (F *flamant*) ← *flama* (< L *flammam* 'FLAME') + *-enc* (← Gmc *-iŋʒ-: cf. -ing³): その羽の色から: cf. flamenco〙

flamíngo flòwer [plànt] *n.* 〘植物〙サトイモ科ベニウチワ属 (*Anthurium*) の中で朱紅色の仏炎苞を観賞するものの総称《主に次の2種を指す》: **a** ベニウチワ (*A. scherzerianum*). **b** オオベニウチワ (*A. andraeanum*). 〘1882〙

Fla·mín·i·an Wáy /fləmíniən- | flə-, flæ-/ *n.* [the ~] フラミニア街道《Rome から北進してアドリア海沿岸の Rimini に至る古代ローマの道路; Gaius Flaminius の監察官時代に建設 (220 B.C.); 長さ 346 km; ラテン語名 Via Flaminia》.

Fla·min·i·us /fləmíniəs | flə-, flæ-/, **Gaius** *n.* フラミニウス《?-217 B.C.; ローマの将軍・政治家; Hannibal に敗れた》.

flam·ma·bil·i·ty /flæ̀məbíləti | -lɪ̀ti/ *n.* =inflammability. 〘1646〙

flam·ma·ble /flǽməbl̩/ *adj.* 燃えやすい, 引火性の高い; 可燃(性)の. 〘1813〙

Flam·ma·rion /flɑ̀mæ̀riɔ̃ː(ŋ), -mèr-, -ɔ́ːŋ | -mær-; *F.* flamaʁjɔ̃/, **(Nicolas-)Camille** *n.* フラマリオン《1842-1925; フランスの天文学者》.

Flam·steed /flǽmstiːd/, **John** *n.* フラムスティード《1646-1719; 英国の天文学者; 初代英国王室天文学者; 初代 Greenwich 王立天文台台長 (1675)》.

flam·y /fléimi/ *adj.* (**flam·i·er; -i·est**) **1** 火炎の, 炎々と燃える. **2** 〈色が〉炎のような; 燃えるような色をした. 〘(?*a*1430): ⇨ flame, -y⁴〙

flan /flǽn; *F.* flɑ̃/ *n.* (*pl.* ~s /~z; *F.* ~/) **1** フラン《チーズ・カスタード・果物などをリング状の底のないフラン型に詰めたタルト (tart) の一種》: a fruit ~. **2** (スペイン料理で)カラメルソースをかけたカスタード(デザート). **3** (刻印を押しさえすれば)貨幣[メダル]になる金属片, 円形(えんけい) (blank); (貨幣[メダル]の図柄に対して)地金. 〘(1846) □ F ~ < OF *fla(o)n* □ OHG *flado* (G *Fladen*) flat cake ← IE *plat- flat: cf. flat¹〙

Flan·a·gan /flǽnəgən | -nə-/, **Edward Joseph** *n.* フラナガン《1886-1948; アイルランド生まれの米国のカトリック神父; 米国 Nebraska 州の Omaha 近くに Boys Town「少年の町」を創立した; 通称 Father Flanagan》.

flan·card /flǽŋkəd | -kəd/ *n.* 《古》〘甲冑〙馬横腹当て. 〘(*c*1489) □ OF ~ ← *flanc* (↓)〙

flanch /flǽntʃ | flɑ́ːntʃ, flǽntʃ/ *n.* 〘紋章〙=flaunche. — *vt.* 〈煙突を〉(先の方に向けて内側に)弓形に傾斜させる. — *vi.* 〈煙突が〉弓形に傾斜している. 〘(*c*1460) *flaunche* □ OF *flanche* (fem.) ← *flanc* 'FLANK'〙

flan·chard /flǽŋkəd | -kəd/ *n.* 《古》〘甲冑〙=flancard. 〘1870〙

flanche /flǽntʃ | flɑ́ːntʃ, flǽntʃ/ *n.* 〘紋章〙=flaunche.

Flan·ders /flǽndəz | flɑ́ːndəz/ *n.* フランドル, フランダース: **1** ベルギー西部の East Flanders, West Flanders およびそれに隣接するフランス北部とオランダ南西部を含む地域; 第一次大戦中の激戦地. **2** 中世にヨーロッパ西部にあった国, 北海に沿って Dover 海峡から Scheldt 河口にわたった; フランドル語名 Vlaanderen /*Flem.* vlá:ndərə/, フランス語名 Flandre /*F.* flɑ̃:dʁ/. 〘(1577) □ Du. *Vlaanderen*: cf. F *Flandre* / ML *Flandri*〙

Flan·ders /flǽndəz | flɑ́ːndəz/, **Michael** *n.* フランダーズ《1922-75; 英国のエンターテイナー・作詞家; Donald Swann とレビューを演じて成功》.

Flánders brìck *n.* フランドルれんが《ナイフなどを磨くのに用いる軟質れんが[砥石]》. 〘*a*1700〙

Flánders póppy *n.* 〘植物〙ヒナゲシ (⇨ corn poppy)《第一次大戦戦没者に捧げられた花; Armistice Day には街頭でこの花が売られる》. 〘1921〙

Flan·dre /*F.* flɑ̃:dʁ/ *n.* フランドル《Flanders のフランス語名》. 〘⇨ Flanders〙

flâ·ne·rie /flɑ̀ːnərí: | flæ̀nərí:; *F.* flanʁi/ *F. n.* 遊惰, 怠惰. 〘(1873) □ F ~ ← *flâner* to lounge, loiter ← ? Scand.〙

flâ·neur /flɑːnə́ː | flæ̀nə́ː(r); *F.* flanœːʁ/ *F. n.* (*pl.* ~s /~z; *F.* ~/) のらくら者, 遊び人. 〘(1854) □ F ~ 'lounger, idler': ↑〙

flange /flǽndʒ/ *n.* **1** 〘機械〙**a** フランジ(継手)《軸・パイプの補強または結合のために取り巻く鍔(つば)型の突出部》. **b** (軌道車両車輪の)輪縁. **c** (レールなどの上下の)出縁. **d** (鉄管などの端を折り返した)鍔, 耳. **2** フランジを作る機械, 縁取り機. **3** 〘服飾〙フランジ《タックやはめ込みなどで広がりを持たせる衣服のデザイン》. — *vt.* …にフランジ[鍔, 耳]を付ける. — *vi.* フランジを付けたようになる, ふくれる 〈*out*〉. 〘(1688)《変形》? ← FLANCH (=projection)〙

flánge còupling *n.* 〘機械〙フランジ継手《軸継手と管

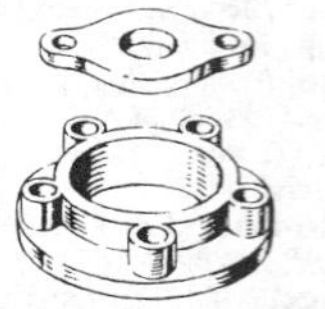

flanges 1 a

継手がある; 各端に取り付けたフランジを突き合わせボルトで締めつける》. 〘1884〙

flánged ràil *n.* 〘鉄道〙平底レール (flat-bottomed rail).

flánge·less *adj.* フランジ[鍔(つば), 耳]のない. 〘(1903): ⇨ ↑, -less〙

flánge nùt *n.* 鍔付きナット.

flánge plàte *n.* 〘建築〙フランジプレート (⇨ cover plate 2).

fláng·er *n.* **1** 〘機械〙鍔出し機, 鍔出しプレス. **2** フランジ工, フランジを作る人. **3** 〘鉄道〙フランジャー《軌間内の雪を排除するために除雪車に装備される》. 〘(1893) ← FLANGE + -ER¹〙

flánge·wày *n.* 〘鉄道〙輪縁路《レールを走る車の突縁の通路》.

flank /flǽŋk/ *n.* **1 a** (人間・動物の)横腹, わき腹, 側腹部《肋骨より下で腰骨より上》. **b** わき腹の筋肉. **c** (牛の)わき腹の肉, フランケ (⇨ beef 挿絵): a thick ~ of beef. **d** わき腹の皮[革]. **2** 〘軍事〙(隊の)翼(よく), 翼側, 側面: the right [left] ~ 右[左]翼 / a ~ attack [defense] 側面攻撃[防御] / a ~ movement (敵の側面を迂回する)側面運動 / cover the ~s 側面を援護(えんご)する / take … *in* ~ …側面を衝(つ)く / turn the enemy's ~ 敵の側面を迂回して後方に出る / *in* ~ 側面において, 側面から. **3** (建物・山などの)横側, 側面: the ~ of the hill. **4** 〘築城〙側堡(そくほ). **5** 〘紋章〙盾の両側. **6** 〘機械〙**a** フランク《ねじ山の頂 (crest) と谷底 (root) を連結する斜面》. **b** (歯車の)歯元の面 (cf. root¹ 11 b). — *vt.* **1 a** 〔…を〕…の側面に並べる[置く, 配置する]〔*with*〕: a road ~*ed with* [*by*] trees 両側に並木のある道路 / His house is ~*ed by* a high building. 彼の家の横に高い建物が建っている. **b** …の側面に位置する. **2 a** 〈敵〉の側面を[から]攻撃する. **b** …の側面を迂回する, …の翼を包囲する. **3** 〈味方〉の側面を守る[防御する], 側防する. **4** 《古》…から逃れる, 避ける. — *vi.* **1** 側面に位置する. **2** 〈堡塁(ほうるい)などが〉(…と)側面を接する, 〔…に〕側面を見せる〔*on*〕: The fort ~*ed on* a lake. 要塞は湖水と側面を接していた. — *adj.* わき腹の[に関する], 側面の. 〘ME < lateOE *flanc* □ (O)F *flanc* □ Frank. *hlanca side < Gmc *χlaŋkjaz ← IE *Kleng- to bend: cf. OHG *hlancha* hip: ⇨ lank〙

flan·ken /flɑ́ːŋkən/ *n.* 〘料理〙フランケン《牛のわき腹肉をゆで, セイヨウワサビを添えたユダヤ料理》. 〘(1966) □ Yidd. ~, □ G *Flanken* sides, flanks (of beef)〙

flánk·er *n.* **1** 側面にある人[物]. **2** 《俗》いんちき, ぺてん. **3** 〘築城〙側面堡塁(ほうるい)[砲台], 側堡. **4** 〘軍事〙側兵; [集合的] 側衛, 側面部隊. **5 a** 〘アメフト〙フランカー, ボール保持有資格者《前衛線右端の競技者の右または左端の競技者の左の線上にある競技者; flanker back ともいう》. **b** 〘ラグビー〙フランカー (⇨ flank forward). 〘(1550-51): ⇨ ↑, -er¹〙

flánk fórward *n.* 〘ラグビー〙フランクフォワード《スクラムの2列目または3列目で両翼になる競技者の一人; flanker, wing forward ともいう》. 〘1937〙

flánk spèed *n.* 〘海事〙(船の)全速力 (cf. full speed 2): at ~ 全速力で.

flánk stéak *n.* (小売り用の)牛のわき腹肉のカット肉; そのステーキ. 〘1902〙

Flann /flǽn/ *n.* フラン《男性名; 愛称形 Flannan; アイルランドに多い名》. 〘□ Ir. *Flainn* 《原義》ruddy〙

flan·nel /flǽnl̩/ *n.* **1** フランネル, フラノ《柔らかくて軽い平綾織》: cotton ~ 綿ネル. **2** =flannelette. **3** [*pl.*] **a** フラノ[ニット地]の肌着; (特に, 男子用)ズボン下. **b** フラノ製外衣; (特に, 男子用)ズボン下. **c** (クラブやチームの)フラノ製ユニフォーム. **4** 《英》=washcloth 2. **5** 《俗》お世辞, おべんちゃら; ほら; たわごと. — *adj.* [限定的] フランネル製の: ~ trousers. — *vt.* (**flan·neled, -nelled; -nel·ing, -nel·ling**) **1** フランネルの布切れでふく. **2** …にフランネル衣を着せる. **3** 《英口語》(特にだますために)…にお世辞を言う[書く], おべんちゃらを言う, …の機嫌をとる (flatter). 〘(1300-01) □ ? Welsh *gwlanen* woolen ← *gwlân* wool〙

flánnel·bòard *n.* フランネルボード《緑色などのフランネルの布を張った板で, 教材などをその上に付着させて使用するもの》.

flánnel càke *n.* 《米東部・中部》=griddle cake. 〘1792〙

flan·nel·ette /flæ̀nəlét, -nl̩-/ *n.* (*also* **flan·nel·et** /~/) 綿ネル《片面または両面をけば立てた非常に柔らかいフランネル; ベビー服や寝巻き用》. 〘(1882) ← FLANNEL + -ETTE〙

flánnel flòwer *n.* 〘植物〙セリ科アクティノータス属 (*Actinotus*) の多年草《オーストラリアに自生する》. 〘1895〙

flánnel·gràph *n.* フランネルグラフ《flannel board に付着させるさまざまな形態の布[紙]片で, 視覚教材の一種》. 〘1944〙

flan·nel·led /flǽnl̩d/ *adj.* 《英》フランネル[フラノ]を着た, フランネルのズボンをはいた. 〘1778〙

flán·nel·ly /-nəli, -nli/ *adj.* **1** フランネル製の; フランネル類似の. **2** 〈声が〉(フランネルを通したように)不明瞭な, だみ声の (blurred). 〘(*c*1839): ⇨ -ly²〙

flánnel·mòuth *n.* 《米》口先のうまい人, お世辞のうまい人; ほら吹き (braggart). 〘1882〙

flánnel·móuthed *adj.* 《米》**1** 口先のうまい, お世辞のうまい (smooth-spoken). **2** (なまりがあって[あるかのように])不明瞭に話す, だみ声で話す. 〘1884〙

flánnelmouth súcker *n.* 〘魚類〙米国 Colorado 川の流域の生息するサッカー科の魚 (*Catostomus latipinnis*).

flap /flǽp/ *v.* (**flapped; flap·ping**) — *vi.* **1** 〈旗・カーテンなどが〉ばたばたする, はためく: Her long hair ~*ped* in the wind. 彼女の長い髪が風にはためいた / wide trousers ~*ping* around a person's feet すその方がばたつく幅の太いズボン. **2** 〈翼などが〉羽ばたく, 〈鳥などが〉羽ばたいて飛ぶ 〈*away, off*〉: A few birds ~*ped* (*by*) over the fields. 鳥が二三羽ばたばたと羽ばたいて野原を飛んでいった. **3** (平たい物で)ぴしゃりとたたく: ~ at a fly. **4** 〈帽子のへりなどが〉垂れ下がる. **5** 《口語》**a** はらはら[そわそわ]する, 興奮する, あわてふためく. **b** そわそわ[心配げに]話す; しつこくむだ話をする〔*about*〕. — *vt.* **1** 〈風などが〉〈帆などを〉ばたばた動かす, はためかす: ~ the sails [shutters] 帆[よろい戸]をばたばた動かす. **2** 〈鳥・人などが〉〈翼・腕などを〉(上下に)ばたばた動かす, ばたつかせる; 羽ばたきながら進む: birds ~*ping* their wings 羽ばたく鳥 / ~ one's arms *around* in excitement 興奮して腕を(上下に)ばたばたさせる. **3** (扇・はえたたき・羽・布片・手のひらなどで)はたと[ぴしゃりと]打つ, たたく; たたいて…の注意を喚起する. **4** 〈帽子のへりを〉垂れ下がらせる, (垂れ下がるように)引き下ろす. **5** 《口語》(ぴしゃりと・ばたばたと)投げる; 〈パンケーキなどを〉ほうり上げてひっくり返す. **6** 〘音声〙弾音[はじき音]で発音する: a ~*ped* r 弾音の r.

(*with*) one's éars fláp*ping* 《口語》耳をそばだてて, 傾聴して.

— *n.* **1 a** (一方だけ止めた)垂れ下がった平たい薄い物. **b** (ポケット・封筒・カートンなどの)垂れぶた. **c** (机などの)垂れ板. **d** (つば広帽子の)垂れぶち. **e** 吊り扉. **f** (鞍の)垂れ. **g** (ちょうつがいの)片ひら. **h** (魚の)えらぶた. **i** (靴の)前革. **j** (弁の)舌. **k** (キノコ類の)開いたかさ (cf. button 7). **2** 〘航空〙(飛行機の)下げ翼, フラップ (⇨ airplane 挿絵). **3** (鳥の)羽ばたき(の音); (帆・旗などの)ばたばた動く音, はためき: the ~ of a swan's wings 白鳥の羽ばたき / the ~(*s*) of a sail [flag] against a mast 帆[旗]が風にはためいて帆柱にばたばた当たる音. **4** 《口語》**a** ろうばい, 騒ぎ(立てること), 興奮: be *in* [get *in*(*to*)] a ~ (*about* [*over*] …) (…のことで)おろおろ[はらはら]している[しだす]. **b** 危機 (crisis). **5** (柔らかい平たい物で軽く打つ)はたき打ち, 平手打ち; ぴしゃりという音: a ~ in the face 顔にくらわせた平手打ち. **6** フラップ《自動車のタイヤでリムとチューブの間に入れてチューブの損傷を防ぐゴムのバンド》. **7** 〘外科〙(後日の移植用に一端を残して切断した)弁, 皮(膚)弁, 組織弁. **8** 〘製本〙**a** フラップ《耳折れ表紙のように薄表紙の小口からはみ出している部分》. **b** 折返し, フラップ《本のカバーを表紙の内側に折込んだ部分》. **9** 〘音声〙**a** 単顫(せん)動音 (tap)《舌や口蓋垂などの弾力性のある音声器官を1回だけ震わせて作る音; [ʃ]; cf. trill¹ 3》. **b** 弾音《調音器官がその運動の途中で調音点を1回だけ打つ音》. **10** 《廃》払い除く道具, 蝿叩き (flapper). 〘v.: (*c*1330) *flappe(n)* 《擬音語?》: cf. flip¹, flop, clap¹ / G *flappen* to clap. — n.: (?*a*1300) *flap* blow, fly-flap: cf. Du. *flap* stroke, blow〙

fláp·dòodle *n.* 《口語》でたらめ, たわごと. 〘(1833) ← ?: cf. flap, doodle¹〙

fláp dòor *n.* **1** 落とし戸. **2** 吊り扉, はね上げ戸, しとみ戸. 〘1844〙

fláp·dràgon *n.* 〘遊戯〙=snapdragon 2. 〘1588〙

fláp-éared *adj.* **1** 〈人が〉耳が大きく左右に突き出た. **2** 〈犬など〉垂れ耳の. 〘1593-94〙

flap·e·ron /flǽpərɑ̀(:)n | -rɔ̀n/ *n.* 〘航空〙フラッペロン《下げ翼 (flap) に補助翼 (aileron) の作用を兼ねさせたもの》. 〘← FLAP + (AIL)ERON〙

fláp·jàck *n.* **1 a** 《米》=pancake. **b** 《英》カラスムギで作ったクッキーの一種. **2** 《英》(丸くて大きい)コンパクト, おしろい入れ. 〘(*c*1600) ← FLAP (v.) + JACK¹〙

fláp·less *adj.* flap のない. 〘(1916): ⇨ -less〙

fláp-móuthed *adj.* おしゃべりの. 〘1592-93〙

flap·pa·ble /flǽpəbl̩/ *adj.* 興奮しがちな, 落ち着かない, 混乱する. 〘(1968) ← FLAP + -ABLE〙

flap·per /flǽpə | -pə(r)/ *n.* **1 a** ばたばた打ったり音をたてる物[人]. **b** 平たい叩く物, 蝿(はえ)叩き. **c** (鳥を追う)鳴子. **d** (殻竿(からざお)の)振り棒. **2** ばたつく垂れ下がった物; (魚の)幅の広いひれ; (海獣の)ひれ状の前脚; (エビなどの)尾. **3** まだ十分に飛べない鳥, (特に)飛び方を習い始めた野鴨[シャコ (partridge)]の雛. **4 a** 若い女の子. **b** 《英》(15-18歳位のまだ十分社交界を知らない)乙女, 少女. **c** 《口語》(1920年代に自由を求めて行動や服装などがやや型破りな)なまいきな現代娘, フラッパー. **d** 《古》身もちの悪い女, ふしだらな女. **5** 《俗》手 (hand). **6** 記憶を呼び起こさせる人[物]. (*Gulliver's Travels* 中の話から) 〘(1570) ← FLAP + -ER¹〙

fláp·per·ish /-pərɪʃ/ *adj.* 《口語》小娘[おてんば娘, フラッパー]らしい. 〘(1920): ⇨ ↑, -ish¹〙

fláp·ping *n.* 〘航空〙フラッピング《関節式ローターを持つヘリコプターの上下方向の回転運動》. 〘((*a*1398)) (1937): ⇨ flap, -ing¹〙

flápping flìght *n.* 〘航空〙羽ばたき飛行. 〘1899〙

flápping hìnge *n.* 〘航空〙フラッピングヒンジ《ヘリコプターローターにフラッピングの自由度を与えるためローターハブに装備される関節》.

flap·py /flǽpi/ *adj.* (**flap·pi·er; -pi·est**) **1** ゆるい, 締まりのない, 弛緩(しかん)した (flabby): ~ skin たるんだ皮膚.

2 垂れ下がった. 〚(1598) ← FLAP＋-Y[4]〛

flaps /flǽps/ *n. pl.* [単数扱い]〘獣医〙馬の唇浮腫.

fláp vàlve *n.* (ポンプなどの)フラップ弁, 蝶形弁. 〚1867〛

flare /fléə | fléə(r)/ *vi.* **1 a** ぱっと燃え上がる (blaze). **b** 〈感情・騒動などが〉突然起こる, 激しくなる, 〈嫉妬心などが〉急に燃え上がる 〈*up*〉: ～ *up* into flames ぱっと燃え上がる / The persecutions [disease] ～*d up* afresh. 迫害[病気]が新たに始まった[悪化した]. **c** 〈空などが〉ぎらぎらと輝く. **2 a** 急に怒る, かっとなる 〈*up, out*〉: ～ *up* at the slightest thing 些細なことにかっとなる / Why ～ *up* at me? なんで急に私のことを怒るのか. **b** 〈戦闘などが〉突発する 〈*up*〉. **3** 〈スカートなどが〉朝顔形に広がる, フレアがある; 〈鼻の穴が〉広がる. **4 a** 炎がゆらゆらする, めらめらと燃える: The candle began to ～. ろうそくの火がゆらめき出した. **b** 風にゆらめく[揺れる], ひらひら[ばたばた]動く (flutter): Her skirt ～*d* behind her in the wind. 風に彼女のスカートのうしろがひらひらした. **5** 〈船首または船側が〉上方[外方]に張り出る (cf. TUMBLE *home*). **6** 〈航空機が〉(着地寸前に)機首を上げる. ― *vt.* **1** 外側に張り出させる, 朝顔形に広がらせる, 〈鼻の穴を〉広げる; 〈スカートを〉フレアにする: a ～*d* skirt フレアスカート / ～*d* trousers らっぱズボン, パンタロン. **2 a** ぱっと燃え立たせる. **b** 〈空などを〉燃え立つように輝かす. **c** 火炎で合図する. **3 a** 〈ろうそくの火などを〉ゆらゆらさせる. **b** 〈風が〉ばたばた[ひらひら]させる, はためかせる: The wind ～*d* her skirts. 風でスカートのすそがふわっと広がった. **4** 誇示する, ひけらかす (display). **5**〘航空〙〈機体を〉引き起こす (cf. *n.* 7).
― *n.* **1 a** (多く海上または海岸で用いる)火炎信号: send up ～*s* to attract attention 注目を引くために信号として火をたく. **b** (夜間作業のため, または飛行機の着陸位置を示すための)照明; 照明弾 (flare bomb): drop a ～ over the enemy position 敵陣地の上空に照明弾を投下する. **2** にわかにぱっと燃え上がること, 炎上: the ～ of a match in a dark room 暗い部屋にぱっと燃え上がるマッチの火. **3** (音響・感情などの)激発, 突発: a ～ of anger, temper, enthusiasm, etc. / a sudden ～ of trumpets 突然鳴り響くらっぱの音. **4 a** (器物などの)朝顔形の張り(部分): the ～ of a bowl, vase, etc. **b** (スカートの)フレア: the ～ of a skirt. **c** [*pl.*]《口語》フレア[朝顔]型のズボン[パンタロン], らっぱズボン. **5** ゆらめく光, (ぎらぎらと)ゆらぐ光 (⇨ blaze[1], flash[1] SYN): the ～ of torches in the wind 風にあおられてゆらめくたいまつの火. **6**〘海事〙(船首近くで水線から船べり上方にかけての船側の)外曲がり, 張出し (flam). **7**〘航空〙(着陸接地前の)引き起こし《接地直前に昇降舵を引き機首を上げて降下率を小さくし速度を下げる操作》. **8**〘写真・光学〙光斑, フレアー《光学器械のレンズなどの内面反射・散乱によって像面上の正規の位置以外に広がる光; またはそれによってネガに生じた斑点; flare spot ともいう; cf. ghost 6, 7》. **9**〘天文〙フレア《太陽表面の小範囲に生起する急激かつ短時間の爆発的なエネルギー放出現象 (solar flare), またある種の星に生起する急激かつ一時的な増光現象》. **10**〘アメフト〙フレアーパス《バックスの1人がサイドラインに向かって走り抜けようとする際に用いる短いパス》. **11**〘医学〙(病巣・発赤などの)拡大; 張開; フレア. 〚(*c*1550)《混成》? ← FLY[1] // FLAME＋GLARE[1]: cf. Norw. *flara* to blaze ← *fl-* (cf. FLY[1], FLAME)＋GLARE〛

fláre·bàck *n.* **1** 噴射炎, 後炎《発砲後砲尾を開いたときに発する, または溶鉱炉のたき口を開いたときに発する戻り火炎》. **2** (批評などに対する)反論, 余憤. **3** (寒さなどの)ぶり返し.

fláre bòmb *n.* 照明弾.

fláre·pàth *n.* (飛行機が離着陸するための)照明路. 〚1919〛

fláre·stàck *n.* フレアスタック《油田などでガスなど不要の物質を排出し燃やす装置・煙突》.

fláre stàr *n.*〘天文〙閃光星《時折表面にフレアが発生し短時間に明るさが増加した後復帰する恒星》.

flare-up /fléəʌ̀p | fléə(r)-/ *n.* **1**《口語》**a** かっと怒ること, 激怒. **b** (以前静まっていたものが)突発すること, (病気などの)再発. **c** (一時的な)大人気. **d** 底抜け騒ぎ. **2 a** ぱっと光ること, 燃え上がり: a ～ of lightning ぱっと光る電光. **b** (信号の)光炎《flare up light ともいう》. 〚1837–40〛

flar·ing /fléərɪŋ | fléər-/ *adj.* **1** ゆらゆら[めらめら]燃える; まぶしい. **2** けばけばしい, 豪華な: ～ advertisements けばけばしい広告 / a ～ hotel 豪華なホテル. **3** 張り開いている, 朝顔形の, フレアのある: a ～ bowl, vase, etc. / a ～ neckline 広く切り開いてあるネックライン. **～·ly** *adv.* 〚(1593) ← FLARE＋-ING[2]〛

flash[1] /flǽʃ/ *n.* **1 a** ぱっと出る光, 閃光(せんこう), 火花, ひらめき: (as) quick as a ～ of lightning 電光のひらめきのように速く, 電光石火のごとく, たちまち / disappear like a ～ ぱっと消える / ～*es* from the guns 大砲から出る閃光[火花] / Life is but the ～ of a firefly in the night. 生命は夜の蛍の放つ一閃の光に過ぎない. **b** 閃光信号, カンテラ信号; 手旗信号. **c**《口語》懐中電灯 (《米》flashlight, 《英》(electric) torch). **d**〘写真〙フラッシュ(の閃光); 閃光撮影写真; フラッシュランプ. **e**〘軍事〙(爆弾・バズーカなどの炸裂による)閃光, 強烈な熱放射. **f**〘電算〙[形容詞的に用いて] フラッシュメモリーに関する. **2** (感興・機知などの)ひらめき, 突発; (ちらりとした)いちべつ (glimpse); ほほえみ: a ～ *of* anger 怒りの激発 / a ～ *of* joy [gaiety] 突然わき起こる歓喜[はしゃぎ] / a ～ *of* inspiration [wit, humor] とっさにわき起こる霊感[機知, ユーモア] / a ～ *of* hope (さっと心にさして来る)希望の光 / *in* ～*es* 時たま突発的に. **3** 瞬時, 瞬間 (⇨ minute[1] SYN): *in* a ～ たちまち, 即座に, すぐさま / grasp the situation *in* a ～ 形勢を即座にみてとる / *For* a ～ she saw me. 一瞬彼女は私を見た. **4 a** (新聞社・放送局に電送される)短い至急報, ニュース速報 (news flash) (cf. bulletin 1 a, news bulletin). **b**〘軍事〙特別緊急《各種通信文の処理の優先順位第一を示す》. **5 a** (俗悪な)派手な虚飾, けばけばしさ. **b**《口語》精彩を放つ人, (特に)機敏で颯爽(さっそう)とした運動選手. **c**《古》派手な身なりの人, だて者. **6 a** (落下装置の)堰(せき), 水門《船に浅瀬などを乗り越えさせる》. **b**《古》堰の落とし水. **7**《俗》(麻薬の静脈注射による)最初の強烈な陶酔感. **8**《口語》他人にいきなり性器[乳房]を見せること. **9**《英》〘映画〙フラッシュ《物語の本筋を解説するために写し出される特に回想的な瞬間場面; cf. flashback 1 a》. **10**《英》〘軍事〙(師団などの別を示す)着色記章; (スコットランドの軍人がキルトの膝下に付ける)赤いガーター記章. **11** (動物の毛皮などの)明るい色の斑点. **12**〘冶金〙＝fin[1] 7 a. **13**〘ガラス製造〙**a** 色きせ; きせガラス (⇨ flashed glass). **b** 咬み出し《成形中鋳型の間のつぎ目にガラスがはいるためにできるひれ状の突起; fin ともいう》. **14** (タイル・れんがなどに塗る)上薬. **15** (液体の)急速な蒸発. **16**〘トランプ〙総花《5 種類のスーツ (suit) からなる特殊なトランプを用いるポーカーで, 5 枚とも全部違った印の札が来ている手》. **17**《廃》(盗人・悪漢仲間の)隠語, 合言葉.

a flásh in the pán (1) 線香花火的な企て, 竜頭蛇尾; ちょっと成功してすぐだめになる人, 三日天下の人. (2) 火打石銃の火皿の中の発火[空発]. 〚1705〛

― *vi.* **1 a** きらめく, ぴかっと光る, 光を放つ, ぱっと発火する: The lightning ～*ed across* the sky. 電光が空にきらめいた / I saw the sunlight ～*ing on* the water. 日光が水上にきらめいているのが見えた / The light kept ～*ing on* and *off*. 光はぴかっと光ったり消えたりしていた / Their armor ～*ed in* the sun. 彼らのよろいかぶとは日の光を受けてきらめいた / He ～*ed* crimson *with* anger. 彼の顔は怒りで真っ赤になった. **b** 〈怒り・興奮・驚きなどで〉〈目が〉ぎらぎら[きらきら]光る (sparkle) 〔*with*〕: His eyes ～*ed with* anger [excitement]. 彼の目は怒り[興奮]でぎらぎら光った. **2** さっと通る, 急に過ぎ去る, さっと飛び去る: The express train ～*ed past*. 急行列車がさっと通過した / A car ～*ed by*. 自動車がさっと走り過ぎた. **3 a** 〈機知・気性などが〉きらめく, ちらりと現れる 〈*out*〉; 〈思想・考えなどが〉ぱっと浮かぶ: His old spirit ～*ed out* occasionally. 彼の昔の気性が時折ちらりと現れた / An idea just ～*ed across* her mind. ある考えがさっと彼女の脳裏をよぎった / A happy idea ～*ed into* her mind. うまい考えがぱっと彼女の心に浮かんだ / It ～*ed across* my mind that ...という考えがふと頭にひらめいた. **b** さっと[ぱっと]現れる[見えてくる]; 〈画像・文字などが〉〔スクリーン上などに〕(繰り返し)現れる, 点滅する 〈*up*〉〔*on*〕: The moon ～*ed from* behind the mountain. 月が山陰からぱっと現れた / A rosy red ～*ed over* her face. 彼女の顔がぱっとバラ色になった. **c**《古》ぱっと目立つ, 精彩を放つ (show off). **4 a** 急に〔ある動作・状態に〕移る, さっと...し出す〔*into*〕: ～ *into* action 急に行動し出す, さっと動き出す. **b** (怒って)突然言う[叫ぶ] 〈*out*〉 (⇨ FLASH *out* (2)). **c**《米俗》〔...を〕さっと理解する, 〔...が〕ぴんとくる〔*on*〕. **5** 〈液体が〉急に蒸発[気化]する. **6**《口語》他人にいきなり性器[乳房]を見せる (cf. flasher 3). **7**《古》〈潮流・水が〉奔流する (dash); 〈波が〉はね散る (splash). **8**〘ガラス製造〙〈吹いたガラスが〉板状になる.

― *vt.* **1** 〈火・光を〉ひらめかす, きらめかす, ぴかっと反射させる; 〈鏡などに〉光を反射させる; ...の光を急に向ける[浴びせる]: ～ light *with* a mirror 鏡で光をひらめかす / *Flash* the light over here. こちらまでライトを照らしてください / ～ a sword 剣を(振って)きらめかす / His eyes ～*ed* fire. 彼の目は(怒りなどで)ぱっと燃えた[ぎらりと光った] / I had a lantern ～*ed* in my face. 真正面からカンテラの光をぱっと浴びせかけられた. **2 a** 〈視線・ほほえみなどを〉〔...に〕ちらりと向ける〔*at*〕; 〈物などを〉ちらりと見せる〔*at*〕: ～ a person a reproachful glance ちらりと非難の一瞥(いちべつ)を投げる / She ～*ed* her eyes *at* me. 彼女はちらと私を見た / She spoke to him, ～*ing* (him) a shy smile. 彼女はちらと恥ずかしそうにほほえみながら彼に話しかけた / He ～*ed* his ID card *at* her. 彼は彼女に身分証明書をちらりと見せた. **b** 〈画像・文字などを〉〔スクリーンなどに〕(繰り返し)さっと見せる, 点滅させる 〈*up*〉〔*on*〕. **c**《口語》見せびらかす, ちらつかせる: He's always ～*ing* a roll of bills. 彼はいつも札束をちらつかせている / He really ～*es* his money *around!* 彼は本当に金を見せびらかす奴だ. **d**《口語》〈人〉に〈性器[乳房]などを〉いきなり見せる. **3 a** 〈信号を〉閃光(せんこう)で送る: ～ one's position with a lantern カンテラをかざして自分の居場所を伝える. **b** (光のように)ぱっと伝える, (信号機・電信・無線電信などで)〈情報・信号を〉急送する: ～ a signal ぱっと信号を出す / The news was ～*ed* all over the world by radio. そのニュースはたちまち世界中に電送された. **4 a** 〈運転者が〉合図するために〈(ヘッド)ライトなどを〉点滅させる. **b** (ヘッド)ライトを点滅させて...に合図する. **5** 〈火薬・漏れたガスなどを〉ぱっと発火させる; 〈残留物点検のために〉〈爆薬などを〉燃焼させる. **6** (船を通すために堰(せき)をはずして[開いて])〈水路に水を流す; 堰水で〈船を〉押し流す: ～ a river 堰を切ってどっと川に水を流す / ～ a boat 堰水で船を押し流して浅瀬(など)を乗り越えさせる. **7** (flash boiler などで)〈液体を〉急速に蒸発させる. **8**《古》〈水を〉はねかす, とび散らせる. **9**〘ガラス製造〙**a** 〈吹いたガラスを〉平板にする: ～ a blown globe of glass 球状にふくらましたガラスを板にする. **b** 〈無地のガラス・ガラス器を色ガラスの薄膜で覆う, ...に色ガラスをかぶせる; 〈色ガラスの薄膜を〉...にかぶせる 〈*on*〉: ～ plain glass *with* ruby 無地のガラスに赤色ガラスをかぶせる. **c** 〈ガラスを〉焼き直して光沢を著しくする. **10**〘建築〙〈屋根などに雨押さえをする, 水切りをつける (cf. flashing 2). **11**〘写真〙...に強い閃光を作用させる; 〈露光した陰画または陽画〉に(現像前に)フラッシュをかける《一様な光を作用させる; cf. FLASH *in*》. **12**〘トランプ〙〈カードを〉配る間に一瞬表にして見せる. **13** (船体のまわりにケーブルを水平にまきつけそれに通電して)〈船体を〉消磁する.

flásh báck (1) 〈映画・記憶などが〉過去(の場面)に一瞬戻る (⇨ flashback 1 a): The film ～*ed back to* the hero's childhood. 映画は主人公の子供時代にフラッシュバックした. (2) 〈炎・光が[を]〉照り返す. (3) ぐっとにらみ返す: His eyes ～*ed back* defiance. 彼は反抗の目でにらみ返した. 〚1944〛 ***flásh in***〘写真〙〈陰画または陽画の濃淡・色調などを〉フラッシュをかけて修正する. ***flásh in the pán*** 〈企てが〉線香花火的に終わる (cf. *a* FLASH *in the pan* ⇨ *n.* 成句). ***flásh ón*** (1) 〈光などを〉ぱっと浴びせかける. (2) ⇨ *vi.* 4 c. (3) ⇨ *vt.* 9 b. ***flásh óut*** (1) ⇨ *vi.* 3 a. (2) かっと怒る, かっとなって叫ぶ: I ～*ed out* before I thought. 思わずかっとなって叫んだ / He could not help ～*ing out against* those abuses. その悪口に彼はかっとならずにはいられなかった. ***flásh óver*** ＝flashover.

― *adj.* **1**《口語》**a** いやに派手な, けばけばしい (showy): ～ clothes / a ～ fellow. **b** かっこいい, 気のきいた, 粋な (smart); 一流の, ぱりっとした (fashionable): ～ behavior さっそうとした態度. **c**《口語》安ぴかの, いかがわしい, いんちきな (spurious): ～ jewelry [coins, notes] 安ぴかのにせ宝石[にせ金, にせ札]. **d** 素早い, 敏捷(びんしょう)な (fast). **2** [限定的] **a** 突然で短い, 線香花火のような: a ～ storm [flood, fire] つかの間の嵐[洪水, 火事]. **b** 閃光(せんこう)に起因する; 閃光を防ぐための: ～ injuries 閃光による損傷 / ～ gear 閃光防止服[具] / ⇨ flash burn. **3**《口語》(博打打ち・盗人・売春婦など)不良仲間の: ～ slang [language] 不良仲間の隠語 / a ～ crib 不良仲間の住みか / a ～ house (不良仲間の出入りする)怪しい家; 魔窟.
〚(?*a*1200) *flashe(n)* to splash《擬音語》?: *fl-* は運動を (cf. fling, flit, flow, flush[1,2,3]), *-sh* は音を表す (cf. clash, dash[1], plash[1], splash)〛

SYN 閃光: **flash** 突然ぱっと出てすぐに消える輝かしい光: a *flash* of lightning 電光のひらめき. **flare** 短い時間にぱっと燃え上がるような光: the *flare* of flashbulbs 閃光電球の閃光. **glance** 物体が突然動いたために出る閃光: the *glance* of spears in the sunlight 日光を受けた槍のきらめき. **gleam** 暗い背景から射してくる細い光線: the *gleam* of a distant lighthouse 遠くの灯台のかすかな光. **sparkle** 多数の小さく明るい断続的な閃光: the *sparkle* of little dancing waves in the sunlight 日差しを受けてきらきらと踊るさざなみの輝き. **glitter** 表面から断続的に反射する明るい閃光: the *glitter* of the Christmas decorations クリスマスの飾りのきらめき. **glisten** 濡れた表面から発するような光沢のある光線: the *glisten* of satin しゅすの輝き. **glint** 光沢のある物のかすかなきらめき: the *glint* of steel 鋼鉄のぎらぎらする輝き.

flash[2] /flǽʃ/ *n.*《英方言》(土地の沈下でできた)池. 〚*c*1440〛

Flash /flǽʃ/ *n.*〘商標〙フラッシュ《米国 Procter and Gamble 社製の液状・粉末の床みがき剤》.

flash·back /flǽʃbæ̀k/ *n.* **1 a**〘映画・テレビ・文学〙フラッシュバック《過去の出来事を物語の進行中に組み入れて現出させるモンタージュ手法の一つ; cf. cutback 2, flash-forward》; その場面. **b** まざまざと思い出されてくる過去の出来事. **2**〘金属加工〙逆火(さかび)《ガス溶接などの吹管において, 炎が火口の中に逆行する現象》. 〚1903〛

flásh·bòard *n.* (水位を高くするための)堰板(せきいた), 決潰(けっかい)板, フラッシュボード. 〚1768–74〛

flásh bòiler *n.* フラッシュボイラー《加熱されている円筒容器内に水を霧吹きして蒸気を作る小容量の特殊ボイラー》. 〚1902〛

flásh bòmb *n.*〘写真〙(パラシュートに付けた)照明弾, 閃光爆弾, 吊り星《夜間航空写真に用いる》. 〚1940〛

flásh·bùlb *n.*〘写真〙閃光球[電球], フラッシュバルブ《酸素とアルミニウム・ジルコニウムなどの繊条または薄片が詰めてある; photoflash ともいう; cf. electronic flash》. 〚1935〛

flásh bùrn *n.* 閃光火傷[熱傷]《放電または爆発などの激烈な閃光による火傷》. 〚1946〛

flásh·càrd *n.* **1** フラッシュカード《学習用・練習用に教師が教室で生徒に瞬間的に見せる単語・数・絵などが書いてあるカード》. **2**〘スポーツ〙フラッシュカード, 採点板《ダイビングや体操などの審判が演技の採点を示すカード》. 〚1923〛

flásh còlor *n.*〘動物〙閃光斑(せんこうはん)《薄い体色の動物の, 活動時にだけ目立つ鮮麗な斑紋; 静止すれば見えなくなり敵の目を逃れることができる》. 〚1928〛

flásh·cùbe *n.*〘写真〙フラッシュキューブ《フラッシュバルブ 4 個を組み込んで次々に発光できるようにしたもの》. 〚1965〛

fláshed gláss /flǽʃt-/ *n.*〘ガラス製造〙きせガラス《透明ガラスの上に色ガラスや金属酸化物をきせて作ったガラス; flash ともいう》.

flásh elìminator *n.* 消炎器《銃口に取り付けられ, 弾丸発射後のガスの燃焼によって生じる炎や光を減少させる装置; flash eliminator ともいう》.

flásh·er *n.* **1 a** (夜間広告用)自動点滅装置. **b** 点滅灯. **c** 自動点滅信号. **2** (ガラスを吹いて作る)板ガラス工. **3** 露出男 (cf. flash[1] *vi.* 6). **4**《古》派手な人, 見栄を張る人. **5**〘魚類〙＝tripletail. 〚(1611): ⇨ -er[1]〛

flásh·flòod *vt.* ...に鉄砲水を出す. 〚1939〛

flásh flóod *n.* 射流洪水, 鉄砲水《山中の豪雨のため狭い谷または砂漠性の斜面などを猛烈な勢いで流れて来る水》. 〚1940〛

flásh-fórward *n.*〘映画・テレビ・文学〙フラッシュフォワード《未来の出来事を物語の進行中に組み入れて現出させるモンタージュ手法の一つ; cf. flashback 1 a》; その場面. 〚1949〛

flásh-fréeze *vt.* 〈食品を〉瞬間冷凍する.

flásh·gùn *n.*〘写真〙フラッシュガン《カメラのシャッターに連動してフラッシュバルブを発光させる装置》. 〚1925〛

flásh·i·ly /-ʃɪli/ *adv.* **1** ひらめいて, 一瞬きらめいて. **2**

いやに派手に, けばけばしく: be ～ dressed いやに派手に着飾っている. 〘(1730–36) ← FLASHY ＋-Y⁴〙

flásh·ing *n.* **1** (下水掃除用などの水を奔流させるための)堰(せき)止め. **2**〘建築〙雨押さえ, 水切り, 水返し《屋根の谷または屋根と壁の接触面など雨の漏りやすい所を覆う金属板》. **3**〘写真〙閃光(せんこう), 閃発(作用)《印画のプリント露光と別に, 一部分に一様な光を作用させて濃度を高め軟調にする方法》. **4**〘ガラス製造〙色きせ, かぶせ《無色ガラスの表面に色ガラスの薄層をかぶせること》. ── *adj.* きらめく, きらきら[ぎらぎら]輝く: with ～ eyes 目をぎらつかせて / a ～ lantern (夜間用)発光信号灯 / a ～ light (明滅する)閃光. 〘n.: (1573), adj.: (1548) ← FLASH＋-ING[1, 2]〙

fláshing béacon *n.* ＝Belisha beacon.

fláshing pòint *n.*〘物理化学〙＝flashpoint 1.

flásh làmp *n.*〘写真〙閃光ランプ, フラッシュランプ, 閃光電球 (flash bulb). 〘1890〙

F

flash·light /flǽʃlàɪt/ *n.* **1** (米) 懐中電灯 ((英) (electric) torch). **2 a** 閃光: signaling by ～ 閃光信号. **b**〘写真〙フラッシュライト《写真撮影用閃光》; 閃光撮影写真. **3 a** 閃光灯. **b** (灯台の)明滅光, 回転灯《revolving light ともいう》. 〘1809〙

flásh mèmory *n.*〘電子工学〙フラッシュメモリー《コンピューター内でデータの消去・書き込みのできる型の EEPROM》.

flásh·òver *n.* **1**〘電気〙フラッシュオーバー, 閃絡《碍子(がいし)や整流子の表面に沿って電気火花でつながり, 短絡状態となること》. **2** フラッシュオーバー, 爆燃現象. ── *vi.* フラッシュオーバーする. 〘1892〙

flásh photógraphy *n.* フラッシュ写真撮影(術).

flásh photólysis *n.*〘化学〙閃光光分解. 〘1950〙

flásh pìcture *n.* フラッシュを使って写した写真.

flásh·pòint *n.* **1**〘物理化学〙引火点《引火が起こる程度に蒸発を発生する最低の温度; flashing point ともいう》. **2** (物事の勃発する)引火点, 発火点; (怒りの)爆発点. 〘1878〙

flásh sèt *n.*〘土木〙瞬結《セメントが注入後急速に固まること》.

flásh smèlting *n.*〘冶金〙自溶(炉)製錬《硫黄を含む銅などの鉱石を砕いて縦型の炉の上部から空気と共に吹きこみ, 鉱石中の硫黄分を燃やして効率よくマットを作り空気汚染を減ずる》.

flásh spèctrum *n.*〘天文〙閃光スペクトル《皆既日食前後数秒間見られる太陽の輝線スペクトル》. 〘1899〙

flásh sùit *n.* 防熱服.

flásh supprèssor *n.* ＝flash eliminator.

flásh tèst *n.* 引火点試験.

flásh·tùbe *n.*〘写真〙(写真撮影用)閃光放電管, ストロボ (strobe). 〘1945〙

flásh wèlding *n.*〘金属加工〙フラッシュ溶接, 火花(突合せ)溶接. 〘1933〙

flash·y /flǽʃi/ *adj.* (**flash·i·er; -i·est**) **1** 見かけはすてきな; 俗悪で派手な, 見かけ倒しの; 安ぴかの, けばけばしい (⇨ gaudy¹ SYN): ～ jewelry, clothes, cars, etc. / ～ rhetoric 大げさ[派手]な言いまわし. **2** 一時的に華やかな, 線香花火のような: a ～ display. **3** 火のような, 激しい, 衝動的な (impetuous): a ～ temper. **4** (方言) 水っぽい, 味のない, 気のぬけた (insipid). **flásh·i·ness** *n.* 〘(1583): ⇨ -y⁴〙

flask /flǽsk | flɑ́ːsk/ *n.* **1 a** (ガラス・金属・皮製の)フラスコ, 筒形瓶《とっくり状の栓付きの容器》. **b** 魔法瓶 (vacuum flask). **c** (酒類を入れる平たい)携帯用酒びん《hip flask ともいう》: a whiskey ～ / a pocket ～ (ウイスキーなどの)ポケット瓶. **2 a** (先込め銃のための角・金属または皮製の)火薬入れ[筒] (powder flask). **b** 水銀輸送用の鉄製容器《76 ポンド入り》. **c** (実験室用の)フラスコ. **d** ＝nuclear flask. **3** (以上の)容器の内容[一杯の量]. **4**〘金属加工〙(鋳物の)型枠(かなわく). 〘(1355–56) □ (O)F *flasque* // ML *flasca* ← ? Gmc **flaska-* ∞ OE *flasce, flaxe* bottle: cf. It. *fiasco* / G *Flasche*〙

flask·et /flǽskɪ̀t | flɑ́ːskɪt/ *n.* **1** 小型フラスコ. **2** (英方言・古) (両方に取っ手の付いた横長の底の浅い)洗濯物入れかご. 〘(1299) □ OF (方言) *flasquet* small flask ← *flasque* (↑): ⇨ -et〙

flat¹ /flǽt/ *adj.* (**flat·ter; flat·test**) **1 a** 平らな, 平たい, 水平な (⇨ level SYN): a ～ floor [surface] 平らな床[表面] / a ～ land 平地 / (as) ～ as a pancake 非常に平らで; 〈ケーキ・タイヤ・帽子・胸などが〉ぺちゃんこで / a ～ EEG 起伏のない脳波(図) / The EEG showed a ～ line. 脳波は起伏のない水平な線になっていた / ⇨ flat roof. **b** 平べったい, 扁平な; 平坦な, でこぼこのない (level, even): a ～ face [nose] 平べったい顔[鼻] / a ～ plate [dish, pan] 平べったい皿[鉢, なべ] / ⇨ flatfoot¹. **c** 〈手など〉平らに伸ばした, 広げられた: the ～ hand 平手 / a ～ map (巻かないで)広げた地図.

2 [叙述的] **a** 大の字なりに伏して, 平伏した (prostrate); べったり横たわった; ばったり(倒れた): The storm left the wheat ～. 嵐が小麦をなぎ倒した / knock a person ～ 打ちのめす / lie ～ on the ground 地面にばったり横たわる / fall ～ on one's face ばったりうつ伏せに倒れる. **b** 〈建物など〉倒壊して; くずれて: lay a city ～ (地震・爆撃などで)都市を(ぺしゃんこに)倒壊させる. **c** (ある面に)ぺったりくっついた: The picture hangs ～ against the wall. 絵が壁にくっついてかかっている.

3 a 〈靴のかかとが〉低くて広い. **b** 〈靴が〉かかとの低い[ない] (↔ high-heeled).

4 a 〈空気タイヤ・ボールなど〉空気の抜けた, ぺしゃんこの: feel a tire go ～ (走行中に)タイヤのパンクしたのがわかる / ⇨ flat tire. **b** 〈発泡性飲料が〉泡の立たない, 気の抜けた (insipid): ～ wine / This beer is ～ to the taste.＝This beer tastes ～. このビールは気が抜けている. **c** 味のない, まずい: The soup is too ～. そのスープはとてもまずい. **d** 〈蓄電池が〉電気を出さなくなって: a ～ battery.

5 全くの, きっぱりした: give a ～ denial [refusal] 全く[真っ向から, きっぱりと, にべもなく]否定[拒絶]する / ～ lunacy 全くの狂気 / That's ～. 断然そうだ.

6 a 均一の, 一律の, 変化のない (uniform): a ～ price 均一値段 / a ～ rate of 3% 3 パーセントの均一率 / ⇨ flat rate / give everyone a ～ (sum of) 1,000 dollars 一律に 1000 ドルずつ全員に与える. **b** きっかりの, 半端(はんぱ)のない (exact): in a ～ 10 seconds (＝in 10 seconds ～) 10 秒フラット[きっかり]で (cf. *adv.* 1).

7 a 〈市場など〉不振の, 不活発な, 不況の (inactive, dull): a ～ market 軟調の市況 / a ～ period 停滞期 / a ～ month 不況の月 / Industrial output was ～ during the summer months. 工業生産高は夏季数か月の間不振だった. **b**〘証券〙(債券の売買で)利含み値段で[の].

8 a 平凡な, 無味乾燥な, 単調な, 退屈な (⇨ insipid SYN); 〈言葉・冗談など〉おもしろくない, つぼのはずれた; 味のない; 気の抜けた: a ～ lecture 無味乾燥な講義 / The joke fell ～. 冗談が冗談にならなかった / How weary, stale, ～, and unprofitable, seem to me all the uses of this world! この世の営みがなんと飽き飽きし, おもしろくなく, つまらなく, 無意味のように思えるのだろう (Shak., *Hamlet* 1. 2. 133). **b** 元気のない, 精彩を欠いた; 意気消沈した, ふさぎ込んだ. **c** まぬけの, 愚鈍な: He was [felt] dull and ～. 彼はぼんやりでまぬけだった[自分がぼんやりでまぬけだと思った].

9 〈音・声など〉平板な, 味のない.

10 a 〈色合いなど〉一様な, 明暗のない (uniform): color the walls a ～ tint 壁一面一色に塗る. **b**〘絵画〙〈絵が〉単調な, 深み[厚み]のない. **c** 〈塗料など〉光沢のない, つや消しの (mat).

11〘音楽〙変(音)の, 半音低下の(記号 ♭) (cf. sharp 12 a); 〈音程が〉短…(minor), 減…(diminished): B ～ major [minor] 変ロ長[短]調 / a ～ third 短三度音程.

12 (米口語) 金のない, 無一文の.

13〘写真〙(影が濃く出ず)コントラストのない, 明暗がはっきりしない, 平調の, フラットな.

14〘音声〙 **a** 〈a の文字が〉[æ] と発音される (cf. broad 7 a). **b**〘音声〙変音調性《母音などの高次のフォルマントが下へ向くもの; 軟口蓋音化音の特性》.

15〘文法〙(品詞を特徴づける)語尾変化のない《例えば breathe *deep* や *sister* ships などのように形容詞や名詞などがそのままの形で副詞や形容詞などに用いられる場合》: a ～ adverb 単純形副詞 (-ly の付かない形容詞形のままの副詞).

16〘海事〙(縦帆の帆脚索(ほあしづな)を十分に引いて帆面を)ぴんと張った: ～ aft 縦帆をいっぱいに張り込んで平らにした.

17〘物理〙(一定の周波数範囲内で)〈伝送特性が〉一様な.

18 〈弾道・飛行が〉まっすぐ[水平]な.

19〘テニス〙〈ボールが〉フラットで打たれた[打った]《スピンをかけずにラケットをボールに直角に当てる》.

20〘陸上競技・競馬〙 **a** (跳び越える)障害物のない. **b** (障害物競走に対する)平地競走の.

fall flát (1) ⇨ *adj.* 8 a. (2) うまく行かない, 失敗する (fail): Our plans *fell* ～. 計画は失敗した. (3) ⇨ *adj.* 2 a. ***flát on one's báck*** ⇨ *on one's* BACK. ***flát óut*** ⇨ FLAT *adv.* 成句.

── *adv.* **1** あおむけ[うつぶせ]に (cf. *adj.* 2). **2** きっかり, ちょうど (exactly): in ten seconds ～ きっかり 10 秒, 10 秒フラットで. **3** (口語) 全く, すっかり: be ～ broke すっかり文無しである. **4** そっけなく, きっぱりと, 断然: go ～ against orders 命令に全く従わない / I tell you ～. 君にきっぱり言っておく / They turned our offer down ～. 我々の申し出をきっぱり拒否した. **5**〘音楽〙半音低く: sing ～ 調子を下げて(半音低く)歌う. **6**〘金融〙無利子勘定で: be sold ～. **7**〘海事〙帆面をぴんと張って: brace a yard ～ aback 裏帆となるように帆桁(ほげた)を回す.

flát óut (1) 全速力で. (2) (米) 率直に, ざっくばらんに (openly); 完全に (cf. flat-out). (3) 全力[資力]を使って. (4) 疲れ切って; ばったり倒れて: be (lying) ～ *out* 延びている. (1932)

── *n.* **1 a** [しばしば *pl.*] 平地, 平原; 平瀬《潮の満干によって隠れたり現れたりする比較的広い平らな浅瀬》; 低湿地 (marsh). **b**〘鉱山〙水平層, 水平鉱床. **2** 平たい面, 平たい部分, (…の)ひら: the ～ of a sword [blade] 剣[刀]のひら / the ～ of the hand てのひら. **3** (口語) 空気の抜けた[パンクした](自動車の)タイヤ (flat tire): I've got a ～. 自動車がパンクした. **4**〘音楽〙フラット, 半音低めた音; (半音低める)変音記号 (♭) (cf. sharp 1): ⇨ SHARPS and flats. **5** 平面図: represent an object in the ～ 物を平面図に描く. **6 a** 平べったいもの. **b** (内陸用の)平底船. **c** (底の浅い)平かご. **d** (苗木を育てる)平箱. **e** (女性用)扁平形の麦わら帽. **f** [しばしば *pl.*] ヒールの低い[ない]婦人靴. **g**〘建築〙陸(ろく)屋根, 平屋根 (flat roof). **h**〘海事〙(艦長室・士官室から出られる)台甲板, フラット (level deck). **i**〘鉄道〙＝flatcar. **7** (俗) (人にかつがれやすい)ばか, うすのろ, 間抜け (dupe, duffer). **8** (子供向けの)薄い大型(判)本. **9** [*pl.*]〘製紙〙平判《折りたたんでないシート仕上げの紙; 平滑な紙面の筆記用紙》. **10**〘劇場〙フラット, 枠張物《背景を構成する一部分で, 左右から押し出す「押出し」, 下から上げる「せり出し」, 上からおろす「落とし」など》: a booked ～ 2 枚のフラットを蝶番(ちょうつがい)で連結したもの《two-fold ともいう》/ a French ～ フレンチフラット《数枚のフラットを桟木に打ちつけて繋いだもの》/ ⇨ *join the* FLATS. **11**〘光学〙＝optical flat. **12**〘金属加工〙平鋼, 平鉄棒《断面が長方形の圧延された棒鋼》. **13** 蛇の端, ナットの面 (pane). **14**〘紡績〙(紡績機械用の)針布(しんぷ)で覆われた一組の細長い小板の 1 枚. **15**〘写真〙フラット, 平調《印画の調子が濃淡に乏しく全体が一様な調子のもの》. **16**〘アメフト〙 **a** ＝flat pass. **b** フラット《攻撃ラインの両翼のエリア》. **17 a** [*pl.*] (口語)〘陸上競技・競馬〙flat race 用のトラック. **b** [しばしば **F-**] flat race のシーズン. **18**〘アイススケート〙フラット《シングルエッジで走るべきカーブをスケートの両刃を使って上方へ背のびするような滑り; double edge ともいう》.

join the flats 〘舞台のフラットを繋ぎ合わせることから〙つじつまを合わせる, 筋を通す. ***on*** [***in***] ***the flát*** 紙[画布]に, 絵として.

── *vt.* (**flat·ted; flat·ting**) **1** (米)〘音楽〙〈調子を〉半音下げる. **2** (古) 平らにする (flatten). **3**〘写真〙〈表面を〉つや消しにする. ── *vi.* **1** (廃) 平らになる. **2**〘音楽〙半音下がる.

flát ín〘海事〙後部縦帆を中央へ引き込む. ***flát óut*** (米) 次第に薄れる; 最初の期待に反して失敗に終わる, 竜頭蛇尾に終わる.

〘(?c1300) □ ON *flatr* < Gmc **flataz* (OHG *flaȥ*) ← IE **plat-* flat (Gk *platús*): ⇨ place¹〙

flat² /flǽt/ *n.* **1** (英) **a** フラット ((米) apartment)《同一階の数室を一家族が住めるように設備した住居》. **b** [*pl.*] フラット式共同住宅 (block [building] of flats). **2** (英・NZ) 分離した住居として用いられる家の部分. **3** (NZ) 他人と一緒に住む家. **4** (家屋の)床 (floor), 階, 層 (story). ── *vt.* (豪口語)〔人と〕フラットに住む〔*with*〕. 〘(1801) (変形) ← (スコット) *flet* inner part of a house < OE *flet* floor, house, hall < Gmc **flatjam* ← **flataz* (↑)〙

flát árch *n.*〘建築〙平アーチ, フラットアーチ, 陸(ろく)アーチ. 〘1715〙

flát bàck *n.*〘製本〙角背《丸味出しをしていない, 平らで直角な書物の背》; 角背本; 角背装(丁). 〘1888〙

flát·bèd *adj.* **1** 〈トラック・トレーラーなど〉平台[平床]型の. **2**〘印刷〙平台の《平らな版を使った》. ── *n.* **1** 平台[平床]型トラック. **2**〘印刷〙平台印刷機. 〘1875〙

flát-bed prèss *n.*〘印刷〙＝cylinder press.

flát·bòat *n.* (広幅の)平底船《主に浅水用の運搬船》. ── *vi.* 平底船の仕事をする. ── *vt.* 平底船で運搬する. 〘1660〙

flát-bóttomed *adj.* 〈船が〉平底の. 〘1582〙

flát-bòttomed ráil *n.*〘鉄道〙平底レール《逆 T の字型断面をもつ》.

flát·brèad *n.* フラットブレッド《ライ麦・大麦などとマッシュポテトで作ったウエハース状の薄いパン; 特にノルウェーで広く食される; flatbrod ともいう》. 〘(なぞり) ← Norw. *flatbrød* (↓)〙

flat·brod /flǽtbròʊd | -brəʊd/ *n.* ＝flatbread. 〘(変形) ← Norw. *flatbrød*: ⇨ flat¹, bread〙

flát·bùg *n.*〘昆虫〙ヒラタカメムシ科の昆虫の総称. 〘1895〙

flát·càp *n.* **1** フラットキャップ《16–17 世紀にイングランドで着用した山の低い様々なタイプのキャップ》. **2** フラットキャップをかぶっている人; (特に) London 市民. **3** (英) ＝cloth cap. 〘1598〙

flát cáp *n.* フラットキャップ《筆記用紙の寸法の一つ; 17×14 インチ》.

flát·càr *n.* (米)〘鉄道〙長物車 (platform car)《長い貨物を積むための無蓋(むがい)無側の貨車》. 〘1881〙

flat cháracter *n.* 平たい登場人物《小説・演劇・映画などにおいて語り手として登場する人物; 英国の小説家 E. M. Forster がその小説論 *Aspects of the Novel* (1927) で用いた用語; cf. round character, stock character》.

flát-chésted *adj.* 〈女性が〉胸の平たい[扁平な]. 〘1771〙

flát chísel *n.* 平鑿(たがね), 平のみ. 〘1688〙

flát-còated retríever *n.* フラットコーテッドレトリーバー《原種は米国産で, 英国で作出された, 毛のぴったりねている泳ぎが得意な鳥猟犬》. 〘1872〙

flát cút *n.*〘木工〙(木材の)縦びき. 〘1922〙

flát éarther *n.* 地球が平面だと信じる人; (広義には)現代科学理論を信じない人. 〘1934〙

Flát Éarth Socìety *n.* [the ～] 平らな地球協会《地球は平たく, 科学は信用ならないと考えている米国の団体》.

flat·ette /flætɛ́t/ *n.* (豪・NZ) (部屋が少ない)小さいアパート. 〘(1945): ⇨ -ette〙

flát-fèlled séam *n.*〘服飾〙ふせ縫い《2 度縫いによって裁ち切り端をかくす縫い方; cf. seam 1 a》. 〘1939〙

flát·fìsh *n.*〘魚類〙 **1** カレイ目の魚類の総称 (halibut, flounder, turbot, sole など). **2** ＝gizzard shad. 〘1710〙

flát·fòot¹ *n.* (*pl.* **-feet**)〘病理〙扁平足. ── *vi.* (扁平足の人のように)足を引きずって歩く. 〘1870〙

flát·fòot² *n.* (*pl.* ～**s**) **1** (俗) (軽蔑) 巡査, 警官 (policeman); 私服(刑事・警官). **2** (俗) 水夫 (sailor).

flát-fóoted *adj.* **1** 扁平足の; (扁平足の人のように)足を引きずって歩く. **2** (英口語) 重々しい (ponderous); ぎこちない, へまな; まぬけな; 退屈な. **3** (口語) **a** 足のしっかりした: a ～ stance しっかりした足構え. **b** 非妥協的な, 決然たる, きっぱりした: give a person a ～ refusal 人に対して断固として拒絶する.

cátch a person flat-fóoted (口語) 〈人〉に不意打ちを食らわす; 〈人を〉現行犯で捕らえる.

── (口語) *adv.* 非妥協的に, きっぱりと (flatly); 不意に, 急に.

～·ly *adv.* **～·ness** *n.* 〘(1601): ⇨ ↑, -ed 2〙

flát-fòur *adj.*〘機械〙〈エンジンが〉水平対向四気筒の《クランクシャフトをはさんで両側に二つずつのシリンダーが並んでいるエンジン型式についていう》. 〘1959〙

flát gláss *n.* 板ガラス.

flát gràin *n.*〘木工〙板目《板の木目が平行に通っていないもの; 木目が山形や波形をしているもの; cf. edge grain, straight grain》.

flát-gràined *adj.*〘木工〙板目の.

flát-hàt *vi.* **1** (ばかげた)冒険低空飛行をする. **2** 見せびらかす. **flát-hàtter** *n.* 〘歩行者の帽子をつぶすほどに低空を飛ぶという たとえから〙

flát·hèad *n.* (*pl.* **~s, ~**) **1 a** 〘動物〙 ハナダカヘビ (hognose snake). **b** 〘魚類〙 コチ《コチ科の魚類の総称》. **c** 〘魚類〙 =flathead catfish. **2** [F-] 〘頭部を平らに変形させるくせのあるところから〙 **a** 米国の Chinook, Salish, Choctaw, Waxhaw の諸族に対する別名. **b** =Chinook 1 a. **3** 《俗》 まぬけ, とんま (simpleton). **— *adj.*** =flatheaded: a ~ screw. 〘1709〙

Flat·head /flǽthɛd/ *n.* [the ~] フラットヘッド(川)《カナダ British Columbia 州南東部と米国 Montana 州北西部を流れる川; Montana 州の Flathead 湖へ流れ込んだのち南流して Clark Fork へ流入する (402 km)》.

fláthead cátfish [cát] *n.* 〘魚類〙 米国の淡水にすむナマズ目イクタルルス科の魚の一種 (*Pylodictis olivaris*) 《goujon, mud cat, shovelhead (cat) ともいう》. 〘1945〙

flát·héaded *adj.* 頭の平たい, 頭部の平らな: a ~ nail, bolt, etc. / ~ snakes.

flát·hèaded ápple trèe bòrer *n.* 〘昆虫〙 =apple tree borer a.

flátheaded bórer *n.* 〘昆虫〙 タマムシ科の甲虫の幼虫の総称 《flathead borer, hammerhead ともいう》.

-fla·tion /fléɪʃən/ 「インフレ (inflation)」の意の名詞連結形 《臨時語の複合語をつくる》: oil*flation* 《石油価格の高騰によるインフレーション》.

flát·ìron *n.* アイロン, 火のし, こて (cf. box iron, sadiron). 〘1744〙

Flátiron Bùilding *n.* [the ~] フラットアイアンビル 《New York 市最初の高層建築 (21 階建て); その形(平面が三角形)が昔のアイロンに似ていることから命名》.

flát-jóint pòinting *n.* 〘石工〙 平目地(ひらめじ) 《壁面と同一面に仕上げた石細工の継ぎ目》. 〘1825〙

flát kéel *n.* 〘造船〙 平板キール 《外板より厚い鋼を用いた平板形のキール; flat-plate keel ともいう》.

flát kéy *n.* 平キー 《軸にキーの幅だけ平らに削った座を作ったキー》.

flát-knìt *adj.* 《編物が》平らに編まれた (cf. circular-knit). 〘1963〙

flát knòt *n.* こま結び (reef knot).

flát·lànd *n.* **1 a** 平地. **b** [通例 *pl.*] 平地地方. **2** 二次元空間. **flát·lànd·er** *n.* 〘1735〙

flat·let /flǽtlɪ̀t/ *n.* 《英》 **1** 小フラット (small flat) 《2–3 部屋のアパート》. **2** 《口語》 フラットレット 《浴室と小型台所付きの寝室居間兼用一間のアパート; bed-sitter ともいう》. 〘(1925) ← FLAT²+-LET〙

flát·lìne *adj.* ★ 次の成句で: ***gò flátline*** 死ぬ 《脳波図が水平になることから》.

flat·ling /flǽtlɪŋ/ *adv.* (*also* **flat·lings** /-lɪŋz/, **flat·long** /-lɔ(ː)ŋ, -lɑ(ː)ŋ | -lɔŋ/) **1** きっぱり, 断然 (flatly). **2** 《古·方言》 平らに, 大の字に; (刀剣などの)ひらで. **— *adj.*** 《廃》 《刀剣が》ひらの: a ~ blow (刀の)ひら打ち. 〘1375 ← FLAT¹+-LING²〙

flát·long *adv.* 《廃》 =flatling. 〘(1570): ⇨ -long〙

flát·ly *adv.* **1** 一も二もなく, きっぱり, 有無を言わせず: ~ refuse a request 要求をにべもなく拒絶する. ★ deny, oppose, refuse などでは前, declare, say, state などでは後に置く. **2** 平板に, 単調に; 興味[活気]なく, 不活発に. **3** 平らに, 水平に (horizontally); 平坦に (evenly). **4** 平たく, 扁平に; ぴたりと, 大の字なりに. 〘*c*1425): ⇨ flat¹, -ly¹〙

flát·màte *n.* 《英》 フラット[アパート]の同居人. 〘(1960): ⇨ mate¹〙

flát·ness *n.* **1** 平坦, 平滑. **2** 平凡, 無味, 単調. **3** きっぱりした態度, 明白さ. **4** 音の低下. **5** 不況, 不景気. **6** 〘統計〙 平らさ. 〘(1440): ⇨ flat¹, -ness〙

flát-nósed *adj.* 鼻の平たい, しし鼻の. 〘1530〙

flát-óut *adj.* **1** 《米》 率直な (open); 全くの (utter): a ~ lie 全くのうそ. **2** 全速力の; 懸命の: a ~ run 全力疾走. **— *n.*** 《米》 失敗 (failure). 〘1906〙

flát·pàck *n.* 〘電子工学〙 フラットパック 《四角い薄板状で側面からリード線の出ている IC 容器》.

flát pálm *n.* 〘植物〙 =feather palm.

flát páss *n.* 〘アメフト〙 フラットパス 《ボールを敵のサイドラインに向けて地面すれすれに投げるパス》.

flát-plàte kéel *n.* 《英》 〘造船〙 =flat keel.

flát ràce *n.* **1** 〘陸上競技〙 (障害物のない)平地競走 (cf. hurdle race). **2** 〘競馬〙 (スピードを競う)平地のレース (cf. steeplechase 1 a). 〘1848〙

flát ràcing *n.*, *adj.* (競馬の)平地競争(の).

flát ràte *n.* **1** 均一料金. **2** 定額制料金 《使用量と無関係で一定な料金》. **3** (品物·業務に対する)包括的固定料金. **4** (時間·労力に関係ない)一定の割合の賃金, 固定給.

flát róof *n.* 〘建築〙 陸(ろく)屋根, 平屋根. 〘1717〙

flát-róofed *adj.* 〘建築〙 陸屋根の, 平屋根の. 〘1598〙

flát sìlver *n.* 《米》 (食卓用)銀食器類 (flatware).

flát-sláb constrùction *n.* 〘建築〙 フラットスラブ構造, 無梁板(むりょうばん)構造 《梁(はり)を用いず, 柱頭つきの柱で支えられる鉄筋コンクリートの床構造》. 〘1906〙

flát sòur *n.* **1** フラットサワー 《缶詰食品の密閉後に起こる発酵作用》. **2** 発酵した缶詰食品. 〘1926〙

flát spín *n.* **1** 〘航空〙 (飛行機の)水平錐(きり)もみ. **2** 《口語》 精神的混乱状態: be in a ~ 周章狼狽する, 混乱状態になる. 〘1917〙

flat·ten /flǽtn/ *vt.* **1 a** 平らにする, 平たくする, 平らに伸ばす 〈*out*〉: ~ a lawn 芝生を平らにならす / ~ crumpled paper もみくちゃになった紙を伸ばす / ~ (*out*) a piece of metal by hammering it 金属片を打ち延ばす. **b** [~ *oneself* として] 〔塀などに〕ぴったり身を寄せる 〔against〕. **2 a** ばったり倒す (throw down), へたばらせる (prostrate): a field of wheat ~*ed* by a rainstorm 暴風雨になぎ倒された小麦畑. **b** 気力をそぐ (depress, disconcert): She is ~*ed* by grief. 悲しみに打ちひしがれている. **c** 破産させる: Many firms were ~*ed* by the oil crisis. オイルショックでたくさんの会社が倒産した. **d** 《俗》 〘ボクシング〙 〈相手を〉ノックアウトする, のばす, マットに沈める. **e** 殺す (kill). **f** 《口語》 (試合で)完勝する, 完全にやっつける. **3** 《英》 〘音楽〙 〈音調を〉下げる, 半音下げる (flat). **4 a** 〈声などが〉光沢のないようにする, つや消しにする. **5** 《古》 平板[単調]化する, 無味にする. **6** 〘金属加工〙 =planish 1. **— *vi.*** **1** 平らになる, 平たくなる. **2** 伸びる; へたばる, 元気がなくなる. **3** 味がなくなる, 気が抜ける. **4 a** 〈声などが〉平板[単調]になる; 鈍る. **b** 〈演技力·物価などが〉安定している, 落ち着く, むらがなくなる 〈*out*〉.

flátten ín 〘海事〙 (回頭力を増すため)〈後部帆〉の下端を船の中央に引き締める. ***flátten óut*** (*vt.*) ⇨ *vt.* 1. (*vi.*) (1) 〘航空〙 上昇または急降下中の機体を水平飛行姿勢に直す; 〈飛行機が〉水平飛行姿勢をとる. (2) ⇨ *vi.* 4 b.

〘(1630) ← FLAT¹+-EN¹〙

flát·ten·er /-tnə, -tnə | -tnə(r, -tnə(r/ *n.* 平らに伸ばす人[物]. 〘(1741): ↑, -er¹〙

flát·ten·ing /-tnɪŋ, -tn-/ *n.* 〘金属加工〙 ならし加工, 展伸加工. 〘(1726): ⇨ -ing¹〙

flat·ter¹ /flǽtə | -tə(r/ *vt.* **1 a** お世辞にほめる, …にうれしがらせを言う, ごまをする, うぬぼれさせる, 得意がらせる: Oh, you ~ me. それはお世辞でしょう, いやに持ち上げますね / They ~*ed* him by asking him to assume the post. 彼らは彼にその職に就いてほしいと言って気をよくさせようとした / I felt ~*ed* by the invitation. 招待を受けて得意になった. **b** …にこびへつらう, おもねる. **2** [~ *oneself* で, しばしば *that*-clause を伴って] 〈…という〉当てにならない希望をいだく, 勝手に[心ひそかに]〈…と〉思い込む; 〈…と〉うぬぼれる: I rather ~ *myself that* I am no fool. はばかりながらこれでもばかではないつもりだ / You ~ *yourself* if you think he is not after your fortune. 彼は君の財産を狙ってなどいないと思ったら大変な見込み違いだ / Don't ~ *yourself!* いい気になるなよ. **3 a** 〈写真·肖像画などが〉実物以上によく見せる; 〈肖像画家が〉実物以上に美しく描く: This picture ~*s* her. この写真の彼女は実物以上によく写っている. **b** 〈衣装·照明などが〉引き立たせる: The soft light ~*ed* her face. 柔らかい照明で彼女の顔が引き立って見えた. **4** 〈感覚·官能などを〉満足させる, 楽しませる (gratify): ~ the eye [ear] / The gentle breeze ~*ed* my skin. そっと吹きつけて来るそよ風が肌に快く感ぜられた. **5** 《古》 なだめる, 欺く. **— *vi.*** **1** 人をよく見せる[引き立てる]. **2** お世辞を使う. **~·a·ble** /-tərəbl | -tə-/ *adj.* 〘(?*a*1200) *flatere(n)* ☐ OF *flater* (F *flatter*) to smooth, touch gently ← Gmc **flat*- 'FLAT¹'〙

flát·ter² /-tə | -tə(r/ *n.* **1** 〈物を〉平らにする人. **2** (金工用)ならし槌(つち), 平へし. **3** 引抜き板 《平たい金属片を孔から引き抜いてその大きさを整える》. 〘(1714) ← FLAT¹ (*v.*)+-ER¹〙

flát·ter·er /-tərə | -tərə(r/ *n.* へつらう人, おべっか使い. 〘(*c*1350): ⇨ ↑, -er¹〙

flat·ter·ing /flǽtərɪŋ | -tər-/ *adj.* **1** 実際の価値以上によく言う, 実物以上によく見せる; 引き立たせる: a ~ review [biography] 追従的書評[伝記] / a ~ likeness [portrait] 実物以上によく描いてある肖像画 / a ~ dress よく引き立つドレス. **2** へつらいの, お世辞の (adulatory): a man with a ~ tongue おべっかを言う人. **3** うれしがらせの, 自分に都合のよい; 快い, 満更でもない (pleasing): ~ unction 気休め (Shak., *Hamlet* 3. 4. 145) / It is ~ to be remembered. 人に覚えてもらっているということは快いものだ. **~·ly** *adv.* 〘(1369): ⇨ -ing²〙

flat·ter·y /flǽtəri | -tə-/ *n.* **1** お世辞, 甘言: be hoodwinked by ~ お世辞[甘言]に乗せられる. **2** へつらい, おべっか, 追従(ついしょう) (adulation). **3** 《廃》 身勝手な思い違い, 甘い考え. 〘(*c*1330) *flaterie* ☐ OF (F *flatterie*) ← *flatere* flatterer ← *flater* 'to FLATTER¹': ⇨ -ery〙

flat·tie /flǽti | -ti/ *n.* **1** カレイ, ヒラメ (flatfish). **2** 〘海事〙 (Chesapeake Bay に発達した)三角帆を付けた 1 本マスト (sloop rig) の長い平底帆船. **3** [*pl.*] 《口語》 ローヒールの(かかとの低い)靴. **4** 《俗》 =flatfoot² 2. 〘(1892) ⇨ flat¹, -ie〙

flát·ting /-tɪŋ | -tɪŋ/ *n.* **1** 〘金属加工〙 =flattening. **2** 《ペンキの》つや消し塗り; (めっき面の)つや消し仕上げ. **3** 《NZ》 (一軒の家における)他人との同居.

gò flátting 《NZ》 (通常同年の人たちと)親元を離れてフラットに独立して住む.

〘(1611) ← FLAT¹ (*v.*)+-ING¹〙

flátting mìll *n.* (板金の)平延べ機. 〘1799〙

flát tíre *n.* **1** パンクしたタイヤ, 空気が抜けて平たくなったタイヤ: He had a ~. 車がパンクした. 日英比較 英語では普通タイヤの「パンク」には puncture ではなく, この言葉を使う. **2** 《米俗》 退屈なおもしろみのない人; もてない女. 〘1923〙

flát·tish /-tɪʃ | -tɪʃ/ *adj.* **1** やや平らな, やや平たい: a ~ nose. **2** やや平板[単調]な. 〘(1611) ← FLAT¹+-ISH¹〙

flát·tòp *n.* **1 a** 上部が平たい物. **b** 平屋根の建物. **2** 《米口語》 航空母艦, 空母. **3** 《俗》 =crew cut. 〘1859〙

fláttop anténna *n.* 〘電気〙 平頂空中線 《頂上が平らなアンテナ》.

flát túning *n.* 〘テレビ·ラジオ〙 鈍同調 (cf. sharp tuning). 〘1933〙

flat·ty /flǽti | -ti/ *n.* =flattie.

flat·u·lence /flǽtʃuləns | -tju-, -tʃu-/ *n.* **1** (胃腸内に)ガスがたまること, 腹の張り, 鼓腸, 鼓脹. **2** 空虚, 慢心, 虚勢. 〘(1711) ☐ F ~: ⇨ flatulent, -ence〙

flát·u·len·cy /-lənsi/ *n.* =flatulence. 〘1599〙

flat·u·lent /flǽtʃulənt | -tju-, -tʃu-/ *adj.* **1** 鼓腸[鼓脹]の, 鼓腸性の: ~ colic 〘病理〙 鼓腸. **2** 〈食物が〉(胃腸内に)ガスを生じやすい: ~ food. **3** 〈人が〉鼓腸に悩んでいる, ガスで腹が張った. **4 a** 空虚な, うぬぼれた, 慢心しきった (windy, empty): a ~ speaker ほら吹き / be ~ *with* self-praise (自分で偉いものだと)うぬぼれ切っている. **b** 〈文体など〉誇張した, もったいぶった (turgid): a ~ style 仰々しい文体. **~·ly** *adv.* 〘(1599) ☐ F ~ ← NL *flātulentus* ← L *flātus* a blowing ← *flāre* to blow (↓): ⇨ -ulent〙

fla·tus /fléɪtəs | -təs/ *n.* **1** 一吹き[一陣]の風. **2** 〘病理〙 胃腸内にたまるガス, 鼓腸, 鼓脹; 放屁(ほうひ). 〘(1651) ☐ L *flātus* (*ventris*) blowing (of the stomach), a puff of wind (p.p.) ← *flāre* 'to BLOW¹'〙

flát·wàre *n.* [集合的] **1** 平皿類 《plates, platters, saucers などの総称; cf. hollow ware》. **2** 《米》 食器類 《knives, forks, spoons など; cf. flat silver》. 〘1851〙

flát wàsh *n.* =flatwork.

flát·wàter *n.* 《米》 流れのゆるやかな水.

flát·wàys *adv.* =flatwise.

flát·wìse *adv.* 《米》 平らに, 平面に, 平たく. 〘(1601) ← FLAT¹+-WISE〙

flát·wòrk *n.* [集合的] 簡単にアイロンがかけられる衣料品 《シーツ·タオル·テーブルクロスなど》. 〘1653〙

flátwork íroner *n.* 〘機械〙 =mangle².

flát·wòrm *n.* 〘動物〙 扁形動物 《扁形動物門の虫の総称》; (特に)ウズムシ綱 (Turbellaria) の動物の総称. 〘1889〙

flát-wòven *adj.* 〈カーペットが〉パイルなしで織られた, 立毛のない.

Flau·bert /floʊbέə, ←— | flə́ʊbεə(r; *F.* flobɛːʀ/, **Gustave** *n.* フロベール 《1821–80; フランスの小説家; *Madame Bovary*「ボバリー夫人」(1857), *L'Éducation sentimentale*「感情教育」(1869)》.

flaunch /flɔ́ːntʃ, flɑ́ːntʃ | flɔ́ːntʃ/ *n.* **1** 〘紋章〙 =flaunche. **2** =flaunching.

flaunche /flɔ́ːnʃ, flɑ́ːnʃ | flɔ́ːnʃ/ *n.* 〘紋章〙 盾の chief corner (上部の隅)から base (下部)へかけての円弧 《必ず対で使用される》. 〘(1776): ⇨ flanch〙

flaunched /flɔ́ːntʃt, flɑ́ːntʃt | flɔ́ːntʃt/ *adj.* 〘紋章〙 flaunche 形の. 〘(異形) ← *flanched*: ⇨ flanch, -ed 2〙

flaunch·ing /flɔ́ːntʃɪŋ, flɑ́ːntʃ- | flɔ́ːntʃ-/ *n.* (煙突頂部の水切り用)セメント[モルタル]勾配. 〘cf. flanch, flange〙

flaunt /flɔ́ːnt, flɑ́ːnt | flɔ́ːnt/ *vt.* **1 a** これ見よがしに誇示する, 見せびらかす (show off): ~ one's new clothes. **b** [~ *oneself* として] (性的に挑発して)肉体を誇示する. **2** 〈旗などを〉揚々と翻す, (得意気に)振り回す (flourish). **3** 侮る, 無視する. ★ floutとの混同で, 誤用とされる: ~ the rules. **— *vi.*** **1** 〈美しい羽毛·旗などが〉はたはた[ひらひら]と(風に)翻る: Banners ~ in the wind. 旗が風にひらめく. **2** (派手な服装などをして)得々と練り歩く, 誇示する, でしゃばる: Overdressed woman ~ through the streets. 派手に着飾った女性たちが街路を練り歩く. **— *n.*** **1** 見せびらかし, 誇示 (display, parade). **2** 《廃》 見せびらかしの物, 誇示物. 〘(1566) ← ? (方言) *flant* to gad about (in finery) ← ON: cf. Norw. *flanta* (< *flana* to roam) / Gk *plánē* roaming (⇨ planet¹)〙

fláunt·er /-tə | -tə(r/ *n.* 見せびらかす人, 誇示する人. 〘(1598): ⇨ ↑, -er¹〙

fláunt·ing /-tɪŋ | -tɪŋ/ *adj.* **1** はたはたと(風に)翻る. **2** これ見よがしの, 見せびらかしの, きらびやかな (ostentatious). **~·ly** *adv.* 〘(1567): ⇨ -ing²〙

flaunt·y /flɔ́ːnti, flɑ́ːn- | flɔ́ːnti/ *adj.* (**flaunt·i·er; -i·est**) **1** 〈人が〉外見を飾る, 派手な, 見栄を張る (ostentatious). **2** 〈物が〉けばけばしい (showy, gaudy). **fláunt·i·ly** *adv.* **fláunt·i·ness** *n.* 〘(1796): ⇨ -y⁴〙

flauti *n.* flauto の複数形.

flaut·ist /flɔ́ːtɪst, flɑ́ː-, fláʊ- | flɔ́ːtɪst/ *n.* =flutist. 〘(1860) ☐ It. *flautista* ← *flauto* flute: ⇨ ↓, -ist〙

flau·to /fláʊtoʊ | -təʊ; *It.* fláːuto/ *n.* (*pl.* **flau·ti** /-tiː; *It.* -ti/) =flute. 〘(1724) ☐ It. ~ < LL *flautam* 'FLUTE'〙

fláuto tra·vér·so /-trɑːvέəsoʊ | -vέəsəʊ; *It.* -travérso/ *n.* フラウト トラヴェルソ (transverse flute) 《横笛のフルート; cf. recorder 2》. 〘1753〙

flav- /fleɪv, flæv/ (母音の前にくるときの) flavo- の異形.

fla·va·none /fléɪvənòʊn | -nəʊn/ *n.* 〘化学〙 フラバノン ($C_{15}H_{12}O_2$) 《無色の結晶; flavone の製造に用いる》. 〘(1949) ← FLAVO-+-AN²+-ONE〙

fla·ves·cent /fləvέsənt, -snt/ *adj.* 黄ばんでくる, 黄色を帯びた, 黄色がかった (yellowish). 〘(1853) ☐ L *flāvescentem* ← *flāvus* yellow: ⇨ -escent〙

Fla·vi·a /fléɪviə/ *n.* フレービア 《女性名; ブロンドに多い名》. 〘← L *Flāvius* ← ? *flāvus* (↑)〙

Fla·vi·an¹ /fléɪviən/ *n.* フレービアン 《男性名》. 〘(masc.) ↑〙

Fla·vi·an² /fléɪviən/ *adj.* (古代ローマの)フラウィウス (Flavius) 氏族の, フラウィウス朝の 《紀元 69–96 年; フラウィウス家出身の皇帝 Vespasian, Titus, Domitian からなる》. **— *n.*** フラウィウス家の人, フラウィウス朝の皇帝. 〘1598〙

fla·vin /fléɪvɪ̀n, flǽv- | -vɪn/ *n.* (*also* **fla·vine** /-viːn, -vɪ̀n | -viːn, -vɪn/) **1** 〘生化学〙 フラビン ($C_{17}H_{20}N_4O_6$) 《動植物組織の中に広く分布している黄色色素で, ビタミン B_2 そのもの; 防腐剤·黄色染料; riboflavin ともいう》. **2** 〘化

F

学》=quercetin. 〖(1853) ← L *flāvus* yellow ← IE **bhlәwo-* ← **bhel-* to shine + -IN²〗

flávin ádenine dinúcleotide *n.* 〖化学〗フラビンアデニンジヌクレオチド ($C_{27}H_{33}N_9O_{15}P_2$) 《フラビン酵素に属する酵素の補欠分子族の一種; 略 FAD》. 〖1960〗

fla·vine /fléɪviːn | fléɪv-, flǽv-/ **1** 〖化学〗=acriflavine hydrochloride. **2** 〖生化学〗=flavin. 〖1917〗

flávin mononúcleotide *n.* 〖化学〗フラビンモノヌクレオチド ($C_{17}H_{21}N_4O_9P$) 《リボフラビンのリン酸エステル; フラビン酵素の補酵素分子; 略 FMN》. 〖1953〗

Fla·vi·us /fléɪviәs/ *n.* フレービアス《男性名》. 〖□ L *Flāvius* (ローマの家族名): cf. L *flāvus* (↓)〗

fla·vo- /fléɪvou, flǽv- | -vәu/「黄色の (yellow); フラビン (flavin) の」の意の連結形. ★ 母音の前では通例 flav- になる. 〖← L *flāvus*〗

F

flàvo·kínase *n.* 〖生化学〗フラボキナーゼ《リボフラビンをリン酸化する酵素》. 〖⇨ ↑, kinase〗

fla·vone /fléɪvoun, flǽv- | -vәun/ *n.* 〖化学〗 **1** フラボン ($C_{15}H_{10}O_2$) 《ケルセチンなど各種黄色植物色素の基本物質である無色の有機化合物》. **2** フラボン誘導体. 〖(1897) ← FLAVO- + -ONE〗

fla·vo·noid /fléɪvәnɔ̀ɪd, flǽv-/ *n.* 〖化学〗フラボノイド《flavone 系色素, 黄色植物色素》. 〖(1947) ⇨ ↑, -oid〗

fla·vo·nol /fléɪvәnɔ̀(ː)l | -nɔ̀l/ *n.* 〖化学〗 **1** フラボノール ($C_{15}O_9O_2(OH)$) 《3 位に水酸基をもつフラボン誘導体の総称》. **2** フラボノール類の誘導体. 〖(1898) ← FLAVON(E) + -OL¹〗

flàvo·prótein *n.* 〖生化学〗黄色(酸化)酵素《riboflavin と蛋白質との結合した酵素; 細胞中での酸化反応を促進する》(cytochrome reductase). 〖1934〗

flàvo·púrpurin *n.* 〖化学〗黄色プルプリン ($C_{14}H_8O_5$) 《黄色結晶質; purpurin と同質異性体の染料》. 〖1879〗

fla·vor, 《英》 **fla·vour** /fléɪvә | -vә^(r)/ *n.* **1 a** (独特の)味, 風味 (taste); 香味 (relish); 風味[香気]のある物: sweets with different ~*s* いろいろの味の糖菓 / (a) vanilla ~ バニラの風味. **b** 風味を与えるもの, 薬味, 香辛料. **c** (通例余り望ましくない物の)わずかの加味. **2 a** 味わい, 趣, ゆかしさ, 雅致, 風韻; (ものの)特徴, 特質: a phrase with a literary ~ 文学的な味わいのある言い回し / the ~ of Socratic irony ソクラテス的皮肉の味 / There is a Hemingway ~ about his novels. 彼の小説にはヘミングウェイ風の所がある. **b** 〔…についての〕見当, おおよその知識 〔*of*〕: The book gives you a ~ *of* what Zen is about. その本を読めば禅とは何かがわかります. **3** 《古》香気, かおり (odor), 芳香. **4** 〖物理〗 **a** 種類, 変種. **b** フレーバー《クォーク (quark) やレプトン (lepton) の種別》.

flávor of the mónth [***wéek***] 一時的にはやって[愛好されて]いる人[もの], 時の人気者[流行]: His films are [He is] ~ *of the month.* 彼の映画[彼]は今月の人気作品[人気者]だ.

— *vt.* **1** 〈料理などに〉風味[香気]を添える, 味を付ける, 調味する (season): ~ soup *with* onions [garlic] たまねぎ[にんにく]でスープに味を付ける. **2** …に風趣[雅致, 特徴]を与える 〔*with*〕: The sailor's story was ~*ed with* many thrilling adventures. その船乗りの物語はスリル満点の冒険がたくさんあって味わいがあった. — *vi.* 〔…の〕味がする (savor) 〔*of*〕.

〖(?c1380) *flavo(u)r* smell □ OF *flaor* (F *fleurer*) < ? VL **flātōrem* 《混成》← L *flātus* (← *flāre* 'to BLOW¹') + *foetor* foul odor: 英語の -v- は *savor* の影響か〗

flá·vored *adj.* **1** 風味を付けた. **2** [複合語の第 2 構成素として] 風味の…な: a nicely-*flavored* dish おいしく味を付けた料理. 〖(1740): ⇨ ↑, -ed〗

flávor enhàncer *n.* 化学調味料 (monosodium glutamate).

flá·vor·er /-vәrә | -rә^(r)/ *n.* 風味[香気]を付ける人[物]. 〖(1884): ⇨ -er¹〗

fla·vor·ful /fléɪvәfәl, -fl | -vә-/ *adj.* 風味[香気]に富む, 味の豊かな (tasteful). **~·ly** *adv.* 〖(1927): ⇨ -ful¹〗

flá·vor·ing /-v(ә)rɪŋ/ *n.* **1** (料理などに)風味[味]をつけること. **2** 料理などに風味[味]をつけるもの《調味料·香辛料·薬味》: put vanilla ~ in cakes 菓子にバニラの味を入れる. 〖((1422)) (1845): ⇨ -ing¹〗

flávor·less *adj.* 風味[香気]のない, 味のない. 〖(1730–36): ⇨ -less〗

fla·vor·ous /fléɪv(ә)rәs | -vәr-/ *adj.* **1** 香気に富んだ; 風味のいい (savory). **2** 香りのよい, おいしい (tasty).

fla·vor·some /fléɪvәsәm | -vә-/ *adj.* 味のよい, 美味な (tasty); 独特の風味のある. 〖(1853): ⇨ -some¹〗

fla·vor·y /fléɪv(ә)ri | -vәri/ *adj.* 〈茶が〉風味に富んだ. 〖(1727): ⇨ -y⁴〗

flavour *n., v.* =flavor.

flaw¹ /flɔ́ː, flɑ́ː | flɔ́ː/ *n.* **1** (理論·法律文書·手続きなどを無効にしてしまうような)不備(な点), 欠陥, 瑕疵(かし): a ~ in a will 遺言書の瑕疵. **2** きず, 欠点 (⇨ defect¹ SYN): a ~ in one's record 履歴上のきず / without (a) ~ 非の打ちどころのない / a ~ in an otherwise perfect character それさえなければ完全となる人格上の欠点, 玉にきず. **3** (鋳物·宝石·陶器などの)割れ目, ひび, きず (crack): a ~ in a jewel 宝石のきず. **4** 〖郵趣〗フロー《切手の製作過程で図案などに生じる欠陥》. **5** 《方言》雪片. **6** 《廃·スコット》こなごなになったもの, 断片 (fragment). — *vt.* **1** 損なう, 台無しにする (mar); 無効にする (invalidate): ~ an agreement. **2** …にひびをはいらせる (crack). — *vi.* ひびがはいる, 割れ目ができる. 〖(*a*1325) *flaue* flake (of snow or fire) □ ON *flaga* slab of stone: cf. flake¹〗

flaw² /flɔ́ː, flɑ́ː | flɔ́ː/ *n.* **1 a** 突風, 疾風(はやて). **b** (雪や雨を伴った)短時間の嵐, 荒れ模様. **2** 《廃》感情の爆発, 激怒. 〖(1513) □ MLG *vlāge* & MDu. *vlāghe* (Du. *vlaag*) // ← ? ON ← IE **plāk-* to strike: cf. Norw. & Dan. *flage* gust of wind〗

flawed /flɔ́ːd, flɑ́ːd | flɔ́ːd/ *adj.* きずのある, 欠陥のある (defective). 〖(1604–5) ← FLAW¹ + -ED²〗

flaw·less /flɔ́ːlɪ̀s, flɑ́ː- | flɔ́ː-/ *adj.* **1** きず[欠点]のない, 完全な, 完璧な (perfect): in almost ~ Spanish. **2** 割れ目[ひび, きず]のない. **~·ly** *adv.* **~·ness** *n.* 〖(1648) ← FLAW¹ + -LESS〗

flaw·y /flɔ́ːi, flɑ́ːi | flɔ́ːi/ *adj.* (**more ~, most ~; flaw·i·er, -i·est**) 突風[疾風]の, 荒れ模様の. 〖(1828) ← FLAW² + -Y⁴〗

flax /flǽks/ *n.* **1** 〖植物〗 **a** アマ(亜麻) (*Linum usitatissimum*) 《中央アジア原産のアマ科の一年草; 葉は互生し夏に青色 5 弁の花をつける》. **b** =toadflax. **c** =New Zealand flax. **2** アマの繊維, 亜麻 《織物·麻糸用》: ~ line 亜麻糸, 麻糸. **3** 亜麻布, リンネル (linen). **4** (亜麻を用いた)灯心: quench smoking ~ ⇨ quench. **5** アマの繊維に似た物. **6** 亜麻色; 淡黄褐色. 〖OE *fleax* < (Gmc) **flaχsam* (G *Flachs*) ← Gmc **flaχ-* < IE **plek-* to plait: cf. ply²〗

fláx bràke *n.* 亜麻用すき具, 麻ほぐし機. 〖1688〗

fláx bùsh *n.* 〖植物〗=flax lily.

fláx còmb *n.* (亜麻の種を扱(こ)き取る)亜麻こき機 (ripple). 〖1611〗

flax·en /flǽksәn, -sn̩/ *adj.* **1** 亜麻の; 亜麻製の. **2** 亜麻に似た; 亜麻色の, 淡黄褐色の: ~ hair. 〖OE *fleaxen*: ⇨ flax, -en²〗

fláxen-háired *adj.* (毛髪が)亜麻色の: a ~ girl. 〖1630〗

fláx kìt *n.* 《NZ》亜麻の繊維で編んだかご.

fláx lìly *n.* 〖植物〗 **1** ニュウサイラン, マオラン (⇨ New Zealand flax). **2** ユリ科キキョウラン属 (*Dianella*) の植物の総称; (特に) *D. laevis.*

Flax·man /flǽksmәn/, **John** *n.* フラックスマン《1755–1826; 英国の新古典主義の彫刻家·書物の挿絵画家》.

fláx·sèed *n.* 亜麻の種子, 亜麻仁(あまに) (linseed ともいう). 〖1562〗

flax·y /flǽksi/ *adj.* (**flax·i·er; -i·est**) 〈織物が〉亜麻に似た. 〖(1634): ⇨ -y⁴〗

flay /fléɪ/ *vt.* **1** 〈獣〉の皮を剥(は)ぐ (skin): ~ a rabbit / Marsyas was ~*ed* alive by Apollo. マーシアスはアポロのために生皮を剥がれた. **2** 激しく[ひどく]むち打つ. **3** 酷評する, こきおろす, 痛烈に非難する (censure): ~ an author 作家を酷評する. **4** 〈人〉から金銭[物品など]を剥ぎ取る, 強奪する (pillage, plunder), (搾取·強奪·徴発などで)〈人を〉裸にする (fleece): ~ the people with requisitions 徴発で人民を裸にする.

fláy a flínt ⇨ flint 成句.

~·er *n.* 〖OE *flēan* < Gmc **flaχan* (Du. *vlaen* / ON *flá*) ← ? IE *plēk-* to tear: cf. flake¹, flaw¹〗

F làyer /éf-/ *n.* **1** 〖通信〗F 層《地上 200–400 km の高さにある上層の電離層で, 短波を反射する: Appleton layer ともいう; cf. ionosphere 1》. **2** 〖土壌〗F 層《森林土壌において植物組織が分解されて黄褐色または赤褐色を呈する層位》.

F_1 layer /éfwʌ́n-/ 〖通信〗F_1 層 (F 層が夏期には F_1 層と F_2 層にわかれ, その中の低い方で地上約 200 km).

F_2 layer /éftúː-/ 〖通信〗F_2 層 (F 層が夏期には F_1 層と F_2 層にわかれ, その中の高い方で地上 300–400 km). 〖1928〗

fláy·flìnt *n.* 《古》守銭奴, どけち (skinflint); 搾取者. 〖1672〗

fld 《略》field; fluid.

fl.dr. 《略》fluid dram(s).

fldxt. 《略》〖薬学〗=fluidextract.

flea /flíː/ *n.* **1** 〖昆虫〗ノミ《生きた鳥や哺乳類動物の外寄性をし吸血性がある隠翅目の昆虫》. **2** ノミのように跳ぶ小虫: ⇨ sand flea, water flea. **3** 〖昆虫〗=flea beetle. **4** 暗褐色 (puce).

a fléa in one's éar 苦言, いやみ, 当てこすり: go away [off] with *a* ~ *in one's ear* 耳の痛いことを言われて立ち去る / send a person away [off] with *a* ~ *in his ear* 耳の痛いいやみを言って人を追い払う. (1577) ***skín a fléa for its híde*** (***and tállow***) 《俗》ひどくけちなことをする.

〖OE *flēa(h)* < Gmc **flauχaz* (Du. *vlo* / G *Floh* / ON *flō*) ← ? IE **plou-* flea〗

fléa·bàg *n.* 《俗》 **1** ベッド, 寝台 (bed); 寝袋, スリーピングバッグ. **2** 木賃宿, 安ホテル, 安宿 (flophouse). **3** (映画館など)みすぼらしい[不潔な]公共建築物. **4** ノミのたかった[汚れた]動物. **5** 《英》だらしのない[うす汚い]人《特に女性》. 〖1839〗

fléa·bàne *n.* 〖植物〗 **1** ノミヨケソウ《ノミの駆除に効があると言われるキク科の植物の総称; ヨーロッパ産の *Pulicaria dysenterica,* アメリカ産のハルジョオン (春女菀) (*Erigeron philadelphicus*) などムカシヨモギ属とヨモギ属 (*Artemisia*) の植物など》. **2** 《米》=horseweed. 〖1548〗

fléa bèetle *n.* 〖昆虫〗ノミハムシ, トビハムシ《ぴんぴんはねるハムシ科の小甲虫の総称; 植物の葉や若芽を食う; ノミハムシ亜科に属する種類の総称であるが, *Altica, Phyllotreta* など特によく跳躍する小形種のみを指すことも多い》. 〖1842〗

fléa·bìte *n.* **1** ノミの食い; ノミの食い跡. **2 a** ちょっとした傷, わずかな痛みを感じる苦痛. **b** 《口語》些細なこと, わずかの出費: The cost is a mere ~. その位の費用は何でもない / Your misery is but a ~ to mine. 君の難儀は私のに比べると些細なものだ. **3** (馬の皮膚面の)栗毛[赤毛]の小さい斑点. 〖*c*1440〗

fléa-bìtten *adj.* **1** ノミに食われた, ノミの跡のある. **2** 《口語》みすぼらしい, よぼよぼの; いやしい. **3** 〈馬が〉白地[薄色の地]にわずかな栗毛[赤毛]のぶちのある, 連銭葦毛(れんぜんあしげ)[栗毛]の. 〖1570〗

fléa bùg *n.* 〖昆虫〗 **1** 《米》=flea beetle. **2** =flea-hopper. 〖1877〗

fléa cìrcus *n.* ノミのサーカス. 〖1928〗

fléa còllar *n.* (犬などの)ノミ取り粉のはいった首輪. 〖1953〗

fleadh /flɑ́ː/ *n.* フラー《アイルランド[ケルト]の音楽·映画·文化の祭典》.

fléa fàir *n.* =flea market.

fléa·hòpper *n.* 〖昆虫〗ノミハムシ《ハムシ科の跳びはねる小甲虫の総称; 栽培植物の害虫となる》. 〖1902〗

fléa·lòuse *n.* 〖昆虫〗ナシキジラミ《キジラミ科の *Psylla pyri* の幼虫で, ナシの木の大害虫》.

fleam /flíːm/ *n.* **1 a** 〖獣医〗(牛馬用)放血針, 刺絡針, 瀉血針, 三稜針. **b** 《米》〖外科〗(もと静脈切開に用いた)ランセット (lancet). **2** のこぎりの歯の角度. 〖(*a*1425) □ OF *flieme* (F *flamme*) < VL **fleutomu(m)*=LL *phlebotomus* lancet □ Gk *phlebotómos* opening veins: ⇨ phlebotomy〗

fléa màrket *n.* 《戯言》ノミの市, フリーマーケット《露天の古物·安物市場; flea fair ともいう》. 〖1922〗

fléa·pìt *n.* 《英俗》不潔な建物[部屋]; 低級な劇場[映画館]. 〖1837〗

fléa wèevil *n.* 〖昆虫〗ノミゾウムシ《ゾウムシ科の甲虫の総称; 多くの種類があり, 後脚節は肥大して跳躍に適する; 幼虫は潜葉虫である》.

fléa·wòrt *n.* 〖植物〗 **1** ヨーロッパ産キク科オグルマ属の雑草 (*Inula conyza*) 《ploughman's spikenard ともいう》. **2** ヨーロッパ産オオバコ属の一年草 (*Plantago psyllium*) 《種子の形がノミに似ており, 薬用になる》. **3** ノミ取りに効用があるとされている植物の総称. 〖OE *fléawyrt* ← FLEA + WORT〗

flèche /fléɪʃ, flɛ́ʃ; *F.* flɛʃ/ *n.* (*pl.* **flè·ches** /~ɪ̀z; *F.* ~/) **1** 〖建築〗(ゴシック式教会堂の)先塔《本堂と翼堂の交差する場所の上にある細長い先塔で, 通例 Sanctus bell をもつ; spirelet ともいう》. **2** 〖築城〗突角堡《前面に鋭角をなす 2 面の土塁などを築いた防御施設》. **3** 〖フェンシング〗フレッシュ《素早く走って行う攻撃》. 〖(1710) □ F ~ 'spire (of a steeple), 《原義》arrow, dart' □ ? (Frank.) **fliugika* feather ← IE **pleu-* to flow〗

flè·chette /fleɪʃɛ́t, flɛʃ-; *F.* fleʃɛt/ *n.* (*pl.* **~s** /~s; *F.* ~/) 〖軍事〗(飛行機から投下する鋼鉄製の)投げ矢《第一次大戦で地上掃射用に使用した》. 〖(1915) □ F ~ (dim.) ← *flèche* (↑)〗

fleck /flék/ *n.* **1** (色または光線などの)斑点, 斑紋: ~*s of* sunlight on the ground under a tree 木の下の地面にできる日光の斑紋. **2** (皮膚の)斑点, そばかす (freckle). **3** 微片, 微小片 (speck): a ~ *of* dust わずかの塵 / a ~ *of* snow 雪の細片. **4** 〖植物病理〗菌, 細菌, ウイルスなどにより植物の葉などに生じる斑紋. — *vt.* …に斑点をつける (spot); 斑紋をつける (dapple) 〔*with*〕: a sky ~*ed with* clouds 点々と雲の漂う空 / dark hair ~*ed with* gray 白髪まじりの黒い髪. 〖n.: (1598) □ ON *flekkr* spot: cf. MDu. *vlecke* (Du. *vlek*). — v.: (*a*1449) □ ON *flekka*〗

flecked *adj.* まだらの, 斑点のある. 〖(?*a*1387): ⇨ ↑, -ed〗

fleck·er /flékә | -kә^(r)/ *vt.* …に斑紋を付ける, まだらにする. 〖(1828) ← FLECK + -ER⁴〗

Fleck·er /flékә | -kә^(r)/, **J(ames) E(lroy)** *n.* フレッカー《1884–1915; 英国の詩人·劇作家; *The Golden Journey to Samarkand* (1913)》.

fléck·ered *adj.* 斑紋のある, まだらの. 〖(*c*1450): ⇨ flecker, -ed〗

fléckled *adj.* まだらの (freckled). 〖(1595–96): ⇨ fleck, -le¹, -ed〗

fléck·less *adj.* 斑点[斑紋]のない; まだらのない, よごれのない (spotless, stainless). **~·ly** *adv.* 〖(1847): ⇨ -less〗

flec·tion /flékʃәn/ *n.* **1** 屈曲, 湾曲, たわみ. **2** 曲がり目, 屈曲[湾曲]部 (bend). **3** 〖解剖〗=flexion. **4** 〖文法〗語尾変化 (inflection の俗用). **5** 〖数学〗ひずみ (flexure). **~·al** /-ʃnәl, -ʃәnl̩/ *adj.* 〖(1605) 《変形》← FLEXION〗

fléction·less *adj.* 〖文法〗語尾変化のない. 〖(1860): ⇨ -less〗

fled /fléd/ *v.* flee の過去形·過去分詞.

Fle·der·maus /fléɪdәmàus | -dә-; *G.* fléːdɐmaus/, **Die** /diː; *G.* diː/ *n.*「こうもり」(J. Strauss, Jr. 作の喜歌劇 (1874)). 〖□ G ~ 'bat' ← *flattern* 'to FLUTTER' + *maus* 'MOUSE': cf. 《英方言》*flitter-mouse*〗

fledge /fléʤ/ *vt.* **1** 羽毛がはえそろうまで〈ひなを〉育てる: ~ a young bird. **2** …に羽を付ける, 羽毛で覆う (feather): ~ an arrow, a nest, etc. — *vi.* **1 a** 〈ひな鳥が〉羽毛を生じる, 羽がはえそろう, 巣立ちができる. **b** 〈昆虫が〉羽のある成虫になる. **2** 一人前になる, 大人になる. — *adj.* 《古》=fledged. 〖v.: (1566) ← (adj.) — adj.: (?*a*1300) *flegge* < OE *-flyċġe* fledged < (WGmc) **fluʒʒja* (G *Flügge*) ← **fleuʒan* 'to FLY¹'〗

fledged *adj.* **1** 〈ひな鳥が〉羽毛がはえそろった, 羽が十分伸びた, 巣立ちができる: a ~ bird / ⇨ full-fledged. **2** 〈人が〉一人立ちできるようになった, 一人前の (mature): a ~ dancer. 〖(?*c*1450): ⇨ -ed〗

flédge·less *adj.* まだ羽のはえない (unfledged). 〖(1769): ⇨ -less〗

fledg·ling /fléʤlɪŋ/ *n.* (*also* **fledge·ling** /~/) **1** 羽のはえたての[巣立ちしたばかりの]ひな鳥. **2** (まだ乳臭い)かけ出しの若輩, 青二才: a ~ poet かけ出しの若年詩人. 〖(1830) ← FLEDGE (adj.) + -LING¹〗

fledg·y /fléʤi/ *adj.* (**more ~, most ~; fledg·i·er,**

-i·est) 羽のある; 羽毛で覆われている. 〖《1583》← FLEDGE+-Y[4]〗
flee /flíː/ v. (**fled** /fléd/; ~·**ing**) ★ 英国では現在形は《文語》で, 通例その代わりに fly を用いる (cf. fly[1] vi. 6 a, vt. 4); 過去形·過去分詞は fled を常に用いる; また米国では近年この現在形が使われるようになってきている. — vi. 1 a 〔危険·敵·追跡者などから〕逃げる, 逃れ去る (run away) (cf. flight[2]) 〔from〕: ~ *from* temptation 誘惑を避ける / The troops *fled* in disorder. 軍隊は算を乱して逃げた / ~ before the enemy 敵に恐れをなして逃走する. b (危険を避けて)〔安全な所へ〕逃げる, 避難する〔to, into〕: ~ *to* a place for safety ある場所に避難する / They tried to ~ to the West. 西側に逃れようとした. 2 急ぐ, 疾走する, 消散[退散]する, 消失する: The color was *fled from* her cheeks. 頬からさっと血の気が引いた / The clouds *fled* before the rising sun. 雲は朝日を受けて消散した / Life had [was] *fled*. 命脈はすでに絶えていた. 3 《古》〈矢が〉飛ぶ. — vt. 1 a 〈人·場所など〉から逃げる, 逃れる: ~ the police 警察から逃れる / She *fled* the country for Paris as a child. 子供のときに国を捨てパリへ逃げた. b 避ける, 見捨てる. 2 …から急に去る. 〖OE flēon to fly < Gmc *þleuχan (G fliehen / Goth. þliuhan) ← IE *pleu- to flow: cf. fly[1]〗
fleece /flíːs/ n. 1 a (羊·アルパカなどの)外被 (coat), 毛; 羊毛: ⇨ Golden Fleece. b (1 回に刈り取った)羊毛. 2 a 羊毛状の物. b 羊毛に似た頭髪: the snow-white ~ upon one's head 頭にいただく白髪 / his ~ of hair 羊毛のような彼の頭髪. c 白雲. d ちらちら降る雪: the ~s of descending snow ぼたん雪. 3 a けばの柔らかい織物《裏地用》; そのけば; フリース《その織物で作った服·ジャケットなど》. b 綿の薄いウエーブ状のシート. 4 〘紋章〙 フリース《輸送しやすいように中央にベルトをかけた図形の羊; 羊毛産業都市の紋章図形に用いられることが多い》. — vt. 1 《口語》 a (強奪または詐欺手段で)〈人を〉丸裸にする; 〔金銭·財産などを〕〈人〉から巻き上げる[ふんだくる] (swindle) 〔of〕: ~ a person *of* all he possesses 人の所有品を全部巻き上げる / be ~*d* by sharpers 詐欺師に金を巻き上げられる. b 〈人〉に法外な料金を請求する. 2 〈羊〉の毛を刈る: ~ the sheep, flock, etc. 3 〔羊毛状の物で〕…の一面を覆う[まだらにする]〔with〕: stones ~*d with* moss こけむした石 / a sky ~*d with* clouds 薄雲の漂う空. 〖OE flies, flēos < Gmc *fleusaz (G Vlies) ← IE *pleus- to pluck (L plūma feather). — v. 《1537》 ← (n.)〗
fleece·a·ble /flíːsəbl/ adj. ふんだくられる[そうな]; (間抜けで)だまされやすい (gullible). 〖《1868》: ⇨ ↑, -able〗
fleeced adj. 1 [通例複合語の第 2 構成素として] (…の)羊毛のある: a long-*fleeced* sheep 毛の長い羊. 2 〈服地が〉柔らかいけばのある. 〖《1580》 ← FLEECE+-ED 2〗
fleece-o /flíːsou | -əu/ n. (*also* **fleece-oh**) 《NZ》 (毛刈り小屋で)刈り取った羊毛を集める人. 〖《1894》: ⇨ -o〗
fléec·er n. 1 羊毛を刈る人. 2 奪い取る人, 巻き上げる人. 〖《1612》 ← FLEECE+-ER[1]〗
fleech /flíːtʃ/ vt. 《方言》〈人を〉うまい言葉で口説き落とす (coax). 〖《1375》 fleche(n) ← ?〗
flee·cie /flíːsi/ n. 《NZ》 =fleece-o.
fleec·y /flíːsi/ adj. (**fleec·i·er**; **-i·est**) 1 羊毛状の, ふわふわした (flocculent): ~ hair, clouds, snowdrifts, etc. 2 羊毛質の; 羊毛で覆われた. **fléec·i·ly** /-sɪ̀li/ adv. **fléec·i·ness** n. 〖《1567》 ← FLEECE+-Y[4]〗
flee·in' /flíːɪn/ adj. 《スコット》 酔っぱらった. 〖*fleeing* (原義) flying ← *flee* (変形) ← FLY[1]〗
fleer[1] /flíə | flíə(r)/ vi. あざ笑う, ばかにする, あざける, 愚弄(ぐろう)する〔at〕. — vt. あざける. — n. あざけり(の表情, 言葉), あざ笑い, 愚弄. 〖《?a1400》 flerie(n) ← ? ON (cf. Norw. flira to grin)〗
fle·er[2] /flíːə | flíːə(r)/ n. 逃げる者, 逃亡者. 〖《1375》: ⇨ flee, -er[1]〗
fleer·ing·ly /flíərɪŋli | flíər-/ adv. あざけって, あざ笑って. 〖《1613》 ← FLEER[1]+-ING[2]+-LY[1]〗
fleet[1] /flíːt/ n. 1 艦隊《司令官 (flag officer) の指揮の下に編成された艦隊および航空機の部隊; cf. squadron 1 a》: a combined ~ 連合艦隊 / a ~ in being (実力を発動してはいないが戦略上無視できない)現存艦隊. 2 a (商船·漁船の)船団, 部隊: a ~ *of* whalers 捕鯨船団 / a fishing ~ 漁船団. b (飛行機の)機隊, 飛行隊: a ~ *of* airplanes=air fleet. c (輸送車·戦車などの)車隊, 自動車隊: a ~ *of* ambulances [tanks] 傷病兵運搬車隊[戦車隊]. d (同一所有者に属する)全車両: a ~ *of* cabs [taxis] 一会社所有の全タクシー / have [keep] a ~ *of* taxis タクシー会社を経営する. 3 [the ~] 海軍力; (一国の)海軍 (navy). 4 《方言》(鳥などの)群れ: a ~ *of* crows. 5 〘水産〙 a 《英》何枚もつなぎ合わせて長くした刺網. b たくさんの釣針のついた釣糸. 〖OE flēot ship, vessel ← flēotan 'to FLEET[2]'〗
fleet[2] /flíːt/ vi. 1 急いで通る, 飛んで行く, 飛び過ぎる (flit) 〈away〉: Clouds were ~*ing across* the sky. 空を横切って雲が飛び過ぎていた. 2 《古》 a 〈時間などが〉(滑るように)いつの間にか過ぎる 〈by, away〉: The years ~ *by*. 年月はいつしか過ぎる. b 消え去る, 消える. 3 《廃》浮かぶ, 漂う (float). 4 〘海事〙 位置を変える (shift). — vt. 1 《古》〈時を〉いつの間にか過ごす: ~ the time carelessly のんきに時を過ごす (Shak., *As Y L* 1. 1. 118). 2 〘海事〙 a …の位置を転じる[変える] (shift): ~ a block [rope] 滑車[索]の位置を変える. b 〈滑車装置を〉掛けかえる. c デッキに〈ロープを〉並べる. d キャプスタンや巻き揚げ機の円筒を滑らせて〈ロープ〉の位置を変える. 《《変形》 ← FLIT》 〖OE flēotan to swim, float < Gmc *fleutan (Du. vlieten / G fliessen / ON fljōta to flow) ← IE *pleud-, plud- ← *pleu- 'to FLOW'〗
fleet[3] /flíːt/ adj. (~·er; ~·est) 1 《文語·詩》速い, すみやかな, 快速の: a ~ horse 駿馬 / be ~ *of* foot 足が速い (cf. fleet-footed). 2 《詩》つかの間の, はかない (passing). **~·ly** adv. **~·ness** n. 〖《a1529》 □ ON fljōtr swift < Gmc *fleutaz; cf. ↓: cf. fleet[2]〗
fleet[4] /flíːt/ n. 《英方言·廃》 1 入江, 浦, 小湾. 2 下水道, 排水溝. ★ 今は地名に用いられる以外は《方言》: ⇨ Fleet Street. 〖OE flēot flowing water < Gmc *fleutam (Du. vliet / G Fliess brook): ⇨ fleet[2]〗
fleet[5] /flíːt/ 《英方言》 adj. 〈水など〉浅い (shallow). — adv. 浅く; 表面近くに (superficially): plough [sow] ~ 浅く耕す[まく]. 〖《1621》 ← ? FLEET[4] // < ? OE *flēat ← flēotan 'FLEET[2]': cf. Du. vloot shallow〗
Fleet /flíːt/ n. [the ~] 1 フリート(川)《London の Fleet Street 東端で Thames 川に合流した小川; 今は暗渠(あんきょ)》. 2 =Fleet Prison. 〖⇨ fleet[4]〗
fléet àdmiral n. 《米国の》海軍元帥《正式には Fleet Admiral of the United States Navy という; cf. ADMIRAL of the Fleet》. 〖1946〗
Fléet Áir Àrm n. [the ~] (もと)英国海軍航空隊.
Fléet cháplain n. 《英》 =Fleet parson.
fléet chíef pétty òfficer n. 〘軍事〙 英国海軍の准尉《chief petty officer の一つ上の階級で, 英空軍[陸軍]の warrant officer に相当する》.
fléet-fóot adj. =fleet-footed.
fléet-fóoted adj. 足の速い (nimble). 〖a1743〗
fleet·ing /flíːtɪŋ | -tɪŋ/ adj. 1 〈時間など〉(滑るように)いつの間にか過ぎていく: ~ hours, years, etc. 2 〈歓楽など〉つかの間の, はかない (⇨ transient SYN): ~ mirth. **~·ly** adv. **~·ness** n. 〖《(OE)》《1593–99》 flēotende: ⇨ fleet[2], -ing[2]〗
Fléet márriage n. 《英》 (Fleet parson が手軽に行った)非公式秘密結婚式《17 世紀後期から 18 世紀初期に行われた; Fleet-Street marriage ともいう》. 〖1736〗
Fléet párson n. 《英》 Fleet Prison に収容されまたはその付近にいた牧師《秘密結婚 (Fleet marriage) の司式者として利用された貧乏牧師》. 〖1732〗
Fléet Príson n. [the ~] フリート監獄《12 世紀から London の Fleet 川の付近にあった監獄; 1640 年以後は支払不能の債務者などを収容したが, 1842 年閉鎖》.
Fléet Strèet n. 1 フリート街《London 中央部のかつての新聞社街; 1980 年代半ば以降主要な新聞社は東の Wapping 地区などに移転した》. 2 a London [英国]の新聞業界. b [集合的] (英国の)新聞記者 (journalists). 〖《1882》 ME Fletestrete (原義) the street leading to the Fleet River: ⇨ Fleet〗
Fleet·wood /flíːtwʊd/ n. フリートウッド《イングランド北西部, Lancashire 州の港町; 食品加工業·化学工場などが近くにある漁港の町》.
flei·shig /fléɪʃɪk | fléɪ-, fláɪ-/ adj. (*also* **flei·shik** /~/) 〘ユダヤ教〙 肉(製品)を使った, 肉(製品)で調理した (cf. milchig, kashruth). 〖《c1940》 □ Yid. fleyshik (cf. MHG Wvleishic pertaining to meat): ⇨ flesh, -y[4]〗
Flem. 《略》 Flemish.
Flem·ing /flémɪŋ/ n. 1 (ベルギーの) Flanders 地方人. 2 フラマン語 (Flemish) を話すベルギー人. 〖《?a1150》 □ ON Flæmingi ← MDu. Vlāming ← Vlām- (⇨ Flanders)+-ING[3]: cf. Flemish〗
Flem·ing /flémɪŋ/, Sir **Alexander** n. フレミング《1881–1955; 英国の細菌学者, ペニシリンの発見者 (1928); Nobel 医学生理学賞 (1945)》.
Fleming, Ian (**Lancaster**) n. フレミング《1908–64; 英国の作家; James Bond を主人公とするスパイ小説で有名》.
Fleming, Sir **John Ambrose** n. フレミング《1849–1945; 英国の電気工学者》.
Fléming's rúles n. pl. 〘電気〙 フレミングの法則: a 右手の法則 (right-hand rule)《磁界の方向を右手の人差し指, 導線の運動方向を親指に平行にとると中指の方向に電流を流そうとする起電力が生じる》. b 左手の法則 (left-hand rule)《左手の中指と人差し指を電流と磁界方向に向けると, 電流に働く力は親指に平行になる》. 〖↑〗
Fléming vàlve n. 〘電子工学〙 二極真空管《1904 年に Fleming が発明した》. 〖← Sir J. A. Fleming〗
Flem·ish /flémɪʃ/ adj. 1 フランドル (Flanders) の, フランダースの. 2 フラマン人[語]の, フランダース人[語]の. 3 〘美術〙 フランダース[フランドル]様式の, フランドル[フラマン]美術の《15 世紀にフランス北部·ベルギーとオランダ南西部を含む地域で主として発展した絵画·美術の様式にいう》.
— n. 1 フラマン語, フランダース語《オランダ語に近い; cf. Walloon 2》. 2 [the F-; 集合的] フラマン人, フランダース人 (the Flemings).
— vt. [時に f-] 〘海事〙 〈船の綱を〉 Flemish coil に巻く 〈down〉.
〖《a1325》 □ MDu. Vlāmisch (Du. Vlaams) ← Vlām-plain (country): ⇨ Fleming, -ish[1]〗
Flémish bónd n. 〘建築〙 (れんがの)フレミッシュ積み, フランス積み, フランドル積み《各列とも長手 (stretcher) と小口 (header) が交互に入れ代わり, 小口が常にすぐ上列と下列の長手の中心にくるように配列されたもの》. 〖1774〗
Flémish bríck n. フランドルれんが《舗装用硬質黄色れんが》. 〖1727–41〗
Flémish cóil n. 〘海事〙 フレミッシュコイル《8 字形または平渦形などに巻かれて甲板上に置かれ, ロープが走り出しやすいように並べられたロープ》. 〖1841〗
Flémish gárden wàll bónd n. 〘建築〙 (れんがの)フレミッシュガーデンウォール積み《各列が, 小口 1 に対し, 長手が 3 ないし 4 になるように配列されたもの; cf. Flemish bond》.
Flémish gíant n. 〘畜産〙 フレミッシュジャイアント《米国原産の大形で肉用の品種のウサギ》. 〖1898〗
Flémish hórse n. 〘海事〙 フレミッシュホース《帆桁(ほげた)外端に特別につけた足場綱 (footrope)》. 〖1841〗
Flémish knót n. 〘海事〙 8 字形結び (figure-of-eight knot).
Flémish schóol n. [the ~] 〘美術〙 フランダース[フランドル]派《15–17 世紀にフランダースに栄えた画派で, 代表的な画家は van Eyck, van der Weyden, Memling, Rubens, Van Dyck, Teniers など》.
Flémish scróll n. 《17 世紀の椅子やテーブルの脚などの》フランドル風渦巻き形《ゆるい S 字型曲線をなす》.
flench /fléntʃ/ vt. =flense.
Flens·burg /flénzbəːg, fléntsbʊək | flénzbəːg, fléntsbʊək; G. flénsbʊʁk/ n. フレンスブルク《ドイツ北部, Schleswig-Holstein 州の港市》.
flense /fléns | flénz, fléns/, **flench** /fléntʃ/, **flinch** /flíntʃ/ vt. 〈クジラ·アザラシなど〉の脂肪を取る[皮をはぐ]. **fléns·er** n. 〖《1814》 □ Dan. ~ to tear < ON flensa to lick〗
flesh /fléʃ/ n. 1 (人間·動物の)肉, (皮をむいて現れる)身; (特に)筋肉組織: raw ~ 生身 / ~ of the cheeks 頬の肉 / be ~ of one's ~ わが身の肉である (cf. *be* BONE[1] *of one's bone*) / ~ and blood ⇨ 成句 / ⇨ *an* ARM[1] *of flesh*, proud flesh. 2 《口語》肉, 肉づき, ぜい肉: *in* ~ 太って / lose ~ 肉が落ちる, やせる / put on ~ 肉がつく, 太る. 3 a (食物としての)肉 (animal food), 食肉《今は一般に meat を用いる》: live on ~ 肉食する. b (魚肉·鳥肉·臓物と区別して)獣肉: fish, ~, and fowl ⇨ fish[1] 2. 4 (果物など, 皮·種子などと区別して)果肉, (野菜などの)肉, 葉肉. 5 a (身体の)膚, 肌. b 肌色, 肉色 (flesh color). 6 a [the ~] (精神·霊魂と区別して)肉体, 肉 (human body) (cf. spirit, soul 1 a): the ills of *the* ~ 肉体的な疾患 / *the* ~ is weak ⇨ spirit 2 a. b [the ~] (人間の)獣性, 情欲, 肉欲: the sins of *the* ~ 肉欲の罪, 不貞の罪 / indulgence of *the* ~ 肉欲にふけること / follow [go after] strange ~ 背倫の[不自然な]肉欲にふける, 男色をする (cf. *Jude* 7). c [one ~ として] (夫婦としての)一心同体: become [be made] *one* ~ (夫婦として)一心同体となる (cf. *Gen.* 2:24) / Man and wife is *one* ~. 夫婦は一体である (Shak., *Hamlet* 4. 3. 54). 7 [主に one's (own) ~ として] 肉親, 身内, 同族 (kindred) (cf. FLESH *and blood* (3)). 8 [集合的] 人間 (mankind); 生物 (living creatures): All ~ is grass. 人は皆草なり, 人の命ははかない (*Isa.* 40:6). 9 (獣皮の)裏, 内側《flesh side ともいう; cf. grain[1] 7 a》.
àfter the flésh 肉によって, 世俗的に, 人間なみに (cf. *John* 8:15, *Cor.* 5:16). 《?c1395》 ***flésh and blóod*** (1) (血の通う)肉体 (body), 血肉; 生きた[生身(なまみ)の]人間: *in* ~ *and blood* 肉体[人間]として / things which ~ *and blood* cannot bear 血の通う人間には到底耐えられない事柄. (2) 人間性, 人情. (3) [one's (own) ~ *and blood* として] 骨肉, 肉親 (kindred); 子孫. (4) 現実味, 具体性. (5) [形容詞的に] 現に生きている, 現身(うつしみ)の; 実体のある, 現実の. 《OE》 ***flésh and féll*** 《古》 (1) 全身. (2) [副詞的に] 全部. ***gó the wáy of áll flésh*** ⇨ way[1] 成句. ***in the flésh*** (1) 自ら, 直接, 現に (in person): attend a meeting *in the* ~ 自ら会合に出席する. 《?c1395》 (2) 肉体の形で; 生きて; 生身で, 実物で: It was his ambition to see the President *in the* ~. 大統領本人に直接会うのが彼の大きな願いだった. ***máke a person's flésh créep [cráwl]*** 人をぞっとさせる. 《1727》 ***one's póund of flésh*** ⇨ pound[1] 成句. ***préss the flésh*** 《口語》〈特に, 政治家が〉(大衆と大げさに)握手[抱擁]する: Lyndon Johnson loved *pressing the* ~ on his election campaigns. ジョンソン大統領は選挙運動中に人と握手をするのが好きだった. ***pùt flésh òn*** 〈計画など〉をより具体的にする, 肉付けする.
— vt. 1 …に実体を与える, 肉付けする 〈out〉: You'll have to ~ *out* your proposal a bit before we can consider it. 君の提案は, 我々が検討する前にもう少し肉付けしてもらわないといけない. 2 a 〈獣犬·鷹など〉に獲物の肉を味わせて狩猟の興味を刺激する (cf. blood vt. 1 a). b 〈刀剣を〉肉に突っ込む, 〈刀を〉(初めて)血で染める; 〈文筆·才能などを〉実地にためす: ~ one's virgin sword 初めて刀剣に血を塗る, 新刀をためす. c 《古·詩》〈兵などを〉血なまぐさい虐殺や戦争に慣らす: ~ a person in bloodshed [slaughter] 人を流血[殺人]に慣らす. d (成功を当て込んで)〈人を〉興奮させる. 3 〈はいだ生皮〉の肉を削り落とす: ~ a hide, skin, etc. 4 …に肉をつける, 肥えさせる (fatten) 〈up〉. 5 《古》…に肉を十分に食わせる; 〈肉欲を〉満たす. — vi. 肉がつく, 太る, 肥える 〈up, out〉.
〖OE flǣsc < Gmc *flaiskaz (Du. vleesch / G Fleisch) ← IE *pleik- to tear: cf. flay, fleck〗
flésh·brùsh n. 皮膚摩擦用ブラシ; あかすり. 〖1704〗
flésh còlor n. 肉色, 肌色. 〖1611〗
flésh-còlored adj. 肉色[肌色]の. 〖1703〗
flésh-èater n. 肉食者; 肉食獣 (carnivore).
flésh-èating adj. 肉食性の (carnivorous).
fleshed adj. [しばしば複合語の第 2 構成素として] (…の)肉をした: thick-*fleshed*. 〖《1422》: ⇨ -ed〗
flésh·er n. 1 生皮の肉を削る人[器具]. 2 《スコット》肉屋 (butcher). 〖《1346》: ⇨ -er[1]〗
flésh flỳ n. 〘昆虫〙 ニクバエ《卵胎性で腐肉などに直接幼虫を産みつけるハエの総称》. 〖?a1300〗
flésh·hòok n. 1 (肉屋の)肉つるしかぎ. 2 (鍋から)肉を引き上げるかぎ. 〖a1300〗
flésh·i·ness n. 肉づきのよいこと, 肥満 (corpulence); 肉質; (果物·葉などの)多肉質. 〖《?a1425》: ⇨ fleshy, -ness〗
flesh·ing /fléʃɪŋ/ n. 1 [pl.] 肌色のタイツ (flesh tights)

F

《踊り手・俳優が着用する, 肌にぴったりした衣類で, ヒップと足, 時に体全体を覆う》. **2** [*pl.*] 皮から削り取った肉片. **3** 赤身と脂身の分布; 〖畜産〗脂肪肉度. 〖《?*c*1425》: ⇨ -ing¹〗

flésh·ing knìfe [tòol] *n.* 肉削り刀《両端に取っ手のある凹状の大刀, 獣皮を削り取るのに用いる》. 〖1839〗

flésh·less *adj.* **1** 肉の(ついてい)ない; やせこけた (lean): ~ bones, hands, etc. **2** 肉体のない: a ~ ghost. 〖《?*c*1395》: ⇨ -less〗

flésh·ly *adj.* (**more ~, most ~; flesh·li·er; -li·est**) **1** 肉体(上)の, 肉体的な (bodily): the ~ nature of man 人間の肉体的性質 / the ~ envelope (精神を包んでいる)肉体. **2** 肉欲にふける, 肉欲[肉感]的な, 官能的な (⇨ carnal **SYN**): ~ appetites [desire] 肉欲, 情欲 / ~ indulgence 肉欲にふけること / a ~ poet 官能的な詩人. **3** 現世的な, 俗界の, 世俗的な. **4** 《廃》よく肉のついた, 肥えた.

F

Fléshly Schóol of Póetry [the —] 肉感詩派《1871 年に Robert Buchanan が D. G. Rossetti などラファエル前派詩人を攻撃して言った言葉》.

flésh·li·ness *n.* 〖OE *flǣsclīc*: ⇨ flesh, -ly²〗

flésh·mèat *n.* =flesh 3 b. 〖OE *flǣsc-mēte*〗

flésh·ment *n.* 《廃》 **1** 〖狩猟〗(猟犬・鷹に初めて)肉を味わせること. **2** 初めての成功の興奮[感激]: in the ~ of this dread exploit この恐るべき手柄に味をしめて (Shak., *Lear* 2. 2. 123). 〖《1604–5》: ⇨ -ment〗

flésh·pòt *n.* **1** 肉料理用の深鍋. **2** [the ~s] 美食, ぜいたくな暮らし. ★ 通例次の句に用いて: *the* ~*s* of Egypt (口惜しく, ねたましく思う)美食, ぜいたく, 安楽な生活 (cf. *Exod.* 16:3). **3** [*pl.*] 歓楽地, 楽天地. 〖1535〗

flésh sìde *n.* =flesh 9.

flésh tìghts *n. pl.* =fleshings 1.

flésh tìnts *n. pl.* 〖映画〗(人体の)肌色, 肉色.

flésh wòrm *n.* 〖昆虫〗ニクウジ《ニクバエ (flesh fly) の幼虫》. 〖OE〗

flésh wòund /-wùːnd/ *n.* 浅傷, 軽傷. 〖*a*1674〗

flesh·y /fléʃi/ *adj.* (**flesh·i·er; -i·est**) **1** 肉づきのいい, よく肥えた, 肥満した (⇨ fat **SYN**): a ~ face, woman, etc. / ~ lobes of his ears 彼のふくよかな耳たぶ. **2 a** 多肉質の (pulpy): a ~ fruit. **b** 実体のある, 薄っぺらではない: a ~ mushroom 厚みのあるキノコ. **3** 肉の, 肉質の; 肉から成る; 肉のような. 〖《1369》: ⇨ -y¹〗

fletch /flétʃ/ *vt.* 〈矢〉に羽を接着する (feather). 〖《1635–56》《変形》? ← FLEDGE 《逆成》↓〗

fletch·er /flétʃə | -tʃə^(r)/ *n.* 《古》矢製造人, 矢羽職人. 〖《*c*1330》□ OF *flech(i)er* ← FLÈCHE〗

Fletch·er /flétʃə | -tʃə^(r)/ *n.* フレッチャー《男性名》. 〖ME *Fleecher*: (↑)〗

Fletch·er /flétʃə | -tʃə^(r)/, **John** *n.* フレッチャー《1579–1625; 英国の劇作家, 前半期には多く Francis Beaumont と協力して多くの劇を書き, また Massinger, Rowley, Shakespeare などとも合作した: *A King and No King* (1611), *The Two Noble Kinsmen* (1613)》.

Fletcher, John Gould /gúːld/ *n.* フレッチャー《1886–1950; 米国の詩人・批評家》.

Fletch·er·ism /flétʃərìzm/ *n.* フレッチャー式食事法《空腹時にだけ食事をして食物を十分かみこなす健康食事法》. 〖《1906》← *Horace Fletcher* (1849–1919: 米国の栄養食料研究者, この食事法を考案・提唱した)〗

fletch·er·ize /flétʃəràiz/ *vt.* 〈食物を〉十分にかみこなす. 〖《1903》↑: ⇨ -ize〗

fletch·ings /flétʃɪŋz/ *n. pl.* 矢羽根. 〖《1930》: ⇨ -ing¹〗

Fletsch·horn /flétʃhɔən | -hɔːn; *G.* flétʃhɔʁn/ *n.* フレッチホルン《スイス南部 Simplon 峠の南方, Penine Alps 中の峰 (4,001 m); Rossbodenhorn ともいう》.

Flet·ton /flétn̩/ *n.* フレトンれんが《半乾式加圧成形法でつくる英国の普通建築用れんが》. 〖《1908》英国 Cambridgeshire の原産地名から〗

Fleur /flə́ː, flύə | flɜ́ː^(r); *F.* flœːʁ/ *n.* フルア《女性名》. 〖← F *fleur* 'FLOWER'〗

fleur de coin /flə́ːdəkwǽ(ŋ), -kwǽŋ | flɜ́ːdə-; *F.* flœːʁdəkwɛ̃/ *adj.* 〖造幣〗〈貨幣など〉発行したての, 未使用の (略 f.d.c.). 〖《1889》← F *à fleur de coin* with the bloom of the die〗

fleur-de-lis /flə̀ːdəlíː, flùə-, -dl- | flɜ̀ːdəlíː, -líːs; *F.* flœʁdəlis/ *n.* (*pl.* **fleurs-de-lis** /~z; *F.* ~/, ~) (*also* **fleur-de-lys** /~/) **1** 〖植物〗アヤメ・イチハツなどアヤメ属 (*Iris*) の植物の総称; (特に)ドイツアヤメ (*I. germanica*); その花. **2** ゆり紋章《1147 年頃からフランス王家の紋; 象徴的にフランス王家またはフランスを表す》. **3** 〖紋章〗紋章図形に使用されるユリの花《とされているが, 定説ではなく, 槍先・建物の尖塔・笏杖の頭・蜂などをデフォルメしたものとする色々の説がある; 六男を示す血統マーク (cadency mark) としても用いられる; 米国では flower-de-luce ともいう》. 〖《19C》□ F *fleur de lis* flower of lily ∞ 《*a*1325》*flour-de-lys* □ OF〗

fleur·et /flə̀ːrét, flὺ°r- | flύərɪ̀t, flɜ̀ːr-; *F.* flœʁɛ/ *n.* **1** 〖フェンシング〗=foil³ 1. **2** =fleurette. 〖《*a*1648》□ F ~ □ It. *fioretto* (dim.) ← *fiore* flower: 剣先が蕾に似ていることから〗

fleu·rette /flə̀ːrét, flὺ°r- | flύ(ə)rɪt, -rét; *F.* flœʁɛt/ *n.* (装飾模様の)小花形. 〖《1811》□ F ~ (dim.) ← *fleur* 'FLOWER'〗

Fleu·rette /flə̀ːrét, flὺ°r- | fluər-; *F.* flœʁɛt/ *n.* フルアレット《女性名》. 〖↑〗

fleu·ret·tée /flə̀ːretéɪ, flὺ°r- | flὺər-, flɜ̀ːr-; *F.* flœʁɛte/ *adj.* (*also* **fleu·ret·té** /~/) 〖紋章〗 **1** (十字の各先端に) fleur-de-lis を付けた (cf. fleury). **2** = fleury. **3** =semée-de-lis. 〖《1562》□ F ~ (fem.) ← FLEURETTE〗

fleu·ron /flə́ːrɑ(ː)n, flύ°r- | flɜ́ːrɔ́(ŋ), -rɔ́ːŋ; *F.* flœʁɔ̃/ *n.* **1** (建築や貨幣の)小さな花形装飾; (特に, コリント式柱頭に見られる)小さな花形の装飾. **2** 〖印刷〗花形《章題・輪郭などを飾るのに使う草花の模様の装飾活字; floret, flower ともいう》. 〖《17C》□ F ~ ← *fleur* 'FLOWER' ∞ 《*c*1386》*flouroun* □ OF *floron*〗

fleur·y /flύ°ri, flə́ːri | flύəri, flɜ́ːri/ *adj.* 〖紋章〗いちはつ花形図形で飾った: cross ~ クロスフラーリー《十字の先端がイチハツの花びらの形に分かれたもの; cf. fleurettée 1》. 〖《*c*1450》□ OF *flouré* flowery (p.p.) ← *flo(u)rir* 'to FLOURISH': ⇨ -y³〗

Fleu·ry /fləríː | flɜːríː; *F.* flœʁi/, **André Hercule de** *n.* フルーリ《1653–1743; フランスの枢機卿・政治家; Louis 十五世下の首相 (1726–43)》.

Fleury, Claude *n.* フルーリ《1640–1723; フランスの教会史家》.

Fle·vo·land /flíːvoulæ̀nd | -vəu-; *Du.* fléːvolɑnt/ *n.* フレーボラント《オランダ北西部, IJsselmeer 湖に臨む州; 1986 年に干拓地に新設された》.

flew¹ /flúː/ *v.* fly¹ の過去形.

flew² /flúː/ *n.* =flue¹.

flewed /flúːd/ *adj.* 《まれ》〈ハウンド犬が〉大きな上唇をした. 〖《1595–6》↓〗

flews /flúːz/ *n. pl.* (ハウンド犬の特に内側の隅で)垂れている上唇 (⇨ dog 1 挿絵). 〖《1575》← ?〗

flex /fléks/ *vt.* **1** 〈関節を〉曲げる (cf. flexor); 〈筋肉を〉収縮する, 動かす. **2** 〖考古〗屈葬する, (ひざをあご先に届くように)〈遺体を〉曲げる, 曲げて安置する. **3** 〖地質〗〈地層を〉たたむ, たたみ曲げる (fold). — *vi.* 〈関節が〉曲がる (bend).

fléx one's múscles ⇨ muscle 成句.

— *n.* **1** 《英》〖電気〗可撓(ᵏᵃᵗᵒ)線; (電気の)コード. 《1905》《略》← FLEXIBLE〗 **2 a** (関節を)曲げること, 屈曲(作用). **b** 柔軟性, たわみ. **3** 〖数学〗=inflection point. 〖《*a*1521》← L *flexus* (p.p.) ← *flectere* to bend 《変形》? ← *plectere* to plait, intertwine: cf. ply²〗

flex. 《略》flexible.

flex·a·gon /fléksəgɑ̀(ː)n, -gən | -gən/ *n.* フレクサゴン《紙を折って作る多角形, 特に六角形; たたんだり開いたりすると色々な面が出る》.

flex·i·bil·i·ty /flèksəbíləti | -sɪ̀bílɪ̀ti/ *n.* **1** 曲げやすいこと, 屈曲性, たわみ性; 柔軟性, しなやかさ (pliancy). **2** 適応性 (adaptability), 融通性 (versatility). **3** (性質の)御しやすさ, 素直さ. 〖《1616》□ F *flexibilité* ‖ LL *flexibilitātem*: ⇨ ↓, -ity〗

flex·i·ble /fléksəbl̩ | -sɪ̀-/ *adj.* **1** 曲げやすい, たわみやすい, しなやかな, 柔軟な (pliant): a ~ wire しなやかな針金 / a ~ cord 自由に曲がるコード / a ~ tube (ガス用などの)曲げられる管. **2** 変通自在な, 融通のきく (versatile); 適応性のある (adaptable): a ~ rule 融通のきく規則 / a ~ schedule 自由に変更可能な予定 / a ~ voice 変化の自由な声. **3** 素直な, 御しやすい: a ~ mind. **~·ness** *n.* 〖《?*c*1412》□ L *flexibilis* pliant: ⇨ flex, -ible〗

fléxible bínding *n.* 〖製本〗 **1** 柔軟背製本, フレキシブルバインディング《柔軟綴じ (flexible sewing) による製本様式》. **2** 薄表紙《柔軟性のある表紙》.

fléxible búdget *n.* 〖会計〗弾力性予算 (⇨ variable budget).

fléxible dísk *n.* 〖電算〗=floppy disk.

fléxible exchánge ràte sỳstem *n.* 〖経済〗変動為替制度.

fléxible séwing *n.* 〖製本〗柔軟綴(ᵗ)じ《一折ずつ綴じ糸にからげながら綴じる方法》.

fléxible sháft *n.* 〖機械〗たわみ軸.

flex·i·bly /fléksəbli | -sɪ̀-/ *adv.* 曲げやすく, 柔軟に; 融通がきいて: draw up a schedule ~ 変更自由なように予定を立てる. 〖《1607》← FLEXIBLE + -LY¹〗

flex·ile /fléksɪ̀l, -sl̩ | -saɪl/ *adj.* 《古》=flexible. 〖《1633》□ L *flexilis*: ⇨ flex, -ile¹〗

flex·il·i·ty /flɛksíləti | -lɪ̀ti/ *n.* =flexibility. 〖1659〗

flex·ion /flékʃən/ *n.* **1** 《英》=flection. **2** 〖解剖〗(手足・関節の)屈曲(運動) (cf. extension 8). **~·al** /-ʃnəl, -ʃənl̩/ *adj.* 〖《1603》□ L *flexiō(n-)*: ⇨ flex, -ion〗

fléxion·less *adj.* =flectionless. 〖1860〗

flex·i·time /fléksitàɪm/ *n.* =flextime. 〖1972〗

Flex·ner /fléksnə | -nə^(r)/, **Abraham** *n.* フレクスナー《1866–1959; 米国の教育学者》.

Flexner, Simon *n.* フレクスナー《1863–1946; 米国の病理学者・細菌学者; A. Flexner の兄》.

flex·o /fléksou | -əu/ 《略》flexography, flexographic, flexographically. 〖⇨ -o〗

flex·og·ra·phy /flɛksɑ́(ː)grəfi | -sɔ́g-/ *n.* 〖印刷〗フレキソ印刷《ゴム版またはプラスティック版に顔料インクを使って印刷する方法; かつて, アニリン染料インクを使ったので aniline printing (アニリン印刷)と呼んだ; flexographic printing ともいう》. **flex·o·graph·ic** /flɛksəgrǽfɪk˘/ *adj.* **flèx·o·gráph·i·cal·ly** *adv.* 〖《1952》← FLEX + -O- + -GRAPHY〗

flex·or /fléksə, -sɔə | -sə^(r), -sɔː^(r)/ *n.* 〖解剖〗屈筋 (cf. extensor). 〖《1615》← NL ~: ⇨ flex, -or²〗

fléxor múscle *n.* 〖解剖〗屈筋. 〖1726〗

fléx·time *n.* 〖労働〗自由勤務時間制, フレックスタイム《労働者が一定の時間帯のなかで始業と終業の時刻を自由に選べる制度》. 〖《1972》← FLEX(IBLE) + TIME〗

flex·u·ose /flékʃuòus | -sjuəus/ *adj.* =flexuous. 〖《1727》□ L *flexuōsus* tortuous ← *flexus* a bending: ⇨ flex, -ose¹〗

flex·u·os·i·ty /flèkʃuɑ́(ː)səti | -sjuɔ́sɪ̀ti/ *n.* 屈曲性, 波状のうねり. 〖《1611》□ F *flexuosité* □ L *flexuōsitatem*: ⇨ ↑, -ity〗

flex·u·ous /flékʃuəs | -sjuəs/ *adj.* **1** 屈曲性の, 曲がりくねった, 屈曲の多い (winding). **2** 柔軟性のある, 融通のきく (flexible). **3** 〖植物〗波状の (wavy). **~·ly** *adv.* 〖《1605》□ L *flexuōsus*: ⇨ flexuose, -ous〗

flex·ur·al /flékʃ(ə)rəl | -sjʊr-/ *adj.* 屈曲の, たわみの: ~ rigidity 〖物理〗曲げ剛性. 〖《1879》: ⇨ ↓, -al¹〗

flex·ure /flékʃə | -ʃə^(r)/ *n.* **1** 屈曲, 湾曲; 湾曲部, 屈曲部, ひだ (bend). **2** 〖物理〗たわみ. **3** 〖数学〗ひずみ. **4** 〖地質〗(地層の)撓曲(ᵗᵒᵘᵏʸᵒᵏᵘ) (cf. fold¹ 5). 〖《1592》□ L *flexūra* a bending: ⇨ flex, -ure〗

fléx·wìng *n.* 〖航空〗可撓(ᵏᵃᵗᵒ)翼, フレックスウィング《ハンググライダーなどに用いる, 布などでできた折りたたみのできる三角翼》.

fley /fléɪ/ 《スコット》 *vt.* **1** びっくりさせる. **2** おどして追い払う 〈*away*〉. — *vi.* びっくりする, おびえる. 〖《?*c*1200》 *fleie(n)* ← OE *āflēgan, āflȳgan* < Gmc **flauʒjan* (caus.) ← **fleuʒan* 'to FLY²'〗

flib·ber·ti·gib·bet /flìbətidʒìbɪ̀t | -bəti-/ *n.* **1** おしゃべり(な人) (gossip). **2** 軽薄な人, (特に)浮気女, はすっぱな女. **~·y** /-ti | -ti/ *adj.* 〖《*a*1450》《変形》← *flipergebet* 《擬音的造語?》〗

flic /flíːk; *F* flik/ *n.* フランスの警察官. 〖《1899》□ F ~〗

flic·flac /flíkflæ̀k; *F.* flikflak/ *n.* 〖バレエ〗フリックフラック《足を側方へ滑らせるように伸ばしたりもどしたりする時に床を爪先でむち打つようにする動作》. 〖《1852》□ F ~ 《擬音語》: cf. flip-flap〗

flich·ter /flíxtə | -tə^(r)/ *vi.* 《スコット》 **1** 〈鳥が〉羽ばたきをする; 弱々しく飛ぶ. **2** 振動する, 震える. **3** ちらちらする (flicker). 〖《1513》《北部方言》 *flichtere(n)* ← *flicht* 'FLIGHT¹': ⇨ -er⁴〗

flick¹ /flík/ *vt.* **1** (指先・つま先などで)はじく, はじき飛ばす; (むち先のひもなどで)軽くぴしっと打つ: ~ *away* a crumb パンくずをはじき飛ばす / ~ a coin *up* 硬貨をはじき上げる / ~ a lazy horse ぐずぐずしている馬をむち打つ. **2 a** (布片・羽ぼうきなどで軽く)払いのける, はたく, (はたいて)払い落とす (flip): ~ *away* [*off*] an insect from one's sleeve with a handkerchief そでについた虫をハンカチで払いのける / ~ cigarette-ash on the floor たばこの灰を床に払い落とす. **b** ぐいっと動かす: ~ the light *on* 電灯のスイッチをぱちんと入れる / ~ *off* the switch of the radio ラジオのスイッチをパチッと切る / She ~*ed* a malignant look at me. 彼女は私に悪意のあるまなざしをぐっと向けた / He ~*ed* open the diary. 日記をぱっと開いた. **3** 〈むちなどを〉急速に打ち振る, ぴしぴしはねかえす; 〈インクなどを〉はね飛ばす: ~ a whiplash at ...に向かってぴしぴしむちひもを振る / spots of ink ~*ed* at random out of a pen ペン先からやたらにはね飛ばしたインクの跡. — *vi.* **1** ぐいっと[ひょいと, ぴくっと]動く, ぴくぴく動く; ぴしっと打つ. **2** 羽ばたきする, ひらひら飛ぶ (flutter, flit).

flick thróugh 〈本など〉のページをぱらぱらめくる, ざっと...に目を通す: ~ *through* the phone book 電話帳をぱらぱらめくる.

— *n.* **1** (むちなどでぴしっと打つ)軽打, (指先などでの)はね飛ばし; ぐいという一揺れ (jerk); ぴしっ, ぱちっ(という音). **2** (手首などを)素早く急に動かすこと: at the ~ *of* a switch スイッチをぐいっと動かすと. **3** はね飛ばされた物; はね (splash): a ~ *of* mud 泥のはね. **4** 斑点, しみ.

have a flíck thróugh 〈本など〉にざっと目を通す.

~·er *n.* 〖《1447》《擬音語》?: または FLICKER¹ の *-er* を freq. suf. とみての逆成〗

flick² /flík/ *n.* 《口語》 **1 a** 映画 (1 編). **b** [the ~s; 集合的] 映画; (1 回の)映画(上演): go to *the* ~*s*. **2** 映画館. 〖《1926》《逆成》↓〗

flick·er¹ /flíkə | -kə^(r)/ *vi.* **1 a** 〈灯火・希望の光などが〉ちらちらする, ゆらめく, 明滅する: The fire ~*s* low. 火が衰えてゆらぐ / A last faint hope ~*ed up* and died. 最後のかすかな希望がちらと見えたが(すぐ)消えた. **b** 〈視線・目が〉ちらっと向く: His eyes ~*ed at* her. ちらっと彼女を見た. **2** 〈木の葉・へビの舌などが〉ちらちら震える[動く]; 〈旗などが〉翻る, そよぐ: ~ in the wind 風にそよぐ[はためく] / ~*ing* shadows ちらつく影. **3** 〈鳥が〉羽ばたきする, ひらひら飛ぶ (flutter). **4** 画面をちらつかせて映写する. — *vt.* **1** 〈灯火などを〉明滅させる, ゆらめかせる; 震えさせる, そよがせる. **2** 明滅[ゆらめき]で作る[送る]: ~ a signal with a mirror 鏡を使って光を明滅させて信号を送る. — *n.* **1** 明滅する炎[光] (⇨ blaze¹ **SYN**): the ~ of a candle ろうそくのゆらめく光. **2** (希望・元気などの)ひらめき, (怒り・嘲笑などの)かすかな色: a feeble ~ *of* animation かすかに動く生気 / a ~ *of* interest そこはかとない興味 / She saw a ~ *of* ridicule in his smile. 彼の微笑にかすかな嘲笑の色を見てとった. **3** (木の葉などの)そよぎ; (画面の)ちらつき, 明滅; 急にちょっと動かすこと. **4** [通例 *pl.*] 《口語》映画 (flicks). **5** 〖心理〗ちらつき《光を明滅させる時, ちらついて見える現象》. 〖OE *flicorian* to flutter 《擬音語?》: cf. ME *flakere(n)* to flutter / Du. *flikkeren* / ON *flǫkra*. — n. 《1849》← (v.)〗

flick·er² /flíkə | -kə^(r)/ *n.* 〖鳥類〗ハシボソキツツキ《北米産ハシボソキツツキ属 (*Colaptes*) の鳥類の総称》: ⇨ yellow-shafted flicker. 〖《1849》《擬音語》〗

flícker efféct *n.* 〖電気〗フリッカー効果《真空管に流れる電流の低周波ゆらぎ現象》.

flíck·er·ing /-k(ə)rɪŋ/ *adj.* **1** ひらひら[ちらちら]する, 明滅する: ~ candlelight. **2** 今にも消えてしまいそうな, 弱々しい, 不安定な: a ~ hope 淡い一縷(ᶦᶜʰᶦʳᵘ)の希望. **~·ly** *adv.* 〖《*c*1430》: ⇨ flicker¹, -ing²〗

flícker photómeter *n.* フリッカー測光器, 交照光度計[測光器]《比較する二つの光が交互に視野に現れるよう

にした光度計). 〘1896〙

flícker·tàil *n.* 〖動物〗リチャードソンジリス (*Spermophilus richardsoni*) ((米国北中部の地上性のリス; Richardson ground squirrel ともいう; cf. spermophile)).

Flíckertail Stàte *n.* [the ~] 米国 North Dakota 州の俗称.

flick·er·y /flík(ə)ri/ *adj.* ちらちら[明滅]する (flickering); ゆらぐ (unsteady): a ~ light. 〘(1893) ← FLICKER¹+-Y⁴〙

flíck-knìfe *n.* ((英)) 飛び出しナイフ ((米)) switch-blade). 〘1957〙

flíck ròll *n.* 〖航空〗急横転 (snap roll). 〘1928〙

flied *v.* fly¹ の過去形・過去分詞.

fli·er /fláɪə | fláɪə(r)/ *n.* (*also* **flyer**) **1 a** (飛行機の)パイロット, 飛行士; (飛行機の)乗客. **b** 空を飛ぶもの. **c** 鳥, 昆虫, 飛び魚(など). **d** 航空機. **e** 空中曲芸師. **2** ((米)) ちらし, ビラ (handbill). **3 a** 快速で走るもの. **b** 足の早い馬. **c** 快速船, 快走艇; ＝flyboat. **d** 快走車. **e** [しばしば固有名詞に用いて] ((米)) 急行列車[バスなど]: the Western *Flier*. **4** ((英口語)) 野心的な人; 秀でた人: He's not a ~ at the accounts. 計算がうまくない. **5** 走り飛び, 飛躍, 跳躍 (flying jump). **6** ((米口語)) 無謀な冒険; (知識も経験もなくやる)財政的冒険, 投機. **7** 〖機械〗 **a** はずみ車. **b** (紡績機の)フライヤー ((錘(つむ)の上に差し込む腕)). **c** (印刷機の)紙あおり. **d** (風車の)羽根, 翼帆. **8** 〖建築〗 **a** (直線階段の) 1 段 (cf. winder¹ 4). **b** [*pl.*] 直線階段 (cf. winding stairs). **9** 〖魚類〗米国 Virginia 州産の緑色をしたサンフィッシュ科の魚 (*Centrarchus macropterus*). **10** ((豪口語)) 〖動物〗足の早いカンガルー. **11** ((口語)) 〖スポーツ〗フライング (flying start). ★ 3, 2, 7 では flyer のつづりのほうが好まれる.

tàke a flíer (1) 一飛びする. (2) ドスンと落ちる. (3) 〖スキー〗(シャンツェから)ジャンプする. (4) ((米口語)) やまを張る〔*at*〕.

〘(1440): ⇨ fly¹, -er¹〙

flies¹ /fláɪz/ *v., n.* **1** fly¹ *v.* の三人称単数現在形. **2** fly¹ *n.* の複数形.

flies² /fláɪz/ *n.* fly² の複数形.

flight¹ /fláɪt/ *n.* **1** (空中を)飛ぶこと, 飛行, 飛翔(ひしょう); 飛び方, 飛ぶ力; (ロケットなどによる)宇宙飛行: a flock of birds *in* ~ 飛んでいる一群の鳥 / a long-distance ~ 長距離飛行 / a night ~ 夜間飛行 / a reconnaissance ~ 偵察飛行 / a nonstop ~ 無着陸飛行 / refuel the bombers *in* ~ 爆撃機に空中給油する / take [make, go on] a ~ 飛行する; 飛翔する / take [wing] one's ~ 飛ぶ, 飛行する. ★ ラテン語系形容詞: volar², flying. **2** (鳥・飛道具・航空機の)飛行距離, 飛程: a long ~ 長距離飛程 / within an eagle's ~ 鷲(わし)の飛びわたる範囲に. **3** 定期航空, (航空機の)便, フライト: a 6 o'clock ~ to Osaka 大阪行き 6 時便 / JAL *Flight* 22 日本航空 22 便 / regular [domestic] ~*s* 定期[国内]便 / book [cancel] a ~ 飛行便を予約[キャンセル]する / call a ~ (搭乗をうながす)飛行便のアナウンスをする / ⇨ in-flight. **4** 飛行技術, 飛行法 (flying): study ~ / the art of ~ 飛行術. **5 a** (渡り鳥が群れをなして行う)移行, 渡り (migration); 飛んで行く鳥の群れ, 飛群 (⇨ group SYN): a ~ *of* swallows つばめの飛群. **b** (昆虫の)飛んでいる群れ. **c** (矢などの)斉射 (volley): a ~ *of* arrows 矢の一斉発射. **d** (天使の)群れ: ~*s* of angels sing thee to thy rest! 群がる天使が歌い永遠の安息に導いてくれるように (Shak., *Hamlet* 5. 2. 360). **6 a** (建物の階と階とをつなぐ)階段, (階段の)一登り; (二つの踊り場の間の)一続きの階段; (時に)階 (floor, story): go up two ~*s* of stairs [steps] 階段を二つ上る ((一階から三階へ行くなど)). **b** (テラスやコンベヤーなど)階段状に連続しているもの: a ~ *of* terraces (段々になった)一連続のテラス / a ~ *of* locks on a canal 運河に設けた一連の水門. **7** (鷹などの)獲物の追撃. **8 a** (矢・弾丸・投矢などの)飛んで行くこと, 疾過. **b** (時の)去り行くこと, 経過 (lapse). **9** (思想・野心・想像などの)飛躍, 高揚; (才知などの)ほとばしり (sally): a ~ *of* ambition 天を突く大望 / a ~ *of* imagination [fancy] 想像の飛躍 / a ~ *of* wit ほとばしる才気. **10** (障害競馬・競技用ハードルの)段列: a ~ *of* hurdles. **11** 〖米空軍〗飛行中隊 ((戦闘機の場合は通例 4 機以上; cf. squadron 1 c)); 〖英空軍〗飛行小隊 ((通例 5–6 機)). **12** 〖アーチェリー〗遠矢 ((flight arrow ともいう)); 遠矢競射 (flight shooting). **13** 〖クリケット〗投げたボールのスピードとコース(を変化させる能力). **14** 〖スポーツ〗競技者の能力別グループ分け.

in the first [*tóp*] *flight* (1) 先頭に立って; 率先して, 枢要な地位を占めて. (2) 一流の, 優秀な (excellent).

tàke flíght (1) 飛び立つ. (2) 〈想像・気力などが〉飛躍[高揚]する. ((1852))

— *vi.* **1** 〈野生の鳥が〉群れをなして飛ぶ. **2** 〈(水)鳥が〉群れをなして餌場[休み場]から飛び立つ[に降りる]: Every evening hundreds of wild ducks ~ on the lake. 夕方になると何百羽という野鴨が湖に舞いおりる. — *vt.* **1** 〈群れをなして飛び立った水鳥を撃つ; 〈水鳥を〉群れをなして飛び立たせる. **2** 〈矢〉に羽をつける. **3** 〖クリケット〗〈投球したボール〉の方向と速度を変える.

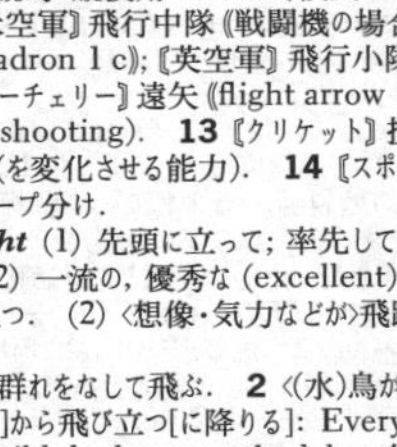

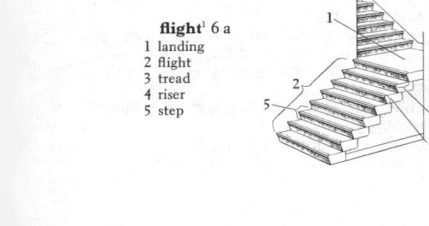

flight¹ 6 a
1 landing
2 flight
3 tread
4 riser
5 step

〘OE *flyht* < (Gmc) **fluχtiz* (Du. & MLG *vlucht*) ← Gmc **fleuzan* 'to FLY¹'〙

flight² /fláɪt/ *n.* **1** (危険を避けるための)逃走, 脱出; 敗走 (cf. flee): Mahomet's *Flight* from Mecca マホメットのメッカからの逃走 / seek safety in ~ 逃げて身の安全を計る. **2** 〖経済〗(危険・損失を避けるための)貨幣・資本の逃避: a ~ of capital 資本の逃避 / a ~ from sterling ポンドの売り逃げ.

pút to flíght 敗走させる (rout). *tàke (to) flíght* 逃げ(去)る.

〘(?a1200) *Fluht* < OE **flyht* < Gmc **pluχtiz* (Du. *vlucht* / G *Flucht*) ← **pleuχan* 'to FLEE'〙

flíght àrrow *n.* 〖アーチェリー〗＝flight¹ 12. 〘1801〙

flíght attèndant *n.* (旅客機の)客室乗務員, 飛行接客員. 〘1947〙

flíght bàg *n.* **1** (航空機用の)旅行かばん ((座席の下に入れるようになっている)). **2** 航空バッグ ((航空会社の名前入りのかばん)). 〘1943〙

flíght càll *n.* **1** フライトコール ((空港で搭乗を知らせるアナウンス)). **2** 飛んでいる鳥の鳴き声. 〘1937〙

flíght càpital *n.* 〖経済〗逃避資本. **flíght càpitalist** *n.*

flíght chèck *n.* 〖航空〗 **1** 航空機乗組員の飛行試験. **2** フライトチェック ((航空機の整備後各部の具合を見るために行う飛行試験)).

flíght contròl *n.* 〖航空〗 **1 a** (飛行中の航空機に地上から無線で離着陸の指示などを行う)航空管制. **b** 航空管制塔, 航空管制所. **c** 航空管制のシステム. **2** (包括的に)操縦装置. 〘1937〙

flíght crèw *n.* 運航乗員, (航空機)搭乗員 (aircrew). 〘1951〙

flíght dèck *n.* **1** (航空母艦の)飛行甲板. **2** 〖航空〗フライトデッキ ((計器類・操縦装置などが前部にある航空機の操縦室)). 〘1924〙

flíght dirèctor *n.* 〖航空〗フライトディレクター ((操縦室における総合計器の一種で, 計算機能を備え, 自機の位置・目的地までの距離や予想所要時間などを表示する)).

flíght engineèr *n.* 機上整備員, 航空機関士. 〘1938〙

flíght fèather *n.* 〖鳥類〗(鳥の翼の)飛び羽, 風切り羽 (remex) (cf. contour feather). 〘1735〙

flíght formàtion *n.* (2 機以上の)飛行隊形[編隊].

flíght ìndicator *n.* 〖航空〗(航空機の針路・姿勢角などを示す)飛行計器.

flíght ìnstrument *n.* 〖航空〗(航空機の速度・高度・方向・位置を示す)飛行計器.

flíght lèader *n.* (空軍の)飛行中隊長, (通例 4 機以上の)編隊長.

flíght·less *adj.* 〈鳥が〉飛べない: ~ birds. 〘(1875): ⇨ -less〙

flíght lieutènant *n.* ((英)) 空軍大尉 ((米)) captain). 〘1914〙

flíght·lìne *n.* **1** (航空機を駐機したり修理したりするための)飛行場の一区画. **2** (航空機・ミサイルなどの)飛行進路, 軌道; (渡り鳥の)飛翔方角. 〘1933〙

flíght mànagement sỳstems *n. pl.* (コンピューターによる)飛行操縦システム.

flíght-mùscle *n.* (鳥の翼の)飛筋, 飛翔筋. 〘1890〙

flíght-nùmber *n.* (定期航空機の)便番号, 便名, フライトナンバー. 〘1949〙

flíght nùrse *n.* ((米)) 航空看護婦 ((航空医学の訓練を受け, 患者輸送機などに乗り組み, 輸送患者の看護にも任じる)).

flíght òfficer *n.* ((米)) (第二次世界大戦中の)空軍将校 ((下級准尉に相当)).

flíght pàth *n.* (航空機・宇宙船などの)飛行経路. 〘1911〙

flíght pày *n.* 〖米空軍〗航空手当[加俸], 飛行手当[割増金] ((一月の間に決められた最低飛行時間を飛んだ飛行機搭乗員に払われる割増金; flying pay ともいう)). 〘1928〙

flíght plàn *n.* (パイロットが事前に提出する)飛行計画書, フライトプラン. 〘1936〙

flíght recòrder *n.* 〖航空〗フライトレコーダー ((飛行中の高度・対気速度・上下加速度その他重要なデータを自動的に記録する装置; black box ともいう)). 〘1939〙

flíght-sèeing *n.* [時に形容詞的に] (航空機による)空からの観光.

flíght sèrgeant *n.* ((英)) 航空軍曹.

flíght shòoting *n.* 〖アーチェリー〗遠矢競射. 〘1801〙

flíght sìmulator *n.* 〖航空〗フライトシミュレーター ((航空機の飛行状態を模擬的に地上で作り出す装置で, 飛行特性研究用のものとパイロットなどの訓練用のものとがある; cf. Link trainer)). 〘1947〙

flíght strìp *n.* 〖航空〗 **1 a** 緊急着陸場, 非常用滑走路 (emergency runway) ((通例街道に平行して設けてある)). **b** 滑走路 (runway). **2** 連続航空写真.

flíght sùrgeon *n.* 〖米空軍〗航空医官. 〘1925〙

flíght-tèst *vt.* 〈航空機〉の飛行試験[フライトテスト]をする. 〘1930〙

flíght tèst *n.* (航空機・飛行装置の)飛行試験.

flíght-wòrthy *adj.* (安全に)飛行可能な; 耐空性のある. 〘1969〙

flight·y /fláɪṭi | -ti/ *adj.* (**flight·i·er**; **-i·est**) **1 a** 〈女性(の性格・行為などが)突飛な, うわついている, 軽はずみの, 気まぐれな (fickle); あだっぽい, 気をそそる. **b** 〈馬が〉物おじする, 驚きやすい. **2** 少し気が変な, 頭がおかしい, ぶっとんでいる (crazy). **3** 責任感のない, いいかげんな: a ~ young girl いいかげんな少女. **4** ((古)) **a** 速い, 速く飛ぶ. **b** はかない (transient). **flíght·i·ly** /-ṭəli, -tḷi | -tɪli, -tḷi/ *adv.* **flíght·i·ness** *n.* 〘(1552) ← FLIGHT¹+-Y⁴〙

flim·flam /flímflæ̀m/ *n.* ((口語)) **1** でたらめ, たわごと (nonsense). **2** ごまかし, ぺてん, 瞞着(まんちゃく) (trick). — *vt.* ((口語)) (**flim·flammed**; **flim·flam·ming**) だます, ごまかす, ぺてんにかける (trick). **flím·flàm·mer** *n.* **flím·flàm·mer·y** /-məri/ *n.* 〘(c1538) (加重) ← FLAM¹: cf. whim-wham〙

flim·sy /flímzi/ *adj.* (**flim·si·er**; **-si·est**) **1** 弱い, もろい, 薄っぺらな, こわれ[やぶれ]やすい; 材料の悪い, 質の悪い: ~ paper 薄い紙 / a ~ nightie (透き通って見えるほど)薄いネグリジェ / a ~ structure of lath and plaster 木舞(こまい)にしっくいを塗っただけの弱い建物, 安普請(ぶしん). **2** 〈口実・理由など〉薄弱な, 見え透いた, 浅薄な: a ~ pretext [argument] 見え透いた口実[浅薄な議論]. **3** 〈人が〉体の弱い; 軽薄な, 取るに足らぬ.

— *n.* **1 a** 薄っぺらな物. **b** (カーボン複写用などの)薄葉紙 (cf. transfer paper). **c** [*pl.*] 薄くて軽い婦人服; (特に)薄い婦人用下着. **2 a** (探訪記者の用いる)薄紙原稿用紙. **b** (新聞の)原稿; 同文複写原稿 ((通信社から各新聞社に送るもの)). **c** 電報. **3** ((英俗)) 紙幣.

flím·si·ly /-zɪli/ *adv.* **flím·si·ness** *n.*

〘(1702) ← ? **flim* ((音位転換)) ← FILM)+-sy (形容詞語尾: cf. clumsy, tricksy, etc.)〙

F

flinch¹ /flíntʃ/ *vi.* **1 a** (おじけいて)ひるむ, たじろぐ (wince), (恐怖に)縮みあがる: without ~*ing* 少しもひるまず, 平気で. **b** 〔危険・責任・嫌なことなどから〕身を引く, しりごみする〔*from*〕(⇨ recoil SYN): ~ *from* the gun 銃から身を引く / ~ *from* an unpleasant duty 不愉快な仕事にしりごみする. **2** 〖クロッケー〗相手の球を駆逐するとき球から足を滑らす (cf. croquet *n.* 2). — *vt.* ((古)) …からしりごみする, …にひるむ. — *n.* **1** しりごみ, たじろぎ. **2** 〖トランプ〗フリンチ ((札を番号順に卓上に積み上げるゲームの一種)). 〘(1563) □ OF *flenchir* to turn aside ((異形)) ← *flechir* (F *fléchir*) to bend ← (Frank.) **hlaŋkjan* (cf. G *lenken* to bend)〙

flinch² /flíntʃ/ *vt.* ＝flense.

flinch·er *n.* しりごみする[ひるむ]人. 〘(1598) ← FLINCH¹+-ER¹〙

flinch·ing·ly *adv.* しりごみして, ひるんで, たじろいで. 〘(1883) ← FLINCH¹+-ING²+-LY¹〙

flin·ders /flíndəz | -dəz/ *n. pl.* 破片, 断片 (splinters): break [fly] *in* ~ こっぱみじんに砕く[飛び散る]. 〘(c1450) ← ON (cf. Norw. *flindra* splinter)〙

Flin·ders /flíndəz | -dəz/, **Matthew** *n.* フリンダーズ ((1774–1814; 英国の海洋探検家・水路学者; オーストラリア沿岸の海図を作る)).

Flínders bàr *n.* 〖海事〗フリンダーズバー ((自差を修正するために磁気コンパスの前に取り付ける垂直軟鉄棒)). 〘↑〙

Flín·ders Ísland /flíndəz- | -dəz-/ *n.* フリンダーズ島 ((オーストラリア南東部, Tasmania 島北東沖の島; Furneaux 諸島の最大の島; 面積 2,077 km²)).

Flínders Ránge *n.* [the ~] フリンダーズ山脈 ((オーストラリア南東部, Torrens 湖と Frome 湖の間を走る山脈; 最高峰 St. Mary Peak (1,189 m))).

Flínders Ríver *n.* [the ~] フリンダーズ川 ((オーストラリア北東部の川; Great Dividing 山脈から Queensland 州を経て Carpentaria 湾に注ぐ (840 km))).

fling /flíŋ/ *vt.* (**flung** /flʌ́ŋ/) **1 a** (勢いよく, または乱暴に)投げ(つけ)る, 投げ飛ばす, ほうる, ほうり出す (⇨ throw SYN): ~ a coil of rope 巻いた綱を投げる / ~ a die さいころをほうる / ~ the hammer (競技会で)ハンマーを投げる / He *flung* the book *away* in disgust. うんざりして本をほうり出した / ~ a stone *at* a dog 犬に石をぶつける / He *flung* the parcel *on* the desk. とんとその包みを机の上に投げ出した / He *flung* his eyes *on* [*over*] the crowd. 群衆をさっと見渡した / ~ one's hat *in the air* 帽子をほうり上げる / ~ *a fact* [*fault*] *in* a person's teeth [face] 事実[過失]を突きつけて面責する / He *flung* the door open [*flung* open the door]. 戸を荒々しく開け放った. **b** かなぐり捨てる, 振り捨てる, 忘れ去る (disregard) 〈*away, off*〉: I *flung* propriety *away*. 礼儀などさらりと捨て去った / He decided to ~ *off* all reserve. 遠慮はすっかり振り捨てることに決めた.

2 [通例方向を表す副詞または前置詞を伴って] **a** 〈腕・頭などを〉振り動かす, 〈両腕を〉急に伸ばす, 投げかける, ぱっと広げる (extend): ~ one's head *back* 頭をさっと後ろに反らせる / ~ *up* one's hands in horror ぞっとして両手を上げる, ひどく動揺した様子を見せる / The horse *flung* its head *about* [*up*]. 馬は首を振り立てた / She *flung out* her arms in hearty welcome. 両腕をさっと広げて心からの歓迎の意を表した / He *flung out* his arms wide. 彼は両腕を左右に広げた ((あきれた[がっかりした]時の身振り)) / She *flung* her arms *around* his neck. 彼女はさっと彼の首に抱きついた. **b** [~ *oneself* で] 激しく〈身を〉投げる[おどらせる]: He *flung himself about* in his anger. 怒って暴れ回った / He *flung himself into* the water [his clothes]. 彼は身をおどらせて水に飛び込んだ[大急ぎで服を着た] / He *flung himself into* the saddle [chair]. ひらりと鞍(くら)に飛び乗った[どしんと椅子に座った] / She suddenly *flung herself from* the room. 突然部屋を飛び出した / The tiger *flung itself on* the hunter. 虎は突然猟師に襲いかかった / I *flung myself on* his compassion [mercy, generosity]. 私は彼の同情[慈悲, 寛容]にすがった / ⇨ *fling oneself at a person's* HEAD.

3 〈人を〉(より悪い場所・状態へ)(不意に, また強引に)ほうり込む, 陥らせる (cast)〔*into*〕: ~ a person *into* prison 人を投獄する / They were *flung into* confusion. 彼らは混乱状態に陥れられた.

4 (レスリングなどで)〈相手を〉振り飛ばす, 投げ倒す (throw down); 〈馬が〉〈乗手を〉振り落とす (throw off).

5 〈軍勢を〉発する, 繰り出す (launch); 〈武器を〉急送する: ~ shock troops *against* the enemy 突撃隊をさし向けて

敵軍に攻撃をかける / Fresh troops were *flung into* battle. 新手の軍勢が戦闘に繰り出された. **6 a** 〈資金・努力などを〉〔事業などに〕注ぎ込む〔*into*〕: He *flung* all his money *into* the campaign. その運動に全金部を注ぎ込んだ. **b** [～ one*self* で]〔仕事・任務などに〕(本腰を入れて)取り組む, (勢いよく)取りかかる〔*into*〕: He decided to ～ *himself into* his new job. 彼は新しい仕事に早速取りかかることにした. **7** (激しい口調で, 力強く, または手短かに)話す, 言い放つ: He went away, ～*ing* sharp words *at* me. 鋭い言葉を吐きつけるように浴びせて立ち去った / He *flung* me a hasty greeting in passing. すれ違いざまに口早にあいさつの言葉を言った. **8** 《古》〈音・香気・光線などを〉放つ, 発散する: ～ a queer sound / ～ a blue light / the flowers ～*ing* their balmy fragrance all around 芳香をあたりに発散している花.

— *vi.* **1** 突進する (rush); 荒々しく突き掛かる, 飛び掛かる, (身をおどらせて)飛び出す (flounce): ～ *away* [*off*] in a rage 怒って飛び出す / ～ *to* the door 戸口へかけ出す / ～ *out of* the house 家から飛び出す. **2** 〈馬などが〉暴れ出す, 蹴り飛ばす (kick wildly) 〈*out*〉: The horse *flung out at* me. その馬が私を蹴り飛ばした. **3** 《スコット》はね[跳り]回る (caper about).

F

fling awáy (*vt.*) (1) ⇨ *vt.* 1 a, b. (2) 〈機会など〉棒に振る; 濫費する (squander): ～ *away* one's chances of promotion 昇進の機会を棒に振る. — (*vi.*) ⇨ *vi.* 1. ***fling óff*** (*vt.*) (1) (無造作に)〈衣服を〉かなぐり捨てる: ～ one's clothes *off*. (2) ⇨ *vt.* 1 b. (3) (何気なく, 無造作に)話す, 言ってのける: She *flung off* a remark about getting a new job. 新しい仕事につくことをさりげなく話した. — (*vi.*) ⇨ *vi.* 1. ***fling ón*** (無造作に)〈衣服を〉引っ掛ける: ～ one's clothes *on*. ***fling óut*** (*vt.*) (1) 〈暴言を〉吐く, 浴びせる: He *flung out* hard words *at* us. 我々に悪口を浴びせた. (2) ⇨ *vt.* 2 a. — (*vi.*) (1) 暴言を吐く: He *flung out* sneeringly *against* the old woman. あざけるようにその老婆の悪口を言い放った. (2) ⇨ *vi.* 2. ***fling úp*** (1) ⇨ *vt.* 2 a. (2) 《英》放棄する, うっちゃる (give up, chuck up): I felt like ～ *ing* everything *up*. 何もかも諦めてしまいたいような気がした.

— *n.* **1** 振り投げること, 投げ飛ばし (forceful throw): a ～ of the dice さいころの一投げ / Give it a ～. それをさっとほうれ. **2** 存分の[したい放題の]ことをするひと時: have one's ～ したい放題のことをする, はめをはずして遊ぶ / Youth will [must] have its ～. 若いときにははめをはずこともある. **3** 《口語》(一時的な)情事: have a ～ with a person 関係をもつ. **4 a** 向こう見ずな[一気にする]挙動, 突進 (rush): at [with] one ～ 一気[一挙]に / in a ～ 猛然[憤然]として. **b** (荒馬などの)はね出し, 暴れ出し, 蹴立て: give a ～ with the heels かかとで蹴り上げる. **5** 手足を素早く振り回す活発な舞踊; (特に) Highland fling. **6** ののしり, 悪口, あざけり. **7** 《口語》試み, ためし.

hàve [***tàke***] ***a fling at*** (1) …をちょっと[ためしに]やってみる: He *had a* ～ *at* skiing. スキーをちょっとやってみた. (2) …をあざける, をばかにする (cf. 6): He often *takes a* ～ *at* abstract art. しばしば抽象芸術を皮肉る. 《*a*1550》 (***in***) ***fúll flíng*** まっしぐらに, 全速力で, 猛然と (impetuously). 《1614》

〖《?*a*1300》 *flinge*(*n*) □ ON **flinga* (aus.) ← IE **plāk-* to strike: cf. Swed. *flänga* to fly, race〗

flíng·er *n.* **1 a** 投げる[投げうつ]人. **b** 《野球》投手 (pitcher). **2** 蹴る癖のある馬. **3** Highland fling を踊る人. **4** 《機械》油切り《軸受けの軸に沿って流れ出す油を遠心力で周囲にはね飛ばす装置》. 〖《1500–20》: ⇨ ↑, -er¹〗

flint /flínt/ *n.* **1** 燧石(ひうちいし), 火打ち石; (ライターの)発火[着火]石; (原始人の用いた)火打ち石の道具[石器]: a ～ and steel 火打ち道具 / (as) hard as (a) ～ 石のように堅い[頑固で]. **2** きわめて堅い物, 頑固なもの, (石のように)冷酷無情なもの: His heart is ～. 彼の心は石のように冷たい / a heart of ～ 冷酷な心. **3** ＝flint glass, white flint.

gét [***wríng***] ***wáter from a flínt*** ⇨ water 成句. ***sét one's fáce like a flínt*** ⇨ face 成句. ***skín*** [***fláy***] ***a flínt*** (爪に火をともすような)けちで強欲なことをする (cf. flay-flint, skinflint).

— *vt.* 《古》〈銃に〉火打ち石を備える[付ける].

〖OE ～ ← Gmc **fli-* (MDu. *vlint* / Dan. *flint*) ← IE **(s)plei-* to split (Gk *plínthos* tile): cf. plinth〗

Flint /flínt/ *n.* **1** フリント《米国 Michigan 州南東部の都市》. **2** ＝Flintshire. 〖↑〗

flínt clày *n.* フリントクレー《可塑性に乏しく緻密で堅い耐火粘土》.

flínt còrn *n.* 《園芸》硬粒種トウモロコシ (*Zea mays* var. *indurata*)《トウモロコシの一変種; 粒が堅く, 耐寒性がある; 主に飼料用として栽培》. 〖1705〗

flínt glàss *n.* **1** 無色ガラス《英国で以前はシリカ源に燧焼フリントを用いて造ったのでこの名がでた》. **2** フリントガラス《無色透明なガラス; cf. crystal glass》. **3** 光学フリントガラス《光学装置に用いる分散能の大きなガラス; optical flint ともいう》. 〖1675〗

flínt·hèad *n.* **1** (火打ち石製の)石矢じり, 矢の根石. **2** 《鳥類》アメリカトキコウ (⇨ wood ibis).

flínt·héarted *adj.* 冷酷な, 無情な (hardhearted). 〖1560〗

flínt knàpper *n.* 燧石(ひうちいし)石工. 〖1879〗

flínt·lìke *adj.* 火打ち石のような; 堅い, 頑固な: a ～ resolution.

flínt·lòck *n.* **1** (昔の燧石銃の)燧発機《火打ち石と鉄を当てて発火させる仕掛け》. **2** (昔の)燧石銃, 火打ち石銃 (flintlock gun). 〖1683〗

flínt màize *n.* 《植物》＝flint corn.

Flint·shire /flíntʃɪə, -ʃə | -ʃə^(r), -ʃɪə^(r)/ *n.* フリントシャー《ウェールズ北東部の旧州; 今は Clwyd 州の一部; 面積 663 km², 州都 Mold /móʊld | məʊld/; Flint ともいう》. 〖⇨ flint, -shire〗

Flint·stones /flíntstoʊnz | -stəʊnz/ *n.* [The ～]「フリントストーン一家」《米国のテレビ漫画 (1960–80); 恐竜のいる石器時代の一家を中心とした作品》.

flint·y /flínṭi | -ti/ *adj.* (**flint·i·er; -i·est**) **1** 燧石質の, 火打ち石の多い: a ～ soil 火打ち石質の土壌. **2** 火打ち石のような, 火打ち石類似の. **3 a** 火打ち石のように硬い: ～ beans. **b** 強情な, 頑固な; 残酷な, 冷酷非情な (cruel, hard): a ～ heart 非情な心. **flínt·i·ly** /-ṭəli, -ṭli | -təli, -tli/ *adv.* **flínt·i·ness** *n.* 〖《1536》: ⇨ -y⁴〗

flip¹ /flíp/ *v.* (**flipped; flip·ping**) — *vt.* **1 a** 指ではじく, はじき落とす[飛ばす] (fillip, flick); ぽんと打つ: ～ a person's ear [cheek] 人の耳[ほお]をつめの先でぽんとたたく / ～ the ash *from* one's cigarette たばこから灰をぽんと落とす / ～ a speck of dust *off* a table テーブルからぽんとほこりをはたき落とす. **b** ぽいと投げる: ～ the ball to second base 二塁にボールをぽいと投げる. **c** 〈貨幣などを〉(空に回転させるように)親指と他の指ではじく, トスをする (toss): We ～*ped* a coin to decide who should do it. だれがそれをするかを決めるためにコインをはじいた. **2** 〈ページ・カードなどを〉さっとめくる, ぱらぱらとめくる, ぱらぱらさせる (leaf). **3** はたはた[ぴしぴし]と動かす: ～ a fan 扇をはたはた動かす / ～ a whip むちをぴしぴし振る. **4** 〈レコード・(ポーカーで)カードなどを〉裏返す, ひっくり返す. **5** [～ one*self* で] ひれ足で[を使ったように]進む, ばたばた歩く. **6** 《俗》〈走っている車〉に飛び乗る.

— *vi.* **1 a** (指で)はじく. **b** (むちなどで)〔…を〕ぴしと打つ〔*at*〕: ～ *at* an ass with a whip ロバをむちでぴしぴし打つ. **2** ぐいと動く. **3** ページをぱらぱらめくる: ～ *through* a book. **4** コインをはじく, トスをする (toss): ～ *for* who should do it first だれが最初にそれをするかをコインをはじいて決める. **5** ひれ足で[を使ったように]動く, ひれ足のように動く. **6** 《英口語》飛行機で一飛びする. **7** 《俗》**a** 自制を失う〈*out*〉. **b** 〔…に〕興奮する, 夢中にする〔*over*〕: ～ *over* a girl.

flip one's líd [***tóp, wíg,*** 《米》***stáck***] 《俗》(1) 自制を失う; 興奮する; 笑いこける; 夢中になる; かっとなる. (2) 気が狂う. ***flip óff*** 《米》〈人〉に向けて中指を立てる (cf. *give a person the* FINGER). ***flip óver*** ひっくり返る, 向きを変える (turn over): The car ～*ped over* on its top. 車はひっくり返った.

— *n.* **1** 指ではじくこと (fillip), 軽く打つこと (flick). **2** 急にぴく[ぐい]と動く[かす]こと: with a quick ～ of the wrist 手首をぱっと速く動かして. **3 a** ひょいとひっくり返す[返る]こと. **b** 宙返り, (特に)空中とんぼ返り (somersault). **4** 《英口語》**a** (飛行機の)一飛び. **b** 駆け足の旅行. **5** ＝flip side. **6** 《アメフト》フリップ《すばやい短いパス》. **7** 《トランプ》フリップ《カードを全部伏せて配る方式のスタッドポーカー (stud poker)》.

〖《1594》《擬音語》: cf. ME *flipe*(*n*) to pull (off a fleece)〗

flip² /flíp/ *n.* フリップ《ビール・蒸気酒またはワインなどをベースに香料・砂糖・強くかき混ぜた卵を加えたカクテル; 通例熱くして飲む一種の卵酒》. 〖《1682》← ? FLIP¹ (to whip up の意味で)〗

flip³ /flíp/ *adj.* (**flip·per; flip·pest**) 《口語》＝flippant 1. — *n.* 《俗》でしゃばりな人, 生意気な人; 軽薄な人. 〖《*c*1847》← FLIP¹ (v.)〗

flíp chàrt *n.* フリップチャート《講演などで使う一枚ずつめくれるようになっている解説用図版》. 〖1956〗

flíp chìp *n.* 《口語》《電子工学》フリップチップ《混成集積回路を構成するために基板の表面に取り付けるトランジスターなどのチップ》.

flíp còil *n.* 《電気》＝search coil.

flip-flap /flípflæp/ *n.* **1** ぱたぱた[かたかた]鳴る音. **2** (後ろ)とんぼ返り. **3** (遊戯場の)回転シーソー《長い腕木の端に座席をつけて回転する装置》. — *adv.* ぱたぱたと, かたかたと. — *vi.* **1** (後ろ)とんぼ返りをする. **2** ぱたぱた動く, ぱたつく: The door ～*ped* in the wind. 戸が風にあおってぱたぱた動いた. 〖《1529》《加重》← FLAP〗

flip-flop /flípflὰ(ː)p | -flɔ̀p/ *n.* **1** ＝flip-flap 1. **2** ＝flip-flap 2. **3** 《電子工学》フリップフロップ, 二[双]安定マルチバイブレーター《二つの安定状態を有し, 入力信号がくる度に状態が変わる電子回路; flip-flop circuit ともいう》. **4** 《広告》フリップフロップ《通例台の上にのっており, 頭部がちょうつがいでとめてあり次々とページ毎にめくるようになっている展示》. **5** [通例 *pl.*] フリップフラップ《平底とストラップだけの, プラスチック製またはゴム製のサンダル》. **6** 《米口語》(態度・政策・意見の)突然の転換.

— *adv.* ＝flip-flap. — *vi.* ＝flip-flap.

〖《1600》↑〗

flíp jùmp *n.* 《スケート》フリップジャンプ《3 の字型曲滑りの終わりに爪先を使って行う回転ジャンプ》. 〖1940〗

flip·pan·cy /flípənsi/ *n.* **1** 軽薄; 軽々しさ, ふまじめ; 生意気. **2** 軽薄[生意気]な言動. 〖《1746》: ⇨ ↓, -ancy〗

flip·pant /flípənt/ *adj.* **1** (大切な事・敬意を表すべき人などに対して)まじめさを欠く, 軽薄な, 軽々しい (frivolous); 生意気な, こしゃくな, 軽口な (pert): a ～ answer. **2** 《方言》すばしこい, 軽快な (nimble). **3** 《廃》流暢な, おしゃべりな (fluent). **～·ly** *adv.* **～·ness** *n.* 〖《1605》← ? FLIP¹ (v.)＋-ANT〗

flip·per /flípə | -pə^(r)/ *n.* **1** ひれ状の足, ひれ足《ウミガメの足・海獣の前あし・クジラの前びれ・ペンギンの翼など》. **2** [通例 *pl.*] 足ひれ, フリッパー《skin diving に使う足に付けるひれ状のもの; fin ともいう》. **3** 《俗》手 (hand). **4** 《劇場》せまい枠張物《背景と舞台とのつなぎに用いられる》. — *vi.* フリッパー[足ひれ]で進む. — *vt.* **1** …にフリッパーを付ける. **2** 足ひれのように動かす. 〖《1822》← FLIP¹ (v.)＋-ER¹〗

flíp·ping *adj.* 《英俗》《軽いののしり語として》ひどい; 全くの (bloody): a ～ hotel. — *adv.* ひどく; 全く, とても: ～ hot / He is ～ bigheaded. ひどくうぬぼれが強い. 〖《1911》← FLIP¹＋-ING²〗

flíp sìde *n.* **1** 《口語》(レコードの)裏面, B 面《特に, 表がヒット曲の場合にいう》. **2** (状況などの)裏面, 反対の面. 〖1949〗

flíp-tòp *adj.* **1** 〈テーブルなど〉拡張式の《ちょうつがい付きの表面板を広げると 2 倍になる》: a ～ table. **2** (一方がちょうつがい式になっていて)親指で押し上げて開く, 押し上げ蓋式の: a ～ can, box, etc. 〖1955〗

FLIR, FLir /flɚ́ː | flə́ː^(r)/ *n.* 《軍事》前方監視赤外線暗視装置. 〖《1976》《頭字語》← *f*(*orward*) *l*(*ooking*) *i*(*nfra*)*r*(*ed*)〗

flirt /flɚ́ːt | flə́ːt/ *vi.* **1** 恋をもてあそぶ, 戯れに恋をする, 〈男女が〉〔…と〕ふざける, いちゃつく〔*with*〕(⇨ toy SYN): ～ *with* a young girl. **2** (おもしろ半分に)〔…に〕手を出す, もてあそぶ; ふとした興味を示す〔*with*〕: ～ *with* the idea of getting a job ふと職についてみようかなと考える. **3** ぴくぴく[ひょいひょい]動く; ぴょんぴょん飛ぶ: Butterflies were ～*ing* from flower to flower. 蝶が花から花へと飛び舞っていた. — *vt.* **1** (活発に)振り動かす, ぱたぱたさせる: ～ a tail 〈鳥が〉尾を振り動かす / ～ a fan 扇をひらひら使う. **2** 《まれ》(はずみをつけて)ひょいと投げる, ひらりとほうる: ～ a glove. — *n.* **1** 恋をもてあそぶ女[男], 浮気女[男]. **2** ひょいと投げること; (ひょいと動く)急激な動き, (尾・扇などの)ひらひら[ひょいひょい]する動き: move about *with* a ～ of one's dress しゃなりしゃなりとドレスをひらつかせて歩き回る. 〖《1549》《擬音語?》: cf. OF *fleureter* 《原義》to move from flower to flower〗

flir·ta·tion /flɚːtéɪʃən | flɜː-/ *n.* (男女が)ふざけること, ふざけ, いちゃつき; 恋愛遊戯, 戯れの恋. 〖《1718》: ⇨ ↑, -ation〗

flir·ta·tious /flɚːtéɪʃəs | flɜː-/ *adj.* ふざけたがる, いちゃつく, じゃらじゃらする, 恋愛遊戯的な: throw a ～ glance at a person 人に色目をつかう. **～·ly** *adv.* **～·ness** *n.* 〖《1834》← *flirtati*(*on*)＋-ous〗

flírt·er /-ṭə | -tə^(r)/ *n.* **1** 振り動かす人. **2** ひょいと投げる人. **3** いちゃつく人, 恋愛遊戯をする人. 〖《1814》: ⇨ -er¹〗

flírt-gìll /-dʒɪ̀l/ *n.* 《廃》浮気な女, 尻の軽い女. 〖《1595–96》: ⇨ gill⁴〗

flírt·ing·ly /-ṭɪŋli | -tɪŋli/ *adv.* **1** ひょいひょいと(動かして). **2** ふざけて, いちゃついて, 恋をもてあそんで; あだっぽく (coquettishly). 〖《1855》: ⇨ -ing², -ly¹〗

flirt·ish /flɚ́ːṭɪʃ | flə́ːt-/ *adj.* ＝flirtatious. 〖*c*1665〗

flirt·y /flɚ́ːṭi | flə́ːti/ *adj.* (**flirt·i·er; -i·est**) **1** ひらひらする. **2** ふざけたがる, 浮気な (coquettish). 〖《1840》: ⇨ -y⁴〗

flit /flít/ *vi.* (**flit·ted; flit·ting**) **1** 〈人が〉身軽に通る; 〈夢・幻想などが〉去来する; 〈時が〉過ぎ去る: nurses ～*ting through* the hospital wards 病室を身軽に通り過ぎる看護婦 / fancies that ～ *through* the brain ちらと頭をかすめる空想 / Her imagination ～*ted back to* her childhood. 彼女の想像はすっと子供時代に戻った. **2** 〈鳥・コウモリ・猫などが〉軽やかに飛ぶ, すいすい[ひらひら]飛ぶ, 飛び回る (⇨ fly¹ SYN); すうっと飛んで行く: bees ～*ing from* flower *to* flower 花から花へ飛び交うミツバチ / clouds ～*ing across* the sky 空を飛走する雲 / ～ *past* すうっと飛び過ぎる. **3 a** 《英方言・スコット》住居を移す[転々とする]; (借金取りを避けるために)こっそり逃げる: ～ *to* a new house 新居に移る. **b** 《口語》駆落ちする (elope). **4 a** 《古》変更する (shift), 変わる, 不安定である, 〈興味・関心を〉次々に変える. **b** 〈炎が〉消える. — *vt.* 《スコット・英方言》移転[転居]させる, 立ちのかせる (remove). — *n.* **1** 飛び去ること. **2** 《英口語・方言》**a** 引越し, 転居; (借金取りなどから逃れるための)急な引越し, ひそかな転居, 夜逃げ: do a ～ 逃亡する / ⇨ moonlight flit. **b** 駆落ち (elopement). **3** 《米俗》《軽蔑》同性愛の男, 男色者, ホモ.

flít·ty /-ṭi | -ti/ *adj.* 〖《*a*1200》 *flitte*(*n*) to go away, migrate □ ON *flytja* to carry, cause to flit ← *flȳja*: ⇨ fleet²〗

flitch /flítʃ/ *n.* **1** 豚のわき腹肉のベーコン. **2 a** 角切りのクジラの脂肉. **b** (オヒョウ (halibut) などの)魚の切り身; その燻製品. **3** 《木工》**a** 背板 (slab); (flitch beam の)合わせ板. **b** フリッチ《合板の単板 1 枚分におおよそ木取りした材; 化粧合板などに製品化される原材》.

flitch of Dúnmow [the —] ＝Dunmow flitch.

— *vt.* **1** 〈魚などを〉切り身 (flitch) にする. **2** 《木工》合板に組み立てる[組み合わせる].

〖OE *flicce* < Gmc **flikkjam* (MLG *vlicke* / ON *flikki*) ← IE **plēk-* to tear: cf. flay, flesh〗

flitch bèam *n.* 《木工》(2 枚の板の中間に鋼板 (flitch plate) を入れて締め合わせた)合わせ梁(はり) (flitched beam ともいう). 〖1884〗

flitch gìrder *n.* 《木工》サンドイッチ桁(けた)《合わせ梁 (flitch beam) を用いた桁》.

flitch plàte *n.* 《木工》フリッチ板《flitch beam の間に入れる補強鋼板》. 〖1888〗

flite /fláɪt/ 《スコット・英方言》*vi.* 口論する, けんかする, 争う〔*against, on, with*〕; ののしる, がみがみ言う〔*at*〕. — *n.* 口論, けんか; ののしり. 〖OE *flītan* to strive: cf. G *sich befleissen* to busy oneself〗

flit gùn *n.* (家庭用小型)殺虫剤噴霧器. 〖← *Flit* (殺虫剤の商標名)〗

flit·ing /fláɪṭɪŋ | -tɪŋ/ *n.* 《スコット・北英》口論 (wrangling); ののしり (scolding). 〖《?*a*1200》: ⇨ flite〗

flit·ter[1] /flítə | -tə⁽ʳ⁾/ *vi.* 〈コウモリ・チョウなどが〉ひらひらと飛び回る (flutter). **— *vt.*** ひらひら[あちこち]動かす, はばたかせる. 〘(?a1400) (freq.) ← FLIT: ⇨ -er⁴〙
flit·ter[2] /-tə | -tə⁽ʳ⁾/ *n.* ひらひら飛ぶ[飛び回る]もの. 〘(1554) ← FLIT (v.)+-ER¹〙
flítter·mòuse *n.* 〔方言〕コウモリ (bat). 〘(1547): ⇨ flitter¹, mouse: cf. Du. *vledermuis* / G *Fledermaus* bat〙
flit·ting /flítɪŋ | -tɪŋ/ *n.* 《英口語・方言》引越し, 転居: ⇨ moonlight flitting. **— *adj.*** ひらひら飛ぶ, 飛び回る; うつろい行く, 束の間の: ~ moments of mirth 束の間の歓楽のひと時. **~·ly** *adv.* 〘n. (?c1200) adj. (c1380): ⇨ flit, -ing¹·²〙
fliv·ver /flívə | -və⁽ʳ⁾/ 《俗》 *n.* **1 a** 小型の(古い)安自動車; 《戯言》自動車. **b** (個人用の)小型飛行機. **c** 小型駆逐艦. **2** 失敗; 失敗者[した物] (failure). **— *vi.*** **1** 小型の安自動車で旅行をする. **2** 失敗する (fizzle). 〘(1910) ← ?: 《原義》failure〙
flix /flíks/ *n.* 《古》(ウサギ・ビーバーなどの)毛皮 (fur); 綿毛. 〘(1666) ← ?〙
flíx·wèed *n.* 〔植物〕クジラグサ (*Descurania sophia*) 《アブラナ科; 赤痢に効くと考えられていた》. 〘(1578) 《異形》 ← FLUX+WEED〙
FLN 《略》Front de Libération Nationale (アルジェリアの)民族解放戦線 (1954–62).
Flo /flóʊ | flə́ʊ/ *n.* フロー《女性名》. 〘(dim.) ← FLORENCE²〙
Flo. 《略》Florence.
float /flóʊt | flə́ʊt/ *vi.* **1 a** 浮かぶ (↔ sink); (水中に)浮流する, 漂う (drift along): A cork ~*s on* water. コルクは水に浮く / Logs were ~*ing down* [*away*]. 丸太が流されて来た[行った] / Share prices ~*ed* gently upwards. 株価が徐々に上がった. **b** (増水して)浮き上がる, 押し流される 〈*off*〉. **2** (空中・気体中に)浮かぶ, 浮動する, (中空に)かかる; 〈におい・音などが〉風に乗ってくる: I saw three balloons ~*ing* in the air. 風船が 3 個空高くふわりと浮かんでいるのが見えた. **3** (心中などに)浮かぶ (hover): ideas ~*ing* through the mind 心中に浮かぶ考え / The sight ~*ed* before his eyes. その光景が眼の前に浮かんで来た. **4** 〈風説などが〉広がる, 流布(ᵇ)する: The rumor was ~*ing about* [*around* town]. そのうわさが方々に[町中に]流れていた. **5** 《俗》〈人がゆったりと[優雅な足どりで]歩く: Mrs. Green ~*ed down* the stairs. グリーン夫人はしとやかに階段を降りて来た. **6 a** (住所・職業など)転々とする, (あてもなく)流浪する: He ~*ed* through life [~*ed* from place to place]. 世をさすらい渡った[転々と居所を変えた]. **b** 〈政党の政策・政党への支持・節操などが〉無定見である, 浮動する, ぐらぐらする; 〈考えが〉ぐらつく, 揺れる. **7** 〈会社・計画などが〉設立される, 起こされる, 企てられる (cf. *vt.* 6 b). **8** 〔商業〕〈引受け済み手形などが〉流通中である. **9** 〔経済〕〈一国の通貨が〉〈他国の通貨に対して〉変動為替相場をとる, フロートする 〔*against*〕. **10** 〔紡織〕〈糸が〉浮かされる《他の 2 本(以上)の糸の上または下に通される; cf. *vt.* 10》.
— *vt.* **1** (水上に)浮かべる, 浮かす, 浮き上がらせる, 浮流させる, 漂わせる: enough water to ~ a ship 船を浮かべるに足りる水 / The tide ~*ed* us *into* the harbor. 潮流に乗って港へはいった / ~ a raft of logs *down* a river いかだを川に流す. **2** (空中に)浮かべる, 浮揚させる: Coal gas will ~ a balloon. 石炭ガスを入れれば気球は浮揚する. **3** 《まれ》**a** 氾濫させる (flood); 灌漑(ᵏᵃⁿ)する (irrigate). **b** …の表面を〈水などで〉浸す 〈*with*〉: The field was ~*ed with* blood. 戦場は血に浸された. **4** 〈セメント・しっくい〉(の表面)をこてでならす. **5 a** 〈風説などを〉広める, 流布させる (circulate): ~ a rumor うわさを広める. **b** 〈考えなど〉を持ち出す, 提案する: ~ an idea アイデアを出す. **6 a** 〈計画・事業などの〉ために一般の支持[承認]を得る. **b** (事業などの資金調達のため)〈株・公債などを〉市場に売り出す, 発行[募集]する; (証券などを発行して)〈会社・計画を〉設立する (establish), 起こす, 企てる (launch): ~ a bond issue 公債[社債]を発行する / We must raise enough money to ~ the company. 会社を起こすのに必要な資金を調達しなければならない. **c** 〈貸付けなどを〉協定する, 取り決める: ~ a loan. **7** 〔経済〕〈一国の通貨を〉変動為替相場制にする, フロートさせる. **8** 〈絵の具を〉水で練り砕く (levigate). **9** 〔土木〕〈構造物を〉マット[いかだ]の土台に載せる. **10** 〔紡織〕〈糸を〉浮かす《他の 2 本(以上)の糸の上または下に通す》; 糸を浮かして〈模様を〉織る. **11** 〔劇場〕〈フラット (flat) を〉(舞台上に)降ろす.
— *n.* **1 a** 浮く物, 浮遊物; 浮氷; 浮き草の塊. **b** いかだ (raft): in ~*s* いかだにして. **c** 浮標 (buoy). **d** 浮袋, 救命具. **e** (釣糸・魚網の)うき. **f** 《機械》(水槽の水量を調節する)浮球; 浮子, フロート《気化器のフロート室内にある金属製中空のうき》. **g** 〔動物〕(魚の)浮袋; (深海動物の)気胞体; 〔植物〕(藻(ᵐ)の)呼吸根. **h** (係船用の)浮桟橋; (水泳者用の)浮台 (floating platform). **i** 〔航空〕(水上飛行機の滑走用の)浮舟, フロート. **2 a** (街路を練り歩く)屋台, だし. **b** 《英》(家畜または貨物運搬用の)台車: ⇨ milkfloat. **3** 《米》フロート《ルートビア (root beer), コーラなどの上にアイスクリームを浮かせた清涼飲料》: root beer ~ ルートビアフロート. **4** (店の営業開始時に釣銭・小額の支払いに使うための)ため金, 手持金. **5** 〔経済〕変動為替相場 (cf. *vi.* 9). **6 a** (左官の)木ごて; (大理石用の)磨きごて. **b** 荒片目やすり (float-cut file). **7** =floatboard. **8** (未査定の)浮遊分譲地. **9** 〔紡織〕浮糸《錦織にみられるように模様を浮き出すために数本の縦糸[横糸]を飛びこえて織り込まれる横糸[縦糸]》. **10** [*pl.*] 《英》〔演劇〕=footlights. **11** 〔地質〕フロート《岩石や鉱石の風化作用により生じる岩石片》; [しばしば *pl.*] 水中に浮標する鉱石片. **12** 《米》取立てのために銀行間を転送中の小切手[手形]. **13** 《まれ》浮流, 浮遊, 浮揚: on the ~ 浮かんで, 漂って. **14** 《廃》波, 海.
〘v.: OE *flotian* < Gmc **flotōjan* (ON *flota* / MDu. *vlōten*) ← **flot-* ← **fleutan* 'to FLEET²': OF *floter* ((F *flotter*) ← Gmc) の影響もある. — n.: OE *flota* that which floats, ship // OE *flot* floating〙
float·a·ble /flóʊtəbl | flə́ʊt-/ *adj.* **1** 浮かぶ[浮かべる]ことのできる, 浮揚性の. **2** 〈河流が〉船[いかだ]を浮かべることのできる. **3** 〔鉱山〕浮遊性のある. **float·a·bil·i·ty** /flòʊtəbíləti | flə̀ʊtəbílɪ̀ti/ *n.* 〘(1826): ⇨ ↑, -able〙
float·age /flóʊtɪdʒ | flə́ʊt-/ *n.* **1** =flotage. **2** 鉄道車両を運搬船 (barge) に移す料金. 〘(1626): ⇨ -age〙
float·a·tion /floʊtéɪʃən | flə(ʊ)-/ *n.* =flotation. 〘1806〙
flóat·bòard *n.* (水車の)水受け板; (外車船の)水かき板《単に float ともいう》. 〘1719〙
flóat bridge *n.* (桟橋から船にかけ渡す)浮橋, いかだ橋《いかだの上に組み立てた橋; cf. pontoon bridge》. 〘1692〙
flóat chàmber *n.* 〔機械〕フロート室, フロートチェンバー《フロートで燃料を調節する気化器の燃料室》. 〘1901〙
float-cùt file *n.* 荒片目やすり, 片刃やすり. 〘1888〙
float·el /floʊtél | fləʊ-/ *n.* =flotel.
float·er /flóʊtə | flə́ʊtə⁽ʳ⁾/ *n.* **1 a** 浮漂物, 浮く物, 浮遊物. **b** (水差などの)水の表面に葉を浮かべる草, 浮草. **c** 放流びん (drift bottle). **d** [*pl.*] (ビールに)浮遊する小粒子. **e** 《米俗》水に浮かぶ水死体, 水死人, 「土左衛門」. **2 a** 《米口語》住所[職業]を転々と変える人, 渡り労働者. **b** 浮浪者 (vagrant). **c** (ある職場で)特定の仕事を与えられていない従業員, フリーランサー. **d** (政治的・宗教的に)定見[帰属]のない人. **3 a** 浮動投票者 (floating voter); 《米》買収可能な投票者. **b** 《米》(同一選挙に所を変えて数箇所で投票する)不正投票人, 二重投票者. **4** (会社の)設立発起人. **5** 《英俗》しくじり, 失敗 (mistake). **6** 《米俗》(警察の発する)町からの退去命令. **7** 〔野球〕(回転を与えない)スローボール. **8** 〔クリケット〕山なりのゆるいボール. **9** 《米》〔保険〕包括予定保険《宝石や毛皮など, 移動する物件の盗難や損傷に対する保険; floating policy ともいう》. **10** 《豪》まばらに金・オパールを含む岩石. **11** 《豪》(豆スープに浮かした)ミートパイ. **12** [*pl.*] 〔病理〕= muscae volitantes. 〘(1717): ⇨ -er¹〙
flóat-fèed *adj.* 〔機械〕〈気化器などが〉うき (float) によって燃料の供給が調節される. 〘1902〙
flóat glàss *n.* 〔ガラス製造〕フロートガラス《フロート法 (float process) で作った板ガラス》. 〘1959〙
flóat gràss *n.* 〔植物〕=floating grass. 〘1440〙
flóat·hòuse *n.* 《米》いかだ式の家《曳航して移動する》.
float·ing /flóʊtɪŋ | flə́ʊt-/ *n.* **1** 浮動, 浮揚, 浮遊. **2** (鏝(ᵏ)による)仕上げ塗り; (しっくい塗りの)中塗り.
— *adj.* **1 a** 浮かんでいる, 浮遊している, 浮かび漂う; 空中に飛び漂う: ~ wreckage 漂流している難破貨物 / ~ thistledown ふわふわ飛んでいるあざみの冠毛. **b** 〈船荷が〉海上にある, 陸揚げ未了の: a ~ cargo 沖がかり貨物, 未着貨物. **2** (住居・職業などで)浮動的な, 流動性の, 一定しない (shifting): the ~ population of a city 都市の浮動人口. **3** 〔医学〕定着していない, 遊動[遊走]性の: ⇨ floating kidney. **4** 〔経済〕**a** 〈資本など〉固定していない, 流動している: ~ money 流動資金, 遊金, 遊資. **b** 〈負債など〉短期返済の《通例利子支払いのための資本が貯えられていない》: ⇨ floating debt. **5** 〔経済〕〈為替・通貨が〉変動的な: the system of ~ exchange rates 変動為替相場制 (cf. floating exchange rate system). **6** 〔機械〕自由自動の, 円滑に動く, (防振のために)弾性支持した: a ~ transmission 自由電動装置 / ⇨ floating axle. **~·ly** *adv.* 〘(1562): ⇨ -ing²〙
flóating ánchor *n.* 〔海事〕海錨(ᵏᵃⁱᵇʸᵒ) (sea anchor). 〘1874〙
flóating ássets *n. pl.* 〔会計〕流動資産 (current assets).
flóating áxle *n.* 〔機械〕浮動軸. 〘1907〙
flóating báttery *n.* **1** (大型のいかだや船の上に作った)浮き砲台. **2** 浮動蓄電池《常時充電しながら使用される蓄電池》. 〘1695〙
flóating brídge *n.* **1** (橋脚の代わりにいかだや舟を並べて渡した)浮き橋, 舟橋. **2** 鎖渡し船《川の両側に固定した鎖を伝って行き来する渡し船》. 〘1706〙
flóating cápital *n.* 〔経済〕=circulating capital.
flóating chárge *n.* 《英》浮動担保, 企業担保 (《米》 blanket mortgage).
flóating cráne *n.* 起重機船. 〘1903〙
flóating cúrrency *n.* 〔経済〕変動相場制を採る通貨.
flóating débt *n.* 〔経済〕流動負債 (current liability), 短期負債.
flóating décimal *n.* 〔電子工学〕浮動小数点方式《コンピューターなどで有効数字を多くとるため, 小数点の位置を自動的に変える方式》.
flóating dóck *n.* 〔海事〕浮きドック《修理船を乗せて浮き上がる形のドック; floating dry dock ともいう》. 〘1866〙
flóating exchánge ràte sỳstem *n.* 〔経済〕変動為替制《外貨の需給に応じ自由に為替相場が決定される制度》.
flóating flóor *n.* 〔建築〕浮き床《遮音のため, 構造体から浮かせて張った床》. 〘1934〙
flóating foundátion *n.* 〔建築〕いかだ基礎, 浮き基礎《弱い地盤の上に建てる場合, 建物底面を全部 1 枚の基礎盤にしたもの》.
flóating gàng *n.* 《米》〔鉄道〕移動保線区班《不特定地域の鉄道路線補修工夫組; cf. section gang》.
flóating gráss *n.* 〔植物〕ドジョウツナギ属 (*Glyceria*) など沼沢地にはえるイネ科の植物の総称.
flóating héart *n.* 〔植物〕リンドウ科アサザ属 (*Nymphoides*) 植物の総称《アサザ・アメリカガガブタなど; 葉がハート形で水面に浮くためにいう》.
flóating inspéctor *n.* (工場側の要請に基づいたり, あるいは随意に)工場の生産部品を検査する検査員.
flóating ísland *n.* **1** (沢などに見られる)浮き島. **2** カスタードに泡立てた卵白またはクリームを浮かせたデザート. 〘1638〙
flóating kídney *n.* 〔解剖〕遊走腎.
flóating léver *n.* 〔鉄道〕浮きレバー, 浮動てこ《ブレーキ棒によって動かされるもの》. 〘1884〙
flóating líght *n.* **1** (浮標につけた)浮標灯. **2** 灯船 (lightship)《暗礁・浅瀬・沈船などの危険物を示すため, その場所に係留してマストの上に灯火を掲げた小船》. **3** (灯火をつけた)夜間用救命浮器. 〘1793〙
flóating píer *n.* 〔土木〕浮き桟橋. 〘1855〙
flóating-póint *adj.* 〔数学〕浮動小数点の《312.8 を 3.128×10^2 と表すなど, 小数点を適当な位置に動かして数を表す方式にいう; cf. fixed-point》. 〘1948〙
flóating-pòint representátion *n.* 〔電算〕浮動小数点表示 (cf. fixed-point representation).
flóating pólicy *n.* **1** 〔海上保険〕船名等未詳保険証券, 予定保険証券. **2** =floater 9.
flóating ràtes *n. pl.* 船荷税 (cf. floating *adj.* 1 b).
flóating ríb *n.* 〔解剖〕浮動肋骨, 浮肋《胸骨にも他の肋骨の軟骨にも付着していない肋骨; ヒトでは最下端に二対; cf. false rib》. 〘1831〙
flóating stáge *n.* **1** 〔劇場〕**a** 機械運転によって舞台裏に移動するステージ. **b** (古代ローマ劇場のような)水上舞台. **2** 演芸船, ショーボート (showboat).
flóating stóck *n.* 〔証券〕浮動株《投機などのため短期的に保有されている株式》.
flóating supplý *n.* **1** (商品などの)在庫, 在庫高. **2** 浮動証券《投機などのため短期的に保有されている株式や債券》.
flóating vóte *n.* **1** 浮動票. **2** [集合的] 浮動投票者. 〘1847〙
flóating vóter *n.* 浮動投票者 (floater). 〘1905〙
flóating zóne mèlting *n.* 〔冶金〕浮遊帯溶融法 (cf. cage zone melting).
flóat·man /-mən/ *n.* (*pl.* **-men** /-mən, -mèn/) 車両運搬船 (car float) 管理者. 〘1882〙
flóat·plàne *n.* フロート付きの水上機 (cf. seaplane, flying boat). 〘1922〙
flóat pròcess *n.* 〔ガラス製造〕フロート法《帯状のガラスを融けたスズの上に浮かべて板ガラスを製造する方法; cf. float glass》. 〘1959〙
flóat·stòne *n.* **1** 〔岩石〕浮き石, 軽石《多孔性海綿状の蛋白石》. **2** (れんが仕上工用)磨き石. 〘1703〙
flóat swìtch *n.* 〔電気〕フロートスイッチ《液体上に浮くフロート[浮子]の上下で断続する電気スイッチ》.
flóat tùbe *n.* 《米》(釣り用の背もたれ付き)浮き輪.
flóat vàlve *n.* 〔機械〕フロート弁, 浮動弁. 〘1874〙
float·y /flóʊti | flə́ʊti/ *adj.* (**float·i·er; -i·est**) **1** 浮くことのできる, 浮きやすい (buoyant). **2** 〈船が〉吃水の浅い. **3** 浮くように見える: a ~ chiffon dress. 〘(?c1380) (a1608): ⇨ -y⁴〙
floc /flɑ́(ː)k | flɔ́k/ *n.* **1** フロック《煙・沈澱物など綿状の固まり》. **2** =flock² 1, 2. **— *v.*** (**flocced; floc·cing**) **— *vi.*** 綿状に固まる. **— *vt.*** 綿状に固まらせる. 〘(1921) 《略》← FLOCCULUS〙
flocci *n.* floccus の複数形.
floc·cil·la·tion /flɑ̀(ː)ksəléɪʃən | flɔ̀ksɪ̀-/ *n.* 〔病理〕撮空[捜衣]摸床, 瀕死のもがき《意識の混濁した患者が寝具をつかむ症状; carphology ともいう》. 〘(1842) ← L **floccill(us)* ((dim.) ← L *floccus* 'FLOCK²')+-ATION〙
floc·ci·nau·ci·ni·hi·li·pi·li·fi·ca·tion /flɑ̀(ː)ksənɔ̀ːsənàɪhɪləpɪləfɪkéɪʃən, -nɑ̀ː- | flɔ̀ksɪ̀nɔ̀ːsɪnɪhɪlɪpɪlɪ̀fɪ-/ *n.* 《戯言》(富などの)軽視, 蔑視. 〘(1741) ← L *flocci, nauci, nihili, pili* at a small price, at nothing+-FICATION〙
floc·cose /flɑ́(ː)koʊs | flɔ́kəʊs/ *adj.* 〈植物が〉むら毛状の (tufty); むら毛のある (tufted). 〘(1752) □ LL *floccōcus* ← L *floccus* 'FLOCK²': ⇨ -ose¹〙
floc·cu·lant /flɑ́(ː)kjʊlənt | flɔ́k-/ *n.* 〔化学〕凝集剤 (flocculating agent ともいう). 〘← FLOCCULE+-ANT〙
floc·cu·late /flɑ́(ː)kjʊlèɪt | flɔ́k-/ *v.* **— *vt.*** 〈雲・沈澱物などを〉綿状[毛状]の固まりにする, 凝集させる. **— *vi.*** 綿状[毛状]の固まりになる, 凝集する. **—** /flɑ́(ː)kjʊlɪ̀t, -lèɪt | flɔ́k-/ *n.* 綿状[毛状]の固まり (floc). **flóc·cu·là·tor** /-tə | -tə⁽ʳ⁾/ *n.* 〘(1877) ← FLOCCULUS+-ATE³〙
floc·cu·la·tion /flɑ̀(ː)kjʊléɪʃən | flɔ̀k-/ *n.* 綿(ʷᵃᵗᵃ)状沈澱, 凝集, 綿状[絮(ʲᵒ)]状反応.
floc·cule /flɑ́(ː)kjuːl | flɔ́k-/ *n.* **1** 一房の羊毛[羊毛状物質]. **2** (沈澱物中の)羊毛状微片. 〘(1845–46) ← NL *flocculus*: ⇨ flocculus〙
floc·cu·lence /flɑ́(ː)kjʊləns | flɔ́k-/ *n.* (*also* **floc·cu·len·cy** /-lənsi/) 羊毛[むら毛]状, 綿状. 〘(1847): ⇨ ↓, -ence〙
floc·cu·lent /flɑ́(ː)kjʊlənt | flɔ́k-/ *adj.* **1** 羊毛状の, 綿状の, 毛房[むら毛]のような (woolly). **2** 柔毛性の, 綿毛質の (downy); 毛房状の固まりから成る. **3** 〈昆虫など〉柔毛に覆われた. **4** 剝離(ʰᵃᵏᵘʳⁱ)性の (flaky). **~·ly** *adv.* 〘(1800) ← FLOCCULUS+-ENT〙
flócculent precípitate *n.* 〔化学〕(水酸化アルミニウムのような)綿状沈澱物. 〘1800〙
floc·cu·lus /flɑ́(ː)kjʊləs | flɔ́k-/ *n.* (*pl.* **-cu·li** /-làɪ/) **1** 綿状[羊毛状]の固まり (floccule). **2** 〔解剖〕(小脳の)小葉. **3** 〔天文〕羊斑《分光太陽写真で黒点の表面に見える輝いた斑紋; plage ともいう》. 〘(1799) ← NL ~

F

(dim.) ← L *floccus* (↓)〗

floc·cus /flɑ́(ː)kəs | flɔ́k-/ *n.* (*pl.* **floc·ci** /flɑ́(ː)kaɪ, -kiː, -ksaɪ, -ksiː | flɔ́ksaɪ, -ksiː, -kaɪ, -kiː/) **1 a** 〘植物〙綿毛; (菌類の)菌糸の固まり, わた. **b** (ライオンなど動物の尾の先の)房毛. **c** (ひな鳥の)綿毛. **2** 〘気象〙房状雲. — *adj.* 〘気象〙〈雲が〉群れをなした房状の. 〖(1799) □ L ～ 'lock, FLOCK²'〗

flock¹ /flɑ́(ː)k | flɔ́k/ *n.* **1 a** (家畜・家禽または野生動物の)群れ《特に, 羊・ヤギ・ガチョウ・アヒルなどにいう; ⇨ group SYN》: a ～ of sheep [wild ducks] 羊[野がも]の群れ / the flower of the ～ 鶏群の中のつる; 一家の花形. **b** [*pl.*] (人の財産としての)羊とヤギ: ～s and herds. **2 a** 《古》人の群れ, 一団: a ～ of young girls 少女の群れ. **b** [*pl.*] 大勢, 多数: come *in* ～s 大勢でやって来る, 大挙して来る. **c** (物の)集まり, 多数, 大量, 一山 (heap): a ～ of pamphlets 一山のパンフレット / a ～ of wild surmises 途方もない憶測の数々. **3** [集合的] **a** 指導者の下にある群衆. **b** (新約聖書などでキリストを「よき羊飼い」(Good Shepherd) と見なして)キリスト教会 (Christian Church); (牧師に対して教会の)信者たち, 会衆 (congregation): the ～ of Christ キリスト教信者. **c** (父母・教師を羊飼いと見なして)子供[生徒]たち: a teacher [mother] and her ～ 先生と生徒たち[母親とその子供たち].
— *vi.* **1** 群れをなす, 群がる 〈*together*〉: Birds of a feather ～ *together*. ⇨ BIRDS *of a feather*. **2** 群れをなして来る[行く] 〔*after, around into, to, out of*〕/ 〈*about, out*〉: ～ *to* the country [concert] 田舎[コンサート]へ集団で出かける.
〖OE *floc(c)* < Gmc **fluʒnaz* (ON *flokkr* troop, band) ← ?〗

flock² /flɑ́(ː)k | flɔ́k/ *n.* **1** 一房の羊毛[毛髪など]: a ～ of wool 羊毛一房 / a ～ of cotton 綿一固まり. **2** [*pl.* にも用いて] (ふとん・家具などに詰める, また flock paper などを作るのに用いる)毛くず, 綿くず. **3** =floc. — *vt.* **1** 〈ふとんなどに〉毛[綿]くずを詰める. **2** 〈紙など〉毛[綿]くずで飾る[被う] (cf. flock paper). 〖(c1250) *flok* □ (O)F *floc* < L *floccum* flock ← ?〗

flóck·bèd *n.* 毛くず入り(マットレスの)寝台. 〖(1327): ⇨ ↑, bed〗

flóck brónzewing *n.* 〘鳥類〙クマドリバト (*Phaps histrionica*) (cf. bronzewing).

flóck·ing *n.* 毛くずで飾った(壁紙などの)模様. 〖(1604) ← FLOCK²＋-ING¹〗

flóck·less *adj.* **1** 鳥[獣]群のない. **2** 信者のない. 〖(1598) ← FLOCK¹＋-LESS〗

flóck·màster *n.* 牧羊主; 羊飼い. 〖(1798) ← FLOCK¹＋MASTER¹〗

flóck máttress *n.* 毛[綿]くずを詰めたマットレス. 〖1869〗

flóck pàper *n.* フロックペーパー《あらかじめ着色した毛くずや綿くずなどを散布した特殊な紙; 主に壁紙などに用いる》. 〖1750〗

flóck wàllpaper *n.* フロック壁紙 (cf. flock paper).

flock·y /flɑ́(ː)ki | flɔ́ki/ *adj.* (**flock·i·er**; **-i·est**) **1** 羊毛状の, 毛房[毛くず]のような[だらけの]. **2** 綿毛のような, 柔毛性の. 〖(c1425): ⇨ flock², -y⁴〗

Flod·den /flɑ́(ː)dn̩ | flɔ́dn̩/ *n.* フロッデン《イングランド北東部 Northumberland 州の丘; James 四世に率いられたスコットランド侵入軍がイングランド軍に大敗した地 (1513); Flodden Field ともいう》. 〖(16C) *Floddoun* ← ? OE *flōh* fragment, a bit of stone＋OE *dūn* 'DOWN³'〗

floe /flóʊ | flə́ʊ/ *n.* 〘地理〙=ice floe. 〖(1817) □ ? Norw. *flo* < ON *fló* layer〗

floe·berg /flóʊbəːg | flə́ʊbəːg/ *n.* (氷山に似た)浮氷の塊. 〖(1878) ⇨ ↑, berg¹〗

flog /flɑ́(ː)g, flɔ́(ː)g | flɔ́g/ *v.* (**flogged**; **flog·ging**) *vt.* **1 a** (むち・つえなどで)激しく打つ, むち打つ (lash) (⇨ beat¹ SYN); 罰する, …に体罰を加える: ～ a lazy boy 怠惰な子供をむち打つ / ⇨ *flog a* DEAD HORSE. **b** むち打って直す[教え込む, 進ませる]: ～ laziness *out of* a boy むちを加えて子供の怠け癖を直す / ～ Latin *into* a boy むち打って少年にラテン語を覚えさせる / ～ a donkey *along* ろばをぴしぴしむち打って進ませる. **2 a** (むち打つように)たたく (strike): Trees were ～*ging* the ground in the strong wind. 木々は強い風にあおられて地面を打ちつけていた / The dog ～*ged* the rug with his tail. 犬は尾でじゅうたんをたたいた. **b** (クリケットなどで)〈球を〉痛打する, 打ちまくる (punish). **c** 〈川に〉釣り糸を幾度も投げ入れる. **3** 厳しく批判する: be severely ～*ged* over sex discrimination 男女差別のことで厳しく批判される. **4** 駆り立てる (drive): ～ one's memory 記憶力にむち打つ / ～ one's car to the country 車を駆って田舎へ行く. **5** 《英俗》売る; 〈官給品などを〉(不法に)売る, 〈盗品を〉故売する. **6** 《NZ》盗む. **7** 《英俗》打ち負かす; 疲れさせる: ～ a competitor. — *vi.* 《俗》骨折って進む. ***flóg into the gróund*** …を酷使する. ***flóg to déath*** 《口語》〈商品・話題を〉しつこく宣伝して[繰り返して]うんざりさせる: The issue has been *flogged to death* in the media. その問題はマスコミで散々取りあげられて, もううんざりだ. **～·ger** *n.* 〖(1676) ← ? L *flagellāre* 'to FLAGELLATE'〗

flóg·ging *n.* むち打つこと, (体罰としての)むち打ち: give a boy a ～ 少年をむち打つ. 〖(1758): ⇨ ↑, -ing¹〗

flógging chìsel *n.* 〘金属加工〙(鋳鍛造用)大たがね. 〖1874〗

flo·ka·ti /floʊkɑ́ːṭi | fləkɑ́ːti/ *n.* フロカーティー《ギリシャ産の手織りの粗毛じゅうたん》. 〖(1966) □ Mod Gk *phlokátē*〗

flong /flɑ́(ː)ŋ, flɔ́(ː)ŋ | flɔ́ŋ/ *n.* 〘印刷〙紙型(しけい)用紙, フロング. 〖(1880) □ F *flan* 'FLAN' (フランス語の発音の英語化した綴り)〗

flood /flʌ́d/ *n.* **1** 洪水, 大水, 浸水, 出水; [the F-] ノアの大洪水 (the Deluge) (cf. *Gen.* 7): Noah's *Flood* ノアの大洪水 / before *the Flood* 大昔(に) / in ～ 洪水となって, とうとうとあふれて / The rain caused a ～ near the river. 雨で川の近くが水につかった. ★ ラテン語系形容詞: diluvial. **2** (物の)氾濫(はんらん), 激しい流出[流入], 殺到, 豊富, 充満 (outpouring): a ～ *of* light (部屋などに)さっとさし込むあふれんばかりの光 / a ～ *of* lava 溶岩の奔流 / a ～ *of* anger 怒りの激発 / a sudden ～ *of* joy 急にこみ上げて来る喜び / a ～ *of* letters 殺到する手紙 / a ～ *of* data 厖大な資料 / burst into a ～ [～*s*] *of* tears わっと泣き出す / be in ～*s of* tears さめざめと泣く / ～*s of* words よどみなく語る数千言 / ～*s of* ink (論争などで)おびただしく書き飛ばすこと / ～*s of* rain 車軸を流すような豪雨 / It's raining *in* ～*s*. すごいどしゃぶりだ. **3 a** 上げ潮, 差し潮, 満ち潮 (flood tide) (cf. ebb 1): ebb and ～ 潮の干満 / the moon, the governess of ～*s* 潮の干満を司る月 (Shak., *Mids N D* 2. 1. 103). **b** 高潮, 潮時: at the ～ 潮が満ちて; よい潮時で[に] / reach its ～ 最高潮に達する. **4** 《口語》=floodlight. **5** 《詩・古》海, 川, 湖水; (陸に対して)水: accidents by ～ and field 水陸での出来事 (cf. Shak., *Othello* 1. 3. 135).
— *vt.* **1** …にあふれる, 浸水[冠水]させる; 氾濫させる (inundate); 水浸しにする, 出水[増水]させる; あふれさせる: The river was [The houses were] ～*ed* by the rains. 豪雨で川は氾濫した[家は浸水した] / The river ～*ed* the lowlands. 川が氾濫して低地帯が冠水した / ～*ed* districts 洪水被害地, 水害地 / ～ a bathtub 浴槽に水をあふれさせる. **2** 〈牧草地などに〉水を流す (irrigate); …に多量の水を注ぐ: ～ a meadow by opening the sluices 水門を開いて牧草地に水を流す / ～ a burning house *with* water 燃えている家に多量の水をかける. **3 a** …に多数押し寄せる, …に満ちあふれる: Applicants [Applications] ～*ed* the office. 応募者[申込書]が事務所に殺到した / She was ～*ed* with fan mail. 彼女にファンレターがいやというほど舞い込んだ. **b** 〈光などが〉…にみなぎる: The light of a fine autumn day ～*ed* the room. すばらしい秋の日の日ざしが室内に満ちあふれていた / The room was ～*ed with* sunshine. その部屋は陽光でいっぱいだった. **c** 〔光などを〕…にみなぎらせる 〔*with*〕: ～ the stage *with* light 舞台一面に照明の光をみなぎらせる. **4** 投光照明で照らす. **5** 〘自動車〙〈気化器 (carburetor)に〉燃料を過剰に供給する. **6** 〘アメフト〙複数のパスレシーバーを〈一つの守備側地域〉に送りこむ.
— *vi.* **1** 〈河川が〉出水する, 氾濫する; 〈水などが〉あふれ出る. **2** 〈潮が〉差し込む; 上げる. **3** (洪水のように)多量にどっとやって来る: Applicants [Applications] ～*ed in*. 申込者[申込書]が殺到した. **4** 〘医学〙(分娩後, 子宮から)多量に出血する; 〈経血が〉流出する, 月経過多である.
flóod báck 〈記憶が〉まざまざと蘇る. ***flóod óut*** [通例 p.p. 形で] 〈人を〉洪水で立ちのかせる: Thousands of people were ～*ed out*. 数千の人々が洪水で家を失った. ***flóod with téars*** 〈顔中が〉涙でぬれる.
〖OE *flōd* flowing, flow, stream < Gmc **flōðuz*, **flōðam* (Du. *vloed* / G *Flut*) ← IE **pleu-* 'to FLOW'〗

SYN 洪水: **flood** 川などの氾濫によって普段は乾いている土地の上に大水があふれること: The river is in *flood*. 川が氾濫している. **deluge** 特に大雨による大洪水《格式ばった語》: The *deluge* destroyed all the crops. 洪水で作物がみなやられた. **inundation** 川の氾濫・高潮などにより, あたり一面が水でおおい隠されること: The *inundation* of low-lying areas has been forecast for nearly fifty years. 今後 50 年間にわたって低地に洪水が起こりうることが予測されている.

flood·a·ble /flʌ́dəbl̩ | -də-/ *adj.* 大水のつきやすい; 浸水[冠水]しやすい. 〖(1872): ⇨ ↑, -able〗

flóodable léngth *n.* 〘造船〙可浸長《船のある部分に浸水させても限界線以上には沈下しない隔壁間の最大限の長さ》.

flóod ànchor *n.* 〘海事〙上げ潮錨(いかり)《双錨泊中, 潮が満ちてくるときに力の掛かる方の錨; cf. ebb anchor》. 〖1844〗

flóod·bànk *n.* 洪水を防ぐ堤防. 〖1928〗

flood basàlt *n.* 〘岩石〙台地玄武岩《台地をなして広大な地域を覆う玄武岩溶岩; cf. fissure eruption》.

flóod contròl *n.* (ダム・水路などによる)洪水調節. 〖1943〗

flóod·ed /-dɪ̣d | -dɪd/ *adj.* 水[油など]がいっぱいになった, 水につかった: ～ fields 水浸しになった畑. 〖(1834): ⇨ -ed〗

flóoded gúm *n.* 〘植物〙豪州産のユーカリノキ《特に Sydney blue gum を指す》. 〖1847〗

flóod·er *n.* **1** (牧草地などに)水を流す人, 水に浸す人. **2** 氾濫する河川. 〖(1871): ⇨ -er¹〗

flóod·ers /-dəz | -dəz/ *n. pl.* 《俗》=high waters. 〖↑〗

flóod fállowing *n.* 〘農業〙冠水休閑《休作中に土地に水を湛(たた)えて土壌媒介の病原菌を駆除する方法》.

flóod·gàte *n.* **1** 水門 (sluice)《head [water] gate ともいう》; 防潮門《潮の流入を防ぐ水門》. **2** (感情などの)せき止め口, 出口, はけ口: open the ～*s* of wrath [eloquence] 怒り[雄弁]のはけ口を開く. 〖?*a*1200〗

flood·ing /flʌ́dɪŋ | -dɪŋ/ *n.* 出水, 増水, 氾濫; 充満 (fullness). 〖(1674): ⇨ -ing¹〗

flóod insùrance *n.* 〘保険〙洪水保険.

flóod làmp *n.* =floodlight 2.

flóod·less *adj.* 大水[洪水]のない: a ～ area, year, etc. 〖(1605): ⇨ -less〗

flood·light /flʌ́dlàɪt/ *n.* **1** フラッドライト, 投光照明《シーン全体を一様な明るさで照らすこと; cf. spotlight 1》; (そのように照射される)溢光(いっこう). **2** 投光照明器, 投光器. — *vt.* (～·**ed**, **-lit**) 投光照明する, フラッドライトで照らす. 〖1923〗

flóod·lìghting *n.* 照明投光. 〖1917〗

flóodlight projèctor *n.* =floodlight 2.

floodlit *v.* floodlight の過去形・過去分詞. 〖1928〗

flóod·màrk *n.* 高水痕跡, 満潮標, 高水標. 〖(1277) ?*a*1400〗

flood·om·e·ter /flʌdɑ́(ː)məṭə | -dɔ́mɪ̣tə(r)/ *n.* (差し潮の)水位記録器, 洪水計, 満潮計. 〖(1880) ← FLOOD ＋-O-＋-METER¹〗

flóod·plàin *n.* 〘地理〙(高水位時に流水で覆われる)氾濫原. 〖1823〗

flóod stàge *n.* 高水位《河川の特定の水位の一つで, それを超えると洪水を起こす水位》.

flóod tide *n.* **1 a** 上げ潮, 差し潮 (↔ ebb tide). **b** 満潮, 大潮 (cf. spring tide 1). **2 a** 上げ潮に似たもの. **b** 押し寄せる人: a ～ *of* children どっと押し寄せる子供たち. **c** 最高潮, ピーク (climax): the ～ *of* success 成功の最高の時. **d** 多数; 大量: a ～ *of* magazines. 〖1719〗

flóod·wàll *n.* 洪水壁《増水による氾濫防止に作られる堤防など》.

flóod·wàter *n.* 河川の氾濫による出水. 〖1791〗

flóod·wày *n.* 〘土木〙放水路, 分水路 (diversion channel). 〖1889〗

flóod·wòod *n.* 流木, 漂流木 (driftwood). 〖1839〗

floo·ey /flúːi/ *adj.* (*also* **floo·ie** /～/) 《米俗》誤った, まずい; 不首尾な (awry): go ～ うまくいかない, 失敗する. 〖(1920) ← ?〗

floor /flɔ́ə | flɔ́ː(r)/ *n.* **1 a** 床(ゆか), フロアー; 板の間: a bare ～ (敷物のない)裸床 / a lot of ～ space 十分な床面積. **b** [*pl.*] 床板, 床材 (flooring). **2 a** (家の)階, 層 (cf. story² 1 a): an upper ～ 二階, 上階 / live on the top ～ 最上階に住む / ⇨ first floor, ground floor, second floor. 日英比較 日本語の 1 階は,《英》では ground *floor*, 2 階は first *floor*, 3 階は second *floor* のように日本語と 1 階ずつずれている. 《米》では日本語と同じ数え方である. **b** [集合的] 同じ階に住んでいる人たち. **3** (床のように)平らな所, 路面, 場, 階 (level area): the ～ of a bridge 橋の路面 / the ～ of a boxing ring プロボクシングリングの床 / ⇨ threshing floor. **4 a** (トンネル・洞穴などの)床(とこ), 下底: the ～ of a cave 洞穴の床. **b** (海・湖などの)底: the ～ of the ocean＝the ocean ～ 大洋の底 / the ～ of a valley 谷底. **5** [the ～] **a** (議事堂などの platform と galleries に対して)議員席; 議場; 議員: *the* ～ of the House 議会の議員席. **b** (議員の)発言権: get [have] *the* ～ 発言権を得る[持つ] (cf. *take the* FLOOR (1)). **c** (取引所の)立会場. **d** (ナイトクラブ・レストランなどの踊るための)フロア《dance floor ともいう》. **6** (価格などの)最低, 底 (cf. ceiling 2): a price ～ 最低価格, 底値 / a wage ～ 最低賃金. **7** 〘鉱山〙(水平坑道の)床; 下盤層. **8 a** 〘海事〙床, 船底の(内外の)平らな部分. **b** 〘造船〙肋板(ろくばん). **9** 《英口語》〘クリケット〙地面: put a catch on the ～ 球を落とす, 捕球し損なう. **10** 〘映画・テレビ〙撮影場, スタジオ, 舞台: on the ～ (映画の)製作[撮影]中で.
cróss the flóor 《英》〘政治〙(議会で)反対派に加わる; 自党の提出法案に反対投票する. ***from the flóor*** (壇上の人・主催者側などからでなく)壇の下[聴衆, 一般出席者など]からの: a question [an opinion] *from the* ～ 聴衆の間から出た質問[意見]. (1966) ***gó through the flóor*** 〈価格などが〉底を割る. ***hóld the flóor*** (一方的に)発言し続ける. ***móp*** [***wípe***] (***úp***) ***the flóor with a person*** 《口語》〈人〉を散々に負かす[やっつける], 圧倒する. (1887) ***ópen to the flóor*** 会場[フロア]の出席者[聴衆]に〈討論など〉への参加を許す. ***táke the flóor*** (1) (発言のために)起立する; 討論に加わる (cf. 5 b). (2) ダンスに加わる[を始める] (cf. 5 d). (1886)
— *vt.* **1** 《口語》〈議論・難問などが〉〈人を〉打ち負かす (defeat), やり込める, 閉口させる (silence): be ～*ed* by a problem [an argument] 問題[議論]にすっかり参ってしまう (cf. *vt.* 2) / He was ～*ed* by the shock. そのショックで呆然となった[参ってしまった]. **2** 〈相手を〉床[地上]に打ち倒す, のす (knock down): ～ a person with a punch 人をげんこでなぐり倒す / get ～*ed* 打ち倒される, やっつけられる; すっかり弱らされる[参ってしまう] (cf. *vt.* 1). **3** 《米口語》床に(のほうに)押しつける: ～ an accelerator (自動車の)アクセルをいっぱいに踏む. ★ ～ it の形でも用いられる. **4 a** …に床を張る, 床板を敷く: ～ a house 家の床を張る / ～ a room *with* pine boards 松板で部屋の床を張る. **b** …の底をなす: Green moss ～*ed* the valley. 緑のこけが谷の底に生えていた / The Pacific Ocean is ～*ed with* a layer of basalt. 太平洋の底は玄武岩の層から成っている. **5** 《英》(罰として)〈生徒を〉床の上にすわらせる. **6** 《学生俗》〈試験問題などを〉あっさり片付ける, 正解する: ～ a paper [question] 問題に全部答える.
〖OE *flōr* < Gmc **flōruz* (G *Flur*) ← IE **plā-*, **pelə-* flat; to spread (L *plānus* 'PLANE²')〗

floor·age /flɔ́ːrɪdʒ/ *n.* 床面積 (floor space). 〖(1734): ⇨ ↑, -age〗

floor·board /flɔ́əbɔ̀əd | flɔ́ːbɔ̀ːd/ *n.* **1** 床板. **2** (自動車などの)床. — 《俗》*vt.* 〈自動車のアクセルを〉(床まで)いっぱいに踏む. — *vi.* フルスピード[過剰スピード]で自動車を運転する. 〖1881〗

flóor bòx *n.* 〘電気〙床コンセント.

flóor bròker *n.* 〘証券〙場内仲買人《他の会員のために手数料制で売買を行う; cf. floor trader》.

flóor·clòth *n.* **1** 床の敷物《じゅうたんの代用に敷く油布・リノリウムなど》. **2** 床ふきぞうきん. **3**《ステージ・テントの床などに用いる》粗布製の覆い. 〘1746〙

flóor cověring *n.* 床を覆うもの《カーペットなど》.

floor·er /flɔ́ːrə | -rəʳ/ *n.* **1** 床張り職人. **2**《床に》打ち倒す人[物]; 打撃 (blow); 徹底的な打撃. **3**《口語》参らされる議論[反駁(はんばく)]; 難問題. **4**〘スキットル〙3個投げるボールのうち最初のボールが, 全部の柱 (pin) を倒す一投げ. 〘(1795): ⇨ -er¹〙

flóor èxercise *n.* 〘体操〙床(ゆか)運動. 〘1961〙

flóor fùrnace *n.* 床炉(ゆかろ)《床の直下に設けた炉》.

flóor hìnge *n.* 〘建築〙フロアヒンジ《扉の下端と床との間に取り付けてその開閉をつかさどるちょうつがい》.

flóor hòckey *n.* 《米》室内ホッケー, インドアホッケー《ルールは field nockey と同じだが, 通例1チームの人数は少ない》.

floor·ing /flɔ́ːrɪŋ/ *n.* **1** 床板, 床張り材, 根太板(ねだいた), フローリング. **2** 床 (floor); [集合的] 床張り (floors): naked ~ 裸床. 〘(1624): ⇨ -ing¹〙

flóoring sàw *n.* 〘木工〙床切りのこぎり《先のとがった両刃のこぎり; 床の表面に穴をあけるのに用いる》.

flóor làmp *n.* 《米》《床上に立たせる背の高い》置きランプ, 台ランプ; 床スタンド, フロアスタンド. 日英比較 日本語の「フロアスタンド」は和製英語. 〘1892〙

flóor lèader *n.* 《米》《政党の》院内総務 (cf. whip 2 a). 〘1899〙

flóor-lèngth *adj.* 〈衣服など〉床に届く長さの: a ~ gown. 〘1939〙

flóor·less *adj.* 床のない. 〘(1847): ⇨ -less〙

flóor lìght *n.* ガラス床《ガラスブロックで床を作り, 下階に光を採り入れるもの》. 〘1884〙

flóor·man /-mən/ *n.* (*pl.* **-men** /-mən, -mèn/) **1** 床掃除人夫. **2**《米》=floorwalker. 〘1928〙

flóor-mànage *vt.* 《米》floor manager として[のように]行動する.

flóor mànager *n.* **1**《米》《会議などの》進行係《大会での候補者を有利に導いたり, 議案の進行を操作したりする人》. **2** =floorwalker. **3**《米》《ダンスパーティーの》司会者. **4**〘テレビ〙フロアマネージャー《ディレクターの指示に従ってスタジオ内で出演者などを監督指揮する人》. 〘1887〙

flóor mòdel *n.* **1** 店頭展示物《器具・家具など》. **2** 床上に据えるタイプのラジオ・テレビ・その他の器具・家具類 (console). **3** =floor sample.

flóor nùrse *n.* フロアナース, 病棟看護婦.

flóor nùrsing *n.* 完全看護.

flóor pàrtner *n.* 〘証券〙フロアパートナー《証券ブローカー商社の出資者で, 証券取引所の会員権を持ち, 取引所立会場での業務を担当する者》.

flóor plàn *n.* 〘建築〙平面図, 間取り図, 間取り (cf. elevation 7). 〘1867〙

flóor plànning *n.* 〘金融〙購入資金融資《金額の張る商品の販売に商品を抵当にした融資を受ける制度》.

flóor plàte *n.* **1**〘機械〙基礎板, 床座金《軸受をコンクリートの基礎などに据え付ける時, 床に敷く底板》. **2**〘建築〙《鋼板製の》床板, フロア板. 〘1869〙

flóor pòcket *n.* 〘劇場〙フロアポケット《舞台の床に装備した埋め込み式電気コンセント盤》.

flóor pòlish *n.* 床磨き. 〘1907〙

flóor prìce *n.* 《競売にかける際の》最低基準価格 (reserve price).

flóor sàmple *n.* 売り場の展示用に使った器具[家具]類《展示後通例値引きして売られる》.

flóor shòw *n.* 《ナイトクラブやキャバレーの》余興, フロアショー《ステージでなく床(ゆか)の上で演じるショー; 通例, 歌・ダンス・漫才など》. 〘1927〙

flóor slàb *n.* 〘土木〙**1** 床版《鉄筋コンクリート構造で床を形成するスラブ (slab)》. **2** 舗装用石板. 〘1930〙

flóor-thròugh *n.* 階全体を占めるアパート. 〘1964〙

flóor tràder *n.* 〘証券〙フロアトレーダー《証券取引所の会員の一種で, 投機目的による自己勘定での売買のみを行う者; cf. floor broker》.

flóor·wàlker *n.* 《米》《百貨店などの》店内巡視, 売場監督 (《英》shopwalker)《floor manager ともいう》. 〘1876〙

floo·zy /flúːzi/ *n.* (*also* **floo·zie**; **floo·sy**, **floo·sie** /~/) **1**《俗》自堕落な女, 売春婦 (prostitute). **2** 女友だち. 〘(1911) ← ? : cf.《方言》*floosy* fluffy / floosy〙

flop /flɑ́(ː)p | flɔ́p/ *v.* (**flopped**; **flop·ping**) — *vi.* **1 a** ばったり[どさりと]すわる[ひざまずく, 落ちる, 倒れる] 〈*down*〉: ~ *down* on one's knees ばったりひざまずく / ~ *into* a chair 椅子へどさりと座りこむ / ~ *into* the water どぶんと水に落ちる. **b** どすん[どさっ, どぶん, ばしゃっ]という(音を立てる). **2**《重そうに》ばたばた動く[揺れる] (flap), 〈翼や帽子のつばなどが〉ばたばた上下する. **3** よたよた[どさっどさっと]歩く. **4**《口語》つぶれる, くずれる, 失敗する. **5**《政治的に》寝返りを打つ, 変節する (rat) 〈*over*〉: ~ (*over*) *to* the other party 反対党に寝返りを打つ. **6**《俗》眠る (sleep). **7**《口語》すっかりくつろぐ. — *vt.* **1** どさっと投げる, ばったり落とす, どしんと降ろす 〈*down*〉; どさっとめくる: ~ a bag *down* on the table 机の上にかばんをどさっと落とす / ~ the pages of a book 本のページをどさっとめくる. **2** 〈翼・帽子のつばなどを〉ばたばた動かす. **3**〘写真〙〈ネガを〉逆版にする《画像が左右転置されるようにネガを焼き付ける》. — *n.* **1**《口語》失敗; 《本・劇などの》失敗作; 失敗者: go ~ 失敗する, つぶれる. **2** ばったり[どさっと]落ちる[倒れる]こと; ばったり[どさっと]落ちる音, ばたりという音: sit down with a ~ どかりと腰を下ろす / take a ~ 倒れる. **3**《米俗》安宿 (flophouse); 寝床 (bed). **4**《米》《政治的》変節, 寝返り. **5**〘陸上競技〙背面跳び《バーの上であお向けになり背中から頭を先にバーをクリアーするフォーム; cf. scissors 2 c, straddle 6, Fosbury flop》. — *adv.* **1** ばたっと, ばたんと, どさりと: fall ~ into the water どぶんと水に落ちる. **2** まさに, ちょうど: fall ~ on one's face もろにうつ伏せに倒れる. 〘(1602)《転訛》← ? FLAP (-*o*- が鈍重感を表す)〙

flóp-èared *adj.* 〈犬など〉長いしなだれた耳の. 〘1846〙

flop·e·roo /flɑ̀(ː)pərúː | flɔ̀pə-/ *n.* =flopperoo.

flóp fòrging *n.* 〘金属加工〙型鍛造《部品の両側を同じ型板で鍛えて作る鍛造法》.

flóp·hòuse *n.* 《米口語》《労働者の》簡易宿泊所, 安宿, 木賃宿, 「どや」(《英》dosshouse). 〘1916〙

flóp·òver *n.* **1**〘テレビ〙フロップオーバー《調節が悪いため映像が上下に動くこと》. **2**〘映画〙フロップオーバー《画像の左右が反対にプリントされたシーン》.

flóp·per *n.* **1** ばたばたと打つ人[物], ばたばたする物; 羽をばたばたさせる鴨(かも)のひな (flapper). **2**《米》《政治的に》寝返りを打つ人, 変節者. **3**《米俗》《保険金目当てなどの》事故でっち上げ者. 〘(1876): ⇨ -er¹〙

flop·pe·roo /flɑ̀(ː)pərúː | flɔ̀pə-/ *n.* 《俗》ひどい失敗者[失敗作].

flop·py /flɑ́(ː)pi | flɔ́pi/ *adj.* (**flop·pi·er**; **-pi·est**)《口語》**1** たれ下がっている; だらんとした (⇨ limp² SYN); だらけている (slack); 締まりのない, だれた, だらしのない (loose). **2** ばたばたはためく. — *n.* 〘電算〙=floppy disk.

flóp·pi·ly /-pɪ̀li/ *adv.* **flóp·pi·ness** *n.* 〘(1858) ← FLOP＋-Y⁴〙

flóppy dísk *n.* 〘電算〙フロッピー(ディスク)《コンピューター外部記憶用に用いるプラスチック製の磁気円板: flexible disk, diskette, floppy ともいう》. 〘1972〙

flóppy dísk drìve *n.* 〘電算〙フロッピーディスク装置《略 FDD》.

flops, F- /flɑ́(ː)ps | flɔ́ps/ *n.* 〘電算〙フロップス《1秒間に処理可能な浮動小数点演算の回数を示す単位》. 〘《頭字語》← *fl*(*oating-point*) *o*(*perations*) *p*(*er*) *s*(*econd*)〙

flor /flɔ́ə | flɔ́ːʳ/ *n.* 〘醸造〙皮膜, フロール《ワインなどの液体の表面にできる薄い膜状のもの; フロールを作ることを「花を咲かせる」という; film yeast ともいう》. 〘□ Sp. ~ 'mold, flower' < L *flōrem* 'FLOWER'〙

flor. 《略》floruit.

Flor. 《略》Florida.

flo·ra /flɔ́ːrə/ *n.* (*pl.* ~**s**, **flo·rae** /-riː, -raɪ | -riː/) **1**《一地域または一時代に特有な》植物相, 植物群, フロラ; (分布上の)植物区系 (cf. fauna 1). **2**《ある地域・時代の》植物誌, 植物名一覧表 (cf. silva). **3** 腸内細菌叢 (intestinal flora). 〘(1777) ← NL ~ ← L *Flōra* 'FLORA'〙

Flo·ra /flɔ́ːrə/ *n.* **1** フローラ《女性名; 犬の名にもよく用いられる》. **2**〘ローマ神話〙フローラ《花の女神》. 〘(1508) □ L *Flōra* ← *flōr-*, *flōs* 'FLOWER'〙

florae *n.* flora の複数形.

flo·ral /flɔ́ːrəl | flɔ́ːr-, flɔ́r-/ *adj.* **1** 花の(ような), 花を用いた, 花から成る; 花模様の: ~ decorations 花の装飾, 花飾り / ~ designs 花の図案, 花模様 / a ~ cross 花で作った十字架 / a ~ offering 花の贈物 / a ~ carpet 花模様のじゅうたん / a ~ tribute ⇨ tribute 1 a. **2** 植物群[相, 区, 系] (flora) の. **3** [F-]〘ローマ神話〙《花の女神》フローラ (Flora) の. — *n.* 花模様, 花の図案; 花模様の布(など). **~·ly** *adv.* 〘(1647) □ L *flōrālis*: ⇨ flora, -al¹〙

flóral clóck *n.* 花時計《文字盤が花で作られ花壇の地下に機械装置が施されてある時計》.

flóral émblem *n.* 《国・州・時計・学校などを》象徴する花 (cf. State flower).

flóral énvelope *n.* 〘植物〙花蓋(かがい), 花被 (perianth). 〘1829〙

flóral léaf *n.* 〘植物〙**1** 花葉《葉が変形して花を構成する要素で, 花弁・萼(がく)など》. **2** =bract. 〘1753〙

flóral wédding *n.* 花婚式《結婚7周年の記念式 [日]; ⇨ wedding 4》.

flóral zóne *n.* 〘植物〙**1** 植物帯《植物の分布によって区別された地域で, 種々な分割法がある》. **2** 草本帯《鉱山の最高の植物帯で, 夏季は花畑となる》.

-flo·rate /flɔ́ːreɪt, -rɪ̀t | flɔ́ːr-/「…(個の)花を有する」の意の形容詞連結形: bi*florate*. 〘← L *flōr-*, *flōs* 'FLOWER'＋-ATE²〙

Flo·rě·al /flɔ̀ːreɪɑ́ːl, *F.* flɔʀeal/ *n.* 花月《フランス革命暦の第8月; グレゴリオ暦の4月20[21]日～5月19[20]日まで; ⇨ Revolutionary calendar》. 〘(1802) □ F ~ ← L *flōreus* of flowers: ⇨ -al¹〙

flo·re·at /flɔ́ːriæ̀t | flɔ́r-, flɔ́ːr-/ *vi.* 栄えんことを: *Floreat Etona!* (われらが)イートン校に栄えあれ《Eton College のモットー》. 〘(1888) □ L ~ 'may he [she, it] flourish' (3rd sing. pres. subj.) ← *flōrēre* 'to FLOURISH'〙

flo·re·at·ed /flɔ́ːrièɪtɪ̀d | flɔ́rièɪt-, flɔ́ːr-/ *adj.* =floriated.

Flor·ence¹ /flɔ́(ː)rəns, flɑ́(ː)r- | flɔ́r-/ *n.* フィレンツェ, フローレンス《イタリア中部 Arno 河畔の都市, 昔の Tuscany 大公国の首都; 旧名 Florentia; イタリア語名 Firenze》. 〘□ F ~ □ L *Flōrentia* (fem.)《原義》blooming ← *flōrēns* (pres. p.) ← *flōrēre* 'to FLOURISH'〙

Flor·ence² /flɔ́(ː)rəns, flɑ́(ː)r- | flɔ́r-/ *n.* **1** フローレンス《女性名; 愛称形 Flo, Florrie, Flossie, Floy》. **2** 男性名《アイルランドに見られる名》. 〘↑〙

Flórence fénnel *n.* 〘植物〙イタリアウイキョウ (*Foeniculum vulgare* var. *dulce*)《高さ40–60 cm 位のヨーロッパ産のセリ科の多年草; 根出葉の基部を食用とする; sweet fennel, finocchio ともいう》.

Flórence flàsk *n.* フローレンスフラスコ《実験で用いられる長首・丸平底のフラスコ》. 〘1762〙

Flor·en·tine /flɔ́(ː)rəntìːn, flɑ́(ː)r-, -tàɪn | flɔ́rəntàɪn, -tìːn/ *adj.* **1** フィレンツェ[フローレンス] (Florence) の. **2**〘美術〙フィレンツェ派の《13世紀末から15世紀に Florence で発達したルネサンス美術の主流をなした流派; cf. Sienese 2》. **3**〘料理〙[通例名詞の後に置いて]《魚・卵料理で》ほうれん草とともに調理した: eggs ~. **4** [しばしば f-]〘金属加工〙フィレンツェ風(彫金)の《細かい模様を施したにぶい光沢が特徴》. — *n.* **1** フィレンツェ人[市民]. **2** [f-] あや絹の一種. **3** 木の実・ドライフルーツを入れてチョコレートをかけたクッキー. **4** 観賞用の飼いバトの一種. 〘(1432) □ L *Flōrentīnus*: ⇨ Florence¹, -ine¹〙

Flórentine íris *n.* 〘植物〙ニオイイリス, シロバナイリス (*Iris florentina*)《ヨーロッパ産アヤメの一種で芳香を有しその根は orrisroot といって香水の原料》. 〘1882〙

Flórentine schòol *n.* 〘美術〙フローレンス[フィレンツェ]派(の画家たち)《13世紀末から15世紀にかけて Florence で栄えた画家の一派》.

flo·res /flɔ́ːriːz/ *n. pl.* 〘化学〙華(か)《固体が昇華したさま》. 〘(1663) ← NL ~ ← L *flōrēs* (pl.) ← *flōs* 'FLOWER'〙

Flo·res¹ /flɔ́ːrəs | flɔ́ːrɪz/ *n.* フロレス(島)《インドネシア中部, 小スンダ列島 (Lesser Sunda Islands) 中の一島; Celebes 島の南方に位置している; 中心都市 Ende; 面積 17,150 km²》.

Flo·res² /flɔ́ːrəs | flɔ́ːrɪz; *Port.* flóɾɨʃ/ *n.* フロレシュ(島)《北大西洋 Azores 諸島の最西端の島; 中心都市 Santa Cruz; 面積 150 km²》.

flo·res·cence /flɔːrésəns, flər-, -sns | flɔːr-, flɔr-, flər-/ *n.* **1** 開花; 花時, 開花期 (bloom). **2** 盛り, 繁栄期, 全盛期: the ~ of Greek civilization. 〘(1793) ← NL *flōrescentia*: ⇨ ↓, -ence〙

flo·res·cent /flɔːrésənt, flər-, -snt | flɔːr-, flɔr-, flər-/ *adj.* 開花した, 花が開いた, 花時の, 花盛りの: Dahlias are ~ from July. ダリアは7月から花が咲く. 〘(1821) □ L *flōrescentem* (pres. p.) ← *flōrescere* to begin to flower ← *flōrēre* 'to FLOURISH'〙

Flóres Séa *n.* [the ~] フロレス海《インドネシアの Celebes 島と Lesser Sunda 列島の間の太平洋の一部》.

flo·ret /flɔ́ːrɪ̀t | flɔ́rɪ̀t, flɔ́ːr-, -rɛt/ *n.* **1**〘植物〙**a** 小花. **b** 花の集団の中の一つ一つの花, (キク科植物の)小筒花: a ~ of the disk 中心花《花の中心をなす一つ一つの小花》/ a ~ of the ray《花の周辺をなす一つ一つの花》. **c** (イネ科植物などの)小穂花. **2** フロレット《絹綿を紡いだ絹》. **3**〘印刷〙=fleuron 2. 〘(?a1400) *flouret* □ OF *floret* (F *fleurette*): ⇨ fleurette〙

flo·ret·tée /flɔ̀ːrətéɪ | flɔ̀r-, flɔ̀ːr-/ adj. (*also* **flo·ret·ty** /flɔ́rèti, flɔ́ːrɪti, -ri-/)〘紋章〙=fleurettée. 〘《異形》← FLEURETTÉE〙

Flo·rey /flɔ́ːri/, Baron **Howard Walter** *n.* フローリー (1898–1968; オーストラリア生まれの英国の病理学者; Nobel 医学生理学賞 (1945)).

flo·ri- /flɔ́ːrɪ, -ri/「花 (flower)」の意の連結形. 〘← L *flōs* 'FLOWER'〙

Flo·ri·an /flɔ́ːriən/ *n.* フロリアン《男性名》. 〘← L *flōriānus* blooming〙

Flo·ri·a·nóp·o·lis /flɔ̀ːriənɑ́(ː)pəlɪ̀s | -nɔ́pəlɪs; *Braz.* floɾiənɔ́polis/ *n.* フロリアノポリス《ブラジル南部海岸沖の島にある海港》.

flo·ri·ate /flɔ́ːrièɪt/ *vt.* 花模様(など)で飾る. — /flɔ́ːriɪ̀t/ *adj.* =floriated. 〘(1894) ← FLORI-＋-ATE²〙

flo·ri·at·ed /-èɪtɪ̀d | -tɪ̀d/ *adj.* 花模様の装飾を施した. 〘(1845): ⇨ ↑, -ed〙

flo·ri·a·tion /flɔ̀ːriéɪʃən/ *n.* 花模様の装飾. 〘(1868) ← FLORIATE＋-ATION〙

flo·ri·bun·da /flɔ̀ːrəbʌ́ndə | flɔ̀ːrɪ-, flɔ̀r-/ *n.* 〘園芸〙フロリバンダローズ《polyantha と tea roses を交配させた房咲きの花をつけるバラの品種群; floribunda rose ともいう》. 〘(1898) ← NL ~ (fem.) ← *floribundus* ← FLORI-＋L *-bundus* (adj. suf.: cf. moribund)〙

flo·ri·can /flɔ́ːrɪkæ̀n | flɔ́r-, flɔ́ːr-/ *n.* 〘鳥類〙ショウノガン《インドショウノガン (*Sypheotides indica*) またはベンガルショウノガン (*Houbaropsis bengalensis*)》.

flo·ri·cul·ture /flɔ́ːrəkʌ̀ltʃə | flɔ́ːrɪkʌ̀ltʃəʳ, flɔ́r-/ *n.* 花卉(かき)園芸, 花卉の栽培(管理) (cf. horticulture).

flo·ri·cul·tur·al /flɔ̀ːrəkʌ́ltʃ(ə)rəl | flɔ̀ːrɪ-, flɔ̀r-/ *adj.* **flò·ri·cúl·tur·al·ly** *adv.* 〘(1822) ← FLORI-＋CULTURE〙

flo·ri·cul·tur·ist /flɔ̀ːrəkʌ́ltʃ(ə)rɪ̀st | flɔ̀ːrɪkʌ́ltʃ(ə)rɪst, flɔ̀r-/ *n.* 花卉(かき)栽培者. 〘(1869) ← FLORICULTURE＋-IST〙

flor·id /flɔ́(ː)rɪ̀d, flɑ́(ː)r- | flɔ́rɪd/ *adj.* **1** 赤らんだ, 桜色の, 血色のよい (⇨ rosy SYN): a ~ face, person, etc. / ~ cheeks 桜色のほお. **2 a** 花で飾った. **b** はなやかな, 華麗な (flowery, ornate): a ~ speaker 美辞麗句を多く用いる演説家 / ~ music 華美な音楽 / a ~ prose style 美文体, 華麗体 / a ~ architectural style《装飾的特徴に富む》華麗な建築様式. **3**〈身なりなど〉派手な, けばけばしい (showy). **4**《古》健康な, 壮健な. **5**《廃》花の, 花の多い. **6**〘病理〙病勢の盛んな, 顕症(期)の. **~·ly** *adv.* **~·ness** *n.* 〘(1642) □ F *floride* // L *flōridus* flowery: ⇨ flower, -id⁴〙

Flor·i·da /flɔ́(ː)rədə, flɑ́(ː)r- | flɔ́rɪdə/ *n.* フロリダ《米国南東部の半島を成している州; 州都 Tallahassee; 面積 143,900 km²; 略 Fla., Flor., FL; ⇨ United States of America 表》. 〘□ Sp. (*pasqua*) *florida* (feast) of flowers, i.e. Easter Sunday: スペインの探検家 Juan Ponce de Leon が1513年この祭の時に上陸したことから〙

Florida, the Straits of *n.* フロリダ海峡《米国 Florida 州と Cuba および Bahama 諸島との間にあって, Mexico 湾を大西洋と結ぶ; Florida Strait ともいう》.

Flórida Ísland *n.* フロリダ島《太平洋南部ソロモン諸

F

島南東部 Guadalcanal 島の北にある島).
Flórida Kéys *n. pl.* [the ~] フロリダキーズ(諸島)《米国 Florida 州南岸沖に 240 km にわたって連なる一連の小島およびさんご礁; その最南西端に Key West 島がある》.
Flórida móss *n.* 〘植物〙 =Spanish moss.
Flor·i·dan /flɔ́(ː)rədn, flɑ́(ː)r-, -dən | flɔ́rɪ̀dn, -dən/ *adj., n.* =Floridian. 〖1763〗
Flórida ròom *n.* 《米》 サンルーム.
Flórida Stráit *n.* [the ~] =Straits of FLORIDA.
Flórida vélvet bèan *n.* 〘植物〙 =velvet bean.
Flórida wáter *n.* フロリダ水《オーデコロンに似た香水》. 〖1840〗
Flo·rid·i·an /flərídiən, flɔ(ː)r-, flɑ(ː)r- | flɔríd-, flər-/ *adj.* (米国) Florida 州(人)の. — *n.* Florida 州人. 〖(1589) ← FLORIDA＋-IAN〗
flo·rid·i·ty /flərídəti, flɔ(ː)r-, flɑ(ː)r- | flɔrídɪ̀ti, flər-/ *n.* **1** 色の鮮やかなこと, 血色のよさ, よい血色. **2** はなやかさ, 華麗; けばけばしさ. 〖(1713): ⇨ -ity〗

F

flo·rif·er·ous /flɔːríf(ə)rəs | flɔːrí-, flɔr-/ *adj.* **1** 〈観賞用植物が〉花を生じる, 花の咲く, 多花の. **2** 華やかな, 華麗な (flowery): ~ language. **~·ly** *adv.* **~·ness** *n.* 〖(1656–81) ← L *flōrifer* (⇨ flori-)＋-FEROUS〗
flor·i·gen /flɔ́ːrədʒən, -dʒèn | flɔ́rɪ̀-, flɔ́ːr-/ *n.* 開花(促進)ホルモン. **flo·ri·gen·ic** /flɔ̀ːrədʒénɪk | flɔ̀rɪ-dʒénɪk, flɔ̀ːr-⁻/ *adj.* 〖(1936) ← FLORI-＋-GEN〗
flo·ri·le·gi·um /flɔ̀ːrəlíːdʒiəm, -dʒəm | flɔ̀ːrɪlíː-dʒiəm, flɔ̀r-/ *n.* (*pl.* **~s, -gi·a** /-dʒiə/) **1** 《古》 花集, 花譜. **2** 《まれ》 名詩選, 詞華集. 〖(1647) ← NL ~ ← L *flōrilegus* flower gathering ← FLORI-＋*legere* to cull, pick up (なぞり) ← Gk *anthologia* 'ANTHOLOGY'〗
flor·in /flɔ́(ː)rɪ̀n, flɑ́(ː)r- | flɔ́rɪn/ *n.* **1 a** フロリン銀貨《1849 年発行の英国の旧 2 シリング銀貨; 1971 年 2 月より 10 ペンス価として通用》. **b** (1343 年 Edward 三世が発行した)フロリン金貨. **2 a** (オランダの)ギルダー銀貨 (guilder). **b** フロリン《オランダの旧通貨単位 (guilder)》. **3** (ハンガリーの)フォーリント貨 (forint). **4 a** フロレンス金貨《1252 年 Florence 共和国で発行されたフローレンス市紋章のユリの花の意匠模様入りの金貨》. **b** それにならってヨーロッパ各地で発行された金貨[銀貨]. 〖(*c*1303) ▭ OF ~ ▭ It. *fiorino* little flower, a Florentine coin stamped with a lily (dim.) ← *fiore* < L *flōrem* 'FLOWER'〗
Flo·ri·o /flɔ́ːriòu | -riəu/, **John** *n.* フローリオー《1553?–1625; 英国の伊英辞書編集家, Montaigne の *Essays* の翻訳 (1603) 者》.
Flor·is·sant /flɔ́ːrəsənt, -snt | -rɪ̀s-/ *n.* フロリサント《米国 Missouri 州東部の都市; St. Louis の郊外》.
Flórissant Fóssil Bèds Nátional Mónument *n.* フローリサント化石層国定記念物《米国 Colorado 州中部の特別保護地区》.
flo·rist /flɔ́ːrɪ̀st | -rɪst/ *n.* 草花栽培者[研究家]; 花屋: at a ~'s [~ shop] 花屋の店で. 〖(1623) ← FLORI-＋-IST〗
flo·ris·tic /flɔːrístɪk | flɔːr-, flɔr-/ *adj.* 花の, 花に関する; 植物区系研究の, 植物誌の. **flo·rís·ti·cal·ly** *adv.* 〖(1898) ← FLORA＋-ISTIC〗
flo·ris·tics /flɔːrístɪks | flɔːr-, flɔr-/ *n.* 〘植物〙 植物区系学《植物群を数量的に扱う植物地理学の一分科》. 〖(1964): ⇨ ↑, -ics〗
flo·rist·ry /flɔ́ːrɪ̀stri | flɔ́rɪs-/ *n.* 花卉(かき)栽培術. 〖(1822): ⇨ -ry〗
flo·riv·o·rous /flɔːrívərəs/ *adj.* 〈昆虫が〉花を常食とする. 〖← FLORI-＋-VOLOUS〗
-flo·rous /flɔ́ːrəs⁻/「(…個の)花を有する」の意の形容詞連結形: uni*florous*, multi*florous*. 〖▭ LL *-flōrus* flowered ← L *flōs* 'FLOWER': ⇨ -ous〗
Flor·rie /flɔ́(ː)ri, flɑ́(ː)ri | flɔ́ri/ *n.* フローリー《女性名》. 〖(dim.) ← FLORENCE²〗
Flor·sheim /flɔ́əʃaɪm | flɔ́ː-/ *n.* 〘商標〙 フローシャイム《米国 Florsheim Shoe 社製の靴》.
flo·ru·it /flɔ́(ː)r(j)uɪ̀t | flɔ́ːr(j)uɪt, flɔ́r-/ *n.* **1** (人の)在世期, 活躍期. **2** (運動・主義の)最盛期. — *vi* 〈人が〉在世[活躍]した《特に, 出生死亡年月不明の場合に用いる; 略 flor., fl; cf. flourish 1 a》. 〖(1843) ▭ L ~ 'he (or she) flourished' ← *flōrēre* 'to FLOURISH'〗
flo·ru·la /flɔ́ːr(j)ulə | flɔ́r-/ *n.* (*pl.* **-lae** /-liː/) 〘植物〙 **1** 小地方植物相. **2** 単一層または隣接する薄い数層で発見される化石花. 〖(1847) cf. L *flōrula* (dim.) ← *flōra*〗
flo·rule /flɔ́ːr(j)uːl | flɔ́r-/ *n.* (*pl.* **~s**) =florula.
flo·ry /flɔ́ːri/ *adj.* 〘紋章〙 =fleury.
Flo·ry /flɔ́ːri/, **Paul John** *n.* フローリー《1910–85; 米国の化学者; 現代高分子学の基礎を確立; Nobel 化学賞 (1974)》.
flóry cóunterflory *adj.* 〘紋章〙 (紋章に使用される分割線で) fleur-de-lis を正逆交互に配した《単に counterflory ともいう》.
flos·cu·lar /flɑ́(ː)skjulə | flɔ́skjulə^(r)/ *adj.* =flosculous. 〖1793〗
flos·cule /flɑ́skjuːl | flɔ́s-/ *n.* 小花 (floret). 〖(1669) ▭ L *flōsculus* (dim.) ← *flōs* 'FLOWER': ⇨ -cule〗
flos·cu·lous /flɑ́(ː)skjuləs | flɔ́s-/ *adj.* **1** 小花から成る. **2** 〈小花が〉筒状花状の (tubular). 〖(1646): ⇨ ↑, -ous〗
flos fer·ri /flɑ́(ː)sférai, flɔ́(ː)s- | flɔ́s-/ *L. n.* 〘鉱物〙 華状あられ石《あられ石の変種で, さんご状をなしている》. 〖(1748) ▭ L *flōs ferri* flower of iron〗
floss /flɑ́(ː)s, flɔ́(ː)s | flɔ́s/ *n.* **1** (繭の)けば, 繭綿(まわた)《繭の外部を包む短い絹繊維》. **2 a** 釜(かま)糸 (floss silk). **b** 軽い編み糸. **3** (パンヤ (silk cotton) などの)綿状繊維, 絹綿. **4** 絹綿状の物《とうもろこしの毛など》. **5** 〘歯科〙 (デンタル)フロス (⇨ dental floss). — *vi.* 〘歯科〙 デンタルフロスを使う. 〖(1759) ▭ ? F *floche* < OF *flosche* down, pile of velvet ← ? *floc* 'FLOCK²'〗
flóss·flòwer *n.* 〘植物〙 =ageratum 1.
flóss hòle *n.* 〘冶金〙 かす穴《灰や鉱滓(こうさい)を取り出すために冶金炉・煙道に設けられる穴》. 〖1839〗
Flos·sie /flɑ́(ː)si, flɔ́(ː)si | flɔ́si/ *n.* フロッシー《女性名》. 〖(dim.) ← FLORENCE²〗
flóss sílk *n.* **1** 真綿. **2** 釜(かま)糸《生糸を引きそろえ, よりを掛けずに練ったもの; 錦織や刺繍に用いる; cf. filoselle》. 〖(1759) (なぞり) ← F *soie floche*〗
flóss-sílk trèe *n.* 〘植物〙 南ブラジルやアルゼンチン原産のパンヤ科の典型的な大型壺形樹 (*Chorisia speciosa*) 《長毛のある種子をもち, パンヤ同様, 枕の詰め物に使う》.
floss·y /flɑ́(ː)si, flɔ́(ː)si | flɔ́si/ *adj.* (**floss·i·er**; **-i·est**) **1** けば (floss) の, けばでできた. **2** けばのような, 軽くてふわふわした (downy): ~ baby hair. **3** 《口語》 けばけばしい; しゃれた (showy, slick): a ~ hotel. 〖(1839): ⇨ -y⁴〗
flo·ta /flóutə | flə́utə; *Sp.* flóta/ *Sp. n.* (植民地時代に植民地の産物を輸送獲得する目的で毎年 Cádiz から Vera Cruz に向けて出航したスペインの)船団, 船隊, 艦隊. 〖(1527) ▭ Sp. ~: ⇨ flotilla〗
flo·tage /flóutɪdʒ | flə́ut-/ *n.* **1** 浮遊, 浮揚; 浮揚力, 浮力 (buoyancy). **2** 浮遊物, 漂流物 (flotsam) 《海上の流木・漂流貨物など》. **3** 《英》 漂流物拾得権. **4** [集合的] (一河川に)浮かぶ物; 船いかだ類. **5** =floatage 2. **6** 〘造船〙 乾舷(かんげん)《船体の吃水線上の部分》. 〖(1626) ← FLOAT (n.)＋-AGE: cf. F *flottage*〗
flo·tant /flóutənt, -tnt | flə́utənt, -tnt/ *adj.* 〘紋章〙 〈紋章図形の旗などが〉風になびいた形の, 旗が広がった形の. 〖(1610) ▭ OF ~ (pres.p.) ← *floter* 'to FLOAT'〗
flo·ta·tion /floutéɪʃən | flə(u)-/ *n.* **1** (会社の)設立; 起業. **2** 〘証券〙 (証券の)募集, (証券の)発行: the ~ of bonds 起債. **3** 浮揚: ⇨ CENTER of flotation. **4** 浮体学. **5** 〘鉱山〙 浮遊選鉱, 浮選《froth flotation ともいう》. **6** 〘自動車〙 (タイヤなどの)沈下抵抗力《悪路・雪面などで沈下せずにとどまり得る能力》. 〖(1806) ← FLOAT＋-ATION: cf. F *flottaison*〗
flotátion bàgs *n. pl.* 浮揚袋《宇宙船やヘリコプターが海に着水するときに望ましい角度で浮かぶようにする》.
flotátion gèar *n.* 浮揚装置.
flotátion tànk *n.* フローテーションタンク《光・音を遮断する槽で人が中に入って浮いてリラックスする》.
flóte gràss /flóut- | flə́ut-/ *n.* 〘植物〙 イネ科グリケリア属 (*Glyceria*) の多年草《ドジョウツナギ, ムツオレグサなど》.
flo·tel /floutél | fləu-/ *n.* フローテル《沖合油田で働く作業員が寝泊まりする小船; floatel ともいう》. 〖(1959) ← FLOAT＋HOTEL〗
flo·til·la /floutílə | flə(u)-/ *n.* **1 a** 小艇隊, 小艦隊: a ~ of destroyers [torpedo boats] 駆逐艦[水雷艇]隊. **b** 小艇隊に似た集団: a ~ of fire engines 消防自動車隊. **2** 〘米海軍〙 隊群, 小艦艇部隊《駆逐艦またはそれより小型の艦艇から成る戦隊 (squadron) 2 個またはそれ以上による編成》. 〖(1711) ▭ Sp. ~ (dim.) ← *flota* fleet ▭ OF *flote* ▭ ON *floti* float, fleet < Gmc **fluttam* < IE **pleu-* to flow: cf. float〗
Flo·tow /flóutou | flə́utəu; *G.* fló:to/, **Friedrich von** *n.* フロート《1812–83; ドイツの歌劇作曲家; *Martha*「マルタ」(1847)》.
flot·sam /flɑ́(ː)tsəm | flɔ́tsəm/ *n.* **1** (遭難船の)浮荷, 漂流貨物 (cf. jetsam 1, lagan). **2** =FLOTSAM and jetsam (2), (3).
flótsam and jétsam (1) 漂流貨物《浮荷と投げ荷》. (2) がらくた (odds and ends). (3) [集合的] (社会の)くず, 流れ者, 浮浪者: the ~ *and jetsam* of society. 《1861》
〖(1607) *flotson* ▭ AF *floteson* ← OF *floter* to float ← Gmc: cf. float〗
flounce¹ /fláuns/ *vi.* **1** (身もだえして)狂い回る, もがく, あがく, のたうつ (jerk): ~ away [off] 身もだえしながら去る. **2** [通例, 方向の副詞・前置詞を伴って] (怒って, いらだったりして体を振って)飛び出す, 躍り出る, 飛び込む: ~ *out of* a room in a rage かっと腹を立てて部屋を飛び出す / ~ *into* the water 水中へ飛び込む. **3** 自分を意識して動く, 人目をひくように歩く: ~ *across* the lobby. — *n.* 身もだえ, あがき. 〖(1542) 《混成》 ? ← FLAP＋BOUNCE // ← ? ON: cf. Swed *flunsa* to plunge〗
flounce² /fláuns/ 〘服飾〙 *n.* フラウンス, ひだ飾り《10–50 cm またはそれ以上の幅の布で, 片側にギャザーやプリーツを入れとじつける衣服の飾り》. — *vt.* …にフラウンスを付ける. 〖(1672) 《変形》 < ? ← FROUNCE〗
flóunc·ing *n.* **1** フラウンスの素材《片側にギャザーやプリーツなどが施されているレースや刺繍レースまたは布地》. **2** すそひだ飾り. 〖(1766): ⇨ ↑, -ing¹〗
flounc·y¹ /fláunsi/ *adj.* (**flounc·i·er**; **-i·est**) もがく, あがく; 自分を意識して動く.
flounc·y² /fláunsi/ *adj.* (**flounc·i·er**; **-i·est**) フラウンスの付いた[で飾った]. 〖(1821) ← FLOUNCE²＋-Y⁴〗
floun·der¹ /fláundə | -də^(r)/ *vi.* **1 a** もがき[あがき]ながら進む: ~ *through* a song つかえつかえ歌をうたう. **b** つまりながら[しくじりながら]する[しゃべる]; 四苦八苦しながら仕事をする; おたおたする, まごまごする. **2** もがく, あがく, のたうつ, じたばたする: ~ *in* mud [snow] 泥[雪]の中でもがく / ~ *into* a morass じたばたして泥沼へはまり込む / The explorers ~*ed along* the muddy way. 探検家たちはぬかるみの道をよたよたしながら進んだ. — *n.* もがき, あがき. 〖(1576) 《混成》 ? ← FOUNDER³＋BLUNDER〗
floun·der² /fláundə | -də^(r)/ *n.* (*pl.* **~, ~s**) 〘魚類〙 カレイ目の魚の総称 (flatfish) 《カレイ科とヒラメ科の魚類》: ⇨ summer flounder, winter flounder, fluke. 〖(1304–5) ▭ AF *floundre*＝OF *flondre* ▭ ON *flyðra* (cf. Norw. *flundra*) < Gmc **flunþriōn* ← IE **plat-* to spread〗
flóun·der·ing·ly /-dərɪŋli, -drɪŋ-/ *adj.* もがきながら, まごついて; つまずいてばかりして.
flour /fláuə | fláuə^(r)/ *n.* **1 a** 小麦粉, うどん粉 (cf. meal² 1 a). **b** 穀物の粉, 穀粉. **c** 粉末食品. **2** きわめて細かい粉末, 細粉: ~ of emery 金剛砂. — *vt.* **1** …に粉を振りかける; 〈肉などに〉に粉をまぶす. **2** 《米》 粉にする. **3** 〘鉱山〙 (金銀精錬のアマルガム法で)〈水銀を〉粉状にする. — *vi.* 《米》 粉状になる. 〖(*c*1250) *flour* (*of whete*) 'FLOWER or finest part of meal': FLOWER と区別して書かれるようになったのは 18 世紀ごろ: cf. F *fleur de farine* pure wheaten flour〗
flóur bàg *n.* 小麦粉袋. 〖1806〗
flóur bèetle *n.* 〘昆虫〙 コクヌストモドキ (*Tribolium castaneum*) 《小麦粉など貯穀粒につくゴミムシダマシ科の小甲虫; 似た種類が多い》. 〖1888〗
flóur bòlt *n.* (製粉所で使う)粉ふるい. 〖1874〗
flóur bòmb *n.* (通例, 軽蔑のしるしとして)人に投げつける小麦粉袋.
flour·ish /flɔ́ːrɪʃ | flʌ́r-/ *vi.* **1 a** 栄える, 繁盛する, 隆盛をきわめる (⇨ succeed SYN); 〈人が〉活躍する, 成功する, 在世する (cf. floruit): Socrates ~*ed* about 400 B.C. ソクラテスは紀元前約 400 年ごろ活躍した人だ / Her career is ~*ing*. 彼女の出世はとんとん拍子だ. **b** 〈人が〉健康であ る, 身体(からだ)がよい. **2** 〈動植物が〉生育する, 〈草木が〉おい茂る, 繁茂する. **3** 腕[刀剣など]を振り回す, ぐるぐる振り回す. **4 a** 見せびらかす. **b** 誇張して[自慢して]言う. **5** 飾り書きに書く, 飾り[装飾]文字を使う. **6** 《まれ》 華麗な言葉を使う, 飾って言う[書く]. **7** 〘音楽〙 華やかな楽句を演奏する; 華やかに奏する; (トランペット・ホルンなどで)華美にファンファーレを吹奏する. **8** 《スコット・廃》 花を開く, 咲く. — *vt.* **1** 〈武器・むち・腕などを〉振る, 打ち振る, 振り回す (wave, brandish): ~ a handkerchief [blade] ハンカチ[刀]を打ち振る. **2** 見せびらかす (parade): ~ one's riches. **3** (花や模様で)はなやかに飾る (embellish). **4** 《廃》 飾字体で書く; 装飾的意匠[色彩など]で飾る.
— *n.* **1** (刀・棒・鈎竿・帽子などの)振回し: a ~ of a sword [one's hat, one's hand] 刀剣[帽子, 手]を大きく振り回すこと. **2** 見せびらかし; 仰々しさ, 派手さ: with a ~ 仰々しく, 派手に. **3 a** (彫刻・印刷などの)飾り線[文様]; (花文字・署名などの, ひげの長い)飾り書き: add a ~ to one's signature 署名に飾りをつける. **b** 〘修辞〙 (文章・演説中の)凝った表現, 文飾, 文彩, 美辞麗句: a speech full of ~*es* 美辞麗句に富む演説. **4** 《まれ》 繁栄, 隆盛: in full ~ 盛りをきわめて, 全盛で. **5** 《スコット・廃》 開花 (bloom): the ~ of the apple trees. **6** 〘音楽〙 装飾楽句, 即興的な挿入楽句[序奏], ファンファーレ (fanfare): a ~ of trumpets (歓迎のときなどの)嚠喨(りゅうりょう)たる[華やかに響き渡る]らっぱの吹奏[ファンファーレ].
~·er *n.*
〖(?*a*1300) *florishe*(*n*) ▭ (O)F *floriss-* (stem) ← *florir* (F *fleurir*) to blossom < VL **flōrīre*＝L *flōrēre* ← *flōr-*, *flōs* 'FLOWER': ⇨ -ish²〗
flóur·ish·ing *adj.* **1** 繁茂する, (盛んに)おい繁る: a ~ plant. **2** 繁栄する, 隆盛な, 盛大な (prosperous): a ~ business, family, etc. **~·ly** *adv.* 〖(*c*1303): ⇨ ↑, -ing²〗
flour·ish·y /flɔ́ːrɪʃi | flʌ́r-/ *adj.* 華麗な, 飾り書きの: ~ handwriting 飾り書きの筆跡. 〖(1558): ⇨ -y⁴〗
flóur mìll *n.* 製粉機; 製粉所. 〖1809〗
flóur mìte *n.* 〘動物〙 小麦粉などに寄生するダニ.
flóur mòth *n.* 〘昆虫〙 スジコナマダラメイガ (*Ephestia Kuehniella*) 《マダラメイガ科のガ; 幼虫は小麦粉などに寄生する害虫》. 〖1893〗
flóur tortìlla *n.* 《米》 小麦粉で作るトルティーヤ.
flour·y /fláu(ə)ri | fláuəri/ *adj.* **1** 粉の, 粉状の, 粉質の: ~ potatoes. **2** 粉まみれの, 粉だらけの; 粉をかぶって白い: ~ hands. 〖(?*c*1450): ⇨ -y⁴〗
flout /fláut/ *vt.* ばかにする, 軽蔑する, 侮辱する (mock) (⇨ scoff¹ SYN): ~ a person's advice 人の忠告を鼻であしらう. — *vi.* 人をばかにしたようなことを言う, 侮辱的なふるまいをする (jeer) 〔*at*〕. — *n.* ばかにした言葉; 軽蔑, あざけり. **~·er** /-tə | -tə^(r)/ *n.* 〖(1551) ← ? ME *floute*(*n*) to play the flute ▭ OF *flauter*: ⇨ flute: cf. Du. *fluiten* to play the flute, mock, impose upon〗
flóut·ing·ly /-tɪŋli | -tɪŋ-/ *adv.* 軽蔑して, ばかにして. 〖(1580): ⇨ ↑, -ing², -ly¹〗
flóuting·stock *n.* 《廃》 笑い草. 〖1592〗
flow /flóu | fləu/ *vi.* **1 a** 流れる; 流れ出る: The river ~*s* northward *to* the sea. 川は北流して海に注ぐ / This river ~*s into* the Pacific Ocean. この川は太平洋に注ぐ. / The water started ~*ing over* the dam. 水はダムをあふれ流れ出した / Tears ~*ed from* her eyes [*down* her cheeks]. 涙が目から流れ出た[ほおを流れた] / Hot air ~*s up* a chimney. 熱した空気は煙突を上って行く. **b** 〈血液・電気などが〉通う, めぐる: Electricity ~*s through* a copper wire. 電気は銅線を伝って流れる / Royal blood ~*s in* his veins. 彼の血管のなかには王侯の血が流れている. **c** (暴力などにより)〈血が〉流される: Blood will ~. 流血の騒ぎが起ころう. **2** 流れるように到来する 〈*in*〉; 流出する, 奔流する (gush) 〈*out*〉; 〈通行人・車馬などが〉流れるように通る (stream along); 〈弁舌・詩文などが〉すらすらと[流暢(りゅうちょう)に]流れ出る; 〈会話などが〉円滑に進む[進行する]: Orders began to ~ in on us. 注文が我々のもとに殺到し出した / Gold ~*ed out of* the country. 金は国外へ流出した / Traffic ~*s along* the street all day. 交通の往来が終日その通りを流れる / His speech ~*ed on*. 彼の言葉は流れるように続いた. **3** 〔…から〕生じる, 起こる 〔*from*〕: Wealth

～s from industry and thrift. 富は勤勉と節約とから生じる. **4** 〈垂れ布・髪の毛などが〉すらりと垂れる: with her hair ～ing down her back [over her shoulders, in the wind] 髪を背中に垂れ下げて[肩に垂らして, 風になびかせて]. **5** **a** 《古》〔…が〕たくさんある, 充満する〔with〕: a land ～ing with milk and honey 乳と蜜との流れる(豊かな)土地 (cf. Exod. 3:8) / His heart ～ed with gratitude. 彼の心は感謝の念でいっぱいとなった. **b** 〈酒などが〉ふんだんにつがれる: Wine ～ed like water. ワインが飲み放題にふるまわれた. **6** 〈潮が〉上げる, 差す (rise) (cf. ebb vi. 1). **7** 《口語》(多量に)月経がある. **8** 【地質】〈地下の岩石・氷河の氷などが〉(圧力により亀裂(きれつ)を生じないで)しなやかにたわむ[変形する].

— *vt.* **1** 〈土地などに〉氾濫(はんらん)させる, あふれさせる (flood): ～ the land for irrigation 土地を灌漑(かんがい)する. **2** 〈ペンキなどを〉たっぷり塗る: ～ paint on a wall. **3** 《古》流す, 流し出す: The cut ～ed a little blood. 傷口から血が少し流れ出た.

flów óver (1) 〈感情が急に〈人〉にあふれ出る. (2) 〈騒ぎなどが〉〈人〉に全く影響を与えない.

— *n.* **1** **a** 流れ, 流動; 流出, ほとばしり: the ～ of air 空気の流れ / a ～ of blood [oil, lava] 血[油, 溶岩]の流れ / the ～ of spirits 屈託のない快活さ. **b** 多量の流れ[流通], 流れの[流通]状態, 流れ具合. **c** 流水, 流液. **2** (思想・言葉・交通・貿易・供給・物資などの)とうとうたる[よどみのない]流れ: a ～ of conversation [eloquence, music, wit] 談話[弁舌, 音楽, 機知]のよどみない流れ / a ～ of joy あふれ出る喜び / the ～ of soul (和気あいあいの)交歓, 打ち解けた温い交わり, 歓談 (A. Pope, *Satires and Epistles of Horace Imitated*) (cf. the FEAST of reason) / be in full ～ 盛んに進行[活動]している; 《英》とうとうと話し続けている / There has been a continuous ～ of gold into the country. 国には正貨が間断なく流入している / In his mind strange images arose in a steady ～. 彼の心に異様な心象が流れるように次々に浮かんできた. **3** **a** 流水量, 流出量, 供給量 (output): a daily ～ of 1,000 gallons 一日千ガロンの流出(量) / a good ～ of milk 十分な搾乳量 / the oil ～ of a well 油井の流出量. **b** 【生理】流量 《血液その他の液体が一定の器官や部分を一定時間内に流れる量》. **4** **a** 上げ潮, 差し潮 (cf. ebb n. 1): The tide is at [on] the ～. 潮が差している / ⇨ EBB and flow. **b** (規則的に発生する)氾濫: the ～ of the Nile ナイル川の氾濫. **5** (垂れ布・髪の毛などの)なだらかな垂れ下がり: the beauty of the ～ of draperies on the body of the Buddha in wood 木彫の仏像の衣文(えもん)の美しさ / the ～ of one's hair over one's shoulders 肩にすらりと垂れ下がる髪. **6** 《口語》月経 (menstruation). **7** 《スコット》湿地帯, 沼地 (morass); (沿海の)湿地, 小入江. **8** 【機械】(高熱による金属部分の)徐々の歪曲. **9** 【物理・化学】(電気・熱などの)エネルギーの流れ: heat ～ 熱エネルギーの流れ. **10** 【球技】(フットボールなどの)(球技者の)流れ[運動]の方向.

gó [móve] with [agáinst] the flów 《口語》状況[流れ]に身をまかせる[逆らう].

〖OE *flōwan* < Gmc **flōwan* (ON *flōa* / LG *flojen*) ← IE **pleu-* to flow, swim (L *pluere* to rain / Gk *pleîn* to swim): cf. flee, fleet[2], flight[1], float, flood, fly[1]〗

SYN 流れる: **flow** 〈水や液体が〉流れる《一般的な語》: Water *flows*. 水は流れる. **pour** [常に副詞などを伴う] 〈水や煙などが〉大量に, 急速に流れる: Sweat was *pouring* in rivers down his face. 汗が滝のように彼の顔を流れていた. **gush** 〈液体が〉穴や傷口から多量にほとばしり出る: The beer *gushed* out of the barrel. ビールが樽から流れ出した. **spout** 継続的に勢いよく流れ出る: The water *spouted* when the pipe broke. 水道管が破れると水がどっと噴き出した. **spurt** 突然断続的に流れ出る: Blood *spurted* from the wound. 傷口から血がさっと吹き出した. **stream** 絶え間なく流れ出る: Tears *streamed* down her face. 涙が彼女の顔をつたって流れた.

---

flow·age /flóuɪdʒ | fláʊ-/ *n.* **1** 流動 (flow); 氾濫; みなぎりあふれること. **2** あふれた水; 流出物. **3** 【力学】(アスファルトなどの粘性物質の)流動. **4** 【地質】岩石が裂けることなしに徐々に変形すること. 〖(1830): ⇨ ↑, -age〗

flów·chàrt *n.* **1** 生産工程順序一覧表, フローチャート. **2** 【電算】流れ図, フローチャート《プログラムの流れを図式的に示したもの》. 〖1920〗

flów clèavage *n.* 【地質】流動劈開(へきかい)《岩石が流動する際に生じる劈開》.

flów dìagram *n.* ＝flowchart. 〖1943〗

flow·er /fláuə | fláʊə[r]/ *n.* **1** 花, 草花, 花卉(かき), 花を咲かせる植物 (⇨ bloom[1] SYN): The ～s are out. 花が咲いた / artificial ～s 造花 / the language of ～s 花言葉 / ⇨ *a* BED *of flowers* / No ～s (by request). 弔花はご辞退申し上げます《死亡広告文句》/ Say it with ～s!「花を召しませ」, 花を買って贈りなさい《広告文》; 思う心を(花に託して)伝えなさい / the national ～ 国花 / ⇨ State flower, wild flower / arrange ～s 花を生ける. 日英比較 英語の *flower* は日本語の「花」と同じように花の総称であるが, 英語では桜, 梅などの木と考えられているものの花には blossom, bloom を, そしてその中で特に観賞用の花と考えられるものには bloom を用いる. ただし, 英語でも *flower* は「花」の上位語としてすべての花に用いられる. **2** 開花, 満開: *in* ～ 開花して, 花盛りで / The tulips are *in* full ～. チューリップは満開だ / come *into*～ 咲き出す, 咲く. **3** **a** (装飾用の)花模様; 造花. **b** (紋章の)花形. **4** 盛り, 盛年, 活躍期, 盛期 (prime): in the ～ of one's age [life] 人生の盛りに. **5** よりすぐり, 精粋, 精華; 手本, 鑑(かがみ) (pick, choice): the ～ of scholarship 学問の精華 / the ～ of chivalry 騎士道の華(はな). **6** 詞華 (figure of speech): ～s of speech 言葉の綾, 詞華. **7** [*pl.*] (発酵の)泡 (cf. flor). **8** [*pl.*] 《古》月経, 月華 (cf. *Lev.* 15:24, 33). **9** [*pl.*] 【化学】華(か) 《昇華でできる粉末状のもの》: ～s of sulphur 硫黄華 / ～s of zinc 亜鉛華, 酸化亜鉛. **10** 【印刷】＝fleuron 2.

flówer of Jóve 【植物】ヨーロッパ産の白色綿毛のある葉を生じばら色の花が咲くナデシコ科センノウ属の多年草 (*Lychnis flos-jovis*). 〖1840〗

flówers of tán 【植物】腐蝕した木材や樹皮などに生じる糸状菌[黒かび]の一種 (*Fuligo septica*).

— *vi.* **1** 花を生じる[つける]; 花が咲く, 花盛りになる (blossom, bloom). **2** 栄える, 盛りに達する (flourish) 〈*out*〉; 成熟する (mature). — *vt.* **1** …に花を咲かせる. **2** 花で覆う[飾る]; 花模様で飾る.

〖(?a1200) *flour* □ OF (F *fleur*) < L *flōrem*, *flōs* flower ← IE **bhel-* to thrive, bloom: cf. bloom[1], blossom, blow[3]〗

Flow·er /fláuə | fláʊə[r]/ *n.* フラワー《女性名; ウェールズ語形 Fflur》. 〖↑〗

flow·er·age /fláu(ə)rɪdʒ | fláʊər-/ *n.* **1** [集合的] 花 (flowers). **2** 花形装飾, 花飾り. **3** 開花(期). 〖(1688): ⇨ -age〗

flówer arràngement *n.* 生け花, 活花. 〖1900〗

flówer arrànging *n.* 生け花.

flówer-bèaring *adj.* 花のつく, 花を生じる. 〖1870〗

flówer bèd *n.* 花壇. 〖1873〗

flówer bèetle *n.* 【昆虫】**1** ハナムグリ《ハナムグリ類のように花粉を常食とする甲虫の総称》. **2** ジョウカイ《花に集まり他の昆虫を捕食するジョウカイ科とジョウカイモドキ科の甲虫の総称》. 〖1842〗

flówer bòx *n.* フラワーボックス, プランター (planter) 《土を入れて観賞用植物を植える細長い箱; 通例窓の外に置く》. 〖1876〗

flówer bùd *n.* 【植物】(実のならない花の)花芽 (cf. blossom bud, fruit bud, mixed bud). 〖1828〗

flówer bùg *n.* 【昆虫】ハナカメムシ《花にすんで他の昆虫を捕食するハナカメムシ科の昆虫の総称》. 〖1889〗

flówer child *n.* フラワーチャイルド《平和と愛の象徴として花をもっている若いヒッピー (hippie); cf. flower people》. 〖1967〗

flówer clòck *n.* 花時計《植物の開花によっておおよその時刻を示すもの》.

flówer-de-lúce /-dəlúːs | -dəlúːs, -ljúːs/ *n.* (*pl.* flowers-) 《古》【植物】＝iris[2] 1, lily 1. 〖(16c): ⇨ fleur-de-lis〗

flów·ered *adj.* **1** 花で覆われた: a ～ terrace. **2** 花形で飾った, 花模様の: ～ silk, tapestry, wallpaper, etc. / a ～ carpet. **3** [通例複合語の第 2 構成素として] (…の)花をつける, …咲きの: single-[double-]*flowered* 単[重]弁花の, 一重[八重]咲きの. 〖(a1375): ⇨ -ed〗

flow·er·er /fláu(ə)rə | fláuərə[r]/ *n.* **1** [通例, 開花期・咲き方などを示す形容詞と共に用いて] 花の咲く植物 (cf. bearer 3, fruiter 3, grower 1): an abundant ～ たくさん花のつく植木 / an early [a late] ～ 早咲き[遅咲き]の草花. **2** 花模様を作る職人. 〖(1851): ⇨ -er[1]〗

flow·er·et /fláu(ə)rɪt | fláuərɪt, -rèt/ *n.* 小花 (floret). 〖(?a1400): ⇨ flower, -et〗

flówer flỳ *n.* 【昆虫】ハナアブ (syrphus fly).

flówer gàrden *n.* 花園, 花畑 (cf. kitchen garden). 〖1672〗

flówer gìrl *n.* **1** 花売り娘[女]. **2** 《米・スコット》花まき娘《結婚式で花嫁の進む先に花をまき散らしてゆく少女》. 〖1789〗

flówer hèad *n.* 【植物】頭状花 (capitulum). 〖1845〗

flow·er·ing /fláu(ə)rɪŋ | fláuər-/ *n.* **1** 開花(期): a late ～ 遅咲き; 大器晩成. **2** 花形で飾ること. **3** 花形模様, 花飾り. — *adj.* **1** 花をもつ, 花を開く (blooming): ⇨ flowering plant. **2** 花の咲いている, 花盛りの: a ～ meadow. 〖n. (a 1325) — adj. (1360): ⇨ -ing[1, 2]〗

flówering chérry *n.* 【植物】サクラ類《花を観賞するために栽培されるサクラ属 (*Prunus*) の樹木の総称; cf. cherry 2 a): ⇨ Japanese flowering cherry.

flówering cráb *n.* 花木として栽培される野生リンゴ《主にハナカイドウ (*Malus halliana*) などアジア原産の種からなる; cf. crab apple》.

flówering cúrrant *n.* 【植物】**1** ＝golden currant. **2** ＝wild black currant.

flówering dógwood *n.* 【植物】ハナミズキ, アメリカヤマボウシ (*Cornus florida*) 《北米原産で広く栽培されるミズキ科の落葉樹; 春に白または薄紅色の花を開く; 米国 Virginia 州および North Carolina 州の州花》. 〖1843〗

flówering férn *n.* 【植物】ゼンマイ (osmund).

flówering fláx *n.* 【植物】ベニバナアマ (*Linum grandiflorum*) 《アフリカ北部産の一年生草本; 花は赤》.

flówering glúme *n.* 【植物】＝lemma[2].

flówering máple *n.* 【植物】イチビ《温帯に広く分布するアオイ科イチビ属 (*Abutilon*) の植物の総称; 葉が掌状でモミジ (maple) に似る》.

flówering móss *n.* 【植物】ピクシー (pyxie).

flówering plánt *n.* **1** 【植物】顕花植物 (cf. FLOWERLESS plant, seed plant). **2** 花物《花を観賞する植物; cf. foliage plant》. 〖1745〗

flówering quínce *n.* 【植物】ボケ《日本・中国に分布するバラ科ボケ属 (*Chaenomeles*) の庭園樹の総称; 切り花または盆栽用; (特に)ボケ (Japanese quince)》.

flówering ráspberry *n.* 【植物】北米産のキイチゴの一種 (*Rubus odoratus*) 《赤紫色の花が咲く落葉低木で, 実は紅く食用にする》.

flówering spúrge *n.* 【植物】北米産のトウダイグサ科タカトウダイ属の一種 (*Euphorbia corollata*) 《白い苞葉(ほう)が花のように美しく観賞用に栽培》.

flówering tobácco *n.* 【植物】ハナタバコ《ナス科目タバコ属 (*Nicotiana*) の多年草で花が美しく, 観賞用に栽培される数種の総称》.

flówer·less *adj.* **1** 花のない; 花の咲かない, 無花の: a ～ garden 花の(咲いていない)庭. **2** 【植物】隠花の: a ～ plant 隠花植物 (cf. flowering plant 1; cryptogam). 〖(a1500): ⇨ -less〗

flow·er·let /fláuəlɪ̀t | fláuə-/ *n.* 小花.

flówer·lìke *adj.* 花のような, 優美な, 美しい. 〖1604〗

flówer-of-an-hóur *n.* 【植物】ギンセンカ (⇨bladder ketmia). 〖1818〗

flówer·pècker *n.* 【鳥類】ハナドリ《東南アジア・太平洋諸島・オーストラリアに生息するハナドリ科の小鳥の総称》. 〖1885〗

flówer pèople *n.* [集合的] フラワーピープル《平和と愛の象徴として花を体につけて歩きまわるヒッピー (hippies); cf. flower child》.

flówer pìece *n.* **1** 花の絵; 花飾り. **2** 生け花. 〖a1784〗

flówer·pòt *n.* **1** (草花の)植木鉢. **2** 花型の花火. 〖1598〗

flówer pòwer *n.* 《口語》フラワーパワー《ヒッピーたちの主義・主張; cf. black power》.

flówer sèrvice *n.* 【教会】花祭り《教会を花で飾り, 礼拝式後病院などに寄贈する》.

flówer shòp *n.* 生花店, 花屋. 〖1867〗

flówer shòw *n.* 草花共進[品評, 展示]会, フラワーショー.

flówer stàlk *n.* 【植物】花梗(かこう), 花茎 (peduncle). 〖1789〗

Flówer Stàte *n.* [the ～] 米国 Florida 州の俗称.

flówer wày *n.* 【劇場】(歌舞伎などの舞台の)花道. 〖(なぞり) ← Jpn.〗

flow·er·y /fláu(ə)ri | fláuəri/ *adj.* (**flow·er·i·er**; **-i·est**) **1** 花の多い, 花に覆われた, 花の咲き乱れた: a ～ field, meadow, etc. **2** 花のような, (花のように)香りのよい; 花で飾った; 花形装飾の, 花形の, 花模様の: a ～ pattern 花模様. **3** 華やかな, 華麗な (florid); 美辞麗句を用いる (⇨ bombastic SYN): a ～ style 華麗な文体 / a ～ address 美辞麗句の多い演説 / ～ language 美辞麗句.

flów·er·i·ly /-rəli | -rɪ̀li/ *adv.* **flów·er·i·ness** *n.* 〖(1369): ⇨ flower, -y[4]〗

flów·ing *adj.* **1** 流れる: ～ water 流水, 動水 / the ～ tide 上げ潮. **2** 流れるような, なだらかな, 流暢(りゅうちょう)な (fluent): ～ periods 流麗な文章. **3** 〈線・輪郭などが〉なだらかに続く, 流線の: a ～ hand すらすらと書いた筆跡 / the ～ lines of a car 自動車の流線型. **4** 〈幕・毛髪などが〉なだらかに垂れている: ～ locks 垂れ髪 / a ～ skirt [garment] (長く)垂れたスカート[服] / ⇨ flowing sheet. 〖OE *flōwende*: ⇨ -ing[2]〗

flów·ing·ly *adv.* 流れるように, なだらかに; 流暢に. 〖(a1603): ⇨ ↑, -ly[1]〗

flówing shéet *n.* 【海事】(風が帆船の真後ろまたは真横から吹いているときに)ゆるめて伸ばしている帆脚索(ほあしづな): sail with ～s (追風を受けて)帆脚索をゆるめて航進する. 〖1769〗

flów lìne *n.* **1** 【地質】流理《岩漿や岩石の流動の際に生じる条紋》. **2** 【機械】流れきず, 流れ模様《射出成形品の表面に現れる模様》. **3** 流れ作業線 (cf. assembly line).

flów·mèter *n.* 流量計《単位時間に管の中を流れる流体の量・速度を測定する計器》. 〖1915〗

flown[1] /flóun | flóʊn/ *v.* fly[1] の過去分詞.

flown[2] /flóun | flóʊn/ *adj.* **1** 混ぜ合わせの色で装飾した, ぼかし絵の具を流した: ～ porcelain 流し絵の具の磁器. **2** 《古》〔…で〕過度に満たした, 満ちあふれる, いっぱいの〔with〕: ～ with anger. 〖OE *flōwen* (p. p.) ← *flōwan* 'to FLOW'〗

flów·òn *n.* 《豪・NZ》(関連部署との)調整[連動]昇給.

flów·shèet *n.* 生産工程順序一覧表 (flowchart) 《特に, 冶金・化学工程に用いる》. 〖1912〗

flów·stòne *n.* 【鉱物】流れ石, フローストーン《洞窟内の壁や床を薄く覆う鍾乳石》. 〖1925〗

flów tàble *n.* 【化学】フローテーブル《コンクリートやモルタルの軟度を定める装置》.

flów tèst *n.* 【化学】フロー試験《セメントペースト・プラスチック・油脂などの流動性を決定する試験方法の一つ》.

Floy /flɔ́ɪ/ *n.* フロイ: **1** 男性名. **2** 女性名. 〖(変形) 1: ↓. 2: ← FLORENCE[2]〗

Floyd /flɔ́ɪd/ *n.* フロイド《男性名》. 〖(変形) ← LLOYD〗

fl oz 《略》fluid ounce(s).

FLQ 《略》*F* Front de Libération du Québec (＝ Quebec Liberation Front) ケベック解放戦線.

FLRA 《略》《米》Federal Labor Relations Authority.

FLS 《略》Fellow of the Linnean Society.

FLSA 《略》Fair Labor Standards Act (米国の)公正労働基準法.

Flt Lt 《略》《英》Flight Lieutenant.

Flt Off. 《略》《英》Flight Officer.

Flt Sgt 《略》《英》Flight Sergeant.

flu /flúː/ *n.* (*also* **'flu** /～/) 《口語》**1** インフルエンザ, 流感: a bad ～ / I got *the* ～ badly. 日英比較 日本語では「インフルエンザ」を短く言いたいときには「流感」などといい, 「フルー」は一般化していないが, 英語では influenza よりも *flu* をよく用いる. **2** (漠然と)ウイルスによる呼吸器疾患. 〖(1839) 《短縮》← INFLUENZA〗

flub /flʌ́b/ 《米口語》*v.* (**flubbed**; **flub·bing**) — *vt.* へたにやる, …でへまをする (bungle). — *vi.* へまをする, 失

敗する. — *n.* 大しくじり, 大手ぬかり, へま (mistake). 〘(1904)《混成》? ← FL(OP)+(D)UB²〙

flub·dub /flʌ́bdʌ̀b/ *n.* 《米口語》気取り, 見栄(ᵏ); おおげさな[ばかげた]言葉. 〘(1888) ← ?〙

fluc·tu·ant /flʌ́ktʃuənt | -tʃu-, -tju-/ *adj.* **1** 波動する, 波打つ. **2** 動揺する, 上下する, 変動する, 不安定な: a ~ stock market. **3** 〘医学〙波動の. 〘(1560) □ (O)F ~ ∥ L *fluctuantem* (pres. p.) ← *fluctuāre* (↓)〙

fluc·tu·ate /flʌ́ktʃuèɪt | -tʃu-, -tju-/ *vi.* **1** 〈量・程度・株価などが〉変動する, 動揺する, 上下[高下]する (vary) (cf. fluctuating): The company's stock began *fluctuating* sharply on the New York Stock Exchange. その会社の株は NY 株式市場で乱高下(ᵃⁿᵏᵒᵘᵍᵉ)し始めた. **2** 〈意見・感情・行為などが〉動揺する, ふらつく (waver): ~ between hopes and fears 喜んだり心配したりする. **3** (波のように)高く低くうねる, 波動する. — *vt.* 動揺させる. 〘(1634) ← L *fluctuātus* (p.p.) ← *fluctuāre* to move as a wave ← *fluctus* wave〙

F

flúc·tu·àt·ing /-tɪŋ | -tɪŋ/ *adj.* 変動のある, 動揺[上下]する: a ~ market 変動の激しい市況[物価] / ~ prices 動揺する物価. **~·ly** *adv.* 〘(1647): ⇨ ↑, -ing²〙

flúctuating lóad *n.* 〘電気〙変動負荷《大きさが変動する負荷, またはそのうち常時存在する一定分を差引いた変動分; cf. base load》.

fluc·tu·a·tion /flʌ̀ktʃuéɪʃən | -tʃu-, -tju-/ *n.* **1** 動揺, 変動, 高下, 不安定, 気迷い (instability): the ~s of temperature [prices] 温度[物価]の変動 / violent ~s (相場の)乱調, 乱高下(ʳᵃⁿᵏᵒᵘᵍᵉ). **2** 波動. **3** 〘生物〙彷徨(ʰᵒᵘᵏᵒᵘ)変異 (cf. modification 4, mutation 2, variation 6). **4** 〘医学〙波動《体内に液体が貯留したことを示す触診所見》. **5** 〘物理・化学〙ゆらぎ, 揺動《熱運動や確率現象における平均値のまわりの観測量の変動》. 〘(*c*1450) □ L *fluctuātiō(n-)*: ⇨ fluctuate, -ation〙

flue¹ /flúː/ *n.* **1** 小煙突; (煙突の)煙道. **2 a** 送気管, ガス送管, 排気筒. **b** (暖房装置の)熱気送管. **c** (ボイラーの)煙管, 煙路. **3** 〘音楽〙**a** パイプオルガンの唇管 (flue pipe). **b** 唇管の口. 〘(1582) □ ? OF *fluie* a flowing, stream: cf. OE *flēwsa* flowing flux (← *flōwan* to flow)〙

flue² /flúː/ *n.* 引き網 (dragnet); 掛け網. 〘(1363) □ MDu. *vlūwe* (Du. *flouw*) fishing net ← IE **pleu-* to flow〙

flue³ /flúː/ *n.* **1** 柔らかい綿毛のようなもの. **2** けば, 毛くず, 綿くず. **3** (家具の下などにたまる)ほこりの固まり. 〘((1589)) (1796)《古形》*floow, flew* □ Flem. *vlume* □ ? F *velu* woolly ← L *villus* shaggy hair: cf. velvet〙

flue⁴ /flúː/ *n.* **1** 〘海事〙鉤(ᵏᵃᵍⁱ); 錨鉤, 錨爪 (fluke). **2** 《まれ》〘鳥類〙(羽の一本の)羽枝(ᵘˢʰⁱ). 〘(*c*1860) ← ?〙

flúe-cùre *vt.* (送気管を通して)〈たばこを〉熱風で乾燥する (cf. fire-cure): ~ tobacco. **flúe-cùred** *adj.* 〘(1909) ← FLUE¹+CURE〙

flúe dùst *n.* 煙塵(ᵉⁿʲⁱⁿ). 〘1857〙

flúe gàs *n.* 煙道ガス《燃焼を完了して煙道から出て行く燃焼ガス》. 〘1898〙

flu·el·lin /fluélɪ̀n | -lɪn/ *n.* (also **flu·el·len** /~/) 〘植物〙**1** 黄色[紫色]の花をつけるゴマノハグサ科の雑草. **2** 《廃》クワガタソウ. 〘(1548)《変形》← Welsh *llysiau Llewelyn* 'Llewelyn's herbs'〙

flu·ence¹ /flúːəns/ *n.* =influence.
pùt the flúence on 〈人〉に魔法[催眠術]をかける.
〘(1909)《頭音消失》← INFLUENCE〙

flu·ence² /flúːəns/ *n.* 〘物理〙フルエンス《単位面積を通過する放射束の時間的積分値; 単位 J/m²》. 〘(*c*1625) □ F ~ 'flowing' < L *fluentia* < *fluere* to flow〙

flu·en·cy /flúːənsi, -əntsi/ *n.* (弁舌の)流暢(ʳʸᵘᵘᶜʰᵒᵘ), なだらかさ; (時に)多弁, おしゃべり (volubility): ~ of speech 能弁 / with ~ 流暢に, よどみなく (fluently). 〘(1623) □ LL *fluentia*: ⇨ ↓, -ency〙

flu·ent /flúːənt/ *adj.* **1** (弁舌などの)流れるような, よどみのない; 流暢な, 能弁な, 弁舌のうまい: ~ speech 能弁 / speak ~ English 流暢な英語を話す / a ~ speaker [talker] 能弁な人 / a ~ liar べらべらと嘘のつける人 / He is ~ *in* German.=His German is ~. ドイツ語に堪能だ. **2** 〈動き・湾曲・輪郭などが〉なだらかな (easy), 優美な (graceful): ~ curves [contours] なだらかな湾曲[輪郭] / ~ motion 優美な動き. **3** (よどみなくすらすら)流れる: a ~ stream. **4** 《まれ》流動する, 流動性の. **5** 《まれ》形の一定[安定]しない. 〘(1589) □ L *fluentem* (pres. p.) ← *fluere* to flow: ⇨ -ent〙

SYN 流暢な: **fluent** 言葉が楽にすらすらと出る: a *fluent* speaker of English 英語を流暢に話す人. **eloquent** 言葉が流暢な上に, 熱烈な感動的な表現ができる: an *eloquent* speaker 雄弁家.

flú·ent·ly *adv.* 流暢に, 能弁に, すらすらと. 〘(1613): ⇨ ↑, -ly¹〙

flúe pìpe *n.* (パイプオルガンの)唇管 (cf. reed pipe 2). 〘(1852): ⇨ flue¹〙

flu·er·ic /fluːérɪk/ *adj.* =fluidic.

flu·er·ics /fluːérɪks/ *n.* 〘物理〙=fluidics. 〘← L *fluere* to flow+-ICS〙

flúe stòp *n.* (パイプオルガンの)唇管音栓 (cf. reed stop). 〘(1855): ⇨ flue¹〙

flúe·wòrk *n.* [集合的] 唇管音栓 (flue stops) (cf. reedwork). 〘1876〙

flu·ey /flúːi/ *adj.* 毛[綿]くず質の, けばのような; ふわふわした (fluffy). 〘(1861) ← FLUE³+-Y⁴〙

fluff /flʌ́f/ *n.* **1** 綿毛のようなもの, ふわふわした固まり: a ~ *of* clouds ふわふわした雲. **2 a** (鳥の腹部ともも部の間に生えている)綿毛. **b** (ラシャなどの)けば (nap). **c** うぶ毛; ひげのはえかけ, 薄ひげ. **3** つまらないもの, くだらないもの. 《口語》**a** 間違い, しくじり, ミス. **b** せりふを忘れる[間違える]こと, とちること, とちり.
a bit [piece] of flúff 《口語》(いかす)若い女, 女の子.
— *vi.* **1** 《口語》**a** 間違える, へまをやる. **b** せりふを忘れる[とちる]. **2** けば立つ, ふわふわになる. **3** ふわりと動く.
— *vt.* **1** 《口語》**a** しくじる, 間違える. **b** 〈せりふを〉忘れる, とちる. **2** (綿毛のように)ふわりとふくらませる 〈*out, up*〉: The bird ~*ed itself out* into a ball. 鳥が羽毛をふくらませて丸くなった / ~ one's hair *out* 髪をふんわりふくらませる. **3** 〈皮の裏などに〉けばを立てる; 〈外観を〉けばのようにする.
〘(1790)《変形》← ? FLUE³〙

flúff·bàll *n.* **1** 毛玉. **2** 中身のない人[映画など].

flúff·er *n.* **1** ふわりとふくらませる物. **2** (ロンドンの地下鉄などの)線路掃除夫. 〘(1956): ⇨ ↑, -er¹〙

fluff·y /flʌ́fi/ *adj.* (**fluff·i·er; -i·est**) **1** けばの, 綿毛の (downy); 綿毛に覆われた. **2** ふわふわした: a ~ cake, pillow, sweater, etc. **3 a** (精神・知力などの)弱い; 〈政策などが〉あやふやな: a ~ old man. **b** 〈くだらない, つまらない (trifling): ~ musicals. **4** 〘演劇・テレビ〙せりふのあやふやな. **flúff·i·ly** /-fɪ̀li/ *adv.* **flúff·i·ness** *n.* 〘(1825): ⇨ -y⁴〙

flü·gel·horn /flúːgəlhɔ̀ən, -gl- | -hɔ̀ːn; G. flýːgl-hɔ̀ʁn/ *n.* フリューゲルホルン《形は cornet に似るが音色は French horn に似た金管楽器》. 〘(1854) □ G ~ ← *Flügel* wing (← *fliegen* 'to FLY¹')+*Horn* 'HORN': 狩猟で側面から獲物を追う勢子(ˢᵉᵏᵒ)に合図するために用いられたことから〙

flu·id /flúːɪ̀d | flúːɪd/ *n.* **1** 流体, 流動体《液体・気体の総称: cf. solid 1》. **2** (動植物の)分泌液. **3** 〘医学〙**a** 体液: amnionic ~ 羊水 / a ~ balance 体液平衡 / ~ therapy (点滴などによる)輸液療法 / ⇨ cerebrospinal fluid. **b** 薬液. — *adj.* **1** 〈文や動きが流れるような, 流麗な. **2 a** 〈意見などが〉変わりやすい, 流動的な, 固定していない (shifting); さまざまの用途に対応できる: The opinions of the young are ~. 若い人の意見は変わりやすい / ~ capital 流動資本 / The situation is very ~. 事態はきわめて流動的だ. **b** すぐに現金に替えられる: ~ assets 流動資産. **3** 流体の, 流動体に関する. **4** 流動性の (liquid) (cf. solid 1): a ~ substance 流動物質. **~·ly** *adv.* **~·ness** *n.* 〘(?*a*1425) □ (O)F *fluide* ∥ L *fluidus* ← *fluere* to flow (cf. fluent) ← IE **bhleu-* to swell: ⇨ -id⁴〙

flu·id·al /flúːɪ̀dl | -ɪdl/ *adj.* 流体[流動]に関する[の特徴を持った]. **~·ly** *adv.* 〘(1879): ⇨ ↑, -al¹〙

flúid cátalyst *n.* 〘化学〙流動触媒《微粒子にして反応にあずかるガスの流れによって流動状態に保ちながら使用する固体触媒》.

flúid clútch *n.* 〘機械〙=fluid drive.

flúid cóal *n.* 流動粉炭.

flúid cóupling *n.* 〘機械〙=fluid drive.

flúid drám [dráchm] *n.* =fluidram.

flúid dríve *n.* 〘機械〙流体継手, 水力継手. 〘1941〙

flúid·éxtract *n.* 〘薬学〙植物抽出液, 流エキス剤. 〘1851〙

flúid flýwheel *n.* 〘機械〙=fluid drive.

flu·id·ic /fluːɪ́dɪk | -dɪk/ *adj.* **1** 流れの技術[特徴]の[に関する]. **2** [通例, 降神術師が用いて] 流れの[に関する], の特徴を持つ]. 〘(1877)《逆成》↓〙

flu·id·ics /fluːɪ́dɪks | -ɪ́dɪks/ *n.* 〘物理〙フルイディックス, 流体素子工学《流体の流れを使ったスイッチ素子でパワー増幅能力をもち, 自動制御系の要素として使われる; fluidonics ともいう》. 〘(1960) ← FLUID+-ICS〙

flu·id·i·fy /fluːɪ́dəfàɪ | -ɪ́dɪ̀-/ *vt.* 流動体に変じる, 流体にする (fluidize). — *vi.* 流動体になる, 流体になる; 液体を集める. 〘(1851–59): ⇨ -ify〙

flu·id·i·ty /fluːɪ́dəṭi | fluːɪ́dɪ̀ti/ *n.* **1 a** 流動性; 流動率 (cf. solidity 1). **b** 人口の移動《流出と移入》; 移動率. **2** 変わりやすいこと, 変移性, 柔軟性 (flexibility). **3** 流麗さ. 〘(1603) ← FLUID+-ITY〙

flu·id·i·za·tion /flùːɪ̀dɪ̀zéɪʃən | -ɪdaɪ-, -dɪ-/ *n.* 流動化《固体微粒子を気体または液体の流れによって浮遊させること》.

flu·id·ize /flúːɪ̀dàɪz | flúːɪ-/ *vt.* **1** 流動体にする (fluidify). **2** 〈固体の微粒子を〉気体[液体]中に浮遊させる.

flú·id·ìz·er *n.* 〘(1855): ⇨ -ize〙

flúidized béd *n.* 〘化学〙流動床[層]《下方から流体を吹送して粒子を浮遊状態にした層》. **flúidized-bèd** *adj.* 〘1949〙

flúid lubricátion *n.* 〘機械〙流体潤滑《軸と軸受金とが直接接触しないように給油して間に油膜を生じさせる》.

flúid mechánics *n.* 流体力学 (hydraulics ともいう). 〘1937〙

flu·id·on·ics /flùːɪ̀dɑ́(ː)nɪks | -ɪdɔ́n-/ *n.* 〘物理〙=fluidics. 〘← FLUID+(ELECTR)ONICS〙

flúid óunce *n.* 〘薬剤〙液量オンス《液量の単位; =8 fluidrams; 略 fl. oz》: **1** 《米》 $^1/_{16}$ pint; 1.8045 立方インチ, 29.573 cm³. **2** 《英》 $^1/_{20}$ pint; 1.7330 立方インチ, 28.416 cm³. 〘1860〙

flúid préssure *n.* 〘物理〙流体圧力, 流圧. 〘1845〙

flu·i·dram /flùːɪ̀(d)drǽm | flùːɪ(d)-/ *n.* (also **flu·i·drachm** /~/) 液体ドラム《液量の単位; =60 minims, $^1/_8$ fluidounce; 略 fl.dr.》: **1** 《米》0.2255 立方インチ, 3.6966 cm³. **2** 《英》0.2167 立方インチ, 3.5520 cm³. 〘(1880) ← FLUID+DRAM〙

fluke¹ /flúːk/ 《口語》*n.* **1** まぐれ当たり, 幸運, 僥倖(ᵍʸᵒᵘᵏᵒᵘ), フロック (lucky chance): but for that ~ of fortune あの運命の巡り合わせがなかったら / win by a ~ まぐれで勝つ. **2** 《俗》〘玉突〙フロック《球のまぐれ当たり》. **3** 《英》気まぐれに吹いてくる(幸運の)そよ風. — *vt.* まぐれで手に入れる[当てる]; 僥倖で得点する. — *vi.* まぐれで成功する[運悪く失敗する]. 〘(1857) ← ?: cf. 《方言》*fluke* a guess〙

fluke² /flúːk/ *n.* **1** 〘魚類〙ヒラメの一種 (*Paralichthys dentalus*) (flounder ともいう). **2** 〘病理・獣医〙肝蛭(ᵏᵃⁿᵗᵉᵗˢᵘ) (*Fasciola hepatica*)《家畜の肝臓に寄生するジストマ》; 吸虫類の動物. **3** 《英》卵形のジャガイモの一品種. 〘OE *flōc* ← Gmc **flōk-* ← IE **plāk-* to be flat: cf. flake¹〙

fluke³ /flúːk/ *n.* **1** 〘海事〙錨爪(ⁱᵏᵃʳⁱᵗˢᵘᵐᵉ), 錨鉤(ᵏᵃᵍⁱ) (flue ともいう). **2 a** 錨爪に似たもの. **b** (槍・やす・矢などの穂先の)かかり, 鉤 (barb). **c** 鯨の尾の先の裂片. 〘(1561) ← ? FLUKE²: その形から〙

flúke infestátion *n.* 〘病理・獣医〙=distomatosis. 〘↑〙

flúke·wòrm *n.* 〘病理・獣医〙=fluke² 2.

fluk·y /flúːki/ *adj.* (**fluk·i·er; -i·est**) (*also* **fluk·ey** /~/) **1** 《口語》まぐれ当たりの, 僥倖(ᵍʸᵒᵘᵏᵒᵘ)の. **2** 〈風が〉気まぐれな, 変わりやすい, 定まらない (shifting): a ~ wind 変わりやすい風. **flúk·i·ly** /-kɪ̀li/ *adv.* **flúk·i·ness** *n.* 〘(1867) ← FLUKE¹+-Y⁴〙

flume /flúːm/ *n.* **1** (かけひを大きくした形の)流水[用水]路, 水路; 樋(ᵗᵒⁱ), (樋式)用水路《灌漑(ᵏᵃⁿᵍᵃⁱ)用水や発電所の水を取ったり, また山で切った材木を下に流すもの》. **2** 急な狭い谷川, 峡谷. — *vt.* **1** 水路で〈材木などを〉流して運ぶ. **2** 水路で〈水を〉引く. — *vi.* 流水路を掛ける, (樋式)用水路を作る. 〘((?*a*1200)) (1784) *flum* stream, river □ OF 'river' < L *flūmen* a stream ← *fluere* to flow〙

flum·mer·y /flʌ́m(ə)ri/ *n.* **1** 〘料理〙フラメリー: **a** 《英》オートミールを長時間煮た粥(ᵏᵃʸᵘ)状のもの (cf. sowens); これに生クリーム・砂糖・香料などを加えたデザート (cf. frumenty). **b** (ブラマンジュ (blancmange) やカスタード (custard) のような)柔らかいデザート類. **2** 《口語》**a** くだらないもの. **b** くだらない話, たわごと (nonsense); から世辞. 〘(1618) □ ? Welsh *llymru* ← ?〙

flum·mox /flʌ́məks, -mɪks | -məks/ 《口語》*vt.* [しばしば受身で] まごつかせる, 面食らわせる, …の度を失わせる (disconcert). — *vi.* 失敗する, だめになる (collapse). — *n.* 失敗 (failure); 当惑, 混乱. 〘(1837) ← ?〙

flump /flʌ́mp/ *vt.* どしんと投げ落とす, どさりと置く. — *vi.* どさりと落ちる[倒れる] 〈*down*〉. — *n.* (どしんと響く)投げ落とし; どさり(という音): fall with a ~ どさりと落ちる, どしんと倒れる. 〘(1790): 擬音語〙

flung /flʌ́ŋ/ *v.* fling の過去形・過去分詞.

flunk /flʌ́ŋk/ 《米口語》*vi.* **1** 〔試験に〕失敗する (fail) 〔*in*〕: ~ *in* one's exam. **2** (学校などに)とどまることができなくなる, (学業不振などで)退学になる 〈*out*〉: ~ *out* of school 退学する. **3** 断念する, やめる, 手を引く 〈*out*〉. — *vt.* **1** 〈試験などをしくじる (fail): ~ an examination / ~ history [math] 歴史[数学]を落とす. **2** (成績不良のため)退学させる 〈*out*〉, 〈学生を〉〈試験で〉落とす, 落第させる. — *n.* (試練・暗誦などの)失敗, 落第 (failure); 落第点. **~·er** *n.* 〘(1823)《混成》← FUNK¹+FLINCH¹: もと学生の隠語〙

flun·ky /flʌ́ŋki/ *n.* (*also* **flun·key** /~/) **1 a** [軽蔑的に] (小使い・玄関番など)制服を着た使用人 (footman). **b** 《米》召使, 給仕(人); 料理人, コック. **2** (卑屈な)おべっか使い (toady); くだらないやつ. 〘(1782)《もとスコット》《変形》← ? *flanker* (「いつも側 (flank) にいて用をする人」)〙

flún·ky·dom /-dəm | -dəm/ *n.* [集合的] 小使い連中; 取巻き連. 〘(1849): ⇨ ↑, -dom〙

flún·ky·ism /-kiìzm/ *n.* 小使い根性; おべっか主義, 事大主義 (toadyism). 〘(1831): ⇨ -ism〙

flu·o- /flúːə/ fluoro-¹·² の異形: *fluo*phosphate.

flùo·bórate *n.* 〘化学〙フッ化ホウ素酸塩 (borofluoride ともいう). 〘(1821) ← FLUORO-¹+-*borate* (⇨ boro-, -ate¹)〙

flùo·bóric *adj.* 〘化学〙フッ化ホウ素の. 〘(1812): ⇨ fluoro-¹, boric〙

flúoboric ácid *n.* 〘化学〙ホウフッ化水素酸 (HBF_4)《有毒な強い一塩基酸; borofluoric acid ともいう》. 〘1819〙

flu·o·cín·o·lone acetónide /flùːəsínəlòʊn-, -nl- | flùː(ʊ)sínəlàʊn-, fluə-, -nl-/ *n.* 〘化学〙フルオシノロンアセトニド ($C_{24}H_{30}F_2O_6$)《皮膚病治療抗炎症剤》. 〘← FLUO(RINE)+CIN(ENE)+(PREDNIS)OLONE〙

Flu·on /flúːɑ(ː)n | -ɔn/ *n.* 〘商標〙フルオン《台所用品の汚れ防止に用いるフッ素樹脂; cf. Teflon》.

flùo·phósphate *n.* 〘化学〙フツリン酸塩. 〘⇨ fluoro-¹〙

flúo·phosphóric ácid *n.* 〘化学〙=fluorophosphoric acid.

flu·or /flúːɔə, flúːə | flúːɔː(r, flúːə(r/ *n.* 〘鉱物〙=fluorite. 〘(1621) ← NL ~ = □ L ~ 'flux' ← *fluere* to flow: cf. G *Fluss* flux〙

flu·or- /flúːər, flɔːr | flúər, flɔːr/ (母音の前にくるときの) fluoro-¹·² の異形: *fluor*ene, *fluor*escent.

fluo·rene /flʊ́əriːn, flúːər-, flɔ́ːr- | flúːər-, flɔ́ːr-/ *n.* 〘化学〙フルオレン ($C_{13}H_{10}$)《無色の板状晶をなす環式炭化水素の一つ》. 〘(1883): ⇨ ↑, -ene〙

fluo·resce /flɔːrés, flʊərés, fluːər- | flɔːr-, fluər-, flər-, flùːər-/ *vi.* 〘物理・化学〙蛍光を発する. **fluo·résc·er** *n.* 〘(1874)《逆成》← FLUORESCENCE〙

fluo·res·ce·in /flʊ́ərésɪ̀ɪn, flɔːr-, flùːər- | fluərésiɪn, flùːər-, -siːn/ *n.* (*also* **flu·o·res·ce·ine** /-résiːn/) 〘化学〙フルオレセイン ($C_{20}H_{12}O_5$)《そのアルカリ溶液は微量でも強い緑色蛍光を発し, 水難者の位置標識や水流速度の測定に用いられる; また絹・羊毛などの黄色染料に

なる). 〖(1876): ⇨ ↑, -in²〗

fluo·res·cence /flɔːrésəns, fluᵊr-, flùːər-, -sn̩s | flɔːr-, fluər-, flɔːr-, flùːər-/ *n.* 〖物理・化学〗 **1 a** 蛍光発光《物質に光を照射すると, それとは異なった波長の光を発する現象》. **b** 蛍光性. **2** 蛍光 (cf. luminescence, phosphorescence 2). 〖(1852) ← FLUOR(SPAR)＋-ESCENCE: cf. phosphorescence〗

fluoréscence micróscope *n.* 蛍光顕微鏡《被検体の発する蛍光で観察する顕微鏡; cf. ultraviolet microscope》.

fluo·res·cent /flɔːrésənt, fluᵊr-, flùːər-, -sn̩t | flɔːr-, fluər-, flùːər-/ *adj.* 蛍光を放つ, 蛍光性の (cf. phosphorescent): ~ light 蛍光 / a ~substance 蛍光体 / ⇨ fluorescent lamp [light] / ~ lighting 蛍光照明. — *n.* 《口語》 蛍光灯. 〖(1853) ← FLUOR-²＋-ESCENT: 英国の数学者 G. G. Stokes (1819–1903) の造語〗

fluoréscent lámp [líght] *n.* 蛍光灯. 〖1896〗

fluoréscent scréen *n.* 〖物理〗 蛍光板 《X 線または放射線があたると目に見える光を放つ板》. 〖1863〗

fluoréscent túbe *n.* 蛍光管.

flu·or·i- /flúᵊrɪ̀, flɔ́ːr-, -ri | flúər-, flɔ́ːr-/ fluoro-² の異形 (⇨ -i-): *fluori*meter.

flu·or·ic /fluːɔ́(ː)rɪk, -ɑ́(ː)r- | -ɔ́r-/ *adj.* **1** 〖化学〗 フッ素 (fluorine) の, フッ素性の: a ~ acid フッ素酸. **2** 〖鉱物〗 蛍石(ほたるいし) (fluorite) の, 蛍石性の. 〖(1790) ◻ F *fluorique*: ⇨ FLUORO-¹, -ic¹〗

fluo·ri·date /flɔ́ːrədèɪt, flúᵊr- | flɔ́ːrɪ̀-, flúər-/ *vt.* **1** (虫歯を防ぐため)〈飲料水・練歯磨きなど〉にフッ化物を少量入れる. **2** =fluoridize. 〖(1949)《逆成》: ↓〗

fluo·ri·da·tion /flɔ̀ːrədéɪʃən, flùᵊr- | flɔ̀ːrɪ̀-, flùər-, -raɪ-/ *n.* **1** フッ化物添加. **2** (歯の)フッ素処理. **~·ist** /-ʃ(ə)nɪ̀st | -nɪst/ *n.* 〖(1904): ⇨ ↓, -ation〗

fluor·ide /flɔ́ːraɪd, flúᵊr- | flɔ́ːr-, flúər-/ *n.* 〖化学〗 フッ化物; フッ素の 1 価の陰イオン: ⇨ sodium fluoride. 〖(1826) ← FLUORO-¹＋-IDE〗

fluo·ri·di·za·tion /flɔ̀ːrədɪ̀zéɪʃən, flùᵊr- | flɔ̀ːrɪ̀daɪ-, flɔ̀ːr-, -dɪ-/ *n.* フッ素処理. 〖(1939): ⇨ ↑, -ization〗

fluo·ri·dize /flɔ́ːrədàɪz, flúᵊr- | flɔ́ːrɪ̀-, flúər-/ *vt.* 〈歯を〉フッ化物で処理する, 〈歯〉にフッ素処理を施す.

flú·o·ri·dìz·er *n.* 〖(1951) ← FLUORIDE＋-IZE〗

fluo·rim·e·ter /flɔːrímətə, fluᵊr- | flɔːrímɪ̀tə(r), fluər-/ *n.* 〖化学〗 =fluorometer. **fluo·ri·met·ric** /flɔ̀ːrəmétrɪk, flùᵊr- | flɔ̀ːrɪ̀-, flùər-ˊ/ *adj.* **fluo·rim·e·try** /flɔːrímətri, fluːr-, fluᵊr- | flɔːrímɪ̀-, fluər-/ *n.*

fluo·ri·nate /flɔ́ːrənèɪt, flúᵊr- | flɔ́ːrɪ̀-, flúər-/ *vt.* **1** =fluoridate. **2** 〖化学〗 フッ素化させる. **fluo·ri·na·tion** /flɔ̀ːrənéɪʃən, fluᵊr- | flɔ̀ːrɪ̀-, flùər-/ *n.* 〖(1929): ⇨ ↓, -ate³〗

fluo·rine /flɔ́ːriːn, flúᵊr-, -rɪ̀n | flɔ́ːriːn, flúər-/ *n.* (*also* **flu·o·rin** /~/) 〖化学〗 フッ素《非金属性元素の一つ; 記号 F, 原子番号 9, 原子量 18.998403》. 〖(1813) ◻ F ~: ⇨ fluoro-¹, -ine¹: cf. bromine〗

fluo·rite /flɔ́ːraɪt, flúːr-, flúᵊr- | flɔ́ːr-, flúər-/ *n.* 《米》 〖鉱物〗 蛍石(ほたるいし) (CaF_2) (《英》 fluorspar). 〖(1868) ◻ It. ~: ⇨ fluoro-², -ite¹〗

fluo·ro-¹ /flɔ́ːroʊ, flúᵊr- | flɔ́ːrə(ʊ), flúərəʊ/ 「フッ素性の, フッ化の」の意の連結形: *fluoro*carbon. ★ 母音の前では通例 fluor- になる. 〖← NL ~: ⇨ fluor, -o-〗

fluo·ro-² /flɔ́ːroʊ, flúᵊr- | flɔ́ːr-, flúər-/ 「蛍光」の意の連結形: *fluoro*meter. ★ 母音の前では通例 fluor- になる. 〖← FLUORESCENCE〗

flùoro·cárbon *n.* 〖化学〗 過フッ化炭化水素《炭化水素中の水素をフッ素で置き換えた化合物; 冷媒・スプレー用ガス・潤滑剤・消火剤用》. 〖(1937): ⇨ fluoro-¹〗

fluo·ro·chrome /flɔ́ːrəkròʊm, flúᵊr- | flɔ́ːrə(ʊ)-kràʊm, flúər-/ *n.* 〖生物〗 蛍光色素. 〖(1943): ⇨ fluoro-², -chrome〗

fluo·ro·form /flɔ́ːrəfɔ̀əm, flúᵊr- | flɔ́ːrə(ʊ)fɔ̀ːm, flúər-/ *n.* 〖化学〗 フルオロホルム (CHF_3) 《クロロホルムの塩素をフッ素で置換した化合物でクロロホルムに似た無色のガス》. 〖(1950) ← FLUORO-＋-FORM〗

fluo·rog·ra·phy /flɔːrɑ́(ː)grəfi, fluᵊr- | flɔːrɔ́g-, fluər-/ *n.* =photofluorography. **fluo·ro·graph·ic** /flɔ̀ːrəgrǽfɪk, flùᵊr- | flɔ̀ːrə(ʊ)-, flùər-ˊ/ *adj.* 〖1941〗

fluo·rom·e·ter /flɔːrɑ́(ː)mətə, fluᵊr- | flɔːrɔ́mɪ̀tə(r), fluər-/ *n.* 〖化学〗 蛍光光度計《蛍光の強度または蛍光物質の濃度を測定する装置》. **flu·o·ro·met·ric** /flɔ̀ːrəmétrɪk, flùᵊr- | flɔ̀ːr-, flùər-ˊ/ *adj.* **flu·o·rom·e·try** /flɔːrɑ́(ː)mətri, fluᵊr- | flɔːrɔ́mɪ̀tri, fluər-/ *n.* 〖(1897) ← FLUORO-²＋-METER¹〗

flùoro·phósphate *n.* 〖化学〗 フルオロリン酸塩[エステル]. 〖← FLUORO-¹＋PHOSPHATE〗

flúoro·phosphòric ácid *n.* 〖化学〗 フルオロリン酸 (H_2PO_3F, HPF_6, HPO_2H_2 の 3 種の酸の中のどれかを指す).

flùoro·plástic *n.* 〖化学〗 フッ素プラスチック, フッ素樹脂. 〖← FLUORO-¹＋-PLASTIC〗

flùoro·pólymer *n.* 〖化学〗 フッ素樹脂, フッ素重合体. 〖← FLUORO-¹＋POLYMER〗

fluo·ro·scope /flɔ́ːrəskòʊp, flúᵊr- | flɔ́ːrəskəʊp, flúər-/ 〖医学〗 *n.* (X 線)透視機械. — *vt.* (X線)透視で調べる. **fluo·ro·scop·ic** /flɔ̀ːrəskɑ́(ː)pɪk, flùᵊr- | flɔ̀ːrəskɔ́p-, flùər-ˊ/ *adj.* **flùo·ro·scóp·i·cal·ly** *adv.* 〖(1896) ← FLUORO-²＋-SCOPE〗

fluo·rós·co·pist /-pɪ̀st | -pɪst/ *n.* (X 線)透視法専門家.

fluo·ros·co·py /flɔːrɑ́(ː)skəpi, fluᵊr- | flɔːrɔ́s-, fluər-/ *n.* (X 線)透視(検査法). 〖(1970) ← FLUORO-²＋-SCOPY〗

fluo·ro·sis /flɔːróʊsɪ̀s, fluᵊr- | flɔːrəʊsɪs, fluər-/ *n.* 〖病理・獣医〗 フッ素(中毒)症, フッ素(沈着)症. **flu·o·rot·ic** /flɔːrɑ́(ː)tɪk, fluᵊr- | flɔːrɔ́t-, fluər-ˊ/ *adj.* 〖(1927) ← FLUORO-¹＋-OSIS〗

flùoro·úracil *n.* 〖化学〗 フルオロウラシル ($C_4H_3FN_2O_2$) 《フッ素を含むピリミジン塩基; 癌治療に用いられた》. 〖(1958): ⇨ FLUORO-¹〗

fluor·spar /flɔ́əspɑə, flúᵊə-, flúːəspɑ̀ə | flɔ́ːspɑː(r), flúə-, flúːəspɑ̀ː(r)/ *n.* 〖鉱物〗 =fluorite. 〖(1794) ← FLUORO-²＋SPAR³〗

flùo·sílicate *n.* 〖化学〗 フッケイ酸塩[エステル] (silicofluoride ともいう). 〖← FLUORO-¹＋SILICATE〗

flúo·silícic ácid *n.* 〖化学〗 フッ化ケイ素酸, ケイフツ酸 (H_2SiF_6) 《無色透明の液体で, セメントなどの硬化剤; hydrofluosilicic acid ともいう》.

flu·ox·e·tine /fluːɑ́(ː)ksətìːn | -ɔ́ks-/ *n.* 〖薬学〗 フルオキセチン《セロトニン作動を促す抗鬱薬》. 〖(*c*1975)《混成》 ← FLUO(RINE)＋OX(Y-)＋-etine (《混成》? TOLUENE＋AMINE)〗

flu·phen·a·zine /fluːfénəziːn/ *n.* 〖化学〗 フルフェナジン ($C_{22}H_{26}F_3N_3OS$) 《精神安定剤の一種》. 〖(1960) ← FLU(ORO-)¹＋PHENAZINE〗

flúr·ried *adj.* 混乱した, 動揺した, あわてた, 困惑した: in a ~ manner. 〖(1775): ⇨ ↓, -ed〗

flur·ry /flɔ́ːri | flʌ́ri/ *n.* **1** 騒動, 混乱, 動揺 (commotion); 狼狽(ろうばい), うろたえ, 困惑: a ~ of excitement 突然の興奮状態 / a ~ of activity あわただしい活動 / *in* a ~ 狼狽して, あたふたと, あわただしく / *in* the ~ 騒ぎにまぎれて. **2 a** (一陣の)疾風, 突風. **b** (疾風を伴った)にわか雨, 風雪: go through a ~ of snowflakes. **3** (市場の)突然で一時的な活況[価格の波乱]. **4** (もりを打ち込まれた鯨の)死のもがき. — *vt.* [しばしば受身で] あわてさせる, まごつかせる, 狼狽させる (bewilder): get *flurried* あわてる. — *vi.* あわてる, うろたえる; せわしなく動く[働く]: ~ *about* one's work せわしなく仕事をする. 〖(1686) ← ? 《廃・方言》 *flurr* to whir 《擬音語?》: hurry との類推〗

flush¹ /flʌʃ/ *vi.* **1** 〈顔・ほおが〉紅潮する, ぱっと赤らむ, ぽっとなる (⇨ blush SYN); 〈色・光が〉輝き出す, 〈空が〉ばら色になる (glow): ~ *with* joy 喜びで顔が紅潮する / The girl ~*ed* with anger. 娘は怒りで顔を赤くした / She suddenly ~*ed* scarlet. 急に真っ赤に顔を染めた / The eastern sky was ~*ing* over the hills. 山の上の東の空があかね色に輝いていた. **2** 〈水が〉どっと[さっと]流れる, 水びたしになる; 〈血液が〉さっと顔に上る. **3** 〈草木が〉急に芽ぐむ, もえ出る. — *vt.* **1** [通例受身で] (恥ずかしさなどで) 〈ほおなどを〉紅潮させる, 赤く染める, ばら色にする, ほてらせる (redden): Shame ~*ed* his cheeks.=His cheeks were ~*ed with* shame. 彼は恥じて顔を赤くした. **2** [通例 p.p. 形で] 上気[興奮]させる, 得意にさせる, 意気揚々とさせる (elate), 元気づける, 威勢をつける (animate): be ~*ed with* wine [pride] 酒[誇り]でのぼせている / be ~*ed* with success [victory] はなばなしい成功[勝利]で意気揚々としている. **3 a** 〈水流を〉どっと流す; (堰(せき)切って)〈池などの水を落とす: ~ the water *away* [*down*] 水を流し去る. **b** 〈下水・街路などを〉水を流して洗う: ~ (out) a drain [sewer pipes, streets] 水を流して下水[下水管, 街路]を洗う / ~ a toilet トイレを洗い流す. **c** 〈牧場などに〉水をあふれさせる, 灌漑(かんがい)する: ~ a meadow in autumn 秋に牧草地を灌漑する. **4** (繁殖期に)〈羊を〉太らせる (fatten). **5** 〖冶金〗 〈高炉〉の鉱滓(こうさい)を取り除く.
— *n.* **1 a** (顔・ほおの)紅潮, 赤らみ (cf. blush): Her face had a faint ~. 彼女の顔はほんのり赤らんだ. **b** 《詩》 (空・雲などの)あかね色, (夕焼け・朝焼けの)光輝: the ~ of dawn 朝焼け. **2** (感情・感激の)高ぶり, 興奮, 大得意, 歓喜: in the full ~ of triumph [hope] 勝利[希望]の感激に酔って / in the first ~ of ...の最初の勢いで. **3 a** (水・血などが)どっと[さっと]流れること; (トイレなどのどっと落とす)流し水, 排水. **b** 《英》 (トイレなどの水を流す)装置. **4 a** (若草などの)もえ出ること; (草などの)もえ出た若葉. **b** はつらつとしていること, (健康的・精神的な)新鮮な輝き: in the first ~ of spring [youth] 春[青春]の盛りに. **5 a** (牛の)乳量の急増. **b** 激増: the great ~ of gold 金の急増. **6** 発熱. **7** 〖環境〗 地下水が湧く沼地. 〖(1375) 'pool, puddle' 《混成》? ← FLUSH³＋FLASH〗

flush² /flʌʃ/ *adj.* (~·er; ~·est) **1** 〈流れがいっぱいになった, あふれるばかりの (brimming): a river ~ *with* the runoff 出水であふれる川. **2** [叙述的] 《口語》 〈金などを〉十分持って, 裕福な〔*of*〕; 〔...を〕惜しみなく使う, 気前がよい (lavish)〔*with*〕; 〈お金が〉豊富な, たくさんな, 景気のよい: be ~ *of* money 金をたくさん持っている / Money is ~. 金があり余るほどある[だぶついている] / be ~ *with* money 金離れがいい / ~ times 好景気, 好況時代. **3 a** ぱっと赤くなった, 赤らんだ (ruddy). **b** 《まれ》 元気にあふれた (lusty). **4** 〔...と〕同一平面の, 同高の (⇨ level SYN); (ぴったり合うように)端と端をそろえた〔*with*〕: windows ~ *with* the wall 壁と同じ平面の窓. **5** 〖海事〗 〈甲板が〉船首から船尾まで平らで見通しのきく: a ~ deck 平甲板. **6** 〖印刷〗 (印刷ページの行頭または行末を)そろえた, 片側そろえの, (左または右)ぎめの: ~ left 左ぎめ. **7** 〖製本〗 **a** 切付けの, チリなしの《図書の表紙と中身を同時に化粧裁ちし, チリのない状態をいう》. **b** 裁ち切りの《挿絵などを仕上げ寸法より大きめに刷り, 仕上げ裁ちのときにその一部分を切り落とすことをいう》. **8** じかの, まともな.
— *adv.* **1** 同じ高さに (evenly): fit ~ into the wall. **2** じかに, まともに, かっきり (directly): hit a person ~ on the chin 人のあごをまともにぶんなぐる.
— *vt.* **1** 平らにする (level); 〈個所・壁の継ぎ目など〉に詰め物をして平らにする. **2** 〈印刷ページの行頭や行末を〉そろえる.
〖(1594) 《形容詞用法》 ↑ ?〗

flush³ /flʌʃ/ *vt.* **1** (隠れ場などから)〈犯人などを〉追い出す〈*out*〉. **2** 〖狩猟〗 〈鳥を〉飛び立たせる (put up). — *vi.* 〖狩猟〗 〈驚いた鳥が〉(やぶなどから)ぱっと飛び立つ. — *n.* **1** (追われて)飛び立った鳥(の群れ). **2** 鳥を飛び立たせること. 〖(*c*1250) *flusshe(n)* to fly about quickly < OE **flyscian* 《擬音語?》: cf. fly¹, flutter, rush¹〗

flush⁴ /flʌʃ/ *n.* 〖トランプ〗 フラッシュ, 手揃い: **a** (ポーカーで)同種札(同じ印の札)の 5 枚揃い; cf. royal flush, straight flush. **b** (ピノクルで)切札の最高位札 5 枚続き (150 点になる). — *adj.* [限定的] 〖トランプ〗 手揃いの: a ~ hand 手揃い / ~ sequence 5 枚続きの手揃い. 〖(*a*1529) ◻ OF *flus* (F *flux*) ◻ L *fluxus* 'FLUX': cf. run (*n.*) 29〗

flúsh còat *n.* 〖土木〗 シールコート, 保護被覆 《水密性を与えるため道路舗装の仕上げにアスファルトを薄く塗ること》.

flúsh-décked *adj.* 〖海事〗 平甲板の. 〖(1883): ⇨ flush²〗

flúsh-dècker *n.* 〖海事〗 平甲板船 《上甲板が船首から船尾まで平坦に連続している船; flush-deck vessel ともいう》. 〖1937〗

flúsh dòor *n.* フラッシュドア 《桟や框(かまち)を内部に収めた平らな扉; cf. panel door》.

flushed *adj.* **1** 〈顔が〉赤くなって, 〈人が〉顔を紅潮させて〔*with*〕. **2** 興奮して, 得意になって〔*with*〕.

flúsh·er *n.* **1** (下水の)流し掃除夫. **2** (下水の)流水装置; (道路などの掃除用の)散水装置[タンク]. 〖(1882): ⇨ flush¹, -er¹〗

flúsh gìrt *n.* 〖木工〗 (根太と上端の面をそろえた)胴差し (cf. girt² 3).

flúsh-hèad rívet *n.* 〖機械〗 皿(頭)リベット, 沈頭鋲 《頭が打った表面と面一(つらいち)になるリベット; 主として船舶・航空機用》. 〖⇨ flush²〗

flúsh·ing *n.* **1** 瀉水(しゃすい): a ~ box [cistern, tank] = flush tank. **2** (顔・ほおの)紅潮. 〖(1398): ⇨ flush¹〗

Flush·ing /flʌ́ʃɪŋ/ *n.* **1** フラッシング 《米国 New York 州 New York 市 Queens 区の一地域; 万国博覧会の会場 (1939–40, 1964–65) および国連本部 (1946–51) の跡は Flushing Meadow 公園となっている》. 〖2 から〗 **2** フリシンゲン 《オランダ南西部, Walcheren 島の港市; オランダ語名 Vlissingen》.

flúsh·ness *n.* (金銭の)豊富, 充満, 潤沢. 〖(1661): ⇨ flush²〗

flúsh tànk *n.* (下水用の)自動式瀉水(しゃすい)タンク; (水洗便所の)洗浄用貯水槽. 〖1884〗

flúsh tòilet *n.* 水洗便所, 水洗式トイレ (water closet). 〖1950〗

flúsh vàlve *n.* (水洗便所の)洗浄弁, 瀉水槽バルブ. 〖1908〗

flúsh·wòrk *n.* 〖建築〗 フラッシュワーク 《割られた燧石(すいせき)と化粧された石でトレーサリーや文字の模様を壁面につくること》. 〖1846〗

flus·ter /flʌ́stə | -tə(r)/ *vt.* **1** 混乱させる, 騒がせる; 面食らわせる, あわてさせる: ~ oneself (頭が混乱して)取り乱す, 度を失う, うろたえる. **2** 酔わせる, 酔って興奮させる. **3** 混乱して[取り乱して]言う. — *vi.* 混乱する, 度を失う, あわてる, うろたえる. — *n.* 混乱, 狼狽(ろうばい), 取り乱すこと: be all *in* a ~ すっかりあわてている. 〖(1422) ← ? ON (cf. Icel. *flaustra* to be flustered ← *flaustur* bustle): cf. bluster〗

flus·ter·ate /flʌ́stərèɪt/ *v.* =flustrate.

flus·ter·a·tion /flʌ̀stəréɪʃən/ *n.* =flustration.

flus·trate /flʌ́streɪt/ *v.* 《口語》 =fluster.

flús·trat·ed /-tɪ̀d | -tɪ̀d/ *adj.* 《口語》 取り乱した, あわてた. 〖(1712): ⇨ ↑, -ed〗

flus·tra·tion /flʌstréɪʃən/ *n.* 《口語》 **1** 混乱(させること), 面食らわせる[あわてさせる]こと, 狼狽(ろうばい). **2** 酔わせること. 〖(1748) ← FLUSTER＋-ATION: frustration にならった造語〗

flute /flúːt/ *n.* **1 a** フルート. ★ 横笛型のものを transverse flute といい, 縦笛型の古典フルートをリコーダー (recorder) という. **b** (オーケストラの)フルート奏者 (flutist). **2** (オルガンの)笛音音栓. **3 a** 笛[フルート]状の物. **b** 細長いシャンパン用ワイングラス《握りのところに大きな丸こぶ形の装飾 (knop) がある脚付きの円錐形のグラスで, 17 世紀に用いられた; flute glass ともいう》. **c** 細長いフランスパン. **d** (婦人服の)柔らかいラッフル状ひだ. **4** 〖建築〗 (柱の)縦溝, 溝彫り. — *vi.* **1** フルートを吹く. **2** フルートのような音[声]を出す. **3** 〈金属の板などが〉よじれる, 曲がって割れる. — *vt.* **1** 〈曲などを〉フルートで吹く[演奏する]. **2** 笛のような声で話す[歌う]. **3** 〖建築〗 〈柱など〉にフルーティングを施す. 〖(*a*1325) *floute* ◻ OF *fla(h)ute, fleute* (F *flûte*) ◻ Prov. *flaut* 《混成》 ? ← *flaujol, flauja* (=OF *flajol*: cf. flageolet¹)＋*laut* 'LUTE¹': cf. G *Flöte* / It. *flauto*〗

flút·ed /-tɪ̀d | -tɪ̀d/ *adj.* **1** 〖建築〗 フルーティングを施した; 〈板ガラスが〉溝付きの: a ~ column / ~ plate glass すだれガラス. **2** 笛声の, 笛の音色の. 〖(1611): ⇨ ↑, -ed〗

flúted ármor *n.* =Maximilian armor.

flúte·lìke *adj.* フルートに似た, (フルートのような)澄んだ高声の. 〖1729〗

flúte·mòuth *n.* 〖魚類〗 ヤガラ (⇨ cornetfish). 〖1887〗

flut·er /flúːtə | -tə(r)/ *n.* **1** 溝彫り器. **2** 《まれ》 フルート奏者 (flutist). 〖(?*a*1400) *flouter* ◻ OF *flauteur*: ⇨ flute, -er¹〗

flúte stòp *n.* 〖楽器〗 =flute 2.

flut·ey /flúːti | -ti/ *adj.* (**flut·i·er; -i·est**) =fluty.

F

flút·ing /-tɪŋ | -tɪŋ/ *n.* **1** 笛[フルート]の吹奏; 笛の(ような)音. **2** 〘建築〙 **a** [集合的にも用いて] (柱の)フルーティング, 溝彫り, 縦溝装飾: the ～ of a column. **b** 溝彫り用材. **3** [集合的] 〘服飾〙 (婦人用のネックや袖などの装飾に使われる)ラッフル状の柔らかいひだ. 〖(1481): ⇨ flute, -ing¹〗

flút·ist /-tɪ̬st | -tɪst/ *n.* 《米》 笛吹き, 笛手, フルート奏者 (flautist). 〖(1603) ← FLUTE (n.)＋-IST: cf. F *flutiste*〗

flut·ter /flʌ́tə | -tə^(r)/ *vi.* **1 a** 〈帆・旗などが〉ぱたぱたする, はためく, 翻える; 〈花びらなどが〉ひらひら震える, ひらひら舞い落ちる: The curtain [flag] ～*ed* in the breeze. カーテン[旗]が微風にはためいた / A petal ～*ed* to the ground. 花びらが1枚ひらひら舞って落ちた. **b** 〈まぶたなどが〉ぴくぴくする, 痙攣してぴくつく. **2** 〈鳥が〉羽ばたきする 〈*about*〉; 羽ばたきして[ぱたぱた]飛ぶ; 〈チョウなどが〉ぱたぱた[ひらひら]飛ぶ (⇨ fly¹ SYN). **3** (興奮して)動揺する, はらはら[そわそわ]する, (恐怖で)おののく, わなわな打ち震える; (取り乱して)うろうろする: ～ *around* the room 部屋の中をうろうろする. **4** 〈脈・心臓が〉早く不規則に鼓動する, どきどきする: His heart was ～*ing* wildly. 彼の心臓は激しく鼓動していた.
— *vt.* **1** 〈鳥が〉〈翼を〉ぱたぱた打つ (flap); 〈帆・旗・ハンカチなどを〉ぱたぱた振り動かす, ひらひら翻す (wave): ～ one's eyelashes at a man 〈女性が〉男性に色目を使う / The bird ～*ed* its wings. 鳥が羽ばたきをした. **2** あわてさせる, 騒がせる, 狼狽(ろうばい)させる, 取り乱させる. **3** うろたえて[取り乱して]言う.
— *n.* **1 a** 羽ばたき, 羽打ち; (扇の)はためき, (ぱたぱたする)動揺; (炎の)ちらつき: with a ～ of white feathers [wings] 白い羽を羽ばたかせて. **b** 〘医学〙 (心臓の)粗動. **2** [a ～] (心の)動揺, 混乱; 大騒ぎ: be *in a* ～ ＝be all of a ～ (興奮して)どきどきしている, 胸騒ぎがする, あわてている / go *into a* ～ どぎまぎする / put a person *in* [*into*] *a* ～ ＝ throw a person *into a* ～ 人をどきどき[はらはら, どぎまぎ]させる / make [cause] *a* (great) ～ (世間を)騒がせる, (大)評判になる. **3** (市場の)小波乱 (flurry). **4** 《英口語》 (博打(ばくち)・投機でちょっと)一山張ってみること, (ちょっとした)賭け 《特に競馬の》: have a ～ on the lottery [on a horse, in mining shares] 宝くじ[(競馬の)馬, 鉱山株]で一山張ってみる. **5** 〘水泳〙 (クロール・背泳などの)ばた足. **6** 〘航空〙 フラッター 《空気力のために飛行機の翼などに起こる自励振動》. **7** 〘音楽〙 ＝flutter-tonguing. **8** 〘電気〙 再生むら, フラッター 《レコードプレーヤー・録音再生機からの再生音のむら; cf. wow² 1》. **9** 〘テレビ〙 フラッター 《受信画面のちらつき》. 〖OE *floterian* to float about, flutter (as birds) (freq.) ← *flotian* 'to FLOAT': ⇨ -er⁴〗

flútter·bòard *n.* 《米》 〘水泳〙 ばた足練習板, ビート板 《手で支えてばた足の練習をするときに用いる板》. 日英比較 「ビート板」は和製英語. 〖1950〗

flútter ècho *n.* 〘物理〙 多重反響, 鳴き竜 《二つの平行面の間で一つの衝撃音波の反響が繰り返して聞こえる現象; multiple echo ともいう》.

flút·ter·er /-tərə | -tərə^(r)/ *n.* **1** ぱたぱたさせる人. **2** そわそわする人. 〖(?*a*1425)) 《*c*1726》 *floterer* vagrant?〗

flút·ter·ing·ly /-t(ə)rɪŋli | -tər-/ *adv.* ぱたぱたして; そわそわして, おろおろして. 〖(1819) ← FLUTTER＋-ING²＋-LY¹〗

flútter kìck *n.* 〘水泳〙 ＝flutter 5. 〖1934〗

flútter-tònguing *n.* 〘音楽〙 フラッタータンギング 《舌を震わせる吹奏法》. 〖(1926): ⇨ flutter, tonguing〗

flútter whèel *n.* 急流[滝]の水で動く水車. 〖1817〗

flut·ter·y /flʌ́təri | -təri/ *adj.* ひらひら動く, はためく: a ～ skirt. 〖(*c*1385): ⇨ -y⁴〗

flut·y /flúːti | -ti/ *adj.* (**flut·i·er**; **-i·est**) 〈音調が〉笛に似た, 笛のような, 柔らかく澄んだ. **flút·i·ness** *n.* 〖(1823) ← FLUTE (n.)＋-Y⁴〗

flu·vi·al /flúːviəl/ *adj.* **1** 川の, 河川の: ～ navigation 河川航行 / ～ law 河川法. **2** 河流[流水]作用の, 河流の作用でできた: ～ soil [deposits] 沖積土[物]. **3** 河川に生じる, 河流にすむ: ～ plants and animals 河川動植物. 〖(?*a*1398) ◻ L *fluviālis* ← *fluvius* river ← *fluere* to flow (⇨ fluid)〗

flu·vi·at·ic /flùːviǽtɪk | -ǽt-⁻/ *adj.* ＝fluviatile. 〖(1727) ◻ L *fluviāticus*: ⇨ ↑, -ic¹〗

flu·vi·a·tile /flúːviətàɪl/ *adj.* **1** 川の, 川の作用でできた. **2** 河川[川べり]にできる. 〖(1599) ◻ F ～ ◻ L *fluviātilis* ← *fluvius* river: ⇨ fluvial, -atile〗

flu·vi·o- /flúːvioʊ | -viəʊ/ 「河川, 河流, 河水」の意の連結形: *fluvio*glacial 融氷流の / *fluvio*logy 河川学. 〖← L *fluvius* river: ⇨ fluvial〗

flu·vi·o·graph /flúːviəgræ̀f | -viə(ʊ)grɑ̀ːf, -græ̀f/ *n.* (自記)河川水量計 (fluviometer). 〖⇨ ↑, -graph〗

flùvio·marine *adj.* 〘地質〙 河水と海水との両方の作用でできた, 河口にできた (estuarine): a ～ deposit. 〖(1848) ← FLUVIO-＋MARINE〗

flu·vi·om·e·ter /flùːviɑ́(ː)mətə | -ɔ́mɪ̀tə^(r)/ *n.* ＝fluviograph.

flux /flʌ́ks/ *n.* **1** 絶え間ない変化, 変遷, 流転(るてん): All things are in a state of ～. 万物は流転する. **2** 不確実, 不安定: *Flux* followed the death of the king. 王の死後不安定な状態になった. **3 a** (言葉・談話などの)とうとうと流れ出ること, 流暢(りゅうちょう)なこと, 多弁: a ～ of words とうとうと流れ出る言葉, 多弁. **b** 流出, 発散. **4** 流れ, 流動(作用). **5** 上げ潮, 差し潮 (cf. reflux 1): ～ and reflux (潮の)干満, 満ち干; (勢力の)消長, 栄枯盛衰. **6** 〘化学・冶金〙 **a** 融剤 《硼砂(ほうしゃ)・蛍石(ほたるいし)その他の金属や鉱石の溶融を促進するもの》. **b** 溶剤 《鉄その他の金属の精練においてその中の不純物と結合して浮かせるもの》. **c** 媒溶剤 《陶磁器の絵の具に混合する溶けやすいガラスまたはエナメル》. **d** フラックス 《溶接・ろうづけなどの際, 赤熱した金属の表面の酸化を防ぐもので, 硼砂など》. **7** 〘物理〙 **a** (水・熱・電気などの)流量, 流動率; (流体力学で)束(たば) 《与えられた面を貫いて単位時間に流れる流量》: neutron ～ 中性子束. **b** 電力束, 磁力束, 磁束. **c** (一定地域の単位時間内の)放射量. **8** 〘数学〙 連接動, 流動; 流量: A line is the ～ of a point. 線は点の動いたものである. **9** 《古》 〘医学〙 (血液・体液・分泌物・排泄物などの)病的[異常]流出, 下血; 赤痢: bloody ～ 赤痢.
— *vt.* **1** 溶かす (fuse); 融剤で処理する. **2** 《廃》 〘医学〙 …に下剤をかける (purge). — *vi.* **1** 液体になる, 溶ける. **2 a** 《古》 どっと流れ出る. **b** 〈潮が〉差す, 満ちる. 〖(*c*1350) ◻ (O)F ～ // L *fluxus* a flowing (p.p.) ← *fluere* to flow (⇨ fluid)〗

flúx dènsity *n.* 〘電磁気〙 磁束密度. 〖1898〗

flúx·gàte *n.* 〘磁気〙 フラックスゲート 《地磁気誘導の法則に基づき地磁場の強さや方向を示す装置》. 〖1944〗

flux·graph /flʌ́ksgræ̀f | -grɑ̀ːf, -græ̀f/ *n.* 〘磁気〙 磁束計 《磁場を検出・記録する装置》.

flux·i·ble /flʌ́ksəbl | -sɪ̀-/ *adj.* 《古》 **1** 可溶性の. **2** 変化する, 変動する. 〖(1471) ◻ OF ～ ◻ LL *fluxibilis*: ⇨ flux, -ible〗

flux·ion /flʌ́kʃən/ *n.* **1** 流動, 流出. **2** 《古》 〘数学〙 流率; 微分商 (differential quotient): the method of ～*s* 流率法 《Newton の微積分法》. 〖(1541) ◻ F ～ // L *fluxiō(n-)* a flowing ← *fluere* to flow〗

flúx·ion·al /-ʃnəl, -ʃənl/ *adj.* 《古》 **1 a** 流動性の. **b** 変化する, 変動する. **2** 〘数学〙 微分の: ～ analysis [calculus] 微積分学. **～·ly** *adv.* 〖(1748): ⇨ ↑, -al¹〗

flúx·ion·àr·y /-ʃənèri | -ʃ(ə)nəri/ *adj.* 《古》 ＝fluxional. 〖1734〗

flux·ive /flʌ́ksɪv/ *adj.* 《廃》 流れる, 流れやすい. 〖1609〗

flúx·lìne *n.* 〘物理〙 流線 《流れの方向・大きさを表す曲線》. 〖1898〗

flúx lìnkage *n.* 〘電磁気〙 磁束鎖交数 《磁束とこれに交わるコイルの巻数との積》. 〖1933〗

flux·me·ter /flʌ́ksmìːtə | -tə^(r)/ *n.* 〘電磁気〙 磁束計. 〖(1904) ◻ F *fluxmètre*〗

flúx vàlve *n.* 〘磁気〙 ＝fluxgate.

fluyt /fláɪt/ *n.* 〘海事〙 フライト 《17 世紀北ヨーロッパの丸い船尾で平底の3本マストの小商船》. 〖◻ Du. *fluit* 《原義》 flute〗

fly¹ /fláɪ/ *v.* (**flew** /flúː/; *vi.* 9, *vt.* 6 では **flied**; **flown** /flóʊn | fləʊn/, *vi.* 9, *vt.* 6 では **flied**) — *vi.* **1** 〈鳥・虫などが〉飛ぶ: ～ *about* [*away*] (そこらを)飛び回る[飛び去る] / Many birds were ～*ing* in the air. 多くの鳥が空を飛んでいた / ～ high ⇨ 成句.
2 a (飛行機で)飛ぶ, 飛行[航行]する: ～ *to* Paris (in an airplane) (飛行機で)パリへ飛ぶ / ～ *across* the Atlantic 大西洋を横断飛行する / ～ 20,000 miles 高度2万マイルを飛行する. **b** 飛行機を操縦する: He has *flown* for more than twenty years. 飛行士になってから20年以上になる. **c** (衛星・ロケットなどで)宇宙旅行をする; 〈ロケットなどが〉宇宙空間を飛ぶ.
3 a 〈飛行機・弾丸・矢などが〉飛ぶ, 飛ぶように走る[過ぎる] (pass rapidly): The airplane was ～*ing* southeast. 飛行機は南東に向かって飛んでいた / I saw the clouds ～*ing across* the sky. 雲が空を横切って飛んで行くのが見えた / The pane *flew into* pieces [*to* bits, *into* fragments]. 窓ガラスは粉みじんに飛び散った / The engine suddenly *flew apart*. エンジンが突然炸裂(さくれつ)した[飛び散った]. **b** 《口語》 〈人が〉飛ぶように走る, 大急ぎで出かける (rush, hasten): He *flew over* the fence at a bound. 彼はひと跳びに垣を跳び越えた / She *flew to* her mother's arms. 彼女は母の懐に飛び込んだ / All the people *flew to* arms. 人々は皆大急ぎで武器を取った[戦闘準備をした] / All of us *flew to* her assistance [defense]. 我々は皆彼女を助ける[守る]ために駆け寄った / Go and ～ *for* the doctor. 大急ぎで医者を呼んで来ておくれ / I *flew to* meet him. 飛んで行って彼を迎えた / He's always ～*ing around*. いつも忙しそうに飛び回ってばかりいる / I must [have (got) to] ～. 《口語》 もう帰らなくては, 急いで行かなきゃ. **c** 〈金・財産が〉飛ぶようになくなる: He's just making the money ～. 札びらを切って金を使っている. **d** 〈時が〉早く[矢のように]過ぎ去る: Our youth has simply *flown*. 我々の青春も過ぎ去ってしまった / Time *flies*. 《諺》「光陰矢のごとし」. **e** [進行形で] 〈うわさなどが〉急速に広まる.
4 〈旗・頭髪などが〉翻る, 風になびく (wave): He saw a flag ～*ing in* the wind. 旗が風にはためいているのが見えた / with her bright hair ～*ing behind* her [*about* her shoulders] きらきらした髪をうしろに[肩の辺りに]なびかせて.
5 (風などに)飛ぶ, 飛揚する, 舞う, 舞い上がる: 〈軽い物が〉吹き飛ばされる; 〈火花などが〉飛ぶ, 飛び散る (shoot forth): The paper kite *flew* higher and higher. たこは上へ上へと揚がっていった / Dust was ～*ing* in clouds. ほこりがもうもうと舞い上がっていた / Bits of paper were ～*ing around*. 紙切れが辺りに飛び散っていた / Sparks ～ *upward*. 火の粉が舞い上がる (cf. *Job.* 5:7; ⇨ spark¹ *n.* 成句).
6 a (飛んで)逃げる; 逃げうせる, 逃げ去る (run away) (cf. flee ★): He had to ～ for his life [from his enemies]. 命からがら[敵から]逃げなければならなかった / The bird is [has] *flown*. ⇨ bird *n.* 1. **b** 消散する, 消えうせる (vanish): The mists were seen ～*ing*. 霧が晴れていくのが見えた.
7 a 突然〈ある状態に〉陥る 〔*into*〕: ～ *into* a rage [《英》 fury, temper] かっとなって怒る / ～ *into* raptures [ecstasies] 有頂天になる. **b** [補語を伴って] 勢いよく…する: The door *flew* open [shut]. ドアがぱっと開いた[閉まった].
8 a 猛烈に〔…に〕食ってかかる, 〔…を〕しかりつける 〔*at*, 《米》 *into*〕; 〔…を〕猛烈[急激]に襲う 〔*at*, *upon*〕: He *flew at* me for having failed to do my homework. 彼は私が宿題をしてこないと言ってしかりつけた. **b** 〈鷹(たか)などが〉〈獲物などを目がけて〉飛びかかる, 飛びつく 〔*at*〕: ～ *at* higher game もっと高い所にいる獲物に飛びかかる; さらに高い志を抱く / ～ *at* a person's throat 〈犬などが〉人ののど笛に飛びつく; 急に[猛烈に]人を襲う. **c** 《古》 鷹狩りする 〔*at*〕.
9 (過去形・過去分詞は **flied**) 〘野球〙 フライ[飛球]を打ち上げる: He *flied into* [*to*] left field. レフト方向にフライを打ち上げた / ⇨ FLY *out* (4). **10** 《口語》 〈演説などが〉うまくいく, うける, 説得力のある: That explanation just won't ～. その説明ではとてもわからない.
— *vt.* **1 a** 〈飛行機・宇宙船・ロケットなどを〉飛行させる, 操縦する: ～ a plane [helicopter] 飛行機[ヘリコプター]を操縦する. **b** 〈山上・海上などを〉飛行する, 飛行機で飛ぶ: ～ the Atlantic 大西洋を飛ぶ. **c** 〈貨物・乗客を〉飛行機で運ぶ[輸送する]: ～ merchandise [passengers] *to* New York 飛行機で商品[乗客]をニューヨークまで運ぶ. **d** 〈特定の航空会社を〉利用する: I always ～ JAL. いつも日本航空を利用している. **2** 〈鳥・たこなどを〉飛ばす, 放つ, 揚げる: ～ a pigeon 鳩を放つ / ～ a balloon 気球を揚げる / Children were ～*ing* their kites. 子供たちがたこを揚げていた / ⇨ *fly a* KITE. **3** 〈旗を〉掲げる, 翻す, 掲揚する: ～ a flag 旗を掲げる / ⇨ fly the FLAG / a ship ～*ing* distress signals 遭難信号を掲げた船. **4** …から逃げる, 逐電する; 避ける (shun) (cf. flee ★): ～ the country 国から逃亡する, 国外へ逃れる / ～ the approach of danger 危険の近づくのを避ける. **5** 〘狩猟〙 〈鷹を〉飛ばして狩をする, …に獲物のあとを飛び立たせる. **6** (過去形・過去分詞は通例 **flied**) 〘劇場〙 〈不用になった背景を〉舞台から上げる; 〈フラット (flat)・照明などを〉舞台上に垂らす.

flý hígh (1) 高く飛ぶ. (2) 大望を抱く, 高望みをする (aim high) (cf. high-flying 2 a). (3) 大得意になる. (4) [進行形で] 《米》 うれしくて興奮する. (5) 高位[名]に達する. 〖1705〗 ***flý ín*** 飛行機で着く. ***flý lów*** (1) 低く飛ぶ; 低空飛行をする. (2) 高望みをしない. (3) 表立つことを避ける, 世をはばかる. ***flý óff*** (1) 飛び去る, 飛び散る; 蒸散する. (2) 逃げ去る, 急いで立ち去る (hurry off). ***flý ón*** 〘劇場〙 (幕を下ろさぬまま)大急ぎで道具立て[背景]を変更する. ***flý óut*** (1) (急に)飛び出す (rush out). (2) (飛行機で)出かける. (3) 急にどなり出す, 猛然と食ってかかる 〔*at*, *against*〕. (4) 〘野球〙 フライを打ち上げてアウトになる: He *flied out to* second. セカンドフライを打ち上げてアウトになった. ***flý ríght*** 《米口語》 正直にやる, まっとうに生きる. ***gó flý a*** [*one's*] ***kíte*** ⇨ kite *n.* 成句. ***gò flýing*** 投げ出される. ***knóck flýing*** ＝send FLYING. ***lèt flý*** ⇨ let¹ 成句. ***màke the dúst flý*** ＝*make the fur* FLY (2). ***màke the féathers flý*** ＝*make the fur* FLY (1). ***màke the fúr flý*** (1) 《口語》 大げんかを始める; 大騒ぎを引き起こす. (2) 《米口語》 手早く[大急ぎで]やってのける. ***sénd flýing*** 〈物を〉投げ飛ばす, 飛び散らす, 〈鳥などを〉飛び立たせる; 〈人を〉追い出す, お払い箱にする, 〈敵などを〉逃走させる: They sent the enemy ～*ing*. 彼らは敵を蹴散らした. 〖1879〗

— *n.* (*pl.* **flies**; 4 b では通例 **～s**) **1 a** (前あきの衣服など, 特に男子ズボンのファスナーやボタンを覆う)比翼 (cf. fly front); [しばしば *pl.* 《英》] ズボンの前のファスナー: a ～ button 比翼のボタン / Excuse me, your ～ is [flies are] undone [open]. 失礼ですが前のファスナー[ボタン]が開いて[はずれて]いますよ. **b** テント[幌馬車]の垂れ布; (テントの)上覆い. **c** 旗布の横幅 (cf. hoist¹ 4 a); 旗布の外端. **2 a** 〘野球〙 フライ, 飛球 (fly ball): catch a ～ フライを取る. **b** 〘アメフト〙 フライ 《ボールを相手にカットされないようにパスレシーバーの頭越しにあげられる大きなパス》. **c** 飛ぶ物体(ボールなど)の通る道. **3** 《まれ》 飛行, 飛翔 (flight): have a long ～ 長距離飛行をする. ★ この意味では flight のほうが普通. **4 a** 遊覧[運送]馬車. **b** 《英》 (*pl.* 通例 **～s**) (昔の)一頭立て貸馬車. **5 a** 〘機械〙 羽根調速装置, はずみプレス; はずみ車 (flywheel). **b** 〘時計〙 風切り 《チャイムや時打装置の調速をする風車で輪列の最終段に置かれる》. **6** 〘印刷〙 **a** (印刷機の)あおり出し装置. **b** ＝flyboy 1. **7** [*pl.*] 〘劇場〙 舞台天井 《大道具を操作したしまって置く場所; fly loft ともいう; cf. flyman 2》. **8** 〘製本〙 ＝flyleaf. **9** 《豪》 試み: I'll give it a ～. やってみます.

on the flý (1) 飛んで, 飛行中で (flying); (特に) 《米》 〈打ったボールが〉空を飛んでグラウンドに落ちないうちに: catch a ball *on the* ～ フライのボールを捕らえる / The ball carried nearly 400 feet *on the* ～. 打球は大きくほとんど400フィートも伸びた. (2) 《口語》 急ぎの際に, 草々の間(かん)に, 大急ぎで (hurriedly); いつもせかせかして, ものすごく忙しそうにして (awfully busy): They hand lunch *on the* ～. 彼らは大急ぎで昼食を済ませた / She is *on the* ～ all day long. 彼女は一日中せかせかしている. (3) 立ちながら, 帰り際に: So he said *on the* ～. 彼は帰り際にそう言った.
〖ME *flie(n)* < OE *flēogan* < Gmc **fleuzan* (Du. *vliegen* / G *fliegen*) ← IE **pleu-* 'to FLOW' (L *plūma* feather): 語源的に異なる FLEE と早くから混同された〗

SYN 飛ぶ: **fly** 翼を使って空中を移動する 《一般的な語》: Birds *fly*. 鳥は飛ぶ. **flit** 連続してあちこちすばやく飛び移る: Sparrows *flitted* from tree to tree. スズメが木から木へ飛び回った. **hover** 〈鳥・ヘリコプターなどが〉空中の一点を舞い続ける: The helicopter *hovered* over our tent. ヘリコプターが私たちのテントの上空をホバリングした. **soar** 空中高く舞い上がる: The lark *soared* into the sky. ヒバリは空高く舞い上がった. **wing** 《文語》「翼で飛ぶ」の意味が強く感じられる: a bird *winging* for its nest 巣に向かって飛ぶ鳥. **flutter** 〈鳥・チョウなどが〉羽をばたばたさせて短距離を飛ぶ: A young bird *fluttered* out of the nest and in again. ひな鳥が一羽ばたばたと巣から出たり入ったりした.

fly² /fláɪ/ *n.* **1** 〘昆虫〙 **a** ハエ (cf. blowfly, flesh fly,

F

housefly): The chap wouldn't hurt [harm] a ～. あいつはハエ一匹も殺せないだろう, 虫も殺さぬ男だ / Don't let *flies* stick to your heels. 早くしないとかかとにハエがたかる, ぐずぐずするな. **b** ＝tsetse fly. **2** 〖釣〗毛針, フライ (⇨ dry fly, wet fly); ハエ[カゲロウ, トビケラ]の生き餌: tie a ～ 毛針を巻く[作る]. **3** 飛ぶ昆虫. ★ 現在は複合語として用いる: ⇨ butterfly, mayfly, Spanish fly, firefly. **4** 《植物・動物の》ハエや小虫による病気[害], 虫害: There has been little [a great deal of] ～ on the beans. 豆の虫害が少な[多]かった. **5** [the F-] 〖天文〗はえ(蠅)座 (⇨ Musca).

bréak [crúsh] a flý on the whéel ⇨ wheel *n.* 成句. ***drínk with the flíes*** 《豪俗》一人で飲む. ***a flý in ámber*** (1) 琥珀(こはく)の中の化石化した昆虫《カフスボタンなどに使う》. (2) 原形のままに保存されている遺物. ***a [the] flý in the óintment*** 《口語》玉にきず; (楽しみの)ぶち壊し (cf. *Eccl.* 10: 1). 《1833》 ***a flý on the wáll*** 人に気づかれずに観察している人. ***a flý on the whéel [cóach whèel]*** (自分の力を過信する)うぬぼれ者《戦車 (chariot) の車輪に止まって「すばらしいほこりを立てるこの勢いを見ろ」と得意がったというイソップ物語中のハエの話から》. ***like flíes*** ハエの群がるように; 多数で, 大勢で: They died *like flies.* ころころ[ばたばた]死んだ. ***Nó [There are nó] flíes on*** …《口語》(1) 〈人〉は全く抜け目がない. (2) …には少しも欠点がない[非の打ちどころがない]; 〈取引きなどに〉少しも後ろめたいところがない. 《1848》 ***ríse to the flý*** (1) 〈魚が〉毛針に食いつく. (2) ぺてんにかかる, だまされる.

～·less *adj.*

〖ME *flie* < OE *flȳġe, flēoġe* < (WGmc) **fleuʒ(j)ōn* (Du. *vlieg* / G *Fliege*) ← Gmc **fleuʒan* (↑)〗

fly³ /fláɪ/ *adj.* (**fli·er**; **fli·est**) **1** 《英俗》抜け目のない, 食えない, 機敏な, 油断のない (sharp). **2** 《米俗》魅力的な, いかす, かっこいい. 〖《1811》← ? FLY¹: もと盗人の隠語: cf. Du. *vlug* nimble〗

Fly /fláɪ/ *n.* ＝Fly River.

fly·a·ble /fláɪəbl/ *adj.* 飛行可能な; 航空に適する: ～ weather 飛行に適した天候 / a ～ airplane. 〖《1893》← FLY¹＋-ABLE〗

flý ágaric [amaníta] *n.* 〖植物〗ベニテングダケ, アカハエトリタケ (*Amanita muscaria*) 《毒キノコで, 昔これからハエ取り紙に塗る毒を採った》. 《1788》

flý àsh *n.* フライアッシュ, 飛散灰《通風装置によって運ばれた不燃性の灰; レコード盤・セメント・建築用れんがなどの製品に混入して利用される》. 〖《1931》← FLY¹〗

flý·awày *adj.* **1 a** 〈衣服・髪など〉体から離れてひらひらしている (flowing). **b** 翼のように翻った. **2** 〈人が〉ふわふわした, 浮ついた, 気の変わりやすい (flighty): a pretty ～ girl. **3 a** 〈工場ででき上がった航空機が〉飛行準備のできた, いつでも飛べる. **b** 〈品物など〉いつでも空輸できる. **c** いつでも飛べる[空輸できる]状態での: ～ price. **4** 〈軍需品が〉空輸のために荷造りされた. — *n.* **1** ふわふわした人[物], 浮ついた人. **2** 逃亡者. **3** (海上で見られる)蜃気楼(しんきろう) (mirage). **4** (工場で完成後, 輸送によらず, みずから納付先まで)飛んで行く飛行機. 《1775》

flý·bàck *n.* **1** フライバック《ストップウオッチ・クロノグラフなどの秒針が0に戻ること》. **2** 〖電子工学〗帰線, フライバック《テレビなどで1本[一つの画面]の走査の終わりから次の走査の初めに移る戻り, およびその期間》. 《1888》

flý báll *n.* 〖野球〗フライ, 飛球 (cf. grounder). 《1865》

flý·bàne *n.* 〖植物〗ハエを殺すとされる各種の植物の総称《ベニテングダケ (fly agaric), catchfly など》. 《1597》

flý·bèlt *n.* (アフリカ南部の)ツェツェバエ (tsetse fly) のはびこる地帯.

flý-bìtten *adj.* ハエ類に刺された(ような)跡のある. 《1598》

flý blìster *n.* 〖薬学〗カンタリス膏(こう) (Spanish fly (ハンミョウの一種)を乾燥して粉にしたもので製した発泡膏).

flý blòck *n.* 〖機械・海事〗**1** フライブロック (topsail を展帆するとき, 帆桁(ほげた)を引き上げるために使う平たい動滑車). **2** 滑車装置 (tackle) の動きに応じて位置が変わるほうの滑車. 《1841》

flý·blòw *n.* **1** (肉などの上に産みつけた)キンバエ (blowfly) の卵[うじ]. **2** ＝fly-strike. — *vt.* **1** 〈キンバエが〉〈肉〉の上に卵を産みつける, …にうじをわかせる. **2** 〈名声・評判などを〉汚す (taint). 《1556》

flý-blòwed *adj.* 《豪俗》＝flyblown 4.

flý·blòwn *adj.* **1 a** キンバエが卵を産みつけた, キンバエのうじのわいた. **b** ハエの糞のしみのついた. **2** 汚辱された, 汚れた, 堕落[腐敗]した (spoilt, corrupt): a ～ reputation 汚れた名声. **3** 《口語》**a** 古びた, 新しくない; みすぼらしい (seedy), 汚らしい. **b** 古くさい, 陳腐な (trite). **4** 《豪俗》金のない, 無一文の. 《1529》

flý·bòat *n.* フライボート: **1** もと広く用いられたが, 現在オランダ沿岸で使用される大型の平底船. **2** 船舶積載ボートや釣り舟などに用いられる快速平底船. 〖《1577》□ Du. *vlieboot* ← *Vlie* (北海とゾイデル海を結ぶ海峡の名)＋*boot* 'BOAT'〗

flý bòmb *n.* 飛行爆弾 (⇨ robot bomb).

flý bòok *n.* 〖釣〗(紙入れ型の)毛針入れ.

flý·bòy *n.* **1** 〖印刷〗紙取り工《刷り上がった紙を手引き印刷機から取りはずす人》. **2 a** 《米空軍俗》航空機搭乗員, (特に)操縦士. **b** 《俗》(米国の)空軍軍人. 《1841》

flý·brìdge *n.* 〖海事〗(普通の船橋の尾根の上の)露天船橋《雨ざらしではあっても見通しがよく, コンパスやテレグラフなど二重に設備されており, ここでも操船指揮ができるようになっている》. 《1614》

flý·bỳ *n.* **1 a** (航空機が偵察・脚の点検などのために地表近くを通過する)低空飛行. **b** ＝flyover 1. **2** (科学資料を得るための)宇宙船の天体接近飛行; その宇宙船. 《1953》

flý-by-nìght *adj.* 《口語》**1** 《米》〈企業・企業者が〉(目先だけの利益を図り)財政的に不安定で無責任な; 信用のおけない, 信頼できない (unreliable): a ～ company, salesman, etc. **2** 永久的でない, 一時的な (transitory): a ～ political disorder 一時的政治混乱. — *n.* 《口語》**1** 夜逃げする人. **2 a** 安定した評判や地位のない企業, 不安定な企業. **b** (借金を踏み倒す)夜逃げ人. 《1796》

flý-by-nìghter *n.* ＝fly-by-night 2. 《1946》

flý-by-wíre *n.* 〖航空〗フライバイワイヤー《航空機の操縦系統を在来の機械的な装置から電気的な信号装置に代えたもの; 略 FBW》. 《1968》

flý càp *n.* フライキャップ《17–18 世紀に流行した両横が翼のように広がった婦人用の帽子》.

flý-càst *vi., vt.* ＝fly-fish. **flý-càst·er** *n.*

flý càsting *n.* 〖釣〗フライキャスティング《さおを振って毛針を投げること》. 《*c*1889》

flý·càtcher *n.* **1** ハエ取り(人); ハエ取り器. **2** 〖鳥類〗飛んでいる昆虫を捕食する鳥類の総称: **a** ヒタキ《ヒタキ科の鳥の総称; 特にヒタキ属 (*Muscicapa*) の鳥》. **b** タイランチョウ《ヒタキに似た米国産タイランチョウ科の鳥の総称; tyrant flycatcher ともいう》. **c** ＝dishwasher 2. **3** 〖植物〗ハエジゴク, ハエトリソウ (*Dionaea muscipula*) 《米国 Carolina, Florida 州原産のモウセンゴケ科の捕虫用の葉のある植物》. 《1600》

flý cùtter *n.* 〖機械〗舞いカッター《旋盤の軸に固定し, 回転運動を行わせて工作物を切削する刃》. 《1884》

flý dòpe *n.* **1** 防虫剤[薬]. **2** 〖釣〗フライドープ《毛針の浮きをよくするために用いる発水剤》. 《1897》

flý-drìve *n., vi.* 飛行機とレンタカーを利用する旅(をする).

flý-drìve vacàtion [《英》hòliday] *n.* 飛行機・レンタカー・宿泊がセットになった休暇(プラン).

fly·er /fláɪə | fláɪə(r)/ *n.* ＝flier.

flý-fìsh *vi.* 毛針で釣りをする. — *vt.* 〈川などで〉毛針釣りをする. 《1755》

flý-fìsher *n.* 毛針で釣りをする人. 《1787》

flý-fìshing *n.* 毛針釣り(行為); 毛針釣りの技術. 《1653》

flý·flàp *n.* ハエたたき. — *vt.* 《古》ハエたたきでたたく; たたく (beat). — *vi.* ハエたたきでハエを追う. 《1440》

flý flòor *n.* 〖劇場〗＝fly gallery.

flý fràme *n.* **1** 粗紡機. **2** 〖ガラス製造〗板ガラスの表面を研磨して平滑にする機械. 《1835》

flý frónt *n.* 〖服飾〗比翼(ひよく)《前身ごろの打ち合せの上前端を二重に作り布と布の間にボタンを隠す仕立て方および打ち合せ; cf. fly¹ *n.* 3》. 《1893》

flý gàllery *n.* 〖劇場〗(ステージ両側の)大道具操作台. 《1888》

flý-hálf *n.* 〖ラグビー〗＝standoff half. 《1918》

flý-ìn *n.* **1** 自家用飛行機で乗りつけられる戸外劇場 (cf. drive-in). **2** 目的地への飛行. — *adj.* 《カナダ》〈場所が〉飛行機[ヘリコプター]の離着陸場のある, 飛行機[ヘリコプター]でしか行けない; 〈会議などが〉飛行機で集まって行われる. 《1943》

fly·ing /fláɪɪŋ/ *n.* **1** 飛ぶこと, 飛行 (flight); (航空機の)操縦: high [low] ～ 高空[低空]飛行. **2** [*pl.*] 毛くず, 綿くず. **3** [形容詞的に] 航空の: ⇨ flying club, flying field.

— *adj.* **1** 空を飛ぶ, 飛行力のある; 航空機[飛行士]に関する: a ～ bird [insect] 飛ぶ鳥[昆虫] / ⇨ flying fish [fox]. **2** 空中に浮動する, なびく; ひらひらと翻る (waving): a ～ flag 翻る旗 / ～ clouds たなびく雲, 飛雲 / a ～ kite 空に揚がっているたこ / one's ～ hair 風になびく髪の毛 / with [under] a ～ seal 開く封にして. **3 a** 飛ぶように早い: ～ hours ずんずん経過する時間 / speed on ～ feet 大急ぎで(飛んで)行く. **b** 大急ぎの, あわただしい; 急送の, 急派の; 急ごしらえの, 仮の; 束の間の, はかない: a ～ trip [visit] あわただしい旅行[訪問] / a ～ packet 急送小荷物 / a ～ rumor 根も葉もないかりそめのうわさ / a ～ impression 一時だけの印象. **c** 遊撃の, 別働の: ⇨ flying squad. **4** 逃げていく: the ～ enemy. **5** 〖畜産〗〈家畜の烙印が〉様式化された翼の形をもった. **6** 〖海事〗〈帆が〉下ふちが帆杠(ほこう)や帆桁(ほげた)または帆脚索(ほあしづな)などに留めてない, 吹流しの: The sail was set ～. 帆が吹流しになっていた. **7** 助走をつけて行う. 〖lateOE *flēoġende*〗

flýing bédstead *n.* 〖航空〗＝flying test bed.

flýing bòat *n.* **1** 飛行艇《胴体自体が浮力を備えている水上飛行機; cf. seaplane, floatplane》. **2** (メリーゴーラウンドの)ボート型の車. 《1913》

flýing bòmb *n.* 〖軍事〗飛行爆弾 (⇨ robot bomb). 《1944》

flýing bóxcar *n.* 《口語》大型輸送機.

flýing brìdge *n.* **1** (ポンツン橋 (pontoon) のような)仮橋. **2** 〖海事〗**a** 最上船橋, 最上艦橋. **b** ＝fly bridge. 《1489》

flýing búttress *n.* 〖建築〗フライングバットレス, 飛び控え壁《arc-boutant ともいう; ⇨ buttress 挿絵, Gothic 挿絵》. 《1669》

flýing círcus *n.* **1** 〖航空〗飛行機の円形梯状(ていじょう)編隊. **2** 曲技飛行団.

flýing clùb *n.* 飛行クラブ.

flýing colors *n.* 空に翻る旗; 勝利, 成功: She passed the test with ～. 彼女は見事に試験に合格した.

flýing còlumn *n.* 〖軍事〗遊撃隊, 別働隊. 《1869》

flýing còrps *n.* 航空隊: the Royal *Flying Corps* 英国航空隊《Royal Air Force の前身 (1912–18)》. 《1913》

flýing cráne *n.* クレーンヘリコプター, 空飛ぶ起重機《重力貨物輸送用の懸吊(けんちょう)装置を備えたヘリコプター》.

flýing dèck *n.* (航空母艦の)飛行甲板. 《1896》

flýing dísk *n.* 空飛ぶ円盤 (⇨ flying saucer).

flýing dóctor *n.* 飛行往診(登録)医, 飛行医, フライングドクター《遠隔地に飛行機で緊急往診する医師》. 《1926》

flýing drágon *n.* **1** 〖動物〗トビトカゲ (⇨ dragon 6). **2** 〖昆虫〗＝dragonfly.

Flýing Dútchman *n.* [the ～] **1** さまよえるオランダ船《喜望峰付近に出没したと伝えられるオランダの幽霊船; 海員間ではこれを見るのは不吉の兆と考えられた》. **2** 同船の船長《最後の審判の日まで風波と戦いながら海上をさまよう運命にあると思われていた》.

flýing fìeld *n.* (airport より小規模な)飛行場. 《1927》

flýing fìsh *n.* **1** 〖魚類〗トビウオ《トビウオ科の魚類の総称》. **2** [the F- F-] 〖天文〗とびうお(飛魚)座 (⇨ Volans). 《*c*1511》

Flýing Fórtress *n.* 「空飛ぶ要塞」《第二次大戦で使用された米軍の重爆撃機 B-17 の愛称》.

F

flýing fóx *n.* **1** 〖動物〗オオコウモリ《南アジア・オーストラリア・マダガスカル島にすむオオコウモリ科 *Pteropus* 属の顔がキツネに似たコウモリの総称; 果実を常食とし果樹園に大害を与える》. **2** 《豪》山峡や渓谷を越えて鉱石や泥などを運ぶ空中ベルトコンベアまたはゴンドラ利用の運搬機. 《1759》

flýing fróg *n.* 〖動物〗トビガエル《東インド諸島に分布するアオガエル科アオガエル属 (*Rhacophorus*) の水かきが翼のように発達しているカエルの総称》. 《1688》

flýing gúrnard *n.* 〖魚類〗セミホウボウ《セミホウボウ科の海魚の総称, 発達した胸びれがある; 大西洋産の *Dactylopterus volitans* など》. 《1884》

flýing hándicap *n.* 〖スポーツ〗助走スタート (flying start) で行うハンディキャップ競走. 《1894》

flýing hórse *n.* **1** ＝hippogriff. **2** (メリーゴーラウンドなどの)馬(形の座席). 《1713》

flýing jàcket *n.* 〖服飾〗フライングジャケット《温かい裏地[襟]の付いた短い革のジャケット》.

flýing jíb *n.* 〖海事〗フライングジブ《最先端のジブで, 船首三角帆のうちで一番先端のもの; ⇨ jib¹ 1》. 《1711》

flýing jíb bòom *n.* 〖海事〗フライングジブブーム《第3斜檣(しゃしょう)で, 船首斜檣のうちで最先端のもの》. 《1832》

flýing júmp [léap] *n.* 助走をつけた跳躍, 走り跳び (running jump). 《1893》

flýing kilómeter *n.* 助走スタート (flying start) で行う1キロメートル競走.

flýing kíte *n.* 〖海事〗**1** フライングカイト《微風のときだけ檣頭(しょうとう)付近に張られる小型軽帆の総称で, studding sail や jib あるいは sky sail や moon sail など》. **2** (ヨットの)スピンネーカー《レース用ヨットが追手の軟風を受けて走る際, 主帆の反対側に張る三角形のよくふくらむ軽帆》.

flýing léap *n.* ＝flying jump.

flýing lémur *n.* 〖動物〗ヒヨケザル, コウモリザル《フィリピンや東南アジアおよび東インド諸島産ヒヨケザル科ヒヨケザル属 (*Cynocephalus*) の動物; 首から尾にかけて両側に皮膚のひだが広がっていて木から木へと飛ぶ; フィリピンヒヨケザル (*C. volans*), マライヒヨケザル (*C. variegatus*) の2種がいる; colugo ともいう》. 《1883》

flýing lízard *n.* 〖動物〗トビトカゲ《アジア南部, 東インド諸島に生息し樹上生活をする *Draco* 属のキノボリトカゲの総称; dragon ともいう》. 《1854》

flýing machìne *n.* (初期の)飛行機, 航空機《airplane の旧称》. 《1736》

flýing-màn /-mæ̀n/ *n.* (*pl.* **-men**/-mèn/) 飛行家 (airman, aviator).

flýing máre *n.* 〖レスリング〗フライングメーアー《相手の手首をつかみ, 回した後, 自分の背中に背負うようにしての投げ》. 《1754》

flýing míle *n.* 助走スタート (flying start) で行う1マイル競走. 《*a*1893》

flýing móor *n.* 〖海事〗前進双錨泊《両錨の中間位に船を停泊するのに船を前進させながら行う方法》.

flýing níghtingale *n.* 〖海事〗第3斜檣(しゃしょう)の端から第2斜檣の下の端に伸びている静索.

flýing òfficer *n.* 《英》航空中尉. 《1913》

flýing pày *n.* 〖米空軍〗＝flight pay.

flýing phalánger *n.* 〖動物〗＝petaurist.

flýing pícket *n.* 機動[移動]ピケ隊《所属会社以外のピケに参加する助っ人労働者グループ》. 《1974》

flýing rìngs *n. pl.* 〖体操〗つり環, つり輪《吊した2本の綱の先に鉄または木製の環のある体操用具》.

flýing sáucer *n.* 空飛ぶ円盤《世界各地で見られる正体不明の円形飛行物体; flying disk ともいう; cf. UFO》. 《1947》

flýing schòol *n.* 航空[飛行]学校.

Flýing Scótsman *n.* [the ～] フライングスコッツマン《London と Edinburgh の間を走る急行列車の愛称》. 《1879》

flýing shéar *n.* 〖金属加工〗フライングシャー, 走間剪断機(せんだんき)《材料が移動中連続的に切断できる》. 《1902》

flýing shóre *n.* 〖建築〗陸突張り《転倒を防ぐため壁の間に水平に渡す支え》. 《1894》

flýing shúttle *n.* 〖紡織〗＝fly shuttle.

flýing skìn *n.* 〖航空〗(1万メートル以上の上空を飛ぶ搭乗員が着用する)耐圧服 (cf. G suit).

flýing skýsail *n.* 〖海事〗マストの頂上にあるローヤル帆のさらに上へ特別に張る横帆.

flýing spót *n.* 〖テレビ〗飛点, フライングスポット《被写体に当て, そこからの反射光または透過光を光電管に導いて映像信号を発生する走検用スポット(光点)》: a ～ camera 飛点式カメラ. 《1905》

flýing spót scànner *n.* 〖テレビ〗飛点走査装置《画像伝送の入力装置の一つ》. 《1968》

flýing spót scànning *n.* 〖テレビ〗飛点走査《ブラウン管の光点を動かして行う走査方法》. 〖1933〗
flýing squàd *n.* **1** 《英》(警察の)特別機動隊《自動車やオートバイを備えた別働隊; しばしば F & S と書かれる》: a police ~ 特務警官隊 / a ~car 警察別働車. **2** (一般に)特務隊, 遊撃隊. 〖1927〗
flýing squàdron *n.* **1** 〖海軍〗遊撃艦隊. **2** (スト・労働争議などで活躍する)行動の機敏な一団, 遊撃隊. 〖1670〗
flýing squíd *n.* 〖動物〗アカイカ (*Ommastrephes bartramii*)《メキシコ湾流に生息し全長 1 メートルに達し時々水面から高く跳び出て船の甲板に上る》. 〖1840〗
flýing squírrel *n.* 〖動物〗**1** 北半球に生息し, 前後肢の間や体側に飛膜があり, 滑空するリス科の哺乳類の総称. **2** =petaurist. 〖1624〗
flýing stárt *n.* **1** 助走スタート《自動車レースなどで走りながら切るスタート; cf. standing start 1》. **2** 急速な始まり, 素早いスタート; 好調な出だし: make [have, get off to] a ~ 好調な滑り出しをする. **3** 《まれ》(短距離競走での)フライング《flier ともいう》. 日英比較 日本語の「フライング」(陸上競技などで, スタートの合図の前にスタートを切ること)は英語の *flying start* の略として使われていると思われるが, 英語の *flying start* はカーレースなどで, 出発合図前にスタートラインの手前から助走に入り, 出発合図でちょうどスタートラインを通過するようにすることである. スタートラインに並んで静止状態からスタートする, いわゆる standing start の場合に, 合図より早くスタートを切るのを英語では *flying start* よりも false start というのが一般的で,「フライングする」は jump the gun, make a false start などという. 〖1851〗
flýing súit *n.* (ポケットがたくさんついたつなぎの)飛行服.
flýing táckle *n.* 〖アメフト〗フライングタックル《ボールをもって走っている相手チームの選手に宙に飛んでタックルすること》.
flýing tést bèd *n.* 〖航空〗**1** (エンジンの)空中実験用飛行機. **2** 実験飛行機《VTOL 機の離着陸およびホバー性能を実験するためにエンジンと制御装置だけを実機と同じに装備した航空機; flying bedstead ともいう》. 〖1947〗
Flýing Tígers *n. pl.* [the ~] フライングタイガーズ《米国が第二次大戦に参戦する前に中国国民党政府に加担して日本軍と戦った米国人義勇兵の戦闘機部隊; 退役将校の Claire L. Chennault が 90 人のパイロットと 100 機の戦闘機で組織》.
flýing trapéze *n.* =trapeze 1.
flýing univérsity *n.* 空飛ぶ大学《1970 年代ごろにポーランド民主化活動の一環として行われた, 政府による干渉を受けない大学レベルの学問を自主的に提供する非公認教育活動; 飛行機を使って各地へ移動した》.
flýing wédge *n.* **1** (警察官・警備員などの)くさび形の移動隊形. **2** 〖アメフト〗V 字形攻撃隊形.
flýing wíng *n.* 無尾翼(飛行)機, 全翼(飛行)機. 〖1937〗
flý·lèaf *n.* **1** 〖製本〗遊び紙《書物の巻頭・巻末の白紙》; 見返しの遊び, 遊び (free endpaper)《効き紙と対をなしている見返しの一部; cf. endpaper》. **2** 回状[広告]の白紙ページ. **3** 扉紙《ボール箱の内側の左右に張った飾り紙》. 〖1832〗
flý lìne *n.* **1** 〖釣〗毛針釣り用の釣り糸. **2** 〖生態〗(渡り鳥の)飛路.
flý lòft *n.* 〖劇場〗舞台天井 (⇨ fly¹ *n.* 7).
flý·man /-mən, -mæ̀n/ *n.* (*pl.* **-men** /-mən, -mèn/) **1** 《英》貸馬車 (fly) の御者. **2** 〖演劇〗(舞台天井 (fly loft) で道具を操る)大道具方. 〖1845〗
Fly·mo /fláɪmoʊ | -məʊ/ *n.* 〖商標〗フライモ《英国 Flymo 社製のエアクッション式芝刈り機; 下方より空気を放出して浮上する》.
flý mùshroom *n.* =fly agaric.
flý nèt *n.* **1** (馬の)ハエよけ網. **2** (蠅帳・窓などの)虫よけ網. 〖(1874): cf. OE *flēohnet*〗
Flynn /flín/, **Errol** *n.* フリン (1909–59; オーストラリア生まれの映画俳優; 冒険とスリルに満ちた活劇物映画で活躍).
Flynn, Rev. **John** *n.* フリン (1880–1951; オーストラリアの長老派教会牧師で飛行往診制度の設立者).
flý·òff *n.* **1** 〖気象〗=evapotranspiration 2. **2** 〖航空〗フライオフ《性能比較評価のための飛行》.
flý-on-the-wáll *adj.* 〈テレビ番組などが〉人々の自然な様子を映した.
flý òrchid *n.* 〖植物〗オフリス属のランの一種. 〖cf. *flie orchis* (1578)〗
flý·òut *adj.* 《米》飛行機で行く.
flý·òver *n.* **1** 展示飛行, 空中分列飛行, パレード飛行, 儀礼飛行《観覧に供するため閲兵式場・都市・広場などの上を低空飛行すること; cf. march-past》. **2** (模擬標的の上の)爆撃機の飛行; (上空)通過飛行. **3** 《英》**a** (立体交差のための)高架道路 (《米》overpass). **b** 歩道橋 (pedestrian flyover). 〖1901〗
flý·pàper *n.* ハエ取り紙. 〖1847〗
flý·pàst *n.* 《英》=flyover 1. 〖1914〗
flý·pìtch *n.* (無免許の大道商人の)店張り場. **flý·pìtching** *n.* **flý·pìtcher** *n.*
flý·pòst 《英》*vt.* (許可を得ずに)〈ビラ・ポスターなどを〉急いで張る; 〈塀・柱などに〉ビラ[ポスター]を急いで張る. — *vi.* (無許可の場所に)ビラ[ポスター]を張る.
flý·pòster *n.* 《英》(無許可で)ポスターを張って歩く人; 無許可の場所に張られた宣伝ビラ.
flý·pòst·ing *n.* ビラをこっそり張ること. 〖1903〗
flý pòwder *n.* ハエ取り粉.
flý prèss *n.* 〖機械〗はずみプレス. 〖1819〗
flý ràil *n.* **1** 〖家具〗折りたたみ式テーブルのちょうつがいの付いた板を支える腕木. **2** 〖劇場〗舞台天井 (fly loft) の大道具を操作する桟(さん), ブリッジ. 〖1855〗
Flý Ríver /fláɪ-/ *n.* [the ~] フライ川《New Guinea の大河, Papua 湾に注ぐ (1,100 km)》.
flý ròd *n.* 〖釣〗毛針釣り用のさお, フライロッド. 〖1684〗
flysch /flíʃ/ *n.* 〖地質〗フリッシュ《地向斜に堆積した地層の一種; 粘板岩や細粒砂岩の互層から成る; cf. molasse》. 〖(1853) □ G《方言》~ 'that which flows' ← OHG *fliozzan* to flow〗
flý·scrèen *n.* 防虫網戸. 〖1903〗
flý·shèet *n.* **1** 一枚刷り紙葉《広告・趣意書・効能書など》. **2** ちらし (handbill). **3** フライシート《テントの上部を覆う防水布》. 〖1833〗
flý shùttle *n.* 〖紡織〗飛杼(とびひ)《1733 年 John Kay が発明》. 〖1795〗
flý·spèck *n.* **1** ハエの糞のしみ. **2 a** 小さい点. **b** つまらぬ[無価値の]もの. **3** 〖植物病理〗(ナシの実につく)黒斑病. — *vt.* …に小さいしみをつける. 〖1847〗
flý·spècked *adj.* ハエの糞のしみのついた.
flý·sprày *n.* ハエ取りスプレー.
flý·strìke *n.* 〖豪〗うじの発生[寄生]. 〖1940〗
flý·strìp *n.* (殺虫剤をしみこませた)ハエ取り用プラスチック片.
flý·swàtter *n.* (*also* **flý·swàt**) **1** ハエ叩き (swatter). **2** 《野球俗》(いつも)フライを打ち上げる選手. 〖1917〗
flyte /fláɪt/ *vi.*, *n.* 《スコット・北英》=flite.
flý·ti·er /-tàɪə | -tàɪə(r)/ *n.* 〖釣〗(趣味で)毛針を作る[巻く]人, (職業的な)毛針作り師. 〖(1881) ← FLY²+TIER²〗
flyt·ing /fláɪṭɪŋ | -tɪŋ/ *n.* 《スコット・北英》**1** =fliting. **2** (16 世紀のスコットランドにおける詩人同士の)論争詩, 悪口の応酬詩. 〖(1508) ME *fliten* < OE *flītan* (OHG *fīzan* to argue)〗
flý-tìp *vt.* 《英》〈ごみを〉不法投棄する. **flý-tìpper** *n.* **flý-tìpping** *n.* 〖(1985): cf. tip² (*n.*)〗
flý tìtle *n.* 《英》〖製本〗=half title. 〖1888〗
flý·tràp *n.* **1** ハエ取り器 (flycatcher). **2** 〖植物〗食虫植物の総称《サラセニア (pitcher plant)・バシクルモン (dogbane)・ハエジゴク (Venus's-flytrap) など》. 〖1774〗
flý·ùnder *n.* 一つの道路の下を通っている道路; 鉄道の下の(別の)鉄道. 〖1938〗
flý·wày *n.* 〖生態〗(渡り鳥の)飛路. 〖1891〗
flý·wèight *n.* 《ボクシング・重量挙げ・レスリングの》フライ級の選手 (⇨ weight 表). 〖1911〗
flý·whèel *n.* 〖機械〗はずみ車, フライホイール. 〖1784〗
flý whìsk *n.* ハエ払い《馬毛を束ねて作った柄の付いたハエ払い; しばしば高位・権威の象徴になる》. 〖1841〗
flý·wìre *n.* 〖豪〗ハエよけ金網: a ~ door. 〖1952〗
fm 《略》〖物理〗faint meter; fathom(s); fermi; from.
fm 《記号》Federated States of Micronesia《URL ドメイン名》.
Fm 《記号》〖化学〗fermium.
FM 《略》field marshal; 〖航空〗figure of merit; foreign mission.
FM /ɛ́fɛ́m⁻/ 《略》〖電子工学〗frequency modulation (cf. AM): an FM radio [station]. 〖1940〗
f-màtrix /ɛ́f-/ *n.* 〖電気〗=fundamental matrix.
FMB 《略》Federal Maritime Board.
FMC 《略》Foreign Ministers Council (連合国)外相会議; Federal Maritime Commission 米国連邦海事委員会.
FMCG 《略》fast-moving consumer goods.
FMCS 《略》Federal Mediation and Conciliation Service 連邦人事調停所.
FM cýclotron /ɛ́fɛ̀m-/ *n.* 〖物理〗エフエムサイクロトロン (⇨ synchro-cyclotron). 〖*FM*: 《頭字語》← *f*(*requency*) *m*(*odulated*)〗
F-méson /ɛ́f-/ *n.* 〖物理〗F 中間子《チャーム (charm) とストレンジネス (strangeness) とをもつ中間子; 質量は約 2 Gev/c²》.
FMG 《記号》〖貨幣〗Malagasy franc(s).
FmHA 《略》Farmers Home Administration (米国)農民住宅局.
Fmk, FMk 《記号》〖貨幣〗Finnish Mark (=markka).
FMN 《略》〖化学〗flavin mononucleotide. 〖*c*1953〗
FMS 《略》Federated Malay States; 〖航空〗flight management systems.
FMSA 《略》Fellow of the Mineralogical Society of America.
FMV 《略》full-motion video.
FN 《略》《米》Navy Fireman.
fn. 《略》footnote.
fnarr /fnáə | fnáː(r)/ *int.* 《英・戯言》きわどーい!《相手の発言が性的な意味にもなるときに言う》.
FNMA /ɛ́fɛ̀nèméɪ, fæ̀nimáː | fæ̀nɪ-/ 《略》Federal National Mortgage Association (米国の)連邦抵当権協会.
FNS 《略》Food and Nutrition Service.
f-nùmber /ɛ́f-/ *n.* 〖写真〗F ナンバー, F 値《F 8, F:8, f/8 などのように表す; レンズの明るさはこの数の自乗に逆比例し, F ナンバーは焦点距離を絞りの有効口径で除した数; cf. stop *n.* 13, T-number》. 〖(*c*1903) ← *f*(*ocal length*)〗
fo, f/o 《略》〖商業〗free overside [overboard].
Fo 《略》folio.
FO /ɛ́fóʊ | ɛ́fə́ʊ/ 《略》〖陸軍〗field officer; 《英》〖空軍〗Flying Officer; 《英》Foreign Office.
Fo /fóʊ | fə́ʊ; *It.* fɔ́/, **Da·rio** /dáːrjo/ *n.* フォ (1926– ; イタリアの劇作家・俳優; *Accidental Death of an Anarchist* (1970); Nobel 文学賞 (1997)).
FOA 《略》Foreign Operation Administration (cf. MSA).
foal /fóʊl | fə́ʊl/ *n.* **1** 馬[ろば, らば]の子, (特に, 一歳以下の)子馬 (colt, filly). **2** [the F-] 〖天文〗こうま(小馬)座 (⇨ Equuleus). ***in*** [***with***] ***fóal*** 〈雌馬が〉子をはらんで.
— *vt.* 〈子馬[ろば, らば]を〉産む. — *vi.* 子馬[ろば, らば]を産む 〈*down*〉. 〖OE *fola* < Gmc **folon* (Du. *veulen* / G *Fohlen*) ← IE **pau-* few, little (L *pullus* young of an animal / Gk *pôlos*)〗
fóal·fòot *n.* (*pl.* ~**s**) 〖植物〗カントウ(款冬) (coltsfoot). 〖*a*1400〗
foam /fóʊm | fə́ʊm/ *n.* **1** [集合的] (攪拌(かくはん)・発酵・沸騰などによってできた液体中または液体表面の白い)泡《の固まり》, あぶく (⇨ bubble SYN): ~ on a mug of beer ジョッキについたビールの泡. **2** (馬などの)泡汗; (癲癇(てんかん)・恐水病患者などの)泡つばき. **3** [the ~] 《詩》(泡立つ)海: sail *the* ~ 海を航行する. **4 a** 消火器から放出される泡状の物質. **b** 泡の層[外形]. **c** =foam rubber. — *vi.* **1** 泡立つ, あぶくを生じる. **2** 〈水などが〉泡立って流れる: ~ *over* 泡立ちあふれる / ~ *off* [*away*] 泡と消える / waves ~*ing along* the beach 浜辺に泡立つ波 / a waterfall ~*ing down* a precipice 崖(がけ)を泡立ち流れる滝. **3 a** (怒って)泡を吹く; 怒る: ~ *at* a person / ~ at the mouth ⇨ mouth 成句. **b** 〈馬が〉泡汗を流す. — *vt.* **1** 泡立たせる; 〈コンクリート・モルタル・しっくいなどに〉気泡を生じさせる. **2** …に気泡を入れ込む. **~·er** *n.* **~·lìke** *adj.* 〖n.: OE *fām* (neut.) < (WGmc) **faimaz* (G *Feim* scum) ← IE *(*s*)*poimo-* foam (L *spūma* 'SPUME'). — v.: (?*c*1375) *fome*(*n*) ← (n.) ∽ OE *fǣman* < (WGmc) **faimjan*〗
fóam·bàck *n.* 〖紡織〗発泡体層の裏付け. 〖1961〗
fóam cèll *n.* 〖病理〗泡沫細胞.
fóam [fóamed] cóncrete *n.* 〖土木〗気泡コンクリート《軽量化のため気泡を混入したコンクリート》.
fóamed plástic *n.* 〖化学〗=expanded plastic. 〖1945〗
fóam extínguisher *n.* 泡立(あわだ)式消火器.
fóam·flòwer *n.* 〖植物〗=false miterwort. 〖1895〗
fóam glàss *n.* 〖ガラス製造〗泡ガラス《ガラス粉に粉末炭素などの発泡剤を混ぜて加熱して造ったガラスで, 救命具・絶縁体などに用いる》. 〖1948〗
fóam·ing *adj.* 泡の立つ[立っている], 泡を吹く: ~ ale 泡立つビール / ~ steeds 泡汗をかいている馬. **~·ly** *adv.* 〖(?*a*1400): ⇨ -ing²〗
fóaming àgent *n.* 〖土木〗(コンクリート・モルタルなどの)起泡剤, 泡立て剤.
Foam·ite /fóʊmaɪt | fə́ʊ-/ *n.* 〖商標〗フォーマイト《泡消火剤の原料》.
fóam·less *adj.* 泡のない, 泡の立たない. 〖(1821): ⇨ -less〗
fóam rúbber *n.* 気泡ゴム, 泡ゴム, フォームラバー《latex から作り, ふとん・クッションなどに使う; 各気泡が連続していない点が sponge rubber と異なる》. 〖1939〗
foam·y /fóʊmi | fə́ʊmi/ *adj.* (**foam·i·er**; **-i·est**) **1** 泡の多い, 泡だらけの. **2** 泡の, 泡のような. **3** 泡立つ, 泡立っている: the ~ surf 泡立つ寄せ波. **fóam·i·ly** /-mə̀li/ *adv.* **fóam·i·ness** *n.* 〖OE *fāmiġ*: ⇨ -y¹〗
fob¹ /bá(ː)b | fɔ́b/ *n.* **1** (ズボンのポケット (fob) から垂らす)懐中時計の小鎖[ひも, リボン]《fob chain ともいう》. **2** (ズボンの上部ベルトにつけた)懐中時計入れ小ポケット《fob pocket ともいう》. **3** 懐中時計鎖の先に付ける小飾り物. — *vt.* 《(ズボンの)懐中時計入れの中に入れる[しまう]》. 〖(1653) □ ? G《方言》*Fuppe* pocket & *fuppen* to pocket stealthily〗
fob² /fá(ː)b | fɔ́b/ *vt.* (**fobbed**; **fob·bing**) 《廃》欺く (cheat), だます; だまし取る. ★ 今は次の句で: ***fób óff*** (1) 〈不良品・偽物などを〉つかませる (palm off): ~ *off* an imitation gem *on* [*upon, onto*] a person 人に模造宝石をつかませる. (2) (だまして)〈人を〉うまく避ける (put off): ~ the cops *off* 警察の目をうまくごまかす / ~ a person *off* with empty promises 口先だけの約束で人をうまくはぐらかす. (3) 無視する. 〖(?*c*1375) *fobbe*(*n*) ← ?: cf. fop / G *foppen* to deceive〗
FOB, fob /ɛ́fòʊbíː | ɛ́fəʊ-/ 《略》〖貿易〗free on board (輸出港)本船(積込み)渡し条件[値段] (の) (cf. CIF): a price *FOB*=an *FOB* price 本船渡し値段.
fób chàin *n.* =fob¹ 1.
fób pòcket *n.* =fob¹ 2.
FOBS *n.* 〖軍事〗部分軌道爆撃体系, 部分軌道爆弾《軌道を回る宇宙船に積んだ弾頭を地上の目標に発射し, 在来型レーダーの探知を免れる核兵器体系; cf. MOBS》. 〖《頭字語》← *F*(*ractional*) *O*(*rbital*) *B*(*ombardment*) *S*(*ystem*)〗
fób wàtch *n.* 懐中時計. 〖1884〗
foc 《略》free of charge.
FoC 《略》father of the chapel.
fo·cac·cia /foʊkáːtʃə, -tʃiə | fə(ʊ)kǽtʃiə; *It.* fokáttʃia/ *n.* フォカッチャ《ハーブとオリーブ油で味付けした薄いイタリアパン》. 〖(*c*1975) □ It. < LL *focacia* (nent. pl.) ← L *focus* hearth + ? *-āceus* '-ACEOUS'〗
fo·cal /fóʊkəl, -kḷ | fə́ʊ-/ *adj.* [限定的] **1** 焦点 (focus) の; 焦点にある: ⇨ focal point. **2** 中心にあって重要な. **3** 〖病理〗病巣の, 巣状の; 限局性の. 〖(1693) ← FOC(US) + -AL¹〗
fócal dìstance *n.* 〖光学・写真〗=focal length.
fócal inféction *n.* 〖病理・歯科〗病巣感染. 〖1923〗
fo·cal·ize /fóʊkəlàɪz | fə́ʊ-/ *vt.* **1 a** 焦点に合わせる: Light is ~*d* in the eye. 光は目の中で焦点に集中する. **b** 〈レンズなど〉の焦点を合わせる. **2** 〈注意などを〉集中させる (concentrate). **3** 〖医学〗〈感染などを〉局部的に食い止める. — *vi.* **1** 焦点に集まる; 集中する. **2** 〖医学〗〈病巣・症状などが〉限局[局部化]する. **fo·cal·i·za·tion** /fòʊkəlɪzéɪʃən | fə̀ʊkəlaɪ-, -lɪ-/ *n.* 〖(1845): ⇨ -ize〗

fócal lèngth *n.* 〘光学・写真〙焦点距離《主点と対応する(主)焦点 (principal focus) との間の距離; ⇨ lens 挿絵》. 〖1753〗

fó·cal·ly /-kəli, -kḷi/ *adv.* 焦点に(集まって); 局部的に. 〖(1839): ⇨ -ly¹〗

fócal plàne *n.* 〘光学〙焦点面, 焦平面《(主)焦点 (principal focus) を通り光軸に垂直な平面》. 〖1889〗

fócal-plàne shùtter *n.* 〘写真〙フォーカルプレーンシャッター《カメラの焦点面近くに設けた開閉装置; 黒膜の窓が感光膜面の前を通過するもの; cf. blind shutter》. 〖1905〗

fócal pòint *n.* **1** 〘光学〙焦点 (⇨ principal focus)《俗には像点 (image point) の意に用いることもある》. **2** (活動・注目などの)中心 (center). 〖1713〗

fócal ràtio *n.* 〘写真〙=f-number.

Foch /fɑ́(ː)ʃ, fɔ́(ː)ʃ | fɔ́ʃ; *F.* fɔʃ/, **Ferdinand** *n.* フォッシュ《1851–1929; フランスの元帥; 第一次大戦の連合軍総司令官 (1918)》.

foci *n.* focus の複数形.

fo·cim·e·ter /foʊsímətə | fəʊsím̩ɪ̀tə^(r)/ *n.* 〘光学〙=focometer. 〖1853〗

fo·cim·e·try /foʊsímətri | fəʊsím̩ɪ̀tri/ *n.* 〘光学〙焦点距離測定. 〖(1881): ⇨ ↓, -metry〗

fo·com·e·ter /foʊkɑ́(ː)mətə | fəʊkɔ́m̩ɪ̀tə^(r)/ *n.* 〘光学〙フォコメーター, 焦点距離測定器. 〖□ F *focomètre, focimètre* ← NL *foci-, foco-* ← *focus* 'FOCUS': ⇨ -meter¹〗

fo'c'sle /fóʊksḷ | fəʊ-/ *n.* (*also* **fo'c's'le** /〜/) 〘海事〙=forecastle.

fo·cus /fóʊkəs | fəʊ-/ *n.* (*pl.* **~·es, fo·ci** /fóʊsaɪ, -kaɪ, -kiː | fəʊ-/) **1** (興味・注意などの)集中点, 的 (⇨ middle SYN); (あらし・噴火・陰謀などの)焦点, 中心: a ~ *of* trouble 紛争の焦点 / the ~ *of* the world's attention 世界の注目の的 / the ~ *of* the attack 攻撃目標. **2** 〘物理・光学〙 **a** 焦点《俗には像点 (image point) の意にも用いられる; さらに広く音波, 電子線などが収束あるいはそこから発散するように見える点; ⇨ lens 挿絵; cf. focal point, principal focus》: in ~ 焦点が合って, はっきりして, ピントが合って / come into ~ (レンズの)焦点が合う; 〈問題点が〉はっきりする / out of ~ 焦点がはずれて, ぼんやりして, ピントがはずれて / bring [get] into ~ …に焦点[ピント]を合わせる; …を明確にする; …に関心を集める / a real ~ 実焦点 / a virtual ~ 虚焦点 / ⇨ principal focus. **b** 焦点距離 (focal length); (目・カメラ・眼鏡などの)焦点調節. **3** 〘数学〙(円錐曲線の)焦点: An ellipse has two *foci.* 楕円(だえん)には二つの焦点がある. **4** 〘地震〙震源 (cf. epicenter): the ~ *of* an earthquake 震源. **5** 〘病理〙病巣, 巣(そう)《病変のある部分》.

— *v.* (**~ed, fo·cused; ~·ing, fo·cus·sing; ~·es, fo·cus·ses**) — *vi.* **1** 焦点に集まる; 〔…に〕集中する (converge) 〔*on, upon*〕: Let's ~ *on* the problem of unemployment. 失業問題に焦点を合わせよう. **2** 焦点を合わす. — *vt.* **1** 〔…に〕〈注意・関心を〉集中させる (concentrate) 〔*on, upon*〕: ~ one's attention *on* a subject ある題目に注意を集中する / All eyes were ~*(s)ed on* me. 皆の目が私に集まった / Her attention ~*(s)ed* itself *on* him. 彼女の注意は彼に集中した. **2 a** 焦点に集める: ~ the sun's rays *on* something with a burning glass 天日取りレンズで物に日光を集める. **b** 〈目・レンズ〉の焦点を合わせる (focalize): ~ a pair of opera glasses [the lens of a microscope] オペラグラス[顕微鏡のレンズ]の焦点を合わせる. 〖(1644) ← NL ~ 'burningpoint' ← L *focus* hearth, fireplace, (VL) fire ← ?〗

fo·cus·a·ble /fóʊkəsəbḷ | fəʊ-/ *adj.* 焦点を合わせることのできる: a ~ camera. 〖(1889): ⇨ ↑, -able〗

fo·cused, (英) **fo·cussed** /fóʊkəst/ *adj.* 明確な目標のある, 目的意識をもった; 〈映像などが〉鮮明な.

fó·cus·er *n.* 焦点に集めるもの, 焦点を合わせるもの. 〖(1890): ⇨ -er¹〗

fócus gròup *n.* フォーカスグループ《新製品・政治問題などに対する一般の反応を予測するために司会者のもとに集団で討議してもらう小人数からなる消費者などのグループ》.

fó·cus·ing *n.* 焦点を合わせること. 〖(1851): ⇨ -ing¹〗

fócusing còil *n.* 〘電気〙集束コイル.

fócus·less *adj.* 焦点のない; 焦点の合わない. 〖(1879): ⇨ -less〗

fócus pùller *n.* 〘映画〙(カメラのピントを合わせたり, フィルムマガジンを取り替えたりする)カメラマン助手.

fod·der /fɑ́(ː)də | fɔ́də^(r)/ *n.* **1** (家畜の)かいば, まぐさ (⇨ feed¹ SYN). **2 a** すぐかき集められるが価値のない連中: cannon ~ (大砲のえじきになるだけの)雑兵 / labor ~ かき集めた労働者連中. **b** いつでも需要に応じられるもの, 消費物. **c** 芸術の素材. **d** 《俗》弾薬 (ammunition). — *vt.* 〈家畜〉にかいば[まぐさ]を与える. 〖OE *fōd(d)or* < Gmc **fōðram* (Du. *voeder* / G *Futter*) ← *fōðon* 'FOOD'〗

fodg·el /fɑ́(ː)dʒəl, -dʒḷ | fɔ́dʒ-/ *adj.* 《スコット》肥えた, 太った, ずんぐりした (fat). 〖(1724) ← 《スコット》*fodge* (《変形》← *fadge* short fat one) + -EL²〗

fo·dy /fóʊḍi | fə́ʊdi/ *n.* 〘鳥類〙ベニノジコ (*Foudia*)《アフリカ・マダガスカル・インド洋の島々に産するハタオリドリ科の鳴鳥; 雄は主に赤い》.

foe /fóʊ | fə́ʊ/ *n.* 《主に詩》 **1** かたき, 敵 (enemy); (競技・勝負事の)相手, 敵手, 敵 (adversary, opponent). **2** 敵軍; 敵兵, 敵国人. **3** (制度・主義などにおける)敵対者, 敵 (ill-wisher); 〔…に〕反するもの, 〔…を〕損なうもの 〔*to*〕: a political ~ 政敵 / Cleanliness is a ~ *to* disease. 清潔は疾病の敵 / a dangerous ~ *to* health 健康の大敵. 〖lateOE *fō* (混成) ← OE *fāh* (adj.) hostile < (WGmc) **faiχaz*) + *ġefā* enemy (← *ġefāh* at feud < (WGmc) **ʒafaiχaz* ← **ʒa-* 'Y-' + **faiχaz* < ? IE **peig-* evil-minded)): cf. feud¹〗

FOE 《略》Fraternal Order of Eagles イーグル共済組合; Friends of the Earth.

foehn /féɪn, fə́ːn | fə́ːn, féɪn; *G.* fǿːn/ *n.* フェーン《山脈や山地を越えてくる高温で乾燥した気流; もとはアルプス地方でつけられた名称》: a ~ phenomenon フェーン現象. 〖(1861) □ G *Föhn* < OHG *phōnno* □ VL **faonius* ← L *Favōnius*: ⇨ favonian〗

fóe·man /-mən, -mæ̀n/ *n.* (*pl.* **-men** /-mən, -mɛ̀n/) 《古》敵兵: a ~ worthy of one's steel (刀の汚れとならない)相手として不足のない勇武の士, 好敵手. 〖OE *fāhman*: ⇨ foe, man¹〗

foe·tal /fíːṭḷ | -tḷ/ *adj.* 〘生物〙=fetal.

foe·tal·i·za·tion /fìːṭəl̩ɪ̀zéɪʃən, -ṭḷ- | -təlaɪ-, -lɪ-, -tḷ-/ *n.* 〘動物〙=fetalization.

foe·ta·tion /fiːtéɪʃən/ *n.* 〘生物〙=fetation.

foe·ti- /fíːṭɪ̀, -ṭi | -tɪ̀, -ti/ foeto- の異形 (⇨ feto-).

foe·ti·cid·al /fìːṭəsáɪdḷ | -tɪsáɪdḷ/ *adj.* =feticidal.

foe·ti·cide /fíːṭəsàɪd | -tɪ-/ *n.* =feticide.

foe·tid /fíːṭɪ̀d, féṭ- | fíːṭ-, fɛ́t-/ *adj.* =fetid.

foe·tip·a·rous /fiːtípərəs/ *adj.* 〘動物〙=fetiparous.

foe·to- /fíːṭoʊ | -təʊ/ =feto-.

foe·tor /fíːṭə, -tɔə | -tə^(r), -tɔː^(r)/ *n.* =fetor.

foe·tus /fíːṭəs | -təs/ *n.* 〘動物〙=fetus.

fog¹ /fɑ́(ː)g, fɔ́(ː)g | fɔ́g/ *n.* **1** (濃い)霧, もや, 濃霧, 煙霧 (⇨ mist SYN): a dense [thick] ~ 濃霧 / London had bad ~*s* in winter. ロンドンの冬は霧がひどかった / *Fog* is the sailor's greatest enemy. 霧は船乗りの一番恐ろしい敵だ. **2** (一面に立ち込めた)煙[ほこり, しぶきなど]: a dust ~ 霧のようなほこり, 立ち込めたほこり. **3** もやもやした状態, 当惑, 混迷, 混乱; もやもや[曖昧に, ぼうっと]させるもの: the ~ of war 戦雲 / in a ~ 当惑して, 途方に暮れて / behind a ~ of sophistication 模糊とした詭弁の背後に / out of a ~ of recollection おぼろげな記憶から. **4** 〘写真〙(陰画・印画などの)かぶり《画像光以外の光や化学薬品などの作用による黒化》. **5** 〘物理化学〙煙霧《ガス媒体中に拡散した液体粒子から成るコロイド》.

— *v.* (**fogged; fog·ging**) — *vt.* **1 a** 霧[煙霧]で覆う (befog): a ~*ged* landscape 霧に包まれた景色. **b** 霧[霧状のもの]で曇らせる 〈*up*〉: Heavy smoke ~*ged up* the landscape. 濃い煙で景色が曇って見えなかった. **c** 〈目を〉かすませる: My eyes were ~*ged with* intoxication. 酩酊で目がかすんでいた. **2** 濃霧で運行不可能にする 〈*in*〉: The airport was ~*ged in* for three days. 空港は濃霧で3日間使用不能になった. **3** 当惑させる, 途方に暮れさせる (confuse, perplex); ぼんやりさせる, 漠然とさせる: The topic was ~*ged up* during the conversation. 会話中に話題がはっきりしなくなってきた. **4** 《俗》〈ボールを〉強く投げる. **5** 〘写真〙〈陰画・印画を〉かぶらせる (obscure, blur). — *vi.* **1** 霧[煙霧]がかかる 〈*up*〉: The airfield ~*ged up.* 飛行場は霧に包まれていた. **2** 霧で曇る; ぼんやりする, 漠然とする: His glasses ~*ged up with* steam. 眼鏡が蒸気で曇った. **3** 《英》〘鉄道〙線路に濃霧信号 (fog signal) を出す (cf. fogger¹ 2). **4** 〘写真〙かぶる, 画像をぼんやりさせる. 〖(1544) ← ? Scand.: cf. Dan. *fog* spray〗

fog² /fɑ́(ː)g, fɔ́(ː)g | fɔ́g/ *n.* **1** (刈りあとに生えた)二番草 (aftermath). **2** (冬枯れの野の)長い立ち枯れ草: leave the land *under* ~ 土地の草を立ち枯れのままにしておく. **3** 《スコット》こけ (moss). — *vt.* (**fogged; fog·ging**) **1** 《英》〈家畜〉に二番草を食わせる. **2** 《方言》〈土地〉の草を冬枯れまで残して置く. 〖(?c1380) *fogge* rank grass ← ? ON (cf. Norw. *fogg* long grass on damp ground)〗

fóg alàrm *n.* 濃霧警報.

fóg bànk *n.* 霧峰《遠く海上に層雲のようにかかる濃霧》. 〖(1659): ⇨ fog¹〗

fóg bèll *n.* 〘海事〙フォグベル, 霧中号鐘《霧の中で停泊中の船などが衝突されないように鳴らす鐘》. 〖1841〗

fóg bèlt *n.* 霧のよくかかる地帯, 濃霧地帯.

fóg·bòund *adj.* **1** 霧に包まれた. **2** 〈船・航空機など〉濃霧のため航行不能の, 濃霧で立往生した. 〖1855〗

fóg·bòw /-bòʊ | -bəʊ/ *n.* 〘気象〙霧虹, 霧中弧光《霧の中に現れるかすかな白光の虹; fogdog, mistbow, seadog, white rainbow ともいう》. 〖1831〗

fóg·dòg *n.* 〘気象〙=fogbow.

fóg drìp *n.* 霧滴《霧の水分が樹木(特に針葉樹)の葉に凝集した結果生じる》.

fo·gey /fóʊgi | fə́ʊ-/ *n.* =fogy.

fóg fòrest *n.* 霧林《湿度が高く雲がかかっている, 熱帯地方の高地の密林》.

fog·gage /fɑ́(ː)gɪdʒ, fɔ́(ː)g- | fɔ́g-/ *n.* 《スコット》=fog² 2. 〖(?a1500) 《スコット》*fogagium* ← FOG²: ⇨ -age〗

fogged /fɑ́(ː)gd, fɔ́(ː)gd | fɔ́gd/ *adj.* 〘写真〙=foggy 3. 〖1743〗

fog·ger¹ /fɑ́(ː)gə, fɔ́(ː)gə | fɔ́gə^(r)/ *n.* **1** 殺虫剤噴霧器. **2** 《英》〘鉄道〙濃霧信号手 (cf. fog¹ *vi.* 3).

fóg·ger² *n.* 《英方言》家畜の世話をする農場労働者. 〖(1851): ⇨ fog²〗

Fog·gia /fɔ́(ː)dʒə, -dʒɑː | fɔ́dʒə, -dʒɑː; *It.* fɔ́ddʒa/ *n.* フォッジャ《イタリア南部 Apulia 州の都市》.

fóg·gi·ly /-g̩ɪ̀li/ *adv.* 霧がかかって; ぼんやりと.

fóg gòng *n.* 濃霧(警戒)信号に用いるゴング[どら]. 〖1883〗

fóg gùn *n.* 霧砲《濃霧(警戒)信号に用いる銃砲; 一定の間隔をおいて発砲する》.

fog·gy /fɑ́(ː)gi, fɔ́(ː)gi | fɔ́gi/ *adj.* (**fog·gi·er; -gi·est**) **1** 霧の多い; 濃霧のかかった, 霧の立ち込めた, 霧深い: a ~ street [night] 霧の立ち込めた通り[夜] / It's getting *foggier.* 霧が深くなってきた. **2** 霧のような; ぼんやりした, もうろうとした (dim, confused): He has only a ~ idea of it. 彼にはそれについてほんやりした考えしかない / He hasn't the *foggiest* notion [idea] of what he is doing. 《口語》自分が何をしているのかさっぱりわかっていない. **3** 〘写真〙かぶった, 曇った (blurred). **4** 《俗》酔っぱらった. **fóg·gi·ness** *n.* 〖(a1529) ← FOG¹ (n.) + -Y⁴: 《原義》marshy, thick, murky〗

Fóggy Bóttom *n.* 《口語》米国国務省 (the U.S. Department of State) の俗称. 〖(1947) ← *Foggy Bottom* (米国国務省所在地の旧称から)〗

fóg·hòrn *n.* **1** 〘海軍〙フォグホーン, 霧中号角《霧の中で帆船などが衝突しないように鳴らす機械的な発音器》. **2** 《口語》強い太声, どら声. 〖1858〗

fóg làmp *n.* 〘自動車〙=fog light.

fo·gle /fóʊgḷ | fə́ʊ-/ *n.* 《古・俗》絹のハンカチ. 〖(1811) ← ?〗

fógle hùnger [hèister] *n.* 《俗》すり (pickpocket).

fóg·less *adj.* 霧[濃霧]のない. 〖(1853): ⇨ -less〗

fóg lèvel *n.* 〘写真〙かぶり濃度《現像されたフィルムの未露光部分の濃度》.

fóg lìght *n.* 〘自動車〙霧灯, フォグライト[ランプ]《大気中に霧やちりや煙が立ち込めている際に点灯する淡黄色の補助前照灯; fog lamp ともいう》. 〖1962〗

fo·gou /fóʊguː | fúːguː, -gəʊ/ *n.* 〘考古〙《イングランド Cornwall 地方に見られる》地下室, 地下住居, 地下通路. 〖(1889) □ Cornish *fogo, fougo* a cave, underground chamber〗

fóg sìgnal *n.* **1** 《英》〘鉄道〙濃霧(警戒)信号. **2** 〘海事〙霧中信号《霧の中で船が衝突を避けるために鳴らす汽笛や号角あるいは号鐘》. 〖1759〗

fóg sìren *n.* 濃霧警戒サイレン[汽笛].

fo·gy /fóʊgi | fə́ʊgi/ *n.* (*pl.* **fo·gies, ~s**) 《口語》[通例 old ~ として] 時勢[時代]遅れの人, (頑固な)旧弊思想家. 〖(1780) ← ? FOGGY 《廃》moss-grown: cf. 《俗》*fogram* antiquated (← ?)〗

fó·gy·ish /-giɪʃ/ *adj.* 旧弊な, いささか時勢遅れの: a ~ educator, opinion, etc. 〖(1873): ⇨ ↑, -ish¹〗

fó·gy·ism /-giɪzm/ *n.* 旧弊家気質(かたぎ), 旧弊思想. 〖(1859): ⇨ -ism〗

foh /pɸ:, fóʊ | pɸ:, fəʊ/ *int.* =faugh.

föhn /féɪn, fə́ːn | fə́ːn, féɪn; *G.* fǿːn/ *n.* 〘気象〙=foehn.

FOI 《略》(米) freedom of information.

FOIA 《略》Freedom of Information Act 情報公開法《政府情報の原則公開を定めた米国の法律》.

foi·ble /fɔ́ɪbḷ/ *n.* **1 a** (性格・行儀の)ささいな弱点, 欠点, 短所 (⇨ fault SYN); (長所だとうぬぼれている)短所. **b** 異常な興味[好み], 道楽 (fad). **2** 〘フェンシング〙剣のしなり《中央から切っ先までのしなる部分; cf. forte¹ 2》. 〖(a1648) □ 《廃》F ~ (F *faible*) 'FEEBLE, weak point'〗

foie gras /fwɑ́ːgrɑ́ː; *F.* fwagʁɑ/ *n.* 〘料理〙フォワグラ《強制飼育したがちょうの肥大した肝臓, パテ (pâté) などにして食べる》: ⇨ pâté de foie gras. 〖(1818) □ F ~ 'fattened liver'〗

foil¹ /fɔ́ɪl/ *n.* **1 a** 金属の薄片, 薄葉, 箔: ⇨ gold foil, tin foil. **b** ホイル《食品・たばこなどを包むアルミ箔》. **2** 〔…の〕引立て役(となる人, 物)〔*for, to*〕: serve as a ~ 引立て役になる. **3** (鏡の)裏箔《アンモニア水とアルコールの混合液に硝酸銀を溶かしてガラスの片面に塗った銀膜》; 下敷き箔(はく)《宝石の光沢をよく見せるために敷く金属箔》. **4 a** 翼 (airfoil). **b** 水中翼 (hydrofoil). **5** 〘建築〙弁, 葉形飾り《ゴシック様式のはざま装飾で, cusp と cusp の間の花弁形の切込み模様; cf. cinquefoil 2, quatrefoil 2, trefoil 2》. — *vt.* **1** …に箔をきせる, 箔を裏打ちする, 箔を敷く. **2** 《まれ》(対照によって)引立たせる, 目立たせる. **3** 〘建築〙〈窓などに〉弁飾りを施す. 〖(c1325) *foile* □ OF *foil* (masc.) < L *folium* leaf & OF *foille* (fem.) (F *feuille*) < L *folia* (pl.) ← IE **bhel-* to bloom: cf. Gk *phúllon*〗

foil² /fɔ́ɪl/ *vt.* **1** 〈相手またはその企図・計略などを〉くじく, くつがえす, 裏をかく (⇨ frustrate SYN): be ~*ed* in an attempt 企てに失敗する. **2** 《古》〈攻撃を〉退ける, 食い止める (repulse). **3** 〘狩猟〙〈猟獣が〉〈走路を縦横にかけ回ったり, でたらめに走って〉臭跡を〉くらます, 〈臭跡のある地点・場所などを〉わからなくさせる: ~ a scent, trail, ground, etc. — *vi.* 〘狩猟〙〈鹿などが〉臭跡をくらます. — *n.* **1** 《古》〘狩猟〙猟獣の足跡《追われて逃げた跡》: run (upon) the ~ 〈猟獣が〉走路を縦横に走る, 臭跡をくらます. **2** 《古》打破, 撃退 (defeat, check): put to the ~ くじく, 撃退する. **~·a·ble** /-ləbḷ/ *adj.* 〖(?a1300) *foile(n)* □ ? AF **fuler* = (O)F *fouler* to trample on, full (cloth) ← VL **fullāre* to full (cloth): ⇨ full²〗

foil³ /fɔ́ɪl/ *n.* 〘フェンシング〙 **1** フルーレ《円形のつばのついた柔軟な剣で, 突きで勝負する; cf. épée, saber 1》: a match at ~*s* フルーレの試合. **2** [*pl.*] フルーレ競技[種目]《有効面は頭部・四肢を除く全身》. **~·ist** /-l̩ɪst | -lɪst/ *n.* 〖(1594) ← ? FOIL²〗

foiled *adj.* 〘建築〙(切込みの)多弁形の, 弁飾りを施した: a ~ arch, window, etc. 〖(1662) ← FOIL¹ + -ED〗

fóil·ing /-lɪŋ/ *n.* 〘建築〙弁飾り. 〖(a1533) ← FOIL¹ + -ING¹〗

foils·man /fɔ́ɪlzmən/ *n.* (*pl.* **-men** /-mən, -mɛ̀n/) (フルーレ (foil) を使って)フェンシングをする人 (fencer). 〖(1927) ← FOIL³ + -S² + MAN〗

foin /fɔ́ɪn/ 《古》 *n.* (剣先・槍先などでの)突入れ, 突き. — *vi.* 突きを入れる (lunge). 〖(c1312) □ OF *foi(s)ne* three-pronged fish-spear (F *fouine*) < L *fuscinam* trident〗

Fo·ïsm /fóʊɪzm | fə́ʊ-/ *n.* (中国の)仏教. **Fo·ïst**

F

/fóʊɪ̀st | -ɪst/ n. 〖← Chin. fo (仏) (cf. Buddah)+-ISM〗

foi·son /fɔ́ɪzən, -zn/ n. 1 《古》豊富 (plenty); 豊作. 2 《スコット》体力, 精力; 精神力; 栄養. 3 [pl.] 《廃》資源 (resources). 〖(?a1300) foisoun □ (O)F foison < L fūsiōnem a pouring out: FUSION と二重語〗

foist /fɔ́ɪst/ vt. 1 a 〈偽物などを〉〔人に〕押し付ける, つかませる〔on, upon〕: ~ a forged bank note (off) on a person 人に偽札をつかませる. b 〈作品・文書などを〉偽って[間違って]〔人の作だ〕とする〔upon〕: They ~ed the work upon him. 彼らはその作品を彼の書いたものだと偽って言った. 2 〈不正な文句などを〉〔…に〕そっと書き入れる〔in, into〕: ~ spurious passages into a text テキストに偽の文をこっそり挿入する. 〖(1545) 《原義》to palm (false dice) □ ? Du. 《方言》vuisten to take in hand ← vuist 'FIST¹'〗

Foix /fwɑ́ː; F. fwa/ n. フォア《フランス南部 Pyrenees のふもとに位置する Ariège 県の町》.

F

Fo·kine /foʊkíːn | fɔ́ːkɪn; F. fɔkin, Russ. fókʲin/, **Michel** n. フォーキン《1880–1942; ロシア生まれの米国の舞踊家・振付師; 本名 Mikhail Mikhaylovich Fokine》.

Fok·ker /fɑ́(ː)kə, fɔ́(ː)kə | fɔ́kə(r)/ n. フォッカー《A. H. G. Fokker が設計・製作した航空機; 特に, 第一次大戦中のドイツ軍戦闘機》. 〖(1913) ↓〗

Fok·ker /fɑ́(ː)kə, fɔ́(ː)kə | fɔ́kə(r); Du. fɔ́kər/, **Anthony Herman Gerard** n. フォッカー《1890–1939; オランダ出身の米国の航空機設計製作者》.

FOL 《略》(NZ) Federation of Labour.

fol. 《略》folio; folium; following; followed.

fo·la·cin /fóʊləsɪ̀n, fɑ́(ː)l-, -sn̩ | fə́ʊləsɪn, fɔ́l-/ n. 《生化学》=folic acid. 〖(1949) ← FOL(IC) AC(ID)+-IN²〗

fo·late /fóʊleɪt | fə́ʊ-/ n. 《生化学》葉酸 (folic acid). 〖(1951) ← FOLIC ACID+-ATE¹〗

fold¹ /fóʊld | fə́ʊld/ vt. 1 a 〈紙・布・衣類などを〉折る, 折り重ねる, 折り込む, 折りたたむ: ~ a letter [towel] 手紙[タオル]を折りたたむ / ~ (up) a newspaper [map] 新聞[地図]をきちんとたたむ / This baby carriage can be ~ed (up). この乳母車は折りたたむことができる / ~ down [back] the page of a book 本のページを折る[折り返す] / ~ back the sleeves 袖を折り返す / ~ over the edge of a dress ドレスのへりを折り重ねる. b 〈鳥・飛行機が〉〈翼を〉折りたたむ, 収める: The hawk alighted, ~ing its wings. 鷹はとまると翼をたたんだ. c 〈人が〉〈脚を〉折りたたむ: He ~ed his long legs under him. 彼は長い脚を曲げて膝を折った. 2 〈両手・両腕・両足を〉組み合わせる: ~ one's hands / with one's arms ~ed 腕組みして, 腕を組んで / with ~ed arms ⇨ arm¹ 成句. 3 〈両腕を〉〔…に〕巻きつける〔about, (a)round〕; 〔両腕に〕抱く, かかえる〔in〕; 〔胸に〕抱き寄せる〔to〕: She ~ed her arms around his neck. 彼の首に抱きついた / He ~ed his child in his arms [to his breast]. 子供を両腕に抱いた[胸に抱きしめた]. 4 包む, くるむ; まとう (swathe): ~ one's cloak about one マントを体にまとう / hills ~ed in mist 霧に包まれた山々 / ~ a parcel up in paper 小包を紙に包み込む / The town was ~ed away in the mountains. その町は山々の懐に抱かれるようにしてあった. 5 《料理》(へらなどで切るようにざっくり)混ぜ合わせる〈in〉: Softly ~ in the beaten egg whites. 泡立てた卵白をそっと混ぜ合わせなさい / She ~ed nuts into the batter. 彼女はナッツを練り粉に混ぜ合わせた. 6 a 《トランプ》(ポーカーで)〈手を〉たたむ, 伏せて卓上に置く《ゲームから下りる合図》. b 《口語》〈事業などを〉打ち切る, 停止する, たたむ (close up)〈up〉: He decided to ~ up the business. 事業をたたむことにした. 7 《地質》〈岩石層などを〉褶曲(しゅうきょく)させる.

— vi. 1 折り重なる; 折りたためる〈up〉: The document ~s up into a briefcase. その書類は折りたたんで書類かばんに入れられる / The bed ~s away into the wall. そのベッドは壁にたたみ込める / This door ~s back. この戸は折り返される. 2 《口語》a 〈事業などが〉つぶれる, 生産を打ち切る (close up), 倒産する; 〈劇などが〉公演中止になる〈up〉: Many businesses have ~ed up. 多くの企業が倒産した / The restaurant on the corner ~ed in less than a year. 角のレストランは1年も経たぬうちにつぶれた / The show will soon ~ through lack of patronage. その芝居は不入りのためすぐに打ち切りとなろう. b (疲労などのため)崩れ倒れる (collapse), へこたれる〈up〉: We saw the horse ~ up in the homestretch. 馬が最後の直線コースで力尽きて倒れるのが見えた / ~ up with uncontrollable laughter こらえきれない笑いで腹をかかえる. 3 《トランプ》カードを卓上に伏せてゲームから下りる.

fóld óut 〈折りたたんだ物[紙]・折込みページ・折りたたみドアなどが〉開くことができる.

— n. 1 a 折り目, たたみ目; 折り目のくぼみ; ひだ (pleat); 層 (layer): the ~s of a skirt スカートのひだ / She carried the coin in ~s of tissue paper. 彼女はその金を幾重にもたたんだ薄葉紙に包んで持っていた. b 《古》(折戸などの)折りたたみ部, 扉 (leaf). 2 折りたたむこと, 折りたたみ: Another ~ gives a 32 mo. もう一度折ると32折り(64ページ)になる. 3 (ヘビ・縄などの)とぐろ巻き, 一巻き (coil): a snake coiled in glistening ~s キラキラととぐろを巻いたヘビ. 4 《英》(起伏した土地の)くぼみ, 谷合い (hollow); [pl.] 重畳起伏: the ~s of the hills 重畳たる山の起伏. 5 《地質》(地層の)褶曲(しゅうきょく) (cf. flexure 4). 6 《解剖》皺襞(しゅうへき) (plica), ひだ: neural [vocal] ~s 神経[声帯]皺襞. 7 《新聞》(印刷後二つ折りにした際の)折り目; (第一面その他の主要ページにおける主記事欄と他の記事欄を分ける)仕切り線.

〖OE f(e)aldan < Gmc *falþan (Du. vouwen / G falten) ← IE *pel- to fold (L duplus double / Gk diplóos): cf. ply²〗

fold² /fóʊld | fə́ʊld/ n. 1 羊の囲い[檻(おり)] (pen), 羊舎 (sheepfold). 2 [the ~] (檻の中の)羊の群れ: the bleating ~ めーめーと鳴く羊. 3 (キリストを「よき羊飼い」(Good Shepherd) と見立てて) 教会 (Christian Church), 集会, 会衆 (cf. flock¹ n. 3): the true Fold 真の教会《キリスト教会の各派が自称する名称》.

retúrn [***còme báck***] ***to the fóld*** 元の家に帰る; 元の信仰[政党]に戻る.

— vt. 1 〈羊を〉囲う, 檻に入れる. 2 羊を檻に飼って〈土地を〉肥やす.

〖OE fald ← falod: cog. MLG valt enclosure〗

-fold /fòʊld | fəʊld/ suf. 数詞または他の数量形容詞に付いて「…倍, …重」の意を表す形容詞・副詞を造る: twofold (=double) / threefold (=triple, treble) / manifold, thousandfold. ★ 今では倍数を表すには通例ラテン語系の語尾 -ple, -ble をもつ語 (triple, treble, quadruple) を用い, -fold の方は比喩的または副詞的に用いられることが多い: with a twofold charm 二重の魅力で / be repaid tenfold 十倍にして返済される. 〖OE -f(e)ald < Gmc *-falþaz ← IE *pel- 'to FOLD¹': cf. Gk dipaltos double〗

fold·a·ble /fóʊldəbl̩ | fə́ʊld-/ adj. 折りたたむことのできる, 折り重ね可能な. 〖(1893) ← FOLD¹+-ABLE〗

fóld-and-thrúst bèlt n. 《地質》褶曲衝上断層地帯.

fóld·awày adj. 折りたたみ式でしまい込める: a ~ bed 折りたたみベッド. 〖1948〗

fóld·bàck n. フォールドバック《放送の録音または公開演奏において, 演奏者に演奏音をヘッドホンなどを通じて送り返して聴かせること》.

fóld·bòat n. 《海事》=faltboat. 〖1938〗

fóld·bòating n. 折りたたみ式ボートで急流を下るスポーツ. **fóld·bòater** n.

fóld-dòwn adj. 折りたたみ式の.

fóld·ed dípole n. 《通信》折返しダイポール《金属の棒を折り曲げて作ったダイポール空中線; cf. dipole aerial》.

fold·er /fóʊldə | fə́ʊldə(r)/ n. 1 折り手, たたむ人; (紙などの)折りたたみ機, 紙折り機. 2 折本, 折りたたみ広告, 折りたたみ式地図[時刻表]: a railroad timetable ~ 折りたたみ鉄道時刻表. 3 a (厚紙を二つに折った)紙ばさみ, 書類ばさみ. b 《電算》フォルダー《GUI 環境でファイルをまとめて格納する場所》. 4 [pl.] 折りたたみ式眼鏡. 〖(1552) ← FOLD¹+-ER¹〗

fol·de·rol /fɑ́(ː)ldərɑ̀(ː)l | fɔ́ldɪrɔ̀l/ n. 1 安ぴか物, くだらない物, つまらない飾り物. 2 (昔の歌にあった)無意味な繰り返し. 3 つまらない[くだらない]こと, つまらない話, ばか話. 〖(1820) ← falderol, falderal (古い歌の無意味な繰り返しの言葉)〗

fóld·ing¹ adj. 折り重ねられる, 折りたたみ式の, たたみ込みの (collapsible): a ~ bed 折りたたみ式ベッド / a ~ fan 扇子 / a ~ screen 屏風(びょうぶ) / a ~ chair [stool] 折りたたみ椅子[腰掛け] / a ~ rule [scale] 折り尺. — n. 《地質》=fold¹ 5. 〖(1340): ⇨ fold¹, -ing²〗

fóld·ing² n. 《英》集約的輪換放牧. 〖(1440): ⇨ fold², -ing¹〗

fólding defèct n. 《金属加工》=cold shut 2.

fólding dóor n. 《建築》1 アコーディオンドア. 2 片折(かたおり)戸, 折りたたみ戸《ちょうつがいで付けた2枚の扉の一方》. 〖1611〗

fólding fín n. 《軍事》発射前のロケットやミサイルの内にたたみ込まれている翼.

fólding móney n. 《米口語》現金, 大金; (特に)紙幣, 札(さつ) (paper money) (cf. small change 1). 〖1930〗

fólding prèss n. 《レスリング》フォールディングプレス《相手の体を脚が頭のところにくるまで折り曲げてするフォール》.

fólding stùff n. 《口語》紙幣, 札(さつ) (paper money).

fóld·òut n. (出版物に入れる大版紙の)折り込みページ (folded leaf) 《地図など》. 〖1950〗

fo·ley /fóʊli | fə́ʊ-/ adj. 《映画》効果音をつける.

folia n. folium の複数形.

fo·li·a·ceous /fòʊliéɪʃəs | fə̀ʊ-/ adj. 1 葉の; 葉でできた; 葉のような, 葉状の. 2 葉のある, 葉状器官のある. 3 薄板[薄葉, 薄層]から成る. **~·ness** n. 〖(1658) □ L foliāceus ← folium leaf: ⇨ -aceous〗

fo·li·age /fóʊliɪdʒ | fə́ʊ-/ n. 1 [集合的] a (1本の草木の)葉(全部), (繁茂している)一団の葉, 群葉 (leafage): a tree with handsome ~ 葉振りの見事な樹木. b 葉・花・枝の固まり. 2 《建築》(ゴシック装飾・図案などの)葉[花, 枝]飾り, 唐草風の枝葉の群. 〖(c1447) fuellage, foilage □ (O)F feuillage ← feuille leaf: ⇨ foil¹, -age〗

fó·li·aged adj. 1 葉で覆われた: a ~ lattice. 2 葉飾りのある, 唐草模様の: ~ velvet. 3 [複合語の第2構成素として] (…の)葉のある, 葉が…の: dark-foliaged / heavy-foliaged 葉の茂った. 〖(1754): ⇨ ↑, -ed 2〗

fóliage lèaf n. 《植物》普通葉《petal, sepal, bract などの変形葉と区別していう; cf. floral leaf》. 〖1872〗

fóliage plànt n. 観葉植物 (begonia, maidenhair などのように葉を鑑賞する植物; cf. flowering plant 2). 〖1862〗

fo·li·ar /fóʊliə | fə́ʊliə(r)/ adj. 葉の; 葉質の; 葉状の, 葉から成る. 〖(1859) ← NL foliāris ← L folium leaf: ⇨ -ar¹〗

fóliar féed n. 葉面補給物.

fóliar féeding n. 《園芸》(スプレーによる栄養分の)葉面[経葉]補給.

fóliar tráce n. 《植物》=leaf trace.

fo·li·ate /fóʊliɪ̀t, -lièɪt | fə́ʊ-/ adj. 1 [通例複合語の第2構成素として] (…の)葉[薄片, 薄片]のある[をもつ]: three-foliate 三葉の. 2 葉のような, 葉状の. 3 《建築》葉形飾りをあしらった[模様のある]. 4 《植物》=foliolate.

— /fóʊlièɪt | fə́ʊ-/ v. — vi. 1 葉を出す. 2 葉片[薄葉]に分裂する. — vt. 1 葉のような形にする, 葉状にする. 2 薄葉[箔(はく)]にする; …に箔を敷く (foil): ~ a glass [mirror] 鏡に裏箔を敷く. 3 《書籍などに》丁数を付ける (cf. paginate): ~ a book 本に丁付けする. 4 《建築》葉形飾りで飾る. 〖(1626) □ L foliātus leaved ← folium leaf: ⇨ -ate²〗

fó·li·àt·ed /-èɪtɪ̀d | -tɪd/ adj. 1 葉状の; 葉[葉状物]のついた. 2 《結晶》薄層から成る, 薄片状にはがれやすい. 3 《建築》=foliate 3. 〖(1650): ⇨ ↑, -ed〗

fo·li·a·tion /fòʊliéɪʃən | fə̀ʊ-/ n. 1 《植物》a 葉を出すこと, 葉の生成, 発葉 (leafing). b 葉の出た状態. c 芽型. 2 [集合的] 葉 (foliage). 3 a 葉で飾ること, 葉飾り. b 《建築》(ゴシック様式の)葉形飾り. 4 薄葉化, 箔(はく) (foil) 作り; 箔敷き. 5 《印刷》a (書籍・原稿などの)紙葉, 丁付け. b 丁数; 総丁数. 6 《地質》葉状構造. 〖(1623) ← L folium leaf+-ATION〗

fo·li·a·ture /fóʊliətʃə, -tʃʊ̀ə | fə́ʊliətʃə(r)/ n. [集合的] (まれ) 群葉. 〖(1676) □ LL foliātūra: ⇨ foliate, -ure〗

fo·lic /fóʊlɪk, fɑ́(ː)l- | fə́ʊl-, fɔ́l-/ adj. 《化学》葉酸に関する[から派生した]. 〖(1941) ← L folium leaf+-IC¹〗

fólic ácid n. 《生化学》葉酸 ($C_{19}H_{19}N_7O_6$)《成長促進, 造血促進因子としての働きをもち貧血の特効剤; vitamin Bc, vitamin M, Lactobacillus casei factor, pteroylglutamic acid, folacin ともいう》. 〖1941〗

fo·lie à deux /foʊlíːɑdə́ː, fɑ(ː)líː- | fɔ̀liæ-, -liɑː-; F. fɔliadø/ n. (pl. **fo·lies à deux** /-lìːz-; F. ~/) 《精神医学》二人(組)精神病, 感応性精神病《親密な二人の片方が精神病になると, 他方も感応して発病するもの》. 〖(1892) □ F ~ 'double insanity'〗

folie de gran·deur /foʊlíːdəgrɑ̃ː(n)də́ː, fɑ(ː)líː-, -grɑːn- | fɔ́lidəgrɑ̃ː(n)dəː(r), -grɑ́ːn-; F. -dəgʁɑ̃dœːʁ/ n. (pl. **folie de gran·deurs** /~; F. ~/) 《精神医学》誇大妄想(狂). 〖(1890) □ F ~ 'delirium of grandeur'〗

folie du doute /foʊlíːdudúːt, -djuː-, fɑ(ː)líː- | fɔ́lidjuː-; F. -dydut/ n. (pl. **folies du doute** /~; F. ~/) 《精神医学》疑惑癖, 遅疑逡巡症《わずかな決断もできない病的な状態》. 〖(1890) □ F ~ 'insanity of doubt'〗

Fo·lies-Ber·gère /foʊlíːbɛəʒɛ́ə | fɔ̀libɛəʒɛ́ə(r), -bɛə-; F. fɔlibɛʁʒɛːʁ/ n. [the ~] フォリーベルジェール《Paris のミュージックホール; 1869 年設立》.

fo·lif·er·ous /foʊlíf(ə)rəs | fəʊ-/ adj. 《植物》葉を生じる. 〖(1828) ← L folium leaf+-FEROUS〗

fo·li·ic·o·lous /fòʊliíkələs | fə̀ʊ-/ adj. 1 〈苔類などが〉(木の)葉に育つ. 2 〈かび類などが〉(木の)葉に寄生する. 〖(1874) ← NL folii- (← L folium leaf)+-COLOUS〗

fo·li·if·er·ous /fòʊliíf(ə)rəs | fə̀ʊ-/ adj. 《植物》=foliferous. 〖1857〗

fo·lín·ic ácid /foʊlínɪk- | fəʊ-/ n. 《生化学》フォリニン酸《テトラヒドロ葉酸のフォルミル誘導体で Leuconostoc citrovorum などのバクテリアの生育を助ける; citrovorum factor ともいう》. 〖(1949): folinic ← FOL(IC)+-IN²+-IC¹〗

fo·li·o /fóʊliòʊ | fə́ʊliə̀ʊ/ n. (pl. ~s) 1 a (表面(おもて)にだけ番号付のある写本や刊本の)1丁, 1葉, 1枚 (leaf). b (本の)丁数. c (刊本の)ノンブル (page number). 2 a 二折(判), フォリオ《2丁(4ページ)になるように全紙を1回折ってできた紙; cf. format 1 a》. b 二折本の大きさ: books in ~ 二折判の本. c 二折本, フォリオ本. d 最も大型の本. e (全紙を)半裁にした大きさ; その大きさの紙[ページ]. 3 フォリオ《とじてない紙・楽譜などをはさんでおく紙ばさみ》. 4 《簿記》a (原簿・台帳の借方・貸方を記入する)1ページ; (借方・貸方記入の左右相対する)両ページの一面《同じページ数(ノンブル)が打ってある》. b 照合番号, 丁合(ちょうあい)番号《仕訳帳と元帳の間の転記を照合するためのもの; folio reference ともいう》: a ledger ~ 元丁《仕訳帳に設けられる欄で, 転記先の元帳のページ数または勘定番号が記入される; 略 l. f.》. 5 《法律》(文書の長さの)単位語数《英国では72語または90語, 米国では通例100語からなる1ページを指す》. — adj. 二折(判)の, フォリオの; 最大の, 最も大型の: a ~ volume 二折本 / a ~ edition 二折版. — vt. 1 〈本〉の丁[ページ]数を数える; …に丁[ページ]付けをする: ~ a book. 2 《法律》〈訴訟書類などを〉単位語数ごとに丁数を付ける. 〖(1447) □ (M)L (in) foliō (on) leaf (abl.) ← folium: cf. Gk phúllon leaflet: ⇨ foil¹〗

fo·li·o·late /fóʊliəlèɪt | fə́ʊ-/ adj. [通例複合語の第2構成素として] 《植物》(…の)小葉 (leaflet) のある[をもつ, から成る]. 〖(1866) ← NL foliolātus: ⇨ ↓, -ate²〗

fo·li·ole /fóʊliòʊl | fə́ʊliə̀ʊl/ n. 《植物》1 小葉 (leaflet). 2 小葉状器官. 〖(1794) □ F ~ □ LL foliolum (dim.) ← folium leaf〗

fo·li·ose /fóʊliòʊs | fə́ʊliə̀ʊs/ adj. 1 《植物》葉の茂った, 葉の多い (leafy). 2 葉状の. 〖(1727) □ L foliōsus ← folium leaf: ⇨ -ose¹〗

fo·li·ot /fóʊliət | fə́ʊ-/ n. 《時計》棒てんぷ《てんぷの古い形で冠形脱進機 (verge escapement) に使われた》. 〖(c1250) (1899) □ (O)F ~ ← OF folier 'to play the FOOL¹'〗

-fo·li·ous /fóʊliəs | fə́ʊ-/ 《植物》「(…の)葉のある」の意の形容詞連結形: nudifolious なめらかな葉の / latifolious 幅の広い葉の. 〖← L foliōsus (↑): ⇨ -ous〗

fo·li·um /fóʊliəm | fə́ʊ-/ n. (pl. **fo·li·a** /-liə/) 1 《地質》薄層 (lamella). 2 《数学》葉線《方程式 $y^2=-x^2(x/3-a)$ によって与えられる曲線》. 〖(1848) □ L ~ 'leaf': cf. foil¹〗

fo·li·vore /fóʊləvɔ̀ə | fə́ʊlɪ̀vɔ̀ː(r)/ n. 《動物》葉食動物, 葉食獣. 〖⇨ ↑, -vore〗

folk /fóʊk | fə́ʊk/ n. 1 [~s] 世人, 人々 (people): *Folks* believe anything they are told. 世間の人は聞くこ

とを何でも信じる / as ～s say 俗にいう / That's all, ～s! [呼び掛けて] 皆さん, それで終わりです. **2** [形容詞を伴って ～(s); 複数扱い] (年齢・境遇などが特定の)人々: old ～s 老人連 / wise ～s 分別のある人たち / fine ～s りっぱな人たち / rich [poor] ～(s) 金持[貧乏人] / country [city, town] ～ 田舎[都会, 町]の人たち / our ～s at home (自分の)故郷の人たち / ⇨ kinsfolk, menfolk, townsfolk, womenfolk. ★ 今は 1, 2 の意味では普通 people を用いる. **3** [the ～; 複数扱い] 常民《国民性を決定し, 文化・慣習・伝統・迷信などを伝承持続する人々・集団》: *The* ～ believed that superstition. 常民はその迷信を信じた. **4** [one's ～s]《口語》**a** 家族, 親族, 一族 (relatives): my ～s うちの者たち / *your* young ～s お宅の若い方々. **b** 両親 (parents): I begged my ～s to buy me an electric guitar. エレキギターを買ってくれと両親にねだった. **5**《古》**a** 国民 (nation), 民族, 種族 (race, tribe): preserve the legends of the ～ その民族の伝統を保存する. **b** (動物の)種類: The conies are but a feeble ～. イワダヌキは強くない種類だ (*Prov.* 30:26). **6**《口語》[単数扱い] =folk music.

júst fólks《米口語》〈人が〉気取らない, 素朴[朴訥(ぼくとつ)]な.

— *adj.* [限定的] **1** 民衆[庶民]の[に関する, を研究する]; 民間の: a ～ remedy 民間療法[治療]. **2 a** 民俗の. **b** 民謡[フォーク]（調）の.

〖OE *folc* < Gmc **folkam* (G *Volk* / ON *folk* people, army) ← ? IE **plgo-* people ← **pelə-* to fill: cf. L *plēbs* people (← IE **pel-* to fill)〗

fólk àrt *n.* 民俗芸術. 〖1921〗

fólk·cràft *n.* 民芸; 民芸品.

fólk cùstom *n.* 民習, 民俗.

fólk dànce *n.* フォークダンス, 民俗舞踊, 郷土舞踊; フォークダンス曲, 民俗[郷土]舞踊曲 (cf. court dance). **— *vi.*** フォークダンスをする[踊る]. **fólk dàncer** *n.*

fólk dàncing *n.* 〖(1909)《なぞり》← G *Volkstanz*〗

fólk dèvil *n.* 社会に悪影響を及ぼすと考えられている人[もの], フォークデビル.

Folke·stone /fóukstən | fóuk-/ *n.* フォークストン《イングランド南東部 Kent 州の Dover 海峡に臨む海港, 海水浴場》. 〖OE *Folcanstan*《原義》'stone of *Folca* (人名)': ⇨ folk, 's¹, stone〗

Fol·ke·ting /fóuktətiŋ | fóul-; *Dan.* fálgəteŋ'/ *n.* (*also* **Fol·ke·thing** /～/) [the ～] **1** デンマークの国会《一院制》. **2** (もとデンマーク議会の)下院 (cf. Landsting, Rigsdag). 〖⊏ Dan. ～ ← *folk* 'FOLK'＋*-ting* parliament: ⇨ thing²〗

fólk etymólogy *n.*〖言語〗民間[通俗]語源(説)《学問的でない語源解釈, およびそれによって生じる語の転訛: asparagus を *sparrowgrass* と変形する類》. 〖1882〗

fólk guitàr *n.*〖楽器〗フォークギター.

fólk hèro *n.* **1** フォークロア (folklore) のヒーロー. **2** 大衆から尊敬を得ている人. 〖1899〗

fólk·ie /fóuki | fóu-/ *n.*《口語》フォークミュージシャン; フォークミュージックファン. 〖(1966): ⇨ -ie〗

fólk·ish /-kɪʃ/ *adj.* 民俗調[風]の: a ～ song. **～·ness** *n.* 〖(1938): ⇨ -ish¹〗

fólk·lànd *n.*《英》(初期アングロサクソン時代のイングランドにおける)慣習保有地, 公有地《本来は共同体各家族への割当て地; 7–8 世紀ごろから bookland に変えられていった》. 〖OE *folcland*〗

fólk làws *n. pl.* 民衆慣習法《特に, 古代西ゲルマン民族などの法律》. 〖1884〗

fólk·lìfe *n.* 庶民の伝統(生活), 常民生活(研究). 〖1864〗

fólk·lìke *adj.* =folkish. 〖1939〗

fólk líterature *n.* 民俗文学. 〖1893〗

folk·lore /fóuklɔ̀ə | fóuklɔ̀:ʳ/ *n.* **1** [集合的] 民間伝承, 民俗《古くから民間に伝わる風俗・諺・俗言・口碑・伝説・歌謡・舞踊・昔話など文化的残存物の総称語》. **2** 民俗学, フォークロア《自国の民間伝承について研究する学問》. **3** [集合的にも用いて] 広く俗間で持たれているもっともらしい考え. 〖(1846)《なぞり》← G *Volkskunde* (⇨ folk, lore¹): 19 世紀英国の好古家 W. J. Thomas が popular antiquities の代りに用いた〗

folk·lor·ic /fóuklɔ:rɪk | fóuk-/ *adj.* 民間伝承の; 民俗学の. 〖(1883): ⇨ ↑, -ic¹〗

fólk·lor·ish /-lɔ:rɪʃ/ *adj.* 民間伝承風の. 〖(1926) ← FOLKLOR(E)＋-ISH¹〗

fólk·lòr·ism /-lɔ:rɪzm/ *n.* **1** 民間伝承研究, 民俗学. **2** 民間伝承主義《オーケストラの中にその国の民謡の旋律を取り入れるなど》. 〖(1886) ← FOLKLOR(E)＋-ISM〗

fólk·lòr·ist /-rɪst | -rɪst/ *n.* 民俗学者. 〖(1888) ← FOLKLOR(E)＋-IST〗

folk·lor·is·tic /fòuklɔ:rístɪk | fəuk-ˊ-/ *adj.* 民俗学の, 民俗学的な. 〖(1888) ← FOLKLOR(E)＋-ISTIC〗

fólk màss *n.* フォークミサ《ミサの音楽をフォークミュージックでするミサ典礼》. 〖1966〗

fólk mèdicine *n.* 民間療法《経験に基づいた薬草などを用いた非専門的な医療》. 〖1878〗

fólk mémory *n.*〖社会学〗民俗・国民・地区民共通の過去の記憶. 〖1908〗

folk·moot /fóukmù:t | fóuk-/ *n.* (*also* **folk·mote** /-mòut | -məut/, **folk·mot** /-mòut | -məut/)《英》(アングロサクソン時代における州や都市の)民会. 〖OE *folcmōt* folk meeting: ⇨ folk, moot〗

fólk mùsic *n.*〖音楽〗民俗音楽《民間に伝承されてきた音楽》; (現代的な)フォーク音楽. 〖1889〗

folk·nik /fóuknɪk | fóuk-/ *n.*《俗》フォークソング[シンガー]の熱愛者. 〖(1958) ← FOLK＋-NIK: BEATNIK からの類推〗

fólk psychólogy *n.* 民族心理学 (ethnopsychology). 〖(1889)《なぞり》← G *Völkerpsychologie*〗

fólk·rìght *n.*《英》(アングロサクソン時代での)民権《慣習法による人民の権利》. 〖OE *folcriht*: ⇨ folk, right〗

fólk-ròck *n.*〖音楽〗フォークロック《ロックのリズムを採り入れたフォーク音楽》. **～·er** *n.*

fólk-sìng *n.* フォークソングを歌う集い.

fólk·sìnger *n.* フォークシンガー, フォークソング[民謡]歌手. 〖1884〗

fólk·sìnging *n.* (グループで)フォークソング[民謡]を歌うこと, 民謡歌唱. 〖1907〗

fólk socìety *n.*〖社会学〗民俗社会《小さく孤立した同質的で集団結合の強い地域社会; cf. urban society》.

fólk sòng *n.*〖音楽〗**1** 民謡《民間に伝承されてきた民俗的歌謡》. **2** フォークソング《民謡風の歌謡または流行歌》. 〖(1847)《なぞり》← G *Volkslied*《なぞり》← *popular song*〗

fólk stòry *n.* =folktale.

folk·sy /fóuksi | fóuk-/ *adj.* (**folk·si·er; -si·est**) **1**《口語》社交的な, 人好きのする (sociable). **2** 打ち解けた(時に, 不自然にまた過度に)くだけた, 気取らない: a ～ little talk 打ち解けたおしゃべり. **3** 〈芸術・会話など〉民俗的な, 民芸的な: a ～ tale. **fólk·si·ly** /-səli/ *adv.* **fólk·si·ness** *n.* 〖(1852) ← *folks* ((pl.) ← FOLK)＋-Y⁴〗

fólk·tàle *n.* 民間説話, 民話; 民譚(みんたん), 昔話《民間に伝わる口碑・伝説・昔話; folk story ともいう》. 〖1852〗

fólk·wàys *n. pl.*〖社会学〗習俗, 民習《民間に自然に発達した生活や思考の様式; cf. mores》. 〖1906〗

fólk·wèave *n.* 粗くゆるく織られた布《ツイード風の粗い織物》. 〖1938〗

folk·y /fóuki | fóu-/ *adj.* **1** 世人の, 庶民の. **2** 民芸的な (folksy). 〖(1914): ⇨ -y⁴〗

foll. 《略》followed; following.

folles *n.* follis の複数形.

fol·li·cle /fá(:)lɪkl | fɔ́lɪ-/ *n.* **1**〖植物〗袋果《ヒエンソウ・シキミ・ボタンなどの果皮; 単一心皮から成り一方だけ裂開するさや》. **2**〖動物・解剖〗濾胞(ろほう); 卵胞, 小嚢(しょうのう), 小胞: a hair ～ 毛包, 毛嚢. **3**〖解剖〗=Graafian follicle. **4**《廃》〖解剖〗リンパ小節 (lymph nodule). 〖(?a1425) (1646) ⊏ L *folliculus* little bag (dim.) ← *follis* bellows: ⇨ follis, -cule〗

fóllicle mìte *n.*〖動物〗ニキビダニ科ニキビダニ属 (*Demodex*) の人間や犬などの毛嚢(もうのう)に寄生するダニの総称《人に寄生するニキビダニ (*D. folliculorum*) など》. 〖1925〗

fóllicle-stìmulating hòrmone *n.*〖生化学〗卵胞刺激ホルモン《動物の脳下垂体前葉から分泌される性腺刺激ホルモン; 略 FSH》. 〖1943〗

fol·lic·u·lar /fəlíkjulə, fɑ(:)- | fɔlíkjuləʳ, fə-/ *adj.* **1**〖解剖〗小嚢(状)の, 濾胞(ろほう)(性)の. **2**〖病理〗濾胞を冒す[に起こる]. **3**〖植物〗〈果実が〉袋果状の. 〖(1676): ⇨ follicle, -ar¹〗

fol·lic·u·late /fəlíkjulɪt, fɑ(:)-, -lèɪt | fɔ-, fə-/ *adj.* **1**〖解剖〗小嚢[濾胞]を備えた. **2**〖植物〗袋果のある.

fol·lic·u·lat·ed /fəlíkjulèɪtɪd, fɑ(:)- | fɔlíkjulèɪt-, fə-/ *adj.* =folliculate. 〖1775〗

fol·lic·u·lin /fəlíkjulɪn, fɑ(:)- | fɔlíkjulɪn, fə-/ *n.*〖生化学〗エストロゲン (estrogen); (特に)エストロン (estrone). 〖⇨ follicle, -in²〗

fol·lic·u·li·tis /fəlìkjuláɪtɪs, fɑ(:)- | fɔlìkjuláɪtɪs, fə-/ *n.*〖病理〗毛包炎, 毛嚢(もうのう)炎. 〖(1860) ← NL ～ ← L *folliculus* 'FOLLICLE'＋-ITIS〗

fol·lis /fá(:)lɪs, fɔ́(:)l- | fɔ́lɪs/ *n.* (*pl.* **fol·les** /fáli:z, fɔ́(:)leɪs | fɔ́li:z/) フォリス: **1** 古代ローマの計算貨幣 (money of account) の単位. **2** ローマ皇帝 Diocletianus (284–305) により初めて発行された古代ローマの銀めっきした銅貨. **3** 東ローマ帝国の皇帝 Anastasius 一世 (491–518) の治政下の大型の青銅貨. 〖(1885) ⊏ L ～ 'bag, bellows' ← IE **bhel-* to blow, swell: ⇨ bull¹〗

fol·low /fá(:)lou, -lə | fɔ́ləu/ *vt.* **1 a** …のあとについて行く[来る], …に従う; 〈人など〉といっしょに行く, 連れ立って行く, …に付き添う, 伴う: Go where you like, and I'll ～ you. どこへ行こうとあとについて行く / Please ～ me. 私について来てください / He ～*ed* her into her office. 彼女について事務所に入っていった / *Follow* that car, driver! 運転手さん, あの車の後をつけてくれ. **b** 〈葬儀・会葬者の列〉に従う (attend), 〈遺体〉の後について(墓地まで)行く.
2 追って行く, 追跡する (pursue): ～ a retreating enemy 逃げる敵を追う / ～ the hounds 猟犬を先立てて狩をする / He's been ～*ing* me (around) all week. 彼は一週間ずっと私を追い回していた.
3 a (時間・順序の点で)…の次にくる, …に続く (⇨ following); …の結果として起こる: Night ～*s* day. 夜は昼に続く / A sermon ～*ed* the service. 礼拝式の後に説教があった / One misfortune ～*s* another. 不幸は重なる / Punishment must ～ conviction. 刑罰は判決の後に行われるべきだ《判決の前に刑罰を行ってはいけない》/ Trade ～*s* the flag. 貿易は国旗に従う《国の勢力が伸びるに従って貿易が発展する》/ Bankruptcy often ～*s* war. 戦争のあとにはしばしば倒産が起こる. **b** …のあとを[…で]続かせる (*with*): They usually ～ dinner *with* a brandy. 彼らはたいてい夕食のあとにブランデーを飲む. **c** …の跡を継ぐ (succeed); (位が)…の次に位する: ～ one's father in his estates 父の跡を受けて財産を相続する / Earls ～ marquises. 伯爵(はくしゃく)は侯爵の次位である / Mr. Smith ～*ed* Mr. Jones as chairman. スミス氏はジョーンズ氏の跡を継いで会長になった.
4 a 〈道など〉について行く, 通って[沿って]進む, たどる (walk along): He ～*ed* a path through the woods to the lakeside. 森の中の小道をたどって湖のほとりまで歩いて行った / The highway ～*s* the old road. その高速道路は旧道に沿って続いている. **b** 〈方針・計画など〉に従う (adopt): ～ a course of action ある行動をとる. **c** 〈生業の道を〉たどる (pursue), 〈職業〉に従事する, 従う: ～ the trade of a barber 理髪業を営む / ～ the law 法律に携わる, 弁護士を業とする / ～ the stage 舞台に立つ, 俳優を業とする / ～ the plow ⇨ plow *n.* 1 / ～ the sea ⇨ sea *n.* 6.
5 a 目で追う; 〈遠ざかるもの・進行中のもの〉をじっと見ている: ～ a procession 行列を見送る / He ～*ed* the cricket match with field glasses. 双眼鏡でクリケットの試合の進行を眺めた / We ～*ed* the ball over the outfield fence. 我々はボールが外野のフェンスを越えて飛んでいくのをじっと見やった. **b** …の動静[過程]を注目する, (興味をもって)たどる: I have ～*ed* French politics [the news] carefully. このところずっとフランス政界の動き[ニュース]を注視してきた. **c** …の理路を心でたどる, 〈話など〉の筋を追う; 〈人・人の言葉・議論・説明など〉についていく, …の意味を理解する (understand): ～ a train of thought 一連の思索の道をたどる《次々と思索を続ける》/ ～ a speaker's words 語り手の言葉を理解する / I do not quite ～ you. どうもおっしゃることがよくわかりません / I am unable to ～ you *in* all your views. ご意見には腑(ふ)に落ちない点があります / Few of us could ～ him *in* his demonstration. 我々の中で彼の論証を理解できるものは少なかった / The argument is too difficult for them to ～. 議論があまりむずかしいので彼らはついていけない. **d** 〈特定のチームなど〉を熱心に応援する; …のファンである: ～ Rugby ラグビーのファンである.
6 a 〈先例・規則など〉に倣(なら)う, 追従する, まねる: ～ a person's example 人の例に倣う / This translation ～*s* the original faithfully. この翻訳は原文に忠実に従っている / They ～ the fashions slavishly. 彼らは流行に憂き身をやつしている. **b** 〈忠告など〉に従う, 守る; 〈人(の説・教え・主義)〉を奉じる: ～ a person's advice [directions, instructions] 人の忠告[指示]に従う / ～ Plato [Confucius] プラトン[孔子]の説を奉じる / ～ one's conscience [instinct] 良心[本能]に従う. **c** 〈指導者〉に従う, …のあとに続く, …に率いられる, 随従する (adhere to): ～ a lead (トランプで)最初に出す人についてカードを出す; 指導に従って行動する / ⇨ *follow* SUIT / ～ a blind guide 盲目の案内者に従う《二人とも溝に落ちる》/ *Follow* me, and you will be all right. 私の言う通りにすれば間違いはない.
7 《文語》求める, 追求する (strive after): ～ fame [knowledge] 名声[知識]を追求する.
— *vi.* **1** あとから(追って)行く; あとについて行く[来る], あとに従う, 随伴する: Go ahead, and I'll ～ with my wife. 先に行ってください, あとから妻と一緒に参ります / He ～*ed* in his master's steps. 師の道を進んだ.
2 引き続いて起こる, 次に[あとに]続く: No one knows what may ～. この次に何事が起こるかだれにもわからない / After his poor diet ill health ～*ed*. 粗末な食事をしたあと, 彼は健康を害した.
3 [通例 *It* ～*s that*…として] 当然の帰結として…になる: If that is true, *it* ～*s* [must ～] *that* he was not there. もしそれが本当なら当然彼はそこにいなかったことになる / *It* ～*s from* this *that* she must be innocent. これから推せば彼女には罪がないに違いない.

as fóllows 次の通りで: He answered as ～*s*. 彼は次のように答えた / His words were *as* ～*s*. 彼の言葉は次の通りであった. ★ この句の follows は非人称動詞で, 本来 3 人称単数現在形であるが, 主節の主語が複数形である場合, まれにそれに引かれて as follow の形で用いられることもある.

fóllow àfter《文語》(1) …のあとについて行く; 〈事が〉…のあとに起こる: *Follow after* me. (2) …を追いかける, 追跡する (pursue). (3) …を追い求める, 追求する (*Ps.* 119: 150).

fóllow ón (*vi.*) (1) すぐ後ろから続く; 前の人が止めた所から続ける: The argument of Chapter 5 ～*s on from* what was said in Chapter 3. 5 章の議論は 3 章で述べたことからの続きである. (2)〖クリケット〗続行第 2 回戦の打番になる (cf. follow-on). (3)〖玉突〗押玉を突く. — (*vt.*) …のあとを継ぐ (succeed).

fóllow óut 〈計画・指図など〉を最後まで[徹底的に]やり通す (carry out): ～ *out* one's plan. 《1762》

fóllow the stríng ⇨ string *n.* 5.

fóllow thróugh (cf. follow-through) (1)〖野球・ゴルフ・テニス〗打球後バット[クラブ, ラケット]を十分に振りきる. (2) 努力してやり通す, 完全に[最後まで]遂行する: ～ a plan *through*＝～ *through* a plan / He never ～*s through with* anything. 彼は何事も最後までやり通すことは決してない / I tried to ～ *through on* my plans. 計画を徹底的に実行しようとした.

fóllow úp (*vt.*) (1) (すぐあとから)追跡する, (どこまでも)追い詰める: ～ *up* a wounded deer 手負いの鹿を追い詰める. (2) (余勢を駆って)さらに徹底させる[強化する]: ～ *up* a blow また一撃打ち込む, 連打を浴びせる / You must ～ *up* your convictions *with* action. 自信を持ったらあとは実行に移さなければならない. (3)〖新聞・放送〗〈報道済みのニュースなど〉をいっそう詳細に調査する, 徹底させる; …の追いかけ記事を載せる, の後報[続編]を流す: They are still ～*ing up* the news item. 彼らはなおそのニュースを追求している. (4)〖アメフト・ラグビー〗〈ボールまたは味方のボール保持者〉のあとを追って攻撃に参加する, フォローアップする. (5)〖医学〗(診断・治療後に)〈患者〉の健康管理を続ける, 継続管理する, フォローアップする: These patients must be ～*ed up* after their discharge. これらの患者たちは退院後も引続き管理を要する. — (*vi.*) 適切な事後処置をする: We ～ *up on* customer complaints. 当店では適宜お客様の苦情に対処させていただいております.

There fóllows その後に…が続く: *There* ～*ed* a heated discussion. その後で激論が起こった.

to fóllow 次の料理として: *To* ～, I'd like coffee. この後はコーヒーをいただけますか / I'll have fish with fruit *to* ～. 魚を食べてその後フルーツにします.

— *n.* **1** 追い, 追随, 追走, 追求. **2** =follow-up *n.* 2.

3 《口語》(レストランでの料理の)お代わり. **4** 〖玉突〗 **a** 押し玉《突く技術》; (中心上の接点を突いたときの)球の前の方への回転. **b** =follow shot 1.
〖ME *folwe(n)* < OE *folgian, fylgan* ← Gmc **fulʒ-* (Du. *volgen* / G *folgen*) ← ? IE **pol(gh)-* to follow〗

SYN 後続する: **follow** 後からくる[起こる]《一般的な語》; 前後の間には特別な因果関係はない: Monday *follows* Sunday. 日曜日の次に月曜日がくる. **ensue** 前後の間にはっきりとした因果関係がある; 結果として生じる《やや格式ばった語》: He hit the man, and a fight *ensued*. 男をなぐったのでけんかになった. **result** ある原因から結果が生じる; 特に因果関係を強調する: His illness *resulted* from eating too much. 彼の病気は食べ過ぎが原因だった. **succeed** 後に続くものが前のものに取って代わる: Who *succeeded* Wilson to the Presidency? ウィルソンの次にだれが大統領になったのか. **ANT** precede.

F

fol·low·a·ble /fɑ́(ː)loʊəbl̩ | fɔ́ləʊ-/ *adj.* ついて行く[伴う]ことのできる. 〖(1548): ⇨ ↑, -able〗

fóllow blòck *n.* (カードファイルでカードが倒れないようにする)カード押え.

fóllow bòard *n.* 〖金属加工〗 =oddside.

fol·low·er /fɑ́(ː)loʊə | fɔ́ləʊə^r/ *n.* **1** 従者, 侍者, 随員, 随行者 (attendant). **2** 臣下, 家来 (retainer); 党員, 部下, 手下, 子分 (adherent): Robin Hood and his faithful ~*s* ロビンフッドとその忠実な手下たち. **3** (教え・理論などの)信奉者, 学徒; 信徒, 信者; 門弟, 門人, 門下, 弟子 (disciple); (スポーツ・特定のチームなどの)熱心なファン (fan): a ~ of Sartre サルトルの信奉者. **4** まねる人, 模倣者 (imitator): a dedicated ~ of fashion 流行の熱心な追随者. **5** 《まれ》追う人, 追っ手, 追跡者 (pursuer). **6** 《古》女中をくどく男; (女中の)情人, 恋人. **7** 《捺印証書・契約書などの第一葉の》追加紙葉. **8** =follow block. **9** 〖機械〗従動部, 従(動)節, 従輪, 供車 (cf. driver 5 b). **10** 《英》家畜の子《とくに子牛》. 〖OE *folgere*: ⇨ -er¹〗

SYN 信奉者: **follower** ある人の教え・学説などを信奉する人《一般的な語》: *followers* of Freud フロイトの信奉者. **supporter** 政党・主義・運動などを忠実に支持[擁護]する人: a *supporter* of pacifism 平和主義の擁護者. **adherent** 思想・政党などを忠実に積極的に支持する人: His doctrine gained many *adherents*. 彼の教義は多くの支持者を獲得した. **disciple** 偉大な(特に宗教上の)師の教えを信奉する人: Plato was a *disciple* of Socrates. プラトンはソクラテスの弟子であった.
ANT leader.

---

fóllower·shìp *n.* **1** =following 1. **2** 指導者に従う能力[進んで従うこと]. 〖(1928): ⇨ -ship〗

fol·low·ing /fɑ́(ː)loʊɪŋ | fɔ́ləʊɪŋ/ *adj.* **1** 次に続く, 次の, 以下の (ensuing) (↔ preceding): in the ~ year= in the year ~ その翌年に / on the ~ day その翌日に / to the ~ effect 次の趣を, 次のように / in the ~ way 以下のように. **2** 〖海事〗《風が》船の行手の方に吹く, 順風の, 追風の; 《潮が》船の行手の方に流れる, 順流の, つれ潮の: a ~ breeze 順風 / ⇨ following sea. — *prep.* …に次いで, …のあとで (after): *Following* the meeting, tea will be served. 会のあとでお茶が出ます. — *n.* **1** [集合的] 従者, 随員, 家来; 支持者, ひいき筋: a leader [sport] with a large ~ 大勢部下をもった指導者[愛好者の多いスポーツ] / all the ladies of her ~ お供の婦人すべて / He has a strong ~ in Parliament. 彼には議会に強力な支持者がいる. **2** [the ~] 次[以下]に述べる[掲げる]もの, 下記のもの: *The* ~ are invited. 次の人々が招待されている / *The* ~ is noteworthy. 下記の事項は注目に値する. 〖(*a*1325): ⇨ -ing^{1,2}〗

fóllowing édge *n.* 〖海事〗スクリュー羽根の後縁《スクリューが回転するときの各羽根の後縁部; cf. leading edge 3》. 〖1888〗

fóllowing séa *n.* 〖海事〗追い波《船尾方向から来る波; cf. head sea, quartering sea》.

fóllowing stróke *n.* 〖玉突〗押し突き (follow). 〖1867〗

fóllowing-úp *adj.* =follow-up.

fóllow-my-léader /-maɪ- | -mɪ̀-, -maɪ-/ *n.* 《英》= follow-the-leader.

fol·low-on /fɑ́(ː)loʊɑ̀(ː)n | fɔ́ləʊɔ̀n/ *n.* **1** (前から)継続するもの, 続き: a ~ *to* this series このシリーズの続編. **2** 〖クリケット〗続行第2回戦《1回戦で一方が相手よりも規定以下の得点しか得られない場合, 引き続き行われる第2回戦の競技; cf. FOLLOW *on* (2)》. 〖1876〗

fóllow shòt *n.* **1** 〖玉突〗フォローショット, 押し突き《押し玉の方法による突き; cf. draw shot》. **2** 〖映画・テレビ〗フォローショット《演技者などを追ってカメラを動かしながら撮影すること; そのようにして撮影される場面》. 〖1909〗

fóllow-the-léader *n.* 大将ごっこ《大将になった者のする通りをまねて, 間違えたら罰を受ける遊戯》.

fol·low-through /fɑ́(ː)loʊθrùː, ⌐—⌐ | fɔ́ləʊθrùː, ⌐—⌐/ *n.* **1** (案・計画などの)遂行, 達成 (execution) (cf. FOLLOW *through* (2)). **2** 〖野球・ゴルフ・テニス〗フォロースルー《打球後ストロークを十分に伸ばしきること[動作]; cf. FOLLOW *through* (1)》. 〖1897〗

fol·low-up /fɑ́(ː)loʊʌ̀p | fɔ́ləʊ-/ *adj.* **1** 引き続いての, 追いかけ(の): a ~ visit 追いかけての訪問 / a ~ letter (見込みのある買手へ出す)追いかけ勧誘状 / a ~ system 追いかけ式[追求式]広告販売法《通信販売などで重ねて何度も勧誘状を出して売り込む方法》. **2** (最初の学習・治療などの効果を確かめ強化するための)追跡の, 追いかけの: a ~ survey 追跡調査 / ~ instruction 追いかけ教育. — *n.* **1** 続行, 追い討ち, 追いかけ; 追いかけ勧誘状. **2** 〖新聞・放送〗(前に出した記事・物語に新しい情報を提供する)続報, 追いかけ記事, 後日物語. **3** 〖医学・統計〗 **a** 追跡調査, 継続(健康)管理, フォローアップ《ある処置・調査後の状態や効果を後日再調査すること》. **b** 要継続管理(患)者. 〖(1916) ← *follow up* (⇨ follow (v.) 成句)〗

fol·ly /fɑ́(ː)li | fɔ́li/ *n.* **1** 愚, 愚かさ, 愚劣 (stupidity): an act of ~ 愚行 / the height of ~ 愚の骨頂 / It is ~ to do …するのは愚かなことだ. **2** 愚行, 愚かな行為[考え, 論], 愚挙: commit a ~ ばかなことをする / youthful *follies* 若気の愚行(道楽) / Lovers cannot see the pretty *follies* that themselves commit. 恋人たちは自分たちの犯す他愛もないばか加減が見えないのだ (Shak., *Merch* V 2. 6. 37). **3** 金のかかる事業; ばかげた大建築. ★ 多くは資金が続かずに中絶したもので, 通例計画者の名を冠して用いる: Allen's *Folly* アレンの「阿房(ᵃᵇᵒ)宮」. **4** [*pl.*] **a** [単数扱い] フォリーズ《グラマー女性の魅力が売り物のレビュー》. **b** (フォリーズに出演する)レビューガール[ダンサー]たち. **5** 《廃》不徳, 罪悪 (evil); (特に)みだら, 猥褻(ᵂᵃⁱˢᵉᵗˢᵘ) (lewdness). **6** 〖建築〗(無用の)あずまや《庭園内に点景として建てられる作りものの廃墟など》. 〖(?*a*1200) *folie* ⊏ (O)F ← *fol* 'foolish, FOOL¹': ⇨ -y¹〗

Fol·som /fóʊlsəm | fɔ́ʊl-/ *adj.* フォルサム文化の[に関する]. 〖(1928) ← *Folsom* (1925 年に初めて遺跡が発掘された米国 New Mexico 州の地名)〗

Fólsom màn *n.* フォルサム人《氷河期に北米大陸の Rocky 山脈東方に居住していた旧石器時代人》. 〖1954〗

Fo·mal·haut /fóʊməlhɔ̀ːt, -hɑ̀ːt, -mḷ-, -məlòʊ | fə́ʊməlɔ̀ʊt, fɔ́məlhɔ̀ːt, -mḷ-/ *n.* 〖天文〗フォーマルハウト《南の魚座 (Piscis Austrinus) の α 星で 1 等星》. 〖(1594) ⊏ Arab. *fam al-ḥūt* (原義) mouth of the fish〗

fo·ment /foʊmént, ⌐— | fəʊmént/ *vt.* **1** 〈患部を〉蒸す, 温湿布[温罨(ᵃⁿ)法]する; 温罨法[温湿布]で治療する: ~ the bruise on the brow 額の傷に温湿布をする. **2** 〈不和・反乱などを〉促進[助長]する, 醸成する, 誘発する: ~ disorder [a rebellion, a riot, hatred] 騒動[反乱, 暴動, 憎悪]を誘発[挑発]する. **~·er** /-tə | -tə^r/ *n.* 〖(*c*1425) ⊏ (O)F *fomenter* ⊏ LL *fōmentāre* ← L *fōmentum* poultice, warm application ← *fovēre* to heat ← IE **dhegʷh-* to burn〗

fo·men·ta·tion /fòʊməntéɪʃən, -mɛn- | fəʊmɛn-, -mən-/ *n.* **1** 温湿布, 温罨(ᵃⁿ)法; 温湿布[温罨法]剤. **2** (不和・反乱などの)醸成, 刺激, 助長, 誘発, 挑発 (instigation, incitement). 〖(*a*1400) ⊏ (O)F ~ // LL *fōmentātiō(n-)*: ⇨ ↑, -ation〗

fom·i·tes /fɑ́(ː)mətiːz, fóʊm- | fə́ʊmɪ-/ *n. pl.* (*sing.* **fo·mes** /fóʊmiːz | fə́ʊ-/) 〖医学〗(感染の)媒介物《衣類・寝具など》. 〖(1803) ⊏ L *fōmes, fomitis* touchwood, tinder〗

Fon /fɑ́(ː)n | fɔ́n/ *n.* (*pl.* ~, ~**s**) フォン族《西アフリカ, ベニン南部の黒人族》; フォン語《ニジェールコンゴ語族のクワ (Kwa) 語派に属する》. 〖現地語〗

fond¹ /fɑ́(ː)nd | fɔ́nd/ *adj.* (~**·er**; ~**·est**) **1** [叙述的] 〔…を〕好んで, 〔…が〕好きで 〔*of*〕: be ~ *of* children [music, drink] 子供[音楽, 飲酒]が好きである / get [grow] ~ *of* …が好きになる. **2** 優しい, 情深い (tender); 〈記憶など〉懐かしい: a ~ mother 優しい母 / give her hand a ~ pat 彼女の手を優しくたたいてやる / Absence makes the heart grow ~*er*. 《諺》不在は情を優しくする, 「あわねばいやます恋心」. **3** 愛におぼれた, 情に甘い (doting): a ~ kiss 甘い口づけ / a ~ husband 妻に甘い夫. **4** 他愛もない, 盲信的な, 軽信的な, 楽観的な, 虫のいい: nourish ~ hopes 他愛もない望みを抱く. **5** 《古・方言》愚かな (foolish, silly), ほけた (inept): a ~ parent 愚かな親 / a ~ scheme ばかげた計画.
— *vt.* 《廃》 **1** 〈人を〉ばかにする (befool). **2** 〈人を〉かわいがる (fondle). — *vi.* 《廃》 **1** ばかなことをする; ばかげている. **2** 愛する; 溺愛する (dote).
〖(*c*1340) *fonned* infatuated ← *fonne* fool (← ?)+-ED: cf. fondle, fun (to be fond of=to like の用法は Shak., *Mids ND* に初出)〗

fond² /fɔ̃ː(ŋ), fɔ́ːŋ; *F.* fɔ̃/ *n.* (*pl.* ~**s** /~(z); *F.* ~/) **1** **a** 基礎. **b** (レース (lace) の)下地 (groundwork). **2** 《廃》資金 (fund); 蓄え, 蓄積 (stock). 〖(1664) ⊏ F ~, *fonds* < OF *fonz, fons*: ⇨ fund〗

Fon·da /fɑ́(ː)ndə | fɔ́n-/, **Henry** *n.* フォンダ (1905–82; 米国の映画俳優).

Fonda, Jane *n.* フォンダ (1937– ; Henry の娘; 映画女優; 反戦運動に参加).

Fonda, Peter *n.* フォンダ (1939– ; Henry の息子; 映画俳優).

fon·dant /fɑ́(ː)ndənt, -dn̩t | fɔ́n-/ *n.* フォンダン: **1** シロップ状に煮つめた砂糖を練った白いクリーム状のもの; 菓子の糖衣として用いる. **2** 1 をベースとして作ったキャンディー. 〖(1877) ⊏ F ~ 'sweetmeat; juicy, melting' (pres.p.) ← *fondre* to melt < L *fundere* to pour, make by melting〗

Fond du Lac /fɑ́(ː)ndəlæ̀k, -dl̩-, -ʤulæ̀k | fɔ́ndjulæ̀k, -də-/ *n.* フォンドゥラック《米国 Wisconsin 州東部 Winnebago 湖畔の都市》. 〖⊏ F (原義) 'end of the lake'〗

fon·dle /fɑ́(ː)ndl̩ | fɔ́n-/ *vt.* **1** かわいがる, なでまわす, 愛撫する (⇨ caress SYN): ~ a baby, cat, doll, etc. **2** 《廃》甘やかす. — *vi.* **1** かわいがる. **2** 〈愛人(同士)が〉戯れる, いちゃつく 〔*with*〕 / 〈*together*〉. **fónd·ling·ly** /-dlɪŋ-, -dl-/ *adv.* 〖(1694) ← FOND¹ to dote+-LE³ // (逆成) ← FONDLING〗

fón·dler /-dlə, -dlə | -dlə^r, -dl-/ *n.* (抱きしめて)かわいがる人. 〖(1876): ⇨ ↑, -er¹〗

fond·ling /fɑ́(ː)ndlɪŋ | fɔ́nd-/ *n.* 愛児, 愛玩動物. 〖(*a*1450): ⇨ fond¹, -ling¹〗

fond·ly /fɑ́(ː)ndli | fɔ́nd-/ *adv.* **1** かわいくてたまらないように, かわいがって, 優しく: look ~ at one's children わが子を優しくながめる. **2** 軽信的に, 甘く, 他愛なく: as I ~ imagined あさはかにも想像していたように. **3** 《古》愚かにも. 〖(*a*1325) *fonnedli*: ⇨ fond¹, -ly¹〗

fónd·ness *n.* **1** 愛好, 好み, 趣味 (liking, love): have a ~ for music 音楽が好きだ[に趣味がある]. **2** いつくしみ, 慈愛. **3** ばかかわいがり, ねこかわいがり, 溺愛. **4** 《古》軽信, おめでたさ; 愚かさ. 〖(*c*1395): ⇨ -ness〗

fon·du /fɑ(ː)ndúː, -djúː, ⌐—⌐ | fɔ́ndjuː, ⌐—⌐; *F.* fɑ̃dy/ *n.* 〖バレエ〗フォンデュ《軸足のひざを徐々に曲げて (demi-plié) 身体を低くすること》. 〖(*c*1845) ⊏ F ~ (p.p.) ← *fondre* (↓)〗

fon·due /fɑ(ː)ndúː, -djúː, ⌐—⌐ | fɔ́ndjuː, ⌐—⌐; *F.* fɔ̃dy/ *n.* (*pl.* ~**s** /~z; *F.* ~/) (*also* **fon·du** /~/) **1** 〖料理〗フォンデュ《チーズを辛口白ワインで溶かし調味料を入れた鍋を火にかけながら, フォンデュフォークにパンをつけて, それにからめて食べるスイス料理》. **2** 〖料理〗小さく切った肉や果物を熱いソースに浸して食べる料理. **3** 〖料理〗チーズと卵で作ったスフレ (soufflé). **4** (卓上用の)フォンデュ用鍋. 〖(1878) ⊏ F ~ (fem. p.p.) ← *fondre* to melt〗

fondúe Bour·gui·gnónne /-bùəgiːnjɔ́(ː)n | -bùəgiːnjɔ́n; *F.* -buʁgiɲɔn/ *n.* 〖料理〗フォンデュブルギニョンヌ《角切りの牛肉をフォンデュフォークに突きさし, 卓上で熱した油の中に入れて火を通しながら食べる》.

fóndue fòrk *n.* フォンデュフォーク《柄が長く先が二またのフォンデュ用フォーク》.

Fon·se·ca /fɑ(ː)nséɪkə, -kɑː | fɔn-; *Am.Sp.* fonséka/, **Gulf of** *n.* [the ~] フォンセカ湾《中米の太平洋側の湾; エルサルバドル・ホンジュラス・ニカラグアに囲まれている》.

fons et o·ri·go /fɑ́(ː)nsetəríːgoʊ, fɑ́(ː)nz-, -əráɪ- | fɔ́nzɛtəráɪgəʊ, fɔ́ns-, -əríː-/ *L. n.* 源泉, 本源: the ~ of the problems 問題の根源[原点]. 〖(1809) ⊏ L *fōns et orīgō* fountain and origin〗

font¹ /fɑ́(ː)nt | fɔ́nt/ *n.* **1** (教会の)洗礼盤 (⇨ baptism 挿絵). **2** (カトリック教会などの入口にある)聖水盤 (stoup). **3** (ランプの)油つぼ. **4** 《古・詩》泉, 源泉 (fountain). 〖OE ~ ⊏ L *font-, fōns* 'FOUNTAIN'〗

font² /fɑ́(ː)nt | fɔ́nt/ *n.* 《米》〖印刷〗フォント (《英》 fount): **1** 同一サイズ同一書体の欧文活字一そろい; 罫線およびフォルマート (furniture) 類の一そろい (⇨ wrong font). **2** DTP ではしばしばサイズに関係なく書体の意. 〖(1578) ⊏ F *fonte* ← *fondre* to melt, cast: cf. found³〗

Fon·taine /fɑ(ː)ntéɪn, -tén | fɔ́nteɪn/ *n.* フォンテイン: **1** 男性名. **2** 女性名. 〖cf. fountain〗

Fon·taine /fɔ̃ː(n)téɪn, fɔːn-; *F.* fɔ̃tɛn/, **Henri La** /-lɑː; *F.* -la/ *n.* ⇨ Lafontaine.

Fontaine, Joan *n.* フォンテイン (1917– ; 英国人を両親に東京で生まれた映画女優; 本名 Joan de Beauvoir de Havilland).

Fon·taine·bleau /fɑ́(ː)ntənblòʊ, -tn̩- | fɔ́ntɪ̀nbləʊ; *F.* fɔ̃tɛnblo/ *n.* フォンテンブロー《フランス北部の都市; Paris の南東 65 km にあって現在は博物館となっている宮殿 (Palace of Fontainebleau) と森 (Forest of Fontainebleau) があり, 歴代フランス王の居住地であった》.

Fóntainebleau schòol *n.* [the ~] フォンテンブロー派《16 世紀に Fontainebleau の宮殿の装飾に従事した主にイタリア・フランダースの画家の一派》.

font·al /fɑ́(ː)ntl̩ | fɔ́ntl̩/ *adj.* **1** 泉の, 泉から発する. **2** 源泉の, 本源である (original). **3** 洗礼盤の; 洗礼上の. 〖(1656) ⊏ LL *fontālis* ← L *fōns* 'FOUNTAIN'〗

Fon·ta·ne /fɑ(ː)ntɑ́ːnə, fɑ(ː)n- | fɔnteɪn, fɔntɑ́ːnə; *G.* fɔntáːnə/, **Theodor** *n.* フォンターネ (1819–98; ドイツの小説家; *Effi Briest*「エフィブリースト」(1895)).

fon·ta·nel /fɑ̀(ː)ntənél, -tn̩-, ⌐—⌐ | fɔ̀ntənél, -tn̩-/ *n.* (*also* **fon·ta·nelle** /~/) 〖解剖〗(胎児・乳児の頭の)ひよめき, おどり, 泉門. 〖((?*a*1425)) (1741) ⊏ (O)F *fontanelle* (dim.) ← *fontaine* 'FOUNTAIN'〗

Fon·tanne /fɑ(ː)ntǽn, ⌐—⌐ | fɔntǽn, ⌐—⌐/, **Lynn** *n.* フォンタン (1887–1983; 英国生まれの米国の女優; 舞台俳優 Afred Lunt の妻).

Fon·te·nelle /fɔ̃ː(n)tənél, fɔːn- | -tə-; *F.* fɔ̃tnɛl/, **Bernard le Bovier, sieur de** *n.* フォントネル (1657–1757; フランスの文人; *Entretiens sur la pluralité des mondes*「宇宙の多様性についての対話」(1686)).

Fon·teyn /fɑ(ː)ntéɪn, ⌐—⌐ | fɔntéɪn, ⌐—⌐/, Dame **Margot** /mɑ́ːgoʊ | mɑ́ːgəʊ/ *n.* フォンテーン (1919–91; 英国のバレリーナ; 本名 Margaret Hookham).

fon·ti·na, F- /fɑ(ː)ntíːnə | fɔn-; *It.* fontíːna/ *n.* フォンティーナ(チーズ)《イタリア産のチーズ》. 〖(1938) ⊏ It. ~〗

fónt nàme *n.* 洗礼名 (first name). 〖*a*1661〗

Foo·chow /fúːtʃáʊ/ *n.* =Fuzhou.

food /fúːd/ *n.* **1** 食物, 食糧; (動植物・皮膚などが摂取する)滋養分, 栄養物 (aliment): animal [vegetable] ~ 動物[植物]性食物 / organic [whole] ~ 自然食品 / dog ~ 犬用食料, ドッグフード / be [become] ~ *for* fishes 魚腹に葬られる, 溺死する (cf. *feed the* FISHES) / be ~ *for* (the) worms うじ虫のえじきとなる, 死ぬ / become ~ *for* the flames 燃えてしまう / ~ *for* powder 弾丸のえじき; 兵士たち (Shak., *1 Hen IV* 4. 2. 66). 日英比較 日本語の「飲食」は, 英語では *food* and drink,「衣食住」は *food*, clothing, and shelter [housing] のように, 日本語と語順が異なる. **2** **a** (飲み物に対して)食べ物: ~ and drink 飲食物. **b** (特殊な)固形食品; (市販の)栄養食品: a breakfast ~ 朝食用の食べ物《特に, (加工)穀類 (cereal); cornflake, oatmeal など》/ baby ~ 乳児食. **3** 精神の糧, (思考・反省の)資料 (cf. pabulum 2): mental [intellectual] ~ 心の[知的な]糧《書籍など》/ spiritual ~ 霊の

糧 / ～ *for* thought [meditation] 考えるべきこと, 思考[思索]の材料. **4** [*pl.*]〘証券〙食品会社の株式[社債]. 〖lateOE *fōda* ← Gmc **fōðōn* ← IE **pā-* to feed, protect (L *pānis* bread & *pāscere* to pasture): cf. feed, fodder, foster〗

SYN 食べ物: **food** 動植物が生きて成長するために摂取するもの《一般的な語》: *food* and drink 飲食物. **fare** 古めかしい表現で, 食事のときに供される飲食物: good [simple] *fare* ごちそう[粗食]. **sustenance** 体力を維持するための栄養を, 口語的に食物の意で使う: He went a week without *sustenance* of any kind. 何も食べずに一週間暮らした. **provisions** あらかじめ貯蔵してある食べ物: We need *provisions* for the journey. 旅行用の食糧が必要だ. **ration** 戦時中または食料不足のときに一人当たりに配給される食べ物: a daily *ration* for a soldier 兵士に配給される一日分の食料.

---

fóod àdditive *n.* 食品添加物. 〖1958〗

Fóod and Ágriculture Organizàtion *n.* [the ～] (国連の)食糧農業機関《1945 年設立; 略 FAO》.

Fóod and Drúg Administràtion *n.* [the ～] 食品医薬品局《米国厚生省の一局; 略 FDA》.

fóod bànk *n.*《米》食糧銀行《寄付された食糧を困窮者に配るための施設》.

fóod chàin *n.*〘生態〙食物連鎖《A は B に食われ, B は C に食われ, C は D に食われるというように, 食う生物と食われる生物が順に連鎖をなす関係で, B は A (primary producer (一次生産者))に対して primary consumer (一次消費者)と呼ばれ, C に対しては secondary producer (二次生産者)と呼ばれる; 同様に C は B に対して secondary consumer (二次消費者), D に対して tertiary producer (三次生産者)の関係にある; cf. food cycle》. 〖1926〗

fóod còlor *n.* 食品用染料[着色剤].

fóod còloring *n.* **1** (食品の)着色. **2** 着色剤.

fóod contròller *n.* 食糧管理官. 〖1916〗

fóod còupon *n.* =food stamp.

fóod còurt *n.*《米》フードコート《ショッピングセンターなどで, ファーストフードの屋台が集中し, しばしば共有の食事空間を備えた一画》.

fóod cỳcle *n.*〘生態〙植物環《一群の食物連鎖; cf. food chain》. 〖1927〗

food·er·y /fúːdəri | -də-/ *n.*《口語》レストラン.

fóod fìsh *n.* 食用魚 (cf. game fish 1). 〖1865〗

fóod-gàtherer *n.*〘人類学〙(農耕文化以前の)採集生活を営む人《野生の植物食料を集め, また狩猟・漁労を行う段階についていう》. 〖1865〗

fóod-gàthering *adj.* 採集生活による. 〖1926〗

fóod gròup *n.* 食品群.

food·ie /fúːdi | -di/ *n.*《口語》料理に特に関心を示す人, 食に凝る人, 食通. 〖《1982》: ⇨ -ie〗

fóod·less *adj.* 食物のない: go ～ 食わずにいる. **～·ness** *n.* 〖《?a1400》: ⇨ -less〗

fóod lìft *n.*《英》=dumbwaiter 1.

fóo dóg /fúː-/ *n.* 狛犬(こまいぬ)(の像).

fóod pòisoning *n.* 食中毒, 食あたり. 〖1887〗

fóod pròcessor *n.*〘料理〙フードプロセッサー《食品を高速で切ったり, つぶしたり, 砕いたりする電動器具》. 〖1974〗

fóod pỳramid *n.*〘生態〙ピラミッド状食餌連鎖《食肉獣 → 草食獣 → 草というような連鎖》. 〖1949〗

fóod scìence *n.* 食品学.

fóod sèrvice *n.* (調理・配達・給仕などの)飲食物提供サービス.

fóod stàmp *n.*《米》食料切符《特定の店で普通価格以下で食料品が購入できる; 貧民救済のため政府(農務省)が発行》. 〖1940〗

food·stuff /fúːdstʌ̀f/ *n.* **1** 食糧, 食料品. **2** 栄養素《蛋白質・炭水化物・ビタミンなど》. 〖1872〗

fóod vàcuole *n.*〘動物〙食胞《原生動物が食物をとったときに細胞内に生じる液胞》. 〖1889〗

fóod vàlue *n.* (食品の)栄養価; 食物としての価値. 〖1899〗

fóod wèb *n.*〘生態〙食物網《ある生物群集の食物連鎖 (food chain) と食物環 (food cycle) を総合したもの》. 〖1949〗

food·y /fúːdi | -di/ *n.* =foodie.

foo·fa·raw /fúːfərɔ̀ː, -rɑ̀ː | -rɔ̀ː/ *n.*《米俗》**1** 派手で安っぽい服[飾り]. **2** くだらないことで騒ぎ立てること, くだらない騒ぎ (fuss). 〖《1934》? ▭ F *fou faraud* affected fool〗

foo-foo /fúːfùː/ *n.* フーフー《料理用バナナ・ヤマノイモまたカッサバなどをゆでて, つぶして練ったもの; 特に西アフリカの料理に使われる》. 〖《1826》▭ W-Afr. (Twi) *fu-fuu*〗

fool[1] /fúːl/ *n.* **1 a** ばか者, 愚者: a natural [born] ～ 生まれつきのばか / a great [big] ～ 大ばか / Don't be a ～! ばかなことをするな[言うな] / A ～ and his money are soon parted.《諺》ばかに金を持たせるとすぐ使ってしまう / I was a ～ *to* have refused that offer. あの申し出を断ったのは我ながらばかだった / There's no ～ like an old ～.《諺》老人のばかほどばかなものはない《老いらくの恋などについていう》/ He is no [nobody's] ～. ばかじゃない, しっかり者だ / A ～'s bolt is soon shot.《諺》愚か者の矢はすぐ放たれる《取っておきの矢がない, 議論の種の蓄えがすぐ尽きる》. **b**《廃》白痴. **2** (他人に)ばかにされる人, 笑い者, かつがれる人 (dupe) (cf. April fool 1): be the ～ *of* fate [circumstances] 運命[環境]に翻弄される / ⇨ *make a* FOOL *of*. **3** (王侯貴族にかかえられた)道化者 (jester, clown): a court ～ 宮廷おかかえの道化者 / a ～'s coat 道化役の上着 / ⇨ fool's cap, *play the* FOOL. **4**《口語》**a**〔…にかけては〕目のない人,〔…が〕好きでたまらない人〔*for*〕: He is a ～ *for* women [wine]. 彼は女[ワイン]には目がない. **b** [通例現在分詞を伴って] 熱狂家,「マニア」; 天才的な人, 達人, 名人: They are a bunch of danc*ing* ～*s*. 彼らはダンスに熱中している連中だ / She is a letter-writ*ing* ～. 彼女は手紙を書くのが実にうまい. **5** [be の補語に用いて]《古》〔…とは〕比べものにならないもの,〔…の〕足元にも寄りつけないもの〔*to, beside*〕: My house is a ～ *to* [*beside*] yours. 私の家などお宅に比べれば問題にもならない.

áct the fóol =*play the* FOOL.《c1532》 ***ány fòol can*** だれでも…できる. ***be a fóol for*** *one's* ***páins*** 骨折り損のくたびれもうけをする. ***be enóugh of a fóol to*** *dó* …するほど愚かである. ***be nó fóol*** 抜けめがない. ***féel lìke a fóol*** ばかみたいな気がする. ***fórm the fóol***《カリブ》ばかなまねをする, いらいらさせる. ***màke a fóol of*** …をばかにする, かつぐ: *make a* ～ *of* oneself ばかなまねをして物笑いになる, ばかをみる / I won't be *made a* ～ *of*. 人にかつがれるようなまねはしない.《1625》 ***nóbody's fóol***《口語》(人にだまされたりしない)しっかり者, 抜け目のない人 (cf. 1).《1923》 ***pláy the fóol*** 道化役をする; ばかなまねをする, ふざける: *play the* ～ *with* a person 人にばかをみさせる, 人をだます. ***súffer fóols gládly*** [通例否定構文に用いて] ばか者どもを放任[黙認]する (2 *Cor.* 11. 19): He *never suffered* ～*s gladly*. ばか者どもをどうしても我慢できなかった. **(*the*) *mòre fóol you*** [***him, her, them***] (そんなことをして)ばかだなお前[彼, 彼女, 彼ら]は: *More* [*The more*] ～ you if you believe him. 彼を信じるとしたら(なおさら)ばかだ. ★ if 節の代わりに to believe him, for believing him と言うこともある.

— *adj.*《口語》ばかな (foolish): He was ～ enough to believe it. 彼は愚かにもそれを信じてしまった / that ～ girl あのばかな女の子 / a ～ notion ばかな考え. ★ 限定的に用いるのは《米口語》.

— *vt.* **1 a** 〈人を〉ばかにする (befool). **b** だまして〔…を〕奪う (cheat)〔*out of*〕, かついで〔ある状態へ〕導く (lure)〔*into*〕: ～ a person *out of* his money 人をだまして金を巻き上げる / ～ a person *into* believ*ing* … 人をかついで…と信じさせる / You could have ～*ed* me!《口語》そんなばかな, まさか, うそつけ. **c** [～ one*self* で] 自分を欺く, 思い違い[過ごし]をする: She ～*ed herself* that her husband would come back to her. 彼女は夫が自分のもとに帰ってくるだろうという甘い考えを抱いていた. **2** (予想外の, 通例よいことで)びっくりさせる: I don't think he will succeed, but he may ～ me yet! 彼はうまくいきそうもないと思うが, 案外そうとも限らない / You could have ～*ed* me. とても信じられないね, そりゃ知らなかった. **3** [～ *away* として]《口語》〈時間・金を〉いたずらに費す, 消費する (fritter): I ～*ed* the whole morning *away*. 午前中を無為に過ごしてしまった. **4**《廃》〈人〉に思慮を失わせる, 〈人を〉夢中にさせる (infatuate). — *vi.* **1** ばかなまねをする, おどける: Stop ～*ing*! ばかなまねはよせ. **2**《米》冗談を言う, ふざける (joke): He is only ～*ing*. ただ冗談を言って[ふざけて]いるだけだ / You're really over 40? No ～*ing*! 本当に 40 を超えているんですか. 冗談でしょ. **3**《口語》**a**〔…を〕いじくる, もてあそぶ (meddle)〔*with*〕: Don't ～ *around with* that loaded gun. その弾の込めてある銃をいじくり回してはいけない. **b**〔異性と〕遊び半分につきあう (trifle)〔*with*〕: He is always ～*ing around with* girls. 彼は女の子といちゃつき回ってばかりいる. **c**〔…を〕いい加減に相手にする (toy)〔*with*〕: He is a dangerous man to ～ (around) *with*. いい加減にあしらうと危険な男だ.

fóol abóut《口語》(1) ふらつき回る. (2)《英》=FOOL *around* (1): Stop ～*ing about!* のらくらなまけるのはやめろ. ***fóol alóng***《口語》(1) ふらりふらりと歩く, ふらつく (loiter): She just ～*ed along* window-shopping. 店のショーウィンドーをのぞきながらぶらぶらと歩くだけだった. (2)〔仕事などを〕だらだらと[いい加減に]やっていく〔*with*〕. ***fóol aróund***《口語》(1) ぶらぶらして過ごす, のらりくらりする (idle): He isn't working at all, just ～*ing around*. 彼は何にも仕事をしていない, ただその辺をぶらぶらしているだけだ. (2) ⇨ *vi.* 3.《1837》

〖《?a1200》*fol* ▭ OF (F *fou*) fool, madman < L *follem*, *follis* bellows, bag, empty-headed person ← IE **bhel-* to blow: ⇨ follis〗

fool[2] /fúːl/ *n.*《英》フール《裏ごしした果物に生クリームやカスタードクリームを混ぜて作る冷たいデザート》: ⇨ gooseberry fool. 〖《1598》← ? FOOL[1]: cf. trifle〗

fóol-bòrn *adj.*《Shak》愚者から生まれた, 生まれながらに愚かな. 〖1598〗

fóol dùck *n.*〘鳥類〙=ruddy duck. 〖⇨ fool[1]: 人を恐れないことから〗

fool·er·y /fúːləri/ *n.* **1** 愚かなふるまい, 愚行. **2** (個々の)ばかげた行い; 愚かなこと[考え, 言葉] (cf. tomfoolery). 〖《1552》← FOOL[1] (n.)＋-ERY〗

fóol·fìsh *n.*〘魚類〙カワハギ《カワハギ科の海産魚の総称; *Stephanolepis setifer* など; cf. filefish》. 〖1842〗

fóol·hàr·di·ness *n.* 向こう見ずなこと, 無鉄砲, 蛮勇.

fool·har·dy /fúːlhɑ̀ədi | -hɑ̀ːdi/ *adj.* (**fool·har·di·er; -di·est**) 無鉄砲な, 向こう見ずな, 無謀な (rash). **fóol·hàr·di·ly** /-dəli, -dli | -dʒli, -dli/ *adv.* 〖《a1250》▭ OF *fol hardi*: ⇨ fool[1], hardy[1]〗

fóol hèn *n.*《米》〘鳥類〙ライチョウ; (特に)ハリモミライチョウ (spruce grouse). 〖《1885》⇨ fool[1]: 人を恐れないので容易に鉄砲で打たれる〗

fóol·ing /-lɪŋ/ *n.* 道化, おどけ; ふざけ. 〖《1601–02》← FOOL[1]＋-ING[1]〗

fool·ish /fúːlɪʃ/ *adj.* (時に **～·er; ～·est**) **1** 愚かな, ばかな (silly); たわいもない, ふがいない: a ～ person / *It was* ～ *of* me *to* ask that question. あんなことを聞くなんて私もばかだった. **2** ばかげた, ばからしい, ばかばかしい (absurd): a ～ idea / make a ～ figure 物笑いになる. **3** [叙述的] きまりの悪い, 恥ずかしい: look ～ きまり悪そうにする / feel ～ 恥ずかしい思いをする. **4**《古》ささいな, 取るに足りない (paltry): We have a trifling ～ banquet towards. 粗末な宴ながら用意しております (Shak., *Romeo* 1. 5. 122). **～·ly** *adv.* **～·ness** *n.* 〖《a1325》: ⇨ fool[1], -ish[1]〗

SYN 愚かな: **foolish** 〈人や行為が〉判断力や常識に欠けている: a *foolish* question ばかげた質問. **absurd** あまりにも理性や常識に反していてばかげている: His suggestion is too *absurd* to repeat. 彼の提案は全くばかげていてお話にならない. **stupid** 生まれつき頭が悪くて, 判断力・理解力が低く, 愚かな《強い語調をもつ》: a *stupid* mistake ばかな間違い. **dull** 頭の働きが鈍い: a *dull* boy 頭の悪い少年. **slow** 物覚えが速くない: He is *slow* at learning. 物覚えが悪い. **ridiculous** 非常にばかげているので嘲笑を買うような: He has a *ridiculous* pride in himself. ばかばかしいくらいうぬぼれている. **silly** 全く分別に欠けている: You were very *silly* to trust him. 彼を信頼するなんて君もよほどばかだったね.

ANT sensible, logical, reasonable, rational.

---

fóolish guíllemot *n.*《英》〘鳥類〙ウミガラス (*Uria aalge*)《ウミスズメ科》. 〖1867〗

fool·oc·ra·cy /fuːlɑ́(ː)krəsi | -lɔ́k-/ *n.*《戯言》愚人政治; 愚人の支配階級. 〖《1832》← FOOL[1] (n.)＋-O-＋CRACY〗

fóol·pròof *adj.*《口語》**1** 〈解説・規則など〉ばか[素人]でもわかる[間違えようのない]: ～ rules. **2** 〈機械など〉(いじり回しても)危険のない, とても簡単な, しくじりのない: a ～ camera だれでも写せるカメラ. 〖《1902》← FOOL[1]＋-PROOF〗

fools·cap /fúːlskæ̀p, fúːlz-/ *n.* **1 a** (筆記用紙・印刷用紙の)長手二折判 (long folio). **b**《英》フールスカップ(判)《紙の寸法; 印刷用は 17×13 インチ [431.8×330.2 mm], 筆紙用・図画用は 16×13 インチ [406.4×330.2 mm]; もとこの大きさの紙には道化師帽の透かし模様が漉(す)込まれていた》. **2 a** =fool's cap. **b** (手漉紙に漉込む)道化師帽の透かし模様. 〖*a*1700〗

fóol's càp /fúːlz-, fúːls-/ *n.* **1** 道化師帽. **2** =dunce cap. 〖1632〗

fóol's érrand *n.* むだな使い走り, むだ足, 徒労, 骨折り損: go on a ～ むだ足をする / send a person on a ～ 人にむだ足をさせる. 〖1705〗

fóol's góld *n.*〘鉱物〙黄鉄鉱 (pyrite), 黄銅鉱 (chalcopyrite). 〖《1872》色が金に似ていることから〗

fóol's máte *n.*〘チェス〙フールズメート《後手の 2 手目で先手が詰むこと》.

fóol's páradise *n.* (昔愚者が死後住む所とされた)愚者の楽園; 幸福の幻影, から頼み: live [be] in a ～ (知らぬが仏で)はかない夢を追う, 何も知らずにのほほんとしている. 〖《1462》: cf. L *limbus fatuorum* fool's limbo〗

fóol's pàrsley *n.*〘植物〙ユーラシア大陸原産のパセリに似たセリ科の有毒植物 (*Aethusa cynapium*)《胃腸薬に使う; dog parsley, dog poison ともいう》. 〖1755〗

foos·ter /fúːstə | -tə(r)/ *n.*《アイル》大騒ぎ. — *vi.* 大騒ぎする. 〖《1847》▭ Anglo-Ir. ～〗

foot /fʊ́t/ *n.* (*pl.* **feet** /fíːt/, *8, 9* は ～s) **1 a** 足《足首から下; ⇨ leg 挿絵》: the instep of a ～ 足の甲.

日英比較 日本語には英語の *foot* に当たる部分の適当な名称がない.「足首」はくるぶしの部分だけで,「つまさき」は足指の先端である. その他「足の甲」「足の裏」など部分の名称はあるが, 英語の *foot* 全体に相当する概念が日本語にはないといってよい. なお, 比喩的意味でも日英の違いが出る. 英語の *foot* は一番下の部分という位置関係で比喩となり,「ふもと」「基底部」などの意となるが, 日本語の足は「歩く」という機能が比喩的に用いられ,「足が早い」「足を伸ばす」「足を棒にする」「足が遠のく」などという. ⇨ leg 日英比較.

b 足部《軟体動物の触脚など》. ★ ラテン語系形容詞: pedal.

2 a (形・機能・位置などが)足に似た[相当する]もの. **b** (寝台・墓などの)すそ, 足部 (cf. head 5 a). **c** (器物の)あし; (コップなどの)台足. **d** [the ～] (山などの)ふもと, すそ; (物の)最下部, 最低部, 基部 (bottom): at the ～ of a mountain 山のふもとで[に] / the ～ of a list [ladder] 表[はしご]の最下部 / the ～ of a page ページの脚部 / the ～ of a column [mast, wall] 柱[マスト, 壁]の根元. **e** (靴下の)足の部分: the ～ of a stocking.

3 a フィート《英語圏におけるの長さの単位; =12 inches, 0.333 ヤード, 30.480 cm; 略 ft.; 記号 ′》: in fifty *feet* of water 水深 50 フィートの所で / We will not move a ～. 少しも動かないぞ. ★ (1) 足の長さに起因した尺度の単位. (2) (a) 数詞の次にきてその後に名詞がくるときは単数形 foot を用いる: a two-*foot* ruler 2 フィートのものさし / a ten-*foot* pole 10 フィートの棒. (b) 後に他の数詞が続くときにも《口語》では foot が用いられることがある: five ～ [*feet*] six 5 フィート 6 インチ《ただし, この場合 inches を言い[書き]表すとすれば, five *feet* six inches となる》. (c) 長さを表す形容詞句が名詞の後に用いられたり, 叙述的に用いられる場合には feet のほうが普通: a floor of 30 square *feet* =a floor 30 *feet* square 30 平方フィートの床 / He is six *feet* [《口語》～] tall. 身長 6 フィートだ. **b** 平方フィート (⇨ square foot). **c** 立方フィート (⇨ cubic foot). **d** 1 立方フィートに含まれる石炭ガスの量.

4 [the ～] (階級・地位の)最下級, 最下位, 末席 (bottom): a pupil at the ～ *of* the class 組でびりの生徒 / go to the ～ of the line 列の最後尾に行く. **5** 徒歩, (人の)歩み, 歩行, 足取り; 速度, 速さ: have a light ～ 足が軽い, 足取りが軽快だ / have leaden [heavy] *feet* 歩みがのろい, 足が重い / be sure *of* ～ 足取りが確かである / be swift [fleet] *of* ～ 足が早い / be graceful and light *of* ～ 足取

りが優雅で軽快である / at a ～'s pace 歩行の速度で, 並足で / change ～ [feet] (行進中)足を踏みかえる / with lagging *feet* のろのろと. **6** 〖詩学〗詩脚, 音歩 《詩句を構成する韻律 (rhythm) の単位で, 古典詩では音節の長短, 英詩ではその強弱の種々な組合わせからなる; cf. iamb, trochee, anapest, dactyl, amphibrach, amphimacer》. **7** [集合的] 《英》歩兵 (infantry): a regiment of ～ 歩兵連隊 / horse and ～ 騎兵と歩兵 / a captain of ～ 歩兵大尉 / the Fourth *Foot* 歩兵第 4 連隊. **8** 〖印刷〗 **a** (活字の)足 《活字の底部の溝をはさんだ両部分の一方》. **b** 地, 罫下 (⇨ tail¹ 15 a). **9** 〖製本〗地, 下小口 《三方小口の一つで, 下部の辺; bottom, tail ともいう; cf. fore edge 2, head 27 c》. **10** [～s] フットライト, 脚光 (footlights). **11** [～s; 単数または複数扱い] 澱(おり), かす (dregs); 粗糖 (coarse sugar). **12** (ミシンの)押さえ金 《presser foot ともいう》. **13** 〖楽器〗(オルガンの音管 (pipe) の)脚部. **14** 〖海事〗フット 《帆の下縁》. **15** 〖植物〗 **a** (蘚類子嚢(のう)体の)足部. **b** 羊歯(し)・種子植物において胞子世代が有性世代から養分をとる部分.

alight on *one's* **feet** 飛び降りて立つ; けがを免れる. **at** *a person's* **feet** 人の足元に (cf. *sit at a person's feet* ⇨ foot 成句); 人の言いなりになって, 服従して; 魅了されて (spell-bound): The prima donna had London *at her feet*. そのプリマドンナはロンドンの人たちを魅了した. (1611) **at fóot** 近くに (nearby); 同じ囲いの中で: a foal *at* ～ 母馬のそばから離れない子馬. **be fléet of fóot** ⇨ foot 5. **benèath** *a person's* **fóot [féet]** ＝*under a person's* FOOT [*feet*]. **be rún [rúshed] (cléan) òff** *one's* **féet** 《英》大変忙しい. **cárry** *a person* **òff** *his* **féet**＝*sweep a person off his feet* (⇨ foot 成句). **cátch** *a person* **on the wróng fóot** 〈人を〉不意につかまえる, 〈人〉に不意打ちをくらわす. (1947) **chánge** *one's* **féet** 《口語》靴を履き替える. **die on** *one's* **féet** 崩れる, 瓦解する. **drág** *one's* **féet** ⇨ drag 成句. **fáll [dróp] on** *one's* **féet** (1) (ネコのように)落ちてもうまく足で立つ. (2) 首尾よく困難を免れる, 災難から立ち直る. (3) 僥幸(ぎょうこう)に巡り会う, 運がよい. **féet first [fóremost]** (1) 足を先にして: land *feet first* 足から先に地に着く. (2) 《口語》死んで; 棺に入れられて: with one's *feet foremost* 足のほうを先にして, 棺に納められて / be carried out [leave (a house)] *feet first* (埋葬のため)棺に入れられて(家から)運び出される. 《死体を運び出すとき足から先に出すことから》 **féet of cláy** (1) 粘土の足, 不安定な土台 (*Dan.* 2:33-35). (2) 人格上の弱点[欠点]; 思いもよらない弱点, 重大な欠点: have *feet of clay* 倒れやすい; 思わぬ欠点がある. (1859) **find** *one's* **féet** (1) 〈赤ん坊などが〉歩ける[立てる]ようになる. (2) (経験を積んで)自分の本領を発揮する. (1535) **find [gét, háve, knów, táke] the léngth of** *a person's* **fóot** 人の足元を見る, 人の弱点をつかむ. (1580) **a fóot in the dóor** 目的への第一歩となる行動. **gèt a [***one's***] fóot in the dóor** (特定の職業などへの)足掛かりをつかむ. **gèt báck on** *one's* **féet** …に健康[自信]を取り戻させる, 立ち直らせる. **gèt [hàve] cóld féet** おじけづく[おじけづいている]. **gèt [hàve]** *one's* **féet wét** 参加する. **gèt óff on the ríght [wróng] fóot**＝*start (off) on the right* [*wrong*] FOOT. **gèt [hàve] óne [***one's***] fóot in** …に足場を作る: *get one* ～ *in* the hotel business ホテル業界に足掛かりをつかむ. **gét to** *one's* **féet** 立ち上がる (stand up). **hánd and fóot** ⇨ hand. **hàve a fóot in bòth cámps** ⇨ camp¹ 4 a. **hàve [kéep] bóth [***one's***] féet on the gróund** いつも現実に立脚している, 実際的である. (1909) **hàve a fóot in bóth cámps** (対立する)両陣営に属している. (c1925) **hàve [gèt] ítchy féet** 《口語》じっとしていられない; 出歩きたくて[旅行したくて]むずむずする; 職場を変わりたくてうずうずしている. **hàve óne fóot in the gráve** 《口語》(老齢・病気で)棺桶に片足を突っ込んでいる, 死にかけている. (1726) **hàve twó léft féet** 大変不器用である, 大変ぎこちない. **kéep (on)** *one's* **féet** (1) 倒れない, まっすぐに立っている[歩く]. (2) 足元を用心する, 慎重に行動する. **kíck with the wróng fóot** 《スコット・アイル》話し手と宗教を異にしている, 宗旨が異なる. **lánd on** *one's* **féet**＝*drop on one's feet* (⇨ foot 成句). **méasure anóther màn's fóot by** *one's* **ówn lást** おのれをもって他を推し量る. (1598) **míss** *one's* **fóot** 足を踏みはずす; 失脚する. (1785) **my fóot!** 《米口語・古》[前の言葉を受けて] ばかな, まさか, 冗談じゃない (nonsense): She is honest.—Honest *my* ～. 彼女は正直です—正直だって, ばかな. (1925) **nót pùt a fóot ríght** 《英口語》間違える. **òff** *one's* **féet** (1) 足の踏み場を失って: ⇨ *carry* [*sweep*] *a person off his feet* (⇨ foot 成句). (2) 立っていないで, 寝ていて, 横になって: stay *off one's feet* 横になっている. (3) 夢中にさせて. (c1500) **on** *one's* **féet** (1) 立ち上がって; 立ったまま[立ちづめ]で. (2) (病後)起きて, 元気になって. (3) (経済上)独立して: get *on one's* own (two) *feet* 独立してやっていく, 自立する. (4) 準備なしに, ためらわずに, 即座に: ⇨ *think on one's feet* (⇨ foot 成句). **on fóot** (1) 立ち上がって; 歩いて, 徒歩で. ★《米口語》では go by foot ということもある. (2) 動いて; 着手されて, (着々)進行して: set a plan *on* ～ 計画に着手する, 計画の実行にとりかかる. (a1300) **on the ríght [wróng] fóot** 《口語》有利[不利]な立場で. **óut on** *one's* **féet** 〈ボクサーなどが〉ふらふらになりながら立っていて; 疲れきって. **pùt a fóot wróng** 《英口語》[通例否定構文で] ちょっとした間違いをする: He *never puts a* ～ *wrong*. 彼は決してしくじるということがない. (1948) **pùt [sét]** *one's* **bést fòot fórward [fóremost]** 《口語》(1) できるだけ急いで行く[歩く]. (2) 全力を尽くす. (3) できるだけよい印象を与えるようにする. (1840) **pùt [gèt]** *one's* **féet úp** 《口語》(足を何かの上にのせたり・横になったりして)ひと休みする[くつろぐ]. (20C) **pùt** *one's* **fóot dówn** (1) 足を踏みしめて立つ. (2) 《口語》断固とした態度を示す[処置をとる]; 勝手なまねをさせない. (3) 《口語》(車のアクセルを踏んで)加速する. (1886) **pùt** *one's* **fóot in [ínto] it [(主に米) in** *one's* **móuth]** 《口語》(1) (うっかり踏み込んで)苦しい羽目に陥る. (2) 失敗する, へまをする, どじを踏む; へまなことを言う. (1798) **pùt** *one's* **fóot to the flóor** 《米口語》車のスピードを出す《アクセルを踏み込む》. **pùt [sèt]** *a person* **[***thing***] on** *his* **[***its***] féet** 〈病人・事業などを〉回復させる, 立ち直らせる. **rún** *a person* **òff** *his* **féet** 《口語》人に忙しい思いをさせる. **sèt fóot in [on, upòn]** …に足を踏み入れる, …に入る: *set* ～ *in* the house [France] 家[フランス]に着く / *set* ～ *on* British soil 英国に足を踏み入れる. (1542) **sét [háve, pút]** *one's* **fóot on the néck of** …の首を踏みつける; …を完全に征服する. (c1489) **shóot onesèlf in the fóot** ⇨ shoot¹ 成句. **sít at** *a person's* **féet** 人の教え[薫陶(くんとう)]を受ける. **sít at the féet of** 〈学説など〉に追随する. **stánd on** *one's* **ówn (twó) féet** 独立[自立]する. **stárt (óff) on the ríght [wróng] fóot** うまく[へまを]やる, 出足が順調[不調]である. (1909) **swéep** *a person* **óff** *his* **féet** (1) 〈波などが〉人の足をさらう. (2) 人をたちまち夢中にさせる[陶然とさせる, 熱狂させる]: He [His courtship] *swept her off her feet*. 彼[彼の愛の言葉]は一瞬のうちに彼女の心を奪った. (1913) **táke to** *one's* **féet** 歩く. **thínk on** *one's* **féet** (演説などで)当意即妙に頭を働かせる[答える]. **to** *one's* **féet** 立つように: help a person *to his feet* 手を貸して人を立ち上がらせる / jump [spring] *to one's feet* 飛び起きる, 踊り上がって立つ / raise [bring] a person *to his feet* 人を立ち[起き]上がらせる / come [get] *to one's feet* 立ち上がる / rise *to one's feet* 立ち[起き]上がる. **ùnder** *a person's* **féet** (1) 人のじゃまになって: I couldn't clean the room, because my children were *under my feet*. 子供がじゃまで掃除ができなかった. (2) ＝*under a person's* FOOT (1). **ùnder fóot** (1) 足の下に: tread [trample] *under* ～ 踏みにじる; 抑えつける. (2) (踏む)足元が: be wet [damp] *under* ～ 足の下[地面]がじめじめしている. (3) 踏みつけて, 屈服させて. (4) じゃまになって. **ùnder** *a person's* **fóot** (1) 人の足元に, 人に服従して, 人の意のままになって: They are *under his feet*. 彼らは彼の意のままになっている. (2) ＝*under a person's feet* (1) (⇨ foot 成句). **vóte with** *one's* **féet** ⇨ vote 成句. **wálk** *a person* **òff** *his* **féet** ⇨ walk 成句. **with bóth féet** どっしりと (heavily), 強く. **with óne fóot in the gráve** 《口語》棺桶に片足を突っ込んで(いて), 死にかけて. **your fóot!** ＝*my* FOOT!

— *vi.* **1 a** (乗らないで)歩く, 進む. **b** 踊る, ステップを踏む. **2** 〈帆船が〉速力が出る, 動く. — *vt.* **1 a** …を踏む, …の上を歩く[で踊る]: ～ the road 道路を歩く / ～ one's way along the aisle 通路を歩く / ～ the floor 床の上を歩く[で踊る]. **b** 《古》[通例同族目的語を伴って] 〈踊りを〉踊る, 〈ステップを〉踏む (dance): ～ a measure ⇨ measure 11. **c** [～ it として] 《口語》歩く; 踊る. **2** 〈靴下など〉に新しい足部を付ける. **3 a** …の勘定をしめる, 合計する 〈*up*〉. **b** 《口語》〈勘定を〉払う: ～ a bill 勘定を払う (cf. foot the BILL¹). **4** 《古》 **a** 〈鷹などが〉つめでつかむ. **b** 蹴る. **5** 《古》[主に ～ oneself または受身に用いて] 落ち着ける (settle, establish): He ～*ed himself* [*was* ～*ed*] in this land. この土地に落ち着いた.

fóot úp (1) ⇨ *vt.* 3 a. (2) 合計が〈…に〉達する 〈*to*〉: The various items ～ *up to* $50. 各費目は合計 50 ドルに達する.

～·lìke *adj.* 〖OE fōt (pl. fēt) ← Gmc *fōt- (Du. voet / G Fuss / ON fōtr / Goth. fōtus) ← IE *pŏd-, *pĕd- (L pēs / Gk poús (gen. podós) foot / Skt pad-foot). cf. fetter, pedal〗

Foot /fʊ́t/, **Michael (Mackintosh)** *n.* フット 《1913- ; 英国労働党の政治家・党首 (1980-83)》.

foot·age /fʊ́tɪdʒ | -tɪdʒ/ *n.* **1** (材木・映画フィルムなどの)フィート数, (フィートで測った[表した])長さ. **2** 〖採鉱〗稼行(かこう)フィート数による支払い; 稼行支払い額. 〖(1892): ⇨ foot, -age〗

fóot-and-móuth disèase *n.* 〖獣医〗口蹄(こうてい)疫 《牛や羊の口やひづめを冒す伝染病; aphthous fever, epizootic aphtha, hoof-and-mouth disease ともいう》. 〖1862〗

foot·ball /fʊ́tbɔ̀ːl, -bɑ̀ːl | -bɔ̀ːl/ *n.* **1** フットボール 《《米》では主に American football, 《英》では主に soccer か Rugby football を指す; cf. Australian Rules, Canadian football, Gaelic football》. **2** フットボール用ボール. **3 a** 乱暴に[ぞんざいに]取り扱われる物[人]; たらい回しにされるもの[問題]: The bill became a political ～. その法案は政治的駆け引きの道具となった. **b** (客引き用の)おとり商品. — *vi.* フットボールをする. — *vt.* 〈商品を〉おとり商品として原価以下で売る. 〖c1350〗

Fóotball Associàtion *n.* [the ～] (英国の)サッカー協会 (略 FA).

foot·ball·er /fʊ́tbɔ̀ːlə, -bɑ̀ːlə | -bɔ̀ːlə(r)/ *n.* (プロの)フットボール競技者[選手]. 〖(1880): football, -er¹〗

fóotball hòoligan *n.* 《英》サッカーフーリガン 《サッカーの試合でしばしば暴力的なふるまいに及ぶファン》.

foot·ball·ing /fʊ́tbɔ̀ːlɪŋ, -bɑ̀ːl- | -bɔ̀ːl-/ *adj.* 《英》サッカーの.

Fóotball Lèague *n.* [the ～] サッカー連盟 《イングランドとウェールズにおける大規模なプロサッカーチームの統合機関》.

fóotball pòols *n. pl.* [しばしば the ～] 《英》サッカーくじ, トトカルチョ (⇨ pool² 3 b). 〖1929〗

fóot·bànd *n.* **1** 〖海事〗フットバンド 《横帆下縁の補強用の帯布; footlining ともいう》. **2** 〖製本〗フットバンド 《本の中身の背の下部につける布ぎれ; tailband ともいう》. ★ かつては headband, footband と区別したが現在は両者とも headband と呼んでいる.

fóot·bàth *n.* **1** 足を洗うこと. **2** (プールの入口にあるような)足洗い, (保温・消毒用の)足湯: a mustard ～. **3** 足湯用小だらい. 〖1599〗

fóot·bèd *n.* (靴[ブーツ]の)中底.

fóot·bòard *n.* **1 a** (足を載せたり, ふんばったりするための)足台, 踏み板. **b** (機械の)踏み子 (treadle). **c** (馬車の背後の)馬丁踏み台; (御者席前方の)足掛け板. **d** (列車などの)乗降用踏み段. **e** (自動車内前方床の)足台, 足のせ. **2** (ベッドの足元の)止め板, 足板 (cf. headboard). **3** ＝footplate 1. 〖1766〗

fóot·bòy *n.* 給仕, (お仕着せを着た)ボーイ (page) (cf. footman 1). 〖1590〗

fóot·bràke *n.* (自動車などの)足踏みブレーキ 《pedal brake ともいう; cf. hand brake》.

fóot·brìdge *n.* 歩行者専用の橋, 歩道橋. 〖1375〗

fóot·cándle *n.* 〖光学〗フート燭(しょく) 《照度の単位; 1 カンデラ (candela) の光度をもつ点光源を中心とする半径 1 フィートの球の内面の照度》. 〖1906〗

fóot·cándle mèter *n.* (フート燭の目盛をつけた)照度計.

fóot·clòth *n.* **1** 《古》敷物, じゅうたん. **2** 《廃》(地面まで届く)飾り馬衣, 馬の盛装 (caparison). 〖1344-45〗

fóot·dràgger *n.* のろのろやっている者, ぐずぐずしている人. 〖1957〗

fóot-dràgging *n.* てきぱき活動できないこと, 不活発. 〖1952〗

fóot·drìll *n.* 〖軍事〗(初歩教練の)徒手訓練.

Foote /fʊ́t/, **Samuel** *n.* フット 《1720-77; 英国の俳優・劇作家》.

foot·ed /fʊ́tɪ̣d | -tɪ̣d⁻/ *adj.* **1** 足のある: ～ creatures. **2** [複合語の第 2 構成素として] **a** 足が…の, (…の)足の: black-*footed* 足の黒い / nimble-*footed* 足の素早い / ⇨ four-footed. **b** 〖詩学〗…個の詩脚 (foot) からなる, …歩格の: a five-*footed* verse (各行が)五歩格の詩. **3** 〖アーチェリー〗堅木の矢尻をはめた: a ～ arrow (金属の矢尻でない)堅木矢尻の矢 《練習用》. 〖(c1380): ⇨ -ed 2〗

fóot·er¹ /-tə | -tə(r)/ *n.* **1** 《英俗》フットボール (football), サッカー (soccer), ラグビー (rugby): play ～ フットボールをする. **2** [複合語の第 2 構成素として] 身長[長さ, 幅]が…フィートの人[物]: a six-*footer* 身長 6 フィートの人, 6 フィート物. **3** 〖印刷〗フッター 《ページ下部のノンブルや脚注; cf. header》. **4** 《古》歩行者, 徒歩者. 〖(a1425) 'a huntsman who hunts on foot': ⇨ -er¹〗

fóot·er² /-tə | -tə(r)/ *vi.* 《スコット》ぶらぶらする. — *n.* ぶらぶらしている人.

fóot·fàll *n.* **1** 足踏み, 足取り, 歩み (footstep, tread). **2** 足音. 〖1611〗

fóot·fàult *vi.* 〖テニス・バレーボール〗フットフォールトを犯す. 〖1886〗

fóot fàult *n.* 〖テニス・バレーボール・バドミントン〗フットフォールト 《サーブの際ベースラインまたはエンドラインを踏む反則; バレーボールではプレー中にセンターラインを踏み越す場合にもいう》. 〖1886〗

fóot·fèed *n.* (自動車などの)アクセル.

fóot·gèar *n.* [集合的] 足に履く物, 履き物 《靴・げた・靴下など》. 〖1837〗

Fóot Guàrds *n. pl.* [the ～] 《英》近衛歩兵連隊 《Grenadier, Coldstream, Scots, Irish, Welsh Guards の五個連隊》. 〖1675〗

foot·hill /fʊ́thɪ̀l/ *n.* **1** [通例 *pl.*] (山脈のふもとにある)丘陵地帯. **2** 山のふもとの小丘. 〖1850〗

foot·hold /fʊ́thòʊld | -hə̀ʊld/ *n.* **1** 立脚地, 確固たる地位[地歩]: secure [gain] a ～ in the market 市場で足場を固める[獲得する]. **2** 足掛かり, 足場, 足だまり (cf. handhold). **3** [通例 *pl.*] (かかとにひもの付いた)ゴム製のオーバーシューズ[サンダル] 《tip ともいう》. 〖1625〗

foot·ie /fʊ́ti | -ti/ *n.* 《口語》＝footsie.

foot·ing /fʊ́tɪŋ | -tɪŋ/ *n.* **1** 確実な地歩; 基盤, 基礎: get [gain, obtain] a (sure) ～ in society 社会で確実な地歩を獲得する / We put the business *on* a sound [firm, solid] ～. 我々はその事業を堅実な基盤の上に載せて発足した / The nation was *on* a war [peace] ～. 国民は戦時[平時]体制を敷いていた. **2** 立場, 間柄, 関係; 地位; 身分, 資格: be *on* a friendly ～ *with* …と親しい関係にある / *on* one [an equal, the same] ～ 平等の立場で / We all started off *on* an equal ～. 我々はみな対等な資格で出発した. **3** 足の踏み, 足元; しっかり立つこと: Mind your ～. (山登りの際など)足の踏みよう[足元]に気をつけよ / keep one's ～ しっかり立っている, 足場を保つ / lose [miss] one's ～ 足を滑らす, 足場を失う / regain one's ～ 足を踏みこらえて立ち直る. **4** 足場, 足掛かり, 足だまり (foothold); (特に)走路の状況: a ～ on the steep cliff 険しい崖の足掛かり / We had poor ～ on the track. トラックの状況はよくなかった. **5 a** (クラブ・職場・社交団体などへの)加入, 参加, 入会. **b** 《まれ》入会金, 入会のしるしとしてするごちそう: pay one's ～ 入会金を払う. **6** (靴下などに)足部をつけること; 足部, 足部材料. **7** 〖建築〗(壁・柱・橋脚などの)フーティング, フーチン, 基礎, 根積み (basis). **8** 〖会計〗(一欄の数字の)合計, 合算; しめ高, 合計. 〖(a1398): ⇨ -ing¹〗

fóoting bèam *n.* 〖建築〗基礎ばり, 地中ばり. 〖1842〗

fóoting pìece *n.* 〖建築〗底板, ベースプレート.

fóoting stòne *n.* 〖土木〗根石 《構築物脚部の石積み》.

fóot iron *n.* 〖劇場〗フットアイアン 《大道具を床に固定する L 型の金具》.

fóot·làmbert *n.* 〖光学〗フートランベルト 《輝度 (luminance) の単位で, 特に完全拡散面に対して用いられる; 1

footlambert＝1 平方フートあたり 1 カンデラ (cd)/π の輝度; 記号 ft-L).
foo·tle /fúːtl̩ | -tl̩/ 《口語》 *vi.* **1** ぶらぶら過ごす, 遊んで暮らす (trifle) 〈*around, about*〉. **2** ばかなまねをする, くだらないことを言う. ― *n.* 《まれ》 たわごと (nonsense); たわけ, 愚行 (folly). **fóo·tler** /-tl̩ə, -tl̩ə | -tl̩ə(r, -tl-/ *n.* 〘(1892) ← ? 《方言》 *footer* to trifle ▭ (O)F *foutre to fuck* < L *futuere* ← IE **bhūt-* ← **bhau-* to strike: ⇨ fouter〙
fóot·less *adj.* **1** 足[足部]のない, 無足の. **2** 支え[よりどころ]のない; 実体のない, 見かけばかりの (unsubstantial). **3** 《口語》 ぶざまな, たわいのない (clumsy); 役に立たない, だめな (futile): ～ errands 役に立たない使い. **～·ly** *adv.* **～·ness** *n.* 〘(*a*1398): ⇨ -less〙
fóot·lights *n. pl.* **1** 〘劇場〙(舞台を照らす)フットライト, 脚光: appear before the ～ 脚光を浴びて登場する, 舞台に立つ, 役者になる / behind the ～ 舞台上[裏]で. **2** 《口語》 [the ～] 舞台 (stage); 役者稼業(かぎょう): smell of *the* ～ 芝居じみている, どん帳臭い.
acròss the fóotlights 〘演劇〙 舞台越しに, 役者から観衆に: get it *across the* ～ 当たりを取る, 受ける, うまくいく. 〘1836–39〙
fóot lìne *n.* **1** 〘印刷〙 フットライン 《印刷ページの脚部の 1 行; 空白または丁[ページ]数や折記号が示されていることがある》. **2** 〘スポーツ〙 ＝foot score. 〘1676〙
foot·ling /fúːtlɪŋ/ *adj.* 《口語》 つまらない; ばかげた. 〘(1897) (pres.p.) ← FOOTLE＋-ING[2]〙
fóot·lìning *n.* 〘海事〙 フットライニング (⇨ footband 1).
fóot·lòcker *n.* フットロッカー 《ベッドの足部に置き, 衣服などを入れる兵隊用の錠付き小型トランク》. 〘1942〙
fóot·lòose *adj.* 足の向くままの, 好きな所へ行ける, 放浪の (wandering); したいようにできる, 自由な (free): a ～ bachelor / ～ and fancy-free 自由気ままでこだわらない. 〘*a*1699〙
fóot·màker *n.* 〘ガラス製造〙 吹き手 《ガラス種をとり, 吹いてから金板(かなばん)台の上で形を整えるガラス職人の組の一員; cf. servitor 3》. 〘1869〙
fóot·man /-mən/ *n.* (*pl.* **-men** /-mən/) **1** (お仕着せの服を着た)従僕 《ドアの開閉・来客の案内・食卓の給仕・外出のときに主人の付添い役などをする》. **b** 馬丁, 別当 《主人の乗る馬に付き添う者; また, 主人の馬車の前に立って走る者》. **2** (暖炉の前に置いてやかんなどを温める)金属製の長方形[楕円形]の台, やかん載せ. **3** 《古》 歩兵 (infantryman). **4** 《古》 歩行者 (pedestrian). 〘?*a*1300〙
fóotman mòth *n.* 〘動物〙 コケガ 《ヒトリガ科コケガ亜科のガの総称》. 〘色あいが従僕の仕着せに似ていることから〙
fóot·màrk *n.* 足跡 (footprint). 〘(*a*1400) *fotmerk* 《原義》 mark or line beyond which the feet must not pass〙
fóotmen's gállery *n.* 〘劇場〙 (17 世紀後半から 18 世紀初期にかけて英国の劇場での)二階さじき最後部観覧席.
fóot·mùff *n.* (保温用の)足袋. 〘1856〙
foot·note /fʊ́tnòʊt | -nə̀ʊt/ *n.* **1 a** 脚注 (cf. headnote 1, marginal NOTE). **b** 巻末[章末]の補注 (endnote). **2** (主要な陳述に加えられた)補足的な言葉. ― *vt.* …に脚注を付ける, 注釈する. 〘1822〙
fóot·pàce *n.* **1** 並足(の歩速), 常歩. **2** (床の上に一段高くした)上段, 壇; (祭壇のある)上段 (dais) 《カトリック教会では predella ともいう》. **3** (折れ曲がる階段の)踊り場. 〘1538〙
fóot·pàd[1] *n.* 《古》 (徒歩の)追いはぎ (cf. highwayman). 〘1683〙
fóot·pàd[2] *n.* **1** 〘動物〙 ＝pad[1] 8. **2** 〘宇宙〙 支脚皿 《宇宙船の支脚の先端につけた平たい皿状の接地部》. 〘1966〙
fóot pàge *n.* 給仕; (昔の)小姓(こしょう). 〘?*c*1350〙
fóot·pàn *n.* (金属製の)足洗いだらい (footbath). 〘1855〙
fóot pàssenger *n.* 歩行者, 通行人, 徒歩旅行者 (cf. driver 1, rider 1). 〘1789〙
foot·path /fʊ́tpæ̀θ | -pɑ̀ːθ/ *n.* **1** 歩行者用の小道 (footway). **2** 《英》 (車道に沿った)人道, 歩道 (sidewalk). 〘1526〙
fóot pàvement *n.* 《英》 舗装歩道[人道]. 〘1791〙
fóot·plàte *n.* **1** 《英》 (機関車内の機関手・火夫の立つ)踏み板. **2** (乗物の)乗降用踏み段. **3** 〘木工〙 土台. 〘1849〙
fóot-póund *n.* 〘物理〙 フィートポンド 《仕事の量の単位で, 1 ポンドの重さの物を 1 フィート揚げる仕事量; 略 ft-lb》. 〘1850〙
fóot-póundal *n.* 〘物理〙 フィートパウンダル 《仕事の単位で, 1 パウンダルの力に抗して 1 フィート動かす仕事の量; 略 ft-pdl》.
fóot-póund-sécond *adj.* 〘物理〙 フィートポンド秒単位系の 《長さ・質量・時間の単位としてフィート・ポンド・秒を採用する方式; 略 fps》: system. 〘1892〙
foot·print /fʊ́tprɪ̀nt/ *n.* **1** 足跡; 足紋: ～s in snow [sand] / leave one's ～s on the sands of time 名を後世に残す. **2** (宇宙船・人工衛星などの)着陸[落下]予定地域. **3** (飛行機などの)騒音範囲. **4** 放送衛星からの信号を直接受信できる地域. **5** (パソコンなどの)設置面積 《床[机]上に占める面積》. 〘1552〙
fóot pùmp *n.* (自転車用などの)手押し空気入れ 《足で押さえて使う》.
fóot·ràce *n.* 徒競走, 駆けっこ. 〘1663〙
fóot·ràil *n.* **1** (机・テーブルなどの)足掛け桟. **2** (ベッドの足元の)横木. 〘1867〙
fóot·rèst *n.* (足を休める[支える, 置く])足載せ台, 足台, 足掛け. 〘1861〙
fóot·ròpe *n.* 〘海事〙 **1** 足場綱 《帆桁(ほげた)の下に渡してある横のロープで, 帆をたたむときなど水夫の足場となる綱》. **2** (帆または漁網の)下べり綱 《下辺に縫いつけてある boltrope》. 〘OE *fotrap*〙
fóot ròt *n.* **1** 〘獣医〙 (牛・羊などの)腐蹄(ふてい)症. **2** 〘植物病理〙 種々の原因で植物の根元が腐朽すること. 〘1807〙
fóot rùle *n.* **1** フィート物差し, フィート尺. **2** (尺度・判断の)基準 (standard). 〘1727–41〙
fóot·scàld *n.* 〘獣医〙 (馬の)踏創 《蹄底の創傷》, 足裏の炎症.
fóot scòre *n.* 〘スポーツ〙 (カーリング (curling) のフットスコア 《目標 (tee) から 12 フィート後方の線で, そこから curling stone を滑らせる; ⇨ curling 挿絵》.
fóot·scràper *n.* 泥落とし 《家に入る前に靴の裏の泥などをこそぎ落とすために戸口に取りつけてあるフレームつきの刃をもつ金属製の横板》. 〘1872〙
foot·sie /fʊ́tsi/ *n.* 《口語》 いちゃつき, (特に, テーブルの下などで)足を使って[足で触れ合って]のふざけ合い; (人目に立たぬようにして行う)親密ぶり[なれ合い].
***plày fóotsie* (*with*)** (1) (…と)いちゃつく, こっそりと親しくなる. (2) (…に)ごまをする, こっそり便宜を図ってもらおうとする.
〘(1935) 《小児語》 (dim.) ← FOOT〙
Foot·sie /fʊ́tsi/ *n.* 《口語》 ロンドン証券取引所の株価指標 (cf. Financial Times Stock Exchange 100 Index). 〘(1984) 《頭字語》〙
fóot·slòg *vi.* ぬかるみを骨折って進む. **2** 《口語》 てくてく歩く. ― *n.* (難儀な)行軍, 行進. 〘1899〙
fóot·slòg·ger *n.* **1** 歩兵 (infantryman). **2** 《口語》 歩行者. 〘(1894): ⇨ ↑, -er[1]〙
fóot·slòg·ging *n., adj.* 《口語》 徒歩行進(の). 〘(1921) ← FOOTSLOG＋-ING[1,2]〙
fóot sòldier *n.* **1** 歩兵 (infantryman). **2** (権限はないが)重要な仕事をする人. 〘1622〙
fóot·sòre *adj.* (長い歩兵のため)足を痛めた, 靴ずれを生じる: He became ～. 靴ずれができた. **～·ness** *n.* 〘1719〙
fóot's pàce *n.* ＝footpace.
fóot·stàlk *n.* **1** 〘植物〙 **a** 葉柄 (petiole). **b** 花柄, 花梗 (peduncle). **2** 〘動物〙 (クラゲの口, 甲殻類の目などを支える)柄, (ツメガイなどの)葉柄状突起. 〘1562〙
fóot·stàll *n.* **1** (婦人用乗馬鞍の)あぶみ. **2** 〘建築〙 (柱などの)基礎, 台座. 〘1585〙
foot·step /fʊ́tstɛ̀p/ *n.* **1** 足音 (footfall): I hear his ～*s*. **2** 足跡 (footprint). **3** 足の運び, 歩み, 足取り (tread); 歩幅 (pace): tottering ～*s* よろめく足取り. **4** 踏み段, 階段 (step). **5** 〘機械〙 うす軸受 (footstep bearing, step bearing ともいう).
fóllow a person in his fóotsteps*＝*fóllow* [*tréad, wálk*] *in a person's fóotsteps 人の例に倣(なら)う; 人の志を継ぐ. 〘1549〙
〘*a*1250〙
fóot stìck *n.* 〘印刷〙 フットスティック 《罫下に相当する部分に使用するフォルマート (furniture) の一つ》. 〘1683〙
fóot·stòck *n.* 〘機械〙 ＝tailstock.
fóot·stòne *n.* **1** (墓の)台石. **2** 〘石工〙 踏止め石 《切妻破風の両端部の石》. 〘OE *fotstan*〙
fóot·stòol *n.* **1** (腰掛けるとき用いる)足載せ台, 足台 (ottoman). **2** (乗馬の際の)携帯用踏台. 〘1530〙
fóot stòve *n.* 足あぶり. 〘1818〙
fóot·sùre *adj.* 足元の確かな (sure-footed).
fóot swìtch *n.* (足で操作する)踏みスイッチ.
foot·sy /fʊ́tsi/ *n.* 《口語》 ＝footsie.
fóot-tòn *n.* 〘物理〙 フィートトン 《仕事量の単位で, 1 トンの重さの物を 1 フィートだけ揚げる仕事量》.
fóot·ùp *n.* 〘ラグビー〙 フットアップ 《スクラム内に投入されたボールをかき出すときに足を規定より早く上げること》. 〘1921〙
fóot vàlve *n.* 〘機械〙 フート弁 《ポンプの吸込管の下端に取付ける逆止弁の一種》. 〘1839〙
fóot·wàll *n.* **1** 〘鉱山〙 下盤(したばん) 《鉱脈または鉱床の下位にある岩層》. **2** 〘地質〙 下盤 《鉱体・鉱脈・鉱層・断層などの下側の岩石や岩盤; cf. hanging wall》. 〘1860〙
fóot wàrmer *n.* **1** 足あぶり, 足温器 《あんか・湯たんぽなど》. **2** 温かい履物. 〘1858〙
fóot·wày *n.* ＝footpath.
foot·wear /fʊ́twɛ̀ə | -wɛ̀ə(r/ *n.* [集合的] 履物 《靴・スリッパ・ゲートル・靴下などすべて足に履くもの》. 〘1881〙
fóot·wèll *n.* (車や飛行機の座席の)足元の空間.
fóot·wòrk *n.* **1** (テニス・ボクシング・フットボール・ダンスなどの)フットワーク, 足さばき, 脚技, (柔道などの)足技. **2** (資料集めなどの)方々歩いてする仕事, (新聞記者などの)足による取材. **3** 巧みに事を運ぶこと, 巧みな処置. 〘1568〙
fóot·wòrn *adj.* **1** 踏み減らされた, 磨滅した: a ～ carpet. **2** 足を痛めた (footsore): a ～ traveler. 〘1795–1814〙
foot·y[1] /fʊ́ti | -ti/ *n.* **1** 《口語》 ＝footsie. **2** 《豪口語》 フットボール. 〘(1935) ← FOOT＋-Y[2]〙
foo·ty[2] /fúːti, fʊ́ti | -ti/ *adj.* (**foot·i·er; -i·est**) 《方言》 **1** 貧弱な; 値打のない, つまらない. **2** みすぼらしい. 〘(1752) ▭ F *foutu* wretched (p.p.) ← *foutre* to copulate (cf. footle, fouter) ∥ 《変形》 ← 《方言》 *foughty* musty < OE **fūhtig* (cf. Du. *vochtig*) ← *fūht* damp〙
foo yong /fùːjɔ́(ː)ŋ, -jɑ́(ː)ŋ | -jɔ́ŋ/ *n.* 〘料理〙 (中国料理の)芙蓉蟹(フーヨーハイ), かに玉 (foo yoong, fu yung, fu yung ともいう). 〘▭ Chin. *furong* (芙蓉) 《原義》 hibiscus〙
foo·zle /fúːzl̩/ *vt.* へま[へた]をやる, やり損なう; (ゴルフなどで)打ち損なう (bungle). ― *n.* やり損ない, へま; (ゴルフの)へたな打球. **fóo·zler** /-zlə, -zlə | -zlə(r, -zl-/ *n.* 〘(1857) ▭ ? G 《方言》 *fuseln* to work badly〙
fop /fɑ́(ː)p | fɔ́p/ *n.* **1** しゃれ者, めかし屋 (dandy). **2** 《廃》 ばか, のろま. ― *vt.* 《廃》 ばかにする, だます. 〘(1440) *fop*(*pe*) fool ▭ ? Du. *foppen* to be fool ∥ ? G *foppen* to make a fool of: cf. fob[2]〙
FOP 《略》 Fraternal Order of Police.
fop·ling /fɑ́(ː)plɪŋ | fɔ́p-/ *n.* 《古》 気取り屋, ハイカラぶった男, にやけた男. 〘(1684): ⇨ -ling[1]〙
fop·per·y /fɑ́(ː)p(ə)ri | fɔ́p-/ *n.* **1 a** めかすこと, おめかし, おしゃれ, 見え坊. **b** おしゃれなもの, おしゃれな[気取った]服[態度]. **2** 愚行 (folly). 〘(1546) ← FOP＋-ERY〙
fóp·pish /-pɪʃ/ *adj.* **1** おしゃれな, めかし屋の, ハイカラな, にやけた: a ～ handkerchief. **2** 《廃》 ばかな, ばかげた. **～·ly** *adv.* **～·ness** *n.* 〘(1599) ← FOP＋-ISH[1]〙
for[1] /(弱) fə | fə(r; (強) fɔ́ə | fɔ́ː(r/ *prep.* **1** [意図・用途] …のために[の]; …用の (adapted to): This is ～ you. これは君にあげます / a letter [news] ～ you あなたへの手紙[知らせ] / be educated ～ the law 法律家になるための教育を受ける / a book ～ girls 少女向きの本 / a box ～ hats 帽子入れの箱 / money ～ building [charity] 建築費[慈善のためのお金] / a machine ～ making boxes 箱を作る機械 / horses (used) ～ riding 乗馬用の馬 / a subject ～ speculation 思索の好主題 / a book adapted ～ beginners 初心者向きに書き改めた本 / an article ～ sale 売り物 / not ～ sale 非売品 / a horse ～ hire 貸馬 / a house ～ rent 《米》 貸家 / a house ～ sale 売家 / just ～ fun ほんの冗談[慰み]に / a candidate ～ an office 官職の候補者 / read ～ pleasure 娯楽のために読書する / What is a clock good ～? 時計は何の役に立つのか / It is time ～ school. 学校へ行く時刻だ / He is not long ～ this world. 間もなく死ぬだろう.
2 [利害] …のために (in the interest of, on behalf of); (勤務先などに)雇われて; …に資するために: Can I do anything ～ you?＝What can I do ～ you? 何かご用がございましょうか / work ～ a publisher 出版社に勤める / buy a new hat ～ one's wife 妻に帽子を新調してやる / ～ the advantage of everybody 皆の利益のために / ～ the good of humanity 人道のために / be good [bad] ～ the [one's] health 健康によい[悪い] / I will knock his head ～ him. 彼の頭をぶん殴ってやるぞ.
3 [敬意] …のために (in honor of): give a farewell party ～ …のために送別会を催す / name a child ～ a person 《米》 人の名にちなんで子供を名づける (cf. after 8 a).
4 [代理・代用・代表] …の代わりに, …に代わって (in place of); …を代表して (representing): act ～ a person 人の代理を務める / speak ～ another 代弁する / Could you write a letter ～me? 手紙を代筆していただけませんか / a substitute ～ butter バターの代用品 / He was returned ～ Birmingham. バーミンガムから代議士として選出された / PO stands ～ 'postal order'. PO は postal order (郵便為替(かわせ))の略である / A ～ Andrew B ～ Benjamin (電信で) Andrew の A, Benjamin の B / What's the Japanese ～ "Hello"? "Hello" にあたる日本語は何ですか.
5 [傾向] …の方へ, …に対して (with inclination toward): have a liking [fondness] ～ music 音楽を愛好する / have respect ～ one's teachers 師に尊敬の念をいだく / He has an eye ～ beauty. 彼には審美眼がある.
6 [目的・追求] …のために (for the purpose of), …を得るために, …になるために: go (out) ～ a walk 散歩に出かける / go ～ a soldier 《古》 徴兵に応じる / He was sold ～ a slave. 奴隷に売られた / It is all ～ your good. すべてお前のためになるのだ / I did it ～ your good. お前のためを思ってああしたのだ / ask ～ a holiday 休暇をくれと言う / search [look] ～ the truth 真相を探る / The team played ～ the trophy. そのチームはトロフィーを得るために競技した / work ～ one's living 生活のために働く / send ～ a doctor 医者を呼びにやる / wire ～ money 電報で送金してもらう / a suit ～ damages 損害賠償の訴訟 / fight ～ independence 独立のために戦う / struggle ～ existence 生存競争をする / run [flee] ～ dear life [one's life] 命大事と[一所懸命]逃げる / prepare oneself [go in] ～ an examination 試験の準備をする[を受ける] / What do you want the money ～? 何のためにその金が欲しいのか.
7 [理由・原因] …のために, の故に: ～ many [several] reasons 多くの[色々な]理由から / be punished ～ stealing 盗みのために罰せられる / shout [cry] ～ joy 喜びの余り叫ぶ / dance ～ joy 小躍りして喜ぶ / The place is famous ～ its beauty. そこは風景の美で名高い / He is notorious ～ parsimony. けちんぼうで有名だ / I could not speak ～ tears [the cold, laughing]. 涙で[寒さで, 笑っていて]物が言えなかった / I am sorry ～ it. それは気の毒だ / I tremble ～ him [his safety]. 彼のこと[安否]が心配でたまらない / ～ fear of accident [punishment] 事故[罰]が恐ろしいので / I cannot see anything ～ the fog. 霧のために何にも見えない / Is that your reason [ground, motive, cause] ～ doing so? それが君がそうする理由[根拠, 動機, 原因]ですか / ⇨ *can't see* WOOD *for trees* / He is the worse ～ liquor. 彼は酒に酔っている / This hat is the worse ～ wear. この帽子は使い古されている.
8 [時間・空間の連続] …の間 (during the continuance of): ～ the past three weeks 過去 3 週間 / ～ the next two hours 次の 2 時間 / ～ a long time 長い間 / ～ hours [days, weeks, years] 何時[日, 週, 年]間も / ～ days and days 来る日も来る日も(果てしなく) / ～ ever 永久に (forever) / ～ life 一生の間 / ～ (so) long (そんなに)長い間 / ～ a time 一時, しばらく / ～ a while しばらく / I stayed there ～ the night. その晩はそこに泊まった / I am safe ～ the present [the time being, now]. 差しあたり安全だ. ★ 動詞の直後にくるとき for はしばしば省略される: last (～) an hour 1 時間続く / stay (～) a week 1 週間滞

F

在する / run (~) a mile 1 マイル走る / He lived here (~) more than ten years. 彼はここに 10 年以上住んだ.
9 a [金額を示す名詞の前に置いて] …の額の: He sent me a check ~ £100. 100 ポンドの小切手を送ってよこした / I drew on him ~ £50. 彼に 50 ポンドの手形を振り出した / Put my name down ~ ten pounds. (寄付帳に)10 ポンドと記入して下さい. **b** 〘クリケット〙…得点して; …人アウトになって: Surrey were all out ~ 44. サリー軍は 44 点あげて残らずアウトになった / The score stood at 150 ~ 6 wickets. 6 人アウトになった時得点は 150 点だった.
10 …に設定された, 〈指定された日・時〉に (at, on, in): I have an appointment ~ three o'clock [Monday]. 3 時[月曜日]に約束がある / a date ~ two o'clock 2 時のデート / invite him ~ 6 o'clock 彼を 6 時に招待する.
11 [目的地] …に向けて: start [leave] ~ London ロンドンに向けて出発する / the train (bound) ~ Paris パリ行きの列車 / sail ~ India インドに向け出帆[出港]する / He made ~ the river. 川の方へ進んで行った.
12 [関連] …については (as regards), …の点では: ~ my part 私としては / I was pressed ~ time. 時間に追われていた / He has no equal ~ running. ランニングにかけては彼にかなう者はない / He wants ~ nothing. 何ひとつ事欠かない / She married him and trusted Providence ~ the rest. 彼女は彼と結婚し, あとは神様に任せた / I am hard up ~ money. ひどい金欠病だ / so much ~ … ⇨ much *pron.* 成句 / Alas ~ him! 彼は気の毒だ.
13 [資格・相当] …として (as): I have John ~ a friend. ジョンを友人に持っている / He was hanged ~ a pirate. 海賊として絞首刑になった / choose a person ~ a leader 人を指導者に選ぶ / pass ~ a wine connoisseur ワイン通として通る / take the doe ~ a buck 雌じかを雄じかだと思い違う / I was mistaken ~ my brother. 私は弟と間違えられた / Do you take me ~ a fool? 私をばかだと思っているのか / It was drawn ~ a portrait. それは肖像画として描かれたものだ / know a thing ~ a fact ある事を事実として知っている / I know this ~ certain [sure]. このことはしかと知っている / This room serves ~ my study. この部屋は私の書斎になっている / give a person up ~ lost 人をなくなったものとあきらめる / take it ~ granted それを当然のことだと思う / What is he ~ a man? 〘廃・方言〙 彼はどんな人間か.
14 [不定詞の意味上の主語を示して (cf. 16, 18, 19)] …が: *For* him *to* submit would be impossible. 彼が屈服するなんてありえないでしょう / It is time ~ him *to* go. もう彼が行く時だ / It is impossible ~ there *to* be a misunderstanding between us. 私たちの間に誤解があるはずがない / I have chosen some books ~ you *to* read. 君が読むべき本を数冊選びました / It is wicked ~ him *to* smoke. 彼が喫煙するのはよくない / The rule was ~ men and women *to* sit apart. 男女が席を同じくしないのが定まりであった / *For* her *to* talk to me like that! 彼女が私にこんな口のきき方をするなんて.

語法 (1) 利害を表す形容詞が先行するときは for に「…にとって」の原義が残る点に注意: It is hard [easy] ~ me *to* read this book. この本を読むのは私には難しい[やさしい] / It is bad ~ us *to* smoke. 喫煙は体によくない. (2) like, want などの動詞の後に for を用いるのは主に〘米南部・中部方言〙: I'd like ~ you *to* go. 君に行ってもらいたい.

15 …の割には, …としては (considering): He is tall ~ a boy of twelve. 12 歳の少年にしては背が高い / It is too warm ~ April. 4 月にしては暖かすぎる / Not bad ~ a beginner! 初心者としては悪くない.
16 [適否] …に適する, …には: not fit ~ food [eating] 食用に適さない / not good ~ gout 痛風にはきかない / He's just the man ~ the position. まさに適材適所だ / It is too beautiful ~ words. その美しさは言葉では表せない / There are too many ~ separate mention. あまり多いのでいちいち言えない / The book is too difficult [easy enough] ~ me to read. その本は私が読むには難し過ぎる[ちょうどいいやさしさだ] (cf. 14).
17 [意向] …しようとして, …するつもりで: I was just ~ going to bed. ちょうど寝ようとするところだった / I am not ~ disparaging him. 彼を非難するつもりはない.
18 [願望・期待] …を欲して; …を期待して: hope [long] ~ fine weather 好天気を望む[を待ちこがれる] / hunger ~ knowledge 知識を渇望する / be eager ~ news ニュースを知りたがる / a desire ~ fame 名誉欲 / wait ~ an answer 返事を待つ / We were waiting ~ him to arrive. 彼の到着を待っていた (cf. 14) / Now ~ it! さあ始めよう / Oh ~ a fine day! ああ, お天気ならいいがなあ / O ~ a glass of wine! ああワインが一杯飲みたいなあ.
19 [It is *for* a person *to* do の構文で] (…するのは)〈人〉にふさわしい[許される, 義務である]: It is ~ the guilty *to* live in fear. 恐怖の生活を送るのは犯罪を犯した者にふさわしい / It is ~ you *to* decide. 君が決めるべきものだ / It is not ~ you *to* reproach me. 君が私を責めるのは筋違いだ.
20 [擁護・賛成・味方] …のために, の側に (in favor of) (↔ against): die ~ the country 国のために死ぬ / Hurrah ~ fair France! 美しきフランスのために万歳 / vote ~ a person 人のために投票する / Some people were ~ the war and others were against it. 戦争に賛成の者もあれば反対の者もあった / stand ~ a good cause 大義の旗頭として立つ[となる] / I am ~ adopting the plan. その計画を採用するのに賛成だ.
21 [交換・報償] …に対して, …の代わりに, …の報いとして (in return for): ten ~ a dollar 1 ドルに 10 個 / be thanked ~ one's kindness 親切に対して感謝される / give a person a horse ~ his gun 銃砲をもらう代わりに馬をやる / get a medal ~ saving life 人命救助の報償としてメダルをもらう / play ~ a penny a point 得点 1 につき 1 ペニーの決めでゲームをする / charge 30 pence ~ breakfast 朝食代に 30 ペンスを請求する / He was soundly thrashed ~ his pains. 骨折ったあげくにひどく打たれた / a change ~ the better [worse] 好転[悪化] / You shall have this ~ nothing. これはただで上げましょう / I bought [sold] a rare book ~ £150. 150 ポンドで稀覯本(きこう)を買った[売った] / I won't do it ~ the world. そんなこと絶対するものか.
22 [埋め合わせ・賠償] …に対して, …の償いに: atone ~ a fault 過失(の責め)に対して埋め合わせをする / make up [compensate] ~ a loss 損失を償う.
23 [対応・対比] …に対して, …当て (in contrast with): *For* one enemy he has a hundred friends. 敵一人に対して味方が百人いる / Bulk ~ bulk, water is heavier than oil. 量が同じなら水は油より重い / word ~ word 逐語的に / He gave blow ~ blow. 打たれるたびに打ち返した / an eye ~ an eye ⇨ eye[1] 成句 / tit ~ tat ⇨ tit[3] 成句 / give a person a Roland ~ his Oliver ⇨ Roland[2] 成句 / The prisoners were exchanged man ~ man. 捕虜は一人に一人で交換された.
24 〘英〙〈会合・夕食などの定刻〉を見越して (in anticipation of): The dinner party will take place on May 6 at 7.30 ~ 8 p.m. 晩餐会は 5 月 6 日午後正 8 時に始めたく出席時間を 7 時半といたします.
às for ⇨ as[1] 成句. ***be fór it*** 〘英口語〙 処罰される[しかられる]ことになっている, 困ったことになる (= *be* IN *for it*): If he finds it missing, you'll *be* ~ *it*. それがないのがやつに見つかったらことだぞ[とっちめられるぞ]. ***for áll*** (1) …にもかかわらず (in spite of): *For all* his wealth, he is not contented. あんなに金持ちなのに満足していない / *For all* (that) you say, I still like him. 君が何と言おうとも私はやはり彼が好きだ / *For all* (that) he seems to love her, still she remains cold. 彼は相手を愛しているようだが, 彼女のほうは相変わらず冷淡だ. (2) …(が大したものでないこと)を考慮して: *For all* the progress you've made, you might as well never have started trying to be a guitarist. 今までの進歩から見る限り君はそもそもギタリストになろうとしたのが間違いだったようだ. ***for áll [ánything, whát] one cáres*** (…しようと)かまわない; ことによると, あるいは (perhaps): He may die ~ *all* [*anything, what*] I *care*. 彼が死のうとこっちの知ったことか. ***for áll [áught] one knóws (to the cóntrary)*** 多分…かもしれない, 恐らく…だろう: He may be a good man ~ *all I know*. あの男は案外よい男かもしれない. ***for áll mé*** 私としては, 私の関する限りでは (as for me): *For all me*, I have no objection. 私としては異存はない. ***for áll of*** 〘米〙 …に関する限り, …については. ***for áll thát*** それにもかかわらず: He says he's innocent, but I'm sure he's guilty, ~ *all that*. 彼は自分では潔白だと言っているが, でも彼に罪があることは間違いない. ***for and*** 〘廃〙 そしてまた (and also). ***for a'*** /ɑ́ː, ɔ́ː/ ***that*** 〘スコット〙 = FOR *all that*. ***fór it*** [it は漠然と事態を指して] それに処すべき(手段, 処置など), それに対して: There was nothing ~ *it* but to run. 逃げるよりほかに仕方がなかった / There is no help ~ *it*. それは仕方がない. ***for onesélf*** ⇨ oneself 成句. ***for to*** … (1) 〘古・方言〙 …するために (in order to; cf. F *pour*, G. *um zu*): He makes too much haste ~ *to* be rich. 金持ちになろうとして焦りすぎる. (2) 〘廃〙 = to: 'Tis good ~ *to* be wise. 賢明であることは良いことだ / I vow ~ *to* revenge his death. 彼の死のあだ討ちすることを誓う. ***if it were nót [had nót been] for*** …がなければ[なかったなら] (but for): *If it were* [*Were it*] *not* ~ your help, I would not try. あなたの援助がなければ私はやってみないのだが / *If it had* [*Had it*] *not been* ~ your help, I should have failed. あなたの援助がなかったら私は失敗していただろう. ***Ó! for*** 〘古〙 …ああ…がほしい. ***There's [That's] … for you!*** 〘口語〙 あれはあなた[君]…ですよ[だよ]: *There's* a queer woman ~ *you!* あれはあなた変な女ですよ / *That's* courage ~ you! あれが君勇気ってもんだ. ★ for you は発話の内容に相手の注意を引くためのもの; この表現は額面通りにも皮肉にも用いられる. ***túrn énd for énd*** ⇨ END[1] *for end*.
— *conj.* **1** というわけは[その理由は]…だから (since). ★ 主に文語体に用いる; 等位接続詞でその前にコンマなどを置くのが普通で, 文頭では用いられない; because が初めから意図して直接な理由を述べるのに対し, for は前に言ったことに対する証拠または説明を追加する: I say no more, ~ I detest explanations. もう何も言わない, 私は弁明が大嫌いだから / He felt no fear, ~ he was very brave. 彼は少しも怖くなかった, 何しろひどく勇敢な人だったから / I went into the shop, ~ a shop it was. 私はその店(というのはそこは店だったのだ)に入って行った. **2** 〘古〙 …だから (because): They are jealous ~ they are jealous. 彼らは嫉妬深いから嫉妬する (Shak., *Othello* 3. 4. 161). ★ しばしば for that の形で (cf. *Rom.* 5: 12; Shak., *Mids N D* 2. 3. 316).
〖prep.: OE ~ < Gmc **fura* before (OE *fore* before, on account of: cf. fore[1]) ← IE **per* before, forward. — conj.: ?lateOE ← *for þon* for that < OE *for þon þe* for the (reason) that)〗

for[2] /fɔ́ə | fɔ́ː^(r)/ *n.* [*pl.*] 賛成: ~s and againsts 賛成と反対. 〖↑〗
for. 〘略〙 foreign, forest, forestry.
for-[1] /fə, fɔə | fə^(r), fɔː^(r)/ *pref.* **1** 「禁止, 除外, 無視」などの否定的意味: forbear, forbid, forget, forsake. **2** 「破壊」の意: fordo, forswear. **3** 「徹底, 過度」など強意を表す: forlorn, forpined, forworn. ★ 1600 年以後の造語ではまれ. 〖OE *for-, fær-*: cog. G *ver-* / Gk *pari-* / L *per-*: ⇨ for[1]〗
for-[2] /fɔə, fə | fɔː^(r), fə^(r)/ *pref.* fore- の異形: forward.
FOR, F.O.R., f.o.r. 〘略〙〘商業〙 free on rail.
fora. *n.* forum の複数形.
for·age /fɔ́(ː)rɪdʒ, fɑ́(ː)r- | fɔ́r-/ *n.* **1** (牛馬の)飼料, まぐさ, かいば (⇨ feed[1] SYN); (特に, 軍馬の)馬糧, 糧秣(りょうまつ) (fodder, provender). **2** 飼料[糧秣]集め, 馬糧徴発 (foraging); 食糧あさり: be on the ~ 〈牛馬が〉食物をあさっている; 〈兵士が〉馬糧[糧秣]徴発をやっている. **3** 略奪 (raid). — *vi.* **1** 糧食を捜す, 糧秣[食糧]をあさり回る; 食糧徴発に出る; 〈食糧などを〉あさる, 捜す 〔*for*〕: ~ for food / a *foraging* party 馬糧[糧食]徴発隊. **2** 略奪する, 荒らす (raid) 〔*on*〕. **3** 引っかき回して捜す, あさる (search) 〈*about, around*〉: ~ *around* to find a book かき回して本を捜す / ~ *among* the old manuscripts 古い原稿の中をかき回す. — *vt.* **1** 〈馬〉にまぐさをやる, 糧秣を給する. **2 a** …から糧秣[馬糧]をあさる[捜す]. **b** 〘古〙 食糧徴発のために〈地方を〉荒らす, 略奪する (plunder). **3** 糧秣として徴発する[あさる] 〈*out*〉: ~ corn from farmers 農夫から穀物を徴発する. 〖《*a*1333》□ (O)F *fourrage* ← *fuerre, forre* fodder □ Frank. **fōder* < Gmc **fōðram* 'FODDER'〗
fórage àcre *n.* 〘畜産〙 放牧地の単位《牧草の茂った牧野 1 エーカーと等しい価値をもつ放牧地の広さ》.
fórage càp *n.* (歩兵の)略帽. 〖1827〗
fórage fìsh *n.* 釣りの対象魚の餌となる種の魚.
for·ag·er *n.* **1** 糧食[糧秣(りょうまつ)]の徴発者[兵]. **2** [*pl.*] (左右の間隔を広くとって並列行進する)騎兵隊の騎馬行列. **3** 〘廃〙 略奪者. **4** 〘昆虫〙 = foraging ant. 〖《?*a*1387》□ OF *for(r)agier*: ⇨ forage, -er[1]〗
fórag·ing ànt *n.* 〘昆虫〙 行軍蟻, 軍隊蟻《群れをなして食料を探し求めるアリ》.
fóraging pàrty *n.* 飼料[食糧]徴発隊員.
For·a·ker /fɔ́(ː)rəkə, fɑ́(ː)r- | fɔ́rəkə^(r)/**, Mount** *n.* フォラカー山《米国 Alaska 州中部の高峰 (5,304 m)》.
fo·ram /fɔ́ːrəm/ *n.* 〘動物〙 有孔虫 (foraminifer). 〖《1927》《略》← NL *Fora minifera*〗
fo·ra·men /fəréɪmən, fɔːr- | fəréɪmen, fɔr-, -mən/ *n.* (*pl.* **fo·ram·i·na** /-rǽmənə | -mɪ̀-/, ~**s**) **1** 〘解剖・動物〙 孔, 穴 (orifice, aperture). **2** 〘植物〙 珠孔, 小孔.
fo·ram·i·nal /fərǽmənḷ, foʊ- | fə(ʊ)rǽmɪ̀-/ *adj.*
fo·rám·i·nous /-nəs/ *adj.* **fo·ram·i·nate** /-nèɪt/ *adj.* 〖《1671》□ L *forāmen* hole ← *forāre* to bore〗
forámen mág·num /-mǽgnəm/ *n.* 〘解剖〙 大(後頭)孔《後頭骨にある延髄の通る穴》. 〖《1860》□ L *forāmen magnum* great hole〗
forámen o·vá·le /-oʊvǽliː, -véɪl-, -vɑ́ːl- | -əʊ-/ *n.* 〘解剖〙 卵円孔《胎生時の心臓の心房間の孔》. 〖《1860》← NL ~ 'oval hole'〗
foramina *n.* foramen の複数形.
for·a·min·i·fer /fɔ̀(ː)rəmínəfə, fɑ̀(ː)r- | fɔ̀rəmínɪ̀fə^(r)/ *n.* 〘動物〙 有孔虫《有孔虫綱に属する各種の微小動物; 白亜 (chalk) はこの虫の死体の殻が沈積してできたもの》. 〖《1841–71》□ F *foraminifère*: ⇨ foreman, -fer〗
Fo·ram·i·nif·er·a /fəræ̀mənɪ́f(ə)rə, fɔ̀(ː)rəmə-, fɑ̀(ː)r- | fəræ̀mɪ̀-, fɔrəm-/ *n. pl.* 〘動物〙 有孔虫綱. **fo·ràm·i·nìf·er·al** /-rəl⁻/ *adj.* **fo·ràm·i·níf·er·ous** /-rəs⁻/ *adj.* 〖《1835–36》← NL ~ (pl.) (↑)〗
fo·ram·i·nif·er·an /fəræ̀mənɪ́f(ə)rən, fɔ̀(ː)rəm-, fɑ̀(ː)r- | fəræ̀mɪ̀-, fɔrəm-⁻/ 〘動物〙 *adj.* (原生動物)有孔虫綱の. — *n.* 有孔虫綱の動物の総称. 〖《1920》: ⇨ ↑, -an[1]〗
for·as·much as /fɔ̀ːrəzmʌ́tʃəz, fər- | fərəzmʌ́tʃəz, fɔːr-, fɔr-/ *conj.* 〘文語〙 …であるから, …ゆえに (since): ~ the day is long 日は長いことだから. 〖《*c*1300》← *for as much* 《なぞり》← OF *por tant que*〗
for·as·te·ro /fɔ̀ːrəstéroʊ | fɔ̀rəstérəʊ/ *n.* (*pl.* ~**s**) 〘植物〙 フォラステロ《世界のカカオ豆の大部分を供給するカカオノキの品種》. 〖《1858》□ Sp. ~ 'strange' (ベネズエラ国産に対して西インド諸島からもたらされた外国種であることから)〗
for·ay /fɔ́(ː)reɪ, fɑ́(ː)r- | fɔ́r-/ *n.* **1** (本職以外の分野への)進出, 手出し: the teacher's ~ into politics 教師の政界への進出. **2** (略奪を目的とする)侵略, 略奪的侵入 (raid): make [go on] a ~ 略奪をする[に出かける]. **3** 急襲, すばやい攻撃. — *vi.* 侵入する (raid), 略奪する (forage). — *vt.* 〘古〙 侵略する, (侵入して)略奪する (ravage). 〖《1375》*forrai* (n.) & *forraie(n)* (v.) 《逆成》← ? *forreour* forayer □ OF *forrier* forager < VL **fodārium* ← **fodro* fodder (↓)〗
fór·ay·er *n.* 侵略者. 〖《*a*1338》*forreour* □ OF *forrier* forager < VL **fodrārium* ← **fodro* 'FODDER': cf. forage: ⇨ -er[1]〗
forb /fɔ́əb | fɔ́ːb/ *n.* (grass 以外の)広葉の草, 雑草. 〖《1924》□ Gk *phorbē* fodder ← *phérbein* to feed〗
for·bad /fəbǽd, fɔə- | fə-, fɔː-/ *v.* forbid の過去形.
for·bade /fəbǽd, fɔə-, -béɪd | fə-, fɔː-/ *v.* forbid の過去形.
for·bear[1] /fɔəbéə, fə- | fɔːbéə^(r), fə-/ *v.* (**for·bore** /-bɔ́ə | -bɔ́ː^(r)/, 〘古〙 **-bare** /-béə | -béə^(r)/; **-borne** /-bɔ́ən | -bɔ́ːn/) — *vt.* **1** 〈…することを〉慎む, 控える 〈*doing, to do*〉; 〈感情・欲情などを〉抑える, 〈怒りを〉忍ぶ, こらえる (withhold) (⇨ refrain[1] SYN): I could not ~ smil*ing*. 思わずほほえんだ / ~ one's revenge [wrath, gluttony] 報復心[怒り, 貪欲]を抑える. **2** 〘古・方言〙 我慢する, 忍んで許す. **3** 〘廃〙 避ける, 遠ざける (shun). **4** 〘廃〙 なしで済ます. — *vi.* **1** 慎む, 控える (refrain) 〔*from*〕: He could not ~ *from* complain*ing* [ask*ing* questions]. 不平を言わずには[質問をしないでは]おれなかった. **2** 〔…を〕じっとこらえる, 怒りを忍ぶ, 我慢する 〔*with*〕: bear and ~ ⇨ bear[2] *vi.* 2 / ~ *with* his faults 彼の欠点を我慢する. **for·béar·er** /-béᵊrə | -béərə^(r)/ *n.*

〘OE *forberan*: ⇨ for-¹, bear¹〙
for·bear² /fɔ́əbèə | fɔ́:bèə(r/ n. =forebear.
for·bear·ance /fɔəbέ(ə)rəns, fə- | fɔ:bέər-, fə-/ n. 1 堪忍, 容赦, 寛容. 2 自制, 慎み; 我慢強さ, 辛抱 (⇨ patience SYN). 3 〘法律〙(債権者の権利行使の)差し控え, 不行為; (債務履行の)猶予: *Forbearance* is no quittance. 催促しないのは帳消しとは別物. 〘(1576): ⇨ -ance〙
for·béar·ing /-bέ(ə)rɪŋ | -bέər-/ adj. 1 我慢強い. 2 容赦する, 寛容な (lenient). **~·ly** adv. 〘(a1500): ⇨ -ing²〙
Forbes /fɔ́əbz | fɔ́:bz, -bɪ̀s/, **George William** n. フォーブス (1869–1947; ニュージーランドの政治家; 首相 (1930–35)).
Forbes-Rob·ert·son /fɔ́əbzrɑ́(:)bətsən, -sn | fɔ́:bzrɔ́bət-, fɔ́:bɪ̀s-/, Sir **Johnston** n. フォーブズロバートソン (1853–1937; 英国の俳優・劇場経営者).
for·bid /fəbíd, fɔə- | fə-, fɔ:-/ v. (**for·bade** /-bǽd, -béɪd/, **-bad** /-bǽd/; **-bid·den** /-bídn/, (古) **-bid**; **-bid·ding**) — vt. 1 a 〈物事を〉禁止する (prohibit): Duels are strictly ~*den*. 決闘は厳禁だ / Smoking is ~*den* during office hours. 執務時間中の喫煙は禁止されている. b [しばしば目的語+*to* do, do*ing*, または二重目的語を伴って]〈人〉に〈…を〉禁じる; …の使用[…への出入]を禁止する: He *forbade* me (*to* enter) the house. =He *forbade* my enter*ing* the house. 彼は私に家に入ることを禁じた / The law ~*s* liquor *to* be sold to minors. 法律が未成年者への酒類販売を禁止している / I am ~*den* tobacco. 私はたばこを禁じられている / Wine is ~*den* him. 彼には飲酒が禁じられている. c [通例仮定法で用い, *that*-clause を伴って]〈神が〉〈…することを〉禁じる: God ~ *that* he should injure you! 彼があなたに危害を加えるなどということは絶対ない(ように). 2 〈事情・障害などが〉妨げる, 不可能にする (prevent): High walls ~ all approach. 高塀にさえぎられて全く近寄れない《入りようがない》/ The rain ~*s* us *to* go out. 雨で外出できない.
— vi. (まれ) 禁止をする: God [Heaven] ~! そんなことがあってたまるものか《「願わくは神様がそれを禁じたまわんことを」の意から来た誓言》.
— adj. (古) のろわれた (accursed): He shall live a man ~ やつめのろいに取りつかれた男のようになろう (Shak., *Macbeth* 1. 3. 21).
〘OE *forbēodan* (cf. ON *fyrirbjóða*, Goth. *faúrbindan*): ⇨ for-¹, bid¹〙

SYN 禁じる: **forbid** 通例個人的にある行動をしないように命令する《格式ばった語》: I *forbade* my son to smoke. 息子にたばこを吸ってはならぬと命じた. **prohibit** 公けに法律または規則で禁止する《格式ばった語》: *prohibit* the sales of cocaine コカインの販売を禁止する. **enjoin** 《米》=*prohibit*: The judge *enjoined* them from building a hotel in that site. 判事は彼らがその土地にホテルを建てることを禁止した. **ban** 社会的・倫理的な事柄を法律で禁止する: *ban* all obscene magazines 一切のポルノ雑誌を禁止する. **taboo** 原始的な迷信や社会慣行によって忌むべきものとして禁止する: a *tabooed* word 禁句.
ANT allow, permit.

for·bid·dance /fəbídns, fɔə- | fə-, fɔ:-/ n. 禁止, 禁制 (prohibition). 〘(1608–11): ⇨ ↑, -ance〙
for·bid·den /fəbídn, fɔə- | fə-, fɔ:-/ v. forbid の過去分詞. — adj. 1 禁じられた, 厳禁の, 禁制の (prohibited): a ~ cigar. 2 〘物理〙禁止の, 禁制の《ある近似理論のもとで遷移が禁じられていることにいう》: ~ line 禁制線《ある近似理論のもとで発光が禁じられているスペクトル線》: ~ band 禁止帯 (cf. energy band). **~·ly** adv. 〘(?a1200): ⇨ forbid, -en³〙
Forbídden Cíty n. [the ~] 1 チベットの Lhasa の別称《巡礼以外の外来人の入来を許さなかったことから》. 2 紫禁城《北京にある明清時代の宮城; 現在は「故宮」と呼ばれ博物館がある》.
forbídden degrée n. 〘法律〙禁婚親等《婚姻禁止の親等; 直系血族, 三親等内の傍系血族および直系姻族; prohibited degree ともいう》. 〘1872〙
forbídden frúit n. 1 a 禁断の木の実《Adam と Eve とが食べることを禁じられた Eden の園の知恵の木の果実; cf. *Gen.* 3》. b 禁じられているために一層ほしくなるもの, 不義の快楽: *Forbidden fruit* is sweet. 《諺》禁断の木の実は甘い. 2 a グレープフルーツ. b シロバナチョウチクトウの果実《心臓毒があるためにこの名がある》. 3 [F- F-] 〘商標〙フォービドゥンフルーツ《ブランデーとザボンで作ったオレンジ色の米国産のリキュール》. 〘1662〙
for·bíd·der /-də | -də(r/ n. 禁じる人, 禁止者. 〘(a1425): ⇨ forbid, -er¹〙
for·bíd·ding /-dɪŋ | -dɪŋ/ adj. 1 近づきがたい, 不気味な; 険しい, 険悪な (threatening): *Forbidding* cliffs fringe the coast. 険しい崖が海岸に沿って突っ立っている / ~ clouds 険悪な(今にも降りそうな)雲. 2 怖い, ものすごい (grim, stern): a ~ countenance [look] 怖い顔. **~·ly** adv. **~·ness** n. 〘(a1402): ⇨ forbid, -ing²〙
for·bode vi., vt. =forebode.
forbore n. forbear¹ の過去形.
forborne v. forbear¹ の過去分詞.
for·by /fəbáɪ, fɔə- | fɔ:-, fə-/ (*also* **for·bye** /~/) prep. 1 (古) a …を過ぎて (past). b …に接して, 近く. 2 (スコット) …のほか (besides). 3 (スコット) …を除いて. — adv. (スコット) その上, それに加えて. 〘(c1250) *forbi*: ⇨ for-², by¹: cf. G *vorbei*〙
force¹ /fɔ́əs | fɔ́:s/ n. 1 a (肉体の)力, 体力, 腕力: I had to use all my ~ in opening [to open] the door. その戸を開けるのに全力を振り絞らなければならなかった. b 暴力 (violence); 強圧: brute ~ 暴力 / ~ of arms 武力 / use ~ on a person 人に暴力を振るう / He used ~ to restrain his rival. 彼は競争相手を抑えるために強圧手段を用いた / by ~ 暴力によって, 力ずくで, 無理押しに / resort to ~ 暴力に訴える / employ ~ 実力を行使する / yield [give in] ~ 力に屈する. c 〘法律〙暴力, 暴行, (暴力による)不法強制: by [with] ~ and arms 暴力によって (cf. L *vi et armis*).
2 a (物理的な)力 (⇨ power SYN); (落下物・爆発などの)勢い (impetus); (推移・変化の)原動力: centrifugal [centripetal] ~ 遠心[求心]力 / the ~ of gravity 重力 / be killed by the ~ of an explosion 爆発で死ぬ / the ~ of a blow 打撃の力 / the ~ of the fall 落下の勢い / the ~*s* of nature 自然力《あらし・風・地震など》. b [the F-] 理力, フォース《映画 *Star Wars* に出てくる生体エネルギー力; 一種の超能力で, 使いこなすためには資質と訓練を必要とする》: May *the Force* be with you! 理力が君と共にあらんことを《映画の中で多用される表現》.
3 a (事物の)影響力, 支配力; (他に及ぼす)勢力, 説得力; 効力, 効果 (virtue): the ~ of public opinion 世論の力 / the ~ of interest [mortality] 〘保険〙利[死]力, 瞬間利子[死亡]率 / The ~ of his arguments may be keenly felt [clearly seen]. 彼の議論には説得力が強く感じられる. b (文章・言行などの)迫力, 効力, 効果: His essays are marked by ~ and cogency. 彼のエッセイの特徴は迫真力と説得力にある / The scene was described with vivid ~. その情景は生き生きとした力強い筆致で描かれていた. c 〘哲学・論理〙(発話の)力 ⇨ speech act, illocution, perlocution.
4 (精神・意志・感情の)力, 迫力, 気力: ~ of character 人格の力, 強い個性, 気力 / I was overcome by the ~ of his emotions. 彼の感情の勢いに圧倒された / He lacks ~ and determination. 彼は気力と決断力に欠けている.
5 a (君主・国家がもつ)威力, 制覇(せいは); 武力, 戦力. b 軍隊, 軍勢, 部隊《陸上部隊・艦船部隊・航空部隊またはそれらの連合部隊》; 〘海軍〙集団《戦艦・巡洋艦・駆逐艦以外の同一艦種よりなるグループで, 艦隊 (fleet) の主要区分の一つ》; [the ~s] (一国の)全戦力, 陸海空軍: a small ~ of infantry 歩兵の小部隊 / the air ~ 空軍 / ⇨ Royal Air Force / the (armed) ~*s* (一国の)陸海空軍. c (共同活動のための)(勢力)団体, 隊, 総勢; (特定の目的のために使用される)物の総体: a scout ~ 偵察隊 / the sales ~ 販売部(陣営) / a third ~ 第三勢力, 中立政党 / the missile ~ ミサイル兵器(の総体) / The labor [work] ~ of the country is estimated at 5,000,000. その国の労働者は総数 500 万と推定される. d [the ~] 警官隊, 警察 (the police force). 6 一勢力, 勢力者, 有力者; 勢力となる要因: social ~*s* 社会上の諸勢力 / He was a ~ in the legal profession. 弁護士団中の有力者だった. 7 (法律の)効力, 施行 (validity): a law now *in* ~ 現行法 / a rule no longer *in* ~ 既に効力を失った規則 / The law remains *in* ~. その法律はまだ効力をもっている / put a law *in* [*into*] ~ 法律を実施[施行]する / come *into* ~ 〈法律が〉実施される, 効力を発生する / *of* no ~ 効力のない, 無効で. 8 (言葉などの)真意: the ~ of a word [phrase] 語[句]の真意 / I see the ~ of what you've said. お言葉の趣旨はよくわかりました. 9 [F-] 風力測定単位《ビューフォート風力階級 (Beaufort scale) で数字とともに表される》: a ~ 9 gale 大強風. 10 〘野球〙=force play. 11 〘玉突〙引き玉. 12 〘トランプ〙=forcing bid.
by fórce of …の力で, …によって (by means of): *by* ~ *of* habit 習慣の力で / *by* ~ *of* circumstances 周囲の事情に迫られて, ついやむを得ず. 〘《なぞり》← F *à force de*〙
in fórce (1) ⇨ 7. (2) 大勢で, 大挙して; 〈人が〉力を充実させて: They invaded *in* ~. 彼らは大挙して侵入した / *in* great ~ 大勢で; 威勢よく, 元気はつらつと / *in* full ~ 総勢で; 威力を十分発揮して. 〘(c1315)〙 ***jóin fórces*** 力を合わせる, 一体となる: Police and citizens have *joined* ~*s* to prevent violence. 警察と市民が一体となって暴力防止に当たっている.
— vt. 1 a [通例, 目的語+*to* do, *into* do*ing* を伴って] …に強いて…させる, 〈…することを〉余儀なくさせる, 無理に…させる (compel): Illness ~*d* him *to* resign [*into* resign*ing*] that year. その年病気のため彼は職をやめなければならなくなった / I ~*d* myself to see her point of view. 彼女の見解をなんとか理解した / I was ~*d to* yield [*into* yield*ing*]. 無理に屈服させられた / If he won't act voluntarily, he must be ~*d* (to). 彼が進んでしようとしないなら, 強制してやらせなければならない. b 強制的にかち取る, 強要する: ~ a confession 無理やりに自白させる / ~ a surrender 強引に降伏を迫る.
2 a (力ずくで)もぎ取る (wrest); (強襲で)奪取する: ~ a stronghold 要塞を奪取する / He ~*ed* the knife *from* [*out of*] the boy's hand. 彼は少年の手からナイフをもぎ取った. b 力で…に押し進む, 無理に押し通る: ~ a passage 無理に通る / ~ one's entry *into* a building 建物に押し入る / ~ one's way *through* a crowd 群衆の中を押し分けて進む. c 押し破る, こじあける: ~ a door [gate, lock] (open) 戸[門, 錠]をこじ開ける.
3 a 〈心遣いなどを〉〔…に〕押しつけがましく仕向ける〔*on, upon*〕: ~ one's opinion (*up*)*on* a person 自分の意見を人に押しつける. b [通例, 目的語+方向を示す前置詞付きの句を伴って] 無理に押しやる[促進する], 強引に通す, 強行する: ~ the bidding (競売で)さし値をぐんぐんせり上げる / ⇨ *force the* GAME¹, *force the* PACE¹ / ~ water *to* the top of a cliff 難工事を強行して水を崖の頂上まで引き上げる / I ~*d* everything *into* my suitcase. 何もかもスーツケースに詰め込んだ / I ~*d* the water *down* her throat. その水を彼女ののどへ無理に流し込んでやった / They managed to ~ the bill *through* the legislature. 強行手段を用いて法案を議会で通過させた. c 〈涙・笑いなどを〉無理に引き出す; 〈声・力などを〉無理に出す, 絞る; 〈言葉・解釈を〉こじつける: ~ one's strength [voice] 無理に力[声]を出す / ~ a laugh [smile] 無理に笑う / ~ tears *from* the eyes 無理に涙を出す[出させる] / ~ a secret *out of* a person 人から無理やりに秘密を聞き出す / ~ a metaphor [an analogy] 無理[不自然]な比喩を使う[こじつけをする] / ~ a phrase *into* a peculiar sense ある句をこじつけて特異な意味を持たせる[に解する].
4 …に暴行する; (特に)〈女性〉に乱暴する.
5 a 〈草木・果樹などを〉(人工的に)促成栽培する: ~ strawberries / Lilies are ~*d for* spring blooming. ゆりは春咲用に促成栽培される. b 〈学者などを〉速成する, (特別教育などで)〈子供〉の成熟を速める.
6 (廃) 強化する, 補強する (reinforce)〔*with*〕; 〈法律を〉施行する.
7 〘野球〙a [しばしば ~ *out* として]〈走者を〉封殺する, フォースアウトにする (cf. force-out). b [しばしば ~ *in* として]〈投手が〉(満塁のとき四球を出して)押し出しの〈1 点を〉与える; 〈走者〉に押し出しの 1 点をあげさせる.
8 〘トランプ〙a 〈高位札や切札を〉相手が出すように仕向ける: ⇨ *force a* CARD. b (ブリッジで)〈パートナー〉にビッドを継続させる; 〈特定のビッドを〉(パートナーから)引き出す.
9 〘写真〙〈プリント・ネガを〉普通より濃く現像する; …の露出不足の部分を押す, …の現像時間を長くする.
10 〘クリケット〙攻撃的に打つ.
fórce báck (1) …を押し戻す. (2) 〈感情・涙などを〉抑える. ***fórce dówn*** (1) …を無理に飲み込む. (2) 〈飛行機を〉強制着陸させる: ~ a plane *down*.
— vi. 1 無理に押し進む, 強行軍をする〈*ahead*〉. 2 〘トランプ〙相手[パートナー]に特定のプレイ[ビッド]をするように仕向ける (cf. forcing bid).
fórce·a·ble /-səbl/ adj. **fórc·ing·ly** adv.
〘(n.: (?a1300) □ (O)F ~ 'strength' < VL *fortia(m) ← L *fortis* strong ← ? IE *bhergh- high (cf. borough, burg). — v.: (?a1300) *force(n)* □ OF *forcier* (F *forcer*) < VL *fortiāre ← L *fortis*〙

SYN 強制する: **force** 無理やりにある行動をさせる《一般的な語》: His mother *forced* him to come. 母親が無理やりに来させた. **compel** *force* よりやや弱い感じで, 否応なくある行為・状態に駆り立てる: His conscience *compelled* him to confess. 良心に責められて告白せざるをえなかった. **oblige** 余儀なくある行動をさせる《最も強制の意味が弱い》: I was *obliged* to punish him. 仕方なく彼を罰した. **coerce** 権力・威嚇などによっていやがる人に無理やり…させる《格式ばった語》: He was *coerced* into consent. 無理やりに承諾させられた. **impel** 強い欲望や動機によって駆り立てられる: His hunger *impelled* him to beg. ひもじさに駆られて物ごいをした.

force² /fɔ́əs | fɔ́:s/ n. 《北英・方言》滝 (waterfall). 〘(c1390) *fors, force* □ ON *fors, foss*: cf. Swed. *forsa* to gush〙
fórce cùp n. =plunger 4.
forced /fɔ́əst | fɔ́:st/ adj. 1 〈労働などが〉強いられた, 無理強いの, 強制の, 強行の; 〈立ち入りなどが〉力づくの, 無理に押し入った (↔ voluntary): ~ labor 強制労働 / ~ service 強制服務 / a ~ entry 戸(など)をこじあけての侵入 / ⇨ forced-draft. 2 強いて作った, 無理な, 不自然な, こじつけの (strained): a ~ laugh [smile] 作り笑い, 苦笑い / ~ gaiety 取って付けたような陽気さ / ~ tears そら涙 / a ~ analogy 無理な類推 / ~ quotations 作り[人為]相場 / a ~ style 不自然な文体 / a ~ interpretation こじつけの解釈. 3 緊急の際に行う, 不時の: ⇨ forced landing. 4 〘園芸〙人工的に促成(栽培)した: ~ chrysanthemums.
fórced·ness /-sɪ̀dnɪ̀s/ n. 〘(1542) ← FORCE¹ + -ED²〙
fórced-àir cóoling n. 強制空冷, 風冷.
fórced-chóice adj. 〈質問が〉強制選択[二者択一]の. 〘1944〙
fórced códing n. 〘電算〙強制コーディング (minimum access programming).
fórced devélopment n. 〘写真〙増感現像《露出不足の写真の現像時間を延長して画像濃度を上げる操作》.
fórced-dráft n. 強制通風, 押込み通気《ボイラーの炉の中へ送風機で燃焼用空気を送り込む方法; そのようにして送り込まれる空気》. 〘1865〙
force de frappe /fɔ́əsdəfrǽp | fɔ́:s-; F. fɔʁsdəfʁap/ F. n. (核兵器による)攻撃力; 核抑止力, (特に)フランスの核兵力. 〘(1960) □ F ~ 'striking force': ⇨ frap〙
fórced féeding n. 強制供[給]食《人や動物(特に飼鳥)に強制的に食べ物を与えること》. 〘(1907): ⇨ force-feed〙
fórced lánding n. (航空機の)不時着, 緊急着陸 (cf. force land): make a ~ 不時着する. 〘1917〙
fórc·ed·ly /-sɪ̀dli/ adv. 無理じいして, 強制的に, 無理に. 〘(1548): ⇨ -ly¹〙
fórced márch n. 〘軍事〙強行軍. 〘1769〙
fórced oscillátion n. 〘物理〙強制振動[動揺]《振動系に周期的な外力が作用するとき起こる振動; cf. free oscillation》.
fórce-dráft vt. 1 〈草案などを〉急いで[せかされて]起草する. 2 最大能力で運行させる.
fórced sále n. 〘法律〙公売, 強制売却《執達吏の行う競売処分》.
fórced sáving n. 〘経済〙強制貯蓄《物価上昇などによ

り消費者が実質消費の低下を余儀なくさせられること); 強制節約.
fórced ventilátion n. 押込み換気 (強制的に送風機によって室内に空気を送り込む換気法).
fórced vibrátion n. 〘物理〙 =forced oscillation.
fórce-féed vt. 1 〈動物・人〉に強制的に[無理やり]食べ物を食べさせる, 〈人〉に無理やり詰め込む (特にチューブなどをのどに通して) 《(1901)》: The nurses *force-fed* the patient. 看護婦たちは患者に強制給食を行った. 2 a …に無理やりに受け入れさせる[吸収させる] 〔*with*〕. b 〈ある学科・コースを〉〈学生〉に強制的に取らせる. 《(1909)》
fórce féed n. 圧力[強制]給油. 《(1918)》
fórce-féeding n. =forced feeding.
fórce fìeld n. 〘物理〙 (電気力・磁気力・素粒子などの)場, 力の場. 《(1920)》
fórce fìt n. 〘機械〙 =press fit.
force·ful /fɔ́əsfəl, -fl | fɔ́ːs-/ adj. 1 a 力ある, 力のこもった, 力強い, 気力のある, 強力な (mighty, vigorous) (⇨ powerful SYN): with a ~ stroke. b 〈演説・講義など〉印象的な, 効果的な, 迫力のある (impressive). 2 力によって働く[動く]. **~·ly** adv. **~·ness** n. 《(1571): ⇨ -ful[1]》
fórce gòal n. 〘軍事〙 兵力目標 (1986 年に米国が他の NATO 加盟国に提案して承認を求めた NATO 軍の兵器および部隊増強の到達目標).
fórce lánd (also **fórce-lánd**) vi. 〈航空機が〉不時着する. — vt. 〈航空機を〉不時着させる. 《(1921) (逆成) ← *forced landing*》
fórce·less adj. 力のない, 無力の (weak). 《(1532): ⇨ -less》
force ma·jeure /fɔ̀əsmɑːʒɔ́ː, -mə- | fɔ̀ːsmæʒɔ́ː(r), -mə-; F. fɔʀsmaʒœːʀ/ F. n. 1 〘法律〙 a 不可抗力 (戦争・ストライキなど契約の履行が免除される原因). b (契約義務が免除されることを規定した)不可抗力条項. 2 優勢; (強国が弱小国に加える)強迫. 《(1858) □ F ~ 'superior force'》
force·meat /fɔ́əsmìːt | fɔ́ːs-/ n. 調味した挽き肉 (詰め物として用いたりそれだけで dumpling などにする; farce, farcemeat ともいう). 《(1688) ← (廃) *force* to stuff, season ((転訛)) ← FARCE)+MEAT》
for·ce·ne /fɔ̀əsənéɪ, -sn- | fɔ̀ː-/ adj. 〘紋章〙 〈馬が〉両後足で立った (ライオンの salient に当たる). 《(1725) □ F *forcené* (p.p.) ← OF *forsener* to be frantic》
fórce-òut n. 〘野球〙 封殺, フォースアウト (cf. force[1] vt. 10). 《(1896)》
fórce plày n. 〘野球〙 フォースプレー (走者が封殺されるプレー): a ~ at second base 二塁でのフォースプレー. 《(1897)》
fórce pólygon n. 〘機械〙 力の多角形 (一点に作用する多くの力があるとき, それらの合力を求める作図法; cf. TRIANGLE of forces).
for·ceps /fɔ́əsəps, -seps | fɔ́ːseps, -səps/ n. (pl. ~, ~·es, **for·ci·pes** /-səpìːz | -sɪ-/) 1 (医師・時計工などの用いる)鉗子(かんし), 抜歯鉗子, ピンセット (pincers, tweezers): a pair of ~. 2 〘動物〙 (昆虫などの)鉗子状器官, 鉗子状部, (ハサミムシ類の)はさみ. **~·like** adj. 《(1634) □ L ~ ← *formus* hot+*-ceps* (← *capere* to catch)》
fórce pùmp n. 押揚げ[圧水]ポンプ (cf. lift pump). 《(1659)》
forc·er[1] /fɔ́əsə | fɔ́ːsə(r)/ n. 1 a 強制者. b 促成栽培を行う人. 2 押揚げポンプのピストン. 3 促成栽培用植物. 《(1556) ← FORCE[1]+-ER[1]》
for·cer[2] /fɔ́əsə | fɔ́ːsə(r)/ n. 《古》 箱, ひつ (chest). 《(c1250) □ OF ~, *forcier*: ⇨ force[1]》
fórce-rípe adj. 《カリブ》 1 〈果実が〉追熟加工された. 2 (性的に)早熟な, 大人ぶった. — vt. 〈果実を〉追熟加工する (未熟なうちに摘み取って温蔵などによって熟させる).
for·chette /fɔəʃét | fɔː-/ n. =fourchette 1.
forc·i·bil·i·ty /fɔ̀əsəbíləti | fɔ̀ːsɪbílɪti/ n. 1 無理強いすること, 強引. 2 強力, 有力. 《(1770): ⇨ ↓, -ity》
forc·i·ble /fɔ́əsəbl | fɔ́ːsɪ-/ adj. 1 無理強いされた, 強制的な: a ~ purchase 強制買入れ / a ~ entry (into a building) 不法侵入. 2 強力な; 勢いのある, 力のこもった, 力強い (vigorous); 有力な, 説得力のある; 有効な: a ~ argument [word, speaker, expression] 力強い議論[言葉, 語り手, 表現] / ~ reasoning なるほどと思わせる推理[論法]. **fórc·i·bly** adv. **~·ness** n. 《(1422) □ OF ~: ⇨ force[1], -ible》
fórcible-féeble adj. 強そうで実は弱い, こけおどしの. 《(1598) ← *Forcible* (Shak., *2 Hen IV* に登場する仕立屋 *Francis Feeble* のあだ名)》
fórc·ing n. 1 強制; 暴行; 奪取. 2 〘園芸〙 促成(栽培): plants for ~ 促成栽培用植物 / ~ culture 促成栽培. 《(c1384): ⇨ force[1], -ing[1]》
fórcing bèd n. =hotbed.
fórcing bìd n. 〘トランプ〙 (ブリッジで)応答要求ビッド (自分たちのビッドをせり上げるためのビッドで, パートナーはパスしてはならない; take-out double, jump-shift などが典型的なもの; cf. force[1] vi. 2).
fórcing frèquency n. 〘電気・機械〙 (強制振動の)外力の振動数[周波数] (cf. natural frequency).
fórcing gròund n. =hotbed. 《(1819)》
fórcing hòuse n. 1 〘園芸〙 促成栽培温室. 2 =hotbed 2.
fórcing pùmp n. =force pump.
for·ci·pate /fɔ́əsəpèɪt | fɔ́ːsɪ-/ adj. 鉗子(かんし)状の. 《(1668): ⇨ forceps, -ate[2]》
forcipes n. forceps の複数形.
forc·ite /fɔ́əsaɪt | fɔ́ː-/ n. フォーサイト (発破用ダイナマイトの一種). 《(1883) ← FORCE[1] (n.)+-ITE[1]》
ford /fɔ́əd | fɔ́ːd/ n. 1 (川・湖水などの歩いてまたは車などで渡れる)浅瀬, 渡り場 (⇨ shallow SYN): cross the ~ 浅瀬を渡る. 2 《古》 流れ, 川 (stream). — vi. 浅瀬を渡る: ~ *over* 浅瀬を渡り越す. — vt. 〈水流・川を〉歩いて渡る, 徒渉する. 《OE ~ < (WGmc) *furduz (Du. *voorde* / G *Furt*) ← IE *per to lead, pass over: ⇨ fare, port[1]》
Ford[1] /fɔ́əd | fɔ́ːd/ n. フォード (大衆自動車の典型): a 1980 ~ 1980 年型フォード / I can't afford a ~. フォードも買えない. 《(1914) ← *Henry Ford*》
Ford[2] /fɔ́əd | fɔ́ːd/ n. フォード (男性名). 《← FORD》
Ford, Ford Mad·ox /mǽdəks | -dɔks/ n. フォード (1873–1939; 英国の作家; もと Ford Madox Hueffer /hɛ́fə | -fə(r)/ といった; *The Good Soldier* (1915)).
Ford, Gerald R(udolph) n. フォード (1913–2006; 米国の政治家; 副大統領 (1973–74); 第 38 代大統領 (1974–77)).
Ford, Harrison n. フォード (1942–　; 米国の映画俳優; *Star Wars* (1977), *Raiders of the Lost Ark* (1981)).
Ford, Henry n. フォード (1863–1947; 米国の自動車製作者; 流れ作業方式の大量生産で大衆車を可能にした).
Ford, John n. フォード: 1 (1586–?1640) 英国の劇作家: *The Broken Heart* (1629). 2 (1895–1973) 西部劇で有名な米国の映画監督; *Stagecoach* (1939), *The Grapes of Wrath* (1940).
ford·a·ble /fɔ́ədəbl | fɔ́ːd-/ adj. 歩いて渡れる[越せる], 徒渉できる: a ~ stream. 《(1611): ⇨ ford (v.)》
Fórd Foundátion n. [the ~] フォード財団 (人類の福祉増進のために 1936 年 Henry Ford 父子によって米国に創立された).
fordid vt. fordo の過去形.
Fórd·ism /-dɪzm/ n. フォード方式[主義] (Henry Ford が自動車生産で行ったように, 作業工程を細分化して, 組立てラインによる低コスト大量生産をしようとする方式).
Ford·ize, f- /fɔ́ədaɪz | fɔ́ːd-/ vt. 1 a (流れ作業で)〈製品を〉大量生産[量産]する. b 〈工場・産業などを〉量産可能にする: ~ a plant. 2 a (量産化を有効に進めるため)〈人員や作業を〉規格化する. b …から個性を奪う. 《← *Henry Ford*+-IZE》
fórd·less adj. 浅瀬のない; 徒歩で渡れない, 徒渉できない. 《(a1649): ⇨ -less》
for·do /fɔədúː | fɔː-/ vt. (**for·did** /-díd/; **-done** /-dʌ́n/; **-does** /-dʌ́z/) (also **fore·do**) 《古》 1 なきものにする, 殺す, 滅ぼす (kill). 2 [p.p. 形で] 疲れさせる (exhaust): be *foredone with* the work 仕事に疲れ果てる. 《OE *fordōn* ← FOR-[1] 2+*dōn* 'to do': cf. Du. *verdoen* / G *vertun*》
for·done /fɔədʌ́n | fɔː-/ adj. (also **fore·done** /~/) 《古》 疲労こんぱいした. 《(1590) (p.p.) ← FORDO》
fore[1] /fɔ́ə | fɔ́ː(r)/ adj. 1 a (空間的に)前部の, 前方の, 前面の (↔ hind, back): the ~ part of a train. b (時間的に)前の: in the ~ half of the 19th century 19 世紀の前半に(おいて). 2 《廃》 以前の (former). 3 〘海事〙 (帆船の)前檣(しょう)の; (帆船の)前方支索の; (帆船・船の)船首の, 船首部の. — adv. 1 前方に, 前部に; 前方へ (forward). 2 《廃》 以前に (before). 3 〘海事〙 船首に; 船首の方へ: ~ and aft 船首と船尾に; 船の前後方向に (cf. athwart 3); 船全体にわたって, 船中に (cf. fore-and-aft). — n. 1 前部, 前面 (front); (牛・羊などの脇肉の)前四半部 (forequarter); (馬などの)前足 (foreleg). 2 〘海事〙 a 船首部. b 前檣 (foremast): at the ~ 〈旗が〉前檣(頭)に(揚げられて). c おもて (船首の船室, または下級船員).
to the fóre (1) 前面に; 〈問題などが〉表面化して: come *to the* ~ 〈問題などが〉表面化する. (2) よく見える[著しく目立つ]所に, 顕要な地位に: come *to the* ~ 指導的立場をとる, 表立ってくる, (世人の)耳目をそばだたせる. (3) 〈金など〉手元に準備[用意]して: He has £1,000 *to the* ~. 手元に 1,000 ポンド持っている. (4) 《スコット・アイル》 生きて (alive): The old man is still *to the* ~. 《(1637)》
— /fɔə; fɔə | fɔː(r); fɔː(r)/ prep. 1 《古》 …の前に (before): *Fore* George! (聖ジョージの御前に)誓って (By George!) / *Fore* Heaven [God], I am innocent. 誓って身に覚えはありません. 2 《廃》 …よりもむしろ: He loveth fame ~ me. 彼は私より名誉を愛する.
《adj.: (?a1200) (独立形) ← FORE- (cf. forefather, foremost): cf. OE *fore* before, in the sight of / G *vor* before & *für* for. — adv. OE *for(e)* 'FORE-'》
fore[2] /fɔ́ə | fɔ́ː(r)/ int. 〘ゴルフ〙 フォア, (球が)そっちへ行くぞ (球の飛ぶ方にいる人への警告). 《(1878) (頭音消失)? ← BEFORE》
'fore /fɔə; fɔə | fɔː(r); fɔː(r)/ prep. 《詩》 =before.
fore- /fɔə | fɔː(r)/ 次の意味を表す動詞・分詞形容詞・名詞を造る連結形. 1「前部の, 前面の, 前方の」: *fore*head, *fore*arm. 2「前に, 前の, あらかじめ」: *fore*noon, *fore*see, *fore*tell. 3「頭(かしら)の (superior)」: *fore*man. 4「前行の, 昔の」: *fore*father. 5 〘海事〙 前檣(しょう)または船首[に近い]: *fore*body, *fore*castle, *fore*hold. 《OE *for(e)-* ← *fore* (adv.) in front, before < ? Gmc *forai ← IE *per: ⇨ for[1], fore[1]》
fóre-and-áft adj. 1 〘海事〙 a 船の中心線に平行する, 船首から船尾への, 前後方向の, 縦の. b 縦帆艤装の, 縦帆式の (cf. square-rigged). 2 〈帽子が〉前と後ろにひさしのある: a ~ cap. 《(a1618) ← ? LG: cf. Du. *van voren en van achteren*》
fóre-and-áft·er /-ǽftə | -ɑ́ːftə(r)/ n. 1 〘海事〙 a (schooner のような) 縦帆(艤装の)船. b 縦通材 (船の昇降口の上を縦に通じている梁(はり)など). c 両頭船. 2 前と後ろにひさしのある鳥打帽. 《(1823) ↑》
fóre-and-áft rìg n. 〘海事〙 縦帆艤装 (cf. square rig).
fóre-and-áft rìgged adj. 《(1834)》
fóre-and-áft sàil n. 〘海事〙 縦帆 (cf. square sail). 《(1820)》
fóre-and-áft schóoner n. 〘海事〙 縦帆スクーナー. 《(1856)》
fore·arm[1] /fɔ́ərɑ̀əm | fɔ́ː(r)ɑ̀ːm/ n. 1 〘解剖〙 前腕, 前膊(ぜんぱく) (肘(ひじ)から手首までの間; cf. upper arm). 2 〘動物〙 (四足獣の)前脚の上部 (⇨ horse 挿絵). 《(1741) ← FORE-+ARM[1]》
fore·arm[2] /fɔəɑ́əm | fɔː(r)ɑ́ːm/ vt. 1 [通例受身で] 〈人〉にあらかじめ武装させる. 2 [通例受身で] 〈人〉に〔困難などに備えて〕前もって準備させる 〔*against*〕 (cf. forewarn): ~ oneself *against* criticism 批判に備える. 《(1592) ← FORE-+ARM[2]》
fórearm smàsh n. 〘レスリング〙 前腕による強打, エルボースマッシュ.
fóre·bày n. 〘土木〙 フォアベイ, 取水庭 (水車・タービンなどに水を取り入れるための貯水池; または取水口前面の水域). 《(1867) ← FORE-+BAY[2]》
fóre bèam n. 〘紡織〙 =breast beam 2.
fore·bear /fɔ́əbɛ̀ə | fɔ́ːbɛ̀ə(r)/ n. [通例 pl.] 先祖, 祖先, 父祖 (ancestor). 《(1470) 《スコット》 ~ ← FORE-+ME *beer* (⇨ be[1], -er[1])》
fore·bode /fɔəbóud | fɔːbə́ud, fə-/ vt. 1 予示する; …の前兆となる: The clouds ~ rain. 降りそうな雲行きだ. 2 〈不吉を〉予感する, 虫の知らせが〈凶事〉のありそうな気がする: I ~ disaster for the enterprise. この事業には不幸が起こりそうな予感がする / She ~*d that* she might fail. 失敗するのではないかという予感がした. — vi. 1 予言する. 2 虫の知らせがある. 《(1603): cf. OE *forebodian*: ⇨ fore-, bode[1]》
fore·bód·er /-də | -də(r)/ n. 1 予言[予見]者. 2 前兆. 《(1687): ⇨ ↑, -er[1]》
fore·bód·ing /-dɪŋ | -dɪŋ/ n. 虫の知らせ, 予知, 予感; (凶事などの)前兆: He had a sort of ~ about her. 彼女について虫の知らせのようなものを感じた. — adj. (凶事を)予感する(ような), 虫の知らせの: a ~ look 不吉なまなざし / ~ thoughts (虫の知らせのような)無気味な予感. **~·ly** adv. **~·ness** n. 《(1387): ⇨ -ing[1, 2]》
fóre·bòdy n. 〘海事〙 前部船体 (cf. afterbody 1, middle body). 《(1830)》
fóre·bràin n. 〘解剖〙 前脳 (prosencephalon). 《(1879)》
fóre·càbin n. (客船の)前部船室 (通例二等客室). 《(1816)》
fóre·càddie n. 〘ゴルフ〙 フォーキャディー (フェアウェーでボールの停止した位置を示すキャディー). 《(1792)》
fóre·càrriage n. (四輪馬車の)前車部 (前方の 2 輪が後車輪から独立して回転する). 《(1549)》
fore·cast /fɔ́əkæ̀st | fɔ́ːkɑ̀ːst/ v. (~, ~·ed) — vt. 1 〈出来事・結果を〉予測[予想]する (⇨ foretell SYN): ~ the winners in a race 勝ち馬を予測する. 2 〈天気を〉予報する: ~ tomorrow's weather 明日の天気予報をする. 3 …の前兆[前触れ]となる (foreshadow): Clouds do not necessarily ~ rain. 雲があるからといって必ずしも雨が降るわけではない. 4 《古》 あらかじめ計画[用意]する, 予定する. — vi. 1 予想[予測]する. 2 《廃》 予定する, 打ち合わせをする.
— n. 1 予想, 予測; (天気の)予報 (prediction): a business ~ 景気予想 / a weather ~ 天気予報 / a ~ for the rice crop 米の作柄予想. 2 《古》 先見力. 《(1413) ← FORE- 2+CAST》
fore·cast·er /fɔ́əkæ̀stə | fɔ́ːkɑ̀ːstə(r)/ n. 先見[予知]者; 天気予報官. 《(1639): ⇨ ↑, -er[1]》
fore·castle /fóuksl, fɔ́əkæ̀sl | fə́uksl/ n. 〘海事〙 1 フォックスル, (商船の)船首楼 (船首部に一段と高く作った部分; ↔ poop; 発音どおり fo'c's'le, fo'c'sle ともつづる); (船首楼内の)水夫部屋. 2 前檣(しょう)より前の上甲板. 《(?a1400) ← FORE- 1+CASTLE》
fórecastle dèck n. 〘海事〙 船首楼甲板 (船首の短い小高くなった甲板). 《(1851)》
fórecastle·hèad n. 〘海事〙 =forecastle 2.
fóre·chèck vi. 〘アイスホッケー〙 フォアチェックする (相手チームの攻撃を相手チームの陣内で防ぐ; cf. back-check). 《(1951)》
fóre·cìted adj. 前に[上に]引用した. 《(1576)》
fore·clos·a·ble /fɔəklóuzəbl | fɔːklə́uz-/ adj. 1 除外[排除]できる. 2 〘法律〙 (担保物の)取戻し権を喪失させうる; 抵当流れにすることのできる. 《(1890): ⇨ ↓, -able》
fore·close /fɔəklóuz | fɔːklə́uz/ vt. 1 〘法律〙 〈抵当権設定者を〉排除する, 〈抵当権設定者〉に(抵当の)受戻し権を失わせる; 〈抵当物〉に担保権を行使する, 質流れ処分にする, 流す: ~ the mortgagor from a mortgage 抵当権設定者が担保物の受戻し権を失わせる / ~ a mortgage [pledge] 抵当物を流す. 2 除外する, 締め出す, 排除する (shut out): ~ a person (*out*) *of* the church 人を教会から締め出す. 3 (…しないように)妨げる, 防ぐ (hinder). 4 …に対して独占権を主張する, 独占する. 5 〈争点などを〉(先決問題として)あらかじめ解決する, 打ち切りにする, (異議を見越して)あらかじめ答えておく: attempt to ~ discussion 討論を打ち切ろうとする. — vi. 〘法律〙 抵当流れ処分にする, 担保物に担保権を行使する. 《(c1290) *forclose* (n) □ (O)F *forclos(e)* (p.p.) ← *forclore* to exclude ← *fors-* outside+*clor(r)e* (< L *claudere* 'to CLOSE[1]': cf. clause)》
fore·clo·sure /fɔəklóuʒə | fɔːklə́uʒə(r)/ n. 〘法律〙 (担保物の)受戻し権喪失, 抵当権実行, 流れ質処分, 抵当流れ: a ~ sale 抵当物件の公売 / be sold under ~ 抵当流れとして売却される / take proceedings for ~ 抵当権実行の手続きをとる. 《(1728): ⇨ ↑, -ure》

fóre·cònscious *n.* 〘心理〙 =preconscious. 〖1915〗

fóre·còurse *n.* 〘海事〙 フォアコース《フォアヤードに取り付けた大帆; ⇨ foresail 1》. 〖1626〗

fóre·còurt *n.* **1** (建物の)前庭, 前庭広場; (特に, ガソリンスタンドの)給油場. **2** 〘テニス・バドミントン〙 フォアコート《テニスではサービスラインとネットの間のコート; バドミントンではショートサービスラインとネットの間のコート; front court ともいう; ↔ backcourt》. **3** 〘バスケットボール〙 フォアコート《ボールを入れるかごを含むコートの半分》. 〖1535〗

fòre·dáte *vt.* =antedate. 〖*c*1640〗

fóre·dèck *n.* 〘海事〙 前部甲板. 〖1565〗

fore·do /fɔəd ú: | fɔ:dú:/ *vt.* (**fore·did** /-díd/, **-done** /-dʌ́n/; **-does** /-dʌ́z/) 《古》 =fordo.

fòre·dóom *vt.* **1** [通例 p.p. 形で] …にあらかじめ(…の)運命を定める (predestine) 〔*to*〕: an attempt ~*ed to* failure 始めから失敗の運命にあった企図. **2** 《古》 予知する, 予想する (presage). — /⌐⌐/ *n.* 《古》 予定された運命, 運命 (destiny). 〖1563〗

fóre èdge *n.* **1** 前べり, 外べり. **2** 〘製本〙 (書物の背と反対側の)前小口, 小口 (cf. foot 9, head 27 c). 〖1665〗

fóre èdge màrgin *n.* 〘印刷〙 小口あき.

fóre-èdge pàinting *n.* 小口絵装飾(法) 《前小口を絵で飾ること, またはその方法; 絵は前小口の紙葉を斜めにすると見られる》; 小口絵. 〖1912〗

fóre-ènd *n.* **1** (物の)前部, 前端. **2** 〘銃砲〙 (銃床の)前床 《銃床の一部で, 銃身の下, 引金用心鉄の前部》. 〖*c*1425〗

fóre·fàce *n.* 〘動物〙 (四足獣の)前顔 《目の前にある顔の部分》. 〖1545〗

fóre·fàther *n.* **1** (通例, 遠い血縁の)先祖. **2** [通例 *pl.*] 父祖, 祖先 (forebear). **~·ly** *adj.* 〖(*a*1325) □ ON *forfaðir* ∞ OE *forþfæder*〗

Fórefathers' Dày *n.* 《米》 祖先の日 (12 月 12 日; Pilgrim Fathers (1620 年)米大陸上陸記念日; 主に New England 地方での祝祭日; 旧暦から新暦に改めるときに日をとり違えたため, 現在では通例 12 月 22 を記念日としている). 〖1848〗

fòre·féel *vt.* 予感する. — /⌐⌐/ *n.* 予感. 〖1580〗

fore·fend /fɔəfénd | fɔ:-/ *vt.* =forfend.

fore·fin·ger /fɔ́əfìŋgə | fɔ́:fìŋgə^r/ *n.* 人差し指, 食指 (first finger, index finger) (⇨ hand 挿絵). 〖(*a*1425): ⇨ fore-, finger〗

fóre·fòot *n.* (*pl.* **-feet**) **1** (四足獣の)前足; (昆虫の)前足. **2** 〘海事〙 竜骨前端部; 船首水切り, フォアフット 《竜骨前端と船首材とのつなぎ目》. 〖(*a*1375): ⇨ fore-, foot〗

fore·front /fɔ́əfrʌ̀nt | fɔ́:-/ *n.* **1** 最も重要な位置[地位], (活動・興味などの)中心: Fame was in the ~ of her mind. 彼女は名声を得ることをまず念頭においていた / He was at [in] the ~ of resistance. 彼は反抗[抵抗]の急先鋒だった. **2** (部隊の)最前部, 先頭, 第一線: in the ~ of the battle 戦闘の最前線にあって (cf. 2 *Sam* 11:15). 〖(*a*1450): ⇨ fore-, front〗

fore·gather /fɔəgǽðə | fɔ:gǽðə^r/ *vi.* =forgather.

fóre·gìft *n.* 《英》 (借地人の払う)権利金, 敷金.

fóre·glìmpse *n.* 未来の予見[予示]. 〖1894〗

fore·go[1] /fɔəgóu | fɔ:gə́u/ *v.* (**fore·went** /-wέnt/; **-gone** /-gɔ́(:)n, -gá(:)n | -gɔ́n/; **-goes**) — *vt.* …の先に行く, …に先行する. — *vi.* 先ぶれをする, 先立つ. 〖OE *foregān* to go before: ⇨ fore-, go[1]〗

fore·go[2] /fɔəgóu | fɔ:gə́u/ *vt.* (**fore·went** /-wέnt/; **-gone** /-gɔ́(:)n, -gá(:)n | -gɔ́n/; **-goes**) =forgo.

fòre·gó·er *n.* **1** 先に行く人[物]; (特に, 猟犬群 (dog team) の)先頭. **2** 先例 (example); 先人, 先代, 先輩 (predecessor). **3** 祖先 (ancestor). 〖*c*1350〗

fòre·gó·ing *adj.* **1** 先の, 前の; 前述の, 上述の (⇨ previous SYN): the ~ remarks 前述の論評. **2** [the ~; 名詞的に] 前記[前述]のもの, 前文: *The* ~ are only a few of the instances. 前記は少数の実例にすぎない. 〖(*a*1425): ⇨ -ing[2]〗

fore·gone *v.* forego[1,2] の過去分詞. — /fɔəgɔ́(:)n, -gá(:)n | fɔ:gɔ́n⌐/ *adj.* 先立った, 既往の, 過去の (previous, past): ~ days 過ぎ去った日々. **~·ness** *n.* 〖1593–99〗

fóregone conclúsion *n.* **1** 最初から分かりきっている結論. **2** 必然的結果, 確実なこと (certainty): Our victory is a ~. われらの勝利間違いなし. **3** 前にあった[経験ずみの]事: This denoted a ~. これは前にあったことの証拠だ (Shak., *Othello* 3. 3. 428). 〖1604〗

fore·ground /fɔ́əgràund | fɔ́:-/ *n.* [the ~] **1** (風景・絵画の)前景 (cf. background 1, middle distance). **2** 最前面, 表面, 最も目立つ位置: keep oneself in *the* ~ 表面に乗り出している, 最前線にとどまる. — *vt.* **1** 前景に描く[置く], 前面に置く. **2** 〘言語〙 前景化する (⇨ foregrounding). 〖(1695) ← FORE-+GROUND[1]: cf. Du. *voorgrond*〗

fóre·gròund·ing *n.* 〘言語〙 前景化 《生々しい詩的な比喩のように, 異常なものとして注意をひくような言語手段を用いること》. 〖(1959) 《訳》 ← Czech *aktualisace* modernization〗

fóreground pròcessing *n.* 〘電算〙 フォアグランド処理 《実時間処理において優先度の高い処理; cf. background processing》.

fóre·gùt *n.* 〘生物〙 (胎児の)前腸 《咽頭(いんとう)・食道・胃・十二指腸になる部分; cf. hindgut 1, midgut》. 〖*c*1889〗

fóre·hàmmer *n.* 前つち 《小づちの前に使用する大づち》. 〖1374〗

fóre·hànd *n.* **1** 〘テニス〙 **a** フォアハンド(ストローク) 《手のひらを打球方向に向けて打つ打球法; cf. backhand 1》. 日英比較 〘テニス〙 日本語では, 「フォアー」というが, 英語では *forehand* である. **b** フォアハンド(ストローク)が用いられる(プレーヤーの)サイド. **2** 馬体の前部 《乗り手より前にある部分》. **3** 〘トランプ〙 (skat など 3 人遊びのゲームで)一番手 《配り手の左隣で最初に札を配られる人》. **4** 《廃・スコット》 前位; 上位, 優位 (superiority). — *adj.* **1** 前[前方]にある (front); 最前部の, 先頭の (foremost). **2** 〘テニス〙 (打法で)フォアハンドの (cf. backhand): a ~ stroke フォアハンドストローク (⇨ *n.* 1 a). **3** 《廃・スコット》 前もってなされた, 見越しの: a ~ payment 前払い. **4** 〘アーチェリー〙 《廃》 直射の. — *adv.* 〘テニス〙 フォアハンドで. 〖1545〗

fóre·hánded *adj.* **1** 《米》 **a** 将来の備えがある, 慎重な, 倹約な. **b** 金のたまった, 暮らし向きの楽な, 裕福な. **2** =forehand 1. **~·ly** *adv.* **~·ness** *n.* 〖(1591): ⇨ ↑, -ed 2〗

fore·head /fɔ́əhèd, -rɪd, fɔ́(:)rɪ̀d, fá(:)r- | fɔ́:hèd, fɔ́rɪ̀d, -red/ ★《英》 でも /fɔ́:hèd/ の発音が増えている. *n.* **1** 前額部, 額 (brow): rub one's ~ 額をこする 《思い出そうとするときのしぐさ》. **2** 《古詩》 (物の)前部. ★ ラテン語系形容詞: frontal. 〖OE *forhēafod*: ⇨ for-[2], head〗

fóre·hèarth *n.* 〘冶金〙 前床(まえどこ) 《溶鉱炉から取り出された金属・スラグなどをためる炉》. 〖1881〗

fóre·hòck *n.* (豚肉やベーコンの)前肢の部分. 〖(1923): ⇨ fore-, hock[1]〗

fóre·hòld *n.* 〘海事〙 前部船倉. 〖1790〗

fóre·hòof *n.* (四足獣の)前脚のひづめ. 〖1770〗

fóre·hòrse *n.* 一隊の先頭を走る馬; リーダー. 〖1483〗

for·eign /fɔ́(:)rɪ̀n, fá(:)r- | fɔ́r-/ *adj.* **1 a** 外国の, 他国の; 外国に関する, 対外の; 外国からの, 外国行きの: a ~ accent 外国なまり / a ~ country 外国 / a ~ language 外国語 / ~ manners 外国の風習 / a ~ settlement 外人居留地 / ~ trade 外国貿易 / ⇨ foreign policy / (a) ~ debt [loan] 外債 / a lighter of a ~ make 外国製のライター / ~ intervention 外国からの干渉 / ~ goods 外国製品 / ~ capital 外資 / a ~ visitor 外人客 / ~ mail 外国郵便 / a ~ trip 外国[海外]旅行 / ⇨ Foreign Minister. **b** 外国における, 在外の: ~ deposits 在外預金 / a ~ agency 在外代理店 / a ~ holiday 外国で過ごす休日 / ⇨ foreign correspondent. **c** [複合語をなして] 外国…の: *foreign*-going 外国行きの / *foreign*-made 外国製の / *foreign*-owned (証券など)外国人所有の / *foreign*-built 外国で建造した / ⇨ foreign-born. **2 a** 他地方の; 特定地域外の. **b** 《米》 〘法律〙 管轄法域の異なる, 州司法管轄外の. **3 a** 他人(から)の; 他の物(から)の. **b** 〘医学〙 有機的な部分でない, 外来の, 異質の (extraneous): a ~ body [substance] 異物. **4 a** 〔…と〕全く異なる (alien), 性質を異にする, 無関係の (irrelevant) 〔*to*〕: be ~ *to* the question 問題に無関係である / Lying is ~ *to* his nature. うそは彼の性に合わない. **b** 〔…に〕見[聞き]なれない, なじみのない 〔*to*〕. **5** 〘鉄道〙 他会社に属する: a ~ line 社外線 / ⇨ foreign car.

gò fóreign 〘海事〙 外航船の船員になる, 外国へ行く.

séll fóreign 〘海事〙 外国人に〈船を〉売る.

Fóreign and Cómmonwealth Òffice [the —] (英国の)外務省 (略 FCO).

~·ly *adv.* 〖(*c*1250) *forein* □ (O)F *forain* < LL *forānum* residing outside ← L *forās* outside, abroad: 今の形は REIGN との連想による〗

fóreign affáirs *n. pl.* 外務 (cf. home *adj.* 1 c): the Secretary of State for *Foreign* and Commonwealth *Affairs* 《英》 外務大臣 / the Ministry [Minister] of *Foreign Affairs* 外務省[大臣]. 〖1611〗

fóreign áid *n.* 対外援助(金) 《戦争で破壊された国や発展途上国に与えられるもの》. 〖1949〗

fóreign attáchment *n.* 〘法律〙 第三債務者に対する差押え; 債務差押え 《判決債権者 (judgment creditor) の満足に供するために判決債務者 (judgment debtor) の有する債券を差し押える場合, この第三債務者に出頭を命じる手続; cf. garnishment 2》.

fóreign bíll *n.* 外国為替(かわせ)手形 (cf. inland bill). 〖(1682) 《略》 ← *foreign bill of exchange*〗

fóreign bódy *n.* **1** 〘医学〙 (体内にはいった) 異物. **2** あるものの中に入っている好ましくないもの 《スープに入ったハエなど》.

fóreign-bórn *adj.* 外国生まれの: the ~ (外国からの)移民. 〖1856〗

fóreign cár *n.* 〘鉄道〙 他線車.

fóreign corporátion [cómpany] *n.* **1** 外国会社 《外国法に準拠して外国で設立された会社であるが国内で営業するもの; cf. domestic corporation [company]》. **2** 州外会社 《州外法に準拠して州外で設立された会社であるが州内で営業するもの》.

fóreign correspóndent *n.* (外国からニュースや論評を送る)通信員, 海外特派員. 〖1948〗

fóreign cúrrency depòsit *n.* 〘銀行〙 (外国為替銀行における)外貨預金.

fóreign dráft *n.* =foreign bill.

for·eign·er /fɔ́(:)rɪ̀nə, fá(:)r- | fɔ́rɪ̀nə^r/ *n.* **1** 外国人, 外人, 異人 (⇨ alien SYN). 日英比較 日本語における「外国人, 外人」よりも, 「排他的なニュアンス」がこの語には含まれる. したがって, 特に対面する相手についていうときには visitor, tourist などの婉曲的な表現を使うのがよいとされる. たとえば Are you a visitor here? / Are you a tourist? など. **2 a** 外来物, 渡り物. **b** 外来動植物. **c** 外国証券. **d** 外国船 (foreign ship). **3** 《方言》 よそ者, 外の人, 見知らぬ人 (stranger). 〖(1413): ⇨ foreign, -er[1]〗

fóreign exchánge *n.* **1** 外国為替; 外貨. **2** 外国為替[外為(がいため)]取引(業). 〖1691〗

fóreign exchánge resèrve *n.* 〘経済〙 外貨保有(高), 外貨準備(高).

fóreign-flàg *adj.* **1** 〈船・飛行機など〉他国籍の. **2** 《米》 〈船舶が〉外国の法規に基づいて登録された.

fór·eign·ìsm /-nɪ̀zm/ *n.* **1** 外国風(の習慣), 異国風俗. **2** 外国語法[風]; 外来語. **3** 外国風模倣; 外国風の特性. 〖(1855): ⇨ -ism〗

for·eign·ize /fɔ́(:)rɪ̀nàɪz, fá(:)r- | fɔ́r-/ *vt.* 外国風にする. 〖(*a*1661): ⇨ -ize〗

fóreign légion *n.* **1** 外人部隊 《外国人から成る傭兵部隊》; 外国人義勇軍. **2** [F- L-] (もと北アフリカ駐屯のフランスの)外人部隊. 〖(1897) 《なぞり》 ← F *légion étrangère*〗

fóreign líquor *n.* 《インド》 (インドで造る)外国酒 《ウイスキー・ワインなど; cf. country liquor》.

Fóreign Mínister *n.* 外務大臣, 外相 《英米以外の「外務大臣」の呼称; 英国の Foreign Secretary, 米国の Secretary of State に当たる》. 〖1709〗

Fóreign Mínistry *n.* [the ~] 外務省.

fóreign míssion *n.* **1** 〘キリスト教〙 外国伝道 (cf. home mission, inner mission). **2** 外国派遣使節団.

fór·eign·ness *n.* **1** 外来性; 外国風. **2** 異質[異分子]であること. 〖(1611): ⇨ -ness〗

fóreign òffice *n.* (一部の国の)外務省 《昔の英国外務省は the British Foreign Office と呼ばれた; 米国では State Department, カナダでは (Department of) External Affairs という; cf. FOREIGN and Commonwealth Office》. 〖1859〗

fóreign pólicy *n.* 外交政策[方針]. 〖1859〗

fóreign relátions *n. pl.* **1** 他国との関係. **2** 外務の分野, 国際関係.

Fóreign Sécretary *n.* 《英》 =Foreign Minister.

fóreign sérvice *n.* 《米》 〘外交〙 **1** [時に F- S-] 外務職員局 《1924 年に設けられた米国国務省の専門職[一部門]で, 主として海外で外交・領事関係に携わる》; [the F- S-; 集合的] 外務職員. **2** (軍隊の)外地[海外]勤務. 〖1927〗

fore·judge[1] /fɔədʒʌ́dʒ | fɔ:-/ *vt.* あらかじめ判断[断定]する, …に予断を下す (prejudge). 〖(1561) ← FORE-+JUDGE: cf. F *préjuger* / L *praejūdicāre*〗

fore·judge[2] /fɔədʒʌ́dʒ, fɔə- | fɔ:-/ *vt.* 〘法律〙 =forjudge.

fòre·knów *vt.* (**fore·knew**; **-known**) (天啓または超能力によって)予知する, 前もって知る. **~·ing·ly** *adv.* 〖(*c*1385): ⇨ fore-, know[1]〗

fòre·knówable *adj.* 予知できる, 予知可能な. 〖(1678): ⇨ ↑, -able〗

fòre·knówledge *n.* 予知, 先見の明 (prescience). 〖(1535) ← FORE-+KNOWLEDGE ∞ ME *for(e)knouing* 《なぞり》 ← L *praescientia*〗

for·el /fɔ́(:)rəl, fá(:)r- | fɔ́r-/ *n.* (*also* **for·rel** /~/) **1** フォレル 《下級の羊皮紙; 本の表紙に使う》. **2** =slipcase. 〖(*a*1325) □ OF *forrel* (F *fourreau*) (dim.) ← *fuerre* sheath: ⇨ fur〗

fóre·làdy *n.* 《米》 (工場の)女性監督[職長] (forewoman). 〖1889〗

fore·land /fɔ́ələnd | fɔ́:-/ *n.* **1** 岬 (promontory). **2** (築堤と城壁の間の, あるいは山地などの)前地, 前面地. **3** 前方地, 海岸地方 (cf. hinterland 1 a). **4** 〘土木〙 堤外地 《堤防の外側(河川あるいは海側)の地域》. 〖(?*c*1200): ⇨ fore-, land[1]〗

Fore·land /fɔ́ələnd | fɔ́:-/ *n.* フォーランド 《イングランド南東部, Kent 州沿岸の 2 つの岬 (North Foreland と South Foreland) のいずれかを指す》.

fóre·lèg *n.* (四足獣・昆虫の)前脚, 前肢; (椅子などの)前脚. 〖*c*1410〗

fóre·lìmb *n.* **1** (四足獣の)前肢 (foreleg). **2** 他の脊椎動物の前肢の部分 《ひれ・翼など》. 〖1794〗

fóre·lòck[1] *n.* **1** 前髪, 額髪: pull one's ~ 〈田舎の人が(目上の人への敬礼の印に, 自分の)前髪を軽く引っ張る. **2** (馬の耳の間から額に垂れている)前髪.

táke [séize] tíme [an occásion, an opportúnity] by the fórelock 機械を逃さず捕える, (好機を逸せず)機会に乗じる 《「時」は過去は無用として前頭部にだけ毛をはやした形で描かれるところから》. 〖1589〗 ***tóuch [túg (at), púll] one's fórelock (to a person)*** 《英》 (目上の人に)いやにぺこぺこする.

〖lateOE *foreloc*: ⇨ fore-, lock[1]〗

fóre·lòck[2] *n.* 割りくさび (linchpin). — *vt.* 割りくさびで留める. 〖(1295): ⇨ fore-, lock[1]〗

fórelock-tùgging [-tòuching] *n.* 《英》 (目上の人に)やたらとぺこぺこすること (cf. *touch one's* FORELOCK[1]).

fóre·man /fɔ́əmən | fɔ́:-/ *n.* (*pl.* **-men** /-mən, -mèn/) **1** (労働者の)職長, 工夫長, 頭(かしら), 監督. **2** 陪審長. 〖(1222) □ ON *formannes* (gen.) ← *formaðr* captain, leader ← *for-* 'FORE-'+*maðr* 'MAN'[1]〗

Fore·man /fɔ́əmən | fɔ́:-/, **George** *n.* フォアマン 《1949– ; 米国のボクサー; 世界ヘビー級チャンピオン (1973–74, 94–95)》.

fóreman·ship *n.* foreman の地位[資格].

fore·mast /fɔ́əmæ̀st | fɔ́:mà:st/ ★《海事》 の発音は /-məst/ *n.* 〘海事〙 フォアマスト, 前檣(ぜんしょう), (帆船では)前檣の下檣: a ~ seaman [man, hand] 前檣員; 平水夫. 〖(1582) ← FORE-+MAST[1]〗

fóre·màtter *n.* 〘印刷〙 =front matter.

fóre·mìlk *n.* **1** (牛などの)しぼり初めの乳. **2** (産婦の)初乳 (colostrum). 〖1904〗

fore·most /fɔ́əmòust | fɔ́:məust, -məst/ *adj.* [限定的] **1** 第一位の, 一流の, 主要な (⇨ chief SYN): the ~ man of his age 当代一流の人物 / a ~ expert on the

F

problem その問題についての第一人者. 2 一番先の, 真先の: the ～ troops of an army 前進部隊. — *adv.* 真っ先に, 第一番に最も重要なこととして: head ～ 頭を先にして, まっさかさまに / ⇨ FIRST *and foremost*. 〖(15C) ← FORE-＋-MOST (cf. backmost) ∞ ME *formest* < OE *formest, fyrmest* (superl.) ← *forma, frum(a)* first (superl.) ← *fore* 'FORE¹': OE *forma* の *-m-* は superl. suf. (cf. L *prīmus* first)〗

fóre·mòther *n.* 女性の祖先. 〖1582〗

fóre·nàme *n.* (姓に対し)名 (first name, Christian name, prename). 〖(1533) ← FORE-＋NAME: cf. Du. *voornam*〗

fóre·námed *adj.* 前に名ざした[挙げた], 前述[前記]の. 〖*c*1200〗

fóre·nòon *n.* 午前, 昼前 (morning) 《夜明けから正午までをいうが, 特に早朝に対して 8–9 時から正午ごろまでをいう》. 〖(*c*1425) ← FORE-＋NOON〗

fórenoon wàtch *n.* 〖海事〗午前直《午前 8 時から正午までの当直; ⇨ watch *n.* 6》. 〖1833〗

fóre·nòtice *n.* 予告. 〖1678〗

fo·ren·sic /fərénsɪk, -zɪk | fər-, fɔr-/ *adj.* [限定的] 1 (犯罪の)科学捜査の: ～ evidence 法医学的証拠《血液・毛髪など》. 2 a 法廷の[に関する]; 法廷で用いられる, 法廷用の. b 法廷弁論の: ～ ability [eloquence] (弁護士としての)法廷弁論の才能[雄弁]. 3 弁論の, 論争の, 討論の (argumentative). — *n.* 1 (もと, 米国の大学などで用いられた)弁論[討論]演習《口述と論文とからなり, 互いに自分の組を弁護し合う》. 2 [*pl.*] a [単数または複数扱い] 雄弁術, 弁論術, 討論術. b [単数扱い] ＝forensic science. **fo·ren·si·cal·i·ty** /fərènsəkǽləti | -sɪkǽlɪ̀ti/ *n.* **for·én·si·cal·ly** *adv.* 〖(1659) ← L *forensis* 'of FORUM'＋-IC¹〗

forénsic chémistry *n.* 〖法律〗法化学《生命または財産に関して争われている問題について裁判所が妥当な結論に達しうるように助力を求められる自然科学の一つである化学; legal chemistry ともいう》.

forénsic médicine *n.* 法医学《medical jurisprudence, legal medicine ともいう》. 〖1845〗

forénsic psychíatry *n.* 〖法律〗法精神医学《精神異常を理由として刑事責任を決定するなど法廷で精神医学を応用すること》.

forénsic scíence *n.* (警察の)科学捜査, 犯罪(捜査)科学.

fòre·ordáin *vt.* あらかじめ…の運命を定める, (宿命的に)予定する (predestinate): He was ～*ed to* die early. 彼は早死にの運命にあった. **～·ment** *n.* 〖*c*1384〗

fòre·ordinátion *n.* あらかじめ運命づけ(られ)ること, (運命の)予定, 前世の約束, 宿命 (predestination). 〖(1628): ⇨ ↑, ordination〗

fóre·pàrt *n.* 1 前部, 初めの部分: a (靴の)先端. b (衣服の)胸の部分. 2 (期間などの)初めの部分, 初期: the ～ of the morning. 〖*a*1400〗

fòre·pássed *adj.* (*also* **fore·past** /～/) 《まれ》＝bygone. 〖1557〗

fóre·pàw *n.* (犬・猫などの)前足. 〖1825〗

fóre·pèak *n.* 〖海事〗船首倉. 〖1693〗

fóre·pèrson *n.* ＝foreman, forewoman. 〖1973〗

fóre plàne *n.* 〖木工〗荒仕上げかんな. 〖1703〗

fóre·plày *n.* (性交の)前戯. 〖1929〗

fóre·plèasure *n.* (性交の)前快感《orgasm に先行するもの》. 〖1910〗

fóre·pòle *n.* 〖鉱山〗矢木, 矢板《差矢(さしや)法で坑道を掘進するとき坑道周壁に打ち込む板》.

fóre·quàrter *n.* 1 (牛・羊肉などの)前四半部《通例 12 と 13 番めの肋骨間で切る》. 2 [*pl.*] (四足哺乳類の)前躯(ぜんく). 〖*c*1430〗

fóre·ràke *n.* 〖海事〗(船首などの)前方傾斜(度). 〖1627〗

fòre·réach 〖海事〗*vt.* 〈他船〉に追い迫る, 追い越す. — *vi.* 1 〔船などに〕追い迫る, 追い越す〔*on, upon*〕. 2 (エンジンを止めたあとに惰力で)進出する. 〖1644〗

fóre·rìb *n.* フォアリブ《サーロインのすぐ前のバラ肉を含むロースト用牛肉》. 〖1861〗

fóre·ròom *n.* 《米方言》客間 (parlor). 〖*c*1565〗

fore·run /fɔərʌ́n | fɔː-/ *vt.* (**fore·ran** /-rǽn/; **-run; -run·ning**) 1 先駆する, …に先立つ (precede). 2 予告する, 先触れする (herald). 3 《古》出し抜く (anticipate, forestall). 4 《廃》走り越す, 追い越す (outrun). — /ˊ—ˋ/ *n.* [しばしば *pl.*] 〖化学〗前留分《蒸留に際して沸点以下の温度で留出する部分》. 〖lateOE *forærnam* to run on in front: ⇨ fore-, run¹〗

fore·run·ner /fɔ́ərʌ̀nə, ˋ—ˊ— | fɔ́ːrʌ̀nə(r, ˋ—ˊ—/ *n.* 1 先駆者, 先発の使者; 先触れ, 前触れ: a ～ of spring 春の前触れ. 2 (後人から見た)先人; 先祖. 3 (病気などの)兆候; 前駆症状, 前兆 (prodrome). 4 〖スキー〗前走者《滑降競技などでレース前にコースを試走するスキーヤー》. 5 [the F-] 洗礼者ヨハネ (John the Baptist). 6 原型 (prototype). 〖(*a*1325): ⇨ ↑, -er¹〗

SYN 先駆者: **forerunner** 次に来るもののために道を開く, またはその出現を前触れする人や物: a *forerunner* of modern women's movement 現代の女性運動の先駆者. **pioneer** 先頭に立って物事を進めて行く者; 特に学問・研究などの創始者の意: a broadcasting *pioneer* 放送界の先駆者. **herald** 《文語》やがて来るものを先触れするもの: Dawn is the *herald* of day. あかつきは一日の先触れである. **harbinger** 《文語》あるものが近づいていることを示す人や物: The robin is a *harbinger* of spring. コマドリは春の先触れだ.

fóre·rùnning *n.* 〖化学〗＝forerun. 〖1565〗

fóre·sàddle *n.* (子牛の肉・羊肉・鹿肉などの)鞍下肉の前部 (cf. hindsaddle). 〖1924〗

fóre·sàid *adj.* 《古》＝aforesaid. 〖? OE *for(e)sǣd*〗

fore·sail /fɔ́əsèɪl | fɔ́ː-/ ★〖海事〗の発音は /-səl, -sl/ *n.* 〖海事〗1 フォースル《横帆船の前檣(しょう)の大帆, 前檣の最下の帆; forecourse ともいう》. 2 (schooner の) 前檣縦帆《前檣のガフ (gaff) に取り付けた大縦帆》. 3 (1 本マストの cutter, sloop などの) 前檣支索縦帆 (forestaysail). 〖(1481–90) ← FORE-＋SAIL〗

fore·sáy *vt.* (**fore·said**) 《古》＝foretell. 〖OE *fore-secgan*〗

fore·see /fɔəsíː | fɔː-/ *v.* (**fore·saw** /-sɔ́ː/; **-seen** /-síːn/) — *vt.* 先見する, 予知する: ～ trouble 困難を見越す / ～ what will happen [how things will turn out] 何事が起こるか[事の成行きを]予知する. — *vi.* 《廃》先見の明を発揮する. 〖OE *foresēon*〗

fore·see·a·ble /fɔəsíːəbl | fɔː-/ *adj.* 予知することのできる; 予知可能な範囲の: in the ～ future 今のところは, 当面は / for the ～ future ここ当分の間は. 〖(1804): ⇨ ↑, -able〗

fòre·sée·ing *adj.* 先見の明のある, 見通しのきく, 深慮の (provident, prudent). **～·ly** *adv.* 〖(1567): ⇨ -ing²〗

fòre·sé·er *n.* 予知者; 先見の明のある人. 〖(1548) ← FORESEE＋-ER¹〗

fòre·shádow *vt.* 予表[予示]する, …の兆候を示す (prefigure). **～·er** *n.* 〖1577〗

fóre·shànk *n.* (牛の)前脚の上部, 前脚の肉 (⇨ beef 挿絵). 〖1924〗

fóre·shèet *n.* 〖海事〗1 フォアシート, 前檣(しょう)帆の帆脚(あし)綱. 2 [*pl.*] 艇首座《ボートの前すみの三角形の座席; cf. stern sheets》. 〖1667〗

fóre·shòck *n.* (地震の)前震 (cf. aftershock). 〖1902〗

fóre·shòre *n.* [the ～] 1 前浜, 前汀(なぎさ)《満潮線と干潮線との間にある海浜地帯》. 2 a 渚(なぎさ), 磯辺. b 水際と耕地[宅地]との間の土地. c (湖・池・沼・川などの)水辺の土地. 〖(1764) ← FORE-＋SHORE¹〗

fòre·shórten *vt.* 1 〖絵画〗(遠近法によって)…奥行を縮めて描く, 遠見(とおみ)に描く. 2 短縮する, 縮める, 小さくする (abridge). **～ed** *adj.* 〖(1606) ← FORE-＋SHORTEN〗

fòre·shórten·ing *n.* 〖絵画〗(遠近法による)短縮法. 〖(1606): ⇨ ↑, -ing¹〗

fòre·shów *vt.* (～ed; **-shown**) 1 あらかじめ示す, 予示[予表]する. 2 前もって知らせる, 予報する; 前兆として示す. **～·er** *n.* 〖OE *foresċēawian*〗

fòre·shów·ing *n.* 予示, 予表, 予報 (prefiguration); 前兆(となること). 〖OE *foresċēawung*〗

fóre·sìde *n.* 1 《古》前面, 前部 (forepart); 上部 (upper side). 2 《米》沿岸地帯. 〖*a*1400〗

fore·sight /fɔ́əsàɪt | fɔ́ː-/ *n.* 1 先見(の明) (cf. hindsight 2): a man of ～. 2 将来に対する配慮, 深慮 (⇨ prudence SYN). 3 前途の見通し, 見込み, 前途 (prospect). 4 前方を見ること, 展望. 5 (銃砲の)照星 (cf. backsight 2). 6 〖測量〗前視, フォアサイト《前方に設けられた新しい測点に対する視準; 水準測量のときには minus sight ともいう》. 〖(*a*1325)《なぞり》← (O)F *providence* // L *prōvidentia*〗

fòre·sìght·ed /-tɪ̀d | -tɪ̀d/ *adj.* 先見の明のある (foreseeing); 将来をおもんぱかる, 深慮ある (provident). **～·ly** *adv.* **～·ness** *n.* 〖(1660): ⇨ ↑, -ed 2〗

fore·sight·ful /fɔ́əsàɪtfəl, -fl | fɔ́ː-/ *adj.* 先見の明のある. 〖(1580): ⇨ -ful¹〗

fóre·skìn *n.* 〖解剖〗包皮 (prepuce). 〖(1535) ← FORE-＋SKIN〗

fóre·skìrt *n.* 上衣の前開き. 〖1612–13〗

fóre·slèeve *n.* 1 〖服飾〗前腕部を覆っているそでの部分. 2 取りはずし自由な飾りそで. 〖*a*1376〗

fore·spéak *vt.* (**fore·spoke**, 《古》**-spake; -spok·en**, 《古》**-spoke**) 《まれ》1 予言する (predict). 2 前もって注文する[要求する]. 〖*a*1325〗

fore·spent /fɔəspént, fɔə- | fɔː-/ *adj.* 《古・詩》＝forspent. 〖1578〗

for·est /fɔ́(ː)rɪ̀st, fɑ́(ː)r- | fɔ́r-/ *n.* 1 (下生えの茂った自然の状態の広大な)森林, 山林; 森林地帯. ★ ラテン語系形容詞: sylvan. 日英比較 日本語の「森」は「森の都」とか「鎮守の森」のようにどちらかというと「木立」「林」に近い意味で使われることが多い. それに対して, 英語の forest はめったに人が入らないような自然の大森林をいい, 「森林」と訳すほうが意味が正確に伝わることが多い. 「小さな森」あるいは「木立」に当たる英語は woods あるいは grove である. 2 森林の樹木: cut down a ～ 森林の樹木を伐採する. 3 a 林立するもの: a ～ *of* chimneys [TV antennas] 林のように突っ立っている煙突[テレビアンテナ] / a ～ *of* masts in the harbor 港内に林立するマスト. b たくさん: a ～ *of* questions. 4 《英》a (もと狩猟用の)王室御料林, 御猟場 (royal forest) (cf. chase¹ 3, park 3, warren 3). b [主に地名に用いて] もと森林だった耕地: ⇨ Sherwood Forest. 5 《NZ》外国産松などの植林地.
— *adj.* [限定的] 1 森林の, 森林地方の: ～ dwellers 森林地方居住者. 2 《英》王室御料林の.
— *vt.* 樹木で覆う; …に植林する, 森林にする: ～ the old pasture with pine trees 古い牧草地に松を植林する.
cánnot sée the fórest for the trées 《米》＝*cannot see the* WOOD *for the trees.*
～·less, ～·like *adj.* 〖(?*a*1300) ▭ OF ～ (F *forêt*) ▭ LL *forestis* (*silva*) outside (unfenced) (wood) (as opposed to a park) ← L *forās, foris* outside (cf. foreign): または LL *forestis* は L *forum* court of justice (⇨ forum) からの派生で, 原義は land subject to ban とも考えられる〗

SYN 森林: **forest** 人家から離れて樹木が密集して生えている広い地域: a *forest* fire 山火事. **grove** 《文語》樹木がこんもりと生えている所: a *grove* of pines 松林. **wood** *forest* よりも小さい, 樹木が生えている場所: The child was lost in the *wood(s)*. 子供は森で道に迷った.

fóre·stàff *n.* (*pl.* **-staves, ～s**) 〖測量〗＝cross-staff 2. 〖1669〗

fóre·stàge *n.* 〖劇場〗(幕前の)張出し舞台, エプロンステージ (apron). 〖1923〗

for·est·al /fɔ́(ː)rɪ̀stl̩, fɑ́(ː)r- | fɔ́r-/ *adj.* 森林上の, 森林に関する. 〖(1827): -al¹〗

fore·stall /fɔəstɔ́ːl, -stɑ́ːl | fɔːstɔ́ːl/ *vt.* 1 …に先んじる, …の機先を制する, 先回りをする; 前もってやる, 事前に考える, 先を見越して処理する. 2 先回りをして妨げる, 出し抜く: ～ a competitor. 3 a (市価をつり上げるためにこっそり)買い占める. b (買い占めて)〈市場〉の売りを妨げる (cf. regrate¹ 1, corner 3). 4 a 《古》〈人〉の通行の邪魔をする, 待ち伏せする. b 《廃》妨害する. **～·ment** *n.* 〖OE *for(e)steal* (n.) ambush, intercepting in the highway: ⇨ fore-, stall¹〗

fòre·stáll·er /-lə | -lə(r/ *n.* 機先を制する者; 買占者 (middleman). 〖(1422): ⇨ ↑, -er¹〗

for·es·ta·tion /fɔ̀(ː)rɪ̀stéɪʃən, fɑ̀(ː)r- | fɔ̀r-/ *n.* 造林, 植林.

fóre·stày *n.* 〖海事〗フォアステー, 前檣(ぜんしょう)前支索《前檣の下檣の頂部から斜檣の根もとへ張り渡した支索》. 〖1295〗

fòre·stáysail *n.* 〖海事〗フォアステースル《前檣前支索に掛かる三角帆》. 〖1742〗

fór·est·ed *adj.* 植林した, 森林にした (wooded). 〖(1612): ⇨ -ed 2〗

for·est·er /fɔ́(ː)rɪ̀stə, fɑ́(ː)r- | fɔ́rɪ̀stə(r/ *n.* 1 森林学者. 2 森林官, 林務官. 3 森林地居住者. 4 〖動物〗森林動物: a (New Forest 付近にすむ) 野生に近いポニー. b トラガ科のガの一種 (*Alypia octomaculata*) 《その幼虫はブドウの害虫; forester moth ともいう》. 5 [F-] フォレスター会の会員《慈善友愛組合である the Ancient Order of Foresters の会員》. 〖(1296–97) ▭ (O)F *forestier*: ⇨ forest, -er¹〗

For·es·ter /fɔ́(ː)rɪ̀stə, fɑ́(ː)r- | fɔ́rɪ̀stə(r/, **C**(ecil) **S**(cott) *n.* フォレスター《1899–1966; 英国の小説家; Captain Hornblower を主人公にした連作海洋小説が有名》.

fórest fìre *n.* 山火事, 森林火災. 〖1878〗

fórest flòor *n.* 〖土壌〗林床《森林下で鉱質土壌の表面にある落葉落枝や腐植の集積》. 〖1849〗

fórest flỳ *n.* 〖昆虫〗ウマシラミバエ (*Hippobosca equina*) 《日本からヨーロッパ・アフリカにかけて分布するシラミバエ科のハエで, 牛・犬・野獣などの血を吸う》. 〖1658〗

fórest gréen *n.* 濃い黄色がかった緑色. 〖1810〗

fo·res·ti·al /fəréstiəl, -tʃəl | -tiəl/ *adj.* ＝forestal. 〖1696〗

fóre·stìck *n.* (炉のまきで)手前に置く丸木. 〖1793〗

fórest·lànd *n.* 森林地. 〖1649〗

fórest làw *n.* 〖法律〗林野法《特に, 英国ノルマン王朝時代の御料林・狩猟地保護に関するもの; 名誉革命 (1688 年) 以後全く用いられない》. 〖1598〗

fórest màrble *n.* 〖岩石〗(英国の Wychwood Forest に産する) ジュラ紀の鮞(じ)状大理石《割れやすい一種の石灰岩》. 〖1858〗

fórest òak *n.* 《豪》〖植物〗オーストラリア産のモクマオウ属の植物 (*Casuarina torulosa*) 《高木で良質の材を産する; cf. she-oak》. 〖1882〗

fórest pàrk *n.* 《英・NZ》国定森林公園《Great Britain に 7 か所ある》.

fórest rànger *n.* 《米》森林地警備[監視]員, 営林署官吏. 〖1830〗

fórest resèrve *n.* 《米》保存林, 保護林. 〖1882〗

for·est·ry /fɔ́(ː)rɪ̀stri, fɑ́(ː)r- | fɔ́r-/ *n.* 1 林学, 林業. 2 山林管理. 3 《まれ》[集合的] 森林; 森林地, 林地 (forest land). 〖(1693) ▭ OF *foresterie*: ⇨ forest, -ry〗

Fórestry Commìssion *n.* [the ～] 《英》森林委員会《国有林を管理する政府機関》.

Fórest Sèrvice *n.* [the ～] 《米》林野部《農務省の国有林管理部門; 国有林や草原の保護・育成を行う》.

fórest tént càterpillar *n.* 〖昆虫〗天幕毛虫《北米産のオビカレハの一種の幼虫, 橙色紋があり, 天幕状の巣を作り, 群生して落葉樹の葉を食い荒らす害虫》.

fórest trèe *n.* 林木《森林に茂っているか, または森林に栽培するに適した樹木; cf. fruit tree》. 〖1712〗

fore·swear /fɔəswéə | fɔːswéə(r/ *v.* ＝forswear.

fore·sworn /fɔəswɔ́ən | fɔːswɔ́ːn/ *v., adj.* ＝forsworn.

fóre·tàste *n.* 1 (将来の喜び・苦しみなどの一端を)前もって味わう[知る]こと; 予想, 予期〔*of*〕: have a ～ *of*. 2 前触れ: a ～ of rain [spring] 雨[春]の前触れ. — /ˋ—ˊ/ *vt.* 前もって味わう[知る], 予想する. 〖(1435): ⇨ fore-, taste〗

fore·tell /fɔətél | fɔː-/ *v.* (**fore·told** /-tóʊld | -tə́ʊld/) — *vt.* 1 a 〈事を〉予言[予示]する (predict): a ～ person's failure 人の失敗を予言する / ～ something to come 未来に起こる事を予言する. b 〈事〉の前兆となる. 2 《廃》予告する. — *vi.* 《廃》予言する〔*of*〕. 〖(*a*1325)《なぞり》← L *praedīcere*〗

SYN 予言する: **foretell** 未来に何が起こるかを告げる《*predict* よりも格式ばった語》: Astrologers *foretold* the future from the stars. 占星術師は星で未来を占った. **predict** 知識・経験・推論に基づいて正確に予言する: *predict* a good harvest 豊作を予言する. **prophesy** 神からの啓示や呪術的な知識に基づいて予言する: *prophesy* a big earthquake 大地震を予言する. **prognosticate** 前兆・症候などを研究して予言する《格式ばった語》: He can *prognosticate* the course of most diseases. 大半の病気の成り行きを予言できる. **forecast** 自然現象・天候などについて知識に基づいて今後の見込みを予測する: *forecast* the weather 天気予報をする.

fòre·téll·er /-lə | -lə^(r)/ *n.* 予告者; 予言者 (prophet). 〘(1580): ⇨ ↑, -er¹〙

fore·thought /fɔ́əθɔ̀ːt, -θɑ̀ːt | fɔ́ːθɔ̀ːt/ *n.* **1** あらかじめの考慮[意図, 計画] (⇨ prudence **SYN**): without ~ あらかじめ考えないで, 思わず. **2** 先見; 深慮, 慎重, 用心. **—** *adj.* あらかじめ考慮[計画]された; 慎重な. 〘*a*1325〙

fore·thought·ful /fɔ́əθɔ̀ːtfəl, -θɑ̀ːt-, -fl | fɔ́ːθɔ̀ːt-/ *adj.* (将来に対する)深慮のある, 先見の明のある, 慎重な. **~·ly** *adv.* **~·ness** *n.* 〘(1809–10): ⇨ ↑, -ful¹〙

fóre·tìme *n.* 往時, 昔. 〘*c*1540〙

fóre·tòken *n.* 前兆 (omen); 兆候 (sign). **—** /←ー/ *vt.* 前兆する, …の前兆となる, 予示する: ~ good weather. 〘OE *foretācn*: ⇨ fore-, token〙

foretold *v.* foretell の過去形・過去分詞.

fóre·tòoth *n.* (*pl.* -teeth) 前歯, 門歯, 切歯 (incisor). 〘lateOE *foretēð* (pl.)〙

fóre·tòp ★〖海事〗の発音は /-təp/. *n.* **1** (馬の)額のたてがみ. **2** 《古》(人・かつらの)前髪. **3** 〖海事〗前檣(ぜんしょう)楼, フォアトップ《前檣の下檣の頂部にある檣楼; cf. top¹ *n.* 16 a》. 〘*c*1300〙

fòre-topgállant *adj.* 〖海事〗フォアートゲルンの, フォアーゲルンの, 前檣上檣の《前檣を構成する中で下から3番目のマストにいう》: a ~ mast 前檣上檣《フォアーマストを構成する中の下から3番目のマスト》/ a ~ masthead 前檣上檣頭 / a ~ sail 前檣のトゲルンスル. 〘1627〙

foretóp·man /-mən/ *n.* (*pl.* **-men** /-mən/) 〖海事〗前檣(ぜんしょう)楼員《見張りに当たる》. 〘1816〙

fòre·tópmast *n.* 〖海事〗フォアトップマスト, 前檣中檣《前檣の下から2番目のマスト》. 〘1626〙

fòre·tópsail ★〖海事〗の発音は /-səl, -sl/. *n.* 〖海事〗前檣(ぜんしょう)トップスル《fore-topmast に掛かる横帆》. 〘1582〙

fóre·trìangle *n.* 〖海事〗船首三角形《帆船の前檣・甲板・前檣前支索とで作る垂直の三角域》.

for·ev·er /fɔːrévə, fər- | fərévə^(r)/ *adv.* **1** 永久に, 永遠に (eternally): remain ~ 永久に残る / go away ~ 永久に立ち去る / It ended the matter once and ~. それでこの件は完全に片がついた. **2** [通例動詞の進行形に伴って] 絶えず, いつも, ひっきりなしに (always): He's ~ grumbling. 彼はしょっちゅうぶつぶつ言っている. **3** 《口語》長々と: He went on speaking ~. 彼は長々としゃべり続けた. ★ 特に1の意味には《英》では通例 for ever と二語につづる. ***forever and ever* [*forévér*]** =***forever and a dáy*** =《文語》***forever and áye*** 永遠に.
— *n.* **1** [the ~] 永遠, 永劫(ごう) (eternity). **2** 《口語》長い間: It took (me) ~ to finish it. それを仕上げるのに長いことかかった.
〘(1670) ← FOR+EVER〙

forèver·móre *adv.* 今後永久に《forever の強調形》. 〘1837〙

for·év·er·ness *n.* 永遠 (eternity).

fóre·ward *n.* 《廃》(戦争の)前線. 〘(?*a*1400): ⇨ ward〙

fore·warn /fɔəwɔ́ən | fɔːwɔ́ːn/ *vt.* あらかじめ警戒する; 前もって注意[通告]する (⇨ warn **SYN**): *Forewarned* (is) forearmed. 《諺》事前の警戒は事前の武装(に等しい), 警戒は即ち武装 (cf. forearm²). **~·er** *n.* **~·ing** *n.* **~·ing·ly** *adv.* 〘*a*1338〙

fóre·wàters *n. pl.* 〖医学〗(子宮頸管部に現れる)羊水 (amniotic fluid).

forewent *v.* forego¹·² の過去形.

fóre·wìng *n.* 〖昆虫〗前翅(し).

fóre·wòman *n.* **1** (女性の)陪審長 (cf. foreman 2). **2** =forelady. 〘(1709) (fem.) ← FOREMAN〙

fóre·wòrd *n.* まえがき, はしがき, 序文; (しばしば, 著者以外の人の筆になる)序文 (cf. afterword) (⇨ introduction **SYN**). 〘(1842) (なぞり) ← G *Vorwort* ← *vor* fore+*wort* word〙

fore·worn /fɔəwɔ́ən | fɔːwɔ́ːn/ *adj.* 《古》=forworn.

for·ex /fɔ́(ː)rɛks, fɑ́(ː)r- | fɔ́r-/ *n.* 外国為替 (foreign exchange). 〘(1947) (混成) ← FOR(EIGN)+EX(CHANGE)〙

fóre·yàrd *n.* 〖海事〗前檣(しょう)の(最下の)帆桁(けた). 〘1395〙

for·fait·ing /fɔ́ːfeɪṭɪŋ | fɔ́ːfeɪt-/ *n.* 〖金融〗フォーフェティング《輸出長期延払い手形の償還請求権なしの割引買取金融》.

for·far /fɔ́əfə, -fɑə | fɔ́ːfə^(r), -fɑː^(r)/ *n.* (スコットランド Forfar 産の) 粗麻布, 生(き)麻布. 〘← *Forfar* (↓): 原産地名〙

For·far /fɔ́əfə, -fɑə | fɔ́ːfə^(r), -fɑː^(r)/ *n.* フォーファー: **1** スコットランド東部 Dundee 北方の都市; Angus の州都. **2** Angus の旧名 (Forfarshire ともいう). 〘□ Goel. *for fuar* cold forest〙

for·feit /fɔ́əfɪ̀t | fɔ́ː-/ *n.* **1 a** (犯罪・義務怠慢・契約違反などの処罰としての)没収(手続); (処罰としての)没収物: His life was the ~ *of* his crime. 彼は罪の罰として命を取られた / A murderer pays the ~ *of* his life. 人殺しをした者は死刑に処せられる. **b** 罰金, 科料, 違約金, 追徴金 (penalty, fine). **2** (権利・名誉などの)喪失, 剥奪 (forfeiture): the ~ *of* one's civil rights [honor] 公民権の剥奪[名誉の喪失]. **3 a** (罰金遊びの)賭け物. **b** [*pl.*; 単数または複数扱い] 罰金遊び: play ~*s* 罰金遊びをする.
— *vt.* **1** (罰として没収[剥奪]されて)〈財産などを〉失う, 没収される: He ~*ed* his property by his crime. 彼は犯罪のために財産を没収された. **2** (ある行為の結果として)喪失する, 失う: ~ one's life on the battlefield 戦死する / ~ the esteem of one's friends by one's bad manners 無作法のために友人の尊敬を失う.
— *adj.* 〘(*a*1393) ← (p.p.)〙没収された, 喪失した (forfeited): His lands and titles were ~. 彼の土地と所有権は没収された / Thy wealth being ~ *to* the state. お前の財産は国庫に没収されてしまうのだから (Shak., *Merch* V 4. 1. 365).
〘n.: (*a*1325) *forfet* □ OF *forfet*, (O)F *forfait* crime (p.p.) ← *forfaire* to transgress < ML *forisfacere* ← L *foris* outside (the limits of law)+*facere* to act, do. — v.: (*c*1350) *forfete(n)* ← OF〙

for·feit·a·ble /fɔ́əfɪ̀ṭəbl | fɔ́ːfɪt-/ *adj.* (没収処分に付せられて)喪失すべき, 没収されるべき[ことのできる]. 〘(1417): ⇨ ↑, -able〙

fór·feit·er /-fɪ̀ṭə | -fɪtə^(r)/ *n.* 没収処分を受ける者. 〘(1609–10) ← FORFEIT+-ER¹ ∞ (*c*1350) *forfetour* □ OF *forfeteur*〙

for·fei·ture /fɔ́əfɪ̀tʃə, -tʃʊ̀ə | fɔ́ːfɪtʃə^(r)/ *n.* **1** (過失・罪などに対する罰としての)没収, (権利・名声の)喪失, (契約などの)失効: the ~ *of* one's property [good name] 財産の没収[名誉の喪失]. **2** 没収物; 罰金, 科料 (penalty, fine). 〘(*a*1338) □ (O)F *forfaiture*: ⇨ forfeit (v.), -ure〙

for·fend /fɔəfénd | fɔː-/ *vt.* **1** 《米》防ぐ, 防護する: ~ oneself *from* the influenza 流感から身を守る. **2** 《古》 **a** 禁じる, 禁止する: God [Heaven] ~!=God FORBID! **b** 防止する, 避ける: May God ~ such an unfortunate fate! このような不運のふりかかりませんように. 〘(*c*1384) ← FOR-¹+FEND〙

for·fi·cate /fɔ́əfɪ̀kət, -kèɪt | fɔ́ːfɪ-/ *adj.* 〖動物〗〈鳥の尾などが〉はさみ状の (scissor-shaped), はさみ尾の. 〘(1816) ← L *forfic-*, *forfex* scissors+-ATE²〙

For·fi·cu·li·dae /fɔ̀əfɪ̀kjúːlədìː | fɔ̀ːfɪkjúːlɪ-/ *n. pl.* 〖昆虫〗(革翅目)クギヌキハサミムシ科. 〘← NL ~ ← L *forficula* ((dim.) ← *forfex* (↑))+-IDAE〙

for·foch·en /fəfɑ́(ː)kən, -xən | fəfɔ́kən, -xən/ *adj.* 《スコット》疲れきった (exhausted). 〘(?*c*1300) *forfo(u)ghten* (p.p.) ← *forfighten* to exhaust with fighting: ⇨ for-¹, fight〙

forgat *v.* 《古》forget の過去形.

for·gath·er /fɔəgǽðə | fɔːgǽðə^(r)/ *vi.* **1** (寄り)集まる, 会合する. **2** 〔…と〕交わる, 交わりを結ぶ〔*with*〕. **3** 〔…と〕(偶然)出会う〔*with*〕: ~ *with* a friend. 〘(1513) ← FOR-¹+GATHER: cf. Du. *vergaderen*〙

forgave *v.* forgive の過去形.

forge¹ /fɔədʒ | fɔːdʒ/ *vt.* **1** 〈計画などを〉(練って)作り出す, 案出する (frame): ~ a design [scheme] 計画を練り上げる. **2** 〈うそなどを〉捏造(ねつぞう)する, こしらえ上げる (devise); 〈紙幣・文書・署名などを〉贋造(がんぞう)する, 模造する (fabricate); 〈手形などを〉偽造[変造]する: ~ a check [document] 小切手[文書]を偽造する / ~ a person's signature 人の筆跡をまねて署名をする / ~ an antique 古物のにせ物を作る / use ~*d* passports 偽造の旅券を行使する. **3** 〈金属を〉鍛える (work); 鍛造する (⇨ make **SYN**): ~ an anchor. **—** *vi.* **1** 文書を偽造[模造]する. **2** 鍛える, 鍛冶屋をする. **—** *n.* **1** (鍛冶場の)炉 (furnace). **2** 鍛冶工場, 鍛造工場, 鍛冶場 (smithy). **3** 塊鉄炉 (bloomery). **4** 思想[計画など]を練る所.
〘v.: (*a*1325) *forge(n)* □ OF *forgier* (F *forger*) < L *fabricāre* 'to FABRICATE': cf. fabric. — n.: (1279) □ (O)F ~ < L *fabricam* workshop〙

forge² /fɔədʒ | fɔːdʒ/ *vi.* **1** [通例 ~ *ahead* として] **a** 〈船が〉(惰力または潮流に推されて)進む. **b** 〈船・走者・競走馬などが〉急にスピードを増して進出する: The horse ~*d ahead into* the lead in the homestretch. その馬はホームストレッチで急に先頭に進出した. **2** (困難に抗する)ゆっくりと[着々と]進む, 進行する. 〘(1611) (転義) ? ← FORGE¹ // (変形) ← ? FORCE¹〙

forge·a·ble /fɔ́ədʒəbl | fɔ́ːdʒ-/ *adj.* **1** 〈金属が〉鍛えることができる, 可鍛性の. **2** 偽造[模造]することのできる.

forge·a·bil·i·ty /fɔ̀ədʒəbíləṭi | fɔ̀ːdʒəbílɪti/ *n.* 〘(*c*1384): ⇨ forge¹, -able〙

fórg·er *n.* **1** 捏造(ねつぞう)者; 偽造者, 贋造(がんぞう)者, 偽造犯人: a passport ~ 旅券偽造者. **2** 鍛える人, 鍛職工, 鍛冶工 (smith). 〘(*c*1384): ⇨ forge¹, -er¹〙

forg·er·y /fɔ́ədʒ(ə)ri | fɔ́ː-/ *n.* **1** 模造, 偽造, 贋造, 変造. **2** 偽作, 模作物《古物や骨董品などのにせ物》; 偽造物《偽造文書・偽印など》; 贋造物 (にせ金・にせ紙幣など). **3** 〖法律〗文書偽造罪. **4** 《古》作り事, 捏造, 仮作. 〘(1574) ← FORGE¹+-ERY〙

for·get /fəgét, fɔə- | fə-, fɔː-/ *v.* (**for·got** /-gɑ́(ː)t | -gɔ́t/, 《古》**-gat** /-gǽt/; **-got·ten** /-gɑ́(ː)tn | -gɔ́tn/, **-got**; **-get·ting**) ★ 過去分詞としての forgot は, 《米》では forgotten の別形として用いられるが, 《英》では《古・詩》.
— *vt.* **1 a** 忘れる, 失念する; 思い出せない, 覚えていない (↔ remember)〈*that, where,* etc.; *doing*〉: I always ~ dates. 私はいつも年月日を忘れる / I ~ your name. お名前は思い出せません / Don't ~ me! 私を忘れないで(時々思い出して)下さい / I'm ~*ting* [I've *forgotten*] my French. もうフランス語を忘れかけている[忘れてしまった] / I'd *forgotten* all about you coming this evening. 君が今晩来るということをすっかり忘れてしまっていた (cf. *vi.* 2) / Did you ~ (*that*) she was coming? 彼女が来るということを忘れていたのですか / I have *forgotten when* he died. 彼がいつなくなったのか忘れました / I have completely *forgotten how* to do it. そのやり方をすっかり忘れてしまった / I shall never ~ hear*ing* her sing the song. 彼女がその歌を歌うのを聞いたときのことは忘れられまい. **b** [*to* do を伴って]〈…するのを〉(うっかり)忘れる: He *forgot to* say that he would be away tomorrow. 彼はあす外出することを(うっかり)言い忘れた / You have *forgotten to* take off your hat. 君は帽子をぬぐのを忘れているよ / Don't ~ *to* mail that letter. その手紙を投函するのを忘れないように. **c** 〈物を〉置き忘れる, 忘れる. ★ leave (behind) とは違って, その場所を示す副詞(句)は伴わない: He says he has *forgotten* his key. 彼は鍵を忘れて来たと言っている / I was ~*ting* my umbrella. もう少しで傘を忘れるところだった. **2** 〈意図的に〉忘れてしまう, 水に流す, 無視する: Let's ~ this affair [the whole thing]. 今度の事は[すべて]忘れるようにしよう. **3** ゆるがせにする, なおざりにする: ~ one's duties 自分の務めを忘れる[おろそかにする] / ~ God 信心を忘れる / Don't ~ the waiter. 給仕のこと[にチップをやること]を忘れないように. **4** [~ *oneself* で] **a** 身のほどを忘れる, わが身をわきまえぬ行動をする[ことを言う]; 自分の品位を傷つけ, 自制心を失う, かっとなる: You are ~*ting yourself*! 身のほどを知りなさい. **b** 自己を顧みない, 没我的に[もっぱら他人のために]行動する. **c** 我を忘れる, 没我の状態に陥る: I *forgot myself in* the music. その音楽に陶然と聞き入った.
— *vi.* **1** 忘れる, 忘却する: forgive and ~ (過去の恨みなど)きれいに忘れて潔く許す, さらりと水に流す / I wanted to do it but I *forgot*. それをやりたかったんだが忘れてしまった. **2** 《口語》〔…のことを〕忘れる〔*about*〕: I wonder if he has *forgotten about* it. / She seemed to have *forgotten about* turning out the gas. 彼女はガスを消すのを忘れたらしかった.
(…) ***and dón't you forgét it!*** (…なんだ,)このことは覚えてろ《怒りを含む強い言い方》. ***befóre I forgét* (*it*)** 忘れないうちに言っておくが. ***Forgét* (*abóut*) *it.*** 《口語》(1) (そんなことは)もういいよ, 心配しなさんな, (いや)何でもないよ. (2) だめだ《提案・申し出などを拒絶することば》. ***nót forgétting*** (もちろん)…も(含めて) I want to thank everyone who helped me, *not* ~*ing* my secretary. もちろん秘書を含め, 手伝ってくれたすべての人に感謝します.
〘ME *forgete(n)* ← FOR-¹ 1+GET ∞ ME *foryete(n)* < OE *forg(i)etan* ← (WGmc) **fer-* 'FOR-¹ 1'+**ʒetan* 'to GET'〙

for·get·ful /fəgétfəl, fɔə-, -fl | fə-, fɔː-/ *adj.* **1** 忘れっぽい, 忘れやすい; 〔…を〕忘れて〔*of*〕: a ~ person / be very ~ *of* things なんでも忘れっぽい / He is reading, ~ *of* all cares. 彼はすべての煩わしさを忘れて読書している. **2** 〔…のことを〕忘れがちな, 怠りがちな〔*of*〕: be ~ *of* one's duties 義務を怠りがちだ / grow very ~ ひどく忘れっぽくなる. **3** 《詩》忘却させる, 忘却を誘う: ~ sleep. 〘(*c*1384): ⇨ ↑, -ful¹〙

for·gét·ful·ly /-fəli, -fli/ *adv.* 忘れっぽく, うっかり失念して, そこつにも. 〘(*a*1716): ⇨ ↑, -ly¹〙

for·gét·ful·ness *n.* 忘れっぽさ, 健忘性; そこつ(な性分), 怠慢. 〘(*a*1398): ⇨ -ness〙

for·ge·tive /fɔ́ədʒəṭɪv | fɔ́ːdʒɪt-/ *adj.* 《古》創造力に富む. 〘(1598) ← ? FORGE¹+(CREA)TIVE〙

forgét-me-nòt *n.* 〖植物〗 **1** ワスレナグサ (*Myosotis scorpioides*) 《南ヨーロッパ原産のムラサキ科ワスレナグサ属の薄青色の花をつける植物; 信実・友愛の表象; 米国 Alaska 州の州花; scorpion grass ともいう》. **2** ワスレナグサに似た草花《タビラコ・ルリソウなど》. 〘(*c*1532) (なぞり) ← OF *ne m'oubliez mie* (F *ne m'oubliez pas*)〙

for·get·ta·ble /fəgéṭəbl | fəgét-, fɔː-/ *adj.* 忘れられやすい; 忘れてもよい. 〘(1845) ← FORGET+-ABLE〙

for·gét·ter /-ṭə | -tə^(r)/ *n.* 忘れる人; 忘れっぽい人; (特に, しょっちゅう)忘れる人. 〘(1613) ← FORGET+-ER¹ ∞ ME *forʒeter*〙

for·get·ter·y /fəgéṭəri | fəgét-, fɔː-/ *n.* 物覚えの悪いこと, 記憶力が鈍いこと.

fórge wèlding *n.* 鍛接.

fórg·ing *n.* **1** 鍛造: a ~ hammer 鍛造ハンマー. **2** 鍛造品. **3** 〖法律〗=forgery 3. 〘(*c*1384): ⇨ forge¹, -ing¹〙

fórging machìne *n.* 鍛造機.

fórging prèss *n.* 〖機会〗鍛造プレス.

for·giv·a·ble /fəgívəbl, fɔə- | fə-, fɔː-/ *adj.* 許される, 許すことのできる (pardonable): a ~ error. **~·ness** *n.* **for·giv·a·bly** *adv.* 〘(1550): ⇨ ↓, -able〙

for·give /fəgív, fɔə- | fə-, fɔː-/ *v.* (**for·gave** /-géɪv/; **-giv·en** /-gɪ́vən/) **—** *vt.* [しばしば二重目的語を伴って] **1** 〈罪・人を〉許す, 容赦する (pardon): ~ an insult [a sin] 非礼[罪]を許す / ~ one's enemies / ~ a person's sins [negligence] =~ a person (for) his sins [negligence] 人の罪[怠慢]を許す / If ye ~ men their trespasses, your heavently Father will also ~ you. なんじらもし人の過ちを許さば, なんじらの天の父もなんじを許したまわん (*Matt.* 6: 14) / His offenses were *forgiven* him.=He was *forgiven* his offenses. 彼の罪は許された. **2** 〈借金・負債者を〉許してやる, 免除する: ~ a debt / ~ a person his debt 人の借金を免除してやる. **—** *vi.* 容赦する: He is not a man who easily ~*s*. 容易に許すような人ではない / To err is human, to ~ divine. ⇨ err.
could* [*might*] *be forgíven for dóing …するのは無理もない. ***Forgíve me* [*my ígnorance*] (*for dóing*), (*but* …)** (…して)失礼です[無知なことを言います]が(…)《しばしば

F

いらだち・不賛成などを表す丁寧な表現》.
〖ME *foryive(n)* < OE *forġi(e)fan* to give up, forgive < Gmc **ferzeƀan* (なぞり) ← ML *perdōnāre* 'to PARDON': ⇨ for-¹ 1, give〗

for·give·a·ble /fəgívəbḷ, fɔə- | fə-, fɔ:-/ *adj.* = forgivable. **~·ness** *n.* **fer·give·a·bly** *adv.*

forgiven *v.* forgive の過去分詞.

for·give·ness /fəgívnɨ̀s, fɔə- | fə-, fɔ:-/ *n.* **1** (罪などの)容赦, 勘弁 (pardon); 免除: the ~ of sin 罪の許し (*Ephes* 1:7) / ask for ~ 赦しを請う. **2** 寛大さ, 寛容性: be full of ~ すこぶる寛大である. 〖ME *foryiveness* < OE *forġifennys* ← *forġifen* (p.p.) ← *forġi(e)fan* 'to FORGIVE'〗

for·gív·er *n.* **1** 許す人, 容赦する人. **2** 免除者. 〖(?*a*1200): ⇨ forgive, -er¹〗

for·gív·ing *adj.* (快く)許す; 寛大な: a ~ nature [spirit] 寛大な性質[心]. **~·ly** *adv.* **~·ness** *n.* 〖(a.: *c*1386; n.: 1690): ⇨ forgive, -ing¹·²〗

F

for·go /fɔəgóu | fɔ:góu/ *vt.* (**for·went** /-wént/; **-gone** /-gɔ́(:)n, -gá(:)n | -gɔ́n/; **-goes**) **1** (何かの都合でやむを得ず)〈楽しみなどを〉見合わせる, 慎む, やめる (⇨ relinquish SYN): ~ a trip. **2** 《古》怠る, 顧みない. **3** 《古》去る. **~·er** *n.* 〖OE *forgān* to go over: ⇨ for-¹ 1, go¹〗

forgot *v.* forget の過去形・《米・英古》過去分詞.

forgotten *v.* forget の過去分詞.

forgótten mán *n.* 忘れられている人《当然受けてよい評価を世間から受けていない人; 米国の社会学者 W. G. Summer が使い始め, F. D. Roosevelt が 1932 年の大統領選挙に用いてから広まった》. 〖1925〗

Fo·ril·lón Nátional Párk /fɔ:ri(l)jɔ́:(ŋ), -(l)jɔ̀:ŋ-; *F.* fɔʀijɔ̃/ *n.* フォリョン国立公園《カナダの Quebec 州 Gaspé 半島にある国立公園; 眺めのよい絶壁や台地・ハイキングコースなどがある》.

fo·rint /fɔ́:rɪnt | fɔ́r-; *Hung.* fórint/ *n.* **1** フォーリント《1946 年制定のハンガリーの通貨単位; =100 filler; 記号 F, Ft》. **2** 1 フォーリント硬貨. 〖(1946) □ Hung. ~ □ It. *fiorino* 'FLORIN'〗

for·judge /fɔədʒʌ́dʒ | fɔ:-/ *vt.* 〖法律〗 **1** (裁判によって)〔権利・物を〕〈人〉から剥奪する〔*from, of*〕, 〈人を〉〔…から〕追放する〔*from, of*〕. ★ 前置詞を用いず二重目的語をもつこともある: The tenant was ~*d* (*of*) the land. 借地人は土地を剝奪された. **2** 《米》〈弁護士などを〉〔法廷から〕追放する〔*from*〕. **for·júdg·ment** *n.* 〖(1384) *forjugge(n)* □ OF *forjugier* ← FOR-¹+*jugier* 'to JUDGE'〗

fork /fɔ́ək | fɔ́:k/ *n.* **1 a** フォーク《通例 2 本以上の先(prong) を持つ道具》. **b** 食卓用フォーク《通例, 先が四つに分かれている》: a table~ (農業用フォークと区別して)食卓用フォーク / ⇨ DESSERT fork, dinner fork / a knife and ~ ⇨ knife 成句. **c** 農業用フォーク, またぐわ, 熊手 (prong): a hay ~ 干し草用フォーク / a stable ~ うまや用熊手《わらや干し草などを動かす》/ a manure ~ 堆肥用フォーク / a garden ~ 股鍬(ﾏﾀｸﾞﾜ)《土を起こす 3 本またのくわ》. **d** =forklift. **2 a** フォーク状のもの. **b** (道路や川などの)また, 分かれ, 分岐, 合流点 (bifurcation). **c** [しばしば *pl.*] (自転車の前車輪の)支え, フォーク (⇨ bicycle 挿絵). **d** (枝・ぶどうつるなどを支える)また木, 叉杭(ｻｸﾞｲ); (木や枝の)また. **e** (人体の)また. **f** 叉(ｻ)状電光. **g** 《廃》矢じりのまた: though the ~ invade the region of my heart 矢じりが私の胸を貫こうとも (Shak., *Lear* 1. 1. 146). **3** (左か右かの)分かれ道, 岐路: take the right ~ at the crossroads 十字路で右の道を行く. **4** 《米》川の支流 (tributary). **5** 二者択一, 一つの選択 (alternative). **6** 〖音楽〗音叉(ｵﾝｻ) (tuning fork). **7** 〖チェス〗両当たり, 両取り (cf. *vt.* 3). **8** 〖時計〗フォーク《レバー脱進機のアンクル先端部で, てんぷと係合するためまた状になっている部分》.

— *vt.* **1 a** フォークで〈食べ物を〉刺して[口などに]運ぶ〔*into, onto*〕. **b** (またぐわ・熊手などで)〈堆肥・干し草などを〉突き刺して動かす[運ぶ]〈*in, out, up*〉; 〈土地を〉かき起こす. **2** フォークの形にする: ~ one's fingers. **3** 〖チェス〗(knight などの駒で)〈敵の二つの駒〉に両当たり[両取り]をかける (cf. *n.* 7). — *vi.* **1** フォークを使う, フォークで働く. **2** 〈川・道路・枝などが〉叉になる, 分岐する: The road ~*ed* right and left. **3** (左か右かの分かれ道の)一方に行く.
***fórk óut* [*óver, úp*]** 《口語》 (*vt.*) 〈お金を〉〔…に〕しぶしぶ払う〔*for, on*〕: ~ *out* 5 quid *for* the toy そのおもちゃに 5 ポンドをいやいや支払う. (*vi.*) 〔…に〕いやいやながらお金を支払う〔*for*〕.
~·er *n.* 〖OE *forca* pitchfork □ L *furca* ← ?: cf. F *fourche*: 食卓用フォークの意味は 15 世紀から〗

fórk·bàll *n.* 〖野球〗フォークボール《人指し指と中指をフォーク状にひろげ, ボールをその間に挟んで投球する》. 〖1923〗

fórk béam *n.* 〖造船〗フォーク形梁 (⇨ beam arm). 〖*c*1850〗

fórk connéction *n.* 〖電気〗フォーク結線《3 相を多相に変換する変圧器結線の代表的なもので, 枝分かれした結線》.

fórk dìnner *n.* (フォークだけで食べられる)ビュッフェ式の食事 (fork supper ともいう). 〖1965〗

forked /fɔ́əkt, fɔ́əkɨ̀d | fɔ́:kt/ *adj.* **1** またに分かれた, (二またに分岐した (cleft); ジグザグの: a bird with a ~ tail (つばめのように)尾が二またに分かれた鳥 / ~ lightning 叉(ｻ)状電光. **2** [複合語の第 2 構成素として] (…の)またのある, …またの: three-*forked* 三叉の. **3** 不誠実な, どちらとも取れる: speak with a ~ tongue 二枚舌を使う.
fórk·ed·ly /-kɨ̀dli/ *adv.* **fórk·ed·ness** /-kɨ̀dnɨ̀s/ *n.* 〖(*a*1325): ⇨ -ed 2〗

fórked·èight *n.* 《米俗》V 型 8 気筒エンジンの車.

fork·ful /fɔ́əkfùl | fɔ́:k-/ *n.* (*pl.* **~s, forks·ful**) フォークで(一度に)持てるだけの量, フォーク一杯〔*of*〕. 〖(1641): ⇨ -ful²〗

fórk-hánder *n.* 《俗》〖野球〗左腕投手.

fórk·ing lárkspur *n.* 〖植物〗=field larkspur.

fórk·less *adj.* 叉(ｻ)のない, 叉(ｻ)状部のない. 〖(1846): ⇨ -less〗

fórk·lìft *n.* **1** 〖機械〗フォークリフト《2 本(以上)の水平な金属の腕をもち, それで荷物を持ち上げたり運んだりする機械》. **2** =forklift truck. — *vt.* …をフォークリフトで運ぶ. 〖1944〗

fórklift trùck *n.* フォークリフトトラック《フォークリフトのついた荷物昇降運搬車》.

fórk·lìke *adj.* フォーク状の, 叉(ｻ)状の. 〖1611〗

fórk lùnch *n.* =fork luncheon 2.

fórk lùncheon *n.* **1** (卵・肉などが出る)昼食, 軽食. **2** 《英》(フォークだけで食べられる)簡易食堂 (buffet) の昼食. 〖1940〗

forks·ful /fɔ́əksfùl | fɔ́:ks-/ *n.* forkful の複数形.

fórk sùpper *n.* =fork dinner.

fórk·tàil **1** 二叉に分かれた尾をもつ鳥[魚など]《トビ・メカジキなど》. **2** 〖鳥類〗エンビシキチョウ《ヒタキ科エンビシキチョウ属 (*Enicurus*) の鳥の総称; 東アジア産》. — *adj.* =fork-tailed.

fórk-tàiled *adj.* 〈鳥・魚など〉尾が二またに分かれた. 〖1694〗

fórk-tailed gúll *n.* 〖鳥類〗=Sabine's gull.

fork·y /fɔ́əki | fɔ́:ki/ *adj.* (**more ~, most ~; fork·i·er, -i·est**) 叉(ｻ)状の, (叉状の)分岐した (forked): a black ~ beard 左右に分かれた黒いあごひげ. 〖(1697): ⇨ -y¹〗

For·lì /fɔəlí: | fɔ:-; *It.* forlí/ *n.* フォルリ《イタリア北部 Emilia-Romagna 州の都市》.

for·lorn /fəlɔ́ən, fɔə- | fəlɔ́:n, fɔ:-/ *adj.* (**more ~, most ~; ~·er, ~·est**) **1** (孤独のため)〈人・場所が〉寄るべのない, わびしい (lonely) (⇨ desolate SYN); 〈様子などがみじめな, 哀れな (wretched): a ~ building. **2** 絶望した, 絶望的な (hopeless): ~ love 失恋 / a ~ attempt 絶望的な試み. **3** 〔希望などに〕見放された, 〔…を〕失った (forsaken)〔*of*〕: a man ~ *of* hope. — *n.* 《廃》寄るべのない人; 決死隊 (forlorn hope). **~·ly** *adv.* **~·ness** *n.* 〖(1535) 《変形》← 《廃》*forlore(n)* (p.p.) ← ME *forlese(n)* to lose < OE *forlēosan* ← Gmc **fer-* 'FOR-¹'+ **leusan* 'to LOSE' (Du. *verliezen* / G *verlieren*)〗

forlórn hópe *n.* **1** むなしい[あだな]望み (faint hope). **2** 決死的行動, 絶望的な企て. **3 a** 決死隊 (storming party). **b** 決死隊員. 〖(1539) □ Du. 《廃》*verloren hoop* lost group: cf. heap: 3 は HOPE の語源的誤解から〗

for·lorn·i·ty /fɔəlɔ́ənəṭi, fə- | fəlɔ́:nɨ̀ti, fɔ:-/ *n.* **1** 寄るべのない[みじめな]状態. **2** 寄るべのない人, みじめな人[物]. 〖(*a*1870): ⇨ -ity〗

form /fɔ́əm | fɔ́:m/ *n.* **1** (事物の存在)形式; 種類 (kind), 形態 (type): a ~ of government 政治の一形態 / (minute) ~*s* of life (微)生物 / take a definite ~ 具体化する / water *in* the ~ of steam [snow] 水蒸気[雪]の形をした水 / *in* book [printed] ~ 単行本として[印刷されて]. **2 a** (物の質・色などを離れての)形, 形状; 形態; 外見, 外観, 外形, 輪郭; 人影, 物影 (shape): take the ~ of …の形を取る / a book *in* the ~ of a magazine 雑誌形式の単行本 / a devil in human ~ 人間の姿をした悪魔 / the dark ~*s* of the trees and rocks 暗やみの中の樹木や岩の形 / I saw a ~ in the dark. 暗黒の中に物影が見えた. **b** (人の)姿, 姿態 (figure), 人体: a well-proportioned ~ 釣合いの取れた姿 / be fair of ~ and face [feature] 顔や姿が美しい. **c** (衣服を合わせるための, または, 展示用の)マネキン, 人台(ﾋﾄﾀﾞｲ); (形を決める)型, 鋳型 (mold). **d** 《古》美しい姿, みめのよさ.
3 雛形(ﾋﾅｶﾞﾀ), 書式; (空所を記入する)用紙, 申込用紙 (blank); 〖電算〗フォーム《ホームページ上の記入書式》: an application ~=《英》a ~ of application 申込用紙, 願書 / a telegraph ~ 頼信紙 / an order ~ 注文用紙 / tax ~*s* 納税用紙 / after the ~ of …の書式通りに / fill in [《米》out, 《英》up] a ~ 書式に記入する.
4 (題材や内容に対する)形式; (思想・感情・芸術作品の)表現形式: *in* the ~ of a drama 戯曲の形式で / attach importance to ~ 形式に重きを置く / a sense of ~ in painting 絵画における形式感 / a piece of music *in* rondo [sonata] ~ ロンド[ソナタ]形式の楽曲.
5 (運動選手などの)心身の状態, コンディション (cf. 19 a): be *in* [《英》*off, out of*] ~ 好調である[調子が悪い] / be *in* [《英》*on*] good [great, top] ~ 《英》至極元気である; 試合ぶりがいい / *on* ~ 《英》立派にやって, 好調で / on present [current] ~ 現在までの状況[成績]で判断する / He is at the top of his ~. 彼は最高のコンディションだ / What's the ~? 様子はどんな具合ですか. **6** 〖教育〗《英国の public school その他の中等学校の》年級 (class) 《通例, 初級 first form から最上級 sixth form まで》; (米国のある種の私立学校の)年級 (class). **7 a** (ある事を行うのに決まりきった)方式, 決まった型; 決まり文句, 公式的文句 (formula): an established ~ 一定の[決まった]方式 / the ~ of the marriage service 結婚式の式次第 / the ~ of Morning Prayer 朝の礼拝の式文 / ⇨ *a form of* ADDRESS / *in* due [proper] ~ 正式に, 型通りに / That's the common ~. それが普通のやり方だ. **b** (競技者の技術上の)フォーム: ~ in swimming 水泳のフォーム. **8 a** 礼式, 儀式: social ~*s* 社交上の作法. **b** (実のない)形式, 虚礼 (formality): for ~'s sake 形式上 / as a matter of ~ 形式(上のこと)として / *in* ~ ただ形式上は. **c** 《英古》[good, bad などの形容詞を伴って] (社会的に受け入れられている基準で判断された)作法: It is *bad* [*good*] ~ to do …するのは無作法[正しい作法]だ. **9** 《英古》(通例, 背もたれのない学校などの)長腰掛け, ベンチ. **10** 〖文法〗(meaning に対して)形態; 文法形式《例えば複数を示す books の s など; cf. function 6》: a derivative ~ 派生形 / the passive [plural] ~ 受動[複数]形. **11** 〖言語〗**a** 形式 (cf. substance 9). **b** =linguistic form. **12** 〖哲学〗(質料 (matter) に対して)形式, 形相; [しばしば F-] (プラトン哲学の)イデア (idea); (アリストテレス哲学の)形相. **13** 〖論理〗(推理・命題・概念などの)形式 (cf. matter) ⇨ logical form. **14** 〖美術〗フォルム《線・色・形など, 作品における基本的要素のあり方》. **15** 〖印刷〗組版 (《英》forme). **16** 〖建築〗(コンクリート打ち込み用の)型枠. **17** 〖結晶〗結晶形 (crystal form). **18** 〖数学〗形式, 同次多項式: a quadratic ~ 二次形式. **19 a** (競走馬の)状態, 調子 (cf. 5). **b** (競走馬の)成績, 成績表; 予想紙. **20** 〖動物〗型《ある集団中の変異体の集まり》. **21** 〖植物〗品種《分類群中の最も低い階級で, 変種 (variety) の下; forma ともいう》. **22** 野兎の巣. **23** 《英俗》犯罪記録, 前科.

— *vt.* **1** 形づくる, 形成する: ~ a vessel *out of* clay 粘土で容器を作る / ~ a thing *into* a certain shape 物をある形に作り上げる / ~ itself *into* …の形になる / ~ a thing after the model of …に型どって物を作る / ~ a thing *on* [*from, according to*] a pattern 型によって物を作る. **2** 作る, 組織する, 組み立てる; 作り出す (produce); 〈内閣を〉組織する, 組閣する: ~ a group グループを作る / ~ a cabinet 組閣する / ~ a company 会社を創設する / The Government is not yet ~*ed*. 政府はまだ構成されてない. **3** …の構成要素になる, …になる: ~ one [part] of …の一員[要素]となる / ~ a substitute for …の代用となる / Water ~*s* ice when it freezes. 水は凍ると氷になる / This ~*ed* an obstacle to his advancement. これが彼の昇進の邪魔になった. **4** 〈思想・意見などを〉まとめる, 〈概念を〉形づくる (conceive, frame): ~ an opinion, an impression, a judgment, etc. / I can ~ no idea of it. それは私にはどうにもわからない. **5** 〈習慣を〉作る, 身につける: ~ good habits よい習慣をつける. **6** 〈同盟・関係を〉結ぶ: ~ an alliance [a friendship] with …と同盟[交わり]を結ぶ. **7** 〈人物・精神・品性などを〉(訓練・教育によって)作り上げる (build up); 養成する, 鍛える: ~ the character of the young 青少年の品性[人格]を練成する / a mind ~*ed* by a classical education 古典教育によって陶冶(ﾄｳﾔ)された精神. **8** 〈言語・音声を〉はっきりと出す: The baby is beginning to ~ short words. 赤ん坊は短い言葉をしゃべり始めている. **9** 〖文法〗〈文・節などを〉組み立てる, 構成する; 〈時制などの変化形・合成語などを〉作る: ~ words [sentences] 語[文]を組み立てる. **10** 〈列を〉作る; 〖軍事〗〈隊を〉〈ある隊形に〉整列させる (draw up): ~ a regiment (up) *into* four lines 連隊を 4 列に整列させる / ~ a column [line] 縦隊[列]を作る / *Form* fours [two deep]! 4 列 [2 列]を作れ.

— *vi.* **1** 〈物が〉形をなす, (形になって)現れる, 形成する: Ice ~*s* at a temperature of 32°F [0°C]. カ氏 32 度[セ氏 0 度]で氷ができる / A couple of big tears ~ *ed* in her eyes. 大粒の涙が二つ彼女の目に現れた. **2** 〈考え・信念・希望などが〉生じる, 現れる (arise): An idea ~*ed* in my mind. **3** 〖軍事〗(列をなして)並ぶ; 隊形を作る (draw up): The soldiers ~*ed in* columns. 兵士は縦隊に整列した. **4** 〈野兎が〉巣につく.
fórm ón 〈他の隊〉に続いて隊列を作る[整列する]. ***fórm úp*** (*vi.*) 整列する: ~ *up* in a line 1 列に並ぶ. (*vt.*) ⇨ *vt.* 10. ***trúe to fórm*** (特によくない行動について)いつもの通りに, 例によって: run *true to* ~ いつもの通りである / *True to* ~, he arrived late for the meeting. 例によって彼は会議に遅れてきた.
〖n.: (?*a*1200) *forme* □ (O)F *forme* < L *fōrmam* shape, beauty, (ML) seat 《異化》← **morma* □ ? Gk *morphḗ* form, beauty: cf. morpho-, -morph. — v.: (*c*1300) *forme(n)* □ (O)F *former* < L *fōrmāre* ← *fōrma*〗

SYN **1** 形: **form** (材料に対して)外的な形で, ある種類などに共通のもの《最も一般的な語》: a piece of music in sonata *form* ソナタ形式の曲. **shape** 固まりとしての物の外形で, 個々の物に特有である; *form* と置き換え可能な場合もある: His head has a good *shape*. 彼はいい形の頭をしている. **figure** 人間の全体の姿・形: She is a fine *figure* of woman. 彼女はりっぱな体形をしている.
2 形づくる: ⇨ make.

form- /fɔəm | fɔ:m/ (母音の前にくるときの) formo- の異形.

-form /ˌ–(–)fɔ̀əm | -fɔ:m/「…の形を有する, …形(状)の」の意の形容詞連結形; 通例 -i- を伴って -iform になる: cruci*form*, cunei*form*, multi*form*. 〖□ F *-forme* □ L *-formis* ← *forma* 'FORM'〗

for·ma /fɔ́əmə | fɔ́:-/ *n.* (*pl.* **for·mae** /-mi:/, **~s**) 〖植物〗=form 21.

form·a·ble /fɔ́əməbḷ | fɔ́:m-/ *adj.* 形成可能な; 形成に適した. **fórm·a·bly** *adv.* **fórm·a·bil·i·ty** /fɔ̀əməbíləṭi | fɔ̀:məbílɨ̀ti/ *n.* 〖(*a*1398): ⇨ -able〗

for·ma·gen /fɔ́əmədʒɨ̀n, -dʒèn | fɔ́:-/ *n.* 〖植物〗フォルマゲン《器官の形・大きさ・配列などの形態に影響を与える物質》. **for·ma·gen·ic** /fɔ̀əmədʒénɪk | fɔ̀:-ˈ-/ *adj.* 〖← L *fōrma* form+-GEN〗

for·mal¹ /fɔ́əməl, -mḷ | fɔ́:-/ *adj.* **1 a** 本式の, 正式の (regular, official); 形式の整った, きちんとした: a ~ contract [receipt] 正式の契約[領収書] / issue a ~ invitation 正式の招待状を出す. **b** 〖教育〗正規の, 学校での: ⇨ formal education. **c** 〈服装など〉正式用の; 正装の: ~ dress 正装, 礼装 / a ~ dance 夜会服着用の舞踏会 /

go ～《米口語》正装で[夜会服を着て]行く. **2** 礼式の, 礼儀にかなった, 儀礼的な: a ～ bow [call] 礼儀正しいお辞儀[儀礼的な訪問] / no noble rite nor ～ ostentation 格式通りの儀式もなくまた礼儀にかなった葬儀の飾りもなく (Shak., *Hamlet* 4. 5. 216). **3 a** 慣習的やり方に従った, 型通りの, 因襲的な (conventional); 儀式張った, 堅苦しい: ～ manners 堅苦しい行儀 / a ～ occasion 改まった場合[席]. **b** 〈行為など〉規定の型どおりの, 定石の. **4 a** (実体のない)形式的な, (単なる)形式だけの, 表面的な: ～ obedience 表面だけの従順 / a ～ Christian うわべだけのキリスト教徒 / His politeness is merely ～. 彼の丁寧さはうわべだけ. **b** 名目だけの, 名ばかりの (nominal): a purely ～ requirement 全く名目だけの要求. **5** (性質・内容と離れて)形の, 外形上の; 形式の, 形態上の: a ～ resemblance between A and B A と B との外形上の類似 / ～ beauty 形式美. **6** 形式にこだわる, 形式張った, 形式のやかましい, 厳格な, 几帳面な (punctilious, prim): a ～ man 形式家 / be ～ about …についてやかましい[几帳面だ] / You needn't be so ～ with me. そんなに堅苦しくならなくて結構です. **7** 〈言葉・語法が〉形式ばった, 正則の, かたい: in ～ English. **8** 〈庭園・図形など〉(幾何学的に)配置の整った, (左右)均整のとれた. **9** 〘論理・哲学〙形式(的)の, 形相の: ⇨ formal cause, formal logic. **10** 〘劇場〙(舞台装置のデザインを簡素化[抽象化]した)構成舞台の. **11** 《廃》正気の (sane).
— *n.* 《米》**1** (夜会服[イブニングドレス]などを着用する)正式な舞踏会[パーティー]. **2** ＝evening dress. **gò fór·mal** 正装で行く.
～·ness *n.* 〘(*c*1390) □ L *fōrmālis*: ⇨ form, -al¹〙

SYN 格式ばった: **formal** 社会通念にかなった規則や慣習に従っている; ややもすると形式ばかりを重んじて, ぎこちないという感じをもつ; 特に, 〈態度・ふるまいが〉堅苦しい: *formal* dress 正装 / *formal* behavior 堅苦しいふるまい. **conventional** 行為・作法・趣味などが社会一般に受け入れられた基準にかなっている; 独創性や新味のない意味で否定的にも使われる: a *conventional* note of sympathy 型にはまった悔み状. **ceremonial** 儀式の, 正式[公式]の: The opening of parliament is a *ceremonial* occasion. 議会の開会式は儀式的な行事である. **ceremonious** 非常に形式ばった[いんぎんな](格式ばった語): The Japanese is a *ceremonious* people. 日本人はきわめていんぎんな民族だ. **ANT** informal.

for·mal² /fɔ́əmæl | fɔ́:-/ *n.* 〘化学〙フォルマル (⇨ methylal). 〘《略》← FORMALDEHYDE〙
for·mal³ /fɔ́əməl, -mḷ | fɔ́:-/ *adj.* 〘化学〙＝molal. 〘← FORM(ULA)＋-AL¹〙
fórmal cáuse *n.* 〘哲学〙形相因 (⇨ cause).
fórmal communicátion *n.* 公式伝達.
form·al·de·hyde /fɔəmǽldəhàɪd | fɔ:mǽldɪ̀-/ *n.* 〘化学〙ホルムアルデヒド (CH_2O) (防腐剤・消毒剤; methanal ともいう). 〘(1872) ← FORM(IC)＋ALDEHYDE〙
fórmal educátion *n.* 形式的教育 (主に組織的な学校教育のこと).
fórmal fállacy *n.* 〘論理〙形式的誤謬(ごびゅう) (一般に妥当な推論形式にもとる論理的誤謬; cf. material fallacy, paralogism 1 a).
fórmal gárden *n.* 〘造園〙幾何学式庭園 (幾何学的に整然と区画された庭園; cf. landscape garden).
fórmal grámmar *n.* 形式文法 (対象を記号の体系とみなし, アルゴリズム (algorithm) の観点に立って, その記号列の分析・記述を行う理論).
for·ma·lin /fɔ́əməlɪn, -lì:n | fɔ́:məlɪn/ *n.* 〘薬学〙ホルマリン (formaldehyde を 37% 以上含んだ溶液). 〘(1893) ← *Formalin* (商標名) ← FORMAL(DEHYDE)＋-IN²〙
for·mal·ism /fɔ́əməlɪ̀zm, -mlɪ̀zm | fɔ́:-/ *n.* **1** (極端な)形式主義, 虚礼. **2 a** [しばしば軽蔑的に] (宗教・文学・芸術上の)形式(尊重)主義. **b** 〘文学〙ロシアフォルマリズム (1916–30 年頃のロシアにおける, 異化の手法を中心に形式を重視する芸術運動; 現代の構造言語学・記号論の源泉となった). **3** 〘物理〙(物理学的な現象などの)数学的表現[形式]. **4** 〘数学〙形式主義 (数学基礎論における立場の一つ; 数学を, 与えられた規則に基づく記号列の変形操作と考えるもの; D. Hilbert が提唱した). 〘(1840) ← FORMAL＋-ISM〙
fór·mal·ist /-lɪst, -lɪ̀st | -lɪst, -lɪst/ *n.* **1** 形式主義者[論者]. **2** (形式にこだわりすぎる)堅苦しい人. 〘(1607–12): ⇨ ↑, -ist〙
for·mal·is·tic /fɔ̀əməlístɪk, -ml- | fɔ̀:-/ *adj.* 形式主義的な; 形式にこだわりすぎる. **fòr·mal·ís·ti·cal·ly** *adv.* 〘(1856): ⇨ ↑, -ic¹〙
for·mal·i·ty /fɔəmǽləti | fɔ:mǽlɪti/ *n.* **1** 形式的であること; 型にはまること, 因襲; 几帳面, 儀式張ること; 堅苦しさ: without ～ (堅苦しい)儀式は抜きにして, 儀式張らないで. **2** 形式尊重, 儀式遵奉. **3** 形式的行為, 形式的儀礼, 儀式; 形式上[正式]の手続き (⇨ ceremony **SYN**): the *formalities* of judicial process 裁判の正式手続き / the customs [legal] *formalities* 税関[法律上の]手続き / the *formalities* at a wedding [funeral] 結婚式[葬式]の形式的儀礼 / go through due *formalities* 正式の手続きを経る / The passport check was a mere ～. パスポートの検査はほんの形式的な[形だけの]ものだった. **4** [*pl.*] (市長などの規定された)正装: the mayor in the *formalities* 正装をした市長. 〘(1531) □ F *formalité* // *formālitātem*: ⇨ formal, -ity〙
for·mal·iz·a·ble /fɔ́əməlàɪzəbl, -ml- | fɔ́:-/ *adj.* 形式化できる. 〘(1944) ← FORMALIZE＋-ABLE〙
for·mal·i·za·tion /fɔ̀əməlɪzéɪʃən, -ml- | fɔ̀:məlaɪ-, -lɪ-, -ml-/ *n.* **1** 形式化. **2** 儀礼化. 〘(1656): ⇨ ↓, -ation〙
for·mal·ize /fɔ́əməlàɪz, -ml- | fɔ́:-/ *vt.* **1** 正式にする. **2** 形式的にする, 儀式張らせる. **3** …に一定の形を与える. **4** 〘論理〙形式化する (表現を記号でおきかえ, 意味を問題にしないで式の構成や変形の規則を厳密に決めることにいう). **5** 〘言語〙形式化する (言語の規則を記号により表記することにいう). — *vi.* 形式的である; 形式張る; 形式的に行動する[ふるまう]. **fór·mal·iz·er** *n.* 〘(1597): ⇨ -ize〙
fórmal lánguage *n.* (自然言語に対して, 数学・記号論理学などで用いる)形式言語.
fórmal lógic *n.* 形式論理(学) (cf. material logic).
for·mal·ly /fɔ́əməli, -mḷi | fɔ́:-/ *adv.* **1** 正式に, 礼儀正しく. **2** 形式にこだわって, 儀式張って (ceremoniously). **3** 形式的に, 形式上, 形式上の点において. **4** はっきりと, 明白に (explicitly). **5** 〘哲学・論理〙形式に関して, 形相的に, 形式的に (↔ materially). 〘(1380): ⇨ -ly¹〙
fórmal móde *n.* 〘哲学〙形式的表現 (⇨ material mode).
fórmal óbject *n.* 〘文法〙形式目的語.
fórmal súbject *n.* 〘文法〙形式主語 (grammatical subject).
form·am·ide /fɔəmǽmaɪd, -mɪ̀d | fɔ:mǽmaɪd/ *n.* 〘化学〙フォルムアミド ($HCONH_2$) (蟻(ぎ)酸のアミド). 〘← FORMO-＋AMIDE〙
form·a·mi·do- /fɔəmǽmi:dou, fɔəmǽmədòu | fɔ:məmí:dəu, fɔ:mǽmɪdəu/ 〘化学〙「フォルムアミドから誘導された 1 価基 HCONH– を含む」の意の連結形: para-*formamido*benzoic acid. 〘⇨ ↑, -o-〙
For·man /fɔ́əmən | fɔ́:-; *Czech* fɔ́rman/, **Mi·loš** /mílɔʃ/ *n.* フォアマン (1932– ; チェコの映画監督; ソ連の侵入後, 米国へ渡る; *One Flew Over the Cuckoo's Nest* (1975), *Amadeus* (1985)).
for·mant /fɔ́əmənt | fɔ́:-/ *n.* **1** 〘音声〙フォルマント (母音の構成素音; 母音の中に含まれ, その存在によって各母音に特有の音色を与える口内の共鳴音で, 舌の位置・状態と唇の位置で定まる). **2** 〘言語〙**a** 語幹形成辞 (語根に添えて語幹を作る接辞的要素). **b** 派生接辞 (derivational affix). 〘(1901) □ F～(pres.p.) ← *former* 'to FORM'〙
for·mat /fɔ́əmæt | fɔ́:-/ *n.* **1 a** 判型, 図書の形態 (紙を折りたたんだ回数; 紙の折りたたみ回数に基づいて示された図書の大きさと形; folio, octavo, quarto, duodecimo など). **b** (出版物の)体裁 (makeup), フォルマート: a double-column ～ 二段組み体裁. **2** (テレビ番組・硬貨のデザインなどの)全体としての構成, 型, 割合, 大きさ. **3** 〘電算〙(文書の)フォーマット, 書式; (データの)フォーマット, 形式. **4** 特定の録音[録画]・再生方式. — *vt.* **1** 判型[フォルマート]に従って〈本などを〉作る. **2** 〘電算〙〈文書データ〉の書式を整える; 〈ディスクを〉初期化する, フォーマットする (特定の形式で記録できるように案内情報などを書き込む). **～·ting** /-tɪŋ | -tɪŋ/ *n.* **～·ted** /-tɪ̀d | -tɪd/ *adj.* 〘(1840) □ F ～ // G *Format* □ L (*liber*) *fōrmātus* (book) formed (in …) (p.p.) ← *fōrmāre* 'to FORM'〙
for·mate¹ /fɔ́əmeɪt | fɔ́:-/ *vi.* 〘空軍〙〈飛行機が〉編隊に加わる, 編隊を組む. 〘(1929) (逆成) ← FORMATION〙
for·mate² /fɔ́əmeɪt | fɔ́:-/ *n.* 〘化学〙蟻(ぎ)酸塩[エステル]. 〘(1807) ← FORM(IC)＋-ATE¹〙
for·ma·tion /fɔəméɪʃən | fɔ:-/ *n.* **1 a** 形成, 構成, 組成, 編成, 成立: the ～ *of* a Cabinet 内閣の組織, 組閣 / the ～ *of* character 人格の形成 / the ～ *of* good habits よい習慣の形成 / early defects in ego ～ 自我形成における初期の欠陥 / the ～ rules 〘論理・数学〙型式[構成]規則. **b** 養成, 教育, 訓育; 養成期(間). **2** 組立て, 構造 (structure); 形態 (conformation): the ～ of the heart 心臓の構造. **3** 形成物, 組成物, 構成物: new word ～s 新造語. **4** 〘軍事〙隊形, 陣形; (飛行機の)編隊, フォーメーション: troops in battle ～ 戦闘隊形の軍隊 / close ～ 密集隊形 / ～ flying 編隊飛行. **5** 〘地質〙層, 層群: rock ～s 岩層. **6** 〘アメフト〙フォーメーション (チームのとるスクリメージ (scrimmage) 隊形). **7** 〘生態〙群系 (類似の条件下でみられる一群の大きな植物群落の単位). 〘(*a*1398) □ (O)F ～ // L *formātiō(n-)*: ⇨ form, -ation〙
for·má·tion·al /-ʃnəl, -ʃənḷ/ *adj.* 形成[構成]の. **～·ly** *adv.* 〘(1886): ⇨ ↑, -al¹〙
formátion dànce *n.* フォーメーションダンス (数組のカップルが隊形をつくりながら一連の動きで踊るダンス).
formátion dàncing *n.*
for·ma·tive /fɔ́əmətɪv | fɔ́:mət-/ *adj.* [限定的] **1** 形成する, 構成する; 造形の: a ～ influence 形成力 / ～ arts 造形美術. **2** 形成の, 組成の, 発達の: a ～ substance 形成物質 / a ～ period 発達期. **3** 〘生物〙将来ある物を作る, 形成的な: the ～ tissue [layer] 形成組織[層] / the ～ period 形成期. **4** 〘文法〙語を構成する, 成語的な: ⇨ formative element. — *n.* 〘文法〙**1** ＝formative element. **2** 形式素 (統語論の最小単位). **～·ly** *adv.* **～·ness** *n.* 〘(1490) □ (O)F *formatif* // ML *formātīvus* ← L *fōrmātus*: ⇨ format, -ative〙
fórmative èlement *n.* 〘文法〙**1** (語根を含む)構成要素. **2** 成語要素 (語根以外の要素; 例えば enrich, richness, richly の en-, -ness, -ly のような接頭辞や接尾辞など).
fórm·bòard *n.* **1** 〘心理・教育〙形態盤 (いろいろな形・大きさの板盤を穴にはめこむ動作能力のテスト用具). **2** (コンクリートの)型枠, 仮枠.
Form·by /fɔ́əmbi | fɔ́:m-/, **George** *n.* フォーンビー (1904–61; 英国のコメディアン; ミュージックホール・映画で活躍).
fórm clàss *n.* 〘言語〙形式類, 形態類 (統語構造上同一の位置に生じ, 一つまたはそれ以上の機能的形態的特徴を共有している語のグループ; 単語レベルでは品詞と同じだが分類基準は形式 (form); 例えば hats, books, caps は名詞, 複数の形式類に, walked, looked, hoped は動詞, 過去時制の形式類に属するという; distribution class ともいう; cf. major form class). 〘1933〙
fórm crìticism *n.* 〘文学〙形式批評, 様式批評学, 様式史的研究 (聖書などの文学的研究の一方法; テキストを文体の相違によって分類し, 出所・史実性などを明らかにする). **fórm-crìtical** *adj.* **fórm crìtic** *n.* 〘1928〙
fórm dràg *n.* 〘物理〙形状抵抗 (流体中を運動する物体の不整な形状によって生じる抵抗). 〘1931〙
forme /fɔ́əm | fɔ́:m/ *n.* 《英》〘印刷〙組版 (form). 〘(1481) (変形) ← FORM〙
for·mé /fɔ́əmeɪ, ─́─ | fɔ́:meɪ, ─́─/ *adj.* 〘紋章〙＝pattée.
formed /fɔ́əmd | fɔ́:md/ *adj.* **1** 形づけられた, 形成された. **2** 十分鍛え抜かれた, 練成された, 成熟した: a ～ literary style. **3** はっきりと決まった, 決定した: a ～ opinion, judgment, idea. etc. **4** 〘生物〙生物の特徴をもった. 〘(*c*1440): ⇨ -ed 2〙
fórmed cóil *n.* 〘電気〙型巻コイル.
for·mée /fɔ́əmeɪ, ─́─ | fɔ́:meɪ, ─́─/ *adj.* 〘紋章〙＝pattée. 〘(15C) □ F～ (p.p.) ← *former* 'to FORM'〙
fórm elastícity *n.* 〘物理〙形状弾性 (体積が変化しない変形による弾性).
for·mer¹ /fɔ́əmə | fɔ́:mə^r/ *adj.* [限定的] **1 a** (時間が相対的に)前の, 先の (⇨ previous **SYN**); 以前の, もとの (earlier): one's ～ enemy 以前の敵 / on a ～ occasion 前の折に / She is now more like her ～ self. 以前の彼女らしくなってきた. **b** 往時の, 昔の (ancient): in ～ times 昔は. **2** (順序が)前のほうの, 先行する (foregoing): in the ～ part of this chapter この章の前の部分で. **3** かつてその職にあった, 前任の, 元(もと)… (ex-): ～ President Clinton クリントン元大統領 / the ～ mayor 元[前]市長 / my ～ husband 前の夫. **4** [the ～; 代名詞的にも用いて] (二者のうち)前者(の) (cf. latter³): *The* ～ proposal was preferred to the latter. 前の提案のほうがあとのものよりも好ましいとみなされた / They keep horses and cattle, *the* ～ for riding, the latter for food. 馬と牛を飼っているが, 前者は乗用, 後者は食用である. 〘(*a*1200) ← ME *forme* (< OE *forma*) first＋-ER²: *-er* の語尾は ME & OE *formest* 'FOREMOST' からの類推〙
form·er² /fɔ́əmə | fɔ́:mə^r/ *n.* **1** 作る人[もの], 形成者, 構成者: Education is a ～ of character. 教育は性格を形成する / a felt ～ フェルト工. **2 a** 成形具, 型, 模型 (pattern). **b** 〘電気〙巻枠(わく), 巻型. **3** 《英》[通例複合語の第 2 構成素として] (public school その他中等学校の) …年級生: a second ～ 2 年級生. **4** 〘航空〙成形部材 (翼や胴体の形を線図通りに保つために入れる小骨やフレーム). 〘(*c*1350): ⇨ form (v.), -er¹〙
for·mer·et /fɔ̀əmərèt | fɔ́:-/ *n.* 〘建築〙＝wall rib. 〘(1872) □ F〙
for·mer·ly /fɔ́əməli | fɔ́:mə-/ *adv.* **1** 先に, 以前(は), 昔, 往時 (once): They ～ lived in this city. / a ～ prosperous family かつては富有だった一家. **2** 《廃》たった今 (just now). 〘(1590) ← FORMER¹＋-LY¹〙
Fórmer Próphets *n. pl.* **1** [the ～] (旧約聖書の)前預言書 (Joshua, Judges, 1 & 2 Samuel, 1 & 2 Kings の 6 書; cf. prophet 4). **2** [the ～, the f- p-] 前預言書の作者.
fórm fàctor *n.* 〘電気〙波形率 (対称な交流波形の半波の実効値と平均値との比で, 波形の尖鋭度を表す量). 〘1895〙
fórm-fèed *n.* 〘電算〙フォームフィード (プリンター上での出力を改ページさせること).
fórm-fìtting *adj.* ぴったり体に合う (close-fitting): a ～ sweater. 〘1897〙
form·ful /fɔ́əmfəl, -fl | fɔ́:m-/ *adj.* (スポーツで)フォームを見せる, フォームが見どころの: a ～ jump. 〘(1727–46): ⇨ -ful¹〙
fórm gènus *n.* 〘生物〙形態属 (分類学的位置が不明確な化石に適用する形態上の特徴に基づく属名). 〘1873〙
for·mic /fɔ́əmɪk | fɔ́:-/ *adj.* **1** 蟻(ぎ)の, 蟻から採った. **2** 〘化学〙蟻(ぎ)酸の. 〘(1791) ← L *formīca* ant＋-IC¹〙
For·mi·ca /fɔəmáɪkə, fə- | fɔ:-, fə-/ *n.* 〘商標〙フォーマイカ (家具・帳壁などの覆いに使用する加熱硬化性合成樹脂; 薬品・熱に対して抵抗力がある). 〘1922〙
fórmic ácid *n.* 〘化学〙蟻酸 (HCOOH) (以前蟻を蒸留して得られたのでこう呼ばれるが, 今は合成される; methanoic acid ともいう). 〘1791〙
fórmic áldehyde *n.* 〘化学〙＝formaldehyde.
formicaria *n.* formicarium の複数形.
for·mi·car·i·um /fɔ̀əməkɛ́əriəm | fɔ̀:mɪkɛ́ər-/ *n.* (*pl.* **-i·a** /-riə/) ＝formicary. 〘(1834) □ ML ～ ← L *formīca* ant〙
for·mi·car·y /fɔ́əməkèri | fɔ́:mɪkəri/ *n.* アリの巣, アリ塚, アリの塔 (ant hill). 〘(1816): ⇨ ↑, -ary〙
for·mi·cate /fɔ́əməkèɪt | fɔ́:mɪ-/ *vi.* アリのように群がる (swarm). 〘(1840) ← L *formīcātus* (p.p.) ← *formīcāre* to creep like ants ← *formīca* ant〙
for·mi·ca·tion /fɔ̀əməkéɪʃən | fɔ̀:mɪ-/ *n.* 〘病理〙蟻(ぎ)走感, 蟻痒(ぎよう) (アリが皮膚をはうような感じ). 〘(1707) □ L *formīcātiōnem* ← *formīcāre*〙
For·mic·i·dae /fɔəmísədì: | fɔ:mísɪ-/ *n. pl.* 〘昆虫〙(膜翅目)アリ科. 〘← NL ～ ← *Formica* (属名: ⇨ L *formīca* ant)＋-IDAE〙

F

for·mi·da·bil·i·ty /fɔ̀əmɪ̀dəbɪ́ləṭi, fɔəmɪ̀d-, fə- | fɔ̀:mɪdəbɪ́lɪ̀ti, fɔ:mɪ̀d-, fə-/ *n.* 恐ろしいこと; 手ごわいこと; 非常に多い[大きい]こと. 〚(1745): ↓, -ity〛

for·mi·da·ble /fɔ́əmɪ̀ḍəbḷ, fɔəmɪ́d-, fə- | fɔ́:mɪdə-, fɔ:mɪ́d-, fə-/ *adj.* **1** 〈敵・仕事など〉手に負えそうにない, 侮り難い, 恐るべき; むずかしい: a ～ task 手に負えそうにない仕事 / a ～ army 手ごわい軍 / a ～ enemy 強敵. **2** (大きさ・優秀さ・偉大さで)畏敬の念を起こさせる; 驚くほどに多数[多量]の, 恐ろしく大きな, 非常にすぐれた: a ～ pile of letters 驚くほどの手紙の山 / have a ～ knowledge of genetics 遺伝学について並外ずれた知識をもっている. **3** ぞっとするような, 恐ろしい: a ～ appearance 恐ろしい様子. **～·ness** *n.* 〚(*c*1450) ◻(O)F ～ ◻L *formīdābilis* causing fear ← *formīdāre* to fear ← *formīdō* fear〛

fór·mi·da·bly /-bli/ *adv.* 侮り難いほど, 手ごわく; とても; 恐ろしく. 〚(1685): ⇨ ↑, -ly¹〛

fórm·ing tòol *n.* 〖機械〗総形(そうけい)バイト《工作物を所要の形に仕上げるように造った切刃》.

fórm·less *adj.* **1 a** (一定の)形のない. **b** 形を成さない, 不恰好な. **c** 無定形の; 実体のない. **2** はっきりしない, 混沌としている. **～·ly** *adv.* **～·ness** *n.* 〚(1591): ⇨ -less〛

fórm lètter *n.* 同文の手紙《内容は印刷か複写またはタイプに打ち, 日付や宛名は個別的に記入する手紙》. 〚1909〛

fórm màster *n.* ＝form teacher.

for·mo- /fɔ́əmoʊ | fɔ́:məʊ/「蟻(ぎ)酸 (formic acid), ホルミル (formyl)」の意の連結形. ★ 母音の前では通例 form- になる. 〚← *formic acid*〛

for·mol /fɔ́əmɔ(:)ɫ | fɔ́:mɔɫ/ *n.* ホルモル《formalin のこと; もと商標》. 〚1894〛

For·mo·sa /fɔəmóʊsə, -zə | fɔ:mə́ʊ-/ *n.* Taiwan の旧名. 〚◻ Port. (*Ilha*) *Formosa* beautiful (island) ← L *fōrmōsus* finely formed ← *fōrma* 'FORM'〛

For·mo·san /fɔəmóʊsən, -sn, -zən, -zṇ | fɔ:mə́ʊ-/ *adj.* 台湾(人, 語)の. **— *n.*** **1** 台湾人. **2** 台湾語. ★ 今は Taiwanese の方が普通. 〚(1650): ⇨ ↑, -an¹〛

Formósa Stráit *n.* [the ～] ＝Taiwan Strait.

fórm ròom *n.* 《英》(クラスの生徒が集まって出席をとったりする)教室 (《米》homeroom). 〚1875〛

fórm stòp *n.* 〖建築〗フォームストップ《コンクリート打ち込みで, 打ち込みに区切りをつけるための型枠内の堰板(せきいた)》.

fórm tèacher *n.* (英国の中等学校の)年級担任教師 (cf. subject teacher).

fórm tòol *n.* 〖機械〗＝forming tool.

for·mu·la /fɔ́əmjʊlə | fɔ́:-/ *n.* (*pl.* **～s, -mu·lae** /-lì:, -làɪ/) **1** 方式, 定則. **2** 〖数学・化学〗公式, 式: a chemical ～ 化学式 / an empirical ～ 実験式 / a binomial ～ 二項式 / a molecular ～ 分子式 / a structural [constitutional] ～ 構造式 / ⇨ rational formula / The (chemical) ～ of [for] water is H_2O. 水の化学式は H_2O である. **3** (儀式などに用いる)決まった文句, (一定の)式文, 祭文: a ～ of faith 信仰告白文 / the baptismal ～ 洗礼式の式文 / a magic ～ 呪文. **4** (式辞・挨拶などの)きまり文句: the hackneyed ～*s* of condolence 陳腐な弔詞. **5** (一定形式に表現された)信条 (creed), 信仰告白文. **6 a** 《米・カナダ》調理法, 処方 (recipe). **b** 《米》フォーミュラ, 調合乳《ミルクや粉乳に砂糖・水などを混ぜた乳児用飲料》. **7** 〖自動車〗フォーミュラ《特に, エンジンの排気量によるレーシングカーの分類(法)》: ⇨ Formula One. **— *adj.*** [限定的]〖自動車〗〈レーシングカーが〉フォーミュラ[規格]に従った《車体重量・エンジンの排気量・車体形状などが FIA の定める規格に従ったものにいう》. 〚(*a*1638) ◻L ～ (dim.) ← *fōrma* 'FORM'〛

for·mu·la·ble /fɔ́əmjʊləbḷ | fɔ́:-/ *adj.* 公式化できる, 公式で示しうる. 〚(1891) ← FORMUL(ATE)＋-ABLE〛

for·mu·lae /fɔ́əmjʊlì:, -làɪ | fɔ́:-/ *n.* formula の複数形.

for·mu·la·ic /fɔ̀əmjʊléɪɪk | fɔ̀:-⁻/ *ad.* 公式の, 公式を成す; きまり文句から成る. **fòr·mu·lá·i·cal·ly** *adv.* 〚(1882): ⇨ -ic¹〛

Fórmula Óne *n.* **1** フォーミュラワン, F1 (エフワン)《排気量 3,000 cc 以下のエンジンを搭載した最高位のレーシングカー》. **2** F1 レース《国際的な長距離自動車レース; Grand Prix と呼ばれる》. 〚1965〛

for·mu·la·ri·za·tion /fɔ̀əmjʊlərɪ̀zéɪʃən | fɔ̀:mjʊləraɪ-, -rɪ-/ *n.* 公式化, 方式化. 〚(1881): ⇨ ↓, -ation〛

for·mu·la·rize /fɔ́əmjʊləràɪz | fɔ́:-/ *vt.* 公式化する, 公式にする (formulate). **fór·mu·la·rìz·er** *n.* 〚(1852): ⇨ ↓, -ize〛

for·mu·lar·y /fɔ́əmjʊlèri | fɔ́:mjʊləri/ *adj.* **1** 公式の, 定式の; 公式的な, 規定の (prescribed). **2** 定式を固く守る, 型にはまった, 融通のきかない: a stiff ～ man. **— *n.*** **1** 式文[祭文]集, 定式(文)集; (教会の)儀式文書[文集]: a liturgical ～ 礼拝用式文集. **2** きまり文句 (formula). **3** 〖薬学〗処方書, 処方集, 薬局方 (pharmacopoeia). 〚n.: (1541) (O)F *formulaire* ∥ ML *formulārius*. — adj.: (1728) ← FORMUL(A)＋-ARY〛

for·mu·late /fɔ́əmjʊlèɪt | fɔ́:-/ *vt.* **1** 公式化する, 公式で示す[に表す]. **2** 明確に系統立てて説く, 組織的に述べる. **3** 〈方法・体系などを〉編み出す, 作り出す (devise). **4 a** 処方[調理法]に従って作る. **b** …の処方[調理法]を開発する. **c** 〈プラスチック・石鹸などの化学式を開発する.

fór·mu·là·tor /-ṭə | -tə^(r)/ *n.* 〚(1860) ← FORMUL(A)＋-ATE³〛

for·mu·la·tion /fɔ̀əmjʊléɪʃən | fɔ̀:-/ *n.* **1** 公式化. **2** 明確な[系統的]説述. 〚(1876): ⇨ ↑, -ation〛

fórmula ùnit *n.* 〖化学〗式量単位《イオン結晶などにおける最小組成単位》.

fórmula wèight *n.* 〖化学〗式量《イオン結晶などにおいて化学式に対応する原子量の和》. 〚*c*1920〛

for·mu·lism /fɔ́əmjʊlìzm | fɔ́:-/ *n.* **1** 公式[方式]主義. **2** 公式の体系. 〚(1840) ← FORMUL(A)＋-ISM〛

fór·mu·list /-lɪ̀st | -lɪst/ *n.* 公式[方式]主義者. 〚(1852) ◻F *formuliste*: ⇨ -ist〛

for·mu·lis·tic /fɔ̀əmjʊlɪ́stɪk | fɔ̀:-⁻/ *adj.* 公式主義的な, 方式主義者的な. 〚(1873): ⇨ ↑, -ic¹〛

for·mu·li·za·tion /fɔ̀əmjʊlɪ̀zéɪʃən | fɔ̀:mjʊlaɪ-, -lɪ-/ *n.* ＝formulation. 〚1851〛

for·mu·lize /fɔ́əmjʊlàɪz | fɔ́:-/ *vt.* ＝formulate 1. 〚1851〛

fórm wòrd *n.* 〖文法〗形式語 (⇨ empty word). 〚1875〛

fórm·wòrk *n.* 〖土木〗**1** [集合的] (コンクリート打ち込み用の)型枠, 仮枠 (《英》shuttering). **2** 型枠工事, 仮枠工事. 〚1918〛

form·y /fɔ́əmi | fɔ́:mi/ *adv.* 〖紋章〗＝pattée. 〚1562〛

for·myl /fɔ́əmɪ̀l | fɔ́:mɪl/ *n.* 〖化学〗ホルミル《蟻(ぎ)酸から誘導した基 (HCO)》. 〚(1879) ← FORM(IC)＋-YL〛

for·myl·ate /fɔ́əmɪ̀lèɪt | fɔ́:-/ *vt.* 〖化学〗蟻酸を〈有機化合物〉に誘導する. 〚(1931): ⇨ ↑, -ate³〛

fórmyl gròup [ràdical] *n.* 〖化学〗ホルミル基《蟻酸から誘導される O=CH- を有する 1 価の基》.

For·nax /fɔ́ənæks | fɔ́:-/ *n.* 〖天文〗ろ(炉)座《くじら(鯨)座とほうおう(鳳凰)座の間にある南天の小星座; the Furnace ともいう》. 〚◻ L *fornāx* (原義) furnace〛

for·nenst /fənɛ́nst | fə-/ *prep.* 《方言》＝fornent.

for·nent /fənɛ́nt | fə-/ *prep.* 《方言》**1** …の向かいに; …に対して, 面して. **2** …の近くに, …の横に (beside). 〚(1524) ← FOR(E)¹＋(A)NENT〛

for·ni·cate¹ /fɔ́ənəkèɪt | fɔ́:nɪ̀-/ *vi.* 〈公式な夫婦以外の男女が〉私通[密通]する, 姦淫を行う. **— *vt.*** …と私通[密通, 姦淫]する. 〚(1552) ← LL *fornicātus* (p.p.) ← *fornicārī* to visit a brothel ← L *fornix* arch, (underground) brothel (↓)〛

for·ni·cate² /fɔ́ənɪ̀kɪ̀t, -kèɪt | fɔ́:-/ *adj.* アーチ形の, 弓形の (arched); 〖植物〗弓形鱗(りん)片をもつ. 〚(1828) ◻L *fornicātus* vaulted, arched (p.p.) ← *fornicārī* ← *fornix* arch, vaulted chamber〛

for·ni·cat·ed /fɔ́ənɪ̀kèɪṭɪ̀d | fɔ́:nɪ̀kèɪtɪ̀d/ *adj.* ＝fornicate². 〚1750〛

for·ni·ca·tion /fɔ̀ənəkéɪʃən | fɔ̀:nɪ̀-/ *n.* **1** (正式な夫婦以外の男女の)私通, 密通, 姦淫. ★ 通常は未婚の男女 (A, B) 間のことを意味するが, A が既婚であれば B は私通, A は姦通 (adultery) ということになる. **2** 〖聖書〗**a** 姦淫 (cf. *Matt.* 5:32). **b** 偶像崇拝 (idolatry) (cf. 2 *Chron* 21:11). 〚(*c*1303) ◻(O)F ～ ◻LL *fornicātiō(n-)* ← *fornicārī* 'to FORNICATE¹'〛

fór·ni·cà·tor /-ṭə | -tə^(r)/ *n.* 私通者, 姦淫者. 〚(*a*1376) ◻LL *fornicātor*〛

for·ni·ca·trix /fɔ̀ənəkéɪtrɪks | fɔ̀:nɪ̀-/ *n.* (*pl.* **-ca·tri·ces** /-kətráɪsi:z/) 私通女. 〚(1586) ◻LL *fornicātrix* (fem.) (↑)〛

fornices *n.* fornix の複数形.

for·nic·i·form /fɔənísəfɔ̀əm | fɔ:nísɪ̀fɔ̀:m/ *adj.* 〖植物〗＝fornicate². 〚1860〛

for·ninst /fənínst | fə-/ *prep.* 《方言》＝fornent.

for·nix /fɔ́ənɪks | fɔ́:-/ *n.* (*pl.* **for·ni·ces** /-nəsì:z | -nɪ-/) 〖解剖〗(頭蓋(とうがい)・結膜・咽頭・膣などの)円蓋, (頭蓋の)脳弓. **fór·ni·cal** /-nɪ̀kəɫ, -kḷ | -nɪ-/ *adj.* 〚(1681) ◻L ～ 'arch, vault'〛

for·pined /fəpáɪnd | fə-/ *adj.* 《古》(飢餓・苦悩などのために)やせ衰えた, やつれた. 〚(*c*1300) ～ (p.p.) ← *forpine(n)* to pine away: ⇨ for-¹ 3, pine²〛

for·rad /fɔ́(:)rəd, fá(:)r- | fɔ́r-/ *adv.* (*also* **for·rard** /-rəd | -rəd/) 《方言》＝forward. 〚《変形》← FORWARD〛

for·rad·er /fɔ́(:)rəḍə, fá(:)r- | fɔ́rədə^(r)/ *adv.* (*also* **for·rard·er** /-rəḍə | -rədə^(r)/) 《方言》forward の比較級 (⇨ forward *adv.* 1): get no ～ ちっとも進まない. 〚1898〛

for·rel /fɔ́(:)rəɫ, fá(:)r- | fɔ́r-/ *n.* ＝forel.

For·rest /fɔ́(:)rɪ̀st, fá(:)r- | fɔ́r-/, **Edwin** *n.* フォレスト《1806–72; 米国の悲劇俳優》.

Forrest, John *n.* フォレスト《1847–1918; オーストラリアの探険家; オーストラリア西部・南部を探険し, Western Australia の初代首相 (1890–1901); 称号 1st Baron Forrest》.

Forrest, Nathan Bedford *n.* フォレスト《1821–77; 米国南北戦争当時の南軍の将校》.

Forrest Gump /fɔ́(:)rɪ̀stgʌ́mp, fá(:)- | fɔ́r-/ *n.*「フォレストガンプ」《米国のヒューマンコメディ映画 (1994)》.

for·rit /fɔ́(:)rɪ̀t, fá(:)r- | fɔ́r-/ *adj.*, *adv.* 《スコット》＝forward. 〚1786〛

for·sake /fəséɪk, fə- | fə-, fɔ:-/ *vt.* (**for·sook** /-sʊ́k/; **-sak·en** /-séɪkən/) **1** 〈親しい人・場所などを〉見捨てる, 放棄する (⇨ abandon¹ SYN): ～ one's wife and children 妻子を見捨てる. **2** 〈従来の習慣などを〉捨てる (give up): ～ a bad habit [one's former way of life] 悪い習慣[従来の生活法]を捨てる. **for·sák·er** *n.* 〚OE *forsacan* to deny ← FOR-¹ 1＋*sacan* to dispute (⇨ sake¹): cf. Du. *verzaken*〛

for·sak·en /fəséɪkən, fə- | fə-, fɔ:-/ *v.* forsake の過去分詞. **— *adj.*** 見捨てられた, 見放された, 孤独の: a ～ village. **～·ly** *adv.* **～·ness** *n.* 〚(*c*1305) ～ (p.p.) ↑〛

For·se·ti /fɔ́əsɛti: | fɔ́:-/ *n.* (*also* **For·se·te** /-tèɪ/) 〖北欧神話〗フォルセティ《正義の神; Balder と Nanna の子》.

for·slow /fɔəslóʊ | fɔ:sləʊ/ *vt.*, *vi.* 《古》遅れる, 遅らせる. 〚OE *forslāwian*: ⇨ for-, slow〛

forsook *v.* forsake の過去形.

for·sooth /fəsú:θ, fə- | fə-, fɔ:-/ *adv.* [今はしばしば軽蔑・疑い・皮肉を暗示して] ほんとに, いかにも (truly), 確かに: A pretty story ～. いや, 全く, 結構な話だよ. 〚OE *forsōð* for truth: ⇨ for, sooth〛

for·speak /fəspí:k, fɔə- | fə-, fɔ:-/ *vt.* 《廃》**1** 禁じる. **2** 悪く言う. 〚OE *forsprecan* to deny〛

for·spent /fɔəspɛ́nt | fɔ:-/ *adj.* 《古》疲れ果てた (exhausted): ～ *with* toil. 〚(1563) (p.p.) ← 《古》*forspend* ＜ lateOE *forspendan*: ⇨ for-¹ 3, spend〛

Forss·mann /fɔ́əsmà:n, -mən | fɔ́:s-; *G.* fɔ́ʁsman/, **Werner** *n.* フォルスマン《1904–79; ドイツの外科医; Nobel 医学生理学賞 (1956)》.

For·ster /fɔ́əstə | fɔ́:stə^(r)/, **E(dward) M(organ)** *n.* フォースター《1879–1970; 英国の小説家・批評家; *A Passage to India* (1924), *Aspects of the Novel* (1927)》.

for·ster·ite /fɔ́əstəràɪt | fɔ́:-/ *n.* 〖鉱物〗ホーステライト, 苦土橄欖(かんらん)石 (Mg_2SiO_4). 〚(1824) ← *J. R. Forster* (1729–98: ドイツの自然科学者): ⇨ -ite¹〛

Fórst·ner bit /fɔ́əstnə- | fɔ́:stnə-/ *n.* 〖建築〗フォーストナービット《木材に太枘(ほぞ)穴などを穿(うが)つための木工用の刃》. 〚(1902) ← *Benjamin Forstner* (これを考案した米国人)〛

for·swear /fɔəswɛ́ə | fɔ:swɛ́ə^(r)/ *v.* (**for·swore** /-swɔ́ə | -swɔ́:^(r)/; **-sworn** /-swɔ́ən | -swɔ́:n/) **— *vt.*** **1** 誓って絶つ, 断然やめる (abjure): ～ bad habits, smoking, etc. / ～ *to* wed again 二度と結婚しないと誓う. **2** 誓って否定する, 強く否認する: ～ the theft. **3** [～ *oneself* で] 偽誓する, 偽証する: **— *vi.*** 偽誓する, 偽証する; 誓い[約束]を破る. 〚OE *forswerian* ⇨ for-¹ 2, swear〛

for·swéar·er /-swɛ́ərə | -swɛ́ərə^(r)/ *n.* 偽誓者, 偽証者. 〚(1395): ⇨ ↑, -er¹〛

for·sworn /fɔəswɔ́ən | fɔ:swɔ́:n/ *v.* forswear の過去分詞. **— *adj.*** 偽誓[偽証]した (perjured): a ～ witness. **～·ness** *n.* 〚OE *forsworen*〛

Fór·syte Sága /fɔ́əsaɪt- | fɔ́:-/ *n.* [the ～]「フォーサイト家物語」《John Galsworthy の長編小説 (1922); 英国の典型的な上層中流階級一家の 3 代にわたる物語》.

For·syth /fɔ́əsaɪθ, –⁻ | fɔ́:saɪθ, –⁻/, **Frederick** *n.* フォーサイス《1938– ; 英国のサスペンス小説作家; *The Day of the Jackal* (1971)》.

Forsyth, Peter Taylor *n.* フォーサイス《1848–1921; 英国の会衆派神学者》.

for·syth·i·a /fɔəsíθiə, fə-, -sáɪθ- | fɔ:sáɪθiə, fə-, -síθ-/ *n.* 〖植物〗レンギョウ《中国・日本・ヨーロッパに産するモクセイ科レンギョウ属 (*Forsythia*) の耐寒性のある落葉低木で, 数種が庭木として栽培される》. 〚(*c*1814) ← NL ～ ← *William Forsyth* (1737–1804: 英国の植物学者・園芸家): ⇨ -ia¹ 4〛

fort /fɔ́ət | fɔ́:t/ *n.* **1** (独立防衛のできる単一の)砦(とりで), 堡塁(ほるい) (cf. fortress). **2** (北米で, 昔砦のあった場所で, 今はインディアンとの)交易所 (trading post). ★ もと fort (1, 2) の所在地で, 今も Fort … と呼ばれる場所が北米には特に多い. **3** 〖米陸軍〗常設の陸軍駐屯地 (Fort … と呼ばれ, 一次的な駐屯地は Camp … という).

hóld* (《米》*dówn*) *the fórt 《口語》(1) 砦を守る. (2) (反対などに対して)一歩も譲らない. (3) (人に代わって)務めを果たす, 留守を守る. (4) 緊急事態に対処する. 〚(1592) 〚(?*a*1375) ◻(O)F ～ (原義) strong ＜ L *fortem* ← IE **bhergh-* high: cf. fortress〛

SYN 砦: **fort** ある地区の防御の為に特別に作られた[強化された]建物: put up a *fort* 砦を築く. **fortress** 永久的な大きい砦, 要塞; または防御のために強化された町: besiege a *fortress* 要塞を包囲する. **citadel** 小高い所にあって, 城下を見下ろす要塞. **stronghold** 住民を守るためにしっかりと要塞化された場. ★ *citadel, stronghold* には「最後の拠り所」という比喩的意味がある: the *citadel* of freedom 自由の砦.

fort. 《略》fortification; fortified.

For·ta·le·za /fɔ̀əṭəléɪzə, -ṭḷ- | fɔ̀:təl-, -tḷ-; *Braz.* fòrtaléza/ *n.* フォルタレザ《ブラジル北東部の港市, Ceará 州の州都; Ceará ともいう》.

for·ta·lice /fɔ́əṭəlɪ̀s, -ṭḷ- | fɔ́:təlɪs, -tḷ-/ *n.* 《古》**1** 小砦 (small fort); 外堡 (outwork). **2** 要塞 (fortress). 〚(*c*1425) ◻ OF *fortelesce* ∥ ML *fortalitia* 'FORTRESS'〛

Fòrt Cóllins *n.* フォートコリンズ《米国 Colorado 州北部, Boulder の北にある工業都市》.

Fòrt Cón·ger /-ká(:)ŋgə | -kɔ́ŋgə^(r)/ *n.* フォルトコンガー《カナダ北部, Ellesmere 島にある寒極地点; cf. POLES of cold》.

Fort-de-France /fɔ̀əḍəfrɑ́:(n)s, -frɑ́:ns | fɔ̀:də-; *F.* fɔʁdəfʁɑ̃:s/ *n.* フォールドフランス《フランスの海外県 Martinique 島の県都》.

forte¹ /fɔ́ət, -teɪ, -ṭi | fɔ́:teɪ, -ti, fɔ́:t/ *n.* **1** 長所, 得意, えて (strong point): have a ～ for …が得意である. **2** 〖フェンシング〗剣の腰《中央からつかまでの丈夫な部分; cf. foible 2》. 〚(*a*1648) ◻F *fort* (fort strong の名詞用法: cf. fort): *-e* は LOCALE などの連想から誤って加えられたもの〛

for·te² /fɔ́əteɪ, -ṭi | fɔ́:teɪ, -ti; *It.* fɔ́rte/ 〖音楽〗*adj.* 強音の, フォルテの (loud) (↔ piano). **— *adv.*** 強く, 強音声に, フォルテで (loudly) (略 f): *forte forte* (略 ff) きわめて強く (fortissimo). **— *n.*** フォルテ(の楽節). 〚(1724) ◻ It. ～ ＜ L *fortem* strong〛

For·te·an /fɔ́əṭiən | fɔ́:tiən/ *adj.* 超常現象の. **For·te·an·a** /fɔ̀əṭiǽnə, -á:nə | fɔ̀:tiá:nə/ *n. pl.*

〖(*c*1975): *Charles H. Fort* (1874–1932; 米国の超常現象研究者), -EAN〗

for·te·pi·an·o /fɔ̀ətipiǽnou, -teɪ-, piá:- | fɔ̀:tipiá:-nəʊ, -ter-; *It.* fortepiá:no/ *n.* 〘音楽〙フォルテピアノ《18世紀末から19世紀にかけて用いられたピアノ》. 〖(1769)〗

for·te-pi·a·no /fɔ̀əteɪpiá:nou, -ti- | fɔ̀:tipjá:nəʊ, -piá:-, -teɪ-; *It.* fɔ̀rtepjá:no/ *adv.* 〘音楽〙(ある音を)強く直ちに(続く他の音を)弱く《略 fp.》. 〖(1897) ↑〗

fortes *n.* fortis の複数形.

Fòrt Fred·e·rí·ca Nátional Mónument /-frèdərí:kə-, -dr- | -dər-, -dr-/ *n.* フレデリカ要塞国定記念物《米国 Georgia 州南東部, St. Simons 島の西海岸にある特別保護地区; スペイン人の攻撃を防ぐために J. E. Oglethorpe が 1736 年に建設した要塞がある》.

forth /fɔ́əθ | fɔ́:θ/ *adv.* **1** 前へ, 先方へ: back and ～ ⇨ back[1] *adv.* 成句 / stretch ～ one's hand 手を伸ばす[さし出す]. **2** (…)以後 (onward). ★ 次の句で: *from* this day ～ 今日以後 (cf. henceforth) / *from* that time ～ その時以後. **3** [運動を表す種々の動詞に伴って] 外へ, 外部へ, 見える所へ(出て, 出して) (out): come ～ 出て来る, 現れる / ⇨ BRING *forth*, GO[1] *forth*, PUT *forth*, SET *forth*, etc. **4** 《廃》遠くへ, 国外へ (away, abroad).

and só fòrth ⇨ and *conj.* 成句. ***fórth of*** 《文語》…から外へ (out of). ***só fàr fórth*** その[この]程度まで(は), それ[これ]だけは. ***só fàr fórth as*** =*so* FAR *as*.

— *prep.* 《まれ》…から出て (out of): go ～ a house 外出する.

〖OE *forð* < Gmc **furþa* (Du. *voort* / G *fort*) ← IE **prto* ← **per* forward: ⇨ further, fore[1]〗

Forth[1] /fɔ́əθ | fɔ́:θ/, **the Firth of** *n.* フォース湾《スコットランド南東部にある入江 (90 km) で, Forth 川の河口をなしている; Edinburgh の付近にこれを横断する有名な Forth Bridge がある》. 〖← Gael. *foir, fraigh* border of a country〗

Forth[2] *n.* [the ～] フォース川《スコットランド中南部を東流して Forth 湾に注ぐ川 (105 km)》.

FORTH, Forth /fɔ́əθ | fɔ́:θ/ *n.* 〘電算〙フォース《普通の英単語を用いる高水準のプログラミング言語》. 〖1973〗

Fórth Brídge *n.* [the ～] フォース橋《スコットランドの Firth of Forth にかかる鉄道橋 (1889 年完成; 全長 2,530 m)》: It is like painting *the* ～. それはきりがない《塗り終えても, 余りに時間がかかったので, 最初に塗った部分を再び塗らなければならないので》.

forth·com·ing /fɔ̀əθkʌ́mɪŋ | fɔ̀:θ-←/ *adj.* **1** やがて来ようと[現れようと]する; 来たるべき, 接近して[迫って]いる (approaching); 〈書物が〉近刊の: a list of ～ books 近刊書目録 / A new edition is said to be ～ in spring. 新版が春に出版されるとのことだ. **2** [しばしば否定構文で] 手近に[すぐに]用意されて, 〈金など〉すぐに出る: The money is not ～. 金は出てこない[出そうもない]. **3 a** 協力的な, 進んで教えてくれる (informative), 率直な. **b** 〈人が〉愛想のいい, 社交的な (sociable): a ～ man. — *n.* 出現 (appearing), 接近. **～·ness** *n.* 〖(*c*1475) (pres.p.) ← 《廃》*forthcome* < OE *forþcuman* to come forth〗

Fòrt Hénry *n.* ヘンリー砦(とりで)《米国 Tennessee 州北西部, Tennessee 河畔にあった南軍の堡塁(ほうるい); 1862 年に北軍に奪われた》. 〖James 一世の王子 *Henry* にちなむ〗

forth·right /fɔ́əθràɪt | fɔ́:θ-/ *adj.* **1** 打ち明けた, あけすけな, 率直な (candid): a ～ man あけすけな人 / the home thrust of a ～ word (思い切った)直言の急所の突き. **2** 毅然とした, ゆるがない (unswerving), ためらわない. **3** 《古》まっすぐに進む, 直進の. — *adv.* **1 a** まっすぐ前に. **b** 率直に, あけすけに (frankly). **2** 《古》直ちに. — /ˊ-ˊ-/ *n.* 《古》まっすぐな道, 直路: through ～*s* and meanders まっすぐな道と曲がった道を通って (Shak., *Tempest* 3. 3. 3). **～·ly** *adv.* **～·ness** *n.* 〖OE *forðrihte* at once, instantly & *forðriht* (adj.)〗

forth·with /ˊ-ˊ, ˊ-ˊ/ *adv.* **1** 直ちに, すぐさま, 立ちどころに (⇨ immediately SYN). **2** そこで, そこで直ちに (thereupon). 〖?*c*1200〗

For·ties /fɔ́əṭiz | fɔ́:tiz, -tɪz/ *n.* [the ～] フォーティーズ《スコットランド北東岸とノルウェー南西岸との間の海》. 〖40 尋(ひろ)以上深さがあるところから〗

for·ti·eth /fɔ́əṭiɪ̀θ | fɔ́:ti-/ *adj.* **1** 第 40 の, 40 番目の (40th). **2** 40 分の 1 の: a ～ part 40 分の 1. — *adv.* 第 40 位[番目]に. — *n.* **1** [the ～] 第 40, 40 番目, 第 40 位. **2** 40 分の 1: one ～ of the total 総額の 40 分の 1. 〖OE *fēowertigoða*: ⇨ forty, -th[1]〗

for·ti·fi·a·ble /fɔ́əṭəfàɪəbl | fɔ́:tɪ-/ *adj.* 砦(とりで)[堡塁(ほうるい)]で堅固に固めることのできる, 防御工事を施しうる, 築城しうる. 〖(1609) ← FORTIFY + -ABLE〗

for·ti·fi·ca·tion /fɔ̀əṭəfəkéɪʃən | fɔ̀:tɪfɪ-/ *n.* **1** [通例 *pl.*] 防備施設, 防御工事, 築城; 砦(とりで), 要塞. **2** (都市などの)防備, 要塞化; 築城学[術]. **3** (肉体・精神を)強めること, 強化 (enrichment); (ワインの)アルコール分強化, (食物の)栄養価の強化: the ～ *of* certain foods with added vitamins ビタミン添加による食料品の栄養価の強化. 〖(1429) ▫ (O)F ～ ▫ LL *fortificātiō(n-)*: ⇨ fortify, -fication〗

fór·ti·fied pá /fɔ́əṭəfàɪd- | fɔ́:tɪ-/ *n.* 〘NZ〙(マオリ族の防御柵や堀を巡らした)丘の上の集落. 〖*pa* (1769) ▫ Maori ～ 'stronghold, fortified plase': 初期の語形には Maori 語の小辞 *he* [*hi*] を伴った *heppa, hippa* などの形が多い〗

fórtified wíne *n.* 酒精強化ワイン, フォーティファイドワイン《発酵中(またはあと)にブランデーなどを入れてアルコール分を強めたワイン; デザートワインなどに用いる; cf. dessert wine, natural wine》. 〖1906〗

fór·ti·fì·er *n.* **1** 築城家. **2** 強化者[物]. **3** 《戯言》強壮剤 (tonic), 酒. 〖(1552): ⇨ ↓, -er[1]〗

for·ti·fy /fɔ́əṭəfàɪ | fɔ́:tɪ-/ *vt.* **1** 〈都市・地域などに〉防御工事を施す, 砦(とりで)[堡塁(ほうるい)]で固める, 要害堅固にする; 要塞化する: ～ a town *against* the enemy 敵の襲撃に対して都市に防備を施す / a *fortified* city [port] 武装都市[軍港] / a *fortified* zone 要塞[武装]地帯. **2** 〈組織・構造を〉固める, 強める, 強化する (strengthen): ～ a ship *with* additional timbers 船材を添加して船を補強する. **3** 〈酒〉のアルコール分を増す, 〈酒類を〉強くする (cf. fortified wine): a drink *fortified with* brandy ブランデーを入れて強くした飲み物. **4** 〈食物〉に〔ビタミン類や鉄分などを加えて〕栄養価を高める (enrich)〔*with*〕: powdered milk *fortified with* vitamins ビタミンの添加によって栄養価を強化した粉乳. **5** (肉体的・精神的・道徳的に)強くする, 強壮にする, 強固にする, …の操を固くする (invigorate): ～ oneself *against* the cold 防寒具で身を固める; 寒さしのぎに一杯やる / ～ oneself *with* a glass of wine 一杯のワインで元気をつける / ～ timidity *by* pride 小心を高慢で補強する. **6** 〈説などを〉固める, 確証する, 裏付けする (confirm): ～ an argument *with* statistics [facts] 統計[事実]によって主張の裏付けをする. — *vi.* 築城する, 要塞を築く; 防備を固める. **～·ing·ly** *adv.* 〖(?*a*1425) *fortifie(n)* ▫ (O)F *fortifier* ▫ LL *fortificāre* ← L *fortis* strong: ⇨ -fy: cf. fort, forte[1,2]〗

for·tis /fɔ́əṭɪs | fɔ́:tɪs/ 〘音声〙 *n.* (*pl.* **for·tes** /-ti:z, -teɪz/) 硬音, 強子音《調音器官が強い閉鎖やせばめを形成し, また呼気圧が高いために強く調音される閉鎖音や摩擦音; 英語の無声の閉鎖音や摩擦音は通例 fortis である; ⇨ lenis》. — *adj.* 硬音[強子音]の. 〖(1889) ▫ L ～ 'strong'〗

for·tis·si·mo /fɔətísəmòu | fɔ:tísɪ̀məʊ; *It.* fortíssimo/ 〘音楽〙 *adv., adj.* フォルティッシモで[の], きわめて強く[い]《略 ff》. — *n.* (*pl.* **～s, -si·mi** /-mì:; *It.* -mi/) フォルティッシモの楽節[音]. 〖(1724) ▫ It. ～ (superl.) ← *forte*: ⇨ forte[2]〗

for·tis·sis·si·mo /fɔ̀əṭəsísəmòu | fɔ:tɪsísɪ̀məʊ; *It.* fortissíssimo/ *adv., adj.* 〘音楽〙フォルティッシモで[の], 最大限に強く[い]《略 fff》. 〖▫ It. ～ (二重最上級): ↑〗

for·ti·tude /fɔ́əṭətù:d, -tjù:d | fɔ́:tɪtjù:d/ *n.* **1** 剛毅(ごうき), 堅忍(不抜), 不屈の精神《七主徳の一つ; cf. seven principal virtues; ⇨ patience SYN》: bear a calamity *with* ～ 泰然として災禍に耐える. **2** 《廃》強固, 堅固. 〖?lateOE *fortitudo* ▫ L *fortitūdō* strength, courage ← *fortis* strong〗

for·ti·tu·di·nous /fɔ̀əṭətú:dənəs, -tjú:-, -dn- | fɔ̀:tɪtjú:dɪ̀-, -dn-/ *adj.* 剛毅(ごうき)な, 不屈な精神をもった (courageous). 〖(1752) ← L *fortitūdinem* (↑) + -OUS〗

Fòrt Jéfferson Nátional Mónument *n.* ⇨ Dry Tortugas.

Fòrt Knóx /-ná(:)ks | -nɔ́ks/ *n.* フォートノックス《米国 Kentucky 州北部, Louisville 近くの軍用地; 合衆国金塊貯蔵所がある》.

Fort-La·my /fɔ̀əlæmí: | fɔ̀:-; *F.* fɔʀlami/ *n.* フォールラミ《1973 年 N'Djamena と改称》.

Fòrt Lár·a·mie /-lǽrəmi, -lér- | -lǽr-/ *n.* ララミー砦(とりで)《米国 Wyoming 州南東部の昔の砦; Oregon Trail の重要な拠点》.

Fòrt Láu·der·dale /-lɔ́:dədèɪl, -lá:- | -lɔ́:də-/ *n.* フォートローダデール《米国 Florida 州南東部の都市; 海水浴場》.

Fòrt Matánzas Nátional Mónument *n.* マタンザス要塞国定記念物《米国 Florida 州 St. Augustin の南南東に指定された国定記念物; 1736 年にスペイン人によって建設された要塞跡がある》.

Fòrt McHén·ry /-məkhénri/ *n.* マックヘンリー要塞《米国 Maryland 州北部 Baltimore 港の入口にある要塞; 1814 年英軍がこの要塞を砲撃した際 Francis Scott Key により米国国歌が作られた》.

Fòrt McHénry Nátional Mónument *n.* マックヘンリー要塞国定記念物《Fort McHenry の要塞跡を中心に指定された国定記念物》.

Fòrt Monróe *n.* モンロー砦(とりで)《米国 Virginia 州の南東部, Hampton Roads の入口にある砦[基地]》.

fort·night /fɔ́ətnàɪt | fɔ́:t-/ *n.* 2 週間 (cf. sennight): a ～'s holiday 2 週間の休暇 / today [this day] ～ 2 週間後[前]のきょう, さ来週[先々週]のきょう / a ～ (from) today 2 週間後[前]のきょう / a ～ tomorrow さ来週の明日 / a ～ ago 2 週間前に / a ～ on Monday=Monday ～ 2 週間後[前]の月曜日, さ来週[先々週]の月曜 / stay a ～ 2 週間滞在する / in a ～'s time 2 週間後に. ★ 米国では主に《文語》. 〖ME *fourtenight* < lateOE *fēowertȳne niht* fourteen nights: cf. sennight〗

fórt·nìght·ly *adj.* **1** 2 週間に 1 回の: ～ mail 2 週間に 1 回の郵便物. **2** 隔週発刊の: a ～ magazine [review] 隔週雑誌[評論]. — *adv.* 2 週間ごとに, 隔週に: be published ～ 隔週刊行される / go ～ 2 週間に一度行く. — *n.* 隔週刊行物. 〖(1800): ⇨ ↑, -ly[1,2]〗

Fort·num and Ma·son /fɔ́ətnəmən(d)méɪsən, -sn | fɔ̀:t-/ *n.* フォートナムアンドメーソン《London の Piccadilly にある高級輸入食品で知られるデパート》.

Fòrt Puláski Nátional Mónument *n.* プラスキ要塞国定記念物《米国 Georgia 州東部, Savannah 川河口付近の島を含む特別保護地区; 独立戦争当時の Fort Greene に代えて 1829–47 年に建設した要塞》.

FORTRAN, For·tran /fɔ́ətræn | fɔ́:-/ *n.* 〘電算〙フォートラン《科学技術計算用のプログラム言語の一種; 簡単な数式をプログラム中に書くことができる; cf. computer language》. 〖(1956)《頭字語》← *for(mula) tran(slation)*〗

for·tress /fɔ́ətrɪ̀s | fɔ́:-/ *n.* **1 a** 要塞 (stronghold)《大規模で永久的なもの; ⇨ fort SYN》: an impregnable ～ 難攻不落の要塞. **b** 要塞地, 要塞都市. **2** (一般に)堅固な[安全な]場所, 城郭. — *vt.* **1** …に要塞を設ける, 要塞で防護する (fortify): a ～*ed* city 要塞都市. **2** 《古》〈都市などの〉要塞の役をする. 〖(?*a*1300) ▫ (O)F *forteresse* strong place < VL **fortaritia(m)* ← L *fortis* strong〗

Fórtress Monróe *n.* =Fort Monroe.

Fòrt Smíth *n.* フォートスミス《米国 Arkansas 州西部の都市》. 〖← *T. A. Smith* (*d.* 1865: 米国の将軍)〗

Fòrt Stán·wix Nátional Mónument /-stǽnwɪks-/ *n.* スタンウィックス要塞国定記念物《米国 New York 州中部 Rome にある要塞を中心とした国定記念物; Iroquois インディアンが広大な土地を白人に割譲した条約 (1768) の締結地》.

Fòrt Súm·ter /-sʌ́mtə | -tə(r)/ *n.* サムター砦(とりで)《米国 South Carolina 州 Charleston 港にあった砦; 1861 年 4 月 12 日南軍の砲撃によって南北戦争が開始された》. 〖← *Thomas Sumter* (1734–1832: 米国の将軍)〗

F

Fòrt Súmter Nátional Mónument *n.* サムター要塞国定記念物《Fort Sumter を中心とする特別保護地区》.

for·tu·i·tism /fɔətú:ətɪzm, fə-, -tjú:- | fɔ:tjú:ɪ̀-/ *n.* 〘哲学〙(適応進化における)偶然説 (cf. teleology 1, tychism). 〖(1881) ← FORTUIT(OUS) + -ISM〗

for·tú·i·tist /-tɪ̀st | -tɪst/ *n.* (進化論・哲学上の)偶然論者, 偶然説信奉者. 〖(1881): ⇨ ↑, -ist〗

for·tu·i·tous /fɔətú:əṭəs, fə-, -tjú:- | fɔ:tjú:ɪ̀t-/ *adj.* **1** 偶然発生の, 偶然性の, 偶然の, 不時の (⇨ accidental SYN): a ～ event 偶然のできごと / a ～ meeting 偶然の会合. **2** 好運な (lucky). **～·ly** *adv.* **～·ness** *n.* 〖(1643) ▫ L *fortuitus* casual ← *forte* (adv.) by chance (abl.) ← *fors* chance: ⇨ -ous: cf. fortune〗

for·tu·i·ty /fɔətú:əṭi, fə-, -tjú:- | fɔ:tjú:ɪ̀ti/ *n.* **1** 偶然性; 偶然 (chance). **2** 偶発事件, 偶然の事. **3** 非常に好運なこと. 〖(*a*1747): ⇨ ↑, -ity〗

For·tu·na /fɔətú:nə, -tjú:- | fɔ:tjú:-/ *n.* **1** フォルトゥーナ《女性名》. **2** 〘ローマ神話〙フォルトゥーナ《運命の女神; ギリシャ神話 Tyche に当たる》. 〖▫ L *Fortūna*: *fortūna* fortune の擬人化〗

for·tu·nate /fɔ́ətʃ(ə)nɪ̀t | fɔ́:-/ *adj.* **1 a** 〈人が〉運のよい, しあわせな, 幸運な (⇨ lucky SYN): He is very ～ *in* his choice of a wife. 彼はよい奥さんを選び当てて全く運のよい男だ / You are ～ *to* have such rich parents. あんな金持ちの親があるなんて君も運がいい. **b** [the ～; 名詞的に] 幸運者たち. **2** 幸運のきざしある, さい先のよい: ～ circumstances しあわせな境遇 / a ～ investment 運のよい投資 / You were born under a ～ star. 君は幸運の星のもとに生まれた. **～·ness** *n.* 〖(*c*1390) ▫ L *fortūnātus* (p.p.) ← *fortūnāre* to make prosperous: ⇨ fortune, -ate[2]〗

for·tu·nate·ly /fɔ́ətʃ(ə)nɪ̀tli | fɔ́:-/ *adv.* 幸いに, 運よく (luckily); [しばしば文全体を装飾して] 幸いにも, 幸運にも (↔ unfortunately): *Fortunately* (*for* us) the weather was good. 幸いにも天気がよかった. 〖(1548): ⇨ ↑, -ly[1]〗

for·tune /fɔ́ətʃən, -tʃu:n | fɔ́:tʃən, -tʃu:n, -tju:n/ *n.* **1** 富, 富裕 (wealth); 大身代, 財産 (riches); 《口語》大金: a man of ～ 財産家 / come into [inherit] a ～ (遺産相続などで)財産を得る / make a [one's] ～ (out of …) (…で)金持ちになる, 身代を作る (cf. 5) / Her face is her ～. 顔が彼女の身代だ / The diamond must have cost a ～. そのダイヤはずいぶん値が張ったに違いない. **2** (出来事の吉凶を左右する)運 (chance, luck): *by* good [bad] ～ 幸運[不運]にも / have good [bad] ～ 運がよい[悪い] / have ～ on one's side 運に味方される / try one's ～ 運試しをする / try the ～(*s*) of war 武運を試みる; 一か八かやってみる / share a person's ～*s* 人と運命[進退]を共にする / ⇨ *a* SOLDIER *of fortune*. **3** [F-] 運命の女神: *Fortune* waits on honest toil and earnest endeavor. 《諺》幸運は正直な勤労とまじめな努力にかしずく / *Fortune's* favorite 運命の寵児(ちょうじ), 幸運児 / *Fortune* favors the brave. 《諺》幸運は勇者に味方する. **4** 運勢, (将来の)運命, 宿命 (⇨ fate SYN); [*pl.*] (運の)盛衰, 人生の浮き沈み: tell ～*s* 〈占者が〉運勢を占う / tell a person's ～=tell a person his ～ 人の運勢を占う (cf. fortune-teller) / have [get] one's ～ told 運勢を占ってもらう. **5** 幸運, しあわせ, 果報 (good luck), 繁栄, 成功 (success): have the good ～ *to do* 幸運にも…する / seek one's ～ 立身出世[成功]を求める / make one's ～(*s*) (家を離れて)立身出世する (cf. 1) / push one's ～ 出世しようと努力する. **6** 《古》女性財産家, 女子相続人 (heiress). ★ 次の句に用いる以外は《廃》: marry a ～ 金持ちの女性と結婚する (cf. fortune hunter). **7** 《廃》出来事, (偶発)事件 (incident).

a smáll fórtune 《口語》かなりの金額, 大金: cost a *small* ～ 大金がかかる / spend *a small* ～ on books 本にひと財産[大金]を費やす.

— *vt.* **1** 《古》…に大財産を与える. **2** 《廃》…に幸運[不運]を与える. — *vi.* 《古・詩》**1** たまたま[偶然]起こる (chance): *It* ～*d that* he was passing. たまたま彼が通りかかった. **2** 〔…に〕偶然出会う〔*upon*〕.

〖n.: (*a*1325) ▫ (O)F ～ ▫ L *fortūna* chance, good luck, (goddess of) fate ← *fors* chance, luck ← ?. — v.: (1369) ▫ (O)F *fortuner* ▫ L *fortūnāre* to make prosperous〗

For·tune /fɔ́ətʃən, -tʃu:n | fɔ́:tʃən, -tʃu:n, -tju:n/ *n.* フォーチュン《女性名》. 〖↑〗

For·tune /fɔ́ətʃən, -tʃu:n | fɔ́:tʃən, -tʃu:n, -tju:n/, **The** *n.* フォーチュン座《もと London にあった (1600–49) 劇場の名》.

fórtune còoky [còokie] *n.* 《米》(中華料理店などで出される)おみくじの入ったクッキー. 〖1962〗

Fórtune 500 /-fáɪvhʌ́ndrɪ̀d, -dəd | -drɪ̀d/ *n.* [the ～]《米》フォーチュン 500 社《米国の経済誌 *Fortune* が毎年掲載する米国企業および海外企業の各売上高上位 500 社のリスト》. 〘1972〙

fórtune hùnter *n.* (結婚によって)財産を得ようとする人 (cf. fortune *n.* 6). 〘1689〙

fórtune-hùnting *adj.*, *n.* (結婚による)財産目当て(の). 〘1766〙

fórtune·less *adj.* **1** 幸運に恵まれない, 不運な, 薄幸の (unfortunate). **2 a** 財産のない, 貧しい (poor). **b** 〈花嫁が〉持参金のない. 〘(1596): ⇨ -less〙

Fórtune's whéel *n.* 運命の女神の回す輪; 有為(ㇷ゚)転変(の象徴).

fórtune-tèller *n.* 占い師, 易者. 〘1592–94〙

fórtune-tèlling *n.* 吉凶判断, 易断, 占い. **—** *adj.* 占いをする. 〘1577〙

F

Fòrt Únion Nátional Mónument *n.* ユニオン要塞国定記念物《米国 New Mexico 州北東部, Santa Fe の東北東部にある国定記念物; 南北戦争当時重要な拠点となった要塞 (1851) の跡》.

Fòrt Wáyne /-wéɪn/ *n.* フォートウェイン《米国 Indiana 州北東部の工業都市》. 〘← *Anthony Wayne*〙

Fòrt Wílliam *n.* フォートウィリアム: **1** カナダ Ontario 州の Superior 湖に臨む港市. 〘← *William McGillivray* (North West 会社の取締役)〙 **2** スコットランド西部 Highland 州南部, Linnhe 湾の奥にある町; 17 世紀に築造された砦(ㇳㇼ)があったところで観光地.

Fòrt Wórth /-wə́ːθ | -wɔ́ːθ/ *n.* フォートワース《米国 Texas 州北東部の都市; 航空機産業が盛ん》. 〘← W. J. *Worth* (1794–1849: 米国の将軍, Texas 州軍団の指揮官)〙

for·ty /fɔ́əṭi | fɔ́ːti/ *n.* **1** 40; 40 人[個]; 40 歳, 40 年, 40 度, 40 分: a man of ～ 40 歳の人 / after ～ 40 歳後 / over [under] ～ 40 歳以上[以下]. **2** 40 [XL] の記号[数字]. **3** 40 人[個]一組. **4** 40 番サイズの衣服. **5** [*pl.*] 40 台, 40 年代[歳台]: a man in his *forties* 40 代の人 / ⇨ Hungry Forties, roaring forties. **6** [*pl.*] (紡績糸の) 40 番. **7** 〖テニス〗フォーティ《3 点目の得点; cf. fifteen 5》.

like fórty 《米口語》非常な勢いで, すごく, ひどく《1852》.

— *adj.* 40 の, 40 人[個]の; [叙述的] 40 歳で: ⇨ forty winks.

〘OE *fēowertiġ*: ⇨ four, -ty[1]〙

fórty-éight·mo /-moʊ | -məʊ/ *n.* 〖製紙〗 *n.* (*pl.* ～s) 四十八枚折(判); 四十八枚折本《quadragesimo-octavo ともいう》. **—** *adj.* 四十八枚折(判)の; 四十八枚折本の. 〘1888〙

fórty-fíve *n.* **1** 45. **2** 45 回転のレコード《通例 45 と書く》. **3** 45 口径のピストル《通例 45 と書く; cf. revolver 1》. **4** [the F-]《英》1745 年の乱《Young Pretender を擁する Jacobites の Stuart 王家復活の企て; スコットランドの Culloden Moor で大敗した》.

— *adj.* 45 の, 45 人[個]の; [叙述的] 45 歳で. 〘1832〙

fórty·fòld *adj.*, *adv.* 40 倍の; 40 倍も, 40 枚も重ねて.

Fórty Hóurs *n. pl.* [通例 the ～; 単数または複数扱い]〖カトリック〗荘厳ミサで始まり終わる四十時間の聖体を前にした信心. 〘1759〙

Fórty Immórtals *n. pl.* [the ～]《口語》アカデミーフランセーズ (French Academy) の 40 人の会員.

for·ty·ish /fɔ́əṭiɪʃ | fɔ́ːti-/ *adj.* 四十がらみの. 〘(1821): ⇨ -ish[1]〙

fórty-níner /-náɪnə | -nə(r)/ *n.* **1** [時に Forty-Niner]《米》49 年組《1849 年 gold rush 当時金鉱熱にうかされて California に出かけて行った人; cf. fifty-niner, eighty-niner, Argonaut 2 b》. **2** 熱狂的な採鉱者. 〘(1853) ← (*eighteen*) *forty-nine*＋-ER[1]〙

49th Párallel /fɔ́ːətinàɪnθ | fɔ́ː-/ *n.*《米国・カナダ国境の北緯 49 度線.

fórty·pènny *adj.* 5 インチ釘の. 〘1769〙

Fórty-Sécond Strèet *n.* **1** 42 丁目《米国 New York 市 Manhattan の劇場街》. **2**「四十二番街」《米国のミュージカル映画 (1933); これに基づくミュージカル (1980) もヒットした》.

fórty-spòt *n.* 〖鳥類〗ホウセキドリ (*Pardalotus quadragintus*)《タマスニア産ハナドリ科の鳥, 白い円点斑がある》.

Fórty-twó-líne Bíble *n.* [the ～] ＝Gutenberg Bible.

fórty wínks *n. pl.* [単数または複数扱い]《口語》午睡, (特に, 食後の)うたた寝 (short sleep, nap): catch [have] ～ うたた寝する. 〘1872〙

fo·rum /fɔ́ːrəm/ *n.* (*pl.* ～s, **fo·ra** /-rə/) **1 a** (社会的に興味深い問題を取り上げる)公開討論会(会場): an open ～ 公開討論会. **b** (テレビ・ラジオの)公開討論会番組. **c** フォーラム誌, 公論(誌)《主として討論・議論を掲載する雑誌》. **2 a** フォーラム, フォルム《古代ローマ帝国の都市の中央にあった大広場で, 商業取引の場, または裁判・政治など公事の集会所として用いられた》. **b** [the F-] 古代ローマ市のフォーラム (Forum Romanum). **3** 法廷, 裁判所 (law court); 裁判地, 法廷地. **4** (世論の)批判, 裁断 (tribunal): the ～ of public opinion 世論の批判 / the ～ of conscience 良心の裁断. 〘(*a*1464) □ L ～ 'public place', (原義) enclosed place around a home ← ? IE **dhwer-* 'DOOR'〙

Fórum Ro·má·num /-roʊmáːnəm | -rəʊ-/ *n.* [the ～] フォルムロマーヌム《古代ローマ市の中心的フォーラム; Capitoline と Palatine の両丘の間にある》. 〘□ L *forum Rōmānum* Roman forum〙

for·ward /fɔ́əwəd | fɔ́ːwəd/ *adv.* **1** (空間的に)前方へ[に], 先へ: hurry ～ 急いで進む / move one's chair a little ～ 椅子を少し前に動かす / rush ～ 突進する / help a movement ～ 運動を促進する / send scouts ～ 斥候を先発させる / take a step ～ 一歩前に出る, 一段と進歩を示す / put one's watch ～ 時計を進める / They were moving slowly ～(*s*) through the snow. 雪の中をゆっくりと前進して行った / The crew room is situated ～ *of* the exit. 搭乗員室は出口の前方にある. ★ 船舶・航空機について用いられる / backward(s) and ～(*s*) ⇨ backward 成句 / *Forward!* 〖軍事〗(前へ)進め; 〖ボート〗前へ. **2** (時間的に)将来に向かって, 先に (onward): from this day [time] ～ 今後 / date a check ～ 小切手を先日付にする / look ～ 先[将来]を考える / put the clock ～ 時計を進める. **3** 外へ; 表面に, 見えるところへ: put [set] oneself ～ でしゃばる / bring ～ an opinion 意見を出す. **4 a** ★〖海事〗の発音は /fɔ́(ː)rəd, fɑ́(ː)r- | fɔ́rəd/. 〖海事〗(船の)前部に, 船首の方へ (↔ aft). **b** 〖航空〗(航空機の)前部に[へ]. **5** 〖商業〗先方において, 先払いとして: carriage ～ 運賃先方持ち[着払い]. **6** 〖簿記〗(前葉から, または次葉へ)繰り越して: bring [carry] ～ 前葉から[次葉へ]繰り越す.

còme fórward ⇨ come 成句. ***gò fórward*** ⇨ go 成句. ***lóok fórward to*** ⇨ look 成句. ***pláy fórward*** ⇨ play[1] *vi.* 3 a.

— *adj.* **1** 前方(へ)の; 前部の; 進行方向に見える[ある]; 前進の: a ～ and backward journey 往復の旅行 / a ～ thrust with a sword 剣の前へのひと突き / a ～ motion 前進運動 / a ～ march 前進, 行軍, 進軍 (cf. 2 a) / *Forward* march! 前進 / the ～ ranks (隊列の)前部 / the ～ slope 前方に見える坂 / ⇨ forward play. **2 a** 前進的な, 促進的な: a ～ movement 進歩, (政治・宗教などの)促進運動 / the ～ march of technology 工業技術の躍進. **b** (政治的・思想的に)進歩的な, 急進的な, 前衛的な (progressive, radical): a ～ person [opinion, view] / ～ measures 急進的な方策 / They are on the ～ fringe of communism. 彼らは共産主義の急進派である. **3 a** 〈仕事など〉進んだ, はかどった: The work is well ～. 仕事はうまくはかどっている / I'm no further ～ with my work. 仕事はあれから何も進んでいない. **b** 〈子供が〉発育が著しく早い, 早熟の, ませた (precocious): a ～ pupil よくできる[覚えのよい]生徒 / a ～ child 早熟な子供 / The baby is ～ *at* crawling. その赤ん坊は早くはえるようになった. **c** 〈ぶどう酒が〉早く熟成した. **d** 《まれ》〈収穫・季節など〉早い, 進んでいる (early): a ～ crop わせの作物, 一番作. **4 a** [叙述的; しばしば *to* do を伴って] 進んで…する, 遅れを取らない (ready, prompt): The crew were ～ *to* assist. 乗組員は進んで援助した / He was ～ *with* an offer to work late. 彼は遅い勤務の申し出に飛びついた. **b** あつかましい, でしゃばる, ずうずうしい, 生意気な (pert): a ～ young woman 若いでしゃばりな女 / It's ～ *of* you to say so. そんなこと言うなんて, 君生意気だよ. **5** 〖商業〗先[将来]を見越しての, 先物の (prospective): a ～ bargain 先物売買 / ～ business 先物取引 / ～ buying 先物買付け / a ～ contract 先物契約 / ～ delivery (一定期間後に物品を渡す)先渡し, 先割り / a ～ exchange 先物為替 / ⇨ forward quotation [price] / ～ rates 先物相場. **6 a** /《英》fɔ́rəd/ 〖海事〗(船の)前部の, 船首の方にある: the ～ part of a ship 船の前部. **b** 〖航空〗(航空機の)前部の, 機首の方にある. **7** 〖クリケット〗フォワードプレイ (forward play) の: a ～ stroke. **8** 〖ラグビー〗〈ボールが〉相手のゴールラインに向かった. **9** (NZ) 〈動物が〉元気な, 健康な.

— *n.* 〖球技〗(バスケットボール・ラグビー・サッカーなどの)フォワード, 前衛(の位置); (アメリカンフットボールの)ラインマン (lineman) (cf. back[1] 9).

— *vt.* **1** 進める, 助成する, はかどらせる, 促進する: ～ a plan [scheme] 計画を進める / ～ a cause 主義[運動]を促進する / ～ the growth of a plant 植物の成育を早める. **2** 〈郵便物を〉〈新住所・旅行先などへ〉転送[回送]する, 〈電子メール・電話を転送する〔*to*〕: He ～*ed* the letters *to* her new address. その手紙を彼女の新しい住所宛に転送してやった / Please ～. [目的語を省略して] 転送下さい《旅行中の人へ当てた手紙の表書》. **3** 〈貨物・手紙などを〉送付[送達]する, 発送する (send): ～ goods [a bill, a catalog] *to* a customer 荷物[勘定書, カタログ]を顧客へ発送する / Please ～ (us) the article on receipt of our check. 小切手を受領次第品物をお送り下さい. **4** 〖製本〗〈本〉の下ごしらえをする (cf. forwarding 2).

～·a·ble /-ḍəbḷ | -də-/ *adj.* 〘adv.: OE *for(e)weard*: ⇨ fore-, ward. — adj., n., v.: ← (adv.)〙

SYN **1** 前方へ: **forward** 前方[未来]に向かって: step *forward* 前へ進み出る. **onward** はっきりした目標に向かって進行が継続することを示す: march *onward* toward the goal ゴールを目指して前進する. **ahead** ずっと前のほうにの意で, 運動・静止両方に用いられる: Drive straight *ahead*. まっすぐ前方へ車を進めなさい.
2 図々しい: ⇨ bold.

---

fórward bías [vóltage] *n.* 〖電子工学〗順バイアス《半導体素子[回路]に電流の流れる方向にかけるバイアス》.

fórward díve *n.* 〖水泳〗＝front dive.

fórward échelon *n.* 〖軍事〗前方群 (cf. rear echelon 1).

fór·ward·er /-ḍə | -də(r)/ *n.* **1** 送達者, 回送者, 運送業者. **2** 〖製本〗下ごしらえ工. 〘(1549): ⇨ forward (v.), -er[1]〙

fór·ward·ing /-dɪŋ | -dɪŋ/ *n.* **1** [形容詞的にも用いて] 発送(の), 運送(の), 回送[転送](の): a ～ agency 運送[貨物取扱]店 / the ～ business 運送[貨物取扱]業 / a ～ agent [broker, merchant] 運送業者, 貨物取扱人 / a ～ station 発送駅 / ⇨ forwarding address. **2** 〖製本〗下ごしらえ《かがりのあとに行われる背張り・表紙付けなど一連の製本作業; cf. finishing 1 d》. 〘(1635): ⇨ -ing[1]〙

fórwarding addrèss *n.* (郵便などの)転送先.

fórward lìne *n.* 〖サッカー・ホッケーなど〗フォワードライン《チームにおける攻撃の 5 人》.

fórward-lòoker *n.* (世界・人類の改善に)将来をあてにする人, 空想家 (visionary). 〘1919〙

fórward-lòoking *adj.* 将来を見通した, 漸進性の, 前向きの, 進歩的な: a ～ attitude. 〘1800〙

fór·ward·ly *adv.* **1** 進んで (readily, promptly); さっそく, 迅速(ｼﾞﾝｿｸ)に. **2** 差し出がましく, でしゃばって (presumptuously). **3** 先の方に, 前方へ[に]. 〘(1552): ⇨ -ly[1]〙

fórward màrket *n.* 〖商業〗先物市場《証券・外貨・商品などを将来の一定日に一定価格で受け渡す契約が行われる市場; cf. spot market》.

fór·ward·ness *n.* **1** 進み具合, 進捗の早さ. **2** 時期の早目, 早期; (作物の)わせ, 早なり; (子供の)ませていること, 早熟 (precocity). **3** (進んで事に当たる)気乗り, 乗り気, 熱心. **4** 出過ぎ, でしゃばり, 生意気. 〘(1523): ⇨ -ness〙

fórward páss *n.* 〖アメフト・ラグビー〗フォワードパス《ボールを敵のゴールの方向にパスすること; ラグビーでは反則; throw-forward ともいう》. 〘*c*1903〙

fórward pláy *n.* 〖クリケット〗フォワードプレー《打手が投手の方に踏み出して球を打つこと; cf. back play》. 〘1828〙

fórward príce *n.* 〖商業〗先物価格 (future price).

fórward quotátion *n.* 〖商業〗先物相場 (cf. spot quotation).

fórward ròll *n.* 〖体操〗前転.

for·wards /fɔ́əwədz | fɔ́ːwədz/ *adv.* 《英》＝forward. 〘(?*a*1400): ⇨ forward, -s[2] 1〙

fórward-thìnking *adj.* ＝forward-looking.

for·wea·ried /fəwí(ə)rid | fəwíər-/ *adj.* 《古》＝forworn. 〘(*c*1250) (p.p.) ← ME *forwēr(i)e(n)* to weary out: ⇨ for-[1] 3, wear[1]〙

forwent *v.* forgo の過去形.

for·why /fəə(h)wáɪ | fɔː-/ 《古・方言》*adv.* 何ゆえに, なぜ, 何のために (why). **—** *conj.* なぜかと言えば. 〘OE *for hwȳ* because: ⇨ for[1], why: cf. what〙

for·worn /fəwɔ́ən | fəwɔ́ːn/ *adj.* 《古》疲れ果てた. 〘(1508) (p.p.) ← ME *forwere(n)* to exhaust: ⇨ forwearied〙

forz 《略》forzando.

for·zan·do /fɔətsáːndoʊ | fɔːtsáːndəʊ; *It.* fortsándo/ *It. adj.*, *adv.* 〖音楽〗＝sforzando. 〘(1828) □ It. ～ (ger.) ← *forzare* to force〙

f.o.s. 《略》free of stamp; free on station; free on steamer.

Fos·bur·y /fáːzbɛri | fɔ́zb(ə)ri/, **Richard** *n.* フォスベリー《1947–　: 米国の走り高跳び選手》.

Fósbury flòp 〖陸上〗*n.* (走り高跳びの)背面跳び. **—** *vi.* 背面跳びをする. 〘(1968) ↑〙

Fos·dick /fáː(ː)zdɪk | fɔ́z-/, **Harry Emerson** *n.* フォズディック《1878–1969; 米国の牧師・説教者・著述家》.

Fo·shan /fòʊʃáːn | fəʊ-; *Chin.* fóʂān/ *n.* 仏山(ﾌｯｻﾝ)《中国広東省 (Guangdong) 西部の都市》.

foss /fɑ́(ː)s, fɔ́(ː)s | fɔ́s/ *n.* ＝fosse.

fos·sa[1] /fɑ́(ː)sə, fɔ́(ː)sə | fɔ́sə/ *n.* (*pl.* **fos·sae** /-siː, -saɪ/) 〖解剖〗(骨などの)穴, 窩(ｶ), くぼみ: the axillary ～ わきの下 / the nasal ～ 鼻窩. 〘1830〙 □ L ～ 'trench, ditch': cf. fosse〙

fos·sa[2] /fɑ́(ː)sə, fɔ́(ː)sə | fɔ́sə/ *n.* 〖動物〗ホッサ (*Cryptoprocta ferox*)《マダガスカル島産ジャコウネコ科の食肉動物》. 〘(1838) ← Malagasy (現地語)〙

fossae *n.* fossa[1] の複数形.

Fos·sa Mag·na /fɑ́(ː)səmǽgnə, fɔ́(ː)sə- | fɔ́sə-; *G.* fɔ́mamágna/ *n.* 〖地質〗フォッサマグナ《日本の中部地方で東北日本と西南日本に分ける大地溝帯》. 〘*E. Naumann* の命名〙

fos·sate /fɑ́(ː)seɪt, fɔ́(ː)s- | fɔ́s-/ *adj.* 〖動物〗穴[窩(ｶ)]のある. 〘← FOSSA[1]＋-ATE[2]〙

fosse /fɑ́(ː)s, fɔ́(ː)s | fɔ́s/ *n.* **1** (城・要塞の)堀 (moat). **2** 溝, 掘割, 運河 (ditch, canal). **3** 《古》地面に掘った穴. **4** 〖解剖〗＝fossa[1]. 〘lateOE ～ □ (O)F ～ // L *fossa* ditch ← *fodere* to dig〙

fos·sette /fɑ(ː)sét, fɔ(ː)- | fɔ-/ *n.* 小さいくぼみ. 〘(1848) □ F ～ (dim.) ← *fosse* (↑)〙

Fósse Wáy /fɑ́(ː)s-, fɔ́(ː)s- | fɔ́s-/ *n.* [the ～] フォッス街道《昔ブリテンに侵攻したローマ人が造った両側に堀 (fosse) のある道路で, Axminster から Lincoln まで通じていた》. 〘(1610): ⇨ fosse 2〙

fos·sick /fɑ́(ː)sɪk | fɔ́s-/ 《豪俗》*vi.* **1** 廃鉱[洗鉱所など]を掘り返して金を捜す〈*about*〉. **2** 〔…を〕捜す (rummage) 〈*about*〉〔*for*〕. **—** *vt.* 〈金などを〉掘る, 掘り出す (dig) 〈*out*〉; 捜し出す (hunt) 〈*up*〉. 〘(1852) (変形) ← ? 《英方言》*fussick* to bustle about ← FUSS: オーストラリア金鉱地の方言〙

fós·sick·er *n.* 《豪》廃鉱あさり《人》. 〘(1864): ⇨ ↑, -er[1]〙

fos·sil /fɑ́(ː)səl, fɔ́(ː)s-, -sḷ | fɔ́sḷ, -sɪl/ *n.* **1** 化石: hunt for ～*s* 化石捜しをする / Words are ～*s* of thought. 言葉は思想の化石である / That animal is a living ～. あの動物は生きた化石だ. **2** 《口語》**a** 時代遅れの人, 旧弊家. **b** 時代遅れの物[理論], 旧制度. **3** 《古》(地中からの)発掘物. **4** 〖言語〗**a** 化石語《成句以外には廃語になっている語; to and fro の fro など》. **b** 化石語形成要素《away などの接頭辞の a- など現在形成力のないもの》. **—** *adj.* [限定的] **1** 化石の, 化石質[性]の, 化石になった (petrified): a ～ bone [shell, tree, footprint] 化石の骨[貝殻, 樹木, (動物の)足跡] / ～ remains (動物の)化石になった死体 / ～ wood 埋もれ木 **2** 発掘した, 掘りおこして取った:

⇨ fossil fuel. **3** 旧弊な, 時代遅れの (antiquated); 固陋(ころう)な: a ~ politician 旧弊な政治家. 〘(1569) ◻F *fossile* ∥ L *fossilis* dug up ← *fodere* to dig: cf. fosse〙

fos·sil·ate /fɑ́(ː)səlèɪt, fɔ́(ː)s- | fɔ́s-/ *v.* =fossilize. 〘1819〙

Fóssil Bútte Nátional Mónument *n.* フォッシルビュート国定記念物《米国 Wyoming 州南西部に指定されている保護地区; 暁新世・始新世の水生生物の化石が出土する》.

fóssil ènergy *n.* 化石エネルギー《化石燃料から得られる》.

fóssil fùel *n.* 化石燃料《地中から掘り出した燃料; 石炭・石油など; cf. nuclear fuel》. 〘1835〙

fos·sil·if·er·ous /fɑ̀(ː)səlíf(ə)rəs, fɔ̀(ː)s- | fɔ̀s-ˈ-/ *adj.* 化石を産する[生じる], 化石を含む: ~ rocks [strata] 化石を含んだ岩石[地層]. 〘(1847) ← FOSSIL + -FEROUS〙

fos·sil·ist /fɑ́(ː)səl̩ɪst, fɔ́(ː)s- | fɔ́s̩lɪst/ *n.* 化石学者 (paleontologist). 〘(1776): ⇨ -ist〙

fóssil ìvory *n.* 化石アイボリー《長期間地中にあって変色した象牙》. 〘1753〙

fos·sil·i·za·tion /fɑ̀(ː)səl̩zéɪʃən, fɔ̀(ː)s- | fɔ̀s̩laɪ-, -lɪ-/ *n.* **1** 化石化. **2** (化石のような)形式化, 固定化; 旧弊化. 〘(1819): ⇨ ↓, -ation〙

fos·sil·ize /fɑ́səlàɪz, fɔ́(ː)s- | fɔ́s̩-/ *vt.* **1** 化石にする, 化石化する (petrify). **2** (生命のない)形式的なものにする, 固定化する; 時代遅れにする, 旧弊化する. — *vi.* 化石になる, 化石化する. 〘(1794): ⇨ -ize〙

fóssil·lìke *adj.* 化石のような. 〘1874〙

fos·sil·o·gy /fɑ(ː)sílədʒi, fɔ(ː)- | fɔ-/ *n.* 《古》化石学 (paleontology). 〘(1776) ← FOSSIL + -LOGY〙

fos·si·lol·o·gist /fɑ̀(ː)səlɑ́(ː)lədʒ̩ɪst, fɔ̀(ː)s- | fɔ̀s̩lɔ́lədʒɪst/ *n.* 《古》=fossilist. 〘1882〙

fos·sil·ol·ogy /fɑ̀(ː)səlɑ́(ː)lədʒi, fɔ̀(ː)s- | fɔ̀s̩lɔ́l-/ *n.* 《古》=fossilogy. 〘1864〙

fóssil rèsin *n.* 《地質》化石樹脂《古代樹脂が土中で化石化したもの; こはく (amber), コーパル (copal) など》.

fóssil tùrquoise *n.* 《地質》化石トルコ石 (⇨ odontolite).

fos·so·rial /fɑ(ː)sɔ́ːriəl, fɔ(ː)s- | fɔ-/ *adj.* 《動物》穴を掘る; 穴を掘るのに適した; 穴の中に生活している (cf. cursorial): a ~ mammal, foot, etc. 〘(1836) ← ML *fossōri(us)* (← L *fossor* digger: cf. fosse) + -AL¹〙

fos·ter /fɑ́(ː)stə, fɔ́(ː)s- | fɔ́stə⁽ʳ⁾/ *vt.* **1** 〈子供・動物の子などを育てる, 養育する (⇨ raise **SYN**); 世話をする (tend): ~ a child もらい子を養育する / ~ the sick 病人を世話する. **2** 心に抱く (⇨ cherish **SYN**): ~ a hope [an idea, a desire for revenge] 希望[思想, 復讐心]を抱く. **3 a** …の成長[発達]を促す; 促進する, 助長する, 育成する (encourage): ~ foreign trade [musical ability, social evils] 外国貿易[音楽的才能, 社会悪]を助長する. **b** 〈環境などが〉人・動植物などに適している. **4** 《英》〈子供を〉児童養護施設に入れる. **5** 《廃》…に食べ物を与える, 養う (feed); やさしく世話をする, かわいがる.
— *n.* 《廃》養い親, 育ての親, 里親 (foster parent).
— *adj.* [限定的] 〈真の親子でないものが〉親子同様の(養育)関係にある, 里…: ⇨ foster brother, foster child, foster parent, etc.
~·ing·ly *adv.* 〘OE *fōstrian* to nurse ← *fōster, fōstor* nursing, nourishment < Gmc **fōstrom* ← **foð-* 'FOOD' + **-trom* (instr. suf.)〙

Fos·ter /fɑ́(ː)stə, fɔ́(ː)s- | fɔ́stə⁽ʳ⁾/ *n.* フォスター《男性名》. 〘← ME *forester* 'FORESTER'〙

Fos·ter /fɔ́(ː)stə, fɑ́(ː)s- | fɔ́stə⁽ʳ⁾/, **Jo·die** /dʒóudi | dʒə́udi/ *n.* フォスター《1962– ; 米国の映画女優》.

Foster, Norman (**Robert**) *n.* フォスター《1935– ; 英国の建築家, 東京のセンチュリータワー (1991) を初め世界中の数多くの大きなビル建築を手がける》.

Foster, Stephen (**Collins**) *n.* フォスター《1826–64; 米国の歌謡作詞・作曲家; *Old Folks at Home, My Old Kentucky Home, Old Black Joe, Oh Susanna*, etc》.

Foster, William Z(**ebulon**) *n.* フォスター《1881–1961; 米国の共産党指導者》.

fos·ter·age /fɑ́(ː)stərɪdʒ, fɔ́(ː)s- | fɔ́s-/ *n.* **1** (他人の子[里子]の)養育; 里子に出す[里子を預かる]こと; 里子制度. **2** 養い子[里子]であること, 養い子[里子]の身分. **3** 育成, 促進, 助成, 奨励. 〘(1614) ← FOSTER + -AGE〙

fóster bròther *n.* 乳(ち)兄弟. 〘lateOE *fōsterbrōðor*〙

fóster càre *n.* (個人の家や施設で)里子[孤児, 非行児童]を養護すること.

fóster chìld *n.* 養い子, 育て子, 預かり子, 里子. 〘OE *fōstercild*〙

fóster dàughter *n.* 養い女の子, 女の子の里子.

fós·ter·er /-tərə | -rə⁽ʳ⁾/ *n.* **1** 養育者; 乳母 (nurse), 育ての親, 里親 (foster parent). **2** 育成[助成]者. 〘(*a*1571): ⇨ -er¹〙

fóster fàther *n.* 育ての父, 里親. 〘OE *fōsterfæder*〙

fóster hóme *n.* 里子を預かる家庭. 〘1886〙

fos·ter·ling /fɑ́(ː)stəlɪŋ, fɔ́(ː)stə- | fɔ́stə-/ *n.* 養い子, 預かり子, 里子 (foster child). 〘lateOE *fōstorling*: ⇨ foster (n.), -ling¹〙

fóster-mòther *vt.* …の育ての母を務める: ~ two children. 〘1907〙

fóster mòther *n.* **1** 育ての母, 里親. **2** うば, 保母 (nurse). **3** 《英》ひな保育器《孵(ふ)卵器でかえったひなに温度を与えて保育する装置; cf. incubator》. 〘OE *fōstermōdor*〙

fóster nùrse *n.* (里子の)養育者, 乳母. 〘1599〙

fóster pàrent *n.* 養の親, 育ての親, 里親.

Fos·ter's /fɑ́(ː)stəz, fɔ́(ː)s- | fɔ́stəz/ *n.* 《商標》フォスターズ《オーストラリアで最もポピュラーなラガービール》.

fóster sìster *n.* 乳(ち)姉妹. 〘(1649): cf. OE **fōstersweoster*〙

fóster sòn *n.* 養い子, 里子. 〘*a*1450〙

fos·tress /fɑ́(ː)str̩ɪs, fɔ́(ː)s- | fɔ́str̩ɪs, -trɛs/ *n.* 女性の育ての親. 〘(1603): ⇨ fosterer, -ess〙

FOT 《略》free of tax; 《商業》free on truck.

foth·er /fɑ́(ː)ðə | fɔ́ðə⁽ʳ⁾/ 《古》《海事》 *vt.* (船底の漏口の浸水を一時的に止めるため)〈防水帆布を〉槇皮(まいはだ)・ロープくずなどで覆う. — *vi.* (防水帆布で)船底の浸水を止める. — *n.* 浸水を防ぐのに用いられる材料. 〘(1789) 《変形》← ? LG *fodern* to line〙

Foth·er·in·ghay /fɑ́(ː)ð(ə)rɪŋhèɪ, -rɪŋgèɪ | fɔ́ð-/ *n.* フォザリンゲイ《イングランド Northamptonshire 州の村; Mary Stuart がここの城に幽閉されて処刑された (1587)》. 〘OE *Frodiġeia* ← **fōdring* grazing ← *fōder* 'FODDER'〙

fou¹ /fúː/ *adj.* 《スコット》酒に酔った (drunk); (酒を飲んで)満腹の. 〘(1535) ← ME 《スコット》*fow*=*ful* 'FULL'〙

fou² /fúː; *F.* fu/ *adj.* 狂った, 気違いじみた. — *n.* 気違い; 道化. 〘◻F ~ fool, madman < L *follem* bellows: ⇨ fool〙

Fou·cault /fuːkóu | fúːkəu, ˌ-ˈ-; *F.* fuko/, **Jean Bernard Léon** *n.* フーコー《1819–68; フランスの物理学者》.

Foucault, Michel (**Paul**) *n.* フーコー《1926–84; フランスの哲学者; 構造主義の代表者》.

Foucáult cúrrent *n.* 《電気》フーコー電流 (⇨ eddy current). 〘(1883) ← *J. B. L. Foucault*〙

Foucáult péndulum *n.* 《天文》フーコー振り子《地球の自転を証明する実験に使う振子》. 〘(1852) ↑〙

Fouc·quet /fuːkéɪ/ *n.* ⇨ Fouquet.

fou·droy·ant /fuːdrɔ́ɪənt; *F.* fudʀwajɑ̃/ *adj.* **1** 電撃的な. **2** 《病理》電撃性の, 劇症の (fulminant): ~ paralysis 急性麻痺(まひ). 〘(1840) ◻F ~ 'thunder-striking' (pres.p.) ← *foudroyer* to strike with lightning ← *foudre* < VL **fulgerem*=L *fulgur* lightning〙

fouet·té /fuːətéɪ | ˌ-ˈ-; *F.* fwɛte/ *n.* 《バレエ》フエッテ《上げた脚を鞭打ち状に急速に動かすこと》. 〘(1830) ◻F ~ (p.p.) ← *fouetter* wo whip〙

fou·gasse /fuːgǽs, -gɑ́ːs; *F.* fugas/ *n.* 《軍事》フガッス地雷《地中に石・鉄片・ガソリンなどを埋め, 火薬の爆発の際それらがあらかじめ決められた方向に飛ぶように設計された地雷》. 〘(1832) ◻F ~ 《変形》← *fougade* ◻It. *fogata* pursuit ← *fogare* to put to flight < L *fugāre*: ⇨ fugitive〙

fought /fɔ́ːt, fɑ́ːt | fɔ́ːt/ *v.* fight の過去形・過去分詞.

fought·en /fɔ́ːtn̩, fɑ́ːtn̩ | fɔ́ːtn̩/ *adj.* 《スコット》(戦いで)疲れ果てた. 〘OE *fohten*: FIGHT の古い過去分詞〙

fóughten fíeld *n.* 《古》戦場 (battleground). 〘1568〙

foul /fáʊl/ *adj.* (~·er; ~·est) **1 a** 不潔な (filthy), 汚い, よごれた (⇨ dirty **SYN**); 悪臭のある, むかつくような; 〈空気・水が〉濁って汚い; 〈食べ物など〉腐った, 腐敗した (putrid): ~ air よごれた空気 / ~ breath [gas] 臭い息[ガス] / a ~ hovel 汚い小屋 / ~ linen (洗濯に出す)よごれ物 / a ~ smell 悪臭 / ~ water 汚水 / ⇨ *make foul* WATER. **b** 〈魚が〉(産卵期で)あたりやすい (cf. clean 12): ~ fish.
2 a 下品な, 汚らわしい, みだらな (obscene): ~ language / a ~ mind みだらな心 / ~ talk 猥談. **b** 口汚い, 口の悪い (abusive): a ~ tongue 口汚い言葉, 悪態 / He called his son ~ names. 彼は息子を口汚くののしった.
3 《口語》ひどく不快な, (ひどく)嫌な (awful); つまらない, くだらない: a ~ dinner / a ~ dancer ひどくまずい踊り手 / be in a ~ mood 《英》不機嫌だ / have a ~ temper 機嫌が悪い.
4 〈天候が〉悪い, 険悪な, しけの (stormy); 〈風・潮が〉逆の (contrary): ~ weather 悪天候, 荒天 / in the teeth of a ~ wind ひどい逆風に向かって / They had a ~ tide. 彼らは逆潮(さかしお)に出くわした.
5 a (道義上)けしからぬ, ひどい (offensive); 〈行為・犯罪など〉憎むべき, 邪悪な (wicked); 〈戦争・病気など〉無残な, 残酷な: a ~ crime ひどい犯罪 / a ~ deed 醜行, 背徳行為 / the ~ fiend 悪魔 / a ~ accusation [slander] ひどい非難[中傷] / ~ murder だまし討ち, 残忍な殺人 / a ~ rogue 悪漢 / ⇨ foul play 3. **b** 悪辣(あくらつ)な, 不正な; (競技で)反則の (unfair): a ~ blow (ボクシングで)反則打ち / a ~ hand (ポーカーなどで)反則の手 / a ~ stroke 反則のこぎ方; 《玉突》無効の突き / play a ~ game 競技のやり方が汚い[ずるい] / by fair means or ~ どんな手段を使ってでも / ⇨ foul play 1, 2, foul shot.
6 《野球》〈打球が〉ファウルの: a ~ grounder ファウルのゴロ / ~ territory ファウルの区域, ファウルグラウンド / ⇨ foul ball, foul line, foul tip. 日英比較 《野球》日本語の「ファウルグラウンド」は, 英語では *foul* territory という. 英語の *foul* ground は「難破の危険のある海底」の意である.
7 a 〈道路が〉泥だらけの, 泥でぬかる (muddy): a ~ road ぬかった道. **b** (すす・やになどで)詰まっている, 通りが悪い; 〈車輪など〉泥がくっついている: a ~ pipe [sewer, chimney, gas jet, gun barrel] 詰まった管[下水, 煙突, ガス灯の火口, 銃身].
8 不潔なもの[腐肉]を食う. ★ 特に次の句で: a ~ feeder 不潔なもの[腐肉]を食う人.
9 《印刷》**a** 〈ゲラ刷り・原稿など〉間違いの多い, 訂正(箇所)の多い: ~ copy (誤記)訂正の多い原稿 (cf. clean 5 a) / a ~ galley proof (校正が多くて)汚いゲラ刷り. **b** 最終校正の前のゲラ刷りの.
10 〈索・鎖などが〉からまった, からんだ (entangled): a ~ rope からみ索 / ⇨ foul anchor / The fishline got ~ *with* some seaweed. 釣り糸に海草がからみついた.
11 《海事》**a** 船体に〔貝殻・海草などが〕付着した〔*with*〕: a ship with a ~ bottom 船底に貝殻などの付いた船 / a ship ~ *with* barnacles 底にふじつぼ類の付着した船. **b** (浅瀬や暗礁などで)航行が危険な; (停泊中の船が)衝突[接触]の危険のある: a ~ coast 岩礁の伏在する海岸 / ~ ground (暗礁が多くて)航行に危険な海底 / ⇨ foul berth / a ship ~ *of* a rock 岩に衝突した船.
12 《古・英方言》器量の悪い, 醜い (ugly). ★ 特に次の句で: be she fair or ~ 美醜いかんにかかわらず.
fàll* [*gò, rùn*] *fóul of (1) 〈人が〉…と争う, …とけんかする, …の不興をかう. (2) 〈法律などに〉抵触する. (3) 〈船が〉…と衝突する; …にからまる. (4) 《古》…を攻撃する (assault).
fóul bíll of héalth 《海事》罹患健康証書《foul bill ともいう; cf. BILL³ of health》. 〘1867〙
fóul bíll of láding 《商業》故障[瑕疵(かし)]付き船荷証券《積込み時に不足・損傷などが書込まれたもの; cf. BILL¹ of lading》.
— *adv.* **1** 不正に, 違法に (foully, unfairly): hit ~ (ボクシングで)反則打ちをする; 不正な処置をする / play a person ~ (勝負などで)人に対して違法の手を用いる; 人に(やみ打ち的な)ひどい仕打ちをする, 人を裏切る. **2** 《野球》ファウルに.
— *n.* **1** 《スポーツ》**a** ファウル, 反則 (略 f.): The referee called a ~ on the guard. 審判員はガード(守備チーム)にファウルの宣告を下した / claim a ~ 反則だと主張する《相手方の反則を訴える》 / commit a ~ 反則を犯す. **b** =free throw. **2** 《野球》=foul ball. **3** (ボート・オールなどの)(軽い)衝突 (collision). **4** (綱・釣り糸などの)もつれ, からまり (entanglement): There was a ~ between the racing sculls. 競漕中の二つのスカルが突き当たった. **5** 《古》不幸, 悪運 (ill fortune): *Foul* befall him! 彼に不幸あれ.
through fáir and fóul*=*through fóul and fáir よかれ悪しかれ, どんな場合でも.
— *vt.* **1** よごす, 不潔にする (soil) 〈*up*〉〔*with*〕: ~ the air *with* smoke 煙で空気をよごす / ~ one's hands *with* …で手をよごす; …に関係して身を汚す[面目をつぶす] / I don't like dogs ~*ing* parks and pavements. 犬が公園や道路を(糞で)汚すのは気に食わない / It's an ill bird that ~*s* its own nest. 《諺》どんな鳥も自分の巣はよごさない《内の恥は外に表すな》. **2** 《スポーツ》…に対し反則を犯す, 妨害する. **3** 《野球》〈球を〉打ってファウルにする 〈*off, away*〉: He ~*ed* (*off*) the first pitch. 初球を(打って)ファウルにした. **4** 〈通路・線路などを〉詰まらせる, ふさぐ (block); 〈煙突・銃身などを〉詰まらせる, ふさぐ (clog) 〈*up*〉: ~ a drain *with* grease 下水溝[管]を油脂で詰まらせる / A big truck ~*ed up* the traffic. 大きなトラックのために交通が遮断された. **5 a** 〈綱などを〉もつれさせる, からませる 〈*up*〉; 〈綱などが〉…にからまる: The rope was ~*ed* (*up*) *in* the shrouds. その綱は横静索にからまった / He saw a raveled rope ~ the pulley. ほぐれた綱が本滑車にからまるのが見えた. **b** …と衝突する: The two boats ~*ed* each other. 2 隻のボートは衝突した. **c** 〈海草・貝殻などが〉船底に付着する《船の航行速度を遅らせる》: The ship's bottom was ~*ed with* barnacles. 船底にはふじつぼ類が付着していた. **6** 〈名誉などを〉汚す, 〈人〉の面目をつぶす (dishonor): ~ one's reputation 名声を汚す / ~ a person *with* unfounded accusations 根拠のない非難を浴びせて人の名誉を汚す.
— *vi.* **1** よごれる, 悪臭を放つ, 腐る (rot). **2** 《スポーツ》反則を犯す. **3** 《野球》ファウルを打つ: ⇨ FOUL *out*. **4** 〈銃身・煙突・溝などが〉詰まる: This gun is likely to ~. この銃は詰まりがちだ. **5 a** 〈錨綱(いかりづな)などが〉もつれる, からまる: The anchor ~*ed on* a rock. 錨が暗礁にからまった. **b** 〈船が〉衝突する (collide): The two boats ~*ed*.
fóul óut (1) 《野球》ファウルを捕られてアウトになる. (2) 《バスケットボール》許容回数を越えたファウルを犯して退場になる. ***fóul úp*** (*vt.*) (1) ⇨ *vt.* 1. (2) ⇨ *vt.* 4. (3) ⇨ *vt.* 5 a. (4) 《口語》台無しにする, ごった返す, …にへまをやる, 混乱させる (confuse) (cf. fouled-up). (*vi.*) 《口語》こんがらがる, へまをやる (bungle).
〘adj., n.: OE *fūl* < Gmc **fūlaz* (Du. *vuil* / G *faul*) < IE **pū-* to rot, decay (L *pūs* 'PUS' & *pūtēre* to stink). — v.: OE *fūlian* to become foul, rot ← *fūl*〙

Fou·lah /fúːlə/ *n.* (*pl.* ~, ~s) =Fula.

fóul ánchor *n.* **1** 《海事》からみ錨《錨に索が または錨と錨がからみ合っているもの》. **2** (航海記章・シールなどに用いる)からみ錨模様.

fou·lard /fuːlɑ́ːd, fə- | fúːlɑː⁽ʳ, -lɑːd, ˌ-ˈ-; *F.* fulaːʀ/ *n.* フラール《柔らかく光沢のある薄絹または薄地の絹綿交織布; ネクタイ・ハンカチなどに用いる》; フラール製品. 〘(1864) ◻F ~ ◻? Prov. *foulat* fulled cloth, 《原義》fulled ← VL **fullāre* 'to FULL²'〙

fóul báll *n.* 《野球》ファウルボール《foul line の外に打たれたボール; 略 f.; ↔ fair ball》. 〘1860〙

fóul bérth *n.* 《海事》(他船や他物に衝突・接触の恐れのある)悪い錨泊(びょうはく)位置. 〘1867〙

fóul bíll *n.* 《海事》=FOUL bill of health.

fóul·bròod *n.* 《昆虫病理》腐蛆(ふそ)病《蜜蜂の幼虫に発生する細菌感染症》. 〘1863〙

fou·le /fuːléɪ; *F.* fule/ *F. n.* フーレ《婦人服用の光沢のある軽い縮充した毛織地》. 〘(1894) ◻F *foulé* pressed (p.p.) ← *fouler* 'to FULL²'〙

fóuled ánchor *n.* =foul anchor.

fóuled-úp *adj.* 《口語》混乱した, 混沌とした, めちゃくちゃの.

fóul háwse *n.* 《海事》からみ錨鎖(びょうさ)《右舷・左舷両方の錨を降ろしたとき, 鎖がからみ合っている状態; cf. open hawse》. 〘1769〙

Fou-liang /fùːliɑ́ŋ/ *n.* =Fowliang.

F

fóul·ing /-lɪŋ/ *n.* 1 付着, 堆積 (deposit): ～ in a pipe. 2 〘金属加工〙焼付き, かじり (pickup, galling). 〘(*c*1380): ⇨ foul (v.), -ing¹〙
fóuling pòint *n.* 〘鉄道〙車両衝突限界.
fóul lìne *n.* ファウルライン: **a** 〘野球〙本塁と一塁, 本塁と三塁とを結んで延長した線. **b** 〘バスケット〙バックボードから 15 フィートの距離に引かれたフリースローの行われる線. **c** 〘ボウリング〙一番ピンから 60 フィート (約 20.9 m) 離れた位置に引く踏切線; そこから足が出れば投球は無効. **d** 〘テニス〙サイドラインまたはベースライン. 〘1878〙
foul·ly /fáʊ(l)li, fáʊli/ *adv.* 1 汚らしく, 不潔に (filthily). 2 口汚く, 汚らわしく (obscenely); いやらしく (offensively), 不品に, みだらに (lewdly). 3 不正に, 不公正に, ずるく (unfairly); 侮辱的に. 4 《古》悪臭を放って. 〘OE *fūllīce*: ⇨ foul, -ly¹〙
foul·mart /fúːmət, -mɑət | -mɑːt, -mət/ *n.* 〘動物〙＝foumart.
fóul márten *n.* 〘動物〙ケナガイタチ (fitch).
fóul màtter *n.* 〘印刷〙使用済みの原稿[校正刷り]《印刷されて不用となった赤字の入った原稿やゲラなどで印刷所から戻ってくるもの; dead matter ともいう》.
fóul mòuth *n.* 口の悪さ; 口汚い人.
fóul-móuthed /-máʊðd, -máʊθt⁺/ *adj.* 口汚い, みだらな言葉を使う, 悪口好きの. 〘1470〙
fóul·ness *n.* 1 不潔, 不浄; 汚らわしさ, 口汚さ, 醜悪; 下品, 猥褻(わいせつ) (obscenity). 2 不潔物, 汚物 (filth). 3 悪辣(あくらつ), 非道, 邪悪. 4 (天候の)険悪. 5 ＝firedamp. 〘OE *fūlnes*: ⇨ foul (adj.), -ness〙
Foul·ness /fàʊlnés⁺/ *n.* ファウルネス(島)《イングランド南東部 Essex 州, Thames 川の三角江の北方にある沼地の島》.
fóul pláy *n.* 1 (競技の)反則, ファウルプレー. 2 不正行為, ずる (cheating); 悪辣なやり方, 卑怯な仕打ち. 3 犯罪 (crime); (特に)殺人, 他殺: The police suspect ～. 警察は他殺[殺人]ではないかと見ている. 〘1440〙
fóul pòle *n.* 〘野球〙ファウルポール《外野フェンスの左右両わきのファウルライン上に立っているポール; フライがフェアかファウルか判定する目安となる》.
fouls /fáʊlz/ *n. pl.* [単数扱い]〘獣医〙＝foot rot.
fóul shòt *n.* 〘バスケットボール〙＝free throw.
fóul-spóken *adj.* 口汚い (foulmouthed). 〘1593–94〙
fóul stríke *n.* 〘野球〙ファウルストライク《ストライクにカウントされるファウル》.
fóul-témpered *adj.* 不機嫌な; 怒りっぽい.
fóul típ *n.* 〘野球〙ファウルチップ. 〘1870〙
fóul-ùp *n.* 《口語》1 (愚行・失敗などによる)混乱, 無秩序 (mix-up). 2 (機械の部品の)不調: a ～ in the steering mechanism of a boat 船の操舵装置の不調. 3 《米俗》へまをやる人, どじなやつ (bungler). 〘1950〙
fou·mart /fúːmət, -mɑət | -mɑːt, -mət/ *n.* 1 〘動物〙(ヨーロッパ産)ケナガイタチ (fitch). 2 [軽蔑的に] 軽蔑すべき人, 卑怯なやつ, つまらぬやつ. 〘(*a*1325) *fulmard* ← *ful* 'FOUL'＋OE *mearþ marten*〙
found¹ /fáʊnd/ *v.* find の過去形・過去分詞. ― *adj.* 1 [後置されて] (雇用条件で, 給料のほかに食料・宿舎などが無料で)支給される: all [everything] ～ ⇨ find *vt.* 8 a ★. 〘1793〙 2 〈部屋・船・乗物など〉普通の設備・家具・備品などをみな備えている. 3 〈芸術作品(の材料)など〉自然にあるものを利用した (cf. found object). ― *n.* (賃金に加えて)食料・宿舎の無料支給.
lóst and fóund ⇨ lost.
lósts and fóunds ⇨ lost.
found² /fáʊnd/ *vt.* 1 起こす, 創建する, 創設する, 設立する (establish): ～ a city [colony, church] 都市[植民地, 教会]を建設する / ～ a college [hospital] 大学[病院]を創立する / ～ a fortune 財産を起こす / ～ a family [dynasty] 一家[王朝]を創立する / ～ a family of one's own 独立の一家を構える / ～ an association 会を創立する / ～ a theory [school] 学説[一派]を立てる. 2 …に土台を据える, …の基礎を置く; 〈建物を〉基礎の上に建てる: ～ a house *upon* [*on*] a rock 岩盤の上に家を建てる. 3 **a** [しばしば受身で] 〔…に〕基づいて作る, 〔…を〕…の根拠とする (base, ground) 〔*on, upon*〕: ～ arguments *on* facts 論拠を事実に置く / a story ～*ed on* fact(s) 事実に基づいた物語 / a novel ～*ed on* old legends 古い伝説に基づいて作られた小説. **b** …に基礎[根拠]を与える (⇨ founded).
― *vi.* 〔…に〕基づいて述べる, 〈議論などが〉〔…に〕拠(よ)る (depend) 〔*on, upon*〕.
～·ing *n., adj.* 〘(*c*1300) *founde(n)* □ OF *founder*, (O)F *fonder* < L *fundāre* to lay the bottom of ← *fundus* 'FUND'〙
found³ /fáʊnd/ *vt.* 1 〘金属加工〙鋳る, 鋳込む; 鋳造する: ～ a bell 鐘を鋳造する. 2 〈ガラス原料を〉溶かす, 〈ガラス製品を〉造る: ～ a vase of glass ガラスの花瓶を造る. 〘(*a*1399) *founde(n)* □ (O)F *fondre* to melt, cast < L *fundere* 'to FUSE¹'〙
foun·da·tion /faʊndéɪʃən/ *n.* 1 (思想・学説・報道などの)基礎, 根底, 根拠 (ground, basis): the logical ～(*s*) of belief 信仰の論理的根拠 / a rumor without ～ 根も葉もない流説 / a religion based on a dualistic ～ 二元論に基礎を置く宗教 / The report has no ～ [is without ～]. そのうわさには根拠がない. 2 **a** [しばしば *pl.*] (建物の)基礎, 土台, いしずえ (⇨ base¹ **SYN**): a stone [rock] ～ 石[岩]の土台 / the ～(*s*) of a house 家の土台 / lay [build up] the ～(*s*) of …の定礎式を行う; の土台を据える. **b** (建物の)下部構造. 3 建設, 創設, 創建; (基金寄付による)設立: the ～ *of* an Empire 帝国の建設 / the ～ *of* a church 教会の建立(こんりゅう). 4 **a** (公共設立物の)維持基金, 基本金: be on the ～ 《英》(財団の)給費を受けている / a school on the ～ 《英》＝foundation-school. **b** (基金寄付によって維持される)設立物, 協会, 財団《学校・図書館・病院・社会事業団など》: a religious [charitable] ～ 宗教[慈善]財団 / the Carnegie *Foundation* カーネギー財団. 5 **a** 基礎[土台]となるもの. **b** (衣服の型を保つために用いる)硬くてしっかりした裏打ち布, 芯地. **c** 〘服飾〙ファンデーション (⇨ foundation garment). **d** ファンデーション《下地用の化粧クリーム・乳液など》: ～ cream. **e** (絵の具の)下塗り. 6 〘トランプ〙(一人遊びの各種ゲームで)台札《他の置き札と別に表向きに出しておき, それに続く番号の札を加えてゆく; 通例エースかキング》.
have nó foundátion* (*in fáct*)** 全く事実無根である (⇨ 1). ***sháke* [*róck*] *to a person's foundátions (1) 〈建物・体系を〉土台から(崩れるほどに)揺るがす. (2) 〈人〉の気を転倒させる.
～·àr·y *adj.* 〘(*c*1386) □ (O)F *fondation* □ L *fundātiō(n-)*: ⇨ found², -ation〙
foun·dá·tion·al /-ʃnəl, -ʃənl/ *adj.* 基本の, 基礎的な (fundamental). **～·ly** *adv.* 〘(1683): ⇨ ↑, -al¹〙
foundátion còurse *n.* (大学の)基礎教科課程, 基礎科目.
Foundátion Dày *n.* ＝Australia Day の旧称.
foun·dá·tion·er /-ʃ(ə)nə | -nə(r)/ *n.* 《英》(財団から奨学金を受ける)給費生. 〘(1839): ⇨ -er¹〙
foundátion gàrment *n.* 〘服飾〙ファンデーション(ガーメント)《体型を整えるための婦人用下着類; corset, corselet, girdle などをいう; 単に foundation ともいう》. 〘1927〙
foundátion·less *adj.* 基礎のない; 基礎[根底]を欠く, 根拠のない. 〘(1648): ⇨ -less〙
foundátion-nèt *n.* ファンデーションネット《ドレスや婦人帽の装飾に用いる腰が強く目の荒いレース》. 〘1882〙
foundátion-schòol *n.* 財団設立の学校. 〘1833〙
foundátion stòne *n.* 1 〘建築〙礎石, 土台石; (記念の言葉を刻して定礎式のときに据える)基石 (cf. cornerstone 1). 2 基礎 (basis); 基礎的事実, 基本原理. 〘1651〙
foundátion sùbjects *n.pl.* 〘英教育〙基礎教科《ナショナルカリキュラム (National Curriculum) の一部として教えられる数教科で, 必修の基本教科 (core subjects) を含む》.
fóund·ed *adj.* [副詞と複合語をなして] 基礎[根拠]が…の: well-*founded* reports 根拠の確かな報道 / ill-*founded* hopes あだな望み. 〘(1606) ← FOUND²＋-ED〙
found·er¹ /fáʊndə | -də(r)/ *n.* 創建者, 創設者, 基金寄付者, 財団創設者; 開祖, 始祖: the ～ of a school [religious sect] 学派[宗派]の始祖 / the ～ of a school [college, library] 学校[大学, 図書館]の創設者(基金寄付者). 〘(?*a*1300) *foundour* □ OF *fondeor* □ L *fundātor* ← *fundāre* 'to FOUND²': ⇨ -er¹〙
fóund·er² *n.* 鋳造者, 鋳物師. 〘(1402) □ (O)F *fondeur* ← *fondre*: ⇨ found³, -er¹〙
foun·der³ /fáʊndə | -də(r)/ *vi.* 1 〈計画などが失敗する (fail). 2 〈船が〉浸水して沈没する (sink). 3 〈地面・建物・堤防などが〉陥没する, 崩れる, 崩壊[倒壊]する (collapse). 4 **a** 〈馬が(過労のため)よろめく, (崩れるように)倒れる (stumble), 足を引きずる. **b** 〈乗馬者が〉落馬する. **c** 〈家畜が〉食べ過ぎて病気になる. **d** (沼などにはまって)動けなくなる. 5 〘獣医〙〈馬が〉蹄(てい)葉炎 (laminitis) にかかる. ― *vt.* 1 〈船を〉浸水沈没させる, 擱坐(かくざ)させる. 2 〈馬を〉倒れさせる; 足を引きずらせる. 3 〘獣医〙〈馬を〉蹄葉炎にかからせる. ― *n.* 〘獣医〙蹄葉炎 (⇨ laminitis); 胸筋萎縮性馬脚炎 (body founder, chest founder ともいう). 〘(*a*1338) *foundre(n)* □ OF *fondrer* to submerge ← *fond* bottom < L *fundum* 'FUND'〙
fóunder effèct *n.*〘生物〙創始者[先駆者]効果《少数の個体がもとの集団から隔離されて増殖するとき, 新たな小集団にはもとの集団の遺伝的変異のごく一部しか存在しないこと》.
fóunder mèmber *n.* 創立会員《創立者である会員》. 〘1909〙
foun·der·ous /fáʊndərəs, -drəs/ *adj.* 陥没させる; 泥深い, 沼の多い; わだちや穴だらけの: a ～ road. 〘(1767) ← FOUNDER³＋-OUS〙
fóunder's dày *n.* 創立者記念日.
fóunder's kìn *n.* 《英》基金寄付者の近親《種々の特権がある》.
fóunders' shàres *n. pl.* 《英》〘財政〙(会社創立の功労に報いるための)発起人株. 〘1889〙
fóunders' týpe *n.* 《英》〘活字〙＝foundry type.
fóund·ing fàther *n.* 1 創始者, 創設者 (founder). 2 [F- F-] (1787 年の)米国憲法制定者の一人. 〘1914〙
found·ling /fáʊndlɪŋ/ *n.* 拾い子, 捨て子. 〘(?*a*1300) *found(e)ling* ← *founde(n)* ((p.p.) ← *finde(n)* 'to FIND')＋-LING¹: cf. Du. *vondeling*〙
fóundling hòspital *n.* 捨て子養育院, 養護施設. 〘1756〙
fóund óbject *n.* 〘美術〙美的価値をもつものとして偶然発見された自然物(流木など)あるいは廃棄物(がらくたなど) (cf. found¹ *adj.* 3; ready-made 1). 〘(1959) (なぞり) ← F *objet trouvé*〙
fóund póem *n.* 〘文学〙発明詩 (W. B. Yeats が W. Pater の散文を適宜改行して自由詩に仕立てたように, 商品目録・電話帳などの一部を適当に配列して詩にしたもの).
found·ress /fáʊndrɪ̀s | -drɪ̀s, -drɛs/ *n.* 女性の創設者. 〘(?*a*1430): ⇨ founder¹, -ess¹〙
foun·drous /fáʊndrəs/ *adj.* ＝founderous.
found·ry /fáʊndri/ *n.* 〘金属加工〙 1 鋳物場(いものば), 鋳造工場: an iron ～ 鋳鉄工場 / a type ～ 活字鋳造所. 2 鋳込み, 鋳造(法); 鋳造業. 3 [集合的] 鋳物類 (castings). 〘(1601) □ F *fonderie* ← *fondre* 'to FOUND³': ⇨ -ry〙
fóundry ìron [pìg] *n.* 〘金属加工〙鋳物用銑鉄(せんてつ) (pig iron).
fóundry pròof *n.* 〘印刷〙(紙型などの)型取り前校正刷り, 型取り前ゲラ《型取り用チェースに組付けた形で行う校正刷り, ベアラ (bearer) による黒線も印刷されている》.
fóundry týpe *n.* 〘活字〙(ライノタイプなどで鋳植した活字に対する)手組み用活字.
fount¹ /fáʊnt/ *n.* 1 《詩》泉; 源泉, 源 (source). 2 (ランプの)油つぼ; インクつぼ. 〘(1593–94) 《略》← FOUNTAIN: cf. F *font* < L *fontem* fountain: cf. mount²〙
fount² /fá(ː)nt, fáʊnt | fáʊnt, fɔ́nt/ *n.* 《英》〘印刷〙＝font². 〘1683〙
foun·tain /fáʊntṇ, -tɪ̀n | -tɪ̀n/ *n.* 1 噴水, 噴泉, 噴水池, 噴水盤; 噴水塔. 2 **a** (公園・広場などに設けた)飲用噴水 (drinking fountain). **b** 噴水のように吹き上げるもの. 3 泉 (spring); (川の)水源 (head). 4 源, 根源, 源泉 (source, origin): The Crown is the ～ *of* honor [justice]. 国王は栄誉[正義]の本源 / a ～ *of* wisdom 知恵の源泉. 5 ＝soda fountain. 6 (徐々に液体を供給する)液体貯蔵容器, ため (reservoir)《ランプの油つぼ・印刷機械の油だめやインクだめなど》. 7 〘紋章〙ファウンテン《円図形 (roundles) の一つで, 泉を表現したもの; 円の中に 3 本の青の波形を描く》. ★ ラテン語系形容詞: fontal.
Fóuntain of Yóuth [the ―] 不老[青春]の泉《Alexander 大王の伝説に出る, 青春を取り戻させるという神秘の泉; Ponce de León, Narváez, De Soto などが Bahama 諸島の Bimini 島や Florida にこれを捜し求めた》.
― *vi.* 泉のように流れる[湧き出る]. ― *vt.* 泉のように流れさせる[湧き出させる].
～·less *adj.* **～·lìke** *adj.* 〘(*c*1410) *fountaine* □ (O)F *fontaine* < LL *fontānam* (*aquam*) (water) of spring, fountain (fem.) ← L *fontānus* of a spring ← *fōns* spring: cf. font¹〙
fóun·tained *adj.* 泉[噴水]のある. 〘(1818): ⇨ ↑, -ed 2〙
fóuntain gràss *n.* 〘植物〙アビシニア原産のイネ科チカラシバ属の観賞用多年草 (*Pennisetum ruppelii*).
fóuntain·hèad *n.* 1 (川の)源泉, 水源 (headspring). 2 本源, 根源 (source): the ～ of knowledge 知識の根源 / trace an error to its ～ 誤りの本源を究める. 〘1585〙
fóuntain pèn *n.* 万年筆. 〘1710〙
fóuntain plànt *n.* 〘植物〙ヤナギバケイトウ (*Amaranthus tricolor* var. *angustior*)《フィリピン原産のハゲイトウの 1 変種; 観葉植物》.
Fóuntain Válley *n.* ファウンテンバレー《米国 California 州東南部 Los Angeles の東南にある都市》.
Fou·qué /fuːkéɪ; *G.* fuːkéː; *F.* fuke/, **Friedrich Heinrich Karl** *n.* フーケ (1777–1843; ドイツの詩人・小説家; *Undine*「ウンディーネ」(1811); 称号 Baron de La Motte-Fouqué /*F.* mɔtfuke/).
Fou·quet /fuːkéɪ; *F.* fuke/, **Jean** *n.* フーケ (1420?–?80; フランス初期ルネサンスの代表的画家・細密画家).
Fouquet (*also* **Foucquet**), **Nicholas** *n.* フーケ (1615–80; Louis 十四世の財政総監 (1653–61); 称号 Marquis de Belle-Isle; Colbert に横領を追及され, 終身刑に処せられた).
Fou·quier-Tin·ville /fuːkjéɪtæ̃(ŋ)víːl, -tæŋ-; *F.* fukjetɛ̃vil/, **Antoine Quen·tin** /kɑ̃tɛ̃/ *n.* フーキエタンビル (1747?–95; 恐怖政治当時フランスの残虐な検察官).
four /fɔ́ə | fɔ́ː(r)/ *n.* 1 4; [複数扱い] 4 個; 4 人; 4 歳, 4 時: at ～ and twenty 《古》24 歳の時 / at ～ 4 時に / a child of ～ 4 歳の子供. 2 4 [IV] の記号[数字]. 3 4 人[個]一組 (cf. foursome): in ～*s* 4 つずつの組[群れ]になって; 〘書誌〙4 葉に / make up a ～ ⇨ MAKE *up* (*vt.*) (11). 4 (トランプの) 4 の札; (1 個のさいの) 4 の目; 半面に 4 個の点のあるドミノの牌(はい): the ～ of clubs クラブの 4. 5 4 頭の馬: a coach and ～ 4 頭立ての馬車. 6 **a** 4 本オールのボート(の乗員). **b** [*pl.*] (4 人で漕ぐ) 4 本オールのボートのレース. 7 4 番サイズの衣服[靴, 手袋]: wear a ～. 8 4 気筒エンジン(の自動車). 9 [*pl.*] ＝fourses. 10 〘クリケット〙4 点(打). 11 [*pl.*] 〘製本〙＝quarto: a book printed in ～*s* 四折本. 12 [*pl.*] 〘軍事〙4 列縦隊: Form ～*s*! [号令] 4 列作れ / a column of ～*s* 4 列側面縦隊 / *Fours* right! [号令] 右へ 4 列.
have fóur on the flóor 《米》〈オートマチックでない車が〉4 速である. ***on áll fóurs*** ⇨ all fours 成句.
fóur by fóur 《口語》(1) 〘軍事〙4 輪駆動車 (4×4 とも書く; cf. FOUR by two (1) (b)). (2) ＝four-by-four 2.
fóur by twó (1) 《口語》〘軍事〙(a) 銃身の掃除布. (b) 2 輪駆動 4 輪車 (4×2 とも書く; cf. FOUR by four). (c) 〘英軍〙ビスケット. 〘1925〙 (2) (a) 《豪》断面が縦 4 インチ厚さ 2 インチの木材. (b) 《英押韻俗》ユダヤ人 (Jew).
fóur of a kínd 〘トランプ〙(ポーカーで)フォアカード《同位札(同じ番号または記号の札) 4 枚揃い; cf. double pair royal; ⇨ poker²》. 〘*c*1934〙
― *adj.* 4 の, 4 個の, 4 人の; [叙述的] 4 歳で: ～ figures 4 けたの数字 / ⇨ four bits, four corners, four freedoms, four flush, four seas / *Four* eyes see more than two. 《諺》二つの目より四つの目のほうがよく見える,「三人寄れば文殊の知恵」.
〘OE *fēower* < Gmc **feðwōr* (Du. *vier* / G *vier*) ← IE **kwetwer-* four (L *quattuor* / Gk *téssares*)〙
fóur ále *n.* 《英》1 《古》1 クォート (quart) 4 ペンスのビール. 2 ホップの香の弱い安いビール. 〘1883〙
fóur-àle bár *n.* 《英》安いビールを飲ませる酒場; 《口語》(一般に)酒場, 飲み屋. 〘1930〙

fóur-bágger *n.* ⦅俗⦆〖野球〗ホームラン, 本塁打 (home run). 〘(1926) ← FOUR＋BAGGER〙

fóur-báll〖ゴルフ〗*n.* **1** ＝best-ball foursome. **2** フォーボール(マッチ) (二人ずつ二組でする競技で, 4人が各自第1打を打ち, 次に各組がそれぞれ自組の打球のうち, より有利な位置にあるボールを自組のボールとして以後競技を進める; four-ball match ともいう; cf. foursome 2, greensome). 日英比較 野球の「フォアーボール」(四球)は, 英語では bases on balls, walk on four pitches, pass, walk という. — *adj.* フォーボールの. 〘1904〙

fóur-bít *adj.* ⦅米俗⦆50セントの.

fóur bíts *n.* ⦅米俗⦆50セント (fifty cents).

fóur-by-fóur *n.* **1** ＝FOUR by four (1). **2** 4インチ角の角材.

Four·cáult pròcess /fuəkóu-, fɔə- | fuəkə́u-, fɔ:-; *F.* fuʁko/ *n.* [the ～]〖ガラス製造〗フルコール法 (溶解ガラスを細長いすき間から垂直に引き上げて板ガラスを造る方法). 〘(1908) ← *Émile Fourcault* (1862–1919: ベルギーの発明家)〙

fóur-cèntered árch *n.*〖建築〗フォーセンタードアーチ, 四心アーチ. 〘1812–16〙

fóur-chànnel *n.* 〈録音・再生が〉4チャンネル方式の (quadraphonic). 〘1970〙

four·chée /fuəʃéɪ | fuə-; *F.* fuʁʃe/ *adj.* (*also* **four·ché** /～/)〖紋章〗〈十字架が〉各先端が2つに分かれた. 〘(1706) □ F ～ (fem., p.p.) ← *fourcher* to fork ← *fourche* fork < L *furcam* 'FORK'〙

four·chette /fuəʃét | fuə-; *F.* fuʁʃɛt/ *n.* **1** 手袋の指の前後を連ねる皮または布切れ, まち. **2**〖解剖〗陰唇小帯. **3**〖鳥類〗叉骨(さこつ) (furcula). **4**〖動物〗蹄叉(ていさ) (frog). 〘(1754–64) □ F ～ (dim.) ← *fourche* (↑)〙

fóur-cólor *adj.* **1** 4色の. **2**〖印刷〗(黄・赤・青・黒の)四色刷の, 原色刷の. 〘1879〙

fóur-cólor pròblem *n.*〖数学〗四色問題 (地図の上で隣り合う国をそれぞれ別の色で塗るには4色あれば十分であるという問題; 1976年に証明された). 〘1879〙

fóur-cólor pròcess *n.*〖印刷〗原色版法, 四色版法 (黄・赤・青・黒の4色インクで色彩を再現する方法). 〘1931〙

fóur-córnered *adj.* **1** 四隅のある; 四角の (square). **2** 4人の[による], 4人から成る: a ～ fight. 〘*c*1384〙

fóur córners *n. pl.* **1** [単数扱い] 四つ角, 四つ辻 (crossroads): a bakery at the ～ 四つ角のパン屋. **2** 全領域, 全範囲: the ～ of the earth 地球の四隅, 世界の果て[隅々] (*Isa.* 11:12) / the ～ of a document 書類の内容[範囲] / within the ～ of an act (法令の)条文の範囲内において. **3** [単数扱い]〖スポーツ〗四柱戯 (4本の pin を並べて球をころがして倒す遊戯; cf. skittle 1). 〘1730–36〙

fóur-cóurse *adj.*〖農業〗四年輪作の. 〘1846〙

fóur-còurse rotátion *n.*〖農業〗四圃(ほ)式輪作.

fóur-cýcle *adj.*〖機械〗〈内燃機関が〉4サイクルの (ピストンが気筒内を2往復する間に1回の動力発生の衝程を成す; cf. two-cycle): a ～ engine 4サイクル機関. 〘1909〙

fóur-dèal brídge *n.*〖トランプ〗フォアディールブリッジ (1回を4巡で終え, 新たに札を引いてパートナーを決めるブリッジ).

fóur-diménsional *adj.* 四次元の: ～ space 四次元空間. 〘1880〙

fóur-dóor *adj.* 〈自動車が〉フォー[4]ドアの.

Four·dri·nier, f- /fɔədrəníə, fuədrínɪə, fɔə- | fɔ:drɪníə^(r), fuədrínɪə^(r)/ *n., adj.*〖製紙〗長網抄紙機(の) (Fourdrinier machine ともいう; 金網のベルトに載せて水を切り, 長い一続きの紙をつくる). 〘(1837) ← *Henry Fourdrinier* (1766–1854: 英国の製紙業者で発明家)〙

fóur-èyed *adj.* **1** 四つ目の, 四つ目のように見える. **2** [しばしば軽蔑的に] 眼鏡をかけた.

fóur-èyed físh *n.*〖魚類〗ヨツメウオ (中南米産のヨツメウオ科ヨツメウオ属 (*Anableps*) の魚; 水上に出た1対の目で水上を監視し, 他の1対の目で水中を監視する).

fóur-eyed opóssum *n.*〖動物〗ヨツメオポッサム (*Philander opossum*) (メキシコからブラジルにまで広く生息するオポッサム科の一種).

fóur-èyes *n.* (*pl.* ～) **1**〖魚類〗＝four-eyed fish. **2** [通例軽蔑的に] 眼鏡をかけた人. 〘1755〙

4-F /fɔ́əéf | fɔ́:(r)éf/ *n.* (*pl.* **4-F's**) ⦅米⦆(徴兵検査による)不合格(者), 兵役免除(者) (cf. 1-A). 〘選抜徴兵法による検査で不合格者の区分に用いた記号から〙

fóur-flùsh *vi.* **1** ⦅米口語⦆はったりをかける, 虚勢を張る (bluff). **2**〖トランプ〗(ポーカーで)同じ組の札4枚しかなくてフラッシュに見せかける. 〘1896〙

fóur flúsh *n.* ⦅米⦆〖トランプ〗4枚フラッシュ, えせフラッシュ (ポーカーで5枚中4枚までが同じ印のフラッシュくずれの手; cf. flush⁴ a). 〘1887〙

fóur-flùsh·er *n.* ⦅米⦆ **1**〖トランプ〗(ポーカーで) four flush する人. **2** ⦅口語⦆虚勢を張る人 (bluffer). 〘1904〙

fóur-flùsh·ing *adj.* ⦅米俗⦆人に寄食している.

fóur·fòld *adj.* **1** 4部分[部門, 要素]のある, 四重の. **2** 4倍の: a ～ increase. — *adv.* 四重に, 4倍に. 〘OE *fēowerfeald*: ⇨ four, -fold〙

fóur-fóoted *adj.* **1** 四つ足の(ある), 四足の: a ～ animal 四足獣. **2** 四足獣の[に関する]. 〘(? lateOE) *a*1325〙

fóur-fòot wáy *n.*〖鉄道〗4フィート規格の軌間 (実際は4フィート8インチ半の標準軌間 (standard gauge) をいう).

Fóur Fòrest Cántons *n. pl.* [the ～] フィーア ヴァルトシュテッテ (スイス中部にある, 同国建国の母体となった Uri, Schwyz, Unterwalden, Lucerne の総称; ドイツ語の Vier Waldstätte「4つの森林の州」の英訳).

Fóur Fòrest Cántons, the Lake of the *n.* ＝Lucerne, the lake of.

fóur-fóur tìme *n.*〖音楽〗四分の四拍子 (common time) (しばしば four-four と略される). 〘1826〙

fóur fréedoms, F- F- *n. pl.* [the ～] 四つの自由 (Franklin D. Roosevelt 大統領が1941年1月6日議会への教書で自由世界における基本人権として挙げた freedom of speech and expression, freedom of worship, freedom from want, freedom from fear).

4GL ⦅略⦆〖電算〗fourth-generation language.

four·gon /fuəgɔ̃:(ŋ), -gɔ́:ŋ | fúəgɔ̃:(ŋ), -gɔ:ŋ; *F.* fuʁgɔ̃/ *n.* (*pl.* **～s** /～(z); *F.* ～/) **1** (フランスの)小荷物車 (屋根つきの長い荷車で貨物や特に軍用品の運送に用いる). **2** フルゴン型鉄道貨車, 緩急車 (車掌付きの客車または貨車). 〘(1848) □ F ～ (原義) over fork ← OF *forgier* to search < VL **furicāre* ← L *fūr* theif ← ?〙

fóur-hánd *adj.* ＝four-handed.

fóur-hánd·ed *adj.* **1** (サルなどのように)四つ手の, 四つ手類の (quadrumanous). **2** 〈勝負事など〉4人でする: ～ cribbage / a ～ game (テニスの)ダブルスゲーム. **3** 〈ピアノなど〉二人連弾の. **～·ly** *adv.* 〘1774〙

Fóur-H Clùb /fɔ̀əéɪtʃ- | fɔ̀:(r)éɪtʃ-/ *n.* 4-H クラブ (米国農務省に本部を置く農村青年教育機関の一単位; 四つの H は head, heart, hands, and health を象徴し農業技術の向上と公民としての教育を主眼とする). 〘1926〙

4-H'·er /fɔ̀əéɪtʃə | fɔ̀:(r)éɪtʃə^(r)/ *n.* ⦅米⦆4-H クラブ員.

fóur-hòrse *adj.* 4頭立ての. 〘1765〙

Fóur Hórsemen *n. pl.* [the ～] 四騎士 (黙示録に出てくる白・赤・黒・青白い馬に乗った騎士で, 人類の破滅の象徴としてそれぞれ pestilence, war, famine, death の擬人化). 〘1925〙

Fóur Húndred, 400 *n.* [the ～] ⦅米⦆(一都市の)社交界の人々, 上流人士. 〘(1888): Ward McAllister という New York の社交家が同市の富豪400人が社交界に活躍していると言ったことから; cf. upper ten (thousand)〙

fóur-hundred-dáy clóck *n.* 1年巻き時計 (水平に回転振動する長周期のねじり振り子を用いる). 〘(なぞり) ← G *Vierhunderttageuhr*〙

Fou·rier /fú°rièɪ, -riə | fúərièɪ, -riə^(r); *F.* fuʁje/, **François-Marie-Charles** *n.* フーリエ (1772–1837; フランスのユートピア社会主義者; cf. Fourierism).

Fourier, Baron **Jean-Baptiste-Joseph** *n.* フーリエ (1768–1830; フランスの数学者・物理学者).

Fóurier análysis *n.*〖数学〗フーリエ解析 (周期関数を正弦関数と余弦関数の和に分解することを主題とする数学の分野). 〘(*c*1928) ← *J. B. J. Fourier*〙

Fou·ri·er·ism /fú°riərìzm | fúərɪərìzm, fúr-/ *n.* フーリエ主義 (F.M.C. Fourier が唱導した小自治体を基盤にした分権的共産主義の思想と運動; 社会を同趣味同理想の人々の小団体に分けて共同大家屋に居住し, 各自が最も適任の仕事をして暮らすという一種の共同組合的共産団体制; phalansterianism ともいう; cf. phalanstery 1). 〘(1841–44): ⇨ -ism〙

Fóu·ri·er·ist /-rɪ̞st | -rɪst/ *n.* フーリエ(派社会)主義者. 〘(1843): ⇨ -ist〙

Fou·ri·er·is·tic /fù°riərístɪk | fùər-, fùr-⁻/ *adj.* フーリエ主義(者)の. 〘(1883): ⇨ -istic〙

Fóu·ri·er·ite /fú°riəràɪt | fúər-, fúr-/ *n.* ＝Fourierist. 〘1844〙

Fóurier sèries *n.*〖数学〗フーリエ級数 (正弦関数と余弦関数とから成り, 与えられた関数を近似する無限級数). 〘(1877) ← *J. B. J. Fourier*〙

Fóurier's thèorem *n.*〖数学〗フーリエの定理 (周期関数がある条件の下で正弦関数と余弦関数とから成る級数に展開されるという定理). 〘(1834) ← *J. B. J. Fourier*〙

Fóurier trànsform *n.*〖数学〗フーリエ変換 (関数を変換する操作の一つ, およびこの操作によって得られる関数). 〘1923〙

fóur-in-hànd *n.* **1** ⦅米⦆(通例バイヤス裁ちの芯の入った)ネクタイ (一般的なすべり結びで用いる). **2 a** 御者一人で駆る4頭立て[一組]の馬車 (tally-ho ともいう). **b** この馬車を引く4頭の馬. — *adj.* 四頭立ての. — *adv.* 御者一人で4頭の馬を御して. 〘1793〙

fóur lást thìngs *n. pl.* [the ～]〖神学〗四終 (死 (death), 審判 (judgment), 天国 (heaven), 地獄 (hell)). 〘(なぞり) ← L *quattuor novissima*〙

fóur-lèaf clóver *n.* **1** 四つ葉のクローバ (見つけた者に幸運が訪れると思われている). **2** ＝cloverleaf.

fóur-lèafed[-lèaved] clóver *n.* ＝four-leaf clover.

fóur-lég·ged /-légɪ̞d, -légd/ *adj., n.* 四つ足の;〖海事〗4本マストの(スクーナー). 〘1663〙

fóur-létter *adj.* 四文字の: a ～ man ばかな奴, おろか者 (dumb の4文字から); 嫌な男. 〘1923〙

fóur-lètter wórd *n.* 四文字語, 卑猥(ひわい)語 (印刷したり口にしたりするのをはばかる四つの文字から成る性および排泄に関する単音節語; cunt, fuck, shit など). 〘1934〙

fóur-lìne óctave *n.*〖音楽〗四点オクターブ (中央ハ音より3オクターブ高いハ音から始まるオクターブ). 〘(1931): 音階を表す記号にアクセント符が4本ついていることから〙

fóur-másted *adj.* 4本マストの.

fóur-mínute màn *n.* ⦅米⦆フォアミニット マン (第一次大戦当時, 戦争政策, 特に戦時公債 (liberty bond) の販売を唱道する短い演説をして回った団体の一員).

Fournier *n.* ⇨ Alain-Fournier.

Fóur Nóble Trúths *n. pl.* [the ～]〖仏教〗四諦(したい), 四聖諦 (仏教の根本義で, この世は苦である(苦諦), その苦の因が煩悩である(集諦), その煩悩を滅すれば涅槃(ねはん)が得られる(滅諦), その涅槃に至る道は八正道 (Eightfold Path) である(道諦)という四つを指す).

fóur-òar *n.* (一人が1丁のオールを受けもつ)4丁オールのボート. 〘1844〙

fóur-óared *adj.* **1** 4丁オールの. **2** 〈レースが〉4丁オールのボードで行われる. 〘1685〙

four-o'clòck *n.* **1**〖植物〗オシロイバナ科オシロイバナ属 (*Mirabilis*) の植物の総称; (特に)オシロイバナ (*M. jalapa*) (観賞用; marvel-of-Perú ともいう). **2**〖鳴声が four o'clock と聞こえることから〗〖鳥類〗＝friarbird. 〘(1756): 午後おそく開花することから〙

401(k) plàn /fɔ̀əòuwʌ̀nkéɪ- | fɔ̀:(r)ə̀u-/ *n.* [単数形で] ⦅米⦆401(k) プラン (給料天引きの退職金積立て制度または積立て金; IRS コード 401(k) に基づく).

fóur-pàrt *adj.*〖音楽〗四部, 四声部の, 四部合唱の: a ～ song 四部合唱歌. 〘1664〙

fóur-part hármony *n.*〖音楽〗四声部和声(法).

four·pence /fɔ́əpəns, fɔ́əpəns | fɔ́:-, -péns, -pí:⁻, -pəns, -pṇs/ ★ 発音・用法その他については ⇨ penny 1. *n.* (*pl.* ～, **～s**) **1** (英国の)4ペンス(の価). **2** (以前の)4ペンス銀貨. **3** ⦅米⦆＝fippenny bit. 〘*a*1387〙

four·pen·ny /fɔ́əpéni | fɔ:péni, -pí:⁻, -p(ə)ni, -pṇi/ ★ 発音・用法その他については ⇨ penny 1. *adj.* **1** 4ペンスの: a ～ piece [bit] (以前の)4ペンス銀貨 / ～ ale ＝ four ale. ★ 用法その他については ⇨ penny 1. **2** 〘(15C): 100本につき4ペンスしたことから〙〈釘が〉$1^1/_2$ [$1^3/_8$] インチ(の長さ)の. — *n.* (英国の, 以前の)4ペンス銀貨. 〘1411〙

fourpenny one /-wʌ́n/ *n.* ⦅英口語⦆強打, 打撃 (blow). 〘1936〙

four·plex /fɔ́əplɛks | fɔ́:-/ *n.* 四世帯一戸建て集合住宅. 〘← FOUR＋(DU)PLEX〙

fóur-pòst *adj.* 〈寝台が〉四柱式の. 〘1818〙

fóur pósted *adj.* ＝four-post. 〘1823〙

fóur-póst·er *n.* **1** 四柱式寝台 (四隅の柱で天蓋を支え, カーテンをつったもの; four-poster bed ともいう). **2** 4本マストの帆船. 〘1836–39〙

fóur-póund·er *n.* **1** 四斤砲 (4ポンド(約1.8 kg)の砲弾を発射する大砲). **2** 重さ4ポンドの物 (パンの塊など). 〘1684〙

fóur quéstions *n. pl.*〖ユダヤ教〗四つの質問 (過ぎ越しの祝いの夕食の席上, 最年少者が唱える四つの質問; なぜ今夜はマッツオー (matzo) だけを食べるのか, なぜ今夜は苦い野菜を食べるのか, なぜ野菜を塩水に浸して食べるのか, なぜ今夜はゆっくりくつろいで食べるのか).

four·ra·gère /fù°rəʒéə | fúərəʒéə^(r); *F.* fuʁaʒɛːʁ/ *n.* (*pl.* **～s** /～z; *F.* ～/) (フランスや米国陸軍で左肩に着ける先端に金属のついた)組紐飾緒, 飾り紐 (特に, ある部隊が戦闘における勲功によって感状を受けたことを示すしるしとして全員に授けられるもの). 〘□ F ～ ← *fourrage* fur-lining: ⇨ forage〙

fóur-ròwed bárley /-ròud- | -rə̀ud-/ *n.*〖植物〗四条大麦 (六条大麦と同じく穂の各節に3個の小穂がつくが, 中央の1個は上方に向くため, 上から見ると穂が四角形に見えるオオムギ; cf. six-rowed barley, two-rowed barley). 〘1882〙

fóur·scóre *adj., n.* ⦅英古・米⦆80(の); 80歳(の) (eighty): ～ and seven years ago 87年前 (米国の Lincoln 大統領の Gettysburg Address の出だしの文句) / at ～ 80歳で[の時に]. 〘(*c*1250): ⇨ four, score (n.)〙

fóur séas *n. pl.* [the ～] (英国を取り囲む)四つの海: within the ～ 英本国領土内に. 〘1642〙

Fóur Séasons *n.* [The ～]「四季」(Antonio Vivaldi 作曲の4つのバイオリン協奏曲 (1725); イタリア語題名 *Le Quattro Stagioni*).

fóur-séater *n.* 四人乗り (自動車・軽飛行機など). 〘1909〙

fours·es /fɔ́əzɪ̞z | fɔ́:-/ *n. pl.* [通例単数扱い] ⦅英方言⦆(収穫者が畑でとる午後4時の)軽い食事 (cf. elevenses). 〘← *fours* (pl.)＋-ES〙

four·some /fɔ́əsəm | fɔ́:-/ *n.* **1 a** 四つ組, 4人組. **b** 二人ずつ二組 (two couples). **c** フォーサム (男女のカップル二組によるパーティーダンスなど; cf. eightsome). **2**〖ゴルフ〗フォーサム: **a** 4人が二組に分かれ, 各競技者が1個ずつの球を使って行う競技; cf. single 10): ⇨ best-ball foursome, four-ball. **b** 4人が二組に分かれ各チームが1個だけのボールを使い, 交互に打つ競技; Scotch foursome ともいう: ⇨ mixed foursome. ***màke up a fóursome*** (ゴルフ, テニス, トランプなどで) 4人一組を作る[になるように参加する]. — *adj.* ⦅スコット⦆四つから成る; 4人で行う. 〘OE *fēowra sum*: ⇨ four (adj.), -some²〙

fóur-spòt *n.* **1** ＝four 4. **2**〖魚類〗アメリカ東海岸に生息するヒラメ (flatfish) の一種 (*Paralichthys oblongus*) (fourspot flounder ともいう).

fóur·squáre *adj.* **1** 正方形の, 四角な (square); 正方形に並べられた. **2** 〈建物などが〉がっしりした, 堅固な (solid). **3 a** 率直な, あからさまの (frank). **b** 毅然とした (forthright). — *adv.* **1** 正方形に. **2 a** 率直に, はっきりと. **b** 毅然として. — *n.* ⦅古⦆正方形, 四角. **～·ly** *adv.* **～·ness** *n.* 〘(*a*1325): ⇨ four, square〙

fóur-stàr *adj.* **1** 〈ホテルなど〉優秀な, 優れた. **2** ⦅米⦆〈将官が〉四つ星記章の: a ～ general 陸軍[空軍, 海兵隊]大将 / a ～ admiral 海軍大将. — *n.* ⦅英⦆プレミアムガソリン, ハイオク. 〘1921〙

fóur-strìper *n.* ⦅米⦆海軍大佐 (cf. striper). 〘制服のそでに4本の金色の筋があることから〙

fóur-stròke *adj.*〖機械〗〈内燃機関が〉四行程の, フォーストロークの (cf. four-cycle, two-stroke). — *n.* フォーサイクルエンジン(の車). 〘1900〙

fóur-stròke cýcle *n.*〖機械〗(内燃機関などの)フォーサイクル, 四行程サイクル.

four·teen /fɔ̀ətí:n | fɔ̀:-⁻/ *n.* **1** 14; 14個, 14人; 14

F

歳. **2** 14[XIV] の記号[数字]. **3** 14人[個]一組. **4** 14番サイズの衣服. ― *adj.* 14の; 14個の, 14人の; [叙述的] 14歳で. 〖OE *fēowertiene*: ⇨ four, -teen〗

fòur·téen·er *n.* **1** 〖詩学〗14音節詩句 (1行が14音節からなる弱強7歩格 (iambic heptameter) の詩). **2** 海抜14,000フィート以上の山. 〖(1829): ⇨ ↑, -er¹〗

Fóurteen Póints *n. pl.* [the ~] 十四箇条 (1918年1月8日に米国の Wilson 大統領が議会で声明した連合国側の第一次大戦の講和条件).

four·teenth /fɔ̀ətíːnθ | fɔ̀ː-⁻/ *adj.* **1** 第14の, 14番目の (14th). **2** 14分の1の: a ~ part 14分の1. ― *adv.* 第14に, 14番目に. ― *n.* **1** [the ~] 第14, 14番目, 第14位; (月の)(第)14日: *the* ~ [*14th*] of July 7月14日. **2** 14分の1. **fourtéenth of Julý** [the ―] (フランス革命記念日の)7月14日 (⇨ Bastille Day). **~·ly** *adv.* 第14(番目)に. 〖ME *four-tenthe* ← FOUR+*tenthe* (⇨ -teen, -th¹) ∞ ME *four-teoþe* < OE *fēower-tēoþa*: cf. ON *fjórtándi*〗

Fourtéenth Améndment *n.* [the ~] 〖米〗憲法修正第14条 (市民権の平等な保障および法による市民の平等な保護などに関する条項; 1868年成立).

fourth /fɔ́əθ | fɔ́ːθ/ *adj.* **1** 第4の, 4番目の (4th). **2** 4分の1の: a ~ part 4分の1. **3** 〈自動車などの変速ギヤが〉前進第4段の. ― *adv.* 第4に, 4番目に. ― *n.* **1** 4分の1 (quarter の方が普通): three ~*s* 4分の3. **2** [the ~] 第4, 4番目, 第4位; (月の)(第)4日: *the* ~ [*4th*] of June 6月4日. **3** [the F-] 〖米〗=FOURTH of July. **4** (4人でするゲームなどの)4人目の参加者. **5** 〖英〗(大学の優等試験で)第4級(の人) (cf. first 3 b). **6** 〖音楽〗(全音階の)第四度 (例えばハ長調におけるヘ音); 四度音程 (ハーヘなど); 第四度の音を基音とする(三)和音. **7** (自動車など変速ギヤの)前進第4段 (fourth gear). **Fóurth of Julý** [the ―] (米国独立記念日の)7月4日 (Independence Day). (1779) **Fóurth of Júne** [the ―] 〖英〗Eton College のもっとも重要な祝日. 〖OE *fēo(we)rþe* < Gmc **fi(ð)worþon*: ⇨ four, -th¹〗

fóurth bést *n.* =fourth highest.

fóurth-chórd *n.* 〖音楽〗四度和音 (⇨ quartal harmony).

fóurth-cláss *adj.* 〈郵便など〉第四種の: ~ matter 第四種郵便物. ― *adv.* 第四種で, 第四種郵便で.

fóurth cláss *n.* **1** 第四階級. **2** (米国郵便制度の)第四種郵便 (商品または開封の第一種・第二種・第三種以外の印刷物). 〖1862〗

Fóurth Commándment *n.* [the ~] (十戒の)第四戒 (⇨ Ten Commandments).

Fóurth dáy *n.* (クエーカー派 (Quakers) 間で)水曜日 (Wednesday). 〖1697〗

fóurth diménsion *n.* **1** 第四次元, 四次元: Dreams are a kind of ~. 夢は一種の第四次元である. **2** 日常経験外のこと. **fóurth-diménsional** *adj.* 〖1875〗

fóurth estáte *n.* [the ~] [しばしば F- E-] 第四階級; 新聞界, ジャーナリズム, 言論界 (the press); [集合的] 新聞記者連, ジャーナリスト. 〖(1752):「言論界」の意味では E. Burke あるいは Lord Broughham が使い始めたといわれるが不詳; cf. estate 5 a〗

fóurth-generàtion lánguage *n.* 〖電算〗第四世代言語 (machine language, assembly language, compiler language の次世代の言語; 略 4GL).

fóurth híghest *n.* 〖トランプ〗フォースベスト (ブリッジやホイストの打出し (lead) 法の一つで, 4枚以上のスーツ (suit) の高い方から4番目の札を打ち出すこと; またその札; cf. RULE of eleven).

Fóurth Internátional *n.* [the ~] ⇨ international *n.* 2. 〖1950〗

fóurth·ly *adv.* (列挙して)第4に, 4番目に. 〖(1526): ⇨ -ly¹〗

fóurth márket *n.* 〖米〗〖証券〗第四市場 (非上場証券についての投資者相互間の直接売買取引の総称; cf. third market).

fóurth posítion *n.* 〖バレエ〗第四ポジション (バレエの技法の基礎である足の五つのポジションの一つ; 一方の足の土踏まず他方の足のかかとがくるように前後に平行し, その間を一足長あける). 〖1884〗

fóurth ráil *n.* 第四レール (走行用の2本のレールの他に, 正導体として第三レール, 負導体として第四レールを用いる London 地下鉄などの方式; およびその負導体となるレール).

Fóurth Repúblic *n.* [the ~] (フランスの)第四共和制 (1946年10月国民投票による承認をもって正式に発効した新憲法下のフランス; 1958年 Fifth Republic に変わる). 〖(なぞり) ← F *Quatrième République*〗

fóurth wáll *n.* 〖演劇〗第四の壁 (舞台と観客とを隔てる目に見えない垂直面): The stage is a room with the ~ down. 舞台とは第四の壁を取り払った部屋である. 〖1807〗

Fóurth Wórld, f- w- *n.* [the ~] **1** 第四世界 (後発発展途上国; ほとんど工業化されていないアフリカ・アジア・ラテンアメリカなどの最貧国; cf. First World 2). **2** 先進諸国の中で最も貧しい人々. 〖(1974): cf. Third World〗

four·to, 4to /fɔ́ətou | fɔ́ːtəu/ *n.* =quarto. 〖← FOUR+(QUAR)TO〗

fóur-twénty *n.* (インド) 詐欺師, ペテン師. 〖インド刑法第4条第20項に該当する犯罪の意から〗

four véctor *n.* 〖物理〗四次元ベクトル (特殊相対性理論において現れる四次元空間内のベクトル). 〖(1914) (なぞり) ← G *Vierervektor*〗

fóur velócity *n.* 〖物理〗四次元速度 (four vector の一種で, 四次元空間内の速度を表す).

fóur-wàlling *n.* 〖米〗(映画の製作者・配給者が映画館を借り切って行う)自主興行[上映].

fóur-wày *adj.* **1** 四方に通じる, 四路の: a ~ valve 四方弁. **2** 4人から成る, 4人構成の: a ~ talk 四者会談. 〖?c1300〗

fóur-wày cóck *n.* 〖機械〗四方コック, 四方水栓. 〖1824〗

4WD 〖略〗four-wheel drive (vehicle).

fóur-whèel *adj.* **1** 4輪ある, 4輪式の: a ~ carriage 四輪馬車. **2** 〈自動車の駆動方式が〉四輪駆動の: a car with ~ drive 四輪駆動車. 〖1740〗

fóur-whèel dríve *n.* 四輪駆動装置; 四輪駆動車 (略 4WD). ― *adj.* =four-wheel 2.

fóur-whéeled *adj.* =four-wheel. 〖c1384〗

fóur-whéeler *n.* 四輪車; (特に)1頭立て四輪馬車. 〖1846〗

fous·sa /fúːsə/ *n.* 〖動物〗=fossa².

fou·ter /fúːtə | -tə(r)/ *n.* **1** 〖古〗つまらない物 (fig). ★ 軽蔑的無関心を表すのに以前用いられた語: A ~ for the world! 世間が何だ / not care a ~ ちっとも構わない. **2** 〖スコット〗嫌な奴, つまらぬ奴; 人 (fellow). 〖(1598) ← F (*se*) *foutre* (*de*) to care nothing for < L *futuere* to have sexual intercourse with〗

fou·tra /fúːtrə/ *n.* =fouter.

fo·ve·a /fóuviə | fə́uv-, fɔ́v-/ *n.* (*pl.* **fo·ve·ae** /-viìː/) **1** 〖解剖・生物〗(骨などの)へこみ, 穴, 窩(か), 陥凹部. **2** 〖解剖〗=fovea centralis. **fo·ve·i·form** /fóuviəfɔ̀əm | fə́uvi-, fɔ́v-/ *adj.* 〖(1849) □ L ~ 'small pit'〗

fóvea cen·trá·lis /-sɛntréɪlɪs, -rɑ́ːl- | -trɑ́ːlɪs/ *n.* 〖解剖〗(網膜の)中心窩 (単に fovea ともいう). 〖(1858) ← NL *fovea centrālis* central fovea〗

fo·ve·al /fóuviəl | fə́uv-, fɔ́v-/ *adj.* fovea の; fovea にある. **~·ly** *adv.* 〖(1889) ← FOVEA+-AL¹〗

fo·ve·ate /fóuvièɪt, -viɪt | fə́uv-, fɔ́v-/ *adj.* 〖生物〗窩のある; 小穴のある (pitted). 〖(1854) ← FOVEA+-ATE²〗

fó·ve·àt·ed /-èɪtɪd | -tɪd/ *adj.* =foveate. 〖1846〗

fo·ve·o·la /fouvíːələ | fəu-, fə-/ *n.* (*pl.* **-o·lae** /-lìː/, **~s**) 〖生物〗小窩 (small fovea). **fo·vé·o·lar** /-lə | -lə(r)/ *adj.* 〖(1849) ← NL ~ (dim.) ← L *fovea* (⇨ fovea)〗

fo·ve·o·late /fóuviəlèɪt | fə́uv-, fɔ́v-/ *adj.* 〖生物〗小窩のある. 〖(1848): ⇨ ↑, -ate²〗

fó·ve·o·làt·ed /-tɪd | -tɪd/ *adj.* 〖生物〗=foveolate. 〖1819〗

fo·ve·ole /fóuviòul | fə́uviə̀ul, fɔ́v-/ *n.* 〖生物〗=foveola.

f.o.w. 〖略〗〖商業〗first open water; 〖商業〗free on wagon.

Fow·ey /fɔ́ɪ, fóui | fɔ́ɪ, fə́ui/ *n.* フォイ (イングランド南西部 Cornwall 州中南部の保養地・漁村; 行政上は St. Austell with Fowey 市の一部).

fowl /fáʊl/ *n.* (*pl.* ~**s**, [集合的] ~) **1** 鶏; (特に食用の)成鶏 (cf. chicken 3): ⇨ barnyard fowl / keep ~*s* 鶏を飼う. **2** 家禽(きん) (poultry) (あひる・七面鳥など): ⇨ domestic fowl, game fowl 2. **3** 家禽の肉 (鶏・七面鳥など): fish, flesh, and ~ 魚と(牛豚)肉と鶏肉 / have (a) roast ~ for dinner 蒸し焼きの鶏を晩餐に食べる. **4** [前に限定語を伴って; 集合的] …鳥: wild ~ 野鳥; 野鴨 / sea ~ 海鳥 / a flock of water ~ 水鳥の群れ / ⇨ game fowl 1. **5** 〖古〗鳥 (bird): Behold the ~*s* of the air. 空の鳥を見よ (*Matt.* 6:26). ― *vi.* 野鳥を捕える, 猟鳥を撃つ. 〖n.: OE *fugol* < Gmc **fuʒlaz* (Du. *vogel* / G *Vogel*) ← **fluʒlaz* ← **fluʒ-*, **fleuʒ-* 'to FLY¹'. ― v.: OE *fug(e)lian* ← (n.)〗

fówl chòlera *n.* 〖獣医〗家禽コレラ. 〖1883〗

fówl·er /-lə | -lə(r)/ *n.* 野鳥捕獲者, 野鳥猟者. 〖OE *fuglere*: ⇨ fowl, -er¹〗

Fow·ler /fáʊlə | -lə(r)/, **F(rancis) G(eorge)** *n.* ファウラー (1870–1918; Henry Watson Fowler の弟; 英国の辞書編集家).

Fowler, H(enry) W(atson) *n.* ファウラー (1858–1933; 英国の辞書編集家・文法学者; *A Dictionary of Modern English Usage* (1926); F.G. Fowler (1870–1918) と共著で *The King's English* (1906), *The Concise Oxford Dictionary* (1911), *The Pocket Oxford Dictionary* (1924)).

Fowler, William Alfred *n.* ファウラー (1911–95; 米国の天体物理学者; 白色矮(わい)星の構造を研究; Nobel 物理学賞 (1983)).

Fówler flàp *n.* 〖航空〗ファウラーフラップ (飛行機の翼の後縁からせり出して作動する下げ翼). 〖← *Harlan D. Fowler* (20世紀の米国の航空機設計家)〗

Fówler's tóad *n.* 〖動物〗北米産のヒキガエル科の一種 (*Bufo fowleri*). 〖← *Samuel Page Fowler* (19世紀のアメリカの博物学者)〗

Fowles /fáʊlz/, **John (Robert)** *n.* ファウルズ (1926–2005; 英国の小説家; 多様で独創的な形式を取り入れた作品で知られる; *The Collector* (1963)).

Fow·liang /fùːliáːŋ/ *n.* =Fuliang.

fówl·ing /-lɪŋ/ *n.* 野鳥捕獲, 鳥撃ち. 〖(a1398): ⇨ -ing¹〗

fówling nèt *n.* (野鳥を捕える)鳥網. 〖1530〗

fówling pìece *n.* 鳥撃ち銃, 猟銃. 〖1596〗

fówl leukòsis *n.* =avian leukosis complex.

fówl mìte *n.* 家禽(きん)ダニ.

fówl parálysis *n.* 〖獣医〗鶏の白血病による神経障害 (脚麻痺を起こす; range paralysis ともいう; cf. lymphomatosis). 〖1932〗

fówl pèst *n.* 〖獣医〗家禽ペスト (ニューカッスル病の旧名). 〖1909〗

fówl plàgue *n.* 〖獣医〗鶏ペスト (インフルエンザウイルスによる鶏の伝染病). 〖1937〗

fówl pòx *n.* 〖獣医〗鶏痘 (avian diphtheria, avian pox, sorehead, contagious epithelioma ともいう). 〖1908〗

fówl rùn *n.* 養鶏場, 養鶏囲い地. 〖1886〗

fówl spirochetósis *n.* 〖獣医〗家禽スピロヘーター症 (スピロヘーター (*Borrelia anserina*) による家禽の熱病; avian spirochetosis ともいう).

fówl týphoid *n.* 〖獣医〗鶏チフス.

fox /fɑ́(ː)ks | fɔ́ks/ *n.* (*pl.* ~·**es**, ~) **1 a** 〖動物〗キツネ (イヌ科キツネ属 (*Vulpes*) の動物の総称; クロギツネ (black fox), ギンギツネ (silver fox), アカギツネ (red fox), キットギツネ (kit fox) など; cf. Reynard, vulpine); 雄ギツネ (cf. vixen 1): ~ farming 養狐(こ)業. **b** キツネに近縁の動物 (fennec など); (形・顔つきなどが)キツネに似た動物 (flying fox (オオコウモリ) など). ★ ラテン語系形容詞: vulpine. **2 a** (キツネのように)狡猾(こうかつ)な人, 陰険でずる賢い人: an old ~ 老獪(かい)な人 / have the ears of a ~ 耳が早い / play the ~ ずる賢いことをする. **b** 〖米俗〗性的魅力のある女性[若者], 美女. **3** キツネの毛皮 (fox fur). **4** 〖刀身に彫られてあったオオカミをキツネとまちがえたことから〗〖廃〗刀 (sword): Thou diest on point of ~. お前は刀の露と消える運命 (Shak., *Hen V* 4. 4. 9). **5** 〖海事〗手よりの小綱(こづな) (yarn) (Spanish fox ともいう). **6** 〖聖書〗山犬 (多分腐肉を食うジャッカル (jackal) のこと; cf. *Ps.* 63:10, *Lam.* 5:18).

(as) crázy like [as] a fóx=*(as) cúnning as a fóx* 〖口語〗ずる賢い, 抜け目がない.

fóx and géese キツネとガチョウ遊び: (1) 一人が「キツネ」の駒一つを持ち相手が「ガチョウ」の駒16個でそれを追いつめる盤上の遊び; 十六六指に似る. (2) 雪の中に車輪状の道を作り, それをたどっての鬼ごっこ. (1633)

Fóx and the Grápes [The ―]「キツネとブドウ」(Aesop 物語の中の一つ; 頭上のブドウを取れないキツネが 'They're probably sour anyway.' と負け惜しみを言う).

fóx and hóunds キツネと猟犬ごっこ (猟犬となった連中が逃げ隠れるキツネ役を追って捕える遊び). (1821)

― *vt.* **1** 〖口語〗**a** だます, 出し抜く. **b** 当惑させる. **2** [通例 p.p. 形で] 〈書類に狐色のしみを生じさせる, 〈本のページ・印画などを〉狐色に変色させる: The volume was badly ~*ed.* その本はひどく変色して[色が焼けて]いた. **3** 〈ビールなどを〉(発酵の際)酸っぱくする. **4** 〈靴のつま先を〉(新しい革で)修繕する; 〈靴のつま先を〉別の革で装飾する. **5** 〖豪口語〗ひそかに追跡する; 〈ボールを〉追いかけて取ってくる. **6** 〖廃〗泥酔させる.

― *vi.* **1 a** ずるく立ち回る. **b** しらばくれる. **2** 〈ビールなどが〉酸っぱくなる. **3** 〈本のページ・書類・印画などが〉狐色に変色する, 焼ける.

〖OE ~ < (WGmc) **fuȝs* (Du. *vos* / G *Fuchs*) ← IE **pūk-* bushy-haired: cf. vixen〗

Fox /fɑ́(ː)ks | fɔ́ks/ *n.* **1** [the ~(es)] フォックス族 (北米インディアン Algonquian の一部族; 以前は Wisconsin 州と Illinois 州に住んでいたが, 後に Sauk 族と融合し, 今では Iowa 州に住む). **2** フォックス族の人. **3** フォックス語 (Algonquian 語族に属する). 〖(なぞり) ← N-Am.-Ind. *wagosh* (部属名), (原義) red fox〗

Fox /fɑ́(ː)ks | fɔ́ks/, **Charles James** *n.* フォックス (1749–1806; 英国の政治家; 雄弁家として知られ, 英国のアメリカ植民地政策に反対し, フランス革命を終始支持し続けるなど, 19世紀の自由主義の先駆者であった).

Fox, George *n.* フォックス (1624–91; 英国の説教者, クエーカー派の創始者; cf. SOCIETY of Friends).

Fox, Michael J. *n.* フォックス (1961– ; カナダ生まれの映画俳優; 米国映画 *Back to the Future* (1985) に出演).

Fox /fɑ́(ː)ks | fɔ́ks; *Am.Sp.* fóks/, **Vicente** *n.* フォックス (1942– ; メキシコの政治家; Guanajuato 州知事; 大統領 (2000–)).

Fox /fɑ́(ː)ks | fɔ́ks/, **Sir William** *n.* フォックス (1812–93; 英国生まれのニュージーランドの政治家; 首相 (1856, 61–62, 69–72, 73)).

fóx bàt *n.* 〖動物〗=fruit bat. 〖1834〗

fóx·bèr·ry /-bèri | -b(ə)ri/ *n.* 〖植物〗**1** クマコケモモ (bearberry). **2** =mountain cranberry.

fóx brùsh *n.* キツネの尾 (特に, 狐狩の記念品とする). 〖1891〗

fóx-chàse *n.* 狐狩 (fox hunt). 〖a1704〗

Foxe /fɑ́(ː)ks | fɔ́ks/, **John** *n.* フォックス (1516–87; 英国の牧師・殉教史学者; *Actes and Monuments of These Latter and Perillous Dayes* (俗称 *Foxe's Book of Martyrs*) (1563)).

fóx èarth *n.* キツネの穴 (fox burrow). 〖1530〗

Fóxe Básin /fɑ́(ː)ks- | fɔ́ks-/ *n.* フォックス海盆 (カナダ北東部, Melville 半島と Baffin 島の間の海域).

foxed *adj.* 〈古書など〉狐色に変色した, 斑点のある (cf. fox *vt.* 2): the ~ leaves of an old book 古書の変色したページ. 〖((1611)) (1847): ⇨ -ed〗

fóx·fìre *n.* 〖米〗**1** 狐火 (腐った木などにつく真菌類 (fungi) の発光現象; cf. bioluminescence). **2** 狐火の原因になる真菌類. 〖1483〗

fóx·fìsh *n.* 〖魚類〗シャレヌメリ (英国産のノドクサリ科の深海魚 (*Callionymus lyra*)).

fóx-fùrred *adj.* **1** キツネの毛皮を付けた: a ~ gown. **2** キツネの毛皮[キツネの毛皮付きの上着]を着た. 〖1579〗

fóx·glòve *n.* 〖植物〗ジギタリス (digitalis), (特に)キツネノテブクロ (purple foxglove). 〖OE *foxes glōfa* fox's glove〗

fóxglove béardtongue *n.* 〖植物〗シロバナツリガネ

ヤナギ (*Pentstemon digitalis*)《米国・カナダ南部産の白い花が咲くゴマノハグサ科の多年草; 花壇用》.

fóx gràpe *n.* 〖植物〗北米東部産のブドウ属 (*Vitis*) のヤマブドウの類の総称; (特に) V. *labrusca*《これから改良されたブドウがラブルスカブドウ》. 〖1657〗

fóx·hòle *n.* **1** 〖軍事〗「たこつぼ」, たこつぼ壕, 各個掩体(えんたい)《戦場で敵の銃砲を避けるために掘る穴で, 一人用, 二人用, V 字形 3 人用, Y 字形 3 人用などがある; cf. slit trench》. **2** 避難場, 隠れ家(が). 〖1919〗

fóx·hòund *n.* フォックスハウンド《狐狩用に改良された猟犬; American foxhound と English foxhound の二種がある》. 〖*a*1763〗

fóx·hùnt *n.* 狐狩《多数の猟犬を使用し, 隊をなして馬に乗って狐を狩る》. 〖1816〗

fóx·hùnt *vi.* (犬を使って)狐狩をする.

fóx·hùnter *n.* **1** 狐狩をする人. **2** =hunter 2 a. 〖1692〗

fóx·hùnting *n.* **1** 狐狩. **2** [形容詞的に] 狐狩の. 〖1674〗

fox·ie /fá(ː)ksi | fɔ́ksi/ *n.* 《豪・NZ口語》=fox terrier. 〖(1906) ← FOX(-TERRIES)+-IE〗

fóx·i·ly /-s$\frac{1}{2}$li/ *adv.* (キツネのように)ずる賢く.

fóx·ing *n.* **1** (靴の)甲皮 (upper) に用られる革などの材料. **2** (本のページ・印画などの)変色; (古書などの紙上につく)褐色の斑点. 〖(*a*1250): ⇨ -ing¹〗

fóx·lìke *adj.* キツネのような. 〖1577-87〗

fóx màrk *n.* (書類などの)狐色のしみ. 〖1880〗

fóx mòth *n.* 〖昆虫〗キイチゴオビカレハ (*Macrothylacia rubi*)《カレハガ科のガ; ヨーロッパ産》.

fóx-rèd *adj.* 赤狐色の.

fóx shàrk *n.* 〖魚類〗=thresher shark. 〖1828〗

fóx·shìp *n.* キツネの悪性(あくしょう)《忘恩・狡猾など》. 〖1607-08〗

fóx slèep *n.* 片目をあけての眠り, そら寝. 〖1596〗

fóx snàke *n.* 〖動物〗フォックススネーク (*Elaphe vulpina*)《Mississippi 川上流域のナミヘビ科の大形無毒ヘビ; 黄色っぽい地色に褐色の斑点がある》. 〖1857〗

fóx spàrrow *n.* 〖鳥類〗ゴマフスズメ (*Passerella iliaca*)《米国産の背が赤褐色, 胸に縞のある大形のスズメ》. 〖1869〗

fóx squìrrel *n.* 〖動物〗キツネリス (*Sciurus niger*)《北米産の大形のリス; 体色は変化に富み, 黒色型のものを black squirrel といい, ほかに灰色型・褐色型などがある》. 〖1791〗

fóx·tàil *n.* **1** キツネの尾(に似たもの). **2** 〖植物〗スズメノテッポウ属 (*Alopecurus*), オオムギ属 (*Hordeum*), エノコログサ属 (*Setaria*) の植物の総称; (特に)オオスズメノテッポウ (*A. pratensis*), エノコログサ (*S. viridis*) (など)《foxtail grass ともいう》. 〖lateOE *foxes tæg(e)l*〗

fóxtail líly *n.* 〖植物〗中央アジア産ユリ科エレムールス属 (*Eremurus*) の植物の総称. 〖1946〗

fóxtail míllet *n.* 〖植物〗アワ (*Setaria italica*).

Fox Tal·bot /-tɔ́ːlbət, -táːl-, -tǽl- | -tɔ́ːl-, -tɔ́l-/, **William Henry** *n.* フォックストルボット《1800-77; 英国の物理学者; カロタイプ写真術の発明者》.

fóx térrier *n.* フォックステリア《かつて狐狩に用いられたテリア; 被毛によって smooth fox terrier と wirehaired fox terrier とに区別される》. 〖1823〗

fóx tràp *n.* 《米俗》(女性をひきつけるようにして)特注して作ったかっこいい車.

fóx·tròt *n.* **1** フォックストロット《小刻みなステップの一種; 馬が trot から walk へ移る際の小走り歩調》. **2 a** フォックストロット《米国から流行しだした 4/4 拍子の, ツーステップを基礎においた活発な社交ダンス; 基本のリズムは slow, slow, quick, quick, slow》. **b** フォックストロットの曲. — *vi.* フォックストロットを踊る. 〖(1872): キツネが小走りに走ることから?〗

Fox·trot /fá(ː)kstrà(ː)t | fɔ́kstrɔ̀t/ *n.* 〖通信〗フォックストロット《文字 f を表す通信コード》. 〖1952〗

fóx wèdge *n.* 〖木工〗地獄くさび《枘(ほぞ)の先端に打ち, 枘を枘穴に打込むと枘先が広がり, 枘が抜けなくなるようにするくさび》. 〖1888〗

fox·y /fá(ː)ksi | fɔ́k-/ *adj.* (**fox·i·er, -i·est; more ~, most ~**) **1** キツネのような (foxlike); ずる賢い, 狡滑(こうかつ)な (⇨ sly SYN); ずるそうな. **2 a** 狐色の (reddish-drowned); 〈紙など〉狐色に変色した: ~ hair. **b** (色彩が)極端に赤みがかった. **3** 狐臭い, 悪臭のひどい (rank). **4 a** 〈ビール・ワインなど〉(適切な発酵をしないために)酸っぱい (sour). **b** 〈ワインが〉(fox grape などを使ったために)そのぶどうの臭味がある. **5** 品質の悪い. **6** 《米俗》〈女性が〉肉体的な魅力のある, 美しい; セクシーな. **fóx·i·ness** *n.* 〖(1528) ← FOX (n.)+-Y¹〗

foy /fɔ́ɪ/ *n.* 《スコット》**1** (旅立つ人への)餞別, 送別会. **2** 祝宴, (特に)収穫祭り[大漁祝い]の宴 (feast). 〖(1496-97) □ MDu. *foye* (Du. *fooi*) □ (O)F *voie* way, journey < L *viam* way〗

fóy·bòat /fɔ́ɪ-/ *n.* 《英方言》小型の手こぎボート. 〖(1813) ref. 《英方言》*foy* to act as pilot〗

foy·er /fɔ́ɪə, fɔ́ɪeɪ, fɔɪéɪ, fwáːjeɪ | fɔ́ɪeɪ, fɔ́ɪə^r, fwáːjeɪ; *F.* fwaje/ *F. n.* (pl. **~s**/~z; *F.* ~/) **1 a** (劇場・図書館・ホテルなどの)休憩室, ホワイエ, ロビー. **b** 玄関の間. **2 a** 集会所 (center): a student ~. **b** 焦点, 集中点. **3** (溶鉱炉の)るつぼ. 〖(1859) □ F ~ 'hearth, fireside', 《原義》「芝居の幕間に観衆が温まりに行った部屋」< VL **focāriu(m)* < L *focus* hearth: ⇨ focus〗

fo·zy /fóuzi | fə́u-/ *adj.* (*also* **fo·zie** /~/) (**fo·zi·er, -zi·est; more ~, most ~**) 《スコット》**1** 海綿状の; 組織のあらい. **2** 〈野菜・果物など熟しすぎた. **3 a** 〈人が〉太った; 筋肉のたるんだ. **b** 頭の鈍い, ばかな; うすのろの (fatheaded). 〖(1821) ← Du. *voos* spongy+-Y¹〗

fp 《略》fine paper; fine point; fixed price; flame proof; flash-point; foolscap; footpath; foot-pound(s); fortepiano; forward pass; freezing point; full point.

FP 《略》filed punishment; fire plug; 〖保険〗fire policy; 〖保険〗floating policy; former pupil; fowl pest; Free Presbyterian; fresh paragraph; fully paid.

FPA 《略》《米》Family Planning Association; Food Products Administration; Foreign Policy Association; Foreign Press Association; 〖海上保険〗free of [《英》from] particular average 分損不担保; 単独海損不担保. 〖*a*1940〗

FPC 《略》Federal Power Commission 連邦電力委員会; fish protein concentrate; Friends Peace Committee.

FPHA 《略》Federal Public Housing Authority (米国の)連邦公共住宅局.

fpm 《略》feet [foot] per minute.

FPO 《略》〖陸軍〗Field Post Office 野戦郵便局; 〖海軍〗Fleet Post Office 艦隊郵便局.

FPS 《略》《英》Fellow of the Pharmaceutical Society.

fps., f.p.s. 《略》〖1945〗〖物理〗feet [foot] per second; 〖1892〗〖物理〗foot-pound-second (system) (cf.cgs, mks); 〖写真〗frames per second.

fps ùnits /éfpìːés-/ *n. pl.* (英本国法定の標準に従った)フィート・ポンド・秒単位系《科学的には SI units が用いられる》.

FPU 《略》〖電算〗floating-point unit 浮動小数点ユニット.

fr, fr. 《略》father; fragment; G. frei (=free); frame; 〖貨幣〗franc(s); frequent(ly); from; front; fruit.

fr 〖記号〗France (URL ドメイン名).

Fr 〖記号〗〖化学〗francium; 〖貨幣〗franc(s).

Fr. 《略》〖キリスト教〗Father; France; Francis; *It.* Fratelli (=Brothers); L. Frater (=Brother); Frau; French; Friar; Friday.

Fra, f- /fráː; *It.* fra/ *n.* …師 (brother). ★ 称号として修道士 (friar) の名の前につける: *Fra* Angelico. 〖(*c*1890) □ It. ~ (略) ← *frate* brother: cf. frater¹〗

Fra Angelico *n.* ⇨ Fra ANGELICO.

frab·jous /frǽbdʒəs/ *adj.* 《英口語》すばらしい, すてきな; 楽しい (joyous). 〖(1872): cf. fair, fabulous, joyous: L. Carroll の造語〗

fra·cas /fréɪkəs, frǽk- | frǽkɑː; *F.* fʁaka/ *n.* (*pl.* **~·es**, 《英》~ /~z; *F.* ~/) けんか, けんか騒ぎ, 騒ぎ (brawl, uproar). 〖(1727) □ F ~ □ It. *fracasso* crash, uproar ← *fracassare* to smash ← *fra-* completely (< L *infrā* among)+*cassare* to brake (< L *quassāre* to shake)〗

FRACP 《略》Fellow of the Royal Australasian College of Physicians.

FRACS 《略》Fellow of the Royal Australasian College of Surgeons.

frac·tal /frǽktl/ *n.* 〖数学〗フラクタル, 次元分裂図形《部分が全体と相似となる自己相似性をもつ図形; またそれに近い性質をもつ形》. — *adj.* 〖数学〗フラクタルの. 〖(1975) □ F ~ ← L *fractus* (p.p.): ⇨ ↓, -al¹〗

fract·ed /frǽktɪd/ *adj.* **1** 〖紋章〗〈槍など〉折れた; 〈図形が〉壊れた. **2** 《廃》壊れた, 折れた (broken): a ~ arrow, plan, etc. 〖(1547) ← L *fractus* ((p.p.) ← *frangere* to break)+-ED 2〗

frac·tion /frǽkʃən/ *n.* **1** (全体の)小部分, 断片 (bit), ほんの少し (scrap): a small ~ of the population 住民のほんの小数 / crumble into ~s 崩れて断片[ばらばら]になる / at a mere ~ *of* the cost その費用のほんの一部分(の値段)で / for a ~ of a second ほんのちょっとの間, 瞬時 / (*not*) by a ~ ちっとも(…しない) / It does *not* contain a ~ of truth. 少しの真実も含んでいない / The door opened a ~. ドアがほんの少し開いた. **2** 〖数学〗分数, (2 数の)比, 割合; 端数 (cf. integer 1): a compound [complex] ~ 繁分数, 重分数 / a continued ~ 連分数 / an improper ~ 仮分数 / a proper ~ 真分数. **3** (共産党内の)分派, フラクション《非共産主義組織内で活動する共産主義グループ》. **4 a** 破砕, 分割. **b** [しばしば F-] 〖キリスト教〗聖体(聖餐のパン)分割(式). **5** 《古》不和 (discord); けんか, 騒ぎ(fracas). **6** 〖化学〗(蒸留の)留分《混合物から分離された部分》.
— *vt.* 小部分に分ける, 小分けする.
〖(*c*1400) □ (O)F ~ ∥ LL *fractiō(n-)* a breaking ← L *frangere* to break〗

frac·tion·al /frǽkʃnəl, -ʃənl/ *adj.* **1 a** わずかの, 取るに足らないほどの. **b** 小額通貨の. **2** 〖数学〗分数の (cf. integral 4): a ~ expression 分数式 / ~numbers 分数. **3** 断片の, 端数の, はしたの. **4** 〖証券〗1 株未満の, 端(は)株の. **5** 〖化学〗分別による, 分別性の: ~ crystallization [precipitation] 分別結晶[沈殿] / ~ decomposition 分別分解 / ⇨ fractional distillation. **~·ly** *adv.* 〖(1675): ⇨ ↑, -al¹〗

fráctional cúrrency *n.* **1** 小額通貨《基本通貨単位の下の硬貨または紙幣》. **2** (米国で 1862-76 年に発行された 3-50 セントまでの)小額通貨[紙幣]. 〖1862〗

fráctional distillátion *n.* 〖化学〗分別蒸留, 分留《沸点の異なるいくつかの成分を含む気体[液体]混合物を蒸留によって分離すること; 時に distillation とも略称》. 〖1857〗

fráctional equátion *n.* 〖数学〗分数方程式《分母に未知数を含む方程式; 例えば $x+^1/_x=2$》.

fráctional harmónic *n.* 〖電気〗分数調波《基本波の分数倍(普通は整数分の一)の周波数成分》.

frac·tion·al·ize /frǽkʃ(ə)nəlàɪz/ *vt.* 小部分に分ける, 細分する. **frac·tion·al·i·za·tion** /frǽkʃ(ə)nəl$\frac{1}{2}$zéɪʃən | -laɪ-, -lɪ-/ *n.* 〖(1931): ⇨ -ize〗

fráctional órbital bombárdment sỳstem *n.* 〖軍事〗部分軌道爆撃体系, 軌道爆弾, 衛星爆弾《ソ連の開発した兵器で, 核ミサイルを人工衛星のように軌道に乗せ, 目標近くの上空で逆推進ロケットで速度を減じて落下させる; 略 FOBS》.

frac·tion·ar·y /frǽkʃənèri | -ʃ(ə)nəri/ *adj.* **1** わずかの, 断片的な (fragmentary). **2** 〖数学〗分数の. 〖(1674): -ary〗

frac·tion·ate /frǽkʃənèɪt/ *vt.* **1** 〖化学〗〈混合物を〉(蒸留などによって)分別[分留, 分晶]する; 分別[分留, 分晶]によって得る. **2** 〈全体を〉構成部分に分ける; 細分する.

frác·tion·à·tor /-tə | -tə^r/ *n.* 〖(1867): ⇨ -ate³〗

frác·tion·at·ing còlumn /-tɪŋ- | -tɪŋ-/ *n.* 分留塔.

frac·tion·a·tion /frǽkʃənéɪʃən/ *n.* 〖化学〗分別(法), 分留(法), 分晶(法). 〖(1878): ⇨ ↑, -ation〗

frac·tion·ize /frǽkʃənàɪz/ *vt.* 小部分に分ける, 細分する. 〖(1675): -ize〗

frac·tious /frǽkʃəs/ *adj.* **1** 怒りっぽい, 気むずかしい, じれる, むずかる: a ~ child. **2** 手に負えない, 御しがたい: a ~ horse. **~·ly** *adv.* **~·ness** *n.* 〖(1725) ← FRACTI(ON) 《廃》brawling+-OUS: cf. factious〗

frac·to- /frǽktou | -təu/「これた, 割れた (broken), 断片 (fracture)」の意の連結形. 〖← L *fractus* (p.p.) ← *frangere* to break〗

fràcto·cúmulus *n.* 〖気象〗片積(へんせき)雲, ちぎれ雲《積雲がちぎれた形になって浮かんでいるもの; cumulus fractus, fractocumulus cloud ともいう》. 〖(1896): ⇨ ↑, cumulus〗

frac·tog·ra·phy /fræktá(ː)grəfi | -tɔ́g-/ *n.* 破断面診断(学)《金属の破面・構造上のきずなどの顕微鏡観察・研究》. **frac·to·graph·ic** /fræktəgrǽfɪk⁻/ *adj.* 〖← FRACTO-+-GRAPHY〗

fràcto·strátus *n.* 〖気象〗断片層雲《層雲が不規則にちぎれて浮いているもの; stratus fractus ともいう》. 〖(1896) ← FRACTO-+STRATUS〗

frac·tur·al /frǽktʃ(ə)rəl, -ʃ(ə)r-/ *adj.* 破砕性の; 挫折(ざせつ)による, 骨折の: a ~ injury 挫傷(ざしょう).

frac·ture /frǽktʃə, -ʃə | -tʃə^r, -ʃə^r/ *n.* **1** 割れ目, 破れ口, ひび (crack). **2** 破砕, 切断, 挫折, 分裂 (rupture). **3** 〖外科〗骨折, 挫傷: suffer a ~ 骨折をする / a simple ~ 単純骨折 / ⇨ comminuted fracture, compound fracture. **4** 〖地質〗(鉱物や岩石の)破面, 断口: a conchoidal ~ 貝殻状断口. **5** 〖音声〗=breaking 3.
— *vt.* **1 a** 〈骨などを〉折る, くじく, 砕く (⇨ break¹ SYN): ~ a bone, one's leg, etc. **b** 〈ガラスなどを〉破砕する, 割る (break). **c** 破裂させる: a blow that ~*d* a kidney 腎臓を破裂させた強打. **2 a** 破壊する, だめにする; 混乱させる. **b** 〈規則を〉無視する, 犯す (violate). **3** 《米俗》大いに笑わせる[興奮させる]. — *vi.* 折れる, くじける, 骨折する (break). **frác·tur·a·ble** /-tʃ(ə)rəbl/ *adj.* 〖(?*a*1425) □ (O)F ~ ∥ L *fractūra* breach: ⇨ fracto-, -ure〗

frácture strèss *n.* 〖物理〗破壊応力.

frac·tus /frǽktəs/ *adj.* 〖気象〗〈雲が〉断片を含んだ. 〖□ L ~: ⇨ fracto-〗

frae /fréɪ/ 《スコット》*prep.* =from. — /fréɪ/ *adv.* =fro. 〖(?*a*1200) (1788)《スコット》: ⇨ fro〗

fraena *n.* fraenum の複数形.

frae·nu·lum /fríːnjuləm/ *n.* (*pl.* **-nu·la** /-lə/) 〖解剖・動物・昆虫〗=frenulum.

frae·num /fríːnəm/ *n.* (*pl.* **frae·na** /-nə/, **~s**) 〖解剖・動物・昆虫〗=frenum.

FRAeS 《略》Fellow of the Royal Aeronautical Society.

frag /frǽg/ *n.* =fragmentation bomb. — *vt.* 《米軍俗》〈上官や仲間を〉破片手榴弾で殺傷する. **~·ger** *n.* **~·ging** *n.* 〖略〗

frag·ile /frǽdʒəl, -dʒl, -dʒaɪl | -dʒaɪl/ *adj.* **1 a** こわれやすい (breakable), もろい (brittle): *Fragile*: Handle with Care. こわれ物: 取り扱い注意. **b** (体質が)弱い, 虚弱な (frail); 弱々しい: ~ health か弱い健康 / a ~ person 弱々しい人. **2 a** くずれやすい, 永続しない, はかない: ~ happiness はかない幸福 / (a) ~ peace いつ崩れるか分からない平和. **b** とても微妙な (subtle). **c** 弱い, 薄弱な (insubstantial): a ~ connection. **d** 薄く透明な (diaphanous): a ~ membrane 薄い膜. **~·ly** /-dʒəli, -dʒli, -dʒaɪlli | -dʒaɪlli/ *adv.* **~·ness** *n.* 〖(1513) □ (O)F ~ ∥ L *fragilis* ← *frag-*, *frangere* to break+-ILE¹: FRAIL と二重語〗

SYN 壊れやすい: **fragile** 構造が脆弱(ぜいじゃく)で非常に壊れやすい: a *fragile* plate 割れやすい皿. **brittle** 弾性を欠くため容易に壊れ[砕け]やすい: Glass is *brittle*. ガラスは砕けやすい. **breakable** 精密機器・ガラス製品・陶器などのように壊れやすい: Is there anything *breakable* in the bag? カバンの中には壊れやすいものはありませんか. **crisp** 〈新鮮なセロリ・ビスケットなどが〉歯ざわりよく砕ける: *crisp* crackers ぱりぱりしたクラッカー. **friable** 容易にぼろぼろになる: Dry soil is *friable*. 乾いた土はすぐぼろぼろになる.
ANT tough, sturdy.

---

frágile férn *n.* 〖植物〗ナヨシダ (*Cystopteris fragilis*)《北半球の高山帯に生える茎の弱いシダ; brittle fern》.

fra·gil·i·ty /frədʒíləti | frædʒíl$\frac{1}{2}$ti, fræ-/ *n.* **1** 壊れやすさ, もろさ. **2 a** 虚弱. **b** はかなさ. **3** 壊れやすい物, もろい物; 虚弱なもの. **4** 〖医学〗脆弱(ぜいじゃく)性, 抵抗減衰(性). 〖(*a*1415) □ (O)F *fragilité* ∥ L *fragilitātem* ← *fragilis* 'FRAGILE'〗

frag·ment /frǽgmənt/ *n.* **1** 破片, 砕片, かけら, 断片 (⇨ part SYN): the ~*s* of a broken vase 割れた花瓶のかけら / overhear ~*s of* a conversation 会話の断片をふと耳にする / in ~*s* 断片となって, 断片的に / reduce [smash] to [tear into] ~*s* 破片にする, 寸断する. **2** (詩歌の)断章; (断片として残っている)未完遺稿(など): ~*s of* Greek verse ギリシャ詩の断章 / ~*s of* a poem 詩の未完稿. **3** 端切れ, かけら, 残り物 (scrap).
— /frǽgment, ─́ ─ | ─ ─́/ *v.* — *vi.* ばらばらになる, 分解する, 壊れる: The chair ~*ed* under his weight. 彼の重みで椅子がばらばらに壊れた / The vase fell and ~*ed* into small pieces. 花びんが倒れて粉々になった. — *vt.* **1** 分解する, 壊す. **2** 〘電算〙[通例受身で]〈ディスク〉のフラグメンテーションを進行させる.
〖(?a1425) □ (O)F ~ ∥ L *fragmentum* ← *frangere* to break〗

frag·men·tal /frægméntl | -tl/ *adj.* **1** =fragmentary. **2** 〘地質〙砕屑(さいせつ)質の (clastic): ~ rocks 砕屑岩. **~·ly** *adv.* 〖(1798): ⇨ ↑, -al¹〗

frag·men·tar·i·ly /frǽgməntérəli, ─ ─ ─ ─ ─ | frǽgməntərəli, -trə-/ *adv.* 断片的に, 断片として; 切れ切れに. 〖(1856): ⇨ ↓, -ly¹〗

frag·men·tar·y /frǽgməntèri | frǽgməntəri, frægméntəri, -tri/ *adj.* **1** 破片の, 砕片の, 断片的な, 断片から成る, 切れ切れの, ばらばらの (partial, incomplete): a ~ report of an event 事件の断片的報告. **2** 〘地質〙砕屑性の (clastic) (前時代の岩石の断片から成る). **frág·men·tàr·i·ness** *n.* 〖(1611): ⇨ -ary〗

frag·men·tate /frǽgməntèɪt, -mɛn-/ *v.* =fragmentize. 〖(逆成) ↓〗

frag·men·ta·tion /frægməntéɪʃən, -mɛn-/ *n.* **1** 分裂, 破砕; 崩壊 (disintegration). **2** 〘軍事〙(爆弾・手榴弾などの)破砕; (爆弾・砲弾などの)破片効果. **3** 〘生物〙(核の)無糸分裂 (amitosis); (染色体の)切断, 断片化. **4** 〘電算〙フラグメンテーション, 断片化 (ディスク上でひとつながりのデータが物理的にあちこちに散在する状態). 〖(1881) ← FRAGMENT + -ATION〗

fragmentátion bòmb *n.* 〘軍事〙破片爆弾, 破砕性爆弾 (破片による人員殺傷を目的とする爆弾). 〖1918〗

fragmentátion grenàde *n.* 〘軍事〙破片手榴弾, 破砕性手榴弾 (破片による人員殺傷効果を狙いとするもので, 防御用手榴弾 (defensive grenade) に対する). 〖1957〗

fragmentátion shèll *n.* 〘軍事〙=fragmentation bomb. 〖1957〗

frag·ment·ed /frǽgmentɪd, ─ ─́ ─ | frægméntɪd/ *adj.* 破片になった, 断片的となった, 寸断された: one's ~ memory 寸断された[ばらばらの]記憶. 〖(a1817): ⇨ -ed 2〗

frag·men·tize /frǽgməntàɪz, -mɛn-/ *vt., vi.* 分裂させる[する], 分断する, 破砕する (fragment). **frág·men·tìz·er** *n.* 〖(1815): ⇨ -ize〗

Fra·go·nard /fræ̀gənɑ́ə, frǽgoʊ- | frǽgənɑ̀ː(r; *F.* fʁagɔnaːʁ/, **Jean Honoré** *n.* フラゴナール (1732–1806; フランスのロココを代表する画家・エッチング作家).

fra·grance /fréɪgrəns, -grənts/ *n.* **1 a** よい香気, 芳香 (⇨ smell SYN): a ~ pleasant to the nostrils 鼻孔に快感を与える芳香. **b** 芳香のあるもの (香水・オーデコロンなど). **2** 芳香性: the ~ of balsam. — *vt.* …によい香りを与える, …に香水をつける. 〖(1667) □ (O)F ~ ∥ L *fragrantia*: ⇨ fargrant, -ance〗

frá·gran·cy /-grənsi/ *n.* 《古》=fragrance.

fra·grant /fréɪgrənt/ *adj.* **1** においのよい, 香気のよい, 芳香性の: The hothouse is ~ *with* flowers. 温室は花でよい香りがしている / a ~ oil 芳香油. **2** 快い, 楽しい: ~ memories 楽しい追憶. **~·ly** *adv.* 〖(c1450) □ (O)F ~ ∥ L *frāgrantem*, *frāgrāns* (pres.p.) ← *frāgrāre* to smell sweet ← IE **bhrag-* to smell〗

frágrant órchid *n.* 〘植物〙=scented orchid.

frágrant súmac *n.* 〘植物〙ニオイウルシ (*Rhus aromatica*) (北米原産のウルシ科ウルシ属の小低木で, 黄緑の花が咲き芳香がある; lemon [lemonade] sumac, lemonade bush, squawbush ともいう).

FRAI 《略》Fellow of the Royal Anthropological Institute.

'fraid /fréɪd/ *adj.* 《口語》=afraid. 〖1888〗

fráid·càt /fréɪd-/ *n.* =fraidy-cat. 〖1912〗

fráid·y-càt /fréɪdi- | -di-/ *n.* 《口語》臆病者, 怖がり屋 (主に子供について用いる). 〖c1910–23〗

frail¹ /fréɪl/ *adj.* (~·er; ~·est) **1** (体質が)弱い, か弱い, 虚弱な (⇨ weak SYN); きゃしゃな: a ~ child. **2** 薄弱な (slight), もろい (fragile): ~ support 弱い支持 / ~ happiness はかない幸福. **3 a** 悪の誘惑に陥りやすい, 意志薄弱な, 性格の弱い. **b** 〈女が〉不貞な (unchaste).
— *n.* 《米俗》女 (woman), 少女 (girl). **~·ly** /fréɪ(l)li, -li | fréɪlli/ *adv.* **~·ness** *n.* 〖(c1350) *frele* □ OF *fraile* (F *frêle*) fragile < L *fragilem* 'FRAGILE'〗

frail² /fréɪl/ *n.* **1** (干しぶどう・干しいちじくなどを詰める)いぐさ製のかご. **2** (かご詰め干しぶどうの)一かご量 (約 32, 56 または 75 ポンド). 〖(?a1300) *fraiel* □ OF *frael*, *fraiel* ← ?: cf. L *flagellum* young branch〗

frail³ /fréɪl/ *vt.* 《米方言》=flail. 〖1851〗

frai·le·ro /fraɪléᵊroʊ | -léərəʊ; *Sp.* frailéro/ *n.* (*pl.* **~s** /~z; *Sp.* ~s/) フライレエロ (ルネサンス時代のスペインの代表的なひじ掛け椅子; 背と座部が皮製で, 前部に広い貫(ぬき)があるもの). 〖□ Sp. ~ (原義) belonging to a friar ← *fraile* friar〗

frail·ty /fréɪlti/ *n.* **1** もろさ, 薄弱性; 頼りなさ: the ~ of human life 人生のはかなさ. **2** 心弱さ (moral weakness), 薄志, 弱行; 誘惑に陥りやすいこと: *Frailty*, thy name is woman. もろきものよ, 汝の名は女なり (Shak., *Hamlet* 1. 2. 146). **3** [*pl.*] (性格の弱さから生じる)弱点, 短所, 過失 (fault): *frailties* of the human flesh 人間の弱点. 〖(c1340) *fre(i)lete* □ OF *frailete*: ⇨ frail¹, -ty²〗

fraise¹ /fréɪz/ *n.* **1** (16 世紀に流行した)ひだえり (ruff). **2** 〘築城〙乱杭(らんぐい), 臥柵(がさく) (先の尖った杭(くい)を横にまたは斜めに並べたもの). 〖(1775) □ F ~ (原義) ruff ← (O)F *fraiser* to frizzle, curl ← Gmc: cf. OE *frīs* curled〗

fraise² /fréɪz/ *n.* **1** 〘機械〙(大理石などの穴を広げる)穴ぐり具 (reamer); (小型の)フライス. **2** 〘時計〙(以前用いられた時計用歯車の)歯形整形用カッター. — *vt.* 〈石材の穴を〉拡大する (ream). 〖(1874) □ F ~ ← *fraiser* to enlarge a circular hole (↑)〗

fraise³ /fréɪz; *F.* fʁɛːz/ *n.* **1** 〘紋章〙=cinquefoil 3. **2** いちご色. 〖□ F ~ < VL **frāgam*=L *frāga* (pl.) ← *frāgum* strawberry〗

fraises des bois /fréɪzdeɪbwɑ́ː; *F.* fʁɛzdebwa/ *F. n. pl.* 野イチゴ (しばしば濃いクリームをかけてごちそうとして出される). 〖□ F ~ 'strawberry of the woods' (↑)〗

Frak·tur /frɑːktʊ́ə | -tʊ́ə(r; *G.* fʁaktúːɐ/ *n.* 〘活字〙ドイツ文字, ひげ文字, 亀の子文字 (German text) (cf. black letter). 〖(1886) □ G ~ (原義) 'FRACTURE': 一語の文字と文字の間がつながっていないことから〗

FRAM 《略》Fellow of the Royal Academy of Music.

fram·a·ble /fréɪməbl/ *adj.* 組立てできる; 編成できる. 〖(1577) ← FRAME + -ABLE〗

fram·be·sia /fræmbíːʒə, -ʒiə | -ziə, -ʒiə/ *n.* (*also* **fram·boe·si·a** /~/) 〘病理〙フランベジア (⇨ yaws). 〖(1803) ← NL ~ ← F *framboise* raspberry < VL **frambosia(m)* (i) (短縮) ← L *frāga ambrosia* ambrosia strawberry ∥ (ii) □ Frank **brāmbasi*: ⇨ bramble, berry: cf. Du. *braambezie* / G *Brombeere*〗

fram·boise /frɑ̃ː(m)bwɑ́ːz, frɑːm-; *F.* fʁɑ̃bwaːz/ *n.* **1** キイチゴ色. **2** フランボワーズ (キイチゴ (raspberry) でつくった透明甘みのない Alsace 産のブランデー). 〖(1578) □ F ~ (↑)〗

frame /fréɪm/ *n.* **1 a** (窓などの)はめ枠, かまち, 枠(構え); 仕切りの枠: a window ~ 窓枠. **b** 飾り縁, 額縁(をつけた絵). **c** [通例 *pl.*] 眼鏡の枠[フレーム] (レンズをはめる部分; ⇨ glasses 挿絵): The ~ of my glasses is broken. 私の眼鏡のフレームが壊れている. **d** (野菜などの苗を育てるためにガラスなどで覆った)枠組, フレーム, 冷床 (cold-frame), 温床: a cucumber ~ きゅうり促成用フレーム. **e** 枠形のもの. **f** 枠形の器具[機械]; フレーム; 枠[台]に取り付けられた紡織用の機械: ⇨ water frame, spinning frame. **g** (車両の)車枠, 台枠, 架枠. **h** (刺繍などをする時布地を張るための)枠, 台: ⇨ lace frame, stocking frame. **i** コイン[メダル]ケース (メダルなどの形にくぼみを作ってビロードを張った平箱). **j** (ミツバチの巣箱の中に巣を造らせるための)小割板の箱 (取りはずしできる).
2 (建造物・構造物の)骨組 (framework), ラーメン (cf. G *Rahmen*): the ~ of a building [an airship] 建物[飛行船]の骨組.
3 a (動物, 特に人間の)体格 (physique); 体, 人体, 身体 (body): a man of fragile [iron] ~ 体格の弱々しい[強健な]人 / a girl of [with a] slender ~ 体格のほっそりした少女 / a horse of a good strong ~ がっしりしたりっぱな体の馬 / Sobs shook her whole ~. 彼女は全身を震わせてすすり泣いた. **b** 《方言》骨格, 骸骨 (skeleton).
4 部分をつないで組み立てたもの; 構造, 結構 (fabric, structure); 構成, 組織, 機構, 体制 (constitution). ★ この意味には framework の方が普通.
5 a 〘映画〙(フィルムの)齣(こま); 一齣に記録された映像. **b** 〘テレビ〙フレーム (走査線の連続で送られる一つの完成された映像; 通常 2 つのフィールドに分けて送られる). **c** 〘通信・電算〙フレーム (同じ構造のデータが連続するときの各区分). **d** 〘生化学〙フレーム, 読み枠 (DNA などの塩基配列中, 1 つのアミノ酸を表す 3 塩基の範囲; cf. frameshift).
6 《米》〘ボウリング〙フレーム: **a** (投球の)回, 番. **b** 得点表の正方形の枠.
7 〘玉突〙(pool でゲーム開始の際 15 の的球 (object balls) を入れる)三角形の木枠; 三角形に並んだ的球; (的球を全部ポケットへ入れるまでの)1 回分のゲーム (rack).
8 (飛行機の)機体骨組; (船舶の)肋(ろっ)骨, 肋材; (こうもり傘の)骨: a square ~ 直肋骨 / a cant ~ 斜肋骨.
9 (心の)状態, 気分 (mood): a person's ~ of mind 気持ち, 気分 / in a happy [sad, discontented] ~ of mind 幸福な[悲しい, 不満の]気持ちで.
10 (新聞・雑誌の)囲み記事; (漫画の)駒 (box).
11 《米俗》=frame-up.
12 《口語》〘野球〙回, イニング (inning).
13 《英》〘鉱山〙洗鉱盤.
14 〘印刷〙植字台.
15 〘電算〙フレーム (ホームページの画面をいくつかの領域に分割して構成するための仕切枠; またその各領域).
16 〘製本〙(本の表紙に型押しした額縁のような)縁飾り, 縁(ふち)取り, 装飾枠.
17 〘教育〙フレーム (プログラム学習における基本単位; 生徒に一時に呈示される内容で説明または質問から成る; item ともいう).
18 〘文法〙(統語的構造要素上の語類決定のための)枠.
19 (物語・劇の)枠, 枠組み; 背景, 環境.
20 〘統計〙枠 (標本抽出のための母集団の各部分のリスト).
21 《廃》形 (shape), 組立て(方) (from); 作り出すこと (contrivance).
be in* [*out of*] *the fráme 《英》(1) 〔昇進・成功などの〕見込みがあって[なくて], 考慮[注目]されている[いない] 〔*for*〕. (2) 〔殺人などに〕係わりをもっている[いない] 〔*for*〕. ***in fráme*** 〘造船〙(船体の)骨組を組み立て終わり, 外板張りをする用意をして.

fráme of référence (1) (系統的な)一組の原理[仮定]; (連鎖する)一群の事実[思想]; 〘論理〙論議領界 (universe of discourse). (2) 見地, 見解 (point of view); 説, 理論 (theory). (3) 〘物理〙(準拠)座標系. (4) 〘社会学〙関係枠, 準拠枠 (個人や集団がある事態や状況を解釈しそれに意味づけをする場合の一定の規準). 〖1897〗

fráme of spáce and tíme 〘物理〙(相対論における四次元の)時空系座標 (空間軸と時間軸とからなる).

— *adj.* [限定的] 木造の枠組構造の: a ~ building, bridge, cottage, dwelling, etc. / ⇨ frame house.

— *vt.* **1** 枠にはめる, …に縁(ふち)をつける; …の飾り縁[ベり]となる, (枠のようになって)縁どる: ~ a picture 絵を額縁に入れる / a lake ~*d in* woods 周囲を森に囲まれた湖 / The window ~*d* a view of the mountain. 窓は山の景色の飾り縁となっていた. **2 a** 〈法案を〉作成する, 起草する (draw up). **b** 仕組む, 構成する (formulate): ~ a rule 規則を立案する / ~ a story 物語を構想する / ~ a theory [a system of philosophy] 理論[哲学体系]を構成する. **c** 〈計画などを〉考案[工夫]する (devise): ~ a plan 計画を立てる. **d** 〈文などを〉組み立てる: ~ a sentence, an answer, etc. **e** 《古》想像する (conceive): ~ to oneself 想像する, 心に描く. **3** 《米》**a** 《口語》〈偽りの証拠や罪を〉作り上げる 〈*up*〉; (偽りの証拠で)〈人を〉…の罪に陥れる, ぬれぎぬを着せる 〔*for*〕: be ~*d* 悪だくみに陥る, 無実の罪を着せられる / They ~*d* him *for* stealing. 彼に盗みの罪を着せた. **b** 《俗》〈競馬・選挙の結果などを〉でっちあげる (concoct); …の結果をあらかじめ作っておく, の八百長をやる 〈*up*〉. **4 a** 〈言葉を〉発音する, 言う: ~ a reply. **b** (音を出さずに)…の口をする: Her lips ~*d* her answer but never uttered it. 彼女の唇は返事の口つきをしたものの声にならなかった. **5 a** …の骨組を造る, (部分をつないで)組み立てる (construct): ~ a ship, house, etc. / ~ a shelter *out of* brushwood そだを集めて(風雨をしのぐ)小屋を造る. **b** (ある目的に適するように)作[造]る, 形作[造]る 〔*for*〕 / 〈*to* do〉: a structure ~*d to* resist the fiercest storms どんな激しいあらしにも耐え得るように造ってある建物. **c** 《古》〈人を〉(ある目的に合うように)させる 〔*for*, *to*〕 / 〈*to* do〉: a man not ~*d for* hardships 困難に耐えるようにはできていない人. **6** 〔…に〕合わす, 適合させる (fit, adjust) 〔*to*, *into*〕: ~ one's face *to* all occasions ありとあらゆる場合に自分の顔を合わせる. **7** 〈物体などを〉一こまに撮影する. **8** 《古・文語》〈歩を〉向ける (direct): ~ one's steps toward …. **9** 《廃》生む, 生じる (produce): Fear ~*s* disorder. 恐怖は混乱を生み出す (Shak., *2 Hen IV* 5. 2. 32).
— *vi.* **1 a** 《廃》〈計画・準備などが〉進行する, 目鼻がつく (get on): plans that are *framing* well うまく進んでいる計画. **b** 《古》行く (go): ~ upstairs. **2** 《方言》**a** [通例 well を伴って]〈人が〉〔…の〕見込みがある 〔*in*〕: He ~*s well in* speaking. 演説家としてものになりそうだ. **b** [通例命令形で] 努力する.
〖v.: OE *framian* to further, avail, profit ← *fram* 'forward, FROM': cf. ON *frama*, *fremja* to further. — n.: (?c1200) □ ON *frame* advancement ∥ OE *fram* (adj.) active, strong〗

Frame /fréɪm/, **Janet** (**Paterson**) *n.* フレーム (1924–2004; ニュージーランドの小説家; *Owls Do Cry* (1957)).

fra·me·a /fréɪmiə/ *n.* (*pl.* **-me·ae** /-mìː/) 〘武器〙(古代フランク人の)槍, 投槍. 〖(1598) □ L ~ ← ? Gmc〗

frame·a·ble /fréɪməbl/ *adj.* =framable.

fráme àerial [antènna] *n.* 〘通信〙枠形空中線 [アンテナ]. 〖1921〗

framed *adj.* **1** 枠にはめた: a ~ photo [picture]. **2** [通例複合語の第 2 構成素として] …な縁[枠のある]: red-*framed* spectacles.

fráme frèquency *n.* 〘テレビ〙フレーム周波数 (一秒間に送られる画像の駒数; cf. line frequency). 〖1936〗

fráme hòuse *n.* 枠組壁構造の木造家屋 (cf. wood frame construction). 日英比較 この意味での「ウッドハウス」は和製英語. woodhouse は「材木小屋」. 〖(a1555) 1817〗

fráme·less *adj.* 枠のない, 縁なしの; 額縁なしの. 〖(1862): ⇨ -less〗

fráme lìne *n.* (映画フィルムの)駒線.

frám·er *n.* **1** 組立て人, 構成者, 立案者, 企画者. **2** 額縁細工師: a picture ~ 額縁製造人. 〖(1561) ← FRAME + -ER¹〗

fráme-sàw *n.* 〘木工〙おさのこ, おさのこ盤 (薄い刃を何枚か枠で固定し, 枠全体を機械的に平行に動かして板を切るのこぎり). 〖1678〗

fráme·sèt *n.* (自転車の)フレームおよび前フォーク.

fráme·shìft *n.* 〘生物〙フレームシフト (DNA に一つあるいは 3 の倍数でない少数のヌクレオチドが付加されたり, それらが欠失したりすることで遺伝暗号の解読枠(フレーム)がずれてしまうことにより起こる突然変異; frameshift mutation, frameshift mutant ともいう).

fráme stòry [tàle] *n.* 〘文学〙枠組物語 (千一夜物語や *Decameron* に見られる). 〖(1924) (なぞり) ← G *Rahmenerzählung*〗

fráme tènt *n.* 《英》フレームテント (フレームが高く, 側面がほぼ垂直で, 内部はどこも立てるだけの頭上空間のあるテント). 〖1874〗

fráme tímber *n.* (建築の)骨組材(木材); (船の)肋材(ろくざい). 〖1846〗

fráme-ùp *n.* 《口語》(人を罪に陥れようとする)陰謀 (plot); (たくらんだ)虚構の罪, ぬれぎぬ; (初めから仕組んだ)不正競技, 八百長. 〖1900〗

frame·work /fréɪmwə̀ːk | -wɜ̀ːk/ *n.* **1** (概念・観念上の)構成, 体系 (structure, system). **2** 枠組, 軸組, フレーム構造, 下部構造 (substructure). **3** 骨格, 骨組

(skeleton): the ～ of a vertebrate animal 脊椎(せきつい)動物の骨格 / the ～ of a building 建物の骨組. **4** (組織の)構成, 体制 (cf. frame 4): the ～ of society＝the social ～ 社会機構 / the ～ of law 法の構成. **5** ＝FRAME of reference. **6** [集合的] 枠で作ったもの, 枠細工; (編物・刺繍など)掛け枠を用いて作った品. **7** 〚園芸〛(樹形を決める)主要な枝 (主幹・主枝・亜主枝など). **—** *vt.* 〚園芸〛〈果樹などを〉高接ぎする (cf. topwork). 〘1644〙

frám·ing *n.* **1** 構成, 結構, 組立て, 編成. **2** 構想, 画策, 立案. **3** 枠組, 骨組, 架構, 枠かまち, かまち組 (frame, framework). **4** 〚電算〛フレーム化, フレーミング (データをフレームに分けた構造にすること). 〘(1440): ⇨ -ing¹〙

fráming chìsel *n.* 〚木工〛むこうまちのみ (荒削り用の大型木工用叩きのみ). 〘1874〙

Fra·ming·ham /fréɪmɪŋhæ̀m/ *n.* フレーミングハム (米国 Massachusetts 州東部, Boston 郊外にある町).

fráming squàre *n.* 〚木工〛大工用矩尺(かねじゃく).

fram·pold /frǽmpoʊld | -pəʊld/ *adj.* 《廃・方言》嫌な, 機嫌の悪い. 〘(1597) ← ?〙

Fran /frǽn/ *n.* フラン: **1** 男性名. **2** 女性名. 〘(dim.): 1 ← FRANCIS. 2 ← FRANCES〙

franc /frǽŋk; *F.* fʀɑ̃/ *n.* **1** フラン(記号 Fr, F): **a** 以下の国の通貨単位 (＝100 centimes): スイス, リヒテンシュタイン, カメルーン, 中央アフリカ共和国, チャド, ガボン, コートジボワール, ニジェール, コンゴ, セネガル, トーゴ, オートボルタ, マリ, ルワンダ, モナコ, ベニン, ジブチ, コモロ, バヌアツ; ブルンジ (記号 FBu), マダガスカル共和国(記号 Fr, F, FMG); 1 フラン貨幣. **b** フランス・ベルギー・ルクセンブルクの Euro 流通前の通貨単位; ＝100 centimes; 1 フラン貨幣 (もとは銀貨, その後アルミニウム青銅合金). **c** モロッコの通貨単位 (＝¹⁄₁₀₀ dirham). **2** (昔のフランスの)フラン金[銀]貨. 〘(*c*1390) *frank* ◻ (O)F *franc* ← ML *Francōrum rex* king of the Franks (or French): 最初の貨幣の銘から〙

France¹ /frǽns, frǽnts | frɑ́ːns; *F.* fʀɑ̃ːs/ *n.* フランス (ヨーロッパ西部の共和国; 面積 551,600 km², 首都 Paris; 公式名 the French Republic フランス共和国; フランス語名 la République Française; ⇨ French Community cf. Gallic). 〘(*a*1121) *Fraunce* ◻ (O)F *France* < LL *Francia* ← *Francus* 'a FRANK²'〙

France² /frǽns | frɑ́ːns/ *n.* 〚紋章〛フランス (青地に金のイチハツ (fleurs-de-lis) を置いた紋章). 〘《略》← *bordure of France* ∥ *label of France*〙

France /frǽns, frɑ́ː(n)s, frɑ́ːns | frɑ́ː(n)s, frɑ́ːns; *F.* fʀɑ̃ːs/, **Anatole** *n.* フランス (1844–1924; フランスの小説家・批評家; Nobel 文学賞 (1921); *Thaïs*「タイース」(1890), *Les Dieux ont soif*「神々は渇く」(1912); 本名 Jacques Anatole François Thibault).

Fránce áncient *n.* 〚紋章〛1380 年頃までのフランス王の紋章 (semé of fleur-de-lis, semé de lys ともいう).

Fránce módern *n.* 〚紋章〛1380 年頃以降のフランス王の紋章 (1376 年フランス王 Charles 五世が聖三位一体の象徴を願って 3 個の fleurs-de-lis としたと伝えられるが, 年代も含め定説とはなっていない).

Fran·ces /frǽnsɪs | frɑ́ːn-/ *n.* フランシス (女性名; 愛称形 Fanny, Fran, Frannie, Francie, Frankie). 〘◻ OF *Franceise* (F *Françoise*) (fem.) ← *Franceis* 'FRANCIS'〙

Fran·ces·ca /frænʧéskə, frɑːn- | frænʧéskə, -sés-; *It.* franʧéska/ *n.* フランチェスカ (女性名). 〘◻ It. ～ 'FRANCES'〙

Fran·ces·ca /frænʧéskə, frɑːn- | frænséskə, -ʧés-; *It.* franʧéska/, **Pie·ro della** /pjéːrodella/ *n.* フランチェスカ (1420?–92; イタリアルネサンスの画家; 本名 Piero dei Franceschi).

Francésca da Rí·mi·ni /-dɑːrímɪni, -ríː-, -ni; *It.* -daríːmini/ *n.* フランチェスカ ダ リミニ (?–?1284; イタリアの貴族の女性; 義弟 Paolo と恋におち, 夫に殺害された; Dante の「神曲」の地獄編以来, 多くの作品の中に登場).

Fran·ces·cat·ti /frɑ̀ːnʧəskɑ́ːti, -səs- | frænʧeskǽti, -ses-; *F.* fʀɑ̃seskati, *It.* franʧeskátti/, **Zi·no** /*F.* zino, *It.* dzíːno/ *n.* フランチェスカッティー (1902–91; フランス生まれのバイオリン奏者).

Fran·ces·co /frænʧéskoʊ, frɑːn- | -kəʊ; *It.* franʧésko/ *n.* フランチェスコ (男性名). 〘◻ It. ～ 'FRANCIS'〙

Franche-Com·té /frɑ̃ː(n)ʃkɔ̃ː(n)téɪ, frɑ̀ːnʃkɔːn-; *F.* fʀɑ̃ʃkɔ̃te/ *n.* フランシュコンテ (フランス東部の地方; もと Burgundy 伯領だったが 1678 年フランスに併合された).

fran·chise /frǽnʧaɪz/ *n.* **1 a** (製造主から受ける)一手販売権. **b** 《米》一手販売許可地区; 一手販売権を得た事業. **2** [the ～] 市民権, 公民権 (citizenship); (法人団体の)団員権; (特に)選挙権 (suffrage): elective ～ 選挙権 / the parliamentary [municipal] ～ 国会[市会]議員選挙権 / ⇨ fancy franchise. **3 a** (個人または会社に政府から与えられる)特許, 特権: a ～ for a bus service バス営業に対する特許. ★ 英国では今は《古》; 米国では特定の会社についていう. **b** 《米》特権行使許可地区. **4** 〚保険〛免責歩合: ⇨ franchise clause. **5** (プロスポーツの)フランチャイズ(制), 本拠地占有権, 球団所有権 (プロ野球チームなどがある都市に根拠をおいて特別な興業権または放送権を持つこと); フランチャイズを持つチーム. **6 a** 《古》(税金・司法権などからの)特別免除 (exemption). **b** 《廃》(拘禁・隷属・精神的圧迫からの)自由. **—** *vt.* **1** 《米》〚商業〛〈個人・会社〉に特権を与える; …に選挙権を与える (enfranchise). **2** 《古》解放する (set free). 〘(*c*1290) ◻ (O)F ～ ← *franc, franche* (fem.) 'free, FRANK' ＋ -ISE²〙

fránchise clàuse *n.* 〚保険〛免責歩合約款, フランチャイズクローズ (cf. DEDUCTIBLE clause).

fran·chi·see /frænʧaɪzíː/ *n.* 一手販売権を与えられた人, 一手販売業者.

fran·chise·ment /frǽnʧaɪzmənt, -ʧɪ̀z- | -ʧɪz-/ *n.* ＝enfranchisement. 〘1562〙

frán·chis·er *n.* **1** 《まれ》＝franchisee. **2** ＝franchisor. 〘1843〙

fran·chi·sor /frǽnʧaɪzɔ̀ə | -zɔ́ː(r)/ *n.* 一手販売権を与える人.

Fran·chot /frǽnʧɑt | frɑ́ːn-/ *n.* フランチョット (男性名). 〘◻ F ～ 'FRANCIS'〙

Fran·cie /frǽnsi | frɑ́ːn-/ *n.* 女性名. 〘(dim.) ← FRANCES〙

Fran·cine /frænsíːn; *F.* fʀɑ̃sin/ *n.* フランシーン (女性名). 〘(dim.) ← FRANCIE, FRANCES〙

Fran·cis /frǽnsɪs | frɑ́ːnsɪs; *F.* fʀɑ̃sis/ *n.* フランシス (男性名; 愛称形 Frank, Frankie). 〘◻ OF *Franceis* (F *François*) ◻ LL *Franciscus* (原義) 'FRANKISH'〙

Fran·cis /frǽnsɪs | frɑ́ːnsɪs/, **Dick** *n.* フランシス (1920–2010; 英国のミステリー作家; もと騎手で競馬界を背景にした作品で知られる; *Twice Shy* (1981), *The Danger* (1983); 本名 Richard Stanley Francis).

Francis, Sir Philip *n.* フランシス (1740–1818; 英国の役人・政治家・著述家; cf. Junius).

Francis I *n.* **1** フランソワ一世 (1494–1547; フランス王 (1515–47)). **2** フランツ一世 (オーストリア皇帝としての Francis 二世の称号).

Francis II *n.* フランツ二世 (1768–1835; 神聖ローマ帝国最後の皇帝 (1792–1806), Francis 一世と称してオーストリア初代の皇帝 (1804–35); ドイツ語名 Franz; cf. Francis I 2).

Fran·cis·can /frænsískən/ *adj.* 聖フランチェスコ (St. Francis) の; フランシスコ(修道)会の: ⇨ Franciscan Order. **—** *n.* 〚カトリック〛 **1** フランシスコ修道会士, フランシスコ会(修道)士. **2** [the ～s] フランシスコ(修道)会 (⇨ Franciscan Order). 〘(1595–96) ◻ F *franciscain* ← NL *Franciscānus* ← ML *Fanciscus* 'FRANCIS': ⇨ -an¹〙

Francíscan Órder *n.* [the ～] 〚カトリック〛フランシスコ(修道)会 (1209 年にイタリアの St. Francis of Assisi が創始したもので, 徹底的な貧窮と広く深い愛とをその精神として平民的伝道を旨とし, 托鉢(たくはつ)をその特色とするので Friars Minor と呼ばれ, またその会服の灰色にちなんで Gray Friars ともいう; cf. Dominican Order, Cistercian Order).

Fran·cis·co /frænsískoʊ | -kəʊ; *Port.* frɐ̃síʃku, *Braz.* frɐ̃sísku, *Sp.* franθísko, *Am.Sp.* fransísko/ *n.* フランシスコ (男性名). 〘◻ Sp. ～ 'FRANCIS'〙

Fráncis Férdinand *n.* フランツ フェルディナント (1863–1914; オーストリアの大公, 皇帝 Francis Joseph 一世の甥; 1914 年 6 月 28 日ボスニアの Sarajevo でその妃と共に暗殺され, これが第一次大戦勃発の契機となった; ドイツ語名 Franz Ferdinand).

Fráncis Jóseph I *n.* フランツ ヨーゼフ一世 (1830–1916; オーストリア皇帝 (1848–1916) にして, ハンガリー国王 (1867–1916); ドイツ語名 Franz Josef).

Fráncis of Assísi, Saint *n.* アッシジの聖フランチェスコ (1181?–1226; イタリア Assisi の修道士, フランシスコ会 (Franciscan Order) の創始者; 本名 Giovanni Francesco Bernardone; 祝日は 10 月 4 日).

Fráncis of Pá·u·la /-páʊlə/, Saint *n.* パオラの聖フランチェスコ (1416–1507; イタリアの修道士, ミニモ会 (Minim) の創始者; イタリア語名 Francesco di Paola).

Fráncis of Sáles /-séɪlz; *F.* -sal/, Saint *n.* フランソア ド サル(サルのフランソア), フランシスコ サレジオ (1567–1622; Savoy の貴族, Geneva のカトリック司教, 対抗宗教改革の指導者; 祝日は 1 月 24 日(もと 29 日)).

Francis Xavier, Saint *n.* ⇨ Saint Francis XAVIER.

fran·ci·um /frǽnsiəm/ *n.* 〚化学〛フランシウム (アルカリ金属元素の一つ; 記号 Fr, 原子番号 87, 原子量 223?). 〘(1946) ← FRANCE¹ ＋ -IUM: フランスの化学者 Marguerite Perey (1909–) が自分の母国にちなんで造った造語〙

fran·cize /frǽnsaɪz/ *vt.* フランス風にする; 《カナダ》…にフランス語[フランスの習慣]を採用させる.

Franck /frɑ́ːŋk | frɑ́ː(ŋ)k, frɑ́ːŋk, frǽŋk; *F.* fʀɑ̃ːk/, **César (Auguste)** *n.* フランク (1822–90; ベルギー生まれのフランスの作曲家;「交響曲ニ短調」(1882)).

Franck /frɑ́ːŋk, frǽŋk; *G.* fʀaŋk/, **James** *n.* フランク (1882–1964; ドイツ生まれの米国の物理学者; Nobel 物理学賞 (1925)).

Francke /frɑ́ːŋkə; *G.* fʀáŋkə/, **Ku·no** /kúːno/ *n.* フランケ (1855–1930; ドイツ生まれの米国の歴史学者; Harvard Germanic Museum を設立; *Social Forces in German Literature* (1896)).

Fran·co /frǽŋkoʊ | -kəʊ; *It.* fráŋko, *Sp.* fráŋko/ *n.* フランコ (男性名).

Fran·co /frɑ́ːŋkoʊ, frǽŋ- | frǽŋkəʊ; *Sp.* fráŋko/, **Fran·cis·co** *n.* フランコ (1892–1975; スペインの軍人・政治家; 内乱の反乱軍の総帥 (1936–39), スペイン総統 (1939–75)).

Fran·co- /frǽŋkoʊ | -kəʊ/「フランス人 (French), フランス (France)」の意の連結形: *Franco*-German, *Franco*mania, *Franco*phile, *Franco*phobia, etc. 〘← LL *Francus* Frank², Frenchman〙

Fránco-Américan *n., adj.* フランス系アメリカ人(の), (特に)フランス系カナダ系のアメリカ人(の). 〘1859〙

Fran·çois /frɑ̃ː(n)swɑ́ː, frɑːn-, fræn-, ˌ–ˈ– | frɑ́ːnswɑː, ˌ–ˈ–; *F.* fʀɑ̃swa/ *n.* 男子名. 〘◻ F ～ 'FRANCIS'〙

fran·co·lin /frǽŋkəlɪn | -kə(ʊ)lɪn/ *n.* 〚鳥類〛シャコ (アジア・アフリカに生息する *Francolinus* 属の鳥の総称; cf. black partridge). 〘(1653) ◻ F ～ ◻ It. *francolino* ← ?〙

Fran·co·ni·a /fræŋkóʊniə | -kə́ʊ-/ *n.* フランケン, フランコニア (Main 川流域にあったドイツ中世の公爵領).

Fran·co·ni·an /fræŋkóʊniən | -kə́ʊ-/ *n.* フランコニア語 (フランク人の言語; 西ゲルマン語の一方言で, 低, 高の差があり, 前者は Old Low German に, 後者は Old High German に属する). **—** *adj.* **1** フランケン (Franconia) の. **2** フランコニア語の. 〘(1805): ⇨ ↑, -an¹〙

Fran·co·phile /frǽŋkəfàɪl, -koʊ- | -kə(ʊ)-/ *n., adj.* (*also* **Fran·co·phil** /-fɪl/) 親仏家(の), フランス(人)びいき(の), フランス文化崇拝者(の). 〘(1889): ⇨ -phile〙

Fran·co·phobe /frǽŋkəfòʊb, -koʊ- | -kə(ʊ)fəʊb/ *n., adj.* フランス恐怖症の(人); フランス(人)ぎらいの(人), フランスアレルギーの(人). 〘(1891): ⇨ ↓, -phobe〙

Fran·co·pho·bi·a /frǽŋkəfóʊbiə, -koʊ- | -kə(ʊ)fə́ʊ-/ *n.* フランス恐怖症, フランス(人)ぎらい, フランスアレルギー. 〘(1887) ← FRANCO- ＋ -PHOBIA〙

Fran·co·phone /frǽŋkəfòʊn, -koʊ- | -kə(ʊ)fəʊn/ *adj., n.* フランス語を話す(人) (cf. Anglophone).

Fràn·co·phón·ic *adj.* 〘1900〙

Fránco-Provençál *n., adj.* フランコプロバンス語(の) (Lyon 周辺から東へ Geneva 周辺にかけて話されるロマンス語の一方言).

Fránco-Prússian Wár *n.* [the ～] 普仏[独仏]戦争 (プロイセンとフランスの戦争 (1870–71); プロイセン側が勝利). 〘1966〙

Fráncs Péak /frǽŋks-/ *n.* フランクス峰 (米国 Wyoming 州北西部, Absaroka 山脈の最高峰 (4,009 m)).

franc-ti·reur /frɑ̃ː(n)tiːrə́ː, frɑ̀n- | -rə́ː(r); *F.* fʀɑ̃tiʀœːʀ/ *F. n.* (*pl.* **francs-tireurs** /～/; ～, ～s) (フランスの不正規の)遊撃隊員, 狙撃(そげき)兵. 〘(1808) ◻ F ～ ← *franc* free (⇨ frank¹) ＋ *tireur* shooter〙

frang·er /frǽŋə | -ŋə(r)/ *n.* 《豪卑》コンドーム (condom). 〘《転訛》← FRENCH LETTER〙

fran·gi·bil·i·ty /frændʒəbíləṭi | -dʒɪbílɪti/ *n.* 壊れやすいこと, もろさ. 〘(1783): ⇨ ↓, -ity〙

fran·gi·ble /frǽndʒəbl | -dʒɪ-/ *adj.* 折れやすい, 壊れ[砕け]やすい, もろい. **～·ness** *n.* 〘(?*a*1425) ◻ OF *frangible* ← L *frangere* to break〙

frángible bóoster *n.* 〚宇宙〛保安上小破片に破壊してしまえるような材料でケースがつくられたブースターロケット.

frángible grenáde *n.* 〚軍事〛火炎瓶 (投げると発火するような液体(ガソリンなど)を満たしたガラス瓶; 装甲車・戦車攻撃用; 俗に Molotov cocktail ともいう).

fran·gi·pane /frǽndʒəpèɪn | -dʒɪ-; *F.* fʀɑ̃ʒipan/ *n.* **1** フランジパーヌ (卵・牛乳・砂糖・小麦粉・アーモンドの粉末で作ったクリーム; パイの詰めものなどに使う); このクリームを用いた菓子. **2** ＝frangipani 1, 2. 〘(1676) ◻ F ～ ← *Marquis Frangipani* (Louis 十四世時代のイタリアの貴族, その創案者)〙

fran·gi·pan·i /frændʒəpǽni | -dʒɪpɑ́ːni, -pǽni/ *n.* (*pl.* ～, ～s) **1** 〚植物〛インドソケイ(素馨) (*Plumiera rubra*) (熱帯アメリカ産のキョウチクトウ科の小高木または低木; 観賞用に栽培, ハワイではこの花でレイ (lei) を作る). **2** インドソケイの花から作った香水. **3** 〚植物〛オーストラリア産常緑樹 (*Hymenosporum flavum*) (native frangipani ともいう). 〘(1864) ↑〙

Fran·glais /frɑ̃ː(ŋ)gléɪ, frɑːŋ- | frɑ́ː(ŋ)gleɪ, frɔ́n-; *F.* fʀɑ̃glɛ/ *n.* フラングレ (英語(特に米語)起源の語句を過度に用いた, 英語まがいのフランス語). 〘(1964) ◻ F ～ (混成) ← *français* French ＋ *anglais* English〙

frank¹ /frǽŋk/ *adj.* (～·er; ～·est) **1** あけっぱなしの, 率直な, 包み隠しのない (candid, sincere): a ～look in one's eyes 率直な目つき / to be (perfectly) ～ (*with* you) 腹蔵なく言えば, 実は / make a ～ confession of one's guilt 罪を隠さず白状する. **2** 隠れのない, 公然の, あからさまな, 露骨な (undisguised): show ～ distaste 露骨な嫌悪を示す. **3** 《古》おおまかな, 気前のよい, 寛大な (liberal, generous). **4** 《廃》自由な (free). **5** 〚医学〛臨床的に明白な, 顕症の (manifest): ～ anemia. **—** *n.* **1** (郵便物)無料配達の署名[マーク] (郵便切手が使用される以前に多くあった制度, 現在でも若干の国に残っている); 料金納付済みの表示. **2** 郵便物無料配達の特典. **3** 無料配達の郵便物; 無料配達のスタンプ[署名]のある封筒. **—** *vt.* **1 a** 《英》〈郵便物〉に無料配達の署名をする; …の郵税を免除する, 無料で配達する: ～ a letter 封筒に無料配達の署名をする. **b** 〈郵便物〉に料金計器で料金額を表示する, 料金納付済み[別納]の表示をする. **2** 《古》〈人〉に来往[通行]の便宜を与える; 〈人を〉(会合などに)無料で通す, 〈人〉に出入りの自由を許す; 〈人を〉無料で輸送する; (通行税取り立てなどから)〈人を〉免除してやる (exempt). **3** 〚木工〛〈窓の桟などを〉柄(ほぞ)や組継(くみつぎ)などで直角に組む. **～·ness** *n.* 〘(?*a*1300) ◻ (O)F *franc* free < ML *francum* ← LL *Francus* Frank² ← Gmc (⇨ Frank²): フランク族がゴールにおける唯一の自由民であったことから〙

SYN 率直な: **frank** (通例よい意味で) 意見や感情を正直に飾り気なく表明する, 最も一般的な語で以下の語の代わりに用いることがある: a *frank* opinion 率直な意見. **straightforward** (よい意味で) 人の態度・言動が単刀直入で率直な: I'd like to hear your *straightforward* opinion about it. その件についてあなたの率直なお考えを聞かせて下さい. **candid** 相手が当惑し迷惑がってもずばずばと本当のことを言う: a *candid* statesman 本音を語る政治家. **open** (特に自分のことについて) 正直で包み隠ししない: Let's be *open* with each other. お互い腹を割って話そうじゃない

F

か. **outspoken** 控えめにしたほうがよいときでさえ, 自分の考えや感情をずけずけ言う: an *outspoken* person ずけずけものを言う人. **ANT** reticent, silent, taciturn.

F

frank[2] /frǽŋk/ *n.* 《米口語》=frankfurter.

frank[3] /frǽŋk/ *n.* 《廃》豚小屋. 〖《1395》□ OF *franc*〗

Frank[1] /frǽŋk; *F.* fʁɑ̃k/ *n.* フランク《男性名》. 〖《dim.》← FRANCIS, FRANKLIN〗

Frank[2] /frǽŋk/ *n.* **1 a** [the ~s] フランク族《Rhine 川流域に住んだゲルマン系の種族; その一派 (Salians) は 500 年ごろ西部ヨーロッパに広大な帝国 (Frankish Empire) を建設し, 後世のフランス・ドイツ・イタリアの起源となった》. **b** フランク族の人. **2** 《近東地方で》西ヨーロッパ人 (West European), ヨーロッパ人 (cf. Frankish *adj.* 2). 〖OE *Francan* (pl.) the Franks ∥ OF *Franc* < LL *Francus* □ (Frank.) **Fraŋk* 《原義》? javelin: Rhine 河畔のゲルマン種族で投槍を武器としたとされる (cf. Saxon): cf. frank[1]〗

Frank /frǽŋk, frɑ́ːŋk; *G.* fʁáŋk/, **Anne** *n.* フランク《1929–45; ユダヤ系ドイツ人の少女; ナチスの迫害を逃れオランダの Amsterdam 屋根裏部屋に 2 年間生活したが発見されドイツの Belsen 収容所で死亡;「アンネの日記」(*The Diary of a Youg Girl*) (1947) で有名》.

Frank /frǽŋk, frɑ́ːŋk; *Russ.* fránk/, **Ilya Mikhailovich** *n.* フランク《1908–76; ロシアの物理学者; Nobel 物理学賞 (1958)》.

Frank /frǽŋk/, **Robert** *n.* フランク《1924–　; スイス生まれの米国の写真家》.

Frank, Waldo (David) *n.* フランク《1889–1967; 米国の小説家・批評家》.

Frank. 《略》Frankish.

frank·a·ble /frǽŋkəbl/ *adj.* 〈郵便物が〉無料配達のできる. 〖《1811》← FRANK[1] (vt.)+-ABLE〗

frank·al·moign /frǽŋkælmɔ̀ɪn/ *n.* (*also* **frank·almoin** /~/) 《古》《英法》自由寄進土地保有《宗教法人の宗教的奉仕を義務とするもの》. 〖《1513》□ AF *fraunke almoigne* ← *fraunke* 'FRANK[1]'+*almoign* alms〗

fránked invéstment ìncome /frǽŋkt-/ *n.* 《英》法人税支払い済み企業配当所得, 納税済み投資利益《企業が受け取った株式配当金で, 株式発行企業の法人税支払い後の利益から配分されたもの; 二重課税回避のためこの所得には課税されない》. 〖cf. franked income 《1955》〗

Fran·ken·stein /frǽŋkənstàɪn | -kɪ̀n-; *G.* fʁáŋkn̩ʃtaɪn/ *n.* **1** フランケンシュタイン(の怪物): **a** 小説 *Frankenstein* の主人公が造った怪物. **b** 人間の形をした怪物. **c** 造り主を苦しめる[破滅させる]もの. **2** 自分の苦しみ[破滅]を招くものを造り出す人. **Fran·ken·stein·i·an** /frǽŋkənstáɪniən | -kɪ̀n-ˊ/ *adj.* 〖《1838》: Mary Shelley 作の怪奇小説 (1818); 若い医学生の主人公フランケンシュタインは墓地などの死体を材料に人間の形をした怪物を創造したが, 怪物は人間に疎外されて凶悪となり遂に主人公を破滅させる〗

Fránkenstein [Fránkenstein's] mònster *n.* フランケンシュタインの怪物: **a** [the ~] =Frankenstein 1 a. **b** =Frankenstein 1 b, c. 〖1907〗

Frank·en·tha·ler /frǽŋkəntɑ̀ːlə, -θɑ̀ː- | -lə[r]/, **Helen** *n.* フランケンサーラー《1928–2011; 米国の画家; 抽象表現主義独自のスタイルを築く; color-field painting の代表的作家》.

fránk·er *n.* 《郵便物に》無料配達のスタンプを捺(*)す人[機械]. 〖《1784》← FRANK[1] (vt.)+-ER[1]〗

frank·fort /frǽŋkfərt, -fət | -fət/ *n.* =frankfurter.

Frank·fort /frǽŋkfət | -fət/ *n.* **1** フランクフォート《米国 Kentucky 州北部にある同州の州都, Kentucky 川に臨む》. **2** 《まれ》Frankfurt の英語化名. 〖《旧名》*Frank's Ford*: この地で殺された開拓者 *Stephen Frank* にちなむ〗

Fránkfort bláck *n.* フランクフォルト黒色《植物質を炭化して得る黒色顔料》.

frank·fort·er /frǽŋkfətə, -fə- | -fətə[r]/ *n.* 《米》=frankfurter.

Fránkfort horizóntal [pláne] *n.* 《人類学》=Frankfurt horizontal [plane].

fránkfort sáusage *n.* =frankfurter.

frank·furt /frǽŋkfət, -fət | -fət, -fuət/ *n.* 《米》=frankfurter.

Frank·furt /frǽŋkfə(ː)t | frǽŋkfə(ː)t; *G.* fʁáŋkfʊʁt/ *n.* フランクフルト: **1** =Frankfurt am Main. **2** =Frankfurt an der Oder.

Frankfurt am Main /frǽŋkfə(ː)tɑːmmáɪn | -fə(ː)t-; *G.* fʁáŋkfʊʁtammáɪn/ *n.* フランクフルト アム マイン《ドイツ Main 河畔の大都市, 大学および中世期の寺院がある, Goethe 誕生の地》.

Fránkfurt an der Ó·der /-ɑ̀ːndəóʊdə | -də-, -óʊdə[r]; *G.* -andeːʔóːdɐ/ *n.* フランクフルト アンデル オーデル《ドイツ Oder 河畔の都市》.

frank·furt·er /frǽŋkfətə, -fə- | -fətə[r]/ *n.* フランクフルトソーセージ《牛豚肉混合のソーセージ》. 〖《1894》□ G *Frankfurter Wurst* Frankfurt sausage〗

Frank·furt·er /frǽŋkfə(ː)tə, -fə- | -fə(ː)tə[r]/, **Felix** *n.* フランクファーター《1882–1965; オーストリア生まれの法学者; 米国最高裁陪席判事 (1939–62)》.

Fránkfurt horizóntal [pláne] *n.* 《人類学》フランクフルト水平《頭蓋(ずがい)測定において, 左右の耳の外耳孔の上縁中央点と左の眼窩(がんか)下縁最下部とを結んだ水平面; eye-ear plane ともいう; cf. mid-sagittal plane》. 〖← *Frankfurt (am Main)*: 1884 年ここの大学で決められたことから〗

fránkfurt sáusage *n.* =frankfurter.

Frank·ie /frǽŋki/ *n.* フランキー: **1** 男性名. **2** 女性名. 〖《dim.》: 1 ← FRANCIS, FRANKLIN. 2 ← FRANCES〗

frank·in·cense /frǽŋkɪnsɛ̀ns/ *n.* ニュウコウ(乳香)《アフリカおよび西アジア産のカンラン科ニュウコウ属 (*Boswellia*) の樹, 特にニュウコウジュ (*B. carterii*) から採れるゴム樹脂; 古くから香料として祭式の時などにたかれた; olibanum ともいう》. 〖《*a*1398》*franke ensens* □ OF *franc encens* 'FRANK[1] (i.e., pure) INCENSE'〗

fránk·ing *n.* 《郵便物》無料配達: a ~ note 無料配達通知書. 〖《1727》← (ger.) ← FRANK[1] (vt.)〗

fránking machìne *n.* 《英》《郵便》郵便料金計器《郵便切手を張らないで, 印字による料金表示でこれに代わらせる計器; 1920 年に万国郵便連合に承認され, 国際的に通用している; 色は赤と決められ, 国名と承認郵便局名がなくてはならない》. 〖1927〗

Frank·ish /frǽŋkɪʃ/ *adj.* **1** フランク族 (the Franks) の; フランク族の言語[文化]の: the ~ Empire フランク帝国 (⇨ Frank[2] 1). **2** 西欧(人)の (West European), ヨーロッパ人(の) (cf. Frank[2] 2). — *n.* フランク語《古代フランク族の言語》. 〖《1301》《混成》? ← ME *Frenkish* (< OE *frenciśc* 'FRENCH')+*Fra(u)nceis* Frenchman (□ AF)〗

Frankl /frǽŋkl; *G.* fʁáŋkl/, **Viktor Emil** *n.* フランクル《1905–97; オーストリアの精神医学者; ユダヤ人だったため Auschwitz 強制収容所などに入れられた; *Ein Psychologe erlebt das Konzentrationslager*「強制収容所における一心理学者の体験」(1947) (邦訳「夜と霧」)》.

frank·lin /frǽŋklɪn/ *n.* 《英》(14–15 世紀の)自由保有地主 (freeholder), 郷士《gentry と yeoman の中間にあった中産地主階級の者》. 〖《*c*1300》*frank(e)lein* freeman □ AF *fraunclein* ← (O)F *franc* 'FRANK[1]'+-*lain* '-LING[1]'〗

Frank·lin[1] /frǽŋklɪn/ *n.* フランクリン《カナダ北部の旧行政区; 北極海諸島および Boothia, Melville 両半島を含む》.

Frank·lin[2] /frǽŋklɪn/ *n.* フランクリン《男性名; 愛称形 Frank, Frankie; 米国に多い》. 〖ME *Frankelein* 'freeholder, FRANKLIN'〗

Frank·lin[3] /frǽŋklɪn/ *n.* =Franklin stove.

Frank·lin /frǽŋklɪn/, **Aretha** *n.* フランクリン《1942–; 米国の女性ソウル歌手》.

Franklin, Benjamin *n.* フランクリン《1706–90; 米国の政治家・外交家・著述家・科学者; 独立宣言の起草委員・駐仏大使を務め憲法制定会議に参加した; 避雷針の発明者としても有名; *Poor Richard's Almanack* (1732–57), *Autobiography* (執筆 1771–89; 完本発行 1868)》.

Franklin, Sir John *n.* フランクリン《1786–1847; 英国の北極探検家》.

Franklin, John Hope *n.* フランクリン《1915–2009; 米国の歴史学者・教育家; 米国の黒人および南部の歴史の専門家; *From Slavery to Freedom* (1947)》.

Franklin, Rosalind Elsie *n.* フランクリン《1920–58; 英国の生物物理学者》.

Fránklin D. Róosevelt Láke /-dìː-/ *n.* フランクリン D. ルーズベルト湖《米国 Washington 州中北部の湖; Grand Coulee ダムにより Columbia 川にできた湖》.

frank·lin·ite /frǽŋklənàɪt | -klɪ̀-/ *n.* 《鉱物》フランクリン鉱 ($ZnFe_2O_4$)《亜鉛の原鉱の一種》. 〖《1820》← *Franklin* (米国 New Jersey 州の産地名): ⇨ -ite[1]〗

Fránklin stóve *n.* 《米》フランクリンストーブ《前開きの暖炉に似た鉄製ストーブ; またはそれを改造した各種の前開き式ストーブ; 単に Franklin ともいう》. 〖《1787》← *Benjamin Franklin* (考案者)〗

frank·ly /frǽŋkli/ *adv.* **1** あからさまに, 打ち明けて, 率直に, 腹蔵なく(言えば): *Frankly* (speaking), I don't like him. 率直に言えば彼は嫌いだ. **2** 実に, 本当に. 〖《1537》← FRANK[1]+-LY[1]〗

frank·pledge /frǽŋkplɛ̀dʒ/ *n.* 《古英法》**1** 十人組 (tithing); 十人組員 (cf. headborough 1). **2** 十人組《ノルマン征服当時の治安維持の方策として, 十人組中の 14 歳以上の男子が相互の善行を保証し, もし法を犯す者があれば全員が連帯してその責任を負った; 中国の「五家法」または我が国の「五人組」の類; cf. tithing 2》. 〖《1447–48》□ AF *fraunc plege* free pledge: 'pledge given by freemen' の意か: OE *friðborh* peace pledge の誤訳〗

Fran·nie /frǽni/ *n.* (*also* **Fran·ny** /~/) フラニー《女性名》. 〖《dim.》← FRANCES〗

Frans /frɑ́ːns; *Du., Finn.* fráns/ *n.* フランス《男子名》. 〖□ Du. ~: ⇨ Franz〗

fran·se·ri·a /frænsí[ə]riə | -sɪ́ər-/ *n.* 《植物》フランセリア属 (*Franseria*) の各種多年草[低木]《北米西部原産のキク科植物》. 〖← NL ~ ← *A. Franseri* (18c. のスペインの植物学者)〗

fran·tic /frǽntɪk | -tɪk/ *adj.* **1** (苦痛・怒り・悲しみ・喜びなどのため)狂乱の, 気違いじみた, 血迷った, 逆上した (frenzied, frenetic): ~ appeals for help 助けてくれという狂乱の訴え / be [become] ~ *with* pain [anxiety] 苦痛[心配]で狂乱している[する] / a ~ effort 異常な努力: You're driving me ~! 君はぼくを怒らせている(頭にくるな). **2** 《口語》大変な, ひどい (terrific, terrible): with ~ haste 猛烈に急いで / I'm in a ~ hurry. とても急いでいます. **3** 《古》狂気の, 気の違った (insane). **frán·ti·cal·ly** *adv.* **~·ly** *adv.* **~·ness** *n.* 〖《*a*1376》*frenetik* □ (O)F *frénétique* □ L *phrenēticus* 'PHRENETIC': ⇨ -ic[1]〗

Franz /frǽnz, frǽnts, frɑ́ːnts; *G.* fránts/ *n.* フランツ《男子名》. 〖G ~ 'FRANCIS'〗

Franz Fer·di·nand /*G.* fʁánts fɛ́ʁdinant/ *n.* フランツ フェルディナント《Francis Ferdinand のドイツ語名》.

Franz Josef /*G.* fʁánts jóːzɛf/ *n.* フランツ ヨーゼフ《Francis Joseph I のドイツ語名》.

Franz Jo·sef Land /frǽntsdʒóʊzəflæ̀nd, frɑ́ːntsjóʊzəflɑ̀ːnt | -dʒóʊzɪ̀f-, -jə́ʊzəf-/ *n.* ゼムリャフランツァヨシファ, フランツ・ヨシフ諸島《北極海の Novaya Zemlya の北方にあるロシア領の島群; 1928 年ソ連領となる; 総面積約 16,090 km²; ロシア語名 Zemlya Frantsa Iosifa》.

frap /frǽp/ *vt.* (**frapped; frap·ping**) 《海事》《鎖や綱を巻き付けて》固く締めくくる. 〖《*c*1330》*frape(n)* □ OF *fraper* (F *frapper* (↓))〗

frap·pé /fræpéɪ | ˊ-ˊ; *F.* fʁape/ *adj.* (*also* **frap·pe** /~/) 〈食べ物・飲み物など〉氷で冷やした (iced): wine ~ 冷やしたワイン. — *n.* **1** フラッペ《果物などの風味をつけて半ば凍らせたデザート》. **2** フラッペ《カクテルグラスに細かく砕いた氷を入れリキュールを注いだ食後の飲み物》. **3** [通例 frappe /frǽp/] 《米東部》=milk shake. **4** 《バレエ》フラッペ《動かしている足で軸足のくるぶしを打つ動作》. 〖《1848》□ F ~ (p.p.) ← *frapper* to beat, chill ← ? Frank. **hrappan*: cf. rap[1]〗

FRAS 《略》Fellow of the Royal Astronomical Society.

Fras·ca·ti /frɑːskɑ́ːti | fræskɑ́ːti; *It.* fraskáːti/ *n.* フラスカーティ《イタリア中部 Latium 州, Rome の南東の町 Frascati で造る白ワイン》.

Frásch pròcess /frǽʃ-/ *n.* フラッシュ法《硫黄採掘法の一つ; 硫黄鉱床に過熱水・高熱蒸気を注いで, 溶融した硫黄をポンプで汲み上げる》. 〖← Herman Frasch (1851–1914; ドイツ生まれの米国の化学技術者)〗

frase /fréɪz/ *n.* 《紋章》=fraise[3] 1.

Fra·ser /fréɪzə | -zə[r]/ *n.* [the ~] フレーザー(川)《カナダ南西部の川; Rocky 山脈に発し南流して太平洋に注ぐ; 鮭漁で有名 (1,368 km)》.

Fra·ser /fréɪzə | -zə[r]/, **James Earle** *n.* フレーザー《1876–1953; 米国の彫刻家; Roosevelt, Franklin などの塑像を制作; 5 セント硬貨 (1913) をデザインした》.

Fraser, (John) Malcolm *n.* フレーザー《1930–　; オーストラリアの政治家; 首相 (1975–83)》.

Fraser, Peter *n.* フレーザー《1884–1950; スコットランド生まれのニュージーランドの政治家; 首相 (1940–49)》.

Fráser fír *n.* 《植物》フレーザーモミ (*Abies fraseri*)《北米産のモミ; クリスマスツリーに使われる》. 〖← John Fraser (1750–1811: 英国の植物学者)〗

frass /frǽs/ *n.* (昆虫の幼虫の)糞; (昆虫が木材にうがった穴の)粉くず. 〖《1854》□ G *Frass* a devouring ← *fressen* to devour〗

frat[1] /frǽt/ *n.* 《米口語》**1** =fraternity 1. **2** 友愛会 (fraternity) のメンバー. 〖《1895》《略》〗

frat[2] /frǽt/ 《俗》*n.* **1** =fraternization 2. **2** 占領軍兵士と親密な関係をもつ被占領地の女性. — *vi.* (**frat·ted; frat·ting**) =fraternize 2. 〖《略》← FRATERNIZE〗

fratch /frǽtʃ/ 《英方言》*vi.* 口論する, 争う. — *n.* 口論, 議論. 〖《*c*1440》《1714》*fracche(n)* 《擬音語》〗

fratch·y /frǽtʃi/ *adj.* (**fratch·i·er; -i·est**) 《英口語》怒りっぽい; 議論好きな. 〖《1875》: ⇨ ↑, -y[4]〗

fra·te /frɑ́ːteɪ; *It.* fráːte/ *It. n.* (*pl.* **fra·ti** /-tiː; *It.* -ti/) [しばしば称号に用いて] 修道士, 托鉢(たく)修道士 (friar). 〖《1722》□ It. ~ 'brother' < L *frāterum, frāter* (↓)〗

fra·ter[1] /fréɪtə | -tə[r]/ *n.* **1** 兄弟; 仲間, 同輩, 同僚. **2** 《廃》修道士 (friar). 〖《1561》□ L *frāter* 'BROTHER'〗

fra·ter[2] /fréɪtə | -tə[r]/ *n.* 《廃》(修道院の)食堂 (refectory). 〖《*c*1300》*freitour* □ OF *fraitur* 《頭音消失》← *refreitor* □ ML *refectōrium*: REFECTORY と二重語〗

fra·ter·nal /frətə́ːnl | -tə́ː-/ *adj.* **1** 兄弟の, 兄弟間の; 兄弟らしい (brotherly) (cf. sororal): ~ affection, love, etc. **2** 友愛的な (friendly), 友愛組合の: ⇨ fraternal society. **3** 〈双子が〉二卵性の (cf. identical): ⇨ fraternal twin. — *n.* **1** 友愛組合会員. **2** =fraternal benefit society. **3** =fraternal twin. 〖《?1421》□ ML *frāternālis* brotherly ← L *frāternus*: ⇨ frater[1], -al[1]〗

fratérnal associátion *n.* =fraternal society.

fratérnal bénefit society *n.* 友愛組合保険を提供する友愛組合.

fratérnal insùrance *n.* 友愛[同胞]組合保険《友愛組合が相互扶助の目的で行う保険》.

fra·tér·nal·ism /-nəlɪ̀zm, -nl̩-/ *n.* 友愛; 友愛組合主義. 〖《1893》: ⇨ -ism〗

fra·tér·nal·ly /-nəli, -nl̩i/ *adv.* 兄弟として[のように]. 〖《1611》: ⇨ -ly[1]〗

fratérnal órder *n.* =fraternal society. 〖1889〗

fratérnal pólyandry *n.* 《社会学》兄弟型一妻多夫 (cf. sororal polygyny). 〖1896〗

fratérnal socíety *n.* 《米》友愛組合《友愛の精神をもって共同の福利を計り, または共同の目的を達成しようとする組合》.

fratérnal twín *n.* 《生物》二卵性双生児(のひとり), 同胞双生児(のひとり)《2 個の受精卵から生まれたもので兄弟の関係にあるもの; cf. identical twin》. 〖1917〗

fra·ter·ni·ty /frətə́ːnəti | -tə́ːnɪti/ *n.* **1** 《米》(相互の友情と福利を増進しようとする男子大学生の)友愛会, フラターニティ《通例 3 字のギリシャ文字をその会名とするので Greek-letter fraternity とも呼ばれる; cf. sorority 2》. **2** [集合的] 同業者仲間, 同好者同士, 同人: the ~ of the Press 新聞人同士 / the angling [medical] ~ 釣師[医師]仲間. **3** 兄弟間の情愛, 友愛, 同胞愛: liberty, equality, and ~ ⇨ liberté, égalité, fraternité. **4** 兄弟関係, 兄弟の間柄 (brotherhood). **5** (宗教的また慈善的目的をもった)信者団体, 講中, 講社, 信心会 (confraternity); 友愛組合 (fraternal association); 共済組合 (benefit society). **6** [集合的] **a** 一夫婦から出た全子

孫. **b** 兄弟姉妹. 〖《*a*1338》□(O)F *fraternité* □ L *frāternitātem* brotherhood ← *frāternus*: ⇨ fraternal, -ity〗

fratérnity hòuse *n.* 《米》(大学の)友愛会の会館 (cf. fraternity 1).

frat·er·ni·za·tion /frætənɪzéɪʃən | -tənaɪ-, -nɪ-/ *n.* **1** 友愛的な親和, 和協, 親睦. **2** 敵国軍人や被占領地の住民(特に女性)と親密になること. 〖1792: ⇨ ↓, -ation〗

frat·er·nize /frǽtənàɪz | -tə-/ *vi.* **1** 〔…と〕兄弟[同胞]として交わる, 友愛的精神でつき合う〔*with*〕: ~ *with* the Indians. **2** 〈兵士が〉〈敵国兵士や被占領国民と〉親しく交わる〔*with*〕; 〈兵士が〉〈被占領国の女性と〉(性的に)親しくなる, 関係する〔*with*〕. — *vt.* 《古》兄弟のように親しませる. **frát·er·nìz·er** *n.* 〖《1611》□(O)F *fraterniser* < ML *frāternizāre* ← L *frāternus*: ⇨ fraternal〗

fra·ter·y /fréɪtəri | -tə-/ *n.* =fratry.

frát hòuse *n.* 《米》=fraternity house.

frati *n.* frate の複数形.

fra·tor·i·ty /frətɔ́(:)rəṭi, -tɑ́(:)r- | -tɔ́rɪ̀ti/ *n.* (男女を交えた)社交会, (男女学生を交えた)学生クラブ. 〖《混成》← FRAT(ERNITY)+(SOR)ORITY〗

frat·ri·cid·al /frætrəsáɪdḷ, frèɪ- | -trɪ̀sáɪdḷ/ *adj.* 兄弟[姉妹, 同胞]殺しの. 〖《1804》: ⇨ ↓, -al¹〗

frat·ri·cide /frǽtrəsàɪd, fréɪ- | -trɪ̀-/ *n.* **1** 兄弟[姉妹]殺し犯《人》. **2** 兄弟[姉妹]殺し《行為》. **3** (内戦・内乱などでの)身内・同胞殺し. **4** 〚軍事〛先着核弾頭の破壊力で, 後続の弾頭がその目標到達前に破壊されること. 〖《*a*1500》□(O)F ~ // L *frātricīda*: ⇨ frater¹, -cide〗

fra·try /fréɪtri/ *n.* **1** (修道院の)食堂. **2** (修道院の)宿所. 〖《1538》← FRATER¹+-Y¹〗

Frau /fráʊ; G. fʁáʊ/ G. *n.* (*pl.* **Frau·en** /~ən; G. ~ən/, **~s**) **1** 既婚女性, 妻, 夫人. **2** [ドイツ人の既婚女性[未亡人]に対する敬称として] …夫人 (Mrs., Madam) (cf. vrouw): ~ Schmidt. **3** ドイツ女性, ドイツ婦人. 〖《*a*1813》□ G ~ < OHG *frouwa* (fem.) ← *frō* lord: cf. frow¹〗

fraud /frɔ́:d, frɑ́:d | frɔ́:d/ *n.* **1** 詐欺, 欺瞞(ぎまん) (⇨ deception SYN); 〚法律〛詐欺(罪): actual ~=~ in fact 〚法律〛現実詐欺《計画的な故意の詐欺》/ a pious ~ ⇨ pious 2 / ⇨ constructive fraud, legal fraud / get money by ~ 金を詐取する / Her heart is full of ~. 彼女の心は欺瞞に満ちている. **2** 《口語》**a** 詐欺師, いかさま師, ぺてん師. **b** にせ物, まやかし物 (imposture). **3** 詐欺行為, 不正手段 (hoax, trick): commit a ~ 詐欺行為を行う / election ~*s* 選挙違反. **4** 《古》詐欺師的性格, まやかし性. ***in fráud* [*to the fráud*] *of*** 〚法律〛…を詐欺手段にかけるために, 故意に欺こうとして. 《1590》 〖《1345–46》□(O)F *fraude* □ L *fraudem*, *fraus* fraud ← ?〗

fraud·ful /frɔ́:dfəl, frɑ́:d-, -fl | frɔ́:d-/ *adj.* 《古》= fraudulent. **~·ly** *adv.* 〖?*c*1400〗

fráud òrder *n.* 《米》(郵便を不正不得の目的に悪用する者に対して郵政長官の発する)郵便配達禁止命令. 〖1905〗

Fráud Squàd *n.* 《英》[the ~] (警察の)詐欺取締班[課]. 〖1967〗

fraud·ster /frɔ́:dstə, frɑ́:d- | frɔ́:dstə^(r)/ *n.* 詐欺師 (fraudsman ともいう). 〖《1975》: ⇨ -ster〗

fraud·u·lence /frɔ́:dʒʊləns, frɑ́:-, -djʊ- | frɔ́:djʊ-, -dʒʊ-/ *n.* 欺瞞, 詐欺, かたり. 〖《?*a*1425》□ OF ~〗

fráud·u·len·cy /-lənsi/ *n.* 《古》=fraudulence. 〖1630〗

fraud·u·lent /frɔ́:dʒʊlənt, frɑ́:-, -djʊ- | frɔ́:djʊ-, -dʒʊ-/ *adj.* **1** 〈行為・企画などが〉詐欺的な(手段で遂げられた): ~ bargains [gains] 詐欺的取引[不正利得]. **2** 詐欺を行う, 不正直な: a ~ person. **~·ness** *n.* 〖《*a*1420》□ OF ~ // L *fraudulentem* cheating: ⇨ fraud, -ulent〗

fráud·u·lent·ly *adv.* 詐欺的に, 詐欺手段で: be ~ inclined 詐欺を働く性質がある. 〖《*a*1415》: ⇨ ↑, -ly¹〗

fráudulent misrepresentátion *n.* 〚法律〛悪意不実表示 (cf. misrepresentation 2).

Frauen *n.* Frau の複数形.

Frau·en·feld /fráʊənfèlt; G. fʁáʊənfɛlt/ *n.* フラウエンフェルト《スイス北東部の都市; Thurgau 州の州都》.

frau·ghan /frɔ́:hən/ *n.* 《アイル》=whortleberry 1. 〖← Ir.-Gael. *fraochán* (dim.) ← *fraoch* heather〗

fraught /frɔ́:t, frɑ́:t | frɔ́:t/ *adj.* [叙述的] **1** 〔…を〕伴った, 〔…に〕満ちている, 〔…を〕はらんだ〔*with*〕: a policy ~ *with* danger 危険をはらんだ政策 / a heart ~ *with* sorrow 悲しみに満ちた心 / Her gesture seemed ~ *with* significance [meaning]. 彼女の仕草はいかにも意味ありげに見えた. **2** 《英口語》困った, 難儀な, 苦しそうな; 感情的な: Don't look so ~. そんな困った[難儀そうな]顔をするな. **3** 《古・詩》〔荷物を〕積んだ, 積載した (laden)〔*with*〕: a ship full ~ *with* precious wares 貴重品を満載した船. — *n.* 《廃・スコット》荷, 積荷, 船荷 (load, cargo). — *vt.* (~, ~·**ed**) 《スコット》荷物を満載する, 積載する (load). 〖《1228》□ MDu. & MLG *vracht* (n.), 《?*a*1300》 ~, *fraucht* (p.p.) laden □ MDu. or MLG *vrachten* ← *vracht* load, cargo: cf. freight〗

Fräu·lein /frɔ́ɪlaɪn; G. fʁɔ́ʏlaɪn/ G. *n.* (*pl.* ~, **~z**; G. ~) **1** (ドイツの)未婚女性, 令嬢, 娘《略 Frl.》. **2 a** [ドイツの未婚女性に対する敬称として] …嬢 (Miss). **b** [ドイツの未婚女性への呼び掛けとして] お嬢さん. **3** [f-] (英国人家庭における)ドイツ女性の家庭教師 (cf. mademoiselle). (cf. Frau, Herr). 〖《*a*1689》□ G ~ (dim.) ← FRAU〗

Fraun·ho·fer /fráʊnhoʊfə | -həʊfə^(r); G. fʁáʊnho:fɐ/, **Joseph von** *n.* フラウンホーファー《1787–1826; ドイツの物理学者; Fraunhofer lines を発見 (1814)》.

Fráunhofer diffráction *n.* 〚光学〛フラウンホーファー回折《光源および観測点が回折物体から無限に離れている場合の回折》. 〖↑〗

Fráunhofer hólogram *n.* 〚光学〛フラウンホーファーホログラム《物体のフラウンホーファー回折波を用いたホログラム; cf. Fresnel hologram》. 〖← *Joseph von Fraunhofer*〗

Fráunhofer lìnes *n. pl.* 〚天文〛フラウンホーファー線《天体の spectrum に現れる吸収線》. 〖← *Joseph von Fraunhofer*〗

frax·i·nel·la /frӕksənélə | -sɪ̀-/ *n.* 〚植物〛ヨウシュハクセン(洋種白鮮), サンショウグサ (*Dictamnus albus*)《南欧のミカン科の耐寒性多年草で薬草; burning bush, gas plant, dittany ともいう》. 〖《1664》← NL ~ (dim.) ← L *fraxinus* ash (tree): 葉の色にちなむ〗

fray¹ /fréɪ/ *vt.* **1** 〈布のへり・なわの端などを〉すり切らす; ほぐす (ravel): ~ the edges of a sleeve そで口をすり切らす / be ~*ed into* a fringe 端がばらばらにほぐれる / The wrists of the sweater were ~*ed* with use. セーターの手首のところがすり切れていた. **2** 〈鹿が〉〈新しく生えた角を〉樹木にすりつける. **3** 〈神経などを〉すり減らす, 無理をさせる, かき乱す: ~ one's nerves. — *vi.* **1** 〈布・糸の端などが〉ほぐれる, ぼろぼろになる, ささくれる. **2** 〈神経が〉すり減る; 〈感情が〉ささくれ立つ. **3** すれる (rub)〔*against*〕. **4** 〈鹿が〉角をすりつける.

***fráy at* [*aròund*] *the édges* [*séams*]** 〈物事が〉不安定になる, (ばらばらに)崩れる.

— *n.* (布の)すり切れた[ほぐれた]部分[場所], ささくれ. 〖《*c*1405》□ OF *freier* (F *frayer*) < L *fricāre* to rub: cf. friction〗

fray² /fréɪ/ *n.* **1 a** 騒々しいけんか, 大騒ぎ. **b** 争い, 戦い, 乱闘. **c** 口論. **d** 討論. **2** 《古・スコット》恐怖 (fright)).

éager* [*réady*] *for the fráy 争い[けんか]好きで, 事あれかしと待ち構えて.

— *vt.* 《古》恐れさせる, おどす (scare); おどして退散させる. — *vi.* 《古》けんかする, 騒ぐ (fight, brawl). 〖《*a*1325》《頭音消失》← AFFRAY〗

frayed *adj.* **1** (へりの)すり切れた: a ~ collar. **2** 〈神経など〉極度に緊張した, すり減った, かき乱れた: one's ~ nerves / His temper became a bit ~. 彼の気持ちが少々乱れてきた. **3** おびえて, 恐れて. 〖《*a*1325》: ⇨ ↑, -ed 1〗

fráy·ing *n.* ほぐれ, すり切れた布切れ; (鹿の角から)すり落された皮. 〖《*c*1450》: ⇨ fray², -ing¹〗

Fra·zer /fréɪzə | -zə^(r)/, **Sir James George** *n.* フレーザー《1854–1941; スコットランドの人類学者・神話学者; *The Golden Bough*「金枝篇」(1890–1915)》.

Fra·zier /fréɪʒə, -ʒiə | -ziə^(r)/, **Joe** *n.* フレージャー《1944–2011; 米国のボクサー; 世界ヘビー級チャンピオン (1970–73)》.

fra·zil /fréɪzəl, frǽz-, -zl, frəzíl | fréɪzɪ̀l, -zl/ *n.* 《米・カナダ》〚地質〛(激流にできる)針状の氷の結晶 (frazil ice ともいう). 〖《1888》□ Canad.-F *frasil* □ F *fraisil* coal cinders〗

fraz·zle /frǽzḷ/ 《口語》*vt.* **1** (ぼろぼろに)すり切らす (fray out). **2** 疲れ果てさせる. — *vi.* **1** すり切れる (fray). **2** 疲れ果てる. — *n.* **1** 《口語》ずたずた[ぐたぐた](の状態): beat a person *to a* ~ 人をめちゃめちゃに打ちのめす / be worn *to a* ~ 疲労困憊(ぱい)する[している]. **2** ぼろぼろの切れ端 (frayed end): be scratched *to* ~*s* ずたずたにかきむしられる. 〖《*a*1825》《混成》← FRAY²+《方言》*fasle* to ravel (< 《1440》 *faselin* to become threadbare: cog. G *faselen*)〗

fráz·zled *adj.* 《口語》**1** すり切れた: a ~ cord すり切れたひも. **2** 疲れ果てた (exhausted): He returned ~. くたくたに疲れ果てて帰って来た. 〖《1872》: ⇨ ↑, -ed〗

FRB /éfɑ̀əbí: | -ɑ̀:-/ 《略》《米》Federal Reserve Bank 連邦準備銀行; 《米》Federal Reserve Board.

FRC 《略》Federal Relief Commission; Foreign Relations Committee (米上院)外交委員会.

FRCM 《略》《英》Fellow of the Royal College of Music.

FRCO 《略》《英》Fellow of the Royal College of Organists.

FRCOG 《略》Fellow of the Royal College of Obstetricians and Gynaecologists.

FRCP 《略》《英》Fellow of the Royal College of Physicians.

FRCS 《略》《英》Fellow of the Royal College of Surgeons.

FRCVS 《略》《英》Fellow of the Royal College of Veterinary Surgeons.

freak¹ /frí:k/ *n.* **1** 《俗》**a** 《口語》常識社会の逸脱者, (特に)ヒッピー (hippie). **b** 麻薬常用者. **c** 性倒錯者. **d** 《口語》熱狂者 (devotee): a film ~ 映画気違い. **e** 一匹狼的な批評家[造反者]. **2** 異形の物, 怪物 (monstrosity); 奇形(の人間, 動物), 変種, 珍奇な見せ物: a collection of human ~*s* (大男・一寸法師・ひげの生えた女など)色々な奇形人物の寄せ集め (cf. freak show). 《《略》← *freak of nature* 《なぞり》← L *lūsus nātūrae*》 **3 a** 気まぐれ, 移り気, むら気, 酔狂 (caprice, whim): out of a mere ~ ほんの気まぐれ[酔狂]から / as the ~ takes you 気の向くままに. **b** 異常な[妙な]出来事. **4** 《古》気まぐれ性. **5** 〚造幣〛規準から著しく外れた貨幣. **6** 〚郵趣〛変則的なバラエティ《用紙の折れ, 曲がった目打, 図案からのインクのにじみなどのきずもの; cf. error 7》.

a fréak of náture (1) 造化の戯れ; 奇形 (lusus naturae). (2) 異常気象. 《1847》

— *adj.* [限定的] 珍しい, 変わった, 風変わりな (unusual, abnormal): ~ bad weather 例年と違った悪天候 / a ~ storm 変則的嵐 / a ~ result 異常な結果.

— 《俗》*vt.* 異常に興奮させる. — *vi.* 異常に興奮する.

fréak óut 《俗》(*vi.*) (1) 平静を乱す; 怒る. (2) (麻薬のため)常規を逸した行動[生活]をする; 激しい興奮状態になる. (3) (麻薬で)現実から逃避する. (4) (悪夢のような)幻覚状態になる. (*vt.*) (1) 異常な興奮状態にする. (2) (麻薬で)幻覚状態にする. (3) …の平静を乱す; 怒らせる (anger).

〖《1563》← ?: cf. OE *frec* bold, rash & *frīcian* to dance〗

freak² /frí:k/ 《まれ》*vt.* [しばしば p.p. 形で] (色で)…にすじを作る, まだらにする: a moth ~*ed with* azure and crimson 薄青色と深紅色の縞(しま)のある蛾(が). — *n.* (色の)まだら, 縞. 〖《1637》《転用》↑ ? // ← *freaked* 《混成》? ← 《廃》*freckt* freckled+STREAK¹+-ED: Milton の造語?: cf. 《方言》*freck* dapple〗

freaked *adj.* 変わった斑点[まだら]のついた, 変わった縞模様の(ついた).

fréak·ing *adj., adv.* 《俗・婉曲》ひどい[ひどく]べらぼうな[に] (fucking).

fréak·ish /-kɪʃ/ *adj.* **1** 気まぐれな, 酔狂な. **2** 奇形的な; 異常な (unusual). **~·ly** *adv.* **~·ness** *n.* 〖《1653》← FREAK¹+-ISH〗

fréak-òut *n.* 《俗》**1** (麻薬による)現実逃避. **2 a** (麻薬による)悪夢のような幻覚状態. **b** 異常な行動. **3** ヒッピーの集まり; 麻薬パーティー. **4** 麻薬幻覚者. 〖《1749》1966〗

fréak shòw *n.* 奇形の人間[動物]の見世物. 〖1887〗

freak·y /frí:ki/ *adj.* (**freak·i·er**; **-i·est**) **1** 《俗》奇妙な, 異常な. **2** =freakish. **3** 《俗》麻薬幻覚者[状態]の, ヒッピーの. **fréak·i·ly** *adv.* **fréak·i·ness** *n.* 〖《1824》← FREAK¹+-Y⁴〗

Fré·chette /freɪʃét; F. fʁeʃɛt/, **Louis Honoré** *n.* フレシェット《1839–1908; カナダの詩人・新聞記者・劇作家》.

freck·le /frékḷ/ *n.* **1** [*pl.*] そばかす, 雀卵斑, 夏日斑(かじつはん) (cf. lentigo). **2** 小斑点, しみ. **3** 《豪俗》肛門 (anus). — *vt.* …にそばかす[斑点]を生じさせる: His skin was slightly ~*ed*. 肌に少々そばかすがあった. — *vi.* そばかす[斑点]ができる. 〖《*a*1400》*frakles* (pl.) 《変形》← *fraknes* ← ON *freknur* ← IE *(*s*)*preg-* to scatter〗

fréck·led *adj.* そばかすのある, 斑点のある (speckled): one's ~ face. 〖《*c*1380》: ↑, -ed〗

fréckle-fàced *adj.* そばかすのある顔の, そばかすの多い[だらけの]顔をした: a ~ boy. 〖1688〗

fréck·ly /-kli, -kḷi/ *adj.* (**more** ~, **most** ~; **freck·li·er**, **-li·est**) そばかすの多い: a ~ face, skin, etc. 〖《*a*1704》← FRECKLE+-Y⁴〗

Fred /fréd/ *n.* フレッド《男性名》. 〖(dim.) ← FREDERICK〗

Fre·da /frí:də | -də/ *n.* フリーダ《女性名》. 〖(dim.) ← WINIFRED // 《異形》← FRIEDA〗

Fred·die /frédi | -di/ *n.* (*also* **Fred·dy** /~/) フレディー: **1** 男性名. **2** 女性名. 〖(dim.): 1 ← FREDERICK. 2 ← FREDERICA〗

Fred·die Mac /frédimӕk | -di-/ *n.* フレディマック《米連邦住宅金融抵当公社 (Federal Home Loan Mortgage Corporation) の愛称》; そこで売られる有価証券. 〖1974〗

Fré·dé·ric /frèdəri:k | -də-; F. fʁedeʁik/ *n.* フレデリック《男性名》. 〖□ F ~ 'FREDERICK'〗

Fred·er·ic /frédərɪk, -drɪk | -dərɪk, -drɪk/, **Harold** *n.* フレデリック《1856–98; 米国の小説家; *The Damnation of Theron Ware* (1896)》.

Fred·e·ri·ca /frèdərí:kə, frədrí:- | frèdərí:-, frɪ̀drí:-/ *n.* フレデリーカ《女性名》. 〖(fem.) ↓〗

Fred·e·ri·ci·a /frèdərí:ʃiə | -siə/ *n.* フレゼレシア《デンマーク中部, Jutland 半島東岸の港湾都市》.

Fred·er·ick /frédərɪk, -drɪk | -dərɪk, -drɪk/ *n.* (*also* **Frederic, Fredric, Fredrick**) フレデリック《男性名》. 〖□ F *Frédéric* □ G *Friedrich* < OHG *Fridurīh* ← Gmc **friþu-* peace+**rīk-* king〗

Frederick I *n.* フリードリヒ一世: **a** =Frederick Barbarossa. **b** (1657–1713) Brandenburg 選帝侯 (1688–1701), プロイセン初代の王 (1701–13).

Frederick II *n.* フリードリヒ二世: **a** (1194–1250) 両シシリー国王 (1198–1250), 神聖ローマ帝国皇帝 (1212–50); 第 6 回十字軍を率いて Jerusalem 王国を樹立. **b** =Frederick the Great.

Frederick III *n.* フリードリヒ三世: **a** (1463–1525) Saxony 選帝侯 (1486–1525), Martin Luther の擁護者; 通称 Frederick the Wise (賢公). **b** (1415–93) 神聖ローマ帝国皇帝 (1452–93); Frederick IV としてドイツ国王 (1440–93). **c** (1831–88) プロイセン王; ドイツ皇帝 (1888).

Frederick IV *n.* ⇨ Frederick III b.

Frederick IX *n.* フリードリヒ九世《1899–1972; デンマーク王 (1947–72)》.

Fréderick Barbaróssa *n.* フリードリヒバルバロッサ, フリードリヒ赤髯王《1123?–90; ドイツ国王 (1152–90)・神聖ローマ帝国皇帝 (1155–90) Frederick I のあだ名; イタリア遠征を試みること 6 回; 別称 Red Beard》.

Fred·er·icks·burg /frédərɪksbə̀:g, -drɪks- | -dərɪksbɜ̀:g, -drɪks-/ *n.* フレデリックスバーグ《米国 Virginia 州北東部 Rappahannock 河畔の都市, 南北戦争で南部連邦軍がここで勝利を得た (1862)》.

Fréderick the Gréat *n.* フリードリヒ大王《1712–

86; プロイセン王 (1740–86), Frederick William 一世の子; オーストリア継承戦役 (1740–48) や七年戦役 (1756–63) などで武威を輝かした, Sans Souci 宮殿を作らせた; Frederick II の尊称; ドイツ語名 Friedrich der Große》.

Fréderick Wílliam *n.* フリードリヒヴィルヘルム《1620–88; Brandenburg 選帝侯 (1640–88); 通称 the Great Elector》.

Fréderick Wílliam I *n.* フリードリヒ ヴィルヘルム一世《1688–1740; プロイセン王 (1713–40), プロイセン軍力の基礎を築いた; ドイツ語名 Friedrich Wilhelm》.

Fréderick Wílliam II *n.* フリードリヒ ヴィルヘルム二世《1744–97; プロイセン王 (1786–97); フランス革命に対抗してオーストリアと同盟を結ぶ》.

Fréderick Wílliam III *n.* フリードリヒ ヴィルヘルム三世《1770–1840; プロイセン王 (1797–1840), Napoleon と戦って敗れ Tilsit 条約 (1807) でその領土の半ばを失った, Vienna 条約 (1815) で回復》.

Fréderick Wílliam IV *n.* フリードリヒヴィルヘルム四世《1795–1861; プロイセン王 (1840–61), 革命に対抗してプロイセン憲法を欽定した (1848)》.

Fred·er·ic·ton /frédərɪktən, -drɪk- | -dərɪk-, -drɪk-/ *n.* フレデリクトン《カナダ南東部 St. John 川に臨む都市, New Brunswick 州の州都》.

Fred·er·iks·berg /frédərɪksbə̀ːg, frédrɪks- | frédərɪksbə̀ːg, frédrɪks-; *Dan.* fʁeðʁægsbæʁˀ/ *n.* フレゼリクスベア《デンマーク東部, Copenhagen 郊外の都市》.

Fréd Pérry *n.* 〖商標〗フレッドペリー《英国 Fred Perry Sportswear 社製のテニスウェア・スポーツウェア・レジャーウェア; トレードマークは月桂樹》.

Fred·rik /frédrɪk; *Dan.* fʁɛ́ðʁɛg/ *n.* フレゼリク《男性名》. 〖□ Dan. ～ 'FREDERICK'〗

Fred·rik·stad /frédrɪkstàː; *Norw.* frédriːkstaː(d)/ *n.* フレドリクスタッド《ノルウェー南東部, Oslo Fjord の入り口にある海港》.

free /fríː/ *adj.* (**fre·er** /fríːə | fríːə^(r)/; **fre·est** /～ɪ̀st/)

1 無料の, 無報酬の (gratis); 無月謝の; 無料入場の (cf. *for* FREE): ～ admission＝admission ～ 入場無料 / ～ board and lodging＝～ room and board 食費と部屋代無料 / a ～ school 無月謝学校 / postage ～ 郵送料無料 / a ～ gift 無料の景品; (宣伝などのための)おまけ品 / a ～ pass 無料入場[乗車]券, パス / ⇨ free ticket 1, free library / ～ customers (無料の)招待客 / ～ passengers 無賃乗客 / a ～ patient 無料診療患者 / a booklet ～ on request 請求次第無料でくれる小冊子.

2 a (人権・政治上の)自由を享有する, 自由民[国家]である; 自由主義の, 自由主義的 (liberal); (政府などの)規制[統制]を受けない: ～ citizens 自由市民 / a ～ people 自由国民 / a ～ country 自由国家 (⇨ *It's a* FREE *country.*) / ～ institutions 自由主義制度 / ～ elections 自由選挙 / ⇨ free press, free speech, free world. **b** (国民が)外国からの支配を受けない, 独立した. **c** 〖経済〗〈経済取引が〉自由制の, 無統制の, 無料の: ⇨ free economy. **d** 《米》奴隷制を認めない: a ～ state 自由州 (cf. Free State 1).

3 自由な, 自由の身である, 監禁されていない, 釈放された (liberated): get ～ (*of*) (…から)自由の身となる, 釈放される; (…を)脱する / set a person ～ 人を釈放[放免, 解放]する / set a bird ～ from a cage かごから鳥を放つ / The accused left the court a ～ man＝《米》The accused walked ～. 被告は青天白日の身となって法廷を去った / They let him go ～. 彼を解放した. 日英比較 日本語には「フリー」を用いた和製英語が多い. それには (1) 市内電車などの「一日フリー(チケット)」のように「フリー」を「自由な」「勝手に…できる」という意味で使う場合と, (2)「フリーダイヤル」のように「無料の」という意味で使う場合とがあるが, いずれもこれらの意味を表すには, 英語では不可能なコロケーションである. (1) の場合は a one-day streetcar pass (for 500 yen) のようにしないと無料乗車券と誤解される. (2) は英語では toll *free* number [call] という. その他「フリーサイズ」は和製英語で, 英語では adjustable, flexible, elastic などの形容詞を用い, an adjustable belt のようにいう. 《表示》としては One Size Fits All. が用いられる.「フリーセックス」「フリートーキング」「フリーバッティング」などはそれぞれ, 英語では *free* love, *free* conversation [discussion], batting practice という.「フリーパス」は「無料のパス」の意なら英語でも *free* pass だが,「出入自由」の意なら go through ... unchecked,「無料入場」の意なら get into ... *free*,「無試験入学」の意なら be admitted to ... without taking an entrance examination という.

4 a 〔拘束・義務・税などから〕免れている, 免除されている (exempt); 〔不快なもの・危険などに〕悩まされない, 冒されない, 〔…の〕ない (relieved) 〔*of, from*〕: ～ *of* charge 無料で / ～ *of* debt 借金のない / ～ *of* taxes 税を免除されて, 無税の / goods ～ *of* duty 無税品 / apples ～ *of* worms 虫のついてないリンゴ / wipe a gun ～ *of* fingerprints 拳銃から指紋をきれいに拭き取る / This statement is ～ *of* any ironical implication. この言葉には皮肉な意味合いは全然ない / Nothing can be ～ *of* imperfections. 何物も完全無欠ではありえない / a man ～ *from* pain [fear, worry] 苦痛[不安, 苦労]の全然ない人 / a night ～ *from* wind 風のない夜. **b** 無税の, 免税の (duty-free): ～ imports 無税輸入品 / ～ goods ⇨ free goods 1. **c** [複合語の第2構成素として] (…の)ない, (…に)煩わされない: trouble-*free* 不要[心配, 苦労]のない, lead-*free* 〈ガソリンなど〉無鉛の / the germ-*free* air 無菌空気 / He's been drug-*free* for six months. 彼は 6 か月間薬を飲んでない / ⇨ duty-free, fancy-free, tax-free.

5 a 〈人が〉(仕事などの義務から)解放されて, 手があいて, ひまで (at leisure); 〈時間が〉ひまな: I'll be ～ this afternoon. きょうの午後は手がすいています / He has got very little ～ time. 彼にはひまな時間が実に少ない / We are allowed a ～ evening today. 我々はきょうの夜は自由に過ごしてよいことになっている. **b** 〈時間が〉勤務外の: This is our ～ time. 勤務外時間中です.

6 [叙述的] **a** [*to* do を伴って]〈人が〉(…するのが)意のままで, 自由に…できて: You are ～ *to* go or stay as you please. 行くも留まるもあなたの自由です / Please feel ～ *to* do ...自由に[遠慮なく]…して下さい / ⇨ *Feel* FREE! **b** 《古》[It is ～ for ... *to* do の形で] 自由で, 許されて: *It is* ～ *for* him *to* do what he likes. 彼は何でも自由にしたいことをしてよい. **c** [*to* do を伴って]《古》進んで…したがって (ready): be ～ *to* confess one's crime 進んで罪を告白しようとする.

7 a 固定しない, 連結[接触]していない, ほどいた, 〔…から〕離れて (loose) 〔*of*〕: leave one end of a rope ～ 綱の一端を放して[縛りつけないで]置く / a ～ surface 他と接触していない面 / a ship ～ *of* the harbor 港を離れた船 / He managed to get his arms ～ *of* the chains. 何とか腕の鎖を振りほどいた / The balloon slipped ～ *of* my fingers. 風船はするりと指から抜けていった. **b** 〈手・足が〉自由に動かせる: Holding the bundle with one hand I grabbed the paper with my ～ hand. 片手で包みを抱えたまま空いている方の手でその書類をひっつかんだ. **c** (体操で)器具を用いない, 徒手の: ～ tumbling 自由[徒手]宙返り.

8 a 〈道路・通行など〉障害のない, 自由に通れる: The road is now ～ *of* fallen rock. 道路は今では落石も取り除けられて安全に通行できる. **b** 〈場所など〉あいている, 使用されていない (unoccupied): Is this seat ～? この席はあいてますか / a ～ table 空席 / a ～ taxi 空車のタクシー / He sat in the chair waiting for the bathroom to be ～. 浴室があくまで椅子に腰かけて待っていた / I had to call him three times before the line was ～. 3 回電話をかけてやっと通じた / Place this vase on some ～ shelf. この花瓶をどこかあいている棚に載せなさい.

9 a 自制[遠慮, 慎み]のない, 慣れ慣れし過ぎる (forward); 無制限な, 節度のない; 放縦な, だらしない, みだらな (licentious): ～ manners and speech 無遠慮な言動 / The boss is too ～ *with* his secretary. 社長は秘書に慣れ慣れしくし過ぎる / Don't be so ～ *with* your tongue. そう無遠慮なものの言い方をしてはいけない / She is rather ～ *with* her advice. 彼女はちょっと忠告をし過ぎる / He made ～ use of quotations from other authors. 彼はほかの著者から盛んに引用した / ⇨ *with a free* HAND / I made (so) ～ (as) to ask her that question. 思い切って彼女にそのことを尋ねてみた / ⇨ *make* FREE *with* / There was some pretty ～ talking and joking at the meeting. その会ではかなりみだらな話や冗談もかわされた. **b** 〔金銭の使い方などが〕大まかな, 締まりがない, 物惜しみしない〔*of, with*〕: He is ～ *with* his money.＝He is a ～ spender. 金離れがいい. **c** くったくのない, 率直な, あけっぴろげの: He is of a ～ and open nature. 竹を割ったような性格の人だ (cf. Shak., *Othello* 1. 3. 405).

10 〈翻訳・解釈が〉文字にとらわれない, 厳密でない, 自由な: a ～ translation 自由訳 (cf. near 6, literal 2) / a ～ interpretation of a law 法律の自由解釈.

11 〈動作・ふるまいなど〉堅苦しくない, のんびりした, くつろいだ (easy); 淀みのない, 敏速な (swift): be ～ *in* one's gait 足取りが活発で(早足で)ある / There was a ～ flow of traffic. 交通が淀みなく流れていた / ⇨ FREE *and easy*.

12 参加の自由な, 開放された (open); (自由に)入り乱れての (general): a contest ～ *for* all competitors 飛入り勝手の競技 / (a) ～ competition 自由競争 / ～ enterprise (国家の制約を受けない)自由(私)企業 (cf. 2 a) / a ～ fight 乱闘, 乱戦 / a ～ market (無制限の自由競争によって価格が決められる)自由市場.

13 a 因襲[伝統, 偏見, 権威など]にとらわれない (unfettered), 自主的な (independent); 自由意志による, 自発的な (voluntary): a ～ action 自由行動 / a ～ choice 自由意志による選択 / They have their hands ～. 彼らは自由裁量で何でもできる (cf. free hand) / No one gave his ～ consent to the proposal. だれもその提案にみずから進んで賛成しようというものがいなかった. **b** 規則[様式]にとらわれない, 型にはまらない, 自由な: ～ skating 自由型フィギュアスケート(法) / ～ rhythms 自由[無定型]韻律 / ⇨ free verse.

14 [叙述的] 〔…を〕自由に使用できる, 〔…に〕自由に出入りできる 〔*of*〕: I am ～ *of* this library. この書庫には自由に出入りできる / He has made his colleagues ～ *of* his house. 同僚たちに家を開放している.

15 (きめ・構造に)柔軟性がある, 加工しやすい, 〈石など〉切り出しやすい, 〈土地など〉耕作しやすい.

16 a 〖化学〗遊離した, 化合していない: ～ oxygen 遊離酸素 / ～ acids 遊離酸. **b** 〖植物〗特立の, 離生の, 遊離性の (distinct, separate): ～ whorls 離生輪 / ～ stipules 離生托(たく)葉. **c** ＝freestanding: a ～ column 孤柱.

17 〖音声〗〈音節が〉開いた (open), 開音節の《母音で終わる》; 〈母音が〉開音節に現れる (cf. checked[2]): ⇨ free syllable, free vowel.

18 〖言語〗〈形態が〉自立的な《それ自体意味を表して単独で自由に用いられる; cf. bound[1] 9》: ⇨ free form 1.

19 〖海事〗〈風が〉後方または横から吹く, 追い風の, 順風の.

20 〖数学〗〈ベクトルが〉大きさと方向は定まっているが始点は不定である (cf. bound[1] 7): a ～ vector 自由ベクトル.

21 〖トランプ〗**a** (ブリッジで)積極的な: a ～ bid / a ～ raise. **b** (ブリッジで)害の小さい, 危険を伴わない: a ～ double / ～ finesse.

22 〖論理〗自由の《式中の変項[数]が量化詞によって束縛されていない; cf. bound[1] 10》: ⇨ free variable.

23 〖物理〗〈粒子・質量が〉自由に移動する, 可動性の: a ～ particle 自由粒子 / ⇨ free electron.

24 〖アメフト〗〈プレーヤーが〉ガードすべき特定の相手をもたない: ⇨ free safety.

25 〖ジャズ〗リズム・テンポなどにとらわれない, 全く即興の.

Fèel frée! 《口語》どうぞ(ご自由に) (cf. 6 a): Can I pour myself another drink?—*Feel* ～! 別の飲物を自分で注いでもいいですか—ご自由に. ***for frée*** 《口語》無料で, ただで (for nothing) (cf. 1): The pamphlets were distributed to all the members *for* ～. パンフレットは全会員へ無料配布された / I'll tell you this *for* ～: don't see her again. ただで教えてあげよう[言っとくけどね], 彼女に二度と会うなっていうことさ. 《1900》 ***frée and cléar*** 〖法律〗〈不動産が〉抵当にはいっていない, 留置権[先取特権]がつけられていない: We owned the estate ～ *and clear*. その土地は丸々私たちの財産だった. ***frée and éasy*** (1) 堅苦しくない, くったくのない, のんびりした; [副詞的に] くったくなく, のんびりと: He laughed a ～ *and easy* laugh. くったくなく, からからと笑った / They lived ～ *and easy*. くったくのないのんきな暮らしをしていた. (2) まるでむぞうさな, 大まかな: He is ～ *and easy with* his literary judgments. 彼の文学的鑑定は甘すぎる. 《1699》 ***It's a frée cóuntry.*** 《口語》それくらいのことしたって自由[構わない]じゃないか. 《1863》 ***màke frée with*** (1) …を自分のもののように使う; …を勝手に食べる[飲む]: He used to *make* ～ *with* our liquor. うちの酒を勝手に飲んだものだ. (2) 〈人〉をあまりに慣れ慣れしく扱う, …に無礼なことをする. 《1714》 ***wórk (itself) frée*** 〈ねじなどが〉ゆるくなる.

frée alongsìde shíp 〖貿易〗船側渡し(の) (略 FAS).

Frée and Accépted Másons [the ―] フリーメーソン団 (⇨ freemason 2).

frée of áll áverage 〖海上保険〗全損のみ担保 (略 FAA).

frée on bóard 〖貿易〗(輸出港)本船(積込み)渡し(の) (略 FOB, fob). 《1924》

frée on ráil 〖商業〗鉄道[貨車]渡しの (略 FOR, for).

frée on trúck 〖商業〗鉄道[貨車]渡しの (略 FOT).

frée óverside [óverboard] 〖貿易〗(輸入港)本船[船側]渡し(の) (ex ship) (略 fo, f/o).

― *adv.* **1** 無料で: All members admitted ～. 会員は入場無料 / The gallery is open ～. 展覧会は無料公開. **2** 自由に, 自在に (freely): a ～ moving machine 運転自在の機械. **3** 〖海事〗〈帆船が〉追手または横の風を受けて, 帆を詰開きにしないで: sail ～ 詰開きでなしに順帆走する / run ～ 追い風を受けて帆走する.

fáll frée 自由落下 (free-fall) をする.

― *vt.* (～**d**; ～**·ing**) **1** 〔…から〕自由にする; 自由の身とする, 釈放[解放, 放免]する, 〔束縛・抑圧などから〕救い出す (relieve) 〔*from, of*〕: ～ a slave / ～ a person *from* bondage [restraint] 人を束縛[抑制]から解放する / ～ a person *from* a charge 人を告訴から放免する / ～ one's country *from* oppression 国を圧制から救う / ～ a person's hands *from* fetters 人の手のかせを解いてやる / He was finally ～*d of* his chains. 彼はようやく鎖を解かれた / a ～*d* prisoner 釈放された囚人. **2** 〈からみついた物・妨害物などを〉…から振りほどく, 取りはずす 〔*from, of*〕: He ～*d* the fishing-line *from* the twig. 釣り糸から小枝を取りはずした / They were ～*ing* the road *of* the debris. 路上の残骸(ざんがい)を撤去中だった. **3** 〈義務・負担・不安などから〉免れさせる, 免除する, …から〔…を〕取り除く 〔*from, of*〕; 〔危険などから〕安全にする (secure) 〔*from*〕: ～ the mind *from* anxiety 心から不安を取り去る / ～ a person *from* debt 借金から人を脱出させる, 人の借金を免除する / He managed to ～ himself *from* his difficulties. どうにかその困難から脱出した. **4** ＝ FREE *up*. **5** 《廃》駆除する, 追放する.

frée úp (1) 〈資金・時間などに対する制約を〉解く, 解除する, 利用可能にする; 〖経済〗自由化する. (2) 〔…に〕役立たせる 〔*for*〕/〈*to* do〉.

〖adj.: OE *frēo* 《原義》dear, favored < Gmc **frijaz* (Du. *vrij* / G *frei*) ← IE **prī-* to love (Skt *priya* own, dear): cf. friend. ― v.: OE *frēon, frēoġ(e)an* 《原義》 to love < Gmc **frijōjan*〗

SYN 解放する: **free** 拘束・負担などから自由にする《一般的な語》: Lincoln *freed* the slaves in 1863. 1863 年にリンカーンは奴隷を解放した. **release** 〈囚人などを〉自由にする: He was *released* from prison yesterday. きのう刑務所から釈放された. **liberate** 束縛・刑務所・義務などから解放する《格式ばった語》: *liberate* political prisoners 政治犯を釈放する. **emancipate** 法律・政治・社会的に人を隷属状態から自由の身にする: Lincoln *emancipated* the slaves. リンカーンは奴隷を解放した. **discharge** 病院・刑務所・軍隊などから去ることを正式に許可する: He was *discharged* at last from the army. やっと陸軍を除隊になった. **ANT** retain, bind, confine.

frée ágency *n.* **1** 自主的な行動(権), 自主性: the ～ of citizens. **2** 《米・カナダ》〖スポーツ〗(プロ選手の)自由契約の資格[身分]. 〖1754〗

frée ágent *n.* **1** 自主的行動者. **2** 〖スポーツ〗(どのチームにも属していない)自由なプロスポーツ選手, 自由契約選手. 〖1955〗

frée áir *n.* 〖気象〗**1** [the ～] ＝free atmosphere. **2** 自由空気《局地的影響をうけない空気》.

frée-and-éasy *n.* (*pl.* **-easies**) 《米口語》(酒場などでの)気楽で陽気な会合; 余興のついたいかがわしいミュージックホール[居酒屋] (cf. speakeasy). 〖(1823) ← *free and easy* (⇨ free (adj.) 成句)〗

frée ascént *n.* 〖宇宙〗(エンジン停止後のロケットの)慣性上昇; その軌道.

frée-assóciate *vi.* 自由な連想をする. 〖(1941)《逆成》↓〗

frée associátion *n.* **1**〖精神分析〗自由連想法《患者に自発的に生じる観念を連想し言語化させることで, 無意識に抑圧されたものを見出す技法》. **2** 自由連想によって出てきた心象[イメージ]. **3** 自由連合《政治同盟などのグループが他の拘束なしに連合すること; その組織》. 〖1899〗

frée átmosphere *n.* [the ～]〖気象〗自由大気《地表摩擦の影響を受けない大気; 高度約1km より上の大気; free air ともいう》.

frée ballóon *n.* 自由気球《係留されていない気球で, 自由に上昇・下降ができる: cf. captive balloon》.

frée bánk *n.*〖英法〗=free bench.

frée·bàse《俗》*n.* フリーベース《エーテルなどによる処理で純度を高めたコカイン; 加熱して出る蒸気を吸入する》. **—** *vt.* 〈コカインで〉フリーベースをつくる. **—** *vi.* フリーベースをつくる[吸入する]. 〖1980〗

free·bee /fríːbiː/ *n., adj.* =freebie.

frée bénch *n.*〖英法〗謄本保有寡婦産《謄本保有権者 (copyholder) たる亡夫所有の土地に対する一種の寡婦産で, dower に似たもの; 1922 年廃止》. 〖(1670)《なぞり》← ML *francus bancus*〗

frée bíd *n.*〖トランプ〗(ブリッジの)フリービッド《パートナーがビッドし, 自分の右隣の人が overcall した後にビッドすることで, 通常の response よりやや強い手を示す》.

free·bie /fríːbi/《米俗》*n.* (劇場招待券など)無料で提供されるもの. **—** *adj.* 無料の, ただの. 〖(1954) ← FREE＋*-bie* (無意味な添加か: cf. *put the bee on* (⇨ bee[1] 成句))〗

frée-blówn *adj.* 〈ガラス製品が〉宙吹きの《空胴ガラスを吹管を用いて吹いて造ったものにいう》.

frée·bòard *n.* **1**〖海事〗フリーボード, 乾舷(ｶﾝｹﾞﾝ)《満載喫水線からフリーボード甲板 (freeboard deck) の面までの垂直距離》. **2**〖土木〗余裕高《ダムにおいて計画最高水位から堤頂までの高さ》. **3** (自動車の)車台地上高《地面からシャシーまでの高さ》. 〖1676〗

fréeboard dèck *n.*〖海事〗フリーボード甲板, 乾舷甲板《普通は船の最上の全通甲板》. 〖*c*1953〗

fréeboard lèngth *n.*〖海事〗満載喫水線における船舶の長さ《満載時の水線に接する船首先端から舵の後端まで》.

frée·bòot /-bùːt/ *vi.* 〈海賊が〉略奪する, 荒らす (plunder). 〖(1592)《逆成》↓〗

free·boot·er /fríːbùːtə | -tə(r)/ *n.* **1** 略奪者, (特に)海賊. **2**《口語》渡り歩いて富や快楽を求める人. 〖(1570) ◻ Du. *vrijbuiter* ← *vrijbuiten* to plunder ← *vrij* 'FREE'＋*buit* 'BOOTY': ⇨ -er[1]〗

frée·bòot·ing /-tɪŋ | -tɪŋ/ *n.* 海賊稼ぎ, 略奪行為. 〖(1596): ⇨ -ing[1]〗

frée-bórn *adj.* **1** (奴隷ではなく)自由の身に生まれた; 自由民の. **2** 自由民にふさわしい. 〖?*c*1200〗

frée céntral placentátion *n.*〖植物〗独立した中央胎座《胎座 (placenta) が子房 (ovary) の中に突き出たような形》.

frée chárge *n.*〖電気〗自由電荷《原子に束縛されず自由に動ける電荷》; 見掛け電荷《真電荷と分極電荷との和で実効値な電荷》.

frée chúrch *n.* **1 a** 自由教会《国教と違って国家の制約を受けない教会》. **b** [the F- C-]《英》非国教派教会. **2** [the F- C-]《スコット》独立長老教会《1843 年に国教長老教会 (Church of Scotland) から離脱し 1929 年に再統合したスコットランド自由教会 (Free Church of Scotland); 安息日厳守主義で知られる; Free Kirk ともいう》. **frée-chúrch** *adj.*

frée chúrchman *n.* **1** [しばしば F- C-] 自由教会会員. **2** [F- C-]《スコット》独立長老教会会員.

frée cíty *n.* 自由市《中世イタリアの Venice, Florence, Genoa など, ドイツの Hamburg, Bremen, Lübeck, Danzig など, 近世では第一次大戦後の Danzig, Fiume のような独立国家をなした都市》. 〖1617〗

frée clímbing *n.*〖登山〗自由登攀(ﾄｳﾊﾝ), フリークライミング《ハーケン・あぶみなどの登攀具を使わない; cf. aid climbing》.

frée cóinage *n.*《米》〖経済〗自由造幣《金属本位制度の下で, 地金(本位金属)を出せばだれでも貨幣に鋳造してもらえるか, または兌換(ﾀﾞｶﾝ)銀行券が与えられること》.

frée colléctive bárgaining *n.* 法の規制や政府当局からの妨げを受けない労使間の団体交渉.

frée compánion *n.* (中世の)傭兵団の一員, 傭兵. 〖1820〗

frée cómpany *n.* (中世の)傭兵団[隊]《特定の国に所属せず金次第で従軍した》. 〖1872〗

frée cóuplet *n.*〖詩学〗=open couplet.

freed *v.* free の過去形・過去分詞.

frée-dánce *n.* (フィギュアスケートの)フリーダンス.

frée delívery *n.*《米》(郵便物の)無料配達.

frée díver *n.*《英》フリーダイバー (cf. skin diver). 〖1963〗

frée díving *n.*《英》フリーダイビング《一回ごと浮上して呼吸してもぐる skin diving》. 〖1955〗

fréed·man /-mæ̀n, -mən/ *n.* (*pl.* **-men** /-mɛ̀n, -mən/) (奴隷の身分から解放された)自由民; (特に)南北戦争後に解放された米国の黒人. 〖(1601) ← *freed* ((p.p.) ← FREE(v.))＋*man*〗

free·dom /fríːdəm | -dəm/ *n.* **1 a** (政治的または市民としての)自由 (liberty); 自主, 独立: ～ of worship 信教の自由 / ～ of speech [thought, association] 言論[思想, 集会]の自由 / ～ of the press 出版[報道]の自由 / ⇨ four freedoms. **b** (行動の)自由, 自主性; (他より強制されることのない)自由, 自律性, 自己決定力: the ～ *of* the will 意志の自由 / ～ of action 行動の自由 / There they were enjoying the ～ *to* do whatever they liked. そこで彼らはしたいと思うことは何でも自由にできていた. **c** (禁固刑などの)免除, (牢獄からの)釈放. **2** 〘義務・負担・心配・欠点などから〙解放されて[免れて]いること, 免除, 脱却 (exemption, release), 〘…が〙全く〘ないこと〙(*from*): ～ *from* taxation 納税の免除 / ～ *from* care [fear] 心配[恐怖]からの解放 / What he wished for was ～ *from* controls. 彼が求めていたのは統制のなくなることだった. **3** (市民・会員などに与えられる)権利, 特権 (privilege, franchise): ⇨ FREEDOM of the city / Nobody is allowed the ～ *to* enter this hall. だれもこのホールに自由に入れない. **4** 出入りの自由, 自由使用権〘*of*〙: have the ～ *of* a friend's house 友人の家に自由に出入りする / I gave him the ～ *of* my library. 彼に書庫[蔵書]を自由に利用させた. **5** (動作の)自由自在, ゆったり[のびのび]していること, むぞうさ (ease); (態度, 言葉の)あけっぱなし, ぞんざい, 慣れ慣れしさ (frankness); (着想, 制作などの)大胆さ, 斬新(ｻﾞﾝｼﾝ)さ (originality): take [use] ～*s* with a person 人に無遠慮なふるまいをする (cf. *take liberties with* ⇨ liberty 成句) / He can speak several languages *with* wonderful ～. 数か国語を驚くほど自在に話せる / She painted the landscape *with* greater ～ than a professional artist ever could. 彼女はその風景を専門の画家でも描けぬと思えるほどに闊達(ｶｯﾀﾂ)な筆致で描き上げた.

give a person his* [*her*] *fréedom (裁判ざたにせずに)人の離婚の求めに応じる.

fréedom of cónscience 信教の自由.

fréedom of informátion 情報の自由《特に政府に対する情報公開の請求に関する; 略 FOI》.

Fréedom of Informátion Àct《米》情報公開法《政府の情報を請求に応じて原則的に公開することを義務づけた法律; 1967 年施行; 略 FOIA》.

fréedom of the cíty [the —] 名誉市民権《賓客などに授与する名目上の特権, その都市に居住していない有名人にも贈った》

fréedom of the séas [the —]〖国際法〗(国籍を問わず一般の商船の)公海の自由航行権《戦時中では特に中立国の船舶についてもいう》; 平時において, 国家が公海にある自国の船舶に対してもつ排他的な管轄権. 《1917》

〖OE *frēodōm*: ⇨ free, -dom〗

SYN 自由: **freedom** 妨害・制限・抑圧などのないこと《最も意味の広い語》: *freedom* of speech 言論の自由. **liberty** 権利としての自由で, 監禁・奴隷状態から解放されていること《過去の抑圧を暗示する; 格式ばった語》: Lincoln granted *liberty* to the slaves. リンカーンは奴隷に自由を与えた. **license** 行動・言論・思想などの過度の自由: sexual *license* 性的放従.

ANT repression, constraint.

---

fréedom fìghter *n.* 自由のために戦う人, 反体制運動の闘士. 〖1942〗

Free·dom·ites /fríːdəmàɪts | -də-/ *n. pl.* =SONS of Freedom.

fréedom màrch, F- M- *n.* 自由の行進《人種差別反対のデモ行進; 特に 1960 年代の米国の公民権運動を支持するデモ行進》. 〖1965〗

fréedom rìde, F- R- *n.*《米》フリーダムライド《乗り物の人種差別反対示威運動として組織的にバスなどに乗って南部諸州へ押しかける運動》. 〖1961〗

fréedom rìder, F- R- *n.*《米》フリーダムライド (freedom ride) に参加する人. 〖1961〗

fréed·wòman *n.* 女性の freedman. 〖1866〗

frée ecónomy *n.*〖経済〗自由主義経済《個人企業制に基づき政府の規制を最小限に留めようとする経済体制; cf. planned economy》.

frée eléctron *n.*〖物理〗自由電子《真空中・物質中を自由に運動する電子》.

frée éndpaper *n.*〖製本〗見返しの遊び, 遊び《見返しの一部分で, 表紙の内側に張付けられていない側の紙; cf. endpaper》.

frée énergy *n.*〖物理〗自由エネルギー《熱力学的関数の一つ cf. Gibbs free energy, Helmholtz free energy》.

frée énterprise *n.*〖経済〗**1** 自由企業体制《私企業は政府から多少の干渉は受けるが, 競争市場において自由にその営利活動を行うことができるとする私企業主導の経済体制》. **2** 自由企業. 〖1890〗

frée fáll *n.* **1**〖物理〗自由落下《重力の作用のみによる物体の落下》. **2** (パラシュート降下の際の開傘までの)自由落下. **3**〖宇宙〗自由落下《誘導もなく, 推力もなく, パラシュートなどによるブレーキもなく, ロケットなどの物体が落下すること》. **4** (価値, 名声などの)急速な下降. **5**〖証券〗(株価の)暴落. 〖1919〗

frée-fàll *vi.* (-fell; -fall·en) (落下傘が開く前に)自由落下する; 急激に落下する. **—** *adj.* 急激に落下[下落]する. **—** *n.* =free fall. **～·ing** *adj.* 〖1959〗

frée-fíre zòne *n.* **1**〖軍事〗無差別砲撃地帯. **2**《口語》無秩序, 無法状態. 〖1967〗

frée flíght *n.*〖宇宙〗推力がなくなった後の飛行. 〖1922〗

frée-flóating *adj.* **1** 〈国民が〉独立した, 自主の, 政党に縛られない. **2**《口語》〈精神状態が〉(明白な原因がなく)漠然とした, 曖昧な: ～ anxiety〖心理〗浮動性不安《はっきりした対象を欠いた不安》/ a ～ fear〖心理〗はっきりした対象を欠く恐怖 / ～ hostility 曖昧な敵意. **3** 比較的自由に動く. **frée-flóater** *n.* 〖1921〗

Free·fone /fríːfòʊn | -fəʊn/ *n.*《英》〖商標〗フリーホン (Freephone)《企業・団体への電話料金を受信者が負担するもの》. 〖1959〗

frée-fòoted *adj.*《Shak》動きの自由な. 〖1600-01〗

frée-for-àll *n.* **1**《口語》飛入り勝手の競争《競技・討論など》. **2** 乱戦, 乱闘 (free fight). **—** *adj.* **1** 〈競技・討論など〉飛入り勝手の, 自由参加の: a ～ race, discussion, etc. **2** 乱戦の; 規則を守らない. 〖1881〗

frée-fòrm *adj.* **1** (デザインが)自由形式の, 形式の自由な, 自由造形の: a ～ swimming pool. **2** 慣例に従わない; 任意の; 自発的な. 〖1952〗

frée fórm *n.* **1**〖言語〗自由形式《他の語の一部としてでなく, それ自体独立単位をなす child, children, redemption のような普通一般の単語; cf. bound form, secondary word》. **2**〖美術〗(特定の確固とした形をとらない)自由な抽象形態, 自由造形《Hans Arp や Joan Miró などの現代作家の作品について多く言われる》. 〖1952〗

Frée Fránce *n.* 自由フランス《1940 年対独降伏以後, ドイツおよびこれに協力する自国人に対して抵抗したフランス》.

Frée Frénch *n.* [the ～] 自由フランス人 (⇨ Fighting French).

frée gíft *n.* (販売を促進するための)景品. 〖1909〗

frée góld *n.* **1**《米》無拘束金塊《法定準備率を超えて保有される金塊; 1968 年以後廃止》. **2**〖鉱山〗自然金. 〖1897〗

frée góods *n. pl.* **1** 無税の輸入品. **2** 戦時中差押えを受けない品. **3**〖経済〗自由財《多量に存在するため無料で獲得できる品物; cf. economic goods》.

frée gýro *n.*〖航空〗フリージャイロ《ジンバル (gimbal) によって支持されたジャイロで, 航空機の機首方位・姿勢角検出のための基準を与える; cf. rate gyro》.

frée·hànd *adj.* **1** (器具・ものさしなどを用いず)手で描いた[彫刻した], 自在描写の: ～ drawings 自在画. **2** 既成の形態にとらわれない; 自由な (unrestrained). **—** *adv.* 自由な描法で: draw a sketch ～. 〖1862〗

frée hánd *n.* 自由行動(権), 自由裁量権: have [get] a ～ (*in doing, with*) (…(するの)に)自由行動ができる / We have given him a ～ *in doing* the task. 我々は彼の自由裁量に任せてその仕事をさせている. ***with a frée hánd*** ⇨ hand 成句. 〖1888〗

frée·hánded *adj.* **1** 大まかな, 気前のいい (lavish) (cf. free *adj.* 9 b). **2** =freehand. **～·ly** *adv.* **～·ness** *n.* 〖*a*1656〗

frée·héarted *adj.* **1** 心にこだわりのない, 開放的な, 存分の (open); 率直な, 遠慮のない. **2** 度量の広い, 気前のいい (generous). **～·ly** *adv.* **～·ness** *n.* 〖*a*1398〗

frée hít *n.* (ホッケーなどで)相手のルール違反で与えられるヒット.

frée·hòld〖法律〗*n.* (cf. copyhold) **1** (世襲不動産または官職・官位の)自由保有権《世襲として, または終身権として保有される》. **2** 自由保有不動産[官職]《世襲または終身享有不動産, または官職・官位》. **—** *adj., adv.* 自由保有権の[で保有して], 自由保有権によって保持された[て]. 〖(?*a*1400)《なぞり》← AF *fraunc tenement*〗

frée·hòlder *n.* 自由所有権保有者, 自由土地保有者. 〖(1375)《なぞり》← AF *fraunc tenaunt*〗

frée hóuse *n.*《英》フリーハウス, 独立居酒場《特定の醸造所のビールに限らず数種のビールを販売するパブまたは居酒場; cf. tied house 1》. 〖1858〗

frée·ing pòrt *n.*〖海事〗放水口《甲板に打上げられた水を舷外に放出する舷墻(ｹﾞﾝｼｮｳ) (bulwark) の扉つき開口部》.

frée jázz *n.* フリージャズ《全面的な即興演奏が売りものの 1960 年代の前衛ジャズ》.

frée kíck *n.* (アメフト・ラグビー・サッカーなどの)フリーキック《相手方の反則に対する罰などとし妨害されることなしに許されるキック》. 〖1882〗

Frée Kírk *n.* [the ～] =free church 2.

frée lábor *n.* **1** (奴隷の労役に対して)自由民の労働. **2 a** (労組の干渉にとらわれずに雇用される)自由労働; 非組合労働. **b** [集合的]非組合労働者, スト破り労働者. 〖1856〗

frée láborer *n.* (労組に加入していない)自由労働者, 非組合労働者.

free·lance /fríːlæns, -lænts | fríːlɑ̀ːns, lɑ̀ːnts, ⌐⌐/ *n.* **1** (定期刊行物の専属でない)自由寄稿家[作家], 自由契約の記者; 自由契約俳優, フリーランサー. **2** (特定の派に属さないで, 自由な立場で主義主張などに加担する)自由論客. **3** (中世の)無所属の騎士, 傭兵 (free companion). **—** *vi.* 自由契約者[フリーランサー]として活動する. **—** *vt.* 〈作品などを〉自由契約者として契約[提供]する. **—** *adj.* 自由契約の, 自由寄稿の, フリーランサーの: a ～ journalist, reporter, writer, etc. **—** *adv.* 自由契約で: work ～. 〖1820〗

frée·làn·cer *n.* =freelance 1. 〖1966〗

frée líbrary *n.*《英》(公共の)無料図書館. 〖1847〗

frée líst *n.* **1** (自由出入りを許す)優待者名簿; (雑誌などの)寄贈者名簿. **2**〖商業〗(関税の)免税品目表.

frée-líver *n.* (欲望充足のために)したい放題の生活をする人, 道楽者; (特に)食道楽の人, 美食家 (glutton). 〖1711〗

frée-líving *adj.* **1** したい放題の生活をする, 食道楽の, 美食家の. **2**〖生物〗自由生活の《寄生的でも共生的でも定着性でもない; cf. symbiotic, parasitic 1》. 〖1818〗

frée·lóad *vi.*《俗》**1** 飲食物などを他人にたかる; 居候する. **2** 他人のものをちゃっかり利用する. **frée·lóad·ing** *n.*

frée·lóader *n.*《俗》(飲食物を)よくたかる人; 居候. 〖1947〗

frée lóve *n.* 自由恋愛《正式の結婚をしない自由な性的関係, またはその立場を認める主義》. 〖1822〗

frée lúnch *n.* **1** (もとバーなどで客寄せ用に酒類を注文した客に供した)無料の昼食. **2**《口語》ただで手に入るもの

F

《結局は高くつくんだという否定的含みがある》: There's no (such thing as a) ～. この世にただなどというものはない. 〖1854〗

free·ly /fríːli/ *adv.* **1** 自由に, こだわりなく; 意のままに, 進んで: speak ～ / She comes and goes ～. 彼女は自由に出入りする. **2** 大ざっぱに, 大まかに, おうように, 豊富に, 惜しげなく: He sweats ～. 彼は汗っかきだ / Tears rolled ～ down her cheeks. 涙がとめどもなくほおを伝った. **3** 腹蔵なく, 遠慮なく, 打ちあけて. **4** 邪魔されず, すらすらと. 〖OE *frēolīce*: ⇨ free, -ly[1]〗

frée-machíning *adj.* **1** 〈金属が〉快削性のある《切粉が小さくなり機械削りの良い性質をいう》. **2** 快削鋼の《工作機械で切断・切削しやすくなるように硫黄・鉛などの付加剤を加えた鋼鉄類にいう》.

frée·man /-mən, -mæ̀n/ *n.* (*pl.* **-men** /-mən, -mɛ̀n/) **1** (個人的・政治的自由を享有する)自由人, 自由民. **2** 自由市民, 公民: a ～ of the City of Oxford オックスフォード市の公民. **3** (奴隷でない)自由民. 〖OE *frēoman*〗

F

Free·man /fríːmən/ *n.* フリーマン《男性名》. 〖↑〗

Free·man /fríːmən/**, Douglas Sou·thall** /sáuðɔːl, -ðɑːl | -ðɔːl/ *n.* フリーマン《1886–1953; 米国の編集者・伝記作家》.

Freeman, Mary E(leanor) *n.* フリーマン《1852–1930; 米国の女流小説家; 旧姓 Wilkins; *A New England Nun* (1891)》.

Freeman, (Richard) Austin *n.* フリーマン《1862–1943; 英国の法医学者・推理小説家 (Dr. Thorndyke を主人公とする); *The Singing Bone* (1912)》.

frée márket *n.* 〖経済〗自由市場, 一般市場《自由競争によって価格と数量の決まる市場; cf. open market》: ～ economy 自由市場経済. 〖1907〗

frée-marketéer *n.* 自由経済主義者.

free·mar·tin /fríːmɑ̀ːətn̩, -tn̩ | -mɑ̀ːtɪn/ *n.* フリーマーチン《通例, 雄と双生した生殖機能のない雌の子牛》. 〖(1681) ← FREE＋? *martin* (← ? Celt: cf. Ir.-Gael. *mart* cow (fattened for market))〗

free·ma·son /fríːmèɪsn, -sn̩, ⌐⌐⌐/ *n.* **1** (中世における)熟練石工組合員. **2** [F-] **a** (石工組合を母体として結成された秘密結社)フリーメーソン団 (Free and Accepted Masons) の会員《17 世紀の初期在来の石工組合 (societies of freemasons) が新たに名誉会員 (accepted mason) の参加を許すようになってから, その会員となることが一種の流行となり, 思想的にも訓練されて次第に発達し, 今日では世界的に広まっている; 会員相互の扶助と友愛を目的とし各国に支部を置き, 理想社会の実現を目指して世界的平和と人類愛を高唱する; Mason ともいう; cf. grand lodge》. **b** フリーメーソン団員 (Mason). **free·ma·son·ic** /fríːməsɑ́(ː)nɪk | -sɔ́n-ˊ/ *adj.* 〖(?c1383) ← FREE＋MASON: もとこの組合員は地方のギルドの拘束を受けずに町から町へ自由に移動できたことから〗

free·ma·son·ry /fríːmèɪsnri, -sn̩-, ⌐⌐⌐⌐/ *n.* **1** [F-] **a** Freemason 団の主義[制度, 慣行]《その規約や神秘的な儀式など; Masonry ともいう》. **b** [集合的](各種の)フリーメーソン団 (Masonry). **2** (同じ職業や利害関係をもつ人々が抱く本能的な)仲間意識. 〖((1435)) (1802): ⇨ ↑, -ry〗

frée-mínded *adj.* 気苦労のない, くったくのない. 〖1597〗

frée móney *n.* 〖経済〗自由貨幣《毎週定率で価値が自動的に低落する; 消耗貨幣ともいう; ドイツの Silvio Gesell (1862–1930) の提案による》.

frée·ness *n.* **1** 自由であること. **2** 無遠慮, 慣れ慣れしさ. **3** 大まか, おうよう. **4** 打解け, 気軽. 〖(*a*1325): ⇨ -ness〗

free oscillátion *n.* 〖物理〗自由振動《振動を開始させる時以外に外力が働かない状態での振動系の行う振動; free vibration ともいう; cf. forced oscillation》.

frée párdon *n.* 〖法律〗恩赦, 特赦.

frée páss *n.* ＝pass[1] 1 a.

frée páth *n.* 〖物理〗自由行程《電子・分子等の粒子が他の粒子に衝突せずに動く距離》: ⇨ mean free path. 〖1879〗

frée périod *n.* (学校の)自由[自習]時間.

Frée·phòne *n.* ＝Freefone.

frée pláce sýstem *n.* 〖英〗〖教育〗フリープレース制度《有償の中等学校で実施される授業料免除制度》.

frée pláy *n.* 自由活動: the ～ of mind [imagination].

frée pórt *n.* **1** 自由港《輸出入とも無税で外国貨物および船舶が自由に出入りできる港; cf. open port 1》. **2** 貨物の出し入れ中関税の除外される港域 (free zone). 〖1711〗

Free·post, f- /fríːpòust | -pəust/ *n.* 〖英〗〖商標〗フリーポスト《商業用の料金受取人払い郵便》. 〖1970〗

frée préss *n.* 自由出版物《政治・思想上検閲統制を受けていない新聞・雑誌・出版物》.

fre·er[1] /fríːə | fríːə(r)/ *adj.* free の比較級.

fre·er[2] /fríːə | fríːə(r)/ *n.* 自由にする人, 解放者: the ～ of the slaves. 〖(1610) ← FREE＋-ER[1]〗

frée rádical *n.* 〖化学〗遊離基, ラジカル《時に radical とも略称; ⇨ group *n.* 5 a》. 〖1900〗

frée ránge *n.* 〖畜産〗ニワトリの放し飼い用の広い場所 (cf. battery 9). 〖1912〗

frée-ránge *adj.* [限定的]〖英〗〖畜産〗〈ニワトリなど〉放し飼いにした: a ～ egg.

frée réach *n.* 〖海事〗順風帆走針路《風を正横より後方から受けて走ることのできる針路》.

frée réaching *n.* 〖海事〗順風を受けて帆走すること.

frée recáll *n.* 〖心理〗(記憶したものの)自由再生《記憶した項目を順番に関係なく再生[再現]すること》.

frée réed *n.* 〖楽器〗自由簧(こう)《ハルモニウム (harmonium) などのリード; リードの振動のみで一定の音高が得られる; cf. beating reed》. 〖1855〗

frée réin *n.* (行動・決定の)無制限の自由: give ～ to a person 人に自由にさせる, 好きなようにさせる. 〖1952〗

frée·ride *n.* フリーライド《ピストでもピストでないところでもオールラウンドに使用できるスノーボード》. ― *vi.* freeride でずべる.

frée ríde *n.* **1** 労せずして[金をかけずに]得る利益[娯楽, 喝采など], 不労所得. **2** 〖トランプ〗(スタッドポーカーで)ただのり《賭金なしでカードを一枚もらう権利》. ― *vi.* 労せずしてもうける; 金をかけずに楽しむ. 〖1899〗

frée ríder *n.* 労せずしてもうける人, 不労所得者; (特に)(組合費を払わずに労せずして団体交渉による組合活動の成果を享受している)非組合員労働者.

frée-rúnning *adj.* **1** 〈機構などが〉間断なく継続する. **2** 〖電子工学〗〈周期などが〉自走の. 〖1940〗

frée sáfety *n.* 〖アメフト〗フリーセイフティー《man-to-man defense でなく, 必要に応じた守備行動をとるセイフティー》.

frée schóol *n.* フリースクール, 自由学校《従来の学校教育制度にとらわれず, 比較的非公式に運営される生徒本位が徹底した学校; 特に問題児を扱う》. 〖1926〗

frée-seléct *vt.* 〖豪史〗公有地の一部を選んで毎年支払いをすることにより自由保有権 (freehold) を獲得する. **frée-seléction** *n.* **frée-seléctor** *n.* 〖1884〗

frée·shèet *n.* (広告収益でまかなわれる)無料新聞 (giveaway).

free·ship /fríːʃɪp/ *n.* (インド) 奨学金 (scholarship). 〖cf. *freeship* (廃) generosity (⇨ free, -ship)〗

free·si·a /fríːʒiə, -ʒə | -ziə, -ʒə, -ʒiə/ *n.* フリージア《アフリカ南部原産のアヤメ科フリージア属 (*Freesia*) の温室性球根植物の総称》. 〖(1882) ← NL ～ ← *F. H. T. Freese* (*d.* 1876: ドイツの植物学者): ⇨ -ia[1]〗

frée sílver *n.* 〖経済〗(金に対して一定の比率, 例えば 16:1 での)銀の自由鋳造. 〖1890〗

frée skáte *n.* (フィギュアスケートの)フリープログラム, 自由演技.

frée skáting (prógram) *n.* ＝free skate.

frée-sóil *adj.* 〖米〗**1** (南北戦争前に)准州 (the Territories) への奴隷制度の拡大に反対する. **2** [F- S-] 自由土地党 (Free-Soil party) の. 〖1848〗

frée sóil *n.* 〖米〗(南北戦争前に, 奴隷の使役を許さない)自由土地, 自由地域 (cf. Free State). 〖*a*1850〗

frée-sóiler *n.* 〖米〗自由土地論者; [F- S-] 自由土地党党員. 〖1849〗

Frée-Sóil pàrty *n.* [the ～]〖米〗自由土地党《新しい準州に奴隷制度の侵入を防止しようと 1848–54 年に活躍した政党》.

frée spáce *n.* 自由空間《重力・電磁場のない空間; 一般には vacuum ともいう》.

frée spéech *n.* 言論の自由 (freedom of speech).

frée-spóken *adj.* 腹蔵なく[率直に, あけすけに]ものを言う (outspoken). **～·ly** *adv.* **～·ness** *n.* 〖1625〗

fre·est /fríːɪst/ *adj.* free の最上級.

frée·stánding *adj.* **1** 〈建築物・彫刻など〉支柱などなしに立っている, それ自体で独立している: a ～ wall. **2** 〖文法〗(体系文法において)節が単独にセンテンスになり得る, 主節になる. 〖1876〗

Frée Stàte *n.* **1 a** [通例 *pl.*]〖米史〗自由州《南北戦争前の非奴隷使役州; cf. Slave State 1》. **b** [the ～] 米国 Maryland 州の俗称. **2** [the ～] ＝Irish Free State (⇨ Ireland 2). **3** フリーステート《南アフリカ共和国中東部の州; 面積 129,480 km², 州都 Bloemfontein; 旧名 Orange Free State》.

Frée Stàter *n.* **1** 自由州 (Free State) の住民. **2** (もとの)オレンジ自由州 (Orange Free State) の白人の住民《南アフリカ共和国の中央部のヨーロッパ系の住民》. **3** アイルランド自由国 (Irish Free State) の住民. **4** Maryland 州の人. 〖1899〗

frée·stòne *n.* **1** 〖地質〗(特別な石目のないため)どんな方向にも自由に切り取れる岩石《ある種の sandstone, limestone など》. **2 a** 身離れのよい種. **b** 種離れのよい果実《ある種のモモ・スモモなど》. ― *adj.* 〈モモ・スモモなど〉種離れのよい (cf. clingstone). 〖(*c*1290) *freston* (なぞり) ← OF *fra(u)nche pere* fine stone〗

free·style /fríːstàɪl/ *n.* **1** 〖スポーツ〗(水泳・フィギュアスケート・レスリングなどの)自由型, フリースタイル. **2 a** (国際ルールに基づくアマチュアレスリングの)フリースタイル. **b** (プロレスにおける)フリースタイル (all-in wrestling). **3** (スキーなどの)自由演技[競技]. ― *adj.* [限定的] 自由型の, フリースタイルの: ～ skating. 〖*c*1934〗

frée·stỳl·er /-lə | -lə(r)/ *n.* (水泳の)自由型選手.

frée-swímmer *n.* 〖動物〗自由遊泳動物《魚など》.

frée-swímming *adj.* 〈動物など〉自由に泳ぎ回る, 自由遊泳性の. 〖*c*1890〗

frée-swíng·ing *adj.* 勝手にふるまう, 身の危険など考えない, 無思慮な.

frée sýllable *n.* 〖音声〗開音節《free, play など》.

frée-tàiled bát *n.* 〖動物〗オヒキコウモリ, オオミミコウモリ.

frée·thínker *n.* **1** (宗教上の)自由思想家. **2** 不可知論者 (agnostic). 〖?1692〗

frée·thínking *adj.* (宗教上で)自由思想を抱く; 自由思想の. ― *n.* (宗教上の)自由思想. 〖?1692〗

frée thóught *n.* (権威や伝統の拘束を受けない宗教上の)自由思想; (特に, 18 世紀の)理神論. 〖1711〗

frée thrów *n.* 〖バスケットボール〗**1** フリースロー《相手方のファウルのために与えられる投球; foul throw ともいう》. **2** フリースローによる得点 (1 点). 〖*c*1929〗

frée thrów làne *n.* 〖バスケットボール〗フリースローレーン (3 秒ルールが適用されるフリースローを行う制限区域). 〖*c*1929〗

frée thrów lìne *n.* 〖バスケットボール〗フリースローライン《フリースロー投球線; foul line ともいう; ⇨ basketball 挿絵》.

frée tícket *n.* **1** 無料切符. 日英比較 日本語の「フリー切符[チケット]」は,「有料で, ある一定の区間を何回でも乗り降りできる切符」の意で, 英語の *free ticket* とは意味が異なる. ⇨ free 日英比較. **2** 《俗》〖野球〗四球.

Free·town /fríːtaun/ *n.* フリータウン《アフリカ西部 Sierra Leone 西部にある海港で, 同国の首都; 1788 年, 解放された奴隷の入植地となった》.

free tráde *n.* **1** 自由貿易 (cf. PROTECTIVE trade); 自由貿易制[主義] (cf. protectionism). **2** 《古・スコット》密貿易 (smuggling). 〖1606〗

free tráder *n.* **1** 自由貿易主義者. **2** 《古・スコット》密貿易者 (smuggler). 〖1698〗

free univérsity *n.* 自由大学《履修課目・単位と関係なく, 学生の興味のある問題を議論し研究し, 学生の自治で運営していく大学内の組織》. 〖1966〗

free váriable *n.* 〖論理〗自由変項[数] (cf. bound variable).

free variátion *n.* 〖言語〗自由変異《同一の環境に生じ, しかも対立しない変異形相互間の関係》.

free véctor *n.* 〖数学〗自由ベクトル《始点が指定されていないベクトル》. 〖1919〗

free vérse *n.* 自由詩, 自由詩型《詩の伝統的な定型によらず, 行の長さも自由で通例脚韻をふまない; Whitman を始め現代詩に多い》. 〖(1908) (なぞり) ← F *vers libre*〗

free vibrátion *n.* 〖物理〗＝free oscillation.

free vóte *n.* 〖政治〗(党規に拘束されない)自由投票.

free vówel *n.* 〖音声〗自由[開放]母音《英語の長母音・二重母音のように閉音節にも開音節にも現れる母音; cf. checked vowel》.

free wálk *n.* 〖馬術〗(頭や首が自由な)並足.

free·wàre *n.* 〖電算〗フリーウェア《無料で使えるソフトウェア》.

free wáter *n.* **1** 〖化学〗自由水, 遊離水. **2** (重力によって動く)自然水《gravitational water ともいう》.

free·way /fríːwèɪ/ *n.* 〖米〗**1** 高速道路 (expressway). 日英比較 米国西海岸で用いられる語. 高速道路であるが「料金が無料」であるのでこの名がある. 日本の高速道路のように有料の場合は, toll road (有料道路) という. expressway, superhighway も日本語の「高速道路」に該当するが, それらはほとんどが無料である. 〖英〗では motorway が高速道路の意で, 料金は無料である. **2** 無料幹線道路. 〖1930〗

frée·whéel *n.* フリーホイール, 自由輪: **1** ペダルを止めても回転する自転車の後輪の機構. **2** 推進軸の回転速度が機関軸のそれより大きいときに動力伝道を断つ自動車の機構. ― *vi.* **1** 〈自転車・自動車・運転者などが〉駆動力を切って惰力で走る. **2** 気楽に行動する, 自由奔放にふるまう. 〖1899〗

frée·whéel·er *n.* 自由輪つきの自転車[自動車]. 〖1908〗

frée·whéel·ing *adj.* **1** 自由輪 (freewheel) のような作用の. **2** 《米口語》〈人が〉自由奔放に動きまわる[ふるまう]; 〈言葉・行動など〉無責任な, 勝手な: a ～ bachelor life 自由気ままな独身生活. **～·ness** *n.* 〖1903〗

frée·wíll *adj.* **1** 自由意志での, 任意の, 自発的な (voluntary): a ～ gift 自発的贈物. **2** 自由意志説の. 〖1535〗

frée wíll *n.* **1** 自由意志, 自由選択: the doctrine of ～ 自由意志説 / of one's own ～ 自由意志で, 自ら進んで. **2** 自由意志説 (cf. determinism). 〖(?*a*1200) (なぞり) ← LL *liberum arbitrium*〗

Frée·will Báptist *n.* 〖キリスト教〗自由意志バプテスト《Arminius の教説を支持し, open communion を行うバプテスト系の分派の一員》. 〖1732〗

frée·will óffering *n.* 〖キリスト教〗自由献金, 任意献金; 自発の供え物 (cf. *Lev.* 7:16).

frée wórld *n.* [the ～] (共産圏に対して)自由世界, 自由主義諸国. 〖1949〗

freeze /fríːz/ *v.* (**froze** /fróuz | frə́uz/; **fro·zen** /fróuzən, -zn̩ | frə́u-/) ― *vi.* **1 a** 〈水・湿潤物・水面・地面などが〉凍る, 氷結する, 氷が張る ‹*over, up*›; 〈水道管などが〉凍結する〈食物などが〉冷凍保存できる: Water ～*s* at 32° Fahrenheit [0° Centigrade, 0° Celsius]. 水はカ氏 34 度[セ氏 0 度]で凍る / I'm afraid the washing will ～. 洗濯物が凍りはしないかしら / The pipes often ～ about this time of the year. (水道)管は毎年今ごろになるとよく凍る / The lake *froze over* [solid] as early as November. 湖はまだ 11 月というのに氷が張りつめた. **b** 〈溶解した金属などが〉凝固する.

2 [It を主語として]氷が張る; 凍るほど寒い: *It froze* hard last night. 昨夜はひどく凍った / *It is freezing* tonight. 今夜は凍るように寒い.

3 a こごえる, 体が凍るように感じる, 寒さが身にしむ: I am simply [really] *freezing*! 寒くてこごえそうだ / ～ to death 凍死する, こごえ死ぬ. **b** 凍死する; 〈植物が〉寒さで枯死する.

4 a (凍りついたように)じっとして動かない, 急に静止する, (恐怖などのため)立ちすくむ, ぞっとする; (恥ずかしさなどで)口もきけなくなる, 何もできなくなる ‹*up*›: That made my blood ～. それには思わずぞっとした / At the noise he *froze* in his tracks. その物音で彼は思わずその場に立ちすくんだ / She fairly *froze up* with terror. 彼女は恐怖のためかなりぞっとした. **b** 〈人が〉態度が冷たくなる, よそよそしくなる 〈*up*〉; 〈表情・感情が〉(凍りついたように)硬化する: The smile *froze* on his lips. 唇に浮かんだ笑みが急に止まってしまった / Her affection gradually *froze into* hatred. 彼女の愛情は次第に憎しみの気持ちに硬化していった / He suddenly *froze up* at the rebuke. そう非難されると彼は急に冷やかな態度を見せた / All the cordiality *froze* out of her manner. 親切な態度がいっぺんに凍りついたように消えてしまった. **c** 《米》[命令形で] 手を上げろ, 動くな: *Freeze!* 動くな(手を上げろ).

5 a 〔…に〕凍りつく〔*to*〕: His hands *froze to* the oars. 彼の手はオールに凍りついた / The wheels had *frozen to* the ground. 車輪が地面に凍りついていた / The two metal surfaces *froze together*. その 2 枚の金属面は凍りついた. **b** 《米口語》(恐怖のためなどで)〔…に〕しっかりとしがみつく, 〔…を〕握り締める〔*to, onto, on to*〕: He drove on, *freezing to* the wheel. 彼はハンドルをしっかりと握り締めたまま車を走らせて行った.

6 〈ねじ・釘などが〉(さび付いたりして)固着する, 抜けなくなる: The nut has *frozen to* its bolt. ナットがボルトにくっついてしまった.

7 a 〘機械〙(過熱・破損のため)作動しなくなる: The piston has *frozen* in the cylinder. ピストンがシリンダー内で動かなくなった. **b** 〘電算〙〈システムが〉フリーズする《画面が変化しなくなり, ユーザーの指示に反応しなくなる》.

— *vt.* **1 a** 〈水などを〉凍らせる: The severe cold has *frozen* the water in the tub. 酷寒のためたらいの水が凍った. **b** 〈肉などを〉(貯蔵のため)冷凍する, 〈包装食料品を〉(フリーザーで)急速冷凍する (quickfreeze): Meat is *frozen* and preserved during the summer. 肉は冷凍して夏の間貯蔵する. **c** 〈アイスクリームを〉フリーザーで作る (cf. freezer 2): ~ ice cream.

2 〘経済〙〈物価・賃金などを〉凍結する; (法令で)釘付けにする, 〈資金・資産・貸金〉の現金化[回収]を停止する, 現金化を差し止める; (特に)〈外国人の銀行預金を〉凍結する (cf. block *vt.* 5); (戦時中など)〈材料〉の生産[使用, 販売]を禁止する; 〈労働者を〉(職場に)くぎ付けにする: They have *frozen* wages [prices] as of January. 賃金[物価]は 1 月のままに据え置かれた / Many banks in the city began to ~ investment loans. 市中の銀行で投資貸付けを凍結し出した所が多かった / *frozen* assets 凍結資産.

3 a 〈道路などを〉かちかちに凍らせる, 凍結させる; 〈川・池など〉に氷を張らせる 〈*over*〉: The road is *frozen* hard. 道路がかちかちに凍っている / The lake was *frozen over* [solid]. 湖には氷が張りつめた. **b** 氷で詰まらせる; 氷で閉じ込める[閉ざす] 〈*in, up*〉: The water pipes were *frozen* by last night's cold 昨夜の寒さで水道管が凍った / All the ships were *frozen in* [*up*]. 船はみな氷に閉ざされた.

4 〈血を〉凍りつかせる; 〈人・動物〉を(恐怖などで)ぞっとさせる, 立ちすくませる, 身動きできなくさせる: The sight *froze* my blood. その光景を見て血が凍る思いをした / I just stood *frozen* with horror [fear, terror, fright]. ぞっとして立ちすくんでしまうばかりだった.

5 a こごえさせる, 凍るように感じさせる, 冷え込ませる (chill): We were *frozen* by the unseasonable cold. 我々は時季外れの寒さに震え上がった. **b** 凍死させる, 〈植物を〉寒さで枯死させる: He was *frozen* (to death) in the snowfield. 雪原で凍死した / The buds have been *frozen* by the late snow. つぼみは時季外れの遅い雪のためしぼんでしまった.

6 a 〔…に〕凍りつかせる〔*to*〕: The washing has been *frozen to* the line. 洗濯物が洗濯ひもに凍りついた. **b** 〈恐怖などが〉〔…に〕しがみつかせる, 〔…を〕しっかりと握らせる〔*to*〕: Fear *froze* him *to* the steering wheel. ぞっとして思わず彼はハンドルを強く握り締めた.

7 固定させる, 恒久化する (stabilize), (ある発達段階で)停止させる (arrest): That served to ~ the status quo. それがもとで現状が恒久化された.

8 〈人〉に冷たく[よそよそしく]ふるまう, 突き放したようにあしらう 〈*off*〉; 堅苦しくさせる, …の心を閉ざさせる; (高慢に, またはつれなくあしらって)…の熱意をさまさせる, の心に水を差す, おじけさせる, 煙たがらせる (frighten, discourage): With his haughtiness he used to ~ his colleagues. 高慢な態度をとって同僚たちに煙たい思いをさせたものだった.

9 〈核兵器などの〉生産を凍結する.

10 〘外科〙〈患部に〉寒冷[冷却]麻酔をかける.

11 〘スポーツ〙(バスケットボール・ホッケーで, 試合の終盤に至って追加点をあげずわずかなリードのまま逃げ切ろうとして)〈ボール・パックを〉守り続ける: ~ the ball.

12 〘トランプ〙(カナスタ (canasta) で)鬼札 (joker か deuce の wild card) を出して〈捨て札を〉凍結する (cf. frozen 9).

13 〘映画〙〈画面を〉コマどめする (⇨ freeze-frame).

fréeze óut (*vi.*) 〈植物が〉寒さのため枯死する. — (*vt.*) 《口語》(冷遇・激しい競争などで)〈人を〉いたたまれないようにする, 追い出す (drive out); (経済的に)締め出す (exclude): The big combines *froze out* most of the smaller traders. 大企業合同のため中小企業者の大多数が締め出しをくわされた.

— *n.* **1** 氷結, 凍結. **2** 氷結期, 厳寒(期) (frost); (数日にわたり広範な地域を襲う)氷点下の寒波. **3** (非常時下における法令による物価・生産・建築などに対する)凍結, 固定: a price ~ 物価の凍結 / put a ~ *on* the production of …の生産を凍結[禁止]する / a ~ in relations between the two countries 2 国間の関係の凍結. **4** 《俗》冷たい仕打ち[あしらい方]. **5** 〘スポーツ〙(バスケットボールやホッケーで)ボール[パック]を守り続けること (⇨ *vt.* 10). **6** 〘化学〙＝freezing mixture. **fréez·a·ble** /-zəbḷ/ *adj.*

〘OE *frēosan* < Gmc **freusan* (Du. *vriezen* / G *frieren*) ← IE **preus-* to freeze, burn (Skt *pruṣvā* ice, hoarfrost & *pruṣta* burnt)〙

fréeze-drý *vt.* 凍結乾燥させる (lyophilize). **fréeze-dríed** *adj.* 〘1946〙

fréeze-drýing *n.* 凍結乾燥 (lyophilization). 〘1944〙

fréeze-ètching *n.* 〘生物〙フリーズエッチング《電子顕微鏡用の標本作成法の一つで, 生物試料を凍結・切断しその表面のレプリカ (replica) を作る方法》. 〘1968〙

fréeze-fràme *n.* **1** 〘映画〙コマどめ, ストップモーション《光学焼付け機により一コマを繰返し焼き付けることによってある動きを特定のコマでストップさせたもの》. **2** (ビデオの)画面の一時停止装置; 静止画面. 〘1948〙

fréeze-òut *n.* 《米》**1** (冷遇・不親切・策略などによる)締め出し. **2** 〘トランプ〙(ポーカーで)負け抜け方式《一定の元手を決め, それをなくした者が次々と抜けていって最後に残った者が勝ちとなる方式; freeze-out poker ともいう》. 〘1856〙

freez·er /fríːzə | -zə(r)/ *n.* **1** 冷凍装置 (cf. deep freeze), 冷凍機, 凍結器; (家庭用の)冷凍(冷蔵)器[庫] (home freezer); (アイスクリームなどの製造用)手動式冷凍器; フリーザー; 冷蔵庫 (refrigerator), 冷蔵車 (refrigerator car); 冷凍室 (freezing [freezer] compartment ともいう); ⇨ ice-cream freezer. **2** 冷凍装置係. **3** 《豪口語》羊肉冷凍業者, 冷凍肉用羊飼養者; 冷凍肉用羊. **4** 《米俗》刑務所 (prison). 〘(1845) ← FREEZE＋-ER¹〙

fréezer bàg *n.* 冷凍用ポリ袋, フリーザーバッグ《中に食品を入れる》.

fréezer bùrn *n.* 冷凍焼け《冷凍肉・魚など冷蔵中の氷の昇華のために組織が変化すること》. 〘1929〙

fréezer compàrtment *n.* 冷凍室 (freezer).

fréeze-ùp *n.* **1** (川などの)氷結(状態). **2** 《口語》氷結期間. 〘1876〙

freez·ing /fríːzɪŋ/ *n.* **1 a** 《口語》氷点 (freezing point): above [below] ~. **b** 氷結(作用), 凍結. **2 a** (食料品の)冷凍(法). **b** [形容詞的に] 冷凍用の: a ~ machine [chamber] 冷凍機[室]. — *adj.* **1 a** 凍る(ような), 極寒の; 〈温度が〉氷点下の, 氷点下に達しそうな: a ~ morning 凍るように寒い朝. **b** [副詞的に] 凍るように: It was ~ cold this morning. けさはこごえそうになるほど寒かった. **2** 〈態度など〉きわめてひややかな (icy), よそよそしい (distant). **3** 〘気象〙〈雨など〉着氷性の《地面や地物に接触して雨氷となる》: a ~ drizzle [rain] 着氷性のみぞれ[雨]. **~·ly** *adv.* 〘(1398): ⇨ freeze, -ing¹〙

fréezing compàrtment *n.* 冷凍室 (freezer).

fréezing mìxture *n.* 〘化学〙寒剤, 起寒剤, 凍結剤《氷と食塩のように二つ以上の物質を混合して低温度を得る冷却剤》. 〘1695〙

fréezing pòint *n.* 〘化学〙凝固点, 氷点, 析出点《一定の圧力のもとで液相にある物質が固相と平衡を保つ時の温度; 一般に液体凝固点は融点 (melting point) と同じ》. 〘1747〙

fréezing wòrks *n. pl.* [しばしば単数扱い] 《豪》屠(と)畜冷凍所《輸出用肉供給所》. 〘1889〙

frée zòne *n.* (都市や港の)自由地帯《無税で貨物の受入れや貯蔵のできる区域; cf. free port》. 〘1901〙

freez·y /fríːzi/ *adj.* (**freez·i·er**; **-i·est**) 《俗》凍るように冷たい. 〘(1827) ← FREEZE＋-Y⁴〙

Fre·gat·i·dae /frɪgǽtədiː | frɪgǽtɪ-/ *n. pl.* 〘鳥類〙(ペリカン目)グンカンドリ科. 〘← NL ~ ← *Fregata* (属名: ← F *frégate* (鳥の名))＋-IDAE〙

Fre·ge /fréɪgə; G. fʁéːgə/, **Gott·lob** /gɔ́tloːp/ *n.* フレーゲ (1848–1925; ドイツの数学者・論理学者・哲学者).

F règion /ɛ́f-/ *n.* 〘通信〙F 層区域 (F 層 (F layer) のある領域; 地上 125 km から 400 km 以上の区域; appleton layer ともいう; cf. ionosphere).

Frei·burg /fráɪbəːg | -bɜːg; G. fʁáɪbʊʁk/ *n.* **1** フライブルク《ドイツ南部の都市; 正式名 Freiburg im Breisgau /-ɪmbráɪsgaʊ/》. **2** Fribourg のドイツ語名.

freight /fréɪt/ *n.* **1** (水・陸・空による)貨物運送 (cf. express 3); 輸送船[車, 機]の賃借り: send by [as] ~ (普通)貨物便で送る. **2 a** 《英》運送貨物, 船荷 (cargo) (⇨ burden¹ SYN). **b** 《主に詩》荷, 重荷 (burden). **3** (貨物運送の)運送料, 運賃, 用船料, 空輸料: ~ forward 運賃先払い / ~ free 運賃無料で / ~ paid 運賃支払済 / ~ prepaid＝advanced ~ 運賃前払い. **4** 《米》＝freight train: a fast ~ to New Orleans ニューオーリンズへの速い貨車. — *vt.* **1** 〈船・貨物など〉に荷を積む, …に貨物を積載する: ~ a ship, car, etc. **2 a** …に重みをかける, 重荷を負わせる (burden): His speech was ~*ed with* significance [sorrow]. 彼の言葉には意味[悲しみ]がいっぱい込められていた. **b** 〈作品に意味を重く負わせる (charge): His comedy was ~*ed*. 彼の喜劇は意味がいっぱい込められていた. **c** 〔希望・喜びなどで〕いっぱいにする〔*with*〕: He is ~*ed with* hopes. 希望にあふれている. **3** 〈貨物を〉(貨物として)運送する; (普通貨物便で)積み出す: ~ goods *to* …貨物を…へ運送する[積み出す]. **4** 《英》(貨物運送のために)〈船・貨車を〉貸す (let), 借りる (hire). **~·less** *adj.* 〘(1228) *fraught* ▭? MDu. or MLG *vrecht* (変形) ← *vracht*: cf. fraught (n.)〙

freight·age /fréɪtɪdʒ | -tɪdʒ/ *n.* **1** 貨物運送《英国では水上運送だけにいう》. **2** 貨物運送料, 運賃. **3** 運送貨物, 積荷, 船荷 (cargo, freight). 〘(1442): ⇨ ↑, -age〙

fréight àgent *n.* 貨物取扱人 (《英》forwarding agent). 〘1843〙

fréight càr *n.* 《米》貨車. 〘1833〙

fréight dèpot *n.* 《米》貨物駅 (《英》goods station). 〘1841〙

fréight èngine *n.* 《米》貨物機関車.

freight·er /fréɪtə | -tə(r)/ *n.* **1** 貨物船 (cargo vessel); 貨物輸送機. **2** 船荷積込人, 荷役労務者; 貨物取扱い人. **3 a** 荷送り人, 荷主. **b** 貨物運送業者, 回漕(かいそう)業者. 〘(1622): ⇨ -er¹〙

fréight fòrwarder *n.* 貨物(発送)取扱人, 貨物(発送)取扱会社. 〘1922〙

fréight hòuse *n.* 《米》(鉄道の)貨物置場[倉庫], 貨物取扱い施設. 〘1848〙

fréight insùrance *n.* 〘海上保険〙運賃保険.

fréight·lìner *n.* 《英》コンテナ連結貨物列車. 〘1965〙

fréight ràte *n.* 《米》運賃率《貨物の単位あたりの運賃》. 〘1848〙

fréight tòn *n.* (船貨の)容積トン (⇨ ton¹ 2).

fréight tràin *n.* 《米》貨物列車 (《英》goods train). 〘1845〙

FRELIMO, Fre·li·mo /frɛlíːmoʊ | -məʊ/ *n.* モザンビーク解放戦線《対ポルトガル独立闘争を展開した左派ゲリラ組織; 1962 年結成; 75 年独立後は 90 年までモザンビークの単独政党》. 〘Port. *Fre*(*ute de*) *Li*(*bertaçao de*) *Mo*(*çambique*)〙

Fre·man·tle /fríːmæntḷ | -tḷ/ *n.* フリマントル《オーストラリア南西部, Western Australia 州南西部の港湾都市》.

fremd /frɛ́md/ *adj.* 《スコット》**1 a** 外国の, 見慣れない. **b** 身内のものでない (unrelated). **2** 不親切な. 〘OE *frem*(*e*)*de* ← Gmc **framaþja-* (G *fremd* / Dan. *fremmed*) ← **fram* 'FROM'〙

frem·i·tus /frɛ́mətəs | -mɪt-/ *n.* (*pl.* ~, ~**·es**) 〘医学〙振盪(しんとう)音. 〘(1820) ▭ L ~ 'a roaring' ← *fremere* to murmur, roar〙

Fre·mont /fríːmɑ(ː)nt | fríːmɔnt, frɪmɔ́nt/ *n.* フリーモント: **1** 米国 California 州西部, Oakland 南東にある都市. **2** 米国 Nebraska 州東部, Omaha の西北, Platte 川沿岸の都市. **3** 米国 Ohio 州北部, Sandusky の西南にある都市; 米英戦争時の Stevenson 砦(とりで) (1812) 建設の地.

Fré·mont /fríːmɑ(ː)nt | fríːmɔnt, frɪmɔ́nt/, **John Charles** *n.* フリーモント (1813–90; 米国の探検家・将軍・政治家).

frena *n.* frenum の複数形.

fre·nate /fríːneɪt/ *adj.* **1** 〘解剖・動物〙小帯[繫帯(けいたい)]のある. **2** 〘昆虫〙翅鉤(しこう)[翅棘(しきょく)]のある. 〘(1925) ← NL *frenutus* ← L *frenāre* ← *frenum* bridle: ⇨ frenulum, frenum〙

French /frɛ́ntʃ/ *adj.* **1 a** フランスの; フランス人の; フランス製の; フランス風の. **b** (教養の高さ・ある種のふるまいなどに関して)フランス人風[式]の. **2** フランス語の: a ~ lesson フランス語レッスン. **3** 《カナダ》フランス系の: a ~ Canadian フランス系カナダ人.

— *n.* **1 a** フランス語: Old ~ 古期フランス語《9–13 世紀》, 中世フランス語《9–16 世紀》/ Middle ~ 中期フランス語《14–16 世紀》/ Modern ~ 近代フランス語《16 世紀半以後現在まで》. **b** 《婉曲》下品な[汚ない]言葉(遣い); 《英》悪口: Excuse [Pardon] my ~. こんな言い方をして失礼. **2** [the ~; 集合的] フランス人, フランス国民 (the French people); フランス軍. **3** [しばしば f-] 《英》＝French vermouth. **4** 《俗》＝fellatio, cunnilingus.

French and Indian War(s) [the —] フレンチインディアン戦争《七年戦争 (Seven Years' War) の際北米大陸で戦われたフランス軍とアメリカインディアン連合軍対英軍の戦争 (1754–63); フランス軍側は敗れ北米のほぼ全域を失った》.

— *vt.* [時に f-] **1** フランス風[流]に下準備する: **a** 〈さやいんげん・さやえんどうなどを〉細長く切る. **b** 〈肉を〉フレンチチョップ (French chop) にする. **2** 《俗》〈人〉に fellatio [cunnilingus] をする.

~·ness *n.* 〘ME *Fren*(*ki*)*sch* < OE *Frenċisċ* < Gmc **fraŋkiskaz* ← **Fraŋkon* 'FRANK²': ⇨ -ish¹〙

French /frɛ́ntʃ/, **Daniel Chester** *n.* フレンチ (1850–1931; 米国の彫刻家).

French, Sir John Den·ton Pink·stone /dɛ́ntn píŋkstoʊn, -stən | -stəʊn, -stən/ *n.* フレンチ (1852–1925; 英国の第一次大戦当時の陸軍元帥; 称号 1st Earl of Ypres).

Frénch Acádemy *n.* [the ~] アカデミーフランセーズ《1635 年 Cardinal Richelieu がフランス語の純粋性を維持するために創立したもので, 40 名の学者・文筆家から成る, 現在はフランス学士院 (Institute of France) の一部門; cf. Forty Immortals; フランス語名 Académie française》.

Frénch béan *n.* 《英》**1** サヤインゲン (snap bean). **2** インゲンマメ (kidney bean) (cf. haricot). **3** サヤインゲンやインゲンマメのさや. 〘1552〙

Frénch béaver *n.* ビーバー[ヌートリア]に似せて加工した飼兎の毛皮.

Frénch béd *n.* フランス風ベッド《19 世紀初期に流行した S 字形の頭板と足板のある豪華な帝政時代様式の寝台》. 〘1825〙

Frénch blúe *n.* 群青(ぐんじょう) (ultramarine). 〘1879〙

Frénch bréad *n.* フランスパン《皮のかりかりした細長いパン; French loaf のほか French roll などがある》. 〘1686〙

frénch búlldog, F- b- *n.* フレンチブルドッグ《コウモリ耳をもち, 頭蓋に特徴のある小形のブルドッグ; フランス上流社会の婦人たちに人気があった》. 〘1894〙

Frénch Cameróons *n.* [the ~] ⇨ Cameroons.

Frénch Cánada *n.* **1** フランス系カナダ《フランス系人が優位を占める地域; 特に Quebec 州》. **2** [集合的] フランス系カナダ人.

Frénch Canádian *n.* **1** フランス系カナダ人. **2** フランス系カナダ人の言語. **3** フレンチカナディアン《黒色をしたカナダ産の一品種の小さい乳牛》. **Frénch-Canádian** *adj.* 〘1758〙

Frénch chálk *n.* フレンチチョーク, 「チャコ」《ドライクリーニングで油脂の除去や, 洋裁で布にしるしをつけるのに用

いられる; 凍石 (steatite) で作られる). 〖*a*1728〗

Frénch chóp *n.* フレンチチョップ《通例子羊の骨付きあばら肉の厚切り; 骨の先を出したもの》. 〖*c*1923〗

Frénch Commúnity *n.* [the ~] フランス共同体《1958 年の憲法によって制定されたもので, フランス本国と 6 つの共和国 (Central African Republic, Chad, Congo, Gabon, Malagasy Republic, Senegal), 海外県 (French Guiana, Guadeloupe, Martinique, Réunion) および海外領土 (New Caledonia, French Polynesia など)によって構成される; Algeria, Cameroons, Guinea, Niger を除く旧フランス連合 (French Union) に相当する; フランス語名 la Communauté》.

Frénch Cóngo *n.* [the ~] ⇨ French Equatorial Africa.

Frénch crícket *n.* フランス式クリケット《打者の両足を柱 (stumps) として使う変則的クリケット》. 〖1926〗

F

Frénch crówn *n.* 《廃》 **1** フランス硬貨. **2** フランス病[性病]のために毛の抜けた頭. 〖1599〗

Frénch cúff *n.* フレンチカフス《二重に折り返されカフスボタンで留めるカフス; cf. barrel cuff》. 〖1916〗

Frénch cúrve *n.* 雲形定木. 〖1885〗

Frénch díp *n.* 〖料理〗 フレンチディップ《フランスパンにローストビーフを載せ, 肉汁を注いだホットサンドイッチ; French-dip sandwich ともいう》.

Frénch dóor *n.* 《米》〖建築〗 フレンチドア《方形のガラス入り格子を戸枠の中にはめ込んだ観音開きの戸; cf. French window》. 〖1923〗

French door

Frénch dráin *n.* 〖土木〗 盲下水《砕石で作った吸い込み下水; rubble drain ともいう》. 〖1776〗

Frénch dréssing *n.* フレンチドレッシング (⇨ vinaigrette sauce). 〖1900〗

Frénch éndive *n.* フランスエンダイブ (⇨ endive 2).

Frénch Equatórial África *n.* フランス領赤道アフリカ《アフリカ中西部のフランス領で, Chad, Gabon, Middle Congo, Ubangi-Shari などの植民地から成り, 1910 年までは French Congo と称した; 1960 年それぞれ Chad, Gabon, the Republic of Congo, the Central African Republic として独立し, フランス共同体 (French Community) 内の共和国となった》.

Frénch fáct *n.* 《カナダ》 Quebec 州におけるフランス語・フランス文化の優位. 〖1974〗

Frénch fáke *n.* 〖海事〗 フレンチフェイク《ロープがからまらずに楽に走り出せるように甲板上に並べる方法の一つで, 走行方向に直角にロープを往復させ, しかも互に重ならないように並べる方法; cf. long fake》. 〖1846〗

Frénch flát *n.* 《英》〖劇場〗 ⇨ flat[1] *n.* 10.

Frénch fóot *n.* (たんす・本棚・机などを支持する)持ち送り脚《内側が S 字の長い曲線をなし, 外側の角縁がゆるやかに凹状をなしている》.

Frénch Fóreign Légion *n.* フランス外人部隊《特に旧仏領北アフリカ駐屯の傭兵隊》.

Frénch fried potátoes *n. pl.* 《米》 =French fries. 〖1894〗

Frénch fríeds *n. pl* =French fries.

Frénch fríes *n. pl.* 《米》 フレンチフライドポテト《じゃがいもの拍子木切りを揚げたもの; cf. chip[1] 1》. 日英比較 日本語では「フライドポテト」といっている. 《米》では他に (French) fried potatoes, fries が用いられる. 《英》ではchips という. 〖1918〗

Frénch-frỳ *vt.* 〈じゃがいもの拍子切りなどを〉フレンチフライする. 〖《逆成》← *French fried* (*potatoes*)〗

Frénch frýer *n.* deep frying 用のかご付き鍋《深いフライパンの中に金のざるが入っていて揚がるとそのざるを持ち上げる》.

Frénch gráy *n.* 緑[薄紫]がかった灰色. 〖1862〗

Frénch Guiána *n.* フランス領ギアナ《南米北東岸にあるフランスの海外県; 面積 90,000 km², 県都 Cayenne; cf. Guiana》. **Frénch Guianése [Guiánan]** *adj.*

Frénch Guínea *n.* フランス領ギニア《アフリカ西部のフランスの植民地; 今は独立して Guinea となる》.

Frénch héel *n.* フレンチヒール《あご部が大きくカーブした婦人靴の中高ヒール; cf. Cuban heel, Spanish heel, spike heel》. **Frénch-héeled** *adj.* 〖1784〗

Frénch hóneysuckle *n.* 〖植物〗 **1** アカバナオウギ (⇨ sulla). **2** ベニカノコソウ (⇨ red valerian). 〖1629〗

Frénch hórn *n.* **1** フレンチホルン, フレンチホーン《渦巻形の金管楽器; cf. horn 4 a》. **2** フレンチホルンに似た音を出すパイプオルガンの音栓. 〖1742〗

French horn 1

Frénch íce crèam *n.* フレンチアイスクリーム《クリームと卵黄で作る濃厚なアイスクリーム》.

French·ie /fréntʃi/ *n.* 《軽蔑》 フランス人. 〖(1916): ⇨ -ie〗

French·i·fi·ca·tion, f- /frèntʃəfɪkéɪʃən | -tʃɪ̀fɪ-/ *n.* フランス化, フランス(語)風にすること. 〖(1834): ⇨ ↓, -fication〗

French·i·fy, f- /fréntʃəfàɪ | -tʃɪ̀-/ *vt.* **1** フランス化[風に]する; きどった風にする, おしゃれする, めかす (dandify). **2** フランス語風にする. 〖(1592): ⇨ -ify〗

Frénch Índia *n.* フランス領インド《インドの海岸沿いに散在した Mahé, Pondicherry など五つの旧フランス領地; 1949–54 年にインドに返還; 面積 510 km², 首都 Pondicherry》.

Frénch Indochína *n.* フランス領インドシナ, 仏印《アジア南東部にあった旧フランス領植民地; 第二次大戦前は Cochin-China 植民地と Annam, Cambodia, Tonkin, Laos の四保護領および Kwangchowan (広州湾)租借地の連邦であった; 現在は独立してベトナム, ラオスおよびカンボジアとなった; cf. Indo-China》.

Frénch·i·ness *n.* フランス(人)風. 〖(1890) ← FRENCHY＋-NESS〗

Frénch·ism /-tʃɪzm/ *n.* =Gallicism. 〖1750〗

Frénch jóint *n.* 〖製本〗 =open joint.

Frénch-kíss *vt.* …にフレンチキスをする. — *vi.* フレンチキスをする.

Frénch kíss, f- k- *n.* フレンチキス (deep kiss)《舌と舌をからめ合う熱烈なキス》. 〖1923〗

Frénch knícker*s* *n. pl.* フランス風のニッカボッカー《脚部の広いもの》.

Frénch knítting *n.* 糸の輪を絡み合わせてひも状にする編み方.

Frénch knót *n.* フレンチノット《針に糸を数回絡ませ針を元の穴に通して作る結び目》.

Frénch léave *n.* 無断退出, 挨拶なしで出て行くこと; (特に)借金を払わずに逃げること: take ~ 無断で中座[退席]する. ★この言い方は 18 世紀のフランスで招待客が主人側に挨拶せずに帰宅した習慣に由来するが, フランス人は同じ意味のことを filer à l'anglaise (=slip away after the English fashion) という. 〖1771〗

Frénch létter *n.* 《英俗》 =condom (cf. *F.* capote anglaise (=English cap)). 〖*c*1856〗

Frénch lílac *n.* 〖植物〗 =goat's-rue 2.

Frénch lóaf *n.* (細長い)フランスパン, バゲット (baguette).

French·man /fréntʃmən/ *n.* (*pl.* **-men** /-mən/) **1 a** フランス人(の男). **b** フランス系の人. **2** フランス船. **3** 〖石工〗 目地(ⓢ)ナイフ《モルタル接合部の形を整える道具》. 〖?*a*1200〗

Frénch márigold *n.* 〖植物〗 マンジュギク (*Tagetes patula*)《メキシコ原産のキク科センジュギク属の一種; センジュギク(marigold) に比べて小形》. 〖1548〗

Frénch morócco *n.* フレンチモロッコ《羊の皮によるモロッコ革》.

Frénch Morócco *n.* 仏領モロッコ《Morocco の旧フランス地区 (French Zone); ⇨ Morocco》.

Frénch múlberry *n.* 〖植物〗 **1** アメリカムラサキシキブ (*Callicarpa americana*)《米国南部産クマツヅラ科ムラサキシキブ属の低木; 紫色の実がある; beauty-berry ともいう》. **2** トウグワ (white mulberry).

Frénch mústard *n.* 《英》 酢入り辛子.

Frénch návy *n.* くすんだ濃紺色.

Frénch Nórth África *n.* フランス領北アフリカ《アルジェリア・仏領モロッコ・チュニジアから成る旧フランス領》.

Frénch Oceánia *n.* フランス領オセアニア《French Polynesia の旧名》.

Frénch páncake *n.* =crepe 2.

Frénch pástry *n.* フランス風の菓子; (特に)パイ皮のクリームや砂糖漬けの果物などを詰めた小型のもの. 〖1922〗

Frénch pítch *n.* 〖音楽〗 =diapason normal.

Frénch pléat *n.* 髪を後ろにかき上げて縦にロール状に巻いた女性のヘアスタイル. 〖1948〗

Frénch-pólish *vt.* 〈木部〉にたんぽ塗りをする, フランスワニスを塗る[で仕上げをほどこす]. 〖(1836) ↓〗

Frénch pólish *n.* たんぽ塗り《ラッカー・ワニスなどの透明塗料で木部の仕上げ塗りをする方法》. 〖1819〗

Frénch-pólisher *n.* フランスワニスの塗り工. 〖1858〗

Frénch Polynésia *n.* フランス領ポリネシア《南太平洋のフランスの海外領土で, Society 諸島, Marquesas 諸島など五つの諸島から成る; 面積 4,000 km², 主都 Papeete; 旧名 French (Settlements in) Oceania》.

Frénch póx *n.* 《廃》〖病理〗 =pox 2.

Frénch províncial, F- P- *n.* フランス地方様式《17–18 世紀のフランス民家やその家具の様式》. 〖*c*1945〗

Frénch Quàrter *n.* [the ~] フレンチクォーター《米国 Louisiana 州 New Orleans 市内の一地区; 元フランス人が定住した所で, 今は観光名所》.

Frénch Repúblic *n.* [the ~] フランス共和国.

Frénch Revolútion *n.* [the ~] フランス革命《18 世紀末のフランスの市民革命; 1789 年 7 月 Bastille 監獄の襲撃に始まり, 1792 年には Louis 十六世が捕えられ Bourbon 王朝転覆, 1793–94 の恐怖政治 (Reign of Terror) を経て, 1799 年 Napoleon の権力獲得をもって終わった; cf. Bastille Day》. 〖1791〗

Frénch Revolútionary cálendar *n.* ⇨ Revolutionary calendar.

Frénch Riviéra *n.* =Riviera.

Frénch róll *n.* **1** フレンチロール《皮のかりかりしたロールパン; cf. French bread》. **2** =French pleat. 〖1741〗

Frénch róof *n.* 〖建築〗 フランス屋根 (mansard roof). 〖1669〗

Frénch róse *n.* 〖園芸〗 フレンチ系バラ (*Rosa gallica*)《最古のバラの一系統で現在のバラの重要な祖先》. 〖1552〗

Frénch sáfe *n.* 《米口語》 =condom.

Frénch séam *n.* 袋縫い《両切れの端をまず表で縫い合わせ, 次に裏から縫って布の端をすっかり覆ってしまう縫い方》. 〖*c*1890〗

Frénch síxth *n.* 〖音楽〗 フランス六の和音《長三度・増四度・増六度から成る増六度の和音の一形態》. 〖1841〗

Frénch Somáliland *n.* フランス領ソマリランド《1967 年まで Djibouti の旧名》.

Frénch Sóuthern and Antárctic Térritories *n. pl.* 南インド洋および南極のフランス領《南極 Adélie Land と南インド洋 Amsterdam 島, St. Paul 島, Kerguelen 諸島, Crozet 諸島から成る; 525,550 km²》.

Frénch stíck *n.* 《英》 フレンチスティック《刻み目のついた細くて長いパン; French stick loaf ともいう》. 〖1959〗

Frénch Sudán *n.* フランス領スーダン《アフリカ西部のフランス領西アフリカ (French West Africa) の一植民地 (1898–1959); 今は独立して Mali となる》.

Frénch sỳstem *n.* 〖紡績〗 =continental system.

Frénch táb *n.* 《英》〖劇場〗 =draw tab.

Frénch támarisk *n.* 〖植物〗 フランス原産ギョリュウ科ギョリュウ属の低木または小高木 (*Tamarix gallica*).

Frénch télephone *n.* =handset. 〖1932〗

Frénch tíckler *n.* 《卑》 (女性の性感を刺激するための)ひだやいぼつきのコンドーム[張形], (広く)張形 (dildo).

Frénch tóast *n.* 〖料理〗 **1** 《英》 フレンチトースト《パンを牛乳と卵を混ぜた中に浸してフライパンで焼いたもの》. **2** 片面だけバターを塗りもう一方だけトーストしたパン. 〖1660〗

Frénch Tógoland *n.* ⇨ Togoland.

Frénch twíst *n.* =French pleat. 〖1877〗

Frénch Únion *n.* [the ~] フランス連合《1946 年の憲法によって制定されたもので, フランス本国 90 県 (Departments), 海外 7 県および海外諸植民地・保護領・信託統治領などの全フランス領土の総合体; 1958 年 French Community に移行》.

Frénch vermóuth *n.* フレンチベルモット《フランス産の辛口で薄色のベルモット; 単に French ともいう; cf. Italian vermouth》.

Frénch wálnut *n.* 〖植物〗 =English walnut. 〖1841〗

Frénch wày *n.* [the ~] 《俗》 フランス流儀, フランス式性戯《クンニリングス・フェラチオ》.

Frénch·wèed *n.* 〖植物〗 =pennycress.

Frénch Wèst África *n.* フランス領西アフリカ《アフリカ西部の旧フランス領 (1895–1960) で Dahomey, French Guinea, French Sudan, Cote d'Ivoire Mauritania, Niger, Senegal, Burkina Faso の各植民地および付属領から成る, 主都 Dakar; 今は Dahomey は Benin, French Guinea は Guinea, French Sudan は Mali となり, その他はそのままの名称でそれぞれ独立》.

Frénch Wèst Índies *n. pl.* [the ~] フランス領西インド諸島《西インド諸島中の Guadeloupe と Martinique の二つの海外県を含むフランス領の島々, 面積 2,885 km²》.

Frénch wíndow *n.* 〖建築〗 **1** フランス窓《外壁の中に装置された French door; 通常テラスやポーチに向かって床まで達して設けられ, 人の出入りができる》. **2** 開き窓 (casement window). 〖1801〗

French·wom·an /fréntʃwùmən/ *n.* (*pl.* **-wom·en** /-wɪmɪn | -mɪn/) フランス人の女性. 〖1590–91〗

French·y /fréntʃi/ *adj.* (**more ~, most ~; French·i·er, -i·est**) フランス風[式]の. — *n.* 《俗》 フランス人; フランス系カナダ人. 〖(1826): ⇨ -y[4]〗

Fre·neau /frɪ̀nóu | frénəu/, **Philip** (**Morin**) *n.* フレノー (1752–1832; 米国の詩人).

Fre·nét fòrmula /frənéɪ-; *F.* fʁənɛ-/ *n.* 〖数学〗 フルネの公式, フルネセレの公式《曲線上の各点における接ベクトルや法ベクトルと曲率やねじりとの間の関係を表す公式》.

fre·net·ic /frɪ̀nétɪk, frɛ- | -tɪk/ *adj.* **1** 熱狂的な, 狂信的な. **2** 精神錯乱の, 狂乱の, 発狂した. 〖ME *frenetike* □ (O)F *frénétique* □ L *phrenēticus* □ LGk *phrenētikós* mad ← *phrēn* mind: cf. phrenic〗

fre·net·i·cal /frɪ̀nétɪ̀kəl, -kḷ | -tɪ-/ *adj.* =frenetic. **~·ly** *adv.*

fren·u·lum /frénjʊləm/ *n.* (*pl.* **~s, -u·la** /-lə/) **1** 〖解剖・動物〗 小繋帯(ⓢ). **2** 〖昆虫〗 翅鉤(ⓢ), 繋棘(ⓢ), 抱棘(ⓢ). 〖(1706) ← NL ~ (dim.) ← L *frēnum* (↓)〗

fre·num /fríːnəm/ *n.* (*pl.* **fre·na** /-nə/, **~s**) **1** 〖解剖・動物〗 繋帯, 小帯: a ~ of the tongue 舌小帯. **2** 〖昆虫〗 要片《翅(ⓢ)の内方と後方との基部にある半月形または三角形の部分》. 〖(1741) □ L *frēnum* bridle, curb〗

fren·zied /frénzid/ *adj.* 熱狂した, 熱狂的な, 狂暴な, 血迷った (frantic): ~ enthusiasts 熱狂者 / ~ rage 激怒 / ~applause 熱狂的拍手喝采 / make ~ efforts 熱狂的に努力する. **~·ly** *adv.* **~·ness** *n.* 〖(1796): ⇨ ↓, -ed〗

fren·zy /frénzi/ *n.* **1** 逆上, 乱心, 狂乱; 熱狂, 激しい興奮 (⇨ mania **SYN**): drive a person to ~ 人を逆上させる / work oneself (up) into a ~ 次第に狂乱状態になる / look for the lost jewel in a ~ なくした宝石を血眼になって捜す / in a ~ of grief [excitement, rage] 悲しみ[興奮, 激怒]の余り取り乱して[逆上して]. **2** (発作的)精神錯乱. **3** 熱狂的な活動, 夢中にさせる活動. — *vt.* [通例 p.p. 形で] 狂乱[逆上]させる (infuriate), 夢中にさせる: become *frenzied* 逆上する / be simply *frenzied with* joy

全く狂喜する. 〘《?*a*1387》 *frenesie* ◻ (O)F *frénésie* ◻ ML *phrenēsia*=L *phrenēsis* ◻ LGk=Gk *phrenītis*: ⇨ phrenitis〙

Fre·on /fríːɑ(ː)n | -ɔn/ *n.* 〘商標〙フレオン《無色無臭のフッ素を含むガス; 冷媒・スプレー用》. 〘《1932》← F(LUO-RINE)+RE(FRIGERANT)+-ON³〙

freq. 《略》frequency; frequent; frequentative; frequently.

fre·quence /fríːkwəns/ *n.* =frequency 2. 〘《*a*1400》 ◻ L *frequentia* (↓)〙

fre·quen·cy /fríːkwənsi, -kwəntsi/ *n.* **1** 頻度数, 頻数. **2** しばしば起こること, 頻繁, 頻発 (frequentness): earthquake *frequencies* in Japan and Britain 日本と英国における地震の頻発. **3** 〘物理〙(単位時間(通例 1 秒)における)度数, 回数; 振動数; (電波・音波・交流電流などの)周波数: a high [low] ~ 高[低]周波. **4 a** 〘数学〙度数《関数が定義域内のある範囲で与えられた値を取る回数》. **b** 〘統計〙頻度, 度数《特定のクラスに入るデータの個数 cf. relative frequency》. **5** 〘医学〙(1 分間の)脈搏数. 〘《1553–87》 ◻ L *frequentia*: ⇨ frequent, -ency〙

fréquency bànd *n.* 〘電気〙周波数帯. 〘1922〙

fréquency chànger *n.* 〘電気〙周波数変換機, 変周機.

fréquency characterístics *n. pl.* 〘電気〙周波数特性《インピーダンス・利得・感度などの特性が周波数と共にどのように変化するかを表したもの》. 〘1926〙

fréquency convèrter *n.* 〘電気〙=frequency changer. 〘1909〙

fréquency cùrve *n.* 〘統計〙度数[回数]曲線. 〘1893〙

fréquency discrìminator *n.* 〘電気〙周波数弁別器. 〘1935〙

fréquency distribùtion *n.* 〘統計〙度数分布. 〘1895〙

fréquency divìder *n.* 〘電気〙分周器《周波数を整数分の一に下げる装置・回路》. 〘1938〙

fréquency divìsion *n.* 〘通信〙周波数分割《多重通信の一方式で, 広い周波数帯を分割して, それぞれに信号を割り当てるもの; cf. time division》.

fréquency-divìsion múltiplex *n.* 周波数分割による多重送信方式.

fréquency ìndicator *n.* 〘電気〙周波数計《周波数を表示する装置》. 〘1906〙

fréquency mèter *n.* 〘電気〙周波数計《周波数を測定する装置》. 〘1906〙

fréquency modulátion *n.* 〘電子工学〙 **1** 周波数変調《搬送波の周波数を信号に応じて変えること; 略 FM; cf. amplitude modulation》. **2** 周波数変調放送《周波数変調方式を応用した放送》. 〘1922〙

fréquency múltiplier *n.* 〘電気〙周波数逓倍器. 〘1933〙

fréquency pòlygon *n.* 〘統計〙度数多角形, 度数折れ線《度数分布を表すのに折れ線を用いたもの》. 〘1911〙

fréquency respònse *n.* 〘電気〙周波数応答《正弦波入力に対する出力の大きさなどを, 入力の周波数を変えて調べたもの》. 〘1926〙

fréquency swìng *n.* 〘無線〙周波数スウィング.

fre·quent /fríːkwənt/ *adj.* **1 a** 度々の, しばしばの, 頻繁な, しばしば起こる, よくある, ありふれた (common): Typhoons are ~ here during early autumn. 当地方では初秋に台風が多い / ~ laughs 時々起こる笑い声 / make ~ trips to the coast 海岸へしばしば行く / This is a ~ occurrence. これはしばしば起こる[よくあることだ] / It is a ~ practice to do …は常によく行われることだ. **b** 常習的な (habitual): a ~ customer 常連 / a ~ theatergoer 芝居の常連. **2** 分布が密な: Fossils are ~ in limestone. 化石は石灰岩の中にあることが多い / a coast with ~ lighthouses 灯台があちこちに点在する海岸. **3** 〈脈搏が〉早い. **4** 《古》親しい.

— /fri̤kwént, friː-/ *vt.* **1** 〈場所〉にしばしば行く, 常に出入する, よく訪れる; (大群をなして)〈場所〉に常に集まる: The ruins are ~*ed* by jackdaws. その荒れ跡にはコクマルガラスの群れがすんでいる / Tourists ~ the district. その地区には観光客がよく訪れる / a restaurant ~*ed* by politicians 政治家のよく行くレストラン. **2** (常々)…と交際する; …と親しむ; 《古》よく読む: ~ learned men [good company] 学者[りっぱな人々]と交際する / ~ the society of …とよく会う / I know him, but I don't ~him much. 知ってはいるが余り交際しない / ~ Milton ミルトンはよく読む.

~·ness *n.* 〘《*c*1450》 ◻ (O)F *fréquent* // L *frequentem*, *frequēns* crowded ← ? IE **bhrekʷ*- to cram together (cf. FARCE)〙

fre·quen·ta·tion /friːkwəntéɪʃən, -kwən-/ *n.* しばしば行く[訪れる, 出入りする]こと, 頻繁な往訪; よく親しむ[読む]こと. 〘《?*a*1430》 ◻ L *frequentātiō(n-)* ← *frequentāre* to frequent: ⇨ -ation〙

fre·quen·ta·tive /fri̤kwéntətɪv, friː- | -tətɪv/ 〘文法〙 *adj.* 反復の, 反復表示の: the ~ aspect 反復相《動作の反復の意を表す相; 言語によって種々の形式で表されるが, 英語では主として -le, -er などの動詞の接尾辞で示される; iterative aspect ともいう》/ a ~ verb 反復(相)動詞《例: giggle, twinkle, chatter, flicker など》. — *n.* **1** 反復(相)動詞. **2** 反復相. 〘《1530》 ◻ F *fréquentatif* // L *frequentātīvus* ← *frequentāre* (↑): ⇨ -ative〙

fre·quent·er /fri̤kwéntə, friː- | -tə(r/ *n.* しばしば行く[訪れる]人, 常客. 〘《1613》: ⇨ -er¹〙

fréquent flíer *n.* (航空会社の)マイレージサービスに登録された常連乗客《搭乗累計距離に応じて特典が得られる》.

fre·quent·ly /fríːkwəntli/ *adv.* しばしば, たびたび (⇨ often SYN); しきりに, 頻繁に, 頻発的に: Earthquakes occur ~ in this district. 〘《1531》: ⇨ -ly¹〙

frère /fréə | fréə(r, fríə(r; F. fʀɛːʀ/ F. *n.* (*pl.* ~**s** /~z; F. ~/) **1** 兄弟 (brother), (同一団体の)団員. **2** 修道士 (friar). 〘《*c*1290》 ◻ F ~ < L *frātrem* 'BROTHER'〙

fres·co /fréskoʊ | -kəʊ/ *n.* (*pl.* ~**es**, ~**s**) 〘絵画〙 **1** フレスコ画法《塗り立てのしっくい壁面に水彩で描く画法; true fresco ともいう; cf. secco》: dry ~ =secco *n.* / a ~ painter フレスコ画家 / a painting in ~ フレスコ画法で描いた絵, フレスコ画. **2** フレスコ壁画; 壁画 (mural).

— *vt.* **1** 〈壁面〉にフレスコ画を描く. **2** 〈画を〉フレスコ画風に描く. **frés·coed** *adj.* **~·er** *n.* 〘《1598》 ◻ It. ~ 'FRESH, cool' 《略》← 《廃》*al fresco* on the fresh (plaster)〙

Fres·co·bal·di /frèskəbáːłdi, -bɔ́ːł-; *It.* freskobáldi/, **Gi·ro·la·mo** /dʒirɔ́ːləmo/ *n.* フレスコバルディ (1583–1643; イタリアのオルガン奏者・作曲家).

frésco sécco *n.* 〘絵画〙=secco.

fresh /fréʃ/ *adj.* (~**·er**; ~**·est**) **1 a** 新しい, 新たに発生した, できたばかりの, 手に入れたばかりの, 新着の: ~ shoots 若芽, 新芽 / ~ footprints 新しい足跡 / ~ bread (酸味を帯びない, また固くなっていない)できたてのパン / There is nothing ~ to tell. 何も新しい話はない / It is not ~ information. いっこう新しい情報でもない / Here is a piece of ~ news. 最新のニュースを聞かせてあげよう. **b** 〔…から〕来た[出た, できた]ばかりの (just come), …したての 〔*from*, *out of*, *off*〕: a person ~ *from* the country 田舎から出て来たばかりの人 / a car ~ *from* the assembly line 工場から出たての[できたばかりの]自動車 / a boy ~ *from* school 学校を出たての少年 / a young teacher ~ *out of* college 大学を出たての若い教師 / a new book ~ *off* the press 刷りたての新刊書.

2 新鮮な, 新しい, 取り立ての, 生きのよい (⇨ new SYN); (貯蔵・乾燥・塩漬けなどしていない)生の: ~ vegetables, eggs, milk, fruit, etc. / ~ fish 鮮魚, なま魚 / ~ flowers 切りたての花 / The meat is too ~. 肉が新しすぎて固い.

3 新た, 新規の, 別な (new); 斬新な, ことさ新しい (novel); 独創的な (original): ~ supplies 新規の供給 / ~ courage 新たな勇気 / begin [start] a ~ chapter 新たな[新規の]章を始める / break ~ ground ⇨ ground 成句 / make a ~ start 新たに踏み出す, 新規まき直しをやる / throw ~ light on a subject 問題に新しい光を投じる.

4 (使用によって古びないで)真新しい, 鮮かな; 〈服装など〉くたびれていない, ぱりっとした (spruce): ~ paint(=wet paint) (まだ乾いていない)塗りたてのペンキ / give the wall [room] a ~ coat of paint 壁[部屋]に新しくペンキを塗る / keep one's clothes ~ いつも服装をぱりっとしておく / Go and make yourself ~. (服のしわを伸ばすなどして)身の回りをきれいにしておいで / The scene is still ~ in my memory [mind]. その光景はまだ記憶に生々しい.

5 〈空気など〉清らかな, さわやかな, すがすがしい (refreshing); 〈話など〉新しくて心をそそる: ~ air / in the ~ air 戸外[野外]に出て / a ~ spring morning すがすがしい春の朝.

6 〈水・バターが〉塩分のない: ~ water 淡水, 真水 / ~ butter 生バター, 無塩バター.

7 (気分の)清新な, 活発な, 元気な, いきいきした (vigorous); 若々しい: a ~ young girl ぴちぴちした女の子 / a ~ horse 元気のよい馬 / a ~ complexion いきいきとさえた顔色 / keep one's mind ~ 心を常に清新にしておく / They are ~ for action. 彼らは元気一杯で行動しようとしている / He felt quite ~ after a long walk. 長い散歩をした後で全くさわやかな気分だった / I never felt ~*er* in my life. こんなさわやかな気持ちは生まれて初めてだ.

8 〈風が〉強い (strong): ⇨ fresh breeze, fresh gale.

9 うぶな, 初心の, 未熟な, 新米の (inexperienced): a ~ recruit 新兵 / a ~ hand 新来者, 新参, 初心者 / He is green and ~. 彼はまだ初々(ういうい)しい[青二才だ].

10 [叙述的] 《口語》〔人に対して〕慣れ慣れしく過ぎる, 厚かましい, なまいきな 〔*with*〕: He gets [is] too ~ *with* his secretary. 彼は秘書に慣れ慣れしくし過ぎる. 〘《通俗語源》? ← G *frech* saucy < OHG *freh* untamed, greedy: cf. freak〙 **11** 《米》〈雌牛など〉子牛を産んだばかりの, 新たに乳が出るようになった. **12** 《スコット》霜が降りない, 氷結しない (open). **13** 《北英方言》ほろ酔いの, 千鳥足の.

***(as) frésh as páint* [*a dáisy, a róse*]** 元気はつらつとした, ぴんぴんして, 疲れを知らない. 〘1881〙

— *adv.* **1** [通例複合語的に p.p. 形を伴って] 新たに, 新しく (freshly): a *fresh-caught* fish 取りたての魚 / a ~ *laid*-egg 産みたての卵 / ⇨ fresh-run / The bread is *fresh-baked*. パンは焼きたてだ. **2** 《米口語》《…を切らしたばかりで》(just now): 〜 out of … で] 最近, たった今(…を切らしたばかりで) (just now): We are ~ *out of* sugar. ちょうど砂糖を切らしたところです.

— *n.* **1** (一日・一年・人生などの)初期, 清新な時期: in the ~ of the morning 早朝のすがすがしい時に, 朝まだき. **2** 出水, 増水; (海水に流れ込む)淡水の流れ (freshet); 《米》(上げ潮の際に)川の海水が流れこむ部分よりも上流側の(淡水だけが流れている)部分, またはその沿岸. **3** 《スコット》霜溶け(期) (thaw). **4** 《米俗》新入生 (freshman).

— *vt.*, *vi.* 《廃》新鮮に[清新に, すがすがしく]する[なる] 〈*up*〉.

〘《?*c*1200》 ◻ OF *freis*, *fresche* (fem.) (F *frais*, *fraîche*) < VL **friscus* ◻ Gmc ∽ OE *fersc* not salted < Gmc **friskaz* (Du. *vers* / G *frisch*) ← ?〙

frésh áir *n.* ⇨ fresh *adj.* 5. — *adj.* [限定的] **1** (空気の新鮮な)野外の: a ~ fiend [maniac] 熱狂的野外主義者. **2** 《米》(不健康地区に住む児童のための)郊外散策の: the ~ movement 郊外散策運動. 〘1882〙

frésh bréeze *n.* 〘気象〙疾風 (⇨ wind scale). 〘1805〙

fresh·en /fréʃən/ *vt.* **1 a** 新しくする, 新鮮にする, 生き生きさせる, 清新にする (refresh) 〈*up*〉. **b** [~ *oneself up* として] 身の回りをさっぱりとする, ぱりっとする, おめかしをする (cf. *vi.* 5). **2** 〈海水を〉脱塩する, 淡水化する; …の塩分[塩気]を抜く, 塩出しする: ~ salt fish. **3** 〘海事〙〈摩耗を防ぐためロープをゆるめたりして〉〈索〉の他物に接する部分を移動させる. — *vi.* **1** 新しく[清新に, 新鮮に]なる; 〈花などが〉(雨の後など)新たに勢いづく, いきいきする. **2** 〈風が〉かなり強くなる, 強風となる: The wind is ~*ing* (*up*). 風がだんだん強くなってきた. **3** 〈水が〉塩分が抜ける. **4** 《米》〈雌牛が〉子牛を生む; 新たに乳が出る. **5** 《米》(手や顔を洗ったり, シャワーを浴びたり, 着替えをしたりして)さっぱりする 〈*up*〉: ~ *up* before going out to dinner 夕食に出かける前にこざっぱりする. 〘《*c*1290》: ⇨ -en¹〙

frésh·en·er /-ʃ(ə)nə | -nə(r/ *n.* 新鮮にする人[物]; さわやかにするもの; 清涼飲料水; アストリンゼントローション. 〘《1884》: ⇨ -er¹〙

Fréshen-Úp *n.* 〘商標〙フレッシュンアップ《米国 Warner-Lambert 社製の液状物が入っているガム》.

frésh·er *n.* 《英俗》=freshman. 〘《1882》: ⇨ -er¹〙

fresh·et /fréʃi̤t/ *n.* **1 a** (降雨・雪解けによる)出水, 増水 (⇨ flood SYN). **b** 出水を思わすもの〔*of*〕: ~*s of* applause あふれんばかりの喝采 / a ~ *of* price increases 相次ぐ物価の値上げ. **2 a** 海に注ぐ淡水の流れ. **b** 《古》流れ, 川 (stream). 〘《1596》← FRESH (n.)+-ET〙

frésh-fàced *adj.* みずみずしい顔をした.

frésh gále *n.* 〘気象〙疾強風 (⇨ wind scale). 〘1582〙

fresh·ly /fréʃli/ *adv.* **1** 新たに (anew); 新しく, 近頃 (recently): ~ painted 塗りたての / ~ made 作りたての / She sat in her ~ ironed dress. アイロンをかけたての服を着て座っていた. **2** 新鮮に, 清新に, すがすがしく, さわやかに, 生き生きと (vividly): a ~ green leaf. **3** 力[勢い]を新たにして; 強く (strongly): a ~ blowing breeze. **4** なまいきに, でしゃばって (impudently): speak ~ to a person 人にでしゃばってしゃべる / a ~ forward attitude あつかましく差出がましい態度. 〘《?*a*1325》: ⇨ -ly¹〙

fresh·man /fréʃmən/ *n.* (*pl.* **-men** /-mən/) **1** (大学の)新入生, 一年生 (cf. fresher, sophomore 1, junior 4, junior class, senior 3). ★《米》では女子または高校の新入生をもいう. 日英比較 日本語では, 「新入社員」も「フレッシュマン」ということがあるが, 英語の *freshman* にはそのような意味はない. **2** 初心者, 新人, 新参 (novice).

— *adj.* [限定的] **1** 新入生らしい. **2** 未熟な, 未経験な. **3** 新入生[初心者]に適当な[必要な]. **4** 最初の, 初めての (initial). 〘*c*1550〙

fréshman composítion *n.* 《米》 **1** (ほとんどの大学で必須課目である)基礎作文コース. **2** (大学)一年生に課される作文.

fresh·man·ic /freʃmǽnɪk/ *adj.* 新入生[新人, 新参, 初心者]らしい[にふさわしい]. 〘《1837》: ⇨ -ic¹〙

fréshman wèek *n.* 《米》大学新入生学課履習登録週間, 大学新入生オリエンテーション週間.

frésh·ness *n.* 新しさ, 新鮮味, 生きのよさ; 若々しさ, はつらつさ.

fréshness dàte *n.* (食品の)賞味可能期日, 鮮度保証期限.

frésh-rún *adj.* 〈鮭など〉海から川に上ってきたばかりの. 〘1863〙

fresh·water /fréʃwɔ̀ːtə, -wɑ̀(ː)tə | fréʃwɔ̀ːtə(r, ⌐⌐—/ *adj.* **1** 真水の, 淡水の, 淡水性の; 淡水産の (cf. saltwater 1, marine 1): a ~ lake 淡水湖 / a ~ fisherman 淡水漁夫 / ~ fish [shells] 淡水魚[貝]. **2 a** (川や湖の航行に慣れていても)海上では役に立たない, (水夫として)未熟な: a ~ saikor 新米水夫. **b** 経験の少ない, 未熟な, 新米の. **3 a** 奥地の, 背域の. **b** 《米》余り知られない, 田舎の (provincial): a ~ college 名の知られない田舎大学. — *n.* 淡水の川[湖, 池]. 〘*c*1300〙

fréshwater drúm *n.* 〘魚類〙米国五大湖, Mississippi 川流域に産するニベ科の淡水魚 (*Aplodinotus grunniens*) 《食用魚で体重 50 ポンド以上になる; 水から揚げると音を発するので鳴き魚 (bubbler) ともいう》. 〘1945〙

fréshwater éel *n.* 〘魚類〙(淡水産の)ウナギ.

fres·nel /freɪnéł, frə- | fréɪnɛł, frén-, -nḷ, freɪnéł/ *n.* フレネル (10^{12} ヘルツにあたる周波数・振動数の単位). 〘《1939》↓〙

Fres·nel /freɪnéł, frə- | fréɪnɛł, frén-, -nḷ, freɪnéł; *F.* fʀɛnɛl/, **Augustin Jean** *n.* フレネル (1788–1827; フランスの物理学者; 光の波動説の実証に貢献).

Fresnél bíprism *n.* 〘物理〙フレネル複プリズム (⇨ biprism). 〘《1890》↑〙

Fresnél diffráction *n.* 〘光学〙フレネル回折《光源または観測点が回折物体の近くにあって, 入射または回折波が平面波と見なせない場合の回折》. 〘1905〙

Fresnél hólogram *n.* 〘光学〙フレネルホログラム《物体のフレネル回折波を用いたホログラム; cf. Fraunhofer hologram》.

Fresnél léns *n.* 〘光学〙フレネルレンズ《多数の同心円の輪帯レンズから成る集光用レンズで, 薄くて焦点距離で短く大口径のものができる; 精確な結像を要しないサーチライト・オーバーヘッドプロジェクター・一眼レフカメラのファインダーなどに用いられる; echelon lens ともいう》. 〘1848〙

Fresnél mírrors *n. pl.* 〘光学〙フレネル鏡《同一平面に微小な角度をもってほぼ平行に並べて配置した 2 枚の鏡で, 光の干渉を生じさせるのに用いる》. 〘1874〙

Fres·no /fréznoʊ | -nəʊ/ *n.* フレズノ《米国 California 州中部の都市》. 〘← Sp. *fresno* ash tree〙

fret¹ /frét/ *v.* (**fret·ted**; **fret·ting**) — *vi.* **1** じれる, いらだつ, やきもきする; くよくよする, 悩む (worry): ~ and fume ぷりぷり怒る / have nothing to ~ *about* 何もくよく

F

よすることはない / Don't ～! くよくよ[心配]するな / ～ *over* the high cost of living 生活費の高騰で頭にくる. **2 a** 〈動物が〉(少しずつ)かむ, 食い込む (gnaw, champ) 〔*into, on, upon, at*〕: ～ *at* the bit 〈馬が〉はみをかむ. **b** 〈恨みなどが〉心に食い込む: His censure ～*ted in* my heart. 侮辱が私の心に深く食い込んだ. **c** 不快な感じを与える, 感情にさわる (grate) 〔*at*〕: The noise ～*ted at* his nerves. その音が神経にさわった. **3 a** 〈川・酸などが〉〈土地・金属などを〉腐食[侵食]する 〈*away*〉〔*at*〕. **b** すりむける (chafe); ほぐれる (ravel). **4** 〈水の流れが〉乱れる, 騒ぐ, 波立つ: The stream ～*ted over* the rocks. 流れは岩にあたって波立っていた.

— *vt.* **1 a** じらす, いらだたせる; 悩ます, くよくよさせる (annoy): a heart ～*ted* by care and anxiety 苦労と心配で悩む心 / It ～*s* me to know that …のことを知っていらいらする. **b** いらだたせて〔ある状態に〕陥れる〔*to, into*〕; くよくよして損ねる 〈*away*〉: ～ oneself *to* death ひどくじれる; 死ぬほどいらいらする / ～ oneself *into* a fit いらだって発作を起こす. **c** いらいらして〈時間を〉過ごす 〈*away, out*〉: ～ *away* [*out*] one's life やきもきして暮らす. **2 a** 浸食して[食い込んで]作る: ～ a hole 食い込んで穴を作る. **b** すり減らす. **c** 〈さび・水・霜などが〉腐食する (corrode): a knife ～*ted with* rust さびついた小刀. **d** 《廃》食う, むさぼる (devour). **e** 《古》むしばむ, …に穴をあける: an insect ～*ting* a garment 衣類に穴をあける虫. **3** 〈風が〉〈水面を〉乱す, 波立たせる (ruffle).

— *n.* **1** じれること, いらだち, 焦燥 (irritation); 不機嫌; 苦悩, 不安: in a ～ いらだって, ぷりぷりして / Don't get in a ～ (about it)! (そのことで)悩むな[くよくよするな]. **2 a** 腐食, 侵食. **b** 摩損[腐食]箇所.

〘*v.*: OE *fretan* to devour, consume ← Gmc **fra-* 'FOR-[1]'＋**etan* 'to EAT': cog. Du. *vreten* / G *fressen*〙

fret[2] /frét/ *n.* フレット《ギター類の楽器の指板 (finger board) を区切る凸部》. — *vt.* (**fret·ted; fret·ting**) 〈ギターなど〉にフレットを付ける; 〈弦を〉フレットに向けて押しつける. **～·less** *adj.* 〘(*c*1500) □ ? OF *frete* (F *frette*) band, ring〙

fret[3] /frét/ *n.* **1** 雷文(らいもん), 卍(まんじ)つなぎ, さや形 (Greek fret). **2** 〘紋章〙 bendlet とその逆の bendlet sinister, それに mascle を織り合わせてできた図形. **3** 〘時計〙 フレット《時計のケースに刻み込まれた消音用装飾》. **4** フレット《昔女性がかぶったヘアネットのようなかぶりもの》. — *vt.* (**fret·ted; fret·ting**) 雷文で飾る; 格子細工にする; 格子模様にする; 〈天井などを〉浮出し[沈め彫り]模様で飾る. **～·less** *adj.* 〘(*a*1376) □ ? OF *freter* ← *frete* (F *frette*) trelliswork □ ? Frank. **fetur* (cf. OE *fetor* 'FETTER')〙

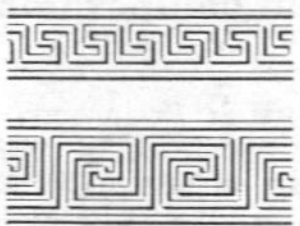

fret[3] 1

fret[4] /frét/ *n.* 海から陸に吹きよせる霧やもや, 海霧 (sea fog). 〘(1842) 1892〙

fret·ful /frétfəl, -fl/ *adj.* **1 a** 腹立ちやすい, いらだつ, いらいらする, 気むずかしい, 不満の(ある). **b** 不機嫌な, 怒った; 〈子供が〉むずかる. **2 a** 〈水面が〉波立った. **b** 〈風が〉突風性の. **～·ly** *adv.* **～·ness** *n.* 〘(1590–91): ⇨ fret[1], -ful[1]〙

FRETILIN /frètəlí:n | -tə-; *Port.* fretilĩ/ 《略》 Frente Timorense de Libertação Nacional 民族解放ティモール戦線《東ティモールの解放組織》.

frét·sàw *n.* 〘木工〙 糸鋸(のこ), 回し引き. 〘(1865): ⇨ fret[3]〙

frét·ted /-tɪ̯d | -tɪd/ *adj.* 雷文(らいもん)のある; 引回し細工を施した; 雷文模様になっている: a ～ ceiling 格(ごう)天井. 〘(*a*1376): ⇨ fret[2], -ed〙

fret·ty[1] /fréṭi | -ti/ *adj.* (**fret·ti·er; -ti·est**) ＝fretful. 〘(1844): ⇨ fret[1]〙

fret·ty[2] /fréṭi | -ti/ *adj.* 〘紋章〙 bendlets とその逆の bendlets sinister が交錯した図形の (cf. trellis 3). 〘(1562): ⇨ fret[3]〙

frét·wòrk *n.* **1** (雷文(らいもん)などの)引回し細工; (天井などの)雷文細工, 透し彫. **2** (雷文細工を思わせる)明暗の斑紋. 〘(1601): ⇨ fret[3]〙

Freud /frɔ́ɪd; *G.* fʁɔ́ʏt/, **Anna** *n.* フロイト《1895–1982; オーストリア生まれの英国の心理学者; Sigmund Freud の娘》.

Freud, Lucian *n.* フロイド《1922–2011; ドイツ生まれの英国の具象画家; Sigmund Freud の孫》.

Freud, Sigmund *n.* フロイト《1856–1939; オーストリアの医師, 精神分析学の開祖; *Die Traumdeutung*「夢判断」(1900)》.

Freud·i·an /frɔ́ɪdiən | -diən/ *adj.* **1** フロイトの; フロイト流[派]の; フロイト学説の. **2** 精神分析(的解釈)による, フロイト的な: ～ symbolism. — *n.* フロイト説の学徒. 〘(1910): ⇨ ↑, -ian〙

Fréud·i·an·ism /-nìzm/ *n.* フロイト学説[主義], フロイト精神分析学説 (cf. psychoanalysis). 〘(1923): ⇨ ↑, -ism〙

Fréudian slíp *n.* 〘精神分析〙 失錯行動《フロイトが指摘した無意識の欲求や観念が引き起こす失錯行動; 書き違え, 言い間違いなど》. 〘1953〙

Fréund's ádjuvant /frɔ́ɪndz-/ *n.* 〘免疫〙 フロインドアジュバント[佐剤]. 〘(1950) ← *Jules T. Freund* (1890–1960: 米国の免疫学者)〙

Frey /fréɪ/ *n.* 〘北欧神話〙 フレイ《Njord の子; 豊穣・平和・富の神》. 〘□ ON *Freyr*: cog. OE *frēa* lord: cf. Freya[2]〙

Frey·a[1] /fréɪə/ *n.* 女性名《異形 Frea》. 〘↓〙

Frey·a[2] /fréɪə/ *n.* 〘北欧神話〙 フレイヤ《Njord の娘; 豊穣・愛・戦い・魔術の女神; Freyja ともいう》. 〘(?*a*1200) □ ON *Freyja*: ⇨ Friday, frow[1]〙

Freyr /fréə | fréə(r)/ *n.* 〘北欧神話〙 ＝Frey.

Frey·tag /fráɪtɑ:k, -tɑ:g; *G.* fʁáɪta:k/, **Gustav** *n.* フライターク《1816–95; ドイツの小説家・劇作家; *Soll und Haben*「貸方と借方」(1855)》.

FRG 《略》 Federal Republic of Germany.

FRGS 《略》 Fellow of the Royal Geographical Society.

FRHS 《略》 Fellow of the Royal Horticultural Society.

FRI 《略》 Fellow of the Royal Institution.

Fri. 《略》 Friday.

Fri·a /frí:ə/, **Cape** *n.* フリア岬《アフリカ南西部, ナミビアの北西海岸から大西洋に突き出た岬》.

fri·a·bil·i·ty /fràɪəbíləṭi | -lɪ̯ti/ *n.* 砕けやすさ, もろさ. 〘(1620) □ F *friabilité*: ⇨ -ity〙

fri·a·ble /fráɪəbl/ *adj.* (ぼろぼろに)砕けやすい, 粉末になりやすい, もろい (crumbly) (⇨ fragile SYN). **～·ness** *n.* 〘(1563) □ F ～ ∥ L *friābilis* ← *friāre* to crumble away〙

fri·ar /fráɪə | fráɪə(r)/ *n.* **1** 〘カトリック〙 修道士 (monk); (特に)托鉢修道会の修道士: ⇨ Austin Friar, Black Friar, Gray Friar, White Friar. **2** 《古》〘印刷〙 ページ中の印刷の不鮮明な箇所 (cf. monk[1] 3). **3** 〘鳥類〙 ＝friarbird. 〘(?*a*1200) *frere* □ (O)F *frère* < L *frātrem* 'BROTHER'〙

fríar·bìrd *n.* 〘鳥類〙 クロガオミツスイ, オニミツスイ (*Philemon corniculatus*)《オーストラリア産ミツスイ科の鳥の一種; four-o'clock ともいう》. 〘1798〙

frí·ar·ly *adj.* 修道士の(ような). 〘(1549): ⇨ -ly[2]〙

Fríar Májor *n.* (*pl.* **Friars M-**) 〘カトリック〙 ドミニコ会(修道)士 (⇨ Dominican Order). 〘1526〙

Fríar Mínor *n.* (*pl.* **Friars M-**) 〘カトリック〙 フランシスコ会(修道)士 (⇨ Franciscan Order). 〘1526〙

Fríar Mínor Convéntual *n.* (*pl.* **Friars M-C-**) 〘カトリック〙 ＝conventual *n.* 2.

Fríar Préacher *n.* (*pl.* **Friars Preachers, ～s**) 〘カトリック〙 **1** ドミニコ会(修道)士. **2** [Friars Preachers で] ドミニコ修道会 (⇨ Dominican Order). 〘1297〙

fríar's bálsam *n.* (*also* **friars' balsam**) 〘薬学〙 安息香チンキ《傷につける; 湯と混ぜて気管支炎の吸入剤にも用いる》. 〘1753〙

fríar's-cówl *n.* 〘植物〙 ＝cuckoopint. 〘1597〙

fríar's lántern *n.* 鬼火 (will-o'-the-wisp). 〘1632〙

Fríar Túck *n.* 〘英国伝説〙 修道士タック《Robin Hood の一団に加わった太った陽気な修道士》.

fri·ar·y /fráɪəri/ *n.* **1** (托鉢修道会の)修道院 (monastery). **2** 托鉢修道会. 〘(1538): ⇨ -y[3]〙

frib /fríb/ *n.* 《豪》 羊毛の等級づけの時に刈り取られる短い毛の房. **fríb·by** *adj.*

FRIBA 《略》 Fellow of the Royal Institute of British Architects.

frib·ble /fríbl/ *vi.* くだらないことをやる, 軽々しくふるまう. — *vt.* くだらないことに〈暇を〉つぶす, 〈時を〉空費する (waste) 〈*away*〉: ～ one's time *away*. — *n.* **1** くだらないことに日を送る人, 軽々しい人, 小人(しょうじん). **2** くだらなさ; くだらないこと[行為, 考え]. — *adj.* 取るに足りない, つまらない (trifling). **fríb·bler** /-blə-, -blə | -blə(r), -bl-/ *n.* 〘(*a*1627): 《廃》 *frivol* (□ (O)F *frivole*: ⇨ frivolous) の影響を受けた擬音語か〙

Fri·bourg /fri:búə | -búə(r); *F.* fʁibu:ʁ/ *n.* **1** フリブール(州)《スイス西部の州; 面積 1,670 km²》. **2** フリブール《Fribourg 州の州都; ドイツ語名 Freiburg》.

fric·a·del /frìkədél/ *n.* 〘料理〙 フリカデル《香辛料を混ぜたひき肉のミートボールを揚げた南アフリカの料理》.

fric·an·deau /fríkəndòu, ⏑⏑⏑ | fríkəndəu, -kɑ:n-; *F.* fʁikɑ̃do/ *n.* (*pl.* **～s, -an·deaux** /～(z); *F.* ～/) フリカンドー《子牛の肉に豚の背脂を刺して蒸し煮にした料理; cf. grenadin[1]》. — *vt.* 〈子牛肉を〉フリカンドーにする. 〘(1706) □ F ～ ← ? *fricasser*: cf. fricassee〙

fric·an·do /fríkəndòu, ⏑⏑⏑ | fríkəndəu, -kɑ:n-/ *n.* (*pl.* **～es**) ＝fricandeau.

fric·as·see /frìkəsí:, ⏑⏑⏑ | fríkəsèɪ, -sì:, ⏑⏑⏑; *F.* fʁikase/ *n.* 〘料理〙 フリカッセ《家禽や子牛などの細切り肉をソースで煮込んだ料理》. — *vt.* (**～d; ～·ing**) 〈肉を〉フリカッセ風に調理する: ～*d* chicken 鶏肉のフリカッセ. 〘(1568) □ F *fricassée* (fem.p.p.) ← *fricasser* to mince and cook in sauce ← ?〙

fri·ca·tion /frɪkéɪʃən/ *n.* 〘音声〙 摩擦, 摩擦音 (fricative). 〘(1533) □ L *fricātiō(n-)* ← *fricātus* (↓)〙

fric·a·tive /fríkəṭɪv | -tɪv/ 〘音声〙 *adj.* 摩擦音の: ～ consonants 摩擦子音. — *n.* 摩擦音 ([f], [v], [θ], [ð], [s], [z], [ʃ], [ʒ], [h] など). 〘(1860) ← NL *fricātivus* ← L *fricāt-* (p.p. stem) ← *fricāre* to rub: ⇨ -ive〙

frícative tríll *n.* 〘音声〙 摩擦顫動(せんどう)音《チェコ語の [ř]》.

Frick /frík/, **Henry Clay** *n.* フリック《1849–1919; 米国の実業家》.

FRICS 《略》 《英》 Fellow of the Royal Institute of Chartered Surveyors.

fric·tion /fríkʃən/ *n.* **1** (意見の)衝突, 不和, 軋轢(あつれき) (collision): ～ between two countries [parent and child] 二国間[親子]の軋轢. **2 a** (物体と物体との)摩擦. **b** (皮膚を刺激するための)体の摩擦; (頭の毛根部)摩擦, 頭皮摩擦[マッサージ]. **3** 〘機械・物理〙 摩擦: ⇨ rolling friction, sliding friction. 〘(1581) □ F ～ ∥ L *frictiō(n-)* a rubbing ← *frict-* (p.p. stem) ← *fricāre* to rub: ⇨ -tion〙

fríc·tion·al /-ʃnəl, -ʃənl/ *adj.* 摩擦の; 摩擦によって動く[働く, 生じる]: ～ force 摩擦力 / ～ electricity 摩擦電気 / ～ oscillation 摩擦振動 / ～ resistance 摩擦抵抗. **～·ly** *adv.* 〘(1850): ⇨ ↑, -al[1]〙

fríctional sóil *n.* 非凝集性土壌 (cohesionless soil).

fríctional unemplóyment *n.* 摩擦的失業《労働市場の流動性が失われることによる一時的失業者》.

fríction bàll *n.* (玉軸受けに用いる)減摩ボール, (ボールベアリングの)小球. 〘1813〙

fríction bràke *n.* 摩擦ブレーキ. 〘1874〙

fríction càlender *n.* 〘製紙〙 フリクションカレンダー, 摩擦光沢機《摩圧によって紙に光沢をつけるロール; cf. supercalender》.

fríction clùtch *n.* 摩擦クラッチ. 〘1842〙

fríction-còne *n.* 摩擦円錐(えんすい), 円錐形摩擦車. 〘1842〙

fríction-còupling *n.* 摩擦軸継手.

fríction-dìsc *n.* 摩擦円板. 〘1888〙

fríction drive *n.* 摩擦駆動. 〘1907〙

fríction gèaring [gèar] *n.* 摩擦伝動装置《歯のかみ合いによらず摩擦で動力を伝える装置》. 〘1874〙

fríction hèad *n.* 〘水力学〙 摩擦水頭, 摩擦ヘッド《流体摩擦による損失水頭; cf. head 13 b》. 〘1889〙

fríction hórsepower *n.* 〘機械〙 摩擦馬力《内燃機関が運転する際各部の摩擦によって損失する馬力; 略 fhp》.

fríc·tion·ize /fríkʃənàɪz/ *vt.* 摩擦によって…に作用を及ぼす. 〘(1853): ⇨ -ize〙

fríction làyer *n.* **1** 〘気象〙 摩擦層《地球の表面に接している厚さ約 1 km 以内の空気の層》. **2** 〘物理〙 ＝boundary layer.

fríction·less *adj.* **1** 摩擦のない[を生じない]: a ～ bearing. **2** 友好的な: a ～ relation. **～·ly** *adv.* 〘(1848): ⇨ -less〙

fríctionless contínuant *n.* 〘音声〙 無摩擦継続音《イギリス英語の [ɹ] など》.

fríction lòss *n.* 〘機械〙 摩擦損失.

fríction màtch *n.* 摩擦マッチ (cf. safety match). 〘1839〙

fríction pìle *n.* 〘建築〙 摩擦杭(くい)《基礎杭のうち, 先端が硬質地盤に達しないで周りの地盤の摩擦力によって支持されているもの; cf. point-bearing pile》.

fríction pùlley *n.* ＝friction wheel.

fríction rést escàpement *n.* 〘時計〙 摩擦静止式脱進機《がんぎ車が停止しているときもてんぷががんぎ車と接触しながら振動する形式の脱進機》.

fríction-sàw *vt.* 摩擦のこぎり盤[回転摩擦]で切る.

fríction sàw *n.* 〘機械〙 摩擦のこぎり盤《歯のない丸鋸を高速回転させ, その摩擦熱で堅い金属を切断する機械》.

fríction tàpe *n.* 《米》 絶縁テープ《電線・ケーブルなどの接続部の絶縁に用いる防水テープ》(《英》 insulating tape). 〘1920〙

fríction wèlding *n.* 〘金属加工〙 摩擦溶接, 摩擦圧接《2つの軸端面を回転・接触させ, 摩擦熱が適当な温度に達したとき, 軸方向に圧縮して接合する方法》. 〘1946〙

fríction whèel *n.* 摩擦車 (friction gearing に用いる; friction pulley ともいう). 〘1772〙

Fri·day[1] /fráɪdeɪ, -di | -deɪ, -di/ *n.* 金曜日: on ～ (morning, afternoon, evening) 金曜日(の朝, 午後, 晩)に / last [next] ～＝on ～ last [next] この前[次]の金曜日に / ⇨ Black Friday, Good Friday. — *adv.* 《口語》 金曜日に (on Friday). 〘OE *Frīge-dæg* 'DAY of FRIGG' (cog. Du. *vrijdag* / G *Freitag*) 《なぞり》 ← LL *Veneris diēs* 'day of (the planet) VENUS' (cf. F *vendredi*) 《なぞり》 ← Gk *Aphrodítēs hēméra* 'day of APHRODITE'〙

Fri·day[2] /fráɪdeɪ, -di | -deɪ, -di/ *n.* **1** フライデー《Robinson Crusoe の忠実なしもべの名》. **2** ＝man Friday; girl Friday. 〘金曜日に見つけたことから〙

Fri·days /fráɪdeɪz, -dɪz | -deɪz, -diz/ *adv.* 金曜日に (on any Friday), 金曜日ごとに (on every Friday): He always calls on me ～. 彼はいつも金曜日に訪ねてくる. 〘⇨ -s[2] 1〙

fridge /frídʒ/ *n.* 《英口語》 ＝refrigerator. 〘(1926) 《変形》 ← (RE)FRIGE(RATOR)〙

frídge-fréezer *n.* 《英》 ＝refrigerator-freezer.

frídge màgnet *n.* (冷蔵庫などにつける)メモ止め用マグネット.

fried /fráɪd/ *v.* fry[1] の過去形・過去分詞. — *adj.* **1** 揚げものにした, フライにした: ～ potato フライドポテト / ～ eggs 目玉焼き. **2** 《俗》 [叙述的] 酔っ払って, ご機嫌で. 〘*a*1376〙

Fried /frí:t, frí:d; *G.* fʁí:t/, **Alfred Hermann** *n.* フリート《1864–1921; オーストリアの平和主義者; Nobel 平和賞 (1911)》.

Frie·da /frí:ḍə | -də/ *n.* フリーダ《女性名; 異形 Frida》. 〘□ G *Frida* < OHG *fridu* peace: cf. Frederick〙

Frie·dan /fri:dǽn/, **Betty (Naomi)** *n.* フリダン《1921–2006; 米国の社会改革運動家; 女権拡張論者; National Organization for Women の創立者; *The Feminine Mystique* (1963)》.

fríed·càke *n.* 《米》 揚げ菓子《ドーナツやクルーラー (cruller) など》. 〘1857〙

Frie·dél-Cráfts reàction /fri:délkrǽfts- | -krɑ́:fts-/ *n.* 〘化学〙 フリーデル クラフツ反応《塩化アルミニウムを触媒とする有機合成の反応》. 〘(1892) ← *Charles Friedel* (1832–99: フランスの化学者) & *James M. Crafts* (1832–1917: アメリカの化学者)〙

Fried·man /fríːdmən/, **Milton** *n.* フリードマン《1912–2006; 米国の経済学者で著名な通貨主義者; Nobel 経済学賞 (1976) (cf. Friedmanite)》.

Fried·man·ite /fríːdmənàɪt/ *n.* 〘経済〙通貨主義者 (monetarist); (特に) M. Friedman 学説の支持者《物価や名目 GNP の変動は名目貨幣量の動きから生じるとし, 通貨供給の変動を一定限度内に抑えることを主張する》. — *adj.* フリードマン(主義)の. 〖(1970) ← *Milton Friedman*〗

Fríed·man's tést /fríːdmənz-/ *n.* 〘医学〙フリードマン試験[テスト], 妊娠尿家兎試験《被験者の尿を雌兎に注射して行う妊娠反応》. 〖← *Maurice H. Friedman* (1903– : 米国の生理学者)〗

Frie·drich /fríːdrɪk; *G.* fʁíːdʁɪç/ *n.* フリードリック《男性名; 愛称形 Fritz》. 〖□ G ~ 'FREDERICK'〗

Frie·drich /fríːdrɪk; *G.* fʁíːdʁɪç/, **Caspar David** *n.* フリードリヒ《1774–1840; ドイツロマン派の風景画家》.

Friel /fríːl/, **Brian** *n.* フリール《1929– ; アイルランドの劇作家・短編小説家; *Faith Healer* (1979)》.

friend /frénd/ *n.* **1 a** 友, 友だち, 友人: a ~ of mine 私の友人 / ~*s* and acquaintances 友人知己 / one of my ~*s* 友人の一人 / my ~ John 私の友人のジョン / We are ~*s*. 我々は友人同士である / We are the best of ~*s*. 我々は最良の友である / be [keep] ~*s* with …と親しい[親しくしている] / make [be] ~*s* again 仲直りする / make [become] ~*s* with …と親しく[仲よく]なる / He's made a lot of ~*s* here. 彼は当地で大勢の人と親しくなった / great [good, best, close] ~*s* 親友, 大の仲よし / He's no ~ of mine! あいつはぼくの友人じゃない / have ~*s* in high places 高い地位にある友人をもつ / A ~ in need is a ~ indeed. 《諺》まさかの時の友こそ真の友 / The dog is a [the] ~ of man. 犬は人間の友だ / These pills are the dyspeptic's ~. この丸薬は胃病患者の友[常備薬]だ / Fortune has been your ~. 運がよかったね. **b** (決闘などの際の)介添役. **2 a** 〔…に〕好意を寄せる人, 味方; 後援者, 〔主義などの〕支持者, 共鳴者 〔*of, to*〕: *Friend* or foe? 敵か味方か / a ~ *of* [*to*] truth [liberty] 真理[自由]の味方 / a ~ *of* the poor 貧民の友 / He has been a good ~ *to* me. 彼は私に親切にしてくれた / He has been no ~ *to* me. 私に対してちっとも親切でなかった / You will always find a ~ in me. いつでも力になってあげます. **b** [通例 *pl.*] (学園・学校・施設などに常々経済援助をする)後援者たち, 義援団体. **3** (国・党グループの)連れ; 仲間, 同胞, 同僚: He left the court with his ~*s*. 彼は仲間の人たちと法廷を出て行った / Who was your ~ in the car? 自動車の中にいた君の連れはだれだったのか. **4** [呼び掛けや引合いに出すとき用いて] (わが)友: my (good) ~ (ねえ)君 / our ~ here ここにおられるこの方 / my honorable [noble] ~ 《英》英国上院[下院]で同党の議員同士の正式な呼び方 / my learned ~ 法廷における弁護士同士の正式な呼び方. **5** 助け(となるもの): Her shyness was her best ~. 内気なのが彼女に幸いした. **6** [F-] 基督友会[フレンド派] (Society of Friends) の人, クエーカー教徒 (Quaker)《クエーカー教徒間では普通の呼び掛けとしても用いる》. **7 a** デートの相手, 恋人. **b** 《廃》情人. **8** [*pl.*] 《英・スコット》(保証人となり得るような)近親, 身内.

a friend at cóurt 《英》(宮中で)引き立ててくれる知人, 有力な伝(つて), よい手づる, 引き. 《1400》 ***With fríends like thát* [*yóu, thése*], *whó nèeds énemies?*** 《口語》友だちがいのない[ひどいことを言う]やつだなあ.

Fríends of Gód [the —] 神の友《特に, 14 世紀のドイツ・スイスの神秘的宗教団体》.

fríend of the cóurt =amicus curiae.

Fríends of the Éarth [the —; 単数または複数扱い] 大地の友《国際的な環境保護団体; 略 FOE, FoE》.

— *vt.* 《詩・古》=befriend.

〖OE *frēond* friend, lover < Gmc **frijond-* (G *Freund*) (pres.p.) ← **frijōjan* (OE *frēogan* to love) ← **frijaz* 'FREE': cf. fiend〗

Friend /frénd/ *n.* 〘登山〙〘商標〙フレンド《足場を作るため岩壁の割れ目に打ち込むシャフトと双頭のカムから成る器具》.

friend·ed *adj.* 《古》友人のある, 友人に伴われた. 〖(*a*1393): ⇨ -ed〗

friend·ing *n.* 《廃》友好親密 (friendliness). 〖(1600–01): ⇨ -ing¹〗

friend·less *adj.* 友のない, 知るべ[寄るべ]のない, 孤独な. **~·ness** *n.* 〖OE *frēondlēas*〗

friend·li·ly /-ləli/ *adv.* 《まれ》友だちらしく, 友情を示して, 親切に; 友好的に. 〖(1680) ← FRIENDLY + -LY¹〗

friend·li·ness *n.* 友情, 親切; 友好. 〖(?*a*1440): ⇨ ↓, -ness〗

friend·ly /fréndli/ *adj.* (**friend·li·er; -li·est**) **1** 愛想のよい, 親切な, 優しい, 人なつこい (amiable): a ~ face / They were all very ~ *to* us. みんな私たちに大変親切にしてくれた / a ~ atmosphere 友好的な雰囲気 / That wasn't very ~ of you! あれではあまり親切ではなかったですね. **2** 友人らしい, 友人にふさわしい; 親しみのある, 優しい; 友好的な (⇨ familiar SYN): exchange ~ nods [greetings] 親しそうにうなずき合う[挨拶を交わす] / a ~ nation 友好国民, 友邦 / be on ~ terms [have ~ relations] with …と親しくしている[仲よくする] / be ~ *with* a person 人と仲よくする / feel ~ *to* a person 人に親しみを感じる / in a ~ manner [way] 友だちらしく, 親しそうに, 親切に, 好意的に; 友好的に / a ~ match 《英》(フットボールなどの)親善競技《楽しむことを目的とし勝利を目当てとしない》. **3** 好意を寄せる, 賛成する, 支持する: I am not ~ *to* revolution. 私は革命には賛成しない. **4** 友愛的な, 互助的な, 共済的な; 〈物が〉役に立つ, 都合のよい: ~ showers 慈雨 / ⇨ friendly lead, Friendly Society. **5** [F-] 基督友会[フレンド派]の, クエーカー教徒の. — *adv.* =friendlily.

— *n.* **1** 親善試合 (friendly match). **2** 友好的な人, (特に, 移住民や侵入者に対し)好意的な先住民. 〖OE *frēondlić* (adj.), *frēondlīce* (adv.): ⇨ friend, -ly¹˒²〗

-friend·ly /fréndli/ 「…に優しい」「…に好意的な」「…に同情的な」の意の複合語の構成要素: environment-*friendly*, child-*friendly*.

fríendly áction *n.* 〘法律〙(事実については争いがなく, 単にある法律問題の裁判を目的とする)友誼的訴訟 (amicable action).

fríendly fíre *n.* 〘軍事〙(味方に被害を与える)誤爆撃, 誤射.

Fríend·ly Íslands /fréndli-/ *n. pl.* [the ~] フレンドリー諸島 (⇨ Tonga Islands).

fríendly léad /-líːd/ *n.* 《英》(隣保事業の)共済慰安会《London の貧民救済資金募集を目的とする催し》. 〖1886〗

fríendly socìety, F- S- *n.* 《英》=benefit society. 〖1703〗

fríendly súit *n.* 〘法律〙=friendly action.

friend·ship /frén(d)ʃɪp/ *n.* **1** 友の交わり, 友交, 親交: a ~ of long standing [twenty years] 多年 [20 年来]の親交 / forget old ~*s* 昔の親しい交わりを忘れる. **2** 友愛, 友情 (friendliness): help a person out of ~ 友情から人を助ける. 〖OE *frēondsćipe*〗

fri·er /fráɪə | fráɪə^(r)/ *n.* =fryer.

fries /fráɪz/ *n. pl.* 《口語》=French fries.

Fries /fríːz/, **Charles Carpenter** *n.* フリーズ《1887–1969; 米国の英語学者; 英語教授法における oral approach の提唱者; *The Structure of English* (1952)》.

Frie·sian¹ /fríːʒən | -ziən, -ʒiən, -ʒən/ *adj., n.* = Frisian. 〖1923〗

Frie·sian² /fríːʒən | -ziən, -ʒiən, -ʒən/ *n.* 《英》**1** = Holstein 2. **2** オランダ産の黒馬《馬車用》.

Fries·ic /fríːsɪk, -zɪk/ *adj., n.* =Frisian.

Fries·land /fríːzlənd, fríːs-, -lænd | fríːz-; *Du.* fríːslɑnt/ *n.* フリースラント(州)《オランダ最北部の州; 面積 3,800 km², 州都 Leeuwarden》.

frieze¹ /fríːz/ *n.* **1** 〘建築〙フリーズ, 小壁《建築の柱の上の部分である entablature 中 cornice と architrave の中間の部分; 装飾的な彫刻を施すことが多い》. **2** 〘建築〙の壁面上部, 時には家具の周囲に施した)帯状装飾, 装飾帯. **3** フリーズを思わせる列[帯]: a ~ of tourists around the tower 塔を取り巻いて並んでいる旅行者たち. 〖(1563) □ F *frise* □ ML *frisium* embroidered cloth (変形) ← *frigium* = L *Phrygium* (*opus*) Phrygian (work): Phrygia が刺繍で名高いことから〗

frieze² /fríːz, friːzéɪ | fríːz/ *n.* **1** フリーズ《片面だけけばを立てた外套用の粗紡毛織物; アイルランドはその主要産地》. **2** (けばの長い織物の先を切った, または切らないままの)けば面. — *vt.* けば立てる. 〖(1376–77) □ OF *frise* □ MDu. *friese* coarse, hairy cloth □ L *Frīsii* 'FRISIAN'〗

fríeze bòard *n.* 〘木工〙フリーズ板《コーニス (cornice) と腰壁の間のフリーズ状の板》.

friezed *adj.* 〘建築〙フリーズを施した. 〖(1819): ⇨ frieze¹〗

frig¹ /frɪʤ/ *n.* 《英口語》=refrigerator (cf. fridge). 〖略〗

frig² /frɪg/ *v.* (**frigged; frig·ging**) 《卑》 — *vi.* **1** = fuck. **2** =masturbate. **3** ぶらぶら時を過ごす 〈*about, around*〉. **4** 逃げる, 去る (make off) 〈*off*〉. — *vt.* **1** =fuck. **2** だます (cheat).

Fríg it! 《卑》くそ!, いやなこった!

— *n.* **1** =fuck. **2** =masturbation. 〖(*c*1460) ← ? (廃・英方言) *frig* to wriggle, rub〗

frig·ate /frígɪt/ *n.* **1** 〘米海軍〙フリゲート艦《巡洋艦と駆逐艦との中間で, 5000–7000 トンクラス》. **2** フリゲート艦《1750–1850 年頃の, 上下の甲板に 28–60 門の大砲を備えた木造の快速帆船; 今日の巡洋艦 (cruiser) に相当》. **3** 〘英・カナダ海軍〙護衛艦, 小型駆逐艦《大きさはコルベット艦 (corvette) と駆逐艦 (destroyer) との中間で, 米国の護衛駆逐艦 (destroyer escort) に相当》. **4** 〘鳥類〙= frigate bird. 〖(1585) □ F *frégate* □ It. *fregata* ← ? Gk *áphraktos* unfenced, not decked〗

frigate 2

frígate bìrd *n.* 〘鳥類〙グンカンドリ《熱帯産のグンカンドリ属 (*Fregata*) の大きな海鳥; 飛行力が強く魚類をむさぼり食う; man-o'-war bird ともいう》. 〖1738〗

frígate máckerel *n.* 〘魚類〙ヒラソウダ (*Auxis thazard*)《暖海産の脂っこいサバ科の魚》. 〖1884〗

Frigg /frɪg/ *n.* 〘北欧神話〙フリッグ, フリッガ《Odin の妻で, 愛・豊穣・女性の守護・家庭の女神; Friday の週名は彼女にちなむ》. 〖□ ON ~ < Gmc **frijō* wife, beloved ← IE **prāi-* to love: ⇨ free〗

Frig·ga /frígə/ *n.* 〘北欧神話〙=Frigg.

frig·ger /frígə | -gə^(r)/ *n.* 《卑》=fucker. 〖(1659) ← FRIG² + -ER¹〗

frig·ging /frígɪn, -gɪŋ/ *adj.* 《卑》いまいましい, ばかげた. 〖(*c*1560) ← FRIG² + -ING²〗

fright /fráɪt/ *n.* **1** (突然の激しい)恐怖, 激しい驚き (⇨ fear SYN): in a ~ ぎょっとして, 肝をつぶして / with [in] ~ 怖がって, びくびくして / die from [of] ~ 恐怖のために[びっくりしたのが原因で]死ぬ / give a person a ~ 人に非常な恐怖を与える[肝をつぶさせる] / have [get] a ~ 恐怖に襲われる, おびえる / take ~ at …にぎょっとする, びっくりする. **2** 《口語》(びっくりするような)醜い顔の人[物], おばけのような人[物]: He looks a ~ in that old coat. あの古いコートは彼には全然似合わない.

give a person* [*gèt, hàve*] *the fríght of a person's* [*one's*] *life (これまで経験しなかったような)大変な恐怖を与える[に教われる], 死ぬほどびっくりさせる[する].

— *vt.* 《詩・まれ》=frighten.

〖OE *fryhto* 《音位転換》← *fyrhto* < Gmc **furχtīn* (G *Furcht*) ← **furχtaz* afraid ← ?〗

fright·en /fráɪtn/ *vt.* **1** ぎょっとさせる, …の肝をつぶさせる, びっくりさせる (alarm); おびえさせる (scare): She was ~*ed* at the shout [by the shadow]. 彼女はその叫び声[物影]にぎょっとした / be ~*ed of* … ⇨ frightened 2 / be more ~*ed* than hurt ⇨ hurt *vt.* **2 a** 脅かして〔ある状態に〕陥れる〔*into, to*〕: He ~*ed* the boys *out* (*of* the house). 少年たちを脅して(家から)追い出した / ~ a person *into* submission [*into* telling a secret] 人を脅して服従させる[秘密を話させる] / ~ a person *to* death 人を(肝をつぶすほど)ひどくぎょっとさせる / ~ a person *out of* drinking 人を脅かして酒をやめさせる / ~ out of a person's wits ⇨ wit² 成句. **b** 追い立てる 〈*away, out, off*〉: The sound of the siren ~*ed* the thief *away* [*off*]. サイレンの音にびっくりして泥棒は逃げ去った. **c** 脅かしておびき出す: He tried to ~ the secret *out of* the boy. 少年を脅して秘密をはかせようとした. — *vi.* おびえる: She ~*s* easily. 彼女はすぐおびえる. **~·a·ble** /-tnəbl, -tn-/ *adj.* 〖(1666): ⇨ ↑, -en¹〗

SYN 怖がらせる: **frighten** 突然恐怖・不安を与える《最も意味の広い語》: She was *frightened* by a rat. 彼女はネズミを見て怖がった. **scare** 突然の恐怖を与える: The dog was *scared* by the thunder. 犬は雷におびえた. **panic** はっきりした根拠もなく突然に怖がらせる: His appearance *panicked* them. 彼が現れたので彼らは急に怖くなった. **alarm** 差し迫った危険によって不意の恐怖を抱かせる: He was *alarmed* at what he had just heard. いま聞いた話で彼は不安になった. **terrify** 激しい恐怖心を起こさせる: Heights *terrifies* me. 高所はたまらなく怖い.

fright·ened /fráɪtnd/ *adj.* **1** おびえた (scared): a ~ child, cry, etc. **2** [叙述的] 〔…を〕怖がって 〔*of*〕 (⇨ afraid SYN): He is ~ *of* earthquakes [*walking* in the dark]. 彼は地震[暗がりを歩くの]を怖がっている. 〖(*a*1721): ⇨ ↑, -ed〗

fríght·en·er /-tnə, -tnə | -tnə^(r), -tn-/ *n.* 怖がらせる人[もの]. ***pùt the fríghteners on*** 《英俗》恐喝する.

fright·en·ing /fráɪtnɪŋ, -tn-/ *adj.* 肝をつぶすような, ぎょっとさせる, 驚くべき: a ~ sight. **~·ly** *adv.* 〖(1715): ⇨ -ing²〗

fright·ful /fráɪtfəl, -fl/ *adj.* **1** 恐ろしい, ものすごい (⇨ horrible SYN); ぞっとする[ぎょっとする]ような (shocking): a ~ accident [sight] 恐ろしい出来事[光景] / a ~ storm ものすごい暴風雨 / ~ atrocities ぞっとするような凶行 / a ~ scandal 驚くべき醜聞. **2 a** 《口語》ひどい, 醜悪な, 二目と見られないような. **b** 《口語》[主に女性が用いる] 不愉快な, 嫌な (awful): We had a ~ journey [time]. 不愉快な旅をした[目に遭った] / What a ~ hat! 何という嫌な帽子だろう. **3** 《口語》[主に女性が用いる] 大変な, すごい (extreme): a ~ bore 恐ろしく退屈な人 / a ~ thirst 大変なのどのかわき / make a ~ mistake 大変な間違いを冒す / a ~ mess 大混乱. 〖(*c*1250): ⇨ fright, -ful¹〗

fríght·ful·ly /-fəli, -fḷi/ *adv.* **1** 恐ろしく, すさまじく, ものすごく; 驚くばかりに (alarmingly): ~ high prices 驚くほど高い値段. **2** 《口語》恐ろしく, 実に, ひどく (very, awfully): I'm ~ sorry I have kept you waiting. 待たせて本当にすみませんでした. 〖(1621): ⇨ ↑, -ly¹〗

fríght·ful·ness *n.* **1** 恐ろしさ, こわさ, ものすごさ; 醜悪さ. **2** (占領地の地方民に対する)暴圧策, 残虐 (terrorism). 《(なぞり) ← G *Schrecklichkeit*》 〖(1621): ⇨ -ness〗

fríght wìg *n.* 《俗》〘演劇〙びっくりかつら, 逆毛(さかげ)かつら《髪の毛が(必要に応じて)逆立つように作った舞台用のかつら》. 〖1930〗

frig·id /fríʤɪd | -ʤɪd/ *adj.* **1** 寒さの厳しい, 厳寒[極寒]の: ~ weather 寒さの厳しい天候. **2** 温かみのない, 情熱の欠けている, 冷やかな, 無関心な, 冷淡な (indifferent) 〔*to*〕; 形式的な, 堅苦しい (formal): a ~ conversation 冷たい談話 / a ~ look 冷やかな顔つき / in a ~ manner 冷淡な[冷たい]態度で / a ~ bow (冷たい)形だけのおじぎ. **3** 想像力に欠けた, 心に訴えるもののない (dull): a ~ poem. **4** 〘病理〙〈女性が〉性欲のない, 性交が嫌いな; 冷感症[不感症]の (cf. impotent 4). **~·ly** *adv.* **~·ness** *n.* 〖(?*a*1425) □ L *frīgidus* cold ← *frīgēre* to be cold ← *frīgus* state of cold ← IE **srīg-* cold: ⇨ -id⁴〗

Frig·i·daire /frìʤədéə | -ʤɪdéə^(r)/ *n.* 〘商標〙フリジデアー《電気冷蔵庫の商品名》; [f-] (一般に)電気冷蔵庫. 〖(1926) 商標名: ⇨ ↑, air¹〗

frig·i·dar·i·um /frìʤədé^əriəm | -ʤɪdéər-/ *n.* (*pl.* **-i·a** /-riə/) (古代ローマの)冷浴場 (cf. caldarium, tepidarium). 〖(1706) □ L ~ 'cooling room' ← *frigidus* 'FRIGID': ⇨ -arium〗

fri·gid·i·ty /frɪʤídəṭi | -dɪti/ *n.* **1** (態度などの)冷たさ, 冷淡 (indifference); 堅苦しさ, 形式張り (formality). **2** 〘病理〙(女性の)性欲欠乏; 冷感症, 不感症 (cf. impotence 2). 〖(?*a*1425) □ (O)F *frigidité* // L *frigiditā-tem*: ⇨ frigid, -ity〗

Frígid Zòne *n.* [the ~]〘地理〙寒帯 (cf. zone 7): the North [South] ~ 北[南]寒帯 (⇨ zone 挿絵). 〚1622〛

frig·o·rif·ic /frìgərífɪk⁻/ *adj.* 《廃》寒さを起こす[生じる], 冷え冷えする (chilling). 〚《1667》□ L *frigorificus* cooling ← *frīgus*: ⇨ frigid, -fic〛

fri·jol /fri:hóʊl, ⁻⁻ | frí:həʊl; *Sp.* frixól/ *n.* = frijole.

fri·jole /fri:hóʊli:, -hóʊl | frɪháʊli, -leɪ; *Sp.* frixól, *Am.Sp.* friħól/ *n.* (*pl.* **fri·jo·les** /~z; *Sp.* frixóles, *Am.Sp.* friħóles/) **1** 《米南西部》〘植物〙インゲンマメ (*Phaseolus vulgaris*) (kidney bean); ササゲ (*Vigna sinensis*) (cowpea) 《いずれもラテンアメリカ人の重要な食糧》. **2** [*pl.*] =refried beans. 〚《1577》□ Sp. ~ < L *phaseolum* kidney bean〛

frik·ka·del /frìkədɛ́l/ *n.*〘料理〙=fricadel.

F

frill /fríl/ *n.* **1 a** フリル, ひだ飾り《細長い布にギャザーをよせたもので, えりや袖口などの飾りに用いる》. **b** (骨付き肉の骨の端などにかぶせる)紙飾り. **2** 安っぽい服飾品; 余分なもの, ぜいたく. **3** [*pl.*] (態度・文体などの)気取り: a style with too many ~*s* 気取りの多過ぎる文体, 美文体[調] / put on (one's) ~*s* 気取る. **4 a** (鳥獣の)えり毛. **b** (花や葉の)縁飾り《他と違った色の部分》. **5**〘鳥類〙フリル《胸に襟毛のある変わりバトの一種》. **6**〘写真〙(ゼラチン膜がゆるんでできるフィルムのへりの)ひだ状のしわ. — *vt.* …にひだ飾り[フリル]を付ける, …のひだを取る; …にしわをよせる. — *vi.*〘写真〙〈フィルムが〉(ゼラチン膜がゆるんで)しわが寄る. 〚《1591》(*v.*: 《1574》) □ ? Flem. *frul* frill (of a collar)〛

frílled *adj.* ひだ飾りを施した, ひだ飾り付きの. 〚《1825》: ⇨ ↑, -ed〛

frílled lízard *n.*〘動物〙エリマキトカゲ (*Chlamydosaurus kingii*)《オーストリア産の首にひだえりのある大形のトカゲ; 約 90 cm に達する》. 〚1863〛

frill·er·y /fríləri/ *n.* フリル, ひだ飾り. 〚《1887》← FRILL (n.)+-ERY〛

frill·ies /fríliz/ *n. pl.* フリル[ひだ飾り]付き婦人服, (特に)フリル付き下着. 〚《1900》: ⇨ frilly, -es〛

fríll·ing /-lɪŋ/ *n.* **1** フリル飾り, ひだ飾り. **2**〘写真〙(フィルムのへりの)しわ寄り. 〚《1815》: ⇨ -ing¹〛

fríll lízard *n.*〘動物〙=frilled lizard.

frill·y /fríli/ *adj.* (**frill·i·er**; **-i·est**) **1** ひだ飾り[フリル]の付いた: a ~ blouse. **2** ひだべりのような; 装飾的な, 取るに足らない. **fríll·i·ness** *n.* 〚《1843》← FRILL + -Y⁴〛

Fri·maire /fri:mɛ́ə | -mɛ́ə^r; *F.* fʁimɛːʁ/ *n.* 霜月《フランス革命暦の第 3 月; ⇨ Revolutionary calendar》. 〚《1838》□ F ~ 《原義》month of frost ← *frimas* hoarfrost (← OF *frim* ← Gmc)+-*aire* '-ARY' (1793 年 Fabre d'Églantine の造語)〛

Friml /fríml/, **(Charles) Rudolf** *n.* フリムル《1879–1972; ボヘミア生まれの米国の作曲家》.

fringe /fríndʒ/ *n.* **1 a** 《英》(女性の額ぎわの)切下げ前髪 (bang). **b** へり, 縁, 外べり, 外辺: a common with a ~ of tress 周辺に樹木のある共有地 / on the ~ of the forest 森の外べりに / a ~ of beard on the chin あごのへりに生えたひげ (cf. Newgate fringe) / ⇨ Celtic fringe. **c** 房飾り状のもの. **d** (花弁のへりなどの)ぎざぎざ. **2** (布・帯・肩掛け・すそなどの)フリンジ, 房のふち飾り. **3 a** (経済・社会・政治・文化面で)主流の周辺の[から逸脱した]集団, 過激派グループ: ⇨ lunatic fringe. **b** (学問・活動・問題などの)外辺, 周辺; 追加的[二次的]な事柄: the mere ~ of philosophy 哲学の外側を少しばかりのぞいただけの知識. **4**〘光学〙(光の干渉や回折によって生じる)明暗[色]の縞(しま)模様. **5**〘労働〙=fringe benefit. **6**〘光学〙偽色帯 (cf. chromatic aberration). **7** [しばしば F-] [単数または複数扱い]《英》〘演劇〙フリンジ, 実験演劇, 前衛劇《公式のプログラムでない, 小規模で実験的な催し物; cf. off-off broadway》. — *adj.* [限定的] **1** 外辺にある, 周縁[周辺]の: countries / ⇨ fringe area. **2** 付加的な: ~ costs 付加費用. **3** 劣った, 二流の: ~ industries 二流の企業. — *vt.* **1** …にフリンジ[房]をつける, 房で飾る. **2** …にへりを取りをする, …のへりになる, …にへりを付ける (border), 縁取る〔*with*〕: a chin ~*d with* a beard へりにひげのはえたあご / a small lot ~*d* by trees and bushes 樹木がへりに生えている小さな土地 / The stream is ~*d with* willows. 流れの縁には柳が生えている. 〚《1353–54》 *frenge* □ OF (F *frange*) < VL **frimbiam* =L *fimbria* 'FIMBRIA'〛

frínge àrea *n.*〘放送〙フリンジエリア《距離の関係や電波障害などのために受信が弱かったり甚だしく不良になったりする地域》. 〚1950〛

frínge bènefit *n.* **1**〘労働〙(交通費・住宅手当・私的年金・病気休暇など, 労働への直接的対価以外の)追加的給付, 諸手当. **2** 付加的サービス, おまけ. 〚1948〛

fringed /fríndʒd/ *adj.* **1** 房の付いた, 房飾り付きの. **2**〘植物〙〈花弁のへりなど〉ぎざぎざに裂けた (fimbriate). 〚《1450》: ⇨ -ed〛

fringed gálax *n.*〘植物〙イワカガミ (*Shortia soldanelloides*)《日本産の葉が丸くて美しく, 淡紅色の花が咲く常緑の多年草》.

fringed géntian *n.*〘植物〙北米東部産のリンドウの一種 (*Gentiana crinita*, *G. procera*)《両種とも青紫色の花冠のへりがぎざぎざに裂けている》.

fringed órchis *n.*〘植物〙米国東部原産のサギソウ属 (*Habenaria*) のランの総称 (rein orchis ともいう; cf. purple-fringed orchid).

fringed polýgala *n.*〘植物〙北米東部原産のヒメハギ科の牧草 (*Polygala paucifolia*).

frínge·flòwer *n.*〘植物〙=butterfly flower. 〚1882〛

frínge·lànd *n.* 辺境, 外郭地帯《中核地帯の周縁地域; cf. heartland, rimland》.

frínge·less *adj.* 房[へり飾り]のない. 〚《1837》: ⇨ -less〛

frínge mèdicine *n.* =alternative medicine.

frínge thèatre *n.* 《英》=fringe 7.

frínge-tòed lízard *n.*〘動物〙コロラドフサアシトカゲ (*Uma notata*)《北米西部およびメキシコの砂漠地帯に生息するトカゲ》.

frínge trèe *n.*〘植物〙アメリカヒトツバタゴ (*Chionanthus virginicus*)《北米南部産のモクセイ科の落葉樹で白い糸状 4 弁の花をつける》. 〚1730〛

frin·gil·lid /frɪndʒílɪ̈d | -lɪd/ *adj.*, *n.*〘鳥類〙アトリ科の(小鳥). 〚↓〛

Frin·gil·li·dae /frɪndʒílədì: | -lɪ-/ *n. pl.*〘鳥類〙(スズメ目)アトリ科. 〚← NL ~ ← *Fringilla* (属名: ← L *fring(u)illa* chaffinch)+-IDAE〛

frin·gil·line /frɪndʒílaɪn, -lɪ̈n | -laɪn, -lɪn/ *n.* = fringillid.

fríng·ing *n.* 縁取り. — *adj.* 縁取(って)いる, フリンジになった, 房の縁飾りのある. 〚《1598》← FRINGE+-ING¹·²〛

fríng·ing fòrest *n.*〘生態〙ガレリア林, 拠水林《サバンナや草原などの川に沿って帯状に分布する樹林》. 〚1903〛

fríng·ing réef *n.*〘地理〙裾礁(きょしょう)《さんご礁の一形式で陸岸に接してできている; cf. barrier reef, atoll》. 〚1845〛

fríng·y /fríndʒi/ *adj.* (**fring·i·er**; **-i·est**) **1** 房で飾った[のある]. **2** 房のような, 房状の. 〚《*c*1750》← FRINGE+-Y⁴〛

Fri·o /frí:oʊ | -əʊ; *Braz.* fríu/, **Cape** *n.* フリオ岬《ブラジル南東部 Rio de Janeiro 州の海岸から大西洋に突き出る岬》.

frip·per·y /fríp(ə)ri/ *n.* **1** (服装の)けばけばしい装飾品. **2** 虚飾, くだらない見せびらかし. **3** [集合的] 安ぴか物 (gewgaws), つまらない物 (trifles). **4** 華美な文飾[文体] (cf. euphuism). **5** 《廃》古着; 古着店. — *adj.* 安ぴかの, 安くてけばけばしい (tawdry); つまらない (trifling). 〚《1568》□ F *friperie* < OF *freperie* old clothes ← *frepe* rag〛

frip·pet /frípɪ̈t/ *n.* 《英俗》けばけばしい身なりの若い女性; 軽薄な若い女性. ★《口語》特に次の句で: a (nice) bit of ~ 若い女性. 〚《1908》← ?〛

Fris. 《略》Frisian.

Fris·bee /frízbi/ *n.*〘商標〙フリスビー《プラスチック製の小型の円盤で, 投げたり受けたりして遊ぶ》. 〚《1957》: 米国 Connecticut 州の Frisbie 製菓会社の菓子缶のふたが昔この遊びに用いられたことから〛

Frisch /fríʃ/, **Karl von** *n.* フリッシュ《1886–1982; オーストリアの動物学者; ミツバチの特異な行動を研究; Nobel 医学生理学賞 (1973)》.

Frisch /fríʃ; *G.* fʁɪʃ/, **Max** *n.* フリッシュ《1911–91; スイスの劇作家・小説家; *Andorra* (1961), *Stiller* (1954)》.

Frisch, Otto Robert *n.* フリッシュ《1904–79; オーストリア生まれの英国の原子物理学者》.

Frisch, Rag·nar (**An·ton Kit·til**) /rá:ŋnar ántɔn kíttil/ *n.* フリッシュ《1895–1973; ノルウェーの経済学者; Nobel 経済学賞 (1969)》.

Fri·sches Haff /*G.* fʁíʃəsháf/ *n.* フリッシェスハフ《Vistula Lagoon のドイツ語名》.

Fris·co /frískoʊ | -kəʊ/ *n.* 《米俗》=San Francisco. ★土地の人・教養のある人は用いない. 〚短縮〛

fri·sé /fri:zéɪ, frɪ̈- | frízeɪ; *F.* fʁize/ *n.* **1** フリーゼ《一種のじゅうたん地でけばを切らず輪にしたもの》. **2** (*also* **fri·sée** /~/)〘植物〙キクチシャ (endive). 〚《1884》□ F ~ (p.p.) ← *friser* to curl〛

Fríse áileron /frí:z-/ *n.*〘航空〙フリーズ補助翼《前縁部が回転軸よりも前方にある》. 〚《1934》← L. G. *Frise* (1897–?: 英国の技師)〛

fri·sette /fri:zét, frɪ̈-; *F.* fʁizɛt/ *n.* 《まれ》(女性の上額部に作る)前髪の巻毛. 〚《1818》□ F ~ (cluster of) small curls ← *friser* to curl: ⇨ frizz¹, -ette〛

fri·seur /fri:zɜ́: | -zɜ́:^r; *F.* fʁizœːʁ/ *F.* *n.* (*pl.* **~s** /~z; *F.* ~/) 理髪師. 〚《1750》□ F ~ ← *friser* (↑) +-*eur* '-OR²'〛

Fri·sian /fríʒən, frí:- | -ziən, -ʒiən, -ʒən/ *adj.* **1** フリースラント (Friesland) の: the ~ cattle フリージアン種乳牛《ホルスタイン種ともいう》. **2** フリジア人の. **3** フリジア語の. — *n.* **1** フリジア人, フリーズ人《オランダのフリースラント地方に住む住民》. **2** フリジア語, フリースラント語《英語に最も密接な関係のあるゲルマン語》. 〚《*a*1387》← L *Frīsiī* the Frisians, 《原義》curly-headed (← Gmc)+-IAN〛

Frísian Íslands *n. pl.* [the ~] フリジア諸島《オランダ・デンマークおよびドイツ沖合にある北海中の列島で, 西フリジア諸島 (West Frisian Islands), 東フリジア諸島 (East Frisian Islands), 北フリジア諸島 (North Frisian Islands) とから成る》.

Fri·si·i /fríziàɪ, -ʒi-, -ziː/ *n. pl.* [the ~] フリジア人《先史時代北海沿岸に居住したゲルマン人》.

frisk /frísk/ *vi.* (ふざけて)軽快にはね回る, (じゃれて)飛び回る (gambol); ふざける, じゃれる (frolic). — *vt.* **1** (軽快に)動かす, じゃれて動かす. **2** 《俗》**a** 急いで捜す; (特に, 隠している凶器・盗品などを調べようとして衣服の上から素早く)〈人・衣服を〉捜す, 〈人〉の身体検査をする, ボディーチェックをする. **b** (素早くさぐって)…から盗む. — *n.* **1** 飛びはね, はね回り. **2** 《俗》(武器・盗品捜査のための衣服の上からの)身体検査, ボディーチェック. **3** 《古》ふざけ (frolic). **~·er** *n.* **~·ing·ly** *adv.* 〚《1519》←《15C》*frisk* (adj.) □ OF *frisque* lively ← Gmc: cf. G *frisch* lively〛

frisk·et /frískɪ̈t/ *n.*〘印刷〙**1** (手引き印刷機の)あんどんぶた; あんどんぶたに張った紙. **2** マスク《写真印画などを修正するとき, 必要な部分しか露出しないようにした板》. 〚《1683》□ F *frisquette* ← OF *frisque* (↑): ⇨ -et〛

frisk·y /fríski/ *adj.* (**frisk·i·er**; **-i·est**) はね回る, よくじゃれる, 快活な, 陽気な: a ~ kitten. **frísk·i·ly** /-kɪ̈li/ *adv.* **frísk·i·ness** *n.* 〚《?*a*1500》: ⇨ -y⁴〛

fris·son /fri:sɔ́:(ŋ), -sɔ́:ŋ, ⁻⁻, ⁻⁻; *F.* fʁisɔ̃/ *F.* *n.* (*pl.* **~s** /~(z); *F.* ~/) 身ぶるい, 戦慄, スリル. 〚《1777》□ F ~〛

frit¹ /frít/ *n.* **1**〘ガラス製造〙フリット《調合物の一成分として作った溶融または煆焼(かしょう)した原料》. **2**〘陶磁器〙フリット, 白玉(しらたま)《上薬のある成分または全成分の混合物を溶融し, 水中で急冷して粉砕したガラス状物質》. — *vt.* (**frit·ted**; **frit·ting**)〈ガラス原料を〉部分的[完全]に溶融するまで加熱する. 〚《1662》□ F *fritte* (fem.p.p.) ∥ It. *fritta* fried (fem.p.p.) ← *friggere* < L *frīgere* 'to FRY¹'〛

frit² *v.* 《英方言》fright の過去分詞.

frít flỳ /frít-/ *n.*〘昆虫〙双翅目キモグリバエ科の小形のハエ《特に *Oscinella frit*; 幼虫は小麦などイネ科植物の茎にもぐる害虫》. 〚《1881》?〛

frith /fríθ/ *n.* =firth. 〚《1600》《音位転換》← FIRTH〛

Frith /fríθ/, **William Powell** *n.* フリス《1819–1909; 英国ビクトリア時代の風俗画家》.

frit·il·lar·i·a /frìtəlɛ́(ə)riə, -tl- | -təlɛ́ər-, -tl-/ *n.*〘植物〙バイモ《ユリ科バイモ属 (*Fritillaria*) の植物の総称; cf. guinea-hen flower》. 〚《1578》← NL *fritillāria* ← L *fritillus* dicebox+-ARIA¹〛

frit·il·lar·y /frítəlèri, -tl- | frɪ̈tíləri/ *n.* **1**〘植物〙= fritillaria. **2**〘昆虫〙ヒョウモンチョウ《タテハチョウ科ヒョウモンチョウ類の総称》. 〚《1633》← NL *fritillāria* (↑): ⇨ -ary〛

Fri·tos /frí:toʊz | -təʊz/ *n.*〘商標〙フリトズ《米国 Frito-Lay 社製のトウモロコシチップス》.

fritt /frít/ *n.*, *vt.* =frit¹.

frit·ta·ta /fri:tá:tə | -tə/ *n.*〘料理〙フリタータ《細かく刻んだ野菜・肉などを入れ, 丸い形に焼いたオムレツ》.

frít·ted gláss /frítɪ̈d- | -tɪ̈d-/ *n.* フリットガラス《ガラスを細粉にしたフリットをガラス器に塗布して焼き付けた器物》.

frit·ter¹ /frítə | -tə^r/ *n.* **1** [通例 *pl.*] フリッター《小麦粉でつくった濃い衣をつけて揚げた物》: apple ~*s* / oyster ~*s*. **2** [*pl.*] 鯨脂のかす (fenks). 〚《1381》*friture* □ (O)F 'something fried' < VL **frīctūra(m)* ← L *frīgere* 'to FRY¹': ⇨ -ure〛

frit·ter² /frítə | -tə^r/ *vt.* **1** (つまらない事に)〈金・時間などを〉ちびちび消費する, むだに使う 〈*away*〉: ~ *away* one's money [time, energy] (あれやこれやに)金銭[時間, 精力]を浪費する. **2** 《古》細かに壊す, こなごなに砕く. — *vi.* **1** 縮まる, 減少する, 退化[退歩]する. **2** 割れる, ばらばらに壊れる. — *n.* 小片, 細片. **~·er** /-tərə | -tərə^r/ *n.* 〚《1686》(変形) ← ? 《廃》*fritters* fragments: cf. OF *fraiture* fragment〛

frit·to mi·sto /frí:toumí:stou | -təumí:stəu; *It.* frittomísto/ *n.* フリットミスト《子牛の脳みそ・喉頭肉などや野菜類を別々に揚げて盛り合わせたもの》. 〚《1903》□ It. ~ 'mixed fried (food)'〛

fritz /fríts/ *n.* ★次の成句で: **on the fritz** 《米俗》故障して, うまくいかないで; 修繕の要のある: go *on the* ~ 故障する / put … *on the* ~ …をだめにする, 台無しにする. — *vi.* 《米俗》故障する, こわれる (break down) 〈*out*〉. 〚《1903》← ?〛

Fritz¹ /fríts; *G.* fʁɪts/ *n.* フリッツ《男性名》. 〚□ G ~ (dim.) ← *Friedrich* 'FREDERICK'〛

Fritz² /fríts/ *n.* [通例軽蔑的に] (典型的な)ドイツ人《あだ名; cf. John Bull》; ドイツ兵, ドイツ軍, ドイツの飛行機[潜水艦など]. 〚↑〛

Frit·zi /frítsi/ *n.* フリッツィ《女性名》. 〚《fem.》← FRITZ¹〛

Fri·u·li /friú:li; *It.* friú:li/ *n.* フリウリ《イタリア北東部, Friuli-Venezia Giulia 州のスロベニア国境の地方》.

Fri·u·li·an /friú:liən/ *n.* **1** フリウリ (Friuli) 地方の住民. **2** フリウール語《イタリア北東部地方で話される Rhaeto-Romanic 語の一つ; cf. Ladin, Romansch》. 〚← *Friuli* (イタリアの一地方名) < L *Forojulium*= *Forum Julii* 'FORUM of JULIUS': ⇨ -ian〛

Friúli-Ve·nè·zi·a Giú·lia /-vənètsiədʒú:ljə, -tsjə-/ *n.* フリウリベネツィア ジュリア《イタリア北東部の自治州; 州都 Trieste》.

friv·ol /frívəl, -vl/ *v.* (**friv·oled**, **-olled**; **-ol·ing**, **-ol·ling**) 《口語》— *vi.* つまらない[たわいない]ふるまいをする (trifle); ふまじめに[ふらふらと]暮らす. — *vt.* 〈時間などを〉むだに費やす 〈*away*〉: ~ *away* one's time, money, etc. 〚《1866》《逆成》← FRIVOLOUS〛

frív·ol·er /-vələ, -vlə | -lə^r, -vl-, -vl-/ *n.* (*also* **friv·ol·ler** /~/) 《口語》**1** たわいないふるまいをする人. **2** 浪費家. 〚《1889》: ⇨ ↑, -er¹〛

fri·vol·i·ty /frɪ̈vá(:)ləti | -vɔ́lɪ̈ti/ *n.* **1** 軽薄, 軽々しさ, ふまじめ. **2** 軽々しい言動, くだらないこと. 〚《1796》□ F *frivolité*: ⇨ ↓, -ity〛

friv·o·lous /frív(ə)ləs | -və-/ *adj.* **1** くだらない, たわいない (silly); ふまじめな, 浮薄な (light-minded): ~ behavior [remarks] 軽薄なふるまい[言葉] / the ~ community 花柳界. **2** 取るに足らない, つまらない (trivial): ~ complaints 取るに足らない苦情. **~·ly** *adv.* **~·ness** *n.* 〚《1459》□ L *frivolus* silly, paltry (cf. F *frivole*)+ -OUS〛

friz /fríz/ *v.* (**frizzed**; **friz·zing**) =frizz¹. — *n.* (*pl.* **friz·zes**) =frizz¹.

fri·zette /fri:zét, frɪ̈-/ *n.* =frisette.

frizz[1] /fríz/ vt. 1 〈人〉の毛髪を縮れ毛にする,〈毛髪を〉縮らせる, 巻毛の房にする (crisp, curl) 〈up〉: ~ up the hair. 2 〘皮革〙〈裸皮〉の銀面を除く. — vi. 〈毛髪が〉縮れてさか立つ, 巻毛のふさになる. — n. 縮れ; 縮れ毛. **~·er** n. 〖(c1620) □ F *friser* to curl〗

frizz[2] /fríz/ vi. (油で揚げるときに)じゅうじゅう音がする. — vt. じゅうじゅう音をたてて揚げる[料理する]. 〖(1835) 《擬音語》: fry[1] にするときの「じりじり」いう音から〗

friz·zan·te /frɪzǽnti, -teɪ | -ti, -teɪ; It. friddzánte/ adj. 〈ワインが〉少し発泡性の.

friz·zen /frízən, -zn̩/ n. (燧発(すいはつ)銃の)当て金.

friz·zle[1] /frízl̩/ vt. 〈毛髪を〉細かく縮らせる (frizz) 〈up〉. — vi. 〈毛髪が〉細かく縮れる 〈up〉. — n. 縮れ; 細かい縮れ毛, カール. 〖(1565–73) □ ? OF *freselé* plaited〗

friz·zle[2] /frízl̩/ vi. 1 〈肉などが〉じりじり焼ける,〈揚げ物が〉じゅうじゅういう; (十分揚げられて)かりかりになる. 2 炎熱にさらされる: I was *frizzling* in Egypt for months. エジプトで幾月も日にあぶられていた. — vt. 1 〈肉などを〉(かりかりするまで)じりじり揚げる. 2 こがす, 焼く: get ~d こげる. 〖(1839) 《混成》 ← FRY[1]+SIZZLE: cf. frizz[2], -le[3]〗

friz·zly /frízli, -zli/ adj. =frizzy. 〖1707〗

frizz·y /frízi/ adj. (**frizz·i·er**; **-i·est**) 縮れ毛の, (細かく)縮れている (curly). **frízz·i·ly** /-zɪ̀li/ adv. **frízz·i·ness** n. 〖(1870) ← FRIZZ[1]+-Y[4]〗

Frl. 《略》 G. Fräulein.

FRN 《略》 floating-rate note 〘金融〙 変動利付債.

fro /fróʊ | frə́ʊ/ adv. 向こうに, あちらへ (away). ★ 次の成句で: ***tó and fró*** ⇨ to adv. 成句. — prep. /fróʊ, frə | frə́ʊ, frə/ 《スコット・英方言》 =from. 〖(?c1200) □ ON *frá* < Gmc *fram 'FROM'〗

Fro·bi·sher /fróʊbɪʃə | frə́ʊbɪʃə(r)/, Sir **Martin** n. フロビッシャー (1535?–94; 英国の航海家, 北回りでインドに至る航路を求め, Labrador 北部地方を探検した).

Fróbisher Báy n. フロビッシャー湾 《カナダ北東部 Baffin 島南東岸の湾》.

frock /frɑ́(ː)k | frɔ́k/ n. 1 a 丈の長い広袖のゆるやかな聖職服 (habit). b 聖職者風(ふう)[向き]の性格. 2 (女性[子供]用ワンピースの)ドレス, フロック (dress). 3 a (農夫・労働者・職人などの着る)仕事着 (smock). b (船乗り用の)毛織りのジャージー. 4 a =frock coat. b (フロックコートに似たカットの)軍服上衣. ***cást [thrów] one's fróck to the néttles*** 牧師をやめる, 聖職を捨てる. 〖《なぞり》 ← F *jeter le froc aux orties*〗 — vt. 1 …に frock を着せる. 2 聖職につかせる (cf. unfrock). 〖(1350) *frok* □ (O)F *froc* □ ? Frank. *hrok cloak〗

fróck còat n. フロックコート 《19 世紀後半から男性の間で流行した通例ダブル打合わせでフレアのはいったひざ丈の上衣》. 〖(1744) 1823〗

Fro·di·na /froʊdíːnə | frə(ʊ)-/ n. フロディーナ 《女性名》. 〖□ G ~ (fem.) ← *Frodwin* 《原義》 wise friend〗

Fro·dine /froʊdíːn | frə(ʊ)-/ n. フロディーン 《女性名》. 〖↑〗

froe /fróʊ | frə́ʊ/ n. 《米》 (おけ板などを割るのに用いる)なた (柄は刃に直角に付いている). 〖(1573) 《異形》 ← FROW[1]〗

Froe·bel /fréɪbəl, fríː-, fróʊ-, -bl̩ | frə́ʊ-, frɜ́ː-; G. fʁǿːbl̩/ (*also* **Frö·bel** /~/), **Friedrich** (**Wilhelm August**) n. フレーベル (1782–1852; ドイツの教育家・幼稚園の創始者 (1837)). — adj. フレーベル式の. **Froe·be·li·an** /freɪbíːliən, friː-, froʊ- | frəʊ-, frɜː-/ adj.

Fróe·bel·ìsm /-lɪ̀zm/ n. フレーベルの教育法; (幼稚園児童の)フレーベル式教育法.

Fróebel sỳstem n. フレーベル式教育法 《幼稚園による幼児教育法》. 〖← F. Froebel〗

frog[1] /frɑ́(ː)g, frɔ́(ː)g | frɔ́g/ n. 1 〘動物〙 a カエル 《無尾類の両生動物の総称; cf. green frog》: (as) cold as a ~ 非常に冷たい. b ヒキガエル (toad). 2 [F-; 軽蔑的に] 《英俗》 フランス人 (cf. frogeater 2, froggy n. 2). 《(1778): よくカエルを食べるといわれることから》 3 《口語》 [a ~] のどの痛み, 軽い声のしわがれ: have *a* ~ in one's [the] throat 声がしわがれて[ハスキーになって]いる. 4 花瓶などの中に入れて草花の茎をささえる小さい重い金具 《七宝・剣山と称する物の類》. 5 (れんがのモルタルをつけるための浅い)くぼみ. 6 (バイオリンの弓の)毛留 (nut). — vi. (**frogged**; **frog·ging**) カエルを捕える[捜す]. 〖lateOE *frogga* (愛称形) ← *frox* 'FROSH[2]'〗

frog[2] /frɑ́(ː)g, frɔ́(ː)g | frɔ́g/ n. 1 フロッグ, 花留め 《モールやブレードを花のようにデザインした留めの一種で, ループにトグル (toggle) やひもを丸く固めたボタンを通す: 中国服に多くみられる》. 2 (腰帯の)剣差し, つり皮. 3 〘鉄道〙 フロッグ, 轍叉(てっさ) 《レールの交差点のカエルの後足の指に似た形のもの》. 〖(1719) 《転用》 ↑ ? (その形から): cf. Port. *froco* 'FLOCK, tuft'〗

frog[3] /frɑ́(ː)g, frɔ́(ː)g | frɔ́g/ n. 〘動物〙 蹄叉(ていさ) 《馬類の蹄底の中央にある三角形の弾性角質の軟骨; cf. cushion 5 c》. 〖(1610): FROG[1] の特殊用法?: cf. It. *forchetta* ((dim.) ← *froca* 'FORK')〗

frog[4] /frɑ́(ː)g, frɔ́(ː)g | frɔ́g/ n. 〘トランプ〙 フロッグ 《solo の前身となったドイツ起源のゲーム; cf. six-bid solo》; (このゲームで)一番低いビッド (bid) の名称. 〖《通俗語源》 ← G *Frage* question〗

fróg·bìt n. 〘植物〙 1 トチカガミ (*Hydrocharis morsus-ranae*) 《北半球に広く分布する浮遊性水草; 葉は丸いハート形で白い花が咲く; frog's-bit ともいう》. 2 熱帯アメリカ産トチカガミ科の浮遊性水草 (*Limnobium spongia*) 《American frog's-bit ともいう》. 〖1578〗

fróg·èater n. 1 カエルを食べる人. 2 [F-; 軽蔑的に] フランス人 (cf. frog[1] 2). 〖1863〗

fróg·èye n. 〘植物病理〙 葉の輪紋病 《一種の菌類による葉の病気; タバコやリンゴの葉に白いまだらを生じる》.

fróg-èyed adj. 〖1914〗

fróg·fìsh n. (pl. ~, ~·es) 〘魚類〙 1 a イザリウオ 《イザリウオ科の海産魚類の総称》. b バラコイデス科の魚類の総称. 2 =toadfish 1. 〖1646〗

frógged adj. 〈衣服など〉フロッグ[花留め]の付いた. 〖(1774) ← FROG[2]+-ED 2〗

fróg·ging n. [集合的] (衣服の)フロッグ飾り.

frog·gy /frɑ́(ː)gi, frɔ́(ː)gi | frɔ́gi/ adj. (**frog·gi·er**; **-gi·est**) 1 カエルのような; カエルの(皮膚の)ように冷たい, (手で触れると)ひやりとする(ような). 2 カエルのたくさんいる. 3 [F-; 軽蔑的に] 《俗》 フランス(人)の. — n. 1 《小児語》 カエル. 2 [F-; 軽蔑的に] 《英俗》 フランス人 (cf. frog[1] 2). 〖(1611) ← FROG[1]+-Y[1]〗

fróg hàir n. 《米俗》 政治資金, 政治献金.

fróg·hòpper n. 〘昆虫〙 アワフキムシ 《アワフキムシ科の小昆虫総称; 飛び方がカエルに似ている; その幼虫は吸った植物の汁を泡にしてその中にすむ; spittle insect, spittlebug ともいう》. 〖1711〗

fróg kìck n. 〘水泳〙 かえる足.

Fróg Kíng n. ⇨ Frog Prince.

fróg·let /-lɪ̀t/ n. 小さなカエル, 若いカエル, カエルの子. 〖(1907) ← FROG+-LET〗

fróg lìly n. 〘植物〙 =spatterdock. 〖1869〗

fróg·màn /-mæ̀n, -mən/ n. (pl. **-men** /-mèn, -mən/) 潜水工作員, フロッグマン, (特に)潜水工作兵. 〖(1945): ⇨ frog[1]〗

fróg·màrch n. 《英》 かえる運び 《酔っぱらいや手におえない犯人をうつぶせにして四人がかりで手足を取って運ぶこと》. — vt. 《英口語》 〈人〉の手足を取って運ぶ, かえる運びにして連れていく, (腕をつかみ)無理やりに歩かせる. 〖1871〗

fróg·mòuth n. 〘鳥類〙 ガマグチヨタカ 《オーストラリア・南アジア産のガマグチヨタカ科の鳥の総称; くちばしが非常に大きい; cf. morepork》. 〖1851〗

fróg òrchid n. 〘植物〙 アオチドリ (*Coeloglossum viride*) 《緑色の花をつけるラン科の植物; 小さなカエルに形が似ていることから》.

Fróg Prínce [Kíng] n. [The ~] 蛙の王子[王様] 《Grimm 童話の一話; 娘がキスすると王子に変身するカエルが主人公》.

fróg's-bìt n. 〘植物〙 =frogbit.

fróg shèll n. 〘貝類〙 ミヤコボラ・オキニシの類の貝類. 〖1855〗

fróg's-màrch n., vt. =frogmarch.

fróg·spàwn n. 1 カエルの卵. 2 〘植物〙 紅藻(こうそう)類のカワモズク属 (*Batrachospermum*) の植物の総称. 3 〘植物〙 =frog spit 2. 〖(1621) 1833〗

fróg spìt [spìttle] n. 1 =cuckoo spit 1. 2 〘植物〙 淡水に塊状をなして浮く緑藻(りょくそう)類 (*Chlorophyceae*) その他の藻(も). 〖a1825〗

fróg tèst n. 〘医学〙 かえる試験 《被験者の尿を雄のカエルやガマに注射して, 射精の有無を見る妊娠反応》.

Froh·man /fróʊmən | frə́ʊ-/, **Charles** n. フローマン (1860–1915; 米国の劇場経営者).

froi·deur /frwɑːdə́ː | -dɜ́ː(r); F. fʁwadœːʁ/ n. 冷淡さ, 冷ややかさ, よそよそしさ. 〖□ F ~ 'cold (n.)'〗

Frois·sart /frɔ́ɪsɑːt, frwɑːsáə | frɔ́ɪsɑːt, frwǽsɑː(r), frwɑsáː(r); F. fʁwasaːʁ/, **Jean** n. フロワサール (1337?–?1410; フランスの年代記作家・詩人).

frol·ic /frɑ́(ː)lɪk | frɔ́l-/ n. 1 ふざけ, 戯れ, 陽気 (prank). 2 浮かれ騒ぎ, 陽気な騒ぎ; 宴会, パーティー (merrymaking). — vi. (**frol·icked**; **-ick·ing**) 遊び戯れる, ふざけ[浮かれ]騒ぐ (⇨ play SYN). — adj. 《古》 ふざけ喜ぶ, 陽気な (merry). **~·ly** adv. 〖(1538) □ Du. *vrolijk* joyful (cog. G *fröhlich*) ← *vro* glad, leaping with joy (cf. frosh[2])+*-lijk* -LY[2]〗

fról·ick·er n. 遊び戯れる人, ふざけ騒ぐ人. 〖(1801): ⇨ ↑, -er[1]〗

frol·ick·y /frɑ́(ː)lɪki | frɔ́l-/ adj. =frolicsome. 〖1748〗

frol·ic·some /frɑ́(ː)lɪksəm | frɔ́l-/ adj. ふざける, (ふざけて)はね回る, 浮かれ気分の (sportive): a ~ child. **~·ly** adv. **~·ness** n. 〖(1699) ← FROLIC+-SOME[1]〗

from /(弱) frəm; (強) frɑ́(ː)m, frʌ́m | frɔ́m/ prep. 1 [動作の起点] …から (cf. to): rise ~ a chair 椅子から立ち上がる / leap ~ a seat 席から飛び上がる / jump (down) ~ a window 窓から飛び下りる / part ~ a friend 友人と別れる / Rain comes ~ clouds. 雨は雲から降る / He went ~ me [here] some time ago. 彼はしばらく前に私の所[ここ]から去った / set out ~ London ロンドンから出発する / a train running west ~ Waterloo ウォータールーから西に走る列車 / hang ~ a bough 枝からぶら下がる / move [relocate] ~ one place *to* another 甲地を去って乙地に移る / ~ door [house] *to* door [house] (家から家へと)戸毎に / ~ end *to* end 端から端まで, すっかり / ~ hand *to* hand 手から手へ / ~ place *to* place 所々に.
2 [時・順序の起点]: ~ early this morning けさ早くから / ~ childhood [a child] 幼時から / ~ the beginning 最初から / ~ the (very) first (そもそもの)初めから / ~ April 1st 4 月 1 日から / ~ now on 今後 / ~ that time onward その時からこのかた / ~ this time forward 今から以後は, 今後は / five years ~ now 今から 5 年先に / I have known him ~ a boy. 子供の時から彼を知っている / ~ birth till death 生まれ落ちてから死ぬまで / prices ~ $10 up (=prices of $10 and upwards) 10 ドルから上の値段 / *From* 10 *to* 20 boats were ready. 10 隻から 20 隻のボートが用意してあった / ~ beginning *to* end 初めから終わりまで, ずっと通して / count ~ one *to* ten 1 から 10 まで数える / ~ title *to* colophon (本の)全巻を通じて / ~ dawn *to* dusk 夜明けから夕暮れまで / ~ time *to* time ⇨ time 成句 / ~ day *to* day ⇨ day 成句 / ~ year *to* year ⇨ year 成句.
3 [距離・隔たり] …から(離れて): away [absent] ~ home 留守で, 不在で / ten miles ~ here ここから 10 マイル離れて / He is far ~ home. 彼は家にいない / distant ~ …から遠く隔たって / He is absent ~ school. 学校を欠席している / He is a long way ~ being rich. 金持ちからははなはだ遠い, 金持ちどころではない / wander [stray] ~ one's purpose 目的から離れる / *From* a distance things look better. 離れて見ると物事は引き立ってよく見える / How far is it ~ here? 距離はここからどのくらいですか / apart ~ the context (文の)前後の関係とは別に, 文脈を離れて / I am far ~ saying that. そんなことを言う気はさらにない / It is far ~ satisfactory. とても満足なものでない.
4 [出所・根拠]: He comes [is] ~ Wales. ウェールズの出身だ / two colts ~ the same dam 同じ母親から生まれた 2 頭の子馬 / a letter ~ my friend 友人からの手紙 / a message ~ America 米国からの通信 / Tell her that ~ me. 彼女にそれは私からだと伝えて下さい / a gift ~ Providence 天からの賜物, 天賦の才能 / quotations ~ Shakespeare シェークスピアからの引用句 / There have been few better books ~ that author. その作家からは優れた本はほとんど出ていない / dig gravel ~ a pit 穴から砂利を掘り出す / gold ~ a mine 鉱山から出た金(きん) / draw a conclusion ~ the premises 前提から結論を下す / People expect much ~ him. 世間では彼に大いに期待をかけている / an inference made ~ facts 事実に基づく推断 / judge ~ appearances 外見から判断する / learn ~ many people 多くの人から学ぶ / ~ one point of view ある一つの見地から(論じると) / ~ what I have heard of him (彼について)聞いたところによれば / *From* your silence I fear it is so. 黙っているところを見るとそのとおりらしい.
5 [変化・推移] …から(転じる, 移る): (a)wake ~ a dream 夢からさめる / go ~ bad *to* worse ますます悪くなる / recover ~ illness 病気から回復する / relief ~ anxiety 心配から安心へ / rest ~ work 仕事を休んで休息する / *From* being attacked they became the attackers. 攻撃を受けていたのが一転して攻撃者となった / *From* staring at the darkened window, he fell asleep. 暗くなった窓をじっと見つめているうちに寝入った.
6 [原料] …から, …で (★ 原料から異なった製品ができる; cf. of 4, out of 4): make wine ~ grapes ブドウでぶどう酒を造る / Gas is made ~ coal. ガスは石炭から造られる / Flour is made ~ wheat. 小麦粉は小麦から作られる / Cider is made ~ apples. りんご酒はりんごから造られる.
7 [原因・動機・理由] …から, …の故に (on account of): die ~ fatigue [overwork] 疲労[過労]が元で死ぬ / He is suffering ~ gout. 痛風をわずらっている / act ~ a sense of duty 責任感から行動する / He did it ~ kindness [spite]. 親切[意地悪]からそうした / refuse ~ private reasons 個人的な理由で拒絶する / I know him ~ see*ing* him at the club. 彼とはクラブで会ったので知っている.
8 [相違・区別]: He doesn't know black ~ white. 白と黒との区別がつかない / distinguish good ~ bad 善を悪から区別する / tell one flower ~ another 甲の花を乙の花と区別する / I differ ~ him in opinion. 私は彼とは意見が異なる.
9 [分離・除去・選択・奪取・免除・回避される人・物を示して] …から: He recoiled ~ the sight. その光景を見て後ずさりした / blot out a word ~ a page ページから 1 語を削り取る / take 5 ~ 8 8 から 5 を引く / take his gun ~ a burglar 強盗から銃を取り上げる / buy [borrow] something ~ a person 人から何かを買う[借りる] / exclude ~ the plan その計画から除外する / be expelled ~ school 放校される / Choose one ~ (among) these books. これらの本の中から 1 冊選びなさい / be released ~ prison 刑務所から釈放される / dissuade a person ~ folly 人に言い聞かせてばかなことをやめさせる / refrain [keep oneself] ~ laugh*ing* 笑わないでいる, 笑いを抑える / save [keep] oneself ~ fall*ing* 倒れるのを免れる.
10 [ひな型・由来] …をまねて; …にちなんで (after): paint ~ nature [life] 写生する / He was named ~ his uncle. おじの名を取って名付けられた.
11 [場所や時を表す副詞(句)または前置詞の前に用いて] …から: Rain falls ~ above. 雨は上から降る / look ~ over one's eyeglasses 眼鏡越しに見る / ~ afar 遠方から / ~ amid(st) [among, between] …の中から / That dates ~ before the war. その起源は戦前にさかのぼる / speak ~ behind a door 戸の後ろからものを言う / a voice ~ below 下から聞こえる声 / come ~ beyond the mountains 山のかなたから来る / ~ far and near 遠近から / ~ long ago ずっと以前から / ~ of old 《文語》 昔から / enter ~ outside 外側からはいる / ~ over the sea 海外から / ~ under the table テーブルの下から / ~ within [without] 内[外]から / ~ thence [hence, whence] 《古》 そこ[ここ]から (★ from の意味が重複している).
from óut* (*of*)** …の中から 《out (of) の強調形》: come ~ *out* (*of*) the darkness 暗闇の中から出て来る. ***from this óut 《米》 今後は (henceforth). ***from únder*** 《米口語》 窮地[苦境]から: get (out) ~ *under* 苦境を切り抜ける / He's finally out ~ *under* financially. ついに財政危機を免れた.
〖OE ~, *fram* (prep.) away from, (adv.) away onward, 《原義》 forward (cf. fro) < Gmc *fram (OHG & Goth. *fram* (prep. & adv.) / ON *frá* (prep.), *fram* (adj.)) ← IE *per forward, through: cf. for[1], pro-[1]〗

fro·mage /frəmɑ́ːʒ, frɑ(ː)- | frɔ-; F. fʁɔmaːʒ/ F. n. チーズ (cheese). 〖□ F ~ 《音位転換》 ← *formage* < LL *formāticum* ← L *fōrma* 'FORM'〗

fromage blanc /—— blɑ́ː(ŋ), -blɑ́ːŋ; F. -blɑ̃/ n. フロ

F

マージュブラン, 白チーズ《軽い酸味のある凝乳状のチーズ》.〘□F ～ 'white cheese'〙

fromáge fráis /-fréɪ; *F*. -fʁɛ/ *n*. フロマージュフレ《液体に近いコテージチーズ》.

Frome /fróum | fróum/, **Lake** *n*. フロム湖《オーストラリア South Australia 州北東部にある浅い塩水湖》.

Fro·men·tin /fròumɑ̃ː(n)tǽ(ŋ), -mɑːn-, -tǽŋ | fròu-; *F*. fʁɔmɑ̃tɛ̃/, **Eugène** *n*. フロマンタン《1820-76; フランスの小説家・画家・批評家; *Dominique*「ドミニック」(1863)》.

fro·men·ty /fróumənṭi | fróumənti/ *n*. 《英方言》＝frumenty.

Fromm /frɑ́(ː)m, fróum | frɔ́m; *G*. fʁɔ́m/, **Erich** *n*. フロム《1900-80; ドイツ生まれの米国の精神分析学者・著述家; *Escape from Freedom* (1941)》.

frond /frɑ́(ː)nd | frɔ́nd/ *n*. **1**〘植物〙**a** (シダ・シュロなどの)葉. **b** (海草・地衣などの)葉状体 (thallus). **2**〘動物〙葉状枝《鳥の羽毛やがの触覚などの微細な枝分かれの部分》. **～·ed** *adj*. **～·less** *adj*. 〘(1753)□L *frondem, frōns* leafy branch〙

F

Fron·da /frɑ́(ː)ndə | frɔ́n-/ *n*. フロンダ《女性名; 異形 Fronde》. 〘cf. ↑〙

frond·age /frɑ́(ː)ndɪdʒ | frɔ́n-/ *n*. [集合的] (シダ・シュロなどの)葉 (fronds); (茂った)群葉 (leafy foliage). 〘(1842)← FROND＋-AGE〙

Fronde[1] /frɔ̃ː(n)d, frɔ́ːnd, frɑ́(ː)nd | frɔ́nd; *F*. fʁɔ̃ːd/ *n*. [the ～] (フランスの)フロンド党《Louis 十四世の幼時 Cardinal MAZARIN および王党に反抗した不平党》; その反乱 (1648, 1650, 1651). 〘(1798)□F ～ 'sling'〙

Fronde[2] /frɑ́(ː)nd, frɔ́ːnd | frɔ́nd; *F*. fʁɔ̃ːd/ *n*. フロンド《女性名》. 〘《異形》← FRONDA〙

fron·des·cence /frɑ(ː)ndésəns, -sns | frɔn-/ *n*. **1** 葉が広がる時期, 葉が発生する過程[状態]. **2** ＝foliage 1. **fron·des·cent** /frɑ(ː)ndésənt, -snt | frɔn-/ *adj*. 〘(1793)← NL *frondescentia* ← L *frondēscent-* (pres.p.) ← *frondēscere* to become leafy〙

fron·deur /frɔ̃ː(n)dɚ́ː, frɔːn- | -dɚ́ː(r; *F*. fʁɔ̃dœːʁ/ *n*. (*pl*. **～s** /～z; *F*. ～/) 不平屋[分子] (malcontent); 反抗者, 造反家 (rebel). 〘(1798)□F ～《原義》slinger〙

Fron·di·zi /frɑ(ː)ndíːzi | frɔndíːzi; *Am.Sp*. frondísi/, **Arturo** *n*. フロンディーシ《1908-95; アルゼンチンの法律家; 大統領 (1958-62)》.

fron·dose /frɑ́(ː)ndous | frɔ́ndəus/ *adj*. (*also* **frondous** /～/)〘植物〙葉状体の[を生じる] (thalloid). **～·ly** *adv*. 〘(1721-92)□L *frondōsus*: ⇨ frond, -ose[1]〙

frons /frɑ́(ː)nz | frɔ́nz/ *n*. (*pl*. **fron·tes** /frɑ́(ː)ntiːz | frɔ́n-/)〘昆虫〙前額部, 顔面. 〘(1856-58)□L *frōns* (↓)〙

front /frʌ́nt/ *n*. **1** [the ～] **a** (物の)前部, 前面; 前の方, 前方の位置 (cf. rear[1] 1); (体の)前部 (↔ back): sit in [at] *the* ～ of the audience 観客の最前列に座る / the driver *in the* ～ of the car 車の前部にいる運転手 / Look to your ～. 前方を見よ / lie on one's ～ うつぶせに寝る. 日英比較 日本語では離れた前方も, 建物などの前部も「正面」というが, 英語の "*front*" は「前部」の意味のみで, 離れた前方は意味しない.「離れた前方に」という場合には in *front* of というフレーズを用いる. **b** (問題などの)表立った状態, 表面: a question *at the* ～ 表立った[世評に上っている]問題 / The question is again *at the* ～. その問題がまた表面に出てきた.

2 a (建物の)正面, 表(側), 前面 (facade) (↔ back); (建物の)面, 側 (side, face): (at) the ～ of a building 建物の正面(に) / put on a ～ 門戸を張る / the east ～ (建物の)東側. **b** 表側の部屋: in a first-floor ～ 一階[二階]の表側の部屋で. **c** 表部屋の住人. **d** (ホテルなどの)ボーイ.

3 (道路・海・湖水・川などに面した)地先 (frontage); [the ～]〘英〙海浜の遊歩道 (promenade): a hotel on *the* ～ / a lake [river] ～ 湖[川]岸の土地, 湖[川]沿いの土地 / ⇨ seafront, waterfront / have a walk along *the* ～ 海浜の遊歩道を散歩する.

4〘軍事〙**a** [しばしば F-] 最前線, 第一線, 戦線; 戦地: the western ～ 西部戦線 / news from the ～ 戦地からの報道 / go [be sent] to the ～ 戦線に出る, 出征する / be at the ～ 戦地に行っている / men at the ～ 出征兵士 / ⇨ home front, front line. **b** (隊の)前方, 正面 (van): change ～ 向きを変える.

5 a [前に限定詞を伴って] (通例思想的または政治上の目的のための)協力, 提携 (coalition); (共同)戦線: ⇨ popular front / present [show] a united ～ against ...に対して共同戦線を張る. **b** 活動の場: progress on the educational ～ 教育面での進歩 / gain a great victory on the film ～ 映画において大勝利を博する / get strong support on [from] the kitchen ～ 台所戦線の(食料問題に関して女性の)強力な支持を得る. **c** (ある問題に対しての)立場, 政策 (policy). ★ 通例次の句で: a change of ～ 政策変更, 方向転換.

6 a (危険に面しての)態度 (bearing), 落着き(加減): a calm ～ 落ち着いた態度 / put a brave ～ on ...に対して勇敢な態度を示す / put up a ～ 落ち着いた様子をする / put up [put on, make, show, present] a good [brave, bold] ～ 平気な[勇敢な, 大胆な]態度を装う. **b** 気取った態度, 見せかけの態度; 見かけ, 見栄: maintain a ～ 体裁を保つ. **c** 厚かましさ, 厚顔: have *the* ～ *to* do ... 厚かましくも...する.

7《口語》**a** (団体の)表看板(の名士),「だし」(figurehead): a ～ *for* smugglers 密輸業者の表看板. **b** (暴力団などが隠れみのに使う)表向きの首領[団体, 事業など] (frontman).

8〘気象〙前線: a cold [warm] ～ 寒冷[温暖]前線.

9 a 前部に当てる[着る]もの. **b** (前頭部から額に下げる)ヘアピース. **c** (ワイシャツの)いか胸; 胸あて (shirtfront). **d** 祭壇覆い (frontal).

10 a《詩》前頭部, 額. **b**《古》顔, 顔面, 顔つき (face): ～ to ～ 面(ﾒﾝ)と向かって. **c**〘昆虫〙＝frons.

11 a《古》(時期などの)初め (beginning). **b** 最初の部分: the ～ *of* the book.

12〘劇場〙**a** 観覧席 (auditorium). **b** 舞台前方. **c** [集合的] 劇場事務室で働く人, 表方(ｵﾓﾃｶﾀ).

13〘音声〙前舌面《front of (the) tongue ともいう; cf. back[1] *n*. 14》. **14**〘活字〙＝belly 5.

chánge frónt (1)〘軍事〙攻撃方向を変える. (2) 考え方[態度]を変更する. ***cóme to the frónt*** 前面[表面]に現れる, 目立ってくる; 有名になる. 《1871》 ***frónt of***《米》＝*in* FRONT *of*. 《1843》 ***gèt in frónt of oneself***《米口語》(あわてて)急ぐ, あわてる. ***in frónt*** 前に, 前方に: Please go *in* ～. 先に行って下さい / I was *in* ～ until the last hurdle. 最後の障害物まで先頭にいた. 《1613》 ***in frónt of*** (1) ...の前に, の正面に (before): the pedestrian *in* ～ *of* the car 車の前の歩行者. (2) ...の面前で; ...に直面して. 《1609》 ***on áll frónts*** あらゆる面で. ***òut frónt*** (1) 戸口[門口, 玄関]の外側で, (建物の)外に, 表に[で]. (2)《米》競争相手を抜いて. (3) ＝*up* FRONT (4). (4)〘劇場〙観客席で, 観客の中に(交じって). ***òut the frónt***＝***òut in frónt***《英》＝*out* FRONT (1). ***ùp frónt*** (1) 前面に, 前の方に; 車の前の席に. (2)〘軍事〙前線で; 前面に. (3)〘バスケットボール〙フロントコートで; (特に)(相手チームのフロントコートにおける)フォワード[センター]の位置で. (4)《俗》前払いで, 前金で: pay 100 dollars *up* ～. (5)《俗》率直な〔*about*〕.

frónt of hóuse [the ―] (劇場の)額縁舞台の前の部分; 表方(ｵﾓﾃｶﾀ)担当区域《観客席など》.

― *adj*. [限定的] (3では時に ～·er) **1** 前部[前面]の, 正面の, 表の: a ～ view 前面の眺め / a ～ yard (家の)前庭 (↔ backyard) / the ～ row 前列 / a ～ seat 前方の席 / the ～ hall 玄関の広間 / a ～ tooth 前歯 / ⇨ front door / be [stand] in the ～ rank 第一流に列する. **2** (団体などが隠れみのに使う)表看板の, 表向きの (cf. front *n*. 7): a communist ～ organization 共産党の表向きの組織. **3**〘音声〙前舌(面)の, 前舌(面)で調音する (cf. back[1] *adj*. 6, central *adj*. 7). **4**〘ゴルフ〙(18 ホールのコースで)前半(9 ホール)の (cf. nine *n*. 7).

táke a frónt séat《米口語》重要な地位を占める.

― *adv*. 前部[前面, 正面]へ[を]: be beset ～ and rear 前後から襲われる / Eyes ～! [号令] 頭(ｶｼﾗ)中; 直れ / *Front!* [号令] 前へ(進め), 前を見よ; [ホテルや商店などで係の者への呼び掛けとして] フロントへ(来るように), 誰かいませんか.

― *vt*. **1 a** ...に向かう, 面する; ...の前に立つ: ～ the sea 〈建物などが〉海に面する / ～ the audience 聴衆に向かって立つ. **b**《古》...に面と向かう, 立ち向かう (confront): ～ danger 危険に立ち向かう. **c** ...に反抗する (defy), 反対する (oppose). **2** ...の前面に[...を]つける, ...に正面をつける, ...の正面[前面]になる〔*with*〕: a house ～*ed with* brick＝a brick-*fronted* house 正面をれんがで張った家. **3** (テレビ番組などの)司会をする; (テレビ・映画などを)放映[上映]する. ～ a popular TV show. **4** 〈ジャズバンドなどを〉指揮する. **5**〘軍事〙〈隊列を〉正面に向かせる. **6**〘音声〙前舌(面)で調音する, 口の前部で発音する.

― *vi*. **1** [...の方に]向かう, 面する (face)〔*to, toward, upon, on(to)*〕: The building ～*s toward* the south [*on* (*to*) the lawn]. その建物は南向きだ[芝生に面する]. **2**《俗》(政治団体などの)前衛を務める; (陰謀・強盗などの仲間の)手先[だし]に使われる, 隠れみのになる〔*for*〕. **3**〘軍事〙〈隊列が〉正面を向く. **4**〘豪口語〙現れる, 姿を見せる, 出頭する 〈*up*〉.

〘(*c*1300) *frount*□(O)F *front* ＜ L *frontem, frōns* forehead, front ← ?〙

front. 《略》frontispiece.

front·ad /frʌ́nṭæd | -tæd/ *adv*.〘解剖・動物〙前頭部[面]の方向へ.

front·age /frʌ́nṭɪdʒ | -tɪdʒ/ *n*. **1 a** (建物の)正面, 前面, 向き. **b** 外観, 押出し (outlook). **2 a** (街路・水際に面する)臨界地, 地先. **b** 建物正面と道路の間の空地. **3** (建物の)正面幅, (敷地や建物の)間口. **4**〘軍事〙(部隊の)正面幅, 戦闘正面(幅). 〘(1622)← FRONT＋-AGE〙

frónt·ag·er *n*. (道路などの)臨界地 (frontage) 所有者. 〘(1622): ⇨ ↑, -er[1]〙

fróntage ròad *n*.《米》〘土木〙＝service road.

fron·tal /frʌ́nṭl | -tl/ *adj*. **1** 正面の, 前面の: a ～ attack 正面攻撃. **2**〘解剖〙前頭(部)の, 額の. **3**〘気象〙前線の. **4**〘美術〙正面性をもった; 〈群像など〉画面と並行する面に配置された. **5**〘音声〙前舌(面)の.

― /《英》ではまた frɔ́n-/ *n*. **1** (額につける)宝石の飾りバンド. **2**〘教会〙祭壇覆い, (祭壇上に掛ける)正面掛布. **3**〘解剖〙＝frontal bone. **4**〘建築〙(建物の)正面 (facade); (窓やドアの上の小さな)破風(ﾊﾌ)板. **5**〘甲冑〙(馬鎧の)額当(ﾋﾀｲｱﾃ)《小形の馬面》. **6**〘音声〙前舌(面)音《前舌面と硬口蓋で調音される音; /c/, /ɟ/, /ʃ/, /ʒ/, /ç/, /j/, /ɲ/, /i/, /y/ など; cf. dorsal 2》.

～·ly /-ṭəli, -ṭli | -təli, -tli/ *adv*. 〘adj.: (1656)← NL *frontālis* ← L *frōns* 'FRONT'. ― n.: (*a*1325) *frountel*□OF *frontel* ＜ L *frōntāle* ← *frōns*〙

fróntal bóne *n*.〘解剖〙前頭骨 (cf. occipital bone) (⇨ skull[1] 挿絵). 〘1741〙

fróntal convolútion *n*.〘解剖〙前頭回《前頭葉の脳回; frontal gyrus ともいう》.

fróntal cýclone *n*.〘気象〙前線低気圧《前線に沿ってできた低気圧, または前線をもつ低気圧》.

fróntal gýrus *n*.〘解剖〙＝frontal convolution.

fron·tal·i·ty /frʌntǽləṭi, frɑ(ː)n- | frʌntǽlɪti/ *n*.〘美術〙**1** (彫刻における)正面性《真正面を向き, 躯幹(ｸｶﾝ)の曲がることのない影像についていう; 古代エジプトの影像のその典型》. **2** (絵画において)描かれる対象の属する平面が画面と並行するように描くこと《群像の場合, 人物は同じ大きさになる》. 〘(1905): ⇨ -ity〙

fróntal lóbe *n*.〘解剖〙(大脳の)前頭葉. 〘1879〙

fróntal lobótomy *n*.〘外科〙前頭葉切截(ｾﾂ)[切開](術).

fróntal sỳstem *n*.〘気象〙前線系《天気図に現れる一連の前線(の形態・種類)》.

frónt-and-cénter *adj*.《米》〈問題など〉最優先の, 最大関心事の.

frónt bénch *n*. [the ～]〘英下院〙**1** 最前列の議席《議長から見て右側の列が与党幹部席で大臣席 (Treasury Bench), 左側が野党幹部席; cf. back bench, crossbench》. **2** [集合的] 最前列の議席の議員たち. 〘1891〙

frónt·béncher *n*.《英》(議会で)最前列の議席の議員. 〘1907〙

frónt búrner *n*. **1** レンジの手前のバーナー (cf. back burner). **2** 最優先事項.

bring ... to the frónt búrner ...を最優先にする. ***on the*** [one's] ***frónt búrner*** 最優先で[に].

frónt·cóurt *n*.〘バスケットボール〙フロントコート《それぞれのチームが攻撃に出た際, 使うコートの部分; フォワードとセンターのポジション》. 〘*a*1949〙

frónt cráwl *n*.〘水泳〙＝crawl[1] 2.

frónt cúrtain *n*.〘劇場〙grand drapery の後ろにあって, 幕 (act) の前後に揚げ下ろしされるカーテン.

frónt désk *n*. (ホテルなどの)フロント, 受付. 日英比較 日本語の「(ホテルの)フロント」は和製英語. 英語では *front desk* の他に, reception desk, registration desk も用いられ, 単に desk ともいう.

frónt díve *n*.〘水泳〙正面飛び《飛び込みフォームの一つ》. 〘*c*1934〙

frónt dóor *n*. **1 a** 表[正面]玄関, 表口 (cf. street door). 日英比較 普通「玄関」と訳されるが, 日本の伝統的な「玄関」は土間を含む一つの部屋になっているのに対し, 英米の一般の家屋では, ドアを開けるとすぐ廊下あるいは居間となっている. **b** (国などの)主要な地域,「表玄関」〔*of*〕. **2** (目的への)真正面からのアプローチ: through the ～ 公明正大な手段によって (cf. back door). 〘1812〙

frónt-dríve *adj*. 前輪駆動の.

frónt édge *n*.〘製本〙前小口 (fore edge).

Fron·te·nac /frɑ́(ː)nṭənæ̀k | frɔ́ntə-; *F*. fʁɔ̃tnak/, **Comte de Pal·luau et de** /də palɥo e də/ *n*. フロントナク《1622-98; フランスのカナダ総督; Louis de Buade /bɥaːd/》.

frónt-énd *adj*. **1** 前払い契約の, 前払い金の. **2**〘電算〙フロントエンド方式の《メインとなるコンピューターとユーザーの間で行われる前処理や制御を行う》.

frónt ènd *n*. **1** (車などの)前部. **2**〘電算〙フロントエンド (cf. front-end 2).

frónt-ènd lóad *n*.〘証券〙先取り手数料《長期投資契約プランにおいて初期の払込み掛け金から差し引かれる販売手数料》.

frónt-end lóader *n*. 先端にショベルをもつ積込み機 (front loader).

frónt-end prócessor *n*.〘電算〙フロントエンドプロセッサー《ホストコンピューターに代わってデータの前処理を行う小型コンピューター》.

fron·te·nis /frɑnténɪs, frɑ(ː)n- | -frʌnténɪs, frɔn-/ *n*. フロンテニス《メキシコ起源の三方壁に囲まれたコートで行うテニスの一種》. 〘(1944)□Am.-Sp. ～《混成》← Sp. *frontón* 'FRONTON[2]'＋*tenis* 'TENNIS'〙

frontes *n*. frons の複数形.

frónt-fánged *adj*.〘動物〙〈ヘビが〉前牙類の《上あごの前方に一対の毒牙がある; コブラやクサリヘビなど; cf. back-fanged》.

frónt fóot *n*. (地所の)間口間(ｹﾝ)数, 間口幅.

fron·tier /frʌntíə, frɑ(ː)n-, ⌐―― | frʌ́ntɪə(r, frɔ́n-, frʌntíə(r/ *n*. **1**《米》(東部から漸次西に進んで行った)開拓地と未開拓地の境界地方, 辺境, フロンティア. **2** 国境地方 (⇨ boundary SYN): the Franco-German ～ 仏独国境 / the German ～ *of* France フランスのドイツ国境地方. **3** [しばしば *pl*.] **a** (知識・学問などの)未開の分野, 未墾地: the ～*s of* knowledge. **b** (知識・学問の)新開地, 最先端を行く業績: the latest ～*s of* linguistic research 言語研究の最新最先端の業績. **4**《廃》前方の砦(ﾄﾘﾃﾞ), 砦となる町. ― *adj*. [限定的] **1** 国境地方の: a ～ station [fortress, town, incident] 国境の停車場[要塞, 町, 事件]. **2**《米》辺境の: ～ hardships 辺境地方の困苦 / ～ spirit 開拓者魂[精神, 気質]. **3** 〈知識・学問が〉最先端を行く, 未開の分野に挑む (pioneering): ～ research in the field その分野における先駆的研究. 〘(1392) ME *frount(i)er*□(O)F *frontière* ← *front* 'FRONT'〙

fron·tíers·man /-mən/ *n*. (*pl*. **-men** /-mən, -mèn/) 国境地方の住民; 辺境開拓者. **frontíers·wòman** *n*. 〘1782〙

fron·tis /frʌ́nṭɪs | frʌ́nt-, frɔ́nt-/ *n*. ＝frontispiece. 〘略〙

fron·tis·piece /frʌ́nṭɪspìːs | -tɪs-/ *n*. **1 a** (本の)口絵; 口絵のページ. **b** 本の第 1 ページの冒頭の飾り模様[絵]. **c**《廃》(本の)とびら, 標題紙. **2**〘建築〙(建物の)正面, (特に, 装飾的に取り扱った)玄関正面; (戸・窓上の)装飾壁, (古典建築の)切妻壁 (pediment). ― *vt*. ...に

〔…で〕口絵を付ける〔*with*〕. 〘(1597–98) *frontispice* ◻ F ◻ LL *frontispicium* countenance, front (of a church) ← L *front(i)*- 'FRONT'＋*specere* to look: 古形 -*pice* が *piece* に同化したもの〙

frónt·làsh *n.* (反動・反対闘争などに)対抗する行動[意見]. 〘← FRONT＋(BACK)LASH〙

frónt·less *adj.* **1** 正面のない. **2** 《古》厚顔無恥の, 厚かましい. 〘(1605): ⇨ -less〙

front·let /frʌ́ntlət/ *n.* **1** (動物の)前額部. **2** 〖鳥類〗額《特に, 毛色などが目立って他の部分と異なる場合の前頭部》. **3** (額につけるリボンなどの)はち巻き, 飾りバンド (fillet). **4** 〖ユダヤ教〗テフィラーシェルローシュ《額につける phylactery》. **5** 〖教会〗祭壇覆い (frontal) の上に掛ける細長い布片. 〘(*c*1470) ◻ OF *frontelet* (dim.) ← *frontel* 'FRONTAL (n.)'〙

frónt-lìne *adj.* **1** 前線[戦線]用の[に向いた]; 非友好国[紛争地域]に隣接した, 最前線の: a ~ ambulance / ~ states 前線諸国《特に 南アフリカ共和国やイスラエルに接する諸国をいう》. **2** (各分野の)第一線で活躍する, 先頭を切る; 最先端の; ベテランの, 一流の: a ~ designer, scholar, teacher, etc. 〘1899〙

frónt líne *n.* **1** 〖軍事〗第一線, 前線, 戦線 (front). **2** (活動・闘争などの)先頭, 最前線. 〘1917〙

frónt lòader *n.* **1** 前入れ方式の機器《ビデオデッキ・洗濯機など》. **2** ＝front-end loader.

frónt-lòading *adj.* 〈ビデオデッキ・洗濯機など〉前入れ方式の: a ~ VCR [washer]. — *n.* (手数料・利子などの)当初支払い.

frónt·màn *n.* 《口語》 **1** ＝front 7 b. **2 a** (ショーやサーカスの)客引き, 呼込み. **b** (音楽グループの)指揮者. **c** (テレビ番組の)総合司会者.

frónt màtter *n.* 〖印刷〗(書物の)前付け《本文の前にあるとびら・序文・目次などの部分; preliminaries, prelims, forematter ともいう; cf. back matter》. 〘1909〙

frónt mòney *n.* 《米》(企画などの着手時に支払う)前(渡し)金; 見せ金. 〘1931〙

frónt nìne *n.* 〖ゴルフ〗フロントナイン《18 ホールのコースの前半の 9 ホール》.

fron·to- /frʌ́ntou, frɑ́(:)n- | frʌ́ntəu/「前頭骨[部]の[につながる]; 〖気象〗前線の」の意の連結形: *fronto*nasal 前頭鼻部の. 〘← L *front-*, *frōns* 'FRONT'〙

frónt óffice *n.* **1** (会社などの)総務室; 首脳部, 幹部連. 日英比較 「プロ野球の球団経営首脳陣」を指して日本語では「フロント」というが, 英語では *front office* を用いるか, administrative office を用いる. **2** 本部 (headquarters); (特に)《警察》本署. 〘1900〙

fròn·to·génesis *n.* 〖気象〗前線の発生《雲の発生, 雨・雪を降らせる》. **fròn·to·genétic** *adj.* **fròn·to·genétically** *adv.* 〘(1934) ← NL ~: ⇨ fronto-, -genesis〙

front·ol·y·sis /frʌntɑ́(:)ləsɪs, frɑ(:)n- | frʌntɔ́lɪsɪs/ *n.* 〖気象〗前線の衰弱[消滅]. 〘← NL ~: ⇨ -lysis〙

fron·ton[1] /frɑ́(:)ntɑ(:)n, ―́― | frɔ́ntən, ―́―; *F.* fʀɔ̃tɔ̃/ *n.* (*pl.* ~s /~z; *F.* ~/) 〖建築〗＝pediment. 〘(1698) ◻ F ~ ◻ It. *frontone* (aug.) ← *fronte* forehead〙

fron·ton[2] /frɑ́(:)ntɑ(:)n, ―́― | frɔ́ntən, ―́―; *Sp.* frontón/ *n.* **a** ハイアライ (jai alai) コート(のある建物). **b** 《メキシコ》＝jai alai. 〘(1896) ◻ Sp. *frontón* ← *frente* forehead, front〙

fròn·to·pálatal *n.* 〖音声〗前舌口蓋音《舌前部と硬口蓋の間に調音点をもつ子音; [ʃ], [ʒ], [ʧ], [ʤ] など》. — *adj.* 前舌口蓋音の.

fròn·to·paríetal *adj.* 〖解剖〗前頭頭頂骨の.

front-page /frʌ́ntpèɪʤ⁻/ *adj.* [限定的] 新聞の第一面に載った[載せる価値のある]; 重要な: a ~ article 一面記事 / ~ news. — *vt.* 〈ニュース・記事を〉新聞などの第一面に載せる[報道する]. 〘1917〙

frónt páge *n.* (新聞の)第一面. 〘1902〙

frónt pássage *n.* 《英口語》＝vagina.

frónt pèrson *n.* ＝frontman.

front po·pu·laire /frɔ̃́(m)pɑ̀(:)pjuléə, frɔ́:m- | -pɔ̀pjuléə(r); *F.* fʀɔ̃pɔpylɛːʀ/ *F. n.* (*pl.* **fronts po·pu·laires** /~/) [しばしば F- P-] 人民戦線 (⇨ popular front).

frónt-pòrch campáign *n.* 《米》〖政治〗居座り型選挙運動《大統領候補者が地方遊説(ゆうぜい)をせずもっぱら自分の地盤内で演説をする方式の選挙運動》.

frónt posítion *n.* 〖文法〗(文・節・句の)頭部, 前位 (↔ end position).

Frónt Ránge *n.* [the ~] フロント山脈《Rocky 山脈中の最東端の山脈, 米国 Colorado 州中部から Wyoming 州南部にわたる; 4,000 m 以上の高峰が多く, その中の最高峰は Grays Peak /gréɪz-/ (4,350 m)》.

frónt-ránk *adj.* 一流の (first-rate): a ~ university. 〘1872〙

frónt róom *n.* 玄関の間, (特に, 住宅の表に面した)居間 (living room). 〘1679〙

front-run·ner /frʌ́ntrʌ̀nə, ―́―― | -nə(r)/ *n.* 《口語》 **1** (競争で)先頭に立つ人, リードする人. **2 a** 〖陸上競技〗リードをしているとベストを出せる競技者; ペースメーカー. **b** 〖競馬〗逃げ馬, 先行逃げ切り型の馬. 〘1914〙

frónt rúnning *n.* **1** 〖証券〗フロントランニング, 先回り売買《相場に影響するほどの大口取引の可能性をつかんだ証券業者が自己勘定のオプション取引などを先に成立させて利益を得ようとすること》. **2** 《米》先頭[首位]を行く者を応援すること. 〘1940〙

frónt scéne *n.* 〖劇場〗 **1** (垂れ幕の前の)舞台前方の場面[演技]. **2** 舞台前方の垂れ幕[舞台装置].

frónt síght *n.* (銃の)照星《銃口上部にある照準具; cf. foresight 5》.

frónt·stáge *n.* 〖劇場〗フロントステージ《舞台前方の空間》.

frónt vówel *n.* 〖音声〗前舌母音《舌の前部が上がる母音; [i], [e], [ɛ], [a], [ø], [œ] など; cf. back vowel, central vowel》.

front·ward /frʌ́ntwəd | -wəd/ *adj.* 正面に向かう, 前方への. — *adv.* 正面の方へ, 前方へ.

front·wards /-wədz | -wədz/ *adv.* ＝frontward.

frónt·wàys *adv.* 《米》前[正面]から. 〘1863〙

frónt-whéel *adj.* 前輪の; 前輪駆動の: a ~ vehicle. 〘1878〙

frónt whéel *n.* (自動車などの)前輪. 〘1897〙

frónt-whèel dríve *n.* 前輪駆動, フロントドライブ. 日英比較 日本語の「フロントドライブ」は和製英語. 英語では *front-wheel drive* という. 〘1928〙

frore /frɔ́ə | frɔ́:(r)/ *adj.* 《古・詩》凍った; 霜凍る, 厳寒の. 〘OE *froren*: FREEZE の古い過去分詞〙

frosh[1] /frɑ́(:)ʃ | frɔ́ʃ/ *n.* (*pl.* ~) 《米口語》(大学の)一年生 (freshman). 〘(1915) 《短縮》 ← FRESHMAN〙

frosh[2] /frɑ́(:)ʃ | frɔ́ʃ/ *n.* 《英方言》カエル (frog). 〘OE *frox, frosc* < Gmc **froskaz* (G *Frosch*) ← ? IE **preu-* to hop: cf. frolic〙

frosk /frɑ́(:)sk, frɔ́(:)sk | frɔ́sk/ *n.* 《英方言》＝frosh[2].

frost /frɔ́(:)st, frɑ́(:)st | frɔ́st/ *n.* **1** 霜 (hoarfrost): windows covered with ~ 一面に霜のかかった窓 / There is ~ on the grass. 草に霜が降りている / There was a heavy ~. ひどい霜が降りた / a hard [sharp] ~ 厳しい霜 / ⇨ hoarfrost, Jack Frost, white frost. **2** 氷結, 結霜 (freezing); 霜を結ぶほどの寒気, 厳寒, 寒空; 氷点以下の温度: ⇨ black frost / five degrees of ~ 《英》氷点下 5 度《カ氏 27 度》. **3 a** (雰囲気などの)うすら寒いような感じ[気分], 陰気. **b** (態度などの)冷やかさ, 冷たさ, 冷淡 (indifference). **4** 《英口語》(催し物・会合・劇・書籍などの)不出来, 失敗 (failure, fiasco): The dance turned out a ~. 舞踏会は失敗に終わった.
— *vt.* **1** 霜で覆う 〈*over*〉; (霜で)凍らす, 霜枯れさせる, …に霜害を与える: The windows were ~*ed over.* 窓が霜で曇っていた. **2** 《米》〈ケーキ〉に砂糖衣をきせる (ice). **3** 〈ガラス・金属を〉つや消しにやる, …の表面を曇らす. **4** [p.p. 形で] 〈頭髪などを〉白くする: with a mustache ~*ed* now 口ひげも今では白くなりかかって. **5** 〈蹄鉄(ていてつ)〉にすべり止めのスパイクをつける. **6** 《俗》怒らせる, いらいらさせる.
— *vi.* **1** 霜で覆われる, 凍る 〈*over, up*〉: All the windows ~*ed over.* 窓という窓がすべて霜で白くなっていた. **2** 〈ワニス・ペンキなどが〉霜状の膜を作って乾燥する.
〘OE *frost, forst* < Gmc **frustaz* (Du. *vorst* / G *Frost* / ON *frost*) ← **freusan* 'to FREEZE'〙

Frost /frɔ́(:)st, frɑ́(:)st | frɔ́st/, **Robert** (**Lee**) *n.* フロスト《1874–1963; 米国の詩人; *Boy's Will* (1913), *North of Boston* (1914)》. **Fróst·i·an** /-tiən/ *adj.*

Fróst·bèlt *n.* (*also* **Fróst Bèlt**) フロストベルト, 降霜地帯《大西洋から Rocky 山脈北部に至る米国北部の地帯》.

fróst·bìte *n.* **1** 凍傷, しもやけ《通例 chilblains より重症》. **2** 《NZ》帆走用小型ヨット. — *adj.* 寒中に行われる: ~ running. — *vt.* …に霜害を与える; …に凍傷を与える: get one's ears *frostbitten* 耳を凍傷にやられる. 〘v.: 1611; n.: 1813〙

fróstbite bòating *n.* 《米口語》＝frostbiting.

fróst·bìter *n.* 《米口語》 **1** 寒中ヨット競技者. **2** 寒中ヨット競技用ヨット.

fróst·bìting *n.* 《米口語》寒中ヨット競技. 〘1965〙

fróst·bìtten *adj.* **1** 霜害を被った. **2** 凍傷にかかった. 〘1593〙

fróst-bòund *adj.* **1** 霜に閉ざされた, 凍結した. **2** 温かみのない, 冷たい (frozen).

fróst cràck *n.* 〖林業〗霜割れ, 霜裂, 凍裂《霜害のため, 立木の幹の水分が凍結し, その膨張によって生じた縦裂; cf. season crack 2》. 〘1894〙

frost·ed /frɔ́(:)stɪd, frɑ́(:)st- | frɔ́st-/ *adj.* **1** 霜で覆われた, 霜の降りた: a ~ windowpane 霜のかかった窓ガラス. **2** (貯蔵・販売のため)急速冷凍した (quickfrozen): ~ vegetables. **3** 霜害を受けた, 凍傷にかかった (frostbitten): ~ plants. **4** 砂糖を白くまぶした, 糖衣をきせた: a ~ cake. **5 a** 〈ガラスなど〉つや消しの: ⇨ frosted glass / a ~ light bulb つや消し電球. **b** 霜降り模様に描いた: a ~ Christmas card. **6** (態度・気分など)冷やかな, 高慢ちきな, すました (frigid): a ~ girl. — *n.* フローステッド《牛乳・香料・アイスクリームなどを混ぜたどろっとした飲み物; cf. milk shake》: chocolate ~. 〘(1698): ⇨ -ed〙

frósted gláss *n.* つや消しガラス《金鋼砂の吹きつけやフッ化水素酸で腐食させてつや消しをしたガラス》. 〘1849〙

fróst·físh *n.* (*pl.* ~, ~es) 〖魚類〗 **1** 米国 New England 沿岸や大西洋に分布する, 霜の降りるころ現れるタラ科の魚 (*Microgadus tomcod*) (tomcod). **2** 《NZ》＝scabbard fish. **3** 初秋のころ現れるさまざまな魚. 〘1634〙

fróst·flòwer *n.* 〖植物〗 **1** ナガエ(長柄)アマナ (*Milla biflora*)《米国南西部およびメキシコ産のユリ科の球根植物》; ナガエアマナの花《白色星状》. **2** ノギク・シオンなどキク科シオン属 (*Aster*) の植物の総称. **3** ハンニチバナ属 (*Helianthemum*) の植物の総称. 〘1847〙

fróst-frée *adj.* **1** 〈地域が〉霜の降りない. **2** 〈冷蔵庫が〉霜のつかない.

fróst hèave [hèaving] *n.* 〖地質〗凍上《内部の湿気の凍結によってできる地面の盛り上がり》. 〘1946〙

fróst hòllow *n.* 霜穴《冷気が滞留し夜間に大きく冷え込む山間の窪地》.

fróst·i·ly /-təli, -tɪli | -tɪli, -təli/ *adv.* 霜の降りるように; 冷やかに: smile ~. 〘(1616) ← FROSTY＋-LY[1]〙

fróst·i·ness *n.* **1** 結霜; 厳寒. **2** 冷淡. **3** (頭髪の)霜白. 〘(1720) ← FROSTY＋-NESS〙

frost·ing /frɔ́(:)stɪŋ, frɑ́(:)st- | frɔ́st-/ *n.* **1** 《米》砂糖衣, 糖衣 (icing). **2** (金属・ガラス面などの)つや消し(仕上げ), つや消し面[地]. **3** ガラス粉《にかわなどと混ぜて表面を梨地にする装飾材料》. **4** (薬品による漂白等のための)毛髪の一部分の脱色 (cf. streaking 1). **5** 〖化学〗フロスティング《加硫したゴムの表面に霜状に充填(じゅうてん)剤が出てくる現象》. ***the frósting on the cáke*** 《米》＝*the* ICING *on the cake.* 〘(1617): ⇨ -ing[1]〙

fróst·less *adj.* 霜のない; 霜害のない. 〘(1711): ⇨ -less〙

fróst·lìke *adj.* 霜のような, 霜降り状の.

fróst líne *n.* **1** 地下凍結線, 凍結深度《霜の浸透限度》. **2** (北極地方の)永久氷結土の下位置. 〘1865〙

fróst mìst *n.* 〖気象〗 **1** 細氷 (⇨ ice crystals 2). **2** 氷霧. 〘1814〙

fróst pòint *n.* 〖気象〗霜点《霜ができる温度》.

fróst·pròof *adv.* 耐霜性の, 凍らない.

fróst smòke *n.* 〖気象〗 **1** 氷煙《特に, 極地方の比較的温かい水面へ冷たい大気が流れたとき発生する氷霧》. **2** ＝steam fog. 〘1774〙

fróst snòw *n.* 〖気象〗＝ice crystals 2.

fróst wèed *n.* 〖植物〗＝frostflower 3. 〘1866〙

fróst·wòrk *n.* **1** (窓ガラスなどの)霜模様, 霜の花. **2** (銀器・ガラスなどに施した)霜模様装飾, 梨地. 〘1648〙

frost·y /frɔ́(:)sti, frɑ́(:)sti | frɔ́sti/ *adj.* (**frost·i·er**; **-i·est**) **1** 霜の降りる; 凍る寒さの (freezing, cold): a ~ morning [night] 霜の降りる(寒い)朝[夜] / a ~ sky 霜の降りそうな(寒い)空. **2** 霜の降りた, 霜を置く: ~ trees [ground, pavements]. **3** 温かみのない, 冷やかな, 冷淡な (cold, frigid): a ~ nature 冷たい性質 / a ~ smile 冷やかな笑い. **4** 〈頭髪が〉半白の, 霜白の (white, gray); 頭に霜をいただく歳ごろの, 老齢の: a ~ head 霜白の頭 / the ~ years of life 老齢. 〘(*c*1375) ← FROST＋-Y[4] ∞ OE *fyrstig*〙

froth /frɔ́(:)θ, frɑ́(:)θ | frɔ́θ/ *n.* (*pl.* ~s /~s, frɔ́(:)ðz, frɑ́(:)ðz | frɔ́θs/) **1 a** (攪拌・発酵などによって生じた液体中または表面の小さな)泡 (bubbles) (⇨ bubble **SYN**): the ~ on a glass of beer ビールのコップの泡. **b** 液体表面の不純物, 浮きかす (scum). **2** (内容の)空疎なもの, くだらない話, 空言, 空談 (idle talk): a ~ of words. **3** (病気・興奮のための)泡つば.
— /frɔ́(:)θ, frɔ́(:)ð, frɑ́(:)θ, frɑ́(:)ð | frɔ́θ/ *vt.* **1** 泡立たせる 〈*up*〉: ~ beer [eggs]. **2** 泡で覆う, 泡だらけにする. **3** (口角泡を飛ばして)まくしたてる: ~ a rush of reckless remarks 暴言をまくしたてる. — *vi.* **1** 〈ビール・波などが〉泡立つ (foam): The sea ~*ed* on the rocks. 波が岩に砕けて泡立った. **2** 泡を出す, 〈馬などが〉泡を吹く (foam): ~ at the mouth 口から泡を出す[吹く].
〘(*c*1384) ◻ ON *froða* ← Gmc **freuþ-* (OE *āfrēoðan* to froth up)〙

fróth-blòwer *n.* 《英戯言》ビール愛飲家; (特に, 慈善団体の会員のニックネームとして)ビール党員《漫画などにビールの泡を口ひげにつけたビヤ樽式の紳士として描かれる》. 〘1905〙

fróth-spit *n.* ＝cuckoo spit 1.

froth·y /frɔ́(:)θi, frɑ́(:)θi, -ði | frɔ́θi/ *adj.* (**froth·i·er**; **-i·est**) **1** 泡の; 泡の多い, 泡だらけの (foamy): ~ beer, waves, etc. **2 a** 泡のような, 空虚な, つまらない (empty): a ~ conversation 空虚な(内容のない)談話 / a ~ mob orator 浅薄なやじ馬的弁士. **b** 軽くて薄い材料で作った: a ~ garment. **fróth·i·ly** /-θɪli, -ðɪ-/ *adv.* **fróth·i·ness** *n.* 〘(*c*1485): ⇨ -y[1]〙

frot·tage /frətɑ́:ʒ, frɑ(:)- | frɔtɑ́:ʒ, -tɪʤ, frɔtɑ́:ʒ; *F.* fʀɔta:ʒ/ *n.* **1** 〖美術〗フロタージュ, こすり出し《画面をクレヨンなどで摩擦して, 下に置いた木の葉・布目などの模様を浮き出させること; 1925 年 Max Ernst が始めた手法》. **2** 〖精神医学〗フロタージュ《乗物などの中での異性との衣服をへだてた接触摩擦に対する異常欲求》. **3** (マッサージの)軽擦法. 〘(1933) ◻ F ~ 'a rubbing' ← *frotter* to rub ← ?〙

frot·teur /frɑtə́:, frɑ(:)- | frɔtə́:(r); *F.* fʀɔtœ:ʀ/ *n.* 〖精神医学〗フロタージュ (frottage) を行う人. 〘◻ F ~: ⇨ ↑, -or[2]〙

frot·to·la /frɑ́(:)tələ | frɔ́t-; *It.* fróttola/ *n.* (*pl.* **-le** /-leɪ; *It.* -le/) 〖音楽〗フロットラ《15–16 世紀イタリアの世俗多声声楽曲》. 〘(1854) ◻ It. ~ 'fib, tall story'〙

Froude /frú:d/, **James Anthony** *n.* フルード《1818–94; 英国の歴史家・随筆家; *The History of England from the Fall of Wolsey to the Defeat of the Spanish Armada* (12 vols., 1856–70)》.

Fróude nùmber /frúːd-/ *n.* 〖力学〗フロード数《船の模型実験の結果から実物の場合を推定するために用いられる流体力学の係数; 速度を V, 長さを L, 主加速度を g とすると $V\sqrt{Lg}$ で表せる》. 〘← *William Froude* (1810–79: 英国の土木技師; James の兄)〙

frou·frou /frú:fru:; *F.* fʀufʀu/ *n.* **1** (女性のドレスの)きぬずれの音 (rustle). **2** フルフル: **a** きぬずれの音を出すようなドレスのすそ飾り《ラッフル (ruffles) やレース飾りなど》. **b** (婦人服の)過剰な装飾; 華美なドレス. **3** 《口語》極端な華麗さ, 気取った上品さ. — *vi.* きぬずれの音をさせる: come ~*ing.* 〘(1870) ◻ F ~: 擬音語〙

frounce /fráuns/ *n.* 《古》気取り, 虚飾 (affectation). — *vt.* 《廃》…の髪を巻縮らせる; …にひだを付ける, ひだを取る (plait). — *vi.* 《廃》顔をしかめる, まゆをひそめる (frown). 〘(*a*1325) *frounce(n)* to wrinkle ◻ OF *froncier* (F *froncer*) ◻ Frank. **hrunkjan*: cf. G *Runzel* wrinkle〙

frous·ty /fráusti/ *adj.* (**frous·ti·er**; **-ti·est**) ＝frowsty.

F

frou·zy /fráuzi/ *adj.* (**frouz·i·er**; **-i·est**) (*also* **frou·sy** /~/) =frowzy.

frow[1] /fróu | fráu/ *n.* 《米》=froe. 〖《短縮》← FRO-WARD《原義》adverse, untoward《柄のつき方から》〗

frow[2] *n.* オランダ[ドイツ]人女性 (cf. Frau); 女, 主婦, 夫人; 《方言》ふしだら女, あま.

fro·ward /fróu(w)əd | fráuəd/ *adj.* **1** わがままで片意地な, 強情な, つむじ曲がりの (perverse). **2** 《古》不利な, 害になる (unfavorable). **~·ly** *adv.* **~·ness** *n.* 〖《*a*1131》← FRO-+-WARD〗

Fro·ward /fróu(w)əd | fráuəd/, **Cape** *n.* フロワード岬《チリ南部 Brunswick 半島南端の岬; Magellan 海峡の北岸にあたる; 南アメリカ本土の最南端》.

frown /fráun/ *vi.* **1** まゆをひそめる, 顔をしかめる (scowl); むずかしい顔をする; 不機嫌な[怒った]顔つきをする (lower): There he stood ~ing *at* the door. むずかしい顔で戸口を見つめながらそこに立っていた. **2** 〈物事が〉陰気な[威圧的な]様相を示す: The monastery ~*ed down* from the height above *upon* the village. 修道院は村を見下ろす高みから睥睨(へいげい)していた. **3** 〔…に〕不賛成の意を示す, 不興の色を示す〔*at, on, upon*〕: ~ *upon* a scheme 計画に難色を示す. — *vt.* **1** 〈不快・嫌悪・不賛成などを〉まゆをひそめて表す, 〈不賛成を〉渋面に表す: ~ disapproval [defiance, disgust] 渋い顔をして不賛成[抵抗, 嫌悪]を表す. **2** 〈人を〉怖い顔をして退ける[抑える]〈*away, down, off, back*〉: ~ a person *down* [*away*] 怖い顔をして人を威圧する[追い払う] / ~ the noisy children *into* silence うるさい子供たちをにらみつけて黙らす. — *n.* **1** 眉をひそめること, 苦々しい顔つき, しかめ面, 渋面 (scowl): give no answer but a ~ むずかしい顔をして返事もしない / draw one's brows together in a ~ まゆをひそめる / with a ~ of contemplation 渋い顔で考えこんで. **2** 不機嫌[不賛成]の表示, 難色: Their venture received the ~(*s*) of fortune. 彼らの冒険は運命の神に嫌な顔をされた. 〖《*c*1395》*froune*(*n*) □ OF *froignier* to frown, look sullenly ← *froigne* surly expression ← ? Celt.: cf. Welsh *ffroen* nose〗

SYN 顔をしかめる: **frown** 不賛成・当惑を感じて, または考えこんでまゆをひそめる: He *frowned* at her want of judgment. 彼女の不見識にまゆをひそめた. **scowl** いらだち・怒りのために顔をしかめる: He *scowled* with discontent. 不機嫌で顔をしかめた. **glower** 激しい怒りで怖い顔をしてにらみつける: She *glowered* impatiently at me. 彼女はいらいらして私に向かって顔をしかめた. **grimace** 苦痛・不快などでしかめ面をする: He *grimaced* with pain. 苦痛で顔をしかめた. **ANT** smile.

---

frówn·er *n.* まゆをしかめる人, しかめ面をする人, 渋面の人. 〖《1440》: ⇨ ↑, -er[1]〗

frówn·ing *adj.* **1** まゆをひそめた, 不機嫌な: a ~ face しかめ面, 渋面. **2** 威圧するような (menacing), ものすごい, 険(けわ)しい (stern): a ~ storm, rock, etc. **~·ly** *adv.* 〖《*c*1395》: ⇨ -ing[2]〗

frowst /fráust/ 《英口語》 *n.* (室内が)むっとすること; むれている空気. — *vi.* 部屋でぶらぶらする, 暖かい家の中で出無精を決め込む. 〖《1880》《逆成》↓〗

frows·ty /fráusti/ *adj.* (**frows·ti·er**; **-ti·est**) 《英口語》〈部屋など〉嫌なにおいのする, むっとする, かび臭い (stuffy, musty). 〖《1865》《変形》— ? FROWZY: cf. OF *frouste* ruined〗

frow·zy /fráuzi/ *adj.* (**frow·zi·er**; **-zi·est**) (*also* **frow·sy** /~/) **1** だらしない, むさ苦しい, うすぎたない (dirty). **2** 嫌なにおいのする, かび臭い, むっとする (musty): a ~ smell. **fró w·zi·ly** /-zəli/ *adv.* **fró w·zi·ness** *n.* 〖《1681》← ?〗

froze /fróuz | fráuz/ *v.* freeze の過去形. 〖OE *frēas*〗

fro·zen /fróuzən, -zn | fráu-/ *v.* freeze の過去分詞. — *adj.* **1** 氷の張った, 氷結した; 氷で詰まった: a ~ stream 氷の張った小川 / ~ pipes 凍りついた[氷で詰まった]導管. **2 a** 〈食料品が〉冷凍した; 急速冷凍した (quick-frozen): ~ fish [meat] 冷凍魚[肉] / ⇨ frozen food. **b** 冷やした. **3** 凍えた, 凍傷[霜害]を受けた, 凍死した: a person's ~ limbs 凍えた[凍傷になった]手足 / be ~ (stiff) 〈人が〉ひどく寒い(思いをする), 凍えそうだ. **4** (恐怖などで)身動きできない, すくんだ (⇨ freeze *vt.* 4). **5** 極寒の (frigid): the ~ regions of the pole 酷寒の極地方 / the ~ zones 寒帯. **6** 態度の冷やかな, 冷たい, 冷淡な, 冷酷な (unfeeling); 感情の枯渇した, 無感動の, 感受性を失った (benumbed): a ~ stare 冷たい凝視. **7** 《経済》〈物価・賃金など〉釘づけにされた, 凍結した; 〈投資・資産など〉現金化不能の: ~ capital 償還不能の元本 / ~ loans 回収不能の貸金 / ~ prices [wages, rents] 凍結した物価[賃金, 賃貸料]. **8** 《口語》固定した, 不動の (rigid, immobile): a ~ social system 固定した社会体制 / the ~ limit (耐えがたい事などの)ぎりぎりの限度, 極限. **9** 《トランプ》(カナスタ (canasta) で)〈捨て札の山が〉凍結した《一番上のカードと同位札のペアが味方の持札にない場合, または鬼札が一番上に出された場合, その捨て札の山から 1 枚も取れない》. **10** 《玉突》〈玉が〉クッションまたは他の玉に接触している. **~·ness** *n.* 〖ME *frosen* (現在形の影響) ∽ OE *froren*〗

frózen ásset *n.* 《経済》凍結資産.

frózen crédit *n.* 《経済》(回収不能の)焦付き債権.

frózen cústard *n.* フローズンカスタード《アイスクリームに似たカスタード; 脂肪分が少ない》.

frózen dáiquiri *n.* フローズンダイキリ《ラム・ライムジュース・砂糖・氷を混ぜて作るカクテル; ストローで飲む》.

frózen fóod *n.* 冷凍食品. 〖*c*1940〗

frózen fráme *n.* (映画・ビデオなどの)静止画(像).

fró·zen·ly *adv.* **1** 氷のように, 凍えるように. **2** 冷やかに, 冷淡に (impassively); 頑固に (stubbornly). 〖《1725》: ⇨ -ly[1]〗

frózen-páck *n.* (食品の)包装冷凍保存.

frózen púdding *n.* プディングの一種でナッツや砂糖で煮た果物などを含んだ冷凍カスタード《ラムやシェリーで味つけをすることもある》.

frózen shóulder *n.* 《病理》五十肩.

frózen slèep *n.* 《医学》体温低下法 (hypothermia).

frózen yógurt *n.* フローズンヨーグルト《ヨーグルトで作った低脂肪アイスクリーム》.

FRPS 《略》《英》Fellow of the Royal Photographic Society.

FRS 《略》Federal Reserve System; 《英》Fellow of the Royal Society.

frs. 《略》francs.

Frs. 《略》Frisian.

FRSA 《略》《英》Fellow of the Royal Society of Arts.

FRSC 《略》《英》Fellow of the Royal Society of Chemistry.

FRSE 《略》Fellow of the Royal Society of Edinburgh.

frt 《略》freight.

frt/fwd 《略》freight forward.

frt/ppd 《略》freight prepaid.

fruct·ed /frʌ́ktəd, frúk- | frʌ́k-/ *adj.* 《紋章》〈樹木が〉果実をつけた. 〖《1610》← L *frūctus* (↓)+-ED〗

fruc·ti- /frʌ́ktə, -ti, frúk-/「果実 (fruit)」の意の連結形. 〖← L *frūctus* 'FRUIT'〗

Fruc·ti·dor /frùktɪdɔ́ə | -dɔ́ː(r; *F.* fʁyktidɔːʁ/ *n.* 実月《フランス革命暦の第 12 月; ⇨ Revolutionary calendar》. 〖□ F ~《原義》month of fruit ← L *frūctus* (↑)+Gk *dôron* gift〗

fruc·tif·er·ous /frʌktíf(ə)rəs, fruk-/ *adj.* 果実を生じる, 結実性の. **~·ly** *adv.* 〖《1632》← L *frūctifer* fruit-bearing: ⇨ fructi-, -ferous〗

fruc·ti·fi·ca·tion /frʌ̀ktəfəkéɪʃən, frùk- | -təfɪ-/ *n.* **1** 結実. **2** (一植物の)果実 (fruit). **3** (シダ・コケなどの)結実機能[器官]. 〖《1604》□ LL *frūctificātiō*(*n*-): ⇨ fructi-, -fication〗

fruc·ti·fi·ca·tive /frʌ́ktəfəkèɪtɪv, frúk- | -təfɪ-/ *adj.* 果実のなる, 実のなる. 〖《1887》← L *frūctificāre*: fructify, -ative〗

frúc·ti·fì·er *n.* 実を結ぶ人[物], 果実を生じる物. 〖《1835》: ⇨ ↓, -er[1]〗

fruc·ti·fy /frʌ́ktəfàɪ, frúk- | -tɪ-/ *vi.* 果実を生じる, 実を結ぶ. — *vt.* …に実を結ばせる, 実らせる. 〖《1340》*fructifie*(*n*) □ (O)F *fructifier* □ L *fructificāre* to bear fruit 'FRUIT' ← *fructus*: ⇨ -fy〗

fruc·tiv·o·rous /frʌktívərəs, fruk-/ *adj.* =frugivorous.

fruc·to- /frʌ́ktou, frúk- | -təu/ =fructi-. 〖⇨ -o-〗

frùcto·kínase *n.* 《生化学》フルクトキナーゼ《果糖 (fructose) のリン酸化に関与する酵素》. 〖⇨ ↑, kinase〗

fruc·to·san /frʌ́ktəsæ̀n, frúk-/ *n.* 《生化学》フルクトサン《加水分解によってフルクトース (fructose) のみを生じる多糖類の総称》. 〖《1928》: ⇨ ↓, -an[2]〗

fruc·tose /frʌ́ktous, frúk-, -touz | frʌ́ktəus, -təuz/ *n.* 《化学》フルクトース, 果糖 ($HOCH_2(CHOH)_3COCH_2OH$) (levulose, fruit sugar ともいう). 〖《1864》← FRUCTI-+-OSE[2]〗

fruc·to·side /frʌ́ktəsàɪd, frúk-/ *n.* 《生化学》フルクトシド《加水分解によってフルクトース (fructose) を生じる配糖体の総称》. 〖⇨ ↑, -ide[2]〗

fruc·tu·ous /frʌ́ktʃuəs, frúk- | -tju-, -tʃu-/ *adj.* 果実の多い, 多産の (fruitful); よい結果を生む, 有利な (profitable). **~·ly** *adv.* **~·ness** *n.* 〖《*c*1384》□ OF // L *fructuōsus* fruitful: ⇨ fructi-, -ous〗

frug /frúːg/ *n.* 《ダンス》フルーグ《ツイスト (twist) から生じたロックンロールのダンス》. — *vi.* (**frugged**, **frug·ging**) フルーグを踊る. 〖《1964》?〗

fru·gal /frúːgəl, -gl/ *adj.* **1 a** 倹約な, つましい: a ~ housekeeper [supper] つましい主婦[夕食]. **b** 〔…を〕節約する〔*of*〕: be ~ *of* one's time and money 時間と金銭を節約する. **2** 費用のかからない, 質素な (⇨ thrifty SYN): ~ living 切り詰めた生活 / a ~ meal 質素な食事. **~·ly** *adv.* **~·ness** *n.* 〖《1597》□ L *frūgālis* thrifty, economical ← *frūg-*, *frux* fruit, profit+-AL[1]〗

fru·gal·i·ty /fruːgǽləti | -lɪti/ *n.* 倹約, 節約, 節倹 (thrift): live in ~ 質素に暮らす / ~ of praise やたらにほめないこと. 〖《1531》□ (O)F *frugalité* // L *frūgālitātem* ← *frūgālis* (↑): ⇨ -ity〗

fru·gi·vore /frúːdʒəvɔ̀ə | -dʒɪvɔ̀ː(r/ *n.* 果実を常食とする動物.

fru·giv·o·rous /fruːdʒívərəs/ *adj.* 果実を常食とする, 果食の. 〖《1713》← L *frūgi-*, *frux* fruit+-VOROUS〗

fruit /frúːt/ *n.* (*pl.* ~**s**, ~; ⇨ 1 a ★) **1 a** 果物; (デザートコースとしての)フルーツ. ★ 通例単数形で集合的にも用いる; 複数形 fruits は特に(複数の)果物の種類をいうときに用いる; 食品としては uncountable (cf. cake 1 ★, fish[1] 1 語法 (2)): ripe ~ 熟した果物 / preserved [canned] ~ 砂糖漬け[缶詰]の果物 / fresh ~ 生果 / stolen ~ 盗んだ果物《人目をしのぶ快楽; エバ (Eve) の盗んだ木の実から ⇨ forbidden fruit; cf. stolen》 / I would like some ~. 果物が食べたいね / Which ~*s* are in season now? 今はどんな果物が旬(しゅん)ですか / Pass me the ~, please. フルーツを回してくれませんか. **b** 《植物》果実 (cf. achene, berry 1, capsule 7, drupe, legume 2, nut 1, pepo, pome): a fleshy ~ 肉果 / a dehiscent [indehiscent] ~ 裂[閉]果 / an aggregate ~ 集合果 / a collective [multiple] ~ 多花果 / a simple ~ 単果 / bear [produce] ~ 実を結ぶ (cf. 2) / feed on ~ 〈鳥獣が〉果実を食べる. **2** [しばしば *pl.*] 〔…の〕所産 (product), 報い (reward); 結果, 成果 (result)〔*of*〕: the ~*s of* industry [study] 勤勉[研究]の成果 / the ~(*s*) *of* a person's labors 労苦の結果 / Our efforts have borne ~. 我々の努力が功を奏した (cf. 1 b). **3** [通例 *pl.*] なり物《植物から採れる果実・穀物・葉・綿など》: the kindly ~*s* of the earth 大地の恵みでなった物 / ⇨ firstfruits. **4** [通例 old ~ として; 親しみを込めた呼び掛け] 《英戯言》ねえ[おい]君 (cf. bean 7): You don't mind me asking, *old* ~? ねえ, 君にこう聞いてもおこらないだろうね. **5** 《米俗・軽蔑》男子同性愛者, 男色者, ホモ (homosexual). **6** 《英俗》変わり者, 狂人. **7** [集合的] 《古》(人間や動物の)子供, 子孫 (offspring): the ~ of a person's loins [womb] 《聖書》子供 (children, young) (cf. *Deut.* 28: 4).

in fruit 実を結んで[結んだ]: The trees are now *in* ~. 木には今実がなっている.

Frúit of the Lóom 《商標》フルーツオブザルーム《米国製の男性用下着》.

— *vi.* 果実を生じる, 実を結ぶ: This tree ~*s* annually. この木は毎年実を結ぶ. — *vt.* …に果実を生じさせる, 実を結ばせる (cf. fruited 1).

~·lìke *adj.* 〖? lateOE *fru*(*i*)*t* □ OF *frui*(*c*)*t* (F *fruit*) < L *frūctem* (enjoyment of) the produce of the soil, fruit, revenue ← *fruī* to enjoy, 《原義》feed on ← IE **bhrūg-* agricultural produce; to enjoy: cf. brook[2]〗

fruit·age /frúːtɪdʒ | -tɪdʒ/ *n.* **1** 結実, 実り. **2** [集合的] 果実 (fruits): a tree bending with ~ 枝もたわわに実をつけている木. **3** 産物, 結果, 成果 (result). 〖《1578》□ OF ~: ⇨ ↑, -age〗

Frúit and Nút *n.* 《商標》フルーツ アンド ナッツ《英国 Cadbury 社製のレーズンとナッツの入ったチョコレートバー》.

fruit·ar·i·an /fruːtέ(ə)riən | -tέər-/ *n.* 果物常食者, 果食主義者 (cf. vegetarian 1). **~·ism** *n.* 〖《1893》← FRUIT+-ARIAN〗

frúit bàt *n.* 《動物》フルーツコウモリ《オオコウモリ科に属する *Cynopterus* 属, *Chironax* 属など小型種の総称; またはオオコウモリ科のコウモリの総称; 果実を常食とする; cf. insectivorous bat》. 〖1877〗

frúit bòdy *n.* 《植物》=fruiting body. 〖1912〗

frúit bùd *n.* 《植物》実になる芽, 果芽 (cf. blossom bud, flower bud, mixed bud). 〖1664〗

frúit·càke *n.* **1** フルーツケーキ《砂糖漬けや乾燥した果物・ナッツ・香辛料などの入った濃厚な味のケーキ》: (as) nutty as a ~ ⇨ nutty 成句. **2** 《俗》変わり者; 狂人; ホモ. 〖1848〗

frúit cócktail *n.* フルーツカクテル《数種の果物を小さな角切りにしてシェリーやシロップを注いだもの; 冷やして前菜やデザートとして供する》. 〖1922〗

frúit cùp *n.* フルーツカップ《果物を小さく切ったものをガラスのコップに入れたもの; 前菜またはデザート用; cf. fruit cocktail》. 〖1931〗

frúit dòt *n.* 《植物》=sorus. 〖1880〗

frúit dòve *n.* 《鳥類》《インドから豪州にかけて分布する各種の》果実食のハト (*Ptilonopus*, *Phapitreron*) (fruit pigeon ともいう).

frúit dròp *n.* **1** 落果《果実が熟す前に木から落ちること》. **2** フルーツドロップ《果物の味をつけた飴》. 〖1907〗

frúit·ed /-təd | -tɪd/ *adj.* **1** 果実が実った: a heavily ~ tree. **2** 《米》〈朝食品 (cereal) など〉(食べるときに)果物を加えた[入れた]: ~ oatmeal. 〖《1612》: ⇨ -ed 2〗

frúit·er /-tə | -tə(r/ *n.* **1** 果実運搬船. **2** 《英》果樹栽培者 (fruitgrower). **3** 果実のなる木 (fruitbearer) (cf. bearer 3, flowerer 1, grower 1): a good [poor] ~ なりのよい[悪い]木. 〖《*c*1475》~, *fruitour* fruit seller □ (O)F *fruitier*: ⇨ fruit, -er[1]〗

fruit·er·er /frúːtərə | -tərə(r/ *n.* 《英》果物商, 青果商 (fruit dealer). 〖《1422》: ⇨ ↑, -er[1]〗

fruit·er·ess /frúːtərəs | -tərɪs, -rès/ *n.* 《英》女性の果物商. 〖《1713》: ⇨ ↑, -ess[1]〗

fruit·er·y /frúːtəri | -təri/ *n.* **1** 《古》果物, 果実 (fruit). **2** 果物を栽培[貯蔵]する場所. 〖《1609》□ F *fruiterie* ← *fruit* FRUIT〗

frúit fàrm *n.* 《米》果樹園.

frúit flỳ *n.* 《昆虫》**1** ミバエ《ミバエ科に属し果実の害虫になる小さなハエの総称; チチュウカイミバエ (Mediterranean fruit fly) など》. **2** ショウジョウバエ《ショウジョウバエ科 *Drosophila* 属のハエの総称; 幼虫は果実や腐敗した野菜を食べる; cf. gallfly》. 〖1753〗

fruit·ful /frúːtfəl, -fl/ *adj.* **1** 効果の多い, 良い結果をもたらす (successful), 有利な; 多作の (prolific): ~ labors 収穫のある骨折り / a ~ occupation 実収入の多い職業 / a session ~ of great measures 重要議案を多く成立させた[させるであろう]議会 / a ~ writer 多作の作家 / His studies proved ~. 彼の研究はよい成果を挙げた. **2** よく実を結ぶ, 実りのよい, 多産の, 豊産の (⇨ fertile SYN): a ~ tree よく実のなる木 / a ~ vine 実りのよいつる植物; 子だくさんの女性 (cf. *Ps.* 128: 3). **3** 豊作をもたらす, (地味の)肥えた (fertile): a ~ rain 滋雨 / ~ soil 肥えた土地. **~·ness** *n.* 〖《*c*1390》□ FRUIT+-FUL[1]〗

frúit·ful·ly /-fəli | -fli/ *adv.* **1** 実りよく; 多産に. **2** 有益[有利]に, 効果[成果]多く. 〖《1395》: ⇨ ↑, -ly[1]〗

frúit gàrden *n.* 果樹園.

frúit·ing bòdy /-tɪŋ- | -tɪŋ-/ *n.* 《植物》子実体《菌類が胞子を生じるための特別の器官》. 〖1918〗

fru·i·tion /fruːíʃən/ *n.* **1** 結実; 〔目的・希望などの〕達成, 実現, 成就 (realization)〔*of*〕; 成果《FRUIT と連想》: the ~ *of* one's aims [hopes] 目的[希望]の達成 / the ~ *of* one's studies 研究の成就[成果] / be brought to ~

〈計画・考えなどが〉見事に達成される / come to ～ 実を結ぶ. **2** 所有, 享有 (possession, enjoyment); (所有・実現の)喜び (pleasure): the ～ of love. 〖(1413) □ (O)F ～ □ LL *fruitiō(n-)* enjoyment ← L *fruitus*=*fructus* (p.p.) ← *fruī* to enjoy: ⇨ fruit, -ion〗

fru·i·tive /frúːəṭɪv | -ɪ̈t-/ *adj.* **1** 喜びを生む, 楽しみのある (enjoying). **2** 〖← ↑ (1)〗 実りのよい; 効果のある, 成果のあがる (fruitful). 〖(1635) □ ML *fruitīvus*: ⇨ ↑, -ive〗

frúit jàr *n.* 砂糖漬け果物用の瓶.

frúit jùice *n.* フルーツジュース, 果汁.

frúit knìfe *n.* 果物(用)ナイフ. 〖1855〗

frúit·less /frúːtlɪ̈s/ *adj.* **1** 結果を生じない, 無結果の; かいのない, むなしい; 実りのない, 効果のない, 無益な (⇨ futile SYN): ～ negotiations. **2** 実を結ばない, 実らない. **～·ly** *adv.* **～·ness** *n.* 〖(*a*1400): ⇨ fruit, -less〗

fruit·let /frúːtlɪ̈t/ *n.* 小さい果実; 小果実《集合果の中の一つの実》. 〖(1882): ⇨ -let〗

frúit lòop *n.* 《米俗》風変わりな人, 変わり者. — *adj.* 型にはまらない, エキセントリックな.

frúit machìne *n.* 《英》フルーツマシーン《自動賭博(とばく)機の一種で, さまざまな果物の絵の組合わせによって賞金が出てくる; cf. slot machine》. 〖1933〗

frúit-pìece *n.* 果物の静物画[彫刻].

frúit rànch *n.* 《米西部》果樹園 (fruit farm).

frúit sàlad *n.* **1** フルーツサラダ《果物のサラダ》. **2** 《俗》(軍人が)ずらりと胸に並べた勲章やリボン. 〖1861〗

frúit sàlts *n. pl.* [通例単数扱い]〖化学〗(気泡性の)瀉痢塩の一種 (cf. Epsom salts). 〖1889〗

frúit sùgar *n.* 〖化学〗果糖 (levulose, fructose). 〖*c*1889〗

frúit trèe *n.* 果樹 (cf. forest tree). 〖1577〗

frúit wìne *n.* (ぶどう酒以外の)果実酒.

frúit·wòod *n.* (家具用)果樹材. 〖1927〗

fruit·y /frúːṭi | -ti/ *adj.* (**fruit·i·er; -i·est**) **1 a** 果物に似た, 果物の味[風味]がある. **b** 〈ワインが〉ブドウの風味のある: ～ wine ブドウの風味の強いワイン. **2** 〈音声など〉豊かな, 朗々とした: a ～ voice. **3** 《口語》 **a** きわどい, わいせつな. **b** おもしろい, 愉快な (attractive); とても甘ったるい, センチメンタルな (syrupy). **c** 〈座談・会話など〉あけっぴろげな, あけすけで笑わせる, (他人の情事などを種にして)げらげら笑わせる. **4** 《俗》正気でない, 気違いじみた, 気の変な (crazy). **5** 《米俗》男色の, ホモの. **frúit·i·ly** *adv.* **frúit·i·ness** *n.* 〖(1657): ⇨ -y[4]〗

fru·men·ta·ceous /frùːmәntéɪʃәs⁺/ *adj.* (小麦粉や他の)穀物に似た; 穀物のような; 穀物でできた. 〖(1668) □ LL *frūmentāceus* ← L *frūmentum* (↓): ⇨ -aceous〗

fru·men·ty /frúːmәnṭi | -ti/ *n.* 《英方言》フルーメンティ《小麦を長時間ボイルし, さらに牛乳・砂糖などで煮た粥(かゆ)状のもの; これに(肉桂皮などの)香料・乾燥果物・卵などを混ぜて固めたもの; furmenty, furmety, furmity ともいう》. 〖(*c*1353) □ OF *frumentee* ← *frument* (F *froment* wheat) < L *frūmentum* grain ← ? *fruī*: ⇨ fruit〗

frump /frʌ́mp/ *n.* 《口語》 **1** やぼったい身なりの女性. **2** 地味で旧式な人. 〖(1553) 《略》 ← ? ME *fromplen* to wrinkle □ MDu. *verrompelen* ← *ver-* 'FOR-[1]'+*rompelen* 'to RUMPLE'〗

frúmp·ish /-pɪʃ/ *adj.* **1** 〈女性が〉身なりのやぼったい. **2** 〈人が〉地味で旧式な. **～·ly** *adv.* **～·ness** *n.* 〖(1647): ⇨ ↑, -ish[1]〗

frump·y /frʌ́mpi/ *adj.* (**frump·i·er; -i·est**) = frumpish. **frúmp·i·ly** /-pɪ̈li/ *adv.* **frúmp·i·ness** *n.* 〖1746〗

Frun·ze /frúːnzә; *Russ.* frúnzʲe/ *n.* フルンゼ (Bishkek の旧名).

frus /frʌ́s/ *adj.* 《口語》うんざりして, いやになって.

fru·se·mide 《英》/frúːsәmàɪd/ *n.* =furosemide.

frush /frʌ́ʃ/ *vt.* 《廃》粉々に砕く (smash). 〖(?*a*1300) □ OF *fruissier* (F *froisser*): cf. frustum〗

frusta *n.* frustum の複数形.

frustra *n.* frustrum の複数形.

frus·tra·ne·ous /frʌstréɪniәs/ *adj.* 《古》役に立たない, むだな.

frus·trate /frʌ́streɪt | ─⌐, ⌐─/ *vt.* **1** 〈敵〉の裏をかく, …の努力を失敗させる, くじく (baffle); 失望させる (disappoint): ～ one's opponents 相手を破る / ～ a person in his designs 人のたくらみの裏をかく / be ～*d* in one's attempt 企てが失敗[挫折]する. **2** 〈計画・努力・希望など〉をむなしくする, くじく, 破る, 無効にする, 失敗させる (nullify): ～ a person's designs, schemes, etc. **3** 〖心理〗欲求[衝動]を阻止する. — *vi.* 失敗をする, くじける, 失望する. — *adj.* **1** 《古》くじかれた, 挫折した (frustrated). **2** 《文語》役に立たない, むだな, 徒労の (futile, useless). **frus·tra·tive** /frʌ́streɪṭɪv, -trә- | -trә-, freɪ-/ *adj.* 挫折を起こさすような, がっかりさせるような. 〖(1445) ← L *frustrātus* (p.p.) ← *frustrārī* to deceive, disappoint ← *frustrā* in vain〗

SYN 挫折させる: **frustrate** ある目的に向けられている努力をはばむ: The police *frustrated* the bandit's attempt to rob the bank. 警察は賊の銀行襲撃を未然に防いだ. **defeat** 計画や希望などを否定し, 失敗させる: Their lack of understanding *defeated* his plan. 彼らの理解不足で彼の計画は挫折した. **thwart** 遮って〈人や計画を〉失敗に終わらせる《格式ばった語》: He was *thwarted* in his plans. 彼の計画は失敗に帰した. **foil** 〈人や計画〉の邪魔をして失敗させる: He was *foiled* in his attempt to become chairman. 議長になろうとする企てが失敗した. **balk** 〈人や行動を〉邪魔して妨げる《古風な表現》: He was *balked* in his purpose. 目的を妨げられた.

ANT fulfil, accomplish.

frús·trat·ed /-ṭɪ̈d | -tɪ̈d/ *adj.* **1** 失望した, くじかれた; 邪魔をされた: a ～ attempt. **2** 挫折感[欲求不満, フラストレーション]を抱いた: a ～ person [housewife] / feel very ～ ひどく挫折感を抱く. 〖(1641): ⇨ ↑, -ed〗

frús·trat·ing /-ṭɪŋ | -tɪŋ/ *adj.* 挫折感[フラストレーション]を起こす: ～ delays. **～·ly** *adv.* 〖(1640) ← FRUSTRATE+-ING[2]〗

frus·tra·tion /frʌstréɪʃәn/ *n.* **1** 挫折, 失敗 (defeat, overthrow); 無効 (nullification): a ～ *in* love 失恋. **2** 〖心理〗欲求不満, フラストレーション: in [with] ～ いらいらして. **3** 障害となるもの, 挫折させるもの. **4** 〖法律〗契約の目的達成不能, 契約の(主観的)履行不能. 〖(*c*1555) □ L *frustrātiō(n-)*: ⇨ frustrate, -ation〗

frustrátion clàuse *n.* 〖海上保険〗航海中絶不担保約款.

frus·trum /frʌ́strәm/ *n.* (*pl.* **～s, frus·tra** /-trә/) = frustum. 〖(1669) □ ML ～ (変形) ← L *frustum*〗

frustula *n.* frustulum の複数形.

frus·tule /frʌ́stʃuːl | -tjuːl/ *n.* 〖植物〗実と蓋の関係にある珪酸質の二裂片から成る珪藻(けいそう)の細胞. 〖(1857) □ F □ LL *frustulum* (dim.) small piece ← *frustum* (↓): ⇨ -ule〗

frus·tu·lum /frʌ́stʃʊlәm | -tjʊ-/ *n.* (*pl.* **-tu·la** /-lә/) 〖カトリック〗断食日[斎日]でも許される軽い朝食. 〖(1700) ← NL ～ ← LL ～ (↓)〗

frus·tum /frʌ́stәm/ *n.* (*pl.* **～s, frus·ta** /-tә/) **1 a** 〖数学〗切頭体: a ～ of cone 円錐台 / a ～ of pyramid =prismoid. **b** 立方体を平行な面で切り取った間の部分 (cf. truncated). **2** 〖建築〗(石造)建築部材の断片; (壊れた)円柱の一部. 〖(1658) □ L ～ 'piece, bit' ← IE **bhreus-* to break〗

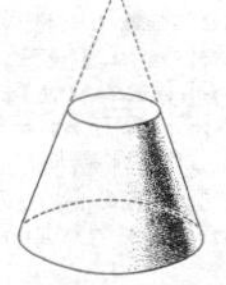
frustum 1

fru·tes·cent /fruːtésәnt, -snt/ *adj.* 〖植物〗低木となる, 低木性の. **fru·tés·cence** /-sәns, -sns/ *n.* 〖(1709): ⇨ ↓, -escent〗

fru·tex /frúːtɛks/ *n.* 低木 (shrub). 〖(1664) □ L ～ 'shrub, bush' ← ?〗

fru·ti- /frúːtɪ̈, -tɪ | -tɪ̈, -ti/「低木 (shrub)」の意の連結形. 〖↑〗

fru·ti·ce·tum /frùːtәsíːtәm | -tɪ̈síːt-/ *n.* (*pl.* **-ce·ta** /-ṭә | -tә/) 低木園《植物園などで研究・装飾のため低木ばかり集めてある所; cf. arboretum》. 〖(1824) □ L *fruticētum* place full of shrubs: ⇨ ↑, -etum〗

fru·ti·cose /frúːtɪ̈kòʊs | -tɪ̈kәʊs/ *adj.* 低木状の; 低木のような. 〖(1668) □ L *fruticōsus* bushy: ⇨ frutex, -ose[1]〗

frwy. 《略》freeway.

fry[1] /fráɪ/ *vt.* **1** 油を使って料理する, いためる, 揚げる; フライ[揚げ物]にする (cf. deep fry) 〈*up*〉: ～ fish. [日英比較] 日本語では「揚げる」と「いためる」は意味の違う別語であるが, 英語の *fry* はその両方を意味する. ただし英語でも区別の必要がある場合には, たっぷりした油につけて揚げるのを deep-fry, 少量の油でいためるのを panfry あるいは shallow-fry という. しかし, 一般には単に *fry* といえば panfry のことになる. panfry とほぼ同義のフランス語系の sauté もよく使われる. なお材料をかきまぜながらいためるのは stir-fry という. **2** [～ up として]〈冷えた料理を〉フライパンで温める: ～ *up* the cold food 冷めた料理を温め直す. **3** 《米俗》電気椅子で処刑する. — *vi.* **1** 〈食品が〉揚がる. **2** 《口語》ひどく日焼けする; ひどく暑い. **3** 《米俗》電気椅子で処刑される. — *n.* **1** 《米》ポテトフライ. **2** フライ (fried food), 揚げ物料理. **3** 《米》(しばしば戸外で行う)フライを中心とした会食: ⇨ fish fry. **4** (通例フライにする)臓物: lamb's ～ / pig's ～. **5** 《口語》興奮状態: be in an awful ～ とても興奮している. 〖(*c*1300) *frie(n)* □ (O)F *frire* < L *frīgere* to roast, fry ← IE **bher-* to cook〗

fry[2] /fráɪ/ *n.* (*pl.* ～) **1** 幼期の魚; 幼期のタイセイヨウサケ《卵黄を吸収し終わってから約 1 年間のものをいう》; (ハチ・カエルなど)うようよいる虫[動物など]の子: ～ of shellfish 稚貝(ちがい). **2** (群れをなしている)小魚. **3** [small [lesser, young] ～ として; 集合的; 軽蔑的に] 雑輩, 人々, (特に)子供たち, じゃりども. 〖(1293) *fri(e)* 《混成》? ← ON *frjō* (cog. Goth. *fraiw* seed)+OF *fri* ((F *frai*) ← *freier* to spawn, rub)〗

Fry /fráɪ/, **Christopher** (**Harris**) *n.* フライ《1907–; 英国の劇作家; *The Lady's Not for Burning* (1949)》.

Fry, Elizabeth *n.* フライ《1780–1845; 英国の Quaker 教徒, 刑務所制度の改革家; 旧姓 Elizabeth Gurney》.

Fry, Roger (**Eliot**) *n.* フライ《1866–1934; 英国の美術批評家・画家; cf. Postimpressionism》.

Frye /fráɪ/, (**Herman**) **Northrop** *n.* フライ《1912–91; カナダの文芸批評家》.

frý·er *n.* **1** フライ料理をする人. **2** フライなべ, フライヤー. **3** 《米》フライ用食品《特に, 鶏肉: cf. broiler[2] 3》. 〖(1851) ← FRY[1]+-ER[1]〗

frý·ing pàn /fráɪɪŋ-/ *n.* フライ鍋(なべ); フライパン (《米》skillet, 《米》frypan). ***júmp* [*léap*] *out of the frýing pàn* (*and*) *into the fire*** 一難をのがれようとしてかえって大難に陥る, 小難をのがれて大難に陥る (cf. *from* (*the*) SMOKE *into* (*the*) *smother*). 〖(1532)〗〖1360〗

frý·pàn *n.* 《米》=frying pan. 〖1832〗

frý-ùp *n.* 《英口語》揚げ物の即席料理(を作ること).

Fs 《略》fractostratus.

FS 《略》Fabian Society; feasibility study; field security; financial secretary; financial statement; fleet surgeon; flight sergeant; foreign service; Friendly Society.

F$ 〖記号〗〖貨幣〗Fiji dollar(s).

f.s. 《略》factor of safety; far side; film strip; fire station; flight service; flying saucer; foot second.

FSA 《略》《米》Farm Security Administration; 《英》Fellow of the Society of Antiquaries; foreign service allowance.

FSC 《略》*L.* Fratres Scholarum Christianarum (= Brothers of the Christian Schools).

F-scòpe /ɛ́f-/ *n.* 〖電子工学〗F スコープ, F 表示《アンテナの方向と目標物との上下, 左右のずれを表示するレーダー用の表示器, または表示方向; F-display ともいう》. 〖表示映像の形から〗

FSH 《略》follicle-stimulating hormone.

FSK 《略》〖電算〗Frequency Shift Keying.

FSLIC 《略》Federal Savings and Loan Insurance Corporation (米国の)連邦貯蓄金融公社 (⇨ FHLBB).

FSP 《略》Food Stamp Program.

FSR 《略》Field Service Regulations.

FSSU 《略》Federated Superannuation Scheme [System] for Universities.

FST 《略》flat screen television.

F-stàte /ɛ́f-/ *n.* 〖物理〗F 状態《軌道角運動量が 3 $\hbar$ の状態; $\hbar$ は角運動量の単位で, プランク定数 h を 2π で割ったもの; $\hbar=1.0546\times10^{-27}$ erg sec》. 〖← *f*(*undamental*)〗

f-stòp /ɛ́f-/ *n.* 〖写真〗カメラのレンズ口径を F ナンバーで示した絞り (⇨ f-stop system). 〖(1946) ← *f*(*ocal length*)〗

f-stop sỳstem /ɛ́f-/ *n.* 〖写真〗カメラのレンズ口径を F ナンバーで定めるシステム《factorial stop system, 単に f-stop ともいう; cf. T-stop system》.

Ft 〖記号〗〖貨幣〗forint(s).

Ft 《略》fort.

FT /ɛ́ftíː/ 《略》Financial Times; free throw.

ft. 《略》 **1** /fʊ́t/ =foot. **2** /fíːt/ =feet. **3** fort; fortification; fortify.

FTA 《略》Free Trade Agreement 自由貿易協定《米国・カナダ間に締結 (1988)》.

ft-c 《略》footcandle.

FTC /ɛ́ftìːsíː/ 《略》Federal Trade Commission; flight test center.

ftd 《略》fitted.

F tèst /ɛ́f-/ *n.* 〖統計〗F 分布を用いた統計テスト.

fth., fthm. 《略》fathom(s).

ft-L 《略》footlambert(s).

ft-lb 《略》foot-pound(s).

FT 100 Sháre Ìndex /ɛ́ftìːhʌ́ndrɪ̈d-/ *n.* =Financial Times Stock Exchange 100 Index.

FTP /ɛ́ftìːpíː/ 〖電算〗*n.* ファイル転送プロトコル. — *vt.* (～'ed, ～ed)〈ファイルを〉FTP で取り寄せる[転送する]. 〖(頭字語) ← *f*(*ile*) *t*(*ransfer*) *p*(*rotocol*)〗

ft-pd 《略》foot-pound(s).

ft-pdl 《略》foot-poundal(s).

FTSE 100 ìndex /fʊ́tsihʌ́ndrɪ̈d-/ *n.* =Financial Times Stock Exchange 100 Index.

FT Sháre Ìndex /ɛ́ftìː-/ *n.* [the ～] FT 株価指数《英国の経済専門紙 *Financial Times* が発表している株価指数; cf. Financial Times Industrial Ordinary Share Index, Financial Times Stock Exchange 100 Index》.

fub /fʌ́b/ *v., n.* 《廃》=fob[2].

fub·sy /fʌ́bzi/ *adj.* (**fub·si·er; -si·est**) 《英》太った, ずんぐりした (chubby). 〖(1780) ← 《廃》*fub(s)* small chubby person (《混成》? ← FAT+CHUB)+-Y[4]〗

fuc- /fjuːk/ (母音の前にくるときの) fuco- の異形.

Fu·ca·ce·ae /fjuːkéɪsiìː/ *n. pl.* 〖植物〗(褐藻植物)ヒバマタ科. **fu·cá·ceous** /-ʃәs/ *adj.* 〖← NL ～: ⇨ fuco-, -aceae〗

Fu·ca·les /fjuːkéɪliːz/ *n. pl.* 〖植物〗(褐藻植物)ヒバマタ目. 〖← NL ～: ⇨ fuco-, -ales〗

Fu·chou /fùːdʒóʊ, -tʃáʊ/ *n.* =Fuzhou.

Fuchs /fʊ́ks/, Sir **Vivian** (**Ernest**) *n.* フックス《1908–99; 英国の地質学者・探検家; 南極大陸を横断した》.

Fuchs, Klaus (**Emil Julius**) *n.* フックス《1911–88; ドイツ生まれの物理学者; 英米の原子力に関する秘密情報をソ連に渡したという理由で逮捕され, 有罪となった》.

fuch·sia /fjúːʃә/ *n.* **1** 〖植物〗 **a** フクシア, ホクシャ《メキシコ・熱帯アメリカ原産のアカバナ科フクシア属 (*Fuchsia*) の観賞植物の総称; ヒノハカマフクシア (*F. albo-coccinea*), ホクシャ (*F. hybrida*) など》. **b** カリフォルニアフクシア (*Zauschneria californica*)《アカバナ科の多年草; 大きな深紅色の花をつける; California fuchsia ともいう》. **2** 明るい紫色, 赤色がかった紫色. 〖(1753) ← NL～ ← *Leonhard Fuchs* (1501–66: ドイツの植物学者): ⇨ -ia[1]〗

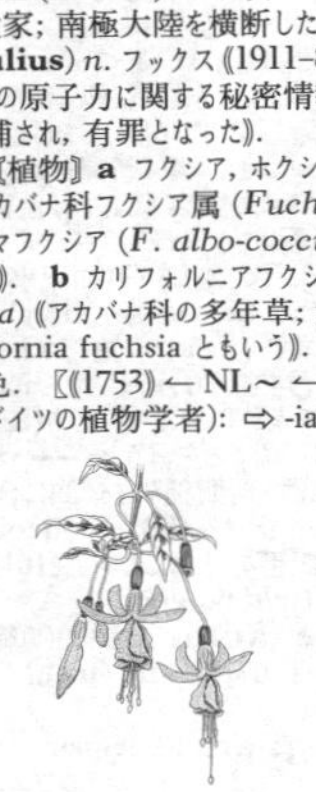
fuchsia 1 a

fuch·sin /fúːksən, fjúːk-, -sn̩, -siːn | fúːksiːn, -sɪn/ *n.* (*also* **fuch·sine** /-sən, -sn̩ | -sɪn/) 〘染色〙フクシン《アニリン染料の一種》. 〘(1865): ⇨ ↑, -ine[3]: フクシアの色に似ているため〙
fuci *n.* fucus の複数形.
fu·ci- /fjúːsə, -si/ fuco- の異形 (⇨ -i-).
fuck /fʌ́k/《卑》*vi.* **1** 〔…と〕性交する (copulate) 〔*with*〕. **2** 愚かなことをやる, ばかばかしいふるまいをする; (何もせず)ぶらぶらする 〈*about, around*〉: Don't ~ *around!* まじめにやれ. **3** 〔…を〕邪魔する, 干渉する 〔*with*〕. — *vt.* **1** …と性交する. **2** 不当に扱う; だます (deceive); …に不便[苦悩]を与える, いやがらせ[意地悪なこと]をする.
fúck abóut [*aróund*] (1)《俗》ぶらぶらする, 目的もなくふるまう. (2) (他人を)無思慮に自分勝手に扱う, おせっかいをやく. *fúck óff*《俗》(1) 去る, 出ていく (go away). (2) 手淫をする (masturbate).《1929》 *fúck úp* (1) こわす, 台無しにする (spoil); へたなやり方をする (bungle).《1967》 (2) 困惑させる. *fúck with a person*《俗》人を怒らせる.
— *n.* **1** 性交, ファック (copulation). **2** (性交の相手としての)女性: a good ~. **3**《俗》軽蔑すべき人物. **4** [強意語として] 一体(全体): Where the ~ are you? 一体どこにいやがるんだ.
fúck áll =damn-all. *nót càre* [*gìve*] *a fúck* 少しも構わない, 平気だ.《1929》
— *int.* 畜生, えい, いまいましい《嫌悪·困惑を表す; 時に強意語として用いる》.
★ いわゆる four-letter word で, fuk, f-k とも書く (cf. eff).
〘(*a*1503) ← ?: cf. MDu. *fokken* to strike, copulate with (cf. L *futuere* to fuck ← IE **bhau-* to strike)〙
fuck·a·ble /fʌ́kəbl/ *adj.*《卑》やりたい気を起こさせる, ファックの相手にいい.
fúck-àll *n.*《英俗》何もない (nothing at all).
fúcked-óut *adj.*《卑》疲れた, 疲労した (exhausted).
fúcked-úp *adj.*《卑》すっかり混乱した, めちゃくちゃの[で].
fúck·er *n.*《卑》**1** 性交する人. **2** 軽蔑すべき人, いやなやつ. **3** (一般に)人; 物. 〘(1598): ⇨ -er[1]〙
fúck·hèad *n.*《米卑》大ばか, どあほう.
fuck·ing /fʌ́kɪŋ/ *adj.*《卑》**1** =damned. **2** むずかしい, 骨の折れる, 厳しい (strenuous, harsh). **3** 不快な, いやな, 劣った, 安っぽい (disgusting, cheap). **4** 混乱した (confused).
— *adv.* [強意語として] とても, すごく (very, terribly).
fúcking wéll《卑》[特に命令の語気を強めて] 絶対に, 必ず.
〘(1893): ⇨ -ing[2]〙
fúck-ùp *n.*《卑》混乱 (mess). 〘1958〙
fúck·wit *n.*《卑》あほう, ばか, まぬけ.
fu·co- /fjúːkoʊ | -kəʊ/「〘植物〙ヒバマタ属の海藻 (fucus); 〘化学〙フコース (fucose)」の意の連結形. ★ ときに fuci-, また母音の前では通例 fuc- になる. 〘⇨ fucus〙
fu·coid /fjúːkɔɪd/〘植物〙*adj., n.* ヒバマタ属 (*Fucus*) の(海藻). **fu·coi·dal** /fjuːkɔ́ɪdl | -dl/ *adj.* 〘(1839): ⇨ ↑, -oid〙
fu·cose /fjúːkoʊs, -koʊz | -kəʊs/ *n.* 〘化学〙フコース ($CH_3(CHOH)_4CHO$)《五炭糖の一つで, ムコ蛋白質の一成分》. 〘(*c*1890) ← FUCO-+-OSE[2]〙
fu·cous /fjúːkəs/ *adj.* =fucoid.
fùco·xánthin *n.* 〘生化学〙フコキサンチン ($C_{40}H_{60}O_6$)《赤褐色の結晶; 褐藻類に含まれるカロチノイドの一種》. 〘(1873) ← FUCO-+XANTHIN〙
fu·cus /fjúːkəs/ *n.* (*pl.* **fu·ci** /fjúːsaɪ/, **~·es**)〘植物〙ヒバマタ属 (*Fucus*) の海藻の総称. 〘(1599) 1716) □ L *fūcus* rock lichen □ Gk *phûkos* ← Sem.〙
fud /fʌ́d/ *n.* =fuddy-duddy. 〘(1913)《略》〙
fud·dle /fʌ́dl | -dl/ *vt.* 酔わせる (intoxicate); 頭をぼんやりさせる (muddle): ~ oneself 酔っ払う / in a ~*d* state 酔いしれて; 頭がぼんやりして / be ~*d with* sleep 寝ぼけて. — *vi.*《まれ》大酒を飲む (tipple). — *n.* 酩酊; (頭の)混乱: on the ~《英》大酒を飲んで. 〘(1588) ← ?: cf. G《方言》*fuddeln* to swindle〙
fúd·dled *adj.* 酔っ払った; ぼーっとなった.
fud·dy-dud·dy /fʌ́didʌ̀di | -didʌ̀di/《俗》*n.* **1** 時代遅れの人, 古くさい人間. **2** つまらぬことに騒ぎ立てる人, から騒ぎをする人 (fusser). **3** もったいぶった人. — *adj.* **1** 形式ばった, 保守的な; こせこせした, つまらぬことに騒ぎ立てる (fussy). **2** 時勢遅れの, 旧式の (old-fashioned). 〘(1904) ← ?〙
fudge /fʌ́dʒ/ *n.* **1** ファッジ《砂糖·バター·牛乳にチョコレートやバニラなどを加えて作った軟らかいキャンディー; 多く家庭で作る》. **2** 作り話; ごまかし. **3** ばかげた事, たわごと (nonsense). **4** 〘新聞〙**a** (締切後追加的に刷り込む新聞の)別刷り記事《しばしば色刷りにする》. **b** 別刷り記事のステロ版《でき上がったページの一部分と差し替える; cf. stop press》. **c** 別刷り追加記事印刷機. — *int.* [軽蔑的に] ばかな (nonsense!, humbug!). — *vi.* **1** 不正をする, だます (cheat); 〔債務などを〕すっぽかす (welsh)〔*on*〕. **2** 確言を与えない, そらす (hedge)〈*off*〉. **3** 追加別刷り記事を入れる. **4** ゆっくり[注意深く]行く〈*along*〉. **5**《英》ばかなことを言う. — *vt.* **1** よける, そらす (dodge). **2** 〈風説·新聞種などを〉間に合わせにこしらえる, (いい加減に)でっち上げる (fake, concoct)〈*up*〉. **3** 〘新聞〙〈別刷り追加記事を〉入れこむ. 〘(1615)《変形》← ? FADGE: cf. G *futsch!* no good!〙
fúdge fàctor *n.* 誤差(の範囲), 幅をもたせること, あそび.
fudg·y /fʌ́dʒi/ *adj.* (**fudg·i·er**; **-i·est**)《米》チョコ味でべとべとした.
Fu·e·gi·an /f(j)uéɪdʒiən, fwéɪ-, -dʒiən, -dʒən | fjuːéɪdʒiən/ *adj.* ティエラデルフエゴ (Tierra del Fuego) の; フエゴ島民の. — *n.* フエゴ島民《フエゴ島に住み, オナ (Ona) 族, アラカルフ (Alacaluf) 族, ヤーガン (Yahgan) 族からなるが, 現在絶滅に瀕している》. 〘(1825) ↓〙
Fuego *n.* ⇨ Tierra del Fuego.
Fueh·rer /fjʊ́(ə)rə | fjʊ́ərə(r), fjɔ́ːr-; G. fýːʁɐ/ *n.* = Führer.
fu·el /fjúːəl, fjúːl | fjúːəl, fjʊ́əl/ *n.* **1 a** 燃料《石炭·薪·石油など》〔*for*〕; 薪炭: ~ shortages 燃料不足. **b** (原子炉の)燃料: nuclear ~ 核燃料. **c** (エネルギー源としての)食糧, 食べ物. **2** 熱情をあおるもの: add ~ to the fire [flames] 火に油を注ぐ; 激情をあおる / add (more) ~ to inflation インフレに(さらに)油を注ぐ.
— *v.* (**fu·eled**, **-elled**; **-el·ing**, **-el·ling**) — *vt.* **1** 支持する, 刺激する, たきつける: ~ inflation インフレに油を注ぐ. **2** …に燃料を供給する: ~ the fire 火に燃料をくべる / ~ a ship 船に燃料を供給する. — *vi.* 燃料を求める[得る]. 〈船·航空機が〉燃料を積み込む[補給する]〈*up*〉: The ship put into port to ~ *up*. 船は燃料補給のために入港した.
〘(?*a*1200) *feuel* □ OF *f(o)uaille, feuaile* < VL **focālia(m)* ← L *focus* 'FOCUS'〙
fúel assèmbly *n.* 〘原子力〙燃料集合体.
fúel cèll *n.* 〘化学〙燃料電池《燃焼反応を利用した電池》. 〘1922〙
fúel-effìcient *adj.* 燃料効率[燃費]のよい. **fúel-effìciency** *n.*
fúel èlement *n.* 〘原子力〙(原子炉の)核燃料要素; (特に)燃料集合体を構成する一単位の核燃料 (cf. fuel pin, fuel rod). 〘1951〙
fú·el·er /-lə | -lə(r)/ *n.* **1** 燃料供給者; 燃料供給装置. **2** (ガソリンの代わりに特殊の混合燃料を使う)ドラッグレース (drag race) 用の自動車. 〘(1440): ⇨ -er[1]〙
fú·el·ing /-lɪŋ/ *n.* 燃料補給[積込み]; 燃料貯蔵. 〘(1921): ⇨ -ing[1]〙
fúel-injècted *adj.* 〈エンジンが〉燃料噴射式の.
fúel injèction *n.* (機関などへの)燃料噴射. 〘1900〙
fúel injèctor *n.* 〘機械〙燃料噴射器. 〘1914〙
fú·el·ish /-lɪʃ/ *adj.* 〈燃料を〉よくくう, 濫費する.
fú·el·ler /-lə | -lə(r)/ *n.* =fueler.
fúel òil *n.* 〘化学〙燃料油《特に, ボイラーや各種の炉に用い, 灯油より引火点の高いもの; 重油など》. 〘1893〙
fúel pìn *n.* 〘原子力〙(原子炉の)燃料棒《特に, 直径の小さいもの》.
fúel pùmp *n.* 〘機械〙(ディーゼル機関の)燃料ポンプ.
fúel ràte *n.* (ロケット·ジェットエンジンの)秒間燃料消費率.
fúel ròd *n.* 〘原子力〙(原子炉の)燃料棒. 〘1947〙
fúel vàlue *n.* 燃料価《ある燃料から得られるエネルギーの量》. 〘1886〙
fúel·wòod *n.* 薪, たきぎ (firewood). 〘1668〙
Fu·en·tes /fuéntes; *Am.Sp.* fwéntes/, **Carlos** *n.* フエンテス (1928–2012; メキシコの作家·批評家; *The Death of Artemio* (1962)).
Fuer·tes /fjʊ́ətiːz | fjʊ́ə-/, **Louis Agassiz** *n.* フエルテス (1874–1927; 米国のイラストレーター; 正確·緻密な鳥類のイラストで知られる; *Birds of New York* (1910)).
fu·fu /fúːfùː/ *n.* =foo-foo.
fug /fʌ́g/ *n.* **1**《口語》(部屋などの換気が悪くて)空気がこもった[むっとした]状態. **2**《スコット》濃霧. — *v.* (**fugged**; **fug·ging**) — *vi.* むっとする部屋にいる[じっとしている]〈*up*〉: sit ~*ging* in the house 屋内にくすぶっている. — *vt.* 〈部屋を〉むっとした状態にする: The room was ~*ged*. 部屋はむっとしていた. 〘(1888)《変形》← ? FUSTY // FOG[1]〙
fu·ga·cious /fjuːgéɪʃəs/ *adj.* **1** 捕え難い, 逃げやすい, はかない (fleeting). **2** (*also* **fu·ga·ceous** /~/)〘植物〙早く散る, やがてしぼむ, 早落性の (cf. persistent): ~ leaves 早落葉. **~·ness** *n.* 〘(1634) ← L *fugāc-*, *fugāx* apt to fly (← *fugere*: ⇨ fugitive)+-OUS〙
fu·gac·i·ty /fjuːgǽsəti | -sɪti/ *n.* **1** 逃げ[消え]やすいこと, はかなさ (transiency); 揮発性 (volatility). **2** 〘化学〙逸散能, 逃散能, フガシティー. 〘(1656): ⇨ ↑, -ty[2]〙
fu·gal /fjúːgəl, -gl/ *adj.* 〘音楽〙フーガ (fugue) の; フーガ風の. **~·ly** *adv.* 〘(1854) ← FUG(UE)+-AL[1]〙
-fu·gal /←fjʊgəl, -gl/「逃げる, …から離れる」の意の形容詞連結形: centri*fugal*. 〘⇨ -fuge, -al[1]〙
-fu·gal·ly /←fjʊgəli, -gli/ -fugal の副詞形. 〘⇨ ↑, -ly[1]〙
Fu·gard /fúːgɑəd, fjúː- | -gɑːd/, **Ath·ol** /ǽθɒl | ǽθə(r)/ *n.* フガード (1932– ; 南アフリカ共和国の劇作家·俳優·演出家; 人種差別の不条理を諷刺).
fu·gate /fjúːgeɪt/ *n.* 〘音楽〙フーガ (fugue) 風の曲.
fu·ga·to /fuːgáːtoʊ | -təʊ; *It.* fugáːto/ *n.* (*pl.* **~s**) 〘音楽〙フガート《フーガ (fugue) の最初の部分だけ用いる作曲技法で, 楽曲の一部に用いられる》. 〘(1866) □ It. ~: ⇨ fugue, -ate[1]〙
-fuge /←fjùːdʒ/「駆逐[除去]する物」の意の名詞連結形: febri*fuge*, insecti*fuge*, vermi*fuge*. 〘□ F ~ < L *-fugum* putting to flight ← *fugere*: ⇨ fugitive〙
Fug·ger /fʊ́gə | -gə(r); G. fʊ́gɐ/ *n.* フッガー家《15–16 世紀に活躍したドイツの財閥》.
fug·gy /fʌ́gi/ *adj.*《口語》(**fug·gi·er**; **-gi·est**; **more ~, most ~**) **1** 〈室·室内の空気などが〉むっとする, こもっている (stuffy). **2** 〈人が〉部屋にいたがる, 出無精な. 〘(1888) ← FUG (n.)+-Y[1]〙
fu·gi·o /fjúːdʒiòʊ | -dʒiəʊ/ *n.* (*pl.* **~s**) (米国議会が 1787 年発行した)最初の 1 ドル銅貨.
fu·gi·tive /fjúːdʒətɪv | -dʒɪt-/ *n.* **1** 逃亡者, 脱走者 (runaway, deserter); 亡命者 (refugee): ~*s from* the battle [army] 逃亡兵, 脱走兵 / a ~ *from* justice 逃亡犯人. **2** 見つけにくいもの, 捉(とら)えがたいもの.
— *adj.* **1** 逃げる, 逃走する: a ~ criminal [prisoner] 逃亡犯人 / a ~ soldier 脱走兵. **2 a** はかない, つかの間の, 一時的な, その場限りの (fleeting); 捉えがたい (elusive): ~ flowers うつろいやすい花 / ~ ideas [impressions] 一時的なちょっとした思いつき[印象]. **b** 変色性の《光線や大気中の化学物質などで変色する》: ~ colors あせやすい色. **3** 〈文学作品が〉一時的な興味しかない, その時限りの (occasional): ~ publications きわ物的出版物 / ~ essays 折にふれての随筆 / ~ verse 偶詠, 偶作. **4** 放浪の (wandering): a ~ theatrical company 巡業劇団.
~·ly *adv.* **~·ness** *n.* 〘(*c*1380) □ (O)F *fugitif*, ~ □ L *fugitīvus* running away ← *fugitus* (p.p. stem) ← *fugere* to flee ← IE **bheug-* to flee (Gk *pheúgein* to flee, *phugḗ* flight)〙
fu·gle /fjúːgl/ *vi.*《まれ》嚮導(きょうどう)を務める; 指導する, 模範となる. 〘(1837)《逆成》↓〙
fu·gle·man /fjúːglmən, -mæ̀n/ *n.* (*pl.* **-men** /-mən, -mɛ̀n/) **1** 手本, 模範(となる人) (exemplar); 指導者; (政党の)幹事. **2** 〘軍事〙嚮導兵《もと訓練兵の模範として隊列の先頭に配置された兵》. 〘(1804)《変形》← G *Flügelmann* leader of the file ← *Flügel* wing+*Mann* 'MAN[1]'〙
fugue /fjúːg/ *n.* **1** 〘音楽〙フーガ, 遁走(とんそう)曲. **2** 〘精神医学〙遁走, もうろう状態《動機があってした家出などの行為をあとで思い出せぬ意識中断状態》. — *v.* (**~d**; **fugu·ing**)〘音楽〙 — *vi.* フーガ[遁走曲]を作曲[演奏]する. — *vt.* 〈曲を〉フーガ[遁走曲]にする, フーガ化[遁走曲風に]する. 〘(1597) □ F ~ // It. *fuga* < L *fugam* flight ← *fugere*: ⇨ fugitive〙
fúgue·lìke *adj.* フーガ[遁走曲]風の.
fugu·ist /fjúːgɪst | -gɪst/ *n.* 〘音楽〙フーガ[遁走曲]作曲者. 〘(1789) ← FUGUE+-IST〙
Füh·rer /fjʊ́(ə)rə | fjʊ́ərə(r), fjɔ́ːr-; G. fýːʁɐ/ G. *n.* (*also* **Fuh·rer** /~/) **1** 指導者. **2** [the ~] 総統《ナチドイツの首領であった Adolf Hitler の称号; cf. El Caudillo, Il Duce》. **3** [f-] 独裁者. 〘(1934) □ G ~ ← *führen* to conduct < OHG *fuoren*: cf. fare〙
Fu·jai·rah /fuːdʒáɪrə | -dʒáɪ(ə)rə/ *n.* フジャイラ《アラビア東部 Oman 湾に臨む首長国; United Arab Emirates の一つ; 面積 1,200 km^2》.
fu·ji /fúːdʒi/ *n.* 富士絹. 〘(1925) □ Jpn.〙
Fu·jian /fùːdʒjáːn; *Chin.* fútçièn/ *n.* 福建(フーチェン)《中国南東部, 台湾海峡に面する省; 面積 118,740 km^2, 省都福州 (Fuzhou)》.
Fu·ji·mo·ri /fùːdʒɪmɔ́ːri | -dʒɪ-; *Am.Sp.* fuximóri/, **Alberto** (**Kenya**) *n.* フジモリ (1938– ; ペルーの日系政治家; 大統領 (1990–2000)).
Fu·kien /fùːkjɛ́n, -kiɛ́n/ *n.* =Fujian.
Ful /fʊ́l/ *n.* (*pl.* **~, ~s**) =Fula.
-ful[1] /fəl, fl/ *suf.* 次の意味を表す形容詞を造る: **1**「…に満ちている, …の多い, …の特性を有する」: beauti*ful*, care*ful*. **2**「…しがちの, …の傾向のある」: forget*ful*, harm*ful*. 〘OE *-ful(l)*: ⇨ full[1]〙
-ful[2] /fʊ̀l/ *suf.*「…一杯(の量)」の意の名詞を造る: mouth*ful*, hand*ful*, spoon*ful*. ★ ときに複数名詞に付ける: bags*ful*. 〘↑〙
Fu·la /fúːlə/ *n.* (*pl.* **~, ~s**) **1 a** [the ~(s)] フーラ族《アフリカのスーダンからセネガルにかけて住む黒人系と地中海民族との混血の遊牧民族; 普通は Fulani または Fulbe と呼ばれる》. **b** フーラ族の人. **2** =Fulani 2. 〘(1832) ← Afr. 《(Mande?)》: cf. Fula *pulo*〙
Fu·lah /fúːlə/ *n.* (*pl.* **~, ~s**) =Fula.
Fu·la·ni /fúːlɑːni, ←←←/ *n.* (*pl.* **~, ~s**) **1** フラニ族 (Fula)《特にナイジェリア北部地方のフラニ族》. **2** フラニ語《フーラ族の言語》. **3** フラニ《西アフリカ産の大型のこぶ牛》. — *adj.* フラニ族[語]の. 〘(1855) ← Hausa〙
Ful·be /fúːlbeɪ/ *n.* =Fula 1.
Ful·bert /fʊ́lbət | -bət/ *n.* フルバート《男性名》. 〘□ OF ~ □ OHG *Filibert* ← *filu* much+*berhta* bright〙
Ful·bright /fʊ́lbraɪt/, (**James**) **William** *n.* フルブライト (1905–95; 米国の政治家; 民主党上院議員).
Fúlbright Àct *n.* [the ~] フルブライト法《William Fulbright 上院議員の提案により, 米政府所有の余剰物資を外国で払い下げた金をその国と米国との文化交流, 特に教育のため使用できるようにした法律; 1946 年制定》.
Fúl·bright·er /-tə | -tə(r)/ *n.* フルブライト奨学生. 〘(1958): ⇨ -er[1]〙
Fúlbright Schólarship *n.* フルブライト奨学金《フルブライト法に基づいて米国外の学生に授与される奨学金; 単に Fulbright ともいう》.
ful·crum /fʊ́lkrəm, fʌ́l-/ *n.* (*pl.* **~s**, **ful·cra** /-krə/) **1** (てこの)支点; てこまくら, てこ台. **2** 支柱, 支え (support); 要(かなめ), 要点. **3** 〘動物〙支持器《動物体の中で, 他の部分の支持に役立っている部分》. **4** 〘植物〙支持器《巻きひげなど》. — *vt.* …に支柱を入れる, …の支柱を作る, 支柱を取り付ける. 〘(1674) □ L ~ 'bedpost' ← *fulcīre* to prop〙
ful·fil /fʊlfíl/ *vt.* (**ful·filled**; **-fil·ling**)《英》=fulfill.
ful·fill /fʊlfíl/ *vt.* **1** 〈願望を〉遂げる, 全うする, 〈願望〉に添う; 〈計画·予言などを〉実現する; 〈必要·条件などを〉満たす, 満足させる (satisfy); 〈目的〉にかなう (answer): ~ one's hopes 希望をかなえる / ~ one's expectations 期待を実現する / ~ the requirements 必要を満たす / ~ a useful purpose 有用な用途に役立つ / ~ a prophecy 予言を実現する / a ~*ing* career 条件を満たす経歴 / feel ~*ed* 満足する. **2** 〈義務·職務などを〉果たす, 遂行する; 〈約束などを〉履行する; 〈命令などを〉果たす, 実行する, 従う, 守る (obey): ~ one's duties [obligations] 職務を遂行する[債務を果たす] / ~ one's promise 約束を履行する /

~ commands [conditions] 命令[条件]を守る / ~ the norm ノルマを果たす. **3** 〈期限・仕事を〉満了する, 終える (finish): ~ one's time 人生を全うする. **4** [通例 ~ *oneself* で]〈自分〉の可能性[資質]を十分に発揮する. **5** 《古》満たす, 一杯にする (fill). **~·er** /-lə | -lə(r)/ *n.* 〖OE *fullfyllan*: ⇨ full¹, fill〗

ful·filled *adj.* 〈人などが〉満足した, 充足感をもった.

ful·fill·ing /-lɪŋ/ *adj.* 〈仕事・関係などが〉満足のいく, 充足感のある.

ful·fill·ment /fʊlfɪ́lmənt/ *n.* (*also* **ful·f(i)l·ment** /~/) **1** 〔願望・期待・予言・祈願などの〕実現, 達成, 成就 〔*of*〕: a feeling of personal ~. 個人的な充足感. **2** 〔義務・職務などの〕履行, 遂行 (execution); 〔約束・条件・命令などの〕実行, 実践 〔*of*〕. 〖《1775》: ⇨ ↑, -ment〗

Ful·ful·de /fʊlfúldi/ *n.* フルフルデ語《Fulani の別名》.

ful·gent /fʌ́ldʒənt, fʊ́l- | fʌ́l-/ *adj.* 《詩》きらきら輝く, 光り輝く, 燦爛(さんらん)たる (radiant). **~·ly** *adv.* 〖《?*a*1425》□ L *fulgentem* (pres.p.) ← *fulgēre* to shine〗

ful·gid /fʌ́ldʒɪ̆d, fúːl- | fʌ́ldʒɪd/ *adj.* 《古》光る, 輝く: the ~ sunbeams. 〖《1656–81》□ L *fulgidus* ← *fulgēre* (↑)〗

ful·gor /fʌ́lgə, fʊ́l-, -gɔə | fʌ́lgɔː(r), -gə(r)/ *n.* 《古》まばゆさ, 光輝 (splendor). 〖《1602》□ L ~ ← *fulgēre* (↑)〗

ful·go·rid /fʊ́lgərɪ̆d, fʌ́l-, -rɪd | -rɪd/ *adj.*, *n.* 〘昆虫〙ビワハゴロモ科の(昆虫). 〖《1893》 ↓〗

Ful·gor·i·dae /fʌlgɔ́(ː)rədìː, fʊl-, -gɑ́(ː)r- | -gɔ́rɪ-/ *n. pl.* 〘昆虫〙(半翅目)ビワハゴロモ科. 〖← NL ~ ← *Fulgora* (属名: 《原義》goddess of lightning ← L *fulgur* lightning)+-IDAE〗

ful·gour /fʌ́lgə, fʊ́l- | fʌ́lgə(r)/ *n.* 《古》=fulgor.

ful·gu·rant /fʌ́lg(j)ʊrənt, fʊ́l- | fʌ́l-/ *adj.* 《電光のように》ひらめく (flashing). 〖《1647》□ L *fulgurantem* (pres. p.) ← *fulgurāre* (↓): ⇨ -ant〗

ful·gu·rate /fʌ́lgjʊrèɪt, fʊ́l- | fʌ́l-/ *vt.* **1** 〈愛憎・恐怖などの〉ひらめきを発する. **2** 〘医学〙〈はれものなどを〉高周波電流による閃光で治療する. — *vi.* 《廃》《電光のように》ひらめく. 〖《1677》← L *fulgurātus* (p.p.) ← *fulgurāre* to lighten ← *fulgur* lightning〗

fúl·gu·rat·ing /-tɪŋ | -tɪŋ/ *adj.* 〘病理〙 **1** 〈痛みが〉突き刺すような. **2** 高周波療法の.

ful·gu·ra·tion /fʌ̀lgjʊréɪʃən, fʊ̀l- | fʌ̀l-/ *n.* 〘医学〙高周波療法. 〖《1633》□ L *fulguratiō(n-)* (↑)〗

ful·gu·rite /fʌ́lgjʊràɪt, fʊ́l- | fʌ́l-/ *n.* 〘地質〙フルグライト, 閃(せん)電岩《雷電の作用で砂中または岩石の中に生じた筒状のガラス質》. 〖《1834》← L *fulgur* lightning + -ITE¹〗

ful·gu·rous /fʌ́lgjʊrəs, fʊ́l- | fʌ́l-/ *adj.* 電光のような, 光輝を発する (lightninglike). 〖《1616》← L *fulgur* lightning: ⇨ -ous〗

ful·ham /fʊ́ləm/ *n.* 《古》いかさまさいころ (loaded die). 〖《*c*1550》← ? *Fulham* (↓): かつて賭博師の盛り場として悪名をはせた〗

Ful·ham /fʊ́ləm/ *n.* フラム《London の Hammersmith and Fulham の一部; Fulham Palace がある》. 〖? OE *Fulanham* 《原義》'meadow of *Fulla* (人名)'〗

Fu·liang /fùːliɑ́ŋ; *Chin.* fúliɑ́ŋ/ *n.* 浮梁(フーリャン)《中国江西省 (Jiangxi) 北東部の都市》.

fu·lig·i·nous /fjuːlɪ́dʒənəs | -dʒɪ-/ *adj.* 《文語》 **1 a** すすの, すすのような; すすけた (sooty); 煙の, 煙のような (smoky). **b** くもった, もうろうとした, はっきりしない. **2** すす色の, 黒茶色の, 薄黒い. **~·ly** *adv.* **~·ness** *n.* 〖《1574》□ LL *fūlīginōsus* full of soot ← L *fūlīgin*, *fūlīgō* soot: ⇨ -ous〗

Fulk /fʊ́lk/ *n.* フルク《男性名; 異形 Fulke》. 〖□ OHG *Fulco* ← *folc-* 'FOLK'〗

full¹ /fʊ́l/ *adj.* (~·er; ~·est) **1 a** 〈いっぱいに〉満ちた, いっぱいの[にした], 満載した (⇨ complete SYN); 〈建物・部屋などが〔…で〕〉ぎっしり詰まった (packed) 〔*of*〕: The cup is ~. 茶わんはいっぱいである / be ~ to overflowing [bursting (point)] あふれる[破れる]ほどいっぱいである / be ~ up 《口語》いっぱいである, ぎっしり詰まっている; 満腹である / a glass ~ to the brim 縁までいっぱいのコップ / fill one's glass ~ コップをいっぱいに満たす / The room was ~. 部屋は人でいっぱいだった / with a ~ cargo of coal 石炭を満載して / a face ~ *of* wrinkles しわくちゃの顔 / ⇨ full house / a ~ day 忙しい一日 / have one's mouth ~ 口中いっぱいに物を含む / a ~ stomach 満腹 / eat till one is ~ 満腹するまで食べる / No more, please: I'm ~! もうけっこうです, 満腹です / a ~ heart 感情でいっぱいになった胸 / My heart is too ~ for words. 胸がいっぱいでものが言えない. **b** 〔…に〕夢中になった, 没頭した; 高慢な〔*of*〕: be ~ *of* oneself 自分のことばかり考えている; うぬぼれている / be ~ *of* one's own affairs 自分のことでいっぱいだ. **c** 《豪俗》酔った: (as) ~ as a tick 泥酔して.
2 十分な, たくさんの, 《供給・分量など》たっぷりの; 《経験・知識の》豊富な, 《内容の》充実した (well-supplied, rich); 〔…の〕多い, たくさんいる 〔*of*〕: a ~ purse=a purse ~ *of* money 金がたっぷりはいっている財布 / a ~ meal 十分な食事 / a ~ harvest 豊作 / ~ experience 豊富な経験 / a ~ life 経験豊かな人生; 充実した生活 / a house ~ *of* mice ねずみがたくさんいる家 / a river ~ *of* fish 魚の多い川 / woods ~ *of* game 猟鳥獣の豊富な森 / a book ~ *of* good things ためになるよいことがたくさん書いてある本 / ~ *of* interest [vitality] 興味たっぷり[元気ではちきれるばかり]で[の] / The book is very ~ on this point. その本(の説明)はこの点に関しては非常に詳しかった.
3 a 十分な, 完全な, 全面的, 無削除の (perfect, complete) (cf. half *adj.* 2). ★ 現在は数詞とともに用いる場合,「数詞+full+名詞」か「a+full+数詞+名詞」の形で強意語として用いる (cf. *adv.* 2, fully 2): a ~ mile [hour, day] まる 1 マイル[1 時間, 1 日] / for two ~ days =for a ~ two days まる 2 日間 / a ~ supply 十分な[完全な]供給 / ~ retreat 総退却 / ~ marks 満点 / ~ measure たっぷりの量目[尺度] / in ~ measure 十分に, たっぷり / the ~ text 無削除版 / ~ pay 本俸, 全給 / a person's ~ name フルネーム《略さない詳しい氏名》/ a ~ scene 全景 / in ~ view 全体が見えて[見渡せて]; まる見えで / *full*-color illustrations オールカラーのイラスト / give ~ details [particulars] 委細漏らさず[詳細に]述べる / She is a genius in the ~*est* sense (of the word). 文字通りの天才だ / He had not slept a ~ night since Wednesday. 水曜日から一晩まるまる寝たことはなかった / He has the ~ support of the President. 大統領の全面的な支持を得ている / I give you ~ power [authority] to act on my behalf. あなたに全権をゆだねる / ⇨ in full FIG², *in full* FEATHER. **b** 《仮・一時的でない》正式の (regular): ~ membership 正会員の資格 / a ~ session of the committee 委員会の本会議 / ⇨ full professor. **c** 全員[部]そろった: a ~ jury (12 人)全員出席の陪審. **d** 〈本の装丁が〉全面的な: ~ leather 総革.
4 a 最高の, 最大の, 最大限[精いっぱい]の (maximum): ~ strength 全力 / ~ vigor 元気いっぱい / make ~ use of something ある物を最大限に利用する / turn something to ~ account ある物を十分に[遺憾なく]利用する / ⇨ full speed. **b** 〈風が〉最大の力の: a ~ gale 最強風 / ⇨ *full* BLAST. **c** 最高潮の: a ~ tide [flood] 満潮 / in ~ bloom 〈花が〉満開で / in ~ swing 《競技・ダンス・音楽など》真っ最中で, たけなわで / ~ summer 盛夏 / It was ~ spring. 春たけなわだった. **d** 〔…の〕限界にきて, 限界に近づいて〔*of*〕: ~ *of* years and honors 天寿を全うし多くの栄誉を受けて (*Gen.* 25:8). **e** 成熟して, 大人になって (mature, adult): ⇨ full age. **f** 〈ワインが〉こくのある (full-bodied).
5 《衣類など》寸法がたっぷりの, ゆとりのある, ゆるやかな: ~ sleeves たっぷりした袖 / a ~ skirt たっぷりしたスカート / make a coat a little ~*er* across the back 背幅に少しゆとりをつけて上着を仕立てる.
6 a (形が)ふっくらした, 豊満な, 盛り上がった, 隆起した (plump, swelling): a ~ figure かっぷくのいい姿 / be rather ~ in the face 顔がやや太っている / have a ~ bosom 胸がふっくらしている[豊満だ] / have ~ lips ふくらんだ唇をしている. **b** 〈帆が〉風をはらんで (filled); 〈船が〉帆に風をはらませて: in ~ sail 満帆を張って / ~ sails いっぱいに風をはらんだ帆.
7 a 〈光が〉強い, 強烈な (intense). **b** 〈色彩が〉濃い.
8 〘音楽〙 **a** 〈声が〉朗々とした, 声量の豊かな (resonant): a ~ voice. **b** 完全な: a ~ close 完全終止. **c** 全…《全声部・全楽器・全音栓(せん)を用いた》: a ~ organ 《オルガンの》最強奏部.
9 同じ両親の: ~ brothers [sisters] 実の兄弟[姉妹] (cf. half brother, half sister).
10 《古》〔…に〕飽き飽きしている〔*of*〕: I am ~ *of* the burnt offerings of rams. 我は雄羊の燔祭(はんさい)にあけり (*Isa.* 1: 11).
11 〘野球〙〈打者のカウントが〉2 ストライク 3 ボールの.
fúll of the néws 話したくてうずうずして, 話さずにはいられなくて. *in fúll crý* ⇨ cry 成句.
— *adv.* **1** 《位置・方向など》きっかり, ちょうど, ぴったり (directly, straight): The blow struck him ~ in the face. 顔をまともに打たれた. **2** 《古》十分に, 完全に, 全く (completely, entirely). ★ 数詞を伴った用法は《古》, 現在は fully を用いる (cf. *adj.* 3 a ★): ~ six miles たっぷり[優に] 6 マイル / ~ as useful as …と全く同様に役立つ. **3** 《文語》[形容詞・副詞を修飾して] 全く, 非常に, いとも (very): ~ many a flower いとも多くの花々 / I know ~ well that he is a liar. 彼がうそつきであることを十分承知している / ~ fain 非常に喜んで(…したい) / ~ soon すぐに / run ~ fast 非常に速く走る / The chair is ~ high. 椅子が高すぎる. **4** [形容詞や過去分詞の前に複合語をなして] 十分に (fully): *full*-blown, *full*-fledged, *full*-grown, etc.
fúll and bý 〘海事〙帆に風をはらみつつ最も詰め開きになるように: sail ~ *and by*. *fúll ón* 真正面で[から] (head-on). *fúll óut* 全速力で (cf. full-out). 《1500》 *fúll wéll* 本当に, 確かに (very well indeed): I know ~ *well* that he is a liar. 彼がうそつきだということは実によくわかっています.
— *n.* **1** 全部 (whole), 十分 (fullness) 〔*of*〕: tell the ~ *of* it その事をすっかり話す. **2** 《季節・月などの》真っ盛り, 絶頂 (height): at the ~ 真っ盛りに, 絶頂に / the ~ of the moon 満月(時) / The moon is at [past] the ~. 月は満月だ[を過ぎた]. **3** 《英》《波打際の》砂や小石の列状の隆起.
in fúll 全部, 全額: a receipt *in* ~ 全額受領証 / payment *in* ~ 全額支払い / write one's name *in* ~ 氏名を略さずに書く. 《1552》 *to the fúll* 十分に, 心ゆくまで: enjoy a party *to the* ~. 《?*a*1387》
— *vt.* 《ひだ・上げ・ギャザーなどを入れて》たっぷり取る, 〈袖・スカートなどを〉たっぷりに作る.
— *vi.* **1** 《米》〈月が〉満ちる. **2** 《ひだ・ギャザーを入れて》たっぷりになる, ゆったりする.
〖OE *ful(l)* < Gmc **fullaz* (G *voll* / Goth. *fulls*) ← IE **pelə-* 'to FILL' (L *plēnus* full & *plēre* to fill / Gk *plḗrēs* full)〗

full² /fʊ́l/ *vt.* 〈毛織物を〉洗ったり蒸したりして生地を密にする, 縮充[縮絨]する (⇨ fulling): ⇨ fulling mill.
— *vi.* 〈織物が〉生地が厚く[密に]なる, 縮充[縮絨]する.
〖《*a*1325》□ (O)F *fouler* to tread < VL **fullāre* ← L *fullō* 'FULLER¹': cf. OE *fullian* to whiten cloth〗

ful·la /fʊ́lə/ *n.* 《NZ》男, やつ (fellow).

fúll áge *n.* 成年, 丁年: a man of ~. 〖1622〗

ful·lam /fʊ́ləm/ *n.* 《古》=fulham.

full·back /fʊ́lbæ̀k | ⌐⌐, ⌐⌐/ *n.* フルバック: **a** 〘ラグビー・サッカー・ホッケー〙味方陣地の後方にあってディフェンスのかなめとなるプレーヤー (⇨ Rugby football 挿絵). **b** 〘アメフト〙quarterback の直後に位置するプレーヤー. 〖1887〗

fúll béam *n.* 《英》=high beam.

fúll bínding *n.* 〘製本〙丸装, 丸表紙, 完表紙; 総革(装) (full leather); 総クロス(装) (full cloth) 《whole binding ともいう; cf. half binding, quarter binding, three-quarter binding》.

fúll blòod *n.* **1** 純血種の人[動物] (purebred, thoroughbred): an Indian of ~ 純粋のインディアン. **2** 同じ両親から生まれた者同士の関係, 全血血族(関係) (cf. half blood): brother and sister of the ~ 両親の同じ兄妹. 〖1812〗

fúll-blóod·ed *adj.* **1** 純血種の, 純血の (thoroughbred): a ~ Cherokee 純血のチェロキー族の人. **2** 多血質; 血気盛んな, 活発な, 元気な (vigorous), 精力的な, 力強い. **3** 純粋の; 完璧な, 完全な: a ~ socialist 純粋の社会主義者 / a ~ analysis 完全な分析. **4** 内容豊富な: a ~ story. **~·ness** *n.* 〖1774〗

full-blown /fʊ́lblóʊn | -bláʊn⌐/ *adj.* **1** 完全な, 本格的な. **2** 満開の: a ~ rose. **3** 完全に発達した, 成熟し切った. **4** 〈帆など〉十分に展帆した. 〖1615〗

fúll bóard *n.* 《ホテルでの》寝室と三食(つき); 《豪》羊毛刈り込みの最大動員人数[全労働者]. 〖1894〗

fúll-bód·ied *adj.* **1** 〈人が〉太った (stout). **2** 十分実のある, 密度の濃い, 《特に》〈ワインが〉こくのある: ~ wine. **3** 実質のある; 重要な, 有意義な: a ~ novel 内容豊富な小説 / play a ~ role in the world 世界の重要な役割を演じる. 〖1686〗

fúll-bóre *adj.* 〘銃砲〙比較的大きな口径(特に 7.62 ミリ)を持った小火器の.

fúll-bó·somed *adj.* 〈女性が〉胸の豊かな.

fúll-bót·tomed *adj.* **1** 〈かつらが〉後ろが肩の下まで垂れている. **2** 船底に多量に積める, 船底部容積の大きい, 《船床底面が低く》水線下部の積載容積が大きい. 〖**1**: 1711; **2**: 1867〗

fúll-bóund *adj.* 〘製本〙丸装[総革(装), 総クロス(装)]の. 〖1880〗

fúll brídle *n.* 〘馬術〙別々の手綱によって制御されている軽勒(けいろく) (bridoon) とくつわ鎖 (curb) をもった馬勒.

fúll bróther *n.* 同父母の兄弟; 《馬の》全兄弟.

fúll cádence *n.* 〘音楽〙=perfect cadence.

fúll-céll pròcess [trèatment] *n.* [the ~] 〘土木〙充細胞法, 充満滲液法《木材防腐法の一種; 木材に防腐剤を注入する場合, 薬液を細胞室内に滞留させるように処理する方法; cf. empty-cell process》. 〖1915〗

fúll círcle *adv.* 一周して. ★ 主に次の句で: ⇨ *come full* CIRCLE. 〖1879〗

fúll-cóck *vt.* 〈銃を〉発火[発射]準備にする (cf. half-cock).

fúll cóck *n.* 《銃の撃鉄を全部あげた》発火[発射]準備 (cf. half cock): at [on] ~ 撃鉄をいっぱいに起こして; 用意が十分で. — *adv.* ⇨ cock¹ *n* B 3 b.

fúll cósting *n.* 〘会計〙全部原価計算《直接原価計算 (direct costing) に対する伝統的な原価計算の方法; absorption costing ともいう》.

fúll-cóst prìnciple *n.* 〘経済〙原価に一定のマージンを加算して販売単価とする方法 (cf. cost-plus).

fúll-cóurse *adj.* 〈食事が〉フルコースの.

fúll-còurt préss *n.* **1** 〘バスケット〙全コートプレス《防御側がボールを持っている攻撃側にコート全面でマンツーマンの防御体制を敷いてボールを奪おうとする作戦》. **2** 《何かを達成するため》全力投球をすること.

fúll cóusin *n.* いとこ, 従兄弟, 従姉妹.

fúll-créam *adj.* 《英》全乳の (unskimmed).

fúll-cút *adj.* 〘宝石〙フルカットの, 本切り(ブリリアント)の《テーブル (table) とキューレット (culet) を入れて 58 面をもつブリリアント式のカットにいう》.

fúll-dréss *adj.* **1** 正装しての; 正式の: a ~ reception 正装のレセプション / a ~ debate 正式の討議, 《議会の》本会議 / a ~ rehearsal 本舞台げいこ《本舞台同様の衣装を着けて行うけいこ》. **2** ありとあらゆる手段[方法]でなされた, 徹底的な, 本格的な: a ~ invasion, investigation, etc. 〖1761〗

fúll dréss *n.* **1** 正式な礼服, 《特に》正式な夜会服(の一揃い)《男子の場合は黒の燕尾服・ズボン・白のチョッキ・白の蝶ネクタイ・いか胸付きのドレスシャツを含む; cf. evening dress, tuxedo 1 b》. **2** 〘軍事〙正装, 礼装 (cf. service dress). 〖1748〗

fúll-dréssed *adj.* 〈船が〉満艦飾の, 満船飾の. 〖1752〗

fúll dréss shìp *n.* 満艦飾の軍艦, 満船飾の船《マストの先から船首・船尾まで旗で飾り付けをした船》.

fúll-drèss úniform *n.* 《軍服の》正装, 大礼服 (cf. dress uniform, service uniform): in ~ 正装[大礼服]で.

fúll emplóyment *n.* 〘労働〙完全雇用《就労可能な全労働者が一定の実質的賃金の下で就職できる状態; cf. underemployment 2, unemployment》. 〖1835〗

full·er¹ /-lə | -lə(r)/ *n.* 《毛織物の》縮充[縮絨]工, 仕上工. 〖OE *fullere* ← L *fullō* fuller: cf. OE *fullian*, -er¹〗

fúl·ler² /-lə | -lə(r)/ *n.* **1** 〘機械〙《鍛工用》みぞ付け当てへし, 半丸当てへし, 丸へし. **2 a** 樋(ひ)《刀身に彫られた溝》. **b** 《丸へしを当てて作った蹄鉄(ていてつ)の》溝 (groove). — *vt.* **1** 丸へしで〈金属〉の節の部分を減らす. **2** 〈びょうで留めた

F

接合部分〉にすべり止めくぎを付ける． **3** 〈刀剣などに〉に樋[溝]を形作る． 〘(1820) ← ? FULL[1] (v.)＋-ER[1]〙

Ful·ler /fʊ́lə | -lə(r)/, **R(ichard) Buckminster** *n.* フラー (1895–1983; 米国の技師・建築家).

Fuller, (Sarah) Margaret *n.* フラー (1810–50; 米国の女流評論家・編集者; 称号 Marchioness Ossoli /ɔ́:səli: | ɔ́s-/).

Fuller, Thomas *n.* フラー (1608–61; 英国の牧師・著述家; *Worthies of England* (1662)).

ful·ler·ene /fʊ̀lərí:n/ *n.* 〘化学〙 フラーレン: **1** 炭素原子 60 個で構成された球状分子からなる物質; buckminsterfullerene ともいう; 分子中, 各原子は正二十面体の各頂点を切り落としたいわゆるサッカーボール形の多面体の各頂点に位置する． **2** 一般に, 炭素の中空球状分子からなる物質． 〘(*c*1975) (縮約) ← BUCKMINSTER FULLERENE〙

fúl·ler·ing tòol /fʊ́lərɪŋ-/ *n.* 〘機械〙 (鍛工用)丸へし.

F

fúller's éarth *n.* 〘化学〙 フラー土, 酸性白土, 漂布土 (油の脱色・鋳物砂の結合剤などに用いる; 古くは布の清浄に用いた). 〘(*a*1350): ⇨ fuller[1]〙

fúller's téasel *n.* 〘植物〙 オニナベナ, ラシャカキグサ (*Dipsacus fullonum*) (とげの多いこの植物の果穂を縮充工 (fuller) が毛織物仕上げのけば立てに用いる; 単に teasel ともいう). 〘(?*c*1425): ⇨ fuller[1]〙

Ful·ler·ton /fʊ́lətn, -tən | -lətn, -tən/ *n.* フラトン (米国 California 州南西部, Long Beach の北東にある都市).

fúll-éyed *adj.* 目のぱっちりした. 〘1633〙

fúll-fáce *n.* **1** (人の)正面向きの像[絵]. **2** 〘印刷〙 **a** ＝boldface. **b** フルフェース (活字面がボディーいっぱいの大きさの活字). 〘1892〙

fúll-fáce *adj.* ＝full-faced 2.

fúll fáce *adv.* まともに向かって, 面と向かって: look at a person ～ 人をまともに見る.

fúll-fáced *adj.* **1** 丸顔の, ほおのふくれた; 〈月など〉まん丸の: a ～ moon. **2** 正面向きの, 正面からの: a ～ portrait. **3** 〘印刷〙 〈活字書体が〉肉太の (bold-faced); フルフェースの (cf. fullface 2 b). 〘1610〙

fúll-fáshioned *adj.* 《米》 〈ニットウェア・靴下などが〉身体[脚など]の形にぴったり合った, フルファッションの. 〘1883〙

fúll-fát *adj.* 《英》 〈牛乳・チーズなどが〉脂肪分を除いていない.

fúll fíre *n.* 〘窯業〙 大焚(おおだ)き (要求される最高焼成温度に到達したときの焼成段階; cf. dégourdi).

full-fledged /fʊ́lflέdʒd←/ *adj.* 《米》 **1** 十分発達した, 成熟した (mature): a ～ adult 一人前の大人 / ～ democracy. **2** 〈鳥が〉羽がはえそろった. **3** りっぱに一人前になった, 資格のとれた: a ～ author, barrister, etc. 〘1883〙

fúll fórward *n.* 〘豪式フットボール〙 センターフォワード (選手位置). 〘1965〙

fúll-fráught *adj.* 《古》 満載した. 〘1594〙

fúll-fróntal *adj.* 《口語》 **1** 〈ヌード写真など〉性器まるみえの, まるだしの. **2** 隠しごとのない. ── *n.* まるだしの全裸写真.

fúll gáiner *n.* 〘水泳〙 フルゲーナ (前方に飛び出し着水までに後ろ向きの宙返りを 1 回する飛込み法).

fúll gílt *n.* 〘製本〙 小口金[三方金]の本 (小口および天地の三方に金付けした本).

fúll-grówn *adj.* 十分に成長した, 成熟した, 発育し切った (mature). 〘1607–08〙

fúll hánd *n.* 〘トランプ〙 ＝full house 2. 〘1850〙

fúll-héarted *adj.* **1** 勇気と自信に満ちた; 〈作品など〉全心を打ち込んだ, 心を込めた. **2** 胸がいっぱいの, 感慨無量の. **～·ly** *adv.* **～·ness** *n.* 〘1609–10〙

fúll hóuse *n.* **1 a** (劇場などの)大入り満員, 満員の劇場: draw a ～ 満員の観客を集める. **b** (議会などの)全員(に近い)出席. **2** 〘トランプ〙 フルハウス (ポーカーで three of a kind と one pair から成る手; full hand ともいう; ⇨ poker[1]). 〘1710〙

full·ing /fʊ́lɪŋ/ *n.* 縮充, 縮絨 (紡毛織物を水分・熱・圧力・摩擦力を用いて厚く縮ませること). 〘(*a*1399): ⇨ full[2], -ing[1]〙

fúlling mìll *n.* (毛織物の)縮充[縮絨]機; 縮充[縮絨]工場. 〘(1417–18): ⇨ full[2]〙

full-length /fʊ́llέŋ(k)θ←/ *adj.* **1** 全身大の, 等身大の: a ～ looking glass 姿見 / a ～ portrait 全身肖像画. **2** 〈ドレス・コートなどが〉(裾が)床までとどく. **3** 〈小説・芝居などが〉標準的な長さの; はしょっていない. 〘(1760) ← *at full length* (⇨ length (成句))〙

fúll línear gróup *n.* 〘数学〙 一般一次変換群 (有限次元ベクトル空間からそれ自身への正則一次変換全体のなす群).

fúll lóad *n.* **1** 〘電気〙 全負荷. **2** 〘航空〙 全備重量.

fúll lóck *n.* 〘自動車〙 (方向転換のための, 前輪の)フル旋回.

fúll-mànned *adj.* 十分に乗組員[兵士]のいる. 〘1606–07〙

fúll-márks *n. pl.* 《英》 (試験・評価などの)満点.

fúll méasure *n.* 不足のない[正確な]量目, 目いっぱい (cf. measure *n.* 1 b): in ～ たっぷり, 十分に / enjoy a ～ of を満喫する.

fúll-mílk *adj.* (クリームを取らない)完全乳の[で作った].

fúll móon *n.* 満月(時), 満月の相 (cf. half-moon 1, crescent 1): at ～ 満月のときに. 〘lateOE〙

fúll-mòon máple *n.* 〘植物〙 イロハカエデ (⇨ Japanese maple).

fúll-mòtion vídeo *n.* フルモーションビデオ (テレビ並みの毎秒 30 フレームの動画データ; 略 FMV).

fúll·móuthed /-máʊðd, -máʊθt/ *adj.* **1 a** 大声の, 大音の (loud); 〈歓迎など〉歓声を張り上げた; 〈犬が〉大声でほえる. **b** 〈雄弁・演説など〉朗々たる, よく響く (sonorous). **2** 〈羊・牛など〉歯並びの完全な. 〘1577〙

fúll nélson *n.* 〘レスリング〙 フルネルソン (両腕を背後から相手のわきの下に入れ両手を相手のえり首に押しつける首固め; cf. half nelson): put a ～ on …にフルネルソンをかける. 〘*c*1922〙

fúll·ness *n.* **1** 充満, いっぱい, 十分, たっぷり (abundance, sufficiency) 〔*of*〕: a feeling of ～ after meals 食後の満腹感 / the ～ *of* the wisdom 満身の知恵, 縦横の才知 / the ～ *of* sleeves たっぷりと広い袖 / the ～ *of* a person's heart 無量の感慨, 真情, 満腔(こう)の至情 / the ～ *of* the world 世界に満ちる物のすべて / in its ～ 十分に, 遺憾なく. **2** 肥満 (plumpness): a great ～ of face 福々しい顔. **3** (色・音などの)豊かさ.

the fúllness of tíme 然るべき時機, 予定の時: in *the* ～ *of time* 時満ちて, 機が熟して, 予定の時に / When will I get paid?—In *the* ～ *of time*. いつ支払ってもらえるの―時機がくればね / When the ～ *of time* was come, God sent forth his Son. 時満つるに及びては, 神その御子を遣(つか)し給えり (*Gal.* 4:4). (1560)

〘(*c*1340): ⇨ full[1], -ness〙

ful·lom /fʊ́ləm/ *n.* 《古》 ＝fulham.

fúll-órbed *adj.* まん丸の, 満月の: the ～ moon. 〘1667〙

fúll-óut *adj.* **1** (省略なく)全部書き出された. **2** 全力の, 全面的な (complete, total): a ～ war effort. **3** 〘印刷〙 左ぎめの, 字下がりなしの (flush left). 〘*c*1384〙

full-page /fʊ́lpéɪdʒ/ *adj.* 〈記事・広告・写真など〉全ページ(大)の: a ～ advertisement 全ページ広告.

fúll páge *n.* (新聞などの)全面.

fúll pítch *n.* 〘クリケット〙 ＝full toss. ── *adv.* 〘クリケット〙 ボールが打者の所に来るまで地に触れずに, フルピッチで. 〘1843〙

fúll póint *n.* ＝full stop.

fúll pówered *adj.* 〘海事〙 〈船が〉推進を帆を用いずエンジンにゆだねる.

fúll proféssor *n.* 《米・カナダ》 正教授 (大学における最高の教授; cf. professor 1 a ★). 〘1934〙

fúll rádiator *n.* 〘物理〙 完全放射体, 黒体 (blackbody).

fúll rhýme *n.* 〘詩学〙 ＝perfect rhyme 1.

fúll-rígged *adj.* **1** 〘海事〙 〈帆船が〉全装の (3 本以上のマストに全横帆を取り付けた). **2** 全装備の. 〘*c*1899〙

fúll sáil *n.* **1** 風をいっぱいにはらんだ帆 (⇨ full[1] 6 b). **2** [副詞的に] **a** 帆を全部張って: The ship advanced ～. 船は帆を全部張って進んだ. **b** 全(速)力で. 〘*c*1410〙

fúll-sáiled *adj.* 総帆を揚げた[展張した]: a ～ ship.

full-scale /fʊ́lskéɪl←/ *adj.* **1** 全面的な (wholesale), 完全な (complete): a ～ war 全面戦争 / a ～ biography 完全な伝記. **2** 実物大の: a ～ portrait 等身大の肖像画. 〘1933〙

fúll-scántling vèssel *n.* 〘海事〙 重構船 (法定最大限の満載喫水を与えられる頑丈な構造の船).

fúll scóre *n.* 〘音楽〙 総譜 (あらゆる声部ないし楽器を掲記した楽譜). 〘1876〙

fúll séa *n.* 《古》 ＝flood tide. 〘*c*1450〙

fúll séntence *n.* 〘文法〙 完全文 (たとえば英語では主部と述部を含む文).

fúll-sérvice *adj.* **1** 〈ガソリンスタンド・レストランなど〉すべて店でやってくれる, フルサービスの. **2** さまざまなサービスのある.

fúll síster *n.* 同父母の姉妹.

full-size /fʊ́lsáɪz/ *adj.* **1** 等身大の. **2** (特別大きくも, 小さくもなく)標準型の: ⇨ full-size car. **3** 〈ベッドが〉フルサイズの (横 54 インチ縦 75 インチの大きさの; cf. king-size 2, queen-size 2, twin-size). **4** 完全に成長した. 〘1832〙

fúll-sìze cár *n.* 《米》 標準型の車, フルサイズカー (全長 5.5 m 以上の「大型車」を指す; cf. intermediate, compact car, subcompact).

fúll-sízed *adj.* ＝full-size.

fúll spéed *n.* **1** 最高速度, 全速力: at ～ 全速力で. ★《米》では多く at top [utmost] speed という. **2** 〘海事〙 原速 (航海において通例維持される速度). **3** [副詞的に] 全速力で: ride ～ 全速力で馬を走らせる.

Fúll spéed ahéad! (もっと)がんばれ.

fúll stéam *adv.* 《口語》 全力で, 全速力で.

fúll stép *n.* 〘米軍〙 (毎分 120 歩の速歩(はやあし)における長さ 30 インチの)一歩; (その)歩幅 (cf. half step 2).

fúll stóp *n.* **1** 終止符, 終止点 (period) (full point ともいう). **2** 完全な停止: come to a ～ 完全に停止する[行き詰まる]. ── *int.* 《英》 ＝period. 〘1596〙

fúll-térm *adj.* **1** 〘産科〙 〈妊娠・胎児が〉満期の, 月満ちた (正常期間を経た). **2** 任期をまっとうした.

fúll-thróated *adj.* **1** (のどをいっぱいに開けた)大声での. **2** 朗々とした.

fúll tílt *adv.* 全速力で.

full-time /fʊ́ltáɪm←/ *adj.* 全時間の, 全時間従事する, 専任の, 常勤の (cf. half-time 1, part-time): a ～ teacher 専任教師 / a ～ union officer 組合専従者 / a ～ employee (パートタイマーに対して)全時間雇用者 / a ～ job 常勤の仕事; 時間のとられる無給の仕事 / ～ wages 全時間労働に対しての賃金. 〘1898〙

fúll tíme *n.* **1** 〘競技〙 (フットボールなど試合の)終了 (cf. half time). **2** (労働・勤務などの)全時間, 全時間従業[就業]: on ～. **3** (個人の)全時間 (whole time): spend one's ～ in writing 全時間を著述に費やす. ── *adv.* 全時間(制)で, フルタイムで, 専任で, 常勤で: work ～. 〘1898〙

fúll-tím·er *n.* **1** 全時間従業の常勤者 (cf. half-timer, part-timer). **2** 《英》 全授業に出席する児童. 〘1868〙

fúll-to-fúll *adj.* 〘海事〙 満帆でタックを変える (帆船が充分風をはらんで走っている状態から, 針路を変えて風を別な方向から受け, しかもまた充分に風をはらんで走る).

fúll tóss *n.* 〘クリケット〙 フルトス (投手が投げた球が三柱門までバウンドしないで達する投球; full pitch, full volley ともいう; cf. half volley, volley). 〘1826〙

fúll tráiler *n.* 〘自動車〙 フルトレーラー (トレーラーの積荷の重量全部をトレーラーの車輪だけで支持する構造のトレーラー; cf. semitrailer).

fúll-tùrn stáir *n.* 踊り場ごとに全回転 (180 度)して上る階段.

fúll twíst *n.* 〘水泳〙 フルツイスト (体を一ひねりした逆飛込み; cf. half twist 1).

fúll vólley *n.* 〘クリケット〙 ＝full toss.

fúll vówel 〘音声〙 完全母音 (弱化されないで強い強勢を伴って完全な形で発音される母音; cf. reduced vowel; ⇨ 発音解説).

fúll-wàve réctifier *n.* 〘電気〙 全波整流器 (cf. half-wave rectifier).

fúll wòrd *n.* 〘文法〙 実語 (辞書的意味を伝える役目をする語で, 一般的に名詞・動詞・形容詞・副詞; cf. empty word). 〘1892〙

ful·ly /fʊ́li, fʊ́lli | fʊ́li/ *adv.* **1** 十分に, 完全に, 全く (completely): ～ paid 全額支払済みで / ～ paid-up 全額払い込み / eat ～ 十分食べる. **2** [数詞に先立って] まる(…も), 優に, 少なくとも (at least) (cf. full *adj.* 3 a ★, *adv.* 2 ★): for ～ ten years まる 10 年間も / *Fully* 500 students were there. 少なくとも 500 人の学生がそこにいた. 〘OE *fullīċe*: ⇨ full[1], -ly[1]〙

fúlly artículated rótor *n.* 〘航空〙 全関節式回転翼 (ヘリコプター回転翼の一型式で, 大部分のローターがこの型式; 回転翼の羽根がそれぞれ上下, 前後および羽根の軸まわりの回転方向に角度が変えられるような関節をもつ; cf. rigid rotor, seesaw rotor).

fúlly-fáshioned *adj.* ＝full-fashioned. 〘1923〙

fúlly-flédged *adj.* ＝full-fledged.

fúlly-grówn *adj.* ＝full-grown.

ful·mar /fʊ́lmə, -mɑə | -mə(r), -mɑ:(r)/ *n.* 〘鳥類〙 フルマカモメ (*Fulmarus glacialis*) (北方海洋地方に多いミズナギドリ科の海鳥; fulmar petrel ともいう). 〘(1698) □ ON *fúlmār* ← *fúll* foul＋*mār* seamew, gull: その悪臭にちなむ〙

ful·mi·nant /fʊ́lmənənt, fʌ́l-/ *adj.* **1** 爆鳴性の, (雷鳴のように)とどろく (fulminating). **2** 〘病理〙 電撃性の, 劇症の: ～ hepatitis 劇症肝炎. 〘(1602) □ L *fulminantem* (pres.p.) ← *fulmināre* (↓)〙

ful·mi·nate /fʊ́lmənèɪt, fʌ́l- | -mɪ̀-/ *vi.* **1** (突然)爆鳴する, 大音を発して爆発する (explode, detonate). **2** 恐ろしいけんまくでどなる[怒る], 怒号する; (特に)〈ローマ教皇が〉激しく非難[叱責]する, 厳しくしかりつける 〔*against*〕. **3** 《古》 雷が鳴(り稲妻が光)る. **4** 〘病理〙 〈病気などが〉電撃的に発症する. ── *vt.* **1** 爆発させる. **2** 〈命令などを〉厳しい調子で発する, 〈非難の言葉などを〉厳しく[大声で]発する. ── *n.* 〘化学〙 **1** 雷酸塩[エステル], (特に)雷酸水銀, 雷汞(こう) (mercury fulminate) (起爆剤). **2** ＝fulminating powder 1. (← FULMIN(IC)＋-ATE[1]) 〘(?*a*1425) ← L *fulminātus* (p.p.) ← *fulmināre* to lighten ← *fulmen* lighting: ⇨ -ate[3]〙

fúl·mi·nàt·ing /-tɪŋ | -tɪŋ/ *adj.* **1** 雷鳴とどろく (thundering); 爆発する, 爆発性の, 起爆性の: ～ gas 爆鳴ガス / a ～ cap 雷管. **2** どなりつける, おどしつける. **3** 〘病理〙 ＝fulminant 2. 〘(1626): ⇨ ↑, -ing[2]〙

fúlminating cómpound *n.* 〘化学〙 雷酸塩 (fulminate).

fúlminating gòld *n.* 〘化学〙 雷金 (含窒素金化合物, 組成未確定で爆発性大). 〘1807〙

fúlminating mèrcury *n.* 〘化学〙 雷汞(こう), 雷酸水銀 (HgCNO) (起爆剤に用いられる). 〘1807〙

fúlminating pòwder *n.* 〘化学〙 **1** 爆粉, 雷粉. **2** 雷酸塩 (fulminate). 〘1804〙

fúlminating sìlver *n.* 〘化学〙 雷銀 (AgCNO) (爆発性がある). 〘1879〙

ful·mi·na·tion /fʊ̀lmənéɪʃən, fʌ̀l- | -mɪ̀-/ *n.* **1** 猛烈な非難, しかりつけ, 怒号: the ～ from the Vatican ヴァチカン宮殿[教皇]からの厳しい非難. **2** 爆発. 〘(1502) □ L *fulminātiō(n-)*: ⇨ fulminate, -ation〙

fúl·mi·nà·tor /-tə | -tə(r)/ *n.* どなり[おどし]つける人, 厳しい非難者.

ful·mi·na·to·ry /fʊ́lmənətɔ̀:ri, fʌ́l- | -mɪnèɪtəri, -nə-, -tri/ *adj.* 鳴り響く[とどろく], 爆鳴とどろく (thundering). 〘(1611) ← FULMINATE＋-ORY[1]〙

ful·mine /fʊ́lmɪn, fʌ́l- | -mɪn/ *v.* 《古》 ＝fulminate. 〘1590〙

ful·min·ic /fʊlmínɪk, fʌl-/ *adj.* **1** 爆発性の, 爆鳴する (explosive). **2** 〘化学〙 雷酸の, 雷酸性の. 〘(1825) ← L *fulmin-*, *fulmen* lightning＋-IC[1]〙

fulmínic ácid *n.* 〘化学〙 雷酸 (HCNO) (銀塩など重金属塩は爆発性がある; cf. cyanic acid). 〘1825〙

ful·mi·nous /fʊ́lmənəs, fʌ́l- | -mɪ̀-/ *adj.* 雷の, 雷電性の. 〘(1635) ← L *fulmin-*＋-OUS〙

ful·ness /fʊ́lnɪs/ *n.* ＝fullness.

ful·some /fʊ́lsəm/ *adj.* **1 a** 〈言葉遣い・賛辞など〉あくどい, しつこい, いやらしい, 鼻につく (offensive); 追従(ついしょう)的な: ～ praise, flattery, etc. **b** 〈食べ物など〉むかつくような, 不快な. **2** (度が過ぎて) 《古》 悪趣味な: a prose style. **3** 完全な, 全体の (complete). **4** 《廃》 豊富な (copious); 太った, みだらな. **～·ly** *adv.* **～·ness** *n.*

〖(*c*1250) *fulsum*: ⇨ full, -some¹〗

Ful·ton /fʊ́ltn, -tən/, **Robert** *n.* フルトン《(1765–1815; 米国の発明家, 初めて実用的な蒸汽船を建造 (1807)》.

ful·ves·cent /fʊlvésənt, fʌl-, -sn̩t | fʌl-, fʊl-/ *adj.* 帯黄褐色の, 暗黄褐色を帯びた. 〖(1816) ← L *fulvus* tawny＋-ESCENT〗

Ful·vi·a /fʊ́lviə, fʌ́l-/ *n.* ファルビア《女性名》. 〖□ L ～ ← *fulvus* (↓)〗

ful·vous /fʊ́lvəs, fʌ́l- | fʌ́l-, fʊ́l-/ *adj.* 朽葉色の, 鈍黄褐色の (tawny, dull yellow). 〖(1664) □ L *fulvus*: ⇨ -ous〗

fu·made /fjuːméɪd/ *n.* 燻製魚, 燻製にしん(など). 〖(1599) □ Sp. *fumado* (p.p.) ← *fumar* to smoke ＜ L *fūmāre*〗

fu·ma·do /fjuːméɪdoʊ | -dəʊ/ *n.* (*pl.* **～s, ～es**) ＝ fumade.

fu·ma·gil·lin /fjùːmədʒílɪn | -lɪn/ *n.* 《生化学》フマギリン《カビの一種 (*Aspergillus fumigatus*) から製する抗生物質の一種で, 特にアメーバによる伝染病に使用される》. 〖(1951) ← *fumagill-* (《変形》) ← NL *Aspergillus fumigatus*: ⇨ aspergillus, fumigate)＋-IN²〗

Fú Man·chú mústache /fúːmæntʃúː-/ *n.* フーマンチュー髭(ひげ)《(Dr. Fu Manchu 独特の八の字髭)》. 〖(*c*1936) ← *Fu Manchu* (英国の小説家 A. S. Ward (1883–1959) の小説に登場する中国人の悪漢)〗

fu·ma·rase /fjúːmərèɪs, -rèɪz | -rèɪs/ *n.* 《化学》フマラーゼ《フマール酸とりんご酸の相互転化をする酵素》. 〖(*c*1936) ← NL *fumar(ia)* (↓)＋-ASE〗

fu·ma·rate /fjúːmərèɪt/ *n.* 《化学》フマル酸塩[エステル]. 〖(1864) ← *fumaria* (↓)＋-ATE¹〗

fu·mar·ic /fjuːmǽrɪk, fjʊ-, -mér- | -mǽr-/ *adj.* 《化学》フマル酸の. 〖(1864) ← NL *fumaria* (← L *fūmus* 'FUME')＋-IC¹〗

fumáric ácid *n.* 《化学》フマル酸 ($C_2H_2(COOH)_2$)《柱状または針状晶, ポリエステル樹脂製造用》. 〖1864〗

fu·ma·role /fjúːməròʊl | -rə̀ʊl/ *n.* (火山の)噴気孔. **fu·ma·rol·ic** /fjùːməróʊlɪk | -rə́ʊ-⁻/ *adj.* 〖(1811) □ F *fumerolle* □ It. *fumaruole* ＜ LL *fūmāriolum* (dim.) ← L *fūmārium* smoke chamber ← *fūmus* smoke〗

fu·ma·to·ri·um /fjùːmətɔ́ːriəm/ *n.* (*pl.* **-ri·a** /-riə/, **～s**) 燻蒸所, 燻蒸消毒室. 〖← NL ～ ← L *fūmātus* ((p.p.) ← *fūmāre* to smoke)＋*-ōrium* '-ORY²'〗

fu·ma·to·ry /fjúːmətɔ̀ːri | -təri, -tri/ *n.* 《英》燻蒸所[室]. 〖(*c*1530): ⇨ ↑, -ory²〗

fum·ble /fʌ́mbl̩/ *vi.* **1** 手探りする, (無器用な手つきで)捜し回る〔*for*〕: He ～*d* in his pocket *for* cigarettes and a lighter. 彼はもそもそと手探りでポケットのたばことライターを捜した / I was *fumbling about* [*around*] in the dark room. 暗い部屋の中を手探りで歩き回っていた. **2** (変な手つきで, もじもじと)いじる, いじくり回す〔*at, with*〕: She kept *fumbling with* the ribbon [doorknob]. 彼女はリボン[ドアの取っ手]をいじくり続けた. **3 a** もそもそと言う, 口ごもる; まごまごする, へまをやる (blunder): She just ～*d* (*around*) for an answer. 彼女はただもじもじと口ごもって答えるだけだった. **b** 〔方法などを〕模索する〔*after*〕: We ～*d after* some new solution. 我々は新しい解決法を模索した. **4** 《野球》ボールをファンブルする (cf. muff² *vt.* 2). **5** 《アメフト》ボールを手に入れてから落とす. ― *vt.* **1** 無器用に取り扱う, もじもじといじくる; …にまごつく, へまをやる (bungle): For some time I ～*d* the pages *for* the place. しばらくの間その箇所を見つけようとページをあちこちとめくり回した / In the utter darkness he ～*d* the door open. 真っ暗闇の中で手探りをしながらドアを開けた. **2** 《野球》〈ボールを〉受け[取り]そこねる, 不手際な〈ボール〉の扱いをする, ファンブルする (misplay): The center fielder ～*d* the grounder. センターはゴロをファンブルした / a ～*d* grounder 取りそこねたゴロ. **3** 《アメフト》〈ボールを〉(手に入れてから, またはそれをつかんで走りながら)取り落とす. **4** [～ one's way として] 手探りしながら[するようにして]進む: I ～*d my way along* the dark path. 暗い小道を手探りするようにして進んで行った. **5** 口ごもりながら言う (mumble): ～ an answer [a question] and be jeered by reporters 口ごもりながら答え[質問し]レポーターにからかわれる / a ～*d* answer. ― *n.* **1** 手先の無器用さ; 無器用な取り扱い, まごつき, へま (bungle): He performed his duties without a ～. 彼は無事にその任務を遂行した. **2** 《野球・アメフト》ファンブル(すること); ファンブルしたボール. 〖(1508) 《変形》← ME *famele(n)* (← ? ON) ∥ □ LG *fummeln* & Du. *fommelen*: cf. Norw. & Swed. *fumla* to grope〗

fúm·bler /-blə, -blə | -blə^(r), -bl-/ *n.* **1** 手探りする人; (無器用に)いじくり回す人. **2** (まごついて)へまをやる人. 〖(1519): ⇨ ↑, -er¹〗

fúm·bling /-blɪŋ, -bl-/ *adj.* (無器用な手つきで)いじくり回す; 無器用な, まごまごした, へまな (awkward). **～·ly** *adv.* **～·ness** *n.* 〖(1532) ← FUMBLE＋-ING²〗

fume /fjúːm/ *n.* **1** [しばしば *pl.*] (燃焼によるか揮発性物質から出る, 臭気のある息詰まるような, 時に有毒の)ガス, 煙; 煙霧, 蒸発気, いきれ, (刺激性)発煙: thin ～*s* rising from the pipe パイプから出る薄い煙 / ammonia ～*s* アンモニアの発煙 / factory ～*s* 工場の煙霧 / car ～*s* 自動車の排気ガス / exhaust ～*s* 排気ガス / ～*s* of heat むっとする熱気 / hay ～*s* 干し草のいきれ. **2 a** (もと, 酒を飲むと胃から頭へ上ると思われた)毒気: ～*s* of wine 酒の毒気. **b** 理性を鈍らせるもの; のぼせ, もやもや: the ～*s* of sleep 眠け / be flatulent with ～*s* of self-congratulation 自画自賛ののぼせで鼻持ちならない. **3** 怒気, 興奮, むかっ腹 (rage). ★ 通例次の句で: be *in a* ～ ぷんぷん怒っている, いきまいている. **4** (煙のような)実体のないもの. **5** 《化学》気体の中の固体または液体の微粒子の数. ― *vi.* **1** やっきとなる, いきまく, ぷりぷり[かっか]する, 腹をたてる〔*at, against*〕: fret, fuss and ～ やきもきして怒る. **2** (燃焼または化学作用で)煙霧を発する, 発煙する (smoke, reek); (煙霧となって)発散する, 霧消する〈*away*〉: His hopes had suddenly ～*d away*. 彼の希望は突然消えた. ― *vt.* **1** 煙に当てる, くすべる, (アンモニアガスなどで)いぶす, 燻蒸する. **2** 蒸発[発散]させる: ～ (*out*) black smoke 黒い煙を発散する. **3** (香などをたいて)…に煙をたなびかせる, 〈祭壇などを〉香煙で満たす〔*with*〕. **～·less** *adj.* **～·like** *adj.* 〖(*c*1390) □ OF *fum* (F *fumée*) ＜ L *fūmum* smoke ← IE **dheu(ə)-* dust, vapor, smoke, etc.〗

fu·mé blanc /fjuːméɪblɑ́ː(ŋ), fuː-, -blɑ́ːŋ; *F.* fymeblɑ̃/ *n.* フュメブラン (sauvignon blanc)《California のワイナリーの用語》.

fúme chàmber *n.* 《英》(実験室などの)有害ガス換気装置. 〖1905〗

fúme cùpboard *n.* 通風室《有害な気体・蒸気を排出するために強制通風を行える実験室内の小室》. 〖1921〗

fumed /fjúːmd/ *adj.* (アンモニアガスなどで)いぶした, 黒いぶしにした: ⇨ fumed oak. 〖(1612) ← FUME＋-ED〗

fúmed óak *n.* 黒いぶしのオーク材. 〖1902〗

fúme hòod *n.* 換気フード《実験で発生する有害な蒸気を排出するための蒸気捕集装置》. 〖1921〗

fu·met¹ /fjúːmɪt, fjuːméɪ | fjuːmét; *F.* fymɛ/ *n.* 《料理》フュメ《魚・家禽の肉を煮詰めた出し汁; 煮込み料理のソースとして使われる》. 〖(1723) □ F ～ 'odor' ← *fumer* to smoke〗

fu·met² /fjúːmɪt | -mɪt/ *n.* [しばしば *pl.*] 《古》鹿の糞.

fu·meuse /fjuːmɔ́ːz, -mjúːz; *F.* fymøːz/ *n.* (*pl.* **～s** /～/) フュムーズ《狭い背板に広い笠木をつけ, パイプやたばこ入れを備えた 18 世紀のフランスの喫煙用の椅子; 椅子の背に対して馬乗りに座る》. 〖□ F ～ 《原義》smoker (fem.) ← *fumeur*〗

fu·mig·a·cin /fjuːmígəsɪn, -sn̩ | -sɪn/ *n.* 《生化学》フミガシン ($C_{32}H_{44}O_8$)《土壌中のカビの一種 (*Aspergillus fumigatus*) から得られる抗生物質の一種》. 〖(1942) ← NL ～ ← L *fūmigātus* (⇨ fumigate)＋-*c*- (医薬関係の添字)＋-IN²〗

fu·mi·gant /fjúːmɪgənt/ *n.* 《化学》燻蒸剤《ガス状あるいは揮発性の殺菌・殺虫用化学物質》. 〖(1890) □ L *fūmigantem*: ⇨ ↓, -ant〗

fu·mi·gate /fjúːməgèɪt | -mɪ-/ *vt.* **1** (煙で)いぶす, くすべる (smoke), 燻蒸する, 燻蒸消毒する. **2** 《古》…に香をにおわせる (perfume). 〖(1530) ← L *fūmigātus* (p.p.) ← *fūmigāre* 'to smoke, FUME'〗

fu·mi·ga·tion /fjùːməgéɪʃən | -mɪ-/ *n.* 燻蒸, 燻蒸消毒(法). 〖(*c*1380) □ L *fūmigātiō(n-)*: ⇨ ↑, -ation〗

fú·mi·gà·tor /-tə | -tə^(r)/ *n.* **1** 燻蒸[燻蒸消毒]をする人. **2** 燻蒸器, 燻蒸消毒器[装置]. 〖(1872) ← FUMIGATE＋-OR²〗

fu·mi·ga·to·ry /fjúːmɪgətɔ̀ːri | -gèɪtəri, -gə-, -tri/ *adj.* 燻蒸消毒性の. 〖(1799) ← FUMIGATE＋-ORY¹〗

fúm·ing *adj.* **1** 煙霧を発する; 香煙を発する, 香気を発散する (aromatic). **2** ぷりぷりした, むかっ腹を立てた (raging). 〖(1575) ← FUME＋-ING²〗

fúm·ing·ly *adv.* 躍起となって, いきまいて, ぷりぷりして. 〖(1597): ⇨ ↑, -ly¹〗

fúming nítric ácid *n.* 《化学》発煙硝酸《酸化剤・ニトロ化剤として用いられる》.

fúming sulfúric ácid *n.* 《化学》発煙硫酸 (⇨ oleum 2).

fu·mi·to·ry /fjúːmətɔ̀ːri | -mɪtəri, -tri/ *n.* 《植物》カラクサケマン (*Fumaria officinalis*)《地中海地方産ケシ科の一年草; ムラサキケマンに似た紫色の花をつける; もと抗壊血病薬として用いた corydalis ともいう》. ― *adj.* ケシ科キケマン属やコマクサ属を含む双子葉類の. 〖(1516) 《変形》← ME *fumeter* □ (O)F *fumeterre* ← ML *fūmus terrae* smoke of the earth (⇨ fume): そのにおいから〗

fu·mous /fjúːməs/ *adj.* 《廃》発煙性の, 煙る (smoky). 〖(*a*1398) □ L *fūmōsus*: ⇨ fume, -ous〗

fu·mu·lus /fjúːmjʊləs/ *n.* (*pl.* ～) 《気象》煙状雲《ごく薄いベール状の雲》. 〖← NL ～: ⇨ fume, -ule〗

fum·y /fjúːmi/ *adj.* (**fum·i·er**; **-i·est**) **1** 煙霧の多い; 煙霧を発する. **2** 煙霧状の, 蒸気状の. 〖(1570) ← FUME＋-Y¹〗

fun /fʌ́n/ *n.* **1 a** 楽しみ, 慰み, 面白さ (merriment): ⇨ *have* FUN / She is full of her ～. いつも何かして楽しんでいる / I didn't see the ～ of [I didn't get any ～ out of] playing cards. トランプをしてもちっとも面白くなかった / That's not my idea of ～. ⇨ idea n. 5 / ⇨ *for* FUN. **b** 戯れ, ふざけ(気分), 陽気 (playfulness); からかい, 冷やかし (ridicule): all the ～ of the fair 縁日の(ような)心も浮き浮きする賑(にぎ)わしさ (cf. funfair) / He is fond of ～. 戯(ざ)れ事の好きな人だ / She is full of ～. 彼女はとても面白い[陽気な]人だ / ⇨ *in* FUN, FIGURE *of fun*. **2** 《口語》[主に be の補語として用いて] 面白いもの[人]: It [He] *is* great [good] ～. とても面白い[面白い男だ] / Hiking *is* no ～. ハイキングなんか面白くない / I didn't think reading so much ～. 私は読書がこんなに楽しいものとは思わなかった / What ～! 面白いなあ, 愉快愉快 / Don't spoil our ～! 私たちの楽しみを損なわないでくれ. **3** 《口語》大騒ぎ, 激論: ＝FUN *and games* (1). ***for fún*＝*for the fún of it* [*the thing*]** (1) (損得ずくではなく)楽しい[面白い]から (for pleasure): read a book *for* ～ 書物を興味本位に読む / play cards *for* ～ 娯楽としてトランプをする. (2) ＝*in* FUN: I teased her just *for the* ～ *of it*. ただ面白半分にからかっただけだ. (1849) ***fún and gámes*** (1) 《口語》[単数または複数扱い] お祭り騒ぎ; ふざけちらすこと (diversion). (2) [しばしば反語的] たやすい事柄, 「遊び」. (3) 性愛行為. (1920) ***hàve fún*** (1) 面白く遊ぶ, 興じる (enjoy oneself)〔*with*〕: The child *had* a lot of ～ *with* the toys. 子供はそのおもちゃでとても面白がって遊んだ / We *had* great ～ at the party. パーティーがとても面白かった / Have ～! (遊びに行く人に)行ってらっしゃい, お楽しみを. (2) 性交する[にふける]〔*with*〕. (1958) ***in fún*** 戯れに, 冗談に, 面白半分に, ふざけて (playfully): I said it *in* ～. 冗談に言ったのだ. (1875) ***like fún*** (1) 《口語》面白いように, 勢いよく, 盛んに, どしどし (quickly): sell *like* ～ (面白いほど)盛んに売れる. (2) 《俗》[強調的に否定・疑念を表して] 全然…でない, まさか…しない (not at all): She told me that she did it by herself.—*Like* ～ she did! 彼女は自分でやったと言っているよ—まさか(冗談じゃないよ). (1833) ***màke fún of***＝***póke fún at*** …を慰み物にする, からかう (ridicule): The pupils *made* ～ *of* the new teacher. 生徒たちは新任の先生をからかった. (1737)

― *adj.* [限定的] 《口語》娯楽のための; 楽しい, 面白い; お祭り気分の, 華やかな: a ～ party [gift] お楽しみパーティー[プレゼント] / a ～ kind of guy 面白い奴 / They had a ～ time. 彼らは楽しいひと時を過ごした / It's a ～ thing to do. やって楽しいことだ.

― *vi.* (**funned**; **fun·ning**) 《口語》戯れる, ふざける, 冗談を言う (joke): He is always ～*ning*. いつもふざけている / He ～*ned about* the picture. その絵のことをからかった. 〖(1685) 《変形》← 《廃》*fon* to befool ← 《廃》*fonne* a fool ← ?: cf. fond¹〗

Fu·na·fu·ti /fùːnəfúːṭi/ *n.* フナフティ《南太平洋の中部, ツバル (Tuvalu) の島で, 同国の首都》.

fu·nam·bu·lism /fjuːnǽmbjʊlɪzm/ *n.* **1** 綱渡り (ropedancing). **2** (頭脳などの)ひらめき, 頭の回転の早いこと. 〖(1824): ⇨ ↓, -ism〗

fu·nám·bu·list /-lɪst | -lɪst/ *n.* 綱渡り芸人 (rope-dancer). 〖(1793) ← L *fūnambulus* rope-dancer (← *fūnis* rope＋*ambulāre* to walk)＋-IST〗

Fu·nar·i·a·ce·ae /fjuːnèriéɪsiìː, -nèri- | -nèəri-/ *n. pl.* 《植物》(蘚類ヒョウタンゴケ目)ヒョウタンゴケ科. **fu·nàr·i·á·ceous** /-ʃəs⁻/ *adj.* 〖← NL ～ ← *Funaria* (属名: ← L *fūnis* (↑))＋-ARIA: ⇨ -aceae〗

fún·bòard *n.* ファンボード《ウインドサーフィン用ボードの一種で, 安定性に欠けるがよりスピードの出るもの》.

Fun·chal /fʊnʃɑ́ːl, -tʃɑ́ːl; *Port.* fũʃáł/ *n.* フンシャル《Madeira 諸島の主都, 海港; 避寒地》.

Fún Cíty *n.* 歓楽都市, 大都会《特に New York 市》.

fun·cki·a /fʌ́ŋkiə, fʊ́ŋ-/ *n.* 《植物》＝funkia.

func·tion /fʌ́ŋ(k)ʃən/ *n.* **1 a** (人間・もの・制度などが本来適合した)機能, 作用, 働き, 仕事, 効用 (role, utility), 目的 (purpose): the ～(*s*) of criticism 批評の役目[効用] / The ～ of education is to develop the mind. 教育の本来の目的は精神を発達させることである. **b** (動植物の器官の持つ固有の)機能, 働き: the ～(*s*) of the heart 心臓の働き / The primary ～ of any gland is secretion. 腺本来の機能は分泌である / ⇨ animal functions, vital function. **2** 儀式, 式典, 祭典, 祝典 (ceremony, celebration); (通例規模の大きい)社交的会合, 宴会 (social gathering): a social ～ 社交的な集まり / *at* a ～ 社交的な行事[集まり]で / go to a ～ at the palace 宮殿の饗宴に行く. **3** 職能, 職務, 職分, 役目; 業 (occupation): perform the ～ of a judge 判事の職務を遂行する / the clerical ～ 僧職, 聖職. **4 a** 《数学》関数, 写像: an algebraic [a trigonometric] ～ 代数[三角]関数 / the theory of ～*s* 関数論 / The period of a pendulum is a ～ of its length. 振り子の周期は振り子の長さの関数である. **b** 〔…と〕相関関係にあるもの〔*of*〕: His temper is a ～ of his digestion. 彼の機嫌は胃の腑(ふ)の状態いかんによる. **5** 《電算》ファンクション《コンピューターの基本命令》. **6** 《文法》機能 (cf. form 11). **7** (他の要因によって決まる)相関(関係): Is crime a ～ of poverty? 犯罪は貧困と相関関係にあるか. ― *vi.* **1** 作用する, 働く (work, operate): The telephone was not ～*ing*. 電話は働きをしなかった[壊れていた]. **2** 〔…(として)の〕職分[役目]を果たす, 仕事をする〔*as*〕: ～ *as* a lubricant 潤滑油の役目をする. **3** 《文法》機能を果たす: In earlier English the present tense often ～*ed as* the future. 初期の英語ではしばしば現在時制が未来の機能も果たした. 〖(1533) □ (O)F *fonction* ∥ L *functiō(n-)* performance ← *functus* (p.p.) ← *fungī* to perform: ⇨ -tion〗

SYN 役目: **function** 人や物の果たすべき特定の働き: the *function* of a chairman 議長の役目 / the *function* of the stomach 胃の役目. **office** 人の地位・専門・職業などの結果果たすべき役目: the *office* of a judge 判事の職務. **duty** 職業上または正義だと思うがゆえに果たさなければならないこと: the *duties* of a teacher 教師の職責. **job** 日常的で一般的な語; 仕事の意味での役目: I'm going to prepare our meal; that's my *job*. 食事は私が作ります. 私の役目ですから. **province** 知識・興味・責任の領域 (格式ばった語): Nursing is mainly the *province* of a woman. 保育は主に女性の縄張りだ.

---

func·tion·al /fʌ́ŋ(k)ʃnəl, -ʃənl̩/ *adj.* **1** 〈建築・日用品など〉機能主義に基づいた[本位の], 実用本位の, 便利な (practical): ～ clothing. **2** 機能の[に関する], 機能上の: ～ grammar 機能的文法 / a ～ change [shift] 《文法》機能変化[転換]. **3** 職能上の, 職務上の; 職掌上の (official, formal). **4** 《生物》機能を営む, 機能的な (cf. rudimentary 2): a ～ organ 機能器官. **5** 《医学》機能(上)の; 機能的な, 機能性の《病気や所見について, 解剖上の変化を伴わない場合をいう; cf. organic 3 b》: a ～ disease

F

機能性疾患. **6** 〘心理〙 機能的な (cf. organic 3 c). **7** 〘精神医学〙 〈精神異常が〉はっきりした器質的原因をもたない. **8** 〘数学〙 関数の: a ～ symbol 関数記号. **—** *n.* 〘数学〙 汎関数 《関数やベクトルなどを変数とする数値関数》. 〘(1631): ⇨ ↑, -al¹〙

fúnctional análysis *n.* 〘数学〙 関数解析(学) 《線形空間と作用素に関する数学理論》. 〘1948〙

fúnctional búrden [búrdening] *n.* 〘言語〙 =functional load.

fúnctional cálculus *n.* 〘論理〙 関数計算 《数学的論理学での量化理論 (quantification theory) または述語理論 (predicate logic) の部門の別名》. 〘1933〙

fúnctional chánge *n.* =function shift.

fúnctional detérminant *n.* 〘数学〙 関数行列式 《Jacobian, Jacobian determinant ともいう》.

fúnctional fóod *n.* 機能性食品 《食物繊維・鉄分などの健康増進作用[成分]を強化した一種の健康食品; 略 FF》.

fúnctional gròup *n.* 〘化学〙 官能基 《ある分子が他の分子と反応して原子価結合を生じる場合, そのような能力をもつ基 (radical), すなわち原子団をいう》. 〘*c*1939〙

fúnctional illíterate *n.* 機能的文盲者 《特定の職業や状況の必要性にこたえうるだけの読み書きの能力をもたない人》. 〘1947〙

fúnc·tion·al·ism /-ʃ(ə)nəlìzm/ *n.* **1** (家具の意匠・建築などの)機能主義. **2** 〘社会学〙 機能主義 (cf. structural-functional analysis). **3** 〘心理〙 機能主義(心理学). 〘(1914): ⇨ -ism〙

fúnc·tion·al·ist /-lɪ̀st | -lɪst/ *n.* 機能主義者. **—** *adj.* =functionalistic. 〘(1914): ⇨ -ist〙

func·tion·al·is·tic /fʌ̀ŋ(k)ʃ(ə)nəlístɪk⁻/ *adj.* 機能主義の; 機能主義の原理に従って作られた.

func·tion·al·i·ty /fʌ̀ŋ(k)ʃənǽləṭi | -lɪ̀ti/ *n.* 機能性; 相関関係, 相関性.

func·tion·al·ize /fʌ́ŋ(k)ʃ(ə)nəlàɪz/ *vt.* …を機能的なものにする; …をいくつかの機能に分ける. **func·tion·al·i·za·tion** /fʌ̀ŋ(k)ʃ(ə)nəlɪ̀zéɪʃən | -laɪ-, -lɪ-/ *n.*

fúnctional lóad *n.* 〘言語〙 機能負担量 《通例音素間の対立が発話を弁別するのに役立つ程度の量; 英語では [p] [b] の対立は機能負担量が大きく, [ʃ] [ʒ] の対立はそれが小さい》.

fúnc·tion·al·ly /-ʃ(ə)nəli/ *adv.* **1** 機能上; 機能的に, 実用本位に: be ～ useless 機能上は無用である. **2** 職能上, 職務上. **3** 〘数学〙 関数的に. 〘(1820): ⇨ -ly¹〙

fúnctional psychólogy *n.* 〘心理〙 =functionalism 3.

fúnctional representátion *n.* 〘政治〙 機能代表 《地域的に定められた選挙区からでなく, 職業・経済的地位に応じてあらかじめ定められた諸集団から代表を選出する; occupational representation ともいう》.

fúnctional réquisite *n.* 〘社会学〙 機能的要件 《社会や集団が統一体として存続したり, 秩序ある変動を行うために必要な前提条件》.

fúnctional shíft *n.* =function shift.

fúnctional yíeld *n.* 〘言語〙 =functional load.

fúnc·tion·àr·y /-ʃənèri | -ʃ(ə)nəri/ *n.* 職務担当者, 職員, 役員; (特に)役人, 公務員 (official): a public ～ 公務員 / great *functionaries* of the State 国家の大官連 / a petty ～ 小役人. **—** *adj.* 機能の, 機能的な, 職能上の (functional). 〘(1791) □ F *fonctionnaire*: ⇨ function, -ary〙

fúnc·tion·ate /fʌ́ŋ(k)ʃənèɪt/ *vi.* 機能を営む, 作用する, 働く; 職能を行う. 〘(1856): ⇨ -ate³〙

fúnction kèy *n.* 〘電算〙 ファンクションキー, 操作キー. 〘1964〙

fúnction·less *adj.* 機能[効能, 職能]のない. 〘(1836): ⇨ -less〙

fúnction shìft [chànge] *n.* **1** 〘文法〙 機能転換 《形態上の変更なしに他の品詞としてはたらくこと; conversion (品詞転換)ともいう》. **2** 〘言語〙 言語の音韻体系の再編を含む音変化. 〘1942〙

fúnction wòrd *n.* 〘文法〙 機能語 《冠詞・前置詞・接続詞・助動詞など; cf. class word, full word, content word》. 〘1940〙

func·tor /fʌ́ŋ(k)tə, -tɔə | -tə(r, -tɔː(r/ *n.* **1** 機能を果たす物, 作用する物, 作動物. **2** 〘数学・論理〙 **a** 関手 《圏から圏へのある種の写像》. **b** 関数定数 《記号論理において関数を表すのに用いる記号》. 〘(1935) ← NL ～ ← L *functus* (⇨ function) + -OR²〙

fund /fʌ́nd/ *n.* **1** 資金, 基金, 基本金; [通例 *pl.*] (手形・小切手振出しのための)銀行預金; 資本金 (capital): a reserve [relief] ～ 積立[救済]資金 / a scholarship ～ 奨学資金 / mission ～*s* 伝道基金 / ⇨ sinking fund / for lack of ～*s* 資金欠乏のため / no ～*s* 〘銀行〙 預金[資金]なし (no effects ⇨ effect 7). **2** (知識・才能などの)貯え, 蘊蓄(うんちく) (stock, store): a ～ of common sense, wit, knowledge, labor, tenderness, etc. **3** [*pl.*] 所持金, 財源: in [out of] ～*s* 金を持って[が切れて] / ～*s* in hand 手元金. **4** [the ～s] 《英》 公債, 国債 (government securities) 《public funds ともいう》: I have £50,000 in *the* ～*s*. 公債で5万ポンド持っている. **5** 基金の管理組織: ⇨ International Monetary Fund. **—** *vt.* **1** 〈一時借入金を〉長期公債に借り替える; (利子を支払うべき公債のために)…に資金を供給する. **2** 〈企画・研究などに〉資金を提供する; …の財源になる: His project is ～*ed* by grants. 彼の企画は助成金から資金の提供を受けている. **3** 《英》 〈資金を〉公債に投じる, 投資する. **4** 蓄積する, 積み立てる. 〘(1677) □ L *fundus* bottom, estate 《音位転換?》 ← **fudnos* ← IE **bhudh-* 'BOTTOM': FOND² と二重語〙

fun·da·ment /fʌ́ndəmənt/ *n.* **1** (理論・原理などの)基礎, 基盤; 基本原理. **2 a** 《戯言》 臀部(でんぶ), しり (buttocks). **b** 肛門 (anus). **3** 〘地理〙 原景観 《地形・気候・地質などのような地域の本来の自然的特徴》. 〘(14 C) □ L *fundāmentum* foundation (← *fundāre* 'to FOUND²': ⇨ -ment) ∽ (*c*1290) *fondement* □ (O)F〙

fun·da·men·tal /fʌ̀ndəméntḷ, -méntl | -tl⁻/ *adj.* **1** 根本[基本]的な, 基礎[根底]的な (basic) (*to*): the ～ rules of grammar [arithmetic] 文法[算術]の基本的規則 / ～ principles [conditions] 基本原則[条件] / ～ human rights 基本的人権 / a ～ change 根本的変化 / a ～ form 基本形, 基形 / the ～ theorem of algebra [arithmetic, calculus] 代数学[算数, 微積分学]の基本定理 / ⇨ fundamental law / No industry is more ～ *to* the American economy than steel. アメリカ経済にとって鉄鋼以上に基本的な産業はない. **2** 本源の, 根源的な (original, primary); 生得の, 根深い: ～ colors 原色 / ～ numbers 〘数学〙 基数 (1, 2, …, 9 をいう) / a person's ～ gaiety 生まれながら持っている陽気さ. **3** 重要な, 主要な (essential, vital): an institution's ～ purpose 施設の主要目的 **4** 〘音楽〙 和音の根音を最低音とする: ⇨ fundamental chord, fundamental note. **5** 〘物理〙 基礎の. **—** *n.* **1** [しばしば *pl.*] 基本, 根本, 基礎, 原理, 原則, 根本法則: the ～*s* of religion [mathematics] 宗教[数学]の原理. **2** 〘音楽〙 **a** (和声学上の)根音 (fundamental note). **b** (倍音列の)基音 (cf. overtone 1). **3** 〘物理〙 (複合波中の)最低振動数の波, 基本波. 〘(*c*1443) □ LL *fundāmentālis*: ⇨ ↑, -al¹〙

fundaméntal bàss *n.* 〘音楽〙 根音バス 《和音の根音のみで作られた低声部》. 〘1752〙

fúndamental chórd *n.* 〘音楽〙 根音[基本]位置の和音 《根音を最低音にもつ》. 〘1752〙

fúndamental fréquency *n.* 〘物理〙 基本振動数, 基調振動数.

fun·da·men·tal·ism /fʌ̀ndəméntəlìzm, -méntl- | -təl-, -tl-/ *n.* **1** [時に F-] 根本[基本]主義 《米国プロテスタント内に第一次大戦後起こった思想・運動で, 聖書の記事, 特に創造説・奇跡・処女受胎・キリストの復活等を文字通りに信じるのがキリスト教信仰の基本であると唱え, 進化説を全面的に排撃; cf. modernism 2》. **2** 原理主義; イスラム原理主義. 〘(1922): ⇨ -ism〙

fùn·da·mén·tal·ist /-lɪ̀st | -lɪst/ *n.* 根本[原理]主義者 《聖書の記事を文字通りに信じる; cf. fundamentalism》. **—** *adj.* =fundamentalistic. 〘(1922): ⇨ -ist〙

fun·da·men·tal·is·tic /fʌ̀ndəmèntḷístɪk | -tə-⁻/ *adj.* 根本主義(者)の.

fun·da·men·tal·i·ty /fʌ̀ndəmɛntǽləṭi | -lɪ̀ti/ *n.* 基本的であること, 基本性. 〘(1721–92): ⇨ -ity〙

fúndamental láw *n.* 〘法律〙 (国の)基本法; (特に)憲法 (constitution). 〘1641〙

fun·da·men·tal·ly /fʌ̀ndəméntəli, -tḷi | -təli, -tḷi/ *adv.* 基本[根本]的に. ★ 文修飾語として, 自分の発言を強調するために用いることが多い: *Fundamentally*, I agree with her. 基本的には彼女に賛成だ / She is ～ right. 彼女は基本的に正しい. 〘(*c*1449): ⇨ -ly¹〙

fúndamental mátrix *n.* 〘電気〙 基本行列, 縦続行列, 下行列 《四端子網の入出力関係を示す行列で, 開放電圧比・伝達インピーダンス・伝達アドミタンス・短絡電流比の 4 要素からなる; chain matrix ともいう》.

fúndamental nóte *n.* 〘音楽〙 根音 《ド－ミ－ソの和音におけるドのように三和音や七の和音などの基礎をなす音》. 〘1876〙

fúndamental párticle *n.* =elementary particle. 〘1947〙

fúndamental séquence *n.* 〘数学〙 基本列 《先へ行くに従って, 項の差の絶対値がどれだけでも小さくなる無限数列; Cauchy sequence ともいう》.

fúndamental stár *n.* 〘天文〙 基本星.

fúndamental tíssue *n.* 〘植物〙 基本組織 《植物体組織から表皮系と維管束系を除いた残りの組織で植物体の大部分を占める》. 〘1882〙

fúndamental tóne *n.* 〘音楽〙 =fundamental 2.

fúndamental únit *n.* 〘物理〙 (質量・長さ・時間などの)基本単位. 〘1875〙

fúnd·ed *adj.* **1** (借入金を)利付長期公債に切り替えた: ⇨ funded debt. **2** 《英》 公債に投資した. 〘(1776): ⇨ -ed〙

fúnded débt [liabílity] *n.* 〘会計〙 固定負債 (fixed liability); (特に)社債・長期借入金などの長期負債. 〘1820〙

fúnd·hòlder *n.* 《英》 公債投資者[所有者]. 〘1797〙

fundi¹ *n.* fundus の複数形.

fun·di² /fʌ́ndi/ *n.* 〘植物〙 熱帯アフリカ産スズメノヒエ属の草本 (*Digitaria exilis*) 《そのアワに似た穎果(えいか)を食用にする》. 〘(1858) □ ? Limba (アフリカ大陸西部の現地語) *fandi ha* grass〙

fun·di³ /fʊ́ndi/ *n.* 《アフリカ東部・南部》 熟練者, 専門家. 〘(1970) ← ?Bantu: cf. Ndebele *umfundi* disciple〙

fun·dic /fʌ́ndɪk/ *adj.* 〘解剖〙 基底[部]の; 眼底の. 〘← FUND(US) + -IC¹〙

fun·die /fʌ́ndi; G. fʊ́ndi/ *n.* (特に宗教上[環境保護運動]の)原理[根本]主義者, 熱狂的活動家[支持者], 過激派 《ドイツの緑の党に関してはしばしば Fundi を用いる; cf. Realo》.

fund·ing /fʌ́ndɪŋ/ *n.* 財源, 基金; 資金調達; 財政的援助. 〘(1776): ⇨ -ing¹〙

fúnding operàtions *n.* 〘財政〙 政府の浮動株や短期債務を長期債務に切り替えること.

fúnd mànager *n.* 資金運用担当者, ファンドマネージャー 《保険会社・投資信託会社・年金基金などで信託財産の運用を一任されている投資専門家》.

fúnd-ràiser *n.* 資金調達(担当)者; 資金集めのための催し 《パーティーなど》.

fund-rais·ing /fʌ́ndrèɪzɪŋ/ *n.* (政治・慈善団体の)資金集め, 資金調達, 募金, カンパ. **—** *adj.* 資金集めの, 資金調達の. 〘1940〙

fúnds flòw stàtement *n.* 〘会計〙 資金運用表 《資金, すなわち運転資本 (working capital) の源泉と運用とを示した表》.

fun·dus /fʌ́ndəs/ *n.* (*pl.* **fun·di** /-daɪ, -diː | -daɪ/) 〘解剖〙 **1** (胃や子宮など中空臓器の)底(部), 基底. **2** 眼底. 〘(1754–64) □ L ～: ⇨ fund〙

fun·du·scope /fʌ́ndəskòʊp | -skəʊp/ *n.* 〘眼科〙 眼底鏡.

fun·dus·co·py /fʌndʌ́skəpi/ *n.* 〘眼科〙 眼底検査(法). 〘← FUNDU(S) + -SCOPY〙

fun·dy /fʌ́ndi/ *n.* =fundie.

Fun·dy /fʌ́ndi/, **the Bay of** *n.* ファンディ湾 《カナダ南東部, New Brunswick と Nova Scotia の間にある大きな入江(長さ 150 km, 幅 50 km), 湾奥は潮差が極めて大きい場所として有名》.

Fúndy Nátional Párk *n.* ファンディ国立公園 《カナダ南東部 New Brunswick 州の Fundy 湾に臨む特別保護地区》.

fu·ne·bri·al /fjuːníːbriəl, -néb- | -brɪ-/ *adj.* 《まれ》 = funeral. 〘(1604) ← L *fūnebris* ← *fūnus* (↓) + -AL¹〙

Fü·nen /G. fýːnən/ *n.* フューネン(島) (Fyn のドイツ語名).

fu·ner·al /fjúːn(ə)rəl/ *n.* **1 a** 葬式, 葬儀; (儀式を伴った)埋葬, 火葬, 埋葬式 (obsequies): a state ～ 国葬 / an official ～ 公葬 《国家に著しい功績のあった人に対して国葬に準じて行われる》 / attend a ～ 会葬する. **b** 葬列. **c** 《米》 告別式 (funeral service). **d** 《廃》 死; 墓. **2** [one's ～ で] 《口語》 自分のなすべき事, (特に, いやな)仕事 (affair): It's not *my* ～. そんな事私の知ったことじゃない / That's *your* ～. それは君の問題だ(まずい結果になっても知らないよ) / none of *your* ～ 君の知ったことじゃない. **3** (あるものの)存在の終わり, 終焉(しゅうえん). **4** 《米方言》 弔いの説教. **—** *adj.* [限定的] **1** 葬式[葬送]の; 葬式用の; 埋葬[火葬]の[に用いる]: ～ honors＝a ～ ceremony＝～ rites 葬儀, 儀式 / a ～ oration (葬儀場での)追悼演説 / a ～ procession [train] 葬列 / a ～service 告別式 / a ～ urn 納骨つぼ / ⇨ funeral pile. **2** =funereal 2. 〘(*c*1385) □ OF *funeraille* (F *funérailles*) □ ML *fūnerālia* funeral rites (neut. pl.) ← *fūnerālis* (adj.) ← L *fūner-*, *fūnus* burial, funeral: ⇨ -al¹〙

fúneral achíevement *n.* 〘紋章〙 =hatchment.

fúneral chàpel *n.* 《米》 **1** 霊安室[所] 《funeral parlor にある一室で, しばしば会葬者が死者と対面するために用いられる》. **2** =funeral parlor.

fúneral dirèctor *n.* 葬儀屋 (undertaker). 〘1886〙

fúneral hòme *n.* 《米》 =funeral parlor. 〘1926〙

fu·ner·al·ize /fjúːn(ə)rəlàɪz/ *vt.* 《米方言》 …のために葬儀を催す. 〘(1654): ⇨ -ize〙

fúneral màrch *n.* 葬送行進曲.

fúneral pàrlor *n.* 葬儀店[屋] 《埋葬または火葬の前に遺体が安置され葬儀の行われる場所; funeral home ともいう》. 〘1927〙

fúneral píle *n.* 火葬用のまきの山. 〘*a*1771〙

fúneral pýre *n.* =funeral pile.

fu·ner·ar·y /fjúːnərèri | -n(ə)rəri/ *adj.* 葬式の, 埋葬の: a ～ urn 納骨つぼ. 〘(*a*1693) ← LL *fūnerārius* (← L *fūner-* 'FUNERAL') + -ARY〙

fu·ne·re·al /fjuːní°riəl | -níəri-/ *adj.* **1** 葬式の, 葬送の (funeral): ～ garments 喪服. **2** 葬式のような, しめやかな, 悲しい, 痛ましい (mournful); 陰鬱(いんうつ)な: a ～ expression [silence] 陰鬱な顔つき[沈黙]. 〘(1725) ← L *fūnereus* (← *fūner-* (↑)) + -AL¹〙

fu·né·re·al·ly /-riəli/ *adv.* 葬式のように, 悲しみに打ち沈んで, しめやかに. 〘(1860): ⇨ ↑, -ly¹〙

fu·nest /fjuːnést/ *adj.* 《古》 災害や死をもたらす, 不吉な, 致命的な, 悲惨な. 〘(1654) □ F *funeste* □ L *fūnestus* ← *fūnus* 'FUNERAL'〙

fún·fàir *n.* 《英》 移動娯楽場, 巡回見世物 (《米》 carnival); 遊園地. 〘1925〙

fún·fèst /-fɛst/ *n.* 懇親会, 余興会, 楽しみ会. 〘1918〙

fún fùr *n.* **1** 比較的安いまたは合成の毛皮. **2** 合成の毛皮製の衣服.

fun·gal /fʌ́ŋgəl, -gḷ/ *adj.* =fungous. **—** *n.* =fungus. 〘1835〙

fun·gate /fʌ́ŋgeɪt/ *vi.* **1** 菌状に育つ. **2** 菌のように急速に成長する. 〘(1847–49) ← FUNGUS + -ATE³〙

fung-hwang /fʌ̀ŋ(h)wɑ́ːŋ/ *n.* =fêng huang.

fungi *n.* fungus の複数形.

Fun·gi /fʌ́ŋgaɪ, -giː, fʌ́ndʒiː, -dʒaɪ/ *n. pl.* 〘植物〙 菌類, 菌類界 《広義ではバクテリヤ類 (Schizomycetes) をも含むが, 狭義では粘菌・カビ類・酵母菌類・キノコ類など真菌類 (true fungi) をいう》. 〘□ L ～ (pl.) ← *fungus* 'FUNGUS'〙

fun·gi- 「菌」の意の連結形: *fungi*form. ★ 母音の前では通例 fung- になる. 〘← FUNGUS〙

fun·gi·ble /fʌ́ndʒəbḷ | -dʒə-, -dʒɪ-/ 〘法律〙 *adj.* 代替性のある, (他の物で)代用できる: ～ things [goods] 代替可能物. **—** *n.* [通例 *pl.*] 代替物 《金銭・穀物など》. **fùn·gi·bíl·i·ty** /-dʒəbíləṭi | -dʒɪ̀bílɪ̀ti/ *n.* 〘(*a*1765) □ ML *fungibilis* ← L *fungī* to perform〙

fun·gi·cid·al /fʌ̀ndʒəsáɪdḷ, fʌ̀ŋgə- | fʌ̀ndʒɪsáɪdḷ,

fʌ̀ŋgɪ-ˊ/ *adj.* 殺菌の; 殺菌剤の. **～·ly** *adv.* 〖(1905): ⇨ ↓, -al¹〗

fun·gi·cide /fʌ́ndʒəsàɪd, fʌ́ŋgə- | -dʒɪ-, -gɪ-/ *n.* 殺菌剤. 〖(1889) ← FUNGUS＋-CIDE〗

fun·gi·form /fʌ́ndʒəfɔ̀əm, fʌ́ŋgə- | fʌ́ŋgɪ̀fɔ̀:m, fʌ́n-dʒɪ̀-/ *adj.* きのこ状の. 〖(1823) ← FUNGI-＋-FORM〗

fun·gi·stat /fʌ́ndʒəstæ̀t, fʌ́ŋgə- | fʌ́ndʒɪ-, fʌ́ŋgɪ-/ *n.* 制菌剤. 〖← FUNGI-＋STAT〗

fun·gi·stat·ic /fʌ̀ndʒəstǽtɪk, fʌ̀ŋgə- | fʌ̀ŋgɪstǽt-, fʌ̀ndʒɪ-ˊ/ *adj.* (糸状菌・皮膚寄生菌のような)真菌類の増殖を抑制する, 静真菌性の. 〖(1922) ← FUNGI-＋STATIC〗

fun·giv·o·rous /fʌndʒívərəs, fʌŋgív- | fʌŋgív-, fʌndʒív-ˊ/ *adj.* 〈ある種の昆虫など〉菌類を食とする. 〖(1826) ← FUNGI-＋-VOROUS〗

fun·go /fʌ́ŋgoʊ | -gəʊ/ *n.* (*pl.* ～es) 〘野球〙 **1** 練習で外野へ飛ばすフライ. **2** ノックバット, 練習用バット《試合用のものより細長い》. 〖(*c*1867) ← ?〗

fúngo bàt *n.* 〘野球〙 ＝fungo 2. 〖1926〗

fun·goid /fʌ́ŋgɔɪd/ *adj.* **1 a** 菌類似の; 菌性の. **b** (菌のように)急速に成長する. **2** 《英》 ＝fungous 1. **3** 〘病理〙 ポリープ[茸(きのこ)]状の. ── *n.* ＝fungus. 〖(1836) ← FUNGUS＋-OID〗

fun·gol·o·gy /fʌŋgɑ́(:)lədʒi | -gɔ́l-/ *n.* 菌類学 (mycology). 〖(1860) ← FUNGI-＋-O-＋-LOGY〗

fun·gos·i·ty /fʌŋgɑ́(:)səti | -gɔ́sɪ̀ti/ *n.* **1** 菌状, 菌性. **2** 〘病理〙 ポリープ. 〖(1720) ← L *fungōs-* (↓)＋-ITY〗

fun·gous /fʌ́ŋgəs/ *adj.* **1** 真菌の, 真菌による. **2** 菌のような, 菌性の, 菌質の. **3** (菌のように)突然生じる, 一時的な, 永続きしない. **4** 〘病理〙 ポリープ状の. 〖(*c*1420) □ L *fungōsus* spongy: ↓, -ous〗

fun·gus /fʌ́ŋgəs/ *n.* (*pl.* **fun·gi** /fʌ́ŋgaɪ, -gi:, fʌ́ndʒi:, -dʒaɪ/, ～·es) **1** 真菌類, 菌類《カビ・酵母菌・キノコなど; cf. Fungi》. **2** (菌のように)にわかに生じるもの, 一時的現象. **3** 《俗》 あごひげ (beard). **4 a** 〘病理〙 ポリープ; 菌状腫. **b** (魚の)皮膚病. **c** 《俗に》(手にできる)水むし (cf. athlete's foot). ── *adj.* ＝fungous. **～·lìke** *adj.* 〖(1527) □ L ～ 'mushroom' □ ? Gk *sp(h)óngos* 'SPONGE'〗

fúngus gnàt *n.* 〘昆虫〙 キノコバエ《キノコバエ科のハエの総称; 幼虫は菌類を食用とする》. 〖1884〗

fún·hòuse *n.* 《米》 **1** (遊園地などの)びっくり館[ハウス]. **2** ゲームコーナー (《英》 amusement arcade). 〖1948〗

fu·ni·cle /fjú:nɪkl̩, -kḷ | -nɪ-/ *n.* 〘植物〙 ＝funiculus 2. 〖(1664) □ L *fūniculus* (dim.) ← *fūnis* rope〗

fu·nic·u·lar /fju:níkjʊlə, fjʊ-, fə- | -lə(r)/ *adj.* **1** 細索の; 索条[ロープ]の緊張力によって動かされる, つり重り作用の: a ～ railway 鋼索鉄道. **2** 〘解剖〙 索状の. **3** 〘植物〙 珠柄(しゅへい)の. ── *n.* 〘鉄道〙 鋼索鉄道, ケーブルカー (cable railway). 〖(1664) ← L *fūniculus* (↑)＋-AR¹〗

funícular pólygon *n.* **1** 〘機械〙 糸多角形. **2** 〘力学〙 連力図. 〖1837〗

fu·nic·u·late /fju:níkjʊlɪ̀t, fjʊ-, fə-, -lèɪt/ *adj.* 〘植物〙 珠柄 (funiculus) のある. 〖(1826) ↓＋-ATE²〗

fu·nic·u·lus /fju:níkjʊləs, fjʊ-, fə-/ *n.* (*pl.* **-u·li** /-lài, -lì: | -lài/) **1** 〘解剖〙 帯, 索, 束《臍帯・神経線維束・精索など》. **2** 〘植物〙 珠柄《胚珠(はいしゅ)が子房に付着する柄》. **3** 〘昆虫〙 触角鞭状部《触角の第 2 節から先の部分》. **4** 〘動物〙 胃緒(いちょ)《コケムシ類の胃の外壁と体壁を連絡する組織》. 〖(1826) □ L *fūniculus* 'FUNICLE'〗

funk¹ /fʌ́ŋk/ *n.* 〘ジャズ〙 ファンク《1950 年代に流行したブルース調をおびたモダンジャズの一種; funk music ともいう》. 〖(1959) 《逆成》 ← FUNKY²〗

funk² /fʌ́ŋk/ *n.* 《口語》 **1** おじけ, 臆病; 恐慌 (panic): in a ～ of …におじけ立って, が怖くて / be *in* a ～ おじけがついている, 震え上がっている / put *in* a ～ びっくりさせる / ⇨ BLUE funk. **2** おじけづく人, 臆病者. **3** 落胆, 悄然. ── *vt.* **1** 怖がる, …におじける, 震え上がる (fear): ～ a scolding [whipping, pain] しかられる[むち打たれる, 痛い目に遭う]のを怖がる. **2** …にひるむ, しり込みする: ～ a difficulty 困難にしり込みする. **3** 怖がらせる, おどかす. ── *vi.* おじけがつく, (おじけて)たじろぐ, ひるむ: ～ at the edge of a precipice がけのふちで怖がる / ～ out of a fight けんかが怖くなって逃げ出す. 〖(*c*1739) □ ? Flem. *fonck* a blow ← ?: もと隠語・俗語〗

funk³ /fʌ́ŋk/ 《米俗》 *n.* 悪臭. ── *vt.* …に煙を吹きかける; 〈パイプ・たばこを〉ふかす. ── *vi.* 煙る, 悪臭を出す. 〖(1623) □ ? OF *funkier* to emit smoke ＜ ? VL **fumicāre*＝LL *fumigāre* ← L *fūmus* smoke〗

Funk /fʌ́ŋk; *Pol.* fúŋk/, **Casimir** /kǽzɪ̀mìə | -zɪ-/ *n.* フンク (1884–1967; ポーランド生まれの米国の生化学者; ビタミンの命名者).

Funk /fʌ́ŋk/, **Isaac Kauff·man** /kɔ́:fmən, kɑ́:f- | kɔ́:f-/ *n.* ファンク (1839–1912; 米国のルター派の牧師・出版業者・辞書編集者).

funked /fʌ́ŋ(k)t/ *adj.* 《米南部方言》 〈タバコの葉が〉腐った, かびの生えた (moldy). 〖← ? 《廃》 *funk* stink (← FUNK³)＋-ED 2〗

fúnk hòle *n.* 《英俗》 **1** 塹壕(ざんごう), 待避穴 (trench, dugout). **2** 臆病者の逃げ穴, 安全な避難場所《兵役を免れる口実となる職務など》. 〖(1900) ← FUNK²〗

funk·i·a /fʌ́ŋkiə, fúŋ-/ *n.* 〘植物〙 ＝hosta. 〖(1839) ← *H. C. Funck* (1771–1839: ドイツの植物学者): ⇨ -ia¹〗

fúnk mòney *n.* 《英俗》 ＝hot money. 〖⇨ funk²〗

fúnk mùsic *n.* 〘ジャズ〙 ＝funk¹.

funk·ster /fʌ́ŋkstə | -stə(r)/ *n.* 《米俗》 ファンクスター: **1** ファンク (funk) をやるミュージシャン. **2** ファンクのファン.

funk·y¹ /fʌ́ŋki/ *adj.* (**funk·i·er; -i·est**) **1** 〘ジャズ〙 ファンキーな《初期のブルース調をおびて泥くさい》: ～ music. **2 a** 現代風の, いかす. **b** 風変わりな, とっぴな. **c** 古くさい. **3** 《米俗》 悪臭のする; 〈においなど〉悪い (foul). **4** 俗っぽい魅力のある. **5** 感情的な (emotional). **6** 《俗》 くだけた (informal). **fúnk·i·ness** *n.* 〖(1784) 《黒人隠語》 ← 《廃》 *funk* (cf. funked)＋-Y⁴〗

funk·y² /fʌ́ŋki/ *adj.* (**funk·i·er; -i·est**) 《口語》 おじけづいた, びくびくしている (frightened); 臆病な (cowardly). **fúnk·i·ness** *n.* 〖(1845) ← FUNK²＋-Y¹〗

fun·nel /fʌ́nl̩/ *n.* **1** 漏斗, じょうご. **2** (機関車・汽船などの)煙突, 煙筒; (漏斗状の)通風筒, 採光孔. **3** じょうご状のもの; 〘解剖・動物〙 漏斗(状器官) (infundibulum): a ～ breast [chest] 〘病理〙 漏斗胸. ── *vt.* (**fun·neled, -nelled; -nel·ing, -nel·ling**) **1** じょうご[狭い通路]に通す. **2** 〈情報などを〉(…に)流す; 送りこむ 〔*to*〕. **3** 〈精力などを〉(…に)集中する, 注ぐ (focus) 〔*into*〕: ～ all one's energies *into* research projects 全精力を研究計画に集中する. **4** じょうご形にする: ～ one's hands. ── *vi.* **1** じょうご[狭い通路]を通る. **2** じょうご形になる. **～·lìke** *adj.* 〖(1402–03) *fonel(le)* □ OProv. *fonilh* ＜ L *(in)fundibulum* instrument for pouring into ← *(in)fundere* to pour: ⇨ found³〗

fúnnel càke *n.* 〘料理〙 ファネルケーキ《生地をじょうごなどで渦巻形に流して焼いたり揚げたりしたケーキ》.

fúnnel càp *n.* 〘植物〙 シメジ科カヤタケ属 (*Clitocybe*) の担子菌類《じょうご形のかさに特徴がある》.

fúnnel clòud *n.* 〘気象〙 ＝tuba 4. 〖*c*1909〗

fún·neled *adj.* **1** 漏斗のある[を備えた]; 漏斗状の. **2** [複合語の第 2 構成素として] (…本の)煙突を備えた: a two-*funneled* steamer 2 本煙突の汽船. 〖(1793): ⇨ -ed〗

fúnnel·fòrm *adj.* 〘植物〙 漏斗状の. 〖1828〗

fúnnel tùbe *n.* 漏斗管《脚の長い漏斗》. 〖1853〗

fúnnel-wèb *n.* 《豪》 〘動物〙 ジョウゴグモ《じょうご形の巣を張るジョウゴグモ科 (*Dipluridae*) の大形毒ぐも; funnel-web spider ともいう》. 〖1895〗

fún·ni·ly /-nəli, -nḷi | -nɪ̀li, -nḷi/ *adv.* 面白おかしく, こっけいに; 奇妙に: ～ enough 妙なことには. 〖(1814) ← FUNNY¹＋-LY¹〗

fun·ni·ment /fʌ́nimənt/ *n.* 冗談, おどけ (jest, joke). 〖(1845) ← FUNNY¹＋(MERRI)MENT〗

fún·ni·ness *n.* おかしさ, こっけい, 珍妙, 奇妙. 〖(1857) ← FUNNY¹＋-NESS〗

fun·ni·os·i·ty /fʌ̀niɑ́(:)səti | -ɔ́sɪ̀ti/ *n.* 《戯言》 こっけい(さ); こっけいな事[物]. 〖(1890) ← FUNNY¹＋-OSITY〗

fun·ny¹ /fʌ́ni/ *adj.* (**fun·ni·er; -ni·est**) **1** 変わっていて笑いを誘う, おかしい, 面白い, こっけいな (laughable); 笑わせようとする, ひょうきんな, おどけた (facetious): a ～ joke, fellow, etc. / ⇨ funny business 2. **2** 《口語》 不思議な, 変な, 妙な (queer, odd): It is ～ that …は変だ[おかしい] / There's something ～ about it [him]. それ[彼]には何かおかしいところがある / a ～ thing 妙な[わけのわからない]事 / a ～ way to behave 奇怪なふるまい. **3** [叙述的] 《口語》 **a** 気分の悪い, 体の具合が悪い (ill): He felt ～. 気分[体の具合]が変だった / I've gone all ～. どうも具合がよくない. **b** 酔った (intoxicated). **c** 少々気のふれた, 狂った: She is a bit ～ in the head. 頭が少々おかしい. **4** 《口語》 人をだます, あやしい, 不正の (deceptive): ⇨ funny business 1 / Don't try anything ～ (*with* me). (私に)おかしな[あやしい]ことをしようとするな. **5** 《口語》 非協力的な (uncooperative). **6** [限定的] 《米》 (新聞の)漫画の: a ～ column 漫画欄 / ⇨ funny paper.
gèt fúnny with 《米口語》 〈人〉に対してずうずうしい, 厚かましい: He's *got* ～ *with* me. 変に慣れ慣れしくしてきた.
gò fúnny 調子がおかしくなる; 《英》 頭がおかしくなる.
Véry fúnny! 笑いごとじゃないよ.
── *adv.* 《米口語》 おかしく, 面白く, 奇妙に: act ～ / ～ enough おかしな[奇妙な]ことに(は).
── *n.* **1** [通例 *pl.*] (通例 4 こまの)続き漫画 (comic strip); (新聞・雑誌の)漫画欄 (funny paper). **2** 面白い言葉, 冗談: make a ～ 冗談を言う.
〖(1756) ← FUN＋-Y⁴〗

SYN 面白い: **funny** 笑いを催させるような《一般的な語》: a *funny* story こっけいな話. **laughable** 〈事柄が〉愚かで嘲笑を誘うような: a *laughable* attempt 笑うべき企て. **amusing** 愉快で楽しませる: The sight was highly *amusing* to me. その光景はとても面白かった. **interesting** 興味をそそるような: an *interesting* book 興味深い本. **droll** 奇妙さ・こじつけ・ひょうきんさなどで人を面白がらせる: A jester is a *droll* person. 道化師はひょうきん者だ. **comic** 喜劇の要素を含んでいて, 感慨深い笑いを催させる; 人を笑わせる意図を持った: Everything has its *comic* side. すべての物にはこっけいな面がある / a *comic* book [opera] 漫画本[コミックオペラ] (a *comical* book [opera] とは言わない). **comical** 奇妙で抑制のない笑いを催させる: a *comical* face ひょうきんな顔. **humorous** ユーモア・こっけい味があって面白い: a *humorous* remark 面白い発言.
ANT serious, grave, solemn.

fun·ny² /fʌ́ni/ *n.* (一人漕ぎの細長いスポーツ用の)小ボート. 〖(1799): ↑〗

fúnny bòne *n.* **1** (ひじ先の)尺骨の端, うずく骨《尺骨神経が通っていて打撃に鋭敏; crazy bone ともいう》. **2** ユーモアを解する心: tickle one's ～ 本当に面白いと思わせる. 〖1840〗

fúnny bòok *n.* 漫画本. 〖1947〗

fúnny bùsiness *n.* 《口語》 **1** いんちき, 不正行為. **2** おかしな行為, おどけ, ふざけ.

fúnny càr *n.* 〘自動車〙 量産車に似た一枚板でできた車体をもつドラッグレース専用車. 〖1969〗

fúnny fáce *n.* 《口語・戯言》 [呼び掛けとして] おい, ねえ(君). 〖1927〗

fúnny fàrm *n.* 《俗》 精神病院. 〖1963〗

fúnny-hà-há *adj.* 《口語》 おかしい, 面白い, こっけいな. ★ funny の別の意味「妙な」と区別するために用いる (cf. funny-peculiar).

fúnny·màn /-mæ̀n/ *n.* (*pl.* **-men** /-mɛ̀n/) 《米口語》 ひょうきん者; (特に)喜劇役者, 道化師 (comedian). 〖1852〗

fúnny mòney *n.* 《米口語》 **1** 偽金; おもちゃの金. **2** 出所の怪しい金. **3** 不安定な金. **4** 不健全ないかがわしい事業に使われる金. 〖1943〗

fúnny pàper *n.* (新聞の)漫画欄; こっけいな記事を載せる新聞(など). 〖1874〗

fúnny-pecúliar *adj.* 《口語》 不思議な, 変な, 妙な (cf. funny-ha-ha). 〖1938〗

fún rùn *n.* (記録よりもレクリエーションや善意の基金集めを目的とする)市民マラソン. 〖1976〗

fun·some /fʌ́nsəm/ *adj.* 面白い, 面白がらせる. 〖(1983): ⇨ -some¹〗

fun·ster /fʌ́nstə | -stə(r)/ *n.* (人を笑わせる)喜劇役者, 道化師, こっけいな人. 〖(1788) ← FUN＋(PUN)STER〗

fur /fɚ́: | fɔ́:(r)/ *n.* **1** 柔毛, (特に上にかぶさる粗毛と区別して)下毛. **2** 毛皮《クロテン・ミンク・アストラカンなど柔毛で覆われた獣皮で貴重な服飾品; ⇨ skin SYN》. **3** [集合的] 柔毛をもった獣 (cf. feather 3 a): hunt ～ 毛皮獣(ウサギなど)を狩る / ～ and feather 鳥獣類. **4** [*pl.*] 柔毛のある獣皮 (peltry). **5 a** 毛皮製品; 人造毛皮製品. **b** 毛皮の衣服. **c** [通例 *pl.*] 毛皮のえり巻(など). **d** (毛皮の)裏打ち, 飾り. **6** 柔毛状の被覆物[付着物]: **a** 舌苔(ぜったい). **b** (湯沸かし・鉄びんなどに生じる)水あか, 湯あか. **c** (ワインの表面に生じる)薄皮. **d** (のこぎりで切ったあとの)木のざらざらした表面. **7** [*pl.*] 〘紋章〙 毛皮模様《ermine, vair, potent などの総称》.
màke the fúr flỳ ⇨ fly¹ 成句. ***stróke the*** [*a person's*] ***fúr the wróng wáy*** 人を怒らせる人, 人の神経を逆なでする. ***The fúr begins*** [***stárts***] ***to flý.*** 大騒ぎが始まる.
── *adj.* 毛皮の, 毛皮製の: a ～ comforter [shawl] 毛皮製えり巻[ショール] / ～ lining (着物の)毛皮の裏地.
── *v.* (**furred; fur·ring**) ── *vt.* **1 a** …に毛皮を付ける, 毛皮で覆う, 〈衣服〉に毛皮の裏地[へり飾り]を付ける. **b** [通例 p.p. 形で] 〈人〉に毛皮を着せる: The ladies were all ～*red*. その女性たちはみんな毛皮のコートを着ていた. **2 a** 《英》 付着物が血管をふさいで血流の流れを悪くする. **b** 〈舌〉に舌苔(ぜったい)を生じさせる; 〈湯沸かしなど〉に湯あかを生じさせる: Hard water ～*s* a kettle. 硬水では湯沸かしに湯あかが付く / The tongue becomes ～*red* in influenza. 流行性感冒では舌に苔ができる. **c** 〈ほこりなどが〉…に積もる, 覆う: The box was ～*red* by a thick layer of dust. その箱にはほこりが厚く積もっていた. **3** 〘建築〙 〈床材・たるきなど〉に当て木[添え木] (furring) をする 〈*down, out, up*〉.
── *vi.* **1** 《英》 血管がふさがって血液の流れが悪くなる; 舌苔が生じる; (やかんなどに)湯あかがつく. **2** 毛皮を生じる.
〖(1301) *furre* 《原義》 covering, lining ← (?*a*1300) *furre(n)* □ OF *furrer* (F *fourrer*) to line with fur ← *forre, fuerre* scabbed □ Gmc **fōðram* (G *Futter* sheath) ← IE **pā-* to feed〗

Fur /fúə, fɚ́: | fúə(r), fɔ́:(r)/ *n.* (*pl.* ～) **1** フル族《スーダン南西部の山岳砂漠地方に住むイスラム教民族》. **2** フル語 《Nilo-Saharan 語族に属する》.

fur. 《略》 furlong(s); furlough; furnish; furnished; further.

fur- /fjʊ᷊ər | fjʊər/ (母音の前にくるときの) furo- の異形.

fur·al·de·hyde /fjʊrǽldəhàɪd | -dɪ̀-/ *n.* 〘化学〙 ＝furfural. 〖(1916) 《縮約》 ← FURFURALDEHYDE〗

fu·ran /fjʊ́ᵊræn, fjʊrǽn | fjʊ́əræn, fjɔ́:ræn/ *n.* 〘化学〙 フラン (C_4H_4O) (furfuran) 《酸素原子を環に含む 5 員環の化合物で, 無色の液体》. 〖(1894) ← FURO-＋-AN²〗

fu·ra·noid /fjʊ́ᵊrənɔ̀ɪd | fjʊ́ər-/ *adj.* 〘化学〙 フラン (furan) に似た, フラン環を有する: ～ sugar＝furanose. 〖⇨ ↑, -oid〗

fu·ra·nose /fjʊ́ᵊrənòʊs, -nòʊz | fjʊ́ərənəʊs/ *n.* 〘化学〙 フラノース (furanoid sugar) 《構造式中にフラン環を有する糖》. 〖(1927) ← FURAN＋-OSE²〗

fu·ran·o·side /fjʊrǽnəsàɪd/ *n.* 〘化学〙 フラノシド《フラノース構造をしているグリコシド》. 〖(1932): ⇨ ↑, -ide²〗

fúran résin *n.* 〘化学〙 フラン樹脂《フラン誘導体から作る樹脂》. 〖1935〗

fúran ríng *n.* 〘化学〙 フラン環. 〖1930〗

fu·ra·zol·i·done /fjʊ̀ᵊrəzɑ́(:)lədòʊn | fjʊ̀ərəzɔ́lɪ-dəʊn/ *n.* 〘化学〙 フラゾリドン ($C_8H_7N_3O_5$) 《寄生虫感染症に用いる薬品》. 〖(1955) ← FUR(FURAL)＋AZOL(E)＋-ID(E)²＋-ONE〗

fúr·bàll *n.* ＝hair ball.

fúr·bèarer *n.* (商業的価値のある)毛皮を持つ動物. 〖1875〗

fur·be·low /fɚ́:bəlòʊ | fɔ́:bɪ̀ləʊ/ *n.* **1** (婦人服などの)ひだ飾り《ラッフル (ruffles) やフラウンス (flounce) の飾り》. **2** [通例 *pl.*] けばけばしい装飾, 粉飾: flounces and ～*s* 華飾. ── *vt.* …にひだ飾りをつける; ごてごて飾り立てる. 〖(*c*1680) 《転訛》 ← FALBALA〗

fur·bish /fɚ́:bɪʃ | fɔ́:-/ *vt.* **1** みがく, 研(と)ぐ, …にみがきをかける, つや出しする (polish); みがき上げる 〈*up*〉: ～ *up* old furniture [a room] 古い家具[部屋]をみがき上げる / ～ a sword [an armor] 剣を研ぐ[よろいをみがく]. **2** 〈知識など〉にみがきをかける, 〈町など〉の面目を一新する, 更生させる (renovate) 〈*up*〉: ～ *up* one's Latin (忘れかけている)ラテン語にみがきをかける. **～·er** *n.* 〖(*c*1384) *furbishe(n)* □ OF *fo(u)rbiss-* (stem) ← *fo(u)rbir* to clean □ Gmc

(Frank.) *furbjan (OHG furben) ← IE *prep- to appear: ⇨ -ish²〛

Fúr·bish lóusewort /fə́ːbɪʃ- | fə́ː-/ n.〘植物〙シオガマギクの一種 (⇨ lousewort). 〘1976〙

fúr brigàde n.〘カナダ〙毛皮輸送隊《昔, カヌー・馬・犬ぞりなどで毛皮その他を輸送した》.

Fur·by /fə́ːbi | fə́ː-/ n.〘商標〙ファービー《米国 Hasbro 社製の言語学習機能を持つおしゃべり人形; 外見はふくろうに似ていて, おしゃべり以外にも歌ったり, いびきをかいたりする》.

fur·ca /fə́ːkə | fə́ː-/ n. (pl. **fur·cae** /-siː, -kiː/)〘動物〙叉状器, 叉状突起, 叉器.

fur·cate /fə́ːkeɪt, -kɪ̀t | fə́ː-/ adj. (also **furcated** /~ɪd/) フォーク状の, 分岐している (forked): a ~ tail 二またに分かれた尾. ― /fə́ːkeɪt | fə́ːkeɪt, -ˈ-/ vi. 叉(さ)をなす, フォーク状に分かれる, 分岐する. **~·ly** adv. 〘(1819) □ ML furcātus (of a hoof) cloven ← L furca pitchfork, forked stake: ⇨ FORK, -ATE²〛

fur·ca·tion /fəːkéɪʃən | fəː-/ n. フォーク状に分かれること, 分岐. 〘(1646) □ ML furcātiō(n-): ⇨ ↑, -ation〛

fur·cu·la /fə́ːkjulə | fə́ː-/ n. (pl. **-cu·lae** /-làɪ, -lìː | -lìː/) **1**〘鳥類〙(鳥の)叉骨(さこつ), 暢思骨(ちょうしこつ) (wishbone). **2**〘昆虫〙跳躍器, 叉状器《トビムシ類の跳躍に用いられる先端が二またに分かれた器官》. **fúr·cu·lar** /-lə | -lə(r)/ adj. 〘(1859) □ L ~ (dim.) ← furca 'FORK'〛

fur·cu·lum /fə́ːkjuləm | fə́ː-/ n. (pl. **-cu·la** /-lə/) = furcula 1. 〘(1833) ← NL ~ (dim.) ← L furca (↑): cf. furcula〛

fúr fàrm n. 毛皮動物飼育場. 〘1914〙

fúr fàrming n. 毛皮動物の飼育. 〘1911〙

fur·fur /fə́ːfə | fə́ːfə(r)/ n. (pl. **fur·fu·res** /-fjurìːz/) **1** 表皮剝落, ふけ (scurf, dandruff). **2** [pl.] ふけの粉, ふけ状のもの. 〘(1621) □ L ~〛

fur·fu·ra·ceous /fəːfjuréɪʃəs | fəː-ˈ-/ adj. **1** ぬかの, ぬか状の (branlike). **2** ふけの多い (scurfy). **3**〘植物〙もみがら状の鱗片(りんぺん)[粉]で覆われた (scaly). **~·ly** adv. 〘(1650) □ LL furfurāceus: ⇨ ↑, -aceous〛

fur·fu·ral /fə́ːfjuræ̀l | fə́ː-/ n.〘化学〙フルフラール (C_4H_3OCHO)《アルデヒド基を有する芳香性油状液体で合成樹脂の製造に用いる; pyromucic aldehyde ともいう》. 〘(1879)《略》↓〛

fur·fur·al·de·hyde /fəːfjurǽldəhàɪd | fəːfjurǽldɪ̀-/ n.〘化学〙= furfural. 〘(1879) ← FURFUR + ALDEHYDE〛

fur·fur·an /fə́ːfjuræ̀n | fə́ː-/ n.〘化学〙= furan. 〘(1877) ← FURFUR + -AN²〛

furfures n. furfur の複数形.

fur·fu·ryl /fə́ːfjurɪl | fə́ːfjurɪl/ n.〘化学〙フルフリル ($(C_4H_3O)CH_2$)《フルフリルアルコールから誘導される 1 価の基》. 〘(1873) ← FURFUR + -YL〛

fúrfuryl álcohol n.〘化学〙フルフリルアルコール ($(C_4H_3O)CH_2OH$)《フルフラール (furfural) の還元によって得られる無色透明の液体; 空気中で薄黄色から黒色に変わる》. 〘1873〙

fu·ri·bund /fjúᵊrəbʌ̀nd, -bənd | fjúərɪ-, fjɔ́ːr-/ adj. 荒れ狂う, 狂暴な. 〘(1490) □ L furibundus ← furere to rage: ⇨ fury〛

Fu·ries /fjúᵊriz | fjúər-/ n. pl. [the ~]〘ギリシャ・ローマ神話〙⇨ fury 3 a. 〘□ L Furiae (pl.) ← Furia: furia 'FURY' の擬人化〛

fu·ri·o·so /fjùᵊrióusou, fjɔ̀ːri-, -zou | fjùəriə́uzəu, fjɔ̀ːr-, -səu; It. furjóːzo/ adv.〘音楽〙荒れ狂うように. ― n. 狂暴な人; 狂人. 〘(a1670) □ It. ~ < L furiōsum (↓)〛

fu·ri·ous /fjúᵊriəs, fjɔ́ːr- | fjúər-, fjɔ́ːr-/ adj. **1** 猛烈に怒った, たけり狂う, 狂暴な (fierce): a ~ struggle [quarrel] 猛烈な闘争[口論] / ~ hate [anger] 猛烈な憎悪[激怒] / be [get] ~ with [《米》at] a person [at what a person has done] 人[人のやったこと]に対して猛烈に怒る / He was simply ~. 彼はひどくぷりぷりしていた. **2** 〈風・嵐など〉荒れ狂う, すさまじい, 猛烈な (raging): a ~ sea 荒れ狂う海 / a ~ storm すさまじい暴風. **3** 〈歓楽など〉騒々しい; 活動的な, 精力的な. **4** 〈速力・活動など〉猛烈な, 激しい; 過度な, 突飛な: ~ activity 猛烈な活動 / at a ~ pace 大速力で / gain ~ sums 巨額の金をもうける. 〘(c1375) □ OF furieus (F furieux) // L furiōsus full of fury: ⇨ fury, -ous〛

fú·ri·ous·ly adv. **1** 荒れ狂って, 狂暴に; 猛烈な勢いで; すさまじく. **2** 活動[精力]的に. **3** 激しく, ひどく (extremely): a ~ colorful future study 多彩極まる未来学. ***give a person furiously to think*** ⇨ give 成句. 〘(a1420): ⇨ ↑, -ly¹〛

fú·ri·ous·ness n.《古》狂暴; 猛威, 猛烈, 凄まじさ. 〘(c1500): ⇨ -ness〛

furl /fə́ːl | fə́ːl/ vt. **1** 〈旗・帆などを〉巻く, 巻き収める; 〈扇子を〉とじる; 〈翼・傘などを〉収める, たたむ (fold, roll up) (cf. unfurl 1); 〈カーテンを〉引き寄せて絞る: ~ a flag, fan, etc. **2** 〈望みを〉捨てる. ― vi. 巻き上がる, たたまる 〈up〉. ***fúrl in a bódy***〘海事〙横帆を中央集中型に巻き上げる. ***fúrl in the búnt***〘海事〙横帆を均等に上げてたたむ. ― n. (帆・旗などを)巻くこと, 巻上げ, 巻収め方; 巻収めたもの《帆・旗など》. **~·a·ble** /-ləbl/ adj. **~·er** /-lə | -lə(r)/ n. 〘(1556) □ (O)F ferler, fermlier ← ferm 'FIRM²' + lier to bind〛

furl.《略》furlough.

fur·less adj. 柔毛のない: a ~ animal. 〘(1855): ⇨ -less〛

fur·long /fə́ːlɔ(ː)ŋ, -lɑ(ː)ŋ | fə́ːlɒŋ/ n. ファーロング《長さの単位, = 1/8 mile, 220 yards, 約 201.17 メートル》. 〘OE furlang length of a furrow ← furh 'FURROW' + lang 'LONG¹': 後にローマの stadium と同一視された〛

fur·lough /fə́ːlou | fə́ːləu/ n. **1 a** (軍人・官吏などに与えられる)賜暇(しか), 休暇: be (home) on ~ 賜暇(帰省)中である / go home on ~ 賜暇帰国する / have (a) ~ every three years 3 年ごとに休暇をもらう / get a two months' ~ 2 か月の休暇をとる. **b** 休暇許可証. **2** 《米》**a** (被傭者の請求によって雇用主が与える)休暇. **b** (経済事情による)一時的解雇. ― vt. 《米》**1** …に賜暇[休暇]を与える. **2** 〈従業員を〉一時解雇する. ― vi. 《米》休暇を過ごす. 〘(1625)《古形》furloff □ Du. verlof leave ← ver- 'FOR-¹' + lof 'LEAVE²': cog. G Verlaub《廃語》leave: 今の発音は though, dough などの影響〛

fur·men·ty /fə́ːmənṭi | fə́ːmənti/ n. = frumenty.

fur·me·ty /fə́ːməṭi | fə́ːmɪ̀ti/ n. = frumenty.

fur·mi·ty /fə́ːməṭi | fə́ːmɪ̀ti/ n. = frumenty.

furn.《略》furnace; furnished; furniture.

fur·nace /fə́ːnɪ̀s | fə́ː-/ n. **1** (火を使う)炉, かまど; 暖房(用閉鎖)炉; 溶鉱炉 (cf. reactor): ⇨ blast furnace / be like a ~ ものすごく熱い. **2** むろのように熱い場所, 焦熱地獄. **3** 試練の場所, 試練: be tried in the ~ 厳しい試練に遭う. **4** [the F-]〘天文〙ろ(炉)座 (⇨ Fornax). ― vt. **1**〘冶金〙(溶鉱炉で)〈金属を〉熱する. **2**《廃》(炉の火のように)吐く, 出す (exhale). **~·like** adj. 〘(?c1200) furnais(e) □ OF fornais (F fournaise) < L fornācem, fornāx (fem.) ← fornus, furnus oven〛

fúrnace blàck n.〘化学〙ファーネスブラック《天然ガス・油などを高温炉内で部分燃焼させて造るカーボンブラック》.

fúrnace hèating n. 温気炉暖房《暖房炉で温めた空気を各室に送る暖房》.

fúrnace thérmal bláck n.〘化学〙= thermal black.

Fur·ness /fə́ːnɪ̀s, -nɛs, fəːnɛ́s | fə́ːnɪ̀s, fəːnɛ́s/, **Horace Howard** n. ファーネス (1833–1912; 米国の Shakespeare 学者; Variorum Shakespeare の編者).

fur·nish /fə́ːnɪʃ | fə́ː-/ vt. **1** 〈必要な家具などを〉〈家・部屋などに〉備え付ける, 設備する, 取り付ける (equip) 〔with〕: The room was luxuriously ~ed. その部屋にはぜいたくな家具が備え付けられていた / This library is ~ed with millions of books. この図書館には数百万冊の本が備え付けてある. **2** 〈必要物や望ましい物を〉…に供給する, あてがう 〔with〕; 〔…に〕給する, 提供する, 与える (afford) 〔to, for〕: The firm ~ed the army with boots. その商会は軍部へ靴を供給した (★《米》では with を用いず二重目的語構造を用いることがある: They ~ed the army boots.) / That ~ed me with an excuse to leave. = 《米》That ~ed me an excuse to leave. それは私に立ち去る口実を与えた / He always ~ed us with necessary information. 彼は常に我々に必要な情報を提供してくれた / We were well ~ed with the basic necessities. 主な必需品は十分に支給を受けた / He decided to ~ food to the hungry. 彼は飢えている人たちに食べ物を供給しようとした / The cow ~ed milk for all of us. その牛は我々みんなに牛乳を与えてくれた / Green vegetables ~ lots of vitamins. 青野菜は豊富なビタミンの供給源だ. ― vi. 家具[造作]を備え付ける; 家具取付けを請け負う. ***fúrnish óut*** 〈必要物・要員などを〉供給する, 補充する; 〈本の〉ページなどを〉必要な材料[資料]で埋める. 〘(1442) ME furnishe(n) □ OF furniss- (stem) ← furnir to accomplish, supply (F fournir) < VL *fornīre《変形》← *formīre, *fromīre □ (Frank.) *frumjan to accomplish (cf. OHG frummen to provide) ← IE promo- ← *per forward, through: ⇨ -ISH²: cf. FRAME, FROM〛

SYN **1** 供給する: ⇨ supply¹. **2** 備え付ける: **furnish** 〈家〉に家具を備え付ける: a handsomely *furnished* room 美しい家具の付いている部屋. **equip** 能率を高めるのに必要な物を備えつける: a car *equipped* with air conditioning 空調設備の付いている車. **install** 器具・機器などを取り付けて機能する状態にする: A gas stove has been *installed* in this room. この部屋にはガスストーブが備え付けてある. **outfit** 旅などのために必要な衣類・用具などを整える: It took me two days to *outfit* me for my journey. 旅支度に二日かかった. **appoint**〔過去分詞形で〕施設に必要な物を備える《格式ばった語》: well-*appointed* rooms 設備の整った部屋.
ANT strip, denude.

fur·nished /fə́ːnɪʃt | fə́ː-/ adj. **1** 家具・造作付きの: ~ rooms 家具付きの部屋 / *Furnished* House (to Let)〔広告〕家具付き貸家. **2** 〔しばしば複合語の第 2 構成素として〕必要物を具備した: a well-*furnished* shop 在荷の豊富な店 / a scantily ~ room 家具らしい家具の置いてない部屋. **3**〘紋章〙**a** 〈馬が〉馬飾り (caparison) を着けて飾られた. **b** 〈鹿が〉角を付けた. 〘(1473): ⇨ ↑, -ed〛

fúr·nish·er n. **1** (必要品の)供給者, 調達者; (特に, 取付けを請け負う)家具商. **2** (男物の)装飾品店. 〘(1611): ⇨ -er¹〛

fur·nish·ing /fə́ːnɪʃɪŋ | fə́ː-/ n. **1** [通例 pl.] 備え付け家具, 造作, 備品, 取付け品 (fixtures); 設備, 施設. **2** [通例 pl.]《米》服飾品 (accessories): men's ~s 男子用服飾品. **3**《古》家具の備え付け, 造作取付け. **4**《まれ》付属品. 〘(1496–97): ⇨ -ing¹〛

fur·ni·ture /fə́ːnɪ̀tʃə | fə́ːnɪtʃə(r)/ n. **1** [集合的; 単数扱い] (必要に応じて移動できる)家具, 備品, 調度 (cf. fitting 1): drawing-room ~ 客間の家具 / office ~ (机・ソファーなど)事務室用家具 / a piece [an article, an item] of ~ 家具一点 / just a few sticks of ~ ほんの数点の家具 / They don't have much ~. 家具はあまり持っていない / street ~ 街路備品. **2** (寝台・船・自動車などの)取付け具, 付属具 (fittings, accessories); (ドア・棺などの)取付け金具. **3**《古》**a** (物の)内容, 中身 (contents): the ~ of one's pocket ポケットの中身 / the ~ of a bookshelf 本箱の中身. **b** (心に)備わったもの, 知見: mental ~ 識見. **4 a**《古》馬飾り (trappings). **b**《廃》具足 (armor); 鞍(くら). **5**〘印刷〙フォルマート, マルト《活字組版の大きな空白部を埋めたり, チェース (chase) 中の組版を固定するのに使う木[金属]製の込め物; 使用される場所によって foot stick, gutter stick, head stick, sidestick と呼ぶ》. **6**〘海事〙艤装(ぎそう)用具, 滑車装置 (tackle). **7**《廃》装飾.
párt of the fúrniture よく居るので目立たない人[物].
remóve fúrniture (職業として)引越し荷物を運ぶ, 引越し運送業を営む.
〘(1526) □ F fourniture: ⇨ furnish, -ure〛

fúrniture bèetle n.〘昆虫〙シバンムシ科シバンムシ属の昆虫 (*Anobium punctatum*)《家具などに穴をあける》. 〘1915〙

fúrniture vàn n. 家具運搬車. 〘1858〙

Fur·ni·vall /fə́ːnəvəl, -vl̩ | fə́ːnɪ̀-/, **Frederick James** n. ファーニバル (1825–1910; 英国の英語・英文学者; Early English Text Society の創設者; NED の監修者の一人).

fu·ro- /fjúᵊrou | fjúərə(ʊ)/〘化学〙次の意味を表す連結形: **1** 「フラン (furan)・フルフラール (furfural) に関する」: furodiazole. **2** 「フラン環 (furan ring) を含む」: furoquinoline. ★ 母音の前では通例 fur- になる. 〘← FURAN, FURFURAL: ⇨ -o-〛

fu·ror /fjúᵊrɔə, -rə | fjúərɔː(r), fjɔ́ːr-/ n. **1** (詩人・神秘家などの)激しい感激, 激しい興奮, 狂的熱中 (frenzy): ~ poeticus /-pouɛ́tɪkəs, -ṭə- | -pəuɛ́tɪ-/ 詩歌狂 / ~ scribendi /-skrɪbɛ́ndaɪ/ 執筆狂 / ~ loquendi /-loukwɛ́ndaɪ | -ləuk-/ 弁舌狂. **2** 熱狂的流行 (rage, craze); 熱狂的賞賛: the athletic ~ 運動熱 / create [make] a regular ~ 〈演劇などが〉熱狂的賞賛を博する. **3** 憤激, 激怒 (rage). **4** 動乱, 騒動: stir up a terrific ~ たいへんな騒動を引き起こす. 〘(16C) □ L furor a raging ← furere to rage ∽ (?a1475) furour □ OF fureur〛

fu·ro·re /fjúᵊrɔə, -rə | fjuərɔ́ːri, -reɪ, fjúərɔː(r), fjɔ́ːr-/ n. **1**《英》= furor 2, 4. **2**〘音楽〙フローレ, 激情, 情熱. 〘(1790) □ It. ~ < L furōrem (↑)〛

fu·ro·sem·ide /fjuᵊróusəmàɪd | fju(ə)rə́usəmàɪd/ n.〘薬学〙フロセミド ($C_{12}H_{11}ClN_2O_5S$)《利尿薬》. 〘(1965) ← FURO- + S(ULF)- + -emide (← -AMIDE)〛

fur·phy /fə́ːfi | fə́ː-/ n.《豪俗》でたらめなニュース, 根も葉もないうわさ; ばかげた話. 〘(1916) ← Furphy carts (第一次大戦中にオーストラリアで使用された衛生車)〛

Fur·phy /fə́ːfi | fə́ː-/, **Joseph** n. ファーフィ (1843–1912; オーストラリアの作家; ペンネーム Tom Collins; *Such is Life* (1903)).

fúr·pìece n. 毛皮の服[えり巻など].

furred /fə́ːd | fə́ːd/ adj. **1** 柔毛で覆われた. **2** 毛皮製の, 毛皮を付けた, 毛皮の裏地[へり飾り]付きの: a ~ gown 毛皮付きの職服. **3** 毛皮製品を身に着けた: a ~ lady in ermine アーミンの毛皮のコートを着た女性. **4** 舌苔(ぜったい)の生じた; 湯あかの付いた: a ~ tongue 苔の付いた舌. **5**《古》〘建築〙下地骨を取り付けた. 〘(c1325): ⇨ fur, -ed〛

fur·ri·er /fə́ːriə | fʌ́riə(r)/ n. **1** 毛皮商人 (fur dealer). **2** 毛皮調製者. 〘(1576)《変形》← ME furrer □ AF furrere (今の形は CLOTHIER などの影響): ⇨ fur, -ier〛

fur·ri·er·y /fə́ːriəri | fʌ́r-/ n. **1** 毛皮業. **2** 毛皮加工術. **3** [pl.]《古》毛皮類 (furs). 〘(1784): ⇨ -ery〛

fur·rin·er /fə́ːrɪ̀nə | fə́ːrɪnə(r)/ n.《方言・戯言》**1** 外人. **2** よそ者. 〘(1849)《変形》← FOREIGNER〛

fur·ring /fə́ːrɪŋ | fə́ːr-/ n. **1** (衣類に用いた)毛皮, 毛皮裏地, 毛皮飾り. **2** 柔毛状物の生成[付着]; 舌苔(ぜったい)生成; (湯沸かしなどの)湯あかの付着. **3** (しっくい塗りなどの)下地, 壁下地; 下地材料. **4**《古》(衣服の)毛皮の縁取り[裏打ち]. **5**〘造船〙(船側の)二重張り, 内張り押さえ. **6**〘建築〙かいもの《根太などを平らにするため薄板などをはさむこと》; かいもの用薄板. 〘(c1390): ⇨ fur, -ing¹〛

fúrring strìp n.〘建築〙= furring 6.

fur·row /fə́ːrou | fʌ́rəu/ n. **1** (鋤(すき)で耕された畝(うね)の間の)筋, 溝, すき道, あぜ溝. **2 a** 鋤道に似たもの. **b** (溝のような)細長いくぼみ (groove). **c** (船の通った)跡, 航跡. **d** (車の)わだち (rut). **e** (顔の)深いしわ: ~s in one's brow 額の深いしわ / His face was wrinkled in deep ~s. 彼の顔は深いしわが刻まれていた. **3**《詩》耕地, 麦畑.
plów a lónely fúrrow = ***plów one's fúrrow alóne*** (政治上の)交友を離れる; 孤独の生活を送る, 独自の道を行く. (1901)
― vt. **1** …にしわを生じさせる: a brow ~ed with sorrows 悲しみで深いしわの寄った額 / a face ~ed with age 老いて深いしわのできた顔 / He ~ed his brow in thought. 考えこんで額にしわを刻んだ. **2** 〈土地を〉(鋤で)すく, (鋤ですいて)…に畝を立てる (plow), 耕す (cultivate). **3**《文語》〈船・魚などが〉〈水を〉切って進む (plow, cleave). ― vi. **1** しわが寄る. **2** 水を切って進む. **3**《古》鋤道を作る, すく (plow).
~·less adj. 〘OE furh ← Gmc *furχ- (Du. voor / G Furche) ← IE *perk- to dig out, tear out (L porca ridge between furrows)〛

fúr·row·er n. あぜ溝を作る人, 畑をすく人. 〘(1841–43): ⇨ ↑, -er¹〛

fúr·row·ing n. **1** 畝立(うねだ)て, 耕作. **2** しわを寄せること. 〘(1611): ⇨ -ing¹〛

fúrrow irrigátion n.〘農業〙畦間(うねま)灌漑《畝(うね)と畝の間に水を流す灌漑法》.

fúrrow slìce *n.* 鋤(すき)ですき起こした偏平な土塊, 壢条(れきじょう). 〘1805〙

fur·row·y /fə́ːroui | fʌ́rəui/ *adj.* あぜ溝のある; しわの多い. 〘(1611): ⇨ -y⁴〙

fur·ry /fə́ːri | fə́ːri/ *adj.* (**fur·ri·er**; **-ri·est**) **1** 柔毛質の. **2** 毛皮で覆われている, 毛皮を着けている; 毛皮付きの, 毛皮製の; 毛皮(の裏地や飾り)を付けた: the ～ side of a coat 外套の毛皮の付いた裏側 / a ～ caterpillar 毛むくじゃらの毛虫. **3** 舌苔(ぜったい)を生じた; 湯あかの付いた. **4** 〈声が〉こもった, 重い (thick). **5** 《米俗》身の毛もよだつ, ぞっとするような (horrible). **fúr·ri·ly** /-rəli | -rɪ̀li/ *adv.* **fúr·ri·ness** *n.* 〘(*a*1674) ← FUR＋-Y¹〙

fúr sàlamander *n.* 〘動物〙マダラサンショウウオ, マダラサラマンドラ (*Salamandra salamandra*)《黒い皮膚に赤・オレンジ・黄の模様のある尾の長い夜行性イモリ; ヨーロッパ産》.

fúr sèal *n.* 〘動物〙オットセイ《北太平洋に分布する *Callorhinus* 属の哺乳類; 毛皮は綿毛が密で柔らかく良質, そのため乱獲されて数が減少し, 国際協定で保護されている; cf. hair seal》. 〘1775〙

Fúr Sèal Íslands *n.* ＝Pribilof Islands.

furth /fə́ːθ | fə́ːθ/ *adv.* 《スコット》外へ, 外側へ (outside). 〘《変形》← FORTH〙

Fürth /fʊ́ət, fíət | fʊ́ət, fíət; *G.* fʏ́ʁt/ *n.* フュルト《ドイツ南部の工業都市》.

fur·ther /fə́ːðə | fə́ːðə(r)/ [far の比較級; cf. farther] ★ 通例, 時間・数量・程度に関しては further を, 空間に関しては farther を用いる傾向があるといわれるが, 実際には無差別に用いることも多い. ── *adv.* **1** なおいっそう(進んで), さらに深く: go [inquire] ～ into the problem さらに問題の調査を進める / take … ～ …をさらに先へ進める, もっと突っこんで行う / until you hear ～ from me 追って何とかお知らせするまでは. **2** さらに遠く, もっと先に, いっそうはるかに: to be ～ continued なお続けられるはず, 未完 / go (much) ～ away もっと(ずっと)先へ行く / ～ on もっと先で, もっと進んでから / How much ～ is it? どのくらい遠いですか / I'll see you ～ (first). 《口語》(そんな事)まっぴらご免だ (★ further は in hell の意の婉曲語) / You may go ～ and fare worse. ⇨ fare *vi.* 2 / Nothing was ～ from our thoughts. それくらい私たちの考えから遠いものはない《そんなことは夢にも考えなかった》. **3** なおその上に, さらに (furthermore): Don't annoy me any ～! これ以上ぼくを苦しめないでくれ.

fúrther to (商業文で)さらに付け加えると: *Further to* my recent letter, let me add that ….

── *adj.* **1 a** もっと進んだ, もっとあとの: the ～ stage of development もっと発達した段階. **b** その上の (additional), なおいっそうの, それ以上の (more): ～ crimes 余罪 / ～ information 今後の報道, 続報 / until [till] ～ notice [orders] 追って通知[指図]があるまで / Let us have no ～ talk and delay. これ以上話を続けて遅らせることはよそう / For ～ particulars apply to the general affairs section. なお詳細は庶務課にお問い合わせください / I have nothing ～ to say. もうこれ以上話すことはない. **2** もっと遠い, もっと先の: on the ～ side of the road 道路の向こう側に / Is London ～ (from Japan) than Paris? ロンドンは(日本から)パリよりももっと遠いですか.

── *vt.* 進める, 助長[助成]する, 促進する, 増進する (⇨ advance SYN): ～ a person's plans 計画を促進する. 〘OE *furþor* (adv.), *furþra* (adj.) ← Gmc **furþiza-* (G *vorder* more advanced) ← **furþ-* 'FORTH': ⇨ -er². ── v.: OE *fyrþr(i)an* ← (adv.)〙

fur·ther·ance /fə́ːð(ə)rəns | fə́ː-/ *n.* 助長, 助成, 推進, 促進 (promotion, advancement): in ～ *of* one's interests 利益増進のため. 〘(*c*1435): ⇨ ↑ (v.), -ance〙

fúrther educátion *n.* 《英》継続教育《義務教育修了後, 中等学校または大学および成人教育機関に在籍していない者を対象にして行われる教育; ⇨ continuing education》. 〘1913〙

fúr·ther·er /-ð(ə)rə | -rə(r)/ *n.* 助長[促進]する人[物] (promoter). 〘(*a*1393): ⇨ -er¹〙

fur·ther·more /fə́ːðəmɔ̀ə, ⏑⏑⏑ | fə́ːðəmɔ́ː(r), ⏑⏑⏑/ *adv.* なおその上, さらに (moreover): And ～, this is to be mentioned. さらにまた次のことに言及しなければならない. 〘(?*c*1200) *further mo(re)*〙

fúr·ther·mòst *adj.* ＝farthermost. 〘?*a*1400〙

fur·ther·some /fə́ːðəsəm | fə́ːðə-/ *adj.* **1** 《古》促進[助成]する, 好都合な (helpful). **2** 《スコット》冒険的な, 向こう見ずの. 〘(1626) ← FURTHER＋-SOME¹〙

fur·thest /fə́ːðɪ̀st | fə́ː-/ *adj., adv.* [far の最上級] ＝farthest. 〘(*a*1393) ← FURTH(ER)＋-EST¹: cf. far, farthest〙

fur·tive /fə́ːtɪv | fə́ːt-/ *adj.* **1** 〈行為・行動がひそかな, そっと人目を忍んだ, こそこそする, 内密の (⇨ secret SYN): a ～ gesture [movement] 人目を忍んだ身振り[動作] / cast [take] a ～ glance *at* …を盗み見する / a ～ smile (にやりとする)うすら笑い. **2** こそこそした, ずるい, ごまかし上手の, いい加減な, うさん臭い (sneaky, sly): a ～ manner こそこそした態度 / be ～ in one's actions 行動がこそこそしている. **3** 盗んだ (stolen). **～·ness** *n.* 〘(1490) □ (O)F *furtif* // L *furtīvus* stolen, secret ← *furtum* theft ← ? IE **bhor-* ← **bher-* 'to carry, BEAR¹'〙

fúr·tive·ly *adv.* そっと, こそこそと (stealthily). 〘(1490): ⇨ ↑, -ly¹〙

Furt·wäng·ler /fʊ́ətwɛŋlə, -vɛŋ- | fʊ́ətvɛŋlə(r); *G.* fʊ́ʁtvɛŋlɐ/, **Wilhelm** *n.* フルトベングラー (1886–1954; ドイツの指揮者).

fu·run·cle /fjʊ́(ə)rʌŋkl̩ | fjʊ́ər-, fjɔ́ːr-/ *n.* 〘病理〙フルンケル, 癤(せつ); ねぶと, 疔(ちょう) (boil). **fu·run·cu·lar** /fjʊrʌ́ŋkjʊlə | fjʊ(ə)rʌ́ŋkjʊlə(r)/ *adj.* **fu·rún·cu·lous** /-kjʊləs/ *adj.* 〘(1676) □ L *fūrunculus* 《原義》petty thief (dim.) ← *fūr* thief (↑)〙

fu·run·cu·lo·sis /fjʊrʌ̀ŋkjʊlóusɪ̀s | fjʊ(ə)rʌ̀ŋkjʊlə́usɪs/ *n.* (*pl.* **-lo·ses** /-siːz/) **1** 〘病理〙癤(多発)症. **2** 〘魚類〙細菌 (*Aeromonas salmonicida*) によって起こるサケ科の魚(マスなど)の重篤な感染症《特に魚の密集地では大量の死が見られる》. 〘(1886) ← NL ～: ⇨ ↑, -osis〙

fu·ry /fjʊ́(ə)ri | fjʊ́əri, fjɔ́ːri/ *n.* **1 a** 激怒, 憤激 (⇨ anger SYN); 激情: fly into a ～ 烈火のごとく怒る / in a ～ 烈火のごとく怒って, 激怒して / drive a person into a ～ 人を激怒させる. **b** 霊感 (afflatus). **2 a** 激しさ, 狂暴, 激烈, 猛烈さ, (暴風雨・病気などの)猛威 (violence, vehemence): the ～ of passions [battle] 激情[激戦] / the ～ of desire 激しい欲望 / the ～ of the sun's blaze 焼けつくような暑熱 / the ～ of the elements 猛あらし / the ～ of the waves 荒れ狂う波 / The wind blew in all its ～. 風は猛威をふるって吹きすさんだ / The dry wood burned *with* great ～. 枯れ木は激しく燃えた. **b** [the F-] スペインの暴虐 (1576 年オランダ Antwerp で 3 日にわたって行われた略奪と虐殺; Spanish Fury ともいう). **3 a** [the Furies] 〘ギリシャ・ローマ神話〙復讐(ふくしゅう)の女神 (Alecto, Megaera, Tisiphone という三姉妹で頭髪がへび; ギリシャ語名 Erinyes, Eumenides). **b** 怨霊(おんりょう): be haunted by the *furies* of …の怨霊にたたられる. **c** 怒り狂う人《特に女性》: What a little ～ she is! 何というじゃじゃ馬娘だろう.

like fúry 《口語》猛烈に; すばやく, 迅速に.

〘(*c*1380) □ (O)F *furie* // L *furia* rage, madness ← *furere* to rage ← ? IE **dhus-* to rage ← **dheu-* to blow〙

furze /fə́ːz | fə́ːz/ *n.* 《英》〘植物〙ハリエニシダ (*Ulex europaeus*)《ヨーロッパの荒地に自生するマメ科ハリエニシダ属のとげのある低木; 観賞用にも栽培; gorse, whin ともいう》. 〘OE *fyrs* ← ? IE **pūro-* grain〙

furz·y /fə́ːzi | fə́ːzi/ *adj.* (**furz·i·er**; **-i·est**) ハリエニシダの; ハリエニシダの茂った(ような). 〘(1613–16): ⇨ ↑, -y⁴〙

fu·sain /fjúːzeɪn, ⏑⏑; *F.* fyzɛ̃/ *n.* **1** (セイヨウマユミ (spindle tree) を原料とする)デッサン用の)木炭; 木炭画. **2** 〘地質〙フゼイン (瀝青(れきせい)炭中で黒色・絹状光沢を示し, 帯状をなしていて, 成分・外観・性質とも木炭に似ている; cf. clarain, durain, vitrain). 〘(1870) □ F ～ 'spindle tree' (木炭の原料) ← L *fūsus* spindle〙

fu·sár·i·um wìlt /fjuːzέ(ə)riəm- | -zέər-/ *n.* 〘植物病理〙フザリウム属凋枯症《フザリウム属 (*Fusarium*) 菌によって起こる植物のしおれ・立枯れなど》. 〘← NL *fusarium* ← L *fūsus* (↑)＋-ARIUM〙

fus·cous /fʌ́skəs/ *adj.* 黒ずんだ, 薄黒い, 暗灰色の (somber). 〘(1662) ← L *fuscus* swarthy, dark ← IE **dheu-* to rise in cloud＋-OUS〙

fuse¹ /fjúːz/ *n.* 〘電気〙ヒューズ, 可溶片: ⇨ safety fuse. ***be on* [*hàve*] *a shórt fúse*** すぐに怒る. ***blów a fúse*** (1) ヒューズを飛ばす. (2) 《口語》ひどく[かんかんに]怒る.

── *vt.* **1** 〈装置など〉のヒューズを飛ばす. **2** 〈金属・制度・会社・計画・愛情など〉を融合させる (⇨ mix SYN). **3** (熱で)溶かす, 溶解する (⇨ melt SYN). ── *vi.* **1** 《口語》〈電灯が〉ヒューズが飛んで消えて機能しなくなる. **2 a** 〈金属・制度・会社・計画・愛情などが〉融合する, 融和する. **b** 《米》〈政党などが〉融合する, 提携する. **3** (熱で)溶ける, 溶解する.

〘(1592) ← L *fūsus* (p.p.) ← *fundere* 'to FOUND³'〙

fuse² /fjúːz/ *n.* 導火線[索]. ── *vt.* …に信管[導火線]を取り付ける. 〘(1644) □ It. *fuso* < L *fūsum* spindle〙

fúse·bòard *n.* 〘電気〙ヒューズ盤. 〘1890〙

fúse bòx [**càbinet**] *n.* 〘電気〙ヒューズ箱 (cutout box). 〘1885〙

fúsed alúmina *n.* 〘化学・鉱物〙合成コランダム.

fúsed quártz [**sílica**] *n.* 〘化学〙＝vitreous silica. 〘1925〙

fúsed zircónia *n.* 〘化学・鉱物〙合成ジルコン.

fu·see /fjuːzíː, ⏑⏑ | ⏑⏑/ *n.* **1** (風の中でパイプに火をつけるのに用いた頭の大きな)耐風マッチ. **2** 導火線, 信管, 雷管 (fuse). **3** 〘鉄道〙赤色閃光信号灯《危険信号》. **4** 〘時計〙フュージー, 円錐(えんすい)滑車, 均力車《ぜんまいがほどけるにつれて駆動力が減少するのを補う装置; ぜんまい時計初期に用いられた》. 〘(1589) □ F *fusée* spindleful of tow < VL **fūsutam* sprindleful ← L *fūsus* spindle〙

fu·se·lage /fjúːsəlàːʒ, -zə-, -lɪ̀dʒ | -zɪ̀làːʒ, -sɪ̀-, -lɪdʒ/ *n.* (飛行機の)胴体 (⇨ airplane 挿絵). 〘(1909) □ F ～ 'body' ← *fuselé* spindle-shaped ← *fuseau* spindle < OF *fusel* spindle ← L *fūsus*〙

fúse lìnk *n.* 〘電気〙ヒューズ.

fú·sel òil /fjúːzəl-, -zl̩-, -səl-, -sl̩- | -zəl-, -zl̩-/ *n.* 〘化学〙フーゼル油《アミルアルコールを主成分とする揮発性有毒油状液体で, アルコール発酵の副産物》. 〘*fusel*: (1850) □ G *Fusel* bad spirit, inferior liquor〙

fuse·tron /fjúːztrɑ(ː)n | -trɒn/ *n.* 〘電気〙ヒューズトロン《回路前に短時間の過電流が流せる一種のヒューズ》. 〘← FUSE²＋-TRON〙

fúse·wày *n.* 〘電気〙(ヒューズ箱の)ヒューズ接点.

fúse wìre *n.* 導火線 (fuse).

Fu·shan /fúːʃάːn/ *n.* ＝Fushun.

Fu·shun /fúːʃún, -ʃʌ́n; *Chin.* fǔʃùn/ *n.* 撫順(フーシュン)《中国遼寧省 (Liaoning) 東部の炭鉱都市》.

fu·si- /fjúːzɪ̀ | -zi/「紡錘(ぼうすい) (spindle); 紡錘形の」の意の連結形. 〘← L *fūsus* spindle〙

fus·i·bil·i·ty /fjùːzəbíləti | -zɪ̀bílɪ̀ti/ *n.* **1** 可溶性, 可融性. **2** 溶融度, 溶度. 〘(1624) □ F *fusibilité* (↓)〙

fus·i·ble /fjúːzəbl̩ | -zɪ̀-/ *adj.* 溶けやすい; 溶解することのできる, 可融性の: a ～ plug 可溶栓(せん). **～·ness** *n.* **fús·i·bly** *adv.* 〘(*c*1395) □ (O)F ～ // ML *fūsibilis*: ⇨ fuse¹, -ible〙

fúsible métal [**álloy**] *n.* 〘金属加工〙易融(ゆう)金属《純錫の融点 (232° C) 以下の融点の金属の総称; 鉛・蒼鉛・カドミウム・インジウムなど》. 〘1685〙

fu·si·form /fjúːzəfɔ̀əm | -zɪ̀fɔ̀ːm/ *adj.* 〘生物〙(両端が細くなった)紡錘(ぼうすい)状の. 〘(1746) ← FUSI-＋-FORM〙

fu·sil¹ /fjúːzɪ̀l, -sɪ̀l | -zɪl/ *n.* (昔の)火打ち石銃. 〘(1580) □ (O)F ～ < VL **focilem* ← L *focus* 'FOCUS'〙

fu·sil² /fjúːzɪ̀l | -zɪl/ *n.* 〘紋章〙縦長の菱形. 〘(*c*1460) □ OF *fu(i)sel* (F *fuseau*) < VL **fūsellum* (dim.) ← L *fūsus* 'FUSE²': もとは「紡錘(ぼうすい)形」の意〙

fu·sil³ /fjúːzɪ̀l, -sɪ̀l | -zɪl/ *adj.* (*also* **fu·sile** /-zɪ̀l, -zaɪl, -saɪl | -saɪl, -zaɪl/) 《古》溶融した, 溶融性の; 〘金属加工〙鋳造した, 鋳物の (cast, founded). 〘(*a*1398) □ L *fusilis* molten ← *fūsus*: ⇨ fuse¹〙

fu·sil·ier /fjùːzəlíə, -zɪ- | -zɪ̀líə(r), -zɪ-/ *n.* (*also* **fu·sil·eer** /～/) **1** (昔の)火打ち石銃兵. **2** [*pl.*] 《英》フュージリア連隊 (London 市の歩兵連隊 Royal Fusiliers など; 昔火打ち石銃を用いた連隊). 〘(1680) □ F ～: ⇨ fusil¹, -ier〙

fu·sil·lade /fjúːsəlάːd, -zə-, -léɪd, ⏑⏑⏑ | fjùːzɪ̀léɪd, -lάːd, ⏑⏑⏑/ *n.* **1** 連続射撃, 一斉射撃(による処刑). **2** (質問・批評などの)一斉射撃, 連発; (野球で)猛打連発, 集中安打: a ～ *of* questions. ── *vt.* 〈敵陣・敵軍など〉に一斉射撃を浴びせる; 〈敵兵を〉皆殺しにする. 〘(1801) □ F ～ ← *fusiller* to shoot: ⇨ fusil¹, -ade〙

fu·sil·li /fuːzíli, fjuː-, -síli; *It.* fuzílli/ *n.* フジッリ《らせん形にねじれた形をしているパスタ》. 〘□ It. ～ 'little spindles' (dim.) ← *fuso*〙

fu·sil·ly /fjúːzɪ̀li/ *adj.* 〘紋章〙縦長の菱形模様の《金属色(金, 銀)と原色(赤, 青, 緑など)の 2 色で交互に彩色される》. 〘(1572) □ (O)F *fuselé*: ⇨ -LY²〙

fús·ing dìsk *n.* 〘機械〙溶融のこ《金属切断用の鋼鉄円板で, 円周速度が, それに接触する金属を摩擦熱で溶融切断できるほど高いもの》.

fu·sion /fjúːʒən/ *n.* **1** (熱による)融解, 溶解; 溶解[融解]したもの; 融合したもの (synthesis): the ～ *of* metals 金属の溶解 / metals in ～ 溶解した金属 / the point of ～ 融点 / the heat of ～ 融解熱 / Music is a total ～ *of* form and content. 音楽は形式と内容が完全に融和合体したものだ. **2** 〘政治〙**a** (党派などの)合同, 連合, 提携 (coalition); 合同[連合]体. **b** [F-] 合同[連合]政党. **3** 〘物理・化学〙核融合 (2 個以上の原子核が合一する現象; nuclear fusion ともいう; cf. fission 2). **4** 〘心理〙融合 (二つ以上の刺激が結びつき一つのまとまりをもった感覚を生じさせること). 〘(1892) (なぞり) ← G *Verschmelzung*〙 **5** 〘眼科〙融像, 融合《両眼に生じた像が融け合って一つになること; binocular fusion ともいう》. **6** 〘外科〙癒合(ゆごう); 固定術. **7** 〘言語〙融合《例えばラテン語の amō (=I love) の -ō は同時に 1 人称, 単数, 主格, 現在を表すように, 異なる意味範疇(はんちゅう)と結びついた形態素の用法》. **8** 〘音楽〙フュージョン《1970 年代に端を発した二つのスタイル, 特にジャズとロックを融合した形のポピュラー音楽》. 〘(1555) □ F *fusion* // L *fūsiō(n-)* a pouring out ← *fundere* to melt: ⇨ fuse¹, -ion〙

fúsion bòmb *n.* (核)融合爆弾, 水素爆弾 (hydrogen bomb) (cf. fission bomb). 〘1950〙

fú·sion·ìsm /-ʒənɪ̀zm/ *n.* 〘政治〙(政党などの)合同[連合, 提携]主義, 合同[連合, 提携]論. 〘(1851): ⇨ -ism〙

fú·sion·ist /-ʒ(ə)nɪ̀st | -nɪst/ *n., adj.* 合同[連合, 提携]論者(の). 〘(1851) □ F *fusioniste*: ⇨ fusion, -ist〙

fúsion pòint *n.* 〘物理化学〙＝melting point.

fúsion reàction *n.* 核融合反応. 〘1950〙

fúsion reàctor *n.* 核融合炉. 〘1955〙

fúsion wèld [**wèlding**] *n.* 〘金属加工〙融接《金属の一部を溶融状態にして溶接する方法; ガス・電気・テルミット・原子水素溶接法などの総称》. 〘1930〙

fu·so- /fjúːzou | -zəu/「紡錘(ぼうすい)(形)の」の意の連結形. 〘← L *fūsus* spindle〙

fùso·bactérium *n.* 〘細菌〙フゾバクテリウム, 紡錘形菌《紡錘形をした嫌気性のグラム陰性のフゾバクテリウム属 (*Fusobacterium*) の微生物》. 〘← NL ～: ⇨ ↑, bacterium〙

fuss /fʌ́s/ *n.* **1 a** (つまらないことで)やきもきすること, 興奮: get into a ～ やきもきする. **b** 《口語》ささいな口論, けんか (quarrel). **c** 不平, 異議 (objection). **2 a** 無用の大騒ぎ, 騒ぎ立て, から騒ぎ; ちやほやすること, 甘やかすこと: kick up a ～ 騒ぎ立てて逆らう. **b** 騒ぎ立てる人: She is a terrible ～. すごく騒ぎ立てる女だ. **3** 飾り, 装飾.

fúss and féathers (1) 見え, 虚飾 (display): with ～ *and feathers.* (2) 騒ぎ立て, やきもき: be full of ～ *and feathers.* ***màke* [*kíck úp*] *a fúss*** 騒ぎ立てる; 不平を鳴らす: *make a* great ～ *about* nothing 何でもないことに大騒ぎする, から騒ぎする: If you don't *make* [*kick up*] *a* ～, they won't take you seriously. もしあなたが騒ぎ立てないなら, 彼らはあなたのことを真剣に受け取らないだろう. ***màke a fúss of* [*òver*]** *a person* 人をちやほやする: They *made a* great ～ *over* their daughter. 自分の娘をちやほやした. 〘1928〙

── *vi.* **1 a** 〔つまらぬことに〕やきもきする, から騒ぎする, 大騒ぎする (fret, worry)〔*about, over*〕: Don't ～ *over* the children so much. 子供のことでそんなに気を遣うな. **b** 不平を言う, がみがみ言う (complain), 異議を唱える (protest). **c** 《方言》〔…を〕叱る (chide)〔*at*〕. **2** やきもきして歩き回る, そわそわする 〈*about, around*〉. **3** 《米俗》女性とデートする. ── *vt.* **1** 《口語》(つまらないことで)〈人〉の気をもませる, 悩ませる, 騒がせる: Don't ～ your head about it. そんなことでくよくよするな / Stop ～*ing* me! ぼくを悩ますのはもうやめてくれ. **2** 《米俗》〈女性〉とデートする. 〘(1701): 《擬音語》?〙

fúss·bùd·get /-bʌ̀dʒɪ̀t/ *n.* 《口語》＝fusser.

fúss·bùd·get·y /-ṭi | -ti/ *adj.* 〖*c*1904〗

fúss·er *n.* つまらないことに騒ぎ立てる人, から騒ぎする人. 〖(1884): ⇨ -er[1]〗

fúss·pòt *n.* 《口語》=fusser. 〖1921〗

fuss·y /fʌ́si/ *adj.* (**fuss·i·er; -i·est**) **1** (つまらないことに)騒ぎ立てる, 大騒ぎする, こせこせした, こうるさい (⇨ dainty SYN): a ~ old woman [man] こうるさいおばあさん[おじいさん] / be very ~ *about* one's clothes [food] 衣服[食べ物]にこうるさい / be not ~ 《口語》(どちら[どれ]でも)気にしない, 構わない. **2** 〈衣服・装飾など〉念の入り過ぎた, いやに凝った; 〈文体など〉凝り過ぎた, あくどい (finicky): a ~ dress [hat] いやに凝った服[帽子] / ~ wallpaper 凝り過ぎた壁紙 / a ~ literary style あくどい文体. **3** 細々したことに気を遣う, 細かすぎる (fastidious); 細心の注意を要する[払う]: a ~ man. **fúss·i·ly** /-sɪ̀li/ *adv.* **fúss·i·ness** *n.* 〖(1831): ⇨ -y[4]〗

fus·ta·nel·la /fʌ̀stənélə, fùːs- | fʌ̀s-/ *n.* (今日のギリシャやバルカン地方で男子が用いる)白リンネル[白木綿]製の短いスカート. 〖(1849) □ It. ~ (dim.) ← *fustagno* 'FUSTIAN'〗

fus·tet /fʌ́stɪ̀t, fʌ́stét/ *n.* 〖植物〗ヨーロッパ産ハグマノキ (smoke tree). 〖(1821) □ F ~ □ Sp. *fustete*: cf. fustic〗

fus·tian /fʌ́stʃən | fʌ́stiən/ *n.* **1** ファスチアン《もとは丈夫な綿または麻織布をいったが, 今は片面にけばを立てたコールテンや綿ビロードなどの綾織綿布》. **2** 誇張した文章, 大言壮語, 大げさな言葉 (bombast). — *adj.* **1** ファスチァン布製の: a ~ coat. **2** 〈言葉など〉大げさな, 誇大な (bombastic, pompous). **3** 役に立たない, くだらない, ろくでなしの (worthless): a ~ rascal やくざ. 〖(?*a*1200) □ OF *fustaigne* (F *futaine*) < ML *fustāneum* (← L *fūstis* cudgel) 《なぞり》← Gk *xúlinon* wooden ← *xúlon* wood〗

fus·tic /fʌ́stɪk/ *n.* **1 a** 〖植物〗オウボク(黄木), ファスティック (*Chlorophora tinctoria*) 《熱帯アメリカ産のクワ科の大木; old fustic ともいう》. **b** オウボク[ファスティック]材 《黄色またはオリーブ色の色素をとる》. **2** ファスティック染料 《オウボクの心材から抽出した黄色植物染料》. **3** 染料を採る木材. 〖(1461–62) □ (O)F *fustoc* □ Sp. □ Arab. *fústuq* □ Gk *pistákē* 'PISTACHIO'〗

fus·ti·gate /fʌ́stəgèɪt | -tɪ̀-/ *vt.* **1** (棍棒(こんぼう)で)打つ, なぐる (cudgel). **2** 厳しく批評する (castigate). **fus·ti·ga·to·ry** /fʌ́stɪ̀gətɔ̀ːri | fʌ̀stɪ̀géɪtəri/ *adj.* 〖(1656–81) ← LL *fūstigātus* (p.p.) ← *fūstigāre* to cudgel to death ← L *fūstis* cudgel〗

fus·ti·ga·tion /fʌ̀stəgéɪʃən | -tɪ̀-/ *n.* **1** 棒で打つこと. **2** 厳しい批評. 〖(1563–87) □ L *fūstigātiō(n-)*: ⇨ ↑, -ation〗

fús·ti·gà·tor /-tə | -tə(r)/ *n.* 棒で打つ人. 〖(1865) ← FUSTIGATE+-OR[2]〗

fus·ti·nel·la /fʌ̀stɪ̀nélə, fùːs- | fʌ̀s-/ *n.* =fustanella.

fus·ty /fʌ́sti/ *adj.* (**fus·ti·er; -ti·est**) **1** かび臭い (musty); むっとする, 息の詰まるような: a ~ atmosphere むっとするような空気. **2** 古ぼけた, 古くさい, 陳腐な; 旧弊な, 頑迷な: a ~ book 古くさい本 / a ~ old professor 頑迷な老教授. **fús·ti·ly** /-təli | -tɪ̀li, -tli/ *adv.* **fús·ti·ness** *n.* 〖(*a*1398) □ OF *fusté* ← *fust* trunk of a tree < L *fūstem* cudgel: ⇨ -y[4]〗

fu·su·la /fjúːzələ/ *n.* (*pl.* **fu·su·lae** /-lìː/, ~**s**) 〖動物〗吐糸口《絹糸腺が通っているクモの紡績突起の末端の突起》. 〖(1909) ← NL ~ ← L *fūsus* spindle+-ULA[1]〗

fut /fʌt/ *int.* =phut.

fut. 《略》future.

fu·thark /fúːθɑək | -θɑːk/ *n.* (*also* **fu·tharc** /~/, **fu·thorc** /-θɔək | -θɔːk/, **fu·thork** /-θɔək | -θɔːk/) フサルク, ルーン字母 (runic alphabet). 〖(1851): その最初の六字 *f, u, þ* (=*th*), *a* or *o, r, c* (=*k*) から: cf. RUNE[1], ABC〗

fu·tile /fjúːtl̩, -taɪl | -taɪl/ *adj.* **1** 〈行為など〉役に立たない, むだな, 徒労の, 無益な (useless, fruitless): a ~ attempt むだな試み / ~ talk むだ話, 空談 / It was ~ to try to teach him English. 彼に英語を教えようとしてもむだだった. **2** 〈人が〉軽薄な, くだらない, やくざな (frivolous): a ~ sort of person やくざな人間. **3** 活力のない. **~·ness** *n.* 〖(*c*1555) □ (O)F ~ // L *fūt(t)ilis* worthless 《原義》that easily pours out ← *fundere* 'to pour, FOUND[3]' ← IE **gheuti-* ← **gheu-* to pour: ⇨ -ILE〗

SYN むなしい: **futile** 《通例軽蔑》〈行動が何の結果も生じないことを意味し, その行動自体が賢明でないことを表す: a *futile* attempt むだな企て. **vain** 〈企てが〉成功しない《*futile* よりも意味が弱い》: He made a *vain* attempt to save the drowning child. 溺れる子供を助けようとしたが失敗した. **useless** 無益で何の効用もない: It's *useless* complaining. 不平を言ってもしようがない. **fruitless** 〈長期間にわたる努力が〉実を結ばない: His efforts were *fruitless*. 彼の努力は実を結ばなかった. **abortive** 〈計画などが〉初期の段階で失敗に終わる: an *abortive* scheme 不成功に終わった計画. **ANT** effective, fruitful.

fú·tile·ly /-tl̩(l)i, -taɪ(l)li | -taɪlli/ *adv.* むだに, 無益に, 徒労に, むなしく. 〖(1881): ⇨ ↑, -ly[1]〗

fu·til·i·tar·i·an /fjuːtɪ̀lətéəriən | fjùːtɪ̀lɪ̀téər-⁻/ *n.* **1** くだらない仕事[研究, 趣味など]に打ち込んでいる人. **2** (人生のむなしさを説く)無益論者. — *adj.* (人間の希望も努力も結局はむなしいことだと説く)無益論の. 〖(1827) 《混成》← FUTIL(E)+(UTIL)ITARIAN〗

fu·til·i·tár·i·an·ìsm /-nɪzm/ *n.* 無益論. 〖(1921): ⇨ ↑, -ism〗

fu·til·i·ty /fjuːtɪ́ləṭi | -lɪ̀ti/ *n.* **1** (行為の)無益, 無用, 無価値. **2** 無用のもの, たわいもない[愚かな]行為. **3** (精神・性格の)空虚, 軽薄. 〖(1623) □ F *futilité* // L *fūt(t)ilitātem*: ⇨ futile, -ity〗

fu·ton /fúːtɑ(ː)n, fjúː- | -tɒn/ *n.* **1** 布団. **2** マットレス様の敷き布団(兼ソファー).

fut·tock /fʌ́tək | -tɒk/ *n.* 〖海事〗フトック, (中間)肋材(ろくざい)《大型木船では肋材を1本の木材で作れないので, 何本もつないで作るが, その中間湾曲部に当たる肋材》. 〖(1294–95) *fottek* 《転訛》← ? **fot-hok* foot, hook〗

fúttock hòop [bànd] *n.* 〖海事〗フトックバンド《マストの下檣(しょう)頂部近くにはめる金属のバンドで, ここへ futtock shroud の下端に留められる》. 〖1874〗

fúttock plàte *n.* 〖海事〗檣楼(しょうろう)座板《中檣の横静索(よこせいさく)の脚(きゃく)を開かせるために, 下檣の頂部にはめる船の中心線に直交させた鉄材》. 〖1769〗

fúttock shròud *n.* 〖海事〗檣楼(しょうろう)下静索(せいさく)《檣楼や futtock plate の両端を通して中檣の横静索の下端を下檣の上部に固定している短い幾本かの鉄棒》. 〖1769〗

Fu·tú·na Íslands /fuːtúːnə-/ *n. pl.* [the ~] フトゥーナ諸島《太平洋南西部, フィジーの北東に位置; 1959 年以後フランス海外領土 Wallis and Futuna 諸島の一部》.

Fu·tu·ra /fjʊtúᵊrə, -tjúᵊrə | -tjúərə/ *n.* 〖印刷〗フーツラ《サンセリフ(活字体)書体の一種》.

fu·tu·ram·a /fjùːtʃərǽmə, -rɑ́ː- | -rɑ́ː-/ *n.* フューチュラマ, 未来展示《未来生活の様相を予見, パノラマ風に展示したもの》. **fu·tu·ram·ic** /fjùːtʃərǽmɪk, -rɑ́ː- | -rɑ́ː-⁻/ *adj.* 〖← *Futurama* (← FUTURE+-AMA): 1939 年ニューヨークで開催の万国博覧会の展示場名から〗

fu·ture /fjúːtʃə | -tʃə(r)/ *n.* **1** 未来, 将来 (time to come) (cf. past 1, present[1] 1): *in* (the) ~ 未来に[は] (★ in ~ に対し, *in the* ~ は未来の一時期[時代] (at a future date) を指すときに用いる) / *in* the near [*in* the not too distant] ~ 近い将来に, 遠からず / *for* the ~ 将来(に関する限り)《★ 特に, 文頭に多く用いられる》. **2** これから先に起こること[もの]: You cannot tell the ~. 先のことはわからない / What does the ~ hold for us? 将来何が我々に振りかかるのだろうか. **3** 将来性, 行く末, (有望な)前途 (outlook, prospect): have a great ~ すばらしい将来性がある / have a bright ~ before one 前途きわめて有望である / a person with a [with no, without a] ~ 有望な[見込みのない]人 / There is no ~ in it. 成算がない, 危険だ. **4** [*pl.*] 〖商業〗先物, 先物契約: deal in ~*s* 先物を買う, おもわく買いをやる. **5** 〖文法〗未来時制 (future tense); 未来形 (future form): Put it into the ~. それを未来形にしなさい. — *adj.* [限定的] **1** 未来の, 将来の (cf. past, present): ~ events [hopes] 未来の出来事[将来の望み] / at some ~ time 将来いつか / in ~ ages [years] 後の世[時代]に, 後世 / for ~ use 将来使うために / ~ generations 後代の人々 / ~ prospects 将来[前途]の見込み / a person's ~ wife 未来の妻, いいなずけの女性 / ⇨ future price. **2** 死後の, 来世の: ⇨ future life / a ~ state 死後の状態. **3** 〖文法〗未来の (cf. past 7, present[1] 4): the ~ progressive form 未来進行形 / ⇨ future perfect, future tense. 〖(*c*1380) □ (O)F *future* □ L *futūrus* about to be (fut. p.) ← *esse* to be〗

fúture hístory *n.* (SF などの)未来史, 未来のできごとの叙述.

fúture·less *adj.* 将来性[前途]のない. 〖(1863): ⇨ -less〗

fúture lífe *n.* 来世, あの世 (afterlife). 〖1776〗

fúture pérfect *n., adj.* 〖文法〗未来完了時制(の); 未来完了形(の) (cf. present perfect, past perfect): the ~ progressive form 未来完了進行形. 〖*c*1898〗

fúture prìce *n.* 〖商業〗先物価格《先物契約による商品の価格; forward price ともいう; cf. spot price》.

fúture-pròof *adj.* 〈製品が〉すたれそうにない, 未来を保証された. **fúture-pròofed** *adj.* **fúture-pròof·ing** *n.*

fúture shòck *n.* フューチャーショック, 未来衝撃《目まぐるしい社会変化や技術革新に対するショック》. 〖1965〗

fútures màrket *n.* =forward market.

fúture ténse *n.* 〖文法〗未来時制. 〖1530〗

fú·tur·ìsm /-tʃərɪzm/ *n.* **1** 未来主義《過去・現在より未来に意義や充足を見出そうとする立場》. **2** 〖芸術〗未来派《1910 年ごろイタリアに起こった芸術上の新主義; 旧来の一切の約束・伝統を捨てて, 動的で機械的な表現を宣言した》. 〖(1909) 《なぞり》← F *futurisme* // It. *futurismo*〗

fú·tur·ist /-rɪ̀st | -rɪst/ *n.* **1** 人類の進歩を信じる人. **2** =futurologist. **3** 〖芸術〗未来派の人. **4** 〖神学〗未来信者《聖書ヨハネ黙示録中の預言の成就を信じる人; cf. presentist》. — *adj.* 未来派の, 未来信者の. 〖(1842): cf. F *futuriste* / It. *futuristo*〗

fu·tur·is·tic /fjùːtʃərístɪk⁻/ *adj.* 未来の[に関する]; 未来派的な, 未来派の: ~ art 未来派芸術. **fù·tur·ís·ti·cal·ly** *adv.* 〖(1915): ⇨ ↑, -ic[1]〗

fu·tu·ris·tics /fjùːtʃərístɪks/ *n.* 未来論[学]. 〖(1965): ⇨ -ics〗

fu·tu·ri·ty /fjuːtúᵊrəṭi, -tjúᵊr-, -tʃúᵊr-, -tʃə́ːr- | -tjúərɪ̀ti, -tjɔ́ːr-/ *n.* **1** 未来, 後世 (future). **2 a** [しばしば *pl.*] 未来の状態, 未来の出来事. **b** 後世の人々 (posterity). **3** あの世, 来世. **4** =futurity race. 〖(1604) ← FUTURE+-ITY〗

futúrity ràce *n.* **1** 〖競馬〗誕生時またはそれ以前に出走馬が指名登録されているレース《通例, 二歳馬のレース; cf. produce race》. **2** 〖スポーツ〗出場参加申し込み後時日を経て行われる競走[競技].

futúrity stàkes *n. pl.* 〖競馬〗**1** futurity race にかけた金. **2** =futurity race.

fù·tu·ról·o·gist /-dʒɪ̀st | -dʒɪst/ *n.* 未来学者. 〖(1967): ⇨ ↓, -ist〗

fu·tu·rol·o·gy /fjùːtʃərɑ́(ː)lədʒi | -rɒ́l-/ *n.* 未来学. **fu·tu·ro·log·i·cal** /fjùːtʃərəlɑ́(ː)dʒɪ̀kəl, -kl̩ | -lɒ́dʒɪ-⁻/ *adj.* 〖(1946) ← FUTURE+-O-+-LOGY〗

futz /fʌ́ts/ *vi.* **1** ぶらぶらする (loaf), ぶらぶら時を過ごす 〈*around*〉. **2** いじくる, もてあそぶ (trifle). 〖(1932) ← ? Yid. *arumfartzen*〗

Fu·xin /fùːʃíːn; *Chin.* fùɕīn/ *n.* 阜新(フーシン)《中国遼寧省 (Liaoning) 北西部の都市》.

fu-yung /fùːjʌ́ŋ/ *n.* 〖料理〗=foo yong. 〖1917〗

fuze /fjúːz/ *n.* **1** 信管, 雷管, 起爆装置 (cf. time fuze). **2** 《英》=fuse[1]. — *vt.* …に信管[雷管, 起爆装置]をつける[装着する]. 〖《変形》← FUSE[2]〗

fu·zee /fjuːzíː, ⁻⁻ | ⁻⁻/ *n.* =fusee.

Fu·zhou /fùːdʒóʊ | -dʒə́ʊ; *Chin.* fútʂōu/ *n.* 福州(フーチョウ)《中国南東部の海港; 福建省 (Fujian) の省都》.

fuzz /fʌ́z/ *n.* **1** (織維・果物の皮などの)けば, 微毛, 綿毛 (down, fluff). **2** 《俗》警官, 刑事,「さつ」; [集合的] 警察. **3** ぼやけ. **4** (fuzz box による)音のゆがみ. — *vi.* **1** ふわふわと飛び散る 〈*out*〉. **2** けば立つ, ふわふわになる. — *vt.* **1** けば立たせる, ふわふわさせる. **2** ぼやけさせる 〈*up*〉: ~ *up* the argument 論点をぼかす / My head is still ~*ed* from the drink. 飲み過ぎて頭がまだぼうっとしている. 〖(1674): 《擬音語》? // 《逆成》← FUZZY〗

fúzz·bàll *n.* 《英方言》〖植物〗ホコリタケ (puffball). 〖1597〗

fúzz·bòx *n.* 〖音楽〗ファズボックス《エレキギターにつけるアンプの一種; 故意に音を濁らせるときに用いる; fuzz tone ともいう》.

fúzz·bùster *n.* 《米俗》(警察のスピード違反用レーダーの所在を知らせる)レーダー探知機.

fuzz·y /fʌ́zi/ *adj.* (**fuzz·i·er; -i·est**) **1** けばのような, けばで覆われた, けば立った (fluffy). **2** ぼやけた (indistinct); はっきりしない (vague), あいまいな: ~ outlines [sounds] ぼやけた輪郭[音]. **3** (酒などを飲んで)支離滅裂な, もうろうとなった. **4** 〈髪の毛など〉(短くて)縮れた, ちりちりの (frizzy); ぼさぼさの. **fúzz·i·ly** /-zɪ̀li/ *adv.* **fúzz·i·ness** *n.* 〖(1616) □ ? LG *fussig* spongy: cf. Du. *voos* spongy: ⇨ -Y[4]〗

fúzzy-héaded *adj.* **1** 愚かな, 考えの足りない, 軽率な. **2** 頭の変な. 〖1885〗

fúzzy lógic *n.* 〖電子工学〗ファジー論理, あいまい論理《0 と 1 (または真と偽)の 2 種のみを扱う論理に対して, 何らかの形でその中間も扱う論理体系》. 〖1969〗

fúzzy sét *n.* 〖数学〗ファジー集合, ぼやけ集合《明確な境界を持たない集合》. 〖1964〗

fúzzy thèory *n.* 〖電算〗ファジー理論, あいまい理論.

Fuzz·y-Wuz·zy, fuzz·y-w- /fʌ́ziwʌ̀zi, ⁻⁻⁻⁻/ *n.* 《英》[通例軽蔑的] **1** 《口語》スーダン (Sudan) 兵(士); スーダン人. **2** 《俗》(ニューギニア・アフリカなどの縮れ髪の)黒人. 〖(1892) 《加重》← FUZZY: その乱髪にちなんで英国兵がつけたあだ名〗

fúzzy wúzzy àngel *n.* 《豪口語》第二次大戦中, 担架兵として活躍したパプアニューギニアの先住民. 〖1942〗

f.v. 《略》L. *foliō versō* (=on the back of the page).

FWA 《略》《米》Federal Works Agency (1949 年廃止).

f.w.b. 《略》four wheel brake [braking].

fwd 《略》foreward; forward.

f.w.d. 《略》four-wheel drive; front-wheel drive; 〖保険〗freshwater damage. 〖1958〗

f-wòrd /ɛ́f-/ *n.* [the ~] 〖婉曲〗fuck という語. 〖1973〗

FWPCA 《略》《米》Federal Water Pollution Control Administration.

fwy 《略》《米》freeway.

FX /éfèks/ 《略》〖テレビ・映画〗effects (cf. SFX).

FX, f.x. 《略》foreign exchange.

fy /fáɪ/ *int.* =fie.

FY 《略》《英》financial year; 《米》fiscal year.

-fy /⁻⁻fàɪ/ *suf.*「…にする, …になる, …のようになる[させる], …化する」の意の動詞を造る: satis*fy*. ★ 直接子音に続くときは -ify になる: beaut*ify*, French*ify*, simpl*ify*. 〖ME *-fie(n)* □ (O)F *-fier* < L *-ficāre* to do, make: cf. -fic, -fication〗

fyce /fáɪs/ *n.* =feist.

fye /fáɪ/ *int.* =fie.

Fyfe /fáɪf/ *n.* ファイフ《男性名》. 〖□ Pictish-Scotch *Fibe, Fibh*: ⇨ Fife〗

FYI 《略》for your information.

fyke /fáɪk/ *n.* =fyke net. 〖(1832) □ Du. *fuik*〗

fýke nèt *n.* 長袋(ながぶくろ)網《ニシンなどを捕える魚網の一種》. 〖1842〗

Fylde /fáɪld/ *n.* ファイルド《イングランド北西部の Wyre 河口と Ribble 河口にはさまれた地域; 主な都市は Blackpool や Lytham St Anne's など》.

fyl·fot /fɪ́lfɑ(ː)t | -fɒt/ *n.* 卍(まんじ)形, 鉤(かぎ)十字 (swastika). 〖(*a*1500) ← *fill* (*the*) *foot* (of a window): 彩色ガラス窓下半分の模様にちなむ?〗

Fyn /fín; *Dan.* fýːˀn/ *n.* フューン(島)《デンマーク南部の島; 面積 2,980 km²》.

Fyo·dor /fíːədɔ̀ə | fíː(ə)(ʊ)dɔː(r), fíə(ʊ)-; *Russ.* fʲódər/ *n.* フィーアドー《男性名; 異形 Feodor》. 〖□ Russ. ~ 'THEODORE'〗

fyrd /fə́ːd, fíəd | fɜ́ːd, fíəd/ *n.* 〖英史〗フュルド《アングロサクソン時代の地方軍隊; 自由農民はこれに入る義務があった》. 〖(1832): cf. OE *fyrd*〗

fytte /fít/ *n.* 《古》=fit[3].

fz. 《略》〖音楽〗forzando.

FZS 《略》Fellow of the Zoological Society.

G g

G^{1}**, g** /ʤíː/ *n.* (*pl.* **G's, Gs, g's, gs** /〜z/) **1** 英語アルファベットの第 7 字. ★ 通信コードは Golf. **2** (活字・スタンプなどの) G または g 字. **3** [G-] G 字形(のもの). **4** 文字 g が表す音: a hard *g* 硬音の g 《game, go, gum, dig などの /g/; ⇨ hard *adj.* 21》/ a soft *g* 軟音の g 《gem, giant, page などの /ʤ/; ⇨ soft *adj.* 26》. **5** (連続したものの) 7 番目(のもの): Company *G* 第七中隊. **6** 中世ローマ数字の 400. **7** 〘音楽〙 **a** ト音, (ドレミ唱法の)ソ音; ト音の弦[鍵(けん)], (パイプオルガンの)パイプ]: G clef ト音記号 / G sharp 嬰(えい)ト音 《記号は G♯》/ G flat 変ト音 《記号は G♭》. **b** ト調: G major [minor] ト長[短]調 (cf. key^{1} 3 a). **8** [G] 《米俗》 千, 千ドル. 《《略》 ← GRAND》 〚OE G, *g* ⊏ L (C の音価が Etruscan で /g/ から /k/ に変わったので, ラテン語の /g/ を表すため C を変形したもの: ⇨ C): ⇨ A^{1} ★〛

g 《記号》〘物理〙 重力加速度 《約 9.81 m/s^2》.

g 《略》 gallon(s); 〘物理〙 gravity.

g, g. 《記号》〘心理〙 general factor g 因子, 一般因子 《知能のすべての面に共通する基本的な一般知能の因子》; 〘心理〙 general intelligence 一般知能; 〘気象〙 gloomy.

G^{2} /ʤíː/ *n., adj.* 〘映画〙 すべての観客に向くと薦められる(映画) (cf. PG, R^2, X^2). 〚《1966》《略》 ← GENERAL〛

G 《略》〘軍事〙 general staff; 〘物理〙 giga-; 〘軍事〙 gun.

G 《記号》〘電気〙 conductance; 〘物理〙 constant of gravitation; 〘物理〙 gauss; 〘電気〙 grid direction; 〘貨幣〙 gourde(s), guarani(s), guilder(s), guinea(s), gulden(s); 〘物理〙 specific gravity.

g. 《略》 garage; *F.* gauche (=left); gelding; gender; general; generally; genitive; gold; good; gray; great; *F.* gros, grosse (=large); 〘アメフト〙 guard; gun; gunnery.

g., G. 《略》 game; gauge; gilt; goal; goalkeeper; government; grain; gram(s); grand; gravity; green; ground color; guardian; guide; gulf.

G. 《略》 German; Germany; Guernsey.

-g 《略》 -ing.

₲ 《記号》〘貨幣〙 gourde(s), guarani(s).

ga 《略》 gauge.

ga 《記号》 Gabon 《URL ドメイン名》.

Ga /gáː/ *n.* (*pl.* **〜s, 〜**) **1 a** [the 〜(s)] ガー族 《Ghana に住む一部族》. **b** ガー族の人. **2** ガー語 《Kwa 語の一つ》. 〚《1858》《現地語》〛

Ga 《記号》〘化学〙 gallium; 〘地質〙 billion years 10 億年. 〚← GIGA-〛

Ga 《略》〘聖書〙 Galatians; Gallic; Georgia.

GA 《略》〘米郵便〙 Georgia (州); 《略》〘海商〙 general average; General Agent; General American; General Assembly; General of the Army; graphic arts.

GA 《記号》 ⇨ GARUDA.

GAA 《略》《アイル》 Gaelic Athletic Association.

gab^{1} /gǽb/ *n.* 《口語》 おしゃべり, (特に)むだ話 (idle talk): Stop [Stow] your 〜! おしゃべりはよせ, 黙れ / ⇨ *the* GIFT *of* (*the*) *gab*. — *vi.* (**gabbed; gab·bing**) むだ話する, おしゃべりをする 〔*about*〕. 〚《1369》 ⊏ ? ON *gabba* to mock ← ?: cf. GABBLE〛

gab^{2} /gǽb/ *n.* **1** 〘機械〙 (偏心棒などに付いている)引っ掛け (hook). **2** 〘石工〙 先の鋭くとがった道具. 〚《1792》 ⊏ ? Flem. *gabbe* notch〛

gab^{3} /gǽb/ *n.* 《スコット》 **1** 口 (mouth); 舌 (tongue). **2** 味 (taste). 〚《1724》《変形》? ← GOB^{3}〛

GAB /ʤíːèibíː/ 《略》 General Arrangements to Borrow 《IMF の一般借入取決め》.

GABA /gǽbə/ *n.* 〘生化学〙 ガンマアミノ酪酸 (NH_2CH_2-$(CH_2)_2COOH$) 《動物の脳や植物に見出され, 特に脳でグルタミン酸代謝に関連した GABA 回路が考えられている》. 〚《頭字語》 ← *g*(*amma*)-*a*(*mino*)*b*(*utyric*) *a*(*cid*)〛

Ga·bar /gáːbɚ | -bə$^{(r)}$/ *n.* ガブル 《イラン派の拝火教徒, イラン人ゾロアスター教徒; cf. Parsi》. — *adj.* ガブルの. 〚⊏ Pers. 〜 ⊏ Arab. *kā́fir* unbeliever〛

gab·ar·dine /gǽbɚdìːn, ⸗―⸗ | -bə-/ *n.* **1 a** ギャバジン 《毛, 木綿またはスパンレーヨンの目のつんだあや織; 昔は主にレーンコートに用いたが, 今は一般服地としても用いる》. **b** ギャバジン製の衣服. **2** =gaberdine 1,2. 〚《1520》《異形》 ← GABERDINE〛

Gab·bai, g- /gɑːbáɪ, ⸗―/ *Heb. n.* (*pl.* **Gab·ba·im** /gɑːbáɪ̯ɪm, gáːbaɪ̀ːm/, **〜s**) **1** ユダヤ教会堂の管財・会計を担当する平信者役員. **2** ユダヤ教徒コミュニティーの収税吏 《貧者への施しの分配を管理する》. 〚⊏ Mish. Heb. *gábbay* collector〛

gab·bard /gǽbɚd | -bəd/ *n.* (*also* **gab·bart** /gǽbɚt | -bət/) (もとスコットランドの河川で用いられた)小型の平底帆船, はしけ. 〚《1580》 ⊏ OF *gab*(*b*)*arre* (F *gabare*) ⊏ OProv. *gabarra* ⊏ ? LL *carabus* small boat ⊏ Gk *kárabos* horned beetle, light ship: cf. caravel〛

gáb·ber *n.* 《口語》 饒舌(じょうぜつ)な人, よくしゃべるやつ, 多弁家, おしゃべり. 〚《1793》: ⇨ gab^{1}, -er^{1}〛

gab·ble /gǽbl̩/ *vi.* **1** (よくわからないほど)早口にしゃべる (chatter) 〈*away, on*〉〔*about*〕; 早口に読む. **2** 〈ガチョウ・雌鶏などが〉がーがーいう (cackle). — *vt.* (よくわからないほど)早口に言う[読む] 〈*away, off, on*〉〔*about*〕: 〜 *out* an apology 早口に言い訳をする. — *n.* **1** 早口ではっきりわからないおしゃべり, わけのわからない話. **2** (ガチョウ・雌鶏などの)がーがーという鳴き声. **gáb·bler** /-bl̩ɚ, -blɚ | -bl̩ə$^{(r)}$, -blə$^{(r)}$/ *n.* 〚《1577》 ⊏ MDu. *gabbelen* 《擬音語》: cf. gobble^{1}〛

gab·bro /gǽbroʊ | -brəʊ/ *n.* (*pl.* **〜s**) 〘岩石〙 斑糲(はんれい)岩, かすり石 《深成岩の一種》. **gab·bro·ic** /gæbróʊɪk | -brə́ʊ-/ *adj.* **gab·bro·i·tic** /gæ̀broʊítɪk | -brəʊít-⁻/ *adj.* 〚《*c*1828》 ⊏ It. 〜 ← L *glaber* bald, smooth: ⇨ glabrous〛

gab·broid /gǽbrɔɪd/ *adj.* 斑糲(はんれい)岩類似[様]の. 〚《1900》: ⇨ ↑, -oid〛

gab·by /gǽbi/ *adj.* (**gab·bi·er; -bi·est**) 《口語》 おしゃべりの (talkative), 口達者な (loquacious). **gáb·bi·ness** *n.* 〚《1719》 ← GAB^{1}+-Y^{4}〛

Gab·by /gǽbi/ *n.* ギャビー: **1** 男性名. **2** 女性名. 〚1: (dim.) ← GABRIEL. 2: (dim.) ← GABRIELLA〛

Gabe /géɪb/ *n.* ゲイブ 《男性名》. 〚(dim.) ← GABRIEL〛

ga·belle /gəbɛ́l; *F* gabɛl/ *n.* **1** 税 (tax). **2** (フランスで 1790 年以前にあった)塩税. 〚《1413》 ⊏ (O)F 〜 ⊏ It. *gabella* tax ⊏ Arab. *gabā́la*^{h} impost〛

gab·er·dine /gǽbɚdìːn, ⸗―⸗ | -bə-/ *n.* **1** (中世にユダヤ人の用いた)ゆるやかな長い上衣[外套]. **2** 《英》 ゆるやかな労働着. **3** =gabardine 1. 〚《1567》 ⊏ Sp *gabardina* 《原義》 pilgrim's frock ← MHG *wallevart* pilgrimage ∽ 《1520》 *gawbardyne* ⊏ OF *gauvardine* ← MHG〛

gab·er·lun·zie /gæ̀bɚlʌ́nzi | gæ̀bəlʌ́nzi, -lúːnji, ⸗―⸗―/ *n.* 《スコット・古》 浮浪こじき; 托鉢(たくはつ)僧 (mendicant) 《gaberlunzie-man ともいう》. 〚《1508》 ← ?: *-zie* の *z* は y のスコットランドつづり〛

Ga·be·ro·nes /gàːbəróʊnɛs, gæ̀b- | gæ̀bərə́ʊ-/ *n.* ガベロネス 《Gaborone の旧名》.

Ga·bès /gáːbəs, -bɛs; *F.* gabɛs/ *n.* ガベス 《北アフリカ, チュニジアの東岸にある湾 (Gulf of Gabès; 旧名 Syrtis Minor) の奥に位置する港湾都市》.

gab·fest /gǽbfɛ̀st/ *n.* 《米口語》 **1** おしゃべりの会, むだ話の会合. **2** おしゃべり, 長談議. 〚《1897》 ← GAB^{1}+G *Fest* feast〛

Ga·bie /géɪbi, gǽbi/ *n.* ゲイビー 《女性名》. 〚(dim.) ← GABRIELLA〛

Ga·bin /gæbǽː(ŋ), -bǽŋ; *G.* gabɛ̃/**, Jean** *n.* ギャバン 《1904–76; フランスの映画俳優》.

ga·bi·on /géɪbiən/ *n.* **1** 〘築城〙 堡籃(ほうらん) 《木や枝で編んだ筒をたて, 中に土石を満たしたもの; 堡塁の築造などに用いた》. **2** 〘土木〙 蛇籠(じゃかご), 石がまち, 土俵 《水流をせき止めたり突堤の土台などに用いる》. 〚《1579》 ⊏ F 〜 ⊏ It. *gabbione* (aug.) ← *gabbia* < L *caveam* 'CAGE'〛

ga·bi·o·nade /gèɪbiənéɪd/ *n.* (*also* **ga·bi·on·nade** /〜/) **1** 〘築城〙 堡籃墻(ほうらんしょう) 《堡籃を並べて築いた堡塁》. **2** 〘土木〙 蛇籠(じゃかご)[石がまち]工事. 〚(《1706》) 《1721》 ⊏ F *gabionnade*: ⇨ ↑, -ade〛

ga·ble /géɪbl̩/ 〘建築〙 *n.* **1** 切妻(きりづま), 破風(はふ), ゲーブル. **2** =gable wall. **3** (家具やゴシック様式の戸口・窓上などの)装飾用の破風形の部分. — *vt.* 切妻造りにする. **〜·lìke** *adj.* 〚《1347–48》 ⊏ OF 〜 ⊏ ON *gafl* < Gmc **ʒaƀ(a)laz* top of a pitched roof ← IE **ghebhel-* head: cf. G *Giebel* gable〛

gable 1
1 gable wall
2 finial
3 bareboard

Ga·ble /géɪbl̩/ *n.* ゲーブル 《男性名》. 〚(dim.) ← GABRIEL〛

Gable, (**William**) **Clark** *n.* ゲーブル 《1901–60; 米国の映画俳優》.

gáble·bòard *n.* 〘建築〙 =bargeboard.

gá·bled *adj.* 切妻のある: a 〜 roof 切妻屋根. 〚《1849》 ← GABLE+-ED〛

gáble ènd *n.* 〘建築〙 **1** =gable wall. **2** 切妻. 〚?*c*1350〛

gáble ròof *n.* 〘建築〙 切妻屋根 《両端が切妻になるような両流れ屋根》. 〚1850〛

ga·blet /géɪbl̩ɪt/ *n.* 〘建築〙 (窓上などの)破風(はふ)形の小張出し, 小破風. 〚《*c*1440》 ⊏ AF 〜 (dim.) ← OF *gable*: ⇨ gable, -et〛

gáble wàll *n.* 〘建築〙 妻壁(つまかべ) (⇨ gable 挿絵). 〚1442〛

gáble wíndow *n.* 〘建築〙 **1** 切妻窓 《切妻の部分に設けられた窓》. **2** 破風形の窓 《上部が破風形の窓》. 〚1432〛

Ga·bo /gáːboʊ, -bə | -bəʊ/**, Naum** /náʊm/ *n.* ガボ 《1890–1977; ロシア生まれの米国の彫刻家; Antoine Pevsner の弟; 旧姓 Pevsner》.

Ga·bon /gæbóʊn, gə- | gǽbɔn, gæbɔ́n, gə-; *F.* gabɔ̃/ *n.* **1** ガボン 《アフリカ中西部, Guinea 湾に臨むフランス共同体 (French Community) 内の共和国; もとフランス領赤道アフリカ (French Equatorial Africa) の一部で, 1960 年独立; 面積 267,667 km^2, 首都 Libreville; 公式名 the Gabonese Republic ガボン共和国》. **2** [the 〜] ガボン(川) 《ガボン中部を西流して大西洋に注ぐ川 (64 km)》.

Gab·o·nese /gæ̀bəníːz, gàːb-, -níːs | gæ̀bɔníːz, -bə-⁻/ *adj.* ガボンの; ガボン人の. — *n.* (*pl.* 〜) ガボン人, ガボンの(先)住民. 〚← *Gabon*+-ESE〛

ga·boon^{1} /gəbúːn/ *n.* **1 a** ガブーン材 《アフリカ西部産の軽くて柔らかい赤みがかった家具用材; gabun, gaboon mohogany ともいう》. **b** 〘植物〙 ガブーン 《ガブーン材になるカンラン科の木; 特に *Aucoumea klaineana, Canarium schweinfurthii* の 2 種》. **2** (Gabon 産の)良質の黒檀(こくたん). **3** [G-] ガボン共和国の黒人. 〚《1910》《変形》 ← *Gabon*〛

ga·boon^{2} /gɑːbúːn, gə-/ *n.* 《米方言》 たんつぼ (spittoon). 〚《1929》 ← *gab-* (《変形》 ← GOB^{1} lump of tobacco)+-OON: cf. gob^{3}〛

gabóon mahógany *n.* =gaboon^{1} 1.

Ga·bóon víper /gəbúːn-/ *n.* 〘動物〙 ガボンクサリヘビ (*Bitis gabonica*) 《熱帯アフリカ産の美しい色彩斑紋をもつ毒ヘビ; 全長 2 m に達する》.

Ga·bor /gáːbɔɚ | -bɔː$^{(r)}$; *Hung.* gáːbor/**, Dennis** *n.* ガボール 《1900–79; ハンガリー生まれの英国の物理学者; Nobel 物理学賞 (1971)》.

Ga·bo·riau /gəbɔ́ːriòʊ | -riəʊ; *F.* gabɔʁjo/**, Émile** *n.* ガボリオー 《1835–73; フランスの小説家; 推理小説の先駆者; *Monsieur Lecoq*「ルコック氏」(1869)》.

Ga·bo·ro·ne /gàːbəróʊneɪ, -ni | gæ̀bərə́ʊni/ *n.* ガボローネ 《アフリカ南部, ボツワナ南東部にある同国の首都; 旧名 Gaberones》.

Ga·bri·el /géɪbriəɫ; *F.* gabʁjɛl, *Sp.* gaβɾjél, *G.* gáːbʁièːl/ *n.* **1** ガブリエル 《男性名; 愛称形 Gabby, Gabe, Gable》. **2** ガブリエル 《七大天使 (archangels) の一人; 人間への慰めと吉報の天使 (cf. *Dan.* 8:15–19; 9:21); イエスキリストの懐胎をマリアに告げる (cf. *Luke* 1:19, 26); コーランではマホメットを天国へ連れて行き, 預言者であることを示す》. 〚⊏ Heb. *Gabhrīʼēl* 《原義》 man of God ← *gébher* man+*ēl* God〛

Ga·bri·el /géɪbriəɫ; *F* gabʁjɛl/**, Jacques-Ange** *n.* ガブリエル 《1698–1782; フランスの建築家》.

Ga·bri·el·a /gæ̀briɛ́lə, gèɪb-; *Sp.* gaβɾjéla/ *n.* ガブリエラ 《女性名》. 〚⇨ Gabriella〛

Ga·bri·e·le /gàːbriéɪleɪ; *It.* gabriɛ́ːle/ *n.* ガブリエレ 《男性名》. 〚⊏ It 〜 'GABRIEL'〛

Ga·bri·e·li /gàːbriéɪli; *It.* gabriɛ́ːli/**, Andrea** *n.* ガブリエリ 《1510?–86; イタリアのベネチア楽派の作曲家》.

Gabrieli, Giovanni *n.* ガブリエリ 《1555?–?1612; イタリアのベネチア楽派の作曲家; A. Gabrieli の甥》.

Ga·bri·el·la /gæ̀briɛ́lə, gèɪb-/ *n.* ガブリエラ 《女性名; 愛称形 Gabby, Gaby; 異形 Gabriela, Gabrielle》. 〚(fem.) ← GABRIEL〛

Ga·bri·elle /gæ̀briɛ́l, gèɪb-/ *n.* ガブリエル 《女性名》. 〚⊏ F 〜 'GABRIELLA'〛

ga·bun /gəbúːn/ *n.* =gaboon^{1}.

ga·by /géɪbi/ *n.* 《古・英方言》 間抜け, とんま. 〚《1796》 ← ? ON: cf. Icel. *gapi* frivolous person ← *gapa* 'to GAPE'〛

Ga·by /gǽbi, gáː-/ *n.* ゲイビー 《女性名》. 〚(dim.) ← GABRIELLA〛

G àcid /ʤíː-/ *n.* 〘化学〙 G 酸 ($HOC_{10}H_5(SO_3H)_2$) 《アゾ染料の中間体として用いる; cf. K acid》.

G/A con. 《略》〘海商〙 general average contribution.

gad^{1} /gǽd/ *vi.* (**gad·ded; gad·ding**) **1** 出歩く, 遊び歩く, ほっつき歩く, ぶらつく 〈*about, around, abroad, out*〉. **2** 《廃》 [主に現在分詞形で] 〈草木が〉はびこる: 〜*-ding* plants はびこり広がる草木. — *n.* 出歩くこと, ほっつき歩き, 出遊び. ★ 主に次の句に用いる: on [upon] the 〜 ぶらついて, 出歩いて. **gád·der** /-dɚ | -də$^{(r)}$/ *n.* 〚《*a*1460》《逆成》 ← ? 《廃》 *gadeling* companion < OE *gædeling* ← *gæd* fellowship (cf. gather)+-LING^{1}〛

gad^{2} /gǽd/ *n.* **1** (家畜を駆るための)突き棒 (goad), とげ棒. **2** 《米西部》 拍車 (spur). **3** 〘石工・鉱山〙 たがね, 突きがね. **4** 《廃》 **a** 大くぎ, やじり, やり先, くさび. **b** 尖筆, 鉄筆 (stylus).

upòn the gád 《廃》突然, 不意に. 《1605》
— *vt.* (**gad·ded; gad·ding**) 〈岩などを〉たがねで割る.
— *vi.* たがねを用いる.
〖《*c*1250》□ ON *gaddr* spike < Gmc **ʒazðaz*: cf. yard[1]〗

Gad[1] /gǽd/ *n.* 〖聖書〗 **1** ガド《Jacob の第 7 子, 母は Zilpah; cf. *Gen.* 30: 11–12》. **2** ガド族《ガドを祖とするイスラエル十二支族の一つ; 勇猛をもって知られる; cf. *1 Chron.* 12: 8》. **3** ガド族の領土. **4** ガド《ダビデ王 (David) 宮廷の預言者・編年史家; cf. *2 Sam.* 24: 11–19》. 〖□ Heb. *Gādh* 《原義》? fortune〗

Gad[2], **g-** /gǽd/ *int.* 《古》まあ, とんでもない《軽いののしりを表す》: by *Gad!* ちぇ, まあ, とんでもない (cf. begad). 〖《1608》《婉曲的変形》← GOD〗

gád·abòut *n., adj.* 《口語》内を外に遊び歩く(人); (特に, うわさや刺激を求めて)ぶらぶら出歩く(人). 〖《1817》← GAD[1]＋ABOUT〗

Gad·a·ra /gǽdərə | -də-/ *n.* ガダラ, ゲラサ《古代 Palestine の Decapolis の町; cf. *Mark* 5: 1, *Luke* 8: 26》.

G

Gad·a·rene /gǽdəri:n | gæ̀dəri:n, ←–⌣/ *adj.* **1** Gadara (住民)の. **2** 〖← *Gadarene swine*: 悪魔にとりつかれて海に飛び込み溺れた豚の話から (↓)〗向こう見ずに飛び込む. 〖《1820》□ LL *Gadarēnus*〗

Gádarene swíne *n.* ガダラ[ゲラサ]の豚(の群)《悪魔にとりつかれた者のたとえにしばしば用いられる; cf. *Matt.* 8: 28–32, *Mark* 5: 1–13, *Luke* 8: 26–39》. 〖1899〗

Gad·da /gɑ́:dɑ:; *It.* gádda/, **Carlo E·mi·lio** /emí:ljo/ *n.* ガッダ《1893–1973; イタリアの小説家; *Quer pasticciaccio brutto de via Merulana*「メルラーナ街の恐るべき混乱」(1957)》.

Gad·da·fi /gədɑ́:fi, -dǽfi/; *Arab.* ɣaððá:fi/, **Moamar al** *n.* カダフィ《1942–2011; リビアの軍人・政治家; 1969 年無血クーデターにより王制を倒して軍事政権をつくった; 事実上の国家元首; Qaddafi, Gadhafi ともつづる》.

gad·di /gʌdí:, gɑ́di | gɑ́di/ *n.* (*pl.* ~, ~**s**) 《インド》 **1** (君主の座席の)クッション; 王座, 玉座. **2** 主権者の地位, 主権. 〖《1855》□ Hindi *gaddī* 《原義》cushion〗

Gad·dis /gǽdɪs | -dɪs/, **William** (**Thomas**) *n.* ギャディス《1922–98; 米国の小説家; *Carpenter's Gothic* (1985)》.

gád·flỳ *n.* **1** 〖昆虫〗ウシアブ《哺乳動物の血を吸うアブ科ウシアブ類の昆虫数種の総称》. **2** (執拗に批判や要求攻めをする)うるさい人. 〖《1626》← GAD[2]＋FLY[2]〗

gad·get /gǽdʒɪt/ *n.* **1 a** 簡単な機械装置, 小道具, 付属品《水道のカラン・戸締まりのねじ金など》. **b** (実用的ではないが)気のきいた代物, 小物: a ~ *for* opening cans. **2** 〖ガラス製造〗カッパ《手造りのワイングラス製造でボウルを仕上げている間脚を支えておく道具》. 〖《1886》□ ? F *gâchette* ← *gâche* hook: ⇨ -et〗

gad·ge·teer /gæ̀dʒətíə | -tíə^(r)/ *n.* (簡単な)機械類を作る[考案する]人; 機械類を買ったり使ったりすることの好きな人. 〖《1938》: ⇨ ↑, -eer〗

gad·get·ry /gǽdʒɪtri/ *n.* **1** [集合的] (簡単な)機械装置; 実用新案(小道具類). **2** gadget に夢中になること. 〖《1920》: ⇨ -ry〗

gad·get·y /gǽdʒɪti | -ti/ *adj.* 機械装置の; 機械いじりの好きな. 〖《1937》: ⇨ -y[4]〗

Gad·ha·fi /gədɑ́:fi, -dǽfi/ *n.* ＝Gaddafi.

Ga·dhel·ic /gædélɪk, gə-/ *adj., n.* ＝Goidelic. 〖《1796》← Ir. *Gaedheal* & Sc.-Gael. *Gàidheal* 'GAEL'＋-IC[1]〗

ga·di /gʌdí:, gɑ́di | gɑ́di/ *n.* ＝gaddi.

ga·did /géɪdɪd, gǽd- | -dɪd/ *adj., n.* 〖魚類〗タラ科の(魚). 〖《1889》↓〗

Gad·i·dae /gǽdədì: | -dɪ-/ *n. pl.* 〖魚類〗タラ科. 〖← NL ~ ← *Gadus* cod (属名: ← Gk *gádos* fish)＋-IDAE〗

ga·doid /géɪdɔɪd, gǽd- | -dɔɪd/ *adj., n.* 〖魚類〗タラ亜目の(魚). 〖《1842》← NL *Gadus* (↑)＋-OID〗

gad·o·lin·ite /gǽdələnàɪt, -dl- | -dəlɪ-, -dl-/ *n.* 〖鉱物〗ガドリン石《主成分は $Be_2FeY_2Si_2O_{10}$; 種々の希土類元素を含むケイ酸塩鉱物で, 希土類元素の一資源; ytterbite ともいう》. 〖《1802》□ G *Gadolinit* ← *J. Gadolin* (1760–1852: その発見者であるフィンランドの化学者): ⇨ -ite[1]〗

gad·o·lin·i·um /gæ̀dəlíniəm, -dl- | -dəl-, -dl-/ *n.* 〖化学〗ガドリニウム《希土類金属元素の一つ; 記号 Gd, 原子番号 64, 原子量 157.25》. **gad·o·lin·ic** /gæ̀dəlínɪk, -dəl-, -dl- | -dəul-, -dl-⁻/ *adj.* 〖《1886》: ⇨ ↑, -ium〗

ga·droon /gədrú:n/ *n.* **1** (銀器などのへり飾りに用いる)丸ひだ装飾. **2** 〖建築〗円形そりひだ彫り繰形. **~ed** *adj.* 〖《1723–24》□ F *godron* < OF *goderon* (dim.)? ← *godet* drinking cup □ MDu. *codde* cylindrical piece of wood: ⇨ -oon〗

ga·dróon·ing *n.* 丸ひだ装飾 (gadroon) を用いた飾り[装飾]. 〖《1882》: ⇨ ↑, -ING[1]〗

Gads·den /gǽdzdən, -dn/ *n.* ガズデン《米国 Alabama 州北東部の工業都市》.

Gads·den /gǽdzdən, -dn/, **James** *n.* ガズデン《1788–1858; 米国の外交官・軍人》.

Gádsden Púrchase *n.* [the ~] ガズデン買収地区《James Gadsden が 1853 年メキシコと条約を結んで合衆国に買い取った地域; 現在の Arizona 州と New Mexico 州の一部; 面積 117,940 km²》.

gad·wall /gǽdwɔ:l, -wɑ:l | -wɔ:l/ *n.* (*pl.* ~**s**, ~) 〖鳥類〗オカヨシガモ (*Anas strepera*) 《水面鴨(ガモ)(俗に野鴨)の一種; shuttlecock ともいう》. 〖《1666》《古形》*gaddel* ← ?〗

Gad·zooks /gæ̀dzú:ks, -zúks | -zú:ks/ *int.* 《古》ちぇっ, ちくしょう《軽いののしりを表す》. 〖《1694》《転訛》← ? *God's hooks* (十字架上で釘づけにされたキリストにちなむ): cf. Gad[2]〗

gae[1] /géɪ, gə/ *vi.* (**gaed** /géɪd/; **gane** /géɪn/; 現在分詞 **gaun** /gɔ:n, gɑ:n | gɔ:n/) 《スコット》＝go[1]. 〖ME 《スコット・北英方言》: ⇨ go[1]〗

gae[2] /géɪ/ *v.* 《スコット》give の過去形.

Gae·a /dʒí:ə/ *n.* 〖ギリシャ神話〗ガイア《大地の女神; Oceanus, Cronus および Titan 族の母》. 〖□ L ~ □ Gk *Gaîa* 《原義》earth〗

-gae·a /dʒí:ə | dʒí:ə/「(特定の)地理的地域」の意の名詞連結形: afrogaea. 〖← NL ~ (↑)〗

Gaedheal·tacht /géɪltəxt, -tæxt; *Ir.* gé:ltəxt/ *n.* ＝Gaeltacht.

Gaek·war /gáɪkwɑə | -wɑ:^(r)/ *n.* ＝Gaikwar. 〖1813〗

Gael /géɪl/ *n.* **1 a** [the ~s] ゲール族《スコットランド, アイルランド, Man 島のケルト人; 特に, ゲール語を話すスコットランド高地人》. **b** ゲール族の人. **2** スコットランド人; アイルランド人. **~·dom** /-dəm/ *n.* 〖《1753》□ Sc.-Gael. *Gàidheal* < ? OIr. *Gōidel* Celt □ OWelsh *Gwyddel* ← ? *gwydd* wild: cf. Goidelic〗

Gael. 《略》Gaelic.

Gael·ic /géɪlɪk, gǽl-/ *adj.* ゲール族の; ゲール語の.
— *n.* **1** ＝Goidelic. **2** (特に, スコットランド高地人の話す)ゲール語. 〖《1741》□ Sc.-Gael. *Gàidhealach* of the Gaels & *Gaidhlig* the Gaelic language: ⇨ Gael, -ic[1]〗

Gáelic cóffee *n.* ＝Irish coffee. 〖1952〗

Gáelic fóotball *n.* ゲーリックフットボール《主にアイルランドで行われる 1 チーム 15 人の 2 チーム間のサッカーに似た球技》.

Gael·tacht /géɪltæxt, -təxt; *Ir.* gé:ltəxt/ *n.* アイルランド系ゲール語 (Irish Gaelic) を日常語とする地方 (cf. Gaidhealtachd). 〖《1929》□ Ir.-Gael. *Gaedhealtacht* ← *Gaedheal* 'GAEL'〗

Ga·e·ta·no /gɑ̀:eɪtɑ́:noʊ | -nəʊ; *It.* gaetá:no/ *n.* ガエターノ《男性名》. 〖□ It. ~〗

gaff[1] /gǽf/ *n.* **1** (大きな魚を陸揚げするときに使う)魚鉤(かぎ), 鉤竿(さお): bring a hooked fish to ~ (釣針にかかった魚を)引き寄せて魚鉤に引っ掛ける. **2** 〖海事〗ガフ, 斜桁(こう)《staysail 以外の縦帆の上縁や gaff-topsail の下縁を張り出している円材》. **3** (闘鶏のけづめに付ける)鉄けづめ. **4** (電信・電話の架線工夫等が使う)金かんじき; その靴釘(くぎ). **5** 《米俗》[the ~] **a** 苦難, 試練; (特に)執拗な非難[からかい]: stand [take] *the* ~ 苦境に耐える, じっと我慢する. **b** 虐待, 酷使. **6** 《俗》だまし, ぺてん, いかさま; トリック.
blów the gáff (うっかり)秘密を漏らす.
— *vt.* **1** 〈魚を〉鉤に引っ掛ける, 魚鉤で引き上げる. **2** 〈闘鶏〉に鉄けづめを付ける. **3** 《俗》**a** ごまかす, だます. **b** (だます目的で)…に巧妙な仕掛けを付ける: ~ the dice. 〖《?*a*1325》□ (O)F *gaffe* boat hook □ OProv. *gaf* □ ? Gmc **ʒafa*〗

gaff[2] /gǽf/ 《英俗・古》*n.* **1** 低級な娯楽場, 安芝居小屋, 低俗寄席, 安ダンスホール《通例 penny gaff という》. **2** 家, 店, 建物. **—** *vi.* (特に, 銭投げなどの)ばくちをする (gamble). 〖《1753》GAFF[1] の特別用法?: 客が *gaff* (＝cheat) されるところから〗

gaff[3] /gǽf/ *n.* **1** 《英俗》おしゃべり, くだらぬ話. **2** 叫び声, どなり声. ***blów the gáff*** 《英俗》秘密[計画]をしゃべる, 密告する. 〖《1812》← ?〗

gaffe /gǽf; F. gaf/ *n.* (社交・外交上の)失敗, 非礼: make [commit] a ~ へまをする. 〖《1909》□ F ~: cf. gaff[1]〗

gaf·fer /gǽfə | -fə^(r)/ *n.* **1** (田舎の)じいさん, おやじさん (aged rustic) 《多く名前に付けて呼び掛けに用いる; もとは親愛を表す語であったが今は軽蔑的; cf. gammer》: *Gaffer* Johnson ジョンソンじいさん. **2** 《英口語》**a** 雇主 (employer). **b** (パブ (pub) の)主人 (landlord). **c** (労働者の)監督 (overseer), 親方, 組頭. **3** 《米俗》父親. **4** (ガラス器具の)吹き手; 組長《ガラス吹きの主任》. **5** 《俗》(映画撮影所・テレビスタジオの)電気係主任; 照明係主任. 〖《1575》《変形》← ME *godfar* 《略》← *godfader* 'GODFATHER'〗

gáffer tàpe *n.* 《英》(電気工事用の)強力粘着テープ.

Gáff·ky scàle [**tàble**] /gɑ́:fki-; *G.* gáfki-/ *n.* 〖病理〗ガフキー等級《顕微鏡下での痰(たん)の中の結核菌数を 0 から 10 までの 11 段階に分けたもの》. 〖← *George Gaffky* (1850–1918; ドイツの細菌学者)〗

gáff-rìgged *adj.* 〖海事〗ガフスルで帆装した, ガフ帆装の.

gáff sàil *n.* 〖海事〗ガフスル《ガフに張った縦帆》. 〖1886〗

gáff topgállant sàil *n.* 〖海事〗ガフゲルンスル《4 檣(しょう)バーク型船の後檣に下段ガフと上段ガフがあり, その間にガフトップスルがある時, さらにその上に取り入れられる三角形の縦帆》.

gáff-tópsail *n.* 〖海事〗ガフトップスル: **a** ガフスル (gaff sail) の直上に張る通例三角形の頂帆. **b** 小型帆船のスパンカー (spanker) の上に張る四辺形の縦帆. 〖1794〗

gàff-tópsail càtfish *n.* 〖魚類〗ナマズ目ハマギギ科の魚の一種 (*Bagre marinus*) 《米国大西洋岸およびメキシコ湾沿岸に分布》.

gag[1] /gǽg/ *n.* **1** 物が言えないように口の中に押し込む物; さるぐつわ. **2** 〖演劇〗(役者が舞台で臨機に入れる)入れぜりふ, アドリブ; (寄席・芝居・映画の台本などに取り入れられた)場当たり文句, 滑稽, だじゃれ, 冗談, ギャグ (⇨ joke SYN). **3** 《口語》冗談, (人を)かつぐこと; 作り話. **4** 口止め, 発言禁止, 言論圧迫: ⇨ gag law / place [put] a ~ upon freedom of speech 言論の自由を束縛する. **5** (歯科用・外科手術用)開口器. **6** 〖議会〗討論終結 (cloture). **7** 〖馬具〗(馬の口にはめる)責めぐつわ. **8** 〖金属加工〗ギャグ《棒材・レールなどを整直または曲げるときに用いるかませもの》. ***púll a gág*** 《口語》ギャグを飛ばす, いたずらをする, かつぐ.
— *v.* (**gagged; gag·ging**) **—** *vt.* **1 a** 〈物が言えないように〉…の口に物を詰め込む, (口に物を詰め込んで)黙らせる, …にさるぐつわをはめる 〔*with*〕. **b** 〈馬〉に責めぐつわをはめる. **2** 口止めする, …の発言を差し止める[禁じる], 黙らせる (silence), …の言論を圧迫[束縛]する: ~ the press 報道の自由を圧迫する. **3 a** 〈喉を〉詰まらせる (choke). **b** 〈人〉に「げえ」と言わせる, むかつかせる. **4** 〈水管などを〉詰まらせる. **5** (開口器を用いて)〈あごを〉開ける. **6** 〈人を〉かつぐ, 一杯食わせる, だます. **7** 〖演劇〗〈劇・映画などに〉ギャグを入れる 〈*up*〉. **8** 〖金属加工〗ギャグを用いて整直[曲げ加工]する. **—** *vi.* **1** 〖演劇〗〈役者が〉入れぜりふを言う, ギャグを使う; ギャグのやりとりをする 〔*with*〕. **2 a** (吐こうとして)「げえ」と言う, (胸が)むかつく (retch). **b** 吐き気を催すほど(…を)嫌う 〔*at*〕. **3** 詰まる. **4** (人を)かつぐ, だます. ***Gág me with a spóon!*** 《米》やだー, へどが出そうだ.
〖《1440》窒息の声をまねた擬音語: cf. ON *gaghāls* with the neck thrown back〗

gag[2] /gǽg/ *n.* 〖魚類〗米国南部沿岸にすむ小形のハタ科ヤスリハタ属の魚 (*Mycteroperca microlepis*). 〖《1884》← ?〗

ga·ga /gɑ́:gɑ: | gɑ́:gɑ:, gǽg-/ *adj.* 《俗》**1** 気の変な, おめでたい (fatuous). **2** 老いぼれた, 恍惚の. **3** 〔恋(人)などに〕夢中になった, いかれた 〔*over, about*〕: She is ~ *about* him. 彼にべたぼれだ / He's gone ~ *over* jazz. ジャズにいかれた. 〖《1920》□ F ~ 'foolish old man' 《擬音語》〗

Ga·ga·rin /gəgɑ́:rɪn | -rɪn; *Russ.* gagárʲin/, **Yu·ri** /júrʲij/ (**Alekseevich**) *n.* ガガーリン《1934–68; 旧ソ連の宇宙飛行士; 1961 年一人乗り人工衛星 Vostok で世界で最初に地球を一周》.

Ga·ga·u·zi /gɑ̀:gɑ:ú:zi⁻ | gəgɔ́:zi/ *n.* ガガウズ語《黒海北西岸地方で用いられるチュルク語 (Turkic) の一つ》.

gág bìt *n.* (調教用の)責めぐつわ. 〖1868〗

gage[1] /géɪdʒ/ *n.* **1** 抵当物, 担保 (pledge, security): in ~ of …の抵当として / deliver [give] a thing in ~ 物を質[抵当]に置く. **2 a** (昔, 挑戦のしるしとして投げた)手袋, 帽子(など)《これを拾うことは応戦を意味する》. **b** 挑戦. ***thròw dówn the gáge*** 挑戦する (challenge).
— *vt.* 《古》**1** 抵当に入れる, 質に置く. **2** 賭ける. **3** …に言質を与える; (責任をもって)断言する.
〖《?*a*1300》□ OF *g(u)age* (F *gage*) < VL **gwadjo* □ Frank. **waðjam*: WAGE と二重語〗

gage[2] /géɪdʒ/ *n., vt.* ＝gauge.

gage[3] /géɪdʒ/ *n.* 〖園芸〗＝greengage. 〖1847〗

gage[4] /géɪdʒ/ *n.* 《米俗》＝marijuana.

Gage /géɪdʒ/, **Thomas** *n.* ゲージ《1721–87; 米国独立戦争当時の英国の将軍; Bunker Hill の戦いの英軍指揮官》.

gag·er /géɪdʒə | -dʒə^(r)/ *n.* ＝gauger.

gág·ger *n.* **1** ギャグ作者, ギャグを入れる人. **2** 〖金属加工〗(鋳造用の)中子(なかご)支え《空洞のあるものを鋳造する時に, 空洞を作るための中子を支える部分》. 〖《1624》← GAG[1]＋-ER[1]〗

gag·gle /gǽgl/ *n.* **1** (水上の)ガチョウの群れ (cf. skein): a ~ *of* geese ガチョウの(がーがー鳴く)群れ. **2** 《軽蔑》(女の)群れ; (人・物の乱雑な)集まり (group): a ~ *of* women [reporters] やかましい女連[新聞記者たち] / a ~ *of* islands 群島. **3** ガチョウの鳴き声, がーがー. **—** *vi.* **1** 〈ガチョウなどが〉がーがー鳴く. **2** ガチョウが鳴くような声を出す. 〖《1350》*gagele(n)* ← ? **gag* (擬音語)＋-LE[3]: cf. ON *gagl* young goose〗

gág làw *n.* 《米》**1** 言論抑圧令, 箝口(かんこう)令. **2** ＝gag rule. 〖1808〗

gág·màn /-mæ̀n/ *n.* (*pl.* **-men** /-mèn/) **1** (劇・映画・ショーなどの)ギャグ作者. **2** (ギャグやアドリブで笑わせる)喜劇役者, コメディアン. 〖1928〗

gág òrder *n.* (法廷で審議中の事柄の)報道禁止令.

gág rèin *n.* 〖馬具〗責め手綱《責めぐつわにつないだ手綱》. 〖1874〗

gág resolùtion *n.* 〖米史〗発言[討論]制限決議《1836–44 年に数回連邦議会を通過した決議; 下院では奴隷制反対請願を受けないことを決めたもの》.

gág·ròot *n.* 〖植物〗＝Indian tobacco 1. 〖← GAG[1]＋ROOT[1]: 吐剤として用いられることから〗

gág rùle *n.* 《米》(審議機関などで)討論禁止[制限]令.

gag·ster /gǽgstə | -stə^(r)/ *n.* **1** ＝gagman. **2** ＝practical joker. 〖1935〗

gahn·ite /gɑ́:naɪt/ *n.* 〖鉱物〗ガーナイト, 亜鉛スピネル ($ZnAl_2O_4$). 〖《1808》□ G *Gahnit* ← *J. G. Gahn* (1745–1818: スウェーデンの化学者): ⇨ -ite[1]〗

Gai·a /gáɪə, géɪə/ *n.* 〖ギリシャ神話〗＝Gaea. **Gai·an** /gáɪən, géɪən/ *adj.*

Gaidheal·tachd /géɪltək, -tækt; *Scot.Gael.* gé:ltəxt/ *n.* **1** スコットランド高地のスコットランド系ゲール語 (Scottish Gaelic) を日常語とする地域 (cf. Gaeltacht). **2** スコットランドのゲール人の文化・伝統.

gai·e·ty /géɪəti | géɪɪti/ *n.* **1** 陽気, 陽気な気分, 楽しさ, 愉快, にぎやかさ, はしゃぎ. **2** 派手, 華美, 華やかさ: ~ of apparel 派手な服装. **3** [しばしば *pl.*] 歓楽, お祭り騒ぎ: the *gaieties* of the London season ロンドン社交期のにぎわい. ***the gáiety of nátions*** 多くの人の愉楽, 大衆の楽しみ; 明るい[陽気な]風潮《Dr. Johnson, *The Lives of the Poets* 中の句》. 〖《1634》□ F *gaieté* ← *gai* 'GAY': ⇨ -ity〗

Gaik·war /gáɪkwɑə | -wɑ:^(r)/ *n.* インドのバロダ (Baroda) 王の称号. 〖《1813》□ Marathi *Gāekvāḍ* 《原義》cowherd: もと家族名〗

gail /géɪl/ *n.* ＝gyle.

Gail /géɪl/ *n.* ゲール **1** 女性名. **2** 男性名. 〘1: (dim.) ← ABIGAIL. 2: ⇨ Gale〙

gail·lard /gǽljəd | -liɑ̀:d, -ljəd/ *n., adj.* =galliard.

Gail·lárd Cút /gɪljɑ́əd-, géɪlɑəd- | gɪljɑ́:d-, géɪ-lɑ:d-/ *n.* [the ~] ギルヤードカット《Panama 運河の, 切り開かれた人工の谷の部分(長さ 13 km); 旧名 Culebra Cut》. 〘← *David Du Bose Gaillard* (1859–1913: 米国の技術将校)〙

gail·lar·di·a /geɪlɑ́ədiə, gə- | -lɑ́:diə/ *n.* 〔植物〕キク科テンニンギク属 (*Gaillardia*) の植物[花]. 〘(1888) ← NL ~ ← *Gaillard de Marentonneau* (18 世紀フランスのアマチュア植物学者): ⇨ -ia¹〙

gai·ly /géɪli/ *adv.* **1** 陽気に, 快活に, 楽しく, 浮かれて. **2** 派手に, 華美に, 華やかに: a ~ dressed girl 派手な服装の娘 / a ~ painted house 派手な色に塗った家 / a ~ decorated table 華やかに飾られた食卓. **3** 《スコット》かなりに. 〘(?c1350): ⇨ gay, -ly¹〙

gain¹ /géɪn/ *vt.* **1 a** 〈望ましいもの・必要なものなどを〉(努力して)得る, 獲得する, 手に入れる (⇨ get¹ SYN); [二重目的語を伴って]〈物事が…に〈名声などを〉得させる, もたらす (obtain) (↔ lose): ~ full marks (試験で)満点をとる / ~ one's (heart's) desire (心から)望むものを手に入れる / What does he expect [stand] to ~ by doing that? そうすることによってどんな得になりそうなのか / ~ a livelihood 生活費を得る, 生計を立てる / ~ experience 経験を積む / ~ the whole world and lose one's (own) soul 全世界を得て自己の魂を失う《かえって大事な物を失う; cf. *Matt.* 16:26》/ ~ a person's ear ⇨ ear¹ 4 / Nothing can be ~*ed* without (an) effort. 骨を折らなくては何も得られない / ~ acceptance among … 〈計画などが〉…の間で[によって]承認される / His speech ~*ed* the attention of the whole audience. 彼の演説は全聴衆の注意を引きつけた / His affability ~*ed* him widespread popularity. 愛想がよいために広く人気を得た / Her proposal ~*ed* general approval. 彼女の提案は広く認められた. **b** (利益として)得る, 〈金を〉もうける, 利得する: ~ five pounds, a large sum, etc. **c** (埋め立てなどで)〈海などから〉〈土地を〉獲得する〔*from*〕: land ~*ed from* the sea (海岸の)埋め立て地. **2** (競争して)得る, 勝ち取る (win): ~ a victory 勝利を得る / ~ the day 戦いに勝つ / ~ permanent possession of the trophy トロフィーの永久所有権を得る / ~ the upper hand (of …) (…より)優勢となる, (…に)勝つ / ~ an advantage *over* another 相手より有利な立場を得る. **3 a** (増加として)得る, 増す, 加える: ~ speed だんだん速力を増す / ~ strength [weight] 力[体重]が増す / ~ ten pounds *in* weight 重さ[体重]が 10 ポンド増す / ~ impetus はずみが出てくる / ~ a lot くじに当たる. **b** 〈健康を〉回復する: She soon ~*ed* her health again. **4** 〈損失などを〉被る, 招く: He ~*ed* nothing but shame. 彼の得たものは恥辱だけであった. **5** 説得する, 味方に引き入れる〈*over*〉: We managed to ~ him *over* in the dispute. 彼を争議の味方に引き入れることができた. **6** 〈時計が〉〈ある時間〉進む (↔ lose): This clock ~*s* three minutes a day. この時計は一日に 3 分進む. **7** 〈ある距離を〉進む: He ~*ed* 3 yards on his rivals. 競争相手を 3 ヤード引き離した. **8** 〈目的(地)などに〉(努力して)達する, 着く (⇨ reach SYN): ~ the port, the summit of a mountain, the shore, etc. / ~ one's end(s) 目的を達する.

— *vi.* **1** 利益を得る, もうける〔*by, from*〕. **2 a** 増す, 増大する (increase)〔*in*〕: ~ *in* beauty 美しさを増す / ~ *up to* 30 points 30 ポイント上昇する / ~ *in* fame 名声を高める / ~ by comparison [contrast] 比較[対比]によって一層引き立つ. **b** 体重が増える; 〈病人などが〉快方に向かう, 丈夫になる. **3** 〈時計が〉進む (↔ lose): My watch is ~*ing*. 私の時計は進んできている. **4 a** 〔…に〕迫って行く, 追い迫る (get nearer)〔*on, upon*〕: The eagle was ~*ing on* its prey. ワシは次第に獲物に迫っていた. **b** 〔競争者などを〕引き離す, 駆け離す〔*on, upon, over*〕: He was ~*ing on* the other runners every minute. 見る見るうちに他の走者を引き離して行った. **5** 〈海が〉〈陸地を〉浸食する〔*on, upon*〕. **6** 《古》〔…の〕歓心を得る, 〔…に〕取り入る〔*on, upon*〕.

— *n.* **1 a** 利益, 利得 (↔ loss): without great ~ or loss 大きな損得なしに / personal ~ 私利 / Their loss is our ~. あちらの損はこちらの得 / a clear ~ of 300 dollars 300 ドルの純益 / The Dow-Jones Index recorded ~*s* of up to 30 points. ダウジョーンズ指数は 30 ポイントの上昇を記録した / be blinded by the love of ~ 利欲に眼がくらむ. **b** [通例 *pl.*] 利益金, 収益, もうけ (profits, earnings); 報酬, 賞金, 得点: ill-gotten ~*s* 不正利得品[金] / No ~ without pain. 《諺》骨折りなければ利得なし. **2** 増加, 増大: a ~ *in* strength [knowledge] / make sufficient ~ [a ~ of a pound] *in* weight 体重が十分 [1 ポンド]増す / a ~ *of* 5 percent *over* last year 昨年度に対し 5 パーセント増. **3** 獲得, 収穫. **4** 〔電気〕 **a** (テレビ・ラジオ・プレーヤーなどの)音量の増大; 音量の調整. **b** (増幅器などの)利得《入力に対する出力の割合》; 利得調節. **c** (指向性アンテナなどの)空中線利得. ***ride (the) gáin*** (テレビ・ラジオなどで送信に適するように)音量を調整する.

~·a·ble /-nəbl/ *adj.* 〘n.: (1473) □ (O)F ~ (masc.) ← OF *ga(a)ign(i)er* (F *gagner*) — v.: (1530) □ OF *ga(a)ign(i)er* < VL **gwadanjāre* □ Gmc **waiþanjan* ← **weiþō* (OHG *weida* pasturage / OE *wāþ* hunting)〙

gain² /géɪn/ 〔木工〕*n.* (桁(けた)・梁(はり)のための)溝 (groove), 切欠(きりか) (notch), 枘穴(ほぞあな). — *vt.* …に溝[切欠, 枘穴]を付ける; 溝[切欠, 枘]で継ぐ: a ~*ed* joint 腰掛継ぎ. 〘(1848) ← ?: cf. 《廃》*gane* an ugly countenance ← OE *gānian* to gape or yawn〙

gáin contròl *n.* (受信機・増幅器の)利得制御.

gáin·er *n.* **1** 獲得者; 利得者; 勝利者 (↔ loser): come off a ~ もうける, 勝つ. **2** 〔水泳〕逆とんぼ返り《前向き飛込み型中逆とんぼ返りの飛込み》: full gainer ともいう; cf. half gainer》. 〘(1538) ← GAIN¹+-ER¹〙

Gaines·ville /géɪnzvɪl | -vɪl/ *n.* ゲインズビル《米国 Florida 州北部の都市; University of Florida がある》. 〘← *Gen. E. P. Gaines* (1777–1849: Seminole 族との戦闘の際の指揮官)〙

gain·ful /géɪnfəl, -fl/ *adj.* **1 a** 利益のある, 有利な, もうかる. **b** 収入を伴う (paid): a ~ occupation. **2** 〈人が〉有給の職にある. **~·ness** *n.* 〘1555 ← GAIN¹+-FUL¹〙

gáin·ful·ly /-fəli, -fli/ *adv.* 金になるように, 有利に; 有給の形で: be ~ employed 有給の職についている. 〘(1549): ⇨ ↑, -ly¹〙

gáin·gìving *n.* 《古》不安, 心配 (misgiving). 〘((1375)) (1600–1) *gayne-gavyng* ← *gayne-* against (< OE *ġeġn-, ġēan-*: cf. gainly)+*gevyng* giving〙

gain·ings /géɪnɪŋz/ *n. pl.* 稼ぎ(高) (earnings); 所得, 利益, 収益 (profits); 賞品, 賞金 (winnings). 〘(*a*1631) ← GAIN¹+-ING¹+-s¹〙

gáin·less *adj.* 利益のない, 得(とく)にならない (unprofitable). **~·ly** *adv.* **~·ness** *n.* 〘(1640) ← GAIN¹+-LESS〙

gain·ly /géɪnli/ *adj.* 《廃・方言》〈態度・人など〉感じのいい, 上品な (graceful) (cf. ungainly). — *adv.* 都合よく. **gáin·li·ness** *n.* 〘(?c1300) *geinlich* ← *gein* convenient, deft □ ON *gegn* straight, favorable: ⇨ -ly²: cf. OE *gegnum* straight on / again〙

gain·say /geɪnséɪ/ *vt.* (**gain·said** /geɪnséɪd, -séd/; **~s** /geɪnséɪz, -séz/) [通例否定・疑問構文で] **1** 《古》反対[反駁]する (⇨ deny SYN); 論争する. **2** 否定する. ★ 次の形式以外では《文語》: There is *no* ~*ing* his genius. 彼が天才であることは否めない. — *n.* 《古》反駁, 否定. **~·er** *n.* 〘(*a*1325) *geinseie(n)* ← *gein-* against (⇨ gaingiving)+*seie(n)* 'to SAY²'〙

Gains·bor·ough /géɪnzbə:rə, -b(ə)rə | -b(ə)rə/, **Thomas** *n.* ゲーンズバラ (1727–88; 英国の肖像・風景画家; *Blue Boy* (c1770)).

gainst, 'gainst /gɛnst, geɪnst; gɛ́nst, géɪnst/ *prep., conj.* 《詩・廃》=against. 〘1590〙

Gaird·ner, /géədnə, gɑ́əd- | géədnə(r, gɑ́:d-/, **Lake** *n.* ゲアドナー湖《オーストラリア, South Australia 州南部 Torrens 湖の西にある塩湖; 通常は干上がっている (4,784 km²)》.

Gai·se·ric /gáɪzərɪk/ *n.* =Genseric.

gait¹ /géɪt/ *n.* **1 a** 歩き[走り, 進み]方, 歩きぶり, 足どり: an awkward ~ 不恰好な歩きぶり / walk with an unsteady ~ 危なっかしい足どりで歩く. **b** 〔医学〕歩行: an ataxic ~ 失調(性)歩行 / a scissors ~ がにまた歩き. **2** (動き・進行などの)速度 (speed): at a leisurely ~ ゆっくりした速さで. **3** [*pl.*] 〔馬術〕歩様(ほよう), 歩態《馬の歩き[駆け]方; walk, amble, trot, pace, rack, canter, gallop の順に速くなる》. ***gó one's (ówn) gáit*** 自分の思いどおりにする.

— *vt.* **1** 〈馬を〉正しい歩様に調練する: ~ a horse. **2** 〈ドッグショーに出る犬を〉(姿勢・動きを展示するために)審査員の前に連れていく. 〘(*c*1450) (特殊用法) ← GATE²〙

gait² /géɪt/ *n.* **1** レース機のキャリッジ間の距離. **2** 《英》紡毛織物の綜絖(そうこう)に関する一つの完全な繰返し. 〘《変形》? ← GATE¹〙

gai·ta /gáɪtə | -tə/ *n.* 〔音楽〕ガイタ《スペインの Galicia 地方の縦笛》.

gait·ed /géɪtɪd | -tɪd/ *adj.* **1** [通例複合語の第 2 構成素として] …の歩調[足並み]を持った: a slow-[heavy-] *gaited* ox のろい[重々しい]歩調の牡牛 / ⇨ three-gaited. **2** 特定の歩調をとるように訓練された馬の. 〘(1594–95) ← GAIT¹+-ED〙

gai·ter /géɪtə | -tə(r/ *n.* **1** ゲートル《靴の上から足の甲またはふくらはぎを覆う布または革》. **2** 《米》(革またはラシャ製でボタン留めまたは伸縮性のある襠(まち)を入れた)深靴. **3** = spat. 〘(1775) □ F *guêtre* □ ? Frank. **wrist* ankle: cf. wrist〙

gái·tered *adj.* ゲートルをつけた. 〘(1760): ⇨ ↑, -ed〙

gáiter·less *adj.* ゲートルをつけていない. 〘(1839): ⇨ -less〙

Gait·skell /géɪtskəl, -kl | -kɪl, -kl/, **Hugh (Todd Naylor** /néɪlə | -lə(r/) *n.* ゲーツケル (1906–63; 英国の政治家; 労働党党首 (1955–63)).

Gai·us /géɪəs, gáɪ- | gáɪ-/ *n.* ガイウス (110?–?180; ローマの法律学者).

Gaj·du·sek /gáɪdəʃɛ̀k | -də-/, **D(aniel) Carle·ton** /kɑ́əltn | kɑ́:l-/ *n.* ガイジュセク (1923– ; 米国のウイルス学者・小児科医・文化人類学者; Nobel 医学生理学賞 (1976)).

gal¹ /gǽl/ *n.* 〔物理〕ガル《加速度の単位; =1 cm/s²》. 〘(1914) ← *Galileo Galilei*〙

gal² /gǽl/ *n.* 《口語》女の子, ギャル (girl). 〘(1795) (転訛) ← girl〙

gal. 《略》gallery; gallon(s).

Gal. 《略》Galatians (新約聖書の)ガラテヤ書; Galen; Galway.

ga·la /géɪlə, gǽlə, gɑ́:lə | gɑ́:-, géɪ-/ *adj.* お祭りの, お祭り騒ぎの; 愉快な: a ~ day 祭日, 祝日 / a ~ dress 晴れ着, 盛装 / a ~ night (劇場・映画館などでの)特別興行の夕べ / a ~ occasion (にぎやかな行事などのある)特別な場合, 華やかな行事の時[日] / a ~ season お祭の季節 / in ~ mood 愉快な気持ちで. — *n.* **1** 祭礼, 祝祭. **2** 《英》(祝典などのための)競技会, 運動会(などの行事): at a swimming ~ 特別水泳競技会で. **3** 《古》お祭り騒ぎ. **4** 晴れ着. ★ 主に次の句で用いて: in ~ 晴れ着に着飾って. 〘(1625) □ F~ // It. ~ 'festal pomp' □ Sp. ~ □ OF *gale* merrymaking ← *galer* to make merry: ⇨ gallant〙

gal·a- /gǽlə/ 〔化学〕「ガラクトースと同じ立体配置の」の意の連結形. 〘← GALACTOSE〙

ga·la·bi·a /gæ̀ləbí:ə/ *n.* (*also* **ga·la·bi·ya** /-bí:jə/) = jellaba.

ga·lact- /gəlǽkt/ *n.* (母音の前にくるときの) galacto-¹·² の異形.

ga·lac·ta·gogue /gəlǽktəgɑ̀(:)g | -gɔ̀g/ 〔医学・獣医〕*adj.* 催乳性の, 乳汁の分泌量を増す. — *n.* 催乳剤. 〘(1854) ← GALACTO-¹+Gk *agōgós* leading〙

ga·lac·tan /gəlǽktən, -tæn/ *n.* 〔生化学〕ガラクタン《加水分解によりガラクトースを生じるヘキソサン; 寒天の主成分》. 〘(1886) ← GALACTO-²+-AN¹〙

ga·lac·tase /gəlǽkteɪs, -teɪz | -teɪs/ *n.* 〔生化学〕ガラクターゼ《乳汁中の可溶性蛋白分解酵素》. 〘(1898) ← GALACTO-²+-ASE〙

G

ga·lac·tic /gəlǽktɪk/ *adj.* **1 a** 〔天文〕銀河系 (Galaxy) の; 星雲 (galaxy) の. **b** 巨大な, 莫大な: a ~ fantasy. **2** 乳の; 乳汁分泌の, 乳汁分泌催進の. 〘(1839) □ LL *galacticus* □ Gk *galaktikós* milky ← *gála* milk: ⇨ -ic¹〙

galáctic círcle *n.* [the ~] 〔天文〕=galactic equator. 〘1849〙

galáctic coórdinates *n. pl.* 〔天文〕銀河座標《銀河の平均位置に沿った天球上の大円を赤道面とする天球座標系》. 〘1931〙

galáctic equátor *n.* [the ~] 〔天文〕銀河赤道《銀河の平均位置に沿った大円》. 〘1890〙

galáctic látitude *n.* 〔天文〕銀緯《銀河座標における緯度で南北に各 90 度まで計られる》. 〘1906〙

galáctic lóngitude *n* 〔天文〕銀経《銀河座標における経度で 0 度(銀河系の中心の方向)から東へ 360 度まで計られる》. 〘1914〙

galáctic nóise *n.* 〔天文〕銀河電波《銀河および銀河系内天体から放たれる電波放射》.

galáctic pláne *n.* [the ~] 〔天文〕銀河面《銀河赤道を含む平面》. 〘1849〙

galáctic póle *n.* 〔天文〕銀河極《銀河赤道の極》. 〘1849〙

ga·lac·tin /gəlǽktɪn, -tn | -tɪn/ *n.* 〔生化学〕=prolactin. 〘1838〙

ga·lac·tite /gəlǽktaɪt/ *n.* 〔岩石〕ガラクタイト《正体不明の水溶性の石; これが溶けた乳石色の水は中世に多くの伝説や迷信のもととなった》. 〘(1591) □ OF ~ □ L *galactītēs* □ Gk *galaktítēs (líthos)* stone that makes water milky ← *gála* milk: ⇨ -ite¹〙

ga·lac·to-¹ /gəlǽktou | -təu/ 次の意味を表す連結形: **1** 「乳 (milk)」: *galacto*rrhea. **2** 〘← GALACTIC〙〔天文〕「銀河系 (Galaxy) の; 星雲 (galaxy) の」: *galacto*centric. ★ 母音の前では通例 galact- になる. 〘□ OF ~ □ L ~ □ Gk *galakto-* ← *gála* milk〙

ga·lac·to-² /gəlǽktou | -təu/ 〔化学〕次の意味を表す連結形: **1** =gala-. **2** 「ガラクトース (galactose) に関する」: *galacto*pyranose. ★ 母音の前では通例 galact- になる. 〘← NL ~ ← GALACTOSE〙

ga·lac·to·gogue /gəlǽktəgɑ̀(:)g | -gɔ̀g/ 〔医学・獣医〕*adj., n.* =galactagogue.

gal·ac·tom·e·ter /gæ̀ləktɑ́(:)mətə | -ləktɔ́mɪtə(r, -læk-/ *n.* 乳汁比重計 (lactometer) 《濃度測定用》.

gàl·ac·tóm·e·try /-mətri | -mɪ-/ *n.* 〘(1842) ← GALACTO-¹+-METER¹〙

ga·lac·to·phore /gəlǽktəfɔə | -fɔ:(r/ *n.* 〔解剖〕乳管. 〘(1904) ← GALACTO-¹+-PHORE〙

gal·ac·toph·o·rous /gæ̀ləktɑ́(:)fərəs | -tɔ́f-ˈ/ *adj.* 〔解剖〕乳汁を運ぶ, 乳汁の通る: a ~ duct. 〘(1730–36) □ Gk *galaktophóros*: ⇨ galacto-¹, -phorous〙

ga·lac·to·poi·e·sis /gəlæ̀ktoupɔɪí:sɪs | -tə(u)pɔɪ-í:sɪs/ *n.* **1** 〔生理〕乳の生成分泌, 乳液産生. **2** 〔畜産〕増乳. 〘(1842) ← GALACTO-+Gk *poíēsis* production〙

ga·lac·to·poi·et·ic /gəlæ̀ktoupɔɪɛ́tɪk | -tə(u)pɔɪ-ɛ́tɪkˈ/ 〔医学〕*adj.* 乳汁の分泌を増す. — *n.* 催乳剤 (galactagogue). 〘(1661) ← GALACTO-¹+Gk *poiētikós* making〙

ga·lac·tor·rhe·a /gəlæ̀ktərí:ə/ *n.* (*also* **ga·lac·tor·rhoe·a** /~/) 〔病理〕乳汁漏出(症). 〘(*c*1860 ← NL ~: ⇨ galacto-¹, -rrhea〙

ga·lac·tos·a·mine /gəlæ̀któusəmì:n, -zə- | -tə́u-/ *n.* 〔生化学〕ガラクトサミン ($C_6H_{11}O_5 \cdot NH_2$) 《ガラクトースの誘導物; 動物の細胞や組織の支持物質; 例えば軟骨質中に存在する》. 〘(1900) ⇨ ↓, amine〙

ga·lac·tose /gəlǽktous, -touz | -təus, -təuz/ *n.* 〔化学〕ガラクトース《乳糖などに含まれる六炭糖の一種》. 〘(1869) □ F ~: ⇨ galacto-², -ose²〙

ga·lac·tos·e·mi·a /gəlæ̀ktəsí:miə | -tə(u)-/ *n.* 〔病理〕ガラクトース血(症). **ga·lac·to·se·mic** /gəlæ̀ktəsí:mɪk | -tə(u)-ˈ/ *adj.* 〘(1934) ← NL ~: ⇨ ↑, -emia〙

ga·lac·to·si·dase /gəlæ̀któusədèɪs, -zədèɪz | -tə́usɪdèɪs/ *n.* 〔生化学〕ガラクトシダーゼ《ガラクトースを含む糖類を加水分解する酵素》. 〘(1917): ⇨ ↓, -ase〙

ga·lac·to·side /gəlǽktəsàɪd/ *n.* 〔生化学〕ガラクトシッド《加水分解してガラクトースを分離する糖類》. 〘(1862) ← GALACTOSE+-IDE²〙

ga·lac·to·syl /gəlǽktəsɪl/ *n.* 〔化学〕ガラクトシル《ガラ

クトースから誘導される基).〘《1950》← GALACTOSE＋-YL〙

ga·láct·u·ron·ic ácid /gəlæ̀kt(j)ʊrɑ̀(ː)nɪk- | -tjʊ(ə)rɔ̀n-/ *n.*〘化学〙ガラクツロン酸 ($C_6H_{10}O_7$)《ウロン酸の一種》.〘1917〙

ga·la·go /gəléɪgoʊ, -lɑ́ː- | -gəʊ/ *n.* (*pl.* ～s)〘動物〙ガラゴ《熱帯アフリカ産ロリス科ガラゴ属 (*Galago*) の霊長類の総称; 尾は毛深くて長く, 目は大きい; オオガラゴ (*G. crassicaudatus*), アレンガラゴ (*G. alleni*) など; bush baby ともいう》.〘《1848》← NL ～ ← ? Afr.《現地語》*golokh* monkey〙

ga·lah /gəlɑ́ː/ *n.* **1**〘鳥類〙モモイロインコ (*Catatua roseicapillus*)《オーストラリア原産で, 背は灰色で頭・腹はピンクのオウム; roseate cockatoo ともいう》. **2**《豪俗》間抜け (fool).〘《1862》← Austral.《現地語》〙

Gal·a·had /gǽləhæ̀d/ *n.* **1** ギャラハッド《男性名》. **2** [Sir ～]〘アーサー王伝説〙ガラハッド《円卓の騎士中最も高潔な騎士; Lancelot と Elaine の子; その純潔によって聖杯 (the Holy Grail) を見ることができた》. **3** (Sir Galahad のように)高潔な人.〘*La Queste del' Saint Graal* (The Quest of the Holy Grail) の作者 (? Walter Map) が Gilead に基いて作った語; 一説では Welsh *gwalch* hawk ＋*hâv, hâf* summer〙

gal·an·gal /gǽlə̀ŋgæ̀l, -lɪŋ- | -lɪŋ-/ *n.* (*also* **gal·an·gale** /-gèɪl/)〘植物〙＝galingale.

ga·lant /gælɑ́nt; *F.* galɑ̃/ *adj.* 〈音楽が〉軽快で優雅な, ギャラントスタイルの.

gal·an·tine /gǽləntìːn, ⌐⌐⌐/ *n.*〘料理〙ガランティーヌ《家禽などの骨を抜き詰め物をし, ふきんで包んで形を整え, 出し汁でゆで煮してから重しをかけて冷やし, 薄切りにしてゼリーを添える》.〘《c1380》《1725》□ OF *gala(n)tine* (F *galantine*) □ ML *galatina*: cf. gelatine〙

ga·lán·ty shòw /gəlǽnti- | -ti-/ *n.* 影絵, 影絵芝居 (shadow play)《19 世紀英国で行われたもので, 操り人形を壁やスクリーンに映し出して物語を演じる見世物》.〘《1821》← *galanty* □ ? It. *galanti* (pl.) ← *galante* 'GALLANT'〙

Ga·lá·pa·gos finch /gəlɑ́ːpəgoʊs-, -gəs, -gəz | -lǽpəgəs-, -gɔs-; *Sp.* galápaɣos-/ *n.*〘鳥類〙ガラパゴスフィンチ《Galápagos 諸島に生息するアトリ科の鳥類の総称; キツツキフィンチ (*Camarhynchus pallidus*), マングローブフィンチ (*C. heliobates*), ハシボソガラパゴスフィンチ (*Geospiza difficilis*) など 14 種がいる; Darwin's finch ともいう》.

Galápagos Íslands *n. pl.* [the ～] ガラパゴス諸島《南米エクアドルの西方約 960 km の太平洋上にある同国領の諸島; 珍しい動物に富み, C. Darwin がここを訪れて進化論の着想を得た; 単に the Galápagos ともいう; 公式スペイン名 Archipiélago de Colón; 面積 8,000 km²》.〘*Galápagos*: ← Sp. *galápagos* tortoises〙

Gal·a·shiels /gæ̀ləʃíːlz/ *n.* ガラシールズ《スコットランド南東部, Edinburgh 南東方のイングランドとの境に近い町》.

Gal·a·ta /gǽlətə | -tə/; *Turk.* galata/ *n.* ガラタ《トルコ Istanbul の主要商業地区で, Golden Horn の北岸》.

gal·a·te·a /gæ̀lətíːə/ *n.* 白地に青い縦じまのはいった綿布《制服・子供の遊び着などに用いる》.〘《1882》19 世紀の英国軍艦の名から: この生地が子供のセーラー服に用いられたことから〙

Gal·a·te·a /gæ̀lətíːə/ *n.* **1** ギャラティーア《女性名》. **2**〘ギリシャ・ローマ神話〙ガラテイア《Pygmalion の造った象牙の処女像; Pygmalion はこの像に恋し Aphrodite に願って生命を与えてもらい妻とした》. **3**〘ギリシャ神話〙ガラテイア《一つ目の巨人 Polyphemus が片思いを寄せた海のニンフ》.〘□ L ～ □ Gk *Galáteia*〙

Ga·la·ţi /gəlɑ́ːts, -ts(i); *Rum.* galátsj/ *n.* ガラチ《ルーマニア東部, Danube 河畔の都市で同国最大の貿易港》.

Ga·la·tia /gəléɪʃə, -ʃiə/ *n.* ガラテヤ《小アジア中部にあった古代ケルト人の国で, 25 A.D. にローマ帝国の一州となった; 現在の Ankara 付近》.〘□ L ～ □ Gk *Galatía*〙

Ga·la·tian /gəléɪʃən, -ʃiən/ *adj.* ガラテヤ (Galatia) の, ガラテヤ人の. — *n.* **1** ガラテヤ人. **2** [～s; 単数扱い]《新約聖書の》ガラテヤ(人への)書[手紙] (The Epistle of Paul the Apostle to the Galatians) (略 Gal.).〘《1587》: ⇨ ↑, -an¹〙

gal·a·tine /gǽlətìːn, ⌐⌐⌐/ *n.* ＝galantine.

gal·a·vant /gǽləvæ̀nt | gæ̀lɪvǽnt, ⌐⌐⌐/ *vi.* ＝gallivant.

ga·lax /géɪlæks/ *n.*〘植物〙米国南東部産イワウメ科 *Galax* 属の常緑草本《葉は主に葬儀装飾用》.〘《c1753》← NL ～ ← Gk *gála* milk: その白い花から〙

gal·ax·y /gǽləksi/ *n.* **1**〘天文〙**a** [the ～; しばしば the G-]《夜空に見える》銀河, 天の川 (the Milky Way). **b** [the ～; しばしば the G-] 銀河系 (the Milky Way galaxy [system])《太陽系を含む恒星・星団・星間物質などの渦状の大集団》. **c** (銀河系外の)星雲, 銀河, 小宇宙, ギャラクシー《銀河系の外部にあり銀河系と同格の恒星などの大集団; cf. Magellanic cloud》. **2** (有名人などの)華やかな集まり, きらびやかな群れ: a ～ *of* beauties [talent] 美人[才子]の華やかな集まり.〘《c1380》□ (O)F *galaxie* □ LL *galaxias* □ Gk *galaxías* ← *gálakt-, gála* milk〙

Gal·ba /gǽlbə/, **Ser·vi·us Sul·pi·cius** /sə́ːviəs sʌlpíʃəs | sɜ́ː-/ *n.* ガルバ (5 B.C.?–69 A.D.; 第 6 代ローマ皇帝 (68–69)).

gal·ba·num /gǽlbənəm/ *n.*〘化学〙ガルバヌム, 楓子香《一種のゴム質樹脂で, オオウイキョウ (ferula) から採れる》.〘《c1384》□ L (Vulgate) ～ □ Gk (Septuagint) *khalbánē* □ Heb. *ḥelbᵉnāh* ← *ḥélebh* fat ∽ ?OE *galpani* □ L〙

Gal·braith /gǽlbreɪθ | ⌐⌐/, **John Kenneth** *n.* ガルブレイス (1908–　; カナダ生まれの米国の経済学者; Kennedy 政権時代の駐インド大使: *The Affluent Society* (1958)). **Gál·braith·ian** /-θiən/ *adj.*

Gal·cha /gǽltʃɑː/ *n.* (*pl.* ～s, ～) **1 a** [the ～(s)] ガルチャ族 (Pamirs 高原の Hindu Kush 山脈に住むイラン人). **b** ガルチャ族の人. **2** ガルチャ語. **Gal·chic** /gǽltʃɪk/ *adj.*

gale¹ /géɪl/ *n.* **1 a** 強い風, 大風: a ～ of wind 一陣の強風 / It is blowing a ～. 大風が吹いている. **b**〘気象〙強風 (風速毎秒 13.9–28.4 m); 疾強風 (⇨ wind scale): a near ～ 強風 / a strong ～ 大強風. **2** (感情・笑いなどの)爆発, あらし: go [break] into ～*s of* laughter どっと笑い出す. **3**《古・詩》微風, そよかぜ: auspicious ～*s* 順風 (Shak., *Tempest* 5. 1. 314).〘《a1547》← ? *gale (wind)* bad (wind) □ ? Norw. *galen* bad ＜ ? ON *galinn* bewitched〙

gale² /géɪl/ *n.*〘植物〙＝sweet gale.〘OE *gaġel(le)*: cf. Du. *gagel* / G *Gagel*〙

gale³ /géɪl/ *n.*《英》(地代・家賃などの)定期払い: hanging ～ 家賃の滞り.〘《c1640》(変形)? ← *gavel²* ＜ OE *gafol* ← *ġiefan* 'to GIVE': cf. gavelkind〙

Gale /géɪl/ *n.* ゲール: **1** 男性名. **2** 女性名.〘1: ← OE *gal* gay. 2: ⇨ Gail〙

Gale, Zo·na /zóʊnə | zə́ʊ-/ *n.* ゲール (1874–1938; 米国の女流小説家・劇作家; *Miss Lulu Bett* (1920)).

ga·le·a /géɪliə/ *n.* (*pl.* -le·ae /-liìː/, ～s) **1**〘解剖〙かぶと[ヘルメット]状のもの; (特に)帽状腱膜《後頭前頭筋の後頭部と前頭部を連結しているかぶと状の腱膜》. **2**〘植物〙(特に, 花冠または萼(がく)の)兜(かぶと)状体, かぶと状突起. **3**〘動物〙外葉《節足動物の口器の一部分》. **4**〘医学〙頭に使う包帯の一種. **ga·le·ate** /géɪlièɪt, -liə̀t/ *adj.* **ge·le·at·ed** /géɪlièɪtɪ̀d | -tɪ̀d/ *adj.*〘《1834》← NL ～ ← L ～ 'helmet' □ Gk *galéē* weasel〙

ga·lee·ny /gəlíːni/ *n.*《英方言》〘鳥類〙ホロホロチョウ (guinea fowl).〘《1796》□ Sp. *gallina (morisca)* (Moorish) hen □ L *gallīna* hen ← *gallus* cock: ⇨ -y²〙

ga·le·i·form /gəlíːəfɔ̀ːəm | -líːɪ̀fɔ̀ːm/ *adj.* かぶと形の (helmet-shaped).〘□ F *galéiforme* ← L *galea* helmet＋F *-forme* '-FORM'〙

Ga·len /géɪlɪ̀n/, **Claudius** *n.* ガレノス, ガレヌス, ガレン (129–99; 古代ギリシャの医学者; Galien ともつづる).〘《1369》□ L *Galenus* □ Gk *Galēnós*〙

ga·le·na /gəlíːnə/ *n.*〘鉱物〙方鉛鉱 (PbS)《最も重要な鉛鉱石》.〘《1671》□ L *galēna* lead ore ← ?: cf. Gk *galḗnē* lead sulfide〙

ga·len·ic /gəlénɪk, geɪ-, -líːn-/ *adj.*〘鉱物〙方鉛鉱の, 方鉛鉱を含む.〘《1828》: ⇨ ↑, -ic¹〙

Ga·len·ic /gəlénɪk, geɪ-, -líːn-/ *adj.* **1** ガレノス (Galen) の, ガレン派医学の. **2** [通例 g-] 本草医学的な.〘《1668》: ⇨ -ic¹〙

ga·le·ni·cal¹ /gəlénɪ̀kəl, geɪ-, -líːn-, -kl̩ | -nɪ-/ *adj.* ＝galenic.〘1828〙

ga·len·i·cal² /gəlénɪ̀kəl, geɪ-, -líːn-, -kl̩ | -nɪ-/ *n.*〘薬学〙ガレヌス製剤《生薬から有効成分を抽出濃縮した製剤; チンキ剤・浸剤・煎剤・エキス剤など》. — *adj.* **1** [通例 G-] ＝Galenic 1. **2** ＝Galenic 2.〘《1652》: ⇨ Galenic, -al¹〙

Galénic phármacy *n.* **1** ガレヌス薬学《生薬の抽出製剤》. **2** (近代製剤を含めて)製剤学.

Gá·len·ìsm /-nɪ̀zm/ *n.* ガレン派[流]医術. **Gá·len·ist** /-nɪ̀st | -nɪst/ *n.*〘《1727–51》: ⇨ -ism〙

ga·le·nite /gəlíːnaɪt/ *n.*〘鉱物〙＝galena.〘《1868》□ G *Galenit*: ⇨ galena, -ite¹〙

ga·lère /gæléə | -léə(r; *F.* galɛːʁ/ *F. n.* (*pl.* ～s /～(z); *F.* ～/) (好ましくない)連中, 仲間; (思いがけない)立場, 破目 (cf. *in this* GALLEY).〘《1756》□ F ～ (原義) 'GALLEY'〙

ga·le·ro /gəlέəroʊ | -léərəʊ; *It.* galɛ́ːro/ *n.* (*pl.* ～s)〘カトリック〙ガレロ《枢機卿がかぶる上の平らなつば広の赤い帽子; cf. cardinal's hat, biretta, zucchetto》.〘□ It. ～ ＜ L *galērum* conical cap made of leather, fur cap: ⇨ galea〙

gal·et /gǽlɪ̀t | -lɪt/ *n., vt.* ＝gallet.

ga·lette /gəlέt/ *n.* ガレット《円くて平たい焼き菓子》.〘《1775》□ F ～〙

gál Fríday *n.* ＝girl Friday.〘1958〙

Ga·li·bi /gɑːlíːbi/ *n.* (*pl.* ～s, ～) **1 a** [the ～(s)] ガリビ族 (French Guiana, Surinam のカリブ人 (Caribs) の一氏族). **b** ガリビ族の人. **2** ガリビ語.

Ga·li·cia /gəlíʃə, gæ-, -ʃiə | -siə, -ʃə, -ʃiə/ *n.* **1** ガリツィア《ポーランド南東部からウクライナ北西部にかけての地方; もとオーストリア領; 面積 79,963 km²; ロシア語名 Galiciya /galʲítsija/, ポーランド語名 Halicz /xálitʃ/, ウクライナ語名 Halychina /ɦalɪtʃɪna/, Halytsiya /ɦalɪ́tsʲija/》. **2** ガリシア《スペイン北西部の海岸地方; 紀元 5–6 世紀は王国; 面積 29,150 km²》.

Ga·li·cian /gəlíʃən, gæ- | -siən, -ʃən, -ʃiən/ *adj.* **1** ガリチアの (⇨ Galicia 1). (1835) **2** ガリシアの (⇨ Galicia 2). (1794) — *n.* **1** ガリチア人; ガリチアのユダヤ人. **2** ガリシア人. **3** ガリシア語《スペインのガリシア人の言語でポルトガル語の一方言》.〘《1835》: ⇨ ↑, -an¹〙

Gal·i·le·an¹ /gæ̀ləlíːən, -léɪən | -lɪ̀-⌐/ *adj.* ガリレイ (Galileo Galilei) の.〘《1727–51》← GALILEI＋-AN¹〙

Gal·i·le·an² /gæ̀ləlíːən | -lɪ̀-⌐/ *adj.* **1** ガリラヤ (Galilee) の. **2** ガリラヤ人の; キリスト教徒の. — *n.* **1** ガリラヤ人. **2**《古》キリスト教徒. **3** [the ～] (ガリラヤ人)イエス (Jesus).〘《1611》← GALILEE＋-AN¹〙

Galilean sátellites *n. pl.* [the ～]〘天文〙ガリレイ衛星《1609 年 Galileo Galilei が発見した木星の四大衛星; Io, Europa, Ganymede, Callisto》.〘1911〙

Galilean télescope *n.*〘光学〙ガリレイ望遠鏡《凸レンズを対物レンズ, 凹レンズを接眼レンズとして用いる方式の屈折望遠鏡》.〘1727–51〙

Galiléan transformátion *n.*〘物理〙ガリレイ変換《非相対論的運動論で二つの一様な速度で運動する座標系間の座標変換; cf. Lorentz transformation》.〘1910〙

gal·i·lee, G- /gǽləlìː | -lɪ̀-/ *n.* (英国の中世の教会の西端にある)礼拝堂 (chapel), 玄関 (porch)《塔の下にあることが多い》.〘《?c1450》□ OF *galilée* □ ML *galil(a)ea* porch of a church ← L *Galilaea* 'GALILEE': 礼拝堂の入口を聖地の僻地 Galilee にたとえたもの: cf. *Galilee of the Gentiles* (*Matt.* 4: 15)〙

Gal·i·lee /gǽləlìː | -lɪ̀-/ *n.* ガリラヤ (Palestine 北部の古代ローマ帝国の一州; 現在のイスラエル北部; イエスは主にこの地で福音を説いた). **Mán of Gálilee** [the —] ⇨ man¹ *n.*〘□ L *Galilaea* □ Gk *Galilaía* □ Heb. *Gālīl* (原義) region or district〙

Galilee, the Sea of *n.* ガリラヤ湖 (Palestine 北東部にあり, Jordan 川が流れ込む; 長さ 21 km, 海面下 209 m; 旧約聖書では Sea of Chinnereth /kínərèθ/ (cf. *Num.* 34: 11), 新約聖書では Lake of Gennesaret /gənésərɪ̀t, gɛ-, -rɪ̀t, -rèt | -nézə-/ (cf. *Luke* 5: 1), Sea of Tiberias (cf. *John* 6: 1) と呼ばれる; ヘブライ語名 Yam Kinneret).

Gálilee cíchlid *n.*〘魚類〙＝St. Peter's fish.

Ga·li·le·i /gæ̀ləléɪiː | -lɪ-; *It.* galilέːi/, **Ga·li·le·o** /gæ̀ləlíːoʊ, -léɪ- | -lɪ̀léɪəʊ, -líː-; *It.* gàlilέːo/ *n.* ガリレイ (1564–1642; イタリアの物理・天文学者).

gal·i·ma·ti·as /gæ̀ləméɪʃiəs, -mǽtiəs | -méɪʃiəs, mǽt-; *F.* galimatja/ *n.*《まれ》無意味な言葉, ちんぷんかんぷん, たわごと (gibberish).〘《1653》□ F ～ ← ?: cf. LL *ballinathia* indecent songs〙

gal·in·gale /gǽlɪ̀ŋgèɪl, -lɪŋ- | -lɪŋ-/ *n.*〘植物〙**1 a** コウリョウキョウ (*Alpinia officinalis*)《東南アジア産ショウガ科ハナミョウガ属の薬用植物》. **b** バンウコン (*Kaempferia galanga*)《インド産バンウコン属の香料・薬用植物》. **c** コウリョウキョウ[バンウコン]の根茎《香料・薬用に用いられた》. **2** 英国産カヤツリグサ属の一種 (*Cyperus longus*)《根に芳香がある; sweet galingale ともいう》.〘《a1300》□ OF *galingal* □ Arab. *khulunjān* □ Pers. *khūlanjān* □ Chin. *ko liang kiang* (高良薑) ∽ OE *gallengar* □ ML *gallingar* □ Arab.〙

gal·i·ot /gǽliət/ *n.* ＝galliot.

gal·i·pot /gǽləpɑ̀(ː)t | -lɪpɔt; *F.* galipo/ *n.* 南ヨーロッパ産カイガンショウ (*Pinus pinaster*) から採る松やに.〘《1791》□ F ～: cf. MDu. *harpois* boiled resin〙

gall¹ /gɔ́ːl, gɑ́ːl | gɔ́ːl/ *n.* **1**《口語》厚かましさ, 図々しさ, 鉄面皮: *have the* ～ *to* do 図々しくも…する. **2 a** 苦々しい思い, 遺恨. **b** ひどく苦いもの, 苦味. **3** 胆汁 (bile)《特に, 牛の胆嚢(たんのう)から得た ox gall は薬用にする》. **4**《古》〘解剖〙胆嚢 (gallbladder). **5**〘ガラス製造〙＝glass gall.

(*as*) ***bitter as gáll*** (1) 非常に苦い. (2) ひどく苦々しく思って. ***gáll and wórmwood*** 胆汁とニガヨモギ; 遺恨, 深い憤り (*Lam.* 3. 19). ***the gáll of bitterness*** (1) (神への)激しい恨み[反感]. (2) 非常に辛い(破)目 (cf. *Acts* 8: 23). ***write*** [***dip one's pén***] ***in gáll*** 毒筆をふるう: a pen *dipped in* ～ 毒筆.

〘OE *galla, ġealla* ＜ Gmc **ʒallam, *ʒallon* (G *Galle* / Du. *gal* / ON *gall*) ← IE **ghel-* to shine (L *fel* / Gk *kholḗ* bile, gall): cf. yellow〙

gall² /gɔ́ːl, gɑ́ːl | gɔ́ːl/ *n.* **1** (皮膚の)すり傷; (特に, 馬の)皮膚のすりむけ, 鞍(くら)ずれ. **2** 気に障ること[物], 心痛, 苦悩 (irritation). **3**《古》弱点 (flaw). — *vt.* **1** いらだたせる, 怒らせる, しゃくに障らす: be ～*ed* by severe criticism 酷評されて腹を立てる / That remark ～*s* me. あの言葉がしゃくに障る. **2** すりむく (abrade). **3** (砲火で)困らせる, 悩ます. **4**《廃》(…を)あざける [*at*]. — *vi.*《まれ》すりむける.〘OE *ġ(e)alla* sore on the horse □ L *galla* (↓)〙

gall³ /gɔ́ːl | gɔ́ːl/ *n.*〘植物病理〙癭瘤(えいりゅう)《ある種の昆虫や菌類などの寄生により植物の葉・茎・根などにできる異状生長部; 多量のタンニンを含むものは染色・皮なめしなどに利用される》; (特に, 昆虫による)虫癭, 虫こぶ; (時に, 菌類による)菌癭, 菌こぶ.〘《a1398》□ (O)F *galle* ＜ L *gallam* oak apple, gallnut ← ? IE **gel-* to form into a ball〙

gall. (略) gallery; gallon(s).

gall- /gæl/ (母音の前にくるときの) gallo- の異形.

Gal·la /gǽlə, gɑ́ːlə/ *n.* (*pl.* ～s, ～) **1 a** [the ～(s)] ガラ族《エチオピア・ケニアに住む遊牧民; 旧名 Oromo》. **b** ガラ族の人. **2** ガラ語《クシ語 (Cushitic) の一方言》.〘《1875》← ? Arab. *ghaliẓ* rough, wild〙

gál·la·mine triethíodide /gǽləmìːn-/ *n.*〘生化学〙ガラミン三-エチオヨード《筋肉を弛緩させる(特に麻酔中)のに用いる》.〘《1951》*gallamine*: ← (PYRO)GALL(OL)＋(A)MINE〙

gal·lant /gǽlənt/ *adj.* **1** 〈人・行為など〉勇ましい, 勇敢な, 雄々しい, 任侠(にんきょう)の (brave, chivalrous): the honourable and ～ member〘英議会〙陸海軍出身の議員を呼ぶ敬語 (cf. honorable 4) / make a ～ (but vain) attempt to put out a fire 勇ましく火事を消そうと, (むだなことを)試みる / a ～ effort 懸命な努力. **2**《古》(服装・様相などの)きらびやかな, 美装した, 華美な, 飾り立てた (showy): make a ～ show きらびやかに見える. **3** 〈船・軍馬など〉美々しく飾り立てた, 華麗な, 堂々とした (stately): a ～ ship 立派な船. **4**《古》すばらしい, すてきな: a ～ sight. **5** /gǽlənt, -lɑ́ːnt | gǽlənt, gəlǽnt/ **a** 女性に親切な, いんぎんな (⇨ civil SYN): be ～ to the ladies 婦人にやさしい. **b** 恋愛の, 色事の (amorous): ～ adventures 情事. — *n.*《古》**1** 勇ましい人, 任侠の人. **2 a** 女性に丁重な男, やさ男 (lady's man). **b** 求婚者; 恋人. **c** 色男, 情人. — *vt.*《古》**1** 〈女性〉に丁重にする, 付き

添う, …のお伴をする. **2** 〈女性〉にふざける. **—** *vi.* 《古》 **1** 婦人に付き添う[丁重にする]. **2** 色男を気取る; 〈女性と〉ふざける 〔*with*〕. **~·ness** *n.* 〖(?*a*1439) *galaunt* □ (O)F *galant* (pres.p.) — OF *galer* to rejoice ← *gale* merrymaking ← Gmc: cf. gala, weal¹〗

gal·lant·ly /gǽləntli/ *adv.* **1** 勇ましく, 勇敢に, 雄々しく. **2** 美々しく, 派手に; 立派に, 堂々と. **3** /gəlǽntli, gəlɑ́nt-, -lɑ́:nt- | gǽlənt-, gəlǽnt-/ (女性に対して)優しく, いんぎんに. 〖(1552): ⇨ ↑, -ly¹〗

gal·lant·ry /gǽləntri, gəlǽn-, -lɑ́:n- | gǽlən-, gəlǽn-/ *n.* **1 a** 勇敢, 勇壮, 勇気 (⇨ heroism SYN). **b** 勇敢な行為, 勇ましいふるまい[言葉]. **2 a** (女性に対する)いんぎん. **b** いんぎんな言葉[行為]. **3 a** つやごと, 恋愛事件, 情事. **b** (性的)不道徳. **4** 《古》派手ないでたち, 美服. **5** 《廃》[集合的] 勇士たち (gallants). 〖(1601–2) ← GALLANT+-RY // □ F *galanterie*〗

gállant sóldier /gǽlənt-/ *n.* 〘植物〙ハキダメギク (*Galinsoga parviflora*) 《南米原産; Joey Hooker ともいう》.

gal·late /gǽleɪt, gɔ́:l-, gɑ́:l- | gǽl-, gɔ́:l-/ *n.* 〘化学〙没食子(もっしょくし)酸塩[エステル] 《食品用抗酸化剤》. 〖(1794) ← GALLO-+-ATE¹〗

Gal·la·tin /gǽlətn̩, -tn̩ | -tɪn/, **Albert** *n.* ギャラティン (1761–1849; 米国の財政家・政治家).

Gállatin Ránge *n.* [the ~] ギャラティン山脈 《米国 Montana 州南部と Wyoming 州北西部にまたがる山群; 最高峰 Electric Peak (3,350 m)》.

Gal·lau·det /gæ̀lədét/, **Thomas Hopkins** *n.* ギャローデット (1787–1851; 米国の聾唖(ろうあ)教育者; 米国最初の聾唖学校を設立 (1817)).

gall·ber·ry /gɔ́:lbèri, gɑ́:l- | gɔ́:lb(ə)ri/ *n.* 〘植物〙= inkberry 1. 〖⇨ gall³〗

gáll·blàdder *n.* 〘解剖〙胆嚢(たんのう) (⇨ digestive 挿絵). 〖(1676): ⇨ gall¹〗

Galle /gɑ́:l, gæ̀l | gɑ́:l/ *n.* ガル 《スリランカ南西部の海港; 旧名 Point de Galle》.

Gal·le /gǽ:lə; *G.* gálə/, **Johann Gottfried** *n.* ガレ (1812–1910; ドイツの天文学者; 海王星を発見 (1846)).

gal·le·ass /gǽliəs/ *n.* 〘海事〙ガレアス船 《16–17 世紀に地中海で用いられた 3 本マストの軍艦で, ガレー船のオールによる運動力とガリオン船の帆走力とを兼ね備えた大型低甲板艦; 通例 20 門の大砲を備え奴隷に漕がせた》. 〖(1544) □ F *galéasse* < OF *galeace* □ It. *galeazza* (aug.) ← *galea* 'GALLEY'〗

Gal·le·gos Frei·re /gɑ:jéɪgoʊsfréɪreɪ | -gɒs-; *Am.Sp.* gajéɣosfréire/, **Ró·mu·lo** /rómulo/ *n.* ガイェーゴス フレイレ (1884–1969; ベネズエラの政治家・小説家; 大統領 (1948)).

gal·le·in /gǽliɪ̀n | -liɪn/ *n.* 〘化学〙ガレイン ($C_{20}H_{12}O_7$) 《紫の染料》. 〖(1871) ← GALLO-+(PHTHAL)EIN〗

gal·le·on /gǽliən/ *n.* 〘海事〙 **1** ガリオン船 《15–18 世紀にスペインで主に軍船としてまたは米国貿易に用いた普通三層または四層甲板の大帆船》. **2** (ガリオン船を思わせる)大型帆船. 〖(1529) □ Sp. *galeon* □ OF *galion* (aug.) ← *galie* 'GALLEY': ⇨ -on⁴〗

gal·le·ri·a /gæ̀ləríːə/ *n.* ガレリア 《商店街などにみられる屋根が付いてガラスで囲まれているプロムナード》. 〖(1861) □ It. ~ 'arcade'〗

gál·ler·ied *adj.* **1** 回廊[桟敷(さじき)]のある. **2** 坑道[地下道]のある. 〖(1538): ⇨ ↓, -ed〗

gal·ler·y /gǽləri, gǽlri | -ləri/ *n.* **1 a** 美術館 (museum); 画廊, 美術品陳列室[場]: the National *Gallery* (ロンドンの)国立美術館. **b** [集合的] (美術館などで展覧または所蔵の)美術品: the ~ of the Louvre. **c** 《米》美術品競売場. **2 a** (教会・劇場などの内壁から張り出した) 2 階の回廊, 桟敷(さじき), ギャラリー; (議会などの)傍聴席; (特に, 劇場の)最上階の桟敷, 天井桟敷, ギャラリー 《最も安い席》: the west ~ (教会の)中 2 階 《ここにもと choir が座った》. **b** [the ~; 集合的] (劇場で)最上階桟敷の見物人, 三階連, 大向こう: bring down *the* ~ 大向こうをうならせる (cf. *bring down the* HOUSE). **c** (低俗な趣味の)一般大衆. **d** [集合的] (議会などの)傍聴者; (討論会などの)聴衆 (audience). **e** (ゴルフ試合などの)見物人, ギャラリー. **f** [集合的] (粒ぞろいの人・物の)集まり, 群れ: The huge prize money attracted a ~ of international players. 莫大な賞金によって各国の一流プレーヤーが集まった. **3 a** 回廊, 柱廊, 歩廊 (colonnade) 《屋根付きの吹抜けの廊下》. **b** (英国の country house にあるような片方に窓の続く)細長い部屋, 廊下 (corridor). **4 a** (建物の二階外側に設けた)廊下, 露台, バルコニー (balcony). **b** 《米南部》縁側, ベランダ. **5 a** 通廊に似たもの. **b** (モグラなどの)地下の通路. **c** 〘築城〙地下道. **d** 〘鉱山〙坑道. **e** (水道工事の)暗渠(あんきょ). **6 a** 写真撮影所[室], スタジオ. **b** (射撃などの)練習所 (shooting gallery); (囲いをした標的射撃訓練用の)狭窄(きょうさく)射撃場. **7** (テーブル・棚・陳列台などのへりの)縁飾り. **8** (ランプの)ほや受け. **9** 〘海事〙(昔の船の)船尾展望台. **10** (court tennis で) 側壁の penthouse の下にネットを境にそれぞれ三つずつある網を張った開口部: ⇨ winning gallery.

pláy to the gállery (1) 大向こうを喜ばせるように演じる (cf. 2 b). (2) 一般の(下等な)好みに媚(こ)びる, 俗受けをねらったことをする, 俗趣味に迎合する. (1872)

— *vt.* **1** …に回廊[桟敷など]を設ける. **2** 〘軍事〙…に地下道を造る (tunnel).

〖(?*a*1439) □ (O)F *galerie* □ It. *galleria* □ ML *galeria* (異化) ← *galilaea* 'GALILEE'〗

gállery fòrest *n.* 〘生態〙=fringing forest. 〖1920〗

gállery·gòer *n.* よく美術館に通う人. 〖1888〗

gállery hìt [**shòt, stròke**] *n.* (クリケット・演劇などで)かっさいが目的の場当たり[人気取り]演技. 〖1882〗

gállery plày *n.* スタンドプレー (gallery hit).

gállery tráy *n.* 縁飾りの付いた銀の盆.

gal·let /gǽlɪ̀t/ *n.* (石・鉱石の)砕片, かけ (spall). **—** *vt.* 〘石工〙(粗石積み工事の目地に石の小片を差し込む (garret). 〖(1712) □ F *galet* pebble (dim.) ← *gal*: cf. OIr. *gall* stone pillar〗

ga·lle·ta /gəjéɪtə, gaɪéɪtə | -tə; *Am.Sp.* gajéta/ *n.* (米国南西部・メキシコで)乾草にする牧草. 〖(1872) □ Sp. ~ 'hardtack'〗

gál·let·ing /-tɪŋ | -tɪŋ/ *n.* 〘石工〙(粗石積み工事の)石飼い 《石の目地に小石を差し込んで仕上げる手法》. 〖(1851): ⇨ gallet, -ing¹〗

gal·ley /gǽli/ *n.* **1** (艦船・航空機内の)厨房(ちゅうぼう), まかない所, 調理室 (kitchen). **2** 〘印刷〙 **a** ゲラ 《組版を入れる盆》. **b** ゲラ刷り, 校正刷り. **3** ガレー船 《中世に主として地中海で用いられた帆と多数のオールを有する単甲板の大型船; 主に奴隷や罪人にこがせた》: condemn [send] a man to the ~*s* 人をガレー船漕ぎの刑に処する 《フランス・スペインなどの地中海沿岸諸国で行われた刑罰の一形式》: row in the ~ (ガレー船で)苦役に服する; ひどく辛い思いをする. **4** (古代ギリシャ・ローマの)オールを主とし帆を副とした軍船. **5** 喫水の浅い帆船 《装備は様々で, 時には長大なオールで動かすこともできる; 18–19 世紀にかけて米海軍で用いた》. **6** 《英》大型のこぎ舟.

in this gálley この思わぬ[意外な]立場に立って, こういう破目になって (cf. galère) 《Molière: *Scapin* II, xi '*Que diable allait-il faire dans cette galère?* What the devil are you going to do in this galley?' から》.

〖(?*c*1225) *galeie* □ OF *galie* (F *galée*) □ ML *gale(i)a* □ LGk *galaía* ← ?Gk *galéē* weasel〗

galley pròof *n.* 〘印刷〙ゲラ刷り, 校正刷り. 〖1892〗

galley rèading *n.* 〘印刷〙棒組み校正, ゲラ刷り校正.

gálley slàve *n.* **1** ガレー船をこぐ奴隷[囚人]. **2** 《口語》苦しい仕事をする人 (drudge). 〖1567〗

gálley-wést *adv.* 《米口語》すっかりだめに, めちゃめちゃに: knock ~. 〖(1875) 《転訛》← ? 《英方言》*colywest* (*on*) in an opposite direction (もと人名か)〗

gálley·wòrm *n.* 〘動物〙ヤスデ (millipede). 〖(1658) その形をオールの突き出たガレー船に見立てたもの〗

gáll·flỳ *n.* 〘昆虫〙幼虫が虫癭(ちゅうえい) (gall) を作る昆虫の総称 《タマバチ, タマバエなど》. 〖(1822–34): ⇨ gall³〗

gáll gnàt *n.* 〘昆虫〙=gall midge. 〖⇨ gall³〗

Gal·li¹ /gǽlaɪ/ *n. pl.* 〘鳥類〙キジ亜目. 〖← NL ~ (pl.) ← L *gallus* cock〗

Galli² *n.* Gallus の複数形.

Gal·li·a /gǽliə/ *n.* ガリア (⇨ Gaul).

gal·li·am·bic /gæ̀liǽmbɪk⁻/ 〘詩学〙 *adj.* ガリアンブス格の 《ローマの詩人 Catullus が *Attis* で用いた 4 脚の短々長々格 [◡◡−−]; Tennyson の *Boadicea* にその模倣が見られる》. **—** *n.* [通例 *pl.*] ガリアンブス格の詩行. 〖(1846) ← L *galliambus* song of priests of Cybele (← *Gallus*+IAMBUS)+-IC¹〗

Gal·lia·no /gæ̀ljɑ́:noʊ | -liɑ́:nəʊ; *It.* galljá:no/ *n.* 〘商標〙ガリヤーノ 《アニス (anise) の風味のあるイタリア産の黄色いリキュール》.

gal·liard /gǽljəd | -liɑ:d, -ljəd/ *n.* **1** ガリアルダ 《16–17 世紀に行われた二人で踊る 3 拍子の快活な舞踊》. **2** ガリアルダの曲. **—** *adj.* 《古》快活な, 陽気な. 〖(*c*1390) □ (O)F *gaillard* gay ? ← ? VL **gallia* strength ← Celt.: ⇨ -ard〗

gal·li·ass /gǽliəs/ *n.* =galleass. 〖1544〗

gal·lic¹ /gǽlɪk, gɔ́:l-, gɑ́:l- | gǽl-/ *adj.* 〘化学〙付子(ふし)の, 没食子(もっしょくし)性の. 〖(1791) □ F *gallique*: ⇨ gall³, -ic¹〗

gal·lic² /gǽlɪk/ *adj.* 〘化学〙ガリウム (III) イオンの, 3 価のガリウム (Ga^{III}) を含む. 〖← GALL(IUM)+-IC¹〗

Gal·lic /gǽlɪk/ *adj.* **1** [しばしば戯言的] フランスの, フランス人の (French): take ~ leave こっそり[無断で]辞去する (cf. French leave). **2** ガリア (Gaul) の, ガリア人の. 〖(1672) □ L *Gallicus* ← *Gallus* 'a GAUL'〗

gál·lic ácid /gǽlɪk-, gɔ́:l-, gɑ́:l- | gǽl-/ *n.* 〘化学〙没食子(もっしょくし)酸 ($C_6H_2(OH)_3COOH$) 《用途はインク・染料の原料など》. 〖(1791) 《なぞり》← F *acide gallique*: ⇨ gallic¹〗

Gal·li·can /gǽlɪ̀kən | -lɪ-/ *adj.* **1** =Gallic. **2 a** ガリア教会の 《フランスにおけるカトリック教会の》; フランスカトリック教徒の 《1870 年以前のフランスカトリック教会内の教皇権の制限を主張した一派の》. **b** ガリア主義の. **—** *n.* フランスカトリック教徒; 教皇権制限主義者 (↔ ultramontane). 〖1: (?*a*1350) □ L *Gallicānus* ← *Gallicus* 'GALLIC'. 2: (1633) □ ML *Gallicānus*〗

Gál·li·can·ism /-nìzm̩/ *n.* ガリア主義 《フランスのカトリック教徒の中に古くからあったローマからの支配を嫌う自治的な傾向; ↔ ultramontanism》. **Gál·li·can·ist** /-nɪ̀st | -nɪst/ *n.* 〖(1858) □ F *gallicanisme* (↑)〗

Gállican líberties *n. pl.* ガリア主義の主張したフランスカトリック教会の自由.

Gal·li·ce, g- /gǽləsì:, -si/ *adv.* [英語の語句などにフランス語を与える時に用いて] フランス語では. 〖(1889) □ L *gallicē* in Gaulish ← *Gallicus* 'GALLIC'〗

Gal·li·cism, g- /gǽləsìzm̩ | -lɪ̀-/ *n.* **1 a** フランス語特有語法. **b** フランス語流の言い回し, フランス語風[語調]. **2** フランス風の習慣[考え方, やり方]. 〖(1656) □ F *gallicisme*: ⇨ Gallic, -ism〗

Gal·li·cize, g- /gǽləsàɪz | -lɪ̀-/ *vt.* 〈言語・感情・性格などを〉フランス風にする, フランス化する. **—** *vi.* フランス風になる, フランス化する. **Gal·li·ci·za·tion** /gæ̀ləsɪ̀zéɪʃən | -lɪ̀saɪ-, -sɪ-/ *n.* **Gál·li·ciz·er** *n.* 〖(1773) ← GALLIC (↑)+-IZE〗

Gal·li-Cur·ci /gǽlɪ̀kúətʃi, gɑ̀:l-, -kɔ́:- | -lɪkúətʃi, -kɔ́:-; *It.* gallikúrtʃi/, **A·me·li·ta** /amelí:ta/ *n.* ガリクルチ (1882–1963; イタリア生まれの米国のソプラノ歌手).

gal·li·gas·kins /gæ̀lɪ̀gǽskɪnz | -lɪ-/ *n. pl.* **1** (16–17 世紀に用いられた)ゆるい半ズボン. **2** 《戯言》 **a** 太いだぶだぶズボン. **b** (半)ズボン. **3** 《スコット》(遊猟用の)革製ゲートル. 〖(1577) *gallogascaine, galeygascoyne* □ F 《廃》*garguesque* □ It. *grechesca* Grecian breeches (fem.) ← *grechesco* Grecian ← *greco* Greek: 今の形は GALLEY などとの類推か〗

gal·li·mau·fry /gæ̀ləmɔ́:fri, -mɑ́:- | -lɪ̀mɔ́:-/ *n.* **1** 寄せ集め, ごたまぜ (medley): a ~ of languages. **2** 《米》残り物の肉などで作るごった煮 (ragout). 〖(1551–56) □ F *galimafrée* hash, ragout ← ? OF *galer* to live a gay life (⇨ gallant)+ONF *mafrer* to eat much〗

gal·li·na·cean /gæ̀lənéɪʃən | -lɪ̀-⁻/ *n.* 〘鳥類〙キジ目の鳥類の総称 《ニワトリ・キジ・シャコ・ライチョウなど》. **—** *adj.* =gallinaceous. 〖(1842): ⇨ ↓, -an¹〗

gal·li·na·ceous /gæ̀lənéɪʃəs | -lɪ̀-⁻/ *adj.* **1** 家禽の[に似た]. **2** 〘鳥類〙キジ目の. 〖(1783) □ L *gallīnāceus* of domestic poultry ← *gallina* hen ← *gallus* cock: ⇨ -ous〗

Ga·lli·nas /gɑjí:nəs; *Am.Sp.* gajínas/, **Point** *n.* ガイナス岬 《コロンビア北東部の岬; 南米大陸最北端; スペイン語名 Punta Gallinas》.

gall·ing /gɔ́:lɪŋ, gɑ́:l- | gɔ́:l-/ *adj.* 苦しめ悩ます, いらだたしい, 癪(しゃく)に障る; 《廃》すれて痛い. **—** *n.* 〘金属加工〙焼付き, かじり. **~·ly** *adv.*. 〖(1583) ← GALL²+-ING²〗

gal·li·nip·per /gǽlɪ̀nɪ̀pə | -lɪnɪ̀pə^(r)/ *n.* 《米口語》人を刺す虫: **a** 大形のカ (*Psorophora ciliata*). **b** 南京虫 (bedbug). 〖(1709) ← ? GALLEY+NIPPER〗

gal·li·nule /gǽlənù:l, -njù:l | -lɪ̀njù:l/ *n.* 〘鳥類〙クイナ科バン属 (*Gallinula*) の水鳥の総称 《バン (moorhen) など》. 〖(1776) ← NL *Gallīnula* ← L (dim.) ← *gallina* hen〗

Gal·li·o /gǽliòʊ | -liəʊ/ *n.* (*pl.* **~s**) 職務外の責任を逃れる役人; 無頓着でのん気な人: a careless ~. 〖← *J. A. Gallio* (宗教上の問題に干渉することを拒んだローマの地方総督の名): cf. *Acts* 18: 12–17〗

Gal·li·on·ic /gæ̀liɑ́(:)nɪk | -liɔ́n-⁻/ *adj.* 無責任でのん気な. 〖⇨ ↑, -ic¹〗

gal·li·ot /gǽliət/ *n.* **1** (昔地中海で用いられた帆とかい両用の)快速小型ガレー船. **2** 〖(1794) □ Du. *galjoot* □ (O)F〗1 本マストの軽快なオランダ商船[漁船]. 〖(*c*1333–52) □ (O)F *galiote* □ ML *galiōta* (dim.) ← *galea* 'GALLEY'〗

Gal·lip·o·li /gəlípəli, gæ-; *It.* gallí:poli/ *n.* **1** [the ~] ガリポリ(半島) 《Dardanelles 海峡北側のヨーロッパトルコの半島; 1915–16 年英国軍が上陸作戦に失敗した所; Gallipoli Peninsula ともいう; トルコ語名 Gelibolu》. **2** ガリポリ 《トルコ北西部, Marmara 海の入口の港町; 歴史的に戦略上重要な拠点; トルコ語名 Gelibolu》.

gal·li·pot¹ /gǽləpɑ̀(:)t | -lɪpɔ̀t/ *n.* **1** 口の小さい陶器の小つぼ; (特に, 薬種商が油薬等を入れる)薬つぼ. **2** 《口語》薬種商. 〖(1465) *galipot* ← *gali* '?GALLEY'+-POT: もと galley 船で地中海地方から輸入したことから〗

gal·li·pot² /gǽləpɑ̀(:)t | -lɪpɔ̀t/ *n.* =galipot.

gal·li·um /gǽliəm/ *n.* 〘化学〙ガリウム 《希金属元素の一つ; 記号 Ga, 原子番号 31, 原子量 69.72》. 〖(1875) ← NL ~ ← L *gallus* cock+-IUM: これを発見したフランスの化学者 *Lecoq de Boisbaudran* (1838–1912) の *Lecoq* をもじったもの〗

gállium ársenide *n.* 〘化学〙ヒ化ガリウム (GaAs) 《半導体として用いる》. 〖*c*1961〗

gal·li·vant /gǽləvæ̀nt, ⁻⁻⁻ | -lɪ̀-/ *vi.* 《口語》[しばしば ~ing 形で] **1 a** (異性と連れ立って)ぶらつき回る, (快楽を求めて)遊び回る 〈*about, around*〉: ~ *off* 遊びに出ていく, ふらふら出かける. **b** 旅行する. **2** いちゃつく: go ~*ing with* women 女性といちゃつく. **~·er** /-tə | -tə(r)/ *n.* 〖(1823) 《変形》← ? GALLANT: *-vant* は LEVANT¹ からの類推か〗

Gäl·li·va·re /jèlivɑ:rə/ *n.* イェリヴァレ 《スウェーデン北部の北極圏にある鉱山町》.

gal·li·wasp /gǽləwɑ̀(:)sp, -wɔ̀(:)sp | -lɪwɔ̀sp/ *n.* **1** 〘動物〙ギャリウォスプ 《西インド諸島産ギャリウォスプ属 (*Diploglossus*) のトカゲ類の総称; 四肢が非常に短い》. **2** 〘魚類〙キツネアカエソ (*Synodus foetens*) 《カリブ海産のエソ科アカエソ属の魚》. 〖(1725) ← ? GALLEY+WASP: 初め西インド諸島で船を悩ますハチの意に用いられた〗

gáll mìdge *n.* 〘昆虫〙(双翅目)タマバエ科の昆虫 《幼虫が植物に虫癭(ちゅうえい)を作る; gall gnat, gallfly ともいう; cf. Hessian fly》. 〖*c*1889〗

gáll mìte *n.* 〘動物〙フシダニ科のうちで植物に虫癭(ちゅうえい) (gall) を作るダニ類の総称. 〖1881〗

gáll·nùt *n.* 〘植物病理〙没食子(もっしょくし), ふし(五倍子). 〖1572〗

gal·lo- /gǽloʊ | -ləʊ/「没食子酸」の意の連結形. ★ 母音の前では通例 gall- になる. 〖← GALLIC ACID〗

Gal·lo- /gǽloʊ | -ləʊ/「ゴール(の); フランス(の); フランス](人)と…との」の意の連結形: *Gallo*-Briton[-German] 仏英[独]の / a *Gallo*-American 仏米[親仏]アメリカ人. 〖(17C) ← L *Gallus* 'a GAUL'〗

gal·lo·glass /gǽloʊglæ̀s | -lə(ʊ)glɑ̀:s/ *n.* 《古》=gallowglass. 〖*c*1515〗

Gal·lo·ma·ni·a /gæ̀loʊméɪniə, -njə | -lə(ʊ)-/ *n.* フランス心酔, フランス狂, フランスかぶれ. 〖(1877) □ F *gallomanie*: ⇨ Gallo-, -mania〗

Gal·lo·ma·ni·ac /gæ̀loʊméɪniæ̀k | -lə(ʊ)-/ *n.* フランス心酔者, フランス狂. 〖(1819): ↑, -ac〗

gal·lon /gǽlən/ *n.* **1** ガロン 《液量の単位; =4 quarts, 8 pints; 略 gal.》: **a** 《米》231 立方インチ, 3.7853 リットル

G

《U.S. gallon ともいう: ⇨ wine gallon》. **b** 《英》 277.420 立方インチ, 4.546 リットル《imperial gallon ともいう》. **2** 《英》 ガロン《乾量の単位; =1/8 bushel》. **3** 《口語》[通例 *pl.*] たくさん, 大量: ~*s of* tea. **4** 1 ガロン用容器. 〖《?c1225》□ ONF *galon*《変形》← OF *jalon* < VL **gallone* ← ML *gallēta* jug ← ? Celt.: cf. F *jale* bowl〗

gal·lon·age /gǽlənɪdʒ/ *n.* ガロン量. 〖《1909》: ↑, -age〗

gal·loon /gəlúːn/ *n.* (しばしば金・銀糸を織り込んだ毛糸・絹・人絹の)細ひも, 打ちひも, 細幅レース. 〖《1604》□ F *galon* lace ← OF *galonner* to decorate with ribbons ← ? Frank. *wōlōn* to tie up with cord: ⇨ -oon〗

gal·lóoned *adj.* galloon で装飾した: a ~ watch-case. 〖《1831》: ⇨ ↑, -ed〗

gal·loot /gəlúːt/ *n.* =galoot.

gal·lop /gǽləp/ *vi.* **1 a** 〈馬が〉ギャロップで駆ける; 疾駆する. **b** 〈人が〉馬に乗ってギャロップで駆ける; 馬で疾駆する 〈*forth, off*〉. **2 a** 大急ぎで駆ける 〈*off*〉. **b** (早口に)話す 〈*away*〉; 走り読みする, 大急ぎで読む: ~ *through* [*over*] a book 本を飛ばし読みする. **c** 〈時間が〉飛ぶように過ぎて行く. **3** 〈病気が〉ずんずん進む, 〈事態が〉急速に進行する: ~ ahead (of …) (…よりも)急速に進歩する. — *vt.* **1** 〈馬を〉ギャロップで駆けさせる. **2** 大急ぎで運ぶ. — *n* **1** ギャロップ, 襲歩, 競走駆歩(ᵏᵘ)《四足獣, 特に馬が 1 脚着地するとその直後宙に浮いて駆ける最も速い 3 拍子の駆け方; 右前脚と左後脚(またはその逆)が対になって着地する; cf. gait[1] 3》: a snail's ~ 《戯言》のろのろした歩み. **2** ギャロップで駆けること, 疾駆, 全力疾走; 急速度. **3** 《病理》=gallop rhythm. **4** [通例 *pl.*] 《競馬》(競走馬の)調教場.

at a gállop (1) ギャロップで. (2) 全速力で, 大急ぎで: speak *at a* ~ 早口で話す. ***(at) fúll gállop*** =*at a* GALLOP.

〖《a1425》□ (O)F *galoper*《変形》← ONF *waloper* □ Frank. **wala hlaupan* to run well〗

gallop 1

gal·lo·pade /gæ̀ləpéɪd, -pάːd/ *n., vi.* =galop. 〖《1831》□ F *galopade* ← *galoper* (↑): ⇨ -ade〗

gál·lop·er *n.* **1** 馬を疾駆させる人. **2** ギャロップで駆ける馬. **3 a** (昔英国の連隊で用いた)軽野砲. **b** (軽野砲を載せる)砲車. **4** 《英》《軍事》副官, 伝令将校. 〖《1576》: ⇨ -er[1]〗

Gal·lo·phile /gǽləfàɪl | -lə(ʊ)-/ (*also* **Gal·lo·phil** /-fìl/) *n., adj.* =Francophile. 〖1923〗

Gal·lo·phobe /gǽləfòʊb | -lə(ʊ)fəʊb/ *n., adj.* = Francophobe. 〖1883〗

Gal·lo·pho·bi·a /gæ̀ləfóʊbiə | -lə(ʊ)fə́ʊ-/ *n.* = Francophobia. 〖《1803》← NL ~: ⇨ Gallo-, -phobia〗

gál·lop·ing *adj.* **1** ギャロップのような動きの; 急速に動く[増大する]: ~ inflation 《経済》駆け足インフレ. **2** 〈病気が〉急速に進行する, 奔馬性の: ~ consumption 奔走馬性結核 / ~ paresis 奔馬性不全麻痺. 〖《1642》: ⇨ -ing[2]〗

gállop rhỳthm *n.* 《病理》(心臓の)奔馬律(動), 奔馬性リズム《普通の二心音の他に, 第三(時に第四)心音が現れること》. 〖馬のギャロップに似ていることから〗

Gàllo-Románce *n.* ガロロマンス語《600–900 年ごろフランスで話されたラテン語の転訛した言語; 今日のフランス語の前身; Gallo-Roman ともいう》. — *adj.* ガロロマンス語の(時代の).

gal·lous /gǽləs/ *adj.* 《化学》ガリウム (II) イオンの, 2 価のガリウム (Ga^{II}) を含む. 〖← GALL(IUM)+-OUS〗

gal·low /gǽloʊ | -ləʊ/ 《廃・方言》=gally.

Gal·lo·way /gǽləwèɪ/ *n.* **1** ギャロウェー《スコットランド南西端の地方; 牛馬の名産地》. **2** ギャロウェー種: **a** Galloway 原産の小形の頑丈な一品種の小馬. **b** Galloway 原産の無角の一品種の肉牛. 〖《1598》□ ML *Gallovidia* □ Welsh *Gallwyddel*=Ir. *Gallgaedheal*《原義》foreign Gaels ← *gall* foreign+*Gaedheal* (= Sc.-Gael. *Gàidheal* 'GAEL')〗

gal·low·glass /gǽloʊglæ̀s | -lə(ʊ)glὰːs/ *n.* **1** 中世後期のアイルランド人の隊長配下の雇い兵《主に Hebrides 諸島とスコットランドから徴集された; 17 世紀に消滅》. **2** 重武装アイルランド歩兵 (cf. kern[2] 1). 〖《c1515》□ Ir.-Gael. *gallōglach* ← *gall* foreigner+*ōglah* a youth, servant ← OIr. *ōac* young (cf. OE *geong* 'YOUNG')〗

gal·lows /gǽloʊz | -ləʊz/ *n.* (*pl.* ~, ~·es) **1 a** (2 本柱に横木をわたした)絞首刑用木枠 (cf. gibbet): A ~ was set up. 絞首台が立てられた. **b** [the ~] 絞首刑: come to [die on, get] *the* ~ 絞首刑に処せられる / send [condemn] a man to *the* ~ 人を絞首刑に処する / cheat *the* ~ 絞罪をうまく逃れる. **2 a** 絞首台形の物《調理用)つるし台, もの掛け, (体操用)鉄棒など》. **b** /《米》ではまた -ləs/ [*pl.*] 《方言》ズボンつり (suspenders). **3** 絞首刑に処すべき罪人, 極悪人 (gallows bird). **4** 《鉱山》= headframe. **5** [*pl.*] 《海事》=gallows bitts.

hàve the gállows in one's fáce 絞首刑を免れそうもない(凶悪な)人相をしている. 《1611》

— *adj.* [限定的] **1** 絞首台向きの, 絞首刑に値する. **2** 《英方言》凶悪な (wicked); 悪党じみた, いたずらな: a ~ look 凶悪な目つき.

〖《c1300》 *galwes* (pl.) ← *gal(e)we* < OE *g(e)alga* < Gmc **ʒalʒan* (G *Galgen* / ON *galgi*) ← IE **ghalgh-* branch, rod〗

gállows bìrd *n.* 《古・口語》(絞首刑に処すべき)極悪人. 〖1785〗

gállows bìtts *n. pl.* 《海事》**1** バイキング船などで甲板上中央に取り付けた予備円材収納用の木製の T 型架台. **2** トロール船用(アーチ型)滑車架台. 〖1815〗

gállows fràme *n.* 《鉱山》=headframe. 〖1881〗

gállows hùmor *n.* 非常に深刻な[恐ろしい]事態を茶化すようなユーモア; 気味の悪い冗談[皮肉]. 〖1901〗

gállows-rìpe *adj.* 絞首刑の用意のできた, いつでも絞首刑のできる. 〖1837〗

gállows [gállow] trèe *n.* 絞首台 (gallows). 〖OE *galg-trēow*〗

gáll·stòne *n.* **1** 《病理》胆石 (bilestone). **2** 明るい鬱金(ᵘᶜʰⁱ)色 (light chrome yellow). 〖《1758》: cf. gall[1]〗

gal·lumph /gəlʌ́mf/ *vi.* =galumph.

Gal·lup /gǽləp/, **George Horace** *n.* ギャラップ《1901–84; 米国の統計学者》.

Gállup pòll *n.* ギャラップ世論調査《G. H. Gallup が創設した American Institute of Public Opinion が行う, 代表的問題点に関する世論の標本抽出調査》. 〖1940〗

gal·lus[1] /gǽləs/ *n.* [通例 *pl.*] 《方言》ズボンつり. 〖《1836》《転訛》← GALLOWS〗

gal·lus[2] /gǽləs/ *adj.* **1** 《スコット》大胆不敵な, むこうみずな. **2** 《米俗》すばらしい (splendid).

Gal·lus /gǽləs/ *n.* (*pl.* **Gal·li** /-laɪ/) ガッルス《女神 Cybele の神官で, 去勢していた》. 〖□ L ~〗

gál·lused *adj.* 《方言》ズボンつりをつけた. 〖《1927》: ⇨ -ed 2〗

gáll wàsp *n.* 《昆虫》タマバチ《タマバチ科の昆虫の総称; 植物に虫癭(ᶜʰᵘᵘᵉⁱ) (gall) を作る; cf. gallfly》. 〖1879〗

gal·ly /gǽli/ *vt.* 《方言》おびえさせる, びっくりさせる《もとは gallow ともつづった》. 〖← ?: cf. 《1604》 OE *āgælwan* to alarm〗

gal·ly·gas·kins /gæ̀lɪgǽskɪnz | -lɪ-/ *n. pl.*=galligaskins.

Ga·lois /gælwά: | ˌ—ˊ—; *F.* galwa/, **É·va·riste** /evaʁist/ *n.* ガロア《1811–32; フランスの数学者》.

Galóis fìeld *n.* 《数学》ガロア域, 有限体《要素の個数が有限個であるような体; finite field ともいう》. 〖1893〗

Galóis thèory *n.* 《数学》ガロアの理論《代数方程式の解法に群の概念を適用した数学理論》. 〖1893〗

ga·loot /gəlúːt/ *n.* 《米俗》気のきかない男, 間抜け. 〖《1812》← ?: cf. Du. *gelubt* eunuch: もと船員の俗語〗

gal·op /gǽləp | gǽləp, gəlɔ́p; *F.* galo/ *n.* ガロップ《19 世紀に流行した 2/4 拍子の軽快な舞踊》; ガロップの曲. — *vi.* ガロップを踊る. 〖《1831》□ F ~ ← *galoper* 'to GALLOP'〗

gal·o·pade /gæ̀ləpéɪd, -pάːd/ *n., vi.* =galop.

ga·lore /gəlɔ́ɚ | -lɔ́ː(r)/ *adv.* [名詞の後に置いて] たくさんに, 豊富に (in abundance): whiskey ~ たくさんのウイスキー / make mistakes ~ 多くの間違いをする / There were presents ~. プレゼントがどっさりあった. — *n.* 《廃》豊富 (abundance): in ~ たくさんに. 〖《1628》□ Ir.-Gael. *go l(e)ōr* enough ← *go* to+*leōr* sufficiency, sufficient〗

ga·losh /gəlάʃ | -lɔ́ʃ/ *n.* (*also* **ga·loshe** /~/) [通例 *pl.*] ガロッシュ, 半長オーバーシューズ《防水・防寒用に靴の上にはくゴムまたは防水布製の半長の靴; cf. overshoe, rubber[1] B 2 g》: a pair of ~*es*. 〖《c1353》□ (O)F *galoche* < ? LL *gallicula*m (dim.) ← L *gallica* ← (*solea*) *gallica* Gaulish (sandal)〗

ga·lóshed *adj.* 〈靴が〉オーバーシューズをつけた.

gals. 《略》gallons.

Gals·wor·thy /gɔ́ːlzwəːði, gάːlz- | gɔ́ːlzwəː-/, **John** *n.* ゴールズワージー《1867–1933; 英国の小説家・劇作家; Nobel 文学賞 (1932); *The Forsyte Saga* (1922)》.

Galt /gɔ́ːlt, gάːlt | gɔ́ːlt/, **John** *n.* ゴールト《1779–1839; スコットランドの小説家; 皮肉のこもったユーモアで知られる; *Annals of the Parish* (1821)》.

Gal·tie·ri /gæ̀ltiéˀri, gɑːl- | -éəri/, **Leopoldo (Fortunato)** *n.* ガルティエリ《1926– アルゼンチンの軍人・政治家; 大統領 (1981–82)》.

Gal·ton /gɔ́ːltən, -tn, gάːl- | gɔ́ːl-, gɔ́l-/, Sir **Francis** *n.* ゴールトン《1822–1911; 英国の遺伝学者; 優生学を創始し, 英国に指紋確認法を紹介; Charles Darwin のいとこ》.

ga·lto·ni·a /gɔːltóʊniə, gɑːl- | gɔːl-/ *n.* 《植物》ユリ科ガルトニア属 (*Galtonia*) の各種の多年草《アフリカ南部原産》.

Gal·to·ni·an /gɔːltóʊniən, gɑːl- | gɔːltə́ʊ-/ *adj.* Galton の(唱えた). 〖《1890》: ⇨ F. Galton, -ian〗

ga·lumph /gəlʌ́mf/ *vi.* 《口語》**1** 得々として行く, 意気揚々と歩く. **2** 重々しげに歩く, どたんどたんと音をたてて歩く[走る, 動く]. 〖《1872》《混成》← GAL(LOP)+(TRI)UMPH: Lewis Carroll の造語〗

Ga·luth, g- /gɑːlúːθ/ *n.* (*also* **Ga·lut** /-lúːt/) パレスチナ (Palestine) からのユダヤ人の流浪, 四散 (Diaspora). 〖□ Heb. *gālūth* exile〗

galv. 《略》galvanic; galvanism; galvanized; galvanometer.

Gal·va·ni /gælvάːni, gɑːl- | gæl-; *It.* galváːni/, **Luigi** *n.* ガルバーニ《1737–98; イタリアの解剖学者・生理学者》.

gal·van·ic /gælvǽnɪk/ *adj.* **1** 《電気》ガルバーニ電気 (galvanism) の[に関する, の作用による], 直流電気の《voltaic ともいう》. **2** 《口語》〈動作など〉電気にかかったような, どきっとさせる (startling), 痙攣(ᵏᵉⁱʳᵉⁿ)的な (spasmodic); 《電気をかけたように》生き生きさせる, 興味をそそる: a ~ smile ひきつった笑い / a ~ personality 興味を引く個性. **3** 《医学》直流の: a ~ bath 直流浴 / ~ cautery 電気焼灼(ˢʰᵒᵘˢʰᵃᵏᵘ)(法). **gal·ván·i·cal·ly** *adv.* 〖1797 ← GALVAN(ISM)+IC[1]〗

galvánic céll *n.* 《電気》ガルバーニ電池.

galvánic corrósion *n.* 《化学》ガルバニック腐食, 接触腐食, 電気化学的腐食, 電食《異種金属の接触によっておこる腐食》.

galvánic cóuple *n.* 《電気》電池の両極を構成する一対の金属や炭素などの導電材料.

galvánic cúrrent *n.* 《電気》直流 (direct current).

galvánic electrícity *n.* 《電気》動電気, 流電気《静電気に対して持続的に電流の流れるような電気》.

galvánic píle *n.* 《電気》電堆(ᵗᵃⁱ)《化学電池として動作する円板を重ねて直列接続したもの》. 〖1802〗

galvánic skín respònse [rèflex] *n.* 《生理》電気皮膚反応《精神的刺激などによる皮膚の電気抵抗の変化; うそ発見器などに応用される; 略 GSR; psychogalvanic response ともいう》. 〖1962〗

gal·va·nism /gǽlvənɪzm/ *n.* **1** 《廃》《電気》ガルバーニ電気《化学作用によって起こされる電気》; 流電気, 直流電気; 流電気学. **2** 《医学》直流(通電)療法. **3** 活気, 生き生きした活動. 〖《1797》□ F *galvanisme* □ It. *galvanismo* ← *Luigi Galvani*〗

gál·va·nist /-nɪst | -nɪst/ *n.* 流電気学者. 〖《1805》: ⇨ ↑, -ist〗

gal·va·ni·za·tion /gæ̀lvənɪzéɪʃən | -naɪ-, -nɪ-/ *n.* **1** 《医学》直流(電気)をかける[かけられる]こと; 直流通電(法). **2** 《冶金》亜鉛めっき. 〖《1860》: ⇨ ↓, -ation〗

gal·va·nize /gǽlvənàɪz/ *vt.* **1** (電気をかけたように)急に刺激する; 刺激して〔行動などを〕とらせる 〔*into, to*〕: ~ a person *into* life [*to* new life] 人を活気づかせる; 人を生き返らせる / ~ a person *into* action [running] 人を急に活動させる[走らせる]. **2** …に電流を作用させる[かける, 通じる]. **3** 《医学》〈筋肉・神経を〉直流電流で刺激する, 直流通電療法を施す (cf. faradize). **4** 《冶金》〈鉄・鋼鉄などを〉亜鉛めっきする. — *n.* 《カリブ》トタン波板《屋根材》.

gál·va·nìz·er *n.* 〖《1802》□ F *galvaniser* ← *Luigi Galvani*〗

gál·va·nized íron *n.* 亜鉛めっき鉄, 亜鉛引き鉄《トタン板など》. 〖1839〗

galv·an·neal·ing /gæ̀lvəníːlɪŋ/ *n.* 《冶金》ガルバニーリング《亜鉛めっき鉄を作る際に, 付着性をよくし有孔度を少なくするための熱処理》.

gal·va·no- /gǽlvənoʊ, gælvǽn- | -nəʊ/「直流 (galvanic current); 直流電気 (galvanism)」の意の連結形. 〖← GALVANISM: ⇨ -o-〗

gàlvano·cáutery *n.* 《医学》電気焼灼(ˢʰᵒᵘˢʰᵃᵏᵘ)(法). 〖《1872》: ⇨ cautery〗

gàlvano·contractílity *n.* 《生理》電気収縮性.

gal·van·o·graph /gælvǽnəgræ̀f, gǽlvənə- | -grὰːf, -græ̀f/ *n.* 電鋳銅凹版; 電鋳銅凹版画.

gal·va·nog·ra·phy /gæ̀lvənάgrəfi | -nɔ́g-/ *n.* ガルバノグラフィー《電鋳で銅凹版を作る方法》. 〖《1854》: ⇨ -graphy〗

gàlvano·magnétic *adj.* 《物理》電流磁気の.

galvanomagnétic efféct *n.* 《物理》電流磁気効果《結晶中を流れる電流が磁場の影響を受ける現象》.

gal·va·nom·e·ter /gæ̀lvənάmətɚ | -nɔ́mɪtə(r)/ *n.* 《電気》検流計. 〖《1802》: ⇨ -METER〗

gal·va·no·met·ric /gæ̀lvənoʊmétrɪk, gælvænə- | -nə(ʊ)-ˊ/ *adj.* 検流計の[で計った]. **gàl·va·no·mét·ri·cal** *adj.* **gàl·va·no·mét·ri·cal·ly** *adv.*

gal·va·nom·e·try /gæ̀lvənάmətri | -nɔ́mɪ-/ *n.* 電流測定法.

gàlvano·plástic *adj.* 電鋳法の, 電気版術の. 〖《1848》: ⇨ plastic〗

gal·va·no·plas·tics /gæ̀lvənoʊplǽstɪks, gælvæn- | -nə(ʊ)-/ *n.* 電鋳法, 電気版術 (electrotypy).

gal·va·no·scope /gælvǽnəskòʊp, gǽlvənə- | -skəʊp/ *n.* 《電気》検電器. **gal·va·no·scop·ic** /gæ̀lvænoʊskά(ː)pɪk, gælvən- | -nə(ʊ)skɔ́p-ˊ/ *adj.*

gàl·va·nós·co·py *n.* 〖《1832》: ⇨ -scope〗

gàlvano·táxis *n.* 《生物》走電性《電流の刺激による生物の走性》. 〖《1899》← NL ~: ⇨ galvano-, -taxis〗

gàlvano·therapéutics *n.* 《医学》直流電気療法.

gàlvano·thérapy *n.* 《医学》=galvanotherapeutics. 〖《1885》: ⇨ therapeutics〗

gal·va·not·ro·pism /gæ̀lvənά(ː)trəpɪzm | -nɔ́trə-/ *n.* 《植物》向電性, 屈電性《電流に刺激されて起こる植物の屈曲運動》; cf. electrotropism》. **gal·va·no·trop·ic** /gæ̀lvənoʊtrά(ː)pɪk | -nəʊtrɔ́p-ˊ/ *adj.* 〖《1885》: ⇨ tropism〗

Gal·ves·ton /gǽlvɪstən, -tn/ *n.* ガルベストン《米国 Texas 州南東部, Galveston 湾入口の島 (Galveston Island) にある都市; 硫黄などの輸出港》. 〖↓〗

Gálveston Báy *n.* ガルベストン湾《米国 Texas 州南東部, メキシコ湾内部の入江》. 〖← *Bernardo de Gálvez* (1746–86: Louisiana 州の知事): ⇨ -ton〗

Gálveston plàn *n.* =commission plan.

gal·vo /gǽlvoʊ | -vəʊ/ *n.* (*pl.* **~s**) 《口語》=galvanometer.

Gal·way /gɔ́ːlweɪ, gάːl- | gɔ́ːl-/ *n.* ゴールウェー: **1** アイルランド共和国西部, Connacht 地方の州; 面積 5,939 km^2. **2** 同州の州都で Galway 湾に臨む海港.

Gal·way /gɔ́ːlweɪ, gάːl- | gɔ́ːl-/, **James** *n.* ゴールウェー《1939– ; アイルランド出身のフルート奏者》.

gal·ways, G- /gɔ́ːlweɪz, gάːl- | gɔ́ːl-/ *n. pl.* 下顎に沿って耳から耳に達するひげ. 〖← ? *Galway*〗

Gal·we·gi·an /gælwíːdʒiən, -dʒən/ *adj., n.* (スコットランドの) Galloway の(人). 〖《1774》← GALLOWAY: NORWEGIAN からの類推〗

gal·yak /gǽljæk/ *n.* (*also* **gal·yac** /~/) 子羊・子山羊

の皮でつくった滑らかで光沢のある毛皮. 〘□ Russ.《方言》～ 'premature lamb'〙

gam[1] /gǽm/ *n.* **1** 鯨の群れ. **2**《米》(捕鯨船間の)社交的な訪問, 交歓; (一般人の)社交, 交際. **3**《NZ》大きな海鳥の群れ.
— *v.* (**gammed; gam·ming**) — *vi.* **1**〈鯨が〉群れをなす. **2**《米》(捕鯨船間で)交歓する; 交歓する, 交際する. — *vt.*《米》**1**〈捕鯨船や漁船の乗組員が〉〈他船を訪問して〉…と交歓する; 〈人を〉訪問する, 〈人〉と交際する. **2** おしゃべりして〈時間を〉過ごす. 〘(1781)《変形》← GAME[1] //《略》? ← GAMMON[3]〙

gam[2] /gǽm/ *n.*《俗》脚, (特に)女性の魅力的な脚. 〘《変形》← GAMB〙

GAM /gǽm/《略》guided aircraft missile.

gam.《略》gamut.

gam- /gæm/ (母音の前にくるときの) gamo- の異形.

-gam /∸gæm/〘植物〙「…の生殖法をもつ部類に属する植物」の意の名詞連結形: cryptogam. 〘← NL *-gamia* ← Gk: cf. -gamy〙

ga·ma /gάːmə/ *n.*〘植物〙ガマグラス (*Tripsacum dactyloides*)《米国産イネ科の牧草》. 〘(1833)《変形》← ? GRAMA〙

Ga·ma /gάːmə, gǽmə | gάːmə; *Port.* gɐ́mɐ/, **Vasco da** /vǽʃkuðə/ *n.* ガマ《1469?–1524; ポルトガルの航海者; 喜望峰を回るインド航路を発見 (1498)》.

-ga·mae /∸gəmiː/〘植物〙「(分類上)…の生殖器官・生殖法をもつ植物部類」の意を表す名詞連結形: Agamae. 〘← NL ～ (fem. pl.) ← *-gamus* '-GAMOUS'〙

gáma gràss *n.*〘植物〙=gama. 〘1833〙

gam·a·huche /gǽməhùːʃ/《卑》*vt.* クンニリングス[フェラチオ]をする. — *n.* クンニリングス, フェラチオ. 〘(1865) □ F *gamahucher*〙

Ga·ma·li·el /gəméɪliəl/ *n.* **1** ガメイリエル《男性名》. **2** /英国のユダヤ人の間ではまた gəmάːliəl, gæməlíːəl/〘聖書〙ガマリエル《パリサイ人でユダヤの律法博士; 使徒パウロ (Paul) の師; cf. *Acts* 22: 3》. 〘□ L ～ □ Gk *Gamaliél* □ Heb. *Gamlī'ēl*《原義》? God rendered good ← *gāmál* to deal fully＋*Ēl* God〙

gam·a·ruche /gǽmərùːʃ/ *vt., n.* =gamahuche. 〘1893〙

Ga·may /gæméɪ, ∸∸/ *n.* ガメー《フランス Beaujolais 地方産の軽い辛口の赤ワイン; それを造る黒ぶどうの品種》.

gamb /gǽ(ː)m(b)/ *n.*〘紋章〙猛獣の脚. 〘(1727) □ ONF *gambe*=F *jambe*: ⇨ jamb〙

gam·ba /gάːmbə, gǽm- | gǽm-/ *n.* **1** =viola da gamba. **2** ガンバ音栓 (viola da gamba または cello の音色を出すオルガンのストップ; gamba stop ともいう). 〘(1598) □ It. ～《略》← *viola da gamba*〙

gam·bade /gæmbéɪd, -bάːd/ *n.* =gambado[2]. 〘(1821) □ F ～: cf. gambol〙

gam·ba·do[1] /gæmbéɪdoʊ | -béɪdəʊ/ *n.* (*pl.* **～es, ～s**) **1** (乗馬の際, 泥はねを防ぐため)鞍に取り付けた長靴; あぶみ代わり. **2** 長ゲートル. 〘(1656) ← It. *gamba* leg ＋-ADO: cf. gambol〙

gam·ba·do[2] /gæmbéɪdoʊ | -béɪdəʊ, bάː-/ *n.* (*pl.* **～es, ～s**) **1** (馬などの)騰躍(とうやく) (curvet). **2** はね回り, ふざけ (caper, gambol); 突然の意外な動き, おどけた挙動 (antic). 〘(1820) □ Sp. *gambada* ← *gamba* leg〙

gambe /gǽmb/ *n.*〘紋章〙=gamb.

gam·be·son /gǽmbəsən, -sn | -bɪ-/ *n.*〘甲冑〙(13–14 世紀ごろ鎖かたびらの下に着た)芯に羊毛を入れた刺し子の鎧下(よろいした). 〘(?*a*1300) *gaumbisoune* □ OF *gambeson* ← ? Frank. **wamba* belly: cf. womb〙

Gam·bet·ta /gæmbétə | -tə; *F.* gɑ̃bɛta/, **Léon** (**Michel**) *n.* ガンベッタ《1838–82; フランスの政治家; Napoleon 三世反対派指導者, 首相 (1881–82)》.

Gam·bi·a /gǽmbiə/ *n.* **1** ガンビア《アフリカ西部にある英連邦内の共和国; もと英国直轄植民地で保護領であったが, 1965 年独立; 面積 11,569 km², 首都 Banjul; 公式名 the Republic of The Gambia ガンビア共和国》. **2** [the ～] ガンビア(川)《ガンビアを西流して大西洋に注ぐ (1,127 km)》.

Gam·bi·an /gǽmbiən/ *adj.* ガンビア(人)の. — *n.* ガンビアの住民, ガンビア人. 〘(1906): ⇨ ↑, -an[1]〙

gam·bier /gǽmbɪə | -bɪə^r/ *n.* (*also* **gam·bir** /～/) 〘化学〙ガンビール阿仙(あせん)薬, びんろう膏(こう), ガンビア《インド産のアカネ科カギカズラ属の植物 (*Uncaria gambir*) から製した止血・収斂(しゅうれん)剤, また皮なめし用や染料にする; cf. catechu 1》. 〘(1830) □ Malay *gambīr* (植物名)〙

Gámbier Íslands /gǽmbɪə- | -bɪə-; *F.* gɑ̃bje/ *n.* [the ～] ガンビエ[ガンビア]諸島《南太平洋 Tuamotu 諸島南東のフランス領 Polynesia に属する島群; 面積 30 km²》.

gam·bit /gǽmbɪt | -bɪt/ *n.* **1** (行動・取引・議論などの)先手; 術策, 方策, 手. **2 a** 先に口を切ること, 手始め, 口火. **b** 話題. **3**〘チェス〙(ポーン (pawn) などを捨て駒にして掛ける)序盤の手, 仕掛け. **4**〘軍事〙ギャンビット(戦術), 対潜おびき出し戦術《深く潜没した敵潜水艦に対し, 航空機が攻撃を断念したように見せかけ, 探知と攻撃の機会をつかもうとする戦術》. — *vi.* **1** 先手を打つ, 仕掛ける. **2**〘軍事〙ギャンビット[対潜おびき出し]戦術をとる, (術策により)潜水艦攻撃の機会をうかがう. 〘(1656) □ It. *gambetto* a tripping up ← *gamba* leg: ⇨ gambol〙

gam·ble /gǽmbl/ *vi.* **1** 賭け事をする, 賭博(とばく)をする, 賭ける: ～ *on* horse races 競馬に金を賭ける / ～ *at* cards トランプでばくちをする, 賭けトランプをする. **2** (一か八かの)冒険をする: ～ *with* one's future 未来を賭ける大冒険をする / Don't ～ *with* other people's money [lives]! 他人のお金[生命]を危険にさらすようなことはやめろ. **3** 投機をする: ～ *in* rail shares [wheat] 鉄道株で[小麦の]相場をやる / ～ *on* stocks and bonds [the money market] 株と債券[金融市場]に投機する. **4** (…を)当てにする, 信用する, 確実と思う; (…であることに)望みをかける (*on*): Don't ～ *on* getting the job. その仕事にありつけると勝手に思い込むなよ / We ～*d on* the weather being fine. 好天気になることに賭けた. — *vt.* **1**〈大事なものを〉賭ける (wager, bet) (*on*): ～ one's money *on* horse races 競馬に金を賭ける / You're *gambling* your whole fortune *on* something rather risky. 君はかなり危ないものに全財産を賭けている / We ～*d* that the weather would be fine. 天気がよくなるほうに賭けた / He ～*d* himself out of house and home. 彼は賭博で身代をつぶした. **2**〈財産などを〉ばくち[賭け事]で失う〈*away*〉: ～ *away* one's fortune 賭博で身代を失う. **3** 冒険する, 危険を冒してやる.
— *n.* **1** ばくち, 賭博, ギャンブル: on the ～ 賭博をして[にふけって]. **2 a** 冒険, やま (venture): have [take] a ～ 一か八かやってみる, 冒険する (*on*). **b** 賭け事的な[不確かな]こと: The project's a bit of a ～. その計画は少し冒険だ / The ～ worked [succeeded, came off, paid off; failed]. 賭けはうまくいった[成功した, うまくいった, 当たった; 失敗した].
〘(1775)《変形》← ?《廃》*gamel* to play games (cf. -le[3])《変形》← ME *gamene(n)* < OE *gam(e)nian* to play, sport ← *gamen* 'amusement, GAME[1]': ただし現在分詞形では (1726) に用例あり〙

gam·bler /gǽmblə, -blə | -blə^r, -bl-/ *n.* ばくち打ち; 相場師, 冒険屋: take a ～'s chance 一か八かやってみる. 〘(1747): ⇨ ↑, -er[1]〙

gam·bling /gǽmblɪŋ, -blɪŋ/ *n.* ばくち, 賭博, 賭け事, ギャンブル. 〘(1784) ← GAMBLE＋-ING[1]〙

gámbling dèn [**hèll, hòuse**] *n.* [しばしば軽蔑的に] 賭博場. 〘1877〙

gámbling tàble *n.* 賭博台; 賭場(とば), 賭博場. 〘1852〙

gam·boge /gæmbóʊdʒ, -búːʒ | -bóʊʒ, -bóʊdʒ, -búːʒ/ *n.* **1**〘化学〙雌黄(しおう)《インドシナ地方に産するオトギリソウ科の高木ガンボージ (*Garcinia hanburyi*) の樹皮から採る褐色の樹脂; 下剤・顔料となる; cambogia ともいう》. **2** ガンボージ, 雌黄色《赤みがかった黄色; gamboge yellow ともいう》. **3** ガンボージの木 (gamboge tree).

gam·bó·gi·an /-dʒiən/ *adj.* 〘(1712) ← NL *gambogium* ← *Cambodia* (地名):「かぼちゃ」と同語源〙

gam·bol /gǽmbəl, -bl/ *vi.* (**gam·boled, -bolled; -bol·ing, -bol·ling**) 跳ね回る, 跳び回る, ふざける, じゃれる〈*about, around*〉(⇨ play SYN). — *n.* [通例 *pl.*] (子ヤギや子供が)飛びはね回ること, 跳ね飛び, ふざけ. 〘(1503) *gamba(l)d* □ F *gambade* leap, caper □ It. *gambata* caper, kick ← *gamba* leg < LL *camba, gamba* □ Gk *kampḗ* a bend, joint〙

gam·brel /gǽmbrəl/ *n.* **1** (獣類, 特に馬の)飛節 (hock). **2** =gambrel stick. **3**〘建築〙=gambrel roof. 〘(1547) □ ONF *gamberel* butcher's gambrel ← *gambe*=F *jambe* leg: ⇨ jamb〙

gámbrel ròof *n.*〘建築〙**1**《米》腰折れ屋根. **2**《英》入り母屋屋根. **gámbrel-ròofed** *adj.* 〘1765〙

gámbrel stìck *n.* (肉屋で獣肉を吊るす)馬脚状の鉄かぎ[棒].

Gam·bri·nus /gæmbráɪnəs/ *n.* ガンブリヌス《ビールを発明したという伝説上のフランドル王》.

gam·broon /gæmbrúːn/ *n.* 毛と綿[麻]との交織のあや布. 〘(1831) ← *Gambroon* (ペルシャ湾沿岸の町)〙

gam·bu·si·a /gæmb(j)úːʒiə, -ʒə | -ziə, -ʒiə, -ʒə/ *n.*〘魚類〙カダヤシ科カダヤシ属 (*Gambusia*) の小形淡水魚. 〘(*c*1889) ← NL ～ ← Am.-Sp. (Cuban) *gambusino*〙

game[1] /géɪm/ *n.* **1 a** 遊戯, 遊び, 娯楽: children's ～*s* / What a ～! これはおもしろい / Don't get upset: it's only a ～, after all! うろたえるなよ, 所詮たかがゲーム[遊び]なんだから / This is no ～! 冗談じゃないんだ. 日英比較 日本語の「ゲームセンター」は, 英語では, (amusement) arcade, (*game*) arcade, といい, テレビゲームが並べてあるゲームセンターは, video (*game*) arcade という. ゲームセンターで行われるゲームは arcade *game* という. 日本語の「ゲームソフト」は和製英語. 英語では software *game* という. **b** [the [The] G-] ジェスチャーゲーム. **2 a** 競技; 勝負, 試合 (⇨ sport SYN): a [the] ～ of football, tennis, chess, etc. / have [play] a ～ *of* chess, cards, etc. (*with* a person) / a called ～ 判定勝負, コールドゲーム / a drawn ～ 引き分け試合 / no ～〘野球〙無効試合 / have a ～ of play ひと勝負[試合]する. ★《米》では -ball のつく競技には game を用い, golf, tennis などには match を用いるのが普通;《英》では一般に match を用いる. 日英比較 球技での日本語の「ゲームセット」は和製英語. 英語では, 主審や球審が宣告する場合には単に "*Game!*". 一般には The *game*'s over. / That's the *game*. テニスなどの場合は The match's over. という. **b** (一試合の一部である)一勝負, ゲーム (cf. set *n.* 3): a rubber of three ～*s* 3 番勝負 / ～ all ゲームオール, ゲームカウント 1 対 1. **c** [*pl.*] (学科目としての)競技, スポーツ. **d** [*pl.*] (古代ギリシャ・ローマで, 定期に催された運動・演劇・音楽・文学などの)大競技[競演]会; 競技大会: ⇨ Olympic games. **3 a** (勝負の)仕方; (同じ目的に対して人と張り合う)勝負, 競争: play a ～ 勝負する / play a good [poor] ～ 勝負がうまい[まずい] / play a dangerous ～ 危ない芝居を打つ / play a losing [winning] ～ 勝つ見込みのない[ある]勝負をする, 負けるのを[勝つのを]承知でやる. **b** [the ～] 公正な[ルールを守った]勝負の仕方: ⇨ *play the* GAME. **4 a** 勝負に勝つのに必要な点数; 勝ち目, 勝利; 勝負の形勢, 得点: The ～ is yours. 勝負は君の勝ちだ / 100 is the ～. 100 点でゲームだ[勝負がつく] / How [What] is the ～? 得点[形勢]はどうだ / The ～ is 4 all [love three]. 得点おのおのの 4 点 [0 対 3] / have the ～ in one's hands 勝敗のかぎを握る, 勝利はこっちのもの / lose a ～ to …と勝負して負ける. **b**〘トランプ〙(勝ちを決める)最低得点《auction bridge では 30 点; contract bridge では 100 点》. **5** 遊戯の道具: toys and ～*s* おもちゃやゲーム類. **6 a** 冗談, 戯れ, ふざけ: I wouldn't play ～*s* with you. 真面目に言っているんだ. **b** 愉快な[おもしろい]事柄, 慰み(になる事柄). **7** たくらみ, もくろみ; 計略, 策略: ⇨ waiting game / Don't try any of your ～*s*. もうその手はよせ / So that's your little ～. なるほどそれが君のけちな手[魂胆]だな / see through a person's ～ 人の策略を見抜く / play a deep ～《英》深いたくらみをする / play a double ～ 裏表のあるやり方をする / the ～ of politics 政略 / the same old ～ 相も変わらぬ同じ手 / ⇨ *play a person's* GAME / None of your ～*s*. その手は食わぬぞ / What's his ～, I wonder? 何をたくらんでいるのだろうか / Two can play at that ～.=That's a ～ that [at which] two can play. その手でくればこちらもその手でゆくぞ. **8 a** [集合的] 猟の獲物, 猟鳥獣類 (cf. poultry); 猟鳥獣の肉: eat ～ 猟鳥肉を食べる / The ～'s afoot. 獲物がいたぞ (Shak., *Hen V* 3. 1. 29) / ⇨ big game, fair game 1. **b** (追求・攻撃・嘲笑などの)目標, えじき,「かも」. ★ しばしば次の句で: ⇨ fair game 2. **c** (飼ってある白鳥の)群れ: a ～ *of* swans. **9**《口語》(通例賭けの要素のある)仕事, 職業, 商売: the stock market [advertising] ～ 株式売買[広告]業 / be in the political ～ 政治に関係している. **10** [the ～]《英俗》売春 (prostitution): be *on the* ～ 売春する. **11**《古》闘志, 元気, 勇気 (cf. *adj.* 2). **12 a**《古》色事. **b**《卑》性交.

ahéad of the gáme《米口語》(1) 勝機をつかんで, リードして; 有利で. (2) (時間に)早く (early); 早すぎて. ***béat a person at his ówn gáme*** 人をその同じ手で打ち負かす. ***flý at hígh gáme*** 大志を抱く, 望みが高い: *fly at higher* ～ 一層高い望みを抱く, (そんな物には目もくれず)お高く止まる. ***fórce the gáme***〘クリケット〙得点を挙げようと無理なことをする. ***gíve the gáme awáy***《口語》(内密にしておいた計画の)秘密[内幕]を漏らす. ***hàve a gáme with***《英》=***màke gáme of*** …をからかう, をばかにする, を愚弄する. ***It's (áll) pàrt of the gáme*** それも織り込まれていることだ《驚くにはあたらない》. ***màke gáme to dó*** [***be***]《古》(冗談に)…する真似をする, …であるふりをする. ***néw to this*** [***the***] ***gáme***〈人が〉慣れていない, 新参で, 不慣れで. ***on*** [***óff***] ***one's gáme*** (競技などで)調子が良い[悪い], コンディションが良い[悪い]. ***pláy a person's gáme*** 無意識に人の利益になるようなことをする. ***plày (sílly) gámes with*** …を小馬鹿にする, いいかげんに扱う (cf. 7). ***pláy the gáme*** 正々堂々と試合をする, 尋常に勝負する; 公明正大に行動する, 立派に役割を果たす: That's not what I call *playing the* ～, old man! ねえ君, そいつはフェアじゃないぜ. (1677) ***pláy the ... gàme*** …のルールに従って行動する; (カムフラージュのため)表面は…のルールに同調しているように見せかける: *play the* democratic ～. ***spóil a person's gáme*** 人の計画を(出し抜いて)だめにする. ***spóil the gáme*** せっかくの骨折りをむだにする, しくじる. ***The gáme is úp.*** 成功の見込みなし, 万事休す.

gáme and gáme〘テニス〙ゲームカウント 1 対 1. (1888)

game and (sét)〘テニス〙セット終了. ★ set を省略した場合には and を /ǽ(ː)nd/ と発音する; またその場合 game-and ともつづる.

gáme of chánce 運のゲーム《腕前より運がものを言うさいころゲームなど》.

gáme of skíll 腕前のゲーム《チェスなどのように実力がものを言うゲーム》.

gáme, sét, and mátch (1)〘テニス〙試合終了, ゲームセット. (2) 圧勝, 完全な勝利. (1968)

— *adj.* (**gam·er; -est**) **1**《口語》(…を)いとわない (*for*); (…する)気[元気]がある〈*to do*〉: I'm ～. (相手の誘いに応じて)よしやろう / He is ～ *for* [*to do*] anything. 元気で何でもする / Are you ～ *for* a walk [*to walk*]? 歩く元気があるかい. **2** (シャモ (gamecock) のように)勇ましい, 元気な, 負けじ魂の. **3** 猟の獲物の[に関する]; 猟鳥獣の(肉の): a ～ pie. **4**〘トランプ〙勝ちを決定するような: a ～ bid [contract] (コントラクト・ブリッジで)成功すれば得点が 100 点以上に達するようなビッド[契約].

(as) gáme as Néd Kélly《豪口語》とても勇敢で[な]. (1941) ***díe gáme*** 勇敢に戦って死ぬ; 最後まで奮闘する.

— *vi.* 勝負する; ばくちを打つ (gamble). — *vt.*《古》〈財産などを〉ばくち[賭け事]で失う〈*away*〉.

～·like *adj.* 〘OE *gamen, gomen* sport, joy ← ? Gmc **ʒam-* to enjoy (OHG & ON *gaman* joy): cf. Goth. *gamen* participation〙

game[2] /géɪm/ *adj.* (まれ)〈脚・腕など不自由な (lame); (負傷して)使えない: a ～ leg. 〘(1787) ← ?: cf. F《方言》*gambi* limping〙

gáme àct *n.* =game law.

gáme ànimal *n.* (法律で定められた)狩猟獣.

gáme arcàde *n.* ゲームセンター (単に arcade ともいう). 日英比較「ゲームセンター」は和製英語. ⇨ game 1.

gáme bàg *n.* (猟の)獲物袋, 獲物入れ《背にかついでしとめた鳥を入れる通例ひも付きの袋》.

gáme bàll *n.* **1** ゲームボール《あと 1 ポイントでゲームに勝てる時のサービス》. (1893) **2** ゲームボール《サッカー・ラグビーなどでチームの勝利に寄与した選手やコーチにそのチームから贈られるボール》. (1966)

gáme bìrd *n.* **1** (法律で定められた)狩猟鳥. **2** game ball 1 に相当するバドミントンでの呼び名. 〘1866〙

gáme·bòok *n.* 猟の記録ノート. 〘(1807): ⇨ game[1]〙

Game Bòy *n.*〘商標〙ゲームボーイ《日本の任天堂製の携帯型ゲーム機》.

gáme-brèaker *n.*《米》〘スポーツ〙勝敗を決定するプレー[プレーヤー].

G

gáme·càst *n.* 〖放送〗団体競技の放送. 〖(1724): ⇨ game¹〗
gáme chìps *n. pl.* (猟鳥獣の肉料理に添える)円くて薄いポテトチップス. 〖(1951): ⇨ game¹〗
gáme·còck *n.* 1 (雄の)シャモ, 闘鶏 (fighting cock). 2 不屈のけんか好きな人. 〖(1677): ⇨ COCK¹〗
gáme·ègg *n.* シャモの卵. 〖1699〗
gáme fìsh *n.* 1 スポーツ釣りの対象となる魚; 釣りの対象魚. 2 サケ科の魚の総称 (cf. coarse fish 2). 〖1862〗
gáme fòwl *n.* 1 狩猟鳥. 2 闘鶏, シャモ. 〖1784〗
gáme·kèeper *n.* 猟場番人. **gáme·kèep·ing** *n.* 〖(1670–71): ⇨ keeper〗
gam·e·lan /gǽməlæ̀n | -mɪ̀-/ *n.* 〖音楽〗 1 ガムラン《インドネシアの打楽器を主とする合奏形態》. 2 ガムラン音楽. 3 ガムラン《ガムラン音楽に用いるシロホンに似た打楽器》. 〖(1871) □ Jav. ~ 'bamboo xylophone'〗
gáme làw *n.* [通例 *pl.*] 狩猟法. 〖1714〗
gáme lìcense *n.* 狩猟免許(状)[鑑札]; 猟鳥獣販売免許(状). 〖1861〗
Game·lin /gæ̀məlǽm, gæmlǽ(ŋ), -lǽŋ; *F.* gamlɛ̃/, **Maurice(-Gustave)** *n.* ガムラン (1872–1958; フランスの軍人; 連合軍総司令官 (1939); 1940 年ドイツ軍に大敗).
gáme·ly *adv.* (闘鶏のように)勢いよく, 屈せずに, 勇敢に (pluckily). 〖(1861) ← GAME¹＋-LY¹〗
gáme·ness *n.* 勇敢, 不屈, 不撓(ふとう), 負けず嫌い. 〖(1810) ← GAME¹＋-NESS〗
gáme pàrk *n.* (アフリカなどの)動物保護区域. 〖1963〗
gáme plàn *n.* 1 (米) 綿密に計画された行動方針, 策略. 2 (フットボールなどの試合前の)作戦. 〖1941〗
gáme·plày *n.* ゲームプレー《コンピューター[テレビ]ゲームのストーリー展開と操作方法; グラフィック[画像]やサウンド[音響]に対して用いる用語》.
gáme pòint *n.* 〖球技〗ゲームポイント《そのゲームの勝敗が決まる 1 点; 例えばテニスでは各セットの 1 単位であるゲームを決するポイント; cf. set point 1, match point 1》. 〖*c*1949〗
gáme presèrve *n.* 猟鳥獣保護林, 猟園; 禁猟区.
gáme-presèrver *n.* 猟鳥獣保育者《自分の所有地内に禁猟区を設け, 狩猟法を厳重に励行して鳥獣の繁殖を図る人》.
gám·er *n.* (米口語) 1 〖スポーツ〗へこたれない選手, 勇猛果敢なプレーヤー. 2 ゲームマニア, ゲーマー.
gáme resèrve *n.* ＝game preserve.
gáme ròom *n.* (卓上ゲームのできる)娯楽室 《games room ともいう》.
gámes-áll *n.* 〖テニス〗ゲームカウントがタイ (tie) (cf. game¹ 2 b).
gáme shòw *n.* ゲームショー《参加者が賞品を競ってゲームをするテレビ番組》. 〖(1961): ⇨ game¹〗
gámes·man /-mən/ *n.* (*pl.* **-men** /-mən/) 試合[ゲーム]をする人; (特に)試合の駆け引きの上手な人. 〖(1931) ← GAME¹＋-S²＋MAN〗
gámesman·shìp *n.* (口語) (試合・ゲームの)駆け引き. 〖(1947): ⇨ ↑, -ship〗
gámes màster *n.* (英) 体育教師, 体育主任.
gámes mìstress *n.* (英) 女性の体育教師.
game·some /géɪmsəm/ *adj.* ふざけ好きな, 陽気にはしゃぎ回る, 戯れる (sportive, frolicsome). **~·ly** *adv.* **~·ness** *n.* 〖(*a*1375): ⇨ game¹ (n.), -some¹〗
game·ster /géɪmstə | -stə^r/ *n.* 1 a 賭け勝負をする人, ばくち打ち. b (スポーツの)選手; 度胸のいい選手. 2 (廃) 陽気にはしゃぐ人; 色事師. 〖(1553): ⇨ -ster〗
gámes thèory *n.* ＝THEORY of games. 〖1959〗
gam·et- /gəmí:t, gǽmet | gəmí:t, gǽmɪt/ (母音の前にくるときの) gameto- の異形.
gam·e·tan·gi·um /gæ̀mətǽndʒiəm | -mɪtǽn-/ *n.* (*pl.* **-gi·a** /-dʒiə/) 〖生物〗配偶子嚢(のう). 〖(1886) ← NL ~: ⇨ gameto-, angio-, -ium〗
gam·ete /gǽmi:t, gəmí:t/ *n.* 〖生物〗配偶子, 生殖体《高等な生物の卵と精子の総称》. **ga·me·tal** /gəmí:tl | -tl/ *adj.* 〖(1886) ← NL *gameta* ← Gk *gametḗ* wife, *gamétēs* husband ← *gameîn* to marry〗
gaméte ìntra-fallópian tránsfer *n.* 〖医学〗配偶子卵管内移植, ギフト法《不妊症治療法の一つ; 略 GIFT》.
gáme tènant *n.* 狩猟[遊漁]権借受人. 〖1891〗
gáme thèory *n.* ゲームの理論 (⇨ THEORY of games). 〖1949〗
ga·met·ic /gəmétɪk, -mí:t- | -tɪk/ *adj.* 〖生物〗配偶子の. **ga·mét·i·cal·ly** *adv.* 〖(1905) ← GAMETE＋-IC¹〗
ga·me·to- /gəmí:toʊ, gǽmə- | gəmí:təʊ, gǽmɪ̀-/ 〖生物〗「配偶子 (gamete)」の意の連結形. ★ 母音の前では通例 gamet- になる. 〖← NL ~ ← *gameta* 'GAMETE'〗
ga·me·to·cyte /gəmí:təsàɪt | -tə(ʊ)-/ *n.* 〖生物〗生殖母細胞《配偶子を造る細胞》. 〖(1899): ⇨ ↑, -cyte〗
gamèto·génesis *n.* 〖生物〗配偶子形成《卵ができること (oogenesis), また精子のできること (spermatogenesis)》. **gamèto·génic** *adj.* **gam·e·tog·e·nous** /gæ̀mətɑ́(:)dʒənəs | -mɪtɔ́dʒɪ̀-ˊ/ *adj.* **gam·e·tog·e·ny** /gæ̀mətɑ́(:)dʒəni | -mɪ̀tɔ́dʒɪ̀ni/ *n.* 〖(1900): ⇨ genesis〗
ga·me·to·phore /gəmí:təfɔ̀ə | -təfɔ̀:^r/ *n.* 〖植物〗配偶子体《配偶子を造る蘚類の部分》. **ga·me·to·pho·ric** /gəmì:təfɔ́:rɪk | -təfɔ́r-ˊ/ *adj.* 〖(1895): ⇨ -phore〗
ga·me·to·phyte /gəmí:təfàɪt | -tə-/ *n.* 〖植物〗配偶体《有性生殖体[器官]を造る植物体; cf. sporophyte》.
ga·me·to·phyt·ic /gəmì:təfɪ́tɪk | -təfɪ́t-ˊ/ *adj.* 〖(1895): ⇨ -phyte〗

gáme wàrden *n.* 狩猟法実施官, 猟区監視官. 〖1912〗
gáme-wìnner *n.* 〖スポーツ〗決勝点.
gáme-wìnning *adj.* 〖スポーツ〗〈点, ホームランなどが〉決勝の.
ga·mey /géɪmi/ *adj.* (~·er; ~·est) ＝gamy.
gam·ic /gǽmɪk/ *adj.* 〖生物〗有性の (sexual) (↔ agamic). 〖(1856) □ Gk *gamikós* of or for marriage ← *gámos* marriage: cf. gamete〗
-gam·ic /gǽmɪk/「…の生殖器官を有する; …の受精作用をする」の意の形容詞連結形: dicho*gamic*, mono*gamic*. 〖← Gk *gámos* marriage: ⇨ gamo-, -ic¹〗
gam·i·ly /géɪmɪ̀li/ *adv.* ＝gamely.
ga·min /gǽmɪ̀n | gǽmɪn, gæmǽ(ŋ), -mǽŋ; *F.* gamɛ̃/ *n.* (*pl.* **~s** /~z; *F.* ~/) 1 宿なし子, 浮浪児; いたずらっ子. 2 ＝gamine 2. 〖(1840) □ F ~ ← ?〗
ga·mine /gǽmi:n, ―ˊ | ―ˊ―, ―ˊ―; *F.* gamin/ *n.* (*pl.* **~s** /~z; *F.* ~/) 1 おてんば娘, 男の子のような娘 (tomboy). 2 小妖精のような魅力ある娘. 〖(1889) □ F ~ (fem.) ← *gamin* (↑)〗
gám·ing *n.* 1 賭博, ばくち: ~losses ばくちでの損. 2 (ゲームの理論 (theory of games) における)ゲームの展開. 〖(1501): ⇨ game¹, -ing¹〗
gáming hòuse *n.* ＝gambling house. 〖1624〗
gáming tàble *n.* 賭博台. 〖1598〗
gam·ma /gǽmə/ *n.* 1 ガンマ《ギリシャ語アルファベット 24 字中の第 3 字: Γ, γ (ローマ字の C, c に当たる; ⇨ G, g の語源欄); ⇨ alphabet 表》. 2 a 3 番目, 第 3 位のもの, 第 3 級 (cf. alpha, beta). b (英) (学業成績の)可, C: ~ plus [minus] 可の上[下], C⁺ [C⁻]. 3 〖天文〗[通例 G-; 星座名の属格を伴って] ガンマ (γ) 星《通例星座中で 3 番目に明るく見える星》: *Gamma* (γ) Pegasi /pégəsàɪ/ ペガサス座のガンマ星. 4 〖化学〗[形容詞的に] ガンマの, γ-, 第 3 の (⇨ alpha¹ 5). 5 〖物理〗ガンマ《磁場の強さを表す単位; ＝0.00001 oersted》. 6 〖写真〗ガンマ《感光材料の調子の硬さを表す言葉で数値の大きい程硬調; 特性曲線の直線部が水平軸と成す角の正接》. 7 〖テレビ〗ガンマ《画像の明暗のコントラストの度を表す単位》. 8 〖物理〗ガンマ (microgram)《100 万分の 1 グラム》. 〖(*c*1400) □ L ~ □ Gk *gámma* ← Sem.: ⇨ gimel¹〗
gámma ácid *n.* 〖化学〗ガンマ酸 ($HOC_{10}H_5(NH_2)SO_3H$)《アミノナフトールスルホン酸の俗称; アゾ染料の中間体として用いる》.
gámma-amìno·butýric ácid *n.* 〖生化学〗⇨ GABA.
gámma cámera *n.* ガンマ線カメラ《体内に注入された放射性トレーサーを検波するカメラ》.
gámma céllulose *n.* 〖化学〗ガンマセルロース《セルロース試料中で 17.5% 水酸化ナトリウム液に溶ける部分のうち, 酸性にしても沈澱しない部分; cf. alpha cellulose, beta cellulose》.
gam·ma·cism /gǽməsɪ̀zm/ *n.* 〖病理〗ガ行発音不全(症). 〖← LL *gammacismus* ← GAMMA＋*-cismus* (⇨ iotacism)〗
gámma decày *n.* 〖物理〗ガンマ崩壊《ガンマ線を放出する原子核や素粒子の崩壊; 通例 γ-decay と書く》.
gam·ma·di·on /gəméɪdiɑ̀(:)n, gæ-, -diən | gəméɪdiən/ *n.* (*pl.* **-di·a** /-diə | -diə, -djə/) 4 個のガンマ (Γ) を組み合わせた十字の飾り模様; (特に) 卍(まんじ). 〖(1848) □ MGk *gammádion* (dim.) ← Gk *gámma* 'GAMMA': ガンマ (Γ) 4 個からなるとみて〗
gámma distribútion *n.* 〖統計〗ガンマ分布《反応時間のような連続変数の確率分布》.
gámma fúnction *n.* 〖数学〗ガンマ関数《自然数 n に n−1 の階乗 (n−1)! を対応させる関数の定義域を複素数にまで拡張したもの; 記号 Γ (z); cf. beta function》. 〖1865〗
gámma glóbulin *n.* 〖生化学〗ガンマグロブリン《血漿(けっしょう)蛋白質の一成分で抗体に富む》. 〖1937〗
gámma infínity *n.* 〖写真〗極限ガンマ《ある写真感光材料の現像を長くした時得られる最大のガンマ値》.
gámma ìron *n.* 〖化学〗ガンマ鉄《鉄の変態の一つで, 910–1400°C の間で安定し, 面心立方晶系の非強磁性体; cf. alpha iron》.
gámma mòth *n.* 〖昆虫〗ガンマキンウワバ (*Plusia gamma*)《ヤガ科のガ; ヨーロッパからアジア北部に広く分布; 翅に γ 字形の紋がある》. 〖1869〗
gámma radiàtion *n.* 〖物理〗ガンマ放射線; ガンマ線放射《通例 γ-radiation と書く》. 〖1904〗
gámma rày *n.* [通例 *pl.*] 〖物理〗ガンマ線《X 線よりも波長の短い電磁波; 通例 γ-ray と書く》. 〖1903〗
gámma-ray astrónomy *n.* ガンマ線天文学《天体から来るガンマ線によって天体や宇宙を研究する天文学の一部門》.
gámma·sònde *n.* 〖気象〗ガンマゾンデ《上層大気中のガンマ放射線を測定するラジオゾンデ》.
gámma sùrgery *n.* ガンマ線外科.
gam·mer /gǽmə | -mə^r/ *n.* (英・まれ) ばあさん, (特に田舎出の)老婆 (cf. gaffer 1). 〖(1575) (短縮) ← GODMOTHER // GRAN(D)M(OTH)ER〗
Gam·mex·ane /gæméksein, gə-/ *n.* 〖商標〗ガメクサン《有機合成殺虫剤 lindane の商品名》. 〖← GAMM(A)＋(H)EXANE〗
gam·mon¹ /gǽmən/ *n.* 1 塩蔵・燻製にした豚のもも肉 (ham) または脇腹肉 (bacon); 厚切りのハム肉料理. 2 ガモン《豚の脇腹肉の臀部に近い部分》: a ~ of bacon. — *vt.* 〈豚肉を〉塩など で保蔵処理する. 〖(?*a*1425) *gambon* □ ONF (F *jambon*) ham ← *gambe* leg＝F *jambe*: ⇨ jamb〗
gam·mon² /gǽmən/ (英口語) *n.* (ごまかすための)たわごと, でたらめ, ごまかし. — *vi.* 1 たわごとを言う. 2 とぼける, しらばくれる; もっともらしく話す. — *vt.* ごまかす, だます. — *int.* ばかな. **~·er** *n.* 〖(1720) (転用) ← ? GAMMON³; cf. *to give gammon, to keep in gammon* (俗) (一人が話しかけて注意を引いている間に相棒がする)〗
gam·mon³ /gǽmən/ *n.* 1 (古) バックギャモン (backgammon). 2 (バックギャモンで敗者が駒を一つも盤から外せないで負け)賭け金の 2 倍を払う手. — *vt.* (2 倍点で) 大敗させる. 〖(1730–46) ← ? ME *gamen* 'GAME¹'〗
gam·mon⁴ /gǽmən/ 〖海事〗 *vt.* (綱などで)〈第一斜檣(しょう)を〉船首材に固定する. — *n.* ＝gammoning. 〖(1689) ← ? GAMMON¹ (ハムをひもでしばって貯蔵することから)〗
gám·mon·ing *n.* 〖海事〗船首の第一斜檣(しょう)[やりだし]を船体に縛りつける)繋鎖(けいさ). 〖(1833) ← GAMMON⁴＋-ING¹〗
gam·mop·a·thy /gæmɑ́(:)pəθi | -mɔ́p-/ *n.* 〖病理〗ガンマグロブリン症《免疫グロブリンを造るリンパ球様細胞の異常増殖による病気で, 多発性骨髄腫ほか各種のものがある》. 〖← *gamma (globulin)*＋-PATHY〗
gam·my /gǽmi/ *adj.* (**gam·mi·er**; **-mi·est**) (英俗) ＝game². 〖(1839) ← ? GAME²＋-Y⁴〗
gam·o- /gǽmoʊ | -məʊ/ 次の意味を表す連結形: 1 〖生物〗「雌雄合体 (sexual union)」: *gamo*genesis. 2 〖植物〗「部分の合体 (union of parts)」: *gamo*petalous. ★ 母音の前では通例 gam- になる. 〖← NL ~ ← Gk *gámos* marriage〗
gam·o·deme /gǽmədì:m/ *n.* 〖生物〗ガモデーム《他の個体群から交配の上で区別される一群; cf. deme 2》. 〖⇨ ↑, deme〗
gàmo·génesis *n.* 〖生物〗有性[両性]生殖. **gàmo·genétic** *adj.* **gàmo·genétical** *adj.* **gàmo·genétically** *adv.* 〖1861〗
gam·one /gǽmoʊn | -məʊn/ *n.* 〖生化学〗ガモン《配偶子から出されるホルモン様物質》. 〖← GAMO-＋(HOR-M)ONE〗
gàmo·pétalous *adj.* 〖植物〗合生花弁の, 合弁の《sympetalous ともいう; cf. polypetalous》: a ~ corolla 合弁花冠. 〖(1830) ← GAMO-＋-PETALOUS〗
gàmo·phýllous *adj.* 〖植物〗合生葉の. 〖(1872) ← GAMO-＋-PHYLLOUS〗
gàmo·sépalous *adj.* 〖植物〗合生萼(がく)片の, 合片萼の (cf. polysepalous): a ~ calyx 合片萼. 〖(1835) ← GAMO-＋-SEPALOUS〗
-ga·mous /ˊ― gəməs/ -gamy に対応する形容詞連結形. 〖← Gk *gámos* marriage＋-OUS; cf. -gamy〗
Gam·ow /gǽmɔ(:)f, -mɑ(:)f | -mɔf/, **George** *n.* ガモフ (1904–68; ロシア生まれの米国の原子物理学者).
gamp /gǽmp/ *n.* (英口語) 大きな傘; (だらしなく巻いた) 大型で不細工なこうもり傘. 〖(1864) ← *Mrs. Sarah Gamp* (Dickens 作の *Martin Chuzzlewit* に出る看護婦の名: 彼女の持っていた大きな傘から)〗
gam·ut /gǽmət, -mʌt/ *n.* 1 全範囲, 全域 (⇨ range SYN): experience the ~ *of* emotions あらゆる種類の感情を経験する / the whole ~ *of* experience [suffering] あらゆる経験[苦難] / run the ~ *of* dissipation 放蕩の限りを尽くす / run up and down the ~ (of ...) (…の)範囲内を上下する. 2 〖音楽〗 a 音階. b (声音・楽器の)全音域. c (全音階的)長音階 (major scale). d ガンマ《中世 6 声音階の最低音[基音]; 今日の大字ト音》. 3 〖電算〗システムが使える色の範囲. 〖(*a*1450) □ ML *gamma ut* (*gamma* は Guido d'Arezzo が中世音階の最低音に与えた名称 (*c*1040), L *ut* (that) は 6 声音階の基音の名称で後世の *do*: これらの音名は次のラテン語の賛美歌から来た: *Ut* queant laxis *re*sonare fibris, *Mi*ra gestorum *fa*muli tuorum, *Sol*ve polluti *la*bii reatum, *S*ancte *I*ohannes. 6 声音階では最後の *si* がない): ⇨ gamma, ut¹〗
gam·y /géɪmi/ *adj.* (**gam·i·er**; **-i·est**) 1 猟鳥獣のにおいのする; 〈猟鳥獣の肉が〉(腐りかけて)やや におう《食通などに喜ばれる; high *adj.* 12》: a ~ flavor. 2 (口語) 〈動物・魚が〉最後まで屈しない; 負けん気の. 3 (米) いかがわしい, きわどい: a ~ joke. **gám·i·ly** /-mɪ̀li/ *adv.* **gám·i·ness** *n.* 〖(1844) ← GAME¹ (n.)＋-Y⁴〗
-ga·my /ˊ― gəmi/ 次の意味を表す名詞連結形: 1「結婚 (marrying)」: bi*gamy* 重婚. 2 〖生物〗「両性結合 (sexual union)」: allo*gamy* 他花[異花]授粉. 3 〖生物〗「受精・受粉の様式」: cleisto*gamy* 閉花受粉. 〖← LL *-gamia* ← Gk *gámos* marriage＋-Y¹: cf. -gamous〗
gan¹ /gǽn/ *v.* gin³ の過去形. 〖ME *gan(e)*〗
gan² /gǽn/ *vi.* (**gan·ned**, **gan·ning**) 《イングランド北東部》＝go.
ga·nache /gənǽʃ; *F.* ganaʃ/ *n.* ガナッシュ《チョコレートをベースに生クリーム・バター・牛乳などの液状物を混ぜ合わせたもの; アントルメ・小型菓子・プチフールの詰め物, チョコレートなどのセンターに用いる》.
Gän·cä /gǽndʒə/ *n.* ＝Gyandzha.
Gance /gɑ̃:(n)s, gɑ́:ns; *F.* gɑ̃:s/, **Abel** *n.* ガンス (1889–1981; 無声映画初期に活躍したフランスの映画監督).
ganch /gǽntʃ, gɑ́:ntʃ/ *vt.* 鉤(かぎ)[杭]刺しにして処刑する. — *n.* 鉤[杭]刺し刑具. 〖(1615) □ F *gancher* □ It. *ganciare* ← *gancio* hook〗
Gan·ci·a /gɑ́:ntʃiə/ *n.* 〖商標〗ガンチア《イタリアのベルモット; 甘口の赤と辛口の白がある》.
Gand /*F.* gɑ̃/ *n.* ガン (Ghent のフランス語名).
Gan·da /gǽndə, gɑ́:n-; *Bantu* gánda/ *n.* (*pl.* **~s**, ~) 1 a [the ~(s)] ガンダ族《ウガンダ南部に住む農耕民族》. b ガンダ族の人. 2 ガンダ語 (Bantu 語の一種でウガンダの主要言語). 〖1934〗
gan·der¹ /gǽndə | -də^r/ *n.* 1 ガン・ガチョウの類の成鳥

の雄 (↔ goose). **2** 《口語》ばか者, 間抜け. **3** 《米古》妻と別居している夫. 〖OE *gan(d)ra* < Gmc **ȝanran* ← IE **ghans-* goose (L *ānser* < **hanser* goose): cf. gannet, goose〗

gan·der[2] /gǽndə | -də^(r)/ 《俗》 *n.* いちべつ, 見ること (look): take [have] a ～ at ...をちらっと[ひと目]見る. — *vi.* いちべつする, 見る. 〖(1903) 《転用》? ↑: ガンが首を伸ばして見回すしぐさから〗

Gan·der /gǽndə | -də^(r)/ *n.* ガンダー《カナダ Newfoundland 島東部の町; 国際空港の所在地》.

Gan·dha·ra /gʌndɑ́ːrə, gən-; *Hindi* gəndhərə/ *n.* ガンダーラ《古代インド北西部の地方, 現在の Peshawar 周辺; ヘレニズム文化の影響を受けた仏教美術が栄えた》. — *adj.* ガンダーラの, ガンダーラ住民[美術]の.

Gan·dha·ran /gʌndɑ́ːrən, gən-/ *adj.* =Gandhara.

Gan·dhi /gɑ́ːndi, gǽn- | gǽn-, gɑ́ːn-; *Hindi* gāːdʱiː/, **In·di·ra** (**Nehru**) /ɪndíᵊrə, índərə | índʒ̊rə, ɪndíərə/ *n.* ガンジー (1917–84; インドの政治家, J. Nehru の娘; 首相 (1966–77, 80–84)).

Gandhi, Mo·han·das K(**ar·am·chand**) /mòʊhəndɑ́ːskə̀rəmtʃʌ́nd | mə̀ʊ-/ *n.* ガンジー (1869–1948; インドの宗教的政治的指導者でインド解放の闘士; 凶漢に射殺された; 通称 Mahatma Gandhi).

Gandhi, Rajiv *n.* ガンジー (1944–91; インドの政治家; 首相 (1984–89); Indira Gandhi の長男).

Gan·dhi·an /gɑ́ːndiən, gǽn- | gǽn-, gɑ́ːn-/ *adj.* ガンジー (M. K. Gandhi) の, ガンジー主義の; 非暴力主義の. 〖(1921): ⇨ M. K. Gandhi, -an[1]〗

Gándhi càp *n.* ガンジー帽《インドの男性がかぶる白い帽子; 幅広のバンドが付き頂は前後がとがっていて, overseas cap に似ている》. 〖1921〗

Gan·dhi·na·gar /gʌ́ndənʌ̀gə | -dinʌ̀gəɾ/ *n.* ガンディナガル《インド西部 Gujarat 州の州都》.

Gan·dhism /gɑ́ːndɪzṃ, gǽn- | gǽn-, gɑ́ːn-/ *n.* (*also* **Gan·dhi·ism** /-diìzṃ/) ガンジー主義, 非暴力抵抗主義, 非暴力不服従主義 (cf. Satyagraha). 〖(1921) ← GANDHI＋-*ism*〗

G & S 《略》 Gilbert and Sullivan.

gán·dy dàncer /gǽndi-/ *n.* 《古俗》 **1** (鉄道の)保線区員, 臨時作業班の工夫. **2** 巡回[季節]労働者. 〖(1923) ← *Gandy Manufacturing Company* (Chicago にあった鉄道工具会社); 鉄道工夫がこの会社製の道具で作業をした時のリズミカルな動きから〗

gane /géɪn/ *vi.* gae[1] の過去分詞. 〖ME *gayn(e)*〗

ga·nef /gɑ́ːnəf/ *n.* (*also* **ga·nev** /～/) 《米俗》泥棒, ごろつき. 〖(1923) ◻ Yid. ～ ◻ Mish.Heb. *gannābh*〗

Ga·ne·sa /gəníːsə/ *n.* 〖ヒンズー教〗ガネーシャ《Siva とその妃 Parvati の子; 長鼻・象面の知恵の神》.

gang[1] /gǽŋ/ *n.* **1** (少年の)遊び仲間; 非行少年の群れ: a boy who has no ～ 仲間のない子供. **2** (悪党などの)一団, 一味, 暴力団, ギャング団《★ ひとりをいう場合は gangster》: a ～ of burglars [roughs] 強盗[暴力]団 / a political ～ 政治的暴力団 / ～ war(fare) 暴力団間の抗争.
日英比較 日本語の「ギャング」は組織も個人も指すが, 英語の *gang* は集合的には組織のみを指し, 個人をいう場合は gangster を用いる. **3** (同じ仕事に従事する作業員などの)一団, 一群, 一隊: a ～ *of* laborers, slaves, etc. **4** (同時に動く道具[機械]の)ひとそろい, ひと組: a ～ *of* oars, saws, etc. **5** 《NZ》各地を回る羊毛刈りの一団.
Gáng of Fóur [the —] (中国の)四人組《中国文化大革命のリーダー: 江青・王洪文・姚文元・張春橋の 4 人》.
— *vt.* **1** 〈労働者などを〉組に編成する, グループにまとめる. **2** 《米口語》集団で襲う. **3 a** 〈同時に動く道具[機械]類を〉組にそろえる. **b** 〈機械を〉同時に作動させる[操作する].
— *vi.* 《口語》一団[一隊]になる, 団体として行動する, 徒党を組む; 仲間になる, 加わる 〈*up*〉〔*with*〕. ***gáng úp on*** [***agàinst***] 《口語》...に集団で反対する, ...を集団で襲う: ～ *up on* a person 人を袋叩きにする. 〖(1925)) n.: OE ～, *gong* a going, road ← Gmc **gang-* (G *Gang*) ← IE **ghengh-* 'to GO[1]': 「群」の意は OE *gangdæg* processional day 中の *gang* または OE *genge* troop, band から): cf. gangway. — v.: OE *gangan* to go < Gmc **ȝanȝan*〗

gang[2] /gǽŋ/ *vi.* 《スコット》行く, 進む (go): ～ agley 〈計画などが〉だめになる, 失敗する / ～ one's ain (=own) gait 自分の思う通りに行動する. 〖OE *gangan* (↑)〗

gang[3] /gǽŋ/ *n.* 〖地質〗=gangue.

Gan·ga /gʌ́ŋgɑː/ *n.* [the ～] ガンガー川《Ganges のサンスクリット・ヒンディー語名》.

Gan·ga jal /gʌ́ŋgɑːdʒʌ̀l/ *n.* ガンジス川の聖水《Siva 神の足元から流れ出るとされる》.

gáng-bàng *vt., vi.* 《俗》輪姦(りんかん)する. 〖1972〗

gáng bàng *n.* 《俗》相乗り《女一人と男数人の性交》; 輪姦, まわし; 乱交パーティー. 〖1950〗

gáng·bòard *n.* 〖海事〗 **1** (船首楼と船橋楼または船尾楼とを連結する)道板(みちいた)または狭い通路. **2** =gangplank. 〖1748〗

gáng·bùsters *n. pl.* 《俗》暴力団を取り締まる警官. ***like gángbusters*** けたたましく, はなばなしく.

gáng càsk *n.* 〖海事〗(ボートで本船に真水を運ぶ)小型水樽(だる). 〖1779〗

gáng cùltivator *n.* 〖農業〗連動中耕機《数条の畝(うね)を一度に軽く中耕するために用いるもの》. 〖1874〗

gáng drill *n.* 〖機械〗(同時に数か所に穴を開けるように組み立てた)多頭ボール盤. 〖1884〗

gáng·er[1] *n.* 《英》(一組の労働者の)頭, 組頭, 工夫長 (foreman). 〖(1849) ← GANG[1]＋-ER[1]〗

gáng·er[2] *n.* **1** 《スコット》徒歩旅行者. **2** 《英方言》脚の速い馬. 〖(?1348): ⇨ gang[2], -er[1]〗

Gan·ges /gǽndʒiːz/ *n.* [the ～] ガンジス(川)《Himalaya 山脈中に発しインドの北東部を南東に流れてバングラデシュで Brahmaputra 川と合流し, 大デルタ (the Ganges delta) を形成して Bengal 湾に注ぐ大河 (2,506 km); ヒンディー語名 Ganga》.

Gan·get·ic /gændʒétɪk | -tɪk/ *adj.* ガンジス川の[に関する]. 〖(1677) ◻ L *Gangeticus* of the Ganges ← Gk *Gággēs* the Ganges〗

Gangétic [**Gánges**] **Pláin** *n.* ガンジス平野《ガンジス川とその支流が流れるインド北部からバングラデシュにかけての肥沃な地域; 世界で最も人口密度が高い》.

gang-gang /gǽŋgæ̀ŋ/ *n.* 〖鳥類〗アカサカオウム (*Callocephalon fimbriatum*) 《オーストラリア南東部産》. 〖cf. 'gangan' (1833) 《現地語》〗

gáng hòok *n.* 〖釣〗錨針(いかりばり) 《2,3 本を錨形に合わせた釣針》. 〖*c*1934〗

gáng·lànd *n.* **1** 《口語》ギャングの町, 暗黒街. **2** [集合的] ギャングたち (gangsters). — *adj.* [限定的] 暗黒街の, ギャングの: a ～ boss. 〖1912〗

gan·gle /gǽŋgḷ/ *vi.* ぎこちなく動く, だらしなく動く. — *n.* ぎこちない[だらしない]動き. 〖(1957) 《逆成》 ← GANGLING〗

gan·gli- /gǽŋgli/ (母音の前にくるときの) ganglio- の異形.

ganglia *n.* ganglion の複数形.

gan·gli·ate /gǽŋgliɪ̀t, -lièɪt/ *adj.* =gangliated.

gan·gli·at·ed /gǽŋglièɪtɪ̀d | -tɪ̀d/ *adj.* 〖解剖〗神経節のある. 〖(1804) ← GANGLIO-＋-ATE[2]＋-ED〗

gan·gli·form /gǽŋgləfɔ̀əm | -glɪ̀fɔ̀ːm/ *adj.* 神経節形[状]の. 〖(1681): ⇨ -form〗

gan·gling /gǽŋglɪŋ, -glɪ̀n | -glɪŋ/ *adj.* (体が)ひょろ長い, ひょろひょろした (spindly, lanky): a ～ youth. 〖(1808–25) ← GANG[2]＋-LING[1]: cf. gangrel〗

gan·gli·o- /gǽŋgliou | -gliəʊ/ 「神経節 (ganglion)」の意の連結形. ★ 母音の前では通例 gangli- になる. 〖← NL ～: ⇨ ganglion〗

gan·gli·o·cyte /gǽŋgliousàɪt | -gliə(ʊ)-/ *n.* =ganglion cell.

gan·gli·o·cy·to·ma /gæ̀ŋgliousaɪtóumə | -gliə(ʊ)saɪtə́ʊ-/ *n.* 〖病理〗(神経)節細胞腫. 〖← NL ～: ⇨ ganglio-, cyte, -oma〗

gan·gli·oid /gǽŋgliɔ̀ɪd/ *adj.* 神経節に似た. 〖1885〗

gan·gli·o·ma /gæ̀ŋglióumə | -gliə́ʊ-/ *n.* (*pl.* ～**s**, ～**·ta** /～ṭə | -tə/) 〖病理〗神経節腫. 〖← NL ～: ⇨ ganglio-, -oma〗

gan·gli·on /gǽŋgliən | -ən, -ɔn/ *n.* (*pl.* **-gli·a** /-gliə/, ～**s**) **1** 〖解剖〗神経節. **2** 〖病理〗結節腫(しゅ); ガングリオン《主に手首にできる良性の嚢腫》. **3** (知的・産業的活動の)中心, 中枢. **gán·gli·al** /-gliəl/ *adj.* **gán·gli·ar** /-gliə | -gliə^(r)/ *adj.* 〖(1681) ◻ LL ～ 'a kind of swelling' ◻ Gk *gágglion* tumor under a skin or near tendon〗

gan·gli·on·ate /gǽŋgliənèɪt/ *adj.* =ganglionated.

gan·gli·on·at·ed /gǽŋgliənèɪtɪ̀d | -tɪ̀d/ *adj.* 〖解剖〗神経節のある (gangliated). 〖(1836–39): ⇨ -ate[2], -ed〗

gánglion blòck *n.* 〖病理〗(神経)節遮断.

gánglion cèll *n.* 〖解剖〗神経節細胞. 〖1865〗

gan·gli·on·ec·to·my /gæ̀ŋgliənéktəmi/ *n.* 〖医学〗神経節切除(術). 〖(1925): ⇨ -ectomy〗

gànglio·neuróma *n.* 〖病理〗=gangliocytoma. 〖← NL ～: ⇨ ganglio-, neuroma〗

gan·gli·on·ic /gæ̀ŋgliɑ́(ː)nɪk | -gliɔ́n-ˊ/ *adj.* 神経節の, 神経節性の. 〖(1826): ⇨ -ic[1]〗

gánglionic blócking àgent *n.* 〖薬学〗神経節遮断薬.

gan·gli·on·i·tis /gæ̀ŋgliənáɪtɪ̀s | -ə(ʊ)náɪtɪs/ *n.* 〖病理〗神経節炎. 〖← NL ～: ⇨ ganglion, -itis〗

gan·gli·o·side /gǽŋgliəsàɪd | -gliə(ʊ)-/ *n.* 〖生化学〗ガングリオシド《神経組織の神経節細胞に見出される糖脂質様物質》. 〖(1943): ⇨ -oside〗

gan·gly /gǽŋgli/ *adj.* (**more** ～, **most** ～; **gan·gli·er, -gli·est**) =gangling. 〖(1872) 《変形》 ← GANGLING〗

gáng·màster *n.* (労働者の)組頭, 親方, 工夫長. 〖1884〗

gáng·plànk *n.* 〖海事〗(船から波止場などに掛け渡した)道板(みちいた), 歩み板《通例滑り止めの桟が打ってある》. 〖1846〗

gáng·plòw *n.* 〖農業〗複式すき. 〖1850〗

gáng pùnch 〖電算〗 *n.* 多数のカードを同時に穿孔(せんこう)する装置. — *vt.* 多数のパンチカードに〈同じ情報を〉パンチする; 同じ情報を〈多数のカード〉にパンチする. 〖1874〗

gáng ràpe *n.* 輪姦(りんかん). **gáng-ràpe** *vt., vi.* 〖1969〗

gang·rel /gǽŋ(ə)rəl/ *n.* 《スコット・古》 **1** 乞食(こじき), 浮浪者. **2** ひょろ長いやせた人, ひょろひょろしてしまりのない人. **3** 歩き始めた子 (toddler). 〖(?1348): ⇨ gang[2] (v.), -rel: cf. wastrel〗

gan·grene /gǽŋgriːn, —ˊ— | ˊ—ˊ—/ *n.* **1** 〖病理〗壊疽(えそ), 脱疽(だっそ) (cf. necrosis 1). **2** (道徳的)腐敗; 堕落(の根源). — *vt.* 壊疽にかからせる; 壊疽を生じさせる; 腐らせる. — *vi.* 壊疽にかかる; 壊疽を生じる; 腐る. 〖(*a*1400) ◻ L *gangraena* ◻ Gk *gággraina* 《原義》 that which eats away〗

gan·gre·nous /gǽŋgrənəs | -grɪ̀-/ *adj.* 壊疽[脱疽]の[にかかった]; 壊疽[脱疽]性の. 〖(1612): ⇨ ↑, -ous〗

gang·sa /gɑ́ːŋsɑː/ *n.* ガンサ《竹の共鳴器をもった Bali 島の打楽器; metallophone の一種》. 〖◻ Indonesian *gampang gangsa* ← *gampang* musical instrument＋*gangsa* brass〗

gáng sàw *n.* 連成鋸(のこ), 竪鋸盤, ガングソー. **gáng sàwyer** *n.* 〖1873〗

gáng shàg *n.* =gang bang. 〖1927〗

gángs·man /-mən/ *n.* (*pl.* **-men** /-mən, -mèn/) = ganger[1]. 〖1793〗

gang·sta /gǽŋstə/ *n.* **1** 《俗》=gangster. **2** 〖音楽〗ギャングスターラップ (gangsta rap) 《セックスや暴力などを歌ったラップ》.

gang·ster /gǽŋ(k)stə | -stə^(r)/ *n.* 暴力団員, ギャング (cf. gang[1] 2): a ～ film. 〖(1896): ⇨ -ster〗

gáng·ster·ism /-stərɪzṃ/ *n.* ギャング的ふるまい, 暴力行為. 〖(1927): ⇨ ↑, -ism〗

gáng swìtch *n.* 〖電気〗連結スイッチ. 〖⇨ gang[1]〗

Gang·tok /gǽŋtɑ(ː)k, gén-, gʌ́ŋ- | -tɔ́k/ *n.* ガントク《インドの Sikkim 州南東部にある同州の州都》.

gangue /gǽŋ/ *n.* 〖地質〗脈石《鉱床を形成する鉱物のうち鉱石以外の非金属鉱物》. 〖(1809) ◻ F ～ ◻ G *Gang* passage, mineral vein: cf. gang[1]〗

gang·way /gǽŋwèɪ/ *n.* **1** 〖海事〗 **a** =gangplank. **b** 舷門(げんもん), ガングウェー《船側に開いた出入口》. **c** = gangway ladder 1. **d** (船側と甲板室の間の)露天甲板. **e** 《古》=gangboard 1. **2** 通路, 出入口; (建築現場などの臨時の)通路, 渡り板. **3** 《英》 **a** (劇場・講堂・レストランなどの)座席間の通路 (aisle). **b** (英国下院で)議場中央を横切る通路《幹部議員席と平議員席とを分かつ》: sit above [below] the ～ 幹部議員席[平議員席]に着く / a member above [below] the ～ 幹部[平]議員. **4** (人込みの中などの)通路. ★ しばしば間投詞的に用いて (cf. hall 8): A ～, please! 道をあけて / *Gangway*, ～! どいた, どいた. **5** 〖鉱山〗主要運搬坑道. **6** (木材が水中から製材機に送り上げられる)斜面, 斜道 (logway). **7** 〖鉄道〗 **a** 蒸気機関車の機関士室と炭水車との間. **b** ディーゼル[電気]機関車の側面の入口.
bring to the gángway (水夫の懲罰として)舷門(げんもん)に引き出してむち打つ.
〖(1815) OE *gangweġ* road: ⇨ gang[1], way[1]〗

gángway bòard *n.* 〖海事〗舷門(げんもん)板《船の手すり板の一部をあけて作った舷門の門扉》.

gángway làdder *n.* 〖海事〗 **1** 舷梯(げんてい), タラップ (accommodation ladder). **2** 桟橋などから船の舷門に通じる道板(みちいた) (gangplank) につながるはしご. 〖1883〗

Gan·is /gǽnɪ̀s | -nɪs/, Sir **Bors de** *n.* ⇨ Bors.

gan·is·ter /gǽnɪ̀stə | -nɪstə^(r)/ *n.* 〖岩石〗ガニスター, 軟珪(けい)石《緻密な珪質粘板岩; 耐火材料として炉の内壁を張るのに用いる; 今は石英を粉砕して作った人造製品もある》. 〖(1811) ◻ ? G 《方言》 *Ganster*〗

gan·ja /gɑ́ːndʒə, gǽn- | gǽn-, gɑ́ːn-; *Hindi* gɑːɲdʒɦɑː/ *n.* (*also* **gan·jah** /～/) (強力な)マリファナ. 〖(1689) ◻ Hindi *gāñjhā* ◻ Skt *gañjā*〗

Gan Jiang /gɑ́ːndʒɑ́ːŋ, -dʒiɑ́ːŋ | gæ̀ndʒǽŋ, -dʒiǽŋ; *Chin.* kàntɕiɑ̄ŋ/ *n.* [the ～] 贛江(かんこう) 《中国江西省 (Jiangxi) の最大の川; 江西省中部を北流し, 鄱陽湖 (Poyang Hu) に注ぐ (744 km)》.

gan·net /gǽnɪ̀t/ *n.* **1** (*pl.* ～**s**, ～) 〖鳥類〗シロカツオドリ (*Sula bassana* or *Morus bassana*) 《大西洋産のカツオドリ科の海鳥; 飛行力に優れ急降下のダイビングをする; solan (goose) ともいう》; カツオドリ類の総称. **2** 《俗》欲張りな人. 〖OE *ganot* < Gmc **ȝanitaz*, **ȝanoton* (Du. *gent* gander) ← IE **ghans-* goose: cf. gander[1]〗

Gán·net Péak /gǽnɪ̀t-/ *n.* [the ～] ガネット山《米国 Wyoming 州西部 Wind River 山脈にある同州の最高峰 (4,202 m)》.

gan·net·ry /gǽnɪ̀tri/ *n.* カツオドリ (gannet) の繁殖地. 〖(1913): ⇨ -ry〗

gan·nis·ter /gǽnɪ̀stə | -nɪstə^(r)/ *n.* =ganister. 〖1883〗

gan·o·blast /gǽnəblæ̀st/ *n.* 〖解剖〗=ameloblast. 〖← Gk *gános* brilliance＋-BLAST〗

ga·nof /gɑ́ːnəf/ *n.* =ganef.

gan·oid /gǽnɔɪd/ 〖魚類〗 *adj.* **1 a** 〈魚のうろこが〉光滑な, ほうろう質状の. **b** 〈魚が〉硬鱗(こうりん)のある. **2** 硬鱗魚類の. — *n.* 硬鱗魚類の魚《チョウザメなど》. 〖(1839) ◻ F *ganoïde* ← Gk *gános* brilliance ← *gánusthai* to brighten up ← IE **gau-* to rejoice: ⇨ -oid〗

Ga·noi·de·i /gənɔ́ɪdiàɪ, gə- | -di-/ *n. pl.* 〖魚類〗硬鱗魚類. 〖← NL ～: ↑〗

gánoid scàle *n.* 〖魚類〗硬鱗(こうりん), 硬(こう)うろこ. 〖1872〗

gan·o·in /gǽnouɪ̀n | -nəuɪn/ *n.* (*also* **gan·o·ine** /～/) 〖魚類〗硬鱗(こうりん)質. 〖(1859) ← GANO(ID)＋-IN[2]〗

ga·no·sis /gənóusɪ̀s | -nə́ʊsɪs/ *n.* (*pl.* **-no·ses** /-siːz/) (古代ギリシャ・ローマで)大理石彫刻が光りすぎるのを和らげるため彫刻家が使った磨きの手法. 〖(1911) ◻ Gk *gánōsis* ← *gános* brilliance〗

gan·sey /gǽnzi/ *n.* 《英方言》セーター, ニットの上着. 〖(1886) 《変形》 ← GUERNSEY〗

Gan·su /gɑ̀ːnsúː | gæn-; *Chin.* kānsù/ *n.* 甘粛(かんしゅく)省《中国北西部の省; 省都は蘭州 (Lanzhou)》.

gant·let[1] /gɔ́ːntlɪ̀t, gɑ́ːnt- | gǽnt-, gɔ́ːnt-/ *n.* = gauntlet[1].

gant·let[2] /gɔ́ːntlɪ̀t, gɑ́ːnt- | gǽnt-, gɔ́ːnt-/ *n.* = gauntlet[2].

gant·let[3] /gɔ́ːntlɪ̀t, gɑ́ːnt- | gǽnt-, gɔ́ːnt-/ *n.* 〖鉄道〗搾線《トンネルや橋梁において複線の線路が互いに交差接近して単線のように運転する部分》. — *vt.* 〈線路を〉搾線にする: ～ tracks. 〖← GAUNTLET[2]〗

gant·line /gǽntlàɪn, -lɪ̀n | -làɪn, -lɪn/ *n.* 〖海事〗(下檣(かしょう)の頂上の単滑車に通した)引上げ索(さく) (girtline). 〖(1840) (1882) 《変形》 ← GIRTLINE〗

gan·try /gǽntri/ *n.* (*also* **gan·tree** /～/) **1** 樽台(たるだい). **2** 〖機械〗(ガントリー起重機 (gantry crane) の)橋台; ガン

トリー起重機. **3** 〘鉄道〙信号橋. **4** 〘宇宙〙発射整備塔, ガントリー《ロケット発射前の整備・点検のための足場付きフレーム状移動構造物; gantry scaffold ともいう》. **5 a** (バーのカウンターの後ろの)酒類を並べる場所. **b** そこに並べられている酒. 〘《1356》 *gauntre* ◻ ONF *gantier*＝(O)F *chantier* ◻ L *canthērius* beast of burden ◻ Gk *kanthḗlios* pack ass ← ?〙

gántry cràne *n.* 〘機械〙ガントリークレーン[起重機]. 〘1888〙

Gántt chàrt /gǽnt-/ *n.* ガント図表, ガントチャート《仕事の予定や実績を時間との関係で表す日程管理図表; 米国の経営コンサルタント Henry Laurence Gantt (1861–1919) の名にちなむ》.

Gan·y·mede /gǽnəmìːd | -nɪ̀-/ *n.* **1** 〘ギリシャ神話〙ガニュメデス《Zeus のために酒の酌をした Troy の美少年; cf. Hebe¹ 2》. **2** 〘天文〙ガニメデ《木星 (Jupiter) の第 3 衛星で最大の衛星; cf. Galilean satellites》. **3** 給仕, 酌をする少年 (cupbearer). 〘《1591》 ◻ L *Ganymēdēs* ◻ Gk *Ganumḗdēs* cupbearer to Zeus, 《原義》 rejoicing in his virility〙

G

ganz·feld /gǽnzfɛld; G. gántsfɛlt/ *n., adj.* 〘心理〙全体野(の)《閾値(いき)以上の刺激が存在しているが, それが一様なため形の知覚が成立しない視野》. 〘◻ G ～ ← *ganz* whole＋*Feld* field〙

Ga·o /gáːou, gáu | gáːəu, gáu/ *n.* ガオ《マリ東部, Niger 河畔の町》.

GAO /dʒìːèióu/ 《略》 General Accounting Office.

gaol /dʒéɪl/ *n., vt.* 《英》＝jail. 〘《?a1300》 *gay(h)ole, gaile* ◻ ONF *ga(i)ole*＝OF *jaiole* 'JAIL'〙

gáol·bìrd *n.* 《英》＝jailbird. 〘1603〙

gáol·brèak *n.* 《英》＝jailbreak.

gáol delivery *n.* 〘英法〙＝jail delivery.

gaol·er /dʒéɪlə | -lə^(r)/ *n.* 《英》＝jailer. 〘*c*1300〙

gáol fèver *n.* 《英》＝jail fever.

Ga·on /gáːoun, ─́─ | gáːəun, ─́─/ *n.* (*pl.* **Ge·o·nim** /geɪóunɪ̀m | -ə́unɪm/, **～s**) **1** (Babylonia, Palestine などの)ユダヤ教学院の長の尊称《学院長は 6–11 世紀の間, ササン朝ペルシャ, ついでイスラム国家のもとで, ユダヤ教徒共同体の精神的指導者であった》. **2** タルムードの深い学識で知られたユダヤ教学者. 〘《1780》 ◻ Heb. *gā'ōn* exaltation, pride〙

gap /gǽp/ *n.* **1** (垣・壁などの)割れ目, 穴: a ～ *in* the hedge 生け垣の切れ目 / Mind the ～. (電車とホームの間があいている時など)足元にご注意下さい. **2** 切れ目, 絶え間, 欠陥, すき, 空所 (break, interval): a ～ in historical records 歴史記録の中断[空白] / a long ～ of time 長い時間の空隙(くうげき) / fill [bridge, close, stop, supply] a ～ (in ...) (...の)ギャップを埋める. **3** (見解などの)大きな隔たり[相違, ずれ] 〔*between*〕; 不均衡 〔*in*〕: a ～ *between* theory and practice 理論と実践のずれ / a ～ *between* generations＝generation gap. **4** 峡谷, 山合い. **5** 山合いを通る道, 山道. **6** 〘航空〙(複数の)翼の上下間隔. **7** 〘電気〙ギャップ, 火花放電間隙 (spark gap): ～ length ギャップ長 / ⇨ sphere gap. **8** 〘植物〙維管束が中心柱から側方に分枝するとき生じる間隙.

── *v.* (**gapped; gap·ping**) ── *vt.* ...に割れ目[すき間]を作る. ── *vi.* 割れ目[すき間]が出来る; 開く (open): His shirt ～*ped* open. シャツの前が大きくあいた[はだけた]. 〘《*a*1325》 ◻ ON ～: cf. Swed. *gap* chasm & *gapa* 'to GAPE'〙

Gap /gǽp/ *n.* 〘商標〙[the ～] ギャップ《米国の洋服メーカー》.

GAPA /gǽpə/ 《略》 ground-to-air pilotless aircraft.

gape /géɪp, gǽp | géɪp/ *vi.* **1** (驚いたり感心したりして思わず)ぽかんと口を開け(て見とれ)る, あきれて(...を)見つめる 〔*at*〕: He stood *gaping at* her. 口を開けて彼女に見とれて立っていた. **2** 〈傷口・割れ目・貝などが〉ぱくりと開く[開いている]; 〈地面などが〉大きく割れる, 裂ける, ひび割れる (cleave). **3** (眠さなどで)あくびをする (yawn). **4** (飲み込もう[噛もう]として)口をぐっと開ける: Baby birds ～ until they are fed. 餌をもらうまでひな鳥は口を大きく開けている. **5** (まれ) 〔...を得たいと〕あこがれる, 渇望する 〔*after, for*〕; 〈...したいと〉しきりに思う 〈*to do*〉. **6** 《廃・方言》大声でわめく (shout).

── *n.* **1 a** ぽかんと口を開けて見とれること. **b** 驚き. **2** すき間, 裂け目, 切れ目. **3 a** あくび. **b** 《口語》[the ～s] あくびの発作: give a person *the* ～*s* 人にあくびをさせる. **4** 〘動物〙開いた口[くちばし]の広さ, 口隅(こうぐう). **5** [*pl.*; 通例単数扱い] 〘獣医〙開嘴(かいし)病《キカンカイシチュウ (gapeworm) によって起こる鳥類の寄生虫病》.

gáp·y /-pi/ *adj.* 〘《?*c*1200》 ◻ ON *gapa* to open the mouth: cf. G *gaffen*〙

gáp·er *n.* **1** 思わず大口を開ける人, あくびをする人, ぽかんと口を開けて見とれる人. **2** 〘口語〙〘クリケット〙楽に捕球できる球. **3** 〘貝類〙エゾオオノガイ科の食用貝の総称《殻を閉じた時でも前後は左右両殻の間が開いている; エゾオオノガイ (*Mya truncata*) など》. **4** 〘魚類〙＝cabrilla. 〘《?*c*1425》: ⇨ ↑, -er¹〙

gápe·sèed *n.* 〘英方言〙 **1** 口を開けてぽかんと見とれさせるような事[物, 人]; 白日夢, 空想, 夢想; 空想的で現実性のない計画[目標]. **2** ぽかんと見とれる人, 田舎者. ***búy* [*séek, sów*] *gápeseed*** 〘英方言〙 (1) ただぽかんと眺め回す. (2) 不可能な[現実性のない]目標を得ようと計画する[懸命になる, 望む]. 〘1598〙

gápe·wòrm *n.* 〘動物〙キカンカイシチュウ (*Syngamus trachea*) 《家禽(かきん)の気管に寄生して開嘴(かいし)病 (gapes) の原因となる》. 〘1873〙

gáp·ing *adj.* **1** 大きく口を開けた, ぱくりと開いた: a ～ wound. **2** 〈目など〉見開いた, 見張った: with her ～ eyes 大きく目を見張って. **3** 〈過失など〉大きな, 重大な: a ～ omission 重大な見落とし. 〘《1593–94》 ← GAPE＋-ING²〙

gáp·ing·ly *adv.* 口をあんぐり開けて, あきれて, 熱心に(など). 〘《1572》: ⇨ ↑, -ly¹〙

gáp·less *adj.* 切れ目[すき間]のない.

gápped scále *n.* 〘音楽〙ギャップトスケール《7 音階を基本とする立場から 5, 6 音階等をいう》. 〘1910〙

gáp·ping *n.* 〘文法〙空所化《等位節中の動詞の反復を削除する規則: John *ate* a fish and Meg ø a steak.》.

gap·py /gǽpi/ *adj.* (**more ～, most ～; gap·pi·er, -pi·est**) **1** 連絡のない, 切れ切れの (broken). **2** すき間だらけの, 欠陥の多い. 〘《1846》 ← GAP＋-Y⁴〙

gáp-tòothed /-tùːθt, -tùːðd/ *adj.* 歯と歯の間にすき間がある. 〘1567〙

gáp yèar *n.* ギャップ イヤー《学生が中等教育終了後, 大学などへ進学する前にとる 1 年間の休業期間》.

gar¹ /gáə | gáː^(r)/ *n.* (*pl.* **～, ～s**) 〘魚類〙 **1** 米国産硬鱗(こうりん)魚類ガーパイク属 (*Lepisosteus*) の淡水魚の総称《強い長いくちばしで他の魚を食い荒らす; ロングノーズガー (*L. osseus*) など; alligator gar, longnose gar など》. **2** ニュージーランドやオーストラリアに生息するサヨリ (halfbeak) の類の魚類. **3** ダツ科の魚の一種 (*Belone belone*). 〘《1765》 《略》 ← GARFISH〙

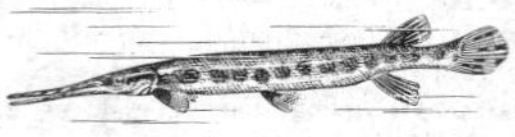

gar¹ 1
(*L. osseus*)

gar² /gáə | gáː^(r)/ *vt.* (**garred; gar·ring**) 《スコット》 [目的語＋原形不定詞を伴って] 〈人〉に...を(むりやり)させる: ～ them *keep* the promise 無理にも約束を守らせる. 〘《?*a*1200》 *gare(n)* ◻ ON *ger(v)a* to make〙

Gar /gáə | gáː/ *n.* ガル《中国チベット自治区西部の県》.

GAR /dʒìːèɪáə | -áː^(r)/ 《略》 Grand Army of the Republic (⇨ grand); guided aircraft rocket.

gar. 《略》 garage.

ga·rage /gəráːʒ, -ráːdʒ | gǽraːʒ, -raːdʒ, -rɪdʒ, gəráːʒ, -ráːdʒ/ *n.* **1** ガレージ, 車庫. 日英比較 日本語では差しかけ屋根と柱だけのものも「ガレージ」というが, これは英語では carport という. **2** 自動車修理場[所]. **3** 《古》(飛行機の)格納庫 (hangar). ── *vt.* 〈自動車を〉車庫に入れる[入れて置く]. 〘《1902》 ◻ F ～ ← *garer* to put in shelter ◻ Frank. *warōn* (G *wahren*) to heed: ⇨ -age: cf. ware³〙

garáge·màn /-mæ̀n/ *n.* (*pl.* **-men** /-mèn/) ガレージ従業員; 自動車修理場員. 〘1919〙

garáge sàle *n.* 《米》ガレージセール《個人が自分の家で行う中古[不要]品セール》. 〘1964〙

ga·ram ma·sa·la /gáːrəmməsáːlə, gáːr-; *Hindi* gərəməsəlah/ *n.* ガラムマサラ《カレー料理などに用いる混合香辛料》. 〘《1954》 ◻ Hindi *garam masālā* 《原義》 hot spices〙

Gar·a·mond /gǽrəmɑ̀ːnd, gǽr-, -mɔ̀nd | gǽrəmɔ̀nd; F. gaʁamɔ̃/ *n.* 〘活字〙ガラモンド《オールドフェースの活字書体; フランスの Claude Garamond (1499–1561) または Geneva 生まれの Jean Jannon (1580–1658) がデザインした》. 〘《1780》 1868〙

Gá·rand rífle /gǽrənd-, gér-, gərǽnd- | gǽrənd-, gərǽnd-/ *n.* ガランド式銃, ガランドライフル (⇨ M-1 rifle). 〘《1931》 ← *John C. Garand* (1888–1974: 米国の発明家)〙

Ga·ran·i·mals /gərǽnɪ̀məlz, -mɪz/ *n.* 〘商標〙ギャラニマル(ズ)《米国 Garan 社製の子供服》.

garb¹ /gáəb | gáːb/ *n.* **1** (職業・時代・国柄に特有の)服装, 衣装 (⇨ dress SYN): fantastic ～ 異様な服装 / *in* clerical ～ 牧師服[僧服]を着て / *in the* ～ of a sailor 水兵服を着て / Hamlet *in* Japanese ～ 和服を着たハムレット. **2** 外観, 身なり: under the ～ of a nun 尼に身をやつして. **3** 《廃》やり方, 流儀: He could not speak English *in* the native ～. イギリス人のように英語をしゃべることができなかった (Shak., *Hen V* 5. 1. 80). ── *vt.* [通例 p.p. 形または ～ *oneself* で] ...に(特定の)服装をさせる (dress): ～ *oneself* [be ～*ed*] *in* ...の服を身につける / be savagely [elegantly] ～*ed* 野蛮な[上品な]装いをする. **～·less** *adj.* 〘《1591》 ◻ F 《廃》 *garbe* graceful appearance (F *galbe*) ◻ It. *garbo* elegance ← Gmc **ʒarwī* (MHG *garwe* gear)〙

garb² /gáəb | gáːb/ *n.* 〘紋章〙小麦の束. 〘《1502》 ◻ ONF *garbe* (F *gerbe*) ◻ OHG *garba* (G *Garbe*)〙

gar·bage /gáəbɪdʒ | gáː-/ *n.* **1 a** (台所から出る食料品の)ごみ, 厨芥(ちゅうかい), 生ごみ, 残菜, 廃物 (rubbish): ⇨ garbage collector. **b** 《英》(家畜などの)臓物, あら. **2** つまらないもの, くだらないもの, くず (trash): literary ～ くだらない[不潔な]読み物. **3** 《俗》くだらない話, うそ, ばかなこと. **4** 《俗》(見せかけなどのためにのみ, 他のものに付け加えられる)不必要なもの, 飾りもの. **5** 〘電算〙不要データ: *Garbage* in, ～ out. 入力データが間違っていればアウトプットもおかしくなる. **6** 〘宇宙〙(軌道上にある役に立たなくなった)人工衛星やロケットの残骸. 〘《1422》 《廃》 'giblets of a fowl' ◻ AF **garbage* ← ? It. (方言) *grabužo* < OIt. *garbuglio* 'GARBOIL': ⇨ -age〙

gárbage bìn [càn] *n.* 《米》ごみ入れ, ごみバケツ (《英》 dustbin). 〘1906〙

gárbage collèction *n.* **1** ごみの回収. **2** 〘電算〙ガーベッジコレクション《主記憶内の不要になったデータを消去して, 占めていた記憶領域を再び利用できるようにすること》. 〘1967〙

gárbage collèctor *n.* 《米》ごみ収集人 (《英》 dustman).

gárbage dispòsal *n.* 《米》生ごみ処理機, ディスポーザー《流しの排水口に取り付けて料理くずなどを粉砕して下水に流す》 (《英》 waste disposal).

gárbage·màn *n.* (*pl.* **-mèn**) 《米》＝garbage collector.

gárbage wàgon [trùck] *n.* 《米》ごみ(運搬)車 (《英》 dustcart).

gar·ban·zo /gaəbáːnzou, -bǽn- | gaːbǽnzəu; *Sp.* garβánθo/ *n.* (*pl.* **～s**) 〘植物〙＝chick-pea. 〘《1759》 ◻ Sp. ～ 《変形》 ← OSp. *arbanço* (*garroba* carob と連想) ← Gmc〙

gar·ble /gáəbl̩ | gáː-/ *vt.* **1** (事実を曲げるために)...の一部分だけをえり抜く[強調する, 隠す]; ...の事実を曲げる, 歪曲(わいきょく)する: a ～*d* text [account] 歪曲に直されたテキスト[記事]. **2** (知らないで)〈引用・話などを〉ごっちゃにする. **3 a** ...から不純物をふるい分ける. **b** 《古》精選する, えり抜く: ～ the coins (両替屋などが良貨を輸出または鋳つぶすために)貨幣をえり分ける. ── *n.* **1** (事実を曲げるための)取捨選択; 歪曲. **2** 勝手に改変を加えた語句[一節]. **3** 香辛料からふるいにかけて取り除いた不純物. **gár·bler** /-blə, -blə | -blə^(r), -bl-/ *n.* 〘《1419–20》 ◻ AF *garbeler* // It. *garbellare* ◻ Arab. *ghárbala* to sift ◻ ? LL *cribellāre* ← *crībellum* (dim.) ← L *crībrum* sieve〙

gar·bo /gáəbou | gáːbəu/ *n.* 《豪口語》ごみ収集人. 〘《1953》 ← GARBAGE〙

Gar·bo /gáəbou | gáːbəu/, **Gret·a** /grétə | -tə/ *n.* ガルボ《1905–90; スウェーデン生まれの米国の映画女優; マスコミ嫌いで有名; 本名 Gustafsson /gʌ́stəfsən, -sn; *Swed.* gʉstafsɔn/》.

dò a Gárbo 《口語》(ガルボのように)人目[人(中)]を避ける; お高くとまる.

gar·board /gáəbɔəd | gáːbɔːd/ *n.* 〘造船〙ガーボード, 竜骨翼板《竜骨に接し前後に走る厚い底板; garboard [ground] strake, garboard plank ともいう》. 〘《1626》 ◻ Du. 《廃》 *gaarboord* ← ? *ga(de)ren* to gather＋*boord* board〙

gar·boil /gáəbɔɪl | gáː-/ *n.* 《古》混乱, 混迷 (hubbub). 〘《1548》 ◻ OF *garbouil(le)* ◻ OIt. *garbuglio* (freq.) ← L *bullīre* to boil〙

gar·bol·o·gy /gaəbá(ː)lədʒi | gaːbɔ́l-/ *n.* 厨芥(ちゅうかい)研究, ごみ学《特にごみとして廃棄されるものの分析による現代文化研究》.

Gar·cí·a Gu·tiér·rez /gaəsíːəguːtjérəs, -rɛs | gaː-; *Sp.* garθíaγutjéreθ/, **Antonio** *n.* ガルシア グティエレス《1813–84; スペインの劇作家・国立考古学博物館長》.

García Lor·ca /-lɔ́əkə | -lɔ́ː-; *Sp.* -lórka/, **Federico** *n.* ガルシア ロルカ《1899–1936; スペインの詩人・劇作家》.

García Már·quez /-máəkɛz, -kɛs | -máː-; *Am. Sp.* -márkes/, **Gabriel** *n.* ガルシア マルケス《1928– ; コロンビアの小説家; *One Hundred Years of Solitude* (1967); Nobel 文学賞 (1982)》.

García Mo·re·no /-məréɪnou | -nəu; *Sp.* -moréno/, **Gabriel** *n.* ガルシア モレノ《1821–75; エクアドルのジャーナリスト・政治家・大統領 (1861–65, '69–75)》.

gar·çon /gaəsóun, -sɔ̃ː(ŋ), -sɔ́(ː)ŋ | gáːsɔn, -sɔː(ŋ), -sɔːŋ; *F.* gaʁsɔ̃/ *F. n.* (*pl.* **～s** /～z; *F.* ～/) **1** [通例呼び掛け] ガルソン, ボーイ《フランスのホテル・レストランの給仕人》. **2** 少年; 独身男. **3** 下男. 〘《1788》 ◻ F ～ 'boy, waiter' ∽ 《?a1300》 *garsoun* ◻ OF *garçun* (nom. *gars*) ◻ Frank. *warkjō* (音位転換) ← ? **wrakjo* (cf. OHG *rekko* outlaw / OE *wrečča* knave): cf. F *ga(r)s* chap (< OF *gars* (nom.))〙

gar·çon·nière /gàəsɔ(ː)njéə, -sɑ(ː)n- | gàːsɔnjéə^(r); *F.* gaʁsɔnjɛːʁ/ *F. n.* (男の)独身者アパート. 〘《1927》 ◻ F ～: ↑〙

Gard /gáə | gáː^(r); *F.* gaːʁ/ *n.* ガール(県)《フランス南部の地中海に面する県; 面積 5,848 km², 県都 Nîmes》.

Gard, Roger Martin du *n.* ⇨ Martin du Gard.

Gar·da¹ /gáədə | gáːdə/ *n.* ガルダ《女性名》. 〘⇨ Gerda〙

Gar·da² /gáədə | gáːdə/ *n.* (*pl.* **-dai** /-dìː, -daɪ/, **～s**) (アイルランドの)国家警察隊(の一員). 〘《1943》 ◻ Ir. 'guard'〙

Gar·da /gáədə | gáːdə; *It.* gárda/, **Lake** *n.* ガルダ湖《イタリア北部にある同国最大の湖; 長さ 54 km, 面積 370 km²》.

gar·dant /gáədn̩t | gáː-/ *adj.* 〘紋章〙＝guardant 1.

Gárda Sí·o·chá·na /-ʃìːəkɔ́ːnə, -kάː- | -kɔ́ː-/ *n.* (アイルランド共和国の)国家警察隊. 〘《1923》 ◻ Ir. 'Civic Guard'〙

gar·de·bras /gàədəbráː | gàːdə-; *F.* gaʁdəbʁa/ *n.* (*pl.* ～ /～(z); *F.* ～/) 〘甲冑〙(馬上槍試合 (tilt) 用の)腕補強具. 〘《1459》 *garbrasse* 《変形》 ← (O)F *gardebras* ← *garder* 'to GUARD'＋*bras* arm〙

garde-feu /gáədfə́ː, -fjúː | gàːd-; *F.* gaʁdəfø/ *F. n.* (*pl.* **～, garde-feux** /～/) ＝fire screen. 〘◻ F ～〙

garde-man·ger /gàədmɑ̃ː(n)ʒéɪ, -mɑːn- | gàːd-; *F.* gaʁdəmɑ̃ʒe/ *F. n.* (*pl.* **～, ～s**) **1** 冷肉料理担当のコック[コック長]. **2** (冷肉料理を作ったり保存したりする)冷房食糧室. 〘《1928》 ◻ F ～ ← *garder* to guard＋*manger* food〙

gar·den /gáədn̩ | gáː-/ *n.* **1 a** (花・果樹・野菜などを植えてある)庭, 庭園 (cf. yard² 1); 菜園; 果樹園: a flower ～ 花園 / a fruit ～ 果樹園 / a formal ～ 幾何学式庭園 / a Japanese ～ 日本庭園 / ⇨ kitchen garden, market garden, rock garden / build a ～ 庭を造る / plant a ～ 庭に木を植える. 日英比較 日本語の「庭」は, 特に庭造り

などはしていない家の前の敷地, あるいは裏側の敷地(多くの場合「裏庭」)をいう場合と, 庭造りをした「庭園」をいう場合とがある. 英語では前者に当たるものは yard といい, 前方の庭は front yard, 裏庭は backyard という. 英語の *garden* は花樹を植えたり, 花壇を作ったり, 少し大きなものなら噴水や池があったりするようないわゆる「庭園」と呼べるような庭をいう. 「庭園」に当たる *garden* と日本の庭園との相違は日英の文化の相違を如実に表している. 欧米式の *garden* は人工の美を追求するものであり, 日本の庭園は自然の美を生かすものであるという点で大いに異なっている. 花壇や池などの幾何学的デザインを誇る欧米式庭園に対して, 日本の庭園は岩や木や池なども自然を模し, 自然の縮図を目指している. 欧米の庭園は自然は征服するべきものという欧米式考え方の象徴であり, 日本の庭園は人間が自然と一体であるという東洋的考え方の象徴であるといってよい. **b** (窓の所に置く植木鉢のような)小型庭園, ガーデンボックス: ⇨ dish garden. **2** [しばしば *pl.*] 公園, 遊園: a public ～ 公園 / Kensington *Gardens* (ロンドンの)ケンジントン公園 / a botanical ～ 植物園 / ⇨ zoological garden. **3** (椅子・テーブルなどのある)屋外施設, 野外軽食堂: ⇨ beer garden, roof garden, tea garden 2. **4** [*pl.*; 地名を前に添えて] 《英》 …街, …広場: Onslow *Gardens* / Spring *Gardens*. **5** (バスケットボール・ボクシングなどの)屋内大競技場. **6** 《俗》 〘野球〙 外野. **7** 地味の肥えた農耕地方. **8** 〘Epicurus がその哲学を Athens の彼の庭園の中で教えたことにちなむ〙 [the G-] エピクロス学派, 庭園学派 (cf. porch 3, academy 3, Lyceum 2): philosophers of *the Garden* エピクロス学派の哲学者.

cúltivate one's gárden 自分のことに精を出す 《Voltaire: *Candide* (1759) XXX 'Il faut cultiver notre jardin' の訳》. 《(1931)》 ***Éverything in the gárden is lóvely.*** 《英口語》 すべて満足, 申し分なし (All is well.). 《(1910)》 ***léad a person ùp [dòwn] the gárden páth*** 《口語》 〈人を〉惑わす, だます, 迷わす (delude). 《(1925)》

Gárden of Éden [the ―] エデンの園 (⇨ Eden). 《(1535)》

Gárden of Éngland [the ―] イングランドの庭 《Kent 州, 旧 Worcestershire 州などのこと》.

Gárden of the Góds [the ―] 神々の園 《米国 Colorado 州 Colorado Springs 市付近の奇岩の多い砂岩地帯》.

Gárden of the Wést [the ―] 米国 Kansas 州の異称.

― *adj.* [限定的] **1 a** 庭の, 庭園用の, 園芸用の: a ～ wall, gate, path, etc. / a ～ trowel 移植ごて / a ～ roller 庭の地ならし器 / a ～ fork (土を掘り起こす) 3 本またのすき. **b** 庭のような, 風光の美しい; 庭のある, 庭付きの; 〈都市など〉田園式の: a ～ spot of the world 世界の庭園 《風光の美しい観光地》 / ⇨ garden apartment, garden city. **2 a** (温室栽培種と区別して)露地栽培(種)の (cultivated); 〈野菜など〉(野生でなく菜園で)栽培された (↔ wild): a ～ plant 園芸植物 / ～ vegetables / ⇨ garden stuff, garden truck. **b** 〈鳥・虫など〉よく庭にいる. **c** ありふれた, 普通の (commonplace): a ～ variety of cat 普通の種類の猫 / ⇨ COMMON *or* garden.

― *vi.* 庭いじりをする, 庭の手入れをする, 園芸をする; 庭を造る. ― *vt.* **1** 庭にする; 庭[菜園]として耕す. **2** …に庭を付ける.

～·less *adj.* **～·lìke** *adj.* 《(*c*1280) *gardin* ◻ ONF (変形) ← (O)F *jardin* < VL **gardinu(m)* ← **gardo* fence ◻ Gmc **ʒardon* (G *Garten*): cf. yard², garth》

Gar·den /gɑ́ədn | gɑ́ː-/, **Alexander** *n.* ガーデン 《1730?-91; スコットランド生まれの米国の博物学者; 植物分類に貢献; gardenia (クチナシ)は彼の名にちなむ》.

Gar·de·na /gɑədíːnə | gɑː-/ *n.* ガーディーナ 《米国 California 州南西部, Los Angeles 郊外の都市》. 《← GARDEN: ⇨ -a¹》

gárden apártment *n.* 《米》 **1** ガーデンアパート 《芝生や植木に囲まれた低いアパート》. **2** 庭の使用ができる 1 階のアパート, 庭付きアパート. 《(1946)》

gárden bàlm *n.* 〘植物〙 =lemon balm.

gárden bàlsam *n.* 〘植物〙 ホウセンカ (*Impatiens balsamina*) (balsam, balsamine ともいう). 《(1633)》

gárden búttercup *n.* 〘植物〙 ヨーロッパ産キンポウゲの一種 (*Ranunculus aconitifolius*) 《花は白または黄色》.

gárden cènter *n.* 園芸用品販売所. 《(1965)》

gárden cíty *n.* 《英》 田園都市 《近代的設備と田園美を兼ねるよう理想的に設計された住宅都市; cf. garden suburb》. 《(1898)》

Gárden Cíty *n.* ガーデンシティー: **1** 米国 Michigan 州南東部, Detroit 郊外の都市. **2** 《NZ》 Christchurch の異名. 《(1848)》

gárden crèss *n.* 〘植物〙 コショウソウ (⇨ cress a). 《(1577)》

gár·dened *adj.* 庭園のある; 庭園(風)に造った. 《(1611): ⇨ -ed》

gárden éel *n.* 〘魚類〙 ガーデンイール 《水深 20 m 前後の砂地底に穴を掘って群生するアナゴ科の魚類の総称》.

gárden ègg *n.* 〘植物〙 =eggplant. 《(1811)》

gar·den·er /gɑ́ədnə, -dnə | gɑ́ː-/ *n.* **1** 植木屋, 庭師, 園丁; 野菜栽培者: a nursery gardener=nurseryman / ⇨ market gardener. **2** 趣味に庭仕事をする人, 庭造りの上手な人. **3** 《俗》 〘野球〙 外野手. **4** =gardener bird. 《(*c*1280) ◻ ONF *gardinier*=(O)F *jardinier*: ⇨ garden, -er¹》

gárdener bìrd *n.* 〘鳥類〙 ニワシドリ 《New Guinea 産ニワシドリ科カンムリニワシドリ属 (*Amblyornis*) の鳥の総称; 小枝の「あずまや」とコケの「庭」を造る; bowerbird ともいう》.

gárdener's-delíght *n.* 〘植物〙 =mullein pink.

gar·den·esque /gɑ̀ədənésk, -dn- | gɑ̀ːdən-, -dn-ˈ-/ *adj.* 庭園風[式]の. 《(1838) ← GARDEN (n.)+-ESQUE》

gárden flát *n.* 《英》 =garden apartment.

gárden-fràme *n.* =frame 1 d. 《(1838)》

gárden-frésh *adj.* 菜園[果樹園]から取れたばかりの, 取り[もぎ]たての: ～ vegetables.

gar·den·ful /gɑ́ədnfʊ̀l | gɑ́ː-/ *n.* 庭いっぱい 〔*of*〕: a ～ *of* roses. 《(1859): ⇨ -ful²》

gárden-glàss *n.* (園芸植物保護用の)釣鐘形のガラス製覆い. 《(1842)》

Gárden Gróve *n.* ガーデングローブ 《米国 California 州南西部, Los Angeles 郊外の都市》.

gárden héliotrope *n.* 〘植物〙 **1** ヨウシュカノコソウ (*Valeriana officinalis*) 《ヨーロッパおよびアジア北部原産のオミナエシ科の多年生薬用植物; valerian ともいう》. **2** ヘリオトロープ (*Heliotropium arborescens*) 《ペルー原産ムラサキ科の多年草, 香料を採る》. 《(*c*1902)》

gárden hòuse *n.* **1** 庭園にある小さな建物[あずまや (summerhouse)]. **2** 《米中部・南部》 屋外便所 (privy). 《(1604)》

gar·de·ni·a /gɑədíːniə | gɑː-/ *n.* 〘植物〙 **1** [G-] クチナシ属 《アカネ科の一属》. **2** クチナシ属の植物の総称; クチナシ (*G. jasminoides*) など); クチナシの花. 《(1757) ← NL ～ ← *Alexander Garden*: ⇨ -ia¹》

Gar·de·ni·a /gɑədíːniə | gɑː-/ *n.* ガーディーニア 《女性名》. 《↑》

gár·den·ing /-dnɪŋ, -dn-/ *n.* 造園, 庭造り, 畑[花]作り; 園芸: do ～. 《(1577): ⇨ -ing¹》

gárden pàrty *n.* 園遊会 (《米》 lawn party). 《(1869)》

gárden péa *n.* 〘植物〙 エンドウ (*Pisum sativum*); エンドウ豆. 《(1681)》

gárden phlóx *n.* 〘植物〙 フロックス (*Phlox paniculata*) 《米国東部産の様々な色の花が大きな円錐状につくハナシノブ科の草本》.

gárden pínk *n.* 〘植物〙 ナデシコ属 (*Dianthus*) の植物数種の総称; (特に)タツタナデシコ (cottage pink).

gárden póppy *n.* 〘植物〙 =opium poppy.

gárden portuláca *n.* 〘植物〙 マツバボタン (⇨ wax pink).

gárden rócket *n.* 〘植物〙 **1** キバナスズシロ (*Eruca sativa*) 《ヨーロッパ原産アブラナ科の一年草, サラダに用いる》. **2** =dame's violet. 《(1832)》

gárden ságe *n.* 〘植物〙 セージ (⇨ sage² 1).

gárden sèat *n.* **1** 庭園用腰掛, 庭園ベンチ. **2** 《英》 (乗合バスの)屋上席. 《(1837)》

gárden snáil *n.* 〘動物〙 ニワマイマイ, デンデンムシ, カタツムリ 《ヒメリンゴマイマイ (*Helix aspersa*), *H. hortensis* など; 時に庭の植物に害を与える》. 《(*a*1691)》

gárden sórrel *n.* 〘植物〙 スイバ, スカンポ (*Rumex acetosa*) 《世界中の温帯に生じるタデ科の多年草; フランスなどでは葉をサラダ・スープ・ソースに用いる》.

gárden spíder *n.* 〘動物〙 庭などにいるコガネグモ科のコガネグモ属 (*Argiope*) やオニグモ属 (*Araneus*) のクモの総称: **a** ニワオニグモ (*Araneus diadematus*) 《ヨーロッパ産》. **b** クロキコガネグモ (*Argiope aurantia*) 《米国産》. **c** シマコガネグモ (*Argiope trifasciata*) 《米国産》. 《(1802)》

Gárden Stàte *n.* [the ～] 米国 New Jersey 州の俗称.

gárden stùff *n.* 野菜類, 青果物 (cf. garden *adj.* 2 a). 《(*a*1687)》

gárden súburb *n.* 《英》 田園住宅地 《田園風の郊外住宅地; cf. garden city》. 《(1905)》

gárden trùck *n.* 《米》 野菜類 (garden stuff); (特に) 市場向け野菜 (cf. truck garden). 《(1807)》

gárden-variety *adj.* [限定的] =garden 2 c. 《(1928)》

gárden verbéna *n.* 〘植物〙 ビジョザクラ(美女桜), バーベナ (*Verbena hortensis*) 《赤・黄・ピンク・白などの花が咲くクマツヅラ科の園芸植物》.

gárden vìllage *n.* 《英》 田園村(むら) (cf. garden city). 《(1915)》

gárden wáll bònd *n.* 〘建築・石工〙 (れんが造りの)ガーデンウォール積み 《小口と小口の間に長手が三つ並ぶ配列で積む》. 《(1836)》

gárden wàrbler *n.* 〘鳥類〙 ニワムシクイ (*Sylvia borin*) 《ヨーロッパでよく見られるウグイス科の鳥》. 《(1843)》

gárden whíte *n.* 〘昆虫〙 モンシロチョウ 《シロチョウ科モンシロチョウ属 (*Pieris*) のシロチョウ類の総称; モンシロチョウ (*P. rapae*), オオモンシロチョウ (*P. brassicae*) など》. 《(1892)》

garde·robe /gɑ́ədròʊb | gɑ́ːdrəʊb/ *n.* 《古》 **1** 衣装[洋服]だんす; 衣装だんすの中身. **2** 小さな私室, 寝室. **3** 《婉曲》 (中世建築の)便所. **4** 兵器庫, 兵器室. 《(?*c*1450) ◻ (O)F ～ ← *garder* 'to GUARD'+*robe* 'ROBE'》

Gar·di·ner /gɑ́ədnə, -dnə | gɑ́ːdnə^(r), -dn-/, Sir **Alan Henderson** *n.* ガードナー 《1879-1963; 英国の言語学者・エジプト学者; *The Theory of Speech and Language* (1932)》.

Gardiner, Alfred G(eorge) *n.* ガードナー 《1865-1946; 英国のジャーナリスト・随筆家; 筆名 'Alpha of the Plough'》.

Gardiner, Samuel Raw·son /rɔ́ːsən, rɑ́ː-, -sn | rɔ́ː-/ *n.* ガードナー 《1829-1902; 英国の歴史家; *A History of the Great Civil War, 1642-49* (4 vols., 1886-91)》.

Gardiner, Stephen *n.* ガードナー 《1483-1555; 英国の神学者・政治家・英国国教会主教》.

Gard·ner /gɑ́ədnə | gɑ́ːdnə^(r)/ *n.* ガードナー 《男性名; 異形 Gardiner》. 《← ME *gardiner* 'GARDENER'》

Gardner, A·va /éɪvə/ *n.* ガードナー 《1922-90; 米国の映画女優; *The Sun Also Rises* (1957), *The Night of the Iguana* (1964)》.

Gardner, Erle Stanley *n.* ガードナー 《1889-1970; 米国の弁護士・推理小説家; Perry Mason を主人公とする一連の作品が有名》.

Gardner, John *n.* ガードナー 《1933-82; 米国の小説家; *The Sunlight Dialogues* (1972), *October Light* (1977)》.

gare·fowl /gɛ́əfàʊl | gɛ́ə-/ *n.* (*pl.* ～**s**, ～) 〘鳥類〙 = great auk. 《(1698) ◻ Icel. *geirfugl*: cf. garfish》

Gar·eth /gǽrɪ̀θ, gér-, -rɛθ | gǽr-/ *n.* **1** ガレス 《男性名》. **2** 〘アーサー王伝説〙 ガレス 《Arthur 王の甥(おい), 円卓の騎士の一人》. 《◻ OF *Gahariet* ← ? Welsh: cf. Garth》

Gar·ey /gɛ́ᵊri | gέəri/ *n.* ゲーリー 《男性名》. 《⇨ Gary²》

Gar·field /gɑ́əfiːld | gɑ́ː-/ *n.* ガーフィールド: **1** 男性名. **2** 米国の J. Davis 作の新聞漫画の主人公のネコの名. 《cf. OE *gārafeld* triangular field》

Gar·field /gɑ́əfiːld | gɑ́ː-/, **James Abram** *n.* ガーフィールド 《1831-81; 米国第 20 代の大統領 (1881); 暗殺された》.

G

Gárfield Móuntain /gɑ́əfiːld- | gɑ́ː-/ *n.* ガーフィールド山 《米国 Montana 州南西部 Idaho 州境, Bitterroot 山脈中の最高峰 (3,341 m)》.

gar·fish /gɑ́əfɪʃ | gɑ́ː-/ *n.* (*pl.* ～·**es**, ～) 〘魚類〙 =gar¹. 《(1440) *garfyshe* ← *gare* (< OE *gār* spear)+*fyshe* 'FISH¹'》

Gar·fun·kel /gɑ́əfʌŋkəl, -kl | gɑːfʌ́ŋkəl, -kl, ˌ-ˈ--/, **Art** *n.* ガーファンクル 《1941- ; 米国の歌手・映画俳優; Paul Simon とデュオ Simon & Garfunkel をつくる; その後ソロ活動》.

gar·ga·ney /gɑ́əgəni | gɑ́ː-/ *n.* 〘鳥類〙 シマアジ (*Anas querquedula*) 《水面鴨[陸鴨]の一種》. 《(1668) ◻ It. (方言) *garganei* (擬音語)?》

Gar·gan·tu·a /gɑəgǽntʃuə, -tjuə | gɑːgǽntjwə, -tʃwə/ *n.* ガルガンチュア 《フランスの諷刺作家 Rabelais 作 *Gargantua* (1534) の主人公, 鯨飲馬食する陽気な巨人》. 《(1571) ◻ F ～ ◻ Sp. *garganta* gullet ← **garg-* (擬音語): cf. garget》

Gar·gan·tu·an /gɑəgǽntʃuən, -tjuən | gɑːgǽntjuən, -tʃuən/ *adj.* **1** ガルガンチュアのような. **2** [g-] 巨大な, すばらしく大きい: a ～ meal, banquet, appetite, task, etc. 《(1596): ⇨ ↑, -an¹》

gar·get /gɑ́əgɪ̀t | gɑ́ːgɪt/ *n.* **1** 〘獣医〙 **a** (牛・羊などの)乳房炎 (mastitis). **b** (牛・豚などの)咽喉(いんこう)頭の浮腫を主徴とする熱性疾患. **2** 〘植物〙 アメリカヤマゴボウ (*Benthamidia florida*) (garget plant, garget root または pokeweed ともいう). **gár·get·y** /-ti | -ti/ *adj.* 《(1587) ◻ OF *gargate* throat ◻ Prov. *gargata* ← **garg-*: ⇨ gargle, gargoyle》

gar·gle /gɑ́əgl | gɑ́ː-/ *vt.* **1 a** 〈のど・口を〉うがいしてすすぐ: ～ one's throat *with* salt water. **b** 〈液体などを〉口に含ませてがらがらさせる. **2** がらがら声で言う: ～ one's words. ― *vi.* **1** うがいをする. **2** がらがら声を出す. ― *n.* **1** うがい薬, 含嗽(がんそう)剤. **2** うがいをする(ような)音, がらがら声. 《(1527) ◻ (O)F *gargouiller* ← *gargouille* (↓)》

gar·goyle /gɑ́əgɔɪl | gɑ́ː-/ *n.* **1** 〘建築〙 ガーゴイル, 樋嘴(ひはし) 《ゴシック建築に用いられる鬼・怪獣などの形に作った屋根の水の落とし口》. **2** (人や動物の)奇怪な彫像. **3** 奇怪な容貌の人: a derelict old ～. **gár·goyled** *adj.* 《(1286) *gargoile* ◻ (O)F *gargouille* throat ← **garg-* (cf. L *gargarizāre* to gargle)》

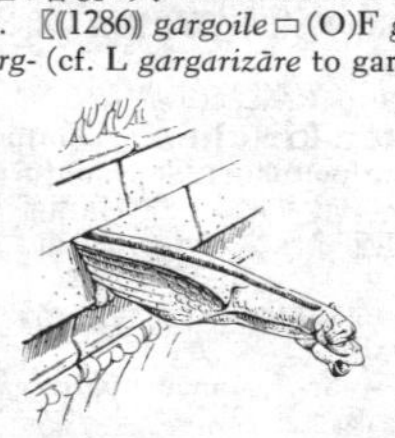

gargoyle 1

gár·goyl·ìsm /-lìzm/ *n.* 〘病理〙 ガーゴイリスム, 脂肪軟骨ジストロフィー, ハーラー症候群, 鬼瓦症 《脂肪[骨格]代謝異常により容貌・体型・舌歯の異常や精神障害などを伴う遺伝性疾患》. 《(1902): ⇨ ↑, -ism》

gar·i·al /gǽriəl, gér- | gǽr-/ *n.* 〘動物〙 =gavial. 《(1830)》

gar·i·bal·di /gæ̀rəbɔ́ːldi, gèr-, -bɑ́ːl- | gæ̀rɪ̀bɔ́ːldi, -bɔ́l-, -bǽl-/ *n.* (*pl.* ～**es**) **1** (Garibaldi 将軍が用いた赤シャツに似た)婦人・子供用のゆるいブラウス 《襟が小さく, ゆったりした袖のブラウスで, 19 世紀中ごろ米国で流行した》. **2** 〘魚類〙 スズメダイ科の赤い魚の一種 (*Hypsypops rubicundus*) 《米国南 California 産》. **3** 《英》 ガリバルディビスケット 《干しぶどうなど乾燥果物をはさんだサンドイッチ状のビスケット; garibaldi biscuit ともいう》. 《(1862) ↓》

Gar·i·bal·di /gæ̀rəbɔ́ːldi, gèr-, -bɑ́ːl- | gæ̀rɪ̀bɔ́ːldi, -bɔ́l-, -bǽl-; *It.* garibáldi/, **Giuseppe** *n.* ガリバルディ 《1807-82; イタリアの愛国者・将軍; イタリア統一の功労者, 赤シャツ党の指導者; cf. red shirt¹》.

Gar·i·bal·di·an /gæ̀rəbɔ́ːldiən, gèr-, -bɑ́ːl- | gæ̀rɪ̀bɔ́ːl-, -bɔ́l-, -bǽl-ˈ-/ *adj., n.* ガリバルディ (Garibaldi) の(支持者). 《(1860): ⇨ ↑, -AN¹》

GARIOA /gæ̀rióʊə/ 《略》 Government and Relief in Occupied Areas ガリオア基金 《第二次大戦の米国の占領地域に対する救済政府予算》.

gar·ish /gɛ́ᵊrɪʃ | gέər-, gɑ́ːr-/ *adj.* **1** 〈衣服・色合いなど〉けばけばしい, いやに派手な (⇨ gaudy¹ SYN). **2** 〈光・目など〉いやにぎらぎら光る. **3** 〈文体など〉華麗に飾り立てた, 奇

想をこらした. **4** 派手に飾り立てた; 鮮やかな色の服装をした. **5** あくどい, 胸が悪くなるような. **~·ly** *adv.* **~·ness** *n.* 〖(1545) *gaurish* ← ? (廃) *gaure* < ME *gaure(n)* to stare ← ? ON: ⇨ -ish¹〗

gar·land /gáələnd | gáː-/ *n.* **1 a** (花・葉・枝などで作って頭・首につける)花輪, 花冠. **b** (歓喜・勝利などのしるしとして建築・金属板などに彫刻する)花輪模様. **2** (勝利・成功の)栄冠, 栄誉, 名誉, 光栄: carry away [gain, win] the ~ (競技などで)勝利(の栄冠)を得る. **3** 詩文選集, 名句集. **4** 〖海事〗索(さく)で作った輪, つな輪《円材を輪がけにしたり, すれ止めその他に用いる》. — *vt.* **1** …に花輪をいただかせる, 花輪で飾る, 花冠をつけさせる〔*with*〕; …の花輪となる. **~·ed** *adj.* **2** 花輪にする. 〖(?c1300) *garlond(e)* □ OF *garlande* ← ? Gmc (cf. Frank. **wiara* wire, fine gold)〗

Gar·land /gáələnd | gáː-/ *n.* ガーランド《米国 Texas 州北東部 Dallas 郊外の都市》.

Gar·land /gáələnd | gáː-/ *n.* ガーランド《男性名》. 〖↑〗

G

Garland, (Hannibal) Ham·lin /hǽmlɪn | -lɪn/ *n.* ガーランド《1860–1940; 米国の小説家; *Main-Travelled Roads* (1891)》.

Garland, Judy *n.* ガーランド《1922–69; 米国の歌手・女優; *Wizard of Oz* (1939)》.

gárland cráb *n.* 〖植物〗=American crab apple.

gárland lárkspur *n.* 〖植物〗東アジア産の華やかな青い花の咲くキンポウゲ科ヒエンソウ属の多年草 (*Delphinium cheilanthum*).

gar·lic /gáəlɪk | gáː-/ *n.* **1** 〖植物〗ネギ属 (*Allium*) の植物数種の総称《ネギ・タマネギ・ニラなど》; 《特に》ニンニク (*A. sativum*). **2** (料理に用いる)ニンニクの球茎[粉末], ガーリック. **3** ニンニクの風味[におい]. — *adj.* [限定的] ニンニクの; ニンニクで味付けした: ⇨ garlic salt. **gár·licked** *adj.* 〖OE *gārlēac* ← *gār* spear (< Gmc **ʒaizaz* ← IE **ghaiso-* stick: その小鱗茎の形から)+*lēac* 'LEEK'〗

gárlic bréad *n.* ニンニク風味のトースト《フランスパンにバターとニンニクをつけてかりかりになるまでオーブンで焼いたもの》. 〖1951〗

gar·lick·y /gáəlɪki | gáː-/ *adj.* **1** ニンニクのような, ニンニクのはいった. **2** ニンニクの味[におい]のする: ~ stew. 〖(1775) ← GARLIC+-Y¹〗

gárlic mústard *n.* 〖植物〗アリアリア (*Alliaria petiolata*)《ニンニクに似たにおいのするヨーロッパ産のアブラナ科の雑草; jack-by-the-hedge, hedge garlic ともいう》.

gárlic pòwder *n.* ガーリックパウダー《顆粒状にした乾燥ニンニク》.

gárlic sàlt *n.* ガーリックソルト《ガーリックパウダー入りの塩》.

gar·ment /gáəmənt | gáː-/ *n.* **1 a** (商品・製品としての)衣服の一点《gown, cloak など; ⇨ dress SYN》. **b** 下着の一点; 《特に》婦人用肌着; =foundation garment. **2** [*pl.*] 衣類, 衣服. **3** (物の)外被, 外観: the earth's ~ of green 大地を装う緑衣. — *vt.* [通例 p.p. 形で] 装う, …に着せる: go out ~*ed in* white 白い服を着て外出する. **~·less** *adj.* 〖(?a1300) □ (O)F *garnement* ← *garnir* 'to GARNISH': ⇨ -ment〗

gárment bàg *n.* ガーメントバッグ《衣服を半分に畳んでいれる, 携帯に便利なように真ん中に手さげのついた旅行用衣服かばん》. 〖1927〗

Gárment Dìstrict *n.* [the ~] New York 市 Manhattan 区の一地域; 多くの婦人用衣類の製造工場とショールームがある.

gárment fàctory *n.* 衣類製造工場.

Gar·misch-Par·ten·kir·chen /gáəmɪʃpàətn̩kíəkən, -xən | gáːmɪʃpàːtn̩kíə-; *G.* gaʁmɪʃpàʁtn̩kɪʁçn̩/ *n.* ガルミッシュパルテンキルヘン《ドイツ南西部 Bavaria 州 Munich の南西, アルプスのふもとにある市; ウインタースポーツの中心地》.

Gar·mon /gáəmən | gáː-/ *n.* ガーマン《男性名》. 〖□ Welsh ~ 'GERMAN¹'〗

Gár·mo Péak /gáəmoʊ- | gáːməʊ-; *Russ.* gármə/ *n.* =Communism Peak.

garn /gáən | gáːn/ *int.* 《英口語・ロンドン方言》ばか言え《不信・嘲笑の意を表す》. 〖(1886) 《転訛》← *Go on!*〗

gar·ner /gáənə | gáːnə(r)/ *vt.* **1** 〈得がたいものを〉獲得する; 貯える, 蓄積する; (努力して)得る, 得点[得票]する: The party ~*ed* 30% of the total votes. 党は総得票数の 30 パーセントを獲得した. **2** 《詩》穀倉に入れる, 倉に貯える 〈*in*〉. — *vi.* 蓄積する, たまる. — *n.* **1** 穀倉 (granary); 穀物入れ (grain bin). **2** 貯蔵, 蓄積 (accumulation): a ~ *of* knowledge. 〖? lateOE *gerner(e)* □ OF *gernier* (F *grenier*) < L *grānārium* 'GRANARY'〗

Gar·ner /gáənə | gáːnə(r)/, **Erroll** *n.* ガーナー《1921–77; 米国のジャズピアニスト・作曲家》.

Garner, John Nance /nǽns/ *n.* ガーナー《1868–1967; 米国の政治家; 副大統領 (1933–41)》.

gar·net¹ /gáənɪt | gáː-/ *n.* **1** 〖鉱物〗ガーネット, ざくろ石 (Fe, Mn, Mg, Ca, Al などの複雑なケイ酸塩鉱物; 宝石に用いる; ⇨ birthstone). **2** ガーネット色, 暗紅色. **~·like** *adj.* 〖(c1325) *gernet* □ MDu. *gernate* ∥ (O)F *grenat* ← OF (*pome*) *grenate* 'POMEGRANATE'〗

gar·net² /gáənɪt | gáː-/ *n.* 〖海事〗**1** 軽量貨物の荷役用に支索などに臨時に取り付けた滑車装置. **2** =gun tackle. 〖(1485) □ ? MDu. *garnaat* ← ?〗

Gar·net /gáənɪt | gáː-/ *n.* ガーネット: **1** 男性名. **2** 女性名. 〖← ? AF *Guarin* 'WARREN'+-ET〗

gárnet·bèr·ry /-bèri | -b(ə)ri/ *n.* 〖植物〗アカスグリ (*Ribes rubrum*) (cf. red currant). 〖1863〗

gar·net·if·er·ous /gàənɪtíf(ə)rəs | gàːnɪ-/ *adj.* 〖鉱物〗ガーネット[ざくろ石]の入った[を含んだ]. 〖(1852): ⇨ -ferous〗

gárnet pàper *n.* (garnet の粉がついた)紙やすり, サンドペーパー. 〖c1902〗

gar·nett /gáənɪt, gaənét | gáːnɪt/ 〖紡織〗*vt.* 反毛する《織物のくずをほぐして繊維の状態に再生する》. — *n.* ガーネット(マシーン), 反毛機. 〖(1886) ← ? *Garnett* (家族名)〗

Gar·nett /gáənɪt, gaənét | gáːnɪt/, **Constance** *n.* ガーネット《1862–1946; 英国のロシア文学翻訳家; D. Garnett の母; 旧姓 Black》.

Garnett, David *n.* ガーネット《1892–1981; 英国の小説家; *Lady into Fox* (1922)》.

gárnett wìre *n.* 〖紡織〗ガーネットワイヤー《反毛機 (garnett) のシリンダーに装置する歯型の鋼線》.

gar·ni /gaəníː | gɑː-; *F.* gaʁni/ *adj.* 《料理が》つまを付けた[あしらった], 付け合わせをした. 〖□ F ~ (p.p.) ← *garnir* 'to GARNISH'〗

gar·ni·er·ite /gáəniəràɪt | gáː-/ *n.* 〖鉱物〗ケイニッケル鉱 ($(Mg{\cdot}Ni)_3Si_2O_5(OH)_4$)《ニッケルの鉱石》. 〖(1875) ← *Jules Garnier* (1839–1904: フランスの地質学者): ⇨ -ite¹〗

gar·nish /gáənɪʃ | gáː-/ *n.* **1** (料理に添える野菜・クルトン (crouton) などの)つま, 付け合わせ. **2** 装飾物, 飾り物. **3** 文飾, 修飾, 美辞麗句. **4 a** (昔英国で, 新しい入獄者から取り立て牢名主などに渡した)酒手, つるがね. **b** 《俗・廃》(新入り労働者が要求される)心づけ, 上前(うわまえ). — *vt.* **1** 〈料理を〉飾る, 〈料理〉に〔…の〕付け合わせを添える, 〔つまを〕あしらう〔*with*〕(⇨ adorn SYN): ~ a dish *with* parsley, slices of lemon, etc. **2** 〖法律〗**a** (第三債務者に対する通告によって)〈債権を〉差し押さえる (cf. garnishee). **b** …に通告する. **c** 《廃》(係争中の訴訟に第三者として加わるよう法廷に)呼び出す (summon in). **3** 装飾する, …の外観を一新する (decorate): swept and ~*ed* ⇨ sweep 成句. **4** 〈作品などを〉〔美しい語句で〕飾る (embellish)〔*with*〕: ~ one's life story *with* a few inventions 二, 三の作り事を加えて自分史を潤色する. **5** 《俗》…から金をゆする. **~·er** *n.* 〖(?c1380) □ OF *garniss-* (stem) ← *garnir* to prepare, warn □ ? Gmc **warnjan* to guard (cf. warn): ⇨ -ish²〗

gárnish bòlt *n.* 〖造船〗装飾頭つきボルト. 〖1874〗

gár·nished *adj.* 〖紋章〗(金・銀などで)飾られた. 〖(1440): ⇨ -ed〗

gar·nish·ee /gàənɪʃíː | gàːnɪ-/ 〖法律〗*n.* garnishment を受けた人, 第三債務者. — *vt.* **1** (差押え命令によって)〈債権を〉差し押さえる. **2** …に債権差押え通告書を送達する. 〖(1627): ⇨ -ee¹〗

garnishée òrder *n.* 〖法律〗(第三債務者に対して発する)債権差押え命令. 〖1881〗

gár·nish·ing *n.* [しばしば *pl.*] 装飾(物), 飾り. 〖(1463): ⇨ -ing¹〗

gár·nish·ment *n.* **1** 装飾. **2** 〖法律〗**a** (債務を満足させるための)財産差押えの通知. **b** 財産保全の通知《債務者に属する財産を所持する人に訴訟の終結まで債務者にその財産を引き渡さぬようにとの通知・警告; cf. foreign attachment》. **c** 《廃》(被告の債務者に対する)出廷命令, 召喚通知. 〖(1550) □ AF *garnissement* legal garnishment, (OF) equipment: ⇨ garnish, -ment〗

gar·ni·ture /gáənɪtʃə, -tʃʊə | gáːnɪtʃə(r)/ *n.* **1** 装飾物, 飾り. **2** (料理の)付け合わせ, つま. **3** 備え付け品, 備品, 家具調度. **4** (衣装の)装飾, 装飾品. 〖(1532) □ F ~ ← *garnir* to furnish: ⇨ garnish〗

Ga·ronne /gærá(ː)n, -rɔ́(ː)n | -rɔ́n; *F.* gaʁɔn/ *n.* [the ~] ガロンヌ(川)《フランス南西部の川; Pyrenees 山脈から北西に流れて下流は Gironde 川となる (580 km)》.

ga·rotte /gərá(ː)t, -róʊt, gérət | gərɔ́t, -rə́ʊt/ *n., vt.* =garrote.

GARP /gáəp | gáːp/ 《略》Global Atmospheric Research Program 地球大気圏開発計画.

gár·pìke *n.* 〖魚類〗=gar¹ 1. 〖1776〗

gar·ran /gǽrən, gér- | gǽr-/ *n.* 《スコット・アイル》=garron.

gar·ret¹ /gǽrɪt, gér- | gǽr-/ *n.* **1** (むさ苦しい)屋根(裏)部屋 (cf. attic 1): from cellar to ~=from ~ to kitchen [cellar] 家じゅうくまなく. **2** 《俗》頭 (head): be wrong in the ~ 頭が変だ, 気が違っている / have one's ~ unfurnished 頭がからっぽだ. 〖(?c1300) *garit(e)* □ OF *garite* (F *guérite*) watchtower (p.p.) ← *garir* to guard □ ? Gmc **warjan* to defend〗

SYN 屋根裏部屋: **garret** 貧困・むさくるしさを暗示する. **attic** 面白い物がいろいろしまってあって, ロマンチックな郷愁を誘う場所. **loft** 天井がなく, たるきが露出している, 納屋の二階の乾草置場のように物を貯えるために使われる場所.

gar·ret² /gǽrɪt, gér- | gǽr-/ *vt.* 〖石工〗=gallet. 〖(変形) ← GALLET〗

gar·re·teer /gæ̀rɪtíə, gèr- | gæ̀rɪtíə(r)/ *n.* 《古》屋根裏部屋に住む人; 《特に》三文文士, 貧乏作家. 〖(1720): ⇨ garret¹, -eer〗

gár·ret·ing /-tɪŋ | -tɪŋ/ *n.* 〖石工〗=galleting.

Gar·rett /gǽrɪt, gér- | gǽr-/ *n.* (*also* **Gar·ret** /~/) ギャレット《男性名》. 〖(変形) ← GERARD〗

Gar·rick /gǽrɪk, gér- | gǽr-/, **David** *n.* ギャリック《1717–79; 英国の俳優・劇作家; Drury Lane 座の主宰者; Shakespeare 劇の演技で有名》.

Gár·rick Clùb /gǽrɪk-, gér- | gǽr-/ *n.* [the ~] ギャリッククラブ《英国 London の演劇・法曹関係者の高級クラブ; 1831 年創立》.

gar·ri·son /gǽrəsən, gér-, -sn̩ | gǽrɪ-/ *n.* **1** [単数あるいは複数扱い] 駐屯部隊, 守備隊, 駐屯軍. **2** (守備隊の守る)要塞, 駐屯地. ★ ラテン語系形容詞: presidial, presidiary.
gó* [*be sént*] *into gárrison 守備につく[派遣される]. 〖(1707)〗 ***in gárrison*** 守備について. 〖(c1489): cf. F *en garnison*〗
— *vt.* **1** 〈都市・要塞など〉に守備隊を置く, 守備隊で守る; 〈占領都市など〉に守備隊を駐屯させる; 〈軍隊が〉守備隊として…に駐屯する: a regiment ~*ing* the town その町を守備している連隊. **2** 〈軍隊を〉守備隊として派遣[配置]する, 守備につかせる: soldiers ~*ed* in a fort 要塞に配置された兵士.
〖(c1250) 《廃》defense, treasure □ OF *garison* ← *garir* to defend: ⇨ garret¹〗

Gar·ri·son /gǽrəsən, gér-, -sn̩ | gǽrɪ-/, **William Lloyd** *n.* ギャリソン《1805–79; 米国の奴隷廃止運動の指導者》.

gárrison artíllery *n.* 〖軍事〗要塞砲兵 (cf. field artillery 1). 〖1872–76〗

gárrison càp *n.* **1** =overseas cap. **2** =service cap. 〖1944〗

Gár·ri·son Dám /gǽrəsən-, gér-, -sn̩- | gǽrɪ-/ *n.* ギャリソンダム《米国 North Dakota 州中央部 Missouri 川にあるダム; 高さ 64 m》.

gárrison dùty *n.* 守備任務: on ~ 守備任務を帯びて. 〖1813〗

Gárrison fínish *n.* 《米口語》(競馬・競技などでの)逆転勝ち, ごぼう抜きの追込み勝ち, どん尻強襲勝ち. 〖(1935) ← ? *Snapper Garrison* (19 世紀に逆転勝ちで有名だった米国の競馬騎手)〗

gárrison hòuse *n.* 《米》**1** (植民地時代にインディアンの襲撃に備えて作った)堅固に防備を施した丸太作りの家. **2** =blockhouse. **3** 2 階が 1 階の正面に張り出した作りの家. 〖1676〗

gárrison stàte *n.* 軍事国家, 軍人国家《軍事・軍人政策によって支配された全体主義的国家; cf. police state》. 〖1937〗

gárrison tówn *n.* 守備隊駐屯都市. 〖1648〗

gar·ron /gǽrən, gér-, gərɔ́(ː)n | gǽrən, gərɔ́n/ *n.* 《スコット・アイル》**1** 小柄で丈夫な馬; 小形の馬車馬. **2** 廃馬, 老いぼれ馬. 〖(1540) □ Gael. *gearran*〗

gar·rot /gæróʊ | gǽrət; *F.* gaʁo/ *n.* (*pl.* **~s** /~(z); *F.* ~/) 〖鳥類〗=goldeneye 1. 〖(1829) □ F ~〗

gar·rote /gərá(ː)t, -róʊt | gərɔ́t, -rə́ʊt/ *n.* **1 a** (スペインで死刑執行の際, 後ろから鉄環で首を絞める)鉄環絞首刑具. **b** 鉄環絞首刑. **2 a** 絞殺強奪《背後からなわ・皮ひもなどで首を絞めて金品を奪うこと》. **b** 人の首を絞める道具. — *vt.* **1** (鉄環絞首刑具で)絞首刑に処する. **2** (往来などで)〈人〉の首を絞めて金品を奪う. 〖(1622) □ Sp. ~ 'a stick to draw cord tight with' □ ? (O)F *garrot* club (変形) ← OF *guaroc* (逆成) ← *garokier* to bend down ← ?〗

gar·rót·er /-tə | -tə(r)/ *n.* 首絞め強盗. 〖(1859): ⇨ -er¹〗

gar·rotte /gərá(ː)t, -róʊt | gərɔ́t/ *n., vt.* 《英》=garrote.

gar·rót·ter /-tə | -tə(r)/ *n.* =garroter.

gar·ru·li·ty /gərúːləti, gæ-, gɛ- | -lɪti/ *n.* くどいおしゃべり, 多弁; 冗長. 〖(1581) □ F *garrulité* □ L *garrulitātem* chattering ← *garrulus* (↓): ⇨ -ity〗

gar·ru·lous /gǽrələs, gér-, -rjʊ- | gǽr-/ *adj.* **1** (つまらないことを)くどくどしゃべる, 多弁な (⇨ talkative SYN); 〈話など〉言葉数の多い, 冗長な: a ~ old man. **2** 〈鳥が〉騒々しくさえずる (chattering); 〈小川など〉ざわめく, ざわつく (babbling). **~·ly** *adv.* **~·ness** *n.* 〖(1611) □ L *garrulus* chattering, talkative (p.p.) ← *garrire* to talk, chatter: ⇨ -ous〗

Gar·ry /gǽri, géri | gǽri/ *n.* ギャリー《男性名》. 〖⇨ Gary²〗

gar·ry·a /gǽriə, gér- | gǽr-/ *n.* 〖植物〗北米産ミズキ科 *Garrya* 属の常緑低木. 〖(1834) ← NL ~ ← *Nicholas Garry* (1781–1856: the Hudon's Bay Company の役員)〗

gar·ry·ow·en /gæ̀rióʊən, gɛ̀r- | gæ̀riə́ʊɪn/ *n.* 《ラグビー》ボールを進めるための高いキック, ハイパント (up-and-under ともいう). 〖(1965) ← *Garryowen* (この戦法で知られるアイルランドのチーム)〗

gar·ter /gáətə | gáːtə(r)/ *n.* **1** ガーター, 靴下留め: **a** 輪になったゴムバンド. **b** 《米》(ガーターベルト・コルセットなどについている)靴下吊り (《英》suspender). **2** (もとワイシャツの袖をつり上げるのに用いた)ゴムひもの腕輪 (arm garter, sleeve garter ともいう). **3** [the G-] **a** ガーター勲章《英国の最高勲章; ガーターおよび首飾り・星章から成り, ガーターは左脚に付ける》. **b** ガーター勲位 (⇨ ORDER of the Garter). **c** ガーター勲爵士 (Knight of the Garter). **d** =GARTER King of Arms. **4** 〖紋章〗ガーター: **a** 紋章の盾を取り巻くガーター紋《ガーター勲章受章者は紋章に綬あるいは頸章 (collar) を加えるのが通例》. **b** bend (斜めの帯)の 1/3 幅のもの.
Gárter Kíng of Árms [the —] (英国の紋章院 (College of Arms) の)ガーター紋章官《上級紋章官 (King of Arms) の首席ならびにガーター騎士団の首席事務官; 古くは Garter Principal King of Arms と呼ばれた; 単に Garter ともいう》.
— *vt.* **1** 〈靴下を〉ガーターで留める, 〈脚を〉ガーターで締める. **2** ガーター勲位に叙する, …にガーター勲章を授ける. 〖(a1325) □ ONF *gartier*=OF *jartier* (F *jarretière*) ← *garet, jaret* bend of the knee ← ? Celt.: cf. Bret. *garr* leg〗

gárter bèlt *n.* 《米》ガーターベルト (《英》suspender belt) 《女性の靴下留め用ベルトでウエストに着用する》. 〚1959〛

gárter snàke *n.* 〖動物〗ガーターヘビ (*Thamnophis sirtalis*) 《北米東部にすむ半陸生の無毒蛇》; ガーターヘビ属の無毒蛇の総称. 〚1769〛

gárter stìtch *n.* 〖服飾〗ガーター編み. 〚1909〛

garth[1] /gɑ́əθ | gɑ́ːθ/ *n.* **1** (魚を捕る)やな, 堰堤. **2 a** 《古方言》中庭, 庭 (yard, court). **b** =cloister garth. 〚(*c*1340) □ ON *garðr*=OE *ġeard* 'YARD[2]'〛

garth[2] /gɑ́əθ | gɑ́ːθ/ *n.* 《北英方言》子供の遊び用の輪 《自転車のリムなど》.

Garth /gɑ́əθ | gɑ́ːθ/ *n.* ガース 《男性名》. 〖↑〗

Gärt·ner's bacíllus /gέətnəz- | gέətnəz-; *G.* gέʁtnɐ-/ *n.* 〖細菌〗ゲルトネル菌 《グラム陰性, 周毛をもつ運動性の桿菌(かんきん); 人間に食中毒を起こさせる》. 〚← *August Gärtner* (1848–1934: これを発見したドイツの細菌学者)〛

ga·ru·da /gərúːdə | -də/ *n.* **1** 〖インド神話〗ガルーダ 《半分は鷲(わし), 半分は人間の怪鳥》. **2** 鷲じるし 《インドネシアの国章》. 〚(1882) □ Skt *garuḍa*〛

GARUDA /gærúːdə | -də/ 《略》Garuda Indonesia Airways ガルーダインドネシア航空(記号 GA).

Gar·vey /gɑ́əvi | gɑ́ː-/, **Marcus** (**Mo·zi·ah**) /moʊzáɪə | mə(ʊ)-/ *n.* ガーヴィー (1887–1940; ジャマイカ生まれの黒人の民族運動指導者; 主に米国で活躍).

Gár·vey·ism /-vìɪzm/ *n.* ガーヴィー主義 《黒人の分離とアフリカに黒人自治の国を建設しようという M. Garvey の唱道した主義》.

Gar·vey·ite /gɑ́əviàɪt | gɑ́ː-/ *n.* ガーヴィー主義者.

Gar·y[1] /gέ(ə)ri | gέəri/ *n.* ゲーリー 《米国 Indiana 州北西部, Michigan 湖畔の鉄工業都市》. 〚← *Elbert Henry Gary* (1846–1927: 米国の実業家)〛

Gar·y[2] /gέ(ə)ri | gέəri/ *n.* ゲーリー 《男性名》. 〚OE **Gārwīġ* 《原義》spear of battle ← *gār* spear + *wīġ* battle (cf. wight[2])〛

Gáry plàn *n.* [the ～] 〖教育〗=Gary system.

Gáry schóol sỳstem *n.* [the ～] =Gary system.

Gáry sỳstem *n.* [the ～] 〖教育〗ゲーリーシステム, ゲーリー式学校組織 《教育設備を極度に活用して一つの学校で普通の 2 倍の生徒を収容するように計画された組織; 米国の教育学者 William A. Wirt が 1908 年米国 Gary 市にこの方式の学校を創設した》.

gas[1] /gǽs/ *n.* (*pl.* ～·es, gas·ses) **1 a** (灯用・温熱用の)ガス, 石炭ガス (coal gas): fuel ～ 燃料ガス / illuminating [lighting] ～ 灯用ガス / ⇨ natural gas / light the ～ ガス(灯)をつける / turn down the ～ ガス灯の光を細くする / turn on the ～ (栓をひねって)ガスを出す; 《俗》気炎を上げる / turn out [off] the ～ (栓をひねって)ガスを止める[消す]. 日英比較 (1)「都市ガス」は単に *gas* といい, city *gas* とは言わない. その他のガスには propane などを付けて区別する. (2) 日本語の「ガステーブル」は, 英語では *gas* cooker [range, stove] という. 日本語の「ガスボンベ」は, *gas* cylinder [bottle] という. **b** (炭坑内の)爆発ガス. **c** (歯科医などが麻酔薬として用いる)亜酸化窒素ガス, 笑気 (laughing gas). **2** ガス, 気体; (体内の)ガス, おなら: have ～ 腹が張る. 日英比較 日本語で濃霧のことをガスというが, 英語の *gas* にはその意味はなく, dense fog という. **3** 毒ガス (poison gas) 《戦争用毒ガス・催涙ガスなど》. **4** 《俗》むだ話, だぼら: talk ～ むだ話をする, だぼらを吹く. **5** 《俗》とても愉快な[面白い]もの[こと, 人]: It's a ～ to do New York. ニューヨーク見物は面白い. ★ 現在ではあまり使われない表現. ***All* [*Everything*] *is gás and gáiters.*** 《口語》万事申し分なし. (1839) ***gás and gáiters*** 《俗》大げさな言葉, くだ, たわごと, だぼら (nonsense). (1923)

— *v.* (**gassed**; **gas·sing**; **gas·ses**) — *vt.* **1 a** 毒ガスで攻撃する, …に毒ガスをまく; 毒ガスで負傷させる[殺す], ガス中毒させる: They were ～*sed.* 毒ガスにやられた. **b** [～ one*self* で] ガス自殺する. **2** 〈部屋などに〉ガスを供給する; 〈気嚢(きのう)〉にガスを満たす. **3** ガスで処理する; (けばを除くために) 〈糸を〉ガスに通す, ガスで焼く: ～*sed* yarn ガス糸. **4** 《俗》…にばか話や自慢話をする, だぼらを吹く. **5** 《米俗》〈人を〉とてもおもしろがらせる, 夢中にさせる. — *vi.* **1** 《口語》ばか話をする, だぼらを吹く: What were you ～*sing about with* them? あの連中と何のばか話をしていたのかね. **2** 〈蓄電池などが〉ガスを出す. **3** 毒ガス攻撃をする.

— *adj.* ガスの, ガスを使用した.

〚(1658) □ Du. ～: ベルギーの化学者 J. B. van Helmont (1577–1644) の造語 (Gk *kháos* 'CHAOS' から暗示されたもの)〛

gas[2] /gǽs/ (米・NZ 口語) *n.* **1** ガソリン (gasoline). **2** (自動車の)加速機, アクセル. ***rún òut of gás*** 《米》精力を使い果たす. ***stép on the gás*** ⇨ step *v.* 成句.

— *v.* (**gassed**; **gas·sing**; **gas·ses**) — *vt.* 〈自動車〉にガソリンを補給する 〈*up*〉: You'd better ～ *up* the car before you start. 出かける前に車にガソリンを入れたほうがよい. — *vi.* (自動車などに)ガソリンを補給する 〈*up*〉. 〚(1905) 《略》← GASOLINE〛

GAS 《略》〖病理〗general adaptation syndrome.

gás alàrm *n.* (ガスの存在を知らせる)ガス警報(器); (ガスで作動する, 種々の)警報器. 〚1866〛

gás attàck *n.* ガス攻撃, 毒ガス[ガス弾]攻撃. 〚1916〛

gás bacìllus *n.* 〖細菌〗ガス壊疽(えそ)菌 《傷にガスを生じる *Clostridium* 属の桿菌(かんきん); cf. gas gangrene》.

gás·bàg *n.* **1** (気球・飛行船などの)気嚢(きのう), ガス袋; 飛行船, 気球. **2** (パイプ修理などのとき, 中で膨らませて栓の役をする)ガス袋. **3** 《口語》おしゃべり, むだ話をする人; ほら吹き, 駄弁家. 〚1827〛

gás bàttery *n.* 〖電気〗=gas cell 2. 〚1885〛

gás blàck *n.* 〖化学〗ガスブラック (⇨ channel black). 〚1883〛

gás bòmb *n.* =gas shell. 〚1915〛

gás bràcket *n.* (壁から張り出した)ガス灯受け, 張出しガス灯. 〚1874〛

gás bùoy *n.* ガス灯浮標 《アセチレンガスを燃料とする浮標》. 〚1897〛

gás bùrner *n.* ガスバーナー, ガス燃料器; (ガス灯・ガスこんろなどの)火口. 〚1815〛

gás càp *n.* **1** 《米》フュエルリッド, ガソリン注入口 (《英》petrol cap). **2** 〖天文〗ガスキャップ 《落下する流星前面の圧縮高温ガス》.

gás càrbon *n.* ガスカーボン, ガス炭 《石炭ガス製造中にできる》. 〚1876〛

gás cèll *n.* **1** (飛行船の)気嚢(きのう)の一区画. **2** 〖電気〗ガス電池, 気体電池 《2 種類のガス電極から成る電池》. 〚1928〛

gás chàmber *n.* (死刑用または動物を殺すための)ガス処刑室, ガス室 (cf. lethal chamber 2). 〚1945〛

gás chromátograph *n.* 〖化学〗ガスクロマトグラフ, ガスクロマトグラフィー用装置 《固定相による吸着または分配で, ガス試料を分析する装置》. 〚1958〛

gás chromatógraphy *n.* 〖化学〗ガスクロマトグラフィー, 気相クロマトグラフィー 《移動相としてガスを使用するクロマトグラフィー; 重要な分析法の一つ》. **gás chro·matográphic** *adj.* 〚1952〛

gás còal *n.* ガス製造用石炭, ガス用炭. 〚1879〛

Gas·cogne /*F.* gaskɔɲ/ *n.* ガスコーニュ (Gascony のフランス語名).

Gas·coigne /gǽskɔɪn/, **George** *n.* ギャスコイン (1525?–77; 英国の詩人・劇作家; *Supposes* (喜劇, 1566 上演)).

Gascoigne, Paul (**John**) *n.* ギャスコイン (1967– ; 英国のサッカー選手; 1990 年代のベストプレーヤーとされている).

gás còke *n.* ガスコークス 《石炭ガス製造の副産物》. 〚1827〛

Gas·con /gǽskən/ *n.* **1 a** (フランスの)ガスコーニュ (Gascony) 人 《ほら吹きとされる》. **b** (フランス語の)ガスコーニュ方言. **2** [g-] 《まれ》自慢家, ほら吹き (boaster). — *adj.* **1** ガスコーニュ(人)の. **2** [g-] 自慢家の, ほら吹きの. 〚(*c*1300) *gascoine* □ (O)F *gascon* < VL **Wascōne(m)*=L *Vascōnem* 'BASQUE'〛

gas·con·ade /gæ̀skənéɪd/ *n.* 自慢(話), ほら (boast, bragging). — *vi.* 自慢する, 大ぼらを吹く (brag). **gàs·con·ád·er** /-də | -də(r)/ *n.* 〚(1709) □ F *gasconnade* ← *gascon* (↑): ⇨ -ade〛

Gas·co·nade /gæ̀skənéɪd/ *n.* [the ～] ガスコネード(川) 《米国 Missouri 州南部中央を北東に流れ, Missouri 川に流入する (402 km)》.

gás cònstant *n.* 〖化学〗気体定数, ガス定数 《理想気体の状態式に使われる定数で R で表し, 8.314 J・K^{-1}・mol^{-1} である》.

Gas·co·ny /gǽskəni/ *n.* ガスコーニュ 《フランスの南西部地方; もと州; フランス語名 Gascogne》.

gás còoker *n.* 《英》=gas range. 〚1884〛

gás-còoled *adj.* 〖原子力〗〈原子炉など〉ガス冷却式の: a ～ reactor ガス冷却炉. 〚1949〛

gás cùtting *n.* 〖金属加工〗ガス切断 《ガスの火炎で金属を局部的に加熱し溶断すること》.

gàs-dynámic *adj.* 気体力学の.

gàs-dynámic láser *n.* 〖物理〗ガスダイナミックレーザー 《気体の燃焼を利用したレーザー》.

gàs·dynámics *n.* =aerodynamics. 〚1949〛

gas·e·i·ty /gæsíːəti | -síːɪti/ *n.* ガス質, ガス状. 〚(1852) ← GASEOUS + -ITY〛

gas·e·lier /gæ̀səlíə, ⌐⌐⌐ | gæ̀səlíə(r)/ *n.* =gasolier. 〚1849〛

gás èngine *n.* ガス機関 (LPG などを燃料とする). 〚1874〛

gas·e·ous /gǽsiəs, gǽʃəs | gǽsiəs, géɪ-, -ʃəs/ *adj.* **1** ガス(質)の, ガス状の; 気体の (cf. solid 1 a). **2** 《口語》空な, 実のない, 不確かな, はっきりしない: ～ information. **～·ness** *n.* 〚(1799): ⇨ -eous〛

gáseous dischárge *n.* 〖電気〗気中放電 《蛍光灯やネオン管, 雷のような気体中の放電; 固体・液体中の放電に対する語》.

gás equàtion *n.* 〖物理化学〗=ideal-gas law.

gás fìeld *n.* 天然ガス発生地.

gás-fìlled *adj.* ガス入りの: a ～ lamp ガス入り電球.

gás fìre *n.* ガス火; ガスストーブ.

gás-fired *adj.* 燃料にガスを使う. 〚(1889): ⇨ -ED〛

gás fìtter *n.* ガス取付け人, ガス工事人. 〚1858〛

gás fìtting *n.* **1** ガス取付け工事(業). **2 a** ガス器具. **b** [*pl.*] ガス装置用器具類. 〚*c*1865〛

gás fìxture *n.* **1** (ガス管から火口までガスを引く)ガス装置[設備]. **2** (壁・天井などの)ガス灯装置.

gás fúrnace *n.* **1** (燃料としてガスを用いる)ガス炉. **2** ガス発生炉.

gás gàngrene *n.* 〖病理〗ガス壊疽(えそ) (gaseous gangrene) 《深部の創傷に各種のガス壊疽菌 (gas bacillus) がついてガスを発生して生じる》. 〚1914〛

gás gènerator *n.* (ガスタービン用)ガス発生器, 水性ガス発生炉 (cf. water gas). 〚1865〛

gás gùzzler *n.* 《米口語》ガソリンを食う(大型)車. **gáss-gùzzling** *adj.* 〚1973〛

gash[1] /gǽʃ/ *n.* **1** (長く深い)切り傷, 深手, 大傷 (slash); 深く傷つけること: have [get] a deep ～ in the leg 脚を深く切る. **2** (地面などの)割れ目, 裂け目 (fissure, cleft). **3** 《卑》女性の性器; 性交. — *vt.* …に深手を負わせる, 深く切る. 〚(1548) 《変形》← 《廃》*garsh* 《変形》← (?*a*1200) *garse* □ ONF **garse* ← *garser* to scarify □ ? LL *charaxāre* to carve, cut □ Gk *kharássein*: cf. character〛

gash[2] /gǽʃ/ 《英俗》*adj.* 余分の, 余計な (spare, extra). — *n.* 余分のもの, 残りもの; くず, ごみ. 〚(1945) 《略》← ? 《俗》*gashion* additional〛

gash[3] /gǽʃ/ 《スコット》*n.* おしゃべり. — *adj.* おしゃべりな. — *vi.* おしゃべりをする. 〚(1721) ← ?〛

gash[4] /gǽʃ/ *adj.* (～·er; ～·est) 《スコット》**1** 賢い, 利口な, 鋭い. **2** 見るからに賢明な, 威厳ある. **3** 立派な服装をした, りゅうとした身なりの. 〚(1706) ← ?〛

gás hèater *n.* ガス加熱器, ガス暖房器, ガスストーブ. 日英比較 日本語では「ガスストーブ」といっているが, 英語の gas stove は「料理用のガスレンジ」を指す. 〚1874〛

gás hèlmet *n.* ヘルメット型防毒面, 防毒マスク. 〚1915〛

Ga·sher·brum /gʌ́ʃəbrùːm, -brùm | -ʃə-/ *n.* ガシャーブルム 《インド Kashmir 北部, Karakoram 山脈にある 6 峰から成る山群; 最高は 1 峰 (8,068 m)》.

gás·hòlder *n.* ガス溜め, ガスタンク (gasometer). 〚1802〛

gás·hòuse *n.* =gasworks 《もと貧民街やギャングなどの連想を伴った語》: a ～ district ガス工場地域. 〚1880〛

gas·i·fi·a·ble /gǽsəfàɪəbl, ⌐⌐⌐⌐⌐ | -sɪ-/ *adj.* ガス体に変じることができる, 気化させることができる. 〚(1880) ← GASIFY + -ABLE〛

gas·i·fi·ca·tion /gæ̀səfɪkéɪʃən | -sɪfɪ-/ *n.* ガス化, 気体化, 気化. 〚(1812): ⇨ -(i)fication〛

gas·i·form /gǽsəfɔ̀əm | -sɪfɔ̀ːm/ *adj.* ガス状の, 気体の. 〚(1800): ⇨ -(i)form〛

gas·i·fy /gǽsəfàɪ | -sɪ-/ *vt.* ガスにする, 気化させる. — *vi.* ガスになる, 気体になる, 気化する. **gás·i·fi·er** *n.* 〚(1828): ⇨ -ify〛

gás jèt *n.* **1** ガス灯[こんろ]の火口, ガスバーナー. **2** ガス灯の炎.

Gas·kell /gǽskəl, -kel, -kl/, Mrs. (**Elizabeth Cleghorn** /kléghɔən | -hɔːn/) *n.* ギャスケル (1810–65; 英国の女流小説家; *Cranford* (1851–53), *North and South* (1855), *Life of Charlotte Brontë* (1857).

gas·ket /gǽskɪt/ *n.* **1** 〖海事〗ガスケット, 括帆索(かっぱんさく) 《畳み上げた帆を帆桁(ほげた)にくくりつける小綱または帯状の帆布; gassit ともいう》. **2** 〖機械〗**a** ガスケット 《シリンダー・管継手などの継ぎ目を埋めるために用いる繊維板・コルクなど》. **b** 詰め物, ガスケット. ***blów a gásket*** 《俗》ひどく[かんかんに]怒る. 〚(1622) 《変形》? ← F *garcette* thin rope, little girl (dim.) ← *garce* girl (fem.) ← *gars* boy: cf. garçon〛

gas·kin[1] /gǽskɪn | -kɪn/ *n.* **1** (馬の)飛節 (hock) と後膝(ひざ)関節との間の部分 (⇨ horse 挿絵). **2** [*pl.*] 《廃》=galligaskins 3. 〚(1573) 《短縮》← ? GALLIGASKINS〛

gas·kin[2] /gǽskɪn | -kɪn/ *n.* (*also* **gas·king** /-kɪŋ/) = gasket. 〚(1831) 《変形》← GASKET〛

gás làmp *n.* ガス灯.

gás làser *n.* 〖物理〗ガスレーザー, 気体レーザー 《気体の放電を利用したレーザー》.

gás làw *n.* 〖物理化学〗**1** =ideal-gas law. **2** = Boyle's law. **3** =Charles's law. 〚1899〛

gás·less *adj.* **1** ガス[気体]のない. **2** ガスを生じない[用いない]. 〚(1872): ⇨ -less〛

gás·lìght *n.* **1** ガス光; ガス灯, ガス灯光. **2** ガス灯の火口. — *adj.* ガス灯が用いられた時代の. 〚1808〛

gás lìghter *n.* **1** ガス点火器[装置]. **2** ガスライター. 〚1856〛

gáslight pàper *n.* 〖写真〗ガスライト紙, 密着焼き用印画紙, 塩化銀印画紙 《日光焼き印画紙に比して感度が高くガス灯で焼付けのできる感光紙》. 〚1906〛

gás-lìquid chromatógraphy *n.* 〖化学〗気液クロマトグラフィー 《ガスクロマトグラフィーの一種; 固定相として担体に高沸点液体をつけたものを用いる; cf. thin-layer chromatography》. 〚1952〛

gás lìquor *n.* 〖化学〗ガス液 《石炭乾留ガスを冷却した際にできるアンモニアを含んだ水溶液》. 〚1842〛

gás·lìt *adj.* ガス灯で照らされた. 〚1837〛: ⇨ lit[1,2]〛

gás lòg *n.* (ガス暖炉に用いる)丸太状の燃管 《丸太が燃えているように見える》. 〚1885〛

gás màin *n.* ガス輸送本管. 〚1819〛

gás·màn /-mæ̀n/ *n.* (*pl.* **-men** /-mèn/) **1 a** ガス工事人. **b** ガス会社従業員. **c** ガス検針人, ガス集金人. **2** ガス製造業者. **3** 〖鉱山〗爆発ガス警戒係. 〚1821〛

gás màntle *n.* ガスマントル (mantle). 〚1900〛

gás màsk *n.* ガスマスク, 防毒マスク (respirator). 〚1915〛

gás mèter *n.* ガスメーター, ガス量計, ガス計量器. 〚1815〛

gás-mòtor *n.* ガス機関 (gas engine), ガス発動機. 〚1882〛

gas·o·gene /gǽsədʒìːn/ *n.* **1** (木炭自動車などの燃料用の)ガス発生装置. **2** ポータブル炭酸水製造器. 〚(*c*1853) □ F *gazogène*: ⇨ gas[1], -gen〛

gas·o·hol /gǽsəhɔ̀(ː)l, -hɑ̀(ː)l | -hɔ̀l/ *n.* ガソール, ガソホール 《ガソリンとアルコールの混合燃料》. 〚(1974) 《混成》← GASO(LINE) + (ALC)OHOL〛

gás òil *n.* 〖化学〗ガス油, 軽油 《昔オイルガスの製造に用いられた; 灯油と重油の中間の留分; ディーゼル燃料, バーナー燃料に用いられる》. 〚1901〛

gas·o·lene /gǽsəlìːn, ⌐⌐⌐ / *n.* =gasoline. 〚1865〛

gas·o·lier /gæ̀səlíə | -líə(r)/ *n.* ガスシャンデリア 《19 世紀後期のシャンデリア風の装飾的なガス灯; cf. chandelier, electrolier》. 〚(1905) ← GAS[1]: CHANDELIER からの類推〛

G

gas·o·line /gǽsəliːn, ⌐—⌐/ *n.* **1** 《米》ガソリン (《英》 petrol). **2** 揮発油. **gas·o·lin·ic** /gæ̀səlíːnɪk, -lín-ˊ/ *adj.* 〘《1865》← GAS¹+-OL²+-INE³〙

gásoline èngine *n.* 《米》ガソリン機関[エンジン] (《英》 petrol engine).

gásoline pùmp *n.* 《米》(給油用の)ガソリンポンプ (《英》 petrol pump) (gas pump ともいう).

gas·om·e·ter /gæsɑ́(ː)mətə | gæsɔ́mɪtə^(r), gəs-/ *n.* **1 a** ガス計量器. **b** ガス貯蔵器. **2** ガスタンク. 〘《1790》□ F *gazomètre*: ⇨ gas¹, -o-, -meter¹〙

gas·om·e·try /gæsɑ́(ː)mətri | gæsɔ́mɪtri, gəs-/ *n.* ガス定量, 気体定量; (特に混合物中の)ガス計量. **gas·o·met·ric** /gæ̀səmétrɪk/ *adj.* **gàs·o·mét·ri·cal** /-trɪkəl, -kl | -trɪ-ˊ/ *adj.* **gàs·o·mét·ri·cal·ly** *adv.* 〘《1790》: ⇨ -metry〙

gás-òperated *adj.* 〘銃砲〙〈火器が〉ガス利用の, ガス圧式の (発射時の火薬ガスの一部によって発射装置を自動的に作動させる). 〘1944〙

gás òven *n.* **1** (料理用)ガスオーブン. **2** =gas chamber. **3** ガス火葬室. 〘1884〙

G

gasp /gǽsp | gɑ́ːsp/ *vi.* **1** あえぐ, 息せく; (驚きなどで)息が止まる 〈*out*〉: ~ *with* horror 恐ろしくて息が止まる / ~ *at* his bravery 彼の勇気に息をのむ / ~ *for* breath [air] 息が苦しくてあえぐ, 息せき切る / It made me ~ (*out*). 息が止まるほどびっくりした. **2** 〔…を〕渇望する, 熱望する (desire, crave) 〔*for, after*〕: ~ *for* liberty [a smoke].
— *vt.* **1** あえぎながら言う, 息を切らして言う 〈*out, forth, away*〉: ~ *out* a few words. **2** あえぎながら吐き出す[息をする].
gásp one's life awáy [*óut*] = *gásp one's lást* 最後の息を引き取る, 息が絶える (die).
— *n.* **1** あえぎ, 息切れ; (恐怖・驚きなどのため)息が止まること: give a ~ of surprise 驚いて息をのむ. **2** あえぎながら言うこと[言葉]: His words came in ~*s.* 彼はあえぎあえぎ言った.
at one's [*the*] *lást gásp* (1) 死ぬ間際に, いまわの際に. (2) せっぱ詰まって. (3) 疲れ果てて. *to the* [*one's*] *lást gásp* 最後まで, 息を引き取るまで.
〘《1577》(*a*1393) □ ON *geispa* (音位転換) ← **geipsa* to yawn ← *geip* idle talk: cf. gape〙

Gas·par /gǽspə | -pə^(r)/ *n.* ギャスパー (男性名). 〘(変形) ← JASPER: cf. Caspar〙

gás pèdal *n.* 《米》(車の)アクセルペダル.

Gas·pé Península /gæspéɪ— ⌐—⌐—; ⌐—⌐—⌐—; *F.* gaspe-/ *n.* [the ~] ガスペ半島 (カナダ Quebec 州南東端, St. Lawrence 湾に突き出た半島; the Gaspé ともいう).

gásp·er *n.* **1** あえぐ者. **2** 《英俗》安たばこ. ★ 現在ではあまり使われない. 〘《1868》: ⇨ -er¹〙

gás-pèrmeable léns *n.* 〘眼科〙酸素透過性レンズ.

gásp·ing *adj.* **1** あえいでいる, 息づかいのせわしい. **2** ぴくぴくする (spasmodic). — *n.* 〘医学〙あえぎ (gasping respiration ともいう). **~·ly** *adv.* 〘《1440》: ⇨ -ing^(1,2)〙

gás pìpe *n.* ガス管; ガス管状のもの. 〘1815〙

gás plànt *n.* 〘植物〙 =fraxinella. 〘*c*1909〙

gás plìers *n. pl.* ガスプライヤー (やっとこの一種; 小径の鉛管や丸い棒をつかむためのもの). 〘1894〙

gás pòker *n.* (細長い管の先に種火をもつ)ガス点火器具. 〘1940〙

gás pówer plànt [**stàtion**] *n.* ガス発電所 (天然ガスなどを利用してガス機関を原動機とする発電所).

gás prodùcer *n.* 〘化学〙 =producer 5. 〘1881〙

gás-pròof *adj.* 毒[有害]ガスを通さない[に冒されない]. 〘1909〙

gás rànge *n.* ガスレンジ (料理用).

gás ring *n.* ガスこんろ. 〘1901〙

gassed *adj.* **1** 毒ガスに冒された[で殺された]. **2** 《俗》酔っぱらった. 〘《1915》← GAS¹+-ED〙

Gas·sen·di /gæsɑ̃ː(n)díː, -sɑːn-; *F.* gasɑ̃di/, **Pierre** *n.* ガサンディ (1592–1655; フランスの哲学者・科学者).

gas·ser /gǽsə | -sə^(r)/ *n.* **1** 天然ガス井(せい). **2** 《俗》むだ話をする人, ほら吹き. **3** 《俗》とても面白いもの[人]; ひどく滑稽な冗談. 〘《1892》← GAS¹+-ER¹〙

Gas·ser /gǽsə | -sə^(r)/, **Herbert Spencer** *n.* ギャッサー (1888–1963; 米国の生理学者, Nobel 医学生理学賞 (1944)).

Gasset, José Ortega y *n.* ⇨ Ortega y Gasset.

gás shèll *n.* ガス爆弾, 毒ガス弾 (gas bomb). 〘1915〙

gás·sing *n.* **1** (糸などの)ガス処理; ガス殺菌[消毒]. **2 a** 毒ガス攻撃; 毒ガス戦. **b** ガス中毒. **3** (蓄電池の充電または電解の際の)ガス発生. **4** 《俗》むだ話, だぼら.

gas·sit /gǽsɪt | -sɪt/ *n.* 〘海事〙 =gasket 1.

gás stàtion *n.* 《米》ガソリンスタンド, 給油所. 日英比較 日本語の「ガソリンスタンド」は和製英語. 英語では *gas station* のほかに 《英》 petrol station; filling [service] station がある. 〘1925〙

gás stòve *n.* **1** ガスストーブ. **2** =gas range. 〘1852〙

gas·sy /gǽsi/ *adj.* (**gas·si·er**; **-si·est**) **1** ガス質[状]の. **2** ガスの満ちた[を含んだ]; (腹に)ガスのたまった (flatulent). **3** 《口語》よく自慢話[むだ話]をする; 〈話など〉自慢の多い (boastful): a ~ talk. **4** 《俗》すてきな, すばらしい. **gás·si·ness** *n.* 〘《1757》← GAS¹+-Y⁴〙

gast /gǽst | gɑ́ːst/ *vt.* 《廃》恐れさせる (frighten). **~·ness** *n.* 〘OE *gǣstan*: cf. ghost〙

gás tànk¹ *n.* 《米》(自動車・飛行機などの)ガソリンタンク, 燃料タンク.

gás tànk² *n.* 《米》ガスタンク.

gás-tàr *n.* コールタール (coal tar). 〘1842〙

Gast·ar·bei·ter /gǽstɑ̀əbaɪtə | -ɑ̀ːbaɪtə^(r); *G.* gástaʁbaɪtɐ/ *n.* (*pl.* ~, ~s) (ドイツの)外国人労働者, 出稼ぎ労働者. 〘《1964》□ G ~ 'guest worker'〙

gas·ter /gǽstə | -tə^(r)/ *n.* **1** 〘昆虫〙膨腹部 (アリなどの腹柄の後方の膨らんだ部分). **2** 〘解剖〙胃 (stomach). 〘《*c*1909》← NL ~ ← Gk *gastḗr* belly〙

gas·ter- /gǽstər/ (母音の前にくるときの) gastero- の異形. 〘⇨ gaster〙

-gas·ter /gǽstə | -tə^(r)/「胃と関係を持つ部分; …の消化器を持つ生物」の意の名詞連結形. 〘⇨ gaster〙

gas·ter·o- /gǽstəroʊ | -rəʊ/ 〘生物〙次の意味を表す連結形: **1**「腹部 (ventral area)」. **2**「胃 (stomach)」. ★ 母音の前では通例 gaster- になる. 〘⇨ gaster〙

gas·ter·o·pod /gǽstərəpɑ̀(ː)d, -trə- | -pɔ̀d/ *adj., n.* 〘動物〙 =gastropod. 〘1826〙

gast·haus /gɑ́ːsthaʊs; *G.* gásthaus/ *n.* (*pl.* ~·es, **-häus·er** /-hɔɪzə | -zə^(r); *G.* -hɔʏzɐ/) ドイツの宿屋[酒場]. 〘《1834》□ G ~ (原義) guest house〙

gás thermòmeter *n.* 気体[ガス]温度計. 〘1880〙

gás·tìght *adj.* ガスの漏れ[通ら]ない; (特定ガスを特定圧力の下に置いて通さない)耐ガス構造の. **~·ness** *n.* 〘1831〙

Gás·ti·neau Chánnel /gǽstɪnoʊ- | -tɪnəʊ-/ *n.* [the ~] ガスティノー水道 (米国 Alaska 州 Juneau とそれに隣接する Douglas 島にはさまれた海峡).

Gas·ton /gǽstən, gæstɔ́(ː)n, -tɔ̃ː(ŋ), -tɔ́ŋ | gǽstən, gæstɔ̃ː(ŋ), -tɔ́ːŋ; *F.* gastɔ̃/ *n.* ギャストン (男性名). 〘□ F ~ (変形) ← (古形) *gascon* (民族名)〙

gastr- /gæstr/ (母音の前にくるときの) gastro- の異形.

gas·trae·a /gæstríːə/ *n.* 〘動物〙腸祖動物 (一般の動物の発生初期に見られる腸胚(ちょうはい) (gastrula) に似た構造を持っていたと想像された架空の原始動物). **gas·tráe·al** /-əl/ *adj.* 〘《1879》← NL ~: ⇨ gaster〙

gas·tral /gǽstrəl/ *adj.* 〘動物〙胃の: the ~ cavity 胃腔 (cf. spongocoel).

gas·tral·gi·a /gæstrǽldʒiə, -dʒə/ *n.* 〘病理〙胃痛. ★「胃部の痛み」を指す語としては現代医学用語としては epigastralgia (心窩部痛)が標準的. **gas·trál·gic** /-dʒɪk/ *adj.* 〘《1822–34》← NL ~: ⇨ gastro-, -algia〙

gas·tre·a /gæstríːə/ *n.* 《米》〘動物〙 =gastraea.

gas·trec·ta·si·a /gæ̀strɛktéɪʒiə, -ʒə | -ziə, -ʒiə/ *n.* 〘病理〙胃拡張. 〘← NL ~ ← GASTRO-+Gk *éktasia* stretching out+-IA¹〙

gas·trec·ta·sis /gæstréktəsɪs | -sɪs/ *n.* 〘病理〙 = gastrectasia. 〘↑〙

gas·trec·to·my /gæstréktəmi/ *n.* 〘外科〙胃切除(術). 〘《1886》: ⇨ gaster-, -ectomy〙

gas·tri- /gǽstrɪ, -tri/ gastro- の異形 (⇨ -i-).

gas·tric /gǽstrɪk/ *adj.* 胃の, 胃部の; 胃に似た. 〘《1656》□ F *gastrique* ‖ ← NL *gastricus*: ⇨ gastro-, -ic¹〙

gástric achýlia *n.* 〘病理〙胃液欠乏(症).

gástric atónia *n.* 〘病理〙胃アトニー.

gástric cóld *n.* 《口語》腹かぜ, 不定の胃腸症状(を起こすかぜ).

gástric irrigátion *n.* 〘医学〙 =gastric lavage.

gástric júice *n.* 〘生理〙胃液. 〘1730–36〙

gástric lavágé *n.* 〘医学〙胃洗(浄).

gástric secrétion *n.* 〘生理〙胃液分泌.

gástric úlcer *n.* 〘病理〙胃潰瘍(かいよう) (cf. peptic ulcer). 〘*c*1910〙

gas·trin /gǽstrɪn | -trɪn/ *n.* 〘生化学〙ガストリン (胃液分泌を促すホルモン). 〘《1905》← GASTRO-+-IN²〙

gas·tri·tis /gæstráɪtɪs | -tɪs/ *n.* (*pl.* **gas·trit·i·des** /-trítədìːz | -tɪ-/) 〘病理〙胃炎. **gas·trit·ic** /gæstrítɪk | -tɪk/ *adj.* 〘《1806》← NL ~: ⇨ gastro-, -itis〙

gas·tro- /gǽstroʊ | -trəʊ/「腹部 (belly); 胃 (stomach); 胃と…との (gastric and)」の意の連結形. ★ 時に gastri-, また母音の前では通例 gastr- になる. 〘← Gk *gastḗr* stomach〙

gàstro·cámera *n.* 〘医学〙胃カメラ, ガストロカメラ (胃の内部を撮影する超小型カメラ).

gas·tro·cele /gǽstrəsìːl | -trə(ʊ)-/ *n.* 〘病理〙胃ヘルニア. 〘《1807–26》: ⇨ -cele¹〙

gas·troc·ne·mi·us /gæ̀strɑ(ː)kníːmiəs, -trək- | -trɔk-, -trək-/ *n.* (*pl.* **-mi·i** /-miàɪ/) 〘解剖〙腓腹(ひふく)筋 (下腿の後側にある強大な筋). 〘《1676》← NL ~ ← Gk *gastroknēmía* calf of the leg ← GASTRO-+*knḗmē* shin〙

gas·tro·coel /gǽstrəsìːl | -trə(ʊ)-/ *n.* (*also* **gas·tro·coele** /~/) 〘生物〙原腸. 〘□ F *gastrocèle*: ⇨ gastro-, -coel〙

gàstro·cólic *adj.* 胃と結腸の. 〘《1846》: ⇨ colon²〙

gastrocólic oméntum *n.* 〘解剖〙大網, 胃結腸膜 (⇨ greater omentum).

gas·tro·derm /gǽstroʊdə̀ːm | -trəʊdə̀ːm/ *n.* = endoderm.

gas·tro·der·mis /gæ̀stroʊdə́ːmɪs | -trə(ʊ)də́ːmɪs/ *n.* 〘動物〙ヒドロ虫類の胃腔に面する細胞層. 〘← NL ~: ⇨ gastro-, -dermis〙

gàstro·duodénal *adj.* 〘解剖〙胃と十二指腸との. 〘《1854》: ⇨ duodenal〙

gàstro·entéric *adj.* =gastrointestinal. 〘1833〙

gàstro·enterítis *n.* 〘病理〙胃腸炎. **gàstro·enterític** *adj.* 〘《*c*1829》← NL ~: ⇨ gastro-, enteritis〙

gas·tro·en·ter·o- /gæ̀stroʊéntəroʊ | -trəʊéntərəʊ/「胃と腸との」の意の連結形.

gàstro·èn·ter·ól·o·gist /-dʒɪst | -dʒɪst/ *n.* 消化器病学者; 消化器専門医. 〘《1935》: ⇨ ↓, -ist〙

gàstro·èn·ter·ól·o·gy /-èntərɑ́(ː)lədʒi | -tərɔ́l-/ *n.* 消化器病学, 胃腸病学. **gàstro·èn·ter·o·lóg·i·cal** /-èntərəlɑ́(ː)dʒɪkəl, -kl | -tərəlɔ́dʒɪ-ˊ/ *adj.* 〘《1904》: ⇨ gastro-, entero-, -logy〙

gàstro·enteróstomy *n.* 〘外科〙胃腸吻合(ふんごう)(術). 〘《1886》: ⇨ enterostomy〙

gàstro·esophagéal *adj.* 〘解剖〙胃(と)食道の. 〘《1889》: ⇨ esophagus, -al¹〙

gàstro·fíberscope *n.* 〘医学〙胃ファイバースコープ (胃の内部を観察するため, 細いガラス・プラスチックの繊維を束ねた管を利用した内視鏡; cf. gastroscope, endoscope).

gas·tro·gen·ic /gæ̀strədʒénɪkˊ/ *adj.* 〘医学〙胃性の, 胃原性の.

gas·trog·e·nous /gæstrɑ́(ː)dʒənəs | -trɔ́dʒɪ-/ *adj.* = gastrogenic.

gàstro·intéstinal *adj.* 胃腸の. 〘《1831》: ⇨ intestinal〙

gástrointèstinal tráct *n.* 〘解剖〙胃腸管, 消化管 (alimentary tract) (しばしば GI tract と略す).

gas·tro·lith /gǽstrəlɪθ/ *n.* 〘病理〙胃石. 〘《1854》: ⇨ -lith〙

gas·trol·o·ger /gæstrɑ́(ː)lədʒə | -trɔ́lədʒə^(r)/ *n.* 美食家, 食通.

gas·tról·o·gist /-dʒɪst | -dʒɪst/ *n.* **1** 胃専門医. **2** =gastrologer.

gas·trol·o·gy /gæstrɑ́(ː)lədʒi | -trɔ́l-/ *n.* **1** 〘医学〙胃(病)学. **2** 美食学, 料理学. **gas·tro·log·i·cal** /gæ̀strəlɑ́(ː)dʒɪkəl, -kl | -lɔ́dʒɪ-ˊ/ *adj.* 〘《1810》□ Gk *gastrología* (4 世紀のギリシャの詩人 Archestratos の美食遍歴をうたった詩の題名): ⇨ gastro-, -logy〙

gas·tro·nome /gǽstrənòʊm | -nəʊm/ *n.* 美食家, 料理通, 食通 (⇨ epicure SYN). 〘《1823》□ F ~ (逆成) ← *gastronomie* 'GASTRONOMY'〙

gas·tron·o·mer /gæstrɑ́(ː)nəmə | -trɔ́nəmə^(r)/ *n.* = gastronome. 〘1820〙

gas·tro·nom·ic /gæ̀strənɑ́(ː)mɪk | -nɔ́m-ˊ/ *adj.* 美食学[法]の, 料理法の, 食道楽の. **gàs·tro·nóm·i·cal** /-mɪkəl, -kl | -mɪ-ˊ/ *adj.* **gàs·tro·nóm·i·cal·ly** *adv.* 〘《1828》□ F *gastronomique* ← *gastronomie* 'GASTRONOMY'〙

gas·trón·o·mist /-mɪst | -mɪst/ *n.* 料理学者; 美食家 (⇨ epicure SYN). 〘《1825》: ⇨ ↓, -ist〙

gas·tron·o·my /gæstrɑ́(ː)nəmi | -trɔ́n-/ *n.* 美食学; 料理法; (特定地域の)料理様式. 〘《1814》□ F *gastronomie* □ Gk *gastronomía*: ⇨ gastro-, -nomy〙

gàstro·photógraphy *n.* 〘医学〙(胃カメラによる)胃内撮影法.

gas·tro·pod /gǽstrəpɑ̀(ː)d | -pɔ̀d/ 〘動物〙 *adj.* 腹足綱の. — *n.* 腹足綱の動物 (各種の巻貝・ウミウシ・カタツムリ・ナメクジなど). 〘《1826》□ F *gastéropode* ← NL *Gasteropoda* (neut pl.): ⇨ gastro-, -pod〙

Gas·trop·o·da /gæstrɑ́(ː)pədə | -trɔ́pədə/ *n. pl.* 〘動物〙腹足綱. **gas·tróp·o·dous** /-dəs | -dəs/ *adj.* 〘← NL ~: ⇨ gastro-, -poda〙

gas·trop·o·dan /gæstrɑ́(ː)pədn | -trɔ́p-/ *adj., n.* = gastropod.

gas·trop·to·sis /gæ̀strɑ(ː)ptóʊsɪs | -trɔptə́ʊsɪs/ *n.* 〘病理〙胃下垂. 〘← NL ~: ⇨ gastro-, ptosis〙

gas·tro·scope /gǽstrəskòʊp | -skəʊp/ 〘医学〙 *n.* 胃鏡 (胃内を観察するのに用いる; cf. endoscope, gastrofiberscope). — *vt.* 〈患者を〉胃鏡で検査する. 〘《1888》: ⇨ -scope〙

gas·tros·co·py /gæstrɑ́(ː)skəpi | -trɔ́s-/ *n.* 〘医学〙胃鏡検査(法). **gas·tro·scop·ic** /gæ̀strəskɑ́(ː)pɪk | -skɔ́p-ˊ/ *adj.* **gas·trós·co·pist** /-pɪst | -pɪst/ *n.* 〘《1855》: ⇨ -scopy〙

gas·tro·spasm /gǽstrəspæ̀zm/ *n.* 〘病理〙胃痙攣(けいれん).

gas·tros·to·my /gæstrɑ́(ː)stəmi | -trɔ́s-/ *n.* 〘外科〙胃フィステル形成(術), 胃造瘻(ぞうろう)術 (胃と腹壁の間に交通路を作ること). 〘《1854》: ⇨ -stomy〙

gas·trot·o·my /gæstrɑ́(ː)təmi | -trɔ́t-/ *n.* 〘外科〙胃切開(術). 〘《1656》: ⇨ -tomy〙

gas·tro·trich /gǽstrətrɪk/ *n.* 〘動物〙腹毛綱の動物. 〘《1940》: ⇨ -trich〙

Gas·trot·ri·cha /gæstrɑ́(ː)trɪkə | -trɔ́trɪ-/ *n. pl.* 〘動物〙腹毛綱. **gas·trót·ri·chan** /-kən/ *adj., n.* 〘← NL ~: ⇨ gastro- tricho-〙

gàstro·váscular *adj.* 〘動物〙 **1** 消化と循環に関係する: ~ canals (腔腸(こうちょう)動物の)消化循環管 / the ~ system 胃水管系. **2** (消化と循環のような)二つの機能をもった器官の. 〘《1876》: ⇨ vascular〙

gas·tru·la /gǽstrələ/ *n.* (*pl.* ~**s**, **-tru·lae** /-lìː, -làɪ/) 〘生物〙原腸胚, 嚢胚(のうはい), 腸胚 (卵発生において胞胚 (blastula) に次いで起こる段階): the ~ stage 嚢胚期. **gás·tru·lar** /-lə | -lə^(r)/ *adj.* 〘《1877》← NL ~ (dim.) ← Gk *gastḗr* belly: ⇨ -ula¹〙

gas·tru·late /gǽstrəlèɪt/ *vi.* 〘生物〙原腸胚[嚢胚]を形成する.

gas·tru·la·tion /gæ̀strəléɪʃən/ *n.* 〘生物〙原腸胚形成, 嚢胚(のうはい)形成. 〘《1879》: ⇨ gastrula, -ation〙

gás tùrbine *n.* ガスタービン. 〘1904〙

gás wàrfare *n.* 毒ガス戦.

gás wèlding *n.* 〘金属加工〙ガス溶接 (通例酸素とアセチレンを熱源として用いる溶融溶接).

gás wèll *n.* 天然ガス井(せい). 〘1847〙

gás·wòrks *n.* [単数または複数扱い] ガス工場, ガス製造所. 〘1819〙

gat[1] /gǽt/ *v.* 《古》 get[1] の過去形. 〖ME ~〗

gat[2] /gǽt/ *n.* 《米俗》 ピストル, 鉄砲. 〖《(1904)》《略》 ← GATLING GUN〗

gat[3] /gǽt/ *n.* (沿岸から内陸に延びる)水道, 水路. 〖《(1723)》□ ? Du. ~ opening (↓)〗

gate[1] /géɪt/ *n.* **1** (垣・さく・壁などの)扉, 木戸 《しばしば透かし細工になっている点で door と区別される》; 木戸口, 門; 出入口; 改札口; (城壁・都市の外壁・大建築物の外塀などの)門, 城門, 通用門. ★ 両開きであるためしばしば *pl.* で用いられる: go [pass] through the ~(*s*) 門をくぐる / a back ~ 裏門 / the ~(*s*) of heaven [hell] 天国[地獄]の門 / keep the ~ 門番をする / enter at [by, through] a ~ 門から入る. **2 a** (空港の)搭乗口, ゲート **b** (門に似た狭くなった)通路, 口(など). **c** (競馬の)出発門, ゲート (starting gate). 日英比較 競馬の「ゲートイン」は和製英語. 英語では enter the (starting) *gate* という. **d** (運河・ダムなどの)水門, 閘門(こうもん). **e** (狭い)山道, 山峡. **3** 《比喩》 出入口, 入り口; 〔…に至る, …を得る〕道 〔*to, for*〕: a ~ *to* fortune 富を得る道 / open a ~ *to* [*for*] …に道を開く, 機会を与える / through the natural ~*s* and alleys of the body 体の入り口や通路を通って, 五体中に (Shak., *Hamlet* 1. 5. 67). **4** (道路や踏切りで一時通行遮断のための)可動のさく, 遮断機, 開閉機. **5** (運動競技会・博覧会などの)入場者(総数); 入場料(総額) (cf. gate money): There was a ~ *of* thousands. 何千という入場者があった / There is a big [good] ~. 多数の入場者[多額の入場収入]がある. **6** 《スキー》 旗門 《回転競技で選手が通過しなければならない 2 本のポールの作る門》. **7** 《自動車》 ゲート 《H 字形などに開口した, 変速レバーの案内枠》. **8** 《聖書》 法廷 (gate(s) of the city の略; cf. *Ruth* 4: 11). **9** (竪鋸盤 (gang saw) の刃を架装する)鋸枠. **10** 《映画》 ゲート 《撮影用カメラまたは映写機のレンズの背後でフィルムを支える枠》. **11** 《金属加工》 (鋳型)湯口, 堰(せき), ゲート 《ingate ともいう》; 脚 《湯口のあとに残る凸部》. **12** 《電子工学》 **a** ゲート 《サイリスター (thyristor) などの素子の制御用の端子》. **b** ゲート回路 《入力端子に入った信号を出力端子に伝えるか伝えないかを制御する回路》. **13** (ボートのオールを固定するための)留め具.

at the gáte(s) すぐ近くに, 間近に: *at the* ~(*s*) of death 死の間際に / The barbarians are *at the* ~(*s*)! 野蛮人が門まで来ている[嫌なことが始まる]. ***crásh the gáte*** 《口語》 (1) (劇場・パーティーなどに)無切符[無断]で入り込む. (2) うまく入る; 成功する, 合格する. ***gét the gáte*** 《米俗》 (1) 解雇される, 首になる (cf. *show a person the* DOOR, get the sack ⇨ sack[1] 3). (2) (恋人に)振られる, 交際を断たれる. ***give a person the gáte*** 《米俗》 (1) 〈人を〉解雇する, 首にする. (2) 〈恋人を〉振る, 〈異性〉との交際を断つ.

gáte of hórn [the —] 《ギリシャ神話》 (眠りの家の)角(つの)の門 《この門から正夢が出る; cf. ivory gate》.

gáte of ívory [the —] 《ギリシャ神話》 象牙の門 (⇨ ivory gate).

Gátes of the Árctic Nátional Párk [the —] ゲーツ オブ ジ アークティク国立公園 《米国 Alaska 州中北部, Brooks 山脈にある北極圏内の原生地域》.

— *vt.* **1** …に門をつける. **2** 《英》 (大学などで)〈学生〉に禁足を命じる. **3** 《電子工学》 ゲートで〈電子装置〉の働きを制御する. — *vi.* 《金属加工》 湯口[堰]を作る[使う].

~·like *adj.* 〖OE *ġeat*, (pl.) *gatu* opening < Gmc *ʒatam* (Du. *gat* hole, breach)〗

gate[2] /géɪt/ *n.* 《スコット・英方言》 **1** 道, 街路, 通り. ★ 一般に Kirkgate, Highgate のように特殊の名称を冠して「…通り」の意の地名として用いる. **2** 方法, 手段, 手口; 常套手段. 〖《(?c1200)》□ ON *gata* street < Gmc *ʒatwōn* (G *Gasse* lane, street): cf. gate[1], gait[1]〗

-gate /gèɪt/ 「スキャンダル, 醜聞」の意の名詞連結形 《Watergate 事件から》. 〖1973〗

gáte arrày *n.* 《電子工学》 ゲートアレー 《半導体チップ上に基本的なゲート回路のみを多数個, 縦横格子状に配列したセミカスタム設計の集積回路》.

ga·teau /gɑːtóʊ, gæ- | gǽtəʊ; *F.* gato/ *n.* (*also* **gâ·teau** /~/) (*pl.* **ga·teaux** /~z; *F.* ~/) **1** (粉・バター・卵などで作る)菓子, ガトー (cake); (特に)砂糖衣やクリームで飾ったケーキ. **2** ガトー 《白身魚・子牛・うさぎ肉などを型に入れて固めたもの》. 〖《(1845)》□ F *gâteau* < OF *gastel* ← Gmc: cf. 《廃》 *wastel* bread made of finest flour〗

gáte bàr *n.* 門扉のかんぬき, 木戸の横木.

gáte-cràsh 《口語》 *vt.* 〈パーティー・催し物などに招待を受けないで[無切符で]押しかける, …に押し入る (cf. *crash the* GATE[1]): ~ a party. — *vi.* 招待を受けないで[無切符で]押しかける, 押し入る. 〖《(1931)》《逆成》 ↓〗

gáte-cràsher *n.* 《口語》 闖入(ちんにゅう)客, 押しかける客 《招待を受けないで勝手に会合などに押しかける客》; (劇場などの)無切符入場者 《単に crasher ともいう》. 〖《(1921)》 ← *crash the gate* (⇨ gate[1] (n.) 成句)〗

gáte·fòld *n.* 《米》 《製本》 折込み. 〖《(1946)》 ← GATE[1] + FOLD[1]〗

gáte·hòuse *n.* **1** (猟園などの)門番小屋 (lodge). **2 a** 城門. **b** (中世都市外壁などの)門楼 《しばしば牢獄に用いられた》. **3** (ダム・貯水池などの)水門小屋 《中に流水量調節の機械・装置などがある》. 〖1329〗

gáte·kèeper *n.* **1** 門番, 門衛; (スキーの)旗門員; 踏切保安係. **2** 《昆虫》 ジャイロウラジャノメ (*Lasiommata megera*) 《ヨーロッパ・中央アジア産のジャノメチョウの一種; 英国では wall brown ともいう》. 〖1572〗

gáte-lègged táble *n.* =gateleg table. 〖1903〗

gáte·lèg táble *n.* 折りたたみ式テーブル 《甲板の端部が自在板となる; cf. butterfly table》. 〖1905〗

gáte·less *adj.* 門のない. 〖《(1608)》: ⇨ -less〗

gáte·man /-mən, -mæ̀n/ *n.* (*pl.* **-men** /-mən, -mɛ̀n/) =gatekeeper 1. 〖1183〗

gáte mòney *n.* (競技会などの)入場料(収入). 〖1820〗

gáte·pòst *n.* **1** 《建築》 門柱: **a** ちょうつがいなどで扉を取り付ける柱 《hanging post, hinging post, swinging post ともいう》. **b** 締めた扉を支える柱 《shutting post ともいう》. **2** 《論理》 =turnstile 3. ***betwèen yóu, (and) mé and the gátepost*** ⇨ between 成句. 《(1871)》 〖1522〗

Gates /géɪts/, **William Henry** *n.* ゲイツ 《(1955– ; 米国の実業家; Microsoft 社の創立者 (1975); 1981 年に MS-DOS を開発し, 以後各種のソフトで成功をおさめコンピューター界の第一人者となる; 通称 Bill Gates》.

Gates, Horatio *n.* ゲーツ 《(1728?–1806; 米国の独立戦争当時の将軍; Saratoga で英軍を破った (1777)》.

Gates·head /géɪtshɛd/ *n.* ゲーツヘッド 《イングランド北東部, Tyne 川に臨み Newcastle upon Tyne の対岸にある工業都市》. 〖OE *Gātesheāfed* 《原義》 Headland or hill frequented by (wild) goats: ⇨ goat, -s[1], head (n. 5)〗

gáte tàble *n.* =gateleg table. 〖1904〗

gáte tòwer *n.* (中世の城の)門塔, 門楼. 〖1842〗

gáte vàlve *n.* 《機械》 ゲート弁 《流れ方向に直角に仕切板を出し入れする仕切弁》. 〖*a*1884〗

gate·way /géɪtwèɪ/ *n.* **1** (壁・塀・垣・建造物などを突き抜けた)門口, 出入口, 通用口: ~ *to* the Orient 東洋への関門. **2** 出入口の構築, アーチ. **3** 〔…に至る, …を得る〕道, 手段 〔*to*〕: a ~ *to* knowledge, success, etc. **4** 《電算》 ゲートウェー 《複数のネットワークを相互に接続するハードウェアおよびソフトウェア》. 〖1707〗

Gáte·wày /géɪtwèɪ/ *n.* ゲートウェイ 《英国のスーパーマーケットのチェーン店》.

Gath /gǽθ/ *n.* 《聖書》 ガテ 《ペリシテ人の pentapolis の一つ; 巨人 Goliath の生地》.

Téll it nót in Gáth. この事をガテに告ぐるなかれ 《「敵の耳に入れるな」の意で戯言的に用いる; 2 *Sam.* 1: 20》. 〖□ Heb. ~ 《原義》 wine press〗

Ga·tha /gɑ́ːṭə, -tɑː | -tə, -tɑː/ *n.* 《ゾロアスター教》 ガーサー 《ゾロアスターに帰せられる 17 の聖歌 (the Gathas) の一つ; 聖典 (Avesta) の重要な一部を占める》. 〖《(1862)》□ Aves. *gāθā-*: cog. Skt *gāthā* song〗

gath·er /gǽðə | gǽðə(r)/ *vt.* **1** 〈人や物を〉集める, 寄せ集める (bring together): ~ things (*together*) 物を集める / The preacher ~*ed* a crowd *about* [(*a*)*round*] him. 説教者の周りに群衆が集まった. **2** 蓄積する, 収集する, ためる (collect): ~ wealth 富を得る / ~ information 情報を収集する / A rough surface ~*s* dust. ざらざらした表面にほこりがたまる. **3** 拾い集める, 採集する (pick up); 〈税金などを〉徴収する; 〈花・果実などを〉摘む; 〈穀物などを〉収穫する; 〈詩文などを〉集録する, 選集する: ~ shells 貝殻を拾い集める / ~ eggs in a henhouse 鶏舎で卵を取り集める / ~ flowers 花を摘む / ~ nuts 木の実を拾う / ~ crops 作物を取り入れる / ~ things *out* 物を選び出す. **4 a** (次第に)増す, 増大する (gain) (cf. 5 a): ~ strength 勢いを増す, 次第に強くなる / ~ volume 量を増す / ~ speed 速度を増す / ~ weight 重要性を増す, 次第に強まる / His complexion ~*ed* color. 顔色がよくなった / The baby began to ~ flesh. 赤ん坊は肉がつき始めた[太り出した]. **b** 《海事》 ★ 次の句で: ~ headway 〈船が〉(停止した状態またはごく遅い速度から)動き始める[前進力がつき出す]. **5 a** 〈力・知力などを〉集中する, 〈考えを〉まとめる 〈*up*〉: ~ one's energies 精いっぱいの力を出す / ~ one's wits 知恵を絞る / ~ (*up*) one's strength 力を振り絞る / ~ oneself (up) 奮起する / ⇨ *gather* BREATH. **b** [~ *oneself* として] 身を緊張させる, 体を引き締める, 気を落ち着かせる 〈*together*〉: He ~*ed himself* to jump off the diving board. 飛込台から飛び込もうとしてぐっと体を引き締めた. **6 a** (心に)取り入れる, 蓄える, (次第に)得る 〔*from*〕: ~ experience / I could ~ little *from* what he said. 彼の言葉からはほとんど得るところがなかった. **b** 〈…と〉推測する 〈*that*〉: I ~ *from* this letter *that* he is angry. この手紙から察すると彼は怒っているらしい. **7 a** 〈覆い・衣服を〉引き寄せる, かき集める, まとう: ~ a shawl *around* one's shoulders 肩をショールでくるむ / She ~*ed* her skirts in her hands. 彼女は(かさばった)スカートのすそを両手にかき寄せた. **b** 抱き寄せる[締める]: She ~*ed* (*up*) the child *in* (*to*) her strong arms. 子供を頑丈な腕にひしと抱き寄せた. **8 a** 〈衣服など〉(の一部を)縮める, 引き締める; 〈布地〉にひだを取る, ギャザーを作る (cf. shirr 2); 〈ひだを〉作る: The blouse was ~*ed* at the neck. ブラウスは首のところにギャザーが取ってあった. **b** 〈まゆを〉ひそめる, …にしわを寄せる: ~ one's brow(s). **9** 《製本》 (製本のため) 〈折丁を〉順序正しく集める, …の丁合取りをする (cf. gathering 6 a). **10** 《ガラス製造》 〈種を〉とる (cf. *n.* 4). **11** 《英》 《スポーツ》 (クリケット・ラグビーで) 〈ボールを〉(着地前に)すくい捕る.

— *vi.* **1** 寄り集まる, 群がる, 集合する 〈*together*〉; かたまる: ~*ing* clouds 群がる雲 / ~ (*a*)*round* a fire 炉のまわりに集まる / *Gather round*, all of you! みんな集まれ / Birds ~ (*together*) in flocks. 鳥は群れをなして集まる. **2** 蓄積する, たまる: a tear ~*ing* in the eye 目にたまった涙 / Dust ~*ed* on the table. テーブルの上にほこりがたまった. **3** 増す, 増大する, 次第に(につのる): the ~*ing* dusk 深まる暮色 / The storm ~*ed* (*in* intensity). あらしがつのってきた / The tale ~*ed* like a snowball. その話は雪玉が転がるようにだんだん大きくなった[尾ひれがついた] / Fear ~*ed* in his mind. 不安が彼の心に募った. **4** 〈額・布地などが〉縮まる, 縮む, しわが寄る: Wrinkles have ~*ed* about [around] his eyes. 彼の目の周りにしわができてきた / A little frown ~*ed* on her forehead. 額に少ししわを寄せていた / Your coat ~*s* under the arms. あなたの上着はわきの下のところにしわが寄っている. **5** 〈腫れ物が〉化膿(かのう)する, うむ, はれ上がる, 寄りができる: The boil has ~*ed* and burst. おできはうんで破れた. **6** 《海事》 〈船が〉接近する, 行脚(あし)を持つ[付ける] (make way): Our boat was ~*ing on* the one ahead. 我々の船は前方の船に接近していた / The ship ~*ed toward* the northwest. 船は北西方へ寄っていた.

be gáthered to one's fáthers* [*péople*]** 死ぬ (die) (cf. *Gen.* 25: 8; *Judges* 2: 10). 《(*c*1384)》 ***gáther ín (1) 〈作物を〉取り入れる, 収穫する; 《口語》 拾って自分の物にする. (2) 〈布などに〉ひだを寄せる. (3) 《野球》 〈打球を〉捕える. (4) 〈金などを〉集める, 受け取る. ***gáther ín upòn*** 《機械》 〈歯車の歯が〉…に合う, かみ合う (fit into). 《(1677)》 ***gáther úp*** (1) 集める, 拾い集める, 寄せ集める: ~ *up* one's tools [books] 道具[書物]を(取り)まとめる. (2) 〈手足・体などを〉縮める, 〈手綱などを〉引き締める; 〈精力を〉かき立てる (cf. *vt.* 5 a). (3) 〈スカートなどを〉たくし上げる. (4) 概括する, まとめる. (5) 〈畑の土を〉うねに盛り上げる.

— *n.* **1** 寄り集まり; 縮まり, 収縮 (contraction). **2** 集積, 収穫; 収集, 拾い集め. **3** [通例 *pl.*] 《服飾》 ギャザー 《布を縫いしぼった際にできるしわ; 膨らみ・ゆとりをつけるために用いる; cf. shirring》. **4** 《ガラス製造》 **a** 種取り 《溶融ガラス種を種取り鉄棒 (punty) または吹きざおに取ること》. **b** 溶融ガラス種. **5** 《製本》 《口語》 折り丁 (section).

〖OE *gad(e)rian* < (WGmc) **ʒaðurōjan* ← **ʒaðurī* 'TOGETHER' (Du. *gaderen* / MHG *gatern* to unite) ← IE **ghedh-* to unite: cf. good〗

SYN **1** 集める: **gather** 物・人を一箇所に寄せ集める 《最も一般的な語》: *gather* data from various sources いろいろな方面から資料を集める. **collect** 通例, 雑多なものの中から注意深く選んで整然と集める: *collect* stamps 切手を収集する. **assemble** 特に, 〈人々を〉特定の目的のために集める: *assemble* the pupils in the hall 生徒を会館に集める. **muster** 〈軍隊・船の乗組員を〉検閲・点呼などのために召集する: The troops were *mustered* for inspection. 軍隊は閲兵のために召集された. **congregate** 〈人々を〉特に集会に集める: They were *congregated* by the bells. 彼らは鐘を鳴らして集められた. **marshal** 〈人・事実などを〉集めて整然と配置する 《格式ばった語》: *marshal* troops for a review 軍隊を閲兵のために整列させる / *marshal* one's thoughts 考えをきちんとまとめる.

2 推測する: ⇨ infer.

---

gath·er·a·ble /gǽðərəbl̩ | gǽð-/ *adj.* **1** 集めることができる. **2** 推測可能の (inferable). 〖《(1548)》: ⇨ ↑, -able〗

gáth·er·er /-ðərə | -rə(r)/ *n.* **1** 集める人; 収集者; 集金人. **2** (ミシンの)ギャザー寄せ装置. **3** (馬の)門歯. **4** 《ガラス製造》 種まき者, 種取り(人). 〖《(*a*1300)》: ⇨ -er[1]〗

gath·er·ing /gǽðərɪŋ/ *n.* **1** [単数または複数扱い] (人々の)集まり, 集会, 会; 群衆: a social ~ 懇親会 / a political ~ 政治的集会. **2** 《服飾》 ギャザー付け; ギャザー (cf. shirring). **3** 集める[集まる]こと, 収集, 収穫. **4 a** (物の)集まり, 集積: a ~ of dust on the floor 床一面にたまったほこり. **b** 集金; 慈善寄付(金). **c** 編纂. **5** 寄り(ができること) 《はっきり頭をもったはれものになること》, 化膿(かのう); はれもの, 膿瘍(のうよう). **6** 《製本》 **a** 丁合い, 丁合い取り 《折丁を順番にそろえる作業》. **b** (刷り紙を所定の順に折りたたんだ)折丁, 折り. **7** 《建築》 絞り 《配管工事で, 太い管を途中から細い管に絞り込むこと; 複数の管を一本の管に集約すること》. **8** 《ガラス製造》 種取り.

— *adj.* 〈あらし・暗闇など〉 間近に迫った.

〖OE *gæderung*: ⇨ -ing[1]〗

gáthering còal *n.* 種火 《終夜炉の中に埋めておく石炭の大塊》. 〖1808〗

gáthering crỳ *n.* (戦闘開始の)集合命令. 〖1817〗

gáthering gròund *n.* (川の)水源地, 集水地. 〖1877〗

gath·er·um /gǽðərəm/ *n.* 《口語》 寄せ集め, ごたまぜ (miscellany).

Gat·i·neau /gǽṭənòʊ, -tn- | -tənəʊ, -tn-; *F.* gatino/ *n.* **1** [the ~] ガティノー(川) 《カナダ Quebec 州南西部を南に流れ, Hull で Ottawa 川に合流する (386 km)》. **2** ガティノー 《カナダ Quebec 州南西部の市》.

Gát·ling gún /gǽtlɪŋ-/ *n.* ガットリング機関銃 《多数の銃身が束になって回転しながら発射する初期の機関銃; 単に Gatling ともいう》. 〖《(1867)》 ← *R. J. Gatling* (1818–1903: これを発明した米国人)〗

ga·tor /géɪṭə | -tə(r)/ *n.* (*also* **'ga·tor** /~/) 《口語》 =alligator. 〖1844〗

Ga·tor·ade /géɪṭərèɪd | géɪtərèɪd, ⏑⏑⏑́/ *n.* 《商標》 ゲータレード 《スポーツドリンク》.

GATT /gǽt/ 《略》 《経済》 General Agreement on Tariffs and Trade 関税および貿易に関する一般協定, ガット 《1947 年 Geneva で調印され翌年発効した; 貿易促進による経済発展を意図した多国間条約で, 通商に関する条文と加入各国の認めた関税表から成る; 1995 年発展解消して WTO となった》. 〖1948〗

gat-toothed /gǽttùːθt, -tùːðd/ *adj.* =gap-toothed. 〖*c*1387–1395〗

Ga·tun /gɑtúːn/; *Am.Sp.* gatún/ *n.* ガツン 《パナマ運河地帯北部の町》.

Gatún Dám *n.* [the ~] ガツン堰堤(えんてい) 《パナマ運河地帯 Gatun の近くにある大堰堤; 長さ 2.5 km》.

Gatún Láke *n.* ガツン湖 《Gatun Dam によってできた人造湖; 面積 430 km²》.

Gát·wick Áirport /gǽtwɪk-/ *n.* ガトウィック空港 《London の南にある国際空港》.

gauche /góʊʃ | gə́ʊʃ/ *adj.* **1 a** (態度などが)ぎこちない, 気のきかない, 不器用な, 無骨な (tactless). **b** 〈文体など〉生硬な, ぎこちない. **2** 《数学》 平坦でない. **3** 左手用の.

~·ly *adv.* **~·ness** *n.* 〖(1751) □ F ~ (原義) left-handed (cf. sinister) ← OF *gauchir* to turn aside ← Gmc〗

gau·che·rie /gòuʃərí: | góuʃəri:, ‿‿′; F. goʃʀi/ *n.* 気のきかないこと, ぎこちなさ, 不器用; 生硬さ; 気のきかない動作[言葉]; 生硬な文体[表現]. 〖(1798) □ F ~ ← *gauche* (↑)＋-*erie* '-ERY'〗

Gau·chér's disèase /gouʃéɪz- | gəu-; F. goʃe-/ *n.* 〖病理〗ゴーシェ病, 家族性脾性貧血, セレブロシドリポイド症. 〖(1902) ← P. C. E. *Gaucher* (1854–1918: フランスの医師)〗

gau·cho /gáutʃou | -tʃəu; Am.Sp. gáutʃo/ *n.* (*pl.* **~s**) **1** ガウチョ《南米草原地方 (pampas) のカウボーイでスペイン人とインディアンとの混血》. **2** [*pl.*] ガウチョパンツ《長さがふくらはぎまでのすその広いズボン》. 〖(1824) □ Am.-Sp. ~ □ ? Quechua *wáhcha* poor person〗

gaud /gɔ́:d, gá:d | gɔ́:d/ *n.* **1** [通例 *pl.*] お祭り騒ぎ, けばけばしい儀式. **2** 《古》安価でけばけばしい装飾品, 安ぴか物 (trinket). — *vt.* 《廃》飾る. 〖(*c*1333–52) □ ? AF *gaude* ← (O)F *gaudir* to make merry □ L *gaudēre* to rejoice〗

gau·de·a·mus /gàudeɪá:mus, gɔ̀:diéɪməs, gà:- | gàudeɪá:mʊs, gɔ̀:diéɪməs/ *n.* (特に, 大学生の)お祭り騒ぎ, 酒盛り (merrymaking). 〖(1823) ← L ~ 'let us be joyful' (↑): 有名な学生歌の冒頭の句〗

gaud·er·y /gɔ́:dəri, gá:- | gɔ́:də-/ *n.* **1** 上品でない飾りたて, 趣味の悪いはでやかさ. **2** けばけばしい装飾品, 美装 (finery). 〖(*a*1529): ⇨ GAUD, -ERY〗

Gau·dier-Brzes·ka /goudjéɪbʒéska: | gəu-; F. godjebʒeska/, **Henri** *n.* ゴディエブジェスカ (1891–1915; フランス渦巻派の彫刻家).

Gau·dí i Cor·net /gaudí:i:kɔ́ənet | gáudi:kɔ́:-, gaudí:-; Sp. gaudí(i)kɔ́rné(t)/, **An·to·ni** /antóni/ *n.* ガウディ (1852–1926; スペインの建築家; Barcelona の Sagrada Familia 教会(未完成)が代表作).

gaud·y[1] /gɔ́:di, gá:- | gɔ́:di/ *adj.* (**gaud·i·er; -i·est**) **1** 華やかな, ぴかぴか光る, 華麗な; (特に)けばけばしい, いやにぴかぴかする, 派手で俗っぽい: ~ dress, decorations, etc. / rich, not ~ 立派ではあるが華美[派手]ではない (Shak., *Hamlet* 1. 3. 71; cf. NEAT[1] (*but*) *not gaudy*). **2** 〈文体など〉飾りすぎた, 華麗な. **gáud·i·ly** /-dəli, -dli | -dəli, -dli/ *adv.* **gáud·i·ness** *n.* 〖(*a*1529) ← GAUD＋-Y[4]: cf. ↑〗

SYN 派手な: **gaudy, flashy** 下品なほど色がけばけばしい, あるいは装飾がごてごてした《非難の意を含まない場合もある》: a *gaudy* shirt けばけばしいシャツ / a *flashy* dresser むやみに着飾る人. **tawdry** 《軽蔑》派手でけばけばしく安っぽい: *tawdry* ribbons 安ぴかのリボン. **garish** 〈色や光が〉不快なくらい明るい, あるいは著しく調和が欠けている: *garish* clothes いやにけばけばしい服. **showy** 非常に明るく派手な《必ずしも下品ではない》: a *showy* dress 華やかなドレス.
ANT quiet, subdued.

---

gau·dy[2] /gɔ́:di, gá:- | gɔ́:di/ *n.* 《英》祝祭, 饗宴(きょうえん); (特に英大学で毎年同窓者などのために催す)大晩餐会, 同窓会: the ~ night 大晩餐会の夜. 〖(1380) □ L *gaudium* joy ∥ *gaudē* (imper.) ← *gaudēre* to rejoice: cf. gaud〗

gauf·fer /gá(:)fə, gɔ́:f-, góuf- | gɔ́:fə[r]/ *vt.*, *n.* ＝goffer. **~ed** *adj.*

gau·fre /góufr(ə), góufə | gəufə[r]; F. go:fʀ/ *n.* (*pl.* **~s** /~z; F. ~/) ゴーフル《2 枚の鉄板で造った型ではさみつけて焼いた薄いウエハースの一種》. 〖(1769) □ F ~ (原義) honeycomb: ⇨ wafer〗

gauge /géɪdʒ/ ★ *n.* 9 の意味では通例 gage とつづる; 《米》では *n.*, *v.* のすべての場合に gage もしばしば用いる. *n.* **1** 計器, ゲージ (⇨ standard SYN): a steam ~ 蒸気圧力計 / a rain ~ 雨量計 / a marking ~ (大工の使う)罫(けい)引き / ⇨ pressure gauge, wind gauge, wire gauge. **2** (評価・判断・検査などの)手段, 方法, 標準. **3** 〖鉄道〗軌間《2 本のレールの頭部内面間の最短距離》: the ~ of track 軌間 / the standard ~ 標準軌間《米英とも 56.5 inches＝1.435 m》/ the broad [narrow] ~ 広[狭]軌《標準軌間 (standard gauge) より広い[狭い]もの》. **4** 標準寸法, 標準規格; 鉄板の厚さ. **5** 程度, 範囲; 能力. **6** (自動車などの)ゲージ, ホイールゲージ《左右の車輪間の距離》. **7 a** 〖銃砲〗ゲージ, (銃腔の)口径値《特に散弾銃の口径を示す数値; 直径が銃の内径に等しい鉛球の重量で 1 ポンドを割った数》. **b** (針金, ネジなどの)直径. **8** 〖印刷〗ゲージ《組版面や余白の寸法などを定めるもの》. **9** 〖海事〗**a** (船の満載時の)喫水. **b** (風と他船に対する)関係位置: ⇨ lee gauge, weather gauge. **10** 〖土木〗ゲージ《しっくい工事で固結を早めるために普通のしっくいに混合される焼石膏 (plaster of Paris) の定量》. **11** 〖建築〗(屋根にふいたときのかわら・タイル・スレート・こけらなどの)露出面の長さ, ふき足; その列. **12** 〖紡績〗ゲージ《メリヤスの細かさの単位; 1 ½ インチ幅にある目数で表す》: 50-*gauge* hosiery 50 番ゲージの靴下. **13** 〖物理〗ゲージ《電磁場の強さを変えないような電磁ポテンシャルの不定性》.
gét the gáuge of …の意向を探る[測る]. ***táke the gáuge of*** …を測る, 評価する. (1780)
— *vt.* **1** 〈物の寸法・数量・容量などを〉正確に測る, 測定する: ~ the velocity of the wind 風速を測る / ~ the height of a mountain 山の高さを測る / ~ a cask 樽の容量を測る. **2** 〈人物などを〉評価する, 判断する: ~ a person, a person's character, a person's ability, etc. **3** 標準に合わせる, 標準の型[寸法]にする. **4** 測り分ける, 区分する; …の輪郭を描く. **5** 〈焼石膏とモルタルを〉一定量に混合する. **6** 〖石工〗〈れんが・石などを〉一定の形に切ったり磨いたりして仕上げる.
— *adj.* (圧力測定の際)大気圧を標準 (0) とした.
〖*n.*: (1432) □ ONF ~ ＝(O)F *jauge* gaugingrod ← Gmc: cf. OHG *galgo* cross. — v.: (1440) □ ONF *gauger* (異形) ← *jauger* (F *jauger*)〗

gauge·a·ble /géɪdʒəbl/ *adj.* 測定する[測る]ことのできる, 評価のできる. **gáuge·a·bly** *adv.* 〖(1768–74): ⇨ ↑, -able〗

gáuge bóson *n.* 〖物理〗ゲージボソン《素粒子間の相互作用を媒介する質量をもたないスピン 1 の粒子; cf. boson》.

gáuge còck *n.* ゲージ[計量器]の活栓. 〖1824〗

gáuged árch *n.* 〖石工〗本アーチ, 本迫持(せりもち)《れんがを台形に仕上げ, 目地が放射状になるように組み上げたアーチ》. 〖1836〗

gáuged píle *n.* 〖建築〗＝guide pile.

gáuge glàss *n.* (ボイラーなどの)水面計ガラス. 〖1849〗

gáuge lìne *n.* 〖鉄道〗ゲージライン, 軌間線《軌間測定の基準線》.

gáuge pìle *n.* 〖建築〗＝guide pile. 〖1874〗

gáuge pòint *n.* 径規, ゲージポイント《ジグ・限界ゲージなどの位置決めのために用いられる標点》. 〖1721〗

gáuge prèssure *n.* 〖物理〗ゲージ圧《圧力計が示す圧力; cf. absolute pressure》.

gaug·er /géɪdʒə | -dʒə[r]/ *n.* **1** 測る人[物], 計量者[器]. **2** 《英》(酒など消費税のかかる飲料の)量器検査官, 収税官. **3** (機械工場で)小さな部品の寸法を検査・照合する係. 〖(1444) □ AF *gaugeour*: ⇨ gauge, -er[1]〗

gáuge thèory *n.* 〖物理〗ゲージ理論《自然界の対称性に基づいて基本的相互作用を統一的に説明しようとする理論》.

gáug·ing-ròd *n.* (収税官用の)計量ざお. 〖1570〗

Gau·guin /gougǽ(ŋ), -gǽŋ | gəugǽ(ŋ), -gæŋ; F. gogɛ̃/, **(Eu·gène Henri) Paul** *n.* ゴーギャン, ゴーガン (1848–1903; フランスの後期印象派の画家; Tahiti 島滞在中の作品は有名). **Gau·guin·esque** /gòugænésk | gəu-‿′/ *adj.*

Gau·ha·ti /gauhá:ṭi | -ti/ *n.* ゴウハーティ《インド Assam 州中西部の都市; Guwahati ともいう》.

Gaul /gɔ́:l, gá:l | gɔ́:l/ *n.* **1** ガリア, ゴール《古代ケルト人の地; 今の北イタリア・フランス・ベルギーの全部とオランダ・ドイツ・スイスの各一部を含む; Alps 山脈の南東部を Cisalpine Gaul, 北西部を Transalpine Gaul と呼んだ》. **2** ガリア《ローマ人が Gallia と呼んだ地方で, 古代ローマ帝国の属州; 現在のフランス, ベルギー, オランダ南部, スイス, ライン川以西のドイツを含む》. **3** ゴール人. **4** フランス人 (Frenchman). 〖(1625) □ (O)F *Gaul(e)* □ Frank. **walu* < Gmc **walχoz* foreigners, i.e., Latin and Celtic peoples (pl.) ← **walχaz* foreign: cf. OHG *walh* foreigner, esp. a Gaul / L *Gallia* Gaul (← *Gallus* a Gaul) / Welsh〗

Gau·lei·ter, g- /gáulàɪtə | -tə[r]; G. gáulaɪtɐ/ *n.* **1** (ドイツナチ政府支配下の)地方長官. **2** 《口語》(全体主義政権などにおいて重要な地位を占める)下級行政官. **3** Gauleiter 的人物, (横柄で威張る)小役人. 〖(1936) □ G ~ ← *Gau* province, district＋*Leiter* leader〗

Gaul·ish /gɔ́:lɪʃ, gá:l- | gɔ́:l-/ *adj.* ゴール(人)の; ゴール語の. — *n.* ゴール語《今日では死滅した大陸ケルト語》. 〖(1659): ⇨ -ish[1]〗

Gaulle, Charles de *n.* ⇨ de Gaulle.

Gaull·ist /gɔ́:ləst, gá:l-, góul- | gəulɪst/ *n.* **1** ドゴール (de Gaulle) 派の人《特に, 第二次大戦後 de Gaulle の指導の下に集まった保守政治の信奉者》. **2** 第二次大戦中ナチの占領に抗して戦ったフランスレジスタンス運動を支持したフランス人. **Gáull·ism** /-lɪzm/ *n.* 〖(1941) □ F *gaulliste*: ⇨ -ist〗

Gau·loise /goulwá:z, gɔ:-, gɑ:- | gəulwɑ:z, ‿′; F. golwa:z/ *n.* 〖商標〗ゴロワーズ《フランスの強い香りをもつ紙巻きたばこ》. 〖1920〗

gault /gɔ́:lt, gá:lt | gɔ́:lt, gɔ́lt/ *n.* 〖地質〗**1** 粘土質の土壌. **2** [G-] ゴールト階《Greensand 層中の粘土質の中生代の地層で英国南部に発達している》. 〖(1575) ← ? Scand.: cf. Norw. *gald* hard ground〗

gaul·the·ri·a /gɔ:lθí(ə)riə, gɑ:l- | gɔ:lθíər-/ *n.* 〖植物〗ツツジ科シラタマノキ属 (*Gaultheria*) の植物の総称《ヒメコウジ (wintergreen) など高山植物が多い》. 〖(1848) ← NL ~ ← *Jean-François Gaultier* (1708?–1756: カナダの医者・植物学者)＋-IA[1]〗

gaulthéria óil *n.* 〖化学〗ガウルテリア油 (⇨ wintergreen oil). 〖1859〗

gaum /gɔ́:m, gá:m | gɔ́:m/ *vt.* (べとべとしたもので)汚す. 〖(*a*1796) (変形) ← ? *gome* (廃) grease (異形) ← COOM〗

gaum·less /gɔ́:mləs, gá:m- | gɔ́:m-/ *adj.* 《英口語・米方言》頭の鈍い, のろまの. 〖(*c*1746) ← (方言) *gaum* heed (< ME *gome* □ ON *gaum*)＋-LESS〗

gaun /gɔ́:n, gá:n | gɔ́:n/ *vi.* gae[1] の現在分詞.

gaunt /gɔ́:nt, gá:nt | gɔ́:nt/ *adj.* (**~·er; ~·est**) **1** 〈人・顔など〉やせた, やつれた (⇨ lean[2] SYN). **2** 〈場所など〉ものすごい, 気味の悪い; 寂しい: a ~ heath 荒涼としたヒースの荒野. **3** 〈樹木・物影など〉ひょろ長い. **~·ly** *adv.* **~·ness** *n.* 〖(1440) ← ?: cf. F (方言) *gaunet* yellowish / Norw. *gand* thin person〗

Gaunt /gɔ́:nt, gá:nt | gɔ́:nt/, **John of** *n.* ⇨ John of Gaunt.

gaunt·let[1] /gɔ́:ntlət, gá:nt- | gɔ́:nt-/ *n.* **1** 手首から上部が広がっていて腕の一部を覆う長さの手袋. **2** 〖甲冑〗(よろいの)籠手(こて) (⇨ armor 挿絵). **3** [the ~] 挑戦《中世騎士が挑戦のしるしに籠手を投げたことから》. ★ 次のような成句で: ***fling*** [***thrów***] ***dówn the gáuntlet*** (籠手を投げて)挑戦する; 反抗する (cf. *throw down the* GLOVE). 〖(1548) (なぞり) ← F *jeter le gant*〗 ***táke*** [***píck***] ***úp the gáuntlet*** (籠手を拾って)挑戦に応じる, 弁護する; 反抗する (cf. *take up the* GLOVE). 〖(1632) (なぞり) ← F *relever le gant*〗
〖(?*a*1425) □ (O)F *gantelet* (dim.) ← *gant* glove □ Frank. **want*: ⇨ -let〗

gaunt·let[2] /gɔ́:ntlət, gá:nt- | gɔ́:nt-/ *n.* **1** (十字砲火・質問など)両側[周り中]からの一斉攻撃. **2** (昔の軍隊・学校などで行われた)むち打ち刑《過失を犯した者を 2 列に並ぶ人々の間を走らせて, 皆でこれをむちなどで打った》. **3** (2 列にならんで)むち打ち刑を行う人々. **4** 試練.
rún the gáuntlet (1) むち打ちの刑を受ける. (2) 手厳しい批評[攻撃]を受ける, 苦しい試練に遭う. (1661)
〖(1661) (転訛) ← (古形) *gantlope* □ Swed. *gatlopp* ← *gata* way＋*lopp* running course: GAUNTLET[1] に同化された〗

gaunt·let[3] /gɔ́:ntlət, gá:nt- | gɔ́:nt-/ *n.*, *vt.* 〖鉄道〗＝gantlet[3].

gáunt·let·ed /-ṭəd | -təd/ *adj.* 籠手(こて)を着けた[で守られた]; 長手袋をはめた. 〖(1810) ← GAUNTLET[1]＋-ED〗

gaun·try /gɔ́:ntri, gá:n- | gɔ́:n-/ *n.* ＝gantry.

gaup /gɔ́:p, gá:p | gɔ́:p/ 《英方言》*vi.* じろじろ見る, ぽかんとして見つめる (*at*). — *vt.* がつがつのみ込む. 〖(1682) (変形) ← ME *galpen* to yawn, gape: cf. yelp〗

gaur /gáuə | gáuə[r]/ *n.* (*pl.* **~s, ~**) 〖動物〗ガウア, ガウル, インドヤギュウ (*Bos gaurus*) 《インド・南アジア産の野牛; Indian bison ともいう; cf. gayal》. 〖(1806) □ Hindi ~: cf. cow[1]〗

Gáuse's hypóthesis /gáuzəz-/ *n.* ＝Gause's principle.

Gáuse's prínciple *n.* 〖生態〗ガウゼの原理《生活要求の類似した 2 種は同じ場所で共存を続けることはできないという考え》.

gauss /gáus/ *n.* (*pl.* **~, ~·es**) 〖物理〗ガウス《磁場の強さの cgs 単位系の電磁単位; 記号 G; 工学では tesla (記号 T) を用い 1 T＝10^4 G》. 〖(1882) ↓〗

Gauss /gáus; G. gáus/, **Karl Friedrich** *n.* ガウス (1777–1855; ドイツの数学者・天文学者).

Gáuss cúrvature *n.* ＝Gaussian curvature.

Gauss·i·an /gáusiən/ *adj.* ガウス (K. F. Gauss) の. 〖(1874): ⇨ -ian〗

Gáussian cúrvature *n.* 〖数学〗ガウスの曲率, 全曲率《曲面上の一点における二つの主曲率の積》.

Gáussian cúrve *n.* 〖統計〗ガウス曲線, 正規曲線, (ガウスの)誤差曲線《誤差の分布状態を示す統計学上最も基本的な曲線; 正規分布の密度関数のグラフ; probability curve, normal curve, error curve (of Gauss) ともいう》. 〖1905〗

Gáussian distribútion *n.* 〖統計〗ガウス分布, 正規分布《密度曲線がガウス曲線になるような分布; normal distribution ともいう》. 〖1905〗

Gáussian ímage *n.* 〖光学〗ガウス結像点《ガウス光学で得られる収差のない理想光学系の像点; cf. Gaussian optics》.

Gáussian ínteger *n.* 〖数学〗ガウスの整数《実数部分 *a* も虚数部分 *b* も整数であるような複素数 $a+bi$》.

Gáussian óptics *n.* 〖光学〗ガウス光学《共軸回転対称光学系で物点・像点・入射点がいずれも光軸のごく近傍にあるとしたとき成り立つ理想的な幾何光学; cf. geometrical optics》.

Gáussian pláne *n.* 〖数学〗＝Argand diagram.

Gáuss' láw /gáus(əz)-/ *n.* 〖物理〗ガウスの法則《ある電場における閉曲面の全電束はその曲面の内部にある電荷の 4 π 倍に等しい》.

Gáuss' lémma *n.* 〖数学〗ガウスの補題《原始多項式の積はまた原始多項式であるという定理》.

gáuss mèter *n.* 〖電気〗ガウスメーター《磁力計 (magnetometer), 磁束計 (fluxmeter) の俗称》.

Gáuss' notátion *n.* 〖数学〗ガウスの記号《実数 *x* を超えない最大の整数を表す記号 [*x*]》.

Gáuss pláne *n.* 〖数学〗ガウス平面 (⇨ Argand diagram).

Gáuss' théorem *n.* 〖数学〗ガウスの定理, 発散定理《ある種の 3 重積分を 2 重積分に関係づける定理; cf. Green's theorem, Green-Gauss-Stokes' theorem, Stokes' theorem》.

Gau·ta·ma /gáutəmə, góu-, gá:- | gáut-, gə́ut-; *Hindi* gəwtəmə/ *n.* ゴータマ (Buddha の姓). 〖← Skt *Gotama* (原義) descendant of the greatest ox: cf. gaur〗

Gau·teng /xautéŋ/ *n.* ハウテン《南アフリカ共和国, 中北東部の Pretoria を中心とする首都圏; 面積 18,810 km², 中心都市 Johannesburg; 旧称 Pretoria-Witwatersrand-Vereeniging》.

Gau·tier /goutjéɪ | góutjeɪ; F. gotje/, **Thé·o·phile** /teɔfil/ *n.* ゴーティエ (1811–72; フランスの詩人・小説家・批評家; *Mademoiselle de Maupin*「モーパン嬢」(1835)).

gauze /gɔ́:z, gá:z | gɔ́:z/ *n.* **1 a** (綿・絹などの)薄織; 紗(しゃ), 絽(ろ). **b** ガーゼ, 包帯 (bandage). **2** (細針金で織った)金網 (wire gauze). **3** (紗のように淡い)もや, 薄がすみ: a blue ~ of smoke 青い薄煙. — *vt.* 《英》ガーゼで覆う; 〈窓を〉目の細かい金網で覆う. — *vi.* 薄もやがかかる, おぼろになる. **~·like** *adj.* 〖(1561) *gais* □ (O)F *gaze* ← *Gaza* (Palestine 地方の町の名) ∥ □ Arab. *khazz* floss silk〗

gauz·y /gɔ́:zi, gá:- | gɔ́:-/ *adj.* (**gauz·i·er; -i·est**) 紗(しゃ)[絽(ろ)]のような, 薄い, 透き通る: a ~ mist 薄がすみ, 薄もや / a ~ costume 透き通って見える衣装. **gáuz·i·ly** /-zəli/ *adv.* **gáuz·i·ness** *n.* 〖(1774): ⇨ ↑, -y[4]〗

ga·vage /gəvɑ́:ʒ, gɑ:-; *F.* gava:ʒ/ *n.* 胃管栄養, 強制飼養 (forced feeding)《特に, 胃に挿入したゴム管や圧力ポンプなどを用いて家禽(かきん)や人間に強制的に食餌を与えること》. 〖《1889》□F ~ ← *gaver* to gorge〗

Ga·var·nie /gæ̀vəní:; *F.* gavaʀni/ *n.* ガバルニー《フランスの南西部 Lourdes の南にある滝 (422 m)》.

gave /géɪv/ *v.* give の過去形. 〖OE *ġæf, ġeaf*〗

gav·el[1] /gǽvəl, -vɫ/ *n.* **1** 石工槌(づち). **2** (議長などが議場整理に用いる)議長槌: relinquish the ~ 議長席を譲る. **3** (競売人の用いる)槌 (mallet).
táke the gável 《米》〈議長・裁判官・競売人などが〉槌を手に取る; 議長席[裁判官席]に着く, 競売人の役を務める.
— *vt.* **1** (議長槌を用いて)要求[強行]する. **2** 槌(のようなもの)でたたく.
〖《1805》《変形》← ? 《スコット》 *gable* tool with forked handle < OE *gafol* (cf. G *Gabel*): cf. gavelock〗

gav·el[2] /gǽvəl, -vɫ/ *n.* (封建時代の)貢税, 年貢.
〖OE *gafol* ← Gmc **ʒab-* 'to GIVE': cf. gabelle〗

gav·el·kind /gǽvəlkàɪnd, -vɫ-/ *n.* 〖英法〗ガヴェルカインド: **1** (もと)労[兵]役ではなく金銭や作物で地代を払う土地保有. **2** 男子均分相続土地保有《遺言のない死者の遺産をその男子全体に均分する慣習に支配される土地保有の態様》. **3** 男子均分相続土地保有の仕方で保有される土地. 〖《1199》← OE *gafol* (↑)+*ġecynd* 'KIND[1]'〗

gave·lock /gévlɑ(:)k | -lɔk/ *n.* 《英方言》かなてこ (crowbar). 〖OE *gafeluc* ← Celt.: cf. gavel[1]〗

ga·vi·al /géɪviəl/ *n.* 〖動物〗 **1** ガビアル (*Gavialis gangeticus*)《インド・パキスタン・ミャンマーにすむ大形の淡水ワニ; 口先が極端に細長く, 魚を主食にする; ヒンズー教徒は神の使いとする》. **2** マレーガビアル, カビアルモドキ (*Tomistoma schlegeli*)《東南アジアにすむワニの一種; ガビアルより小形; 正しくは false gavial という》. 〖《1825》□F ~ □ Hindi *ghaṛiyāl*〗

Gav·in /gǽvɪn | -vɪn/ *n.* ギャビン《男性名; スコットランドに多い》. 〖⇨ Gawain〗

Gáv·ins Póint Dám /gǽvənz-/ *n.* ガヴィンズポイントダム《米国 South Dakota 州南東部と Nebraska 州北部にまたがる Missouri 州のダム; これによって Lewis and Clark Lake ができた》.

Gäv·le /jɛ́vlə; *Swed.* jɛ́:vlə/ *n.* イェーヴレ《スウェーデンの Bothnia 湾に臨む海港》.

ga·votte /gəvɑ́(:)t | -vɔ́t/ (*also* **ga·vot** /~/) *n.* ガボット: **a** 17 世紀に流行した 4/4 拍子の活発で優美なフランスの舞踊. **b** その音楽《古典的組曲の一楽章となることがある》.
— *vi.* ガボットを踊る. 〖《1696》□F ~ □ Prov. *gavoto* アルプス山中の Gap の住民すなわち *Gavot* (《原義》 mountaineers, rustic) の人の踊り〗

GAW 《略》 guaranteed annual wage. 〖1955〗

Ga·wain /gəwéɪn, gɑ́:weɪn, -wɪn | gɑ́:weɪn, gǽweɪn, -wɪn, gəwéɪn/ *n.* **1** ガーウェイン《男性名》. **2** 〖アーサー王伝説〗ガーウェイン《円卓の騎士の一人; Arthur 王の甥(おい)で礼節に富み, 'perfect knight' と呼ばれる》. 〖□(O)F *Gauvain* □ ? Welsh *Gwalchmei* ← *gwalch* hawk + *Mei*? May〗

Gawd, g- /gɔ́:d, gɑ́:d | gɔ́:d/ *n.* 神 (God)《非標準的な発音を書き表す際に用いる》. 〖1877〗

gawk /gɔ́:k, gɑ́:k | gɔ́:k/ *vi.* 《口語》ぽかんと見とれる 〔*at*〕: One doesn't enjoy being ~*ed at*. ぽかんと見つめられるのは愉快じゃない. **— *n.*** 気のきかないのろま, 内気で自信のない人, 間抜け: a ~'s errand ⇨ errand 1. **~·er** *n.* 〖《1785》(freq.) ← ? 《廃》 *gaw* to stare, gape < ME *gawe(n)* □ ON *gá* to heed: cf. gowk〗

gáwk·ish /-kɪʃ/ *adj.* =gawky. **~·ly** *adv.* **~·ness** *n.* 〖1876〗

gawk·y /gɔ́:ki, gɑ́:- | gɔ́:-/ *adj.* (**gawk·i·er**; **-i·est**) **1** (体ばかり大きくて)間の抜けた, 総身に知恵のまわりかねた, ぶざまな (clumsy, awkward); 内気で自信のない. **2** 《英方言》左利きの. **— *n.*** 間抜け, のろま. **gáwk·i·ly** /-kɨli/ *adv.* **gáwk·i·ness** *n.* 〖《1759》← GAWK + -Y[4]〗

gawp /gɔ́:p, gɑ́:p | gɔ́:p/ *v.* 《俗》=gaup.

gaw·sie /gɔ́:si, gɑ́:- | gɔ́:-/ *adj.* (*also* **gaw·sy** /~/) 《主にスコット》身なりがよく上機嫌の. 〖《1720》← ?〗

gay /géɪ/ *adj.* (**~·er**; **~·est**) **1** 《口語》(特に男性の)同性愛の, ゲイの; ゲイの行く[好む, ための]: a ~ bar ゲイバー 日英比較 日本語の「ゲイバー」は女装した男性が接客するバーを指すが, 英語の *gay* bar は男女を問わず同性愛者が集まるバーのことである》/ lesbians and ~ men. **2** 〈人・性質・行為などが〉陽気な, 快活な, 晴れやかな, うきうきした (merry, cheerful): ~ people / ~ voices にぎやかな[陽気な]人声 / a ~ dance [laugh] 陽気な踊り[笑い] / be in a ~ mood うきうきしている. **3** 〈服装・色彩など〉派手な, 華やかな, けばけばしい, きらびやかな (bright, showy); 華やかに飾られた 〔*with*〕: ~ colors, flowers, etc. / The garden was ~ *with* roses. 庭はバラが咲き誇って華やかだった. **4** 《古・婉曲》放蕩(ほうとう)な, 放埒(ほうらつ)な (loose, dissipated); 〈女性が〉不身持ちな, 売春をやる: lead a [the] ~ life 浮いた生活をする / a ~ dog 道楽者 / a ~ lady 浮気女; 《トランプの》女王(札) / the ~ quarters [world] 色街, 花柳界. **5** 《米俗》厚かましい, ずうずうしい, 生意気な (impertinent): Don't get ~ *with* me. 出しゃばるな, なれなれしくするな. **6** 〈イヌやネコの尾が〉ぴんと立って(巻いた). **7** 《英方言》健康な: I don't feel very ~. 体の調子があまりよくない. **— *n.*** 《口語》(特に男性の)同性愛者, ゲイ: ~*s* and lesbians. **— *adv.*** 《スコット》かなり (gey). **~·ness** *n.* cf. gaiety. 〖《c1300》□(O)F *gai* ← ? OProv.: cf. OHG *gāhi* swift〗

Gay /géɪ/ *n.* ゲイ《女性名》. 〖↑ // ← ? *Gaye* (フランスの地名): 家族名から〗

Gay, John *n.* ゲイ《1685–1732; 英国の詩人・劇作家; *The Beggar's Opera* (1728)》.

Ga·ya /gəjɑ́:, gɑ́:jə, gáɪə/ *n.* ガヤ《インド北東部, Bihar 州中部の都市で, ヒンズー教の巡礼地; 付近に仏教の聖地 Buddh Gaya がある》.

ga·yal /gəjɑ́:ɫ/ *n.* (*pl.* **~s**, **~**) 〖動物〗ガヤール (*Bos frontalis*)《インド産野牛 gaur に似た畜用種》. 〖《1790》□ Bengali *gayāl*〗

ga·ya·tri /gɑ́:jətri:/ *n.* 〖ヒンズー教〗 **1** 古代インドの 24 音節より成る韻律. **2** ヒンズー教のこの韻律より成る聖句[呪文]. 〖《1843》□ Skt *gāyatrī* ← *gāyatra* song, hymn ← *gāyati* he sings〗

gáy-bàshing *n.* 同性愛者いじめ, ゲイバッシング.

gáy·càt *n.* 《米俗》 **1** 新米[新入り]の浮浪者. **2** 時折仕事をする浮浪者. 〖1897〗

gáy decéivers *n. pl.* 《米俗》(ゴム製の)豊胸パッド.

Gaye /géɪ/, **Marvin** *n.* ゲイ《1939–84; 米国の黒人ソウルシンガー・ソングライター; Motown Records の看板スター》.

gay·e·ty /géɪəti | géɪɪ̀ti/ *n.* 《米》=gaiety.

gáy·fèather *n.* 〖植物〗キク科ユリアザミ属 (*Liatris*) の植物の総称: **a** ユリアザミ, ヒメリンギク (*L. pycnostachya*). **b** マツガサギク (*L. scariosa*)《北米原産の青紫の花が咲く多年草》. **c** リアトリス, キリンギク (*L. spicata*)《北米東部産の多数の葉をつけ, ばら色がかった紫の花が咲く多年草》. 〖1880〗

Gáy Gór·dons /-gɔ́ədnz | -gɔ́:-/ *n.* 《英》〖単数扱い〗ゲイゴードンズ《スコットランド舞踊の一種》. 〖1925〗

Gayle /géɪl/ *n.* ゲール: **1** 女性名. **2** 男性名. 〖⇨ Gale〗

gáy liberátion *n.* ゲイ解放, ゲイリブ.

Gay·lord /géɪlɔəd | -lɔ:d/ *n.* ゲイロード《男性名》. 〖← OF *gaillard* lively: 家族名から〗

Gay-Lus·sac /gèɪləsǽk | -lú:sæk; *F.* gɛlysak/, **Joseph Louis** *n.* ゲイリュサック《1778–1850; フランスの物理学者・化学者》.

Gáy-Lussàc's láw *n.* 〖物理化学〗ゲイリュサックの法則: **1** =Charles's law. **2** 気体反応の法則. 〖↑〗

gay·lus·site /gáɪləsàɪt/ *n.* 〖鉱物〗ゲーリュサック石 ($Na_2Ca(CO_3)_2·5H_2O$)《カルシウムとナトリウムの加水炭酸塩鉱物》. 〖《1826》□F ~: ⇨ Gay-Lussac, -ite[1]〗

gáy·ly *adv.* 《古》=gaily.

Gay·nor /géɪnə | -nə(r)/ *n.* ゲイナー《女性名》. 〖(dim.) ← GUENEVERE〗

gay·o·la /geɪóulə | geɪə́u-/ *n.* 《米俗》(犯罪組織などに払う)ゲイバーやホモの店の賄賂. 〖《混成》← GAY 1 + (*pay*)*ola* undercover payment for commercial favor (《変形》? ← PAYOFF)〗

Ga·yo·mart /gɑ:jóumɑət | -jə́umɑ:t/ *n.* 〖ゾロアスター教〗ガヨマート《Ormazd の汗から生まれた最初の人間》.

Gay-Pay-Oo /gèɪpèɪú:; *Russ.* gèpèú/ *n.* [the ~] ゲーペーウー《1922 年 Cheka が改組になって後, 1934 年 NKVD ができるまであった旧ソ連の秘密警察; 略 GPU; Ogpu ともいう》. 〖《1927》← Russ. *G*(*osudarstvennoe*) *P*(*oliticheskoe*) *U*(*pravlenie*) Government Political Administration: 頭字のロシア語の発音〗

gáy science *n.* [the ~] 詩 (poetry); 《特に, 中世南仏プロバンス語詩人の流れをくむ》恋愛詩. 〖《なぞり》← Prov. *gai saber*〗

gáy·wings *n.* (*pl.* ~) 〖植物〗北米東部産のヒメハギ科の低木 (*Polygala paucifolia*).

gaz. 《略》 gazette; gazetteer.

Ga·za /gɑ́:zə, gǽzə, géɪzə | gɑ́:zə/ *n.* **1** ガザ (Palestine 南西部の海港; 古代貿易路上の要地). **2** 《英》ではまた géɪzə/ 〖聖書〗ガザ《Samson が死んだ所; cf. *Judges* 16: 1–30》: Eyeless in ~ ガザで盲(めしい)て (Milton, *Samson Agonistes* 1.41).

ga·za·bo /gəzéɪbou | -bəu/ *n.* (*pl.* **~s**) 《米俗》男 (fellow), やつ (guy). 〖《1896》□ ? Sp. *gazapo* artful knave 《逆成》← *gazapatón* foolish talk〗

ga·za·ni·a /gəzéɪniə/ *n.* 〖植物〗ガザニア《南アフリカ産ガザニア属 (*Gazania*) の黄または赤橙色の花をつけるキク科植物; treasure flower ともいう》. 〖《1813》← NL ~ ← *Theodorus Gaza* (1398–1478: ギリシャの学者)〗

Ga·zan·ku·lu /gɑ̀:zæŋkú:lu:/ *n.* ガザンクール《南アフリカ共和国旧 Transvaal 州内の一群の飛び地からなっていた Bantustan》.

Gáza Stríp *n.* [the ~] ガザ地区《Gaza 市を含む地中海沿岸の一地域; 1948 年エジプトが, 1967 年イスラエルが占領; 1994 年パレスチナ人による自治権を獲得》.

gaze /géɪz/ *vi.* じっと見つめる, 凝視する 〔*at, on, upon*〕: He ~*d at* her wonderingly. 彼はいぶかるように彼女を見つめた / For a few minutes I stood *gazing on* the scene. 数分間わたしは立ちすくんだままその光景を見つめた / ~ *into* the sky 空を見つめる / ~ *into* a person's face つくづく人の顔を眺める / ~ *after* a ship 船をじっと見送る / ~ (*a*)*round* (one) (驚いて)周りを見る, 見回す / ~ *out over* a lake 湖上を見渡す.
— *n.* 注視, 注目, 凝視: fix one's ~ upon ...をじっと見つめる / attract the ~ of people 人目を引く. ***at gáze*** (1) 〖紋章〗〈鹿類が〉(体を側面にして)正面にじっと顔を向けて(いる): a stag *at* ~. (2) じっと見つめて: stand *at* ~. 〖《c1395》← ? ON *gá* to heed: cf. Swed. 《方言》 *gasa* to gape, stare〗

ga·ze·bo[1] /gəzí:bou, -zéɪ- | -zí:bəu/ *n.* (*pl.* **~s**, **~es**) **1** (公園・庭園などの)見晴らし台, あずまや. **2** (建物の屋根に設けた)見晴らし台, 望楼. 〖《1752》← GAZE (v.) + L (*vid*)*ēbō* I shall see: ラテン語の語尾をつけた諧謔的造語〗

ga·ze·bo[2] /gəzéɪbou, -zí:- | -zí:bəu/ *n.* =gazabo.

gáze·hòund *n.* 《古》臭覚よりも視覚により鳥獣を狩る犬. 〖1610〗

ga·zelle /gəzél/ *n.* (*pl.* **~s**, **~**) **1** 〖動物〗ガゼル《ガゼル亜科ガゼル属 (*Gazella*) の動物の総称; アフリカ・西アジア産の姿が優美な小形のレイヨウ; cf. ariel》. **2** ガゼルの(なめし)革. **~·lìke** *adj.* 〖《1600》□(O)F ~ □ Arab. *ghazāl* ← *ghāzala* to make love〗

gazelle 1
(*Gazella* sp.)

gazélle-éyed *adj.* (ガゼルのように)目の優しい. 〖1774〗

gazélle hòund *n.* ガゼル狩り用の猟犬 (cf. saluki).

gáz·er *n.* **1** 見つめる人, 凝視者. **2** 《俗》警官; 麻薬取締官. 〖《1548》← GAZE + -ER[1]〗

G

ga·zette /gəzét/ *n.* **1** 新聞. ★ 今は多く新聞名に用いる: Westminster *Gazette*. **2** 《英》 **a** 官報 (official journal); 官報の公示: the London [Edinburgh] *Gazette* ロンドン[エディンバラ]官報《それぞれ 1 週 2 回発行》/ an official ~ 官報 / go into [be in] the ~ 破産者として官報に公示される. **b** (Oxford 大学などの)学報.
— *vt.* (**ga·zet·ted**; **-zet·ting**) 《英》〖通例 p.p. 形で〗〈任命・辞職などを〉官報に載せる, 官報で公示する; 〈軍人を〉任命[配属]する: He was ~*d* a lieutenant [~*d out* (of the army)]. 中尉に任命[(軍職の)辞職]が官報で発表された. 〖《1605》□F ~ // It. *gazzetta* = Venetian *gazeta* (dim.) ? *gaza* magpie: ⇨ -ette: もと gazette 一部の代金に相当した Venice の貨幣の名〗

ga·zét·ted ófficer /-tɨd- | -tɨd-/ *n.* 《インド》任命が官報で告示される政府高官. 〖1891〗

gaz·et·teer /gæ̀zətíə | -zɨtíə(r)/ *n.* **1** 地名辞典; 《レストラン・ワイン産地などの》案内書. **2** 《英》官報発行係. **3** 《古》(官報)記者, 新聞記者. 〖《1611》□F 《廃》 *gazettier*: ⇨ ↑, -eer〗

ga·zi, G- /gɑ́:zi/ *n.* =ghazi.

Ga·zi·an·tep /gɑ̀:ziɑ:ntép; *Turk.* gɑ:zíɑntep/ *n.* ガジアンテプ《トルコ南部の商業都市で戦略上の要地》.

ga·zil·lion /gəzíljən | -liən, -ljən/ *n., adj.* 《口語》膨大な[ものすごい]数(の).

Ga·zi·ra /gəzíərə | -zíərə/ *n.* =Gezira.

gaz·o·gene /gǽzədʒì:n | -zə(ʊ)-/ *n.* =gasogene. 〖1853〗

ga·zoomph /gəzúmf/ 《英俗》*vt.* だます, 詐取する.
— *vi.* 詐取を働く. **— *n.*** 詐欺, 詐取. **~·er** *n.* 〖《1928》《変形》← 《俗》 *gezumph* ← ? Yid.〗

gaz·pa·cho /gəspɑ́:tʃou, gəz- | gæzpǽtʃəu, gæs-; *Sp.* gaθpátʃo/ *n.* (*pl.* **~s** /~z; *Sp.* ~s/) 〖料理〗ガスパーチョ《トマト・きゅうり・たまねぎ・ニンニクなど生の野菜をすりつぶし, 酢・油を加え, タバスコ・塩・こしょうなどで調味したスペインの冷たいスープ》. 〖《1845》□ Sp. ~〗

ga·zump /gəzʌ́mp/ *vt.* 《英口語》 **1** (口頭で売る約束をしておきながら)〈買い手に〉売家(など)の値段をつり上げる. **2** =gazoomph. **— *n.*** (買い手に対する売り家などの)値段のつり上げ. **~·er** *n.* 〖《1928》⇨ gazoomph〗

ga·zun·der /gəzʌ́ndə | -də(r)/ *vt.* 《英口語》〈買い手が〉〈不動産の売り手〉に対して契約破棄をちらつかせて買い値を値切る. **— *n.*** (売り手に対する不動産の)買い値の値切り. **~·er** /-dərə | -rə(r)/ *n.* 〖《1988》← GAZ(UMP) + UNDER (adv.)〗

gaz·welch /gǽzwèltʃ/ *vt.* 《英口語》=gazunder.

Gb 《略》 gigabyte(s).

Gb 《記号》 gilbert.

GB /dʒì:bí:/ 《略》〖電算〗 gigabyte(s); Great Britain; guide book; gunboat.

GB 《記号》〖化学〗 sarin.

GBA 〖自動車国籍表示〗 Alderney.

GBE 《略》 Knight [Dame] Grand Cross (of the Order) of the British Empire.

GBG 〖自動車国籍表示〗 Guernsey.

GBH 《略》 grievous bodily harm.

GBJ 〖自動車国籍表示〗 Jersey.

GBM 〖自動車国籍表示〗 Isle of Man.

GBS 《略》 George Bernard Shaw.

Gbyte 《略》 gigabyte.

GBZ 〖自動車国籍表示〗 Gibraltar.

GC 《略》〖化学〗 gas chromatography; George Cross; gigacycle(s); gliding club; Goldsmiths' College; golf club; good conduct; Grand Chancellor; Grand Chaplain; Grand Chapter; Grand Conductor; Grand Cross; gyrocompass.

GCA 《略》〖航空〗 ground-controlled approach; 〖自動車国籍表示〗 Guatemala.

g-cal. 《略》 gram calorie(s) (⇨ calorie 1 a).

GCB 《略》 good conduct badge; Knight [Dame] Grand Cross of (the Order of) the Bath.

GCC 《略》 Gulf Cooperation Council.

GCD, g.c.d. 《略》〖数学〗 greatest common divisor.

GCE 《略》 General Certificate of Education.

GCF, g.c.f. 《略》〖数学〗 greatest common factor.

GCHQ 《略》《英》 Government Communications Headquarters.

GCI 《略》 ground-controlled interception.

G cléf /dʒí:-/ *n.* 〖音楽〗ト音記号, 高音部記号《譜表上にト音の位置を決める記号で, 通例第 2 線に書かれる;

treble clef ともいう; cf. G clef, F clef; ⇨ clef 挿絵).
GCLH 《略》 Grand Cross of the Legion of Honor.
GCM 《略》 general court-martial.
GCM, g.c.m. 《略》〖数学〗 greatest common measure.
GCMG 《略》 Knight [Dame] Grand Cross (of the Order) of St. Michael and St. George.
GC-MS 《略》〖化学〗 gas chromatography-mass spectrometry ガスクロマトグラフィーと質量分析法を組み合わせた装置.
G-cràmp /ʤíː-/ *n.* ＝cramp² *n.* 1 b.
gcs 《略》 gigacycles per second.
GCSE 《略》 General Certificate of Secondary Education.
GCT 《略》 Greenwich Civil Time グリニッジ標準時 (⇨ Greenwich Time).
GCVO 《略》 Knight [Dame] Grand Cross of the Royal Victorian Order.
gd 《略》 good; granddaughter; ground; guard.

gd 《記号》 Grenada (URL ドメイン名); 〖数学〗 Gudermannian.
Gd 《記号》〖化学〗 gadolinium.
GD 《略》 Graduate in Divinity; Grand Duchess; Grand Duchy; Grand Duke; Gunnery Division.
Gdańsk /gdáːnsk, gdǽnsk | gdǽnsk, gdáːnsk; *Pol.* gdáȷ̃sk/ *n.* グダンスク《ポーランド北部の海港; 旧名・ドイツ語名 Danzig》.
Gdańsk, Gulf of *n.* グダンスク湾《ポーランド北部, Baltic 海南部に広がる大きな入江》.
g'·day /gədáɪ/ *int.* 《豪・NZ》 ＝good day. ⇨ good day ★(2). 〖1928〗
Gde 《記号》〖貨幣〗 gourde(s).
Gdn(s). 《略》 Garden(s).
GDP /ʤíːdìːpíː/ 《略》 gross domestic product 国内総生産. 〖1962〗
GDR /ʤíːdìːáə | -áː(r)/ 《略》 German Democratic Republic.
gds 《略》 goods.
Gdy·nia /gdínjə, -niə; *Pol.* gdíɲa/ *n.* グディニア《ポーランド北部の港湾都市》.
ge /ʤíː/ *n.* ＝gee³.
ge 《記号》 Georgia (URL ドメイン名).
Ge¹ /ʤíː, gíː/ *n.* 〖ギリシャ神話〗 ＝Gaea.
Ge² /ʒéɪ; *Am.Sp.* hé/ *n.* (*pl.* ～, ～s) **1 a** [the ～(s)] ジェ族《主にブラジル東部のインディオグループ》. **b** ジェ族の人. **2** ジェ語.
Ge 《記号》〖化学〗 germanium; 〖聖書〗 Genesis.
GE /ʤíːíː/ 《略》 General Electric (Company).
g.e. 《略》〖製本〗 gilt edges (化粧裁ちした本の小口に金箔付けをした)小口金, 三方金 (cf. t.e.g.).
ge- /ʤiː/ (母音の前にくるときの) geo- の異形.
-ge·a /ʤíːə/ ＝-gaea.
gean /giːn/ *n.* 〖植物〗 セイヨウミザクラ (*Prunus avium*) (wild cherry ともいう). 〖(*a*1533) ☐ OF *guine*〗
ge·an·ti·cli·nal /ʤiːæ̀ntɪklàɪnl | -tɪ-ˊ/ 〖地質〗 *adj.* 地背斜の (↔ geosynclinal). — *n.* ＝geanticline. 〖(1879): ⇨ ↓, -al¹〗
ge·an·ti·cline /ʤiːǽntɪklàɪn | -tɪ-/ *n.* 〖地質〗 地背斜《地向斜に隣接した地殻の隆起帯, または地向斜内部に生じた隆起部; cf. geosyncline》. 〖(1889) ← GEO-＋ANTICLINE〗
gear /gíə | gíə(r)/ *n.* **1 a** 〖機械〗 ギア, (歯車などによる)伝動装置. **b** (自動車などの)ギア, 変速機[装置]の(第 1 速・第 2 速・中立などの)特定のかみ合い位置: first [second, third] ～ (変速機の)第 1,[2,3] 速 / ⇨ high gear, top gear, low gear, bottom gear / forward ～*s* and (a) reverse ～ 前進用ギアと後退用ギア. **c** (伝動装置がかみ合った[連動した]状態: put [set, throw]...into ～ …の伝動装置をかける, のギアを入れる / get into ～ 伝動装置[ギア]がかかる / throw...out of ～ …の伝動装置をはずす / get out of ～ 伝動装置がはずれる. **d** (伝動装置の)歯車: a train of ～*s* 歯車列. **2** [集合的] **a** 道具, 用具: fishing ～ 釣道具 / climbing ～ 登山用具 / a carpenter's ～ 大工道具 / Have you got all the ～ you need? 必要な道具はすべて持っていますか. **b** (馬の)引き具 (harness). **3** [集合的] **a** (特定の用途のための)衣服, 服装 (clothes): hunting ～ 狩猟服 / in rain ～ 雨具を身につけて / 100 police in riot ～ 乱闘服に身を固めた 100 人の警察官. **b** 《英俗》 (尖端的な)流行服. **c** 身の回り品, 持物. **d** 《古》 武装, 具足. **4 a** 特定の役目を果たす機械[機構], 装置: the steering ～ 舵取り装置. **b** 《米》 飛行機の着陸装置 (landing gear). **5** 《俗》 麻薬. **6** [集合的] 家具; 動産. **7** 《英方言》 **a** くず. **b** 事柄, 事件. **8** 〖海事〗 **a** (帆・円材などに付属する)索具や滑車の一式 (rigging). **b** 船員の私物《道具・衣服など》. **9** 《俗》 盗品.
chánge géar(s) (1) ギアを変える. (2) 気分や環境を変える. 〖(1907)〗 ***in géar*** (1) 伝動装置がつながって[連動して]: be *in* ～ 〈機械などが〉連動している; 〈人が〉車などのギアを入れている. (2) 〈事が〉円滑に進行して, 調子よく (in order). 〖(1814)〗 ***òut of géar*** (1) 伝動装置がはずれて: be *out of* ～ 〈機械などが〉連動していない; 〈人が〉車などのギアをつないでいない. (2) 調子が狂って (out of order): The whole system was thrown completely *out of* ～. 全組織が全く混乱した. (3) 〔他の部分などと〕伝動[連動]しないで, 調子が合わないで 〔*with*〕. 〖(1814)〗 ***shift géars*** 《米》 (1) ギアを変える, (高速から低速へ, またその反対に)変速する. (2) 問題の扱い方を変える. (3) 気分や環境を変える. ***slip a géar*** ＝*slip a* COG¹. ***Thát's [It's] the géar.*** 《英俗》 そうだ(その通りだ), いいぞ.
— *vt.* **1 a** …のギアをかける; 〔…に〕連動させる 〔*to*〕: ～ ...*down* [*up, level*] …に低[高, 平]速運動をかける / ～ the wheels *to* the engine 車輪をエンジンに連動させる. **b** 〈機械〉に伝動装置を付ける. **2** [しばしば p.p. 形で] **a** 〔計画・必要などに〕適合させる, 調節[調整]する (adapt, adjust) 〔*to*〕: Their efforts were ～*ed to* [*into*] the overall plan. 彼らは全体の計画の線に沿って努力した. **b** (能率的に活動できるように)整える, 準備する 〈*up*〉 〈*to* do〉: an economic program ～*ed to* win broad public backing 広い大衆の支持を得るように整えられた経済計画 / ～ oneself *up for* an examination 頑張って受験準備をする. **3** 〈馬など〉に引き具をつける (harness) 〈*up*〉. — *vi.* **1** 〈歯車が〉かみ合う; 〈機械が〉連動になる[かかる]. **2** 適合[調節]する, よく一致する 〔*with*〕. **3** 準備をする, 用意する (prepare, plan) 〈*up*〉 〔*for*〕: ～ *up for* the Christmas sale クリスマス売出しの準備をする[進める].
géar dówn (1) 〈活動・生産などを〉抑制する, 下げる. (2) シフトダウンする. ***géar úp*** (1) ⇨ *vt.* 1, 2 b, 3, *vi.* 3. (2) 促進する (speed up): ～ *up* industry to meet defense needs 防衛の需要に沿って産業を促進する. (3) シフトアップする.
— *adj.* 《英古俗》 すてきな, いきな, すばらしい.
〖(?*a*1200) *gere* ☐ ON *gervi, gǫrvi* gear, apparel ＜ Gmc **ʒarwin-* ← **ʒarwu-* 'YARE': cf. OE *ġearwe* (pl.) equipment〗
gear·box /gíəbɑ̀(ː)ks | gíəbɔ̀ks/ *n.* 〖機械〗 **1** (自動車などの)変速機, 変速装置 (transmission). **2** ＝gearcase. 〖1887〗
géar·càse *n.* 〖機械〗 歯車箱, ギアケース《鎖・歯車などの伝動装置を囲む覆い》. 〖1896〗
géar chànge *n.* 《英》 **1** 〖機械〗 ＝gearshift. **2** ギアを変えること, ギアを変える動作. 〖1912〗
géar cùtter *n.* 〖機械〗 **1** 歯切盤《歯車の素材に歯を切る工作機械》. **2** 歯切刃物《フライス盤に取り付けて歯車を切るのに用いる刃物》. 〖1884〗
geared *adj.* **1** ギアのある; ギアがかかって[はいって]いる. **2** [しばしば ～ up] 《俗》 酔っぱらって; 興奮して, 熱狂して, ハイになって. **3** 《米俗》 同性愛で. **4** 《英》〖金融〗 資金調達力比率が高い: a highly ～ company 多額の負債を抱えた会社.
géared éngine *n.* 〖航空〗 減速(歯車付)発動機.
géared túrbine *n.* 〖機械〗 歯車減速タービン.
gear·ing /gí(ə)rɪŋ | gíər-/ *n.* **1** 伝導装置, 歯車装置. **2** 伝動, 連動: in [out of] ～ 伝動して[しないで]. **3** 《英》〖金融〗 資金調達力比率. 〖(1825): ⇨ -ing¹〗
géaring chàin *n.* 伝動用チェーン, 伝動鎖. 〖1874〗
géar·less *adj.* ギアのない. 〖(1892): ⇨ -less〗
géar lèver *n.* 《英》 ＝gearshift. 〖1904〗
géar pùmp *n.* 〖機械〗 歯車ポンプ《同形の 2 個の歯車のかみ合いによって送水する回転ポンプの一種》. 〖1922〗
géar ràtio *n.* 〖機械〗 歯車比, 歯数(はすう)比, ギアレシオ《互いにかみ合う歯車列に最初の原動側歯車の回転速度と最終の従動側歯車の回転速度との比》. 〖1909〗
géar shàper *n.* 〖機械〗 歯車形削り盤.
géar·shìft *n.* 《米》〖機械〗 ギア転換装置, 変速レバー (⇨ bicycle 挿絵). 日英比較 「チェンジレバー」は和製英語. 〖1926〗
géar stìck *n.* 〖機械〗 ＝gearshift.
géar tràin *n.* 〖機械〗 歯車列, ギアトレーン《シャフトからシャフトへ運動を伝える》.
géar·whèel *n.* 《英》 歯車; (特に)大歯車(おおはぐるま) 《かみ合う二つの歯車のうち大きい方; cf. pinion²》. 〖1874〗
Geat /gíːt, jéɪt/ *n.* イェーアト族《スウェーデン南部にいて, 6 世紀に Swedes に征服された民族》.
Geb /géb/ *n.* 〖エジプト神話〗 ゲブ《古代エジプトの大地の神; 妻である天空神 Nut に相対し, 大気の神 Shu の下に横たわった姿で表される; Ra の子, Isis, Osiris の父》.
geb. 《略》 *G.* geboren (＝born); *G.* gebunden (＝bound).
Ge·bal /gíːbəl, -bl̩, -bæl/ *n.* ゲバル (⇨ Jubayl).
Ge·ber /ʤíːbə | -bə(r)/ *n.* ゲベル (721?–?815; Jābir ibn Hayyān の別称).
Ge·brauchs·mu·sik /gəbráʊksmuːziːk; *G.* gəbʁáʊxsmuziːk/ *n.* 〖音楽〗 実用音楽《祝典・映画などの実用的目的のために作曲された曲》. 〖(1930) ☐ G ～ ← *Gebrauch* use＋*Musik* music〗
GEC /ʤíːìːsíː/ 《略》《英》 General Electric Company.
geck /gék/ *n.* **1** 《スコット》 (ばか・まぬけな人に対する)軽蔑の仕草; 冷笑. **2** 《廃・方言》 ばか, だまされやすい人. — *vt.* あざける, 冷笑する. — *vi.* **1** あざける, 冷笑する 〔*at*〕. **2** (横目を使ったり, 頭をぐいとそらしたりして)軽蔑の態度をする. 〖*n.*: (1515) ☐ MLG ～ fool (擬音語): — *v.*: (1853) ☐ ? LG *gecken* to make a fool of ← MLG *geck* (n.)〗
geck·o /gékoʊ | -kəʊ/ *n.* (*pl.* ～s, ～es) 〖動物〗 ヤモリ《ヤモリ科の爬虫類の総称》. 〖(1774) ☐ Malay *ge'kok*: 鳴き声の擬音語〗
GED 《略》 general educational development.
ge·dact /gədáːkt, -dǽkt; *G.* gədákt/ *n.* 〖音楽〗 (オルガンの)閉管音栓. 〖(1855) ☐ G *gedackt* (old p.p.) ← *decken* to cover〗
Ged·des /gédiːz | -dɪs/, **Norman Bel** *n.* ゲッディーズ (1893–1958; 米国の舞台装置家・室内装飾家).
ged·dit /gédɪt | -dɪt/ *int.* 《英口語》 (自分のだじゃれなどに対して)どうだうまいだろう.
ge·deckt /gədékt; *G.* gədékt/ *n.* ＝gedact.
gee¹ /ʤíː/ *int.* 《米口語》 (驚き・喜び・称賛を表して)ひえっ, 驚いた. ***Gée whíz(z)*** [***whíllikins***]! (驚き・喜びの意を表して)おやまあ. 〖(1895) 《転訛》 ← JESUS〗
gee² /ʤíː/ *int.* **1** はいはい《馬を急がせる掛け声》: Gee up! はいはい (Gee-up!) (cf. whoa 1). **2** (馬に向かって)右に回り, 右へ (cf. haw³ 2). — *n.* ＝gee-gee. — *vi.* 〈馬が〉右に曲がる (cf. haw⁴). — *vt.* **1** 〈馬を〉右に曲げる; 避ける, よける. **2** 〈人などを〉せき立てる. ***gée úp*** 《口語》 鼓舞する, 奮い立たせる. 〖(1628) ← ?〗
gee³ /ʤíː/ *n.* **1** ジー (G) の字. **2** 《米俗》 千ドル. 《GRAND の頭字の発音から》 **3** 〖GUY² の頭文字の発音から〗 《米俗》 男 (man).
Gee /ʤíː/ *n.* 〖航空〗 ジー《ロラン (loran) に似た電波航法方式で, 第二次大戦中英国で開発された双曲線航法》. 〖《頭字語》 ← *g*(*round*) *e*(*lectronics*) *e*(*ngineering*)〗
Gee /ʤíː/, **Maurice** *n.* ジー (1931–　; ニュージーランドの小説家).
gee·bung /ʤíːbʌŋ/ *n.* 〖植物〗 オーストラリア産ヤマモガシ科 *Persoonia* 属の木; その果実. 〖(1827) 《現地語》〗
Gee·chee /ʤíːtʃiː/ *n.* **1** ＝Gullah. **2** 《米俗・軽蔑》 **a** 南部の田舎者の黒人. **b** 低地サウスカロライナ州人《特に Charleston 地区出身の人》.
gee·gaw /gíːgɔː, -gɑː | -gɔː/ *n.* ＝gewgaw.
gee-gee /ʤíːʤìː/ *n.* 《英》 **1** 《俗・小児語》 馬, おうま, はいどうどう (horse): play ～ お馬ごっこをする. **2** 《俗》 競走馬 (racehorse). 〖(1869) 《加重》 ← GEE²〗
gée hó *int.* ＝gee² 1. 〖(1668–71) 擬音語〗
geek¹ /gíːk/ *n.* 《米俗》 **1** 男, やつ. **2** とんま, まぬけ. **3** 《米》 (カーニバルで鶏・蛇などの生首を食いちぎって見せる)奇態な見世物師. **géek·y** /-ki/ *adj.* 〖((1876)) (1916) ← 《方言》 ～ 'fool' ☐ Du. *gek* madman ∥ MLG *geck*: ⇨ geck〗
geek² /gíːk/ *n.*, *vi.* 《豪口語》 (じろじろ)見る(こと) (look): have a ～ at …を見る.
geel·bek /xíːlbɛk/ *n.* 〖魚類〗 南アフリカ海域のニベ科の食用魚 (*Atractoscion aequidens*). 〖(1853) ☐ Afrik. ～ 'yellow mouth (beak)'〗
geel·dik·kop /giːldíkɑ(ː)p | -kɔp/ *n.* 〖獣医〗 ハマビシ (*Tribulis terrestris*) の摂取によるアフリカ南部のメンヨウ・ヤギの植物中毒症《黄疸(おうだん)と光過敏症を主徴とする》. 〖☐ Afrik. 《原義》 yellow thickhead〗
Gee·long /ʤɪlɔ́(ː)ŋ, -lɑ́(ː)ŋ | -lɔ́ŋ/ *n.* ジロング《オーストラリア Victoria 州南部にある海港》.
Géel·vink Báy /*Du.* ɣéːlvɪŋk, xéː-/ *n.* ヘールフィンク湾 (Sarera Bay の旧オランダ語名).
geep /gíːp/ *n.* ヤギとヒツジの交配種 (cf. shoat²). 〖《混成》 ← G(OAT)＋(SH)EEP〗
gée pòle *n.* 犬ぞりのかじ棒. 〖← GEE²〗
gée·pòund /ʤíː-/ *n.* 〖物理〗 ＝slug³ 6.
geese /gíːs/ *n.* goose の複数形.
Gee·sink /héɪsɪŋk; *Du.* ɣéːsɪŋk, xéː-/, **Anton** *n.* ヘーシンク (1934–　; オランダの柔道選手; 東京オリンピックで優勝 (1964)).
geest /géɪst, gíːst/ *n.* 〖地質〗 **1** 沖積層《現在の水系で運ばれ堆積した土砂》. **2** 風化土. 〖(1847) ☐ G ～ ☐ LG ～ 'sandy, dry soil' ← *güst* barren: cf. OE *gǣsne* barren〗
gée·strìng /ʤíː-/ *n.* ＝G-string.
gée-úp *int.* ⇨ gee² 1. 〖(1773) 1796〗
gee-whiz /ʤíː(h)wíz/ *adj.* 《米》 **1** (特に, 大向こうをうならすような語句を用いて)あっと言わ[驚か]せるような: ～ journalism. **2** 目を見張るような, びっくりするような. 〖(1934) ← GEE¹＋*whiz* (← ?)〗
geez /ʤíːz/ *int.* (*also* **geeze** /～/) [しばしば G-] ＝jeez.
Ge·ez /giːéz, geɪ-/ *n.* (*also* **Ge'ez** /～/) ゲーズ語, 古代エチオピア語 (⇨ Ethiopic 1). 〖(1790) ← Ethiopic〗
gee·zer /gíːzə | -zə(r)/ *n.* 《俗》 変わった人[老人], 変人 (ほとんどの場合, 男性についていう); やつ. 〖(1885) 《変形》 ← 《口語》 *guiser* ← GUISE＋-ER¹: 方言の発音を示す〗
GEF 《略》 Global Environment Facility 地球環境資金制度.
ge·fil·te fish /gəfíltə- | gɪ̀-; *Yid.* gəfíltə/ *n.* 〖料理〗 パン粉や卵を合わせた魚のすり身を, だんご状にまとめて魚のだし汁で蒸し煮にするか, またはもとの魚(皮)に詰めて火を通したユダヤ料理. 〖(1892) ☐ Yid. ～ 'filled fish'〗
ge·füll·te fish /gəfíltə-; *G.* gəfýltə/ *n.* ＝gefilte fish.
ge·gen·i·on /géɪgənàɪən, -ɑ(ː)n | -ən, -ɔn; *G.* géːgnio:n/ *n.* 〖物理化学〗 ＝counterion. 〖(1880) ☐ G ～ ← *gegen* opposite＋ION〗
ge·gen·schein, G- /géɪgənʃàɪn; *G.* géːgnʃaɪn/ *n.* 〖天文〗 対日照《晴れた暗い夜に太陽と反対側の天空に見える微光》. 〖(1880) ☐ G ～ ← *gegen* (↑)＋*Schein* light〗
Ge·hen·na /gɪhénə/ *n.* **1** 〖聖書〗 (旧約聖書で)ゲヘナ (Jerusalem 近くの Hinnom の谷で, Moloch や Tammuz が崇拝された場所; 後に市民のごみ捨て場; 悪気を清めるために絶えず火が燃やされていた; *Jer.* 7:31). **2** 〖聖書〗 (新約聖書で)地獄 (hell) 《悪人の魂が劫罰を受けるにふさわしい所とされた》. **3** 苦難の他, 焦熱地獄. 〖(1594) ☐ LL ～ ☐ LGk *Géenna* ☐ Heb. *Gē Hinnōm* hell ← *Gē Ben-Hinnōm* 《原義》 the valley of son of Hinnom〗
geh·len·ite /géɪlənàɪt/ *n.* 〖鉱物〗 ゲーレン石 ($Ca_2Al_2SiO_7$). 〖(1817) ☐ G *Gehlenit* ← A.F.Gehlen (1775–1815: ドイツの化学者): ⇨ -ite¹〗
Gehr·ig /gérɪg/, **Henry Louis** *n.* ゲーリッグ (1903–41; 米国の野球選手; 屈指の強打者; 通称 Lou Gehrig).
Gei·ger /gáɪgə | -gə(r)/ *n.* 《口語》〖物理〗 **1** ＝Geiger counter. **2** Geiger counter で検出される放射性粒子.
Gei·ger /gáɪgə | -gə(r); *G.* gáɪgɐ/, **Hans** (**Johann**) **Wilhelm** *n.* ガイガー (1882–1945; ドイツの物理学者; ガイガー計数管を発明).
Géiger còunter *n.* 〖物理〗 ガイガー(ミュラー)カウンター[計数管] 《放射線・宇宙線などの中の荷電粒子線を検出する装置; Geiger-Müller counter, Geiger tube ともいう;

cf. proportional counter). 〖(1924) ↑〗

Gei·ger-Mül·ler còunter /-mjúːlə-, -míːlə-, -mʌ́lə- | -mjúːlə-, -míːlə-, -mʌ́lə-; G. -mýlɐ-/ *n.* 〖物理〗ガイガーミュラーカウンター (⇨ Geiger counter). 〖(1932) ← *H. Geiger* (↑) & *W. Müller* (20 世紀のドイツの物理学者)〗

Geiger-Müller tùbe *n.* 〖物理〗ガイガー(ミュラー)管, ガイガーミュラー計数管《宇宙線, または放射性物質から放射される荷電粒子の数を数える計数管; Geiger tube ともいう》. 〖↑〗

Géiger tùbe *n.* 〖物理〗=Geiger-Müller tube.

Gei·kie /gíːki/, Sir **Archibald** *n.* ギーキー《1835–1924; スコットランドの地質学者》.

geisa *n.* geison の複数形.

Gei·sel /gáɪzəl, -zḷ/, **Theodor Seuss** /súːs | sjúːs, súːs/ *n.* ガイゼル《1904–91; 米国の童話・絵本作家; 筆名 Dr. Seuss》.

gei·sha /géɪʃə, gíː- | géɪ-/ *n.* (*pl.* ~, ~**s**) 芸者. 〖(1887) □ Jpn.〗

géisha gìrl *n.* =geisha.

gei·son /gáɪsɑ(ː)n, gáɪ- | -sɔn/ *n.* (*pl.* **gei·sa** /-sɑː/) 〖建築〗=cornice 1. 〖□ Gk *geîson*〗

Géiss·ler pùmp /gáɪslə- | -lə-; G. gáɪslɐ-/ *n.* 〖機械〗ガイスラー真空ポンプ《液体水銀をピストンの代わりに使って排気する》. 〖(1883) ← *Heinrich Geissler* (1814–79: ドイツの機械技師)〗

Géissler tùbe *n.* 〖電気〗ガイスラー管《低気圧中放電の実験用放電管》. 〖(1863) ← *H. Geissler* (↑)〗

Geist, g- /gáɪst; G. gáɪst/ *n.* 精神, 霊魂 (spirit); 知的感受性, 知的熱情. 〖(1871) □ G ~: cf. ghost〗

gei·to·nog·a·my /gàɪtənɑ́(ː)gəmi, -tṇ- | -tənɔ́g-, -tṇ-/ *n.* 〖植物〗自家受粉《両性花の同じ株における受粉; cf. xenogamy》. **gèi·to·nóg·a·mous** /-məs⁻/ *adj.* 〖(1880) ← Gk *geitono-, geítōn* neighbor + -GAMY〗

Ge·jiu /gʌ́dʒiùː; *Chin.* kɤ̀tɕiòu/ *n.* 箇旧(こきゅう)《中国雲南省 (Yunnan) 南部の都市》.

gel¹ /dʒél/ *n.* **1** 〖物理化学〗ゲル, 膠化体(こうかたい)《液体を媒質とするコロイド系がゼリー状に固化したもの; 例えば, 固まったゼラチン・寒天など; これらは温水中ではゾル (sol) となる》. **2** ゼリー状の物質. **3** 《口語》〖劇場〗=gelatin 5.
— *vi.* (**gelled; gel·ling**) 《米》 **1** 〖物理化学〗ゲルになる, 膠質化する. **2** 〈計画などが〉具体化する, 固まる, 形になる. **3** 〈人が〉(仕事などで)一団となる, しっくりいく.
gél·a·ble /-ləbḷ/ *adj.* 〖(1899) 《略》← GELATIN(E)〗

gel² /gél/ *n.* 《英俗》少女 (girl)《上流階級の発音を書き表すのに用いられる》.

gel·a·da /dʒélədə, gél- | -də/ *n.* 〖動物〗ゲラダヒヒ (*Theropithecus gelada*)《エチオピア産のヒヒの一種; 雄の成獣は長いたてがみがある; gelada baboon ともいう》. 〖(1843) 《現地語》〗

ge·län·de jùmp /gəléndə-; G. gəléndə-/ *n.* 〖スキー〗ゲレンデジャンプ (⇨ geländesprung). 〖↓〗

ge·län·de·läu·fer /gəléndəlɔɪfə | -fə^(r); G. gəléndəlɔʏfɐ/ *n.* クロスカントリースキーヤー (langläufer)《山スキーに対し比較的平らな山野でスキーをする人》. 〖□ G ~ ← *Gelände* ground, field + *Läufer* runner〗

ge·län·de·sprung /gəléndəsprʊ̀ŋ, -ʃprʊ̀ŋ; G. gəléndəʃpʁʊŋ/ *n.* 〖スキー〗ゲレンデシュプルンク, ゲレンデジャンプ《クロスカントリー中障害物をストックをついて跳び越す技術または競技; gelände jump ともいう》. 〖(1931) □ G ~ ← *Gelände* (↑) + *Sprung* jump〗

gel·ant /dʒélənt/ *n.* 〖物理化学〗=gellant.

gel·ate /dʒéleɪt/ *vi.* 〖物理化学〗=gel. 〖1915〗

gela·ti /dʒəláːtiː/ *n.* gelato の複数形.

ge·lat·i·fi·ca·tion /dʒəlæ̀təfɪkéɪʃən | dʒɪ̀lætɪfɪ-, dʒɛ-/ *n.* =gelatinization. 〖1860〗

gel·a·tin /dʒélətn, -tɪn | -tɪn/ *n.* **1** ゼラチン, 精製にかわ. **2** ゼラチン類似の物質: vegetable ~ 寒天 (agar). **3** 《米》ゼリー《ゼラチン(類似物質)を主成分とし, 砂糖・香料・酸味などを加えた製品; デザート・サラダ用》. **4** ゼラチン状爆薬: explosive ~ =blasting gelatin. **5** 〖劇場〗(照明用の)ゼラチン(フィルター). 〖(1713) □ F *gélatine* □ It. *gelatina* (dim.) ← *gelata* jelly < VL **gelāta(m)* = L (fem. p.p.) ← *gelāre* to freeze, stiffen: ⇨ -in²〗

ge·lat·i·nate /dʒəlǽtənèɪt, -tṇ- | dʒɪlǽtɪn-, dʒɛ-, -tṇ-/ *v.* =gelatinize. 〖1796〗

gel·a·tin·a·tion /dʒəlæ̀tənéɪʃən, -tṇ- | dʒɪlæ̀tɪn-, dʒɛ-/ *n.* ゼラチン化. 〖(1796): ⇨ ↑, -tion〗

gélatin dýnamite *n.* 〖化学〗=gelignite. 〖1889〗

gel·a·tine /dʒélətn, -tìːn | dʒèlətíːn, -tɪn, dʒèlətíːn/ *n.* =gelatin.

gel·a·tin·i·form /dʒèlətínəfɔ̀ːm | -nɪfɔ̀ːm/ *adj.* ゼラチン[ゼリー]状の. 〖(1830): ⇨ -(i)form〗

ge·lat·i·ni·za·tion /dʒəlæ̀tənəzéɪʃən, dʒèlətə-, -tṇ- | dʒɪlæ̀tɪnaɪ-, dʒɛ-, -nɪ-/ *n.* ゼラチン化. 〖(1843): ⇨ ↓, -ation〗

ge·lat·i·nize /dʒəlǽtənàɪz, -tṇ-, dʒélətṇ- | dʒɪlǽtɪn-, dʒɛ-, -tṇ-/ *vt.* **1** ゼラチン[ゼリー]状にする, にかわ質にする, ゼラチン化する. **2** 〖写真〗ゼラチンで覆う[処理する].
— *vi.* ゼラチン状[にかわ質]になる. 〖(1809): ⇨ -ize〗

ge·lát·i·nìz·er *n.* 〖化学〗ゼラチン化剤, ゲル化剤.

ge·lat·i·noid /dʒəlǽtənɔ̀ɪd, -tṇ- | dʒɪlǽtɪn-, dʒɛ-, -tṇ-/ *adj.* ゼラチン[ゼリー]状の (gelatinous). — *n.* ゼラチン[ゼリー]状物質. 〖(1866): ⇨ -oid〗

ge·lat·i·nous /dʒəlǽtənəs, -tṇ-, -tn- | dʒɪlǽtɪn-, dʒɛ-, -tṇ-/ *adj.* **1** ゼラチン[ゼリー]状の, にかわ質の (jellylike). **2** ゼラチンの[に関する, から成る]. **~·ly** *adv.* **~·ness** *n.* 〖(1724) □ F *gélatineux*: ⇨ gelatin, -ous〗

gélatin pàper *n.* 〖写真〗ゼラチン感光紙. 〖1851〗

gélatin pròcess *n.* ゼラチン法, ゼラチン印画法: **1** 〖写真〗ハロゲン化銀などの感光物質を分散して膜とするのにゼラチンを用いた写真法. **2** 〖印刷〗**a** ゼラチンフィルムによる複製印刷法. **b** コンニャク版のようにゼラチンを利用した複写法. 〖1875〗

ge·la·tion¹ /dʒəléɪʃən, dʒɛ-/ *n.* 凍結, 氷結 (freezing). 〖(1854) □ L *gelātiō(n-)* ← *gelāre* to freeze: ⇨ -tion〗

gel·a·tion² /dʒɛléɪʃən, dʒɪ-/ *n.* 〖物理化学〗ゲル化 (cf. gel¹ 1). 〖(1915) ← GEL¹ + -ATION〗

ge·la·to /dʒəláːtoʊ | -təʊ; *It.* dʒeláːto/ *n.* (*pl.* **-ti** /-tiː; *It.* -ti/, ~**s**) ジェラート《空気をあまり含まないイタリア風の軟らかいアイスクリーム》.

geld¹ /géld/ *vt.* (~·**ed, gelt** /gélt/) **1** の睾丸(こうがん)を抜く; (特に)〈動物を〉去勢する; …の卵巣を抜く. **2** …から重要な部分を取り去る, 骨抜きにする, 弱体化する; 〈書物〉のある箇所を削除する. **~·er** *n.* 〖(c1300) □ ON *gelda* ← *geldr* barren〗

geld² /géld/ *n.* 〖英史〗(アングロサクソン時代やノルマン王朝時代に地主が君主に納めた)税, 貢ぎ, 支払金 (tax) (cf. Danegeld). 〖(1610) □ ML *geldum* □ OE *ġeld, ġield* payment < Gmc **ʒeldam* (G *Geld* money / Goth. *gild* tribute) ← IE **gheldh-* to pay: cf. yield (v.)〗

Gel·der·land /géldəlæ̀nd | -də-; *Du.* xéldərlɑnt/ *n.* ヘルダーランド州《オランダ南東部の州, 歴史上帰属の変遷が多かった; 面積 5,131 km², 州都 Arnhem》.

geld·ing /géldɪŋ/ *n.* **1** 去勢獣; (特に)去勢馬. **2** 去勢 (castrating). **3** 《古》宦官(かんがん) (eunuch). 〖(c1384) □ ON *geldingr* ← *gelda*: ⇨ geld¹〗

Gel·dof /géldɑ(ː)f, -dɔ(ː)f | -dɔf/, **Robert Fredrick Xenon** *n.* ゲルドフ《1954– ; アイルランドのロック歌手・慈善活動家; Boomtown Rats のリードボーカル (1977–86); アフリカ飢餓救済の基金 Band Aid 設立 (1984); 通称 Bob Geldof》.

ge·lech·i·id /dʒəlékiɪd | dʒɪlékɪɪd/ 〖昆虫〗 *adj.* キバガ(科)の. — *n.* キバガ《キバガ科のガの総称》. 〖↓〗

Gel·e·chi·i·dae /dʒèləkáɪədìː | -lɪkáɪɪ-/ *n. pl.* 〖昆虫〗(鱗翅目)キバガ科. 〖← NL ~ ← Gk *gēlekhḗs* sleeping on earth + -IDAE〗

Ge·lée /ʒəléɪ; *F.* ʒəle/, **Claude** *n.* ジュレ (⇨ Claude Lorrain).

Ge·li·bo·lu /gèləbəlúː | -lɪ-; *Turk.* gelíbolu/ *n.* ゲリボルー(半島) (Gallipoli (Peninsula) のトルコ語名).

gel·id /dʒélɪd | -lɪd/ *adj.* **1** 《主に詩》氷のような, 凍るような, 氷のように冷たい, 極寒の. **2** 〈気質・態度など〉冷たい, 冷淡な. **~·ly** *adv.* **~·ness** *n.* 〖(1599) □ L *gelidus* icy cold ← *gelū* frost, cold: ⇨ -id⁴〗

ge·lid·i·ty /dʒəlídəti, dʒɛ- | dʒɪlídɪti, dʒɛ-/ *n.* 非常に冷たいこと, 極冷; 冷淡. 〖(1656–81) ← GELID + -ITY〗

gel·ig·nite /dʒélɪgnàɪt/ *n.* 〖化学〗ゼリグナイト, ゼラチンダイナマイト, 桜ダイナマイト《ニトログリセリン 50% 前後を含有する膠質(こうしつ)ダイナマイトの一種; cf. blasting gelatin》. 〖(1889) ← GEL(ATIN) + L *ignis* fire + -ITE¹〗

gel·lant /dʒélənt/ *n.* 〖物理化学〗ゲル化剤. 〖(1956) ← GEL + -ANT〗

Ge·lli·gaer /gèθlɪgéə, -gáɪə | -géə^(r), -gáɪə^(r); *Welsh* gèɬigáir/ *n.* ゲシガイル《ウェールズ南東部 Cardiff 北方の町》.

gél·ling àgent *n.* 〖物理化学〗gellant.

Gell-Mann /gélmáːn, gèlmáːn, -mǽn/, **Murray** *n.* ゲルマン《1929– ; 米国の物理学者; Nobel 物理学賞 (1969)》.

gel·ly /dʒéli/ *n.* 《俗》=gelignite.

gel·se·mi·um /dʒɛlsíːmiəm/ *n.* (*pl.* ~**s, -mi·a** /-miə/) **1** 〖植物〗=yellow jasmine 2. **2** 〖薬学〗ゼルセミウム《アジア・米国南部産のフジウツギ科のつる植物 (yellow jasmine) の根を乾燥させたもの; 鎮静剤に用いた》. 〖(1875) ← NL ~ ← It. *gelsomino* □ Arab. *yāsamīn* 'JASMINE'〗

Gel·sen·kir·chen /gèlzənkɪ̀əkən, -zṇ- | -kɪ̀ə-; G. gɛ̀lzṇkɪ́ʁçn̩/ *n.* ゲルゼンキルヘン《ドイツ North Rhine-Westphalia 州 Ruhr 地方の工業都市》.

gél strèngth *n.* =jelly strength.

gelt¹ /gélt/ *v.* 《古・方言》geld¹ の過去形・過去分詞.

gelt² /gélt/ *n.* 《米俗》金銭, 金 (money). 〖(a1529) □ Yid. ~ & G *Geld* money: cf. yield〗

gem /dʒém/ *n.* **1 a** 宝石, 宝玉 (jewel)《特に, 美しく磨いたりカットを施したもの》. **b** 準宝石. **2** 宝石のように美しい[貴重な]もの, 珠玉, 逸品; (宝石のように)大事な人, 最高の人: the ~ of the whole collection 全集中で最も光っているもの[最優秀品] / a ~ of a boy 玉のような(かわいらしい)男の子. **3** 《米》=muffin 1 b. **4** 《英》〖活字〗ジェム《活字の大きさの古い呼称; 約 4 アメリカンポイントに相当; ⇨ type¹ 3 ★》. **5** (NZ) 小さくて甘いケーキ.
Gém of the Móuntains [the —] 米国 Idaho 州の俗称.
— *vt.* (**gemmed; gem·ming**) …に宝石をちりばめる, 宝石で[のように美しく]飾る: a ring *~med with* rubies ルビーをはめた指輪 / the foliage *~med with* dewdrops 露の玉で飾られた木の葉.
〖(a1300) *gemme* □ (O)F < L *gemmam* bud, jewel ← ? IE **gembh-* tooth, nail (cf. comb) ∽ OE *ġimm* □ L〗

GEM /dʒém/ 《略》ground-effect machine; guidance evaluation missile 誘導精度測定ミサイル.

gem- /dʒém/ 〖通例イタリックで〗〖化学〗「2 個の同じ基が同一原子についている」の意の連結形. 〖← GEMINATE〗

Ge·ma·ra /gəmáːrə | gɛmáːrə, gɛ-/ *n.* [the ~] ゲマラ《ユダヤの律法書 Talmud の第 2 部で第 1 部 Mishnah の注解》; =Talmud. **Ge·ma·ric** /gəmáːrɪk | gɛmáː-, gɛ-/ *adj.* **Ge·má·rist** /-rɪst | -rɪst/ *n.* 〖(1613) □ Aram. *gᵉmārā* completion〗

ge·ma·tri·a /gəméɪtriə/ *n.* ゲマトリア《ヘブライ文字はそれぞれ数値を表すから, それによってある単語や文の数値を計算し, それと同じ数値の他の単語や文と入れ換えて隠れた意味を解読しようとする, 旧約聖書のカバラ主義的解釈法》. 〖(1686) □ Aram. *gīmaṭrīyā*ʰ □ Gk *geometría* 'GEOMETRY'〗

gém cùtting *n.* 宝石研磨(術). 〖1839〗

ge·mein·schaft, G- /gəmáɪnʃɑːft; G. gəmáɪnʃaft/ *n.* (*pl.* **-schaf·ten** /-tən, -tṇ; G. -tṇ/) 〖社会学〗ゲマインシャフト, 共同社会《血縁・地縁・友愛のような自然な意志によって結ばれた人間結合; cf. gesellschaft》. 〖(1937) □ G ~ ← *gemein* common + *-schaft* '-SHIP'〗

gem·el /dʒéməl, -mḷ/ *n.* **1** ジェメル瓶《二つの別々に作ったガラス瓶を融合した別々の方向の首をもつ瓶》. **2** 〖紋章〗ジェメル《2 本一組になった横帯; bar gemel ともいう》. **3** (16 世紀に用いられた)二[三]つの部分に分かれる指輪. — *adj.* 対になった. 〖(c1384) ~, *gemeu* □ OF *gemel* (F *jumeau*) < L *gemellum* (dim.) ← *geminus* twin〗

G

gém engràving *n.* 宝石彫刻(術). 〖1860〗

gém·fish *n.* (*pl.* ~, ~·**es**) オーストラリア産のクロタチカマス科カゴカマス属の食用魚 (*Rexea solandri*).

gem·i·nal /dʒémənḷ | -mɪ-/ *adj.* 〖化学〗ジェムの, 一対の《一つの炭素原子に二つの同じ原子または原子団がついている》. **~·ly** *adv.* 〖(1967) ← L *gemin(us)* twim + -AL¹〗

gem·i·nate /dʒémənèɪt | -mɪ-/ *vt., vi.* 二重にする[なる], 対にする[なる]. — *adj.* /dʒémənɪt, -nèɪt | -mɪ-/ **1** 〈葉・花など〉双生の, 対になった, 二つなりの. **2** 〖音声・文法〗=geminated. — /dʒémənɪt, -nèɪt | -mɪ-/ *n.* 〖音声〗重複した子音(字)[母音(字)]. **~·ly** *adv.* 〖(1598) ← L *geminātus* (p.p.) ← *gemināre* to double, unite ← *geminus* twin, double: ⇨ -ate³〗

gém·i·nàt·ed /-nèɪtɪd | -tɪd/ *adj.* **1** 〖音声〗〈子音(字)や母音(字)が〉重複した《例: homemade /hóʊmméɪd | háʊm-/ の /mm/》. **2** 〖文法〗〈子音字が〉重複した《例: ladder の -dd-》. 〖(1802): ⇨ ↑, -ED〗

gem·i·na·tion /dʒèmənéɪʃən | -mɪ-/ *n.* **1** 重ねる[重なる]こと, 重複, 反復, 倍加 (duplication). **2** 〖音声〗子音(字)や母音(字)の重複. **3** 〖文法〗子音字の重複. **4** 〖修辞〗反復《修辞的効果のため同じ語句を繰り返すこと》. 〖(1597) □ L *geminātiō(n-)* ← *gemināre* 'to GEMINATE'〗

gem·i·ni /dʒéməni | -mɪ-/ *int.* 《古》=jiminy. 〖(1664) 《転訛》? ← LL *Jesū Domine* Lord Jesus!: cf. G *jemine* / Du. *jemenie*〗

Gem·i·ni¹ /dʒémənàɪ, -niː | -mɪ-/ *n.* **1** 〖占星〗**a** ふたご座, 双子宮《黄道 12 宮の第 3 宮; the Twins ともいう; cf. zodiac》. **b** ふたご座生まれの人. **2** 〖天文〗ふたご(双子)座《北天の星座; Castor と Pollux の二つの一等星を含む; the Twins ともいう》. **3** [g-; 複数扱い]〖医学〗双胎, ふたご. **4** 〖ギリシャ神話〗=Castor and Pollux. **5** [g-] 《まれ》一対《特に二つの目》. — *adj.* 〖占星〗ふたご(双子)座の. **Gem·i·ni·an** /dʒèmənáɪən | -mɪ-⁻/ *adj.* 〖(1391) □ L ~ (pl.) ← *geminus* twin, double ← IE **yem-* to pair〗

Gem·i·ni² /dʒéməni | -mɪ-/ *n.* ジェミニ《軌道上のランデブー用に設計された米国の二人乗り宇宙船》.

Ge·mi·nia·ni /dʒèmɪniáːni, dʒèm-; *It.* dʒemi-njáːni/, **Francesco Sa·ve·rio** /savéːrjo/ *n.* ジェミニアーニ《1680?–1762; イタリアのバイオリニスト・作曲家》.

Gem·i·nid /dʒémənɪd | -mɪ-/ *n.* [通例 *pl.*]〖天文〗ふたご座流星群. 〖← GEMINI + -ID¹〗

gém·lìke *adj.* **1** 宝石のような. **2** 申し分のない, すばらしい (perfect, exquisite): ~ beauty. 〖1859〗

gem·ma /dʒémə/ *n.* (*pl.* **gem·mae** /-miː/) **1** 〖植物〗無性芽, 子芽《葉面や葉先などに発生する小植物体で地に落ちて根が生じ個体となる》. **2** 〖動物〗芽体《将来特定の組織や器官に発達する一群の未分化の細胞》. 〖(1691) □ L ~ 'bud, gem': ⇨ gem〗

Gem·ma /dʒémə/ *n.* ジェンマ《女性名》. 〖□ It. ~ 《原義》gem〗

gem·ma·ceous /dʒɛméɪʃəs/ *adj.* **1** 〖植物〗無性芽の[に似た, に関する]. **2** 〖動物〗芽体の[に似た, に関する]. 〖(1854): ⇨ -aceous〗

gemmae *n.* gemma の複数形.

gem·mate /dʒémeɪt/ *adj.* **1** 〖植物〗無性芽 (gemma) のある. **2** 〖動物〗芽体のある. — *vi.* 発芽する; 無性芽[芽体]によって繁殖する. 〖(1846) □ L *gemmātus* (p.p.) ← *gemmāre* to bud ← *gemma* 'GEMMA'〗

gem·ma·tion /dʒɛméɪʃən/ *n.* **1** 〖植物〗発芽; 無性芽繁殖[生殖]; 芽の配列法. **2** 〖動物〗芽球形成《海綿が芽球 (gemmule) を作ること》. 〖(1760) □ F ~ ← L *gemmāre* to bud ← *gemma*〗

gem·mif·er·ous /dʒɛmíf(ə)rəs/ *adj.* **1** 宝石を産する[含む]. **2** 〖植物〗無性芽 (gemma) を生じる[で繁殖する]. **3** 〖動物〗芽体 (gemma) を生じる[で繁殖する]. 〖(1656) ← GEMMA + -I- + -FEROUS〗

gem·mi·form /dʒéməfɔ̀əm | -mɪfɔ̀ːm/ *adj.* 〖植物・動物〗無性芽[芽体] (gemma) に似た.

gem·mip·a·rous /dʒɛmípərəs/ *adj.* 〖生物〗発芽する; 芽によって繁殖する. **~·ly** *adv.* 〖(1793) ← GEMMA + -I- + -PAROUS〗

gem·mól·o·gist /-dʒɪst | -dʒɪst/ *n.* 宝石学者, 宝石鑑定人. 〖(1931): ⇨ ↓, -ist〗

gem·mol·o·gy /dʒɛmɑ́(ː)lədʒi, dʒɪ- | dʒɛmɔ́l-/ *n.* 宝石学. **gem·mo·log·i·cal** /dʒèməlɑ́(ː)dʒɪkəl, -kḷ | -lɔ́dʒɪ-⁻/ *adj.* 〖(1811) ← L *gemma* 'GEM' + -LOGY〗

gem·mu·la·tion /dʒèmjʊléɪʃən/ *n.* =gemmation.

gem·mule /dʒémjuːl/ *n.* **1** 〘植物〙 =gemma. **2** 〘動物〙芽球《淡水海綿などが冬を越して翌春新生するための芽》; 小芽体, 無性体. **3** 〘生物〙ジェミュール《Darwin が遺伝形質を伝えると考えた仮説的生命単位の一つ》. 〖(c1841) □ L *gemmula* little bud: ⇨ gemma, -ule〗

gem·mu·lif·er·ous /dʒèmjulíf(ə)rəs/ *adj.* 〘動物〙芽球 (gemmule) を生じる. 〖(1846): ⇨ ↑, -(i)ferous〗

gem·my /dʒémi/ *adj.* (**gem·mi·er; -mi·est**) **1** 宝石をちりばめた. **2** 宝石のような; きらめく. 〖(?1400): ⇨ gem, -y¹〗

gem·ól·o·gist /-dʒɪst | -dʒɪst/ *n.* =gemmologist. 〖1931〗

gem·ol·o·gy /dʒemɑ́(ː)lədʒi, dʒɪ- | dʒemɔ́l-/ *n.* =gemmology. **gem·o·log·i·cal** /dʒèməlɑ́(ː)dʒɪkəl, -kl | -lɔ́dʒɪ-/ *adj.* 〖(1811) ← GEM+-LOGY〗

ge·mot /gəmóut | gɪmə́ut/ *n.* (*also* **ge·mote** /~/) 〘英史〙(アングロサクソン時代の)民会《司法・立法のための集会; cf. witenagemot》. 〖OE *ġemōt* ← *ġe-* together+*mōt* meeting: ⇨ y-, moot〗

gem·pyl·id /dʒempílɪd | -lɪd/ *adj., n.* 〘魚類〙クロタチカマス科の(魚). 〖↓〗

Gem·pyl·i·dae /dʒempílədìː | -lɪ-/ *n. pl.* 〘魚類〙クロタチカマス科. 〖← NL ~ ← *Gempylus* (属名: ← Gk *gempúlos* young tunny)+-IDAE〗

gems·bok /gémzbɑ̀(ː)k | -bɔ̀k/ *n.* (*also* **gems·buck** /dʒémzbʌ̀k/) (*pl.* **~s**, ~) 〘動物〙ゲムズボック, ケープオリックス (*Oryx gazella*)《アフリカ南部産のオリックス属のまっすぐな長い角を持った大形のレイヨウ》. 〖(1777) □ Afrik. ~ □ G *Gemsbock* ← *Gemse* chamois+*Bock* buck〗

Gém Stàte *n.* [the ~] 米国 Idaho 州の俗称.

gém·stòne *n.* 貴石, 宝石用原石. 〖← GEM+STONE: cf. OE *gimstān*〗

ge·müt·lich /gəmúːtlɪk, -mjúːt-, -lɪx; G. gəmýːtlɪç/ G. *adj.* 気楽な; 気持ちのよい, 快適な, 感じのよい. 〖(1852) □ G ~〗

ge·müt·lich·keit /-kàɪt; G. -kaɪt/ G. *n.* 気楽; 快適; 感じのよさ. 〖(1892) □ G ~〗

gen /dʒén/ 〘英口語〙 *n.* (正しく完全な)情報: have the ~ on …のことを知っている. — *v.* (**genned; gen·ning**) — *vi.* (すぐに)覚える, 知る (learn) ⟨*up*⟩ [*about, on*]. — *vt.* …に知識を与える (inform) ⟨*up*⟩ [*about, on*] (cf. genned-up). ***gén úp*** 情報を得る[与える] [*on*]. 〖(1940) (略) ← *gen(eral information)*〗

gen. (略) gender; genera; general; generally; generator; generic; genetic; genital; genitive; genuine; genus.

Gen. (略) 〘軍事〙General; Genesis (旧約聖書の)創世記; Geneva; Genevan.

gen-¹ /dʒen/ (母音の前にくるときの) geno-¹ の異形.

gen-² /dʒiːn, dʒen/ (母音の前にくるときの) geno-² の異形.

-gen /dʒən, dʒen/ (*also* **-gene**) — 科学用語で, 次の意味を表す名詞連結形: **1**「…を生じるもの, 発生させるもの」: dermatogen, hydrogen, nitrogen, phosgene. **2**「…から生じたもの」: acrogen, endogen, exogen. **3** [通例 -gene] 〘地質〙地層形成・変形の型・方法を表す: tectogene. 〖□ F *-gène* □ Gk *-genḗs* born, produced ← *gennân* to bear, produce ← IE **gen(ə)-* to give birth〗

ge·na /dʒíːnə, génə | dʒíːnə/ *n.* (*pl.* **ge·nae** /-niː/) 〘動物・解剖〙頰(ほお), 頰部(きょうぶ). 〖(1826) □ L ~: cf. chin〗

Gen AF (略) General of the Air Force.

ge·nal /dʒíːnl, dʒíːnl/ *adj.* 〘解剖〙頰部(きょうぶ)の[に関する]. 〖(1877) ← GENA+-AL¹〗

ge·nappe /dʒənǽp, ʒə-; F. ʒənap/ *n.* 〘紡織〙 =genappe yarn. 〖(1858) ← *Genappe* (ベルギーの原産地名)〗

genáppe yàrn *n.* 〘紡織〙滑らかで光沢のある梳毛(そも)糸《打ちひもなどを作るのに用いる》. 〖1892〗

Genck /géŋk/ *n.* =Genk.

gen·darme /ʒɑ́ːndɑəm, dʒɑ́ːn- | ʒɑ̃ː(n)dɑːm, ʒɑ́ːn-; F. ʒɑ̃daʁm/ *n.* (*pl.* **~s** /~z; F. ~/) **1 a** (ヨーロッパ諸国, 特にフランスの)警察官; (フランスの)警察保安隊員, 憲兵隊員. **b** (戯言) 警官. **2** (革命前の)フランス騎兵隊員. **3** 〘地質〙ジャンダルム《山の背に突き出たとがり岩》. 〖(c1550) (1796) □ F ~ (sing.) (逆成) ← *gens d'armes* men at arms ← *gens* people+*de* of+*armes* 'ARMS'〗

gen·dar·me·rie /ʒɑːndɑ́əməri, dʒɑːn- | ʒɑ̃ː(n)dɑ́ːməri, ʒɑːn-; F. ʒɑ̃daʁməʁi/ *n.* (*also* **gen·darm·er·y** /~/) **1** [単数または複数扱い] (ヨーロッパ各地の)警察官 (gendarmes); (フランスの)警察保安隊, 憲兵隊. **2** フランス憲兵隊の本部. 〖(1551) □ F ~: ⇨ ↑, -ery〗

gen·der¹ /dʒéndə | -də(r)/ *n.* **1** 性 (sex), (社会的・文化的に見た)性別, ジェンダー; [集合的] 男性[女性]たち: on grounds of ~, race, or age 性・人種・年齢を理由に / ~ roles 性別役割 / the female ~ 女性たち / the two ~*s* 男女 / ~ differences (社会的・文化的な)性の違い. **2** 〘文法〙性, 性別, 性称: grammatical ~ 文法的性 / the common ~ 通性 / the masculine [feminine] ~ 男[女]性 / the neuter ~ 中性 / ⇨ natural gender. **3** (古) 種類 (kind). 〖(?c1350) □ OF *gendre* (F *genre*) □ L *gener-, genus* race, kind: ⇨ genus〗

gen·der² /dʒéndə | -də(r)/ (古) *vt.* 産む, 生じる. — *vi.* 交接する, 交尾する. 〖(a1338) □ OF *gendrer* □ L *generāre* to produce ← *gener-* (↑)〗

génder bènder *n.* (口語) 性別歪曲者《男か女か分かりにくい行動・服装をする人》. 〖1980〗

génder dysphòria *n.* **1** 〘医学〙性別違和感, 性別不快感. **2** =gender identity disorder.

gén·dered *adj.* 性別[性的特徴]を反映した, 男女どちらかの性に特有の.

génder gàp *n.* (社会的・文化的行動[態度]にみられる)男女差《特に, 選挙の際の男女間の政治意識の相違》. 〖1977〗

génder idèntity *n.* 〘心理〙性(的自己)同一性《社会的・文化的に規定された性別の自己認識》.

génder idèntity disòrder *n.* 性同一性障害.

génder·less *adj.* 〘文法〙性のない, 無性の. 〖(1887) ← GENDER¹+-LESS〗

génder-néutral *adj.* 〈単語・言葉遣いが〉性差別のない《fireman の代わりに firefighter を使うなど》.

génder-specífic *adj.* 男性または女性に特有の.

gene /dʒíːn/ *n.* 遺伝子, 因子, 遺伝単位, 遺伝因子, ジーン《染色体に存在する生物遺伝の根本単位; Mendelian factor ともいう; cf. genome, stirp 2, operator genes, repressor gene, structural gene, operon》. 〖(1911) □ G *Gen* □ Gk *geneá* generation, race: ⇨ genealogy〗

Gene /dʒíːn/ *n.* ジーン: **1** 男性名. **2** 女性名. 〖1: (dim.) ← EUGENE. 2: (dim.) ← EUGENIA〗

-gene /dʒiːn/ =-gen.

geneal. (略) genealogical; genealogy.

ge·ne·a·log·ic /dʒìːniəlɑ́(ː)dʒɪk, dʒèn- | -lɔ́dʒ-/ *adj.* =genealogical. 〖1765〗

ge·ne·a·log·i·cal /dʒìːniəlɑ́(ː)dʒɪkəl, dʒèn-, -kl | -lɔ́dʒɪ-/ *adj.* **1** 系図の[に関する], 系図上の. **2** 系統[家系]を示す, 家筋の: a ~ table [chart] 系図, 系譜. **~·ly** *adv.* 〖(1577–87) ← F *généalogique* (□ Gk *genealogikós*)+-AL¹ ∞ (15C) *genealogial*: ⇨ genealogy, -ical〗

genealógical trée *n.* **1** (家)系図 (family tree). **2** 系統樹《生物の進化の過程などを図示したもの》. 〖1815〗

gè·ne·ál·o·gist /-dʒɪst | -dʒɪst/ *n.* 系図学者, 系譜学者. 〖(1605) ← GENEALOGY+-IST〗

ge·ne·al·o·gize /dʒìːniɑ́(ː)lədʒàɪz, dʒèn-, -niǽl- | -ǽl-/ *vt.* …の系図を尋ねる, 系統をたどる. — *vi.* 系図を論じる, 系統を調べる. 〖(1602): ⇨ ↓, -ize〗

ge·ne·al·o·gy /dʒìːniɑ́(ː)lədʒi, dʒèn-, -niǽl- | -ǽl-/ *n.* **1 a** 家系, 血統, 血筋. **b** (生物・言語の)系統. **2** 系図, 系譜, 系統図. **3** 系図学, 系譜学. 〖(a1325) □ (O)F *généalogie* ∥ LL *geneālogia* □ Gk *geneālogía* tracing of descent ← *geneá* race, family: ⇨ -logy〗

géne amplificàtion *n.* 〘生物〙遺伝子増幅《ある特定の遺伝子が生物の生活環において多数複製されること》. 〖1968〗

géne bànk *n.* 遺伝子銀行, ジーンバンク.

gèn·e·cól·o·gist /-dʒɪst | dʒɪst/ *n.* 品種生態学者.

gen·e·col·o·gy /dʒìːnɪkɑ́(ː)lədʒi, dʒèn-, -ne- | -kɔ́l-/ *n.* 品種生態学, ゲネコロギー. **gen·e·co·log·ic** /dʒìːnìːkəlɑ́(ː)dʒɪk, dʒèn- | -lɔ́dʒ-/ *adj.* **gèn·è·co·lóg·i·cal** *adj.* **gèn·è·co·lóg·i·cal·ly** *adv.* 〖(1923) ← GEN(US)+ECOLOGY〗

géne delètion *n.* 〘生物〙遺伝子除去《好ましくない遺伝子の除去》. 〖1971〗

géne flòw *n.* 〘生物〙遺伝子流動[拡散]《自由交配をするある集団へ, 別の自由交配集団から遺伝子が継続的に移入されること》. 〖1947〗

géne frèquency *n.* 〘生物〙遺伝子頻度[度数]《ある集団の全遺伝子量における対立遺伝子の頻度》. 〖1930〗

géne insèrtion *n.* 〘生物〙遺伝子挿入《欠失した遺伝子が外から挿入されること》.

géne màp *n.* 〘生物〙 =genetic map.

géne màpping *n.* =genetic mapping. 〖1978〗

géne mutàtion *n.* 〘生物〙遺伝子突然変異. 〖1927〗

géne pòol *n.* 〘生物〙遺伝子プール, 遺伝子給源, 遺伝子溜. 〖1946〗

géne próbe *n.* 〘生物〙 =DNA probe.

gen·er·a /dʒénərə/ *n.* genus の複数形.

gen·er·a·ble /dʒénərəbl/ *adj.* 発生される; (知力・想像力などによって)生み出される. 〖(c1450) □ L *generābilis* ← *generāre* to bear: ⇨ generate, -able〗

gen·er·al /dʒén(ə)rəl/ *adj.* **1** (社会・団体などの)全員に関する, 全体に通じる; 特定[特殊, 部分的, 地方的]でない; 全般的な, 総体的な, 全体的な, 普遍的な (⇨ universal **SYN**): a ~ attack 総攻撃 / a ~ catalog 総目録 / a ~ examination 総[全科]試験 / a ~ manager 総支配人 / a ~ meeting [council] 総会 / a ~ panic 全国的恐慌 / (a) ~ war 全面戦争 / ~ principles 通則, 一般原則 / ~ provisions 〘法律〙総則, 通則 / a ~ rainfall 全国的降雨 / ⇨ general agent, general rule. **2** 社会の大部分に共通な, 世間一般の: a ~ practice [custom] 世間一般の慣行 / a ~ opinion 一般的世論 / ⇨ general public / a matter of ~ interest [experience] 広く一般の人々が興味を持つ[経験する]事柄 / for the ~ good 公益のために / It is a ~ belief that… というのが世間一般の信じるところである. **3** 特定の一部門に限らない, 専門的でない, 一般的な (⇨ normal **SYN**); 雑多な (↔ special): ~ affairs 庶務 / ~ culture 一般教養 / a ~ dealer 雑貨商 / a [the] ~ reader (専門家でない)一般読者 / a ~ storekeeper (米) =(英) a ~ shopkeeper 雑貨店主 / a ~ servant (古) 雑役婦 / ~ household work 家事の雑用 / ⇨ general education, general practitioner, general shop, general store / work of a ~ character (専門的でない)一般的性質の仕事, 庶務. **4** 概括的な, 大体の; 概略の, 漠然とした (cf. specific 1): ~ comments 概説 / a ~ idea [concept, notion] 一般観念[概念] / a ~ outline 概要 / a ~ resemblance 大同小異 / in ~ terms 概括的な言葉で, 漠然と / in the ~ direction of the church おおよそ[大体]教会の方向に / The ~ idea is that … その大意は…である / The statement is too ~. その言葉は大ざっぱすぎる. **5** 長官の; 将官級の: ⇨ general officer. **6** [官職名のあとに付けて] 総…, …長(官): a governor ~ 総督 / a postmaster ~ 郵政長官[大臣] / ⇨ attorney general. **7** 〘医学〙全身の: a ~ condition 全身[一般]状態 / ~ treatment 全身療法 / ⇨ general anesthesia.
as a géneral rúle 一般に, 通例, 概して. ***in a géneral wáy*** 一般的に, 概して. 〖1745〗

Géneral Agréement on Táriffs and Tráde [the —] 関税および貿易に関する一般協定 (⇨ GATT).

Géneral Certíficate of Educátion 〘英教育〙 (1) [the —] 一般教育履修証明試験《イングランドとウェールズで, 大学進学または専門職希望の主に中等学校上級生 (16 歳以上)を対象に大学と関連をもつ 8 つの試験委員会が個別的に行う; 各科目は普通課程 (O (=Ordinary) level) と上級課程 (A (=advanced) level) とに分かれ, 後者には別に大学奨学金希望者のための特別試験 (S (=Special) level) があったが, 1988 年以降 O level は新たな GCSE に統合された; 略 GCE》. (2) 一般教育証明書《(1) の試験に合格した科目の成績証明書; 略 GCE; cf. CSE》. 〖1947〗

Géneral Certíficate of Sécondary Educátion 〘英教育〙 (1) [the —] 一般中等教育履修証明試験《1988 年に導入された中等教育修了試験で, GCE の O level および CSE に代わるもの; 略 GCSE》. (2) 一般中等教育証明書《(1) の試験に合格した成績証明書; 略 GCSE》.

géneral théory of relatívity [the —] 〘物理〙一般相対性理論 (⇨ relativity 3). 〖1921〗

— *n.* **1 a** 〘陸軍・空軍・海兵隊〙将官: ⇨ brigadier (general), lieutenant general, major general, GENERAL of the Air Force, GENERAL of the Army / the ~ in command=the commanding ~ 軍司令官《将官》/ *General* Gordon ゴードン将軍 / *General* MacArthur マッカーサー元帥. ★ 米国では将官の位階は星の数で示すので, 俗に准将から元帥までの五階級を順次 a one-star, two-star, three-star, four-star, five-star general という. **b** 陸軍大将, 空軍大将. ★ 特に他の将官と区別する場合には a full general という. **c** 戦略[戦術]家, 将軍: a good [great] ~ 大戦略家, 名将 / He is no [a bad] ~. 将軍の器[戦略家]ではない. **2** 〘カトリック〙(修道会の)総会長: the Franciscan ~ フランシスコ会総会長. 〖□ ML *generālis* ← L (adj.)〗 **3** [通例 the ~] (古) 〘論理〙(「特殊」に対して)一般, 全体, 総体, 全般的なもの (cf. particular *n.* 4). **4** 一般的なこと; 通則, 一般原則 (general principles) (↔ particulars). **5** [the ~] (古) 一般社会, 一般大衆 (the general public): ⇨ CAVIAR *to the general*. **6** (英古) 雑働き (general servant). **7** 〘薬学〙全身麻酔薬 (general anesthetic).
in géneral 全般に; 概して, 普通 (generally) (↔ in particular): people *in* ~ 一般の人々 / *In* ~ we dine at eight. 普通, 夕食は 8 時に食べる. 〖1390〗

Géneral of the Áir Fòrce (米国の)空軍元帥.

Géneral of the Ármies [the —] (米国の)第一次大戦米軍総司令官 John J. Pershing に与えられた位《今の General of the Army に相当》.

Géneral of the Ármy (米国の)陸軍元帥 (five-star general)《海軍の Fleet Admiral に相当; 1946 年創設, 現役では 4 名以下に限定されている; cf. field marshal》.

— *adv.* (廃) =generally.

~·ness *n.* 〖(?a1200) □ (O)F *général* ∥ L *generālis* of a (whole) race (cf. *speciālis* 'SPECIAL') ← *gener-* 'GENUS': ⇨ -al¹〗

Géneral Accóunting Óffice *n.* [the ~] (米) 会計検査院《連邦政府の財政活動を監視し, 議会に報告書を提出する; 略 GAO》.

géneral áct *n.* 〘法律〙 =general law.

géneral adaptátion sỳndrome *n.* [the ~] 〘生理〙汎適応症候群《ストレス学説の主要概念で, ストレスに対して生体が一定の順序で示す非特異的な反応の総称》.

géneral admíssion *n.* 自由席の入場料. 〖c1949〗

géneral ágent *n.* **1** 総代理人. **2** 〘保険〙総代理店. 〖1835〗

Géneral Américan *n.* 一般米語《東部の New England 諸州と南部を除いた中西部全域で行われる典型的な米語; 略 G.A.; cf. Network Standard; ⇨ 発音解説》. 〖1934〗

Géneral Américan Spéech *n.* =General American.

géneral anesthésia *n.* 〘医学〙全身麻酔(法), 全麻 (cf. local anesthesia).

géneral anesthétic *n.* 〘薬学〙全身麻酔薬.

Géneral Assémbly, g- a- *n.* **1** [the G- A-] 国連総会《公式名 General Assembly of the United Nations》. **2** (米国の幾つかの州の)州議会. **3** (長老教会などの)総会, 大会. **4** [the G- A-] (ニュージーランドの)国会の旧名称. 〖1619〗

géneral áverage *n.* 〘海商〙共同海損《general average act によって生じた損害および費用; cf. particular average》. 〖1697〗

géneral áverage àct *n.* 〘海商〙共同海損行為《海難にあったとき, 船舶と積荷に共同の危険を救うため, 船長が故意になした行為》.

géneral áverage contribùtion *n.* 〘海商〙共同海損分担額.

géneral áverage sàcrifice *n.* 〘海商〙共同海損犠牲.

géneral aviátion *n.* 〘航空〙汎用航空《軍および輸送事業を除く他の航空一般》; 汎用航空機. 〖1966〗

Géneral Báptist *n.* 〘キリスト教〙一般バプテスト

《Arminius 的な神学的立場に立っているバプテスト; cf. Particular Baptist》.

géneral cárgo *n.* 一般貨物《一般の荷主から引き受ける積付けに特別な注意を必要としない雑貨等の船荷》.

géneral condítions *n. pl.* 【保険】普通約款.

géneral conféssion *n.* 【キリスト教】総告白, 総告解《過去の罪をすべて告白すること》; (会衆が共唱する)一般懺悔(ざんげ).

géneral cóntractor *n.* 一式請負者, ゼネコン《工事の全部を一括して請け負う業者》.

Géneral Cóurt *n.* **1** (米国植民地時代の New England の)立方権・司法権を持った諸地方集会. **2** (米国 Massachusetts 州と New Hampshire 州の)州議会. 〖1629〗

géneral cóurt-màrtial *n.* 《米》【軍事】高等軍法会議, 総合軍法会議 (cf. special court-martial, summary court-martial). 〖1813〗

gen·er·al·cy /ʤén(ə)rəlsi/ *n.* 【軍事】将官の地位[任期]. 〖(1864): ⇨ -cy〗

géneral déaler *n.* 雑貨商. 〖1859〗

géneral defénse *n.* (local defense に対して)全般防空.

géneral degrèe *n.* 【英大学】=pass degree.

géneral delívery *n.* 《米》 **1** 留置郵便 (poste restante). **2** (郵便局の)留置郵便課. 〖1846〗

géneral díscharge *n.* 【軍事】 **1** 普通除隊《在隊期間中, 勤務成績の優秀な隊員で, 無事故除隊 (honorable discharge) の資格には達しない者に与えられる除隊の一形式》. **2** 普通除隊証明書.

géneral éditor *n.* (辞書や継続して出される出版物全体の調整をする)編集主幹.

géneral educátion *n.* (専門教育に対して)一般教育 (cf. liberal education).

géneral eléction *n.* 総選挙《英国で 5 年以内に行われる下院議員選出選挙; 米国では広く地方・州・国の選挙にいう; カナダでは州または国の選挙にいう; cf. by-election, primary》. 〖1716〗

Géneral Eléction Dày *n.* (米国の)総選挙日《祭日の一つ; 4 年目ごとの 11 月の第一月曜翌日の火曜日》.

Géneral Eléctric *n.* 【商標】ゼネラルエレクトリック(社)《米国の世界最大の総合電機メーカー; 略 GE》.

géneral éxcise tàx *n.* 一般消費税.

Géneral Fébruary *n.* [擬人的] 冬将軍 (cf. General Winter). 〖1926〗

Géneral Fóods *n.* 【商標】ゼネラルフーズ《米国の大手食品会社; 現在 Kraft 社の一部》.

géneral grámmar *n.* 【言語】一般文法論, 普遍文法 (⇨ universal grammar).

géneral héadquarters *n. pl.* [単数または複数扱い] 総司令部 (略 GHQ). 〖1859〗

géneral hístory *n.* 一般史, 歴史概説.

géneral hóspital *n.* **1** 総合病院 (↔ special hospital). **2** 【軍事】総合病院, 一般病院《後方地帯にあり, 全科の診療を行う固定病院》. 〖1737〗

géneral-in-chíef *n.* (*pl.* generals-) 【軍事】総司令将官《19 世紀米陸軍将官の最長老に与えられた称号》.

géneral íntegral *n.* 【数学】⇨ general solution.

gen·er·al·ise /ʤén(ə)rəlàɪz/ *v.* 《英》=generalize.

gen·er·a·lis·si·mo /ʤèn(ə)rəlísəmòu | -sɪ̀məu/ *n.* (*pl.* ~**s**) **1** (英米以外のある国々で, 陸・海・空を統合した)全軍最高司令官, 総統, 大元帥. **2** (数個の同盟国軍隊が協同作戦を行う場合の)連合軍最高司令官. 〖(1621) ◻ It. ~ (superl.) ← *generale* 'GENERAL'〗

géneral íssue *n.* 【法律】一般答弁《相手方の主張を概括的な言葉で全面的に否認する答弁; cf. special issue》. 〖1768〗

gén·er·al·ist /-lɪ̀st | -lɪst/ *n.* **1** 多方面の知識をもつ人, 博学の人; 万能家 (↔ specialist). **2** (学校で)一般教養課程の履修者. **gén·er·al·ìsm** *n.* 〖(1611): ⇨ -ist〗

gen·er·al·i·ty /ʤènərǽləṭi | -lɪ̀ti/ *n.* **1** 一般法則, 通則; 概論, 概要, 概説; 漠然とした[不十分な]陳述: a hasty ~ 早急な概説 / deal [speak] in vague *generalities* 漠然と一般的に論じる / descend from *generalities* to particulars 概論から各論にはいる. **2** 一般的であること, 一般性, 普遍性. **3** 《古》[単数または複数扱い] 大部分, 大多数: in the ~ *of* cases 一般の[大抵の]場合に / The ~ *of* people are indifferent to this sort of thing. 一般の人はこういう事には無関心である. 〖(?c1378) ◻ (O)F *généralité* ◻ LL *generālitātem*: ⇨ general, -ity〗

gen·er·al·i·za·tion /ʤèn(ə)rəlɪ̀zéɪʃən | -laɪ-, -lɪ-/ *n.* **1** 一般化, 普遍化; 総合, 概括, 帰納, 法則化; 一般論: hasty ~ (少数の事例から帰納した)早合点, 速断 / sweeping ~s 一掃的[十把(じっぱ)ひとからげ的な]概括論. **2** 帰納的結果; 通則. **3** 【論理】 **a** 概括; 一般化 (↔ determination). **b** 汎化; 普遍化 (↔ instantiation). **4** 【心理】 **a** 刺激般化, 般化《ある刺激に対して起きた反応が, 他の同様な刺激に対しても起きること; stimulus generalization ともいう》. **b** =response generalization. **c** =mediated generalization. 〖(1761) ◻ F *généralisation*: ⇨ ↓, -ation〗

gen·er·al·ize /ʤén(ə)rəlàɪz/ *vi.* **1** (漠然と)概括的に論じる, 一般論をする (↔ specialize) 〔*about*〕; 概括する, 概括的に結論を導き出す〔*from*〕. **2** (美術的表現などで, 個性的な特色や細部よりも)一般性を強調する; 掃描する, (地図を描くときに)細部を省略する. **3** 〈病気などが〉身体全体に及ぶ[行きわたる]. — *vt.* **1** 一般化する, 一般的法則に概括[帰納]する, 一般法則化する; 総合する: ~ a conclusion (事実などから)一般的結論を導き出す. **2** 一般的に[漠然と]説く. **3** 〈物の使用・知識などを〉一般化する, 広める, 普及させる: ~ a new method 新方法を普及させる / ~ the use of a machine 機械の使用を広める. **4 a** 〈法律〉に一般的適用性を与える. **b** (個々の特徴をぼかして)漠然とさせる. **5** (美術的表現で)…の一般性だけを描く; 掃描する, (地図を描くときに)〈細部を〉ぼかす. **gén·er·al·ìz·a·ble** /-zəbl/ *adj.* 〖(a1751) ◻ F *généraliser*: ⇨ general, -ize〗

gen·er·al·ized /ʤén(ə)rəlàɪzd/ *adj.* **1** 一般化された. **2** 【医学】全身[広汎, 汎発](性)の (cf. systemic 2). **3** 【生物】(特殊に)分化していない, 環境に適応した形態をもたない. 〖(1842–43): ⇨ ↑, -ed〗

géneralized coórdinates *n.* 【物理】一般座標.

géneralized óther *n.* 【心理】一般化された他者《心の中にもっている概念的な他者; 米国の哲学者 G. H. Mead がその自我発達論で使用した概念》.

gén·er·al·iz·er *n.* **1** 概括者; 一般論者. **2** 普及者. 〖(c1792) ← GENERALIZE＋-ER[1]〗

Géneral Jánuary *n.* [擬人的] 冬将軍 (cf. General Winter). 〖1908〗

géneral knówledge *n.* (深くはないが)常識的な[広い]知識; 広く知られていること.

géneral láw *n.* 【法律】一般的法律《すべてのものに対して一般的に適用される制定法; general act, general statute ともいう; cf. private act, special law》.

géneral lédger *n.* 【会計】一般元帳, 総勘定元帳.

géneral linguístics *n.* 【言語】一般言語学《発音・文法などの特定面の言語研究を基に, 言語一般に共通する現象をとらえて研究する》.

gen·er·al·ly /ʤén(ə)rəli/ *adv.* **1** 一般に (cf. *in* GENERAL), 広く, あまねく (widely): These boys are ~ welcomed. これらの少年は一般的に(多くの人々から)歓迎される. **2** 大体において, 概して: The opinion of the meeting was ~ favorable. 集まった人たちの意見は大体好意的であった. **3** 通例, 普通 (usually, typically): We ~ dine at eight. うちではたいてい 8 時に食事をする. ***génerally spéaking*** **=** ***spéaking génerally*** 一般的に言えば[言って], 大体に, 概して (in general). 《1687》 〖(1340): ⇨ -ly[1]〗

géneral maláise *n.* 【医学】全身倦怠(感).

géneral mánagement commíttee *n.* 《英》総合運営委員会《選挙区の Labour Party の政策を決めるための区および労働組合の代表から成る委員会》.

géneral méeting *n.* (会社・組合などの)総会. 〖1782〗

géneral mobilizátion *n.* 総動員.

géneral mórtgage *n* 【経済】総括抵当 (blanket mortgage)《現在および将来における会社の全財産一切に対して包括的に設定される担保》.

Géneral Mótors *n.* 【商標】ゼネラルモーターズ(社)《世界最大の米国の自動車メーカー; Buick, Cadillac, Oldsmobile, Pontiac, Chevrolet などを製造; 略 GM》.

géneral obligátion bònd *n.* 一般政府保証債券《利子・元本の支払いが発行者たる政府によって保証された債券》.

géneral ófficer *n.* (陸軍・空軍・海兵隊の)将官 (cf. flag officer 1 a). 〖1681〗

géneral órder *n.* [通例 *pl.*] 【軍事】 **1** 一般命令, 合同命令《司令部からの命令で, 部隊の全員に適用されるもの; cf. special order》. **2** 一般守則《歩哨(ほしょう)の任務を規程した永続的な守則》.

géneral pàper *n.* (一般的知識および表現力をみるための)一般教養試験.

géneral parálysis *n.* 【病理】全身麻痺, 進行麻痺, 麻痺性痴呆《梅毒の症状; general paralysis of the insane ともいう; cf. general paresis》.

géneral parésis *n.* 【病理】(梅毒による)全身不全麻痺, 進行麻痺. 〖1874〗

géneral pártner *n.* 【法律】一般社員, 無限責任社員 (cf. limited partner, special partner, secret partner). 〖1887〗

géneral pártnership *n.* **1** 【法律】一般組合, 通常組合《ある特定の種類に属するすべての取引を行うことを目的とする組合; cf. particular partnership》. **2** 無限責任組合, 合名会社《組合員が組合のすべての負債に対して無限責任を負う組合; cf. limited partnership》.

géneral phonétics *n.* 一般音声学.

géneral póst *n.* **1** (午前)第一回配達郵便 (general post delivery ともいう). **2** 【遊戯】郵便ごっこ《席にそれぞれ地名がつき一度に二つずつ替わり合い general post の言葉で全員が入れ替わる遊び》. **3** 《英》(人員の急激な)大々的な入替え, (内閣などの)大改造, 大異動. 〖1755〗

Géneral Póst Òffice *n.* [the ~] **1** (1969 年までの)ロンドン郵便本局 (略 GPO). **2** 地方の郵便本局. 〖1660〗

géneral práctice *n.* 【医学】一般診療; 一般診療所.

géneral practítioner *n.* (専門医 (specialist) に対して)一般開業医 (略 GP). 〖1844〗

géneral precéssion *n.* 【天文】一般歳差《月日歳差 (lunisolar precession) と惑星歳差 (planetary precession) の和》.

géneral proposítion *n.* 【論理】普遍命題.

géneral públic *n.* [the ~] 一般社会[大衆], 公衆. 〖1854〗

géneral-púrpose *adj.* 〈動物・道具など〉色々の用途に使われる, 用途の広い, 多目的の: a ~ horse. 〖1894〗

géneral quárters *n. pl.* 【海軍】総員配置《戦闘準備のために総員が一斉に部署につくこと》. 〖1902〗

géneral rúle *n.* (法廷における)一般規則 (cf. special rule).

Géneral Sécretary *n.* (旧ソ連の)共産党書記長; (中国共産党の)総書記.

géneral semántics *n.* [単数または複数扱い] 一般意味論《Alfred Korzybski によって 1933 年に系統立てられた新しい意味論で, 記号・符号・言語を含む記号体系 (symbol-system) をより上手に, より批判的に用いる訓練を通して, 人間の意味論的反応の習慣を改善しようとする学問・教育的訓練; 正しい自然認識と人間関係の樹立がねらい》. 〖1933〗

Géneral Sérvices Administràtion *n.* (米国の)総務庁《米連邦政府の一機関で, 政府財産の管理維持, 法令の公布その他を行う; 略 GSA》.

géneral sérvice schòol *n.* 【軍事】業務学校《将校[幹部]以下に対し全職種に関する事項を教育する》.

géneral séssions *n. pl.* 【法律】 **1** 《英》治安裁判所《2 人以上の治安判事によって開廷される記録裁判所で, 治安委員会や制定法に与えられた権限を執行する; cf. special session 2, petty sessions》. **2** 《米》(ある州で)一般刑事裁判所.

géneral·ship *n.* **1** 大将の器[人物]; 大軍統率の手腕, 用兵・戦略の手腕. **2** 将官の職[地位, 身分](にあった期間). **3** 指揮[統御, 統率]の手腕 (leadership). 〖(1591): ⇨ -ship〗

géneral shòp *n.* 《英》=general store. 〖1836〗

géneral solútion *n.* 【数学】 **1** (連立一次方程式や常微分方程式の)一般解《幾つかの不定の数を含み, それらに具体的な数を代入することにより, すべての解が得られるもの; 常微分方程式のときには general integral ともいう; cf. particular solution》. **2** (偏微分方程式の)一般解《幾つかの不定の関数を含み, それらに具体的な関数を代入することにより, すべての解が得られるもの; general integral ともいう; cf. complete solution》.

géneral stáff *n.* [単数または複数扱い] 【軍事】一般幕僚, 参謀幕僚《陸軍・海兵隊では師団以上, 空軍では航空団以上の部隊の幕僚; cf. CHIEF of staff (2), personal staff, special staff, unit staff》: the naval ~ 海軍軍令部.

géneral státute *n.* 【法律】=general law.

géneral stóre *n.* [単数または複数扱い] 《米》(田舎などの) 雑貨店 (《英》general shop). 〖1835〗

géneral stríke *n.* 総(同盟)罷業, ゼネスト; [G- S-] (英国における 1926 年の)ゼネスト. 〖1810〗

Géneral Supplicátion *n.* 【英国国教会】=litany 2.

Géneral Sýnod *n.* **1** 【英国国教会】総会議《1970 年に創設された英国国教会の最高決議機関; 主教と選出された聖職者・信者から成る; cf. Church Assembly》. **2** [the ~; しばしば g- s-] 【キリスト教】総会, 大会《長老派教会では General Assembly に次ぐ全体的教会会議》.

géneral térm *n.* **1** 【論理】普遍[一般]名辞. **2** 【数学】(数列の)一般項. **3** 【法律】事件審理のための裁判所の通常の開廷期; 裁判官全員出席の開廷期間 (cf. special term 1).

géneral topólogy *n.* 【数学】一般位相数学 (⇨ topology 2 b).

gen·er·al·ty /ʤén(ə)rəlti/ *n.* 《古》=generality.

géneral únion *n.* 一般組合《職種や仕事の質に関係なく労働者を組織する労働組合》.

géneral vérdict *n.* 【法律】一般評決《陪審が自ら認定した事実法律を適用して, 事件について有罪・無罪または勝訴・敗訴などの結論を述べたもの; cf. special verdict》.

géneral wárd *n.* 一般病棟.

géneral wélfare clàuse *n.* [the ~] 【米法】一般福祉条項《米合衆国憲法第 1 条第 8 節第 1 項にある規定で, しばしば連邦議会の権限の拡張解釈に用いられる》.

géneral wíll *n.* 一般意志《個々の利害ではなく, 社会全体の共通の利害としての人民の意志; 人々の特殊意志の総和にすぎない volonté de tous と対立》. 〖(c1902) (なぞり) ← F *volonté générale*: Rousseau の言葉〗

Géneral Wínter *n.* [擬人的] 冬将軍《軍事行動に大きな影響を与えるところから》. 〖1966〗

gen·er·ate /ʤénərèɪt/ *vt.* **1** 〈結果・状態・感情などを〉引き起こす, 来たす, 招く: A sensation was ~*d* by his speech. 彼の演説で波紋が生じた / Uncleanliness ~*s* disease. 不潔は病気のもととなる. **2** 〈熱・電気などを〉(物理的・化学的に)生じる, 起こす, 発生させる (produce): ~ gas [electricity] ガス[電気]を発生させる / heat ~*d* by friction 摩擦によって生じた熱. **3** 【数学】 **a** (点・線・面が動いて)〈線・面・立体を〉描く: a *generating* point [line, surface, figure] 母点[線, 面, 形] (cf. generatrix). **b** 生成する《集合の幾つかの要素が他のすべての要素をつくり出す; cf. generator 4 a》. **4** 【言語】〈文を〉生成する (cf. generative grammar). **5** 〈子を〉産む (beget). — *vi.* 発生する; 産む, 生まれる. 〖(1526) ← L *generātus* (p.p.) ← *generāre* to produce, engender ← *gener-*, *genus* offspring: ⇨ genus〗

gén·er·at·ing stàtion /-ṭɪŋ- | -tɪŋ-/ *n.* 発電所. 〖1898〗

gen·er·a·tion /ʤènəréɪʃən/ *n.* **1** [単数または複数扱い] **a** 同時代の人々; 時代 (period, age): the rising [coming, young] ~ (ある特定の時代の)青年(層) / the growing ~ 青少年(層) / the present ~ 現代(の人々) / the last ~ 前代 / future ~*s* 後世, 後代 / the war ~ 戦争の世代, 「戦中派」/ In my ~ people didn't do that sort of thing! 私の世代ではだれもそんなことはしなかった. **b** 同時代の信仰・行動などを共にする人々, …族, 世代: ⇨ beat generation, lost generation. **2** 一代, 一世代《子が親になり, またはその子が生まれるまでの平均期間; 約 30 年または 1/3 世紀》: a ~ ago 30 年ばかり前, 一代前 / for ~*s* 数代にわたって. **3** (血統の)代, 世代; 同じ代の子孫:

G

a person's descendants [ancestors] in the tenth ～ ある人の 10 代目の子孫[先祖] / from ～ to ～ 代々(引き続いて) / ～ after ～ 来る代も来る代も, 世々, 代々 / They have been living here for four ～s. 彼らは 4 代続いてここに住んでいる / They form the fourth ～. 彼らは 4 代目だ. **4** 子孫, 一族, 一門 (descendants): The Czar and all his ～ were murdered in the revolution. ロシア皇帝とその一門は皆革命で殺された. **5** (同時代の物・商品などで, 同じひな型から作られたり, 多くの共通の類似点を持つ)型, タイプ, 種類. **6** (物理的・化学的な)発生, 生成 (production); (特に)発電: the ～ *of* heat, steam, gas, electricity, etc. **7** (感情などの)発生, 誘発, 醸成 (development): the ～ *of* ill feeling, hatred, etc. **8** 〖生物〗世代, 発生: the ～ of bacteria バクテリアの発生 / equivocal [spontaneous]～ =abiogenesis / ⇨ sexual generation, asexual generation. **9 a** 〖数学〗(他の図形の運動による幾何学的図形の)生成: the ～ of a line by a point. **b** 〖言語〗生成: the ～ of a passive sentence from an active sentence 能動文から受動文の生成. **10** 子を産むこと; 産出. **11** 《廃》(家)系図 (genealogy) (cf. *Matt.* 1:1). ***wise in one's generation*** 世才があ る, 世故にたけて, 利口で, 賢い (cf. *Luke* 16:8).

generátion of vípers 〖聖書〗蝮(まむし)の裔(すえ), 偽善者 (cf. *Matt.* 3:7; 12:34; 23:33).

gèn·er·á·tion·al /-ʃnəl, -ʃənl⁻/ *adj.* 〘(*a*1325) ◻ (O)F *génération* ◻ L *generātiō(n-)*: ⇨ generate, -ation〙

generátion gàp *n.* 世代間の断絶[ずれ, ギャップ]. 〘1967〙

Generátion X́ *n.* ジェネレーション X, X 世代 《1960 年代半ばから 70 年代半ばに生まれた世代; ベビーブーム世代に比べ就職などの機会が少ない》. **Generátion X̀er** /-ɛ́ksə | -sə⁽ʳ⁾/ *n.*

gen·er·a·tive /ʤɛ́n(ə)rətɪv, -nərèɪt- | ʤɛ́n(ə)rət-/ *adj.* **1** 発生の, 産出の, 発生上の; 生殖の (procreative): a ～ cell 〖生物〗生殖細胞 / the ～ organs 生殖器. **2** 発生力[産出力]のある, 原動の (originating): ～ force [power] 発生力, 原動力, 生殖力. **3** 〖言語〗生成的な, 生成力をもつ. **～·ly** *adv.* **～·ness** *n.* 〘(*a*1398) ◻ (O)F *génératif* ∥ LL *generātīvus* ← L *generātus*: ⇨ generate, -ive〙

génerative céll *n.* 生殖細胞 《特に配偶子》.

génerative grámmar /ʤɛ́n(ə)rətɪv- | -tɪv-/ *n.* 〖言語〗生成文法 《文法を, 文法的な文をすべて生成し, かつ非文法的な文を生成しないような明示的な規則の体系と考える文法(理論)》. 〘1959〙

génerative núcleus *n.* 〖植物〗雄原核, 生殖核 《種子植物の花粉内に形成される生殖細胞》. 〘*c*1892〙

génerative semántics /ʤɛ́n(ə)rətɪv- | -tɪv-/ *n.* 〖言語〗生成意味論 《統語論と意味論は同一であって区別されるべきではないとする生成文法理論; 60 年代後半から 70 年代にかけて展開された; cf. interpretive theory》. 〘1970〙

génerative-transformátional grámmar /ʤɛ́n(ə)rətɪv- | -tɪv-/ *n.* 〖言語〗生成変形文法 (⇨ transformational generative grammar).

gén·er·a·ti·vist /-vɪ̀st | -vɪst/ *n.* 生成文法家, 生成文法論者. 〘(1965) ← GENERATIVE＋-IST〙

gen·er·a·tor /ʤɛ́nərèɪtə | -tə⁽ʳ⁾/ *n.* **1** 〖電気〗(通例電磁感応による)発電機 (dynamo): an A.C. ～ 交流発電機 (alternator) / a D.C. ～ 直流発電機 / a welding ～ 溶接用発電機 / a signal ～ (電気)信号発生器. **2** 発生させる人[物] (originator). **3** 〖化学〗ガス[蒸気]発生器. **4** 〖数学〗**a** 生成元 《集合の他のすべての要素をつくり出すことのできる幾つかの要素》. **b** =generatrix. 〘(1646) ◻ L *generātor*: ⇨ generate, -or²〙

gen·er·a·trix /ʤɛ̀nərèɪtrɪks | ⏑⏑⏑⏑/ *n.* (*pl.* **-a·tri·ces** /ʤɛ̀nərèɪtrəsìːz | ʤɛ̀nərèɪtrɪsìːz/) 〖数学〗母量 《線・面・立体を作り出す母点・母線・母面; cf. generate *vt.* 3 a》. 〘(1657) ◻ L *generātrix*: ⇨ generate, -trix〙

ge·ner·ic /ʤɪ̀nɛ́rɪk, ʤɛ-/ *adj.* **1** 〖生物〗属 (genus) の, 属に特有な (cf. specific 3, varietal 1): a ～ character 属特有の性質 / a ～ description 属の特性記載 / a ～ difference 属差 / a ～ name [term] 属名. **2** 広く通じる, 一般的な, 包括的な (cf. specific 1). **3** 商標登録による保護を受けていない; 一般名称の. **4** 《ぶどう酒が》産地名で呼ばれる (cf. varietal 2). **5** 〖文法〗総称的な: a ～ sentence 総称文 (Fire burns. のような主語の特徴づけをする文) / the ～ singular 総称単数 《例: The dog is a faithful animal. の dog》/ the ～ person 総称人称 《普通の人称を超越してすべての人称に通じる we, you, they, one など》/ ～ number 総称人数 / ～ use 総称的用法. — *n.* 〖薬学〗一般名 《同一成分の医薬品が種々の商品名で販売されている場合, 共通の名称として定めるもの》. **～·ness** *n.* 〘(1676) ◻ F *générique* ← L *gener-* 'GENUS': ⇨ -ic¹〙

ge·nér·i·cal /-rɪ̀kəl, -kl | -rɪ-/ *adj.* 《古》=generic. 〘1432–50〙

ge·nér·i·cal·ly *adv.* 属に関して, 属的に; 一般的に; 総称的に. 〘(1651): ⇨ ↑, -ly¹〙

gen·er·os·i·ty /ʤɛ̀nərɑ́(ː)səti, -sti | -rɔ́sɪ̀ti/ *n.* **1** 物惜しみしないこと, 気前のよさ. **2** 寛大, 寛容, (高潔な)雅量. **3** [通例 *pl.*] 寛大な[気前のよい, 義侠(ぎきょう)的な]行為. **4** 豊富, 多量, 多大, たっぷり; 大きいこと: a ～ of hips. **5** 《古》高貴な生まれ; 高貴. 〘(?*a*1425) ◻ L *generōsitātem* ← *generōsus* (↓)〙

gen·er·ous /ʤɛ́n(ə)rəs/ *adj.* **1** 物惜しみしない, 気前のよい, 金離れのよい (liberal) 〔*to, toward*〕: a ～ giver, contributor, etc. / a ～ gift 惜しげなく与えられた贈物 / be ～ *with* one's money 金離れがよい. **2** 寛大な, 寛容な, 度量の大きい, 雅量のある, 高潔な (gracious, noble-minded); 思いやりのある (kindly): a ～ spirit, nature, etc. / be ～ *in* one's judgment of others 人の見方が寛大である. **3** たくさんの, 豊富な (abundant); たっぷりの, 十分な (ample): a ～ table [fare] 豊富な食卓[食事] / of ～ size [amount] 十分大きい[多量の]. **4** 《土地が》豊かな, 肥えた (fertile). **5** 《酒が》濃厚な, こくのある; 馥郁(ふくいく)とした, 芳香を放つ. **6** 《古》高貴な生まれの: the ～ islanders この島の偉い方々 (cf. Shak., *Othello* 3. 3. 280). **～·ness** *n.* 〘(1594–95) ◻ (O)F *généreux* ∥ L *generōsus* of noble birth (← *gener-* 'GENUS')＋-OUS〙

gén·er·ous·ly *adv.* **1** 惜しみなく, 気前よく. **2** 寛大に; 高潔に. **3** おびただしく, どっさり. 〘(1591): ⇨ ↑, -ly¹〙

Gen·e·see /ʤɛ̀nəsíː | -nɪ̀-/ *n.* [the ～] ジェニシー(川) 《米国 Pennsylvania 州北部から New York 州西部を通って Ontario 湖に注ぐ川 (242 km)》.

geneses *n.* genesis の複数形.

-ge·ne·si·a /ʤɪ̀níːʒiə, -ʒə | -ziə, -ʒiə, -ʒə/ (*pl.* **-si·ae** /-ʒiː | -ziː-, -ʒi-/) 「発生; 形成」の意の名詞連結形: paragenesia. 〘← NL ～: ⇨ ↓, -ia¹〙

gen·e·sis /ʤɛ́nəsɪ̀s | -nɪ̀sɪs/ *n.* (*pl.* **-e·ses** /-siːz/) **1** [通例 the ～] 起源, 起こり, 発生, 創始, 発生の様式[由来], 来歴: *the* ～ of a book 書物の由来. **2** [G-] (旧約聖書の)創世記 《モーセ五書 (Pentateuch) の第一書; 略 Gen.》. 〘lateOE ～ ◻ L ～ ◻ Gk *génesis* origin ← IE **genə-* to give birth (Gk *genetḗ* birth, *genetḗr* father)〙

-gen·e·sis /ʤɛ́nəsɪ̀s | -nɪ̀sɪs/ 「発生, 創始 (genesis)」の意の名詞連結形: abiogenesis, biogenesis. 〘↑〙

géne-splìcing *n.* 〖生物〗遺伝子接合[スプライシング] (cf. splicing). 〘1977〙

gen·et¹ /ʤɛ́nɪ̀t | -nɪt/ *n.* **1** 〖動物〗ジェネット 《ヨーロッパ南西部・アフリカ産のジャコウネコ科ジェネット属 (*Genetta*) の動物の総称; ヨーロッパジェネット (*G. genetta*) など体・尾は細長く, 灰色に褐色の斑紋がある》. **2** ジェネットの毛皮. 〘(1418) ◻ OF *genete* (F *genette*) ◻ OSp. *gineta* ◻ Arab. *járnait*〙

genet¹
(*G. genetta*)

gen·et² /ʤɛ́nɪ̀t | -nɪt/ *n.* =jennet.

Ge·net /ʒənéɪ; *F.* ʒənɛ/, **Jean** *n.* ジュネ (1910–86; フランスの劇作家・小説家・詩人; *Journal du voleur*「泥棒日記」(1948)).

Ge·nêt /ʒənéɪ; *F.* ʒənɛ/, **Edmond Charles Édouard** *n.* ジュネ (1763–1834; フランスの外交官; 初代の駐米公使; 1793 年以後米国に住む; 通称 Citizen Genêt).

géne thèrapy *n.* 遺伝子療法 《体外から正しい遺伝子を補う治療法》. 〘1971〙

ge·neth·li·ac /ʤɪ̀nɛ́θliæ̀k/ *adj.* 〖占星〗誕生(日)に関する, 誕生時の星相に関する. 〘(1584) ◻ LL *genethliacus* ◻ Gk *genethliakós* ← *genéthlē* birth: ⇨ -ac: cf. genesis〙

ge·neth·li·al·o·gy /ʤɪ̀nɛ̀θliǽləʤi, -liɑ́(ː)l- | -ǽl-/ *n.* 〖占星〗誕生時の星相を考察する学問. 〘(1656) ◻ L *genethlialogia*: ⇨ ↑, -logy〙

ge·net·ic /ʤɪ̀nɛ́tɪk | -tɪk/ *adj.* **1** 遺伝学 (genetics) の. **2** 発生の, 起源の[に関する]; 発生論的な. **3** 遺伝子 (gene) の, 遺伝子によって生じた. **ge·nét·i·cal** /-tɪ̀kəl, -kl | -tɪ-/ *adj.* **ge·nét·i·cal·ly** *adv.* 〘(1831) ← GENESIS: *antithetic* などから類推による造語〙

-ge·net·ic /ʤɪ̀nɛ́tɪk | -tɪk/ **1** -genesis に終わる名詞に対応する形容詞連結形: parthenogenetic. **2** =-genous: psychogenetic, spermatogenetic. 〘↑〙

genétically módified [engineéred] *adj.* 〖生物〗遺伝子が組換えられた, 遺伝子操作がなされた: ～ plants 遺伝子組換え作物 / ～ food 遺伝子組換え食品.

genétic álphabet *n.* 〖生物〗遺伝子アルファベット 《DNA 中の 4 つの塩基; adenine (A), thymine (T), guanine (G), cytosine (C); その組合わせが遺伝情報を作る》. 〘1970〙

genétic códe *n.* 〖生物〗遺伝情報, 遺伝暗号 《遺伝子の本体である DNA 中の塩基配列の順序によって指示される情報; これに基づき特定の蛋白質が作られる》. 〘1961〙

genétic cópying *n.* 〖生物〗遺伝子複合 《遺伝子の目録の複製》. 〘1952〙

genétic cóunseling *n.* 遺伝相談 《夫婦の染色体検査などに基づく新生児の遺伝病に関する相談指導》.

genétic dríft *n.* 〖生物〗遺伝子[遺伝的]浮動 《集団における遺伝子構成の変動》. 〘1945〙

genétic engineér *n.* 遺伝子工学者.

genétic engineéring *n.* 遺伝子工学. 〘1966〙

genétic fállacy *n.* 〖論理〗発生論的虚偽[誤謬(ごびゅう)] 《発生的方法や説明を, 不適切な仕方で, また適応不可能な状況で用いることから生じる誤謬》. 〘1934〙

genétic fíngerprint *n.* 〖生物〗遺伝子指紋 (DNA fingerprint). 〘1969〙

genétic fíngerprinting *n.* 〖生物〗遺伝子指紋法 《DNA の構造によって個人を識別する法; 犯罪捜査に応用される》. 〘1984〙

ge·nét·i·cist /-təsɪ̀st | -tɪ̀sɪst/ *n.* 遺伝学者. 〘(1913): ⇨ -ist〙

genétic lóad *n.* 〖生物〗遺伝(的)荷重 《個体あるいは集団の遺伝子中に含まれる致死遺伝子や有害遺伝子によって生じる死や異常の割合》.

genétic máp *n.* 〖生物〗遺伝子地図. 〘*c*1960〙

genétic mápping *n.* 遺伝子地図作成, 遺伝子マッピング 《染色体上の遺伝子の相対的位置を決定する; gene mapping ともいう》.

genétic márker *n.* 〖生物〗遺伝標識 《遺伝学的解析に標識として用いる染色体上の位置や効果がわかっている遺伝子》. 〘1950〙

genétic méthod *n.* [the ～] 発生論的方法 《物事[出来事]をその起源・発達の点から説明・評価すること》. 〘1908〙

genétic psychólogy *n.* 〖心理〗発達心理学 《新生児から成人までの心理的な発達を研究する領域》. 〘1909〙

ge·net·ics /ʤɪ̀nɛ́tɪks | ʤɪ̀nɛ́t-, ʤɛ-/ *n.* **1 a** 遺伝学. **b** 遺伝学書[教科書, 論文]. **2** 遺伝子の特質, 遺伝現象. **3** =genesis 1. 〘(1872): genetic の複数名詞用法〙

genétic súrgery *n.* 〖外科〗遺伝手術 《遺伝子の人為的な変更・移植》.

ge·nette /ʤɪ̀nɛ́t/ *n.* 〖動物〗=genet¹.

ge·ne·va /ʤɪ̀níːvə/ *n.* ジェネバ, オランダジン (Hollands) 《オランダ製のジン; cf. gin² 1 a》. 〘(1706) ◻ Du. 《廃》*genever* (Du. *jenever*) ◻ OF *genevre* (F *genièvre*) < L *jūniperus* 'JUNIPER'〙

Ge·ne·va¹ /ʤɪ̀níːvə/ *n.* **1** ジュネーブ 《スイス南西部 Geneva 湖に臨む都市; 国際赤十字社, ILO, WHO などの本部があり, また国際連盟の本部があった (1920–46); フランス語名 Genève /*F.* ʒənɛːv/》. **2** ジュネーブ(県) 《スイス南西部の県; 面積 282 km², 県都 Geneva》. 〘← ? Celt.〙

Ge·ne·va² /ʤɪ̀níːvə/ *n.* ジュネーブ 《女性名》. 〘⇨ Guinevere〙

Geneva, Lake *n.* ジュネーブ湖 《スイスとフランスの国境にある湖; 長さ 72 km, 面積 581 km²; Lake Leman ともいう; ドイツ語名 Genfersee》.

Genéva bánds *n. pl.* ジュネーブバンド 《首の前に垂れる幅の狭い白紗(しゃ)の 2 本の飾りひも; もとスイスのカルバン派の牧師が用いた; Geneva tabs ともいう》. 〘1882〙

Genéva Bíble *n.* [the ～] ジュネーブ聖書 《1557–60 年 Geneva に亡命中のピューリタンの学者・聖職者によって翻訳・出版された英訳聖書; 小型で読み易く編集されていたので好評を得た; 俗に Breeches Bible ともいう》. 〘*c*1570〙

Genéva Convèntions *n. pl.* [the ～] ジュネーブ条約 《1864 年から数度にわたってジュネーブで開かれた国際的会議で戦時中の傷病兵・捕虜などの取扱いを協定した諸条約》. 〘1880〙

Genéva cróss *n.* 赤十字 (⇨ Red Cross 4). 〘(*c* 1889) *Geneva Conventions* によって定められたことから〙

Genéva gòwn *n.* 〖教会〗ジュネーブガウン 《プロテスタントの牧師の用いる広袖黒色の説教用長衣; もとカルバン派の牧師が着たもの》. 〘(1820) *Geneva* のカルバン派の牧師が用いたことから〙

Genéva mòvement [mòtion] *n.* 〖機械〗ジュネーブ機構 《動輪のピンがこれとかみ合う歯車に間欠的な動きを与えるようになっている機構; 時計・映写機などに用いられる》.

Ge·ne·van /ʤɪ̀níːvən/ *adj.* **1** ジュネーブ (Geneva) の. **2** カルバン派の (Calvinistic): ～ theology ジュネバ派[カルバン派]神学. — *n.* **1** ジュネーブ人. **2** カルバン派の信者 (Calvinist). 〘(1564) ← GENEVA¹＋-AN¹〙

Genéva nómenclature *n.* [the ～] 〖化学〗=Geneva system.

Genéva Pròtocol *n.* [the ～] ジュネーヴ議定書: **1** 国際連盟の第 5 回総会 (1924) で採択された国際紛争の平和的解決に関する議定書; 批准されなかったが, 第一次大戦後の集団安全保障の思想を最初に具体化したものとされる. **2** 毒ガスおよび生物兵器の使用禁止に関する国際連盟の議定書 (1925).

Genéva stóp *n.* **1** 〖時計〗ゼネバ式巻き止め装置 《ぜんまいの巻きすぎ防止, ぜんまいのトルク安全部分の利用などの目的で香箱(こうばこ) (barrel) に設けられるストッパー機構; Maltese cross ともいう》. **2** 〖機械〗=Maltese cross 3. 〘1869〙

Genéva sỳstem *n.* [the ～] 〖化学〗ジェネバ命名法 《1892 年に定められた有機化合物命名法; 後に現在 IUPAC 命名法に発展した》. 〘← *Geneva*¹ (この命名法を定めた会議の開催地)〙

Genéva tábs *n. pl.* =Geneva bands. 〘1650〙

Ge·nève /*F.* ʒənɛːv/ *n.* ジュネーブ 《Geneva のフランス語名》.

Gen·e·vese /ʤɛ̀nəvíːz, -víːs | -víːz/ *adj.*, *n.* (*pl.* ～) =Genevan. 〘1650〙

Gen·e·vieve /ʤɛ́nəvìːv | ʤɛ́nɪ̀vìːv, ⏑⏑⏑/ *n.* ジュネビーブ 《女性名》. 〘◻ F *Geneviève* ◻ LL *Genovefa* ← ? Celt.〙

Gene·viéve /ʒɛ̀nəvjɛ́v, ʤɛ́nəvìːv | ʒɛ̀nəvjɛ́v; *F.* ʒɑ̃nvjɛːv/, **Saint** *n.* ジュヌビエーブ (422?–512; フランスの修道女; Attila 来襲のとき Paris 市民の苦難を救った; それ以来同市の守護聖人).

Ge·nev·ra /ʤɪ̀nɛ́vrə/ *n.* ジェネブラ 《女性名》. 〘⇨ Guinevere〙

Genf /*G.* gɛ́nf/ *n.* ゲンフ 《Geneva のドイツ語名》.

Gen·fer·see /*G.* gέnfɛze:/ *n.* ゲンファーゼー《Geneva 湖のドイツ語名》.

Gen·ghis Khan /ʤèŋgɨ̀skɑ́:n, gèŋ- | -gɪs-/ *n.* ジンギスカン(成吉思汗), チンギスハーン《1162–1227; モンゴル帝国の始祖; アジアの大部分とヨーロッパ東部を征服した》.

Ge·ni·a /ʤí:niə/ *n.*ジーニア《女性名》. 〖⇨ Eugenia〗

ge·ni·al¹ /ʤí:niəl/ *adj.* **1** 親切な, 懇切な, 温情のある; 愛想のよい, 優しい, 温和な (⇨ gracious SYN): a ~ disposition, nature, manner, etc. / a ~ smile. **2** 〈気候・空気などが〉温暖な, 快適な: a ~ climate / ~ sunshine. **3** 《まれ》天才の, 天才的な. **4** 《詩・古》生殖の; 婚姻の. **~·ly** *adv.* **~·ness** *n.* 〖(1566) □ L *geniālis* festive, jovial, 《原義》of generation or marriage ← *genius* tutelary spirit: ⇨ genius, -al¹〗

ge·ni·al² /ʤɨ̀ní:əl, -náɪ-/ *adj.* 〖解剖・動物〗あご (chin) の. 〖(1831) ← Gk *géneion* chin＋-AL¹: cf. Gk *génus* lower jaw〗

ge·ni·al·i·ty /ʤì:niǽləṭi | -lɨ̀ti/ *n.* **1** 親切, 懇切, 温情, 愛想のよさ. **2** 温和, 温暖, 快適. 〖(1609) □ L *geniālitātem*: ⇨ -ity〗

ge·ni·al·ize /ʤí:niəlàɪz/ *vt.* 温和にする; 温情的にする. 〖(*a*1864) ← GENIAL¹＋-IZE〗

ge·ni·an /ʤɨ̀ní:ən, -náɪ-/ *adj.* 〖解剖・動物〗=genial². 〖1885〗

gen·ic /ʤénɪk/ *adj.* 〖生物〗遺伝子の[に関する, に似た, に起因する]. **gén·i·cal·ly** *adv.* 〖(1918) ← GENO-²＋-IC¹〗

-gen·ic¹ /ʤénɪk/「…を生成する, 生み出す; 遺伝子を有する」の意味を表す形容詞連結形: patho*genic*, iatro*genic*. 〖← -GEN, -GENY＋-IC¹〗

-gen·ic² /ʤénɪk, ʤí:n-/「…によく適した」の意味を表す形容詞連結形: photo*genic*. 〖← -GEN＋-IC¹〗

génic bálance *n.* 〖生物〗遺伝子平衡《生物の個体の機能が安定し, 調和しているためには, 個体がもつ遺伝子系が平衡を保つ必要があるという遺伝子平衡説の基礎となる考え》: the ~ theory 遺伝子平衡説. 〖1925〗

ge·nic·u·lar /ʤɨ̀níkjulə | -lə^(r)/ *adj.* 〖植物〗節(の組織内)に生じる, 節(内)の. 〖(1802) ← L *geniculum*＋-AR¹〗

ge·nic·u·late /ʤɨ̀níkjulɨ̀t, -lèɪt/ *adj.* 〖動物〗**1** 膝状(ひざ)関節のある. **2** 膝状(ひざ)に曲がった. **~·ly** *adv.* 〖(1668) □ L *geniculātus* knotted ← *geniculum* small knee, knot on stalk of plant (dim.) ← *genū* 'KNEE': ⇨ -cule, -ate²〗

genículate bòdy *n.* 〖解剖〗膝状(ひざ)体《脳の一部》. 〖1856〗

ge·nic·u·lat·ed /ʤɨ̀níkjulèɪṭɪd | -tɨ̀d/ *adj.* 〖動物〗=geniculate. 〖1657〗

ge·nic·u·la·tion /ʤɨ̀nìkjuléɪʃən/ *n.* 〖解剖・動物〗膝状(ひざ)湾曲(形成, 部). 〖((1611)) (1879) □ LL *geniculātiōnem* ← *geniculāre* to bend the knee〗

ge·nie /ʤí:ni/ *n.* (*pl.* **~s**, **ge·ni·i** /-niàɪ/)《イスラム伝説》=jinn. 〖(1655) □ F *génie* □ L *genius* tutelary deity: ⇨ genius: cf. jinn〗

ge·ni·i /ʤí:niàɪ/ *n.* genius または genie の複数形.

-gen·in /ʤénɨ̀n, ⁻⁻ʤénɨ̀n, -nì:n | ʤénɪn, ⁻⁻ʤénɪn, -nì:n/ 〖化学〗「アルカロイドが配糖体をつくっているときのもとのアルカロイド」の意の名詞連結形: sali*genin*. 〖← -GEN＋-IN²〗

ge·ni·o- /ʤɨ̀náɪou | -náɪəu/「あご (chin); あごと…との」の意の連結形: *genio*plasty, *genio*glossal. 〖□ Gk *geneio-* ← *géneion* chin: ⇨ genial²〗

ge·nip /gənέp, -níp | gení p, ʤénɪp/ *n.* 〖植物〗**1** = genipap 1. **2 a** メリコッカノキ (*Melicoccus bijugatus*)《熱帯アメリカ産のムクロジ科の高木》. **b** メリコッカノキの果実《食用》. 〖(1756) □ Sp. *genipa* □ F ← Guarani〗

gen·i·pap /ʤénəpæ̀p | -nɨ̀-/ *n.* 〖植物〗**1** チブサノキ (*Genipa americana*)《熱帯アメリカ産アカネ科の小高木》. **2** チブサノキの果実《オレンジ大で食用》. 〖(1613) □ Port. *genipapo* ← Tupi〗

gen·i·pi /ʤénəpi | -nɨ̀-/ *n.* **1** 〖植物〗ヨモギギク (*Artemisia genipi* syn. *Tanacetum vulgare* var. *crispum*)《キク科の芳香のある小さな高山植物》. **2** ヨモギギクから造ったリキュール.

ge·nis·ta /ʤɨ̀nístə, ʤɛ-/ *n.* 〖植物〗**1** [G-] ヒトツバエニシダ属《マメ科の一属》. **2** =Canary broom. 〖(1625) ← NL ~ ← L ~ 'broom': cf. Jpn. えにしだ □ Du. *genista* □ L〗

genit. 《略》genitive.

gen·i·tal /ʤénəṭl | -nɨ̀tl/ *n.* [*pl.*] 性器, (外部)生殖器. — *adj.* **1** 生殖の; 性器[生殖器]の: a ~ gland 生殖腺 / the ~ organs 性器, (外部)生殖器. **2** 〖精神分析〗**a** (Freud の幼児性欲論による第三期の)性器(愛)期の (cf. anal 2, oral 4). **b** (思春期の)性器(愛)期の. **~·ly** *adv.* 〖(*c*1384) □ (O)F *génital* ∥ L *genitālis* ← *genitus* (p.p.) ← *gignere* to beget: ⇨ genus, -al¹〗

génital glánders *n. pl.* [単数または複数扱い] 〖獣医〗媾疫(こうえき) (⇨ dourine).

génital hérpes *n.* 〖病理〗陰部疱疹, 陰部ヘルペス. 〖1968〗

gen·i·ta·li·a /ʤènətéɪliə, -ljə | -nɨ̀-/ *n. pl.* 性器, (外部)生殖器具 (genitals), 交尾器. **gen·i·tal·ic** /ʤènətǽlɪk, -téɪl- | -nɪ-⁻/ *adj.* **gèn·i·tá·li·al** /-liəl | -liəl, -ljəl⁻/ *adj.* 〖(1876) □ L *genitālia* (pl.): ⇨ genital, -ia²〗

génital rídge *n.* 〖動物〗生殖隆起, 生殖堤《脊椎動物の体腔背壁から体腔中に突出する隆起》.

gen·i·ti·val /ʤènətáɪvəl, -vl | -nɨ̀-⁻/ *adj.* 〖文法〗属格 (genitive) に関係のある, 属格形をとる: a ~ adverb 属格形副詞《例えば always, needs など古い時代の英語では名詞の属格形が副詞として用いられた名残り》. **~·ly** *adv.* 〖(1818): ⇨ ↓, -al¹〗

gen·i·tive /ʤénəṭɪv | -nɨ̀t-/ 〖文法〗*adj.* **1** 属格の: the ~ case 属格 (⇨ *n.*). **2** (語形変化は伴わないが)属格の関係を表す, 属格の役割を果たす: a ~ phrase 属格相当句《例えば the legs of a table における of a table》. — *n.* 属格《学校文法では possessive case (所有格)と呼ぶこともある》; 属格の語[語群]: the adverbial ~ 副詞的属格 (⇨ adverbial *adj.*). 〖(*a*1398) □ (O)F *génitif* ∥ L *genitīvus* of generation ← *genitus*: ⇨ genital, -ive〗

génitive ábsolute *n.* 〖文法〗(ギリシャ語の)絶対属格, 独立属格構文《文中で他の要素と文法的に関係せず孤立的に用いられた属格(句); 例: Gk *toútōn lekhthéntōn anéstēsan*「これらのことが言われた後に彼らは立ち上がった」; cf. ablative absolute》. 〖1860〗

gen·i·to- /ʤénəṭou | -nɨ̀təu/「生殖器と…との」の意の連結形. 〖← L *genitus* (p.p.): ⇨ genital〗

gen·i·tor /ʤénəṭə, -tɔə | -nɪtə^(r), -tɔ:^(r)/ *n.* (法律上の父親に対して)生みの父親. 〖(1659) □ L ~ ∞ ((1447) *genitour* □ (O)F *géniteur* □ L)〗

gènito·úrinary *adj.* 〖解剖・生理〗尿性器の, 泌尿生殖器の: ~ medicine 泌尿生殖器医学. 〖(*c*1836): ⇨ urine, -ary〗

gen·i·ture /ʤénəʧə, -ʧùə | -nɨ̀tjùə^(r), -ʧə^(r)/ *n.* **1** 誕生, 出生. **2** 〖占星〗=nativity 3. 〖(?1440) □ L *genitūra* ← *genitus*: ⇨ genital, -ure〗

ge·nius /ʤí:njəs, -niəs/ *n.* (*pl.* 1 b では **~·es**; 4–6 では **ge·ni·i** /-niàɪ/) **1 a** 天才(的才能), 非凡な才能 (⇨ talent SYN): a man [woman] of ~ 天才. **b** 天才(の人), 英才: a ~ *in* mathematics 数学の天才 / a ~ *at* characterization 性格表現の天才 / an infant ~ 神童. **2** [通例 a ~, one's ~] 生まれつきの才, 天性, 素質, 適性: have *a* ~ *for* finance [*making* friends] 生まれつき財政の才がある[友だちを作ることがうまい] / a task suited [repugnant] to *one's* ~ 人の天性に適した[合わない]仕事. **3 a** [通例 the ~] (人種・言語・制度などの)特質, 特性, 真髄; (時代・国民・社会などの)傾向, 精神, 風潮, 思潮: *the* ~ *of* the French people, the British constitution, Christianity, the English language, etc. / *the* ~ *of* modern civilization, the 18th century, etc. **b** (ある場所に付随する)気分, 感じ, 連想 (mood): the ~ of Boston / be influenced by the ~ *of* the place 土地の気風に感化される. **4** [しばしば G-] **a** (土地・制度などの)守り神, 守護神. **b** 〖ローマ神話〗守護神, 守り神. **5** (人の運命を左右すると想像されている)善霊, 悪霊; 他人(の性格・運命など)に強い影響を与える人: one's evil [good] ~ 身に付きまとう悪魔[守り神], 悪い[よい]感化を与える人. **6** [通例 genii] 〖アラビア神話〗悪魔, 鬼神, 霊魔 (demon). 〖(1513) □ L ~ 'tutelary spirit, 《原義》male generative or creative principle' ← *gignere* to beget ← IE **genyo-* ← **genə-* to give birth: cf. genus, genesis〗

génius dó·mus /-dóuməs | -dəu-/ *n.* (*pl.* **genii d-**) 家の守護神. 〖□ L ~ '(tutelary) genius of home'〗

génius fa·míl·i·ae /-fəmílii:/ *n.* (*pl.* **genii f-**) 家庭の守護神. 〖□ L ~ '(tutelary) genius of the family'〗

génius ló·ci /-lóusaɪ, -ki:, -si: | -ləusaɪ, -kaɪ, -lɔ́ki:/ *n.* (*pl.* **genii l-**) **1** (土地の)守護神, 鎮守の神 (tutelary deity). **2** [通例 the ~] (土地の)雰囲気, 土地柄. 〖(1605) □ L *genius loci* (tutelary) genius of the place: ⇨ genius, locus〗

ge·ni·zah /gəní:zə/ *n.* ユダヤ教会堂の書庫[聖物庫]《使用しなくなっても処分することができない書物や品物を収納する》. 〖((1897)) □ MHeb. *g^enīzā^h* a hiding-place ← *gānáz* to hide〗

Genk /géŋk, xéŋk; *Du.* ɣέŋk/ *n.* ゲンク《ベルギー北東部の工業都市》.

genl. 《略》general.

gen·lock /ʤénlɑ̀(:)k | -lɔ̀k/ *n.* 〖テレビ〗ジェンロック装置《テレビなどのコンポジット[複合]ビデオ信号を扱う装置が同時に 2 つの信号を受容できるようにする装置》. 〖(*c*1965) ← GEN(ERATOR)＋LOCK¹〗

gen·na·ker /ʤénɪ̀kə | -kə^(r)/ *n.* 〖海事〗ジェネーカー《非対称形のスピンネーカー (spinnaker)》.

génned-úp /ʤénd-/ *adj.* 《英俗》情報に通じた, よく知っている. 〖(1945): ⇨ gen〗

Gen·nes·a·ret /gɨ̀nésərɛ̀t, gɛ-, -rɨ̀t | -nézə-/, **the Lake of** *n.* 〖聖書〗ゲネサレ湖 (⇨ the Sea of GALILEE).

gen·o-¹ /ʤénou | -nəu/ 次の意味を表す連結形: **1**「人種」: *geno*cide. **2**「性 (sex)」: *geno*phobia. **3**「生成する (generating)」: *geno*blast. **4** 〖化学〗アルカロイドの窒素が酸化された化合物に用いる: *geno*morphine. ★ 母音の前では通例 gen- になる. 〖← Gk *génos* race: ⇨ kin〗

ge·no-² /ʤí:nou, ʤén- | -nəu/ 〖生物〗「遺伝子 (gene)」の意の連結形. ★ 母音の前では通例 gen- になる. 〖← GENE〗

gen·o·a, G- /ʤénouə, ʤɨ̀nóuə | ʤénəuə, ʤɨ̀náuə/ *n.* **1** 〖海事〗=genoa jib. **2** =Genoa cake. 〖(1932) ↓〗

Gen·o·a /ʤénouə, ʤɨ̀nóuə | ʤénəuə, ʤɨ̀náuə/ *n.* ジェノバ《イタリア北西部, Genoa 湾に臨む港湾都市; イタリア語名 Genova》. 〖1615〗

Genoa, the Gulf of *n.* ジェノバ湾 (Ligurian Sea 北部の湾).

Génoa càke *n.* ジェノバケーキ《刻んだアーモンドを上に載せたフルーツケーキ》.

génoa jíb, G- j- *n.* 〖海事〗ジェノア(ジブ)《競走用ヨット等に用いる大型のジブ; 単に genoa, genny, jenny ともいう》. 〖1933〗

gen·o·cide /ʤénəsàɪd | -nə(u)-/ *n.* **1** (人種・国民などの計画的な)集団大虐殺, 民族皆殺し, ジェノサイド. **2** 集団殺戮(さつりく)計画[実行]者. **gen·o·ci·dal** /ʤènəsáɪdḷ | -nə(u)sáɪdl⁻/ *adj.* 〖(1944) ← GENO-¹＋-CIDE〗

Gen·o·ese /ʤènouí:z, -í:s | -nəuí:z⁻/ *adj.* ジェノバ (Genoa) の; ジェノバ人の. — *n.* (*pl.* ~) ジェノバ人. 〖(1513) ← *Genoa*＋-ESE〗

Génoese spónge *n.* =génoise.

gé·noise /ʒeɪnwɑ́:z; *F.* ʒənwa:z/ *n.* ジェノワーズ《卵やバターで作るシンプルなスポンジケーキ; しばしば他のケーキの土台として使う》. 〖(1931) (fem.) ← *génois* of Genoa〗

ge·nome /ʤí:noum | -nəum/ *n.* (*also* **ge·nom** /-nɑ(:)m | -nɔm/) 〖生物〗ゲノム《一つの細胞の中にある半数染色体 (haploid) とその中にある遺伝子 (gene) とを合わせていう; 従って卵と精子にはそれぞれゲノムは一つずつ, 受精卵と体細胞には二つ, 四倍体 (tetraploid) には四つある》.

ge·no·mic /ʤɪnóumɪk, -nɑ́(:)m- | -nə́um-, -nɔ́m-/ *adj.* 〖(1930) ← GENO-²＋(CHROMOS)OME〗

ge·no·ne·ma /ʤì:nəní:mə/ *n.* 〖生物〗=chromonema. 〖(1934) ← GENO-²＋Gk *nêma* thread〗

gèno·spécies *n.* 〖生物〗**1** =pure line. **2** 遺伝種, 同遺伝種《同一遺伝子型の個体群がつくるグループ》.

ge·no·type /ʤí:nətàɪp, ʤén-/ *n.* 〖生物〗**1 a** 遺伝子型, 因子型《生物体に内在する遺伝子の構成; cf. phenotype》. **b** 共通の遺伝子型を持つ個体群. **2** 模式種(しゅ) (typical species)《属や亜属の基準として定められた種; ただし現行の動物命名規約では type species を用いる》. **3** 性型. **ge·no·typ·ic** /ʤì:nətípɪk, ʤèn-⁻/ *adj.* **gè·no·týp·i·cal** *adj.* **gè·no·týp·i·cal·ly** *adv.* **ge·no·ty·pic·i·ty** /ʤì:nəṭaɪpísəṭi, ʤèn- | -sɨ̀ti/ *n.* 〖(1910) ← GENO-¹·²＋TYPE〗

-gen·ous /⁻ʤənəs | -ʤɨ̀-/ -gen, -geny に終わる名詞に対応し,「生じる, 発生する; …によって発生する」の意を表す形容詞連結形: nitro*genous*, exo*genous*. 〖← -GEN＋-OUS〗

Ge·no·va /*It.* ʤέ:nova/ *n.* ジェノバ (Genoa のイタリア語名).

Gen·o·vese /ʤènəví:z, -ví:s | -ví:z⁻/ *adj.*, *n.* (*pl.* ~) =Genoese. 〖1603〗

Gen·o·ve·va /ʤènəví:və/ *n.* ジェノビーバ《女性名》. 〖⇨ Genevieve〗

genre /ʒɑ́:(n)r(ə), ʒɑ́:n-; *F.* ʒɑ̃:ʁ/ *n.* (*pl.* **~s** /~z; *F.* ~/) **1** (芸術作品の)類型, 形式, 様式, ジャンル. **2** 部類, 種類 (kind). **3** 〖美術〗(宗教画・歴史画・肖像画などと区別して)風俗画 (genre painting)《日常生活の一断面によって一定の階層(農民・市民・貴族など)を表現した絵》; (風俗画の)写実的画風. — *adj.* [限定的] 〖美術〗日常生活を描いた; 風俗画の: a ~ picture [painting] 風俗画 / a ~ painter [style] 風俗画家[風]. 〖(1770) □ F ~: ⇨ gender¹〗

gen·ro, G- /génrou, ⁻⁻ | génrəu, ⁻⁻/ *n. pl.* [the ~; 集合的] (日本の)元老. 〖(1876) □ Jpn.〗

gens /ʤénz/ *n.* (*pl.* **gen·tes** /ʤénti:z/) **1** ゲンス《古代ローマの小家族集団; トリブス (tribe), クリア (curia) に次ぐ氏族制社会の最小単位》. **2** 〖人類学〗父系氏族集団. 〖(1847) □ L *gēns* 'clan, race' ← IE **genə-* to give birth: ⇨ gentile〗

gen·seng /ʤénsɛŋ/ *n.* =ginseng.

Gen·ser·ic /ʤénsərɪk, gén- | gén-, ʤén-/ *n.* ゲンセリック, ガイセリック (390?–477; バンダル族 (the Vandals) の王 (428–477); 北アフリカを征服し, 455 年ローマを略奪した; Gaiseric ともいう).

gent¹ /ʤént/ *n.* 《口語》**1 a** 紳士; 紳士気取りの男性. **b** [*pl.*] (店で)紳士, 男子. **c** 《米》男, やつ. **2** [(the) Gents(')] ; 単数扱い] 《英》男子用公衆便所[トイレ] (cf. gentleman 5): go to *the Gents*. ★《英》では戯言的以外には非標準的な語. 〖(1564)《略》← GENTLEMAN〗

gent² /ʤént/ *adj.* **1** 《廃》生まれのよい. **2** 《古》優美な, 上品な. 〖(*c*1250) □ OF ~ < VL **gentum*=L *genitus* (p.p.) ← *gignere* to beget〗

Gent /xént; *Flem.* ɣέnt/ *n.* ヘント (Ghent のフラマン語名).

Gent., gent. 《略》gentleman, gentlemen.

gen·ta·mi·cin /ʤèntəmáɪsɨ̀n, -sn | -təmáɪsɪn/ *n.* 〖生化学〗ゲンタマイシン《糸状菌から採れる広範囲の病原菌に効く抗生物質》. 〖(1963)《変形》← 《廃》*gentamycin* ← *genta-* (← ? *gentian violet*: それが生産される菌の色から)＋-MYCIN〗

gen·teel /ʤentí:l | ʤɛn-, ʤən-/ *adj.* **1 a** 上品な, 優雅な, 礼儀正しい; 身なりのよい. **b** 《古》上流社会の, 紳士階級の; 生まれのよい, 育ちのよい. **2** 《皮肉》**a** お上品な, 気取った, 上品ぶった, 紳士ぶった (⇨ suave SYN): a ~ reader. **b** 目立たない, 月並みな. ***dó the gentéel*** 気取る, 上品ぶる. **~·ly** /-tí:lli, -tí:li | -tí:lli/ *adv.* **~·ness** *n.* 〖(1599) □ F *gentil* 'well-bred, GENTLE': cf. gentile〗

gen·téel·ism /-lɪzm/ *n.* 気取り, 上品語法《sweat の代わりに perspire, read の代わりに peruse を用いるなど》. 〖(1908): ⇨ ↑, -ism〗

gen·tes /ʤénti:z/ *n.* gens の複数形.

gen·tian /ʤénʃən | -ʃən, -ʃiən/ *n.* **1** 〖植物〗リンドウ (リンドウ属 (*Gentiana*) の植物の総称). **2** 〖薬学〗ゲンチアナ, 竜胆《リンドウの一種 (*Gentiana lutea*) の根を干したもので, 苦味健胃剤・強壮剤用》. — *adj.* 〖植物〗リンドウ科の. 〖(1373) □ (O)F *genciane* ∥ L *gentiāna* ← *Gentius* (リンドウの薬性を発見したという Illyria の王の名): ⇨ -an¹〗

Gen·ti·a·na·ce·ae /ʤènʃiənéɪsiì:, -ʃə-/ *n. pl.* 〖植物〗リンドウ科. **gèn·ti·a·ná·ceous** /-ʃəs⁻/ *adj.* 〖← NL ~: ⇨ ↑, -aceae〗

géntian-bítter *n.* 〖薬剤〗ゲンチアナ苦味剤《gentian

の根から採った健胃剤・強壮剤〕. 〘1882〙
géntian blúe *n.* りんどう色《淡い青紫》. 〘1865〙
gen·ti·a·nel·la /dʒènʃiənélə, -ʃə-/ *n.* 〘植物〙チャボリンドウ (*Gentiana acaulis*)《ヨーロッパ産リンドウ属の濃い藍色の花をつける高山植物》. 〘(1658) ← NL ~ (dim.): ⇨ gentian, -ella〙
gén·ti·àn·ic ácid /dʒènʃiǽnɪk-/ *n.* 〘化学〙=gentisin.
géntian ròot *n.* 〘薬学〙=gentian 2.
géntian víolet *n.* [しばしば G- V-] 〘薬学〙メチルバイオレット《紫色の染料ないし酸塩基指示薬; 米国薬局方の名称》. 〘1897〙
gen·tile /dʒéntaɪl/ *adj.* **1** [しばしば G-]《ユダヤ人から見て》異邦人の, 非ユダヤ人の; 《ユダヤ人と区別して》キリスト教徒の. **2** [しばしば G-]《モルモン教徒から見て》非モルモン教徒の. **3** 異教(徒)の (pagan). **4** 〘文法〙〈名詞・形容詞など〉国民[民族, 国家]を示す: "German" and "French" are ~ adjectives. **5** 民族[部族, 氏族]の. — *n.* **1** [しばしば G-]《ユダヤ人から見た》異邦人 (non-Jew) (⇨ heathen SYN); 《特に》キリスト教徒: Jews and ~s. **2** [しばしば G-]《モルモン教徒から見た》非モルモン教徒 (non-Mormon). **3** 異教徒. **4** 〘文法〙国民[民族, 国家]を示す語. 〘(?c1380) □ OF *gentil* ∥ L *gentīlis* belonging to a people, national ← *gent-, gēns* race ← *gignere* to beget: ⇨ genus〙
Gen·ti·le da Fa·bri·a·no /dʒentí:lidəfɑ̀:briɑ́:noʊ | -dəfɑ̀:briɑ́:nəʊ; *It.* dʒentí:ledafabriá:no/ *n.* ジェンティーレ ダ ファブリアーノ (1370?–?1427; イタリアのウンブリア派の画家).
Gen·ti·les·chi /dʒèntəléski, -tl- | -tə-, -tl-; *It.* dʒentiléski/, **O·razio Lo·mi** /orάttsjo ló:mi/ *n.* ジェンティレスキ (1562–?1647; 英国で活躍したイタリアの画家).
gen·ti·lesse /dʒèntəlés, -tl- | dʒéntɪlès, -tl-/ *n.* 〘古〙(洗練された上品なふるまいに見られるような)育ちのよさ, 高貴な生まれ. 〘(?a1300) □ (O)F ~: ⇨ gentle, -ess²〙
gén·til·ism /-təlɪzm, -tl- | -tɪl-, -tl-/ *n.* 異教風, 異教 (paganism). 〘(1577) ← GENTILE+-ISM〙
gen·ti·li·tial /dʒèntəlíʃəl, -ʃl | -tɪ-/ *adj.* **1** 氏族[部族]の, 氏族固有の: a ~ insignia [name] 家紋[家名, 氏]. **2** 生まれのよい (gentle). 〘(1611) ← L *gentīlitius* (← *gentīlis*: ⇨ gentile)+-AL¹〙
gen·til·i·ty /dʒentíləti | -lɪti/ *n.* **1 a** 上品, 優雅, 高尚; 身だしなみ. **b** 〘皮肉〙上流気取り, お上品ぶり: shabby ~ (貧を隠して紳士の体面を維持しようと努力する)さもしい上流気取り. **2** [the ~] 上流社会; 上流階級の人たち. **3** 〘古〙よい生まれ, 紳士の身分. 〘(1340) □ (O)F *gentilité*: ⇨ gentle, -ity〙
gen·ti·sate /dʒéntəsèɪt | -tɪ-/ *n.* 〘化学〙ゲンチシン酸塩, ゲンチシン酸エステル《ナトリウム塩は解熱鎮痛剤》. 〘(1838): ⇨ ↓, -ate¹〙
gen·tís·ic ácid /dʒentísɪk-, -zɪk-/ *n.* 〘化学〙ゲンチシン酸 ($C_6H_3(OH)_2COOH$)《リンドウ (gentian) の根に存在する》. 〘(1879) *gentisic*: ← GENTIS(IN)+-IC¹〙
gen·ti·sin /dʒéntəsɪn, -sn | -tɪsɪn/ *n.* 〘化学〙ゲンチシン ($C_{14}H_{10}O_5$)《リンドウ (gentian) の根から採れる黄色の結晶》. 〘(1838) ← NL *Gentiana* (属名: ⇨ gentian)+-SIN (⇨ pepsin)〙
gen·tle /dʒéntl, dʒénl | dʒéntl/ *adj.* (**gen·tler** /-ntlə, -ntlə, -nlə | -ntlə(r, -ntl-/; **-tlest** /-ntlɪst, -ntl-, -nl- | -ntl-, -ntl-/) **1 a** 〈人・言葉・行為など〉温和な, おとなしい, 優しい, 親切な (⇨ soft SYN); 落ち着いた, いんぎんな, 上品な: a ~ nature [heart] おとなしい性質[優しい心] / ~ manners 上品な作法 / a ~ smile [glance] 優しいほほえみ[まなざし] / be ~ *with* [*toward*] children 子供たちに優しい / ~ reader(s) 〘古〙寛大な読者(諸氏)よ《昔著者が緒言などの中で読者に呼びかけた言葉; gentle は単なる尊敬語》/ ⇨ gentle sex. **b** 上品な, 洗練された, 教養のある; 紳士の[らしい]. **c** 〘古〙生まれのよい, 家柄のよい, 良家の; 身分のよい, 上流階級の; 〈生まれ・家柄など〉よい, 立派な: ~ and simple 〘古〙[しばしば名詞的] 貴賤(きせん)上下(の) / a woman of ~ blood [birth] (貴族ではないが)家柄のよい女性. **2** 〈支配・処罰・批判など〉厳しくない, 寛大な, 情けのある, 穏やかな: a ~ reproof 穏やかな小言 / a ~ rule [sway] 情けのある支配 / by ~ means 平和的手段で. **3** 〈物の動き・自然現象など〉穏やかな, 平穏な, 静かな; 〈坂・流れなど〉急でない, ゆるやかな: a ~ wind [rain] 静かな風[雨] / ~ heat ほんのりした温度 / a ~ glow ほんのりしたほてり / a ~ slope ゆるい坂 / a ~ blow [push] 軽い一打ち[一押し] / ⇨ gentle breeze / a ~ touch on the shoulder 軽く肩に触ること / The change [transition] should be as ~ as possible. 変更[移行]はできる限りゆるやかでなければならない. **4 a** 〈音など〉低い, 静かな: a ~ rustle in the grass 草の中で低くかさかさいう音 / call in a ~ voice 静かな声で呼ぶ. **b** 〈薬・たばこなど〉強くない, きつくない, 軽い; 〈味・気分など〉品のいい, 柔らかな: a ~ wine, nocturne, etc. **5** 〈動物が〉従順な, おとなしい, すなおな, 扱いやすい: a ~ horse. **6** 〘古〙礼儀正しい, 高潔な, 義侠(ぎきょう)心に富んだ: a ~ lady, knight, etc. **7** 〘英方言〙妖精の, 妖精のよく出る: a ~ place. — *n.* **1** 〘古〙家柄のよい人, 紳士. **2** (魚釣りの餌にする)うじ《アオバエ (bluebottle fly) の幼虫》. 〘← (adj.)〘廃〙'soft, yielding to pressure' の意から〙 — *vt.* **1 a** 〈荒馬などを〉慣らす. **b** 〈人を〉なだめる. **c** 静かになでる; 愛撫(あいぶ)してなだめる. **2 a** 〈性格・行動を〉穏やかにする, 温和にする. **b** 〈動作・音などを〉静かにする, 柔らかくする. **3** 〘廃〙貴族に列する. 〘(?a1200) *gentil* □ (O)F *gentil* of good family, noble < L *gentīlem* of the same stock: ⇨ gentile〙
géntle árt *n.* [the ~] =gentle craft. 〘*c*1881〙
géntle bréeze *n.* 〘気象〙軟風《秒速 3.4–5.4 m; ⇨ wind scale》. 〘*c*1881〙
géntle cráft *n.* [the ~] **1** 釣り (angling). **2** 忍耐[〘皮肉〙力]を要する活動[仕事]. **3** 〘廃〙靴作り. 〘(*a*1592): 戯言的用法から〙
géntle·fòlk *n. pl.* 身分ある[良家の]人々. 〘1592–93〙
géntle·fòlks *n. pl.* =gentlefolk.
géntle·hòod *n.* 家柄のよいこと. 〘(1860): ⇨ -hood〙
gentle·man /dʒéntlmən, dʒénl- | dʒéntl-/ *n.* (*pl.* **-men** /-mən, -mèn/) **1** 生まれのよい人, 良家の人; 立派な人, 教養のある人, 紳士; 有閑階級の人《教養のある人格の立派な人, 趣味が高尚でふるまいの上品な人, 身分が高く働かなくても生活のできる人; cf. lady》: a fine ~ 立派な紳士, ハイカラ紳士; 色男, しゃれ者 / play the ~ 紳士ぶる / ⇨ country gentleman. **2 a** 〘英史〙郷紳(きょうしん), ジェントルマン《貴族ではないが紋章を付ける資格があり, knight の下, yeoman の上に位した身分の人; 身分を示すために氏名のあとに Gent. と略して書添えることがある》. **b** 〘古〙(収入があるので)働かなくてもいい人, 無職の人. **3 a** [男性に対する敬語または呼び掛けとして] 紳士, 殿方, 男, (あの・この)方(かた) (cf. lady 8 a): *Gentlemen!* 紳士諸君 / Ladies and *gentlemen!* 皆さん. **b** [*pl.*; 会社あての手紙の冒頭の挨拶として]: *Gentlemen* 拝啓 (cf. sir 1 c). **c** 〘軽蔑・戯言〙: my ~ 例の男, 御当人, 奴(やっこ)さん. **4** [the ~] 〘米〙男性議員《下院で議員に言及するときの言葉》: *the* ~ *from* New York. **5** [(the) Gentlemen('s); 単数扱い] 〘英〙男子用トイレ (cf. gent¹ 2). **6** (国王・貴人に仕える)侍従, 従僕《gentleman in waiting ともいう》: ⇨ gentleman's gentleman. **7** 〘英古〙(クリケットの)アマチュア競技者 (↔ player). **8** 〘婉曲〙密輸者. ***a géntlemen at lárge*** 〘戯言〙無職の人. (1692)
géntleman of fórtune 海賊; いかさま師; 冒険家.
géntleman of the préss 新聞記者.
géntleman of the róad (1) 追いはぎ. (2) 外交員. (3) ジプシー. (4) 〘米〙浮浪人, 乞食(こじき). (1728)
〘(?c1150) 〘部分訳〙 ← OF *gentilz hom* (F *gentilhomme*): ⇨ gentle, man¹〙
géntleman-at-árms *n.* (*pl.* **gentlemen-**) (英国の)儀仗(ぎじょう)の衛士《儀式のとき国王に侍する護衛で総員 40 名; 退役陸軍将校が任じられる; もと gentleman-pensioner といった》. 〘1859〙
géntleman-cómmoner *n.* (*pl.* **gentlemen-commoners**) (もと Oxford, Cambridge 両大学で) 特別自費生《普通の自費生 (commoner) より高い授業料を払う代わりに, 学服・食堂のテーブルが他の者と別で, 講義出席も免除されるなどの特典を与えられた; cf. fellow-commoner》. 〘1687〙
géntleman fármer *n.* (*pl.* **gentlemen farmers**) (主に趣味で)農業をする(大)地主; (労働をせずに農場の収入で暮らす)農場経営者, 豪農 (cf. dirt farmer). 〘1749〙
géntleman frìend *n.* (*pl.* **gentlemen friends**) ボーイフレンド, 恋人.
géntleman·hòod *n.* 紳士の身分[品格]. 〘1767〙
géntleman·like *adj.* 〈人・行為が〉紳士のような[らしい, にふさわしい], 紳士的な. 〘1542〙
gén·tle·man·ly *adj.* 紳士らしい, 紳士的な, 礼儀正しい; 紳士にふさわしい. — *adv.* 〘まれ〙紳士らしく[にふさわしく]. **gén·tle·man·li·ness** *n.* 〘(*a*1410): ⇨ -ly¹·²〙
géntleman-pénsioner *n.* (*pl.* **gentlemen-pensioners**) ⇨ gentleman-at-arms. 〘1630〙
géntleman-ránker *n.* (*pl.* **gentlemen-rankers**) 〘英〙紳士階級の出身ながら英軍の一兵卒として勤務する人; 〘俗〙もとは身分があって落ちぶれた兵士.
géntleman's agréement *n.* =gentlemen's agreement.
géntleman's géntleman *n.* (*pl.* **gentlemen's gentlemen**) 従僕 (valet) (cf. gentleman 6).
géntleman·shìp *n.* =gentlemanhood. 〘1541〙
géntleman úsher *n.* (*pl.* **gentlemen ushers**) (英国王室の)案内係式部官 (cf. Black Rod 1). 〘1485〙
géntlemen's agréement *n.* **1** 紳士協約[協定]《法的拘束力はないが相互の信義に基く非公式の国際協定または個人間の口約束など》. **2** (少数派などに対する差別的な)不文協定. 〘1886〙
gen·tle·ness /dʒéntlnɪs, dʒénl- | dʒéntl-/ *n.* 優しさ, 温和; 穏やかさ; 緩(ゆる)やかなこと: treat a person with ~ 人を優しく扱う. 〘(*a*1325): ⇨ -ness〙
géntle sèx *n.* [the ~] 女性 (women). 〘1583〙
géntle·wòman *n.* **1 a** 〘古〙生まれ[育ち]のよい女性, 良家の女性 **b** 〘まれ〙立派な女性, 教養のある女性, 淑女. **2** (昔高貴な女性にかしずいた)侍女, 腰元. **3** [the ~] 〘米〙女性議員《時に下院で女性議員に言及するのに用いられる》: *the* ~ from New York. **~·like** *adj.* **~·li·ness** *n.* **~·ly** *adj.* 〘(?c1200) 〘部分訳〙 ← OF *genti(l)femme*〙
gent·ly /dʒéntli/ *adv.* **1** 穏やかに, おとなしく, 優しく, 親切に (mildly); 静かに, ゆるやかに, 柔らかに, 徐々に (quietly, softly): *Gently!*=*Gently* does it! (急がないで)ゆっくり[注意して]しなさい. **2** 生まれよく, 紳士[淑女]として, 身分よく; 上品に: be ~ born [bred, reared] 生まれ[育ち]がよい, 良家の生まれである. 〘(?*a*1200): ⇨ gent², -ly¹〙
gen·too /dʒéntu:, ←/ *n.* (*pl.* ~s) **1** 〘鳥類〙=gentoo penguin. **2** [通例 G-] 〘古〙=Hindu. 〘(1638) □ ? Port. *gentio* 〘原義〙 GENTILE〙
géntoo pénguin *n.* 〘鳥類〙ジェンツーペンギン (*Pygoscelis papua*)《亜南極地方の島にすむペンギンの一種; 単に gentoo ともいう》. 〘1860〙
gen·trice /dʒéntrɪs | -trɪs/ *n.* 〘古・スコット〙**1** 生まれのよさ, 高貴な生まれ. **2** 優しい気持ち; 礼儀. 〘(?*a*1200) □ OF *genterise* (変形) ← *gentelise* ← *gentil* GENTLE〙
gen·tri·fi·ca·tion /dʒèntrəfɪkéɪʃən | -trɪfɪ-/ *n.* 〘英〙〈下層(労働)階級の居住地域などを〉高級化すること. 〘(1973): ⇨ ↓, -ification〙
gen·tri·fy /dʒéntrəfàɪ | -trɪ-/ *vt.* 〘英〙〈下層(労働)階級の居住地域などを〉高級化する. — *vi.* 高級化する.
gén·tri·fi·er *n.* 〘(1972): ⇨ ↓, -ify〙
gen·try /dʒéntri/ *n.* **1** [the ~; 複数扱い] (英国の)郷士階級, ジェントリー: **a** 貴族 (nobility) の次に位する階級. **b** (特に, 大地主で)先祖の代から紋章を使用してきた家系の人たち. **2** [集合的; 複数扱い] 〘口語・軽蔑〙(特定の社会の)連中 (people): these ~ このやから, こういう手合い / the light fingered ~ すり. **3** 紳士 (gentleman) の地位[身分]. **4** [the ~; 集合的; 複数扱い] 〘英方言〙妖精たち (the fairies). **5** 〘廃〙育ちのよさ, 礼節: show us so much ~ and good will 礼節と好情を示す (cf. Shak., *Hamlet* 2. 2. 22). 〘(*c*1303) *gentrie* (変形) ← *gentrise* gentle birth □ OF *genterise* (変形) ← *gentelise* nobility ← *gentil* 'GENTLE': ⇨ -ry〙
Gen·try /dʒéntri/ *n.* ジェントリー《男性名》. 〘↑〙
ge·nu /dʒí:nu:, dʒén-, -nju: | -nju:/ *n.* (*pl.* **gen·u·a** /dʒén(j)uə | -njuə/) 〘解剖・動物〙**1** 膝(ひざ) (knee). **2** (胼胝(べんち)体など, 膝のような)湾曲(部). **gen·u·al** /dʒénjuəl/ *adj.* 〘(1854) ← NL *genū* ← L: cf. Gk *gónu* / Skt *jānu* knee〙
gen·u·flect /dʒénjʊflèkt/ *vi.* **1** (特に, 礼拝のため)(片)膝(ひざ)をつく, ひざまずく. **2** 卑屈に追従する. **gén·u·flèc·tor** *n.* 〘(1630) □ LL *genūflectere* ← *genū* (↑)+*flectere* to bend: ⇨ flex〙
gen·u·flec·tion /dʒènjʊflékʃən/ *n.* (*also* **gen·u·flex·ion** /~/) **1** (特に, 礼拝のため)(片)膝を折ること. **2** 卑屈な追従. 〘(?c1425) □ (O)F *génuflexion* ∥ LL *genūflexiō(n-)* ← *genūflexus* (p.p.) ← *genūflectere*: ⇨ ↑, -ion〙
gen·u·ine /dʒénjuɪn | -njuɪn/ *adj.* **1** 〈物が〉真実の, 本物の, 真正の (cf. specious) (⇨ true SYN): a ~ Rubens 本物のルーベンス(作の絵) / the ~ signature 本人真筆の署名 / the ~ article 本物 / ~ worth 真価 / a ~ writing 真筆, 直筆. **2** 〈人・感情など〉誠実な, 偽りのない, 真心からの, 本当の: a ~ friend 誠実な[本当の]友人 / a ~ sceptic 全くの懐疑家 / ~ repentance 真実の悔悟. **3** 純種の, (血統の)純粋の: a bulldog of a ~ breed 純種のブルドッグ / a ~ Germanic people 純粋のゲルマン民族. **4** 〘医学〙真性の, 特発性の: ~ epilepsy 真性癲癇(てんかん). **~·ness** *n.* 〘(1522) □ L *genuīnus* native, natural, authentic, 〘原義〙 placed on the knee ← *genū* knee: 生まれたばかりの赤ん坊を父親の膝(ひざ)の上に置くことが認知の方法であったという古代の習慣から: ⇨ -ine¹〙
gén·u·ine·ly *adv.* 純粋に; 紛れもなく; 誠実に, 真実に, 本当に. 〘(1640): ⇨ ↑, -ly¹〙
gen·u·péc·tor·al posítion /dʒènjupéktərəl-/ *n.* 〘医学〙胸膝(きょうしつ)位, 膝胸位《胸とひざで体重を支える四つんばいに近い体位》. 〘(1889) *genupectoral*: ← GENU+PECTORAL〙
ge·nus /dʒí:nəs, dʒén-/ *n.* (*pl.* **gen·er·a** /dʒénərə/, ~·es) **1** 〘生物〙(動植物分類上の)属 (cf. classification 1 b): the ~ Homo [ときに戯言的に] 人類. **2** 〘論理〙類, 類概念 (cf. species 2). **3** 種類, 部類, 類. 〘(1551) □ L ~ 'descent, race, descendant, class' ← IE *gen(ə)- to give birth: cog. Gk *génos*: cf. genius, kin〙
génu vál·gum /-vǽlgəm/ *n.* =knock-knee 1. 〘← NL ~〙
génu vá·rum /-véərəm | -véər-/ *n.* 〘病理〙=bowleg. 〘(1887) ← NL ~〙
-ge·ny /←dʒəni | -dʒɪni/ 発生・起源などを表す名詞連結形: progeny, phylogeny. 〘(1887) ← NL *-genia* ← Gk *-géneia* ← *-genēs* born, produced: ⇨ -gen, -y¹〙
ge·o /dʒí:oʊ | dʒí:əʊ/ *n.* (*pl.* ~s) 〘スコット〙[しばしば地名に用いて] (Orkney Islands などの深く狭い) 入江. 〘(1793) ← Scand.: cf. ON *gjā* chasm〙
Geo. 〘略〙George; Georgia.
ge·o- /dʒí:oʊ | dʒí:əʊ/「地球, 土地; 地理の, 地理と…との」の意の連結形. ★ 母音の前では通例 ge- になる. 〘□ L ~ □ Gk *geō-* ← *gê* the earth〙
gèo·ánticline *n.* 〘地質〙=geanticline.
gèo·bótanist *n.* 地球植物学者, 地植物学者. 〘1901〙
gèo·bótany *n.* 地球植物学, 地植物学. **gèo·botánic** *adj.* **gèo·botánical** *adj.* **gèo·botánically** *adv.* 〘1904〙
ge·o·car·py /dʒí:oʊkɑ̀əpi | dʒí:ə(ʊ)kɑ̀:-/ *n.* 〘植物〙地下結実《花は地上で咲くが, 受精後は地下にはいって結実する現象》. **ge·o·car·pic** /dʒì:oʊkɑ́əpɪk | -ə(ʊ)kɑ́:-/ *adj.*
ge·o·cen·tric /dʒì:oʊséntrɪk | dʒì:ə(ʊ)-/ *adj.* **1** 〘天文〙**a** 地心の, 地球を中心とした, 地球中心の (cf. heliocentric): the ~ theory 天動説. **b** 地球の中心から見た: the ~ zenith 地心天頂 (cf. astronomical zenith) / ⇨ geocentric latitude, geocentric longitude. **2** 〘地理〙地球の中心からの[測定した] (cf. topocentric). **3** (物事の評価を)地球[地上の生活]を基準にして判断する.
gè·o·cén·tri·cal·ly *adv.* 〘(1667) ← GEO-+-CENTRIC〙
gè·o·cén·tri·cism /-sɪ̀sɪzm/ *n.* 地球中心説, 天動説. 〘(1882): ⇨ ↑, -ism〙
géocentric látitude *n.* 〘天文〙地心緯度《地球回転楕円体の中心と観測地点とを結ぶ直線が赤道面に対して傾く角度》. 〘1726〙

géocentric lóngitude *n.*〘天文〙地心経度《地球中心を原点とする地心座標における経度》.〘1868〙

géocentric párallax *n.*〘天文〙地心視差《地球上の観測地点と地球の中心とが天体で張る角; diurnal parallax ともいう》.

gèo·chémist *n.* 地球化学者.〘1946〙

gèo·chémistry *n.* **1** 地球化学《地球の化学的組成を研究する》. **2** 物質の化学的地学的性質. **gèo·chémical** *adj.* **gèo·chémically** *adv.*〘(1902) ← GEO-+CHEMISTRY〙

gèo·chronólogist *n.* 地質年代学者.〘1960〙

gèo·chronólogy *n.* 地質年代学. **gèo·chronológic** *adj.* **gèo·chronológical** *adj.* **gèo·chronológically** *adv.*〘(1893) ← GEO-+CHRONOLOGY〙

gèo·chronómetry *n.* 地質年代測定(法). **gèo·chronométric** *adj.*〘1923〙

gèo·coróna *n.*〘宇宙〙地球の超高層大気(水素やヘリウムなど)が太陽光の共鳴散乱で光っている状態《太陽の周りのコロナにたとえたもの》. **gèo·corónal** *adj.*〘1960〙

geod.《略》geodesy; geodetic.

ge·ode /ʤíːoʊd | ʤíːəʊd/ *n.* **1**〘地質〙晶洞(しょうどう) (druse) の一種《石灰質・粘土質岩中にできる中空球状体で, 内面に石英などの結晶が生じているもの》. **2** 晶洞様のもの. **ge·od·ic** /ʤiːáːdɪk | -ɔ́d-/ *adj.*〘(1619) □ L *geōdēs* precious stone □ Gk *geṓdēs* earthy ← *gê* the earth: ⇨ -ode¹〙

ge·o·des·ic /ʤìːədésɪk, -díːs-ˈ/〘数学〙*adj.* **1** 測地線の. **2** =geodetic 1. **3**〘建築〙軽量の直線部材で構成された. — *n.* 測地線 (geodesic line)《ある空間において任意の二点を結ぶ最短曲線》. **gè·o·dés·i·cal** /-sɪ̀kəl, -kl | -sɪ-ˈ/ *adj.*〘(1821) □ F *géodésique*: ⇨ geodesy, -ic¹〙

géodesic dóme *n.*〘建築〙ジオデシックドーム, 測地線ドーム《立体的な格子の組合わせによって, 最少の直線部材で構成されるドーム》.

géodesic líne *n.*〘数学〙=geodesic.

ge·ód·e·sist /-sɪ̀st | -sɪst/ *n.* 測地学者.〘(1840): ⇨ ↓, -ist〙

ge·od·e·sy /ʤiːáːdəsi | -ɔ́dɪ̀-/ *n.* **1**〘数学〙測地学《地球の大きさや地表の数学的測定を扱う応用数学の部門; 限られた地面の測量 (surveying) と区別される》. **2**〘測量〙=geodetic survey.〘(1570) ← NL *geodaesia* ← Gk *geōdaisía* art of mensuration ← GEO-+*daisía* (← *daíein* to divide) ← IE **dā-* to divide: ⇨ -y¹〙

ge·o·det·ic /ʤìːədéṭɪk | ʤìːə(ʊ)dét-ˈ/ *adj.*〘数学〙**1** 測地学の. **2** =geodesic 1. **3** =geodetic line. **gè·o·dét·i·cal** /-ṭɪ̀kəl, -kl | -tɪ-ˈ/ *adj.* **gè·o·dét·i·cal·ly** *adv.*〘(1674) □ L *geōdæticus* □ Gk *geōdaitikós* to divide earth〙

géodetic líne *n.*〘数学〙地球表面上の測地線《具体的には大円弧》.〘1879〙

ge·o·det·ics /ʤìːədéṭɪks | -ə(ʊ)dét-, ʤɪə-/ *n.*〘数学・測量〙=geodesy.〘1674〙

géodetic súrvey *n.*〘測量〙測地学《地球の大きさや地表面上の点の位置などを地球の曲率や形状を考慮して定める学問; 限られた地面の局地測量 (plane surveying) に対比して大地測量学ともいう》.〘1880〙

geodétic survéying *n.*〘測量〙大地測量, 測地測量《地表面の曲率を考慮して行う広い区域の測量; cf. plane surveying》.

Ge·o·dim·e·ter /ʤìːədímə̀ṭə | -ə(ʊ)dímɪ̀tə(r)/ *n.*〘商標〙ジオジメーター《光速度測定を原理とした距離測定用の電子装置の商品名》.〘← *geod(etic)*+-METER¹〙

ge·o·duck /gúːidʌ̀k/ *n.*〘貝類〙ナミガイ (*Panope generosa*)《米国で食用にする大型の二枚貝》.〘(1883) □ Chinook *goduck*〙

gèo·dynámics *n.* 地球力学. **gèo·dynámic** *adj.* **gèo·dynámical** *adj.* (1855) **gèo·dynámicist** *n.*〘(1885) ← GEO-+DYNAMICS〙

gèo·económic *adj.* 地経済学の《自然科学としての地学の立場から, それにかかわる経済的事象を研究する学問にいう》. **gèo·económics** *n.*

Geoff /ʤéf/ *n.* ジェフ (男性名).〘(dim.) ↓〙

Geof·frey /ʤéfri/ *n.* ジェフリー《男性名; 愛称形 Geoff, Jeff; 異形 Jeffrey》.〘ME *Geffrey* □ (O)F *Geoffroi* □ OHG *Gaufrid* (← Gmc **ʒaw-* district+**friþuz* peace) ∥ *Walahfrid* (← Gmc **wala-* traveler): cf. Godfrey〙

Géoffrey of Mónmouth *n.* モンマスのジェフリー《1100?–54; 英国の聖職者・年代記編者; *Historia Britonum*「ブリトン史」》.

geog.《略》geographer; geographic; geographical; geography.

ge·og·no·sy /ʤiáː(ː)gnəsi | -ɔ́g-/ *n.*《古》鉱物・岩石・地層などについての記載的学問. **ge·og·nos·tic** /ʤìːɑ(ː)gnáː(ː)stɪk | -ɒgnɔ́s-ˈ/ *adj.* **gè·og·nós·ti·cal** /-tɪ̀kəl, -kl | -tɪ-ˈ/ *adj.*〘(1791) □ F *géognosie* ← GK *geo-* GEO-+*gnothis* knowledge〙

ge·og·ra·pher /ʤiáː(ː)grəfə | -ɔ́grəfə(r)/ *n.* 地理学者.〘(1542) ← LL *geōgraphus* (⇨ geo-, -graph)+-ER¹〙

ge·o·graph·ic /ʤìːəgrǽfɪkˈ/ *adj.* =geographical.〘(1610) □ LL *geōgraphicus*: ⇨ geography, -ic¹〙

ge·o·graph·i·cal /ʤìːəgrǽfɪ̀kəl, -kl | -fɪ-ˈ/ *adj.* 地理学(上)の, 地理学に関する; 地理的な: ～ features 地勢 / ～ distribution (事物の)地理的分布. **～·ly** *adv.*〘(1559) ← F *géographique* ∥ LL *geōgraphicus* □ Gk *geōgraphikós*: ⇨ -ical〙

geográphical bótany *n.* 植物地理学 (phytogeography).

geográphical detérminism *n.*〘社会学〙=geographic determinism.

geográphical látitude *n.* 地理学的緯度《ある地点と地球の中心を結ぶ線と赤道面とのなす角》.

geográphical lóngitude *n.* 地理学的経度《地表のある地点の経度》.

geográphical médicine *n.* 地理医学《地理上・風土上の要因を医学的に論ずる学問》.

geográphical míle *n.* 地理マイル, 海里 (nautical mile)《もと赤道における経度 1 分の長さとして設定; 約 1,852 m; cf. mile 1》.〘1823〙

geográphical póint [posítion] *n.*〘天文〙地理的位置《ある天体が天頂に見える地球上の点》.

geográphic detérminism *n.*〘社会学〙地理的決定論《地理的条件が社会生活の決定要因であるとする学説》.

geográphic envíronment *n.*〘社会学〙(人間を取り巻く)地理的環境.

geográphic nórth *n.*〘航空・海事〙=true north.

geográphic ráce *n.*〘生物〙地理的品種《同一種の生物が地方によって形態的に差異のある場合にいう》.

geográphic ránge *n.*〘海事〙**1** 地理的視認距離. **2** 地理的光達距離《灯光が充分強いとき地表面の湾曲と灯の高度ならびに観測者の眼高によって限定される最大光達距離; cf. luminous range》.

ge·og·ra·phy /ʤiáː(ː)grəfi | ʤiɔ́g-, ʤɔ́g-/ *n.* **1** 地理学: human [historical, political, economic] ～ 人文[歴史, 政治, 経済]地理学 / physical ～ 自然地理学, 地文学. **2** (通例地球の, 時には月・火星表面の)地勢, 地形, 地理: the ～ of Shikoku, Mars, the Arctic, etc. **3** 地理(学)書[教科書, 論文], 地誌. **4 a** (構成要素の)組織的配列, 配置 (configuration). **b** [the ～]《英口語》(建物などの)配置, 図取り, 間取り (arrangement);《婉曲》手洗, トイレ: Will you show me *the* ～ (of the house)? トイレはどちらですか. **5** 地名のみを使う一種のしり取り.〘(*c*1485) □ F *géographie* ∥ L *geōgraphia* □ Gk *geōgraphiā́*: ⇨ geo-, -graphy〙

gèo·hydrólogy *n.* 地下水学. **gèo·hydrológic** *adj.*〘(1909) ← GEO-+HYDROLOGY〙

gèo·hýgiene *n.* 地球衛生学.〘(1968) ← GEO-+HYGIENE〙

ge·oid /ʤíːɔɪd/ *n.*〘地球物理〙ジオイド《表面を全部平均海面と見なした地球の形》; ジオイドの表面. **ge·oi·dal** /ʤiːɔ́ɪdl | -dl/ *adj.*〘(1881) □ G ～ □ Gk *geōidḗs* earthlike: ⇨ geo-, -oid〙

geol.《略》geologic; geological; geologist; geology.

ge·o·log·ic /ʤìːəláː(ː)ʤɪk | ʤìːə(ʊ)lɔ́ʤ-ˈ/ *adj.* =geological.

ge·o·log·i·cal /ʤìːəláː(ː)ʤɪ̀kəl, -kl | -ìːə(ʊ)lɔ́ʤɪ-ˈ/ *adj.* 地質学(上)の: a ～ epoch 地球年代 / a ～ map 地質図 / a ～ survey 地質調査. **～·ly** *adv.*〘(1791) ← GEOLOGY+-ICAL〙

geológical áge *n.*〘地質〙地質時代.

geológical cýcle *n.* 地質学的循環[輪廻]《地球の表層付近で行われる地質作用が循環的に変化するという考え》.

geológical tímescale *n.* 地質年代区分《地質時代の区分あるいは地質系統に年数という時間的な目盛を入れたもの》.

geológic tíme *n.*〘地質〙地質学的時間, 地質年代.〘1861〙

ge·ól·o·gist /-ʤɪ̀st | -ʤɪst/ *n.* 地質学者.〘(1795) ← GEOLOGY+-IST〙

ge·ol·o·gize /ʤiáː(ː)ləʤàɪz | -ɔ́l-/ *vi.* (まれ) 地質学を研究する; 地質調査をする. — *vt.* 〈ある地方を〉地質学的に調査する.〘(1831): ⇨ ↓, -ize〙

ge·ol·o·gy /ʤiáː(ː)ləʤi | -ɔ́l-/ *n.* **1** 地質学: ⇨ economic geology, historical geology, structural geology. **2** (ある地方の)地質, 岩石(分布): the ～ of Okinawa. **3** 地質学書[論文]. **4** 月や惑星の物質の研究: lunar ～. **ge·ól·o·ger** /-ʤə | -ʤə(r)/ *n.*〘(1735) ← NL *geōlogia*: ⇨ geo-, -logy〙

geom.《略》geometer; geometric; geometrical; geometry.

gèo·magnétic *adj.* 地磁気の; 地球磁場の. **gèo·magnétically** *adv.* **gèo·mágnetist** *n.*〘1904〙

géomagnetic field *n.* 地球磁場.

géomagnetic stórm *n.*〘地球物理〙=magnetic storm.〘1941〙

gèo·mágnetism *n.* **1** 地磁気, 地球磁気. **2** 地球磁気学.〘1938〙

ge·o·man·cer /ʤíːəmæ̀nsə | -ə(ʊ)mæ̀nsə(r)/ *n.* 土占い者.〘(?*c*1400): ⇨ ↓, -er¹〙

ge·o·man·cy /ʤíːəmæ̀nsi | -ə(ʊ)-/ *n.* 土占い《一握りの土砂を地上に投げたときの形状や, 紙上のでたらめの点をつなぐ形状によって占う》. **ge·o·man·tic** /ʤìːəmǽnṭɪk | ʤìːə(ʊ)mǽnt-ˈ/ *adj.*〘(*a*1376) □ OF *geomancie* □ ML *geōmantīa* □ Gk *geōmanteía*: ⇨ geo-, -mancy〙

gèo·mechánics *n.* 地力学《岩石と土壌の力学的研究およびその応用》.

gèo·médicine *n.* =geographical medicine.

ge·om·e·ter /ʤiáː(ː)məṭə | -ɔ́mɪ̀tə(r)/ *n.* **1** 幾何学者. **2**〘昆虫〙シャクトリムシ (looper)《シャクガ科に属するガの幼虫の総称》.〘(?*a*1402) *ge(o)meter* □ (O)F *géomètre* ∥ LL *geōmetra*=*geōmetrēs* □ Gk *geōmétrēs* land measurer, geometer: ⇨ geo-, -meter¹〙

ge·o·met·ric /ʤìːəmétrɪk | ʤìːə(ʊ)-ˈ/ *adj.* **1 a** 幾何学に関する, 幾何学(上)の, 幾何学的な. **b** 幾何[等比]数列的に増加する. **2**〈建築・装飾・模様など〉幾何学的な: a ～ pattern (定規とコンパスで描いたような)幾何学的模様. **3** [G-]〘美術〙《古代ギリシャの壺・小像が》幾何学的な模様や形態を特色とする《紀元前 10 世紀から同 700 年ごろの一様式》: *Geometric* pottery. **4**〘建築〙13 世紀後半のイギリスゴシック様式の. **gè·o·mét·ri·cal** /-trɪ̀kəl, -kl | -trɪ-ˈ/ *adj.* **gè·o·mét·ri·cal·ly** *adv.*〘(1552) □ L *geōmetricus* □ Gk *geōmetrikós*: ⇨ ↑, -ic¹〙

géometrical óptics *n.* 幾何光学《光を光線の集合として, 純粋に幾何学的な取扱いをする光学の一部門; cf. physical optics》.

géometrical [géometric] páce *n.* 2 歩幅《約 5 フィート; 約 1.5 m》.

géometrical pítch *n.*〘航空〙幾何学的ピッチ《プロペラ翼断面の翼弦線で定義されるもの》.

geométrical progréssion *n.*〘数学〙=geometric progression.

geométrical propórtion *n.*〘数学〙等比比例.〘1600〙

géometrical stáirs *n. pl.* =geometric stairs.

géometrical trácery *n.*〘建築〙(円あるいは三つ葉形の)基本的幾何図形で構成されるゴシック様式の窓飾り).〘1817〙

géometric áverage *n.*〘数学〙=geometric mean.

geométric distribútion *n.*〘統計〙幾何分布《離散変数として現れる確率分布の一種; cf. Bernoulli trials》.

ge·o·me·tri·cian /ʤìːɑ̀(ː)mətríʃən, ʤìːə- | ʤìːə(ʊ)me-, -mə-, ʤɪɔ̀mə-/ *n.* 幾何学者.〘(?*c*1475) □ OF *geometricien*: ⇨ -ician〙

geométric isómerism *n.*〘化学〙幾何異性《有機化学で二重結合に結合する置換基の配置によって生じる異性; cf. optical isomerism》.

géometric láthe *n.*〘機械〙模様出し旋盤.

geométric méan *n.*〘数学〙幾何平均, 相乗平均《*n* 個の数の相乗積の *n* 乗根; cf. arithmetic mean, harmonic mean》.〘1901〙

geométric progréssion *n.*〘数学〙幾何数列, 等比数列 (cf. arithmetic progression).〘*c*1856〙

geométric propórtion *n.*〘数学〙=geometrical proportion.

geométric rátio *n.*〘数学〙公比《等比数列や等比級数の任意の項とその一つ前の項との比》.

géometric séries *n.*〘数学〙幾何級数, 等比級数 (cf. arithmetic series).〘1909〙

géometric spíder *n.*〘動物〙コガネグモ科のクモ類の総称.〘幾何図形のように規則正しい網を張ることから〙

géometric stáirs *n. pl.*〘建築〙(親柱なしの)螺旋(らせん)階段.

géometric stýle *n.*〘美術・建築〙幾何学的様式.

ge·om·e·trid /ʤiáː(ː)mətrɪ̀d, ʤìːəmétr- | ʤiɔ́mɪtrɪd/〘昆虫〙*adj.* シャクガ(科)の. — *n.* シャクガ《シャクガ科のガの総称》.〘(1865) ↓〙

Ge·o·met·ri·dae /ʤìːəmétrədìː | -trɪ-/ *n. pl.*〘昆虫〙(鱗翅目)シャクガ科.〘← NL ～ ← L *geōmetra* 'GEOMETER'+-IDAE〙

ge·om·e·trize /ʤiáː(ː)mətràɪz | ʤiɔ́mɪ̀-, ʤɔ́m-/ *vi.* 幾何学を研究する; 幾何学的原理[方法]で処理する. — *vt.* (まれ) **1** 幾何学的な図形にする. **2** …に幾何学原理[法則]を応用する.〘(1603): ⇨ ↓, -ize〙

ge·om·e·try /ʤiáː(ː)mətri | ʤiɔ́mɪ̀-, ʤɔ́m-/ *n.* **1** 幾何学: analytical ～ 解析幾何学 / (non-)Euclidean ～ (非)ユークリッド幾何学 / ⇨ descriptive geometry, plane geometry, solid geometry, spherical geometry. **2** 幾何学書[論文, 教科書]. **3** (外面・固体の)形状, 形態. **4** (機械部品などの)幾何学的配列; ジオメトリー.〘(*c*1330) *ge(o)metrie* □ (O)F *géométrie* □ L *geōmetria* □ Gk *geōmetría*: ⇨ geo-, -metry〙

gèo·mórphic *adj.* 地球[地球面]の形の[に関する];〈形が〉地球に似た.〘1893〙

gèo·mor·phóg·e·ny /-mɔəfáː(ː)ʤəni | -mɔːfɔ́ʤɪ̀-/ *n.* =geomorphology.

gèo·morphólogist *n.* 地形学者.〘1928〙

gèo·morphólogy *n.* **1** 地形学. **2** 地形学書[論文]. **3** 地形学的特徴. **gèo·morphológic** *adj.* **gèo·morphológical** *adj.* **gèo·morphológically** *adv.*〘(1893) ← GEO-+MORPHOLOGY〙

gèo·navigátion *n.*〘海事〙地文航法《地物観測をすることによって行う航法を基礎とし, 船の針路・航程によって船位を推測する方法などを含む航法; cf. celestialnavigation》.〘1882〙

Geonim *n.* Gaon の複数形.

ge·o·pha·gi·a /ʤìːəféɪʤiə, -ʤə | -ʤiə/ *n.* =geophagy.

ge·oph·a·gism /ʤiáː(ː)fəʤɪzm | -ɔ́f-/ *n.* =geophagy.〘1880〙

ge·óph·a·gist /-ʤɪ̀st | -ʤɪst/ *n.* 土を食べる人間.〘(1897): ⇨ ↓, -ist〙

ge·oph·a·gy /ʤiáː(ː)fəʤi | -ɔ́f-/ *n.* 土を食べる習慣 (dirt-eating)《未開社会では鉱物性物質を補給するため広く行われている》. **ge·óph·a·gous** /-fəgəs/ *adj.*〘(1850) □ Gk *geophgía* earth eating〙

ge·oph·i·lous /ʤiáː(ː)fələs | -ɔ́fɪ̀-/ *adj.*〘生物〙好地性の《地上や浅い土中にすむある種の動物または地中に結実する植物などにいう》.〘(1854) ← NL *Geōphilus*+-ous〙

Ge·o·phone /ʤíːəfoʊn | ʤíːə(ʊ)fəʊn/ *n.*〘商標〙ジオホン《岩・土などを通ってくる震動を発見する高感度の地中

G

聴音機). 〖(1919) ← GEO-＋PHONE〗

gèo·phýsical *adj.* 地球物理学(上)の. **~·ly** *adv.* 〖1888〗

Géophysical Yéar *n.* ＝International Geophysical Year. 〖1955〗

gèo·phýsicist *n.* 地球物理学者. 〖(1903): ⇨ ↓, -ist〗

gèo·phýsics *n.* 地球物理学. 〖(1889) ← GEO-＋PHYSICS〗

ge·o·phyte /ʤíːəfàɪt | ʤíː(ʊ)-/ *n.* 〖植物〗土中植物, 地中植物, 地下植物 (冬期地上部は枯死し, 地下部で生命を維持し続け翌春また地上に発育する植物; cf. chamaephyte, phanerophyte). **gè·o·phýt·ic** /-fítɪk | -fít-ˉ/ *adj.* 〖(1900) ← GEO-＋-PHYTE〗

gèo·polítical *adj.* 地政学の. **~·ly** *adv.* 〖1902〗

gèo·politícian *n.* 地政学者. 〖1941〗

gèo·pólitics *n.* **1** 地政学 (国家の政治·外交問題を政治·経済地理学によって解明し, 政策立案に寄与する学問; ドイツではこれによってナチの侵略政策を正当化した; cf. Lebensraum 1). **2** 一国[一地方]を特徴づける地理的·政治的要因. **3** 地政学による国政. 〖(1904) ← GEO-＋POLITICS (なぞり) ← Swed. *geopolitisk* geopolitical (スウェーデンの政治学者·地理学者 Rudolf Kjellén (1864–1922) の造語 (*c*1916))〗

gèo·pól·i·tist /-pá(ː)lətɪ̀st | -pɔ́lɪtɪst/ *n.* ＝geopolitician.

ge·o·pon·ic /ʤìːəpá(ː)nɪk | ʤìː(ʊ)pɔ́n-ˉ/ *adj.* (まれ) 農耕の, 農業の. 〖(1663) ◻ Gk *geōponikós* ← *geōpónos* husbandman ← GEO-＋*pónos* toil, labor: ⇨ -ic[1]〗

ge·o·pon·ics /ʤìːəpá(ː)nɪks | ʤìː(ʊ)pɔ́n-/ *n.* 農耕術, 農業学. 〖(1608) ⇨ ↑, -ics〗

gèo·poténtial *n.* 〖物理〗ジオポテンシャル (単位質量の物体を海面から地球の重力に抗してその高度にまで持ち上げるのに要する仕事量). 〖1914〗

géopotential áltitude *n.* 〖航空〗ジオポテンシャル高度 (高度による地球重力の差を考慮した架空の高さ; 高度 20,000 m 位までは実際の高さとほぼ一致).

gèo·préssured *adj.* 大きな地質的圧力を受けている (地殻内部のメタンとか水分といった物質が地質的な圧力を受けて上へ動く).

gèo·préssurized *adj.* ＝geopressured. 〖1968〗

gèo·pròbe *n.* 〖宇宙〗ジオプローブ (惑星間空間内に閉じ込められた磁気圏を含む地球周辺の宇宙空間の探測器).

ge·o·ram·a /ʤìːərǽmə, -rɑ́ːmə | ʤìː(ʊ)rɑ́ːmə/ *n.* ジオラマ (大円球の内側面に自然界の景色を描いて中心部から眺めるように仕組んだ一種のパノラマ). 〖(1847) ◻ F *géorama* ← GEO-＋(PANO)RAMA〗

Geor·die[1] /ʤɔ́ədi | ʤɔ́ːdi/ *n.* **1** (スコット·北英) **a** (Tyne 川流域出身の[で働く]) 炭坑夫 (pitman); Tyne 川流域に住む人. **b** Tyne 川流域で使われる方言. **c** (Tyne 川の) 石炭船 (collier): a ~ skipper 石炭船の船長. **2** (スコット·北英) (George Stephenson の考案した炭坑夫用の)安全灯. **3** (スコット·北英) ジョーディー ((昔の) 1 シリング (white Geordie), 1 ギニー (yellow Geordie)). **4** (豪口語) スコットランド人. — *adj.* Tyne 川流域に住む人々の, Tyne 川流域で使われる方言の. 〖(1786) ↓〗

Geor·die[2] /ʤɔ́ədi | ʤɔ́ːdi/ *n.* ジョーディー (男性名; イングランド北部とスコットランドに多い). 〖(dim.) ← GEORGE[1]〗

Ge·org /geɪɔ́ək, ˊ-ˋ | geɪɔ́ːk, ˊ-ˋ; G. geɔ́ʁk, géːɔʁk, *Dan.* géːɔu, *Swed.* jéːɔrj/ *n.* ゲイオーク (男性名). 〖◻ G & Du. ~ 'GEORGE[1]'〗

George[1] /ʤɔ́əʤ | ʤɔ́ːʤ; F. ʒɔʁʒ/ *n.* ジョージ (男性名). 〖ME ◻ (O)F *George(s)* ◻ LL *Geōrgius* ◻ Gk *Geṓrgios* ← *geōrgós* farmer, worker of the soil ← GEO-＋*érgon* to work〗

George[2] /ʤɔ́əʤ | ʤɔ́ːʤ/ *n.* **1** (英国のガーター勲章の) ジョージ像 (St. George の竜退治の宝石像). **2** St. George 像のある貨幣 (半クラウンまたは 1 ギニー金貨 (yellow-George)). **3** ＝brown George. **4** (英口語) **a** (主に空軍で) [未知の人(特に飛行士)への親しみの呼びかけ] ねえ[おい]君. **b** (飛行機の)自動操縦装置. **5** (米俗) 黒人; (ホテルなどの黒人の)ボーイ.

(by) Géorge! 本当に, 全く, まあ (軽い驚き·誓い·決意·賛成などの意を表す; George は St. George の意). **lèt Géorge dò it** [通例命令文で] (口語) (嫌な仕事を)だれかほかの者にやらせる[引き受けさせる].

〖(1506) ← *St. George*: ⇨ GEORGE[1]〗

George /ʤɔ́əʤ | ʤɔ́ːʤ/, **Saint** *n.* ゲオルギウス, ジョージ (270?–?303; イングランドの守護聖人, 七守護聖人 (Seven Champions of Christendom) の一人; 小アジアの王族の出で Diocletian 帝の時代に殉教した伝説的勇士; Cappadocia で竜を退治し, 同国をキリスト教に改宗させたとの伝説から, 騎馬で竜と戦う姿に描かれる; 祝日 4 月 23 日).

George, David Lloyd *n.* ⇨ Lloyd George.

George, Henry *n.* ジョージ (1839–97; 米国の経済学者で土地のみに税を課する単一課税論者; *Progress and Poverty* (1879)).

George /ʤɔ́əʤ | ʤɔ́ːʤ/, **Lake** *n.* ジョージ湖: **1** 米国 Florida 州北東部 Daytona 海岸の西北西, St. Johns 川の途中にある湖. **2** 米国 New York 州東部 Champlain 湖の南にある湖.

Ge·or·ge /geɪɔ́əgə | -ɔ́ː-; G. geɔ́ʁgə/, **Stef·an** /ʃtéfan/ (**Anton**) *n.* ゲオルゲ (1868–1933; ドイツの詩人, フランス象徴派 (Symbolists) の影響をうけたドイツ新文学運動の盟主; *Das Jahr der Seele* 「魂の年」(1897)).

George I /ʤɔ́əʤ- | ʤɔ́ːʤ-/ *n.* **1** ジョージ一世 (1660–1727; 英国王 (1714–27), ドイツの Hanover 選挙侯, 英国 Hanover 王朝初代の王; Queen Anne をもって Stuart 王朝が絶えたため, 1701 年の王位継承法 (Act of Settlement) に基づいて即位). **2** ゲオルギオス一世 (1845–1913; ギリシャ王 (1863–1913), デンマーク王 Christian 九世の第二子; Salonika で暗殺された; ギリシャ語名 Georgios /geɔ́rgiɔs/).

George II *n.* **1** ジョージ二世 (1683–1760; 英国王 (1727–60), George 一世の子; 治世中に七年戦争 (Seven Years' War) があった). **2** ゲオルギオス二世 (1890–1947; ギリシャ王 (1922–23, 1935–47); ゲオルギオス一世の孫; ギリシャ語名 Georgios /geɔ́rgiɔs/).

George III *n.* ジョージ三世 (1738–1820; 英国王 (1760–1820), George 二世の孫; 治世中に米国が独立; 晩年発狂し, 長男 George (IV) が摂政を務めた; cf. regency 4).

George IV *n.* ジョージ四世 (1762–1830; 英国王 (1820–30), George 三世の息子でその摂政 (1811–20); cf. prince regent 2).

George V *n.* ジョージ五世 (1865–1936; 英国王 (1910–36), Edward 七世の息子; 治世中に第一次大戦が起こり, 王家名を Saxe-Coburg-Gotha から Windsor と変えた (1917)).

George VI *n.* ジョージ六世 (1895–1952; 英国王 (1936–52), George 五世の第二子, Edward 八世の弟).

Geórge Cróss *n.* [the ~] ジョージクロス (主に民間人の特に英雄的な行為の表彰として与えられる George 六世制定 (1940) の英国の勲章; 略 GC). 〖1940〗

Geórge Médal *n.* [the ~] ジョージメダル (民間人·軍人の勇敢な行為の表彰として与えられる George 六世制定 (1940) の英国の勲章; 略 GM). 〖1940〗

Georges /ʒɔ́əʒ, ʤɔ́əʤ | ʒɔ́ːʒ, ʤɔ́ːʤ; F. ʒɔʁʒ/ *n.* ジョージ, ジョルジュ (男性名). 〖◻ F ~ 'GEORGE[1]'〗

George·town /ʤɔ́əʤtaun | ʤɔ́ːʤ-/ *n.* ジョージタウン: **1** 南米ガイアナ北部にある海港で同国の首都; 旧名 (1812 年まで) Stabroek. **2** 米国の首都 Washington 市の住宅地区. 〖英国王 *George* 二世にちなむ〗

Geórge Tówn *n.* ジョージタウン: **1** カリブ海北部, 英領 Cayman 諸島の中心をなす港町; Grand Cayman 島にある. **2** マレーシアの Penang 島にある海港で, Penang 州の州都; Penang ともいう. 〖↑〗

geor·gette /ʤɔəʤét | ʤɔː-/ *n.* ジョーゼット (薄地の絹またはレーヨンのクレープ; georgette crepe ともいう). 〖(1915) ← *Mme Georgette* (Paris の裁縫師)〗

Geor·gette /ʤɔəʤét | ʤɔː-/ *n.* ジョージェット (女性名). 〖(fem. dim.) ← GEORGE[1]〗

Geórge Wáshington Bírthplace Nátional Mónument *n.* ジョージ ワシントン生誕地国定記念物 (米国 Virginia 州北東部; 米国初代大統領 George Washington の生家がある; 1779 年に火事で焼けたが再建された).

Geórge Wáshington Cárver Nátional Mónument *n.* ジョージ ワシントン カーバー国定記念物 (米国 Missouri 州南西部; 奴隷の子に生まれ, 農業革命の指導者となった植物学者 George Washington Carver の生家がある).

Geor·gia[1] /ʤɔ́əʤə | ʤɔ́ːʤə, -ʤiə/ *n.* ジョージア (女性名). 〖(fem.) ← GEORGE[1]〗

Geor·gia[2] /ʤɔ́əʤə | ʤɔ́ːʤə, -ʤiə/ *n.* ジョージア (米国南東部の州 (⇨ United States of America 表)). 〖英国王 *George* 二世にちなむ〗

Geor·gia[3] /ʤɔ́əʤə | ʤɔ́ːʤə, -ʤiə/ *n.* グルジア (Caucasus 山脈南部の共和国; 面積 69,700 km², 首都 Tbilisi; 公式名 the Republic of Georgia). 〖← *St. George*: 同国の守護聖人にちなむ〗

Georgia, the Strait of *n.* ジョージア海峡 (Vancouver 島とカナダ本土との間の海峡; 長さ 240 km, 幅 48 km).

Geórgia bárk *n.* 〖植物〗＝bitter bark.

Geor·gian[1] /ʤɔ́əʤən | ʤɔ́ːʤən, -ʤiən/ *adj.* **1** (英国の) George 王朝(時代)の (George I–IV, 1714–1830): the ~ era ジョージ王朝. **2** 1714 年以後の 18 世紀の. **3** (英国の) George 五世 (1910–36) または六世 (1936–52) 時代の (文学上は特に前者の前半を指し, 一般に肯定的な態度と叙情性を特色とした; cf. Victorian, Edwardian 1): ~ literature, poetry, etc. **4** ジョージ王朝時代 (特に, 1714–1830 年)の英国の建築[美術, 工芸]様式の: a ~ building. — *n.* **1 a** George (I–IV, V, VI) 王朝時代の人. **b** 1910 年代から 20 年代前半の詩人·作家. **2 a** 英国 George 王朝時代風[特性]. **b** George 王朝時代風の(模倣をする)人. 〖(1741) ← GEORGIA[2]＋-AN[1]〗

Geor·gian[2] /ʤɔ́əʤən | ʤɔ́ːʤən, -ʤiən/ *adj.* 米国 Georgia 州(人)の. — *n.* (米国の) Georgia 州人. 〖(1741): ⇨ Georgia[2], -an[1]〗

Geor·gian[3] /ʤɔ́əʤən | ʤɔ́ːʤən, -ʤiən/ *adj.* グルジア (Georgia) 共和国の; グルジア人[語]の. — *n.* (カフカスの)グルジア人; グルジア語 (南カフカスの主要言語). 〖(*c*1400): ⇨ Georgia[3], -an[1]〗

Geor·gi·an·a /ʤɔəʤiǽnə, -ʤénə | ʤɔːʤiɑ́ːnə/ *n.* ジョージアナ (女性名; 愛称形 Gina). 〖(fem. dim.) ← GEORGE[1]〗

Geórgian Báy *n.* ジョージア湾 (北米 Huron 湖の北東部, カナダの Ontario 州にはいり込んだ湾).

Geórgian Báy Íslands Nátional Párk *n.* ジョージア湾島国立公園 (カナダ Ontario 州南部にある同湾の島々からなる; Flowerpot 島にある石灰岩の崖が有名).

Geórgia píne *n.* 〖植物〗＝longleaf pine 1.

geor·gic /ʤɔ́əʤɪk | ʤɔ́ː-/ *adj.* 農事の, 農業の. — *n.* 農事詩: *the Georgics* 「農耕歌」(ローマの詩人 Virgil 作の農事詩 (29 B.C.)). 〖(1513) ◻ L *geōrgicus* agricultural ◻ Gk *geōrgikós* of husbandry ← *geōrgós* husbandman: ⇨ -ic[1]〗

Geor·gie /ʤɔ́əʤi | ʤɔ́ː-/ *n.* ジョージー (男性名). 〖(dim.) ← GEORGE[1]〗

Geor·gi·na /ʤɔəʤíːnə | ʤɔː-/ *n.* ジョージーナ (女性名). 〖(fem. dim.) ← GEORGE[1]〗

gèo·scíence *n.* **1** 地球科学 (地質学·地球物理学·地球化学など地球を対象とする総合科学). **2** 地球科学のうちの一科学. 〖1942〗

gèo·scíentist *n.* 地球科学者.

géo·sphère *n.* ＝lithosphere. 〖1898〗

gèo·státic *adj.* 地圧の, 土圧の; 地圧に耐える: a ~ curve 土圧曲線.

gèo·státics *n.* 〖物理〗地圧学.

gèo·státionary *adj.* 〖宇宙〗〈人工衛星が〉静止軌道 (geostationary orbit) にある[を回る]: a ~ satellite 静止衛星. 〖1961〗

géostationary órbit *n.* 〖宇宙〗静止軌道 (赤道面上高度約 36,000 km の円軌道で, 軌道周期が地球の自転周期と一致し, 人工衛星が地球から特定点上に静止しているように見える; synchronous orbit ともいう).

gèo·strátegist *n.* 戦略地政学者; 地政学に基づく戦略家.

gèo·strátegy *n.* **1** 戦略地政学. **2** 地政学に基づく戦略. **gèo·stratégic** *adj.* 〖1942〗

ge·o·stroph·ic /ʤìːəstrá(ː)fɪk | ʤìː(ʊ)strɔ́f-ˉ/ *adj.* 〖気象〗地球自転による偏向力の. **gè·o·stróph·i·cal·ly** *adv.* 〖(1916) ← GEO-＋Gk *strophikós* (← *stréphein* to turn)〗

géostrophic wínd *n.* 〖気象〗地衡風 (気圧傾度力とコリオリの力 (Coriolis force) とが釣り合った状態で吹く風; cf. gradient wind). 〖1916〗

gèo·sýnchronous *adj.* ＝geostationary. **~·ly** *adv.*

géosynchronous órbit *n.* 〖宇宙〗＝geostationary orbit.

gèo·synclínal 〖地質〗*adj.* 地向斜の. — *n.* ＝geosyncline. 〖1873〗

gèo·sýncline *n.* 〖地質〗地向斜 (地盤沈下が著しく, 厚い水成岩·火山岩層を堆積する海域; cf. geanticline). 〖1895〗

ge·o·tac·tic /ʤìːoutǽktɪk | ʤìːə(ʊ)-ˉ/ *adj.* 〖生物〗走地[趨地(すうち)]性の. **gè·o·tác·ti·cal·ly** *adv.* 〖(1899) ↓〗

ge·o·tax·is /ʤìːoutǽksɪ̀s | ʤìːə(ʊ)tǽksɪs/ *n.* (*pl.* -tax·es /-siːz/) 〖生物〗走地性, 趨地(すうち)性 (重力の方に向かい, または離れていく性質). 〖(1899) ← NL ~: ⇨ geo-, -taxis〗

ge·o·tax·y /ʤíːoutæ̀ksi | ʤíːə(ʊ)-/ *n.* ＝geotaxis.

gèo·téchnics *n.* 地質工学. 〖1927〗

gèo·technólogy *n.* 地質工学. 〖1942〗

gèo·tectónic *adj.* 〖地質〗構造地質学的な. **gèo·tectónically** *adv.* 〖1882〗

gèo·tectónics *n.* ジオテクトニックス, 構造地質学. 〖← GEO-＋TECTONICS〗

ge·o·therm /ʤíːouθə̀ːm | ʤíːə(ʊ)θəːm/ *n.* 〖地質〗 **1** 地熱. **2** 地熱の等熱線(図).

ge·o·ther·mal /ʤìːouθə́ːməl, -ml̩ | ʤìːə(ʊ)θə́ː-ˉ/ *adj.* 地熱の. **~·ly** *adv.* 〖1875〗

géothermal pówer *n.* 地熱発電電力.

géothermal pówer plánt *n.* 地熱発電所.

ge·o·ther·mic /ʤìːouθə́ːmɪk | ʤìːə(ʊ)θə́ː-ˉ/ *adj.* ＝geothermal.

ge·o·tro·pic /ʤìːətróupɪk, -trá(ː)p- | ʤìːə(ʊ)trɔ́p-ˉ/ *adj.* 〖生物〗屈地性の[に関する]; 向地性の[に関する].

gè·o·tróp·i·cal·ly *adv.* 〖(1875) ← GEO-＋Gk *tropikós*〗

ge·ot·ro·pism /ʤiá(ː)trəpɪzm | ʤiɔ́tr-/ *n.* 〖生物〗 **1** 屈地性 (重力が刺激となって起こる生物(主に植物)の屈曲運動; cf. apogeotropism): positive [negative] ~ 正の[負の]屈地性. **2** 向地性, 正の屈地性 (重力の方向に起こる屈曲運動). 〖(1875) ◻ G *Geotropismus*: ⇨ geo-, -trope, -ism〗

ger. (略) gerund; gerundive.

Ger. (略) German; Germany.

Ge·ra /géᵊrə | géərə; G. géːʁa/ *n.* ゲーラ (ドイツ中東部 Thuringia 州の工業都市).

ge·rah /gíᵊrə | gíərə/ *n.* (*also* **ge·ra** /~/) **1** ゲラ (古代ヘブライの重さの単位; ＝$^1/_{20}$ shekel). **2** 古代ヘブライの貨幣 (Shekel の $^1/_{20}$ に相当). 〖(1530) ◻ Heb. *gērā*ʰ: cf. Akkad. *girū*〗

Ge·raint /ʤɪ̀réɪnt | géraɪnt, ˉˊ; *Welsh* géraint/ *n.* 〖アーサー王伝説〗ゲレイント (円卓の騎士の一人; Enid の夫). 〖◻ Welsh ~: cf. Gk *gérō* old〗

Ger·ald /ʤérəld/ *n.* ジェラルド (男性名; 愛称形 Geny, Jerry). 〖ME ◻ OF *Giraut, Giralt* ◻ OHG *Gērwald* (原義) spear wielder ← *gēr* spear＋*waltan* to rule〗

Ger·al·dine /ʤérəldìːn/ ★ Coleridge の作品 *Christabel* では /-dàɪn/ と発音する. *n.* ジェラルディーン (女性名). 〖(fem.) ← GERALD〗

Ger·ald·ton /ʤérəl(d)tən, -tn̩/ *n.* ジェラルトン (オーストラリア西部 Western Australia 州西部の港湾都市).

Ge·ra·ni·a·ce·ae /ʤərèɪniéɪsiìː/ *n. pl.* 〖植物〗フウロソウ科. **ge·rà·ni·á·ceous** /-ʃəsˉ/ *adj.* 〖← NL ~: ⇨ geranium, -aceae〗

ge·ra·ni·al /ʤəréɪniəl | ʤɪ̀-/ *n.* 〖化学〗＝citral. 〖1899〗

ge·ra·ni·ol /ʤəréɪniɔ̀(ː)l | ʤɪ̀réɪniɔ̀l/ *n.* 〖化学〗ゲラニオール, ゼラニオール ($CH_3C(CH_3)=CH(CH_2)_2C(CH_3)=CHCH_2OH$) (バラに似た香気を放ち香水に用いられる). 〖(1871) ← GERANI(UM)＋-OL[1]〗

ge·ra·ni·um /ʤəréɪniəm | ʤɪ̀-/ *n.* **1** 〖植物〗ゼラニウム (フウロソウ科フウロソウ属 (*Geranium*) の植物の総称; ゲンノショウコ (*G. nepalense*), コフウロ (*G. tripartitum*) な

ど). 2〘植物〙=pelargonium. 3 ゼラニューム色《黄赤色》. 〚(1548) ← (N)L ～ ← L ～ ▫ Gk *geránion*《原義》small crane ← *géranos* crane: ⇨ -ium〛

geránium òil *n.*〘化学〙ゼラニウム油《テンジクアオイ属 (*Pelargonium*) の各種の植物から採るバラの香りのある油; 香料に用いる》.

Ge·rard /dʒərάːd | dʒérɑːd, -rəd, dʒεrάːd, dʒə-; *Du.* xéːrɑrt, G. géːʁaʁt/ *n.* ジェラード《男性名; 愛称形 Jerry》. 〚ME ▫ OF *Gerart* (F *Gérard*) ▫ OHG *Gērhart* ← *gēr* spear＋*hart* 'HARD'〛

Gé·rard /ʒeɪrάə | ʒeɪrάː(r), ←—; F. ʒeʁaːʁ/, **Comte Étienne Maurice** *n.* ジェラール (1773–1852; Napoleon の外国遠征で活躍したフランスの元帥).

ge·rar·di·a /dʒərάədiə | dʒɪrάːdiə, dʒə-/ *n.*〘植物〙ゴマノハグサ科 *Gerardia* 属の植物の総称. 〚(1851) ← NL ～ ← *John Gerard* (1545–1612: 英国の外科医・植物学者)〛

ger·a·tol·o·gy /dʒèrətά(ː)lədʒi | -tɔ́l-/ *n.* 老年学. ★ geriatrics, gerontology が標準的. **ger·a·to·log·ic** /dʒèrətəlά(ː)dʒɪk | -tələ́dʒ-←/ *adj.* 〚(1884) ← Gk *gērat-*, *gēras* old age＋-LOGY〛

Ger·ber /gə́ːbə | gə́ːbə(r)/ *n.*〘商標〙ガーバー《米国 Gerber Products 社製のベビーフード》.

ger·ber·a /gə́ːbərə, dʒə́ː- | gə́ː-, dʒə́ː-/ *n.*〘植物〙ガーベラ《アジア・アフリカ産キク科ガーベラ[センボンヤリ]属 (*Gerbera*) の植物の総称》. 〚(1889) ← NL ～ ← *Traugott Gerber* (*d.* 1743: ドイツの博物学者)〛

ger·bil /dʒə́ːbɪl, -bl | dʒə́ː-/ *n.* (*also* **ger·bille** /dʒə́ːbɪl, -bl | dʒə́ː-; *F.* ʒεʁbij/)〘動物〙アレチネズミ《アジア・アフリカ・ロシア南部などの砂漠・草原にすむアレチネズミ亜科の動物の総称; 耳・後肢などが長く, トビネズミ類に似る》. 〚(1849) ▫ F *gerbille* ← NL *Gerbillus* (dim.) ← *gerbo* 'JERBOA'〛

Ger·da /gə́ːdə | gə́ːdə/ *n.* ガーダ《女性名; 異形 Garda, Gerdie》. 〚▫ ON ～ ← *garðr* enclosure, guardian: 北欧神話の神 Freyr の妻の名〛

Ger·die /gə́ːdi | gə́ːdi/ *n.* ガーディー《女性名; 異形 Gerdye》. 〚《異形》← GERDA〛

Gere /gíə | gíə(r)/, **Richard** *n.* ギア (1949– ; 米国の俳優; セクシーな二枚目として知られる).

ge·re·fa /jεréɪvɑː/ *n.*〘英史〙(アングロサクソン時代の英国の)役人, 代官 (cf. reeve¹ 3 a, sheriff 3). 〚OE *gerēfa*: ⇨ y-, -reeve¹〛

Ge·reint /dʒəréɪnt | géraɪnt, —←/ *n.*〘アーサー王伝説〙=Geraint.

ge·rent /dʒíərənt | dʒíər-/ *n.* 《まれ》支配者, 執行者, 権力者 (cf. vicegerent). 〚(1576) ▫ L *gerentis* (pres.p.) ← *gerere* to bear, conduct〛

ger·e·nuk /gérənʊ̀k, gərénək | gérɪnʊ̀k/ *n.*〘動物〙ジェレヌク (*Litocranius walleri*)《東アフリカ産の頸(くび)と脚が長いレイヨウ》. 〚(1895) ▫ Somali *garanug*〛

ger·fal·con /dʒə́ːfæ̀lkən, -fɔ̀ː(l)k-, -fɑ̀ːlk-, -fɔ̀ːk-, -fɑ̀ːk- | dʒə́ːfɔ̀ːlkən, -fɔ̀ːk-, -fɔ̀lk-, -fæ̀lk-/ *n.*〘鳥類〙=gyrfalcon.

Ger·hard /gə́ːhaəd, géəhaət | gə́ːhɑːd, géəhɑːt; *G.* géːʁhaʁt, *Du.* xéːrhɑrt/ *n.* ガーハード《男性名; 異形 Gerhart》. 〚▫ G ～ 'GERARD'〛

Ger·hart /géəhaət | géəhɑːt; *G.* géːʁhaʁt/ *n.* ガーハート《男性名》. 〚▫ G ～ 'GERARD'〛

ger·i·at·ric /dʒèriǽtrɪk, dʒìər- | dʒèr-←/ *adj.* 1 老年[老人](医学)の; 老人用の: a ～ patient 老人病患者. 2 《軽蔑》年寄りの, 老いぼれの; ぽんこつの: ～ medicine 老年[老人]医学. — *n.* 《軽蔑》おいぼれ. 〚(1909) ← Gk *gēras* old age＋-IATRIC〛

ger·i·a·tri·cian /dʒèriətríʃən, dʒìər- | dʒèr-/ *n.* 老年[老人]医学専門家, 老人病専門医. 〚(1926): ⇨ ↓, -ician〛

ger·i·at·rics /dʒèriǽtrɪks, dʒìər- | dʒèr-/ *n.* 老人医学, 老年医学 (cf. gerontology). 〚(1909) ⇨ geriatric, -ics〛

geriátric wàrd *n.* 老人病棟.

ger·i·at·rist /dʒèriǽtrɪst, dʒìər- | dʒèriǽtrɪst/ *n.* = geriatrician.

Gé·ri·cault /ʒèrɪkóʊ | ʒérɪkəʊ, ←—; *F.* ʒeʁiko/, **(Jean Louis André) Théodore** *n.* ジェリコー (1791–1824; フランスの画家; フランス美術の伝統を破ってロマン主義(運動)の指導者となった).

ger·kin /gə́ːkɪn | gə́ːkɪn/ *n.* =gherkin.

Ger·la·chov·ka /géələkɔ̀ːfkə, -kɔ̀(ː)v- | géələkɔ̀f-/ *n.* ゲルラホフカ山《スロバキア北部カルパティア山脈 (Carpathian Mountains) の最高峰 (2,655 m)》.

germ /dʒə́ːm | dʒə́ːm/ *n.* 1 微生物, 細菌, 黴菌(ばいきん) (microbe); (特に)病原菌, 病菌. 2 [通例 the ～] 芽ばえ, 根源, 起源; (発達の)初期: *the* ～ *of* a new theory 新しい理論の芽ばえ / in ～ 芽ばえのうちの[で], まだ発達しない(時期に). 3 〘生物〙 a 幼芽, 胚(はい), 胚種 (cf. soma¹); (女性の)胚原, 原種 (cf. sperm 1). b =germ cell. — *adj.* [限定的]〘病理〙微生物[細菌]の, 微生物[細菌]によって起こる, 細菌性の: a ～ disease. — *vi.*, *vt.* = germinate. 〚(c1450) ▫ (O)F *germe* < L *germen* sprout ← ?OL **genmen* ← IE **gen(ə)-* to beget〛

Germ. 《略》German; Germany.

ger·main /dʒə́ːmeɪn, dʒə(ː)méɪn | dʒə́ːmən, -meɪn/ *n.* =germen.

Ger·main /dʒə́ːmeɪn, dʒə(ː)méɪn | dʒə́ːmən, -meɪn; *F.* ʒεʁmɛ̃/ *n.* ジャーメイン《女性名》. 〚⇨ Germaine〛

Ger·maine /dʒə(ː)méɪn | dʒə(ː)-; *F.* ʒεʁmεn/ *n.* ジャーメイン《女性名; 異形 Germain》. 〚(fem.) ← GERMAN¹〛

ger·man /dʒə́ːmən | dʒə́ː-/ *adj.* 1 [複合語の第 2 構成素として常に名詞のあとに付けて] a 同父母から出た (cf. whole 5): ⇨ brother-german, sister-german. b 同祖父母から出た: a cousin-*german* ⇨ cousin 1 a. 2 《古》=germane. 〚(c1300) *germa(i)n* ▫ (O)F *germain* german, (OF) brother // L *germānus* of brother and sister; genuine, real (cf. *germānusr* brother, *germāna* sister) ← *germen* (↑): cf. GERMANE〛

Ger·man¹ /dʒə́ːmən | dʒə́ː-/ *n.* ジャーマン《男性名》. 〚↓〛

Ger·man² /dʒə́ːmən | dʒə́ː-/ *adj.* ドイツの, ドイツ風の; ドイツ人の; ドイツ語の.
— *n.* 1 a ドイツ人; ドイツ人の子孫. b (ドイツ以外の地で)ドイツ語を話す人: a Swiss ～. 2 ドイツ語 (cf. Germanic): High ～ 高地ドイツ語《もと南ドイツおよび中部ドイツの一部で用いられたが, 今は全ドイツ, オーストリア, スイスの公用語》/ Low ～ 低地ドイツ語《北部ドイツで用いられる方言; High German を除き英語・オランダ語などをも含む West Germanic の諸語》/ Old High ～ 古期高地[古高]ドイツ語《約 800–1100 年》/ Middle High ～ 中期高地[中高]ドイツ語《約 1100–1500 年》/ Old Low ～ 古期低地ドイツ語《8–12 世紀の間北部ドイツおよびオランダで用いられた》/ Middle Low ～ 中期低地ドイツ語《およそ 1100–1500 年に Rhine 川から Elbe 川にわたるヨーロッパ北西部の低地地方で用いられた》. 3 [通例 g-] 《米》 a ジャーマンダンス《パートナーを交換しながら, 複雑に回転するワルツを交えたダンス》. b ジャーマンダンスの行われる舞踏会. 〚(a1387) ME *Germaines* (n. pl.), (16C) *Germayne* (adj.) ▫ L *Germānus* a German (n.), Germanic (adj.) ← *Germānī* (pl.) Germans.〛

Gérman-Américan *adj.*, *n.* ドイツ系アメリカ人(の). 〚1824〛

Gérman bánd *n.* 《米》街頭音楽隊 (street band). 〚1830〛

Gérman Báptist Bréthren *n. pl.* [the ～] ドイツバプテスト同胞教会《18 世紀初めドイツに起こり, 迫害を受けて米国に移った新教の一派; 1908 年以降正式名は the Church of the Brethren; cf. Dunker》.

Gérman cátchfly *n.*〘植物〙ムシトリビランジ (*Lychnis viscaria*)《地中海沿岸・シベリア原産のナデシコ科の多年草; 赤または紫の花が咲き, 装飾に使用》.

Gérman cóckroach *n.*〘昆虫〙チャバネゴキブリ (*Blattella germanica*)《世界共通の黄褐色の小形のゴキブリ》(《米》Croton bug). 〚1896〛

gérman cotíllion *n.* =German² 3 a.

Gérman Democrátic Repúblic *n.* [the ～] ドイツ民主共和国《旧東ドイツ (East Germany) の公式名; 略 GDR; ⇨ Germany》.

ger·man·der /dʒə(ː)mǽndə | dʒə(ː)mǽndə(r)/ *n.* 〘植物〙ニガクサ属 (*Veronica*) の植物の総称《特に germander speedwell》. 〚(1373) ▫ ML *germandra* 《変形》← *gama(n)drea*=L *chamadreos* ▫ LGk *khamandruon* =Gk *khamaídrûs* ← *khamai* on the ground＋*drûs* oak〛

germánder spéedwell *n.*〘植物〙カラフトヒヨクソウ (*Veronica chamaedrys*)《米》bird's-eye speedwell).

ger·mane /dʒə(ː)méɪn | dʒəːméɪn, ←—/ *adj.* 1 〈考え・言葉など〉密接な関係がある (⇨ relevant SYN); 適切な (pertinent) 〔*to*〕: a remark hardly ～ *to* the question その問題にあまり適切でない言葉. 2 《廃》近親関係にある (akin). **～·ly** *adv.* 〚(1600–1)《変形》← GERMAN〛

Gérman Éast África *n.* ドイツ領東アフリカ《現在タンザニアとルワンダおよびブルンジの地にあったドイツの保護領 (1885–1920); 後のタンガニーカ》.

Gérman Émpire *n.* [the ～] ドイツ帝国 (1871–1918)《Bismarck のドイツ統一により成立, プロイセン以下 25 国の連邦》.

Ger·ma·ni·a /dʒə(ː)méɪniə | dʒə(ː)-/ *n.* ゲルマニア: 1 古代ヨーロッパの Rhine 川の東, Danube 川の北の現ドイツを含む地域. 2 Rhine 川西部のローマの属州となった地域《現フランス北東部およびベルギー・オランダの一部》.

ger·man·ic /dʒə(ː)mǽnɪk | dʒə(ː)-/ *adj.*〘化学〙ゲルマニウム (IV) の, 4 価のゲルマニウム (Ge^{IV}) を含む (cf. germanous). 〚(1888) ← GERMAN(IUM)＋-IC¹〛

Ger·man·ic /dʒə(ː)mǽnɪk | dʒə(ː)-/ *adj.* 1 ドイツ(人)の (German); ドイツ的な. 2 ゲルマン民族[語]の (Teutonic). — *n.* ゲルマン語(派)《印欧語族 (Indo-European languages) の一分派》; Primitive ～ 原始ゲルマン語《後に西・北・東ゲルマン語に分化した; 略 Gmc.; ⇨ East Germanic, North Germanic, West Germanic》. 〚(1633) ▫ L *Germānicus*: ⇨ German², -ic¹〛

Ger·mán·i·cus Cáesar /dʒə(ː)mǽnɪkəs-, -nə- | dʒə(ː)mǽnɪ-/ *n.* ゲルマニクス (15 B.C.–A.D. 19; ローマの将軍, Caligula の父, Tiberius の甥).

Gérman íris *n.*〘植物〙ジャーマンアイリス, ドイツアヤメ (*Iris germanica* およびその改良種の総称).

Gér·man·ism /-nìzm/ *n.* 1 ドイツ精神, ドイツ魂, ドイツ人気風. 2 ドイツ語風; ドイツなまり. 3 ドイツびいき, ドイツ心酔. 〚(1611): ⇨ German², -ism〛

Gér·man·ist /-nɪst | -nɪst/ *n.* ドイツ[ゲルマン]語学者; ドイツ文化[文学]研究者. 〚(1831): ⇨ German², -ist〛

ger·ma·nite /dʒə́ːmənàɪt | dʒə́ː-/ *n.*〘鉱物〙ゲルマナイト, ゲルマニウム鉱 ($Cu_{13}Fe_2Ge_2S_{16}$).

Ger·man·i·ty /dʒə(ː)mǽnəti | dʒə(ː)mǽnɪti/ *n.* ドイツ風, ドイツ精神, ドイツ人かたぎ. 〚(1832): ⇨ German², -ity〛

ger·ma·ni·um /dʒə(ː)méɪniəm | dʒə(ː)-/ *n.*〘化学〙ゲルマニウム《希金属元素の一つ; 記号 Ge, 原子番号 32, 原子量 72.59》. 〚(1886) ← NL ～ ← L *Germānia* 'GERMANY': ⇨ -ium〛

Gérman ívy *n.*〘植物〙ツタギク (*Senecio mikanioides*)《アフリカ南部産キク科の多年草; 葉がツタに似て黄色い花が咲く》.

Ger·man·ize /dʒə́ːmənàɪz | dʒə́ː-/ *vt.* 1 ドイツ(語)風にする, ドイツ化する; …にドイツ式方法を用いる. 2 《古》ドイツ語訳する. — *vi.* ドイツ風になる, ドイツ化する. **Ger·man·i·za·tion** /dʒə̀ːmənɪzéɪʃən | dʒə̀ːmənaɪ-, -nɪ-/ *n.* **Gér·man·iz·er** *n.* 〚(1598): ⇨ German², -ize〛

Gérman méasles *n. pl.* [単数または複数扱い] = rubella. 〚1875〛

Gérman míllet *n.*〘植物〙コアワ (*Setaria italica* var. *stramineofructa*)《イネ科アワの類で雑穀として栽培される; golden wonder millet ともいう》.

ger·man·o- /dʒə(ː)mǽnoʊ | dʒə(ː)mǽnəʊ/〘化学〙「ゲルマニウム (germanium)」の意の連結形《特に炭化水素の炭素原子をゲルマニウム原子で置き換えたとき》. 〚← NL *germanium*〛

Ger·man·o- /dʒə(ː)mǽnoʊ | dʒə(ː)mǽnəʊ/「ドイツの; ドイツ人の; ドイツ(人)と…との」の意の連結形. 〚← GERMANY＋-O-〛

Gérman Ócean *n.* [the ～] North Sea の旧名. 〚1635〛

Ger·ma·no·ma·ni·a /dʒə(ː)mæ̀noʊméɪniə, -njə | dʒə(ː)mæ̀nə(ʊ)-/ *n.* ドイツ狂, ドイツ心酔, ドイツかぶれ. 〚(1893): ⇨ -mania〛

Ger·man·o·phile /dʒə(ː)mǽnəfàɪl | dʒə(ː)-/ *n.*, *adj.* (*also* **Ger·man·o·phil** /-fɪl/) 親独家(の), ドイツ(人)びいき(の), ドイツ(文化)崇拝者(の). 〚(1898): ⇨ -phile〛

Ger·man·o·phobe /dʒə(ː)mǽnəfòʊb | dʒə(ː)mǽnəfəʊb/ *n.*, *adj.* ドイツ(人)恐怖症の(人), ドイツ(人)ぎらいの(人), 排独主義の(人). 〚(1903): ⇨ -phobe〛

Ger·ma·no·pho·bi·a /dʒə(ː)mæ̀noʊfóʊbiə | dʒə(ː)mæ̀nə(ʊ)fəʊ-/ *n.* ドイツ恐怖症, ドイツ(人)ぎらい, 反独主義. 〚(1887): ⇨ -phobia〛

ger·man·ous /dʒə(ː)mǽnəs | dʒə(ː)-/ *adj.*〘化学〙ゲルマニウム (II) の, 2 価のゲルマニウム (Ge^{II}) を含む (cf. germanic). 〚← GERMAN(IUM)＋-OUS〛

Gérman páste *n.* (小鳥用)すりえの一種.

Gérman shépherd dòg *n.* ドイツシェパード, シェパード《代表的な作業犬; 特に警察犬・盲導犬として使われる; German shepherd, 《英》では Alsatian ともいう》. 〚1922〛

Gérman shórt·hàired póinter *n.* ジャーマンショートヘヤードポインター《ドイツ原産の短毛の狩猟犬》. 〚1931〛

Gérman síding *n.*〘木工〙ドイツ下見(したみ), 箱目地(はこめじ)張り下見《板を横に垂直に張り, 相決(あいじゃく)りでつなぎ, 水平の目地を強調した下見》.

Gérman sílver *n.*〘冶金〙洋銀, 洋白 (⇨ nickel silver). 〚1830〛

Gérman síxth *n.*〘音楽〙ドイツの六の和音《長三度・完全五度および増六度から構成される増六度和音の一種; 増五六の和音とも呼ばれる》. 〚1825〛

Gérman Sóuthwest África *n.* ドイツ領南西アフリカ《もとドイツ帝国の保護領 (1884–1920); Namibia の旧名》.

Gérman téxt *n.*〘活字〙ドイツ文字 (Fraktur). 〚1861〛

Ger·man·town /dʒə́ːməntàʊn | dʒə́ː-/ *n.* ジャーマンタウン: 1 米国 Philadelphia 市の北西部の地区. 2《口語》(米国の都市で)ドイツ系住民が多い地区.

Gérman Unificátion *n.* ドイツ統一《1945 年以来二つに分かれていた東西両ドイツが 1990 年に統一されたこと; 1989 年の Berlin Wall 崩壊に始まり翌年東ドイツ政権が倒れた》.

Gérman wíre·hàired póinter *n.* ジャーマンワイヤーヘヤードポインター《ドイツ原産の剛毛の狩猟犬》. 〚1964〛

Ger·ma·ny /dʒə́ːməni | dʒə́ː-/ *n.* ドイツ《ヨーロッパ中部の国; ドイツ帝国 (1871–1918), ドイツ共和国 (1919–33), Hitler 政権 (1933–45) を経て, 第二次大戦後は東西に二分されていたが 1990 年に統一 (German Unification); 公式名 the Federal Republic of Germany (ドイツ連邦共和国); 首都 Berlin; ドイツ語名 Deutschland》. 〚(c1300) ▫ L *Germānia*: ⇨ German², -y¹〛

ger·mar·i·um /dʒə(ː)mέəriəm | dʒə(ː)méər-/ *n.*〘動物〙胚腺《扁形動物などの卵殻中で胚となるべき胚細胞を作る腺》. 〚(1877) ← NL ～: ⇨ germ, -arium〛

gérm bànd *n.*〘動物〙胚条《表割を行う節足動物卵において, 卵割によってできた胚胞膜を形成する細胞のうち, 将来胚を形成する細胞群》.

gérm bòmb *n.* 細菌弾, 細菌爆弾. 〚1934〛

gérm càrrier *n.* (病原体の)キャリアー, 保有者, 保菌者, 担体.

gérm cèll *n.*〘生物〙生殖細胞, 性細胞, 胚細胞 (cf. somatic cell). 〚1855〛

ger·men /dʒə́ːmən, -men | dʒə́ː-/ *n.* (*pl.* ～**s**, **ger·mi·na** /-mənə | -mɪ̀-/) 1 a〘解剖〙=gonad. b〘生物〙=germ cell. 〚← NL ～〛 2《古》生命の源, 種 (germ). 〚(1604–5) ▫ L ～: ⇨ germ〛

Ger·mer /dʒə́ːmə | dʒə́ːmə(r)/, **Lester Halbert** *n.* ジャーマー (1896–1971; 米国の物理学者).

gérm·frèe *adj.* 1 無菌の: a virtually ～ environment ほとんど無菌の環境. 2 〈実験動物など〉無菌状態で飼育された: ～ animals 無菌動物. 〚1926〛

ger·mi·cid·al /dʒə̀ːməsáɪdl | dʒə̀ːmɪsáɪdl←/ *adj.* 殺菌の, 殺菌性の, 殺菌力のある: a ～ lamp 殺菌灯.

gèr·mi·cíd·al·ly *adv.* 〚(1888): ⇨ ↓, -al¹〛

G

ger·mi·cide /ʤə́ːməsàɪd | ʤə́ːmɪ̀-/ *n.* 殺菌剤. 〘《1880》← GERM＋-I-＋-CIDE〙

ger·mi·na *n.* germen の複数形.

ger·mi·na·bil·i·ty /ʤə̀ːmənəbíləti | ʤə̀ːmɪ̀nəbílɪ̀ti/ *n.* 発芽力. 〘1896〙

ger·mi·nal /ʤə́ːmənl̩ | ʤə́ːmɪ̀-/ *adj.* **1** 幼芽の, 胚種(はいしゅ)の, 原子の, 子房の; 幼芽[胚種, 生殖細胞]の特徴をもつ. **2** 新しい思想[力]を生み出す: a ～ thinker. **3** 本源の, 根源の, 原始の, 初期の: ～ ideas. **～·ly** *adv.* 〘《1808》□ F ～ ← L *germin-, germen* 'GERM': ⇨ -al¹〙

Ger·mi·nal /ʤə́ːmənl̩ | ʤə́ːmɪ̀-; *F.* ʒɛʀminal/ *n.* 芽月《フランス革命暦の第 7 月; ⇨ Revolutionary calendar》. 〘《1833》□ F ～ (↑)〙

gérminal área *n.* 〖生物〗胚域《部域間に形態の違いが生じていない発生初期の胚の各部域》.

gérminal dísc *n.* 〖生物〗 **1** 胚盤 (⇨ blastodisc). **2** ＝germinal area.

gérminal epithélium *n.* 〖動物〗生殖上皮, 胚上皮《脊椎動物の体腔上皮のうち, 生殖腺の表面を覆う部分》.

G

gérminal vésicle *n.* 〖生物〗卵核胞, 胚胞《卵母細胞の成長期から減数分裂までの間にみられる大型の核》. 〘1856〙

ger·mi·nant /ʤə́ːmənənt | ʤə́ːmɪ̀-/ *adj.* 芽を出す, 発芽する, 成長力のある. 〘《1605》□ L *germinantem* (pres.p.) ← *germināre* (↓)〙

ger·mi·nate /ʤə́ːmənèɪt | ʤə́ːmɪ̀-/ *vi.* **1** 〖植物〗〈種子・胞子・球根などが〉発芽する, 芽を出す; 〈植物が〉芽を出す, 芽ぐむ (sprout). **2** 生育し始める, 大きくなる (develop). **3** 〈考えなどが〉生じる, 始まる, 発達する. ― *vt.* **1** 発芽させる, …の芽を出させる. **2** 〈考えなどを〉生じさせる, 発達させる. **gér·mi·na·ble** /-nəbl̩/ *adj.* 〘《*c*1581》← L *germinātus* (p.p.) ← *germināre* to germinate ← *germin-, germen* 'GERM'〙

ger·mi·na·tion /ʤə̀ːmənéɪʃən | ʤə̀ːmɪ̀-/ *n.* **1** 発芽, 萌芽(ほうが). **2** 発生, 発達. 〘《?1440》□ L *germinātiō(n-)*: ⇨ ↑, -ation〙

ger·mi·na·tive /ʤə́ːmənèɪtɪv, -nət- | ʤə́ːmɪ̀nət-, -nèɪt-/ *adj.* **1** 発芽の, 発芽力のある. **2** 発生[発達]力のある. 〘《1707》: ⇨ germinate, -ative〙

gér·mi·nà·tor /-tə | -tə(r)/ *n.* **1** 発芽させるもの[人]. **2** 発芽力試験器. 〘《1890》← GERMINATE＋-OR²〙

Ger·mis·ton /ʤə́ːmɪ̀stən, -tn̩ | ʤə́ːmɪs-/ *n.* ジャーミストン《南アフリカ共和国北東部 Gauteng 州 Johannesburg の東にある市; 世界最大の金製錬所がある》.

gérm làyer *n.* 〖生物〗胚葉《ectoderm (外胚葉), endoderm (内胚葉), mesoderm (中胚葉)に分かれる》. 〘1879〙

gérm lìne *n.* 〖生物〗生殖系列《生殖細胞が世代から世代へ一貫して連続していること》. 〘1925〙

ger·mon /ʤɜəmɔ̃ː(ŋ), -mɔ́ːŋ | ʤɜə-; *F.* ʒɛʀmɔ̃/ *n.* (*pl.* ～**s** /～z; *F.* ～/) 〖魚類〗＝albacore 1. 〘□ F ～ ←?〙

gérm plàsm *n.* 〖生物〗生殖(細胞)質《生物の遺伝と生殖に関する生物体の要素; cf. kinoplasm, trophoplasm》. 〘《1889》Weismann の造語〙

gérm·pròof *adj.* 耐菌性の. 〘1902〙

gérm thèory *n.* **1** 〖生物〗胚種説, 生原説《生命は無生の物質から発展したものでなく, ある種の胚原 (germ) から発達したという説; cf. biogenesis 1》. **2** 〖医学〗細菌(学)説《伝染病の原因を微生物とする説》. 〘1871〙

germ·ule /ʤə́ːmjuːl | ʤə́ː-/ *n.* 〖生物〗小幼芽. 〘← GERM＋-ULE〙

gérm wárfare *n.* 細菌戦. 〘1938〙

germ·y /ʤə́ːmi | ʤə́ː-/ *adj.* (**germ·i·er**; **-i·est**) 黴菌(ばいきん)[病菌]だらけの; 不潔な: ～ water. 〘《1912》: ⇨ -y⁴〙

ger·o·don·tics /ʤèrədáː(ː)ntɪks | -dɔ́nt-/ *n.* 老年歯科学. 〘← Gk *gēras* old age＋-ODONT＋-ICS〙

Gé·rôme /ʒeɪróum | -rə́um; *F.* ʒeʀoːm/, **Jean Léon** *n.* ジェローム《1824–1904; フランスの画家・彫刻家》.

Ge·ro·na /xeróunə | -rə́u-; *Sp.* xeróna/ *n.* ヘローナ: **1** スペイン北東部 Catalonia 北東部の州. **2** その州都《中世の寺院がある》.

Ge·ron·i·mo¹ /ʤəráː(ː)nəmòu | ʤɪ̀rɔ́nɪ̀məu, ʤɛ-/ *n.* ジェロニモ《1829–1909; アメリカインディアンのアパッチ族 (Apache) の指導者; 長年にわたり米政府に反抗した》.

Ge·ron·i·mo², **g-** /ʤəráː(ː)nəmòu | ʤɪ̀rɔ́nɪ̀məu, ʤɛ-/ *int.* **1** 《米》わあー, うおー《落下傘部隊が飛び降りるときに発する鬨(とき)の声》. **2** ひゃー, いいぞ, しめしめ, やったぞ《驚き・喜び・得意などを表す》. 〘↑〙

ge·ront- /ʤəráː(ː)nt | ʤɪ̀rɔ́nt, gɪ̀-/ (母音の前にくるときの) geronto- の異形.

ge·ron·tic /ʤəráː(ː)ntɪk | -rɔ́nt-/ *adj.* 老齢の, 老衰の. 〘《1885》: ⇨ ↓, -ic¹〙

ge·ron·to- /ʤəráː(ː)ntou | ʤərɔ́ntəu, ʤɛrɔn-, -rən-/ 「老齢」の意を表す連結形. ★ 母音の前では通例 geront- になる. 〘《1830》□ F *géronto-* □ Gk *géront-* (stem) ← *gérōn* old man〙

ger·on·toc·ra·cy /ʤèrəntáː(ː)krəsi, -rɑ(ː)n- | -rɔntɔ́k-, -rən-/ *n.* 老人政治; 老人政府, 長年制. 〘《1830》□ F *gérontocratie*: ⇨ geronto-, -cracy〙

ge·ron·to·crat /ʤəráː(ː)ntəkræ̀t | -rɔ́nt-/ *n.* 老人政治の支持者; -老人政府の一員.

ge·ron·to·crat·ic /ʤəràː(ː)ntəkrǽtɪk | ʤərɔ̀ntəkrǽt-, ʤèrɔnt-, -rən-ˊ/ *adj.* 老人政治[政府]の. 〘《1950》← GERONTO-＋-CRAT＋-IC¹〙

ge·ron·to·log·i·cal /ʤəràː(ː)ntəláː(ː)ʤɪ̀kəl, -tl̩-, -kl̩ | ʤərɔ̀ntəlɔ́ʤɪ-, ʤèrən-, -rən-ˊ/ *adj.* 老年[老人]学の.

gèr·on·tól·o·gist /-ʤɪ̀st | -ʤɪst/ *n.* 老年[人]学者. 〘《1941》: ⇨ ↓, -ist〙

ger·on·tol·o·gy /ʤèrəntáː(ː)ləʤi | -rɔntɔ́l-, gèr-, -rən-/ *n.* 老年[老人]学《老年期の変化・特徴・問題などを研究する; cf. geriatrics》. **gèr·on·tó·lo·gic** /-ʤɪkˊ/ *adj.* 〘《1903》← GERONTO-＋-OLOGY〙

gerònto·mórphosis *n.* 〖生物〗成体進化《形質変化が成体期に起こるもの; cf. fetalization》. 〘← NL ～: ⇨ geronto-, morphosis〙

ge·ron·to·pho·bi·a /ʤəràː(ː)ntəfóubiə | ʤərɔ̀ntəfə́u-, ʤèrɔn-, -rən-/ *n.* 老齢[老人]恐怖[嫌悪].

-ger·ous /-ˊ ʤ(ə)rəs/ 「生じる (producing), 生む (bearing)」などの意の形容詞連結形 (cf. -ferous). ★ 通例 -i- を伴って -igerous となる: denti*gerous*. 〘← L *-ger* (← *gerere* to bear, carry)＋-OUS〙

Ge·rou·si·a /ʤɪ̀rúːʒiə, -ʒə | -ʒiə/ *n.* **1** (古代ギリシャの)長老会議, (特に)スパルタの元老院. **2** ＝Sanhedrin. 〘□ L *gerūsia* □ Gk *gerousía* ← *gérōnt-, gérōn* old man: cf. -ia²〙

ger·o·vi·tal /ʤèrouváɪtl̩ | -rə(u)váɪtl̩/ *n.* 〖薬学〗ゼロバイタル《局所麻酔剤プロカインの中に含まれると主張されている抗脳動脈硬化症作用物質; vitamin H_3 ともいう》. 〘← Gk *gérōn* old man＋VITAL〙

Ger·ry /ʤéri/ *n.* ジェリー: **1** 男性名. **2** 女性名. 〘1: (dim.) ← GERALD, GERARD. 2: (dim.) ← GERALDINE〙

Ger·ry /géri/, **El·bridge** /élbrɪʤ/ *n.* ゲリー《1744–1814; 米国の政治家; 副大統領 (1813–14); 独立宣言の署名者の一人 (cf. gerrymander)》.

ger·ry·man·der /ʤérimæ̀ndə, -rɪ-, gér-, ˊ-ˊ-ˊ | ʤérimæ̀ndə(r), ˊ-ˊ-ˊ/ 〖政治〗 *vt.* **1** 〈州・郡などの選挙区を〉自党に有利になるように勝手に改変する. **2** 都合のよいように勝手に手加減する, …に勝手な改変を加える (garble). ― *vi.* 選挙区を勝手に改変する. ― *n.* **1** ゲリマンダー《一党を不当に利するような勝手な選挙区などの改変》; (自派のための)手加減, 勝手な改変. **2** (ゲリマンダーによって改変された)ゲリマンダー選挙区[地域]. ★《英》では jerrymander ともつづる. **gér·ry·màn·der·ing** /-dərɪŋ, -drɪŋ/ *n.* 〘《1812》← (*Elbridge*) *Gerry*＋(SALA)MANDER: 彼が Massachusetts 州知事時代 (1812) に改めた同州の選挙区の地形が salamander に似たことによる〙

gerrymander

Gers /ʒéə | ʒéə(r); *F.* ʒɛːʀ, ʒɛʀs/ *n.* ジェール(県)《フランス南西部の県; Armagnac 地方に相当する; 面積 6,254 km², 県都 Auch /oːʃ/》.

gers·dorff·ite /gέəzdəfàɪt, géəs- | gέəzdɔːf-, géəs-/ *n.* 〖鉱物〗ゲルスドルフ鉱 (NiAsS)《銀白色ないし鋼灰色をしたニッケルの鉱石》. 〘《1849》□ G *Gersdorffit* ← *von Gersdorff* (19 世紀オーストリアの鉱山所有者の一族の家族名): ⇨ -ite¹〙

Ger·shom /gə́ːʃəm | gə́ː-/ *n.* ガーショム《男性名; ユダヤ系に多い》. 〘□ Heb. *Gēršōm* (原義) ? small bell, (通俗語源) exile〙

Gersh·win /gə́ːʃwɪ̀n | gə́ːʃwɪn/, **George** *n.* ガーシュウィン《1898–1937; 米国の作曲家; *Rhapsody in Blue* (1924), *An American in Paris* (1928)》.

Gert /gə́ːt | gə́ːt/ *n.* ガート《女性名》. 〘(dim.) ← GERTRUDE〙

Ger·tie /gə́ːṭi | gə́ːti/ *n.* ガーティー《女性名; 異形 Gerty》. 〘(dim.) ← GERTRUDE〙

ger·trude /gə́ːtruːd | gə́ː-/ *n.* スリップのような子供の下着. 〘↓〙

Ger·trude /gə́ːtruːd | gə́ː-/ *n.* **1** ガートルード《女性名; 愛称形 Gert, Gertie, Gerty》. **2** ガートルード《Shakespeare 作 *Hamlet* 中の Hamlet の実母; 先夫の死後義弟の Claudius と結婚》. 〘□ F ～ □ OHG *Geretrudis* ← *gēr* spear＋*trūt, drūt*＋(G *traut*) beloved // *drūd* strengh〙

Ger·ty /gə́ːṭi | gə́ːti/ *n.* ガーティー《女性名》. 〘(dim.) ← GERTRUDE〙

ger·und /ʤérənd | -rənd, -rʌnd/ *n.* **1** 〖文法〗動名詞, 《名詞的機能を果たす動詞の -ing 形; cf. -ing¹》. **2** 〖文法〗(OE の) 語尾変化不定詞 (例: OE *to witanne*＝to wit). **3** 〖ラテン語文法〗動詞的中性名詞 (目的語・副詞をとり, 格変化をする動詞状名詞; 例えば *dicere* (＝to say) から生じる *dicendi* (gen.) *dicendō* (dat., abl.) *dicendum* (acc.) (＝saying) で主格形を欠く). 〘《1513》□ LL *gerundium* ← L *gerundum* (異形) ← *gerendum* (ger.) ← *gerere* to bear, conduct ← ?〙

gérund-grinder *n.* 《古》学者ぶるラテン文法の教師.

ge·run·di·al /ʤɪ̀rʌ́ndiəl, ʤɛ- | -diəl/ *adj.* 〖文法〗＝gerundive. 〘1846〙

gerúndial phráse *n.* 〖文法〗動名詞句.

ger·un·di·val /ʤèrəndáɪvəl, -vl̩ˊ/ *adj.* 〖ラテン語文法〗動詞的形容詞 (gerundive) の[に関する]. 〘《1884》: ⇨ ↓, -al¹〙

ge·run·dive /ʤɪ̀rʌ́ndɪv, ʤɛ-/ *adj.* 〖文法〗gerund の[に関する], gerund のような. ― *n.* 〖ラテン語文法〗動詞的形容詞《gerund の語幹から造り, 受動の「必要」「適当」などの意を表すもの; 例: *Delenda est Carthago.* (Carthage must be destroyed.) の *delenda*》. **～·ly** *adv.* 〘《*a*1425》□ LL *gerundīvus* ← *gerundium* 'GERUND'〙

Ger·vais /ʒɛəvéɪ | ʒɛə-; *F.* ʒɛʀvɛ/ *n.* ジェアベイ《男性名; 異形 Gervase》. 〘《1896》□ F ～ □ OHG *Gērvas* serving with one's spear ← *gēr* spear〙

Ger·vase /ʤə́ːveɪz, -vɪ̀z | ʤə́ːveɪz, -vɪ̀z, ʤəːvéɪz, -véɪs/ *n.* ジャーベイズ《男性名》. 〘↑〙

Ge·ry·on /ʤíəriən, gér- | gér-/ *n.* 〖ギリシャ神話〗ゲリュオン《三体三頭の怪物; Hercules に殺された》. 〘□ L ～ □ Gk *Gēruṓn*〙

Ge·samt·kunst·werk /gəzáːmtkʊ̀nstvɛək | -vɛək; G gəzámtkʊ̀nstvɛʀk/ *n.* 総合芸術作品. 〘《1939》□ G ～ ← *gesamt* total＋*Kunstwerk* work of art〙

Ge·sell /gəzél/, **Arnold L(ucius)** *n.* ゲゼル《1880–1961; 米国の児童心理学者》.

ge·sell·schaft, G- /gəzélʃɑːft | -ʃɑːft, -ʃæft; G. gəzélʃaft/ *n.* (*pl.* ～**s**, **-sell·schaf·ten** /-tən, -tn̩; G. ～n/) 〖社会学〗ゲゼルシャフト, 利益社会《考慮・打算・契約のような選択意志によって結ばれる人間結合; cf. gemeinschaft》. 〘《1887》□ G ～ ← *Geselle* companion ＋*-schaft* 'SHIP'〙

ge·sith /jesíːθ/ *n.* 〖英史〗(アングロサクソン時代の)王の近侍の武士, 従士. 〘OE *gesīþ* companion〙

ges·ling /géslɪŋ/ *n.* 《英》＝gosling. 〘*c*1425〙

Ges·ner /gésnə | -nə(r); G. gésnɐ/, **Konrad von** *n.* ゲスナー《1516–65; スイスの博物学者・医者》.

ges·ne·ri·a /gesníəriə | -níər-/ *n.* 〖植物〗 **1** [G-] ゲスネリア属《イワタバコ科の一属》. **2** 熱帯アメリカ産ゲスネリア属の植物の総称. **ges·né·ri·àd** /-riæ̀d/ *adj., n.* 〘← NL ～: ⇨ ↑, -ia¹〙

ges·so /ʤésou | -səu/ *n.* (*pl.* ～**es**) 彫刻絵画用石膏(せっこう)(粉) (plaster of Paris); (絵画用)石膏を塗った下地[表面]. 〘《1596》□ It. ～ < L *gypsum* 'GYPSUM'〙

gest¹ /ʤést/ *n.* **1 a** (中世の)韻文物語; 冒険談, 武勇談: ⇨ chanson de geste. **b** 《古》物語. **2** 《古》冒険, 武勇, 手柄. 〘《?*c*1225》□ (O)F *geste* □ L *gesta* (neut. pl. p.p.) ← *gerere* to bear, perform〙

gest² /ʤést/ *n.* 《古》＝geste².

gest³ /ʤést/ *n.* 《廃》 **1** 旅. **2** 滞在予定(期間). 〘《*a*1200》*giste* □ OF *giste* stopping-place〙

gest⁴ /gést/ 《略》died. 〘G *gestorben*〙

ges·ta·gen /ʤéstəʤèn/ *n.* 〖生理〗ゲスターゲン《黄体ホルモン様作用をもつ物質》. **ges·ta·gen·ic** /ʤèstəʤénɪkˊ/ *adj.* 〘《1948》← GESTA(TION)＋-GEN〙

ge·stalt, G- /gəʃtáːlt, -stáːlt, -ʃtɔ́ːlt, -stɔ́ːlt | -ʃtǽlt, -ʃtáːlt, gəʃtǽlt; G. gəʃtált/ *n.* (*pl.* ～**s**, **ge·stal·ten** /-tən, -tn̩; G. ～n/) 〖心理〗 **1** 形態, ゲシュタルト《単なる要素の総計ではない心理過程の統一的な全体構造; configuration ともいう》. **2** 形態[ゲシュタルト]の一例. 〘《1922》□ G ～ 'form' (頭部省略) ← MHG *ungestalt* deformity ← *un-* 'UN-¹'＋*stellen* to place〙

gestált·ist, G- /-tɪ̀st | -tɪst/ *n.* ゲシュタルト心理学専門家. 〘《1931》: ⇨ ↑, -ist〙

Gestált psychólogy *n.* 〖心理〗ゲシュタルト心理学, 形態心理学《心理過程を要素の総計としてではなく, 一つのまとまった全体構造としてとらえる心理学説; ドイツの心理学者 M. Wertheimer, W. Köhler などが唱えた; configurationism ともいう》. 〘1927〙

Gestált thèrapy [**psychothèrapy**] *n.* 〖精神医学〗ゲシュタルト療法《ゲシュタルト心理学を応用した精神病治療》.

Ges·ta·po /gəstáːpou | gestáːpəu, geʃ-; G. geʃtáːpo/ *n.* (*pl.* ～**s**) [通例 the ～; 集合的] **1** ゲシュタポ《ナチスドイツの秘密国家警察》. **2** 秘密警察. 〘《1934》□ G ～ ← *Ge*(*heime*) *Sta*(*ats*)*po*(*lizei*) secret state police〙

Ges·ta Ro·ma·no·rum /ʤéstəròumənɔ́ːrəm | -rəu-/ *n.* [the ～] ゲスタロマノールム《13 世紀末頃にイングランドで編集された Vulgar Latin による騎士道物語や聖人伝説集》. 〘□ L *Gesta Rōmānōrum* 'the deeds of the Romans'〙

ges·tate /ʤésteɪt | ˊ-ˊ, ˊ-ˊ/ *vt.* **1** 懐胎する. **2** 〈考え・計画などを〉(心の中で)徐々に熟させる, 練る. ― *vi.* **1** 懐胎する. **2** 構想(など)を練る. 〘《1866》← L *gestātus* (p.p.) ← (逆成) ← *gestation*〙

ges·ta·tion /ʤestéɪʃən/ *n.* **1** 妊娠, 懐胎《受精した卵子の着床から出産までの状態; cf. conception 3 a》; 懐胎期間. **2** (思想・計画などの)形成, 創案; 形成期間. **ges·tá·tion·al** /-ʃnəl, -ʃənl̩/ *adj.* **ges·ta·tive** /ʤéstəṭɪv, ʤestéɪ- | -tɪv/ *adj.* **gés·ta·to·ry** *adj.* 〘《1533》□ L *gestātiō(n-)* a carrying: ⇨ ↑, -tion〙

gestátion pèriod *n.* **1** 妊娠[懐胎]期間. **2** (思想・計画などの)形成期間.

gés·ta·to·ri·al cháir /ʤèstətɔ̀ːriəl-/ *n.* (儀式などの際に教皇を乗せて運ぶ)かつぎ椅子, 輿(こし). 〘《1864》*gestatorial*: ← L *gestātor* one who carries (← *gestāre* to carry (⇨ gestate))＋-IAL〙

geste¹ /ʤést/ *n.* ＝gest¹.

geste² /ʤést/ *n.* 《古》 **1** 態度, ふるまい; 品行. **2** ＝gesture. 〘《14C》□ F *geste* □ L *gestus* gesture〙

ges·tic /ʤéstɪk/ *adj.* (ダンスの)身体運動の[に関する].

gés·ti·cal /-tɪ̀kəl, -kl̩ | -tɪ-/ *adj.* 〘《1764》← L *gestus* gesture＋-IC¹〙

ges·tic·u·lant /ʤestíkjulənt, ʤɪ̀s-/ *adj.* 身振りをする. 〘《1877》□ L *gesticulantem* (p.p.) ← *gesticulār*〙

ges·tic·u·lar /ʤestíkjulə, ʤɪ̀s- | -lə(r)/ *adj.* 身振りの, 手まねの; 身振り[手まね]を使う: a ～ language 身振り言語. 〘《1850》← L *gesticulus* (↓)＋-AR¹〙

ges·tic·u·late /ʤestíkjulèɪt, ʤɪ̀s-/ *vi.* (興奮したり勢

いづいたりして)しきりにジェスチャーを交える, 盛んに身振り[手まね]を使う (cf. gesture). — *vt.* 身振り[手まね]で表す[示す]: He ~*d* his anger. 怒りを身振りで表した. **ges·tíc·u·là·tor** /-ṭə | -tə^(r)/ *n.* 〘(1601) ← L *gesticulātus* (p.p.) ← *gesticulārī* to make mimic gestures ← *gesticulus* (dim.) ← *gestus* GESTURE〙

ges·tíc·u·làt·ing·ly /-tɪŋ- | -tɪŋ-/ *adv.* 身振り手まねで. 〘(1893): ⇨ ↑, -ing², -ly¹〙

ges·tic·u·la·tion /dʒɛstɪkjʊléɪʃən, dʒəs-/ *n.* **1** ジェスチャーを交えたこと, 身振り手まね(で話すこと): He made various savage ~*s*. 彼はいろいろと無作法な身振りをした. **2** 誇張[興奮]した身振り[手まね] (⇨ gesture SYN). 〘(?a1425) ◻ L *gesticulātiō(n-)*: ⇨ gesticulate, -ation〙

ges·tic·u·la·tive /dʒɛstɪ́kjʊlèɪtɪv, dʒəs-, -lət- | -lət-, -lèɪt-/ *adj.* 身振り[手まね]を好む, 身振りたくさんの. **~·ly** *adv.* 〘(1795): ⇨ gesticulate, -ative〙

ges·tic·u·la·to·ry /dʒɛstɪ́kjʊlətɔ̀ːri, dʒəs- | -lèɪtəri, -lət-, -tri/ *adj.* 身振り[手まね](たくさん)の; 身振り[手まね]を伴う[で示す]. 〘(1774): ⇨ gesticulate, -ory¹〙

ges·tur·al /dʒɛ́stʃərəl/ *adj.* 身振り[手まね]の, ジェスチャーによる. 〘(1613): ⇨ ↓, -al¹〙

ges·ture /dʒɛ́stʃə | -tʃə^(r)/ *n.* **1** 身振り, 手まね; (劇・演説等での)しぐさ, ジェスチャー: by ~ 身振りで / make a ~ of despair 絶望のしぐさをする. **2** (心的態度・感情等を表す)そぶり, 挙動; (単なる儀礼上の)意思表示, (外交上等の)意味ありげな手: say something as a ~ of sympathy 同情を示すものとして何か言う / a friendly ~ on the part of ...側の友好的な意思表示 / It's simply a ~. そんなことは単なるジェスチャーだ《誠意のある意思表示ではない》. **3** 《古》身のこなし, 物腰.
— *vi.* (話しながら, または話の代わりに)身振りをする, 手まねをする, 身振り[手まね]で示す (cf. gesticulate): He ~*d to* the stool beside him. 手まねで自分のそばの椅子に座るように示した / He ~*d for* them *to* stop. 停止するように身振りで合図した. — *vt.* **1** 身振り[手まね]で表す[示す]. **2** ...に身振り[手まね]で指示する: He ~*d* her *to* a chair opposite his desk. 机の向かいの椅子に座るように手で合図した.

gés·tur·er /-tʃərə | -rə^(r)/ *n.* 〘(*c*1400) ◻ ML *gestūra* ← L *gestus* (p.p.) ← *gerere* to carry, conduct ← ?: ⇨ -ure〙

SYN 身振り: **gesture** 言葉の代わりに(または言葉を強めるために)思想・感情を頭・肩・手・腕などの動作で表現すること: He made a *gesture* of despair. 絶望の身振りをした. **gesticulation** 下品な, 興奮した, または大げさな身振り《*gesture* よりも意味が狭い》: He made various theatrical *gesticulations*. いろいろと芝居じみた身振りをしてみせた.

---

gésture lánguage *n.* =sign language 1. 〘1865〙

gésture sỳstem *n.* sign language 1.

Ge·su·al·do /dʒɛ̀ɪzuáːldoʊ | -daʊ; *It.* dʒezuáldo/, **Don Carlo** *n.* ジェズアルド《1560?–1613; ルネサンス期イタリアの作曲家; 半音階を多用したマドリガーレにすぐれる; 称号 Prince of Venosa /venóːsa/》.

ge·sund·heit /gəzʊ́ndhaɪt, -zʊ́nt-; *G.* gəzʊ́nthaɪt/ *G. int.* **1** (乾杯で)ご健康を祝します ((To your) health). **2** 《米》お大事に《くしゃみをした人などに間髪を入れずに言う決まり文句》. 〘(1914) ◻ G ~ 《原義》health: cf. sound²〙

ges·warp /gɛ́swɔ̀ːp | -wɔːp/ *n.* 《海事》=guess-warp.

get¹ /gɛ́t/ ★《米》では /gɪ́t/ という発音も広く聞かれるが, 標準的とはみなされていない. *v.* (**got** /gɑ́(ː)t | gɔ́t/, 《古》 **gat** /gǽt/; **got**, 《米》ではまた **got·ten** /gɑ́(ː)tṇ | gɔ́tṇ/; **get·ting**. ★ ただし, p.p. 形で ill-gotten のように複合語をなす場合には《英》《米》とも gotten; cf. HAVE² *got* 語法 (2)).
— *vt.* **1 a** 得る, 手に入れる; 〈賞・名誉・信用などを〉得る, かち取る, 獲得する (win, acquire, receive): ~ a prize [glory, credit, wealth, good grades, help, etc.] / ~ something *into* one's hand [possession] 物を手に入れる / ~ something *on* a person 《口語》人に対して不利な事柄を手に入れる, 人の弱点を握る / He *got* a knighthood *for* his discovery.=His discovery *got* him a knighthood. 彼はその発見によってナイト爵を受けた / We *can't* ~ anything *out* of [*from*] him about the secret weapon. 秘密兵器について彼からは何も聞き出すことはできない / This room ~*s* a lot of sunshine in the summer. この部屋には夏にたくさん日が差し込んでくる / She ~*s* her red hair *from* her father. 彼女の赤毛は父親ゆずりだ. **b** 〈作物を〉取り入れる; 〈石炭などを〉採掘する: ~ a good crop いい収穫を得る, 取入れが多い. **c** (ゲームで)〈得点を〉あげる: ~ runs (野球・クリケットで)得点をあげる.
2 かせいで得る, もうける (earn, gain): ~ a living [livelihood] 生活費を稼ぐ / ~ much [little, nothing] 利益が多い[少ない, ない] / Ill *gotten, ill spent.* 《諺》悪銭身につかず / try to ~ something for nothing 無料で何か手に入れようとする / ~ a good price for a secondhand car *from* the buyer 中古車を売って買い手からたんまりもうける.
3 a 〔...から〕受ける, 受け取る, もらう; 〔...から〕(要求・懇願などによって)得る 〔*from, out of*〕: ~ a letter, permission, an answer, etc. / I *got* a nice gift *from* her. 彼女から結構な贈り物をもらった. **b** 〈休息などを〉得る; [動作名詞 (action noun) を目的語として] うまく...する, ...する機会を得る: ~ a rest, sleep, walk, etc. / ~ possession of ...を手に入れる / ~ a glimpse of ...をちらと見る / ~ a good look at ...をよく見る[調べる] / ~ hold of ⇨ hold¹ *n* 1.
4 [しばしば間接目的語を伴って] **a** 買う, 買い求める; 〈人に〉〈...を〉買ってやる: ~ a new coat, a ticket, some stamps, etc / I can ~ it *for* you wholesale. 君に卸(おろし)で買ってあげられるよ / $10 will ~ (you) a ticket. 10 ドルで切符が手に入るよ / She's (gone and) *gotten* herself a new car. 彼女はとうとう新しい車を買ってきた / Can I ~ a drink here? ここでは飲ませてもらえるかね / Will you ~ me a ticket [~ a ticket *for* me]? 切符を買って[申し込んで]予約して]くれませんか. **b** (探し)求める, 得る: *Get* me a good teacher.=*Get* a good teacher *for* me. わたしにいい先生を見つけてください / She *got* him a good job. 彼にいい仕事を探してあげた / Go and ~ help! 助けを求めに行ってくれ. **c** 持って来る, 取って来る: Let me ~ my hat. 帽子を取りに行かせてくれ / Go (and) ~ your textbook. 教科書を取って来なさい / *Get* me my hat.=*Get* my hat *for* me. 私の帽子を取って来てくれ / Will you please ~ some food *for* me? 何か食べ物を持って来てくれませんか / Can I ~ you anything? 何か持って来てあげましょうか. **d** 〈新聞・雑誌などを〉定期購読する, とる.
5 〈考え・印象などを〉持つ, 受ける; 〈習慣・知識・教育などを〉身につける (acquire): ~ an idea [a notion] *into* one's head ある考えを起こす / I *got* sight of him coming nearer. 彼がだんだん近づいて来るのが目にはいった / ~ a good education 立派な教育を受ける.
6 a 学ぶ, 知る (learn): ~ a lesson 教訓を学ぶ / ~ a poem by heart 詩を暗誦する. **b** (計算・実験などで)〈答え・結果などを〉見いだす: Dividing nine by three we ~ three. 9 を 3 で割れば 3 が立つ. **c** 《口語》聞きとる, 聞いて知る: I didn't ~ your name [the last sentence]. お名前[最後の文]が聞きとれませんでした. **d** 《口語》理解する, ...(の言うこと)がわかる (understand): I don't ~ him [his idea, his meaning, how he wants it done]. 彼の言うこと[彼の考え, 真意, 彼がどうしてもらいたいのか]がわからない / Don't ~ me wrong. 誤解しないでくれ / ⇨ GET *it* (2). **e** 《口語》[通例, 命令文で] ...に注目する, 見る: *Get* him [the look on his face]! あの彼の(うぬぼれた)様子[顔付き]をごらんよ / GET *you!* / *Get* (a load of) that! あれをよく見てくれ ⇨ *get a* LOAD *of*.
7 a 〈病気〉にかかる (catch): ~ a cold 風邪を引く / She *got* measles *from* her sister. 彼女は妹のはしかがうつった. **b** 《口語》〈思想などに〉夢中になる, かぶれる: ~ socialism [vegetarianism] 社会主義[菜食主義]にかぶれる / ⇨ *get* RELIGION.
8 a 〈打撃・敗北・失敗などを〉こうむる, 受ける, 喫する (meet with, suffer): ~ a blow [a whipping] 打[むち打]たれる / ~ a slight bruise 軽い打撲傷を受ける / I *got* a bump *on* my head. 頭をぶんとぶたれた; 頭にこぶができた / We *got* quite a shock [surprise] when we saw him. 彼の姿を見てかなりショックを受けた[驚いた] / We *got* the worst of the bargain. その取引では散々な目に遭った. **b** 罰として受ける, ...の刑に処される: He *got* ten years in jail. 懲役 10 年の刑に処された (cf. give *vt.* 11) / ⇨ GET *it* (1).
9 (電話などで)〈人・場所〉と連絡をつける; 呼び出す; 〈放送局・チャンネルなどを〉受信[受像]する, キャッチする (pick up): I'll ~ him *on* the phone. 彼に電話で連絡をつけよう / I'm just ~*ting* Chicago. シカゴに電話がつながったところだ / We can ~ 6 channels *on* TV. テレビで 6 つのチャンネルを受像できる.
10 a 《英》〈距離を〉頑張り通す, 走り抜く: No other horse could ever ~ that course of ditches and hedges. あの溝と生垣だらけのコースを走り通せるのはあの馬以外にありはしない. **b** 《廃》...に届く, 達する.
11 ...の精神を写し出す, 再現する: The painter has *got(ten)* my grandfather's expression fairly well. この画家は祖父の表情をかなりよく描き出している.
12 a 〈食事を〉準備する, 用意する (prepare): ~ breakfast / She will ~ dinner by five o'clock. 夕食を 5 時までには用意するだろう. **b** 《口語》〈食事などを〉とる, 食べる (eat): *Get* some dinner inside you! 夕食を食べておけ.
13 〈人・動物・魚などを〉捕える, つかまえる, 取る (catch); 〈列車などに〉間に合う, 乗車する: ~ many fish / The police *got* the thief. 警察は泥棒を捕えた / We'll ~ them yet! いつかはやつらを捕まえてやる / You have to ~ him (when he's) in a good mood. 機嫌のいいときに彼を捕まえないといけない / ~ the eight o'clock train 8 時の列車に乗る.
14 《口語》打つ, ...に当たる (hit, strike): The blow *got* him *on* the chin [*in* the eye]. その一撃は彼のあご[目]に当たった / I *got* him first shot. 一発で彼に当てた.
15 《口語》**a** 圧倒する, 打ち倒す, 参らせる, (議論などで)負かす; 感動[感激]させる (move); 興奮させる: His illness finally *got* him. 彼もついに病気に倒れた / The pain sometimes ~*s* him *on* the [his] left side. 時々苦痛が左の脇腹を襲った / Frost *got* our crop. 作物は霜にやられた / Now I've *got* you. さあ参ったか / That tune ~*s* me. 私はその曲にはぞくっとする / His wife's tears *got* him. 彼は妻の涙に強く心を打たれた. **b** 困らせる, 苦しめる, 閉口させる (puzzle), いらいらさせる (irritate, annoy): This question ~*s* me. この問題には手こずった / His ignorance ~*s* me. 彼の無知にはいらいらする. **c** ...に仕返しをする, やっつける; 殺す (kill): I'll ~ you *for* that. あんな仕打ちをして今にひどい目に遭わせてやる / Who *got* the pigeon? だれが鳩を殺したのか. **d** 《野球》〈ランナーを〉アウトにする, 刺す: The catcher *got* him as he slid into home plate. 捕手は彼が本塁に滑り込むところをアウトにした.
16 a [目的語＋副詞または前置詞付きの句を伴って] (ある場所・位置に)連れて[持って]来る[行く], もたらす (bring, take); (ある状態に)至らせる: ~ something *in* [*out, down*] 物を入れる[出す, 降ろす] / ~ something *into* [*out of*] a box 物を箱に入れる[から出す] / ~ the lid *off* [*on*] the pot 鍋(なべ)のふたを取る[ふたをする] / ~ a chair *upstairs* [*up* the stairs] 椅子を二階へ運ぶ / ~ a person *home* 人を家へ連れ戻す[帰らせる] / ~ a child *to* bed 子供をベットに寝かせる / ~ a woman *with* child 《古》女性をはらませる / ~ pigs *into* a cart 豚を車に載せる / ~ a person *on* [*onto*] a subject ある題で人に話させる / I cannot ~ the key *in* [*into*] the hole [the locks]. 鍵を鍵穴に入れることができない / *Get* the dirt *off* your hands! 手の泥を洗い落としなさい / ~ something *past* the inspectors 検査官の目をくぐり抜けて何かを送る / ~ a boat *across* a river ボートを川向こうにやる / The train *got* us all *home* on time. その列車で皆時間どおりに家に帰れた / ~ someone *in* [*into*] a good mood [*out of* a bad mood] 人を上機嫌にする[機嫌を直す] / Just where [how far] is all this talk going to ~ us? この話はどう結末がつくのかね. **b** 《古》[通例, 命令文で ~ thee (=thyself), ~ you (=yourself) として] 行く (go): *Get thee* hence, Satan. サタンよ, 退け (*Matt.* 4: 10) / *Get you* home. 帰れ (Shak., *Merry W* 2. 1. 155).
17 [目的語＋*to* do を伴って] ...に...させる (cause), 説得して[勧めて]...させる (persuade); 〈物を〉...するようにする: You should ~ your friend *to* help you [behave]. あなたは友だちに助力[行儀よく]してもらうべきだ / I can't ~ this door *to* shut properly. この戸はよく閉まらない. ★ 対応する have の用法 (cf. have¹ 14 a) に比べ口語的.
18 [目的語＋p.p. を伴って (cf. have¹ 13)] **a** [使役的] ...を...させる, ...してもらう: We must ~ the laws obey*ed*. 法律には服従させねばならない / Where can I ~ this printed? どこでこれを印刷してもらえるだろうか / I must ~ his work finish*ed* [*done*] by someone else. 彼の仕事はだれかほかの人に仕上げてもらわねばならない. **b** [受動的] ...を...される: He *got* his ankle sprain*ed* while running. 走っているうちに足首をねんざした. ★ 使役的意味の場合の get には強勢があり, 受動的意味の場合にはない. **c** 《口語》[完了の意を強めて] ...を...してしまう: I must ~ my work finish*ed* [*done*]. 仕事をしてしまわなければならない.
19 [形容詞・現在分詞などを目的補語として] ...(ある状態)にする: ~ one's feet wet [clean] / ~ someone drunk 人を酔わせる / ~ everything ready すべての準備を整える / ~ oneself ready 用意をする / ~ it right [wrong] 正しく理解[誤解]する / ~ everything all right again すっかり元どおりに直す / We have *got* everything ready to depart. 出発の用意万端が整った / You may ~ the hook loose. ホックをはずしてもよい / Don't ~ your hands dirty. 手を汚すな / He *got* the clock *going*. 時計を動かした (cf. GET *going* (*vi.*) (1)) / He *got* all his friends help*ing* him. 友人全員に助けてもらった / It ~*s* me discouraged. 《口語》それにはがっかりしてしまう / They *got* me interested. その事は私の興味を引き付けた / *Get* thee gone. 《古》行ってしまえ, 去れ (cf. 16 b).
20 [you [we] get ... として] 《口語》...がある[いる] (there is [are] ...): You ~ all kinds of people in [coming to] a place like this. あらゆる人間がこんな所に来るようになった.
21 〈通例, 動物の雄が〉〈子を〉こしらえる (beget).
— *vi.* **1 a** 〔...へ〕来る, 行く, 着く, 到着する (arrive) 〔*to*〕: When will you ~ *to* London [the meeting]? ロンドン[会議]にはいつお着きになりますか ★ get to ... は arrive at [in] ... や reach ... よりも口語的 / ~ somewhere on time [late] 定時に[遅れて]到着する / I need to ~ *to* a telephone at once! すぐに電話のところに行かねばならない. **b** [種々の前置詞・副詞を伴って] (ある場所・状態に)至る, 到達する: ~ *into* [*out of*] a room 部屋に入る[から出る] / ~ *in* 中へ入る / ~ *out* 外へ出る / ~ *before* 前に来る, 先になる / ~ *home* [*back*] 家に帰り着く / ~ *into* a rage 怒り出す / ~ *into* a fight けんかになる / ~ *to* blows なぐり合いになる / ⇨ *get to* SLEEP / We *got* no *further* than there. それより先へは達しなかった / Dust ~*s on* everything. ほこりはすべての物の上にたまる / Dirt *got between* his toes. 泥が足指の間に入った / A mistake *got past* the proofreaders. 一つのミスが校正係の目をくぐり抜けた / The piano won't ~ *through* the door. ピアノがどうしても入口から入らない / Where has it [he] *got(ten) to*? 《口語》(見当たらないが)あれ[彼]はどうなったのか (What has become of it [him]?).
2 [形容詞またはその相当語句を補語として] ...になる, なってくる (become, grow): ~ wet, dry, angry, free, loose, etc. / The weather is ~*ting* warm. 天気は暖かくなってきた / He is ~*ting* old. 年を取ってきた / The days are ~*ting* longer and longer. 日はだんだん長くなってきた / The work began to ~ more difficult. 仕事がますます困難になってきた / She has *got(ten)* well again. 彼女は元どおり元気になった / Have you *got* ready? 準備ができましたか / ~ drunk 酔っ払う / ~ done with ...をし終える, ...してしまう / ~ used to (*doing*) ...(すること)に慣れる / *Get* set! (陸上競技などで)用意! / I had great difficulty (in) ~*ting* in touch with her. 彼女と連絡をとるのに随分骨が折れた / How stupid [silly] can you ~? 《口語》何というぼんやりだ.
3 [受身の助動詞として p.p. と共に] ...される: ~ slap*ped* (by someone) ぴしゃりと打たれる / ~ fired [hired] 解雇さ[雇わ]れる / ~ *hurt* けがをする / ~ *left* ⇨ leave¹ 成句 / They *got* married last Sunday. 彼らはこの日曜に結婚式を挙げた / I *got caught* in a storm on the way back. 帰りに嵐に遭った.

語法 (1) 受身の助動詞として be が「動作」と共に「状態」をも表すのに対し, get は「動作」だけを表し口語的. (2) get を用いる受身には通例, 動作主を表す by 句は用いられず, また p.p. には beaten, broken, burned, caught,

G

done, finished, found out, hurt, killed, punished, started, stuck などがしばしば用いられる.

4《口語》[*to* do を伴って] **a** …するようになる (come, grow): They soon *got to* be good friends [friendly]. 彼らはじきに大の仲よしになった / The work is ~*ting to* be [*to* seem] more difficult. 仕事はだんだん困難になって[思えて]きた / He's ~*ting* (*to* be) an old man. 彼もだんだん老人になってきた. ★ 補語が名詞のとき to be を省略するのは《英》/ I feel I'm ~*ting to* know her. だんだん彼女のことがわかってきたような気がする. **b** …することができる (be able): I never *got to* go to college. 私はとうとう大学には行けなかった / At last I've *gotten to* shake hands [see] the President!《米》とうとう大統領と握手ができた[会えた]. **c** …することが認められる: Why don't I ever ~ *to* watch television, daddy? パパ, ぼくなんでいつもテレビを見せてもらえないの.

5《口語》[*doing* を伴って] …し始める (begin) (cf. GET *to* (2)): ~ think*ing* / He *got* talk*ing* about his trip. 彼は旅行のことをしゃべり出した / ⇨ GET *going*.

6 もうける, 金持ちになる: *Getting* and spending, we lay waste our powers. もうけては費やし, こうして我々の力をすり減らしている (Wordsworth, *The World is Too Much with Us*) / It's all ~, ~, ~ and never any Give! ただもうけるばかりで, 絶対に施すことがない.

7 /しばしば gɪt/《俗・方言》[通例命令文で] 立ち去る (cf. git): Now ~! さあ行ってしまえ, とっとと立ち去れ / You ~!

as … as you can gét (***it***) 望みうる限り[最高に]…な, できるだけ…な.

gèt abóut (1) 歩き[動き]回る (move about); (高齢で)出歩く, (病後などに)歩ける[出歩ける]ようになる (begin to walk): The invalid is unable to ~ *about* yet. 病人はまだ(出)歩けない. (2)《口語》(社交的に)あちこち顔を出す[遊び回る]; 遠くまで出歩く, 旅行する / They ~ *about* a lot on business. 商用であちこち出歩く. (3)〈うわさ・ニュースなどが〉知れ渡る, 広まる: A rumor [It] *got about* that …というううわさが広まった. (4)《英口語》多数と性的関係をもつ.

gèt abóve onesèlf ⇨ ABOVE *oneself*.

gèt acróss (*vt.*) (1) (川などの)向こうに渡す[渡らせる]. (2)〈考えなどを〉〈人に〉わからせる, 認めさせる, 納得させる〔*to*〕: Am I ~*ting* this point *across to* you? この点をわかってもらえているでしょうか. (3)《英方言》〔…と〕仲たがいさせる〔*with*〕. — (*vi.*) (1) (川・橋などを)渡る (pass over), (通りなどを)横切る, (国境などを)越える. (2)《口語》〈考え・情報などが〉〈人に〉理解される, 通じる (be clear); 〈人が〉考えなどを〈相手に〉わからせる, 説得力をもつ〔*to*〕: The idea *got across* (*to* him). その考えが(彼に)わかってもらえた / I couldn't ~ *across to* him. 彼に考えを理解してもらえなかった.

gèt acróss … (1) …を渡る[横切る, 越える]: ~ *across* a river by boat ボートで川を渡る. (2)《英口語》〈人〉を怒らす, いらいらさせる, …の機嫌を損なう (annoy): He ~*s across* everyone. 彼はだれでも怒らせてばかりいる.

gèt … acróss — (1) 〈…を〉—の向こうに渡す[渡らせる]: ~ a person *across* a river 人を川向こうに渡す. (2) [across the footlights として]《口語》(観客・聴衆に)〈芝居などを〉受けさす: ~ a play *across the footlights*〈俳優が〉芝居を観客に受けさせる.

gèt áfter (1) …の後を追う, …を追いかける (follow). (2)《口語》…をしかる (scold)〔*for*〕; …するように…をしつこく[しきりに]促す, せき立てる, せがむ〈*to* do〉. (3)〈問題などに〉手を打つ.

gèt ahéad (1) 〔…の〕先に出る; 〔…を〕しのぐ, 出し抜く〔*of*〕: ~ one step *ahead of* (競争相手)よりも一歩前に出る. (2) (事業・社交界などで)進出する, 成功する, 出世する (get on): ~ *ahead in* the world 出世する / ~ *ahead* well *with* a project 計画を順調に進める. (3) 金をためる; 借金を払う. (4)〔仕事などを〕こなす[片付ける], 果たす〔*of*〕.

gèt alóng (*vi.*) (1) 暮らして[やって]いく; どうにかやっていく〔*with*〕: How are you ~*ting along*? どうして(暮らして)いますか / ~ *along* like a house on fire とても[すこぶる]うまくいっている / ~ *along on* a small income わずかな収入でどうにか暮らす / He had to ~ *along* (*well*) *without* any help. 人手を煩わさないで何とかやっていかなければならなかった. (2) 〔人と〕一致する, 気が合う (get on)〔*with*〕: He is rather hard to ~ *along with*. 彼はなかなか折り合っていきにくい人だ / They are ~*ting along* (*well*) *together*. 彼らはいっしょに仲よく暮らしている. (3) 進む, はかどる (progress); (仕事などを)続ける: How are you ~*ting along with* your work? 君の仕事の進み具合はどうかね / The patient is now ~*ting along* pretty well. 患者はもうかなりよくなっています. (4) 立ち去る; 出て行く, 出かける (depart, leave, go off): I think I'd better be ~*ting along*. そろそろ出かけた[お暇をした]ほうがよさそうだ. (5) (時刻が)遅くなる (become late); 年を取る (grow older): It was ~*ting along* toward evening. もう夕方になりかかっていた / He is ~*ting along* (in years). 彼ももう年だ. — (*vt.*) (1) 〈人・車などを〉進ませる. (2) 〈…を〉送る, 届ける; 連れて来る, 持って来る.

Gèt alóng (***with you***)! (1)《口語》(あっちへ)行ってしまえ, うせろ. (2) [間投詞的に]《英口語》まさか, ご冗談でしょ (Nonsense! Rubbish!)《軽い疑いなどを表す; cf. GET *away* (*vi.*) (1)》. (3) うるさい黙れ; さあさあ急いで.

gét amòng …の中にはいる, …の仲間入りをする, …に加わる, 参加する.

gét ànywhere [《米》***ànyplace***] [通例否定構文で]《口語》多少とも目的を達する, 成功を収める (cf. GET *nowhere*): He'll *never* ~ *anywhere* behaving like that. あんなふうにやっているのではとてもうまくはいくまい / Are you ~*ting anywhere with* your project? あなたの企画はうまくいっていますか / Is all this talk ~*ting* us *anywhere*? こんな話ばかりしていてどうにかなるのかね.

gèt aróund (*vt.*) (1) 〈人を〉(…に)来させる〔*to*〕. (2) 〈人を〉説き伏せる〔*to*〕. (*vi.*) (1) (方々)歩き回る, 旅をして回る (go about); (高齢・病後などに)出歩く; 《米》(社交的に)歩き回る, 世間を知る, 〔…に〕顔が広い〔*with*〕. (2) 〈うわさなどが〉知れ渡る, 広まる (get about). (3) 多数と性的関係をもつ.

gèt aróund … (1) …を(歩き)回る; 〈コース〉を完走する. (2) …の回りに集まる. (3) …を迂回する; 〈法律など〉をかいくぐる, 〈困難など〉をうまく避ける (evade, circumvent), 〈問題〉を克服する: ~ *around* a law [a difficulty] 法をくぐる[困難に打ち勝つ] / There's no ~*ting around* it. そこをうまく避ける道はない. (4)《口語》…をうまくくどき落とす, 籠絡(ろうらく)する; …に一杯くわす (outwit, coax): He is very good at ~*ting around* his mother. 彼は母を言いくるめるのがとてもうまい.

gèt aróund to (1) [通例動名詞を伴って] …する機会[時間]を(やっと)見つける; …まで手が回る[届く]ようになる: I never *got around to* thank*ing* him. (忙しくて)とうとう彼に礼を言わずじまいだった / We'll have to ~ *around to* the matter sooner or later. いずれはその事に手をつけねばなるまい. (2) (延期などのあとで) 開始する, 取りかかる.

gét at (1) …に達する, 届く, 近づく (reach); …を手に入れる (obtain, reach): I stretched my arm but could not ~ *at* it. 手を伸ばしてみたが届かなかった / You [His enemies] cannot easily ~ *at* him. 君[彼の敵]は彼にはなかなか近づけない / She's put it where I can't ~ *at* it. 彼女はそれを私の届かないところに置いた. (2) 〈意味・真実など〉を知る, 理解する, つかむ, 突き止める (find out): I'm trying to ~ *at* her point [the truth]. 彼女の真意[真実]を知ろうとしているところだ. (3) [通例進行形で] …をほのめかす, 暗示する (imply): I don't see what you are ~*ting at*. 君が何を言おうとしているのかわからない. (4)《口語》[しばしば進行形で] …をからかう, 当てこする; (繰り返し)非難[攻撃]する; 襲う: Who are you ~*ting at*? だれのことを(当てこすって)言っているのか / I feel *got*(*ten*) *at* by those remarks. そんなこと言われてからかわれたような感じだ / She's always *getting at* her husband. いつも夫に小言を言っている. (5) 〈食べ物〉を食う, かぶりつく. (6)《口語》[しばしば受身で] …に賄賂(わいろ)を使う, …を買収する (bribe); おどして[不正手段を使って] …をなびかせる. (7) 〈仕事など〉に取りかかる (apply oneself to).

gèt awáy (*vi.*) (1) 退く, 去る (leave), 行ってしまう (go away), 出かける; 始まる; 離れる; 外れる (cf. *vi.* 1 b); (犯行現場などから)逃げる (escape)〔*from*〕; (休暇をとるなどして)心配[雑事, 責任など]から逃れる: ~ *away from* his pursuers 追跡者から逃れる / I cannot ~ *away from* work just now. 今ちょうど仕事から抜け[離れ]られない / the one that *got away* 惜しくも逃したもの[人, 機会] / I need a vacation to ~ *away from* it all. そのことすべてから逃れるために休暇が必要だ / *Get away* (with you)! = GET *along* (*with you*)! (2) [通例否定構文で]〔事実などを〕避ける, 否定する〔*from*〕: There's *no* ~*ting away from* it. = You can't ~ *away from* it. それから逃れることはできない, それは否定できない. (3) 〈競走馬などが〉出走する, スタートする. (4) 〈植物などが〉(よく)生育し始める. — (*vt.*) (1) 連れ[持ち]去る; 取り去る[上げる]; 離す; 外す〔*from*〕. (2) 送り出す, 〈手紙などを〉郵送する.

gèt awáy from (1) 〈通念・旧式のやり方など〉を打破する. (2) 〈議題・本筋など〉からそれる.

gèt awáy with (1) …を持ち逃げする: ~ *away with* stolen money 盗んだ金を(まんまと)持って逃げる. (2)《口語》(罰せられずに・軽い罰だけで)…をうまくやり遂げる, …をして[言って]無事にすむ, 大目に見てもらえる: ~ *away with* only a few bruises ほんのかすり傷だけですむ / He is often late for work. I'd like to know how he manages to ~ *away with* it. 彼はよく遅刻をする, あれでどうやって事なく済ませられるのか知りたいものだ / ⇨ *get away with* MURDER. (3)《俗》〈飲食物〉を平らげる, 片付ける (consume).

gèt báck (*vi.*) (1) 戻る, 帰る (return) (cf. *vi.* 1 b); 〔…へ〕復旧[回復]する〔*to*〕; 《主に英》政権に返り咲く: ~ *back* inside [*to* the main point] 中に[主題に]戻る. (2) 電話を返す, 後で連絡する〔*to*〕: ~ *back to a person* 人に(電話などで)いずれ[また]連絡する. (3) (仕事などを)再開する〔*into, to*〕. (4) [しばしば命令文で] (後方へ)下がる. (5) やり返す. — (*vt.*) (1) 〈物を〉返す; 取り戻す (recover); 送り届ける: You never ~ *back* what you have lost. いったん失ったものは決して取り戻せない / I'll ~ your book *back* (*to* you) as soon as I can. 君の本はできるだけ早く返します. (2) 〈人に〉仕返しをする〔*for*〕: ⇨ *get one's* OWN *back*. (3) 〈捨てられた相手に〉復縁をせまる.

gèt báck at《口語》〈人に〉仕返しをする: ~ *back at* someone *for* (doing) something 人に何かされて仕返しをする.

gèt báck with …とよりを戻す.

gèt behínd (1) (…より)遅れる (fall behind): ~ *behind with* [*in*] one's work 仕事が遅れる. (2) 〔支払い・家賃などを〕滞らせる〔*on, with*〕. (3)《米俗》(麻薬で)いい気持ちになる.

gèt behínd … (1) …を後援[支持]する (support). (2)《口語》…を解明する. (3)《米俗》〈音楽など〉を楽しむ.

gèt betwéen …の間にはいる.

gèt beyónd …の向こうに行く; 〈危機など〉を越える.

gèt bý (1) (…のそばを)通り過ぎる, 通過する (pass): I moved aside for him to ~ *by*. 彼が通り抜けられるようにわきに寄った. (2)《米口語》(人の)目を逃れる, (とがめられずに)通り抜ける. (3)《口語》どうやらうまくいく; 切り抜けていく, しのぎ通す (manage): I think I *got by on* [*in*] the exam. 試験は何とかうまくいったと思う / This will be a hard year, but we'll ~ *by* (*on* [*with*] our savings). 今年は大変な年だが, (貯金を使って)何とかやっていこう. (4) 〈仕事などが〉まあまあの出来である: Your work just about ~*s by*, but not by much! 君の作品はまあまあの出来だが, まだたいしたことないね.

gèt bý́ … (1) …(のそば)を通り過ぎる, 通過する. (2) …の目を逃れる; …に認められる; …(の審査など)にパスする; …をだます (deceive): He *got by* the guards. 警備員に見つからずに通った.

gèt dówn (*vi.*) (1) (乗物・木などから)降りる (descend) (cf. *vi.* 1 b); 《主に英》〈子供が〉(食後に)食卓を離れる: He *got down from* the tree. 彼は木から降りた / Many people were ~*ting down from* the bus. たくさんの人がバスから降りていた / May I ~ *down* now, Mummy? お母さん, もう食卓を離れていい. (2) 身をかがめる: ~ *down on* all fours 四つんばいになる / They're shooting at us! *Get down*! やつらこっちを狙って撃っている. 伏せろ. (3)《口語》落ち込む, (気が)めいる. (4)《米俗語》〔…に〕集中する〔*on*〕. — (*vt.*) (1) 降ろす (bring down, take down) (cf. *vt.* 16 a); 撃ち落とす; 〈失業率などを〉下げる: Just help me ~ those dishes *down off* the shelf. ちょっと棚からあのお皿を下ろすのを手伝ってください. (2) (やっと)飲み下す, のどに通す (swallow): I cannot ~ my food *down*. (3) 書き取る[写す] (copy down); 書き記す (describe). (4)《口語》…の元気をなくさせる, 落ち込ます (depress): This miserable weather is ~*ting* me *down*. この嫌な天気には気がめいってしまう.

gèt dówn … 〈梯子(はしご)など〉を降りる.

gèt … dówn — 〈梯子など〉をつたって〈…を〉降ろす.

gèt dówn on (1)《米口語》〈人〉に対し〔…のことで〕絶えず小言[文句]を言う〔*for*〕. (2)《豪口語》…を盗む (steal).

gèt dówn to 〈仕事・問題など〉に(落ち着いて)取りかかる, …に(真剣に)取り組む: ~ *down to* (doing) it 仕事に真剣[精力的]に取りかかる / ~ *down to* business [details] 仕事[細部]に取りかかる / ⇨ *get down to* BRASS TACKS [*the* NITTY-GRITTY].

gèt éven with ⇨ even[1] *adj.* 4 c.

gèt fár 遠くへ行く; 進歩する, 成功する.

gèt fórward (*vi.*) 進む, はかどる, 進歩する (advance). (*vt.*) 〈仕事などを〉どんどん進める.

gèt góing 《口語》(*vi.*) (1) 出かける (start); 活動を始める, 仕事にかかる; 〈事が〉進み出す: We were all ready to ~ *going on* the work. 我々は皆すぐにでも仕事に取りかかれるばかりになっていた / Once he ~*s going*, he never stops. いったんやり出すと決してやめない. (2) 急ぐ (make haste): *Get going*! 急げ! — (*vt.*) (1) 始める, 動かす. (2)《米》〈人を〉興奮させる, 刺激する, 怒らせる (cf. *vt.* 19): If you say that sort of thing, you will ~ him *going* again. そんなことを言ったら彼はまた怒りだすだろう.

gét hers [***his***] 彼女[彼]が正当な報い[罰]を受ける; 《俗》殺される.

gèt hóme ⇨ home *adv.* 成句.

gèt ín (*vi.*) (1) 入る (cf. *vi.* 1 b); (乗物に)乗り込む (enter). (2) 〈乗物などが〉(駅・空港・港に)入って来る, 到着する (arrive); 家に着く: The boat *got in* on time. 船は時間どおりに入港した. (3) (議員・委員などに)選出される, 当選する: He *got in* with a large majority. 彼は大差をつけて当選した. (4) 入学[入社, 入会, 入党]する; 〔議論・旅行・計画などに〕加わる〔*on*〕. (5)《口語》〔…に〕係わり合いになる, 〔…に〕取り入る, 〔…と〕親しくなる〔*with*〕; 〔…に〕巻き込まれる, はまり込む〔*with*〕: He *got in with* a group of gamblers. 彼はばくち打ちの仲間にはいった / ~ *in with* influential people 有力者に取り入る. — (*vt.*) (1) 入れる (bring in) (cf. *vt.* 16 a): ~ *in* the washing 洗濯物を取り込む. (2) 〈言葉を〉差しはさむ (inject): ~ *in* a few good jokes 2,3 うまい冗談を言う. (3) 〈商品を〉仕入れる (get in stock); 買い込む. (4) 〈医者・修理屋などを〉(家に)呼ぶ: I *got* a plumber *in* to fix the drains. 配管工を呼んで排水管を直してもらった. (5) 〈人を〉当選させる. (6) 取り入れる, 収穫する (gather in); 〈金・家賃などを〉集める; 〈税金などを〉徴収する; 〈客を〉引き寄せる: ~ the crops *in*. (7) 〈種を〉まく (sow); 〈種い もなどを〉植える. (8)《英口語》(パブなどで)飲み物を買う. (9)《印刷》〈活字を〉詰めて組む (set close). (10) 〈牛馬などを〉くびきにはめる (yoke), …に馬具を着ける (harness); 小屋に追い込む: ~ the horses *in*. (11) 〈仕事などを〉ある期間内に入れる[間に合わせる], 〈…の〉時間を見つける; 〈書類などを〉提出する[送る]: I *got* my work *in* on time to meet the deadline. 期日通りに仕事を締切りに間に合わせた. (12)《口語》〈打撃などを〉うまく加える, 的中させる: ~ a blow [punch] *in*. (13) 〈人を〉係わり合いにする, 巻き込む (involve). (14) (試験の後)入学[受講]を許可される.

gét in … 〈タクシーなど〉に乗り込む.

gèt ín on (*vi.*) …に加わる; (もうけようと)参入する. (⇨ *get in* (*vi.*) (4)). (*vt.*) …を…に加える.

gèt ìnto (1) …に入る, 〈馬車など〉に乗り込む (enter) (cf. *vi.* 1 b); 〈いやなものが〉…に入り込む; 〈引き出しなど〉を開けて見る, いじくる: How did he ~ *into* the room? 彼はどうやって部屋に入ったのか / ~ *into* a paper 新聞に出る. (2) 〈列車などが〉到着する. (3) …に当選する, 選ばれて入る. (4) 〈学校など〉に受かる, 入学する. (5) 〈ある状態〉にはいる, …になる; …を始める: ~ *into* a habit 癖がつく / ~ *into* yoga [vegetarianism] ヨガ[菜食]を始める / ~ *into* the way of (doing) something 何かの[をする]習慣がつく / ~ *into* a subject 問題の研究にはいる / ~ *into* conversation [correspondence] with …と談話[通信]を始める / ~ *into* mischief いたずらをやる. (6) 〈職務など〉につく;

〈会など〉に加入する (join); (…と)付き合う; 《俗》〈女性〉と性交する: ～ *into* office 就任する / ～ *into* business [trade, movies] 実業界[商売, 映画界]にはいる / ～ *into* bad company 悪い仲間にはいる. (7) 《口語》〈仕方など〉を知る, …に慣れる. (8) 〈考えなどが〉〈人〉に取り付く, …を支配する (come over): What has *gotten into* her? (いつもとちがうが)彼女は(一体)どうしたのか. (9) 《口語》[しばしば can't を伴って] 〈服など〉を(なんとか)身につける, 着る, はく (put on): ～ *into* an overcoat [pajamas]. (10) 《口語》…に関心を持ち始める.

gét … ìnto — (*vt.*) (1) …を—に入れる; 到着させる: The train *got* him *into* town at noon. 列車で彼は正午に町に着いた. (2) 〈人を〉〈借金・立腹などの悪い状態〉に陥れる: ～ oneself [someone] *into* trouble トラブルに巻き込まれる[人をトラブルに巻き込む《「未婚の女性を妊娠させる」の婉曲的な意味でも》].

gét it (1) 《口語》(主として子供に用いて)叱られる, 罰せられる (catch it): You'll ～ *it for* losing the camera. カメラをなくしたりして叱られるぞ / ～ *it* in the neck 《俗》叱られる, お目玉を食う. (2) 《口語》理解する, わかる (understand): Now I ～ *it*. ああわかった / (Do you) *Get it*? わかるかい. (3) (電話・玄関などのベルに)応答する, 出る: I'll ～ *it*. 私が出ます. (4) 《米俗》性交する.

gét it (áll) togéther 《口語》(1) 物事に動じない; 落ち着きを取り戻す, 立ち直る. (2) 物事をうまく処理する[まとめる] (cf. GET *together* (*vt.*) (2)). (3) [完了形で用いて] 《米》〈女性が〉豊満な体つきをしている. (4) 〈男女が〉(性的)関係を発展させる.

gét it óff with 《米口語》…とセックスする, 射精する.

gét it ón 《俗》(1) 興奮する, 乗ってくる, 始める. (2) 〔…と〕性交する〔*with*〕.

gèt it óut 《米俗》悩みを話す, 打ち明ける.

gèt it úp (1) 《卑》勃起する, 勃(た)つ. (2) 《俗》やる気がわく, その気になる.

gèt nówhere 《口語》進歩しない, 効果がない, 失敗に終わる (cf. GET *anywhere*, GET *somewhere*): We're ～*ting nowhere* with all this talk. = All this talk is ～*ting* us *nowhere*. こんな話ばかりしていても何の役にも立たない.

gèt óff (*vi.*) (1) (馬・乗り物などから)降りる (↔ get on); (…から)出る, はずれる, 離れる; 去る: ～ *off at* the next stop 次の停留所で降りる / ～ *off* (*from* work) at five o'clock 5 時に仕事から離れる, 退出する / *Get off!* (私に)さわるな, 近寄るな / ⇨ *tell a person where to* GET *off*. 日英比較 日本語では,「降りる」は乗り物のすべてについて用いられるが, 英語の *get off* (…) は「列車・バス・飛行機」など, 人間の身長より高い大型の乗り物から降りる場合に用い, 乗用車やタクシーなどのように人間の身長より低い小型の乗り物の場合には get out (of) を用いる. (2) 出発する, 出かける (start), (レースで)スタートする: We ～ *off on* the three o'clock flight to New York. 3 時の飛行機でニューヨークへたった. (3) 〈郵便物が〉発送される. (4) (話題などを)やめる〔*of*〕; (仕事など)おしまいにする. (5) (休暇などで)仕事から離れる, 休む. (6) (刑罰などを)免れる, 無罪になる, 〔軽い傷だけで〕事故から逃れる〔*with*〕: He *got off with* a small fine. 彼は軽い罰金で済んだ / ～ *off* easy [lightly, cheaply] 軽い罰で済む. (7) 寝入る (= *get off to* sleep). (8) 〈人が〉折り合う, (仲良く)やってゆく. (9) 《俗》〔麻薬で〕ハイになる (get high); 〔…に〕恍惚(こうこつ)とする, 感動する〔*on*〕: ～ *off on* drugs [jazz, Beethoven]. (10) 《英口語》親しくなる; (性的に)ねんごろになる; 結婚[婚約]する〔*with*〕. (11) 《米俗》オルガスムに達する. (12) 《米俗》即興でソロを演奏する. —(*vt.*) (1) 取りはずす, 〈しみなどを〉取り除く (remove)〔*of*〕(cf. *vt.* 16 a); 〈衣服を〉脱ぐ (take off): ～ one's overcoat *off* 外套を脱ぐ. (2) 〈人を〉出発させる; 〈子供などを〉送り出す; 避難させる: He *got* his family *off* (*to* New York) *on* the first train. 彼は家族を(ニューヨーク行きの)一番列車に乗せてやった / ～ the children *off to* school 子供たちを学校へ送り出す / ～ the baby *off to* sleep 赤ん坊を寝つかせる. (3) 〔…の刑罰を〕免れさせる, 放免する; 〔…の刑を〕軽くしてやる〔*with*〕: His lawyer *got* him *off with* a suspended sentence. 弁護士は執行猶予つきで彼の刑を軽くしてくれた. (4) …を休みにする. (5) 覚える (learn): ～ a short passage *off* by heart 短い一節を暗記する. (6) 〈紙などを〉書いて出す, 郵送する, 発送する (dispatch): ～ a letter [telegram] *off to* a person 人に手紙[電報]を出す. (7) 〈パスなどを〉送る; 〈銃弾を〉発射する. (8) 〈娘を〉結婚させる, 片付ける. (9) 《口語》〈冗談・意見などを〉(適当なときに)言う, 飛ばす: ～ *off* a joke. (10) 《俗》〈麻薬が〉〈人を〉…させる; 〈音楽などが〉〈人を〉感動させる. (11) 《俗》オルガスムを起こさせる, いかせる.

gét òff … 〈馬・乗り物など〉から降りる (↔ get on [onto]); …から立ち去る, 離れる; …にさわらない: ～ *off* a horse, bus, train, etc. / ～ *off* the grass 芝生から出る / ～ *off* the track 脱線する / ～ *off* a river 〈ボートの人などが〉川から(岸に)上がる.

gèt óff … (1) 〈話題など〉をやめる; 〈電話〉を切る; 〈仕事〉を終える: Let's ～ *off* this topic. この話はやめよう. (2) 〈仕事など〉から逃れる, ぬける: ～ *off* do*ing* one's homework 宿題を(するのを)逃れる. (3) [do*ing* を伴って] 《口語》図々しくも…する: Where does she ～ *off* tell*ing* me such things? よくも彼女が私に向かってそんなことが言えるものだ.

gèt … óff — (1) …を—からどける, 取り除く, 外す: ～ a ring *off* one's finger 指から指輪をはずす. (2) …に—について話すのをやめさせる, —をやめさせる.

Gèt óff it! 《米口語》偉ぶるな; でまかせ言うな.

gèt ón (*vi.*) (1) (馬・乗り物などに)乗る (mount) (↔ get off): Two more passengers *got on*. さらに 2 人の客が乗った. 日英比較 日本語では「乗る」はすべての乗り物について用いられるが, 英語では *get on* (…) は「列車・バス・飛行機」など, 人間の身長より高い大型の乗り物に乗る場合に用い, 乗用車やタクシーなどのように人間の身長より低い小型の乗り物の場合には, *get in* [*into*] を用いる. (2) 去る, 行ってしまう (go off), 出発する; 進む (get along); [しばしば進行形で] 〈仕事などが〉はかどる; 〔…を〕どんどん進める, 急ぐ〔*with*〕: I'll ～ *on with* my studies. 研究を進めよう / Let him ～ *on with* it. 《口語》彼の好きなようにそのままやらせておきなさい《あとのことは知らない》/ *Get on with* it! 《口語》急げ / This is enough to be ～*ting on with*. 仕事を進めるのにこれだけあれば十分だ / *Get on* (*with* you)! = GET *along* (*with you*)! (3) 《口語》[進行形で]〔ある年齢・時間・数などに〕近づく (come close)〔*for, to, toward*〕: He *is* ～*ting on for* seventy. そろそろ 70 歳になる / It *was* ～*ting on to* [*toward*] eleven o'clock when I arrived home. 家に着いたのはかれこれ 11 時近かった. ★ この用法から転じて, getting on for が 'almost, nearly' の意味の副詞句として用いられることがある: We have lived here ～*ting on for* twenty years. ここに住むようになってからかれこれ 20 年になる. (4) [通例進行形で] 〈時刻が〉遅くなる; 〈人が〉年をとる (age, get along): I *am* ～*ting on* (in years). 私も年をとってきた. (5) 進歩する, 成功する, うまくいく (progress)〔*in*〕: He seems to be ～*ting on* very well at school. 学校では優秀な成績をあげているようだ / How did you ～ *on* at the interview? 面接はどうでしたか. (6) やっていく, (どうにか)過ごしていく (manage): How is your mother ～*ting on*? お母さんはどうしておられますか / I think I can ～ *on without* the money. あの金がなくてもどうにかやっていけると思う. (7) 〔…と〕うまく折り合っていく, 協調していく (get along)〔*with*〕: She is ～*ting on* quite well *with* my mother. 彼女は母と結構うまくやっている. (8) 《英口語》(電話などで)〔…に〕連絡する, 通報する, (助けを求めて)〔…に〕渡りをつける〔*to*〕: As soon as I heard the news I *got on to* the president *for* an official statement. その知らせを聞いてすぐに大統領と連絡を取り公式の声明を求めた. (9) 《口語》〔人を〕しかる, 罰する〔*to*〕; 〔…に〕うるさく言う, うるさく〔…の〕あら探しをする〔*at, to*〕: She is always ～*ting on to* me *about* my clothes. 彼女は服装のことでいつも私にうるさく言う. (10) 《口語》〔…を〕見つける, 発見する; (詐欺などの)しっぽをつかまえる, 〔…の不正を〕見つける, 〔…が〕わかる, 〔…の〕意味[真相, 正体]をさとる (understand)〔*to*〕: As soon as the crime was reported the police *got on to* the usual suspects. その犯罪が報告されるや警察はいつもの容疑者を捜し出した. (11) 《口語》〔ある事柄に〕進む, 取りかかる: ～ *on to* the main issue 本論に進む. (12) 始める; (中断のあと)〔…を〕続ける〔*with*〕. —(*vt.*) (1) 〈服を〉着る, 身につける, 〈靴などを〉はく (put on): ～ a coat *on*. (2) (調理などの)準備をする. (3) (乗り物などに)乗せる: The bus will stop long enough for us to ～ our bags *on*. スーツケースをバスに積み込む時間ぐらい停車するだろう. (4) 〈人を〉(仕事などに) 取りかからせる: ～ someone *on to* a new subject だれかを新しいテーマにとりかからせる. (5) 〈人を〉進歩させる.

gét òn … (1) 〈列車・バスなど〉に乗る: ～ *on* a train 列車に乗る. (2) 〈チーム・計画など〉に参加する. (3) 《口語》〈神経〉にひどくさわる: That noise ～*s on* my nerves. あの騒音には頭にきてしまう. (4) 《口語》…をしかる; …にうるさく言う; 思い出させる〔*about*〕(cf. GET *on* (*vi.*) (9)). (5) 〈電話〉に出る.

gèt ónto [***ón to***] (*vi.*) (1) = GET on … (1). (2) …に選出[任命]される. (3) 〈新しい話題〉を話し始める, …に移る; cf. GET *on* (*vi.*) (11). (4) 《英口語》〈人〉に連絡[電話]する (cf. GET *on* (*vi.*) (8)). (5) …の不正[ごまかし]を見つける; …をつきとめる (cf. GET *on* (*vi.*) (10)): The police *got onto* the criminals [the swindle]. 警察は犯人たち[いんちき商売]を突き止めた. (6) 《口語》〈人〉に思い出させる〔*about*〕(cf. GET *on* … (4)); (製品などの)苦情[要求]を言う. (7) = GET *on* … (5). (8) 《英》…の受講[受給]を認められる. (9) 〈問題など〉に取りかかる. (10) 〈ラジオ・テレビ〉に登場する. (11) 〈考えなど〉を思いつく; …がわかる.

gèt óut (*vi.*) (1) 〔…から〕出て行く, 去る (exit through) (cf. *vi.* 1 b)〔*of*〕; 逃げる (escape); 〈液体・ガスなどが〉漏れる〔*of*〕; 《米口語》(社交的に)出歩く: *Get out!* 《口語》出て行け; [間投詞的に] ばかを言え, まさか / He *got out* through the door [window]. 玄関[窓]から出た. (2) (乗り物を)降りる〔*of*〕(get off). (3) 〈秘密・ニュースなどが〉漏れる, 知れわたる: The secret *got out*. (4) (仕事などから)手を引く, 引退する, 辞める (cf. GET *out of* (3)). (5) 〘野球・クリケット〙アウトになる. —(*vt.*) (1) (…から)出す, 取り出す (take out); 抜く, 引き出す (cf. *vt.* 16 a); 〈しみなどを〉抜く〔*of*〕; (図書館から)〈本を〉借り出す〔*of*〕. (2) …が逃げるのを助ける, 逃がす〔*of*〕. (3) 〈著書・新聞などを〉公にする, 出版する, 発行する (publish); 〈商品を〉作り出す; 売り出す; 〈仕事などを〉仕上げる, 完成する (complete); 〈書類などを〉提出する: ～ a new edition *out* 新版を出す. (4) 〈言葉を〉やっと言う, (口から)〈声を〉発する (emit). (5) 〈秘密などを〉聞き出す, 見つける. (6) 〈問題などを〉解く, 〈計算などを〉する. (7) 〘野球・クリケット〙アウトにする.

gét out …から出る: He *got out* the door [window]. 玄関[窓]から出た.

gèt óut from únder (1) 苦境[支配]を脱する. (2) 他人より優位を占める.

gèt óut of (1) …から出る[降りる]; 〈衣服〉を脱ぐ: ～ *out of* a car [taxi] 車[タクシー]を降りる / He *got out of* the door [window]. ドア[窓]から出て行った / ～ *out of* bed on the wrong side ⇨ bed *n.* 成句. (2) …の届かない所へ行く (get beyond): ～ *out of* sight 見えなくなる, 姿を消す. (3) …を脱する, 〈(悪い)習慣など〉を捨てる; 〈仕事など〉から手を引く, 引退[退会]する (retire from): ～ *out of* trouble [prison, debt] トラブル[刑務所, 借金]から抜け出す / ～ *out of* a bad habit 悪い癖から抜ける / He managed to ～ *out of* the job. やっとその仕事から抜け出せた. (4) 《口語》〈義務など〉を避ける, 逃れる, …を免れる (avoid): You cannot ～ *out of* that. それを免れることはできない / He tried to ～ *out of* (attending) the meeting. 会合への出席を免れようとした / There's no ～*ting out of* it. それから逃れることはできない.

gèt … óut of — (1) —から…を引き抜く[抜き取る], 引き[取り]出す: ～ a cork *out of* a bottle 瓶のコルク栓を抜く / ～ a person *out of* one's mind 人のことを忘れる. (2) …を—から逃がす, 免れさす: ～ someone *out of* trouble [prison, debt] 人をトラブル[刑務所, 借金]から救い出す / His illness *got* him *out of* hav*ing* to attend the meeting. 病気のため会に出るに及ばなかった. (3) …から〈秘密などを〉聞き出す; …から〈もうけなどを〉引き出す: I could ～ nothing *out of* him. 彼からは何も聞き出せ[一銭ももらえ]なかった. (4) 〈楽しみ・満足を〉—から得る. (5) …を—から写し取る.

Gèt óut of hère! 《俗》(1) とっととここから出て行け! (2) うそつけ, そんなばかな.

Gèt óut of it! 《俗》ばか言うな, うそをつけ.

gèt óver (*vi.*) (1) (…を)通り越す, 越える, 乗り越える; (…の向こう側へ)渡って行く, 動いて行く. (2) 《口語》出向く, 足を運ぶ: I'll ～ *over* to see him in a few days. 二, 三日中に彼を訪ねてみよう. (3) 《口語》〈考えなどが〉〔人に〕理解される, 通じる; 〈人が〉考えなどを〔相手に〕わからせる〔*to*〕. —(*vt.*) (1) 〈人・物を〉(乗り)越えさせる, (向こう側へ)渡らせる. (2) 《口語》〈面倒な[いやな]事などを〉やってしまう, 済ませる (finish) (cf. GET *over with*): We hope to ～ the meeting *over* quickly. 会を早く済ませたいと思っている / Let's ～ it *over* (and done with). さっさと済ませてしまおう. (3) 《口語》〈考えなどを〉〔人に〕理解させる, 納得させる (make clear)〔*to*〕: He could not ～ his case *over to* the electorate well enough. 彼は自分の立場を選挙民に十分に理解させることができなかった.

gèt óver … (1) 〈川など〉を越える, 〈塀など〉を乗り越える; 〈ある距離〉を越す, 行く (cover): ～ *over* a river, stile, ten miles, etc. (2) 〈困難など〉を乗り越える, 〈恐怖など〉に打ち勝つ (overcome): ～ *over* a difficulty, opposition, one's shyness, etc. (3) 〈病気など〉から回復する (recover from): ～ *over* an illness, injury, etc. (4) [通例否定構文で] 〈不幸・ショックなど〉を忘れる, あきらめる, 〈失恋の痛手など〉から立ち直る: He could *not* ～ *over* his son's death. 彼は息子の死をあきらめられなかった / She has *not gotten over* her former husband. 彼女は前の夫のことを忘れられないでいる. (5) 《口語》[通例否定構文で] …に驚かなくなる, 理解する, 信ずる: I ca*n't* ～ *over* his [him] behaving like that! 彼のあのふるまいには全く驚くよ. (6) 《口語》(議論などで)〈人〉を負かす, に勝つ. (7) [通例否定構文で] 〈ある事〉を否定する, 打ち消す (deny): We can*not* ～ *over* this fact. この事実を否定することはできない[認めざるを得ない].

gèt … óver — (1) …に—を渡らせる, 越えさせる. (2) …を—に届けさせる; …を—に来るよう手配する.

gèt óver with 《口語》〈面倒な仕事を〉やってしまう, 片付ける: He was in a hurry to ～ the work *over with*. 大急ぎで仕事を片付けようとしていた.

gèt pást ⇨ past *prep.* 成句.

gèt róund = GET *around*.

gèt róund to = GET *around to*.

gét sò (***that***) 《米口語》…という事態になる: I *got so* I could stand it. それに耐えられるようになった / He *got so* he wasn't sure. 彼は自信がなくなってきた.

gét sòmewhere 《口語》成功の糸口をつかむ, いい線をいく, うまくいく (succeed) (cf. GET *nowhere*): Now we're ～*ting somewhere*. ようやく前途が明るくなってきた / He is determined to ～ *somewhere*. 彼はもうしっかりとした将来の方針を立てている.

gét thèirs 《俗》〈彼らが〉殺される.

gét thère 《口語》(1) 目的を達する, 成功する. (2) 《皮肉》合点(がてん)する, わかる.

gèt thróugh (*vi.*) (1) (…を)通り抜ける, (中へ)しみ込む (cf. *vi.* 1 b); 切り抜ける, しのぎ通す (survive); 〈チーム・選手が〉勝ち抜く: She *got through to* the finals, but lost to last year's champion. 決勝までいったが, 昨年の優勝者に負けた. (2) 〔目的地などに〕達する, 着く, 届く〔*to*〕. (3) (学校を)卒業する; (試験に)合格する (pass); 〈議案などが〉(議会を)通過する. (4) (電話・無線などで)〔…に〕連絡がとれる, 電話が通じる; 〔…に〕連絡をつける; 意向が通じる, わかってもらう〔*to*〕; 〈通信などが〉〔…へ〕通達される〔*to*〕: ～ *through* (on the phone) *to* London / I wonder if my warning has *gotten through to* him. 私の警告が彼にわかってもらえただろうか / I just can't seem to ～ *through to* her when she's like this. 彼女がこんな状態のときにはなかなかわかってもらえそうもない. (5) 終える, 〔…を〕(うまく)終わらせる, し遂げる, 片付ける〔*with*〕: Let's ～ *through with* this unpleasant job at once. このいやな仕事をすぐに片付けてしまおう / We won't be ～*ting through* for a while yet. しばらくは片がつかないでしょう. (6) 《米俗》麻薬を入手する. —(*vt.*) (1) (…に)(押し)通す, しみ込ませる: I *got* the car *through*. うまく運転して通り抜けた. (2) 〔目的地などに〕到達させる; 〈いやなことを〉切り抜ける; 〈予選などを〉勝ち抜かせる. (3) うまく(…に)通過させる; (試験に)及第させる; 〈議案・法案を〉(議会で)通過させる, 承認させる: ～ a bill *through* 法案を通過させる / Perseverene *got* her *through*. 忍耐強く頑張って彼女は及第した. (4) 〔…に〕通じさせる; 〈考えなどを〉わかってもらう〔*to*〕: ～ a package [message] *through to* someone 小包[伝言]を人に送り届ける / The operator *got* me [my call] *through to* London. 交換手がロンドンにつないでくれた / I just can't seem to ～ it *through to* her when she's like this. 彼

G

女がこんな状態のときには, なかなかそれをわかってもらえそうもない.
gèt thróugh ... (1) 〈穴など〉を通り抜ける. (2) 〈困難な時期など〉を切り抜ける, しのぐ: That tree may not ~ *through* this winter. あの木はこの冬ももたないかもしれない. (3) 〈試験〉に合格する; 〈議案などが〉〈議会〉を通る: I *got through* everything except mathematics. 数学以外は全部に合格した. (4) ...を終わらせる, 読み[書き]終わる (complete); 〈食べ物など〉を平らげる (consume); 〈金〉を使い果たす (use up): ~ *through* $50 [four bottles of wine] 50 ドル使い果たす[ワインを 4 本飲み干す]. (5) 〈時間〉を過ごす, しのぐ (while away): I had an hour to ~ *through*. 1 時間の暇があった.
gèt ... thróugh — (1) ...に—を通り抜けさせる; ...に〈困難な時期など〉を切り抜けさせる. (2) ...を〈試験〉に受からせる; 〈議案を〉〈議会など〉に認めてもらう: I managed to ~ my baggage *through* the customs. どうにか手荷物を税関にパスさせることができた.
gét to (*vi.*) (1) ⇨ *vi.* 1 (⇨ reach SYN); 〈物語などが〉...に到達する; [where を伴って] ...に行ってしまう: Where have my glasses *got to*? 私のめがねはどこに行ってしまったのか. (2) 〈仕事など〉にかかる, ...を始める; [*doing* を伴って]《口語》...し始める, ...し出す (begin) (cf. *vi.* 5): ~ *to* business, work, etc. / I *got to* remembering those good old times. ふと私はあの懐しい昔を思い出した. (3)《口語》...と連絡がつく, ...に会えるようになる (contact). (4)《口語》〈人〉に影響[感銘]を与える: The song *got to* me. その歌は私を感激させた / The drink *got to* him at last. その酒にとうとう彼は酔った / The heat was really ~*ting to* me. 暑さは本当に私にこたえていた. (5)《米口語》(賄賂(ﾜｲﾛ)を使ったりおどしたりして)〈人〉の心を動かす, ...をなびかせる (influence); ...をいらいらさせる.
gét ... to — ...を—に到着させる, 届ける: ~ a message *to* someone 伝言を人に伝える / ~ an ambulance *to* that address 救急車をその住所に行かせる.
gèt togéther (*vi.*) (1) 集まる, 会合[パーティー]を開く (meet) (cf. get-together): We still ~ *together* (*with* each other) once a year. 今でも年に 1 度会を開いている. (2) (意見が)一致する (agree) 〔*on*〕: They could not ~ *together on* the proposal. その提案は意見がまとまらなかった. (3) 団結する; 合同する. (4) 〈男女が〉恋愛[性的]関係になる. — (*vt.*) (1) 〈資金などを〉集める, 寄せ集める (collect). (2) 〈物事を〉うまく処理する, まとめる (cf. GET *it* (*all*) *together*, *get one's* ACT *together*): ~ oneself [*it*] *together*=pull oneself together (⇨ PULL *together* (*vt.*)). (3) 〈組織・報告などを〉まとめる; 整理する.
gèt únder (1) (...の)下にはいる; (...に)屈服する: *Get under* quick! 早く身を沈めろ, 早く. (2) 〈火事などを〉静める; 〈暴動などを〉鎮圧する (subdue): They *got* the fire *under* in an hour. 火事は 1 時間で消し止められた.
gèt ... únder — ...を—の下に入れる: *Get* him *under* the bed. 彼をベッドの下に入れろ.
gèt úp /《米》ではまた gɪtʌ́p/ (*vi.*) (1) 起きる, 起床する; (地面から)起き上がる, (席などから)立ち上がる: ~ *up from* [*off*] the floor / He *got up from* [*out of*] the chair. 椅子から立ち上がった / He *got up* and left (the room). 立ち上がって(部屋を)出て行った. 日英比較 日本語では「起きる」と「立ち上がる」は別の動詞であるが, 英語ではこの一つの句動詞でその両方を意味する. stand up, rise もほぼ同意だが, *get up* がいちばんくだけた表現で, この順に格式ばった言い方となる. (2) 〈獲物が〉やぶから飛び立つ (rise from cover);〖クリケット〗〈球が〉(pitch を離れて)鋭くはね上がる. (3) 上[登]る, 乗る (climb): He *got up on* the horse [the roof]. 馬に乗った[屋根に登った]. (4) 〔...に〕近づく, 接近する (come close); (南から)北上する; 上京する 〔*to*〕; 〔...に〕到達する 〔*to*〕; 前進する (advance): ~ *up to* page 50 50 ページまで進む. (5) 〈風・海・火などが〉勢いを増す, 激しくなる: The sea *got up* at dawn. 海は明け方に荒れ出した. (6)《口語》化粧する, 扮装する (get oneself up) (cf. (*vt.*) (4)). (7)《口語》[命令文で] (馬に呼びかけて)進め, はいはい (cf. giddap). (8)《豪口語》(スポーツ競技で)勝つ. — (*vt.*) (1) 〈人を〉起床させる; 起立させる; 上げる, 引き上げる (wake up, rouse); 乗せる (cf. *vt.* 16 a); (組み)立てる: *Get* me *up* at six tomorrow morning. あすの朝 6 時に起こしてください. (2)《口語》〈催物・陳情などを〉計画する, 準備する, 催す (organize); 起草する, 書き上げる: ~ *up* a concert [party, petition]. (3) 〈洗濯物を〉仕上げる: ~ *up* linen. (4)《口語》(...の身なり・髪型などを)装う, 化粧させる, 扮装させる (dress) 〔*as*, *in*〕; 〈部屋〉の飾り付けをする (decorate); 〈本を〉装丁する: She ~*s* herself *up like* a young girl. 彼女は若い女の子みたいな身なりをする / She was well *got up*. 彼女は上手に化粧していた / He was *gotten up as* a doctor [*for* the doctor's part]. 医師の役に扮した. (5) 〈劇を〉上場[上演]する (stage). (6) 〈蒸気などを〉起こす, 発する (produce); 〈スピードなどを〉上げる (increase): ⇨ *get up* STEAM. (7) (ある目的のために)勉強する (study), (試験などのために)〈科目〉の準備をする, 覚える (study up); (競技会のために)...を鍛える, 勉強し直す, ...に磨きをかける (polish up): ~ *up* history *for* an examination 歴史の試験勉強をする / ~ *up* one's English 英語をやり直す. (8) (心の中に)〈感情を〉かき立てる, 奮い起こす, はっぱをかける (work up). (9) 〈食べた物を〉吐き出す (disgorge).
gèt úp ... ...を上[登]る, ...に乗る (climb, mount): ~ *up* a hill [tree] / ~ *up* the stairs 階段を上る.
gèt ... úp — ...を—をつたって上らす, 登らす.
gèt úp agàinst (*vi.*) (1) ...のすぐ近くにいる[寄りそう, 立つ]. (2) 〈地位の上の人を〉怒らせる, と対立する. — (*vt.*) ...で—をおさえる.
gèt úp and gó [***gét***]《口語》(1) てきぱき動き出す, 頑張り始める (cf. get-up-and-go). (2) 急ぐ (make haste).
gèt úp to ... (1)《口語》〈子供などが〉〈いたずらなど〉をしでかす: He ~*s up to* all sorts of tricks. どんな悪さをもしかねない. (2) ⇨ GET *up* (*vi.*) (4).
gét whàt fór《英口語》しかられる, お目玉をくらう.
gét what's cóming to one《口語》当然の報いを受ける.
gèt with it《口語》(1) 流行に遅れないようにする, 流行に乗る, 新しい考えを理解する. (2) よく注意する, 身を入れる. (3) (工事に)とりかかる.
Gét you [***him, her, them***]***!***《俗》あきれた, いやだね《自慢話などに対して用いる軽蔑的な応答》.
have gòt ⇨ have[2] 成句.
have gòt it bád(***ly***)《俗》すっかりのぼせあがっている.
téll [***shów***] *a person* ***whére to gèt óff*** [***whére he gèts óff***]《口語》(行動・発言・依頼などに対して)〈人を〉たしなめる, ...にもういい加減にしろと言う, ぎゃふんと言わせる. 〘← *get off* (vi.) (1) (⇨ get (v.) 成句): バスの車掌が無作法な乗客に下車を命じる意から?〙
— *n.* **1 a** (動物が)子を産むこと (begetting); 血統 (lineage); [集合的] (雄の動物の)子 (offspring): the ~ of a stallion. **b**《スコット》子供,「がき」(child); (特に)私生児. **2**〖スポーツ〗《口語》(テニスなどで)難しい打球の好返球. **3**《豪俗》逃走 (getaway): do [make] a ~. **4**《英方言》もうけ, かせぎ, 給料 (earnings). **5**《英俗》おろか者, まぬけ.
〘《?c1200》*gete*(*n*) ▭ ON *geta*: cf. OE *beġietan* to get, beget < Gmc **ʒetan* (G *vergessen* to forget) ← ? IE **ghe*(*n*)*d-* to seize, take (L *prehendere* to seize, take / Gk *khandánein* to hold, contain)〙

SYN 入手する: **get** 努力・意志の有無に関わらず, 手に入れる《最も一般的な語》: *get* a ticket for the concert コンサートの切符を買う / *get* a present プレゼントをもらう. **obtain** 〈ほしい物を〉努力して獲得する: He *obtained* a position. 職を得た. **gain** 〈有用・必要・ほしい物を〉苦労して手に入れる《格式ばった語》: *gain* a victory 勝利を得る. **acquire** 自分の能力・努力・行為によって徐々に手に入れる: You must work hard to *acquire* a good knowledge of English. 英語の十分な知識を身につけるには猛勉強しなければならない / *acquire* a taste for wine ワインの味がわかるようになる. **earn** 〈自分に値するものを〉得る: *earn* a reputation for honesty 正直の評判をとる. **win** 競争・抵抗に打ち勝って〈望ましい物を〉得る: The book *won* him fame. その本で彼は名声を得た. **procure** 工夫・策略によって獲得する: I must *procure* a copy. 一部入手しなければならない. **secure** 努力した結果確保する《格式ばった語》: I *secured* a seat in the theater. 劇場の座席を確保した.

---

get[2] /gét/ *n.* (*pl.* **git·tin** /gitíːn/)〖ユダヤ教〗**1** 義務免除の証書, (特に)離縁状 (bill of divorce). **2** (ユダヤ法によって認められた)宗教上の離婚. 〘《1892》▭ Mish.Heb. *gēṭ* document ▭ Gk *khártēs* paper: ⇨ char〙
get·a·ble /gétəbl̩ | -tə-/ *adj.* =gettable.
get·at·a·ble /gɛtǽtəbl̩ | -tǽt-/ *adj.*《口語》達することができる, 知ることができる, 近づきやすい (accessible); 手に入れられる (cf. come-at-able). **~·ness** *n.* **get·at·a·bil·i·ty** /gɛtæ̀təbíləti | -təbíl̩ti/ *n.* 〘《1799》← *get at* (⇨ get[1] 成句): ⇨ -able〙
get·a·way /gétəwèɪ | -tə-/ *n.* **1** (犯行後の)逃走 (escape): make one's [a] ~ 逃走する. **2** (競馬・自動車の)スタート: a poor ~ へたなスタート. **3**《口語》(短い)休暇の行楽; 行楽地. **4** (キツネが)やぶ[潜伏場所]から飛び出すこと. — *adj.* [限定的] 逃走(用)の: a ~ car. 〘《1852》〙
gétaway dày *n.*《米》(特に競馬の)最終日.
gét-gò *n.*《米口語》最初.
from the gét-go 最初(の時)から.
Geth·sem·a·ne /gɛθséməni/ *n.* **1**〖聖書〗ゲッセマネ《Jerusalem の東方, Olives 山のふもとの園; イエスが苦難に遭い裏切られた地; cf. *Matt.* 26:36》. **2** [g-] 精神的[霊的]大苦難の場所[経験]. 〘《1901》▭ Gk *Gethsēmanē, Gethsēmaneí* ▭ Aram. *Gath š^e mānī* oil press〙
Gethsémane chéese *n.* =Trappist cheese.
gét-ìn *n.*《英》〖演劇〗(小道具などの)搬入.
gét-òut *n.* **1**《口語》(困難な立場などからの)脱出 (escape); 脱出の手段[方法]. **2**《英》〖劇場〗1 週間の巡業上演費用. **3**《英》〖演劇〗(小道具などの)搬出.
as [***like***] ***áll gét-out***《米俗》この上もなく, 非常に, ひどく, とても, べらぼうに: He was (*as*) rich *as all* ~. うなるほど金があった / They are studying *like all* ~. 彼らはすごく勉強している. 〘《1838》〙
gét-out clàuse *n.* 免責条項 (escape clause).
gèt-rích-quíck *adj.* (人の投機心に付け込む)一攫(ｶｸ)千金的な: a ~ advertisement, method, promoter, etc. 〘《1902》〙
gèt-rích-quíck·er *n.* 一攫(ｶｸ)千金を夢みる人. 〘《1914》〙
gett /gét/ *n.* (*pl.* **git·tin** /gitíːn/)〖ユダヤ法〗=get[2].
get·ta·ble /gétəbl̩ | -tə-/ *adj.* 得られる, 手にはいる. 〘《1555》← GET[1]＋-ABLE〙
get·ter /gétə | -tə(r)/ *n.* **1** 得る人. **2**〖電気〗ゲッター《電球や真空管内の残留ガスを吸収させる物質; 例えば電球のフィラメントに付けておくリンや真空管中に置かれるマグネシウムなど》. **3**《カナダ》(田畑を荒らすネズミなどを退治するための)毒入り餌. — *vi.*〖電気〗ゲッターを用いる. — *vt.*〖電気〗(ゲッターを用いて)〈残留ガスを〉取除く. 〘《c1375》(廃) 'parent, begetter of Christ': ⇨ -er[1]〙
gét·ter·ing /-tərɪŋ | -tə-/ *n.*〖電気〗(ゲッター (getter) 使用による)残留ガスの除去. 〘《1922》: ↑, -ing[1]〙
gét-togèther *n.*《口語》相談; 会合 (meeting); (特に)社交の会, 懇親会: a ~ meeting 親睦会. 〘《1911》〙
gèt-tóugh *adj.*《口語》毅然とした心構えの, 断固とした, 決然とした: a ~ policy.
Get·ty /géti | -ti/, **J**(**ean**) **Paul** *n.* ゲティー《1892–1976; 米国の石油実業家・美術品収集家・大富豪》.
Get·tys·burg /gétizbə̀ːg | -tizbə̀ːg/ *n.* ゲティスバーグ《米国南部 Pennsylvania 州南部の町; 南北戦争の戦跡 (1863 年)で, その戦闘で倒れた将兵を葬った国立墓地がある》. 〘← *J. Gettys* (18 世紀のこの町の建造者): ⇨ -burg〙
Géttysburg Addréss *n.* [the ~] ゲティスバーグの演説《南北戦争で倒れた将兵を葬った国立墓地が 1863 年 11 月 19 日 Gettysburg に開かれた際 Abraham Lincoln が行った演説; その中の "government of the people, by the people, for the people" という句は有名》.
get·up /gétʌ̀p | gét-/ *n.*《口語》**1** (異様な)装い, 身支度, 身なり, 風采 (outfit): a queer ~. **2** (書物の)装丁, 体裁: the ~ of a book. **3** 精力, 気力 (energy); 野心; 積極性. 〘《1833》〙
gét-ùp-and-gét *n.* =get-up-and-go.
gét-ùp-and-gó *n.* =getup 3 (cf. GET[1] *up and go* (1)). — *adj.* やる気満々の, 覇気に満ちた. 〘《1906》〙
gèt-wéll lètter [**càrd**] *n.*《米》(病気)見舞いの手紙, 見舞状.
Get·zen /gétsən, -tsn̩/ *n.*〖商標〗ゲッツェン《米国 Getzen Musical Instruments 社製のトランペット・フルートなど》.
Geu·lincx /gə́ːlɪŋks, géː-; *Du.* ɣǿːlɪŋks/, **Arnold** *n.* ゲーリンクス《1624–69; オランダの哲学者; 機会原因論 (occasionalism) を唱えた》.
ge·um /dʒíːəm/ *n.*〖植物〗=avens. 〘《1548》← NL ~ ← L *g*(*a*)*eum* herb bennet〙
GeV, Gev《記号》〖物理〗gigaelectron volt(s).
ge·valt /gəváːlt; *G.* gəvált/ *int.* (*also* **ge·vald** /~/) =oh《恐怖を表す》.
gew·gaw /gjúːgɔː, gúː-, -gàː | -gɔ̀ː/ *n.* (値打ちのない)安ぴか物, 見かけ倒しの物; つまらぬ物 (trifle). — *adj.* 安ぴかの, 見かけ倒しの. 〘《?a1200》*giuegoue* (加重) ← ? *gawen* to stare: cf. F *joujou* toy〙
Ge·würz·tra·mi·ner /gəvə́ːtstrəmìːnə | -vúəts-træmìːnə^(r); *G.* gəvýʁtstʁamìːnɐ/ *n.* **1** ゲブルツトラーミネル《Alsace または北イタリア産のやや辛口の白ぶどう酒》. **2** 1 を造るためのブドウ. 〘《1940》← G *Gewürz* spice＋TRAMINER〙
gey /géɪ/《スコット》*adj.* かなりの (considerable). — *adv.* かなり, 非常に. 〘《1725》(変形) ← GAY〙
gey·ser /gáɪzə, -sə | gíːzə^(r), gáɪ-/ *n.* **1** 間欠泉, 間欠温泉, 間欠噴泉. **2** /gíːzə, gáɪ- | gíːzə^(r)/《英》(風呂・台所などに取り付けた)瞬間湯沸かし器. — *vi.* (間欠泉のように)噴出する. — *vt.* (間欠泉のように)噴出させる. 〘《1763》▭ Icel. *Geysir* (Iceland の間欠泉の名)(原義) gusher ← *geysa* to gush: ⇨ gust[1]〙
gey·ser·ite /gáɪzəràɪt | gíː-, gáɪ-/ *n.*〖鉱物〗ガイザリット, 珪華(ｹｲｶ) (siliceous sinter)《間欠泉その他の温泉または冷泉の周囲に蓄積する蛋白石状ケイ酸の一種》. 〘《1814》▭ F *geysérite*: ⇨ ↑, -ite[1]〙
Ge·zi·ra /dʒəzíᵊrə | -zíərə/ *n.* ゲジラ《スーダン中東部 Blue Nile と White Nile にはさまれた地域》.
gf《略》gram-force.
GFE《略》government-furnished equipment.
G-fòrce, g- /dʒíː-/ *n.*〖物理〗g 力. 〘《1959》〙
GFTU《略》General Federation of Trade Unions (英国の)労働組合総連合.
GG《略》gamma globulin; gas generator;《略》Governor General;《英》Grenadier Guards; Girl Guides.
GGPA《略》graduate grade-point average.
g.gr.《略》great gross 12 グロス(=1728 個).
GH〖自動車国籍表示〗Ghana; growth hormone.
GHA《略》〖天文・海事〗Greenwich hour angle.
ghaf·fir /gæfíə | -fíə^(r)/ *n.* (*also* **gha·fir** /~/) (エジプト)現地人の警官, 夜警. 〘《a1817》▭ Arab. *ghafīr* guard〙
Gha·gha·ra /gáːgərə/ *n.* [the ~] ガガラ(川)《チベット南西部に発し, ネパール・インド北部を南東流して Ganges 川に合流 (1,207 km)》.
Ghali *n.* ⇨ Boutros-Ghali.
Ghan /gǽn/ *n.*《豪》ガーン: **1** アフガニスタン・北インド方面からの移民. **2** [the ~] オーストラリア Adelaide と Alice Springs 間を走る列車. 〘《1911》《略》← AFGHAN〙
Gha·na /gáːnə, gǽnə | gáːnə/ *n.* ガーナ《アフリカ西部, Guinea 湾に臨むイギリス連邦内の共和国; 旧英領 Gold Coast で 1957 年独立; 面積 238,539 km², 首都 Accra; 公式名 the Republic of Ghana ガーナ共和国》. **Gha·nese** /gɑːníːz, gæn-, -níːs | gɑːníːz/ *adj.*
Gha·na·ian /gɑːníːən, -néɪən, -náɪ- | gɑːnéɪən, gə-/ *adj.* ガーナ (Ghana) の; ガーナ人の. — *n.* ガーナ人. 〘《1949》: ⇨ ↑, -ian〙
Gha·ni·an /gáːniən, gǽn- | gáː-/ *adj.*, *n.* =Ghanaian.
ghar·i·al /géᵊriəl | géər-/ *n.*〖動物〗=gavial. 〘《1923》〙
ghar·ry, ghar·ri /gǽri/ *n.* (*pl.* **-ries**)《インド・エジプト》辻馬車. 〘《1810》▭ Hindi *gāṛī* cart or carriage〙
ghast /gǽst | gáːst/ *adj.*《古》=ghastly. — *vt.*《廃》=gast. 〘《1622》〙
ghast·ful /gǽstfəl, -fl̩ | gáːst-/ *adj.*《古》ものすごい (ghastly). 〘《1388》《c1395》: ⇨ gast, -ful[1]〙
ghast·i·ly /gǽstəli, -tl̩i | gáːstɪ̀li, -tl̩i/ *adv.* =ghastly.
ghást·li·ly /-l̩li/ *adv.* =ghastly.
ghást·li·ness *n.* ものすごさ;《口語》ひどいこと.

ghast·ly /gǽstli | gɑ́:st-/ *adj.* (**ghast·li·er; -li·est; more ～, most ～**) **1** 恐ろしい, ものすごい, ぞっとするような, 気味悪い (horrible, frightful): a ～ dream, sight, story, etc. **2** 〈顔つきなど〉幽霊[死人]のような, ぞっとさせる; 青ざめた (pale): a ～ appearance [look]. **3** 《口語》ひどい, いやな (very bad): a ～ bore たまらなく退屈な男性 / a ～ failure ひどい失敗. **— *adv.*** **1** 恐ろしく, ぞっとするほど, ものすごく. **2** 幽霊[死人]のように, 青ざめて: be ～ pale. 〖(?a1300) *gastli(ch)* ← *gast* frightened (p.p.) ← *gaste(n)* < OE *gǣstan* to terrify (cf. aghast): ⇨ -ly[2]: 現在のつづり字と語義 2 は GHOST の影響による〗

SYN 恐ろしい: **ghastly** まがまがしさのゆえに大きな恐怖感を引き起こす: a *ghastly* crime ぞっとするような犯罪. **grim** 苛烈で恐怖や不安を与える: a *grim* truth [joke] 恐ろしい真実[冗談]. **grisly, gruesome** 特に外観が人を身震いさせるような: a *grisly* sight 身震いするような光景 / *gruesome* details of murder 殺人事件の身の毛もよだつような詳細. **macabre** 死に関するために恐ろしい: a *macabre* tale 不気味な話. **lurid** 《軽蔑》恐怖や嫌悪感を引き起こす: *lurid* tales of murder 恐ろしい殺人の話.

ghat /gɑ́:t, gɔ́:t; *Hindi* gʱa:ʈ/ *n.* 《インド》 **1** 山道, 峠 (mountain pass). **2** [*pl.*] 山脈 (mountain range). **3** (船着き・水浴などのために設けた)川端の階段; 船着き場: ⇨ burning ghat. 〖(1698) □ Hindi *ghāṭ* mountain pass, landing place ← Skt *ghaṭṭa* ← IE **gher-* to scrape: ⇨ character〗

Ghats /gɑ́:ts, gɔ́:ts/ *n. pl.* [the ～] ガーツ《インド南部の Deccan 高原の両側にある二つの山脈; Bengal 湾の海岸線に平行する Eastern Ghats (東ガーツ山脈)と西海岸をアラビア海に接して縦走する Western Ghats (西ガーツ山脈)》. 〖1603〗

ghaut[1] /gɑ́:t, gɔ́:t/ *n.* ＝ghat.

ghaut[2] /gʌ́t/ *n.* 《カリブ》(海に通じる)渓谷. 〖(1603) □ Hindi *ghāṭ*〗

ghaz·el /gǽzəl, -zɫ/ *n.* (*also* **ghaz·al** /～/) 《詩学》ガザル《アラビア・ペルシャなどの叙情詩型; 5–12 の 2 行連句から成り, 恋愛や酒をテーマにしたものが多い》. 〖(1800) □ Pers. *ghazal* □ Arab. *gházal* love (poetry) ← *gházala* to make〗

gha·zi, G- /gɑ́:zi/ *n.* **1** 異教徒と戦いこれを殺害することを誓約したイスラム戦士. **2** [G-] トルコで凱旋将軍・大統領などに与えられる最高の称号. 〖(1753) □ Arab. *ghāzī* (pres.p.) ← *ghāzā* to fight〗

Ghaz·zah /gɑ́:zə, gǽzə/ *n.* ＝Gaza.

Ghaz·ze /gɑ́:zi, gǽzi/ *n.* ＝Gaza.

Ghe·ber, (英) **Ghe·bre** /géɪbə, gí:- | -bə(r)/ *n.* ＝Gabar.

ghee /gí:/ *n.* ギー《インドの水牛または牛の乳から造る液状バター》. 〖(1665) □ Hindi *ghī* clarified butter ← Skt *ghṛta* (p.p.) ← *ghṛ-* to sprinkle〗

Ghent /gént/ *n.* ヘント, ガン《ベルギー北西部の工業都市; Scheldt 川と Lys 川との合流点にある港; フランス語名 Gand, フラマン語名 Gent》.

Ghént azálea *n.* 《園芸》ゲントアザレア《ベルギーの Ghent 地方を中心にヨーロッパで交雑育種されたツツジの園芸品種》. 〖1841〗

ghe·rao /gəráu/ *n.* 包囲団交《インド・パキスタンで経営者を建物内に閉じ込めて交渉する戦術》. **— *vt.*** 〈経営者を〉事業所内に閉じ込める. 〖(1967) ← Hindi *gherna* to surround, besiege, encircle〗

gher·kin /gə́:kɪn | gə́:kɪn/ *n.* **1 a** 《植物》ガーキン (*Cucumis anguria*)《西インド諸島・米国南部産のキュウリの一種; とげのある小さな実を酢漬けにする》. **b** ガーキンの実の酢漬け. **2** (主に酢漬けに用いる未熟な)小キュウリ. 〖(1661) □ Du. **(a)gurkkijn* (dim.) ← *a(u)gurk* cucumber ← Slav. ← LGk *aggoúrion* ← ?〗

ghet·to /gétou | -təu/ *n.* (*pl.* **～s, ～es**) **1 a** ユダヤ人地区, ゲットー《昔, 主にイタリアでユダヤ人の居住地に指定された地区; 一定時刻後は地域外に出ることを許されなかった》. **b** (都市の)ユダヤ人町. **2 a** (黒人・プエルトリコ人などの少数民族の住んでいる)スラム街. **b** (同上を思わせるような)孤立集団. **— *vt.*** ＝ghettoize. 〖(1611) □ It. *getto* foundry (← *gettare* to cast ← L *jacere* to throw: 16 世紀の Venice で *getto* (鋳造所)の近くにユダヤ人強制居住区域が定められたことから?) // 《頭音省略》← It. *borgetto* (dim.) ← *borgo* settlement outside the city wall (⇨ borough): Mish.Heb. *gēṭ* divorce (⇨ get[2]) と連想?〗

ghétto blàster *n.* 《口語》大型のラジカセ《街頭で大音量でロックなどを流す; ghetto box ともいう》. 〖1981〗

ghet·to·ize /gétouàɪz | -təu-/ *vt.* ゲットー (ghetto) の中に孤立させる; 〈ある地区・地方を〉ゲットーにする, 孤立化させる. **ghet·to·i·za·tion** /gètouɪzéɪʃən | gètəuaɪ-, -təuɪ-/ *n.* 〖(1939): ⇨ ↑, -ize〗

ghi /gí:/ *n.* ＝ghee.

Ghib·el·line /gíbəli:n, -làɪn | -bɪlàɪn, -li:n/ *n.* **1** [the ～s] ギベリン派, 皇帝派《中世の神聖ローマ帝国で教皇派 (the Guelfs) に対抗してドイツ皇帝に加担した党派》. **2** ギベリン派の人, 皇帝派の人. **— *adj.*** ギベリン派の. **Ghíb·el·lin·ìsm** /-nìzm/ *n.* 〖(1573) □ It. *Ghibellino* □ MHG *Wibeling* (G *Waiblingen*) (ドイツの Hohenstaufen 王家の領地の名)〗

Ghi·ber·ti /gɪbéəti | -béəti; *It.* gibérti/, **Lorenzo** *n.* ギベルティ《1378–1455; ゴシック後期の Florence の金工・画家・彫刻家》.

ghib·li /gíbli/ *n.* 《気象》北アフリカの砂漠にみられる熱風 (cf. khamsin, sirocco). 〖(1942) □ Arab. *giblī* south wind〗

ghil·gai /gílgaɪ/ *n.* ＝gilgai. 〖1898〗

ghil·lie /gíli/ *n.* **1** ＝gillie. **2** スコットランド起源の舌革(ぜつかく)のない低いカットの靴. 〖(1596) (c 1730) □ Gael. *gille* a lad, servant〗

Ghi·ór·des knót /gɪɔ́ədəs-, gjə- | gɪɔ́:d-, gɔ́:-/ *n.* 《紡織》ジオルド結び《手織のじゅうたんのパイル糸の結び方》. 〖← *Gördes (Ghiordes)* (トルコじゅうたんの生産地として有名なトルコの町)〗

Ghir·lan·da·io /gɪələndá:jou, -dáɪou | gɪələndá:jəu, -dáɪəu; *It.* girlandá:jo/ (*also* **Ghir·lan·da·jo** /～/), **Domenico** *n.* ギルランダーヨ《1449–94; Florence の画家; 本名 Domenico di Tommaso Bigordi》.

Ghoor·ka /gə́:kə, gúə- | gúə-, gə́:-/ *n.* (*pl.* **～, ～s**) *adj.* ＝Gurkha.

Ghose /góus | gə́us/, **Sri Aurobindo** *n.* ゴース《1872–1950; インドの神秘思想家・国粋主義者; 英国のインド支配に反対; Pondicherry にヨガ道場を創設》.

ghost /góust | gə́ust/ *n.* **1 a** 死者の霊, 幽霊, 亡霊 (cf. wraith): the ～ of Hamlet's father ハムレットの父の亡霊 / lay [raise] a ～ 幽霊を退散させる[出て来させる] / be afraid of a ～ 幽霊を怖がる / look like a ～ (やせて青白くて)幽霊みたいだ / He looked as if he had seen a ～. 幽霊でも見たように(おびえて)真っ青な顔をしていた. 日英比較 日本語での幽霊は足がないとされるが, 英語の *ghost* には足がある. **b** 幽霊のような人: He had lost so much blood that he was now a walking ～. ひどく出血したので幽霊が歩いているようだった / He is a [the] (mere) ～ of his former self. 昔の面影はまるでない. **c** 《英口語》幽霊労働者《脱税目的で雇用されていることを届け出ていない人》. **d** 《廃》死体 (corpse). **2** 幻影, 幻, ほんの影; わずかなしるし 〔*of*〕: a ～ *of* the past 過去の幻影 / a ～ *of* a smile (影のように)ごくかすかな微笑 / not have [stand] the [a] ～ *of* a chance (of doing) (…する)影ほどの[わずかな]見込みもない / I haven't got the ～ *of* an idea what it is all about. それが一体何のことなのか私には全く見当がつかない. **3 a** ゴースト (ghostwriter). **b** ＝ghost edition. **c** ＝ghost word. **4 a** [時に G-] 霊的存在: ⇨ Holy Ghost. **b** 《廃》生命の源, 魂, 霊魂 (spirit): ⇨ *give up the* GHOST. **5** [*pl.*; 単数扱い] ゴースト《文字遊びの一種; 最初の一人がアルファベットの一文字を言い, あとの人は各々一文字ずつつけ加えて全体が一語の一部分になるようにする; 数回失敗した人は除かれて 'ghost' と呼ばれる》. **6** 《光学》ゴースト《光学系において, 像面の正規の位置以外に生じる望ましくない像; cf. flare 8》. **7** 《写真》ゴースト《カメラのレンズ面で数回反射した光がフィルム面に到達して, 正規の像以外に生じる像; ghost image ともいう; cf. flare 8》. **8** 《物理》ゴースト, 偽線《回折格子でスペクトル線を撮影するとき, 真の線の左右対称の位置に現れる線》. **9** 《テレビ》多重像, 複像, ゴースト《反射電波などによる望ましくない映像; ghost image ともいう; ⇨ ghost signal》. **10** 《電子工学》仮像《進路を離れたため目標発見の役目を果たさなかった反射電波によるレーダー像》. **11** 《金属加工》ゴーストライン《不純物のため加工した鉄鋼の表面にできるきず》. **12** ゴースト: **a** 《生物》細胞やウイルスなどの内容が失われたとき残った外側の構造体. **b** 《生理》溶血してヘモグロビンなど内容物を失った赤血球.

give* [《古》*yield*] *úp the ghóst (1) 死ぬ; 作動しなくなる (die) (cf. *Gen.* 25:8; *Job* 10:18; *Matt.* 27:50, etc.). (2) 絶望する. 〖1388〗 ***the ghóst wàlks*** (1) 幽霊が出る. (2) 《もと劇場俗》給料が(間もなく)出る: This is the day *the ghost walks*. 今日は給料日だ.

ghóst in the machíne [the ―] 《哲学》機械の中の幽霊 (G. Ryle の *The Concept of Mind* (1949) におけるデカルト的心身二元論批判の言葉). 〖1949〗

— *vt.* **1** 代作する (ghostwrite) 〔*for*〕: the book I ～*ed for* him 私が代作した彼の本. **2** (幽霊のように)…につきまとう (haunt). **3** 《印刷》(版を作る前に)〈写真〉の背景をぼかす[弱くする]. **— *vi.*** **1** 代作する. **2 a** (幽霊のように)静かに動く, 出る. **b** 〈帆船が風もないのに[風を受けていないらしいのに]静かに航行する.

ghóst·y *adj.* 〖OE *gāst, gǣst* < (WGmc) **ʒaistaz* (G *Geist* / Du. *geest*) ← IE **gheis-* fear (Goth. *usgaisjan* to frighten): *-h-* は Caxton 以来のもので Flem. *gheest* の影響 ?〗

SYN 幽霊: **ghost, spirit** 《古風》死者の幽霊: Hamlet saw his father's *ghost* [*spirit*]. ハムレットは父の亡霊を見た. **specter** 《文語》, **phantom** 《文語》特に恐ろしい形をした幽霊《必ずしも人間に限らない》: grisly *specters* 不気味な変化(へんげ). **apparition** 突然に出現する亡霊: this monstrous *apparition* この恐ろしい幽霊. **wraith** 人の臨終前後に友人・親戚の前に現れる生霊: Last night I saw his *wraith* near the head of my bed. 昨夜枕元に彼の生霊を見た. **spook** 《口語》＝*ghost*.

GHOST /góust | gə́ust/ *n.* **1** 全地球水平探測技術《無線装置を積載した気球を定高度に浮動させて行う大気観測計画》. **2** 大気観測データを集める気球. 〖(1965)《頭字語》← *G(lobal) Ho(rizontal) S(ounding) T(echnique)*〗

ghóst·bùster *n.* 《口語》 **1** (幽霊払いの)祈祷師. **2** (税務当局の)脱税調査員.

ghóst cándle *n.* 幽霊除(よ)けのろうそく《死体の周囲にともす》. 〖1885〗

ghóst cràb *n.* 《動物》スナガニ科スナガニ属のカニ (*Ocypode albicans*)《砂浜に穴を掘ってすむ白色またはクリーム色のカニで行動が素早い》. 〖夜間, 光が当たる影が動くように見えるところから〗

ghóst dànce *n.* (死者の霊と交信するために行う)宗教的舞踏; (19 世紀後半に起こったアメリカインディアンのメシア的宗教運動の)集団舞踏. 〖1890〗

ghóst edìtion *n.* 幽霊本《目録には載っているが存在しない本》.

ghóst·fìsh *n.* 《魚類》 **1** 白っぽいまたは透き通るような魚の総称《ソトイワシやウナギの幼魚など》. **2** 北米大西洋産ハダカオオカミウオ科ハダカオオカミウオ属の魚 (*Cryptacanthodes maculatus*)《wrymouth ともいう》.

ghóst gùm *n.* 《豪》《植物》幹や枝が白いユーカリノキの一種. 〖1954〗

ghóst ìmage *n.* 《写真・テレビ》＝ghost 7, 9.

ghóst·ing *n.* **1 a** 《テレビ》ゴースト; ゴースト発生[形成]. **b** 《電算》焼き付き《CRT ディスプレーに長時間像を表示したとき, 蛍光体が変質して像の跡 (ghost) が残ること; burn-in ともいう》. **2** 《米》《軍俗》なまけること, 義務を怠ること, サボ.

ghóst·lìke *adj.* 幽霊のような, 無気味な. **— *adv.*** 幽霊のように. 〖1611〗

ghóst·li·ness *n.* 幽霊のようなこと, ぼおっとしていること.

ghost·ly /góustli | gə́ust-/ *adj.* (**ghost·li·er; -li·est**) **1** 幽霊の, 幽霊に関する, 幽霊の出るような: a ～ visitant 訪ねて来る幽霊 / a ～ legend 幽霊の伝説 / the ～ hour (幽霊の出る)丑(うし)三つ時. **2** 幽霊のような, かすかな, ぼんやりした, 影のような (faint, shadowy): The tree loomed ～ in the twilight. その木がたそがれの中にぼんやりと見えた. **3** 《文語・古》精神的な, 霊的な, 宗教的な (spiritual) (cf. bodily, fleshly): ～ comfort 霊的な[宗教的な]慰安 / a ～ counsel (臨終のときなど聖職者の与える)勧戒 / a ～ father [adviser] 聖職者, 聴罪師[司祭] / ～ lore 宗教上の学識 / our ～ enemy 悪魔. 〖OE *gāstlić*: ⇨ ghost, -ly[2]: cf. ghastly〗

ghóst mòth *n.* 《昆虫》コウモリガ《コウモリガ科のガの総称; 夕刻にコウモリのように飛ぶ; swift ともいう》. 〖1831〗

ghóst shrìmp *n.* 《動物》スナモグリ科の白色の甲殻類 (*Callianassa californiensis*)《潮間帯から浅海の砂泥底にすむ》.

ghóst sìgnal *n.* 《通信》ゴースト信号《直接受信される信号に対して, 反射などにより少し遅れて入る信号; これによりテレビの複像 (ghost) が起こる》.

ghóst stàtion *n.* 《英》廃止駅; 無人駅.

ghóst stòry *n.* **1** 幽霊話, 怪談. **2** 想像をもとにした物語, 空想話. 〖1819〗

ghóst tòwn *n.* 幽霊都市, ゴーストタウン《天然資源枯渇などのために住民が他へ移住してさびれてしまった町》. 〖1931〗

ghóst tràin *n.* **1** 幽霊列車《公式に運行されていない列車》. **2** (遊園地の)お化け列車[電車]. **3** 夜間除雪[除霜]列車. 〖1884〗

ghóst-wèed *n.* 《植物》ハツユキソウ (⇨ snow-on-the-mountain 1).

ghóst wòrd *n.* 幽霊語《誤植・考え違い・民間語源などに由来する語》. 〖(1886): 語源学者 Skeat の用語〗

ghóst·wrìte *vi.* 代作する 〔*for*〕. **— *vt.*** 〈文学作品・スピーチなどを〉代作する 〔*for*〕: a *ghostwritten* article 代作品, 代作. 〖(1927)《逆成》← GHOSTWRITER〗

ghóst·wrìter *n.* (文学作品・スピーチなどの)代作者, ゴーストライター. 〖1927〗

ghoul /gú:l/ *n.* **1** 食屍鬼(しょくしき)《イスラム教伝説中の悪鬼で墓をあばいて死肉を食うといわれる》. **2** 鬼のような人; 死体盗人 (body snatcher); 恐ろしい事をして[物を見て]愉快がる人. 〖(1786) □ Arab. *ghūl*〗

ghóul·ish /-lɪʃ/ *adj.* **1** 食屍鬼(しょくしき)のような, 残忍な (cruel). **2** 実にいやな, 不愉快な: a ～ picture. **～·ly** *adv.* **～·ness** *n.* 〖(a1845): ⇨ ↑, -ish[1]〗

GHQ 《略》general headquarters. 〖1856〗

Ghur·kha /gə́:kə, gúə- | gə́:-, gúə-/ *n.* (*pl.* **～, ～s**), *adj.* ＝Gurkha.

ghyll /gíl/ *n.* ＝gill[2].

GHz 《記号》《電気》gigahertz.

gi /gí:/ *n.* 空手着, 柔道着. 〖□ Jpn. ～〗

Gi 《記号》《電気》gilbert(s).

GI /dʒí:áɪ/ 《口語》 *n.* (*pl.* **GI's, GIs**) **1** (米軍)兵士《女性の兵士も含める》; (特に, 米陸軍の)徴募兵, 下士官兵: an ex-*GI* 退役兵. **2** (米軍)退役兵, 退役婦人兵. **— *adj.*** **1** 軍規格の, 官給の; 官給用に規格された; 官給品のような: *GI* shoes 兵隊靴, 軍靴 / a *GI* haircut ジーアイカット《短い刈り方》. **2** GI の, (米軍)兵士の, 現役[退役]軍人の; 兵隊らしい: a *GI* Joe 男子兵, (特に, 第二次大戦中の)米兵 / a *GI* Jane [Jill, Josephine] 婦人兵士 / a *GI* bride (外地で米軍兵士と結婚した他国の)戦争花嫁 (war bride) / *GI* morale 兵隊の士気 / *GI* slang 兵隊俗語 / *GI* training courses 復員兵士教育課程. **3** 軍規を厳格に守る: He is very *GI*. とても軍規に厳しい人だ. **— *adv.*** 軍規に厳しく. **— *v.*** (**GI'd; GI'ing**) **— *vt.*** 〈官給品などを〉点検に備えてきれいにする, (点検のある場合など)〈床などを〉特に清掃する, 整頓する. **— *vi.*** 軍規を厳守する. 〖(1928): もと米陸軍で *galvanized iron* でできた品 (garbage can など) を需品係が記帳する際の略字として用いられたが, のち *government [general] issue* の略字と考えられ, すべての「官給品」, さらにその支給を受ける「兵隊」を意味するようになった〗

gi. 《略》gill(s).

g.i., G.I. 《略》galanized iron; gastrointestinal; general issue, government issue (cf. GI).

Gia·co·met·ti /dʒà:kəméti | -ti; *It.* dʒakométti/, **Alberto** *n.* ジャコメッティ《1901–66; 主にフランスに在住したスイスの彫刻家・画家》.

Gia·co·mo /dʒɑ́:kəmòu | -kə(u)məu; *It.* dʒá:komo/ *n.* ジャーコモー《男性名》. 〖□ It. ～ □ LL *Jacomus* 'JACOB'〗

Giae·ver /jéɪvə | -və(r)/, **I·var** *n.* イェーバー (1929–　; ノルウェー生まれの米国の物理学者; 半導体のトンネル効果を発見 (1960); Nobel 物理学賞 (1973)).

gial·lo an·ti·co /dʒáːlouæntíːkou, -ɑːn- | -ləuæn-tíːkəu, -ɑːn-; *It.* dʒalloantíːko/ *It. n.* 〘考古〙イタリアの古跡廃墟で発見される濃黄色の大理石 (アルジェリアから運ばれたものと考えられている). 〖(1741) □ It. ～ 'ancient yellow'〗

gi·ant /dʒáɪənt/ *n.* **1 a** 巨漢, 大男: a ～ of man 大男. **b** (非凡な才能・知力・性格などを備えた)偉大な人: a ～ among statesmen [poets] 抜群の政治家[詩人] / There were ～*s* (in the earth) in those days. 昔の人は偉かった (cf. *Gen.* 6:4). **2 a** [the Giants] 〘ギリシャ神話〙ギガス族 (Uranus の流した血で Gaea が身ごもって生まれた巨人族; 人間の頭に腰から下は竜の姿で表される; Gigantes ともいう; cf. gigantomachia 1 a). **b** [G-] ギガス (巨人族の一人). **c** [G-] (中世物語・伝説などに現れる)巨人. **3 a** 巨大なもの[国]: the Communist ～*s* 共産主義の大国. **b** 巨大な動植物. **c** 〘病理〙巨人症患者. **4** 〘天文〙巨星 (直径と光度が著しく大きい恒星; Antares や Betelgeuse などがその例; cf. dwarf star): a super ～ 超巨星. **5** 〘鉱山〙(水圧採鉱用の)大ノズル.
like a giant refreshed (酒によって)元気を新たにした勇士のように, 元気づいて (cf. *Ps.* (*Prayer Book*) 78:66): feel *like a* ～ *refreshed*.
— *adj.* [限定的] **1** 巨人のような; 並外れて大きな, 巨大な (gigantic, huge): a ～ potato 並外れて大きなジャガイモ / a man of ～ strength 大力の男 / a ～ company マンモス会社. **2** 抜群に優れた, 偉大な. **3** [しばしば動植物名に用いて] 大…: ⇨ giant cabuya, giant clam, etc.
〖(?c1225) *geaunt* □ (O)F *géant* < VL **gagantem*=L *gigantem, gigās* □ Gk *gígās* giant ∞ OE *ġigant* □ L *gigant-*〗

giant ánteater *n.* 〘動物〙(中・南米産の)オオアリクイ (⇨ antbear 1). 〖1940〗

giant árrowhead *n.* 〘植物〙タイリンオモダカ (*Sagittaria montevidensis*) (南米原産のオモダカ属の多年草; 花は白色で基部に紫褐色の斑点がある).

giant báss *n.* 〘魚類〙米国 California 州産のスズキ科イシナギ属の大形食用魚 (*Stereolepis gigas*) (black sea bass ともいう).

giant ca·bú·ya /-kəbúːjə/ *n.* 〘植物〙オオマンネンラン (*Furcraea gigantea*) (ブラジル原産のリュウゼツランに近いヒガンバナ科の多年草; 繊維を採るために栽培される; giant lily ともいう). 〖*cabuya*: □ Sp. ～ ← Taino (現地語)〗

giant cáctus *n.* 〘植物〙=saguaro.

giant céll *n.* 〘解剖・病理〙巨細胞, 巨大細胞. 〖1876〗

giant clám *n.* 〘貝類〙オオシャコガイ (*Tridacna gigas*) (シャコガイ科の大形二枚貝). 〖1889〗

giant cráb *n.* 〘動物〙タカアシガニ (*Macrocheira kaempferi*) (日本特産で, 節足動物中最大のカニ; Japanese crab ともいう).

giant dáisy *n.* 〘植物〙ヨーロッパ原産キク科の丈の高い多年草 (*Chrysanthemum uliginosum*).

gi·ant·esque /dʒàɪəntésk˝/ *adj.* 巨人らしい; 巨大な. 〖(1909): ⇨ -esque〗

gi·ant·ess /dʒáɪəntɪ̀s | dʒáɪəntès, -tɪ̀s, dʒàɪəntés/ *n.* 女性の巨人, 大女. 〖(c1380): ⇨ -ess[1]〗

giant fiber *n.* 〘生物〙(ある種の無脊椎動物の神経系の)巨大神経繊維. 〖1888〗

giant fúlmar *n.* 〘鳥類〙=giant petrel.

giant gárlic *n.* 〘植物〙**1** オオハナニラ (*Allium giganteum*) (中央アジア原産の桃色の花が咲く観賞草本). **2** ヒメニンニク (rocambole).

giant hógweed *n.* 〘植物〙ジャイアントホッグウィード, バイカルハナウド (*Heracleum mantegazzianum*) (セリ科の多年草; 毛や液汁に触れると炎症を起こす; cartwheel flower ともいう).

giant hólly fèrn *n.* 〘植物〙北米西部産のシダ植物でイノデの一種 (*Polystichum munitum*).

giant hórnet *n.* 〘昆虫〙モンスズメバチ (*Vespa crabo*) (ヨーロッパでは最大のハチであるが, 日本にはさらに巨大な種類のオオスズメバチ (*V. mandarinia*) がいる).

gí·ant·ìsm /-tìzm/ *n.* **1** 巨人であること[状態], 極端な[異常な]大きさ. **2** 〘病理〙**a** 巨人症 (gigantism) (cf. nanism). **b** (細胞や核の)異常巨大状態. 〖(1639): ⇨ -ism〗

giant kangaróo *n.* 〘動物〙オオカンガルー, ハイイロカンガルー (*Macropus giganteus*) (オーストラリアの平原にすみカンガルー類中最大のものの一つ).

giant kélp *n.* 〘植物〙巨大海藻, ジャイアントケルプ (マクロシスティス属 (*Macrocystis*) の巨大なコンブ型褐藻類の総称; 特にオオウキモ (*M. pyrifera*)).

giant kìller *n.* (スポーツなどで)大物食い (人・チームなど). 〖1726〗

giant·lìke *adj.* 巨人のような, 巨大な (huge). 〖1571〗

giant líly *n.* 〘植物〙**1** オオマンネンラン (⇨ giant cabuya). **2** ジャイアントリリー (⇨ spear lily).

giant órder *n.* 〘建築〙=colossal order.

giant pánda *n.* 〘動物〙オオパンダ (⇨ panda 1 b). 〖1920〗

giant péacock mòth *n.* 〘昆虫〙オオクジャクサン (*Saturnia pyri*) (ヤママユガ科のヨーロッパ最大のガ; 体長 15 cm).

giant pétrel *n.* 〘鳥類〙オオフルマカモメ (*Macronectes giganteus*) (南極海産で, アホウドリに匹敵するぐらい大きい海鳥).

giant plànet *n.* 〘天文〙大惑星 (major planet) (木星・土星・天王星・海王星の総称; 木星型惑星ともいう).

giant pówder *n.* 〘化学〙(硝酸グリセリンと珪藻(けいそう)土とを混ぜた)ダイナマイトの一種. 〖1872〗

giant rágweed *n.* 〘植物〙オオブタクサ (*Ambrosia trifida*) (北米原産; 高さ 3 m に達するキク科ブタクサ属の一種; 花紛症を引き起こす).

giant rédwood *n.* 〘植物〙=giant sequoia.

giant réed *n.* 〘植物〙ダンチク, ヨシタケ (*Arundo donax*) (ヨーロッパ南部・南アジア産の丈の高いイネ科の多年草; 木質の茎でオルガンの舌 (reed) を作る). 〖1851〗

giant sálamander *n.* 〘動物〙オオサンショウウオ (*Megalobatrachus japonicus*) (日本産; 体長 1.3 m に達する世界最大の両生類).

Giant's Cáuseway *n.* [the ～] ジャイアンツコーズウェイ, 巨人の土手道 (北アイルランド北岸の約 3 マイルにわたって主に六角柱の柱状玄武岩の並んだ岬; 同様な奇観の見られる Staffa 島に渡る道として巨人族が建設したと伝えられる).

giant schnáuzer *n.* ジャイアントシュナウザー (Bavaria 南部の原産で, 頑丈な筋骨たくましい作業犬; 体高 21½ インチから 25½ インチのものをいう). 〖1934〗

giant séa bàss *n.* 〘魚類〙=giant bass.

giant sequóia *n.* 〘植物〙セコイアオスギ, セコイアデンドロン (*Sequoiadendron giganteum*) (米国 California 州産の巨大な針葉樹; 高さ 100 m に達し樹齢 3,000 年に及ぶものもある; big tree ともいう). 〖1931〗

giant-sìze(d) *adj.* 巨大な, 大型の.

giant slálom *n.* 〘スキー〙大回転 (所定の旗門 (gates) を通過しつつ滑降するスキー回転競技の一つ). 〖1952〗

giant slóth *n.* 〘動物〙オオナマケモノ (*Megatherium americanum*) (cf. sloth 1).

giant snówdrop *n.* 〘植物〙オオユキノハナ (*Galanthus elwesi*) (西南アジア原産のヒガンバナ科の多年草). 〖1912〗

giant squíd *n.* 〘動物〙ダイオウイカ (ダイオウイカ属 (*Architeuthis*) の巨大なイカの総称; 深海にすみ, 体長が 20 m に及ぶ種もある). 〖c1890〗

giant stár *n.* 〘天文〙=giant 4. 〖1912〗

giant stèp *n.* **1** [*pl.*; 単数扱い] 鬼ごっこの一種 (鬼が一人一人にある歩数だけ自分に近づくように指定する, だれか一人が鬼に触ったら皆もとのスタートの線まで逃げる, そのとき鬼に捕まったものが新しく鬼になる). **2** (この遊びで, 一人が進むことのできる一歩の)最大の歩幅 (cf. baby step, umbrella step).

giant strìde *n.* 回旋塔 (公園などにある子供の遊戯器械; giant's stride ともいう). 〖1863〗

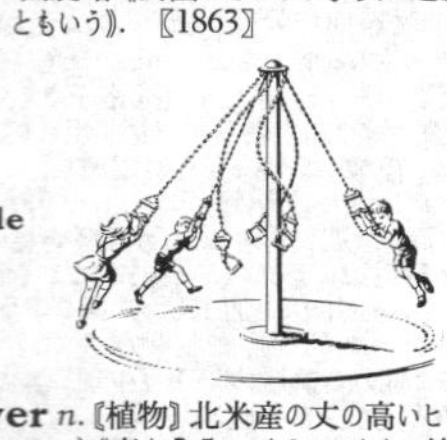

giant stride

giant súnflower *n.* 〘植物〙北米産の丈の高いヒマワリ (*Helianthus giganteus*) (高さ 3.5 m ぐらいになり, 塊根は食用になる; Indian potato ともいう).

giant swíng *n.* (器械体操の)大車輪. 〖1889〗

giant tóad *n.* 〘動物〙オオヒキガエル (⇨ cane toad).

giant tórtoise *n.* 〘動物〙ゾウガメ (リクガメ属 (*Testudo*) のうちで特に巨大な草食性のカメの総称; インド洋西部の島や Galápagos 諸島にすむガラパゴスゾウガメ (*T. elephantopus*) など多種いたが, 乱獲のため絶滅の危機に瀕している). 〖1909〗

giant wáter lìly *n.* 〘植物〙オオオニバス (⇨ royal water lily).

giant zónure *n.* 〘動物〙=sungazer.

giaour /dʒáuə | dʒáuə(r)/ *n.* 不信者, 邪宗徒, 異端者 (infidel) (トルコでイスラム教信者以外の者, 特にキリスト教徒を指していう語). 〖(1564) *gower* □ Turk. *giaur* □ Pers. *gaur, gabr* fire worshipper〗

gi·ar·di·a /dʒiáədiə | -áːdiə/ *n.* 〘動物〙ジアルディア (ジアルディア属 (*Giardia*) の鞭毛虫の総称; 脊椎動物の腸管内に寄生する). 〖(1921) ← NL *Giardia* ← Alfred *Giard* (1846–1908: フランスの生物学者)〗

gi·ar·di·a·sis /dʒìːaədáɪəsɪ̀s | -ɑːdáɪəsɪs/ *n.* (*pl.* **-ses** /-sìːz/) 〘病理〙ジアルディア症, ランブル鞭毛虫症 (ランブル鞭毛虫の感染による; 間欠性下痢などを起こす). 〖(1919): ⇨ ↑, -iasis〗

Gi·auque /dʒióuk | -áuk/, **William Francis** *n.* ジオーク (1895–1982; カナダ生まれの米国の物理化学者; Nobel 化学賞 (1949)).

gib[1] /gíb/ *n.* **1** 〘魚類〙産卵期および産卵後の雄の (鼻曲がり)サケの下あごのかぎ状屈曲. **2** 〘機械〙ジブ, 凹(おう)字くさび (コッタ継手 (cottered joint) の補強部品). — *vt.* (**gibbed; gib·bing**) 〘機械〙ジブで締める. 〖(1795) ← ? GIBBET〗

gib[2] /gíb/ *n.* 雄猫; (特に)去勢した雄猫. 〖(?a1400) (短縮) ← GILBERT: cf. Gib〗

gib[3] /gíb/ *vt.* (**gibbed; gib·bing**) =gip[1]. 〖(変形) ← GIP[1]〗

Gib /gíb/ *n.* 男性名 (異形 Gibb). ★ 猫の名としてもよく用いられた. 〖(dim.) ← GILBERT〗

Gib. (略・口語) Gibraltar.

gi·ba·ro /híːbəròu | -rəu; *Am.Sp.* híβaro/ *n.* (*pl.* ～**s** /～z; *Am.Sp.* ～s/) =jibaro.

gibbed /gíbd/ *adj.* 〈猫が〉去勢された (castrated). 〖← GIB[2]+-ED〗

gib·ber[1] /dʒíbə | -bə(r)/ *vi.* **1** 訳のわからないことを早口にしゃべる (chatter). **2** 〈サルなどが〉キャッキャッという. — *n.* =gibberish. 〖(1600–1) (擬音語)?〗

gib·ber[2] /dʒíbə, gíbə | -bə(r)/ *n.* (豪) 石, 丸石 (boulder). 〖(1790) □ Austral. (現地語)〗

gib·bèr·èl·lic ácid /dʒɪ̀bərèlɪk-/ *n.* 〘生化学〙ジベレリン酸, ジベレリン酸 ($C_{18}H_{21}O_4COOH$) (植物の生長促進ホルモン). 〖(1954) *gibberellic*: ← NL *Gibberella* (菌類の一属名: (dim.) ← L *gibber* hump on the back)+-IC[1]〗

gib·ber·el·lin /dʒɪ̀bərélɪ̀n | -lɪn/ *n.* 〘生化学〙ギベレリン, ジベレリン (植物の生長ホルモン; イネのばか苗病から抽出され, A_1, A_2, A_3, B, C の 5 種がある). 〖(1939) ← NL *Gibberella* (↑)+-IN[2]〗

gib·ber·ing /dʒíb(ə)rɪŋ/ *adj.* (英・軽蔑) (おびえたりして)わけのわからないことをしゃべる: a ～ wreck ひどくびくついている人.

gib·ber·ish /dʒíb(ə)rɪʃ, gíb- | dʒíb-/ *n.* **1** 早口で訳のわからないおしゃべり, ちんぷんかんぷん. **2** 風変わりな[異国風な]言葉[方言]. **3** その分野の専門家にしかわからない言葉. **4** もったいぶった[無用に曖昧な]話[言葉]. — *adj.* (古) ちんぷんかんぷんの. 〖(c1554): ⇨ gibber[1], -ish[1]: *English* にならった造語〗

gib·bet /dʒíbɪ̀t/ *n.* **1 a** 絞首人さらし柱 (もと処刑後死体を鎖でつってさらしものにするのに用いた ┓ 字型の垂直の柱で, gibbet tree ともいう; cf. gallows 1 a). **b** 絞首台 (gallows): die on the ～ 絞首刑にされる. **2** 絞首刑.
— *vt.* **1** 絞首人さらし柱につるす; 絞首刑にする. **2** 公に恥をさらさせる, 公けに辱める: be ～*ed* in the press 新聞で天下の物笑いにされる. 〖(?a1200) □ (O)F *gibet* (dim.) ← *gibe* staff □ (Frank.) **gibb*: ⇨ gibe, -et〗

Gíb bòard *n.* (NZ) =Gibraltar board. 〖1964〗

gib·bon /gíbən/ *n.* 〘動物〙テナガザル (中国南西部・インド・東南アジアなどに生息するテナガザル科テナガザル属 (*Hylobates*) とシャーマン属 (*Symphalangus*) のサル数種の総称). 〖(1770) □ F ～ ← ? Ind. (現地語)〗

Gib·bon /gíbən/, **Edward** *n.* ギボン (1737–94; 英国の歴史家; *The Decline and Fall of the Roman Empire* (1776–88)).

Gib·bons /gíbənz/, **Grinling** *n.* ギボンズ (1648–1721; オランダ生まれの英国の木彫家・彫刻家).

Gibbons, Orlando *n.* ギボンズ (1583–1625; 英国の作曲家・オルガン奏者).

Gibbons, Stella Dorothea *n.* ギボンズ (1902–89; 英国の詩人・小説家; *Cold Comfort Farm* (1932), *The Mountain Beast* (1930)).

gib·bose /dʒɪ̀bóus, dʒɪ̀- | gɪbóus, dʒɪ-/ *adj.* =gibbous. 〖1674〗

gib·bos·i·ty /gɪ̀bɑ́(ː)səti, dʒɪ̀- | gɪbɔ́sɪ̀ti, dʒɪ-/ *n.* **1** 凸(とつ)面であること, 中高, 凸湾曲. **2** ふくれ上がり, 隆起. **3** せむし, 突背(とつはい) (cf. hunchback). 〖(a1400) □ (O)F *gibbosité*: ⇨ ↓, -ity〗

gib·bous /gíbəs, dʒíb-/ *adj.* **1** 凸(とつ)面の, 中高(なかだか)の (bulging, convex); 隆起している, (一方が)ふくれた. **2** 〈月・惑星など〉半円よりふくらんだ状態の: the ～ moon 半円よりふくらんだ月. **3** せむしの. **～·ly** *adv.* **～·ness** *n.* 〖(a1400) □ LL *gibbōsus* humped ← *gibbus* humped: ⇨ -ous〗

Gibbs /gíbz/, **James** *n.* ギブズ (1682–1754; 英国の建築家; London の St. Martin-in-the-Fields Church (1722–26) が代表作).

Gibbs, J(osiah) Willard *n.* ギブズ (1839–1903; 米国の理論物理学者・理論化学者).

Gibbs, Sir Philip *n.* ギブズ (1877–1962; 英国の新聞記者・小説家; 第一次大戦では従軍記者として活躍).

Gíbbs frée énergy *n.* 〘物理化学〙ギブズの自由エネルギー (熱力学的関数の一つ; 化学平衡を論ずる際に重要; 記号 G で表す; thermodynamic potential ともいう). 〖← *J. Willard Gibbs*〗

Gíbbs fùnction *n.* =Gibbs free energy.

gibbs·ite /gíbzaɪt/ *n.* 〘鉱物〙ギブサイト ($Al(OH)_3$) (ボーキサイト (bauxite) の重要な一成分). 〖(1822) ← *George Gibbs* (1776–1833: 米国の鉱物学者): ⇨ -ite[1]〗

Gíbbs' próduct /gíbz-/ *n.* 〘数学〙ギブズ積 (⇨ dyad 2). 〖← *J. Willard Gibbs*〗

gib·bus /dʒíbəs, gíb-/ *n.* 〘病理〙突背(とつはい). 〖□ L ～ 'hump'〗

gíb dòor /dʒíb-/ *n.* 〘建築〙=jib door.

gibe[1] /dʒáɪb/ *vi.* 口やかましくあざける, 愚弄(ぐろう)する, ばかにする 〔*at*〕 (⇨ scoff[1] SYN). — *vt.* あざける, 愚弄する (mock). — *n.* あざけり, 愚弄. **gíb·er** *n.* 〖(1567) □ ? OF *giber* to handle roughly, shake ← ? *gibe* staff, bill hook ← ? Gmc: cf. ON *geipa* to talk nonsense〗

gibe[2] /dʒáɪb/ *n.* 〘海事〙=jibe[1].

gi·bel /gíːbəl, -bl̩/ *n.* 〘魚類〙アジア大陸北部に生息するフナ属の魚 (*Carasius auratus gibelio*). 〖(1841) □ G *Gi(e)bel*〗

Gib·e·on /gíbiən/ *n.* ギベオン (Palestine の古都; cf. *Josh.* 9:3).

Gib·e·on·ite /gíbiənàɪt/ *n.* 〘聖書〙ギベオンの住民 (詭計(きけい)によって Joshua を欺き, 罰せられてイスラエル人の召使となる; cf. *Josh.* 9:3–27). 〖(1798): ⇨ ↑, -ite[1]〗

gíb-hèad kéy /gíb-/ *n.* 〘機械〙頭付きキー (打ち込み・抜き取りがしやすいように鍵頭の付いたキー). 〖1888〗

GI Bill /dʒìːáɪ-/ *n.* [the ～] (米) 復員兵援護法 (復員兵に対する大学教育資金や住宅資金の給付を定めたもの; 1944 年成立).

gib·ing·ly /dʒáɪbɪŋli/ *adv.* あざけって, 愚弄(ぐろう)して (mockingly). 〖(1602): ⇨ gibe[1], -ing[2], -ly[1]〗

gib·let /dʒíblɪ̀t, gíb- | dʒíb-/ *n.* **1** [通例 *pl.*] (鶏などの)

臓物《砂嚢(さのう)・肝臓・心臓など食べられる部分》. **2** [*pl.*]《古》くず, ぼろ. 〖(*c*1303) ▭ OF *gibelet* ragout, sew (dim.)? ← *gibier* flesh of birds ▭ Frank. *gabaiti hunting with falcons〗

gib·li /gɪ́bli/ *n.* =ghibli. 〖1821〗

Gi·bral·tar /dʒɪ̀brɔ́ːltə, -brάːl- | -brɔ́ːltə^r, -brɔ̀l-; *Sp.* xiβɾaltáɾ/ *n.* **1** ジブラルタル《スペイン南部の Rock of Gibraltar を含む地域で英国の直轄領; 地中海の要衝 (Key to [of] the Mediterranean); 面積 5.8 km²; 今は堅固な要塞で, その下の湾は英国海軍の根拠地, 港》. **2** 堅固な要塞, 難攻不落の地. 〖(1592) ▭ Arab. *jábal al-Tāriq* mount of Tariq: 711 年ここに上陸したアラビアの将校 Tariq ibn Zayid にちなむ〗

Gibraltar, the Rock of *n.* **1** ジブラルタルの岩山《スペイン南端に近い岬にある岩山 (426 m); 単に the Rock ともいう; 古名 Calpe; ⇨ PILLARS of Hercules》. **2**《口語》信頼できる力を持つ人[物]. 〖1851〗

Gibraltar, the Strait of *n.* ジブラルタル海峡《ヨーロッパとアフリカの間の海峡で大西洋から地中海への入口; 幅 13 km》.

Gibráltar bòard *n.* 《NZ》【商標】ジブラルタルボード《表面は厚紙で内部は石膏の内装用建材ボード》. 〖1932〗

Gi·bral·tar·i·an /dʒɪ̀brɔ̀ːltέ^əriən, -brὰːl-, dʒɪ̀brɔːl-, -brɑːl- | dʒɪ̀brɔːltέər-, -brɔl-, dʒɪ̀brɔ̀ːl-, -brɔ̀l-ˉ/ *adj.* ジブラルタル (Gibraltar) の. — *n.* ジブラルタルの住民. 〖(1896): ⇨ -ian〗

Gib·ran /dʒɪ̀brάːn/, **Kah·lil** /kɑːlíːl/ *n.* ジブラン《1883–1931; 1910 年から米国に住んだレバノンの小説家・詩人・画家》.

Gib·son¹ /gɪ́bsən, -sn̩/ *n.* ギブソン《小粒のたまねぎ (pearl onion) をあしらったジンと辛口ベルモットのカクテル》. 〖(1930) ← *Hugh Gibson* (1883–1954: 米国の外交官)〗

Gib·son² /gɪ́bsən, -sn̩/ *n.* ギブソン《男性名》. 〖ME *Gibsone*《原義》son of GIB〗

Gib·son³ /gɪ́bsən, -sn̩/ *n.*【商標】ギブソン《米国 Norlin Corp. 製のギター・バンジョー・マンドリンなど》.

Gibson, Althea Gibson *n.* ギブソン《1927–2003; 米国のテニス選手; Wimbledon で優勝 (1957, 58); 黒人として初めてメジャータイトルを獲得》.

Gibson, Charles Dana *n.* ギブソン《1867–1944; 米国の画家・挿絵画家; ⇨ Gibson girl》.

Gibson, Mel *n.* ギブソン《1956– ; 米国生まれのオーストラリアの俳優》.

Gibson, William (Ford) *n.* ギブソン《1948– ; 米国の SF 作家; *Neuromancer* (1984)》.

Gíb·son Désert /gɪ́bsən-, -sn̩-/ *n.* [the ~] ギブソン砂漠《オーストラリア Western Australia 州中部の砂漠; 塩沼が多い; 面積 336,698 km²》.

Gíbson gìrl *n.* 《米》 **1** (C. D. Gibson の描いたような 1890 年代の米国美人の典型《ハイネックでたっぷりした袖のシャツブラウスにロングスカートを着て, 肩幅が広くウエストの細いシルエットが特徴》. **2** 携帯用無線送信機《腰部が細く, 海上に不時着した飛行士が用いる》. 〖1901〗

Gibson girl 1

gi·bus /dʒáɪbəs/ *n.* オペラハット《gibus hat ともいう》. 〖(1848) ▭ F ~ ← *Gibus*: 製造者である 19 世紀のパリの洋品雑貨商の名から〗

gid /gɪ́d/ *n.*【獣医】旋回病《多頭条虫 (*Multiceps multiceps*) の幼虫 (*Coenurus cerebralis*) が羊・山羊・牛などの有蹄類の脳脊髄に寄生して起こる》. 〖(1601)《逆成》← GIDDY〗

gid·dap /gɪdǽp/ *int.* 《口語》[馬に向かって用いて] 進め, もっと早く歩け. 〖(*c*1897)《転訛》← *get up*〗

gid·day /gədáɪ/ *int.* 《豪・NZ 口語》=good day (⇨ good day ★ (2)). 〖1981〗

gíd·di·ly /-dəli, -dli | -dɪli, -dli/ *adv.* めまいがして[するほど], ふらふらして, 目が回るほど; 軽率に, 軽はずみに. 〖(*c*1250): ⇨ ↓, -ly¹〗

gid·di·ness /gɪ́dinəs | gɪ́di-/ *n.* めまい.

gid·dy /gɪ́di | -di/ *adj.* (**gid·di·er; -di·est**) **1** めまいがする, 目がくらむ (dizzy): feel [get] ~ めまいを感じる. **2** 〈人・精神・行動など〉ふらふらした, うわついている; 軽はずみの, 軽率な: a ~ mind, girl, etc. **3** めまいを起こさせる, 目の回るような: a ~ height [motion] めまいのするような高所[運動] / at a ~ speed 目の回るような速さで / ~ heights of fame 目が回るほど高い栄誉. **4** 有頂天な, 気の転倒しそうな: feel ~ with success うまくいって有頂天になる. **5** 〈羊など〉旋回病 (gid) にかかった. **6**《口語》[しばしば皮肉な強意語として] とんでもない, どえらい.

My giddy áunt! おや, まあ《驚きを表す》. ***pláy [áct] the giddy góat [óx]***《口語》(1) ふざけ(回)る. (2) ばかなまねをする.

— *vt.* …にめまいを起こさせる. — *vi.* めまいがする.

〖OE *gydiġ* mad,《原義》god-possessed, insane < Gmc **ʒuðiʒaz* ← **ʒuðan* 'GOD'〗

gid·dy·ap /gɪ̀diǽp | -di-/ *int.* (*also* **gid·dy·up** /-ʌ́p/) =giddap. 〖1938〗

gíddy-hèaded *adj.* うわついた, 軽率な. 〖1575〗

gíddy-pàced *adj.* あちこちと動く, 目の回るような速さの. 〖1601–02〗

Gide /ʒíːd; *F.* ʒid/, **André (Paul Guillaume)** *n.* ジード, ジッド《1869–1951; フランスの小説家・批評家; Nobel 文学賞 (1947); *L'Immoraliste*「背徳者」(1902), *Les Faux-Monnayeurs*「贋金(にせがね)造り」(1926)》.

Gid·e·on /gɪ́diən | -di-/ *n.* **1** ギデオン《男性名》. **2**【聖書】ギデオン《イスラエルの士師 (judge); イスラエル民族を Midianites の圧迫から解放した; cf. *Judges* 6: 11–17: 25》. **3 a** 国際ギデオン協会員 (cf. Gideons International). **b** [the ~s] =Gideons International. 〖(1906) ▭ Heb. *Gidh'ōn*《原義》? with hurt hand and head〗

Gídeon Bíble *n.* 国際ギデオン協会 (Gideons International) によりホテル等に備えつけられている聖書. 〖1922〗

Gídeons Internátional *n.* [the ~]《米国の》国際ギデオン協会《1899 年設立; ホテルや病院などに聖書を寄贈することを目的とする; 旧名 Gideon Society》.

Gídeon Society *n.* [the ~] ギデオン協会《Gideons International の旧名》.

gid·gee /gɪ́dʒiː/ *n.* (*also* **gid·jee** /~/)《豪》【植物】アカシア属の小樹 (*Acacia cambagei*)《良質の建材》. 〖(1862) ▭ Wiradhuri *gijir*〗

gie /gíː/ *vt., vi.* (**~d; ~d, gien** /gíːn/; **~·ing**)《スコット》=give.

Giel·gud /gíːlgʊd, gíːl- | gíːl-/, Sir **(Arthur) John** *n.* ギールグッド《1904–2000; 英国の俳優・演出家; Shakespeare 劇の演技で知られる》.

Gi·ém·sa stàin /giέmzə-; *G.* giέmza-/ *n.*【生化学】ギムザ染色液《エオシン・メチレン青・アズール色素を混合したもので, 顕微検査や血液塗抹標本を分別するのに用いる》. 〖cf. 'Giemsa satin' (*c*1909) ← Gustav *Giemsa* (ドイツの化学療法士)〗

gien *v.* gie の過去分詞.

gíer-èagle /dʒɪə- | dʒɪə(r)-/ *n.*【聖書】《欽定訳聖書で言及されている, 食べてはならない)不浄の鳥《たぶん vulture を指す; *Lev.* 11: 18, *Deut.* 14: 17》. 〖1611〗

Gie·rek /gjέrək, -rɛk; *Pol.* g'jέrɛk/, **Edward** /έdvart/ *n.* ギェレク《1913–2001; ポーランドの政治家・労働運動指導者; 統一労働者党第一書記 (1970–80)》.

Gier·ke /gíəkə | gíə-; *G.* gíːɐkə/, **Otto von** *n.* ギールケ《1841–1921; ドイツの法学者》.

Gie·se·king /gíːzəkɪŋ; *G.* gíːzəkɪŋ/, **Walter (Wilhelm)** *n.* ギーゼキング《1895–1956; フランス生まれのドイツのピアニスト》.

Giess·en /gíːsən, -sn̩; *G.* gíːsn̩/ *n.* ギーセン《ドイツ Hesse 州の大学都市》.

GIF /dʒìːàɪέf, gíf/《略》【電算】Graphics Interexchange Format 画像ファイル形式.

giffed /gɪ́ft/ *adj.* 《米俗》(酒に)酔った.

Gif·ford /gɪ́fəd, dʒɪ́f- | -fəd/ *n.* ギフォード《男性名》. 〖ME ▭ ML *Gifardus* ▭ ? OHG *Gifard, Gebahard*《原義》gift hardy ← *geban* to give＋*hart* 'bold, HARD'〗

gift /gɪ́ft/ *n.* **1** 贈物, 進物; 寄贈品 (⇨ present² SYN): birthday ~s / a Christmas ~ / give [make] a ~ *to* … に寄付する, 贈物をする. **2** 天賦(の才), 資性, 資質, 天資; 才能 (⇨ talent SYN): a person of many [rare] ~s 多才な人, 奇才 / have a ~ *for* painting 画才がある / have the ~ *of* painting things as they really look 事物を実際に見えるとおりに描く才能を有する / ⇨ GIFT of tongues. **3** 与えること, 贈与: by free ~ ただで, 無償で. **4** [通例 a ~]《英口語》手に入れやすいもの, 割安なもの; 容易にやれる[理解できる]事. **5**【法律】与える権利, 贈与権: ⇨ *in the* GIFT *of a person*.

a gift from the Góds [góds] 好運, 好機. ***as* [《古》 *at*] *a gift*** [通例否定構文で] ただでも (even for nothing): I wouldn't take [have] it *as a* ~. そんなものただでもいらない. ***Gód's gift to*** [しばしば皮肉] …に打ってつけの人[物], …に横柄な人: He thinks he's *God's* ~ *to* women. やつは女性にもてるとうぬぼれている. ***in the gift of a person***=***in a person's gift*** …が与える権限をもっている, …の裁量権内の[で]: The office is not *in his* ~. その地位を授ける権能は彼にない. ***the gift of the gáb***《口語》弁才; 多才: have *the* ~ *of the* gab 弁才がある; 口達者だ, おしゃべりだ. (1785)

gift of tóngues [the —] (1) 語学の才能. (2) 異言の賜物, 舌がかり《初期キリスト教会などで聖霊を受け宗教的法悦状態から発する, 意味不明の言葉による祈り, 法悦の言葉; glossolalia, speaking in tongues ともいう; cf. *Acts* 2: 3–4, *1 Cor.* 12: 10–11》. (1560)

— *vt.* **1 a** 〈人〉に〈物を〉贈る (present) 〔*with*〕: ~ a person *with* a thing. **b**《英》〈人に〉…の贈物をする, 贈物として与える 〈*away*〉〔*to*〕: ~ a thing *to* a person. **2** [主に p.p. 形で]〈性質などを〉…に賦与する (endow) 〔*with*〕: He *is* ~*ed with* poetic genius. 彼は詩才に恵まれている.

~·less *adj.* 〖(*c*1250) ▭ ON *gift, gipt* < Gmc **ʒeftiz* (OE *ġift* price of a wife, (pl.) marriage): cf. give〗

GIFT /gɪ́ft/【医学】配偶子卵管内移植. 〖《頭字語》← *g*(*amete*) *i*(*ntra*-)*f*(*allopian*) *t*(*ransfer*)〗

gíft·bòok *n.* **1** 贈呈本, 寄贈本. **2** 贈答用図書《19 世紀の初めに毎年出版された贈物用の美麗な本; annual, keepsake ともいう》. 〖1834〗

gíft certíficate *n.* 商品券. 日英比較「ギフトカード」は和製英語. 〖1942〗

gíft còupon *n.* 《英》(商品に付ける)景品引換券, クーポン券《所定の枚数で景品がもらえる》. 〖1931〗

gíft·ed /gɪ́ftɪd/ *adj.* **1** 天賦の才のある, 生まれつき才能のある (talented); (特に)〈子供が〉非常に聡明な: a ~ child 天才児, 知能の高い子 / ~ education 英才教育. **2** 優れた, 傑出した (outstanding): She has a ~ sense of music. 彼女は優れた音感をしている. **~·ly** *adv.* **~·ness** *n.* 〖(1644): ⇨ -ed〗

gíft hòrse *n.* 贈物の馬. ★ 次の諺で用いて: Don't [Never] look a ~ in the mouth.《諺》もらった馬の口の中は見るな, もらい物のあらを探すな《馬は歯で年齢がわかるところから》. 〖1663〗

gíft·ie /gɪ́fti/ *n.* 《スコット》才能, 能力. 〖(1787): ⇨ gift, -ie〗

gíft shòp *n.* 贈答品専門店, みやげ物店. 〖1918〗

gíft tàx *n.* 《米》贈与税.

gíft tòken *n.* 《英》=gift certificate. 〖1963〗

gíft vòucher *n.* 《英》景品引換券, サービス券 (cf. gift coupon). 〖1963〗

gíft·wàre *n.* ギフト(用)商品.

gíft-wràp *vt.* 〈品物を〉(きれいな紙やリボンで)贈物[進物]用に包装する. 日英比較 英米では, 商品を丁寧にきれいな包装紙を用いて包装するという習慣は一般的ではなく, 日本のような贈り物用の包装をしてもらう場合には, 包装専用のカウンターに行き, 通常包装紙代金を支払って包装してもらう. 〖1936〗

gíft wràp *n.* 贈物用包装材料《紙やリボン》.

gíft·wràpping *n.* 贈物[進物]用包装. 〖1949〗

gig¹ /gɪ́g/ *n.* 《口語》 **1** ジャズ演奏会; 一夜興行 (one-night stand): do a ~. **2** 仕事 (job). — *vi.*《口語》一晩[回]だけ演奏する. 〖(?1905) ← ?〗

gig² /gɪ́g/ *n.* **1** ギグ馬車《一頭引き二輪馬車》. **2** 風変わり[異様]な様相の人. **3 a** 回転する[くるくる回る]もの. **b**《廃》こま (top). **4**【海事】**a** ギグ《船長[艦長]用船載[艦載]ボート》. **b** (通例鎧(よろい)張り (clinker-built) で速く進む)ボートの一種. — *vi.* (**gigged; gig·ging**) ギグ馬車に乗って行く. 〖(?*a*1200) ▭ ME *gigg* giddy girl, something that whirls ← ? ON: cf. giggle〗

gig³ /gɪ́g/ *n.* **1** 一種の魚やす (fishgig). **2**【釣】引っ掛け針《水面近く魚群中を引き回して漁獲するのに用いる》. — *v.* (**gigged; gig·ging**) — *vt.* **1** 〈魚を〉魚やす (gig) で刺す. **2 a**《米西部》…に拍車をかける; 悩ます. **b**《豪》刺激する. — *vi.* 魚やすで魚をとる: ~ *for* fish. 〖(1722)《略》← FISHGIG〗

gig⁴ /gɪ́g/ *n.* (ラシャの)毛羽立て機. — *vt.* (**gigged; gig·ging**) 毛羽立て機で(織物に)毛羽を立てる. 〖(1941) ⇨ gig²〗

gig⁵ /gɪ́g/ 《俗》*n.* **1** (軍律・学校規則などの)軽微な違反事実の報告(書); 罰点. **2** (違反報告に基づく)軽い処罰. — *vt.* (**gigged; gig·ging**) …の違反報告をする; 違反報告に基づいて処罰する. 〖(1941) ← ?〗

gig⁶ /gɪ́g/ *v.* (**gigged; gig·ging**) — *vt.*《豪》 **1** からかう. **2** 見つめる. — *vi.* 見つめる. — *n.* **1** 見ること, いちべつ. **2** せんさく好きな人. 〖(1891) ← 英方言〗

gig·a- /gɪ́gə, gáɪgə, dʒɪ́gə/「10 億(倍), 10⁹, ギガ;【電算】2³⁰ (約 10 億)」の意の連結形 (cf. kilo-, mega-, tera-): gigameter. 〖← Gk *gígās* 'GIANT'〗

gíga·bìt *n.*【電算】ギガビット《記憶容量の単位; =10⁹ [2³⁰] bits》. 〖(1970): ⇨ ↑, bit⁴〗

gíga·bỳte *n.*【電算】ギガバイト《記憶容量の単位; =10⁹ [2³⁰] bytes, 約 10 億バイト; 略 GB》. 〖1975〗

gíga·cỳcle *n.*【電気】ギガサイクル《周波数の単位; 毎秒 10⁹ (10 億)サイクル, 現在は gigahertz を用いる》.

gíga·elèctron vólt *n.*【物理】10 億電子ボルト《素粒子・イオンなどの運動エネルギーの単位; 記号 GeV》.

gíga·flòps *n.*【電算】ギガフロップス《計算速度の単位; 1 秒間に約 10 億回の浮動少数点演算を行う》. 〖(1986) ← GIGA＋FLOPS〗

gíga·hèrtz *n.*【電気】ギガヘルツ《周波数の単位で 10⁹ (10 億)ヘルツ; 記号 GHz》. 〖1964〗

gíga·mèter *n.* ギガメートル《10 億メートル, 100 万キロメートル; 略 Gm》.

gi·gant- /dʒaɪgǽnt, dʒə- | dʒaɪ-/ (母音の前にくるときの) giganto- の異形: gigantism.

gi·gan·te·an /dʒaɪgæntíːən, -gən-ˉ/ *adj.* 巨人のような(大きさの), 巨大な, 偉大な (gigantic, colossal). 〖(1611) ← L *gigantēus* (▭ Gk *gigánteios*)＋-AN¹: ⇨ giant〗

Gi·gan·tes /dʒəgǽntiːz | dʒɪ-/ *n. pl.* [the ~]【ギリシャ神話】ギガンテス (⇨ giant 2 a). 〖▭ Gk *Gígantes* (pl.) ← *Gígās* 'GIANT'〗

gi·gan·tesque /dʒaɪgæntέsk, -gən-ˉ/ *adj.* 巨大な. 〖(1821) ▭ F ~ ▭ It. *gigantesco* ← *gigante* ▭ L *gigant-, gigās* 'GIANT': cf. giantesque〗

gi·gan·tic /-tɪk | -tɪk/ *adj.* **1** 巨人のような, 巨人にふさわしい: a ~ stature. **2** 巨大な, おそろしく大きい (⇨ enormous SYN): a ~ enterprise. **gi·gán·ti·cal·ly** *adv.* **~·ness** *n.* 〖(1612) ← L *gigant-* (↑)＋-IC¹〗

gi·gan·tism /dʒaɪgǽntɪzm, ˌ-ˌ-/ *n.* **1** 巨大なこと. **2**【病理】=giantism 2 a. **3**【植物】(染色体の倍加現象による)巨大化. 〖(1885) ← L *gigant-*＋-ISM〗

gi·gan·to- /dʒaɪgǽntou, dʒə- | dʒaɪgæntəu/「巨人; 巨大な (giant)」の意の連結形. ★ 母音の前では通例 gigant- になる. 〖▭ Gk ~ ← *gígās* 'GIANT'〗

gi·gan·to·ma·chi·a /dʒaɪgæntəmǽkiə | -tə-/ *n.* **1 a** [G-]【ギリシャ神話】ギガントマキア《巨人族 (Giants) とオリュンポスの神々との戦争; この戦争で巨人族は滅ぼされた》. **b** ギガントマキアを表した絵画[彫刻]. **2** 巨人[巨大国]間の争い. 〖(1820) ▭ Gk *gigantomakhía* battle of giants: ⇨ giant, -machy〗

gi·gan·tom·a·chy /dʒaɪgæntά(ː)məki | -tɔ́m-/ *n.* =gigantomachia. 〖1606〗

Gi·gan·to·pi·the·cus /dʒaɪgæntoupɪ̀θíːkəs, -píθəɪ-| dʒaɪgæ̀ntə(ʊ)pɪθí:-, -píθɪ-/ *n.* 〖古生物〗ギガントピテクス《中国の洪積層やインドの新第三紀から発掘された *Gigantopithecus* 属の類人猿の総称》. 〘(1943) ← NL ～ ← GIGANTO-+Gk *píthēkos* ape〙

gi·gas /dʒáɪgəs/ *adj.* 〖植物〗巨大型の《丈の高い, 厚い葉をもった, 花・実の大きい植物の形容に用いる》. 〘(1915) ← L *gigās* 'GIANT'〙

gíga·sècond *n.* ギガセカンド《10 億秒; 略 Gs》.

gíga·tòn *n.* **1** 10 億トン. **2** ギガトン《高性能爆薬 (TNT) 10 億トンに相当する爆発力; 熱核兵器について用いる単位; 略 GT; cf. megaton》.

gíga·wàtt *n.* 〖電気〗ギガワット《電力の単位; 10 億ワット, 100 万キロワット; 略 GW》. 〘1962〙

gíga·wòrd *n.* 〖電算〗ギガワード《記憶容量の単位; = 10^9 words》.

gig·gle /gígl/ *vi.* くすくす笑う, 忍び笑いする. — *vt.* くすくす笑って言う. — *n.* **1** くすくす[忍び]笑い (⇨ laugh SYN): give a ～ くすくす笑う / have (a fit of) the ～s (思わず)くすくす笑い出す. **2** 《口語》 **a** おもしろい人[もの]: He's [It's] a ～. **b** 冗談(事): for a ～ おもしろ半分に. **3** 《英口語》女の子[子供]の一群[集まり]: a ～ *of* schoolgirls 一群の女子学生. **gíg·gler** /-glə, -glə | -glə^r, -glə^r/ *n.* **gíg·gling** /-glɪŋ, -gl-/ *n.*, *adj.* **gíg·gling·ly** *adv.* 〘(1509)《擬音語》: cf. MHG *gickeln*〙

gíggle hòuse *n.* 《豪俗・NZ》精神病院. 〘1919〙

gig·gly /gígli, -gli/ *adj.* (**gig·gli·er**; **-gli·est**) よくくすくす笑う. 〘(1866): ⇨ ↑, -y[4]〙

gíg·làmp *n.* **1** ギグ馬車 (gig) のランプ《両側に一個ずつある》. **2** [*pl.*]《英俗》眼鏡. 〘1853〙

gig·let /gíglɪt/ *n.* **1** むやみに笑う娘, おてんば娘. **2** 《古》淫らな[浮気な]女性. 〘(a1325) *gigelot* ← ? *gig(ge)* flighty, giddy girl (⇨ gig[2])+-LET〙

Gi·gli /dʒí:l(j)i:, -l(j)i; *It.* dʒíʎʎi/, **Be·nia·mi·no** /benjamí:no/ *n.* ジーリ《1890–1957; イタリアのテノール歌手》.

gig·lot /gíglət/ *n.* =giglet.

gíg·màn /-mæ̀n/ *n.* (*pl.* **-men** /-mɛ̀n/) **1** ギグ馬車 (gig) 所有者. **2** (ギグ馬車を所有することを誇りとするような)俗物. 〘(1830) ← GIG[2]+MAN[1]: 2 は Carlyle の造語〙

gig·man·i·ty /gɪgmǽnəti | -nɪ̀ti/ *n.* 俗物社会 (cf. gigman 2). 〘(1931) ← GIGMAN+-ITY: HUMANITY にならった Carlyle の造語〙

gíg mìll *n.* (ラシャの)毛羽立て機; 毛羽立て機を使う織物工場. 〘(1551–52): ⇨ gig[4]〙

GIGO /gígou, gáɪ-, gí:- | gáɪ-, dʒáɪ-, -gəu/ *n.* 《俗》〖電算〗ガイゴー, ギゴ, ごみ入れごみ出し《信頼できないデータからの結果は信頼できないという原則》. 〘(1964)《頭字語》← *g*(*arbage*) *i*(*n*) *g*(*arbage*) *o*(*ut*)〙

gig·o·lo /dʒígəlòu, ʒíg- | -ləu; *F.* ʒigɔlo/ *n.* (*pl.* ～**s** /～z; *F.* ～/) **1** 《軽蔑》女性に養われる男, ひも, ジゴロ. **2** (キャバレーなどで女性の相手をする)男性の職業ダンサー. 〘(1922) ▭ F ～《逆成》← *gigolette* dance-hall woman, prostitute ← *giguer* to dance ← *gigue* (↓)〙

gig·ot /dʒígət, ʒi:góu | dʒígət, ʒíg-, -gəu; *F* ʒigo/ *n.* **1** 羊の脚《料理用》. **2** =LEG-OF-MUTTON sleeve. 〘(1526) ▭ F ～ (dim) ← ? OF *gigue* leg, fiddle: ⇨ gigue〙

gígot slèeve *n.* =LEG-OF-MUTTON sleeve.

gigs·man /gígzmən/ *n.* (*pl.* **-men** /-mən, -mɛ̀n/) 〖海事〗ギグ (gig) 係の船員.

gigue /ʒí:g, ʒíg; *F.* ʒig/ *n.* ジグ: **1** 16 世紀に英国で流行した jig から発展し, 17–18 世紀にフランスで流行した軽快な舞踊の一種, その楽曲《しばしば組曲の結尾に用いられた》. **2** 中世のバイオリン形の弦楽器. 〘(1685) ▭ F ～ 'leg, fiddle' ▭ OHG *gīga*: cf. It., Sp & Port. *giga* / G *Geige*: cf. jig[1]〙

GI Jóe /dʒí:àɪ-/ *n.* **1** 《米口語》アメリカ兵《特に第二次大戦中の米陸軍の徴募兵》. **2** 〖商標〗GI ジョー(人形)《米国 Hasbro 社製の兵士の着せ替え人形; 普通男の子がこれで遊ぶ; 《英》でこれに相当する人形は Action Man》. 〘1842〙

Gi·jón /gi:hóun, -hɔ́:n | -hɔ́:n; *Sp.* xixón/ *n.* ヒホン《スペイン北西部の港湾都市》.

Gil /gíl/ *n.* 男性名. 〘《略》← GILBERT〙

Gil. 《略》Gilbert.

Gi·la /hí:lə | hí:lə, gí:-/ *n.* **1** [the ～] ヒラ川《米国 New Mexico 州南西部から西流して Arizona 州南部を横切り Colorado 川に注ぐ川 (1,015 km)》. **2** =Gila monster. 〘▭ Sp. ～ ← N.-Am.-Ind. (Yuman)《原義》salty water〙

Gíla Clíff Dwèllings Nátional Mónument *n.* ヒーラ岩窟住居国定記念物《米国 New Mexico 州の Gila 川沿いの砂岩の崖の中腹に築かれた米国先住民の住居跡》.

Gíla mònster *n.* 〖動物〗アメリカドクトカゲ (*Heloderma suspectum*)《米国南西部の砂漠地方にすむ大形の有毒トカゲ》. 〘1877〙

Gíla wóodpecker *n.* 〖鳥類〗サボテンキツツキ (*Centurus uropygialis*)《米国南西部およびメキシコにすむキツツキの一種; saguaro の幹に巣を作る》.

Gilb. 《略》Gilbert.

gil·bert /gílbət | -bət/ *n.* 〖電気〗ギルバート《起磁力の cgs 単位; =0.796 ampere-turn》. 〘(1893) ← *William Gillbert*〙

Gil·bert /gílbət | -bət/ *n.* ギルバート《男性名; 愛称形 Bert, Gil, Gillie》. 〘ME ▭ OF *Gilebert* (F *Gilbert*) ▭ OHG *Gisilbert*《原義》bright pledge ← *gisil* pledge + *beraht* 'BRIGHT'〙

Gilbert, Cass /kǽs/ *n.* ギルバート《1859–1934; 米国の建築家》.

Gilbert, Grove Karl *n.* ギルバート《1843–1918; 米国の地質学者》.

Gilbert, Sir Humphrey *n.* ギルバート《1539?–83; 英国の航海家・軍人; Newfoundland に植民地を開いた (1583); Walter Raleigh の異父兄》.

Gilbert, Walter *n.* ギルバート《1932– ; 米国の生化学者; DNA の解析に貢献; Nobel 化学賞 (1980)》.

Gilbert, William *n.* ギルバート《1540–1603; 英国の医師・物理学者; 磁気の先駆的実験を行った》.

Gilbert, Sir William Schwenck /ʃwɛ́ŋk/ *n.* ギルバート《1836–1911; 英国のユーモア詩人・劇作家; 彼の歌詞と Sir Arthur Sullivan の作曲による喜歌劇は Gilbert and Sullivan operas と呼ばれる (cf. Savoy operas); *The Mikado* (1885)》.

Gil·ber·ta /gɪlbə́:tə | -bə́:tə/ *n.* ギルバータ《女性名》. 〘(fem.) ← GILBERT〙

Gílbert and Éllice Íslands *n. pl.* [the ～] ギルバートエリス諸島《西部太平洋 Marshall 諸島の南南東に広く散在する島群; 1976 年まで英領植民地であったが, 現在は独立してキリバス (Kiribati) とツバル (Tuvalu) になっている》.

Gílbert and Súllivan óperas *n. pl.* ⇨ Savoy operas. 〘← *Sir William Schwenck Gilbert & Sir Arthur Sullivan*〙

Gil·bert·i·an /gɪlbə́:tiən | -bə́:tiən, -ʃən/ *adj.* 〈筋・対話など〉W. S. Gilbert の喜歌劇風の; 滑稽な, とんちんかんな: a ～ opera / a ～ situation (Gilbert の喜劇にあるような)とんちんかんな場面[事態]. 〘(1879) ← *W. S. Gilbert*+-IAN〙

Gil·ber·tine /gílbətàɪn, -tɪ̀n | -bətàɪn, -tɪn/ *n.* ギルバート修道会会員《1135 年ごろ Lincolnshire の Sempringham に同地の聖職者 Gilbert によって創設された修道会の会員》. — *adj.* ギルバート修道会の. 〘c1540〙

Gíl·bert Íslands /gílbət- | -bət-/ *n. pl.* [the ～] ギルバート諸島《中部太平洋の 16 島とサンゴ礁群からなる島群; 今は独立したキリバス (Kiribati) の一部; cf. Gilbert and Ellice Islands》.

Gíl·bey's Gín /gílbiz-/ *n.* 〖商標〗ギルビーズジン《英国 W. & A. Gilbey 社製のジン》.

Gil·christ /gílkrɪst/ *n.* ギルクリスト《男性名》. 〘▭ Ir.-Gael. *Giolla-Chriost* servant of Christ〙

gild[1] /gíld/ *vt.* (～**·ed**, **gilt** /gílt/) **1** …に金[金箔(ぱく)]をきせる, 金めっきする, 金色に塗る; 金色に光らす: ～ a frame 額縁に金を塗る / The setting sun ～*ed* the sky. 入り日が空を金色に輝かせた. **2** 美しく飾る, 彩る, 輝かす: The dusk was ～*ed with* fireflies. 夕闇にほたるが美しく光っていた. **3** 体裁よく見せる, 粉飾する. **4** 《古》(血などで)赤くする. 〘OE *gyldan* < Gmc **ʒulþjan* ← **ʒulþam* 'GOLD'〙

gild[2] /gíld/ *n.* =guild.

Gil·da /gíldə/ *n.* ギルダ《女性名》. 〘← ? Celt.: cf. OE *gyldan* 'to GILD[1]'〙

gild·ed /gíldɪd/ *adj.* **1** 金箔(ぱく)をきせた, 金(粉)を[金色に]塗った, 金めっきした: a ～ frame (額の)金縁, 金色の額縁 / the ～ spurs 《英古》(勲爵士 (knight) の記章である)金の拍車. **2** (うわべだけ)華やかな, きらびやかな, けばけばしい (tawdry): a thin, ～ weekly 薄っぺらなけばけばしい週刊誌. **3** 金持ちの, 豪奢(ごうしゃ)な: ～ cage 豪奢だが窮屈な環境 / ～ vanities 富豪の虚栄 / ～ youth 富と地位のあるハイカラな若紳士(連), 貴公子連. 〘(c1566): cf. OE *gegyld*〙

Gílded Áge *n.* [the ～] (南北戦争直後 (1865) から四半世紀にわたる米国の)好況時代, 金ぴか時代, めっき時代. 〘Mark Twain と C. D. Warner 合作の諷刺小説 *The Gilded Age*「めっき時代」(1873) の題名より〙

gild·er[1] /gíldə | -də^r/ *n.* めっき師, 箔(はく)置き師. 〘(1550) ← GILD[1]+-ER[1]〙

gil·der[2] /gíldə | -də^r/ *n.* =guilder[2] 1.

gild·ing *n.* **1** 金めっき, 塗金: electric ～ 電気めっき. **2** 金めっき[塗金]した表面. **3** 金めっき材料, 金粉. **4** (美しい)うわべの飾り, 虚飾, 粉飾: ～ of the pill 不快な事実の粉飾 (cf. *gild the* PILL[1]). 〘(c1440): ⇨ gild[1], -ing[1]〙

gílding bràss [mètal] *n.* 〖冶金〗光輝黄銅《銅 95 %, 亜鉛 5% の合金》. 〘1842〙

gilds·man /gíldzmən/ *n.* (*pl.* **-men** /-mən, -mɛ̀n/) =guildsman.

Gil·e·ad /gíliəd | -æ̀d/ *n.* ギレアデ《古代 Palestine の Jordan 川東方の地域; 現在はヨルダン領; cf. *Josh.* 12:2, *Gen.* 37:25》. **bálm in Gilead** ⇨ balm. 〘▭ Heb. *Gil*ᵉ*ʿādh*《原義》rough (country)〙

Gilead, Mount *n.* ギレアデ山《ヨルダン北西部, 古代 Gilead 地方中部の山 (1,096 m)》.

Gil·e·ad·ite /gíliədàɪt/ *n.* **1** ギレアデ人《Manasseh の子孫であるユダヤの一支族の者; cf. *Num.* 26, 29, *Judges* 12:4》. **2** ギレアデの住人. 〘← GILEAD+-ITE[1]〙

Gi·lels /gɪléɪz; *Russ.* gʲílʲɪlʲs/, **Emil Grigorievich** *n.* ギレリス《1916–85; ロシアのピアニスト》.

Giles /dʒáɪlz/ *n.* ジャイルズ《男性名》. 〘▭ F *Gilles* ▭ L *Aegidius*《原義》wearer of goatskin ← *aegis* 'AEGIS': cf. F *Gide*〙

Giles /dʒáɪlz/, **Saint** *n.* アエギディウス, ジャイルズ《十四救難聖人の一人; 8 世紀にフランスに住んだギリシャの隠者; 身体障害者・乞食・ハンセン病患者の守護聖人; 祝日 (St. Giles's day) は 9 月 1 日》.

Giles, William Ernest Powell *n.* ジャイルズ《1835–97; 英国生まれのオーストラリアの探検家; オーストラリア西部砂漠地帯を探検 (1875–76)》.

gi·let /ʒɪléɪ | ʒɪ-; *F.* ʒilɛ/ *n.* **1** ジレ《前身頃に装飾のあるブラウスに見せかけた袖なし胴着で, 上着の下に着る》. **2** ベスト, チョッキ. 〘(1883) ▭ F ～ ▭ Turk. *yelek*〙

gil·gai /gílgaɪ/ *n.* 《豪》(天然の)池, 水たまり. 〘(1867) ▭ Wiradhuri *gilgeay*〙

Gil·ga·mesh /gílgəmɛ̀ʃ/ *n.* ギルガメシュ《バビロニア伝説の王; 紀元前 2000 年ごろの叙事詩 Gilgamesh Epic の主人公》. 〘← Babylonian〙

gil·guy /gílgàɪ/ *n.* 〖海事〗**1** 臨時にガイ (guy) として使われるロープ. **2** =gadget 1 a. 〘(1867) ← ?〙

Gil·iak /gɪ́ljæ̀k/ *n.* (*pl.* ～, ～**s**) =Gilyak.

gill[1] /gíl/ *n.* **1** [通例 *pl.*] 鰓(えら) (branchia). **2 a** (ニワトリ・シチメンチョウなどの)肉垂 (wattle). **b** [通例 *pl.*] (人の)あごの下の肉. **3** (キノコのかさの裏側の)ひだ, 菌褶(きんしゅう).

be blúe* [*gréen, pále, white, yéllow*] *abòut* [《米》*aròund*] *the gills 血色が悪い, 体調が悪そうだ; 脅え切っているようだ; (船酔いなどで)吐きそうに見える. 〘1812〙 ***be rósy abòut* [《米》*aròund*] *the gills*** 血色がよい, 健康そうに見える. ***féd to the gílls*** 《俗》食傷気味で, 飽き飽きして, 全くいやになって 〔*with*〕. ***to the gílls*** できるだけいっぱい. ***túrn réd in the gills*** 怒る.

— *vt.* **1** 〈魚を〉刺し網 (gill net) で取る. **2** 〈魚〉のはらわたを抜く. — *vi.* 〈魚が〉刺し網に引っかかる.

～**·less** *adj.* ～**·lìke** *adj.* 〘(a1325) *gile* ← ? ON **gil* < Gmc **ʒeliz* < **ʒelunaz* ← IE **ghelunā* jaw: cf. Swed. *gäl* / Dan. *gjælle*〙

gill[2] /gíl/ *n.* 《英》(しばしば樹木の茂った)峡谷 (ravine); (その中を流れる)小川, 細流. 〘(a1400) ▭ ON *gil* glen〙

gill[3] /dʒíl/ *n.* ジル《液量の単位; $^1/_4$ pint; 略 gi.》: **a** 《米》4 fluidounces, 7.218 立方インチ, 0.118291 リットル. **b** 《英》5 fluidounces, 8.669 立方インチ, 0.142066 リットル. **c** 《英方言》=$^1/_2$ pint《特にビールに関して》. 〘(1310) *gille* ▭ OF *gille, gelle* wine measure ▭ LL *gillo* water pot ← ?〙

gill[4] /dʒíl/ *n.* 《古》=jill. 〘(c1390)《略》← GILLIAN〙

gill[5] /dʒíl/ *n.* 《古・方言》〖植物〗カキドウシ (ground ivy). 〘(1597)《略》← GILLIAN〙

Gill[1] /gíl/ *n.* ギル《男性名》. 〘(dim.) ← GILBERT〙

Gill[2] /dʒíl/ *n.* ジル《女性名》. 〘(dim.) ← GILLIAN〙

Gill /gíl/, **(Arthur) Eric (Rowton)** *n.* ギル《1882–1940; 英国の彫刻家・版画家・著述家》.

gíll àrch /gíl-/ *n.* 〖動物〗=branchial arch.

gil·la·roo /gìlərú:/ *n.* (*pl.* ～**s**) 〖魚類〗スコットランドとアイルランドの一部の湖にすむブラウントラウト (brown trout) の地方的変異《別種 (*Salmo stomachicus*) と考えられたこともあった》. 〘(1773) ▭ Ir.-Gael. *giolla ruadh* ← ? *giolla* boy + *ruadh* red〙

gíll bòx /gíl-/ *n.* 〖機械〗ギルボックス《スライバー (sliver) の太さを均整にする機械》.

gíll clèft /gíl-/ *n.* 〖動物〗=branchial cleft. 〘1889〙

gíll còver /gíl-/ *n.* 〖動物〗鰓蓋(えらぶた), 鰓(えら)ぶた. 〘1776〙

gilled /gíld/ *adj.* **1** 鰓(えら)のある. **2** 〈キノコが〉(かさの裏に)ひだ[菌褶(きんしゅう)]のある. 〘(1895) ← GILL[1]+-ED〙

Gil·les·pie /gɪ̀léspi | gɪ̀-/, **John Birks** /bə́:ks | bə́:ks/ *n.* ギレスピー《1917–93; 米国のジャズトランペット奏者・作曲家; 通称 Dizzy Gillespie》.

Gil·lett /dʒɪ̀lét | gílɪt, -lət, gɪlét, dʒɪ̀-/ *n.* ジレット《男性名; 異形 Gillette》. 〘▭ OF *Gillet* (dim.) ← GILBERT, GILES〙

Gil·lette /dʒɪ̀lét/ *n.* **1** 〖商標〗ジレット《米国 The Gillette 社製の安全かみそり・替え刃》. **2** ジレット《男性名》. 〘↑〙

Gil·lette /dʒɪ̀lét/, **King Camp** *n.* ジレット《1855–1932; 米国の発明家; 安全かみそりを考案》.

Gil·lette, William (Hooker) *n.* ジレット《1855–1937; 米国の俳優・劇作家; Sherlock Holmes の役で有名》.

gíll fùngus /gíl-/ *n.* 〖植物〗かさの裏にひだ[菌褶(きんしゅう)]のある担子菌類のキノコ.

Gil·li·an /dʒíliən, gíl-/ *n.* ジリアン: **1** 女性名. **2** 男性名. 〘1: 《変形》← JULIAN[1]. 2: ← ? Gael. *Gill' Eoin*〙

gil·lie /gíli/ *n.* **1** 《スコット・アイル》遊漁[遊猟]の案内人. **2** 《スコット》(高地族長の)従者, 従僕. **3** かかとの低い飾りひもつきの靴. — *vi.* (～**d**; **gil·ly·ing**) **1** 《スコット・アイル》遊漁[遊猟]の案内人になる[をする]. **2** 《スコット》(高地族長の)従者になる. 〘(1596) (c1730) ▭ Sc.-Gael. *gille* servant, boy: cf. Ir. *giolla*〙

gil·li·flow·er /dʒílɪflàuə | -flàuə^r/ *n.* 〖植物〗=gillyflower.

gill·ing /gílɪŋ/ *n.* 〖紡織〗ギル整条《羊毛など長繊維をくしけずること》. 〘(c1440) ⇨ gill[1]〙

Gil·ling·ham /dʒílɪŋəm/ *n.* ジリンガム《イングランド南東部 Medway 河口に近い都市, William Adams (三浦按針) の生地》. 〘OE *Gillingahām*《原義》'the village of *Gylla's* people' ← *Gylla* (部族の指導者の名?) + -LING[1] 2 + *hām* 'HOME'〙

gil·li·on /gíljən, dʒíl- | -ljən, -liən/ *n.* 《英》10 億, 10^9《時に billion の代わりに用いられる》. **gil·li·onth** /-θ/ *adj.*, *n.* 〘(1961) ← GI(GA)-+(MI)LLION〙

gíll·nèt /gíl-/ *vt.* 〈魚を〉刺し網で取る. 〘1894〙

gíll nèt /gíl-/ *n.* 刺し網《水中に垂直に張りその網の目に魚が刺さったりからんだりする; cf. drift net》. 〘1796〙

gíll-nèt·ter *n.* 刺し網漁師; 刺し網漁船. 〘1889〙

gíll-òver-the-gròund /gíl-/ *n.* 〖植物〗カキドウシ (⇨ ground ivy). 〘⇨ gill[5]〙

gíll pòuch /gíl-/ *n.* 〖生物〗鰓嚢(さいのう)《鰓裂の途中が拡張して形成される嚢状の器官》. 〘1888〙

gíll ràker /gíl-/ *n.* 〖動物〗鰓耙(さいは), 鰓耙《魚類または両生類の幼生の鰓弓側面にできる突起; 呼吸水中のえさなどをこし取る働きをする》. 〘1880〙

Gill·ray /gílreɪ/, **James** *n.* ギルレー《1757–1815; 英国の諷刺画家; George III や皇族などの諷刺漫画で知られる》.

gíll slìt /gíl-/ *n.* 〘動物〙 =branchial cleft. 〖1854〗

gil·ly[1] /gíli/ *n.* ギリー車《サーカス[謝肉祭]用道具の運搬(自動)車》. — *vt.* ギリー車 (gilly) で運ぶ. — *vi.* ギリー車で運ばれる. 〖← *gill* two-wheeled frame for moving-timber (← ?)＋-Y[2]〗

gil·ly[2] /gíli/ *n.* =gillie.

gil·ly·flow·er /ʤíliflàʊə | -flàʊə^(r)/ *n.* 〘植物〙 **1** ナデシコ《ナデシコ科ナデシコ属 (*Dianthus*) の植物の総称》. **2** =stock[2] 18. **3** =wallflower. 〖(*a*1300)《変形》— ME *gilofre* ▫ OF (F *giroflée*) clove < ML *caryophyllum* ▫ Gk *karuóphullon* clove tree ← *káruon* nut＋*phúllon* leaf: 今の形は FLOWER との連想から〗

Gil·man /gílmən/, **Charlotte Anna** *n.* ギルマン《1860–1935; 米国の女性解放論者・作家; 旧姓 Perkins; *Women and Economics* (1898)》.

Gilman, Daniel Coit *n.* ギルマン《1831–1908; 米国の教育家; Johns Hopkins 大学初代総長(1875–1901)》.

Gil·mer /gílmə | -mə^(r)/, **Elizabeth** *n.* ギルマー《1870–1951; 米国のジャーナリスト; 失恋者に対するアドバイスのコラムで知られる; 旧姓 Meriwether; 筆名は Dorothy Dix》.

gil·rav·age /gɪ̀lrǽvɪʤ/ *vi.* 《スコット》 **1** 暴飲暴食する. **2** 浮かれ騒ぐ. **3** (略奪のため)うろつき回る. 〖(1822) ← ?: cf. ravage〗

Gil·son·ite /gílsənàɪt, -sn̩-/ *n.* 〘商標〙 ギルソナイト (uintaite の商品名). 〖← *Samuel H. Gilson* (発見者, 米国 Utah 州 Salt Lake City の人)〗

gilt[1] /gílt/ *v.* gild[1] の過去形・過去分詞. — *adj.* 金めっきした, 金をきせた, 金色に塗った (gilded); 金色の: ~ letters 金文字 / a ~ top (装丁の)天金. — *n.* **1** (着せたまたは塗った)金, 金箔(きんぱく), 金粉, 金めっき (gilding); 金泥: The ~ is off. 金箔がはげている. **2** うわべだけの美しさ[けばけばしさ]. **3** [*pl.*] 《英》 一流証券 (gilt-edged securities). **4** 《俗》 金銭 (money). ***take the gilt off the gingerbread*** 《口語》〈物事が幻滅を感じさせる, がっかりさせる; (利益などの)うま味をなくする. 〖(1884): ⇨ gingerbread (*n.*) 2〗 〖(?*a*1300) (p.p.) ← *gilden* 'to GILD[1]': cf. OE *gegyld*〗

gilt[2] /gílt/ *n.* (子を産んだことのない)若い雌豚. 〖(*c*1350) *gilte* ▫ ON *gyltr* < Gmc *ʒultjōn*〗

gílt·cùp *n.* 〘植物〙 =buttercup.

gílt-édge *adj.* =gilt-edged.

gílt-édged *adj.* **1** 〈紙・書籍など〉へりに金を塗った, 金縁の (cf. g.e.). **2** 〈証券など〉優良の, 一流の (cf. blue-chip 1): a ~ bill [paper] 一流手形《振出人の信用が極めて確実なもの》/ a ~ security [stock] 一流証券, 金縁証券《もとは政府発行の有価証券で用紙が金縁であった》. 〖1818〗

gílt·hèad *n.* 〘魚類〙 **1** ヨーロッパヘダイ (*Sparus aurata*) 《地中海と大西洋に分布するタイ科ヘダイ属の食用魚》. **2** 大西洋産ベラ科の魚類の一種 (*Crenilabrus melops*). 〖1555〗

Gil·yak /gɪljǽk/ *n.* (*pl.* ~, ~s) **1 a** [the ~(s)] ギリヤーク族《シベリアのアムール地方に住むモンゴル族》. **b** ギリヤーク族の人. **2** ギリヤーク語. 〖1858〗

gim·bal /gímbəl, ʤím-, -bl̩/ *n.* [通例 *pl.*; 単数扱い] 〘海事〙 ジンバル, 遊動環《コンパスやクロノメーターを水平に保つための十字吊装置; gimbal ring ともいう》. — *vt.* …にジンバルを備える. 〖(1780)《変形》← GIMMAL〗

gím·baled *adj.* ジンバル (gimbals) 付きの. 〖(1575): ⇨ ↑, -ed〗

gim·crack /ʤímkræk/ *adj.* 見かけ倒しの; 安ぴかの, つまらない. — *n.* **1** 見かけ倒しの物, つまらない物, 子供だまし, 安ぴか物. **2** 《古》 しゃれ者. 〖(1360) *gibecrake* inlaid woodwork ← ?〗

gim·crack·er·y /ʤímkræk(ə)ri/ *n.* [集合的] 安ぴか物, 見かけ倒しの装飾. 〖(1779): ⇨ ↑, -ery〗

gi'me /gími/ =gimme.

gim·el[1] /gíməl, -ml̩/ *n.* ギーメル《ヘブライ語アルファベット 22 字中の第 3 字 ג (ギリシャ文字 Γ (⇨ gamma 1) に当たる); ⇨ alphabet 表》. 〖(1828) ▫ Heb. *gimél*: cf. Akkad. *gaml* sickle〗

gim·el[2] /ʤíməl, -ml̩/ *n.* 〘音楽〙 =gymel.

gim·let /gímlɪ̀t/ *n.* **1 a** ボード錐(ぎり), 撞木錐(しゅもくぎり), 手錐: eyes like ~s 鋭い目, (穴のあくほど)じろじろ見る目. **2** 《米》 ギムレット, ジンライム《ジン・甘み入りのライムジュースをシェイクしソーダ水または水を加えて冷たくして飲むカクテル》. **3** ギムレット《西オーストラリアの幹の曲がったユーカリノキ》. — *adj.* [限定的] 貫き[突き]通すような, 穴をうがつような: ~ eyes 鋭い[刺し通すような]目(つき). — *vt.* **1** …に手錐で穴をあける; (穴のあくほど)じろじろ見る. **2** 〘海事〙〈錨づりにした錨を望む姿勢に回す. 〖(*c*1350) ▫ OF *guimbelet* (F *gibelet*) (dim.) ← *guimbel* 'WIMBLE'〗

gímlet èye *n.* 鋭い目.

gímlet-èyed *adj.* 刺すような目をした, 鋭い目の. 〖1752〗

gim·mal /gíməl, ʤím-, -ml̩/ *n.* **1** 《まれ》 =gemel 3. **2** 《廃》 (時計などの)回転部分の運動を伝達する継ぎ手《Shak. では gimmer などの異つづりが用いられている》. 〖(1530)《変形》← GEMEL〗

gím·maled *adj.* 二つの部分がつなぎ合わさった. 〖(1596): ⇨ ↑, -ed 2〗

gim·me /gími/ 《俗》 =give me; (時に) =give it to me. — *n.* [通例 *pl.*] 《口語》 苦労せず手に入れたもの, もうけもの; ただでもらえるもの, 無料提供品; 欲ばり. — *adj.* 金銭[寄付, 施し物]を求める, 欲ばりな: a ~ girl. 〖(1883)《転訛》← *give me*〗

gímme hàt [càp] *n.* 《口》 (企業が無料で配る)宣伝用の帽子《メーカー名や商品ロゴのついた野球帽など》.

gim·mel /gíməl, -ml̩/ *n.* =gimel[1].

gim·mer /gímə | -mə^(r)/ *n.* 《スコット》 (2 回目の剪毛(せんもう)前の)若い雌羊. 〖(1424–1549) ▫ ON *gymbr* a ewe lamb one year old〗

gim·mick /gímɪk/ *n.* **1** 《口語》 **a** (ルーレットなどに仕組んだ)いかさま仕掛け. **b** (手品師・香具師(やし)などの)秘密の仕掛け. **2** 《俗》 **a** (人の注意を引くための)巧妙な仕掛け[装置]; 新案物 (gadget). **b** (商品などを売りさばくための)場当たりの方法[作戦]. **3** 〘電子工学〙 2 本の絶縁線をより合わせて作ったコンデンサー. — *vt.* 《口語》 …に巧妙な[いかさまの]仕掛けをつける 〈*up*〉. 〖(1926)《変形》← ? GIMCRACK〗

gim·mick·er·y /gímɪk(ə)ri/ *n.* (*also* **gim·mick·ry** /-kri/) 《口語》 **1** 巧妙な[いかさまの]仕掛けを用いること. **2** [集合的] いろいろの巧妙な[いかさまの]装置. 〖(1948): ⇨ ↑, -ery〗

gim·mick·y /gímɪki/ *adj.* 《口語》 巧妙な[いかさまの]仕掛けの[を用いた]. 〖(1957): ⇨ -y[4]〗

gimp[1] /gímp/ *n.* **1** (洋服や家具などのへり飾りに用いるウール・絹・綿などの)打ちひも・組みひも, 細幅の織物. **2** レース編みの模様を地から浮き上がらせるために使う絹で覆った強い糸. **3** 細い銅線の芯を入れてある絹の釣糸. — *vt.* 打ちひも[組みひも]で飾る[作る]. 〖(1644) ▫ ? Du. *gimp* / F *guimpe*: cf. wimple / F *guimpeure* 《鼻音化》← GUIPURE〗

gimp[2] /gímp/ *n.* 《口語》 元気, 精力 (spirit). 〖(1901) ← ?〗

gimp[3] /gímp/ *n.* 《俗》 障害者; 足の不自由な人. — *vi.* 足をひきずって歩く. 〖(1925)《変形》? ← LIMP[1]〗

gímp nàil [tàck] *n.* (布張り家具の外縁に使う絹織の組みひも (gimp) を止める)飾り釘.

gimp·y /gímpi/ *adj.* 《俗》 (**gimp·i·er**; **-i·est**) 足の不自由な (lame). 〖(1925) ← GIMP[3]＋-Y[4]〗

gin[1] /ʤín/ *n.* **1 a** ジン《ライ麦またはトウモロコシを麦芽で発酵させ, ネズ (juniper) の実とともに蒸留したオランダ原産の酒 (cf. geneva); 辛口, 甘口の他, ストロベリーの実を入れたもの, オレンジなどの香りをつけたものもある》: ~ and bitters 《米》 =pink gin / ~ and it [It] ジンとイタリアンベルモットとのカクテル / ~ and tonic ジントニック《ドライジンをトニックウォーターで割り, レモンかライムを添える》. 日英比較 「ジントニック」は和製英語. **b** ジン 1 杯. **2** 合成ジン《酒精にネズ・オレンジ類の皮・アンゼリカ (angelica) の根などで芳香をつけたジンに似た酒》. **3** 《俗》 酒類. — *vi.* 《英口語》 ジンを飲む, 酒を飲む; 酔う 〈*up*〉. ***gin úp*** 《米口語》 扇動する, あおる, 刺激する. 〖(1714)《短縮》← GENEVA〗

gin[2] /ʤín/ *n.* **1 a** 機械, 機械仕掛 (machine). **b** 三叉; 三脚[移動式]起重機. **c** (馬に引かせて回す)巻上げ機. **d** 杭打ち機; ジンブロック. **e** 綿繰り機. **2** (ウサギなど小動物を捕える)わな (gin trap). — *vt.* (**ginned**; **gin·ning**) **1** 〈綿を〉綿繰り機にかけて種を除く, 繰る. **2** わなに掛ける (snare). 〖(?*a*1200) ▫ OF ~ device 《頭音消失》← *engin* 'ENGINE'〗

gin[3] /ʤín/ *n.* 《豪軽蔑》 先住民の女性. 〖(1798) ← Austral. 《現地語》〗

gin[4] /ʤín/ *n.* 〘トランプ〙 **1** =gin rummy. **2** ジン《ジンラミーで, 持ち札 10 枚が全部メルド (meld) され遊離札が 1 枚もない状態で上がること》. — *vi.* ジンで上がる. 〖《転用》← ? GIN[1]〗

gin[5] /gín/ *vt., vi.* (**gan** /gǽn/; **gun·nen** /gʌ́nən/; **gin·ning**) (*also* **'gin** /~/) 《古・詩》 =begin. 〖(?*c*1150) *ginne(n)* < OE 《頭音消失》← *onginnan*: cf. OE *beginnan* 'to BEGIN'〗

gin[6] /gín/ *conj.* 《スコット・方言》 =if; whether. 〖(1674) ← ?: cf. 《スコット》 *gif* 'IF'〗

Gi·na /ʤíːnə/; *It.* ʤíːna/ *n.* ジーナ《女性名》. 〖▫ It. ~ (dim.) ← REGINA〗

gín blòck /ʤín-/ *n.* 〘機械〙 一輪滑車. 〖1875〗

gi·nep /kənép, gə-/ *n.* 〘植物〙 =genip.

gín fìzz *n.* ジンフィズ《ドライジン・砂糖・レモン汁をシェークして炭酸水を加えたカクテル》. 〖1891〗

ging /gíŋ/ *n.* 《豪口語》 (子供のおもちゃの)ぱちんこ (catapult). 〖(1903)《擬音語》〗

gin·gal /ʤíŋgɔːl, -gɑːl | -gɔːl/ *n.* (*also* **gin·gall** /~/) 〘銃砲〙 =jingal. 〖(1818) ▫ Hindi *janjāl*〗

gin·gel·ly /ʤínʤəli | -ʤl̩-/ *n.* (*also* **gin·ge·li** /~/) ごま (sesame seed): ~ oil ごま油. 〖(1704) ▫ Hindi *jinjali* ▫ Arab. *juljulān, jiljilān*〗

gin·ger /ʤínʤə | -ʤə^(r)/ *n.* **1 a** 〘植物〙 ショウガ (*Zingiber officinale*). **b** ショウガの根《薬用・香辛料・砂糖菓子に用いる》. **2** 《口語》 元気, 意気 (pep); ぴりっとしたところ, 気骨 (piquancy). **3 a** しょうが色, 橙褐色; (頭髪の)赤色: ~ hair しょうが色の髪, 赤毛. **b** [G-] しょうが色の髪の人, 「赤毛」《あだ名》. — *vt.* **1** …にしょうがで味をつける. **2** 元気づける, 活気づける; 励ます, 鼓舞する 〈*up*〉. 〖(1366) ▫ OF *gingi(m)bre* (F *gingembre*) ▫ ML *gingiber*=L *zingiber(i)* ▫ Gk *ziggíberis* ▫ Prakrit *siṅgabera*=Skt. *śṛṅgavera* ← *śṛṅga* horn＋*vēra* body ∽ ME *gingivere* < OE *gingifere* ▫ L *zingiber*〗

Gin·ger /ʤínʤə | -ʤə^(r)/ *n.* ジンジャー《女性名》. 〖《変形》← VIRGINIA[2]〗

gin·ger·ade /ʤɪnʤəréɪd, ⌐⌐⌐ | ⌐⌐⌐/ *n.* 《英》 ジンジャーエード《しょうがで香りを付けた清涼飲料》. 〖(1882) ← GINGER＋-ADE〗

gínger ále *n.* ジンジャーエール《ジンジャーエッセンスで味をつけた甘い炭酸清涼飲料》. 〖1886〗

gínger béer *n.* ジンジャービヤ《ginger ale よりジンジャーの味が強い清涼飲料; cf. beer 2》. 〖1809〗

gínger·brèad *n.* **1** しょうが風味のケーキ[クッキー]《甘味料として蜂蜜・砂糖も用いるが, 元来は糖蜜が主; クッキーは種々の形に仕上げ, 色つきの砂糖衣をかぶせることが多い》. **2** 見かけ倒しの物, 安ぴか装飾. ***táke the gílt òff the gíngerbread*** ⇨ gilt[1] 成句. — *adj.* [限定的] 安ぴかの, 見かけ倒しの, けばけばしい (showy, tawdry): ~ work 安ぴか細工[装飾]. 〖(1299)《変形》← (1228) *gingebrad, gingebras* preserved ginger ▫ OF *gingembras* ← ML *gingiber* 'GINGER': 今の形は BREAD との連想による〗

gíngerbread nùt *n.* (丸いボタン形の)しょうが風味のクッキー. 〖1775〗

gíngerbread pàlm *n.* 〘植物〙 =doom palm.

gíngerbread plùm *n.* **1** 〘植物〙 西アフリカ産のクリソバラヌス科の高木 (*Neocarya macrophylla*). **2** その実《大きな澱粉質の実で食用になる》. 〖1824〗

gíngerbread trèe *n.* 〘植物〙 =gingerbread plum 1.

gínger·brèad·y /-brèdi | -di/ *adj.* =gingerbread.

gínger córdial *n.* ジンジャーコーディアル《しょうが・干しぶどう・レモンの皮・水で造ったリキュール; ウイスキーかブランデーで補強することもある》. 〖1882〗

gínger gròup *n.* 《英》 (政党で消極的な多数派を鼓舞煽動する)積極的な少数派. 〖1925〗

gínger jàr *n.* 糖果壺《ドーム型の蓋のついた丸い陶磁器製の広口壺; しばしばランプ台として用いられる》. 〖1895〗

gin·ger·ly /ʤínʤəli | -ʤə-/ *adv.* **1** 用心深く, 慎重に (cautiously); こわごわ: walk ~. **2** 《廃》 気取って; 上品に. — *adj.* **1** (音を立てないようまたは何か失策をしないように)非常に用心[注意]深い, 極めて慎重な (cautious): in a ~ manner. **2** 《廃》 気取った; 上品な. **gín·ger·li·ness** *n.* 〖(1519) ← ? OF *genzor* (compar.) ← *gent* delicate: cf. gentle, -ly[1,2]〗

gínger nùt *n.* =gingerbread nut.

gínger póp *n.* =ginger ale.

gínger·ròot *n.* しょうがの根, 根しょうが. 〖1831〗

gínger·snàp *n.* (薄くて割れやすい)しょうが風味の糖蜜入りクッキー. 〖1805〗

gínger wíne *n.* ジンジャーワイン《しょうが・砂糖を混ぜて発酵させた飲料》. 〖1857〗

gin·ger·y /ʤínʤ(ə)ri/ *adj.* **1** しょうがの(ような味がする); 辛い, ぴりっとする (pungent). **2** 〈頭髪などしょうが色の. **3** 元気な, 威勢のよい (lively). **4** 辛口の, ぴりっとした: a ~ remark 辛口の批評. **gín·ger·i·ness** *n.* 〖(1852): ⇨ -y[4]〗

ging·ham /gíŋəm/ *n.* ギンガム《色糸・さらし糸を用いた棒縞(ぼうじま)または弁慶縞などの平織り綿布》. 〖(1615) ▫ Du. *gingang* ▫ Malay *ginggang* striped (cotton)〗

gin·gi·li /ʤínʤəli | -ʤl̩-/ *n.* =gingelly.

gin·giv- /ʤɪnʤáɪv, ʤínʤəv | ʤɪnʤáɪv, ʤínʤɪv/ (母音の前にくるときの) gingivo- の異形.

gin·gi·va /ʤɪnʤáɪvə, ʤínʤə-/ *n.* (*pl.* **-gi·vae** /ʤɪnʤáɪviː, ʤínʤəviː | ʤɪnʤáɪviː, ʤínʤɪviː/) 〘解剖〙 歯肉, 歯齦(しぎん) (gum). 〖(*c*1889) ▫ L *gingiva* ← ?〗

gin·gi·val /ʤɪnʤáɪvəl, ʤínʤə-, -vl̩/ *adj.* **1** 〘解剖〙 歯肉の, 歯齦(しぎん)の. **2** 〘音声〙 =alveolar 2. — *n.* 〘音声〙 =alveolar 2. 〖(1669) ← NL *gingivālis* ← L *gingīva* gum ← ?: ⇨ -al[1]〗

gingíval recéssion *n.* 〘歯科〙 歯肉退縮.

gingíval súlcus *n.* 〘歯科〙 歯肉溝《歯と歯肉の間にできた浅い溝》. 〖1875〗

gin·gi·vi·tis /ʤɪnʤəváɪtɪ̀s | -ʤɪ̀váɪtɪs/ *n.* 〘病理〙 歯肉炎, 歯齦炎(しぎんえん). 〖(1874) ← NL ~: ⇨ ↓, -itis〗

gin·gi·vo- /ʤɪnʤáɪvoʊ, ʤínʤə- | ʤɪnʤáɪvəʊ, ʤínʤɪ-/ 「歯肉の, 歯茎の; 歯肉と…との」の意の連結形. ★ 母音の前では通例 gingiv- になる. 〖← L *gingīva*〗

ging·ko /gíŋkoʊ | -kəʊ/ *n.* (*pl.* ~s, ~es) 〘植物〙 =ginkgo.

ginglymi *n.* ginglymus の複数形.

gin·gly·moid /ʤíŋglɪ̀mɔ̀ɪd, gíŋ- | -glɪ-/ *adj.* 〘解剖〙 ちょうつがい関節の, ちょうつがい関節で連結されている, ちょうつがい関節状の. 〖(1669): ⇨ ↓, -oid〗

gin·gly·mus /ʤíŋglɪ̀məs, gíŋ- | -glɪ-/ *n.* (*pl.* **-gly·mi** /-màɪ, -mìː/) 〘解剖〙 ちょうつがい関節 (hinge joint) 《一平面内だけの運動をする関節》. 〖(1657) ← NL ~ ← L ~ ▫ Gk *gígglumos* hinge, joint〗

gín·hòuse /ʤín-/ *n.* 綿繰り工場. 〖⇨ gin[2]〗

Gin·ie /ʤíni/ *n.* ジニー《女性名》.

gink /gíŋk/ *n.* 《俗・軽蔑》 人, やつ (guy); 変わり者, いやなやつ. 〖(1910) ← ? 《方言》 *gink* trick〗

gink·go /gíŋ(k)goʊ | -(k)gəʊ/ *n.* (*pl.* ~s, ~es) 〘植物〙 イチョウ (*Ginkgo biloba*) (maidenhair tree ともいう). 〖((1727)) (1773) ← NL ~ ← ? Jpn. *ginkyō* (銀杏) ▫ OChin. *ngien hang* (Chin. *yin hsing*): 今の形は *ginkyo* の y を g と誤記したため〗

Gink·go·a·ce·ae /gɪ̀ŋ(k)goʊéɪsiìː | -gəʊ-/ *n. pl.* 〘植物〙 イチョウ科. **gink·go·á·ceous** /-ʃəs⌐/ *adj.* 〖← NL ~: ⇨ ↑, -aceae〗

Gink·go·a·les /gɪ̀ŋ(k)goʊéɪliːz | -gəʊ-/ *n. pl.* 〘植物〙 イチョウ目. 〖← NL ~: ⇨ ginkgo, -ales〗

gínkgo nùt *n.* ぎんなん《イチョウの実》. 〖1863〗

gín mìll /ʤín-/ *n.* 《米俗》 (いかがわしい)ナイトクラブ, (安)酒場 (bar). 〖1865〗

ginned /ʤínd/ *adj.* 酔った (intoxicated) 〈*up*〉. 〖(1900): ⇨ gin[2]〗

gin·nel /gínl̩, ʤínl̩/ *n.* 《北英方言》 (建物の間の)狭い路地. 〖(1669) ← ?〗

gin·ner /ʤínə | -nə^(r)/ *n.* 綿繰り工. 〖(1873): ⇨ gin[2]〗

gin·ner·y /ʤínəri/ *n.* 綿繰り工場. 〖(1859) ← GIN[2]＋-ERY〗

G

gin·ney /gíni/ *n.* 《米俗》[通例軽蔑的] イタリア人 (Italian). 〖《変形》← GUINEA〗

Gin·nie Mae /dʒínimèɪ/ *n.* **1** 政府住宅抵当金庫 (Government National Mortgage Association) の別称. **2** [*pl.*] 同金庫発行の抵当証券. 〖1975〗

Gin·nun·ga·gap /gínʊŋgɑːgáːp/ *n.* 〘北欧神話〙ギンヌンガガップ《Niflheim と Muspelheim の間にある空隙で, 後に Ymir の体に創られた居住世界》. 〖□ ON ～ 'magical gap'〗

gin·ny /dʒíni/ *adj.* (**more** ～, **most** ～; **gin·ni·er, -ni·est**) ジン(酒)の; ジンで酔った; 〈息など〉ジン臭い. 〖《1888》: ⇨ gin¹, -y⁴〗

gi·nor·mous /dʒaɪnɔ́ːəməs | -nɔ́ː-/ *adj.* 《英口語》どでかい, 超弩(ど)級の. 〖《1948》《混成》← GI(GANTIC)＋(E)NORMOUS〗

gín pàlace /dʒín-/ *n.* 《英軽蔑》(けばけばしく飾った)酒場. 〖1834〗

gín pòle /dʒín-/ *n.* 〘機械〙 **1** 三脚起重機 (gin) の脚の 1 本. **2** 一本クレーン, ジンポール《1 本の支柱で重量物を揚げる起重機》.

gín rúmmy /dʒín-/ *n.* 〘トランプ〙ジンラミー《二人で遊ぶラミー (rummy) で遊離札の合計点が 10 以下になった時上がることを許す方式》. 〖《1941》← GIN¹＋RUMMY²: 酒の名の rum をトランプの rum (＝rummy) にかけて造った語〗

Gins·berg /gínzbəːg | -bəːg/, **Allen** *n.* ギンズバーグ《1926–97; 米国の詩人, Beat Generation を代表する一人; *Howl and Other Poems* (1956)》.

gin·seng /dʒínsɛŋ/ *n.* **1** 〘植物〙チョウセンニンジン (*Panax schinseng*); 同属の北米産種アメリカニンジン (*P. quinquefolium*). **2** チョウセンニンジンまたはアメリカニンジンの根; それから製した薬. 〖《1654》□ Chin. renshen (人参)〗

gín slìng *n.* ジンスリング《ジンに水・砂糖・レモン(またはライムジューズ)・氷を加えた飲料》. 〖1790〗

gín tràp *n.* ＝gin² 2.

Ginz·berg /gínzbəːg | -bəːg/, **Ash·er** /ǽʃə | ǽʃə^r/ *n.* ギンズベルク (Ahad Ha'am の本名).

gin·zo /gínzoʊ | -zəʊ/ *n.* (*pl.* ～**es**) 《米俗》[通例軽蔑的] イタリア人. 〖《1931》《変形》← ? GUINEA: cf. ginney〗

gi·o /dʒíːoʊ | dʒíːəʊ/ *n.* ＝geo.

Gio·con·da /dʒoʊkɑ́(ː)ndə | dʒəʊkɔ́n-; *It.* dʒokónda/, **La** /lɑː; *It.* la/ *n.* ラ ジョコンダ (⇨ Mona Lisa). 〖1921〗

gio·co·so /dʒoʊkóʊsoʊ | dʒəʊkə́ʊsəʊ; *It.* dʒokóːzo/ *adv.* 〘音楽〙明るく活発に, 愉快に, おどけて. 〖《1828》□ It. ～: cf. jocose〗

Gior·da·no /dʒɔədɑ́ːnoʊ | dʒɔːdɑ́ːnəʊ; *It.* dʒordáːno/, **Um·ber·to** /umbérto/ *n.* ジョルダーノ《1867–1948; イタリアのオペラ作曲家; *Andrea Chénier* (1896)》.

Gior·gio /dʒɔ́ədʒoʊ | dʒɔ́ːdʒəʊ; *It.* dʒórdʒo/ *n.* ジョルジョ《男性名》. 〖□ It. ～ 'GEORGE'〗

Gior·gio·ne /dʒɔədʒóʊni | dʒɔːdʒə́ʊ-; *It.* dʒordʒóːne/, **Il** /il/ *n.* ジョルジオーネ《1478?–1510; イタリア Venice の画家; Giovanni Bellini の子; 別名 Giorgione da Castelfranco /dakastɛlfráŋko/, 本名 Giorgio Barbarelli /barbarɛ́lli/》.

Giór·gi sỳstem /dʒɔ́ədʒi- | dʒɔ́ː-; *It.* dʒórdʒi-/ *n.* ＝meter-kilogram-second-ampere system. 〖1905〗

Giot·to /dʒɑ́(ː)toʊ, dʒɔ́(ː)t-, dʒióʊ(ː)t- | dʒɔ́təʊ, dʒiɔ́t-; *It.* dʒɔ́tto/ *n.* ジョット《1267?–1337; イタリア Florence の画家・建築家; 別名 Giotto di Bondone /bondóːne/》.

Gio·van·ni /dʒoʊvɑ́ːni, dʒə-, -vǽni | dʒiː(ʊ)vɑ́ːni, dʒə(ʊ)-, -vǽni; *It.* dʒovánni/ *n.* ジョバンニ《男性名》. 〖□ It. ～ 'JOHN'〗

gip¹ /gíp/ *vt.* (**gipped**; **gip·ping**) (塩漬けまたは干物を作るため)〈魚〉のはらわたを取る. 〖《1603》← ? ON (cf. Norw. 《方言》*gipa* to cause to gape): cf. gib³〗

gip² /dʒíp/ *n.*, *v.* ＝gyp².

gip³ /dʒíp/ *n.* ＝gyp³.

gi·pon /dʒɪpɑ́(ː)n, ⸗⸗ | dʒɪpɔ́n, ⸗⸗/ *n.* 〘甲冑〙＝jupon 2.

gip·po /dʒípoʊ | -pəʊ/ *n.* ＝gyppo.

Gipps·land /gípslænd, -lənd/ *n.* ギプスランド《オーストラリア南東部 Victoria 州の Melbourne から New South Wales 州境に及ぶ沿岸の沃野 (35,200 km²)》.

gip·py /dʒípi/ *n.* 《俗》 **1 a** エジプト人, (特に)エジプト兵. **b** エジプトたばこ. **2** ジプシー (Gypsy). 〖《*a*1889》《短縮》← EGYPTIAN〗

gippy túmmy *n.* 《英俗》熱帯地方旅行者の下痢. 〖1943〗

Gip·sy, g- /dʒípsi/ *n.*, *adj.*, *vi.* ＝Gypsy¹.

gi·raffe /dʒəræ̂f | dʒɪ̈rɑ́ːf, -rǽf/ *n.* (*pl.* ～, ～**s** /～s, -rǽvz | ～s/) **1** 〘動物〙キリン, ジラフ (*Giraffa camelopardalis*). **2** [the G-] 〘天文〙きりん(麒麟)座 (⇨ Camelopardalis). **gi·ráf·fish** /-fɪʃ/ *adj.* 〖《16C》□ F *girafe* □ It. *giraffa* □ Arab. *zarāfa^h* ∽ 《1594》*giraffa* □ It.〗

Gi·ral·dus Cam·bren·sis /dʒɪ̈rǽldəskæmbrénsɪ̈s | -sɪs/ *n.* ジラルドゥス カンブレンシス《1146?–1223?; ウェールズの歴史家・聖職者; 別名 Gerald de Barri》.

gi·ran·do·la /dʒɪ̈rǽndələ, -dlə | dʒɪ-/ *n.* ＝girandole.

gir·an·dole /dʒírəndòʊl | -dəʊl/ *n.* **1** 枝付きの飾り燭台. **2** 燭台つきの鏡; 飾り玉のついた丸形凸面鏡. **3** 回り花火; 回り噴水. **4** ジランドール《周囲に小さい宝石の飾りの付いたペンダント式イヤリング》. **5** 連続爆発仕掛けの地雷, 連設地雷. 〖《1634》□ F ～ □ It. *girandola* ← *girare* to turn □ LL *gȳrāre*: ⇨ gyrate〗

girandole 2

Gi·rard /dʒərɑ́əd | dʒɪ̈rɑ́ːd/, **Stephen** *n.* ジラード《1750–1831; フランス生まれの米国の銀行家・慈善事業家》.

gir·a·sol /dʒírəsɔ̀(ː)l | -sɒl/ (*also* **gir·a·sole** /-sòʊl | -səʊl/) ― *n.* **1** 〘鉱物〙火蛋白石《半透明の青みがかった白色で強い光をあてると赤く反射する; fire opal ともいう》. **2** 〘植物〙＝Jerusalem artichoke. ― *adj.* [限定的] 火蛋白石のような. 〖《*a*1586》□ F ～ // It. *girasole* (← *girare* to turn＋*sole* sun) 《なぞり》← Gk *hēliotrópion* 'HELIOTROPE'〗

Gi·raud /dʒɪ̈róʊ, -rɑ́ː | -rɔ́ː; *F.* ʒiʁo/, **Henri Honoré** *n.* ジロー《1879–1949; フランスの将軍》.

Gi·rau·doux /ʒɪ̀roʊdúː | -rəʊ-; *F.* ʒiʁodu/, **Jean** *n.* ジロドゥー《1882–1944; フランスの劇作家・小説家・外交官; *La Guerre de Troie n'aura pas lieu*「トロヤ戦争は起こらない」(1935)》.

gird¹ /gə́ːd | gə́ːd/ *vt.* (～**ed**, **girt** /gə́ːt | gə́ːt/) **1 a** 〔帯などで〕〈人(の腰)を〉巻く, 締める, 縛る 〈*up*〉〔*with*〕: ～ the waist *with* a sash 腰を帯で締める / ～ oneself 帯を締める / He was *girt* about *with* a rope. 彼は縄を巻きつけられた《いましめられた》. **b** 〈帯・剣などを〉着ける, まとう; 〈着物などを〉帯で締める, まとう: ～ a belt / ～ *on* one's armor [sword] よろいをまとう[帯剣する]. **c** 〈剣などを〉…に付ける〔*with*〕: be ～*ed with* a sword 剣を帯びている. **2** [～ *oneself* で] 用意する, 仕度する 〈*up*〉; (仕事などに備えて)体を引き締める, 緊張する: ～ *oneself* (*up*) *for* [*to*] a fight, task, etc. / He ～*ed himself to* strike his opponent a blow. 相手に一撃をくらわそうときっと身構えた. **3** 取り巻く, 囲む, めぐらす〔*with*〕: ～ a castle *with* a moat 城に堀をめぐらす / an island ～*ed by* [*girt with*] the sea＝a sea-*girt* island 海に囲まれた島. **4** …に〔権力・力などを〕授ける, 賦与する〔*with*〕: He is *girt with* supreme power. 最高権力を持っている. ― *vi.* 〔戦闘・行動などに〕備える〔*for*〕. ***gírd* (*úp*) *one's lóins*** ⇨ loin 成句. 〖OE *gyrdan* ＜ Gmc **ʒurðjan* (G *gürten*) ← IE **gher-* to grasp, enclose〗

gird² /gə́ːd | gə́ːd/ 《北英方言》 *vi.* **1** あざける, あざわらう〔*at*〕. **2** すばやく動く. ― *vt.* **1** なぐる. **2** 《廃》〈人を〉ばかにする. ― *n.* **1** 殴打, 一撃. **2** 不機嫌, 怒り: in a ～ 怒って / throw a ～ 怒りをぶつける. **3** 《古》あざけり, 冷笑. 〖《(?*a*1200)》《1546》*girde*(*n*) to strike, pierce ← ?: cf. OE *ġ(i)erd* rod〗

gird³ /gíəd | gíəd/ *n.* 《スコット》(子供の輪回し遊び用の)輪 (hoop) 《girr ともいう》. 〖《1612》《変形》← GIRTH: ⇨ gird²〗

gird·er /gə́ːdə | gə́ːdə^r/ *n.* 〘土木・建築〙ガーダー, 桁(けた), 大梁(おおばり): a framed ～ 組立て梁. 〖《1611》← GIRD¹＋-ER¹〗

gird·er·age /gə́ːdərɪdʒ | gə́ːd-/ *n.* [集合的] 〘土木・建築〙桁, 桁構え (girders); 桁組 (system of girders). 〖《1880》: ⇨ ↑, -age〗

gírder brìdge *n.* 桁橋(けたばし), ガード. 日英比較 「ガード」は girder をもとにした和製英語. 〖1854〗

gírd·er·ing /-dərɪŋ | -də-/ *n.* 〘土木・建築〙ガーダー (girder) によって構造物を構造すること, 桁組み.

gir·dle¹ /gə́ːdl̩ | gə́ːdl/ *n.* **1** (剣やかぎを下げるための腰のまわりにつける)帯, ベルト: a ～ of chastity＝chastity belt. **2 a** ガードル《ウエストやヒップの形を整えるためにつける女性用コルセット》. **b** 〘キリスト教〙ガードル (⇨ cincture 1 b). **3** (取り巻く)帯, 輪; 範囲: within the ～ of the sea 海に囲まれた中に / put a ～ round (about) the earth 《古》世界を一周する (cf. Shak., *Mids N D* 2. 1. 175). **4** 〘園芸〙樹皮を輪状にはぎ取った部分. **5** 《まれ》〘天文〙獣帯 (zodiac); 黄道 (ecliptic); 赤道. **6** 〘宝石〙ガードル, 周稜《宝石の上面と下面の合う線; 台のつめがくわえる部分》. **7** 〘解剖〙帯(たい)《骨あるいは神経線維が集まって帯のようになったもの》, 環状骨, 帯状束: the hip ～＝pelvic girdle / the shoulder ～ 肩甲帯. **8** 〘建築〙バンド, 胴輪《円柱の柱身を巻く装飾帯》.
háve* [*hóld*] *ùnder one's gírdle 服従させる, 支配下に置く, 統御する.
girdle of Vénus 〘手相〙金星帯.
― *vt.* **1** …に帯をしめる; (帯・ひもなどで)縛る, 巻く 〈*in*, *about*, *round*〉. **2** (枯れさせるため, または結実を多くするため)〈樹木〉の樹皮を輪状に切り取る. **3** 取巻く, 囲む (surround): The town is ～*d with* railways. **4** 〈人・物・世界など〉のまわりを回る, 一周する.
～·like *adj.* 〖OE *gyrdel* ← *gyrdan* 'to GIRD¹': ⇨ -le¹〗

gir·dle² /gə́ːdl̩ | gə́ːdl/ *n.* 《スコット・北英》＝griddle. 〖*a*1400〗

gírdle·càke *n.* 《スコット・北英》＝griddle cake.

gír·dler /-dlə, -dlə | -dlə^r, -dlə^r/ *n.* **1** 《古》帯造り職人, 帯[ガードル]屋. **2** 取り巻く人[物]. **3** 樹皮を輪状に食う昆虫の総称. 〖《1356》: ⇨ girdle¹, -er¹〗

gírdle·scòne *n.* ＝drop scone.

gírdle-tàiled lízard *n.* 〘動物〙ヨロイトカゲ《アフリカ南東部にすむヨロイトカゲ科のトカゲ類の総称》. 〖身を守るため軟かな腹部にとげの生えた尾を巻きつける習性から〗

gírdle tràverse *n.* 〘登山〙ガードルトラバース《岩壁を端から端まで横切ること》.

Gir·gen·ti /*It.* dʒirdʒénti/ *n.* ジルジェンティ《Agrigento の旧名 (1927まで)》.

girl /gə́ːl | gə́ːl/ *n.* **1 a** 女の子, 女児 (↔ boy); (おとなに対して)少女, 未婚の女性, 若い娘 (⇨ woman SYN): She was married when she was a mere ～. まだ子供のようなころに結婚した. **b** [形容詞的に] 女の子の, 少女の, 若い娘の: ⇨ girlfriend. **c** 《口語》女 (woman). **d** [年齢に関係なく親しい女性や妻に対する呼び掛けにも用いて] 女; 君, あなた: my dear ～ ねえおまえ《妻などに対する愛称》/ my ～ ねえ君《目下の女性に対する呼び掛け》/ ⇨ old girl 2. **e** [the ～s として] (一家の)女[娘]たち; 女仲間, 女連中 (cf. boy 1 c). **2** [しばしば one's ～ として] 《口語》 **a** (年齢に関係なく)娘 (daughter): She wanted her ～ to go on the stage. 娘を女優にしたいと思った. **b** 恋人, 愛人, 女友達: Jones and his ～ / one's best ～ 恋人, いい人. **3 a** 女中 (maidservant); 女事務員; 女店員 (shopgirl). **b** 《南ア軽蔑》黒人女性召使. **4** 《口語》売春婦 (prostitute): a ～ of the town. **5** [les ～s として; 集合的] **a** コーラスガールたち (chorus girls). **b** ＝l e. ★ les はフランス語の定冠詞 les / lei / から. 〖《(?*a*1300)》*gerl, gurl* young person (of either sex) ← ? OE *gyrla* dress, robe (for either sex): OE → ME の意味の変化については cf. skirt 《俗》'girl'〗

girl·cott /gə́ːlkɑ(ː)t | gə́ːlkɒt/ *vt.* 《米戯言》〈女性が〉〈女性に偏見をもつ人[もの]を〉ボイコットする. 〖1959〗

girl-crázy *adj.* 〈男の子が〉しきりに女の子とつき合いたがる, 女の子に夢中な. 〖1930〗

girl Fríday *n.* (*pl.* **girl F-, girls Fridays**) **1** 重宝なお手伝い[女性アシスタント]; 女性秘書. **2** (小さい事務所で雑務をする)女性事務員, オフィスガール. 〖《1940》: ⇨ man Friday〗

girl·friend /gə́ːlfrɛ̀nd | gə́ːl-/ *n.* **1** ガールフレンド, (特定の)女性の恋人 (cf. boyfriend). 日英比較 日本語の「女友達」は「女性の友人」の意で用いることが多いが英語の *girlfriend* は「恋人」の意である.「女性の友人」の意の場合は, 単に friend, friend of mine という. boyfriend の場合も同じ. **2** (女性のつき合う)女友だち. **3** (情事の)相手の女性, 愛人. 〖1859〗

girl guíde *n.* 《英》 **1** Girl Guides の団員 (cf. girl scout 1). **2** [the Girl Guides; 単数または複数扱い] 《英》ガールガイド《健康増進・性格陶冶(とうや)などを目的とする 7 歳から 17 歳までの少女の団体; 英国では 1910 年設立, 米国では 1912 年 Georgia 州の Savannah に結成されたが, 翌年全米的組織に編成変えされ, Girl Scouts と改称された; cf. boy scout 2》. 〖1909〗

gírl·hòod *n.* **1** 少女であること. **2** 少女時代, 娘時代: in one's (days of) ～ 少女時代に. **3** [集合的] 少女たち. 〖《1785》: ⇨ -hood〗

girl·ie /gə́ːli | gə́ːli/ 《俗》 *n.* **1** [愛称] 娘, 娘っ子, 嬢ちゃん. **2** 売春婦. ― *adj.* 〈雑誌・ショーなど〉ヌード女性(が呼び物)の: a ～ magazine. 〖《1860》: ⇨ -ie, -y⁴〗

girl·ish /-lɪʃ/ *adj.* **1** 少女の; 少女時代の: ～ pursuits, games, etc. **2** 少女[処女]のような, 娘らしい. **～·ly** *adv.* **～·ness** *n.* 〖《1565》: ⇨ -ish¹〗

girl scóut *n.* 《米》 **1** Girl Scouts の団員 (cf. boy scout). **2** [the Girl Scouts; 単数または複数扱い] ガールスカウト団 (⇨ girl guide 2). 〖1909〗

girl·y /gə́ːli | gə́ːli/ *adj.* **1** 女の子らしい, 女の子っぽい. **2** ＝girlie. 〖《1886》: ⇨ -y⁴〗

gírly-gírly *adj.* いやに少女っぽい. 〖1883〗

girn /gə́ːn | gə́ːn/ 《スコット》 *vi.* **1** うなる; 歯をむく. **2** 歯を見せてにっと笑う. **3** 気むずかしく文句を言う. ― *vt.* **1** うなる[どなる]ように言う, がなる. **2** にっと笑って示す. 〖《1375》《変形》← GRIN〗

gi·ro¹ /dʒáɪroʊ | dʒáɪ(ə)rəʊ/ *n.* (*pl.* ～**s**) 〘航空〙＝autogiro. 〖1890〗

gi·ro², G- /dʒáɪroʊ, dʒíᵊr-, ʒíᵊr-, dʒíːr-, ʒíːr- | dʒáɪ(ə)rəʊ; *G.* ʒíːʁo/ *n.* (*pl.* ～**s**) **1** (銀行などの)振替制度; (特に)郵便振替制度: a ～ order 郵便振替為替. **2** 《英古語》2 週目ごとに郵便為替で支払われる失業手当. 〖《1890》□ G *Giro* □ It. *giro* circulation (of money)〗

Gi·ro·bank /dʒáɪroʊbæ̀ŋk | dʒáɪ(ə)rəʊ-/ *n.* 《英》ジャイロ銀行《1968 年に逓信省の National Girobank として発足したが 1988 年に民営化された振替銀行》.

gi·ron /dʒáɪrən, -rɑ(ː)n | dʒáɪ(ə)rən, -rɒn/ *n.* 〘紋章〙＝gyron.

Gi·ronde /dʒərɑ́(ː)nd, ʒɪ-, -rɔ̃ː(n)d, -rɔ́ːnd | dʒɪ̈rɔ́nd, ʒɪ-; *F.* ʒiʁɔ̃ːd/ *n.* **1** ジロンド(県)《フランス南西部の県; 面積 10,000 km², 県都 Bordeaux》. **2** [the ～] ジロンド(川)《フランス南西部, Garonne 川と Dordogne 川が合流して Biscay 湾に注ぐまでの入江; 長さ 72 km》. **3** [the ～] ジロンド派[党]《フランス革命当時の穏和な共和派; この派の指導的な人々は Gironde 県の選出議員であった; cf. Jacoban 1》.

Gi·ron·din /dʒərɑ́(ː)ndɪ̈n, ʒɪ- | dʒɪrɔ́ndɪn, ʒɪ-; *F.* ʒiʁɔ̃dɛ̃/ *n.*, *adj.* ＝Girondist. 〖《1837》□ F ～ ← GIRONDE〗

Gi·rón·dist /-dɪ̈st | -dɪst/ *n.* ジロンド派の人. ― *adj.* ジロンド派 (the Gironde) の: the ～ party.

Gi·rón·dism /-dɪzm/ *n.* 〖《1795》□ F 《廃》*Girondiste* (＝*Girondin*)〗

gi·ron·ny /dʒaɪrɑ́(ː)ni, dʒírəni | dʒaɪ(ə)rɔ́ni, dʒírəni/ *adj.* 〘紋章〙＝gyronny.

gir·o·sol /dʒírəsɔ̀(ː)l | -sɒl/ *n.* ＝girasol.

girr /gíə | gíə^r/ *n.* 《スコット》＝gird³. 〖1611〗

girsh /gíəʃ | gíəʃ/ *n.* ＝qursh.

girt¹ /gə́ːt | gə́ːt/ *v.* gird¹ の過去形・過去分詞. ― *adj.* **1** 〘海事〙〈船が〉(風や潮で振れ回らないよう)両舷の錨鎖を張

り合わせて停泊した. **2** 用意のできた (prepared) 〔*for*〕: be ～ *for* a test 試験の準備ができている. 〖1627〗

girt² /gə́ːt | gə́ːt/ *n.* **1** 周囲(の長さ) (girth); (でこぼこ面の)実長測定. **2** 〖土木・建築〗=girder. **3** 〖建築〗胴差し《柱と柱の上端を結ぶ太い横木》. **— *vt.*** **1** 〈樹木〉の周囲[でこぼこ面]を計る: ～ a tree. **2** 巻く, 帯でしめる. **— *vi.*** **1** 回りを計る. **2** 周囲が…の実長がある: The tree ～*s* eighteen feet. その木は周囲 18 フィートある. 〖v.: 《?a1400》《変形》← *girden* to GIRD. — n.: 《1563》《変形》← GIRTH〗

girth /gə́ːθ | gə́ːθ/ *n.* **1 a** (馬などの)腹帯. **b** 帯径(ぼうけい)《馬体の帯が通る部分》. **2** 帯, バンド. **3 a** (人間の)胴回り(の寸法)《ウエストまたはヒップラインでの体の寸法》; (物の)周囲(の寸法), 回り(の長さ) (circumference): the ～ of a tree, the earth, etc. / His ～ is increasing. だんだん太ってきている. **b** 大きさ. **4** 〖建築〗胴差し (⇨ girt² 3); 糸尺(いとじゃく)《繰形などの断面に沿って測った長さ》. **5** 〖造船〗ガース, 胴周《フレームに沿って測った船の胴回りの長さ》. **— *vt.*** **1** …に腹帯を着ける; 腹帯で締める 〈*up*〉. **2** 取り巻く (encircle). **3** …の胴回り[周囲の寸法]を測る; 〈動物〉の胴回りを測っておおよその体重を求める. **— *vi.*** =girt². 〖《1288–89》 *girth, gerth* ◻ ON *gjorð* girdle, hoop < Gmc **ʒerðō* ← IE **gher-* to grasp: cf. gird¹〗

Gir·tin /gə́ːtn, -tɪ̀n | gə́ːtɪn/, **Thomas** *n.* ガーティン《1775–1802; 英国の風景画家; 近代水彩画法の祖》.

girt·line *n.* 〖海事〗=gantline. 〖《1769》← ? GIRT¹ + LINE¹〗

GIS 《略》 geographic information system 地理情報システム《地図データベース》.

gi·sarme /gɪzáəm, dʒɪ-, ʒɪ- | -zɑ́ːm; *F.* ʒizaʁm/ *n.* (中世ヨーロッパで歩兵の用いた)長刀(なぎなた)槍, 矛(ほこ). 〖《c1250》 *gis(h)arme* ◻ OF *g(u)isarme* ◻ OHG *getisarn* weeding iron ← *getan* (G †*gäten*) to weed + *isarn* 'IRON'〗

Gis·borne /gɪ́zbɔən | -bɔːn, -bən/ *n.* ギズボーン《ニュージーランド北島東岸の港湾都市》.

Gis·card d'Es·taing /ʒɪskɑədɛstǽ(ŋ), -tǽŋ | -kɑː-; *F.* ʒiskaʁdɛstɛ̃/, **Valéry** *n.* ジスカールデスタン《1926– ; フランスの政治家; 大統領 (1974–81)》.

Gi·selle /ʒɪzɛ́l, dʒɪ-; *F.* ʒizɛl/ *n.* ジゼル《女性名; 異形 Gisela, Gisele; カトリック教徒に多い》. 〖◻ OHG *Gisela* ← *gisl* pledge〗

Gish /gɪ́ʃ/, **Dorothy** *n.* ギッシュ《1898–1968; 米国の無声映画俳優, Lillian の妹》.

Gish, Lillian Diana *n.* ギッシュ《1896–1993; 米国の無声映画俳優, Dorothy の姉》.

gis·mo /gɪ́zmoʊ | -məʊ/ *n.* (*pl.* ～**s**) =gizmo.

Gis·sing /gɪ́sɪŋ/, **George** (**Robert**) *n.* ギッシング《1857–1903; 英国の小説家; *New Grub Street* (1891), *The Private Papers of Henry Ryecroft* (1903)》.

gist /dʒɪ́st/ *n.* **1** (事の)要点, 要旨, 骨子 (essence): the ～ *of* the matter, a letter, etc. / I will give you the ～ *of* it. 君にその要点を話そう. **2** 〖法律〗(訴訟の基礎, 主要訴因 (ground)《それがなければ訴訟原因 (cause of action) が存在すると言い得ないような訴訟の本質的基礎または目的》. 〖《1711》◻ OF ～ (F *gît*) (3rd pers. sing. pres. ind.) ← *gésir* to lie, rest < L *jacēre*: ⇨ jet²〗

git /gɪ́t/ *vi.* 《俗》=get¹: *Git!* 行ってしまえ, 出て行け (cf. get¹ *vi.* 7). **—** *n.* 《英俗》つまらないやつ, くだらぬやつ: You idle ～! このなまけ者め. 〖《1943》《変形》← GET¹〗

GI tàg /dʒìːáɪ-/ *n.* 《口語》=identification tag.

gîte /ʒiːt; *F.* ʒit/ *n.* (フランスの)休暇用家具付き貸別荘. 〖《1798》◻ F *gîte* (OF *giste*): cf. *gésir* to lie〗

git·tern /gɪ́tən | -tən/ *n.* ギターン《中世に使用されたギター属の楽器》. 〖《?1350–75》◻ OF *guiterne*: ⇨ guitar〗

gittin *n.* get² の複数形.

Giu·ki /gjúːki/ *n.* 〖北欧伝説〗ギューキ《*Volsunga Saga* で Grimhild の夫; Gunnar, Gudrun の父》. 〖◻ ON *Gjūki*〗

Giu·lio Ro·ma·no /dʒúːljoʊroʊmáːnoʊ | -ljəʊrə(ʊ)máːnəʊ; *It.* dʒúːljoromáːno/ *n.* ジュリオ ロマーノ《1492?–1546; イタリアの画家・建築家, Raphael の弟子; 本名 Giulio Pippi de' Gianuzzi /píppidedʒanúttsi/》.

Giu·sep·pe /dʒuséipi; *It.* dʒuzéppe/ *n.* ジュゼッペ《男性名》. 〖◻ It. ～ 'JOSEPH'〗

give /gɪ́v/ *v.* (**gave** /géɪv/; **giv·en** /gɪ́vən/) **— *vt.*** ★ [構文] 大体 1–18 (9 c, 13 a などを除く)の場合を通じ, 基本的には「間接目的語(通例, 人)+直接目的語(通例, 物)」を従える: I *gave* the boy a book. / I *gave* him a book. ただし, 直接目的語に人称代名詞が用いられる場合, 次のようになる: I *gave* it *to* the boy. / I *gave* it (*to*) him. 《to を省くのは《英》》/ I *gave* them *to* him. [受身では] He was ～*n* a book. / The book was ～*n* (*to*) him. / It was ～*n* (*to*) the boy. **1 a** 〈人〉に〈物を〉(無償で)与える, くれる, やる, 贈る (bestow freely); 手渡す, 取ってやる (hand): He *gave* me a present. 彼は私に贈物をくれた / I wouldn't take it (even) if you *gave* it *to* me! それをくれると言っても受け取らないよ / I'll ～ you an introduction to him. 彼への紹介状を書いてあげよう / *Give* me a slice of that bread [something to eat]. そのパンを一切れ[何か食べる物を]取ってください / I ～ and bequeath [devise] $10,000 *to* …へ遺産として 1 万ドルを与える《遺言書の様式》. **b** 〈労力・便宜などを〉(無償で)提供する: I *gave* him some advice. 彼に少し助言した / *Give* me some help? 少し手伝ってくれますか.

2 (代償として)与える, 〔物・労力などに〕(代価・報酬・賠償として)〈金額を〉払う (pay); 〔ある金額で〕〈物・労力などを〉売る (sell) 〔*for*〕/ 〈*to* do〉: *Give* me the goods, and I will ～ you the money. その品物を下さい, 代金を払います / I *gave* him ten dollars *for* that book. その本に対して彼に 10 ドル払った / What will you ～ *for* this cow? この牛はいくらで買ってくれますか / I *gave* it *to* him *for* ten dollars. 彼に 10 ドルで売ってやった / I would ～ the world [anything] *to* have my health restored. 健康を回復するためなら何でも犠牲にする.

3 〈医師が〉〈薬などを〉投じる, 施す; 〈聖職者が〉〈聖餐(せいさん)式〉にあずからせる (administer): ～ an injection 注射をする / ～ the Sacrament 聖餐にあずからせる / What medicine did the doctor ～ you? 医者はどんな薬を飲ませたのですか.

4 渡す, 任す, 委託する; 譲る, 明け渡す, 捨てる; 譲歩する, 認める: ～ one's daughter in marriage 娘を嫁にやる / ～ a person in custody 人を拘禁させる[警察に引き渡す] / ～ a thing into the hands of …の手[管理]にある物を任せる / ⇨ *give* GROUND, *give* PLACE¹ *to*, *give* WAY¹ / She *gave* the porter her suitcase to carry. 彼女はポーターにスーツケースを持たせた / ～ a point in an argument 議論である点を譲る / I('ll) ～ you that. 《口語》それはその通りだ, いかにもそうだ.

5 a 〈人〉に〈名誉・地位・任務などを〉与える, 授ける; 〈許可・機会などを〉与える (grant); 〈愛情・信頼などを〉寄せる; 〈名を〉付けてやる: ～ a person an important job [commission, task] 人に重要な仕事を与える / ～ a person a title 人に爵位(しゃくい)を与える / ～ an actor a role 俳優に役をふる[当てる] / *Give* me another chance to try it. 私にそれをもう一度やらせて下さい / He has never ～*n* me his confidence. 今までに私を信用してくれたことがない / The baby was ～*n* the name of Mary. 赤ちゃんはメアリーと名付けられた. **b** 〈人〉に〈物を〉割り当てる; 〈時間など〉の余裕を与える; 〈日時を〉指定する (fix): ～ homework *to* a class クラス(の生徒)に宿題を出す / *Give* him the best seat. 彼には一番よい席を割り当ててあげなさい / *Give* yourself an hour to get there. そこへ行くには 1 時間見ておきなさい / I'll ～ you 20 yards' start. 君に 20 ヤード先からスタートさせてやろう / He *gave* us Friday as the day of meeting. 金曜日を会合の日に指定した / I'll ～ you till tomorrow (to do it). 明日まで待って上げよう (★ 前置詞付きの句が直接目的語として用いられているもの) / I'd ～ their marriage five years! 彼らの結婚はもってせいぜい 5 年だろう.

6 a 〈人〉に〈手などを〉差し出す (offer); 〔…に〕向ける (expose) 〔*to*〕: I got up and *gave* him my hand. 立ち上がって彼に手を差し出した[握手を求めた]. **b** (余興・もてなしとして)提供する, 開催する, 上演する, 演出する: ～ a concert [dinner, garden party] 音楽会[晩餐会, 園遊会]を催す / ～ a play 劇を上演する / They *gave* us a welcoming party. =They *gave* a welcoming party *for* us. 我々のために歓迎会を開いてくれた.

7 〈人〉に〈病気などを〉うつす, 感染させる: He's ～*n* me his cold. 彼のかぜが私にうつった / Your cat has ～*n* me fleas. 君の猫からのみが私にうつった / One boy can ～ measles *to* a whole school. 一人の生徒からはしかが学校全体にうつることがある.

8 a 産する, 生じる: Cows ～ (us) milk. / This tree ～*s* good fruit. この木にはいい実がなる. **b** (結果として)与える; 〈人〉にある感情を起こさせる, かき立てる: 104 divided by 13 ～*s* 8. 104 割る 13 は 8 / The research has ～*n* no results. その研究は何の成果ももたらさなかった. / It will ～ me (great) pleasure to accompany you. 喜んでお供いたしましょう / His speech *gave* them offense. 彼の演説は彼らの感情を害した. **c** 〈男〉との間に〈子を〉産む (bear); 〈女〉に〈子を〉はらませる, 産ませる: She'll ～ you lots of children. あなたとの間に沢山の子供を産むでしょう.

9 a 〈知識・報道などを〉与える, 伝える; 〈命令などを〉発する; 述べる, 表明する; 発表する; 記述する, 描写する: ～ a message / ～ news ニュースを伝える / ～ a lecture [speech, report] 講演[スピーチ, 報告]をする / Will you ～ us another song? もう一つ歌ってくれますか / ～ music lessons 音楽の教授をする / ～ orders [instructions, signs] 命令[指図, 合図]を出す / ～ evidence (法廷で)証言する / ～ one's opinion 意見を言う[述べる] / ～ one's age as 30 30 歳だと言う / give a reason for one's conduct 行動の理由を説明する / The author ～*s* the social conditions of his day. 著者は当時の社会情勢を伝えている / ～ a work *to* the world [public] 作品を世に出す[出版する] / Can you ～ me your name [address, phone number]? あなたの名前[住所, 電話番号]を教えてくれませんか. **b** 《口語》〈人〉に〈途方もないことを〉言って聞かせる: What are you *giving* me now? 何をいい加減なことを言うのか / Don't ～ me any of your excuses! 君の言い訳はひとつも聞きたくない. **c** [p.p. 形で] 〈公文書を〉〈何月何日付け〉に作成する, 発行する (date): *Given* under my hand and seal this 10th day of May. 5 月 10 日付け自筆署名捺印の上作成[発行].

10 〈人〉に〈祝福・挨拶などを〉贈る; 〈誓言などを〉行う (offer): ～ one's blessing / *Give* John my love [(best) regards]. ジョンによろしく / Please ～ my best wishes *to* your mother. お母さまによろしくお伝え下さい / I ～ you my word (of honor) that …名誉に賭けて…ということを誓います / I've ～*n* (them) a promise that I'll do it. それをするという約束を(彼らに)した.

11 〈判決・刑などを〉言い渡す; 〈人〉に〈罰を〉課する (inflict on): ～ a sentence 刑の宣告をする / ～ a decision 判決を言い渡す / ～ a man two years' hard labor 人を 2 年の懲役に処する / ～ a boy a flogging 少年をむち(など)で打つ / ⇨ give something to CRY for [about].

12 〈例などを〉挙げる; 〈兆候などを〉示す; 〈計器が〉〈度を〉示す: She has not ～*n* any signs of illness yet. まだ何も病気の兆候を示していない / This word is not ～*n* in the dictionary. この語はその辞書に載っていない / The thermometer *gave* 80°C. 温度計はセ氏 80 度を示した / We shall ～ you some examples [evidence]. 例[証拠]をいくらか挙げたいと思う / The census ～*s* the population of the town *as* 13,586. 人口調査の結果その町の人口は 13,586 人と発表された / The weight is ～*n as* ten pounds. その目方は 10 ポンドだという.

13 a 〈音・声・光などを〉発する, 出す (emit, utter): ～ a cry 一声叫ぶ / ～ a groan うめく, うなる / ～ a sigh ため息をつく / ～ a cough 咳をする / The sun ～*s* light and heat. 太陽は光と熱を出す. **b** 〈人・物事〉に対して〈動作・行為を〉する, なす, 〈打撃などを〉加える (execute, deliver): ～ a person an answer 返事をする / ～ a guess 一つ当ててみる / ～ a try 一つやって見る / ～ a glance ちらと見る / ～ a blow 一つなぐる / ～ a kick ける / ～ a faint smile かすかな微笑を浮かべる / ～ a shrug (of the shoulders) 肩をすくめる / ～ a start ぎくっとする / He *gave* it [the door] a pull [push]. それ[ドア]をぐっと引いた[押した].

14 [命令文 me または us を間接目的語として] …の方がよい (I [we] prefer): *Give* me Mozart (any day)! (作曲家のうちで)私はモーツァルトが一番好きだ, (何と言っても)モーツァルトに限る / *Give* me the good old days. (今に比べると)昔はよかった / *Give* me liberty, or ～ me death! ⇨ liberty 1.

15 〈出席者〉に〈講演者などを〉紹介する (present); 〈人〉に…のため乾杯するように求める: Ladies and gentlemen, I ～ you our speaker for tonight. 皆さん, 今夜の講演者をご紹介します / I ～ you the Queen. 女王様のため乾杯しましょう.

16 [しばしば命令文で] (電話で)〈発話者〉に〈受話者を〉つなぐ, 出させる: *Give* me Mr. Smith, please. スミスさんをお願いします.

17 a 〈人〉に〈責任などを〉帰する: He *gave* her the blame. 彼は彼女にその責があると考えた. **b** 《古》〔…によって〕制作されたものとみなす 〔*to*〕: The pamphlet is ～*n to* his pen. そのパンフレットは彼の書いたものといわれている.

18 a 〈人・生命などを〉〔…に〕捧げる, 犠牲にする (sacrifice) 〔*to, for*〕: She *gave* her only son *to* the ministry. 彼女は一人息子を聖職に捧げた《牧師にした》/ ～ one's life *for* one's country 国のために命を捨てる / Many people have ～*n* their lives in [*to*] the cause of liberty. 多くの人が自由のために身を投げ出して戦ってきた. **b** 〔…に〕傾注する (devote) 〔*to*〕: ～ one's attention *to* the speaker 話し手に注意を払う / He *gave* his youth *to* the study of English philology. 彼は青年時代を英語学の研究に捧げた. **c** [～ one*self* で] 〔…に〕没頭する, 夢中になる 〔*to*〕 (cf. given *adj.* 2, GIVE *up* (2)): He *gave himself* (entirely) *to* the game [problem]. 夢中になってそのゲーム[問題]をやった.

19 [～ one*self* で] 〈女が〉〈男に身を許す[まかせる]〉〔*to*〕: She finally *gave herself to* the artist. 彼女は遂にその画家に身を許した.

20 [目的語+to do を伴って] **a** …に…させる (cause), 得させる (enable): You *gave* me *to* understand [believe] that you were willing to accept my application. 私の申込書を受け付けて下さるというご意向だと知りました / The struggle *gave* her *to* experience the miseries of life. この苦闘は彼女に人生の苦難を経験させた. ★ 受身では間接目的語に当たる人を主語とする: I *am* ～*n to* understand [believe] that …ということがわかる. **b** 《文語》〈神などが〉〈に〉…しうる力[権能]を与える 〔*to*〕. ★ 次のような受動構文で用いる: *It is* ～*n to* few to understand this. このことを理解しうる者は少ない (cf. *Matt.* 13:11).

21 《口語》[通例否定構文で] …ほどの関心を持つ, ほどにも思う (care): I *don't* ～ a damn [hang, etc.] whether he likes it or not. 彼が好もうが好むまいが私の知ったことではない.

22 [通例 p.p. 形で独立句をなして] (前提として)認める, 仮定する (admit, assume) (cf. given *adj.* 3): ～*n* these facts これらの事実を仮定[前提と]すれば / *Given* health, one can achieve anything. 健康であれば何でも成し遂げられる / *Given that* the radius is 10 cm, find the circumference. 半径 10 センチの場合の円周を求めよ / (Even) *given that* you are right, how can you explain this phenomenon? 君の言うのが正しいとして(も)この現象をどう説明できるかね.

— *vi.* **1** 物を与える, 贈物をする, 施しをする: ～ generously *to* charity 惜しまずに慈善をする / It is more blessed to ～ than to receive. 与うるは受くるよりも幸いなり (*Acts* 20:35) / a very *giving* person 惜しみなく施しをする人. **2 a** (圧力などを受けて)つぶれる, くずれる; へこむ, ゆるむ, 反応する: The ice *gave under* his weight. 氷は彼の重みでくずれた / His knees *gave*. ひざが立たなくなった / The foundations are *giving*. 土台がゆるんで来た / If one stitch ～*s*, the others will. 一目ほぐれるとみんなほぐれる / At length the door *gave*. やっとドアが開いた. **b** しなう, たわむ: This mattress ～*s* comfortably. このマットレスはふかふかして気持ちがいい / These trousers are *giving at* the knees. このズボンはひざのところがたるんでいる. **3** 譲歩する, 妥協する, 歩み寄る: They reached an agreement after each had ～*n* to some extent. 双方がある程度歩み寄って話がまとまった. **4** 〈天気が〉ゆるむ, 和らぐ; 〈氷や霜が〉溶ける: The frost *gave* before noon. 霜は昼前に解けた. **5** (共同の活動・人中などに)溶け込む, 飛び込んで行く. **6** 《口語》情報をもらす, 口を割る, しゃべる: Now, ～! さあ, 言ってしまえ. **7** 〖《なぞり》← F *donner sur*〗〖フランス語法〗〈窓・道路などが〉〈ある場所へ〉開く, 面する, 通じる 〔*on, onto, over, into*〕: The window *gave on* the lawn. 窓は芝生に面していた / a road which ～*s onto* [*on to*] the

G

highway 幹線道路に通じる道路 / a wicket gate *giving into* an avenue 並木道に通じる小門. **8** 〖《なぞり》← G *geben* to give, happen (cf. *Was gibt's?* What is going on?)〗《口語》起こる. ★ 主に次の表現に用いる: What ~*s*? 何事が起こっているのか, どうしたというのか / What ~*s with* this [him]? これはどうなって[彼はどうして]いるのか.

give abóut 配布する; 〈うわさなどを〉広める.

give and táke (1) 公平な交換をする; 互いに譲り合う, 妥協し合う (⇨ give-and-take). (2) 意見を交換する. 《1519》

give a person as góod as one géts 人からもらっただけ返す, 〈人〉に十分に応酬する, しっぺい返しする: He fought hard, but I *gave* (him) *as good as* I *got*. 相手は激しく攻撃してきたが, こっちも負けずにやり返した. 《1952》

give awáy (*vt.*) (1) 〈不要品などを〉無料であげる, 贈る, 寄贈する, 〈金などを〉寄付する, 〈賞品・景品などを〉配る〔*to*〕. (2) (意識的・無意識的に)〈秘密・真相・手品の種・気持ちなどを〉漏らす, 明かす; 〈人〉の正体を暴露する (cf. giveaway 1)〔*to*〕: ~ a secret *away* 秘密を漏らす / ⇨ *give the* GAME *away, give the* SHOW *away* / His accent *gave* him *away*. 言葉のなまりで彼の素姓(など)がわかった / She *gave* herself *away* by mentioning her name. 彼女はうっかり名前を言ったので正体がばれた. (3) 《口語》〈人を〉裏切る, 〈仲間を〉〈警察などに〉密告する〔*to*〕. (4) [通例受身で] (結婚式で)〈花嫁の父などが〉〈花嫁を〉花婿に引き渡す: The bride was ~*n away* by her father. (5) 〈好機・試合などを〉(不注意で)失う, 逃がす; 〈ボールを〉与えてしまう, 〈ゴールを〉許す. (6) 〖競馬〗⇨ *give away* WEIGHT. (7) 《豪・NZ》あきらめる. — (*vi.*) 〈壁・床・土手などが〉くずれる, 倒れる (give way): The seat began to ~ *away under* my weight. 座席は体の重みでくずれ出した.

give báck (*vt.*) (1) 返す, 戻す; 〈手術などが〉(…に)〈自由・能力などを〉回復させる〔*to*〕: Please ~ me *back* the book I lent you the other day. 先日お貸しした本を返して下さい. (2) …で返報する; …に応酬する, 口答えする; 〈音・光を〉返す, 反響[反射]させる: ~ *back* insult for insult 侮辱に侮辱をもって応じる. (*vi.*) 引っ込む, 退く: The enemy *gave back* before us. 敵は我々の勢いに押されて退却した.

give bést ⇨ best 成句.

give dówn 〈牛が〉〈乳を〉出す.

give fórth (1) 〈音・においなどを〉発する, 放つ, 出す. (2) 〈うわさなどを〉広める, 言いふらす.

give a person (fúriously) to think 〈人〉に(深く, 一心に)考えさせる, 頭を悩まさせる: The matter *gave* him *furiously to think*. 彼はその事でいろいろ考えた. 〖《なぞり》← F *donner (furieusement) à penser*〗

give in (*vt.*) (1) 《主に英》〈書類などを〉差し出す, 〈宿題などを〉提出する (hand in); (候補[希望]者などとして)〈名前を〉(…へ)届ける〔*to*〕: Now you should all ~ *in* your exam papers (*to* me). さあ皆答案を出しなさい. (2) 宣言する, 表明する: ⇨ give in one's ADHESION to. (3) (中に)添える, 加える: ~*n in* gratis 無料添付. — (*vi.*) (1) 降参する, 屈服する, 折れる; 〔人・意見・感情・要求などに〕屈する, 〔…の〕言いなりになる〔*to*〕: They kept on fighting valiantly but finally *gave in*. 彼らは勇敢に戦い続けたが遂に降参した / Even if he pleads with you to let him go alone, you must not ~ *in to* him [his request]. たとえ彼が一人で行かせてくれと頼んで来ても言いなりになってはいけない. (2) めり込む, へこむ (cave in): The floor is *giving in* under the weight of the safe. 床は金庫の重みで下がりかけている.

give into ⇨ *vi.* 7.

give it awáy 《豪俗》〈事を〉よす, やめる (give it up).

give it to 《口語》…をやっつける, 責める, しかる; …をなぐる: I'll ~ *it to* him (hot). 今に彼を(ひどく)とっちめてやるぞ / The man suddenly *gave it to* him between the eyes. 男はいきなり彼の眉間(みけん)をなぐった.

give of 〈時間・努力・金などを〉を(惜しまず)分け与える, 寄付する, 捧げる: She used to ~ *of* her time (to help us). 彼女は(私たちを助けるために)時間をさいてくれたものだった / He ~*s* too much *of* himself. 《口語》彼は献身的に尽くしすぎる.

give óff (1) 〈蒸気・におい・光などを〉発する, 放つ, 出す; 〈人が〉〈雰囲気などを〉漂わす: The flowers *gave off* a sickly odor. 花はいやなにおいを発していた. (2) 〈枝などを〉分かつ, 出す (send out); 枝が出る, 分岐する (branch off).

give on [ónto] ⇨ *vi.* 7.

give or táke [命令文で] …程度の増減[誤差]はあるにしても: They will have attained that level by about the year 2000, ~ *or take* ten years. 大体 10 年の出入りはあるとしても紀元 2 千年までにはその水準に到達しているだろう. 《1958》

give óut (*vt.*) (1) 配る, 配布する; 配給[支給]する: An usher stood at the door *giving out* programs *to* all of them. 案内係が戸口の所に立って皆へプログラムを配っていた. (2) 《主に英口語》[しばしば受身で] 発表する; 〈…と〉公表する〈*to be, that*〉: ~ *out* notices, news, etc. / It was ~*n out that* the election would be postponed. 選挙は延期されると発表された / He *gave* himself *out to be* a revolutionist. 彼は自ら革命家だと名乗った. (3) 〈礼拝式で会衆のために〉〈賛美歌の歌詞を読み上げる. (4) 〈音・においなどを〉発散する, 放つ, 出す; 〈人が〉〈雰囲気などを〉漂わす; 〈メッセージなどを〉(暗黙のうちに)伝える: ~ *out* a shriek of laughter かん高い笑い声をあげる. (5) 〖クリケット〗…にアウトを宣する: The umpire *gave* the batsman *out*. 審判は打者にアウトを宣した. — (*vi.*) 〈物資・燃料・供給・体力・気力などが〉不足する, 尽きる (run short); 〈忍耐などが〉尽きる, 倒れる; つぶれる, くずれる; 〈のど・足などが〉駄目になる; 終わる: The water supply *gave out* at last. 給水がついに絶えた.

give óut with 《米口語》気の向くままに…を始める; 思いっきり…を口に出す: He *gave out with* a yell. 思いっきり大きな声で叫んだ.

give óver (*vt.*) (1) 〔人に〕(世話[管理]してもらうように)引き渡す, 預ける, 譲る〔*to*〕: She *gave* her child *over to* the nurse. 彼女は子供を乳母のもとに預けた. (2) [~ *oneself over* または受身で]〔…に〕ふける, 我を忘れる〔*to*〕: ~ *oneself over to* drink [laughter, tears] 酒にふける[我を忘れて笑いころげる, 泣きくずれる]. (3) [通例受身で]〈時・場所などを〉〔…の〕専用にする, 〔…に〕充当する〔*to*〕: The back lot *was* ~*n over to* a dumping ground. 裏の空地はごみ捨て場に当てられていた. (4) 《英口語》やめる: *Give over* teasing the cat. 猫をかまうのはよしなさい / He should ~ *over* that kind of conduct. あんなふるまいはやめるべきだ. — (*vi.*) (1) 《英口語》やめる, 止まる: *Give over*, both of you! 二人ともやめなさい. (2) ⇨ *vi.* 7.

give úp (*vt.*) (1) 〔…に〕渡す, 〈敵・警察に〉引き渡す; 〔…に〕〈席を〉譲る〔*to*〕; 〈情報・秘密などを〉教える; 手放す, 棄てる (part with): ~ *up* one's job [position] 仕事[地位]を棄てる / ~ *up* the ghost ⇨ ghost *n.* 成句 / I urged her to ~ herself *up to* the police. 彼女に警察へ自首して出るように勧めた / He *gave up* his seat *to* an old man. 老人に席を譲った. (2) [~ *oneself up* で]〔…に〕身を任せる, ふける, 没頭する; 〔…に〕屈する〔*to*〕: He was *giving himself up* completely *to* the task [*writ*ing his thesis]. その仕事[論文書き]に没頭していた / He *gave himself up to* sensuous pleasure(s). 官能的な快楽にふけった. (3) [しばしば受身で]〔…のために〕向ける, 費す; 〈時間を〉仕事に割く〔*to*〕: Saturday afternoons *are* ~ *n up to* games and sports. 土曜の午後は遊戯やスポーツに当てている. (4) 〈習慣・信仰などを〉やめる, 廃する (⇨ relinquish SYN): ~ *up* one's faith 信仰を放棄する ~ *up* drink*ing* [smok*ing*] 酒[たばこ]をやめる. (5) 〈人を〉(直らないと, 来ないと)見捨てる, 見放す, 見限る, 〈戦いなどを〉あきらめる; 〈子供を〉養子にやる; 〈…と〉付き合いをやめる: ~ *up* a riddle [problem] (解決できないものとして)なぞ[問題]の究明を諦める / He was ~*n up* by the girl he had loved so much. あれほど愛していた女に見棄てられた / The doctor finally *gave* him *up as* incurable. 医者はついに彼を不治の病と見放した / We *gave* him *up for* dead. 彼を死んだものとあきらめた / Everybody *gave* her *up for* lost. だれもが彼女をもうだめだ[見つからぬ]とあきらめた. (6) 〈共犯者などの名前を〉明かす. (7) 〖野球〗〈投手が〉〈ヒット・得点を〉許す. — (*vi.*) 絶望[降参]する; (わからないと, だめだと)あきらめる, やめる: I *gave up* after running about ten minutes. 10 分ほど走ってみたがあきらめた.

give úp on 《口語》(変らない, 来ない, 直らないと)〈人・事〉に見切りをつける: I ~ *up on* you. 君にはもう期待しない / Our old PC has finally ~*n on* us. わが家の古いパソコンはとうとうだめになった.

give a person whàt-fór ⇨ what-for.

— *n.* **1 a** (物の)弾力, 弾性: There is no ~ in this mattress.=This mattress has no ~. **b** (外力によって)変形する性質, たわみ[へこみ, のび]. **2** (精神的な)弾力性, 柔軟性, 順応性: He did not show any (sign of) ~. 応じる様子は全然見せなかった.

gív·a·ble, gíve·a·ble /-vəbḷ/ *adj.* 〖《?c1200》 *give(n), geve(n), yeve(n), yive(n)* < OE *ġi(e)fan* < Gmc **ʒeƀan* (Du. *geven* / G *geben* / Goth. *giban*) ← IE **ghebh-* to give or receive: cf. gift〗

SYN 与える: **give** 〈物〉の所有権を他に移す《一般的な語》: I'll *give* him this book. 彼にこの本をやろう. **present** 《*give* よりも格式ばった語》〈かなり価値のある物を〉特に行事の時に与える: The students *presented* a gold watch to their teacher. 学生たちは先生に金時計を贈呈した. **donate** 特に, 慈善的な目的で寄付する: He *donated* ten thousand dollars to the Red Cross. 赤十字に 1 万ドル寄付した. **bestow** 〈称号・賞などを〉授ける《格式ばった語》: The Queen *bestowed* a knighthood on him. 女王は彼にナイト爵を授けた. **confer** 目上の者が〈名誉・特権などを〉与える《格式ばった語》: The university *conferred* on him the title of LLD. 大学は彼に法学博士の称号を与えた. ⇨ grant, offer.

ANT deny, refuse, withhold.

---

gíve-and-gó *n.* 〖バスケット・ホッケー〗ギブアンドゴー(プレー)《パスしたあと, 直ちにネットやゴールの方にカットインして, リターンパスを受けるプレー》.

gíve-and-táke *n.* **1** 対等[公平]な条件での交換, 妥協, 互譲, ギブアンドテイク: a ~ principle 互譲精神. **2** (言葉などの)やりとり, 意見の交換. 〖1769〗

give·away /gívəwèɪ/ *n.* **1** (秘密・正体・真相などを)うっかり漏らすこと (betrayal); (秘密などの)ばれるもと: His fingerprints were a dead [clear] ~. 彼の指紋が決め手となった / The lipstick on his collar was a ~. 彼のカラーについた口紅でばれてしまった. **2 a** (売行きを助ける)景品, 添え物 (premium). **b** 捨値. **3** 《米》(値段)を(相手をだましてもうけ)無法な取引; (公有地などの)横領. **4** 《米・カナダ》〖ラジオ・テレビ〗懸賞付き番組[ショー]《クイズ番組などで, それに出演した一般参加者に懸賞として金銭・物品を与えるショー》. **5** (広告収益のみで賄う)無料新聞 (freesheet). — *adj.* [限定的] **1** 捨売りの: at ~ prices 捨値で, ただ同然で. **2** 〖ラジオ・テレビ〗〈番組など〉(通例クイズ式による)懸賞付きの: a ~ show [program] 懸賞付きショー[番組]. **3** 無料の. 〖1872〗

give·bàck *n.* **1** 《米》返されるもの, 払い戻し, 割戻し. **2** 〖労働〗既得権返還《労働組合が賃上げなどと引換えに付加給付などの既得権を放棄すること》. 〖1978〗

giv·en /gívən/ *v.* give の過去分詞. — *adj.* **1** 一定の, 既定の, 特定の: within a ~ period 一定の期間内に / under a ~ condition 与えられた条件のもとで. **2** [叙述的]〔…を〕しがちで, 好む, 〔…の〕癖がある, 〔…に〕ふけって〔*to*〕(cf. give *vt.* 18 c): He is ~ *to* drink [reading]. 酒[読書]が好きだ / They are ~ *to* exaggerating what they have done. 彼らは自分のしたことをつい誇張したがる / She was ~ *to* frequent fainting spells. 彼女はよく脳貧血を起こした / He is romantically ~. 彼はロマンティックな性質の人だ / I am not ~ that way. 私はそういうようなことをする人間じゃない. **3** 〖数学・論理〗(計算の基礎・前提として)与えられた, 所与の, 仮設の, 既知の (cf. give *vt.* 22): a ~ magnitude 与えられた量. **4** 〈公文書が〉(何月何日に)発行された, 作成された. **5** 贈られた, 贈与[寄贈]された: a ~ book 寄贈書.

táke ... as gíven …を前提[確かなこと]として考える.

— *n.* **1** 〖哲学〗所与, 与件. **2** 前提, 既定の事実. 〖1375〗

Gi·ven·chy /ʒíːvɑ̃ː(n)ʃi, -vɑːn-, —⸗— | —⸗—; *F.* ʒivɑ̃ʃi/ *n.* 〖商標〗ジバンシー《フランスのデザイナー Hubert de Givenchy (1927–　　) がデザインした婦人・紳士ものの衣料品・香水など》.

gíven nàme *n.* (姓に対する)名 (first name) (⇨ name 1). 〖1827〗

giv·er /gívə | -vəʳ/ *n.* 与える人, 贈与者, 寄贈者, 施与者: the *Giver* of all good 神 / ⇨ almsgiver, lawgiver. 〖《a1325》: ⇨ give, -er¹〗

gíve-ùp *n.* 《米》 **1** 放棄, 譲渡, 降服. **2** 〖証券〗 **a** 証券業者が委託者の名を明示して取引を行うこと《委託者が決済の義務を負う》. **b** 他の証券業者への手数料の分与《他の証券業者の顧客のために売買を執行した場合, または大口顧客のために売買を執行し, その顧客の指示する他の証券業者に分与する場合》. 〖1895〗

Gi·za /gíːzə/ *n.* (*also* **Gi·zeh** /gíːzə | -zeɪ, -zə/) ギーザ《エジプト北東部, Cairo に面する Nile 川西岸の都市; 近くに Cheops 王のピラミッドとスフィンクスがある; El Giza /ɛl-/ ともいう》.

giz·mo /gízmoʊ | -məʊ/ *n.* (*pl.* ~**s**) 《米俗》仕掛け, からくり (gadget); もの (thing). 〖《1943》□ ? Sp. 《方言・廃》 *gisma* 《変形》← *chisme* trifle〗

giz·zard /gízəd | -zəd/ *n.* **1** (鳥などの)砂嚢(さのう), 砂肝(すなぎも), 真胃, 砂袋, 筋胃 (cf. crop B 5 a, proventriculus 1). **2** 《口語・戯言》内臓 (innards), 胃. ***frét one's gizzard*** 心を痛める, 悩む, 苦しむ. ***stick in one's gizzard*** ⇨ stick² *v.* 成句. 〖《1373》 *giser* □ OF (F *gésier*) < VL **gicerium*=L *gigēria* (pl.) entrails of poultry ← Pers. *jigar*: 現在の *-d* は非語源的添加〗

gízzard shád *n.* 〖魚類〗 **1** 北米東部および中部産のニシン科コノシロ亜科の魚 (*Dorosoma cepedianum*) 《砂嚢(さのう)状の胃があり, 魚の餌にする: hickory shad ともいう》. **2** コノシロ亜科の魚の総称. 〖1889〗

Gjel·le·rup /gélərùp; *Dan.* gélʼʌʁɔb/, **Karl** *n.* ギェレルプ《1857–1919; デンマークの小説家; *Germanernes Laering*「ゲルマン民族の弟子」(1882); Nobel 文学賞 (1917)》.

gjet·ost /jétoust, jéɪ- | -təust; *Norw.* jéːtust/ *n.* 〖畜産〗エートオースト《山羊の脱脂乳から造るノルウェー産のチーズ》. 〖《1908》□ Norw. ~ ← *gjet* goat+*ost* cheese〗

Gk, GK 《略》 Greek.

Gl 《記号》〖化学〗 glucinium.

GL 《略》 Gothic Letter; ground level; gun layer; gun licence.

gl. 《略》 gill(s); glass; gloss.

g/l 《略》 grams per liter.

gla·bel·la /gləbélə/ *n.* (*pl.* **-bel·lae** /-liː, -laɪ/) 〖解剖〗眉間(みけん), グラベラ《左右の眉(まゆ)の間にある平らな部分で頭蓋(ずがい)計測点の一つ》. **gla·bél·lar** /-lə | -ləʳ/ *adj.* 〖《1598》← NL ~ (fem.) ← L *glabellus* smooth, hairless (dim.) ← *glaber* bald: cf. glabrous〗

gla·bel·lum /gləbéləm/ *n.* (*pl.* **-bel·la** /-lə/) 〖解剖〗 =glabella. 〖《1877》← NL ~ (neut.) ← *glablelus* (↑)〗

gla·brate /gléɪbreɪt, -brḷt/ *adj.* **1** 〖生物〗 =glabrous. **2** 〖植物〗 =glabrescent. 〖《1857》□ L *glabrātus* (p.p.) ← *glabrāre* to make bald or smooth ← *glaber* bald: ⇨ glabrous〗

gla·bres·cent /gleɪbrésənt, -sṇt/ *adj.* 〖植物〗無毛の, 滑らかな (glabrous), 無毛[滑らか]になる傾向のある. 〖《1857》□ L *glabrescentem* (pres.p.) ← *glabrescere* to become bald ← *glaber* (↓)〗

gla·brous /gléɪbrəs/ *adj.* 〖生物〗無毛の (hairless), 滑らかな (smooth). **~·ness** *n.* 〖《1640》← L *glabr-*, *glaber* smooth, bald+-ous: cf. OE *glæd* 'bright, GLAD¹'〗

gla·cé /glæséɪ | glǽseɪ, glɑ́ːs-, -si; *F.* glase/ *adj.* **1** 〈布・皮など〉滑らかで光沢のある: ~ kid / a ~ finish 滑沢仕上げ. **2** 〈果物・菓子など〉砂糖衣をかけた, 砂糖漬けの (candied): ~ cherries / ⇨ marrons glacés. **3** 《米》凍らせた (frozen), 氷で冷やした (iced). — *vt.* **1** …に光沢仕上げを施す. **2** …に砂糖衣をつける. 〖《1847》□ F ~ (p.p.) ← *glacer* to freeze, glaze ← *glace* ice < VL **glaciam* =L *galciēs* (⇨ glacial)〗

glacé icing /—⸗—/ *n.* 砂糖に水を加えた糖衣.

gla·cial /gléɪʃəl, -ʃl | gléɪʃəl, gléʃ-, -ʃiəl, -siəl/ *adj.* **1 a** 氷河の(作用による): ~ soil. **b** 氷河の進行を思わせる, 進行ののろい: ~ progress. **2 a** 氷河時代の. **b** [G-] =Pleistocene. **3 a** 氷の. **b** 氷のような; 氷のように冷たい, 極寒の: ~ weather. **4 a** 〈態度・目つきなど〉冷ややかな, 冷淡な: a ~ look [stare] 冷ややかなまなざし. **b** 冷静な, 冷然とした. **5** 〖化学〗〈酢酸が〉氷状の: ⇨ glacial acetic acid. — *n.* 〖地質〗氷河期. **~·ly**

adv. 〖(1656) ◻ F ～ ∥ L *glaciālis* icy ← *glaciēs* ice: ⇨ -al¹〗

glácial acétic ácid *n.* 〘化学〙氷酢酸 (99.5% 以上の濃酢酸; 16.7°C で凝固し, 冬季は氷状に結晶する). 〖1843〗

glácial dríft *n.* 〘地質〙氷河堆積物.

glácial èpoch *n.* [the ～]〘地質〙 **1** 氷期《氷河時代 (glacial period) の中で, 比較的寒冷で氷河で覆われていた時期》. **2** 更新[洪積]世 (Pleistocene epoch). 〖1846〗

glá·cial·ist /-ʃəlɪst | -ʃəlɪst, -ʃiəl-, -siəl-/ *n.* 氷河学者. 〖(1854): ⇨ -ist〗

glácial méal *n.* 〘地質〙 =rock flour.

glácial pèriod *n.* [the ～]〘地質〙氷河時代: 《地球上の大きな面積が氷河に覆われていた第四紀更新世; ice age ともいう》. 〖1853〗

gla·ci·ate /gléɪʃièɪt | gléɪsi-, glǽs-, -ʃi-/ *vt.* **1** 凍らせる, 氷結させる (freeze). **2** [p.p. 形で] …に氷河作用を及ぼす; 氷河で覆う: a region which was ～*d* 氷河で覆われた地帯. — *vi.* 凍る, 氷[氷河, 雪]で覆われる. 〖(1623) ← L *glaciātus* (p.p.) ← *glaciāre* to freeze ← *glaciēs* ice: ⇨ -ate³〗

glá·ci·àt·ed /-tɪd | -tɪd/ *adj.* 氷河作用を受けた, 氷河で浸食された; 氷河[氷原]で覆われた: a ～ region 氷河[氷原]地帯. 〖(1861): ⇨ ↑, -ed〗

gla·ci·a·tion /glèɪʃiéɪʃən | glèɪsi-, glæ̀s-, -ʃi-/ *n.* 氷河作用, 氷食作用. 〖(1861) ← GLACIATE＋-ATION〗

gla·cier /gléɪʃə, -ʒə | glǽsiə^r, gléɪs-/ *n.* 氷河. 〖(1744) ◻ F ～ ← *glace* ice: ⇨ glacé, -ier¹〗

Glá·cier Báy /gléɪʃə- | -ʃə-/ *n.* グレーシャー入江《米国 Alaska 州南東部, St. Elias 山脈の南端にある小湾》.

glácier crèam *n.* 〘登山〙肌荒れ防止クリーム《雪線を越えて登山するときの紫外線除け》.

glácier lìly *n.* 〘植物〙 Rocky 山脈産カタクリ属の一種 (*Erythronium grandiflorum*)《花は黄色》.

glácier mìlk *n.* 氷河乳《氷河の末端から流れ出る岩石の微粒子を含んだ水》.

Glácier Nátional Párk *n.* グレーシャー国立公園《米国 Montana 州北西部にあり, 山と森の中に無数の湖と約 60 の小氷河がある, 1910 年指定; カナダの Waterton Lakes National Park とともに Waterton-Glacier International Peace Park を成す; 面積 4,100 km²》.

glácier tàble *n.* 〘地質〙氷河卓《氷河表面上で氷の台座に支えられたテーブル状の堆石》. 〖1860〗

gla·ci·o- /gléɪʃiou | gléɪsiəu, glǽs-, -ʃi-/「氷河; 氷河と…との」の意の連結形. 〖← GLACIER〗

glà·ci·ól·o·gist /-dʒɪst | -dʒɪst/ *n.* 氷河学者. 〖(1886): ⇨ ↓, -ist〗

gla·ci·ol·o·gy /glèɪʃiá(ː)lədʒi | glèɪsiɔ́l-, glæ̀s-, -ʃi-/ *n.* **1** 雪氷学. **2** (ある地方の)氷河形態. **gla·ci·o·log·ic** /glèɪʃiəlá(ː)dʒɪk | glèɪsiə(ʊ)lɔ́dʒ-, glæ̀s-, -ʃi-ˊ/ *adj.* **glà·ci·o·lóg·i·cal** /-dʒɪkəl, -kl | -dʒɪ-ˊ/ *adj.* 〖(1889) ← GLACIO-＋-LOGY〗

gla·cis /gléɪsɪs, glǽs-, glæsíː | glǽsɪs, -si/ *n.* (*pl.* ～ /gléɪsiz, glæsíːz, glæsíːz/, ～**·es** /gléɪsɪsɪz, glǽs- | -sɪz/) **1** なだらかな坂. **2** 緩衝国 (buffer state); 緩衝地帯 (buffer zone). **3** 〘築城〙《堀の外壁などの前面の》斜堤. **4** =glacis plate. 〖(1672) ◻ F ～《原義》icy or slippery place ← OF *glacier* to slip ← *glace* ice: ⇨ glacé〗

glácis plàte *n.* **1** (戦車の)前面装甲板. **2** (戦艦の)開口部保護装置. 〖1889〗

Glack·ens /glǽkənz/, **William James** *n.* グラッケンズ《1870–1938; 米国の画家・挿絵画家; 都会の中流階級の生活をリアリスティックに描いた》.

glad¹ /glǽd/ *adj.* (**glad·der, glad·dest**) **1** [叙述的] **a** うれしい, 喜ばしい, 満足で (pleased) (⇨ happy **SYN**): They were all ～ *at* the news. その報道を聞いて彼らは皆喜んだ / I'm ～ *of* [*about*] it. それはうれしいことだ, それはよかった / I'm ～ *for* you. あなたのことで喜んでいます / I'm very ～ (*that*) I wasn't there. そこに居合わせなくって本当によかった / Out they went, ～ of heart. 《文語》彼らはいそいそと家をあとにした. **b** 〈…して〉うれしい; 喜んで[快く]〈…する〉(willing) 〈*to* do〉: I'm very ～ *to* see you. お目にかかって大変うれしい / *Glad to* meet [have met] you. お近づきになれてうれしい / I'll be ～ *to* do what I can to help you. お助けすることができれば何でも喜んで致します / I'd be ～ *to* hear it. 《反語》それはぜひお聞きしたいものだ. **2 a** 〈顔・表情・声など〉うれしそうな, 晴れやかな, 満足そうな (joyous): a ～ smile うれしそうなほほえみ / give a ～ shout 歓声をあげる. **b** 喜びを与える, 喜ばしい, めでたい (joyful): ～ tidings 吉報, 福音 / a ～ occasion 慶事. **3** 《文語》輝かしい, 美しい (bright): a ～ autumn morning 晴れ晴れとした秋の朝. **4** 《古》〈人が〉性格の明るい, 明朗な (cheerful); 幸福な: A wise son maketh a ～ father. 知恵ある子は父を喜ばす (*Prov.* 10:1).
— *vt.* (**glad·ded; glad·ding**) 《古》喜ばせる (gladden).
～**·ness** *n.* 〖adj.: OE *glæd* < Gmc **ʒlaðaz* (ON *glaðr* bright, glad / Du. *glad* & G *glatt* smooth) ← IE **ghel-* to shine (L *glaber* smooth: cf. glabrous). — v.: OE *gladian* ← (adj.)〗

glad² /glǽd/ *n.* 《口語》〘植物〙 =gladiolus 1. 〖1923〗

Glad /glǽd/ *n.* グラッド《女性名》. 〖(dim.)) ← GLADYS〗

Glad·beck /glɑ́ːtbɛk, glǽt-; G. glátbɛk/ *n.* グラトベク《ドイツ北西部, North Rhine-Westphalia 州の都市》.

glad·den /glǽdn/ *vt.* 喜ばせる, うれしがらせる, 〈人の目・耳を〉楽しませる: He was ～*ed* by the sight of his home. 家が見えて来て喜んだ. — *vi.* 《古》喜ぶ, うれしがる.

～**·er** /-dnə, -dnə | -dnə^r, -dn-/ *n.* 〖(a1300): ⇨ glad¹, -en¹〗

glad·die /glǽdi | -di/ *n.* (*also* **glad·dy** /～/) 《豪口語》〘植物〙 =gladiolus 1.

glad·don /glǽdn/ *n.* 〘植物〙 =stinking iris. 〖OE *glædine*〗

glade /gléɪd/ *n.* **1** 林間[森中]の空地. **2** 《米》低い湿地, 沼沢地. ～**·lìke** *adj.* 〖(?c1380) ← ? GLAD¹《廃》bright (place)〗

glad·ey /gléɪdi | -di/ *adj.* =glady.

glád èye *n.* [the ～] (人を引き付けるための)親し気な目付き; (特に女性の使う)色目: give a young man *the* ～ 若い男に色目を使う, 秋波を送る / get *the* ～ 《口語》色目を使われる. 〖1911〗

glád-hànd 《口語》*vt.* **1** 〈人〉に友好的な握手をする; 温かく迎える. **2** 大袈裟に歓迎する, あいそをふりまく.
— *vi.* 大袈裟に[温かく]歓迎する. ～**·er** *n.* 〖1903〗

glád hànd *n.* 《口語》 **1** 友好的な握手. **2** 温かい[大袈裟な]歓迎: give a person the ～ 人を温かく[大袈裟に]歓迎する. 〖1895〗

glad·i·ate /glǽdiɪt, -dièɪt | -di-/ *adj.* 〘植物〙〈葉など〉剣状の (sword-shaped). 〖(1793) ← NL *gladiātus* ← L *gladius* sword: ⇨ -ate²〗

glad·i·a·tor /glǽdièɪtə | -diètə^r/ *n.* **1** 剣闘士《古代ローマで, 公衆の観覧のために武器を取って互いに戦いまたは獣類と格闘した者; 通例奴隷または捕虜》. **2** 職業拳闘選手, プロボクサー (prizefighter). **3** 論争者, 論客.

glad·i·a·to·ri·al /glæ̀diətɔ́ːriəl | -di-ˊ/ *adj.* 〖(?a1439) ◻ L *gladiātor*《原義》swordsman ← *gladius* sword: ⇨ ↑, -ator〗

glad·i·o·la /glæ̀dióulə | -diə́u-/ *n.* (*also* **glad·i·ole** /glǽdiòul | -diəul/) 〘植物〙 =gladiolus 1. 〖(c1420) ◻ L ～ (neut. pl. を fem. sing. 扱いしたもの): cf. gladiolus〗

glad·i·o·lus /glæ̀dióuləs | -diə́u-/ *n.* (*pl.* ～, **-o·li** /-liː, -laɪ/, ～**·es**) **1** 〘植物〙グラジオラス, スイセンアヤメ《アヤメ科グラジオラス属 (*Gladiolus*) の植物の総称; sword lily ともいう》. **2** (*pl.* **-o·li** /-laɪ/)〘解剖〙胸骨体. 〖OE *gladiolum* ◻ L ～ 'little sword' (dim.) ← *gladius* sword ← ? Celt. ← IE **kladyo-* ← **kel-* to strike〗

glád·ly *adv.* 喜んで, うれしそうに, 快く (*cf.* with pleasure): applaud ～ うれしそうに拍手する / accept an offer ～ 申し出を喜んで受ける / Will you do it?—*Gladly*! やってくれますか—喜んで. 〖OE *glædlīce*〗

glád ràgs *n. pl.* 《口語》晴れ着; 夜会服. 〖1896〗

Glads·heim /glɑ́ːtsheɪm/ *n.* 〘北欧神話〙グラズヘイム (Asgard の一地方で, ここに Valhalla 宮殿がある). 〖◻ ON *Glaðsheimr* 'home of gladness'〗

glad·some /glǽdsəm/ *adj.* 《古》 **1** 喜ばせる, 楽しくする (cheering). **2** 喜ばしい, うれしい, 楽しい, 快活な: a ～ countenance うれしそうな顔. ～**·ly** *adv.* ～**·ness** *n.* 〖(c1384): ⇨ glad¹, -some¹〗

Glad·stone¹ /glǽdstoun, -stən | -stən/ *n.* グラッドストーン: **1** 米国 Missouri 州西部, Kansas City の北方の都市. **2** オーストラリア Queensland 州の港湾都市.

Glad·stone², **g-** /glǽdstoun, -stən | -stən/ *n.* **1** (真中から二つに開く)旅行かばん (Gladstone bag). **2** 二人乗り四輪の遊覧馬車. 〖(1864)《略》← *Gladstone bag*: ↓〗

Glad·stone /glǽdstoun, -stən | -stən/, **William Ew·art** /júːət | júːət, juət/ *n.* グラッドストン《1809–98; 英国の政治家; 1868–94 年に 4 回首相となった自由党党首で保守党の Disraeli と対抗した; Grand Old Man といわれた》.

Gládstone bàg *n.* =Gladstone² 1. 〖(1882) ↑〗

Glad·sto·ni·an /glæ̀dstóuniən | -stə́u-ˊ/ *adj.* グラッドストン (W. E. Gladstone) 派[流]の. — *n.* グラッドストン派の人[支持者]《特に, 彼の提案したアイルランド自治法案についていう》. 〖(1847) ← GLADSTONE＋-IAN〗

glad·y /gléɪdi | -di/ *adj.* (**glad·i·er; -i·est**) **1** 林間の空地のある[の多い]. **2** 《米》沼沢地のある[の多い]. 〖(1837) ← GLADE＋-Y⁴〗

Glad·ys /glǽdɪs | -dɪs/ *n.* グラディス《女性名; 愛称形 Glad》. 〖◻ Welsh *Gwladys*《変形》← ? CLAUDIA〗

Glag·o·lit·ic /glæ̀gəlítɪk | -gə(ʊ)lít-ˊ/ *n.* 〘言語〙グラゴル文字《9 世紀ごろ古代スラブ人が聖書などの翻訳に使用した文字; cf. Cyrillic alphabet》. — *adj.* グラゴル文字の[で書かれた]. 〖(1861) ← NL *glagoliticus* ◻ Serbo-Croatian *glagolica* the Glagolitic alphabet ← *glagól* word ← IE **gal-* to shout: cf. OSlav.: *glagolŭ* word〗

glaik·it /gléɪkɪt | -kɪt/ *adj.* (*also* **glaik·et** /～/)《スコット》 **1** 愚かな, ばかげた. **2** 〈女が〉気紛れな, 軽率な.
～**·ness** *n.* 〖(c1450)《スコット》← ?〗

glair /gléə | gléə^r/ (*also* **glaire** /～/) *n.* **1 a** (絵画を保護するためのワニスとして用いる)卵白. **b** (製本および金付けで金を保持するためのサイズ (size) として用いる)卵白. **2** 卵白に似た粘着性のある透明物質; 粘着物質. — *vt.* …に粘着透明物質[卵白]を塗付する. 〖(1296) ◻ (O)F *glaire* < VL **clāria* (*ovi*) white (of egg) ← L *clārus* clear〗

glair·e·ous /glé(ə)riəs | gléər-/ *adj.* 《古》 =glairy.

glair·y /glé(ə)ri | gléəri/ *adj.* (**glair·i·er; -i·est**) **1** 卵白状[質]の. **2** 卵白を塗った. **gláir·i·ness** *n.* 〖(1662): ⇨ -y¹〗

glaive /gléɪv/ *n.* 《古》剣, (中世の)長刀(なぎなた) (cf. fauchard). 〖(a1300) *gleyve* ◻ (O)F *glaive* sword ◻ L *gladius* sword〗

glam¹ /glǽm/ *vi.* 《スコット》 =glaum.

glam² /glǽm/ 《口語》 *vt.* =glamorize. — *adj.* =glamorous. — *n.* =glamour. 〖(1936)《略》← GLAMOROUS, GLAMORIZE, GLAMOUR〗

Glam. 《略》Glamorganshire.

Glå·ma /glɔ́ːmə; *Norw.* glóːma/ *n.* [the ～] グロマ(川)《Glomma のノルウェー語名》.

glam·or /glǽmə | -mə^r/ *n.*, *vt.* =glamour.

Gla·mor·gan /gləmɔ́əgən | -mɔ́ː-/ *n.* =Glamorganshire. 〖◻ Welsh *Glanna Morgan* Morgan's shore: ⇨ Morgan²〗

Gla·mor·gan·shire /gləmɔ́əgənʃə, -ʃɪə | -mɔ́ːgənʃə^r, -ʃɪə^r/ *n.* グラモーガンシャー《ウェールズ南部の旧州; 石炭・鉄の大産地; Glamorgan ともいう; 面積 2,119 km², 主都 Cardiff》.

glam·or·ize /glǽməràɪz/ *vt.* **1** 〈人・物〉に魅力を添える, 魅惑的にする, すてきに見えるようにする: ～ oneself, a room, a person, etc. **2** ロマンチックに扱う, 美化する.

glam·or·i·za·tion /glæ̀mərɪzéɪʃən | -raɪ-, -rɪ-/ *n.* **glám·or·ìz·er** *n.* 〖(1936) ← GLAMOUR＋-IZE〗

glam·or·ous /glǽm(ə)rəs/ *adj.* 魅力に満ちた, 魅惑的な (fascinating); 性的魅力のある: a ～ blonde. ～**·ly** *adv.* ～**·ness** *n.* 〖(1882) ← GLAMOUR＋-OUS〗

glámorous stóck *n.* 〘証券〙 =glamour stock.

glam·our /glǽmə | -mə^r/ (*also* **glamor**) — *n.* **1** 魔力, 魅力; 詩的[神秘的]な魅力, 妖しい美しさ; (特に, 女性の)容姿上の魅力, 性的魅力. 日英比較 日本語の「グラマー」は女性について, 体型が豊かでセクシーなことをいうが, 英語の *glamour* は単に体型だけでなく, 衣服の着こなしや性格なども含んだ全体的な魅力をいう. また, 女性だけでなく男性にも用いられる. 日本語の「グラマー(ガール)」に当たる英語は curvaceous girl [woman] である. ⇨ glamour *boy*. **2** 《古》魔法, 魔術: cast a ～ over …に魔術[魔法]をかける, …を迷わせる. — *vt.* **1** 魅する, 迷わす. **2** 《口語》魅惑的にする 〈*up*〉. ★ この語のつづりは米国でも glamor よりも glamour のほうが好まれている. 〖(1715)《スコット》*glamer*《異化》← GRAMMAR (=occult learning, magic): Walter Scott によって一般化された: cf. gramarye / F *grimoire* book of magic〗

glámour bòy *n.* **1** 魅力的な男性. **2** 《英俗》英国空軍隊員. 〖1939〗

glámour gìrl *n.* (女優・モデルのような)魅惑的な女(の子), グラマー. 〖1935〗

glámour·less *adj.* 魅力のない.

glámour pùss *n.* 《俗》人を引きつける[すばらしい]顔立ちの女性[男性], 魅力的な女性[男性]. 〖1941〗

glámour stóck *n.* 〘証券〙値上がりの期待される株式《小型成長株など》.

glám ròck *n.* 《英口》〘音楽〙グラムロック《特に1970 年代前半の英国から広まったロックのスタイルで, 男性アーティストが華美なファッションやメークに身を包み, 派手で退廃的な演出をするのを特徴とする; glitter rock ともいう》.

glance¹ /glǽns, glǽnts | glɑ́ːns, glɑ́ːnts/ *vi.* **1** ちらと見る, ひと目見る 〈*at*〉; ざっと目を通す[見回す]: ～ *at* a clock, paper, etc. / ～ *about* [*around*] あたりを見回す / ～ *back* ちらっと振り返る / ～ *up* [*down*] ちょっと見上げる[見下ろす] / ～ *down* [*over, through*] the list 表にざっと目を通す / ～ *over* a letter 手紙をざっと読む / He ～*d back* [*sideways*] *at* the girl. 少女をふり返って[横目に]見た. **2** ちょっと言及する[触れる] (allude) 〔*at, over*〕; ほのめかす, 当てこする. **3 a** 〈弾丸・打撃などが〉(まともに当たらず)斜めに当たる, かすめる 〔*off*〕: The ball ～*d off* (the wall). ボールは(塀を)それた / The sunlight ～*d off* the water of the pond. 日光が池の水面をはすかいに照らした. **b** 〘クリケット〙〈打者が〉球を左[右]後方に斜め打ちにする (cf. *vt.* 2 b). **c** 《古》〈談話や文章で〉わき道へそれる, 転々と主題を変える 〔*off, from*〕. **4** ぴかり[きらり]ときらめく; 〈虫などが〉きらめきながら速い動きで飛びかう: a bracelet *glancing* in the sun 日光に輝く腕輪. — *vt.* **1** 《古》ちらと見る, ひと目見る; 〈目などを〉ちらと向ける: ～ one's eyes *over* [*down, through*] …をざっと見る, …にざっと目を通す. **2 a** 〈物を〉かすめるように投げる[射る, 打つ]. **b** 〘クリケット〙〈打者が〉〈球を〉左後方に[(左打ちでは)右後方に]斜め打ちにする, グランスさせる (⇨ *n.* 3 a; cf. hit to leg ⇨ leg *n.* 7). **3** 《古》〈光などを〉投げる; 反射させる 〈*back*〉. **4** 《古》〈皮肉などを〉それとなく向ける, 放つ: ～ a censure *at* a person.
— *n.* **1** (ちらりと)一見, ひと目; すばやい目くばせ: take everything in at a ～ ひと目ですべてを見てとる / at first ～ ひと目見ただけで, 一見して / give [have] a ～ *at* [*into, over*] …にちょっと目を通す / He gave it a cursory ～. それをざっと見た / steal a ～ *at* her 彼女をちらりと盗み見する / take [cast] a backward ～ ふり返って見る, 過去を顧みる / exchange ～*s* 互いに目くばせする / He cast [shot, darted, threw] a roguish ～ *at* me. 彼はいたずらっぽい目で私を見やった. **2** (反射面から発するような)きらめき, 一閃(せん); 反射光 (⇨ flash¹ **SYN**). **3 a** 〘クリケット〙斜め打ち, グランス《打者が打球棒の平たい面を斜めに構えて打球すること; cf. *vt.* 2 b》. **b** 《古》それ, はね返り (rebound); 斜衝撃 (oblique impact). **4** 《古》それとなく言った皮肉[当てこすり].
〖(1441) *glenche(n)*, *glaunce(n)*《鼻音化》← ME *glace(n)* to strike with a glancing blow ◻ OF *glacier* to slip ← *glace* ice: cf. glacé〗

glance² /glǽns | glɑ́ːns/ *n.* 〘鉱物・冶金〙輝鉱《光沢のある金属硫化物の総称》: lead ～ 方鉛鉱 (⇨ galena) / ⇨ antimony glance, copper glance, silver glance. 〖(1828) ◻ G *Glanz* brightness, luster: cf. glint〗

glance³ /glǽns | glɑ́ːns/ *vt.* (みがいたりして)…に光沢を与える. 〖(1894) ◻ ? Du. *glanzen* to polish ← MDu. *glans* luster < MHG *glanz*: cf. glance²〗

glánce còal *n.* 〘鉱物〙輝炭《表面が投射光線を反射し

G

て輝く石炭; 主として木質部から成る); (特に)無煙炭 (anthracite). 〖1805〗

glánc·ing *adj.* **1** きらめく, きらきら光る: a ~ eye. **2** 〈弾丸など〉それたって それる, かすめる: a ~ blow. **3 a** 〈言及など〉付随的な, 簡単な: a ~ reference. **b** 遠回しの: make a ~ allusion それとなくほのめかす. **c** さりげない, 巧まない. **~·ly** *adv.* 〖(*c*1541) ← GLANCE[1]+-ING[2]〗

glancing àngle *n.* 〘光学〙視射角, 照(射)角 (光が照射面となす角, すなわち入射角の余角).

gland[1] /glǽnd/ *n.* **1 a** 〘解剖〙腺: ⇨ ductless gland, pituitary gland, salivary gland, sweat gland. **b** リンパ腺 (lymph node を古くは lymph gland といった). **2** 〘植物〙(蜜などを分泌する)腺, (モウセンゴケなどの)腺毛.

glánd of Barthólin 〘解剖〙 =Bartholin's gland.

glánd of extérnal secrétion 〘生理〙 =exocrine gland.

glánd of intérnal secrétion 〘生理〙 =endocrine gland.

~·less *adj.* **~·lìke** *adj.* 〖(1631) □ F *glande* (変形) ← OF *glandre* □ L *glandula* (dim.) ← *glāns* acorn ← IE *$*g^wel$ə- acorn〗

gland[2] /glǽnd/ *n.* 〘機械〙パッキン押え, グランド (パッキン箱内の詰物を圧する可動蓋; packing gland ともいう). 〖(1825) (変形) ? ← *glam*, (廃) *glan* (変形) ← CLAM[2]: cf. (スコット) *glaund* iron clamp〗

glan·dered /glǽndəd | glǽndəd, glɑ́:n-/ *adj.* 〘獣医〙〈馬・ろばなど〉鼻疽(ﾋﾞｿ)にかかった. 〖(1667): ⇨ ↓, -ed 2〗

glan·ders /glǽndəz | glǽndəz, glɑ́:n-/ *n. pl.* [単数または複数扱い] 〘獣医〙鼻疽(ﾋﾞｿ) (馬・ろばなどの伝染病で人間・犬・羊・山羊にも感染するが, 牛にはしない). **glán·der·ous** /-dərəs, -drəs/ *adj.* 〖(*c*1410) □ OF *glandres* (pl.) ← L *glandulae* (swollen) glands: cf. gland[1]〗

glandes *n.* glans の複数形.

glan·di·form /glǽndəfɔ̀əm | -dɪ̀fɔ̀:m/ *adj.* **1** 腺状の. **2** 堅果状の. 〖(1822-34) ← GLAND[1]+-I-+-FORM〗

glan·du·la /glǽndʒʊlə | -djʊ-, -dʒʊ-/ *n.* (*pl.* **-du·lae** /-lì:, -lài/) 〘解剖〙 =glandule. 〖← NL ~ ← L ~: ⇨ gland[1]〗

glan·du·lar /glǽndʒʊlə | -djʊlə[r], -dʒʊ-/ *adj.* **1 a** 腺の[に関する], 腺状の. **b** 腺から成る[を含む]. **c** 腺の異常から生じる; 腺病質の. **2** 先天的な, 生まれつきの. **3** 肉体的な (physical); (特に)性的な (sexual). **~·ly** *adv.* 〖(1740) ← L *glandula* (⇨ gland[1])+-AR[1]〗

glándular féver *n.* 〘病理〙腺熱, 伝染性単核症 (infectious mononucleosis). 〖1902〗

glan·dule /glǽndʒu:l | -dju:l/ *n.* 〘解剖〙小腺 (gland). 〖(*c*1400) □ F ~ □ L *glandula*: ⇨ gland[1], -ule〗

glan·du·lous /glǽndʒʊləs | -djʊ-, -dʒʊ-/ *adj.* **1** 腺の多い. **2** 〘獣医〙鼻疽(ﾋﾞｿ)にかかった. 〖(*a*1400) □ F *glanduleux* □ L *glandulōsus* ← *glandula* GLAND[1], GLANDULE〗

glans /glǽnz/ *n.* (*pl.* **glan·des** /glǽndi:z/) **1** 〘解剖〙亀頭(ｷﾄｳ) (cf. glans penis, glans clitoridis). **2** 〘植物〙総苞に覆われた堅果. 〖(1650) □ L *glāns* acorn〗

gláns cli·tó·ri·dis /-klɪ̀tɔ́:rədɪ̀s | -klɪtɔ́:rɪ̀drɪs/ *n.* 〘解剖〙陰核亀頭(ｷﾄｳ) (⇨ reproduction system 挿絵). 〖← NL ~ ← L *glāns* (↑)+*clitoridis* ((gen.) ← CLITORIS)〗

gláns pénis *n.* 〘解剖〙(陰茎)亀頭. 〖← NL ~ ← *glāns* (↑)+*pēnis* ((gen.) ← *pēnis* 'PENIS')〗

glare[1] /gléə | gléə[r]/ *vi.* **1** ぎらぎら輝く, まばゆく光る: The sun ~*s down upon* the sand. 太陽が砂の上にぎらぎら照りつける. **2** 〈野獣・人間が〉目を怒らす, ねめつける (*at, upon*): She ~*d at* the impertinent boy. 無作法な子をにらみつけた. **3** (古) 〈飾りなど〉いやに目立つ; 〈色が〉どぎつい. **— *vt.*** にらみつけて〈怒り・反抗などを〉示す: ~ defiance at a person 人を挑むようににらむ / He ~*d* anger *at* me. 怒りの目を私に向けた. **— *n.*** **1** まぶしい光, ぎらぎらする光 (⇨ blaze[1] SYN); ぎらぎら照りつける陽光: the ~ of the footlights まぶしい脚光, はなやかな舞台. **2** にらみ, ねめつけ. **3** (古) いやに目立つこと; はなばなしさ, どぎつさ: in the (full) ~ of publicity 非常に目立って, ひどく世間の評判になって. **~·less** *adj.* 〖(*c*1275) □ ? MDu. & MLG *glaren* glassy / OE *glæren* glassy〗

glare[2] /gléə | gléə[r]/ (米・カナダ) *n.* (氷などの)輝いてなめらかな表面: a ~ of ice. **— *adj.*** 〈氷など〉輝いてなめらかな. 〖(1567) GLARE[1] の特殊用法?〗

gláre ice *n.* (米) (表面が鏡のように)なめらかでつるつるの氷. 〖1859〗

glar·ing /glé(ə)rɪŋ | gléər-/ *adj.* **1** 〈光などきらぎら輝く, ぎらぎらする, まばゆい (dazzling): ~ spotlights / the ~ sea まばゆいばかりの海原. **2** 〈色・飾りなど〉けばけばしい, 華やかな (garish): ~ colors. **3** 〈欠点・悪い所など〉目立つ, ひどい, 紛れもない (conspicuous) (⇨ flagrant SYN): ~ faults, errors, defects, etc. / mistakes too ~ to be overlooked だれの目にもつく大きな誤り / a ~ lie 白々しいうそ. **4** 〈目が〉にらみつける, ねめつける: one's ~ eyes. **~·ness** *n.* 〖(*c*1387-95): ⇨ glare[1], -ing[2]〗

glár·ing·ly *adv.* ぎらぎらと; 目立って; はっきりと. 〖(*a*1586): ⇨ ↑, -ly[1]〗

Gla·rus /glɑ́:rəs; G. glá:ʀʊs/ *n.* グラールス: **1** スイス中東部の州. **2** その州都.

glar·y[1] /glé(ə)ri | gléəri/ *adj.* (**glar·i·er, -i·est; more ~, most ~**) ぎらぎらする; まぶしい (glaring). **glár·i·ness** *n.* 〖(1632) ← GLARE[1]+-Y[4]〗

glar·y[2] /glé(ə)ri | gléəri/ *adj.* (**glar·i·er; -i·est**) (米) 〈氷など〉なめらかですべっこい. 〖(1569) (古形) *glarie* icy ← GLARE[2]+-Y[1]〗

Glas. (略) Glasgow.

Gla·ser /gléɪzə | -zə[r]/, **Donald Arthur** *n.* グレーザー (1926-2013; 米国の物理学者; 泡箱 (bubble chamber) の発明者; Nobel 物理学賞 (1960)).

Glas·gow /glǽskoʊ, -goʊ, glǽzgoʊ | glɑ́:zgəʊ, glɑ́:s-, glǽz-, glǽs-, glɑ́:skəʊ, glǽs-/ *n.* グラスゴー (スコットランド中部の港湾都市; Clyde 川に臨み, 造船業の中心地, 1451 年創設の大学がある). 〖← Welsh *glas cau* green hollows // *glas chu* gray hound〗

Glas·gow /glǽskoʊ, -goʊ, glǽzgoʊ | glɑ́:zgəʊ, glɑ́:s-, glǽz-, glǽs-, glɑ́:skəʊ, glǽs-/, **Ellen (Anderson Ghol·son)** /góʊlsən, -sn | gə́ʊl-/ *n.* グラスゴー (1874-1945; 米国の女流小説家; *Barren Ground* (1925)).

Glásgow Hérald *n.*「グラスゴーヘラルド」(スコットランドの主要新聞の一つ; 特にスコットランドの西部に読者が多い).

Glash·ow /glǽʃoʊ | -ʃəʊ/, **Sheldon Lee** *n.* グラショー (1932- ; 米国の理論物理学者; 統一場理論に貢献; Nobel 物理学賞 (1979)).

glas·nost /glɑ́:snoʊst, glǽs-, glǽz-, -nɑ(:)st | glǽsnɒst, glǽz-; *Russ.* glásnəs[j]t[j]/ *n.* グラスノスチ (旧ソ連 Gorbachev 政権下で盛んになった情報公開政策). 〖(1972) □ Russ. *glasnost'* 'the fact of being public'〗

Glas·pell /glǽspɛl/, **Susan** *n.* グラスペル (1882-1948; 米国の女流小説家・劇作家; *Alison's House* (戯曲) (1930)).

glas·phalt /glǽsfɔ:lt, -fɑ:lt, -fælt | glɑ́:sfælt, -fɔ:lt/ *n.* 〘化学〙グラスファルト (ガラスから作られる道路の舗装材料). 〖← GLASS+(AS)PHALT〗

glass /glǽs | glɑ́:s/ *n.* **1 a** ガラス: ⇨ crown glass, cut glass, safety glass, spun glass, stained glass, wire glass / window ~ 窓ガラス / a pane of ~ ガラス 1 枚 / The window is ~. 窓はガラスです / Break ~ in case of emergency. 緊急の場合にはガラスを割ってください / a ~ foundry ガラス工場 / blow ~ ガラスを吹く, 吹いてガラス器を作る (⇨ glassblower, glassblowing). **b** ガラス状[ガラス質]の物質: ~ of antimony アンチモニガラス. **2 a** ガラスを用いた製品. **b** (ガラスの)コップ, グラス. **c** 窓ガラス. **d** (絵を覆う)ガラス板. **e** 鏡, 姿見 (mirror, looking-glass): look in the ~ 鏡を見る[のぞく]. **f** 砂時計 (hourglass, sandglass): ⇨ egg glass 1. **g** (時計の)ガラスぶた (watch glass). **h** [時に集合的] 温室; ガラスのフレーム. **i** 温度計. **j** 晴雨計 (barometer): How is the ~? 晴雨計[天気ぐあい]はどうか / The ~ is rising [falling]. 晴雨計が上がって[下がって]いる. **3 a** レンズを用いた光学器具. **b** レンズ, (特に)拡大鏡. **c** 単眼鏡 (monocle). **d** 顕微鏡. **e** 望遠鏡. **f** [*pl.*] ⇨ glasses. **4** [集合的] ガラス製品[器具] (glassware): ~ and china ガラス器と陶器 / a sherry ~ シェリーグラス / dinner ~ ディナーグラス (晩餐用ガラス器具). **5** コップ[グラス]一杯; 飲酒: a ~ *of* wine [milk] ぶどう酒[牛乳]一杯 / a friendly ~ 気の合った同士の一杯 / enjoy [be fond of] one's [a] ~ now and then 時々一杯やる / have a ~ too much [many] 飲みすぎる, 酔っぱらう. **6** 〘岩石〙黒曜石 (volcanic glass). **7** =fiberglass. ***ráise one's gláss to*** …の健康を祝して杯を上げる. ***through a gláss dárkly*** ⇨ darkly 4. ***ùnder gláss*** フレーム[温室]内で: grown *under* ~ 温室作りの[で] / I've spent my whole life *under* ~: now I want to live! 私は一生を温室の中で過ごしてきた. こんどは本当の生活をしたい.

— *adj.* [限定的] **1 a** ガラス(製)の (cf. hyaline, vitreous): a ~ bottle / a ~ button ガラスボタン / ~ beads ガラス玉, 南京玉 / a ~ case (商店などの)ガラスケース. **b** ガラスのような (glassy). **2** ガラス板をはめた, ガラスで覆った (glazed): a ~ door, roof, window, etc.

— *vt.* **1 a** …にガラス板を入れる[はめる]: ~ a window, picture, etc. **b** ガラスで覆う (*over*), ガラスで囲む, ガラスの箱に入れる (*in*): The porch is ~*ed in*. ポーチはガラスで囲まれて[ガラス張りになって]いる. **2** (保存・運搬などのため)〈果物・野菜など〉をガラスの容器に詰めて密封する (*up*). **3** 〈目を〉どんよりさせる; 〈皮を〉滑らかにする. **4** (詩) [しばしば ~ *oneself* で] …の影を映す: The mountains ~*ed themselves* in the lake. 山々が湖水に影を映していた. **5** (特に, 狩りの獲物を見つけるために双眼鏡などで)〈地形など〉をよく調べる. **— *vi.*** **1** 〈水面が〉鏡のようになる. **2** 〈目が〉どんよりする. **3** (双眼鏡などで)獲物を探す.

~·like *adj.* 〖OE *glæs* < Gmc *$*$*glazam* (Du. *glas* / G *Glas*) ← IE *$*$*ghel-* to shine: ⇨ gold, glow, yellow〗

Glass /glǽs | glɑ́:s/, **Philip** *n.* グラス (1937- ; 米国の作曲家; minimal music の代表的な作曲家).

gláss blóck *n.* 〘建築〙ガラスブロック[れんが] (建物の採光に使用されるガラス製の中空ブロック).

gláss·blòwer *n.* ガラス吹き手 (ガラス器を手吹きで作る場合の吹き手). 〖*c*1515〗

gláss·blòwing *n.* 〘ガラス製造〙吹きづくり, ガラス種子吹き, 宙吹き (鉄管製品の吹ざおの一端に溶けたガラスをまきとり, 他端から吹いて細工を行うこと). 〖1829〗

gláss cáse *n.* ガラス容器[陳列箱], ガラスケース.

gláss céiling *n.* ガラスの天井 (管理職への昇進をはばむ無形で目には見えない人種的・性的偏見の壁). 〖1984〗

gláss-cerámic *n.* 結晶化ガラス (あらかじめ成形したガラスを熱処理して失透 (devitrification) させてつくった結晶質のガラス).

gláss chín *n.* 〘ボクシング〙 =glass jaw.

gláss clòth *n.* **1** ガラス器用ふきん. **2** (研磨用の)ガラス布 (ガラス粉を布に塗ったもの). **3** /⌐⌐/ ガラス織物 (ガラス糸 (glass yarn) で織った布). 〖1851〗

gláss cúrtain *n.* 薄くて透ける窓かけ[カーテン].

gláss cùtter *n.* **1** ガラス切り (器具). **2** ガラス切り職人; ガラスの表面に模様などを切り込む職人. 〖1703〗

gláss-dùst *n.* (研磨用の)ガラス粉. 〖1598〗

glássed-ín *adj.* ガラスで囲んだ, ガラス張りの: a ~ roof. 〖1894〗

gláss éel *n.* 〘魚類〙 =elver. 〖1840〗

gláss eléctrode *n.* 〘化学〙ガラス電極 (pH 測定に用いられる).

glass·es /glǽsɪ̀z | glɑ́:s-/ *n. pl.* **1** 眼鏡 (eyeglasses, spectacles): read without ~ 眼鏡なしで読む / wear a pair of ~ 眼鏡をかけている / take off one's ~ 眼鏡をはずす. **2** オペラグラス; 双眼鏡. 〖(1660) (pl.) ← GLASS〗

glasses
1 bridge
2 hinge
3 earpiece
4 frames
5 lens
6 arm

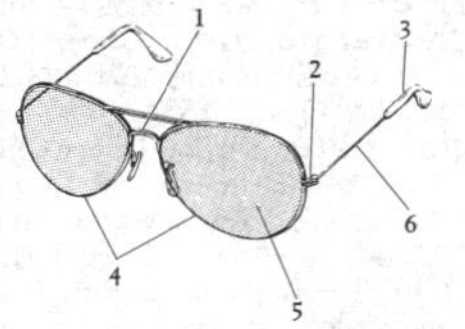

gláss éye *n.* **1** ガラス製義眼. **2** 白色の虹彩の目(の人). **gláss-éyed** *adj.* 〖1604-5〗

gláss-fáced *adj.* (Shak) (鏡のように相手と同じ顔をして)おもねる, おべっか使いの. 〖1607-08〗

gláss fíber *n.* ガラス繊維, グラスファイバー. 〖1824〗

gláss·físh *n.* 〘魚類〙 **1** グラスフィッシュ (アカメ科 *Chanda* 属の小魚の総称; 体は側偏しガラスのように透明で骨や内臓が見えるので x-ray fish ともいわれ, 観賞魚とされるものもある; インディアングラスフィッシュ (*C. ranga* など)). **2** シラウオ (*Salangichthys microdon*) (太平洋西部産のシラウオ科の細長い半透明の魚).

glass·ful /glǽsfʊ̀l | glɑ́:s-/ *n.* コップ[グラス]一杯(の量) (*of*): a ~ *of* milk. 〖OE *glæsful*: ⇨ -ful[2]〗

gláss fùrnace *n.* ガラス窯(ｶﾏ) (ガラスバッチ (batch) 溶融用). 〖1632〗

gláss gàll *n.* 〘ガラス製造〙ゴール, 塩(ｼｵ) (ガラスの原料に硫酸塩を用いた時, 反応不充分でガラス素地面に浮く浮きかす; sandever ともいう). 〖1599〗

gláss-gázing *adj.* (Shak) 鏡ばかりのぞき込む, うぬぼれ屋の. 〖1604-05〗

gláss-glázed *adj.* 〘窯業〙〈陶器など〉ガラスで覆った, ガラスがかかったような. 〖1883〗

gláss harmónica *n.* グラスハーモニカ (musical glasses ともいう): **1** 一組のガラス器に異なる量の水を入れて調音したもので, 指先をぬらしてそのへりを擦って奏楽する. **2** 大小多数の半球形のガラス器を並べ真中に軸を通したもので, 回転させながら水でぬらし指で奏する; Benjamin Franklin が実用化 (1761). 〖*c*1909〗

gláss·hòuse *n.* **1** ガラス製造所, ガラス工場. **2** (英) 温室. **3** (英軍俗) 軍刑務所, 営倉. 〖1385〗

glass·ie /glǽsi | glɑ́:si/ *n.* **1** ガラス製のビー玉. **2** 透明の高級ガラス. 〖(1887): ⇨ -ie〗

glass·ine /glæsí:n | glɑ́:sɪn, glǽs-/ *n.* グラシンペーパー, グラシン紙 (パルプを原料とした紙に光沢をつけた半透明の薄紙; 本や食品の包装に用いる). 〖(1916): ⇨ -ine[3]〗

gláss·ing-jàck *n.* (英) 皮革のつや出し機. 〖1884〗

gláss jáw *n.* 〘ボクシング〙(打たれるとすぐノックダウンされるような)ガラスのあご. 〖1940〗

gláss·less *adj.* ガラスのない. 〖(1824): ⇨ -less〗

gláss lìzard *n.* 〘動物〙 =glass snake.

gláss·màker *n.* ガラス(器)製造人[家]. 〖1576〗

gláss·màking *n.* ガラス(器)製造術[業]. 〖1611〗

gláss·man /-mən, -mæ̀n/ *n.* (*pl* **-men** /-mən, -mɛ̀n/) **1** ガラス商, ガラス屋; ガラスはめ職人 (glazier). **2** ガラス製造人 (glassmaker). 〖1597-98〗

gláss òven *n.* 〘ガラス製造〙徐冷窯(ｶﾏ). 〖1875〗

gláss·pàper *n.* (ガラス粉を塗布した)紙やすり. **— *vt.*** 紙やすりをかける. 〖1815〗

gláss pòt *n.* 〘ガラス製造〙ガラス溶解用るつぼ. 〖1753〗

gláss pòx *n.* 〘病理〙 =alastrim.

gláss-réinforced plástic *n.* ガラス強化プラスチック (ガラス繊維にポリエステル樹脂をしみ込ませた合成樹脂板).

gláss slìpper *n.* (シンデレラ (Cinderella) の)ガラスの靴. 〖(1729) (なぞり) ← F *pantoufle en vair* fur slipper: *vair* fur を *verre* glass と誤訳〗

gláss snàke *n.* 〘動物〙 **1** バルカンヘビガタトカゲ (*Ophisaurus apodus*) (バルカン半島と小アジアにすむヘビガタトカゲ属の動物). **2** ミドリヘビガタトカゲ (*Ophisaurus ventralis*) (北米南東部産). **3** ヘビガタトカゲ (ヘビガタトカゲ属のトカゲの総称). 〖(1709) 脚が退化しているので見掛けはヘビに似ているが, 尾の自切性が高く, ガラスのように砕け散ることから〗

gláss spònge *n.* 〘動物〙六放海綿 (骨格がガラスのようなケイ酸質でできている; カイロウドウケツカイメン (Venus's-flower-basket), ホッスガイ (*Hyalonema sieboldi*) など). 〖1875〗

gláss strìng *n.* (マレーシアでけんかだこに用いる)ガラスのかけらを塗布したたこ糸.

gláss tànk *n.* 〘ガラス製造〙ガラス溶解窯 (ガラスが火炎の下でじかに溶解される反射炉).

glas·steel /glǽsstì:l | glɑ́:s-/ *adj.* [限定的] ガラスと鋼鉄で作られた: a ~ building. 〖← GLASS+STEEL〗

gláss·wàre *n.* [集合的] ガラス製品, ガラス器具類, (特に)ガラス食器. 〖1745〗

gláss wóol *n.* 〘化学〙ガラス綿, グラスウール (羊毛状の糸ガラス繊維; 断熱・吸音・濾過(ﾛｶ)用). 〖1879〗

gláss·wòrk *n.* **1** ガラス(器)製造(業); ガラスの取付け

(glazing). 2 [集合的] ガラス製品, ガラス器類 (glassware). 3 [*pl.*; 通例単数扱い] ガラス工場. 〘1611〙
gláss·wòrker *n.* ガラス工[細工職人]. 〘ME〙
gláss wòrm *n.* 〘動物〙 =arrowworm.
gláss·wòrt *n.* 〘植物〙 1 アッケシソウ (*Salicornia europaea*) 《アカザ科アッケシソウ属の植物》; (その他)同属の植物の総称. 2 ノハラヒジキ (*Salsola kali*) 《アカザ科の植物》. 〘(1597) もとこれを焼いてその灰からガラス製造用のソーダ灰を採ったことから〙
glass·y /glǽsi | glɑ́:si/ *adj.* (**glass·i·er, -i·est; more ~, most ~**) 1 ガラス状の; ガラス質の (vitreous). 2 a 〈水面など〉鏡のよう(に穏やか[透明])な: a ~ lake 鏡のように穏やかな湖水. b 〈表面が〉滑らかな. 3 〈目が〉生気のない, ぼんやり見つめた, どんよりした (dull); 冷たい, 同情のない: give a person a ~ eye 人をぼかんと眺める. — *n.* = glassie. **gláss·i·ly** /-s̬ɪli/ *adv.* **gláss·i·ness** *n.* 〘(*a*1398): ⇨ -y¹〙
gláss yárn *n.* ガラス糸 《直径数 μ の単繊維のガラスを集めて作った糸》.
glássy-èyed *adj.* ぼんやり[どんより]した(目つきの).
Glas·ton·bur·y /glǽstənbèri, -b(ə)ri | glǽstənb(ə)ri, glɑ́:s-/ *n.* グラストンベリー 《イングランド南西部 Somerset 州の古都; アリマタヤのヨセフ (Joseph of Arimathea) が聖杯 (Holy Grail) を携えて来たという伝説の地》. 〘OE *Glæstingabyrig, Glestingaburg* ← *Glæstingas* 'the people of *Glastonia*, 《原義》 the place where woad grows' ← OCelt. *glasto-* woad: ⇨ -burg〙
Glas·we·gian /glæswí:dʒən | glæzwí:dʒən, glɑ:z-, glæs-, glɑ:s-, -dʒiən/ *adj.* Glasgow の(人の); Glasgow 方言の. — *n.* 1 Glasgow の人. 2 Glasgow の方言. 〘(1818) ← GLASGOW: cf. Galwegian〙
glau·ber·ite /gláubəràɪt, glɔ́:-, glɑ́:- | gláub-, glɔ́:-/ *n.* 〘鉱物〙 グラウバー石 《ナトリウムとカルシウムの硫酸塩鉱物》. 〘(1809) □ F *glaubérite*: ⇨ ↓, -ite¹〙
Gláu·ber's sált /gláubəz-, glɔ́:-, glɑ́:- | gláubəz-, glɔ́:-/ *n.* [しばしば *pl.*] 〘化学〙 グラウバー塩, 芒硝(ぼうしょう) 《硫酸ナトリウム十水塩 ($Na_2SO_4 \cdot 10H_2O$) の俗称; 下剤などに用いる; Glauber salt ともいう; cf. sodium sulfate》. 〘(1736) ← *Johann Rudolf Glauber* (1604–68: ドイツの医者・錬金術師)〙
glauc- /glɔ:k, glɑ:k, glauk | glɔ:k, glauk/ (母音の前にくるときの) glauco- の異形.
glau·ces·cent /glɔ:sésənt, glɑ:-, -snt | glɔ:-/ *adj.* 〘植物〙 やや青白色粉で覆われた. 〘(1829): ⇨ ↓, -escent〙
glau·co- /glɔ́:kou, glɑ́:-, gláu- | glɔ́:kəu, gláu-/ 「緑灰色の, 淡緑青色の」の意の連結形: *glauco*phane. ★ 母音の前では通例 glauc- になる. 〘← Gk *glaukós* gleaming, bluish green ← ?〙
glau·co·dot /glɔ́:kədɑ̀(:)t, glɑ́:- | glɔ́:kədɔ̀t/ *n.* (*also* **glau·co·dote** /-dòut | -dəut/) 〘鉱物〙 グローコドート(鉱) ((Co·Fe)AsS) 《硫ヒ鉄鉱族の一種》. 〘(1850) □ G *Glaukodot* ← GLAUCO- + Gk *dotḗr* giver〙
glau·co·ma /glaukóumə, glɔ:-, glɑ:- | glɔ:kə́u-, glau-/ *n.* 〘病理〙 緑内障, あおそこひ (cf. amaurosis, cataract 1 a). 〘(1643) □ Gk *glaúkōma* opacity of the crystalline lens: ⇨ glauco-, -oma〙
glau·co·ma·tous /glaukóumətəs, glɔ:-, glɑ:-, -kɑ́(:)mə- | glɔ:kə́umətəs, glau-, -kɔ́m-/ *adj.* 緑内障の[に関する, を患った]. 〘(1822–34) ← NL *glaucōmat-* + -ous〙
glau·co·nite /glɔ́:kənàɪt, glɑ́:- | glɔ́:-/ *n.* 〘鉱物〙 海緑石, 海緑砂 《多く粒状を成す土状鉱物で, 水成岩中に散在し, 今日の海底でも生成しつつある》. **glau·co·nit·ic** /glɔ̀:kənítɪk, glɑ̀:- | glɔ̀:kənítɪk⁻/ *adj.* 〘(1836) □ G *Glaukonit* ← Gk *glaukón* (neut. adj.): ⇨ glaucous, -ite¹〙
glau·co·phane /glɔ́:kəfèɪn, glɑ́:- | glɔ́:-/ *n.* 〘鉱物〙 藍閃(らんせん)石 ($Na_2(Mg \cdot Fe)_3Al_2Si_8O_{22}(OH)_2$) 《角閃石の一種》. 〘(1849) □ G *Glaukophan*: ⇨ glauco-, -phane〙
glau·coth·o·e /glɔ:kɑ́(:)θouì:, glɑ:- | glɔ:kɔ́θəu-/ *n.* 〘動物〙 グラウコトエ 《ヤドカリ類の浮遊性後期幼生》. 〘← NL ~ ← ? L *glaucus* (↓)〙
glau·cous /glɔ́:kəs, glɑ́:- | glɔ́:-/ *adj.* 1 緑灰色の, 淡緑青色の. 2 〘植物〙 〈葉・果物など〉白粉 (bloom) で覆われた. **~·ly** *adv.* **~·ness** *n.* 〘(1671) □ L *glaucus* □ Gk *glaukós* gleaming, bluish or grayish green ← ?: ⇨ -ous〙
gláucous gúll *n.* 〘鳥類〙 シロカモメ (*Larus hyperboreus*) 《北極海産の大形のカモメ》. 〘1828〙
Glau·cus /glɔ́:kəs, glɑ́:- | glɔ́:-/ *n.* 〘ギリシャ神話〙 グラウコス: a Bellerophon の父, また Homer の *Iliad* では Bellerophon の孫. b Scylla と Circe (一説には Amphitrite) に愛された海の神. c Minos の息子; 蜜のつぼで窒息したが予言者の見つけた魔法の薬草で生き返った. 〘□ L ~ □ Gk *Glaûkos*: cf. glaucous〙
glaum /glɑ́:m, glɔ́:m/ *vi.* 《スコット・英方言》 つかむ (grasp) 〔*at*〕. 〘(1715) ← ? Sc.-Gael. *glaim* to handle awkwardly: cf. clam²〙
glaur /glɔ́ə | glɔ́:ʳ/ *n.* 《スコット》 ねば土, 軟泥 (mud).
glau·ry /glɔ́:ri/ *adj.* 〘(1500–20) ← ?: cf. ON *leir*〙
gla·ver /gléɪvə | -vəʳ/ *vi.* 《古》 こびへつらう, おもねる. 〘(?*c*1380) ← ?〙
Glax·o Well·come /glǽksouwélkəm | -səu-/ *n.* 〘商標〙 グラクソ ウエルカム 《英国最大の医薬品会社》.
glaze¹ /gléɪz/ *vt.* 1 a 〈窓など〉にガラスをはめる[入れる, 張る]; 〈建物〉にガラス窓をつける: ~ a window 窓にガラスを入れる. b ガラスで囲む 〈*in*〉: ~ a cage *in* おりをガラスで囲む[覆う]. 2 a 〈陶磁器〉に釉(ゆう)をかける, 施釉(せゆう)する; 〈絵〉に透明な上塗りをかける (cf. glazed 2). b 釉をつけたように覆う〔*with*〕: trees ~*d with* ice 樹氷. 3 a 〈料理や菓子〉にグレーズをかける, 照りをつける (cf. *n.* 3). b 〈人参・たまねぎなどを〉艶煮にする. c 〈料理〉におろしたチーズなどをふりかけ, オーブンで表面を)さっと焼き艶をつける. 4 〈革・紙などに〉(光沢剤を塗って)なめらかな光沢をつける, 艶づけをする; …に光沢を出させる, 艶出しする (polish). 5 〈人の頭を〉ぼんやりさせる, ぼうっとさせる. 6 (死期が近づいてまたは病気で)〈目を〉どんよりさせる, かすませる. 7 (貯蔵[輸送]中水気がなくなるのを防ぐため)〈冷凍魚などを〉氷で覆う. — *vi.* 1 a ガラス[釉(ゆう)]のようになる. b 〈氷が〉一面に凍りつく〈*over*〉. 2 〈目が〉どんよりする〈*over*〉. — *n.* 1 つやつやした表面, (表面の)艶. 2 (艶出し加工をした布や紙の)なめらかで光沢のある表面. 3 グレーズ 《砂糖・シロップ・ゼラチンなど菓子や料理にかけてその表面に艶をつけるもの; また肉や魚の煮出し汁にゼラチンを溶かし料理にかけ風味を増すものもいう》. 4 (目にできる)どんよりした膜. 5 〘窯業〙 釉(ゆう) 《陶磁器などの表面に焼床でつけ生成された薄いガラス質の層; またはその上薬》. 6 〘絵画〙 上塗り 《完成した絵に塗る透明で光沢のある塗料》. 7 《米》〘気象〙 雨氷(うひょう) 《過冷却の雨が地物の表面に当って凍りついたもの; sleet ともいう》. 〘(1369) *glase(n)* ← *glas* 'GLASS': — *n.* (*a*1700) ← (v.)〙
glaze² /gleɪz/ *vi.* 《廃・方言》 じっと見つめる, にらむ (stare). 〘(1599) 《混成》 ← GL(ARE) + (G)LAZE〙
glazed /gléɪzd/ *adj.* 1 ガラスをはめた[を入れた, で覆った]: the ~ walls ガラス窓のある壁. 2 釉(ゆう)をかけた, 艶づけをした; なめらかな, 光沢のある; 〈紙が〉強光沢の: ~ bricks 施釉れんが, 化粧れんが / ~ paper 強光沢紙 / a ~ photograph 光沢写真. 3 a (艶がつくように)グレーズをかけた (cf. glaze¹ *n.* 3). b 艶煮にした. 4 〈目が〉どんよりした; 〈顔つき・表情などが〉ひきつった, こわばった: His eyes were ~. 〘(1591): ⇨ glaze¹, -ed〙
glázed fróst *n.* 《英》〘気象〙 =glaze¹ 7.
gláze ìce *n.* 〘気象〙 =glaze¹ 7.
gláz·er *n.* 〘窯業〙 1 施釉(せゆう)工; 自動施釉機. 2 グレーザー 《自動的に押型でつくられた食卓器具などの表面を火仕上げするために用いる小さな窯》. 〘(1408): ⇨ glaze¹, -er¹〙
gla·zier /gléɪʒə | -ziəʳ, -ʒəʳ/ *n.* 1 (ガラスの)はめ込み工事人, ガラス屋 (glassworker): Is your father a ~? 《戯言》 君のおやじさんはガラス屋かい 《君の体はガラスじゃあるまいし, その人の前に立ちふさがるな》. 2 〘窯業〙 =glazer. 〘(1296–97) *glasier* ← *glas* 'GLASS': ⇨ -ier¹〙
glázier's pòint *n.* 三角釘, パテ釘 《ガラスを建具にパテで取り付ける際, ガラスを固定するために用いる三角形の金属片》.
gla·zier·y /gléɪʒəri | -ziə-, -ʒə-/ *n.* ガラス職人の仕事. 〘(1841): ⇨ -y¹〙
gláz·ing *n.* 1 ガラス板を窓枠にはめ込むこと, はめ込み; ガラス張りにすること. 2 〘ガラス製造〙 ガラス化; 火仕上げ; 口やき. 3 〘窯業〙 施釉(せゆう), くすりがけ. 〘(1427–28): ⇨ glaze¹, -ing¹〙
glázing bàr *n.* 《英》〘建築〙 =muntin 1.
Gla·zu·nov /glǽzənɑ̀(:)f, glɑ́:zə-, -nɔ̀(:)f | glǽzunɔ̀f; *Russ.* glǝzunóf/, **Aleksandr Konstantinovich** *n.* グラズノフ (1865–1936; ロシアの作曲家).
glaz·y /gléɪzi/ *adj.* (**glaz·i·er; -i·est**) 1 ガラスのような, ガラス質の (vitreous). 2 釉(ゆう) (glaze) をかけたような, つやつやした. 3 〈目が〉どんよりした, 生気のない (glassy). **gláz·i·ness** *n.* 〘(*a*1398): ⇨ glaze¹, -y¹〙
glb 《略》〘数学〙 greatest lower bound.
GLC 《略》〘化学〙 gas-liquid chromatography; Greater London Council (1986 年廃止); Greater London Councillor.
gld, Gld 《略》 guilder(s); gulden(s).
gleam /glí:m/ *n.* 1 a ちらとさす光, かすかな光, 微光 (⇨ flash¹ SYN): the distant ~ from a lighted window 明かりのともっている窓からさす遠いかすかな光 / the ~ of the sea at night 夜の海の微光. b (瞬間的な)きらめき. 2 (希望・機知などの)ひらめき: a ~ of humor, wit, intelligence, etc. / There was not a faint ~ of hope. 一縷(いちる)の望みもなかった. 3 《廃》(太陽の)輝き.
a gléam in one's éye ⇨ eye 成句.
— *vi.* 1 かすかに光る, 弱く輝く; ちらちらする, 〈磨いた面などが〉光を反射する: a ~*ing* jewel / Something ~*ed* white in the east. 何かが東の方で白くかすかに光った. 2 〈希望・機知などが〉ひらめく〔*with*〕: Anger ~*ed* in his eye. =His eyes ~*ed with* anger. 彼の目に怒りの色が走った. — *vt.* (まれ) 〈光を〉発する (emit) 〈*out, forth*〉. **~·ing** *adj.* **~·ing·ly** *adv.* **~·less** *adj.* 〘OE *glǣm* < Gmc **ʒlaimiz* (OHG *gleimo* glowworm) ← IE **ghel-* to shine: cf. glimmer, glimpse〙
gleam·y /glí:mi/ *adj.* (**gleam·i·er; -i·est**) 〈弱い光が〉きらめく; 〈光・色が〉薄明るい. 〘(1593): ⇨ -y¹〙
glean /glí:n/ *vt.* 1 a 〈刈残し・落穂・採残しのぶどうなどを〉拾う, 拾い集める, 集める: ~ the grain that is left. b 〈田畑・ぶどう園〉から落穂を拾う, 刈残し[採残し]を集める: ~ a field, vineyard, etc. 2 a 〈知識・事実などを〉(断片的に)骨折って集める, 収集する: ~ information, knowledge, etc. / facts ~*ed from* books. b (知識・材料を収集するために)〈本などを〉あさる. 3 (断片的な情報を寄せ集めて)…の粗略な知識を持つ; 学ぶ, 発見する, 確かめる. — *vi.* 1 刈残し[採残し]を集める, 落穂を拾う. 2 (知識などの)断片を拾い集める, 収集する〈*from*〉.
gléan·a·ble /-nəbl̩/ *adj.* 〘(*c*1330) □ OF *glener* (F *glaner*) < LL *glen(n)āre* ← ? Celt.: cf. Welsh *glan* clean, tidy〙
gléan·er *n.* 落穂拾い(人); 断片収集者. 〘(*c*1425): ⇨ ↑, -er¹〙
gléan·ing *n.* 1 刈残し[採残し]を集めること, 落穂拾い. 2 [通例 *pl.*] (拾い集めた)刈残し, 採残し, 落穂; (知識などの)断片的収録, 拾遺. 〘(1440): ⇨ -ing¹〙
gle·ba /glí:bə/ *n.* (*pl.* **gle·bae** /-bi:/) 〘植物〙 グレバ, 基本体 《担子菌類において, 皮殻に覆われた子実体の内部の胞子をつくる組織》. 〘(1847) ← NL ~ ← L *glēba, glaeba* clod of earth〙
glebe /glí:b/ *n.* 1 《古・詩》 土, 土壌 (earth, soil); 耕地, 畑地 (field). 2 《英》 教会所属畑地, 聖職領耕地 (glebe land ともいう). 〘(?*c*1378) □ L *glēba* clod of earth ← IE **gel-* to form into a ball (↑)〙
glébe hòuse *n.* 《古》 牧師館 (parsonage). 〘*c*1645〙
glébe lànd *n.* =glebe 2.
glede /glí:d/ *n.* (*also* **gled** /gléd/) 〘鳥類〙 (ヨーロッパ産の)アカトビ (red kite) の旧称. 〘OE *glida* 《原義》 gliding bird < Gmc **ʒliðōn* (ON *gledha*) ← **ʒlīðan* 'to GLIDE'〙
gle·dit·si·a /glədítsiə/ *n.* マメ科サイカチ属 (*Gleditsia*) の落葉高木 《特にアメリカサイカチ (honey locust) を指す》. 〘(1770) ← NL ~ ← *J. G. Gleditsch* (1714–1786: ドイツの植物学者) + -IA¹〙
glee¹ /glí:/ *n.* 1 大喜び, 歓喜 (⇨ mirth SYN): in high ~ 大喜びで, 大はしゃぎで. 2 〘音楽〙 グリー合唱曲 (part song) 《多く無伴奏で三部以上から成る, 主として男声のための曲; 18 世紀に特に流行した》. 〘OE *glēo* < Gmc **ʒliujam* (ON *glý*) ← IE **ghel-* to shine: cf. glad¹〙
glee² /glí:/ 《スコット》 *vi.* 1 やぶにらみである; 横目で見る. 2 片目で見る, (特に)狙いをさだめる. — *n.* 1 やぶにらみ; 横目. 2 片目で見ること, (特に)狙い. 〘(*a*1325) *glie(n)* ← ?: ON: cf. OIcel. *gljá* to shine / glee¹〙
glée clùb *n.* (特に, 男声の)合唱団; グリークラブ. 〘1814〙
gleed /glí:d/ *n.* 《古・英方言》 (赤々と)燃えている火[石炭]; おき (ember). 〘OE *glēd* < Gmc **ʒlōðiz* (G *Glut* / ON *glōð*): cf. glow〙
glee·ful /glí:fəl, -fl/ *adj.* 大喜びの, 上機嫌の, 大はしゃぎの, 陽気な; 楽しい, うれしい: ~ news うれしいニュース / in a ~ mood 上機嫌で. **~·ly** *adv.* **~·ness** *n.* 〘(1586) ← GLEE¹ + -FUL¹〙
gleek /glí:k/ 《古》 *n.* 1 あざけり, 冗談 (gibe, jest); 悪ふざけ (practical joke). 2 こびを見せる目つき. — *vi.* あざける, ふざける. 〘(*c*1550) (dim.) ← ? GLEE¹〙
glée·màiden *n.* (中世の)女性旅芸人; (特に)女性吟遊詩人. 〘OE *glēo-mǣgden*: ⇨ glee¹, maiden〙
glée·man /-mən, -mæ̀n/ *n.* (*pl.* **-men** /-mən, -mɛ̀n/) 《廃》 (中世の)旅芸人; (特に)吟遊詩人 (minstrel). 〘OE *glēomann*: ⇨ ↑, man¹〙
glee·some /glí:səm/ *adj.* 《古》 =gleeful. **~·ly** *adv.* **~·ness** *n.* 〘1603〙
gleet /glí:t/ *n.* 1 〘病理〙 a 慢性淋菌性尿道炎, 後淋(こうりん). b (粘液性もしくは化膿性の)尿道分泌物. 2 〘獣医〙 (馬の)慢性鼻炎による鼻汁. **gleet·y** /glí:ṭi | -ti/ *adj.* 〘(*c*1340) *glet(te)* □ (O)F *glette* mucus, pus ← ?〙
gleg /glég/ *adj.* 《スコット》 1 聡(さと)い, 明敏な. 2 敏活な. 〘(*a*1325) □ ON *gloggr*: cf. OE *glēaw* wise〙
Gleich·schal·tung /gláɪkʃɑ̀:ltuŋ, gláɪx-; *G.* gláɪçʃaltuŋ/ *n.* 〘政治〙 グライヒシャルトウンク, 等制. 〘(1933) □ G ~ ← *gleich* 'ALIKE' + *schalten* to govern〙
Glei·witz /gláɪvɪts/ *n.* グライヴィッツ 《Gliwice のドイツ語名》.
glei·za·tion /gleɪzéɪʃən/ *n.* 〘土壌〙 グライ化作用 《グライ土壌 (gley) が形成される過程》. 〘1938〙
glen /glén/ *n.* (特にスコットランド・アイルランドの)峡谷, 谷間. **~·lìke** *adj.* 〘(1489) □ 《廃》 Sc.-Gael. *gle(a)nn*: cf. Welsh *glyn*〙
Glen /glén/ *n.* グレン 《男性名; 異形 Glenn》. 〘↑〙
Glén Cányon Dám *n.* [the ~] グレンキャニオンダム 《米国 Arizona 州北部の巨大ダム; Colorado 川をせき止め 1964 年に完成》.
glén chéck *n.* 〘服飾〙 グレンチェック (⇨ glen plaid). 〘1923〙
Glen·coe /glɛnkóu | -kə́u/ *n.* グレンコー 《スコットランド西部の Highland 州にある谷; 1692 年イングランド王 William 三世に対する不忠のかどで Macdonald 家が, 宿敵 Campbell 家および英軍に大虐殺された地》.
Glen·da /gléndə/ *n.* グレンダ 《女性名》. 〘□ Welsh ~ ← *glān* holy + *da* good〙
Glen·dale /gléndeɪl/ *n.* グレンデール: 1 米国 Arizona 州中部, Phoenix 近郊の都市. 2 米国 California 州南部, Los Angeles 北東の都市.
Glen·do·ra /glɛndɔ́:rə/ *n.* グレンドーラ 《女性名》. 〘← ? GLENDA + DORA¹〙
Glen·dow·er /glɛndáuə | -dáuəʳ/, **Owen** *n.* グレンダワー (1359?–?1416; Henry 四世に対して反乱を起こしたウェールズの豪族).
Glen·ea·gles /glɛní:glz/ *n.* グレンイーグルス 《スコットランド Perth 南西郊外にある風光明媚で人気の高いホテルとゴルフコース; 富裕な人や有名人に人気がある》.
Glen·fid·dich /glɛnfídɪk, -dɪç | -dɪk, -dɪç/ *n.* 〘商標〙 グレンフィディック 《スコットランド製のモルトウイスキー》.
glen·gar·ry /glɛŋgǽri, -géri, ⌐–⌐– | glɛŋgǽri/ *n.* [しばしば G-] グレンガリー 《スコットランド高地人が軍装用に用いた毛織りの小型の帽子; 後部にリボンがあり, 前を高く後へ低くかぶる; glengarry bonnet, glengarry cap ともいう》. 〘(1841) *Glengarry* (スコットランド Invernesshire の山中の谷) ← GLEN + *Garry* (川の名: ← Gael. *garidh* copse, rough place)〙
Glen·is /glénɪs | -nɪs/ *n.* グレニス 《女性名》. 〘⇨ Glenyss〙

G

Glen·liv·et /glɛnlívɪ̀t/ *n.* (*also* **Glen·liv·at** /~/)〖商標〗グレンリベット《スコッチウイスキーの商品名》. 〖《1822》← *Glenlivet* (スコットランドの産地名) ← ? Gael. *liobh aite* smooth, polished place〗

Glén Móre *n.* =Great Glen.

Glenn /glén/, **John Hersche, Jr.** *n.* グレン《1921– ; 米国最初の宇宙飛行士; Friendship 7 に乗って地球を 3 周 (1962); 海軍大佐; その後民主党の連邦上院議員 (1975–99)》.

Glen·na /glénə/ *n.* グレナ《女性名》. 〖← OWelsh *glyn* ∥ Ir.-Gael. *ghleanna* little valley〗

glen·oid /glénɔɪd, glí:n-/ *adj.*〖解剖〗浅窩(せんか)の(ある), 関節窩の(ある), 関節窩に似た: the ~ cavity 関節窩. 〖《1709》□ F *glénoïde* □ Gk *glēnoeidḗs* like a shallow joint socket ← *glḗnē* socket of joint: ⇨ -oid〗

glénoid fóssa *n.*〖解剖〗関節窩, 下顎窩《頬骨突起基部にあって下顎頭が入る深いくぼみ》. 〖1876〗

glén pláid *n.* **1** グレンプレイド《破れチェックの綾紋様; もとは白地に黒, 現在は白地に他の色も使われる; glen check ともいう》. **2** グレンプレイドの服地. 〖《1926》*glen*: (略) ← *glenurquhart* ← *Glen Urquhart*《変形》? ← *Clan Urquhart* (スコットランドの家族名): cf. clan〗

Glen·roth·es /glɛnrá(:)θɪ̀s | -rɔ́θɪs/ *n.* グレンロセス《スコットランド Fife 州の町, 州都》.

Glen·ur·quhart /glɛnə́:kət | -ə́:kət/ *n.* =glen plaid.

Glen·yss /glénɪ̀s | -nɪs/ *n.* グレニス《女性名; 異形 Glenis, Glenice》. 〖□ Welsh ~ ← *glān* holy + *-ys* (fem. suf.)〗

gles·site /glésaɪt/ *n.*〖鉱物〗グレシット《琥珀(こはく)の一種》. 〖□ G *Glessit* ← L *glaesum* amber: ⇨ -ite¹〗

gley¹ /gléɪ/ *vi., n.*《スコット》=glee².

gley² /gléɪ/ *n.*〖土壌〗グライ(土壌)《排水不良地に発達し, 還元された鉄の青灰色ないし緑灰色を呈する土壌》. 〖《1927》□ Russ. *glei* 'CLAY'〗

gli- /glaɪ/ (母音の前にくるとき) glio- の異形.

gli·a /glíːə, gláɪə/ *n.*〖解剖〗グリア, (神経)膠(こう)《神経細胞の間にありこれを結合させる役割をしている組織; neuroglia ともいう》. 〖《1886》← NL ~ ← MGk *glía* glue〗

-gli·a /~glia, gláɪə, glíːə/〖解剖〗「グリア (neuroglia)」の意の名詞連結形: macro*glia*. 〖← NL ~ (↑)〗

gli·a·din /gláɪədɪ̀n, -dṇ | -dɪn/ *n.* (*also* **gli·a·dine** /-dìːn, -dɪ̀n | -diːn, -dɪn/)〖生化学〗グリアデン《コムギやライムギに含まれる単純蛋白質; prolamine の一種》. 〖《c1828》□ It. *gliadina*: ⇨ glia, -in²〗

gli·al /glíːəl, gláɪəl/ *adj.*〖解剖〗グリア[神経膠(こう)] (neuroglia) の[に関する]. 〖《1888》: ⇨ glia, -al¹〗

glib¹ /glíb/ *adj.* (**glib·ber, glib·best; more ~, most ~**) **1 a** 口の達者な, 舌のよく回る, おしゃべりな (⇨ talkative SYN); べらべらと口先だけの: a ~ politician, tongue, etc. **b** 軽薄な, 表面的な, うすっぺらな (superficial). **2**〈動作·態度など〉身軽な, 何げなくやる, 楽な. **3**《古》すべすべした, 滑らかな (smooth). — *adv.* **1** べらべらと, 流暢(りゅうちょう)に (volubly): talk ~. **2** 身軽に, 楽々と. **~·ly** *adv.* **~·ness** *n.* 〖《1593》← ? Du. & LG *glibberig* slippery < MLG *glibberich* (cf. Du. *glibberen* to slide) ← Gmc **ʒlīb-*: cf.《廃》*glibbery* slippery〗

glib² /glíb/ *vt.*《まれ》去勢する (castrate). 〖《1610–11》(転訛) ? ← 《方言》*lib* to castrate〗

glid *v.*《古》glide の過去形·過去分詞.

glid·der /glídə | -də(r)/《英方言》*vt.* **1** …に釉(うわぐすり)[上塗り]をほどこす. **2** 氷で覆う (glaze). — *vi.* 滑る, なめらかに滑るように動く (slide). 〖《1616》←《廃》*glidder* slippery < OE *glid(d)er* ← *glīdan* 'to GLIDE'〗

glid·der·y /glídəri | -dəri/ *adj.*《英方言》=slippery. 〖1869〗

glide /gláɪd/ *v.* (**glid·ed** /-dɪ̀d | -dɪd/, 《古》**glid** /glíd/) — *vi.* **1 a** すうっと[滑るように]動く[進む] (⇨ slide SYN); 音もなく歩く, そっと注意深く動く; 〈鳥が〉翼を(ほとんど)動かさずに飛ぶ, 滑空する: ~ *in* [*out, off, away*] すうっとはいる[出る] / ~ quietly [noiselessly] *out of* the room 音もなくすうっと部屋から出て行く. **2 a**〈船·列車などが〉するすると動く, 滑る; 〈船が〉(進水台を)滑り下りる: The train ~*d by*. 列車は滑るように過ぎ去った. **b**〈水が〉音もなく流れる. **3 a**〈時が〉いつの間にか過ぎる: Time ~*d on* [*along, by*]. 時がいつの間にか過ぎていった. **b**〈事·動作などが〉次第に移る[変る]: ~ *into* betray*ing* a secret ついうっかり秘密を洩らしてしまう. **4**〖航空〗**a**〈航空機が〉(エンジンを絞って)滑空する; (特に)〈グライダーが〉滑空する (cf. soar 2 b). **b** グライダーで飛ぶ[滑空する]. **5**〖音声〗(一音から他音に)わたる, 移行する. **6**〖音楽〗音の間をなめらかに切目を感じさせずに歌う[奏する] (slur). — *vt.* **1** 滑らせる, するすると動かす: ~ one's feet in dancing ダンスで足を滑るように動かす. **2**〈船などを〉滑るように走らせる; 〈航空機を〉滑空させる. **3** グライダーで飛び越える.
— *n.* **1** 滑り, 滑走, するすると動くこと[動作], 音もなく行くこと. **2** (ダンスの)滑るような動き, 滑るような動きのダンス. **3** (川の)浅い静かな流れ. **4** (家具の)移動を容易にするための装置《家具の脚の底部にとりつけた丸い金属製の地板》. **5**〖音声〗**a** わたり《ある音から他の音へと移行する際に必然的に生じる音》: ⇨ on-glide, off-glide. **b** わたり音, 移行音《一定の位置を保って調音されず, ある方向へ向って移動している音; 英語の [j], [w] など》. **6**〖音楽〗**a** 滑唱, 滑奏, スラー (slur)《弧線で連結されている音符を間隙(かんげき)なくなめらかに歌う[奏する]こと》. **b** スラーの記号. **7**〖航空〗滑空 (cf. slip¹ 11 a). **8**〖クリケット〗=glance¹ 3 a. **9**〖冶金〗=slip¹ 16.
〖OE *glīdan* < (WGmc) **ʒlīðan* (Du. *glijden* / G *gleiten*) ← ? IE **ghel-* to shine〗

glíde-bòmb *vt.* …に降下[滑空]爆撃をする (cf. dive-bomb). 〖1943〗

glíde bòmb *n.* 滑空爆弾《目標に滑空して行くよう翼がついている; glider bomb ともいう》. 〖1943〗

glíde bòmbing *n.* 降下爆撃, 滑空爆撃《航空機が水平線に対し 65 度より小さな角度で降下しながら爆弾を投下する爆撃法》.

glíde pàth *n.*〖航空〗**1** グライドパス《計器飛行状態の航空機が安全に着陸できるよう地上から無線標識で示す進路; cf. localizer》. **2** グライドパスを示す信号電波. 〖1936〗

glíde plàne *n.* **1**〖結晶〗映進面《映進 (glide reflection) の対称で基準となる面》. **2**〖物理·金属加工〗滑り面 (⇨ slip plane). 〖1895〗

glid·er /gláɪdə | -də(r)/ *n.* **1 a** グライダー, 滑空機. **b** グライダーの専門家. **2** (喫水が浅くて強力エンジンをもつ)滑走艇. **3** 滑る人. **4** =glide 4. **5**《米》ぶらんこ椅子《ベランダなどに置く長椅子の一種》. 〖《1440》: ⇨ glide, -er¹〗

glíde ràtio *n.*〖航空〗滑空比《滑空角 (gliding angle) の余接》.

glíder bòmb *n.* =glide bomb.

glíde reflèction *n.*〖結晶〗映進《結晶のもつ内部的対称性の一つ; ある面に対する鏡像と, この面に平行で単位の長さの 1/2 または 1/4 の移動との組合わせ》.

glíde slòpe *n.* =glide path. 〖1949〗

glíde tìme *n.* (NZ) =flextime. 〖1977〗

glid·ing /-dɪŋ | -dɪŋ/ *adj.* すべるような, すらすら[すーっと]した. **~·ly** *adv.* 〖《c1420》: ⇨ glide, -ing²〗

glíding àngle *n.*〖航空〗滑空角《グライダーまたは飛行機が動力を絞って滑空するときその滑空方向と水平線のなす角》.

glíding grówth *n.*〖植物〗滑り生長《細胞が生長する時, 細胞壁が接触面に沿って隣接する細胞の上をずれる現象; cf. intrusive growth》.

glíding tìme *n.*《豪》=flextime.

glim /glím/ *n.* **1**《俗》ちらりと見ること, 一目. **2**《俗》灯火, あかり. **3**《俗》目. **4**《スコット》少し, 小片, 小部分. 〖《?1380》← ?: cf. gleam, glimmer〗

glím làmp *n.*〖電気〗=glow lamp.

glim·mer /glímə | -mə(r)/ *vi.* **1** 弱く断続的な光を発する, ちらちら光る, 明滅する; 微光を放つ, かすかに光る. **2** 微かに[ぼんやり]見える[現れる].
gò glimmering《米俗》〈名声·機会などが〉消滅する, 消える (die away): By that time all hope had *gone* ~*ing*. その時までには望みはすべて露と消えていた.
— *n.* **1** 弱く断続的な光, 明滅する光, ちらちらする光; 微光, 薄光: a ~ of a lamp. **2** おぼろげな認識[感知]; うすうす感づくこと; おぼろげな様相. **3** (望み·理解などの)かすかな現れ, 少量, わずか (bit): a ~ *of* hope 一縷(いちる)の希望. 〖《a1375》*glimere(n)* to gleam ← ? ON (cf. Swed. *glimra*) ← Gmc **ʒl(a)im-*: cf. gleam〗

glím·mer·ing /-m(ə)rɪŋ/ *n.* **1** かすかな光, 明滅. **2** おぼろげな感知, 思いあたり: have a ~ *of* …に感づいている, …を薄々知っている / get a ~ of the truth 薄々真相がわかる. **3** (望みなどの)かすかな現れ: a ~ *of* hope かすかな希望の光. — *adj.* ちらちら光る, 明滅する. **~·ly** *adv.* 〖《a1400》: ⇨ ↑, -ing¹〗

glimpse /glím(p)s/ *n.* **1** 一見, 一目: catch [get, have] a ~ of …をちらりと見る, …がちらりと見える / see by ~*s* ちらりちらり見る. **2** ちらっと[かすかに]見えること[現れること]. **3** おぼろげな感知, それとなく感づくこと. **4**《古》微光, おぼろげな光: the ~*s* of the moon 夜の世界; 月下の光景 (cf. Shak., *Hamlet* 1. 4. 53). — *vt.* ちらと見る, 一目見る. — *vi.* **1** ちらと見る 〔*at*〕. **2**《古》ちらりと[ぼんやり]見える. **glímps·er** *n.* 〖《a1325》*glymse(n)* to shine < ? OE **glimsian* ← (WGmc) **ʒlimisōjan* (MHG *glimsen* to glow): cf. glimmer〗

Glin·ka /glɪ́ŋkə; *Russ.* glʲínkə/, **Mikhail (Ivanovich)** *n.* グリンカ《1804–57; ロシアの作曲家; *Ruslan and Lyudmilla* (歌劇, 1842)》.

glint /glínt/ *vi.* **1** ぴかっと光る, きらりと光る: ~ in the sun (日光を受けて)きらりと輝く / The sun ~*ed* through the leaves. 太陽は木の葉の間からきらめいた. **2** ちらりと現れる. **3**《古》ちらりと動く; (矢のように)飛ぶ, 突進する. — *vt.* 〈光などを〉きらめかせる; きらきら反射させる[照り返す].
— *n.* **1** ひらめき, きらめき, 閃光 (⇨ flash¹ SYN). **2** きらきら光る輝き (luster). **3** かすかな[一時的な]現れ, 気配(けはい), 気味: a ~ *of* humor ちらりと見えるユーモア / with a ~ *of* triumph in one's eyes 勝利を一瞬目に輝かせて.
a glínt in one's éye ⇨ eye 成句.
〖《c1250》*glente(n)* to glance, shine, move quickly ← ? ON (cf. Swed.《方言》*glänta* & *glinta* to slip, shine): cf. G *glänzen* / gleam〗

gli·o- /gláɪoʊ | gláɪəʊ/ 次の意味を表す連結形: **1**「神経膠腫(こうしゅ)(性)の, グリオーム(性)の」: *glio*myoma. **2**「(神経)膠細胞[組織]の, グリア(細胞)の」: *gli*osis. **3**「膠様気質に包まれた」: *glio*bacteria. **4**「膠(にかわ)様[状]の」: *gli*ode. ★ 母音の前では通例 gli- になる. 〖← NL ~ ← Gk *gliā* 'GLUE': cf. glia〗

glìo·blastóma *n.*〖医学〗(神経)膠芽(細胞)腫《悪性型の神経膠星状細胞腫》. 〖《1926》← GLIO- + -BLAST + -OMA〗

gli·o·ma /glaɪóʊmə, gli- | glaɪə́ʊ-/ *n.* (*pl.* **~s, ~·ta** /~tə | ~tə/)〖病理〗神経膠腫(こうしゅ), グリオーム《グリア細胞から発生した腫瘍》. **gli·óm·a·tous** /-ɑ́(:)mətəs, -óʊm- | -ɔ́mətəs, -ə́ʊm-/ *adj.* 〖《1870》← NL *gliōma*: ⇨ glio-, -oma〗

gli·o·ma·to·sis /glàɪoʊmətóʊsɪ̀s, glì:- | glàɪə(ʊ)mətə́ʊsɪs/ *n.*〖病理〗神経膠腫(こうしゅ)症. 〖《1886》: ⇨ ↑, -osis〗

glis·sade /glɪ̀sɑ́:d, -séɪd | glɪ-/ *n.* **1**〖登山〗グリセード《氷雪の斜面をピッケルの石突きを後ろに突いて, 靴底で制動滑降すること》. **2**〖バレエ〗グリサード, 滑歩《滑るステップ》. **3**〖音楽〗=glissando. — *vi.* **1**〖登山〗グリセードする. **2**〖バレエ〗滑歩で踊る. **glis·sád·er** /-də | -də(r)/ *n.* 〖《1837》□ F ~ ← *glisser* to slip, slide《混成》← OF *glacer* to greeze + *glier* to glide: ⇨ -ade〗

glis·san·do /glɪ̀sɑ́:ndoʊ | glɪsǽndəʊ; *It.* glissándo/〖音楽〗*n.* (*pl.* **-san·di** /-diː; *It.* -di/, **~s**) グリッサンド, 滑走奏《楽器演奏の際指を迅速に滑らせる奏法》; (楽曲の)滑走奏音部. — *adv., adj.* グリッサンドで(奏される). 〖《c1854》□ pseudo- It. ~ ← F *glissant* (pres.p.) ← *glisser* (↑)〗

glis·sé /gli:séɪ; *F.* glise/ *n.*〖バレエ〗=glissade.

glis·ten /glísən, -sṇ/ *vi.* (ぬれたり·磨かれたりした表面のように, 反射光で)ぴかぴか光る, きらきら輝く, きらめく: leaves ~*ing with* dew 露できらきら光る木の葉 / Their eyes ~*ed with* excitement. 彼らの目は興奮で輝いた / His brow ~*ed with* perspiration. =Perspiration ~*ed on* his brow. 額が汗で光っていた. — *n.* きらめき, 輝き (⇨ flash¹ SYN). 〖OE *glisnian* ← Gmc **ʒlis-* ← IE **ghel-* to shine: ⇨ -en¹: cf. OE *glisian* to glitter〗

glís·ten·ing /-s(ə)nɪŋ, -sṇ-/ *adj.* ぴかぴか光って[きらきら輝いて]いる: ~ stars きらめく星. **~·ly** *adv.* 〖《c1387》: ⇨ ↑, -ing²〗

glis·ter /glístə | -tə(r)/ *vi., n.*《古》=glisten. 〖《c1380》□ (M)Du. *glisteren* ← Gmc **ʒlis-*: ⇨ glisten, -er⁴〗

glitch /glítʃ/ *n.* **1 a**《俗》(偶発の)ちょっとした欠陥, 小事故; ちょっとした技術上の問題. **b** (宇宙船などの)不調, 故障. **2**《米》〖電気〗電力の短時間動揺; 誤った[にせの]電気信号. **3**〖天文〗(pulsar などにあるような)周期の急変, グリッチ. — *vt.*〖天文〗グリッチを起こす.

glítchy *adj.* 〖《1962》□ ? Yid. *glitsh* slip ← G *glitschen* to slip ← *gleiten* 'to GLIDE'〗

glit·ter /glítə | -tə(r)/ *vi.* **1** (多くの小さな輝く光が反射して)ぴかぴか光る, きらきら輝く; きらめく: The dark sky ~*ed with* a myriad stars. =A myriad stars ~*ed in* the dark sky. 暗い空に無数の星がきらきら輝いた / Her eyes ~*ed with* pride. 彼女の目は得意になってきらきら輝いた / All is not gold that ~*s*. =All that ~*s* is not gold.《諺》光る物必ずしも金ではない《見かけは当てにならない》. **2** 華美である, けばけばしい, 華麗を極める 〔*with*〕: ladies ~*ing with* jewels 宝石をちりばめて華々しく飾り立てた貴婦人たち.
glítter óver《カナダ》(1)〈道などを〉(雨が降って)氷が覆う: The road was ~*ed over* early this morning. 道路は今朝早く氷で覆われた. (2)〈道が〉氷で覆われる.
— *n.* **1** きらめき, 輝き, 光輝 (shine) (⇨ flash¹ SYN). **2** きらびやかさ, 華麗, 光彩 (splendor). **3** きらきら光る小さな飾り.
〖《?a1300》□ ON *glitra* (freq.) ← *glita* to shine ← Gmc **ʒlit-* to shine bright ← IE **ghel-* to shine: ⇨ -er⁴: cf. OE *glitenian* / G *gleissen* & *glitzern* / glint〗

glit·te·ra·ti /glɪ̀tərɑ́:ti | -tərɑ́:tiː, -ti/ *n. pl.*《口語》社交界の花形; 名士, 有名人. 〖《1940》《戯言》← GLITTER + *-ati* (as in LITERATI)〗

glit·ter·ing /glítərɪŋ, -trɪ- | -tər-, -tr-/ *adj.* **1** きらきら輝く, きらめく: ~ brass buttons / a ~ starry night 星のきらめく夜. **2** 華麗な, きらびやかな: ~ scenes of a court 宮廷のきらびやかな光景 / a ~ life of New York ニューヨークの華麗な生活. **3** 見かけだけは立派な, 見かけ倒しの: a ~ promise / the ~ prizes. **~·ly** *adv.* 〖《c1330》: ⇨ -ing²〗

glítter róck *n.*〖音楽〗=glam rock. 〖1972〗

Glit·ter·tind /glítətɪ̀n | -tə-; *Norw.* glìtərtin/ *n.* グリッターティン《ノルウェー中南部 Jotunheimen 山群の最高峰 (2470 m)》.

glit·ter·y /glítəri | -tə-/ *adj.* =glittering.

glitz /glíts/《口語》*n.* けばけばしさ, 派手さ, 華美. — *vt.* けばけばしく[派手に]する. 〖《1977》《逆成》↓〗

glitz·y /glítsi/ *adj.*《口語》けばけばしい (gaudy), 派手な, 華美な: a ~ new car 派手な新車. 〖《1966》← G **glitzern* to GLITTER〗

Gli·wi·ce /gli:vítseɪ; *Pol.* gl'v'ítsɛ/ *n.* グリビーツェ《ポーランド南西部, Silesia の工業都市; ドイツ語名 Gleiwitz》.

gloam /glóʊm | glə́ʊm/ *vi.*《スコット》薄暗くなる, たそがれる, ぼんやりとなる. — *n.*《古》たそがれ, 薄暮 (twilight). 〖《1819》《逆成》← GLOAMING〗

gloam·ing /glóʊmɪŋ | glə́ʊm-/ *n.* [the ~]《詩》薄明かり, 薄暮: in the ~ of one's life 晩年に. 〖OE *glōmung* ← *glōm* twilight ← Gmc **ʒlō-*: ⇨ glow〗

gloat /glóʊt | glə́ʊt/ *vi.* **1** 満足そうに[嬉しそうに]ながめる; (意地悪そうに)いい気味だと思う[ってながめる] 〔*over, on, upon*〕: ~ *over* one's treasures 満足そうに宝をながめる / ~ *over* another's misfortune いい気味だと思って人の不幸をながめる. **2**《廃》こっそり[やさしく][ほれぼれと]見つめる. — *n.* **1** 満足する[ほくそえむ]こと; 満足そうな様子[態度]. **2** (しばしば悪意を伴う)満足した[勝ちほこった]気持ち. **~·er** /-tə | -tə(r)/ *n.* 〖《1575》← ? ON *glotta* to grin, smile scornfully: cf. G *glotzen* to stare〗

glóat·ing /-tɪŋ | -tɪŋ/ *adj.* さも満足そうな; いい気味と思っている(ような); ひとりほくそえんで(いる): a ~ smile さも満足そうなほほえみ. **~·ly** *adv.* 〖《1602》: ⇨ ↑, -ing²〗

glob /glɑ́(:)b | glɔ́b/ *n.* **1** (ねばっこい液体の)塊 (blob), 小滴 (globule). **2** (粘土など可塑性物の)丸い塊. 〖《1900》《混成》← ? GLOBE + BLOB〗

glob·al /glóubəl, -bl̩ | gláu-/ *adj.* **1** 球の, 球形の. **2** 地球上の; 全世界の; 全世界にわたる, 世界的規模の (worldwide): a ~ war 世界戦争, 全面戦争 / a nonstop ~ flight 無着陸世界一周飛行 / ~ inflation 世界的なインフレ. **3** 全体的な, 包括的な; 全てを網羅した, 完全な: the ~ output of a factory 工場の総生産高. **4** 〘数学〙 大域的な (空間全体あるいは空間の広い範囲に関係した; cf. local[1] 7). 〖(1676)← GLOBE+-AL[1]〗

glób·al·ìsm /-lìzm/ *n.* **1** 世界的規模化. **2** 世界的規模化助成の政策[組織], 世界的見地[視野]に立つ政策[展望]. **glób·al·ist** /-lɪ̈st | -lɪst/ *n., adj.* 〖(1943): ⇨ ↑, -ism〗

glob·al·ize /glóubəlàɪz | gláu-/ *vt.* 世界的規模にする, 全世界に及ぼす[適用する], 世界化する. **glo·bal·i·za·tion** /glòubəlɪ̈zéɪʃən | glàubəlaɪ-, -lɪ-/ *n.* 〖(1944): ⇨ -ize〗

glób·al·ly /-bəli/ *adv.* **1** 全世界的に; 世界的規模で, 世界中に. **2** 全体的に, 包括的に. 〖(1930): ⇨ -ly[1]〗

Glóbal Posítioning Sỳstem *n.* 全地球位置把握システム (米国国防総省の計画; 略 GPS; ⇨ Navstar Global Positioning System).

glóbal rúle *n.* 〘文法〙 全体規則 (派生の際二つ以上の句構造標識に言及する規則; G. Lakeoff などの用語).

glóbal séarch *n.* 〘電算〙 全ファイル検索.

glóbal stándard *n.* 世界的標準.

Glóbal Survéyor *n.* =Mars Global Surveyor.

glóbal tectónics *n.* 〘地球物理〙 =plate tectonics.

glóbal víllage *n.* 地球村 (通信手段の発達により狭くなってひとつの村のようになった世界; Marshall McLuhan の造語. 〖1960〗

glóbal wárming *n.* 地球温暖化(現象) (二酸化炭素やメタンなどがもたらす温室効果が原因とされる). 〖1977〗

glo·bate /glóubeɪt | gláu-/ *adj.* 球状の (spherical). 〖(1847) □ L *globātus* (p.p.) formed into a ball ← *globus* 'GLOBE': ⇨ -ate[2]〗

glo·bat·ed /glóubeɪtɪ̈d | gláubeɪt-/ *adj.* 〘古〙 球状の, 球形に形作られた. 〖(1727–36): ⇨ ↑, -ed 2〗

globe /glóub | gláub/ *n.* **1** 球, 球体, 円球. **2 a** [the ~] 地球 (⇨ earth SYN). **b** 天体 (太陽・惑星など): ~*s* in space 宇宙の天体. **3** 地球儀; 天球儀: teach [learn] the use of the ~*s* 〘古〙 地理・天文学を教える[習う]. **4 a** 球状の物. **b** 眼球. **c** 球形のガラス器 (ランプやガス灯の丸い傘・ほや・金魚鉢など). **d** 〘主に豪〙 電球. **e** (帝王権の表徴である)金球 (orb) (英国王が王笏(しゃく) (scepter) と一緒に手に持つ). **5** 〘植物〙 = APPLE of Peru (1). — 〘古〙 *vt.* 球状にする. — *vi.* 球状になる. 〖(*c*1450) □ (O)F ~ // L *globus* round solid body, sphere ← ? IE **gel-* to form into a ball: cf. *glēba* clod〗

glóbe ámaranth *n.* 〘植物〙 センニチソウ (*Gomphrena globosa*) (ヒユ科の草本). 〖1733〗

glóbe ártichoke *n.* 〘植物〙 =artichoke 1. 〖1858〗

glóbe·fìsh *n.* 〘魚類〙 **1** フグ (フグ科の魚の総称; puffer, swellfish ともいう). **2** マンボウ (*Mola mola*). **3** ホテイウオ (*Aptocyclus ventricosus*) (ダンゴウオ科の魚の一種). 〖1668〗

glóbe·flòwer *n.* 〘植物〙 **1** キンポウゲ科キンバイソウ属 (*Trollius*) の植物の総称; (特に)セイヨウキンバイ (*T. europaeus*). **2** =kerria. 〖1597〗

glóbe líghtning *n.* 〘気象〙 =ball lightning.

glóbe·lìke *adj.* 球状の. 〖1597〗

Glóbe Théatre /glóub- | gláub-/ *n.* [the ~] グローブ座 (1599 年 London の Southwark に R. Burbage らによって建てられた劇場; Shakespeare の劇の初演場として名高い; 1613 年焼失し翌年再建されたが, 1644 年清教徒によって取り壊された).

glóbe thìstle *n.* 〘植物〙 **1** =artichoke 1. **2** キク科ヒゴタイ属 (*Echinops*) の植物. 〖1597〗

glóbe·tròt *vi.* 世界(観光)旅行をする, (かけめぐり)世界一周をする. — *n.* 世界(観光)旅行, (かけめぐり)世界一周. 〖(1883) (逆成) ← *globe-trotter*〗

glóbe·tròtter *n.* 世界(観光)旅行者, (かけめぐり)世界一周旅行者, 世界漫遊家. 〖1875〗

glóbe·tròtting *n.* 世界(観光)旅行, (かけめぐり)世界一周: a long ~ journey. — *adj.* (しばしば)世界(観光)旅行をする: a ~ artist. 〖1880〗

glóbe vàlve *n.* 〘機械〙 玉形弁 (流入口と流出口が一直線に配置された止め弁, 外形が玉形をしている). 〖1875〗

glo·big·e·ri·na /gloubìdʒəráɪnə, -ríː- | gləu-/ *n.* (*pl.* **-ri·nae** /-ráɪniː-, -ríːnaɪ/) 〘動物〙 グロビゲリナ (タマウキガイ科グロビゲリナ属 (*Globigerina*) の海産の浮遊性有孔虫類の総称; 海底に死殻が堆積してグロビゲリナ軟泥を作る). 〖(1847) ← NL ~ ← L *globi-*, *globus* 'GLOBE'+ *-ger* carrying: ⇨ -ina[1]〗

globigerína òoze *n.* 〘地質〙 グロビゲリナ[紡錘虫]軟泥 (海底の軟泥でその大部分はグロビゲリナその他の有孔虫類の死殻から成る). 〖1880〗

glo·bin /glóubɪ̈n | gláubɪn/ *n.* 〘生化学〙 グロビン (ヘモグロビンの蛋白質成分). 〖(1877): ⇨ ↓, -in[2]〗

glo·bo- /glóubou | gláubəu/「球形(の); 世界的規模の」の意の連結形: *globocell*, *globo-historical*. 〖← NL ~ ← L *globus* ball: cf. globe〗

glo·boid /glóubɔɪd | gláu-/ *adj.* ほぼ球形の. — *n.* 球状体. 〖(1875) ← GLOBE+-OID〗

glo·bose /glóubous, gloubóus | gláubəus, glə(ʊ)báus/ *adj.* 球形の, 球状の; 丸味を帯びた. **~·ly** *adv.* **~·ness** *n.* 〖(?*a*1425) □ L *globōsus* round as a ball: ⇨ globe, -ose[1]〗

glo·bos·i·ty /gloubáː(ː)səti | glə(ʊ)bósɪ̈ti/ *n.* 球形, 球状. 〖(*a*1657) □ LL *globōsitātem*: ⇨ ↑, -ity〗

glo·bous /glóubəs | gláu-/ *adj.* 〘古〙 =globose. 〖1610〗

glob·u·lar /gláː(ː)bjulə | glɔ́bjulə[r]/ *adj.* **1** 球状の, 球形の (⇨ round[1] SYN). **2** 小球体から成る. **3** 全体の, 完全な; 全世界の, 世界的規模の. **~·ly** *adv.* **~·ness** *n.* 〖(1652) ← L *globulus* 'GLOBULE'+-AR[1]〗

glóbular chárt *n.* 球状図法による地図. 〖1727–41〗

glóbular clúster *n.* 〘天文〙 球状星団 (1 万–100 万個程度の恒星の球状に密集した星団; cf. open cluster). 〖1859〗

glob·u·lar·i·ty /glàː(ː)bjulǽrəti, -lɛ́r- | glɔ̀bjulǽrɪ̈ti/ *n.* 球状, 球形. 〖(1809): ⇨ -ity〗

glóbular líghtning *n.* 〘気象〙 =ball lightning.

glóbular projéction *n.* (地図作製上の)球状図法. 〖1838〗

glóbular sáiling *n.* 〘海事〙 =spherical sailing.

glob·ule /gláː(ː)bjuːl | glɔ́b-/ *n.* **1** (液体の)小球体, 小滴: ~*s* of sweat 玉の汗. **2** 〘薬学〙 球剤. **3** 〘天文〙 グロビュール, 胞子 (明るい星雲を背景にして見られる小暗黒星雲; Bok globule ともいう). 〖(1661) □ F ~ // L *globulus* (dim.) ← *globus*: ⇨ globe, -ule〗

glob·u·lif·er·ous /glàː(ː)bjulíf(ə)rəs | glɔ̀b-⁻/ *adj.* 小球体を含む, 小滴を作る. 〖(1796): ⇨ ↑, -(i)ferous〗

glob·u·lin /gláː(ː)bjulɪ̈n | glɔ́bjulɪn/ *n.* 〘生化学〙 グロブリン (塩類溶液に溶け, 蒸留水に溶けない単蛋白質の総称). 〖(1835) ← GLOBULE+-IN[2]〗

glob·u·lous /gláː(ː)bjuləs | glɔ́b-/ *adj.* =globular. 〖1668〗

glo·bus hys·ter·i·cus /glóubəshɪ̈stérɪ̈kəs | gláubəshɪstérɪ-/ *n.* 〘病理〙 ヒステリー球 (ヒステリーの時しばしば起こる症状で, 胸からのどを球が詰って上下する感じ). 〖(1794–96) ← NL ~ 'hysteric ball'〗

glóbus pál·li·dus /-pǽlədəs | -pǽlɪ̈dəs/ *n.* 〘解剖〙 (大脳基底核の)淡蒼球. 〖(*c*1775) ← NL ~ 'pale globe'〗

glochidia *n.* glochidium の複数形.

glo·chid·i·ate /gloukídiɪ̈t, -èɪt | gləukíd-/ *adj.* 〘生物〙 鉤(かぎ)状の剛毛[毛]のある. 〖(1829): ⇨ ↓, -ate[2]〗

glo·chid·i·um /gloukídiəm | gləukíd-/ *n.* (*pl.* **-i·a** /-diə | -diə/) **1** 〘植物〙 鉤(かぎ)状の剛毛. **2** 〘動物〙 グロキディウム, 有鉤(こう)子 (淡水産二枚貝イシガイ科の貝類の幼生; 魚類の鰓(えら)や体表に寄生する). 〖(1875) ← NL ~ ← Gk *glōkhís* point of arrow+-IDIUM: cf. glossary〗

glo·chis /glóukɪ̈s | gláukɪs/ *n.* (*pl.* **glo·chi·nes** /gloukáɪniːz | gləu-/) 〘植物〙 =glochidium 1. 〖← NL ~ ← Gk *glōkhís* (↑)〗

glock·en·spiel /gláː(ː)kənspiːl, -ʃpiːl | glɔ́k-; G. glɔ́kn̩ʃpiːl/ *n.* **1** グロッケンシュピール, 鉄琴. **2** 鐘声を出す金属製円筒管を持つ鍵盤楽器. **3** 組み鐘 (carillon) (調音した一揃いの鐘). 〖(1825) □ G ~ ← *Glocken*, *Glocke* bell+*Spiel* play〗

gloe·a /glíːə/ *n.* 〘動物〙 膠(こう) (ある種の原生動物などがまわりに分泌する粘着性の物質). 〖← NL ~ ← Gk *gloía* glue〗

gloe·o- /glíːou | -əu/「粘着質の」の意の連結形. 〖← NL ~ ← Gk *gloiós* glutinous substance (↑)〗

glogg /glʌ́g, glúg; *Swed.* glø̂g/ *n.* グロッグ (ワインにブランデーまたはウイスキーと砂糖・香料を加えて熱し, 干しぶどう・アーモンド・オレンジピールを入れたパンチ風の温い飲物). 〖(1927) □ Swed. *glögg* ← *glödga* to mull, burn ← OSwed. *glöss* ember〗

gloi·o- /glɔ́ɪou | -əu/ =gloeo-.

glom /gláː(ː)m | glɔ́m/ *vt.* (**glommed; glom·ming**) 〘米俗〙 **1** 引っつかむ, 捕える (seize); (特に)逮捕する (arrest). **2** 盗む (steal). **3** 見渡す, ながめる, 見る.

***glóm ón to* [*ónto*]** 〘米俗〙 …をつかまえる; …を手に入れる, 盗む; …を理解する (understand): Where did you ~ *onto* this book? この本をどこで手に入れたのか. 〖(1907) (変形) ? ← GLAUM〗

glomera *n.* glomus の複数形.

glom·er·ate /gláː(ː)mərɪ̈t | glɔ́m-/ *adj.* 〘植物・解剖〙 球状[糸まり状]になった, (ぎっしり)固まり合った. — *vt., vi.* 球状に集める[集まる]. 〖(1634) □ L *glomerātus* (p.p.) ← *glomerāre* to wind, form into a ball ← *glomer-*, *glomus* ← IE **gel-* to form into a ball: ⇨ glomus〗

glom·er·a·tion /glàː(ː)məréɪʃən | glɔ̀m-/ *n.* 球状の塊; 集塊 (accumulation). 〖(1626): ⇨ ↑, -ation〗

glo·mer·ul- /gləmér(j)ul, glou- | glɔ́m-/ (母音の前にくるときの) glomerulo- の異形.

glo·mer·u·late /gləmér(j)ulɪ̈t, glou-, -lèɪt | glə-/ *adj.* 〘植物〙 団集花序の. 〖← ? NL **glomerulātus*: ⇨ ↓, -ate[2]〗

glom·er·ule /gláː(ː)mərùːl, -rjùːl | glɔ́m-/ *n.* **1** 〘植物〙 団集花序, 団散花序 (集散花序の一種で多くの花が塊状に集まったもの). **2** 〘解剖〙 =glomerulus. 〖(1793) □ F *glomérule* // NL *glomerulus*: ⇨ glomerulus, -ule〗

glomeruli *n.* glomerulus の複数形.

glo·mer·u·lo- /gləmér(j)ulou, glou- | gləmér(j)uləu/「(腎の)糸球体」の意の連結形. ★ 母音の前では通例 glomerul- になる. 〖← NL ~: ⇨ glomerulus〗

glomèrulo·nephrítis *n.* 〘病理〙 糸球体腎炎.

glo·mer·u·lus /gləmér(j)uləs, glou- | glə-/ *n.* (*pl.* **-u·li** /-lài, -lìː/) 〘解剖〙 (腎の)糸球体. **glo·mér·u·lar** /-lə | -lə[r]/ *adj.* 〖(1856) ← NL ~ (dim.) ← L *glomus* ball (of yarn, thread, etc.): ⇨ -ulus〗

Glom·ma /gláː(ː)mə, glɔ́(ː)mə | glɔ́mə/ *n.* [the ~] グロンマ(川) (ノルウェー南部を流れ Skagerrak 海峡に注ぐ, 同国最大の川(588 km)).

glo·mus /glóuməs | gláu-/ *n.* (**glo·mer·a** /gláː(ː)mərə, glóum- | glɔ́m-, gláum-/) 〘解剖・生物〙 グロムス, 糸球. 〖(1832) ← NL ~ ← L *glomer-*, *glomus* ball〗

glon·o·in /gláː(ː)nouɪ̈n | glɔ́nəuɪn/ *n.* 〘化学〙 グロノイン (⇨ nitroglycerin). 〖(1860) ← GL(YCERIN)+O(XYGEN)+N(ITROGEN)+-O-+-IN[2]〗

gloom /glúːm/ *n.* **1** 暗がり, 薄暗がり; 暗い物陰; 〘詩〙 暗やみの場所: in the ~ of a dense forest 密林の暗がりの中で / be enveloped in ~ 暗やみに包まれる / cast (a) ~ over …に暗影を投じる; …を陰気にする. **2 a** (心の)陰気, 陰鬱, 憂鬱: chase one's ~ away =dispel one's ~ 憂鬱を打ち払う, うさを散じる / be (sunk) deep in ~ ふさぎ込んでいる. **b** [通例 the ~s] 気のふさぎ, 憂鬱症. **3** 憂鬱な顔つき, 沈んだ表情. **4** 陰鬱[陰気]な人. — *vi.* **1** 暗くなる, 薄暗くなる; 〈空などが〉曇る, 険悪になる: It was ~*ing* in the wood. 林の中は暗くなって来ていた. **2** ぼんやり見える, ぼうっと浮ぶ. **3** 〈人が〉陰気[陰鬱]になる, 沈み込む, 顔を曇らせる. — *vt.* **1** 暗くする, 曇らせる. **2** 〘古〙 …の気をふさがせる, 憂鬱にする.

glóom and dóom*=*dóom and glóom 一般的な悲観と落胆の感情: He delights in spreading predictions of ~ *and doom*. 悲観的な予測を広めて喜んでいる.

~·ful /-fəl, -fl̩/ *adj.* **~·less** *adj.* **~·ful·ly** *adv.* 〖v.: (?*c*1380) *gloum(b)e(n)*, *glomme(n)* to frown, lower ← ? ON (cf. Norw. (方言) *glome* to stare somberly and suspiciously): cf. glum. — n.: (1596) ← (v.) // (逆成) ← GLOOMY〗

glóom·i·ly /-mɪ̈li/ *adv.* **1** 暗く, 薄暗く, ぼんやりと. **2** 陰気に, 憂鬱(うつ)に: "Unemployment is up again", he said ~.「失業率がまた上がってきている」と憂鬱そうに言った. 〖(1727–46) ← GLOOMY+-LY[1]〗

glóom·ing *n.* **1** 苦い顔, 渋面 (scowl). **2** 〘古〙 = gloaming. — *adj.* 暗い, 薄暗い (dark). **~·ly** *adv.* 〖(*c*1300): ⇨ -ing[1,2]〗

gloom·y /glúːmi/ *adj.* (**gloom·i·er, -i·est; more ~, most ~**) **1 a** 暗い, 陰気な (dismal) (⇨ dark SYN): ~ weather どんよりした空模様. **b** 険悪な, 怖い (forbidding): a ~ countenance 怖い顔. **2** 気分の暗い, 陰気な, 憂鬱(うつ)な, ふさぎ込んだ (⇨ sullen SYN): feel ~. **3** 気分を暗くさせる; 希望のない, 陰惨な, 悲観的な: a ~ story 暗い物語 / a ~ prospect [forecast] 暗い見通し / take a ~ view 悲観的見方をする / feel ~ *about* one's future 将来を悲観する. **glóom·i·ness** *n.* 〖(1589–90) ← (廃) *gloom* a frown (← GLOOM (v.))+-Y[4]〗

gloop /glúːp/ *n.* 〘口語〙 どろっ[ねちょっ]としたもの. 〖(*c*1975) 擬態語: cf. glop〗

glop /gláː(ː)p | glɔ́p/ *n.* 〘米口語〙 **1** べっとり[ねっとり]したもの. **2** (特に, べたべた[ねとねと]した)まずそうな食物. **3** 涙もろさ, 感傷癖 (sentimentality). **4** 無趣味な[くだらぬ]もの. **~·py** /-pi/ *adj.* 〖(*c*1944) (混成) ? ← GL(UE)+(SL)OP[2]: または擬音語か〗

Glo·ri·a[1] /glɔ́ːriə/ *n.* グロリア (女性名; 異形 Gloriana). 〖□ L *Glōria*: ↓〗

Glo·ri·a[2] /glɔ́ːriə/ *n.* **1** 〘キリスト教〙 (儀式文 (the Liturgy) 中で神の栄光をたたえる)頌栄(しょうえい), 栄光の聖歌, 栄光の頌(しょう), グロリア (通例 'Gloria in Excelsis Deo', 'Gloria Patri' ときに 'Gloria Tibi, Domine' などが用いられる). **2** グロリアの暗誦[答誦]. **3** [g-] グロリアの曲; (特に)栄光の頌(しょう) (Gloria in Excelsis Deo) の曲. **4** [g-] 後光, 光輪. **5** [g-] 密に織られた軽目の絽(ろ)絹, 綿(わた)梳毛(そもう)糸の織物 (こうもり傘または服地用). 〖(?*a*1200) □ LL *glōria* 'GLORY'〗

Glória in Ex·cél·sis Dé·o /-ɪnɛkséls̩sdéɪou, -ɪks-, -ɛkstʃél- | -sɪsdéɪəu/ *L. n.* [the ~]「いと高きところには栄光神にあれ」(Glory be to God on high) で始まる頌栄(しょうえい), 大頌栄 (Greater doxology), 大栄光の頌, グロリア イン エクセルシスデオ(ー) (cf. glory *n.* 2 a) (聖公会では「大栄光の頌」, カトリックでは「栄光頌」という). 〖□ L *Glōria in Excelsīs Deō* Glory to God in the highest〗

Glo·ri·an·a /glɔ̀ːriǽnə, -éɪnə | -áːnə/ *n.* グローリアナ (女性名). 〖(変形) ← GLORIA[1]〗

Glória Pá·tri /-páːtriː, -pǽt-, -tri/ *L. n.* [the ~]「父と子と聖霊に栄光あれ」(Glory be to the Father, and to the Son, and to the Holy Ghost) で始まる頌栄(しょうえい), 小頌栄 (Lesser doxology), グロリア パトリ (聖公会では「栄光の頌」, カトリックでは「栄誦, 栄唱」という). 〖(*c*1420) □ L *Glōria Patri* Glory to the Father〗

Glória Tí·bi, Dó·mi·ne /-tíːbidáː(ː)mənìː | -dɔ́mɪ̈-/ *L.n.* [the ~]「主よ, 栄光なんじにあれ」(Glory be to Thee, O Lord) の頌栄(しょうえい) (doxology). 〖□ L *Glōria Tibi, Domine* Glory to thee, O Lord〗

glo·ri·fi·ca·tion /glɔ̀ːrəfɪ̈kéɪʃən | -rɪ̈fɪ-/ *n.* **1 a** 神の栄光をたたえること, 賛美, 頌栄(しょうえい): the ~ of Christ キリストの賛美. **b** 栄化 (神の栄光を授けること); 栄光 (神の栄光を授けられた状態). **2** 栄光の賛歌, 頌栄(しょうえい) (doxology). **3** 称揚, 賛美: the ~ of labor [science] 労働[科学]の賛美. **4** 実際以上によく見せること, 美化; 美化されたもの. **5** 〘英口語〙 お祭騒ぎ, 祝賀 (celebration). 〖(?*a*1425) □ LL *glōrificātiō(n-)*: ⇨ glorify, -fication〗

gló·ri·fì·er *n.* 光栄を与える人, 賛美者. 〖(*c*1445): ⇨ ↓, -er[1]〗

glo·ri·fy /glɔ́ːrəfàɪ | glɔ́ːrɪ̈-/ *vt.* **1** 〈神・聖人などの〉栄光をたたえる, 賛美する: ~ God, the saints, etc. **2** 天の栄光に高める, …に天の栄光を授ける: *glorified* spirits in heaven. **3** 称賛[称揚]する, 賛美する (extol): ~ labor. **4** 実際よりよく[美しく, 大きく]見えるようにする, 美化する: His "villa" is only a *glorified* cabin. 彼の「別荘」は小屋をよく言ったものにすぎない. **5** …に光彩を加える, 名誉を与える, …の名を高からしめる: the names which ~ this country この国の名誉を一段と高める人々. **6** …に光彩[輝き]を与える. **gló·ri·fi·a·ble** /-əbl̩/ *adj.*

G

〖(1340) □ (O)F glorifier □ LL glōrificāre ← L glōria (↓)＋-ficāre (→-FY): ⇨ glory, -fy〗

glo·ri·ole /glɔ́ːriòʊl | -riəʊl/ *n.* 後光, 光背, 光輪. 〖(1813) □ F ～ □ L glōriola (dim.) ← glōria 'GLORY'〗

glo·ri·o·sa /glɔ̀ːrióʊsə | -ə́ʊ-/ *n.* 〘植物〙グロリオサ, キツネユリ《アフリカ・アジアの熱帯に分布するユリ科キツネユリ属 (*Gloriosa*) のつる性の各種の球根植物; 花は赤色・黄色などで, 観賞用に温室栽培される; glory lily ともいう》.

glo·ri·ous /glɔ́ːriəs/ *adj.* **1** 栄光ある, 名誉の, 光輝ある: a ～ achievement, victory, age, etc. / France is ～ *in* her art. フランスは世界に誇る美術国だ / ⇨ Glorious Fourth, Glorious Revolution. **2** (天上界を思わせるように)壮麗な, 荘厳な, 燦爛(さんらん)たる (⇨ splendid SYN): a ～ sunset 荘厳な入日 / a ～ day 美しく晴れ渡った日 / a ～ view 壮観, 絶景. **3** 《口語》 **a** 愉快きわまる, 楽しい, すてきな: have a ～ time [holiday] 非常に愉快な時[休日]を過ごす / It was ～ fun. すばらしくおもしろかった. **b** 《反語》すごい, たいへんな: a ～ mess [muddle] めちゃくちゃ, ごった返し / a ～ row たいへんな騒ぎ; 大げんか. **4** 《口語》飲んで上機嫌の, 一杯機嫌の. **～·ness** *n.* 〖(c1275) □ AF ～＝OF glorieus □ L glōriōsus full of glory: ⇨ glory, -ous〗

G

Glórious Fóurth *n.* [the ～] 栄光の四日《米国独立記念日; 7 月 4 日》. 〖1827〗

gló·ri·ous·ly *adv.* 立派に, 堂々と; すばらしく 〖(c1340): ⇨ -ly[1]〗

Glórious Revolútion *n.* [the ～] 名誉革命《English Revolution (1688–89) の別称》.

Glórious Twélfth *n.* [the ～] 《英》栄光の十二日《8 月 12 日; 雷鳥猟 (grouse shooting) の解禁の日》. 〖1895〗

glo·ry /glɔ́ːri/ *n.* **1 a** 光栄, 名誉, 誉れ: win ～ 名誉を得る / the field of ～ 名誉の場《戦場など》/ return with ～ 栄誉をになって帰る, 凱旋(がいせん)する / be covered in [with] ～＝cover oneself in [with] ～ 栄光に輝く. **b** 光栄[名誉, 誇り]を与える物[人], 誇りとなる物[人]: His name is [exploits are] the ～ of the town. 彼の名[功績]はその町の誇りである. **2 a** (神に属する)栄光, さかえ; 賛美, 頌栄(しょうえい), 礼拝: the ～ of God 神の栄光 / give ～ to God 神に栄光を帰する, 神を賛美する / *Glory* be to God on high.＝*Glory* to God in the highest. いと高きところには栄光神にあれ (Gloria in Excelsis Deo) (cf. *Luke* 2:14). **b** 天上の栄光, 至福, 天国; 永遠: dwell with the saints in ～ 聖人と共に栄光に住む《天国にある》. **3 a** (地上の)栄華, 華麗, 壮観: reign in great ～ 栄華を極めて統治する / Even Solomon in all his ～ was not arrayed like one of these. 栄華を極めたるソロモンだに, そのよそおいこの花の一つにしかざりき (*Matt.* 6:29) / the ～ that was Greece and the grandeur that was Rome ありし昔のギリシャの栄華とローマの壮麗 (Poe, *To Helen* 2). **b** (自然界の)壮観, 美観, はなばなしさ: the ～ of the morning 朝の壮観 / the ～ of the woods in autumn 秋の森の美観. **c** (成功・繁栄などの)絶頂, 全盛; 大得意, 大満足: ancient Greece *in* its ～ 全盛期の古代ギリシャ / He was *in* his ～, surrounded by a crowd of admirers. 崇拝者の群に囲まれて彼は得意の絶頂にあった. **4 a** 光背, 後光, 光輪. **b** 幻日.

gó to glóry 天国へ行く, 昇天する, 死ぬ. ***sénd a person to glóry*** 《戯言》〈人を〉天国へ送る, 殺す.

glory of the séas 〘貝類〙ウミノサカエイモガイ (*Conus gloriamaris*)《世界最高値の貝として収集家に珍重される》.

— *vi.* **1** 喜ぶ, 誇り[得意]を感じる〔*in*〕; 〔面白い名前など〕を持っている〔*in*〕: ～ *in* one's victory 勝利を誇る / ～ *in* putting others down 他人をこきおろすことに喜びを感じる / The detergent *gloried in* the name of Superkleen その洗剤はスーパークリーンという商品名が付いていた / *Glory* ye *in* his holy name. その清きみ名を誇れ (*Ps.* 105:3). **2** 《古》きらきら輝く. **3** 《廃》自慢する, いばる (boast)〔*in*〕.

— *int.* ありがたい, まあ, うれしい, しめしめ; これは驚いた (Glory be! ともいう). 《(略) ← *Glory be to God*》 〖(?a1200) □ OF glorie (F gloire) □ L glōria glory, fame ← ?〗

glóry bòx *n.* 《豪》結婚準備の女性の衣装箱 (《米》 bottom drawer, 《英》 hope chest). 〖1949〗

glóry dàys [yèars] *n. pl.* [the ～] 栄光の時代, 絶頂期, 全盛期.

glóry hòle *n.* **1** 〘ガラス製造〙だるま口, だるまの口《ガラス器具を手でつくるとき, 再加熱するために使用する窯の口》. **2** 《口語》がらくたをしまう部屋[引出し, 入れもの]. **3** 〘海事〙 **a** ＝lazaret 1. **b** 機関員や司厨手らのいる船内居住区. **4** 《米》〘鉱山〙グローリーホール《露天採掘で地表にできた円錐形のくぼみ》. 〖1825〗

glóry lìly *n.* 〘植物〙＝gloriosa.

glóry-of-the-snów *n.* 〘植物〙チオノドクサ《ユリ科チオノドクサ属 (*Chionodoxa*) の植物の総称》; 《特に》ユキゲユリ, チオノドクサ・ルキリアエ (*C. luciliae*). 〖1890〗

glóry-of-the-sún *n.* 〘植物〙チリ原産ユリ科の青色の花が咲く多年草 (*Leucocoryne ixioides*).

glóry pèa *n.* 〘植物〙ニュージーランド産マメ科の鮮紅色の花が咲くつる植物 (*Clianthus puniceus*). 〖1848〗

glóry trèe *n.* 〘植物〙美しい花をつけるクサギ属 (*Clerodendron*) の低木の総称《観賞用》. 〖1848〗

Glos 《略》Gloucestershire.

gloss[1] /glɑ́(ː)s, glɔ́(ː)s | glɔ́s/ *n.* **1** 光沢, 艶(つや), (絹などの)練り (luster, sheen): the ～ of silk, satin, etc. / put [set] a ～ on …に光沢をつける, …の艶を出す; …のうわべを飾る. **2 a** 光沢性化粧品. **b** ＝lip gloss. **3** 虚飾, うわべの飾り, 見せかけ: a ～ of culture. **4** 光沢仕上げ塗料 (gloss paint). **— *vt.*** **1** …の光沢を出す, 艶出しする, 〈絹などを〉練る. **2** 体裁よく[もっともらしく]〈誤ち・欠点など〉のうわべを飾る; うまくごまかす[言い抜ける, かくす]〈*over*〉: ～ *over* one's faults. **— *vi.*** 光沢[艶]が出る: Serge is apt to ～. サージは光りが出やすい. **～·er** *n.* **～·less** *adj.* 〖(1538) ← ? Scand. ← IE *ghel- to shine: cf. Icel. glossi spark, blaze / Norw. glose / MHG glosen to glow〗

gloss[2] /glɑ́(ː)s, glɔ́(ː)s | glɔ́s/ *n.* **1** (古写本などで)行間や欄外などに書き込んだ語句注解. **2** 評注, 注解, 解説. **3 a** 用語解. **b** (外国語テキストの)行間訳 (cf. interlinear). **4** こじつけ解釈, 曲解. **— *vt.*** **1** 注解する, …に注釈をつける. **2** …にこじつけの解釈をする, 曲げて解釈する, もっともらしく説明する〈*away*〉. **— *vi.*** **1** 注解[注釈]する〔*on, upon*〕. **2** 《古》悪く解釈する, 酷評する〔*on*〕. **～·er** *n.* 〖(1548)《変形》← GLOZE: L glossa の影響による変形〗

gloss. 《略》glossary.

gloss- /glɑ(ː)s, glɔ(ː)s | glɔs/ (母音の前にくるときの) glosso- の異形.

glos·sa /glɑ́(ː)sə, glɔ́(ː)sə | glɔ́sə/ *n.* (*pl.* **glos·sae** /-siː, -saɪ/, **～s**) **1** 〘昆虫〙中舌《ハエなどの昆虫の口器の下唇の内縁を形成する管状物》. **2** 〘解剖〙舌. 〖(c1852) ← NL ～ ← Gk glôssa tongue: ⇨ glossary〗

-glos·sa /glɑ́(ː)sə, glɔ́(ː)sə | glɔ́sə/ (*pl.* ～)「…の舌(状のもの)を持つもの」の意の名詞連結形: Eri*glossa*. 〖← NL ～ ← Gk glôssa tongue〗

glossae *n.* glossa の複数形.

glos·sal /glɑ́(ː)səl, glɔ́(ː)s-, -sl | glɔ́s-/ *adj.* 舌の, 舌に関する (lingual). 〖(1860) ← GLOSSA＋-AL[1]〗

glos·sar·i·al /glɑ(ː)sέəriəl, glɔ(ː)s- | glɒsέər-/ *adj.* 語彙(ごい)の, 用語解 (glossary) の: a ～ index 解説付きの語彙索引. **～·ly** *adv.* 〖(1821) ← GLOSSARY＋-AL[1]〗

glós·sa·rist /-rɪst | -rɪst/ *n.* (テキスト)注解者; 用語解編者. 〖(1774): ⇨ ↓, -ist〗

glos·sa·ry /glɑ́(ː)səri, glɔ́(ː)s- | glɔ́səri/ *n.* (ある作家・著作・学術などに特有な難語や術語などを説明した)小辞典, (解説付き)語彙(ごい)用語解. 〖(?c1350) □ ML glossārium ← L glōssa antiquated or foreign word needing elucidation □ Gk glôssa, glôtta tongue, speech (cf. glōkhís barb of an arrow): ⇨ -ary〗

SYN 辞典: **glossary** 難解な語に注解を付け, ABC 順に配列した巻末のあるいは独立した辞書: a Shakespeare *glossary* シェークスピア用語集. **vocabulary** 特定の題目を扱う本の補遺として付けられた用語集: This book has a good *vocabulary* at the back. この本には巻末にすぐれた単語集が付いている. **lexicon** 特に, 古典語の辞書: a Greek-English *lexicon* 希英辞典. **dictionary** ある言語のすべての語彙の意味用法を同一のまたは別の言語で説明し ABC 順に配列した本《一般的な語》: a biographical *dictionary* 人名辞典.

glos·sa·tor /glɑ́(ː)seɪtə, glɔ́(ː)s-, ―⌣―― | glɒséɪtə(r)/ *n.* 注釈者; (特に中世の)ローマ法や教会法の注釈者. 〖(c1382) □ ML glossātor ← L glossa (↑): ⇨ -or[2]〗

glos·sec·to·my /glɑ(ː)séktəmi, glɔ(ː)s- | glɒs-/ *n.* 〘外科〙舌切除(術).

glos·se·mat·ics /glɑ̀(ː)səmǽtɪks, glɔ̀(ː)sə- | glɒ̀sɪ-mǽt-/ *n.* 〘言語〙言理学, 言語記号学《言語形式素 (glosseme) の分布と相互関係に基づく言語分析法; デンマークの言語学者 Hjelmslev の提唱した言語理論》. 〖(1936) ← GLOSSO-＋Gk sēmat-, sêma sign＋-ICS〗

glos·seme /glɑ́(ː)siːm, glɔ́(ː)s- | glɔ́s-/ *n.* 〘言語〙言語形式素, 言素《形態素 (morpheme) と文法素 (tagmeme) からなる, 意味をもつ最小の言語要素; 語幹, 格, 音調, 語順など》. 〖(1926) □ Gk. glṓssema ← glossa GLOSS〗

-glos·si·a /glɑ́(ː)siə, glɔ́(ː)s- | glɔ́s-/「…の舌をもつ状態」の意の名詞連結形: pachy*glossia*. 〖□ Gk -glōssia: ⇨ glossa, -ia[1]〗

glos·si·na /glɑ(ː)sáɪnə, glɔ(ː)s-, -síː- | glɒs-/ *n.* 〘昆虫〙＝tsetse. 〖← NL ～: ⇨ glosso-, -ina[1]〗

glos·si·tis /glɑ(ː)sáɪtɪs, glɔ(ː)s- | glɒsáɪtɪs/ *n.* 〘病理〙舌炎. **glos·sit·ic** /glɑ(ː)sítɪk, glɔ(ː)s- | glɒsítɪk/ *adj.* 〖(1822–34) ← NL ～: ⇨ glosso-, -itis〗

glóss·mèter *n.* 光沢計.

glos·so- /glɑ́(ː)soʊ, glɔ́(ː)s- | glɔ́səʊ/「舌 (tongue); 言語 (language)」の意の連結形. ★ 母音の前では通例 gloss- になる. 〖← Gk glôssa tongue, speech〗

glos·sog·ra·pher /glɑ(ː)sɑ́(ː)grəfə, glɔ(ː)s- | glɒsɔ́grəfə(r)/ *n.* ＝glossarist. 〖1607〗

glos·sog·ra·phy /glɑ(ː)sɑ́(ː)grəfi, glɔ(ː)s- | glɒsɔ́g-/ *n.* 注釈作製(法). 〖(1623) □ F glossographie ← glosso- GLOSSO-＋-graphía writing〗

glos·so·la·li·a /glɑ̀(ː)səléɪliə, glɔ̀(ː)s- | glɒ̀sə(ʊ)-/ *n.* ＝GIFT of tongues (2). 〖(1879) ← NL ～ ← GLOSSO-＋Gk laliá (n.) speaking〗

glos·sol·o·gy /glɑ(ː)sɑ́(ː)lədʒi, glɔ(ː)s- | glɒsɔ́l-/ *n.* 《古》言語学 (linguistics). 〖(1716) ← GLOSSO-＋-LOGY〗

glòsso·pharyngéal 〘解剖〙 *adj.* **1** 舌咽(ぜついん)の, 舌と咽頭の[に関する]. **2** 舌咽神経の. **— *n.*** ＝glossopharyngeal nerve.

glóssopharyngeal nérve *n.* 〘解剖〙舌咽神経《ninth (cranial) nerve ともいう》. 〖1823〗

glos·so·ple·gi·a /glɑ̀(ː)səplíːdʒiə, glɔ̀(ː)s-, -dʒə | glɒ̀səplíː-/ *n.* 〘病理〙舌麻痺. 〖← NL ～: ⇨ glosso-, -plegia〗

glos·sot·o·my /glɑ(ː)sɑ́(ː)təmi, glɔ(ː)s- | glɒsɔ́t-/ *n.* 〘外科〙舌切開(術). 〖(1842) ← GLOSSO-＋-tomía CUTTING〗

glóss pàint *n.* 光沢仕上げ塗料, 艶(つや)あり塗料《ニスに顔料を加えて硬く光沢のある表面仕上げをする塗料; 単に gloss ともいう》. 〖1933〗

gloss·y /glɑ́(ː)si, glɔ́(ː)si | glɔ́si/ *adj.* (**gloss·i·er, -i·est; more ～, most ～**) **1** 光沢[艶(つや)]のある, つやつやした (lustrous): ～ silk / a ～ surface. **2 a** 〈紙など〉表面が光沢のある. **b** 〈雑誌・パンフレットなど〉光沢紙に印刷した: a ～ magazine＝glossy *n.* 1. **3** 体裁のよい, 見かけのよい, もっともらしい (specious, plausible): a ～ deceit. **— *n.*** **1** 《口語》(用紙がつややかでロマンチックな挿絵のある)美麗な大衆雑誌 (slick). **2** 〘写真〙光沢(面); 光沢印画, グロッシー (cf. mat[2] 4). **glóss·i·ly** /-səli/ *adv.* **glóss·i·ness** *n.* 〖(1556) ← GLOSS[1]＋-Y[1]〗

glóssy stàrling *n.* 〘鳥類〙テリムクドリ《アフリカ産ムクドリ科テリムクドリ属 (*Lamprotornis*) の鳥の総称》.

glost /glɔ́ːst, glɑ́(ː)st | glɔ́st/ *n.* 〘窯業〙釉(うわぐすり) (glaze), うわぐすり; 釉をかけた焼物 (glazed ware). 〖(1875)《方言における変形》← GLOSS[1] (n.)〗

Glo's·ter /glɑ́(ː)stə, glɔ́(ː)s- | glɔ́stə(r)/ *n.* ＝Gloucester.

glóst fíring *n.* 〘窯業〙本焼; 釉焼(ゆうやき)《施釉素地を焼成すること》.

-glot /glɑ̀(ː)t | glɒt/「(幾つかの)言語に通じている」の意の形容詞連結形: poly*glot*, mono*glot*. 〖← Gk glôtta tongue (Attic 方言形): cf. -glossa〗

glott- /glɑ(ː)t | glɒt/ (母音の前にくるときの) glotto- の異形.

glot·tal /glɑ́(ː)tl | glɔ́tl/ *adj.* **1** 〘解剖〙声門 (glottis) の. **2** 〘音声〙声門音の: ⇨ glottal stop. **— *n.*** 〘音声〙声門音《声門で調音される音; [h], [ʔ] など》. 〖(1846) ← GLOTT(IS)＋-AL[1]〗

glot·tal·ic /glɑ(ː)tǽlɪk | glɒ-/ *adj.* 〘音声〙声門閉鎖を伴った, 声門気流による (cf. pulmonic 3, velaric). 〖(1942): ⇨ ↑, -ic[1]〗

glot·tal·i·za·tion /glɑ̀(ː)təlɪzéɪʃən, -tl- | -təlaɪ-, -lɪ-, -tl-/ *n.* 〘音声〙声門(音)化. 〖(1933): ⇨ ↓, -ation〗

glot·tal·ize /glɑ́(ː)təlàɪz, -tl- | glɔ́təl-, -tl-/ *vt.* 〘音声〙声門(音)化する; 声門音で発音する. 〖(1949): ⇨ -ize〗

glót·tal·ìzed *adj.* 〘音声〙声門(音)化された; 声門音で発音された: ～ consonants 声門(音)化子音. 〖(1916): ⇨ ↑, -ed〗

glóttal stóp *n.* 〘音声〙声門閉鎖音《日本語の驚いて発音した「えっ」[ʔeʔ], 英語の強調された absolutely [ʔæbsəlúːtli] などで現われる; 音声記号は [ʔ]》. 〖1888〗

glot·tic /glɑ́(ː)tɪk | glɔ́t-/ *adj.* **1** 舌の, 舌に関する. **2** 《古》言語の, 言語学(上)の. **3** 〘解剖〙＝glottal 1. 〖(1802) □ Gk glōttikós ← glôtta tongue: ⇨ -glot, -ic[1]〗

glot·tis /glɑ́(ː)tɪs | glɔ́tɪs/ *n.* (*pl.* **～·es, glot·ti·des** /-tədìːz | -tɪ-/) 〘解剖〙声門《左右の声帯 (vocal cords) の間の空間; ⇨ respiratory system 挿絵》. **glot·tid·e·an** /glɑ(ː)tídiən | glɒtíd-/ *adj.* 〖(1578) ← NL ～ ← Gk glōttís mouth of a windpipe ← glôtta tongue: ⇨ -glot〗

glot·to- /glɑ́(ː)toʊ | glɔ́təʊ/「言語 (language)」の意の連結形. ★ 母音の前では通例 glott- になる. 〖□ Gk glōtto- ← glôtta: ⇨ -glot〗

glòtto·chronólogy *n.* 〘言語〙言語年代学《米国の言語学者 Morris Swadesh (1909–67) の提唱した, 同系統の言語の分離の時期を推定する方法; 語彙(ごい)統計学 (lexicostatistics) の一部門》. **glòtto·chrono·lógical** *adj.* 〖(c1950): ⇨ ↑, chronology〗

glot·tól·o·gist /-dʒɪst | -dʒɪst/ *n.* 《廃》言語学者. 〖(1874): ⇨ ↓, -ist〗

glot·tol·o·gy /glɑ(ː)tɑ́(ː)lədʒi | glɒtɔ́l-/ *n.* 《廃》言語学 (linguistics). **glot·to·log·i·cal** /glɑ̀(ː)təlɑ́(ː)dʒɪkəl, -tl-, -kl | glɒ̀təlɔ́dʒɪ-, -tl-ˊ/ *adj.* 〖(1841) ← GLOTTO-＋-LOGY〗

Glouc. 《略》Gloucestershire.

Glouces·ter /glɑ́(ː)stə, glɔ́(ː)s- | glɔ́stə(r)/ *n.* **1** グロスター《イングランド南西部 Gloucestershire 州の州都; Severn 河口に臨み大聖堂がある》. **2** ＝Gloucestershire. **3** グロスター(チーズ)《イングランド Gloucestershire 州産のハードチーズ; Gloucester cheese ともいう》. 〖OE Gloweċeastre ← OWelsh gloiu bright＋OE ċeastre 'fort, -CHESTER'〗

Glouces·ter /glɑ́(ː)stə, glɔ́(ː)s- | glɔ́stə(r)/, Duke of *n.* グロスター: **1** ⇨ Humphrey[2]. **2** ⇨ Thomas of Woodstock. **3** ⇨ Richard III. **4** (1900–74) 英国王 George 五世の子; オーストラリア総督 (1945–47); 本名 Henry William Frederick Albert.

Glóucester chéese *n.* ＝Gloucester 3.

Glóucester Òld Spót *n.* グロスターオールドスポット《英国 Gloucestershire 原産の黒斑をもつ白色の豚》.

Glouces·ter·shire /glɑ́(ː)stəʃə, glɔ́(ː)s-, -ʃɪə | glɔ́stəʃə(r), -ʃɪə(r)/ *n.* グロスターシャー《イングランド南西部の州; 面積 2,639 km², 州都 Gloucester》.

glove /glʌ́v/ *n.* **1 a** 手袋《各指が分かれているもの; cf. mitten 1》: a pair of ～*s* 一対の手袋 / put on [take off] one's ～*s* 手袋をはめる[ぬぐ] / with the ～*s* on 手袋をはめたままで / Excuse my ～. (戸外で男性がやむをえず手袋のまま女性と握手をする時)手袋のままで失礼します / ⇨ white gloves. **b** ＝gauntlet[1] 2, 3. **2** 〘スポーツ〙 **a** (野球用)グローブ. **b** (ボクシング用)グラブ (boxing glove).

bíte one's glóve 復讐(ふくしゅう)を誓う. ***dróp the [one's] glóves*** 《米》〘ホッケー〙(けんかを売るため)グローブを取る. ***fít like a glóve*** 〈服など〉ぴったり合う (fit exactly). 〖1771〗 ***hánd and [in] glóve*** ⇨ hand *n.* 成句. ***pùt ón the glóves*** 《口語》(グラブをはめて)ボクシングをする. ***táke the***

glóves òff (論争・議論に)(肌脱ぎになって)本気でかかる; 〔人を〕容赦しないでやっつける〔*to*〕. 《1922》 ***The glóves are óff.*** 容赦なしの争い[議論]が始まるぞ, (けんかなど)手加減なしだ. ***thrów dówn [táke úp] the glóve*** 挑戦する[挑戦に応じる] (cf. gauntlet[1] 3). 《1896》 ***with glóves*** 優しく; 慎重に (cf. kid glove, velvet glove): handle a person [thing] *with* ～*s*. ***withòut glóves*** 《1827》 = ***with the glóves óff*** (1) 荒々しく, 容赦なく. (2) 本気で; 大胆に. 《1828》
— *vt.* **1** 〈手・人〉に手袋をはめる: in one's ～*d* hand 手袋をした手に. **2** …に手袋として役だつ. **3** 〘野球〙〈ボール〉をグローブでとる.
～·like *adj.* 〘OE *glōf* < Gmc **ʒalōfōn* (ON *glōfi*) ← **ʒa-* together (⇨ y-)+**lof-* palm (← IE **lēp-* to be flat)〙

glóve·bòx *n.* **1** 〘原子力〙グローブボックス《比較的少量の放射性物質などを扱うための小型の箱で, 備えつけのゴムの手袋によって外部から操作する》. **2** 《英》=glove compartment. **3** 手袋入れの箱. 〘1852〙
glóve compàrtment *n.* グローブボックス, グラブコンパートメント《自動車の計器盤 (dashboard) にある小物入れ》. 〘1939〙
glóve dòll *n.* =hand puppet.
glóve·less *adj.* 手袋のない, 手袋をはめていない, 素手の. 〘(1812): ⇨ -less〙
glóve·man /-mən/ *n.* (*pl.* **-men** /-mən, -mèn/) 〘野球・クリケット〙=fielder.
glóve·mòney *n.* **1** 《古》(手袋代として召使に与えた)チップ (tip), 祝儀. **2** 〘英法〙手袋金《かつて巡回裁判所で, 執行すべき有罪被告人のなかった場合に州の長官 (sheriff) が裁判官および書記に支払った金銭》. 〘1729〙
glóve pùppet *n.* =hand puppet.
glóv·er *n.* 手袋製造人; 手袋屋, 手袋商. 〘(1355): ⇨ glove, -er[1]〙
glóve sìlk *n.* グラブシルク《女性の手袋・下着などに用いるトリコット生地》.
glóve spònge *n.* 手袋状の下等海綿《英領 Bahama 諸島や米国 Florida 州産》. 〘1885〙
glow /glóu | gləu/ *vi.* **1 a** (溶けた金属・ガラスなどのように)熱と光を出して輝く, 白熱光を発する, 白光を放つ. **b** 〈まき・石炭などが〉(炎をあげずに)まっ赤に燃える (cf. blaze[1]). **c** 〈ランプ・ホタルなどが〉光を放つ, 光る: Stars ～*ed* big and pale in the mist. 霧の中で星は大きく青白く光っていた. **2 a** 〈ほお・顔が〉赤くほてる, ぽっと赤くなる[赤らむ], 紅潮する (flush), 上気する; 〈目が〉輝く (flash): ～ *with* pride, happiness, pleasure, etc. **b** (運動の後など)体がぽかぽかする, ぽかぽか温かい, ほてる. **c** 《婉曲》汗をかく: Horses sweat, gentlemen [men] perspire, but ladies only ～. **3** 〈感情が〉熱する; 〈人が〉(激情・怒り・誇りなどに)燃える〔*with*〕: ～ *with* enthusiasm, patriotism, anger, etc. **4** 燃えるような色である, (色彩が)目の覚めるようである: Tulips ～ in the garden. 庭にはチューリップが目の覚めるような色で咲いている. — *vt.* 《廃》まっ赤に燃えさせる, 紅潮させる.
— *n.* **1** 白熱, 赤熱 (incandescence); (炎のない)真赤な輝き, 白熱[赤熱]光 (⇨ blaze[1] SYN): the ～ of embers, sunsets, pearls, etc. **2 a** (ほおの)紅潮, 赤らみ, ほてり, よい色つや; (目の)輝き: the ～ of health in the cheeks 健康そうなほおの色つや. **b** ぽかぽかする体のぬくもり, ぽかぽかする心地よさ: a pleasant ～ after a bath 風呂の後の気持ちのよいぬくもり. **3** 心地よい満足感, (満ち足りた)幸福感, 喜び: feel the (warm) ～ of happiness [satisfaction] 幸福[満足]の喜びを感じる. **4** 熱情, 熱心, 感興, 真剣さ (ardor): in the ～ of enthusiasm 熱心[熱狂]の余り. **5** (色彩などの)燃えるようなあざやかさ, 燃え立つような色彩, 光彩 (vividness): the ～ of colors, flowers, etc. / the ～ of sunset in the sky 真赤な夕焼けの空 / the evening ～ 夕焼け. **6** 〘電気〙グロー《低圧気中放電により発生する光の一種でアーク放電によるもの(蛍光灯・水銀灯など)よりは弱い, ネオン管などがこれを利用》.
in a glów*=*áll of a glów 熱くほてって (hot, flushed): The fire is *in a* ～. 火が赤くおこっている / His body was *all of a* ～. 体中がぽかぽかしていた.
〘OE *glōwan* ← Gmc **ʒlō-* (G *glühen* / ON *glōa*) ← IE **ghel-* to shine: cf. glass, gleam〙
glów dischàrge *n.* 〘電気〙グロー放電《ネオン管などに見られるグロー (electric glow) を発する放電》.
glów·er[1] *n.* 〘電気〙ネルンスト灯の発光体. 〘1844〙
glow·er[2] /gláuə | gláuə(r)/ *vi.* **1** 顔をしかめる, 苦い顔をする, にらみつける (lower)〔*at, upon*〕(⇨ frown SYN). **2** 《英方言》じっと[驚いて]見つめる (gaze)〔*at, upon*〕.
— *n.* **1** (不機嫌な)怖い顔, 苦い顔, ふくれつら (frown). **2** 《英方言》じっと[驚いて]見つめること. 〘(1500–20)《変形》← ? ME *glo(u)re(n)* to shine, glare ← ? ON (cf. Norw. 《方言》*glora* to glow)〙
glow·er·ing·ly /gláurɪŋli | gláu(ə)r-/ *adv.* 苦い顔をして. 〘(1859): ⇨ ↑, -ing[2], -ly[1]〙
glów·flỳ *n.* 〘昆虫〙ホタル (firefly). 〘1789〙
glow·ing /glóuɪŋ | gləu-/ *adj.* **1** 白熱[赤熱]している (incandescent); 赤々とした: ～ embers 真赤に燃えているおき. **2** 〈感情・表現など〉熱している, 熱烈な (warm, enthusiastic); 〈人が〉熱心な, 熱中した: ～ patriotism 熱烈な愛国心 / a ～ evangelist 熱烈な伝道者 / give a ～ account of …を熱情を込めて[賞賛して]伝える / in ～ terms 熱心に. **3** 〈ほおなど〉(興奮・健康などで)紅潮した, 生気にあふれる: with ～ cheeks ほおをほてらせて. **4** (色彩が)燃えるように輝かしい[鮮やかな]: paint … in ～ colors …を燃えるような色彩で描く; 《比喩》…を非常にほめて描く[述べる]. **5** [副詞的に] 燃えるように, 白熱的に: ～ hot.
～·ly *adv.* 〘OE *glōwende*: ⇨ -ing[2]〙

glówing clòud *n.* 〘地質〙=nuée ardente.
glów làmp *n.* 〘電気〙グロー球[ランプ]《ネオン・アルゴンなどを封じた陰性グローを利用した電球》.
glów plùg *n.* 〘機械〙(ディーゼルエンジンなどの)予熱プラグ, グロープラグ. 〘*c*1941〙
glów swìtch [stàrter] *n.* 〘電気〙(蛍光灯用の)点灯管, グロー球. 〘1884〙
glów·wòrm *n.* 〘昆虫〙ツチボタル《ホタルの類 (firefly) の幼虫または翅のない成虫の雌で発光する; オーストラリアとニュージーランドでは双翅目のホタルバエ (*Arachnocampa luminosa*) の幼虫》. 〘?*c*1350〙
glox·in·i·a /glɑ(ː)ksíniə | glɔk-/ *n.* 〘植物〙グロキシニア (*Sinningia speciosa*)《白・赤・紫などの美麗な鐘状大輪の花を開くブラジル原産イワタバコ科の観賞用多年生草本》. 〘(1816–20) ← NL ～ ← *B. P. Gloxin* (1785 年ごろそれを発見したドイツの植物学者): ⇨ -ia[1]〙
gloze /glóuz | gləuz/ 《古》*vt.* **1** 都合よく[こじつけて]説明する, もっともらしく言い繕う[説明する] (gloss)〈*over*〉. **2** 《古》…に注釈する. **3** 《古》へつらう. — *vi.* 《古》**1** 注釈する, 説明する〔*on, upon*〕. **2** お世辞をいう. — *n.* 《古》**1** 注釈 (gloss). **2** へつらい, おべっか. **3** ごまかし, 偽り. 〘*v.*: (*c*1300) □ (O)F *gloser* ← *glose*. — *n.*: (*c*1300) □ (O)F *glose* □ ML *glōsa* = L *glōssa* a word needing explanation □ Gk *glôssa* tongue, (foreign) language ← IE **glōghya* ← **glōgh-* thorn, point: GLOSS[2] と混同された〙
glt. 《略》〘製本〙gilt 金(箔)付けされた, 金(箔)付けの.
gluc- /glu:k, glu:s/ (母音の前にくるときの) gluco- の異形.
glu·ca·gon /glúːkəgɑ̀(ː)n | -gɔ̀n, -gən/ *n.* 〘生化学〙グルカゴン《膵臓(すいぞう)中にある血糖上昇作用をもつホルモン性物質》. 〘(1923) □ G *Glukagon* ← *Gluko-* 'GLUCO-'+? Gk *agōn* (⇨ agon)〙
glu·can /glúːkæn/ *n.* 〘生化学〙グルカン《酵母菌から得られるグルコース残基よりなる多糖類》. 〘(1941) ← GLUCO-+-AN[2]〙
glu·cide /glúːsaɪd/ *n.* 〘化学〙糖質《糖を主な成分とする物質の総称; 蛋白質・脂質に対して用いる》. 〘← GLUCO-+-IDE[2]〙
glu·cin·i·um /gluːsíniəm/ *n.* 〘化学〙グルシヌム《4 番元素 beryllium の古称》. 〘(1812) ← NL ～ ← F *glucine* ← Gk *glukús* sweet: ⇨ -ium〙
glu·ci·num /gluːsáɪnəm/ *n.* 〘化学〙=glucinium. 〘(1812) ↑〙
Gluck /glúk; G. glúk/, **Christoph Wil·li·bald** /vílibalt/ **von** *n.* グルック《1714–87; ドイツの歌劇作曲家; *Orfeo ed Euridice*「オルフェオとエウリディーチェ」(1762); *Iphigénie en Aulide*「アウリスのイフィジェニー」(1774)》.
glu·co- /glúːkou | -kəu/ **1**「グルコース, ぶどう糖 (glucose)」の意の連結形. **2** 《まれ》=glyco- 1. ★ 母音の前では通例 gluc- になる. 〘← GLUCOSE〙
glùco·córticoid *n.* 〘生化学〙糖質コルチコイド, グルココルチコイド《糖質・蛋白質の脂肪代謝に対する作用を有する副腎皮質ホルモン》. 〘(1950) ← GLUCO-+CORTICO-+-OID〙
glùco·génesis *n.* 〘生化学〙ぶどう糖生成, グルコゲネシス《他の糖から生物体内でぶどう糖が形成されること; cf. gluconeogenesis》.
glùco·kínase *n.* 〘生化学〙グルコキナーゼ《リン酸転位酵素に属するヘキソキナーゼ (hexokinase) の一種》. 〘1950〙
glu·co·nate /glúːkənèɪt/ *n.* 〘化学〙グルコン酸塩[エステル]. 〘(1884) ← GLUCONIC (ACID)+-ATE[1]〙
glùco·neogénesis *n.* 〘生化学〙ぶどう糖新生《生物の体内で糖以外の物質からぶどう糖が新たに作られること; cf. glucogenesis》. 〘(1912) ← GLUCO-+NEO-+-GENESIS〙
glùco·neogenétic *adj.* 〘生化学〙ぶどう糖新生の. 〘1961〙
glùco·neo·génic /-dʒénɪkˉ/ *adj.* 〘生化学〙=gluconeogenetic. 〘⇨ -genic[1]〙
glu·cón·ic ácid /gluːkɑ́(ː)nɪk- | -kɔ́n-/ *n.* 〘化学〙グルコン酸 ($HOCH_2(CHOH)_4COOH$)《グルコースの酸化により生じる》. 〘(1871): *gluconic*: ← GLUCO-+-ON(E)+-IC[1]〙
glu·co·no·ki·nase /glùːkənoukáɪneɪs, -neɪz | -nə(u)káɪneɪz/ *n.* 〘生化学〙グルコノキナーゼ《グルコン酸に ATP のリン酸を転位する酵素》. 〘⇨ ↑, kinase〙
glùco·prótein *n.* 〘生化学〙=glycoprotein.
glu·cos·a·mine /gluːkóusəmìːn | -kóu-/ *n.* 〘化学〙グルコサミン ($C_6H_{13}NO_5$)《グルコースのアミノ誘導体》. 〘(1884) ← GLUCOSE+AMINE〙
glu·co·san /glúːkəsæ̀n/ *n.* 〘生化学〙グルコサン ($(C_6H_{10}O_5)_n$)《加水分解で六糖類を生じる多糖類の一群; cf. levoglucosan》. 〘(1862) ⇨ ↓, -an[2]〙
glu·cose /glúːkous, -kouz | -kəuz, -kəus/ *n.* **1** 〘化学〙グルコース, ぶどう糖 ($OHC(CHOH)_4CH_2OH$). ★ 単糖類の一種で, 大別して次の二種類がある. (1) D (形)グルコース, 右旋糖, 右旋性ぶどう糖, ぶどう糖《自然界に最も多量に存在する重要な糖で, 単にグルコースという場合はこれを指すことが多い; dextro-glucose, *d*-glucose ともいう》. (2) L (形)グルコース, 左旋糖, 左旋性ぶどう糖《L-グルコン酸ラクトンの還元によって人工的にのみ得られる糖; levo-glucose, *l*-glucose ともいう》. **2** 澱粉から製した糖化液 (starch syrup)《主に商業上用いられる》. **glu·cos·ic** /gluːkásɪk | -kɔ́s-/ *adj.* 〘(1840) □ F ～ ← Gk *gleûkos* must, sweet wine (cf. *glukús* sweet): ⇨ -ose[2]〙
glúcose-1-phósphate /-wʌ́n-/ *n.* 〘化学〙グルコース-1-リン酸《糖代謝の重要な中間体の一つ》. 〘(1938) リン酸基のつく位置から〙

glúcose-6-phósphate /-síks-/ *n.* 〘化学〙グルコース-6-リン酸《糖代謝の重要な中間体の一つ》. 〘(1954) ↑〙
glúcose phósphate *n.* 〘化学〙グルコースリン酸 ($C_6H_{13}O_9P$)《グルコースのリン酸エステル, 糖代謝中間体として重要》. 〘1912〙
glúcose tólerance tèst *n.* 〘医学〙糖負荷試験《糖尿病の検査; 略 GTT》. 〘1923〙
glu·co·si·dase /gluːkóusədèɪs, -zədèɪz | -káusɪdèɪs/ *n.* 〘生化学〙グルコシダーゼ《配糖体 glucosid から糖を加水分解するまたはその逆反応をする酵素》. 〘(1926): ⇨ ↓, -ase〙
glu·co·side /glúːkəsàɪd/ *n.* 〘化学〙グルコシド, 配糖体. **glu·co·sid·ic** /glùːkəsídɪk | -dɪkˉ/ *adj.* **glù·co·síd·i·cal·ly** *adv.* 〘(1855) ← GLUCOSE+-IDE[2]〙
glùco·súlfone *n.* 〘薬学〙グルコスルフォン ($[C_6H_{12}O_5(SO_3Na)NHC_6H_4]_2SO_2$)《ハンセン病の治療薬》.
glu·cos·u·ri·a /glùːkousjʊ́(ə)riə | -kə(ʊ)s(j)ʊ́əriə, -s(j)ɔ́ːr-/ *n.* 〘病理〙=glycosuria.
glu·cos·u·ric /glùːkous(j)ʊ́(ə)rɪk, -ʃʊ́(ə)r- | -kə(ʊ)s(j)ʊ́ər-ˉ/ *adj.* =glycosuric.
glúc·u·ròn·ic ácid /glúːkjurɑ̀(ː)nɪk- | -kju(ə)rɔ̀n-, -kjɔːr-/ *n.* 〘生化学〙グルクロン酸 ($HOOC(CHOH)_4CHO$)《生体内の代謝産物として生じるグルコースのウロン酸》. 〘(1911) *glucuronic*: ← GLUCO-+Gk *oûron* 'URINE'+-IC〙
gluc·u·ron·i·dase /glùːkjʊrɑ́(ː)nədèɪs, -dèɪz | -rɔ́nɪdèɪs/ *n.* 〘生化学〙グルクロニダーゼ《グルクロン酸の配糖体を加水分解する酵素》. 〘(1945): ⇨ ↓, -ase〙
gluc·u·ro·nide /gluːkjʊ́(ə)rənàɪd | -kjʊər-/ *n.* 〘生化学〙グルクロン酸化合物《グルクロン酸と糖などとが結合した複合糖の一つ》. 〘(1934): ⇨ glucuronic, -ide[2]〙
glue /glúː/ *n.* **1** にかわ: stick like ～ to a person 人にしつこく[うるさく]つきまとう. **2** にかわ類似の物質; (一般に)接着剤, (事務用の)のり. — *vt.* **1 a** …ににかわ(など)を塗る. **b** にかわ(など)でくっつける, 付ける: ～ *together* (接着剤で)くっつける. **2 a** [しばしば p.p. 形で] くっつけて離さない, こびりつかせる〔*to*〕: listen with one's ear ～*d to* [*against*] the keyhole 鍵穴に耳をくっつけて聞く / She stayed ～*d to* her mother. 母親のそばにくっついて離れなかった. **b** [～ *oneself* または p.p. 形で] 注ぐ, 集中する〔*to, on*〕: with one's eyes ～*d on* …をじっと見つめて / have one's eyes ～*d to* the spot その場所を見据える / He ～*d himself to* the study. その研究に熱中した. — *vi.* にかわ(など)でくっつく. **～·like** *adj.* 〘(1225) □ (O)F *glu* birdlime < LL *glūtem, glūs* ← IE **gleu-* ← **gel-* to form into a ball: cf. gluten〙
glúe cèll *n.* 〘動物〙=adhesive cell.
glúe èar *n.* 〘病理〙にかわ耳《中耳の感染症の結果, 耳管が粘稠(ねんちゅう)液によって閉塞している状態; cf. otitis media》.
glúe-étched gláss *n.* 氷花ガラス, 結霜(けっそう)ガラス《すりガラス表面ににかわの水溶液を塗布し, 乾燥後これをはぎ取って装飾模様を付けたガラス》.
glúe gùn *n.* グルーガン《固形の接着剤を溶かして付けるための, ピストル状の道具》.
glúe·pòt *n.* **1** にかわなべ《にかわを煮る二重なべ》. **2** 《英口語・豪》(奥地の)粘着質のどろんこ道. 〘1483〙
glu·er /glúːə | glúːə(r)/ *n.* にかわで付ける人; くっついて離れない人. 〘(1483): ⇨ glue, -er[1]〙
glúe-snìffing *n.* (トルエンなどの接着剤の芳香を吸いこむ)シンナー遊び,「風船遊び」. **glúe-snìffer** *n.* 〘1971〙
glue·y /glúːi/ *adj.* (**glu·i·er, -i·est; more ～, most ～**) にかわ質[状]の; にかわを塗った, にかわだらけの; ねっとりとべたべたする, 粘着性の (sticky). **glú·i·ly** /-ɪli/ *adv.* 〘(*c*1384): ⇨ -y[4]〙
glug /glʌ́g/ *vi., vt.* (**glugged; glug·ging**) ごぼごぼと音をたてる; がぼがぼと飲む. — *n.* **1** (液体が瓶から出るときのような)ごぼごぼいう音. **2** ぐいと飲むこと. 〘(1895)《擬音語》: cf. gluck *v.*〙
gluh·wein, glüh- /glúːvaɪn; G. glýːvaɪn/ *n.* グリューワイン《赤ワインに砂糖・香料を加えて温めたもの》. 〘(1898) □ G *glühwein*〙
glum /glʌ́m/ *adj.* (**glum·mer; glum·mest**) **1** むっつりした, 陰気な顔をした, ふさぎ込んだ; 陰気な (⇨ sullen SYN): a ～ face. **2** 《英方言》〈天候が〉険悪な. **～·ly** *adv.* **～·ness** *n.* 〘(1547)《変形》← ? ME *glome(n), glo(u)mbe(n)* 'to GLOOM': cf. LG *glum* turbid, muddy〙
glu·ma·ceous /gluːméɪʃəs/ *adj.* 〘植物〙**1** 穎(えい)[包穎] (glume) のある[から成る]. **2** 穎状の, 包穎状の. 〘(1828–32) ← GLUME+-ACEOUS〙
glume /glúːm/ *n.* 〘植物〙穎(えい), 穎苞(えいほう), 包穎, 護穎, はかま《穀類の穎果を覆う鱗片(状の葉)》. **～·like** *adj.* 〘(1789) ← NL ～ ← L *glūma* hull or husk (of grain) ← L **glūbmā* ← **glūbere* ← IE **gleubh-* to cut〙
glump·y /glʌ́mpi/ *adj.* (**glump·i·er, -i·est; more ～, most ～**) 《古》=grumpy. **glúmp·i·ly** /-pɪli/ *adv.* **glúmp·i·ness** *n.* 〘(1780) ← *glump* (《変形》← ? GLUM)+-Y[4]〙
glu·on /glúːɑ(ː)n | -ɔn/ *n.* 〘物理〙グルーオン《クォーク (quark) 間の力を媒介するボソン》. 〘(1971) ← GLU(E)+-ON[2]〙
glu·side /glúːsaɪd/ *n.* 〘化学〙=saccharin. 〘← NL *glucidum* ← ? Gk *glukús* sweet+-*idum* '-IDE[2]'〙
glut /glʌ́t/ *v.* (**glut·ted; glut·ting**) *vt.* **1 a** 〈人・胃などを〉ごちそうに飽きさせる, 〈人〉にたらふく食わせる, 満腹させる〔*with, on*〕(⇨ satiate SYN): ～ oneself *with* …を飽きるほど食べる. **b** 〈食欲・欲望を〉満たす (satiate): ～ one's

G

appetite. **2** 飽き飽きさせる (cloy, surfeit) 〔*with*〕; 思う存分…する: ~ one's eyes 飽きるほどながめる / ~ one's revenge 十分に恨みを晴らす. **3** 〈市場などを〉供給過多にする (overstock) 〔*with*〕: ~ the market (市価の維持ができないほど)市場に商品をあふれさせる. **4** 〈道などを〉つまらせる, ふさぐ (choke up). — *vi.* たらふく食う, 飽きるほど食う. — *n.* **1** 十分な供給; (商品の)供給過剰: a ~ of cotton goods 綿製品のだぶつき / a ~ in the market 市場の在荷過剰. **2** 満腹, 食傷. **~·ting·ly** /-tɪŋli | -tɪŋ-/ *adv.* 〘(*a*1333) *glot(i)e(n)* ◻ (O)F *gloutir* to swallow < L *gluttīre*: ⇨ glutton[1]〙

glu·tae·al /glúːtiəl, gluːtíːəl | glúːtiəl, gluːtíːəl/ *adj.* =gluteal. 〘1831〙

glu·tae·us /glúːtiəs, gluːtíːəs | glúːtiəs, gluːtíːəs/ *n.* =gluteus.

glu·ta·mate /glúːtəmèɪt | -tə-/ *n.* 〖化学〗グルタミン酸塩, グルタミン酸エステル. 〘(1876): ⇨ ↓, -ate[1]〙

glu·tám·ic ácid /gluːtǽmɪk-/ *n.* 〖化学〗グルタミン酸 ($HOOCCH_2CH_2CH(NH_2)COOH$) 《アミノ酸の一種; コンブの旨味成分》. 〘(1871) ← GLUT(EN)+AMIC ACID〙

G

glu·ta·min·ase /gluːtǽmənèɪs, gluːtǽmɪ-, -nèɪz | glúːtəmɪnèɪs, gluːtǽmɪ-/ *n.* 〖生化学〗グルタミナーゼ《グルタミンをグルタミン酸とアンモニアに分解する酵素》. 〘(1938): ⇨ ↓, -ase〙

glu·ta·mine /glúːtəmìːn, -mɪn | -təmiːn, -mɪn/ *n.* 〖化学〗グルタミン ($HOOCCH(NH_2)CH_2CH_2CONH_2$) 《結晶性アミノ酸の一種》. 〘(1885) ← GLUT(EN)+-AMINE〙

glú·ta·min·ic ácid /glùːtəmìnɪk- | -tə-/ *n.* = glutamic acid.

glu·tar·al·de·hyde /glùːtərǽldəhàɪd | -tərǽldɪ-/ *n.* 〖化学〗グルタルアルデヒド, グルタルジアルデヒド ($CHO(CH_2)_3CHO$) 《皮なめし, 生物組織の固定に使う》. 〘(1951): ⇨ ↓, aldehyde〙

glu·tár·ic ácid /gluːtǽrɪk-, -tɛ́r- | -tǽr-/ *n.* 〖化学〗グルタル酸 ($HOOC(CH_2)_3COOH$) 《プラスチック用可塑剤の中間体》. 〘(1885) ← GLUT(EN)+(TART)ARIC ACID〙

glu·ta·thi·one /glùːtəθáɪoun | glùːtəθáɪəun/ *n.* 〖生化学〗グルタチオン ($C_{10}H_{17}N_3O_6S$) 《動物組織中に見られる一種のペプチドで新陳代謝上重要な役割をする》. 〘(1921) ← *gluta(mic)*+THIO-+-ONE〙

glu·te·al /glúːtiəl, gluːtíːəl | -tiəl, gluːtíːəl/ *adj.* 〖解剖〗臀(でん)部の, 臀筋の. 〘(1804) ← GLUTE(US)+-AL[1]〙

glutei *n.* gluteus の複数形.

glu·te·lin /glúːtəlɪn, -tl- | glúːtəlɪn, -tl-/ *n.* 〖生化学〗グルテリン《植物性単純蛋白質》. 〘(1908) 《変形》 ↓〙

glu·ten /glúːtn, -tɪn | -tn, -tɪn/ *n.* **1** グルテン, 麩(ふ)質, 粘液素《小麦粉に特有な蛋白質》. **2** 《古》にかわ, にかわのようにくっつくもの. 〘(1597) ◻ F ~ ◻ L *glūten* ← *glūt-, glūs* 'GLUE'〙

glúten brèad *n.* グルテンパン (gluten flour で作った麩(ふ)に類したパン; 主に糖尿病患者が用いる). 〘1846〙

glúten flòur *n.* グルテン粉《小麦粉から澱粉の大部分を取り去ったもので, gluten bread の材料》.

glu·ten·ous /glúːtənəs, -tn- | -tɪn-, -tn-/ *adj.* **1** グルテン状の, 麩(ふ)のような. **2** グルテン[麩質]を多量に含む.

glu·teth·i·mide /gluːtéθəmàɪd | -θɪ-/ *n.* 〖薬学〗グルテチミド ($C_{13}H_{15}NO_2$) 《白色の結晶, 催眠剤・鎮静剤》. 〘(1955) ← GLUTEN+THIO-+(A)MIDE〙

glu·te·us /glúːtiəs, gluːtíːəs | glúːtiəs, gluːtíːəs/ *n.* (*pl.* **-te·i** /glúːtiàɪ, -tiìː, gluːtíːaɪ | glúːtiàɪ, gluːtíːaɪ/) 〖解剖〗臀(でん)筋. 〘(*c*1681) ← NL ~ ← Gk *gloutós* rump, (pl.) buttocks〙

glu·tin /glúːtn, -tɪn | -tɪn, -tn/ *n.* 〖生化学〗 **1** グルチン《軟性ゼラチン》. **2** 《小麦から取る》グルテンカゼイン. 〘(1825) ◻ F *glutine* ← L *glūten* 'GLUTEN': ⇨ -in[2]〙

glu·tin·ant /glúːtənənt, -tn- | -tɪn-, -tn-/ *n.* 〖動物〗膠胞(こうほう), 粘着刺胞[細胞]《クシクラゲなどの触手にあり, 他の動物に粘着する細胞》. 〘(1684) ◻ L *glūtinantem* ← *glūtināre* to glue: ⇨ gluten, -ant〙

glu·ti·nos·i·ty /glùːtənɑ́(ː)səti, -tn- | -tɪnɔ́sɪti, -tn-/ *n.* 粘着性, ねばり. 〘(*a*1400) ◻ ML *glūtinōsitātem*: ⇨ -osity〙

glu·ti·nous /glúːtənəs, -tn- | -tɪ-, -tn-/ *adj.* **1** にかわ質の; 粘着性の, ねばる (sticky): ~ rice もち米. **2** 〖植物〗粘液で覆われた. **~·ly** *adv.* **~·ness** *n.* 〘(?*a*1425) ◻ (O)F *glutineux* // L *glūtinōsus* gluey: ⇨ gluten, -ous〙

glu·tose /glúːtous, -touz | -təus/ *n.* 〖化学〗グルトース ($HOCH_2CH(OH)CO(CHOH)_2CH_2OH$) 《糖蜜の一成分》. 〘← GLU(COSE)+(FRUC)TOSE〙

glut·ton[1] /glʌ́tn/ *n.* **1** 大食家, 大食い, 暴食家 (gormandizer): make a ~ of oneself 大食する. **2** [しばしば反語] **a** 耽溺(たんでき)家, 凝り屋, 熱中屋: a ~ *of* books 本の虫. **b** 〔仕事などに〕熱中する人〔*for*〕: a ~ *for* work 仕事の虫[鬼]. ***a glútton for púnishment*** 辛い[いやな]仕事を幾らでもや(れ)る人《どんなに痛めつけられても平気なボクサーなどの意から》. (1971) 〘(?*a*1200) *glot(o)un* ◻ OF *gluton* (F *glouton*) < L *gluttōnem* glutton ← IE *gʷel- to swallow: cf. L *gluttīre* to swallow〙

glut·ton[2] /glʌ́tn/ *n.* 〖動物〗クズリ (*Gulo gulo*) 《樺太・シベリア・北ヨーロッパ産のイタチ科の肉食獣; 北米産のものは wolverine と呼ばれる》. 〘(1674) 《なぞり》 ← G *Vielfrass* (← *viel* much+*fressen* to devour) 《変形》 ← Norw. 《廃》 *fjeldfross* mountain-cat: ドイツ語は Norw. *fjeldfross* の通俗語源による誤訳〙

glut·ton·ize /glʌ́tənàɪz, -tn- | -tən-, -tn-/ *vi.*, *vt.* 《古》大食する, たらふく食う. 〘(1656–81) ← GLUTTON[1]+-IZE〙

glut·ton·ous /glʌ́tənəs, -tn- | -tən-, -tn-/ *adj.* **1** 食いしんぼうの, 食い意地の張った; 大食いの (voracious). **2** 貪欲な (greedy), 飽くことを知らない (insatiable): be ~ *of* …をむさぼる, 欲張る, …に凝る. **~·ness** *n.* 〘(*c*1350): ⇨ glutton[1], -ous〙

glút·ton·ous·ly *adv.* 意地汚く, むさぼるように, 欲張って. 〘(*a*1398): ⇨ ↑, -ly[1]〙

glut·ton·y /glʌ́təni, -tni, -tni | -təni, -tni/ *n.* (特に, 習慣的な)大食い, 暴食, 暴飲. 〘(?*a*1200) *glotonie* ◻ OF *gloutonie*: ⇨ glutton[1], -y[1]〙

glyc- /glaɪk, glaɪs/ (母音の前にくるときの) glyco- の異形.

gly·can /gláɪkæn/ *n.* 〖化学〗=polysaccharide.

gly·ce·mi·a /glaɪsíːmiə/ *n.* 〖医学〗血糖. 〘(1901) ← GLYCO-+-EMIA〙

glyc·er- /glísər/ 〖化学〗(母音の前にくるときの) glycero- の異形.

glyc·er·al·de·hyde /glìsərǽldəhàɪd | -dɪ-/ *n.* 〖生化学〗グリセルアルデヒド ($HOCH_2CHOHCHO$) 《グリセロルの酸化により形成されるアルデヒド》. 〘1882〙

gly·cer·ic /glɪsérɪk, glísər- | glɪsér-, glísər-/ *adj.* 〖化学〗グリセリンの[から得た]. 〘(1864) ← GLYCER(INE)+-IC[1]〙

glycéric ácid *n.* 〖化学〗グリセリン酸 ($HOCH_2CH(OH)COOH$). 〘1864〙

glycéric áldehyde *n.* 〖生化学〗=glyceraldehyde.

glyc·er·ide /glísəràɪd/ *n.* 〖化学〗グリセリド《グリセリンの脂肪酸エステルの総称; cf. monoglyceride, diglyceride, triglyceride》. **glyc·er·id·ic** /glìsərídɪk | -dɪk-/ *adj.* 〘(1864) ← GLYCER(IN)+-IDE[2]〙

glyc·er·in /glís(ə)rɪn | -rɪn/ *n.* 〖化学〗グリセリン, リスリン (⇨ glycerol). 〘(1838) ◻ F *glycérine* ← Gk *glukerós* sweet ← ? IE *dl̥ku- sweet: ⇨ -in[2]〙

glyc·er·in·ate /glís(ə)rɪnèɪt | -sərɪ-/ 〖化学〗 *vt.* グリセリン[グリセロール]で処理する. — *n.* グリセリン酸塩.

glyc·er·in·a·tion /glìs(ə)rɪnéɪʃən | -sərɪ-/ *n.* 〘(1897): ⇨ ↑, -ate[3]〙

glyc·er·ine /glís(ə)rɪn | glís(ə)rɪn, glísəriːn, ⌐⌐⌐/ *n.* 〖化学〗=glycerin.

glyc·er·ite /glísəràɪt/ *n.* 〖薬学〗グリセリン剤. 〘(1875) ← GLYCER(IN)+-ITE[1]〙

glyc·er·o- /glísərou | -rəu/ 〖化学〗「グリセロール (glycerol); グリセロール[グリセリン酸]の」の意の連結形. ★ 母音の前では通例 glycer- になる. 〘← GK *glukús* sweet ← IE *dl̥ku- sweet ← GLYCERIN〙

glyc·er·ol /glísərɔ̀(ː)l | -rɔ̀l/ *n.* 〖化学〗グリセロール ($HOCH_2CHOHCH_2OH$) 《グリセリン (glycerin) の学問的名称》. 〘(1884) ← GLYCERO-+-OL[1]〙

glyc·er·ose /glísəròus, -ròuz | -ròus/ *n.* 〖生化学〗=glyceraldehyde. 〘1888〙

glyc·er·yl /glís(ə)rɪl | -sərɪl/ *n.* 〖化学〗グリセリル基《グリセリンの三つの OH 基の水素を除いた基》. 〘(1845) ← GLYCERO-+-YL〙

glýceryl mòno·ácetate *n.* 〖化学〗グリセリン酢酸エステル (⇨ acetin a).

glýceryl trinítrate *n.* 〖化学〗三硝酸グリセリン (⇨ nitroglycerin).

glýceryl tri·ó·le·ate /-traɪóulièɪt | -ə́u-/ *n.* 〖化学〗=olein 1.

gly·cine /gláɪsiːn, -sn | gláɪsiːn, ⌐⌐/ *n.* **1** 〖化学〗グリシン (H_2NCH_2COOH) 《アミノ酸の一種, 甘みのある無色結晶; aminoacetic acid, glycocoll ともいう》. **2** 〖写真〗写真用グリシン ($C_6H_4·OH·NHCH_2·COOH$) 《現像主薬の一種》. 〘(1851): ⇨ ↓, -ine[3]〙

gly·co- /gláɪkou | gláɪkəu/ **1** 「糖 (sugar) の; 甘い (sweet)」の意の連結形. **2** 「グリセロール (glycerol); グリコーゲン (glycogen); グリコール (glycol); グリシン (glycine)」の意の連結形. ★ 母音の前では通例 glyc- になる. 〘← Gk *glukús* sweet ← IE *dl̥ku- sweet (L *dulcis*)〙

gly·co·coll /gláɪkoukɑ̀(ː)l | -kə(u)kɔ̀l/ *n.* 〖化学〗グリココル (⇨ glycine 1). 〘(1840–42) ← GLYCO-+Gk *kólla* glue〙

gly·co·gen /gláɪkədʒɪn, -dʒèn | gláɪkə(u)-, glík-/ *n.* 〖生化学〗グリコーゲン, 糖原 ($(C_6H_{10}O_5)_n$) 《肝臓の中に含まれる澱粉に似た白色無味の多糖類; animal starch ともいう》. 〘(1860) ◻ F *glycogène*: ⇨ glyco-, -gen〙

gly·co·gen·ase /gláɪkədʒənèɪs, -nèɪz | -nèɪs/ *n.* 〖生化学〗グリコゲナーゼ, 解糖酵素《肝臓中にあり, グリコーゲンを分解してぶどう糖に変える》.

glỳco·génesis *n.* 〖生化学〗糖原形成, グリコーゲン形成《単糖類をグリコーゲンに変える作用》. 〘← NL ~: ⇨ glyco-, -genesis〙

glỳco·genétic *adj.* 〖生化学〗糖原形成の. 〘1872〙

gly·co·gen·ic /glàɪkoudʒénɪk | -kə(u)-⌐/ *adj.* 〖生化学〗 **1** 糖原形成の. **2** グリコーゲンの[による]. 〘(1859): ⇨ -ic[1]〙

gly·co·gen·ol·y·sis /glàɪkədʒənɑ́(ː)ləsɪs | -kə(u)dʒɪnɔ́lɪsɪs/ *n.* 〖生化学〗糖原分解, グリコーゲン分解《グリコーゲンをぶどう糖に変える作用》. 〘(1909) ← NL ~: ⇨ glycogen, -lysis: cf. electrolysis〙

gly·co·ge·no·sis /glàɪkoudʒɪnóusɪs | -kə(u)dʒɪnə́usɪs/ *n.* 〖病理〗糖原病, 糖原貯蔵症《異常代謝によって糖原を過剰に体内に蓄積貯蔵する小児の疾患; glycogen storage disease ともいう》. 〘← NL ~: ⇨ glycogen, -osis〙

gly·cog·e·nous /glaɪkɑ́(ː)dʒənəs | -kɔ́dʒɪ-/ *adj.* 〖生化学〗=glycogenetic.

glýcogen stòrage disèase *n.* 〖病理〗=glycogenosis.

gly·cog·e·ny /glaɪkɑ́(ː)dʒəni | -dʒɪ-/ *n.* 〖生化学〗= glycogenesis.

gly·col /gláɪkɔ(ː)l | -kɔl/ *n.* 〖化学〗 **1** グリコール (⇨ ethylene glycol). **2** 2 価アルコールの総称. 〘(1858) ← GLYCO-+-OL[1]〙

gly·co·late /gláɪkəlèɪt/ *n.* 〖化学〗グリコール酸塩[エステル]. 〘(1864): ⇨ ↑, -ate[1]〙

gly·col·ic /glaɪkɑ́(ː)lɪk | -kɔ́l-/ *adj.* 〖化学〗グリコールの, グリコールから生じた. 〘(1852): ⇨ -ic[1]〙

glycólic ácid *n.* 〖化学〗グリコール酸 ($HOCH_2COOH$) 《サトウキビ中に存在》.

gly·co·lip·id /glàɪkoulípɪd | -kə(u)lípɪd/ *n.* (*also* **gly·co·lip·ide** /-paɪd/) 〖生化学〗糖脂質《ガラクトース(まれにぶどう糖)を含む複合脂質》. 〘(1940) ← GLYCO-+LIPIDE〙

gly·col·late /gláɪkəlèɪt/ *n.* 〖化学〗=glycolate.

gly·col·lic /glaɪkɑ́(ː)lɪk | -kɔ́l-/ *adj.* 〖化学〗=glycolic.

gly·col·y·sis /glaɪkɑ́(ː)ləsɪs | -kɔ́lɪsɪs/ *n.* 〖生化学〗解糖作用, グリコリシス《グリコーゲンまたはぶどう糖が乳酸に分解する反応》. 〘(1892) ← NL ~: ⇨ glyco-, -lysis〙

gly·co·lyt·ic /glàɪkəlítɪk | -kə(u)lít-⌐/ *adj.* 〖生化学〗糖分解の, 解糖作用を引き起こす. 〘(1897): ⇨ ↑, -lytic〙

glỳco·nèo·génesis *n.* 〖生化学〗=gluconeogenesis.

gly·con·ic /glaɪkɑ́(ː)nɪk | -kɔ́n-/ 〖古典詩学〗 *adj.* グリュコン詩体の《叙情詩に用いる》. — *n.* グリュコン詩体の詩. 〘(1670–81) ◻ F *glyconique* ← LL *glyconius* ◻ Gk *glukṓneios* ← *Glúkōn* (ギリシャの詩人): ⇨ -ic[1]〙

gly·co·pep·tide /glàɪkoupéptaɪd | -kə(u)-/ *n.* 〖生化学〗=glycoprotein.

gly·co·pex·i·a /glàɪkoupéksiə | -kə(u)-, glìk-/ *n.* 〖生理〗=glycopexis. 〘↓〙

gly·co·pex·is /glàɪkoupéksɪs | -kə(u)péksɪs/ *n.* 〖生理〗糖蓄積《糖類[グリコーゲン]の組織内への固定・蓄積》. 〘← GLYCO-+Gk *pêxis* coagulation〙

glỳco·prótein *n.* 〖生化学〗糖蛋白質《炭水化物と蛋白質との結合した複合蛋白質の総称; glucoprotein, glycopeptide ともいう; cf. mucoprotein》.

gly·cos·a·mi·no·gly·can /glàɪkousəmìːnouglάɪkæn, -zə- | -kəuzəmìːnəu-, -sə-/ *n.* 〖生化学〗= mucopolysaccharide. 〘1962〙

gly·cose /gláɪkous, -kouz | -kəuz, -kəus/ *n.* **1** glucose の旧称. **2** 単糖類 (monosaccharide). 〘(1938) 《変形》 ← GLUCOSE〙

gly·co·si·dase /glaɪkóusədèɪs, -zədèɪz | -kə́usɪdèɪs/ *n.* 〖生化学〗グリコシダーゼ《広義ではカルボヒドラーゼ (carbohydrase) と同じ; 狭義では配糖体や少糖類のグリコシド (glycoside) 結合を加水分解する酵素》.

gly·co·side /gláɪkəsàɪd | -kə(u)-/ *n.* 〖生化学〗配糖体, グリコシド《有機塩やフラボン類などに糖が結合したもの》. **gly·co·sid·ic** /glàɪkəsídɪk | -kə(u)síd-⌐/ *adj.* **gly·co·síd·i·cal·ly** *adv.* 〘(1878) ← *glycose* 《変形》 ← GLUCOSE)+-IDE[2]〙

gly·cos·u·ri·a /glàɪkousʊ́əriə | glàɪkə(u)s(j)ʊ́ər-/ *n.* 〖病理〗糖尿. **glỳ·cos·ú·ric** /-sʊ́ərɪk | -s(j)ʊ́ər-, -s(j)ɔ́ːr-⌐/ *adj.* 〘(1860) ← NL ~ ← *glycose* 《変形》 ← GLUCOSE)+-URIA〙

gly·co·syl /gláɪkəsɪl/ *n.* 〖化学〗グリコシル基《グルコースの 1 位炭素についた水酸基を除いた 1 価の基》. 〘⇨ ↑, -yl〙

gly·co·syl·ate /glaɪkóusəlèɪt | -kə́u-/ *vt.* 〖生化学〗グリコシル化する《蛋白質に糖鎖を結合する》. **gly·co·syl·a·tion** /glàɪkousəléɪʃən | -kə(u)-/ *n.* 〘(1945): ⇨ ↑, -ate[3]〙

gly·cyl /gláɪsɪl | -sɪl/ *n.* 〖化学〗グリシル (H_2NCH_2CO) 《グリシンから誘導される 1 価の基》. 〘(1901) GLYCO-+-YL〙

Glyn /glín/ *n.* グリン《男性名》. 〘◻ Welsh ~ 《原義》 little valley〙

Glynde·bourne /gláɪn(d)bɔːn, gláɪm- | -bɔːn/ *n.* グラインドボーン《イングランド East Sussex 州西部 Lewes の近くにある村; そこにあるオペラ劇場では 1934 年以来毎年国際歌劇フェスティバル (Glyndebourne Festival) が開かれる》. 〘← OE *glind* fence (cf. MLG *glinde* enclosure)+*burna* 'BURN[2]'〙

Glyn·is /glínɪs | -nɪs/ *n.* グリニス《女性名》. 〘(fem.) ← GLYN〙

gly·ox·al /glaɪɑ́(ː)ksæl | -ɔ́k-/ *n.* 〖化学〗グリオキサール (OHC·CHO) 《最も簡単なジアルデヒド; 黄色の結晶》. 〘(1857) ← GLYCOL+*oxal(ic acid)*〙

gly·ox·a·line /glaɪɑ́(ː)ksəlìːn, -lɪn | -ɔ́ksəliːn, -lɪn/ *n.* 〖化学〗グリオキサリン (⇨ imidazole). 〘(1858): ⇨ ↑, -INE[3]〙

gly·ox·ime /glaɪɑ́(ː)ksiːm, -sɪm | -ɔ́ksiːm, -sɪm/ *n.* 〖化学〗グリオキシム ($(CH=NOH)_2$) 《グリオキサールのジオキシム白色板結晶》. 〘← GLY(OXAL)+-OXIME〙

glyph /glíf/ *n.* **1 a** 〖考古〗彫像, 浮彫り像; 絵文字 (hieroglyphic), 象形文字 (pictograph). **b** (道案内の矢印のような, 言葉によらない情報伝達の)記号. **2** 〖建築〗縦溝(たてみぞ). **~·ic** /-fɪk/ *adj.* 〘(1727–41) ◻ F *glyphe* ◻ Gk *gluphḗ* a carving ← *glúphein* to carve ← IE *gleubh- to cut〙

glyph·o·graph /glífəgræ̀f, -grɑ̀ːf, -græ̀f/ *n.* 〖印刷〗蠟刻電鋳版. 〘(1855) 《逆成》 ← *glyphography*〙

gly·phog·ra·pher /glɪfɑ́(ː)grəfə | -fɔ́grəfə(r)/ *n.* 蠟刻電鋳版師. 〘(1843): ⇨ ↑, -er[1]〙

gly·phog·ra·phy /glɪfɑ́(ː)grəfi | -fɔ́g-/ *n.* 〖印刷〗蠟刻電鋳版術. **glyph·o·graph·ic** /glìfəgrǽfɪk⌐/

adj. 〖(1843) ← Gk. *glupho-*+*-graphia* writing〗
glypt- /glɪpt/ (母音の前にくるときの) glypto- の異形.
Glyp·tal /glíptl/ *n.* 〖商標〗グリプタル《グリセリンとフタル酸の縮合物から成る樹脂; 接着剤に用いられる; cf. alkyd》. 〖(1915) ← GLYCERIN+*p(h)t(h)al(ic acid)*〗
glyp·tic /glíptɪk/ *adj.* (宝石)彫刻の. ― *n.* (宝石)彫刻術[工程]. 〖(1818) □ F *glyptique* ∥ Gk *gluptikós* of carving ← *glúphein* to carve: cf. glyph〗
glyp·tics /glíptɪks/ *n.* 宝石彫刻術. 〖(1855): ⇨ ↑, -ics〗
glyp·to- /glíptoʊ | -təʊ/「彫刻する[された]」の意の連結形: *glypto*graph. ★ 母音の前では通例 glypt- になる. 〖← Gk *gluptós* engraved〗
glyp·to·don /glíptədɑ̀(ː)n | -dɔ̀n/ *n.* 〖古生物〗=glyptodont. 〖(1838) ← NL ～: ⇨ glypto-, -odon〗
glyp·to·dont /glíptədɑ̀(ː)nt | -dɔ̀nt/ *n.* 〖古生物〗彫歯獣, グリプトドン《貧歯目グリプトドン属 (*Glyptodon*) の armadillo の類の巨大な哺乳動物で, その化石は南北アメリカの第四紀更新世の地層で発見されている》.
glyp·to·graph /glíptəgræ̀f | -grɑ̀ːf, -græ̀f/ *n.* 彫刻した宝石類; 宝石の彫り模様. **glyp·to·graph·ic** /glɪ̀ptəgrǽfɪk˘/ *adj.* 〖(1797) ← GLYPTO-+-GRAPH〗
glyp·tog·ra·phy /glɪptɑ́(ː)grəfi | -tɔ́g-/ *n.* **1** 宝石彫刻術. **2** 彫刻宝石学. 〖(1797) ← GLYPTO-+-GRAPHY〗
gm /grǽm/ 《略》gram(s).
g.m 《略》gram meter.
Gm 《略》gigameter(s).
GM 《略》General Manager; general merchandise; general mortgage; General Motors; genetically modified; genetic manipulation; Geological Museum; George Medal; gold medal; gold medalist; Grand Marshal; Grand Master; guided missile.
G-man /dʒíːmæ̀n/ *n.* (*pl.* **-men** /-mèn/) **1** 《米口語》連邦捜査局 (FBI) 所属の捜査官, ジーメン. **2** 《アイル》政治問題担当刑事. 〖(1917) ← G(OVERNMENT)+MAN[1]: もと Dublin 警察の G 課の職員を指したものともいう〗
GMAT 《略》Graduate Management Admission Test.
GMB 《略》Grand Master Bowman; Grand Master of the Bath.
g.m.b. 《略》good merchantable brand.
GMBATU 《略》《英》General, Municipal, Boilermakers', and Allied Trades Union.
GmbH 《略》Gesellschaft mit beschränkter Haftung 有限責任会社.
Gmc 《略》Germanic.
GMC 《略》general management committee; General Medical Council (英国の)全国医師会議; General Motors Corporation.
GMF Glass 《略》Manufacturers' Federation.
GM fòod /dʒíːém-/ *n.* 遺伝子組み換え食品 (genetically modified food).
GMO 《略》genetically modified organism 遺伝子組み換え作物.
GMQ 《略》good merchantable quality.
GMS 《略》〖英教育〗grant-maintained status.
GMT /dʒìːèmtíː/ 《略》Greenwich Mean Time.
GMW 《略》gram-molecular weight.
GMWU 《略》《英》General and Municipal Workers Union.
Gn 《略》〖聖書〗Genesis.
Gn, gn. 《略》guinea(s).
GN 《略》《米》Graduate Nurse.
gnam·ma /nǽmə/ *n.* 《豪》〖地質〗岩石中の水を含む穴 《gnamma hole ともいう》. 〖(1893) ← Austral. (現地語)〗
gnar /nɑ́ə | nɑ́ː[r]/ *vi.* (**gnarred; gnar·ring**) 〈犬が〉怒ってうなる, 歯をむいてほえつく (snarl, growl). 〖(1496) (擬音語): cf. MLG *gnarren*〗
gnarl[1] /nɑ́əl | nɑ́ːl/ *n.* (木の)ふし, こぶ (knot). ― *vt.* ねじる (twist). 〖(1814) (逆成) ← GNARLED〗
gnarl[2] /nɑ́əl | nɑ́ːl/ *vi.* 〈犬・狼などが〉(怒って)うなる (snarl, growl). 〖(1590–91) (freq.) ← GNAR〗
gnarled *adj.* **1 a** 〈木の幹などが〉ふし[こぶ]だらけの. **b** 〈手・指などが〉ふしくれ立った (knotty). 〈顔などが〉ごつごつして日焼けした: a ～ worker. **2** 〈性格が〉ねじけた, ひねくれた (perverse): a ～ critic. 〖(1604) (変形) ← knurled〗
gnarl·y /nɑ́əli | nɑ́ː-/ *adj.* (**gnarl·i·er; -i·est**) **1** = gnarled. **2** 《米俗》あぶない; とてもいい, すばらしい; ひどい. 〖1829〗
gnarr /nɑ́ə | nɑ́ː[r]/ *vi.* =gnar.
GNAS 《略》General Nursing Council.
gnash /nǽʃ/ *vt.* **1** 〈歯を〉きしらせる (grind together): ～ one's teeth (怒り・苦痛などで)歯ぎしりする. **2** 歯をきしらせて…にかみつく. ― *vi.* **1** 歯ぎしりする. **2** 〈歯が〉きしる. ― *n.* 歯ぎしり; 歯をきしらせてかむこと (bite). 〖(1496) (変形) ← ME *gnaste(n)* □ ? ON *gnast(r)an* (擬音語)〗
gnash·ers /nǽʃəz | -ʃəz/ *n. pl.* 《英口語》歯 (teeth). 〖(c1475) (pl.) ← *gnasher*: ↑, -ER[1]〗
gnat /nǽt/ *n.* 〖昆虫〗血を吸う小さな双翅類の昆虫の総称: **1** 《米》ヌカカ (biting midge)・ユスリカ (midge)・ブユ (black fly)・キノコバエ (fungus gnat) (など). **2** 《英》アカイエカ (house mosquito). ***stráin at a gnát*** (大事を見過ごして)小事にこだわる (cf. *swallow a* CAMEL). 〖*strain at a gnat, and swallow a camel*「蚋(ぶよ)を漉(こ)し出して駱駝(らくだ)を呑むなり」(*Matt.* 23: 24) の句から〗 **～·like** *adj.* 〖OE *gnæt(t)* < Gmc **ʒnattaz* (G (方言) *Gnatze*) ← ? IE **ghen-* 'to GNAW'〗

gnát·càtcher *n.* 〖鳥類〗ブユムシクイ《アメリカ大陸産ブユムシクイ属 (*Polioptila*) の小鳥の総称》. 〖1883〗
gnát·èater *n.* 〖鳥類〗アリサザイ《南米産アリサザイ科の小鳥の総称; ant-pipit ともいう》.
gnath- /neɪθ, næθ/ (母音の前にくるときの) gnatho- の異形.
-gna·tha /˘ gnəθə/ (*pl.* ～)「…のあご (jaw) をした人」の意の名詞連結形. 〖← NL ～ (fem. sing. & neut. pl.) ← *-gnathus*: ⇨ -gnathous〗
gna·thal /néɪθəl, nǽθ-, -θl/ *adj.* =gnathic.
gnath·ic /nǽθɪk/ *adj.* あご (jaw) の. 〖(1882) ← GNATHO-+-IC[1]〗
gnáthic índex *n.* 〖人類学〗あご示数 《basion から prosthion までの長さの, basion から nasion までの長さに対する百分比》. 〖1882〗
gna·thi·on /néɪθiɑ̀(ː)n, nǽθ- | -ɔ̀n/ *n.* 〖人類学〗グナチオン, 下顎(がく)点《下顎骨中央矢状面の最下点》. 〖(1888) ← NL ～ (dim.) ← Gk *gnáthos* jaw〗
gna·thism /néɪθɪzm, nǽθ-/ *n.* 〖人類学〗口辺部の状態.
gna·thite /néɪθaɪt, nǽθ-/ *n.* 〖動物〗等脚類の口肢. 〖(1870): ⇨ ↓, -ite[1]〗
gna·tho- /néɪθoʊ, nǽθ- | -θəʊ/「あご (jaw)」の意の連結形: *gnatho*podite. ★ 母音の前では通例 gnath- になる. 〖← Gk *gnáthos* jaw ← IE **genu-* jaw bone〗
gna·thon·ic /neɪθɑ́(ː)nɪk, næ- | -θɔ́n-/ *adj.* 《まれ》へつらいの, おべっかを言う (flattering). **gna·thón·i·cal·ly** *adv.* 〖(1637) □ L *Gnathōnicus* ← *Gnathōnem, Gnathō* (Terence 作の戯曲中の食客の名) ← Gk *gnáthos* jaw: ⇨ -ic[1]〗
gna·thos·to·mi·a·sis /nəθɑ̀(ː)stəmáɪəsɪ̀s | -θɔ̀stə-máɪəsɪs/ *n.* 〖病理〗顎口(がっこう)虫症《家畜の胃壁に寄生する線虫の一種有棘(ゆうきょく)顎口虫 (*Gnathostoma spinigerum owen*) の幼虫が人の皮膚に寄生して起こす線状の発赤やかゆみ》. 〖← NL ～ ← *Gnathostoma* (病原体の属名: ⇨ gnatho-, -stoma[1])+-IASIS〗
-gna·thous /˘ gnəθəs/「…のあごをした」の意の形容詞連結形: oxy*gnathous*. 〖← NL *-gnathus* ← Gk *gnáthos* jaw: ⇨ -ous〗
-gna·thus /˘ gnəθəs/ [動物分類の属名に用いて]「…のあごをした動物」の意の名詞連結形: Desmo*gnathus* ウスグロサンショウウオ属. 〖↑〗
gnát-stràiner *n.* 大事を見過ごして小事にこだわる人, 軽重を誤る人. 〖(1846): ⇨ cf. gnat 成句〗
gnat·ty /nǽti | -ti/ *adj.* (**gnat·ti·er; -ti·est**) gnat の多い. 〖(1846) ← GNAT+-Y[1]〗
gnaw /nɔ́ː, nɑ́ː | nɔ́ː/ *v.* (～**ed**; ～**ed, gnawn** /nɔ́ːn, nɑ́ːn | nɔ́ːn/) ― *vt.* **1** (ネズミなどのように前歯で繰り返し)かじる, かみ切る, かじり減らす; 〈つめなどを〉かむ, しゃぶる: a dog ～*ing* a bone 骨をしゃぶっている犬 / ～ the meat *away* [*off*] 肉をかみ切る. **2** かじって作る: Rats ～*ed* a hole [their way] through the wall. ネズミがかじって壁に穴を開けた. **3** 〈心配・病気などが〉苦しめる, 悩ます, さいなむ (harass, torment): be constantly ～*ed* by pain [anxiety, hunger] 痛み[心配, 飢え]のために絶えず苦しめられる. **4** すり減らす, 腐食する, 浸食する (corrode): The river continually ～*s* its banks. ― *vi.* **1** (しきりに)かじる, かみ減らす; かむ, しゃぶる: ～ *at* a bone 〈犬などが〉骨をしゃぶる / ～ *on* a crust of bread パンをかじる / ～ *into* a wall 〈ネズミなどが〉かじって壁に穴を開ける. **2** 絶えず苦しめる, さいなむ, 悩ます: Fever is ～*ing* (*away*) *at* his life. 熱病が彼の生命をむしばんでいる / anxiety ～*ing at* one's heart 心に食い入る心配. **3** 〈酸などが〉腐食する 〔*at*〕.
～·a·ble *adj.* 〖OE *gnagan* < Gmc **ʒnaʒan* (G *nagen* / ON *gnaga*) ← IE **ghen-* to gnaw (擬音語)〗
gnáw·er *n.* **1** かじるもの, かみ減らす人. **2** 〖動物〗= rodent. 〖(1483): ⇨ ↑, -er[1]〗
gnáw·ing *n.* **1** かじること, かむこと. **2** [通例 *pl.*] (肉体的・精神的な)絶え間ない苦痛, 苦悩 (pangs): the ～*s* of hunger, conscience, etc. ― *adj.* **1** かじる, かむ: a ～ animal 齧歯(げっし)動物 (rodent). **2** 〈苦痛など〉食い入るような, 責めさいなむような: ～ pain, hunger, grief, etc. 〖(*a*1325): ⇨ -ing[1, 2]〗
gnáw·ing·ly *adv.* (苦痛などが)食い入るように, 責めさいなむように. 〖(1841): ⇨ ↑, -ly[1]〗
gnawn *v.* gnaw の過去分詞.
GNC 《略》《英》General Nursing Council 《現在は UKCC》.
GNE 《略》〖経済〗gross national expenditure.
gneiss /náɪs | náɪs, gnáɪs; G. gnáɪs/ *n.* 〖岩石〗片麻岩 《片状構造をもった花崗岩質岩石》. **～·ic** /-sɪk/ *adj.* **～·ose** /-soʊs | -səʊs/ *adj.* 〖(1757) □ G *Gneis* (変形) ← MHG *gneiste* spark〗
gneiss·oid /náɪsɔɪd | náɪ-, gnáɪ-/ *adj.* 〖岩石〗片麻岩類似[様]の. 〖(1849): ⇨ ↑, -oid〗
GNI 《略》gross national income.
GNMA 《略》Government National Mortgage Association (⇨ Ginnie Mae).
gnoc·chi /njɑ́(ː)ki, nɑ́(ː)ki, nóʊki | nɔ́ki, njɔ́ki; *It.* ɲɔ́kki/ *n.* ニョッキ《小麦やじゃがいもの生地を絞り出してゆでたパスタの一種; 通例おろしチーズやソースでからめて食べる》. 〖(1891) □ It. ～ (pl.) ← *gnocco* (変形) ← *nocchio* knot (in wood): cf. MHG *knoche* knot〗
gnome[1] /nóʊm | nə́ʊm/ *n.* **1** (地中の宝を守ると信じられた)小人の姿をした精, 地の神, 小鬼 (goblin, elf) (cf. salamander 2 b). **2** しわくちゃの背の低い老人. **3** [the ～s] 《口語》国際的金融市場で活躍する投機的金融[銀行]業者: *the* ～*s* of Zurich チューリッヒの小鬼《スイスの大銀行家たち》. 〖(1712–14) □ F ～ ← NL *gnomus* (Paracelsus の造語) ← ? Gk **gēnómos* earth-dweller〗

gnome[1] 1

gno·me[2] /nóʊm, nóʊmi | nə́ʊm, nə́ʊmi/ *n.* (*pl.* ～**s**, **gno·mae** /nóʊmiː | nə́ʊ-/) 金言, 格言 (aphorism). 〖(1577) □ Gk *gnṓmē* opinion, maxim ← *gignṓskein* to know〗
gno·mic /nóʊmɪk | nə́ʊm-/ *adj.* **1** 金言[格言]に関する, 金言[格言]的な. **2** (ギリシャ詩人などの書いた)格言詩の: ～ poetry [verses] (ギリシャの)格言詩. **3** 〈表現や文体などが〉簡潔で神秘的な; 気取った. **4** 〖文法〗〈時制が〉格言的な《例えば men *were* deceivers ever におけるように, 時制は過去であるが一般的真理を表すものにいう》: ～ preterit 格言過去. **gnó·mi·cal** /-mɪ̀kəl, -kl | -mɪ-/ *adj.* **gnó·mi·cal·ly** *adv.* 〖(1815) □ F *gnomique* □ LL *gnōmicus* □ Gk *gnōmikós* ← *gnṓmē* opinion, maxim ← IE **gnō-* to know: ⇨ gnome[2], -ic[1]〗
gnóm·ish /-mɪʃ/ *adj.* 小鬼 (gnome) のような. 〖(1822) ← GNOME[1]+-ISH[1]〗
gnó·mist /-mɪ̀st | -mɪst/ *n.* 金言[格言]作者. 〖(1874) ← GNOME[2]+-IST〗
gno·mol·o·gy /noʊmɑ́(ː)lədʒi | nəʊmɔ́l-/ *n.* **1** 金言集, 格言集. **2** 格言体の著述, 警句の多い著作. 〖(1645) □ Gk *gnōmologia*: ⇨ gnome[2], -logy〗
gno·mon /nóʊmɑ(ː)n, -mən | nə́ʊmɔn, -mən/ *n.* **1** 晷針(きしん)《古代人が垂直に立てた柱・オベリスクなどの影の長さや位置によって太陽の高度・場所の位置などの測定を行った一種の日時計》. **2** (日時計の)指柱, ノモン (style). **3** 〖数学〗平行四辺形からその一角を含むそれに相似な平行四辺形を取り去った残りの図形. 〖(1546) □ L *gnōmōn* □ Gk *gnṓmōn* one who knows, indicator: cf. gnome[2]〗

gnomon 3
(EFGBCD)

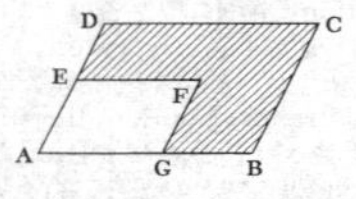

gno·mon·ic /noʊmɑ́(ː)nɪk | nəʊmɔ́n-/ *adj.* **1** 日時計の, 晷針(きしん)の. **2** 日時計で時(間)を計る. **3** =gnomic. **gno·món·i·cal** /-nɪ̀kəl, -kl | -nɪ-/ *adj.* **gno·món·i·cal·ly** *adv.* 〖(1601) □ L *gnōmonicus*: ⇨ ↑, -ic[1]〗
gnomónic projéction *n.* **1** 〖数学〗(グ)ノーモン投影, 心射図法, 球心投影. **2** 〖海事〗大圏図法, 大圏図 (great-circle chart)《地球中心に視点をおいて投影した図で, 大圏はすべて直線で示される》. 〖1706〗
gno·mon·ics /noʊmɑ́(ː)nɪks | nəʊmɔ́n-/ *n.* 日時計構造の原理, 日時計製作法. 〖(1656–81) ← GNOMON+-ICS〗
-gno·my /˘ gnəmi/「判断術[学]」の意味の名詞連結形: physio*gnomy*. 〖□ Gk *-gnōmia* ← *gnṓmē* opinion: ⇨ gnome[2]〗
gno·se·o·log·i·cal /nòʊsiəlɑ́(ː)dʒɪ̀kəl, -kl | nə̀ʊsiəlɔ́dʒɪ-˘/ *adj.* 〖哲学〗認識形而上学の. 〖(1928): ⇨ ↓, -ical〗
gno·se·ol·o·gy /nòʊsiɑ́(ː)lədʒi | nə̀ʊsiɔ́l-/ *n.* 〖哲学〗認識形而上学 (N. Hartmann の用語). 〖(1899) ← NL *gnoseologia*: ⇨ gnosis, -logy〗
-gnoses -gnosis の複数形.
gno·si·o·log·i·cal /nòʊsiəlɑ́(ː)dʒɪ̀kəl, -kl | nə̀ʊsiəlɔ́dʒɪ-˘/ *adj.* 〖哲学〗=gnoseological.
gno·si·ol·o·gy /nòʊsiɑ́(ː)lədʒi | nə̀ʊsiɔ́l-/ *n.* 〖哲学〗=gnoseology.
gno·sis /nóʊsɪ̀s | nə́ʊsɪs/ *n.* 覚知, 霊知, 霊的直観的認識 (cf. gnostic). 〖(1703) □ Gk *gnôsis* knowledge, wisdom ← *gignṓskein* to know〗
-gno·sis /(g)nóʊsɪ̀s | (g)nə́ʊsɪs/ (*pl.* **-gno·ses** /-siːz/)「(特に, 病的状態の)認識 (recognition)」の意の名詞連結形: dia*gnosis*, pro*gnosis*, psycho*gnosis*. 〖← NL ～ (↑)〗
gnos·tic /nɑ́(ː)stɪk | nɔ́s-/ *adj.* **1** [G-] グノーシス主義 (Gnosticism) の; グノーシス派(の人)の. **2** 知識に関する; 霊知の. **3** 利口な, 賢い. ― *n.* [G-] グノーシス主義者, グノーシス派の人: the *Gnostics* グノーシス派(の人々). **gnós·ti·cal** /-tɪ̀kəl, -kl | -tɪ-/ *adj.* **gnós·ti·cal·ly** *adv.* 〖(1563) □ LL *Gnosticus* □ Gk *gnōstikós* pertaining to knowledge: ⇨ gnosis, -ic[1]〗
-gnos·tic /gnɑ́(ː)stɪk | gnɔ́s-/「知識の, 認識の」の意の形容詞連結形: a*gnostic*, dia*gnostic*. 〖↑〗
Gnóstic Góspels *n. pl.* [the ～] グノーシス福音書 《グノーシス主義的内容を含む外典福音書》.
Gnós·ti·cìsm, g- /-təsɪzm | -tɪ̀-/ *n.* グノーシス主義[説] 《初期キリスト教会で異端とされた一派の説; 元来, 霊知 (gnosis) を根本主張とするギリシャ・東洋の諸思想を混合した宗教思想で, 一時キリスト教会で優勢を見る》. 〖(1664): ⇨ -ism〗
Gnos·ti·cize, g- /nɑ́(ː)stəsàɪz | nɔ́stɪ̀-/ *vi.* グノーシス主義[説]を採用する[支持する]. ― *vt.* …にグノーシス主義[説]的解釈を下す[特徴を与える]. **Gnós·ti·cìz·er** *n.* 〖(1664): ⇨ -ize〗

-gno·sy /←gnəsi/ =-gnosis. 〘← NL -gnosia: ⇨ gnosis〙

gno·to·bi·ote /nòuṭoubáiout | nəutə(u)báiəut/ n. 〘動物〙ノトバイオート《特定の微生物を接種された無菌動物》. 〘⇨ gnotobiotics〙

gno·to·bi·ot·ic /nòuṭoubaiá(:)ṭɪk | nəutə(u)baiɔ́t-←/ adj.〘動物〙**1** ノトバイオート (gnotobiote) の《実験動物などに, 特定の細菌のみを寄生させた状態の》. **2** 無菌の.

gnò·to·bi·ót·i·cal·ly adv. 〘(1949): ⇨ ↑, -ic¹〙

gno·to·bi·ot·ics /nòuṭoubaiá(:)ṭɪks | nəutə(u)baiɔ́t-/ n.〘動物〙ノトバイオート (gnotobiote) を研究する学問. 〘(1949) ← Gk gnōtós known (← gignṓskein to know)+-biotic (← biotḗ a living): ⇨ -ics〙

gnow /náu/ n.《豪西部》=mallee bird. 〘1840〙

GNP /dʒí:ènpí:/《略》〘経済〙gross national product. 〘1961〙

GNP deflàtor n.〘経済〙GNP デフレーター《国民総生産を基準年次価格で表記するための物価指数》.

Gnr《略》gunner.

GNR《略》《米》Great Northern Railway.

GnRH /dʒí:ènàəéitʃ | -à:(r)éitʃ/《略》〘生化学〙gonadotropin-releasing hormone 性腺刺激ホルモン放出ホルモン.

gns《略》guineas.

gnu /nú:, njú:/ n. (pl. ~s, ~)〘動物〙ヌー, ウシレイヨウ, ツノウマ《ウシに似たアフリカ南部および東部産のヌー属 (Connochaetes) のレイヨウ 2 種オグロヌー (C. taurinus) (brindled gnu), オジロヌー (C. gnou) (white-tailed gnu)》. 〘(1777) ▭ ? Du. gnoe ▭ Kaffir nqu〙

gnu
(C. taurinus)

GNVQ《略》General National Vocational Qualification《英国の職業資格テスト》.

go¹ /góu | gə́u/ v. (**went** /wént/; **gone** /gɔ́(:)n, gá(:)n | gɔ́n/) vi. **1 a** 行く, 進む, 向かう (proceed, move): go to France, London, the station, etc. / go to a meeting 集会へ行く / go to a [the] theater 芝居へ行く / go to school 学校へ(勉強に)行く / go to church 教会へ(礼拝に)行く / go to market 市場へ(買物・売りに)行く / go to bed [sleep] 寝る / a train going to London ロンドン行きの列車 / go by train [ship, rail, air, land, sea] 汽車で[船で, 鉄道で, 空路で, 陸路で, 海路で]行く / go on foot [horseback] 歩いて[馬で]行く / go on a journey [an excursion, a hike, a picnic, a demo] 旅行[遠足, ハイキング, ピクニック, デモ]に行く / go for a walk [ride, drive, swim] 散歩[乗馬, ドライブ, 水泳]に出かける / I'm going to Paris next week. 来週パリへ行く(つもりだ) / Can I go, too? 私も行っていいですか / The air becomes thinner as you go higher. 上へ行くにしたがって空気が希薄になる / go faster [slower] 速く[ゆっくり]歩く / Who goes there? だれだ《番兵の誰何(すいか)》/ Go and see her tomorrow. あす彼女のところへ行ってごらん / I went and got a newspaper. 新聞を買いに出かけた《行って買った》/ Just look at that car go. ちょっとあの車が走っているのをご覧 / He went to the doctor (about his symptoms). (兆候があったので)医者のところに行った / She went straight to the president (with her complaint). (苦情の申し立てに)直接社長のところに行った / We can discuss it as we go (along). 歩きながら話し合えるだろう / Which dress shall I go (there) in? (そこに行くのに)何を着て行ったらよいかしら. 日英比較 日本語の「行く」「来る」と英語の go, come の比較については (⇨ come vi. 1 a 日英比較). また, 日本語の「行く」は英語の go でなく "be" に相当することもある. ある場所に行ってしばらくそこにとどまる意が加わる場合, 英語では be を用いる. I'll be there right away. すぐに行きます / I have been to the post office. 郵便局へ行ってきた. また英語で walk to ..., take a taxi to ..., fly to ... などの表現が, 日本語では「歩いて行く」「(タクシーに)乗って行く」「飛行機で行く」などと「行く」が用いられる.

語法 (1) Go and see .... は Go to see her ... と同意の口語的表現法 (cf. d); なお, この場合テンポの速い口語では, go に原形不定詞が直結することもある: Go see her .... / I'll go make you a cocktail. あなたにカクテルを作って来ましょう / ⇨ go HANG. (2) 距離・場所・目的・方向などを表す前置詞なしの副詞句を伴うことがある: go one's way 道をたどる / go the same way 同じ方へ行く / go the shortest way 一番近道を通って行く / go the circuit 巡回する / go a walk=go for a walk / go a journey《古》=go on a journey / go places ⇨ place¹ n. 成句 / I went thirty miles to the north. 北へ 30 マイル行った.

b 出かける, 出発する, 去る (start, leave) (↔ come): It is really time for us to go.=We really must be going. もう本当に出かける時間です / The train has just gone. 列車はちょうど出たところだ / She has gone to mail her letters. 彼女は手紙を出しに行きました / He is gone. 彼は行ってしまった;《口語》彼は留守だ / Get you gone!《古》去れ, 行ってしまえ / One, two, three, go! 一, 二, 三, それっ《競技開始の合図》/ Here goes!《口語》さあやるぞ, そら行くぞ / There goes a shooting star! ほら流れ星だ / Where do we go from here [there]?《口語》次は何をするとしようか (What shall we do next?). **c** [doing を伴って] ...しに行く, 出かける (cf. 13 c): go hunting [shooting, fishing, skating, shopping, camping, blackberrying, bird's-nesting] 狩猟[銃猟, 魚釣, スケート, 買物, キャンプ, クロイチゴ摘み, 鳥の巣取り]に行く / go out drinking 飲みに出かける / We went out duck shooting. 我々は鴨猟に出かけた / I go a fishing.《古》われ漁(すなど)りに行く (John 21:3)《★ a はもと動名詞の前に付けた前置詞 on に由来するが, 無意味の接頭辞とみなされ, この a が脱落して ing 形は現在分詞とも感じられるようになった; cf. a-¹ 2》. **d**《口語》[強意的迂言法] [doing を伴って] 〈...する〉ようなことまでする, ...のようなまねをする《非難の意を表す》; [go and ...で] (愚かにも・運悪く)...する, してしまう: Don't go picking any more of those pears. もう(これ以上)あのナシをもいだりしてはいけない / You shouldn't go telling me lies. 私にうそなどついてはいけない / Don't go and spend all your money on drink. 酒に金を全部使ってしまうようなことはよせ / She went and told it to everybody she met. 浅はかにも彼女は人に会うとだれにでもそれを話した / You've been and gone and said [done] it.《口語》よせばいいのに言って[やって]しまった. ★この場合, 特に不定詞形の go に原形不定詞が直結して,「早まって[大変なことになるが]...のようなことまでする」の意味を表すことがある: Why did you have to go talk to him like that? どうして彼にそんな口のきき方をしなければならなかったのか / Go hit your head against the wall. 壁に頭でもぶつけてこい.

2 〈時が〉過ぎる, 経過する (pass, elapse): The afternoon went pleasantly. 午後は楽しく過ぎた / One week is already gone. もう 1 週間たった.

3 a 〈機械などが〉動く, (順調に)運転[作動]する, 機能する (move, work); 〈心臓が〉打つ, 鼓動する (beat): The car goes by electricity [on gasoline]. その車は電気[ガソリン]で動く / The wheels go round. 車輪が回転する / My watch won't go [is going again]. 時計が動かない[また動きだした] / This clock will go a week without winding. この時計は 1 週間巻かなくてもよい / The engine went beautifully all day. エンジンは一日中快調だった / His pulse is going very fast. 脈が非常に速い / I could feel my heart going at a tremendous rate. 心臓が恐ろしい速さで打つのが感じられた / He set the machine going. 彼は機械を運転し始めた. **b** 〈鐘・時計などが〉鳴る, 打つ (sound); (崩れたり折れたりして)鳴る: go bang 〈鉄砲が〉ずどんと鳴る, 〈火薬などが〉爆発する / go crash [snap] がちゃんと崩れる[ぼきんと折れる] / Crack went the whip. ぴしっとむちが鳴った / I hear the bells going. 鐘が鳴っているのが聞こえる.

4 a [しばしば副詞(句)を伴って] 〈事が〉進行する, 運ぶ, 〈...という結果と〉なる, なっていく; 成功する: Things have gone badly with me lately. 私は近ごろ事がうまく行かない / How did the play go? 芝居(の受け)はどうでしたか / How did the voting [election] go? 投票[選挙]の結果はどうでしたか / How goes it? ⇨ how¹ adv. A 3 / This is the way the show [world] goes. ショーの出来はこんなところです[世の成り行きってこんなものです] / Everything went better than I expected. 万事予想以上に好都合に運んだ / Has anything gone wrong with him? 彼には何か都合の悪いことが起こったのか / Let it go. そのままにしておけ, ほっておけ / Let it go at that. そんなところでよいとしておこう / This plan will not go. この計画はだめだろう / He is just the man to make things go. 彼こそ物事をうまく運ぶにはもってこいの人だ / This jazz band can really go.《口語》このジャズバンド(の演奏)は実に乗る / The decision went against [for] him. 判決は彼の不利[有利]に決した / ⇨ have (got) ... GOING for one. **b**《米俗》起こる: What goes? 何が起こっているのか, どうなっているのか; [挨拶] やあ, どうだね.

5 a 〈人が〉ふるまう (behave), 行動する, 仕事をする: All the time he was speaking he went like this. 彼は話している間中(手まねなどをして)こんな具合でした / Your right hand should go like this.=Go like this with your right hand. 右手はこんなふうに動かしなさい / You can't go wrong with it. (何でもないことだから)やり損なうはずはない / I went by what the doctor said. 医者の言うとおりにした / We have a good rule to go by. 我々にはよるべき好規準がある / They still had no evidence to go on. 頼れる証拠がまだ見つかっていなかった / He refused to go with the times [tide]. 時流に合わせようとしなかった / go with the crowd ⇨ crowd¹ n. 3 / ⇨ go SLOW / ⇨ go STRAIGHT. **b** 〈事が〉(...に)よる, 基づく, (...によって)決定される 〔by, on, upon〕: Promotion goes by length of service. 昇進は勤続年数による / All this talk goes upon a supposition. この話はすべて全く仮想に基づいている. **c** (...と)釣り合う, 適合する, 調和する (harmonize) 〔with〕 (cf. 8 b): Is there any envelope to go with this notepaper? この便箋に合った封筒がありますか / Tea doesn't go well with fish. お茶と魚はしっくりしない / Blue and green don't go (well) together. 青と緑とは釣り合わない.

6 a 〈貨幣などが〉流通[通用]している; 〈うわさなどが〉一般にいわれて[伝えられて]いる: Formerly the sovereign went everywhere. 以前には 1 ポンド金貨はどこででも通用した / Those myths once went for truth. それらの神話はかつては本当のことと思われていた / The story [report] goes [is going around] that ... という話[うわさ]がある, 話[うわさ]では...だ / as the story goes 何でも話によると. **b** 〔(...という)名で〕知られている, 通っている 〔by, under〕: He went by the alias of John Smith for many years. 彼は長年の間ジョンスミスという偽名で通した / That play goes under his name. その劇は彼の作とされている. **c** 適用する, 有効である, 当てはまる; 認められる: The rule still goes. その規則はまだ有効である / That goes for us too. それは我々の場合にも当てはまる / Anything goes.《口語》何でも[何をしても]構わない. **d** 〈主張などが〉人々から受け入れられる, 権威をもつ: What you say goes.《口語》君の言うことなら何でもオーケーだ. **e** (ある特定の手段で[手続きを経て])伝わる, 知らされる 〔by〕: The message went by wire. 伝言は電報で伝わった.

7 a [as の導く節に用いて] 一般に(...で)ある, 普通(...と)判断される: as the world goes 世間並みに(は) / as times go (今の)時世では / He is a good singer as singers go. 彼は一般の歌手に比べればいい歌手だ / He is young as politicians go. 政治家としては彼は若い方だ. **b** 関係する: as far as it goes ⇨ as FAR as.

8 a 〈諺などが〉(...と)書いて[言って]いる, (...と)ある (run); 〈表現・言葉・調子などが〉(...と)なっている: as the saying goes 諺に言うように / It goes as follows. 文言[文面]は次の通り / The lines go with a swing. その詩(のリズム)は調子がよい / This is how the tune goes. その節回しはこうです / I forget exactly how the words go. その言葉がどんなだったかはっきりは覚えていない / Thus goes the Bible. 聖書にこうある. **b** 〈歌詞・歌が〉(曲に)合う (be suited) 〔to〕 (cf. 5 c): This song goes to the old air. この歌はその古い曲に合う.

9 [形容詞・前置詞句などを補語として] **a** 常に[いつも]〈...で〉ある, 〈...と〉なっている (remain, be): go hungry いつも腹をすかしている / ⇨ go STEADY / go unrewarded [unpunished] 報いられ[罰せられ]ないでいる / go armed いつも武装している / go hatless [without a hat] 帽子をかぶらないでいる / go in rags ぼろを着ている. **b** 《しばしば》望ましくない状態に〉なる, 変わる (become, turn): go bad 悪くなる, 腐る / go mad [blind] 気が狂う[盲目になる] / go bald 頭がはげる / go black in the face (窒息または激して)顔が紫色になる, 怒って顔色が変わる / go cold all over 全身ぞっとなる / go green with envy 激しい嫉妬心が目に現れる / go red with anger 怒って真っ赤になる / ⇨ go HOT and cold (all over) / ⇨ go PUBLIC / go short (of) ⇨ short adv. 成句 / go Conservative [Democrat(ic), Socialist] 保守派[民主党員, 社会党員]になる / go native [Japanese] 〈ヨーロッパ人などが〉(外地で)現地人[日本人]風になる[生活する] / go into debt 負債ができる, 借金する / The whole place went black. 建物はどこも真っ暗になった / He's going gray at the temples. こめかみのところの髪が白くなりかけている / He is just gone twenty. ちょうど二十を越したばかりだ (cf. gone¹ adj. 2 a) / The sea went very high. 海はひどく荒れた《波が高かった》. **c** 〈別の状態[体系, 傾向]などに〉なる, 変わる: go supersonic 超音速になる / go metric メートル法を採用する.

10 a 消えていく, 尽きる, なくなる: The clouds will soon go. 雲はじきに消えるだろう / I wish my pain would go (away). 痛みがとれてくれるといいが / The flowers have gone. 花は散った / All hope has [is] gone. 望みはすべて絶えた / The money went fast. お金はたちまちなくなった / The camera was gone. カメラがなくなっていた. **b** 崩れる, 倒れる, つぶれる; 弱る, 衰える; 〈人が〉死ぬ (cf. gone¹ adj. 1 c); 〈食品が〉悪くなる, 腐る;〘クリケット〙〈三柱門が〉倒れる: First the sail and then the mast went. 最初に帆が次に帆柱が参った / The bank may go any day. 銀行は明日にもつぶれそうだ / The platform went under the weight. 重さのため台が壊れた / Horses go first in the loins. 馬は腰がまず弱る / My jacket has gone at the elbows. 上着のひじの所が傷んできた / His sight is going. 彼は視力は衰えてきた / The trade was going. 商売はだめになってきていた / The patient may go at any moment. 患者は今にも死ぬ[息を引き取る]かもしれない / Here today and gone tomorrow. 今日ここにあるかと思えば明日はなし《寿命の定めないこと, または絶え間ない移動についていう》. **c** [通例 must, have to, can と共に] 取り除かれる, 廃される: The house must go. 家屋は撤去しなければ[売り払わなければ]ならない / The butler must go. 執事には辞めてもらわないといけない / War [Drink] must go. 戦争[酒]はなくならなければならない / This clause of the bill will have to go. 法案のこの条項は削除しなければなるまい.

11 (...の値で)売れる, 販売される 〔at, for〕: These boots will go at a high price. このブーツは高く売れるだろう / The picture went for a mere $50. その絵はわずか 50 ドルで売られた / go for a song ⇨ for a SONG / Going, going, gone (for six thousand dollars)! (せり売りで)売れるぞ, 売れるぞ, そら(6000 ドルで)売れた!

12 〈遺産・勝利・名誉などが〉(...の)所有に帰する, ものとなる, 手に渡る 〔to〕: The property went to the eldest son. 財産は長男のものになった / Victory always goes to the strong. 勝利は常に強者のもの / Honors do not invariably go to the most deserving. 名誉は必ずしも最も功績のある者に行くとは限らない.

13 a (...の手段に)訴える; 〈権威などに〉頼る (resort) 〔to〕; 〈面倒な事などを〉するに至る (put oneself) 〔to〕: go to extremes 極端なことをする / go to blows なぐり合いを始める / go to war 武力に訴える, 戦争を始める / go to law [court] 訴訟を起こす / You need not go to that trouble. そういう労には及ばない, そこまで面倒をしなくてもよい / He went to great expense to complete it. それを完成するのに大金をかけた / You must go to the original for a true understanding of the meaning. 本当の意味を理解するには原文によらなければならない. **b** (...に)取りかかる, 〈...を〉始める 〔to〕; [to do を伴って] ...しようとする: go to work 仕事に取りかかる / They went to fighting. 闘争を始めた / When he went to get up from his chair, he could not move. 椅子から立ち上がろうとしたが動けなかった. **c** [doing を伴って] 〈職業として〉〈...に〉従事する, なる (cf. 1 c): go teaching [nursing, bricklaying] 教師[看護婦, れ

んが積み]を始める / go begging ⇨ beg¹ 成句.
14 〈線・道路などが〉伸びる, 至る, 達する (extend, lead); (程度が)及ぶ: This road *goes to* Paris. この道はパリに通じている / Where does the path *go* (*to*)? この道を行けばどこへ出るか / The boundary *goes along* the river. 境界線はその川に沿っている / a rope long enough to *go* there [(*a*)*round* (the box)] そこまで届く[(箱のまわりを)ぐるりと回る]長さの綱 / The difference *goes* deep. 相違は大きい.
15 (あるべき場所などに)納められる, 置かれる, 入れられる (be placed): That vase *goes on* the mantelpiece. その花瓶はマントルピースに置くのだ / The silver *goes in* the safe every night. 銀器は毎晩金庫にしまわれる / Where is this box to *go*? この箱はどこへ置くのですか / Your right hand should *go* here. 右手はここへ置かなければいけない / The word *gnu goes under* [*at*] the letter *g*. gnu という語は g の文字のもとに載せてある.
16 〈数量などが〉(全部で)〈…に〉なる (amount) 〔*to*〕; 〈物・数などが〉含まれる, 入る, 通過できる: How many days *go to* the year? 何日で 1 年になるか / All that will *go into* a very few words. それはわずか数語で言える / The bookcase won't *go in* [*through* the door]. 本箱は(大きすぎて)中に[戸口から]入らない / Five *into* twelve *goes* twice and [with] two over. 12 を 5 で割れば 2 が立って 2 余る / Four *goes* five times *into* twenty. 20 を 4 で割れば 5 / Seven *into* five won't *go*—borrow two. 5 から 7 は引けない—2 を借りる.
17 a 〈金などが〉〔…に〕充当される (be applied), 費やされる, 割り当てられる (be allotted) 〔*for, in, into, on, to toward*〕: All the money *goes to* keeping up the asylum [*toward* the new library]. 金はすべてその養育院[新しい図書館]の維持に使われる / All the money he got *went for* [*on*] food [books]. 得た金は皆食費に当てられた[本代になった] / Most of her time *went in* watching television. 大半の時間はテレビを見て費やされた. **b** [*to* do を伴って] 〈…するのに〉役立つ, 資する (help, conduce): He has none of the qualities that *go to* make a statesman. 彼には政治家になれるような素質は何もない / ⇨ go to SHOW.
18 a 〈人・言動などが〉(程度・徹底さなどにおいて)(…まで)及ぶ, (…ほどまで)行う: This is *going* too *far*. これでは行き過ぎだ / He *went* so *far* as to say that …. とまで言った / He *went* as *high* as 1,000 dollars. 1,000 ドルまで値をつけた. **b** (ある期間)続く, 持ちこたえる (last): There was enough food to *go* another month. もうひと月もつだけの食糧があった.
19 [be going to do として] **a** (…し)ようとして[思って]いる (intend): I'*m going to* see him tomorrow. 明日彼に会うつもりだ / *Are* you *going to* behave like a gentleman or not? 紳士らしく立派にふるまう気なのか, どうなのか 《★ *Will* you behave …? よりも多分に話者の聴者への気持ちを反映させた主観的な表現法》 / He *was going to* buy a new car. 新しい車を買おうとしていた. ★ be going [coming] (行く[来る]つもりだ)に対して, 時にはその「意図」を強調するために *be going to go* [come] の形が用いられることがある: I'*m going to go* to Paris tomorrow. **b** まさに…しようとしている, …しかけている; …しそうである: The bus *was* just *going to* start (when something happened). (何かが起きたのは)ちょうどバスが出発するところだった / Do you think it's *going to* rain? 雨になると思いますか / She's *going to* have a baby. 彼女には赤ん坊が産まれる / There's *going to* be a storm. 嵐がやって来そうだ.
★ going to は《口語》ではしばしば /gòʊənə, gòʊnə, gə(ː)nə/ と発音される; ⇨ gonna.
20 [しばしば go somewhere として]《口語》用便を足す, トイレへ行く: Mommy, I want to go.
— *vt.* 1 《口語》[通例否定構文で] 耐える, 我慢する (tolerate): I cannot *go* this arrangement [her]. この取り決めには承服できない[彼女には我慢できない].
2 《口語》 **a** 〈金を〉賭ける; 〈金を〉払う, 出す: I'll *go* a dollar *on* the first race [*that* he loses the game]. 第 1 レースに[彼が勝負に負けるということに] 1 ドル賭けよう / Nobody can *go* a hundred pounds *for* such a vase. だれだってあんな花瓶に 100 ポンドも出せない. **b** 『トランプ』ビッドする, …で行くと宣言する (bid): *go* four no-trump(s) ノートランプの 4 で行く(切札なしで 10 組取る)と宣言する.
3 《英》〈時計などが〉〈時刻を〉打つ, 打ち鳴らす (strike): The clock [It] has just *gone* seven. 時計はちょうど 7 時を打ったところです.
4 〈ある分量を〉生じる, 生産する (yield); 《米口語》…の重さがある (weigh): The plantation *goes* many tons of sugarcane. その農園からは何トンもの砂糖きびが採れる / This fish will *go* a hundred pounds. この魚なら目方が 100 ポンドもあろう.
5 a …の役目を引き受ける, 責任を果たす: They agreed to *go* partners. 共同出資をすることにした / ⇨ go BAIL¹ *for*. **b** …の程度に参与する[あずかる]: They *went* halves [fifty-fifty] on the deal. 取引の利益は折半した.
6 《口語》食べる, 飲む (enjoy): Could you *go* a piece of cake? ケーキをひとついかがですか.
7 〈行程を〉行く, 進む; …に沿って行く: *go* Route 10 10 号線を行く.
8 《非標準》[特に歴史的現在で, また直接話法の伝達動詞として] …と言う: She *went* "Sh [Shut up]!" 「しーっ」「黙ってろ」」と言った.
gèt góing ⇨ get¹ *v.* 成句.
gò abóut (1) 歩き[動き]回る; (病後回復して)動ける; 〈うわさ・風邪などが〉広まる. (2) 〔…の身なりで〕出歩く 〔*in*〕; (人の気にさわるように)ふるまう. (3) 『軍事』転回する, 回れ右をする; 迂回する; 『海事』〈船が〉針路を転じる, (特に)上手(うわて)回しをする, 間切る (tack). (4) 〔…と〕つきあう 〔*with, together*〕 (⇨ go *with* 成句).
gó abòut … (1) せっせと〈普段の仕事など〉をする; …に取りかかる; …しようとする, 努める (deal with); 〈問題〉に取り組む: *go about* one's work せっせと仕事をする / He immediately *went about* finding me a house. 早速私のために家探しに取りかかってくれた / ⇨ *go about one's* BUSINESS. (2) …を歩き[動き]回る; 〈うわさ・風邪などが〉…に広まる.
gó acróss (1) (…を)横切る, 渡る 〔*to*〕. (2) 〈話などが〉伝わる. (3) 〔他の党などに〕転向する 〔*to*〕.
gó acròss … 〈通り・川など〉を渡る, 横切る.
gó àfter (1) 〈職・利益・名誉など〉を求める, 追求する (pursue), 得ようとする. (2) 〈犯人・異性など〉を追いかける. (3) …の身辺を調査する. (4) …に続く.
gó agáinst (1) …に反抗[反対]する, 逆らう, 〈信念・規則・願いなど〉に反する; …と衝突する (oppose): *go against* the stream 時勢に逆らう / *go against* the grain 気に入らない, 性に合わない / It *goes against* my principles. それは私の主義に反する / It *went against* me to do so. そうすることは私の性に合わなかった. (2) 〈競争・事業・判定などが〉…の不利に終わる, …に利がない (cf. *vi.* 4 a). (3) …の攻撃を(準備)する. (4) …を背に立っている.
gó ahéad (1) 〔計画などを〕進める, 実行する; 実行される 〔*with*〕. (2) 先へ進む, 〔…の〕先に行く, (競走などで)先頭に出る 〔*of*〕; (ぐずぐずしないで)続ける 〔*with*〕: Let's *go ahead with* the work. 仕事を続けるとしよう / *Go ahead!* すぐ行け, やれっ, 進めろ; (許可を求められて)どうぞ; (威嚇的に)やりたければどうぞ; 《米》『電話』お話しください; 『海事』ゴーヘー, 前進 (↔ Go astern!). (3) 進歩する, はかどる: Things are *going ahead*. 事はとんとん拍子に運んでいる. (4) 始まる.
gó àll óut ⇨ *all* OUT (3).
gó alóng (1) (会合などに)行ってみる, 出席する 〔*to*〕. (2) 進んで行く, やっていく; 〈事が〉進展する: You will understand it as you *go along*. やっていくうちにわかる. (3) 〔人・意見などに〕賛成する, 同意する, 協調する, 協力する; 〔決定などに〕従う 〔*with*〕: I am willing to *go along with* you [your proposal]. ご意見[ご提案]には異存がありません. (4) 〔…と〕同行する, 〔…に〕ついて行く 〔*with*〕; 〈家具・品物などが〉〔…に〕付随する 〔*with*〕: I was asked to *go along with* them on the trip. 彼らと一緒に旅行に行かないかと誘われた / If you take the lunch, dessert and coffee *go along with* it. ランチをとればデザートとコーヒーがついてくる.
***Gò alóng* (*with yóu*)!** (1) 続けてやれ. (2) 《口語》あっちへ行け. (3) 《口語》ばか言え, まさか.
gó ánywhere ＝get anywhere ⇨ get¹ *v.* 成句.
gó aróund (1) 回る; 回って行く, 回り道をする; 一回りする; 《口語》ちょっと訪ねる[寄る]; 回覧される: I'll just *go around* to see my friend. ちょっと出かけて友人を訪ねてみよう. (2) 歩き[動き]回る, 〔…の身なりで〕出歩く 〔*in*〕; (人の気にさわるように)ふるまう. (3) [しばしば進行形で] 〈うわさ・病気などが〉広まる: Some strange rumors are *going around*. 奇妙なうわさが広まっている. (4) 〈食べ物などが〉全員に行き渡る: There wasn't enough wine to *go around*. 皆に行き渡るだけのぶどう酒がなかった. (5) 〔…と〕よく行き来をする, しょっちゅう一緒にいる, つきあっている 〔*with, together*〕. (6) 〈メロディーなどが〉(頭の中を)めぐる. (7) 頭がふらふらする; 目が回る.
gó aròund … (1) …を回る; …を避けて行く; …を一回りする; …に回覧される; …を取り囲む: *go around* the world 世界一周する / A fence *went around* the garden. 庭はフェンスに囲まれていた. (2) …を歩き[動き]回る. (3) [しばしば進行形で] 〈うわさ・病気などが〉…に広まる. (4) 〈分配品が〉…に行き渡る. (5) 〈頭の中〉をめぐる.
gó at (1) 〈仕事・食べ物など〉に精力的に取りかかる (tackle): *go at* it hammer and tongs ⇨ HAMMER *and tongs*. (2) 《口語》…に襲いかかる, 打ってかかる, …を攻撃する (attack); (批評の対象などとして)…を取り上げる: He *went at* Tom *with* his fists. 彼はトムにげんこで打ってかかった. (3) ⇨ *vi.* 11.
gó awáy (1) 立ち去る, (休暇などで)出かける, 家をあける; 〔…を〕持ち去る; 〔…と〕駆け落ちする 〔*with*〕: The couple *went away* on their honeymoon. 二人は新婚旅行に出発した / I'd like to *go away* for the weekend. 週末にはどこかへ出かけたいと思っている / *Go away!* 《口語》あっちへ行ってしまえ; ばか言え / ⇨ GONE¹ *away*. (2) 〈痛み・臭い・問題などが〉消えて行く (⇨ *vi.* 10 a). (3) 『スポーツ』大差をつけて勝つ, 逃げ切る: Jack won the match *going away*. ジャックは最後まで大差をつけて試合に勝った.
gò awáy with 〈考えなど〉をいだく, 信じる.
gó báck (1) 〔もとの場所・論題などに〕帰る, 戻る 〔*to*〕; 〈品物などが〉戻される; 初めに帰る, やり直す, もとのさやにおさまる 〔*to*〕; (過去に)さかのぼる 〔*to*〕; [年月を表す語句を伴って] (…にわたる)知り合いである; 回顧する: *go back* for … を取りに戻る: You can't *go back* [There's no *going back*]. もはや後戻りはできない[とりかえしがつかない]. (2) 〈植物などが〉盛りを過ぎる, 衰えてくる: These old trees are *going back*. これらの老樹もそろそろ衰えてきた. (3) 〈時計が〉(冬時間で)針を戻される. (4) 〈学校が〉また始まる, 〈生徒が〉〔学校に〕戻る 〔*to*〕. (5) (ストライキ後)仕事に戻る. (6) 〈土地が〉〔…に〕及ぶ 〔*to*〕.
gó báck of 《口語》…を調べる.
***gó báck on* [*upon*]** 《口語》 (1) 〈約束など〉を取り消す, 破る, 撤回する: *go back on* one's word 約束を取り消す[破る], 前言を翻す. (2) 〈人〉を裏切る, …にそむく; 〈体力などが〉…にとって十分でなくなる (fail): Father's eyes are *going back on* him. 父の視力が弱ってきている.
gò báck to (1) …をまた始める, 再開する. (2) 〈もとの状態〉に戻る.
gò báck òver …をやり直す, 調べ直す, 再考する.
gó befóre 先立つ, 先んじる (go in advance); 先に論じられる, 先に起こる: what has *gone before* 今まで[既存]のもの / We mustn't forget what was done by those who have *gone before*. 先人たちの業績を忘れてはならない.
gó befòre … (1) …に先立つ. (2) (審判などを受けるために)…の前に現れる, 出頭する; 〈計画案・問題などが〉…の判定にゆだねられる: The matter must *go before* the committee. その件は委員会にかけなければならない.
gó behínd …の裏の[真の]理由を調べる: *go behind* the evidence 証拠を裏面から調べる / *go behind* what has been said 話の真偽をなお詳しく調べる / *go behind* a person's words …の言葉の裏[真意]を探る.
gó* (*a person*) *bétter ＝GO *one better*.
gó betwèen (1) …の間に入る; …の間で調和する. (2) …の間をうまく立ち回る. …の仲を取り持つ, 仲介する.
gó beyónd (1) …を通り過ぎる. (2) 〈予想など〉を上回る; 〈範囲など〉を越える. (3) 〈話などが〉…の理解力を越えている.
gó bý (1) 〈時などが〉過ぎて行く, 経過する (pass) (cf. bygone): in times *gone by* 過ぎた昔に / Years have *gone by*. 年月がたった. (2) 《米》ちょっと訪問する, 立ち寄る (call): He was quite well when I *went by*. 私が寄ってみた時には彼はとても元気だった. (3) 〈行列などが〉そば[前]を通る, 通り過ぎる. (4) 〈機会・発言・過失などが〉見逃される, 無視される (pass unheeded): Let those things *go by*. それらの事はほっておけ.
gó by … (1) 〈標準・規則など〉による, 〈地図など〉に従う, …を信頼する (⇨ *vi.* 5 a, b); 〈忠告・外観など〉によって判断する. (2) 《米》…をちょっと訪問する. (3) …を通り過ぎる. (4) 〈名〉で通る (⇨ *vi.* 6 b).
gó dówn (1) 降りる, 下る, 落ちる; 〈道路などが〉下りになる (lead downward); 〔…に〕達している 〔*to*〕; 〈温度などが〉下がる; 〈物(の値段)が〉下落する, 〈数などが〉減少する 〔*by, from, to*〕; 〈物(の質・水準など)が〉低下する; 〈地域の評価が下がる; 〈人の〉評判が落ちる: *go down on* one's knees ひざまずく / Prices [Eggs] are *going down*. 物価[卵の値]が下がってきた / A path *went down to* the farmhouse. (下の)農家まで小道がついていた / The curtain *went down* at the end of the play. 芝居の最後に幕が下りた. (2) 倒れる (fall down); 〔…に〕屈服する, 負ける 〔*before*〕; 『野球』アウトになる; 下位リーグに降格する: *go down* swinging 空振りでアウトになる / Philadelphia *went down to* Toronto 4–3. フィラデルフィアはトロントに 4 対 3 で敗れた. (3) 《口語》〈発言・考え・行動などが〉〔…に〕信用される, いれられる, 認容される (find acceptance) 〔*with*〕: His speech *went down* well [badly] *with* the audience [at the conference]. 彼の演説は聴衆[会議で]の受けがよかった[悪かった] / That story won't *go down with* me. そんな話は腑(ふ)に落ちない. (4) 〈船などが〉沈む, 沈没する; 〈飛行機が〉墜落する; 〈太陽・月などが〉没する, 沈む: The ship *went down* with all hands (on board). 船は乗員もろとも水中に沈んだ. (5) 〈コンピューター・電話が〉一時的に止まる, 故障する. (6) (時間などが)〔…まで〕続く, 達する, 及ぶ 〔*to*〕 (↔ go up): The history *goes down to* the year 1700. その歴史は 1700 年までを扱っている / The paragraph *goes down to* the bottom of the page. そのパラグラフは頁の一番下まで続いている. (7) 〔…に〕書き留められる 〔*in*〕; 記憶に残る, 〔後世に〕伝わる 〔*to*〕: He will *go down to* posterity as a traitor. 反逆者として後世まで名が残るだろう. (8) 《口語》〔病気に〕かかる 〔*with*〕 (cf. COME down with): He *went down with* pneumonia. 彼は肺炎で倒れた. (9) 〈膨(ふく)れなどが〉小さくなる, しぼむ, 〈波・風・炎症などが〉静まる, おさまる: The wind had altogether *gone down* (after the storm). (嵐のあと)風はすっかりおさまっていた. (10) 〈タイヤなど〉空気が抜ける: The tire has *gone down*. タイヤの空気が抜けた. (11) (劇場などで)〈照明が〉暗くなる. (12) 《英》(大学で)〈学生が〉(休暇・退学などのため)学校を離れる[やめる], 帰省する, 退学[休学]する (↔ go up) 〔*from*〕; (特に)卒業する; 田舎へ行く; 〔北から〕南下する 〔*from, to*〕. (13) 《口語》〈飲食物・薬などが〉飲み込まれる, のどを通る; [well, nicely を伴って] おいしく感じられる: This medicine will *go down* easily with some water. この薬は水と一緒なら楽に飲める. (14) 『トランプ』 (a) (コントラクトブリッジで)ダウンする, 落ちる 《契約した数だけのトリック (trick) を取れない》. (b) (ジンラミー (gin rummy) で)手を下ろす, 上がる 《持札全部を場に開いて上がりを宣言する; cf. knock *vi.* 6》: ～ *down* for 6 遊離札 6 点で上がりを宣言する. (15) 《英・豪口語》投獄される. (16) 《米口語》起こる (happen): I know something's wrong. What's *going down* here, man? 何かおかしいな. おい, どうなっているんだい. (17) 《米口語》出かける 〔*to*〕. (18) 《卑》〔…に〕クンニリングス[フェラチオ]をする 〔*on*〕.
gó down … (1) …に沿って進む. (2) …を(伝って)降りる. (3) 〈店・銀行など〉にちょっと行く.
gó dówn in the wórld 落ちぶれる.
gó fár (1) 大いに役立つ[効果がある] (cf. *vi.* 17 b): The measure would *go far toward* solving the problem. その方策は問題の解決に大いに役立とう. (2) 〈食料・衣服などが〉長くもつ (cf. *vi.* 18 b); 〈金銭などが〉使いでがある, 大いに買物ができる: A ten-dollar bill does not *go far* these days. 10 ドル紙幣 1 枚では今は大して使いでがない. (3) 《口語》成功する (be successful): She will *go far*. 彼女は成功するだろう (1419)
gó for (1) …を目指す, ねらう, 得よう[なろう]と努める; 〈ナイフなど〉を取ろうとする; [しばしば could, would を伴い] …を欲しがる; 《口語》[しばしば否定構文で] …が好きになる: He *went for* his gun, but I drew mine first. 彼は銃をとろうとしたが私が先に銃を抜いた / He *went for* the Senate seat. 上院の議席をねらった / I don't *go for* mutton. マトンは好きでない. (2) …に賛成する, …を支持する; …の方が

よいと思う, …を選ぶ; …を試しにやってみる; …に有利である (cf. *vi.* 4 a): I cannot *go for* such a proposal. とてもそんな提案には賛成できない / He has a lot *going for* him. 彼には有利な点が沢山ある. (3) 《口語》…を襲う; …をののしる: He *went for* the city authorities. 市当局を攻撃した / They *went for* each other with no holds barred. 彼らは言いたい放題にののしり合った. (4) …で通る, …と思われる (be taken as) (cf. *vi.* 6 a); …に当てはまる (hold true of) (cf. *vi.* 6 c). (5) …の値打ちがある, …で売れる (be sold for) (cf. *vi.* 11); 〈金銭が〉…を買うのに使われる (cf. *vi.* 17 a); …の役に立つ, 足しになる: All my trouble *went for* nothing [little]. 私の尽力は何にも[ほとんど何にも]ならなかった. (6) …を取り[買い, 呼び]に行く (cf. gofer[2]): I'll *go for* some milk. ミルクを買いに行こう / *go for* a doctor 医者を呼びに行く. (7) 〈散歩・泳ぎ〉に行く (cf. *vi.* 1 a).

gó for bróke ⇨ broke 成句.

gó fórth 《古》 (1) 出て行く. (2) 〈命令などが〉出る, 発布される.

gó fórward (1) 〈事が〉進展する〔*for*〕; 〔仕事・計画などを〕進める〔*with*〕; 〈人が〉次の段階に進む〔*to*〕. (2) 〈名前が〉候補として出る. (3) 〈時計が〉(夏時間で)針を進められる.

gó fórward to 〈提案などが〉…に諮(はか)られる.

gó hárd with ⇨ hard *adv.* 成句.

gó ín (1) (中に)入る, 引っ込む (cf. *vi.* 15, 16, 17 a). (2) 入院する; 仕事を始める. (3) 〈ショットが〉決まる, 〈球が〉入る. (4) 〈太陽・月などが〉雲に隠れる, 陰る. (5) 〈事実・情報などが〉頭に入る, 理解される. (6) (競技などに)参加する, 〔事業などに〕加わる〔*with*〕: *Go in* (there) and win! 《口語》さあ, 行って頑張ってこい. (7) 〔…に向かって〕進む, 前進する〔*on*〕; 〈軍隊が〉攻撃する〔*at*〕. (8) 町に行く. (9) 〈施設などが〉建てられる, 設けられる. (10) 《口語》〈会衆・生徒などが〉定刻に入る, 集まる; 〈礼拝・授業などが〉始まる. (11) 『クリケット』打者となる, 打撃側になる (go to bat). (12) 『トランプ』(ポーカーで)行く《最初の賭で相手と同じだけ張ってゲームに残る》.

gó in … (1) …の中に入る; …に収まる, はまる. (2) 〈組織〉に加わる.

gó in for (1) 《口語》〈職業・趣味〉を志す, …に携わる; 〈流行・食べ物など〉を特に好む, …に熱中する; …を得ようと努める, 求める: Do you *go in for* any sport? 何かスポーツをやっていますか / He has *gone in for* stamp collecting. 彼は切手集めに夢中になっている / They are *going in for* the latest fashions. 彼らは最新のファッションを手に入れようと努力している / We don't *go in for* that sort of thing any more. 私たちはもうそういう事には熱中しません. (2) 〈運動・改革など〉に賛成する, …を支持する. (3) 〈競技など〉に参加する; 〈試験など〉を受ける; …の候補に立つ (enter for).

gò ínto (1) …を調べる, 調査する; …を論じる, …に立ち入る (treat of, examine): I don't propose to *go into* details. 詳細に立ち入ろうとは思っていない / The matter is worth *going into*. その問題は検討に値する. (2) …に加入する, 参加する (take part in); …に従事する (occupy oneself with): *go into* Parliament 国会に出る / *go into* a war 参戦する / *go into* opposition 反対(党)に回る / *go into* business [politics, law] 実業界[政界, 法曹界]に入る / *go into* television (職業・企業として)テレビ(界)に入る[進出する]. (3) …に入る; 〈軍隊が〉…に進む; …に入院する; 〈仕事〉につく; …に入居する. (4) 〈容器など〉に(ぴったり)収まる. (5) …に〈金・時間・努力など〉がつぎ込まれる (⇨ *vi.* 17 a). (6) …に手(など)を入れる; 〈戸口などが〉…に通じる (open into): The door *goes into* the garden. (7) 〈乗物が〉…にぶつかる, 衝突する. (8) 〈ヒステリーなど〉を起こす; 〈ある状態〉に陥る; 〈飛行機が〉〈きりもみ・急降下など〉に入る (cf. *vi.* 9 b): *go into* ecstasies 有頂天になる / *go into* hysterics ヒステリーを起こす / *go into* a long speech 長広舌をふるい始める. (9) …の服装をする: *go into* mourning 喪服を着る.

gó in with …に仲間入りする, 加わる, …と提携する (join): We asked him to *go in with* us. 彼に我々の仲間に加わってくれるようにと頼んだ.

gó it 《口語》 (1) 〈車などが〉猛烈な勢いで走る: He [The car] was *going it*. (2) 元気でやる, どんどんやる, 早くやってのける: *Go it*, Tom! トム, 元気で行け[頑張れ] / I'll *go it* alone even if nobody helps me. だれも手伝ってくれなくてもひとり[独力]でやろう / *go it* blind ⇨ blind *adv.* 成句. (3) はめをはずす, むだ使いをする, 放蕩する (carry on): You're *going it*! 豪勢なものだ, なかなかやってるね, 大したものだね. 《1821》

Gó, màn, gó! 《口語》[ミュージシャンなどに呼び掛けて] やれやれ, いけいけ.

gó óff (1) 立ち去る; 出かける〔*for, to*〕; 〔…を〕持ち逃げする; 〔…と〕駆け落ちする〔*with*〕; 〈俳優が〉退場する: *go off on* a weekend trip 週末の旅行に出る / Jones has *gone off with* a friend's wife. ジョーンズは友人の細君と駆け落ちした. (2) 〈銃が〉発射される; 〈爆弾・花火などが〉爆発する, 打ち上げられる; 〈目覚まし時計・サイレンなどが〉鳴り出す: The gun *went off* with a bang. 銃砲がずどんと鳴り響いた. (3) 急にある状態に陥る, 〔笑い声などを〕発する (burst out)〔*into*〕: *go off into* a coma 昏睡状態になる / *go off into* (a fit of) laughter 急にどっと笑い出す. (4) 〈電気・ガス・水道などが〉止まる, 〈暖房が〉使えなくなる, 〈照明が〉消える; 〈期間が〉切れる, 終わる: When does the bargain *go off*? 契約の期限はいつ切れますか. (5) 《口語》[通例, 副詞(句)を伴って] 〈事が〉運ぶ, 行われる (turn out); 〈事が〉起こる: The concert *went off well* [*badly*]. 演奏会はうまくいった[いかなかった] / I wonder what is *going off*. 一体何が起こったのだろうか. (6) 《口語》質[技術]が落ちる, 衰える; 〈飲食物が〉悪くなる, 腐る (go bad): Her looks are *going off*. 彼女の容色は衰えてきた / Meat soon *goes off* in this weather. この陽気では肉はすぐ悪くなる. (7) 《英》〈苦痛などが〉(急に)消え去る (die away): The headache soon *went off*. 頭痛はじきに止まった. (8) 意識を失う, 失神する; 眠る; 死ぬ: *go off* (*to* sleep) 寝込む / *go off in* a faint 気絶する. (9) 〈商品が〉売れる: The article will *go off at* a high price. その品はよい値で売れるだろう. (10) 〈道などが〉分岐する; 〈人が〉話題などを急に変える. (11) 《俗》射精する, オルガスムに達する, 果てる.

gó off … (1) …が好きでなくなる; 関心を失う: He seems to have *gone off* coffee. 彼はコーヒーが嫌いになったようだ. (2) …からはずれる; 〈道などが〉…から分岐する: The car *went off* the road. 自動車は道路からはずれてしまった. (3) …をやめる, 中止する: Britain *went off* the gold standard in 1920s. 英国は1920年代に金本位制をやめた.

gó ón (1) (なおも)進む, 進み続ける (go along); 〈状況・制度などが〉続く〔*for*〕; 〈土地・道・川などが〉続いている: *Go on!* 進め, 続けてやれ; 《口語》[間投詞的に] ばか言え; まさか, だまれ《★ あとの意味では, いっそう強意的には *Go on with* you! ともいう》; やれ, やってみろ; [勧誘・励ましを表して] さあさあ; [同意を表して] どうぞ, (じゃ)いいです / The battle *went on* all day. 戦闘は一日中続いた. (2) 〈行動・習慣などを〉続ける, 継続する〔*with, in*〕; …し続ける〈*doing*〉; 続けて…する〈*to, to* do〉, 次に〔…へ〕進む〔*to*〕: *go on with* one's work 仕事を続ける / *go on* speak*ing* しゃべり続ける / *go on to* say that …と付け加えて[言葉を改めて]言う / I *went on to* read the letter. (一度やめたあと, または他の事をしてから)続けて[次に]手紙を読んだ / He *went on to* his second point. 彼はさらに第二の論点へと進んだ (cf. GO *on to* (1)) / to go [be going] *on with* 手はじめに, 差し当たり / Five pounds will be enough to *go on with*. 5ポンドあれば当分は間に合う. (3) [しばしば進行形で] 起こる (take place): What's *going on* next door? 隣で何が起こっているのか. (4) 〈時間が〉経過する: As the days *went on*, her grief deepened. 日がたつにつれて彼女の悲しみは深まった. (5) 《口語》しゃべる, 〔…のことを〕(くどくどと)まくしたてる (talk volubly)〔*about*〕; 〔…を〕ののしる〔*at*〕: The speaker *went on* (and on) *about* it. 講演者はそれを長々と弁じた / You should not *go on at* me like this. こんなに私をののしることはない. (6) 〈電気・水道・暖房・照明などが〉つく, 出る: The lights *went on* after a few seconds. 数秒後に電気がついた. (7) 《口語》やって行く, 暮らす〔*with*〕: They are *going on* well [badly]. 彼らはうまくやっている[みじめな暮らしをしている] / How did you *go on for* food? 食べ物の方はどうやっていましたか. (8) 《口語》[通例悪い意味で] ふるまい続ける, ふるまう: Don't *go on* like that! そんなふるまいはよせ. (9) 〈衣服・靴などが〉着られる, はける, 合う; 装着される: These shoes won't *go on*. この靴は足に合うまい. (10) 〈俳優が〉舞台に出る, 《(代わりの)選手が》登場する (enter); 『クリケット』投球番につく (begin to bowl). (11) はかどる, 進む〔*with*〕.

gó on … (1) 〈旅行など〉に出る (⇨ *vi.* 1 a); (遊園地などで)〈馬・乗物など〉に乗る. (2) 〈金が〉…に費やされる (cf. *vi.* 17 a). (3) …による, 基づく (cf. *vi.* 5 a, b); …の給料[手当]で就任する; …の救助を受ける, 世話になる: *go on* relief 生活保護を受ける / *go on* the parish ⇨ *on the* PARISH (1). (4) [通例否定構文で] 《口語》…を好む: I *don't go* much *on* him [skating]. 私は彼[スケート]はあまり好かない. (5) 〈衣服・靴などが〉…に着られる, はける; …に装着される. (6) 〈薬・ダイエットなど〉を始める. (7) 〈名簿など〉に載る.

gó ón (ahéad) (人よりも)先に行く.

gò óne bétter (1) 『トランプ』(人よりも)高値を張る. (2) 《口語》(競売などで, 相手より)高値をつける, せり上げる (outbid). (3) 《口語》(競争相手に)勝つ, まさる, 上手(うわて)を行く[である], 差をつける (outdo): I can go (him) *one better on* it. 私はそのことでは(彼より)一枚上手だ / He made a good joke, but she *went* (him) *one better*. 彼がうまいしゃれを言ったら彼女はもっとうまいしゃれを言って(差をつけ)た. ★ 目的語を用いるのは《米》.

gó ón (for) [現在分詞形 *going* で用いて] 《口語》〈年齢・時刻〉に近づく: It must be *going on for* six. かれこれ6時に違いない / My son is ten *going on* eleven. 息子は10歳だがやがて11になる.

語法 (1) for を用いるのは《英》; また《英》では going だけを同じ意味に用いることもある (⇨ going *adj.* 5). (2) going on for で 'almost, nearly' の意の副詞のように用いられることもある (cf. getting on for ⇨ GET[1] *on* (3)): I have known him *going on for* ten years. 彼とはかれこれ10年来の知り合いだ.

---

gó ón to (1) 〈新しい主題など〉に移る: We will *go on to* the next problem. 次の問題に移ることにしよう (cf. GO *on* (2)). (2) 〈新方式・療法など〉を採用する, 始める.

gó óut (1) 出て行く, 外出する, 出かける (cf. *vi.* 1 c); 出征[出陣]する; 遠くに行く, (外国へ)出て行く, 移住する, 出稼ぎに行く〔*to*〕; 〈女性が〉〔…として〕働きに出る〔*as*〕; [and を伴い] 実際に…する: He's just *going out to* the post office. 郵便局へ出かけるところです / He *went out to* Brazil to farm. 彼は農業を営むためにブラジルへ出かけた / I have to *go out and* get a job. 私はなんとしても仕事を見つけなくてはならない. (2) (社交などに)出歩く, (求めて)交際する〔*for, doing, to* do〕; 《口語》〔異性と〕出歩く, デートする〔*together, with*〕: *go out* and about 出歩く / His wife *goes out* a lot. 彼の細君はよく出歩く / She *goes out with* any boy she can date. 彼女はデートのできる男の子ならだれとでも付き合う. (3) 〈火・灯火が〉消える. (4) 〈趣意書などが〉公にされる, 発行される; 発送される (be sent out); 〈番組が〉放送される; 〈ニュースなどが〉公表される: All the invitations for the party have *gone out*. パーティーの招待状は全部発送した. (5) 廃れる, はやらなくなる; 〈物が〉不要になる: That fashion *went out* years ago. その流行は何年も昔に廃れた / Long hair has *gone out*. 長髪はすたれてしまった. (6) 〈潮が〉引く (↔ come in): When will the tide *go out*? 潮が引くのは何時ですか. (7) 《米》〈堤防などが〉決壊する, 崩れる; 〈エンジンなどが〉利かなくなる, 止まる. (8) 《口語》意識を失う, 寝入る; [婉曲的に] 永眠する (die): *go out* for the count ノックアウトされる. (9) 退職する; 〈内閣が〉退陣する. (10) 〈歳月が〉終わる, 暮れる (↔ come in): March comes in like a lion and *goes out* like a lamb. 《諺》3月はライオンのようにやって来て子羊のように去っていく. (11) ストライキをやる (go on strike): The workers are ready to *go out*. 従業員はストライキをする構えでいる. (12) 『クリケット』(1回の勝負が終わり)〈打者が〉退く; 『野球』アウトになる. (13) 〈心が〉〔…に〕引かれる, 〈愛情・同情などが〉注がれる (flow out)〔*to*〕: My heart *went out to* the poor girl. 私はそのかわいそうな少女に同情した. (14) 〔運動チームなどの〕選手選抜テストを受ける, 入部[入団]を志願する (try out); 〔…を〕得ようとがんばる〔*for*〕: John is planning to *go out for* the baseball team. ジョンは野球チームの入団テストを受けようと思っている. (15) 〔…に〕敗退する〔*to*〕, 〔…から〕脱落する〔*of*〕. (16) 《英》起こる, 行われる (take place). (17) =go all out (⇨ *all* OUT (3)). (18) 『ゴルフ』(18ホールのうち)前半の9ホールをプレーし終える. (19) 『トランプ』最後の札を出す, 上がる: (a) そのゲームで勝ちとなる最低点に達する. (b) (ラミー・カナスタなどで)最後の手札を(メルドして)場に出す (cf. knock *vi.* 6). (20) 決闘する.

gó out … 《米》〈戸・窓・門など〉から出る (go out of).

gó óut of (1) …から出て行く. (2) 〈感情などが〉…から消滅する; …でなくなる; 〈選手権など〉から脱落する: *go out of* the world 世界から消えて行く, 死ぬ / The anger *went out of* his face. 怒りの色が彼の顔から消えた / *go out of* date 時代遅れになる / *go out of* fashion 流行遅れになる, すたれる / *go out of* cultivation [production] 栽培[製造]されなくなる / *go out of* print 絶版になる / *go out of* one's mind [senses] 発狂する.

gó óver (1) (…を)渡る, 越える; (海・山を越えて)〔…へ〕行く; 寄る; 立ち寄る〔*to*〕: *go over to* Italy イタリアへ出かける. (2) 倒れる, ひっくりかえる: The huge tree *went over* with a crash. その巨木は大きな音をたてて倒れた. (3) 〔…に〕改宗[転向]する (become converted, change allegiances), 〔別の政党などに〕移る, 宗旨替えする; 寝返る; (新たに)〔…を〕採用する〔*to*〕: *go over to* the enemy 敵側に身を投じる / *go over to* Rome (ローマ)カトリックに改宗する〔*from*〕. (4) 《口語》[well, badly, big などを伴い] 〈話・考え・演技などが〉うまく行く, 受け(入れられ)る, 成功する: The new musical *went over* very well. 新しいミュージカルは大成功を収めた. (5) (放送の中継で)〔…に〕場面が変わる〔*to*〕. (6) 《米》〈議案・動議などが〉延期される.

gó over … (1) …を(乗り)越える, …の上を通る. (2) 〈問題・文書など〉を入念に調べる, 検査する, 点検する; 〈部屋・車など〉を掃除する: *go over* a machine, the accounts, etc. (3) …を視察する, 下見[下検分]する; …を探索する: *go over* a house. (4) …を復習する, 読み返す, 書き直す; …を下稽古する; …を繰り返す, 説明し直す: I *went over* my paper before handing it in. 答案を提出する前にもう一度読み直した / Let's *go over* the first scene. 第1場をもう一度やってみよう / Shall I *go over* the main points again? 主要点をもう一度読み返しましょうか. (5) …の全体を覆う: The mask *went over* his face. そのマスクは彼の顔をすっかり覆っ(てい)た. (6) …を襲う. (7) …より地位の上の者にかけ合う.

gò óverboard ⇨ overboard 成句.

gò róund =GO *around*.

gó sòme ⇨ some *adv.* 3.

gó thróugh (1) 通り抜ける, 通過する, 貫通する; 〈電話が〉通じる, 〔…に〕進む〔*to*〕: Has the nail *gone through*? 釘が下まで打ち通せましたか / The telephone call *went through* in a few minutes. 数分で電話は通じた. (2) 〔仕事などを〕やり通す, 〔…を〕終わりまでやり通す〔*with*〕: Once you've started the work, you must *go through with* it. 仕事をやり出した以上最後までやり通さなければならない. (3) 〈法案などが〉可決される; 〈協定などが〉承認される; 〈取引などが〉成立する: The taxation bill *went through*. 税制の法案が通った. (4) 〈服・靴などに〉穴があく.

gó through … (1) 〈苦難・経験など〉を経る, なめる; 〈検査など〉を受ける (undergo): They have all *gone through* the war. 彼らはみな戦争(の苦しみ)を経験してきたのだ / *go through* it 辛酸をなめる, ひどい目に遭う / *go through* fire (and water) ⇨ fire 成句. (2) 〈部屋・リストなど〉を隈なく調べる[探す], 精査[捜査]する; …を繰り返し調べる[検討する]; 最初から最後まで復習する; 〈歌・ダンスなど〉を練習する: He *went through* his backlog of mail. たまった郵便物を入念に調べてみた. (3) 〈仕事など〉をやり通す, 遂行する; …を終わりまでやり通す, 完遂する: They have *gone through* their task without a hitch. 彼らは無事に任務を遂行した. (4) …を通り抜ける, 貫通[通過]する (cf. *vi.* 16); 〈道などが〉…を通っている: They *went through* the desert. 彼らは砂漠を通り抜けた. (5) 〈法案・原案などが〉…に承認される, …を通過する. (6) 〈本が〉〈版〉を重ねる; 〈物が〉…の工程を経る: The novel *went through* a great many editions. その小説は随分と版を重ねた. (7) 〈財産・食料など〉を使い果たす (use up); 〈衣服など〉をすり切らす, はきつぶす: *go through* three pairs of shoes 靴を3足はきつぶす / He *went through* his whole inheritance in less than three years. 3年もたたないうちに遺産の全部を使い果たした. (8) 〈手続き〉をふむ; 〈儀式〉を取り行う; …を行う. (9) 〈うわさ・病気などが〉…に広まる.

gó to (1) ⇨ *vi.* 12, 13, 16. (2) …に役立つ (cf. *vi.* 17 b): the qualities that *go to* the making of a scientist 科学者となるに必要な素質. (3) 〈人〉に相談する, 訴える

〔*about, for*〕, …にアクセスする. (4) 〈数量〉に達する. (5) ⇨ *vi.* 8 b. (6) 《古》[命令法で] (勧告などを表して)これ, さあ (Come!); (不満・不信などを表して)まさか, おいおい; 地獄に落ちろ.

gó togéther (1) 《口語》相伴う, 同行する; 恋人同士である: John and May have *gone together* for three years. ジョンとメイは 3 年間恋人同士として付き合っている. (2) 釣り合う, 調和する (match) (cf. *vi.* 5 c). (3) 相伴う, 密接に関係する.

gó to it [通例命令形で] 《口語》(早速)取りかかる, 始める (go ahead); (仕事を)頑張ってやる: *Go to it!*

gó towàrds 〈金が〉…に使われる, 役立つ.

gó únder (1) 〔…に〕屈服する, 負ける〔*to*〕; 破滅する, 零落する (be ruined); 〈会社・事業が〉破産する, (事業などに)失敗する: The firm has *gone under*. 商会は倒産した. (2) 〈船などが〉沈む, 沈没する. (3) (麻酔で)意識を失う. (4) 《米俗》死ぬ.

gó ùnder … (1) 〈…名〉で通る (⇨ *vi.* 6 b). (2) …に分類される. (3) 〈芝刈り機など〉にかけられる. (4) ⇨ *vi.* 10 b.

gó úp (1) 〈数・値段などが〉増す, 上がる; 買い値を上げる; 〈温度などが〉上がる; (質などが)向上する: Prices are *going up* these days. このごろ物価はどんどん上がっている. (2) 〈建物などが〉建てられる, 建つ; 〈掲示などが〉立てられる (be put up): A new hotel is *going up*. 新しいホテルが建築中だ / A FOR SALE sign *went up* in the front yard. 前庭に「売物」の掲示が立った. (3) 破裂する, 爆発する (be blown up), 破壊される; 〈歓声・叫びなどが〉(わき)上がる: *go up* in flames 燃え上がる, 炎上する / *go up* in smoke 煙と消える / *go up* in the air ⇨ *up in the* AIR (3). (4) 〔…に〕近づく〔*to*〕; 〔…まで〕達している, のびている〔*to*〕. (5) 《スポーツ》上位リーグに昇格する. (6) (…を)昇る, 上がる: *go up* in a balloon 気球に乗って上昇する / His eyebrows *went up*. 彼は眉を上げた / The curtain *went up* at the beginning of the play. 芝居の始めに幕が上がった / *go up* in the world 出世する. (7) 《英》大学に行く[入学する] (↔ go down); ロンドンへ行く, 〔南から〕北上する〔*from*〕; 〔試験などを〕受ける〔*for*〕. (8) 《米口語》破滅する, 破産する. (9) 〈俳優などが〉(台詞(せりふ)を)忘れて)途方に暮れる, 立ち往生する: He *went up* (in [《英》 on] his lines). 彼は台詞を忘れて立ち往生した. (10) 《演劇》舞台の後方へ行く (↔ come down). (11) 《トランプ》(ブリッジで)上がる《高い札を出して勝ち, 打出し権を取る》: He *went up* with the ace and led trumps. 彼はエースで上がって切札(のスーツ)を出した. (12) さかのぼる (↔ go down): The history *goes up* to the year 1700. その歴史は 1700 年にまでさかのぼる. (13) 〈劇場などで〉照明がつく.

gó úp … 〈階段など〉を上がる, 登る: *go up* a ladder はしごを上る.

gò úp agàinst …と競う, 対決する.

gó with (1) …に付随する, 〈…が〉…付きである (be attached to), …に相伴う, …のつきものである: The land *goes with* the house. その土地は家に付いている《土地付きだ》/ Duties *go with* rights. 権利には義務が伴う. (2) …と同行[同伴]する, …に伴う (⇨ accompany SYN). (3) 《口語》〈特に, 異性〉と付き合う, (恋人同士として)交際する (cf. GO *out* (2)): He has been *going with* her for three years. 彼女とは 3 年来恋人として付き合っている. (4) 〈考え・案〉に賛成する, 〈人〉に(…で)同意する〔*on*〕; …と行動を共にする, …に従う (cf. *vi.* 5 a); …に決める: I can't *go with* you *in* everything you say. あなたの言うことに何でも従うというわけにはいかない. (5) 〈物が〉…と釣り合う, 調和する (cf. *vi.* 5 c). (6) 〈子〉をはらんでいる (be pregnant with) (cf. gone[1] 2 b): *go with* young 子をはらんでいる.

gó with it [*that*] 《米口語》状況[流れ]に身をまかせる, 事態を甘受する.

gó withóut なしで済ます[やって行く, 我慢する]: If you don't like the food that is provided, you will have to *go without*. 出される食べ物が嫌なら食べずに済まさなければなるまい.

gó withòut … (1) …を身に着けずに出かける, …なしで出歩く: It is too hot to *go without* a hat. 暑くて帽子なしに出歩けない. (2) …なしで済ます[やって行く, 我慢する] (do without): He can't *go without* wine even a single day. 彼はただの一日たりとも酒なしにはやれない.

gó without sáying [通例 It…that… の構文で] 言うまでもない: *It goes without saying that* they will all join us. 彼らがみんな我々に加わるのは言うまでもない / That *goes without saying*. それはもちろんの(わかりきった)ことだ. 《(1878)《なぞり》← F *aller sans dire*》

hàve a person góing 《米俗》〈人を〉当惑させる, まごつかせる.

hàve (gót) … góing for *one* 《口語》〈ある事〉のために得をしている[有利な立場にある]: He *has* everything *going for him*. あらゆることが彼に有利である.

léave gó ⇨ leave[1] 成句.

lèt gó ⇨ let[1] 成句.

lèt oneself gó ⇨ let[1] 成句.

Thére someone góes (agáin). ⇨ there 成句.

Thére you gó ⇨ there 成句.

to gó [形容詞的に用いて] 《口語》(1) [時間・距離など] まだ過ぎて[終わって]いない, 残っている: just five minutes *to go* あとちょうど 5 分 / There are three miles *to go* before I get home. 家までまだ 3 マイルある / You still have three questions *to go*. (クイズ番組などで)まだあと 3 問あります / Three down and (only) one (more) *to go*. 三つ終わって, あと一つだけ残っている. (2) 《米口語》〈食べ物など〉(店から)持って出る[帰る]ための, テークアウト用の (to be taken out): At the restaurant I ordered three pizzas *to go*. レストランでピザを持ち帰り用に 3 人分買った / For here, or *to go*? (ファーストフードの店で)ここでお召し上がりですか, お持ち帰りですか.

Whát gòes aròund cómes aròund. 起こることはどうしたって起こるもんだ; なるようにしかならない; 自業自得, 因果はめぐる.

— *n.* (*pl.* **goes**) **1** 行く[去る]こと, 進行: There was a great come and *go* of sightseers. 観光客の往来が激しかった. **2** 《口語》成り行き, (思いがけない)事態: a rum [jolly, queer] *go* 妙な[変な]こと / a near *go* 《米》= narrow escape / Here's a pretty [fine] *go*! 弱ったこと[とんだこと]になった / Here's a *go*! = What a *go*! 困ったことが起こった, 弱ったなあ. **3** 《口語》**a** うまく行くこと, 成功: make a *go of* a business 商売に成功する《うまくいく》/ They made a *go of* their marriage. 二人は結婚を成功させた《結婚してうまくいった》/ I tried several times to start the car, but it was *no go* (=no good). 何度か車を動かそうとしたがだめだった / He's *no go*. 彼はだめ(な男)だ (cf. no-go). **b** 約束事, 決まった事 (bargain): It is a *go*! それで決まった. **4** 《口語》**a** ためし, 試み; (試みる)機会; 一時[一気]の動作: ⇨ *have a* GO / give it a *go* 《豪》やってみる / He passed the test (*at* the [*on* his]) first *go*. 1 回でテストに合格した / I read the book *at* one *go*. その本を一気に読んだ / He managed to get all his baggage into the room *in* one *go*. 一度に全部の荷物を部屋に持ち込むことができた. **b** 《口語》(ひとしきりの)病気 (attack of illness): He had a bad *go of* flu. ひどい流感にやられた. **c** (ゲームなどの)番: Now it's your *go*. さあ君の番だ. **d** (言葉による)攻撃[非難]. **e** 〈容疑者を〉捕らえようとすること. **5** 《口語》(酒などの)ひと飲み, 1 杯, 一人前: have three *goes of* whiskey ウイスキーを 3 杯飲む. **6** 《口語》**a** (ボクシングなどの)試合, 勝負 (bout). **b** 議論. **7** 《口語》**a** 精力, 元気: The music had no *go*. 音楽は気が抜けていた / He has plenty of *go* in him. = He is full of (get-up-and-)*go*. 彼は元気一杯だ. **b** 活発な活動, 活気: It's all *go* in Tokyo. 東京は非常に忙しいところだ. **8** 《米口語》(進行[発進])許可 (go-ahead): give a plane a *go for* landing 飛行機に着陸オーケーを出す. **9** [the go] 《口語》流行: This type of hat is all [quite] *the go*. この型の帽子が大流行です. **10** 《英古》= great go, little-go. **11** 《トランプ》**a** (クリベッジで)持ち札が出せないという宣言《出せば場札の番号の合計が 31 を越える場合》. **b** (クリベッジで)最後の持ち札を出して与えられる得点《場札の番号の合計が 31 以下の場合》.

from the wórd 'gó' ⇨ word 成句. ***hàve a gó*** 《口語》(1) 試みる: I'll *have a go* (*at* it). 私もひとつやってみよう. (2) 犯人(など)に一人で立ち向かう〔*at*〕. ***on the gó*** (1) 《口語》絶えず活動して, 働きづめで: I've been *on the go* since daybreak. 今日は早朝から息つく暇もなかった. (2) 《古》衰えて, 衰微して. 《(*c*1680)》

— *adj.* 《口語》**1** 〈宇宙船が〉正確に作動して, 準備万端整って (ready); 好調で, 大丈夫で (all right): have a *go* situation 実行に移れる / (It's) All systems *go*! 運転準備完了, 万事オーケー[支障なし]. **2** 現代的な, 進歩的な.

〖v.: OE *gān* to proceed, walk ← Gmc **ʒē-* (Du. *gaen* / G *gehen*) < IE **ghē-* to release, let go (Gk *kikhánein* to reach / Skt *jahāti* he leaves, abandons): cf. gang[1,2]; (pret.) *went* (⇨ wend) ∽ *yede* < OE *ēode*. — n. 《(*c*1680)》← (v.)〗

SYN 去る: **go** 現在いる所から離れていく《一般的な語》: He *went* to France. フランスへ行った. **depart** 通例, 旅に出掛ける《格式ばった語》: He *departed* for Italy. イタリアへ出発した. **leave** しばしば帰る意志なしに〈場所を〉去る: He *left* Japan for America. 日本を発ってアメリカへ向かった. **quit** 《口語》〈束縛しているもの〉から離れる: I *quit* teaching last year. 去年教職をやめた. **withdraw** いまいる所を去って, 別な(もっと静かな)所へ行く: He *withdrew* into his den. 私室に引き下がった. **retire** 別な(静かな)所へ引き下がる《格式ばった語》; 引退する: He *retired* at the age of seventy. 70 歳の時に引退した.

ANT come, arrive.

---

go[2], **Go** /góʊ | gə́ʊ/ *n.* 碁(ご), 囲碁 (I-go ともいう). 《(1890) □ Jpn.》

go 《記号》government 《URL ドメイン名》.

GO 《略》gas operated; general office; general officer; general order; Group Officer.

go·a /góʊə | gə́ʊə/ *n.* 《動物》チベットガゼル (*Procapra picticaudata*) 《チベット産の小形のレイヨウ》. 〖《(1846)》□ Tibetan *dgoba*〗

Go·a /góʊə | gə́ʊə; *Port.* góɐ/ *n.* ゴア《インド西部 Malabar 海岸に臨む州; 1961 年までポルトガル領 (cf. PORTUGUESE INDIA; 1962–87 年 Daman, および Diu と共に連邦直轄地; 州都 Panaji /pɑnɑ́ːdʒi/》.

Góa bèan *n.* **1** 《植物》トウサイ (*Psophocarpus tetragonolobus*) 《インド原産マメ科トウサイ属の植物》. **2** トウサイの莢(さや) 《食用》.

goad /góʊd | gə́ʊd/ *n.* **1** (家畜などを駆(か)るのに用いる)突き棒, 刺し棒. **2** (精神的な)刺激, 激励. — *vt.* **1** 突き棒で突く[駆る, 追い立てる]. **2** 刺激する, 駆り立てる, 煽動する; いらいらさせる: ～ a person *to* do [*into* doing] something 人をそそのかして事をさせる / ～ a person *to* madness [*into* fury] 人を刺激して狂わせる[大いに怒らせる] / ～ people *to* rebellion 人々を煽動して反乱を起こさせる / He had to be ～*ed* by threats *into* doing anything. 彼は何事によらずおどしつけてさせなければならなかった / The ambition ～*ed* him *on*. その野心にずっと駆り立てられていた. **3** 苦しめる, 責めさいなむ: be ～*ed* by incessant pain 絶え間ない痛みに苦しめられる. **～·like** *adj.* 〖OE *gād* goad, point < Gmc **ʒaidō* (Lombard *gaida* arrowhead) ← IE **ghei-* to prick: cf. gore[3], garfish〗

goaf /góʊf | gə́ʊf/ *n.* (*pl.* **goaves** /góʊvz | gə́ʊvz/) 《鉱山》= gob[1] 3. 〖15C □ ON *gōlf* floor, apartment: cf. Swed. *golv*〗

go-a·head /góʊəhèd | gə́ʊəhèd, ⸗⸗⸗/ 《口語》*adj.* **1** 進取的な, 積極的な, 冒険心のある. **2** 前進[進捗(しんちょく)]する. — *n.* **1 a** [the ～] 進め[進行]の信号[許可], 青信号 (cf. green light 2): She gave our plan the ～. 彼女は私たちの計画にオーケーを出した. **b** 前進. 日英比較 計画・企画などの遂行許可を「ゴーサイン」というのは和製英語. **2** 野心, 気迫, 意気; 積極的な人. 〖1834〗

goal /góʊl | gə́ʊl/ *n.* **1** 《スポーツ》**a** (各種球技の)ゴール《得点場所》: He kicked the ball into the ～. **b** 球をゴールに入れること; (ゴールに入れて得た)得点: drop a ～ (ラグビーで)ドロップキックによって得点する (cf. dropped goal) / get [kick] a ～ ゴールを得る / make [score, shoot] a ～ ゴールする / a ～ from the field (アメリカンフットボールで)ドロップキック[プレースキック]により得られたゴール: win by four ～*s* to two 4 対 2 の得点で勝つ. **c** 決勝線, 決勝点. 日英比較 日本語では競走の決勝点も「ゴール」というが, 英語の *goal* はサッカー, フットボールなどの得点場所をいい, 競走の決勝点は finish (line) という. また「ゴールイン」は和製英語, 英語では reach [cross] the finish line という. **2 a** (努力・野心などの)目的, 目標 (⇨ intention SYN): the ～ of a person's ambitions, desires, etc. / a person's ～ *in* life 人生の目的 / obtain [reach] one's ～ 目的を達成する. **b** 《心理》目標. **3** 目的地, 行先 (destination). **4** =goalkeeper: keep [play] ～=be in ～ ゴールキーパーを務める. — *vt.* 《ラグビー》〈トライを〉ゴールにする (convert): ～ a try. — *vi.* ゴールする, 得点する. 〖《(*a*1333)》(1531) *gol* boundary, limit < ? OE **gāl* obstacle: cf. OE *gǣlan* to hinder, impede〗

góal àrea *n.* 《サッカー》ゴールエリア《ゴール前の長方形のエリア; 縦 6 ヤード(約 5.5 m) 横 20 ヤード(約 18 m); six-yard area ともいう》.

góal àverage *n.* 《サッカー》ゴールアベレージ, 得失点率《総得点に対する総失点の比率; 勝敗による成績が同位のチーム間の順位を決する》.

góal·bàll *n.* ゴールボール: **1** 動くと音を発するボールを使ってゴールを競う視覚障害者が行う球技. **2** そのボール.

góal dìfference *n.* 《サッカー》得失点差; 得失点率の差.

goal·ie /góʊli | gə́ʊ-/ *n.* (*also* **goal·ee** /～/) 《口語》= goalkeeper. 〖《(1921)》: ⇨ ↑, -ie〗

goal·keep·er /góʊlkìːpə | gə́ʊlkìːpə(r)/ *n.* (サッカー・アイスホッケーなどで)ゴールキーパー, ゴールの守備者. 〖1658〗

góal·kèeping *n.* (サッカー・アイスホッケーなどで)ゴールの守備, ゴールキーピング. 〖1893〗

góal kìck *n.* 《サッカー》ゴールキック《攻撃側がゴールラインからボールを外に出したとき守備側に与えられる間接フリーキック》. 〖1891〗

góal·less *adj.* **1** 目標[目的]のない. **2** (両チームとも)ゴール[得点]のない: a ～ draw 無得点引分け試合. 〖《(*a*1886)》: ⇨ -less〗

góal lìne *n.* ゴールライン: **1** 《アメフト》得点ゾーンの前のライン. **2** 《サッカー・ラグビー》field のゴールの線; cf. touchline 1. 〖1867〗

góal·mìnder *n.* =goalkeeper.

góal·mòuth *n.* (サッカー・ホッケーなどの)ゴール前のエリア. 〖1882〗

góal·pòst *n.* [通例 *pl.*] ゴールポスト《ゴールライン上のゴールを成す2本のポール; 各種スポーツに用いられる》.

móve the góalposts 《英口語》(問題を扱うときの)規則を(自分に有利に)変える, (勝手に)路線変更[方向転換]する. 〖1857〗

góal-pòst màst *n.* 《海事》鳥居形マスト, ゴールポストマスト《左右対を成すマストが主体となる》.

góal·tènder *n.* 《米》=goalkeeper.

góal·tènding *n.* 《米》**1** =goalkeeping. **2** 《バスケットボール》ゴールテンディング《シュートされたボールが最高点に達したあとに触れること; 反則》. 〖1968〗

góal·ward *adv., adj.* ゴールの方へ(の).

Go·an /góʊən | gə́ʊ-/ *adj., n.* =Goanese.

Go·a·nese /gòʊəníːz, -níːs | gə̀ʊəníːz⁻/ *adj.* ゴア (Goa) の, ゴア人の. — *n.* (*pl.* ～) ゴア人. 〖《(1851)》: ⇨ -ese〗

go·an·na /goʊǽnə | gəʊ-/ *n.* (*pl.* ～**s**, ～) 《豪》《動物》オオトカゲ (monitor). 〖《(1831)》《変形》← IGUANA〗

Góa pòwder *n.* 《薬学》ゴア末, 粗製クリサロビン (chrysarobin) 《南米ブラジル産マメ科の *Andira araroba* (araroba) から採る皮膚病薬》. 〖1874〗

gó-aròund *n.* **1** 一試合 (round); 激論, 激しい闘争. **2** 回避, 言い逃れ (runaround). **3** 回り道, ひと回り. **4** 《航空》着陸復行《着陸を途中で断念して再び離陸あるいは上昇すること》.

gó-as-you-pléase *adj.* 規則[条件]に拘束されない, 気随気ままな, 勝手な; 行き当たりばったりの.

goat /góʊt | gə́ʊt/ *n.* (*pl.* ～**s**, ～) **1** 《動物》**a** ヤギ《ウシ科ヤギ属 (*Capra*) の動物の総称》: a billy ～=a he-*goat* 雄ヤギ / a nanny ～=a she-*goat* 雌ヤギ. **b** =mountain goat. ★ ラテン語系形容詞: capric, hircine. **2** [the G-] **a** 《天文》やぎ(山羊)座 (⇨ Capricornus). **b** 《占星》やぎ座, 磨羯(まかつ)宮 (⇨ Capricorn 1). **3** 悪人 (cf. sheep 2 a): ⇨ *separate the* SHEEP *from the goats*. 日英比較 日本語ではヤギのイメージは悪くはないが, 英語ではヤギは悪者のイメージがある. 直接には新約聖書「マタイ伝」25 章の記述 separate the sheep from the *goats* によると思われるが, ヨーロッパではもっと古くから悪いイメージがあった

G

と思われる (cf. *Aesop's Fables*). **4** 《口語》好色漢 (lecher): an old ～ 助平じじい. **5** 《米口語》人の責めを負う人, 身代わり, 犠牲 (scapegoat). **6** 山羊皮 (goatskin). **7** 《口語》ばか, とんま (fool).
gét a person's góat 《俗》人を怒らせる, いらいら[うんざり]させる: A fellow like that *gets my* ～. ああいう男には全く腹が立つ. (1910) ***pláy [áct] the giddy góat*** ⇨ giddy 成句. ***ríde the góat*** 〖儀式にヤギが用いられたことから〗《米口語》(秘密結社に)加入する.
〖OE *gāt* she-goat < Gmc **ʒaitaz* (G *Geiss*) ← IE **ghaido-* goat (L *haedus* kid)〗

góat àntelope *n.* 〖動物〗ヤギ亜科のレイヨウに似た動物の総称 《シャモア (chamois), ゴーラル (goral), シロイワヤギ (mountain goat), シーロー (serow) など》.

góat·bèard *n.* 〖植物〗=goatsbeard.

góat chèese *n.* ヤギ乳から製したチーズ. 〖1893〗

goa·tee /gòutíː | gəʊ-/ *n.* (下あごだけに生やした)山羊ひげ, あごひげ. **goa·téed** *adj.* 〖(1844) ← GOAT+-EE²〗

G

góat·fìsh *n.* 〖魚類〗紅または金色のヒメジ科の魚類の総称 《red mullet, surmullet ともいう》. 〖*a*1639〗

góat gòd *n.* (神話の)山羊足の神, 牧羊神 (Pan, satyr).

góat·hèrd *n.* ヤギの番人, 山羊飼い. 〖OE *gāt-hyrde*〗

góat·ish /-tɪʃ | -tɪʃ/ *adj.* **1** ヤギのような. **2** 《古または文語》淫乱な, 好色な (lustful). **～·ly** *adv.* **～·ness** *n.* 〖(*a*1529): ⇨ -ish¹〗

Góat Ísland *n.* ゴート島 《Niagara 川にあり, Niagara Falls を American Falls と Horseshoe Falls に分けている島》.

góat·lìke *adj.* ヤギのような. 〖1583〗

goat·ling /góutlɪŋ | gə́ʊt-/ *n.* 《英》子ヤギ; (特に, 1–2 歳の)雌ヤギ. 〖(1870): ⇨ -ling〗

góat mòth *n.* 〖昆虫〗ボクトウガ科のガの総称; (特に)オオボクトウ (*Cossus cossus*). 〖(1802) その幼虫が雄ヤギを思わせる臭気を発することから〗

góat pèpper *n.* 〖植物〗小さな実をつけるトウガラシの総称. 〖1836〗

góat-pòx *n.* 〖獣医〗山羊痘.

góat rùe *n.* 〖植物〗=goat's rue 2.

góats·bèard *n.* (*also* **goat's-beard**) 〖植物〗 **1** キバナムギナデシコ, バラモンギク (*Tragopogon pratensis*) 《ユーラシア産キク科バラモンジン属の野草; Jack-go-to-bed-at-noon ともいう》; (その他)同属の植物の総称. **2** ヤマブキショウマ (*Aruncus sylvester*) 《北米産バラ科ヤマブキショウマ属の多年草》; (その他)同属の植物数種の総称. 〖15C〗

góat·skìn *n.* 山羊皮; 山羊皮製品 《上着・水[ワイン]袋など》. 〖*a*1400〗

góat's pèpper *n.* 〖植物〗=goat pepper.

góat's rùe *n.* 〖植物〗 **1** =catgut 2. **2** 地中海沿岸地方産のマメ科の植物 (*Galega officinalis*) 《French lilac ともいう》. 〖1578〗

góat·sùcker *n.* 〖鳥類〗ヨタカ 《ヨタカ科の鳥の総称; whippoorwill, chuck-will's-widow, nighthawk など; nightjar ともいう》. 〖(1611) 《なぞり》← L *caprimulgus* ← *capra* she-goat+*mulgēre* to milk 《なぞり》← Gk *aigothēlas* (*aigo-* goat+*thēlázein* to suck): ヤギの乳を吸うとの昔の迷信から〗

góat willow *n.* 〖植物〗=sallow².

goat·y /góuti | gə́ʊti/ *adj.* (**goat·i·er; -i·est**) = goatish. 〖1600〗

goaves *n.* goaf の複数形.

gó-awày bìrd *n.* 〖鳥類〗ムジハイイロエボシドリ 《Sahara 砂漠以南のアフリカに生息するエボシドリ科ムジハイイロエボシドリ属 (*Corythaixoides*) の飛行力が強い開豁(かいかつ)地生の鳥類の総称》. 〖(1896): 擬音語〗

gob¹ /gɑ́(ː)b | gɔ́b/ *n.* **1** 粘っこい塊. **2** [通例 *pl.*] 《米口語》たくさん, 大量: ～*s of* money. **3** 〖鉱山〗 **a** 充填(じゅうてん)材料 《廃石・尾鉱・砂など》, ずり, 「ぼた」. **b** 採掘跡, 古洞(ふるどう) (goaf). **4** 〖ガラス製造〗たね 《成形のために取られた熱いガラスの塊》. **5** 《口語》吐いたつば. ― *vt.* (**gobbed; gob·bing**) 〖鉱山〗 **1** 《採掘跡を》ずりや選鉱廃砂で埋める. **2** 《ずり・選鉱廃砂などを》採掘跡に埋める. 〖(*c*1384) *gobbe* lump, mass ◻ OF *go(u)be* mouthful, lump (F *gobbe* food-ball, pill) ← *gober* to swallow ← ? Celt. **gobbo-* mouth (cf. Ir. *gob* mouth)〗

gob² /gɑ́(ː)b | gɔ́b/ *n.* 《俗》(米国の)水兵, 二等水夫. 〖(1915) ← ?〗

gob³ /gɑ́(ː)b | gɔ́b/ 《英俗》 *n.* 口 (mouth). ― *vi.* (**gobbed; gob·bing**) つば[たん]を吐く (spit). 〖(*a*1550) ◻ Ir. ～ 'mouth': cf. gab¹·³〗

g.o.b. 《略》〖商業〗good ordinary brand 中の上の品.

go·bang /goubǽŋ | gəʊ-/ *n.* 五目ならべ, 連珠. 〖(1886) ◻ Jpn. 碁盤〗

Go·bat /goubɑ́ː | gə(ʊ)-; *F.* gɔba/, **Charles Albert** *n.* ゴバ 《1843–1914; スイスの政治家・平和運動家; Nobel 平和賞 (1902)》.

gob·bet /gɑ́(ː)bɪ̀t | gɔ́bɪt/ *n.* **1** 《英》(試験などで翻訳・評訳用に抜き出された)テキストの一部分; 楽曲の断片: some ～*s* of the 'Unfinished'「未完成(交響曲)」中のところどころ. **2** 《古》 **a** (生肉などの)塊 (hunk); (食べ物の)塊, 一口. **b** (体液の)一滴. 〖(1290) *gobet* lump, section ◻ OF (dim.) ← *gobe* mouthful: ⇨ gob¹, -et〗

Gob·bi /gɑ́(ː)bi | gɔ́bi; *It.* gɔ́bbi/, **Ti·to** /tíːtou/ *n.* ゴッビ 《1915–84; イタリアのバリトン歌手; Verdi や Puccini を得意とした》.

gob·ble¹ /gɑ́(ː)bl̩ | gɔ́bl̩/ *vt.* **1** 大口にがぶがぶ飲み込む, がつがつ(むさぼり)食う 〈*up, down*〉. **2** 《口語》(欲張って)飛び付く, ひったくる (grab) 〈*up*〉. **3** むさぼり読む. ― *vi.* **1** がつがつ食う: He doesn't eat, he simply ～*s*. 彼は物を食べるのではなくてまるで鵜呑(うの)みだ. **2** 〈物・金などを〉大量に使い尽くす; 〈知識などを〉すぐに吸収する. **3** 〈小企業・隣国などを〉征服する, 打ち負かす. 〖(1601) ← ? GOB¹: ⇨ -le³〗

gob·ble² /gɑ́(ː)bl̩ | gɔ́bl̩/ *n.* 〖ゴルフ〗球をパットですばやくホールインすること. 〖(1878) ← ? GOBBLE¹〗

gob·ble³ /gɑ́(ː)bl̩ | gɔ́bl̩/ *vi.* 〈雄の七面鳥が〉鳴く; 七面鳥のような声を立てる. ― *n.* 七面鳥の鳴き声. ― *int.* 七面鳥の鳴き声. 〖(1680): 擬音語〗

gob·ble·dy·gook /gɑ́(ː)bl̩digùk, -gùːk | gɔ́bl̩di-gùːk, -gùk/ *n.* (*also* **gob·ble·de·gook** /～/) 《口語》(公文書のような)回りくどくてわかりにくい言葉 (officialese). 〖(1944): 米国 Texas 州の共和党員 Maury Maverick (1895–1954) の造語; 七面鳥の鳴き声を表したものか: ⇨ gobble³, gook²: cf. hobbledehoy〗

gob·bler¹ /-blə, -blə | -blə^(r), -blə^(r)/ *n.* がつがつ食う人; むさぼり読む人. 〖(1632) ← GOBBLE¹+-ER¹〗

gob·bler² /-blə | -blə^(r)/ *n.* 《口語》七面鳥(の雄) (turkey cock). 〖(1737) ← GOBBLE³+-ER¹〗

gob·daw /gɑ́(ː)bdɔː, -dɑː | gɔ́bdɔː/ *n.* 《アイル俗》ばか, まぬけ, 気取り屋. 〖(*c*1965) ← ? gob³+DAW¹: cf. Ir. *gabhdán* 'gullible person'〗

Go·be·lin /góubəlɪ̀n | gə́ʊbəlɪn, gɔ́b-; *F.* gɔblɛ̃/ *adj.* ゴブラン織の; ゴブラン織のような: a ～ tapestry ゴブラン織のタペストリー 《手織りの絵画的意匠で有名》. ― *n.* **1** ゴブラン(織); ゴブラン織のタペストリー (Gobelin tapestry). **2** 暗青緑色 (Gobelin blue). 〖(1788) ← *Gobelins* (15 世紀の Paris の染色家の一族)〗

Góbelin stìtch *n.* ゴブランステッチ 《ゴブラン織の効果をまねたステッチ[縫い方, 刺繍]》.

gobe·mouche /goubmúːʃ | gɔ́bmuːʃ; *F.* gɔbmuʃ/ *F. n.* (*pl.* **～s** /～, ～ɪz, ～əz; *F.* ～/) 何でも真に受ける人, 信じやすい人. 〖(1818) ◻ F ～ 'fly swallower, credulous person' ← *gober* to swallow+*mouche* fly〗

go-be·tween /góubɪ̀twìːn | gə́ʊ-/ *n.* **1 a** 媒介人, 取持ち, 仲立人; (不正取引の)媒介者. **b** (恋愛・結婚の)仲立人, 男女の仲介人, 仲人. **2** つなぐもの, 橋 (bridge). 〖1597〗

Go·bi /góubi | gə́ʊ-/ *n.* [the ～] ゴビ(砂漠) 《モンゴルと中国北西部にまたがる砂漠; 広く砂利石に覆われていて大部分は砂漠性ステップ(草原); 面積 1,295,000 km²》. **～·an** /-biən/ *adj.*

Go·bi·neau /gòubɪnóu | gɔ̀bɪnə́ʊ; *F.* gɔbino/, Comte **Joseph Arthur de** *n.* ゴビノー 《1816–82; フランスの外交官・小説家・著述家; アーリア人種の優越性の理論はのちにナチスに利用された》.

go·bi·oid /góubiɔ̀ɪd | gə́ʊ-/ *adj., n.* 〖魚類〗ハゼ亜目の(魚). 〖↓〗

Go·bi·oi·de·a /gòubiɔ́ɪdiə | gə̀ʊbiɔ́ɪd-/ *n. pl.* 〖魚類〗ハゼ亜目. 〖← NL ～ ← *Gobius* (⇨ goby)+-OIDEA〗

gob·let /gɑ́(ː)blɪ̀t | gɔ́b-/ *n.* **1** ゴブレット 《高脚付きのグラス》. **2** 《古》(金属またはガラス製の)酒杯 《はち (bowl) 形で手がなく時に台とふたが付いていた》. 〖(?*c*1380) ◻ (O)F *gobelet* (dim.) ← *gobel* drinking cup ← VL **gob* beak, mouth ← Celt.: ⇨ gob³, -et〗

góblet cèll *n.* 〖解剖〗さかずき細胞 《粘液を分泌する》.

gob·lin /gɑ́(ː)blɪ̀n | gɔ́blɪn/ *n.* (人に害を与える醜怪な)鬼, 悪鬼 (cf. fairy 1). 〖(?*c*1320) ◻ (O)F *gobelin* ∥ ML *gobelinus* ← ? LL *cobālus* a kind of demon ◻ Gk *kóbālos* rogue, (pl.) evil spirits invoked by rogues〗

gob·line /gɑ́(ː)blaɪn | gɔ́b-/ *n.* 〖海事〗=martingale backrope. 〖(1841) ← *gob* (← ?)+LINE¹〗

gob·lin·ry /gɑ́(ː)blɪ̀nri | gɔ́blɪn-/ *n.* [集合的] 悪鬼の仕業(しわざ). 〖(1829): ⇨ -ry〗

go·bo /góubou | gə́ʊbəʊ/ *n.* (*pl.* **～s, ～es**) **1** 《テレビ・映画》遮光(しゃこう)板 《カメラのレンズに散光が入射するのを防ぐ》. **2** (マイクに雑音の入るのを防ぐ)吸音性スクリーン. 〖(1930) ← ?〗

go·bo·ny /gəbóuni | -bə́ʊ-/ *adj.* 〖紋章〗=compony. 〖(1611) ← 《廃》*gobon* slice (◻ AF=OF *gobet*: ⇨ gobbet)+-Y³〗

gob·shite /gɑ́(ː)bʃaɪt | gɔ́b-/ *n.* 《英卑》大ばか, ろくでなし, くそったれ. 〖← GOB³+*shite* excrement (cf. shit)〗

gób·smàcked /-smæ̀kt/ *adj.* 《英口語》びっくりぎょうてんした, 度肝を抜かれた. 〖(1985) ← GOB³+*smacked*〗

gób·stòpper *n.* 《英》変わり玉(だま) (jawbreaker) 《なめていくうちに色の変わるあめ》. 〖1928〗

gób·strùck *adj.* 《英口語》=gobsmacked. 〖1988〗

go·by /góubi | gə́ʊ-/ *n.* (*pl.* **go·bies**, ～) 〖魚類〗ハゼ 《ハゼ科の魚類の総称》. 〖(1769) ◻ L *gōbius* 《変形》← *cōbius* ◻ Gk *kōbiós*: cf. gudgeon¹〗

gó-bỳ *n.* [the ～] 《口語》見て見ぬふりをして通り過ぎること, (意図的な)通過, 回避 (passing). ★ 通例次の句に用いる: give a person the ～ 人を知らないふりして通り過ぎる; 人をわざと避ける; 人を追い越す / give a thing *the* ～ 物(事)を避ける[無視する] / get *the* ～ 見過ごされる, 無視される. 〖(1611) ← *go by* (⇨ go¹ (v.) 成句)〗

GOC 《略》General Officer Commanding; Greek Orthodox Church.

gó-càrt *n.* **1** 《米・カナダ》(歩き始めの小児がつかまって歩く)歩行器, あんよ車 (walker). **2** 《米・カナダ》小型乳母車, ベビーカー (stroller). **3** 手車, 手押し車 (handcart). **4** (昔の)無蓋(むがい)軽装馬車. **5** =kart. 〖(1676) ← GO¹ 《廃》to walk+CART〗

GOC-in-C 《略》General Officer Commanding-in-Chief.

god /gɑ́(ː)d | gɔ́d/ *n.* **1** (各種の信仰に基づく)神, 神霊 (deity, divinity); 男神 (↔ goddess): the ～*s* of the Greeks [of Greece] ギリシャ人[ギリシャ]の神々 / the ～ of day 日輪の神, 太陽 (⇨ Apollo) / the ～ of fire 火の神 (⇨ Vulcan) / the ～ of heaven 天の神 (⇨ Jupiter) / the ～ of hell 地獄[下界]の神 (⇨ Pluto) / the ～ of love =the blind ～ 恋愛の神 (⇨ Cupid) / the ～ of the sea 海の神 (⇨ Neptune) / the ～ of war 軍の神 (⇨ Mars) / the ～ of wine 酒の神 (⇨ Bacchus) / the ～ of this world 悪魔, 魔王 (⇨ Satan) / the Norse ～*s* 古代ノルウェー人の神々 / the ～*s* of Hinduism ヒンズー教の神々 / the ～ of one's choice 自分の選んだ神.
2 神像, 偶像 (idol); 神に祭られた人; 崇拝の対象, 神: Money is his ～. / ⇨ tin god / make a ～ of ...を崇拝の対象にする, 大事にしすぎる / Their ～ is their belly. 神様よりも食う方が大事な連中だ.
3 [G-] **a** 〖キリスト教〗神, 創造の神, 造物主, 万有の神, 天主: Almighty *God*=*God* Almighty 全能の神 / *God* the Father, *God* the Son, *God* the Holy Ghost [Spirit] 父と子と聖霊(三位一体)の神 / the Lord *God* 主なる神, 主の御神 《旧約聖書の原文 YHWH (Yahweh) と Elohim との 2 語が重ねて用いられていた所の英訳から始まった言い方》 / *God* is love. 神は愛なり (*1 John* 4:8) / ⇨ God's truth / ⇨ SON¹ *of God*. **b** 〖クリスチャンサイエンス〗無限の神霊, 神. **c** 〖ユダヤ教〗=YHWH. **d** 〖イスラム教〗=Allah.
4 [G-] [感嘆・のろい・祈願などの成句に用いるが, 不敬を避けるためにしばしば God を省略したり (cf. gracious *int.*) 他の語に代えたりする (cf. good *adj.* 15 b ★, goodness 1, heaven 3 ★) ことがある]: by *God* 神かけて, きっと, 必ず; なんと, まさか; 畜生, とんでもない / for *God's* sake 後生だから / *God* be thanked! ありがたい, しめた / *God* bless me [my soul, you, etc.]! あらっ, うわっ, おや, 大変だ 《驚きを表す》 / *God* bless you [him, etc.]! あなた[彼]の身に幸いあれ / *God* give me strength! いいかげんにしろ; がまんならん / *God* speed (you)! 《古》ごきげんよう; 御成功を祈る / My [Good, O, Oh, etc.] *God!*=*God* (almighty [in heaven])! おお神様, これは大変, けしからん 《困った時・悲しい時・苦しい時・腹の立つ時などの間投詞》/ Thank *God!* [挿入句的に用いて] ありがたい, うれしい, やれやれ / *God* damn you! こん畜生 / *God* forbid! 神様どうかそうでないように, そんなことがあってたまるものか, とんでもない, めっそうな / *God* grant ...! 神が願いを聞かせたまえ / ⇨ *God* HELP *a person*, so¹ *help me God*.
5 [the ～s] (劇場の)天井桟敷(さじき); 天井桟敷の観客, 大向こう (cf. nigger heaven): be among *the* ～*s* 天井桟敷で見物する.
befòre Gód! 神に誓って, 必ず. ***for the góds*** (神々にも適するような)すばらしい: a feast fit *for the gods* すばらしいごちそう / a sight *for the* ～*s* すばらしい眺め. ***Gód knòws*** ⇨ know¹ 成句. ***Gód willing*** 神様がお許しになるなら, 事情が許せば (cf. D.V.). ***Gód wòt*** 《古》=god knows (⇨ know¹ 成句). ***in Gód's gòod tíme*** 時いたらば. ***on Gód's éarth*** 全世界に 《on earth の強調》: nowhere *on* ～*'s earth* 世界中どこにも(ない). ***on the knées of the góds*** 《古》=***in the láp of the góds*** 〈事(の決定)が〉神の手にゆだねられて, 人間の力[知力]の及ばない; (どちらになるか)未定で, いずれとも決まらない. 〖《なぞり》← Gk *theôn en goúnasi*〗 神のみぞ知るところ, 全能たるもの神にお任せ. ***pláy Gód*** 神のようにふるまう, 全能たるものとする. ***pléase Gód*** 《文語》神の御意ならば, なるものならば: That will be cleared up some day, *please God.* うまく行けばいつかはっきりするだろう. (1834) ***témpt Gód*** ⇨ tempt 成句. ***the hánd of Gód*** ⇨ hand 成句. ***to Gód*** [swear, hope, wish, pray などの動詞の後につけて] 本当に, 絶対に 《強意を表す》. ***ùnder Gód*** 神に次いで, 神の外に: No power *under God* is going to stay me. ただれも私の邪魔をさせはしないぞ. ***wálk with Gód*** 神と共に歩む 《信心深く正しい生き方をする; *Gen.* 5: 22》. ***with Gód*** 主と共に, 死んで天国に (in heaven): He is now *with God*. ***Ye góds (and little fishes)!*** 《戯言》おお神々よ 《まあ驚いた, いやとんでもない, などの意の間投詞》.
gód from the machíne =deus ex machina.
― *vt.* (**god·ded; god·ding**) **1** 神化する, 神にする (deify). **2** [～ it として] 神の役をする.
〖OE < Gmc **ʒuðam* (Du. *god* / G *Gott* / ON *goð* / Goth. *guþ*) < IE **ghutom* invoked being, god ← **gheu(ə)-* to call out, invoke〗

Go·dard /goudɑ́ə | gɔ́dɑː^(r); *F.* gɔdaːʁ/, **Jean-Luc** /ʒɑ̃lýk/ *n.* ゴダール 《1930– ; フランスの映画監督》.

Go·da·va·ri /gədɑ́ːvəri, gou- | gə(ʊ)-/ *n.* [the ～] ゴダバリ(川) 《インドの川; ヒンズー教の聖河; Western Ghats に発し Bengal 湾に注ぐ (1,450 km)》.

Gód-áwful *adj.* [時に g-] 《口語》非常にひどい, ぞっとするような (abominable): a ～ liar. 〖1878〗

gód·bòx *n.* 《俗》教会, 礼拝堂 (church, chapel).

gód·child *n.* 教子(きょうし), 名づけ子 《自分が教[代]父母 (sponsor) になって洗礼・堅信礼に立ち会ってやった人; cf. godfather, godmother》. 〖(?*a*1200) ← GOD+CHILD ∽ OE *godbearn*〗

god·damn /gɑ́(ː)(d)dǽm← | gɔ́(d)dæ̀m/ (*also* **god-dam, God damn** /～/) *int.* 《米・カナダ口語》畜生. ― *n.* **1** (ののしり・強調を表す) 'goddamn' という語. **2** 取るに足らないもの (damn): not give a good ～ ちっとも構わない. ― *adj.* いまいましい, ひどい (damned). ― *adv.* いまいましく, ひどく, とても (damned). ― *vt.* のろう, ののしる (damn). ― *vi.* 'goddamn' と言う, のろう. 〖(1640) ← GOD+DAMN〗

god·damned /gɑ́(ː)(d)dǽmd← | gɔ́(d)dæ̀md/ *adj.* (最上級 **～·est, -damnd·est**), *adv.* =goddamn.

God·dard /gɑ́(ː)dəd, -daəd | gɔ́dɑːd, -dəd/, **Robert Hutch·ings** /hʌ́tʃɪŋz/ *n.* ゴダード 《1882–1945; 米国の物理学者; 世界最初の液体燃料ロケットの打ち上げに成功した (1926)》.

gód·dàughter *n.* 教女(きょうじょ), 名づけ子《娘; cf. godchild》. 〖OE *goddohtor*〗

God·den /gá(ː)dn | gɔ́dn/, **Ru·mer** /rúːmə | -mə(r/ *n.* ゴッデン《1907–98; インドで育った英国の女流小説家; *Black Narcissus* (1939)》.

god·dess /gá(ː)dɪs | gɔ́dɛs, -dɪs/ *n.* **1** 女神 (↔ god): the ～ of corn 五穀の女神 (⇨ Ceres) / the ～ of heaven 天の女神 (⇨ Juno) / the ～ of hell 地獄の女神 (⇨ Proserpine) / the ～ of love 恋愛の女神 (⇨ Venus) / the ～ of the moon 月の女神 (⇨ Diana) / the ～ of war 戦の女神 (⇨ Bellona) / the ～ of wisdom 知恵の女神 (⇨ Minerva). **2 a** 崇拝[あこがれ]の的である女性. **b** 絶世の美女. **3** [the ～es] 天井桟敷(さじき)の女性の観客. 〖(?a1350): ⇨ god, -ess¹〗

góddess·hòod *n.* 女神であること, 女神の特性. 〖(1748): ⇨ ↑, -hood〗

góddess·shìp *n.* 《古》=goddesshood. 〖1610〗

Go·de·froy de Bouil·lon /gɔ́(ː)dəfrwàːdəbuː-jɔ̃ː(ŋ), -jɔ́ːŋ; *F.* gɔdfʀwadbujɔ̃/ *n.* ゴドフロア ド ブイヨン《1060?–1100; フランスの Basse Lorraine (バスロレーヌ)伯; 第 1 回十字軍の指揮者; 英語名 Godfrey of Bouillon》.

Gö·del /góudl | gɜ́ːdl, góu-; *G.* gǿːdl/, **Kurt** *n.* ゲーデル《1906–78; オーストリア生まれの米国の数学者・論理学者》.

Gödel's incompléteness thèorem *n.* 〘数学・論理〙ゲーデルの不完全性定理《自然数論を含み, 無矛盾ないかなる形式科学の公理体系も, その領域内で真とみなされる式すべての完全な演繹, すなわち完全性を満たしえないという定理; incompleteness theorem ともいう》.

Gode·rich /góudrɪtʃ | góu-/, Viscount *n.* ゴードリッチ《1782–1859; 英国の政治家; 首相 (1827–28); 本名 Frederick John Robinson, 別称 1st Earl of Rip·on /rípən/》.

Go·des·berg /góudəsbɜ̀ːg, -bɛ̀ək | gɔ́udəsbɜ̀ːg, -bɛ̀ək; *G.* góːdəsbɛʁk/ *n.* ゴデスベルク《ドイツ西部の都市; 公式名 Bad Godesberg》.

go·det /goudéɪ, -dɛ́t | góudeɪ, -dɛt; *F.* gɔdɛ/ *n.* 《スカートの裾や袖口などにフレアを入れるために用いる》まち, ゴデ. **—** *adj.* [限定的] まち[ゴデ]を入れた: a ～ skirt ゴデを入れたフレアスカート. 〖(1580)〗 (1872) ◻ F ～ 《原義》drinking cup〗

go·de·tia /goudíːʃə, -ʃiə | gə(u)díː-/ *n.* 〘植物〙アカバナ科ゴデチア属 (*Godetia*) の植物の総称. 〖(1840) ← NL ～ ← *Charles H. Godet* (1797–1879: スイスの植物学者): ⇨ -ia¹〗

gó-dèvil *n.* 《米》**1** (油井内の)ダイナマイト爆破器《先のとがった鉄のおもりで, これを落下させて下に装置した爆薬を爆発させる》. **2** 給油管 (pipe line) 清掃器. **3** (木材・石などを運ぶ)そり. **4** 《俗》〘鉄道〙保線用手動車[ガソリン車], ハンドカー (handcar). 〖1835〗

god·fa·ther /gá(ː)dfàːðə | gɔ́dfàːðə(r/ *n.* **1** 教父(きょうふ), 名親, 〘カトリック〙代父(だいふ)《洗礼式に立ち会って洗礼を受ける者の神に対する約束の証人となり, またはそれに代わって神に約束を立てその父母に代わって宗教教育を保証する男性; cf. godchild》: stand ～ *to* a child 子供の名親になってやる. **2 a** 教父のような立場にある人. **b** (人・物の)発展[育成]に責任のある人, 後見者. **c** 《古》(人・物の)命名者. **3** [しばしば G-] 《米俗》(マフィア (Mafia) などの)陰の指導者, 黒幕.
My gódfather! 《婉曲》=My God! (⇨ god 4).
Gódfather [The ～]「ゴッドファーザー」《米国映画 (1972); マフィアの大物 Corleone 一家の生きざまを描いた Mario Puzo のベストセラー小説 (1969) の映画化》.
— *vt.* …の教父となる, の名親に立つ; …に命名する; …の養育[世話]の責任を負う.
〖OE *godfæder* 《なぞり》← L *pater in Deō*〗

Gód·fèaring *adj.* [時に g-] 神を恐れる; 信心深い (pious): a ～ person. 〖(1835): cf. ME *godfyrht*〗

Gód·forsàken *adj.* [時に g-] **1** 〈人が〉神に見捨てられた, 堕落し果てた; 邪悪な; 哀れな, 不幸な. **2 a** 〈場所・物など〉荒れ果てた. **b** 〈場所が〉人里離れた, 寂しい. 〖1856〗

God·frey /gá(ː)dfri | gɔ́d-/ *n.* ゴドフリー《男性名》. 〖ME ◻ OF *Godefrei* (F *Godefroi*) ◻ OHG *Godafrid* (G *Gottfried*) ← *got* 'GOD'+*fridu* peace〗

Gódfrey of Bouillón *n.* Godefroy de Bouillon の英語名.

Gód-given *adj.* [時に g-] 神から与えられた; 天与の, 絶好の. 〖1800〗

God·head /gá(ː)dhɛ̀d | gɔ́d-/ *n.* **1** [the ～] 神 (God). **2** 神性, 神格 (deity). **3** 〘モルモン教〙神会《神とキリストと聖霊により構成される》. **4** [g-] 《まれ》神 (god); 女神 (goddess). 〖(?a1200): ⇨ God, -head〗

gód·hòod *n.* 神であること, 神格, 神位, 神性 (divinity): be elevated to ～ 〈人間が〉神にまで高められる[神になる]. 〖OE *godhād*〗

Go·di·va¹ /gədáɪvə/ *n.* ゴダイヴァ《1040?–?80; 英国のマーシア伯 (Earl of Mercia) Leofric の妻; 伝説によれば夫が Coventry の町民に課していた重税を廃止してもらう約束のもとに町中を全裸で馬を乗り回したという (cf. Peeping Tom); 通称 Lady Godiva》. 〖OE *Godgifu* ← GOD+*gifu* gift〗

Go·di·va² /gədáɪvə; *F.* gɔdiva/ *n.* 〘商標〙ゴディバ《ベルギー Brussels にある高級チョコレートメーカー; そのブランド》.

God·kin /gá(ː)dkɪn | gɔ́dkɪn/, **Edwin Lawrence** ゴッドキン《1831–1902; アイルランド生まれの米国のジャーナリスト・作家; *The Nation* 誌 (1865–81) の創設者・編集者》.

gód-kìng *n.* 神王《神の力[性質]をもつとされた王》.

gód·less *adj.* **1** 神の存在を否定する[信じない], 神を認めない. **2** 反宗教的な, 不信心な, 不敬な, 邪悪な (impious, wicked). **3** 神のいない, 神の加護のない: a ～ universe. **～·ly** *adv.* **～·ness** *n.* 〖(1528): ⇨ -less〗

gód·lìke *adj.* **1** 神のような, 神々(こうごう)しい (divine). **2** 神にふさわしい. **～·ness** *n.* 〖(1513): ⇨ -like〗

gód·li·ness *n.* **1** 敬神, 信心 (piety). **2** 篤信な生活, 清い人格, 信心深い性格. 〖(1531) ← GODLY+-NESS〗

god·ling /gá(ː)dlɪŋ | gɔ́d-/ *n.* (神威の弱い)小神 (minor god). 〖(?a1500): ⇨ God, -ling¹〗

god·ly /gá(ː)dli | gɔ́d-/ *adj.* (**god·li·er**; **-li·est**) **1** 神を敬う, 信心深い. **2** 《古》神の, 神から生ずる; 神聖な. **gód·li·ly** *adv.* 〖(?1384): ⇨ -ly²〗

gód·màmma *n.* 《小児語》=godmother. 〖1828〗

Gód·mán /-mǽn/ *n.* **1** 〘神学〙神人《キリストのこと》. **2** [g-] (*pl.* **god-men** /-mɛ́n/) 神であり人間である人, 神と人間の両方の性質をもつ人, 半神半人 (demigod); 超人 (superman). 〖1559〗

gód·mòther *n.* **1** 教母(きょうぼ), 名親, 〘カトリック〙代母(だいぼ)《教母の役割は godfather と同じ; cf. godfather》: ⇨ fairy godmother. **2** 女の後援者[保証人] (female sponsor). **—** *vt.* …の教母になる; …の後援者になる, 後援する (sponsor). 〖OE *godmōdor*〗

Go·dol·phin /gədá(ː)lfɪn, gou- | gədɔ́lfɪn/, **Sidney** *n.* ゴドルフィン《1645–1712; 英国の政治家・財政家; 称号 1st Earl of Godolphin》.

gó·dòwn *n.* (インドおよび東部アジアで)倉庫, 蔵 (warehouse). 〖(1588) ◻ Malay *gudang* ◻ ? Telugn *giḍangi* place where goods lie ← *kiḍu* to lie〗

gód·pàpa *n.* 《小児語》=godfather. 〖1826〗

gód·pàrent *n.* 教父[母], 代父[母], 名親 (cf. godfather, godmother). 〖1865〗

go·droon /goudrúːn | gə-/ *n.* =gadroon.

Gód's ácre *n.* (教会付属の)墓地 (churchyard). 〖(1617) 《なぞり》← G *Gottesacker*: 《原義》甦りを望んで死者の骨を播く神の畠〗

Gód Sáve the Kíng [Quéen] *n.*「ゴッドセイブザキング[クイーン]」《英国の国歌; 作者不明, 1745 年初演》.

Gód's bòok *n.* 聖書 (the Bible). 〖OE *Godes bōc*〗

Gód's còuntry *n.* **1** 神の恵みの豊かな土地, 理想的な国[土地], 楽園《God's own country ともいう》. **2 a** 都会から離れた場所; 広々とした田園地方. **b** 自分の生まれた地方[州]《米国人が自国[故郷]などに対して用いる誇称; 通例 God's own country という》. 〖1865〗

gód·sènd *n.* 天のたまもの, 思いがけない授かり物[幸運], うってつけのもの[出来事]. 〖(1814) 《変形》← *God's send* 《変形》← ME *goddes sande* God's message (← OE *sond, sand* message, service)〗

gód·sènt *adj.* 神[天]から与えられた(ような), うってつけの. 〖1884〗

Gód's gíft *n.* ★ 次の成句で: ***Gód's gíft to mén [wómen, mankínd]*** 神が男性[女性, 人間]に与えた贈物《自分が魅力的だとうぬぼれている女性[男性]を軽蔑的に指す》.

gód·shìp *n.* 神の地位[性格] (deity). 〖(a1553): ⇨ -ship〗

gód's ìmage *n.* 人体 (human body) (cf. *Gen.* 1: 27). 〖1837〗

Gód slòt *n.* 《英口語》(テレビ・ラジオの)宗教番組放送時間帯. 〖1972〗

gód·sòn *n.* 教子(きょうし), 名づけ子 (cf. godchild). 〖OE *godsunu*〗

Gód's own cóuntry *n.* ⇨ God's country.

Gód·spéed *n.* 成功 (success); 成功[道中安全]の祈願《人の企業・成功や旅行の無事などを祈る挨拶》: wish [bid] a person ～ 人の道中の安全[事業などの成功]を祈る. 〖(c1470) 《略》← *God speed (you)*〗

Gód's plènty *n.* **1** 人間が必要とする[欲する]よりも多い量, 有り余ること. **2** 非常な数[量]: The book was issued *in* ～. その本は非常に多数発行された.

Gód squàd *n.* 《俗》[通例軽蔑的に] キリスト教布教グループ, キリスト教勧誘団体.

Gód's quàntity *n.* 《口語》たくさん (large amount): There was ～ *of* fish. たくさんの魚がいた. 〖1911〗

Gód's trúth *n.* 絶対の真理, 誓って間違いのない事柄《しばしば 'struth, 'strewth と略して軽いののしりを表す》.

Gód's Wórd *n.* 聖書 (the Bible).

Godt·haab /gɔ́(ː)thɔ̀ːb, gá(ː)t-, -hàːb | gɔ́thɔ̀ːb; *Dan.* gʌ́dhɔ̀ːˀb/ *n.* ゴットホープ《1979 年までの Nuuk の旧名》.

Go·du·nov /góudənɔ̀(ː)f, gɔ́(ː)d-, gá(ː)d-, gúd-, -dn-, -nà(ː)f | gɔ́dənɔ̀f, gúd-, gúːd-; *Russ.* gədunóf/, **Bo·ris** /bɑ́ːrɪs/ **Fëdorovich** *n.* ゴドゥノフ《1551?–1605; ロシアの皇帝 (1598–1605)》.

God·ward /gá(ː)dwəd | gɔ́dwəd/ *adv.* **1** 神に向かって. **2** 神に関して. **—** *adj.* 神への[に向けた]. 〖(a1393): ⇨ -ward〗

Gód·wards /-wədz | -wədz/ *adv.* =Godward. 〖c1560〗

God·win¹ /gá(ː)dwɪn | gɔ́dwɪn/ *n.* ゴッドウィン《男性名》. 〖OE *Godwine* ← GOD+*wine* friend〗

God·win² /gá(ː)dwɪn | gɔ́dwɪn/ *n.* ゴッドウィン《?–1053; 英国の貴族; Edward the Confessor を王位につけた; 称号 Earl of Wessex》.

Godwin, Mary Wollstonecraft *n.* ゴッドウィン《1759–97; 英国の著述家・女権拡張論者; William Godwin の妻; M. W. Shelley の母; *A Vindication of the Rights of Woman* (1792)》.

Godwin, William *n.* ゴッドウィン《1756–1836; 英国の社会思想家・小説家; 英国の anarchism の先駆者; M. W. Godwin の夫, M. W. Shelley の父; *An Enquiry concerning Political Justice, and its Influence on General Virtue and Happiness* (1793)》.

Gódwin Áusten *n.* ゴッドウィンオースティン(山)《K2 の別名》. 〖↓〗

God·win-Aus·ten /gá(ː)dwɪnɔ́ːstɪn, -áːs- | gɔ́dwɪnɔ́stɪn, -ɔ́ːs-/, **Henry Hav·er·sham** /hǽvəʃəm | -və-/ *n.* ゴッドウィンオースティン《1834–1923; 英国の探検家・地質学者; ヒマラヤ山脈, カラコルムを調査; 世界第 2 の高峰, Godwin Austen 山 (別名 K2) は彼の名から》.

god·wit /gá(ː)dwɪt | gɔ́d-/ *n.* 〘鳥類〙オグロシギ属 (*Limosa*) のシギ類の総称; (特に)オグロシギ (*L. limosa*). 〖(1552) 《擬音語》? : cf. Du. *rödvitte* 《原義》little red thing〗

God·wot·ter·y /gɑ(ː)dwá(ː)təri, -tri | gɔdwɔ́təri, -tri/ *n.* 凝りすぎた造園, 凝りすぎた著述, えらく気取った[古めかしい]スピーチ. 〖(1939) ← GOD+WOT²+-ERY: 英国の詩人 T. E. Brown の詩 *My Garden* (1876) 中の句 'A garden is a lovesome thing, God wot!' から〗

Goeb·bels /gɜ́ːbəlz, -bəls, -bɪz, -bɪs; *G.* gœ́bl̩s/, **Joseph (Paul)** *n.* ゲッベルス《1897–1945; ドイツの政治家, ナチ最高指導者の一人, 第三帝国の宣伝相 (1933–45)》.

gó·er *n.* **1** 行く人[物]: comers and ～*s* 来る人去る人《旅人・客人など》. **2 a** [通例複合語の第 2 構成素として] よく[いつも]出席する人: ⇨ churchgoer, theatergoer, filmgoer. **b** [特に, 前に遅速などに関する限定詞を伴って] 行人, 道行く人; 動くもの, 運転するもの: a good [poor, slow] ～ 足の達者な[弱い]人; 足の速い[のろい]馬; よく動く[遅れる]時計(など). **3** 動きの速い[活発な]人[物]. **4 a** 《主に豪》優勝をねらっている競走馬. **b** 《豪口語》野心家. **5** 淫奔な人[女性]. **6** 《豪》結構な[実現性のある]提案[考え]. 〖(c1378): ⇨ go¹, -er¹〗

Goe·ring /gɜ́ːrɪŋ, géər- | gɜ́ːr-; *G.* gǿːʁɪŋ/, **Hermann (Wilhelm)** *n.* ゲーリング《1893–1946; ドイツの軍人・政治家; ナチ最高指導者の一人; 第三帝国では 1935 年に空軍司令官となり, 36 年には四ヶ年計画長官となって経済界を支配し, さらに国家総元帥 (1940–45) に任命された; Göring ともつづる》.

Goes /gúːs; *Du.* ɣús/, **Hugo van der** /vændər/ *n.* グース《c1440–82; フランドルの画家》.

goest *v.* 《古》go¹ の二人称単数直説法現在形.

goeth *v.* 《古》go¹ の三人称単数直説法現在形.

Goe·thals /góuθəlz, -θɪz | góu-/, **George Washington** *n.* ゴーサルス《1858–1928; 米国陸軍少将で陸軍技師; パナマ運河の建設技師長》.

Goe·the /gɜ́ːtə, géɪ-, -ti | gɜ́ːtə; *G.* gǿːtə/, **Jo·hann Wolfgang von** *n.* ゲーテ《1749–1832; ドイツの詩人・劇作家・小説家・政治家; *Die Leiden des jungen Werthers*「若きウェルテルの悩み」(1774), *Faust*「ファウスト」(1808, '32)》.

Goe·the·an /gɜ́ːtiən, géɪ- | gɜ́ːti-/ (*also* **Goe·thi·an** /～/) *adj.* ゲーテの[に関する], ゲーテ風の, ゲーテ主義の. **—** *n.* ゲーテ崇拝者[研究家]. 〖(1840): ⇨ ↑, -an¹〗

goe·thite /gɜ́ːtaɪt, góu- | gɜ́ː-/ *n.* 〘鉱物〙針鉄鉱 (FeO(OH))《鉄鉱石の風化物》. 〖(1823) ◻ G *Göthit*: ⇨ Goethe, -ite¹: Goethe の鉱物学上の貢献を記念して〗

gó-fàster strìpe *n.* [通例 *pl.*] スピード感を出すために車の側面に描く縞.

go·fer¹ /gá(ː)fə, gɔ́(ː)fə, góu- | góufə(r/ *n.* 《英》=gaufre.

go·fer² /góufə | góufə(r/ *n.* 《米・カナダ俗》=gopher³ 2.

go·fer³ /gá(ː)fə, gɔ́(ː)fə, góu- | góufə(r/ *vt., n.* =goffer.

gof·fer /gá(ː)fə, gɔ́(ː)fə, góu- | góufə(r, gɔ́fə(r/ *vt.* **1** (アイロンなどで)〈布など〉にひだを付ける, しわ寄らせる, 縮める. **2** 〘製本〙〈本の小口金〉に型押しする. **—** *n.* **1** (服などの装飾に付ける)ひだ付け; しわ, 縮み. **2** 〘製本〙(本の)浮出し小口模様[装飾]. **3** ひだ付け器, アイロン. **～·er** /-fərə | -rə(r/ *n.* 〖(1706) ◻ F *gaufrer* to stamp figures on cloth, paper, etc. ← OF *gaufre* honeycomb, waffle ◻ MLG *wāfel*: cf. waffle¹, wafer〗

góf·fered *adj.* **1** ひだ付け(仕上げ)をした: a ～ ruff. **2** 〘製本〙(本の小口金に)型押し模様を付けた: ～ edges. 〖(1706): ⇨ ↑, -ed〗

góf·fer·ing /-f(ə)rɪŋ/ *n.* **1** ひだ付け, ひだ取り. **2** ひだ飾り. 〖(1848): ⇨ -ing¹〗

Gog /gá(ː)g, gɔ́(ː)g | gɔ́g/ *n.* 〘聖書〙ゴグ《Magog の地の君主; cf. *Ezek.* 38–39; ⇨ Gog and Magog 1》.

gó gàge *n.* 〘機械〙通りゲージ《機械部品の寸法が規定の寸法範囲に入っているかどうかを検査する道具の一つ; 通りゲージを通過し, 止まりゲージ (no-go gage) を通過できなければ合格となる》.

Gog and Ma·gog /gá(ː)gənméɪgɑ(ː)g | gɔ́gənméɪgɔg/ *n. pl.* ゴグとマゴグ: **1** 聖書の処々に散見する名; *Rev.* 20: 8 では Gog and Magog は Satan にだまされ, 神に最後の戦いを挑む地上の国民たちを表す. **2 a** 〘英伝説〙ローマ皇帝 Diocletian の娘の後裔である 2 巨人の名; 英国に攻め入り捕らえられて, London に送られ労役に賦された. **b** London の市会議事堂 (Guildhall) にある 2 体の大木像の名. 〖◻ Heb. *Gōgh, Māghōgh*: 2 は ME *Gogmagog* (伝説上の英国の巨人の名で ML *Goemagot* のヘブライ語との連想による変形)から〗

gó-gétter *n.* 《口語》ひどく積極的な人, 敏腕家, 活動家, やりて. 〖1921〗

gó-gétting 《口語》*adj.* 敏腕で活動的な. **—** *n.* 積極的活動[企業, 金もうけ]. 〖1921〗

gog·ga /gá(ː)gə | gɔ́gə/ *n.* 《南ア口語》(はい回る)虫; 危ない人[もの], 好ましくない人[もの]. 〖(1909) ◻ Hott. *χóχón* insects collectively〗

gog·gle /gá(ː)gl | gɔ́gl/ *vi.* **1** 〈目が〉飛び出る, 〈目玉が〉

ぎょろぎょろする; 目玉をぎょろつかせる. **2** (驚いて)目を見張る; 目を丸くして見る (stare) ⟨*at*⟩. **3** 水中にもぐってやすで魚をとる (spearfish). **— *vt*.** ⟨目玉を⟩ぎょろぎょろさせる, ぎょろつかせる ⟨*about*⟩. **— *n*.** **1** (驚き・恐れて)目を見張ること, 目をむくこと, (おどけて)目をぎょろつかせること; ぎょろ目. **2** [*pl*.] (オートバイ乗りなどの用いる)保護めがね, 防塵[防眩]めがね, ゴーグル; 潜水めがね; 《口語》めがね: a pair of ~*s*. **— *adj*.** ⟨目が⟩飛び出た(ような), ぎょろぎょろした: ~ eyes 出目, ぎょろ目. **gog·gly** /gɑ́(ː)gli, -gli | gɔ́gli-/ *adj*. 〖(*a*1400) *gogele*(*n*) to stagger, shake ← ? Celt. (cf. Ir. *gog* nod / Welsh *gogi* to shake) // ← ? *gog (上下運動を表す擬音語)か: ⇨ -le³〗

góggle-bòx *n*. 《英俗》テレビ(受像機) (cf. idiot box). 〖1959〗

góggle-èye *n*. 〖魚類〗目が大きくて突き出た魚類の総称: **a** =rock bass 1. **b** =big-eyed scad. 〖1440〗

góg·gle-èyed *adj*. 出目の, ぎょろ目の; (特に)驚いて目をむいた. 〖*c*1384〗

góggle-eye jáck *n*. 〖魚類〗=big-eyed scad.

góg·gler /-glə, -glə | -glə^(r), -glə^(r)/ *n*. **1** 目を見開いて[丸くして]見る人. **2** やすで魚をとる人. **3** 〖魚類〗=big-eyed scad. 〖(1821) ← GOGGLE+-ER¹〗

Gogh, Vincent van *n*. ⇨ van Gogh.

gog·let /gɑ́(ː)glɪt | gɔ́g-/ *n*. (特に, インドで用いられる素焼きの)水冷しびん. 〖(1698) 《古形》 *gurglet* ▭ Port. *gorgoleta* ← L *gurga* abyss, throat〗

go-go /góugòu | gə́ugəu/ *adj*. **1** 《米口語》(ロック (rock and roll) のリズムに合わせて激しく体を揺り動かす)ゴーゴーダンス[ダンサー]の; ゴーゴーを踊らせる (cf. a-go-go *n*.): a ~ dance, dancer, girl, discotheque, etc. **2** 《米口語》活発な, 精力的な, エネルギッシュな; 進取の気性に富む: a ~ banker. **3** 当世風の, はやりの (fashionable). **4** 投機的な (speculative): ⇨ go-go fund. **— *n*.** **1** ゴーゴー(ダンス). **2** 絶え間ない活動, ハッスル. **3** 〖証券〗=go-go fund. ***à gó-go*** =à gogo. 〖(1962) ← *Whisky à Gogo* (Paris のディスコテックの名) ← F *à gogo* in plenty, ad lib., in a joyful manner: cf. agog〗

gó-go fúnd *n*. 〖証券〗短期間に大きな値上がり益を得ようとする方針の投資信託. 〖1968〗

Go·gol /góugɑ(ː)l, -gəl, -gl | gə́ugɔl; *Russ*. gógəlʲ/, **Niko·lai (Vasilievich)** *n*. ゴーゴリ (1809–52; ロシアの小説家・劇作家; *The Government Inspector* (1836), *Dead Souls* (1842)).

Gog·ra /gɑ́(ː)grə | gɔ́g-/ *n*. [the ~] ゴグラ(川) (Ghaghara 川の別称).

goi /gɔ́ɪ/ *n*. (*pl*. **goy·im** /gɔ́ɪɪ̃m | gɔ́ɪɪm/, ~**s**) =goy.

Goi·â·ni·a /gɔɪɑ́ːniə, -ǽn- | -ɑ́ːn-; *Braz*. goiɐ̃nia/ *n*. ゴイアニア (ブラジル中央部 Goiás 州の州都).

Goi·ás /gɔɪɑ́ːs; *Braz*. goiás/ *n*. ゴイアス (ブラジル中央部の州; 面積 642,092 km², 州都 Goiânia).

Goi·del /gɔ́ɪdl | -dl/ *n*. **1** ゲール族, ゴイデル人 (ケルト人 (Celts) の一分派で Ireland と Scotland のそれを指す; cf. Brython). **2** ゴイデル語 (ケルト語派に属する). 〖(1882) ▭ OIr. *Gōidel* ▭ OWelsh *Gwyddel*: ⇨ Gael〗

Goi·del·ic /gɔɪdélɪk/ *adj*. ゲール族 (Gaels) の; ゴイデル語(群)の. **— *n*.** (*also* **Goi·dhel·ic** /~/) ゴイデル語(群) (ゲール語 (Gaelic) の古称; ケルト語派 (Celtic) の一分派で, 本来は Ireland の Irish を指したが, その移民から発展した Scotland, Isle of Man の言語にも用いられ, またその総称; cf. Brythonic). **— *adj*.** ゴイデル諸語の. 〖(1882): ⇨ -ic¹〗

go·ing /góuɪŋ | gə́u-/ *n*. **1** [しばしば複合語の第 2 構成素として] 行くこと, 通うこと, 歩行: ⇨ churchgoing, play-going. **2** 出かけること, 旅立ち, 退去: the comings and ~*s* of people 人々の行き来[出入り] / Let me know the day of your ~. ご出発の日をお知らせ下さい. **3 a** 《口語》進行情況, 進行: He found the work hard ~. その仕事はなかなか大変だと知った[遅々として進まなかった]. **b** 歩行[旅行]の仕方, 進行速度: Forty miles an hour is pretty good ~. 1 時間に 40 マイルとは相当なスピードだ. **4** (歩行・競走などの)道の状態, 走路のコンディション: The ~ was very hard over the mountain pass. 山路の歩行はなかなか骨が折れた. **5** [通例 *pl*.] 《古》処世法, 行為, 行状 (cf. goings-on). **6** 《廃》足並み, 歩調. **7** 〖建築〗=run¹ 26 b, c.
héavy góing 困難[退屈]なこと[もの], 手こずること[人]. ***màke héavy góing of*** =*make heavy* WEATHER *of*. ***while the góing is good*** 情況が不利にならないうちに, 行ける時に, 足元の明るいうちに: He went [got out] *while the ~ was good*. 足元の明るいうちに逃げ出した. (1916)
— *adj*. **1** (現今)流通している, 現行の, 通例の: the ~ rate 現行料率[利率] / the ~ value (会社の)営業価値. **2** 活動中の, 運転[運行]中の: in ~ order 運転できる[異状のない]状態で. **3** (平常の業務遂行中の, (好調に)営業中の: a ~ business (うまくいっている)営業中の商売. **4** [被修飾語の後に置いて] 現にある, 世間にある; 得られる, 利用できる: He is the best writer ~. いま一番優れた作家だ / There is sure to be coffee ~. きっとコーヒーにありつけるだろう. **5** 《英口語》(年齢・時刻)に近づいて[た] (⇨ GO *on* (*for*) 〖語法〗(1)): He is ten ~ eleven. 10 歳だがやがて 11 になる.
góing for …に有利に: I had everything [nothing] ~ *for* me. 何もかもうまくいった[何の利点もない]. ***góing on*** …に近づく: He is ten ~ *on* eleven. 10 だがやがて 11 になる. ***hàve a góod thíng*** [***sómething***] ***góing*** うまくいっている, もうかっている ⟨*with*⟩. ***hàve sómething*** [***a thíng***] ***góing*** 《口語》恋愛[性的]関係にある ⟨*with*⟩. 〖(?*a*1200): ⇨ go¹, -ing^(1, 2)〗

góing-awày *adj*. [限定的] **1 a** (花嫁の)新婚旅行用の: a ~ dress. **b** 送別の, 餞別(用の): a ~ party / a ~ gift. **2** 積立て旅行会の: a ~ club. 〖1884〗

góing concérn *n*. **1** 〖会計〗継続企業 (企業実体 (business entity) の属性で, 現代会社理論は企業の解散を予定せず企業活動の継続性を仮定した上で構成される). **2** 採算のとれている事業. 〖1881〗

góing concérn vàlue *n*. 〖会計〗継続企業価値 (cf. liquidation value).

góing-óver *n*. (*pl*. **goings-**) 《口語》 **1** 徹底的調査[尋問]: give a person a ~ 人を徹底的に調べる, 根掘り葉掘り尋ねる. **2** 厳しい小言, 叱責; 打擲(ちょうちゃく) (thrashing): give a person a good ~ *for* …のことでひどく人を叱る[打つ]. 〖1872〗

góings-ón *n*. *pl*. 《口語》 **1** (通例悪い意味を含めて)行為, 所業, しわざ, ふるまい (doings) (cf. ongoing 2): a person's strange ~. **2** (不可解な[おかしな])出来事. 〖1775〗

góing tràin *n*. 〖時計〗調速輪列 (香箱車より 2, 3, 4 番車を経てがんぎ車に至り, 脱進機によって調速される歯車列; time train ともいう).

goi·ter, (英) goi·tre /gɔ́ɪtə | -tə^(r)/ *n*. 〖病理〗甲状腺腫(しゅ) (struma ともいう): ⇨ exophthalmic goiter.

gói·tered, (英) gói·tred *adj*. 〖(1625) ▭ F *goitre* ← L *guttur* throat: ⇨ guttural〗

goi·tro·gen /gɔ́ɪtrədʒən, -dʒèn | -dʒən/ *n*. 〖医学〗甲状腺腫誘発物質. **goi·tro·gen·ic** /gɔ̀ɪtrədʒénɪk⁻/ *adj*. 〖(1947) ← GOITER+-O-+-GEN〗

goi·trous /gɔ́ɪtrəs/ *adj*. 〖病理〗甲状腺腫の[に関する, 性の]. 〖(1796) ▭ F *goitreux*: ⇨ goiter, -ous〗

go-kart /góukɑ̀ət | gə́ukɑ̀ːt/ *n*. ゴーカート (go-cart ともいう; ⇨ kart). 〖1959〗

gó-kàrting *n*. =karting.

Gök·çe·a·da /gœ̀ktʃeədáː; *Turk*. gœktʃéɑdɑ/ *n*. ギョクチェ島 (エーゲ海北東部 Gallipoli 半島沖合いにあるトルコ領の島; 旧名 İmroz (1973 年まで)).

Gó·lan Héights /góulɑːn- | gə́ulæn-, -lɑːn-/ *n*. *pl*. [the ~] ゴラン高原 (シリア南西部の高地; 中東戦争の戦場で, 1967 年よりイスラエルが占領; 面積 1,150 km²).

Gol·con·da /gɑ(ː)lkɑ́(ː)ndə | gɔlkɔ́n-/ *n*. **1** ゴルコンダ (インドの古都で, その遺跡は Hyderabad の西 8 km; ゴルコンダ王国の首都 (1512–1687), その富とダイヤモンド磨きで有名であった). **2** [しばしば g-] 豊かな鉱山; 無限の宝庫, 富源, 宝の山.

gold /góuld | gə́uld/ *n*. **1** 〖化学〗金(きん) (金属元素の一つ; 記号 Au, 原子番号 79, 原子量 196.9665); 黄金: This ring is ~. この指輪は金です / a crown made of pure ~ 純金製の冠 / worth one's [its] weight in ~ 千金の値がある, 実に貴重[有益]な. **2 a** 金貨 (gold coin(s)): in ~ 金貨で. **b** 金製品(類). **c** 金メダル: go for ~ 金メダルを得ようと努力する. **3** 富, 金(かね), 金銭, 財宝: greed for ~ 金銭の欲, 黄金欲. **4** 金本位制 (gold standard): go off ~ =*go off the* GOLD STANDARD. **5** 金のように高貴なもの; 親切, 温和: have a heart of ~ 美しい心の持ち主だ, 純真[親切]な心の人である / a voice of ~ 甘美な声 / She is pure ~. 彼女は純潔だ. **6** (純金のまたは金を模した)金かぶせ, 金流し, 金めっき, 金粉, 金絵の具, 金糸, 金モール, 金箔(など). **7** 金色, 黄金色, 山吹色: hair of ~ 金髪 / the red and ~ of autumn 秋の赤や黄のもみじ / ⇨ old gold. **8** 〖アーチェリー〗(的の真ん中の)金量, 金的: hit the ~ =make a ~ 金星を射当てる. ***(as) góod as góld*** (1) ⟨子供が⟩(とても)おとなしい: That little boy is *as good as* ~. あの坊やは本当に行儀がよい[手がかからない]. (2) (必ず)信頼できる, 申し分ないほど[実に]よい: His promise is *as good as* ~. 彼の約束は十分信頼できる. (1845) ***strike góld*** 金鉱を発見する; 金メダルを取る; 豊かな情報源を見つける.
áge of góld [the —] =golden age.
góld of pléasure 〖植物〗アマナズナ (*Camelina sativa*) (ヨーロッパ原産アブラナ科の黄色の花をつける草; 昔, 種子から油を採るため栽培された).
— *adj*. [限定的] (~·**er**; ~·**est**) **1** 金で作った[できた], 金製の (cf. golden 2): a ~ watch, ring, etc. / a ~ coin 金貨. **2** 金のような; 金色の (golden). **3** 金貨支払いの; 金本位制の; (価値の低下した通貨の金額について) 平価で計算した: ~ francs 金フラン. **4** ⟨レコード, アルバムなどが⟩ゴールドレコード (gold record) 受賞の対象になる.
〖OE ~ < Gmc **ʒulþam* (Du. *goud* / G *Gold* gold & *Geld* money) ← IE **ghḷ- to-* gold (Russ. *zoloto* gold) ← IE **ghel-* to shine (Russ. *zoloto* gold): cf. yellow〗

Gold /góuld | gə́uld/, **Herbert** *n*. ゴールド (1924– ; 米国の小説家; *The Fathers* (1967)).

Gold, Michael *n*. ゴールド (1894–1967; 米国の共産主義者・ジャーナリスト・小説家; *Jews Without Money* (1930)).

Gol·da /góuldə | gə́ul-/ *n*. ゴールダ (女性名). 〖⇨ Goldie〗

góld amálgam *n*. 〖冶金〗金アマルガム (水銀と金との合金).

góld àpple *n*. トマト (tomato).

gol·darn /gɑ́(ː)ldɑ́ən⁻ | gɔ́ldɑ̀ːn/ *int*., *n*., *adj*., *adv*., *v*. 《米俗・婉曲》=goddamn.

gol·darned /gɑ́(ː)ldɑ́ənd⁻ | gɔ́ldɑ̀ːnd/ *adj*. (最上級 ~·**est**), *adv*. 《米口語・婉曲》=goddamned.

Góld·bach's conjécture /góuldbɑːks- | gə́uld-; *G*. gɔ́ltbax-/ *n*. 〖数学〗ゴルトバッハの予想 (6 よりも小さくないすべての偶数は二つの奇素数の和であるという未証明定理). 〖(1919) ← *Christian Goldbach* (1690–1764; プロシア生まれの数学者)〗

góld·bànd líly *n*. 〖植物〗ヤマユリ (*Lilium auratum*) (golden-banded lily ともいう).

góld bàsis *n*. 〖財政〗金本位基準: on a ~ 金本位基準で.

góld·bèater *n*. 金箔(はく)師. 〖1252〗

góldbeater's skín *n*. 金箔師が金箔を打つとき箔の間にはさむのに用いる牛の腸の膜製の薄い皮 (傷口に張ったり, 飛行船の気嚢(のう)の裏付けなどにも用いる). 〖1710〗

góld·bèating *n*. 金箔製造(法, 術). 〖1763–66〗

góld bèetle *n*. 〖昆虫〗甲虫類ハムシ科ジンガサハムシの類の昆虫の総称.

Gold·berg /góul(d)bəːg | gə́ul(d)bəːg/, **Whoo·pi** /(h)wúpi, (h)wúː-/ *n*. ゴールドバーグ (1949– ; 米国の黒人女優・コメディアン).

Gold·berg·i·an /gouldbə́ːgiən | gəuldbə́ː-/ *adj*. =Rube Goldberg.

Góld Blénd *n*. 〖商標〗ゴールドブレンド (スイス Nestlé 社製のインスタントコーヒー).

góld blòc *n*. 〖経済〗金ブロック (金本位国同士の通貨ブロック). 〖1935〗

góld bònd *n*. 〖財政〗金貨債券 (指定された目方および純度の金貨で支払うべき債券; cf. currency bond).

góld·brìck *n*. **1** 《口語》 **a** 金れんが (詐欺師がこれを人に売り付けるれんが型のにせの金塊). **b** にせ物. **2** 《米俗》なまけ者, 浮浪人 (loafer); 仮病を使う人. **3** 《米》 **a** (炊事・給食など楽な任務のため)厳しい訓練を免れる兵士. **b** 勤務を怠る兵士 (shirker). ***séll a person a góld-brick*** 《俗》⟨人を⟩ぺてんにかける. **— *vt*.** 《口語》ごまかす, ぺてんにかける (swindle). **— *vi*.** 《米軍俗》勤めを怠る, 仮病を使う, ずるける (shirk). 〖1853〗

góld·brìck·er *n*. =goldbrick 2, 3.

góld brónze *n*. 〖冶金〗ゴールドブロンズ (印刷や塗装に金の代わりに用いる粉末の銅合金; 銅 90%, 亜鉛 5%, 鉛 3%, スズ 2% から成る).

góld·bùg *n*. 《米》 **1** 〖昆虫〗=gold beetle. **2** 金本位制支持者. **3** 金満家 (plutocrat).

góld búllion stàndard *n*. [the ~] 〖経済〗金塊本位(制), 金地金(じがね)本位(制) (中央銀行がその発行紙幣を棒状地金で保証する準金本位制). 〖1933〗

góld càrd *n*. ゴールドカード (信用の高い顧客に与えられる特恵的カード; 融資や保険などで有利な扱いを受けられる). 〖1970〗

góld certíficate *n*. 《米》 **1** 〖経済〗金証券 (1934 年以降米国で国庫に寄託された一定量の金に対して政府が発行する証券で, $50, $100, $500, $1,000, $5,000, $10,000 などの額面を有し, 通貨同様の流通性をもつ; cf. silver certificate). **2** =gold note. 〖1864〗

góld chlóride *n*. 〖化学〗 **1** 塩化金, (特に)塩化第二金 ($AuCl_3$) (紅色の結晶). **2** =chloroauric acid.

góld clàuse *n*. 〖経済〗金約款 (負債返還の際, 当初の負債の金貨と同一量の金貨またはそれに相当する金額で返済するという約款). 〖1935〗

Góld Còast *n*. **1** [the ~] 黄金海岸 (Ghana の旧名 (1957 まで)). **2** 《米口語》高級住宅区域 (Chicago の Michigan 湖沿いの上流地域のあだ名から). **3** ゴールドコースト (オーストラリア東部 Southport の旧名).

góld cóin stàndard *n*. 〖経済〗=gold currency standard.

góld·crèst *n*. 〖鳥類〗キクイタダキ (*Regulus regulus*) (ユーラシア産ヒタキ科ウグイス亜科の頭が黄金色の小鳥).

góld·cùp *n*. 〖植物〗 **1** =buttercup. **2** =marsh marigold.

Góld Cúp *n*. [the ~] ゴールドカップ (英国の Cheltenham で毎年 3 月に開催される競馬).

góld cúrrency stàndard *n*. 〖経済〗(厳密な意味での)金本位(制) (単に gold standard ともいう).

Góld Démocrat *n*. 〖米政治〗黄金民主党員 (1896 年 Bryan の主候補に反対して国民民主党を結成した民主党員).

góld-dìg 《俗》 *vt*. ⟨女がおだてて⟨男⟩から金品を巻き上げる. **— *vi*.** 男をたらし込んで金品を巻き上げる. 〖(1926) 《逆成》 ↓〗

góld dìgger *n*. **1** 金鉱掘し, 採金者; 採金者, (特に)砂金掘り; 黄金狂. **2** 《口語》男をたらし込んで金品を巻き上げる女; 強欲な女. 〖1830〗

góld dìgging *n*. **1** 金掘り, 金鉱捜し; (特に)砂金採取. **2** [*pl*.] 砂金地帯. 〖1802〗

góld dísc *n*. 《英》=gold record.

góld dùst *n*. **1** 砂金, 金粉. **2** 〖植物〗=basket-of-gold. 〖1703〗

góld embárgo *n*. 〖財政〗金輸出禁止.

gold·en /góuldən, -dn̩ | gə́ul-/ *adj*. **1 a** 金色の, 黄金色の, 金のように輝く, 山吹色の, ブロンドの: ~ hair, sunsets, tinges, etc. **b** 光沢のある, 輝く. **2** 金で作った, 金製の, 金の: a ~ key / a ~ knife. ★ この意味では gold が普通. **3** 金のように貴重な, すばらしい, 絶好の: ~ days 全盛期 / a ~ opportunity 絶好の機会 / ~ hours 愉快な[絶好の]時間. 〖日英比較〗 日本語でテレビについて用いる「ゴールデンアワー」は和製英語. 英語では prime time という / a ~ remedy 妙薬 / a ~ saying 金言 / win ~ opinions 絶大の信望[と賞賛]を得る, 絶賛を受ける (cf. *Macbeth* 1. 7. 32–33) / (Speech is silver,) silence is ~. ⇨ speech 2 a. **4 a** 生気に満ちた, 輝かしい. **b** 《口語》才能に恵まれた, 成功を約束された: ⇨ golden boy. **c** 人気のある. **5** 金を生じる, 金を含む. **6** 50 年目の, 50 周年記念の: ⇨ golden wedding, golden anniversary. **7** 声の甘美な, 朗々たる: a ~ tenor. **~·ly** *adv*. **~·ness** *n*. 〖(*c*1300) ← GOLD+-EN² ∽ ME *gilden* < OE *gylden*〗

gólden áge *n*. **1** (文学・国家などの)最盛期, 黄金時代; 全盛期. **2** [the ~; しばしば G- A-] 〖ギリシャ神話〗黄金時代 (伝説の四時代, すなわち golden age, silver age, bronze age, iron age 中最古の時代で, 人間が清浄・幸福の生活を送った時代). **3** [通例 the G- A-] 《ラテン文学の》黄金時代 《70 B.C.–A.D. 14; Cicero, Catullus, Horace, Virgil, Ovid などの時代; cf. silver age 2》. 〚《1555》《なぞり》← L *aurea aetās* (Ovid の用語)〛

gólden áge clùb *n.* 老人クラブ.

gólden áger *n.* 《米口語・婉曲》老人, お年寄り 《特に, 実務から退いて余生を楽しむ 65 歳以上の高齢者》. 〚《1961》← *Golden Age clubs* (老齢者の保養・娯楽の充実を目的とする団体の名)〛

gólden alexánders *n.* (*pl.* ～) 《植物》北米産セリ科の草本 (*Zizia aurea*) 《黄色の小花をつける; 単に alexanders ともいう》.

gólden anniversáry *n.* 50 周年記念日, 50 周年祝典.

gólden áster *n.* 《植物》北米産キク科 *Chrysopsis* 属の植物の総称; 《特に》その野生種 *C. mariana.*

gólden bálls *n. pl.* 金色の三つ玉 《質屋の看板》. 〚1790〛

gólden bambóo *n.* 《植物》 **1** ダイサンチク (*Bambusa vulgaris*). **2** ホテイチク (*Phyllostachys reticulata* var. *aurea*) 《日本・中国産のマダケ属のタケ》.

gólden-bànded líly *n.* 《植物》=goldband lily.

Gólden Bóugh *n.* [the ～] 《ローマ神話》(Proserpina を祭る聖なる) 黄金のやどり木の枝 《Aeneas が下界に行くときの通行証の役目をする》.

gólden bòy *n.* 人気者, 売れっ子, 寵児: the ～ *of* boxing ボクシング界の人気者 《第一人者》. 〚1937〛

gólden brídge *n.* =*a* BRIDGE[1] *of gold.*

gólden búck *n.* 《料理》落とし卵を載せた Welsh rabbit.

Gólden Búll *n.* [the ～] 金印勅書, 黄金文書 《金印を付したドイツ帝国法文書 (cf. bull[2] 1) で, 1356 年神聖ローマ帝国皇帝 Charles 四世が発した》. 〚1696〛

gólden cálf *n.* **1** 《聖書》黄金の子牛: **a** Aaron がシナイ山の麓(ふもと)で造った金の偶像 (cf. *Exod.* 32). **b** Jeroboam が建てた二つの同種の偶像 (cf. *1 Kings* 12: 28–29). **2** 《口語》《物質崇拝の対象としての》富 (wealth), 金 (money): worship the ～ 金銭を崇拝する 《金もうけのためには主義も道徳も捨てる》.

gólden cálla *n.* 《植物》アフリカ南部産サトイモ科オランダカイウ属 (*Zantedeschia*) の草本の総称; 《特に》キバナカイウ (yellow calla).

gólden cát *n.* 《動物》ゴールデンキャット 《東南アジア・熱帯アフリカの森林にすむ小形のネコ; アジアゴールデンキャット (*Felis temmicki*) とアフリカゴールデンキャット (*F. aurata*)》. 〚1883〛

gólden cháin *n.* 《植物》キングサリ (⇨ laburnum).

gólden clématis *n.* 《植物》クレマティス タングティカ (*Clematis tangutica*) 《北東アジア産キンポウゲ科センニンソウ属の黄金色の花の咲くつる植物》.

gólden coreópsis *n.* 《植物》ハルシャギク, クジャクソウ, ジャノメソウ (*Coreopsis tinctoria*) 《米国中部産キク科の鮮黄色の花が咲く一年草》.

gólden crówn·beard /-kráunbɪəd | -bɪəd/ *n.* 《植物》メキシコ原産キク科の黄色い花が咲く一年草 (*Verbesina encelioides*).

gólden-cròwned kínglet *n.* 《鳥類》アメリカキクイタダキ (*Regulus satrapa*) 《米国産ヒタキ科キクイタダキ属の鳥》.

gólden cúp *n.* 《植物》メキシコ産ケシ科の金色の花をつける花壇用植物 (*Hunnemannia fumariaefolia*). 〚1736〛

gólden cúrrant *n.* 《植物》コガネスグリ (*Ribes aureum*) 《米国西部産ユキノシタ科スグリ属の低木; 花は黄金色で芳香がある》.

Gólden Delícious *n.* 《園芸》ゴールデンデリシャス 《米国のリンゴの品種; 黄色で大果》.

gólden déwdrop *n.* 《植物》ハリマツリ, タイワンレンギョウ (*Duranta plumieri*) 《熱帯アメリカ原産クマツヅラ科ハリマツリ属の観賞用常緑低木; 米国中南部では生垣に用いる; sky-flower ともいう》.

gólden dísc *n.* =gold record.

gólden dúck *n.* 《クリケット》ゴールデンダック 《打者が初球でアウトになり得点を上げられないこと; cf. king pair》.

gólden éagle *n.* 《鳥類》イヌワシ (*Aquila chrysaetos*) 《ワシタカ科イヌワシ属の後頭部に黄色の羽毛のある大形のワシ》.

gólden éardrops *n.* (*pl.* ～) 《植物》米国 California 州産ケシ科ケマンソウ属の黄色い花が房になって咲く多年草 (*Dicentra chrysantha*).

gólden éggs *n.* (*pl.* ～) 《植物》=suncup.

gólden·èye *n.* (*pl.* ～s, ～) **1** 《鳥類》ホオジロガモ (*Bucephala clangula*) 《ガンカモ科ホオジロガモ属の海ガモの一種》. **2** 《昆虫》クサカゲロウ 《クサカゲロウ科の昆虫の総称》. 〚1678〛

gólden-èyed flý *n.* 《昆虫》=goldeneye 2.

gólden-èyed gráss *n.* 《植物》米国 California 州産アヤメ科ニワゼキショウ属の黄色い花が咲く多年草 (*Sisyrinchium californicum*).

gólden fízz *n.* ゴールデンフィズ 《ジン[ウォッカ]・卵黄・レモン汁・砂糖・炭酸水で作るカクテル》.

gólden fláx *n.* 《植物》キアマ (*Linum flavum*) 《ヨーロッパ原産の黄金色の花が咲くアマ科の多年草》.

Gólden Fléece *n.* [the ～] **1** 《ギリシャ伝説》金の羊毛 《英雄 Jason が Argonauts を率いて Colchis より奪還した; フランス語名 toison d'or; cf. Medea》. **2** 金羊毛勲爵士団[章] 《1429 年にフランスのブルゴーニュ公 Philip (1396–1467) によって始められ, 後にオーストリアおよびスペインに伝わり, 両国が共和国となるまであった最高騎士団, またその勲章; 正式名 the Order of the Golden Fleece; フランス語名 l'ordre de la toison d'or》. **3** 《紋章》=fleece.

gólden flòwer *n.* 《植物》キク科キク属 (*Chrysanthemum*) の植物数種の総称; 《特に》=corn marigold.

Gólden Gáte *n.* [the ～] ゴールデンゲート[金門]海峡 《San Francisco 湾を太平洋につなぐ海峡; ここに径間(わたり) 1,280 m の大鉄橋 Golden Gate Bridge がかかっている》.

gólden gìrl *n.* 人気者, 売れっ子, 寵児 《女性; cf. golden boy》. 〚1896〛

Gólden Glóbe Awàrd *n.* ゴールデングローブ賞 《毎年 1 月映画・テレビなどの優秀作品にハリウッドの外国人記者協会が与える賞》.

Gólden Glóves *n. pl.* [the ～] ゴールデングラブ 《全米アマチュアボクシング選手権大会》.

gólden glòw *n.* 《植物》ハナガサギク (*Rudbeckia laciniata* var. *hortensia*) 《キク科オオハンゴンソウ属の植物》.

gólden góal *n.* 《サッカー・ホッケー》ゴールデンゴール 《延長戦で試合の勝敗を決定する最初のゴール》. 〚1994〛

gólden góose *n.* [the ～] 金の卵を産むがちょう 《1 日 1 個の金の卵を産むガチョウを, 愚かな持主が全部の卵を一度に得ようと思って殺してしまったという Aesop 物語の話から; cf. goose 成句》.

gólden grám *n.* 《植物》=mung bean.

gólden hámster *n.* 《動物》ゴールデンハムスター (*Mesocricetus auratus*) 《東ヨーロッパ・西アジア原産; ヨーロッパハムスター (*Cricetus cricetus*) よりも小さく性質はおとなしい; 実験用やペット用; Syrian hamster ともいう》.

gólden hándcuffs *n. pl.* (社員に対する)特別優遇措置, 黄金の手錠 《自社に引き留めておくために特定の社員に払う高額の給与などの好条件, または 退職時には在職中の所得の相当部分を会社に返却するという契約》. 〚1976〛

gólden hándshake *n.* [単数形で] 《口語》(解雇・強制退職などの際の高額の)退職金: retire with a ～. 〚1960〛

gólden hárdhack *n.* 《植物》=shrubby cinquefoil.

gólden helló *n.* (会社に引き抜かれる人に支払われる)高額の支度金. 〚1983〛

Gólden Hórde *n.* [the ～] 黄金軍団 《抜都汗(ばつかん) (Batu Khan) に率いられ 1237 年ヨーロッパに侵入したモンゴル族の遠征軍; 抜都汗はそのテントが黄金色であったため, 「金帳汗(きんちょうかん)」と呼ばれたことから》. 〚《なぞり》← Tatar *altūn ordū*〛

Gólden Hórn *n.* [the ～] 金角湾 《トルコ北西部の Bosporus 海峡にある入江で, Istanbul 市の港になっている; トルコ語名 Halis》.

gólden júbilee *n.* =golden anniversary.

gólden kéy *n.* **1** 《聖書》金のかぎ 《聖ペテロが天国の門を開けるのに用いるといわれる; cf. *Matt.* 16: 19》. **2** (障害を取り除くために使う)賄賂(わいろ), 鼻薬.

Gólden Légend, The *n.* 「聖人伝集」, 「黄金聖人伝」 《13 世紀に Genoa の大司教 Jacobus de Voragine /dʒəkóubəs-də-vɔ(ː)rǽdʒəni | -kóubəs-də-vɔ(ː)rǽdʒɪni/ によって編纂(へんさん)された *Legenda Aurea* の英訳; 1483 年に Caxton の手で印刷》.

gólden líp *n.* 《貝類》シロチョウガイ (*Pinctada maxima*) 《Arafura 海に多く, 真珠養殖の母貝とし, 殻は工芸品の材料》.

gólden méan *n.* **1** [通例 the ～] 中庸, 中道. **2** [the ～] =golden section. 〚《1587》《なぞり》← L *aurea mediocritās* (Horace の用語)〛

gólden móle *n.* 《動物》キンモグラ 《アフリカ南部産のキンモグラ科の動物数種の総称》.

gólden-móuthed *adj.* 雄弁な. 〚《1577》《なぞり》← Gk *khrusóstomos* ← *khrūsós* gold＋*stóma* mouth: 4 世紀の伝道者 John archbishop of Constantinople のあだ名〛

gólden nématode *n.* 《動物》バレイショシストセンチュウ (*Heterodera rostochiensis*) 《ヨーロッパ・ロシア・米国などに広く分布するジャガイモの有害線虫; 被嚢の色は黄色》.

gólden númber *n.* [the ～] 黄金数 《メトン周期内の年の番号; 西暦年数に 1 加えて 19 で除した残りの数; cf. Metonic cycle》. 〚?1430〛

gólden óld·ie /-óuldi | -óuɫ-/ *n.* 《米口語》昔人気のあった人[物]; 昔ヒットした歌[レコード], 「なつメロ」.

gólden óriole *n.* 《鳥類》キガシラコウライウグイス (*Oriolus oriolus*) 《ヨーロッパ・西アジア産; コウライウグイス科の鳥》.

gólden párachute *n.* 《口語》ゴールデンパラシュート 《企業買収や合併で失職[降格]した会社幹部に契約上保障された高額の退職金[手当]》. 〚1981〛

gólden pérch *n.* 《魚類》ゴールデンパーチ (*Plectroplites ambiguus*) 《オーストラリア産のスズキ科の淡水魚; 薄黄色ないし黄金色で, 食用魚として珍重される; callop ともいう》.

gólden phéasant *n.* 《鳥類》キンケイ (*Chrysolophus pictus*) 《中国産の美しいキジの類の鳥; 金色の羽冠と腰羽をもつ》.

gólden plóver *n.* 《鳥類》ムナグロ 《チドリ科ムナグロ属 (*Pluvialis*) の胸が黒く背面は黄金色の小斑が散らばっている渡り鳥数種の総称; ムナグロ (*P. dominica*), ヨーロッパムナグロ (*P. apricaria*), ダイゼン (*P. squatarola*) など》.

gólden pótto *n.* 《動物》=angwantibo.

gólden quéen *n.* 《植物》レブンキンバイソウ (*Trollius ledebouri*) 《シベリア原産キンポウゲ科の多年草で黄色い花をつける》.

gólden ráin *n.* 《植物》キングサリ (⇨ laburnum).

gólden-ràin trèe *n.* 《植物》モクゲンジ, センダンバノボダイジュ (*Koelreuteria paniculata*) 《東アジア産ムクロジ科の落葉高木; 寺院に多く植えられる》.

gólden ráisin *n.* 《米》ゴールデンレーズン 《皮の色の薄い干しブドウの一種》 (《英》 sultana).

gólden retríever *n.* ゴールデン レトリーバー 《英国原産の黄金色の被毛をもった猟犬》.

gólden róbin *n.* 《鳥類》=Baltimore oriole.

gólden·ròd *n.* **1** 《植物》アキノキリンソウ 《キク科アキノキリンソウ属 (*Solidago*) の植物の総称; 北米に種類が多く, セイタカアワダチソウ (*S. altissima*) などを含む》. ★ 米国 Kentucky および Nebraska 州の州花. **2** 鮮黄色. — *adj.* 鮮黄色の. 〚1568〛

gólden róse *n.* 《カトリック》(花弁に宝石をちりばめた)黄金のばら 《ローマ教皇によって四旬節の第 4 日曜日に清められたもので, 特別の名誉のしるしとして国の元首や都市に贈られることがある》.

gólden rúle *n.* **1** [the ～] 黄金律 《キリスト山上垂訓中の一節 Therefore all things whatsoever ye would that men should do to you, do ye even so to them. すべて人にせられんと思うことは人にもまたそのごとくせよ (*Matt.* 7: 12); 通俗には Do to others as you would be done by. など簡約される》. **2** (物事の)基本原則, 指導原理. **3** 《数学》=rule of three. 〚1542〛

gólden·sèal *n.* 《植物》米国産キンポウゲ科の草本 (*Hydrastis canadensis*) 《その太い黄色の根は以前止血剤として用いられた》. 〚1855〛

gólden séction *n.* [the ～] **a** 《数学》黄金分割 《線分や幾何図形を, 小さい方と大きい方との比が大きい方と全体との比に等しくなるように分けることをいう; このような比を golden ratio または EXTREME and mean ratio ともいう》. **b** 《美術》黄金分割 《線を二分する際, 長短の比を a:b＝b:(a＋b) に切ること; この比の時が美的効果が最も大であるといわれる; golden mean ともいう》. 〚1875〛

gólden sháre *n.* 《英》ゴールデンシェア 《国益上重要な企業において, 外国企業による買収を防ぐために政府が保有している少なくとも 51% の株》. 〚1982〛

gólden shíner *n.* 《魚類》北米東部に普通にみられるコイ科の淡水魚の一種 (*Notemigonus crysoleucas*) 《体側が銀色に輝く》.

gólden spíder lìly *n.* 《植物》ショウキズイセン (*Lycoris aurea*) 《東アジア原産で鮮黄色の花が咲くヒガンバナ科の球根植物》.

gólden stár *n.* 《植物》=golden aster.

gólden stárs *n.* (*pl.* ～) 《植物》キク科 *Bloomeria* 属の植物の総称; 《特に》 *B. crocea.*

Gólden Stàte *n.* [the ～] 米国 California 州の俗称.

gólden sýrup *n.* 《英》ゴールデンシロップ 《糖蜜 (treacle) に他の成分を加えて作ったシロップ; 主に製菓用》. 〚1860〛

Gólden Témple *n.* [the ～] ゴールデンテンプル 《インドの Amritsar にある Sikh 教の総本山; 1984 年 Sikh 教徒自治権拡大運動の鎮圧に当たった政府軍によって破壊された》.

gólden téxt *n.* (日曜学校の)訓話用聖句 (cf. memory verse).

Gólden Tríangle *n.* [the ～] **1** 黄金の三角地帯 《アヘンやヘロインの主要産地として有名なインドシナ北部のミャンマー・タイ・ラオスが国境を接する地帯》. **2** ゴールデントライアングル 《Huron, Erie, Ontario 湖に囲まれたカナダ Ontario 州の半島地区》. 〚1972〛

gólden wárbler *n.* 《鳥類》=yellow warbler.

gólden wáttle *n.* **1** 《植物》ピクナンサアカシア (*Acacia pycnantha*) 《オーストラリア産マメ科アカシアの一種; その黄色花は同国の非公式の国花; 樹皮からタンニンを採る》. **2** ピクナンサアカシアに似たオーストラリア産のアカシア数種の総称; 《特に》ナガバアカシア (*Acacia longifolia*).

gólden wédding *n.* 金婚式 《結婚 50 周年の記念式[日]; cf. wedding 4》. 〚1850〛

Gol·den·wei·ser /góuɫdənwàɪzə^r, -dn̩- | góuɫdənwàɪzə^(r), -dn̩-/, **Alexander Alexandrovich** *n.* ゴールデンワイザー (1880–1940; ロシア生まれの米国の人類学者・社会学者).

Gólden Wónder *n.* 《商標》ゴールデンワンダー 《英国 Golden Wonder 社製のポテトチップ》.

gólden wónder mìllet *n.* 《植物》=German millet.

gólden yèars *n. pl.* (65 歳以後の)老後 《年金生活の時期》.

góld-exchànge stàndard *n.* 《財政》金為替(かわせ)本位制 《中央銀行が金のほかに金本位制の外貨を保有し, 一定比率でその兌換(だかん)に応じる金本位制の一種》.

góld·èye *n.* (*pl.* ～s, ～) 《魚類》米国中部地方産ムーンフィッシュ科ムーンフィッシュ属の淡水魚 (*Hiodon alosoides*) 《型はニシンに似るが類縁関係は遠く, オステオグロッスム目に属する》.

góld fèver *n.* 黄金熱, 金鉱(発見)熱. 〚1847〛

góld·fìeld *n.* 採金地, 金鉱地.

góld fìelds *n.* (*pl.* ～) 《植物》北米西海岸沿いに見られるキク科 *Baeria* 属の植物数種の総称.

góld-fìlled *adj.* 金張りの, 金被(きせ)の.

góld·fìnch *n.* 《鳥類》 **1** ゴシキヒワ (*Carduelis carduelis*) 《ヨーロッパ産》. **2** 米国産のヒワ属 (*Carduelis*) の小鳥の総称; 特にオウゴンヒワ (*C. tristis*). 〚OE *goldfinč*〛

góld·fìnny *n.* 《魚類》ヨーロッパの大西洋岸に分布するベラ科の魚 (*Ctenolabrus rupestris*) 《goldsinny ともいう》.

góld·fish /góuɫ(d)fɪʃ | góuɫ(d)-/ *n.* **1** 《魚類》キンギョ(金魚) (*Carassius auratus*). **2** 《魚類》=garibaldi 2. **3** 《俗》詐語の鮭. — *adj.* (金魚鉢の中の金魚のように)世間の目にさらされた: a ～ life. 〚1698〛

góldfish bòwl *n.* **1** 金魚鉢. **2** 《口語》ガラス張りの[世間の目にさらされる]状態, プライバシーを保てない場所. 〚1935〛

G

gól̀d fóil *n.* 金箔 (gold leaf よりは幾倍か厚いもの; 歯科充填用, その他金張りに用いる). 〘*c*1325〙
Góld Glóve Awàrd *n.* ゴールドグラブ賞 (毎年プロ野球の Major Leagues で各リーグのポジション別に守備の最も優れた選手に贈られる賞).
góld hydróxide *n.* 〘化学〙水酸化金 ($Au(OH)_3$ と AuOH の 2 種があり, 前者は auric acid とも呼ばれる).
Gold·ie /góʊldi | gə́ʊl-/ *n.* ゴールディー (女性名; 異形 Golda, Goldy). 〘cf. ME *gōldī* golden ∥ OE *golde* marigold〙
gold·i·locks /góʊldilɑ̀(ː)ks | gə́ʊldilɔ̀ks/ *n.* (*pl.* ～) **1** 金髪の人[娘]. **2** 〘植物〙ヨーロッパ産でアキノキリンソウ (goldenrod) の類の草本 (*Linosyris vulgaris*). **3** 〘植物〙キンポウゲの一種 (*Ranunculus auricomus*). **4** [G-] ゴルディロックス (英国の昔話 The Three Bears に登場する熊の家にはいり込んだ女の子の名前). 〘(1566) ← (廃) *goldy* (← GOLD＋-Y[4])＋LOCK[2]〙
Gol·ding /góʊldɪŋ | gə́ʊl-/ *n.* ゴールディング (男性名). 〘lateOE *Golding* son of the golden one: ⇨ gold, -ing[3]〙
G
Gol·ding, Louis *n.* ゴールディング (1895–1958; 英国の小説家・詩人・随筆家).
Golding, Sir **William** (**Gerald**) *n.* ゴールディング (1911–93; 英国の小説家; *Lord of the Flies* (1954), *The Spire* (1964); Nobel 文学賞 (1983)).
góld láce *n.* 金モール. 〘1591〙
góld léaf *n.* 金箔 (cf. gold foil). 〘1727–41〙
góld médal *n.* (優勝者に贈られる)金メダル. 〘1908〙
Góld Médal *n.* 〘商標〙ゴールドメダル (米国 General Mills 社製の小麦粉 (Gold Medal All Purpose Flour); 1880 年に国際製粉業者展示会で金賞を得たことから).
góld médalist *n.* ゴールドメダリスト, 金メダル獲得[保持]者.
góld mìne *n.* **1** 金鉱, 金山. **2** 〘口語〙宝の山, 大富源; 宝庫: a ～ of information 知識の宝庫 / Oil is a ～ for the company. 石油はその社のドル箱だ. **3** きわめて収益の多い企業[商売]. ***be sitting on a góld mìne*** (それと気づかずに)貴重な物を所有する. 〘1483〙
góld·mìner *n.* 金山を採掘する人; 金鉱の坑夫.
góld mìning *n.* 金鉱採掘(法). 〘1852〙
góld nòte *n.* 〘米〙金貨兌換(だかん)紙幣.
góld nùmber *n.* 〘物理化学〙金数 (保護コロイド (protective colloid) の保護作用の強さを定量的に表すための尺度).
góld-of-pléasure *n.* 〘植物〙＝GOLD of pleasure.
Gol·do·ni /gɑ(ː)ldóʊni, gɔ(ː)l- | gɔldə́ʊ-; *It.* goldóːni/, **Carlo** *n.* ゴルドーニ (1707–93; イタリアの新喜劇の創始者, 作品 260 編余; *La Locandiera*「宿屋の女主人」(1753)).
góld-pláte *vt.* …に金めっき[金張り]する. 〘1864〙
góld pláte *n.* **1** (食卓または装飾用の)金器類. **2** 金めっき.
góld pòint *n.* **1** 〘経済〙金現送点, 正金輸送点 (金本位制度のもとで, 外貨の法定平価に金の現送費用を加減した値; 為替相場がこの範囲外に出ると国際収支は金現送によって決済される): the *gold* export *point* 金輸出点, the *gold* import *point* 金輸入点. **2** 〘物理〙金点 (1 気圧での金の融点; 1063.0°C で, 国際実用温度目盛の定点として用いられる). 〘1882〙
góld récord *n.* 〘米〙ゴールド レコード, 黄金のレコード (〘英〙gold disc) (アルバムでは 50 万組, シングル盤では 100 万枚売れたレコードの歌手[奏者]に賞として与えられる).
góld resèrve *n.* 〘財政〙金[正]貨準備: drain the ～ 金準備を海外に流出させる. 〘1870〙
góld-rímmed *adj.* 金縁の: ～ spectacles. 〘1900〙
góld rùsh *n.* **1** ゴールドラッシュ (1849 年 California にあったような新金鉱地への殺到; cf. forty-niner). **2** 一獲千金を求めて新しい[もうかる]土地[分野]に殺到すること. 〘1893〙
Gold·schmidt /góʊl(d)ʃmɪt | gə́ʊl(d)-; *G.* gɔ́ltʃmɪt/, **Richard Be·ne·dikt** /béːnedɪkt/ *n.* ゴルトシュミット (1878–1958; ドイツ生まれの米国の遺伝学者; 遺伝は個々の遺伝子の性質よりも染色体分子の化学的配置によって決定されるという説を唱えた).
góld shèll *n.* 金粉または金箔を溶かして内部に塗った貝殻 (画家が金泥を塗るときに用いる).
gold·sin·ny /góʊl(d)sìni | gə́ʊl(d)-/ *n.* 〘魚類〙＝goldfinny. 〘*a*1705〙
góld sìze *n.* 〘化学〙ゴールドサイズ, 箔下(はくした)ワニス, 箔下地塗料 (コーパル (copal) などをボイル油 (boiled oil) に溶解した油ワニス; 金箔付着用に用いるのでこの名がある; cf. size[2]). 〘1611〙
góld·smìth *n.* **1** 金製品の売買業者. **2** 金細工師[商], 飾り職 (18 世紀までは往々金融業を兼ねた). **3** (マレーシアで)華僑の宝石商. 〘OE *goldsmiþ*: ⇨ gold, smith〙
Gold·smith /góʊl(d)smɪθ | gə́ʊld-/, **Oliver** *n.* ゴールドスミス (1728–74; アイルランド生まれの英国の詩人・小説家・劇作家; *The Vicar of Wakefield* (小説, 1766), *The Deserted Village* (詩, 1770), *She Stoops to Conquer* (戯曲, 1773)).
góldsmith bèetle *n.* 〘昆虫〙 **1** ツヤアオハナムグリ (*Cetonia aurata*) (ヨーロッパ産のコガネムシ科ハナムグリ亜科の鮮緑色の甲虫). **2** 米国産の鮮黄色の大形のコガネムシ (*Cotalpa lanigera*). 〘1888〙
Góldsmiths' Háll *n.* (London の) 金細工職組合本部.
gold stàmp [**stàmping**] *n.* 〘製本〙金箔押し.
gold stàndard *n.* [the ～] 〘経済〙金本位(制) (cf. gold *n.* 4, silver standard, paper standard): go off *the* ～ 金本位制を離脱する.
góld stár *n.* **1** 〘米〙戦死者を表す金星, 金星章 (民家・学校・事務所などに掲げた白地に濃赤色の縁を取った軍籍旗にその戦死者の数だけの金色の星をつける): a ～ mother 金星[戦死者]の母. **2** ゴールドスター (学校で優秀な答案や宿題に対して与えられる金色の星形シール).
Gold·stein /góʊl(d)staɪn | gə́ʊl(d)-/, **Joseph Leonard** *n.* ゴールドスタイン (1940– ; 米国の遺伝学者; コレステロール代謝に関する研究で Nobel 医学生理学賞 (1985)).
Góld Stíck *n.* (英国で)式典などの際, 王[女王]に従って金色の棒を捧持する宮内官; [g- s-] その金色棒. 〘1804〙
góld·stòne *n.* 〘鉱物〙砂金石, 黄玉 (aventurine). 〘1626〙
góld tàil *n.* 〘昆虫〙モンシロドクガ (*Euproctis similis*) (ヨーロッパ産で果樹の害虫; goldtail moth, yellowtail (moth) ともいう).
góld·thrèad *n.* **1** 〘植物〙ミツバオウレン (*Coptis trifolia*) (北米・ヨーロッパ・アジア産キンポウゲ科オウレン属の植物; ほっそりした黄色い根をもつ); オウレン属の植物の総称. **2** その根 (薬用・染料用). 〘1390〙
góld-típped *adj.* 先端に金の付いた; (特に)(巻きたばこが)金口の: a ～ cigarette.
gol·durn /gɑ́(ː)ldə́ːn⁻ | gɔ́ldəːn/ *int.*, *n.*, *adj.*, *adv.*, *v.* 〘口語〙＝goldarn.
gol·durned /gɑ́(ː)ldə́ːnd⁻ | gɔ́ldəːnd/ *adj.* (最上級 ～**est**), *adv.* 〘口語〙＝goldarned.
góld-wáshed *adj.* 薄く金めっきをした. 〘1872〙
Goldwasser *n.* ⇨ Danziger Goldwasser.
góld·wàter *n.* ＝Danziger Goldwasser. 〘(1877) (なぞり) ← G *Goldwasser*〙
Gold·water /góʊldwɔ̀(ː)tə, -wɑ̀(ː)- | gə́ʊldwɔ̀ːtə(r)/, **Barry Morris** *n.* ゴールドウォーター (1909–98; 米国の政治家; 上院議員 (1953–64, 1969–87), 共和党大統領候補 (1964)).
góld·wòrk *n.* 金細工. 〘1683〙
Gold·wyn /góʊldwɪn | gə́ʊldwɪn/, **Samuel** *n.* ゴールドウィン (1882–1974; ポーランド生まれの米国映画製作者; MGM 映画の生みの親の一人; 旧姓 Goldfish).
Góld·wyn·ism /-nɪzm/ *n.* 言葉のおかしな使い方[誤用]を含む表現 (*include me out* など; cf. bull[3] 1, malapropism). 〘(1937) ↑〙
Gold·y /góʊldi | gə́ʊl-/ *n.* ゴールディー (女性名). 〘⇨ GOLDIE〙
go·lem /góʊləm | gə́ʊlɛm/ *n.* **1** 〘ユダヤ伝説〙ゴーレム (聖なる名前の魔術的力によって生命を得, 命令によって働くとされる空想上の人造人間[生物]). **2** 自動人形. **3** ばか, まぬけ. 〘(1897) ▭ MHeb. *gōlem* ＜ Mish.Heb. 'shapeless matter'〙
golf /gɑ́(ː)lf, gɔ́(ː)lf | gɔ́lf/ ★ ゴルファーは時として /gɑ́(ː)f, gɔ́(ː)f | gɔ́f/ とも発音することがあるが, やや古めかしい感じを与える. *n.* **1** ゴルフ: play ～ ゴルフをする. **2** [G-] 〘通信〙ゴルフ (文字 g を表す通信コード). — *vi.* ゴルフをする: go ～*ing* ゴルフに行く. — *vt.* (ゴルフクラブで打ったように)打つ, 高く打ち上げる (loft). **～·dom** /-dəm/ *n.* 〘(1457) (スコット) ～, *gouff* ▭ ? Du. *kolf* club: cf. Swed. *kolf* butt end ← Gmc **kulb-* ← ?〙
Golf /gɑ́(ː)lf, gɔ́(ː)lf | gɔ́lf; *G.* gɔ́lf/ *n.* 〘商標〙ゴルフ (ドイツ Volkswagen 社製の小型乗用車; 米国での名称は Rabbit).
gólf bàg *n.* ゴルフバッグ. 〘1895〙
gólf bàll *n.* **1** ゴルフボール, ゴルフの球. **2** 〘口語〙(シングル)エレメント, ボール活字 (電動タイプライターの活字が球形の表面についているもの). 〘1966〙
gólf càrt *n.* **1** ゴルフカート (ゴルフバッグを運ぶ小型の手押車). **2** ゴルフカー (ゴルファーを運ぶ小型電動車; golf car ともいう). 〘1951〙
gólf clùb *n.* **1** (ゴルフの打球用)クラブ. **2** ゴルフクラブ (ゴルフ愛好者の団体, またはその施設のある場所). **3** 〘英〙＝country club. 〘1508〙

golf clubs 1
1 driver
2 mashie niblick
3 sand wedge
4 putter

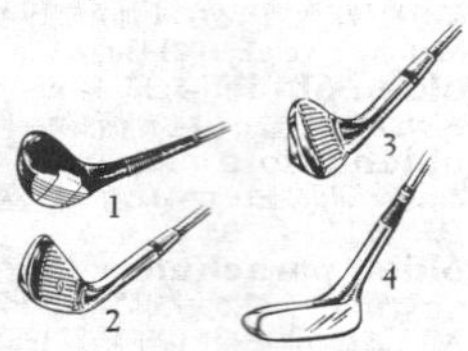

gólf còurse *n.* ゴルフ場, ゴルフコース (golf links). 〘1890〙
golf·er /gɑ́(ː)lfə, gɔ́(ː)lfə | gɔ́lfə(r)/ *n.* **1** ゴルフをする人, ゴルファー. **2** カーディガン (cardigan). 〘(1721): ⇨ -er[1]〙
golf·ing /gɑ́(ː)lfɪŋ, gɔ́(ː)lf- | gɔ́lf-/ *adj.* ゴルフ用の, ゴルフのための: a ～ cap ゴルフ帽 / a ～ holiday ゴルフ休暇. 〘(1800): ⇨ -ing[2]〙
gólf lìnks *n.* (*pl.* ～) ＝golf course.
gólf shìrt *n.* 〘米〙ポロシャツ.
gólf shòe *n.* ゴルフシューズ (靴底に釘が打ってあるゴルフ用のオックスフォードシューズ).
gólf wìdow *n.* ゴルフウィドー (ゴルフにばかり行っている夫をもつ妻). 〘1928〙
Gol·gi /gɔ́(ː)ldʒiː, gɑ́(ː)l- | gɔ́ldʒi; *It.* gɔ́ldʒi/ *adj.* 〘解剖〙ゴルジ体[器官]の[に関する]. 〘↓〙
Gol·gi /gɔ́(ː)ldʒiː, gɑ́(ː)l- | gɔ́ldʒi; *It.* gɔ́ldʒi/, **Camillo** /kamíllo/ *n.* ゴルジ (1844–1926; イタリアの解剖学者・病理学者; Nobel 医学生理学賞 (1906)).
Gólgi apparàtus *n.* 〘解剖〙(細胞の)ゴルジ装置. 〘1916〙
Gólgi bòdy *n.* 〘解剖〙(細胞の)ゴルジ体. 〘1925〙
Gólgi còmplex *n.* 〘解剖〙(細胞の)ゴルジ器官. 〘1967〙
Gol·go·tha /gɑ́(ː)lgəθə | gɔ́l-/ *n.* **1** 〘聖書〙ゴルゴタ (Jerusalem 郊外の丘でキリストはりつけの地 (cf. *Matt.* 27: 33, *John* 19: 17); cf. Calvary 1). **2** [g-] **a** (まれ) 埋葬地, 墓地 (graveyard); 納骨堂. **b** 受難の地, 殉教[犠牲]の場所. 〘(1595) ▭ LL ～ ▭ LGk (N.T.) *golgothâ* ▭ Aram. *gulgūltā* skull〙
go·liard /góʊljəd | gə́ʊljəd/ *n.* [時に G-] (11–13 世紀の英・独・仏の)遊歴書生 (各地の大学などを遍歴しながら, 中世ラテン語による恋愛・飲楽・諷刺詩を作った). 〘(1483) ▭ OF ～ 'jester, (原義) glutton' ← *gole* (F *gueule*) ＜ L *gulam* throat, palate, gluttony: ⇨ -ard〙
go·liar·der·y /goʊljɑ́ədəri | gəʊljɑ́ːd-/ *n.* 遊歴書生の作った中世ラテン詩(集). 〘(1855): ⇨ ↑, -ery〙
go·liar·dic /goʊljɑ́ədɪk | gəʊljɑ́ːd-/ *adj.* [時に G-] 遊歴書生の作った中世ラテン詩の(ような). 〘(1865): ⇨ -ic[1]〙
Go·li·ath /gəláɪəθ | gə(ʊ)-/ *n.* **1** 〘聖書〙ゴリアテ (David に殺されたペリシテ人 (Philistines) の巨人; cf. *1 Sam.* 17: 4, 49–51). **2** 巨人 (giant): the ～ of English literature 英文学界の巨人. **3** [g-] 〘機械〙＝goliath crane. **4** [g-] 〘鳥類〙＝goliath heron. 〘(1589–90) ▭ LL ～ ▭ Heb. *Golyáth*〙
golíath bèetle *n.* 〘昆虫〙ゴライアスツノコガネ, ゴライアスオオツノハナムグリ (コガネムシ科ハナムグリ亜科ゴライアスツノコガネ属 (*Goliathus*) に属し, 中央アフリカを中心に約 5 種を含む; シラフゴライアスツノコガネ (*G. orientalis*) など世界最大の甲虫と称され体長 15 cm に及ぶものがある). 〘1826〙
golíath cràne *n.* 〘機械〙ゴライアスクレーン, 橋形クレーン, 門形移動クレーン. 〘1892〙
golíath fròg *n.* 〘動物〙ゴライアスガエル (*Rana goliath*) (アフリカ産の世界最大のカエル; 体長は 30 cm に達する). 〘1931〙
golíath hèron *n.* 〘鳥類〙オニアオサギ (*Ardea goliath*) (アフリカ産サギ科アオサギ属の鳥; goliath ともいう). 〘1860〙
Gol·lancz /gəlǽnts, gɑ́(ː)lənts, -lænts | gəlǽnts, gɔ-, -lǽŋks, gɔ́lənts, gɔ́læŋks, —⌐/, Sir **Hermann** *n.* ゴランツ (1852–1930; 英国のラビ, ヘブライ語学者; London 大学教授).
Gollancz, Sir **Israel** *n.* ゴランツ (1864–1930; 英国の中世英語英文学者; 前者の弟).
gol·li·wog /gɑ́(ː)liwɑ̀(ː)g, -wɔ̀(ː)g | gɔ́liwɔ̀g/ *n.* (*also* **gol·li·wogg, gollywog** /～/) 真っ黒い顔をしたグロテスクな人形; お化けのような顔の人. 〘(1895) ← GOLL(Y)＋(POLL)IWOG: Florence K. Upton が挿絵を描いた本 (1895) に出てくる人形の名〙
gol·lop /gɑ́(ː)ləp | gɔ́l-/ *v.*, *n.* (*also* **gol·lup** /～/) (方言・口語) ＝gulp.
gol·ly[1] /gɑ́(ː)li | gɔ́li/ *int.* 〘口語〙[驚き・強調などを表して] やっ, おや, まあ (O Lord!): By [My] ～! おやおや; いやはや全く. 〘(1848): *God!* を婉曲にした変形, もと黒人用語〙
gol·ly[2] /gɑ́(ː)li | gɔ́li/ *n.* 〘英口語〙＝golliwog.
gol·ly[3] /gɑ́(ː)li | gɔ́li/ 〘豪俗〙 *vi.*, *vt.* つばを吐く. — *n.* 吐いたつば.
gólly·wòbbler *n.* 〘海事〙ゴリーウォブラー (スクーナー型帆船のフォアマストとメンマストの間の支索に張るステースルの一種で, 大型の四辺形の縦帆).
go·lop·tious /gəlɑ́(ː)pʃəs | -lɔ́p-/ *adj.* ＝goluptious.
go·losh /gəlɑ́(ː)ʃ | -lɔ́ʃ/ *n.* 〘英〙＝galosh.
go·lup·tious /gəlʌ́pʃəs/ *adj.* 〘戯言〙おいしい, 美味な (delicious); 楽しい. 〘(1856): VOLUPTUOUS などとの類推による恣意的造語〙
GOM /dʒìːòʊém | -əʊ-/ (略) 〘英〙 Grand Old Man (W. E. Gladstone のあだ名).
gom·been /gɑ(ː)mbíːn | gɔm-/ *n.* 〘アイル〙(法外な)高利 (usury), 暴利 (gombeenism ともいう). 〘(1862) ▭ Ir.-Gael. *gaimbín* rent, interest ▭ ? ML *cambium* ← *cambiāre* to exchange〙
gombéen-màn /-mæ̀n/ *n.* (*pl.* **-men** /-mɛ̀n/) 〘アイル〙金貸し, 高利貸し (usurer) (しばしば商店や居酒屋を経営しながら法外な利をむさぼる). 〘1862〙
Gom·berg /gɑ́(ː)mbəːg | gɔ́mbəːg/, **Moses** *n.* ゴンバーグ (1866–1947; ロシア生まれの米国の化学者; 遊離基の研究で有名).
gom·bo /gʌ́mboʊ | -bəʊ/ *n.* (*pl.* ～**s**) ＝gumbo.
gom·broon /gɑ(ː)mbrúːn | gɔm-/ *n.* (白色半透明の)ペルシャ陶器. 〘(1698) ← *Gombroon* (ペルシャ湾に臨む町の名)〙
Go·mel /góʊməl, gɔ́(ː)m-, -mḷ | gə́ʊm-, gɔ́ːm-; *Russ.* gómʲɪlʲ/ *n.* ゴメリ (ベラルーシ共和国東南部の都市; Dnieper 川の支流に臨む).
gom·er·al /gɑ́(ː)m(ə)rəl | gɔ́m-/ *n.* (*also* **gom·er·el** /～/, **gom·er·il** /-rɪl/) (スコット・北英) まぬけ, あほう, ばか. 〘(1814) ← ? (廃) *gome* man (＜ OE *guma*)＋-EREL〙
Gó·mez /góʊmɛz | gə́ʊ-; *Am.Sp.* gómes/, **Juan Vi·cente** *n.* ゴメス (1857?–1935; ベネズエラの軍人・政治家・独裁者 (1908–35); 大統領 (1908–15, 1922–29, 1931–35)).
Gómez de la Ser·na /góʊmɛzdɛlɑːsέənə | gə́ʊmɛzdɛlɑːsέə-; *Sp.* góme θðelasérna/, **Ramón** *n.* ゴメス デ ラ セルナ (1888–1963; スペインの小説家・伝記作家・批評家; 通称 Ramón; *Flor de greguerías*「寸評選」(1933)).
Go·mor·rah /gəmɔ́(ː)rə, -mɑ́(ː)rə | -mɔ́rə/ *n.* **1** (*also* **Go·mor·rha** /～/) 〘聖書〙ゴモラ (住民の邪悪のため

Sodom と共に神に滅ぼされた死海の近くの古代の町; cf. *Gen.* 13:10; 18–19》. **2** 罪悪の都, 邪悪の町. **Go·mór·re·an, Go·mór·rhe·an** /-riən/ *adj.* 〖□ Gk *Gómorrha* □ Heb. *ʿămōrāʰ* 《原義》 overflowed?〗

Gom·pers /gá(ː)mpəz | gɔ́mpəz/, **Samuel** *n.* ゴンパーズ《1850–1924; 英国生まれの米国の労働運動指導者; 米国労働総同盟 (AFL) の創立者・会長 (1886–94, 1896–1924)》.

gom·phi·a·sis /gɑ(ː)mfáɪəsɪs | gɔmfáɪəsɪs/ *n.* 〘歯科〙(特に, 大臼歯の)歯牙弛緩(しかん). 〖(1706) □ Gk *gomphíasis* toothache ← *gomphíos* molar tooth: ⇨ -asis〗

gom·pho·sis /gɑ(ː)mfóusɪs | gɔmfə́usɪs/ *n.* (*pl.* **-pho·ses** /-siːz/) 〘解剖〙丁植, 釘植(ていしょく)《骨の連結の一つの形式で, 歯が顎骨の歯槽に入っているように, 一方が他方にはまり込んでいるもの》. 〖(1578) ← NL ～ ← Gk *gómphōsis* nailing together ← *gómphos* nail, bolt: ⇨ -osis〗

gom·roon /gɑ(ː)mrúːn | gɔm-/ *n.* =gombroon.

Go·muł·ka /goumúːlkə, gə- | gə(u)-; *Pol.* gɔmúwka/, **Wła·dy·sław** /vwadíswaf/ *n.* ゴムルカ《1905–82; ポーランドの政治家; 統一労働者党第一書記 (1956–70)》.

go·mu·ti /goumúːti | gə(u)múːti/ *n.* **1** 〘植物〙サトウヤシ (*Arenga pinnata*)《樹液は砂糖およびしゅろ酒の原料; gomuti palm ともいう; cf. sago palm》. **2** サトウヤシの葉柄から採れる繊維《ロープを作るのに用いる》. **3** =sago palm. 〖(1811) □ Malay *gĕmuti*〗

gon- /gɑ(ː)n | gɔn/ (母音の前にくるときの) gono- の異形.

-gon /←- gɑ̀(ː)n, -gən | -gən/「…角形」の意の名詞連結形: haxagon, polygon / n-*gon* n 角形. 〖← NL *-gonum* ← Gk *-gōnos* angled ← *gōnía* angle ← IE **gōnwyā-* ← **genu-* 'KNEE': cf. knee〗

go·nad /góunæd | gə́u-, gɔ́n-/ *n.* 〘解剖〙性腺, 生殖腺《生殖細胞の作られる卵巣・睾丸(こうがん)・精巣など》. **go·nad·al** /gounǽdl | gəunǽdl, gɔn-/ *adj.* **go·na·di·al** /gounéɪdiəl | gə(u)néɪd-, gɔ-/ *adj.* **go·nad·ic** /gounǽdɪk | gə(u)nǽd-, gɔ-/ *adj.* 〖(1880) ← NL ～ ← GONO-+-AD¹〗

go·nad·ec·to·mize /gòunədéktəmàɪz, -næd- | gəun-, gɔn-/ *vt.* 〘外科〙…の性腺を摘出する, 去勢する. **gò·nad·éc·to·mìzed** *adj.*

go·nad·ec·to·my /gòunədéktəmi, -næd- | gəun-, gɔn-/ *n.* 〘外科〙去勢, 性腺摘出. 〖(1925) ← GONAD+-ECTOMY〗

go·nad·o·tro·phic /gounæ̀dətrá(ː)fɪk, gɑ(ː)n-, gɑ̀(ː)nədou-, -tróuf- | gə̀unədə(u)tróuf-, gɔ̀n-ˊ/ *adj.* 《英》=gonadotropic.

go·nad·o·tro·phin /gounæ̀dətróufɪn | gə̀unədə(u)tróufɪn, gɔ̀n-/ *n.* 《英》〘生化学〙=gonadotropin. 〖1957〗

go·nad·o·trop·ic /gounæ̀dətrá(ː)pɪk | gə̀unədə(u)trɔ́pɪk, gɔ̀n-ˊ/ *adj.* 〘生化学〙生殖腺刺激性の, 向生殖腺性の: a ～ action. 〖(1931) ← GONAD+-O-+-TROPIC〗

gonádotropic hórmone *n.* 性腺刺激ホルモン (gonadotropin).

go·nad·o·tro·pin /gounæ̀dətróupɪn | gə̀unədə(u)tróupɪn, gɔ̀n-/ *n.* 〘生化学〙ゴナドトロピン《脳下垂体前葉の生殖腺刺激ホルモン; cf. chorionic gonadotropin, follicle-stimulating hormone, luteinizing hormone, prolactin》. 〖1937〗

Go·na·ïves /gòunəíːv | gɔ̀n-; *F.* gɔnaiːv/ *n.* ゴナイーブ《ハイチ西部ゴナイーブ湾 (the Gulf of Gonaïves) に臨む港湾都市; ハイチ独立宣言の地 (1804)》.

gon·a·poph·y·sis /gɑ̀(ː)nəpá(ː)fəsɪs | gɔ̀nəpɔ́fɪsɪs/ *n.* (*pl.* **-y·ses** /-siːz/) 〘動物〙陰具片《昆虫類の雌の尾端にある 3 対の突起で, 産卵管 (ovipositor) を形成する》. 〖(1877) ← NL ～: ⇨ gono-, apophysis〗

Gon·cha·rov /gɑ̀(ː)ntʃərɔ́(ː)f, -rá(ː)f, ←-ˊ | gɔ̀ntʃərɔ́f; *Russ.* gəntʃʌrɔ́f/, **Ivan Aleksandrovich** *n.* ゴンチャロフ《1812–91; ロシアの小説家; *Oblomov* (1859)》.

Gon·court /gɔ̃ː(ŋ)kúə, gɑːŋ- | -kúəʳ; *F.* gɔ̃kuːʁ/, **Edmond Louis Antoine Huot de** /ɥo d/ *n.* ゴンクール《1822–96; フランスの小説家・美術評論家; 弟 Jules と共同で創作; *Journal* (兄弟の)「日記」(20 巻) (1956–58)》.

Goncourt, Jules Alfred Huot de *n.* ゴンクール《1830–70; フランスの小説家; Edmond の弟》.

Góncourt Príze *n.* [the ～] ゴンクール賞《Goncourt 兄弟の遺志により創設され, 1902 年に発足したゴンクール協会 (Académie Goncourt) がその年のフランスの小説の最優秀作品に授ける賞; フランス語では Prix Goncourt》.

Gond /gá(ː)nd | gɔ́nd/ *n.* **1 a** [the ～s] ゴンド族《中部インドのデカン高原 (the Deccan) に住むドラビダ系 (Dravidians) の種族》. **b** ゴンド族の人. **2** ゴンド語 (Gondi). 〖(1810) 《現地語》〗

Gon·dar /gá(ː)ndə, -daə | gɔ́ndəʳ, -dɑːʳ/ *n.* ゴンダル《エチオピア北西部の都市; 16–19 世紀には同国の首都》.

Gond·i /gá(ː)ndi | gɔ́n-/ *n.* ゴンド語《ドラビダ語族; cf. Gond》. 〖(1855) □ Hindi〗

gon·do·la /gá(ː)ndələ, -dlə | gɔ́n-/ *n.* **1** ゴンドラ《Venice 特有の平底舟》. ★ この意味では《米》ではまた /gɑ(ː)ndóulə/ とも発音する. **2** (気球・飛行船・ロープウェー・スキーリフト・高所工事用などの)ゴンドラ, つりかご. **3** 《米》無蓋(むがい)の大型貨車. **4** 《米》大型平底船《独立戦争当時 New England 地方で砲艦として使われ, 後にはしけ (lighter) として同地方および Ohio, Mississippi 両河でも使われた》. **5** ゴンドラ椅子《背がゴンドラの舳先(へさき)のように下方へ曲線を描いて伸びていて, ひじ掛けを成す》. **6** ゴンドラ(ケース)《スーパーマーケットや小売店で商品を周囲から自由に取り出せる売り台》. **7** 〘自動車〙ホッパー型コンクリート車《コンクリート運搬用ホッパー型コンテナ付きトラックまたはトレーラー》. **8** 《カナダ》(アイスホッケー場の)解説者が使うテレビ中継用ブース. 〖(1549) □ It. (Venetian) ～ ← ? It. *gonda* boat □ ? Gk *Kóndu* drinking cup〗

góndola càr *n.* =gondola 3.

góndola chàir *n.* =gondola 5.

gon·do·lier /gɑ̀(ː)ndəlíə, -dl- | gɔ̀ndəlíəʳ, -dl-/ *n.* ゴンドラの船頭. — *vt.* ゴンドラで運ぶ. 〖(1603) □ F ～ □ It. *gondoliere*: ⇨ gondola, -ier²〗

Gon·do·mar /gɑ̀(ː)ndəmáə | gɔ̀ndəmáːʳ; *Sp.* gondomáɾ/, **Diego Sar·mien·to de A·cu·ña** /saɾmjénto de akúɲa/ *n.* ゴンドマル《1567–1626; スペインの外交官; 駐英大使として James 一世の宮廷で最も影響力があった》.

Gond·wa·na /gɑ(ː)ndwáːnə | gɔn-/ *n.* 〘地質〙ゴンドワナ大陸《古生代中頃から中生代初期頃まで南米・アフリカ・インド・オーストラリア・南極大陸を結合していたと考えられる南半球の大陸塊; Gondwanaland ともいう; cf. Laurasia》. **Gon·dwá·ni·an** /-niən/ *adj.* 〖(1873) □ ? Skt *goṇḍavana* ← *goṇḍa* 'GOND'+*vana* forest〗

Gondwána·lànd *n.* =Gondwana.

gone¹ /gɔ́(ː)n, gá(ː)n | gɔ́n/ *v.* go¹ の過去分詞. — *adj.* **1 a** 行ってしまった, いない: How long will you be ～? 何日くらい行っているの. **b** 過ぎ去った, 過去の: Those days are past and ～. その時代はもう遠い昔となってしまった. **c** 《婉曲》死んだ: They are all dead and ～. 彼らは皆死んでしまった. **2 a** 《英》〈年齢・時間を〉越えて[た], …過ぎで[の], 以上で[の] (more than) (cf. going *adj.* 5): a man ～ ninety years of age 90 歳を過ぎた人 / It is ～ ten years since they last met. 彼らがこの前会ってから 10 年以上になる / It is ～ nine. 9 時過ぎである. **b** (ある期間)妊娠している, はらんでいる (pregnant): She is already eight months ～. もう妊娠 8 か月である. **3 a** だめになった, 見込みのない, 落ちぶれた: a ～ man / a ～ case 《口語》抜き差しならぬ羽目(になっている人); もう助からぬ人[病人] / a ～ goose [gosling] 《口語》全く見込みのない人[もの], どうしようもないやつ / a ～ coon 《米俗》しようもない人; 絶望的事柄[状態]. **b** 気力の衰えた, 滅入るような: a ～ feeling [sensation] 滅入るような気分. **c** 疲れ果てた, へとへとになった; 死にかけて. **4** 《口語》**a** 〔…に〕はまり込んで; 夢中になった, 興奮した 〔*in*〕: be ～ *in* love 恋にうつつを抜かしている / They are far ～ *in* vice. 彼らは悪行の淵にはまり込んでしまっている. **b** 《俗》(*also* **gone on**) 〔異性に〕ほれこんで 〔*on*〕: He is dead ～ *on* that girl. 彼はあの女の子にすっかり夢中になっている. **5** 〈矢が〉的の上を通り過ぎて. **6** 《俗》すてきな, すばらしい (great): a real ～ girl. **7** 《俗》〈酒・麻薬・音楽などに〉酔った; 意識を失った.
fár góne ⇨ far-gone. ***Góne awáy!*** 〘狐狩〙そら, 飛び出したぞ, 始まったぞ《狩り出された獲物を猟犬が一斉に追跡し始めたことを知らせる猟犬係の叫び声》. ***góne óut*** 《口語》(驚いて)ほんやりした, ほう然自失の.
Góne with the Wind「風と共に去りぬ」: **1** Margaret Mitchell のベストセラー小説 (1936)《南北戦争の中・戦後の激変する社会を背景に人間の愛憎を描いた長編小説》. **2** Mitchell の小説に基づく米国映画 (1939).
〖OE *ġeġān*〗

gone² /góun | gə́un/ *n.* =germ cell. 〖□ Gk *gonḗ* seed〗

góne·bỳ *adj.* 過去の, 昔の (bygone). 〖1827〗

gon·ef /gá(ː)nəf | gɔ́nɪf/ *n.* =ganef.

góne góose *n.* 《口語》だめになった人[もの], 見込みのない人[もの], 絶望的な事柄[状態]; 逃げた[消えた]人, なくなったもの. 〖1830〗

góne·ness *n.* 疲れ果てた[衰弱しきった]状態, 滅入るような気分 (exhaustion). 〖(1853) ← GONE¹+-NESS〗

gon·er /gɔ́(ː)nə, gá(ː)nə | gɔ́nəʳ/ *n.* 《俗》**1** 破産した人, 落ちぶれた人, 敗残者; 見込みのなくなった人; 死者. **2** だめな事[物], 絶望的状態. 〖(1850) ← GONE¹+-ER¹〗

Gon·er·il /gá(ː)nərəl | gɔ́nərɪl/ *n.* ゴネリル《Shakespeare 作 *King Lear* 中の人物; Lear 王の長女で, 次女 Regan と共に不孝娘の典型; cf. Cordelia》.

gon·fa·lon /gá(ː)nfələn | gɔ́n-/ *n.* **1** 横木からつるす旗, 旒旗(りゅうき), 吹き流し《すそが通例 2, 3 本に割れている》. **2** (中世イタリア都市国家などで用いた)旗 (standard). 〖(1595) □ It. *gonfalone* banner □ F *gonfalon* 《変形》← *gonfanon*: ⇨ gonfanon〗

gon·fa·lon·ier /gɑ̀(ː)nfələníə | gɔ̀nfələníəʳ/ *n.* **1** 旒旗(りゅうき)手. **2** (中世イタリア都市国家の)長官 (chief magistrate). 〖(1586) □ F *gonfalonier* ∥ It. *gonfaloniere*: ⇨ ↑, -ier¹〗

gon·fa·non /gá(ː)nfənən | gɔ́n-/ *n.* (中世騎士の)槍の軸先につけた旒旗(りゅうき) (cf. gonfalon 1). 〖(?a1300) □ OF *gonfanoun* (F *gonfalon*) □ OHG *gundfano* war flag (cf. OE *gūþfana*) ← *gund* war ← Gmc **ʒunþjō* war (← IE **gʷhen-* to strike: cf. fanon, gonfalon〗

gong /gá(ː)ŋ, gɔ́(ː)ŋ | gɔ́ŋ/ *n.* **1** どら, ゴング《集合の合図などに打つ; tam-tam ともいう》: a dinner ～. **2 a** (呼び鈴などに付けた)皿形のベル, ゴング (gong bell ともいう).
日英比較 日本語で言うボクシングの「ゴング」は英語では普通は the bell という. **b** 《英》(パトロールカーの)警告ベル. **3** 《英俗》メダル, 勲章 (medal). **4** 〘時計〙(ハンマーで打って時報等の音を鳴らすための棒状または渦巻状の針金). — *vt.* 《英》警告ベルを鳴らして〈運転手〉に停車の合図をする. — *vi.* どらを鳴らす; どらのような音を出す.
～·lìke *adj.* 〖(1590) □ Malay *gōng*: 擬音語〗

Gong /kúŋ, gúŋ; *Chin.* kʊ̄ŋ/, **Prince** *n.* 恭(きょう)親王《1833–98; 清朝の皇族; 名は奕訢 (Yixin); 西太后と結んで同治帝を擁立し, 伝統的な体制の回復に努めた》.

góng bùoy *n.* 〘海事〙どら浮標, ゴングブイ《波で動くたびに音色の違うどら 3–4 個が鳴るように仕掛けてあるブイ》.

Gong·ga Shan /gá(ː)ŋgəʃáːn, gɔ́(ː)ŋ- | gɔ́ŋ-; *Chin.* kʊ̀ŋkàʂān/ *n.* 貢嘎(ゴンガ)山《中国四川省 (Sichuan) 中西部の大雪山脈(ターシュエシャン)の最高峰 (7,514 m); チベット語名 Minya Konka》.

Gón·go·ra y Ar·go·te /gá(ː)ŋgɔːrəɪ ɑəgóuteɪ, gɔ(ː)ŋ- | gɔŋgɔːrəɪ ɑːgə́u-; *Sp.* góŋgoɾaiaɾɣóte/, **Luis de** *n.* ゴンゴラ イ アルゴテ《1561–1627; スペイン黄金時代の代表的詩人》.

Gon·go·rism /gá(ː)ŋgərɪzm, gɔ́(ː)ŋ- | gɔ́ŋ-/ *n.* (スペイン文学で, Góngora y Argote 風の) 手の込んだバロック風文体. **Gón·go·rist** /-rɪst | -rɪst/ *n.* **Gon·go·rís·tic** /gɑ̀(ː)ŋgərístɪk, gɔ̀(ː)ŋ- | gɔ̀ŋ-ˊ/ *adj.* 〖(1813): ⇨ ↑, -ism〗

Góng Shòw *n.* [The ～]「ザ・ゴングショー」《米国の演芸コンテスト番組; へただとゴングが鳴って退場になる》.

go·ni- /góuni | gə́u-/ (母音の前にくるときの) gonio- の異形.

gonia *n.* gonion, gonium の複数形.

go·ni·al /góuniəl | gə́u-/ *adj.* **1** 〘生物〙生殖原細胞 (gonium) の. **2** 〘人類学〙ゴニオン (gonion) の.

go·ni·a·tite /góuniətàɪt | gə́u-/ *n.* 〘古生物〙ゴニアタイト《アンモナイトに似たゴニアティテス属 (*Goniatites*) の頭足類軟体動物; 縫合線は単純な凹凸から成る; デボン紀・石炭紀の岩石中に化石として産する》. 〖(1838) ← NL *gōniatītēs*〗

go·nid·i- /gounídi | gə(u)nídi/ (母音の前にくるときの) gonidio- の異形.

gonidia *n.* gonidium の複数形.

go·nid·i·al /gounídiəl | gə(u)nídi-/ *adj.* 〘植物〙ゴニジア (gonidium) から成る[を含む]. 〖(1845) ← GONIDIO-+-AL¹〗

gonídial láyer *n.* 〘植物〙ゴニジア層《地衣類でゴニジア (gonidia) が皮層の下に集まって連続した層》. 〖1856〗

go·nid·ic /gounídɪk | gəunid-/ *adj.* =gonidial.

go·nid·i·o- /gounídiou | gə(u)nídiəu/ 〘植物〙「ゴニジア (gonidium)」の意の連結形. ★ 母音の前では通例 gonidi- になる. 〖↓〗

go·nid·i·um /gounídiəm | gə(u)nídi-/ *n.* (*pl.* **-i·a** /-diə | -diə/) 〘植物〙**1** (地衣類などの)ゴニジア, 緑顆(りょくか)体. **2** 地衣体内部にある緑色の藻類細胞《多くの場合は層状をなすが散在することもある》. 〖(1845) ← NL ～: ⇨ gono-, -idium〗

gon·if /gá(ː)nɪf | gɔ́n-/ *n.* (*also* **gon·iff** /～/) =ganef.

gon·i·mo·blast /gá(ː)nəmoublæ̀st | gɔ́nɪmə(u)-/ *n.* 〘植物〙造胞糸《受精した紅藻類の造卵器から発生する糸状の植物体》. 〖(1898) ← Gk *gónimos* productive (← *gígnesthai* to become)+-BLAST〗

go·ni·o- /góuniou | gə́uniəu/ 次の意味を表す連結形: **1**「角 (angle), 隅 (corner)」: goniometry. **2** 〘人類学〙「ゴニオン (gonion)」. ★ 母音の前では通例 goni- になる. 〖← Gk *gōnía* angle〗

go·ni·om·e·ter /gòuniá(ː)mətə | gə̀uniɔ́mɪtəʳ/ *n.* **1** (測量・人体測定・鉱物学などで用いる)ゴニオメーター, 角度計, 測角器. **2** 〘電気〙**a** ゴニオメーター, 無線方位計《直交した一組のコイルと回転コイルからなり, 電波の到来方向の測定に用いる》. **b** =direction finder. **go·ni·o·met·ric** /gòuniəmétrɪk | gə̀u-ˊ/ *adj.* **gò·ni·o·mét·ri·cal** /-trɪkəl, -kl | -trɪ-ˊ/ *adj.* **gò·ni·o·mét·ri·cal·ly** *adv.* 〖(1766) □ F *goniomètre*: ⇨ ↑, -meter¹〗

go·ni·om·e·try /gòuniá(ː)mətri | gə̀uniɔ́mɪ-/ *n.* 角度測定, 測角術. 〖(1823) □ F *goniométrie*: ⇨ -metry〗

go·ni·on /góuniɑ̀(ː)n | gə́uniɔ̀n/ *n.* (*pl.* **-ni·a** /-niə/) 〘解剖〙ゴニオン, 下顎(かがく)角点《下顎下縁と下顎枝後縁との交点》. 〖(1878) ← NL ～ ← Gk *gōnía* angle〗

go·ni·tis /gounáɪtɪs | gəunáɪtɪs/ *n.* 〘病理〙膝関節炎. 〖← NL ～ ← Gk *gónu* knee+-ITIS〗

go·ni·um /góuniəm | gə́u-/ *n.* (*pl.* **-ni·a** /-niə/, **～s**) 〘生物〙生殖原細胞, 性原細胞《有糸分裂によって生殖母細胞(精母細胞, 卵母細胞)となる細胞で卵原細胞 (oogonium) と精原細胞 (spermatogonium) の総称》. 〖← NL ～: ⇨ gono-, -ium〗

-go·ni·um /góuniəm | gə́u-/ 〘生物〙「生殖細胞, 生殖体」の意の名詞連結形: archegonium. 〖↑〗

gonk /gá(ː)ŋk | gɔ́ŋk/ *n.* 卵形の縫いぐるみ人形. 〖(1964) 《造語》〗

gon·na /gənə, gɑ̀(ː)nə, gɔ̀(ː)nə | gənə, gɔnə/ *v.* 《米口語・英俗》=going to (cf. go¹ *vi.* 19): I'm ～ do it. (= I'm going to do it.) / He('s) ～ get married. 〖1913〗

Gonne /gá(ː)n, gán | gɔ́n, gán/, **Maud** *n.* ⇨ MacBride, Maud.

gon·o- /gá(ː)nou | gɔ́nəu/「性の (sexual); 生殖の (reproductive)」の意の連結形. ★ 母音の前では通例 gon- になる. 〖□ LL ～ □ Gk ～ ← *gonḗ* seed, generation ← *gígnesthai* to be born〗

gon·o·cho·rism /gɑ̀(ː)nəkɔ́ːrɪzm | gɔ̀nəkɔ́ːr-/ *n.* 〘生物〙=dioecism.

gon·o·coc·cus /gɑ̀(ː)nəká(ː)kəs | gɔ̀nəkɔ́k-/ *n.* (*pl.* **-coc·ci** /-ká(ː)k(s)aɪ, -ká(ː)ksiː | -kɔ́k-/) 〘細菌〙淋菌 (*Neisseria gonorrhoeae*). **gòn·o·cóc·cal** /-kəl, -kl-ˊ/ *adj.* **gòn·o·cóc·cic** /-ká(ː)k(s)ɪk | -kɔ́k(s)-ˊ/ *adj.* **gòn·o·cóc·coid** /-ká(ː)kɔɪd | -kɔ́k-/ *adj.* 〖(1889) ← NL ～: ⇨ gono-, coccus〗

gon·o·cyte /gá(ː)nəsàɪt | gɔ́n-/ *n.* 〘生物〙生殖母細胞, 性母細胞《卵母細胞 (oocyte) と精母細胞 (spermatocyte) のこと》. 〖1900〗

gon·o·duct /gá(ː)nədʌ̀kt | gɔ́n-/ *n.* 〘動物〙生殖輸管《輸精管・輸卵管・輸卵管・両性管の総称》.

gon·of /gá(ː)nəf | gɔ́n-/ *n.* =ganef.

G

gòno·génesis *n.* 〘生物〙成熟細胞形成. 〖← NL ~: ⇨ gono-, -genesis〗
gó-nó-gò *adj.* 《口語》 **1** (行動方針の)継続か中止かを決定する. **2** 準備完了か未完了を表す: a ~ indicator. 〖(*c*1945) ← GO¹+NO¹+GO¹〗
gon·o·phore /gɑ́(ː)nəfɔ̀ə | gɔ́nəfɔ̀ː(r)/ *n.* **1** 〘動物〙(ヒドロ虫類などの)生殖体. **2** 〘植物〙花軸の花被上への延長部《雄蕊(ずい)・雌蕊をつける》. **gon·o·phor·ic** /gɑ̀(ː)nəfɔ́(ː)rɪk, -fɑ́(ː)r- | gɔ̀nəfɔ́r-ˉ/ *adj.* **go·noph·o·rous** /gənɑ́(ː)fərəs, gɑ(ː)- | gə(ʊ)nɔ́f-, gə-/ *adj.* 〖(1835) ← GONO-+-PHORE〗
gon·o·po·di·um /gɑ̀(ː)nəpóudiəm | gɔ̀nəpə́ud-/ *n.* (*pl.* **-di·a** /-diə | -diə/) 〘魚類〙交尾鰭(き)《交尾に役立つよう変形した魚の尻鰭; カダヤシ (mosquito fish) などの雄に見られる》. 〖← NL ~: ⇨ gono-, podium〗
gon·o·pore /gɑ́(ː)nəpɔ̀ə | gɔ́nəpɔ̀ː(r)/ *n.* 〘動物〙生殖口《生殖輸管 (gonoduct) の体外への開口部》. 〖(1897) ← GONO-+-PORE〗
gon·or·rhe·a, 《英》**gon·or·rhoe·a** /gɑ̀(ː)nəríːə | gɔ̀nəríə/ *n.* 〘病理〙淋(りん)疾, 淋病《性病 (venereal disease) の一種》. 〖(*c*1526) ← NL ~ ← LL ~ ⊏ Gk *gonórrhoia*: ⇨ gono-, -rrhea: 古く淋疾時の炎症性分泌物を精液と誤認したため〗
gon·or·rhe·al /gɑ̀(ː)nəríːəl | gɔ̀nəríəlˉ/ *adj.* 〘病理〙淋菌性の, 淋疾の: ~ ophthalmia 淋菌性眼炎[結膜炎] / ~ threads 淋糸. 〖(1807): ⇨ ↑, -al¹〗
gon·or·rhe·ic /gɑ̀(ː)nəríːɪk | gɔ̀n-ˉ/ *adj.* =gonorrheal.
gonorrhoea *n.* =gonorrhea.
gon·o·the·ca /gɑ̀(ː)nəθíːkə | gɔ̀n-/ *n.* (*pl.* **-the·cae** /-θíːsiː/) 〘動物〙生殖体包, 生殖莢(きょう)《腔腸動物ヒドロ虫の有鞘類の生殖体の包皮》. 〖← NL ~: ⇨ gono-, theca〗
-go·ny /ˊ-gəni/「発生 (generation), 起源 (origination)」の意の名詞連結形: cosmo*gony*, mono*gony*, theo*gony*. ★ 通例連結辞 -o- をとって -ogony になる. 〖⊏ L *-gonia* ← Gk *goníā* generation, seed: ⇨ -gonium: cf. -geny〗
go·ny·au·lax /gòuniɔ́ːlæks, -niɑ́ː- | gə̀uniɔ́ː-/ *n.* 〘動物〙 **1** [G-] ゴニオラクス属《異常発生して赤潮やヒトの貝毒の原因となる発光性の海産渦鞭毛虫を含む一属; 淡水産のものもある》. **2** ゴニオラクス属の原生動物. 〖← NL ~ ← Gk *gónu* knee+*aûlax* furrow〗
go·ny·camp·sis /gɑ̀(ː)nəkǽmpsɪs | gɔ̀nɪkǽmpsɪs/ *n.* 〘病理〙膝(しつ)湾曲《膝関節の異常な湾曲状態》. 〖← Gk *gónu* knee+*kámpsis* bending〗
go·nys /góunɪs | gə́unɪs/ *n.* 〘鳥類〙嘴底線《カモメなどの下くちばしの下にある中央の尾根状部分》. 〖← NL ~ 《変形》 ← ? Gk *génus* under-jaw〗
Gon·za·ga /gɑ(ː)nzɑ́ːgə | gɔn-; *It.* gondzɑ́ːga/, Saint **Aloysius** *n.* ⇨ Aloysius Gonzaga.
Gon·zá·lez /gənzɑ́ːləs, gɑ(ː)n-, -sɑ́ː- | gɔnzɑ́ːlɪz, gən-; *Sp.* gonθáleθ/, **Ju·lio** /xúljo/ *n.* ゴンサレス (1876–1942; スペインの彫刻家; 鉄彫刻の先駆者).
González Már·quez /-mɑ́əkez, -keθ | -mɑ́ː-; *Sp.* márkeθ/, **Fe·li·pe** /felípe/ *n.* ゴンサレス マルケス (1942– ; スペインの政治家; 首相 (1982–96)).
gon·zo /gɑ́(ː)nzou | gɔ́nzəu/ *adj.* 《米俗》 **1** 風変わりな; 異常な. **2** 独断的な, 偏向した: ⇨ gonzo journalism [journalist]. 〖(1971) ⊏ ? It. 'fool(ish)' ∥ Sp. *ganso* goose, fool〗
gónzo jòurnalism *n.* 《米口語》きわもの報道《新聞などの興味本位で煽情的なあるいは偏向した報道》. 〖1971〗
gónzo jòurnalist *n.* 《米口語》きわもの報道を書くジャーナリスト.
goo /gúː/ *n.* 《俗》 **1** べたつく物, ねばつく物. **2** いやらしい感傷. **3** 赤ん坊の片言. 〖(1900) 《略》 ← ? BURGOO ∥ 《変形》 ? ← GLUE〗
goo·ber /gúːbə | -bə(r)/ *n.* 《米中南部》落花生, 南京豆 (goober pea ともいう). 〖(1833) ⊏ Bantu or Angolan *nguba*〗
Góo·ber Stàte /gúːbə | -bə(r)-/ *n.* [the ~] 米国 Georgia 州の俗称.
goo·by /gúːbi/ *n.* (*also* **goo·bie** /~/) 《NZ口語》つば (spittle). 〖(*c*1920s) 《変形》 ← (英方言) *gob* phlegm〗
Góoch crúcible [fílter] /gúːtʃ-/ *n.* 〘化学〙グーチるつぼ《陶磁器で作って, 底に多数の穴をあけた定量分析の濾過(ろか)用るつぼ》. 〖← *F. A. Gooch* (1852–1929: 米国の化学者)〗
good /gʊ́d/ *adj.* (**bet·ter** /bɛ́tə | -tə(r)/; **best** /bɛ́st/) **1** 幸福な, 愉快な, 楽しい; 幸運な; 面白い, うまい: ~ humor 上機嫌 (cf. good-humored) / a ~ joke うまい冗談 / have a ~ time (of it) 楽しい時を過ごす, 楽しい思いをする / ⇨ *as good as a* PLAY / the ~ old days (あの)古き良き時代[昔] (★ good は軽い賛美の意の添え言葉; cf. old *adj.* 9 b) / It is ~ (*for* people) to have a holiday now and then. 時々休暇があるのは楽しい / We've never had it so ~. 《米口語》かつてこんないいご時世はなかった《今ほど楽に暮らせたことがない》 / It's a ~ job we brought our umbrellas. 傘を持ってきたのは上出来だった / ⇨ good thing.
2 a (品質・内容・外観など)よい, 上等の, 優良な, 結構な, 申し分のない, 立派な (excellent, honorable) (⇨ fine SYN): a ~ road, house, knife, book, play, picture, etc. / a ~ view 見事な眺め / a ~ read 楽しい読み物 / a ~ name 名声, 好評 / ~ features [looks] いい顔立ち[器量] (cf. good-looking) / ~ manners [form, breeding] よい作法[礼儀, しつけ] / ~ luck [fortune] 幸運 / ~ news よい知らせ, 吉報 / ~ English よい[立派な]英語 / ~ use [usage] 標準語法 / ⇨ good nature / a person's ~ qualities 人の長所[美点] / a ~ plain dinner あっさりしたおいしいごちそう / look ~ *to* …によさそうに見える / That feels ~! それは手触りがいい / Show me some ~ cloth, please. 上等の生地を見せて下さい / He writes a ~ bold hand. なかなか達者な字を書く / She is of ~ family [of ~ birth]. 彼女は家柄[生まれ]がよい. **b** (学生の成績評価として)良の[で]. **c** 〈衣服など〉最上の, とっておきの (best): She came to the party in her ~ dress. 彼女は晴れ着姿でパーティーに出席した.
3 a 有能な, 手腕のある; 熟練の, (…が)上手な, うまい (*at, in*); 適任の, 資格のある: a ~ carpenter, farmer, lawyer, teacher, workman, etc. / be no ~ *at* … =be not much [very] ~ *at* …が得意ではない / He is a ~ rider [dancer]. 乗馬[ダンス]がうまい / He is ~ *at* figures [languages, golf, tell*ing* a story]. 計算[語学, ゴルフ, 話をすること]がうまい / You are ~ *at* evad*ing* your obligations. 《皮肉》君は義務を逃がれることにかけては抜け目がない / He is ~ *at* carpentry. 大工仕事が得意だ / He was never any ~ *at* tennis. 彼はテニスが全然だめだった / She is ~ *on* the violin. バイオリンが上手だ / He is ~ *with* children [his pen, a rifle]. 子供の扱い[文(章), 射撃]がうまい / She is ~ *with* her hands. 手先が器用だ / They are in need of a ~ candidate for the job. 仕事に適した人を求めている / She is ~ *for* nothing. 何も能のない[全くつまらない]女性だ (cf. good-for-nothing) / He's looking ~ for the championship. 彼は優勝しそうだ. **b** 〈金銭を〉支払う能力[意志]がある (*for*): My friend will be ~ *for* that sum of money. 友人はそれだけの金額を支払ってくれるだろう. **c** 〈笑いを〉誘える, 巻き起こす力がある (*for*): He is [His jokes are] always ~ *for* a laugh. 彼[彼の冗談]はいつでも人を笑わせずにはおかない.
4 a (ある目的にとって)具合のよい, 好適な, 適切な (fitting, proper), 望ましい (desirable) (*for*): a ~ answer / a ~ question ⇨ question 1 / ⇨ *in good* TIME / be as ~ a place [time] as any (完全ではなく)まあまあいい所[時間](など)である / It is not ~ that the man should be alone. 人ひとりなるはよからず (*Gen.* 2:18) / I thought it ~ to do so. そうするのがよいと[そうしようと]思った (cf. THINK (*it*) *fit* [*good, proper*] (to do)) / That is not [hardly] ~ enough. それはどうもまずい[満足できない], それではいけない / It's a ~ day *for* swimming. 水泳にもってこいの日だ / a pencil with a ~ point 先のよくとがった鉛筆 / It's the only ~ pencil left. ちゃんと書ける鉛筆はそれしか残っていない / It's only ~ *for* wearing in hot weather. 暑いときにだけ着るのに適している / He knows more than is ~ *for* him. 彼は必要以上に知っている / I know a ~ place to eat. 食事をするのによい所を知っています / Not so ~! 《皮肉》それはひどい, ひどい失敗[間違い]だ / *Good!*=Very ~! (返事に用いて)よし, けっこう, その通り / *Gòod for yóu!* 《口語》でかした, うまいぞ (★《豪俗》では *Gòod ón you!* という). **b** (…にとって)効果のある, 有効な, (…の)ためになる, 健康によい (*for*): Exercise is ~ *for* the health. 運動は健康によい / This medicine is ~ *for* headaches. この薬は頭痛にきく / Milk is ~ *for* you. 牛乳は健康によい / Discipline is ~ *for* everybody. 訓練はだれにでもためになる / It is ~ *to* eat [drink]. それは食べられる[飲める] / A change is as ~ as a rest. 《諺》気分転換は休息に劣らず健康によい / There was no lamp ~ *enough to* read by. 本が読めるような電灯がなかった / if you know what's ~ for you わが身のためを思うなら《脅しに用いて》.
5 a 善良な, 有徳の (virtuous); 信心深い (pious); 忠実[忠順]な (dutiful, loyal): a ~ wife 良妻 / a ~ king 名君 / a ~ Democrat 忠実な民主党員 / a ~ and holy man 高徳の聖者 / It is difficult to be ~ amid the temptations of the world. 世の誘惑の中にいて善良でいることはむずかしい / He is basically a ~ sort. 彼は本来は善人だ / *Good* man! あっぱれ, よくやった. **b** [名詞的に; the ~; 複数扱い] 善人 (↔ the bad, the wicked): *The* ~ die young. 善人は若死にする. ★ 対句的表現法では the が省かれる: *Good* and bad alike respect him. 善人も悪人も等しく彼を尊敬する.
6 〈特に子供が〉行儀のよい, おとなしい: a ~ boy [girl] 良い子 / Be ~! 《口語》じゃあ気をつけて[がんばって]ね《別れの挨拶に言う》 / That's 《英》There's a ~ boy [girl, fellow]. =What a ~ boy [girl, fellow]! 《口語》いい子だから, いい子だね《子供に用事を言いつけるときや用事を足してくれた子供をほめるときの表現》 / *Good* dog! (犬をほめて)よし, よし / ⇨ (*as*) *good as* GOLD (1).
7 (…に)親切な, 思いやりのある (*to*): a ~ turn 親切, 好意 / ⇨ good offices / say a ~ word for …をほめる, 推薦する / They were ~ *enough* [*so* ~ *as*] *to* take me with them. 彼らは親切にも私を一緒に連れて行ってくれた / Be ~ *enough to* hold your tongue. そうしゃべらないで下さい / He is very ~ *to* his poorer neighbors. 近所の貧しい人たちに随分親切にしてやっている / *It is* extremely ~ *of* you *to* take so much trouble. そんな面倒をして下さるとは本当にご親切さまです / How ~ *of* you! これはご親切にありがとう.
8 仲のよい, 親しい (close); 機嫌のよい, あいそのよい (gracious): a ~ friend 親友, 仲良し / a ~ loser 負けても[損をしても]あっさりしている人, 負けっぷりがきれいな人.
9 a 健全な (sound), 強い, 丈夫な (strong), 健康な (healthy); 〈顔色など〉つやつやかな, すべすべした: He has ~ lungs. 肺が強い / My sight is still ~. 私の視力はまだ丈夫だ / She is enjoying ~ health. 彼女は丈夫でいる / I'm feeling ~. 《米口語》体の具合がよい, 元気が出てきた. **b** (ある期間・活動など)役に立つ, もつ, 大丈夫で (*for*): He [This car] is ~ *for* another ten years. 彼[この車]はまだ 10 年は働ける[もつ] / Are you ~ *for* a five mile walk [another game]? 5 マイル歩く[もうひと勝負する]体力があるか.
10 a 十分な, たっぷりの; 相当な, かなりの; 存分な, 完全な; 〈意図・決意など〉かなり強い: a ~ meal [drink] 十分な食事[飲み物] / a ~ crop [year] 豊作[年] / a ~ while ago かなり前に[の] / a ~ deal of trouble [money] かなり大変な面倒[たくさんの金] / give a ~ beating [scolding] さんざんぶって[小言を言って]やる / have a ~ supply of coal 十分な石炭の供給[貯蔵]がある / have a ~ rest [cry] 存分に休む[泣く] / take a ~ look at …をよく見る / keep up a ~ fire 火をよく起こして[燃やして]おく / make a ~ profit 相当な利益を上げる / Make ~ use of your opportunity. 機会は十分に活用せよ / He has put ~ money into the business. 彼はその事業にかなりの金を注ぎ込んだ. **b** [数詞の前または a ~ で] 十分な, 丸… (full): *a* ~ day's work たっぷり一日の仕事 / It is a ~ *three* miles from the station. 駅から 3 マイルたっぷりある / He was a ~ ten years my senior. 完全に 10 年は私より年上だった. **c** /gʊ̀d/ [形容詞に先立ち, 副詞的にその意味を強めて] 《口語》かなり, 相当に; 十分に (cf. GOOD *and*): ~ hard work かなりきつい仕事 / a ~ strong dose かなり強い服用量 / a ~ long walk かなり長い散歩 / a ~ many books かなりたくさんの本 / a ~ few ⇨ few *adj.* 成句 / with the sails ~ full 〘海事〙(特に詰め開きで)帆に十分風を受けて / It will take a ~ long time. かなり長い時間がかかるだろう.
11 無傷な, 完全な (free from flaws); 〈食品など〉新鮮な, 悪くなって[腐敗して]いない (fresh); おいしい (⇨ delicious SYN): This egg is not very ~. この卵はあまり新しくない / This wine will keep ~ for a long time. このぶどう酒は長いこと取っておける.
12 a にせ[偽り]でない, 真正の (genuine): tell false money from ~ にせ金を本物と区別する (cf. good money). **b** 正当な, 有力な (cogent); 有効な (valid): a ~ reason [excuse] 正当な理由[弁解] / a ~ title 〘法律〙有効な権原, 良権原 / This ticket is ~ *for* 2 days. この切符は 2 日間有効です / The same thing holds ~ *for* us Japanese. 同じ事は我々日本人にも当てはまる. **c** 価が(…に)相当する, (…分に)価する (*for*): My check will be ~ *for* that sum of money. 私の小切手でそれだけの金額が引き出せるだろう.
13 a (商業的に)信用できる (reliable), 確実な, 安全な (safe): ~ securities 優良証券 / a ~ firm 発展性のある企業 / a ~ debt 回収確実な貸金 / An Englishman's word is as ~ as his bond. 英国人の言葉[約束]は証文のように確かだ / ⇨ (*as*) *good as* GOLD (2). **b** 《口語》有利な, 有益な, もうかる (profitable): ⇨ good thing.
14 (米国公定の格付けで)〈食肉, 特に牛肉が〉良の《最上等 (prime), 上等 (choice) の次の格付け》.
15 a /gʊ̀d/ [挨拶の成句に用いて]: ⇨ good afternoon, goodbye, good day, good evening, good morning, good morrow, good night. **b** [強い感情や驚きなどを表す句に用いて]: *Good* gracious!=*Good* God [heavens]! =*Good* me! おお神よ, おやおや, これは驚いた, えーっ / *Good* Lord, no! まあ, (そんな事)とんでもない / *Good* grief! 大変, ああ, こわい. ★ ⇨ God *n.* 4.
16 a [呼び掛けにまたは慣習的な敬称として] 親愛な, いとしい (dear); 《古》尊敬すべき (honorable): my ~ sir [lady] あなた / my ~ friend 君《時には皮肉にまたは怒って》 / your ~ lady あなたの奥様 / this ~ man このお方《時には皮肉に》 / ~ Mr. Hooper フーパーさん / ~ my lord [your ladyship] 《古》御前[奥方]様 / You did it for your ~ pleasure. 《皮肉》君の勝手でしたのだろう. **b** [船・都市の名に添えて]: the ~ ship X 誉れの X 号 / the ~ town of Y 名誉ある Y 市.
a góod déal ⇨ DEAL². ***as góod as*** [副詞的に] (…したも)同然で: He is *as* ~ *as* dead. 死んだも同然だ / That's *as* ~ *as* said. それは言ったも同然だ / That's *as* ~ *as* said no. 駄目だと言ったも同然だ. (1436) ***còme góod*** (はじめの失敗から)立ち直る: Everything *came* ~ in the end. すべて最後にうまくいった / It's beginning to *come* ~. うまくいきそうになってきた. ***give as góod as one géts*** やられただけやり返す. ***góod and*** /gʊ̀dn̩/ [あとに続く形容詞または副詞を強調して] 《口語》非常に, 全く (very); 十分に, 完全に (cf. 10 c, NICE *and*): He's ~ *and* hungry. とても腹が減っている / I'll leave when I'm ~ *and* ready. 準備がすっかりできたら出かける / The soup's ~ *and* hot. スープが十分に熱い / You must work ~ *and* hard. しっかり勉強しなければならない / He fell for her ~ *and* proper. 彼女にすっかりほれ込んだ. ***góod in párts, like the cúrate's égg*** ⇨ curate's egg. ***góod mén and trúe*** 立派で正直な人々, 正義の士 (Shak., *Much Ado* 3. 3. 1); 陪審員: twelve ~ *men and true* 普通陪審員 (common jury). ***màke góod*** (*vt.*) (1) 〈損害などを〉償う, 補償する (compensate), 〈破損物などを〉修復する; 〈不足などを〉補う; 弁済する, 返金する: He promised to *make* ~ all the damage [losses]. 損害[損失]は全額弁償すると約束した. (2) 〈約束を〉履行する (fulfil) (*on*); 〈目的を〉成し遂げる, 果たす: *make* ~ (*on*) one's promise 約束を果たす / *make* ~ one's boast 自慢だけのことをする / *make* ~ one's escape 逃げおおせる. (3) 〈言説・非難など(の真実なこと)を〉立証[実証]する: *make* ~ one's allegations 自分の主張の正しさを証明する. (4) 〘海事〙直航針路を計算で求める, 直航速力を計算で求める. (5) 〈地位を〉確保[保持]する. — (*vi.*) 《口語》成功する (succeed); うまく更生する: She *made* ~ in the end. 最後にうまくいった. ***Thát's a góod òne ['um].*** 《口語》それは面白い, うまいこと[うそ, 冗談]を言うね.
— *adv.* 《米口語》うまく, 具合よく, 首尾よく (well): They've done ~ in their last three fights. 彼らは最後 3 回の戦いで善戦した. ★ 動詞を修飾する good の副詞用

法は一般に非標準語法とみなされ, well に代えられるべきであるといわれる.
— *n.* **1 a** 利益, ため (advantage, benefit); 幸福, 福利: the common ~ 公益 / I am saying this *for* your (own) ~. あなたのためを思ってこれを言っているのです / for the good of …の(利益の)ために. **b** 《口語》役, 価値: Is it any ~ to you? それで君に役に立つのか / It is no ~ talking. 話したってむだだ / She is no ~. 彼女はつまらない女性だ / He's no ~ at anything. 彼は何の役にも立たない / I just feel no ~ any more. 自分がもう何の役にも立たない人間だと思う / What is the ~ *of doing* it? そんなことをして何になるのか / This weather will do her a lot of ~. この天気は彼女の体には大変よいでしょう / Do ~ (to everyone). (皆に)親切にしなさい / That never did anyone any ~. それはだれにも何の役にも立たなかった / Much ~ may it do you! 《反語》それは大いに役に立つだろうよ《何の役に立つものか》/ do a person (a world [the world, a power] of) ~ (非常に)〈人〉のためになる.
2 a [時に G-] 善, 徳 (virtue) (↔ evil); よい点, 長所 (merit): the highest ~ 最高善, 至上善 (summum bonum) / an influence for ~ 善に対する感化力 / do ~ 善行をする / I find no ~ in him. 彼にはよいところが少しもない. **b** よい事[物, 結果]: for ~ or evil よかれ悪しかれ / up to no ~ よからぬ事をたくらんで, いたずらにふけって / come to no ~ 不幸な結果に終わる, 大した事[もの]にならない;〈人が〉よからぬ事をしでかす / To some life is a doubtful ~. 人によっては人生がよいものかどうか疑問なこともある.
3 (特に米国の牛肉の格付けで)上(じょう) (cf. *adj.* 14).
4 [the ~; 複数扱い] 善人たち.
for góod (and áll) これを最後に, 永久に (forever): He lost his job *for* ~. 彼は永久に職を失った / I am going *for* ~ *and all*. 私はこれきり帰ってこない. ***gèt ány* [*some*] *góod of*** 《アイル》(1) うまく扱う[操作する]. (2) きちんと理解する. (3) …の協力を得る. ***góod òld*** [名前につけて好感・称賛などを表す] *Good old* John! ジョンはいいやつだ[よくやった] (⇨ good old boy). ***hàve* [*pùt*] *áll one's góods in the* (*frónt*) *window* [*the shópwindow*]** 〈人が〉見掛け倒しである, 奥行きがない, 浅薄である (be superficial). ***in góod with*** 《口語》…に気に入られて. ***to the góod*** (1) 効果を上げて, 有利に: His efforts were all *to the* ~. 彼の努力は十分に報いられた. (2) 貸越しとして, 純利として(余分に); 勝越しで: He was one pound *to the* ~ on the deal. その取引で 1 ポンドもうけた / The win put our team three points *to the* ~. その勝利で我々のチームは 3 点勝越しとなった / one *to the* ~ 1 点勝ち越して.
〘OE *gōd*《原義》? fitting, suitable < Gmc **ʒōðaz* (Du. *goed* / G *gut* / ON *gōðr* / Goth. *gōþs*) ← IE **ghōdh-*, **ghedh-* to unite, fit (Lith. *goda* honor / ChSlav. *godŭ* proper time): cf. gad¹, gather〙

gòod afternóon *int.* こんにちは; さようなら《午後の挨拶》.

Good·all /gúdɔːl, -dɑːl | -dɔːl/, **Jane** *n.* グッドール《1934– ; 英国の動物行動学者; チンパンジーの生態を研究; WWF 野生生物保護賞 (1984)》.

gòod ár·vo /-ɑ́ːvoʊ | -ɑ́ːvəʊ/ *int.* 《豪》=good afternoon.

Góod Bóok, g- b- *n.* [the ~] 聖書 (the Bible) (cf. book *n.* 1, 7). 〘1860〙

good·bye /gʊ̀(d)báɪ/ (*also* **good-by** /~/) *int* さようなら (farewell) 《別れ・電話での会話の終わりの挨拶》.
— *n.* 別れの言葉[挨拶], いとまごい, 告別 (farewell): say [bid, wish] a person ~ 人に別れを告げる, いとま請いをする / wave [kiss] a person ~ 手を振って[キスをして]人に別れを告げる (cf. KISS goodbye) / Last ~s have been spoken. 最後のいとま請いがなされた.
sáy goodbýe to …をあきらめる (cf. KISS goodbye): If you behave like that you can *say* ~ to your promotion. そんなことをすれば昇進におさらばすることになるよ.
〘(1573–80)《古形》*Godbwye*《短縮》← *God be with ye*: good- は GOODNIGHT などの類推〙

góod chéer *n.* **1** 上機嫌, 快活, 元気: with ~ 元気よく, 快く / of ~ 元気な, ほがらかな / Be of ~! 元気を出しなさい, しっかりしなさい. **2** 楽しい飲み食い, 饗宴; 浮かれ騒ぎ. **3** ごちそう: make [enjoy] ~ ごちそうを食べる / be fond of ~ 口がおごっている. 〘c1380〙

góod-condítioned *adj.* 調子のよい, 好調の, 好都合の.

Good Cónduct Mèdal *n.* 《米軍》善行記章.

gòod dáy int. こんにちは; さようなら《昼間の挨拶》.
★ (1) 今はやや堅苦しい表現. (2) 《豪》では普通の挨拶で, オーストラリア人の多くは /gədáɪ/ と発音し, しばしば d' day, gidday とつづられる. 〘1131〙

góod déed *n.* 善行《特に一日一善》.

good-den /gʊ̀ddén/ *int.* 《廃》=good evening.

góod égg *n.* 《口語》陽気な[信頼できる]人, いいやつ.

Goo·de·ni·a·ce·ae /gʊdìːniéɪsiìː/ *n. pl.* 《植物》クサトベラ科. 〘← NL ← *Goodenia* (属名: ← *Samuel Goodenough* (19 世紀の英国の主教・植物学者)+ -IA²)+-ACEAE〙

gòod éven *int.* 《古》=good evening《夕方だけでなく午後の挨拶として》.

gòod évening *int.* こんばんは; さようなら《晩の挨拶》.

góod fáith *n.* 誠意, 誠実, 正直: show ~ 誠意を示す / in ~ 誠意をもって, 誠実に / act in ~ 誠実にふるまう.

góod·fèlla *n.* 《俗》ギャング, 暴力団員. 〘《転訛》↓〙

góod féllow *n.* **1** 愉快な人, 親しみやすい人, いい男: my ~ おい君《親しみをもった呼び掛け; good はしばしば戒める調子を含む》/ There's a ~. いい子だからね《言うことを聞くんだよ》. **2** 《古》飲み友達. 〘c1300〙

góod-féllowship *n.* **1** 友達のよしみ, 友情; 社交性, あいそよさ (geniality). **2** 《古》飲み友達のよしみ (cf. fellowship 2). 〘c1400〙

góod fólk *n. pl.* [the ~] =good people.

góod-for-nàught *n.* =good-for-nothing.

góod-for-nòthing *adj.* 役に立たない, 価値のない, 毒にも薬にもならない (worthless, useless). — *n.* やくざ者, ろくでなし. **~·ness** *n.* 〘1711〙

góod-for-nòught *adj., n.* =good-for-nothing.

Góod Fríday *n.* 聖金曜日, 受苦日, 聖大金曜日《復活祭の前の金曜日でキリストの十字架の受難を記念する教会の祭日; 米国の幾つかの州, 英国, さらに幾つかのキリスト教国では法定休日》. 〘c1300〙

góod gúy *n.* 《米口語》(西部劇などの)善玉, 善人; いいやつ[男].

góod háir *n.* 《カリブ》縮れていないしなやかな髪《ヨーロッパ系の血が入っていることを示す》.

Góod·hart's láw /gʊ́dhaəts- | -hɑːts-/ *n.* 《金融》グッドハートの法則《通貨供給量の尺度は政策目標とされると尺度としての有効性を失うとする考え》. 〘*Charles Goodhart* (1936–) 英国の経済学者〙

góod-héarted *adj.* 親切な, 思いやりのある (kind); 善意の (well-meaning). **~·ly** *adv.* **~·ness** *n.* 〘1552〙

Gòod Hópe, the Cape of *n.* ⇨ Cape of Good Hope.

Góod Hóusekeeping *n.* 《商標》「グッドハウスキーピング」《米国の家庭向け月刊誌; 料理・ファッション・インテリア・美容・健康など中流家庭向けの内容; 1885 年創刊》.

Good·hue /gʊ́dhjuː/, **Bertram Grosvenor** *n.* グッドヒュー《1869–1924; 米国の建築家; New York 市の St. Thomas 教会や Nebraska 州会議事堂などを設計》.

góod húmor *n.* 上機嫌, あいそのよさ: in (a) ~. 〘1616〙

Góod Húmor *n.* 《商標》グッドヒューマー《米国 Good Humor 社製のアイスクリーム》.

góod-húmored *adj.* 上機嫌な, 陽気な, あいそのよい, 気さくな (cheerful). **~·ly** *adv.* **~·ness** *n.* 〘1662〙

good·ie /gʊ́di | -di/ *n.* =goody¹.

góodie bàg *n.* (お菓子や販売促進の品物などの)詰め合わせ.

góod·ish /-dɪʃ | -dɪʃ/ *adj.* **1** まあよいほうの, かなりよい. **2** [a ~] (数量・大きさなど)かなりの, 相当な: *a* ~ number かなりの数 / walk about *a* ~ time かなりの時間歩きまわる. 〘(1756): ⇨ -ish¹〙

góod jóe, g- J- *n.* 《米口語》(気の)いい男性, 感じのいいやつ (cf. Joe² 1).

Góod Kìng Hénry *n.* 《植物》グッドキングヘンリー, ボーヌスヘンリクス (*Chenopodium bonus-henricus*)《ヨーロッパ原産アカザ科の多年草; 蔬菜(そさい)用》.

góod lífe *n.* [the ~] **1** 善良[有徳]な生活: lead *the* ~. **2** 生活水準の高い生活, 楽な暮らし. 〘1946〙

góod·li·ness *n.* **1** 上質, 上等, 優秀. **2** 器量のよいこと (beauty). **3** (量・数などの)十分. 〘(1434): ⇨ goodly, -ness〙

góod líver *n.* **1** 善良[有徳]な生活を送っている人. **2** 楽な暮らしの人, ぜいたくな生活をしている人.

góod líving *n.* ぜいたくな生活[食事].

góod-lóoker *n.* 顔立ちのいい人, 美人.

good-look·ing /gʊ́dlʊ́kɪŋ⁻/ *adj.* **1 a** 〈人が〉器量[顔立ち]のよい, 美しい, 美形の (↔ plain-looking) (⇨ beautiful SYN). **b** 善良[有徳]そうな. **2** 〈物が〉よく似合う, 立派な: a ~ coat. **~·ness** *n.* 〘1780〙

góod lóoks *n. pl.* 美貌《特に感じのよい顔》. 〘1800〙

good·ly *adj.* (**good·li·er; -li·est**) **1 a** 器量のよい, 美しい. **b** 立派な, 上等な: a ~ gift, land, etc. **2** 相当に大きい, 十分の, かなりの: a ~ sum, number, part, etc. 〘OE *gōdlīc*: ⇨ good, -ly²〙

good·man /gʊ́dmən | -mæ̀n/ *n.* (*pl.* **-men** /-mən, -mèn | -mèn/) **1** 《古・方言》(家の)主(あるじ), 家長 (householder); 夫. **2** [しばしば G-] 《古》男子の敬称 (Mr.) 《gentleman より一つ下の格の敬称として姓に付けて用いた》: *Goodman* Hodge. 〘a1121〙

Good·man /gʊ́dmən/, **Benny** *n.* グッドマン《1909–86; 米国のクラリネット奏者・バンドリーダー; 本名 Benjamin David Goodman》.

Goodman, Paul *n.* グッドマン《1911–72; 米国の小説家・詩人・劇作家・社会評論家; *Making Do* (小説, 1963)》.

góod móney *n.* **1** 本物の金, 良貨 (cf. good *adj.* 13 a); 何かで有効に使えた金. **2** 《口語》高い賃金, 高給.
thrów góod móney àfter bád 損の上塗りをする,「盗人(ぬすびと)に追い銭」; むだな事にこだわる (cf. *cut one's* LOSSES).

gòod mórning *int.* おはよう, こんにちは; さようなら《午前中の挨拶》. 日英比較 日本語の「おはよう」は特別な場合を除き (たとえば放送・演劇関係者どうしのあいさつなど), 普通は午前 10 時ころまでで, それ以後は「こんにちは」となる. しかし, 英語の *Good morning* は午前中いっぱいは使われるので, 日本語の「こんにちは」にも当たる. 〘(?a1400) *gode morne*〙

gòod mórrow *int.* 《古》=good morning. 〘(c1390) *god(e) morwe*〙

góod náture *n.* 善良な性質, よい気立て, 優しい気質; 好人物 (↔ ill nature).

góod-nátured *adj.* 人のよい, 気立てのよい, 優しい, 親切な, あいそのよい, 気さくな (⇨ amiable SYN); お人よしの (↔ ill-natured). **~·ly** *adv.* **~·ness** *n.* 〘1577〙

góod-néighbor *adj.* (国と国とが)善隣の, 友好関係の. 〘1936〙

góod néighbor *n.* **1** 友好的な人. **2** (特に, ラテンアメリカにおける米国の)善隣国.

góod-néighborhood *n.* 善隣のよしみ, 近隣の親しみ. 〘1817〙

góod-néighborliness *n.* よい隣人関係, (隣国との)友好関係.

Góod Néighbor Pòlicy *n.* [the ~] 善隣政策《1933 年米国大統領 F. D. Roosevelt が発表したラテンアメリカ諸国との政治・経済的親善外交政策》.

good·ness /gʊ́dnɪ̀s/ *n.* **1** [感嘆句その他に God の代わりに用いて (cf. God *n.* 4)]: for ~' sake お願いだから / in the name of ~ 神の御名において, 神明に誓って; 一体全体 / *Goodness* (gracious)!=(My) ~ me!=Oh, my ~! これはこれは, おやおや, 何だと《驚きや怒りを表す》/ wish to ~ …であってほしい / *Goodness* (only) knows …= God knows … ⇨ know¹ *v.* 成句 / Thank ~! ⇨ thank *v.* 成句. **2 a** (道徳的)よさ, 善良, 有徳 (virtue); 慈善 (benevolence). **b** 優しさ, 親切 (kindness): out of the ~ of one's heart 親切心から / have *the* ~ *to* do 親切にも…する / Have *the* ~ to come in, please. どうぞお入り下さい. **3 a** 良いところ, 粋, 美点, 長所, 精髄, (食品の)滋養分: boil all the ~ out of meat 肉の滋養分をすっかり煮出す. **b** (質の)よさ, 優良, 優秀: the ~ of workmanship, material, etc.
góodness of fít 《統計》適合度《変数の観察サンプル値が理論上の密度関数から導かれる値にどれくらい近いかを示す》.
〘OE *gōdnes*: ⇨ good, -ness〙

SYN 善良さ: **goodness** 親切・寛大・公明・思いやりなど人柄や行為における真によい性質《最も意味の広い語》: believe in human *goodness* 人間の善性を信じる. **virtue** 絶えず道徳を守り, 悪を退けようとする, 後天的に身につけた徳性: cultivate *virtue* 徳を修める. **rectitude** 自律的に正直・道徳的にふるまう性質《格式ばった語》: strive for *rectitude* and justice 清廉と正義を求めて努力する. **morality** 倫理にのっとった道義的正しさ: Is there any *morality* in politics? 政治には道義性があるのか.
ANT badness, evil.

Góod Néws Bíble *n.* [the ~] 福音聖書《新約は 1966 年, 旧約は 1976 年に米国で出版された現代口語訳聖書; (the Bible in) Today's English Version ともいう》.

gòod níght *int.* さようなら, おやすみなさい《夜の別れ・就寝時の挨拶; 《口語》では単に night, 'night ということもある》. 〘(?a1200) *gode niht*〙

góod óffices *n. pl.* 斡旋(あっせん), 世話, 口きき; (外交上の)調停, 仲裁: through the ~ of a friend 友人の尽力によって. 〘1904〙

good-oh /gʊ́dòʊ | -dəʊ/ *int.* (*also* **good-o** /~/) 《英・豪口語》よし, うまいぞ《同意・承認・称賛を表す》.
— *adv.* **1** 間違いなく, ちゃんと. **2** 《豪》よろしい (yes, all right).

góod óil *n.* [the ~] 《豪俗》確かな情報, 真実.

góod òld bóy *n.* **1** 《口語》米国の典型的な南部人《気さくで男らしく, 地元の生活様式を大事にするなどの性質をもつ》. **2** 互助的なグループ[組織]の一員. 〘c1967〙

góod péople *n.* [the ~] 《婉曲》妖精たち (fairies) (cf. people 10).

Good·rich /gʊ́drɪtʃ/, **Samuel Griswold** *n.* グッドリッチ《1793–1860; 米国の児童読物の著者・編集者・出版者; 筆名 Peter Parley; *The Tales of Peter Parley about America* (1827)》.

goods /gʊ́dz/ *n. pl.* **1 a** 商品, 品物 (merchandise): the latest spring ~ 最新流行の春物 / canned [《英》tinned] ~ 缶詰類 / fancy ~ 小間物類 / leather ~ 皮革製品 / soft ~ 織物類 / ~ in stock 在荷, 在庫品 / ⇨ dress goods, dry goods, wet goods. **b** 《米》[時に単数扱い] 織物, 反物, 生地類: broad [narrow] ~ 広[小]幅物 / printed ~ プリント地類 / wash ~ 洗いのきく生地. **c** 《経済》財, 財貨.
2 《法律》(有体)動産 (movables) (⇨ property SYN); 《古》財産, 所有物 (possessions): household ~ 家財 / ~ and chattels 《法律》人的財産《個人の所有物一切》/ ~ and effects 《法律》(通例, 無体動産も含めて)動産.
3 《英》**a** (鉄道)貨物 (《米》freight); [単数扱い] 貨物列車: air-borne ~ 空輸貨物 / by ~ 貨車で. **b** [形容詞的に] a ~ agent 貨物取扱人, 運送店 / a ~ engine 貨物列車を引く機関車 / a ~ truck [van] 無蓋(むがい)[有蓋]貨車 / a ~ platform 貨物ホーム / a ~ shed 貨物上屋(うわや) / a ~ station 貨物駅 / a ~ train 貨物列車 / a ~ wagon (特に長距離用の)大型貨車 / a ~ yard 貨車操車場.
4 [the ~; 時に単数扱い] **a** 《口語》待望の物[人], あつらえ向きの物[人], 本物 (genuine article); 必要な素質[力量, 資格]: It's *the* ~. / He has *the* ~. 彼にはまさにその素質がある. **b** 《俗》盗品; (犯行の)確証, 犯罪の証拠: be caught with *the* ~ 盗品を持っているところをつかまる / They had [got] *the* ~ on him. 彼の(犯行)に対して確証を握っていた[握った]; 彼の弱味を握っていた[握った].
5 [the ~] 善人たち; (道徳的に)よい事.
a* (*nice*) *bit of góods 《英俗》(若い)女性, あま. ***a piece of góods*** ⇨ piece 成句. ***bring one's góods to a bád* [*the wróng*] *márket*** ⇨ market 成句. ***delíver* [*cóme úp with*, 《英》*còme acróss with*] *the góods*** 《口語》約束を果たす, 計画を実行する; 期待に応える. 〘1879〙

góods accòunt *n.* 商品勘定.

góod Samáritan, G- S- *n.* よい[よき]サマリア人, 苦しむ人の真の友 (cf. *Luke* 10: 33, 30–37).

góod sénse *n.* (直観的な)分別, 良識. 〘1688〙

Góod Shépherd *n.* 《聖書》[the ~] よき羊飼い《キリ

ストのこと; cf. *John* 10: 11, 14).

góod-sízed *adj.* 大型の; かなり大きい: a ～ audience かなり多数の聴衆.

góod spéed *n.* 幸運, 成功 (cf. Godspeed): wish a person ～.

góod-témpered *adj.* (めったに怒ったりしないで)穏やかな, おとなしい; あいそのよい. **～·ly** *adv.* **～·ness** *n.* 〖1768〗

Góod Témplar *n.* 1851 年米国に組織された禁酒会の会員. 〖1874〗

góod thìng *n.* **1 a** 良い物. **b** 《口語》有利な事; 好運; 好機; うまい仕事 (cf. good *adj.* 13 b): be onto [on (to)] a ～ = have a ～ going うまい仕事[もうけ口]にありついている. **2** [*pl.*] ごちそう, 珍味 (dainties); ぜいたく品 (luxuries). ***and (it's) a góod thíng tóo*** よかった, 安心だ. ***tòo múch of a góod thìng*** (美点・完全さなどの度が強すぎて)うんざりさせるもの, ありがた迷惑(なもの) (cf. Shak., *As Y L* 4. 1. 123): That's *too much of a* ～. それは行き過ぎだ[うんざりする]. 〖1694〗

góod-tìme *adj.* 〈人が〉快楽を求める, 放蕩な: a ～ girl 《婉曲》売春婦. **góod·tìmer** *n.*

góod-tìme Chárlie [Chárley] *n.* 《口語》のんきで遊び好きな男性, 陽気な楽天家.

góod·wife *n.* (*pl.* **-wives**) 《古》 **1** 女主人, 主婦 (cf. goodman). **2** [しばしば G-] 女性の敬称 (Mrs.) 《Lady というより低い格の敬称として姓につけて用いる》. 〖《*c*1250》 *god wif*〗

good·will /gúdwíl⁻/ *n.* (*also* **góod wíll**) **1** 好意, 親切, 厚情 (favor); 親善, 友好 〔*to, toward*〕: a ～ visit 親善訪問. **2** 喜んで応じること, 快諾 (willingness, readiness). **3** 〖商業〗(店・商売の)株; のれん; 営業権. **4** [G-] 《米》グッドウィル 《就労が困難な障害者などのため古い衣服・家具などを集めこれを修理する仕事を与え, これを Goodwill shops と呼ばれる店で売る団体》. **góod-wílled** *adj.* 〖OE *gōd(e) willa*〗

Góod·win Sánds /gúdwɪ̀n- | -wɪn-/ *n. pl.* [the ～] グッドウィン砂州 《イングランド南東部 kent 州東岸沖の Dover 海峡にある浅瀬; 航海の難所》. 〖ME *Godewyn-sonde* ← *Goodwyn* 《原義》good friend (← GOOD+OE *wine* friend)+*sonde* 'SAND'〗

Good·wood /gúdwʊd/ *n.* **1** グッドウッド 《イングランド West Sussex 州にある村; 競馬場で知られる》. **2** [1839] Goodwood で開催の競馬 ('glorious' Goodwood とも呼ばれる). 〖ME *Godivewod* 《原義》the wood of *Gōdgifu* (女性名)〗

góod wórd *n.* **1** 好意的な陳述 (cf. word 2). **2** 《米》よい知らせ[ニュース]. 〖(*a*1325) 1540〗

góod wórks *n. pl.* 慈善行為, 善行.

good·y¹ /gúdi | -di/ *n.* 《口語》 **1** [通例 *pl.*] **a** 糖菓, キャンディー (sweetmeat). **b** とくに魅力ある[楽しい, よい]もの. **2** (映画・テレビなどの)英雄, 善玉 (↔ baddy). 〖(1756) ← GOOD (adj.)+-Y²: cf. bonbon〗

good·y² /gúdi | -di/ 《口語》 *adj.* = goody-goody. — *int.* すてき, すごい 《特に, 子供が喜びを表すときに使う》.

good·i·ness *n.* 〖(1796) ← GOOD+-Y⁴〗

good·y³ /gúdi | -di/ *n.* 《古》 **1** (Harvard 大学等で)学生部屋の掃除婦, おばさん. **2** おかみさん, おばさん 《しばしば下層社会の既婚女性の姓に付けて用いた》; (大学の学生室などの)掃除婦, おばさん: Goody Smith. 〖(1559) 《短縮》← GOODWIFE: cf. hussy〗

good·year /gúdjɪə, -djə, -dʒɪə | -djə^(r), -djɪə^(r), -djəː^(r)/ *n.* 《廃・方言》悪魔, 疫病神. ***what a [the] góodyear*** 一体全体, やれやれ 《意味のない感嘆符として用いる》. 〖(*c*1555) ← GOOD+YEAR〗

Good·year /gúdjɪə, -djə, -dʒɪə | -djə^(r), -djɪə^(r), -djəː^(r)/ *n.* 〖商標〗グッドイヤー 《世界最大の米国のタイヤメーカー, The Goodyear Tire & Rubber 社の略; そのタイヤ》. 〖↓〗

Good·year /gúdjɪə, -djə, -dʒɪə | -djə^(r), -djɪə^(r), -djəː^(r)/, **Charles** *n.* グッドイヤー (1800–60; 米国の発明家; ゴムの加硫法を発明 (1844)).

góody-gòody 《口語》 *adj.* いやに善人ぶった. — *n.* いやに善人ぶった人; 《小児語》ぶりっ子. **góody-gòod·i·ness** *n.* 〖(1871) 《加重》← *goody*〗

goo·ey /gúːi/ 《俗》 *adj.* (**goo·i·er**; **-i·est**) **1** ねばねばした, べたつく (sticky). **2** 感傷的な, センチな (sentimental). — *n.* **1** ねばつく物[食べ物], 糖蜜(など). **2** 弱い性格の人. **góo·i·ly** /-ɡ̬li/ *adv.* 〖(1906) ← GOO+-EY〗

goof /gúːf/ 《俗》 *n.* **1** ばか, 間抜け. **2** (不注意による)間違い, へま, どじ: make a ～ へまをやる. — *vi.* **1** しくじる, へまをやる. **2** 《米》時間をつぶす; 仕事をなまける, さぼる 〈*off, around*〉: ～ *off on* the job 仕事をさぼる. **3** (麻薬で)陶酔状態にある. — *vt.* **1** (ばかげたへまをして)台なしにする 〈*up*〉. **2** [通例 p.p. 形で] (麻薬で)陶酔させる, 麻痺させる 〈*up*〉. 〖(1915) 《変形》← ? 《廃・方言》*goffe* dolt, daft person ☐ F *goffe* stupid ☐ It. *goffo* ← ? ML *gufus* coarse〗

góof·bàll *n.* 《俗》 **1 a** 睡眠[安定]剤(の錠剤) (barbiturate を主剤とする陶酔感を与えるもの). **b** 麻薬, 《特に》マリファナ (marijuana). **2** まぬけ, 能なし; 変人. 〖(1938): ⇨ ↑, ball¹〗

goof·er /gúːfə | -fə^(r)/ *n.* へまをやる人; まぬけ. 〖(1925) ← *goof(y)*+-ER¹〗

gó-òff *n.* 《口語》出発, 初め, 始まり (start): at one ～ 一度で, 一気に / at the first ～ 一度で, 直ちに; 初めに(は). 〖1579〗

góof-òff *n.* 《俗》いつも責任[仕事]逃れする人, ぐうたら (cf. goof *vi.* 2). 〖1953〗

góof pìll *n.* = goofball 1. 〖1948〗

góof-pròof *adj.* 《米俗》ばかにでも扱える(ようにした).

góof-ùp *n.* 《俗》(特に, 不注意や無責任のために)いつも物事を台なしにする[面倒を起こす]人 (cf. goof *vt.* 1).

goof·us /gúːfəs/ *n.* 《米俗》ちょっとしたもの, 何とかいうもの; 小型蒸気オルガン (calliope); 田舎者, すぐひっかかるやつ, カモ; まぬけ, とんま; くだらない出し物, 安っぽい商品. 〖(1928) ← ? GOOF+-*us* (恣意的加音)〗

goof·y /gúːfi/ *adj.* (**goof·i·er**; **-i·est**) 《俗》 **1** ばかな, まぬけな (foolish), 狂った, いかれた (crazy). **2** 《英》歯の出た, 出っ歯の. **góof·i·ly** /-fɪ̬li/ *adv.* **góof·i·ness** *n.* 〖(1921): ⇨ -y⁴〗

góofy-fòot *n.* (*pl.* **～s**) 《豪口語》右足を前に出してサーフボード (surfboard) に乗りサーフィン[波乗り]をする人 (goofy-footer ともいう). 〖1962〗

goog /gúɡ/ *n.* 《豪口語》 **1** 卵. **2** ばか, まぬけ, あほう. ***(as) fúll as a góog*** 泥酔して; 満腹で. 〖(1941) 《略》← *googie* (Scot. dial.) egg〗

goo·gle /gúːɡl/ *vi.* 〖クリケット〗〈ボールが〉グーグリー[曲球]になる; 〈ボウラーが〉グーグリーを投げる. 〖(1907) 《逆成》← GOOGLY²〗

goo·gly¹ /gúːɡli/ *adj.* 〈目が〉丸くて大きい: *googly*-eyed 出目の, ぎょろ目の. 〖(1901) ← GOGGLE: ⇨ -y⁴〗

goo·gly² /gúːɡli/ *n.* 〖クリケット〗グーグリー, 曲球 (leg 側から切れると見せかけて off 側から切れる球). 〖(1903) ← ?〗

goo·gol /gúːɡɔ(ː)ł, -ɡɑ(ː)ł, -ɡł | -ɡɔł, -ɡł/ *n.* **1** 〖数学〗グーゴル (1 の後へ 0 を 100 個つけて得られる数, すなわち 10^{100}). **2** 天文学的数字, とてつもない数. 〖(1940): 米国の数学者 Edward Kasner (1878–1955) の 9 歳の甥の言葉からの造語〗

goo·gol·plex /gúːɡɔ(ː)łplèks, -ɡɑ(ː)ł-, -ɡł- | -ɡɔł-, -ɡł-/ *n.* 〖数学〗グーゴルプレックス (1 の後へ 0 をグーゴル個 (10^{100} 個)つけて得られる数). 〖(1938) ← GOOGOL+(DU)PLEX〗

goo-goo¹ /gúːgùː/ *n.* 《軽蔑》政治改良運動家[擁護者]. 〖(1912) *good government* の頭字から〗

goo-goo² /gúːgùː/ *adj.* 《口語》 **1** 〈目・顔つきが〉色っぽい. **2** 熱狂的な, のぼせ上がった (gaga). **3** 赤ちゃんの(ような). 〖(1900) ← ?: cf. 'google' *v.*〗

góo-goo èyed *adj.* 《口語》色目を使った.

góo-goo èyes *n. pl.* 《口語》色目, 流し目 (ogling): make ～ *at* a girl. 〖(1900) *goo-goo*: 《変形》? ← GOGGLE: cf. goggle-eye〗

gook¹ /gúk, gúːk/ *n.* 《米俗》 **1** べたつく物, ねばねばする物 (goo). **2** ばかげた[つまらない, くだらない]こと. **3** (サーカスなどで見せものとする)珍奇な人や動物. **góok·y** /-ki/ *adj.* 〖《変形》? ← GOO〗

gook² /gúːk/ *n.* 《米俗》[軽蔑的に] 外国人 《特に, 黄色[褐色]人種など》. 〖(1935) ?〗

Goole /gúːł/ *n.* グール 《イングランド北東部 East Riding of Yorkshire 独立自治体の, Ouse 川と Don 川の合流点にある港町》.

goo·lie /gúːli/ *n.* (*also* **goo·ly** /～/) **1** [通例 *pl.*] 《卑》睾丸(ふぐり), きんたま. **2** 《豪・NZ 俗》小石, 砂利. 〖(1924) ? Hindi *golī* ball, bullet〗

goom·bah /gúːmbɑː/ *n.* **1** 年長の友[保護者, 助言者]. **2** マフィアのメンバー, 暴力団員, ギャング. 〖(1968) ☐ It. *compare* godfather, friend〗

goom·bay /gúːmbeɪ/ *n.* グームベイ 《ドラム・マラカス・棒切れなどでリズムをとって踊るバハマ諸島の踊り》. 〖(1774) ← W. Ind.: cf. Kongo *nkombi* drum〗

goon¹ /gúːn/ *n.* 《米俗》暴漢 (roughneck); 《特に, 争議に雇われる》暴力団員. 〖↓〗

goon² /gúːn/ *n.* **1** 《俗》ばか, とんま (dolt). **2** 《英》(英国捕虜から見たドイツの)護送兵, 見張り (guard).

góon·y /-ni/ *adj.* 〖(1921) ← 《方言》*gooney* fool ← ?: E. C. Segar (1894–1938) の漫画に出る Alice the Goon によって広まった〗

goon·da /gúndə, gúːndə/ *n.* 《インド》 **1** 暴漢, ごろつき. **2** (政党などが雇う)暴力団員, おどし屋. 〖(1926) ☐ Hindi *guṇḍā* rascal〗

goon·die /gúndi/ *n.* (オーストラリアの)先住民の小屋. 〖(1890) 《現地語》〗

goo·ney /gúːni/ *n.* (*also* **goo·ny, goo·nie** /～/) 〖鳥類〗アホウドリ (albatross) の類の総称; 《特に》クロアシアホウドリ (black-footed albatross), コアホウドリ (*Diemedea immutabilis*) (gooney bird ともいう). 〖(1895) ← 《方言》*gooney*: ⇨ goon¹, -y²〗

góon squàd *n.* ごろつき集団, 暴力団; テロ集団. 〖1937〗

goop¹ /gúːp/ *n.* **1** 《米》行儀の悪い子. **2** 《俗》まぬけ (dope). **góop·y** /-pi/ *adj.* 〖(1900): 米国の漫画家 Gelett Burgess (1866–1951) の創作した人物から〗

goop² /gúːp/ *n.* 《俗》べたつく物, どろりとした物. 〖(*c*1958) ← GOO+(SOU)P〗

goo·ral /gúᵊrəł | gúər-/ *n.* (*pl.* **～s**, **～**) 〖動物〗= goral.

goo·rie /gúːri/ *n.* (*also* **goo·ry** /～/) 《NZ 口語》雑種犬 (kuri). 〖(1770) 《変形》← Maori *kuri*〗

goo·san·der /guːsǽndə | -də^(r)/ *n.* 〖鳥類〗カワアイサ (*Mergus merganser*) (カモの一種). 〖(1622) ← ? GOOSE+(*berg*)*ander* sheldrake〗

goose /gúːs/ *n.* (*pl.* 1–3 では **geese** /gíːs/, 4–5 では **goos·es**) **1 a** 〖鳥類〗ガン, ガチョウ 《ガン亜科の鳥類の総称; ハイイロガン (gray goose), シジュウカラガン (Canada goose) など》; ガン・ガチョウ類の雌鳥 (↔ gander): the domestic ～ ガチョウ / ⇨ wild goose / All his *geese* are swans. 《諺》自分の物ならがちょうも白鳥に見える 《自分の持物[親類, 友人]を過大評価する》 / The ～ hangs [honks] high. 《米口語》万事好都合だ, 形勢有望だ, (ゲームなど)調子がいい / The old woman is picking her *geese*. 雪が降っている 《子供の 'It is snowing' の言い方》. **b** ガン・ガチョウ類の肉: What is sauce for the ～ is sauce for the gander. 《諺》甲に適するものは乙にも適する; 夫のやることは妻もしている; その文句は私からあなたに言うのが当然だ 《議論のしっぺ返しに言う》. ★ ラテン語系形容詞: anserine. **2** あほう(な女性), まぬけ (simpleton): be a silly ～ 《口語》へまをする; 大ばかだ / a gone ～ ⇨ gone¹ 3 a. **3** (ガチョウの首のように曲がる取っ手[自在取っ手]がある)仕立屋の火のし. **4** 《廃》(昔, 英国で)盤上でさいころを振って駒 (counters) を進めたゲーム. **5** 《俗》人の感じやすい所(特に尻[股]の間)を手や指でつつくこと. ***áll right on the góose*** = sound on the GOOSE. ***cán't sày bóo [bó, bóh] to a góose*** とても気が弱い[はにかみ屋だ], 非常に憶病だ. ***cóok a person's góose*** 《口語》人の熱意[計画, 希望など]をくじく[に水を差す]; 人の先の見込みをすっかりだめにする (16 世紀に町民がガチョウをつるしたが, かえって町もガチョウも焼かれたという故事から). 〖1845〗 ***kíll the góose that láys [láid] the gólden éggs*** 現在[一時]の利益のために将来の利益を犠牲にする (cf. golden goose) 《イソップ物語で, 金の卵を産むガチョウを殺して全部の卵を取り出そうとした男の話から》. 〖1887〗 ***shóe the góose*** むだな仕事に時間を費やす. ***sóund on the góose*** 〈人が〉(政治的な考え方など)穏健で, 党の方針に忠実で. — *vt.* 《俗》 **1 a** 〈人〉の感じやすい所をつつく; 《特に》〈人〉の尻[股]の間を背後から手や指でつつく[突き上げる]. **b** = fuck 1. **c** 刺激する, 励ます (prod). **2** 〈エンジン〉にガソリンを不規則に送り込む. ***góose úp*** (1) 《口語》〈文章などを〉(特に性的に)どぎつくする. (2) 《俗》〈異性を〉ひっかける. 〖OE *gōs* (pl. *gēs*) ← Gmc *ʒans- (Du. *gans* / G *gans* / ON *gās* goose) < IE **ghans-* goose (L *anser* / Gk *khḗn* / Skt *haṃsa* water bird): cf. gander¹〗

góose bàrnacle *n.* 〖動物〗エボシガイ (甲殻類・蔓脚(まんきゃく)類に属するエボシガイ科エボシガイ属 (*Lepas*) の動物の総称; 船底や浮木に付着する; gooseneck barnacle ともいう). 〖この中からガチョウ (goose) が生まれるとの伝説から〗

goose·ber·ry /gúːsbèri, gúːz-, -b(ə)ri | gúzb(ə)ri, gúːz-/ *n.* **1 a** 〖植物〗グースベリ, スグリ (ユキノシタ科スグリ属 (*Ribes*) の植物の総称); 《特に》マルスグリ, セイヨウスグリ (*R. grossularia*). **b** スグリの実 (ジャムなどにする). **2** 《古》グースベリ(ワイン) (cf. wine¹). **3** 《英俗》(恋人たちの)付添い. ★ 通例次の句で用いる: ***pláy [be a] góose-berry*** 恋人たちにはありがたくない付添い役をする. ***pláy òld góoseberry with*** …をめちゃくちゃにする, 台なしにする, ぶち壊しにする. 〖(*c*1532) 《通俗語源》← ? GOOSE+BERRY ∽ ? **groze-berry* (cf. F *groseille* / Gk *rausbeere*)〗

gooseberry 1
(*R. grossularia*)

góoseberry búsh *n.* グースベリの木 《子供の質問に赤ん坊がどこから産まれるのかを説明する表現に用いる》: I found him [her] under a ～. 赤ちゃんはグースベリの木の下で見つけたのよ.

góoseberry fóol *n.* グースベリをどろどろに煮て冷やしてからクリームと砂糖を加えたデザート. 〖1719〗

góose·bùmps *n. pl.* 《米》= gooseflesh. 〖1933〗

góose-ègg *vt.* 《米俗》〈相手チームを〉完封する, ゼロに抑える.

góose ègg *n.* **1** ガチョウの卵. **2** 《米俗》(競技などで)ゼロ, 零点 (duck's egg). **3** 《米俗》(なぐられてできた)大きなこぶ. 〖(*c*1394) 1398〗

góose·fìsh *n.* 《米》= monkfish 2. 〖1859〗

góose·flèsh *n.* (寒気・恐怖などによる)鳥肌: be ～ all over (ぞっとして)全身に鳥肌が立つ / feel the ～ rise 鳥肌が立つのを感じる. 〖*c*1810〗

góose·fòot *n.* (*pl.* **～s**) 〖植物〗アカザ (アカザ科, 特にアカザ属 (*Chenopodium*) の草本の総称). 〖(1548): 葉がガチョウの足に似ているのによる〗

góose·gìrl *n.* ガチョウを飼育する女性. 〖(1826) 《なぞり》← G *Gänsemagd*〗

goose·gog /gúzgɑ(ː)g | -gɔg/ *n.* (*also* **goose·gob** /-gɑ(ː)b | -gɔb/) 《英口語》= gooseberry. 〖(1823) ← GOOSE+*gog* (← ?)〗

góose·gràss *n.* 〖植物〗 **1** = cleavers. **2** = knot-grass 1. **3** = silverweed 1. 〖1530〗

góose grèase *n.* ガチョウ脂 (ガチョウの脂肪を溶かしたもので, 膏薬として家庭薬に用いられる).

góose·hèrd *n.* ガチョウの飼育者. 〖*a*1387〗

góose·nèck *n.* **1** ガチョウの首のように曲がった[曲がる]器具[排水管など], 雁首(がんくび): a ～ lamp 首[柄]を自由に曲げられる卓上電気スタンド. **2** 〖海事〗グースネック (ブームの根本をマストなどへ取り付けるための金具装置). **～ed** *adj.* 〖1688〗

góose pìmples *n. pl.* = gooseflesh. 〖*c*1889〗

góose quìll *n.* ガチョウの羽軸; 鵞(が)ペン. 〖1552〗

góose·skìn *n.* **1** ガチョウの肌. **2** = gooseflesh. 〖1700〗

góose-stèp *vi.* **1** 〖軍事〗ひざを曲げない観兵[観閲]式歩調で行進する. **2** (圧迫や報復を恐れて)無思慮に従う, 順応する. **～·per** *n.* 〖1879〗

góose stèp *n.* 〖軍事〗 **1** (前進しない)直立歩調教練

《一本足で立ち，もう一方の足を前後に振って歩調をとる》. **2** 《ドイツ軍隊などの，ひざを曲げないで》足をまっすぐに伸ばして歩く観兵[観閲]式歩調. 〘《1806》《なぞり》← G *Gänseschritt*〙

góose·wìng *n.* 〘海事〙 **1** 補助帆，三角スタンスル (studding sail). **2** グースウィング《縮帆のため横帆の中央部を帆桁(ほた)に引き上げ左右はそのままにした形》. **3** グースウィング《大檣(だいしょう)[前檣]帆の中央部を帆桁に引き上げたとき，垂れ下がっている下隅の部分》.

góose·wìnged *adj.* 〘海事〙 **1** 《横帆の場合》風上側はぴんと張ったまま風下側下隅を巻き上げて. **2** 《縦帆の場合，追風のとき》観音開きにして《前帆と主帆とを反対側に開いて》.

góosewing jìbe *n.* 〘海事〙 グースウィングジャイブ《ジャイブ (jibe) をするときに，帆の下端のブームだけを反対側へ回して，上部のガフ (gaff) などは後回しにするやり方》.

goos·ey¹ /gúːsi/ *n.* 《小児語》 **1** ガチョウ (goose). **2** おばかちゃん《おどけて子供をしかるときの言葉》. 〘《*a*1816》← GOOSE＋-Y²〙

goos·ey² /gúːsi/ *adj.* (**goos·i·er**; **-i·est**) **1** ガチョウのような; ばかな. **2** 《俗》 **a** すぐ鳥肌になる (cf. goose-flesh). **b** ものおじする，神経質な (nervous). **c** すぐ驚く，過敏な (ticklish). 〘《1811》← GOOSE＋-Y⁴〙

Goos·sens /gúːsənz, -snz/, Sir (**Aynsley**) **Eugene** *n.* グーセンス《1893–1962; 英国の指揮者・作曲家》.

goos·y /gúːsi/ *adj.* (**goos·i·er**; **-i·est**) ＝goosey².

GOP /dʒíːòupíː | -òu-/ 《略》 Grand Old Party.

go·pak /góupæk | góu-; *Ukr.* ɦopák; *Russ.* gapák/ *n.* ゴパック《ウクライナ地方の高く跳びはねる民族舞踊; 踊りの最中 hop! という掛け声をかける》. 〘《1929》□ Russ. ～ ← Ukrainian *hopák*〙

go·pher¹ /góufə | góufə(r)/ *n.* **1** 〘動物〙 **a** ホリネズミ，ポケットゴファー《北米からパナマまで分布するホリネズミ科の動物の総称; pocket gopher ともいう》. **b** ジリス《北米の草原に生息する *Citellus* 属の地上生リスの総称; cf. ground squirrel》. **2** 〘動物〙 アナホリガメ (*Gopherus polyphemus*)《米国南部にすむ陸生のカメ; 土中に深い穴を掘って暑さを避ける; gopher tortoise ともいう》. **3** 〘動物〙 ＝gopher snake. **4** 〘植物〙 ＝gopherwood. **5** [G-] 《米》 Minnesota 州人. **6** ＝gopher ball. ― *vi.* 行きあたりばったりに坑道を掘る. 〘《1791》《頭部省略》←《廃》 *magopher* ← ? // □ ? F *gaufre* honeycomb (この動物の巣穴の形状から): cf. goffer〙

go·pher² /góufə | góufə(r)/ *vt., n.* ＝goffer.

go·pher³ /góufə | góufə(r)/ *n.* **1** 《米俗》 熱心な人; (特に)外交員，セールスマン. **2** 《口語》 《たばこ・コーヒーなどを買いに出される》使い走りの従業員[助手]. 〘*go for* (＝go for broke) の戯言的つづり〙

go·pher⁴ /góufə | góufə(r)/ *n.* 〘野球〙 ＝gopher ball.

go·pher⁵ /góufə | góufə(r)/ *n.* 〘電算〙 [しばしば G-] ゴーファー《インターネット上でメニュー形式で情報を検索するシステム》.

gópher bàll *n.* 《米俗》 〘野球〙 《打者にとってホームラン向きの》絶好球《単に gopher ともいう》. 〘《*c*1949》: 打者が *go for* it (＝to hit it) and *go for* two or three bases or a home run する投球の意〙

gópher snàke *n.* 〘動物〙 **1** ＝indigo snake. **2** ＝bull snake. 〘1837〙

Gópher Stàte *n.* [the ～] 米国 Minnesota 州の俗称.

gópher tòrtoise [**tùrtle**] *n.* 〘動物〙 ＝gopher¹ 2.

gópher·wòod *n.* 〘植物〙 オオバユク，アメリカユクノキ (⇨ yellowwood 1 a). 〘← GOPHER¹＋WOOD¹〙

gó·pher wòod /góufə- | -fə-/ *n.* ノアの箱舟 (Noah's ark) を造ったといわれる木《想像では cypress; cf. *Gen.* 6: 14》. 〘《1611》 *gopher*: ← Heb. *gōpher*〙

go·pik /góupɪk | góu-/ *n.* (*pl.* ～, ～**s**) ゴピク《アゼルバイジャンの通貨単位: ＝1/100 manat》.

go·pu·ra /góupərə | góu-/ *n.* ゴプラ《南インドの寺院の門で，上にピラミッド状の塔が置かれている; cf. shikara, vimana》. 〘《1862》← Skt ～ ← *gō* 'cow'＋*pura* city〙

gor /gɔ́ə | gɔ́ː(r)/ *int.* 《英方言》 神かけて，きっと; おや，大変，まさか《軽いののしりやのろい・驚き・不信などを表す》. 〘《転訛》← GOD〙

Go·rakh·pur /gɔ́ːrəkpùə | -pùə(r)/ *n.* ゴラクプル《インド北東部 Uttar Pradesh 州南東部の都市》.

go·ral /gɔ́ːrəl/ *n.* (*pl.* ～**s**, ～) 〘動物〙 ゴーラル《ヒマラヤ南部・中国・朝鮮・東南アジア産のゴーラル属 (*Nemorhaedus*) の 2 種; ゴーラル (*N. goral*) とオナガゴーラル(チョウセンカモシカ) (*N. caudatus*)》. 〘《1834》□ Hindi ～〙

Gor·ba·chev /gɔ́əbətʃɔ̀(ː)f, -tʃɑ̀(ː)f | gɔ́ːbətʃɔ̀f, -tʃɔ̀v; *Russ.* gərbatʲʃóf/, **Mikhail** (**Sergeevich**) *n.* ゴルバチョフ《1931– ; ソ連の政治家; 共産党書記長 (1985–91); 大統領 (1990–1991); Nobel 平和賞 (1990)》.

Gor·bals /gɔ́əbəlz | gɔ́ː-/ *n.* [the ～] ゴーバルズ《スコットランド Glasgow 市の一区域; 長年にわたり英国でも最もひどいスラム街であった》.

gor-belly /gɔ́əbèli | gɔ́ː-/ *n.* 《廃》 太鼓腹; 太鼓腹の人. **gór-bèllied** *adj.* 《方言》. 〘《1519》← GORE¹＋BELLY〙

gor·bli·mey /gɔ̀əbláimi | gɔ̀ː-/ *int.* (*also* **gor·bli·my** /～/) 《英俗》 しまった，ちくしょう《驚き・当惑を表す》. 〘《転訛》← *God blind me*〙

gor·cock /gɔ́əkɑ̀(ː)k | gɔ́ːkɔ̀k/ *n.* 《英方言》 〘鳥類〙 アカライチョウ (red grouse) の雄; バン (moorhen) の雄. 〘《1620》← ? GORE¹＋COCK¹: その色から〙

Gor·di·an, g- /gɔ́ədiən | gɔ́ːdi-/ *adj.* **1** ゴルディオス (Gordius) の. **2** (Gordian knot のような)解決至難の. 〘《1561》← GORDI(US)＋-AN¹〙

Górdian knót, g- k- *n.* **1** ゴルディオスの結び目《Gordius 王が戦車の長柄(ながえ)をくびきに結びつけた結び目を解く者は全アジアを支配するとの神託が出ていたが，長い間だれもこれを解きえなかった; のち Alexander 大王がこれを剣で切断してこの難題を解決した》. **2** 至難の事，難問題. ***cút the Górdian knót*** 思い切った手段で[大胆に]難問題を一気に解決する，快刀乱麻を断つ. 〘1579〙

górdian wórm *n.* 〘動物〙 線形虫 (horsehair worm) (cf. Nematomorpha).

Gor·di·mer /gɔ́ədəmə | gɔ́ːdɪmə(r)/, **Na·dine** /neɪdíːn, nə-/ *n.* ゴーディマ《1923– ; 南アフリカ共和国の白人女性小説家・短編作家; 反アパルトヘイトの立場で作品を書く; *The Conservationist* (1974); Nobel 文学賞 (1991)》.

Gor·din /gɔ́ədṇ, -dn | gɔ́ːdɪn, -dṇ/, **Jacob** *n.* ゴーディン《1853–1909; ロシア生まれの米国の劇作家; 30 以上のイディッシュ劇を創作》.

Gor·di·us /gɔ́ədiəs | gɔ́ːdi-/ *n.* ゴルディオス《古代フリジア (Phrygia) の王; cf. Gordian knot》. 〘□ L ～ □ Gk *Górdios*〙

Gor·don /gɔ́ədṇ | gɔ́ː-/ *n.* ゴードン《男性名》. 〘地名に由来するスコットランドの家族名から; cf. OE *gāradūn* a triangular hill (⇨ gore¹) / OF *gourd* dull, stupid〙

Gordon, Charles George *n.* ゴードン《1833–85; 英国の軍人・将軍; 中国で太平天国の乱 (Taiping rebellion) を鎮定，後スーダンの Khartoum で Mahdi の反乱軍に襲われて戦死; Chinese Gordon とも呼ばれる》.

Gordon, Lord **George** *n.* ⇨ Gordon Riots.

Górdon Bénnett *int.* 《口語・婉曲》 おやまあ，こりゃ驚いた，へーッ《驚きを表す古風な表現; God の代用》. 〘《*c*1985》《変形》? ← GORBLIMEY: *James Gordon Bennett* (1841–1918: 米国の出版業者)にちなむ〙

Górdon Ríots *n. pl.* [the ～] 〘英史〙 ゴードン暴動《1780 年 6 月 London で起こった反カトリック暴動; プロテスタント協会の会長 Lord George Gordon (卿) (1751–93) を指導者に，約 1 週間市内を暴れ回った》.

Górdon's /gɔ́ədnz | gɔ́ː-/ *n.* 〘商標〙 ゴードンズ《英国 Tanqueray, Gordon 社製のジン; Gordon's Dry Gin ともいう》.

Górdon sétter *n.* ゴードンセッター《スコットランド原産の猟犬》. 〘《1865》: スコットランドの愛犬家 Gordon 公爵 (1745?–1827) にちなむ〙

Gor·dons·toun /gɔ́ədnstən, -dnz-, -tṇ | gɔ́ː-/ *n.* ゴードンストン(校)《スコットランド北東部 Elgin の近郊にあるパブリックスクール; 運動や戸外活動に力を入れるスパルタ教育で知られ，英国王室子弟も学んでいる; ドイツからの亡命教育家 Kurt Hahn が設立 (1934)》.

gore¹ /gɔ́ə | gɔ́ː(r)/ *n.* **1** 《傷から流れ出た》血，(特に)血の固まり，凝血，血糊. **2** 《口語》 殺人，殺傷，殺害. 〘OE *gor* dung, dirt ← ?: cf. (M)Du. *goor* mud〙

gore² /gɔ́ə | gɔ́ː(r)/ *vt.* **1** 〈牛・イノシシなどが〉角や牙で突き刺す[突いて傷つける]: be ～*d* to death by a bull 雄牛に突き殺される. **2** 利器で突き刺す[傷つける]. **3** 〈岩が〉〈船腹などを〉貫く，突き破る (pierce). 〘《*a*1400》← ? OE *gār* (↓)〙

gore³ /gɔ́ə | gɔ́ː(r)/ *n.* **1 a** 〘服飾〙 ゴア《台形状の布切れでスカートにつけたり，またはぎ合わせてスカートを作る; cf. gusset》. **b** 《帆やこうもり傘に張る》三角切れ. **2** 《米方言》 三角形の小地所. ― *vt.* 〈着物などに〉三角切れ[まち，おくみ]をつける[入れる]: ～ a skirt. **gored** *adj.* 〘OE *gāra* corner, triangular piece of land (cf. G *Gehere(n)* gusset) ← *gār* spear < Gmc *ʒaizaz ← IE *ghaiso- stick〙

Gore /gɔ́ə | gɔ́ː(r)/, **Al**(**bert Arnold**), **Jr.** *n.* ゴア《1948– ; 米国の政治家; 副大統領 (1993–2001)》.

Go·ren /gɔ́ːrən/, **Charles H**(**enry**) *n.* ゴーレン《1901–91; 米国のトランプ研究家・著述家; contract bridge の bidding 方式を飛躍的に改良した》.

Gore-Tex /gɔ́ətèks | gɔ́ː-/ *n.* 〘商標〙 ゴアテックス《米国 W. L. Gore & Associates 社製の防水性と通気性のあるアウトドア衣料用素材布》.

Gor·gas /gɔ́əgəs | gɔ́ː-/, **William Crawford** *n.* ゴーガス《1854–1920; 米国陸軍軍医総監; パナマ運河建設の際の衛生施設指揮官》.

gorge¹ /gɔ́ədʒ | gɔ́ːdʒ/ *n.* **1** 《両側が絶壁になっている》峡谷，山峡，ゴルジュ (canyon, ravine). **2** 《英古》 のど (throat). ★ 強い嫌悪感・不快感，時に締めつけられるような感覚を伴う気持ちを示す場合に用いる; 特に，動詞 rise が用いられる (cf. rise *vi.* B 9 b): One's ～ rises (*at* ...). (...のことで)胸が悪くなる，たまらなく嫌になる (*Hamlet* 5. 1. 187) / rouse [stir] the ～ ひどく嫌がらせる，怒らせる / make a person's ～ rise 人をむっ[むかっ]とさせる. **3 a** 胃 (stomach); 腹いっぱいの食事: a full ～ 腹いっぱい，満腹. **b** 鷹の嗉嚢(そのう). **4** 食べた[胃の中の]食べ物. **5** 原始的な釣針の一種《両端をとがらせた骨や石の真ん中に糸を固定したもの; 飲むとはずれにくい; gorge hook ともいう》. **6** 《米》 《川・通路などを》ふさぐ集積物[氷塊] (jam): a rubbish ～ in a river. **7** 〘築城〙 バスティオン (bastion) の後部の入口. ― *vi.* **1** むさぼり食う; がつがつ食う，たらふく食う (eat greedily). **2** 〘鷹狩〙 《タカが》嗉嚢がいっぱいになるまで食べる. **3** 《米》 〈氷が〉張って流れをふさぐ. ― *vt.* **1 a** がつがつ食う，むさぼり食う: ～ a heavy meal. **b** がつがつ飲み込む. **2** [主に ～ *oneself* または p.p. 形で] 食べ物を詰め込む: ～ *oneself* [be ～*d*] *with* [*on*] ... を腹いっぱい詰め込む. **3** [主に p.p. 形で] 詰まらせる (choke up) 〔*with*〕. ***cást the górge at*** 〈食べ物を〉嫌ってはねつける. ***héave*** [***cást*** (***úp***)] ***one's górge*** (1) 吐き気を催す，むかつく. (2) 《廃》 食べ物を吐く.

górg·er *n.* **～·a·ble** /-dʒəbl/ *adj.* 〘《?*a*1300》□ OF *gorgier* (F *gorger*) ← *gorge* (n.)〙

gorge² /gɔ́ədʒ | gɔ́ːdʒ/ *n.* 〘紋章〙 **1** [*pl.*] ＝gurges. **2** ＝water bouget 2.

gorged *adj.* **1** 腹いっぱいになった. **2** 詰まった. **3** 〘紋章〙 〈動物が〉首に〈宝冠・環などを〉はめてある〔*with*〕. 〘《1508》← GORGE¹＋-ED〙

gor·geous /gɔ́ədʒəs | gɔ́ː-/ *adj.* **1** 《口語》 楽しい，愉快な，すばらしい: have a ～ time すばらしく愉快な時を過ごす / That's ～! そりゃすてきだ / How ～! なんてすばらしいんだ. **2** 絢爛(けんらん)豪華な，華麗な，壮麗な，目のさめるような，きらびやかな (strikingly beautiful) (⇨ splendid SYN): a ～ sunset / She's drop-dead ～! 彼女ははっとするような美人だ. 日英比較 日本語の「ゴージャス」は「ぜいたくな」という意味を含むが，英語の *gorgeous* にはその意味はない.「ぜいたくな」の意味を持つのは luxurious. **～·ness** *n.* 〘《*c*1495》□ OF *gorgias* fashionable, elegant; ruff for the neck ← (i) ? *gorge* bosom, throat (⇨ gorge¹) // (ii) *Gorgias* (*c*483–376 B.C.; ギリシャの修辞家): ⇨ -ous〙

gór·geous·ly *adv.* 見事に，豪華に，華麗に，壮麗に，目のさめるように. 〘《1532》: ⇨ ↑, -ly¹〙

gor·ger·in /gɔ́ədʒərɪ̀n | gɔ́ːdʒərɪn/ *n.* 〘建築〙 《ドリス式》柱頭と柱身との接合部 (hypotrachelium ともいう). 〘《1664》□ F ～ ← *gorge* throat: ⇨ gorge¹〙

gor·get /gɔ́ədʒɪt | gɔ́ː-/ *n.* **1** 〘甲冑〙 《鎧(よろい)の》頸甲(けいこう) (⇨ armor 挿絵). **2 a** 首から肩を覆う襟状の飾り《14–15 世紀ごろ着用したもので，耳の上の毛の中で留める; cf. wimple 1》. **b** 《17 世紀に流行した鎧の頸甲を真似た》肩から胸を覆うカラーのようなネックウェア. **c** 《石・貝・骨などに穴をあけて作る原始的な》首飾り. **3** 〘軍事〙 三日月章《18–19 世紀前半に将校がリボンで首から胸に垂らした三日月形の記章》: a ～ patch 襟章 **4** 〘動物〙 《鳥や獣の》くびの斑紋. 〘《*a*1400》□ OF *gorgete* (dim.) ← *gorge* throat: ⇨ gorge¹, -et〙

górge wìnd *n.* 〘気象〙 ＝canyon wind 2. **～·ed** *adj.*

gor·gio /gɔ́ədʒou | gɔ́ːdʒəu/ *n.* (*pl.* ～**s**) ジプシー (Gypsy) でない人《Gypsy の用いる語》. 〘《1851》□ Romany ～ ← ?〙

Gor·gon /gɔ́əgən | gɔ́ː-/ *n.* **1** 〘ギリシャ神話〙 ゴルゴーン《Phorcys の三人の娘 Stheno, Euryale, Medusa の各一人を指す名称; 特に，Perseus に殺された Medusa; 頭髪は蛇で見る人を石に化す目を持つ; ⇨ Graeae》. **2** [g-] 二目と見られない醜い女性. 〘《*a*1398》□ L *Gorgō(n-)* □ Gk *Gorgṓ* ← *gorgós* terrible ← ?〙

gorgonea *n.* gorgoneum の複数形.

gor·go·nei·on /gɔ̀əgəníːɑ(ː)n, -náɪɑ(ː)n | gɔ̀ːgəníːɔn, -náɪɔn/ *n.* (*pl.* **-nei·a** /-níːə, -náɪə/) 〘美術〙 ゴルゴネイオン《Gorgon の首の絵または浮彫りを付けた盾または額; ギリシャでは魔除けに用い，女神アテナ (Athena) の胸甲の中央に必ず付いていた》. 〘《1842》□ Gk *gorgóneion*: ⇨ Gorgon〙

gor·go·ne·um /gɔ̀əgəníːəm | gɔ̀ː-/ *n.* (*pl.* **-ne·a** /-níːə/) 〘美術〙 ＝gorgoneion. 〘← NL ～ ← Gk *gorgóneion* (↑)〙

gor·go·ni·an /gɔəgóuniən | gɔːgə́u-/ 〘動物〙 *adj.* ヤギ目の. ― *n.* ヤギ目の動物の総称 (cf. sea fan). 〘← *gorgonia* (属名: ← L *Gorgō(n-)* 'Gorgon')＋-AN¹〙

Gor·go·ni·an /gɔəgóuniən | gɔːgə́u-/ *adj.* ゴルゴーン (Gorgon) の(ような); 非常に恐ろしい (terrifying). 〘《1616》← GORGON＋-IAN〙

Gor·gon·ize /gɔ́əgənàɪz | gɔ́ː-/ *vt.* (Gorgon のように)にらんで麻痺させる; ...をすごい顔でにらみつける. 〘《1609》← GORGON＋-IZE〙

Gor·gon·zo·la /gɔ̀əgənzóulə | gɔ̀ːgənzə́u-ˈ-; *It.* gorgondzɔ́ːla/ *n.* ゴルゴンゾーラ(チーズ)《味の強いイタリア産のブルーチーズ; Gorgonzola cheese ともいう》. 〘《1878》□ It. ～: イタリア Milan 付近の産地名〙

gor·hen /gɔ́əhèn | gɔ́ː-/ *n.* 〘鳥類〙 アカライチョウ (red grouse) の雌; バン (moorhen) の雌. 〘← ? GORE¹＋HEN: cf. gorcock〙

Go·ri·ca /*Serb./Croat.* gǒritsa/ *n.* ゴリツァ《Gorizia のセルビア・クロアチア語名》.

go·ril·la /gərílə/ *n.* **1** 〘動物〙 ゴリラ (*Gorilla gorilla*)《アフリカ産のゴリラ属の動物; 低地生の lowland gorilla と高地生の mountain gorilla がある》. **2 a** 醜悪で粗暴な男性. **b** 《米俗》 暴漢 (ruffian); 強盗，ギャング (gangster). **～·like** *adj.* **go·ríl·li·an** /-liən/ *adj.* **go·ril·line** /gəlílaɪn, -lṇ | -laɪn, -lɪn/ *adj.* **go·ril·loid** /gərílɔɪd/ *adj.* 〘《1847》← NL ～ ← Gk *gorillai* hairy humans ← ? W-Afr.〙

gor·ing /gɔ́ːrɪŋ/ *n.* 〘海事〙 ゴーリング《横帆両下隅の三角形の部分; 台形の帆を作るのに帆布を三角形に切って作らなければならない部分》. 〘《1626》← GORE³＋-ING¹〙

Gö·ring /gɔ́ːrɪŋ, gə́ːr- | gɔ́ːr-; *G.* gǿːʀɪŋ/ *n.* ＝Goering.

Go·ri·zia /goːrítsiə; *It.* gorítsja/ *n.* ゴリツィア《イタリア北東部，スロベニアとの国境にある市》.

gork /gɔ́ək | gɔ́ːk/ *n.* 《俗》 《病気・老齢による》脳障害の患者，植物人間. 〘《1972》← ?〙

Gor·ki /gɔ́əki | gɔ́ː-; *Russ.* górʲkʲij/ *n.* ⇨ Gorky.

Gor·ky /gɔ́əki | gɔ́ː-; *Russ.* górʲkʲij/ *n.* Nizhni Novgorod の旧名《Gorki ともつづる》.

Gor·ky /gɔ́əki | gɔ́ː-/, **Arshile** *n.* ゴーキー《1904–48; アルメニア生まれの米国の抽象表現主義の画家》.

Gor·ky /gɔ́əki | gɔ́ː-; *Russ.* górʲkʲij/, **Mak·sim** *or* **Max·im** /mæksíːm/ *n.* ゴーリキー《1868–1936; ロシアの小説家・劇作家; *The Lower Depths*「どん底」(戯曲, 1902), *Mother* (小説, 1907); 本名 Aleksei Maksimovich Peshkov; Gorki ともつづる》.

Gör·litz /gə́ːlɪts | gɔ́ː-; *G.* gœ́ʀlɪts/ *n.* ゲルリッツ《ドイツ東部 Saxony 州の Neisse 川に臨む都市》.

Gor·lov·ka /gəəlɔ́(ː)fkə, -lɔ́(ː)v- | gɔːlɔ́f-; *Ukr.* górlʲwka; *Russ.* górləfkə/ *n.* ゴルロフカ，ゴルリウカ《ウクライナ

G

南東部の Donets 盆地の都市; 石炭産業の中心地》.

Gor·man /gɔ́əmən | gɔ́ː-/ *n.* ゴーマン《男性名》. 〖□ Ir.-Gael. ～《原義》little blue-eyed one〗

gor·mand /gɔ́əmɑːnd, -mənd | gɔ́ːmənd/ *n.* = gourmand.

gor·man·dize /gɔ́əməndàɪz | gɔ́ː-/ *vi., vt.* 大食する, むさぼり食う, がつがつ食う. 〖(1548) ← (名詞用法) (c1450) *gormandise* excessive eating □ F *gourmandise* gluttony: ⇨ gourmand, -ize〗

gór·man·dìz·er *n.* 暴食する人, 大食家 (glutton). 〖(1589): ⇨ ↑, -er[1]〗

gorm·less /gɔ́əmlɨs | gɔ́ːm-/ *adj.* 《英口語》愚かな, まぬけな (dull, stupid). 〖(1883) ← 《方言》 *gaumless* ← ME *gome* (n.) care □ ON *gaum*: ⇨ -less〗

Gór·no-Áltay /gɔ́ənoʊ- | gɔ́ːnəʊ-; *Russ.* górnəal-táj/ *n.* (*also* **Górno-Áltai**) ゴルノアルタイ《Altay 共和国の旧称 (1948–91); ロシア共和国の旧自治州》.

Górno-Ba·dakh·shán Autónomous Ré·gion /-bədækʃɑ́ːn-; *Russ.* górnəbədaxʃán-/ *n.* ゴルノバダフシャン自治州《タジキスタン南東部の自治州; 州都 Khorog》.

gó-ròund *n.* =go-around.

gorp /gɔ́əp | gɔ́ːp/ *n.* ゴープ《レーズン・ナッツ・チョコチップなどを混ぜ合わせて作るスナック菓子; ハイカー・登山者用の携行食》. 〖(1968) ← ?: cf. 《米俗》 *gorp* to eat greedily〗

gorse /gɔ́əs | gɔ́ːs/ *n.* **1** 〖植物〗ハリエニシダ (⇨ furze). **2** ハリエニシダのやぶ; ハリエニシダの茂った野: Sussex ～. 〖OE *gors(t)* ← ? Gmc **ȝorst-* (G *Gerste* barley) ← IE **ghers-* to bristle (L *hordeum* barley / Gk *krithḗ*)〗

Gor·sedd /gɔ́əseð | gɔ́ː-; *Welsh* górseð/ *n.* **1** (昔ウェールズでの)吟遊詩人やドルイド僧 (Druids) の集会. **2** (ウェールズの)芸術祭 (eisteddfod) の期間中, 本祭に先立って毎日開催される詩人たちの集会. 〖(1794) □ Welsh ～ 'session,《原義》high seat'〗

gors·y /gɔ́əsi | gɔ́ː-/ *adj.* (**gors·i·er; -i·est**) ハリエニシダの(多い). 〖(1523) ← GORSE+-Y[4]〗

Gor·ton /gɔ́ətn̩ | gɔ́ː-/, Sir **John Grey** *n.* ゴートン (1911–　; オーストラリアの政治家; 首相 (1968–71)).

gor·y /gɔ́ːri/ *adj.* (**gor·i·er; -i·est**) **1** 血だらけの, 血みどろの (bloody, bloodstained). **2** 流血の, 残虐な, 殺人的な (murderous): a ～ battle. **3** ぞっとする, 身の毛もよだつような. **gór·i·ly** /-rəli | -rɨli/ *adj.* **gór·i·ness** *n.* 〖(c1480): ⇨ gore[1], -y[4]〗

Görz /G. gœrts/ *n.* ゲルツ《Gorizia のドイツ語名》.

gosh /gɑ́(ː)ʃ, gɔ́(ː)ʃ | gɔ́ʃ/ *int.* えっ, おや, 大変, きっと《軽いののしり・驚きを表す》: by ～! 神かけて, きっと, 必ず (by God!). 〖(1757) ← *God* の婉曲的変形〗

gos·hawk /gɑ́(ː)shɔ̀ːk, -hɑ̀ːk | gɔ́shɔ̀ːk/ *n.* 〖鳥類〗ワシタカ科ハイタカ属 (*Accipiter*) のタカの総称《鷹狩に用いられる; オオタカ (*A. gentilis*) など》. 〖OE *gōshafoc*: ⇨ goose, hawk[1]〗

Go·shen /góʊʃən, gɔ́ʃ- | gə́ʊ-/ *n.* **1** ゴセンの地《エジプト出国以前にイスラエル人の住んだエジプト北部の肥えた牧羊地; cf. *Gen.* 45:10, *Exod.* 9:26》. **2** 豊沃の地, 実りの豊かな国, 楽土. 〖(1611) □ Heb. *Gōšen*〗

go·shen·ite /góʊʃənàɪt | gə́ʊ-/ *n.* 〖鉱物〗ゴッセン石, ゴシェナイト《無色の緑柱石 (beryl); 宝石として使われる》. 〖(1844) ← *Goshen* (発見地である米国 Massachusetts 州の地名): ⇨ -ite[1]〗

gos·lar·ite /gɑ́(ː)slərɑ̀ɪt, gɑ́(ː)z- | gɔ́s-/ *n.* 〖鉱物〗皓礬(こうばん) ($ZnSO_4 \cdot 7H_2O$). 〖(1849) □ G *Goslarit* ← *Goslar* (ドイツ中部の Harz 山脈にある町名): ⇨ -ite[1]〗

gos·ling /gɑ́(ː)zlɪŋ, gɔ́(ː)z- | gɔ́z-/ *n.* **1** ガチョウのひな[子]. **2** 青二才, 愚かな未熟者. 〖(c1350) *goselynge* ← *gos* 'GOOSE'+*-lynge* '-LING[1]' ∽ ME *geslynge* □ ON *gǣslingr* ← *gās* goose〗

gó-slòw *adj., n.* 《英口語》(労働者が)わざとゆっくりやる(戦術); 計画的に遅らせる(戦術): a ～ strike サボタージュ, 怠業 (slowdown). 〖1926〗

gos·pel /gɑ́(ː)spəl, -pl̩ | gɔ́s-/ *n.* **1 a** [通例 G-] 〖聖書〗福音書《イエスの生涯と教えを説いた新約聖書の最初の四書, マタイによる福音書・マルコによる福音書・ルカによる福音書・ヨハネによる福音書をいう》: the *Gospel* according to St. Matthew [Mark, Luke, John]. **b** [the G-] 聖餐式その他の儀式で朗読する福音書の一部: *the Gospel* for the Day 当日読まれる聖福音. **2** 〖キリスト教〗**a** (救世主と救いと神の王国に関する)福音, よき訪れ. **b** イエスとその使徒たちの説いた教え; キリスト教の教義: preach the ～ [*Gospel*] キリストの教え[キリスト教]を説く. **c** キリストの福音の解釈. **3** (行動などの)主義, 信条 (principle, doctrine): a political ～ 政治信条 / the ～ of efficiency [laissez faire, soap and water] 能率[放任, 清潔]主義. **4** 絶対的真実(とされているもの): take [accept] something for [as] ～ ある事を金科玉条と考える. **5** 〖音楽〗福音歌《福音書による歌; gospel song ともいう》. **6** =gospel song 2. **— *adj.*** [限定的] **1** 福音(書)の[による]: a ～ oath 福音書による宣誓. **2** 福音伝道の (evangelical). **3** 〖音楽〗ゴスペル(調)の: a ～ singer. **— *v.*** 《まれ》福音伝道をする (evangelise). 〖OE *gōdspel* ← *gōd* 'GOOD'+*spel* tidings (⇨ spell[3]): L *evangelium* (□ Gk *euaggélion*: ⇨ evangel[1]) のなぞり, 前半は God と混同された〗

gós·pel·er, 《英》**gós·pel·ler** /-p(ə)lə, -plə | -p(ə)lə[r], -pl-/ *n.* **1** (聖餐式の)福音書朗読者 (cf. epistoler 2). **2** 福音を説く人, 福音伝道者 (preacher): ⇨ hot-gospeler. **3** 《廃》福音書記者, 福音史家 (Matthew, Mark, Luke, John の 4 人の一人; evangelist 1). **4** ゴスペルの歌手. 〖OE *gōdspellere*: ⇨ ↑, -er[1]〗

gos·pel·ize /gɑ́(ː)spəlàɪz, -pɛ- | gɔ́spə-/ *vt.* …に福音を説く, 伝道する. 〖(1643): ⇨ -ize〗

góspel mùsic *n.* ゴスペルミュージック《gospel song を基にした音楽》. 〖1955〗

góspel òath *n.* 福音書に手を置いて宣誓する神聖な誓い; 絶対破ってはならない誓い. 〖1891〗

góspel sìde, G- s- *n.* (祭壇の)福音書側《聖餐式において福音書を朗読する側; 会衆席から祭壇に向かって左側; cf. epistle side》. 〖1891〗

góspel sòng *n.* 〖音楽〗**1** =gospel 5. **2** ゴスペルソング《黒人霊歌・ブルース・ジャズの要素が混合された黒人宗教音楽》. 〖1905〗

góspel trúth *n.* =gospel 4. 〖1647〗

Gos·plan /gɑs(ː)plɑ́ːn | gɔ́splɑːn; *Russ.* gòsplán/ *n.* (旧ソ連邦)国家計画委員会, ゴスプラン《貿易・産業・農業・教育・公衆衛生にわたる計画案を起草する委員会; 1921 年に設立された》. 〖(1926) □ Russ. ～ ← *gos(udarstvennyj) plan(ovyj komitet)* State Planning Committee〗

gos·po·din /gɑ̀(ː)spədíːn | gɔ̀s-⁻; *Russ.* gəspadʲín/ *Russ. n.* (*pl.* **-po·da** /-pədɑ́ː; *Russ.* -pədá/) …様, …殿《Mr. に相当する敬称; 多く外国人に対して用いる》. 〖□ Russ. ～ 'lord'〗

gos·port /gɑ́(ː)spɔət | gɔ́spɔːt/ *n.* 〖航空〗(教官が訓練生に指示を与えるための)機内通話管《gosport tube ともいう》. 〖↓〗

Gos·port /gɑ́(ː)spɔət | gɔ́spɔːt/ *n.* ゴスポート《イングランド Hampshire 州南部の港湾都市; Portsmouth の対岸で, 海軍基地がある》. 〖ME *Goseport* 《原義》market-place where geese were sold ← *gos* 'GOOSE'+OE *port* (market) town (⇨ port[1])〗

gos·sa·mer /gɑ́(ː)səmə, gɑ́(ː)z(ə)mə | gɔ́səmə[r]/ *n.* **1** 〖動物〗遊糸, 流れ糸《空中に浮遊しまたは茂みなどにかかっている繊細な小[子]グモの糸》. **2** 繊細なもの. **3 a** 薄地の紗織(しゃおり), ベール形式の薄物; 防水した薄い布地. **b** (女性用)極薄レインコート. **4** 《英》**a** 軽いシルクハット《もと商標名》. **b** 帽子 (hat). **— *adj.*** [限定的] (小[子]グモの)流れ糸のような; 薄物のような (gauzy), 薄くて軽い, 繊細な (delicate). 〖(?a1300) *gos(e)somer* (⇨ goose, summer 1): St. Martin's Day (11 月 11 日)にガチョウを食べる習慣があり, そのころクモの巣が目立つことから; cf. G *Gänsemonat* November〗

gós·sa·mered *adj.* (細い小[子]グモの)流れ糸のかかった(ような); 模糊(もこ)たる. 〖(1860): ⇨ ↑, -ed〗

gos·sa·mer·y /gɑ́(ː)səməri, gɑ́(ː)z(ə)m- | gɔ́səm-/ *adj.* =gossamer. 〖1790〗

gos·san /gɑ́(ː)sən, gɑ́(ː)z- | gɔ́s-/ *n.* 〖地質〗ゴッサン《黄鉄鉱・磁鉄鉱に富む鉱床の露頭; iron hat ともいう》. 〖(1776) □ Cornish *gossen* ← *gōs* blood〗

gosse /gɑ́(ː)s, gɔ́(ː)s | gɔ́s/ *n.* 《廃》=gorse.

Gosse /gɑ́(ː)s, gɔ́(ː)s | gɔ́s/, Sir **Edmund** (**William**) *n.* ゴス (1849–1928; 英国の文芸批評家・詩人; *Ibsen* (1907)).

gos·sip /gɑ́(ː)sɨp | gɔ́sɪp/ *n.* **1** 打ち解けたむだ話, 雑談 (idle talk, chat); (特に)人のうわさ話, 世間話: have a good ～ 楽しい閑談をする. **2** (社交界や名士などに関する新聞紙上の)うわさ話, ゴシップ, 漫筆; ゴシップ[うわさ]の種: ⇨ gossip column / a ～ writer ゴシップ記者. **3** おしゃべり (talker); 他人のうわさを触れ回る人, 金棒引き. **4** 《廃・方言》代父[母] (godparent). **5** 《古》親友, (特に, 女性の)友達. **— *vi.* 1** むだ話[うわさ話]をする〔*about, of*〕. **2** 他人のうわさをして回る. **3** ゴシップ風の文体で書く. **— *vt.* 1** うわさ話として述べる. **2** 《古・方言》…の代父[母]となる. 〖lateOE *godsibb* baptismal sponsor ← OE GOD+*sibb* related, (n.) relationship: cf. sib (adj.)〗

góssip còlumn *n.* (新聞・雑誌等の著名人を扱った)ゴシップ欄, 醜聞記事. **góssip còlumnist** *n.* 〖1859〗

gós·sip·er *n.* 人のうわさを触れ歩く人, おしゃべり, 金棒引き. 〖(1568): ⇨ ↑, -er[1]〗

gós·sip·ing *n.* おしゃべり, 雑談; 雑談[座談]会. **— *adj.*** うわさ話をする, おしゃべりの; 雑談風の: in a ～ manner 雑談風に. **～·ly** *adv.* 〖(1557): ⇨ -ing[1,2]〗

góssip·mònger *n.* むだ話[うわさ話]の好きな人. 〖1836〗

gos·sip·ry /gɑ́(ː)sɨpri | gɔ́sɪp-/ *n.* **1** [集合的] むだ話, 雑談, うわさ話. **2** おしゃべり(すること). 〖(1550): ⇨ -ry〗

gos·sip·y /gɑ́(ː)sɨpi | gɔ́sɪ-/ *adj.* **1 a** 話好きな; 人のうわさをしたがる, おしゃべりな. **b** うわさ話の多い. **2** 〈談話・文体など〉漫談風の, ゴシップ風の. 〖(1818): ⇨ -y[4]〗

gos·soon /gɑ(ː)súːn | gɔ-/ *n.* 《アイル》若者, 少年 (boy); (特に)給仕. 〖(1684) 《転訛》← F *garçon* boy〗

gos·syp·lure /gɑ́(ː)səplʊ̀ə | gɔ́sɪplʊ̀ə[r]/ *n.* 〖生化学〗雌のワタアカミムシの幼虫 (pink bollworm) が分泌する性的誘引物質. 〖(1976) ← NL (*Pectinophora*) *gossypiella* the pink bollworm+Eng. *lure*〗

gos·sy·pol /gɑ́(ː)səpɔ̀(ː)l | -pɔ̀l/ *n.* 〖化学〗ゴッシポール ($C_{30}H_{30}O_8$)《綿の種子に含まれるフェノール性色素; 有毒》. 〖(1899) ← L *gossypion* cotton+-OL[1]〗

gos·sy·pose /gɑ́(ː)səpòʊs | gɔ́sɪpəʊs/ *n.* 〖化学〗ゴッシポース (⇨ raffinose). 〖← NL ～ ← *Gossypium* (← L *gossypion* cotton+-IUM)+-OSE[2]〗

gos·ter /gɑ́(ː)stə | gɔ́stə[r]/ 《北英方言》 *vi.* 騒ぎ立てる, 自慢する; ばか笑いする, 大笑いする. **— *n.*** 騒ぎ立てること, 自慢, ばか笑い. 〖(1674–91) 《方言》← ME *galstre*〗

gó-stóp *n., adj.* =stop-go.

got /gɑ́(ː)t | gɔ́t/ *v.* get[1] の過去形・過去分詞 (cf. gotten). 〖ME *gate* □ ON *gat, gātum*〗

Gö·ta /jə́ːtə | -tə; *Swed.* jø̀ːta/ *n.* イェータ(川)《スウェーデン南西部 Vänern 湖に発し, ほぼ南流して Kattegat 海峡に注ぐ (93 km); 東の Stockholm と西の Göteborg を結ぶイェータ運河 (Göta Canal) の一部を成す》.

Go·ta·ma /gɑ́ːtəmə, góʊ- | gə́ʊtə-, gɔ́ː-/ *n.* = Gautama.

got·cha /gɑ́(ː)tʃə | gɔ́tʃə/ *int.* 《口語》 **1** わかった, 了解, はい. **2** (勝利・成功などの叫びの)やったぞ, つかまえたぞ; ざま見ろ. 〖(1932) ← (*I have*) *got you*〗

Gö·te·borg /jə́ːtəbɔ̀ə | -təbɔ̀ː[r]; *Swed.* jø̀təbɔ́rj/ *n.* イェーテボリ《スウェーデン南西部, Kattegat 海峡に臨む港湾都市; Gothenburg ともいう》.

Goth /gɑ́(ː)θ, gɔ́(ː)θ | gɔ́θ/ *n.* **1 a** [the ～s] ゴート族《ゲルマニア種族の一つで, 3–5 世紀にローマ帝国に侵入し, イタリア・フランス・スペインに王国を建設した》: the East ～*s*=Ostrogoth 1 / the West ～*s*=Visigoth 1. **b** ゴート族の人, ゴート人. **2** 趣味や教養を欠いた野蛮な無作法者, 無知な乱暴者, 文化破壊者 (barbarian) (cf. Vandal 2). **3** 〖音楽〗ゴス(ロック)《神秘的かつ終末論的な歌詞とうなるような低音を基調とした英国のロック; 70 年代後半の punk rock から発展した goth は 80 年代後半には英国の若者を魅了した》. 〖(c1380) □ LL *Gothī* (pl.) ← *Gothus* □ Goth. **Gutans* (部族名)《原義》the good people' ← *gut-* ∽ OE *Gotan* (pl.) ← *Gota*: cf. good〗

Goth. 《略》Gothic.

Go·tha /góʊtə | gə́ʊθə, -tə; G. góːta/ *n.* ゴータ《ドイツ中部 Thuringia 州の市; 1875 年ドイツの社会主義者が大会を開き「ゴータ綱領」を採択》.

Goth·am[1] /gɑ́(ː)θəm, góʊθ- | gɔ́θ-, gə́ʊθ-/ *n.* New York 市の俗称《Washington Irving が与えたあだ名》.

Goth·am[2] /gɑ́(ː)təm, góʊt- | gə́ʊt-, gɔ́t-/ *n.* ゴタムの町, 愚か村《英国 Nottingham 近郊の村で, 住民がすべて愚鈍であったという昔話がある》: the wise men of ～ ゴタムの賢人たち《ばか者ども》. 〖(15C) ← OE *gāthām* (⇨ goat, home): 英国 Nottinghamshire 州の村の名〗

Goth·am·ite[1] /gɑ́(ː)θəmàɪt, góʊθ- | gə́ʊθ-, gɔ́θ-/ *n.* ニューヨーク市民 (New Yorker). 〖(1852) ← GOTHAM[1]+-ITE[1]〗

Goth·am·ite[2] /gɑ́(ː)təmàɪt, góʊt- | gə́ʊt-/ *n.* ゴタムの住民, まぬけ, ばか (simpleton). 〖(1802): ⇨ Gotham[2], -ite[1]〗

Goth·en·burg /gɑ́(ː)θənbə̀ːg, gɑ́(ː)tn̩- | gɔ́θənbə̀ːg, gɔ́tn̩-/ *n.* =Göteborg.

Goth·ic /gɑ́(ː)θɪk | gɔ́θ-/ *adj.* **1** 〖建築・美術〗ゴシック様式の《フランス北部に発達し 12–16 世紀にヨーロッパに広く行われたルネサンス直前の建築・彫刻・装飾などの様式で, 尖頭アーチ・飛梁などを特徴とする; イタリアでは 12–13 世紀, 北欧では 14–15 世紀まで》. **2** 〖音楽〗ゴシック様式の《特に, 1200–1450 年ごろの北部ヨーロッパの音楽にいう》. **3** 〖文学〗ゴシック派の《中世期を背景として怪奇な恐怖的材料を取り扱った 18 世紀後期から 19 世紀初期にはやった英国小説の一派にいう》: a ～ novel ゴシック小説 (Horace Walpole 作 *The Castle of Otranto* が代表的). **4** 〖活字〗〈活字書体が〉ゴシック(体)の: ～ type ゴシック体(活字). **5** 〖書体〗〈手書き書体が〉ゴシック(書)体の: a ～ letter. **6** ゴート人[語]の; ゴート人[語]のような. **7** [時に g-] **a** 中世期風の (medieval). **b** 無教養な, 無趣味な, 原始的な (uncultivated). **c** 野蛮な, 残忍な (barbarous). **— *n.* 1** 〖建築・美術〗ゴシック様式. **2** [しばしば g-] 〖活字〗ゴシック(体): **a** 《米》=sans serif. **b** 《英》=black letter. **3** [しばしば g-] 〖書体〗ゴシック(書)体書き, ゴシック体筆跡《12 世紀の北ヨーロッパでキャロライン小文字から派生した手書き書体; 縦長で角ばっている》. **4** 〖文学〗ゴシック小説 (⇨ *adj.* 3). **5** ゴート語《古代ゴート人の言語で 7–9 世紀に消滅; 4 世紀の Ulfilas の聖書に保存され, 最も古いゲルマン語の姿を伝えている》. **～·ness** *n.* 〖(1611) □ LL *Gothicus* ← *Gothi*: ⇨ Goth, -ic[1]〗

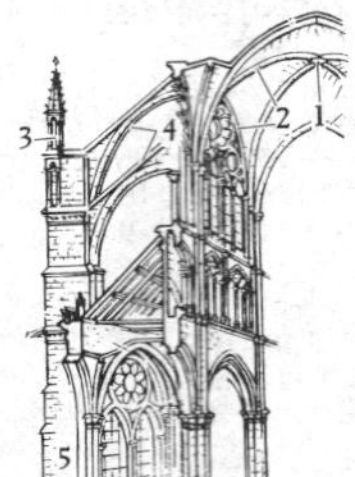

Gothic cathedral
1 boss
2 rib
3 pinnacle
4 flying buttress
5 buttress

Góth·i·cal·ly, g- *adv.* ゴシック風に. 〖(1854): ⇨ ↑, -ly[1]〗

Góthic árch, g- a- *n.* 〖建築〗尖頭(せんとう)アーチ (pointed arch) の総称《ゴシック様式に用いる二つの円弧を組み合わせた頂部のとがったアーチ》. 〖1739〗

Góthic árchitecture *n.* 〖建築〗ゴシック(様)式建築 (⇨ Gothic *adj.* 1; cf. Tudor architecture).

Góth·i·cìsm /-θəsɪzm | -θɨ-/ *n.* **1** 〖建築〗ゴシック(様)式復興主義, ゴシック風. **2** 〖文学〗ゴシック風《崇高と怪奇の雑然たる作風で古典的統一と簡素を欠く》. **3** ゴシック趣味[文化], 中世趣味. **4** 〖言語〗ゴート語風, ゴート語語法. **5** 《古》[しばしば g-] 野蛮 (barbarism); 無趣味, 殺風景 (inelegance). **Góth·i·cist** /-sɨst | -sɪst/ *n.* 〖(1710): ⇨ -ism〗

Goth·i·cize, g- /gɑ́(ː)θəsàɪz | gɔ́θɨ-/ *vt.* ゴシック風[様式]にする, ゴート風[擬中世風]にする. 〖(1712): ⇨ -ize〗

Góthic Revìval *n.* [the ～] ゴシックリバイバル《18–19

世紀の, 特に建築におけるゴシック(様)式復興運動). 〖1869〗

Góthic Revívalist *n.* (18–19 世紀の)ゴシック(様)式復興主義者. 〖1950〗

Goth·ish /gɑ́(:)θɪʃ | gɔ́θ-/ *adj.* 《古》=Gothic. 〖1602〗

gö·thite /gɜ́:taɪt, góʊ- | gɜ́:-/ *n.* 〘鉱物〙=goethite.

Go·thon·ic /gɑ(:)θɑ́(:)nɪk, gɔ(:)- | gɔθɔ́n-, gə-/ *adj.* ゲルマン語 (Germanic) の. 〖(1912) ← L *Gothōnes* (本来はバルト語族 (Baltic) を指したものらしい): ⇨ Goth, -ic[1]〗

Got·land /gɑ́(:)tlænd, -lənd | gɔ́t-; *Swed.* gɔ̂tland/ *n.* ゴットランド(島)《バルト海にあるスウェーデンの島; 面積 3,140 km², 州都 Visby》.

gó-to gùy *n.* 《米口語》(チームを引っ張る)主力選手, 大黒柱.

gó-to-méeting *adj.* [限定的]〈衣服が〉教会へ行くのにふさわしい, よそ行きの: ～ clothes 晴れ着. 〖1790〗

got·ta /(子音の前) gɑ́(:)ṭə | gɔ́tə; (母音の前) -ṭu | -tu/ 《俗》 **1** =(have) got a. **2** =(have) got to. 〖1924〗

got·ten /gɑ́(:)tn | gɔ́tn/ *v.* get[1] の過去分詞 (cf. got). ★《英》では *ill-gotten* のような複合語に用いる以外は《古》; 《米》では現用 (cf. HAVE[2] *got* 語法 (2)). 〖(*a*1325) *goten* ∽ *geten* ▭ ON *getinn*〗

Göt·ter·däm·mer·ung /gɑ̀(:)ṭədǽmərʊ̀ŋ, gɜ̀:ṭ-, gʌ̀ṭ-, -rʌ̀ŋ | gɔ̀tədǽmərʊŋ, gɜ̀:t-, -dǽm-; *G.* gœtɐdɛ́məʁʊŋ/ *n.* **1** [the ～] **a** 〘北欧神話〙神々の黄昏(たそがれ) (Ragnarok のドイツ語名; 悪の軍勢との戦いにおける神々の破滅の終局). **b** 「神々の黄昏」《Wagner 作の 4 部から成る楽劇 *The Ring of the Nibelung* の最終部の表題》. **2** (政体などの)崩壊, 分裂. 〖(1909) ▭ G ～ 'twilight of the gods'〗

Gott·fried /gɑ́(:)tfri:t | gɔ́t-; *G.* gɔ́tfʁi:t/ *n.* ゴットフリート《男性名》. 〖▭ G ～ 'GODFREY'〗

Góttfried von Strássburg *n.* ゴットフリートフォンシュトラスブルク《13 世紀初頭のドイツの叙事詩人; 未完の叙事詩 *Tristan and Isolde* (*c*1210)》.

Gott·hold /gɑ́(:)thoʊlt, -hɑ(:)lt | -haʊlt, -hɔlt; *G.* gɔ́thɔlt/ *n.* ゴットホルト《男性名》. 〖▭ G ～ (原義) favored by God〗

Göt·tin·gen /gɜ́:tɪŋən, gɛ́ṭ-, góʊṭ- | gɜ́:t-, gɔ́t-; *G.* gœ́tɪŋən/ *n.* ゲッティンゲン《ドイツ中部の Göttingen 大学を中心とする学術都市》.

Gott·lieb /gɑ́(:)tli:p | gɔ́t-; *G.* gɔ́tli:p/ *n.* ゴットリープ《男性名》. 〖▭ G ～ (原義) loved by God〗

Gott·schalk /gɑ́(:)tʃɔ:k, -ʃɑ:k | gɔ́tʃɔ:k/, **Louis Mo·reau** /mɔ:róʊ | -rəʊ/ *n.* ゴットショーク《1829–69; 米国の作曲家・ピアニスト》.

Gott·wald /gɑ́(:)tvɑ:lt, gɔ́(:)t- | gɔ́t-; *Czeck* gɔ̂tvalt/, **Kle·ment** /klɛ́mɛnt/ *n.* ゴットワルト《1896–1953; チェコスロバキアの政治家; 大統領 (1948–53)》.

Gott·wal·dov /gɑ́(:)tvɑ:ldɔ(:)f | gɔ́tvɔ:ldɔf, -dɔv; *Czech* gɔ̂tvaldɔf/ *n.* ゴットバルドフ《Zlin の旧称》.

gót-ùp *adj.* (引き立てるためまたはだますために)飾り立てた; 仕組んだ, 人工的な: a ～ affair 作り事, 仕組んだ芝居 / a ～ match 八百長試合 / hastily ～ にわか仕立ての.

Götz von Berlichingen *n.* ⇨ Berlichingen.

Gou. 《略》 gourde(s).

gouache /gwɑ́:ʃ, guɑ́:ʃ; *F.* gwaʃ/ *n.* 〘美術〙 **1 a** グワッシュ《アラビアゴム・樹脂類で溶いた不透明色絵の具を用いた水彩画》. **b** グワッシュの絵の具. **2** グワッシュ画法. 〖(1882) ▭ F ～ ▭ It. *guazzo* < L *aquātiōnem* pool ← *aqua* water〗

Gou·da /gáʊdə, gú:- | gáʊdə; *Du.* xɔ́uda, ɣɔ́u-/ *n.* **1** ハウダ《オランダ西部, Rotterdam の北東にある都市; 有名なチーズの産地》. **2** =Gouda cheese.

Góuda chéese *n.* ゴーダ[ハウダ]チーズ《偏平球の形をしていて通例表面に赤いろうが塗ってある》. 〖(1885) ← Du. *Gouda* (↑)〗

Gou·dy /gáʊḍi | -di/ *n.* ガウディ(体) (F. W. Goudy のデザインになるさまざまな活字書体).

Gou·dy /gáʊḍi | -di/, **Frederic William** *n.* ガウディ《1865–1947; 米国の印刷業者・活字デザイナー》.

gouge /gáʊdʒ | gáʊdʒ, gú:dʒ/ *vt.* **1** まるのみで彫る[造る]; (まるのみで)掘り出す. **2** 〈目玉をえぐる, …に親指を突っ込む; 〈人の〉目玉に親指を突っ込む. **3** 《米口語》〔金銭などを〕…から巻き上げる, だまし取る; 暴利をむさぼる〔*for*〕. ***góuge óut*** (1) 〈コルクなどを〉丸く切り取る; 〈水路などを〉掘り開く. (2) 〈目玉を〉(親指で)えぐり出す. — *n.* **1** まるのみ, 穴たがね. **2** まるのみ細工[仕事]; まるのみなどで彫った溝[穴]. **3** 《米口語》 **a** 金の強要, ゆすり; 詐取. **b** 強要して取った額. **4** 〘地質〙ゲージ, 断層粘土《断層面の間隙を脈状に満たす粘土; selvage ともいう》.

góug·er *n.* 〖(1350–51) ▭ (O)F ～ < LL *gu(l)bia* ← ? Celt. (cf. OIr. *gulba* sting)〗

gou·gère /gu:ʒɛ́ə | -ʒɛ́ə(r); *F.* guʒɛ:ʁ/ *n.* 〘菓子〙グジェール《シュー生地にチーズを混ぜて焼き上げた菓子》. 〖▭ F ～ ← ?〗

gou·jon /gu:ʒɔ̃:(ŋ), -ʒɔ́:ŋ | gú:dʒɔn, -ʒɔn; *F.* guʒɔ̃/ *n.* (*pl.* ～**s**, ～) **1** 〘魚類〙=flathead catfish. **2** グージョン《油で揚げた魚肉の一片》. 〖▭ F ～: ⇨ gudgeon[1]〗

Gou·lárd's éxtract /gu:lɑ́:dz- | -lɑ́:dz-/ *n.* 〘医学〙鉛糖水《酢酸塩の水溶液で湿布に使う》. 〖← *Thomas Goulard* (1720–90: フランスの外科医)〗

gou·lash /gú:lɑ:ʃ, -læʃ | -læʃ/ *n.* **1** グーラッシュ《もとハンガリー料理; パプリカで強い風味をつけた牛肉と野菜のシチューまたはスープ》. **2** 異質な要素の混ぜ合わせ, ごたまぜ (jumble). **3** 〘トランプ〙(ブリッジで)グラッシュ《片寄った組合わせの手を作るための特別な配り方; 一度プレーを終えたカードを再び集めてスーツでそろえ, カットシャッフルしないで 5 枚, 5 枚, 3 枚ずつ配られる》. 〖(1866) ▭ Hung. *gulyās* (*hūs*) herdsman's (meat)〗

góulash cómmunism *n.* 〘政治〙ハンガリー共産主義《消費材の生産増大と人民の生活水準向上を強調する》.

Goul·burn /góʊlbə:n | gə́ʊlbə:n/ *n.* ゴールバーン《オーストラリア南東部, New South Wales 州南東部の市》.

Gould /gú:ld/, **Benjamin Apthorp** *n.* グールド《1824–96; 米国の天文学者; 南天の星表を作成した》.

Gould, Glenn (**Herbert**) *n.* グールド《1932–82; カナダのピアニスト》.

Gould, Jay *n.* グールド《1836–92; 米国の実業家・投資家; 本名 Jason Gould》.

Gould, Morton *n.* グールド《1913–96; 米国の作曲家・指揮者》.

Gould, Stephen Jay *n.* グールド《1941– ; 米国の古生物学者; 啓蒙的な科学書を多数執筆》.

goum /gú:m; *F.* gum/ *n.* (北アフリカフランス軍の)アラブ人部隊; (その)アラブ人兵士. 〖(1845) ▭ F ▭ Arab. *gūm* (方言) ← *qaum* tribesman, kin, tribe〗

gou·mi /gú:mi/ *n.* 〘植物〙ナツグミ (*Elaeagnus multiflora*)《日本・中国産; cf. silverberry》. 〖▭ Jpn〗

Gou·nod /gú:noʊ | -nəʊ; *F.* guno/, **Charles** (**François**) *n.* グノー《1818–93; フランスの作曲家; *Faust* (1859), *Roméo et Juliette*「ロメオとジュリエット」(1867)》.

gou·ra·mi /gurɑ́:mi/ *n.* (*pl.* ～, ～**s**, ～**es**) (*also* **gou·ra·mie** /～/) **1** 〘魚類〙グーラミ, ジャイアントグーラミ (*Osphronemus goramy*)《東南アジア産オスフロネムス科の淡水食用魚; 空気を呼吸し巣を営む; 全長 60 cm に達する》. **2** グーラミ《ベロンティア科のスリースポットグーラミ (*Trichogaster trichopterus*), ドワーフグーラミ (*Colisa lalia*), ヘロストマ科のキッシンググーラミ (*Helostoma temmincki*) などの魚類の総称》. 〖(1878) ▭ Malay *gurāmi*〗

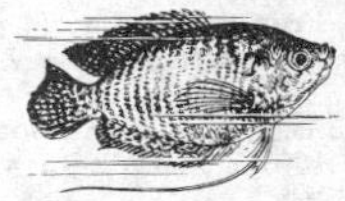

gourami 1

gourd[1] /gɔ́əd, gúəd | gúəd, gɔ́:d/ *n.* **1** ウリ科植物の果実: **a** キュウリ・スイカなどの果実《pepo ともいう》. **b** ヒョウタン (bottle gourd) などの果実《calabash ともいう》. **c** ヘチマ (dishcloth gourd) の果実. **d** 《英》=pumpkin 1 a, b. **2 a** ひょうたんで作った容器. **b** ひょうたん形をした首の細い瓶[フラスコ]. **3** 《米俗》頭: out of one's ～ 気が狂って / lose one's ～ 気が狂う. ***sáw góurds*** 《米南部・中部》いびきをかく (snore).

～·like *adj.* **～·shàped** *adj.* 〖(*c*1303) ▭ (O)F *gourde* ▭ L *cucurbita*: cf. cucurbit〗

gourd[2] /gɔ́əd, gúəd | gúəd, gɔ́:d/ *n.* 《廃》いかさまさいころの一種. 〖(1545) OF *gourd* swindle〗

gourde /gɔ́əd, gúəd | gúəd, gɔ́:d; *F.* guʁd/ *n.* (*pl.* ～**s** /～z; *F.* ～/) **1** グールド《ハイチの通貨単位; =100 centimes; 記号 G̸, G, Gde》. **2** 1 グールド貨. 〖(1858) ▭ F ～ (fem.) ← *gourd* numb, heavy < L *gurdum* dull, obtuse〗

góurd fàmily *n.* 〘植物〙ウリ科 (Cucurbitaceae).

góurd mèlon *n.* 〘植物〙=wax gourd.

gour·mand /gúəmɑ:nd, -mənd | gúəmənd, gɔ́:-; *F.* guʁmɑ̃/ *n.* **1** 大食家 (glutton). **2** 美食家, 食通, 食い道楽の人 (⇨ epicure SYN). 〖(1450) ▭ (O)F ～ 'gluttonous' ← ?〗

gour·man·dise /gùəməndí:z | gùəmən-, -mɑ:n-; *F.* guʁmɑ̃di:z/ *n.* (*pl.* **-man·dis·es** /～ɪz, ～əz, ～; *F.* ～/) 美食, 食い道楽. 〖cf. gormandize〗

góur·mand·ìsm /-dìzm/ *n.* 美食主義, 食い道楽. 〖(1850): ⇨ -ism〗

gour·met /gúəmeɪ, ―⁻ | gúəmeɪ, gɔ́:-; *F.* guʁmɛ/ *adj.* 美食家の, グルメの. — *n.* (*pl.* ～**s** /～z; *F.* ～/) 食通, 食い道楽の人, 美食家, グルメ (⇨ epicure SYN). 〖(1820) ▭ F ～ 'epicure, winetaster, (OF) winetaster's assistant' (変形) ← OF *gromet, grome*s boy servant, winemerchant's assistant: gourmand の影響による変形: cf. groom〗

Gour·mont /guəmɔ̃:(ŋ), -mɔ́:ŋ | guə-, gúə-; *F.* guʁmɔ̃/, **Re·my de** /rəmid/ *n.* グールモン《1858–1915; フランスの批評家・作家; symbolism の理論的擁護者; *Promenades littéraires*「文学散策」(1904–27)》.

gout /gáʊt/ *n.* **1** [時に the ～] 〘病理〙痛風《多量の尿酸が体内に蓄積して, ことに足や手の関節ではしばしば激痛を起こす病気》: rich [poor] man's ～ 栄養過多[不足]による痛風. **2** (血などの)しずく, したたり (drop); 固まり (clot). 〖(?*a*1200) ▭ OF *go(u)te* (F *goutte*) drop < L *guttam* drop, (ML) gout ← ?: ある体液のしずくによると考えられたため〗

goût /gú:; *F.* gu/ *n.* **1** (食べ物の)味, 味覚; 好み, 趣味 (taste): have no ～ *for* music 音楽の趣味がない. **2** (美術・文学などの)素養, 鑑識(力). 〖(1586) ▭ F ～ < L *gustum* taste〗

gout·ish /gáʊtɪʃ | -tɪʃ/ *adj.* 痛風にかかりやすい, 痛風気味の (gouty). 〖(*a*1398): ⇨ -ish[1]〗

goutte /gú:t/ *n.* 〘紋章〙=guttée. 〖(?*a*1400) ▭ F ～ 'drop': ⇨ gout〗

gout·té /gu:téɪ; *F.* gute/ *adj.* (*also* **gout·tée** /～/, **gout·ty** /gú:ṭi, gáʊṭi | -ti/) 〘紋章〙=guttée. 〖▭ F ～ (↑)〗

góut·wèed *n.* 〘植物〙イワミツバ (*Aegopodium podagraria*)《セリ科エゾボウフウ属の草本》.

gout·y /gáʊṭi | -ti/ *adj.* (**gout·i·er**; **-i·est**) **1 a** 痛風の, 痛風性の: ～ pains. **b** 痛風にかかりやすい; 痛風にかかっている: a ～ constitution 痛風性体質. **c** 痛風の原因となる[なりがちな]. **d** 痛風のときに用いる. **2** (痛風のように)膨れた, はれた (swollen): a ～ finger. **góut·i·ly** /-ṭəli, ṭḷi | -tɪli, -tḷi/ *adv.* **góut·i·ness** *n.* 〖(*a*1398): ⇨ -y[4]〗

gov 《記号》 government department《URL ドメイン名》.

Gov., gov. 《略》 government; governor.

Gove /góʊv | gə́ʊv/, **Philip B**(**abcock**) *n.* ゴーブ《1902–72; 米国の辞書編集者; *Webster's Third New International Dictionary* (1961) の編集長》.

gov·ern /gʌ́vən | -vən/ *vt.* **1 a** 〈国家・国民・市民などを〉治める, 統治する, 支配する (rule): ～ a state 国家を治める / the ～*ed* 被治者. **b** 〈公共機関などを〉管理する, …の運営をつかさどる (administer): ～ a school. **2** 〈人・行動を〉支配する, 左右する (influence): be ～*ed* by circumstances 境遇に支配される / ～ a person's decision 人の決定を左右する / I will be ～*ed* by you in what I do. すべてご指示に従って行動します / Never let your passions ～ you. 感情に支配されてはいけない. **3** 〈原則・政策などが〉決定する, 律する: principles ～*ing* a phenomenon 現象を支配する原理 / a nomad law that ～*s* the theft of a goat or a sheep やぎや羊の窃盗を律する遊牧民の法律. **4** (特に, 自動調速機で)〈機械など(の速力)を〉調節する (regulate). **5** 〘文法〙〈動詞・前置詞などが〉〈目的語などを〉支配する: A transitive verb ～*s* (a noun or pronoun in) the objective case. 他動詞は目的格の(名詞や代名詞)を支配する. **6** 抑制する, 制御する, 抑える (restrain): ～ one's passions [temper] 激情[かんしゃく]を抑える / ～ oneself 自制する.

— *vi.* **1** 政治を行う, 政務を執る: The king reigns, but does not ～. 国王は君臨するが政務は執らない, 国王は君臨すれども統治せず《立憲君主政治の原則》/ In Great Britain the Prime Minister is the person who really ～*s*. 英国では総理大臣が真に政治を行う人である. **2** 支配的勢力を奮う, 支配する, 左右する.

〖(?*c*1280) ▭ OF *governer* (F *gouverner*) < L *gubernāre* to steer, to manage ▭ Gk *kubernân* to steer a ship, govern〗

SYN 統治する: **govern** 〈国や州などを〉政治的に治める: *govern* a state 国家を統治する. **rule** 〈主権者が〉〈国家や人民を〉(専制的に)支配する: The American colonies were *ruled* by Great Britain until 1776. アメリカ植民地は 1776 年まで英国に支配されていた. **administer** 〈国家・会社・機関などの〉経営管理の責任を負う: The territory was *administered* by France. その地域はフランスに統治されていた.

gov·ern·a·bil·i·ty /gʌ̀vənəbíləṭi | -vənəbílɪ̀ti/ *n.* 統治[支配]可能なこと[状態]; 制御しやすさ. 日英比較 日本語の「ガバナビリティー」は誤って「統治能力」の意で使われることが多い.

gov·ern·a·ble /gʌ́vənəbḷ | -və-/ *adj.* 〈国民など〉統治[支配]可能な, 統治しやすい; 抑制可能な[しやすい]. **～·ness** *n.* 〖(1647): ⇨ ↑, -able〗

Go·ver·na·dor Va·la·da·res /gʌ̀vənədɔ́əvæ̀lədɑ́:rɪs, gɑ̀(:)v- | gɔ̀vənədɔ́:-; *Braz.* govèrnadórvàladáris/ *n.* ゴベルナドール バラダレス《ブラジル東部 Minas Gerais 州の州都 Belo Horizonte の北東にある市》.

gov·ern·ance /gʌ́vənəns | -vən-/ *n.* **1** 統治方式[組織], 管理法[組織]. **2** 支配, 統治, 統御, 管理. **3** 支配権, 支配力, 統轄力, 統治力, 権威 (authority). **4** 被支配状態: from ～ to self-government 被支配状態から自治へ. 〖(*c*1303) ▭ OF ～: ⇨ govern, -ance〗

gov·ern·ess /gʌ́vənɪ̀s | -v(ə)nɪ̀s, -nɛs/ *n.* **1** (多く住み込みの)女性家庭教師. **2 a** 《古》知事[総督]夫人. **b** 《廃》女性知事, 女性総督 (female governor). — *vt.* 〈女性が〉…の家庭教師をする, (女性家庭教師として)〈子供を〉監督する. — *vi.* 〈女性が〉家庭教師をする. 〖(*a*1370) (短縮) ← ME *governeresse* ▭ OF: ⇨ governor, -ess[1]〗

góverness càrt [**càr**] *n.* 《英》左右両側に向き合った座席のある軽二輪馬車.

gov·ern·ess·y /gʌ́vənɪ̀si | -v(ə)nɪ̀si, -nèsi/ *adj.* 女性家庭教師らしい[を思わせる]; (特に)取り澄ました (prim): a ～ air. 〖(1872): ⇨ -y[4]〗

gov·ern·ing /gʌ́vənɪŋ | -vən-/ *adj.* 統治する; 管理する, 統御する, 統制する; 支配[指導]的な: the ～ classes 支配階級 / the ～ body (病院・学校などの)管理機関, 理事会 / a ～ principle 指導原理[精神]. 〖(1635): ⇨ -ing[2]〗

gov·ern·ment /gʌ́və(n)mənt, -v(ə)m- | -və(n)m-, -v(ə)m-/ *n.* **1** [集合的] **a** [単数または複数扱い] 統治機関. **b** [しばしば G-] 政府, 内閣 (《米》 administration) ★《米》では単数扱い, 《英》では複数扱いのことが多い: the British *Government* 英国政府 / the United States *Government* 米国政府 / local ～ 地方政府, 地方機関 / the Labor *Government* of 1941–51 1941 年から 51 年までの労働党政府 / form a *Government* (首相が)内閣を組織する, 組閣する / against the *Government* 政府に反対で[して] / The *Government* was [《英》 were] defeated in the last election. 政府はこの前の選挙に敗北した / *government*-approved 政府認可の / *government*-owned 政府所有の. **2** (国家などの)政治, 統治; 統治権, 行政権: the ～ of a country 一国の政治 / church ～ 教会政治 / petticoat ～ 女性政治; かかあ天下 / in ～ 政権について, 与党[政府]の. **3** 政治体制[組織], 政体; 国家組織《通例行政機関をもち, 行政・立法・司法上の均衡を保つ》: representative [monarchical, democratic] ～ 代議[君主, 民主]政体. **4** (公共機関などの)管理, 支配 (control, management): He accepted the ～ of the hospi-

G

tal. その病院の管理を引き受けた / The school throve under the wise ～ of this headmaster. その学校はこの校長の管理よろしきを得て栄えた. **5** 政治学 (political science). **6** 《古》統治[管轄]区域 (district governed); 国家 (state), 領土 (territory). **7** 〔文法〕支配 (regimen): the ～ of nouns by verbs 動詞による名詞の支配. **8** [通例 *pl.*] 《米》=government security. **9** 《廃》手足[体]の抑制; 行状, 身持ち, 分別 (conduct, discretion).
agin the góvernment [***Góvernment***] 《戯言》〈アイルランド人など〉政府に反対で; (何でも)権威に反抗しがちで (cf. 1 b). 〘(*c*1380) □ OF *governement* (F *gouvernement*): ⇨ govern, -ment〙

gov·ern·men·tal /gʌ̀vɚ(n)méntḷ, -v(ə)m- | -və(n)méntḷ⁻/ *adj.* 政府の; 官設の; 政治(上)の; 統治の. **～·ly** *adv.* 〘(1744): ⇨ ↑, -al[1]〙

gòv·ern·mén·tal·ism /-tәlɪzm, -tḷ- | -təl-, -tḷ-/ *n.* 〔政治〕政府主義《政府活動の拡大・強化を主張する理論》; 政府主義的傾向. **gòv·ern·mén·tal·ist** /-tәlɪst, tḷ- | -təlɪst, -tḷ-/ *n.* 〘(1848): ⇨ ↑, -ism〙

gov·ern·men·tal·ize /gʌ̀vɚ(n)méntәlàɪz, -v(ə)m-, -tḷ- | -vənméntəl-, -tḷ-/ *vt.* 政府の統制下に置く.

G

góvernment héalth wàrning *n.* 《英》健康警告《法律でたばこなどに表示することが義務づけられている警告文》.

Góvernment Hòuse, g- h- *n.* **1** (英国植民地の)総督官邸. **2** (英国植民地の)政庁. 〘1802〙

góvernment-in-éxile *n.* (*pl.* **góvernments-in-éxile**) 亡命政権[政府].

góvernment íssue, G- I- 《米》*n.* 官給品《例えば兵士の軍服など; cf. GI》. **—** *adj.* 官給の.

góvernment màn *n.* **1 a** 官吏. **b** FBI の捜査官, ジーメン (cf. G-man). **2** 現政府支持者. **3** 《豪》(19 世紀の)囚人, 受刑者, 罪人. 〘1828〙

Góvernment Nátional Mórtgage Assocìation *n.* 《米》政府住宅抵当金庫《1968 年に発足した連邦政府機関; 住宅への融資促進のため pass-through security の元利金支払いの保証を行う; 通称 Ginnie Mae; 略 GNMA》.

góvernment nòte *n.* 〔財政〕政府発行紙幣.

góvernment òffice *n.* 官庁.

góvernment offìcial *n.* 官吏, 国家公務員.

góvernment pàper *n.* (政府発行の)債券証書. 〘1802〙

Góvernment Prínting Òffice *n.* [the ～] (米国)印刷局《議会の監督のもとで政府刊行物の印刷・刊行を行う; 略 GPO; cf. HMSO》.

góvernment secúrity *n.* [通例 *pl.*] 政府発行有価証券《公債証書・大蔵省証券など》.

góvernment stóck *n.* 国債.

góvernment súrplus *n.* 政府払い下げ品. 〘(1952)〙

gov·er·nor /gʌ́v(ə)nɚ, -vənɚ | -v(ə)nə[r]/ *n.* **1 a** (米国各州の)知事 (略 Gov.). **b** (県・地方・都市などの)長官, 知事: a civil ～ 民政長官, 知事. **c** (英国植民地・属領地の)総督 (略 Gov.). **d** 《英》(官庁・協会・銀行などの)総裁, 所長, 院長, 長官; (公共機関などの)管理委員(長), 理事: the board of ～*s* of a school [club] 学校[クラブ]の理事会 / the *Governor of* the Bank of England イングランド銀行総裁. **e** 支配者, 統治者 (ruler); 導き手. **f** 《英》刑務所長. **g** (要塞・守備隊などの)司令官. **2** 《英俗》**a** おやじ, 父親 (one's father); 雇主, 親方 (employer, master). **b** [呼び掛け] だんな (sir). **c** 《戯言》身分などが上の[高い]人. **3** 家庭教師 (tutor). **4** 〔機械〕ガバナー, 調速機, (ガス・スチーム・水などの)調整器, 調圧器 (regulator): an atmospheric [electric] ～ 空気[電気]調整器 / a pendulum ～ 振子調速機. 〘(*a*1300) □ OF *governeo(u)r* (F *gouverneur*) < L *gubernātōrem* steersman, ruler: ⇨ govern, -or[2]〙

gov·er·nor·ate /gʌ́v(ə)nɚrɪ̀t, -vən-, -rèɪt | -v(ə)n-/ *n.* governor による行政区画. 〘(1899): ⇨ ↑, -ate[1]〙

góvernor-eléct *n.* (就任前の)新知事, 新総督.

góvernor-géneral *n.* (*pl.* **governors-g-**, **～s**) **1** (下に副知事のいる)知事. **2** (英国植民地などの)総督. 〘1586〙

góvernor-géneral·shìp *n.* 総督の職[地位, 任期]. 〘(1833): ⇨ ↑, -ship〙

góvernor's cóuncil *n.* (米国の幾つかの州における)知事諮問委員会.

góvernor·shìp *n.* governor (知事・長官・総裁など)の職[地位, 任期]. 〘(1644): ⇨ ↑, -ship〙

Góvernors Ísland *n.* ガバナーズ島《米国 New York 港 East River 南端の島で, 米国沿岸警備隊最大の基地がある》. 〘英国総督の官舎が置かれたことから〙

Gov-Gen 《略》Governor-General.

Govt, govt, Gov't 《略》government.

gow·an /gáʊən/ *n.* 《スコット》〔植物〕ヒナギク (English daisy). **gów·aned** *adj.* **gów·an·y** /-ni/ *adj.* 〘(1570) 《変形》← ? 《廃》*gollan(d)* ← ON (cf. ON *gullinn* golden / Gael. *gugan* bud, flower): cf. gold〙

gowd /gáʊd/ *n.* 《スコット》=gold.

Gow·er /gáʊɚ | gáʊə[r]/ *n.* [the ～] ガウアー(半島)《ウェールズ南部 Swansea の西方, Bristol 海峡に突き出ている半島》.

Gow·er /gáʊɚ, gɔ́ɚ | gáʊə[r], gɔ́ː[r]/ *n.* ガウアー《男性名》. 〘← OWelsh *gwyr* pure〙

Gower, John *n.* ガウアー《1325?–1408; 英国の詩人; *Confessio Amantis*「恋する男の告解」(*c*1390)》.

gowk /gáʊk/ *n.* 《英方言》**1** 〔鳥類〕カッコウ (cuckoo). **2** ばか, まぬけ (simpleton). 〘(*a*1300) *gok(e)* □ ON *gaukr* < Gmc **ȝaukaz* (擬音語): cf. OE *ḡeac* cuckoo / G *Gauch* cuckoo, fool〙

gown /gáʊn/ *n.* **1** ガウン《ウエストを締めないゆるやかな形の外衣》: **a** 女性のいろいろなタイプのドレス《時にフォーマルなものを指す》: a dinner [tea] ～ 晩餐(ばんさん)会[お茶の会]に着るガウン / ⇨ evening gown. **b** 化粧着 (dressing gown). **c** 寝巻き (nightgown). **d** (大学教授・学生・卒業生・市長・市参事会員・裁判官・弁護士・聖職者などの着る)職服, 正服, 法服: an academic ～ 大学のガウン / a judge's ～ 判事服 / ⇨ CAP[1] and gown, Geneva gown, silk gown / in wig and ～ かつらとガウン(法官服)を着けて / take the ～ 聖職者[弁護士]となる. **e** (外科医の)手術着: a surgeon's ～. **2** [the ～] (ガウンを職服とする)聖職, 法曹職. **3** 大学の学生と教授団, 大学関係者: town and ～ ⇨ town 2 c. **4** (古代ローマ市民の)外衣, トーガ (toga); 《詩》平和の服. **—** *vt.* [～ *oneself* または p.p. 形で] …にガウンを着せる: a ～*ed* professor ガウンを着けた教授. **—** *vi.* ガウンを着る. 〘(?*a*1325) □ OF *goune* < LL *gunnam* skin, fur garment ← ? Celt.〙

gowns·man /gáʊnzmən/ *n.* (*pl.* **-men** /-mən, -mèn/) **1** 職業上ガウンを着る人《法曹人・大学教授など; cf. townsman》. **2** 《古》民間人 (civilian). 〘(1607): ⇨ -s[2]〙

Gow·on /góʊɒn/, **Yakubu** *n.* ゴウォン《1934– ; ナイジェリアの将軍・政治家; 国家元首 (1966–1975)》.

gowp /gáʊp/ *vi., vt.* =gaup.

gox, GOX /gɑ́(ː)ks | gɔ́ks/ 《略》〔化学〕gaseous oxygen.

goy /gɔ́ɪ/ *n.* (*pl.* **goy·im** /gɔ́ɪɪ̀m | gɔ́ɪɪm/, **～s**) **1** (ユダヤ人からみた)異邦人, 異教徒 (gentile). **2** ユダヤ教の戒律を守らぬユダヤ人. **góy·ish** /-ɪʃ/ *adj.* 〘(1841) □ Yid. ～ □ Heb. *gōy* nation〙

Go·ya /gɔ́ɪə/ *n.* 〔商標〕ゴヤ《英国 Beauty International Fragrances 社製の香水・化粧品》.

Go·ya /gɔ́ɪə; *Sp.* gója/, **Francisco de** *n.* ゴヤ《1746–1828; スペインの画家; Francisco José de Goya y Lucientes /lusjéntes/》.

Go·yen /gɔ́ɪən; *Du.* xóːjə/, **Jan Josephszoon van** *n.* (ファン・)ホイエン《1596–1656; オランダの風景画家》.

goyim *n.* goy, goi の複数形.

Gp, gp /dʒíːpíː/ 《略》group; 〔音楽〕general pause; general practitioner; Gloria Patri; 《英》graduated pension; Graduate in Pharmacy; Grand Prix.

GP 《略》Gallup Poll; general paresis; graduated pension.

g.p. 《略》galley proofs; geometrical progression; great primer.

GPA 《略》grade-point average.

Gp Capt 《略》Group Captain.

gpd 《略》gallons per day.

GPDST 《略》Girls' Public Day School Trust.

gph 《略》gallons per hour.

GPI 《略》〔医学〕general paralysis of the insane. 〘1922〙

gpm 《略》gallons per minute.

GPM 《米》graduated payment mortgage.

GPO /dʒíːpìːóʊ | -ə́ʊ/ 《略》General Post Office 〘1869〙; 《米》Government Printing Office.

gps 《略》gallons per second.

GPS 《略》Global Positioning System; 《豪》Greater Public Schools.

GPU /dʒíːpìːjúː, gèɪpèɪúː/ 《略》Gay-Pay-Oo.

gq 〔記号〕Equatorial Guinea《URL ドメイン名》.

GQ 《略》〔軍事〕general quarters.

gr 〔記号〕Greece《URL ドメイン名》.

GR 《略》General Reserve; 《英》*L.* Georgius Rex (=King George); 〔自動車国籍表示〕Greece; *L* Guillelmus Rex (=King William).

gr. 《略》grade; grain(s); grammar; gram(s); grand; gravity; gray; great; grind; gross; ground; group; gunner.

Gr. 《略》Grecian; Greece; Greek.

GRA 《略》Grand Army of the Republic.

Gráaf·i·an fóllicle [**vésicle**] /grɑ́ːfiən-, grǽf-/ *n.* 〔解剖〕(卵巣の)グラーフ卵胞, 胞状卵胞. 〘← *Regnier de Graaf* (1641–73: オランダの解剖学者): ⇨ -ian〙

Graal /grɑ́ːl/ *n.* =Holy Grail.

grab[1] /grǽb/ *v.* (**grabbed; grab·bing**) **—** *vt.* **1 a** (急に)つかむ, 引っつかむ, 引ったくる ⟨*away*⟩ (⇨ take SYN): ～ a purse 財布を引ったくる. **b** 〈人を捕える, 逮捕する (arrest, nab). **2** 《口語》大急ぎでする[取る, 利用する]: ～ a bath さっとひと風呂浴びる / ～ a bite to eat [a cup of coffee] 大急ぎで軽い食事をする[コーヒーを一杯飲む] / ～ a taxi タクシーをつかまえる. **3** 《俗》〈人の心をしっかりつかむ, 感動させる: ～ an audience / How does that ～ you? それ[あれ]をどう[面白いと]思うかね / an attention-*grabbing* spectacle はっと息をのむような光景. **4 a** (不当に)さっと取る: ～ a seat. **b** 横領する, 乗っ取る: ～ public lands 公有地を横領する. **—** *vi.* **1** 引ったく(ろうとす)る, ひっつかむ[もうとする] ⟨*at, for, onto*⟩: ～ *at* the chance [opportunity] of going abroad 外国へ行く機会に飛びつく / ～ *at* something to keep from falling 落ちないように何かにつかまる / ～ *at* a person's bag 人のバッグを引ったくろうとする. **2** =overreach 3. **3** 〈自動車のブレーキが〉がたつく. ***gráb hóld of*** ⇨ hold[1] *n.* 成句.
— *n.* **1 a** 引ったくり, わしづかみ; 略奪, 不法入手[所得], 横領: make a ～ *at* [*for*] …をひっつかもうとする, …をさっとつかむ. **b** 引ったくった物. **2** 〔機械〕(泥などをさらう)グラブ, つかみ機 (clamshell). ***hàve*** [***gèt***] ***the gráb on*** 《英俗》…より有利な立場にある, …にまさる. ***ùp for gràbs*** 《口語》(努力次第で)だれにでも得られる, 容易に手にはいる: It's *up for* ～*s*.
— *adj.* [限定的] **1** (支えとして)つかまるための: a ～ rail 手すり / ⇨ grab bar. **2** 任意の: a ～ sample. 〘(*c*1581) □ MDu. & MLG *grabben*: cf. grasp, grip / Swed. *grabba* to seize〙

grab[2] /grǽb/ *n.* 〔海事〕グラブ船《東洋の二檣(しょう)帆船の一種; 沿岸貿易用》. 〘(1680) □ Arab. *ghurāb* galley, 《原義》raven〙

gráb bàg *n.* 《米》**1** 宝捜し袋, 福袋 (《英》lucky dip) 《料金を取って袋の中の品物をつかみ出させる一種のくじで慈善市などで行われる》. **2** 種々雑多な寄せ集め. **3** 《口語》運次第のもの[こと]. 〘1855〙

gráb bàr *n.* (シャワーや浴槽の近くの壁に取り付けた)つかまり棒, 手すり. 〘1959〙

gráb·ber *n.* **1** ひったくる人; 強奪者. **2** 欲張り (greedy person). **3** =land-grabber. **4** 〔電算〕データ取り込み装置. 〘(1849) ← GRAB[1] + -ER[1]〙

grab·ble /grǽbḷ/ *vi.* **1** 手探りする, 手探りで捜す (grope) ⟨*for*⟩. **2** 四つんばいになる. **—** *vt.* つかむ, ひったくる. **gráb·bler** /-blɚ, -blə | -blə[r], -bl-/ *n.* 〘(1579–80) □ ? Du. *grabbelen* (freq.) ← *grabben* 'to GRAB[1]': ⇨ -le[3]〙

gráb bùcket *n.* 〔土木〕つかみあげバケツ (⇨ clamshell 2 a). 〘1885〙

grab·by /grǽbi/ *adj.* (**grab·bi·er; -bi·est**) 《口語》欲張りの, 強欲な, がめつい (greedy). 〘(1910) ← GRAB[1] + -Y[4]〙

gráb drèdge [**drèdger**] *n.* 〔土木〕グラブ浚渫(しゅんせつ)船《グラブを用いて水底の泥を浚渫する船》; 浚渫機.

gra·ben /grɑ́ːbən, -bṇ; *G.* gʀáːbṇ/ *n.* (*pl.* ～, **～s**) 〔地理〕=rift valley. 〘(1896) □ G *Graben* ditch (cf. *graben* to dig)〙

gráb ràil [**hàndle**] *n.* (バスなどの)手すり.

gráb ròpe [**lìne**] *n.* 〔海事〕握り綱 (⇨ guest rope 1).

Grac·chi /grǽkiː, -kaɪ/ *n. pl.* [the ～] グラックス兄弟 (⇨ Gracchus).

Grac·chus /grǽkəs/ *n.* グラックス: **1 Ti·be·ri·us Sem·pro·ni·us** /taɪbí[ə]riəssɛmpróʊniəs | -bíəriəs-sɛmprə́ʊ-/ (163–133 B.C.) 兄. **2 Gaius Sempronius** (153–121 B.C.) 弟《共に古代ローマの護民官 (tribune) で民権擁護のため戦った; 兄は暗殺され, 弟は騒乱の中で自殺した; 両者を総称して the Gracchi と呼ばれる》.

grace /gréɪs/ *n.* **1** (動作・姿勢・態度などの)気品, 優雅, 優美, しとやかさ, 上品 (delicacy, elegance): ～ of bearing [carriage, action, deportment, style] 物腰[姿勢, 行動, 態度]の優美さ / with ～ 優雅に.
2 [通例 *pl.*] 美質, 美点, 魅力, 愛嬌(あいきょう); たしなみ (accomplishment); 上品ぶった態度, 気取り (affectation): have all the social ～*s* 社交上のたしなみをすべて身につけている / find a thousand ～*s* in a beloved person 愛する人に無数の美点を見出す / ⇨ saving grace / airs and ～*s* ⇨ air[1] 5 b.
3 (文体・表現などの)優雅, 洗練, 雅致, みやびやかさ.
4 a 礼儀正しさ, わきまえ; 体面; 雅量, 好意: have *the* (good) ～ *to do* …をするだけのわきまえ[雅量]がある; 当然のこととして[親切にも]…する. **b** 潔さ, 勇気: He had *the* ～ *to* apologize. 彼は潔く謝罪した.
5 猶予 (respite): give [grant] a day's [fortnight's] ～ 1 日[2 週間, ちょっと]の猶予を与える / grant a week's ～ (法律上の期限以上に) 1 週間の猶予を許す / ⇨ DAYS of grace.
6 〔神学〕**a** (神の)恵み, 恩恵, 恩寵(おんちょう), 聖寵 (divine mercy): ～ abounding あふれるばかりの神の恵み / ⇨ *but for the* GRACE *of God*, *by the* GRACE *of God* / an inward and spiritual ～ ⇨ sign 9. **b** (神の人間に与えた)更生と聖別の贈り物. **c** 神の恩寵に浴している状態 (state of grace). **d** (神から授かった)徳, 美徳 (virtue): the ～*s* of charity, humility, etc. / the Christian ～*s*. **e** [G-] (恩寵の源としての)神 (God).
7 食前[後]の感謝の祈り: say (a) ～ 食前[後]の感謝の祈りをする.
8 [通例 G-] 閣下, 閣下夫人《公爵・公爵夫人・大主[司]教に対する尊称》: His [Her, Your] *Grace* 閣下 / His *Grace* the Duke of York ヨーク公閣下 / His *Grace* the Archbishop of Canterbury カンタベリー大主教閣下 / Will your *Grace* receive him? 閣下は彼に御面会になりますか. ★ もとは王[女王]に対しても用いられた.
9 a 《古》慈悲, 寛大 (mercy): ⇨ ACT of grace (1). **b** 親切, 優しさ, 好意, 善意 (goodwill); (上の立場に立つ人が示す)情け, 寛大な処置, 特別の計らい: ⇨ ACT of grace (2) / by special ～ 特別のお情けで / sue for ～ 特別の計らいを願う. **c** [*pl.*] 愛顧, 知遇 (favor): be in a person's good [bad] ～*s*=be in the good [bad] ～*s* of a person 人に気に入られて[嫌われて]いる. **d** 《廃》(神または運命による)好意, 運 (luck, fate); 幸福: hard [evil] ～ 不運, 不幸.
10 [G-] 〔ギリシャ・ローマ神話〕美の三女神の一人: the (three) *Graces* 美の三女神 (cf. L *Grātiae* / Gk *Khárites*)《それぞれ輝き (brilliance)・喜び (joy)・開花 (bloom) を象徴した三人姉妹の女神 Aglaia, Euphrosyne および Thalia をいう》.
11 [*pl.*] 〔音楽〕装飾音 (cf. grace note).
12 (Oxford, Cambridge 両大学で)(ある種の特権に関する)評議員会の許可[認可].
bùt for the gráce of Gód 神の恩寵がなかったら: There (,) *but for the* ～ *of God*(,) goes X.Y. [go I]. 運が悪かったらこの X.Y. [自分]もあんなふうになっていたかもしれない《英国の聖職者 John Bradford (1510?–55) が刑場に引かれ

て行く罪人たちを見て発した言葉から). ***by (the) gráce of*** …のおかげで (thanks to). ***by [through] the gráce of Gód*** 神の御恩寵によって《特に, 正式な文書には王号の後に付加する》: James, *by the* ~ *of God*, King of Great Britain. ***fáll from gráce*** (1) 上役(など)の不興を買う. (2) (叱られるような)悪いことをまたやる. (3) 〘神学〙神の恩寵を失う, 堕落する. ***the yéar of gráce*** ⇨ year. ***with (a) bád gráce*** いやいやながら, 渋々と. ***with (a) góod gráce*** 快く, 進んで (willingly).
— *vt.* **1** …に名誉を与える, 光彩を添える (dignify): ~ a person *with* a title 人に爵位を与える / Her presence ~*d* the occasion.=She ~*d* the occasion *with* [*by*] her presence. 彼女の臨席はその場に光彩を添えた. **2** 優美にする, 優雅にする, 美しく飾る (adorn): a character ~*d with* every virtue あらゆる美徳に輝く人物 / an avenue ~*d with* statues 彫像で飾られた通り. **3** 〘音楽〙…に装飾音やカデンツァ (cadenza) を付加する.
〖lateOE ~ □ (O)F *grâce* □ L *grātia* favor, charm, thanks ← *grātus* pleasing ← IE **gʷer(ə)-* to praise aloud (Celt. **bardo-* 'BARD¹' / Skt *gṛṇāti* (he) sings, praises)〗

Grace /gréɪs/ *n.* グレース《女性名; アイルランドで Grainne に代用される; 愛称形 Gracie; 灯台守の娘 Grace Darling にちなんでよく用いられる》. 〖□ ML *Grācia* ← L *grātia* (↑)〗

Grace /gréɪs/, **W**(illiam) **G**(ilbert) *n.* グレース《1848–1915; 英国のクリケット選手》.

gráce-and-fávour *adj.* 《英国で》〈住居など〉王室や政府などから使用料無料で下付された; 王室などから下付された住居の: a ~ apartment [residence].

gráce cùp *n.* **1** (食後の祈りの後で順次に回す)乾杯[祝杯]の杯; (その杯で飲む)乾杯. **2** 別れの杯. 〖1593〗

gráced *adj.* 名誉ある, 魅力のある. 〖1595〗

grace·ful /gréɪsfəl, -fl/ *adj.* 〈言語・動作などが〉優美な, 優雅な, しとやかな, 奥ゆかしい, 品位のある: a ~ girl (動作の)優美な少女 / make a ~ bow to …に優雅におじぎする. **~·ly** *adv.* **~·ness** *n.* 〖(*a*1449): ⇨ -ful¹〗

Grace·land /gréɪslænd, -lənd/ *n.* グレースランド《米国 Tennessee 州 Memphis 郊外にある Elvis Presley の旧邸宅; 観光名所になっている》.

grace·less /gréɪsləs/ *adj.* **1 a** 品のない, 優雅さのない[を欠いた], 見苦しい (ugly). **b** 芸術的に優雅さを欠いた, 審美的に美しくない. **2** 無作法な, 野卑な (indecorous): a ~ rogue 無作法な悪者. **3** 《古》神に見離された, 堕落した. **~·ly** *adv.* **~·ness** *n.* 〖(*c*1385): ⇨ -less〗

gráce nòte *n.* 〘音楽〙装飾音, 装飾音を示す音符. 〖1823〗

gráce pèriod *n.* 〘保険〙猶予期間《保険料の払込猶予期間》. 〖1945〗

Gra·cia /gréɪʃə, -ʃiə | -ʃiə, -ʃə/ *n.* グレーシャ《女性名》. 〖□ L ~ 'GRACE'〗

gra·ci·as /grɑ́ːθiàːs, -siə-; *Sp.* gɾáθjas/ *Sp. int.* ありがとう (thank you). 〖□ Sp. ~ 'thanks'〗

Gra·cie /gréɪsi/ *n.* グレーシー《女性名》. 〖(dim.) ← GRACE〗

grac·ile /grǽsl̩, -sɪl | -saɪl/ *adj.* **1** ほっそりした, か細い, か弱い (slender, thin). **2** 〖grace との誤った連想から〗ほっそりして優美な, すらりとして上品な. **3** =graceful. **~·ness** *n.* 〖(1623) □ L *gracilis* slender, meager〗

grac·i·lis /grǽsələs | -sɪlɪs/ *n.* (*pl.* **-i·les** /-lìːz/, ~**-es**) 〘解剖〙(大腿)薄筋 (gracilis muscle ともいう). 〖(1615) ← NL ~ (↑)〗

gra·cil·i·ty /grəsíləti, græ- | -lɪ̣ti/ *n.* **1** ほっそりして優美なこと; か弱さ. **2** 優美[優雅]なこと (gracefulness). **3** (文体が)飾りけがなく簡素なこと. 〖(1623) □ L *gracilitātem*: ⇨ gracile, -ity〗

grac·ing /gréɪsɪŋ/ *n.* 《英俗》グレーハウンド競走. 〖《略》← *g(reyhound) racing*〗

gra·ci·o·so /grɑ̀ːsióʊsoʊ | -ə́ʊsəʊ; *Sp.* gɾaθjóso/ *n.* (*pl.* ~**s** /~z; *Sp.* ~s/) (スペイン喜劇の)道化役 (clown, buffoon). 〖(1650) □ Sp. ~ 《原義》gracious (↓)〗

gra·cious /gréɪʃəs/ *adj.* **1** 〈人・人品・態度など〉愛想のよい, 人好きのよい (affable): a ~ host, manner, etc. / be ~ *to* a person. **2 a** 親切な, 思いやりのある, 優しい. **b** 礼儀正しい, 慇懃(いんぎん)な (courteous). **3** 《特に, 目下に対して》寛大な, おうような (indulgent). **4** 〈生活など〉優雅な, 上品な, 優美な: ~ living 優雅な生活《時に皮肉な意味にも用いる》. **5** (形式的に王・女王または長上者に用いて)仁愛深い: Our *Gracious* King / His Most *Gracious* Majesty 仁愛深い陛下. **6** 〈神など〉情深い, 慈悲深い (merciful) (cf. *int.*). **7** 《古》気に入るような, 感じのよい (pleasing). **8** 《古》神の恵みあふれる, 祝福に満ちた, 神聖な (holy): So hallow'd and so ~ is the time. (クリスマスの)時期はかく神聖にかく恵みにあふれている (Shak., *Hamlet* 1. 1. 164). **9** 《廃》幸いな, 幸福な (fortunate, happy): a ~ rain 慈雨.
— 〖《略》← *Gracious God!*〗 *int.* おや, まあ, これは大変, しまった《驚き・当惑を表す; cf. *adj.* 6》: Good *Gracious*! =*Gracious* me!=My *Gracious*!=Goodness ~!=*Gracious*!
~·ly *adv.* **~·ness** *n.* 〖(*c*1303) □ OF *gracious* (F *gracieux*) □ L *grātiōsus* enjoying favor, obliging: ⇨ grace, -ous〗

SYN 愛想のいい: **gracious** 特に目下の者に対して優しく丁重な《格式ばった語》: a very *gracious* hostess とても愛想のいい女主人. **cordial** 友好的で温かい: He gave us a *cordial* welcome. 心のこもった歓迎をしてくれた. **genial** 様子や態度が親切で友好的な雰囲気を醸し出す: a *genial* smile 優しいほほえみ. **sociable** 真に人との付き合いが好きで見知らぬ人や目下の者にも進んで交わろうとする: The English are not a very *sociable* people. 英国人はあまり社交的な民族ではない.

grack·le¹ /grǽkl/ *n.* 〘鳥類〙**1** ムクドリ科の鳥類の総称《キュウカンチョウ (hill myna) など》. **2** 羽が黒みがかった色をしたアメリカ産ムクドリモドキ科の鳥類の総称《オオクロムクドリモドキ (purple grackle), オナガクロムクドリモドキ (boat-tailed grackle), bronzed grackle など》. 〖(1772) ← NL *grācula* (fem.) ← L *grāculus* jackdaw〗

grack·le² /grǽkl/ *n.* (馬のおもがいの)グラクル鼻革(はながわ)《馬の頭の上から顔の中央を通って鼻端で分かれてループを作る》. 〖1931 年の Grand National の勝馬 Grakle がつけていた〗

grad¹ /grǽd/ *n.* 《口語》卒業生. 〖(*c*1871) 《略》← GRADUATE〗

grad² /grǽd/ *n.* 〘数学〙=grade 9. 〖(1898) □ F *grade* degree: ⇨ grade〗

grad 《略》〘数学〙gradient.

grad. 《略》grading; graduate; graduated.

grad·a·bil·i·ty /grèɪdəbíləti | -dəbílɪ̣ti/ *n.* **1** 等級づけができること. **2** 〘文法〙程度表示可能性.

grad·a·ble /gréɪdəbl | -də-/ *adj.* **1** 等級[等格]づけ可能な. **2** 〘文法〙〈形容詞・副詞が〉段階的な《程度の違いを比較級や very を付けることによって表せる》: a ~ adjective 段階的形容詞.

gra·date /gréɪdeɪt | grədéɪt/ *vi.* 〈色が〉漸次他の色に移る, ぼける (shade off). — *vt.* **1** 〈各種の色を〉移り変わりが目立たないように配する, ぼかす. **2** 段階[等級]に配列する, …に段階をつける 〈*off*〉. — *adj.* 〈生物の発生など〉段階的な, 勾配的な. 〖(1753) 《逆成》← GRADATION〗

gra·da·tim /greɪdéɪtɪm | -tɪm/ *L. adv.* 一歩一歩, 一歩ずつ (step by step), 漸次に, だんだん (by degrees). 〖(1583) □ L *gradātim* ← *gradus* 'GRADE'〗

gra·da·tion /greɪdéɪʃən, grə- | grə-, greɪ-/ *n.* **1** 階級[等級, 段階, 程度]に分けること[分けられた状態]. **2 a** (連続的な段階をもつ)一続き (series): a ~ of ranks in society 社会階級の段階. **b** [通例 *pl.*] 等級, 段階, 階級: There are endless ~*s* between wealth and poverty. 貧富の間には無限の段階がある. **3 a** (各種の状態・性質・程度などが)徐々に変化すること, 漸次的移行. **b** (色彩・色調・明暗の)漸次的移行, 濃淡法, グラデーション. **4** 〘写真〙階調《写真画像を見た場合の濃度変化の知覚的評価》; 感光材料本来の調子. **5** 〘言語〙母音交替 (vowel gradation) (⇨ ablaut). **6** 〘地質〙平衡作用《浸食・堆積作用によって低地部・高地部が水平化してく作用》. **7** 《廃》〘修辞〙=climax 2 a. 〖(1538) □ L *gradātiō(n-)*: ⇨ grade, -ation〗

gra·dá·tion·al /-ʃnəl, -ʃənl/ *adj.* 順序のある, 等級的な; 漸進的な, 漸次の; ぼかした. **~·ly** *adv.* 〖(1842): ⇨ ↑, -al¹〗

grade /gréɪd/ *n.* **1** 《米》**a** (学校の)年級, 学年 (year, 《英》form)《もとは小学校だけであったが, 今は中等学校 (high school) も grade 制になった; 米国の公立学校では通例幼稚園以後 12 学年に分かれている》: a student in the tenth ~=a tenth-*grade* student 10 年生 / teach sixth ~ 6 年生を教える. **b** [集合的] 同学年の全生徒. **c** (学校の)年級制度. **d** [the ~s] 小学校 (elementary school): teach in *the* ~*s* 小学校の教師をする. **2 a** (位階・品質・価値・程度などの)等級, 階級, 品等 (degree): A major in the army is one ~ higher than [above] a captain. 陸軍少佐は大尉の一級上だ / a poor ~ of tea 質の悪い茶 / ⇨ high-grade, low-grade. **b** 標準 (accepted standard): up to ~ 標準に達した, かなり上等の / below ~ 標準以下の, 下等の. **3 a** (熟達・知能・課程などの)度合, 程度: higher ~ schools 高等程度の学校 / students of university ~ 大学程度の学生. **b** (過程・経過などの)段階, 進歩の度合 (step, stage); (病気の)進行度: a *grade*-III infection 第三期の感染. **4** (生徒・学生の)成績点, 評点, 評価 〈*in, on*〉: a passing [failing] ~ 合格[落第]点 / The teacher gave him a high ~ for his work. 先生は彼の勉強に高い評点をつけた / He got a ~ of B [a ~ of seventy] *in* [*on*] the test [*in* science]. テスト[科学]の成績は B [70 点]だった.
日英比較 日本では成績の報告は中等教育では 5, 4, 3, 2, 1 などで, 高等教育では優, 良, 可, 不可(ほかに「秀」をつけることもある)であるが, 英語では A, B, C, D, (E), F が普通である. A は優, B は良, C は良の下位の可, D は可の下位, E はない場合もあるが, 条件付き合格. F (failed; failure) は不可である. ほかに "+, −" を使って A⁺, A⁻, あるいは B⁺, B⁻ のように細分することもある. **5** [集合的] 同一の階級[等級, 程度]に属するもの. **6** 勾配, 傾斜度 (gradient); (鉄道・道路などの)勾配箇所, 坂 (slope): 5 percent ~ 5 パーセントの勾配 / a down [an up] ~ 下り[上り]勾配, 下り[上り]坂 / a ~ of 1 in 100 ¹/₁₀₀ 勾配 / make a ~ 勾配を上る[下る] (cf. *make the* GRADE). **7 a** 〘畜産〙(普通の牛などに純血種をかけた)改良雑種. **b** 同等程度の発達の動物群. **8** 〘言語〙階梯《母音交替 (ablaut) を形態論的な手続きに用いる言語において, 関係する母音の量的・質的な差をいう; 例えば OE *wrīt-(an)* (to write) における *ī* は strong [full] grade, OE *writ-(en)* (written) における *i* は weak [reduced] grade である》. 〖《なぞり》← G *Stufe*: cf. step〗 **9** 〘数学〙グレード《直角の ¹/₁₀₀》. **10** 〘建築・土木〙(建築物周囲の)平面[地盤] (ground level): over [un-der] ~ 平面より上[下]に, 上[下]方で / ⇨ *at* GRADE (1).
at gráde (1) 《米》(鉄道・道路の交差する際)同一平面で: crossing *at* ~ 平面交差. (2) 〈川床が〉(浸食や土砂の堆積が起こらないように)傾斜や水量・流速に合わせて整備してある. ***máke the gráde*** (1) 標準に達する, 成功する, 合格する. (2) 急な坂を上りつめる. ***on the dówn gráde*** (1) 下り坂[勾配]で. (2) 衰えて. ***on the úp gráde*** (1) 上り坂[勾配]で. (2) 盛んで, 栄えて.
— *adj.* [限定的] **1** 《米》(小学校の)初等学年の: a ~ teacher 小学校教員. **2** 〘畜産〙改良雑種の.
— *vt.* **1** 階級[品質など]に従って配列する, 等級分けにする, 類別する: a series of ~*d* readers 一連の段階別読み物. **2 a** …の等級を定める, 等級をつける. 日英比較 日本語の「グレードアップする」は和製英語. 英語では, upgrade, あるいは「昇進する, 昇格する」なら promote という. **b** 《米》〈生徒を〉年級に配する. **c** 〘商業〙格付けする. **3** 〈生徒・学生〉に評点をつける; 〈答案を〉採点する (mark): spend the evening *grading* papers 答案の採点に一晩を費やす. **4** 〘畜産〙(純血種を交配して)…の種を改良する, 改良雑種を作る 〈*up*〉. **5** 〈道路などの〉勾配をゆるくする: ~ a road / a well-*graded* road. **6** 〈色などを〉漸次移らせる, ぼかす (gradate). **7** [p.p. 形で] 〘言語〙母音を交替させる. — *vi.* **1 a** 等級づけられている. **b** 《口語》[補語を伴って] 〈…に〉位する (rank), 〈…の〉等級[品質]である: It ~*s* A, not B. それは B 級でなく A 級だ. **2** だんだんに変わる, 諸段階を移行する 〈*down, off, over, up*〉 / 〔*into*〕.
gráde dówn (*vt.*) ⇨ downgrade. (*vi.*) ⇨ *vi.* 2.
gráde úp (*vt.*) (cf. upgrade) (1) ⇨ *vt.* 4. (2) 改善する, 改良する (improve). (*vi.*) ⇨ *vi.* 2. ***gráde úp with*** …に匹敵する, …にふさわしい (compare with).

gráde·less *adj.* 〖(*c*1511) (1796) □ F ~ // L *gradus* step, degree ← IE **ghredh-* to walk (L *gradī* to walk, go)〗

-grade /⌐—(—)grèɪd/ 「歩く, 動く, 行く」の意の動詞連結形: retro*grade*. **2** 〘動物〙歩行の仕方を表す名詞・形容詞連結形: digiti*grade*, planti*grade*. 〖← L *gradus* step // *gradī* to walk: ⇨ grade, gradient〗

Gráde A, g- A /-éɪ/ *adj.* **1** 第 1 級の, 最優良の. **2** 《米口語》一流の, すばらしい (excellent)《時に皮肉の意味にも用いる》.

grade·a·bil·i·ty /grèɪdəbíləti | -dəbílɪ̣ti/ *n.* (自動車の坂に対する)登坂(とうはん)能力. 〖1952〗

grade·a·ble /gréɪdəbl | -də-/ *adj.* =gradable.

gráde crèep *n.* 《米》公務員の自動的昇進. 〖1976〗

gráde crìcket *n.* 《豪》等級別のクリケット競技《ランク別に分かれて競う》.

gráde cròssing *n.* 《米》(道路・鉄道などの)平面交差; 踏切 (《英》level crossing) (cf. grade separation). 〖1890〗

grád·ed /-dɪ̣d | -dɪ̣d/ *adj.* グレード[学習到達度]別の.

gráded póst *n.* 《英》(学校での)特別職《責任上別途手当が支給される》.

gráded schóol *n.* 《米》=grade school. 〖1859〗

gráde làbelling *n.* (商品などの)等級表示.

grade·ly /gréɪdli/ 《英方言》*adj.* **1** 良い, 立派な, 上品な (good, excellent). **2** 完全な (complete), 全くの (thorough). **3** (容貌の美しい, 器量のよい. **4** 健康な (healthy, well). **5** ふさわしい, 適当な (appropriate). **6** 真実の (real). — *adv.* 全く, ほんとうに (quite, really); 適当に, よく. 〖(?*a*1200) *greithli* ready, prompt □ ON *greiðligr* ← *greiðr* ready: ⇨ -ly²〗

gráde·màrk *n.* (材木などの)品質の等級を示す印.
— *vt.* …に(品質を示す)印を付ける.

gráde pòint *n.* 《米》〘教育〙=quality point.

gráde pòint àverage *n.* 《米》〘教育・数学・統計〙=quality point average (略 GPA). 〖1966〗

grád·er /-də | -də(r)/ *n.* **1** 等級をつける[を成す]人[物]; 選別機[装置]. **2** 《米》[序数詞に伴って] …学年生: a fourth ~ 4 年生. **3** グレーダー, 地ならし機《blade grader ともいう; cf. grade *vt.* 5》. **4** 《米》(答案・成績の)採点者, 評点者: a hard ~ 採点のからい人. 〖(1832) ← GRADE+-ER¹〗

gráde schòol *n.* (米国の学年制の)小学校 (elementary school) (cf. common school): a boy in ~ 小学校の生徒. 〖1869〗

gráde separàtion *n.* 《米》立体交差 (cf. grade crossing). 〖*c*1949〗

Grad·grind, g- /grǽdgraɪnd/ *n.* (現実を至上として)人情を解さない人, 無情者《Charles Dickens の小説 *Hard Times* (1854) に登場する商人 Thomas Gradgrind の名にちなむ》. 〖1855〗

gra·di·ence /gréɪdiəns | -diəns/ *n.* 〘言語〙漸次的程度差, グレイディエンス《言語現象は非連続的なものではなく, 漸次的に程度差としてとらえるべきだとする考え; 例えば, 同じ名詞でも table と iron では, iron のほうが形容詞に近づいている: an *iron* will》. 〖(1961): ⇨ ↓, -ence〗

gra·di·ent /gréɪdiənt | -diənt/ *n.* **1 a** (道路・鉄道などの)勾配, 傾斜度: a ~ of one in six ¹/₆ の勾配. **b** 坂道 (slope), 傾斜路 (ramp). **2** 〘物理〙(温度・気圧の)勾配, 傾度, 変化度, グラジェント; それを表す曲線. **3** 〘数学〙(スカラー場の)傾き, 勾配, グラジエント, 勾配ベクトル. **4** 〘生物〙勾配 (⇨ axial gradient). — *adj.* **1** 傾斜した, だんだんに上る[下りる]. **2** 〈獣など〉歩行する, 歩行性の (gressorial). **3** 〈鳥の足など〉歩行に適する. 〖(1641) □ L *gradientem* (pres.p.) ← *gradī* to walk: cf. grade〗

gra·di·ent·er /gréɪdiɛ̀ntə | -diɛ̀ntə(r)/ *n.* 〘測量〙微角計, 測斜計《トランシットについている勾配測定器》. 〖(1884): ⇨ ↑, -er¹〗

grádient pòst *n.* 〘鉄道〙勾配標.

grádient velócity [wínd] *n.* 〘気象〙傾度風《気圧傾度力が遠心力とコリオリの力 (Coriolis force) とに釣り合った状態で吹く風; cf. geostrophic wind》.

gra·din /gréɪdn, -dɪn | -dɪn; *F.* gʀadɛ̃/ *n.* (*pl.* ~**s** /~z; *F.* ~/) =gradine.

G

G

gra·dine /grədíːn/ *n.* **1** 低い階段[階段座席]の一段. **2** 〘教会〙祭壇の後部または上の棚 《ろうそくや花などを供える》. 〖《1834》□ F *gradin* □ It. *gradino* (dim.) ← *grado* < L *gradum* 'GRADE'〗

grád·ing /-dɪŋ | -dɪŋ/ *n.* **1 a** 等級[段階]づけ. **b** 〘商業・統計〙格付け. **2** 〘土木〙地ならし; 勾配緩和; 粒度 《土・砂・砂利などの粒の大きさの分布状態》. 〖《1835》← GRADE＋-ING¹〗

gra·di·om·e·ter /grèɪdiɑ́(ː)mətə | -diɔ́mɪ̀tə^(r)/ *n.* 勾配計 《地球磁場のような物理量の勾配を測る器械》. 〖《1899》← GRADI(ENT)＋-O-＋-METER¹〗

grad·u·al /grǽdʒuəl, -dʒʊl | -dʒuəl, -dʒʊl, -djuəl, -djʊl/ *adj.* **1** だんだんの, 漸次の, 漸進的な: the ~ increase of knowledge 徐々にふえていく知識. **2** だんだん上る[下りる], 次第に上がる[下がる]; 〈勾配が〉ゆるやかな: a ~ ascent, fall, slope, curve, etc. — *n.* [しばしば G-] 〘カトリック〙 **1** (グラデュアル)応答歌, 昇階誦[唱] 《ミサ聖祭で書簡と福音書の朗読の間に司祭と合唱隊とによって歌われる応答歌》. **2** ミサ司変部(分)聖歌集, (聖歌隊用)ミサ聖歌集. **~·ness** *n.* **grad·u·al·i·ty** /grӕ̀dʒuǽləṭi | -dʒuǽlɪ̀ti, -dju-/ *n.* 〖《?a1425》□ ML *graduālis* ← L *gradus* 'GRADE': ⇨ -al¹〗

grád·u·al·ism /-lìzm/ *n.* **1** 漸進主義, 漸進政策. **2** 〘哲学〙(反二元論的)連続観, 連続主義, 段階主義 (cf. dualism 2, catastrophism). **grád·u·al·ist** /-lɪ̀st | -lɪst/ *n.* **grad·u·al·is·tic** /grӕ̀dʒuəlístɪk, -dʒʊl- | -dʒuəl-, -dʒʊl-, -djuəl-, -djʊl-⁻/ *adj.* 〖《1835》: ⇨ ↑, -ism〗

grad·u·al·ly /grǽdʒuəli, -dʒʊli | -dʒuəli, -dʒʊli, -dju-, -djʊ-/ *adv.* 次第に, だんだん, 徐々に, 漸次: His health is improving ~. 彼の健康は次第に回復してきている. 〖《1646》: ⇨ -ly¹〗

Grádual Psálm *n.* 〘聖書〙＝SONG of Ascents. 〖《1656–81》(なぞり) ← Heb. *shir hamma ʿalōth*〗

grad·u·and /grǽdʒuæ̀nd | -dʒu-, -dju-/ *n.* 《英》近く学位を受ける人, 卒業予定者. 〖《1882》□ ML *graduandus* ← *graduāri* (↓)〗

grad·u·ate /grǽdʒuɪ̀t, -dʒuèɪt | -dʒu-, -dju-/ *n.* **1** 卒業生 《米国では大学以外の学校の卒業生にもいう; 英国では大学で学位を取った卒業生[学士]》: a ~ of Oxford＝an Oxford ~ / 《米》a high-school [college] ~ / a ~ *in* science＝a science ~. **2** 《米》大学院生 (graduate student). **3** 〘化学〙度盛り器, メートルグラス.
— *adj.* [限定的] **1** (大学を卒業して)学士号を受けた: ~ members of the university. **2** (大学の)卒業生の(ための), 大学院の (postgraduate): a ~ student 大学院生 / a ~ course 大学院課程 / ~ work 大学院における研究 / ⇨ graduate school. **3** ＝graduated.
— /grǽdʒuèɪt | -dʒu-, -dju-/ *vi.* **1 a** 卒業する 〔*from*, 《古》*at*〕. ★ 米国では大学以外の高校・各種の学校を卒業するの意にも用いる; 英国では学位を取って大学を卒業するの意: ~ *from* Yale (University) エール大学を卒業する / ~ *in* Medicine 医学部を卒業する / a *graduating* class [student] 卒業予定の学級[学生]. **b** (修業して)(...の)資格を取る (qualify) 〔*as*〕. **2** (経験・進歩などによって)〈上の段階へ〉進む, 昇進する 〔*into, to*〕: From acting in movies, she ~*d* to directing them. 彼女ははじめ映画に出演し, それから演出へと進んでいった. **3** 徐々に変化していく 〈*away*〉/〔*into*〕. — *vt.* **1** 《米》[受身に用いるのは古風] ...に学位 (degree) を授ける, 〈大学を〉卒業させる 〔*from*〕: *be* ~*d from* Harvard ハーバードを卒業する / ~ Yale [college, high school] エール[単科大学, 高校]を卒業する 《非標準的な用法; 自動詞用法 (⇨ *vi.* 1 a) の方が普通》. **2** 〈生徒などを〉〈上級へ〉進める 〔*to*〕. **3** ...に等級をつける, 等級別にする; 〈税を〉累進的にする: lessons carefully ~*d to* the children's powers 生徒の学力に応じて入念に難易の順に配列された学課. **4** 〈計測器などに〉目盛り[度盛り]する: This ruler is ~*d in* inches. この物差しの目盛りはインチになっている. **5** 濃縮する (cf. graduation 6). 〖《a1415》← ML *graduātus* (p.p.) ← *graduāri* to take a degree ← L *gradus* 'GRADE': ⇨ -ate²˒³〗

grád·u·àt·ed /-èɪṭɪd | -tɪd/ *adj.* **1** 等級[階級]別にした, 等級順に配列した: a ~ series of units 一貫して階級[等級など]の順に配列した単元. **2** 目盛りをした, 度を盛った: a ~ glass [cup] メートルグラス[計量カップ]. **3** 〘税制〙累進的な (progressive): ~ taxation 累進課税 / a ~ income tax 累進式所得税. **4** 〘鳥類〙凸尾の, 凸尾状の 《鳥の尾が先端が漸次細くなっている》. 〖《1655》: ⇨ ↑, -ed〗

gráduated páyment mòrtgage *n.* 《米》(住宅ローンの)傾斜返済方式抵当 《略 GPM》. 〖1976〗

gráduated pénsion *n.* 《英》累進年金 《給料から差し引かれた掛け金に応じて基本年金に上乗せして支払われる養老年金; 1961 年に設けられた; 略 GP》.

grád·u·ate núrse /grǽdʒuɪ̀t-, -dʒuèɪt- | -dʒu-, -dju-/ *n.* 《米》(正規の看護教育機関出身の)正看護婦 《trained nurse ともいう》.

gráduate schòol *n.* 大学院. 〖1895–96〗

grad·u·a·tion /grӕ̀dʒuéɪʃən | -dʒu-, -dju-/ *n.* **1** 卒業 (cf. graduate *vi.* 1 a); 《米》卒業式; 《英》(大学の)卒業式, 学位授与式 (cf. commencement 2): on ~ 卒業すると / ~ day 卒業式の日 / ~ exercises 《米》卒業式 / They gathered on the campus for ~. 卒業式にキャンパスに集まった. **2** (強弱・寸法などの)度盛り(すること), 目盛り(づけ). **3** [集合的にも用いて] (メートルグラスなどの)目盛り, 度: the ~s on a test tube 試験管の度盛り. **4** (品質に応じてつけた)階級, 等級(別); 等級づけ, 格付け. **5** 〘絵画・写真〙(色調・明暗などの)漸次淡度, ぼかし. **6** 濃縮 《液体を容器に入れ蒸発によって濃化すること》. 〖《1423》□ ML *graduātiō(n-)*: ⇨ graduate, -ation〗

grád·u·à·tor /-ṭə | -tə^(r)/ *n.* **1** (量器などの)目盛りをつける人. **2** 目盛り器械. **3** 濃縮器 (cf. graduation 6). 〖《1828–32》← GRADUATE＋-OR²〗

gra·dus /gréɪdəs | grǽdəs, gréɪ-/ *n.* **1** 韻律辞典, 詩学便覧 《英国の public school でラテン詩, 後にはギリシャ詩を作る学生用参考書》. **2** (法律用語・書式などの)便覧, 練習帳. **3** 〘音楽〙練習曲集, 教則本 《平易な曲から漸次難しい曲に進むように編集されたもの》. 〖《a1764》← L *Gradus (ad Parnassum)* Step (to Parnassus): 17 世紀に出版された韻律辞典の表題〗

Grae·ae /gríːiː/ *n. pl.* [the ~] 〘ギリシャ神話〙グライアイ 《Phorcys の娘, Gorgon たちの姉妹; 一眼一歯を共有していたという三人姉妹; Gorgon たちの保護者でその住居を守ったが, Perseus はその目と歯を盗んで Gorgon たちの在りかを教えるまでは返さなかった》. 〖□ L ~ □ Gk *Graîai* (原義) gray-haired, old〗

Grae·ci·a Mag·na /gríːʃiəmǽgnə/ *n.* ＝Magna Graecia. 〖□ L ~ 'Great Greece'〗

Grae·cism /gríːsɪzm/ *n.* ＝Grecism.

Grae·cize, g- /gríːsaɪz/ *v.* ＝Grecize.

Grae·co- /grékoʊ, gríːk- | gríːkəʊ, grék-/ ＝《米》Greco-.

Gráeco-Róman *a.* ＝Greco-Roman.

Gráef·fe mèthod /gréfə-, gréfə-; G. gʁɛ́fə/ *n.* 〘数学〙グレッフェの方法 《代数方程式の根の平方を根とする方程式を作る操作を繰り返し, できた方程式の係数を利用してもとの方程式の根の近似値を求める方法》. 〖← *Gräffe* (ドイツの数学者)〗

Graf /grɑ́ːf; G. gʁɑ́ːf/ G. *n.* (*pl.* **~·en** /-fən; G. -fn̩/) (ドイツ・オーストリア・スウェーデンの)伯爵 《英国の earl, count に相当; 女性の伯爵は Gräfin》. 〖《1630》□ G ~: cf. burgrave, landgrave, margrave〗

Graf /grɑ́ːf, grǽf; G. gʁɑ́ːf/, **Stef·fi** /ʃtéfi/ *n.* グラフ 《1969– ; ドイツの女子テニス選手; 1988 年に Grand Slam 達成; Wimbledon 女子シングルスで優勝 (1988, 89, 91, 92, 93, 95, 96)》.

Grä·fen·berg spòt /gréfənbə̀ːg-, gréf- | -bə̀ːg-; G. gʁɛ́ːfn̩bɛʁk/ *n.* 〘医学〙グレーフェンベルクスポット 《膣壁前面の組織; 刺激により性感を高めるといわれる; 略 G-spot》. 〖《1980》← *Ernst Gräfenberg* (1881–1957: ドイツ生まれの米国の婦人科医)〗

graff /grǽf | grɑ́ːf/ *n., v.* 《古》＝graft¹.

graf·fi·ti /grəfíːṭi, græ- | -ti/ *n.* graffito の複数形. — *vt.* ...に落書きをする; 落書きとして書く.

graffíti àrt *n.* グラフィティアート, 落書き芸術, 諷刺絵画 《壁や地下鉄の車両やトイレなどにスプレーペイントなどで政治的スローガンやセックスのことを書いた落書き》.

graf·fi·to /grəfíːtoʊ, græ- | -təʊ/ *n.* (*pl.* **-fi·ti** /-ṭi | -ti/) **1** [*pl.*; 単複両様扱い] (歩道・建物の壁・公衆便所などに書かれた)落書き. **2** /*It.* graffíːto/ 〘考古〙(古代 Rome, Pompeii などの古跡の壁に書きつけられた)掻(か)き絵[文字] (cf. sgraffito). **graf·fí·tist** /-ṭɪ̀st | -tɪst/ *n.* 〖《1851》□ It. ~ (dim.) ← *graffio* scratch ← LL *graphium* (↓)〗

graft¹ /grǽft | grɑ́ːft/ *n.* **1** 〘外科〙移植; 移植皮片: a skin ~ 皮膚移植; 植皮片. **2** 〘園芸〙 **a** (接ぎ木の)接ぎ穂 (scion). **b** 接ぎ穂が接がれる場所. **c** 接いでできた植物. **d** 接ぎ木(法) (grafting). **3** (接ぎ木のような)結合.
— *vt.* **1** 〘外科〙〈皮膚や肉を〉移植する: ~ new skin *over* [*on*] the burned hand やけどした手に植皮する. **2 a** 〔台木に〕〈接ぎ穂を〉接ぐ 〔*on, upon, on to, in*〕: ~ the pear *on* the plum スモモの台木に西洋ナシを接ぐ. **b** 〔接ぎ穂を〕...に接ぐ 〔*with*〕: ~ a plum tree *with* a damson ダムソンスモモをスモモに接ぎ木する. **c** 〈植物を〉接ぎ木によって繁殖させる[改良する]. **3** (接ぎ木をするように)差し込む, 付ける (insert, attach), 融合[融和]させる 〔*on, upon, on to*〕: ~ pagan rites *upon* Christian usage 異教の儀式をキリスト教の慣例の上に継ぐ. **4** 〘海事〙ポインティングする, 〈ロープを〉先細にして小索で巻く. **5** 〘化学〙グラフトする 《骨幹となる直鎖状重合体に任意の重合体の枝を付ける》. — *vi.* **1** 〘外科〙移植手術を行う. **2 a** 接ぎ木する. **b** 接ぎ木できる: The pear ~s well *on* the plum. セイヨウナシの木はスモモの台木にうまく接ぎ木できる. 〖《?c1475》(変形) ← ME *graffe* □ OF *gra(i)fe* (F *greffe*) pencil, shoot for grafting □ LL *graphium* □ Gk *grapheîon* stylus ← *gráphein* to write: ⇨ -graph〗

graft² /grǽft | grɑ́ːft/ 《口語》 *n.* (地位・職権などを悪用した)不正利得, 汚職, 収賄 (jobbery, corruption); 不正利得の金品[利権]: a ~ scandal 収賄事件, 疑獄. — *vt.* 〈金などを〉地位・職権などの悪用によって得る. — *vi.* 〈公職にある者が〉不正利得をはかる, 収賄する, 汚職をする. 〖《1859》← ? GRAFT¹: cf. job¹ (n. 6)〗

graft³ /grǽft | grɑ́ːft/ *n.* **1** 《英方言》 **a** 一鋤(すき)で掘る土の深さ[量]. **b** (刃が三日月形の)溝掘り用の鋤. **2** 《英俗》(特に, 激しい)仕事 (hard graft), 労働 (labor); 職業 (occupation). — *vi.* **1** 《英方言》掘る (dig). **2** 《英俗》(懸命に)働く. 〖《1620》□ ? ON *grǫftr* act of digging ← Gmc **ʒrab-* to dig: cf. grave³〗

graft·age /grǽftɪdʒ | grɑ́ːft-/ *n.* 接ぎ木, 接ぎ木技術. 〖《1895》← GRAFT¹＋-AGE〗

gráft·er¹ *n.* **1** 接ぎ木をする人. **2** 《廃》接穂の元の木. 〖《1599》← ⇨ GRAFT¹＋-ER¹〗

gráft·er² *n.* 《口語》汚職公務員, 腐敗[収賄]官吏; 詐欺師 (swindler). 〖《1896》← GRAFT²＋-ER¹〗

gráft·er³ *n.* 《英俗》一所懸命働く人, 働き者. 〖《1900》← GRAFT³＋-ER¹〗

gráft hýbrid *n.* 〘園芸〙接ぎ木雑種 《接ぎ木によって生じた, 新しい遺伝形質をもつ植物個体》.

gráft·ing *n.* **1** 接ぎ木法, 接ぎ木をすること. **2** 〘外科〙移植(術); 移植片. 〖《?c1475》: ⇨ graft¹, -ing¹〗

gráfting wàx *n.* 〘園芸〙接ぎろう 《接合部を覆う接ぎ木用のろう》.

gra·ger /grɑ́ːgə | -gə^(r)/ *n.* 〘ユダヤ教〙グラーガ 《プリム祭 (Purim festival) 中に会堂でエステル書 (the Book of Esther) を読む間, ペルシャにおけるユダヤ人殺戮(さつりく)を企てたハマン (Haman) の名が出る度ごとに子供たちが鳴らすガラガラ様のもの》. 〖□ Yid. ~ □ Pol. *grzegarz* rattle〗

gra·ham /gréɪəm, grǽm | gréɪəm/ *adj.* 《米・カナダ》グラハム粉で作った. — *n.* ＝graham bread.

Gra·ham /gréɪəm, grǽm | gréɪəm/ *n.* グレアム 《男性名》. 〖← OE *Grantham* ← *Granta* (人名)＋ham³〗

Graham, Billy *n.* グレアム 《1918– ; 米国の福音伝道者; 本名 William Franklin Graham, Jr.》.

Graham, John *n.* ＝Dundee.

Graham, Martha *n.* グレアム 《1893–1991; 米国の女性舞踊家・振付師; 近代舞踊の先駆者》.

Graham, Thomas *n.* グレアム 《1805–69; スコットランドの化学者; Graham's law を発見 (1831)》.

gráham brèad *n.* グラハムパン 《グラハム粉 (graham flour) で作ったパン》.

gráham cràcker *n.* グラハムクラッカー 《グラハム粉 (graham flour) で作った甘みの薄いクラッカー》. 〖1882〗

Gra·hame /gréɪəm/, **Kenneth** *n.* グレアム 《1859–1932; スコットランドの作家; 特に児童文学者として有名; *The Wind in the Willows* (1908)》.

gráham flòur *n.* グラハム粉 《小麦全粒を粉砕し, 皮や胚芽を分離しないもの; whole-wheat flour ともいう》. 〖《1834》← *Sylvester Graham* (1794–1851: 米国の牧師・食餌(しょくじ)法改革者)〗

gra·ham·ite /gréɪəmàɪt/ *n.* 〘鉱物〙グラハム鉱 《ピッチ黒色を呈して光沢のある土瀝青(れきせい)の一種》. 〖《1866》← *J. A. & J. L. Graham* (19 世紀の米国の鉱山主): ⇨ -ite¹〗

Gráham Lànd *n.* ＝Antarctic Peninsula.

Gráham's láw *n.* 〘物理化学〙グレアムの法則 《同じ条件のもとに, 細孔から低圧側へ流出する気体の速度はその分子量の平方根に反比例するという法則》. 〖《1845》← *Thomas Graham*〗

gráham wàfer *n.* 《カナダ》＝digestive biscuit.

Grai·ae /gréɪiː, gráɪaɪ/ *n. pl.* 〘ギリシャ神話〙＝Graeae.

Grá·ian Álps /gréɪən-/ *n. pl.* [the ~] グライアンアルプス 《フランスとイタリア国境にまたがるアルプス西部の山脈; 最高峰 Gran Paradiso (4,061 m)》.

grail¹ /gréɪl/ *n.* **1** [the G-] ＝Holy Grail. **2** [時に G-] 長期にわたる努力[探究]の究極的目標. 〖《?a1300》 *greal, graal* □ OF *graal* < ML *gradālem* flat dish ← ? VL **crātālis* ← L *crātēr* cup〗

grail² /gréɪl/ *n.* くし製造用のやすり. 〖《1688》□ F *grêle* ← *grêler* to make slender, taper and smooth (the teeth of a comb)〗

grail³ /gréɪl/ *n.* 《古》＝gradual 1. 〖《a1300》□ OF *grael* < ML *gradālem*＝*graduālem*〗

grail⁴ /gréɪl/ *n.* ＝gravel. 〖1590〗

grain¹ /gréɪn/ *n.* **A 1 a** 穀粒 《wheat, oats, rice, rye, millet など堅い小粒のもの》. **b** [集合的] 穀物, 穀類 (cf. corn¹ 3): sacks of ~ 穀物の袋. **2** [集合的にも用いて] 穀草 《畑にあるものも刈り取られたものもいう》. **3** 粒状体; (砂・砂糖・塩・ひいたコーヒー豆などの)粒; 粒子: a ~ of salt [shot] 塩[散弾]の一粒 / large [small] ~ powder 大[小]粒火薬. **4** [主に否定構文で] ほんの少し, 微量: He has *not a* ~ *of* sense [courage, intelligence]. ケシ粒ほどの分別[勇気, 知性]もない / There is *not a* ~ *of* truth in what he says. 彼の言うことには少しの真実もない / *without a* ~ *of* love いささかの愛情もなく / with some ~s of allowance 多少割引して[控え目に]. **5** [集合的にも用いて] **a** 結晶; (砂糖などの)結晶 (crystallization). **b** 〘冶金〙金属の結晶粒. **6** グレン, グレイン 《衡量の最小単位; 略 gr., g.》: **a** (常衡で) ＝0.036 dram, 0.002285 ounce, 0.0648 g. **b** (金衡で) ＝0.042 pennyweight, 0.002083 ounce, 0.0648 g. **c** (薬衡で) ＝0.05 scruple, 0.002083 ounce, 0.0166 dram, 0.0648 g. **7 a** (皮の)銀面 《毛の生えていた側; grain side ともいう; cf. flesh *n.* 9》. **b** (ざらざらした)粒々のある[の模様をつけた]面. **c** (皮・合成皮革の面に作った)粒々, 粒起面, しぼ. **8** [*pl.*] (酒類の醸造で発酵種に残った)麦芽かす. **9 a** 《廃》〘昆虫〙コチニールカイガラムシ (cochineal insect), カーミンカイガラムシ (kermes); それらから採る赤色染料. **b** 赤色染料, えんじ, 洋紅; (さめにくい)染料: ⇨ DYE *in (the) grain*. **c** 《古・詩》色, 色合い (color). **d** 赤みがかった明るい黄褐色. **10** 〘宝石〙グレイン 《真珠, 時にダイヤモンドの重さの単位で ¼ カラット (0.05 グラム) に相当》. **11** 〘宇宙〙ロケット用の成型された固体推進薬. **12** 〘写真〙(フィルムの)粒子. **13** 〘テレビ〙粒状ノイズ.
B 1 a (木材の)木目, 木理(もくり), 木目模様; 木目方向: straight [cross] ~ (材木の)正目[板目]. **b** (石・石炭の)きめ, 肌, 石目, 目: stone of fine [coarse] ~ きめ[肌]の細かい[粗い]石材. **c** 〘紡織〙地の目. **d** 〘ゴルフ〙芝の目の方向. **2** (人の)性質, 性分, 気質 (nature, temper); 本質: friends similar [very different] in ~ 気質の同じ[全く違った]友人.
against the [*one's*] ***gráin*** 意に反して, 性分に反して; 怒らせるように: It goes [is] *against the* ~ (with me). それは私の性に合わない / rub a person *against the* ~ 人を怒らせる 《木目に反することから》. ***a gráin of mústard sèed*** 一粒のからし種 《大きな発展のもととなる小さなもの; cf. *Matt.* 13:31, *Mark* 4:31, *Luke* 13:19》. ***a gráin of whéat in a búshel of cháff*** 大騒ぎして結果がきわめて少ないこと, 「大山鳴動してねずみ一匹」. ***in gráin*** (1) [特に, 軽蔑的意味の語に付いて] 根深い, よくよくの (deeply

seated), 生まれつきの (by nature): a rogue *in* ～ よくよくの悪者. (2)《廃》深紅の (scarlet). (3) さめにくい色に染まった (cf. DYE *in* (*the*) *grain* [*in the wool*]). 〖《なぞり》← OF *en graine* in kermes dye〗 ***séparate*** (***the***) ***gráin from*** (***the***) ***cháff*** = *separate* (*the*) WHEAT *from* (*the*) *chaff*. ***with a gráin of sált*** ⇨ salt¹ 成句.

gráin of ríce 〖窯業〗 = grains-de-riz.

gráins of paradise グレインズ・オブ・パラダイス《アフリカ産ショウガ科の植物メレゲエッタ (*Aframomum melegueta*) の種子; シュクシャ・ショウズクの類で健胃剤・獣医薬に用いる; guinea grains ともいう》. 〖《なぞり》← OF *graine de paradis*〗

— *vt.* **1** 粒にする, 粒状にする. **2** しみ込ませる〔*into*〕; 染める〔*with*〕: This vice is ～*ed into* him. この悪徳が彼にしみ込んでいる. **3** **a** 〈革などの〉表面をざらざら[粒々]にする. **b** 〈獣皮〉から毛を除く. **4**《米》…に穀物を飼料として与える. **5** 〈木材・大理石などを〉木目まがいに塗る. **—** *vi.* 粒[穀粒]を生じる; 粒状となる.

～·er *n.* 〖(*c*1300) *greyn*《混成》← (O)F *grain* (< L *grānum* 'CORN¹')+(O)F *graine* red dye (< VL **grāna* (fem.) ← *grānum* grain, seed)〗

grain² /gréɪn/ *n.* **1**《英方言》入江; 支流; 枝. **2** [*pl.*; 単数扱い] やす, もり. **3** (乾草用フォークの)先のとがった部分. 〖(*?a*1400) *grein* ◻ ON *grein* branch, arm of the sea〗

gráin àlcohol *n.* 〖化学〗 グレーンアルコール《穀物から製したエチルアルコール; cf. wood alcohol》. 〖1889〗

gráin bèetle *n.* 〖昆虫〗 ヒラタムシ《貯蔵穀物を食害するホソヒラタムシ科, ホソヒラタムシ科の小甲虫; ノコギリヒラタムシ (*Oryzaephilus surinamensis*) (saw-toothed grain beetle), オオメノコギリヒラタムシ (*O. mercator*) (merchant grain beethle) など》.

Gráin Cóast *n.* [the ～] 穀物海岸《Guinea 湾に面する西部アフリカの一地域の旧名; 今のリベリア地方》. 〖'grains of paradise' といわれた Guinea pepper を積み出したことにちなむ〗

grained /gréɪnd/ *adj.* **1** [通例複合語の第 2 構成素として] **a** 粒状の, 穀粒を実らせる, 粒のある: small-*grained* wheat 粒の小さな小麦 / fine-*grained* sand 粒の細かな砂. **b** 木目[石目]のある: a straight-*grained* wood 木目のまっすぐな材, 正目の木. **c** …の気質をもった: a tough-*grained* journalist 気質の強靱(きょうじん)な新聞[雑誌]記者. **2** 木目塗りの: a ～ cabinet. **3** **a** 面がざらざらした, 粒々のある. **b** 〈革などし〉ぼつきの. **c** (獣皮から)毛を除いた. **d** 〈貨幣の縁が〉ぎざぎざのある (milled). 〖(*a*1599) ← GRAIN¹+-ED〗

gráin èlevator *n.* = elevator 5.

gráin·fìeld *n.* 穀物畑. 〖*c*1818〗

Grain·ger /gréɪndʒə | -dʒə^(r)/, **(George) Percy (Aldridge)** /ɔ́ːldrɪdʒ, áːl- | ɔ́ːl-, ɔ́l-/ *n.* グレーンジャー《1882-1961; オーストラリア生まれの米国の作曲家・ピアニスト》.

gráin gròwth *n.* 〖冶金〗 結晶粒成長《結晶粒が温度の上昇と共に増大し, 他の結晶粒を併合して大きくなること》.

gráin·ing *n.* **1** 木目塗り《木目・石目まがいにペンキを塗ること, またそうしてできた木目(模様)》. **2** 〖印刷〗 砂目立て《平版の版材(金属板や石版石)の表面を研磨して, 細かな凹凸を付けること》; 砂目. **3** 〖皮革〗 しぼ仕上げ, もみ仕上げ, しぼつけ. 〖(1772) ← GRAIN¹+-ING¹〗

gráin lèather *n.* 〖皮革〗 グレーンレザー《しぼ仕上げの革, または銀面を粒々の石目にした革》.

gráin·less *adj.* 粒のない; 木目のない. 〖(1882): ⇨ grain¹, -less〗

gráin refìner *n.* 〖冶金〗 結晶微細化用添加剤, 結晶成長抑制剤.

gráin rùst *n.* 〖植物病理〗 穀草類を冒すさび菌類; (特に) ムギ類の黒さび病菌 (*Puccinia graminis*)《メギ科のヒロハヘビノボラズ (*Berberis amurensis*) を中間寄主とする》.

grains-de-riz /grǽ(n)dəríː, grǽn-; *F.* gʁɛ̃dʁi/ *n.* 〖窯業〗 蛍手(ほたるで) (grain of rice)《生地に楕円形の穴をあけ, 釉(ゆう)で埋め, 米粒に似せて模様にした磁器の装飾》. 〖◻F ～《原義》grains of rice〗

grains d'orge /gréɪndɔ̀ːʒ | -dɔ́ːʒ; *F.* gʁɛ̃dɔʁʒ/ *n.* 〖甲冑〗 鋲頭(びょうとう)《鎖かたびらの鎖輪を作るのにその輪の両端をひしゃいで重ねて留めた鋲の頭》. 〖◻F ～ 'grains of barley'〗

gráin·sìck *n.* 〖獣医〗 (反芻(はんすう)獣の)飼料の多給による第一胃の膨満症状. 〖1834〗

gráin sìde *n.* (獣革の)毛の生えていた側, 表側, 銀面 (↔ flesh side). 〖1858〗

gráin sòrghum *n.* 穀実用モロコシ《コーリャンなどアジア・熱帯アフリカ・アメリカその他に種実用として栽培されるモロコシ類; cf. sorghum 1》. 〖1920〗

gráin whìskey *n.* グレーンウイスキー《麦芽と他の穀類を原料に発酵させ, パテントスチル (patent still) で蒸留して製するウイスキー; cf. malt whiskey》. 〖1887〗

grain·y /gréɪni/ *adj.* (**grain·i·er; -i·est**) **1** 〖写真〗 粒子の粗い. **2** 木目のある; 模造の木目状の模様のある: a ～ wood / ～ plastic tile. **3** 粒状の; 粒の多い. **4** 〈声・音が〉ざらざらする, 耳ざわりな. **gráin·i·ness** *n.* 〖(15C): ⇨ grain¹, -y¹〗

graith /gréɪθ/《スコット》*vt.* 用意する, 準備する; 装備する, …に衣服を着せる. **—** *n.* 装備, 装置; 装具. 〖(*?c*1200) ◻ ON *greiða* ← *greiðr* ready〗

grak·le /grǽkl̩/ *n.* = grackle².

gral·la·to·ri·al /grӕ̀lətɔ́ːriəl⁻/ *adj.* 〖鳥類〗 渉禽(しょうきん)類の《コウノトリ・サギ・ツルなどの長い脚の渡り鳥類》. 〖(1835) ← NL *grallātōrius*+-AL¹〗

gral·loch /grǽlək, -lɑx/《英》*n.* (鹿などの)臓腑(ぞうふ), 内臓; 内臓抜き. **—** *vt.* 〈鹿などの〉臓腑を抜く (disembowel). 〖(1848) ◻ Sc.-Gael. *grealach* intestines〗

gram¹ /grǽm/ *n.* グラム《メートル法の重さの単位; セ氏 4 度における水 1 cc の重さ; 略 g., gm, gr.》. 〖(1797) ◻ F *gramme* ◻ LL *gramma* ◻ Gk *grámma* letter, small weight ← *gráphein* to write〗

gram² /grǽm/ *n.* 〖植物〗 **1** = chickpea. **2** = mung bean. 〖(1702) ◻ Port. *grão* (もと *gram* とも書いた) < L *grānum* 'GRAIN¹'〗

gram³ /grǽm/ *n.* **1** (*also* **'gram** /～/) = telegram, cablegram. **2** = gramophone. 〖短縮〗

gram⁴ /grǽm/ *n.*《口語》= grandmother. 〖略〗

gram⁵ /gráːm/ *n.*《インド》村 (village).

Gram /gráːm/ *n.* 〖北欧伝説〗 グラム《*Volsunga Saga* で Sigmund の剣; 二つに折れて彼は戦死; 後に彼の息子 Sigurd が大蛇 (Fafnir) 退治のため Regin に直してもらう》.

gram. 《略》grammar; grammarian; grammatical.

-gram /⁻⁻ grӕ̀m/「書いた物, 描いた物; 記録」の意の名詞連結形: cable*gram*, epi*gram*, tele*gram*. 〖← Gk *grámma* something written ← *gráphein* to write〗

gra·ma /gráːmə, grǽmə | gráːmə/ *n.* 〖植物〗 グラマグラス《米国西部に広く生えるイネ科アゼガヤモドキ属 (*Bouteloua*) の牧草の総称; grama grass ともいう; blue grama など》. 〖(1851) ◻ Sp. ～ 'a kind of grass' < L *grāmen* grass: cf. grass〗

gram·a·doe·las /xrӕ̀mədúːləs/ *n. pl.* [単数扱い]《南ア》辺境の地, 僻地. 〖((1948)) (1950) ◻ Afrik. ← ?〗

gram·a·rye /grǽməri/ *n.* (*also* **gram·a·ry** /～/) 《古》魔法, 魔術 (magic). 〖(*c*1330) ◻ AF *gramarie* = OF *gramaire* 'GRAMMAR, magic'〗

grám àtom *n.* 〖化学〗 グラム原子《ある元素の原子量の数値に等しいグラム数の量》.

grám-atómic wéight *n.* 〖化学〗 = gram atom. 〖1927〗

grám càlorie *n.* 〖物理化学〗 (熱量単位としての)グラムカロリー (⇨ calorie 1 a). 〖1902〗

grám-céntimeter *n.* 〖物理〗 グラムセンチメートル: **a** 1 g の物体を重力に抗して 1 cm 上げるのに要する仕事量. **b** 1 cm のてこの腕に作用する 1 グラムのトルク.

gram·dan /graːmdáːn/ *n.*《インド》グラムダーン, 村落寄進運動《土地所有者が所有権と管理権を村の協議会に委譲して行なう土地・農村の改革運動; gramadan ともいう》. 〖(1957) ◻ Hindi ← *grāma* village+*dān* gift〗

grám equìvalent *n.* 〖化学〗 グラム当量《化学当量に等しいグラム数の単体または化合物の量; gram-equivalent weight ともいう》.

gra·mer·cy /grəmə́ːsi | -mɔ́ː-/ *int.*《古》**1** ありがとう (Thanks!); これはこれは《感謝を表す》. **2** これは大変, おやっ《驚きを表す》. **—** *n.*《廃》感謝(の言葉), 謝意 (thanks). 〖(*c*1300) *grand mercy, gramercy* ◻ OF *grant merci*: ⇨ grand, mercy〗

grám-fòrce *n.* 〖物理〗 グラム重(量)《1 g の質量に働く重力の大きさに等しい力; 略 gw, gf》.

gram·i·ci·din /grӕ̀məsáɪdn̩, -dn̩ | -mɪsáɪdɪn/ *n.* 〖生化学・医学〗 グラミシジン《土壌細菌の一種 *Bacillus brevis* から得られた抗生物質; gramicidin D ともいう》. 〖(1940) ← GRAM(-POSITIVE)+-CIDE+-IN²〗

gram·in- /grǽmən | -mɪ̀n/ (母音の前にくるときの) gramini- の異形.

gram·i·na·ceous /grӕ̀mənéɪʃəs | -mɪ̀-⁻/ *adj.* = gramineous. 〖1847〗

gra·min·e·ous /grəmíniəs/ *adj.* **1** 牧草 (grass) の, 牧草のような (grasslike). **2** 〖植物〗 イネ科の. **～·ness** *n.* 〖(1658) ◻ L *grāmineus* ← *grāmen* grass: ⇨ grama, -eous〗

gram·i·ni- /grǽmənɪ̀, -ni | -mɪ̀-/「牧草 (grass)」の意の連結形. ★ 母音の前では通例 gramin- になる. 〖← L *grāmin-*, *grāmen* grass: ⇨ grama〗

gra·mi·nif·er·ous /grӕ̀mənɪ́f(ə)rəs | -mɪ̀-⁻/ *adj.* 牧草を生じる. 〖(1834) ← NL **grāminifer*+-OUS〗

gram·i·niv·o·rous /grӕ̀mənɪ́v(ə)rəs | -mɪ̀-⁻/ *adj.* 〖動物〗 **1** 牧草を食とする, 草食の (grass-eating). **2** 〈動物のあご・歯など〉穀類を食べるのに適した. 〖(1739) ← GRAMINI-+-VOROUS〗

gram·ma¹ /grǽmə/ *n.* 〖植物〗 = grama.

gram·ma² /grǽmaː, -(m)m-, -mɔː | -mɔː/ *n.*《米口語》おばあちゃん (grandmother).

gram·mage /grǽmɪdʒ/ *n.* グラメージ《グラムで表される一平方メートル四方の紙の重さ》.

gram·ma·log /grǽməlɔ̀(ː)g, -lɑ̀(ː)g | -lɔ̀g/ *n.* (*also* **gram·ma·logue** /～/) (速記で)単一の記号 (logogram) で表された言葉; その記号. 〖(1845): ⇨ -gram, -logue〗

gram·mar /grǽmə | -mə^(r)/ *n.* **1** **a** 文法, 文法学: English ～ 英文法 / comparative ～ 比較文法(学) / philosophical [universal] ～ = general grammar / historical ～ 歴史的文法(学) / ⇨ generative grammar, transformational grammar. **b** 〖生成文法〗 文法《言語使用者のもっている言語能力, すなわち言語についての知識》. **c** 文典, 文法論, 文法書. **2** 標準語法, (文法にかなった)語法, (各人の)語法: He knows his ～. 彼は正しい言葉遣いをする / His ～ is shocking. 彼の言葉遣いは乱暴きわまる / "That's him" is bad ～. 'That's him' という言い方は文法にかなった語法でない. **3** (芸術・学術などの)根本原理 (elements); (根本原理を説いた)入門書, 手引き, 外国語の入門書[基本教科書]: the ～ of painting 画法の根本理論 / *A Grammar of Politics*「政治学入門」(書名). **4** 《英口語》= grammar school. 〖(*a*1387) *gramere* ◻ OF *gramaire* (*grammaire*) ◻ L *grammatica* ◻ Gk *grammatikḗ* (*tékhnē* art) (fem.) ← *grammatikós* pertaining to letters or literature: ⇨ grammatical〗

grámmar bòok *n.* = grammar 1 c.

gram·mar·i·an /grəmέ^əriən | -méər-/ *n.* **1** 文法学者, 文法家; 文法の教師. **2** 文法[語法]を心得ている人: a poor ～ 文法をよく知らない人, 文法に反する語法を使う人. **3** 入門書の著者. 〖(*?c*1375) ◻ OF *gramarien* (F *grammairien*): ⇨ grammar, -ian〗

grámmar·less *adj.* **1** 文法のない, はっきりした文法的形態[関係]の見られない. **2** 文法を知らない, 文法がめちゃくちゃの. 〖(1823): ⇨ -less〗

grámmar schòol *n.* **1** (英国の)グラマースクール《16 世紀に普及したラテン語文法を教える学校; 1944 年以降は 11⁺ (eleven plus) 試験に合格した生徒に大学進学準備の教育をする(公立)中等学校; cf. secondary modern school, comprehensive school》. **2** (まれ)《米国の》初等中学校《かつての中等教育段階の Latin grammar school; 20 世紀以降は小学校と high school にまたがる(特に 4, 5–8 年級に相当する)中等学校》. **3**《NZ》公立中学校. 〖*a*1387〗

gram·mat·i·cal /grəmǽtɪ̀kəl, -kl̩ | -tɪ-/ *adj.* **1** 文法の[に関する], 文法上の (cf. lexical); 文法通りに解釈された, 文字通りの (literal): ～ analysis 文法的分析 / a ～ category 〖言語〗 文法的範疇(はんちゅう)《性・数・格・人称・時制などをいう》/ a ～ interpretation 文法的解釈 / a ～ sense 文法的意味, 文字通りの意味 / a ～ rule 文法規則 / ⇨ grammatical gender, grammatical meaning. **2** 文法にかなった; 語法の正しい (correct): This construction is not ～. この構文は文法的に正しくない. 〖(1526) ◻ LL *grammaticālis* ← L *grammaticus* ◻ Gk *grammatikós* skilled in grammar ← *grammat-*, *grámma* letter (⇨ -gram): ⇨ -ical〗

grammátical chánge *n.* 〖言語〗 文法的変化. 〖1926〗

grammátical gènder *n.* 〖文法〗 文法的[上の]性《指示物の自然界における性別とは区別される; cf. natural gender》. 〖1875〗

gram·mat·i·cal·i·ty /grəmӕ̀tɪ̀kǽləti | -tɪkǽlɪ̀ti/ *n.* 〖言語〗 = grammaticalness. 〖1961〗

gram·mat·i·cal·ize /grəmǽtɪ̀kəlàɪz, -kl- | -tɪ-kəl-, -kl-/ *vt.* 〖言語〗 **1** 文法化する《内容語あるいはその一部を文法的機能をになう形態素に変える》. **2** 〈意味特徴を〉文法範疇(はんちゅう)によって表す. **gram·mat·i·cal·i·za·tion** /grəmӕ̀tɪ̀kəlɪ̀zéɪʃən, -kl-| -tɪkəlaɪ-, -kl-, -lɪ-/ *n.* 〖(1937): ⇨ -ize〗

gram·mát·i·cal·ly *adv.* **1** 文法上, 文法的見地から: ～ speaking 文法上からいえば / be ～ correct 文法的には正しい. **2** 文法にかなって; 語法的に正しく. 〖(*c*1405): ⇨ -ly¹〗

grammátical méaning *n.* 〖言語〗 **1** 文法的意味《発話全体の意味から, 辞書的意味 (lexical meaning) を差し引いた意味; structural meaning ともいう》. **2** 文の文字通りの意味で, 言外の意味を含まないもの. 〖1769〗

gram·mát·i·cal·ness *n.* 〖言語〗 文法性. 〖(1650): ⇨ -ness〗

grammátical súbject *n.* 〖文法〗 文法的主語《文構成上の主語のこと; cf. logical subject》. 〖1883〗

gram·mat·i·cism /grəmǽtəsɪ̀zm | -tɪ̀-/ *n.* **1** 文法的項目, 文法上の原則. **2** 文法的定義. 〖(1610): ⇨ -ism〗

gram·mat·i·cize /grəmǽtəsàɪz | -tɪ̀-/ *vt.* 文法的にする, 文法に合わせる. **—** *vi.* 文法上の問題を論じる; 文法力を顕示する. 〖(1673) ◻ ML *grammatizāre*〗

gram·ma·tist /grǽmətɪ̀st | -tɪst/ *n.* (通例)学者ぶる文法家. **gram·ma·tis·ti·cal** /grӕ̀mətɪ́stɪ̀kəl, -kl | -tɪ-⁻/ *adj.* 〖(1589) ◻ F *grammatiste* // L *grammatista* ◻ Gk *grammatistḗs*: ⇨ grammar, -ist〗

gram·ma·tol·o·gy /grӕ̀mətɑ́(ː)lədʒi | -tɔ́l-/ *n.* グラマトロジー, 書記学. 〖(1969) ← Gk *grámmato-* (⇨ grammatical)+-(O)LOGY〗

gramme /grǽm/ *n.*《英》= gram¹.

Gramme /grǽm; *F.* gʁam/, **Zénobe-Théophile** *n.* グラム《1826–1901; ベルギーの電気技術者; 直流発電機を発明 (1869)》.

Grám mèthod /grǽm-/ *n.* 〖細菌〗 = Gram's method.

grám-molécular *adj.* 〖化学〗 グラム分子の.

grám-molécular wéight *n.* 〖化学〗 = gram molecule. 〖*c*1902〗

grám mòlecule *n.* 〖化学〗 グラム分子《単体または化合物のその分子量に等しいグラム数の量; cf. mole⁴, Avogadro number》.

Gram·mont /grəmɔ́ː(ŋ), -mɔ́ːŋ; *F.* gʁamɔ̃/, **Philibert de** *n.* = Philibert de GRAMONT.

gram·my /grǽmi/ *n.* おばあちゃん (grandmother).

Gram·my /grǽmi/ *n.* (*pl.* **～s, Gram·mies**) グラミー賞《米国のレコード界ですぐれた功績に毎年贈られる小像》. 〖(1959) ← GRAM(OPHONE)+-Y²〗

Grám-négative, gram-n- /grǽm-/ *adj.* 〖細菌〗 グラム陰性の《グラム染色法 (Gram's method) によって染色されないもので淋菌・細胞核などにいう; cf. Gram-positive》. 〖(1907): cf. Gram's method〗

Gra·mont /grəmɔ́ː(ŋ), -mɔ́ːŋ; *F.* gʁamɔ̃/, **Philibert de** *n.* グラモン《1621–1707; フランス Louis 十四世の宮廷人・軍人; 後英国に渡り Charles 二世の愛顧を受けた; 称号 Comte de Gramont》.

gram·o·phone /grǽməfòʊn | -fəʊn/ *n.*《英》蓄音機 (phonograph)《今は record player のほうが普通》.

gram·o·phon·ic /grӕ̀məfɑ́(ː)nɪk | -fɔ́n-⁻/ *adj.* 〖(1887)《商標名》: *phonogram* の両要素の転換: その発明者 Emile Berliner (1851–1929) の造語: ⇨ -gram, phono-〗

grámophone rècord *n.*《英》レコード, 音盤 (record).

G

gramp /grǽmp/ *n.* =gramps. 〖《*c*1900》《変形》← *grandpa*〗

Gram·pi·an /grǽmpiən/ *n.* グランピアン《スコットランド北東部の旧州 (1975–96); 主都 Aberdeen》.

Grámpian Hílls [Móuntains] *n. pl.* [the ~] グランピアン山脈《スコットランドの中央部を南西から北東に横断して高地方 (Highlands) と低地方 (Lowlands) との境をなす低い山脈; 最高峰 Ben Nevis (1,343 m)》.

Gram·pi·ans /grǽmpiənz/ *n. pl.* [the ~] =Grampian Hills.

Grám-pósitive, grám-p- /grǽm-/ *adj.* 〔細菌〕グラム陽性の《グラム染色法 (Gram's method) によって紫色に染色されるもので, ジフテリア菌・結核菌・破傷風菌・脾脱疽(ᵇᵃᵗˢᵒ)菌などにいう; cf. Gram-negative》. 〖《1907》: cf. Gram's method〗

gramps /grǽmps/ *n.* (*pl.* ~)《口語》おじいちゃん (grandfather). 〖《*c*1900》《変形》← *grandpa*〗

gram·pus /grǽmpəs/ *n.* **1**〔動物〕**a** ハナゴンドウ《イルカに似たハナゴンドウ属 (*Grampus*) の動物の総称; ハナゴンドウ (*G. griseus*) など》. **b** サカマタ, シャチ (orca)《マイルカ科サカマタ属の動物》: blow [snore] like a ~《口語》大いびきをかく. **2** (サカマタのような)息遣いの荒い人. 〖《1529》 *graundepose*《変形》← ME *grapeis* ◻ OF *graspeis* < ML *crassum piscem* fat fish: ⇨ crass, fish¹〗

gram·py /grǽmpi/ *n.*《口語》=gramps.

Grám-Schmídt orthogonalizàtion /grǽmʃmít-; *Dan.* gʁɑ̈m', *G.* ʃmít/ *n.*〔数学〕(グラム)シュミットの直交化法《ヒルベルト空間 (Hilbert space) の基底を直交化する方法の一つ; Schmidt's orthogonalization ともいう》. 〖← *H. C. J. Gram* (⇨ Gram's method) & *B. Schmidt* (⇨ Schmidt camera)〗

Gram·sci /grάːmʃi; *It.* grámʃi/**, Antonio** *n.* グラムシ (1891–1937; イタリア共産党の理論的指導者).

Grám('s) méthod /grǽm(z)-; *Dan.* gʁɑm'/ *n.*〔細菌〕グラム染色法《細菌を染色によって陽性・陰性に分類する識別法; cf. Gram-negative, Gram-positive》. 〖← *Hans C. J. Gram* (1853–1938: デンマークの医師, この方法の発明者)〗

Grám's solútion *n.*〔細菌〕グラム溶液《グラム染色法 (Gram's method) に使用するヨード溶液》.

Grám('s) stáin *n.*〔細菌〕=Gram's method.

grám-váriable *adj.* (グラム染色法で)染色が一定しない, グラム不定の. 〖1956〗

gran /grǽn/ *n.*《口語・幼児語》おばあちゃん (granny, grandmother). 〖《略》← GRANDMOTHER〗

gra·na /gréɪnə, grǽnə, grάːnə/ *n. pl.*〔植物〕グラナ《葉緑体中にあって葉緑素とリポ蛋白質からなり, 光合成を行う小円板状のもの》. 〖← NL ~ (pl.) ← L *grānum* 'GRAIN¹'〗

Gra·na·da¹ /grənάːdə | -də; *Sp.* gɾanáða/ *n.* グラナダ: **1** スペイン南部, 地中海沿岸にあったムーア人の王国 (1241–1492). **2** スペイン南部の都市; もとグラナダ王国の首都で, スペインにおけるムーア人最後のよりどころ; Alhambra 宮殿の所在地. 〖◻ Sp. ~ ← *granada* (pomegranate): その地形が割れたざくろに似ていることから〗

Gra·na·da² /grənάːdə | -də/ *n.*〔商標〕グラナダ: **1** 英国の劇場チェーン・映画・テレビ・高速自動車道サービスなどに携わる会社グループ. **2** 英国の出版社; 同社刊行のペーパーバックシリーズ.

gra·na·de·ro /grὰːnaːdéᵊrou | -déərəʊ; *Am.Sp.* gɾanaðéɾo/ *n.* (*pl.* ~**s**) (メキシコの)暴動鎮圧特別隊員. 〖《1968》◻ Sp. *grenadier*〗

gran·a·dil·la /grænədílə, -díː(j)ə | -dílə; *Am.Sp.* gɾanaðíja/ *n.* **1**〔植物〕トケイソウ (passionflower) の類の植物の総称; (特に)オオナガミクダモノトケイソウ (*Passiflora quadrangularis*)《熱帯アメリカ産》. **2** グラナディラ《食用として珍重されるオオナガミクダモノトケイソウの果実; passion fruit ともいう》. 〖《1613》◻ Sp. ~ (dim.) ← *granada* pomegranate: ⇨ grenade〗

Gra·na·dos /grənάːdous, -dɑ(ː)s | -dɒs; *Sp.* granáðos/**, En·ri·que** /enríke/ *n.* グラナドス (1867–1916; スペインの作曲家・ピアニスト).

gra·na·ry /gréɪnəri, grǽn- | grǽn-/ *n.* **1** (脱穀後の)穀物貯蔵所, 穀倉, 穀物倉. **2** 穀類を豊富に産する地方, 穀倉地帯. **3** 源, 源泉 (source). 〖《1530》◻ L *grānārium*: ⇨ grain¹, -ary〗

gránary wèevil *n.*〔昆虫〕グラナリアコクゾウ (*Sitophilus granarius*)《コクゾウムシ科の甲虫》.

Gran Ca·na·ria /grάːnkənάːrjaː, -néᵊriə | grǽnkənéər-, -nάːr-; *Sp.* gɾaŋkanárja/ *n.* =Grand Canary.

gran cas·sa /grάːnkάːsaː; *It.* graŋkássa/ *n.*〔音楽〕大太鼓 (bass drum).

Gran Cha·co /grάːntʃάːkou | -kəʊ; *Am.Sp.* grántʃáko/ *n.* [the ~] グランチャコ《アルゼンチン北部・パラグアイ・ボリビア南部にわたる亜熱帯の大平原; 面積 725,000 km², 単に Chaco, また El Chaco /el-/ ともいう》.

grand /grǽnd/ *adj.* (~·**er**; ~·**est**) **1 a** 雄大な, 壮大な, 壮麗な (imposing, magnificent); 広大な, 広壮な, 堂々たる (stately, majestic); 豪奢な, 豪華な (luxurious): ~ scenery 広大な景色 / a ~ entertainment 豪奢の饗宴(ᵏʸᵒᵘᵉⁿ) / live in a ~ house 堂々たる家に住む / live in ~ style 豪勢な暮らしをする / conceived on a ~ scale 遠大な発想の. **b** 〈人・風采・服装など〉堂々とした, 威厳のある, 気品のある; 偉い, 高貴な (important, distinguished): a company of ~ people 上流人士の集まり / a ~ lady (立派な服装をして気品のある)高貴な女性 / He has a ~ air. 風采に気品がある / She made a ~ entrance. 堂々と入ってきた / ⇨ grand manner. **c** 高遠な, 崇高な (noble, exalted), 偉大な, 雄大な (great, majestic): a ~ conception 雄大な構想 / a ~ achievement 偉大な成功 / ⇨ grand old man. **2 a** 尊大な, もったいぶった, 気位の高い, 傲慢な (self-important, haughty), 気取った, 仰々しい (pretentious, grandiose): put on a ~ air [~ airs] 偉そうなふりをする / He was much [far] too ~ to speak to me. 彼は偉そうに構えて私などに話しかけもしなかった. **b** 〈文体など〉荘重な (lofty and dignified): ⇨ grand style. **3**《口語》すてきな, すばらしい; 立派な (splendid): look ~ 立派に見える / feel ~ すばらしくいい気分である / have a ~ time すてきにおもしろい時を過ごす / We had ~ weather for our trip. 旅行には上々の天気だった / It will be ~ if you can come. あなたが来られたらすばらしいでしょう / Where are you off to in those ~ clothes?《皮肉》そんなご大層な格好でどこへお出かけです. **4 a** (大きさ・程度・価値などが)大きい (great); 最も重大な, 最大の, 重大な (foremost): a matter of ~ importance きわめて重要な事柄 / a ~ imposture 大詐欺 / ⇨ grand tour / make a ~ mistake 重大な誤りをする. **b** (位階・勲位などの上位を示して)大…: ⇨ grand cross, grand duke, grand master, grand seigneur, grand vizier. **5** 主要な, 主な (principal, main): the ~ entrance (大邸宅などの)表門 / the ~ staircase (大邸宅・ホールなどの)玄関の大階段. **6** すべてを含めた, 総括的な (comprehensive): the ~ total 総計, 累計. **7**〔音楽〕大規模に書かれた, 大合奏用の, 全…: a ~ fugue 大フーガ / a ~ sonata 大ソナタ[奏鳴曲] / a ~ orchestra グランド[全, 大]オーケストラ / a ~ chorus 全[大]合唱.

dò the gránd《俗》気取る, 見栄を張る (cf. do² *vt.* 11).

Gránd Ármy of the Repúblic [the ―] (米国の)南北戦争従軍者在郷軍人会 (1866–1949; 北軍の復員者から成り 19 世紀末に政治的影響力をもった; 略 GAR; 単に Grand Army ともいう).

gránd períod of grówth〔植物〕生長の大期, 大生長期.

— *n.* **1** (*pl.* ~)《俗》1,000 ドル;《英》1,000 ポンド: three ~ 3,000 ドル[ポンド]. **2**《口語》グランドピアノ (grand piano): ⇨ baby grand. **3** (秘密結社など) grand という形容詞の付いている職名を持っている人; (クラブなどの)会長.

gránd·ness /-(d)-/ *n.* 〖《*a*1399》◻ AF *graunt*= OF *grant* (F *grand*) < L *grandem*, *grandis* large, great, full-grown ← ?〗

SYN 堂々とした: **grand** 壮麗さ・偉大さなどのために人に強い印象を与える: *grand* mountain scenery 雄大な山の眺め / a *grand* plan 壮大な計画. **magnificent** 構造・飾りが雄大で華麗な: a *magnificent* castle 壮麗な城. **imposing** 〈人や物が〉大きさ・威厳・壮麗さのために威圧感を与える: an *imposing* house 堂々とした家. **stately** 堂々として美しくて印象的な: a *stately* hall 見事な大広間. **majestic** 美しく威厳があり強い印象を与える: the *majestic* Mt. Fuji 雄大な富士山. **august**《文語》高貴さと威厳に満ちた: these *august* hills この壮麗な山々. **noble** たとえようもなく立派な: a monument on a *noble* scale 壮大な記念碑. **grandiose**《通例軽蔑》滑稽なくらい不必要に大げさな: present a *grandiose* plan 大ぶろしきを広げる. **ANT** petty, puny, trifling.

Grand /grǽnd/ *n.* [the ~] グランド(川): **1** 米国 Michigan 州西部を北と西に流れ, Michigan 湖に注ぐ (418 km). **2** 米国 Missouri 州北西部を南東に流れ, Missouri 川に合流する (483 km). **3** 米国 Missouri 州西部を南東に流れ, Ozarks 湖に注ぐ (225 km). **4** 米国 South Dakota 州北部を東へ流れ, Missouri 川に合流する (322 km).

grand- /grǽn(d)/ 基本の語より一親等を隔てた血縁者を示す連結形: *grand*aunt, *grand*father, *grand*son. 〖◻ F ~ grand ∽ OE *ealde-* 'OLD'〗

gran·dad /grǽndæd/ *n.*《口語》=granddad.

gran·dad·dy /grǽndædi | -di/ *n.*《口語》=granddaddy.

gran·dam /grǽndæm, -dəm/ *n.* (*also* **gran·dame** /grǽndeɪm/)《古》**1** 祖母 (grandmother); 女性の祖先. **2** 老婆, ばあさん. **3** 母獣の母獣. 〖《?*a*1200》◻ AF *graund dame*: ⇨ grand-, dame〗

gránd apártheid *n.*〔南ア〕グランドアパルトヘイト《居住と旅行の自由に関する人種隔離政策; cf. petty apartheid》. 〖1972〗

Gránd Ármy *n.* [the ~] **1**〔フランス史〕大陸軍《(1805–14 年の) Napoleon の指揮下のフランス軍》. **2** = GRAND Army of the Republic. 〖◻ F *La Grande Armée*〗

gránd assíze *n.* (英国の昔の)大審問裁判, 土地回復裁判《Henry 二世が制定; 被告の希望により決闘裁判 (trial by battle) でなく, 16 人の陪審員 (knights) の評議に付して決められた; 1833 年廃止》; 大審問裁判の陪審.

gránd·àunt *n.* 親のおば, 大おば (great-aunt). 〖1826〗

gránd·bàby /grǽn(d)-/ *n.* (まだ幼児の)孫. 〖1916〗

Gránd Baháma *n.* [the ~] グランドバハマ島《大西洋の Bahama 諸島北西部の島》.

Gránd Bánk *n.* [the ~] =Grand Banks.

Gránd Bánks *n. pl.* [the ~] グランドバンクス《Newfoundland 南東沖の大浅瀬; 世界的な大漁場の一つ; 長さ 560 km》.

Gránd Canál *n.* [the ~] 大運河: **1** 中国の天津と杭州を結ぶ大運河; 長さ 1,600 km; 中国語名 Da Yunhe. **2** イタリア Venice の大運河; 同市の幹線路をなす, 長さ 3 km.

Gránd Canáry *n.* グランカナリア島《Canary 諸島中の一島; 面積 1,533 km², 主都 Las Palmas; Gran Canaria ともいう》.

Gránd Cányon *n.* [the ~] グランドキャニオン《米国 Arizona 州北西部にある Colorado 川の大峡谷; 長さ 450 km 以上, プラトー部の海抜 1,500–2,700 m》.

Gránd Cányon Nátional Párk *n.* グランドキャニオン国立公園《米国 Arizona 州北西部にあり, Grand Canyon とその周辺を含む, 1919 年指定; 面積 2,725 km²》.

Gránd Cányon Stàte *n.* [the ~] 米国 Arizona 州の俗称.

Gránd Cáyman *n.* グランドケイマン《カリブ海北西部 Cayman 諸島中最大の島; 主都 George Town》.

Gránd Céntral Státion [Términal] *n.* **1** グランドセントラル駅《米国 New York 市の Manhattan, Park Avenue と 42nd Street の角にある鉄道駅; cf. Penn Station》. **2**《口語》人で込み合っている場所, 人込み, 雑沓.

gránd cháin *n.*〔ダンス〕グランドチェーン《男女が円になって互いに反対方向にパートナーを次から次へと変えて進むダンスの形態》. 〖1864〗

grand·child /grǽn(d)tʃàɪld/ *n.* (*pl.* **-children**) 孫. 〖1587〗

gránd climácteric *n.* 大厄年《63 歳または 81 歳》.

grand commíttee *n.* (英国下院で開期中 Law and Trade Bills を審議する)常設委員会.

Gránd Cóu·lee /-kúːli/ *n.* [the ~] グランドクーリー《米国 Washington 州中部, Columbia 川流域最大の峡谷; 氷河期にできたもので, 長さ 84 km, 深さ 120 m 以上》.

Gránd Cóulee Dám *n.* [the ~] グランドクーリーダム《Grand Coulee 峡谷の北端にある世界最大級の重力ダム; 1942 年完成, 高さ 168 m》.

gránd cóuncil fíre *n.* (最低 3 隊以上の隊を必要とする)キャンプファイヤー少女団 (camp fire girls) の正式な集まり.

gránd cóup *n.*〔トランプ〕グランクー《ブリッジ・ホイストで, ダミー (dummy) の勝札をわざと切札で取って自分の手番にする高等戦術の一つ》.

gránd cróss *n.*《英》ナイト (knight) の最上級勲章(の受勲者) (knight [dame] grand cross).

grand cru /grὰː(ŋ)krúː, grὰːŋ-; *F.* gʁɑ̃kʁy/ *n.* (*pl.* **grands crus** /~/) グランクリュ《フランスの特級格付けワイン[ブドウ園]; Burgundy における特級畑, Champagne の特級畑, Bordeaux のシャトー格付けなど》. 〖《1905》◻ F ~《原義》great growth: ⇨ grand, cru〗

grand·dad /grǽndæd/ *n.* =granddaddy. 〖1782〗

gránd·dàddy /grǽn-/ *n.*《口語》**1** おじいちゃん (grandfather). **2** 最も古い[目立つ, 大きい, 尊敬すべき]人[もの], 元祖, 始祖. 〖1769〗

gránddad shírt *n.* 襟のない長袖シャツ.

grand·daugh·ter /grǽn(d)dɔ̀ːtə-, -dὰː- | -dɔ̀ːtə^(r)/ *n.* 孫娘. 〖1611〗

gránd drágon *n.*《米》(Ku Klux Klan の)州の組織の幹部.

gránd drápe *n.*〔演劇〕額縁舞台上部の縁から観客席側に垂れた短い飾りカーテン.

gránd-dúcal /grǽn(d)-/ *adj.* 大公[大公妃]の[にふさわしい].

gránd dúchess /grǽn(d)-/ *n.* **1** 大公妃; 女大公《大公国の女君主》. **2** (帝政ロシアの)皇女, 皇孫女. 〖*a*1757〗

gránd dúchy, G- D- /grǽn(d)-/ *n.* 大公国. 〖1835〗

gránd dúke /grǽn(d)-/ *n.* **1** 大公《大公国の君主》. **2** (帝政ロシアの)皇子, 皇孫. 〖《*a*1693》《部分訳》← F *grand duc*《なぞり》← It. *granduca*〗

Grande, Rio *n.* ⇨ Rio Grande.

Grande Char·treuse /grά̃ː(n)dʃɑətrṹːz, grὰːnd- | -ʃɑː-; *F.* gʁɑ̃dʃaʁtrøːz/**, La** /lɑː; *F.* la/ *n.* グランドシャルトルーズ《フランスの Grenoble にあるカルトジオ会 (Carthusians) の修道院》. 〖cf. Chartreuse〗

grande dame /grά̃ː(n)dάːm, -dǽm; *F.* gʁɑ̃ddam/ *F. n.* (*pl.* **grandes dames** /~/) (老)貴婦人 (great lady). 〖《1744》◻ F ~〗

gran·dee /grændíː/ *n.* **1** 大公《スペイン・ポルトガルの最高貴族; 王の面前で帽子着用, 着席の権利をもつ》. **2** 高位の人, 高官, 貴顕. **~·ship** *n.* 〖《1598》◻ Sp. & Port. *grande* great (person): ⇨ grand〗

grande pas·sion /grά̃ː(n)dpæsjɔ̃ː(ŋ), grάːnd-, -pɑːssjɔ̃ːŋ; *F.* gʁɑ̃dpasjɔ̃, -pasjɔ̃/ *F. n.* (*pl.* **grandes pas·sions** /~/) =grand passion. 〖《1823》◻ F ~〗

Grande-Terre /grά̃ː(n)dtέə, grὰːnd- | -tέə^(r); *F.* gʁɑ̃tɛːʁ/ *n.* グランドテール《フランス領西インド諸島の Guadeloupe の島の一つ》.

grande toi·létte /-twɑːlét; *F.* gʁɑ̃dtwalɛt/ *n.* 式服, 礼服. 〖◻ F ~〗

gran·deur /grǽndʒə, -dʒʊə | -dʒə^(r), -djə^(r), -djʊə^(r)/ *n.* **1 a** 雄大, 壮大, 壮麗 (brilliance, magnificence); 豪奢, 豪華 (luxury): the ~ that was Rome ⇨ glory *n.* 3 a / the ~ of mountain scenery, nature, etc. **b** 威風, 威厳, 威光 (power, dignity). **c** (人格などの)偉大, 高潔, 崇高 (nobility). **d** (文体などの)荘重さ. **2** (思想・学識などの)偉大, 遠大, 広大, 高遠, 深遠 (magnitude, breadth): the ~ of ideas, conception, design, etc. **3** 壮大[雄大, 偉大]な事柄[もの]. 〖《*c*1500》◻ F ~: ⇨ grand, -ure〗

Gránd Fálls *n. pl.* Churchill Falls の旧名.

grand·fa·ther /grǽn(d)fὰːðə | -ðə^(r)/ *n.* **1** 祖父. **2** [しばしば *pl.*] 男性の祖先 (forefather). **3 a** 祖父[祖先]に相当する人[もの]. **b** (人・動物・ものの)先祖, 原型, もと. **c** 年を経ていて尊ぶべきもの; [しばしば G-] (親しみをもって)お

じいちゃん. **4** =grandfather clock. **5** 《英方言》イモムシ (caterpillar); ワラジムシ (woodlouse). — *vt.* 《口語》〈人・会社などを〉新規の法律[規則]から適用を除外する〔*in, into*〕. — *adj.* (新規則発効以前の)既得権の, 既得権に基づいた. 〘(*c*1410) ME *granuntfader, grandfader*: 《部分訳》← F *grand-père*〙

grándfather cháir *n.* 背の高い大型の布[革]張りのそで椅子 (wing chair) (grandfather's chair ともいう).

grándfather clàuse *n.* **1** (米国の, 昔の)祖父条項 (1867 年以前に選挙権を持っていた父または祖父の子孫以外の無教育黒人に選挙権を与えないとする, 南部の一部の州で行われていた州憲法条項; 1915 年以降失効). **2** 《法律》祖父条項 (特定の活動[事業]を禁止している制定法中の条項で, その法律成立以前すでに行われていた活動[事業]をその禁止の適用から除外するもの). 〘1900〙

grándfather clóck *n.* グランドファーザー時計 (おもりと振り子で動く背の高い箱型の大時計; long-case clock の後世の呼び名; grandfather's clock ともいう). 〘(1909): Henry *Clay* Work (米国の作詞者)の *My Grandfather's Clock* という歌 (1876) にちなむ〙

grandfather clock

gránd·fà·ther·ly *adj.* **1** 祖父のような. **2** 親切に心配してくれる, 優しい, 柔和な (benignant). **3** 古びて神々しい (venerable): a ~ tree. 〘(1424–25): ⇨ -ly²〙

grándfather's cháir *n.* =grandfather chair. 〘1892〙

grándfather's clóck *n.* =grandfather clock. 〘1876〙

gránd feu /grɑ́:(ŋ)fə́:, grɑ́:ŋ-; *F.* gʁɑ̃fø/ *n.* 《窯業》=full fire. 〘(1863) □ F ~ 《原義》big fire〙

gránd fínal *n.* 《豪》(スポーツの)優勝決定戦.

gránd finále *n.* (オペラ・ショーなどの)大団円, 大詰め, グランドフィナーレ. 〘1800〙

gránd fír *n.* 《植物》=lowland fir. 〘1897〙

gránd·fòlks /grǽn(d)-/ *n. pl.* 祖父母 (grandparents).

Gránd Fórks /-fɔ́əks | -fɔ́:ks/ *n.* グランドフォークス (米国 North Dakota 州東部の市).

gránd guárd *n.* 《甲冑》(馬上槍試合用の)あご左胸を覆う補強具 (tilt armor の部品).

Grand Gui·gnol /grɑ́:(ŋ)gi:njóul, grɑ́:ŋ-, -njɔ́:l, -njɑ́:l | -njɔ́l; *F.* gʁɑ̃giɲɔl/ *n., adj.* グランギニョール(の) (Paris の Le Grand Guignol 座で演じるような戦慄(せんりつ)的な短い劇): a ~ play. 〘(1908) □ F ~ ← *Le* ~ 《原義》Great Punch (Paris にある小劇場の名): F *Guignol* は *Chignolo Po* (Lyons にこの人形芝居を持ち込んだイタリア人の郷里)から〙

gránd hotél *n.* [しばしば G- H-] (国際的な)大ホテル.

gran·di·flo·ra /grændəflɔ́:rə | -dɪ̀-/ *adj.* 大形の花をつける. — *n.* 《園芸》グランディフロラ系バラ (株バラで房咲きの一系統のバラ; 大きな花をつける; フロリバンダローズ (floribunda) に由来しハイブリッドティー系バラ (hybrid tea rose) との交配が盛ん). 〘(1901) ← NL ~ ← L *grandis* 'GRAND' + *-flora* (← L *flōs* 'FLOWER')〙

gran·dil·o·quent /grændíləkwənt/ *adj.* 大げさな[誇張した]言葉遣いをする; 〈言葉遣いが〉大げさな, 誇大な, 仰々しい (⇨ bombastic SYN). **~·ly** *adv.* **gran·dil·o·quence** /grændíləkwəns/ *n.* 〘(1589) ← L *grandiloquus* speaking loftily ← *grandis* 'GRAND' + *loqui* to speak: 後半部は ELOQUENT からの類推〙

gránd ínquest *n.* 《法律》=grand jury.

gránd inquísitor *n.* 宗教裁判所長.

gran·di·ose /grǽndiòus, -òuz, ⌐—⌐ | grǽndiəus, -əuz/ *adj.* **1** 気取っていて大げさな, 仰々しい (bombastic, high-flown) (⇨ grand SYN): a ~ speech, style, etc. **2** 壮大な, 偉大な, 崇高な, 雄大な (lofty, sublime). **~·ly** *adv.* **~·ness** *n.* 〘(1840) □ F ~ □ It. *grandioso* ← *grande* < L *grandem*: ⇨ grand, -ose¹〙

gran·di·os·i·ty /grændiɑ́(:)səṭi | -ɔ́sɪ̀ti/ *n.* **1** 誇張, 誇大. **2** 壮大[雄大]さ. 〘(1839): ⇨ ↑, -ity〙

gran·dio·so /grɑ̀:ndióusou, græ̀n-, -zou | grændiə́usəu, grɑ̀:n-, -zəu; *It.* grandjó:zo/ *adv.* 《音楽》グランディオーソ, 雄大に, 堂々と, 荘重に. 〘(*c*1859) □ It. ~ (↑)〙

Gran·di·so·ni·an /grændəsóuniən | -dɪ̀səu-⁻/ *adj.* (Sir Charles Grandison のように) 18 世紀の典型的英国紳士の, 丁重で勇気がありきわめて騎士[紳士]的な. 〘(1829) ← *Sir Charles Grandison* (S. Richardson の小説 *The History of Sir Charles Grandison* (1754) の主人公): ⇨ -ian〙

grand je·té /grɑ́:(n)ʒəté1, grɑ́:n-; *F.* gʁɑ̃ʒəte/ *n.* (*pl.* **grands je·tés** /~/) 《バレエ》グランジュテ (跳躍技の一つ; 足を投げ出すように力強い跳躍で, 前後開脚の空中姿勢で上半身を後方へ反らせ, アティチュード (attitude) のポジションを保つ; 跳躍の中で一番大きく華麗なパ (pas) といえる). 〘(1930) □ F ~: ⇨ jeté〙

gránd júror *n.* 大陪審員 (大陪審 (grand jury) の構成員; grand juryman ともいう).

gránd júry *n.* 《法律》大陪審, 起訴陪審 (起訴状を審査し証拠十分と認めれば起訴を決定する; 英国では 1948 年廃止; 米国では, 死刑または自由刑を伴う犯罪の訴追には大陪審の告発[正式起訴]が要求されている(連邦憲法修正 5 条); cf. petty jury). 〘15C〙

gránd júryman *n.* =grand juror.

gránd·kìd *n.* 《米口語》孫.

Gránd Láma, g- l- *n.* [the ~] =Dalai Lama. 〘1807〙

gránd lárceny *n.* 《法律》重窃盗(罪) (英国では 1 シリング以上の物, 米国では通例 200 ドル以上の物の窃盗罪; 英国では grand larceny と petty larceny との区別は 1827 年廃止(さらに現在は larceny は廃止され, theft と呼ばれるようになった (Theft Act 1968))). 〘1828〙

gránd lódge *n.* (フリーメーソンなど秘密結社の)本部 (cf. lodge 3, grand master 2).

gránd·ly *adv.* **1** 尊大に, もったいぶって, 傲然と, 気取って, 仰々しく, **2** 雄大に, 壮大に, 壮麗に, 堂々と; 豪奢に, 豪勢に, 盛大に, 華やかに. **3** 崇高に, 偉大に, 荘厳に, 荘重に. 〘(1654): ⇨ -ly¹〙

gránd·ma /grǽn(d)mɑ̀:, -mɔ̀:, grǽmɑ:, -mɔ: | grǽn(d)mɑ̀:/ *n.* 《口語》おばあちゃん (grandmother). 〘1867〙

grand mal /grɑ̀:n(d)mɑ́:l, -mǽl | grɑ̀:(m)mǽl, grɑ:n-; *F.* gʁɑ̃mal/ *n.* 《病理》(癲癇(てんかん)の)大発作 (cf. petit mal). 〘(1879) □ F ~ 'big illness'〙

gránd·màma *n.* (*also* **grand·mam·ma** /~/) 《口語》おばあちゃん. 〘1749〙

Grándma Móses *n.* グランマモーゼズ (米国の画家 Ann Mary Robertson Moses (1860–1961)の愛称).

Gránd Ma·nán /-mənǽn/ *n.* グランドマナン (カナダ New Brunswick 州 Fundy 湾口の島で避暑地, 面積 148 km²).

gránd mánner *n.* **1** 堅苦しい態度, 形式ばった表現法. **2** (美術・音楽・文学などの)崇高調, 荘重体: in the ~ 荘重な調子で. 〘(1775) 《なぞり》← F *grande manière*〙

gránd márch *n.* グランドマーチ (舞踏会の開会に客全部で行う堂々巡り). 〘1898〙

Grand Mar·nier /grɑ́:(m)mɑənjéɪ, grɑ́:m- | -mɑ́:nièɪ; *F.* gʁɑ̃maʁnje/ *n.* 《商標》グランマルニエ (ブランデーをベースにしたオレンジリキュール).

gránd máster *n.* **1** (チェス・ブリッジなどの)名人 (世界チャンピオンに次ぐ最高の称号). **2** (フリーメーソンなど秘密結社の)本部長 (cf. grand lodge). **3** (英国の昔の Hospitallers, Templars など騎士団の)団長. 〘(1549) 《部分訳》← F *grand maître*〙

Gránd Mésa *n.* グランドメサ (米国 Colorado 州西部 Colorado 川と Gunnison 川の合流点近くにある山 (3,048 m)).

Gránd Metropólitan *n.* グランドメトロポリタン (英国の大手コングロマリット; ホテル・パブの経営を主力に, ジン・ウイスキーなど酒類も製造販売; Grand Met とも呼ばれる).

Gránd Mónarch *n.* [the ~] グランモナルク (フランスの Louis 十四世のあだ名). 〘《なぞり》← F *le Grand Monarque*〙

grand monde /grɑ́:(m)mɔ̃́:(n)d, grɑ́:mmɔ́:nd; *F.* gʁɑ̃mɔ̃:d/ *F. n.* [the ~] 上流社会 (fashionable society). 〘□ F ~ 'great world'〙

gránd·moth·er /grǽn(d)mʌ̀ðə | -ðə^(r)/ *n.* **1** 祖母. **2** 女性の祖先 (ancestress). **3** 祖母に相当する人[もの]. ***téach one's grándmother to súck éggs*** 祖母に卵の吸い方を教える, 「釈迦(しゃか)に説法する」. — *vt.* 《口語》 **1** 大事にする, 甘やかす. **2** …の祖母になる. 〘(*a*1420) 《部分訳》← OF *grantmere* (F *grand-mère*)〙

grándmother clóck *n.* グランドマザー時計 (グランドファーザー時計 (grandfather clock) の約 ²/₃ 程度の大きさの振り子時計). 〘1922〙

gránd·mòth·er·ly *adj.* **1** 祖母の(ような). **2** こまごまと世話を焼きすぎる; ささいなことにまで干渉する (fussy): ~ legislation, government, etc. 〘(1842): ⇨ -ly²〙

Gránd Múfti, g- m- *n.* (各大都市における)イスラム法の最高権威 (昔オスマン帝国時代には Constantinople の grand mufti は国教の教主であった).

Gránd Nátional *n.* [the ~] グランドナショナル (英国 Liverpool 市北方の Aintree で毎年 3 月行われる大障害物競馬; 1839 年創設, 距離 4 マイル 856 ヤード(約 7,219 m), 出走資格は 7 歳以上, 障害飛越回数は延べ 30 回; 単に the National ともいう).

gránd·nèphew *n.* 甥[姪]の息子, 兄弟[姉妹]の孫息子. 〘*a*1639〙

gránd·nìece *n.* 甥[姪]の娘, 兄弟[姉妹]の孫娘. 〘1830〙

gránd òld mán *n.* **1 a** 老偉人. **b** 元老, 長老. **2** [the G- O- M-] 英国の政治家 W. E. Gladstone または W. Churchill のあだ名 (略 GOM). 〘1860〙

Gránd Òld Párty *n.* [the ~] (米国で)1880 年以来用いられている共和党 (Republican Party) の愛称 (略 GOP). 〘1876〙

Gránd Òle Óp·ry /-òulɑ́(:)pri | -əulɔ́p-/ *n.* [the ~] グランドオールオプリー (米国 Tennessee 州 Nashville にあるカントリーアンドウェスタンミュージックの殿堂; 1925 年以来そこから毎週放送される番組; Ole Opry は Old Opera のなまり).

gránd ópening *n.* 《米》(店などの)大開店.

gránd ópera *n.* 《音楽》グランドオペラ (対話の部分も全部音楽的に処理したもの; cf. opéra comique). 〘1803〙

gránd·pa /grǽn(d)pɑ̀:, -pɔ̀:, grǽmpɑ:, -pɔ: | grǽnpɑ̀:/ *n.* 《口語》おじいちゃん (grandfather).

gránd·papa *n.* =grandpa. 〘1753〙

gránd·pàp·py *n.* 《方言・口語》おじいちゃん (grandfather). 〘1919〙

gránd·pàrent *n.* 祖父[母]. **grànd·parént·al** *adj.* 〘1830〙

grándparent·hòod *n.* 祖父[母]であること.

gránd pássion *n.* 熱烈な恋(の対象); 熱烈な恋愛(関係). 〘□ F *grande passion*〙

Gránd Peniténtiary *n.* 《カトリック》=penitentiary 1.

gránd piáno *n.* グランドピアノ, 平型ピアノ (cf. upright piano). 〘1834〙

Gránd Pórtage Nátional Mónument *n.* [the ~] グランドポーテッジ国定記念物 (米国 Minnesota 州北東部 Superior 湖畔の史跡).

Gránd Práirie *n.* グランドプレーリー (米国 Texas 州北東部の都市; Dallas に隣接).

Grand Pré /grænpréɪ | grɔn-; *F.* gʁɑ̃pʁe/ *n.* グランプレ (カナダ Nova Scotia 州西部の村; Longfellow 作の *Evangeline* の舞台).

grand prix /grɑ̀:nprí:, grɔ̀n- | grɑ̀:n-⁻; *F.* gʁɑ̃pʁi/ *n.* (*pl.* **grands prix** /~(z); *F.* ~/) (運動競技会・映画祭・コンクールなどの)大賞, グランプリ (great prize). 〘(1880) □ F ~ 'grand prize' (↓)〙

Grand Prix /grɑ̃́:prí:, grɔ̃́:(m)-, grɑ́:m-, grɔ́(:)m-; *F.* gʁɑ̃pʁi/ *n.* (*pl.* ~, **Grands Prix** /~(z); *F.* ~/, **Grand Prixes** /~(z); *F.* ~/) グランプリ: **1** 世界各地で行われる国際的な長距離自動車レース. **2** [the ~] Paris 郊外の Longchamp /lɔ̃ʃɑ̃/ 競馬場で行われる明け 3 歳馬のレース; 距離 3,100 m; 正式名 Grand Prix de Paris パリ大賞典. **3** 国際馬術連盟公認の馬術競技大会で最も権威のある種目 (馬場馬術と障害飛越の両方にある). 〘(1863) □ F ~〙

Gránd Rápids *n.* グランドラピッズ (米国 Michigan 州南西部の商工業都市; 特に家具で有名). — *adj.* Grand Rapids 式[風]の; 質の落ちる大量生産の家具の. 〘Michigan 湖に注ぐ *Grand River* の急流 (rapids) にちなむ〙

Gránd Remónstrance *n.* [the ~] 《英史》大諫議(かんぎ)書 (長期議会 (Long Parliament) が 1641 年 Charles 一世の失政に対して可決した抗議文書).

gránd ríght and léft *n.* 《ダンス》=grand chain.

gránd-scále *adj.* 大規模な (large-scale).

grand seignéur *n.* (*pl.* ~**s**, **grands sei·gneurs** /~/) **1** (もと)大貴族 (great noble), 大君主 (great lord); 貴族 (aristocrat) (cf. seigneur). **2** 貴族的威厳を備えた人. 〘□ F ~〙

gránd séignior *n.* オスマン帝国の皇帝スルタン (Sultan) に対するヨーロッパ側の呼称; トルコ皇帝; [しばしば反語] おえらいさん, だんな. 〘cf. seignior, signor〙

gránd sérgeanty *n.* 《英国中世法》大奉仕による土地保有 (土地保有について軍役は負わないが, 王に対して, 戴冠式に際して旗[剣]の捧持(ほうじ)など名誉的な自らの奉仕を負った; grand serjeanty ともつづる; cf. petit sergeanty). 〘ME *graunte sergeaunte* □ AF〙

Grand Siè·cle /grɑ̃́:(n)sjéklə, grɑ́:n-, -kl; *F.* gʁɑ̃sjɛkl/, **le** /lə/ *F. n.* グラン シエークル (フランス Louis 十四世 (1638–1715) の治世; 軍事および文物にすぐれていた). 〘□ F ~ 'the great century'〙

gránd·sìre *n.* **1 a** 《方言》祖父 (grandfather). **b** 《古》祖先 (forefather). **c** 《古》老人 (old man). **2** 《鳴鐘法》(教会の鐘の)転調鳴鐘法 (change ringing) の一つ. 〘(*c*1300) □ AF *graunt sire*: ⇨ grand, sire〙

gránd-slám *adj.* 《野球》満塁ホームランの.

gránd slám *n.* **1** 《野球》満塁ホームラン (grand-slammer ともいう). **2** 《スポーツ》グランドスラム (ゴルフ・テニスなどで一度に[一シーズン中に]すべての(主な)選手権試合に勝つこと). **3** 《トランプ》(ブリッジで)グランドスラム (敵方に 1 組も取らせず完勝すること, 13 トリック全部勝つこと; 最高得点が与えられる; cf. small slam). **4** 《口語》大成功; 総なめ. 〘1814〙

Gránd Slám *n.* 《商標》グランドスラム (米国 Munsingwear 社製の紳士物の衣料品).

gránd·son /grǽn(d)sʌ̀n/ *n.* (男性の)孫, 孫息子. 〘1586〙

grand són·ne·rie /-sɑ́(:)nəri | -sɔ́n-/ *n.* 《時計》15 分ごとに時を打つ時計の機構. 〘□ F ~: ⇨ sound¹, -ery〙

gránds príx *n.* grand prix の複数形.

gránd·stand /grǽn(d)stæ̀nd/ *n.* **1** (競馬場・運動競技場などの) (特別)正面観覧席. **2** [集合的] 正面観覧席の観客. — *adj.* [限定的] **1** 正面観覧席にある(かのような): ~ seats 正面観覧席. **2** 正面観覧席の[から見る]ような: a ~ view 特等席から見るような眺望. **3** 観客をわかすための[ような]: a ~ finish スタンドをわかす最終場面. — *vi.* (~·ed) 《米口語》観客を喜ばせるような競技をする, スタンドプレーをする. **~·er** *n.* 〘1834〙

gránd·stànding *n.* 《豪》(政治家が支持を得るために見せる)派手なふるまい.

grándstand plày *n.* 《米口語》(観覧席のファンを喜ばせるように)必要以上に技巧をもてあそぶプレー, スタンドプレー; 場当たり的演技, 芝居気たっぷりのジェスチャー. 日英比較 「スタンドプレー」は和製英語.

gránd stýle *n.* 《文学》荘重体 (Matthew Arnold が Homer, Dante, Milton の詩風に与えた名称で, 崇高な事象を簡素荘重に表現する文体). 〘(1772): cf. L *stilus grandiloquus*〙

Gránd Téton *n.* グランドティートン (米国 Wyoming 州西部, Teton 山脈の最高峰 (4,196 m)).

Gránd Téton Nátional Párk *n.* グランドティートン国立公園 (米国 Wyoming 州北西部にあり, 山岳地帯と森林で有名な国立公園; 1929 年指定; 面積 1,255 km²)). 〘*Grand Teton*: ◻F ～《原義》big breast〙

gránd tóur *n.* **1** (昔英国で上流家庭の子弟にその教育の仕上げとして行わせた)ヨーロッパ大陸巡遊旅行. **2** ヨーロッパ大旅行. **3** (案内付きの)観光[遊覧]旅行; (教育上の)研修旅行. ***màke the gránd tóur of*** …を一巡する, 周遊する, 観光する. 〘(1670) ◻F ～ 'great circuit'〙

gránd tóurer *n.* =grand touring car.

gránd tóuring càr *n.* 〖自動車〗グランドツーリングカー, GT カー《長距離高速走行に十分な性能と快適な居住性, 広いトランク などを備えた乗用車; 通例 2 人乗りのクーペ; 略 GT; Gran Turismo ともいう》. 〘1970〙

Gránd Túrk *n.* ⇨ Turks and Caicos Islands.

gránd·ùncle *n.* 親のおじ, 大おじ (great-uncle). 〘?*c*1451〙

gránd unificátion *n.* 〖物理〗大統一《素粒子の理論において強・電磁・弱相互作用および重力を統合すること》.

gránd únified théory *n.* 〖物理〗大統一理論 (cf. grand unification). 〘1978〙

Gránd Únion Canál *n.* [the ～] グランドユニオン運河《London と Birmingham を結ぶ英国最長の運河 (385 km); 最初に Thames 川と Soar 川を結び, その後 Soar 川と他の幾つかの支流と結び Birmingham まで至る》.

gránd vícar *n.* 〖カトリック〗(フランス司教区の)司教総代理 (vicar-general).

gránd vizíer *n.* (イスラム教国の)首相 (cf. vizier); (かつてのオスマントルコ帝国の)首相.

grange /gréɪndʒ/ *n.* **1** 農場, 農園 (farm); (特に, 納屋その他の建物の付いた)田舎の地主の邸宅; (田舎の)豪農の邸宅. **2** (昔, 英国の荘園 (manor) または修道院から離れた)付属農場の住居《穀倉などを備えた》. **3** 《米》**a** [the G-] 農民共済組合《農民互助団体 (Order of the Patrons of Husbandry) として農家の利益促進のため 1867 年創立された秘密結社で, 1870–80 年代米農民運動 (Granger movement) の母体となった》. **b** [G-] 農民共済組合の地方支部. **4** 《古》穀倉 (granary). 〘(*c*1300) *graunge* ◻AF =(O)F *grange* < ML *grānicam* ← L *grānum* 'GRAIN[1]'〙

Grange·mouth /gréɪndʒmaʊθ, -məθ/ *n.* グレーンジマス《スコットランド中部 Forth 湾に臨む港町; スコットランド第二の港》.

grang·er /gréɪndʒə | -dʒə^(r)/ *n.* **1** 《古》大農場の管理人 (farm steward). **2** 《米》農夫, 百姓 (farmer). **3** [G-] 《米》農民共済組合 (Grange) 員. **4** 《米》穀物輸送鉄道. 〘(*a*1195) ◻AF *graunger* ∥ OF *grangier*: ⇨ grange, -er[1] 2〙

gráng·er·ism[1] /-dʒərɪzm/ *n.* 《米》農民共済組合制[主義]. 〘(1875) ⇨ ↑, -ism〙

gran·ger·ism[2] /gréɪndʒərɪzm/ *n.* 本の挿絵を切り抜いて他の本の挿絵として入れること. 〘(1882): ⇨ ↓, -ism〙

gran·ger·ize /gréɪndʒəràɪz/ *vt.* **1** 〈本〉に他の本から切り取った挿絵[印画など]を差し込む[補充する]: ～ a book. **2** (他の本に差込む[補充する]ために)…から挿絵などを切り抜く: ～ a book. **grán·ger·iz·er** *n.*

gran·ger·i·za·tion /grèɪndʒərɪzéɪʃən | -raɪ-, -rɪ-/ *n.* 〘(1882) ← *Rev. J. Granger* (1723–76: 多数の白紙をとじ込んで読者が随意に他書からの切抜き挿絵を張りつけられるように工夫した *Biographical History of England* (1769) の著者): ⇨ -ize〙

gran·i- /grǽnɪ, gréɪ-, -ni/「穀粒 (grain), 種子 (seeds)」の意の連結形. 〘← L *grānum* grain〙

Gra·ni·cus /grənáɪkəs/ *n.* [the ～] グラニコス(川)《トルコ北西部を北流して Marmara 海に注ぐ (90 km); 河口近くは Alexander 大王がペルシャ軍を破った地; 近代名 Kocabas》.

gra·nif·er·ous /grənɪ́f(ə)rəs/ *adj.* 穀粒を生じる, 粒状の実を結ぶ. 〘(1656) ← L *grānifer*＋-ous〙

gran·i·form /grǽnəfɔ̀ːm | -nɪfɔ̀ːm/ *adj.* 穀粒状の. 〘(1778) ← L *grānum* GRAIN[1]＋-(I)FORM〙

Gran·it /grɑːníːt; *Swed.* graníːt/, **Rag·ner** /rǽgnər/ **Arthur** *n.* グラニット (1900–91; フィンランド生まれのスウェーデンの生理学者; Nobel 医学生理学賞 (1967)).

gra·ni·ta /grəníːtə | -tə; *It.* graníːta/ *n.* グラニータ《粒の粗いシャーベット》. 〘(1869) ◻It. ～: cf. granite〙

gran·ite /grǽnɪt/ *n.* **1** 〖岩石〗花崗岩, みかげ石: (as) hard as ～ 石のように硬い; 非常に頑固な, 強情な / bite on ～ むだな努力をする. **2 a** 堅固, 強固, 確固: a man of ～. **b** みかげ石のように硬い[堅固な, 耐久性のある, 確固とした]もの. **3** カーリングストーン (curling stone). **～·like** *adj.* 〘(1646) ◻It. *granito* grained (i.e. granular stone) (p.p.) ← *granire* ← *grano* grain < L *grānum* 'GRAIN[1]'〙

Gránite Cíty *n.* [the ～] スコットランド Aberdeen 市の俗称.

gránite pàper *n.* 〖製紙〗花崗岩模様紙《着色した繊維を添加して抄造したまだら模様の紙; 壁紙用》.

Gránite Péak *n.* グラニット山《米国 Montana 州南部にある山 (3,901 m)》.

Gránite Stàte *n.* [the ～] 米国 New Hampshire 州の俗称.

gránite·wàre *n.* **1** エナメル鉄器. **2** みかげ石模様の精陶器. **3** 硬質陶器に似た白色の精陶器. 〘1878〙

gra·nit·ic /grənɪ́tɪk, græ- | -tɪk/ *adj.* **1** 花崗岩質の, みかげ石の: ～ rock. **2** (みかげ石のように)硬い, 不動の, 堅固な: a ～ fist, morality, etc. 〘(1794) ← GRANITE＋-IC[1]〙

gra·nit·i·form /grənɪ́təfɔ̀əm, græ- | -tɪfɔ̀ːm/ *adj.* 花崗岩状[質]の. 〘(1833) ← GRANITE＋-(I)FORM〙

gran·it·ite /grǽnɪtàɪt/ *n.* 〖岩石〗黒雲母花崗岩. 〘(1875) ← GRANITE＋-ITE[1]〙

gran·it·ize /grǽnɪtàɪz/ *vt.* 〈岩石を〉花崗岩質にする, 花崗岩化させる. **gran·it·i·za·tion** /grǽnɪtɪzéɪʃən | -taɪ-, -tɪ-/ *n.* 〘(1893) ← GRANITE＋-IZE〙

gran·it·oid /grǽnɪtɔ̀ɪd/ *adj.* 花崗岩構造の, みかげ石に似た. **—** *n.* 花崗岩石. 〘(1839) ← GRANITE＋-OID〙

gra·ni·vore /grǽnəvɔ̀ə, grǽn- | -nɪvɔ̀ː^(r)/ *n.* 〖動物〗穀食動物[鳥]. 〘(逆成) ← GRANIVOROUS〙

gra·niv·o·rous /grənɪ́v(ə)rəs, greɪ-, græ-/ *adj.* 〈鳥・四足獣など〉穀物や草の種子を食とする, 穀食の. 〘(1646) ← GRANI-＋-VOROUS〙

Gran·jon /grǽndʒən; *F.* gʀɑ̃ʒɔ̃/ *n.* 〖活字〗グランジョン《オールドフェースの活字書体》. 〘← *Robert Granjon*: この字体をカットした 16 世紀のフランスの活字意匠家・印刷者〙

gran·nies /grǽniz/ *n. pl.* 《NZ口語》=Granny Smith.

gran·nom /grǽnəm/ *n.* 〖昆虫〗トビケラ《特にカクスイトビケラ科カクスイトビケラ属の一種 (*Brachycentrus subnubilus*); 釣りのえさになる》. 〘(1787) ← ?〙

gran·ny /grǽni/ *n.* (*also* **gran·nie** /～/) **1** 《口語・小児語》**a** おばあちゃん (grandmother); おばあさん, 老婆 (old woman). **b** 仰々しく騒ぎ立てる人, うるさいおせっかい屋. **2** 《米南部・中部》産婆 (midwife) 《granny woman ともいう》. **3** =granny knot. **4** (雨水除けの)煙突頭部についた回転式ふた. **—** *adj.* **1** おばあちゃんの; 老婆の, 昔風の, 古風な. **2** 〈女性の衣服が〉グラニー風の, おばあさん風の. 〘(1663) (dim) ← grannam《変形》← GRAND(MOTHER)＋-Y[2]〙

gránny bònd *n.* 《英》老人国債, グラニーボンド《物価スライド付きの国民預金証書の通称; もとは老齢年金受給者のみが利用できた》. 〘1977〙

gránny drèss *n.* (昔おばあさんが着たような)首から足首までの長いゆったりしたドレス. 〘1909〙

gránny flàt *n.* 〈老父母などが住む〉老人用の離れ, 同じ敷地内の別棟 (granny annexe ともいう). 〘1965〙

gránny gèar *n.* 《米》四輪駆動車; 《英》(自転車の)ローギア.

gránny glàsses *n. pl.* (昔おばあさんが掛けたような)小さいレンズの金[金属]縁めがね. 〘1966〙

gránny knòt *n.* 逆さ結び, 縦結び. 〘1853〙

gránny's bènd [knòt] *n.* =granny knot.

Gránny Smíth *n.* グラニースミス《生食・料理用青りんごの一種; この品種を最初に生産したオーストラリアの Maria Ann Smith の名にちなむ》. 〘1895〙

gránny spècs *n. pl.* =granny glasses.

gran·o- /grǽnoʊ | -nəʊ/「花崗岩(質)の; 粒状の」の意の連結形. 〘◻G ～ ← *Granit* 'GRANITE'〙

gràno·diórite *n.* 〖岩石〗花崗閃緑岩. **gràno·diorític** *adj.* 〘1893〙

gra·no·la /grənóʊlə | -nə́ʊ-/ *n.* グラノーラ《押しからす麦に干しぶどう・ココナッツ・ナッツ・黒砂糖を調合したもの; 朝食または健康食に用いる》. 〘(1886) ← 《商標名》*Granola*〙

gran·o·lith /grǽnəlɪθ/ *n.* **1** 〖岩石〗グラノリス《花崗岩的構造を有する火成岩の一般的名称》. **2** 花崗コンクリート《花崗岩の砕石で作った人造石》. **gran·o·lith·ic** /grǽnəlɪ́θɪk⁻/ *adj.*

gran·o·phyre /grǽnəfàɪə | -fàɪə^(r)/ *n.* 〖岩石〗文象(斑)岩. **gran·o·phyr·ic** /grǽnəfɪ́rɪk⁻/ *adj.* 〘(1882) ← G. *gran*(it) GRANITE＋(*por*)*phyr* porphyry〙

Gran Pa·ra·di·so /grɑ̀ːmpɑ̀ːrədíːzoʊ | -zəʊ; *It.* gramparadíːzo/ *n.* グランパラディーソ《イタリア北西部 Piedmont 州北西の山; Graian Alps の最高峰 (4,061 m)》.

grant /grǽnt | grɑ́ːnt/ *vt.* **1** [しばしば二重目的語を伴って]〈願いなどを〉聞き届ける, 許す, 許容する (allow): ～ a request 願いをいれる / The king *～ed* the old woman her wish. 王様は老婆の望みを聞き入れてやった / (May) God ～ success *to* all of you! 皆さまご一同のご成功をお祈りします / God ～ *that* we get there alive. 神よ願わくは我々が無事にその地に着きますように / It was *～ed* (to) us to attain our goal. 神のご加護により我々は目的を達することができた.

2 a [しばしば二重目的語を伴って](公式に)与える, 授ける, 授与する, 下賜する (give, bestow): ～ permission 許可を与える / ～ a general pardon 大赦を行う / ～ a pension 年金を支給する / ～ a right 権利を付与する / They *～ed* scholarships *to* some students. 何人かの学生に奨学金を与えた / God has *～ed* us the blessings of health. 神は我々に健康の恵みをお授け下さった. **b** (占有の引渡し (livery of seisin) を伴わないで書面によって)〈財産などを〉譲渡する (transfer): ～ rights of pasture 放牧の権利を譲渡する.

3 a 認める, 認容する (concede, admit): ～ the truth of …の真実であることを認める / I ～ you that much. そこまではあなたの言われる通りです / I ～ (*that*) your argument is right. 確かに君の議論は間違っていない / He is young, I *grant*, yet he is an able man. 彼はなるほど若いけれど有能な男だ / This *～ed*, what next? これはよいとし, さて次は? / They've been very happy.—*Granted*, but … 彼らは大変幸せに過ごしてきた—その通りですがしかし…《yes に相当するが後に通例 but が来る; cf. *vt.* 1》. **b** (議論のために)仮に…であるとする, (問題ないと)仮定する (assume): I ～ that point. かりにその点は認めるとしよう. ★ しばしば次のような分詞形で譲歩の節や句を導く: *～ing* for a moment *that* it really happened それが本当に起こったとしばらく仮定して / (Even) *Granted* [*Granting*] (*that*) he did say so, we cannot be sure what he really meant. 実際そう言ったとしても彼の真意はわかったものではない / *Granted* his premises, his conclusion is still false. 前提はよいとしても結論はやはり間違っている.

take … for gránted (1) (よく考えもしないで)〈事を〉正しい[当然なこと]と思う (assume): *take* a point *for ～ed* 論点を正しいと決めてかかる (cf. *beg the* QUESTION (1)) / I *took it for ～ed that* you would join. あなたはもちろん参加するものと思った. (2) (慣れっこになって)〈人・物〉の気持ち[値打ち]をよく考えない, 顧みない, 放っておく: *take* one's husband [wife, friends] *for ～ed* / *take* modern conveniences *for ～ed* 現代の便利な設備などを当たり前のものと思う《ありがたみを忘れる》.

— *n.* **1** 認可, 許可 〔*of*〕; 授与[下付]された物, (特に)補助金: a ～ *of* money, land, etc. / a Government ～ *to* universities 大学への政府補助金 / a ～ in aid of …補助金 (cf. grant-in-aid) / a capitation ～ 人頭補助金 / a block ～ 《米》(連邦政府から州に支給する)定額交付金[助成金]. **2** 〖法律〗(占有の引渡しを伴わない, 書面による財産の)譲渡; 譲渡証書; 譲渡財産: lie in ～ (財産が)証書によってのみ譲渡できるようになっている. **3** 《米》(Vermont, Maine, New Hampshire 州で)土地の一区域《もと個人または団体に下付された地域》.

gránt of próbate 検認証書《遺言状のある場合, 死者の財産処理を執行者に委ねる証書》.

〘(?*c*1225) ◻AF *granter*=OF *gra(a)nter*《変形》← *creanter* to guarantee, confirm < VL **crēdentāre* ← L *crēdentem* (pres.p.) ← *crēdere* to trust, believe: ⇨ credit〙

SYN 授与する: **grant** 請願に応じて授与する: *grant* a subsidy 補助金を下付する. **concede** 〈権利・特権を〉認めてしぶしぶ与える: *concede* a privilege to a person 人に特権を許す. **accord** 〈当然与えられるはずのものを〉与える《格式ばった語》: We *accord* due praise to him. 彼が我々から称賛されるのは当然だ. **vouchsafe** 《文語》目下の者に恩恵として与える: He did not *vouchsafe* a reply. ひと言の返事もくれなかった. ⇨ give.

Grant /grǽnt | grɑ́ːnt/ *n.* グラント《男性名》. 〘ME ◻AF *graunt* 'GRAND'〙

Grant, Cary *n.* グラント (1904–1986; 英国生まれの米国の映画俳優; 本名 Alexander Archibald Leach).

Grant, Ulysses S(impson) *n.* グラント (1822–85; 米国の将軍で第 18 代大統領 (1869–77); 南北戦争当時の北軍の総司令官).

grant·a·ble /grǽntəbl | grɑ́ːnt-/ *adj.* **1** 許容できる; 下付できる. **2** 譲渡されうる. 〘(1548): ⇨ -able〙

gránt-àid *vt.* 〈政府・諸機関が〉補助金を賦与する, 助成する. 〘1944〙

gránt-àided schòol *n.* =aided school.

gránt·ed·ly /-tɪdli | -tɪd-/ *adv.* 《まれ》疑いなく, 明らかに (admittedly). 〘(*a*1638): ⇨ -ed, -ly[1]〙

grant·ee /grǽntíː | grɑːn-/ *n.* 被授与者, 被交付者, 譲受人 (↔ grantor). 〘(1450) ← GRANT＋-EE[1]〙

gránt·er /-tə | -tə^(r)/ *n.* 許容する人; 授与者; 譲渡者. 〘(?*c*1400): ⇨ -er[1]〙

Granth /grʌ́nt; *Hindi* grə́nt̪ʰ/ *n.* [the ～] グラント《シーク教徒 (Sikhs) の聖典》. 〘(1798) ◻Hindi ～ 'book, code' ← Skt *grantha* tying, literary composition ← *gra(n)th* to tie〙

gránt-in-áid *n.* (*pl.* **grants-**) **1** (公共事業について中央政府から地方政府に与える)補助金, 交付金 (subsidy). **2** (特に, 公の機関や民間団体[財団]から教育機関または個人に対して教育上の目的で与えられる)補助金, 助成金. 〘1851〙

gránt-maintàined *adj.* 〈学校が〉交付金運営の《地方政府の管轄によらず, 中央政府の直接の資金で運営される》.

gránt-maintàined schòol *n.* 政府資金運営校《学校・教育機関が地方当局の管轄を離れ中央政府からの助成金で運営される小・中学校》. 〘1993〙

gran·tor /grǽntə, -tɔə, grǽntɔ́ə | grɑːntɔ́ː^(r), grɑ́ːntə^(r)/ *n.* 譲渡者, 譲与者, 授与者, 交付者 (↔ grantee). 〘(*a*1626) ◻AF ～: ⇨ grant, -or[2]〙

Gránt Sáhib *n.* =Adi Granth.

Gránt's gazélle /grǽnts- | grɑ́ːnts-/ *n.* 〖動物〗グラントガゼル (*Gazella granti*)《アフリカ東部産の角の長い大形のガゼル》. 〘← *James A. Grant*: 1827–92 英国の探検家〙

grants·man /grǽntsmən | grɑ́ːnts-/ *n.* (*pl.* **-men** /-mən, -mèn/) (研究)助成金を得る術をよく心得ている人. 〘1966〙

grántsman·ship *n.* (研究)助成金を得る術[手腕]. 〘(1961): ⇨ ↑, -ship〙

Gran Tu·ris·mo, g- t- /grɑ́ːnturízmoʊ, -ríːz- | grǽntʊ(ə)rízməʊ; *It.* granturízmo/ *n.* =grand touring car. 〘(1960) ◻It. ～《原義》great touring〙

gran·ul- /grǽnjʊl/ (母音の前にくるときの) granulo- の異形.

gran·u·lar /grǽnjʊlə | -lə^(r)/ *adj.* **1 a** 粒の. **b** 粒から成る[を生じる]; (組織や表面が)粒状の, 顆粒(か.)状の. **2** 〈音・声が〉ざらざらした, 耳ざわりな. **gran·u·lar·i·ty** /grǽnjʊlǽrəti, -lér- | -lǽrɪti/ *n.* **～·ly** *adv.* 〘(1794) ← LL *grānulum* 'GRANULE'＋-AR[1]〙

gránular snów *n.* 〖気象〗ざらめ雪《小さい雪状の粒; 直径 1 mm 以下》.

gran·u·late /grǽnjʊlèɪt/ *v.* **—** *vt.* **1** 粒にする; (顆)粒状にする. **2** 〈革など〉の表面に小粒を造る, ざらざら[粒々]にする, …にしぼを付ける. **—** *vi.* **1** 粒(状)になる; 表面がざらざらになる, 粒々が出来る. **2** 〖病理〗〈傷などが〉肉芽組織 (granulation tissue) を形成する; 顆粒化する.

— /grǽnjʊlɨ̀t/ *adj.* =granulated.

gran·u·la·tive /grǽnjʊlèɪtɪv, -lət- | -lət-/ *adj.* 〘(1666) ← LL *grānulum* 'GRANULE'＋-ATE³〙

grán·u·làt·ed /-lèɪtɨd | -tɨd/ *adj.* **1** 粒から成る，(顆)粒状の: ⇨ granulated sugar. **2** 表面に粒々のある，表面のざらざらする: ～ glass (ステンドグラスなどに用いる)凹凸(おうとつ)のあるガラス板. 〘(1677): ⇨ ↑, -ed〙

granulated súgar *n.* グラニュー糖.

gran·u·la·tion /grænjʊléɪʃən/ *n.* **1** 粒[顆粒]になる[する]こと，造粒，ざらざらになる[する]こと，粗粒化: ～ of gunpowder. **2 a** (表面が)ざらざらになること，粒立て. **b** (表面の)粒点，小さな突起. **3** 〘医学〙肉芽(形成)，顆粒(形成). **4** 〘薬学〙造粒. **5** 〘天文〙粒状斑 (太陽光球面に見える微小で粒状の明暗の模様). **6** 〘園芸〙鬆(す)上がり (カンキツ類の果実の生理的障害; 砂瓤(さじょう) (juice sacs) が水分を失い品質が低下する). 〘(1612) ← GRANULATE＋-ATION〙

granulátion tìssue *n.* 〘病理〙(傷が治るとき生じる)肉芽組織 (proud flesh). 〘1873〙

grán·u·là·tor /-lèɪtə | -tə^(r)/ *n.* (*also* **gran·u·la·ter** /～/) **1** 粒にする人[物]. **2** (砂糖などの)造粒機. 〘(1839) ← GRANULATE＋-OR²〙

gran·ule /grǽnjuːl/ *n.* **1** (砂糖・花粉などの)小粒，細粒 (small grain); 微粒，小球 (pellet). **2** 〘生理〙顆粒. **3** 〘薬学〙顆粒剤，細粒剤，粒剤. **4** 〘天文〙**a** グラニュール (太陽光球中の小さい(直径 1000 km 程度)短命な(5 分程度)対流セル). **b** (まれ) =granulation 5. **5** 〘地質〙細礫(さいれき) (径 2–4 mm 位のもの; cf. boulder, cobble¹ 3, pebble 1 b). 〘(1652) □ LL *grānulum* (dim.) ← *grānum* 'GRAIN¹'〙

gran·u·li- /grǽnjʊlɨ, -li/ granulo- の異形 (⇨ -i-).

gra·nul·i·form /grænjʊ́ləfɔːm, grə- | -lɨfɔːm/ *adj.* 細粒状の，粒子状の，粒状構造の. 〘(1847) ← GRANULE＋-(I)FORM〙

gran·u·lite /grǽnjʊlàɪt/ *n.* 〘岩石〙 **1** 白粒岩 (長石・石英・輝石・ざくろ石から成る変成岩). **2** 半花崗岩. **3** 砕粒岩 (破砕後の結晶作用により粒状構造になった岩石).

gran·u·lit·ic /grænjʊlɪ́tɪk | -tɪk⁻/ *adj.* 〘(1849) ← GRANULO＋-ITE¹〙

gran·u·lo- /grǽnjʊloʊ | -ləʊ/「小粒，微粒子」の意の連結形. ★ 時に granuli-, また母音の前では通例 granul- になる. 〘← LL *grānulum* 'GRANULE'〙

gran·u·lo·blast /grǽnjʊloʊblæst | -lə(ʊ)-/ *n.* 〘解剖〙顆粒芽球 (各種の顆粒球になる母細胞; cf. granulocyte).

gran·u·lo·cyte /grǽnjʊloʊsàɪt | -lə(ʊ)-/ *n.* 〘解剖〙顆粒球 (白血球のうちで myeloblast (ないし granuloblast) から分化した顆粒をもったものの総称; cf. eosinophil, neutrophil, basophil). **gran·u·lo·cyt·ic** /grænjʊloʊsɪ́tɪk | -lə(ʊ)sɪt-⁻/ *adj.* 〘(1900) ← GRANULO-＋-CYTE〙

gran·u·lo·cýt·ic leukémia /grænjʊloʊsɪ́tɪk- | -lə(ʊ)sɪ́t-/ *n.* 〘病理〙顆粒球性白血病 (=myelogenous leukemia).

gran·u·lo·cy·to·pe·ni·a /grænjʊloʊsàɪtoʊpíːniə | -lə(ʊ)sàɪtə(ʊ)-/ *n.* 〘病理〙顆粒球減少(症). 〘(1931) ← NL ～: ⇨ granulocyte, -penia〙

gran·u·lo·cy·to·poi·e·sis /grænjʊloʊsàɪtoʊpɔɪíːsɨs | -lə(ʊ)sàɪtə(ʊ)pɔɪíːsɪs/ *n.* 〘生理〙=granulopoiesis. 〘(1944) ← NL ～: ⇨ granulocyte, -poiesis〙

gran·u·lo·ma /grænjʊlóʊmə | -ləʊ-/ *n.* (*pl.* ～**s**, ～**ta** /～tə | ～tə/) 〘病理〙肉芽腫. **～·tous** /～təs | ～təs⁻/ *adj.* 〘(1861) ← NL ～: ⇨ granulo-, -oma〙

granulóma in·gui·ná·le /-ɪŋgwənǽli, -náː-, -néɪ- | -gwɪnáː-, -néɪ-/ *n.* 〘病理〙=lymphogranuloma 2. 〘(1918) ← NL ～ 'inguinal granuloma'〙

granulomata *n.* granuloma の複数形.

gran·u·lo·ma·to·sis /grænjʊlòʊmətóʊsɨs | -ləʊmətə́ʊsɪs/ *n.* 〘病理〙肉芽腫症. 〘(1911) ← L *granulomata*＋-OSIS〙

granulóma ve·né·re·um /-vənɪ́^(ə)riəm | -nɪ́ər-/ *n.* 〘病理〙=lymphogranuloma 2. 〘← NL ～ 'venereal granuloma'〙

gran·u·lo·met·ric /grænjʊloʊmétrɪk | -lə(ʊ)-⁻/ *adj.* 〘地質〙粒度分析の (堆積物の構成粒子を大きさに応じて分ける). 〘(1905) □ F *granulométrique*: ⇨ -metric〙

gran·u·lo·pe·ni·a /grænjʊloʊpíːniə | -lə(ʊ)-/ *n.* 〘病理〙=granulocytopenia. 〘← NL ～: granulo-, -penia〙

grànulo·poiésis *n.* 〘生理〙顆粒球生成. 〘← NL ～: granulo-, -poiesis〙

grán·u·lo·sa céll /grǽnjʊlòʊsə- | -ləʊ-/ *n.* 〘生物〙顆粒膜細胞.

gran·u·lose /grǽnjʊlòʊs | -ləʊs/ *adj.* **1** =granular 1. **2** 細粒でざらざらした表面の. 〘(1852) ← GRANULE＋-OSE¹〙

gran·u·lo·sis /grænjʊlóʊsɨs | -ləʊsɪs/ *n.* (*pl.* **-lo·ses** /-siːz/) 〘昆虫〙グラニュローシス (昆虫の幼虫に起こるウイルス病; 侵された細胞の中に顆粒を作る). 〘(1949) ← NL ～: ⇨ granulo-, -osis〙

gran·u·lous /grǽnjʊləs/ *adj.* 細粒状の，粒子から成る. 〘(1547) ← GRANULE＋-OUS〙

gra·num /gréɪnəm/ *n.* (*pl.* **gra·na** /-nə/) 〘植物〙グラナ (葉緑体の中のクロロフィルを含む粒子). 〘(1894) □ L *grānum* 'GRAIN¹'〙

Gran·ville /grǽnvɨl, -vɪl/ *n.* グランヴィル (男性名). 〘□ F ～ (原義) big place: ⇨ grand, vill〙

Granville, 1st Earl *n.* グランヴィル (1690–1763; 英国の政治家; 本名 John Carteret).

Gran·ville-Bar·ker /grǽnvɨlbáːkə, -vɪl- | -báː-kə^(r)/, **Harley** (**Granville**) *n.* グランヴィルバーカー (1877–1946; 英国の劇作家・演出家・俳優・批評家; *The Voysey Inheritance* (1905), *Prefaces to Shakespeare* (1927–47)).

grape /gréɪp/ *n.* **1** 〘植物〙ブドウ (ブドウ属 (*Vitis*) のつる植物の総称; ヨーロッパブドウ (*V. vinifera*) など); ブドウの実: a bunch of ～*s* 一房のぶどう / The ～*s* are sour. あのぶどうはすっぱい (イソップ物語でぶどうを取りそこねたキツネが悔し紛れにはいたせりふ; cf. sour grapes); (負惜しみに)あんなものはつまらない. **2** ぶどう色 (青みのある黒ずんだ赤紫色). **3** [the ～] ぶどう酒 (wine) (the juice of the grape ともいう). **4** 〘銃砲〙=grapeshot. **5** [*pl.*] 〘獣医〙**a** ブドウ瘡 (馬の第一指関節(球節)部位の皮膚に生じる真菌による肉芽腫). **b** [単数扱い] (牛の，特に漿膜の)結核結節 (grape disease, pearl tubercle ともいう).

a grápe on the búsiness (豪俗) 場を白けさせる人，興冷めな人. ***the grápes of wráth*** (神の怒りの象徴としての)怒りのぶどう (J. W. Howe, 'The Battle Hymn of the Republic') (cf. *Isa.* 63: 2–3, *Rev.* 14: 19–20). ★ Steinbeck 作の小説 (1939) の題名となる.

～·lìke *adj.* **～·less** *adj.* 〘(*c*1300) □ OF ～ (F *grappe*) bunch of grapes, (原義) hook ← *graper* to gather grapes with a vinehook ← Gmc **krappon-* (cf. G *Krapf* hook: ⇨ cramp 2) ← IE **ger-* curving: cf. grapple grapnel〙

grápe brándy *n.* ぶどう(酒)から造った生一本のブランデー. 〘1892〙

grápe cùre *n.* 〘医学〙ぶどう療法 (もっぱらぶどうを食べて病気(主に結核)を治そうという古い治療法).

grápe disèase *n.* 〘獣医〙=grape *n.* 5 b. 〘1862〙

grápe fèrn *n.* 〘植物〙ハナワラビ (ハナワラビ属 (*Botrychium*) のシダの総称; 胞子嚢穂がブドウの房のように見える; ヒメハナワラビ (*B. lunaria*) など).

grape·fruit /gréɪpfrùːt/ *n.* (*pl.* ～, ～**s**) 〘植物〙 **1** グレープフルーツ (ザボンに類する北米南部特産の果実; pomelo ともいう; cf. shaddock). **2** グレープフルーツ (*Citrus paradisi*) (grapefruit tree ともいう). 〘(1814): ブドウのように実が房状になるところから〙

grápefruit lèague *n.* (口語) 〘野球〙春の練習時期にやるリーグ内(またはリーグ間)のオープン戦. 〘grapefruit の産地である気候温和な地方で行われるところから〙

grápe hòuse *n.* ブドウ栽培温室 (vinery). 〘1789〙

grápe hỳacinth *n.* 〘植物〙ムスカリ (ユリ科ムスカリ属 (*Muscari*) の植物の総称); (特に)ルリムスカリ (*M. botryoides*) (小花が集まってぶどうの房状を成す). 〘1733〙

grápe ìvy 〘植物〙南米北部原産ブドウ科キッスス属 (*Cissus*) の観葉植物.

grápe jùice *n.* ぶどう果汁，グレープジュース (未発酵で水で薄めたもの).

Grápe Núts *n.* 〘商標〙グレープナッツ (米国 General Foods 製の小麦を原料とした朝食用シリアル).

grápe ròt *n.* 〘植物病理〙痘瘡(とうそう)病 (寄生菌類によるブドウの病害).

grap·er·y /gréɪp(ə)ri/ *n.* ブドウ園; ブドウ栽培温室. 〘(1812) ← GRAPE＋-ERY〙

grápe·shòt *n.* 〘銃砲〙ぶどう弾 (昔，たくさんの小鉄丸を厚布で包んだり枠にはめたりしたぶどう状の先込め式大砲用の散弾; cf. canister 2 a). 〘(1747) その形から〙

grápe·stòne *n.* ブドウの種. 〘1589〙

grápe sùgar *n.* 〘化学〙ぶどう糖 (dextrose). 〘1831〙

grape·vine /gréɪpvàɪn/ *n.* **1** [the ～] (口語) **a** (口から口へ伝えられる)秘密情報; 口コミ，うわさ，流言飛語，デマ (rumor). **b** 情報[うわさ]の経路 (grapevine telegraph) (cf. bush telegraph): I heard it on [over, through] *the* ～ (that ...). (…ということを)うわさで聞いた. **2** ブドウのつる; =grape 1. **3** 〘ダンス〙グレープバイン(ステップ) (ダンスステップの一種; ブドウのつるがからまるようなステップで横へ移動する; grapevine step ともいう). **4** 〘スケート〙グレープバイン (フリーフィギュアの基本種目の一つで曲線状に描く図形を指す). **5** 〘レスリング〙グレープバイン (相手の脚に自分の脚を巻きつけて関節を締める押さえ込み). 〘1736〙

grápevine tèlegraph *n.* =grapevine 1 b. 〘(1889) 南北戦争中の流行語 *a despatch by grapevine telegraph* から; 本来は 1859 年に California 州の Placerville と Virginia City との間に引かれた電線の異称でブドウのつるを電線に擬したもの〙

grap·ey /gréɪpi/ *adj.* (**grap·i·er**; **-i·est**) =grapy. 〘1398〙

graph¹ /grǽf | gráːf, grǽf/ *n.* **1** グラフ，図式，図表，図 (diagram) (統計・数学・自然科学・社会科学などの数量の関係を点・棒・曲線などで表したもの): a bar ～ 棒グラフ / a line ～ 線グラフ / make a ～ of ... をグラフにする[で示す]. **2** 〘数学〙**a** グラフ，図式 (方程式や関数を座標幾何の原理により表示するもの). **b** リニアグラフ (linear graph)，線分グラフ. — *vt.* グラフで示す，図式に表す，図示する (out). 〘(1878) (略) ← *graphic formula*〙

graph² /grǽf | gráːf, grǽf/ *n.* 〘言語〙つづり体 (書記素 (grapheme) が実際に現れる形). 〘(1933): ⇨ -graph〙

graph- /grǽf/ (母音の前にくるときの) grapho- の異形.

-graph /←græf | -gràːf, -græf/ **1**「書く[描く，記録する]ための機器; 記録を伝送するための機器; 書かれたもの，記録」の意の名詞連結形: oscillo*graph*, tele*graph*, auto*graph*. **2**「…で書く[描く，記録する]」の意の動詞連結形: hecto*graph*. 〘□ Gk *-graphos* -writing, -writer ← *gráphein* to draw, write ← IE **gerbh-* to scratch〙

Graph·al·loy /grǽfəlɔ̀ɪ/ *n.* 〘商標〙グラファロイ (減摩材として使われる黒鉛と銅・金・銀または青銅などの混合物).

graph·eme /grǽfiːm/ *n.* 〘言語〙書記素 (ある一つの音素 (phoneme) を表す文字および文字結合の総和; 例えば音素 /f/ を表す fall の f, phone の ph, cough の gh を成員とする ⟨f⟩ など). 〘(1935) ← GRAPHO-＋-EME: cf. morpheme〙

gra·phe·mic /græfíːmɪk, grə-/ *adj.* 〘言語〙書記素の，書記素論の. **gra·phé·mi·cal·ly** *adv.*

gra·phe·mics /græfíːmɪks, grə-/ *n.* 〘言語〙書記素論 (書記素の性質とその体系を研究する分野; graphonomy (書記論)と同義に用いられることもあるが，一般的にはその一部門). 〘(1951) ← GRAPHEME＋-ICS〙

-gra·pher /←grəfə | -fə^(r)/「書く人，描く人，記録者」の意の名詞連結形: steno*grapher*, tele*grapher*. 〘← -GRAPH＋-ER¹〙

graph·ic /grǽfɪk/ *adj.* **1** 〈記述など〉生き生きと表現された，目の当たりに見るような，絵を見るような，写実的な (vivid); 生き生きとした描写をする: a ～ description of an event ある事件の目に見るような描写 / a ～ writer 描写の鮮明な作家. **2** 図式で表す，図式使用の，グラフ式の: a ～ method 図式法，グラフ法. **3** グラフィックアート (graphic arts) の[に関する]: ～ design / a ～ designer. **4** 文字に書く，文字[記号]の; 書画・印刻などの: a ～ symbol 書写記号 (文字・絵文字など) / a ～ error 書き誤り. **5** 〘電算〙(テキストなどに対し)グラフィックの，画像の. **6** 〘数学〙グラフ[図式]使用の (普通の計算によらず図上の直接測定により値を求めて問題を解く). **7** 〘岩石〙〈鉱物が〉文字状に模様のある，文象(ぶんしょう)状の: ⇨ graphic granite. — *n.* **1** グラフィックアートの作品. **2** (例解・図解に用いられた)グラフ，図表. **3** 〘電算〙グラフィック，画像.

～·ness *n.* 〘(*a*1637) □ L *graphi-cus* □ Gk *graphikós* belonging to drawing or writing ← *graphḗ* drawing, writing: ⇨ -graph, -ic¹〙

SYN 生き生きとした: **graphic** 鮮明で真に迫った心象を喚起する: a *graphic* description of the battle 生き生きとした戦闘の描写. **vivid** 〈記憶・描写などが〉鮮明で詳しいので心にはっきり焼き付いている: a *vivid* recollection 鮮明な記憶. **picturesque** 〈ことば・文体が〉著しく表現力があり生き生きとした: *picturesque* details 生き生きと描写された細部.

-graph·ic /grǽfɪk/ 次の意味を表す形容詞連結形: **1**「ある方法で書かれ[伝達され]た」: photo*graphic*, steno*graphic*. **2**「ある分野[主題]で書かれたものに関する」: hagio*graphic*. 〘□ LL *-graphicus* (↑)〙

gráphic áccent *n.* 〘言語〙 **1** (文字の上に付けた)強勢符号 (例えばスペイン語 rápido の (´) など). **2** 区分発音符号のアクセント記号，(特に)強勢符号 (´).

graph·i·ca·cy /grǽfɨkəsi | -fɪ-/ *n.* グラフィックアートの才能[技術]. 〘(1965): ⇨ -acy〙

gráph·i·cal /-fɨkəl, -kl̩ | -fɪ-/ *adj.* =graphic. 〘1610〙

-graph·i·cal /grǽfɨkəl, -kl̩ | -fɪ-/ =-graphic.

gráph·i·cal·ly *adv.* 写実的に，絵を見るように; 文字で，図式で. 〘(1576): ⇨ -ly¹〙

gráphical úser ìnterface *n.* 〘電算〙グラフィカルユーザーインターフェース (⇨ GUI).

gráphic árts *n. pl.* [the ～; 集合的] グラフィックアート (一定の平面に文字・絵などを表示・装飾・印刷する技術や芸術の総称). 〘1882〙

graph·i·cate /grǽfɨkɨt | -fɪ-/ *adj.* グラフィックアートの才能のある. 〘(1972): ⇨ -ate²〙

gráphic desígn *n.* グラフィックデザイン (写真・イラスト・図形などを用いた印刷物のためのデザイン). 〘1956〙

gráphic desígner *n.* グラフィックデザイナー.

gráphic équalizer *n.* 〘音響〙グラフィックイコライザー (可聴周波数帯域をいくつかに分け，各帯域の信号レベルを増減できるようにした周波数特性補正装置). 〘1969〙

gráphic fórmula *n.* 〘化学〙構造式. 〘1866〙

gráphic gránite *n.* 〘岩石〙文象(ぶんしょう)花崗(かこう)岩 (文象構造のある花崗岩; cf. pegmatite). 〘1838〙

gráphic nòvel *n.* 劇画 (特に SF やファンタジーものが多い).

graph·ics /grǽfɪks/*n.* **1** [複数扱い] =graphic arts. **2** 製図法，図学. **3** 図式算法，グラフ算法. **4** 〘電算〙グラフィックス (コンピューターによる図形の生成・表示技術). 〘(1889): ⇨ -ics〙

gráphics bòard [càrd] *n.* 〘電算〙グラフィックボード[カード] (コンピューターに組み込むと画像処理が加速されるボード[カード]).

gráphic téxture *n.* 〘岩石〙文象(ぶんしょう)構造 (石英と長石が交互にくさび形文字状に結晶した構造).

graph·ite /grǽfaɪt/ *n.* 〘化学〙グラファイト，黒鉛，石墨 (炭素の同素体の一つ; 光沢をもつ黒色板状の結晶; 鉛筆の芯・ルツボ材・原子炉の減速材として用いられる; black lead, plumbago ともいう). **gra·phit·ic** /græfɪ́tɪk, grə- | -tɪk/ *adj.* 〘(1796) □ G *Graphit* ← Gk *gráphein* to mark, draw, write: ⇨ -ite¹〙

gráphite brúsh *n.* 〘電気〙黒鉛ブラシ (直流電動機・発電機・掃除機などの家庭用小型電動機の回転子に電流を伝えるもの).

gráphite reàctor *n.* 〘原子力〙黒鉛減速炉.

graphític cárbon *n.* 〘化学〙黒鉛炭素，遊離炭素 (鉄中に含まれる炭素の中，鉄と分離して存在するもの; cf. combined carbon). 〘1881〙

graph·i·tize /grǽfɨtàɪz | -fɪ-/ *vt.* **1** 黒鉛化する. **2** …に黒鉛を塗る. **gráph·i·tìz·a·ble** /-zəbl̩/ *adj.* **graph·i·ti·za·tion** /grǽfɨtɨzéɪʃən | -fɪtaɪ-, -tɪ-/ *n.* 〘(1899) ← GRAPHITE＋-IZE〙

gráphitized cárbon *n.* 〘電気〙=electrographite.

G

graph·i·toid /grǽfaɪtɔ̀ɪd, -fə- | -fɪ-/ *adj.* 石墨状の. 〘(1858) ← GRAPHITE＋-OID〙

graph·o- /grǽfoʊ | -fəʊ/「書字, 書くこと」の意の連結形. ★ 母音の前では通例 graph- になる. 〘□F ～ □Gk ～ ← *gráphein* to write〙

graph·o·lite /grǽfəlàɪt/ *n.* 〘岩石〙石盤石. 〘(1796): ⇨ ↑, -LITE〙

gra·phól·o·gist /-dʒɪst | -dʒɪst/ *n.* 筆跡学者; 筆跡観相家. 〘(1885): ⇨ ↓, -ist〙

gra·phol·o·gy /græfɑ́(ː)lədʒi, grə- | -fɔ́l-/ *n.* **1** 筆跡学; (特に, 筆跡によって人の性格を判じる)筆跡観相法. **2** 〘言語〙書記素論 (graphemics). **graph·o·log·ic** /græ̀fəlɑ́(ː)dʒɪk | -lɔ́dʒ-ˈ/ *adj.* **gràph·o·lóg·i·cal** /-dʒɪkəl, -kl | -dʒɪ-ˈ/ *adj.* 〘(1878) ← GRAPHO-＋-LOGY〙

graph·o·ma·ni·a /græ̀fəméɪniə, -njə/ *n.* 〘精神医学〙書字狂, 書記症《字を書きたがる強迫的欲求》. 〘1840〙

graph·o·ma·ni·ac /græ̀fəméɪniæ̀k/ *n.* 〘精神医学〙書字狂患者. 〘1827〙

gràpho·mótor *adj.* 〘生理〙文字を書く運動の.

gra·phon·o·my /græfɑ́(ː)nəmi, grə- | -fɔ́n-/ *n.* 〘言語〙書記論《書記法とその体系を研究する分野; graphemics (書記素論)を含み, それよりもやや広義》.

Graph·o·phone /grǽfəfòʊn | -fəʊn/ *n.* 〘商標〙グラフォフォン《ワックスレコードを用いる初期の録音・再生器》.

graph·o·phon·ic /græ̀fəfɑ́(ː)nɪk | -fɔ́n-ˈ/ *adj.* 〘*phonograph* の替つづり: cf. grapho-, -phone〙

graph·o·scope /grǽfəskòʊp | -skəʊp/ *n.* 〘電算〙グラフォスコープ《画面の表示データを light pen などで修正できるコンピューターの端末装置》. 〘(1970) ← GRAPHO-＋-SCOPE〙

graph·o·spasm /grǽfəspæ̀zm/ *n.* 〘病理〙書痙(しょけい) (writer's cramp).

graph·o·ther·a·py /græ̀fəθérəpi/ *n.* 〘精神医学〙筆跡診療法; 筆跡治療《筆跡を変えさせて治療する心理療法》. 〘(1956): ⇨ grapho-〙

graph·o·type /grǽfətàɪp/ *n.* **1 a** 白亜凸板法《チョーク粉末とゼラチンで凸版面を作る製版法》. **b** 白亜凸版. **2** [G-]〘商標〙グラフォタイプ《紙テープの指示に従って作動する電動植字機》. 〘1866〙

gráph pàper *n.* グラフ用紙, 方眼紙. 〘1927〙

gráph plòtter *n.* 〘電算〙グラフプロッター, 作図装置《グラフ・棒グラフなどを紙に出力する装置》.

gráph thèory *n.* 〘数学〙グラフ理論《複数の点とそれらを結ぶ線分とで構成される図における性質・関係を研究する operations research やコンピューター科学の発展に寄与した》. 〘1953〙

graph·y /grǽfi/ *n.* 〘言語〙 **1** ＝mater lectionis. **2** 書記法《語または語連続の表記; 正書法によるもののほか音声表記・誤った表記なども含む》. 〘(1955) □F *graphie*〙

-gra·phy /←grəfi/ 次の意味を表す名詞連結形: **1**「画法, 書法, 写法, 記録法」などの意: calli*graphy*, lithog*raphy*, stenog*raphy*, stereog*raphy*, typog*raphy*. **2**「記述したもの, …学的記述, …誌, …記」などの意: biog*raphy*, geog*raphy*, topog*raphy*. 〘□Gk *-graphia* ← *gráphos*: ⇨ -graph, -y¹〙

grap·nel /grǽpnl/ *n.* **1** 〘海事〙四爪錨, 多爪錨, 引っ掛け錨《3-6 本のつめのある小型の錨; 小舟・浮標・気球などの錨として, また水底をさらう時に用い, また古くは敵船に引っ掛けて引き寄せるために用いた》. **2** ＝grapple 4. 〘(1373) □AF *grapenel (dim.) ← OF *grapon* (F *grappin*) a kind of hook ← *grape* hook: ⇨ -el¹: cf. grape〙

grap·pa /grɑ́ːpɑː | grǽpə; *It.* gráppa/ *n.* グラッパ《ぶどう酒を造るときのブドウの搾りかすより蒸留したイタリア産の辛口で無色または琥珀(こはく)色のブランデー》. 〘(1893) □It. ～ 'cramp iron': cf. grape〙

Grap·pel·li /grɑpéli; *F.* gʁapɛli/, **Stéphane** *n.* グラッペリ (1908-97; フランスのジャズバイオリニスト).

grap·ple /grǽpl/ *vi.* **1** (全力を尽くして)成し遂げよう[解決しよう]と努力する; 〔困難・難問などと〕取組む〔*with*〕: ～ *with* a problem. **2** 〔人と〕組打ちする, つかみ合う, 取っ組み合いをする (struggle)〔*with*〕. **3** 引っ掛けかぎを用いる; (引っ掛けかぎを用いて)くっつける, 離れないようにする. **4** 《廃》手探りする (grope). — *vt.* **1** …と組打ちする, 取っ組み合いをする. **2** (手で)つかむ, 握る (grip, grasp). **3** 〈船などを〉(引っ掛けかぎで)引掛ける, 引っ掛けて捕える. **4** 《廃》しっかりと結びつける. — *n.* **1** 組打ち, つかみ合い, 格闘, 取っ組み合い: come to ～*s with* …と取っ組み合いになる. **2** ぎゅっとつかむ[握る]こと, 強い握り. **3** (レスリングや取っ組み合いで)しっかりつかむこと. **4** 引っ掛けかぎ. **5** 浚渫(しゅんせつ)用バケット《クラムシェル (clamshell) よりもつめが多い》. **6** 〘海事〙＝grapnel 1. 〘(1295) □OF *grapil* □Prov. ← *grapa* hook: cf. grapnel〙

grápple drèdge *n.* 〘機械〙グラブ船《船上からグラブ (grab) を下ろして土砂をつかみ上げる浚渫(しゅんせつ)船》.

grápple plànt *n.* 〘植物〙アフリカ南部産の強いとげのあるゴマ科の草本 (*Harpagophytum procumbens*)《wait-a-bit ともいう》. 〘1822-24〙

gráp·pler /-plə, -plə | -plə(r), -pl-/ *n.* **1** 引っ掛ける物[人]. **2** 格闘する人 (wrestler). 〘(1628) ← GRAPPLE＋-ER¹〙

grápple shòt *n.* 〘海事〙 **1** (海難救助の際などに銃砲で発射される)引っ掛け錨 (anchor shot). **2** (鉄砲による)錨発射. 〘1884〙

gráp·pling /-plɪŋ, -pl-/ *n.* **1** ＝grapple 4. **2** 〘海事〙＝grapnel 1. 〘1598〙

gráppling ìron [hòok] *n.* 〘海事〙引っ掛け錨, 四爪金具《ボートを停泊させたり, 2 隻の船を互いに引き寄せたり, 海底に没した物を引き上げたりするのに使う; grapnel はその 1 種》. 〘1538〙

grap·to·lite /grǽptəlàɪt/ *n.* 〘古生物〙フデイシ(筆石)《腔腸(こうちょう)動物に属する化石動物》. **grap·to·lit·ic** /græ̀ptəlítɪk | -tɪk-ˈ/ *adj.* 〘(1838) ← NL *graptolithus* ← Gk *graptós* engraved ← *gráphein* to draw, write: ⇨ -lite〙

grap·y /gréɪpi/ *adj.* (**grap·i·er; -i·est**) **1** ブドウの; ブドウ状の. **2** 〈ぶどう酒が〉ブドウの味がする《特に, アメリカ産ぶどう酒にいう》. **3** 〘獣医〙〈馬・牛が〉grapes にかかっている (⇨ grape 5). 〘(a1398): ⇨ grape, -y⁴〙

GRAS /grǽs | grɑ́ːs/ *n.* (米国食品医薬品局の判定による)無有害成分食品合格証. 〘(1974)《頭字語》← *g*(*enerally*) *r*(*ecognized*) *a*(*s*) *s*(*afe*)〙

gra·ser /gréɪzə | -zə(r)/ *n.* 〘物理〙グレーザー, ガンマ線レーザー (gamma-ray laser). 〘(1974)《頭字語》← *g*(*amma-*)*ray a*(*mplification by*) *s*(*timulated*) *e*(*mission of*) *r*(*adiation*)〙

Gras·mere /grǽsmɪə | grɑ́ːsmɪə(r)/ *n.* **1** グラスミア(湖)《イングランド北西部, Cumbria 州 Lake District にある湖; 長さ 1.6 km》. **2** グラスミア《グラスミアの湖の北端にある村; 詩人 Wordsworth が住んだ所でその墓がある》. 〘ME *Gressemer* ← ON *gras* 'GRASS'＋OE *mere* 'MERE²'〙

grasp /grǽsp | grɑ́ːsp/ *vt.* **1** つかむ, しっかと握る; つかまえる, 捕える (⇨ take SYN); 抱き捕える, 抱きつく: I ～*ed* his hand and shook it. 彼の手を握って握手した / ～ a gun by the barrel 銃身をつかむ / ～ a chance 機会をとらえる / *Grasp* all, lose all. 《諺》「欲張りのまる損」/ ～ the shadow and let the substance go 影を捕えて実をのがす《欲を起こして現実の利益を犠牲にする》. **2** 理解する, わかる (⇨ understand SYN): I failed to ～ the meaning [situation]. 意味[形勢]を理解しかねた / He finally ～*ed that* it would never work. 彼はそれではうまくいかないだろうとやっとわかった. — *vi.* つかもうとする〔*at, for*〕; 〈機会などに〉飛びつく (snatch)〔*at*〕: ～ *at* the air 虚空をつかむ / ～ *at* a straw [straws] わらにもすがる / ～ *at* an opportunity 機会に飛びつく / I was ready to ～ *for* any support. どんな支えでもつかまえようと身構えた.

— *n.* **1** しっかりつかむこと, 強い握り (grip); 抱きしめること (embrace): make a ～ *at* … をつかまえようとする / He had a firm ～ *on* [*of*] the bat. バットをしっかりと握った / She took the girl in her ～. 彼女は少女をぎゅっと抱きしめた. **2** 統制, 支配, 所有 (control, possession): be in the fatal ～ of despotism 専制の致命的支配下にある / be freed from the tyrant's ～ 暴君の手から逃れる. **3** (知的)把握, 理解 (comprehension): have a good ～ of the details 詳細な点を十分に理解している. **4** 手の届く範囲 (reach); 理解力, (知的)把握力: *beyond* [*within*] one's ～ 手の届かない[届く]所に; 理解の及ばない[及ぶ]ところに / a problem *beyond* one's ～ 理解の及ばない問題. **5 a** (オールの)にぎり (handle). **b** (錨(いかり)の)つめ (fluke). ***take a grásp on onesèlf*** 自己の感情を抑える.

～·less *adj.* 〘(c1350) *graspe*(*n*), *grapse*(*n*) □? LG *grapsen*: cf. OE *ġegræppian* to grope (< Gmc *ʒraipisōn)〙

grasp·a·ble /grǽspəbl | grɑ́ːsp-/ *adj.* 握り[つかみ]うる; 理解できる. 〘(1818): ⇨ ↑, -able〙

grásp·er *n.* つかむ物[人]; (特に)欲深な人, 握り屋. 〘(1553): ⇨ -er¹〙

grásp·ing *adj.* **1** つかむ; 握る; 固着させる. **2** 欲の深い, 握り屋の, がめつい (⇨ greedy SYN). **～·ly** *adv.* **～·ness** *n.* 〘(1577): ⇨ -ing²〙

grass /grǽs | grɑ́ːs/ *n.* **1** 〘植物〙イネ科植物の総称.

語法 (1) wheat, rye, sugarcane, bamboo など, その多くは牧草となり, 穀果は人畜の食料となる; 2 の意味との混同を避けるためにこの類の植物を true grasses (真正イネ科植物) ともいう (cf. forb). (2) 草の種類をいうときは ～es となる; 集合的にも用いられる.

2 (家畜の食べるような)草, 牧草, 緑草, 芝《イネ科の草 (true grasses) 以外にスゲ (sedge) その他カヤツリグサ科の各種の草や, イ(藺)類 (rush) を含む細長い葉の緑草をいう; 刈り込んで芝生にする: cf. bluegrass》: a blade of ～ [leaves of ～] 草の葉 / While the ～ grows, the steed starves. 《諺》伸び過ぎるまぐさもあるに馬飢える,「急(せ)かねば事が間に合わぬ」. 日英比較 英語の *grass* は牧草・雑草・野草・芝などで, 家畜は食べるが人間は食べないものをいう. 日本語で春の七草, 草餅などというときの食用, あるいは薬用になる「草」は一般には herb という. ちなみに,「草餅」は「よもぎ」を用いるので *a mugwort*-flavor sticky rice cake となる. **3** 草地, 草原; 牧草地 (meadow), 牧場 (pasture); 芝生 (lawn): ten acres of ～ 10 エーカーの牧草地 / lie *on* the ～ 草原に寝ころぶ / lie *in* the long [tall] ～ 深い草の中に寝ころぶ / Half the land is ～. その土地の半分は牧草地だ / cut the ～ 芝生を刈り込む / The ～ is (always) greener on the other side of the fence. 《諺》垣根の向こうの芝生は(いつも)青い《人は自分の境遇に満足しないものだ》/ Keep off the ～. [掲示] 芝生に入ってはいけない; ちょっかいを出すな, 余計な手出しをするな. **4** 《俗》マリファナ: smoke ～ マリファナを吸う. **5** 《俗》アスパラガス. 〘《頭部省略》← SPARROWGRASS〙 **6** 《俗》葉の多い野菜; (特に)レタス. **7** [*pl.*] 草の葉や茎. **8** 〘方言〙緑草の季節, 春季 (spring): a horse five years old next ～ 来春 5 歳になる馬. **9** 《英俗》密告者, 警察通報者 (informer). **10** 《英》〘鉱山〙坑外, 地表: bring ores to ～ 鉱石を坑外へ出す. **11** 《口語》〘電子工学〙草《雑音 (noise) によってレーダーのスクリーンに表れる線》. **12** 〘印刷〙臨時雇い, 臨時仕事.

at gráss (1) (牧場で)草を食って (at pasture). (2) 仕事を休んで, 休暇を取って; 隠退して. (3) 〘鉱山〙坑外に出て. ***betwèen gráss and háy*** まだ大人になり切らない(若者で). ***cút the gráss from ùnder a person's féet*** 人の邪魔をする, 人をつまずかせる. ***gó to gráss*** (1) 〈家畜が〉牧場に行く. (2) 《口語》仕事をやめる; 休暇を取る; 隠退する. (3) 《俗》(ボクシングなどで)打ち倒される, 打ちのめされる: Go to ～! くたばっちまえ. ***héar the gráss gròw*** 非常に耳が敏感である; 全く油断がない. ***húnt gráss*** 《俗》(ボクシングなどで)打ち倒[ノックダウン]される. ***lèt the gráss gròw ùnder*** one's ***féet*** [通例否定構文で] ぐずぐず[ぼやぼや]している, チャンスを逃がす: He never *lets the ～ grow under his feet.* 彼は決して好機を逃さない. (1607) ***óut at gráss*** ＝at GRASS (1) (2). ***pùt óut to gráss*** (1) 《口語》暇を出す, 解雇する; 〈競争馬を〉引退させる. (2) 牧場へ放す, 放牧する. (1589) ***sénd to gráss*** 《俗》なぐり倒す, 打ち倒す.

— *vt.* **1** 草で覆う, …に芝を張る〈*over, down*〉; …に草を生えさせる, 草の種をまく: ～ a field, quadrangle, etc. / be ～*ed over* 一面に草で覆われている. **2** 《米》〈家畜〉に草を食わせる, 牧場に放す, 放牧する (graze). **3** 《英俗》(特に, 警察に)密告する, たれこむ; 裏切る (betray). **4** 〈織物などを〉(漂白するために)草の上に広げる: ～ flax. **5** 〈人を〉打ち倒す (knock down); 〈鳥を〉射落とす (shoot down); 〈魚を〉陸へ釣り上げる (land). — *vi.* **1** 草を生じる, 草に覆われる〈*up*〉. **2** 〈家畜が〉牧場で草を食う (graze). **3** 《英俗》(特に, 警察に)〔…のことを〕密告する, たれこむ (inform)〔*on*〕: He ～*ed on me to* the police. 彼はおれを警察にたれこんだ. **4** 《英》〘印刷〙〈植字工が〉片手間[半端]仕事をする.

〘OE *græs, gærs* < Gmc *ʒrasam (Du. *gras* / G *Gras* / ON & Goth. *gras*) ← IE *ghrē- to grow: cf. graze¹, green, grow〙

Grass /grɑ́ːs; *G.* gʁas/, **Gün·ter** /gýntɐ/ (**Wilhelm**) *n.* グラス (1927- ; ドイツの作家; *Die Blechtrommel*「ブリキの太鼓」(1959)).

gráss·bìrd *n.* 〘鳥類〙 **1** 草原の鳥. **2** シギ, (特に)アメリカウズラシギ (pectoral sandpiper). **3** シマオオセッカ (*Megalurus gramineus*)《豪州・ニューギニア産のオオセッカ属の鳥》. **4** クサムシクイ (*Sphenoeacus afer*)《南アフリカ産》. 〘1847〙

gráss·blàde *n.* 草の葉. 〘1831〙

gráss·bòx *n.* (芝刈器の)集草箱《刈った草の入る容器》. 〘1894〙

gráss càrp *n.* 〘魚類〙ソウギョ (*Ctenopharyngodon idellus*)《アジア大陸東部原産コイ科の大形淡水魚; 水草や陸草を好んで食う》. 〘1885〙

gráss chàracter *n.* (漢字・ひらがなの)草書. 〘《なぞり》← Chin. *ts'ao tzu* (草字)〙

gráss·clòth *n.* からむし布《ラミー (ramie)・ジュート・麻など植物繊維で作る丈夫な布》; (特に)ラミー布. 〘(1857)《なぞり》← Chin. *hsia pu* (夏布)〙

gráss cóurt *n.* 〘テニス〙グラスコート, ローンコート《芝生のテニスコート; cf. clay court, hard court》. 〘1883〙

gráss cùtter *n.* **1** 草刈機, 芝刈機. **2** 草刈人; (特に, インドの)まぐさ刈り人夫. **3** 《俗》低空飛行の飛行機. **4** 《米俗》〘野球〙猛ゴロ. 〘1789〙

Grasse /grɑ́ːs; *F.* gʁɑːs/ *n.* グラース《フランス南東部 Alpes-Maritimes 県の町; フランスの香水業の中心》.

grassed *adj.* 草を生やした, 芝を張った: a ～ walk, court, etc. 〘(1731): ⇨ -ed〙

gráss·er *n.* **1** 《英俗》密告者 (grass 9). **2** (肥育をしない)牧養牛.

gras·se·rie /grǽsəri, grɑ́ː-/ *n.* 〘養蚕〙核多角体病, 膿病《蚕のウイルス病; 黄色い斑点が出て, 体内が液化する》. 〘(1836) □F ～ ← *gras* fat: ⇨ -ery〙

gràss fàmily *n.* 〘植物〙イネ科 (Gramineae).

gráss fìnch *n.* 〘鳥類〙 **1** ＝vesper sparrow. **2** セイコウチョウの類の総称; (特に)コキンチョウ (*Chloebia gouldiae*)《オーストラリア産カエデチョウ科の小鳥》. 〘1784-85〙

gráss-gréen *adj.* 萌黄(もえぎ)色の (yellowish green), 若草色の, 新緑の. 〘OE *græsgrēne*: ⇨ grass, green〙

gráss gréen *n.* (若草のような)生き生きした緑色, 萌黄(もえぎ)色, 若草色. 〘1600-1〙

gráss-grówn *adj.* 草の生えている. 〘1735〙

gráss hànd *n.* **1** (漢字の)草書体. **2** 《英》〘印刷〙臨時雇いの植字工. 〘《なぞり》← Chin. *ts'ao shou* (草手)〙 〘1875〙

gráss hòckey *n.* 《カナダ》＝field hockey.

gráss hòok *n.* ＝sickle. 〘1812〙

grass·hop·per /grǽshɑ̀(ː)pə | grɑ́ːshɔ̀pə(r)/ *n.* **1** 〘昆虫〙バッタ科・キリギリス科の昆虫の総称《広くバッタ (short-horned grasshopper)・キリギリス (long-horned grasshopper) などをいう; cf. locust 1, katydid》. **2** 《米軍俗》(軽快無武装の)探察連絡機《野砲攻撃の援助などに使用》. **3** グラスホッパー《crème de menthe または crème de cacao とクリームで作るカクテル》. **4** 小型の気象自動記録報告装置《飛行機からパラシュートをつけて投下する》. **5** 《俗》麻薬; 麻薬常用者. ***knée-high to a grásshopper*** ⇨knee-high 成句.

— *adj.* **1** 〈行動・様子など〉バッタのような, バッタを思わせる. **2** 上っ調子な, 軽薄な (frivolous): a ～ mind.

— *vi.* **1** バッタのように飛ぶ〈*over*〉. **2** 〘釣〙(生きたバッタや毛針を使って)ふっとばし釣りをする.

〘(a1300) *grashoppere* ← *gras-hoppe* < OE *gærshoppa* ← *gærs* 'GRASS'＋*hoppa* (← *hoppian* 'to HOP¹')〙

grásshopper mòuse *n.* 〘動物〙バッタマウス《北米西部に多いバッタマウス属 (*Onychomys*) の食虫性のネズミ; 3 種ある》. 〘1904〙

grásshopper spàrrow *n.* 〘鳥類〙イナゴヒメドリ

(*Ammodramus savannarum*)《北米東部産ホオジロ科の草地性の小鳥》.

grásshopper wàrbler *n.*〘鳥類〙センニュウ《旧世界に分布するセンニュウ属 (*Locustella*) の小鳥; 特にヤチセンニュウ (*L. naevia*)》. 〚1839–43〛

grass·ie /grǽsi | grάːsi/ *n.*《豪口語》=grasshopper.

grass·land /grǽslæ̀nd, -lənd | grάːslæ̀nd/ *n.* **1** 牧草地, 草地. **2** (大)草原, 草原地帯. 〚1682〛

Gráss·lands Nátional Párk /grǽslæ̀ndz-, -ləndz | grάːslæ̀ndz-/ *n.* グラスランド国立公園《カナダ Saskatchewan 州南西部にあるプレーリーの国立公園; 珍しい鳥や動物が生息している》.

gráss·less *adj.* 草の生えていない, 草のない. 〚1591〛

gráss·lìke *adj.* (特に, 細長い葉をもつ)草のような.

Grass·mann /grάːsmaːn, -mən; G. gʁásman/, **Hermann Gün·ther** /gýntɐ/ *n.* グラスマン《1809–77; ドイツの数学者・サンスクリット学者・言語学者》.

Grássmann's láw *n.*〘言語〙グラスマンの法則《連続した二音節がともに帯気閉鎖音を含む時, 一方(ふつう前)が帯気性を失うという一種の異化現象で, サンスクリット, 古代ギリシャ語に見られる: 例 **bheudho-* ← **beudho* ← Skt *bodho-* (⇨ Buddha); cf. Grimm's law》.

gráss mòth *n.*〘昆虫〙ツトガ《メイガ科ツトガ亜科の夜行性ガ; 特に *Crambus pratellus* を指す》. 〚1837〛

gráss-of-Parnássus *n.*〘植物〙ウメバチソウ《ユキノシタ科ウメバチソウ属 (*Parnassia*) の植物の総称; ウメバチソウ (*P. palustris*), シラヒゲソウ (*P. faliosa*) など》.

gráss òil *n.* oil grass から採った芳香性揮発油《香料用; cf. citronella oil》. 〚1844〛

gráss pàrrakeet *n.*〘鳥類〙オーストラリアの原野に生息するインコ類の総称《セキセイインコ属 (*Melopsittacus*), キキョウインコ属 (*Neophema*) の小鳥》. 〚1840〛

gráss pèa *n.*〘植物〙ガラスマメ (*Lathyrus sativus*)《食用・飼料用》.

gráss pìnk *n.*〘植物〙**1** タツタナデシコ, トコナデシコ (*Dianthus plumarius*). **2** 北米東部産のラン科の植物 (*Calopogon pulchellus*). 〚1894〛

gráss·plòt *n.* (*also* **gráss·plàt**) 草地, 芝生 (lawn). 〚1610〛

grass·quit /grǽskwìt | grάːs-/ *n.*〘鳥類〙熱帯アメリカ産ホオジロ科クビワスズメ属 (*Tiaris*), シコンヒワ属 (*Volatinia*) などの finch に似た小鳥の総称. 〚← GRASS＋*quit* (Jamaica 原産の小鳥の名《擬音語》?)〛

grass-roots /grǽsrúːts | grάːs-ˈ-/ *adj.* **1** 農業地帯の, 田舎の: ～ regions. **2** 農民の; (特に)一般民衆の, 大衆の: ～ opinions 民衆から沸き上がった世論 / a ～ movement 民衆運動, 「草の根運動」/ ～ workers 一般の労働者.

gráss róots *n.* (*pl.* ～) **1 a**《口語》[集合的] (政治・経済的集団としての)農牧民; 一般民衆, 大衆, 庶民. **b** (都市・工業地区に対して)農牧地区. **2** (思想・運動などの)基礎, 根本: the ～ of art, philosophy, etc. **3**〘鉱山〙地表に近い土, 浅土. ***gèt dówn to the gráss róots*** 問題の根本に論及する, 掘下げて論じる. 〚1880〛

gráss-ròots demócracy *n.*〘政治〙草の根民主主義《民衆の隅々まで行き渡る大衆的なアメリカの民主主義》. 〚1948〛

gráss rúg *n.* グラスラグ, 草じゅうたん《イネ科 *Spartina* 属の植物をより糸に, 木綿を縦糸にして織り上げた捺染(なっせん)模様の敷物》.

gráss shèars *n. pl.* (芝刈機では刈りにくい場所用に作られた)芝刈り鋏(ばさみ).

gráss skì *n.* グラススキー《grass skiing で足に装着するキャタピラー状のスキー板》.

gráss skìing *n.* 草スキー, 芝スキー, グラススキー.

gráss skírt *n.* 腰みの《ポリネシアの女性ダンサーなどが身につける長い草や葉でできたもの》. 〚1937〛

gráss snàke *n.*〘動物〙**1** ヨーロッパヤマカガシ (*Natrix natrix*)《ヨーロッパに広く分布するナミヘビ科の無毒蛇; 水辺に好んですみ, 主にカエルを食う》. **2** =green snake. **3** =garter snake. 〚1863〛

gráss snìpe *n.*〘鳥類〙=pectoral sandpiper.

gráss sòrghum *n.*〘植物〙グラスソルガム《青まぐさ (green feed) や干し草用に栽培される葉の多いイネ科モロコシ属 (*Sorghum*) の牧草の総称; Sudan grass など》.

gráss spònge *n.*〘動物〙メキシコ湾・西インド諸島・フロリダ沖などに産するもろくて質の悪い暗褐色・大形の市販用海綿 (*Spongia graminea*).

gráss stàggers *n. pl.* [単数扱い]〘獣医〙=grass tetany. 〚1883〛

gráss stỳle *n.* 草書体.

gráss tètany *n.*〘獣医〙グラステタニー《乳牛などの疾病; 青草の過食によって血中カルシウムおよびマグネシウムが低下し, 破傷風に罹患したような症状(強直痙攣(けいれん))昏睡を呈し, しばしば斃死する》. 〚1933〛

gráss tìp *n.* 放牧中の馬のための半分の長さの薄い蹄鉄.

gráss trèe *n.*〘植物〙**1** オーストラリアおよび付近の島々特産のユリ科ススキノキ属 (*Xanthorrhoea*) の常緑低木の総称; (特に)ススキノキ (*X. hastilis*)《直立した幹の頂上にイ(藺)のような葉を生じる; 幹から acaroid gum を採る; オーストラリアでは blackboy ともいう》. **2** ススキノキに類似した同地方産の植物の総称《ニオイシュロラン (ti) など》. **—** *adj.* ススキノキ属の. 〚1802〛

gráss wídow *n.* **1** 夫が留守がちの[長期不在の]女性. **2** 離婚した女性; 夫と別居している女性. **3**《方言》**a** 捨てられた女性. **b** 不義の子を産んだ女性. 〚1528〛《原義》? woman in a bed of straw or grass: cf. Du. *grasweduwe*〛

gráss wídower *n.* **1** 妻が留守がちの[長期不在の]男性. **2** 離婚した男性; 妻と別居している男性. 〚1862〛

gráss·wòrk *n.* **1** イ(藺)草などで作った工芸品. **2**《英方言》〘鉱山〙坑外作業. **～·er** *n.* 〚(1712) ← GRASS＋WORK〛

gráss·wòrt *n.*〘植物〙セイヨウミミナグサ (*Cerastium arvense*)《北米・ヨーロッパ産の白い花をつけるナデシコ科の雑草》.

grass·y /grǽsi | grάːsi/ *adj.* (**grass·i·er; -i·est**) **1 a** 草の多い, 草深い, 草の茂った: a ～ lawn. **b** 草のにおい[香り]のする: ～ butter. **2** 草のような (grasslike); 草色の (grass-green). **3** 草食の: ～ sheep. **gráss·i·ness** *n.* 〚(?1440): ⇨ -y[1]〛

grássy-gréen *adj.* 草のような緑の, 緑草色の (grassy). 〚1770〛

grat *v.* greet[2] の過去形.

grate[1] /gréɪt/ *n.* **1 a** (炉で燃える石炭を支える)火格子, 火床(ひどこ). **b** (料理で肉などをあぶる)鉄灸(てっきゅう), 鉄架. **c** 炉. **2** 鉄格子; 格子戸. ★ 英国では今は grating の方が普通. **3**〘鉱山〙(角格子のはまった)ふるい. **4**《廃》(格子のはまった)檻(おり), 牢屋. **—** *vt.* …に(火)格子を付ける. 〚(1348) □ OF ～ ＜ VL **grāta(m)*=L *crātis*: cf. crate〛

grate[2] /gréɪt/ *vt.* **1** する, (おろし金で)おろす, すりつぶす: ～ cheese [a nutmeg] チーズ[ナツメッグ]をおろす. **2** すり合わせる, きーきーこすり; きしらせる: ～ the teeth 歯をきしらせる. **3** 耳障りな声で述べる. **4** いらいらさせる, …の感情を害する (fret, irritate). **5**《古》すり減らす, 摩滅させる (wear away) ⟨*down, away*⟩. **—** *vi.* **1** すれ合う; きしる, きしむ; すれてきーきー音を立てる〔*against, on, upon*〕: Wheels ～ *on* the axle. 車輪が心棒にすれてきーきーいう. **2**〔人・耳・神経などに〕障る, いやな感じを与える (jar, perturb)〔*on, upon*〕: The sound ～*s on* the ear. いやな音だ / Such expressions rather ～ *upon* me [my ears, my nerves]. そういう言い方はどうも私には不快だ. **—** *n.* 耳障りなきしむような音. 〚(*a*1399) □ OF *grater* (F *gratter*) ← Gmc (Frank.) **krattōn* (cf. G *kratzen* to scratch)〛

grate·ful /gréɪtfəl, -fl/ *adj.* **1** 感謝する, ありがたく思う, ありがたがる (thankful): a ～ heart / I am most [very] ～ *to* you *for* your kindness. ご親切に深く感謝します / I'm ～ (*that*) you could make it. うまくやっていただき感謝しています / I'd be ～ if you returned it soon. すぐお返しいただければ幸いです. **2** 謝意を表す: a ～ letter, look, etc. / make (a) ～ acknowledgment for [of] …に対しありがたく感謝する. **3**《文語》うれしい, 快い, 気持ちのよい (agreeable, refreshing): ～ warmth 気持ちのよい温かさ. **～·ly** /-fəli, -fli/ *adv.* **～·ness** *n.* 〚(1552) ←《廃》*grate* pleasing, thankful (□ L *grātus* pleasing)＋-FUL[1]〛

SYN 感謝している: **grateful** 人の親切を喜んで感謝している: I'm *grateful* for your help. 助力してもらって感謝している. **thankful** 自分の好運に対して神・運命などに感謝している: I am *thankful* that I am finished with him. あいつと手が切れてありがたい. **ANT** ungrateful.

grát·er /-tə | -tə^(r)/ *n.* **1** おろす[すりつぶす]人. **2** おろし金: a ginger ～. 〚(*c*1450) □ OF *grateor* ∥ ← *grate(n)* (v.): ⇨ -er[1]〛

Gra·tian /gréɪʃən, -ʃiən/ *n.* グラティアヌス: **1** (359–383) ローマ皇帝 (375–383), 西の正帝として Valentinian 一世と共同で統治; ラテン語名 Flavius Gratianus /fléɪviəs grèɪʃiéɪnəs/. **2** 12 世紀のイタリアの教会法学者.

gra·tic·u·la·tion /grətìkjuléɪʃən/ *n.* (レンズ面や転写紙上に)目盛り[区画]をつけること. 〚(1727–41) □ F ～: ⇨ ↓, -ation〛

grat·i·cule /grǽtəkjùːl | -tɪ-/ *n.* **1** (転写の便宜のために方形に区画した)方眼区画図面. **2** (地図・海図上の経緯度の)十字線. **3**〘光学〙グラティキュール (reticle)《望遠鏡・測量光学器械の接眼鏡の焦点面におかれた十字線または目盛り》. 〚(1887) □ F ～ □ L *craticula* gridiron (dim.) ← *crātis* hurdle〛

grat·i·fi·ca·tion /græ̀təfɪ̀kéɪʃən | -tɪfɪ-/ *n.* **1** 満足させること, 喜ばせること; 満足, 喜び, 満足感 (pleasure, satisfaction): the ～ *of* sight and hearing 目と耳を喜ばせること, 目と耳の満足 / the ～ *of* one's love of art 芸術愛好心の満足 / Your approval gives me much ～. 御承認を得て私は非常に満足です. **2** 満足[喜び]を与えるもの: It is a ～ to know that …ということを知るのは喜びである. **3**《古》報酬 (reward); 心付け, 鼻薬 (gratuity). 〚(1576) □ F ～ ∥ L *grātificātiō(n-)*: ⇨ gratify, -fication〛

grát·i·fì·er *n.* 満足させるもの[人], 喜ばせるもの[人]. 〚(1549) ← GRATIFY＋-ER[1]〛

grat·i·fy /grǽtəfàɪ | -tɪ-/ *vt.* **1** ⟨人・耳目などを⟩楽しませる, 喜ばせる (please), ありがたがらせる: beauty that *gratifies* the eye 目を楽しませる美 / Your kindness *gratifies* me highly. ご親切には深く感謝します / I am very *gratified by* his success [*with* the result]. 彼の成功[その結果]に大変喜んでいる / I am *gratified* (*to* learn) *that* you have done so much for my son. 息子のためそれほどまでのことをして下さったとうかがいうれしく存じます. **2** ⟨欲望・趣味などを⟩満足させる, 満たす (⇨ satisfy **SYN**): ～ one's desires [appetite(s)] 欲望[食欲]を満たす / ～ one's taste for music 音楽の趣味を満足させる. **3**《廃》…に心付け[報酬]を与える. 〚(*a*1400) □ (O)F *gratifier* □ L *grātificāre* to do a favor for ← *grātus* pleasing＋*facere* to do: ⇨ -fy〛

grát·i·fỳ·ing *adj.* 満足を与える, 満足な, 愉快な (⇨ pleasant **SYN**): ～ results 好成績 / The success of the undertaking is most ～. 事業の成功は何よりだ. **～·ly** *adv.* 〚(1611): ⇨ ↑, -ing[2]〛

gra·tin /grάːtŋ, grǽ- | grǽtæ̃(ŋ), -tæŋ, -tæn; F. gʁatɛ̃/ *n.* グラタン(の上部の焦げ皮) (cf. au gratin). 〚(1806) □ F ～ ← *gratter*,《古形》*grater* to scrape: ⇨ grate[2]〛

grat·i·nate /grǽtənèɪt, -tŋ- | -tɪn-/ *vt.* ⟨食物を⟩グラタンにする. 〚(1902): ⇨ ↑, -ate[3]〛

gra·ti·né /grætənéɪ, -tŋ- | -tən-, -tŋ-; F. gʁatine/ *adj.* =gratineed. 〚1937〛

gra·ti·need /grætənéɪd, -tŋ- | -tən-, -tŋ-/ *adj.* パン粉やチーズをまぶして焼き色をつけた. 〚(1978): ⇨ -ed〛

grat·ing[1] /gréɪtɪŋ | -tɪŋ/ *n.* **1** 格子, 格子細工. **2** 鉄格子, 格子窓[戸口] (cf. grate[1]). **3** (ボートの底などに敷く)格子のすのこ, 格子, 縦横格子. **4**〘光学〙回折格子 (⇨ diffraction grating). 〚(1611) ← GRATE[1]＋-ING[1]〛

grát·ing[2] /-tɪŋ | -tɪŋ/ *adj.* **1** きしる, きーきー言う, ⟨音が⟩耳障りな (harsh): a ～ noise. **2** いらいらさせる, 嫌な気持ちにさせる: a ～ speech. **—** *n.* [しばしば *pl.*] 耳障りな音. **～·ly** *adv.* 〚(*c*1440): ⇨ grate[2], -ing[2]〛

gra·tis /grǽtɪs, grάː-, gréɪ- | grάːtɪs, gréɪt-, grǽt-/ *adv.* 無料で, ただで (for nothing): be admitted to a performance ～ ただで入場を許される / The sample is sent ～. 見本は無料送付します / give away free ～ 無代で進呈する. **—** *adj.* [叙述的] ただで, 無料で: Entrance is ～. 入場無料. ★ しばしば free とともに用いて意味を強める. ***frée grátis for nóthing***《俗・戯言》ただで, ロハで. 〚(1444) □ L *grātīs* (abl.pl.) ← *grātia* thanks, favor: ⇨ grace〛

grat·i·tude /grǽtətùːd, -tjùːd | -tɪtjùːd/ *n.* ありがたく思うこと, 感謝(の念), 謝意: express (one's) ～ *to* a person 人に対して感謝の意を表す / out of ～ 恩返しに / with ～ 感謝して / in ～ *for* a person's kindness 人の親切に感謝して. 〚(*a*1447) □ (O)F ∥ ML *grātitūdō* ← L *grātus* 'GRATEFUL': ⇨ -tude〛

Grat·tan /grǽtn/, **Henry** *n.* グラトン《1746–1820; アイルランドの政治家・雄弁家; アイルランドの独立を唱えた》.

grat·toir /grɑːtwάə, græ- | -twάː^(r); F. gʁatwaːʁ/ *n.* (*pl.* ～s /～z; F. ～/)〘考古〙グラトア, グラトワール《旧石器時代後期以降に使われた石器で, 肉から皮をはがしたり木を削ったりするのに用いた道具の一種》. 〚(1872) □ F ← *gratter* to scrape: ⇨ grate[2]〛

gra·tu·i·tous /grətúːətəs, -tjúː- | -tjúːɪtəs/ *adj.* **1** 理由[原因]のない, いわれのない (unwarranted); その必要のない (uncalled-for): a ～ blunder, lie, insult, etc. / a ～ liar ただわけもなく嘘をつく人. **2** ただで得た, ただで与えられた; 無料の, 無報酬の (free): ～ service 無料[無償]奉仕 / a ～ distribution of tickets 切符の無料配布 / ～ blessings 天恵. **3**〘法律〙無償の (cf. onerous 2): a ～ conveyance [trust] 無償不動産譲渡[信託]. **～·ness** *n.* 〚(1656) □ L *grātuītus* done without reward or profit, spontaneous ← *grātus* 'GRATEFUL': ⇨ -ous〛

gratúitous báilment *n.*〘法律〙無償寄託.

gratúitous cóntract *n.*〘法律〙無償契約《受約者が約因 (consideration) を提供していない契約; 捺印証書 (deed) によらなければ成立しない》.

gra·tú·i·tous·ly *adv.* **1** いわれなく, むやみに. **2** 無料で, ただで, 無報酬で. 〚(1697): ⇨ -ly[1]〛

gra·tu·i·ty /grətúːəti, -tjúː- | -tjúːɪti/ *n.* **1** 心付け, 祝儀, チップ (tip). **2** 求めずに与えられるもの, 贈物 (gift). **3**〘英軍〙(除隊の際などに兵士に与えられる)賜金, 給与金, 慰労金 (bounty). 〚(1523) □ F *gratuité* ∥ ML *grātuitātem* (free) gift ← L *grātuītus* 'GRATUITOUS': ⇨ -ity〛

grat·u·lant /grǽtʃulənt | -tju-, -tʃu-/ *adj.* 満足気な; 祝賀の. 〚(1471) □ L *grātulantem* (pres.p.): ⇨ ↓, -ant〛

grat·u·late /grǽtʃulèɪt | -tju-, -tʃu-/ *vt.*《古》**1** 見て喜ぶ, 喜んで迎える, 歓迎の挨拶(あいさつ)を述べる. **2** 祝する, 祝う. **—** *vi.* 同慶の意を表する, 喜びを述べる. **—** *adj.* 《まれ》嬉しい. 〚(1556) ← L *grātulātus* (p.p.) ← *grātulārī* to evince joy, congratulate: ⇨ -ate[3]〛

grat·u·la·tion /grætʃuléɪʃən | -tju-, -tʃu-/ *n.*《古》**1** 喜び (joy), 満足 (satisfaction). **2** 祝賀, 慶賀 (congratulation). 〚(*a*1475) □ L *grātulātiō(n-)*: ⇨ ↑, -ation〛

grat·u·la·to·ry /grǽtʃulətɔ̀ːri | -tjulèɪt-, -tʃu-, -lət-/ *adj.* 祝賀の, 喜びを述べる: a ～ message 祝辞. 〚(1555) □ LL *grātulātōrius*: ⇨ gratulate, -ory[1]〛

Grau /gráu/, **Shirley Ann** *n.* グラウ《1929– ; 米国の女流小説家; *The Keepers of the House* (1964)》.

Grau·bün·den /graubúndən, -bín-, -dŋ; G. gʁaubʏ́ndn/ *n.* グラウビュンデン(州)《スイス東部の州; 面積 7,163 km², St. Moritz などの保養地がある; 州都 Chur; フランス語名 Grisons》.

graunch /grɔ́ːntʃ, grάːntʃ | grɔ́ːntʃ/《英方言・NZ》*vt.* ぎいぎいいう音を立てさせる; ⟨機械を⟩損傷する. **—** *vi.* ぎいぎいいう. 〚(1881) 擬音語〛

grau·pel /gráupəl, -pl/ *n.*〘気象〙雪あられ (soft hail). 〚(1889) □ G ～ 'hailstone' (dim.) ← *Graupe* hulled grain: cf. Lusatian *krupa* barleycorn, hailstone〛

Grau San Mar·tín /gráusæ̀nmaətíːn, -sὰːn- | -maː-; *Am.Sp.* gráusa(m)martín/, **Ramón** *n.* グラウ サン マルティン《キューバの医師・政治家; 大統領 (1944–48)》.

Grau·stark /gráustaək, grɔ́ː-, grάː- | -stɑːk/ *n.* **1** 非常にロマンチックな仮想の国. **2** 非常にロマンチックな文学作品. **Grau·stark·i·an** /graustάəkiən, grɔː-, grɑː- | -stάː-/ *adj.* 〚← ～ (米国の小説家 George B. McCutcheon (1866–1928) によるロマンチックな冒険小説 *Graustark* (1901) に出て来る仮想の国)〛

grav /grǽv/ *n.* 重力加速度の単位《平均値は約 9.81 m/s²; 記号 g》.

G

gra·vad·lax /grɑ́ːvədlɑ̀ːks | grǽvədlæ̀ks/ *n.* ＝gravlax.

gra·va·men /grəvéɪmən, -vɑ́ː- | -mɛn, -mən/ *n.* (*pl.* **gra·va·mi·na** /-mənə | -mɪ̀nə-/, ～s) **1** 苦情, 不平; (特に, 英国国教会の聖職会議 (Convocation) で下院から上院に提出する)陳情書. **2** 〘法律〙(訴訟・告訴・陳情などの)最重要点: the ～ of a charge 告訴の主理由. 〖(1602) □ LL *gravāmen* physical inconvenience ← L *gravāre* to burden, weigh down ← *gravis* heavy: ⇨ grave²〗

grave¹ /gréɪv/ *n.* **1** 墓穴; (一般に)埋葬所, 墓所 (tomb, sepulcher): be in one's ～ 死んでいる / find one's ～ in a foreign country 外国で死ぬ / (as) silent [secret] as the ～ (墓のように)沈黙した[絶対に秘密な] / sink into the ～ 死ぬ / (on) this side (of) the ～ この世で[の] (in life) / with [have] one foot in the ～ ⇨ foot 成句 / Someone is walking on [across, over] my ～. 自分の墓場になる所をだれかが歩いている《わけもなくぞっと身ぶるいする時に言う文句》. 日英比較 日本語と違って英語では墓を二つの異なった語で表す. *grave* は一般的な墓. tomb は装飾を施した大きな墓. **2** [the ～] (墓の象徴する)死 (death); 破滅 (ruin); 破滅の地, 墓場: the dread of *the* ～ 死の恐怖 / a ～ of reputations 名声の墓場《多くの人が名声を失った場所・状況・原因など》. **3** 〘英方言〙野菜類貯蔵穴. ***dig one's ówn gráve*** 自ら墓穴を掘る[破滅を招く]. (1934) ***dig the gráve of*** …の墓穴を掘る, 破滅を招く. ***from the crádle to the gráve*** ⇨ cradle *n.* 4. ***màke a person túrn (óver) [spín] in his [her] gráve*** 〈故人が〉地下で落ち着いていられない[安らかに眠れない]: That would make him *turn in his* ～. それでは彼も地下で嘆くだろう[浮かばれまい]. (1888) 〖OE *græf* cave ＜ Gmc **ʒraƀa* (G *Grab*): cf. grave³〗

grave² /gréɪv/ *adj.* (**grav·er; -est**) **1** まじめな考慮を要する, 重要な (important): ～ matters, responsibilities, etc. **2** 危機をはらんだ, 由々しい, 容易ならぬ, 重大な; 〈病気が〉危篤の, 生命にかかわる (critical): ～ consequences, international situations, etc. / a ～ illness 重病 / be in ～ danger とても危険な状態にある. **3** 〈人・性格・顔つき・声などが〉まじめな, 厳粛な, 荘重な (dignified), 落着いた (⇨ serious SYN): a ～ quiet man 落着いた静かな人 / look ～ おごそかな[むずかしい, まじめな]顔をする / be ～ as a judge (裁判官のように)きわめて厳粛である. **4** 〈色・服装などが〉くすんだ, 地味な, 沈んだ, 落着いた (dull, somber): ～ colors. **～·ness** *n.* 〖(1539) □ F ～ // L *gravis* heavy, important ← IE **gʷer(ə)-* heavy (Gk *báros*: cf. baro-, bary-)〗

grave³ /gréɪv/ *v.* (～**d**; **grav·en** /-vən/, ～**d**) — *vt.* 《古》**1** 〈形を〉刻む (carve out); 彫る, 刻する; 彫刻する (incise, engrave): ～ an image 像を刻む / ～ marble with an inscription ＝ ～ an inscription upon marble 大理石に銘を刻む. **2** 〔心・記憶に〕刻みつける, 銘記する (impress deeply) 〔*in, on*〕: ～ the words *in* the heart その語を肝に銘じる / *Grave* his counsel *on* [*in*] your memory. 彼の忠言を胸に刻みつけよ / be ～*n on* [*in*] the mind 心に刻みつけられる. **3** 《古》掘る (dig); 埋める (bury). — *vi.* 彫刻する, 彫刻を行う. 〖OE *grafan* to dig, carve ＜ Gmc **ʒraƀan* (G *graben*) ← IE **ghrebh-* to dig, bury, scratch (Ch.Slav. *grebǫ* I dig): cf. grave¹, groove, gravure〗

grave⁴ /grɑ́ːv | grɑ́ːv, gréɪv; *F.* gʀaːv/ *adj.* 〘音声〙**1** アクセントのない (unaccented). **2** (文字に)低アクセント (ˋ) (grave accent) のついた, 低音の. **3** 〘音声〙低音調性の《母音などスペクトルのエネルギーが低いほうへ集中するもの; 後舌母音の特性; cf. acute 7 a》. — /gréɪv, grɑ́ːv | grɑ́ːv/ *n.* 〘音声〙＝grave accent. 〖(1609) □ F ～ // L *gravis* heavy, important〗

gra·ve⁵ /grɑ́ːveɪ; *It.* grá:ve/ *adj.* 〘音楽〙ゆるやかな (slow), おごそかな (solemn). — *adv.* 遅くおごそかに. 〖(1683) □ It. ～ □ L *gravis* heavy, important〗

grave⁶ /gréɪv/ *vt.* 〘海事〙たでる, 〈木造船の底〉の付着物を焼き[掻(か)き]落としてコールタールなどを塗る. 〖(1462) ← F (方言) *grave* (異形) ← *grève* beach □ Celt. **gravo-* 'GRAVEL': ⇨ gravel〗

gráve áccent /grɑ́ːv-, gréɪv- | grɑ́ːv-/ *n.* 〘音声〙低アクセント (ˋ) 《古代ギリシャ語では下降調を表したといわれる; 現在では英語のように第二強勢を示したり, フランス語のように母音の質を示したりする (è＝[ɛ]); 単に grave ともいう; cf. accent 3》.

gráve·clòthes *n. pl.* 死者に着せる衣, 経帷子(きょうかたびら) (cerements). 〖1535〗

gráve·dìgger *n.* **1** 墓掘り(人). **2** (物事を)破滅に導くもの[人]: They were the ～*s* of the institution. 彼らはその制度の崩壊[廃止]のもとになった. **3** 〘昆虫〙＝burying beetle. 〖1593〗

gráve gòods *n. pl.* 〘考古〙副葬品《先史・古代の墓で遺骸に副えて収め埋められた武器・装飾品・器具など》.

grav·el /grǽvəl, -vl̩/ *n.* **1** [集合的] 砂利 (cf. sand 1, pebble): a ～ road 砂利道 / a ～ walk (庭園・公園などの中の)砂利道. **2** 〘地質〙砂礫(されき)層. **3** 〘病理〙**a** 尿砂《結石より小さいが同じ性状のもの》. **b** 尿砂症. **4** 《廃》砂. — *vt.* (**grav·eled, -elled; -el·ing, -el·ling**) **1** 〈道などを〉砂利で覆う, …に砂利を敷く: ～ a path, walk, drive, etc. **2** 面食らわせる, あわてさせる, 当惑させる, 立往生させる (embarrass): be ～*ed* 困る, 立往生する. **3** 《米口語》いら立たせる, 怒らせる (irritate). **4** [通例受身で] (砂利粒がひづめと蹄鉄の間にはいって)〈馬〉の歩行を不自由にする. — *adj* ＝gravelly 2. **～·ish** /-vəlɪʃ, -vl̩-/ *adj.* 〖(?c1225) □ OF *gravel(e)* (F *gravelle*) (dim.) ← *grave* sandy beach □ Celt. **gravo-* gravel, pebbles ← IE **ghrēu-* to rub: ⇨ -el¹〗

grável-blìnd *adj.* 半盲の《sand-blind より悪く stone-blind よりは見える; cf. Shak., *Merch* V 2. 2. 37》. 〖(1596–97): cf. sand-blind〗

grável cùlture *n.* 〘農業〙礫耕(れきこう)《礫を用いて植物体を支持し, 作物を水耕する方法》. 〖1940〗

gráve·less *adj.* **1** 墓のない; 葬られない (unburied). **2** 墓のいらない, 不死の (deathless). 〖(1606–07) ← GRAVE¹＋-LESS〗

gráv·el·ly /-vəli, -vl̩i/ *adj.* **1** 砂利の, 砂利の多い, 砂利でできた, 砂利のような: a ～ soil. **2** 〈声が〉がらがらの, 耳障りな (harsh): a ～ voice がらがら声. **3** 〘病理〙尿砂の, 尿砂による. 〖(c1384): ⇨ -ly⁴〗

grável pìt *n.* 砂利(採集)坑, 砂利採取場.

grável·stòne *n.* **1** 小石 (pebble). **2** 〘病理〙小結石.

grável-vóiced[-thróated] *adj.* がらがら声の. 〖1947〗

grável·wèed *n.* 〘植物〙＝bush honeysuckle 1.

gráve·ly *adv.* **1** 重大に, ひどく. **2** まじめに, おごそかに, 荘重に, 厳粛に, 重々しく. 〖(1553) ← GRAVE²＋-LY¹〗

gra·ve·men·te /grɑ̀ːvəméntei; *It.* gravemé nte/ *It. adv.* 〘音楽〙遅くおごそかに (grave). 〖□ It. ～ ← *grave* 'GRAVE⁵', low'＋-*mente* (adv. suf.)〗

grav·en /gréɪvən/ *v.* grave³ の過去分詞. — *adj.* **1** 深く刻み込まれた, 感銘させられた, 肝に銘じた. **2** 彫った, 彫刻した: ⇨ graven image. 〖(c1384) *graven* ＜ OE (*ġe*)*grafen*〗

Gravenhage, 's *n.* ⇨ 's Gravenhage.

gráven ímage *n.* 〘主に聖書〙彫んだ像, 偶像 (cf. *Exod.* 20: 4): worship a ～ 偶像を崇拝する. 〖c1384〗

Gra·ven·stein /grɑ́ːvənstàɪn, grǽvənstìːn; *Dan.* gʀɑ́wənsdeˑːʼn/ *n.* 〘園芸〙生娘《ドイツのリンゴの品種; 深紅色とだいだい色のすじがある》. 〖(1821) ← *Gravenstein* (デンマークの産地名; もとドイツ領で Schleswig-Holstein と呼ばれた)〗

gráv·er *n.* **1** 〘版画〙(銅版の)彫刻刀; (旋盤細工に用いる, 先端にダイヤモンドをつけた)バイト. **2** 彫刻師, (特に, 石の)銘刻師 (engraver). 〖OE *grafere, græfere*: ⇨ -er¹〗

gráve·ròbber *n.* (埋葬した貴重品や屍体を盗む)墓荒し, 墓あばき (ghoul).

graves /gréɪvz/ *n. pl.* 《古》＝greaves.

Graves /grɑ́ːv; *F.* gʀaːv/ *n.* **1** [時に g-] グラーブ(ワイン)《赤または白の Graves 産のぶどう酒》. **2** (一般に)辛口またはやや甘口の白ワイン. 〖← *Graves* (フランス南西部の Gironde 川流域の産地名)〗

Graves /gréɪvz/, **Robert** (**Ran·ke**) /rɑ́ːŋkə/ *n.* グレーブズ《1895–1985; 英国の詩人・小説家・批評家; *Goodbye to All That* (1929), *The White Goddess* (1948)》.

Gráves' disèase /gréɪvz-, -vzɪ̀z-/ *n.* 〘病理〙グレーブズ病 (⇨ exophthalmic goiter). 〖(1868) ← *R. J. Graves* (1796–1853: アイルランドの医師)〗

Graves·end /gréɪvzénd⁻/ *n.* グレーブゼンド《イングランド Kent 州北部の港湾都市, Thames 川河口付近の南岸にある》. 〖ME *Grauesend*: ⇨ grove, -s² 2, end¹〗

gráve·sìde *n.* 墓場のそば(の土地), (特に)埋葬のとき会葬者の集まる所: at the ～. — *adj.* 墓場のそばの[で行われる]: a ～ service. 〖1838〗

gráve·sìte *n.* 《米》墓地, 墓のある場所.

gráve·stòne *n.* 墓石, 墓碑 (tombstone). 〖?c1200〗

Gra·vett·i·an /grəvéṭiən | -tiən/ *adj.* (ヨーロッパの)グラベット期[文化]の. 〖(1938) ← *la Gravette* (フランスの Dordogne 川岸の後期旧石器時代の遺跡): ⇨ -ian〗

grave·ward /gréɪvwəd | -wəd/ *adj.* 墓[死]へ向かう, 死にかかった. — *adv.* 墓の方へ, 死に瀕(ひん)して. 〖(1891) ← GRAVE¹＋-WARD〗

gráve·wards /-wədz | -wədz/ *adv.* ＝graveward.

gráve wàx *n.* 屍蠟(しろう) (adipocere の通称). 〖1854〗

grave·yard /gréɪvjɑ̀əd | -jɑ̀ːd/ *n.* **1** 墓地 (⇨ churchyard SYN). **2** (古物の)廃棄場; (特に)古自動車解体処理場. **3** 陰気で不快な場所. 〖1773〗

gráveyard òrbit *n.* ＝dump orbit.

Gráveyard schòol *n.* [the ～] 墓場派 (Edward Young, Robert Blair など, 墓場の死の哀愁を歌った 18 世紀中頃の英国の叙情詩人たちの一派).

gráveyard shìft *n.* **1** (三交替制の)第三次作業, 深夜勤務《夜 12 時ごろから朝 8 時ごろまでの作業》. **2** [集合的] 第三次作業に従事する労働者たち. 〖1908〗

grav·i- /grǽvɪ, -vi/「重い」の意の連結形. 〖← L *gravis* 'GRAVE²'〗

grav·id /grǽvɪ̀d | -vɪd/ *adj.* **1 a** 妊娠している (pregnant). **b** 〘医学〙〈子宮が〉妊娠中の, 胎児の入った. **c** 〘動物〙〈魚・虫が〉成熟した[受精した]卵でいっぱいになった. **2** いっぱいの, ふくれた (filled, distended) 〔*with*〕. **3** 先触れの, 前兆の (portentous). **～·ness** *n.* **～·ly** *adv.* 〖(1597) □ L *gravidus* loaded, pregnant ← *gravis* heavy: ⇨ grave², -id⁴〗

grav·i·da /grǽvəḍə | -vɪdə/ *n.* (*pl.* ～**s, -i·dae** /-dìː/) 〘医学〙妊婦. 〖(1926) □ L ～ ← (fem.) (↑)〗

gra·vid·i·ty /grəvídəṭi, grə- | -dɪ̀ti/ *n.* 〘医学〙妊娠(状態) (pregnancy). 〖(1651) □ L *graviditātem* ← *gravidus* 'GRAVID'〗

gra·vim·e·ter /grævímətə, grə- | -mɪ̀tə(r/ *n.* **1** 〘化学〙比重計《比重を測定する器具; 浮きばかり (hydrometer), 比重びん (pycnometer) など》. **2** 〘物理〙重力計 (gravity meter). 〖(1797) □ F *gravimètre*: ⇨ gravi-, -meter¹〗

grav·i·met·ric /grǽvəmétrɪk | -vɪ̀-⁻/ *adj.* **1** 重量(による)測定の, 重量によって測定された (cf. volumetric). **2** 重力計[場]の変化の[によって定められた]. **gràv·i·mét·ri·cal** /-trɪ̀kəl, -kl̩ | -trɪ-⁻/ *adj.* **gràv·i·mét·ri·cal·ly** *adv.* 〖(1873) ← GRAVI-＋-METRIC〗

gravimétric análysis *n.* 〘化学〙重量分析 (cf. volumetric analysis). 〖1884〗

gra·vim·e·try /grævímətri, grə- | -mɪ̀tri/ *n.* **1** 〘化学〙重量測定, 重量分析. **2** 〘物理〙重力場測定. 〖(1858) ← GRAVI-＋-METRY〗

gráv·ing dòck *n.* 〘海事〙船底の掃除用ドック; 乾ドック (dry dock). 〖(1840) ← GRAVE⁶〗

gráving tòol *n.* **1** 彫刻用具; (銅版の)彫刻刀 (burin). **2** [the G- T-] 〘天文〙ちょうこくぐ(彫刻具)座 (⇨ Caelum). 〖1591〗

grav·i·sphere /grǽvəsfɪə | -vɪ̀sfɪə(r/ *n.* 〘天文〙重力圏《月・惑星などある特定の天体をかこみ, その重力の影響が優勢である球状の空間》.

grav·it- /grǽvət | -vɪ̀t/ (母音の前にくるときの) gravito- の異形.

gra·vi·tas /grǽvətɑ̀ːs, -tæ̀s | -vɪ̀tæ̀s, -tɑ̀ːs/ *n.* まじめさ, 厳粛. 〖(1924) □ L *gravitās*: ⇨ gravity〗

grav·i·tate /grǽvətèɪt | -vɪ̀-/ *vi.* **1** 〈人・関心などが〉(知らず知らず)引きつけられる, 引かれる, 引寄せられる〔*to, toward*〕: In summer many people ～ *to* the seaside. 夏には多くの人が海浜に引寄せられる / The population ～*s toward* the town. 人口が都会に集中する. **2** 〘物理〙(重力の作用によって)他の物体の方へ動く, 引力に引かれる〔*to, toward*〕: The earth ～*s toward* the sun. **3** 沈む, 沈下する, 下降する (sink, fall): ～ *to* the bottom. — *vt.* 重力によって下降[沈下]させる 〈*down*〉. **gráv·i·tàt·er** /-ṭə | -tə(r/ *n.* 〖(1644) ← NL *gravitātus* (p.p.) ← *gravitāre* ← *gravitās*: ⇨ gravity, -ate³〗

grav·i·ta·tion /grǽvətéɪʃən | -vɪ̀-/ *n.* **1** 〘物理〙重力, 引力; 重力[引力]作用: terrestrial ～ 地球引力, 重力 / universal ～ 万有引力 / ⇨ LAW¹ of gravitation. **2** 自然の傾向〔*to, toward*〕: the ～ of population *toward* the cities 人口の都市集中傾向. **3** 沈下, 下降. 〖(1644) ← NL *gravitātiō*(*n*-): ⇨ ↑, -ation〗

gràv·i·tá·tion·al /-ʃnəl, -ʃənl̩⁻/ *adj.* 重力(作用)の, 引力(作用)の. **～·ly** *adv.* 〖(1855): ⇨ ↑, -al¹〗

gravitátional astrónomy *n.* 〘天文〙＝celestial mechanics. 〖1876〗

gravitátional collápse *n.* 〘天文〙重力崩壊《大質量の恒星などで重力の釣合いが破れ, 急激につぶれる現象》.

grávitational cónstant *n.* 〘物理〙＝CONSTANT of gravitation.

grávitational fíeld *n.* 〘物理〙重力場《質量をもった物体が互いに引き合う引力の場》.

grávitational fórce *n.* 〘物理〙＝gravitational interaction.

grávitational interáction *n.* 〘物理〙重力相互作用.

grávitational léns *n.* 〘天文〙重力レンズ《遠くの天体, 特にクエーサー (quasar) からの光を屈折させる巨大な質量をもつ天体》. 〖1937〗

grávitational máss *n.* 〘物理〙重力質量《重力場における物体の質量でそれが受ける力によって決まる; cf. inertial mass》. 〖1918〗

grávitational wáter *n.* ＝free water 2.

grávitational wáve *n.* 〘物理〙重力波《一般相対性理論 (general theory of relativity) における重力場方程式から導かれる重力場の波動》. 〖1899〗

grav·i·ta·tive /grǽvətèɪṭɪv | -vɪ̀tèɪt-, -tət-/ *adj.* 重力[引力]の(作用を受ける); 引力に引かれる. 〖(1799) ← GRAVITATE＋-IVE〗

grav·i·to- /grǽvətoʊ | -vɪtəʊ/「重力 (gravity)」の意の連結形: *gravito*chemical. ★ 母音の前では通例 gravit- になる. 〖← GRAVITY〗

grav·i·ton /grǽvətɑ̀(ː)n | -vɪtɒ̀n/ *n.* 〘物理〙重力量子《重力波を量子化して得られる量子でスピン 2 を有する》. 〖(1942) ← GRAVITY＋-ON²〗

grav·i·ty /grǽvəṭi | -vɪ̀ti/ *n.* **1** 〖← NL *gravitas*〗〘物理〙**a** 地球引力 (terrestrial gravitation); 重力, 引力 (gravitation): the law of ～ 重力の法則. **b** 重力加速度 (acceleration of gravity). **c** 比重. **2** 重さ, 重量 (weight): ⇨ CENTER of gravity, specific gravity. **3 a** 重大性, ゆゆしさ (seriousness), 危機, 危篤状態 (criticalness): the ～ of the situation 事態の重大性 / the ～ of his illness 彼の病気の危篤状態. **b** まじめさ, 真剣さ (seriousness); 厳粛 (solemnity); 沈着, 落着き (sedateness): keep one's ～ 笑わないでいる / with ～ まじめな態度で. **4** 〘音声〙低音調性 (cf. grave⁴ 3). 〖(c1485) □ (O)F *gravité* // L *gravitātem* weight, seriousness: ⇨ grave², -ity〗

grávity cèll *n.* 〘電気〙重力電池《比重の差で 2 種の電解液(硫酸亜鉛と硫酸銅など)を分離している電池》.

grávity clòck *n.* 〘時計〙重力時計《ラックやコードにそってゆっくり下がる仕掛けでその際自分の重みが動力となって動く時計》.

grávity dàm *n.* 〘土木〙重力ダム《自重によって水圧などの外力に抵抗するダム》. 〖1940〗

grávity escàpement *n.* 〘時計〙重力脱進機《古く野外用の大時計に使われた脱進機の一種; おもりが一定距離落下する動きで振り子に衝撃を与える機構》. 〖1850〗

grávity fàult *n.* 〘地質〙重力断層, 正断層 (cf. thrust fault).

grávity fèed *n.* 〘機械〙**1** (重力を応用した燃料などの)重力送り. **2** 重力送りの仕組み[装置]. 〖1914〗

grávity hìnge *n.* 重力蝶番(ちょうつがい)《特に, シャッター・よろい戸などに使われるもので, 開いた時に重力によって自動的に保持される》.

grávity mèter *n.* 〘物理〙=gravimeter 2.

grávity plàtform *n.* 重力プラットホーム《自重で海底に固定する石油掘削用プラットホーム》.

grávity ràilroad [ràilway] *n.* 重力利用鉄道《斜面における重力を利用した, エネルギー節約型のケーブル鉄道の一種》. 〖1889〗

grávity scàle *n.* =API gravity scale.

grávity tànk *n.* 〘航空〙重力(供給式の燃料)タンク. 〖1917〗

grávity wàve *n.* 〘物理〙 **1** 重力波《水または他の液体の表面を水平にしようとする重力の作用によって伝播(でんぱ)される波; さざ波 (ripple) 以外の波はすべてこれである》. **2** =gravitational wave. 〖1877〗

grávity wìnd *n.* 〘気象〙重力風, 山風《斜面を吹き下りる風; drainage wind, katabatic wind ともいう》. 〖1928〗

grávity yàrd *n.* 〘鉄道〙=hump yard.

grav·lax /grάːvlaːks, grǽv- | grǽvlæks; *Swed.* grὰːvlàks/ *n.* 〘料理〙グラブラックス《塩などに漬けたサケの切り身; イノンド (dill) で香りをつけて通例生で食べるスカンジナビアの料理》. 〖(1935) ◻ Swed. ~ (短縮) ← *gravad lax* buried salmon〗

gra·vure /grəvjúə, gréɪvjʊə | grəvjúər, -vjɔ́ːr/ *n.* 〘印刷〙 **1 a** 凹版製版法. **b** 凹版; 凹版印刷物. **2 a** =photogravure. **b** =rotogravure. 〖(1893) ◻ F ~ 'engraving' ← *graver* to engrave ← Gmc (Frank.) **ʒraban* to GRAVE[3]〗

gra·vy /gréɪvi/ *n.* **1** グレービー《肉を煮焼きする時ににじみ出る肉汁》; (この肉汁を調味して作る)グレービーソース. **2** 《俗》 **a** ぼろいもうけ; (たなぼた式の)思いがけない利益[収入]. **b** 不正な利益, 賄賂. ***by [góod] grávy*** 《米口語》まあ, おや《軽いののしりを表す》. 〖(1381) ◻ OF *gravé* 《誤読》← ? *grané* cooking ingredients ← *grain* 'spice, GRAIN[1]'〗

grávy bòat *n.* **1** (舟形の)グレービー入れ《sauceboat ともいう》. **2** =gravy train. 〖1948〗

grávy tràin *n.* 《俗》うまい汁が吸える地位, ぼろもうけできる仕事 (gravy boat): ride [board, get on] the ~ ぼろい仕事にありつく, ぼろもうけをする. 〖1927〗

gray[1] /gréɪ/ (*also* **grey** /~/) ★《米》では主に gray, 《英》では主に grey が好まれる. — *adj.* (~·er; ~·est) **1** 灰色の, ねずみ色の, グレーの, 薄墨色の: ~ clothes, eyes, etc. **2 a** ねずみ色[グレー]の(制)服を着た: ⇨ Gray Friar, gray monk, etc. **b** 〈動物が〉ねずみ色の(毛並の), 〈馬が〉葦毛(あしげ)の: ⇨ gray mare. **3 a** 白髪まじりの, 半白の; 白髪まじりの髪をした, ごま塩頭の (gray-haired): He is growing ~. 白髪になりかけている / His hair is growing [getting, turning] ~. 彼の髪の毛は白髪になりかけている / ~ hairs 老年. **b** 老齢の, 老人らしい, 老成[成熟]した: ~ experience 円熟した経験, 老練. **c** 太古の: the ~ past 古代, 太古. **4 a** 〈天候など〉曇った, どんよりした, 灰色の, 陰気な (dull, cloudy); 薄暗い, ほの暗い (dim): a ~ day, sky, etc. / a ~ dawn. **b** 〈顔など〉(突然の恐怖や病気で)青ざめた, 青白い (pale). **c** はっきりしない, 不明な: a ~ area about which opinions are divided 意見が分かれる不明の部分. **5** 暗い, 陰鬱(いんうつ)な, 寂しい, わびしい, 味気ない (dreary, dismal): a ~ future / Life is ~. **6** 〈人が〉無名の, 特徴のない: the ~ men of politics 無名の政治家. **7 a** 中間の, 境界線上の. **b** 闇取引に近い: ⇨ gray market. **c** 〈都市地区が〉スラム化しつつある. **8** 〘紡織〙〈生地が〉未漂白の: ~ goods. **9** 《米黒人俗》白人の.

— *n.* **1** 灰色, ねずみ色, グレー, 薄黒色, 鉛色. **2 a** ねずみ色絵の具, 灰色染料. **b** 〘紡織〙ねずみ色(未漂白)生地: in the ~ 未漂白[生地のまま]で. **c** グレーの服(地); [*pl.*] グレーのフランネルズボン: be dressed in ~ グレーの服を着ている. **d** グレーの制服の人; [しばしば G-]《米》(南北戦争当時の)南軍(の兵士) (cf. blue 4 b). **3 a** 薄闇, 薄明, 薄暮: in the ~ of the morning. **b** 無名の人, 特徴のない人. **4** 葦毛の馬 (gray horse): the (Scots) Greys 英国竜騎兵第二連隊(の別名)《その乗馬の色から》. **5** 《米黒人俗》白人.

— *vt.* **1** 灰色[ねずみ色]にする. **2** 白髪[半白]にする. **3** 〘写真〙つや消しにする. — *vi.* **1** 灰色[ねずみ色]になる. **2** 白髪になる: ~*ing* hair 白くなりかかった髪. **3** 〘写真〙つや消しになる. ***gráy óut*** 灰色くらみ (grayout) を起こす.

~·ness *n.* 〖OE *grǣg* < Gmc **ʒrǣwaz* (Du. *grauw* / G *grau*) ← IE **gher-* to shine (L *rāvus* gray)〗

gray[2] /gréɪ/ *n.* 〘物理〙グレイ《放射線の吸収線量の rad に代わる SI 単位; 略 Gy; 1 Gy=100 rad; cf. rad[1]》. 〖(1975) ← *Louis Harold Gray* (1905–65: 英国の放射線生物学者)〗

Gray /gréɪ/, **Asa** *n.* グレー (1810–88; 米国の植物学者).

Gray, Henry *n.* グレー (1827–61; 英国の解剖学者).

Gray, Robert *n.* グレイ (1755–1806; 米国の船長・探検家; 世界一周した最初の米国人; Grays Harbor と Columbia 川を発見 (1792)).

Gray, Thomas *n.* グレー (1716–71; 英国の詩人; *Elegy Written in a Country Churchyard* (1751)).

gráy área *n.* **1** (状況・問題点・色合いなどの)あいまいな[どちらともとれる]部分; はっきりしない状況. **2** =grey area.

gráy·bàck *n.* **1** 《米》南北戦争当時の南軍の兵士《軍服の色から; cf. bluecoat, gray (n.) 2》. **2** 背中が灰色の動物や鳥類の俗称《gray whale, hooded crow, scaup など》. 〖1864〗

gráy·bèard *n.* **1** 半白のあごひげのある人; 老人 (old man); 賢人 (sage). **2** =bellarmine. 〖1579–80〗

gráy·béard·ed *adj.* 半白のあごひげのある. 〖1597〗

gráy bírch *n.* 〘植物〙 **1** 米国東部産カバノキ科カバノキ属の植物 (*Betula populifolia*)《二次林に生じ樹肌が灰白色で美しい》. **2** =western paper birch. **3** yellow birch 1. 〖1851〗

gráy bòdy *n.* 〘物理〙灰色体《熱放射の放射率が波長によらず一定である物体; cf. black body》.

gráy cást ìron *n.* 〘冶金〙=gray iron.

gráy-chèeked thrúsh *n.* 〘鳥類〙ハイイロチャツグミ (*Catharus minimus*)《北米産ヒタキ科チャツグミ属の鳥》.

Gray còde *n.* 〘電算〙グレイコード, 交番2進コード《2進法によって表示された連続する数の体系; 隣接する数は1桁でのみ異なるように作られている; 20世紀の米国の物理学者の名にちなむ》. 〖1956〗

gráy crów *n.* 〘鳥類〙=hooded crow.

gráy dógwood *n.* 〘植物〙北米北東部の白い花と白い実をつけるミズキ科の低木 (*Cornus racemosa*).

gráy dráke *n.* **1** 〘昆虫〙モンカゲロウ属 (*Ephemera*) の灰色のはらんだ雌. **2** モンカゲロウの釣り用のフライ.

gráy dúck *n.* 〘鳥類〙幼鳥や雌鳥の羽毛が灰色のカモの総称《オカヨシガモ (gadwall), オナガガモ (pintail) など》. 〖1885〗

gráy éminence *n.* =éminence grise. 〖(1941)《なぞり》← F *L'Eminence grise*〗

gráy-éyed *adj.* 灰色の目をした. 〖1595–96〗

gráy fílter *n.* 〘光学〙灰色フィルター (neutral-density filter).

gráy·físh *n.* 〘魚類〙 **1** タラ (pollack); (特に)その幼魚. **2** 《米》=dogfish《市場用語》. 〖1793〗

gráy fóx *n.* 〘動物〙ハイイロギツネ (*Urocyon cinereoargenteus*)《北米・中米・南米北部産の背が灰色の原始的なキツネ》. 〖1679〗

Gráy Fríar *n.* 〘カトリック〙 **1** フランシスコ会(修道)士 (⇨ Franciscan Order; cf. gray monk, gray sister). **2** [the ~s; 複数扱い] フランシスコ修道会. 〖*a*1310〗

gráy góldenrod *n.* 〘植物〙=dwarf goldenrod.

gráy góose *n.* 〘鳥類〙=greylag.

gráy gúm *n.* 〘植物〙オーストラリア産フトモモ科ユーカリ属 (*Eucalyptus*) の樹皮が灰色の植物の総称 (*E. propinqua, E. tereticornis* など).

gráy-háired *adj.* =gray-headed 1. 〖14C〗

gráy·hèad *n.* **1** 白髪まじり[ごま塩頭]の人; 老人. **2** 〘動物〙マッコウクジラ (sperm whale) の雄. 〖*a*1692〗

gráy-héaded *adj.* **1 a** 白髪まじりの, ごま塩頭の; 老年の (old). **b** 古くからの. **2** 《英》〔…に〕長く勤めた, 精通した, 老練な〔*in*〕. **3** 雄のマッコウクジラの. 〖1535〗

gráy·hén *n.* 〘鳥類〙クロライチョウ (black grouse) の雌 (cf. blackcock). 〖?1427〗

gráy héron *n.* 〘鳥類〙アオサギ (*Ardea cinerea*)《サギ科の大形のサギ; ユーラシア・アフリカ・マダガスカル産》.

gráy·hòund *n.* =greyhound.

gráy ìron *n.* 〘冶金〙ねずみ鋳(鉄)《黒鉛が析出している銑鉄で, 折り口が灰色を呈する; gray cast iron ともいう》.

gray·ish /gréɪɪʃ/ *adj.* 灰色[ねずみ色]がかった. 〖(1562): ⇨ -ish[1]〗

Gráy Làdy *n.* 米国赤十字社で医療奉仕する女性篤志家. 〖その制服の色から〗

gráy·làg *n.* 〘鳥類〙=greylag.

gray·ling /gréɪlɪŋ/ *n.* (*pl.* ~, ~s) **1** 〘魚類〙カワヒメマス《カワヒメマス属 (*Thymallus*) の淡水魚数種の総称》; (特に, ヨーロッパ産の)ホンカワヒメマス, ニシウオノハナ (*T. thymallus*). **2** 〘昆虫〙ジャノメチョウ《ジャノメチョウ科の灰色がかったまたは褐色がかったチョウ類の総称》; (特に, ユーラシア産の)キマダラタカネジャノメ (*Hipparchia semele*). 〖(1326): ⇨ gray[1], -ling[1]〗

gray·ly *adv.* 灰色に, ねずみ色に; 薄暗く, 陰気に. 〖(1818): ⇨ -ly[1]〗

gráy·màil *n.* 《口語》(訴追中の被疑者による)政府機密を暴露するとほのめかす脅迫. 〖(1973)《婉曲》← *blackmail*: cf. greenmail〗

gráy máre *n.* 亭主を尻に敷く女. 〖← *The gray mare is the better horse.*《諺》女房が夫を尻に敷く, 「かかあ天下」: '葦毛(あしげ)の馬が良馬' と言い張る妻の強引さに負けて, 葦毛の雌馬を買わされた男の故事から〗

gráy márket *n.* 〘経済〙幾分合法的な闇(取引)市場, 闇類似市場 (cf. black market). 〖1946〗

gráy marketéer *n.* (*also* **gráy márketer**) 闇類似市場で商売をする人. 〖1948〗

gráy màtter *n.* **1** 〘解剖〙(脳・脊髄の)灰白質 (cf. white matter). **2** 《口語》脳みそ, 頭脳; 知力 (brains). 〖1840〗

gráy móld *n.* 〘植物病理〙灰色かび《果物・野菜などの表面が灰色になる; gray mold rot ともいう》.

gráy mónk *n.* 〘カトリック〙シトー会修道士 (Cistercian monk). 〖ME: ねずみ色の衣を着ていることから: cf. Gray Friar, gray sister〗

gráy múllet *n.* =mullet[1] 1.

gráy·òut *n.* 〘航空医学〙グレイアウト, 灰色くらみ《航空機乗員に加速度が影響して一時的に視覚を失うこと; その程度により grayout, redout, blackout という》. 〖1945〗

gráy párrot *n.* 〘鳥類〙ヨウム (*Psittacus erithacus*)《アフリカ産の灰色で尾と上下尾筒の赤いオウム; African gray ともいう》.

gráy plóver *n.* 〘鳥類〙=black-bellied plover.

gráy pólypody *n.* 〘植物〙北米産ウラボシ科エゾデンダ属のシダの一種 (*Polypodium polypodioides*).

gráy pówer 《口語》(政治的な)老人パワー.

grays·by /gréɪzbi/ *n.* 〘魚類〙アカホシハタ (*Cephalopholis* [*Epinephelus*] *cruentata*)《西大西洋熱帯地域産のスズキ目ハタ科の魚》.

gráy scàle *n.* グレースケール, 無彩色スケール《白または透明から黒までの一定濃度の小片を一定の濃度差に並べた系列; 色彩調整の基準として写真・印刷・テレビに用いる》. 〖1940〗

gráy séa èagle *n.* 〘鳥類〙=white-tailed sea eagle.

gráy séal *n.* 〘動物〙ハイイロアザラシ (*Halichoerus grypus*)《北大西洋に生息する灰色の大きなアザラシ; Atlantic seal ともいう》.

Gráys Hárbor *n.* グレーズハーバー《米国 Washington 州西部にある太平洋の入江》.

Gráy's Ínn *n.* ⇨ INNS of Court.

gráy síster *n.* 〘カトリック〙灰色童貞会修道女, 聖フランシスコ第三会修道女.

gráy skáte *n.* 〘魚類〙英国近海に生息するガンギエイ属の魚 (*Raja batis*).

gráy snápper *n.* 〘魚類〙ネズミフエダイ (*Lutjanus griseus*)《西大西洋熱帯地域産のフエダイ科の食用魚》.

Gray·son /gréɪsən, -sn/, **David** *n.* グレーソン (Ray Stannard BAKER の筆名).

Gráys Péak /gréɪz-/ *n.* グレーズピーク《米国 Colorado 州中央部, フロント山脈(Front Range) の最高峰 (4,349 m)》.

gráy squírrel *n.* 〘動物〙ハイイロリス (*Sciurus carolinensis*)《北米東部産のリスで, 公園などに多く見られる; 背が灰色でアカリス (red squirrel) より大きい》. 〖1674〗

gráy-stàte *adj.* 〘染色〙まだ染色していない.

gráy·stòne *n.* **1** 〘岩石〙灰色火山岩. **2** 灰色火山岩の建物. 〖1815〗

gráy tróut *n.* 〘魚類〙 **1** =squeteague. **2** =lake trout.

gray·wack·e /gréɪwæ̀k(ə) | -kə/ *n.* 〘地質〙硬砂岩《円磨度の低い砂粒が固結してできた硬い砂岩》. 〖(1811)《部分訳》← G *Grauwacke* ← *grau* gray+*Wacke* 'WACKE'〗

gráy wágtail *n.* 〘鳥類〙キセキレイ (*Motacilla cinerea*)《ユーラシア産》.

gráy wárbler *n.* 〘鳥類〙ニュージーランドセンニョムシクイ (*Gerygone igata*)《ニュージーランドの低木林に生息するヒタキ科の小鳥》.

gráy wàter *n.* 中水道(用)水《浄化処理によって再利用される台所・ふろ場などからの排水》. 〖1978〗

gráy whále *n.* 〘動物〙コククジラ(克鯨) (*Eschrichtius robustus*)《北太平洋沿岸域産のヒゲクジラ》. 〖1860〗

gráy wólf *n.* 〘動物〙タイリクオオカミ (*Canis lupus*)《北米でアメリカアカオオカミ (*C. rufus*) と区別する意味で使う; cf. timber wolf》. 〖1814〗

Graz /grάːts; G. gʀáːts/ *n.* グラーツ《オーストリア南東部の都市》.

graze[1] /gréɪz/ *vi.* **1** 〈家畜が〉牧場の草を食う; 〔牧草を〕食う〔*on*〕. **2** 放牧する. **3** 《口語》 **a** (決まった時間に食事をしないで)随時少しずつ食べ物を取る. **b** いろいろな料理を少しずつ味わう. — *vt.* **1** 〈動物が〉〈牧場の草を〉食う (eat, feed on): cattle *grazing* the herbage (野で)草を食っている牛. **2** 〈草・草地などを〉家畜に食わせる, 牧場として使う 〈*down*〉: ~ a field before haying it 野の草を干し草にする前に家畜を放して食わせる. **3** 〈家畜を〉放し飼いにする, 放牧する; 〈草を食べている家畜〉の番をする. **4** 〈草地が〉家畜の放牧に適する, …のための牧草となる. ***sénd a person to gráze*** 〈人〉に暇を出す, 解雇する.

— *n.* **1** 草を食わせる[食う]こと; 放牧. **2** 牧草.

gráze·a·ble, gráz·a·ble /-zəbl/ *adj.* 〖OE *grasian* ← *græs* 'GRASS'〗

graze[2] /gréɪz/ *vt.* **1** 〈皮膚などを〉すりむく (abrade). **2** 軽く触れて[こすって]通る, かする, かすめて通る. — *vi.* 軽く触れて通る, すれすれに通る, かすめる〔*against, along, through, by, past*〕. — *n.* **1** かすり傷, すりむけ (abrasion); かすった跡, すりむいた所. **2** かすり通ること, かすめること. **gráz·ing·ly** *adv.* 〖(1604)《転用》← ? GRAZE[1]: 《原義》to come close to the grass: cf. raze / 《廃》*glace* to glance off〗

gráz·er *n.* 草を食うもの[食わせる人]; (特に)放牧家畜. 〖(1708) ← GRAZE[1]+-ER[1]〗

gra·zier /gréɪʒə | -ziər, -ʒər/ *n.* **1** 《英俗》牧畜業者. **2** 《豪》牧羊業者. 〖(1275): ⇨ -ier[2]〗

gra·zier·y /gréɪʒəri | -ziə-, -ʒə-/ *n.* 牧畜業. 〖(1731): ⇨ ↑, -ery〗

gráz·ing *n.* **1** 放牧. **2** 牧草; 牧草地, 牧場 (pasture). **3** 《口語》一日中スナックを食べたり多種の食べ物を少しずつ食べたりすること. 〖(*c*1440): ⇨ graze[1], -ing[1]〗

grázing àngle *n.* 〘物理〙限界見通し角.

grázing incìdence *n.* 〘物理〙俯角入射.

grázing lànd *n.* (放)牧場. 〖1835〗

gra·zio·so /grὰːtsióusou, -zou | -əusəu, -zəu; *It.* grattsjóːzo/ *It. adv.* 〘音楽〙グラツィオーソ, 優美に, 典雅に (with grace). 〖◻ It. ~: ⇨ gracious〗

Gr.Br., Gr.Brit. 《略》Great Britain.

GRE 《略》Graduate Record Examination 大学院に出願する前に受験を要求される試験.

grease /gríːs/ *n.* **1** (溶解して得た)柔らかい獣脂; (体の表面にしみ出す)脂肪分, 脂. **2** 半固体の油性[脂肪性]潤滑剤, グリース(滑剤)《機械類の減摩剤または grease-paint 用》: axle ~ 心棒用グリース. **3** 〘紡織〙 **a** 羊毛の脂肪性物質. **b** 未脱脂生羊毛, 新毛 (grease wool). **4** 〘獣医〙=grease heel.

frý in one's ówn gréase 自分の愚行の報いを受ける, 自業自得で苦しむ. ***in príde [príme] of gréase*** =in (the) GREASE (1). ***in (the) gréase*** (1) 〈猟鳥獣が〉脂が乗りきって, ちょうど食べごろで. (2) 〈羊毛・毛皮など〉脱脂

G

しない状態で, 刈り取ったままの: furs [wool] *in the* ～ まだ脱脂してない毛皮[刈り取ったままの羊毛].
— /gríːs, gríːz | gríːz, gríːs/ *vt.* **1** **a** …にグリースを塗(って滑らかにす)る: ～ an axle / ⇨ *grease the* WHEELS. **b** 〈など〉に油をしく. **c** グリースで汚す. **2** …の滑りをよくする, すらすら運ばせる, 促進[助長]する (facilitate). **3** …に賄賂(わいろ)を使う (bribe). **4** 《俗》〈飛行機を〉順調に[滑るように]着陸させる. **5** 〖獣医〗〈馬を〉水疵(すいし)病 (grease heel) にかからせる. — *vi.* 《俗》飛行機を順調に[滑るように]着陸させる.
gréase the fát píg [*sów*] 必要もない人に物を与える, 余計なことをする. *like* [*quick as*] *gréased lightning* 《俗》電光石火のように, 非常に速く (very fast).
〖(*c*1300) □ AF *gresse*=(O)F *graisse* < VL *crassiam* ← L *crassus* thick, fat: ⇨ crass〗
gréase·bàll /gríːs-/ *n.* 《米》[通例軽蔑的に] ラテンアメリカ人; (特に)メキシコ人.
gréase-bòx *n.* グリース箱《車両の軸受けに取り付けたグリースを入れる箱》.
gréase·bùsh *n.* 〖植物〗=greasewood.
gréase cùp *n.* グリースカップ《機械に付属したグリース入れ》.
gréase gùn *n.* **1** グリース注入器, グリースガン (cf. gun 2b). **2** 《軍俗》(グリースガンに似た)自動小銃, 短機関銃《肩または腰に構えて射撃する》.
gréase hèel *n.* 〖獣医〗水疵(すいし)病, 繋皸(けいくん)《馬の第一指関節部位に多発する慢性肥厚性皮膚炎》.
gréase·less *adj.* グリースのない[切れた].
gréase mònkey *n.* 《口語》(自動車または飛行機の)機械工, 修理工, 整備士 (mechanic).
gréase nipple *n.* =nipple 4.
gréase·pàint *n.* **1** グリースペイント, 練りおしろい, ドーラン《俳優が顔ごしらえに用いるろうや油脂で練ったクレヨン状の顔料》. 日英比較 「ドーラン」はドイツの製造会社名からで, 英語では用いられない. **2** (俳優の)顔ごしらえ, メーキャップ (makeup).
gréase pèncil *n.* 油性鉛筆, ダーマトグラフ《顔料と油脂を固めた芯の鉛筆; 光沢のある紙などに使用される》.
gréase·pròof *adj.* グリース[油, ろう]をはじく[通さない].
gréaseproof páper *n.* 《英》ろう紙, パラフィン紙 (wax paper), 耐脂紙.
greas·er /gríːsə, -zə | -sə(r), -zə(r)/ *n.* **1** (車両・機械の)油差し《人・器具》. **2** (汽船の)機関士. **3** 《俗》お世辞たらたらの人, ごますり (greasy person); いやなやつ. **4** 《俗》オートバイを乗り回す長髪の若者. **5** 《その外見が脂じみているところから》《米俗》[通例軽蔑的に] ラテンアメリカ人; (特に)メキシコ人. 〖(1641) ← GREASE+-ER[1]〗
gréase spòt *n.* 油じみ.
gréase tràp *n.* グリーストラップ, グリース止め《脂肪類が流れ込んで下水管が詰まらないように流しの排水口に設けた装置》. 〖1884〗
gréase·wòod *n.* 〖植物〗 **1** 米国西部に多いアカザ科の低木 (*Sarcobatus vermiculatus*); それに類似したアカザ科の低木の総称《orache などいずれも燃料や, 家畜の飼料となる; Mexican greasewood, chico ともいう》. **2** =white sage. **3** =creosote bush. 〖1838〗
gréase wòol *n.* 〖紡織〗=grease 3 b.
gréas·i·ly /-səli, -zə-/ *adv.* **1** 脂のように, 脂っこく, 脂じみて. **2** すべっこく. **3** お世辞たらたらで. **4** 《廃》下卑て. 〖(1594–95): ⇨ ↓, -ly[1]〗
greas·y /gríːsi, -zi/ ★米国北部では /gríːsi/, 南部では /gríːzi/ と発音されることが多い. *adj.* (**greas·i·er; -i·est**) **1** 脂じみた, 脂だらけの, 脂で汚れた: a ～ hand, plate, apron, etc. **2** 脂の多い, 脂っこい, 脂ぎった (oily): ～ food, wool, etc. **3** グリースのような, 油脂性の: a ～ substance 油脂性の物質 / ～ luster 脂肪光沢. **4** 〈道路など〉泥でぬるぬるした, 滑りやすい (slimy, slippery). **5** 〈滑石・石墨などのように〉滑らかな, すべすべした, つるつるした (smooth): a ～ feeling すべすべした感触. **6** いやに口先のうまい, お世辞たらたらの (unctuous, oily). **7** 〖海事〗〈天候・空模様が〉どんよりした, 荒れ模様の, 険悪な (threatening, dirty). **8** 〖獣医〗水疵(すいし)病[繋皸(けいくん)]にかかった. **9** 《廃》みだらな, 下卑た, 下品な: a ～ jest.
— *n.* 《豪俗》 **1** 羊毛刈込み人. **2** 奥地の料理人.
gréas·i·ness *n.* 〖(1514) ← GREASE+-Y[1]〗
gréasy héel *n.* 〖獣医〗=grease heel.
gréasy póle *n.* 脂棒《脂を塗った棒で, 田舎の祭りの余興などにそれをよじ登ったりその上を歩いたりする遊戯用具》.
climb úp the gréasy póle 《口語》困難なことを始める. 〖1851–61〗
gréasy spóon [**réstaurant**] *n.* 《俗》うす汚ない安レストラン, 一膳飯屋. 〖1925〗
great /gréɪt/ *adj.* (～·er; ～·est) **1** **a** 大きい (very big); 巨大な, 壮大な, 大…: a ～ river, lake, city, building, house, fire, etc. **b** 《驚き・賞賛・嫌悪・軽蔑などを含意して》大きな, でかい: He put his ～ foot on the flower bed. でかい足で花壇を踏みつけた. **c** [大きさなどを表す形容詞に先立ちそれを強調して] 《口語》えらく, とても: a ～ hulking fellow 図体をもて余しているような男 / a ～ big man [loaf] とても大きな人[パン] / a huge ～ foot えらく大きい足 / a nasty ～ brute of a man いやらしい残忍な男. ★この場合 great に続く形容詞はしばしば弱強勢.
2 **a** [主に数量を表す名詞を伴って] 大勢の, 多量の, たくさんの, おびただしい (numerous, abundant): a ～ army, company, host, pile, etc. / a ～ many people たくさん[大勢]の人々 / a ～ number of houses たくさん[多数]の家 / a ～ deal たいそう, ひどく / a ～ deal of たくさん[多量]の… / the ～ majority of …の大部分 / the ～er [～est] number [body, part] of …の大部分 / the ～est happiness of the ～est number 最大多数の最大幸福《Jeremy Bentham の唱えた功利主義 (utilitarianism) の原則》. **b** 〈時間が〉長い, 久しい (long, protracted): a ～ while ago ずっと前に, 大分以前に / live to a ～ age 長生きする. **c** 細心の, 十分な (elaborate, ample): in ～ detail 大変詳しく.
3 **a** 際立った, 顕著な, 著しい; 〈行事など〉重要な, 盛大な: a ～ rogue [fool] 大悪漢[大ばか者] / a ～ mistake [surprise] 大きな誤り[驚き] / to a person's ～ surprise [astonishment, joy] 驚いた[うれしい]ことに / It came as no ～ surprise to me. あまり驚かなかった / ～ patience [learning] 非常な忍耐[学識] / of ～ power [importance, significance] とても力[重要性]のある / a ～ occasion 大切[盛大]な催し(の時) (cf. occasion 1 b) / a person's ～*est* weakness 最大の弱点 / take ～ care 大いに気をつける / have a ～ mind to do 非常に…したい, …したくてたまらない / have a ～ notion that …と考えたがる / It's no ～ matter to me. それは私には大したことではない / We finished, but only with the ～*est* (of) difficulty. 終わるには終わったがとても大変だった. **b** 高度の, 強い, 激しい (intense); 〈音・声など〉大きい: ～ pain 激痛 / Take this when the pain is at its ～*est*. 痛みの一番激しいときにこれを飲みなさい / a ～ shout, uproar, noise, etc. **c** 遠大な, 視野の広い: a ～ plan 遠大な計画. **d** 非常な; とても親しい: a thing of ～ beauty 非常に美しいもの / a ～ friend 親友.
4 《口語》すてきな, すばらしい: We had a ～ time. とても面白かった / It is a ～ thing to have it. それを持っていることはすばらしいことだ / That's a ～ story. それはすばらしい話だ / That's ～! すてきだ / I think you're a really ～ guy! 君は本当にすばらしい人だと思う / You were really ～ last night. 昨夜の君は本当にすばらしかった.
5 [限定的に; しばしば行為者を表す名詞を伴って] 大の (extreme): a ～ talker [reader, eater] 大のおしゃべり[読書家, 大食漢] / with the ～*est* of ease いともやすやすと / a ～ smoker ヘビースモーカー (heavy smoker) / a ～ lover of art [art-lover] 芸術の熱愛者.
6 **a** 〈才能など〉すぐれた, 卓越した, 優秀な, 偉大な (excellent, superior); 有名な, 著名な: a ～ statesman, soldier, composer, book, picture, etc. / a nation ～ in arms 軍備の強大な国 / She has ～ prospects [a ～ future before her]. 彼女は将来性が大いにある. **b** 崇高な, 深遠な, 雄大な (lofty): a ～ soul, idea, deed, truth, etc.
7 身分[生まれ]の貴い, 地位の高い, 高貴の (noble): a ～ lady 高貴な婦人 / the ～ families 名門諸家 / the ～ world 〖《なぞり》← F *le grand monde*〗貴族[上流]社会 / ～ people 高貴の人々, お歴々 (cf. *n.* 1).
8 [the ～] **a** 最大の, 中心的な (chief): *the* ～ attraction of the circus サーカスの最大の呼び物 / *the* ～ [～*est*] poet of the Elizabethan age エリザベス朝の最大の詩人 / *The* ～ thing is to get the job done. いちばん重要なのは仕事を終わらせることだ / *The* ～ advantage of … [thing about …] is that … …の最大の利点[長所]は…である. **b** 〈建物(の一部)・場所など〉主要な, 主だった (main, principal): *the* ～ hall 大広間 / ⇨ great house.
9 大いに[好んで]用いられる: a ～ word among scientists 科学者の好んで用いる[に大もての]言葉.
10 [叙述的] **a** 《口語》〔…に〕通じた, 詳しい, 巧みな, 上手な (versed, clever) 〔*at, on*〕: be ～ *at* golf ゴルフがうまい / be ～ *on* international relations 国際関係に詳しい. **b** 《口語》〔…に〕大いに興味をもつ, 熱心な (very interested, keen) 〔*on, at, for*〕: be ～ *on* heraldry 紋章学に凝っている / be ～ *on* discipline [decorum] 規律[礼儀]が実にやかましい / He is ～ *at* discussing politics. 彼は政治論となると実に熱心だ / ⇨ *be a* GREAT *one for*. **c** 〔感情などで〕いっぱいで, 満ちて (full, big) 〔*with*〕: He was ～ *with* anger [sorrow]. 怒って[悲しんで]いた. **d** 《方言》親しい [with].
11 **a** (同種の物の中で他と区別して)大きい (greater): a ～ A 大文字の A / *Great* Caesar 大シーザー / ⇨ great anteater / ⇨ Great Bear, Great Britain, Great Charter, Great Fire, Great Lakes, Great Mogul, Great War. **b** [the G-; 歴史上の人物名のあとに付け, 称号に用いて] …大王[帝]: Alfred *the Great* アルフレッド大王 / Charles *the Great*=Charlemagne.
12 《古・方言》はらんで, 妊娠して (pregnant). ★主に次の句で: be ～ *with* child 子をはらんでいる.
13 〈血縁関係が〉一代遠い親等の: a ～ grandfather 曾祖父 (⇨ GREAT-).
be a gréat òne for …にとても熱心である: She *was a* ～ *one for* the proprieties [reading]. 彼女は礼儀作法にとてもやかましかった[大の読書家だった]. *Gréat Gód* [*Caésar's ghóst, Scótt, héavens*]! おや, まあ驚いた, やれやれ《驚き・軽いののしりなどを表す》.
Gréat Séal of the United States [the —] 合衆国国璽(こくじ)《米国政府の公式印章; 表は bald eagle, 裏はピラミッドの上に目が浮いた図柄; 印としては表のみが使われる》.
— *n.* **1** [the ～; 集合的] 身分の高い人々, お歴々: Both (*the*) ～ and (the) small admire him. 身分の高い人も低い人も(上下とも)彼を賞賛する. **2** **a** [しばしば *pl.*] 名士, 大物, 花形, 巨匠; 重要なもの: the ～*s* of French literature フランス文学界の巨匠たち. **b** [*the* ～*est* として] 《口語》最も[際立って]すばらしい人[物] (the best): You're [It's] *the* ～*est*. 君[それ]が最高だ. **3** [*pl.*; しばしば Greats] 《英》(Oxford 大学で)古典文学科; その B.A. 学位をとるための本試験 (cf. little-go); (そのために)勉強する学科目. **4** 《古》全体, 総体 (the whole): build a ship in the ～ 船を全部[そっくり]造る. **5** =great organ.
a gréat (*of*) 《米口語》たくさん(の) (a great many), 多量(の) (a large amount (of)): *a* ～ *of* books. *nó gréat* 《米口語》たくさんでない, たいしたものでない (nothing great): There is *no* ～ to see. たいして見るべきものはない / She made *no* ～ *of* a match. たいした結婚はしなかった.
— *adv.* 《俗》うまく, 立派に (successfully, well): He's getting on ～. とてもうまくやっている / Things are going ～. 事態は万事うまくいっている.
〖OE *grēat* < (WGmc) *ȝrautaz thick, coarse, 《原義》coarsely ground (Du. *groot* / G *gross*) ← ? IE *ghrēu- to grind (OE *grēot* 'GRIT')〗
great- /greɪt/ uncle, aunt, nephew, niece や grand- の付く基本の語より一代遠い親等を示す連結形 (cf. great-great-): *great*-grandnephew[-grandniece] おい[めい]の孫. 〖《なぞり》← F *grand-* 'GRAND'〗
Gréat Ábaco *n.* ⇨ Abaco.
gréat áloe *n.* 〖植物〗リュウゼツラン (*Agave americana*).
Gréat Américan Désert *n.* [the ～] 大アメリカ砂漠《中西部から Rocky 山脈まで, 耕作に適さないと考えられていた地域の総称; 現在は California 州南東部と Arizona 州南西部の砂漠地域を指す》.
gréat ánteater *n.* 〖動物〗オオアリクイ (ant bear).
gréat ápe *n.* 〖動物〗大形類人猿《ショウジョウ科の gibbon, orangutan, chimpanzee, gorilla など》. 〖1949〗
Gréat Artésian Básin *n.* [the ～] 大鑽井(さんせい)盆地《オーストラリア中部の世界最大の地下水をもつ鑽井盆地》.
Gréat Assíze *n.* [the ～] 最後の審判 (the Last Judgment). 〖*c*1303〗
Gréat Attráctor *n.* [the ～] 〖天文〗巨大引力源, グレートアトラクター《銀河集団の大規模流れの原因を説明するために仮定されている巨大な銀河団とダークマター (dark matter)》.
gréat áuk *n.* 〖鳥類〗オオウミガラス (*Pinguinus impennis*)《もと北大西洋方面にいた飛ぶことのできない海鳥; 19 世紀中に絶滅した》. 〖1828〗
gréat-áunt *n.* =grandaunt. 〖1656〗
Gréat Austrálian Bíght *n.* [the ～] グレートオーストラリア湾《オーストラリア南部の大湾》.
Gréat Awákening *n.* [the ～] 〖キリスト教〗大覚醒(かくせい), 覚醒大運動《18 世紀の中頃, New England を中心に起こったキリスト教の信仰覚醒運動》.
gréat barracúda *n.* 〖魚類〗オニカマス, ドクカマス (*Sphyraena barracuda*)《大西洋・インド洋・太平洋熱帯域産のカマス科の全長 2 m に達する魚; 時に肉にシガテラ毒をもつ》.
Gréat Bárrier Rèef *n.* [the ～] グレートバリアリーフ, 大堡礁《オーストラリア北東部, Queensland 海岸沿いの世界最大の珊瑚(さんご)礁; 長さ 2,000 km》.
Gréat Básin *n.* [the ～] グレートベースン《米国西部, Nevada 州の大部分と Utah, California, Oregon, Idaho 諸州の一部を含む大盆地; この中に Death Valley などがある; 面積 490,000 km^2》.
Gréat Básin Nátional Párk *n.* グレートベースン国立公園《米国 Nevada 州東部の国立公園; Wheeler Peak (3,982 m) を中心とする》.
Gréat Béar *n.* [the ～] 〖天文〗おおぐま(大熊)座 (⇨ Ursa Major). 〖1551〗
Gréat Béar Láke *n.* グレートベアー湖《カナダ北西部の湖; 1,792 km^2》.
gréat-bèllied *adj.* 《古》妊娠して. 〖1440〗
Gréat Bélt *n.* [the ～] 大ベルト海峡《デンマークの Sjælland 島と Fyn 島の間の海峡で北海の Kattegat 海峡とバルト海とを結ぶ海峡の一つ; 長さ 64 km, 幅平均 16 km; cf. Little Belt》.
Gréat Bíble *n.* [the ～] 大聖書《Coverdale を監訳者として 1539 年に出版された大型版聖書; 1540 年出版の第 2 版からは Cranmer の序文が付けられたので Cranmer's Bible ともいう》. 〖1553〗
gréat bláck-bàcked gúll *n.* 〖鳥類〗オオカモメ (*Larus marinus*)《北ヨーロッパの海岸地域に生息するカモメ科最大の鳥; 背と翼が黒い》.
gréat bláck cóckatoo *n.* 〖鳥類〗ヤシオウム (*Probosciger aterrima*)《大形のオウムで羽毛が黒色; ニューギニア・オーストラリア北部産; palm cockatoo ともいう》.
gréat blúe héron *n.* 〖鳥類〗オオアオサギ (*Ardea herodias*)《南・北アメリカ産》. 〖1835〗
Grèat Brítain *n.* **1** 大ブリテン(島)《イギリス諸島最大の島で, England, Scotland, Wales を含む》. ★政治的には Wight 島, Hebrides 諸島, Orkney 諸島, Scilly 諸島, Shetland 諸島を含み, 時として Channel 諸島, Man 島を含めることもある. **2** 《俗用》=United Kingdom. 〖(*c*1400): 対岸フランスの Brittany (=Little Britain) と区別した名称〗
gréat bústard *n.* 〖鳥類〗ノガン (*Otis tarda*)《ヨーロッパ・アジア産のガン; 重さ 13 kg 以上, 翼を広げると 2.5 m 位になる》.
gréat cálorie *n.* 〖物理化学〗大カロリー (⇨ calorie 1 b).
gréat célandine *n.* 〖植物〗クサノオウ (⇨ celandine 1).
gréat cháir *n.* 肘掛け椅子 (armchair).
Gréat Chám *n.* **1** 《古》韃靼(だったん)王. **2** 大御所: the ～ of Literature ジョンソン博士 (Dr. Johnson) のあだ名《Smollet の用いた言葉から》/ H. W. Fowler was the ～ of English usage. H. W. ファウラーは英語の語法の大御所だった. 〖1759〗
Gréat Chárter *n.* [the ～] =Magna Charta 1.
gréat círcle *n.* **1** (球面上の)大円, 大圏《球の中心を通る平面と球面との交わりとして得られる円》. **2** 〖地球物理》(地球面上の)大圏《地球面上の 2 点と地球の中心点を含む平面によって地球の表面を切った線で, 孤の一方が 2 点間の最短距離; cf. small circle》. 〚1594〛

gréat-círcle chàrt *n.* 〘海事〙心射図, 大圏図 (gnomonic projection)《地球上の任意の 2 点を結ぶ大圏がすべて直線で表される図; 地球上の 2 点間の最短距離を知るのに便利》.

gréat-círcle sàiling *n.* 〘海事〙大圏航法《地球の大圏上を航行する方法》.

gréat·còat *n.* **1** 大外套(がいとう)《厚地の外套; cf. topcoat》. **2** 温かい上着《毛皮の裏打ちがあるときもある》. **～·ed** *adj.* 〚1661–85〛

Gréat Cómmoner, g- C- *n.* [the ～] 偉大なる下院議員《英国で William Pitt (1708–78); 後には Gladstone のあだ名; 米国では Henry Clay, Thaddeus Stevens などのあだ名》.

gréat cóuncil *n.* **1** 〘英史〙(ノルマン王朝時代の)王政庁大会議, 全国評議会, 封臣会議《アングロサクソン時代の witenagemot の後身で, 聖俗の全貴族から成る国王の諮問機関; cf. Curia Regis》. **2** (昔のイタリアの)市[町]議会. **3** (アメリカインディアンの)酋長会議. 〚ME〛

gréat crésted grébe *n.* 〘鳥類〙カンムリカイツブリ (*Podiceps cristatus*)《ユーラシア大陸にすむ大形のカイツブリ》.

gréat cústom *n.* 〘英〙昔輸出入品に課せられた関税.

Gréat Dáedala *n.* 〘ギリシャ史〙大ダイダラ (⇨ Daedala).

Gréat Dáne *n.* グレートデーン《イノシシ猟や作業に用いられる大形のイヌ》. 〚1774〛

Gréat Dáy *n.* [the ～] 最後の審判日 (the Judgment Day). 〚1542–45〛

Gréat Depréssion *n.* [the ～]〘経済〙大恐慌《1929 年 10 月米国に始まった経済不況; 単に the Depression ともいう》.

Gréat Dísmal Swámp *n.* =Dismal Swamp.

Gréat Divíde, g- d- *n.* **1** [the G- D-]〘地理〙大分水界; (特に)北米大陸分水嶺 (Continental Divide)《Rocky 山脈》. **2** (併置された二つのものの間にある)際立った[重大な]対立[相違, 区分]点; (運命を決する)重大時期, 危機 (crisis); 《婉曲》生死の境, 死. ***cróss the Gréat Divíde*** 幽明境(さかい)を異にする, 死ぬ. 〚1868〛

Gréat Divíding Ránge *n.* [the ～] 大分水山脈《オーストラリア東岸に沿って, Queensland 州, New South Wales 州, Victoria 州にわたる山脈; Eastern Highlands ともいう》.

Gréat Dóg *n.* [the ～]〘天文〙おおいぬ(大犬)座 (⇨ Canis Major). 〚1594〛

Gréat Eléctor *n.* [the ～] 大選帝侯 (⇨ Frederick William).

great·en /gréɪtn/ 《古・文語》*vt.* 大きくする, 偉大にする; 増大する (increase), 拡大する (enlarge). **—** *vi.* 大きくなる, 偉大になる; 増大する, 拡大する. 〚(?a1200)) (1614) *grete(n)*; cf. OE *grēatian*〛

Gréat Éntrance *n.* 〘東方正教会〙大聖入, 大入堂, 奉献の行進《Eucharist の際に未聖別のパンとぶどう酒を奉献台 (prothesis) から聖壇に携え運ぶ荘厳な入堂行進; cf. Little Entrance》.

Great·er /gréɪṭə | -tə(r)/ *adj.* 大…《中心となる地域に周辺を含めたものをいうときに用いる》: ⇨ Greater London, Greater New York.

Gréater Antílles *n. pl.* [the ～] 大アンチル諸島《西インド諸島中の列島; Cuba, Jamaica, Hispaniola および Puerto Rico の島々から成る; cf. Lesser Antilles》.

Gréater Bairám *n.* 〘イスラム教〙大バイラム祭 (⇨ Bairam).

gréater célandine *n.* 〘植物〙クサノオウ (swallowwort ともいう; ⇨ celandine 1; cf. lesser celandine).

gréater circulátion *n.* 〘生理〙大循環, 体循環 (cf. lesser circulation, pulmonary circulation).

gréater cúrvature *n.* 〘解剖〙(胃の)大湾(だいわん) (cf. lesser curvature).

Gréater Khíngan Móuntains *n. pl.* [the ～] 大シアンアンリン山脈 (⇨ Khingan Mountains).

Gréater Lóndon *n.* 大ロンドン《City of London と 13 の Inner London borough (自治区), 19 の Outer London borough から成る首都圏; 1965 年 City および Middlesex のほぼ全域, Essex, Kent, Hertfordshire, Surrey の一部を合併して成立; 面積 1,579 km²; ⇨ London》.

Gréater Mánchester *n.* 大マンチェスター《イングランド中西部の州; 1974 年に新設されたが, 1986 年に自治体機能は廃止された; Manchester 市およびその周辺部よりなる; 面積 1,285 km², 中心地 Manchester》.

Gréater Nèw Yórk *n.* 大ニューヨーク《1898 年旧来の Manhattan 島上の New York に周辺の 4 区 (the Bronx, Brooklyn, Queens, Staten Island) を加えてできた区域; 現在 New York City と同義; 通俗にはそれに周囲の郊外地を加えてこう呼ぶこともある》.

gréater oméntum *n.* 〘解剖〙大網《胃の大湾(だいわん)から横行結腸に至る腸間膜の一部で, 目につきやすい前垂れ状の部分; caul gastrocolic omentum ともいう; cf. lesser omentum》.

gréater scáup *n.* 〘鳥類〙スズガモ (⇨ scaup duck).

gréater shéarwater *n.* 〘鳥類〙ズグロミズナギドリ (*Puffinus gravis*)《大西洋産のミズナギドリ科の鳥》.

Gréater Súnda Íslands *n. pl.* [the ～] 大スンダ列島《Sunda Islands 中の列島; Java, Sumatra, Borneo, Celebes および付近の島々から成る; 面積 1,333,722 km²; cf. Lesser Sunda Islands》.

Gréater Wóllongong *n.* =Wollongong.

gréater yéllowlegs *n.* (*pl.* ～)〘鳥類〙オオキアシシギ (*Tringa melanoleuca*)《北米産》. 〚1909〛

great·est /gréɪṭɪst | -tɪst/ *adj.* great の最上級. **—** *n.* 《口語》[the ～] 最もすばらしい人[物] (⇨ great *n.* 2 b). 〚(*c*1300): ⇨ -est〛

gréatest cómmon divísor *n.* [the ～]〘数学〙=greatest common measure (略 GCD, g.c.d., gcd). 〚1924〛

gréatest cómmon fáctor *n.* [the ～]〘数学〙最大公因数, 最大公約数 (略 GCF, g.c.f., gcf; highest common factor ともいう).

gréatest cómmon méasure *n.* [the ～]〘数学〙最大公約数 (略 GCM, g.c.m., gcm; greatest common divisor ともいう).

gréatest háppiness prìnciple *n.* [the ～]〘哲学〙(最大多数の)最大幸福の原理《行為は最大多数の人に最大幸福をもたらす限り正しいとする倫理原理; cf. utilitarianism》.

gréatest-ínteger fùnction *n.* [the ～]〘数学〙最大整数関数《各実数 x にそれを超えない最大の整数 $[x]$ を対応させる関数; cf. Gauss' notation》.

gréatest lówer bóund *n.* [the ～]〘数学〙最大下界(かかい), 下界, 下端 (略 glb; infimum ともいう; cf. bound¹ 4).

Gréat Exhibítion *n.* [the ～] (1851 年に London の Hyde Park の Crystal Palace で開かれた)万国大博覧会, 大英博覧会.

Gréat Expectátions *n.* 「大いなる遺産」《Dickens の自伝的小説 (1860–61)》.

Gréat Fálls *n.* グレートフォールズ《米国 Montana 州中部, Missouri 川に臨む工業都市》.

gréat fée *n.* 〘封建法〙(国王)直属受封地《国王から直接受けた領地》.

Gréat Fíre *n.* [the ～] ロンドンの大火《1666 年 9 月の大火; London の大部分を焼いた》.

gréat fórty dáys *n. pl.* [the ～] 復活祭 (Easter) から昇天日 (Ascension Day) までの 40 日. 〚1844〛

gréat gáme *n.* [the ～] **1** ゴルフ (golf). **2** スパイ活動. 〚1866〛

Gréat Gáts·by, The /-gǽtsbi/ *n.* 「偉大なる[華麗なる]ギャツビー」(F. S. Fitzgerald の長編小説 (1925)).

Gréat Glén *n.* [the ～] グレートグレン《スコットランド北部を南西から北東へ横切る大谷; Ness 湖を含む; Glen More ともいう》.

gréat gó *n.* [the ～]《英古》=greats (⇨ great *n.* 3). 〚1820〛

gréat-grándchild *n.* ひ孫, 曾孫. 〚1753〛

gréat-gránddaughter *n.* (女の)ひ孫, ひ孫娘. 〚1753〛

gréat-grándfather *n.* 曾祖父, ひじじ. 〚1513〛

gréat-grándmother *n.* 曾祖母, ひばば. 〚1530〛

gréat-grándparent *n.* 曾祖父[母]. 〚1883〛

gréat-grándson *n.* (男の)ひ孫, 曾孫. 〚1716〛

gréat gráy ówl *n.* 〘鳥類〙カラフトフクロウ (*Strix nebulosa*)《寒帯林にすむ大形の頭の丸いフクロウ》.

gréat gráy shríke *n.* 〘鳥類〙オオモズ (*Lanius excubitor*)《ユーラシア・北米・アフリカ北部産のモズ科の灰色をした大形の鳥》.

gréat-gréat- great- の示す親族関係より更に一代遠い関係を示す連結形《一代遠ざかるごとに great- を一つずつ増していく》: a *great-great*-granddaughter 孫の孫娘 / a *great-great*-great-uncle 祖父の大おじ.

gréat gróss *n.* 大グロス (12 グロス; 1,728 個). 〚1640〛

gréat gróup *n.* 〘土壌〙大群《最近における米国の包括的土壌分類体系の中で, 高次の分類単位; cf. great soil group》. 〚1960〛

gréat gún *n.* =big gun 1. ***blow great guns*** ⇨ blow¹ 成句. ***go great guns*** ⇨ gun の成句.

Gréat Háre *n.* [the ～] =Manabozho.

gréat·héarted *adj.* **1** 心の大きい, 寛大な, 高潔な (magnanimous). **2** 勇敢な, 勇気のある (courageous); 元気のよい. **～·ly** *adv.* **～·ness** *n.* 〚*c*1395〛

gréat hórned ówl *n.* 〘鳥類〙アメリカワシミミズク (*Bubo virginianus*)《北米・南米産の大形のミミズク》. 〚1812〛

gréat hóuse *n.* 《英・米南部》[the ～] 村一番の豪家; (農園などの)母屋. 〚1809–10〛

gréat húndred *n.* [the ～] 120 (long hundred).

Gréat Índian Désert *n.* [the ～] =Thar Desert.

Gréat Ínquest *n.* [the ～] =Great Assize.

Gréat Karróo *n.* [the ～] グレートカルー (⇨ karroo 3).

Gréat Khíngan Móuntains *n. pl.* [the ～] 大シアンアンリン山脈 (⇨ Khingan Mountains).

Gréat Lákes *n. pl.* [the ～] 五大湖《東から順に Ontario, Erie, Huron, Michigan, Superior; 米国内の Michigan 以外はカナダと米国の境にある》.

Gréat Láke Stàte *n.* [the ～] 米国 Michigan 州の俗称.

gréat láurel *n.* 〘植物〙=big laurel 2.

Gréat Léap Fórward *n.* [the ～] 大躍進《中国で 1958 年から始まった毛沢東による急進的な社会主義建設運動; 農業生産力の限界を無視した政策は農村の荒廃を招き改策の失敗の責任をとり毛沢東は国家主席を辞任》. 〚1958〛

gréat lobélia *n.* 〘植物〙オオロベリアソウ (*Lobelia siphilitica*)《米国東部産の暗青色の花をつける丈の高いキキョウ科サワギキョウ属の多年草》.

great·ly /gréɪtli/ *adv.* **1** [通例, 動詞・過去分詞・比較級とともに用いて] 大いに, 非常に, はるかに (much, very): be ～ esteemed 大いに重んじられる[尊重される] / be ～ superior はるかにすぐれている. **2** 偉大に, 気高く, 高尚に (nobly), 寛大に. 〚(?a1200): ⇨ -ly¹〛

Gréat Mógul *n.* **1** [the ～] ムガール帝国 (Mogul Empire) の皇帝の称号. **2** [g- m-] 大立者, 大人物. 〚1588〛

gréat múllein *n.* 〘植物〙ビロウドモウズイカ (*Verbascum thapsus*)《ゴマノハグサ科の一年草で牧場の雑草》.

gréat-néphew *n.* =grandnephew. 〚1581〛

great·ness /gréɪtnɪs/ *n.* **1** 偉大さ; 偉業: achieve ～ 偉業をなし遂げる. **2** 重大さ, 重要性. 〚(*c*1020): ⇨ -ness〛

gréat-níece *n.* =grandniece. 〚1884〛

gréat nórthern díver *n.* 〘鳥類〙=common loon.

gréat óctave *n.* 〘音楽〙大字オクターブ, 平仮名オクターブ《小字オクターブ (small octave) よりオクターブ低い各音》. 〚1854〛

gréat órgan *n.* グレートオルガン《パイプオルガンの特に大きい音を奏出する多くの音栓をもつ主要部分; またその部分を操作する鍵盤》.

G

Gréat Óuse *n.* =Ouse².

Gréat Plágue *n.* [the ～] 大疫病《1664–65 年に London で大流行したペストで, 約 7 万人が死亡; Great Plague of London ともいう》.

Gréat Pláins *n. pl.* [the ～] 大草原《北米 Rocky 山脈東方 Mississippi 川に至る米国・カナダにわたる広大な草原地帯》.

Gréat Pówer *n.* 強国; [the ～s] 世界の大国, 列強. 〚1735–38〛

gréat póx *n.* =pox 2.

gréat prímer *n.* 〘活字〙グレートプライマー《活字の大きさの古い呼称; 18 アメリカンポイントに相当; 昔この大きさの活字で聖書を印刷したことから Bible text ともいう; ⇨ type 10 ★》. 〚1683〛

Gréat Proletárian Cúltural Revolútion *n.* [the ～] (中国の)プロレタリア文化大革命.

Gréat Pýramids *n. pl.* [the ～] (エジプト Giza の)大ピラミッド《三つありその中で Pyramid of Cheops が最大; cf. Seven Wonders of the World》.

Gréat Pýrenees *n.* 〘動物〙(*pl.* ～) グレートピレネーズ《Pyrenees 原産の大きな番犬または牧羊犬, 英国では Pyrenean mountain dog ともいう》. 〚1938〛

Gréat Rebéllion *n.* [the ～]〘英史〙大反乱《英国の Civil War すなわち清教徒革命 (Puritan Revolution) の別称》.

Gréat Réd Spòt *n.* [the ～]〘天文〙(木星の)大赤斑 (Red Spot).

Gréat Ríft Válley *n.* [the ～] 東部アフリカ大地溝帯《アジア南西部, Jordan 河谷からアフリカ東部 Mozambique に至る》.

gréat róom *n.* =family room. 〚1978〛

gréat rósebay [rhododéndron] *n.* 〘植物〙=big laurel 2.

Gréat Rússian *n.* **1** 大ロシア人《ロシア民族の主要種族; 旧ソ連邦ヨーロッパの中部と北部地方に住む; cf. Little Russian》. **2** 大ロシア語《主に旧ソ連邦ヨーロッパの中部と北東部地方で使用される主要なロシア語方言; 官用語; cf. Belorussian, Ukrainian》. **—** *adj.* **1** 大ロシア人の. **2** 大ロシア語の. 〚1854〛

gréat sállow *n.* 〘植物〙サルヤナギ (*Salix caprea*)《ヨーロッパから中央アジアにかけて分布するヤナギ》.

Gréat Sált Désert *n.* [the ～] グレートソルト砂漠 (Dasht-e-Kavir の別称).

Gréat Sált Láke *n.* グレートソルト湖《米国 Utah 州北西部にある西半球最大の塩水湖; 面積 5,180 km², 単に Salt Lake ともいう》.

Gréat Sàlt Láke Désert *n.* [the ～] グレートソルトレーク砂漠《米国 Utah 州西部 Great Salt 湖から Nevada 州境まで 175 km にわたって延びる不毛地帯》.

Gréat Sánd Dùnes Nátional Mónument *n.* [the ～] グレートサンドデューンズ国定記念物《米国 Colorado 州中南部 Sangre de Cristo 連山の西側に位置; 高さ 200 m に達する砂丘がある》.

Gréat Sándy Désert *n.* [the ～] **1** =Rub'al Khali. **2** グレートサンデー砂漠《オーストラリア Western Australia 州北中部の砂漠地帯; 面積 647,500 km²》.

Gréat Schísm *n.* [the ～]〘キリスト教〙**1** ローマ教会の大分裂 (1378–1417; Avignon と Rome にそれぞれ教皇がいて反目; Schism of the West ともいう). **2** 東西教会の分裂[分離] (1054)《ローマカトリック教会とギリシャ正教会[東方正教会]の分裂; Schism of the East ともいう》.

gréat séal *n.* **1** 国璽(こくじ) (seal of state). **2** [the G- S-] **a** (英国の)国璽尚書 (cf. Lord Keeper). **b** (英国の)国璽尚書の職[地位]. 〚*c*1400〛

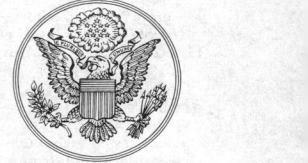

great seal of the United States

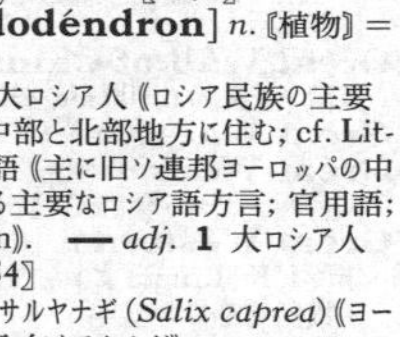

gréat skúa *n.* 〘鳥類〙オオトウゾクカモメ (*Catharacta skua*)《南北極地で繁殖する大形のトウゾクカモメ; 他の鳥を襲いえさを奪う》. 〚1954〛

Gréat Sláve Láke *n.* グレートスレーブ湖《カナダ Northwest Territories にある大湖; 面積 28,400 km²》.

Gréat Sláve Ríver *n.* [the ～] =Slave River.

Gréat Smókies *n. pl.* [the ～] =Great Smoky Mountains.

Gréat Smóky Móuntains *n. pl.* [the ～] グレートスモーキー山脈《米国 North Carolina 州と Tennessee 州にまたがる山脈; Appalachian 山系の一部で最高峰 Clingmans Dome (2,025 m)》.

Gréat Smóky Móuntains Nátional Párk *n.* グレートスモーキー山岳国立公園《米国 North Carolina 州西部から Tennessee 州東部にわたり, 山岳地帯と原始林で有名; 1930 年指定; 面積 2,091 km²》.

Gréat Socíety *n.* [the ～] 偉大な社会《米国の L. B. Johnson 大統領が 1965 年に掲げた教育改革・貧困追放などの社会・経済政策》.

gréat sóil gròup *n.* 〖土壌〗大土壌群《米国で長年用いられていた土壌分類の高次分類単位; cf. great group》.

Gréat Spírit *n.* [the ～] アメリカインディアンの守護神.

gréat spótted wóodpecker *n.* 〖鳥類〗アカゲラ (*Dendrocopos major*)《ヨーロッパ・アジア産; 背面は黒, 肩やつばさに白い斑点があり, 下腹部は赤い》.

Gréat St. Bernárd Páss *n.* [the ～] 大サンベルナール峠《スイス南西部とイタリア北西部との間の Alps の山道; 1800 年 Napoleon 軍がここを越えた; 高さ 2,469 m》.

Gréat Stóur *n.* =Stour³.

Gréat Súnda Íslands *n. pl.* [the ～] =Greater Sunda Islands.

gréat tít *n.* 〖鳥類〗シジュウカラ (*Parus major*).

gréat tóe *n.* 足の親指. ★ 今は big toe が普通.

Gréat Trék *n.* [the ～]〖南ア史〗グレートトレック《英国人の支配から逃れるために, およそ 1836–45 にかけて Boer 人が行った Cape 植民地からの移動》.

gréat-úncle *n.* =granduncle. 〖1438〗

Gréat Univérsal Stóres *n.* グレート ユニバーサル ストアーズ《英国の通信販売会社; 略 GUS》.

Gréat Unknówn *n.* [the ～] 偉大なる匿名作家《その実名が知れるまで *Waverley Novels* の作者 Sir Walter Scott に与えられた名》.

gréat unwáshed *n.* [the ～; 集合的]〖軽蔑〗下層社会, 下層民 (the populace), 賤民 (cf. unwashed). 〖1830〗

gréat vással *n.* (王の)直臣.

Gréat Véhicle *n.* [the ～]〖仏教〗大乗(仏教) (⇨ Mahayana). 〖《なぞり》← Skt *mahāyāna*〗

Gréat Victória Désert *n.* [the ～] グレートビクトリア砂漠《オーストラリアの Western Australia 州南東部から South Australia 州西部にわたる砂漠地帯; 面積 323,750 km², 海抜 150–300 m》.

Gréat Vówel Shìft *n.* [the ～]〖言語〗大母音推移《ME name /nɑ́ːmə/ が ModE で /nǽːm/, /nɛ́ːm/, /néːm/ を経て /néɪm/ に変わったような, 長母音の舌の位置が高くなり, また /iː/, /uː/ が二重母音化して /aɪ/, /aʊ/ となったような一連の音韻変化をいう; Jespersen の用語》. 〖1909〗

Gréat Wáll of Chína *n.* [the ～] (中国の)万里の長城《全長約 6,700 km; the Chinese Wall ともいう》.

Gréat Wár *n.* [the ～] =World War I.

Gréat Wèek *n.* [the ～]〖東方正教会〗=Holy Week. 〖《1659》《なぞり》← LGk *megálē hebdomás*〗

Gréat Wéstern *n.* [the ～] グレートウェスタン《1838 年に I. K. Brunel によって建造された外輪船; 最初の大西洋横断客船》.

gréat whéel *n.* 〖時計〗一番車《動力軸に取り付けられた歯車》.

Gréat Whíte Fáther *n.* **1** 米国の大統領《アメリカインディアンが使った俗称》. **2** 権力者, 権門.

gréat whíte héron *n.* 〖鳥類〗オオシロサギ (*Ardea occidentalis*)《北米産大形白色のサギ》.

gréat whíte shárk *n.* 〖魚類〗ホオジロザメ (*Carcharodon carcharias*)《太平洋・大西洋の熱帯に分布するネズミザメ科の大形のサメ; 人を攻撃するといわれる; 俗に man-eater ともいう》. 〖1931〗

gréat whíte tríllium *n.* 〖植物〗オオバナエンレイソウ (*Trillium grandiflorum*)《米国東部・中部産のユリ科の植物; 花は白色で後ばら色に変わる》.

Gréat Whíte Wáy *n.* [the ～] ⇨ Broadway 2.

Gréat Yármouth *n.* グレートヤーマス《イングランド東部, Norfolk 州の海港で海水浴場; ニシン漁の中心地; Yarmouth ともいう》.

gréat yéar *n.* 〖天文〗=Platonic year. 〖《a1387》《なぞり》← L *annus magnus* ← GK *mégas eniautós*〗

greave /gríːv/ *n.* [通例 *pl.*] (よろいの)すね当て (⇨ armor, hoplite 挿絵). **greaved** *adj.* 〖《1345–49》 *greves* (pl.) ← OF *greve* shin, greave ← ? Gmc: cf. Sp. *greba, greva*〗

greaves /gríːvz/ *n. pl.* 脂肪のかす (cracklings)《犬の食物・魚のえさに用いる》. 〖《1614》□ (M)LG *greven* (pl.) ← *greve* refuse of tallow ← Gmc *ʒreub-* ← ? IE **ghrebh-* to dig: cf. OE *greofa* melting pot〗

Greaves /gríːvz/, **Jimmy** *n.* グリーヴス《1940– ; 英国のサッカー選手・スポーツ解説者; 正式名 James Peter Greaves》.

grebe /gríːb/ *n.* (*pl.* ～, ～**s**)〖鳥類〗カイツブリ《主に湖沼・入江にすむカイツブリ科の鳥の総称; カンムリカイツブリ (great crested grebe) など》. 〖《1766》□ F *grèbe* ← ?〗

gre·bo /gríːboʊ | -bəʊ/ *n.* 〖英俗〗グリーボ《長髪でわざとみすぼらしい服装をして粗野にふるまい, パンク系やヘビーメタルのロックを好む若者》. 〖《c1985》← ? GRE(ASER)＋(DUM)-BO〗

grece /gríːs/ *n.* 〖廃・方言〗階段. 〖《?a1300》 *gres* □ OF *greis* (pl.) ← *gré* step: ⇨ gree¹〗

Gre·cian /gríːʃən/ *adj.* ギリシャの; ギリシャ人の (Greek). ★ 今は建築・美術・人の顔形および特定の句にのみ用いる: ～ architecture ギリシャ建築 / a ～ profile ギリシャ型横顔. — *n.* **1** 《古》ギリシャ化したユダヤ人 (Grecian Jew) (*Acts* 6: 1); ギリシャ人 (Greek). **2** ギリシャ語学者[文学者]; ギリシャ語に堪能な人. **3** (英国の Christ's Hospital で)最上級[六学年]生. 〖《c1485》← L *Graecia* 'GREECE'＋-AN¹〗

Grécian bénd *n.* 《英》(1870 年ごろに女性の間に流行した)歩くときに上体を少し前屈にした姿勢《Milo の Venus 像の姿勢を模するものと想像される》. 〖1821〗

Grécian gíft *n.* =Greek gift.

Gre·cian·ize, g- /gríːʃənàɪz/ *v.* =Grecize. 〖1611〗

Grécian knót *n.* 《英》ギリシャ束髪《古代ギリシャ風を模した頭の後に束ねるもの》. 〖1931〗

Grécian nóse *n.* ギリシャ鼻《鼻柱の線が額から一線になっている; ⇨ nose 挿絵》. 〖1830〗

Grécian sándal *n.* グリーシャンサンダル《古代ギリシャのサンダルに似たフラットシューズ; イブニングやリゾートに用いる》.

Grécian slípper *n.* 《英》グリーシャンスリッパ《底の浅い柔らかい浅ぐつ》. 〖1926–27〗

Gre·cism /gríːsɪzm/ *n.* **1** 《他国語中の》ギリシャ語法, ギリシャ語風の表現. **2** (芸術・文化に表れた)古代ギリシャ精神, ギリシャ風. **3** ギリシャ文化[様式]の模倣. 〖《c1450》□ ML *Graecismus*: ⇨ Greek, -ism〗

Gre·cize, g- /gríːsaɪz/ *vt.* **1** ギリシャ風[式]にする. **2** ギリシャ語に翻訳する. — *vi.* ギリシャ風になる; ギリシャ語法[習慣など]にならう. 〖《1692》□ ML *Graecizāre*: ⇨ Greek, -ize〗

Greco, El *n.* ⇨ El Greco.

Grec·o- /grékoʊ, gríːk- | gríːkəʊ, grék-/「ギリシャ(人); ギリシャと…との」の意の連結形. 〖← L *Graecus* 'GREEK'〗

Grec·o·ma·ni·ac /grèko(ʊ)méɪniæk, grìːk- | grìːkə(ʊ)-, grèk-/ *n.* ギリシャ心酔家. 〖1897〗

Grèco-Róman *adj.* ギリシャとローマの; ギリシャの影響を受けたローマの: ～ art. — *n.* 〖レスリング〗=Greco-Roman wrestling.

Gréco-Ròman wréstling *n.* 〖レスリング〗グレコローマン(スタイル)《ギリシャ・ローマ時代から始まったといわれるレスリングで, 腰から下に手をかけたり足をからめたりすることは禁じられている; cf. catch-as-catch-can》. 〖1888〗

gree¹ /gríː/ *n.* **1** 《スコット・古》**a** 優越, 優秀 (superiority), 制圧 (mastery), 勝利 (victory). **b** 賞品 (prize): bear the ～ 賞品を取る. **2** 《廃》(特に, 社会階級での)地位; 階層 (step, grade). 〖《?a1300》 *gre* □ OF *gré* < L *gradum* step: cf. grade〗

gree² /gríː/ *n.* 《廃》**1** 好意, 恩恵 (goodwill, favor): in ～ 好意で, 親切から; 善意に. **2** (損害・被害の)賠償 (satisfaction): do [make] ～ 損害を償う. 〖《c1300》 *gre* □ (O)F *gré* < LL *grātum* (neut.) ← *grātus* pleasing, grateful: cf. grace〗

gree³ /gríː/ *vt., vi.* (**greed; gree·ing**)《廃・スコット》= agree. 〖《a1425》《頭音消失》← AGREE: cf. F *gréer*〗

Greece /gríːs/ *n.* ギリシャ《ヨーロッパ南東部, Balkan 半島の南端部を占める共和国; 古代ギリシャ語名 Hellas, 現代ギリシャ語名 Ellás; 面積 131,944 km², 首都 Athens; 公式名 the Hellenic Republic ギリシャ共和国》. 〖□ L *Graecia* ← *Graecus* 'GREEK': ⇨ -ia¹ 3〗

greed /gríːd/ *n.* **1** 貪欲, 欲張り, 強欲 (covetousness, avarice): one's ～ *of* gain [money] 利得[金銭]欲. **2** 食い意地; 大食い (gluttony). 〖《1609》《逆成》← GREEDY: cf. OE *grǣdum* (dat. pl.) with greediness〗

gréed·i·ly /-dəli, -dli | -dəli, -dl-/ *adv.* 欲張って, 欲深く; むさぼって, 意地きたなく: eat ～ がつがつ食う. 〖OE *grǣdelīce, grǣdi(g)līce*〗

gréed·i·ness *n.* **1** 食をむさぼること, 意地きたないこと, 食いしんぼう (voracity). **2** 貪欲, 強欲, 欲張り, 欲深 (covetousness). **3** 渇望, 熱望 (eagerness): one's ～ *for* knowledge 知識欲. 〖OE *grǣdignes*〗

gréed·less *adj.* 欲のない, 無欲な.

greed·y /gríːdi | -di/ *adj.* (**greed·i·er; -i·est**) **1** 食い意地の張った, 食いしんぼうの: a ～ boy / He is not hungry, merely ～. 腹がすいているんではなくて食い意地が張っているだけだ. **2** 貪欲な, 欲の深い, 強欲な〔*for*〕: be ～ *for* gain 強欲に利得を求める / cast ～ eyes (up)on … をいかにもほしそうに見る. **3** 切望する, 渇望する, 熱望する〔*for*〕; しきりに…したがる: be ～ *for* praise 賞賛を切望する / be ～ *for* love 切に愛情を求める / It was ～ *of* them *to* ask for more. もっと欲しがるなんて貪欲だ. 〖OE *grǣdig* *grǣdig* < Gmc **ʒrēðaʒaz* ← **ʒrēðuz* hunger, greed (ON *grāðr* hunger / Goth. *grēdus*) ← ? IE **gher-* to like: cf. greed〗

SYN 貪欲な: **greedy** ある物をむやみに所有したがる《最も意味の広い語》: He is *greedy* for fame. むやみに名声を欲しがっている. **avaricious** 非常にけちで富をむやみに欲しがる《格式ばった語》: an *avaricious* man 欲の深い男. **grasping** 〖軽蔑〗できるだけ多くの金を欲しがり, 使うのをいやがる: a *grasping* old woman 握り屋の老女. **acquisitive** 新しい所有物を獲得するのが好きな《格式ばった語》: the *acquisitive* instinct 取得本能. **covetous** 特に, 他人の物をむやみに欲しがる: I am *covetous* of her beauty. 彼女の美しさがうらやましくてならない.
ANT self-denying, renouncing.

gréedy-gùts *n. pl.* [単数扱い]《英俗》大食家. 〖1550〗

gree·gree /gríːgrìː/ *n.* =gris-gris. 〖1698〗

Greek /gríːk/ *adj.* **1** ギリシャ(人)の; ギリシャ(人)風の (Hellenic): the ～ mind ギリシャ精神. **2** ギリシャ語の. **3** ギリシャ文字[に関する]. **4** ギリシャ正教会[東方正教会]の. — *n.* **1** ギリシャ人, (特に)古代ギリシャ人: When ～ meets ～, then comes the tug of war. 《諺》両雄相まみえれば激闘が起きる. **2 a** ギリシャ語: Ancient [Classical] ～ 古代[古典]ギリシャ語《紀元 200 年ごろまで》/ Late ～ 後期ギリシャ語《6 世紀まで; 9 世紀ごろまでの初期ビザンチン時代および教父文学のギリシャ語を指すこともある》/ Medieval [Middle] ～ 中世ギリシャ語《15 世紀末まで》/ Neo-Greek =New ～ 近代ギリシャ語《16 世紀初めから現在まで》/ Modern ～ 近代ギリシャ語 (Neo-Greek); 現代ギリシャ語《口語的な Demotic と文語的な Katharevusa に分かれる; cf. Romaic》. **b** 古代[古典]ギリシャ語. **3 a** 古代ギリシャ人的精神[気質, 見識]の人, ギリシャ文化[精神]を身につけた人. **b** 古代ギリシャ彫刻を思わせる容貌の人. **4** 〖← L《諺》*Graecum est; non potest legi* It is Greek; it cannot be read〗《口語》全く意味のわからない言葉, ちんぷんかんぷん (gibberish): That is all ～ *to* me. それは私にはさっぱりわからない (cf. Shak., *Caesar* 1. 2. 284). **5** 《米口語》Greek-letter fraternity [sorority] の会員. **6** ギリシャ正教会[東方正教会]信者. **7** 〖cf. F *grec*〗[しばしば g-]《古》詐欺師 (swindler), ぺてん師 (sharper); トランプでいかさまをする男.

～·ness *n.* 〖ME *Grek* ← OE *Grēcas* (pl.) < Gmc **Krēkaz* □ L *Graecus* □ Gk *Graikós*《原義》inhabitants of Graia (Boeotia の一地方)〗

Gréek cálends *n. pl.* [the ～] ★ 次の成句に用いて: **on [at] the Gréek cálends** ギリシャ暦の一日(ついたち)がきたら; いつまで経っても決して…しない (never)《古代ギリシャ暦にはローマ暦にある calends という名称がないことから》: The debt will be paid *on the* ～. 負債はみそかに月が出たら返す《決して返さない》. 〖《a1649》← L (*ad*) *kalendas Graecas* (*solvere*)《原義》to pay at the Greek calends〗

Gréek Cátholic *n.* **1** ギリシャ正教会信者. **2** ローマ教会の教義を奉じながらギリシャ正教会の儀式や形式に従っている信者 (cf. Uniate). 〖1909〗

Gréek Chúrch *n.* [the ～] **1** 〖キリスト教〗ギリシャ(正)教会 (⇨ Orthodox Eastern Church). **2** (今のギリシャの国教である)ギリシャ(正)教会《東方正教会の一部を構成するギリシャの国教の呼称》. 〖1560〗

Gréek cóffee *n.* ギリシャコーヒー《細かいコーヒーかすのはいったきわめて強いブラックコーヒー》.

Gréek cróss *n.* ギリシャ十字《縦横が同寸法の十字 ⇨ cross¹ 挿絵》. 〖1725〗

Gréek Fáthers *n. pl.* [the ～] ギリシャ教父《ギリシャ語で著述した初期のキリスト教教父たち》. 〖1711〗

Gréek fíre *n.* **1** ギリシャ火(び)《東ローマ帝国の艦隊が敵艦その他の建造物焼払いに用いた燃焼物で硝石・硫黄(いおう)・れきせいなどの混合物; 水中でも燃えたといわれる》. **2** 燃焼(混合)物 (wildfire). 〖1828〗

Gréek frét *n.* 組格子(ごうし)模様; 雷紋(らいもん), ギリシャ雷紋 (Greek key). 〖1872〗

Gréek gíft *n.* 人を害するための贈物 (cf. Virgil, *Aeneid* 2: 49). 〖《1885》トロイの木馬 (Trojan horse) から〗

Gréek gód *n.* **1** ギリシャの神; 男性美の典型. **2** (Apollo 像などに見られる)頭全体を巻き毛にした短い髪型. 〖*a*1910〗

Gréek kálends *n. pl.* =Greek calends.

Gréek kéy *n.* =Greek fret.

Gréek·less *adj.* ギリシャ語を知らない: ～ Greek (Oxford 大学で)翻訳物のみによるギリシャ文学研究. 〖1891〗

Gréek-lètter fratérnity *n.* 《米》男子ギリシャ文字クラブ《大学生の社交または学術振興を目的とする通例全国的結社で会員の資格には種々の制限がある; その名称には Phi Beta Kappa (最古で最も有名)のように通例ギリシャ語のアルファベット 3 字を用いる》. 〖1898〗

Gréek-lètter soróṙity *n.* 《米》女子ギリシャ文字クラブ (⇨ Greek-letter fraternity).

Greek·ling /gríːklɪŋ/ *n.* 《古》くだらない[軽蔑すべき]ギリシャ人. 〖《1636》← GREEK＋-LING¹《なぞり》← L *Graeculus* (dim.) ← *Graecus* 'GREEK'〗

Gréek lóve *n.* 《俗》ギリシャ的愛, アナルセックス《男性間の肛門性交; Greek way ともいう》.

Gréek mállow *n.* =sidalcea.

Gréek Órthodox *adj.* =Eastern Orthodox. 〖1900〗

Gréek Órthodox Chúrch *n.* [the ～]〖キリスト教〗ギリシャ正教会 (⇨ Orthodox Eastern Church).

Gréek pártridge *n.* 〖鳥類〗ハイイロイワシャコ (*Alectoris graceca graceca*)《南フランス・ギリシャなどに分布するイワシャコ属の猟鳥; 羽毛により敵をカムフラージュする》.

Gréek Revíval *n.* [the ～] 〖建築〗《18 世紀後半から 19 世紀前半にかけて西ヨーロッパで流行した建築様式; 古代ギリシャのデザインを模倣したもの》. **Gréek Revívalism** *n.* **Gréek Revívalist** *adj., n.*

Gréek ríte *n.* [the ～]〖キリスト教〗ギリシャ式典礼《ギリシャ正教会と一部のローマカトリック教会で用いるギリシャ語による典礼様式; Byzantine rite ともいう; cf. Roman rite》.

Gréek sálad *n.* グリークサラダ《フェタチーズを載せ, オリーブオイルベースのドレッシングをかけたサラダ》.

Gréek shóp *n.* 《南アフリカ》食糧雑貨店, ドラッグストア. 〖*c*1929〗

Gréek wáy *n.* 《俗》=Greek love.

Gree·ley /gríːli/, **Horace** *n.* グリーリー《1811–72; 米国のジャーナリスト・政治家; *New York Tribune* 紙を創刊 (1841)》.

Gree·ly /gríːli/, **Adolphus Washington** *n.* グリー

リー《1844–1935; 米国の軍人, 北極探検家で気象学者》.

green /gríːn/ *adj.* (~·er; ~·est) **1 a** 緑(色)の, 草色の, エメラルド色の: a ~ coat / ~ ink. **b** 〈信号が〉青色の; 青信号の: ⇨ green light. 日英比較 信号機の *green light* は実際の色が *green* とは異なっていても用いる. また, 日本語の「青信号」の「青」は「青葉」の「青」と同じで緑も含んだ広い意味である. 日英ともに慣用化した表現(イギリスのものは「青緑」色をしている). **c** 万事好調な[に進んでいる]. **d** 《米》〈計画などが〉進められる; 〈機械などが〉順調に作動するようになっている: All systems are ~. すべての装置の作動準備が完了している.
2 緑に覆われた, 青々とした (verdant); (草木の)緑の目立つ: ~ fields, hills, etc.
3 環境[生態系]保護の[に関連した]; [時に G-] 〈政党などが〉自然保護を唱える.
4 a 〈果物など〉未熟な, 青い (unripe); 〈まぐさが〉青草の: ~ fruit / ⇨ green bean. **b** 〈肉が〉屠殺して取ったばかりの: ⇨ green meat. **c** 〈市場の魚が〉水揚げされたばかりの. **d** 〈各種の食料品や木材・皮など〉貯蔵加工していない (unseasoned), 未乾燥の (undried), 生(なま)の (unripened): ~ timber [wood] (未乾燥の)生材木 / ⇨ greenhide. **e** 〈酒・チーズなど〉熟成していない: ⇨ green cheese. **f** 〈れんが・陶器など〉生(なま)の, 素地(きじ)の《成形体で乾燥, 焼成前の状態をいう》: ~ bricks [pottery]. **g** 〈セメント・モルタルなど〉まだ十分固まっていない. **h** 〘冶金〙未焼結の: a ~ pellet 未焼結ペレット.
5 a 若い, 未熟な, うぶな, 未経験な (⇨ young SYN): the ~ years 青年期 / a ~ youth 青二才 / a ~ hand 未熟者 / (as) ~ as grass 全くの青二才で, 世間知らずで / "When I was ~ in judgement" (Shak., *Antony*, 1. 5. 73–4) 判断が未熟なころ / ~ *to* one's job 仕事に慣れないで / Do you see anything ~ in my eye? 《俗》おれが青二才に見えるかね (cf. *n*. 8). **b** ばかな, だまされやすい.
6 〈恐怖・病気・嫉妬などで〉青い顔色をした, 顔色の青ざめた (pale, wan) 〔*with*〕; 《口語》嫉妬深い (jealous): turn ~ 顔色が青ざめる / You're looking a bit ~ about the gills. 君は少し元気がない ⇨ gill 成句 / be ~ *with* envy [jealousy] うらやましさ[嫉妬]で顔が青ざめている; ひどくうらやんで[妬んで]いる / a ~eye 嫉妬の目 (cf. green-eyed 2) / She turned ~ at the scene. その光景に顔が青ざめた.
7 (根菜と区別して)菜菜の, 菜っ葉の, 青物の; 青野菜から成る: a ~ salad 野菜サラダ / ⇨ green crop, greenfeed, green food, green vegetable.
8 〈時節が〉雪のない, 温暖な, しのぎよい (snowless, mild): A ~ Christmas [winter] makes a full [fat] churchyard. 《諺》クリスマス[冬]に雪が降らなければ墓場がにぎわう《暖い冬は健康に悪い》.
9 元気な, 活気のある, 若々しい, かくしゃくとした: a ~ old age 元気な老齢.
10 新鮮な, 最近の, 新しい (fresh, new): his still ~ recollections 彼のまだ生々しい思い出 / a ~ wound 《古》生傷 / keep one's memory ~ 忘れずに記憶に留めておく / be ~ in earth 埋葬されて間もない.
11 〈馬が〉(馴らされているが)まだ訓練されていない: This horse is still a bit ~ in harness. この馬はまだ少し馬具に馴れていない.
12 〘動物〙 **a** 〈雌魚が〉産卵の準備をしていない, 未熟な. **b** 〈カニが〉脱皮の準備をしていない.
13 〘金属加工〙 **a** 〈鋳物砂が〉(十分湿っていて)型の裏張りとしてそのまま使える. **b** 〈鋳物が〉型から出したままの.
in the gréen wóod [***trée***] 元気な[繁栄の]時代に (cf. *Luke* 23:31).
— *n*. **1** 緑色, 草色. **2** 緑色絵の具, 緑色顔料, 緑色塗料, 緑色染料: ⇨ chrome green, Paris green. **3 a** [the G-] (アイルランドの象徴たる)緑色, 緑色記章; [the Greens] 緑色党, アイルランド国民党. **b** [the g-] 緑の党の一員ないしは支持者. **c** [G-] 環境保護主義者. **4 a** 草地, 草原, 芝生(しばふ), 緑地 (lawn). **b** 〘ゴルフ〙 (パッティング)グリーン (putting green); フェアウェイ (fairway); ゴルフコース: through the ~ フェアウェイで / miss a [the] ~ グリーンをはずす. 日英比較 ゴルフ用語として用いられる「グリーンオン」「グリーンオーバー」は和製英語. 英語ではそれぞれ on the *green*, over the *green* という. **c** (町・村の中心にある芝のはえた)共有地 (common), 公園 (park): a village ~ 村の共有草地《池にはガチョウなどが放し飼いされ芝生は村人の遊び場になるような所》. **d** (球技・布さらしなど特殊の用に供する)草地: ⇨ bowling green. **e** (弓の)射場. **5** [*pl*.] **a** 青菜; 葉菜(類); 葉物料理. **b** 《米》(装飾用の)緑の葉のついた枝; (それで編んだ)花輪: Christmas ~*s* モミ・ヒイラギの緑枝装飾. **6 a** 緑色の布地; 緑色の着物: be dressed in ~. **b** [*pl*.] (米陸軍の)緑色の制服. **c** 青信号 (green light). **d** (snooker などに用いる)緑のボール. **7** 新鮮さ (freshness); 青春, 血気盛り, 元気, 男盛り. ★ 通例次の句で: in the ~ 少壮の, 血気盛んな. **8** 無経験の風, 未熟の色; まぬけ, うすのろ: see ~ in a person's eye 御しやすい[与(くみ)しやすい]と見て見くびる / Do you see any ~ in my eye? 《俗》おれが青二才に見えるかね (*adj*. 5 よりも普通). **9** [時に *pl*.] 《俗》金, (特に)札 (paper money) (cf. greenback): ⇨ folding green, long green. **10** 《俗》粗悪なマリファナ[麻薬]. **11** [*pl*.] 《俗》性交.
— *vt*. **1** 緑色にする, 緑に染める, 緑色を塗る; 緑化する: the ~*ing* of cities 都市の緑化. **2** 《俗》(だましたりして)からかう. **3** 生気を回復させる, 若返らせる. — *vi*. **1** 緑色になる, 緑変する. **2** 環境保護の立場をとる.
〘adj.: OE *grēne* < Gmc **ʒrōnjaz* (G *grün*) ← **ʒrō-* 'to GROW' ← IE **ghrē-* to grow. — n.: OE *grēne* ← (adj.) — v.: OE *grēnian* to become green ← (adj.): cf. grass〙

Green /gríːn/, **Henry** *n*. グリーン《1905–73; 英国の小説家; *Living* (1929); 本名 Henry Vincent Yoke》.

Green, John Richard *n*. グリーン《1837–83; 英国の歴史家; *A Short History of the English People* (1874)》.

Green, Julien *n*. グリーン《1900–98; 米国系のフランスの小説家; *Léviathan*「レヴィアタン」(1929)》.

Green, Paul (Eliot) *n*. グリーン《1894–1981; 米国の劇作家; *In Abraham's Bosom* (1927)》.

Green, Thomas Hill *n*. グリーン《1836–82; 英国の観念論哲学者》.

Green, William *n*. グリーン《1873–1952; 米国の労働運動指導者, AFL の会長 (1924–52)》.

gréen ácid *n*. 〘化学〙グリーン酸《石油留分特に白油の硫酸精製の際に副生する炭化水素のスルホン酸混合物の水溶性の部分》.

gréen álgae *n. pl*. 〘植物〙緑藻《緑藻植物門の藻類》. 〖1903〗

gréen·àss *adj*. 《卑》うぶな, 青二才の.

Gree·na·way /gríːnəwèɪ/, **Kate** *n*. グリーナウェー《1846–1901; 英国の画家; *Mother Goose* など児童読物の挿絵で有名; 本名 Catherine Greenaway》.

gréen·bàck *n*. **1** 《米口語》 **a** 米国紙幣《裏面が緑色の法定紙幣で, 初め南北戦争中に発行された; cf. long green》. **b** [*pl*.] 金 (money). **2** 《米》背が緑色の動物[魚, 鳥]《ヨーロッパ産のダツ科のモトダツ (*Belone belone*), green frog など》. 〖1778〗

Gréen·bàck·er /-bæ̀kə | -kə(r)/ *n*. (米国の) Greenback party の党員. **Gréen·bàck·ism** /-kɪzm/ *n*. 〖1876〗

Gréenback pàrty *n*. [the ~] (米国の)南北戦争中発行された不換紙幣 greenback の増発を主張し, 政府の正金支払い復活政策を反対した政党 (1874–84).

gréen bácon *n*. 燻製してないベーコン.

gréen bág *n*. 《英》 **1** (もと弁護士が訴訟書類を入れて持ち歩いた)緑色の布製かばん[袋]. **2** 《俗》弁護士業; 弁護士. 〖1677〗

gréen bàll *n*. 〘植物〙北米大西洋・太平洋岸のシオグサ属の緑藻 (*Cladophora trichotoma*) の球状の群体.

gréen bán *n*. 《豪》(労働組合による)緑地帯破壊事業への就労拒否. 〖1974〗

Gréen Báy *n*. **1** グリーン湾《米国 Wisconsin 州北東部, Michigan 湖の湾》. **2** グリーンベイ《同湾南端の港で工業都市》.

gréen béan *n*. 〘園芸〙(インゲンの)緑莢(りょくきょう)種《成熟前の莢(さや)の表面が緑色の種類; cf. wax bean》. 〖1847〗

gréen·bèlt *n*. (都市周辺の)緑地帯. 日英比較 街路中央の草木を植えこんだ分離帯を「グリーンベルト」というのは和製英語. 英語では《米》planted median strip, 《英》planted central reservation という. 〖1932〗

gréen bélt *n*. (柔道連盟から与えられる)グリーン[緑色]の(腰)帯.

gréenbelt tówn *n*. 緑地帯都市《周辺に十分の緑地帯を設けた計画都市》.

gréen berét *n*. **1** グリーンベレー部隊員のかぶるベレー帽. **2 a** [G- B-] グリーンベレー部隊員. **b** [the Green Berets] グリーンベレー部隊《米陸軍特殊部隊》. 〖1949〗

gréen-blìnd *adj*. 緑色盲(もう)の. 〖1888〗

gréen blìndness *n*. 緑色(色)盲. 〖1881〗

gréen·bòard *n*. 緑色の黒板.

gréen·bòne *n*. (NZ) =butterfish. 〖*c*1920〗

gréen bòok *n*. **1** 緑表紙の本. **2** [しばしば G- B-] (緑表紙のついた)政府の刊行物. 〖1892〗

gréen·bòttle flý *n*. 〘昆虫〙キンバエ《クロバエ科 *Lucilia* 属のうち金属光沢のあるハエの総称; キンバエ (*L. caesar*) など; 単に greenbottle ともいう》. 〖1862〗

gréen·brier *n*. 〘植物〙サルトリイバラ (*Smilax rotundifolia*) (ユリ科シオデ属のつる植物); シオデ属の植物の総称 (horse brier, catbrier ともいう). 〖1785〗

gréen·bùg *n*. 〘昆虫〙ムギミドリアブラムシ (*Schizaphis graminum*)《緑色のアブラムシの一種; 栽培イネ科植物の大害虫》. 〖1712〗

gréen càrd *n*. **1** 《米》(外国人に対する)永住許可証. **2** 《米》(メキシコ人・その他の外国人の米国農場労働のための)米国・メキシコ間の国境通過許可証. **3** 海外での自動車事故災害保険証. **4** 《英》〘社会福祉〙(障害者に対する)職業訓練認定書 (cf. handicap register, registered disabled). 〖1959〗

gréen·càrd·er /-kàədə | -kɑ̀ːdə(r)/ *n*. 《米》green card を持つメキシコ人・その他の外国人労働者.

gréen chárge *n*. (粉砕して十分混合する前の)火薬成分混合物. 〖1876〗

gréen chéese *n*. **1** (できたての)未熟なチーズ (unripened cheese). **2** (セージの葉で色と風味をつけた緑色の)セージチーズ (sage cheese). **3** (凝乳 (curd) を漉(こ)した残りの whey で製した質の悪い)ホウェーチーズ (whey cheese). 〖*a*1376〗

gréen clóth *n*. **1** テーブル掛け用の緑色ラシャ《baize など》. **2 a** 賭博(とばく)台 (gaming table). **b** 玉突き台 (billiard table)《台に緑色のラシャやフェルトが張ってあることから》. **3** 〘《略》← Board of Green Cloth: ここで用いられたテーブル掛けが緑色だったことから〙 [G- C-] (英国王室の)家政局《Lord Steward (宮内大臣)に直属し一切の支出を司る; もとは宮中の司法権をも行使したが, 1782 年の法により大幅に権限を制限された》. 〖1450〗

gréen còrn *n*. (料理用の)未熟な柔らかいトウモロコシ (Indian corn). 〖1645〗

gréen cràb *n*. 〘動物〙ミドリガニ (*Carcinus maenas*)《ヨーロッパ・アメリカ・オーストラリアなどに広く分布するワタリガニ科のカニ; 特に実験動物として利用される》. 〖1863〗

gréen cróp *n*. 緑のまま収穫する作物, 葉菜, 青菜《サヤエンドウ・ホウレンソウなど; cf. white crop》. 〖1842〗

Gréen Cróss Còde *n*. 《英》(学童用の)交通安全規則.

gréen cúrrency *n*. 〘経済〙緑の通貨《green pound など, EC加盟国の通貨変動から農産物価格を保護するために作られた通貨レート》. 〖1977〗

gréen déck *n*. [the ~] 《米俗》草原.

gréen drágon *n*. 〘植物〙 **1** サトイモ科のテンナンショウに類する野草 (*Dracunculus vulgaris*)《ヨーロッパ産》. **2** アメリカ産のテンナンショウ属の草 (*Arisaema dracontium*). 〖1818〗

gréen drák e *n*. 〘昆虫〙=mayfly.

gréen dúck *n*. アヒルのひな; (特に)生後 9–13 週間位の太ったアヒルのひな《食用》.

Greene /gríːn/, **(Henry) Graham** *n*. グリーン《1904–91; 英国の小説家・劇作家; *The Power and the Glory* (1940), *The Heart of the Matter* (1948)》.

Greene, Nathanael *n*. グリーン《1742–86; 米国独立戦争の将軍》.

Greene, Robert *n*. グリーン《1558–92; 英国の劇作家; *Friar Bacon and Friar Bungay* (上演 1594)》.

gréen éarth *n*. =terre verte. 〘《1794》《なぞり》← F *terre verte* // It. *terra verde*〙

green·er /gríːnə | -nə(r)/ *n*. (新しく入国した外国人の)無経験職工, 新米職人. 〘《1888》← GREEN (adj. 5 a)+-ER[1]〙

Gréen Érin *n*. =Green Isle.

green·er·y /gríːn(ə)ri/ *n*. **1** [集合的] 青葉, 緑樹 (green foliage); (装飾用の)緑葉. **2** 《まれ》緑樹栽培所; 温室 (greenhouse). **3** 環境保護論者の政策[信念]. 〘《1797》: ⇨ -ery〙

gréenery-yál·le·ry /-jǽləri/ *adj*. 《口語》緑と黄の; 緑と黄をことさら好む; アールヌーヴォーの (art nouveau); 気取った. 〘《1880》← GREEN+*yaller* (YELLOW の俗語的転訛): ⇨ -ery〙

gréen-éyed *adj*. **1** 緑色の目をした. **2** 嫉妬深い, 悋気(りんき)深い (jealous). ★ 次の Shakespeare の句から言う: ~ jealousy (*Merch* V 3. 2. 110) / the ~ monster 嫉妬, 悋気 (*Othello* 3. 3. 166). 〖1596–97〗

gréen fát *n*. 海亀の脂身《珍味とされる》. 〖1830〗

gréen fèe *n*. グリーンフィー《ゴルフコースの(ビジターの払う)利用料金》.

gréen·féed *n*. 《豪》(干し草でない)青まぐさ. 〖1898〗

gréen·fìeld *adj*. 田舎の, 未開発地域の. 〖1962〗

gréen·fìnch *n*. 〘鳥類〙アオカワラヒワ (*Carduelis chloris*). 〖*a*1500〗

gréen-fíngered *adj*. 植物[野菜]栽培に精通した, 園芸好きの. 〖1946〗

gréen fíngers *n. pl*. 《英口語》植物[野菜]栽培の才能 (《米・カナダ》green thumb). 〖1934〗

gréen fíre *n*. 緑色花火《通例硝酸バリウムを含む》.

gréen·fìsh *n*. 〘魚類〙緑色や青色をした種々の魚類の総称 (pollack, bluefish, opaleye など). 〖*c*1460〗

gréen flág *n*. 〘自動車レース〙緑色旗, グリーンフラッグ《再スタートの合図に用いられる》.

gréen flásh *n*. 〘気象〙緑光(りょっこう), 緑閃光(せんこう)《太陽が地平線に没するかまたは地平線上に出るときその上縁が緑色にきらめく現象》. 〖1912〗

gréen·flỳ *n*. (*pl*. ~, **-flies**) 《英》〘昆虫〙アブラムシ (aphid); (特に)モモアカアブラムシ (green peach aphid). 〖1686〗

gréen fóod *n*. (食料・飼料としての)野菜.

gréen fróg *n*. 〘動物〙北米東部・中部やカナダなどに普通にみかけるカエル (*Rana clamitans melanota*).

green·gage /gríːngeɪdʒ/ *n*. 〘園芸〙小形で緑色ないし黄緑色の果実を産するスモモの総称. 〘《1724》← GREEN +(*Sir William*) *Gage* (1725 年ごろ初めてこれをフランスから輸入した英国人)〙

Gréen-Gáuss-Stókes' théorem *n*. 〘数学〙グリーンガウスストークスの定理 (ある種の *n* 重積分と (*n*−1) 重積分とを関係づける定理; グリーンの定理 (Green's theorem), ガウスの定理 (Gauss' theorem), ストークスの定理 (Stokes' theorem) の拡張).

Gréen Gíant *n*. 〘商標〙グリーンジャイアント《米国 Pillsbury 社製の加工食品; 豆・マッシュルーム・野菜の缶詰・冷凍野菜など》.

gréen·gìll /-gɪ̀l/ *n*. 〘貝類〙(珪藻類をえさにして)えらなどが緑色になったカキ.

gréen glánd *n*. 〘動物〙緑腺, 触角腺 (antennal gland)《高等甲殻類の第二触角の基部に開く排泄(はいせつ)腺》. 〖1890〗

gréen gláss *n*. **1** (瓶などを作る)緑色ガラス (bottle-glass). **2** 原料に不純物(特に鉄)が入っていて緑色をしたソーダ石灰ガラス. 〖1660〗

gréen glúe *n*. 表土流出を防ぐために植える植物.

gréen góddess dréssing *n*. グリーンゴッデスドレッシング《マヨネーズにパセリ・チャイヴ・アンチョビーを加えたサラダ用ドレッシング》. 〘← *The Green Goddess* (William Archer 作の劇 (1921) の題名)〙

gréen góods *n. pl*. **1** 青果, 野菜類 (vegetables). **2** 《米俗》にせ札(さつ). 〖1888〗

gréen góose *n*. **1** ガチョウのひな, (特に)生後 10–12 週間位の太ったガチョウのひな. **2** まぬけ, ばか. 〖1564〗

gréen grám *n*. 〘植物〙ヤエナリ (⇨ mung bean).

gréen grásshopper *n*. 〘昆虫〙=katydid.

gréen·gròcer *n*. 《英》青物商人, 八百屋. 〖1723〗

gréen·gròcery *n*. 《英》 **1** 青物業, 八百屋商売. **2** 八百屋(の店), 青物屋. **3** [集合的] 青物, 青果. 〖1806〗

Gréen·ham Cómmon /gríːnəm-/ *n*. グリーナムコモン《イングランド南部 Reading 西方の村; 米軍ミサイル基

地があったが抗議運動により 1991 年ミサイルは撤去された》.
grèen·hèad *n.* **1** 〘鳥類〙マガモ (mallard) の雄. **2** 〘昆虫〙アブ科アブ属の緑の目をもったアブ (*Tabanus nigrovittatus*). 〘1837〙
gréen·hèart *n.* **1** 〘植物〙リョクシンボク(緑心木) (*Ocotea rodiaei*)《緑色を帯びた固い木材を産する熱帯アメリカ産クスノキ科の常緑高木; bebeeru など》. **2** 緑心木材《木質がきわめて堅固で橋・波止場の建造や船材用; その樹皮からはキニーネに似た bebeerine を産する》. 〘1756〙
gréen héron *n.* 〘鳥類〙サギ科ササゴイ属 (*Butorides*) のサギの総称; (特に)アメリカササゴイ (*B. virescens*)《北米・中米産》. 〘1785〙
gréen·hìde *n.* 生皮(なまかわ)《剝皮したままで塩蔵処理・乾燥等の保存処理がしていない皮》. 〘1577〙
gréen·hòrn *n.* **1** 《米》無経験[未熟]な人, 青二才, 新米 (novice); 《まれ》(特に)新来の移民. **2** だまされやすい人, うすのろ, 間抜け. 〘(1455) 《原義》角の出始めの牛〙
green·house /gríːnhàus/ *n.* **1** 温室 (glasshouse). **2** 《空軍俗》(飛行機の操縦席・キャビン・砲塔・機首などの) プラスチック製の覆い. **3** 《英》〘窯業〙焼成前に生素地(きじ)(陶磁器や耐火物)を乾燥するための家屋. 〘1664〙
gréenhouse effèct *n.* 〘気象〙温室効果《空気中の炭酸ガス・水蒸気の増加による地球表面の温度上昇》. 〘1937〙
gréenhouse gàs *n.* 温室効果ガス, 温暖化ガス《地球温暖化の原因となる二酸化炭素やメタンなど》. 〘1982〙
green·ie /gríːni/ *n.* **1** 《豪・口語》環境保護論者. **2** 《俗》アンフェタミン剤《覚醒剤》. 〘(1973): ⇨ -ie〙
gréen·ing *n.* **1** 〘園芸〙青リンゴ《果皮が緑色のリンゴ》. **2** 〘園芸〙日入れ《軟白栽培の仕上げに一部の部分を光にあてて緑色にすること》. **3** 若返り (rejuvenation), 再生 (rebirth). 〘(*a*1200): ⇨ -ing[1,3]〙
gréen·ish /-nɪʃ/ *adj.* 緑がかった, 緑色を帯びた: ~ stool 〘医学〙緑色便. **~·ness** *n.* 〘(*c*1380): ⇨ -ish[1]〙
Gréen Ísle *n.* [the ~] アイルランドの別称 (cf. Emerald Isle).
Gréen Jáckets *n. pl.* [the ~] グリーンジャケット《英国陸軍の連隊の一つ; 正式には the Royal Green Jackets; 1866 年創設》. 〘1824〙
gréen Júne bèetle *n.* 〘昆虫〙米国東部産コガネムシ科ハナムグリ亜科のハナムグリの一種 (*Cotinis nitida*) (figeater ともいう).
gréen·kèeper *n.* ゴルフ場管理人. 〘1730〙
gréen·kèeping *n.* ゴルフ場管理.
Green·land /gríːnlənd, -lænd/ *n.* **1** グリーンランド《北米大陸北東方にある, 世界第一の大島, デンマークの自治領; (1979 年自治政府発足); 面積 2,175,600 km², 主都 Nuuk; 1979 年以来正式名 Kalaallit Nunaat》. **2** =Greenland Sea. 〘(1678) 《なぞり》← Dan. *Grønland*: 移民を引きつけるためにつけた美称〙
Green·land·er /gríːnləndə, -lændə | -də(r)/ *n.* グリーンランド人. 〘(1692): ⇨ ↑, -er[1]〙
Gréenland hálibut *n.* 〘魚類〙カラスガレイ (*Reinhardtius hippoglossoides*)《大西洋および太平洋北部の深海に生育する大形のカレイ》.
Green·land·ic /griːnlǽndɪk/ *adj.* グリーンランドの, グリーンランド人[語]の. — *n.* グリーンランド語《イヌイット語 (Inuit) の一方言》. 〘(1813): ⇨ -ic[1]〙
Gréenland Séa *n.* [the ~] グリーンランド海《北極海南部, Greenland の東方の海》.
Gréenland spár *n.* 〘鉱物〙=cryolite.
Gréenland whále *n.* 〘動物〙ホッキョククジラ, グリーンランドクジラ (*Balaena mysticetus*)《北半球特産セミクジラ科のヒゲクジラ; 小形のプランクトンを食べる; bowhead ともいう》. 〘1884–85〙
gréen láne *n.* 舗装していない田舎道.
gréen lán·ing /-léɪnɪŋ/ *n.* 未舗装の田舎道をドライブすること. **gréen lán·er** *n.*
gréen léad óre /-léd-/ *n.* 〘鉱物〙緑鉛鉱 (⇨ pyromorphite). 〘1864〙
gréen léek *n.* 〘鳥類〙ミカヅキインコ (*Polytelis swainsonii*) (オーストラリア産). 〘1848〙
green·let /gríːnlɪt/ *n.* 〘鳥類〙モズモドキ (vireo). 〘1831〙
gréen·líght *vt.* 〈計画など〉に正式の許可を与える. 〘1968〙
gréen líght *n.* **1** 緑灯 (Go を意味する交通信号灯); 青信号, 安全信号 (cf. red light). **2** [the ~] 《口語》(特定の計画に対する)正式の許可 (cf. go-ahead *n.* 1 a): give [get] the ~ 正式の許可を与える[得る]. 日英比較 計画・企画などの遂行許可のことを「ゴーサイン」というのは和製英語. 〘1937〙
green·ling /gríːnlɪŋ/ *n.* 〘魚類〙**1** 北米北太平洋沿岸産アイナメ科の魚の総称. **2** スジアイナメ (*Hexagrammos octogrammus*) (アラスカ産). 〘(*c*1440: ⇨ -ling[1]〙
gréen línnet *n.* 〘鳥類〙=greenfinch.
green·ly *adv.* (**green·li·er, -li·est; more ~, most ~**) **1** 緑色に; 青々と緑に覆われて. **2** 新鮮に, みずみずしく. **3** 未熟に, 不慣れに, ぎこちなく. 〘(1583): ⇨ -ly[1]〙
gréen·màil *n.* 〘証券〙グリーンメール《株式買い占めによる乗っ取りの脅しをかけられた会社が, 乗っ取り側保有の株式を高値で買い戻すこと; 会社乗っ取りの脅しをかけ, 株式を高値で引き取らせること; 株買い戻しに使われた金を指すこともある》. **~·er** *n.* 〘(1983) ← GREEN+(BLACK)MAIL〙
gréen málting *n.* グリーンモルト《大麦・ライ麦などを水に漬け発芽させたままで乾燥させていないもの; cf. malt》.
gréen mán *n.* **1** =Jack-in-the-green. **2** ゴルフ場管理人. 〘1638〙
gréen-manúre *vt.* 緑肥で〈土地を〉肥沃にする. 〘1842〙
gréen manúre *n.* 〘農業〙**1** 緑肥《クローバその他窒素固定植物で肥料とするため緑草のまますき込むもの》. **2** 不熟の厩肥(きゅうひ). 〘1842〙
gréen méat *n.* **1** 屠畜したばかりの獣の肉 (cf. green *adj.* 4 b). **2** 《英》=green food.
gréen móld *n.* 〘植物〙アオカビ《緑色の *Penicillium*, *Aspergillus* 属の子嚢(しのう)菌類の総称; cf. blue mold》. 〘1919〙
gréen mónkey *n.* 〘動物〙ミドリザル, サバンナモンキー (*Cercopithecus aethiops sabaeus*)《西アフリカ産の緑灰色のオナガザル; cf. grivet, vervet》. 〘1840〙
gréen mónkey disèase *n.* =Marburg disease. 〘1967〙
Gréen Móuntain Bòy *n.* 《米》**1** [the ~s] 独立戦争当時の Vermont 植民地の不正規義勇軍《指導者は Ethan Allen》. **2** Vermont 州の男《俗称》. 〘↓〙
Gréen Móuntains *n. pl.* [the ~] グリーン山脈《米国 Vermont 州の山脈; アパラチア山系 (Appalachian Mountains) の一部, 最高峰 Mt. Mansfield (1,339 m)》.
Gréen Móuntain Stàte *n.* [the ~] 米国 Vermont 州の俗称. 〘(1838) Vermont の語源から〙
gréen·ness *n.* 緑, 緑色, 若緑; 新鮮, なま, 未熟; 無経験, うぶ, 幼稚; 活力, 精力. 〘OE *grēnnes*: ⇨ green, -ness〙
gréen ócher *n.* =terre verte.
Gree·nock /gríːnək, grín-, grén-/ *n.* グリーノック《スコットランド南西部 クライド湾 (Firth of Clyde) に臨む海港; James Watt の出生地》. 〘(dim.)? ← Gael. *grian* the sun〙
gree·nock·ite /gríːnəkàɪt/ *n.* 〘鉱物〙硫カドミウム鉱 (CdS). 〘(1844) ← *C. M. Cathcart, Lord Greenock* (1783–1859: その発見者): ⇨ -ite[1]〙
gréen óil *n.* 〘化学〙緑油 (⇨ anthracene oil).
gréen ónion *n.* 《米》=spring onion.
gréen ósier *n.* 〘植物〙**1** 北米東部産の丸い葉で白い花が咲くミズキ科の低木 (*Cornus rugosa*). **2** =blue dogwood.
Gree·nough /gríːnoʊ | -nəʊ/, **George Bellas** *n.* グリーノウ (1778–1855; 英国の地質学者).
Greenough, Horatio *n.* グリーノウ (1805–52; 米国の彫刻家).
Gréen Pàper *n.* 《英》緑書《討議資料として発行する政府見解または提案; cf. white paper 3》. 〘1967〙
Gréen Párk *n.* グリーンパーク《London の Buckingham Palace の北に隣接する小さな公園》.
Gréen Pàrty *n.* 緑の党《地球環境保護運動全般を目標とする政党; 英国では 1973 年に the Ecology Party として結成され, 85 年に the Green Party と改称》.
Green·peace /gríːnpìːs/ *n.* グリーンピース《1971 年に設立された環境保護団体; 反核・反捕鯨などを非暴力直接行動によって訴える》. 〘1972〙
gréen péach àphid *n.* 〘昆虫〙モモアカアブラムシ (*Myzus persicae*)《半翅目アブラムシ科の淡黄緑色の昆虫; 冬季はモモ, スモモなどに寄生し, 夏季は種々の植物に寄生し, ウイルス病を媒介する害虫》. 〘1922〙
gréen péak *n.* 《英方言》〘鳥類〙=green woodpecker. 〘1598〙
gréen pépper *n.* **1** アマトウガラシ(の実), ピーマン (sweet pepper). 日英比較「ピーマン」はフランス語 pimento から. 英語では用いられない. **2** トウガラシ属 (*Capsicum*) の植物の青い果実. 〘1700〙
gréen pígeon *n.* 〘鳥類〙アオバト《旧世界熱帯の羽が緑色をしたアオバト属 (*Treron*) の各種のハト》.
gréen plóver *n.* 〘鳥類〙=lapwing. 〘1610〙
gréen póund *n.* グリーンポンド《green currency の一つであるポンドレート》. 〘1974〙
gréen pówer *n.* (社会的・政治的力としての)金力, 財力. 〘1967〙
gréen revolútion *n.* [the ~] 緑の革命《特に, 発展途上国経済改善のための高生産穀物の大規模開発》. 〘1968〙
Gréen Ríver *n.* [the ~] グリーン川《米国 Wyoming 州西部から Utah 州東部を流れて Colorado 川に注ぐ川 (1,175 km)》.
Gréen Ríver òrdinance *n.* [the ~] 〘米法〙(地方自治体の)物品戸別販売禁止条令. 〘この条令が 1931 年に Wyoming 州の Green River の町で初めて制定されたことにちなむ〙
gréen róad *n.* =green lane. 〘1900〙
gréen·ròom *n.* **1** (劇場の)俳優[出演者]休憩室, 楽屋《出を待つ間の休憩室; cf. dressing room 2》. **2** 未完成品(まだ焼かない陶器など)の置場. 〘(1701) もと緑色に装飾したことから〙
gréen·sànd *n.* 〘岩石〙生砂(なまずな), 緑砂《glauconite を含む砂岩 (sandstone)》. 〘1796〙
Greens·bor·o /gríːnzbə̀ːroʊ, -rə | -b(ə)rə/ *n.* グリーンズバロー《米国 North Carolina 州北部の工業都市; O. Henry の出生地》. 〘← *Nathanael Greene*: ⇨ borough〙
gréen séa *n.* 〘海事〙青波《波の青く見える海水の塊; 巨大な力によって船に損傷を与えることが多い; green water ともいう》.
gréens fèe *n.* =green fee.
gréen·shànk *n.* 〘鳥類〙アオアシシギ (*Tringa nebularia*)《ヨーロッパ・アジアの北部で繁殖するシギ; ぴょーぴょーとよい声で鳴く》. 〘1766〙
gréen·sìck *adj.* 萎黄(いおう)病にかかった. 〘(1681) 《逆成》↓〙
gréen·sìckness *n.* 〘病理〙萎黄(いおう)病 (chlorosis). 〘1583〙
gréens·kèeper *n.* =greenkeeper.
Green·sleeves /gríːnsliːvz/ *n.* グリーンスリーブス: **1** 16 世紀末から英国で歌われた流行歌謡 (Henry VIII の作とされるが確証はない). **2** その歌謡の主人公で男をつれなくそでにする浮気な女性. **3** 〘商標〙英国製のミントとチョコレートで味付けしたクリームリキュール. 〘1580〙
gréen snàke *n.* 〘動物〙アメリカアオヘビ《北米産ナミヘビ科アオヘビ属 (*Opheodrys*) の無毒蛇 2 種》. 〘1709〙
gréen sòap *n.* 緑石鹸(せっけん)《カリ石鹸の一種; 水酸化カリウムと植物油から作る緑色の薬用石鹸》. 〘1840〙
gréen·some /-səm/ *n.* 〘ゴルフ〙グリーンサム《4 人が 2 組に分かれ各ペアが同じボールを交互に打つゲーム; cf. fourball, foursome》. 〘(1901): ⇨ -some[1]〙
Gréen's théorem /gríːnz-/ *n.* 〘数学〙グリーンの定理《ある種の 2 重積分と 3 重積分とを関係づける定理; cf. Gauss' theorem》. 〘← *George Green* (1793–1841: イギリスの数学者)〙
gréen·stìck frácture *n.* 〘外科〙若木骨折《不完全骨折の一種で, 骨の一方の側が折れ他の側が湾曲したもの; 特に小児に多い》. 〘1885〙
gréen·stòne *n.* 〘岩石〙緑色岩《閃緑(せんりょく)岩・輝緑岩など緑色をした岩石の総称》. 〘1772–84〙
gréen stréngth *n.* 〘金属加工〙**1** 生砂(なまずな)強度《常温で混砂配合された鋳物砂の強度》. **2** (粉末成形における)圧粉体強度.
gréen·stùff *n.* [集合的] 青物, 青野菜類 (green vegetables). 〘1851〙
gréen·swàrd *n.* 芝原, 芝生 (green turf). 〘1600〙
gréen tàble *n.* **1** =gambling table. **2** =council board. 〘(*a*1670) 緑色のテーブル掛けを用いたことから〙
gréen téa *n.* 緑茶 (cf. black tea). 〘1704〙
greenth /gríːnθ/ *n.* 《まれ》(草木の)緑; 緑草, 緑葉, 緑樹 (verdure). 〘(1753) ← GREEN (adj.)+-TH[2]: WARMTH などからの類推による造語〙
gréen thúmb *n.* 植物[野菜類]を育てる才能, 園芸の才: have a ~. **gréen-thúmbed** *adj.* 〘1943〙
gréen túrtle *n.* 〘動物〙アオウミガメ (*Chelonia mydas*)《特に肉は珍重され, turtle soup の材料となる; 日本では小笠原諸島で繁殖; cf. sea turtle》. 〘1657〙
gréen végetable *n.* [通例 *pl.*] 青野菜《キャベツ・ホウレンソウなど》.
gréen vérditer *n.* **1** 〘化学〙岩緑青(いわろくしょう)《塩基性炭酸銅より成る緑色顔料》. **2** =malachite green 2.
Green·ville /gríːnvɪl, -vl/ *n.* グリーンビル: **1** 米国 Mississippi 州西部 Mississippi 川に臨む市. **2** 米国 North Carolina 州東部の市. **3** 米国 South Carolina 州北西部の市. **4** 米国 Texas 州北東部 Dallas の北東にある市.
gréen vítriol *n.* 〘化学〙緑礬(りょくばん)《硫酸鉄 (II) の俗称; ⇨ ferrous sulfate》.
gréen·wàre *n.* 〘窯業〙生素地(きじ)《焼成前の生製品》. 〘1744–50〙
gréen·wash 《米俗》*vi.* 〈企業が〉環境問題に関心があるふりをする. — *vt.* 〈製品が〉環境にやさしいことを印象づける. — *n.* (名目的に)環境に気を遣っていることを示す寄付[宣伝].
gréen wáter *n.* 〘海事〙=green sea.
gréen wáttle *n.* 〘植物〙モリシマアカシア (*Acacia decurrens*)《オーストラリア原産マメ科アカシア属の高木; 葉は濃緑色, 樹皮にタンニンを含む》.
gréen·wày *n.* 《米》緑道《自然環境を残した歩行者・自転車専用遊歩道路》.
gréen·wèed *n.* 〘植物〙=woodwaxen.
Gréen Wél·lie Brigàde /-wéli-/ *n.* [the ~] グリーンウェリー族《週末には田舎のセカンドハウスで過ごす裕福な有閑族》.
gréen wél·ly /-wéli/ *n.* 《口語》グリーンウェリー《乗馬・狩りなどのカントリーライフを楽しむ上流階級の人たち; 緑の Wellington boots を履くことから》.
Green·wich[1] /grénɪdʒ, grín-, -nɪtʃ/ *n.* グリニッジ《London の中央部 Thames 河岸の自治区 (borough); もと王立天文台 (Royal Greenwich Observatory) があった (1675–1958) が, 現在は国立海事博物館となっている》. 〘OE *Grēnewīc*: ⇨ green, -wick[1]〙
Green·wich[2] /grénɪtʃ, grín-, -nɪdʒ, gríːnwɪtʃ, grín-/ *n.* グリニッチ《米国 Connecticut 州南西部, Long Island Sound に臨む都市》. 〘↑〙
Gréenwich hòur àngle *n.* 〘天文〙グリニッジ時角《英国 Greenwich を通る 0° のグリニッジ子午線 (Greenwich meridian) に対する時角》.
Gréenwich Méan Tìme *n.* =Greenwich Time (略 GMT). 〘1938〙
Gréenwich merídian *n.* グリニッジ子午線《経度 0 の基準子午線》. 〘1884〙
Gréenwich Obsérvatory *n.* =Royal Greenwich Observatory.
Gréenwich Tìme, G- t- *n.* グリニッジ(標準)時《英国 Greenwich を通る 0° の子午線における地方時; 天体観測や通信・航空のように経度によって異なる各国の地方時では不便な場合に世界共通の時刻[世界時]として使用される; Greenwich Civil Time (略 GCT), Greenwich Mean Time ともいう》.
Gréen·wich Víllage /grénɪtʃ-, grín-, -nɪdʒ-, gríːnwɪtʃ-, grín-/ *n.* グリニッチビレッジ《米国 New York 市 Manhattan 区の南西部の一地区; ボヘミアンの芸術家・作家などが多く住んでいた》. 〘1931〙
gréen·wìng *n.* 〘鳥類〙=green-winged teal.
gréen-wìnged téal *n.* 〘鳥類〙アメリカコガモ (*Anas*

crecca carolinensis)《ガンカモ科マガモ属のカモ》. 〖1792〗

gréen·wòod *n.* **1** 青葉の茂った林, (春・夏の)緑林《英国では, 特に Robin Hood のような追放者 (outlaw) の生活場面として文学的な連想をもつ》: go to the ～ 追放者となって緑林の生活を送る. **2** 〖植物〗=woodwaxen. **3** 〖園芸〗緑枝《葉をつけた生育中の枝》. 〖?*a*1300〗

gréenwood cútting *n.* 〖園芸〗緑枝挿し《挿し木法の一つ》; 緑枝挿しの穂木.

gréen wóodpecker *n.* 〖鳥類〗ヨーロッパアオゲラ (*Picus viridis*)《ヨーロッパ産の緑色のキツツキ; 《英》では stormcock ともいう》.

green·y /grí:ni/ *adj.* (**green·i·er**; **-i·est**) 緑色をおびた, 緑がかった (greenish). 〖(1593): ⇨ -y¹〗

gréen·yàrd *n.* **1** 芝生のある中庭. **2** 《英》(持主不明の家畜を保管する)獣おり (pound). 〖1578〗

Greer /gríə | gríə^(r)/ *n.* グリア《女性名》. 〖(dim.) ← L *Grēgoria* (fem.) ← *Grēgorius* 'GREGORY'〗

Greer /gríə | gríə^(r)/, **Germaine** *n.* グリア《1939– ; オーストラリアのジャーナリスト・作家・フェミニスト; *The Female Eunuch* (1970)》.

greet¹ /grí:t/ *vt.* **1** (口頭・身ぶり・書面などで)…に挨拶を述べる, 敬礼する (hail, salute): ～ a person *with* a cheerful "Good morning!" 元気よく「おはよう」と人に挨拶する. **2** [親愛・尊敬・歓喜, 時には悪意・ののしりなどをもって] 迎える〔*with*〕: ～ a person *with* cheers, an embrace, a smile, etc. / ～ a person's return *with* jeers [a scowl, a volley of arrows] やじりながら[にがい顔をして, いっせいに矢を放って]人の帰りを迎える / His remark was ～*ed with* hisses. 彼がそういったらやじが飛んだ / The news was ～*ed with* relief by everyone. その知らせにだれもがほっとした / Jeers ～*ed* the candidate. あざけりの笑声が候補者を迎えた. **3** 〈光景などが〉…に現れる (appear to), 〈目・耳などに〉触れる, はいる (strike): A wide expanse of sea ～*ed* the eye. 広い海が目にはいった / A terrible noise ～*s* our ears [us]. すごい物音が聞こえてきた / A sweet smell ～*s* the nose. 甘い香りがただよってくる. — *vi.* 《廃》挨拶をかわす. 〖OE *grētan* to approach, greet < (WGmc **ȝrōtjan* to cry out, address (G *grüssen*) ← Gmc **ȝrētan* ← IE **ghrēd-*, **gher-* to call out)〗

greet² /grí:t/ *vi.*, *vt.* (**grat** /grǽt/; **grut·ten** /grʌ́tn̩/) 《古・スコット》泣く, 嘆く, 悲しむ (weep, lament). — *n.* 嘆く[悲しむ]こと. 〖OE *grētan*, **grǣtan* < (WGmc) **ȝrǣtan* (ON *grāta* to weep) ← IE **gher-* to call out: cf. regret〗

gréet·er /-tə | -tə^(r)/ *n.* 迎える人, 挨拶する人. 〖(*a*1398): ⇨ greet¹, -er¹〗

greet·ing /grí:tɪŋ | -tɪŋ/ *n.* **1** (人に会ったときの)挨拶, お辞儀(など) (salutation); 歓迎の言葉: give a person a friendly ～ 人に親しげに挨拶する / return the ～ 挨拶を返す. **2** [通例 *pl.*] 挨拶の言葉, 挨拶状; (その場にいない人の送る)挨拶, メッセージ: send Christmas ～*s* / exchange ～*s* 挨拶を交わす / with the season's ～*s* 時候の挨拶を申し添えて. **3** 《英》=salutation 2. 〖OE *grēting*: ⇨ greet¹, -ing¹〗

gréeting [《英》gréetings] càrd *n.* (クリスマスなどの)挨拶状, 賀状. 〖1898〗

Greg /grég/ *n.* グレッグ《男性名; 異形 Gregg》. 〖(dim.) ← GREGORY〗

gre·ga·le /greɪgɑ́:leɪ/ *n.* 〖気象〗グリゲール《地中海中央部の冷たい強い北東風; Euroclydon ともいう》. 〖(1804) ◻ It. *grecale*, *gregale* ← LL *Grecālis* ← L *Graecus* 'GREEK': ⇨ -al¹〗

greg·a·rine /grégəràɪn, -rɪ̀n | -rì:n, -rɪn/ 〖動物〗 *n.* ゾクチュウ(簇虫)《グレガリナ目の原生動物; 種々の動物の消化器などに寄生する》. — *adj.* ゾクチュウ目の. 〖(1867) ← NL *Gregarīna* ← L *gregārius*: ⇨ gregarious, -ine¹〗

greg·a·rin·i·an /grègəríniən⁺/ *adj.* 〖動物〗=gregarine.

gre·gar·i·ous /grɪ̀gέ(ə)riəs | -géər-/ *adj.* **1** 〈人が〉社交好きな, 社交的な (sociable). **2 a** 〈動物が〉群居する, 群生する, 群居性の (cf. solitary 4, social 5). **b** 〖昆虫〗〈ハチなど〉群生[集団]性の《集団で巣を作るが, 社会性をもつまでに至っていない一群のハチ(ツチスガリ・ハナダカバチ・コハナバチなど)について》. **3** 群の, 群居の, 集団の. **4** 〈植物が〉群生する, 叢生(そうせい)する. **～·ly** *adv.* **～·ness** *n.* 〖(1668) ◻ L *gregārius* belonging to flock ← *greg-*, *grex* flock ← IE **ger-* to gather; ⇨ -ous〗

grège /gréɪʒ; *F.* gʁɛ:ʒ/ *n.* (*also* **grege** /～/) **1** 〖紡織〗 **a** 生糸 (raw silk). **b** 未漂白の生地. **2** グレーがかったベージュ色. — *adj.* **1** 〈生地が〉未漂白の. **2** グレーがかったベージュ色の. 〖(1926) ◻ F (*soie*) ～ 'raw (silk)' ◻ It. *greggio* raw ← ?〗

greg·er /grégə | -gə^(r)/ *n.* 〖ユダヤ教〗=grager.

Gregg /grég/, **John Robert** *n.* グレッグ《1864–1948; 米国の教育家, Gregg 式速記法の創案者》.

greg·ger /grégə | -gə^(r)/ *n.* =grager.

gre·go /grí:goʊ, gréɪ- / *n.* (*pl.* **～s**) グレイゴー《ギリシャ人・東部地中海沿岸地方の人が着るフード付きの短い外套(がいとう)[上着]》. 〖(1747) ◻ Catalan ～ ← L *Graecus* 'GREEK'〗

Greg·or /grégə | -gə^(r); *G.* gʁé:gɔʁ/ *n.* グレガー《男性名》. 〖⇨ GREGORY〗

Gre·go·ri·an /grɪ̀gɔ́:riən, grə- | -/ *adj.* **1 a** 教皇グレゴリウス (Gregory) 十三世の[に関する]. **b** グレゴリオ暦の[による]: the ～ style 新暦 / the ～ epoch (1582 年以後の)新暦時代. **2 a** 教皇グレゴリウス (Gregory) 一世の[に関する]. **b** 〖音楽〗グレゴリオ聖歌の[に関する, の特徴をもった]. — *n.* **1** 〖音楽〗=Gregorian chant. **2** = Gregorian telescope. 〖(1598) ◻ LL *Grēgoriānus*: ⇨ Gregory, -an¹〗

Gregórian cálendar *n.* [the ～] グレゴリオ暦《現行の太陽暦; 1582 年に教皇 Gregory 十三世が在来のユリウス暦 (Julian calendar) を改正した新暦》. 〖1771〗

Gregórian chánt *n.* [the ～] 〖音楽〗グレゴリオ聖歌《教皇 Gregory 一世によって整備完成されたと伝えられるローマカトリック教会の単旋律の典礼用聖歌; cf. Ambrosian chant》. 〖1751〗

Gregórian móde *n.* 〖音楽〗グレゴリオ旋法 (⇨ ecclesiastical mode).

Gregórian Refórm *n.* [the ～] グレゴリウス七世改革《Gregory 七世が行った教会の改革運動》.

Gregórian télescope *n.* グレゴリー望遠鏡《スコットランドの数学者 James Gregory (1638–75) が考案した反射望遠鏡の一形式》.

Gregórian tóne *n.* グレゴリアントーン《グレゴリオ聖歌詩篇の 8 定形》.

Gregórian wáter *n.* 〖カトリック〗グレゴリオ聖水《ぶどう・灰・塩を混ぜて司教に聖別された水; 献堂式のとき用いる》.

Greg·o·ry /grégəri/ *n.* グレゴリー《男性名; 愛称形 Greg, Grig, 異形 Graegor (スコットランド)》. 〖ME ◻ L *Grēgorius* ◻ Gk *Grēgórios* ← *grēgoros* watchful ← IE **ger-* to be awake〗

Greg·o·ry /grégəri/, Lady (**Isabella**) **Augusta** *n.* グレゴリー《1859–1932; アイルランドの女流劇作家; Abbey Theatre の創立に尽力しその主宰者となった. 旧姓 Persse; *Seven Short Plays* (1909)》.

Greg·o·ry I /grégəri-/, Saint *n.* グレゴリウス[グレゴリオ]一世《540?–604; ローマの貴族・知事, 後に修道士; 教皇 (590–604); 596 年に St. Augustine を英国に派遣した; 祝日 3 月 12 日; 通称 Gregory the Great; cf. Gregorian chant》.

Gregory VII, Saint *n.* グレゴリウス[グレゴリオ]七世《1020?–1085; イタリア生まれ; 教皇 (1073–85); 教会内改革, 聖職者の独身制を確立し, 神聖ローマ帝国皇帝 Henry 四世を破門し, 教皇支配権を確立した; 祝日 5 月 25 日; 本名 Hildebrand》.

Gregory IX *n.* グレゴリウス[グレゴリオ]九世《1170?–1241; 教皇 (1227–41); 本名 Ugolino Segni》.

Gregory XIII *n.* グレゴリウス[グレゴリオ]十三世《1502–85; イタリア生まれ, 教皇 (1572–85); その改訂暦 Gregorian calendar は現今用いられている; 本名 Ugo Buoncompagni /ú:go bwɔ̀ŋkompáɲɲi/》.

Grégory of Naz·i·án·zus /-næziǽnzəs/, Saint *n.* ナジアンゾスのグレゴリウス《329–89; カッパドキア (Cappadocia) 三教父の一人, 神学者; cf. Saint BASIL》.

Grégory of Nýs·sa /-nísə/, Saint *n.* ニッサのグレゴリウス《330?–?95; 小アジア Nyssa の主教, カッパドキア (Cappadocia) 三教父の一人; Saint Basil の弟》.

Grégory of Tóurs, Saint *n.* トゥールのグレゴリウス《538?–94; フランク王国の司教で歴史家》.

Grég·o·ry's pówder *n.* 〖薬学〗グレゴリー(粉)末《ダイオウ (rhubarb), 煆性(かせい)マグネシア (magnesia), ショウガを調合した緩下剤; gregory powder ともいう》. 〖(1822) ← *James Gregory* (1753–1821: スコットランドの医師)〗

greige /gréɪ, gréɪʒ; *F.* gʁɛ:ʒ/ 《米》 *n. adj.* =grège. 〖⇨ grège: cf. beige〗

grei·sen /gráɪzən, -zn̩/ *n.* 〖岩石〗グライゼン, 英雲岩, 珪雲岩《気成作用によって主に花崗(かこう)岩から変質した岩, 石で石英とリシア雲母などから成る》. 〖(1878) ◻ G ～ 《変形》← *Greiss* ← 《方言》*greissen* to split〗

gre·mi·al /grí:miəl/ *n.* 〖カトリック〗《ミサ・聖職按手(あんしゅ)礼などに司教の用いる》絹または麻のひざ掛け (gremial veil ともいう). — *adj.* ひざの, 胸の. 〖(1563) ◻ LL *gremiālis* (adj.) ← L *gremium* bosom, lap: ⇨ -ial〗

grem·lin /grémlɪ̀n | -lɪn/ *n.* 《俗》 **1 a** グレムリン《飛行機のエンジンなどに故障を起こさせるという目に見えない小さな魔物; 第二次大戦中に英国空軍の飛行士が使い始めた語》. **b** 訳のわからない破壊力. **2** =gremmie. 〖(1941)《混成》? ← Ir.-Gael. *gruaimin* ill-humored little fellow (← *gruaim* ill humor)+(GOB)LIN〗

grem·mie /grémi/ *n.* (*also* **grem·my** /～/) 《俗》新米[へぼ]サーファー; 丘サーファー. 〖(1962) (dim.) ↑〗

Gre·na·da /grənéɪdə | grɪ̀néɪdə, grɛ-/ *n.* グレナダ: **1** 西インド諸島 Windward 諸島の最南端の島; 面積 311 km². **2** 同島と Grenadines 南部とから成る英国連邦内の国; 1974 年独立; 面積 344 km², 首都 St. George's; 公式名 the State of Grenada グレナダ国. **Gre·ná·di·an** /-dian | -dian/ *n.*, *adj.*

gre·nade /grɪ̀néɪd | grɪ̀-, grɛ-/ *n.* 〖軍事〗 **1** 手投げ弾, 手榴(しゅりゅう)弾, 擲弾(てきだん) (hand grenade): ⇨ frangible grenade. **2** 薬品入りガラス球, 投弾式薬品球《投げつけるとガラスが破れ消火剤や催涙ガスが拡散する》. 〖(1532) ◻ F ～《変形》← OF (*pome*) *grenate* 'POMEGRANATE': 形をざくろに見立てたもの〗

grenáde làuncher *n.* (ライフル銃・カービン銃に取り付けた)擲弾発射筒, 擲弾筒. 〖1959〗

gren·a·dier /grènədíə | -díə^(r)⁺/ *n.* **1 a** 擲弾兵《手榴弾の投擲を任務とした歩兵》. **b** えり抜きの兵, 精鋭兵《擲弾兵が中隊の隊伍の右側に位置し, 服装も他の兵とは異なって目立ったことから》. **2** 英国近衛(このえ)歩兵第一連隊 (Grenadier Guards) の兵 (1 b からの転用). **3** 〖魚類〗ソコダラ科に属する海魚の総称《尾部にいくに従って先細りになる; rattail ともいう》. **4** 〖鳥類〗=waxbill. 〖(1676) ◻ F ～: ⇨ grenade, -ier²〗

Grénadier Guárds *n. pl.* [the ～] (英国の)近衛(このえ)歩兵第一連隊《Charles 二世の亡命中, 彼に従った歩兵部隊が王政復古後の 1660 年代に改編され, 精鋭部隊としてこの地位を与えられたのに始まる; ⇨ Foot Guards》. 〖1752〗

gren·a·dil·la /grènədílə/ *n.* 〖植物〗=granadilla. 〖1613〗

gren·a·din¹ /grénədɪ̀n | -dɪn/ *n.* 〖料理〗グレナディン《小さく薄切りにし, ベーコンを挿して蒸し煮にした(主に子牛)肉; cf. fricandeau》. 〖(1706) ◻ F ～ ← *grenade*: ⇨ grenade〗

gren·a·din² /grénədɪ̀n | -dɪn/ *n.* (*also* **gren·a·dine** /grènədí:n, ⸗⸗⸗/) 〖植物〗オランダセキチク, カーネーション (clove pink); (特に)香りの強いカーネーション. 〖(1904) ◻ F *grenadine*: ⇨ grenade, -ine⁵〗

gren·a·dine¹ /grènədí:n, ⸗⸗⸗/ *n.* グレナディン《絹・人絹・毛などの薄い紗(しゃ)模様のもの; 婦人服などに使用》. 〖(1852) ◻ F ～ (i) ← OF *pome grenate* 'POMEGRANATE' // (ii) ← *grenade* silk of a grained texture (← *grenu* grained ← *grain* 'GRAIN¹')+*-ine* '-INE⁵': *Granada* (スペインの都市名)との連想〗

gren·a·dine² /grènədí:n, ⸗⸗⸗/ *n.* **1** グレナディン(シロップ)《ザクロで作った赤くて甘いシロップで, アルコール分を若干含む場合もある; カクテルなどに用いる》. **2** 赤黄色 (grenadine red ともいう). — *adj.* 赤黄色の. 〖(1896) ◻ F (*sirop de*) ～ 'pomegranate syrup' (dim.) ← *grenade*: ⇨ grenade, -ine⁵〗

Gren·a·dines /grènədí:nz/ *n. pl.* [the ～] グレナディーンズ《西インド諸島, Windward 諸島の一部で, 約 600 の島から成る列島; 面積 78 km²; 政治上, 北部は St. Vincent and the Grenadines に, 南部は Grenada に属する》.

Gren·del /gréndl̩/ *n.* グレンデル《古英語叙事詩 *Beowulf* 中の獣人; 母と共に沼に住んで人を食ったが, Beowulf に退治される》. 〖OE〗

Gren·fell /grénfɛl, -fəl, -fl̩/, **Joyce Irene** *n.* グレンフェル《1910–79 英国のエンターテイナー; モノローグで女教師, 中産階級の主婦・娘などを諷刺した》.

Grenfell, Sir **Wilfred Thomason** *n.* グレンフェル《1865–1940; カナダの Labrador で医療伝道活動をした英国の医師》.

Gre·no·ble /grənóʊbl̩ | grɪ̀nóʊ-; *F.* gʁənɔbl/ *n.* グルノーブル《フランス南東部, アルプス山中, Isère 河畔の商工業・観光都市, Isère 県の県都; 近くに La Grande Chartreuse がある; Stendhal の生地》.

Gren·ville /grénvɪl, -vɪl/, **George** *n.* グレンビル《1712–70; 英国の政治家; 首相 (1763–65); 対米植民地政策を強行して独立戦争を招いた》.

Grenville, Sir **Richard** *n.* グレンビル《1541?–91; 英国の海軍提督》.

Grenville, William Wyndham *n.* グレンビル《1759–1834; 英国の政治家; 人材内閣 (Ministry of all the Talents) の首相 (1806–07); George Grenville の息子; 称号 Baron Grenville》.

Gresh·am /gréʃəm/, Sir **Thomas** *n.* グレシャム《1519?–79; 英国の商人で財務官; Gresham's law の提唱者》.

Grésham's láw [théorem] *n.* 〖経済〗グレシャムの法則《「悪貨は良貨を(市場から)駆逐する」という法則》. 〖1858〗

gres·so·ri·al /grɛsɔ́:riəl/ *adj.* 〖動物〗〈鳥・昆虫などの〉足が歩行に適した; 〈鳥などが〉歩行に適した足をもった. 〖(1842) ← L *gressor* walker (← *gradī* to walk)+-IAL〗

gres·so·ri·ous /grɛsɔ́:riəs/ *adj.* =gressorial.

Gre·ta /grétə, grí:tə, gréɪtə | grí:tə, grétə, gréɪtə/ *n.* グリータ《女性名》. 〖◻ Swed. ～ // G *Grete* (短縮) ← *Margarete* 'MARGARET'〗

Gret·chen /grétʃən; *G.* gʁé:tçən/ *n.* **1** グレチェン《女性名》. **2** グレートヘン《Goethe 作 *Faust* 第 1 部の女主人公》. 〖(1890) ◻ G ～ (dim.) ← *Margarete* (↑)〗

Gre·tel /grétl̩ | -tl̩; *G.* gʁé:tl/ *n.* グレーテル《女性名; Margarete の愛称》.

Gret·na Green /grétnəgrí:n/ *n.* **1** グレトナグリーン《スコットランド Dumfries and Galloway 州のイングランド国境に近い村; スコットランドの婚姻法が寛大であったので, 1754–1940 年までイングランドで結婚を認められない男女がここへ駆け落ちして鍛冶(かじ)屋の立ち会いで結婚した》. **2** 駆け落ち者が行って結婚する所. 〖(1791) *Gretna*: 《原義》 hollow of greeting ← OE *grētan* 'to GREET¹': cf. Icel. *grāta* to weep〗

Grétna Grèen márriage *n.* 駆け落ち結婚. 〖(1852) ↑〗

Gret·zky /grétski/, **Wayne** *n.* グレツキー《1961– ; カナダのアイスホッケー選手》.

Greuze /grǝ́:z; *F.* gʁø:z/, **Jean Baptiste** *n.* グルーズ《1725–1805; フランスの画家》.

gre·vil·le·a /grəvíliə | grɪ̀-/ *n.* 〖植物〗ヤマモガシ科シノブノキ属 (*Grevillea*) の各種の常緑樹の総称《オーストラリア, タスマニア, ニューカレドニア産》. 〖(1853) ← NL ← *Charles Francis Grenville* (1749–1809: スコットランドの植物学者)〗

grew /grú:/ *v.* grow の過去形. 〖OE *grēow*〗

Grew /grú:/, **Joseph Clark** *n.* グルー《1880–1965; 米国の外交官; 駐日大使 (1932–41), 国務次官 (1944–45); *Ten Years in Japan* (1944)》.

grew·some /grú:səm/ *adj.* =gruesome.

grey /gréɪ/ *adj.* (～·er; ～·est), *n.*, *v.* =gray¹.

grey·ish /gréɪɪʃ/ *adj.* **～·ly** *adv.* **～·ness** *n.*

Grey /gréɪ/, **Charles** *n.* グレー《1764–1845; 英国の政治家; 首相 (1830–34); 称号 2nd Earl Grey》.

Grey, Sir **Edward** *n.* グレー《1862–1933; 英国の政治家; 外相 (1905–16); 称号 1st Viscount Grey of Fallodon》.

G

Grey, Sir **George** *n.* グレー《1812–98; 英国の政治家・植民地行政官; ニュージーランド首相 (1877–79)》.

Grey, Lady **Jane** *n.* グレー《1537–54; イングランド王 Henry 七世の曾孫(ﾋﾏｺﾞ), 1553 年 Edward 六世の死後義父の策謀により女王にされたが, 九日間で退位, 王位簒奪(ｻﾝﾀﾞﾂ)者として Mary 一世のために夫 Lord Guildford Dudley と共に処刑された; Lady Jane Dudley》.

Grey, Zane /zéɪn/ *n.* グレー《1875–1939; 米国の西部小説作家》.

gréy área *n.* **1** 《英》灰色地帯《貧民街であるが, 政府の特別援助を受けるほどの貧困になっていない低雇用率地帯; cf. development area》. **2** =gray area. 〘1963〙

gréy cèlls *n. pl.* 《英口語》=gray matter. 〘A. Christie の用語〙

grey·cing /gréɪsɪŋ/ *n.* 《英口語》=greyhound racing.

Gréy Fríar *n.* =Gray Friar.

gréy ghóst *n.* 《豪口語》違法駐車取締り警官《制服の色から》.

grey·hound /gréɪhaʊnd/ *n.* **1** グレーハウンド《野ウサギ狩りに使われた体高のある脚の速い猟犬》: (as) swift [lithe] as a 〜. **2** 《大洋航行の》快速汽船 (cf. ocean greyhound). ★「灰色」の grey と関係がないので, 米国でも grayhound のつづりはまれ; 米国の長距離バス会社名も Greyhound とつづる. 〘(*?a*1200) ME *greahound, grei-, gri-* < ? OE *griġ-hund*, (Anglian) *grēġ-hund* ← **griġ* dog, bitch＋*hund* 'HOUND[1]': cf. ON *grey-hundr*〙

Gréyhound Bús *n.* 《商標》グレーハウンドバス《米国最大のバス路線会社 Greyhound Lines 社の長距離バス》.

gréyhound ràcing *n.* グレーハウンド競走《電気仕掛けで走る模型のウサギをグレーハウンドに追わせて行う賭け》. 〘1926〙

gréy·làg *n.* 《鳥類》ハイイロガン (*Anser anser*)《ガンの一種; ヨーロッパのガチョウの原種; greylag goose ともいう》. 〘(1713) ← GRAY (adj.)＋? LAG[1] (adj.): 他の渡り鳥よりも長く滞留するのにちなむ〙

gréy sédge *n.* 《英》《昆虫》=caddis fly.

GRF 《略》《生化学》growth hormone-releasing factor.

grib·ble /gríbl/ *n.* 《動物》キクイムシ《キクイムシ科 *Limnoria* 属の小型甲殻類の総称; *L. lignorum* など海中の木材を食う》. 〘(1838) ← ? GRUB＋-LE[2]〙

gri·cer /gráɪsə | -sə$^{(r)}$/ 《口語》*n.* 鉄道ファン; 鉄道写真マニア; 機関車の型式などの識別を趣味とする人 (engine [train] spotter) (grice ともいう). 〘(1969) ← ?: cf. マンチェスター機関車協会会員の間で 1938 年に流布〙

grid /gríd/ *n.* **1** 《鉄》格子 (grating). **2 a** 《鉄道・電線・水道・ガスなどの》敷設網 (network): electricity on *the* 〜 送電網による電力. **b** 《テレビ・ラジオ局の》ネットワーク. **3 a** 《街路の》碁盤目, 直交する道路網. **b** 《地図の上に縦横に引いた》碁盤目, 方眼《縦と横の線に付けられた記号番号によって求める地点を容易に探すことができる》. **c** 《米》=gridiron 2. **4** 《自動車レース》《スターティング》グリッド《格子状に配された車のスタート位置》. **5 a** 《肉などをあぶる》焼き網, 鉄灸(ﾃｯｷｭｳ) (gridiron). **b** 《自動車の荷物を載せる格子状の》荷台. **6** =gridiron 3 c. **7** 《電気》**a** グリッド《蓄電池内鉛板》. **b** グリッド, 格子《多極真空管・水銀整流器などの電子管で陽極と陰極との中間に装置する金属の格子状電極》. **8** 《海事》=gridiron 5. **9** 《郵趣》=grill[2]. **10** 《印刷》《写真製版用の文字類を一定の順に配列した》母型盤. **11** 《NZ》=national grid. — *adj.* [限定的] **1** 《米》アメリカンフットボールの. **2** 《電気》グリッド[格子]の. 〘(1839)《略》← GRIDIRON〙

gríd bìas *n.* 《電子工学》グリッドバイアス《真空管のグリッドのカソードに対する平均電位として与える電圧》. 〘1926〙

gríd capàcitor *n.* 《電子工学》グリッドコンデンサー《真空管のグリッドに信号を伝え, 直流的には分離するためのコンデンサー》.

gríd cìrcuit *n.* 《電子工学》グリッド回路《真空管回路のうちグリッドの周辺の部分》. 〘1916〙

gríd condènser *n.* 《電子工学》=grid capacitor. 〘1916〙

gríd contròl *n.* 《電気》格子制御《真空管・放電管・水銀整流器などのグリッド[格子]に信号を与えて陽極電流を制御すること》. 〘1952〙

gríd cùrrent *n.* 《電子工学》グリッド電流, 格子電流. 〘1919〙

gríd declinátion *n.* 《測量》格子偏角《平面直角座標の北と真北との偏角》.

grid·der /grídə | -də$^{(r)}$/ *n.* 《米口語》アメリカンフットボール選手[ファン]. 〘(1928) ← GRID 3 c＋-ER[1]〙

grid·dle /grídl | -dl/ *n.* **1** グリドル《料理用の円いフライパン状の鉄板》; グリドル状の料理器具. **2** 《鉱山》選鉱用ふるい. ***on the griddle*** 《口語》尋問されて, 調べられて. — *vt.* **1** グリドルで焼く. **2** 《鉱山》ふるう 〈*out*〉. 〘(*?a*1200) *gridel* □ OF *gridil* < VL **crāticulum* small grid ← L *crāticula* (dim.) ← *crātis* wickerwork: cf. grill[1], gridiron〙

gríddle càke *n.* グリドルで両面を焼いた平たいパンケーキ (pancake) (griddle bread ともいう). 〘1783〙

gride /gráɪd/ *vt.* 〈かんぬきなどが〉ぎーぎーきしる, がりがり擦れる 〈*along, through*〉. — *vt.* **1** きーきーこする. **2** 《廃》突き通す[切る]. — *n.* 《文語》きしる[ぎーぎーいう]音. 〘(*?a*1400)《音位転換》← GIRD[2]: cf. grate[2]〙

grid·e·lin /grídəlɪn, -dl- | -dəlɪn/ *n.* 灰紫色. 〘(1640) □ F *gris de lin* gray of flax〙

gríd-glòw tùbe *n.* 《電気》グリッドグロー管, リレー放電管.

grid·i·ron /grídàɪən | -àɪən/ *n.* **1** 《肉や魚をあぶる》焼き網, 鉄灸(ﾃｯｷｭｳ) (grill). **2** 《米口語》アメリカンフットボール競技場[試合]《5 yards ごとに引いた白線があるから》. **3** **a** 鉄灸に似たもの. **b** 《鉄道・電線などの》敷設網. **c** 《劇場や映画撮影所の》舞台天井のはり構え《下げ幕などを操作する機構を支える》. **4** 《昔の火刑用の》炮烙(ﾎｳﾗｸ). **5** 《海事》格子(ｺｳｼ)船台《鉄材の骨組を低潮面の高さに作っておき, 高潮のとき船をその上に運び, 低潮時にはこの台の上に船が乗るようにした修理用の船台》. — *adj.* [限定的] アメリカンフットボールの: a 〜 hero アメリカンフットボールのスター選手. 〘(c1300) *gredirne, gridere*《変形》← *gredil* 'GRIDDLE': ME *ire, irne* 'IRON' との連想による変形: cf. andiron〙

gridirons 1

grídiron pèndulum *n.* 《時計》すのこ形振り子《周期変化を少なくするために膨張係数の異なる 2 種の金属棒をすのこ状に組み合せた振りざおをもつ補正振り子》. 〘1752〙

grídiron-tàiled lízard *n.* 《動物》=zebra-tailed lizard.

gríd lèak *n.* 《電子工学》グリッドリーク《偏倚(ﾍﾝｲ) (bias) を調整するために真空管のグリッド回路に用いられる抵抗器》. 〘1919〙

grid·lock /grídlɑ̀(ː)k | -lɔ̀k/ *n.* **1** 都市部の交差点での交通渋滞. **2** 《交渉・議論などでの》立ち往生, 行き詰まり; 麻痺[身動きのとれない]状態. 〘1980〙

gríd mètal *n.* 《化学》=antimonial lead.

gríd modulàtion *n.* 《電子工学》格子変調《格子回路に信号・搬送波を加えて行う変調》. 〘1924〙

gríd réference *n.* グリッド照合《地図・図面の点などを方眼の数字によって照合する方法》. 〘1954〙

gríd ròad *n.* 《カナダ》グリッドロード《碁盤目状に通じている公道》.

gríd variàtion *n.* 《航空》=grivation.

grief /gríːf/ *n.* **1** 《死別・苦痛・後悔・絶望などによる》深い悲しみ, 嘆き, 悲嘆, 悲痛 (⇨ sorrow **SYN**): die of 〜 悲しみで死ぬ / suffer 〜 at the loss of a son 息子に死なれて悲嘆に暮れる. **2 a** 悲しみ[悲嘆]のもと[種]; 不幸, 不運, 事故: His conduct was a 〜 to his parents. **b** 《俗》迷惑, 嫌がらせ (annoyance); いらだち (irritation). **3** 《廃》肉体的苦痛 (pain); 苦痛の種, 病気. ***bring to grief*** (1) 〈人を〉不幸に陥れる. (2) 失敗させる; 破産[破滅]させる. 〘1873〙 ***come to grief*** 《口語》(1) 不幸に陥る; 事故に遭う. (2) 失敗する; 破産[破滅]する. 〘1850〙 ***give a person grief*** 《口語》〈人に〉がみがみ小言を言う. ***Góod [Gréat] gríef!*** 大変, ああ, 嫌なことだ《驚き・嫌悪などを表す》. 〘1900〙 〘(*?a*1200) □ AF *gref*＝(O)F *grief* ← *grever* 'to GRIEVE[1]'〙

gríef·less *adj.* 悲しみのない, 愁いのない. 〘(1552): ⇨ -less〙

gríef-shòt *adj.* 《Shak》悲しみに打ちひしがれた. 〘1607–08〙

gríef-strìcken *adj.* 悲しみに打たれた, 悲嘆に暮れた. 〘1905〙

gríef·strùck *adj.* =grief-stricken.

gríef-wòrn *adj.* 悲しみでやつれた.

Grieg /gríːg; *Norw.* griːg/, **Ed·vard** (**Ha·ge·rup**) /édvard háːgərup/ *n.* グリーグ《1843–1907; ノルウェーの作曲家・ピアニスト; *Peer Gynt*「ペールギュント」(初演 1876)》.

Grier·son /gríəsən, -sn | gríə-/, Sir **Herbert John Clifford** *n.* グリアソン《1866–1960; 英国の文芸批評家; *Cross Currents in English Literature of the Seventeenth Century* (1929)》.

Grierson, John *n.* グリアソン《1898–1972; 英国のドキュメンタリー映画作家; *Industrial Britain* (1931)》.

griev·ance /gríːvəns, -vənts/ *n.* **1** 不平, 不満, 苦情 (resentment, complaint): nurse [harbor, cherish] a 〜 不満を抱く / remedy [address] a 〜 不平を除く[いう] / have a 〜 *against* a person 人に対して不満を抱く / 〜 machinery [procedures] 苦情処理機関[手続き]. **2 a** 《非難・不平・抗議の正当な理由と感じられる》不安[苦痛]の原因: the 〜 of taxation. **b** 《労働者によって》不満とされ抗議される労働条件; 《特に》団体協約違反の労働条件. **3** 《雇用者への不当待遇に対する》労働者の苦情. **4** 《廃》悲嘆, 悲痛 (grief); 苦痛[悲嘆]の種[原因]. 〘(*?a*1300) □ OF *grevance* ← *grever* 'to GRIEVE': ⇨ -ance〙

grievance committee *n.* 《労働》《労働組合または使用者双方によって作られ, 苦情処理手続き (grievance procedures) に従って処理する》労務苦情処理委員会. 〘1927〙

griev·ant /gríːvənt/ *n.* 苦情を仲裁にゆだねる人. 〘(1958) ⇨ ↓, -ant〙

grieve[1] /gríːv/ *vi.* 深く悲しむ, 悲嘆する, 心痛する (feel grief), 嘆く (lament) 〔*at, for, about, over*〕/ 〈*to do*〉: (deeply) 〜 *at* [*to* hear] the news その報道を聞いて(深く)悲しむ / 〜 *for* a loss 損失[人の死]を嘆く / 〜 *over* a friend's death 友人の死を嘆き悲しむ. — *vt.* **1** 深く悲しませる, 悲嘆させる, 心痛させる (distress): The girl's death 〜*d* her old parents. 少女を亡くして老いた両親は悲嘆に暮れた / I am terribly 〜*d at* [to hear] the news. その知らせを聞いてとても悲しい / It 〜*s* me to hear such news. その知らせを聞いて心が痛む / It 〜*s* me *that* the news is [should be] so bad. ひどい知らせと聞いて悲しい. **2** 《廃》…に害を加える, 不当な目に遭わせる (injure, harm). **gríev·er** *n.* 〘(*?a*1200) *greve(n)* □ (O)F *grever* < L *gravāre* to weigh down ← *gravis* heavy: ⇨ grave[2]〙

grieve[2] /gríːv/ *n.* **1** 《スコット》農場管理人 (farm manager). **2** 《古》州の長官 (sheriff). 〘OE 《北部方言》*grǣfa*＝*ġerēfa* 'REEVE[1]'〙

Grieve /gríːv/, **Christopher Murry** *n.* グリーブ (⇨ MacDiarmid).

grieved *adj.* 《文語》《深く》嘆き悲しんで 〔*at, by*〕/ 〈*to do*〉.

gríev·ing *adj.* 悲嘆して[心を痛めて]いる. **〜·ly** *adv.* 〘(c1450): ⇨ grieve[1], -ing[2]〙

griev·ous /gríːvəs/ *adj.* **1** 悲しませる, 悲しい (sad): 〜 news 悲報. **2** 〈病気・傷など〉苦痛を与える, 苦しい, つらい; 激しい: 〜 pain, cruelty, harm, injuries, etc. **3** 悲しむべき, 嘆かわしい; ひどい: a 〜 mistake, accident, crime, sin, etc. / If it were so, it was a 〜 fault; And 〜ly hath Caesar answer'd it. もしそうだとすれば痛ましい過失であって, 痛ましくもシーザーはその報いを被ったのであります (Shak., *Caesar* 3. 2. 85–6). **4** 悲しそうな, 悲痛な: a 〜 cry. **5** 《古》重い, 圧迫的な: burthens too 〜 to be borne 運ぶに耐えられない重荷 / 〜 tyranny 圧制的暴政. **〜·ly** *adv.* **〜·ness** *n.* 〘(c1300) *grevous* □ OF ← *grever* 'to GRIEVE[1]': ⇨ -ous〙

gríevous bódily hárm *n.* 《法律》重傷, 重大な身体傷害 (略: GBH). 〘1861〙

griff /gríf/ *n.* 《英俗》《賭(ｶｹ)などの》確かな情報, 《特に》内報 (tip): give a person the straight 〜 人に確かな[信頼できる]内報を与える. 〘(1891)《略》← GRIFFIN[4]〙

griffe[1] /gríf/ *n.* 《米方言》**1** 白黒混血児《特に女性》と黒人との間の混血児《白人の血が 1/4 混ざった混血児; cf. quadroon, octoroon》. **2** 黒人とアメリカインディアンの混血児. **3** 《女性の》白黒混血児 (mulatto). 〘□ F 〜 □ Am.-Sp. *grifo* □ Sp. kinky-haired ← (n.) 'GRIFFIN[1]'〙

griffe[2] /gríf/ *n.* (*also* **griff** /〜/) 《建築》けづめ (spur) 《円柱基部から下の四角の台石のかどに伸びたつめ形装飾》. 〘(1875) □ F 〜 'claw' ← Gmc (cf. OHG *grif*)〙

grif·fin[1] /grífɪn/ *n.* **1** 《ギリシャ神話》グリフィン《ライオンの胴体にワシの頭と翼などをもつ怪獣; Scythia にすんでその地の黄金を守ると信じられた; 紋章では dragon と並んで架空の動物では最も多く登場する》. **2** 《鳥類》=griffon vulture. 〘(1338) *griffo(u)n* □ OF *grifoun* (F *griffon*) < LL *grȳphus, grȳps* □ Gk *grū́ps* curved, hook-beaked □ ? Heb. *kᵉrūbh* 'CHERUB'〙

griffin[1] 1

grif·fin[2] /grífɪn/ *n.* 《インドまたは東洋への》新来のヨーロッパ人; 《無経験な》新渡来者; 新米 (greenhorn). 〘(1793)《転用》? ← GRIFFIN[1]〙

grif·fin[3] /grífɪn/ *n.* =griffe[1] 1.

grif·fin[4] /grífɪn/ *n.* =griff. 〘(1889) ← ?〙

Grif·fin /grífɪn/, **Walter Burley** *n.* グリフィン《1876–1937; 米国の建築家; オーストラリア Canberra 市の議事堂, Melbourne 大学などを設計》.

Grif·fith /grífɪθ | -fɪθ/ *n.* グリフィス《男性名》. 〘□ Welsh *Gruffydd* ← ? L *Rūfus*《原義》red: cf. rufous, Rufus〙

Griffith, Arthur *n.* グリフィス《1872–1922; アイルランド民族主義の指導者; Sinn Fein 党を創立 (1905)》.

Griffith, D(avid Lew·el·yn) W(ark) /-luːélɪn wɔ́ək | -lɪn wɔ́ːk/ *n.* グリフィス《1875–1948; 米国の映画製作者;「アメリカ映画の父」と呼ばれる初期の監督》.

grif·fon[1] /grífən/ *n.* =griffin[1].

grif·fon[2] /grífən/ *n.* **1** =Brussels griffon. **2** = wirehaired pointing griffon. 〘(1882) □ F 〜: cf. griffin[1]〙

gríffon vùlture *n.* 《鳥類》シロエリハゲワシ属 (*Gyps*) のハゲワシの総称; 《特に》シロエリハゲワシ (*G. fulvus*)《南ヨーロッパの山岳地方や北アフリカに生息する》. 〘1641〙

grift /gríft/ 《米俗》*n.* **1** [the 〜; 時に複数扱い]《いかさま師 (grifter) のする》いかさま, ぺてん. **2** いかさま[ぺてん]でもうけた金. — *vi.* いかさまを《商売に》する. — *vt.* 〈金などを〉ぺてんにかけてもうける. 〘(1914)《変形》? ← GRAFT[2]〙

gríft·er *n.* 《米俗》《縁日など人出の多い所で店などを出す》いかさま師, ぺてん師, でんすけ賭博師 (trickster). 〘(1915): ⇨ ↑, -er[1]〙

grig /grɪ́g/ *n.* **1 a** 小さい人[生物]. **b** 《方言》コオロギ, キリギリス (cricket), バッタ (grasshopper). **c** 《チャボなど》脚の短い鶏. **d** 《方言》小さなウナギ. **2** 《方言》《通例若くて小柄な》元気な人: a merry 〜 快活な人 / (as) merry [lively] as a 〜 ばかに陽気な, 大はしゃぎの. **3** 《童話などで》こびと, 一寸法師. 〘(*?a*1400) *grege* dwarf ← ? ON: cf. Grig〙

Grig /grɪ́g/ *n.* グリッグ《男性名》. 〘(dim.) ← GREGORY〙

Gri·gnard /griːnjɑ́ə(d) | gríːnjɑː$^{(r)}$; *F.* gʀiɲaːʀ/, (**François Auguste**) **Victor** *n.* グリニャール《1871–1935; フランスの化学者; Nobel 化学賞 (1912)》.

Grignárd reàction *n.* 《化学》グリニャール反応《種々の有機化合物に対するグリニャール試薬の反応》.

Grignárd reàgent *n.* 《化学》グリニャール試薬《無水エーテル中でハロゲン化アルキルを金属マグネシウムと作用させ

て得られる反応性に富む化合物; 有機合成試薬として重要).

Gri·go·ri /grɪgɔ́ːri; *Russ.* grʲigórʲij/ *n.* グリゴーリ《男性名》. 〘□ Russ. ~ 'GREGORY'〙

Gri·go·rie·vich /grɪgɔ́ːriəvɪtʃ; *Russ.* grʲigórʲivʲitʃ/ *n.* グリゴーリビッチ《男性名》. 〘□ Russ. ~《原義》'son of GRIGORI'〙

gri·gri /gríːgriː/ *n.* =gris-gris.

gri·has·tha /gəhástə | gə-/ *n.* 〘ヒンズー教〙家住期《アーシュラマ (ashrama) の第三期; 家長としての義務を果たす時期》; 家住期にある人. 〘《1871》□ Skt *gṛhastha*〙

grike /gráɪk/ *n.* (石灰岩が天水によって浸食された)空隙(ㄍ), 間隙. 〘《1781–1885》(英北方方言)〙

Gri·kwa /gríːkwə, grík-/ *n.* =Griqua.

grill[1] /gríl/ *n.* **1 a** グリル《上部にヒーターのついたあぶり器》; (オーブンなどの)上部ヒーター, 上火: under a ~. **b** 《英》=hot plate 1 b. **2 a** (肉などを焼く)焼き網, 鉄灸(ㄍ) (gridiron). **b** (焼肉用の)溝のついた鉄板. **3** (焼き網で焼いた)焼肉[魚] (grilled food): ⇨ mixed grill. **4** =grillroom. — *vt.* **1** 焼き網[鉄灸]で焼く[あぶる]《《米》では通例 broil》. **2 a** 酷熱で苦しめる. **b** 《口語》〈警察などが〉厳しく尋問する, ぎゅうぎゅう問い詰める. **c** 難題[無理な要求, 負担]を与えて苦しめる. — *vi.* **1** 〈肉などが〉(火で)焼ける, あぶられる. **2 a** 酷熱にさらされる: ~ in the sun 太陽に焼きつけられる. **b** 手厳しい尋問を受ける. **c** 難題をふっかける. **~·er** /-lə | -lə(r)/ *n.* 〘v.: 《1668》□ F *griller* ← *gril* gridiron. — n.: 《1685》□ F *gril* < OF *grille, grail* < VL *grāticulum*=L *crāticula* (dim.) ← *crātis* wickerwork, hurdle: cf. grille〙

grill[2] /gríl/ *n.* 〘郵趣〙グリル《正方形・長方形またはダイヤ形の十字に交差した線による対称的な形》: **a** 切手を容易に配置できるようにアルバム・リーフに軽く印刷された四角のマス目. **b** 版に凹凸を作りそれが用紙に写され, 消印を除去しにくくしたもの《米国では 1867–71 年, ペルーでは 1874–79 年の切手に見られる》. **c** 切手に用いられたダイヤモンド形の消印《1849–51 年のフランスのグリル消印として知られる》. — *vt.* 〈切手に〉グリル型消印を押す. 〘《1887》《変形》← GRILLE〙

gril·lade /grɪ̀lɑ́ːd | grɪ-; *F.* gʁijad/ *n.* **1** 焼き網で焼いた肉料理. **2** 焼き網で焼くこと. — *vt.* 《廃》=grill[1] 2. 〘《1656–57》□ F ~: ⇨ grill[1], -ade〙

gril·lage /grílɪdʒ/ *n.* 〘土木〙筏地形(ㄍㄍ)《軟弱な地盤上の建造物の土台を支えるための木材などの基礎枠組》. 〘《1776》□ F ~: ⇨ ↓, -age〙

grille /gríl/ *n.* **1** (門・扉・窓などの通例装飾的意匠のある)格子(ㄍ), 鉄格子 (grating), 透かし造りの柵. **2** (切符売場・銀行窓口または刑務所・観想修道院などで面会用などの)格子窓. **3 a** 格子状のもの. **b** =gridiron 1. **c** (ラジオなどの, スピーカーを保護する)網目状の飾格子. **d** 通風装置の網目状の覆い; それがはめてある通風口. **e** (自動車の)ラジエーターグリル, 放熱器囲い格子. **f** 一見不規則に穴のあけてある覆いでそれを紙の上に置いて穴をたどると言葉や暗号文が書けるもの. **g** もと英国下院女性傍聴席の前に張ってあった金網. **4** (コートテニス (court tennis) で)ハザード (hazard) 側のコート壁の四角な口. 〘《1661》□ F ~ 'grating': ⇨ grill[1]〙

gril·lé /gʁiːjéɪ; *F.* gʁije/ *adj.* **1** (レースの)地(ㄐ)が格子模様の. **2** =grilled 2. 〘《1882》□ F ~ (p.p.) ← *griller* 'to GRILL[1]'〙

grilled *adj.* **1** 〈窓・扉など〉格子のある. **2** 焼かれた, あぶった (broiled). 〘1668〙

grílled chéese *n.* 《米》グリルドチーズ《薄切りパンにスライスチーズ(とベーコンなど)をはさんでフライパンでチーズがとろけるまで焼いたサンドイッチ》.

gríll·ing /-lɪŋ/ *n.* **1** (厳しい)尋問. **2** 焼くこと.

gríll pàn *n.* 《英》グリルパン《汁の受け皿》.

Grill·par·zer /grílpɑːtsə | -pɑːtsə(r); *G.* gʁílpaʁtsɐ/, **Franz** *n.* グリルパルツァー《1791–1872; オーストリアの劇作家・詩人》.

gríll·ròom *n.* **1** グリル(ルーム)《ホテル・レストランなどで焼肉などの一品料理を供する手軽な食堂》. **2** 簡易食堂[レストラン]. 〘1883〙

gríll ròom *n.* (警察署の)取調室, 尋問室.

gríll·wòrk *n.* =grille 1; 格子状のもの. 〘1896〙

grilse /gríls/ *n.* (*pl.* ~, ~s) **1** 海から初めて川を上ってきた若いタイセイヨウサケ (Atlantic salmon) (cf. parr, smolt). **2** 《米》(一般に)海から初めて川を上ってきたサケ. 〘《1416–17》《音位転換》← ? OF *grisle* (dim.) ← *gris* gray〙

grim /grím/ *adj.* (**grim·mer; grim·mest**) **1** 不愉快な, 嫌な: the ~ task of burying the bodies 死体を埋める嫌な仕事. **2** 厳しい, 厳格な, 妥協の余地のない: a ~ reality [truth] 厳然たる現実[真実] / a ~ necessity 冷厳な必然. **3** [限定的] 頑として動かない, 不屈の: ~ courage, determination, etc. **4** 《口語》**a** 恐ろしい, ものすごい (⇨ ghastly SYN); 不吉な, 気味の悪い, ぞっとするような: a ~ smile, countenance, joke, tale, etc. / ~ humor にこりともしないで言う不気味なしゃれ / the ~ face of the law 法律のこわい顔《厳しい法律》. **b** [叙述的] 気分の悪い: feel ~. **5** 《古》荒々しい, たけだけしい, 狂暴な; 冷酷な, 残忍な: a ~ war / ~ wolves. **~·ly** *adv.* **~·ness** *n.* 〘OE *grimm* fierce < Gmc **ʒrimmaz* (G *grimm* / ON *grimmr*) ← **ʒrem-, *ʒram-* ← IE **ghrem-* angry (Russ. *grom* thunder)〙

gri·mace /grímɪ̀s, grɪ̀méɪs | grɪ̀méɪs, grímɪ̀s/ *vi.* しかめつらをする, 顔をゆがめる 〈*at*〉 (⇨ frown SYN). — *n.* **1** (不機嫌・憎しみ・軽蔑・苦痛などを表す)しかめつら: make ~*s* (*at a person*) (人に向かって)顔をゆがめる, しかめつらをする. **2** (気取った)作り顔; 気取り. **grí·mac·er** *n.* **grím·ac·ing·ly** *adv.* 〘《1651》□ F ~ < OF *grimas(se), grimuche* ← Frank. **grima* (cf. OE *grima* mask, helmet): cf. grim〙

Gri·mal·di /grɪ̀mɑ́ːldi, -mɔ́ːl- | -mɔ́ːl-, -mɔ́l-/, **Joseph** *n.* グリマルディ《1779–1837; 英国のパントマイム役者・道化師》.

Grimáldi ràce [**màn**] *n.* 〘人類学〙グリマルディ人種《Grimaldi の洞窟で発見された人骨に代表される原始人の一型》. 〘← *Grimaldi cave* (フランスの国境に近いイタリアの洞窟)〙

gri·mal·kin /grəmǽlkɪn, -mɔ́ː(l)- | grɪ̀mǽlkɪn, -mɔ́ːl-/ *n.* **1** 猫 (cat); (特に) 年取った雌猫《主に物語の中で猫の名に使われる》. **2** 意地悪ばばあ. 〘《1630》《変形》← *Graymalkin* (魔女の使いの雌猫: cf. Shak., *Macbeth* 1. 1. 8) ← GRAY (adj.)+MALKIN: cf. F. *grimaud*〙

grime /gráɪm/ *n.* (表面にこびりついた)汚れ, あか, ほこり; 薄汚なさ. — *vt.* (あか・すすなどで)汚す, 汚くする (befoul). 〘(*a*1450) *grime(n)* ← ? MLG & MDu. *grīmen* ← MLG *greme* dirt, MDu. *grime* soot ← IE **ghrēi-* to rub〙

Grímes Gólden /gráɪmz-/ *n.* 〘園芸〙玉霰(ㄍ)《米国のリンゴの品種名; 黄色》. 〘← *Thomas P. Grimes* (米国の園芸家): 1790 年ごろ栽培〙

Grim·hild /grímhɪld/ *n.* 〘北欧伝説〙グリームヒルド《*Volsunga Saga* で Giuki の妻; 魔法にたけ, Sigurd に忘れ薬を飲ませて Brynhild を忘れさせ, 娘 Gudrun と結婚させる; 彼の死後 Atli と結婚するよう娘に憂さ忘れ薬を飲ませる》. 〘□ ON *Grímhildr*〙

grím-lòoked *adj.* 《Shak》厳しい顔つきの. 〘1595–96〙

Grimm /grím; *G.* gʁɪm/, **Jacob** (**Ludwig Carl**) *n.* グリム《1785–1863; ドイツの言語学者・神話民俗学者; *Deutsche Grammatik*「ドイツ文典」(1819–37); cf. Grimm's law》.

Grimm, Wilhelm (**Carl**) *n.* グリム《1786–1859; J. Grimm の弟, 兄と共に *Kinder-und Hausmärchen*「子供と家庭の童話」('Grimm's Fairy Tales') (1812–15), *Deutsches Wörterbuch*「ドイツ語大辞典」(Vol. I, 1854) の編者》.

Grímm's láw *n.* 〘言語〙グリムの法則《ゲルマン系言語における子音推移に関する法則; cf. Grassmann's law, Verner's law》. 〘《1838》← *Jacob Grimm* (1822 年にこの法則を発表)〙

gri·moire /grɪmwɑ́ə | -mwɑ́ː(r); *F.* gʁimwaːʁ/ *n.* 魔術の教本. 〘《1849》□ F ~《変形》← *grammaire* grammar〙

Grím Réaper, g- r- *n.* [the ~] =reaper 3. 〘1927〙

Grims·by /grímzbi/ *n.* グリムズビー《イングランド東部, Humber 河口の港町, 漁港として栄えた》. 〘ME *Grimesbi* ← *Grimes* (← ? ON *Grímr*《原義》masked person=OE *grīma* mask)+OE *bȳ* (□ ON *bȳr* village)〙

grim·y /gráɪmi/ *adj.* (**grim·i·er; -i·est**) **1** (あか・すすなどで)汚れた, 汚ない (⇨ dirty SYN); あかじみた: a ~ wall. **2** けちで不愉快な: a ~ rascal. **grím·i·ly** /-məli/ *adv.* **grím·i·ness** *n.* 〘《1612》← GRIME+-Y[1]〙

grin /grín/ *v.* (**grinned; grin·ning**) — *vi.* **1** (喜び・満足・いたずら心・意地悪などで)歯を見せて笑う, (口を開けてにこっと[にっと, にやりと]笑う, にやにやする 〔*at*〕: ~ *at* a person / ~ *with* joy うれしくにこっと笑う / ~ sheepishly 間が悪そうににやっと笑う / ~ like an idiot / ~ from ear to ear 口を大きく開けてにやにや笑う. **2** 〈犬などが〉(いがむときに)歯をむく; 〈人が〉(苦痛・怒り・嘲笑などで)歯をむき出す: ~ *with* pain. **3** 〈すき間などが〉あく (gape open); 〔すき間・割れ目などから〕見える, のぞく 〔*through*〕. — *vt.* にこっと笑って[歯をむき出して]…の意を表す: ~ one's approval [satisfaction] / ~ defiance 歯をむいて反抗を示す. ***grín and béar it*** 《口語》(不愉快な事を)笑って[黙って]我慢する. 《*c*1810》 ***grín like a Chéshire cát*** ⇨ Cheshire cat. ***grín through a hórse-collar*** 馬の首輪から顔を出して歯をむきながらにらめっこをする《田舎の遊戯》. — *n.* **1** 歯を見せて笑うこと, にこっと[にっと]笑うこと, にやにや笑い (toothy smile) (⇨ smile SYN); 苦笑: a broad ~ (口を大きく開けた)朗らかなにこにこ顔 / on the (broad) ~ (朗らかな)にこにこ顔で / with a ~ にっこり[にやっと]笑って / She gave me a quick ~. ちらりと私の方に歯を見せて笑った. **2** (苦痛などで)歯をむき出すこと; しかめつら. ***wípe*** [***táke***] ***the grín òff*** *one's* [*a person's*] ***fáce*** ⇨ smile 成句.

grin·ning /grínɪŋ/ *adj., n.* 〘OE *grennian* to bare the teeth ← Gmc **ʒran-* (G *greinen* / ON *grína*): cf. groan〙

Grinch /gríntʃ/ *n.* [the ~] グリンチ《米国の作家 Dr. Seuss 作の童話 *How the Grinch Stole Christmas* に登場する架空の意地悪な生き物》; [通例 g-] 怒りっぽい人, 人をしらけさせる[興ざめな]やつ.

grind /gráɪnd/ *v.* (**ground** /gráʊnd/, 《古》 **~·ed**) — *vt.* **1 a** ひいて粉にする, すり砕く, すりつぶす, (臼で)ひく, する 〔*to, into*〕: ~ corn, coffee, meat, stones, etc. / ~ something small [*down*] 小さくひく[すりつぶす] / ~ something *to* powder [*into* dust] 物をひいて粉にする. **b** ひいて〈粉を〉作る: ~ flour 粉をひく. **2 a** (こすって)磨滅させる, すり減らす (wear away); 〈波が〉〈岩を〉打ち砕く (break up). **b** 磨く, 研ぐ (polish, whet): ~ lenses レンズを磨く / ~ a knife [an ax, a scythe] 小刀[斧, 鎌]を研ぐ / ~ glass ガラスをすって面をざらざらにする / ~ something to a sharp point 研いで先をとがらす. **c** 〈機械の部品〉の表面を(研磨して)滑らかにする; 〈機械の部品を〉(すり合わせて)はめこむ 〈*in*〉 / 〔*into*〕: ~ a valve *in* / ~ a valve *into* its seat すり合わせてバルブを弁座にぴったりおさめる. **3** ぎしぎしこする; ぎーぎーこすりつける (grate, grit): ~ one's teeth 歯ぎしりする / ~ a pebble *into* the ground with one's heel 靴のかかとで小石を地面にぎゅーと踏みつける / ~ *out* a cigarette たばこの火をもみ[こすりつけて]消す. **4** 〈ひき臼・手回しオルガンなど〉(の柄)を回す; 回して鳴らす, ひく: ~ a hand mill, a barrel organ, etc. **5** [しばしば p.p. 形で] 〈苦労・困難などが〉〈人〉の心身を弱らせる, …の精根を尽きさせる, 疲れきらせる (wear out, fatigue); 〈搾取・暴政などが〉苦しめる, 虐げる (afflict, oppress): ~ the faces [face] of ⇨ face 成句 / be *ground* by tyranny [poverty, misery] 暴政[貧困, 不幸]に打ちひしがれる. **6** 《口語》**a** 〈人〉に骨折って教え込む: ~ a child *in* Latin 子供にラテン語を教える, ラテン語で子供を鍛える. **b** 〈知識・科目などを〉〈人(の頭など)に〉詰め込む 〔*into*〕: ~ Latin *into* a child [a child's head] 子供(の頭)にラテン語をたたき込む. — *vi.* **1** 粉をひく, 臼をひく. **2** [補語を伴って] 粉になる, ひける: This wheat ~*s well* [*fine*]. この小麦はよく[細かく]ひける. **3** 〈臼が〉回る: Though the mills of God ~ slowly, yet they ~ exceeding small. 神の臼は回転はのろいがひく粉はきわめて細かい,「天網恢々(ㄍㄍ)疎にして漏らさず」(Friedrich von Logau (1604–55) の epigram の Longfellow 訳 (*Retribution*) から). **4** きしる, ぎーっと音を立てる (grate); 歯ぎしりする. **5** 〈刃物が〉研げる, (研ぐと)刃がつく: Steel ~*s to* a sharp edge. 鋼は研ぐと鋭い刃がつく. **6** 《口語》骨折って働く, (特に, 試験などのために)こつこつ勉強する 〈*away*〉: ~ (*away*) *at* one's duties あくせくと務めに励む / ~ *for* an examination こつこつと試験勉強をする. **7** 《米》**a** (ストリップや性交などで)〈女性が〉腰を回転させる, グラインドをする (⇨ *n.* 5 a). **b** 性交する.

grind awáy (1) 粉をひき続ける. (2) =GRIND down (2). ***grind dówn*** (*vt.*) (1) ⇨ *vt.* 1. (2) すり減らす, 磨滅させる (wear away): ~ *down* a knife. (3) 圧制する, 苦しめる, 虐げる (oppress, afflict): be *ground down* by poverty [misery, oppression]. — (*vi.*) (ひけば)粉になる: This wheat will ~ *down into* [*to*] a nice white flour. この小麦はひけば上質の白い粉になるだろう. ***grind ón*** 〈活動・手続きなどが〉(容赦なく)どんどん進む. ***grind óut*** (1) (ひいて, すって)作る. (2) (歯をきしらせて)言う; 骨折って作り出す: ~ *out* an oath 歯をきしらせて悪態をつく. (3) (手回しオルガンの柄を回して)奏する: ~ *out* a tune on an organ 手回しオルガンの柄を回して一曲奏する. (4) 〈著作・音楽などを〉機械的にどんどん作り出す: ~ *out* a few verses 二, 三編の詩を次々に作る. (5) ⇨ *vt.* 3. ***grind to a hált*** [***stándstill***] 〈進行・活動が〉ゆっくりと止まる; 〈車などが〉きしみながらゆっくり停止する. ***grind úp*** ひき砕く, すり砕く.

— *n.* **1 a** ひくこと, すり砕くこと, 粉にすること. **b** (コーヒー豆などの)ひき加減; 粉(の大きさ). **2** すれる音, きしる音. **3** 《口語》骨が折れて退屈な仕事[勉強] (⇨ work SYN); (レースなどの)長く骨の折れるコース[走り]: Sawing is a considerable ~. のこぎり(を使うこと)はなかなかつらい仕事だ / It is a hard ~ to learn [learning] a foreign language. 外国語の勉強はつらい / the same old ~ いつもと同じ単調な仕事. **4** 《米口語》猛勉強家, がり勉. **5 a** グラインド《ストリップや性交で腰を回転させる動作; cf. bump[1] *n.* 6》. **b** 《英俗》性交. **6** 〘病理〙膿痂疹(ㄍㄍ), インペチゴ (impetigo). 〘OE *grindan* < Gmc **ʒrindan* ← IE **ghren(dh)-* to grind (L *frendere* to gnash the teeth / Gk *khraínein* to graze)〙

grin·de·li·a /grɪndíːliə/ *n.* **1** 〘植物〙=gumweed. **2** gumweed の乾燥させた葉や茎《グリンデロールなどの精油成分を含み, 皮膚炎などの医薬品に用いる》. 〘← NL ~ ← *D. H. Grindel* (1777–1836: ロシアの植物学者): ⇨ -ia[1]〙

Grin·del·wald /gríndl̩vɑ̀ːld, -vɛ̀ld; *G.* gʁíndl̩valt/ *n.* グリンデルバルト《スイス中部, Bern 州の町; Wetterhorn や Eiger などへの登山基地》.

grind·er /gráɪndə | -də(r)/ *n.* **1 a** 粉砕機; 研磨機, 研削盤, 砥石(ㄍ): a coffee ~. **b** 砕木機, グラインダー《砕木パルプを製造するために, 木材を砕く機械》. **2 a** ひく[すり砕く]人. **b** 研ぐ人, 研ぎ屋: a knife ~. **c** 手回しオルガン[風琴]弾き: ⇨ organ-grinder. **d** 《英俗》(受験準備のための)家庭教師 (crammer). **e** 《米口語》こつこつ勉強する学生, がり勉, 猛勉強家. **f** 薄給で人を酷使する人. **g** 《俗》グラインドのうまい人[ストリッパー] (⇨ grind *vi.* 7). **3 a** 臼歯(ㄍㄍ) (molar) (cf. cutter 4). **b** [*pl.*] 《口語》歯 (teeth). **4** 《米俗》=hero sandwich. **5** 〘通信〙(遠雷によって生じる)臼音. **6** 〘鳥類〙**a** ヨーロッパヨタカ (*Caprimulgus europaeus*). **b** =restless flycatcher. ***tàke a grínder*** 《古》左の親指を鼻頭に当て右の手をその周囲に回してあざける (cf. snook[3]). 〘OE *grindere*: ⇨ grind, -er[1]〙

gríndeŕs ásthma *n.* 〘病理〙研磨工喘息(ㄍㄍ)《研磨工にみられる喘息様症状で金属粉の吸入によるもの》. 〘1879〙

grínder's phthísis *n.* 〘病理〙研磨工肺癆(ㄍㄍ), 珪肺結核(症). 〘1879〙

grind·er·y /gráɪndəri/ *n.* **1** 研ぎ屋, 研磨所. **2** 《英》革細工[靴]製造具(店): a ~ warehouse 靴屋材料店. 〘《1805》: ⇨ -ery〙

grínd·ing *n.* **1** (粉を)ひくこと, 製粉; 粉砕; (ガラス製造で)荒摺(ㄍㄍ)り; 研削, 研削加工; きしり, 摩擦. **2** 歯ぎしり. **3** 《口語》詰め込み教授[勉強]. **4** [形容詞的に] ひく[すりつぶす]ための[に適した]: the ~ teeth 臼歯 / ~ corn. — *adj.* **1** ぎーぎー鳴る, きしる; 〈音など〉耳障りな: ~ gears / a ~ sound / come to a ~ halt 〈車などが〉ぎーっと音を立てて急停車する. **2** 骨の折れる, 退屈な, あきあきする: ～ toil. **3** 圧迫[圧制]する, 暴虐な: ～ tyranny. **4** じりじり痛む[悩ます] (tormenting): a ～ toothache きりきり痛む歯痛 / ～ poverty 赤貧. **～·ly** *adv.* 〖(?*a*1300): ⇨ -ing²〗

grínding mìll *n.* 〖機械〗円筒粉砕機, ボールミル. 〖1796〗

grínding òrgan *n.* 手回しオルガン (barrel organ). 〖1801〗

grínding shòw *n.* (米俗) 休憩なしの興行[ショー].

grínding whèel *n.* 砥石(といし)車; 研削ホイール; (鋳物で)ばり取り機. 〖1791〗

grínd·stòne /gráɪn(d)-/ *n.* **1** (回転式の研磨用)砥石(といし). **2** 砥石用の石材. **3** 石臼 (millstone). ***kéep* [*háve, hóld, pút*] *a person's nóse to the grindstone*** ⇨ nose 成句. 〖1228〗

grin·go /gríŋgoʊ | -gəʊ/ *n.* (*pl.* ～s) [しばしば軽蔑的に] (中南米地方で)外国人, (特に)英米人. 〖(1849) □ Mex.-Sp. ～ 'gibberish' (転訛) ← Sp. *griego* 'GREEK, stranger'〗

grín·ner *n.* 歯を見せて笑う人, にやにや笑う人; 歯をむき出すもの (怒った犬など). 〖(1440): ⇨ grin, -er¹〗

grín·ning·ly *adv.* 歯をむき出して, にやにや笑って. 〖(1755) ← GRIN *v.* ＋-ING²＋-LY¹〗

gri·ot /gríːoʊ | -əʊ; *F.* gʀijo/ *n.* グリオ (西アフリカ諸部族で, 口述伝承などをつかさどる語り部). 〖(1820) □ F ～ ← ? African origin〗

grip¹ /gríp/ *n.* **1 a** (手などでしっかと)つかむこと, 握ること, 把握 (grasp, clutch); つかむ力, 握力: lose one's ～ (*of* [*on*]) (…から)手を放す, 手放す, 放す / take [get] a ～ *on* a rope 綱をしっかりつかむ / feel a strong ～ *on* one's arm だれかにぎゅっと腕を握られる / The eagle has a strong ～. ワシのつかむ力は強い. **b** (バット・クラブ・ラケットなどの)つかみ方, 握り方, グリップ: shorten [lengthen] one's ～ (バットなどを)短く[長く]握る. **c** (秘密結社の同志間の)握手法: A Freemason is recognized by his ～. フリーメーソン(秘密結社の同志)は特殊な握手法でそれと知れる. **2** (精神的)把握力, 理解力, のみ込み (mental grasp): His mind has lost its ～. 彼の頭は理解力を失った / have a good [poor] ～ *on* [*of*] reality 現実をよく理解して[わかって]いる[いない] / He has a feeble ～ *of* my idea. 彼には私の考えがよくわかっていない. **3** 注意を引く力, 興味をつなぎせる能力; 統御力, 統率力 (control); 支配, 左右すること (mastery): have a ～ *on* one's audience 聴衆の心をつかむ[引きつける] / get [keep, take] a ～ *on* oneself 自己の感情を抑える / lose ～ *of* one's audience 聴衆の興味がつなげなくなる / get into the ～ of …に支配される / be *in the* ～ *of* a powerful emotion 強い感情にとらわれる / be *in the* ～ *of* disease [a frost, a strike] 病気[霜, ストライキ]の影響を受ける / loosen one's ～ on …への支配[影響力]を弱める / The story never got any ～ *on* me. その物語には私は少しも興味を感じなかった. **4 a** (器物の)柄, つか, 握り, 取っ手 (handle, hilt); (クラブ・ラケットなどの)握り, グリップ; (鐘を鳴らすロープの)グリップ (毛で編んだ握りの部分). **b** 〖機械〗つかみ, グリップ; (ケーブルカーの運動装置の)グリップ (cf. gripman). **c** (英) ＝hairgrip. **5** (米) (手で下げられる)旅行かばん, 小さなスーツケース. **6** 差し込み, 痙攣(けいれん). **7** (俗) 〖演劇〗舞台係[方], 道具方の助手 (stage-hand).

at grips つかみ合っていて, 取り組んで: be *at* ～*s with* one's subject 問題と取り組んでいる, 研究に没頭している. 〖1857〗 ***cóme* [*gèt*] *to grips with*** (1) …と取っ組み合う, ねじ合う, つかみ合いをする. (2) 〈問題など〉にこつこつと従事する[努める]. 〖1640〗

— *v.* (**gripped,** (古) **gript** /grípt/; **grip·ping**) — *vt.* **1** しっかりつかむ, 固く握る (seize firmly) (⇨ take SYN); …と握手をする: ～ him by the [his] hand 彼の手をしっかり握る. **2** 〈機械がつかむ, 締める: The brake doesn't ～ the wheel properly. ブレーキがうまく車輪を締めない. **3** 〈心・注意などを〉つかむ, 強く引く (arrest, rivet): ～ a person's attention 強く人の注意を引く / ～ an audience 観衆の心をとらえる / Fear ～*ped* his heart. 恐怖が彼の心をとらえた. — *vi.* **1** しっかりとつかむ, とらえる, 抑える; (ブレーキなどが)かかる. **2** 心について離れない. 〖OE *gripe* grasp & *gripa* handful, sheaf ← *grīpan* 'to GRIPE': cf. G *Griff*〗

grip² /gríp/ *n.* (英方言) 小さい溝, どぶ. 〖OE *grȳpa* & *grype* ← Gmc *ʒr(e)up-* to hollow out (Du. *greep*)〗

grip³ /gríp/ *n.* 〖病理〗＝grippe. 〖⇨ grippe〗

gríp bràke *n.* 〖機械〗つかみブレーキ.

gríp càr *n.* ＝cable car.

gripe /gráɪp/ *vt.* **1** [しばしば p.p. 形で] 腹痛で苦しめる: He was badly ～*d.* ひどい腹痛に悩まされた, きりきり腹が痛んだ / He is ～*d* by colic. 疝痛(せんつう)に苦しんでいる. **2** 苦しめる, 悩ます (distress, afflict), 圧迫する (oppress): the tyranny which ～*s* the poor 貧民を苦しめる圧制. **3** (古) しっかり握る, 握り締める (grasp tightly). **4** (米俗) いらいら[立腹]させる (irritate, anger): a freshman ～*d* by school regulations 学校の規律にいらだつ新入生.

— *vi.* **1** (口語) 不平を言う, ぼやく (complain, grumble); 小言[文句]を言う (find fault) 〔*about, at*〕: ～ *at* the regulations 規則に泣き言を言う. **2** 腹が痛む. **3** (古) つかむ, つかみ取る (grasp, clutch): ～ *at* gain 利得に飛びつく. **4** 〖海事〗(風上に逆走中かじをきかせているにもかかわらず)〈船が〉風上に切り上がる[逸出しがちである].

— *n.* **1** (口語) 苦痛[癪(しゃく)]の種; 不平 (complaint), 腹立ち (vexation): We have no ～*s about* our society. 社会に不満はない. **2** [通例 the ～s] (古) 〖医学〗急激で鋭い痛み, 疝痛 (colic). **3** しっかりつかむ[握る]こと; 握りしめ (grasp). **4** 把握, 制御 (grasp, control), 束縛; 悩み: be *in the* ～ *of* hunger [poverty, winter] 飢え[貧困, 冬]に苦しめられている. **5 a** (機械の)グリップ, クラッチ, ブレーキ(など). **b** (器具の)取っ手, 柄, つか (handle, hilt). **6** [*pl.*] 〖海事〗ボート繋止(けいし)帯[索] (船につってあるまたは納めてあるボートの固縛索).

cóme to gripes with (古) ＝come to GRIPS *with*.

〖OE *grīpan* < Gmc *ʒrīpan* (G *greifen* to seize) ← IE **ghreib-* to grip: cf. grip¹, grope〗

gríp·er *n.* **1** (口語) 不平屋, ぼやき屋 (grumbler). **2** 苦しめるもの. **3** 握る[つかむ]もの, ひっつかむ人. 〖(1573): ⇨ ↑, -er¹〗

grípe wàter *n.* (英) ＝dill water.

grip·ey /gráɪpi/ *adj.* (**grip·i·er; -i·est**) ＝gripy.

gríp·ing *adj.* (腹痛が)激しい.

gríp·man /-mən, -mæ̀n/ *n.* (*pl.* **-men** /-mən, -mɛ̀n/) ケーブルカーの運転手 (ケーブルカーのグリップ (grip) を動いているケーブルにかけたりはずしたりして動かしたり止めたりする). 〖1886〗

grippe /gríp | gríːp, gríp; *F.* gʀip/ *n.* [通例 the ～] 〖病理〗流行性感冒, インフルエンザ (influenza). **gríp·pal** /-pəl, -pl/ *adj.* 〖(1776) □ F ～ ← *gripper* to seize ← Gmc (Frank.) **ʒripjan* 'to GRIP' (cf. gripe)〗

gríp·per *n.* **1 a** つかむ人[物]. **b** (各種の)はさむ道具. **c** グリッパー (子供服・スポーツウェアなどの大型のスナップ). **2** 〖印刷〗くわえ爪 (印刷機の紙をくわえるための爪). 〖(1570) ← GRIP¹＋-ER¹〗

gríp·ping *adj.* 〈本・劇など〉人の心[関心]を引く, 魅惑的な, うっとりさせる (fascinating): a ～ book, play, etc. **～·ly** *adv.* 〖(1630) ← GRIP¹＋-ING²〗

grip·ple /grípl/ *adj.* しみったれな, けちな, 欲の深い. 〖OE *gripul*〗

grip·py¹ /grípi/ *adj.* (**grip·pi·er; -pi·est**) (スコット) けちな, 物惜しみをする (stingy). 〖(1808) ← GRIP¹＋-Y⁴〗

grip·py² /grípi/ *adj.* (**grip·pi·er; -pi·est**) (口語) 流行性感冒 (grippe) にかかった. 〖← GRIPPE＋-Y⁴〗

gríp·sàck *n.* (米・英古) ＝grip¹ 5. 〖1877〗

gript *v.* grip¹ の過去形・過去分詞.

gríp tàpe *n.* (ラケットなどの握りに巻く)すべり止めテープ.

grip·y /gráɪpi/ *adj.* (**grip·i·er; -i·est**) きりきり腹が痛む: ～ pains. 〖(1879) ← GRIPE＋-Y⁴〗

Gri·qua /gríːkwə, grík-/ *n.* **1** グリカ人 (主に Griqualand に住むホッテントットとヨーロッパ人の間の混血人). **2** グリカ語. 〖(1731) □ Afrik. *Griekwa*〗

Grí·qua·land Éast /gríːkwəlæ̀nd-, grík-/ *n.* グリーカランドイースト (南アフリカ共和国南東部 KwaZulu-Natal 州南西部の地域; 1879 年 Cape Colony に併合; 主都 Kokstad).

Gríqualand Wést *n.* グリーカランドウエスト (南アフリカ共和国 Northern Cape 州北東部の地域; 1880 年 Cape Colony に併合; ダイヤモンドの産地; 主都 Kimberley).

Gris /gríːs; *Sp.* grís/, **Juan** *n.* グリス (1887–1927; フランスで活躍したスペインの Cubism の画家).

gri·saille /grɪzáɪ, -zéɪl | grɪzéɪl, griː-, -zái, -záɪl; *F.* gʀizaːj/ *n.* 〖絵画〗 **1** グリザイユ (ねずみ色一色で薄肉彫に似せて描く画法; 壁面装飾・飾り字・ステンドグラスなどに応用する). **2** グリザイユ画法による絵[ステンドグラス窓など]. 〖(1848) □ F ～ ← *gris* gray＋*-aille* (集合名詞語尾) (< L *-ālia* (neut. pl.) ← *-ālis* (adj. suf.): ⇨ -al¹): ⇨ grizzle²〗

Gri·sel·da /grɪzéldə/ *n.* **1** グリゼルダ (女性名; 愛称形 Girzie, Grissel, Gritty, Griz, Grizel, Grizzel, Grizzie; 異形 Griseldis). **2** グリセルダ (Boccaccio, Petrarch, Chaucer などの中世ヨーロッパの物語中の人物; 模範的貞淑温順な女性; Patient Griselda とも呼ばれる). **3** 貞淑温順の典型的な女性. 〖□ It. ～ □ G *Grishilda, Griselde* ← OHG *grīs* gray＋*hildi* battle〗

Gri·sel·dis /grɪséldɪs, -zél- | -séldɪs, -zél-/ *n.* グリセルディス (女性名; スコットランドに多い). 〖(変形) ← GRISELDA〗

gris·e·o·ful·vin /grìzioufúlvɪn, grìs- | -vɪn/ *n.* 〖生化学〗グリセオフルビン ($C_{17}H_{17}ClO_6$) (カビの一種 (*Penicillium griseofulvum*) から発見されたカビに対する抗生物質). 〖(1939) ← N *griseofulum* (*Penicillium griseofulvum* の種名)＋-IN²〗

gris·e·ous /grízios/ *adj.* 灰色の; (特に)灰色がかった (grizzly). 〖(1819) ← ML *grīseus* gray: ⇨ -ous〗

gri·sette /grɪzét | grɪ-; *F.* gʀizɛt/ *n.* **1** フランスの労働階級の若い女性, 女性工員, 女性店員. **2** 副業に売春をやる若い女性. **3** 〖植物〗テングタケ科テングタケ属 (*Amanita*) の食用キノコ (ツルタケ (*A. vaginata*) およびカバイロツルタケ (*A. vaginata* var. *fulva*)). 〖(1700) □ F ～ ← (fem.) ← *gris* gray: ⇨ -ette: もと灰色の服を着ていたことから〗

gris-gris /gríːgrìː/ *n.* (*pl.* ～ /～z/) (アフリカ先住民の用いる)護符, お守り (talisman, amulet) (greegree ともいう). 〖(1698) □ Louisiana-F ～ □ Sp. ～ □ Afr. (現地語) 'charm'〗

Grish·am /gríʃəm/, **John** *n.* グリシャム (1955– ; 米国の作家; 特に法曹界を素材にしたミステリーで有名).

gris·kin /grískɪn | -kɪn/ *n.* (英) **1** (脂肪の少ない)豚の背の部分の肉 (pork loin). **2** (豚肉の)厚い切り身. 〖(*a*1700) (dim.) ← ME *gris* pig □ ON *griss* young pig: ⇨ kin〗

gris·ly¹ /grízli/ *adj.* (**gris·li·er; -li·est**) **1** ぞっとするような, 気味の悪い (loathsome); 怖い, ものすごい (⇨ ghastly SYN): a ～ monster / a ～ countenance. **2** 不快な, 嫌な. — *adv.* (**more ～, most ～; gris·li·er, -li·est**) 気味悪く, ものすごく. **grís·li·ness** *n.* 〖OE *grislic* horrible (← *gris-* to shudder＋*-lic* '-LY²'): cf. OE *āgrīsan* to shudder〗

gris·ly² /grízli/ *adj.* (**gris·li·er; -li·est**) (廃) ＝grizzly¹.

Gris-Nez /griːnéɪ; *F.* gʀine/, **Cape** *n.* グリネ岬 (Dover 海峡に突き出たフランス北部の岬; Calais の南西 24 km にありフランスから英本国に一番近い地点). 〖□ F *gris nez* gray nose〗

gri·son /gráɪsən, -sn, grízən, -zn/ *n.* 〖動物〗 **1** グリソン (*Galictis vittata*) (中南米産で体下面および前後肢が黒色のイタチ科グリソン属の肉食獣). **2** ヒメグリソン (*G. cuja*) (グリソンより高地にすむ). 〖(1796) □ F ～ 'grayish' ← *gris* gray〗

Gri·sons /griːzɔ̃ː(ŋ), -zɔ̃ːŋ | ⌐—; *F.* gʀizɔ̃/ *n.* グリゾン (州) (Graubünden のフランス語名).

Gris·sel /grísl/ *n.* グリセル (女性名). 〖(dim.) ← GRISELDA〗

gris·si·ni /grɪsíːni; *It.* grisíːni/ *n. pl.* (*sing.* **-no** /-noʊ | -nəʊ; *It.* -no/) グリッシーニ (イタリア風の細長い棒状の乾パン). 〖(1851) □ It. ～〗

grist¹ /gríst/ *n.* **1 a** 製粉用の穀物. **b** ひいた穀物, ひき割り (meal). **c** 1 回にひく穀物の量. **2** (醸造用の)ひき割り麦芽 (malt). **3** (米口語) **a** 多量, たくさん: *a* ～ *of* bees [stories] たくさんの蜂[物語]. **b** 必要とされる[通常の]量. **4** (米) (物語や分析の基礎となる)興味[価値]のある事柄. ***bring grist to the mill*** もうけになる, 利益になる. ***grist to* [*for*] *one's mill*** もうけ口, 利益のもと: All is ～ that comes *to his mill.* 彼は何事でもうまく利用する (転んでもただでは起きない). 〖1655〗

〖OE *grist* ← *grindan* ← Gmc **ʒrindan* 'to GRIND'〗

grist² /gríst/ *n.* 糸・綱の太さ (common grist はまわり 3 インチ). 〖(1733) ← ?: cf. grid, girth〗

gris·tle /grísl/ *n.* **1** 軟骨 (cartilage); (一般に肉の中にある)すじ, 軟骨質のもの. **2** 気骨, 精神力 (backbone). ***in the gristle*** まだ骨の固まらない, まだ成熟しない.

〖OE ～ ← ? Gmc **ʒristil-* ← ? IE **ghrēi-* to rub: cf. OE *grost* cartilage〗

gris·tly /grísli, -sli/ *adj.* (**gris·tli·er; -tli·est**) 軟骨質の, 軟骨のような, 軟骨から成る (cartilaginous); 〈食用肉が〉軟骨の多い: tough ～ meat. **grís·tli·ness** *n.* 〖(1398): ⇨ ↑, -y¹〗

gríst·mìll *n.* (依頼人の自家用穀物をひく)製粉所 (custom mill). 〖1602〗

Gris·wold /grízwoʊld, -wəld | -wəʊld, wəld/ *n.* グリズウォルド (男性名). 〖(原義) gravelly woodland ← OE *grēot* (↓): ⇨ would¹: もと Warwickshire 州の地名から〗

grit /grít/ *n.* **1 a** (物に混ざったり機械などに入って害となる)小砂: I have got a bit of ～ in my eye. 目に砂が入った. **b** 鶏などが消化を助けるために食べる砂粒(など). **2** (口語) 堅実, 堅忍, 気概, 闘志, 勇気, 意気: Americans of the true ～ 生粋(きっすい)の米国人 / They don't have ～ enough to do it. それをするには気概が足りない. **3** 砥石(といし)に適した石質: a hone of good ～ 良質の砥石. **4** [G-] (口語) カナダ自由党員 (Liberal). **5** 〖岩石〗角張った石英粒などから成る砂岩 (gritrock, gritstone ともいう). ***pút* (*a little*) *grit in the machine*** 行動を妨げるようなことをする[言う], 事務の円滑な進行を妨げる.

— *v.* (**grit·ted; grit·ting**) — *vi.* 砂を踏むような音を出す, ぎしぎし音がする. — *vt.* **1** きしらせる (grate, grind); 歯ぎしりしてしゃべる: ～ one's teeth 歯ぎしりする; 歯を食いしばる (怒り・決意を示す); (歯を食いしばって)頑張る. **2** 〈道などに〉小砂をまく[入れる].

〖OE *grēot* sand, gravel < Gmc **ʒreutam* (G *Griess*) ← IE **ghrēu-* to rub (Gk *khrṓs* skin, (原義) rough surface): cf. great, grits〗

grith /gríθ/ *n.* (廃) **1** (中世初期英国で一定期間内に限られた)教会または国王による安全の保障. **2** (一般に)安全な場所, 避難所. 〖lateOE *grip* □ ON *grip* home, (pl.) peace〗

grít·less *adj.* **1** 小砂のない; 故障のない. **2** 闘志のない, 意気地なしの. 〖(1892): ⇨ -less〗

grít·ròck *n.* 〖岩石〗＝grit 5.

grits /gríts/ *n. pl.* [単数または複数扱い] **1** (もみ殻をすりとった)粗びき穀物 (小麦・からす麦・米など). **2** 粗びき大豆粕(かす). **3** (米) ＝hominy grits. 〖OE *grytta* (pl.) ← *gyrtt* < (WGmc) **ʒrutjō* (G *Grütze*) ← Gmc **ʒreut-*: ⇨ grit〗

grít·stòne *n.* 〖岩石〗＝grit 5.

grit·ter /grítə | -tə^(r)/ *n.* (英) 砂散布車 (路面が凍結してすべりやすくなっている道路に砂をまく車). 〖(1940) ← GRIT *v.*＋-ER¹〗

grit·ting /grítɪŋ | -tɪŋ/ *n.* (英) 氷の張る天候時に道路に砂をまくこと. — *adj.* 砂をまく. 〖(1823) ← GRIT *v.*＋-ING^(1,2)〗

grit·ty /gríti | -ti/ *adj.* (**grit·ti·er; -ti·est**) **1** 小砂の入っている, じゃりじゃりする; 砂のような (sandy). **2** (口語) 〈性格・人など〉意志の強い, 勇気のある. **3** 〈考えなど〉痛烈な, 辛辣(しんらつ)な. **grít·ti·ly** /-təli, -tli | -tɪli, -tli/ *adv.* **grít·ti·ness** *n.* 〖(1598) ← GRIT＋-Y⁴〗

Gri·vas /gríːvæs/, **George** (**Theodoros**) *n.* グリバス (1898–1974; キプロスの地下政治組織指導者; ギリシャとの併合運動を推進; 本名 Georgios Theodoros Grivas).

gri·va·tion /grɪvéɪʃən, graɪ-/ *n.* 〖航空〗グリッド偏差 (地球上のあらゆる地点における子午線と磁気子午線とのなす角; grid variation ともいう). 〖← *gri*(*d*) *v*(*ari*)*ation*〗

griv·et /grívɪt | -vɪt/ *n.* 〖動物〗グリベット (モンキー), サバンナモンキー (*Cercopithecus aethiops*) (北東アフリカ産のミドリザル (green monkey) の類のオナガザル属の動物). 〖(1859) □ F (廃) ～ ← ? *gris* gray＋(VER)VET〗

Gri·zel /grɪzél | grɪ-/ *n.* グリゼル (女性名). 〖(dim.) ← GRISELDA〗

griz·zle[1] /grízḷ/ *vi.* 《英口語》 **1** 不平を言う, 文句を言う〔*about*〕. **2** 〈子供が〉ぐずる, むずかる (fret), しくしく泣く. **3** 嘆く, 悲しむ. — *n.* 嘆き悲しみ; 不平, いらいら.
gríz·zler /-zlə, -zlə | -zlə(r, -zlə(r/ *n.* 〖《1746》《転用・変形》? ← GRIZEL (dim.) ← Griselda (女性名) ◻ It. *Griselda* ◻ G. *Griselde*〗

griz·zle[2] /grízḷ/ *adj.* 灰色の (gray). — *n.* **1** 半白の髪 (gray hairs); 灰色のかつら (gray wig). **2** 灰色; 葦毛(あしげ)(の馬) (roan). **3** (ねずみ色の)半焼けの不良れんが. — *vi.* 灰色になる. — *vt.* 灰色にする. 〖《*c*1440》◻ OF *grisel* gray-haired man (dim.) ← *gris* gray ← Gmc **ʒrisjaz* (OHG *gris* gray-haired)〗

gríz·zled *adj.* **1** 〈頭髪・ひげなど〉半白の, 白髪まじりの (gray-haired). **2** 灰色の, ねずみ色の (gray); 灰色の筋のある; 灰色を帯びた (grayish). 〖《1390》: ⇨ grizzle[2], -ed〗

griz·zly[1] /grízli/ *adj.* (**griz·zli·er; -zli·est**) **1** ねずみ色がかった, 灰色を帯びた (grayish, grizzled). **2** 白髪まじりの (gray-haired). — *n.* **1** グリズリー《鉱石・石炭などをふるい分ける目の粗いふるい》. **2** 〚動物〛=grizzly bear. 〖《1594》← GRIZZLE[2]+-Y[4]〗

griz·zly[2] /grízli/ *adj.* (**griz·zli·er; -zli·est**) = grisly[1]. — *adv.* (**more ～, most ～; griz·zli·er, -zli·est**) =grisly[1].

grízzly bèar *n.* 〚動物〛グリズリー, ハイイログマ, アメリカヒグマ (*Ursus arctos horribilis*)《北米西部原産の大形のクマ; 性質が荒い; 黄褐または淡褐で毛先が白く, 霜降り状; ヒグマの一亜種とされる》. 〖1791〗

grm. 《略》gram(s).

Gro 《略》Grove《通りの名称に使用》.

gro. 《略》gross.

groan /gróun | gráun/ *vi.* **1** **a** (苦痛・悲しみ・切望などのため低い声で)うなる, うめく. **b** うなり声で〔…を〕求める〔*for*〕: ～ *for* a cup of water 水が 1 杯欲しいと苦しそうに言う. **2** 《口語》ぶうぶう不平を言う; (うなり声で)嘲笑する. **3** (嵐や圧力を受けて)〈帆柱・ドアなどが〉うなるような[ぎいぎいという]音を出す: an old oak ～*ing* in the storm 嵐の中で轟々(ごうごう)とうなるナラの老木. **4** 〈棚などが〉重い荷を支えている: a shelf ～*ing with* books たくさんの本を載せた棚 / The table was literally ～*ing with* food. 食卓が重くてうなるほど料理があった, 食卓にはごちそうが山のようにあった / a ～*ing* board 料理を山ほど並べた食卓. **5** うめき苦しむ, 煩悶(はんもん)する〔*under, with, beneath*〕: ～ inwardly 苦悩する / ～ *under* tyranny [heavy taxes] 圧制[重税]に苦しむ. — *vt.* **1** うなり声で言う, うめきながら言う〈*out*〉: "I'm ruined," he ～*ed*. / ～ *out* the tale of one's woes 自分の不幸の話を苦しそうに話す. **2** 不満のうなり声で迎える. ***gróan dówn*** 〈人を〉うなり声で黙らせる: ～ *down* a speaker. 《1799》
— *n.* **1** (悲しみ・苦痛などの低い)うなり声, うめき声; (帆柱・ドアなどの)うなるような[ぎいぎいいう]音: give a ～ うめき声を上げる. **2** ぶうぶう言う不平の声; (演説者などに対する)不賛成[不満, 嘲笑]の声.
〖OE *grānian* < Gmc **ʒraināјan* (G *greinen* to whine) ← **ʒrain, *ʒrīn*: cf. grin〗

gróan·er *n.* **1 a** うなる[うめく]人; 不平を言う人. **b** 《米方言》= whistling buoy. **2** 《古俗》葬式などに紛れ込む泥棒. 〖《*a*1415》: ⇨ ↑, -er[1]〗

gróan·ing·ly *adv.* うめく[うなる]ように. 〖《1830》: ⇨ -ing[2], -ly[1]〗

groat /gróut | gráut/ *n.* **1** グロート《昔の英国の 4 ペンス銀貨 (1351–1662)》. **2** 《古》たった一文, わずかな額: not worth a ～ 一文の価値もない / don't care a ～ 少しもかまわない. 〖《*a*1376》 *groot, grōte* ◻ MDu. *groot* 《原義》thick (coin): cf. groschen〗

groats /gróuts | gráuts/ *n. pl.* [単数または複数扱い] **1** (穀類の)ひき割り《grits より大粒なのが普通》. **2** (外皮 (hull) をとった)からす麦[大麦, そばなど]の穀粒《食用になる部分》. 〖OE *grotan* (pl.) ← *grot* particle ← Gmc **ʒrut-* ← IE **ghrēu-* to rub, grind: ⇨ grits〗

Gro-bag /gróubæg | gráu-/ *n.* 〚商標〛グローバッグ (growbag の商品名).

gro·bi·an /gróubiən | gráu-/ *n.* [しばしば G-] 《古》無骨な田舎者 (boor). 〖《1609》◻ G ～ ◻ ML *Grobiānus* ← G *grob* coarse: CYPRIAN[1] などの連想による戯言的な造語〗

gro·cer /gróusə | gráusə(r/ *n.* 食料雑貨商《英国では小麦粉・砂糖・茶・コーヒー・香味料・バター・石鹸・マッチなどを, 米国ではその他果物・肉類・野菜を商う》: a ～'s (shop) 食料雑貨店 (cf. grocery 2). 〖《1363》◻ OF *grossier* wholesale merchant ← L *grossus* 'GROSS': ⇨ -ier[2]〗

grócer's ítch *n.* 〚病理〛食料品商瘙痒(そうよう)疹, 乾物屋かゆみ(症)《穀物・乾燥果実・チーズなどにひそむダニによる皮膚炎》. 〖1799〗

gro·cer·y /gróus(ə)ri | gráu-/ *n.* **1** 食料雑貨販売業. **2** 食料雑貨店 (grocery store): a corner ～ 角(かど)の食料雑貨店《この商売は角の店が多い》. **3** [通例 *pl.*] (食料雑貨店で販売する)食料雑貨類 (cf. grocer). **4** 《米方言》酒場 (barroom). 〖《1419》◻ OF *grosserie*: ⇨ grocer, -y[3]〗

grócery càrt *n.* ショッピングカート.

grócery·man /-mən/ *n.* =grocer.

grócery stòre *n.* 《米》食料雑貨店. 〖1811〗

gro·ce·te·ri·a /gròusətí(ə)riə | gràusətíər-/ *n.* 《米》セルフサービス方式の食料雑貨店. 〖《1913》《混成》← GROCE(RY)+(CAFE)TERIA〗

grock·le /grá(:)kḷ | grɔ́kḷ/ *n.* 《英口語・軽蔑》(特に英国中部・北部からの)旅行者. — *vi.* 《方言》観光に行く; 旅行者のようにふるまう. 〖《1964》← ?〗

Grod·no /grá(:)dnou, grɔ́(:)d- | grɔ́dnəu; *Russ.* grɔ́dnə/ *n.* グロドノ《ベラルーシ共和国の都市; ポーランド国境に近く, Neman 川に臨む》.

gro·dy /gróudi | gráudi/ *adj.* (**gro·di·er, -di·est**) 《米俗》嫌な, むかつく.

Groe·nen·dael /grú:nəndà:l, gróun-, gréın-, grén- | grú:n-, gráun-; *Du.* ɣrú:-, xrú:nəndaːl/ *n.* グルーネンダール《ベルジャンシープドッグから作出された黒い長毛のイヌ》. 〖《1925》← Du. ～ (作出されたベルギーの村)〗

Groe·te /grú:tə | -tə; *Du.* ɣrú:tə/, **Grehard** *n.* = Gerhard GROOT.

Gro·fé /gróufeı | gráu-/, **Fer·de** /fə́:di | fə́:di/ *n.* グロフェー《(1892–1972; 米国の作曲家・指揮者; *Grand Canyon Suite* (1931)》.

grog /grá(:)g, grɔ́(:)g | grɔ́g/ *n.* **1 a** グロッグ《水または湯で割ったラムまたはリキュール; レモン汁・砂糖を加えることがある》. **b** 《豪口語》酒: half and half ～ 酒と水半々の飲物. **2** 〚化学〛グロッグ, 焼粉, 石粉《耐火粘土を焼成してから粉砕したもの; るつぼなどを作るのに用いる; chamotte ともいう》. — *v.* (**grog·ged; grog·ging**) — *vi.* グロッグを飲む. — *vt.* (熱湯を注いで)〈酒樽の〉酒気を抜く; (酒気を抜くために)酒樽を熱湯に漬ける. 〖《1770》← *Old Grog* (1740 年に生酒の代わりにこの飲物を部下に飲ませた Admiral Edward Vernon のあだ名): 着ていた外套(がいとう)の地が grogram だったことから〗

gróg blòssom *n.* (飲酒のために顔に生じる)赤鼻, ざくろ鼻. 〖1796〗

grogged *adj.* 《米俗》酔っ払った.

grog·ger·y /grá(:)gəri, grɔ́(:)g- | grɔ́g-/ *n.* 《米》居酒屋, 安酒場 (saloon). 〖《1822》← GROG+-ERY〗

grog·gy /grá(:)gi, grɔ́(:)gi | grɔ́gi/ *adj.* (**grog·gi·er, -gi·est; more ～, most ～**) 《口語》 **1 a** 〈人・馬など〉足元がよろよろする, よろよろする (tottery). **b** 〈ボクサーが〉(さんざん打たれて)よろける, ふらふらする, グロッキーの. **c** (病気・ショック・眠気などのため)よろめく, ふらふらする: ～ *with* beer ビールで(足元が)ふらふらして. **2** 〈柱・壁・家など〉ぐらぐらする: a ～ bridge, tooth. **3** 《古》酒に酔っ払った (drunk); 酒飲みの. **gróg·gi·ly** /-gəli/ *adv.*

gróg·gi·ness *n.* 〖《1770》← GROG+-Y[4]〗

grog·ram /grá(:)grəm, gróug- | grɔ́g-/ *n.* (しばしばゴムで固くした)絹・毛または絹と毛混ぜ織りの粗布《今は用いられない》; それで作った衣類. 〖《1562》← F *gros grain* coarse grain: ⇨ grosgrain〗

gróg·shòp *n.* **1** 《英まれ》(安)居酒屋, 飲み屋. **2** 《豪》酒屋. 〖1790〗

groin /grɔ́ın/ *n.* **1** 〚解剖〛鼠径(そけい)部《股の付け根》. ★ ラテン語系形容詞: inguinal. **2** 〚建築〛 **a** 円筒形天井 (vaults) の交会線, 穹稜(きゅうりょう). **b** (穹稜を支える)肋材(ろくざい). **3** 〚数学〛交差した 3 個の円筒(より成る面). **4** 《米》〚土木〛水制; 防砂堤; 海岸突堤 (groyne). **5** 《婉曲》性器《特に睾丸(こうがん)》. — *vt.* 〚建築〛穹稜に作る: a ～*ed* vault 交差円筒ヴォールト天井. — *vi.* 〚建築〛穹稜になる. 〖《*a*1400》 *grine, gryne* ← ME *grynde* < ? OE *grynde* abyss ← Gmc **ʒrund-* 'GROUND[1]'〗

groined *adj.* 〈屋根など〉交差穹稜(きゅうりょう)の. 〖《1789》: ⇨ ↑, -ed〗

gróin·ing *n.* 〚建築〛 **1** 稜(りょう)付け. **2** [集合的] 交差したヴォールト (vault); 交差ヴォールト天井, 交差穹稜. 〖《*a*1653》: ⇨ ↑, -ing[1]〗

gróin pòint *n.* 〚建築〛穹稜(きゅうりょう)の交点.

gróin vàult *n.* 〚建築〛交差(円筒)ヴォールト《正方形平面上に半円筒形を直交させた形の架構で, 稜線(りょうせん)が天井に現れる; cf. cloister vault》. 〖1825〗

grok /grá(:)k | grɔ́k/ *vi., vt.* (**grok·ked; grok·king**) 《俗》心底から理解する, (…に)共感する. 〖《1961》: SF 作家 Robert A. Heinlein の *Stranger in a Strange Land* (1961) の主人公の知覚・交信能力に対する '火星語'〗

Gro·li·er /gróuliə | gráuliə(r; *F.* gʁɔlje/ *adj.* グロリエ (⇨ Grolier de Servières) の, グロリエ式(意匠)の: ～ binding [design] グロリエ式装丁[意匠]《2 本の筋線を幾何学的に組み合わせた軽妙で優雅な装丁様式》. 〖1827〗

Gro·li·er de Ser·vières /gròulièıdəsəəvjéə | gràuliéıdəsɛəvjéə(r; *F.* gʁɔljedsɛʁvjɛːʁ/, **Jean** *n.* グロリエ ド セルヴィエール (1479–1565; フランスの愛書家; その美しい装丁本で有名).

gro·ma /gróumə | gráu-/ *n.* 古代ローマの測量用道具《十字形の木枠で両腕の先端に重りをつけた糸 (plumb line) を下げて, すでにある直線に対して直角な線の地取りに使った》. 〖◻ L *grōma, grūma* surveyor's measuring rod〗

grom·met /grá(:)mḷt, grʌ́m- | grɔ́m-, grʌ́m-/ *n.* **1** 〚海事〛グランメット: **a** 帆の上縁をヤードに取り付けている, またオール受けとして代用される索輪(さくりん), 索環. **b** 索を輪にして作った目 (eye). **2** 〚機械〛 **a** グロメット, 輪縄(わなわ)パッキン《麻 (hemp) と鉛丹 (red lead) を混ぜた接合用パテ》. **b** はと目金 (eyelet). **3** 〚米軍〛軍帽の屋根の形が崩れないように入れてある枠, (帽子の)しん. **4** 〚医学〛(中耳炎の治療のために)鼓膜に通す管. 〖《1626》◻ F (廃) *gromette* curb of bridle ← OF *gourmer* to curb〗

grommets 2 b
1 grommet
2 grommet with washer
3 grommet with teeth

grom·well /grá(:)mwəl, -wɛl | grɔ́m-/ *n.* 〚植物〛ムラサキ属 (*Lithospermum*) の植物の総称; (特に)ヨウシュムラサキ (*L. officinale*) (cf. puccoon 1). 〖《*a*1300》 *gromyl* ◻ OF *gromil* (F *grémil*) < VL **grūnum milium* crane millet ← L *grūs* 'CRANE'+*milium* 'MILLET'〗

Gro·my·ko /grəmí:kou | -kəu; *Russ.* gramɨkə/, **Andrei Andreevich** *n.* グロムイコ (1909–89; ソ連の外交官, 外相 (1957–85); 最高会議幹部会議長 (1985–88)).

Gro·ning·en /gróuniŋən | gráu-, grɔ́n-; *Du.* ɣró:niŋə/ *n.* フローニンゲン《オランダ北東部の都市, 商業・交通の中心地》.

Grøn·land /*Dan.* gʁœ́nlan'/ *n.* グレンラン《(Greenland のデンマーク語名》.

groom /grú:m, grʊ́m/ *n.* **1** 花婿. 〖《略》← BRIDEGROOM〗 **2** 馬丁, 別当. **3** 《英》侍従職に属する種々の宮内官: the *Groom* of the Robes 御衣装係官 / the *Groom* of the Stole 宮内次官に次ぐ高官, 宮内次官補 / a ～ in waiting 国王奉仕官. **4 a** 《古》従僕 (boy); 下男. **b** 《古》[時に軽蔑的] 男性. **c** 《古・詩》若い男性.
— *vt.* **1** 〈馬などの〉世話[手入れ]をする (tend), ブラシをかけてきれいにする (brush down, clean): ill-[well-] *groomed* 世話の行き届かない[行き届いた]. **2** [通例 ～ *oneself* または p.p. 形で] 〈身なりを〉こぎれいにする, 整える; 〈猿などが〉…の毛づくろいをする, グルーミングする: ～ *oneself* for the party パーティーに出るために身づくろいする / ⇨ groomed. **3** …の手入れをする, 優雅にする, 洗練する. **4** 〈人を〉(官職・選挙などに)立てる, 推薦する, 訓練する, 仕込む (prepare)〔*for, as*〕: ～ a person *as* a candidate 人を候補者として立てる / ～ a person *for* the presidential race 人を大統領選挙戦に向くように仕込む. — *vi.* 身じまいする, 身づくろいする. 〖《?*a*1200》 *grom(e)* boy ← ?: OE *grōwan* 'to GROW' と同根か: cf. OF *gromet* servant (⇨ grummet) / OE *guma* man〗

groomed *adj.* 身だしなみが…の: be well [badly] ～ 身づくろいがよい[悪い].

gróom·er *n.* (犬・馬などの)手入れをする人. 〖《1884》: ⇨ ↑, -er[1]〗

groom·ing /grú:mıŋ, grʊ́m-/ *n.* 身づくろい; (髪などを)きれいに整えること: a new men's ～ product 男性化粧用新製品. 〖《1813》: ⇨ -ing[1]〗

gróom's càke *n.* (幾層にも段々に積み上げた)婚礼用のフルーツケーキ.

grooms·man /-mən/ *n.* (*pl.* **-men** /-mən, -mɛ̀n/) 花婿の付添人 (bridesman) (cf. bridesmaid). ★ 付添人が数人いるときにはその主要な人を best man という; 英国では best man 以外に男性の介添えをつける習慣がなくなったので, groomsman という語も今では用いられない. 〖1608〗

groop /grú:p/ *n.* 《英》排水溝. 〖《1440》◻ MDu. *groepe* (Du. *groep*)〗

Groot /gróut | grə́ut; *Du.* ɣró:t/ (*also* **Groo·te** /gróutə | grə́utə; *Du.* ɣró:tə/), **Gerhard** *n.* フローテ (1340–84; オランダの説教者; カトリック内の精神改革運動 "Devetio Moderna" の創始者, 共同生活兄弟会 (Brothers of the Common Life) の創始者; ラテン語名 Gerardus Magnus /dʒəráədəs mǽgnəs | dʒɛrá:d-, dʒə-/; Groete ともつづる).

groove /grú:v/ *n.* **1 a** (木材・石・金属などの表面に刻んだ)溝. **b** (レコードの)溝 (cf. microgroove). **c** (刀剣の)樋(ひ); (銃砲の中の)溝. **d** 〚建築・木工〛しゃくり. **e** 〚活字〛(活字の底部の)溝. **f** 〚製本〛=kerf 3. **2** 細長いくぼみ, 溝, すき道 (furrow), 轍(わだち) (rut), 水路 (channel): The river has cut a deep ～ through the plain. 川は平野に深い溝を掘った. **3 a** 常道, 常例, 慣例, 決まり, 常軌 (fixed routine): the social ～ 社会の慣例 / get [fall] *into* a ～ =be (stuck) in a ～ 型にはまる, 常習になる, 千編一律になる / get out of the ～ 型にはまった生活から抜け出す / His mind works *in* a narrow ～. 彼の心の働きは狭い[窮屈だ] / run *in* a ～ 単調に経過する. **b** 自己の能力[興味]に適した所, 適所 (niche): find one's ～ in education 教育に自分の適所を得る. **4** 《口語》 **a** 楽しいもの[経験], すばらしいもの[経験]: Baseball is really a ～. 野球は実に楽しい. **b** 調子よく演奏されるジャズ, 名演奏のジャズ. **5** 《口語》最高調 (top form). **6** [the ～] 〚野球〛グルーブ《本塁の真ん中を通る球すじ》. **7** 〚登山〛岩の小さな裂け目.
in the gróove 〖《1932》← GROOVE (n. 1 b): レコードの溝に針がぴったりとはまって音が出ることから〗 (1) 最高調で, 至極好調で. (2) 〚ジャズ〛聞き手を熱狂させるように演奏して[されて], 上々の調子で, 調子が乗って, 張り切って. (3) 《米》流行して, 当世風で; すてきな, いかしてる (cf. groovy 2). (4) 〚野球〛〈投球が〉本塁の真ん中を通って.
— *vt.* **1** …に溝を掘る[作る]. **2** 溝に入れる[はめ込む]; 常軌[常道]に落ち着かせる. **3** 《口語》〈音楽を〉調子よく演奏する. **4 a** 《口語》〈人を〉楽しませる (please); 興奮させる (excite): ～ one's mind *with* marijuana. **b** 享楽する, 楽しむ (enjoy): ～ exciting experiences. **5** 〚野球〛〈球を〉コントロールよく投げる. **6** 〚ゴルフ〛〈スウィングを〉ぴたりと決める. — *vi.* **1** 溝ができる; 溝にはまる. **2** 〔決まった仕事などに〕腰を落ちつける〈*down*〉〔*into*〕. **3 a** 《口語》音楽[ダンスなど]を楽しむ; 〈物事が〉楽しい. **b** 〚ジャズ〛ビートのきいた演奏をする. **4** 《口語》〔人と〕交際する (associate); ぴったりいく, うまくいく〔*with*〕.
— *adj.* [限定的] 〚音声〛〈狭めが〉溝型の《左右が狭く奥深い》: ～ fricatives [spirants] 溝型摩擦音《[s], [z], [ʃ], [ʒ] など; cf. slit 3》.
～·less *adj.* **～·lìke** *adj.*
〖《?*a*1400》 *grofe* ◻ ON *grōf* // MDu. *groeve* ditch ← Gmc **ʒrōbō-* (G *Grube* ditch, pit): cf. grave[1, 2]〗

grooved *adj.* **1** 溝のある, 溝付きの: a ～ ax. **2** 〚考古〛溝付きの: a ～ ax / ～ ware 条溝文土器. 〖《1793》: ⇨ ↑, -ed〗

gróov·er *n.* **1** 溝を彫る人; 溝つけ器. **2** 《俗》いかしたやつ. 〖《1610》← GROOVE+-ER[1]〗

gróov·ing *n.* 溝彫り, 溝切り: a ～ saw 溝切りのこぎり. 〖《1678》← GROOVE+-ING[1]〗

gróoving plàne *n.* 溝削りかんな. 〖1687〗

groov·y /grúːvi/ *adj.* (**groov·i·er, -i·est; more ~, most ~**) **1** 千篇一律の, 型にはまった, 常套的な. **2** 〘cf. *in the groove* ⇨ groove (n.) 成句〙《俗》すてきな, かっこいい. 〘(1853) ← GROOVE＋-Y¹〙

grope /gróʊp | gráʊp/ *vi.* **1** 手探りする: ~ *around* [*about*] in the dark 暗闇で手探りする. **2 a** 手探りで捜す, 暗中模索する〔*for*〕: ~ *for* one's hat under the seat 座席の下の帽子を手探りで探す. **b** (心の中で)探る〔*for, after*〕: ~ *for* a clue 手がかりを探す / ~ *after* the truth 真理を求める / He ~*d about for* further information. もっと情報を得ようと探し回った. **— *vt.*** **1** [~ one's way として] 手探りで進む; (解決の道などを)探し求める, 発見しようと努める; 暗中模索を続ける: The blind man ~*d his way along* the corridor. 盲人は廊下を手探りで進んで行った / We ~*d our way toward* an understanding [a conviction]. 我々は理解[確信]に到達しようと努力した. **2** 《口語》〈特に女性〉の体をまさぐる, 愛撫(ᵃⁱᵇᵘ)する. **— *n.*** 手探り; 《俗》愛撫, おさわり. 〘OE *grāpian* to feel with the hand < (WGmc) *ʒraipōjan ← IE *ghreib- to grip: cf. gripe (v.)〙

grop·er¹ *n.* **1** 手探りする人, 手探りして進む人. **2** 《豪·戯言》= sandgroper 1. 〘(1567): ⇨ ↑, -er¹〙

gro·per² /gróʊpə | gráʊpə(r)/ *n.* (*pl.* **~**, **~s**) 《豪·NZ》〘魚類〙 **1** スズキ目ハタ科の魚数種の総称: **a** タマカイ (*Promicrops lanceolatus*) (Queensland groper). **b** ニュージーランドオオハタ (*Polyprion oxygeneios* [*prognathus*]) (hapuku). **2** オーストラリア産ベラ科の大形食用魚 (blue groper), (特に)ウェスタンブルーグローパー (*Achoerodus gouldii*). 〘(1697) 《変形》← GROUPER〙

Gro·per·land /gróʊpəlænd | gráʊpə(r)-/ *n.* 《豪口語》= Western Australia.

gróp·ing *adj.* 手探りしている, 暗中模索的な; 〈行動など〉頼りなさそうな, ためらいがちな. **~·ly** *adv.* 〘(?c1380): ⇨ grope, -ing²〙

Gro·pi·us /gróʊpiəs | gráʊ-; G. ɡʁóːpius/, **Walter** *n.* グロピウス (1883–1969; ドイツの建築家; 1937 年以後米国に住む; ⇨ Bauhaus).

Gros /gróʊ | gráʊ; F. ɡʁo/, **Antoine Jean** *n.* グロ (1771–1835; フランスの歴史画家).

gros·beak /gróʊsbiːk | gráʊs-, grɔ́s-, grɔ́z-/ *n.* **1** 〘鳥類〙 大きな円錐形のくちばしをもつ小鳥の総称 (アトリ科のシメ (hawfinch), キビタイシメ (evening grosbeak) など). **2** = cardinal 2. 〘(1678) 《部分訳》← F *grosbec* (原義) large beak: ⇨ gross, beak¹〙

gro·schen /gróʊʃən, grɔ́(ː)ʃ- | grɔ́ʃən, -gráʊʃ-; G. ɡʁɔ́ʃn̩/ *n.* (*pl.* **~**) [時に G-] **1 a** グロッシェン (Euro 流通前のオーストリアの通貨単位; $=^1/_{100}$ schilling). **b** 1 グロッシェン青銅貨. **2** 《口語》Euro 流通前のドイツの小ニッケル貨 (10 pfennigs). **3** 昔のドイツの小銀貨. 〘(1617) □ G ~ 《変形》← MHG *grosse* □ Gzech *groš* ← ML (*dēnārius*) *grossus* thick (penny) ← L *grossus* 'thick, GROSS': cf. groat〙

gros de Lon·dres /gróʊdəlɔ̃ː(n)drə, -lɔ́(ː)n- | gráʊdə-; F. ɡʁodlɔ̃ːdʁ/ *n.* グロ ド ロンドル (2 色または大小の糸を交互にしたうね織りの軽量のドレス用絹布). 〘□ F ~ 'heavy (silk) of London'〙

gros de Na·ples /gróʊdənáːpl̩ | gráʊdə-; F. ɡʁodnapl/ *n.* グロ ド ナプル (イタリアの Naples 原産の厚地絹布の一種). 〘(1799) □ F ~ 'heavy (silk) of Naples'〙

gro·ser /gróʊzə | gráʊzə(r)/ *n.* 《英方言》〘植物〙 = gooseberry. 〘1548〙

gros·grain /gróʊgreɪn | gráʊ-; F. ɡʁoɡʁɛ̃/ *n.* グログラン (絹または人絹製厚地うね織り). 〘(1869) □ F ~ 'coarse grain': ⇨ gross, grain¹〙

Grós Mórne Nátional Párk /gróʊmɔ́ən- | gráʊmɔ́ːn-/ *n.* グローモーン国立公園 (カナダ Newfoundland 島にある国立公園; 森林·海岸·砂丘など自然に恵まれキャンプ場やハイキングコースがある).

gros point /gróʊpɔ̀ɪnt | gràʊpɔ́ɪnt; F. ɡʁopwɛ̃/ *n.* **1** グロポワン (大きなテントステッチを用いた区限刺繍; cf. petit point 1). **2** グロポワン (模様が大きくて盛り上がっているベネシアンレースの一種). 〘((1390)) (1865) □ F ~ 'large point'〙

gross /gróʊs | gráʊs/ *adj.* (**~·er, ~·est**) **1 a** 目立つ, ひどい (glaring); 全くの, 紛れもない, ひどい (⇨ flagrant SYN): a ~ blunder [error] 大間違い / a ~ injustice はなはだしい非法 / a ~ abuse of power 権力の間違った行使 / ~ carelessness ひどい不注意 / ~ negligence (未必の故意を推定されるほどの)重大な過失 / a ~ fool 全くのばか / a ~ traitor 紛れもない裏切者. **b** 《古》明白な (evident): examples ~ as earth 大地ほどに明白な実例. **2 a** 粗雑な, 粗野な, 野卑な, 下卑た, 下品な, みだらな (⇨ coarse SYN): ~ language, manners, jokes, tastes, etc. **b** 無知な, 教育のない (ignorant). **c** いやらしい: ~ habits いやらしいくせ. **3** 大きな (big, large, fat); かさばった, 厚みのある, ずんぐりした (bulky, thick), たくましい (burly); 太っちょの, ぶでぶの: a ~ body でぶでぶの体 / ~ features 大きな目鼻だち / a ~ stalk 太い茎 / a ~ woman 太った女性. **4 a** (差引きなしで)総体の, 全体の, 総計の; 〈重さが〉風袋(ᶠᵘᵗᵃⁱ)込みの (↔ net): the ~ amount 総額 / the ~ area 総面積 / the ~ earnings 総収益 / ~ investment 総投資, 粗投資 / the ~ proceeds 総売上高 / the ~ error 〘数学〙 誤差の総計 / ⇨ gross income, gross weight. **b** 全般的な, 大まかな, 一般的な: a ~ outline 大筋, 概略. **5 a** 雑な, 粗末な (coarse); 粗食をする: ~ food 粗食 / a ~ feeder 悪食(ᵃᵏᵘʲⁱᵏⁱ)家; 肥料を食う植物. **b** 〈感覚が〉鈍い, のろい (dull, blunt): one's ~ ear 鈍感な耳. **c** 《古》品質の劣った. **6** 〈植物など〉生い茂った, はびこった (rank): ~ grass [forest]. **7 a** 《廃》大粒の, きめの粗い (coarse-grained): a ~ powder 粒々の多い粉. **b** 《古·詩》〈気体·液体など〉濃い, 濃密な (dense): a ~ fog 濃霧 / ~ darkness 深い闇 / ~ vapors もうもうとした(濃い)水蒸気. **8** 〘生物〙 肉眼で見える(ほどの); 肉眼的な (macroscopic): ⇨ gross anatomy.

— *n.* **1 a** (差引きなしの)総体, 総計, 総量. **b** 《古》大部分 (bulk). **2** (*pl.* **~**, **~·es**) グロス (12 ダース, 144 個; 略 gr., gro.): a ~ [six ~] of bottles / sell by the ~ 1 グロスいくら[グロス単位で]売る / buy *in* ~ グロス単位で買う / How many ~*es are* there? 何グロスあるか / a small ~ 10 ダース (120 個) / ⇨ great gross.

by the gróss (1) ⇨ *n.* 2. (2) 大量で, まとめて, 卸で. ***in gróss*** 〘法律〙 絶対独立の (土地や荘園に付属しないで個人に属する): advowson *in* ~ 絶対聖職授与権 / a common *in* ~ 独立共有地 / a villain *in* ~ 独立農奴, 個人隷属農奴. ((1430–40) 《なぞり》← ML *in grosso*) ***in (the) gróss*** (1) 大量に, 卸しで. (2) 《古》概して, 一般に, 大体, 総体で. 〘《なぞり》← F *en gros*〙

— *vt.* …の総粗利益[収益]を上げる, 総計…もうける: ~ a million dollars 総計 100 万ドルもうける.

gróss óut 《米口語》(粗野な言動で)〈人を怒らせる, 嫌悪感を催させる: He [His behavior] really ~*ed me out.* 彼[彼の行動]には本当にむかついた. ***gróss úp*** 〈正味の額を〉必要控除前の額にする.

~·ness *n.* 〘(1347–50) □ (O)F *gros* large (cf. F *grosse* (n.) twelve dozen) < L *grossum* thick (cf. OIr. *bres* big)〙

gróss advénture *n.* 〘法律〙 冒険貸借 (船主が航海の費用を借受け, その担保として船自体を提供する貸借契約).

gróss anátomy *n.* 〘解剖〙 肉眼解剖学. 〘1888〙

gróss doméstic próduct *n.* 〘経済〙 国内総生産 (略 GDP; cf. gross national product). 〘1964〙

grosse caisse /gróʊskés | gráʊskés, -kéɪs; F. ɡʁoskɛs/ *n.* グロスケース, 大太鼓 (bass drum). 〘□ F ~: ⇨ gross, case²〙

gróss·er *n.* 《俗》[通例限定詞を伴って] 利益を上げるもの[映画]: a big ~. 〘(1959): ⇨ -er¹〙

Grosse·teste /gróʊstɛst, -teɪt | gráʊs-/, **Robert** *n.* グロステスト (1175?–1253; 英国の高位聖職者·神学者; Lincoln 司教 (1235–53)).

Gross·glock·ner /gróʊsglɑ̀(ː)knə | gráʊsglɔ̀knə(r); G. ɡʁóːsɡlɔknɐ/ *n.* グロスグロックナー (オーストリア南西部 Hohe Tauern 山脈の最高峰 (3,797 m)).

gróss íncome *n.* 総収入 (cf. net income).

gross·ly /gróʊsli | gráʊs-/ *adv.* **1** (よくないことを強調して)大いに, ひどく: be ~ underpaid ひどい低賃金だ. **2** 下品に. 〘(1561): ⇨ -ly¹〙

gróss márgin *n.* = gross profit.

gróss nátional expénditure *n.* 〘経済〙 国民総支出 (略 GNE).

gróss nátional próduct *n.* 〘経済〙 国民総生産 (略 GNP; cf. net national product, national income). 〘1947〙

gros·so mo·do /grɑ́(ː)soʊmóʊdoʊ, grɔ́(ː)s- | grɔ́səʊmə́ʊdəʊ; It. grɔssomɔ́ːdo/ *It. adv.* 大ざっぱに, おおむね. 〘(1952) □ It.〙

gróss·òut 《米俗》 *n.* むかむか[うんざり]させる人[もの]. **— *adj.*** むかむかさせる, うんざりさせる. 〘1973〙

gróss prémium *n.* 〘保険〙 総保険料, 営業保険料.

gróss prófit *n.* 〘会計〙 売上総利益, 粗(ᵃʳᵃ)利益 (売上高から売上原価を控除した利益).

gróss recéipts *n. pl.* (必要経費控除前の)総受領高.

gróss tón *n.* 《英》(船舶の)総トン (⇨ ton¹ 3 a).

gróss tónnage *n.* (船舶の)総トン数 (cf. tonnage 1 a).

gros·su·lar /grɑ́(ː)sjʊlə | grɔ́sjʊlə(r)/ *n.* 〘鉱物〙 = grossularite. 〘(1819) ↓〙

gros·su·la·rite /grɑ́(ː)sjʊləràɪt | grɔ́s-/ *n.* 〘鉱物〙 緑ざくろ石, 灰礬(ᵏᵃⁱᵇᵃⁿ)ざくろ石 ($Ca_3Al_2(SiO_4)_3$) (ざくろ石 (garnet) の一種). 〘(1847) □ G *Grossularit* ← NL *Grossulāria* (属名: ← F *groseille* gooseberry＋L *-āria* '-ARY')＋-ITE¹: その色にちなむ〙

Gross·war·dein /G. ɡʁoːsvaʁdáɪn/ *n.* グロースバルダイン (Oradea のドイツ語名).

gróss wéight *n.* **1** (風袋(ᶠᵘᵗᵃⁱ)込みの)総重(量), 荷造重量. **2** 〘航空〙 (航空機の)全備重量 (all-up weight).

Grosve·nor /gróʊvnə | gráʊvnə(r)/ *n.* 〘商標〙 グローブナー (カナダ D. H. Grosvenor 社製の毛皮製品).

Grosve·nor /gróʊvnə | gráʊvnə(r)/, **Gilbert Hovey** *n.* グローブナー (1875–1966; 米国の地理学者; *National Geographic Magazine* の編集者 (1899–1954)).

Gros Ven·tre /gróʊvɑ̃ː(n)tr(ə), -vɑ́ːn-, -vɑ́ːnt | gráʊ-; F. ɡʁovɑ̃ːtʁ/ *n.* (*pl.* **~**, **~s**) **1** グローバントル (Arapaho 族中の西部の一族の一員). **2** = Hidatsa.

grosz /grɑ́(ː)ʃ, grɔ́(ː)ʃ | grɔ́ʃ; *Pol.* grɔ́ʃ/ *n.* (*pl.* **gro·szy** /-ʃi; *Pol.* -ʃɨ/) **1** グロシ (ポーランドの通貨単位; $=^1/_{100}$ złoty). **2** 1 グロシ(アルミ)貨. 〘(1916) □ Pol. ~ □ Czech *groš*: cf. groschen〙

Grosz /gróʊs | gráʊs; G. ɡʁɔ́s/, **George** *n.* グロッス (1893–1959; ドイツ生まれの米国の画家).

gro·szy /grɑ́(ː)ʃi, grɔ́(ː)ʃi | grɔ́ʃi/ *n.* grosz の複数形.

grot¹ /grɑ́(ː)t | grɔ́t/ *n.* 《詩》= grotto. 〘(1506) □ F *grotte* □ It. *grotta* < VL *cruptam* = L *crypta* 'subterranean passage, CRYPT'〙

grot² /grɑ́(ː)t | grɔ́t/ *n.* 《英口語》くず, 不快; 薄汚いやつ.

Grote /gróʊt | gráʊt/, **George** *n.* グロート (1794–1871; 英国の歴史家; *A History of Greece* (1846–56)).

gro·tesque /groʊtésk | grə(ʊ)-/ *adj.* **1** 怪奇な, 奇怪な, 異様な, 奇妙な, グロテスクな (⇨ fantastic SYN): a ~ gesture [makeup] 奇怪な身振り[扮装] / The old woman's face looked ~ *with* her heavy makeup. 老婦人の顔は厚化粧のためにグロテスクに見えた. 日英比較 英語の *grotesque* はやや格式ばった語で, 普通は weird (気味の悪い), odd [strange] looking などを用いる. **2** 滑稽な, おかしな, ばかげた, 荒唐無稽な (ridiculous, absurd): ~ manners, mistakes, etc. / What a ~ accusation! 何とばかげた非難だろう. **3** 〘美術〙 グロテスク風の (⇨ *n.* 2). **— *n.*** **1 a** グロテスク[怪奇, 異様, 怪異]なもの (姿·顔·人物など). **b** グロテスクな作品. **2** [the ~] 〘美術〙 グロテスク模様 (唐草模様の中に人間·動物·果実·草花·武器などをあしらった古代ローマの装飾模様); (文学などの)グロテスク風, 怪奇主義: *the* ~ in art and literature. **3** 〘活字〙 グロテスク体 (sans serif). **~·ly** *adv.* **~·ness** *n.* 〘(1561) □ F ~ □ It. (*pittura*) *grottesca* grotesque (painting) (fem.) ← (*pittura*) *grottesca* ← *grotta* 'GROT¹'＋-*esco* '-ESQUE': 主として地下の墓窟(ᵇᵒᵏᵘᵘ)(grotto) に多く見出されたので〙

gro·tes·que·rie /groʊtéskəri | grə(ʊ)-/ *n.* (*also* **gro·tes·que·ry** /~/) **1** グロテスクなこと[性質]. **2** グロテスクなもの[模様, 作品]. 〘(1654–66) ← GROTESQUE＋F *-erie* '-ERY'〙

Gro·ti·an /gróʊʃiən, -ʃən | gráʊtiən/ *adj.* グロチウス (Grotius) の, グロチウス法学の. 〘(1864): ⇨ ↓, -an¹〙

Gro·ti·us /gróʊʃiəs, -ʃəs | gráʊtiəs/, **Hugo** *n.* グロチウス (1583–1645; オランダの法学者·国際法の祖; *De Jure Belli et Pacis* 「平和と戦争の法」(1625)). **Gró·tian·ìsm** /-nìzm/ *n.*

grot·to /grɑ́(ː)toʊ | grɔ́təʊ/ *n.* (*pl.* **~es**, **~s**) **1** 小さな洞穴, 小洞窟(ᵈᵒᵘᵏᵘᵗˢᵘ). **2** (貝殻などで美しく装飾した)岩屋, またはそれに似せた建物 (避暑用). 〘(1617) *grotta* □ It. *grotta, grotto* < VL *crupta(m)* subterranean passage: ⇨ grot〙

grótto·wòrk *n.* = grotto 2.

grot·ty /grɑ́(ː)ti | grɔ́ti/ *adj.* (**grot·ti·er; -ti·est**) 《英俗》 **1** 汚い, 不潔な, 不愉快な, さもしい (dirty, ugly). **2** 役立たない, がらくたの (useless). **grót·ti·ly** /-təli, -tl̩i | -tl̩i, -tli/ *adv.* **grót·ti·ness** *n.* 〘(1964) ← GROT(ESQUE)＋-Y¹〙

grouch /gráʊtʃ/ *vi.* 不機嫌な顔をする, すねる; ぶつぶつ不平を言う (grumble). **— *n.*** **1** 不機嫌, すねた気分; 不平 (complaint): have a ~ on 機嫌が悪い. **2** 不機嫌な人, すねている人; 不平[不満]家. 〘(1895) 《変形》← 《廃》*grutch* □ OF *grouchier* to grumble ← ?: cf. grouse² (v.), grudge〙

grouch·y /gráʊtʃi/ *adj.* (**grouch·i·er; -i·est**) (不満そうに)すねた, 不機嫌な, 気難しい (morose, sulky). **gróuch·i·ly** /-tʃl̩i/ *adv.* **gróuch·i·ness** *n.* 〘(1895) ← *grutching* complaint ← *grutch □ OF *grouchier* to grumble〙

Grou·chy /gruːʃíː; F. ɡʁuʃi/, **Emmanuel** *n.* グルシ (1766–1847; ナポレオン戦争中のフランスの将軍; 称号 Marquis Emmanuel de Grouchy).

grough /grʌ́f/ *n.* 〘登山〙 (泥炭湿地に自然にできた)裂け目, 割れ目; 泥炭採掘の跡[穴].

ground¹ /gráʊnd/ *n.* **1** [通例 the ~] 地面, 地, 地表: lie on *the* ~ 地面に横たわる / It was buried deep under *the* ~. 地下深く埋められていた / She seemed hardly to touch the ~ as she walked. 歩くとき足が地につかないように見えた / The captured stronghold was razed to the ~. 攻め落とされた要塞は大地に崩れ落ちた.

2 土, 土壌, 地 (soil, earth); 土地 (land): stony [sandy] ~ 石[砂]地 / His ideas fell on stony ~. 彼の考えは実を結ばなかった / poor [fertile] ~ やせた[肥えた]土地 / rising ~ 高台 / sloping ~ 傾斜地 / classic ~ 史跡 / fruits of the ~ 地の産物 (穀物·果実·野菜など) / till the ~ 土地を耕す (cf. *Gen.* 2:5).

3 (ある特殊な目的のための)場所, …地[場], グラウンド: a baseball ~ 野球場 / a picnic ~ ピクニック場 / a recreation ~ 運動場 / a parade ~ 練兵場 / ⇨ breeding ground, fishing ground, hunting ground. 日英比較 (1) 特に学校の運動場のことを「グラウンド」または「グランド」というのは和製英語. 英語では playground. (2) 野球場で試合中にボールを拾ったり, バットを片付けたり, 審判にボールを届けたりする少年のことを「グラ(ウ)ンドボーイ」というのは和製英語. 英語では bat boy という. また, サッカーや野球などの選手の試合態度のことを「グラ(ウ)ンドマナー」というのも和製英語で, 英語では behavior in a game などという. 特に「グラ(ウ)ンドマナーがよいこと」は fair play あるいは sportsmanship である.

4 [*pl.*] (家屋·建物の周囲の)庭園 (gardens, property), 構内, 敷地: well-kept ~*s* 手入れの行き届いた庭園 / one's house and ~*s* 家屋敷 / the hospital ~*s* 病院の構内 (しばしば花壇·芝生などがある).

5 a (議論などの)地歩, 立場 (position): ⇨ *gain* GROUND, *lose* GROUND, *on one's own* GROUND, *shift one's* GROUND / ⇨ common ground / hold [stand] one's ~ 自分の地歩[立場, 主張]を固守する, 一歩も引かない, 持ちこたえる. **b** 陣地.

6 [通例無冠詞で] (研究などの)分野, 話題, 問題 (topic, subject): delicate ~ 微妙な問題[話題] / touch on forbidden [dangerous] ~ 触れてはならない[危険な]問題に言及する / be on safe ~ (発言などで)無難に済ます / go over the same (old) ~ 言い古された問題を論じる[繰り返す] / ⇨ *cover (the)* GROUND.

7 a 基礎, 根底, 根本 (foundation, basis): God is the ultimate ~ *of* all reality. 神はすべての実在の究極的根元である. **b** [しばしば *pl.*] 根拠, よりどころ, 理由 (basis, reason); 動機, 原因 (motive, cause): ~*s for* suspicion 嫌疑の根拠 / have good ~(*s*) [no ~(*s*)] *for* thinking … と考える十分な根拠がある[何らの理由もない] / on firm

[solid] ～ (議論などで)確かな基礎に立脚して / I see no ～(*s*) *for* his action. 彼の行為の動機がわからない / What are the ～*s of* [*for*] your complaint?＝On what ～(*s*) are you complaining? 君の不平の根拠は何だ / the ～ [*on* (the) ～*s*] *of* …の理由で, …を口実にして / *on* religious ～*s* 宗教上の理由で / He refused to disclose it *on* the ～*s that* it would be a breach of confidence. 彼は信義を破ることになるという理由からそれを打ち明けるのを拒んだ.
8 a (絵画・浮彫り・レース・織物などの)地, 下地, 下塗, 地色, バック; (塗装の)下地塗り (background): roses on a black ～ 黒地にばらの模様[絵]. **b**〘エッチング〙地塗り (etching ground)《銅板防食用の蠟(ろう)》.
9 a [the ～] (部屋などの)床 (floor). **b**《廃》(劇場の)一階席 (pit).
10 [*pl.*] (特にコーヒーの)かす, おり (dregs): coffee ～*s* コーヒーかす.
11 a〘海事〙海底, 水底 (bottom); 浅瀬の水底 (cf. aground): ⇨ *break* GROUND (3), *strike* GROUND, SMELL *the ground*, *touch* GROUND (1), *take* (*the*) GROUND. **b**《廃》底 (bottom).
12〘音楽〙**a** 対位声部が上にのる基本旋律. **b** ＝ground bass.
13〘電気〙《米》**a** アース, 接地 (《英》 earth); アース導体: an arcing ～ アーク接地. **b** 地気《大地に対して絶縁されていなければならない送電線などが接地してしまう事故》.
14〘鉱山〙母岩, 地山.
15〘クリケット〙**a** (打者の)打手線 (popping crease) より後ろの位置, グラウンド: The batsman is in [out of] his ～. 打者はグラウンド内[外]にいる《後ろの場合にだけアウトにされうる》. **b** ＝ground staff 2.
16〘アメフト〙ランニングプレーを用いる攻撃.
abòve gróund 地上に; 生きて(いて) (alive) (cf. aboveground). ***be dáshed to the gróund*** 〈計画・希望などが〉くじかれる, 失敗する, 破れる. ***belòw gróund*** (死んで)埋葬されて. ***bíte the gróund*** ⇨ bite 成句. ***bréak gróund*** (1) (建築などのために)地面を掘る; 土地を耕す; (運河・鉄道などの)作業を始める. (2) 事業を開始する[切り開く], 新分野に進出する. (3)〘海事〙錨(いかり)を巻き上げる, 抜錨(ばつびょう)する. 〘OE〙 ***bréak néw* [*frésh*] *gróund*** (1) 新しく土地を耕す, 開墾する. (2) (研究上の)新分野[新生面]を切り開く, 新天地を開拓する. (1928) ***chánge one's gróund*** ＝*shift one's* GROUND. ***cóver* (*the*) *gróund*** (1) (ある)距離[地域]を行く; 調子よく進む. (2) 〈会議・論述・研究などが〉(特定の)問題を(適切に)扱う; (所定の)仕事を(てきぱき)処理する[こなす]: The lecturer *covered* a lot of ～. 講師の話は広範囲にわたった / The article *covers the* ～ pretty well. 論文は問題をかなりよく扱っている. (1887) ***cút the gróund from ùnder a person* [*a person's féet*]** (議論・計画などで)先手を打って人を参らせる, 裏をかく. (1855) ***(dówn) to the gróund*** ⇨ down¹ *adv.* 成句. ***dríve into the gróund*** ＝*run into the* GROUND. ***fáll to the gróund*** 地に倒れる[落ちる]; 〈計画などが〉失敗に帰する, 〈希望が〉失われる. ***from the gróund úp***《口語》(1) 全く新しく, 最初から出直して: He decided to learn Latin *from the* ～ *up*. ラテン語を初めから勉強しようと決心した. (2) 完全に, 徹底的に (thoroughly): She knew it *from the* ～ *up*. ***gáin gróund*** (1) (敵と対陣していて)陣地を得る; 優勢になる. (2) 前進[進出]する, 進歩する; 〔…を〕圧する, 侵す (encroach)〔*on*〕; 〔…に〕近づく, 迫る〔*upon*〕. (3) 〈説などが〉受け入れられる, 普及する, 広まる: The theory seems to be *gaining* ～ (*among* scientists). その説は(科学者の間で)広まってきているようである. (1625) ***gèt gróund of*** (1) …を蚕食する. (2) …より優勢になる. (3) 〈追跡者〉を引き離す. ***gèt óff the gróund*** (1) 〈飛行機が〉離陸する. (2)《口語》(順調に)開始する, 滑り出す, 始まる. (1961) ***gíve gróund*** 退却する; 優勢な地歩を失う, 譲る, 負ける. ***gó to gróund*** (1)〘狩猟〙〈キツネが〉穴まで追い詰められる; 〈犬が〉獲物を穴まで追い詰める. (2) 〈人が〉地下に潜る, 姿をくらます. ***hit the gróund rúnning*** (1) 新規の事業を興す: Successful people *hit the ground running* and never let up. 成功した人々は新規の事業を始め, 決して中途でやめなかった. (2) どんどんやる. ***hóld* [*stánd*] *one's gróund*** 自分の立場を守る, (反対などに対して)一歩も引かない. ***kíss the gróund*** ⇨ kiss 成句. ***líck the gróund*** ＝LICK *the dust* (1). ***lóse gróund*** (1) (戦に負けて)退く (retreat); (競走などで)先を越される, 不利な立場に陥る, 敗北する. (2) 人気[名声]を失う, 失墜する. (3) (健康が)一層悪化する. (1607) ***màke* (*ùp*) *gróund*** 進出する, 躍進する. ***on one's ówn* [*famíliar, hóme*] *gróund*** 味方の陣地で; 勝手の知った場所[状況]で, 得意[専攻]の分野で. ***on the gróund*** (1) (事の起こった)現場に (on the spot); 仕事に取りかかって. (2)〘航空〙〈航空機を〉整備中で. ***prepáre the gróund*** 発展の基礎を作る. ***rún into the gróund***《口語》(1) やりすぎる, 過度にやる: Don't *run* your case [yourself] *into the* ～. 君の言い分をあまり押し出しすぎてはいけない. (2) 完全に打ち負かす; 厳しく論駁(ろんばく)[批判]する. (3) 疲れさ(らせ)る. ***rún to gróund*** (1)〘狩猟〙〈獲物を〉隠れ場まで追い詰める. (2) 〈人・物を〉(捜して)見つけ出す. (1797) ***sáve gróund***〘競馬〙〈馬が〉インコースを走る, 経済コースを進む. ***shift one's gróund*** (1) 議論[立場, 意図]を変える (cf. Shak., *Hamlet* 1. 5. 156). (2) 位置[攻撃地点]を変える. ***stríke gróund***〘海事〙〈測鉛線が海底に達する; 〈船が〉浅瀬に乗り上げる. ***súit* (*ríght*) *dówn to the gróund***《口語》(服装などが)ぴったり合う. ***táke* (*the*) *gróund***〘海事〙〈船が〉浅瀬[暗礁]に乗り上げる, 擱座(かくざ)する (run ashore). (1830) ***to the gróund***《口語》＝DOWN¹ *to the ground*. ***tóuch gróund*** (1)〘海事〙〈船が〉水底に触れる. (2) 〈議論が〉現実に触れてくる, 具体的になる; 本題に及ぶ. ***a wéll-tródden gròund*** ⇨ well-trodden 成句. ***wórk into the gróund***《口語》＝*run into the* GROUND (1). ***wórship the gróund a person wálks òn*** (その踏んだ地面を拝むほど)人を熱愛する, 人に熱を上げる.
— *adj.* [限定的] **1** 地面(近く)の, 地上の[で勤務する]; 《英》一階の: a ～ attack 地上攻撃 / ～ troops 地上部隊. **2 a** 〈鳥が〉地上生の. **b** 〈動物が〉地上[穴]にすむ. **c** 〈植物が〉地をはう. **3**〘アメフト〙ランニングプレーを用いる攻撃の.
— *vt.* **1** 〈議論・主張・意見などを〉〔…に〕基づかせる, 立脚させる (found, establish)〔*on*〕: ～ one's arguments *on* experience 議論の根拠を経験に置く / Both morals and ethics should be ～*ed on* religion. 道徳も倫理も宗教に基づいているべきである. **2** 〈人〉に〔学科などの〕基礎知識を授ける〔*in*〕: ～ a child *in* arithmetic 子供に算数の初歩を教える / be well ～*ed in* Latin ラテン語の基礎がしっかりしている. **3**〘航空〙**a** (故障・天候不順・免状取り上げなどのため)〈飛行機・操縦士・乗客を〉地上に釘付けにする: All flights have been ～*ed* by bad weather. 悪天候のためすべての空の便が欠航した. **b** 〈航空機を〉強制的に着陸させる. **c** 〈操縦士〉の飛行勤務を解く, 地上整備員 (ground crew) とする. **4**《口語》〈親が〉〈子供の〉外出を禁止する: That's it, junior. You're ～*ed* (for a week)! それでおしまいだぞ. おまえ (1 週間の)外出禁止だ. **5**〘海事〙〈船を〉乗り上げさせる, 擱座させる (run aground). **6**《米》〘電気〙アース[接地]する (《英》 earth). **7 a** 地上に置く: ～ a rifle 銃を立てる / ～ arms〘軍事〙武器を地上に置く《降伏のしるし》. **b** 地上に着ける; 〈ボクサーなどが〉〈相手を〉倒す. **8** 〈絵画・装飾など〉に下塗りをする, バックを塗る; 〈壁紙〉に(捺染(なっせん)前に)地色をかける. **9**〘アメフト〙〈ボールを保持している攻撃側プレーヤーが守備側プレーヤーによるタックルを避けるため)故意に〈ボールを〉グラウンド前方に投げる.
— *vi.* **1**〘海事〙〈船が〉〔浅瀬に〕乗り上げる, 擱座する (run aground): ～ *on* a sandbank 砂洲に乗り上げる. **2** 着陸する; 地上に落下する. **3** 地上に着く[落ちる]. **4**〘野球〙**a** ゴロを打つ: ～ *to* the shortstop. **b** [通例 ～ *out* として] ゴロを打ってアウトになる. **5**〘アメフト〙(タックルを避けるために)故意にボールを地上に投げる. **6**《廃》〔…を〕基礎とする, 〔…に〕基づく〔*on, upon*〕.
〘OE *grund* ＜ Gmc **ʒrunðuz* (Du. *grond* / G *Grund*) ← ? IE **ghrendh-* 'to GRIND'〙

ground² /gráʊnd/ *v.* grind の過去形・過去分詞.
— *adj.* **1** ひいた, すり砕いた, 粉にした: ～ rice / ～ pulp 砕木パルプ (⇨ groundwood 2) / ～ beef 牛のひき肉. **2** すった, 研いだ: ～ finish 磨き仕上げ. **3** ざらざらにした: ⇨ ground glass. 〘(1765) ← OE *grundon* (pt.pl.) & **grunden* (p.p.)〙

ground·age /gráʊndɪdʒ/ *n.* 《英》(船の)停泊料[税]. 〘(*c*1440): ⇨ ground¹, -age〙

gróund alèrt *n.*〘軍事〙**1** 地上待機, 地上警戒体制《飛行士が戦闘機の近くに直ちに飛び立つ用意をして待機している状態》. **2** 地上警戒体制で待機中の飛行機.

gróund àngling *n.*〘釣〙(浮きなしでする)底釣り, 沈み釣り, ぶっ込み釣り.

gróund ásh *n.* トネリコの若木 (ash sapling); 同上製ステッキ《根をそのまま柄にしたもの》. 〘1664〙

gróund-bàit *vt.*〘釣〙〈釣り場〉に寄せ[まき]餌をする.

gróund bàit *n.*〘釣〙寄せ餌(え), まき餌, こませ《魚を集めるために漁場[釣り場]に投じるもの; cf. chum²》. 〘1651〙

gróund báll *n.*〘野球・クリケット〙＝grounder. 〘1857〙

gróund báss /-béɪs/ *n.*〘音楽〙グラウンドベース, 固執低音 (basso ostinato)《低声部で何回も繰り返される短い旋律的動機》. 〘1699〙

gróund bèam *n.*〘建築〙**1** ＝sleeper 7. **2** ＝groundsill.

gróund bèetle *n.*〘昆虫〙オサムシ《オサムシ科(ゴミムシ類も含む)に属する甲虫のうち地上生の昆虫の総称; carabid ともいう》. 〘1848〙

gróund bòx *n.*〘植物〙花壇のへり取り用のツゲ属 (*Buxus*) の植物の総称. 〘1578〙

gróund·brèaker *n.* 開拓者, 開発者, 草分け (pioneer). 〘1940〙

gróund-brèaking *adj.*《米》**1**〘建築〙(新築の建物の)鍬(くわ)入れ[起工式]の. **2** 草分けの, 革新的な. — *n.*〘建築〙鍬入[起工](式).

gróund bùg *n.*〘昆虫〙ナガカメムシ《ナガカメムシ科の昆虫; cf. chinch bug》. 〘1907〙

gróund·bùrst *n.* (核弾頭の)地上爆発.

gróund càble *n.*〘海事〙浮標錨鎖(びょうさ)《浮標を定置するためのいくつかの錨(いかり)から浮標直下地点までの地をはう錨鎖》.

gróund cèdar *n.*〘植物〙**1** ＝lycopodium 1. **2** トショウ (*Juniperus communis*). 〘1836〙

gróund chàin *n.*〘海事〙**1** 根付けチェーン《錨(いかり)から錨鎖(びょうさ)第 1 節までの間に取り付けた短い錨鎖; 錨を揚げたとき, 船からこの部分でぶら下がる》. **2** ＝ground cable.

gróund-chèrry *n.*〘植物〙**1** ヨーロッパ産の低木状のサクラ数種の総称; (特に)ホウキザクラ (*Prunus fruticosa*). **2 a** ホオズキ《ナス科ホオズキ属 (*Physalis*) の草本の総称; winter cherry ともいう》. **b** ホオズキ(の実)《食用になるものもある》. 〘1601〙

gróund clòth *n.* **1** 舞台の床覆いの粗布. **2** ＝ground sheet. 〘1931〙

gróund còat *n.* (ペンキの)粗面塗り, 下塗り.

gróund còlor *n.* **1** (絵画などの)基色, 地色, バック. **2** ＝ground coat.

gróund connèction *n.*〘電気〙接地, アースをとること.

gróund contròl *n.*〘航空〙(航空機・宇宙船などの)地上操作[管制, 誘導].

gróund-contròlled appròach *n.*〘航空〙地上誘導着陸(方式)《地上からの無線誘導に基づく計器着陸; 略して GCA というとき, 主としてその設備を指す》.

gróund-contròlled intercèption *n.*〘空軍〙地上要撃管制《地上のレーダー施設が敵機の位置を味方戦闘機に伝えて要撃させる方法》.

gróund còver *n.* **1** 森林の下生え. **2** (地面を覆っている)下草, 地被植物. 〘1900〙

gróund crèw *n.* [集合的] (飛行場の)地上整備員 (《英》 ground staff). 〘1934〙

gróund cùrrent *n.*〘電気〙地電流 (earth current).

gróund detèctor *n.*〘電気〙検漏器《電気機器の外箱など通常接地されるところと, 本体の内部との間の絶縁が正常であるかどうかを検査するもの》.

gróund dòve *n.*〘鳥類〙スズメバト (*Columbina passerina*)《北米・中米産の地上性の小形のハト》; ヒムネバト属 (*Gallicolumba*), アメリカシャコバト属 (*Leptotila*) などのハトの総称. 〘1792〙

gróund·ed *adj.* [通例副詞に伴い複合語の第 2 構成素として] 基礎をすえた, 根拠のある: a well-[an ill-] *grounded* suspicion 根拠の十分な[不確かな]嫌疑. 〘(1548): ⇨ ground¹, -ed〙

gróunded anténna *n.*〘通信〙接地空中線, 接地アンテナ《アンテナの一種で一端を接地したもの》.

gróund·ed·ly *adv.*《古》十分な根拠をもって, しっかりと (firmly). 〘(1546): ⇨ -ly¹〙

gróund efféct *n.*〘航空・自動車〙地面効果《地表近くで飛行機や高速の自動車に加わる浮力》. 〘1935〙

gróund-efféct machìne *n.*〘航空〙底面または底面の周辺に空気を吹き出し浮上する水陸両用の乗り物, エアクッション艇 (air-cushion vehicle)《略 GEM; cf. Hovercraft》. 〘1962〙

gróund èlder *n.*《英》〘植物〙＝goutweed.

gróund enginèer *n.*〘航空〙グラウンドエンジニア《飛行機の耐航性を検査する資格のある技師; 正式名 licensed aircraft engineer》. 〘1920〙

ground·er /gráʊndə | -də(r)/ *n.*〘野球・クリケット〙ゴロ (cf. fly ball). 〘((15C)) (1847): ⇨ ground¹, -er¹〙

gróund fàult *n.*〘電気〙接地事故, 地絡事故.

gróund fìr *n.*〘植物〙直立茎を生じるヒカゲノカズラ属 (*Lycopodium*) マンネンスギの類の植物の総称. 〘Cent. D.〙

gróund·fìre *n.* 地上砲火《航空機に対する地上からの銃砲撃》.

gróund·fìsh *n.* 水底にすむ魚, 底魚《タラ・オヒョウ・ヒラメなど》. 〘1856〙

gróund-fìshing *n.*〘釣〙＝ground angling.

gróund flóor *n.* **1**《米》**a** 1 階 (first floor). **b** (ビルなどの)地階, 「地下」(basement). **2**《英》1 階. ★《英》でも高い建物は《米》と同じ呼び方をするようになってきている. **3**《口語》(事業・取引などで, 最初から加わっての)最も有利な立場[関係]: be in on the ～ 最初から加わって有利な立場にある. ***gèt* [*còme*] *in on the gróund flóor*** (1) 発起人と同一条件で株を得る. (2) 〈事業などに〉最初から関係して有利な地位を占める. 〘1601〙

gróund fòg *n.*〘気象〙地上霧《地面が冷えて地表近くにできる霧》.

gróund fòrces *n. pl.*〘軍事〙地上[陸上]部隊.

gróund fòrm *n.*〘言語〙(語の)基本形, 語幹 (theme). 〘(なぞり) ← G *Grundform*〙

gróund fròst *n.* **1** 地表の霜; 凍った地面. **2** (植物が被害を受ける)地表氷結温度.

gróund gàme *n.* [集合的]《英》地上にすむ猟獣《猟鳥 (wing game) と区別してウサギなどにいう》.

gróund gláss *n.* **1 a** すりガラス. **b**〘写真〙グラウンドグラス《焦点ガラス; カメラの結像面におき, 像を見るためのすりガラス》. **2** (研磨剤として使う)すりつぶしたガラスの粉, 粉末ガラス. 〘1848〙

gróund hèmlock *n.*〘植物〙米国北東部のイチイ属 (*Taxus*) の常緑低木数種の総称; (特に)カナダイチイ (*T. canadensis*). 〘1807〙

gróund·hòg *n.*〘動物〙**1** ＝woodchuck 1. **2** ツチブタ (aardvark). 〘(1742) (なぞり) ← Du. *aardvark* 'AARDVARK'〙

Gróundhog Dày *n.*《米》グラウンドホッグの日《2 月 2 日, 一部の地方では 2 月 14 日; 春の到来を占う日で, この日晴天ならば冬がまだ終わらず, 曇天であれば春が近いとされる; cf.「啓蟄(けいちつ)」》. 〘(1871) この日 GROUNDHOG が初めて穴を出て, もし地上に自分の影を見ればさらに 6 週間の冬ごもりに引き返すとの伝説から〙

gróund ice *n.*〘地質〙底氷 (⇨ anchor ice). 〘1694〙

ground·ing /gráʊndɪŋ/ *n.* **1** 基礎工事; 基礎教授; 基礎知識, 根底: have a good ～ *in* English 英語の基礎が十分できている. **2** (刺繍・染色などでの)下地, 地色. **3**〘海事〙擱座(かくざ), 座礁; (船体検査または修繕のため)船を海岸などに引き上げること. **4**《米》(罰としての)外出禁止. 〘(1382): ⇨ ground¹, -ing¹〙

gróunding clàuse *n.*〘海商〙グラウンディング クローズ, 乗揚げ約款.

gróund ìtch *n.*〘病理〙土壌疹, こえかぶれ《十二指腸の幼虫が皮膚から侵入して生じる皮膚鉤虫(こうちゅう)症の代表的な形》.

gróund ìvy *n.*〘植物〙カキドウシ (*Glechoma hederacea*)《シソ科の小雑草で茎は地をはい紫色の花をつける; gill-over-the-ground, cat's-foot ともいう》. 〘*a*1400〙

gróund·kèeper *n.*《英》(公園・墓地・運動場・球場な

どの)管理人 (grounds keeper, 《英》 ground(s)man). 〖1903〗

gróund làndlord *n.* 《英》(宅地の)地主 (cf. ground rent).

gróund làyer *n.* **1** 〘気象〙 表面境界層, 接地層 《地面に接する気層》. **2** 〘生態〙 コケ層 (moss layer) 《植物群落の階層の一つ; ⇨ layer》. 〖1603〗

gróund·less *adj.* 根拠[基礎]のない, 無根の, いわれのない, 理由のない (unfounded, baseless): ～ fears, rumors, etc. **～·ly** *adv.* **～·ness** *n.* 〖OE *grundlēas* bottomless: ⇨ ground¹, -less〗

gróund lèvel *n.* **1** 地上. **2** 〘物理〙 =ground state.

gróund·lìne *n.* **1** 〘釣〙 =setline 1. **2** [*pl.*] 〘古〙 **a** 輪郭 (outlines). **b** 基礎, 根本. 〖*a*1450〗

gróund·ling /gráundlɪŋ/ *n.* **1** 水底にすむ魚 《ドジョウなど》. **2** 地上または地面近くにすむ動物. **3** 地をはう植物, 地面すれすれに生える植物, 矮小(ﾜｲｼｮｳ)植物, 匍匐(ﾎﾌｸ)植物. **4** 地上勤務の人. **5 a** (エリザベス朝時代の劇場の)土間客 《床もベンチもなかったから文字通り地面の上に立って見た》: split the ears of the ～*s* 土間客の耳をつんざく (Shak., *Hamlet* 3. 2. 11). **b** 鑑賞眼の低い観客[読者], 大向こう, 趣味の低級な人 (Philistine). 〖(1601) ← GROUND¹+-LING¹〗

gróund lòad *n.* 〘航空〙 (航空機の)地上荷重.

gróund lòg *n.* 〘海事〙 対地測程器 《手用測程器のログチップ (log chip) の代わりに 7-9 ポンドの重りを取り付けたもので, 浅海でこれを海底に投じ船の移動の方向と距離を知るもの》.

gróund lòop *n.* 〘航空〙 グラウンドループ 《尾輪式の飛行機で離着陸の際時々起こる急激な尻振り》. 〖1928〗

gróund·màn /-mæ̀n, -mən/ *n.* (*pl.* **-men** /-mèn, -mən/) **1** (架線工事などでの)地上作業員. **2** 接地係の電気機械工. **3** 《英》 =groundkeeper. 〖*a*1785〗

gróund màrker *n.* 〘空軍〙 (目標地域を照らすためパラシュートなしで落とす)照明弾.

gróund·màss *n.* 〘岩石〙 石基 《斑状火山岩において斑晶の間を満たす細粒状またはガラス質の部分》. 〖1879〗

gróund mèristem *n.* 〘植物〙 基本分裂組織 《将来基本組織系に分化する前分裂組織》. 〖1938〗

gróund nòise *n.* 〘音響〙 基礎雑音 《録音再生系や増幅器から出る信号以外の雑音》.

gróund nòte *n.* 〘音楽〙 基音, 根音 (fundamental).

gróund·nùt *n.* 〘植物〙 **1 a** 地下に実を結ぶ植物の総称 《アメリカホドイモ (*Apios tuberosa*), dwarf ginseng など》. **b** その塊茎 《食用となる》. **2** 《英》 =peanut 1. **3** =chufa. 〖1602〗

gróund obsèrver *n.* 地上監視員 《地上の監視所で敵の航空機の動きを監視・追跡・報告する人》.

gróund·òut *n.* 〘野球〙 打者が内野手へのゴロを打ってアウトになること. 〖1965〗

gróund òwl *n.* 〘鳥類〙 =burrowing owl.

gróund pàrrot *n.* 〘鳥類〙 キジインコ (*Pezoporus wallicus*) 《オーストラリアの海岸・湿地・不毛地にすむ地上生の緑色のインコ》. 〖1794〗

gróund pèa *n.* 〘植物〙 **1** =peanut 1. **2** = groundnut 1 a. 〖1769〗

gróund pèarl *n.* 西インド諸島産のカイガラムシ (*Margarodes formicarum*) の雌 《その作る殻を先住民は糸に通して首飾りにする》. 〖1884〗

gróund pìg *n.* 〘動物〙 =cane rat.

gróund pìne *n.* 〘植物〙 **1** ヨーロッパ産キランソウ属の一種 (*Ajuga chamaepitys*) (cf. bugle³). **2** =lycopodium 1. 〖1551〗

gróund pìnk *n.* 〘植物〙 **1** 米国 California 州南部地方産のナデシコに似たハナシノブ科の草 (*Gilia dianthoides*). **2** =moss pink.

gróund plàn *n.* **1** (建築物の)平面図 (cf. elevation 3). **2** 基礎計画; 概要 (outline). 〖1731〗

gróund plàne *n.* (投射図の)基平面.

gróund-plàne antènna [àerial] *n.* 〘電気〙 グラウンドプレーンアンテナ (¹/₄ 波長の垂直双極子アンテナ).

gróund plàte *n.* **1** 〘鉄道〙 (枕木の下の)鉄床板. **2** 〘電気〙 アース板, 接地板. **3** 〘古〙 〘建築〙 =groundsill, soleplate. 〖1663〗

gróund·plòt *n.* **1** 建地, 建地面; 下計画. **2** = ground plan 1. **3** 〘航空〙 グラウンドプロット 《既知の地点からの飛行時間と対地速度を掛けて航空機の現在の位置を機上で決める方法》. 〖1563〗

gróund plùm *n.* **1** 〘植物〙 米国西部産のマメ科レンゲソウ属の草本 milk vetch の一種 (*Astragalus caryocarpus*). **2** ground plum の実 《食用》. 〖1859〗

gróund pòwer *n.* 〘航空〙 (航空機用の)地上電源.

gróund provìsions *n. pl.* 〘カリブ〙 でんぷん質の野菜 《特に根菜類や料理用バナナ (plantain)》. 〖1827〗

gróund ràу *n.* 〘通信〙 =ground wave.

gróund rènt *n.* 《英》 (建物の)地代, 借地料. 〖1667〗

gróund rèsonance *n.* 〘航空〙 (ヘリコプターの)地上共振.

gróund ròbin *n.* 〘鳥類〙 =towhee.

gróund·ròw *n.* 〘劇場〙 **1** 横長の低いフラット. **2** (舞台の)横に並べた一組のストリップライト.

gróund rùle *n.* **1** 〘スポーツ〙 《特定のグラウンドやコートの条件に則して定められた》グラウンドルール. **2** [通例 *pl.*] (特定の行動の)基本原則, 行動原理. 〖1890〗

gróund rùn *n.* 〘航空〙 滑走距離 《飛行機が着陸してから停止または誘導に至るまでに必要な距離》.

gróund·scràper *n.* 低く広く延びたビル群.

gróund sèa *n.* =ground swell 1.

gróund·sel¹ /gráun(d)səl, -sḷ/ *n.* 〘植物〙 キク科サワギク属 (*Senecio*) の草本の総称 《特に, ヨーロッパ原産のノボロギク (*S. vulgaris*); 米国産の *S. aureus*; senecio ともいう; cf. ragwort, cineraria》. 〖OE *g(r)undeswelġe* 《原義》 pus-absorber ← *gund* pus (cf. red gum)+*swelgan* 'to SWALLOW²' (薬用になるところから)': *gr-* のつづり字は, この草が急速に生長して地面に広がるところから GROUND¹ と連想した通俗語源による〗

gróund·sel² /gráun(d)səl, -sḷ/ *n.* 〘建築〙 =groundsill. 〖(1418) *gro(u)nsel*: ⇨ ground¹, sill〗

gróundsel trèe *n.* バッカリス (*Baccharis halimifolia*) 《北米東部産のキク科の低木》. 〖1741〗

gróund·shèet *n.* グラウンドシート 《湿気よけに地面に敷く防水敷布; ground cloth ともいう》. 〖1907〗

gróund·sìll *n.* 〘古〙 〘建築〙 土台, 根太.

gróunds·kèeper *n.* =groundkeeper.

gróund slòth *n.* 〘古生物〙 地上生ナマケモノ 《アメリカ大陸の貧歯目に属する大形の絶滅哺乳類》.

gróund slùice *n.* 〘鉱山〙 樋(ﾋ), 洗砂樋(ﾋ), トラフ 《金などの鉱物を含む砂や泥を洗うために地表に作られた; 溝や樋; 砂鉱の採掘に用いられる》.

gróunds·man /gráundzmən | -mən, -mæ̀n/ *n.* (*pl.* **-men** /-mən, -mèn/) **1** 《英》 =groundman 1. **2** = groundkeeper. 〖1886〗

gróund spèed *n.* (飛行機の)対地速度 (cf. air speed). 〖1917〗

gróund squìrrel *n.* 〘動物〙 地上生のリスの総称: **a** ジリス, ハタリス 《リス科ジリス属 (*Citellus*)・アフリカジリス属 (*Xerus*) などで耳・尾・毛が短く地面に穴を掘ってすみ, ほお袋があるリスの総称; ハタリス, ヨーロッパハタリス (*C. citellus*) など; spermophile ともいう》. **b** 《米中南部》 シマリス (chipmunk) (cf. gopher¹). 〖1668〗

gróund stàff *n.* **1** 《英》 =ground crew. **2** 〘クリケット〙 クリケットクラブ専属のプロ選手および整備員.

gróund stàte *n.* 〘物理〙 基底状態 《最低のエネルギーをもった状態; ground level ともいう》. 〖1926〗

gróund stàtion *n.* 〘通信〙 地上局 《通信局のうち, 人工衛星・航空機・列車などの移動局 (mobile station) に対し, 地上の固定局をいう》.

gróund-stràfe *vt.* =strafe 1, 2.

gróund stràke *n.* 〘造船〙 =garboard.

gróund stròke *n.* 〘テニス〙 グラウンドストローク 《球がバウンドしてから打つ打ち方; cf. volley 3 a》. 〖1895〗

gróund sùbstance *n.* 〘生物〙 基質 《結合組織の細胞間にある多量の細胞間質》. 〖1882〗

gróund·swèll *n.* (*also* **gróund swèll**) **1** (遠方の嵐や地震のあとの)大きなうねり, 大波, 余波. **2** (国民感情や世論などの)急速な高まり, 盛り上がり. 〖1817〗

gróund tàble *n.* 〘建築〙 =earth table.

gróund tàckle *n.* 〘海事〙 停泊用具 《錨(ｲｶﾘ)・錨綱・錨鎖(ﾋﾞｮｳｻ)などの総称》. 〖1556〗

gróund tìssue *n.* 〘生物〙 =parenchyma 2.

gróund-to-áir 〘軍事〙 *adj.* 地対空の 《地上から(発射して)空中の目標を攻撃するものにいう》: a ～ missile. **—** *adv.* 地対空へ.

gróund-to-gróund 〘軍事〙 *adj.* 地対地の 《地上から(発射して)地上の目標を攻撃する》: a ～ missile. **—** *adv.* 地対地へ.

gróund·wàter *n.* 地下水 (cf. surface water). 〖*c*1450〗

gróundwater lèvel *n.* **1** =water table 1. **2** 地下水位.

gróund wàve *n.* 〘通信〙 地表波 《海上も含め地球の表面に沿って伝わる電波; ground ray ともいう; cf. sky wave》. 〖1927〗

gróund ways *n. pl.* 〘造船〙 進水固定台, 進水台 《船台の上に固定された 2 条の丈夫な木製の台; 上に獣脂などを塗って進水架の滑りをよくする; standing ways ともいう》.

gróund wìre *n.* 《米》 〘電気〙 地線, アース(線) (《英》 earth wire).

gróund·wòod *n.* **1** 砕木 《砕木パルプを製造するために砕木機 (grinder) で摩砕された木材》: ～ pulp 砕木パルプ / ～ paper 更紙. **2** 砕木パルプ 《木材を摩砕して製造した機械パルプの一種; 不純物が多く下級紙用; cf. chemical pulp》. 〖1885〗

gróund·work /gráundwə̀ːk | -wɜ̀ːk/ *n.* [(the) ～] **1** (計画などの)下準備; (建物などの)基礎, 土台 〔*of, for*〕 (⇨ base¹ SYN). **2** 基本原理, 原則. 〖(1434): cf. Du. *grondwerk* / G *Grundwerk*〗

gróund·y /gráundi/ *adj.* (**gróund·i·er**; **-i·est**) 〈コーヒーが〉土くさい味[香り]のする. 〖(1602) ← GROUND¹+-Y⁴〗

gróund zéro *n.* ゼロ地点 《核爆弾爆発の真下または真上の地面または水面》. 〖1946〗

group /grúːp/ *n.* **1** 群れ, 集団, かたまり, 集まり (cluster, assemblage): a ～ *of* people, cows, trees, rocks, stars, islands, etc. / A ～ *of* boys are playing baseball. 一群の少年たちが野球をしている / in a ～ 群れになって / in ～*s* 群れをなして, 三々五々. **2 a** (政治・宗教・学術界などで説・主義・信仰などを同じくする人の)群, グループ. **b** (会・党・教会などの中の)分派, …派: the free-trade ～ in the Conservative Party 保守党内の自由貿易派. **c** (趣味・興味などで集まる)同好会, サークル (circle): a dance ～ ダンス同好会 / a therapy ～ ⇨ encounter group. **d** (資本系列が同じ)企業グループ. **3** (種々の科学的分類上の)群, 類. **4** 〘音楽〙 **a** =pop group. **b** 音群 《符桁(ﾌｺｳ)で結合した一連の音符群》. **c** 音群 《オーケストラの同種の楽器から成る部分》. **5** 〘美術〙 群, グループ, 群像 《絵画または彫刻において構図の一単位を成す数個の人または物の集団》: the Laocoön ～ ラオコーン群像. **6 a** 〘米陸軍〙 群, 戦闘群 《司令部と 2 個以上の大隊から成る戦術的部隊》. **b** 〘米空軍〙 航空群, 群 《航空団 (wing) の編成単位で, 2 個以上の飛行大隊 (squadron) より成る; 地上部隊の連隊 (regiment) に相当》. **c** 〘英空軍〙 飛行連隊. **7** 〘化学〙 **a** 基 (radical) (cf. free radical). **b** (周期表上の)縦の元素の集合 (cf. period 15). **c** 群, 原子団 《分子中で特殊な結びつき方をする原子の群》. **8** 〘言語〙 **a** 語派 《語族 (family) の下の区分》. **b** (地理的その他の関係による)言語群. **9** 〘地質〙 **a** 層群 《地層区分上の一単位》. **b** 界 《地質系統上の最大区分; 地質時代の代 (era) に当たる》. **10** 〘数学〙 群 《数の加法や乗法のように結合法則を満たす演算について閉じた代数系で, 単位元をもち, かつ各元に対し逆元のあるもの》. **11** 血液型 (blood group).

Gróup of Fíve [the ―] 5 か国蔵相会議 《日本・フランス・英国・米国・ドイツで構成; 略 G 5》.

Gróup of Séven [the ―] 7 か国蔵相会議 《1986 年 G5 諸国にカナダ・イタリアを加えた 7 か国で構成; 略 G7》.

Gróup of Séventy-Séven [the ―] 77 か国グループ 《国連貿易開発会議の発展途上国グループ; 略 G77》.

Gróup of Tén [the ―] 10 か国蔵相会議 《国際通貨基金 (IMF) 加盟国 10 か国で構成; ベルギー・カナダ・フランス・イタリア・日本・オランダ・スウェーデン・英国・米国・ドイツ; Paris Club ともいう; 略 G10》.

Gróup of Thrée [the ―] 先進 3 か国グループ; 日本・米国・ドイツ》.

— *adj.* [限定的] **1** 集団の, 団体の (collective): a ～ discussion [decision]. **2** 〘文法〙 語群から成る: a ～ preposition 群前置詞 / a ～ verb 群動詞 / a ～ genitive 群属格.

— *vt.* **1** 群れにする, 集団にする, 一団にする, (ひとかたまりに)寄せ集める (cluster): ～ a family for a photograph 写真を撮るために家族の人々を並べる / The family ～*ed* themselves [were ～*ed*] *around* [*round*] the fire. 家族の人たちは火の周りに集まった. **2 a** 同じ[いくつかの]グループに集める, (系統的に)分類する (classify) 〈*together, under*〉: Languages are ～*ed* in accordance with their genealogical relations. 言語はその系統関係によって分類される. **b** (色・形などによって)調和よく配置する, 調和させる 〈*together*〉: Tulips are best ～*ed together* in the garden by color(s). 庭のチューリップは色別にまとめて植えるのが一番よい. **3** 〘電算〙 グループ化する 《図形ソフトなどで複数の要素を一括して扱えるようにする》.

— *vi.* **1** 集団[かたまり]になる, 群れを成す 〈*together*〉: The family ～*ed around* [*round*] the fire. 家族の者は火の周りに集まった. **2 a** 集団[群れ]の一部を成す. **b** 〈集まったものが〉調和が取れる, 配合ができる: The tulips ～ splendidly in the garden. 庭のチューリップの配合がすばらしい. **3** 集中命中する.

～·a·ble /-pəbḷ/ *adj.* 〖(1674) □ F *groupe* □ It. *gruppo* □ Gmc **kruppaz*: ⇨ crop〗

SYN 群れ: **group** 人・物・機関などの集合体 《一般的な語》: a *group* of boys 少年たちの一群. **herd** (同一種類で一緒に棲息して[飼われて]いる)動物の群れ; 《軽蔑》 大衆: a large *herd* of elephant(s) 象の大群 / follow the *herd* 大勢に従う. **flock** 山羊・羊・鳥などの群れ; 《口語》 群衆: a large *flock* of pigeons ハトの大群 / a *flock* of tourists 観光客の群れ. **drove** 牛・豚・羊など駆り立てられてぞろぞろ移動する群れ; [通例, 複数で] ぞろぞろ行く群衆: a *drove* of sheep 駆り立てられてぞろぞろ移動する羊の群れ / *droves* of sightseers ぞろぞろ歩く観光客の群れ. **pack** 猟犬または狼の群れ; 悪人などの一味: a *pack* of wolves 狼の群れ / a *pack* of thieves 盗賊の一味. **swarm** 昆虫(特にミツバチ)の群れ; 《通例, 軽蔑》 ぞろぞろ動く人や動物の群れ: a *swarm* of bees ミツバチの群れ / *swarms* of tourists ぞろぞろ歩く観光客の群れ. **school** 魚類・イルカ・鯨などの群れ: a *school* of whales 鯨の群れ. **bevy** 鳥(特にウズラ)の群れ; 少女・女性の群れ: a *bevy* of quails ウズラの群れ / a *bevy* of beautiful girls 美しい少女の群れ. **covey** ヤマウズラ・雷鳥などの小さな群れ: a *covey* of partriges ヤマウズラの小さな群れ. **flight** 一緒に飛んでいる鳥[飛行機]の群れ: a *flight* of wild geese 飛んでいるガンの群れ.

---

gróup annùity *n.* 〘保険〙 団体年金.

gróup càptain *n.* 〘英空軍〙 空軍大佐. 〖1919〗

gróup demodulátion *n.* 〘電子工学〙 群復調 《群変調 (group modulation) された信号を元の信号に戻すこと》.

gróup díalect *n.* 集団特有の言語 《group language ともいう》.

gróup dynámics *n.* 〘心理〙 集団力学, 社会力学 《小集団内の人間関係の動態や諸力の相互作用の研究またはその社会心理学的研究》. 〖1939〗

gróuped cólumns *n. pl.* 〘建築〙 吹寄せ柱, 群柱 《同一の柱台上に建てられた 3 本以上の柱》.

grou·per¹ /grúːpə | -pə^(r)/ *n.* (*pl.* **～s**, **～**) 〘魚類〙 **1** ハタ 《スズキ目ハタ科のうち主にマハタ属 (*Epinephelus*)・ヤスリハタ属 (*Mycteroperca*) の食用魚数種の総称; cf. groper²》. **2** カサゴ科の数種の魚類の総称 《カサゴ・メバル・アコウダイなど》: **a** ボッカチオ (*Sebastes paucispinis*) 《カリフォルニア産フサカサゴ科》. **b** マツダイ (*Lobotes surinamensis*) (tripletail) 《マツダイ科》. 〖(1687) □ Port *gar(o)upa* ← ? S-Am.-Ind.〗

group·er² /grúːpə | -pə^(r)/ *n.* 《俗》 (特に夏に)共同で別荘などを借りる独身の若者グループの一員. 〖(1966): ⇨ -er¹〗

Group·er /grúːpə | -pə^(r)/ *n.* Oxford Group movement の支持者, ブックマン主義者 (Buchmanite). 〖(1937) ← (*Oxford*) *Group*+-ER¹〗

gróup fláshing líght *n.* 〘海事〙 群閃光 《一定周期

に2回以上発光する航路標識の灯光).〘1891〙

gróup grópe *n.* 《俗》乱交パーティー.

gróup hóme *n.* グループホーム《障害者などが集まってケアを受けながら一緒に生活する家》.

group·ie /grúːpi/ *n.* 《俗》 **1 a** (特に, 10代の)ロックグループのファンの女の子. **b** 有名人のあとを追い回す10代のファン,「親衛隊」. **2**〖英空軍〗=group captain. **3** group sex をする人.〘(1943): ⇨ -ie〙

group·ing /grúːpɪŋ/ *n.* **1** 集合させる[する]こと. **2** グループ分け, 組分け; グループ (group). **3** (物の集合の)配置, 布置; (構図などの)配合, 配置, (形象の)取り合わせ.〘(1748): ⇨ -ing¹〙

gróup insùrance *n.* 《米》〖保険〗団体保険《通例医師の検診なしに, 多数の人[従業員]の集団を被保険者とする生命・年金・傷害・疾病保険》: *group* life [accident and health] *insurance* 団体生命[傷害健康]保険.

Group·ist /grúːpɪst | -pɪst/ *n.* =Grouper.

gróup lánguage *n.* =group dialect.

gróup márriage *n.*〖社会学〗群婚, 集団婚《男性の一群と女性の一群とが集団的に婚姻する形態; cf. punalua》.〘1880〙

gróup médicine *n.* =group practice.

gróup mìnd *n.*〖社会学・心理〗集団心理, 集団精神《個人と同様に集団が統一的全体としてもつ独自の精神や心》.

gróup modulátion *n.*〖電子工学〗群変調《複数個の信号を同時に共通に変調する方式》.

gróup nótes *n. pl.*〖音楽〗連音符《拍子の単位に従わない分割法による音符群》.

gróup occúlting líght *n.*〖海事〗群明暗光《一定周期に2回以上明滅する航路標識の灯光》.

group·oid /grúːpɔɪd/ *n.*〖数学〗亜群《特定の要素について積や商が定まっており, 積について結合法則が成立するような集合》.〘← GROUP＋-OID〙

gróup práctice *n.* グループ診療, 集団開業《専門の違う医師が共同で同じビル内で開業する診療形態; group medicine ともいう》.〘1942〙

gróup psychólogy *n.* 集団心理学《集団心理・群集心理を研究する社会心理学の分野》.

gróup psychothérapy *n.*〖心理〗集団心理療法《患者や来談者の集団を作って, 治療者の参加のもとに総合の討論や心理的交流によって, 精神障害・心理的問題の解決をはかる治療法》.

gróup representátion *n.*〖政治〗集団代表制《地理的区域でなく利益・事業関係に基づく職能代表制》.

gróup seléction *n.*〖保険〗団体選択 (↔ individual selection).

gróup séx *n.* 集団性行為 (cf. groupie 3).

gróup spèed *n.*〖物理〗=group velocity.

Gróup Théatre *n.* [the ～] グループシアター《米国の左翼的演劇集団 (1931–40); Elia Kazan, Lee Strasberg など米国の演劇・映画界に大きな貢献をしたメンバーが多い》.

gróup thèory *n.*〖数学〗群論.〘1898〙

gróup thérapy *n.*〖心理〗集団(心理)療法《集団心理療法を含め, さらにレクリエーションなどの集団行動を通じて行う療法》. **gróup thérapist** *n.*〘1943〙

gróup·thìnk *n.*〖倫理〗集団思考《集団の考え方, 価値観に雷同する思考(様式)》.〘1952〙

group·us·cule /grúːpəskjùːl/ *n.* (中心集団から分離した)小集団 (cf. splinter group).〘(1968) ◻ F ～ (dim.) ← *groupe* group: ⇨ -cule〙

gróup velòcity *n.*〖物理〗群速度《振幅波形の進行速度; cf. particle velocity, phase velocity》.〘1887〙

gróup·wàre *n.*〖電算〗グループウェア《LAN に効率的な作業環境を提供するソフトウェア》.

gróup wòrk *n.* グループワーク《個人の環境への適応やコミュニティー活動への参加を促進するために社会事業関係者が用いる方法や技術; cf. social work》. **～·er** *n.*〘1941〙

group·y /grúːpi/ *n.* =groupie 1.

grouse¹ /gráus/ *n.* (*pl.* ～, ～s)〖鳥類〗 **1** ライチョウ(雷鳥)《ライチョウ科の鳥類の総称; 猟鳥の王座を占めるもので, ヨーロッパではクロライチョウ (black grouse) やオオライチョウ (wood grouse), 米国ではエリマキライチョウ (ruffed grouse) やハリモミライチョウ (spruce grouse) などが主要種》. **2** 《英》アカライチョウ (red grouse).〘(1531) ← ?: cf. ME *grue* crane〙

grouse² /gráus/ 《口語》 *vi.* ぶつぶつ言う, 不平を言う〈*about, at*〉. — *n.* 不平. **gróus·er** *n.*〘(1887) ← ?: cf. grouch / OF *groucier* to murmur〙

grouse³ /gráus/ *adj.* 《豪俗》すばらしい, すごい, すてきな (excellent, wonderful).〘(1938) ?〙

gróuse shòoting *n.* 雷鳥猟《英国では毎年8月に始まる; cf. Glorious Twelfth》.〘1785〙

grout¹ /gráut/ *n.* 《英》 **1** [通例 *pl.*] かす, おり (lees, grounds). **2** 《古》 **a** あら粉, ひき割り (coarse meal); 粥(㊟). **b** [*pl.*] =groats 2. **3**〖土木〗グラウト《岩石の割れ目や石積みのすき間などに圧力で注入するセメント[モルタル]; cf. grouting 1》. **4**〖建築〗(壁・天井などの)仕上げ塗り, 上塗り. — *vt.* …にグラウトを詰める, グラウトで仕上げる; グラウトにする[のように用いる]. **～·er** /-tə | -tə^(r)/ *n.*〘OE *grūt* ← Gmc **ȝrūt-* (Du. *gruit* dregs / G *Graus*) ← IE **ghrēu-* to rub: cf. grit, groats〙

grout² /gráut/ 《英》 *vt.* 〈豚が〉〈土などを〉鼻で掘り起こす. — *vi.* 〈豚が〉鼻で掘り起こす.〘(*a*1723)《変形》← 《廃》*groot* (v.) to grub up the ground, (n.) dry earth, soil ← ?: cf. OE *grēot* 'earth, GRIT'〙

gróut·ing /-tɪŋ | -tɪŋ/ *n.* **1**〖土木〗グラウチング《セメント・ペースト・モルタルの注入》. **2**〖建築〗=grout¹ *n.* 4.〘(1793) ← GROUT¹＋-ING¹〙

grout·y /gráuṭi | -ti/ *adj.* (**grout·i·er; -i·est**) **1** 《米方言》不機嫌な, むっつりした (cross). **2** 《スコット・北英方言》 **a** どろんこの, 汚い. **b** 〈人の態度など〉粗野な, 荒っぽい.〘(1836) ← ? GROUT¹＋-Y¹〙

grove /gróuv | gráuv/ *n.* **1 a** (通例下草を取り除き散策などに適した)小森, 木立 (⇨ forest SYN): the ～(*s*) of Academe=academe 2. ★ ラテン語系形容詞: nemoral. **b** 神の森,「鎮守の森」《昔しばしばキリスト教以外で神を祭るために植樹したもの》. **2** (特に柑橘(㊟)類の)果樹園 (orchard): an orange ～. **3** (郊外の)家並や並木のある道路《Grove で通りの名称としても使用》.〘OE *grāf* ← ?: cf. OE *grǣfa* thicket〙

Grove /gróuv | gráuv/, **Sir George** *n.* グローブ (1820–1900; 英国の音楽学者; *Grove's Dictionary of Music and Musicians* (1878–89) の編者).

grov·el /grɑ́(ː)vəl, grʌ́v-, -vl | grɔ́v-, grʌ́v-/ *vi.* (**grov·eled, -elled; -el·ing, -el·ling**) **1** (卑下してまた恐怖で)はう, 腹ばう (crawl). **2** (権威などの前に)平伏する, 卑屈にふるまう; 卑下する: ～ *before* [*to*] authority 権威の前に屈服する. **3** 卑しいことにふける (wallow)〔*in*〕. ***gróvel in the dúst*** [***dirt***] 地に頭をすりつける, 平身低頭する.〘1865〙〘(1590–91)《逆成》← GROVELING (adv.): cf. sidle〙

gróv·el·er /-v(ə)lə, -vlə | -v(ə)lə^(r), -vl-/ *n.* **1** はう人. **2** おべっか使い, 卑屈な人 (sycophant). **3** 下卑た人.〘(1779–81): ⇨ ↑, -er¹〙

gróv·el·ing /-v(ə)lɪŋ, -vl-/ *adj.* **1** 腹ばいする, 匍匐(㊟)性の (develop) (prone): ～ creatures. **2** 言いなりになる, へいへいする, 卑屈な (abject, servile). **3** 下卑た, 下品な, 下等な (base, mean): a ～ nature, thought, etc. — *adv.* 《古》うつぶせになって. **～·ly** *adv.*〘(?*a*1325) *grufelinge* (adv.) on the face ← *a gruffe* on the face ◻ ON *ā grūfu*: ⇨ -ling²〙

gróv·el·ler /-v(ə)lə, -vlə | -lə^(r), -vl-/ *n.* =groveler.

gróv·el·ling /-v(ə)lɪŋ, -vl-/ *adj., adv.* =groveling.

Groves /gróuvz | gráuvz/, **Sir Charles Barnard** *n.* グローブズ (1915–92; 英国の指揮者; Welsh National Opera の音楽監督).

grov·et /grɑ́(ː)vɪt | grɔ́v-/ *n.*〖レスリング〗グロヴェット《ひざをつき片腕で相手の頭をかかえ, もう一方の腕で肩を押さえつけるホールド》.

grov·y /gróuvi | gráu-/ *adj.* (**grov·i·er; -i·est**) 小森[木立]の(ような), 小森の多い, 小森の中にある.〘(1594) ← GROVE＋-Y¹〙

grow /gróu | gráu/ *v.* (**grew** /grúː/; **grown** /gróun | gráun/) — *vi.* **1** 〈生物などが〉発育する, 成長する, 伸びる (develop); 〈草木が〉生える, 育つ, 生長する, 茂る, 産する (flourish): The olive ～*s* in Italy. オリーブはイタリアにできる / Willows ～ very well in this soil. 柳はこの土壌には非常によく育つ / My hair has ～*n*. 髪が伸びた / He *grew* two inches this year. 今年2インチ背が伸びた / The tree has ～*n to* an immense size. その木は大変な大木になった / The boy will ～ *into* a very fine man. その少年は立派な大人になるだろう / Great oaks *from* little acorns ～. 《諺》オークの大木も小さなどんぐりから. **2** 芽生える, 生じる, 発生する; 始まる, 発展する: A close friendship soon *grew* between them. 二人の間に間もなく親密な友情が芽生えた / The quarrel *grew out of* a mere conversation. そのけんかは単なる雑談から生じた. **3** (次第に)大きくなる, 増大する: ～ *in* experience 経験を増す / ～ *in* fame 名声が高まる / The number of colleges has ～*n* since the war. 大学の数が戦後増加した / Tensions were ～*ing*. (国際間の)緊張が高まりつつあった. **4** [補語を伴って] (次第に)…になる, なっていく (become, turn); [*to do* [*be*] を伴って] …するようになる (come): ～ tired 疲れてくる / ～ less 減る, 減少する / as we ～ old 年を取るにつれて / It was ～*ing* darker. だんだん辺りが暗くなってきていた / I have ～*n to* like it. それが気に入るようになった / She is ～*ing* (up) (*to be*) like her mother.=She is ～*ing to* resemble her mother. 彼女は母親に似てきている / The sound *grew to* a shriek. その音はだんだん悲鳴に変わった / The wind *grew into* a storm. 風は嵐になった. **5**〖海事〗〈錨鎖(㊟)など〉が(ある方向に)伸びる (tend).

— *vt.* **1** 育てる, 栽培する (cultivate): ～ apples, rice, roses, etc. / Grapes are ～*n* in the district. その地方はブドウの産地だ. **2** 生(㊟)やす, 伸ばす: ～ a beard ひげを生やす / ～ one's hair long 髪を長く伸ばす. **3** (心の中に)発達させる, 養う (develop, increase): We must ～ our profits if we want to expand. 拡張したければ利益を上げなければならない. **4** [p.p. 形で]〔草木で〕覆う (cover)〈*about, over, up*〉〔*with*〕: The land is well ～*n with* trees. その土地は木がよく茂っている / The stone was ～*n about* [*over*] *with* grass. その石は草に囲まれた.

grów apáce 《古》急に広まる[増える]. ***grów apárt*** (1) 〈人が〉(考え方などで)離れる, ばらばらになる. (2) 違う方向に伸びる, ばらばらに育つ. ***grów awáy*** (1) (よく)成長する. (2)〔習慣などから〕抜け出す,〔親・兄弟・仲間などと〕疎遠になる〔*from*〕. ***grów báck*** 成長して元通りになる. ***grów dówn*** (1) 下の方へ伸びる. (2) 短くなる. ***grów dównward*** 下の方に生長する[伸びる]; 減少する (diminish). ***grów ín*** 元の所に生える; 内側に向かって伸びる. ***grów ínto*** (1) 成長して…になる (cf. *vi.* 1). (2) (次第に変化して)…になる (cf. *vi.* 4). (3) 成長して…を着られる[つけられる]ようになる; 〈職業などが〉立派にできるようになる, …に熟練する: He *grew into* his father's suits. 彼は父の服が着られるほどに大きくなった / The boy will soon ～ *into* the job. その少年はじきにその仕事がよくできるようになろう[その仕事に熟練するだろう]. ***grów on*** [***upòn***] 《口語》 (1) 次第に…を支配するようになる, …にだんだん大きく影響してくる: a habit that rapidly *grew on* him どんどんつのってきた習慣 / The business was ～*ing upon* my hands. 事業はだんだん私の手に負えなくなってきていた. (2) …にとってだんだんよいと思われてくる, に価値がわかってくる: His style will soon ～ *on* you though you may not like it at first. 彼の文体は初めは気に入らなくても, そのうちに君もよいと思うようになるだろう. ***grów óut*** (1) 芽を出す, 芽生える (sprout). (2) 〈動物などを〉十分に成長させる. ***grów óut of*** (1) …から生じる (cf. *vi.* 2): Does crime ～ *out of* poverty? 犯罪は貧困から生まれるものか. (2) 成長して〈悪癖など〉から抜け出す, 大きくなって…が直る: He will ～ *out of* the bad habit in time. そのうちに悪い癖が直るだろう. (3) 成長して…が着られなくなる[…を失う] (outgrow): ～ *out of* one's clothes [shoes] 成長して服[靴]が合わなくなる / ～ *out of* all recognition 見違えるほど成長する. ***grów togéther*** (1) 〈つたなどが〉伸びて一つになる. (2) 〈傷が〉癒合(㊟)する. (3) 〈人が〉親密になる. ***grów úp*** (*vi.*) (1) 〈人・動物が〉成長する, 大人になる (cf. grown-up); 大きくなって…になる〔*into*〕; [主に命令文で] 大人らしくふるまう[考える]: ～ *up to* adulthood 成人する / *Grow up!* (2) 〈植物が〉地中から現れる, 発芽する, 上に伸びる (spring up). (3) 〈友情などが〉芽生える, 〈習慣などが〉生じる, 〈事態などが〉発生する, 〈産業などが〉発達してくる: An alarming situation is ～*ing up* here. 憂慮すべき事態がここに発生しつつある.

〘OE *grōwan* to grow (of plants) ← Gmc **ȝro-* (Du. *groeien* / ON *grōa* to grow, grow green) ← IE **ghrē-* to grow, become green: cf. grass, green〙

grow·a·ble /gróuəbl | gráu-/ *adj.* 成育[生長]させることができる, 栽培できる.〘(1881): ⇨ ↑, -able〙

grów·bàg, grówing bàg *n.* グロー(イング)バッグ《バルコニーなどでトマト・ピーマン・ズッキーニなどを育てるための培養土入りの大きなビニール袋; cf. Gro-bag》.

grow·er /gróuə | gráuə^(r)/ *n.* **1** [修飾語を伴って] …に育つ植物 (cf. bearer 3, fruiter 3, flowerer 1): a free [rapid, shy, rank] ～ 自由に[早く, のろのろ, はびこって]育つ植物 / a slow ～ 晩生植物 / a fast [quick] ～ 早生植物. **2** (市場に出す花・果物・野菜類の)栽培者, 培養者, 作る人: a fruit ～ 果物栽培者 / a well-known ～ of roses 有名なバラ作り.〘(1449): ⇨ -er¹〙

grów·ing *n.* 成長, 生長, 発育 (growth); 栽培. — *adj.* **1** 成長[生長]している, 生えている; 生きている, 生き生きしている: ～ trees 生えている樹木 / ～ crops 生えている作物, 立毛(㊟). **2** 発育期にある, 発育盛りの: a ～ child. **3** 増大しつつある: ～ discontent, anxiety, prosperity, etc. **4** 成育に適した[を促す]: a ～ season (*for* …) (植物・穀物の)生育期 / ～ weather 穀物などの生長を促す天候. **～·ly** *adv.*〘OE *growende*: ⇨ -ing¹·²〙

grówing páins *n. pl.* **1 a** 成長痛《少年から青年への成長期の手足の痛み》. **b** 思春期の情緒的障害[困難]. **2** (新計画・新発展に伴う)初期の困難, 生みの苦しみ.〘1810〙

grówing póint *n.* **1**〖植物〗生長点. **2** (物事の)発達[成長]の原点[出発点], 成長点〔*of, in*〕.〘1835〙

growl /grául/ *vi.* **1** 〈犬などが〉(怒って)うなる, いがむ: The dog ～*ed at* me. 犬は私に向かってうなった. **2** がみがみ言う, ぶつぶつ不平を鳴らす (grumble). **3** 〈雷・大砲・胃などが〉ごろごろ鳴る (rumble): Thunder ～*ed* in the distance. 遠方で雷がとどろいた. — *vt.* 怒った声で言う, がみがみ声で言う〈*out*〉: He ～*ed* (*out*) his disapproval. 「いかん」とどなった. — *n.* **1 a** うなること[声]. **b** がみがみ[ぶつぶつ]言うこと[声]. **c** (雷などの)ごろごろいうこと[音]. **2**〖ジャズ〗(トランペットなどの)うなるような音(を出す奏法).〘(*a*1425)《擬音語》? ME *grollen* to rumble ◻ ? OF *grouller* to grumble: cf. G *grollen* to grumble〙

grówl·er /-lə | -lə^(r)/ *n.* **1 a** うなる人[もの], がみがみ屋. **b** 《方言・俗》犬. **2** 《英俗・廃》(昔の)四輪辻馬車 (four-wheeled cab). **3** 《米俗》 **a** (もと)量り売りのビールの入れ物《缶・水差しなど》. **b** 1 ケッグ (keg) 分のビール (¹/₈ バレル (barrel) に相当). **4** 《カナダ》氷岩; (船舶に危険を及ぼすほどの大きさの)小氷山, 浮氷の塊. **5**〖電気〗グラウラー《短絡(㊟)用電機子を試験するための一種の変圧器》.〘(1753): ⇨ ↑, -er¹〙

growl·er·y /gráuləri/ *n.* 《戯言》(不機嫌な顔をしていても構わない)私室.〘(1830) ← GROWL＋-ERY: Dickens, *Bleak House* での用法から〙

grówl·ing /-lɪŋ/ *adj.* うなっている; がみがみ言う; ごろごろ鳴る: in a ～ voice がみがみ声で. **～·ly** *adv.*〘(1705): ⇨ -ing²〙

growl·y /gráuli/ *adj.* (**growl·i·er; -i·est**) うなるような: in a ～ voice. **grówl·i·ness** *n.*〘(1920): ⇨ -y¹〙

Grow·more /gróumɔə | gráumɔː^(r)/ *n.*〖商標〗グローモア《規格化された多目的の菜園用生長促進肥料; 通例窒素・リン酸・カリを同量含む》.

grown /gróun | gráun/ *v.* grow の過去分詞. — *adj.* **1 a** 成長した, 成育した (matured): a ～ boy 大きくなった少年 / a well-[an ill-]*grown* tree 成育のよい[悪い]木. **b** 成熟した, 大人の (adult): a ～ man 成人, 大人. **2** [複合語の第2構成素として] **a** …栽培[製造]の: home-*grown* 家庭[自家]栽培[製造]の. **b** …の生い茂った: a rush-*grown* stream 藺(㊟)の生い茂った小川.〘OE *grōwen* (p.p.)〙

grown-up¹ /gróunʌ̀p | gráun-/ *n.* 成長した人, 成人, 大人 (adult).〘*a*1393〙

grown-up² /gróunʌ́p | gráun-⁻/ *adj.* **1** 成熟した, 成人した, 大人になった. **2** 大人らしい, 大人に適した, 成人向きの.〘1633〙

growth /gróuθ | gráuθ/ *n.* **1 a** 発展, 進展 (progress): the ～ of democracy, the economy, industry,

G

etc. **b** 増加, 増大 (increase); 拡張, 伸長 (expansion): the ~ of cancer, population, etc. / a ~ *in* fame, skill, etc. **c** (精神的・教養的)成熟, 陶冶(とうや). **d** 成長, 生長, 成育, 発育, 発達 (development); 成長段階: *Growth* is rapid in infancy. 幼児期には成長が早い / The tree has reached [attained] its full ~. その木は完全に生長している. **e** 進化 (evolution): the ~ and decay of languages. **2** 栽培 (cultivation); 製作 (production), 産出, …産: the ~ *of* fruit 果実の栽培 / apples of home [foreign] ~ 国[外国]産のりんご / roses of one's own ~ 自分で栽培した[自作の]バラ. ★ 2 の意味では普通 growing を用いる. **3 a** 生えているもの. **b** 草木 (vegetation), 茂み, 植物 (plant): a ~ of weeds 雑草の茂み, 草むら / the dense ~ of the tropics 熱帯地方の樹木の繁茂. **c** 枝, 側枝. **d** (爪・髪・ひげなどの)身体に生えたもの: a three-days' ~ of beard 3 日間伸ばしたままのあごひげ. **4** 成長[発達]する[した]もの. **5** 〖病理〗(細胞や組織の)増殖(物), 腫瘍(しゅよう): a malignant ~ 悪性腫瘍 / a cancerous ~ 癌腫(がんしゅ) / a new ~=newgrowth. **6** 〖経済〗(経済)成長: economic ~ 経済成長. **7** =cru. **—** *adj.* [限定的]〈株・産業など〉成長の; 成長している: Language-teachig is a ~ area nowadays. 言語教育は今日ではどんどん伸びている分野である / The ~ rate of our economy is still high. わが経済の成長率は依然高い. 〚(1557) ← GROW+-TH²〛

grówth còmpany *n.* 〖経済〗成長企業 (平均的水準よりも高率で成長する企業; cf. growth stock). 〚1959〛

grówth fàctor *n.* 〖生化学〗生長因子 (比較的微量で生物の生長を促す物質; ホルモン・ビタミン・抗生物質など). 〚1926〛

grówth hòrmone *n.* 〖生化学〗生長[成長]ホルモン (auxin, heteroauxin, somatotropin など). 〚1924〛

grówth hòrmone-reléasing fàctor *n.* 〖生化学〗成長ホルモン放出因子.

grówth ìndustry *n.* 〖経済〗成長産業 (一般水準に比し高速度で成長し経済成長の主導力となる産業). 〚1957〛

grówth règulator *n.* 〖生化学〗生長調節[調整]物質 (微量で生長に影響を与える物質, 特に自然の生長ホルモン類似の効果をもつ合成物質). 〚1936〛

grówth retàrdant *n.* 〖農業〗生長抑制剤 (花や果樹などの草丈(くさたけ)の伸び過ぎを抑える化学薬品).

grówth rìng *n.* 〖植物〗年輪 (annual ring, year ring ともいう). 〚1907〛

grówth shàres *n. pl.* 《英》〖証券〗=growth stock.

grówth stòck *n.* 〖証券〗成長株 (収益の伸び率が大きく, 将来有望な企業の株式). 〚1957〛

groyne /grɔ́ɪn/ 《米》〖土木〗*n.* =groin 4. **—** *vt.* =groin. 〚変形〛

gróz·ing ìron /gróuzɪŋ- | gráuz-/ *n.* **1** (鉛管工事で, はんだづけした部分に使う)仕上げ用のこて. **2** 《古》鋼鉄製のガラス切り. 〚(1688) 《部分訳》← Du. *gruisijzer* ← *gruizen*, 《方言》*groezen* to crush (← *gruis* gravel) + *yzer* iron〛

Groz·ny /grɑ́(:)zni, grɔ́(:)z-, gróuz- | grɔ́z-; *Russ.* gróznɪj/ *n.* グロズヌイ (ロシア南部, 北 Caucasus 地方に位置する Chechen 共和国の首都; Grozny 油田の中心).

Grp 《略》Group.

GRP 《略》glass-reinforced plastic.

grs 《略》grains; grandson.

GR-S /dʒíːàəés | -ɑ́:(r)-/ *n.* 〖化学〗ジーアールエス (ブタジエン (butadiene) とスチレン (styrene) の共重合によってできる人造ゴム). 〚← *G*(*overnment*) *R*(*ubber*)+*S*(*tyrene*)〛

GRT 《略》gross registered tonnage [tons].

gr.t.m. 《略》gross ton mile.

GRU 《略》*Russ.* Glavnoye Razvedyvatelnoye Upravlenie (ソ連の)国防省参謀本部諜報部 (cf. KGB).

grub /grʌ́b/ *v.* (**grubbed; grub·bing**) **—** *vt.* **1** 掘る, 掘り起こす, 掘り取る 〈*up, out*〉: ~ the roots of a tree / ~ bushes. **2** 〈土の表面を〉掘り返す; 〈土地を〉掘り返して木の根などを除く: ~ the ground / ~ an old plantation. **3** (記録・書物などから)骨折って捜し出す 〈*out, up*〉: ~ (*out*) one's family history 自分の家系を突き止める. **4** 《俗》…に食べ物を与える (feed). **5** 《米俗》〈物を〉巻き上げる, せしめる: ~ a cigarette *off* [*from*] a person. **—** *vi.* **1** 地面を掘る[掘り返す]; (木の根を掘って)地面を開く. **2** 掘って[掘るようにして]捜す; 熱心に捜し求める, 熱心に研究する 〔*for*〕: ~ *about* [*around*] among records 記録をあさる. **3** あくせく働く 〈*on, along, away*〉: ~ *for* a living. **4** 《俗》食べる.
— *n.* **1** 昆虫(特に甲虫)の幼虫, 地虫, うじ (cf. larva 1). **2** 《口語》食べ物 (food): lovely ~ おいしい食べ物, ごちそう. **3** 《古》**a** 薄汚くだらしない人, 無精な人; 《英口語》汚らしい子供. **b** 猛勉強家, 嫌な仕事をこつこつやる人; 三文文士 (literary hack). **4** (開墾地に残された)根株. **5** 〖クリケット〗グラブ (地面をはうように投げられた球).
Grúb's úp! 《口語》食事ですよ, 食事の用意ができました. 〚1957〛
〚(*a*1325) *grubbe*(*n*) to dig < OE **grybban*, **gribban* ← Gmc **ʒruƀ*(*ƀ*)*jan* (G *grübeln* to grub, rake) ← IE **ghrebh-* to dig: cf. grave³〛

grúb àx *n.* 木の根掘り用つるはし. 〚cf. grubbing axe (1585)〛

grúb bèam *n.* 〖造船〗グラブビーム (木船の円形船尾の一部を形成して湾曲させた木製ビーム).

grúb·ber *n.* **1 a** 木の根株を掘る人. **b** =grub hoe. **c** =grub ax. **2 a** こつこつ働く人, 勉強家. **b** けちけち金をためこむ人, 蓄財家. 〚(*c*1386): ⇨ grub, -er¹〛

grúb·bing hòe *n.* =grub hoe.

grub·by /grʌ́bi/ *adj.* (**grub·bi·er; -bi·est**) **1** 汚い, 汚れた (dirty, unclean); だらしがない, 無精な (slovenly). **2** 〈性格など〉下等[下劣]な, 卑しい. **3** うじのわいた, 地虫がたかった. **grúb·bi·ly** /-bɨ̀li/ *adv.* **grúb·bi·ness** *n.* 〚(1611) ← GRUB+-Y⁴〛

Gru·be·ro·va /grúːbəròuvə | -rəu-/, **Edita** *n.* グルベローバ (1946– ; スロバキア生まれのオーストリアのソプラノ歌手).

grúb hòe *n.* 根株を掘るくわ, 根掘りくわ (grubber ともいう). 〚cf. grubbing hoe (1891)〛

grúb hòok *n.* (鋤(すき)に似た)根株抜き鋤型(すきがた)かま. 〚cf. grubbing hook (1603)〛

grúb-kìck *vt., n.* 〖ラグビー〗グラバーキック(をする) (ボールが地面を転がるように蹴る). 〚1951〛

grúb sàw *n.* 石切り鋸(のこ).

grúb scrèw *n.* 〖機械〗止めねじ (頭部がなく, 上端部の六角穴などのくぼみにねじ回しを差し込んで締めつける). 〚1903〛

grúb·stàke 《米・カナダ》*n.* **1 a** (利益の分け前を受ける条件で探鉱者に与える)物質的援助 (資金・食料その他の必要品). **b** (同上により出資者の受ける)利益の分け前. **2** (新企業や困った人に与えられる)物質的援助 (前貸しなど). **—** *vt.* 《口語》**1** 〈人〉に物質的援助を与える (cf. *n.*1 a, 2). **2** 《米・カナダ》(ギャンブルで)元手を与える. **—** *vi.* 利益の分け前を受ける (cf. *n.* 1 b). 〚(1863) ← GRUB (n. 2)+STAKE¹〛 **grúb·stàker** *n.*

grub·street, G- /grʌ́bstrìːt/ *n.* =Grub Street 2. **—** *adj.* [限定的] 三文文士の; (三文文士の作品のように)低級な: a ~ hack 三文文士 / ~ books. 〚(1648) ↓〛

Grúb Strèet /grʌ́b-/ *n.* **1** グラブ街 (London の旧町名; もと三文文士連が住んでいた). **2** [集合的] 三文文士連. 〚(1630) ← *Grubbe* (人名) // GRUB (n. 3 b)〛

grúb wòrm *n.* 地虫 (grub).

grudge /grʌ́dʒ/ *n.* 恨み, 遺恨, 怨念(おんねん) (⇨ malice SYN); 恨みの種: bear a person a ~=bear [have, 《米》hold] a ~ *against* a person 人に恨みを抱く / harbor [nurse] a ~ 恨みを抱く / work [pay] off a ~ 恨み[意趣]を晴らす. **—** *vt.* [しばしば二重目的語を伴って] **1** 〈人〉に〈物を〉与えるのを喜ばない, 与えたがらない, 許すのを嫌がる, 出ししぶる, 惜しむ; しぶしぶ与える[出す, 許す]: ~ a person everything [nothing] 人に何も与えたがらない[何でも惜しまずに与える] / The miser ~*d* his dog its food. そのけちんぼうは犬に食べ物をしぶしぶ与えた / ~ the time 時間を惜しむ / I ~ going. 行きたくない / I ~ his going. 彼を行かせたくない. **2** 〈他人〉の〈所有・幸運などを〉うらやむ, そねむ, ねたむ (envy): I ~*d* such a stupid fellow his fine house and pictures. あんなばかな男にあんな立派な家や絵を持たせるのはしゃくだった / No one can ~ success *to* such a worthy man. あんな立派な人が成功するのをねたむ者はいない. **—** *vi.* 不満を感じる, 不平を言う (complain, grumble).
grúdge a thóught 《古》ねたむ (cf. Shak., *1 Hen VI* 3. 1. 175).
~·less *adj.* 〚(?*a*1200) 《変形》← ME *gruche*(*n*) □ OF *grouchier, groucier* to murmur, grumble ← ? Gmc (Frank.) **ʒrunnatjan* (MHG *grunzen* to grunt) ← IE **gru-* 'to GRUNT': cf. grouch〛

grúdge fight [màtch] *n.* 個人的恨みからの争い, 因縁の対決, 遺恨試合. 〚1927〛

grúdg·er *n.* 悪意[恨み]を持つ人; 惜しむ人; そねむ人. 〚(?*a*1200): ⇨ ↑, -er¹〛

grudg·ing /grʌ́dʒɪŋ/ *adj.* **1** 物惜しみする, けちな (niggardly): be ~ *of* money 金にけちけちする. **2** いやいやの, 不承不承の (reluctant): a ~ acknowledgment, praise, expression of gratitude, etc. **~·ly** *adv.* 〚(?*a*1200): ⇨ grudge, -ing²〛

grue /grúː/ *n.* 《スコット》恐怖の身震い. **—** *vi.* **1** 身震いする. **2** 恐怖を感じる. 〚(*a*1325): cf. G *grauen*, Du. *gruwen*, Da. *grue*〛

gru·el /grúːəl | grúːəl, grúəl/ *n.* **1** 薄い粥(かゆ), (特に)オートミール粥 (穀類を牛乳または水で煮た流動食; 主に病人用; cf. porridge). **2** 《英古》罰 (punishment); 死 (death): give a person his ~ 人をひどく罰する; やっつける; 殺す / have [get, take] one's ~ 厳しい罰を受ける; やっつけられる; 殺される. **—** *vt.* (**gru·elled; -el·ling**) 《英》ひどく罰する, やっつける; 殺す. 〚(1209) □ OF ~ (F *gruau*) (dim.) ← Frank. **grūt* meal ← Gmc **ʒrut-*: ⇨ -el¹: cf. groats, grout¹〛

gru·el·ing /grúːlɪŋ | grúːəl-, grúəl-/ (*also* **gru·el·ling** /~/) *adj.* へとへとに疲れさせる (exhausting); 厳しい要求をする, ひどい目にあわせる, 激しい (severe). **—** *n.* 《英古》罰; こっぴどい仕打ち, ひどい目. **~·ly** *adv.* 〚(1852): ⇨ ↑, -ing²〛

grue·some /grúːsəm/ *adj.* ぞっとするような, 身の毛もよだつような, ものすごい, 気味の悪い (⇨ ghastly SYN): a ~ story. **~·ly** *adv.* **~·ness** *n.* 〚(1570) ← 《廃・方言》*grue* to shudder (□ ? MDu. *grūwen* to abhor)+-SOME¹: cf. G *grausam* horrible〛

gruff /grʌ́f/ *adj.* (~·**er**; ~·**est**) **1** 〈人・態度など〉荒々しい, 粗暴な, 粗野な, つっけんどんな (⇨ blunt SYN). **2** どら声の, しわがれた: in a ~ voice. **3** 《スコット》目の粗い, 木目の粗い. **—** *vt.* どら声[荒々しい態度]で言う. **~·ly** *adv.* **~·ness** *n.* 〚(1533) *grof* coarse, rough (of stones) □ Du. < (WGmc) **ʒaχruƀa* (G *grob*) ← **ʒa-* 'Y-'+**χruƀ-* 'ROUGH'〛

grúff·ish /-fɪʃ/ *adj.* 多少粗暴な, ややぶっきらぼうな; 幾分どら声の. 〚(1812): ⇨ ↑, -ish¹〛

gruff·y /grʌ́fi/ *adj.* (**gruff·i·er; -i·est**) =gruff.

gru·gru /grúːgrùː/ *n.* **1** 〖植物〗熱帯アメリカ産ヤシ科オニトゲココヤシ属の植物の総称 (西インド諸島産 *Acrocomia aculeata*, ブラジル産 *A. sclerocarpa* など; 羽状葉で幹にとげがある; grugru palm ともいう). **2** 〖昆虫〗シュロ・ヤシ・サトウキビなどの木髄を害する *Rhyncophorus* 属のヤシオオゾウムシの類の幼虫 (grugru grub, grugru worm ともいう). 〚(1796) □ Sp. *grugrú* ← ? Caribbean〛

gru·i·form /grúːəfɔ̀ːm | -ɨ̀fɔ̀ːm/ *adj.* 〖鳥類〗ツル目の. 〚(1875) ← L *grui-* crane+-FORM〛

Gru·i·for·mes /grùːəfɔ́ːmiːz | grùːɨ̀fɔ̀ː-/ *n. pl.* 〖鳥類〗ツル目. 〚← NL ~: ⇨ Grus, -form〛

grum /grʌ́m/ *adj.* (**grum·mer; grum·mest**) 《まれ》〈人の顔が〉むっつりした, 不機嫌な (morose, surly): a ~ face. **~·ly** *adv.* **~·ness** *n.* 〚(1640) 《混成》← GR(IM)+(GL)UM: cf. Dan. *grum* furious〛

grum·ble /grʌ́mbl̩/ *vi.* **1** 不満らしくつぶやく, ぶつぶつ言う, 不平をこぼす 〔*at, over, about*〕: ~ *about* one's food 食べ物の不平を言う / The old man ~*d at* his wife, muttering something. 老人は何かつぶやいて妻に不平を言った / He is always *grumbling*. いつもぶつぶつ言っている. **2** 小声でうなる. **3** 〈遠雷・荷車などが〉ごろごろ[がたごと]鳴る, 低くとどろく: Thunder was *grumbling* in the distance. 雷が遠くでごろごろ鳴っていた. **—** *vt.* 不平声で[不平がましく]言う 〈*out*〉: ~ one's complaints ぶつぶつと不平を言う. **—** *n.* **1** (ぶつぶつ言う)不平, 苦情; 不平の種[理由]. **2** (雷などの)ごろごろ鳴る音, とどろき. 〚(*a*1586) (freq.) ← ME *grumme*(*n*) □ MDu. *grommen* 《擬音語》← Gmc **ʒrum-* ← IE **ghrem-* angry: ⇨ -le³: cf. OE *grymman* to mourn / F *grommeler* to mutter / G *grummeln* to rumble〛

grúm·bler /-blə, -blə | -blə^(r), -bl-/ *n.* ぶつぶつ言う人, 不平家. 〚(1633): ⇨ ↑, -er¹〛

Grum·ble·to·ni·an /grʌ̀mbl̩tóuniən | -tə́u-/ *n.* **1** 不平党員 (17 世紀末英国で Court Party に反対した Country Party の党員のあだ名). **2** [g-] 不平家 (grumbler). 〚(1690) ← GRUMBLE+-*tonian*: *Miltonian, Hamiltonian* にならった造語〛

grúm·bling /-blɪŋ, -bl̩ɪŋ/ *n.* ぶつぶつ言うこと, 不平(を言うこと); ごろごろ[がたごと]鳴る音. **—** *adj.* ぶつぶつ言う, 不平を鳴らす, 小言を言う; ごろごろ[がたごと]鳴る. **~·ly** *adv.* 〚(1590–91) ← GRUMBLE+-ING^{1, 2}〛

grúmbling appéndix *n.* 《口語》(軽い)慢性虫垂炎, 時々痛む虫垂[盲腸]. 〚1935〛

grum·bly /grʌ́mbli, -bl̩i/ *adj.* (**grum·bli·er; -bli·est**) ぶつぶつ言う, 不平を鳴らす. 〚(1858) ← GRUMBLE n.+-Y⁴〛

grume /grúːm/ *n.* 《まれ》(血液などの)粘塊 (viscid fluid); (特に)血塊, 凝血 (clot). 〚(1555) □ F 《廃》*grume* (F *grumeau*) knot, bunch < L *grūmus* little heap of earth〛

Gru·mi·aux /grùːmióu | -miə́u; *F.* gʁymjo/, **Arthur** *n.* グリュミオー (1922–86; ベルギーのバイオリン奏者).

grum·met /grʌ́mɨ̀t/ *n.* =grommet.

gru·mose /grúːmous | -məus/ *adj.* 〖植物〗〈根が〉集団顆粒(かりゅう)から成る. 〚(1753) ← GRUME+-OSE¹〛

gru·mous /grúːməs/ *adj.* 血塊[凝血]のような, 〈血が〉凝固した (clotted). 〚(1665) ← NL **grūmōsus*: ⇨ -ous〛

grump /grʌ́mp/ 《口語》*n.* **1** [しばしば *pl.*] 不機嫌. **2** むっつりした人, 気難しい人, 不平家. **—** *vi.* ぶつぶつ文句をいう, 不平を言う. **—** *vt.* ぶつぶつ言う. 〚(1727) cf. grumble, grunt〛

grúmp·ish /-pɪʃ/ *adj.* =grumpy. **~·ly** *adv.* **~·ness** *n.* 〚1797〛

grump·y /grʌ́mpi/ *adj.* (**grump·i·er; -i·est**) むっつりした, 気難しい, 無愛想な (surly), 不機嫌な, 意地の悪い. **grúmp·i·ly** /-pɨ̀li/ *adv.* **grúmp·i·ness** *n.* 〚(1778): ⇨ -y⁴〛

Grun·dy /grʌ́ndi/, **Mrs.** *n.* 世間の口, 世間, 因襲的な上品ぶった人: What will *Mrs.* ~ say [think]? 世間は何と言う[思う]だろう / Many are afraid of God, and more of *Mrs.* ~. 神を恐れる者は多いが世間を恐れる者の方がなお多い / I have not the smallest regard for the ~ tribe. グランディのやからにはいささかの関心も持たない (世間の口など少しも気にかけない). **Grún·dy·ist** /-dìɪst | -ɪst/ *n.* **Grún·dy·ite** /-diàɪt/ *n.* 〚(1798) Thomas Morton (1764?–1838) の喜劇 *Speed the Plough* (1798) 中の人物 Dame Ashfield が 'What will Mrs. Grundy say?' と言って, いちいちその隣人 Mrs. Grundy の思惑を恐れたことから〛

Grún·dy·ìsm /-dìɪzm̩/ *n.* 過度の因襲尊重, 世間体を気にすること. 〚(1836): ⇨ ↑, -ism〛

Grü·ne·wald /grúːnəwɔ̀ːld, -vɑ̀ːlt | -vælt; G. gʁýːnəvàlt/, **Matthias** *n.* グリューネワルト (1470?–1528; ドイツの画家; 本名 Mathis Neithardt-Gothardt /mátis náɪthaʁt góthaʁt/).

grunge /grʌ́ndʒ/ *n.* **1** 《口語》(ごみ・汚れなど)汚いもの, 見苦しいもの; だらしない人, 嫌なやつ; おそまつなもの, ひどいこと. **2** 〖音楽〗グランジ(ロック) (1980 年代後半に米国 Seattle などから広まったロック; ひずんでノイジーなギター音を前面に出した荒々しいサウンドが特徴). **3** グランジファッション (破れたり, よれよれのシャツなどを着るファッションで, グランジロックのミュージシャンの服装から生まれた). 〚(1965) 《米俗》↓〛

grun·gy /grʌ́ndʒi/ *adj.* (**grun·gi·er; -gi·est**) 《米口語》悪い, 劣った, 見苦しい, 不潔な. 〚(1965) 《混成》← GRU(BBY)+(DI)NGY ?〛

grun·ion /grʌ́njən/ *n.* (*pl.* ~, ~**s**) 〖魚類〗グルニオン (*Leuresthes tenuis*) (トウゴロウイワシ科の魚の一種; 米国 California 州南部沿岸産で, 大潮に大群で来遊し砂浜に産卵することで有名). 〚(1917) □ ? Sp. *gruñón* grunter〛

grunt /grʌ́nt/ *vi.* **1** 〈豚などが〉ぶーぶー言う. **2 a** (豚のように)ぶーぶー言う. **b** ぶーぶー不平を言う. **—** *vt.* うな

るように言う ⟨*out*⟩. **—** *n.* **1** (人・豚などの)ぶーぶー言う声; ぶーぶー言う不平. **2** 〖魚類〗イサキ科の魚類の総称 (陸にあげたときぶーぶー音を立てることから). **3 a** 《米軍俗》(特にベトナム戦争時代の米陸軍海兵隊の)歩兵 (foot soldier). **b** 未熟練工, 単純作業労働者. 〖OE *grunnettan* (freq.) ← *grunian* to grunt ← Gmc **ʒrun-* (G *grunzen*) ← IE **gru-* to grunt (L *grunnire*)〗

grúnt·er /-tə | -tə^(r)/ *n.* **1** ぶーぶー[ぐーぐー]いう動物[人], 不平家; (特に)豚 (hog). **2** 〖魚類〗 **a** =grunt 2. **b** =drum[1] 9. **3** 《豪俗》だれとでも寝る女性, 尻軽女. 〖(1440): ⇨ ↑, -er[1]〗

grúnt·ing /-tɪŋ | -tɪŋ/ *n.*, *adj.* ぶーぶー言う(こと). **~·ly** *adv.* 〖(1567): ⇨ -ing[1,2]〗

grun·tle /grʌ́ntḷ | -tl/ *vi.* 《英方言》ぶーぶー言う (grunt). **—** *vt.* 《口語》喜ばせる (please), 満足させる (satisfy). 〖(*c*1400): ⇨ grunt, -le[3]〗

grún·tled *adj.* 《口語》満足した, 喜んでいる. 〖(1938) 《逆成》← DISGRUNTLED〗

grunt·ling /grʌ́ntlɪŋ/ *n.* 子豚. 〖(1686) ← GRUNT+-LING[1]〗

grúnt wòrk *n.* 《米俗》単調でつまらない仕事.

grup·pet·to /grupéṭou | -təu; *It.* gruppétto/ *n.* (*pl.* **-pet·ti**) 〖音楽〗ターン, 回音 (turn *n.* 17). 〖(1842) □ It. ~ (dim.) ← *gruppo* turn〗

Grus /grʌ́s, grúːs/ *n.* 〖天文〗つる(鶴)座 (南天の星座; the Crane ともいう). 〖← NL ~ ← L *grūs* crane〗

grutten *v.* greet[2] の過去分詞. 〖(19C) 《変形》← ME *greten*〗

Gru·yère cheese, g- /gruːjɛ́ə-ˊ-, gri- | grúːjɛə-, -jə-; *F.* gʁyjɛːʁ/ *n.* グリュイエール(チーズ) (スイス La Gruyère 地方および東部フランス産の淡黄色で孔の多いチーズ; 単に Gruyère ともいう). 〖1775〗

Gru·zi·ya /*Russ.* grúzʲijə/ *n.* グルジヤ (Georgia[3] のロシア語名).

gr. wt. 《略》gross weight.

gryke /gráɪk/ *n.* =grike.

gryl·lid /grílɪ̣d | -lɪd/ *n.* 〖昆虫〗コオロギ科の昆虫. 〖↓〗

Gryl·li·dae /grílədìː | -lɪ-/ *n. pl.* 〖昆虫〗(直翅目)コオロギ科. 〖← NL ~ ← NL *Gryllus* (属名: ← L *gryllus* cricket □ Gk *grúllos* Egyptian dance (performer), comic figure)+-IDAE〗

gryph·on /grífən/ *n.* =griffin[1].

grys·bok /gréɪsbɑ̀(ː)k, gráɪs- | gráɪsbɔ̀k/ *n.* (*pl.* ~, **~s**) 〖動物〗グリスボック (*Raphicerus melanotis*) (アフリカ南東部産の脚が細長く背が褐色の小形のレイヨウ). 〖(1786) □ Afrik. ~ ← Du. *grijs* gray+*bok* 'BUCK[1]'〗

gs 《略》grandson.

Gs 《略》gigasecond(s); gauss.

GS 《略》General Secretary; General Service; General Staff; Geographical Survey; Geological Survey; Girl Scouts; Gold Standard; Grammar School.

GS 《記号》〖貨幣〗Guinea sily(s).

G$ 《記号》〖貨幣〗Guyana dollar(s).

gs. 《略》guineas.

g.s. 《略》grandson; 〖航空〗ground speed.

GSA 《略》《米》General Services Administration; Girl Scouts of America.

GSC 《略》General Staff Corps.

G-séven, G7 /dʒíː-/ *n.* [the ~] 先進 7 か国蔵相会議 (サミットと並行して開かれるカナダ・フランス・イタリア・日本・英国・米国・ドイツの蔵相による会議).

gsm 《略》grams per square meter.

GSM 《略》Global System [Standard] for Mobile Communication 汎ヨーロッパデジタル移動通信システム (ヨーロッパを中心に使われているデジタル携帯電話方式).

GSO 《略》〖軍事〗General Staff Officer 参謀本部将校, 一般幕僚.

GSOH 《略》good sense of humor (個人広告で用いる).

Ǵ-spòt *n.* 〖医学〗=Gräfenberg spot. 〖1982〗

GSR 《略》〖生理〗galvanic skin response. 〖1927〗

GST 《略》Greenwich sidereal time.

Gstaad /gəʃtáːd, -stáːd; *G.* kʃtáːt/ *n.* クシュタート (高級スキーリゾートとして知られるスイス南西部の町).

G-string /dʒíː-/ *n.* **1** 〖通例 G string〗〖音楽〗ジー線, ゲー線 (バイオリンの最低音線). **2 a** (未開人などの着ける)ふんどし (breechcloth). **b** (ストリッパーなどが付ける)バタフライ.

G sùit /dʒíː-/ *n.* 〖航空〗G スーツ, 耐 G 服 (加速度の影響による失神を防ぐために用いる飛行服; anti-G suit, space suit ともいう; cf. flying skin). 〖(1944) ← G(RAVITY)+SUIT〗

GSV 《略》〖宇宙〗guided space vehicle 飛翔法を制御する手段を内蔵している宇宙飛翔体.

gt 《略》gilt; great.

gt 《記号》Guatemala (URL ドメイン名).

GT *adj.* ⟨自動車が⟩ GT の (高速長距離走行に適する). 〖《略》← *G(ran) T(urismo)*〗

GT 《略》gigaton(s); grand tourer; grand touring car; Gran Turismo.

gt. 《略》〖処方〗*L.* gutta (=drop).

g.t. 《略》gas tight; 〖製本〗gilt top 天金 (=t.e.g.); gross tonnage; gross ton(s).

Gt Br.[Brit.] 《略》Great Britain.

GTC 《略》〖商業〗good till canceled [countermanded] 取消しあるまで有効; 《スコット》General Teaching Council.

gtd 《略》guaranteed.

GTi, GTI /dʒìːtìːáɪ/ 《略》grand tourer [gran turismo] injection ⟨乗用車が⟩高速性能向きの燃料噴射装置を装備した.

GTM 《略》〖商業〗good this month 今月中有効.

GTS 《略》gas turbine ship.

GTT 《略》〖医学〗glucose tolerance test.

gtt. 《略》〖処方〗*L.* guttae 点滴薬 (drops).

GTW 《略》〖商業〗good this week 今週中有効.

GU 《略》gastric ulcer; genitourinary; 〖米郵便〗Guam.

Gu. 《略》Guinea; gules.

gua·ca·mo·le /gwɑ̀ːkəmóuli | gwɑ̀ːkəməu-, gwæk-; *Am.Sp.* gwakamóle/ *n.* (*also* **gua·cha·mo·le** /~/) **1** ガカモーレ (アボカド (avocado) をつぶしたものに香辛料・トマト・たまねぎを混ぜたソース; サラダなどに用いる). **2** (メキシコ・南米の)アボカド入りサラダ. 〖(1920) □ Am.-Sp. ~ □ Nahuatl *ahuacamolli* ← *ahuacatl* avocado+*molli* sauce〗

gua·cha·ro /gwɑ́ːtʃəròu | -rəu; *Am.Sp.* gwátʃaro/ *n.* (*pl.* **~s**) 〖鳥類〗アブラヨタカ (⇨ oilbird). 〖(1830) □ Sp. *guácharo* ← *guacho* orphan, little bird □ Quechua *wáhcha* (dim.) ← *wah* strange〗

gua·cin /gwɑ́ːsɪ̣n, -sn | -sɪn/ *n.* 〖薬学〗グアシン (guaco から採る樹脂; リウマチ・下痢の治療に用いる). 〖← GUACO+-IN[2]〗

gua·co /gwɑ́ːkou | -kəu; *Am.Sp.* gwáko/ *n.* (*pl.* **~s**) 〖植物〗 **1** 熱帯アメリカ産キク科ツルヒヨドリ属のつる植物 (*Mikania guaco*); その乾燥葉 (毒蛇の解毒用). **2** 熱帯アメリカ産ウマノスズクサ科のつる植物 (*Aristolochia maxima*) (毒蛇の解毒用). 〖(1822–34) □ Sp. ~ ← S-Am.-Ind.〗

Gua·da·la·ja·ra /gwɑ̀ːdələhɑ́ːrə, -dḷ- | gwɑ̀ːdə-, gwæ̀d-, -dḷ-; *Am.Sp.* gwaðalaxára/ *n.* グアダラハラ: **1** メキシコ中西部 Jalisco 州の州都. **2** スペイン中部, New Castile の都市.

Gua·dal·ca·nal /gwɑ̀ːdəḍ(l)kənǽl, -dḷ- | -dəlk-, -dḷ-; *Sp.* gwaðalkanál/ *n.* ガダルカナル(島) (太平洋南西部, Solomon 諸島中最大の島; ソロモン諸島の首都 Honiara がある; 1942 年 8 月から 11 月まで日米激戦の地; 面積 6,475 km²).

Gua·dal·qui·vir /gwɑ̀ːdḷkwívə, -kɪvíə | -dḷkɪvíə^(r), -dəlkwívə^(r); *Sp.* gwaðalkiβíɾ/ *n.* [the ~] グアダルキビル(川) (スペイン南部の川; 西流して Cádiz 湾に注ぐ (657 km)).

Gua·da·lupe Hi·dal·go /gwɑ̀ːdəlùːphədǽlgou, -dḷ-, ˌ-ˌ-ˊ-ˌ-ˊ- | -dəlùːphɪdǽlgəu, -dḷ-; *Am.Sp.* gwàðalúpeiðálɣo/ *n.* グアダルペ イダルゴ (メキシコ中南部, Gustavo A. Madero の一地区; 有名な聖母マリアの聖堂がある; アリメカ・メキシコ戦争終結の調印地 (1848)).

Guá·da·lupe Móuntains Nátional Párk /gwɑ́ːdəlùːp-, -dḷ- | -dəlùːp-, -dḷ-/ *n.* グアダループ山岳国立公園 (米国 Texas 州西部にあり, 山岳の景観で有名, 1966 年指定; 面積 333 km²).

Guádalupe pálm *n.* 〖植物〗メキシコハクセンヤシ (*Erythea edulis*) (米国 California 州南部産; 黒色の実は食用になる). 〖1895〗

Gua·de·loupe /gwɑ́ːḍəlùːp, -dḷ-, ˌ-ˌ-ˊ | -dəl-, -dḷ-; *F.* gwadlup/ *n.* **1** グアドループ (フランス領西インド諸島の Leeward 諸島中の連接する二つの島). **2** グアドループ(県) (上記の島とその付近の五つの小島より成るフランスの海外県; 面積 1,769 km², 県都 Basse-Terre).

Gua·di·a·na /gwɑ̀ːdiɑ́ːnə, -ǽnə | -diɑ́ːnə; *Sp.* gwaðjána, *Port.* gwəðiɐ́nə/ *n.* [the ~] グアディアナ(川) (スペイン中南部に発しポルトガル南東部を流れて Cádiz 湾に注ぐ川 (930 km)).

guai·ac /gwáɪæk/ *n.* =guaiacum 1 b, 2.

guai·a·col /gwáɪəkɔ̀(ː)l | -kɔ̀l/ *n.* 〖化学〗グアヤコール ($CH_3OC_6H_4OH$) (guaiacum resin から製される無色または淡黄色の結晶または油状液体; 防腐薬・殺菌薬・分析用試薬; methylcatechol ともいう; cf. guaiacum 2). 〖(1864) ← GUAIAC(UM)+-OL[1]〗

guai·a·cum /gwáɪəkəm/ *n.* **1** 〖植物〗 **a** ユソウボク (熱帯アメリカ産ハマビシ科ユソウボク属 (*Guaiacum*) の樹木の総称; ユソウボク (*G. officinale*), *G. sanctum* など). **b** ユソウボク材 (非常に堅くて重い; cf. lignum vitae). **2** 〖化学〗グアヤック樹脂, 癒瘡木脂 (抗酸化剤・酸化剤の検出用試薬; guaiacum resin ともいう; cf. guaiacol). 〖(1533) ← NL ~ ← Sp. *guayaco* ← Haitian〗

Guaira, La *n.* ⇨ La Guaira.

Guam /gwɑ́ːm/ *n.* グアム (西太平洋 Mariana 諸島中の主島, 米国領で軍事基地がある; 面積 540 km², 主都 Agaña). ***sáil [cléar óut] for Guám*** 知らぬ港に向けて出帆する. (1881) 〖《変形》← Sp. (*San*) *Juan* 'St. JOHN'〗

Gua·ma·ni·an /gwɑːméɪniən/ *n.* グアム島の住民, (特に)グアム島のチャモロ族 (Chamorro) の先住民. **—** *adj.* グアム島の.

gua·mu·chil /gwɑːmúːtʃiːl/ *n.* 〖植物〗=camachile.

guan /gwɑ́ːn/ *n.* 〖鳥類〗シャクケイ (中南米産のホウカンチョウ科の鳥類の総称; カンムリシャクケイ (*Penelope purpurascens*) など). 〖(1743) □ Am.-Sp. *guan, cuan* ← Caribbean〗

gua·na /gwɑ́ːnə/ *n.* 〖動物〗=iguana 1.

gua·na·ba·na /gwɑːnɑ́ːbənə, gwɑ̀ːnəbɑ́ːnə; *Am. Sp.* gwanáβana/ *n.* =soursop 2.

Gua·na·ba·ra /gwɑ̀ːnəbɑ́ːrə; *Braz.* gwɐ̃nabárɐ/ *n.* グアナバラ (ブラジル南東部の旧州名; 1975 年に Rio de Janeiro 州と併合された).

Guánabara Báy *n.* グアナバラ湾 (ブラジル南東部, 大西洋の湾; その南西岸に Rio de Janeiro がある; Rio de Janeiro Bay ともいう).

gua·na·co /gwənɑ́ːkou | -kəu; *Sp.* gwanáko/ *n.* (*pl.* **~s, ~**) 〖動物〗グアナコ (*Lama guanacoe*) (南米アンデス山地産のラクダ科の哺乳類). 〖(1604) □ Sp. ~ □ S-Am.-Ind. (Quechua) *huanacu*〗

guanaco

Gua·na·jua·to /gwɑ̀ːnə(h)wɑ́ːtou | -təu; *Am.Sp.* gwanahwáto/ *n.* **1** グアナファト(州) (メキシコ中部の州, 銀鉱業の中心地; 面積 30,589 km²). **2** グアナファト (同州の州都).

gua·na·mine /gwɑ́ːnəmìːn, ˌ-ˌ-ˊ/ *n.* 〖化学〗グアナミン ($C_3H_5N_5$) (無色針状晶, 誘導体は医薬品に用いられる). 〖(1881) ← GUAN(IDINE)+AMINE〗

gua·nase /gwɑ́ːneɪs, -neɪz | -neɪs/ *n.* 〖生化学〗グアナーゼ (グアニン (guanine) をキサンチン (xanthine) に変化させる). 〖(1904) ← GUAN(INE)+-ASE〗

gua·nay /gwənáɪ; *Am.Sp.* gwanái/ *n.* (*pl.* **~·es, ~s**) 〖鳥類〗グアナイムナジロヒメウ, グアナイウ (*Phalacrocorax bougainvillii*) (ペルー沖諸島産のウ; グアノ (guano) は主にこの鳥の糞(ふん)が堆積(たいせき)してできたもの; guanay cormorant ともいう). 〖(1860) □ Am.-Sp. ~ ← ? S-Am.-Ind. (Quechua)〗

Guan·dong /kuɑ̄ntūŋ/ *n.* 関東(クワントン)州 (中国東北部, 遼東半島 (Liaodong) 南部の, もと日本の租借地 (1905–45); 中心都市大連 (Dalian)).

gua·neth·i·dine /gwɑːnéθɪ̣dìːn | -θɪ-/ *n.* 〖薬学〗グアネチジン ($C_{10}H_{22}N_4$) (血圧降下剤). 〖(1959) 《混成》← GUANIDINE+ETH(YL)〗

Guang·dong /gwɑ̀ːŋdúŋ, -túŋ | gwæŋ-; *Chin.* kuɑ̌ŋtūŋ/ *n.* 広東(カントン) (中国南東部の省; 省都は広州 Guangzhou).

Guang·xi /gwɑ̀ːŋʃí; *Chin.* kuɑ̌ŋɕī/ *n.* **1** 広西(コワンシー) (中国南部の旧省). **2** =Guangxi Zhuang Autonomous Region.

Guang·xí Zhuàng Autónomous Région /-ʒwɑ̀ːŋ-; *Chin.* -tʂuɑ̀ŋ-/ *n.* 広西(コワンシー)チワン(壮)族自治区 (中国南西部の自治区; 区都は南寧 (Nanning)).

Guang·zhou /gwɑ̀ːŋʒóu | gwæ̀ŋʒəu; *Chin.* kuɑ̌ŋtʂōu/ *n.* 広州(コワンチョウ) (中国南東部の海港; 珠江 (Zhu Jiang) に臨む広東省 (Guangdong) の省都).

Guang·zhou Wan /gwɑ̀ːŋʒóuwɑ́ːn | -ʒəu-; *Chin.* kuɑ̌ŋtʂōuuān/ *n.* 広州湾(コワンチョウワン) (中国南部広東省雷州半島 (Leizhou-Peninsula) 東側の湾; もとフランス租借地 (1898–1945)).

gua·ni·dine /gwɑ́ːnədìːn, gwǽn-, -dɪ̣n | -nɪdìːn, -dɪn/ *n.* (*also* **gua·ni·din** /-dɪ̣n | -dɪn/) 〖化学〗グアニジン ($(H_2N)_2C{=}NH$) (無色潮解性の結晶; チューリップ・キノコなどに含まれる; carbamidine, iminourea ともいう). 〖(1864) ← GUAN(INE)+-IDINE〗

gua·nif·er·ous /gwɑːníf(ə)rəs/ *adj.* グアノ (guano) を生じる. 〖(1844) ← GUANO+-I-+-FEROUS〗

gua·nine /gwɑ́ːniːn, -nɪ̣n | -niːn, -nɪn/ *n.* 〖化学〗グアニン ($C_5H_5N_5O$) (生体に含まれるプリン (purine) 化合物; 核酸の一成分). 〖(1850) ← GUANO+-INE[3]〗

gua·no /gwɑ́ːnou | -nəu/ *n.* (*pl.* **~s**) **1** グアノ, 糞(ふん)化石 (グアナイウ (guanay) やコウモリなどの糞が堆積(たいせき)して硬化したもので, リン酸と窒素を多く含み肥料に用いる; 南米特にペルーの太平洋岸に多く産する). **2** グアノと同成分の魚肥などの肥料. **—** *vt.* …にグアノを施す. 〖(1604) □ Sp. ~ □ S-Am.-Ind. (Quechua) *huanu* dung〗

gua·no·sine /gwɑ́ːnəsìːn, -sɪ̣n | -sìːn, -sɪn/ *n.* 〖生化学〗グアノシン (リボ核酸を加水分解して得られるヌクレオシド (nucleoside); DNA や RNA の構成成分の一つ). 〖(1909) 《混成》← GUANINE+RIBOSE〗

guánosine mòno·phósphate *n.* 〖生化学〗=guanylic acid.

Guan·tá·na·mo /gwɑːntɑ́ːnəmòu | -məu; *Am.Sp.* gwantánamo/ *n.* グアンタナモ (キューバ南東部の都市).

Guantánamo Báy *n.* グアンタナモ湾 (キューバ南東部の湾).

gua·nýl·ic ácid /gwɑːnílɪk-/ *n.* 〖生化学〗グアニル酸 ($C_{10}H_{14}N_5O_8P$) (グアノシンのリン酸エステル; リボ核酸を構成するプリンヌクレオチド; guanosine monophosphate ともいう). 〖(1899) *guanylic*: ← GUANINE+-YL+-IC[1]〗

Gua·po·ré /gwɑ̀ːpəréɪ; *Braz.* gwàpoɾɛ́, *Am.Sp.* gwaporé/ *n.* **1** [the ~] グアポレ(川) (南米中西部の川; 一部がブラジルとボリビアとの国境を成す; 北西に流れて Mamoré 川に注ぐ (1,749 km); ボリビア語名 Iténez). **2** グアポレ (Rondônia の旧名 (1956 年まで)).

guar /gwɑ́ə | gwɑ́ː^(r)/ *n.* 〖植物〗グアール, クラスタマメ (*Cyanopsis psoralioides*) (飼料用のマメ科の植物; 種子は製紙・織物のサイジング (sizing) に用いる). 〖(1882) □ Hindi *guār*〗

guar. 《略》guaranteed.

gua·ra·cha /gwərɑ́ːtʃə; *Am.Sp.* gwaɾátʃa/ *n.* グワラチャ (活発なキューバの踊り; ⁶/₈ 拍子); その音楽. 〖(1828) □ Sp. ~ ← OSp. *guar* place+*hacha* a dance performed with legs and feet〗

gua·ra·na /gwɑ̀ːrənɑ́ː, ˌ-ˌ-ˊ/ *n.* 〖植物〗ガラナ (*Paullinia cupana*) (ブラジル産ムクロジ科のつる植物の一種; 種子から刺激剤・興奮性飲料などを製する). 〖(1838) □ Sp. & Port. *guaraná* □ S-Am.-Ind (Tupi) *guaraná*〗

Gua·ra·ni /gwɑ̀ːrəníː; *Am.Sp.* gwaɾaní/ *n.* (*pl.* **~, ~s, ~es**) **1 a** [the ~(s)] グアラニー族 (南米中部に住ん

だ Tupi 族中の主要種族). **b** グアラニー族の人. **2** グアラニー語《スペイン語と共にパラグアイの主要言語; cf. Tupi-Guaranian》. **3** [g-] **a** グアラニー《パラグアイの通貨単位; =100 centimos; 記号 G̸, G》. **b** 1 グアラニー貨[紙幣]. 〖《1797》□ Guarani *Guaraní*《原義》warrior〗

guar·an·tee /gæ̀rəntíː, gɛ̀r-, ⌐−⌐ | gæ̀rəntíː⌐/ *n.* **1** 保証, 引き受け, 請け合い; 保証契約: a loan ～ 融資保証 / under ～ 保証付きで / on a ～ of=under the ～ of …の保証付きで / a year's ～ *on* [*with*] a clock 時計に対する1年間の保証 / The new car has a one-year ～. その新車には1年間の保証がついている. [日英比較] 日本語で出演料やアルバイトの給料, 謝礼などを「ギャラ」というのは英語の *guarantee* からの借用である. だが, *guarantee* は最低保証出演料のことで, 一般的には給料は pay, 謝礼は fee, honorarium などという. **2** 担保物件, 担保 (security) (⇨ pledge SYN); 保証となるもの, 保証書: A diploma is no ～ *of* efficiency. 卒業証書は有能の保証にはならない / There is no ～ *that* he will keep his promise. 口約束だけでは彼がそれを守るという保証にはならない / He gave me his personal ～. 彼自ら保証をしてくれた. **3** 保証人, 引受人 (guarantor, surety): be [stand] ～ *for* …の保証人である[になる]. **4** 保証[担保]を受ける人, 被保証人 (cf. guarantor 2). **5** (物事の)前兆, 兆し: Those clouds are a ～ *of* snow. あの雲は雪の前兆だ.
— *vt.* **1** 〈債務・義務の履行(者)などの〉保証人に立つ, 保証する, (保証人として)請け合う: ～ a contractor [a person's debts] 契約者[人の債務]の保証に立つ / ～ the carrying out of a contract 契約の履行を保証する / He ～*d* *that* the contract would be faithfully fulfilled [*that* the debt would be paid]. 契約が忠実に履行される[負債が返済される]ことを保証した. **2** (…の確実性を)保証する, 請け合う (warrant): ～ (a person) a dividend of 10% 1割の配当を保証する / Good quality and durability are specially ～*d*. 品質の優良と耐久性は特に保証付き / I ～ it (to be) genuine. 本物だと保証します / ～ a watch for twelve months 時計を1か年保証する / The punctual arrival of airplanes cannot be ～*d*. 飛行機の時間通りの到着については保証できない. **3** 〔損害・危険などのないことを〕…に保証する〔*against*〕: ～ a person *against* a risk 人に危険のないことを保証する / be ～*d against* loss 損害に対する保証を受ける. **4** (軽い意味で)請け合う, 保証する, 約束する: ～ a person's success 人の成功を保証する, きっと成功すると言う / I ～ *that* he will be pleased. 彼が喜ぶことは請け合いだ / Perfect satisfaction is ～*d to* our customers. お客様には十分のご満足を保証致します / Satisfaction ～*d* or your money back. ご満足いただけなければお金はお返しします / I will ～ *to* do it [*to* be there on time]. 間違いなくそういたします[時間通りにそこに行きます] / be ～*d* to do (皮肉で)〈物事が〉決まって…する.
〖《1679》《変形》← GUARANTY: -EE[1] を語尾に持つ他の法律用語からの類推〗

guar·an·teed /gæ̀rəntíːd, gɛ̀r- | gæ̀rəntíːd⌐/ *adj.* 保証済み[付き]の.

guaránteed ánnual íncome *n.* 年間保証所得 (⇨ negative income tax).

guaránteed ánnual wáge *n.* 〖労働〗年間保証賃金《雇用者が雇人に対して1年間の賃金の最低額または雇用を保証する取決め》. 〖1939〗

guaránteed bónd *n.* 〖証券〗保証債券《元本または利子, あるいはその両方の支払いが第三者によって保証されている債券》.

guaránteed stóck *n.* 〖証券〗保証株式《配当が発行会社以外の第三者により保証されている株式》.

guaránteed wáge *n.* 〖労働〗保証賃金《雇用者が雇人に支払いを保証する一定期間一定額の賃金》.

guarantée engineér *n.* 〖海事〗保証技師《船舶機関を納品した後最初の航海に同乗する, メーカーから派遣の保証調整技師》.

guarantée fùnd *n.* 〖金融〗=guaranty fund.

guar·an·tor /gæ̀rəntɔ́ə, gɛ̀r-, ⌐−⌐, gǽrəntə, gɛ́r- | gæ̀rəntɔ́ː(r, gǽrəntə(r/ *n.* **1** (安全などを)保障するもの[人], 保障制度. **2** 〖法律〗保証人, 担保人, 引受人 (cf. guarantee 4). 〖《1828》《異形》← GUARANTEE〗

guar·an·ty /gǽrənti, gɛ́r- | gǽrənti/ *n.* **1 a** 保証, 請け合い; 保証書. **b** 〖法律〗保証契約《通例主たる債務者からは独立して別個の契約によって二次的に責任を負う; cf. suretyship》. **2** 担保(物件) (security, pledge). **3** 保証人 (guarantor). — *vt.* =guarantee. 〖《1592》□ AF *guarantie*=(O)F *garantie* ← *guarant* warrant: WARRANTY と二重語〗

guáranty fùnd *n.* 《米》〖金融〗保証基金《銀行破綻の際, 預金者への払戻しを保証するため, 利益の一部または醵金(きょきん)を積み立てたもの》.

guard /gáəd | gáːd/ *n.* **1 a** 見張り[警戒]する人; 見張番, 番人, 監視人, 守衛 (protector, guardian). [日英比較] 日本語の「ガードマン」は和製英語. 英語では (security) *guard* という. **b** 《米》看守 (《英》warder). **c** 〖軍事〗歩哨(ほしょう), 衛兵, 番兵 (sentry, sentinel): ⇨ advanced guard, rear guard. **d** 護衛兵[隊] (escort), (捕虜などの)護送兵[隊]; (主権者の)親兵, 親衛兵, 近衛(このえ)兵; [the Guards] 近衛連隊: *the* Life *Guards* 近衛騎兵第一第二連隊 / *the* Royal Horse *Guards* 近衛騎兵第三連隊 / *the* Grenadier *Guards* 近衛歩兵第一連隊 / *the* Dragoon *Guards* 近衛竜騎兵連隊 / ⇨ Old Guard / Changing of the *Guard* ⇨ change. **e** 〖海事〗護衛艦[船, 艇]. **f** 《アイル》=Garda[2].
2 (ありうる攻撃・危険などに備えての)見張り, 監視, 警戒 (watch, vigilance); 見張り[監視, 警戒]勤務: on [off] ～ 当番[非番]で / come off ～ 〖軍事〗下番[非番]になる / keep ～ 見張りをする, 警戒する / mount ～ 〖軍事〗上番になる, 番兵に立つ, 衛兵勤務に出る / relieve [change] ～ 番兵交代をする, 交代して番兵に立つ / stand [mount] ～ *over* [*on*] …の番兵に立つ, …を監視する / keep a person *under* (close [armed]) ～ 人を(厳重な[武装した者の])監視の下に置く.
3 a 《英》(列車・乗合馬車などの)車掌 (《米》conductor). **b** 《米》(地下鉄・高架鉄道の)ドア開閉係; 制動手 (brakeman).
4 a 防備[要護]用の物, 危険防止器. **b** (刀剣の)つば (⇨ sword 挿絵). **c** (銃の)用心がね. **d** (暖炉の前に立てる)炉格子(ろうし); (車の)泥よけ: a mud ～ 泥よけ. **e** (時計の)鎖, ひも; 帽子を衣服に留める細ひも. **f** =guard ring. **g** =safety chain. **h** (汽船などの甲板の船体外に張り出した)外輪車遮蔽(しゃへい)部; デッキの柵 (rail). **i** 防具, 具足, 当て物: ⇨ shin guard.
5 守るもの, 保護手段 (safeguard): reason as a ～ *against* rash actions 軽率な行動を防ぐもの[手段]としての理性.
6 〖フェンシング〗(受けの)構え, ガルド, ガード; 〖ボクシング〗ガード; 守勢: learn all the ～*s* あらゆる受けの構えを学ぶ / strike down a person's ～ 相手の受けの構えを打ち破る / at open ～ すきのある構えで / on ～ 第一の姿勢[受けの構え]をして. ★ フェンシングには, prime, seconde, tierce, quarte, quinte, sixte, septime, octave の8種の基本的な guard がある.
7 〖クリケット〗三柱門防護のバットの構え: give [take] ～ 三柱門防護の正しい位置を打者に取らせる[位置にバットを構える].
8 〖スポーツ〗ガード: **a** (アメリカンフットボールで)ラインマン (lineman) でセンターの左右に位置する競技者; そのポジション (middle guard). **b** (バスケットボールで)後部左右に位置する競技者.
9 〖製本〗**a** 足《図表などの差し込み物ののどの部分に紙や布を継ぎ足してとじしろとした部分; stub ともいう》. **b** 枕《小口が膨らむのを避けるためにのどに挿入される板紙; cf. guard book》. **c** ガード《折り目の裏張り》.
10 〖チェス〗他の駒を支援しまたは守る駒.
11 〖トランプ〗ガード《高位の札が取られないように, それに付き添わせておく低位の札》.
12 《古》衣服の縁飾り.
dróp* [*lówer*] *one's guárd*=*lèt one's gúard dòwn* [*fàll*]** ガードを下げる, 油断する: The moment you *drop your* ～, something bad is bound to happen. 油断をすると, 必ず何か悪いことが起こるよ. ***One's guárd is úp* [*dówn*].** (1) 警戒の身構えをしている[いない]. (2) 感情・言葉を抑制している[いない]. ***òff (one's) guárd 警戒を怠って, 油断して: catch [take] a person *off* (*his*) ～ 人の油断につけこむ / throw a person *off* ～ 人を油断させる. 《1682》 ***on (one's) guárd*** 攻撃[来襲]を警戒して, 警備して; 見張って (alert, vigilant): put [set] a person *on* (*his*) ～ 人に警戒させる, 用心させる / be *on* ～ *against* the threat of fascism ファシズムの脅威を警戒している. 《1577》
guárd of hónor 儀仗(ぎじょう)兵《内外の元首・高官の送迎や式典・軍葬などに参列する; honor guard ともいう》. 《1887》
— *vt.* **1** 見張る, …の番をする; 〔…から〕守る, 守護する〔*from, against*〕(⇨ defend SYN): ～ life and property [one's reputation] 生命と財産[評判]を守る / ～ a house *from* thieves 家に泥棒が入るのを防ぐ / ～ the president *against* terrorists 大統領をテロリストから守る. **2** 〈囚人・狂人などを〉監視する (watch over). **3** (用心のために)抑制する (restrain): ～ one's tongue 口を慎む. **4** …に安全装置[防護物]を付ける. **5** 《古》…に付き添う (escort). **6** (球技・チェスなどで)(防御者や他の駒などを置いて)〈ゴール・駒などを〉守る; 〈敵を〉防ぐ. **7** 〖トランプ〗(低位の札を付き添わせて)〈高位の札を〉守る. **8** 〖フェンシング〗…に(受けの)構えをとる, 守勢をとる. **9** 《古》衣服の縁飾りをつける. — *vi.* **1** 警戒する, 見張る, 用心する, 防ぐ〔*against*〕: ～ *against* accidents, errors, temptation, suspicion, misunderstanding, etc. **2** 〖フェンシング〗(受けの)構えを取る.
～·a·ble /-dəbl | -dəbl/ *adj.* **～·like** *adj.*
〖n.: 《(*c*1400)》*garde* □(O)F *garde* watching ← *garder*. — v.: 《(1448–*a*1500)》□(O)F *garder* < VL **wardāre* □ (WGmc) **wardōn* (OS *wardōn* / G *warten* to wait): WARD と二重語〗

Guar·da·fui /gwàədəfwíː | gwàːdə-; *Sp.* gwarðafwí/, **Cape** *n.* グアルダフイ岬《アフリカ大陸最東端, Aden 湾を抱く岬》.

guar·dant /gáədənt, -dnt | gáːdənt, -dnt/ *adj.* **1** 〖紋章〗〈猛獣, 特にライオンが〉(体を側面にして)顔を正面に向けた《鹿など弱い動物には at gaze を用いる; cf. regardant 1》. **2** 《廃》保護者の役をする, 保護する (guarding). — *n.* 《廃》保護者, 番兵. 〖《1572》□ F *gardant* (pres.p.): ⇨ guard, -ant〗

guárd bànd *n.* 〖ラジオ・テレビ〗保護周波数帯《隣接チャンネルとの混信を防ぐためにあける周波数の帯域》. 〖1956〗

guárd bòat *n.* 〖海軍〗巡邏(じゅんら)艇; (水上警察の)巡視艇[船], 監視船[艇]. 〖1696〗

guárd bòok *n.* 《英》〖製本〗枕入り本《のどの部分に板紙を入れたアルバム・スクラップブックなど; 台紙・紙などを追加とじ込みできるもの; cf. guard n. 9 b》. 〖1839〗

guárd cèll *n.* 〖植物〗孔辺細胞, 開閉細胞《気孔のへりにあってそれを開閉する》. 〖1875〗

guárd-chàin *n.* (時計・襟止めなどの)留め鎖. 〖1832〗

guárd-chànging *n.* 衛兵交替 (cf. Changing of the Guard ⇨ change). 〖1904〗

guárd dòg *n.* 番犬 (watchdog).

guárd dùty *n.* 〖軍事〗衛兵勤務, 警衛勤務. 〖1862〗

guárd·ed /-dɪ̀d | -dɪ̀d/ *adj.* **1** 〈人・言葉・態度など〉用心深い, 慎重な (cautious, careful) (⇨ watchful SYN): be very ～ *in* one's speech [answers] 言葉[応答]が非常に用心深い / ～ remarks 慎重な言葉. **2** 防護[保護]される, 守備のある (protected); 監視された (watched).
～·ly *adv.* **～·ness** *n.* 〖《1509》: ⇨ -ed[1]〗

guard·ee /gàədíː | gàːdíː/ *n.* 《英口語》近衛(このえ)兵 (guardsman). 〖《1904》: ⇨ -ee[1]〗

guárd·er /-də | -də(r/ *n.* **1** 守る人[もの]; 番人, 見張人, 守護者, 護衛. **2** 守りになるもの; 保護装置. 〖《1542》: ⇨ -er[1]〗

guárd flàg *n.* 〖海軍〗(警衛勤務に服している艦艇の掲げる)当直旗.

guárd hàir *n.* (毛皮獣の下毛 (underfur) の上にあり)長粗毛; その毛で作った外套(がいとう). 〖1913〗

guárd·hòuse *n.* **1** 衛兵所, 警衛所《内部の秩序維持および警戒にある本部のある建物》. **2** 〖軍事〗(一時的な)営倉, 監禁所, 留置所. 〖1592〗

guárdhouse láwyer *n.* 《軍俗》営倉の中の法律家《軍則・軍法・軍人の権利などの博識を自任する兵士; 特に, 営倉に監禁中の兵士》.

Guar·di /gwáədi | gwáːdi; *It.* gwárdi/, **Francesco** *n.* グアルディ《1712–93; イタリアのベネチア派の風景画家》.

guard·i·an /gáədiən | gáːd-/ *n.* **1** 保護者, 守護者, 管理人, 保管者: a ～ of the peace 警官, 巡査. **2** 〖法律〗(未成年者・精神障害者その他能力者のための)後見人 (cf. ward 5). **3** 〖カトリック〗(フランシスコ会の)修道院長. **4** 《英》[また G-] =GUARDIAN of the poor.
guárdian by náture 〖法律〗=natural guardian.
guárdian of the fíre [the ―] 《米》義勇少女団キャンプファイヤーガール (Camp Fire Girl) の班長.
guárdian [Guárdian] of the póor 《英》(1834年の救貧法による)救貧委員《Board of Guardians の一員》. 《1782》
— *adj.* [限定的] 守護[保護]の: a ～ saint 守護聖人.
〖《1417》*gardein* □ AF (F *gardien*) ← OF *g(u)arder* 'to GUARD'〗

Guard·i·an /gáədiən | gáːd-/, **The** *n.* 「ガーディアン」《英国の Manchester 市で発行されている自由主義的・進歩的な日刊紙; 1821年に週刊新聞として創刊され, 1855年より日刊, *The Manchester Guardian* と称していたが, 1959年現在の名称に変更された》.

guárdian ad lí·tem /-ædláɪtəm | -təm/ *n.* 〖法律〗訴訟のための後見人《未成年者に対して訴えが提起されたとき, その者の財産などの保護のため裁判所が任命する後見人》. 〖《1838》: ⇨ ad litem〗

guárdian ángel *n.* **1** (個人・社会・地方の)守護天使. **2** 大いに援助してくれる人. 〖1631〗

Guárdian Ángels *n. pl.* [the ～] 青年自警団, ガーディアンエンジェルズ《米国 New York や英国 London などの地下鉄や犯罪多発地域を制服着用の若者が数人一組で巡回自警する有志の非営利民間組織; 赤いベレー帽をかぶっている》.

Guárdian rèader *n.* 《英》ガーディアンリーダー《教育のある中流階級の人; 政治的には左翼で日刊紙 The Guardian の読者》.

guárdian·shìp *n.* 後見人の役[職務], 後見: under the ～ of the laws 法律の保護の下に. 〖1553〗

guárdian spírit *n.* 守り神, 守護神 (genius).

guárd·less *adj.* **1 a** 番人のない, 無防備の. **b** 油断した. **2** 防護物のついていない; 〈刀剣が〉つばなしの. 〖《1611》: ⇨ -less〗

guárd nèt *n.* 〖電気〗保護網《高圧送電線などの下に張って, 切断した際に道路・通信線などを保護する》. 〖1924〗

guárd pìn *n.* 〖時計〗けん先《レバー脱進機でてんぷとの係合を保つため, アンクルの先端に取り付けられたピン; safety pin ともいう》. 〖1879〗

guárd·ràil *n.* **1** (道路などの)ガードレール, (欄干などの)手すり (handrail). **2** 〖鉄道〗護輪レール, ガードレール《カーブや危険箇所で脱線を防ぐためにレールの内側に設けた補助レール》. 〖1860〗

guárd rìng *n.* **1** 留め指輪《他の指輪, 特に結婚指輪が抜けるのを防ぐためその上にはめるもの; keeper ともいう》. **2** (機械などの)保護環. 〖1817〗

guárd·ròom *n.* 〖軍事〗警衛所, 衛兵[警衛]詰所, 警備員室, 哨所, 番兵詰所; 監房, 営倉. 〖1762〗

Guárds Division *n.* [the ～] (英国の)近衛(このえ)師団 (cf. Foot Guards).

guárd·ship *n.* 〖海軍〗警備艦[艇]; 監視艦[艇], 哨艦, 当直艦. 〖1624〗

guárds·man /gáədzmən, -mæ̀n | gáːdz-/ *n.* (*pl.* **-men** /-mən, -mèn/) **1** 《英》近衛連隊 (Guards) の軍人, 近衛兵. **2** 《米》州民軍 (National Guard) 兵士, 州兵《正規軍 (Regular Army) および陸軍予備軍 (Army Reserve) に対するもの》. **3** 《古》番人, 監視員 (guard); 番兵, 衛兵 (sentry). 〖《1817》1, 2: ← GUARD+-s[1]+MAN[1]. ─3: ← -s[2] 2〗

guárd's vàn *n.* 《英・NZ》=caboose[1].

guárd tènt *n.* 衛兵テント《詰め所》. 〖1848〗

guár gùm *n.* 〖化学〗グアーゴム《マメ科植物グアー (guar) の種子から採られる黄白色の粉末; 製紙業でサイジング (sizing) などに用いる》.

Guar·ne·ri /gwɑːnéˊri | gwaːnéəri; *It.* gwarnɛ́ːri/ *n.* グアルネリ : **1** 17–18世紀にイタリアの Cremona でバイオリンを製作した一族; 創業者は Andrea (1626?–98). **2** =Guarnerius.

Guarneri, Guiseppe Antonio *n.* グアルネリ《1687–

1745; イタリアの Cremona のバイオリン製作者; ラテン語名 Guarnerius; ⇨ Stradivari》.

Guar·ne·ri·us /gwɑənέ*ᵊ*riəs | gwɑːnέər-/ *n.* グアルネリウス《Cremona の G. A. Guarneri またはその一族が 17–18 世紀に製作したバイオリン; ⇨ Stradivarius》. 〚(1866) *Guarneri* のラテン語形〛

Guar·nie·ri /*It.* gwarnjέːri/, **Giuseppe Antonio** *n.* =Giuseppe Antonio GUARNERI.

Gua·ru·lhos /gwɑːrúːljʊs; *Braz.* gwaɾúʎus/ *n.* グアルーリョス《ブラジル南東部 São Paulo 州の市; 鋼製品・陶器・綿織物などの製造業が盛ん》.

Guat. 《略》 Guatemala.

Gua·te·ma·la /gwàːṭəmάːlə | gwàːtə̀-, gwæ̀t-ˊ; *Sp.* gwatemála/ *n.* **1** グアテマラ《中央アメリカの国; 面積 108,888 km², 首都 Guatemala (City); 公式名 the Republic of Guatemala グアテマラ共和国》. **2** =Guatemala City.

Guátemala Cíty *n.* グアテマラシティー《Guatemala の首都》.

Gua·te·ma·lan /gwàːṭəmάːlən | gwàːtə̀mάːlən, gwæ̀t-ˊ/ *adj.* グアテマラの. — *n.* グアテマラ人.

gua·va /gwάːvə, gwɔ́ː-; *Am.Sp.* gwáβa/ *n.* **1** 〖植物〗バンジロウ, グアバ (*Psidium guajava*)《熱帯アメリカ産フトモモ科バンジロウ属の植物》; (その他)同属の植物数種の総称: ⇨ Brazilian guava, strawberry guava. **2** バンジロウの果実, グアバ《ビタミン C が多く, 生食のほかゼリーやジャム, ジュースに加工する》. 〚(1555) ◻ Sp. ~, *guayaba* ← S-Am.-Ind. (Arawak)〛

Gua·via·re /gwɑːvjάːri; *Am.Sp.* gwaβjáɾe/ *n.* [the ~] グアビアレ(川)《南米コロンビアの川; Andes 山脈に源を発して東流して Orinoco 川に合流 (1,046 km)》.

Guay·a·quil /gwàɪəkíːl, -kíl; *Am.Sp.* gwajakíl/ *n.* グアヤキル《南米エクアドル南西部の海港で同国最大の商工業都市; Guayaquil 湾に臨む》.

Guayaquil, the Gulf of *n.* グアヤキル湾《南米エクアドル南西部の太平洋の一湾》.

gua·yu·le /(g)wɑrúːli; *Am.Sp.* gwajúle/ *n.* (*pl.* ~**s** /~z; *Am.Sp.* ~s/) **1** 〖植物〗グアユールゴムノキ (*Parthenium argentatum*)《メキシコ, 熱帯アメリカ産キク科の小低木》. **2** グアユールゴム《グアユールゴムノキから採取したゴム; guayule rubber ともいう》. 〚(1906) ◻ Am.-Sp. ~ ◻ Nahuatl *cuauhuli* ← *cuahuitl* plant+*uli* gum, 《原義》ball〛

gub·bins /gʌ́bɪnz | -bɪnz/ *n. pl.* 〖英口語〗[単数または複数扱い] **1** がらくた, くだらぬもの; 何とかいうもの. **2** 《口語》ばか: You silly ~! **3** 装置, 仕掛け. 〚(1553) (pl.) ← *gubbin* fragment 《変形》 ← 《廃》 *gobone* portion < ME *gobyne, goboun*: cf. gobbet〛

gu·ber·nac·u·lum /gjùːbənǽkjʊləm | -bə-/ *n.* (*pl.* **-u·la** /-lə/) 〖解剖・動物〗導帯《体内の二つの部分[器官]をつないでいる構造; その間を他の部分[器官]が移動するのを助ける》. 〚(1661) ← NL ~ ← L ~ 'rudder' ← *gubernāre* to steer+*-culum* '-CULE'〛

gu·ber·na·to·ri·al /gùːbənətɔ́ːriəl, gjùːb-, -bə- | -bə-ˊ/ *adj.* 《米》(州)知事の, 総督の, 地方長官の; 行政の: a ~ election 州知事選挙. 〚(1734) ← L *gubernātor* steersman, governor+-IAL〛

gu·ber·ni·ya /guːbέəni(j)ə | -béən-; *Russ.* gubʲérnʲijə/ *n.* (*also* **gu·ber·ni·a** /~/) 県《革命前のロシアで, Peter 一世によって導入された行政区; 1929 年まで存続》. 〚◻ Russ. ~ ◻ Pol. *gubernja* ◻ L *gubernāre* to govern〛

Guc·ci /gúːtʃi; *It.* gúttʃi/ *n.* 〖商標〗グッチ《イタリアのファッション商品のメーカー; バッグ・小物類・靴など, 特に革製品で知られる》.

guck /gʌ́k/ *n.* 《米俗》 **1** (べとべとした)気持ち悪いもの, 嫌なもの. **2** ねば土, へどろ (slime). 〚(1949) 《混成》? ← G(OO)+(M)UCK〛

gud·dle /gʌ́dl | -dl/ 《スコット》 *vi.* 手で探って⟨魚を⟩捕る. — *vt.* 手づかみで魚を捕る. — *n.* 混乱, てんやわんや. 〚(1818) ← ?: 擬音語か〛

gude /gíd, gýd/ *adj., n., adv.* 《スコット・北英》=good.

Gude /gúːd, gýd/ *n.* 《スコット・北英》=God.

Gu·der·mann·i·an /gùːdəmάːniən | -də-/ *n.* 〖数学〗グーデルマン関数 (tan $f(x)$=sinh x であるような関数 $f(x)$; 記号 gd). 〚(1876) ← C. *Gudermann* (1798–1852: ドイツの数学者)〛

gud·geon[1] /gʌ́dʒən/ *n.* (*pl.* ~, ~**s**) **1** 〖魚類〗 **a** タイリクスナモグリ (*Gobio gobio*)《ヨーロッパ産のコイ科の淡水魚; 容易に捕獲され食用または魚釣りのえさに用いられる》. **b** オーストラリア産カワアナゴ科の魚類の総称. **2** 《俗》(どんなえさにも食らいつく)だまされやすい人, のろま (dupe, gull). **3** えさ (bait), 誘惑物 (allurement). — *vt.* 《古》だます, …からだまし取る (cheat). 〚(*a*1425) *gojoun* ◻ (O)F *go(u)jon* < L *gōbiō(n-)* ← *gōbius* 'GOBY'〛

gud·geon[2] /gʌ́dʒən/ *n.* **1** 〖機械〗クロスヘッドピン; ピストンピン. **2** 〖海事〗ガジョン, つぼ金《舵 (rudder) の軸受け》. **3** ガジオンピン《石材などをつなぐ鉄のピン》. 〚(1317–18) *gojoun* ◻ (O)F *goujon* pin of a pulley (dim.) ← *gouge* 'GOUGE'〛

gúdgeon pìn *n.* 《英》〖機械〗ピストンピン (《米》 wrist pin). 〚1891〛

Gud·run /gúdruːn, ‒ˊ/ *n.* **1** 〖北欧伝説〗グドルーン《*Volsunga Saga* で Giuki の娘, Sigurd の妻, 後にフン族の王 Attila の妻; *Niebelungenlied* の Kriemhild に当たる》. **2** グードルーン《13 世紀のゲルマン民族の叙事詩「グードルーンの歌」(*Gudrun Lied*) の女性主人公で, フリースランド王 Hettel の娘; 求婚者の一人に誘拐(ゆうかい)され恋人に救われる》. 〚◻ ON *Guðrūn* ← *guðr* battle+*runa* close friend (cf. rune[1])〛

Gue·dal·la /gwɪdǽlə, gwε-/, **Philip** *n.* グイダラ《1889–1944; 英国の伝記作家・歴史家》.

Guel·der·land /géldəlæ̀nd | -də-/ *n.* =Gelderland.

guél·der róse /géldə- | -də-/ *n.* 〖植物〗テマリカンボク (*Viburnum opulus* var. *roseum*)《アメリカカンボク (cranberry tree) の改良変種; 真っ白い小花をまり状につけるので snowball ともいう》. 〚(1597) 《なぞり》 ← Du. *geldersche roos* ← *Guelders* ‖ *Guelder(land)* (オランダの一州, 旧 Gelderland 公国; Guelders はその首都)〛

Guel·ders /géldəz | -dəz/ *n.* =Gelderland.

Guelf /gwélf/ *n.* (*also* **Guelph** /~/) **1 a** [the ~s] ゲルフ派, 教皇派《12–15 世紀にかけてイタリアにおいてドイツ皇帝派 (the Ghibellines) の勢力に対抗して教皇を擁護した市民派》. **b** ゲルフ派の人, 教皇派の人. **2** 19 世紀初頭に外国の支配者および反動思想に反対したイタリアの秘密結社員. **~·ic** /-fɪk/ *adj.* **~·ism** /-fɪzm/ *n.* 〚(1579) ◻ It. *Guelfo* ◻ MHG *Welf* (ドイツ王家の創始者の名) < OHG *(h)welf* 'WHELP'〛

Guelph /gwélf/ *n.* グエルフ《カナダ Ontario 州南東部の都市》.

gue·mal /g(w)éməl, -mɪ; *Am.Sp.* gwemúl/ *n.* 〖動物〗アンデスシカ, ゲマル《南米産の小形のシカ; ゲマルジカ(チリゲマルジカ) (*Hippocamelus bisulcus*), ペルーゲマルジカ (*H. antisiensis*) の 2 種がいるが絶滅が心配されている; huemul ともいう》. 〚(1808) ◻ Am.-Sp. *güemul* ◻ Arawcanian *huemul*〛

Guen·e·vere /gwénəvɪə, gwín- | gwínɪ̀vɪə*ʳ*, gwén-/ *n.* グェネヴィア《女性名; 異形 Ginevra, Guenever /gwénəvə | -və*ʳ*/, Guinevere》. 〚◻ Welsh *Gwenhwyvar* ← *gwen* white+*gwyf* smooth, yielding: cf. Gwendolen, Jennifer, Winifred〛

gue·non /gwénən, gənɔ́ː(ŋ), -nɔ́ːŋ | gwénən, -nɒn; *F.* gənɔ̃/ *n.* 〖動物〗グエノン《アフリカ産のオナガザル属 (*Cercopithecus*) およびその近縁属のオナガザルの総称; grivet, green monkey, vervet など》. 〚(1838) ◻ F ~ ← ?〛

guer·don /gɔ́ːdn | gɔ́ː-/ 《古・詩》 *n.* 報い, 報酬. — *vt.* …に報いる, 報酬を与える. **~·er** /-dṇə, -dnə | -dṇə*ʳ*, -dnə*ʳ*/ *n.* 〚(*c*1380) ◻ OF *guer(e)don* < ML *widerdōnum* 《変形》 ← OHG *widarlōn* (=OE *wiperlēan*) ← *widar* again+*lōn* reward: ML の語形は L *dōnum* gift との連想による〛

gue·rez·a /gərézə/ *n.* 〖動物〗ゲレザ, コロブス《アフリカ産オナガザル科コロブス属 (*Colobus*) の数種のオナガザルの総称; (特に)アビシニアコロブス (*C. guereza*)》. 〚(1859) ← Afr. 《現地語》〛

Gue·rick·e /géᵊrɪ̀kə | géərɪ-; *G.* géːʁɪkə/, **Otto von** *n.* ゲーリケ《1602–86; ドイツの物理学者; cf. Magdeburg hemisphere》.

gue·ri·don /gèrɪdɔ́ː(ŋ), -dɔ́ːŋ; *F.* geʁidɔ̃/ *n.* (*pl.* ~**s** /~z; *F.* ~/) (灯火・花瓶などを置くための)小卓《通例凝った装飾[彫刻]が施されている》. 〚(1853) ◻ F *guéridon* ← *Guéridon* (家族名)〛

gue·ril·la /gərílə/ *n., adj.* =guerrilla.

Gue·rin /géᵊrən | géərɪ̀n/, **Jules** *n.* ゲリン《1866–1946; 米国の画家; Washington, D.C. の Lincoln Memorial の壁画で知られる》.

Gué·rin /geɪrǽ(ŋ), -rǽŋ; *F.* geʁɛ̃/, **(Georges) Maurice de** *n.* ゲラン《1810–39; フランスの詩人》.

Guer·lain /geəlǽ(ŋ), -lǽŋ | geə-; *F.* gɛʁlɛ̃/ *n.* 〖商標〗ゲラン《フランスの化粧品メーカー; Vol de Nuit, Mitsuko などの香水で知られる》.

Guer·ni·ca /gwéənɪkə | g(w)ɜ́ːnɪkə, gəːníːkə; *Sp.* geɾníka/ *n.* ゲルニカ《スペイン北部, Bilbao 北方の町; スペイン内乱中 1937 年にナチスドイツ空軍に爆撃・破壊され, このことを題材にした P. Picasso の絵画 (1937) は有名》.

Guern·sey /gɜ́ːnzi | gɜ́ːn-/ *n.* **1** ガーンジー《Guernsey 島原産の一品種の乳牛》. **2** [g-] 毛糸のジャージ類の厚編みジャケット《主に水夫用》. **3** [g-] 《豪》(フットボール選手が着る)ウール製の袖なしシャツ, ジャンパー. ***gèt a guérnsey*** 《豪》選ばれる, 認められる. 〚(1664) ↓〛

Guern·sey /gɜ́ːnzi | gɜ́ːn-/, **the Isle of** *n.* ガーンジー島《英国 Channel Islands 第二の島; 面積 63 km²》.

Guérnsey líly *n.* 〖植物〗=nerine. 〚1578〛

Guer·re·ro /gəréᵊrou | -réərəu; *Sp.* geréɾo/ *n.* ゲレロ(州)《メキシコ南部, 太平洋岸の一州; 面積 63,794 km², 州都 Chilpancingo /tʃilpanθíŋo/》.

guer·ril·la /gərílə, gε- ★ /gε-/ の発音は gorilla との混同を避けるときに使われることが多い. *n.* (*also* **guerilla** /~/) **1** ゲリラ兵《主として敵をいう》, 遊撃隊員《主として味方をいう》; 不正規兵, 別働[ゲリラ]隊員: an urban ~ 都市ゲリラ隊員. **2** 《古》ゲリラ戦, 不正規戦, 遊撃戦. — *adj.* [限定的]ゲリラ兵[戦]の: a ~ band ゲリラ隊 / ~ war(fare) ゲリラ戦. **~·ism** /-lɪ̀zm/ *n.* 〚(1809) ◻ Sp. ~ (dim.) ← *guerra* war ◻ OHG *werra* strife, quarrel: cf. war[1]〛

guerrílla théater *n.* ゲリラ演劇《街頭で行われる反戦劇・前衛劇など; street theater ともいう》. 〚1968〛

guess /gés/ *vt.* **1 a** (不十分な根拠から)臆測する, (当て)推量する: We can only ~ the reason for his resignation. 彼の辞任の理由はただ臆測するしかない. **b** (ある程度の根拠から)推測[推量]する, …を[…(であると)]見当をつける〔*at*〕/ ⟨*to be*⟩ (⇨ think SYN): *From* his appearance I should ~ his age *at* 40 [~ him *to* be 40, ~ *that* he is 40]. 彼の様子から見て年は 40 歳見当だと思う / I ~*ed* he was sick. 彼は具合が悪いのだと思った / I could have ~*ed* as much from the way he looked. 彼のようすからそんなことだろうと察してもよかったのだが.
2 言い[考え, 解き]当てる; 当ててみる: ~ an answer, a riddle, the result, etc. / *Guess* how old I am. 私がいくつか当ててごらん / (You'll never) *Guess* who I met today. 今日だれに会ったと思う / *Guess* who! It's me, Jim. だれだと思う? 私だ, ジムだよ / Can you ~ the height of the tower? あの塔の高さはどのくらいだと思う. **3** 《米・カナダ口語》[通例 *that*-clause を伴って] ⟨…と⟩思う, 信じる (suppose, believe): I ~ he is sick. 彼は病気らしい / I ~ I'll go, too. 私も行くことにしよう / I ~ *so* [*not*]. そうみたいね[そうじゃないみたいね].
— *vi.* **1** 推量して言う, 当て推量を言う; 推測する〔*at*〕: ~ right [wrong] うまく言い当てる[当て損なう] / You are only ~*ing*. 君はただ当てずっぽうを言っているだけだ / I can't even ~ *at* what she wants. 彼女が何を望んでいるのか見当もつかない / I can only ~ *about* it. それはただ推測するしかない. **2** うまく言い当てる.
Guéss whát 《口語》[意外なことを切り出し相手の注意を引いて] あのねえ: *Guess what*, he's won that scholarship. あのさあ, 彼は例の奨学金をとったよ. ***kéep a pérson guéssing*** 《口語》⟨人を⟩不安にして[気をもませて]おく: She always *keeps me* ~*ing*.
— *n.* 推測, 推量, 臆測, 当て推量: a lucky [good] ~ うまく当たった推量, 図星 / an educated [inspired] ~ 経験を踏まえた[直感による, 事実に基づかない]推測 / give [make, take] a ~ 当て推量する / Give it a ~. 一つ当ててごらん / Have a ~ *at* the number. 数の見当をつけてみなさい / My ~ is [It is my ~] that …はまず間違いないと思う / Your ~ is as good as mine. それは(君にわからないと同様)私にもわからない.
ánybody's [***ányone's***] ***guèss*** 《口語》(だれにもいろいろに推測されるが)はっきりわからない[予測できない]事: What will happen now is *anybody's* ~. 今どんなことが起るものやらわかったものではない / *Anybody's* ~ is nobody's ~. 本当のこと[どうなるか]はわかりっこない / It's *anybody's* ~ whether she'll succeed. 彼女が成功するかどうかはだれにもわからない. (1938) ***at a*** (***róugh***) ***guéss*** (ざっと)推測して(言えば), だいたいの見当で(は): *At a* ~ more than twenty houses were damaged. 推測すると 20 軒以上の家が被害を受けたようだ. ***by guéss*** 推測によって, 当てずっぽうで: He did all the problems *by* ~. 問題をすべて当てずっぽうでやった. ***by guéss and by Gód*** [***gólly, gósh***] 《俗》全く当てずっぽうで; およその目測で, 見当で《測量するなど》. ***hàve anóther guèss cóming*** 《口語》考え違いをしている, 間違っている: If you think so, you *have another* ~ *coming*. そう思うなら間違いだ.
~·a·ble *adj.*
〚(*c*1303) *gesse(n)* ← ? ON (OSwed. *gissa* / ODan. *giste*) < ? Gmc **ʒetiskan* to try to get ← **ʒetan* 'to GET' (cf. ON *geta* to guess) ← IE **ghend-* to take, seize: *gu-* の綴りは 16 世紀から: ⇨ get[1]〛

guéss·er *n.* 当て推量を言う人, 推測者; 言い当てる[当てた]人. 〚(1440): ⇨ ↑, -er[1]〛

guéss·ing gàme *n.* 当てっこ遊び《ある物(たとえば数, 動物など)を頭に思い浮かべ, 相手が一連の質問をしてそれをあてる》; 自分が知りたいことが故意に隠されている状況.

guéss·ing·ly *adv.* 当てずっぽうで, 臆測的に. 〚(1604–5): ⇨ -ing[2], -ly[1]〛

guéss-ròpe *n.* 〖海事〗 **1** =guess-warp 2, 3. **2** =guest rope. 〚(1711) 《変形》 ← *guest rope*: GUESS-WARP との連想による変形〛

guess·ti·mate /géstəmèɪt | -tɪ̀-/ *vt.* 《口語》(明確な事実・資料によらないで)推量[推定]する, 当てずっぽうに見積る. — /géstəmɪ̀t | -tɪ̀-/ *n.* いい加減な推定[見積り]. 〚(1923) ← GUESS *n.*+(ES)TIMATE *n.*〛

guess-warp /géswɔ̀ːəp | -wɔ̀ːp/ *n.* 〖海事〗 **1** =guest rope. **2** 船内から出た円材の先にたらした綱《ボートをつなぐ》. **3** 船外の固定物(錨(いかり)など)まで伸ばした綱《この綱を船上からたぐって船をそこに移動させる》. 〚(1495–97) *gyes warp* ← *gyes* (← ? GUY[1])+WARP: cf. guest rope〛

guéss·wòrk *n.* **1** 当て推量, 当てずっぽう: *by* ~=*by* GUESS. **2** 当て推量の結果. 〚1725〛

guest /gést/ *n.* **1** (食事・会合・家庭などに招かれた)客, 客人 (⇨ visitor SYN); (市・クラブ・学校・式などの)賓客(ひんきゃく), 来賓 (↔ host): a few ~*s* to [*for*] dinner 晩餐に招かれた数人の客 / the ~*s* at a wedding =the wedding ~*s* 結婚式出席者 / an unexpected ~ 招かれざる客 / I was his ~ for three weeks. 3 週間彼の客になった / Lunch with me at the hotel as my ~. ホテルで昼飯をごちそうしよう / The swallow is a summer ~ in Britain. 英国ではツバメは夏の訪問者だ. **2** (ラジオ・テレビ番組・オーケストラ・劇団などの)ゲスト《レギュラーではなく客演する人; guest artist, guest star ともいう》. **3** (ホテル・下宿・旅館・レストランなどで料金を払う)客, 旅客, 泊り客, 滞在客, 宿泊人: a paying ~ (私宅の)下宿人《lodger, boarder を体裁よく言ったもの》. **4** 《廃》他国者, 異国人 (stranger). **5** 〖動物〗(他の巣の中に同居する)寄生[共生]動物 (inquiline)《主に昆虫》. **6** 〖植物〗寄生植物. **7** 〖地質〗鉱物(や岩石)中に取り込まれた別種の鉱物[岩石] (cf. host[2] 6).
Bé my guést 《口語》どうぞご自由に(お使い下さい, お召上がり下さいなど); どういたしまして (You are welcome to (do) it): Can I have another sandwich? — *Be my* ~! もう一つサンドウィッチをいただいてもいいですか — どうぞ. (1955) ***a*** [***the***] ***guést of hónor*** (1) (晩餐会・式などの)主賓. (2) パーティーなどの賓客, 貴賓.
— *adj.* **1** 賓客として行う, 招待[招聘(しょうへい)]された: ~ players (運動などの)招待選手 / a ~ speaker 来賓演説者 / a ~ member (regular member に対して)お客さま, 客員. **2** 客用の, 接待用の: ⇨ guest room. **3** (ラジオ・テレビ番組・オーケストラなどで)ゲスト(として)の (cf. *n.* 2): a ~ performer ゲスト出演者 / a ~ conductor (オーケストラの)客演指揮者 / the ~ editor of a special issue 特別

号のゲスト編集者. **4** 〖動物〗寄生[共生]する: a ~ ant, bees, moths, etc.
— *vt.* 《米》〈人を〉客としてもてなす. — *vi.* **1** 《口語》〔ラジオ・テレビ番組などに〕ゲストとして出演する〔*on*〕. **2** 《古》客である[になる].
〚ME *gest(e)* ▭ ON *gestr* < Gmc **ʒastiz* (Du. *gast* / G *Gast*) ← IE **ghostis* (L *hostis* stranger, enemy): cf. host[1,2]〛

Guest /gést/, **Edger A(lbert)** *n.* ゲスト《1881–1959; 英国生まれの米国のジャーナリスト・詩人; 新聞に家庭的な詩を書いて広く人気を呼んだ》.

guést àrtist *n.* =guest 2.

guést béer *n.* 《英》特定ビール会社傘下の酒場で期間限定販売される他社のビール.

guést bòok *n.* 芳名録, 宿帳.

guést·chàmber *n.* =guest room. 〚*a*1400〛

guést-condúct *vt.* 〈オーケストラなどを〉客演指揮する. 〚1945〛

guést flàg *n.* 〖海事〗ゲストフラッグ《ヨットの持ち主が不在で客が乗っていることを示す青地に白の対角線のはいった四角い旗》.

guest·house /ɡésthàus/ *n.* **1** 高級下宿, ゲストハウス《通例客に食事と宿泊と娯楽施設などを提供する》. **2** (敷地内にある)来客用の離れ. **3** (修道院などで巡礼者のための)宿坊. 〚OE *ġiest-hūs*〛

gues·ti·mate /*v.* géstəmèɪt | -tɪ̀-; *n.* -təmət | -tɪ̀-/ *vt., n.* =guesstimate.

guést·less *adj.* 客のない, 賓客のない; 宿泊人のない. 〚(1598): ⇨ -less〛

guést-nìght *n.* 《英》(クラブ・学校などで)賓客接待の夜. 〚1885〛

guést ròom *n.* **1** (個人の家でふだん空けてある)来客用寝室. **2** (ホテル・宿泊所などの)客室. 〚1638〛

guést ròpe *n.* 〖海事〗 **1** ゲスロープ, つかまり綱《船側に沿って張った綱で, 横付けするボートに手掛りを与えるためのもの; chest rope, grab rope ともいう》. **2** (towline のほかに)引き船に付けた第二の綱《船の左右への逸出を防ぐためのもの》. 〚(1623): 《原義》? rope to aid guests coming aboard: 第一要素は GUY[1] の変形か (cf. guesswarp)〛

guést stàr *n.* =guest 2.

guést tòwel *n.* 客用のタオル《小型のハンドタオル》. 〚1921〛

guést wòrker *n.* 外国人労働者, 出稼ぎ労働者《欧州経済共同体, 特にドイツで非熟練労働に従事する》. 〚1970〛

Gue·va·ra /ɡəvάːrə, ɡɛ-; *Sp.* geβáɾa/, **Ernesto** *n.* ゲバラ《1928–67; アルゼンチン生まれのキューバの革命家・政治家; Castro とともにキューバ革命を指導, のち Bolivia でゲリラ活動中殺された; 通称 Ché /tʃéɪ/ Guevara》.

Gue·vá·rist /-rɪ̀st | -rɪst/ *n.* ゲバラ (Ché Guevara) の信奉者《テロリストによるゲリラ活動で革命を誘発しようと夢想する》. 〚(1967): ⇨ ↑, -ist〛

gu·fa /ɡúːfə/ *n.* グーファ《Mesopotamia で昔から使われている小枝細工を骨組みとし, 獣皮を張りさらにピッチを塗って水密にした円形の小舟; kufa ともいう》. 〚(1914) ▭ Arab. *qúffa[h]* basket〛

guff /ɡʌ́f/ *n.* 《俗》ばか話, でたらめ, ナンセンス. 〚(1825–80) 《混成》← GU(ST[1])+(PU)FF: または擬音語〛

guf·fa /ɡúːfə/ *n.* =gufa.

guf·faw /ɡʌfɔ́ː, ɡə-, -fάː | -fɔ́ː/ ★《米》ではまた /ɡʌ́fɔː, -fɑː/ *n.* (下品な)ばか笑い, げらげら笑い (horselaugh) (⇨ laugh SYN): give a loud ~. — *vi.* ばか笑いする. 〚(1720) 擬音語?〛

Gug·gen·heim /ɡúɡənhàɪm, ɡúːɡ-/ *n.* 〖遊戯〗=category 4. 〚(1930) 人名から〛

Gug·gen·heim /ɡúɡənhàɪm, ɡúːɡ-/, **Daniel** *n.* グッゲンハイム《1856–1930; 米国の資本家・慈善家》.

Gúggenheim Féllowship *n.* [the ~] グッゲンハイム助成金《1925 年米国上院議員 Simon Guggenheim (1867–1941) とその妻が設立した the John Simon Guggenheim Memorial Foundation から, 毎年芸術家や学者に対して与えられる》.

Gúggenheim Muséum *n.* [the ~] グッゲンハイム美術館《米国 New York 市にある現代美術館; Frank Lloyd Wright 設計による斬新な建物》.

gug·gle /ɡʌ́ɡl/ *vi.* **1** (瓶から流れ出る水のように)ごくごく[どくどく]音を立てる. **2** ごくごく[どくどく]音を立てて飲む[流れる]. — *vt.* ごくごく音を立ててつぐ[飲む]. — *n.* ごくごく[どくどく, ぶくぶく, ごぼごぼ]という音. 〚(1611) 擬音語: cf. gurgle, gargle〛

gug·let /ɡʌ́ɡlɪ̀t/ *n.* =goglet.

guhr /ɡúə | ɡúə^(r)/ *n.* **1** 〖岩石〗岩石の割れ目に水の作用によってたまった土状の沈澱物. **2** 〖地質〗=kieselguhr. 〚(1686) ▭ G 《方言》*Gu(h)r* 《原義》ferment: cf. G *gären* to ferment〛

GUI /dʒíːjuːáɪ, ɡúːi/ *n.* 〖電算〗グラフィカルユーザーインターフェース, グーイ《コンピューターを視覚的に操作できるように考案されたインターフェース; マウスなどで操作する》〚(*c*1985) 《頭字語》← *g(raphical) u(ser) i(nterface)*〛

Gui. 《略》Guiana.

Gui·a·na /ɡiǽnə, ɡaɪ-, -άːnə | ɡaɪǽnə, ɡiάːnə/ *n.* ギアナ: **1** 南米北東部で Orinoco, Río Negro, Amazon の三河に囲まれた大西洋岸の広大な熱帯地域; 狭義の Guiana (⇨ 2) のほかにブラジル北部・ベネズエラ東部を含む; 面積 1,787,091 km². **2** 上記地方の大西洋岸地方; 西から Guyana, Surinam, French Guiana の 3 地域に分かれる. ★ この 3 地域を合わせて the (three) Guianas ということもある. 〚(現地語) ← ?〛

Gui·a·nese /ɡàɪəníːz, ɡàɪə-, -níːs | ɡàɪəníːz⁺/ *adj.* ギアナ地方の; ギアナ地方の(先)住民の. — *n.* (*pl.* ~) ギアナ地方の(先)住民. 〚(1600): ⇨ ↑, -ese〛

guib /ɡíb/ *n.* 〖動物〗ブッシュバック, ギブ (*Tragelaphus scriptus*) (bushbuck)《サハラ砂漠以南のアフリカ産のたてがみや縞(しま)模様がある小形のレイヨウ》. 〚(1774) ▭ Afr. ~〛

gui·chet /ɡiːʃéɪ | ⁻⁻; *F.* ɡiʃɛ/ *n.* 格子のついた入口, 小門; (特に)出札口, 切符売場 (ticket window). 〚(1839) ▭ F ~ 'wicket' ← Gmc (cf. MDu. *wi(n)ket* wicket)〛

guid /ɡíd/ 《スコットランド方言を真似て》ɡýd, ɡýd/ *adj.* 《スコット》=good.

guid·a·ble /ɡáɪdəbl | -də-/ *adj.* 導くことができる, 指導できる, 案内することができる. 〚(1676) ← GUIDE+-ABLE〛

guid·ance /ɡáɪdəns, -dənts, -dns, -dnts | -dəns, -dənts, -dns, -dnts/ *n.* **1 a** 導き, 案内, 手引き, 指導, 指揮, 指図 (direction); 手本, 模範 (model): under a person's ~ 人の案内[指導]で. **b** (学生)指導, 補導, ガイダンス《生活指導と職業指導の両方の概念を含んでおり, 社会へ児童・生徒を適応させると共に, 現実の中から児童・生徒の意欲を引き出し, その能力を伸ばしてやること; cf. orientation 3 b》: vocational ~ 職業指導. 日英比較 日本語では「新入生ガイダンス」などということがあるが, 英語の *guidance* は平常の指導の意で, 新入生[社員]などへの適応指導(コース)はとくに orientation という. **2** 〖心理〗ガイダンス《心理的な問題をもつ人たちに, 心理相談を通じて, その解決に協力すること》: ~ and counseling ガイダンスとカウンセリング. **3** 〖宇宙〗(宇宙船・ミサイルなどの飛行進路の)誘導: the ~ system of a missile ミサイルの誘導システム (cf. guided missile). 〚(1538): ⇨ guide, -ance〛

guídance cóunselor *n.* 《米》(学校の)指導カウンセラー, 生徒指導員 (career counselor).

guide /ɡáɪd/ *n.* **1 a** 案内書, 手引き, 入門書, 便覧 (handbook): a ~ *to* English studies [poultry keeping] 英語研究[養鶏]の手引き. **b** 旅行案内(書) (guidebook): a ~ *to* Scotland スコットランド旅行案内. **2** 案内人, 道案内; (観光客・博物館などの)案内人, ガイド; 山の案内人, 職業登山家. **3 a** 指導者, 教導者, 先達 (leader, conductor), 亀鑑(きかん) (model): one's ~ *in* religion [*through* life] 宗教の[人生の]先達. **b** (行動・思想などのための)指導原理, 基準, 指針: Instinct is not always a safe ~. 本能は必ずしも安全な手引きではない. **4 a** 道しるべ, 道標 (guidepost). **b** (器具・機械などの)案内, 誘導装置, 滑り座[道]; (外科用探針の)導子; (釣竿(ざお)・ミシンなどに付けた)糸道: a sewing-machine ~ ミシンの糸道. **c** =guide card. **5** [G ~] 《英》 **a** 少女団員 (girl guide, 《米》girl scout). **b** 《英》Girl Guides の指導団員 (11–16 歳; cf. brownie 2 a). **6 a** 〖陸軍〗基準, 嚮導(きょうどう)《隊列の最前列の右または左に位置し, 隊の整列・行進・方向転換の基準となる》; 基準部隊. **b** 偵察隊員; [*pl.*] 偵察隊. **c** 〖海軍〗嚮導艦[船]《通例, 旗艦》. **7** 〖心霊〗(霊媒に乗り移って語らせる)霊. — *vt.* **1 a** 道案内する, 案内する (direct); 〈観光客を〉ガイドする: He ~*d* me *through* the city. 彼は私を町中に案内してくれた / The lights in the harbor ~*d* the ship *to* [*into*] port. 港内の灯火に導かれて船は入港した / The blind man was ~*d* by his dog. その盲人は犬に道案内されていた / a country *through* a war [*to* victory] 国を率いて戦争を[勝利に]導く. **b** 〈車・道具・動物などを〉(ある方向に)推し進める, 動かす. **2** (勉強などで)指導する, 手引きする (instruct): ~ children *in* their studies 少年たちの勉強を指導する / ~ a person *through* the intricacies of Greek syntax 複雑なギリシャ語統語法を人に(手引きして)教える. **3** (行動・方針・考えなどを)指導する, 統制する (regulate); 〈国家などを〉支配する, 管理する. **4** 〈思想・感情などが〉左右する, 導く, 動かす (lead, influence): be ~*d* by one's sense of duty [one's passions, one's love for truth] 義務感[激情, 真理の愛]に導かれる / Let wisdom ~ our feet. 知恵によって歩もう / a person's *guiding* principle in life 人生の指針. **5** 《スコット》扱う, 使う (treat). — *vi.* 道案内をする. 〚n.: (*a*1376) ▭ (O)F ~ ← *guider* (v.) — v.: (*c*1385) *g(u)ide(n)* ▭ (O)F *guider* 《変形》← 《廃》*guier* < VL **widāre* ▭ Gmc **witan* to look after (OE *witan* to blame) ← **wit-* (⇨ wit[1], wise[3]) ← IE **weid-* to see.〛

guíde bàr *n.* 〖機械〗案内棒 (slide bar). 〚1839〛

guíde·bòard *n.* 道案内板. 〚1810〛

guíde·bòok *n.* 旅行案内(書), 遊覧案内, ガイドブック: Baedeker's ~. 〚1814〛

guíde càrd *n.* 見出しカード《カード目録のところどころに差し込んだ一部分突き出た厚紙または金属板》. 〚1923〛

guíd·ed /-dɪ̀d | -dɪd/ *adj.* **1** 案内人[ガイド]に付き添われた[案内された]: a ~ group. **2** 誘導された: a ~ bomb. 〚(1857) ← GUIDE+-ED〛

guíded míssile *n.* 〖軍事〗(遠隔操作や自動装置により誘導される)誘導弾, 誘導ミサイル, 誘導飛翔体, 指向性飛行体. 〚1945〛

guíde dòg *n.* 盲導犬. 〚1932〛

guíded tóur *n.* =conducted tour.

guíded wáve *n.* 〖物理〗導波《導体または誘電体に沿って伝播する波動》.

guíde·less *adj.* 案内人[指導者]のない; 指導のない. 〚(1557): ⇨ -less〛

guíde·line /ɡáɪdlàɪn/ *n.* **1** [通例 *pl.*] (政策などを決定する)指針, 指標, 路線, ガイドライン〔*on*〕. **2** (図案・絵画の薄い)下書きの線; (タイプ印書の)目印; 罫(けい)(線). **3** (岩場・地下通路などの)案内[誘導]ロープ〔*to*〕. **4** 〖舞台〗背景の移動・幕の昇降をする鋼線. 〚1785〛

guíde nùmber *n.* 〖写真〗ガイドナンバー《フラッシュ撮影の際の露出を算定する数値; 使用する感光材料に基づき, 閃光源から被写体までの距離に絞りの F 値を乗じたもの》.

guíde pìle *n.* 〖建築〗親杭(おやぐい)《掘削工事で, 横矢板を受ける土留め杭; gauge pile ともいう》.

guíde·pòst *n.* **1** (路傍に立てた)道しるべ, 道標. **2** 指針, 路線 (guideline). 〚1761〛

guid·er /ɡáɪdə | -də^(r)/ *n.* **1** 導く[案内する]もの. **2 a** 指導者. **b** [しばしば G-] ガールガイドの指導者[団長]《成人のボランティア》. 〚(*c*1400): ⇨ guide, -er[1]〛

guíde ràil *n.* (扉や窓の)案内レール.

guíde ròpe *n.* **1** (クレーンの引揚げ綱に添えて正しい位置に導く)抑え綱, 張り綱 (guy). **2** 〖航空〗(気球・飛行船の)誘導索, 調節綱 (trail rope). 〚14C〛

Guídes Associàtion *n.* [the ~] ガイド協会《1910 年 Lord Baden-Powell と姉 Agnes Baden-Powell によって英国に創設された Girl Guide 組織》.

guíde vànes *n. pl.* (タービン・ダクトなどの)案内羽根, 案内翼, 導翼.

guíde·wày *n.* 〖機械〗案内面, 滑り溝. 〚1876〛

guíde whèel *n.* (自転車の)補助輪. 〚1840〛

guíde wòrd *n.* =catchword 2 a.

guíd·ing /-dɪŋ | -dɪŋ/ *n.* 《英》ガールガイドの活動.

guíding príncipl**e** *n.* 指導原理.

Gui·do /ɡwíːdou, ɡíː- | -dəu; *It.* ɡwíːdo/ *n.* グウィード《男性名》. 〚▭ It. Sp. & Port. ~: ⇨ Guy〛

Gui·do d'A·rez·zo /ɡwíːdoudɑːrétsou, ɡíː- | -dəudærétsəu, -dərɛ́ts-; *It.* ɡwíːdodaréttso/ *n.* グイード ダレッツォ《992?–1050; イタリアあるいはフランスのベネディクト会修道士・音楽理論家; 階名唱法の基礎を定め, 4 線譜表を完成したと伝えられる; Guido Aretino, Fra Guittone /ɡittóːne/ ともいう; ⇨ Guidonian syllable》.

gui·don /ɡáɪdn, -dɑ(ː)n | -dn/ *n.* **1** (もと騎兵隊の)槍(やり)旗, 三角旗 (cf. flag[1] 1 a); その旗手. **2** 〖陸軍〗 **a** (つばめの尾の形をした旗で部隊の識別に用いる)隊旗. **b** 隊旗の旗手. 〚(1548) ▭ F ~ ▭ It. *guidone* ← *guidare* < VL **widāre* 'to GUIDE'〛

Gui·do·ni·an /ɡwiːdóuniən, ɡiː- | -dəu-/ *adj.* グイードダレッツォ (Guido d'Arezzo) (式)の. 〚(1721) ← Guidon- (← GUIDO (D'AREZZO))+-IAN〛

Guidónian sýllable *n.* 〖音楽〗グイードの音名つづり字《Guido d'Arezzo が創始したと伝えられる ut (=do), re, mi, fa, sol, la の 6 音名の視唱用つづり字》.

Guido Reni *n.* ⇨ Reni.

Gui·enne /ɡwiːjén; *F.* ɡɥiɛn/ *n.* ギュイエンヌ(県)《フランス南西部大西洋岸の旧県; 県都 Bordeaux; フランス語名 Guyenne》.

guige /ɡíːdʒ, ɡíːʒ; *F.* ɡiːʒ/ *n.* 〖甲冑〗盾のつり革ひも《これで盾を肩に下げる》. 〚(?*c*1450) ▭ OF ~〛

gui·gnol /ɡiːnjɔ́(ː)l | -njɔ́l; *F.* ɡiɲɔl/ *n.* **1** (手で操る)人形 (puppet); (特に)指人形 (hand puppet) (cf. marionette); 人形芝居, ギニョール. **2 a** =Grand Guignol. **b** =Punch-and-Judy show. 〚(1882) ▭ F ~ ← *Guignol* (人形芝居の登場人物の名)〛

Gui·hua /*Chin.* kuǐxuà/ *n.* 帰化(クイホワ)《中国内モンゴル自治区区都 Hohhot の旧名》.

Gui Jiang /ɡwiːdʒiάːŋ, -dʒiάːŋ | -dʒǽŋ, -dʒiǽŋ; *Chin.* kuìtɕiɑ̄ŋ/ *n.* [the ~] 桂江(クイチャン)《中国広西チワン族自治区を南に流れ梧州で西江 (Xi Jiang) と合流する川 (320 km)》.

guild /ɡíld/ *n.* **1** (近代の)同職[同業]組合; 仲間, 組合, 会 (fellowship, society): a ~ of bank clerks. **2** (中世の)ギルド《共同の目的を遂行するため広く行われた各種の友好団体; その目的により宗教的・慈善的・工業的・商業的・行政的の各種に分かれた》: ⇨ guild merchant, trade guild. **3** 〖植物〗ギルド《ある程度他の植物に依存する植物群; 通例, 腐生植物 (saprophytes), 寄生植物 (parasites), 着生植物 (epiphytes), 蔓(つる)生植物 (lianas) の四つが挙げられる》. 〚lateOE *gilde*: (i) ▭ MLG & MDu. *gilde* (Du. *gild*) < Gmc **ʒelðjōn*: (ii) ▭ ON *gildi* guild, guildfeast, payment < Gmc **ʒelðjam*: (iii) ← OE (lateWS) (*ġe*)*ġyld* guild, payment < Gmc **ʒelðjam*: *gu-* のつづりについては ⇨ guilt〛

guild·er[1] /ɡíldə | -də^(r)/ *n.* (近代)同業組合員.

guil·der[2] /ɡíldə | -də^(r)/ *n.* **1 a** ギルダー《Euro 流通前のオランダ・スリナム・オランダ領 Antilles 諸島の通貨単位; =100 cents; 記号 G; gulden ともいう》. **b** 1 ギルダー銀貨[紙幣]. **2** オランダ・ドイツ・オーストリアで使われた各種の旧金貨[銀貨] (golden ともいう). 〚(?1458) *gildre(n)* ▭ Du. *gulden*: *r* は *kroner* との連想による非語源的挿入〛

Guild·ford /ɡílfəd | -fəd/ *n.* ギルフォード《イングランド南東部 Surrey 州中部の都市》. 〚OE *Ġyldeford* 《原義》ford where golden flowers grew ← **gyld* marsh marigold: ⇨ gold, ford〛

guíld·hàll *n.* **1** 中世ギルドの集会場, ギルド会議所. **2** 《英》(もとギルドの集会所であった)市役所, 町役場 (town hall, city hall). **3** [the G-] London 市庁. 〚OE (*ġe*)*ġyld healle*〛

guild mérchant *n.* 商人ギルド《国王への献金を代償として商業の独占権などを有した中世都市の商人組合; merchant guild ともいう》. 〚(1418) ▭ AF *guilde merchante* ▭ LL *gilda mercātōria*: *merchant* は形容詞〛

guild·ry /ɡíldri/ *n.* 《スコット》(royal burgh の) ギルド, 組合 (guild). 〚(1583): ⇨ -ry〛

guíld·shìp *n.* **1** =guild 1. **2** ギルド (guild) の組合員の身分. 〚OE *ġieldscipe*: ⇨ guild, -ship〛

guílds·man /ɡíldzmən/ *n.* (*pl.* **-men** /-mən, -mèn/) **1** ギルドの組合員. **2** ギルド社会主義信奉者. 〚1873〛

guild sócialism *n.* ギルド社会主義《全産業を国有化して各職種ごとのギルドが管理・運営するという社会主義思想; 20 世紀初頭の英国で唱えられた》. 〚1912〛

guild sócialist *n.* ギルド社会主義者. **guíld-so·ciàlístic** *adj.* 〚1913〛

guílds·wòman *n.* 女性のギルド組合員. 〚1877〛

guile /gáɪl/ *n.* **1** 陰険なずるさ, 狡猾(ɡ̊ɔ̃) (⇨ deceit SYN). **2** 《古》策略, 術策. **— *vt.*** 《古》だます. 〖《?*a*1200》□ OF ~ □ ? ON **wile*- 'WILE'〗

guile·ful /gáɪlfəl, -fl/ *adj.* 悪巧みのある, ずるい, 陰険な (crafty, cunning). **~·ly** *adv.* **~·ness** *n.* 〖《?*a*1300》: ⇨ ↑, -ful[1]〗

guíle·less *adj.* 偽りのない, たくらみのない; 正直な, 純真な, 明朗な. **~·ly** *adv.* **~·ness** *n.* 〖《1728–46》: ⇨ -less〗

Gui·lin /gwìːlín, gwèɪ-; *Chin.* kuìlín/ *n.* 桂林(ɡ̊ɪ̃ɴ) 《中国広西チワン族自治区の都市; カルスト地形で有名な観光地》.

Guil·lain-Bar·ré sỳndrome /giːlǽ(ŋ)bɑːréɪ-, -lǽŋ-, bə-; *F.* gilɛ̃baʀe/ *n.* 〖病理〗ギランバレー症候群 《アレルギー性急性多発性神経炎》. 〖1939〗

Guil·laume /giːjóʊm | giːjoʊm; *F.* gijoːm/ *n.* ギヨーム 《男性名》. 〖□ F ~ 'WILLIAM'〗

Guillaume, Charles Édouard *n.* ギヨーム 《1861–1938; スイス生まれのフランスの物理学者; Invar を発明 (1897); Nobel 物理学賞 (1920)》.

Guilláume de Lor·rís /-lɔːríːs; *F.* lɔʀis/ *n.* ギヨーム ド ロリス 《13 世紀のフランスの詩人で *Roman de la rose*「薔薇(ばら)物語」の前半の 4058 行を書いた》.

Guilláume de Machául̀t *n.* ⇨ Machaut.

Guil·lem /giːlém; *F.* gilɛm/**, Syl·vie** /silvi/ *n.* ギエム 《1965– ; フランス出身のバレリーナ》.

Guille·min /giːmǽ(ŋ), -mǽŋ; *F.* gijmɛ̃/**, Roger Charles (Louis)** *n.* ギユマン 《1924– ; フランス生まれの米国の生理学者; 脳下垂体を支配するホルモンを発見して合成; Nobel 医学生理学賞 (1977)》.

guil·le·mot /gíləmɑ̀(ː)t | -lɪ̀mɔ̀t/ *n.* 〖鳥類〗ウミスズメ科ウミガラス属 (*Uria*) とウミバト属 (*Cepphus*) の海鳥の総称 《ウミガラス (*U. aalge*), ハジロウミバト (*C. grylle*), ウミバト (pigeon guillemot) など; cf. murre》. 〖《1678》□ F ~ (dim.) ← GUILLAUME: cf. robin[1]〗

guil·loche /gɪ̀lóʊʃ, gijóʊʃ | gɪlɔ́ʊʃ, gɪjlɔ́ʃ; *F.* gijɔʃ/ *n.* 〖建築〗組ひも飾り, 組編み模様. 〖《1842》□ F *guillochis* (もとこの模様を彫る道具の名) ← It. 《方言》*ghicciare* ← *gocciare* to drip ← L *gutta* a drop: cf. gout〗

guil·lo·tine /gílətìːn, ⌐⌐⌐ ★《英》では *n.* を /⌐⌐⌐/, *v.* を /⌐⌐⌐/ と発音する人がある. *n.* **1 a** ギロチン, 断頭台: go to the ~ 断頭台に上る, 斬首刑に処せられる. **b** [the ~] ギロチンによる処刑. **2** 《紙などの》断裁機. **3** 《英》討論打切り 《討議の時間を限定して議事妨害を防ぎ議案の通過を図る方法; closure by compartment ともいう》: The ~ fell at 11 p.m. and the House divided. 午後 11 時討論打切りとなり議会は賛否分かれて投票した. **4** 〖外科〗ギロチン 《輪と可動性の刃があって, 扁桃などの突出した病変を切除する器具》. **5** 〖レスリング〗ギロチン 《相手をあおむけにし half nelson と scissors を組み合わせたフォール》. **— *vt.*** **1** ギロチン[断頭台]で…の首を切る. **2** 《紙を》断裁機で切る. **3** 広幅シャー (guillotine shears) で〈金属細片などを〉切る. **4** 《英》討論打切りで〈議案〉の通過を急ぐ, 強行採決する. **5** 〖外科〗〈扁桃・口蓋垂などを〉切除する. **guíl·lo·tìn·er** *n.* 〖《1793》□ F ~ ← *J.-I. Guillotin* (1738–1814: 1789 年にこの首切りの刑具を提案したフランスの医師)〗

guíllotine amputátion *n.* 〖外科〗ギロチン切断(法) 《緊急の場合に行う手足の輪状切断で, 断端を閉じないもの》.

guíllotine shèars *n. pl.* 〖機械〗広幅シャー 《板材・金属細片切断用の刃渡りの長い押切り機》. 〖1884〗

guilt /gílt/ *n.* **1** 罪悪感. **2** 罪を犯していること, 罪があること, 有罪: establish a person's ~ 人の有罪を確定する / confess one's ~ 罪を犯したことを自白する / fix ~ on a person 人に罪を負わせる. **3** 犯罪行為, 非行, 罪 (crime); 《罪・過失の》責任 (blame): a life free from ~ 罪のない生涯. **4** 〖法律〗犯罪 (criminality). ***lày [pùt] a guílt trìp on a person*** 《米口語》人に罪悪感を覚えさせ(ようとす)る.
〖OE *gylt* offense ← ?: cf. OE *gieldan* to pay for / *scyld* sin: 今の *gu-* はフランス式つづり〗

guílt còmplex *n.* 〖心理〗罪責複合 《無意識のうちに潜在する罪責感》. 〖1927〗

guílt·i·ly /-təli, -tli | -tɪ̀li, -tli/ *adv.* 罪になるように; 罪ありげに, やましいようす[気持ち]で. 〖《1592–93》← GUILTY+-LY[1]〗

guílt·i·ness /gíltinəs/ *n.* 罪深さ, 後ろめたさ.

guílt·less *adj.* **1** 罪のない, 潔白な (⇨ innocent SYN). **2** 〔…の〕経験のない, 〔…を〕知らない, 持たない 〔*of*〕: be ~ *of* writing poems 詩作をしたことがない / be ~ *of* speaking French フランス語が話せない / be ~ *of* humor ユーモアがない. **~·ly** *adv.* **~·ness** *n.* 〖《*c*1200》: ⇨ guilt, -less〗

guílt-rìdden *adj.* 罪悪感にさいなまれた.

guílt-tríp *vt.* 《口語》《罪を指摘して》〈人〉に罪悪感をもたせる.

guílt trìp *n.* 《口語》罪の意識, 罪悪感: lay a ~ on a person 人に罪悪感をもたせようとする / send a person on a ~ 人に罪悪感をもたせる.

guilt·y /gílti/ *adj.* (**guilt·i·er; -i·est**) **1** 罪の自覚のある, 罪悪感のある, 身に覚えのある, やましい所のある: a ~ look, blush, etc. / have a ~ conscience *about* …について気がとがめる. **2** 罪となるような, 犯罪的な; 罪の[に関する]: a ~ secret 悪事の秘密 / a ~ deed [intention] 犯罪行為[意志], 犯行[意]. **3 a** 〔…の〕罪を犯した, 有罪の 〔*of*〕: a ~ man / be ~ as charged 訴ったえられたとおり有罪である / be ~ *of* larceny 窃盗罪を犯す / be ~ *of* murder 殺人の罪がある / ~ [not ~] 〖法律〗有罪[無罪] 《刑事裁判における陪審員の評決》/ He was found ~ [not ~]. =The jury found him ~ [not ~]. 有罪[無罪]と判決[評決]された / I plead ~ *to* murder. 殺人の罪を認めます. **b** 〔過失などを〕犯した, 〔…の〕欠点のある 〔*of, about*〕: be ~ *of* a blunder 過失を犯す / be ~ *of* a breach of good manners 作法にはずれた事をする / be ~ *of* bad taste 趣味の悪いことをする / I still feel ~ *about* that error. 今でもあの間違いのことは悪かったと思っている / I feel ~ *that* I couldn't do more for him. 彼にもっとしてあげられずに悪いと思っている. **4** 《廃》〔…に〕処せられるべき (deserving) 〔*of*〕: He is ~ *of* death. 彼は死に当たれり (*Matt.* 26: 66). 〖OE *gyltig*: ⇨ guilt, -y[1]〗

guílty-lìke *adj.* 《Shak》後ろめたそうに. 〖1604〗

guimpe /gímp, gǽmp; *F.* gɛ̃ːp/ *n.* **1** 〖服飾〗ギンプ, ガンプ 《1910 年ごろ着用されたローネックのドレスの下につけたジレー (gilet) の一種; レースやネットでできていてスタンドカラーのついているもの》. **2** 《修道女などの》肩と首を覆うための幅の広い布. **3** 子供の短いブラウス 《ピナフォー (pinafore) を上に着ることが多い》. **4** =gimp[1] 1, 2. 〖《1850》□ F ~ 'WIMPLE' ← Gmc〗

Guin. 《略》guinea(s).

guin·ea /gíni/ *n.* **1** ギニー(金貨) 《1663 年から 1813 年まで英国で鋳造された金貨; 最初 20–22 シリングの価値であったが, 1717 年以後 21 シリングに一定された》. **2** ギニー 《現通貨制度 (1971 年)以前の 21 シリングに当たる英国の通貨単位; 弁護士・医師などの謝礼や公共団体などへの出金, 絵画・競走馬・地所などの値段に常用され, 今でも慣習的に高価なものの価格表示に用いられることがある (=£1.05); 記号 G》. **3 a** アフリカから米国へ輸入されたばかりの奴隷. **b** [通例軽蔑的] すぐそれとわかるような外国人. **c** 《米俗》[通例軽蔑的] イタリア人, イタリア[スペイン]系移民. **4** 《俗》うまやの下働き. **5** 〖鳥類〗=guineafowl. 〖《1664》GUINEA 産の金で鋳造したのにちなむ〗

Guin·ea /gíni/ *n.* ギニア: **1** アフリカ西部の共和国; もと French West Africa の一部で French Guinea といったが, 1958 年独立; 面積 245,857 km², 首都 Conakry; 公式名 the Republic of Guinea ギニア共和国. **2** アフリカ中部の大西洋沿岸地方; 広義にはおよそ Gambia 川から Gabon 河口あるいは Angola 南部まで, 狭義には Guinea 湾沿岸地方; ⇨ Portuguese Guinea, Equatorial Guinea. 〖《1610》□ Port. *Guiné* □ ? Berber *Aguinaou* (原義) (the land of) Black people)〗

Guinea, the Gulf of *n.* ギニア湾 《アフリカ大陸西海岸の大湾, 大西洋の一部》.

Guin·ea-Bis·sau /gínibɪsáʊ/ *n.* ギニアビサウ 《アフリカ西海岸の共和国; 旧ポルトガル海外領土で Portuguese Guinea と呼ばれたが 1974 年独立; 面積 36,125 km², 首都 Bissau; 公式名 the Republic of Guinea-Bissau ギニアビサウ共和国》.

Guínea còrn *n.* 〖植物〗=durra.

guínea·fòwl *n.* 〖鳥類〗ホロホロチョウ (*Numida meleagris*); (その他)ホロホロチョウ科の鳥の総称. 〖1655〗

guinea fowl

guínea gràins *n. pl.* =GRAINS of paradise.

guínea gràss *n.* 〖植物〗ギニアソウ (*Panicum maximum*) 《アフリカ原産イネ科の牧草》. 〖1756〗

guínea hèn *n.* **1** 〖鳥類〗ホロホロチョウ (guinea fowl) の雌. **2** 《廃・俗》売春婦. 〖1578〗

guínea-hèn flòwer *n.* 〖植物〗ヨーロッパおよびアジア産の淡色に紫色または栗色の市松模様のある花をつけるユリ科バイモ属の球根植物 (*Fritillaria meleagris*). 〖1597〗

Guínea·man /-mən/ *n.* (*pl.* **-men** /-mən, -mèn/) **1** =Guinean. **2** 《古》ギニアとの貿易船[貿易商人]. 〖*c*1695〗

Guin·e·an /gíniən/ *adj.* **1** ギニア地方の; ギニア地方(原)住民の. **2** ギニア共和国の; ギニア共和国人の. **— *n.*** **1** ギニア地方の(原)住民. **2** ギニア共和国人. 〖《1589》← GUINEA+-AN[1]〗

Guínea pèpper *n.* **1** 〖植物〗熱帯アフリカのコショウに似た実のなるバンレイシ科の木 (*Xylopia aethiopica*); その実. **2** アフリカ産の各種のコショウの総称. **3** =GRAINS of paradise. 〖1597〗

guínea pìg *n.* **1** (いろいろな面での)実験材料, 実験台; 調査資料. **2** 〖動物〗テンジクネズミ (*Cavia porcellus*) 《南米産, 畜用品種は医学・生物学などの実験用またはペット用; 俗にモルモットという》. 日英比較 日本語の「モルモット」の語源になった marmot とは別の動物. **3** 《英古》ギニー金貨の報酬を受ける人 《重役会議に列席する名義だけの会社重役, 他教区の礼拝式を代行する牧師, 医師など》. 〖《1664》この動物の産地である南米の Guiana と混同したためか〗

Guínea wòrm *n.* 〖動物〗メジナチュウ (*Dracunculus medinensis*) 《熱帯インド・アフリカに分布する線虫類の一種; 人などの筋肉組織, 特に足部に寄生して潰瘍(かいよう)を起こさせる》. 〖1699〗

Guin·e·vere /gwínɪ̀vɪə, gín- | -vɪə^(r)/ *n.* (*also* **Guin·e·ver** /-və | -və^(r)/) **1** グイネヴィア 《女性名》. **2** 〖アーサー王伝説〗グイネヴィア 《Arthur 王の妃, Lancelot の愛人》. 〖⇨ Guenevere〗

Guin·ness /gínɪ̀s/ *n.* 〖商標〗ギネス 《スタウト (stout) の商品名; 英国産の黒褐色の濃厚なビール; アイルランドの国民的飲料とされている》.

Guin·ness /gínɪ̀s, gɪnés | gínɪ̀s, gɪnés/**, Sir Alec** *n.* ギネス 《1914–2000; 英国の舞台および映画俳優》.

Guínness Bòok of Récords *n.* [the ~] ギネスブック 《英国のビール会社 Guinness の子会社が毎年発行する世界記録集》.

gui·pure /gɪp(j)ʊ́ə | -pjʊ́ə^(r); *F.* gipyːʀ/ *n.* (*pl.* **~s** /~z; *F.* ~/) ギピールレース: **1** 地になる網目がなく, 模様と模様を直接につなぎ合わせたレースの一種 《guipure lace ともいう》. **2** 絹, 綿, レーヨンなどを針金に巻いた飾糸. 〖《1843》□ F ~ ← *guiper* to cover or whip with silk ← Gmc (Frank.) **wīpan* to wind round: ⇨ wipe, whip, -ure〗

Gui·púz·co·a /gɪpúːskoʊə | -kəʊə; *Sp.* gipúθkoa/ *n.* ギプスコア 《スペイン北部 Basque 地方の州; 州都 Donostia-San Sebastián》.

gui·ro /(g)wíːᵊroʊ | gwíərəʊ; *Am.Sp.* gwíɾo/ *n.* (*pl.* **~**) ギロ 《ラテンアメリカ起源の打楽器; へちま形空洞状で表面に洗濯板状のぎざぎざがあり, 棒でこすって音を出す》. 〖《1898》□ Am.-Sp. *güiro* (原義) bottle gourd ← Taino〗

gui·sard /gáɪzəd | -zəd/ *n.* 《スコット・北英》(特にハロウィーンで)仮装した人. 〖《1626》(古形) *gysart* ← 《スコット・廃》*gys(e)* to disguise: cf. guise〗

gui·sarme /gɪzɑ́əm | -zɑ́ːm; *F.* gizaʀm/ *n.* =gisarme.

Guis·card /giːskɑ́ə | -kɑ́ː^(r); *F.* giskaːʀ/**, Robert** *n.* ギスカール 《1015?–85; 南イタリア・シチリアを征服したノルマン人; 別称 Robert de Hauteville /oʊtvíːl; *F.* ɔtvil/》.

guise /gáɪz/ *n.* **1** 仮装, 変装; うわべ, 見せかけ (⇨ appearance SYN): *under* [*in*] the ~ *of* friendship [patriotism] 友情[愛国心]を装って. **2** 姿, 様子, 外観: old ideas *in* a new ~ 表面は新しいが中身は旧来の考え. **3** 《古》服装, 身仕度: a foreigner *in* strange ~ 奇妙な服装の外国人. **4** 《廃》やりかた, 流儀, 風. **— *vt.*** **1** 《古》装わせる (dress) 〔*in*〕. **2** 《英方言》仮装させる. **— *vi.*** 《英方言》変装[仮装]している. 〖《?*a*1300》□ (O)F *guise* < VL **wīsa(m)* □ Gmc **wīsōn* (G *Weise* manner): ⇨ wise[2]〗

Guise /gíːz, gwíːz; *F.* gɥiːz, giːz/**, 2nd Duc de** *n.* ギーズ公 《1519–63; フランスの大貴族, 将軍・政治家; 本名 François de Lorraine》.

Guise, 3rd Duc de *n.* ギーズ公 《1550–88; フランスの大貴族, 将軍で新教徒反対派の首領, サンバルテルミーの虐殺 (Massacre of St. Bartholomew) の首謀者の一人; 本名 Henri I de Lorraine; 2nd Duc de Guise の息子》.

guís·er *n.* (クリスマスやハロウィーンの)仮装した人. 〖《1488》: ⇨ guise, -er[1]〗

Gui·sui /*Chin.* guɪ̀sʊɪ́/ *n.* 帰綏(きすい) 《中国内モンゴル自治区区都 Hohhot の旧名》.

gui·tar /gɪ̀tɑ́ə | -tɑ́ː^(r)/ *n.* ギター: ⇨ acoustic guitar, electric guitar. **— *vi.*** (**gui·tarred; -tar·ring**) ギターを弾く. **~·lìke** *adj.* 〖《1621》□ F *guitare* // Sp. *guitarra* □ Arab. *qītharaʰ* □ Gk *kithára* cithara: CITHARA, ZITHER と三重語〗

guitár·fìsh *n.* 〖魚類〗サカタザメ 《サカタザメ科の数種のエイの総称; 上から見た体形がギターに似ている》. 〖1900〗

gui·tar·ist /gɪ̀tɑ́ːrɪ̀st/ *n.* ギターを弾く人[奏者], ギタリスト. 〖《1770》: ⇨ -ist〗

Gui·te·ras /giːtéɪrəs; *Am.Sp.* gitéɾas/**, Juan** *n.* ギテーラス 《1852–1925; キューバの病理学者; 黄熱病がネッタイシマカの媒介によることを実証》.

guit·guit /gwítgwìt/ *n.* 〖鳥類〗熱帯アメリカ産の小形のミツドリ (honeycreeper) 数種の総称. 〖《1893》擬音語〗

Gui·try /gíːtri; *F.* gitʀi/**, Sa·cha** /sɑʃa/ *n.* ギトリ 《1885–1957; フランスの劇作家・俳優》.

gui·ver /gáɪvə | -və^(r)/ *n., adj.* =gyver.

Gui·yang /gwìːjɑ́ːŋ; *Chin.* kuìiɑ́ŋ/ *n.* 貴陽(きよう) 《中国貴州省 (Guizhou) の省都》.

Gui·zhou /gwìːʒóʊ, gwèɪ- | -ʒə́ʊ; *Chin.* kuìtʂōu/ *n.* 貴州(きしゅう)省 《中国南西部の省; 少数民族が多い; 省都貴陽 (Guiyang)》.

Gui·zot /giːzóʊ | -zə́ʊ; *F.* gizo/**, François Pierre Guillaume** *n.* ギゾー 《1787–1874; フランスの政治家・歴史家》.

Gu·ja·rat /gùːdʒərɑ́ːt, gùːdʒ-; *Hindi* gʊɟəraːʈ/ *n.* **1** グジャラト 《インド西部の Narbada 川の北方の平野地方で, もと王国》. **2** グジャラト(州) 《インド西部の州; 旧 Bombay 州の一部; 面積 187,090 km², 州都 Ahmadabad》.

Gu·ja·ra·ti /gùːdʒərɑ́ːti, gùːdʒ- | -ti; *Hindi* gʊɟəraːʈi/ *n.* (*pl.* **~**) **1 a** (インド西部の)グジャラト語. **b** グジャラト語を書くためのアルファベット. **2** グジャラト人. **— *adj.*** グジャラト人[語]の. 〖《1808》□ Hindi *gujurātī* ← *Gujurāt* Gujurat〗

Gu·je·rat /gùːdʒərɑ́ːt, gùːdʒ-; *Hindi* gʊɟəraːʈ/ *n.* = Gujarat.

Gu·je·ra·ti /gùːdʒərɑ́ːti, gùːdʒ- | -ti/ *n.* =Gujarati 1.

Guj·ran·wa·la /gùːdʒrənwɑ́ːlə, gùːdʒ- | guːdʒrɑ́ːnwʌlə/ *n.* グジランワラ 《パキスタン北東部 Punjab 州 Lahore 北方の都市》.

Guj·ra·ti /guːdʒrɑ́ːti, gʊdʒ- | -ti/ *n.* =Gujarati 2.

gu·la /g(j)úːlə/ *n.* (*pl.* **gu·lae** /g(j)úːlaɪ | gjúːliː/, **~s**) **1** 〖動物・昆虫〗喉板(こうばん) 《頭部の下面の中央部を形成している喉の節片》. **2** 〖建築〗 **a** 大きくくぼみのある(一団の)繰形(くりかた). **b** =ogee. 〖《1400》□ L ~ 'throat, GULLET'〗

Gu·lag /gúːlɑːg | -læg, -lɑːg; *Russ.* gulák/ *n.* **1** グーラーグ 《旧ソ連の矯正労働収容所管理局 (1930–55)》. **2** [g-] (特に旧ソ連の)強制収容所・政治犯収容所. 〖《1946》□ Russ. (頭字語) ← *G(lavnoye) U(pravleniye ispravitelno-trudovykh) Lag(erei)* Chief Administration for Corrective Labor Camps〗

gu·lar /g(j)ú:lə | -lə(r)/ *adj.* 〖動物・昆虫〗咽喉(いんこう)の[に関する, にある]. 〘(1828): ⇨ gula, -ar[1]〙

Gul·bar·ga /gálbəːgà: | -bɑː-/ *n.* グルバルガ《インド南部, Karnataka 州北部の都市; 綿紡績業の一中心地》.

Gul·ben·ki·an /gulbéŋkiən; *Turk.* gulbéŋkjan/, **Ca·louste Sar·kis** /kælúːstsáːkɪs | -sáːkɪs/ *n.* グルベンキアン (1869-1955; トルコ生まれの英国の実業家; グルベンキアン財団 (Gulbenkian Foundation) を創り芸術・科学・教育を振興した).

Gulbenkian, Nu·bar Sar·kis /n(j)úːbəsáːkɪs | -bəsáːkɪs/ *n.* グルベンキアン《Calauste の息子で英国の実業家・外交官・慈善家》.

gulch /gálʧ/ *n.* 《米・カナダ》(急流のある)峡谷. 〘(1832) ← ? 《廃・方言》 *gulch* to swallow greedily (音位転換) ← *glucchen* (a1200) to drink greedily (?擬音語): cf. gulp〙

Gul·da /gúldə; *G.* gúlda/, **Friedrich** *n.* グルダ (1930-2000; オーストリアのピアニスト・作曲家).

gul·den /gúːldən, gúl-, -dn | gúl-, gúː-; *Du.* ɣólda(n), xól-/ *n.* (*pl.* ~**s**, ~) **1** グルデン (⇨ guilder[2]). **2** 昔のダンチッヒ (Danzig) の通貨単位[銀貨] (1920-39). 〘(16C) □ Du. & G ~ (原義) golden〙

Gü·lek Bo·ğaz /*Turk.* gylékboáz/ *n.* ギュレッキ山峡 (Cilician Gates のトルコ語名).

gules /gjúːlz/ 〖紋章〗 *n.* (*pl.* ~) 赤色, 紅色 (無彩色図では垂直平行線で示す). — *adj.* 赤色の, 紅色の. 〘(c1320) *goules* □ OF (F *gueules*) red fur neckpieces (pl.) ← *gole* throat < L *gulam* jaw: cf. ML *gulae* (pl.) ermine dyed red〙

gulf /gálf/ *n.* **1** (社会的地位・意見などの)大差, 懸隔, 大きな隔たり: a great ~ fixed 越えられない境界[障壁] (*Luke* 16:26) / the ~ *between* rich and poor 貧富の懸隔. **2** 湾 (通例 bay より大きいもの, または幅に比べて奥行きが深いもの): the *Gulf* of Mexico. **3 a** 深い穴, 深い裂け目[割れ目]. **b** 《詩》(海・川の)深み, 深い淵(ふち) (abyss), 深海. **4** 《古》 **a** (吸い込む)渦巻 (whirlpool). **b** のみ込んでしまうもの. **5** 《英俗》(大学で優等試験に落第した)普通及第者名列[席次], 普通及第: get a ~. **6** [the G-] ペルシャ湾 (Persian Gulf); 《豪》 Carpentaria 湾; 《NZ》 Hauraki 湾. — *vt.* **1** 深みに巻き[のみ]込む, 吸い込む, 巻き込む (engulf). **2** 《英俗》〈大学の優等試験受験者を〉普通及第にする. **~·like** *adj.* 〘(?c1380) *goulf* □ (O)F *golfe* □ It. *golfo* < VL **colpum* □ LGk *kólphos* = Gk *kólpos* bosom, fold, bay ← IE **kʷelp-* to arch (OE *hwealf* vault)〙

Gúlf Íntracoastal Wáterway *n.* [the ~] 《米》湾岸内陸大水路 (⇨ Intracoastal Waterway).

Gulf·port /gálfpɔət | -pɔːt/ *n.* ガルフポート《Mexico 湾に面する米国 Mississsippi 州南部の港町》.

Gúlf Stàtes *n. pl.* [the ~] **1** (ペルシャ)湾岸諸国《ペルシャ湾沿岸の産油国; イラン・イラク・クェート・サウジアラビア・バーレーン・カタール・アラブ首長国連邦・オマーン》. **2** メキシコ湾に臨む米国の諸州 (Florida, Alabama, Mississippi, Louisiana, Texas の 5 州). 〘1863〙

Gúlf Strèam *n.* [the ~] **1** メキシコ湾流《北大西洋の暖流; Mexico 湾から北米大陸東岸を北上し, Newfoundland 沖合で北大西洋海流に移行する》. **2** = Gulf Stream system. **3** = North Atlantic Drift. 〘1775〙

Gúlf Strèam sỳstem *n.* [the ~] メキシコ湾流系《メキシコ湾流・フロリダ海流・アンチール海流・北大西洋海流を含む》.

Gúlf Wár *n.* [the ~] **1** 湾岸戦争《イラクのクウェート侵略後, 米国を中心とした国連軍とイラクの間で行われた戦争 (1991); 短期間でイラクが敗北》. **2** = Iran-Iraq War. 〘1981〙

Gúlf Wár sỳndrome *n.* 湾岸戦争症候群《湾岸戦争に参加した兵士に見られる頭痛・記憶障害など》.

gúlf·wèed *n.* 〖植物〗(メキシコ湾産の)ホンダワラ属数種の総称; (特に) *Sargassum bacciferum* (しばしば海流に乗って流れ藻となる; sargasso, sargasso weed ともいう). 〘1674〙

gulf·y /gálfi/ *adj.* (**gulf·i·er; -i·est**) 渦巻き[深み]の多い. 〘(1594): ⇨ -y[4]〙

gull[1] /gál/ *n.* 〖鳥類〗カモメ《カモメ属 (*Larus*) および近縁の属の水鳥の総称》. 〘(a1450) □ OCorn. **gullen* < *guilan* (cf. Welsh *gwylan*) < **uilan* = OIr. *foilenn* ← Celt. **voilenno-* ← **ēlan-* ← **ēl* (擬音語)〙

gull[2] /gál/ *n.* **1** 《古》だまされやすい人, のろま (dupe) 《毛の生えそろわない鳥の意から》. **2** 《廃》悪巧み, 詐欺 (trick, deception). — *vt.* だます, 欺く (deceive, dupe); だまして…から取る (swindle) 〔*into, out of*〕: ~ a person *into* doing 人を欺いて…させる / ~ a person *out of* his money 人から金をだまし取る. 〘(c1384) ← ? 《方言》 *gull* unfledged bird ← ? ME *gull* yellow □ ON *gulr* < Gmc **ʒula*: cf. 《廃》 *gull* to swallow〙

gull·a·ble /gáləbl/ *adj.* = gullible.

Gul·lah /gálə/ *n.* **1** ガラ《米国 Georgia, South Carolina 両州の沿岸または近海の島に奴隷として定住した黒人》. **2** (ガラの使う)ガラなまりの英語. 〘(1739) ← ? *Gola* tribal group in Liberia // ? *Ngola* tribal group in the Hamba Basin of Angola〙

gúll-càtcher *n.* 《Shak》ぺてん師. 〘1601-02〙

gul·ler·y[1] /gáləri/ *n.* カモメ類の集団繁殖地[群棲地]. 〘(1833) ← GULL[1] + -ERY〙

gul·ler·y[2] /gáləri/ *n.* 《古》詐欺 (deception). 〘(1598) ← GULL[2] + -ERY〙

gul·let /gálɪt/ *n.* **1** 食道 (food passage, esophagus); のど (throat). ★ 咽頭と食道の総称として使われることが多い. **2 a** 食道状のもの. **b** 水路, 海峡 (channel). **c** 峡谷 (gully, ravine). **d** のこぎりの歯と歯の間のくぼんだ部分, 目. **e** 〖土木〗(掘削作業でトロッコの通れる程度の)予備的切開き. **f** 〖動物〗消化道《原生動物の細胞内で, 原形質が陥入して食物を取り入れる部分》. ***stick in a person's gúllet*** 〈物事が〉人に受け入れがたい, 人の気にくわない. — *vt.* **1** …に水路[峡谷]を作る. **2** 〈のこぎり〉の目立てをする. 〘(c1390) *golet* □ (O)F *goulet* (dim.) ← *gole, goule* (F *gueule*) throat < L *gulam* throat ← IE **gʷel-, *gel-* to swallow (OIr. *gelim* I eat up): cf. gules, glutton[1]〙

gul·ley[1] /gáli/ *n.* = gully[1].

gul·ley[2] /gáli/ *n.* 《スコット・北英》 = gully[2].

gull·i·bil·i·ty /gʌ̀ləbíləṭi | gʌ̀ləbílɪti/ *n.* だまされやすさ.

gull·i·ble /gáləbl | -lɪ-/ *adj.* だまされやすい, のろまな, 何でもすぐ真に受ける (credulous). **gúll·i·bly** *adv.* 〘(1825) (変形) ← *gullable* (1818) ← GULL[2] (v.)〙

gúll·ish /-lɪʃ/ *adj.* ばかな, のろまな. 〘(1598) ← GULL[2] + -ISH[1]〙

Gúl·li·ver's Trávels /gáləvəz- | -lɪvəz-/ *n.* 「ガリバー旅行記」《英国の Jonathan Swift 作の社会・政治を諷刺した作品 (1726) の通称; Lemuel Gulliver という人物が Lilliput, Brobdingnag, Laputa および Houyhnhnms の国々を訪れる航海記の形をなしている》.

Gull·strand /gálstrænd; *Swed.* gœ̀lːstrànd/, **Allvar** /álvar/ *n.* グルストランド (1862-1930; スウェーデンの眼科医; Nobel 医学生理学賞 (1911)).

gúll-wìng *adj.* **1** 〖航空〗かもめ形翼の, ガル翼の. **2** 〖自動車〗〈ドアが〉ガルウイング型の《屋根にちょうつがいがあって上方に開く型のものにいう》. 〘1932〙

gúll wìng *n.* 〖航空〗かもめ型翼, ガル翼《高翼形式の一種で主翼の上反角 (dihedral angle) が付根で大きく, 途中から小さくなっているもの; cf. inverted gull wing》. 〘1934〙

gul·ly[1] /gáli/ *n.* **1 a** 雨溝, 雨裂《降雨時の流水に浸食されてできた溝状の小谷で通常は水が涸(か)れている》. **b** 〖登山〗ルンゼ, クーロワール《岩壁にできた岩溝》. **c** 《豪》谷. **2** 溝, 下水 (gutter, drain). **3** (路面鉄道の)溝型レール (hollow rail), 板レール (tram plate). **4** 〖クリケット〗打者の後方右側 (point と slips との間)の守備位置; その位置を守る野手. **5** 〖ボウリング〗 = gutter. **6** 《スコット・北英》(塀・壁などの間を通る)小路. — *vt.* **1** …に溝を作る. **2** 〈水が〉〈峡谷を〉侵食して作る. — *vi.* 侵食されて峡谷ができる. 〘(1538) (変形) ? ← GULLET // □ F *goulet* 'GULLET': ⇨ -y[1]〙

gul·ly[2] /gáli/ *n.* 《英方言》大型ナイフ; 刀. 〘(1562) (略) ← *gully knife* ← *gully* ((変形) ? ← GULLET) + KNIFE: 肉屋が gullet を切るのに用いたことから?〙

gúlly-dràin *n.* (下水を落ち口まで流す)下水道. 〘1850〙

gúlly eròsion *n.* 〖地質〗ガリ侵食《強雨などによる土壌侵食》. 〘1928〙

gúlly-hòle *n.* (街路上の鉄格子蓋(ふた)をした)下水の落ち口. 〘1726〙

gúlly knìfe *n.* = gully[2].

gúlly-tràp *n.* 下水の落ち口の防臭弁. 〘1892〙

gu·lose /g(j)úːlous, -louz | gjúːləus/ *n.* 〖化学〗グロース ($C_6H_{12}O_6$) 《合成で得られる炭素 6 個の糖の一種; 非醗酵性シロップ状, 甘みがある》. 〘(1891) (変形) ← GLUCOSE〙

gu·los·i·ty /g(j)uːlá(ː)səṭi | gjuːlɔ́sɪti/ *n.* 《まれ》大食 (gluttony); 貪欲(どんよく). 〘(a1500) □ LL *gulōsitātem* ← L *gulōsus* gluttonous ← *gula* throat: ⇨ -ity〙

gulp /gálp/ *vt.* **1** 〈液体を〉がぶがぶ[ぐっと]飲む 〈*back*〉 (⇨ drink SYN); 〈食べ物を〉がつがつ食べる, 無理に飲み込む 〈*down*〉: ~ *down* a drink. **2** 〈話などを〉盲信する, 鵜呑(うの)みにする 〈*down*〉. **3** 〈込み上げて来る悲しみ・涙・くやしさなどを〉のむ, こらえる, ぐっと抑える 〈*back, down*〉: ~ *back* [*down*] tears, sobs, emotion, etc. — *vi.* **1** ごくりと[ごくごく]飲む. **2** (物を飲み込むかのように)息を殺す, 息を詰める: ~ *with* excitement 興奮で息詰まる. — *n.* **1** ぐっと[ごくごく]飲むこと; ごくりと[ごくごく]飲む音: take a ~ of a drink 飲物をごくごく[ごくりと]飲む / swallow at one [a] ~ = swallow in one ~ 一気にぐいと飲む. **2** (飲み物の)大口一杯, 一気に飲む量: a ~ of milk 牛乳の一飲み. **3** 〖電算〗ガルプ (数バイトから成るグループ). **~·er** *n.* 〘(a1376) □ Du. *gulpen* to gulp (擬音語)〙

gúlp·er *n.* **1** ぐっと飲む(み込む)人. **2** 〖魚類〗フウセンウナギ《フウセンウナギ目 (Saccopharyngiformes) の顎骨が著しく長く巨大な口をもつウナギ形の深海魚数種の総称》. 〘(1660): ⇨ ↑, -er[1]〙

gúlper èel [**fìsh**] *n.* = gulper 2.

gulp·ing *adj.* のどを鳴らしている, ごくごく飲む. **~·ly** *adv.* 〘(1865): ⇨ -ing[2]〙

gulp·y /gálpi/ *adj.* (**gulp·i·er; -i·est**) ごくりと飲む(ような): ~ sobs むせぶような すすり泣き. 〘(1860): ⇨ -y[4]〙

gum[1] /gám/ *n.* **1 a** 《口語》チューインガム (chewing gum). **b** 《英》グミ(キャンディー) (gumdrop). **2 a** ゴム糊, アラビア糊 (adhesive, glue). **b** 〖郵趣〗切手の裏側につけられている糊. **c** ゴム質のもの, 粘性のもの. **d** (セリシン (sericin) のように)生糸の外部についている粘性の物質: in the ~ 〈生糸が〉粘性物質を取り除く以前の段階にある. **3 a** ゴム質《諸種の植物の樹皮から分泌される乳状液; 空気中で凝固し, 樹脂 (resin) と異なりアルコールに溶けず水に溶ける; cf. mucilage 1》. **b** (一般に)ゴム《上記本来のゴムの外に resin や gum resin, mucilage をも含む植物分泌物》. 日英比較 日本語のゴムに相当する英語は rubber. **c** (工業用・美術用などの)加工ゴム. **4 a** 〖植物〗ゴムノキ (⇨ gum tree). **b** = gumwood. **c** 《豪》ユーカリノキ (eucalyptus tree). **d** 《NZ》 = kauri gum. **5** 《米》**a** 弾性ゴム (gum elastic, rubber). **b** ゴム製オーバーシューズ[長靴]. **6** 目やに, 目くそ. **7** 《方言》(おけとして使う)くり抜いたゴムノキ.
— *v.* (**gummed; gum·ming**) — *vt.* **1** …にゴム[ゴム質]を塗る, ゴムを引く, ゴムで固める[つける, 継ぐ] 〈*down, on, together, up, in*〉. **2** 《口語》〈計画などを〉だめにする, 狂わせる (spoil) 〈*up*〉. **3** ゴム質でふさぐ, ゴムで滑りを悪くする 〈*up*〉. **4** 《米俗》欺く, だます (cheat, deceive) 《アライグマやフクロネズミが狩人の目を逃れるためにモミジバフウ (sweet gum) の木かげに隠れる所から?》.
— *vi.* **1** ゴム質を分泌する; 〈果樹が〉病的樹液を分泌する. **2** ゴム状[粘着性]になる.
gúm* (*úp*) *the wórks ⇨ work 成句.
~·less, ~·like *adj.* 〘(a1325) *gomme* □ (O)F < VL **gummam* = L *gummi* (変形) ← *cummi* □ Gk *kómmi* □ ? Egypt. *kemai*〙

gum[2] /gám/ *n.* [通例 *pl.*] 歯茎, 歯肉(しにく), 歯齦(しぎん) (gingiva). ★ ラテン語系形容詞: gingival. ***béat one's gúms*** 《米俗》くだらぬことをしゃべる, 「だべる」. — *vt.* (**gummed; gum·ming**) **1** 〈擦り減ったのこぎり〉の目を立てる[立て直す] 〈*out*〉. **2** 《方言》〈食べ物を〉歯肉でかむ. — *vi.* 《方言》食物を歯肉でかむ. 〘OE *gōma* palate, inside of the mouth ← Gmc **ʒōma-* (ON *gómr* / G *Gaumen* palate) ← IE **ghēu-* to yawn, gape (Gk *kháos* 'CHAOS')〙

gum[3] /gám/ *int.* 《英古》〖驚き・強調に用いて〗: By ~! = By God! / My ~! = My God! (⇨ God *n.* 4). 〘(c1815) (変形) ← GOD〙

GUM 《略》〖医学〗genitourinary medicine 泌尿生殖器医学.

gúm acácia *n.* 〖化学〗 = gum arabic.

gúm accróides *n.* = acaroid resin. 〘1909〙

gúm ammóniac *n.* 〖化学〗アンモニアゴム (⇨ ammoniac).

gúm árabic *n.* 〖化学〗アラビアゴム《アフリカ産のアカシア類(特に, アラビアゴムノキ (*Acacia senegal*), アラビアゴムモドキ (*A. arabica*) から分泌されるゴム; ゴム糊・インク・菓子・生地のプリント印刷などに用いる》. 〘(c1400) *gumme arabik* (なぞり) ← NL *gummi Arābicum*〙

gúm bàll *n.* **1** 《米》ガムボール《派手な色の球形チューインガム[風船ガム]》. **2** 《米俗》(パトカーの屋根の)赤色回転灯, 赤灯(あかとう).

gúm bénjamin [**bénzoin**] *n.* 〖化学〗 = benzoin 1.

gúm-bichrómate pròcess *n.* 〖写真〗 = gum-dichromate process.

gum·bo /gámbou | -bəu/ *n.* (*pl.* ~**s**) 《米》 **1** 〖植物〗オクラ (⇨ okra 1); オクラのねばねばする(食用の)さや (okra pods). **2** ガンボー《オクラのさやなどで濃厚にしたスープ; 野菜に鶏肉または魚介類を入れる; 米国南部の料理》: ⇨ chicken gumbo. **3** [しばしば G-] 〘← ? Kongo *mkômbó* goat, runaway slave〙 Louisiana 州のフランス系住民や黒人の使うフランス語方言. **4** 混合(物) (mixture). **5** 〖地質〗 = gumbo soil.
— *adj.* [限定的] オクラ[ガンボー]の[に関する, に似た]. 〘(1805) □ Louisiana-F *gombo* □ Bantu *kingombo* (*ki*- は Bantu 語の pref.)〙

gúm·bòil *n.* 〖歯科〗歯肉下膿瘍(のうよう) 《歯肉にできる化膿巣; parulis ともいう》. 〘(1753) ← GUM[2] + BOIL[2]〙

gum·bo-lim·bo /gámboulímbou | -bəulímbəu/ *n.* (*pl.* ~**s**) 〖植物〗熱帯アメリカ産のカンラン科の樹木 (*Bursera simaruba*) 《その樹皮から採れる樹脂はワニス製造や医薬品として古くから使われた; gum elemi ともいう》. 〘(1837) ← Afr. (Bantu)〙

gúm·bòot *n.* [通例 *pl.*] 《英》ゴム長靴 (rubber boot). 〘1850〙

gúmbo sòil *n.* 〖地質〗(米国西部地方の)ねば土《氷河堆積物の表面が風化して粘土となったもので, 降雨後ははなはだしいぬかるみとなる; cf. gumbotil》.

gum·bo·til /gámbouṭɪl, -bə- | -bə(u)-/ *n.* 〖地質〗(氷河によって運搬された土砂が完全風化してできた)粘着性粘土《その厚さによって間氷期の長さを比較する; cf. gumbo soil》. 〘(1916) ← GUMBO + TILL[4]〙

gúm canàl *n.* 〖植物生理〗 = gum duct.

gúm cópal *n.* 〖化学〗 = copal.

gúm-dichrómate pròcess *n.* 〖写真〗ゴム印画法《アラビアゴムと重クローム酸塩の混合物の感光性を利用する印画法》.

gúm dìgger *n.* 《NZ》カウリ樹脂 (kauri) を掘る人. 〘1884〙

gúm dìgger's spéar *n.* 《NZ》カウリ樹脂採掘に用いる長い鉄棒.

gúm drágon *n.* = tragacanth. 〘(1718) (変形) ← (古形) *gum dragant* □ F *gomme adragant(e)*: 現在の形は通俗語源による変形: ⇨ gum[1], tragacanth〙

gúm·dròp *n.* 《米》ガムドロップ, グミ(キャンディー) 《甘みと香りを加えたアラビアゴム・ゼラチンなどで作った固いゼリー状のドロップ》. 〘1860〙

gúm dùct *n.* 〖植物生理〗ゴム道《ゴム質を分泌する細胞間隙; gum canal ともいう》.

gúm elàstic *n.* 〖化学〗弾性ゴム, ゴム (rubber). 〘(1807) (なぞり) ← F *gomme élastique*〙

gúm élemi *n.* **1** 〖化学〗 = elemi. **2** 〖植物〗 = gumbo-limbo.

gúm eràser *n.* 消しゴム《特に美術用》.

gúm fìeld *n.* 《NZ》化石化したカウリ樹脂 (kauri gum) の埋まっている土地. 〘1880〙

gu·mi /gúːmiː/ *n.* 〖植物〗 = goumi.

gúm jùniper *n.* 〖化学〗杜松(としょう)ゴム (⇨ sandarac 1). 〘1844〙

gúm kíno *n.* 〖化学〗=kino 1.

gum·lah /gʌmlɑ́ː/ *n.* (インドの陶器の)大水差し. 〖(1834)☐Hindi *gamlā*〗

gúm·lànds *n. pl.* (カウリマツが伐採されたり, 焼かれてカウリ樹脂しかない)不毛の土地. 〖1882〗

gúm lìne *n.* [通例 the ～] 歯と歯茎の境界(線).

gum·ma /gʌ́mə/ *n.* (*pl.* **～s**, **～·ta** /～tə｜～tə/) 〖病理〗(第三期梅毒の)ゴム腫(しゅ). 〖(1722)← NL ～← L *gummi* 'GUM¹'〗

gúm mástic *n.* 〖化学〗=mastic 1 a.

gummata *n.* gumma の複数形. 〖(1722)← NL ～〗

gum·ma·tous /gʌ́mətəs｜-təs/ *adj.* 〖病理〗ゴム腫(性)の. 〖(1684)← NL *gummat-* (⇨ gumma)+-OUS〗

gummed *adj.* ゴムを塗った[引いた], ゴム状の, 粘着性の: ～ labels ゴムのり付きのレッテル, 粘着性ラベル. 〖(c1450): ⇨ gum¹, -ed〗

gúm·mer *n.* **1** 《口語》(計画などを)だめにする人, へまなやつ. **2** 歯のない老いぼれ羊; (歯の抜けた)老人.

gum·mif·er·ous /gʌmíf(ə)rəs/ *adj.* ゴムを生じる. 〖(1683–84)← L *gummi* 'GUM¹'+-FEROUS〗

gúm·ming *n.* **1** ゴムを生じること. **2** 〖植物病理〗**a** (果樹の)病的樹液分泌. **b** =gummosis. **3** 〖印刷〗ゴム引き《製版作業で, 石版石にアラビアゴム溶液を塗布すること》. 〖(1419): ⇨ gum¹, -ing¹〗

gum·mite /gʌ́maɪt/ *n.* 〖鉱物〗グンマイト《閃ウラン鉱の変質によってできたウラン鉱物集合体; uranium-ocher ともいう》. 〖(1868)☐G *Gummit* ← *Gummi* (☐L *gummi* 'GUM¹')+-*it* '-ite¹'〗

gum·mo·sis /gʌmóusɪs｜-máusɪs/ *n.* 〖植物病理〗異状樹脂分泌(病), ゴム病《サクラ・スモモ・サトウキビ・ワタなどに起こる》. 〖(1882)← NL ～: ⇨ gum¹, -osis〗

gum·mous /gʌ́məs/ *adj.* **1** ゴム質[性]の, ゴム状の; ゴム用の. **2** 〖病理〗ゴム腫(しゅ)性の. 〖(1669)☐L *gummōsus* ← *gummi* GUM¹: ⇨ -ous〗

gum·my¹ /gʌ́mi/ *adj.* (**gum·mi·er**; **-mi·est**) **1** ゴムの, ゴム性の, 粘着性の. **2** ゴムの付いた, ねばねばする. **3** ゴム液を出す. **4 a** (ゴムのような)腫れ物ができた, ゴム腫に似た, 腫れた: a ～ tumor. **b** 〈馬の足が〉ふくれた. **5** 円滑でない, 滑りの悪い; 不愉快な. **gúm·mi·ly** /-mɪ̀li/ *adv.* **gúm·mi·ness** *n.* 〖(*a*1398): ⇨ gum¹, -y⁴〗

gum·my² /gʌ́mi/ *adj.* 歯茎を見せる; (特に)歯のない: a ～ smile. ― *n.* **1** 《豪》歯の平らなサメ (gummy shark); (特に)ホシザメ (*Mustelus antarcticus*). **2** 《NZ》(年老いた)歯の抜けた羊. 〖(1906)← GUM²+-Y⁴〗

Gúmmy Béars *n.* 〖商標〗グミベアー《クマの形をしたグミ(キャンディー)》.

gúm·mỳrtle *n.* 〖植物〗米国 California 州産フトモモ科の常緑高木 (*Angophora lanceolata*)《orange gum, rusty gum ともいう》.

gúm nùt *n.* 《豪》ユーカリ属の一種の堅い蒴果. 〖1936〗

gump /gʌ́mp/ *n.* 《方言》まぬけ, うすのろ (dolt). 〖(1825)←?〗

gúm plànt *n.* 〖植物〗=gumweed.

gump·tion /gʌ́m(p)ʃən/ *n.* 《口語》**1** 世才, 常識, 手腕. **2** 積極性, 進取の気性. **3** 〖絵画〗**a** 絵の具の調合法. **b** 融媒剤, メギルプ (megilp). 〖(1719)《スコット》? ～←? ME *gome*☐ON *gaum* care, heed〗

gúm ràsh *n.* 〖病理〗=strophulus.

gúm rèsin *n.* 〖化学〗ゴム樹脂《ゴムと樹脂の混合物; cf. gum¹ 3 b》. 〖1712〗

gúm ròsin *n.* 〖化学〗ガムロジン《生松やにを水蒸気蒸留して残るロジン》.

gúm sàndarac *n.* サンダラック樹脂 (cf. sandarac).

gúm Senegál *n.* =Senegal gum.

gúm·shìeld *n.* 〖ボクシング〗マウスピース (mouthpiece). 〖1954〗

gúm·shòe *n.* 《米》**1** [通例 *pl.*] **a** ゴム製オーバーシューズ. **b** ゴム底の靴, スニーカー (sneaker). **2 a** (ゴム靴をはいているように)静かに歩く人. **b** 《俗》警官, 刑事, 探偵. **3** 《米・カナダ俗》こっそり動く[行動する]こと. ― *adj.* [限定的]《口語》こっそり歩く; こっそり[ひそかに]行う, 暗中飛躍の: a ～ business, campaign, etc. ― *vi.* (**～d**; **～·ing**) 《口語》静かに[こっそり]歩く, こっそり行動する, 探偵する. 〖1863〗

gúm·spèar *n.* 《NZ》=gum digger's spear.

gúm·sùcker *n.* 《豪口語》**1** オーストラリア生まれの人. **2** Victoria 州生まれの人.

Gum·ti /gúmti/ *n.* グムティ(川)《インド北部 Uttar Pradesh 州北東部に発し, 南東に流れて Ganges 川に流入する (805 km)》.

gúm trágacanth *n.* =tragacanth. 〖1855〗

gúm trèe *n.* **1** 〖植物〗ゴムノキ《ゴムを産する種々の木; モミジバフウ (sweet gum), ヌマミズキ (black gum), ニッサ (tupelo), サポジラ (sapodilla), ユーカリ (eucalyptus) など; 単に gum ともいう》. ★ rubber plant (インドゴムノキ)とは別. **2** =gumwood. ***ùp a gúm trèe*** 《英口語》=*up a* TREE (cf. *a* POSSUM *up a gum tree*). 〖1676〗

gúm túrpentine *n.* ガムテレビン, ガムターペンチン, 生松やに (turpentine). 〖1926〗

gúm·wèed *n.* 〖植物〗米国西部産キク科ネバリオグルマ属 (*Grindelia*) の植物の総称《葉から粘質の分泌物を出し薬用に使う; ネバリオグルマ (*G. squarrosa*) など》.

gúm·wòod *n.* ゴムの木の材《ゴムノキ (gum tree) の木材, 特にオーストラリア産ユーカリ材または米国西部産モミジバフウ材など》. 〖1683〗

gun /gʌ́n/ *n.* **1 a** 砲, 大砲, 火砲: a heavy field ～=a ～ of position 備砲, 野戦重砲 / (as) sure as a ～ ⇨ sure 成句 / blow a person from (the mouth of) a ～ ⇨ blow¹ *vt.* 7 a. ★ howitzer や mortar と区別して口径と砲身の比が特に大きいものをいう (cf. cannon 1 a). **b** 携帯火器, 銃器, 銃, 鉄砲《小銃・ライフル銃・騎兵銃など》; 猟銃 (shotgun) (cf. rifle¹ b). **c** (連発)拳銃, ピストル (pistol) (cf. revolver 1); (競技の)スターターのピストル. **d** (火薬の爆発装置によらない)…銃, …鉄砲: a squirt ～ 水鉄砲 / ⇨ air gun, popgun, set gun. **2 a** 銃に似た装置. **b** 吹き付け[注入]器具: a cement [grease] ～ セメント[グリース]ガン. **c** (殺虫剤・塗料の)噴霧器 (spray gun). **d** (写真の)フラッシュガン (flashgun). **e** 《米俗》(麻薬用の)注射器. **f** 〖電子工学〗=electron gun. **3 a** (礼砲・祝砲・弔砲・号砲などの)大砲の発射: a salute of seven ～s 7 発の礼砲 / the morning [evening] ～ 〖海事〗朝[夕べ]の号砲. **b** 物事の最初[最後]の合図. **4** 《英》狩猟隊の一員: a party of five ～s 5 名の狩猟隊. **5 a** 《俗》殺し屋 (killer). **b** 《米俗》(ピストルを持つ)暴漢, ギャング (gunman). **6** 《俗》泥棒 (thief). 〖《俗》*ganef* (☐ Yiddish *gann(n)ef* thief, rascal) との連想による〗 **7** 《俗》**a** (飛行機などのエンジンの)スロットル, 絞り弁 (throttle)《初期の飛行機の加速装置[スロットルレバー]が銃の引き金に似ていることから》. **b** 絞り(弁)取手, スロットルレバー (throttle lever). **8** 《俗》大立物: ⇨ big gun 1 a. **9** =gun shearer. **10** 《俗》〖サーフィン〗(大波用の)大型サーフボード《big gun ともいう》.

béat the gún =*jump the* GUN. ***blów gréat gúns*** ⇨ blow¹ 成句. ***bríng óut* [*úp*] *the* [*one's*] *bíg gúns*** 《口語》(議論などで)取っておきの手を使う, 奥の手を出す. ***cárry* [*hóld*] (*bíg*) *gúns*** 有力な立場にある. (1732) ***cárry* [*háve*] *the gúns for*** …の能力がある, …する力がある. ***cárry tóo màny* [*the biggest*] *gúns for*** …には強すぎる, (論争などで)相手を寄せつけない. ***give it* [*her*, *etc.*] *the gún*** 《俗》乗物を加速させる, 乗物のスピードを出させる (accelerate); エンジンを始動させる (start). (1917) ***gò gréat gúns*** [通例進行形で]《口語》〈人が〉大いに[ばりばり]やる; 〈事が〉とんとん拍子にいく. (1913) ***Gréat gúns!*** 《俗》おやおや, しまった. ***gúns and bútter*** 大砲とバター《軍事計画と国民経済計画の両方を平等に強調する政策》. ***gúns befòre bútter*** バターより大砲《国民の社会的経済的発展よりも軍事の拡大を重視する政策; ドイツの宣伝相 J. P. Goebbels が 1942 年に使った言葉から》. ***júmp the gún*** (1) フライングを犯す《スタートの合図[号砲]前に跳び出す》. 日英比較 「競走などで出発の合図以前に飛び出すこと」を日本語では「フライング」というが, 英語の flying にはその意味はなく *jump the gun* という. 次の例も参照: Isn't it *jumping the gun* a little to fire him? 彼を首にするのはちょっと早まりすぎではないか. (2) 早まって行動する, スタートを誤る; 先走る. (1942) ***spíke a person's gúns*** 人の計画をくじく, …の裏をかく. (1687) ***stíck* [*stánd*] *to one's gúns*=*stánd by one's gúns*** 《口語》自分の意見[立場](など)を固守する. (1881) ***ùnder the gún(s)*** 武装監視のもとで.

― *v.* (**gunned**; **gun·ning**) ― *vi.* **1** 火器を使用する, 銃で追う, 銃で撃つ; 銃で猟をする: go ～*ning* 銃猟に行く. **2** 《口語》[通例進行形で] **a** 〈獲物を〉銃でねらう〔*for*〕. **b** 〈人を〉(非難・処罰・殺害などのために)つけまわす〔*for*, *after*〕 **c** …を得ようとやっきになる〔*for*〕: ～ *for* support, votes, etc. ― *vt.* **1** 《口語》〈エンジンの〉弁[スロットル]を開く, アクセルをふかす; (エンジンの弁[スロットル]を開いて)急に〈車などの〉速度を増す, 加速させる: ～ an engine / ～ it 車で飛ばす. **2** 《口語》銃で撃ち重傷を負わせる, 撃ち殺す 〈*down*〉. **3** …に銃[大砲]を装備する: a ship heavily ～*ned* 重備砲の船.

〖(?*a*1300) *gunne*, *gonne* ←? *Gunne* (dim.) ← *Gunnhild* ballista (もと女性名)☐ON *Gunhildr* ← *gunnr* war+*hildr* war: cf. Big Bertha〗

Gun. (略) gunnery.

gu·na /gúnə, gúː-/ *n.* 〖インド哲学〗グナ《数論(すろん)派 (Sankhya) で説く自然 (prakriti) の三要素 (rajas, tamas, sattva) の総称; cf. purusha》. 〖(1804)← Skt *guṇa* thread, quality〗

gún bàrrel *n.* 砲身, 銃身.

gún·bòat *n.* **1** 〖海事〗(河川・港湾パトロール用の喫水の浅い)小型砲艦. **2** 〖鉱山〗ガンボート《石炭用に用いられるスキップ (skip) の一種》. **3** [通例 *pl.*] 《米俗》大きな靴; 大きな足. 〖1777〗

gún bùnny *n.* 《米軍俗》砲兵, 砲手.

gúnboat diplómacy *n.* 武力外交, 砲艦外交. 〖1927〗

gún càptain *n.* 〖海軍〗砲長, 砲員長《砲についている数人からなる砲員の長, 通例下士官》. 〖1901〗

gún càrriage *n.* 砲架《固定または移動式の砲の支え》; 砲架車《全体が車両となっているもの》. 〖1769〗

gún contròl *n.* 銃規制.

gún·còtton *n.* 綿薬, 綿火薬, 強綿薬《ニトロセルロース (cellulose nitrate) の爆薬; nitrocotton ともいう》. 〖1846〗

gún crèw *n.* [集合的] 砲員, 砲[銃]側員《軍艦の一砲門を受けもつ弾薬手・装填(そうてん)手・照準手など全員をいう》. 〖1863〗

gun·da·low /gʌ́ndəlòu｜-ləu/ *n.* =gondola 4.

gún·dèck *n.* 〖海軍〗砲列甲板《昔の軍艦で, 両舷(げん)に多数の砲をのぞかせている甲板; 通例, 露天甲板の下》. 〖1677〗

gun·de·low /gʌ́ndəlòu｜-ləu/ *n.* =gondola 4.

gun·di /gʌ́ndi/ *n.* 〖動物〗グンディ《アフリカ北部東部産, グンディ科の各種齧歯動物》. 〖(1781)☐Magreb Arab. *gundi* ←? Arab. *jundī* soldier〗

gún·dòg *n.* 銃猟犬《setter, pointer, retriever など》. 〖1744〗

Gun·dolf /gúnda(ː)lf, -dɔ(ː)lf｜-dɔlf; G. gúndɔlf/, **Friedrich** *n.* グンドルフ《1880–1931; ドイツの文芸批評家・文学史家; *Shakespeare und der deutsche Geist*「シェークスピアとドイツ精神」(1911)》.

gún·fìght 《米口語》*n.* 銃撃戦, ピストル[銃]による決闘. ― *vi.* 銃(器)で戦う[撃ち合う]. **～·ing** *n.* 〖1659〗

gún·fìghter *n.* ピストル撃ちの名人, 《特に, 米国の西部開拓時代の》名拳銃使い. 〖1894〗

gun·fire /gʌ́nfaɪə｜-faɪə(r)/ *n.* **1** 発砲, 砲火, 砲撃; 《朝[夕]の》号砲(時). **2** 〖軍事〗(銃剣・魚雷・突撃・衝襲などの他の攻撃方法と区別して)火砲攻撃: ～ support 支援射撃, 艦砲の援護. 〖1801〗

gún·flìnt *n.* (燧発銃(すいはつじゅう)の)火打石. 〖1731〗

gunge /gʌ́ndʒ/ *n.* 《英口語》べとつくもの, ねばねばしたもの. ― *vt.* [通例受身で up を使い] べとつくものでふさぐ[詰まらせる]. **gúng·y** /-dʒi/ *adj.* 〖(1969) 擬態語?〗

gung-ho /gʌ̀ŋhóu｜-háu←/ *adj.* 《口語》熱心な, 心から忠誠を误す, すごく協力的な: He was very ～ *for* National Socialism. 熱烈な国家社会主義者だった. 〖(1942)☐Pidgin ～☐Chin. *kung ho* (工和) work together: 第二次大戦中の米国海兵隊奇襲部隊の標語〗

gún·harpòon *n.* 捕鯨砲が発射するもり. 〖1867〗

gún·hòuse *n.* (軍艦の)砲郭《中口径砲の掩体(えんたい)で, 装甲が比較的薄く, 砲弾の破片を防ぐもの》. 〖1893〗

gun·ite /gʌ́naɪt/ *n.* グナイト, ガナイト《セメントガンなどで直接施工面に吹き付けられるモルタル》. 〖(1914)← GUN+-ITE¹〗

gunk /gʌ́ŋk/ *n.* 《俗》(気持ち悪く)べとべとしたもの, ねば. **gúnk·y** *adj.* 〖(1932) 擬態語?〗

gúnk·hòle *n.* **1** (小型のヨットが利用する)静かな奥まった小さな入江[小湾]. **2** (泥・岩・植物の群生などによって)船が通ることの困難な浅い入江. ― *vi.* 小船で(島から島へ)小旅行をする. 〖1908〗

gún·làyer *n.* 《英》(大砲の)照準手. 〖1906〗

gún·less *adj.* 銃砲を持っていない[必要としない]. 〖1867〗

gún lòbby *n.* [the ～] 銃擁護圧力団体, ガンロビー《銃規制に反対する急進的な院外団》.

gún·lòck *n.* 銃機, 引き金. 〖1731〗

gún·màker *n.* 鉄砲かじ, 銃砲製造業者 (gunsmith). 〖1385–86〗

gun·man /gʌ́nmən, -mæ̀n/ *n.* (*pl.* **-men** /-mən, -mɛ̀n/) **1** 殺し屋 (killer); ピストルを持つ強盗, ギャング (gangster) (cf. gun moll 1). **2** 銃[ピストル]の名人, 早撃ちの名手. **3** 銃器携帯者. **4** 銃砲工, 鉄砲かじ (gunsmith). **～·shìp** *n.* 〖1624〗

gun·mètal *n.* **1** 〖冶金〗砲金《昔大砲の砲身に用いた銅・スズの合金で青銅の一種; 今はこれに亜鉛を加えて器具・機械材料として用いる》. **2** =gunmetal gray. 〖1541〗

gúnmetal gráy *n.* 砲金灰色《あまり光らない, わずかに青みを帯びた赤灰色》. 〖1905〗

gún mìcrophone *n.* ガンマイク《離れた所から音源に向けて使用する長い円筒型のマイクロホン》. 〖1962〗

gún mòll *n.* 《米俗》**1** ギャングの情婦[女性共犯者] (cf. gunman 1). **2** 女ギャング. 〖1908〗

gún mòney *n.* ガンマネー《ジェームズ二世が 1689 年にアイルランドで発行した貨幣; 一部古い大砲から作られた悪貨》. 〖1712〗

Gun·nar /gúnɑə｜-nɑː(r); *Dan.* gɔ́nˀa, *Swed.* gə́nːar/ *n.* **1** グナー《男性名》. **2** 〖北欧伝説〗グンナル《*Volsunga Saga* で Giuki と Grimhild の息子, Sigurd の手助けで Brynhild を妻にする; *Nibelungenlied* の Gunther に当たる》. 〖☐ON *Gunnarr* (原義) battle ← *gunnr*: cf. gun〗

Gun·nars·son /gúnəsən, -sn｜-nɑː-/, **Gunnar** *n.* グンナルソン《1889–1975; アイスランドの小説家・詩人; *The Church on the Mountain* (1923–28)》.

Gúnn díode /gʌ́n-/ *n.* 〖電子工学〗ガンダイオード《ガン効果 (Gunn effect) を用いたマイクロ波用半導体素子》. 〖1966〗

gunned *adj.* [しばしば複合形の第 2 構成素として] 大砲を備えた, 備砲した: an over-[under-]*gunned* ship 砲を載せ過ぎた[載せ足りない]船. 〖(1659)← GUN+-ED〗

Gúnn effèct /gʌ́n-/ *n.* 〖電子工学〗ガン効果《マイクロ波発振などに応用される, 強電界下の半導体中に見られる効果の一つ》. 〖(1964)← *J. B. Gunn* (1928–　: 米国の物理学者)〗

gun·nel¹ /gʌ́nl/ *n.* 〖海事〗=gunwale.

gun·nel² /gʌ́nl/ *n.* 〖魚類〗ガンネルギンポ (*Pholis gunnellus*)《北大西洋産ニシキギンポ属の魚の一種》; ニシキギンポ科の魚類の総称 (cf. butterfish). 〖(1686)←?〗

gunnen *v.* 《古・詩》gin³ の過去分詞. 〖ME〗

gun·ner /gʌ́nə｜-nə(r)/ *n.* **1 a** 〖陸軍・空軍〗砲手, 射手, 射撃手. **b** 〖米陸軍〗砲兵伍長, 照準手《砲の照準係》. **c** 〖英陸軍〗砲兵隊員 (略 gnr.). **d** 〖海軍〗掌砲長《准士官》. **2 a** 銃猟家. **b** (捕鯨用のもりを撃つ)砲手. **3** [数詞と共に用いて] 砲…門搭載艦: a thirty-*gunner* 砲 30 門搭載艦. ***kiss* [*márry*, *be intro-dúced to*] *the gúnner's dáughter*** 《英》〈水兵が〉砲に縛りつけられてむちで打たれる. 〖(1821)〗 **～·shìp** *n.* 〖(1345–48): ⇨ gun, -er¹〗

gun·ner·a /gʌníˀrə, gə-, -nɛ́ˀrə｜gʌ́nərə/ *n.* 〖植物〗アリノトウグサ科グンネラ属 (*Gunnera*) の草本の総称《装飾用の観葉植物》. 〖(1789)← *J. E. Gunner* (1718–73: ノルウェーの植物学者): ⇨ -a¹〗

gun·ner·y /gʌ́n(ə)ri/ *n.* **1** 砲術. **2** 《古》砲撃. **3** [集合的] 砲, 銃砲 (guns). 〖(1497): ⇨ gun, -ery〗

gúnnery jàck *n.* 《俗》〖英海軍〗=gunnery-lieutenant. 〖1904〗

gúnnery-lieutènant *n.* 〖英海軍〗砲術長. 〖1867〗

gúnnery òfficer *n.* 砲術将校.

G

gúnnery sèrgeant *n.* 〘米海兵隊〙一等軍曹《staff sergeant の上, master [first] sergeant の下》. 〚1961〛

gún·ning *n.* **1** 発砲(練習), 砲撃(練習), 砲術. **2** 銃猟(法). **3** 銃殺, 射殺. **4** 〘窯業〙ガニング《セメントガンで耐火粉末やスラリー (slurry) を吹きつけること》. 〚(1562) ← GUN+-ING[1]〛

gun·ny /gʌ́ni/ *n.* **1** 黄麻布(ㄅㄚ)《黄麻 (jute) で織った粗布で, 包装用袋を作る》. **2** =gunnysack. 〚(1711) □ Hindi *gōnī* sack, sacking ← Skt *goṇī*〛

gúnny·bàg *n.* =gunnysack.

gúnny clòth *n.* =gunny 1.

gúnny·sàck *n.* 南京(なんきん)袋, ガンニーバッグ, 麻袋(またい) (gunny-bag)《黄麻布 (gunny) で作った包装用袋》. 〚1862〛

gún·pàper *n.* 〘軍事〙紙火薬《綿火薬の綿と同様に紙を硝酸で処理した火薬》. 〚1853〛

gún pìt *n.* 〘陸軍〙凹座(おうざ)掩体(えんたい), 凹座肩檣(けんしょう)《砲および砲兵を援護する塹壕(ざんごう)》. 〚1877〛

gún plàtform *n.* 砲床, 砲座.

gún·plày *n.* 銃の撃ち合い, 銃撃戦; 銃の手さばき. 〚1881〛

gun·point /gʌ́npɔ̀ɪnt/ *n.* 銃口. ★ 主に次の成句で: ***at gúnpoint*** ピストルをつきつけて[られて], 銃で脅して[されて]. 〚1951〛

gún·pòinter *n.* 〘海事〙照準手, 乗船砲手. 〚1904〛

gún·pòrt *n.* (軍艦の)砲門 (porthole); (トーチカ・飛行機などの)銃眼. 〚1769〛

gún·pòwder *n.* **1** (黒色)火薬 (black powder), 煙硝: smokeless ~ 無煙火薬 / white ~ 白色火薬. **2** =gunpowder tea. **gún·pòwdery** *adj.* 〚1400〛

Gúnpowder Plòt *n.* [the ~] 〘英史〙火薬陰謀事件《1605 年 11 月 5 日, 議事堂の爆破と James 一世と議員たちの殺害を企てたカトリック教徒の陰謀; cf. Guy Fawkes day》. 〚1796〛

gúnpowder téa *n.* 珠茶(しゅちゃ), 玉(たま)緑茶《葉を粒状に巻いた中国産の上質な緑茶の一種》. 〚1771〛

gún·pòwer *n.* 砲撃能力.

gún ròom *n.* **1** (主に個人の私宅の)銃器室, 猟用具室. **2** 〘英海軍〙士官次室《初級将校および士官候補生用で, 米海軍用語の junior officers' quarters に相当》. 〚1626〛

gún·rùnner *n.* 銃砲火薬類の密輸入者. 〚1899〛

gún·rùnning *n.* 銃砲火薬類の密輸入. 〚1883〛

gun·sel /gʌ́nsəl, -sl/ *n.* 《米俗》 **1** 鈍感な男, 単純な若者. **2** 裏切り者. **3** 男色の相手の少年, 稚児(ちご) (catamite). **4** 〘gun との連想による〙=gunman 1. 〚(1914) □ Yid. *genzel* gosling ← MHG *gensel* (G *Gänslein*) (dim.) ← *gans* goose: cf. gosling〛

gún shéarer *n.* 《豪》羊毛刈りの名人. 〚1898〛

gún·shìp *n.* ガンシップ, 対地攻撃用武装ヘリコプター《helicopter gunship ともいう; 元来は同目的の飛行機を指した》. 〚1841〛

gun·shot /gʌ́nʃɑ̀(ː)t | -ʃɔ̀t/ *n.* **1** 銃砲から発射された弾丸. **2** 射撃, 発砲. **3** 射程, 着弾距離: within [out of, beyond] ~ 射程内[外]に. — *adj.* [限定的] 弾丸による, 撃たれた: a ~ wounds 弾丸による負傷, 銃創. 〚?c1421〛

gún·shỳ *adj.* **1** 〈猟犬や馬が〉銃声を恐れる. **2** ひどく恐れる[嫌がる] (*of*). **~·ness** *n.* 〚1884〛

gún·sìght *n.* (射撃)照準器 (sight). 〚1867〛

gún·slìnger *n.* 《俗》=gunman 1.

gún·slìnging *n.* (特に, 銃撃戦やピストルの決闘における)発砲, 射撃. 〚1944〛

gún·smìth *n.* 鉄砲かじ, 砲工, 銃工. 〚1588〛

gún·stìck *n.* 槊杖(さくじょう)《銃砲内面掃除用の細長い棒; cf. ramrod 1》. 〚1589〛

gún·stòck *n.* 銃床. 〚1495–97〛

gún·stòcking *n.* 〘海事〙ガンストッキング《軟材甲板上にはめ込んだ補強用の硬材板》. 〚↑: 大砲を船に積むとき, これを支えるための硬材敷板を敷いたことから〛

gúnstock stìle *n.* 〘建築〙上細框(かまち)《中桟より上が台形状に狭まったガラス戸などを入れる戸框; diminished stile ともいう》.

gún·stòne *n.* 《廃》石弾《昔砲弾 (cannonball) として用いた丸い石》. 〚1402〛

gún tàckle *n.* 〘海事〙ガンテークル, 砲具《昔の艦砲を動かす滑車装置》. 〚1795〛

gun·ter /gʌ́ntə | -tə[r]/ *n.* **1** 〘測量〙=Gunter's scale. **2** 〘海事〙=gunter rig《その形が GUNTER'S SCALE に似ていることから》.

Gun·ter /gʌ́ntə | -tə[r]/, **Edmund** *n.* ガンター《1581–1626; 英国の数学者, Gunter's scale などの発明者》. ***according to Gúnter*** 《米廃》=*according to* COCKER.

gúnter lùg *n.* 〘海事〙ガンターラグ《帆装の一つの型で, マストに対してほとんど垂直にガフ(斜桁)を付けた形に帆桁を付け, これに縦帆を張るもの》.

gúnter rig *n.* 〘海事〙ガンター艤装(ぎそう)《小帆船の特殊艤装; マストの上半に見える垂直ガフが上下に移動する; 単に gunter ともいう》. 〚1894〛

Gúnter's cháin *n.* 〘測量〙⇨ chain 4 ★. 〚(1679) ← *Edmund Gunter*〛

Gúnter's scále *n.* 〘測量〙ガンター比例尺《2 フィートの木製物差しで各種の計算用目盛がある; 測量術・航海術に用いることが多い》. 〚(1679) ↑〛

Gun·ther[1] /gʌ́nθə | -θə[r]/ *n.* ガンサー《男性名; 異形 Gunnar, Gunter》. 〚↓〛

Gun·ther[2] /gʊ́ntə | -tə[r]; *G.* gʊ́ntɐ/ *n.* 〘ニーベルンゲン物語〙グンテル《Burgundy の王, Kriemhild の兄, Brunhild の夫; 北欧神話における Gunnar と同一人物とされる》. 〚□ G ~ < OHG *Gundhard* 〘原義〙bold in war ← *gund* war (cf. gun)+*hart(i)* 'bold, HARD'〛

Gun·ther /gʌ́nθə | -θə[r]/, **John** *n.* ガンサー《1901–70; 米国のジャーナリスト; 内幕物で有名; *Inside U.S.A.* (1947), *Death Be Not Proud* (1949)》.

gún-tòt·ing /-tòʊtɪŋ, -tŋ | -tàʊtɪŋ, -tn̩/ *adj.* [限定的] (悪事などのために)銃[ピストル]を持ち歩く. 〚1912〛

Gun·tur /gʊntʊ́ə | -tʊ́ə[r]/ *n.* グントゥール《インド南東部, Andhra Pradesh 州南部の Kistna 川三角州にある都市》.

gun·wale /gʌ́nl/ *n.* 〘海事〙 **1** (甲板張りの船の)舷縁(げんえん), ガンネル, 船べり《舷側の頂部》. **2** (無甲板の舟の)舷側上縁(じょうえん). ***fúll to the gúnwales*** 一杯で; あふれるほどで. ***gúnwale dówn [to]*** 船べりが水面に触れるほど傾いて[沈下して]. 〚1717〛 ***gúnwale únder*** 船べりを水面下に没して, 船べりが水にくぐるほど傾いて. 〚1717〛 〚(1466) ← GUN+WALE[1]: 砲がその上に載せられたことから〛

gun·yah /gʌ́njə/ *n.* 《豪》原住民小屋. 〚(1798) ← Austral. 《現地語》〛

Günz /gʊ́nts, gínts; *G.* gʏ́nts/ *n.* 〘地質〙ギュンツ氷期《第四紀の最初の氷期といわれていたが, 現在では古いほうから 3 番目の氷期とされている; 以下 Mindel, Riss, Würm と続く》.

Guo·min·dang /gwóʊmìndæŋ | gwə́ʊ-/ *n.* =Kuomintang.

Guo Mo·ruo /gwóʊmòʊrwóʊ | gwə́ʊmɔ̀ʊrwə́ʊ; *Chin.* kuōmòzuò/ *n.* 郭沫若(かくまつじゃく)《1893–1978; 中国の政治家・文学者・歴史学者; 中国人民代表大会常務委員会副委員長, 科学院院長》.

Guo·yu /gwɔ̀ːjúː, -júː; *Chin.* kuóỳ/ *n.* 標準中国語《中華民国期および台湾での呼び方; ⇨ putunghua》. 〚□ Chin. ~ (国語)〛

gup /gʌ́p/ *n.* 《口語》ばか話, くだらない話 (silly talk). 〚(1806) □ Hindi *gap* gossip □ Pers.〛

gup·py[1] /gʌ́pi/ *n.* (*pl.* **~, guppies**) 〘魚類〙グッピー, ニジメダカ (*Poecilia reticulata*)《南米のベネズエラ, Barbados 島, Trinidad 島などが原産のカダヤシ科の卵胎生の小魚; 色が美しい(特に雄)ため観賞用に飼われる》. 〚(1925) ← *R. J. Lechmere Guppy* (最初にこの魚を英国に紹介した *Trinidad* 在住の牧師)〛

gup·py[2] /gʌ́pi/ *n.* 〘海軍〙グッピー《吸気管を水面に出して走る艦体を流線化した初期の潜水艦》. 〚(1948) ← *g(reater)* *u(nderwater)* *p(ropulsive)* *p(ower)*+-Y[2]〛

Gup·ta /gʊ́ptə, gʌ́p-; *Hindi* gʊptaː/ *n.* **1** [the ~s] グプタ王朝[王家]《4–7 世紀に北インドを支配した王朝; その洗練された文化・芸術で有名》. **2** グプタ王朝[王家]の人. — *adj.* グプタ王朝[王家]の. 〚(1845) □ Skt ~〛

gur /gʊ́ə | gʊ́ə[r]/ *n.* グル《サトウキビなどの汁を煮詰めて固めたもの; 甘味料として用いる》; (東南アジアの)粗糖 (jaggery). 〚(1686) □ Hindi *guṛ* ← Skt *guḍa*〛

Gur /gʊ́ə | gʊ́ə[r]/ *n.* グル語群[語派]《主にアフリカ西部の Burkina-Faso と Ghana で用いられる Niger-Congo 語族の言語; Volatic ともいう》.

gurd·wa·ra /gəːdwáːrə | gəːd-/ *n.* (インドのシーク教徒の)神殿, 祈禱(きとう)所. 〚(1909) □ Punjabi *gurduārā* ← Skt. *guru* teacher+*dvāra* door〛

gurge /gə́ːdʒ | gə́ːdʒ/ *n.* 《まれ》渦巻き (whirlpool). — *vi.* 渦巻く. 〚(1667) □ L *gurges* whirlpool: cf. gorge[1]〛

gur·ges /gə́ːdʒiːz | gə́ː-/ *n.* 〘紋章〙渦巻[同心円]の紋章図形 (whirlpool)《銀と青で彩色されるのが原則で, 水を象徴する》. 〚(1661) □ L ~ (↑)〛

gur·gi·ta·tion /gə̀ːdʒətéɪʃən | gə̀ːdʒɪ-/ *n.* 《まれ》(液体の)動揺, 煮えくり返り. 〚(1542) ← L *gurgitātus* (p.p.) ← *gurgitāre* to surge ← *gurgit-*, *gurges* (↑)+-ATION〛

gur·gle /gə́ːgl | gə́ː-/ *vi.* **1** ごぼごぼ[ぶくぶく, どくどく]と流れる[言う]. **2** 〈人・鳥が〉がーがー[ごろごろ]のどを鳴らす. — *vt.* ごろごろ声で言う. — *n.* **1** ごぼごぼ[ぶくぶく, どくどく]いうこと[音], ごぼごぼ流れること[音]. **2** 〘医学〙グル音, 腹鳴(ふくめい)《腸内の液体とガスが腸の動きに伴ってごろごろいう音》. 〚(a1425): 《擬音語》?: cf. G *gurgeln* / ML *gurgulāre* (← L *gurgulio* gullet)〛

gur·glet /gə́ːglɪt/ *n.* =goglet. 〚1796〛

gur·gling·ly /-glɪŋli, -gl-/ *adv.* ごぼごぼ音をさせて. 〚(1895): ⇨ gurgle, -ing[2], -ly[1]〛

gur·goyle /gə́ːgɔɪl | gə́ː-/ *n.* =gargoyle.

gur·jun /gə́ːdʒən | gə́ː-/ *n.* (*also* **gur·jan** /~/) **1** 〘植物〙ガージャン《東インド地方産のフタバガキ科 *Dipterocarpus* 属の大樹木; gurjun balsam を採取する》. **2** 〘化学〙=gurjun balsam. 〚(1858) □ Bengali *garjan*〛

gúrjun bálsam *n.* 〘化学〙ガージャンバルサム《gurjun から採った薬用・工業用樹脂; wood oil ともいう》. 〚1858〛

Gur·kha /gə́ːkə, gʊ́ə- | gə́ː-, gʊ́ə-/ *n.* (*pl.* **~, ~s**) **1 a** [the ~(s)] (中部ネパールに住む)グルカ族. **b** グルカ族の人. **2** 英軍[インド軍]中のグルカ兵《勇猛なことで知られる》. — *adj.* グルカ族の. 〚(1811) □ Hindi ~ (Nepal の州名) ← Skt go 'cow'[1]+*rakṣa* guard〛

Gur·kha·li /gəːkáːli, guə- | gəː-, guə-/ *n.* グルカ語《ネパール語 (Nepali); 印欧語族 Indic 語派の一つ》. 〚1884〛

Gur·mu·khi /gʊ́əmʊki | gʊ́ə-/ *n.* グルムキー文字《シーク教徒がパンジャブ語を表記するのに用いる》. 〚(1888) □ Punjabi ~ ← Skt *guru* teacher (⇨ guru)+*mukha* mouth〛

gurn /gə́ːn | gə́ːn/ *vi.*, *n.* 《スコット・北イングランド》=girn. 〘方言的異形: ⇨ girn, grin〙

gur·nard /gə́ːnəd | gə́ːnəd/ *n.* (*pl.* **~, ~s**) 〘魚類〙 **1** ホウボウ《ホウボウ科の魚の総称》. **2** ネズッポ科ネズッポ属の深海にすむ魚 (*Callionymus draco*). 〚(1290) □ OF *gornart*=*gronart* ← L *grunnīre* to grunt: ⇨ -ard: 釣り上げられたときにぶーぶー音を出すところから〛

gur·net /gə́ːnɪt | gə́ːnɪt/ *n.* 〘魚類〙=gurnard. 〚1611〛

gur·ney /gə́ːni | gə́ː-/ *n.* ガーニー《車輪付き担架[寝台]》. 〚(1939) ← *J. Theodore Gurney* (この車のデザインの特許をとった)〛

Gur·ney·ite /gə́ːniàɪt | gə́ː-/ *n.* ガーニー派の人《聖書の権威, 贖罪, 義認, 聖化を強調する福音主義キリスト教を説いて米国に渡った英国のクエーカー派の牧師 J. J. Gurney の信奉者; cf. Wilburite》. 〚← *J. J. Gurney* (1788–1847: 英国人の牧師)〛

gur·rah /gə́ːrə | gʌ́rə/ *n.* **1** (インド産)粗質モスリン. **2** (インドの)かめ. 〚(1727) □ Hindi *gāṛhā* thick〛

gur·ri·er /gə́ːriə | gʌ́riə[r]/ *n.* 《ダブリン方言》下層階級の粗暴な人.

gur·ry /gə́ːri | gʌ́ri/ *n.* 《米》 **1** (缶詰工場などで出る)魚・鯨などのあら. **2** 魚油 (fish oil). 〚(1850) ← ?〛

gursh /gə́ːʃ | gə́ːʃ/ *n.* グルシュ, ギルシュ《サウジアラビアの補助通貨単位; =5 halala, [1]/[20] riyal》. 〚□ Arab. *ghurš*〛

gu·ru /gúːruː, gúəruː, gərúː | gʊ́ruː, gúər-, gúːr-; *Hindi* guruː/ *n.* **1 a** 専門家, 権威者. **b** 先生; (精神的・宗教的)指導者, 尊師. **2** 〘ヒンズー教〙グル, 導師 (religious teacher). **~·shìp** *n.* 〚(1613) □ Hindi *gurū* ← Skt *guru-* heavy, venerable; teacher〛

Gus /gʌ́s/ *n.* ガス: **1** 男性名. **2** 女性名. 〘(dim.) 1: ← AUGUSTUS & GUSTAVUS. 2 ← AUGUSTA[1]〙

gush /gʌ́ʃ/ *vi.* **1** 〈液体が〉強く[大量に]流れ[わき]出る, 噴出する, ほとばしる 〈*forth, out*〉 〔*from*〕 (⇨ flow SYN). **2 a** 〈涙・血などが〉盛んに流れる. **b** 〈言葉・音が〉流れ出る, ほとばしる 〈*forth, out*〉; 噴出する, あふれ出す 〔*with*〕: His nose ~*ed with* blood. 鼻から血があふれ出た: His words ~*ed out* [*forth*]. 言葉がとめどなくあふれ出てきた. **3** 〈女性などが〉(感傷的[大げさ]に)しゃべり立てる[表現する] 〔*over*〕. — *vt.* **1** わき出させる, 噴出させる. **2** ほとばしるように話す. — *n.* **1 a** (液体などの)激しい流出, 噴出, ほとばしり. **b** (感情・光などの)ほとばしり. **c** (言葉の)感傷的なほとばしり: a ~ of enthusiasm / speak with ~ ひどく感傷的に[大げさに感情を込めて]しゃべり立てる. **2** 流れ[あふれ]出る液体[涙など]. 〚(?a1200) ← ? ON: cf. ON *gjósa* to gush / Icel. *geysa* / G *gießen* to pour〛

gúsh·er *n.* **1** ほとばしり出るもの; (特に, 大規模な)噴油井. **2** 大げさに感情を込めてしゃべる人, 感情家. 〚(1864): ⇨ ↑, -er[1]〛

gúsh·ing *adj.* **1** ほとばしり出る, 噴出する. **2** 感情を大げさに表す, いたずらに感傷的な: a ~ person, letter, style, etc. **~·ly** *adv.* **~·ness** *n.* 〚1583〛

gush·y /gʌ́ʃi/ *adj.* (**gush·i·er**; **-i·est**) ほとばしり出る, 噴出する; 心情を吐露する. **gúsh·i·ly** /-ʃəli/ *adv.* **gúsh·i·ness** *n.* 〚(1845): ⇨ -y[4]〛

gus·set /gʌ́sɪt | -sɪt/ *n.* **1** 〘服飾〙まち《三角などの形をした布切や皮; わきの下の縫合わせや手袋の指の付け根などに用い補強やゆとりの役目をする; cf. gore[3] 1 a》. **2** 〘機械〙ガセット《truss などの補強ブラケット板》. **3** 〘甲冑〙鎧(よろい)のわきの下などのすき間を補うため鎧下(よろいした)に縫いつけた鎖片. — *vt.* …にまちを付ける; …にガセットを付ける. **~·ed** /-tɪd | -tɪd/ *adj.* 〚(1322) *guschet* □ (O)F *gousset* armpit, piece of armor under armpit (dim.) ← *gousse* pod, husk ← ?: ⇨ -et〛

Gus·sie /gʌ́si/ *n.* ガシー: **1** 男性名. **2** 女性名. 〚⇨ Gus, -ie〛

gus·sy /gʌ́si/ *vt.* 《口語》[~ *up* として] 着飾らせる (dress); 派手に飾る, 飾りたてる 〔*with*〕: He *gussied* himself *up*. やつは派手にめかし込んでいた. 〚← 《豪・俗》*gussie* affected, effeminate man ← ? Gus (⇨ -y[2]): cf. 'Gorgeous Gussie' Moran (派手な服装で人気のあった米国のテニス選手)〛

gust[1] /gʌ́st/ *n.* **1** さっと吹く風, (風の)ひと吹き, 突風: a violent ~ of wind. **2 a** 突風を思わせるもの. **b** (水・火・音・雨・煙などの)噴出, 突発: a ~ *of* rain にわか雨 / a ~ *of* fire ぱっと燃え立つ火. **c** (感情・欲望などの)激発: in a ~ *of* rage 激怒して / a ~ *of* laughter 爆笑 / a fresh ~ of tears 新たに込み上げてくる涙. **d** 急に現れるもの, (感情などの)波: a ~ *of* pain 急な痛み / a ~ *of* loneliness 急に打ち寄せる孤独感. — *vi.* 突風となって[のように]吹く[動く]. 〚(1589–90) □ ON *gustr* gust, blast ← *gjósa* to gush ← Gmc **ʒus-* ← IE **gheu(s)-* to pour: cf. found[3]〛

gust[2] /gʌ́st/ *n.* **1** 《古》賞味; (物事に対する)心からの喜び; 賛美: with ~ 舌つづみを打って; さも楽しそうに, 思いきり / have a ~ *for* [*of*] …が大好きである, …を賛美する. **2** 《古》(飲食物の)風味, 味わい. **3** 《廃》 **a** 味覚. **b** 好み, 嗜好, 趣味. **c** 鑑賞. — *vt.* 《廃・スコット》味わう, 賞美する. 〚(c1450) □ L *gustus* taste: ⇨ gusto〛

Gus·ta /gʌ́stə/ *n.* ガスタ《女性名》. 〚(dim.) ← AUGUSTA[1]〛

gus·ta·ble /gʌ́stəbl/ *adj.* 《古》 **1** おいしい, 味のいい. **2** 〈品質などの〉味覚で区別のできる. 〚(1480) □ LL *gustābilis*: ⇨ gust[2], -able〛

Gus·taf /gʊ́staːf; *Swed.* gə̌stav/ *n.* グスターフ《男性名》. 〚□ Swed. ~ 'GUSTAVUS'〛

gus·ta·tion /gʌstéɪʃən/ *n.* 味わうこと; 味覚, 味感. 〚(1599) □ L *gustātiō(n-)* ← *gustāre* to taste: ⇨ gusto, -ation〛

gus·ta·tive /gʌ́stətɪv | -tɪv/ *adj.* =gustatory. 〚(1620) □ ML *gustātīv-us* ← L *gustātus* (p.p.) ← *gustāre*: ⇨ ↑, -ive〛

gus·ta·to·ri·al /gʌ̀stətɔ́ːriəl⁻/ *adj.* =gustatory. 〚1937〛

gus·ta·to·ry /gʌ́stətɔ̀ːri | gʌ́stətəri, gʌstéɪt-, -tri/ *adj.* 味覚の, 味感の: a ~ nerve 味覚神経. **gus·ta·to·ri·ly** /gʌ̀stətɔ́ːrəli, ⁻⁻⁻⁻⁻ | gʌ́stətərəli, gʌs-

téɪt-, -trɪ̀-/ *adv.* 〖(1684) ← L *gustātus*: ⇨ gustative, -ory¹〗
gústatory búd *n.* 〔解剖・動物〕(舌面の)味蕾(みらい).
Gus·tav /gʌ́stɑːv | gʊ́s-, gʌ́s-; *G.* gʊ́staf, *Swed.* gə̌stav/ *n.* グスターブ, ガスターヴ《男性名》. 〖◻G ～ ‘GUSTAVUS’〗
Gustav I *n.* グスタヴ一世《1496–1560; デンマークから独立 (1523) 後の最初のスウェーデン王 (1523–60); 通称 Gustav Vasa /vɑ́ːsə, *Swed.* vǎ:sa/》.
Gustav II Adolf *n.* グスタヴ二世《1594–1632; Gustav 一世の孫; スウェーデン王 (1611–32); 三十年戦争に勇名をはせた; ‘Lion of the North’ と呼ばれる》.
Gustav III *n.* グスタヴ三世《1746–92; スウェーデン王 (1711–92)》.
Gustav IV *n.* グスタヴ四世《1778–1837; スウェーデン王 (1792–1809)》.
Gustav V *n.* グスタヴ五世《1858–1950; スウェーデン王 (1907–50)》.
Gustav VI *n.* グスタヴ六世 (Gustaf Adolf)《1882–1973; スウェーデン王 (1950–73); 考古学の分野の活動で国際的に有名》.
Gus·tave /gʌ́stɑːv | gʊ́s-, gʌ́s-; *F.* gysta:v/ *n.* グスターブ《男性名》. 〖◻F ～ ‘GUSTAVUS’〗
Gus·ta·vo A. Ma·de·ro /gʌstɑ:vouɑ́:mədɛ́ᵊrou, gʌs- | -vəʊɑ:mədɛ́ərəʊ; *Sp.* gustáβoámaðéɾo/ *n.* グスタボ ア マデロ《Mexico City 内の連邦直轄の一区》.
Gus·ta·vus /gæstéɪvəs, -tɑ́:- | gʊstɑ́:-, gʌs-, gəs-; *Swed.* gəstɑ́:vəs/ *n.* **1** ガステイバス《男性名; 愛称形 Gus, Gussie; 異形 Gustave》. **2** [スウェーデン王] = Gustav. 〖← NL ～ ← G *Gustav* ∥ Swed. *Gustaf*《原義》staff of the Goths〗
gust·ful¹ /gʌ́stfəl, -fl/ *adj.* 突風の多い, 風の吹きすさぶ. 〖(1825) ← GUST¹＋-FUL¹〗
gust·ful² /gʌ́stfəl, -fl/ *adj.*《古》味のいい, おいしい. 〖(1645) ← GUST²＋-FUL¹〗
gúst·i·ly /-təli, -tɪli | -tɪli, -tɪli/ *adv.* 風が強く, 強く吹き付けて, 突風的に; 突風を思わせるように, 突発的に. 〖(1824) ← GUSTY¹＋-LY¹〗
gus·to /gʌ́stou | -təʊ/ *n.* (*pl.* ～**es**) **1** (物を食べたり飲んだりして感じる)おいしさ: eat *with* (a) (great) ～ 舌鼓(したつづみ)をうって食べる / enjoy the full ～ of …を十二分に味わう. **2** 心からの楽しさ[喜び]: talk *with* ～ いかにも楽しそうに語る. **3** 元気, 活気 (vitality). **4** 好み, 嗜好(しこう), 趣味. **5**《古》芸術的風格, 高雅な気品: works of noble ～. 〖(1620) ◻It. & Sp. ～ ＜ L *gustum* ← IE **geus-* ‘to CHOOSE’: cf. gust²〗
gust·y¹ /gʌ́sti/ *adj.* (**gust·i·er; -i·est**) **1 a** 〈風・雨・嵐など〉突風性の: a ～ wind. **b** 突風の多い, 風の吹きすさぶ: a ～ day. **c** 〈音・笑いなど〉突発的な, 爆発的な. **2** (中身のない)大げさな話をする. **3** 元気な, 威勢のいい: a ～ woman. **gúst·i·ness** *n.* 〖(1599) ← GUST¹＋-Y⁴〗
gust·y² /gúːsti, gʌ́s-/ *adj.* (**gust·i·er; -i·est**)《スコット》味のよい, おいしい. 〖(1721) ← GUST²＋-Y⁴〗
gut /gʌ́t/ *n.* **1 a** (幽門から肛門までの)消化管; 腸 (bowel): the large [small] ～ 大[小]腸 / ⇨ blind gut. **b** [*pl.*] 内臓, はらわた (bowels, entrails): a pain in the ～*s* 腹痛. **c** [通例 *pl.*]《口語》胃 (stomach); 腹 (belly): a beer ～ ビール腹. **2** [*pl.*]《口語》**a** 勇気, 元気, 根性, 決断力, 腹,「ガッツ」: a man with plenty of ～*s* 気力の大いにある男, ガッツのあるやつ / have the ～*s* to venture 冒険する勇気がある / He has no ～*s*. 彼は臆病だ. 日英比較 (1) 日本語の「ガッツ」と比較して英語の *guts* はさほど上品な語ではない. 遠慮を置く間柄では courage や heart などを用いるのが適切である. (2)「ガッツポーズ」は和製英語. **b** 厚かましさ, 横柄. **3** [*pl.*]《口語》**a** (物の)実質, 中身 (substance): have no ～*s* 中身が空っぽである / the ～*s* of a dictionary 辞書の中身. **b** (装置などの)内部. **4 a** 腸壁質: sheep's ～ 羊の腸壁《ソーセージの外皮用》. **b** ガット, 腸線 (catgut)《羊などの腸で作り, ラケットやバイオリンの弦, 外科用縫合糸などに用いる》. **c**〔釣〕(昔, 釣針のはりすに使った)てぐす《蚕が繭をかけようとする時期に殺して作る》. **5 a** 狭い通路; 小路, 路地. **b** 瀬戸, 狭水道. **c** 山峡. **d** 溝 (gully). **e**《英》(Oxford や Cambridge 大学でボートレースの)コースの屈曲部. **6**《米俗》=gut course. **7** [*pl.* 単数扱い]《俗》大食漢.
búst* [*rúpture*] *a gút《口語》大いに努力する. (1912)
háte a person's gúts《口語》人を心(しん)から[腹の底から]憎む. (1918) ***I'll háve a person's gúts for gárters***《英口語》人をこらしめてやるぞ. ***rún a person through the gúts*** 〈人を〉いじめつける. ***spill one's gúts***《米口語》すべてを打ち明ける. ***swéat* [*slóg, wórk*] *one's gúts òut***《口語》(短期間に成果をあげようとして)一生懸命[汗水流して]働く. (1930)
— *vt.* (**gut·ted; gut·ting**) **1** 〈魚・鳥〉のはらわたを抜く[取り除く]〈*out*〉: ～ and cure herrings. **2** 〈家の中の物を〉すっかり略奪する. **3 a** [通例受身で]〈建物〉の内部を破壊する,〈火事が〉(外壁を残して)〈建物の内部を〉すっかり焼き尽くす: a house completely ～*ted* by fire. **b** …の実質的な力[効力]を破壊する. **4** 〈本・論文など〉の要所[要点]を抜き取る, 要点を抜粋する.
— *adj.*《口語》**1** 〈問題など〉根本的な, 重要な: a ～ issue. **2** 〈感情・反応など〉心の奥底から出てくる, 感情的な, 本能的な, 直感的な, 勘による: ～ fear 本能的な恐怖 / a ～ reaction 直感的な反応 / at ～ level 勘で.
～·lìke *adj.* 〖OE *guttas* (pl.) ← **ʒut-* (OE *ġēotan* to pour) ← Gmc **ʒhud-* ← IE **gheu-* to pour: cf. gust¹, found³〗
gút·bùcket 〔ジャズ〕*n.*, *adj.* ガットバケット(の)《barrelhouse に似た 2 拍子の騒々しい即興的なホットジャズ》. 〖(1929) ← ? GUTTER＋BUCKET〗
gút còurse *n.*《米口語》(大学などの)楽な課目[コース].
gu·ten A·bend /*G.* gúːtṇáːbṇt/ *G.int.* =good evening.
gu·te Nacht /*G.* gúːtənáxt/ *G. int.* =good night.
Gu·ten·berg /gúːtṇbə̀ːg | -bɜ̀ːg; *G.* gúːtṇbɛʁk/, **Jo·hann** *n.* グーテンベルク《1399?–1468; ドイツの活版印刷術発明者; 本名 Johannes Gensfleisch zum /gɛ́nsflaɪʃ zuːm/ Gutenberg》.
Gútenberg Bíble *n.* [the ～] グーテンベルク聖書《1455 年ごろに Mainz で印刷されたラテン語訳聖書 (the Vulgate); Mazarin Bible, Forty-two-line Bible ともいう》.
gu·ten Mor·gen /*G.* gúːtṇmɔ́ʁgṇ/ *G. int.* =good morning.
gu·ten Tag /*G.* gúːtṇtáːk/ *G. int.* =good day.
Gü·ter·sloh /gúːtəslòu, gjúː- | -təsləʊ; *G.* gýːtɐsloː/ *n.* ギュータースロー《ドイツ北西部, North Rhine-Westphalia 州の市》.
gút fìghter *n.* 強力な敵, 手ごわい相手. 〖(1961)〗
Guth·rie /gʌ́θri/ *n.* ガスリー《男性名》. 〖← (スコット) ← Gael. *gaothair* windy: 地名に由来する家族名から〗
Guthrie, A(lfred) B(ertram), Jr. *n.* ガスリー《1901–91; 米国の西部小説作家; *The War West* (1949)》.
Guthrie, Samuel *n.* ガスリー《1782–1848; 米国の化学者; クロロフォルムを発見 (1831)》.
Guthrie, Sir (William) Tyrone *n.* ガスリー《1900–71; 英国の演劇プロデューサー》.
Guthrie, Woody *n.* ガスリー《1912–67; 米国のフォークソング歌手・作曲家; 本名 Woodrow Wilson Guthrie》.
Gúthrie tèst *n.*〔医学〕ガスリー試験[テスト]《フェニルケトン尿症 (phenylketonuria) の有無を調べるための子供の血液検査》. 〖← *Robert Guthrie* (1916– : 米国の微生物学者)〗
Guth·run /gʊ́ðruːn, ─⸗/ *n.* =Gudrun.
gút·less *adj.*《口語》**1** 勇気のない, 意気地のない (cowardly). **2** 中身のない, 実質のない. **～·ness** *n.* 〖1605〗
gút-lével *adj.* 勘による, 直感的な.
gút-ròt *n.*《英口語》安酒, 腐ったような食い物; 腹痛. 〖1916〗
guts /gʌ́ts/ *vi.*《口語》がつがつ[むさぼり]食う. 〖(1903) ← GUT (v.)〗
gút-scràper *n.*《戯言》バイオリン弾き (fiddler). 〖1719〗
gut·ser /gʌ́tsə | -tsə^(r)/ *n.*《豪俗》落下, 失敗.
còme a gútser (1) どしんと落ちる. (2) (誤りや不運で)失敗する. 〖(1918) ← GUTS＋-ER¹〗
guts·y /gʌ́tsi/ *adj.* (**guts·i·er; -i·st**)《口語》**1** 勇気のある, 大胆な; 力強い, 強力な. **2** 〈ジャズなど〉煽情的な. **3** 食欲な, 飽くことを知らない. **gúts·i·ness** *n.* 〖(1893) ← *guts* (⇨ gut 2, 3)＋-Y⁴〗
gut·ta¹ /gʌ́tə, gʊ́tə | -tə/ *n.* (*pl.* **gut·tae** /-tiː, -taɪ | -tiː/, ～**s**) **1**〔薬学〕したたり, しずみ (drop) (略 gt.). **2** [*pl.*]〔建築〕グッタエ, 滴状装飾《ドリス式建築の mutule の下部などにつける一連の円錐台形の装飾》. 〖(1398) ◻L ～ ‘drop’ ← ?: cf. gout〗
gut·ta² /gʌ́tə | -tə/ *n.*〔化学〕グッタ《gutta-percha や balata の主成分である炭水化物》. 〖(1852): ⇨ gutta-percha〗
guttae *n.* gutta¹ の複数形.
gut·ta-per·cha /gʌ̀təpə́ːtʃə | -təpɜ́ː-/ *n.* グッタペルカ: **1**〔植物〕マレー地方産アカテツ科のオオバアカテツ属 (*Palaquium*), *Payena* 属の常緑高木. **2** グッタペルカノキ (*P. gutta*) の樹液を乾燥させたゴム様物質《絶縁体・歯科充填(じゅうてん)材・ゴルフボールなどに用いる》. 〖(1845) ◻Malay *gĕtah pĕrcha* ← *gĕtah* gum＋*pĕrcha* gutta-percha tree: gutta- は GUTTA¹ との連想〗
gut·tate /gʌ́teɪt/ *adj.*〔生物〕滴粒状の, 滴粒状の斑点のある; 滴粒を含んでいる. 〖(1826) ◻L *guttātus* (p.p.) ← *guttāre* to drop: ⇨ gutta¹〗
gut·tat·ed /gʌ́teɪtɪ̀d | -tɪ̀d/ *adj.* =guttate.
gut·ta·tion /gʌtéɪʃən/ *n.*〔植物〕排水(現象), 溢液(いつえき)(現象)《排出された水が葉などの上に液滴として たまる現象》. 〖(1889) ◻G ～ ← L *gutta* drop＋-TION〗
gut·ted /gʌ́tɪ̀d | -tɪ̀d/ *adj.* **1**《英》ひどい損傷[損害]を受けた, 完全に破壊された. **2**《英口語》がっくりした, 意気消沈した. **3**《英口語》疲れきった, へとへとになった. 〖(1842) ← GUT＋-ED〗
gut·tée /guːtéɪ, gʌ-/ *adj.* (*also* **gut·té** /～/)〔紋章〕(紋地に金・銀・赤・青などの)滴状の斑点のある. 〖(1572) ◻AF *gutté* (F *goutte*) ＜ L *guttātum*: ⇨ gutta¹〗
gut·ter /gʌ́tə | -tə^(r)/ *n.* **1 a** (車道と人道の境にある)溝, 街渠(がいきょ), 地先下水, 側溝(そっこう)《路面の雨水を流す開渠》; (水を流す)溝. **b** (屋根の)樋. **c** 樋(とい)状の細長いくぼみ. **d**〔ボウリング〕ガター《球を転がす部分の両側にある溝; 球が溝に転がり入ってしまうこと》. **2** [the ～] (路傍の溝を生活の場とするような)どん底の生活, 極貧の環境: the language [manners] of *the* ～ 下層社会の言語[作法] / children of *the* ～ 浮浪児 / rise from *the* ～ 卑しい身分から出世する / take [raise] a child out of *the* ～ 子供を貧民街から救い出して育てる. **3** (流水やろうそくの溶けたろうなどの作った)流れ跡, 溝 (groove). **4**〔印刷〕=river¹ 4. **5**〔製本〕のどあき《左右両ページ間の余白; または, その余白を作るための版面のあきの部分》. **6**〔郵趣〕ガター: **a** 切手シートの印面と印面との間のあき. **b** 切手のシート状全紙のペーン (pane) の間の部分《普通は空白, 時に網目などが印刷されている》. **7**《豪》(昔は川底であった)金鉱の鉱脈.
— *vt.* **1** …に樋を付ける, に溝を設ける. **2** 〈流水などが〉〈地面など〉に流れ跡[溝]をつける, …に溝を掘る. — *vi.* **1** 流れ跡[溝]ができる; 〈涙などが〉流れる. **2** 〈ろうそくが〉溶けたろうを垂らす[流す]. **3** 〈ろうそく・ランプの火などが〉(風にあおられて)小さくなる, 消えそうになる〈*away*〉.
gútter óut (1) 〈ろうそくの火などが〉徐々に消えていく. (2) 弱々しく[劇的でなく]終わる.
— *adj.* [限定的] **1** どん底生活の, 貧民街の: a ～ urchin. **2** 野卑な, 下品な.
～·like *adj.* 〖(1280) *goter(e)* ◻AF *gotere*=OF *gotiere* (F *gouttière*) ← *goute* (＜ L *gutta* drop)＋-*ière* (adj. fem. suf.) (＜ L *-āriam* ‘-ARY’)〗
gút·ter·ing /-tərɪŋ, -trɪŋ | -tər-, -trɪŋ/ *n.* **1** 樋(とい)[溝]つけ. **2** 樋材. **3** 樋装置. **4** (溶けたろうのように)垂れる[流れる]こと. **5** (ろうそくの側面にそって)溶けて垂れたろう. 〖(?1440): ⇨ ↑, -ing¹〗
gútter·man /-mən/ *n.* (*pl.* **-men** /-mən, -mèn/) 安物呼び売りの大道商人. 〖1892〗
gútter pàir *n.*〔郵趣〕ガターペア《切手の印面と印面との間に空白の部分があるペア; cf. gutter 6 a》.
gútter préss *n.* [the ～] 煽情的な[低俗な]大衆新聞.
gutter·snipe /gʌ́təsnàɪp | -tə-/ *n.* **1 a** 宿なし児, 浮浪児 (street Arab). **b** 道徳性の弱い人, ちんぴら, よた者 (hoodlum). **c** (経済的に)最下層の人. **2**《米》ビラ, ちらし (handbill). **3**《米俗》(道ばたで取引をする)もぐりの株式仲買人. **gútter·snìp·ish** /-pɪʃ/ *adj.* 〖1857〗
gútter stìck *n.*〔印刷〕ガタースティック《チェース (chase) 中の組版を固定するのに使うフォルマートの一つで, のどあき (gutter) に相当する部分に使用する込め物; cf. furniture 5》. 〖1683〗
gut·ties /gʌ́tiz | -tiz/ *n. pl.*《スコット》ゴム底の運動靴 (plimsolls).
gut·tif·er·ous /gʌtíf(ə)rəs/ *adj.* ゴム[樹脂]を生じる. 〖(1847): ← GUTTA¹＋-I-＋-FEROUS〗
gut·ti·form /gʌ́təfɔ̀əm | -tɪ̀fɔ̀ːm/ *adj.* 滴状の (drop-shaped). 〖(1874) ← GUTTA¹＋-I-＋-FORM〗
gut·tle /gʌ́tl | -tl/ *vt.*, *vi.* むさぼり食う, がつがつ食う[飲む]. 〖(1654) ← GUT (v.)＋-LE³: cf. guzzle〗
gút·tler /-tlə, -tlə | -tlə^(r), -tl-/ *n.* 大食家. 〖(*a*1700): ⇨ ↑, -er¹〗
gut·tur·al /gʌ́tərəl, -trəl | gʌ́tərəl, -trəl/ *adj.* **1** のど (throat) の. **2**〔音声〕喉(こう)音の. **3** (声などが)のどにかかった, ぜいぜい言う (harsh, rasping). — *n.*〔音声〕喉音《古くは軟口蓋音 (velar) または喉頭音 (laryngeal) ないし咽頭音 (pharyngeal) を指した》. **～·ly** *adv.* **～·ness** *n.*
gut·tur·al·i·ty /gʌ̀tərǽləti | -tərǽlɪ̀ti/ *n.* 〖(1594) ← NL *gutturālis* ← L *guttur* throat ← ? **gūtur*: ⇨ -al¹〗
gút·tur·al·ìsm /-lìzm/ *n.* 喉音性; 喉音を出す癖. 〖(1871–73): ⇨ ↑, -ism〗
gut·tur·al·ize /gʌ́tərəlàɪz, -trə- | -tərə-, -trə-/ *vt.* のどで発音する, のど声で言う. — *vi.* のど声でしゃべる.
gut·tur·al·i·za·tion /gʌ̀tərələzéɪʃən, -trə- | -tərəlaɪ-, -trə-, -lɪ-/ *n.* 〖(*a*1860): ⇨ -ize〗
gut·tur·o- /gʌ́tərou | -tərəʊ/「喉頭(こうとう)の, 喉頭性の; 喉頭と…との」の意の連結形: *gutturo*nasal. 〖← L *guttur* throat ← ?〗
gut·ty¹ /gʌ́ti | -ti/ *n.* (ゴルフ用の)グッタペルカ球《グッタペルカ (gutta-percha) を用いて作られたゴムボール》. 〖(1881)《略》← *gutta-percha ball*: ⇨ -y²〗
gut·ty² /gʌ́ti | -ti/ *n.*《アイル方言》**1** 非行少年, 不良. **2** 下層階級の人.
gut·ty³ /gúːti, gʌ́ti | -ti/ *adj.*〔紋章〕=guttée.
gut·ty⁴ /gʌ́ti | -ti/ *adj.* (**gut·ti·er; -ti·est**) =gutsy.
gut·zer /gʌ́tsə | -tsə^(r)/ *n.* =gutser.
guv /gʌ́v/ *n.* =governor 2 b. 〖略〗
guv'·nor, guv·nor /gʌ́vnə | -nə^(r)/ *n.* =governor 2. 〖短縮〗
guy¹ /gáɪ/ *n.* **1**《口語》**a** 男, やつ (man, fellow, chap) (cf. doll¹ 3); 人 (person): a nice ～ いいやつ / the good ～ (映画などの)善玉 / a queer ～ 変なやつ. **b** [*pl.*] [呼び掛けに用いて]《米口語》みなさん ★ 女性を含むこともある. **2 a** [しばしば G-]《英》Guy Fawkes の像《11 月 5 日 Gunpowder Plot の記念日 (Guy Fawkes day) にその張本人 Guy Fawkes の奇怪な像を作り子供らが町内を引き回して夜に焼き捨てる風習があり, 今でも地方には残っている》. **b** (不人気な人などの)滑稽な人形像. **3 a**《英古・口語》滑稽な服装の人, 奇異な風体(ふうてい)の人; だらしのない[みすぼらしい]風をした人: He looks a regular ～. まるでかかしみたいだ. **b** 物笑いの種になる人. **4**《英俗》逃走, 逃亡: do a ～ 姿を消す, ずらかる / give the ～ to …から逃げ出す, …をまいて逃げる. ***Nó móre Mr. Nice Gùy*** もはや紳士[いい人]ぶってはいられない.
— *vt.* **1** 〈不人気な人などを〉異様な人形の像で表す, 人形にしてさらしものにする. **2** 笑いものにする, からかう, なぶる (ridicule). 〖(1806) ← *Guy Fawkes*〗
guy² /gáɪ/ *n.*〔機械〕ガイ, 張り綱, 維持索《起重機につるした荷物を安定させたは置場所に導くためのロープ》; (デリック・旗竿(はたざお)・煙突・電柱などの)支え線[綱], 控え綱 (guy rope [line] ともいう). — *vt.* ガイで導く, 支索で支える[定着させる]. 〖(*c*1350) ← ? LG: cf. Du.《廃》*gei* brail〗
Guy /gáɪ; *F.* gi/ *n.* ガイ《男性名》. 〖ME ◻OF *Gui*《原義》leader (⇨ guide): cf. Guido〗
GUY《略》〔自動車国籍表示〕Guyana.
Guy·an·a /gaɪǽnə, gaɪ-, -ɑ́ːnə; giɑ́ː-/ *n.* ガイアナ《南米北東部にある英連邦内の共和国; もと British Guiana といったが, 1966 年独立; 面積 214,970 km², 首都 Georgetown; 公式名 the Cooperative Republic of Guyana ガイアナ協同共和国》. **Guy·á·nan** /-nən/ *adj.*

Guy·a·nese /gàɪəníːz, -níːs | -níːz⁻/ *adj.* ガイアナ(人)の. ― *n.* (*pl.* ～) ガイアナ人. 〘(1966): ⇨ ↑, -ese〙

gúy dérrick *n.* 〘機械〙ガイデリック《四方から控え綱 (guy) を張って垂直に立たせた起重機》.

Guy·enne /gwijén; *F.* gɥiɛn/ *n.* ギュイエンヌ《Guienne のフランス語名》.

Gúy Fáwkes dày [nìght] /gáɪfɔ́ːks-, -fáːks- | -fɔ́ːks-/ *n.* 《英》ガイフォークスの日[夜]《Gunpowder Plot の記念日; 11 月 5 日; ⇨ guy¹ 2 a》. 〘1825〙

Guy La·roche /gíːlɑːrɔ́(ː)ʃ | -rɔ́ʃ; *F.* gilaʀɔʃ/ *n.* 〘商標〙ギラロッシュ《フランスのオートクチュールデザイナー Guy Laroche (1921–89) の作品・ブランド; その店》.

Guy·on /gwiːjɔ̃ː(ŋ), -jɔ́(ː)ŋ; *F.* gɥijɔ̃/, **Jeanne-Marie de la Motte** *n.* グヮイヨン, ギュイヨン《1648–1717; フランスの静寂主義 (Quietism) 的な神秘家; Paris から追放された; 通称 'Madame'》.

guy·ot /gíːoʊ, ―⁄ | gíːəʊ, ―⁄/ *n.* 《米》〘地質〙ギュヨー, ギョー, 平頂[卓状]海山 (tablemount)《頂上が平坦な海山; cf. seamount》. 〘(1946) ← *A. H. Guyot* (1807–84: 米国の地理学者・地質学者)〙

G

gúy ròpe *n.* ＝guy².

Gúy's Hóspital /gáɪz/ *n.* ガイ病院《London の代表的な教育病院 (teaching hospital); 単に Guy's ともいう》.

guy·ver /gáɪvə | -və^(r)/ *n.*, *adj.* ＝gyver.

Guz·mán Blan·co /guːsmáːnblɑ́ːŋkoʊ | -blǽŋkəʊ, -blɑ́ːŋ-; *Am.Sp.* gusmámbláŋko/, **Antonio** *n.* グスマン ブランコ《1829–99; ベネズエラの軍人・政治家; 大統領 (1873–77, 79–84, 86–87)》.

guz·zle /gʌ́zl/ *vi.* 暴飲する, 鯨飲する, 酒浸りになる. ― *vt.* **1 a** 〈酒を〉がぶがぶ飲む 〈*down*〉. **b** がつがつ食う. **2** 〈金銭などを〉飲酒に浪費する 〈*away, down*〉: ～ one's money *away* 金をみんな飲んでしまう. 〘(1579) □ ? OF *gosillier* to vomit ← *gosier* throat ← ?: cf. OF *desgosiller* to gulp, swallow down〙

gúz·zl·er /-zlə, -zlə | -zlə^(r), -zl-/ *n.* 大酒飲み, 大酒家. 〘(*a*1704): ⇨ ↑, -er¹〙

gv 《略》gravimetric volume 重量容積《コンクリートの容積から中に含まれた空気量を差し引いたもの》.

GVW 《略》gross vehicular weight 車両総重量.

gw 《記号》Guinea-Bissau (URL ドメイン名).

GW 《略》gigawatt(s).

gwai·lo /gwáɪloʊ, gwéɪ- | -ləʊ/ *n.* [香港で軽蔑的に] ヨーロッパ人.

Gwa·li·or /gwɑ́ːliɔə | -liɔː^(r); *Hindi* gvɑːljər/ *n.* **1** グワリオル《インド中部 Madhya Pradesh 州北部の都市》. **2** インド中北部の旧州《1956 年から Madhya Pradesh 州と合併》.

Gwen /gwén/ *n.* グウェン《女性名》. 〘(dim.) ← Gwendolen〙

Gwen·da /gwéndə/ *n.* グウェンダ《女性名》. 〘↑〙

Gwen·do·len /gwéndəl̩ɪn, -dl- | -dəlɪn, -dl-/ *n.* グウェンドレン《女性名; 愛称形 Gwen, Wendy; 異形 Guendolen, Gwendolin; Gwendoline, Gwendolyn》. 〘□ Welsh ～ ← *gwen* ((fem.) ← *gwyn* fair, white)＋*dolen* bow, ring: 《原義》? 月の女神〙

Gwen·do·lyn /gwéndəl̩ɪn, -dl- | -dəlɪn, -dl-/ *n.* グウェンドリン《女性名》. 〘↑〙

Gwent /gwént/ *n.* グエント《ウェールズ南東部の旧州 (1974–96); 州都 Cwmbran /kumbrɑ́ːn, kuːm-/》.

Gwe·ru /gwéɪruː/ *n.* グウェルー《ジンバブエ中央部の都市; 旧名 Gwelo (1982 まで)》.

Gwil·ym /gwílɪ̩m | -lɪm/ *n.* グイリム《男性名; ウェールズに多い》. 〘□ OF *Guillaume* 'William'〙

gwine /gwáɪn/ *v.* 《方言》go¹ の現在分詞. ★ 非標準的な語.

Gwin·nett /gwɪnét/, **But·ton** /bʌ́tn/ *n.* グウィネット《1735–77; 英国生まれの商人で, 米国独立運動の指導者; 独立宣言署名者の一人》.

Gwyn /gwín/ *n.* グウィン: **1** 男性名《異形 Gwynn》. **2** 女性名《異形 Gwynne》. 〘1: □ Welsh ～《原義》white, fair: cf. Gwen. ― 2: (dim.) ← Gwyneth〙

Gwyn /gwín/, **Nell** *n.* グウィン《1650–87; 英国の女優で Charles 二世の愛人; 本名 Eleanor》.

Gwyn·edd /gwínɪ̩ð, -neð; *Welsh* gwíneð/ *n.* グウィネズ《ウェールズ北西部の州; 面積 2,550 km², 州都 Caernarvon》.

Gwyn·eth /gwínɪ̩θ, -neθ/ *n.* グウィネス《女性名》. 〘□ Welsh *Gwynaeth* 《原義》felicity〙

gwyn·i·ad /gwíniæd/ *n.* 〘魚類〙英国 Wales 北部の淡水湖産サケ科コレゴナス属の一種 (*Coregonus clupeoides pennantii*). 〘(1611) □ Welsh ～ ← *gwyn* white ← IE **Weid* to see: ⇨ -ad¹〙

Gwynne /gwín/, **Nell** *n.* ＝Nell Gwyn.

gy 《記号》Guyana (URL ドメイン名).

Gy 《略》〘物理〙gray².

Gyan·dzha /gjɑːndʒɑ́ː/ *n.* ギャンジャ《アゼルバイジャン西部の都市; 旧名 Kirovabad (1935–89); Gäncä ともいう》.

Gya·ni /gjɑ́ːni/ *n.* 《インド》師《パンジャブの学者の名の前につける尊称》.

gybe /dʒáɪb/ *v.*, *n.* 〘海事〙＝jibe¹. 〘(1341) □ Du.《廃》*gijben* ← *ghijlen* to ferment ← ?〙

gyle /gáɪl/ *n.* **1** 発酵中の麦芽汁. **2** 一回分のビール醸造量. **3** 発酵槽. 〘(*c*1440) □ Du. *gijl* unfermented beer ← *gijlen* to ferment〙

gym /dʒím/ *n.* **1** 《口語》**a** 体育館. 日英比較 日本語の「(ボクシング)ジム」は「ボクシングの道場, (ボクサーの所属する)クラブ」を意味するが, 英語の *gym*, gymnasium にはこの意味はない. **b** (学科の)体操 (gymnastics). **2** (ぶらんこ・シーソー・つり輪などを組み合わせた)戸外運動道具の金属製支え枠. ― *adj.* ＝gymnastic. 〘(1871)《略》← gymnasium¹〙

gym·el /dʒíməl, -ml/ *n.* 〘音楽〙**1** ジメル《中世英国音楽で主旋律に対しその 3 度下に対旋律をつけて歌う複音楽の一種》. **2** ジメル《16 世紀の多声音楽で, 現在の divisi と同じ意味で使われた指示用語》. 〘(1530)《変形》← OF *gemel* 'gemel'〙

gym·kha·na /dʒɪmkɑ́ːnə/ *n.* **1** 公共競技場. **2** 運動競技大会, 体育祭; 馬術大会; 自動車悪路走行競走, ジムカーナ. 〘(1861) □ Hindi *gendkhāna* racket court ← *gend* ball＋*khāna* house: *gym-* は gymnastic, gymnasium¹ への同化〙

gymn- /dʒɪmn/ (母音の前にくるときの) gymno- の異形.

gym·nan·thous /dʒɪmnǽnθəs/ *adj.* 〘植物〙＝achlamydeous. 〘1880〙

gymnasia *n.* gymnasium¹ の複数形.

gym·na·si·arch /dʒɪmnéɪziɑ̀ək | -ɑːk/ *n.* **1** (古代ギリシャの)競技取締員. **2** 学校の校長. 〘(1579–80) □ L *gymnasiarchus* □ Gk *gumnasiárkhos* ← *gumnásion* 'gymnasium¹'＋*arkhós* (⇨ -arch¹)〙

gym·na·si·ast¹ /dʒɪmnéɪziæ̀st, -ziəst/ *n.* ＝gymnast.

gym·na·si·ast² /dʒɪmnéɪziæ̀st, -ziəst, gɪm-; *G.* gymnɑ̀ːziást/ *n.* ギムナジウム (gymnasium) の生徒[卒業生]. 〘(1825) □ G ～: ⇨ gymnasium², -ast〙

gym·na·si·um¹ /dʒɪmnéɪziəm, -ʒəm | -ziəm/ *n.* (*pl.* **～s, -si·a** /-ziə, -ʒə | -ziə/) **1** (屋内)競技場, 体育館, ジム. **2** (古代ギリシャの青年が集まって身体を鍛えた)練成所, 体育場. **gym·ná·si·al** /-ziəl, -ʒiəl, -ʒəl | -ziəl/ *adj.* 〘(1598) □ L ～ 'school' □ Gk *gumnásion* exercise ← *gumnázein* to exercise the body ← *gumnós* naked: 裸で練習したのにちなむ: ⇨ -ium〙

gym·na·si·um² /gɪmnɑ́ːziəm, -ziùm; *G.* gymnɑ́ːzjʊm/ *n.* (ドイツなどの)文科中学校, ギムナジウム《大学予備教育機関で 9 年制 [7 年制] の中等学校; cf. realschule》. 〘(1691) □ G ～ □ L (↑)〙

gym·nast /dʒímnæst, -nəst | -næst/ *n.* 体操教師, 体育家, 体育専門家. 〘(1594) □ F *gymnaste* // Gk *gumnastḗs* trainer of athletes ← *gumnázein* (↑): ⇨ -ast〙

gym·nas·tic /dʒɪmnǽstɪk/ *adj.* 体操の, 体育の; 知的訓練の: ～ apparatus 体操用具. ― *n.* 身体[知的]訓練(課程). **gym·nás·ti·cal·ly** *adv.* 〘(1574) □ F *gymnastique* // L *gymnasticus*〙

gym·nas·tics /dʒɪmnǽstɪks/ *n.* **1** [複数扱い] **a** 体操 (gymnastic exercises)《組織的な体育運動》. **b** 知的訓練: mental ～ 頭の体操. **2** [単数扱い] 体操術, 体操科, 体育. 〘(1652): ⇨ -ics〙

gym·no- /dʒímnoʊ | -nəʊ/ 〘植物〙「裸体の, 裸の」の意の連結形. ★ 母音の前では通例 gymn- になる. 〘← Gk *gumnós* naked〙

gỳmno·cárpic *adj.* 〘植物〙＝gymnocarpous.

gỳmno·cárpous *adj.* 〘植物〙裸果の. 〘1856〙

gym·nog·e·nous /dʒɪmnɑ́(ː)dʒənəs | -nɔ́dʒɪ̩-/ *adj.* 〘動物〙(ある種の鳥などのように)生まれたとき羽毛がない. 〘1884〙

gym·nog·y·nous /dʒɪmnɑ́(ː)dʒənəs | -nɔ́dʒɪ̩-/ *adj.* 〘植物〙裸の子房をもつ. 〘⇨ gymno-, -gynous〙

gỳmno·rhínal *adj.* 〘鳥類〙〈鳥が〉(羽毛に覆われていないで)露出鼻孔の. 〘← NL ～: ⇨ gymno-, rhinal〙

gym·nós·o·phist /-fɪ̩st | -fɪst/ *n.* **1** 裸行者《裸体で宗教的黙想にふけった古代インドの行者》. **2** 裸体主義者 (nudist). 〘(*a*1400–50) □ F *gymnosophiste* □ L *gymnosophistae* (pl.) □ Gk *gumnosophistaí* (⇨ gymno-, sophist) ∽ (*c*1350) *genosophis* (pl.) □ Gk **gumnósophos*〙

gym·nos·o·phy /dʒɪmnɑ́(ː)səfi | -nɔ́s-/ *n.* **1** 裸体苦行. **2** 裸体主義 (nudism). 〘1826〙

gym·no·sperm /dʒímnəspə̀ːm | dʒímnə(ʊ)spə̀ːm, gím-/ *n.* 〘植物〙裸子植物 (cf. angiosperm). **gym·no·sper·mous** /dʒɪmnəspə́ːməs | dʒɪmnə(ʊ)spə́ː-, gɪm-⁻/ *adj.* **gým·no·spèr·my** /-mi/ *n.* 〘(1830) ↓〙

Gym·no·sper·mae /dʒɪmnəspə́ːmiː | dʒɪmnə(ʊ)spə́ː-, gɪm-/ *n. pl.* 〘植物〙裸子植物門. 〘← NL ～: ⇨ gymno-, -spermae〙

gym·no·spore /dʒímnəspɔ̀ə | dʒímnə(ʊ)spɔ̀ː^(r), gím-/ *n.* 〘植物〙裸生する胞子.

gym·pie /gímpi/ *n.* 《豪》**1** オーストラリア東部熱帯産のイラノキ属[ムカゴイラノキ属]の葉に刺毛がある常緑低木. **2** ギンピーハンマー (gympie hammer)《鉱山で手掘りに使う軽いハンマー》. 〘(1895) □ Gabi *gimbi*〙

gým shòe *n.* 《米》(ゴム底・ズックの)運動靴, スニーカー (sneaker). 〘1887〙

gým·slìp *n.* 《英》ジムスリップ《もと女生徒用の肩からももまでのそでなしベルトつき上着; 制服の一種》. 〘1930〙

gýmslip móther *n.* 生徒の身で子供を産んだ少女.

gým sùit *n.* ジムスーツ《ブラウスとブルマーやショーツの組合わせ, またはワンピースになった女性用運動着》.

gým tùnic *n.* ＝gymslip.

gyn. 《略》gynecological; gynecology.

gyn- /gaɪn, dʒɪn | gaɪn/ (母音の前にくるときの) gyno- の異形.

-gyn /dʒɪ̩n | dʒɪn/「…本の雌蕊(しべ)を持つ植物」の意の名詞連結形: hexagyn. 〘← NL ～: ⇨ -gynia〙

gy·naec- /gáɪnɪ̩k, dʒɪn-, gaɪníːk, dʒɪ̩- | gáɪnɪ̩k, gaɪníːk/ (母音の前にくるときの) gynaeco- の異形 (⇨ gyneco-).

gy·nae·ce·um /gàɪnɪ̩síːəm, dʒɪ̀n- | gàɪnɪ̩-, dʒàɪ-/ *n.* (*pl.* **-ce·a** /-síːə/, **～s**) **1** 〘植物〙＝gynoecium. **2** (古代ギリシャ・ローマの家の)婦人部屋用の一郭《主に家の後部にあった》. 〘(1610) □ L *gynaecē-um* □ Gk *gunaikeîon* apartment for women ← *gunaik-* (⇨ gyneco-)〙

gy·nae·cic /gaɪníːsɪk, dʒɪ̩-, dʒaɪ- | gaɪ-/ *adj.* ＝gynecic.

gy·nae·ci·um /dʒɪ̩níːʃiəm, gaɪníː-, -siəm | gaɪ-, dʒaɪ-/ *n.* ＝gynoecium.

gy·nae·co- /gáɪnɪ̩koʊ, dʒín-, gaɪníː-, dʒɪ̩- | gáɪnɪ̩kəʊ, gaɪníː-/ ＝gyneco-.

gy·nae·coc·ra·cy /gàɪnɪ̩kɑ́(ː)krəsi, dʒɪ̀n- | gàɪnɪ̩kɔ́k-/ *n.* ＝gynecocracy.

gy·nae·co·crat /gáɪnɪ̩koʊkræt, dʒín-, gaɪníːkə-, dʒɪ̩- | gáɪnɪ̩kə(ʊ)-, gaɪníː-/ *n.* ＝gynecocrat.

gy·nae·co·crat·ic /gàɪnɪ̩koʊkrǽtɪk, dʒɪ̀n-, gaɪnìːkə-, dʒɪ̩- | gàɪnɪ̩kə(ʊ)krǽt-, gaɪnìː-⁻/ *adj.* ＝gynecocratic.

gy·nae·coid /gáɪnɪ̩kɔ̀ɪd, dʒín- | gáɪ-/ *adj.* ＝gynecoid. 〘1907〙

gynaecol. 《略》gynaecological; gynaecology.

gỳ·nae·cól·o·gist /-dʒɪ̩st | -dʒɪst/ *n.* ＝gynecologist.

gy·nae·col·o·gy /gàɪnɪ̩kɑ́(ː)lədʒi, dʒɪ̀n- | gàɪnɪ̩kɔ́l-/ *n.* 〘医学〙＝gynecology. **gy·nae·co·log·ic** /gàɪnɪ̩kəlɑ́(ː)dʒɪk, dʒɪ̀n- | gàɪnɪ̩kəlɔ́dʒ-⁻/ *adj.* **gỳ·nae·co·lóg·i·cal** /-dʒɪ̩kəl, -kl | -dʒɪ-⁻/ *adj.*

gynàeco·mórphous *adj.* 〘生物〙＝gynecomorphous.

gy·nae·o- /gáɪnioʊ, dʒín- | gáɪniəʊ/ ＝gyneo-.

gy·nae·pho·bi·a /gàɪnɪ̩fóʊbiə, dʒɪ̀n- | gàɪnɪ̩fə́ʊ-/ *n.* ＝gynephobia.

gyn·an·der /gaɪnǽndə, dʒɪ̩- | gaɪnǽndə^(r)/ *n.* 〘生物〙雌雄モザイク, 雌雄嵌合(かんごう)体. 〘(1828) ← gyno-＋-ander〙

gyn·an·dro·morph /gaɪnǽndrəmɔ̀əf, dʒɪ̩- | gaɪnǽndrə(ʊ)mɔ̀ːf/ *n.* 〘動物〙雌雄モザイク, 性(的)モザイク《雌雄異体の生物で, 雄性部分と雌性部分とが明らかな境界をもって混在している状態; cf. hermaphrodite 1, intersex》. **gyn·an·dro·mor·phic** /gaɪnæ̀ndrəmɔ́əfɪk, dʒɪ̩n- | -mɔ́ː-⁻/ *adj.* **gy·nàn·dro·mórph·ism** /-fɪzṃ/ *n.* **gyn·àn·dro·mór·phous** /-fəs⁻/ *adj.* **gy·nán·dro·mòr·phy** /-fi/ *n.* 〘(1890): ⇨ ↓, -morph〙

gyn·an·drous /gaɪnǽndrəs, dʒɪ̩- | gaɪ-/ *adj.* **1** 〘植物〙雄蕊(ずい)が雌蕊に結合した. **2** 〘生物〙雌雄同体の. **gyn·án·drism** /-drɪzṃ/ *n.* 〘(1807) □ Gk *gúnandros* of doubtful sex: ⇨ gyno-, -androus〙

gyn·an·dry /gaɪnǽndri, dʒɪ̩- | gaɪ-/ *n.* 〘生物〙雌雄同体性 (hermaphroditism)《特に, 雌性で雄性的特徴の著しいもの》. 〘⇨ ↑, -y¹〙

gyn·arch·y /gáɪnɑəki, dʒín- | gáɪnɑːki/ *n.* **1** 女天下, 女権政治. **2** 〘昆虫〙ジナーキー《ミツバチやアリのような雌の成体のみにより構成されている昆虫の社会》. **gy·nar·chic** /gaɪnɑ́əkɪk, dʒɪ̩- | gaɪnɑ́ː-/ *adj.* 〘(1577–87) ← Gk *gunḗ* woman＋*arxía* rule〙

gy·na·tre·si·a /gàɪnætríːʒiə, -ziə | -ziə/ *n.* 〘病理〙(女性の)外陰閉鎖, 鎖陰. 〘← NL ～: ⇨ gyno-, -tresia〙

gy·ne- /gáɪnɪ̩, dʒínɪ̩ | gáɪnɪ̩/ gyno- の異形. 〘← NL ～: ⇨ gyno-, -tresia〙

-gyne /dʒàɪn, gàɪn/「女性; 女性生殖器」の意の名詞連結形: trichogyne. 〘← Gk *gunḗ* woman〙

gy·nec- /gáɪnɪ̩k, dʒín- | gáɪnɪ̩k/ (母音の前にくるときの) gyneco- の異形.

gy·ne·ce·um /gàɪnɪ̩síːəm, dʒɪ̀n- | gàɪnɪ̩-/ *n.* (*pl.* **-ce·a** /-síːə/, **～s**) ＝gynaeceum.

gynecia *n.* gynecium の複数形.

gy·ne·cic /gaɪníːsɪk, dʒɪ̩- | gaɪ-/ *adj.* 女性の, 女性に関する.

gyn·e·ci·um /dʒɪ̩níːʃiəm, gaɪ-, -siəm | dʒaɪníːsiəm, gaɪ-/ *n.* (*pl.* **-ci·a** /-ʃiə, -siə | -siə/) 〘植物〙＝gynoecium.

gyn·e·co- /gáɪnɪ̩koʊ, dʒín-, gaɪníː-, dʒɪ̩- | gáɪnɪ̩kəʊ, gaɪníː-/「女; 女の」の意の連結形. ★ 母音の前では通例 gynec- になる. 〘← Gk *gunaik-*, *gunḗ* woman, female〙

gy·ne·co·cen·tric /gàɪnɪ̩koʊséntrɪk, dʒɪ̀n- | gàɪnɪ̩kə(ʊ)-⁻/ *adj.* 女性中心の, 女性支配の, 女性優勢の (↔ androcentric): a ～ society.

gy·ne·coc·ra·cy /gàɪnɪ̩kɑ́(ː)krəsi, dʒɪ̀n- | gàɪnɪ̩kɔ́k-/ *n.* **1** 婦人政治 (female rule). **2** [通例軽蔑的] かかあ天下, 「女性上位」(petticoat government). 〘(1612) □ F *gynécocratie* // ← NL *gynaecocratia* ← Gk *gunaikokratíā*〙

gy·ne·co·crat /gáɪnɪ̩koʊkræt, dʒín-, gaɪníːkə-, dʒɪ̩- | gáɪnɪ̩kə(ʊ)-, gaɪníː-/ *n.* 婦人政治論者[支持者], 女権論者. 〘(1893) ← gyneco-＋-crat〙

gy·ne·co·crat·ic /gàɪnɪ̩koʊkrǽtɪk, dʒɪ̀n-, gaɪnìːkə-, dʒɪ̩- | gàɪnɪ̩kə(ʊ)krǽt-, gaɪnìː-⁻/ *adj.* **1** 婦人政治の. **2** 《軽蔑》かかあ天下の. 〘(1877): ⇨ ↑, -ic¹〙

gy·ne·coid /gáɪnɪ̩kɔ̀ɪd, dʒín- | gáɪ-/ *adj.* 女性の[らしい]. 〘(1907) ← gyneco-＋-oid〙

gỳ·ne·cól·o·gist /-dʒɪ̩st | -dʒɪst/ *n.* 婦人科医. 〘(1872): ⇨ ↓, -ist〙

gy·ne·col·o·gy /gàɪnɪ̩kɑ́(ː)lədʒi, dʒɪ̀n- | gàɪnɪ̩kɔ́l-/ *n.* 〘医学〙婦人科学. **gy·ne·co·log·ic** /gàɪnɪ̩kəlɑ́(ː)dʒɪk, dʒɪ̀n- | gàɪnɪ̩kəlɔ́dʒ-⁻/, **gỳ·ne·co·lóg·i·cal** /-dʒɪ̩kəl, -kl | -dʒɪ-⁻/ *adj.* 〘(1847) ← gyneco-＋-logy〙

gy·ne·co·ma·ni·a /gàɪnɪ̩koʊméɪniə, dʒɪ̀n- | gàɪnɪ̩kə(ʊ)-/ *n.* 〘病理〙＝satyriasis 1. 〘← NL ～: ⇨ gyneco-, -mania〙

gy·ne·co·mas·ti·a /gàɪnɪ̀koumǽstiə, dʒɪ̀n-, gaɪnì:-, dʒɪ̀ | gàɪnɪ̀kə(ʊ)-, gaɪnì:-/ *n.* 〘病理〙女性化乳房《男性の乳房の異常発育》. 〘(1881) ← NL ～: ⇨ gyneco-, -mastia〙

gynèco·mórphous *adj.* 〘生物〙女性の特徴[形状, 外観]を備えた.

gy·ne·cop·a·thy /gàɪnɪ̀kɑ́(:)pəθi, dʒɪ̀n- | gàɪnɪ̀kɔ́p-/ *n.* 〘病理〙婦人病.

gỳneco·tocólogy *n.* 〘医学〙産婦人科学. 〘← GYNECO-＋TOCOLOGY〙

gy·ne·o- /gáɪniou, dʒɪ́n- | gáɪniəʊ/ =gyno-.

gy·ne·pho·bi·a /gàɪnɪ̀fóubiə, dʒɪ̀n- | gàɪnɪ̀fə́ʊ-/ *n.* 女性恐怖症. **gy·ne·pho·bic** /gàɪnɪ̀fóubɪk, dʒɪ̀n- | gàɪnɪ̀fə́ʊ-ˊ/ *adj.* 〘← GYNO-＋-PHOBIA〙

-gyn·i·a /dʒɪ́niə, gɪ́n-/ 〘植物〙「雌蕊(ずい)を持った植物」の意の名詞連結形. 〘← NL ～ ← -GYN(OUS)＋-IA²〙

gy·ni·at·rics /gàɪniǽtrɪks, dʒɪ̀n- | gàɪn-/ *n.* =gynecology.

gy·ni·at·ry /gàɪniǽtri, dʒɪ̀n- | gàɪn-/ *n.* =gynecology.

gy·nic /gáɪnɪk, dʒɪ́n- | gáɪn-/ *adj.* 女性の, 女に関する (↔ andric). 〘⇨ ↓, -ic¹〙

gy·nie /gáɪni/ *n.* 婦人科医 (gynecologist).

gy·no- /gáɪnou, dʒɪ́n- | gáɪnəʊ/「女性(の), 雌(の); 女性器」の意の連結形 (↔ andro). ★ 時に gyne-, gyneo-, また母音の前では通例 gyn- になる. 〘(短縮) ← GYNECO-〙

gỳno·céntric *adj.* 女性中心の.

gy·noc·ra·cy /gaɪnɑ́(:)krəsi, dʒɪ̀- | gaɪnɔ́k-/ *n.* =gynecocracy.

gỳno·dióecious *adj.* 〘植物〙雌花異株の《同一種内に雄花だけをつける株と両性花をつける株とがある》. 〘1877〙

gy·noe·ci·um /dʒɪ̀ní:ʃiəm, gaɪní:-, -siəm | dʒaɪní:siəm, gaɪní:-/ *n.* (*pl.* **-ci·a** /-ʃiə, -siə | -siə/) 〘植物〙花の雌器; [集合的] 雌蕊(ずい)群 (pistils) (↔ androecium). 〘(1832) ← NL ～ ← GYNO-＋Gk *oikíon* house〙

gỳno·génesis *n.* 〘生物〙雌性発生, 雌性生殖, 雌性単為生殖 (↔ androgenesis). **gỳno·genétic** *adj.* 〘(1925) ← NL ～: ⇨ gyno-, genesis〙

gỳno·génic *adj.* 〘生物〙雌を生じる (↔ androgenic).

gỳno·monóecious *adj.* 〘植物〙雌花同株の《雌花と両性花とを同一株につける》. 〘1877〙

gy·no·pho·bi·a /gàɪnəfóubiə, dʒɪ̀n- | gàɪnə(ʊ)fə́ʊ-/ *n.* =gynephobia.

gy·no·phore /gáɪnəfɔ̀ə, dʒɪ́n- | gáɪnəfɔ̀:ʳ/ *n.* 〘植物〙子房柄, 雌器柄《雌性生殖体を支える部分》. **gy·no·phor·ic** /gàɪnəfɔ́(:)rɪk, dʒɪ̀n-, -fɑ́(:)r- | gàɪnəfɔ́r-ˊ/ *adj.* 〘(1821) ← GYNO-＋Gk *-phoros* bearing〙

gy·no·ste·mi·um /gàɪnoustí:miəm, dʒɪ̀n- | gàɪnə(ʊ)-/ *n.* (*pl.* **-mi·a** /-miə/) 〘植物〙蕊柱(ずいちゅう)《ランのように雄蕊と雌蕊が合体している場合のその全体》. 〘(1861) ← NL ～ ← GYNO-＋Gk *stēmōn* thread＋-IUM〙

-gy·nous /ˊ-dʒənəs | -dʒɪ̀-/ 次の意を表す形容詞連結形 (↔ -androus): **1**「女[雌]の」: polygynous. **2** 〘植物〙「…個の[…形の]雌蕊[雌器, 花柱]の」(↔ -androus): tetragynous. 〘□ Gk *-gunos* ← *gunḗ* woman, female: ⇨ -ous〙

-gy·ny /ˊ-dʒəni | -dʒɪ̀ni/ -gynous に対応する名詞連結形. 〘⇨ ↑, -y¹〙

Györ /dʒɜ́: | dʒɜ́:ʳ; *Hung.* ɟø:r/ *n.* ジェール《ハンガリー北西部の都市》.

gyp¹ /dʒɪ́p/ *n.* 《米俗》 **1** 詐欺師, ぺてん師; 詐欺, ぺてん, ごまかし. **2** (自分で調教し, 時には自分が騎手となる)競走馬の小馬主. — *v.* (**gypped; gyp·ping**) — *vt.* だます, だまして…から取る[巻き上げる]: be ～*ped* (*out*) *of* money 金をだまし取られる. — *vi.* ぺてん[詐欺]にかける. 〘(1750) (略) ← GYPSY〙

gyp² /dʒɪ́p/ *n.* 《英》 (Cambridge 大学などで学生の世話をする)用務員 (servant) (cf. scout¹ 6). 〘(1750) ← ? (廃) *gippo* scullion ← F *jupe* 'JUPE'〙

gyp³ /dʒɪ́p/ *n.* 《口語》ひどい[つらい]目. ★ 次の成句で: ***give a person gyp*** 〈人を〉ひどくしかる, ひどい目に遭わせる, 〈人を〉(痛みなどで)ひどく苦しめる. (1893) 〘(1893) ← ? *gee up* (⇨ gee² 成句)〙

gýp àrtist *n.* 《米俗》ぺてん師 (gyp).

gýp jòint *n.* 《米俗》 **1** いかさま賭博場. **2** 法外な値段をふっかけて客から金を巻き上げる店, ぼったくり店.

gyp·lure /dʒɪ́plùə | -ljùəʳ, -lùəʳ, -ljɔ̀:ʳ/ *n.* 〘昆虫〙(マイマイガの雄の捕獲に用いられる)合成性誘引剤. 〘← *gyp*(*sy moth*)＋-LURE〙

gýp·per /-pə | -pəʳ/ *n.* 《米俗》詐欺師, ぺてん師.

gyp·po /dʒɪ́pou | -pəʊ/ *n., adj.* 《軽蔑》 **1** エジプト人(の). **2** ジプシー(の). 〘(1916) (変形) ← GIPPY〙

gýp·py túmmy /dʒɪ́pi-/ *n.* =gippy tummy. 〘1943〙

gýp·ròom *n.* 《英》 (Cambridge 大学などで用務員が管理する)食器室 (pantry) (cf. gyp¹). 〘1871〙

gyp·se·ous /dʒɪ́psiəs/ *adj.* 石膏(せっこう)の, 石膏質の, 石膏に似た. 〘(1661) ← LL *gypseus* (⇨ gypsum)＋-OUS〙

gyp·sif·er·ous /dʒɪpsɪ́f(ə)rəs/ *adj.* 石膏を生じる, 石膏を含有する. 〘(1847) ← GYPS(UM)＋-I-＋-FEROUS〙

gyp·sog·ra·phy /dʒɪpsɑ́(:)grəfi | -sɔ́g-/ *n.* 石膏彫刻(術). 〘(1840) ⇨ gypsum, -graphy〙

gyp·soph·i·la /dʒɪpsɑ́(:)fələ | -sɔ́fɪ̀-/ *n.* 〘植物〙 **1** [G-] カスミソウ属《ナデシコ科の一属》. **2** カスミソウ《カスミソウ属の植物の総称; カスミソウ, シュッコンカスミソウ (baby's breath) など》. 〘(1771) ← NL ～: ⇨ gypsum, -phila〙

gyp·soph·i·lous /dʒɪpsɑ́(:)fələs | -sɔ́fɪ̀-/ *adj.* 〘植物生理〙〈植物が〉石膏(せっこう)を含んだ場所を好んで生育する.

gyp·soph·i·ly /dʒɪpsɑ́(:)fəli | -sɔ́fɪ̀-/ *n.* 〘(1902): ⇨ ↑, -ous〙

gyp·sum /dʒɪ́psəm/ *n.* **1** 〘鉱物〙石膏, ギプス ($CaSO_4 \cdot 2H_2O$) (cf. selenite¹ 1, alabaster 1, PLASTER of Paris). **2** =plasterboard. — *vt.* 〈土壌・水などを〉石膏で処理する. 〘(a1387) □ L ～ □ Gk *gúpsos* chalk, gypsum ← ? Sem. (cf. Arab. *jibs* plaster)〙

gýpsum bòard *n.* =plasterboard.

gýpsum plàster [cemènt] *n.* 〘建築〙石膏プラスター, 石膏漆喰(しっくい).

gýpsum wàllboard *n.* =plasterboard.

Gyp·sy¹, g- /dʒɪ́psi/ *n.* **1** ジプシー《14-15 世紀にインドからヨーロッパに渡来した漂泊民族で, 今はヨーロッパ・アジア・アメリカの各地に住み Romany と自称する (Gypsy は差別語として使われることがあるので注意); 皮膚は浅黒く毛髪は黒色, 多くかご編み・馬の売買・鋳掛け・音楽師・占いなどを業とし, 特色ある(箱)馬車 (gypsy van) を家として各地を漂浪する》. **2** ジプシー語 (Romany). **3** [g-] **a** ジプシーのような人; (特に)色の浅黒い人. **b** 放浪癖のある人 (⇨ vagrant SYN). **4** [g-] 〘海事〙 **a** =gypsy winch. **b** =gypsy capstan. **c** =gypsyhead. **5** 《米俗》 **a** もぐりタクシー. **b** (もぐり)個人タクシー業者. **6** [g-] =gyp¹ 2. — *adj.* [限定的] **1** ジプシーの, ジプシー風の: a ～ boy [girl] / a ～ camp ジプシーのキャンプ / a ～ van [caravan] ジプシーの箱馬車. **2** 非因襲的な; 流浪の, ボヘミアン的な. — *vi.* 《まれ》 [g-] **1** ジプシー風に暮らす[流浪する]. **2** ピクニック[キャンプ]をする. 〘(1537) (逆成) ← *gipcyan* (頭音消失による変形) ← EGYPTIAN: 16 世紀の初め英国に現れたとき Egypt から来たものと誤解されたため〙

Gyp·sy² /dʒɪ́psi/ *n.* ジプシー《女性名》. 〘↑〙

gýpsy càb *n.* 《米・カナダ口語》(免許がないのに)もぐり(で流しを営業する)タクシー, もぐりタクシー (cf. Gypsy¹ 5). 〘1964〙

gýpsy càpstan *n.* 〘海事〙モーターまたはエンジンだけで動かす小型のキャプスタン[車地(しゃち)], 巻き上げ機].

gýp·sy·dom /-dəm/ *n.* **1** ジプシーの身の上, ジプシー生活. **2** [集合的] ジプシー.

gyp·sy·fy /dʒɪ́psɪ̀fàɪ | -sɪ-/ *vt.* (ようすなどの点で)ジプシー風にする, ジプシー化する. **gýp·sy·fied** *adj.*

gýpsy hàt *n.* ジプシー帽《婦人や子供用のつばの広い帽子》. 〘1805〙

gýpsy·hèad *n.* 〘海事〙ジプシーヘッド, 索巻鼓胴《ウィンチやウィンドラスの外側軸端にある鼓形の回転体; これに索を巻きつけて巻き込む》.

gýpsy·hòod *n.* ジプシーの身の上.

gýp·sy·ish /-sɪɪʃ/ *adj.* =gypsylike.

gýp·sy·ism /-sìɪzm/ *n.* ジプシー風, ジプシー趣味.

gýpsy·lìke *adj.* ジプシーのような, ジプシー風の. 〘1651〙

gýpsy mòth *n.* 〘昆虫〙マイマイガ (*Lymantria dispar*) 《森林に大害を与える》. 〘1819〙

gýpsy ròse *n.* 〘植物〙=scabious 2.

gýpsy sètting *n.* 〘宝石〙ジプシーセッティング《指環の上部を幅の広い高めの甲丸形として後は段々と細くする細工の仕方》.

gýpsy tàble *n.* 三脚式軽便テーブル. 〘1880〙

gýpsy wìnch *n.* 〘海事〙手動小型ウィンチ. 〘1875〙

gýpsy·wòrt *n.* 〘植物〙欧州・西アジアのシロネの一種 (*Lycopus europaeus*) (シソ科). 〘(1786): ジプシーが肌を褐色に染めるのに用いたという言い伝えから〙

gyr- /dʒáɪr | dʒáɪər/ (母音の前にくるときの) gyro- の異形.

gy·ral /dʒáɪrəl | dʒáɪ(ə)r-/ *adj.* **1** 旋回[回転]する. **2** 〘解剖〙(脳の)回の, 回に関する. **～·ly** *adv.* 〘(1750) ← GYRO-＋-AL¹〙

gy·rate /dʒáɪreɪt, ˊ-ˋ | dʒaɪ(ə)réɪt, ˊ-ˋ/ *vi.* 旋回する, 旋転する (⇨ turn SYN). — *adj.* **1** 旋回[回転]する. **2** 渦巻状の. **gý·ra·tor** /-tə | -təʳ/ *n.* 〘(1822) □ L *gȳrātus* (p.p.) ← *gȳrāre* to revolve ← *gȳrus* 'GYRE'〙

gy·ra·tion /dʒaɪréɪʃən | dʒaɪ(ə)r-, dʒɪ̀r-/ *n.* **1** 旋回, 回転, 旋転, 環動: the center of ～ 〘物理〙旋回中心. **2** 渦巻き(形); 〘動物〙(巻貝類の)渦巻き(一回り). **3** 〘解剖〙脳回転. **～·al** /-ʃnəl, -ʃənl/ *adj.* 〘(1615) □ LL *gȳrātiō(n-)*: ⇨ ↑, -ation〙

gy·ra·to·ry /dʒáɪrətɔ̀:ri | dʒáɪ(ə)rətəri, dʒaɪ(ə)réɪt-, -tri/ *adj.* 旋回の, 旋回(運動)する. 〘(1816) ← GYRAT(ION)＋-ORY¹〙

gýratory crúsher *n.* 〘機械〙ジャイレートリークラッシャー, 旋動粉砕機, 環動形砕石機.

gyre /dʒáɪə | dʒáɪəʳ/ 《詩》 *vi.* 旋回[回転]する. — *vt.* 旋回[回転]させる. — *n.* **1** 旋回, 回転. **2** 渦巻き(形), 環形. 〘(?1440) *gire(n)* □ L *gȳrāre* ← *gȳrus* 'circle, GYRUS': cf. gyrate〙

gy·rec·to·my /dʒaɪréktəmi | dʒaɪ(ə)-/ *n.* 〘外科〙(脳の)回切除(術). 〘(1949) ← GYR(US)＋-ECTOMY〙

gy·rene /dʒaɪrí:n, ˊ-ˋ | dʒaɪ(ə)rí:n, ˊ-ˋ/ *n.* 《米俗》海兵隊員 (marine). 〘(1944) ← ? GI＋(MA)RINE〙

gyr·fal·con /dʒɜ́:fælkən, -fɔ̀:l-, -fɔ̀:-, -fæ̀:l- | dʒɜ́:fɔ̀:lkən, dʒɪə-, -fælk-, -fɔlk-, -fɔ̀:k-/ *n.* 〘鳥類〙シロハヤブサ (*Falco rusticolus*) 《北極圏に分布する大形のハヤブサ》. 〘(1209) *gerfauco(u)n* □ OF *gerfaucon*, (nom.) *gerfaus* (F *gerfaut*) □ Frank. **gērfalco* ← Gmc? **ʒairu* spear (⇨ garlic)＋**falko(n)* 'FALCON'〙

gyri *n.* gyrus の複数形.

gy·ro¹ /dʒáɪrou, gírou | dʒáɪ(ə)rəʊ/ *n.* (*pl.* **～s**) 《口語》 **1** =gyrocompass. **2** =gyroscope. 〘(1910) 略〙

gy·ro² /dʒáɪrou, dʒí:r-, ʒí:r- | ʒíərəʊ, gíər-; *Mod. Gk.* jíro/ *n.* ジーロ《串焼きにした牛肉やラムをトマトとタマネギとともに平たいパンに載せるギリシャのサンドイッチ》. 〘(1971) □ LGk. *gŷros* turning〙

gy·ro- /dʒáɪrou | dʒáɪərəʊ/「輪 (ring), 螺旋(らせん) (spiral), ジャイロスコープ (gyroscope)」の意の連結形. ★ 母音の前では通例 gyr- になる. 〘← Gk *gûros* 'GYRUS'〙

gýro·còmpass *n.* ジャイロコンパス, 転輪羅針儀. 〘1910〙

gýro contròl *n.* **1** 〘航空〙(自動操縦機の)ジャイロスコープ装置. **2** =gyrostabilizer.

gy·ro·cop·ter /dʒáɪrəkɑ̀(:)ptə | dʒáɪ(ə)rəkɔ̀ptəʳ/ *n.* 〘航空〙ジャイロコプター. 〘(1915) (混成) ← (*auto*)*gyro* (=AUTOGIRO)＋(HELI)COPTER〙

gỳro·dynámics *n.* 回転力学《力学の一分派で, 回転体(特にジャイロスコープに関するもの)を扱う力学》.

gy·ro·dyne /dʒáɪroudàɪn | dʒáɪ(ə)rə(ʊ)-/ *n.* 〘航空〙ジャイロダイン《オートジャイロとヘリコプターとの中間的航空機で, 離着陸および空中停止時はヘリコプター同様に回転翼を動力で駆動し, 他のときはオートジャイロと同様の方法で飛行する航空機》. 〘1946〙

gýro·frèquency *n.* 〘物理〙ジャイロ振動数, ジャイロ周波数《荷電粒子が磁場中で行う円運動の周期の逆数》. 〘1938〙

gy·ro·graph /dʒáɪrougræ̀f | dʒáɪ(ə)rə(ʊ)grɑ̀:f, -græ̀f/ *n.* 回転数図示器, 回転数測定記録器. 〘1817〙

gýro horizon *n.* 人工水平儀 (⇨ artificial horizon 2). 〘1938〙

gy·roi·dal /dʒaɪrɔ́ɪdḷ | dʒaɪ(ə)rɔ́ɪdḷ/ *adj.* 〈結晶面の並び方が〉螺旋(らせん)形の; 回転状の. **～·ly** *adv.* 〘(1864) ← GYRO-＋-OID＋-AL¹〙

gỳro·magnétic *adj.* 〘磁気〙回転磁気の; 〘海事・航空〙〈コンパスが〉ジャイロ磁気方式の《ジャイロと地磁気とを組み合わせた方式にいう》. 〘1922〙

gýromagnètic rátio *n.* 〘磁気〙磁気回転比, 回転磁気比《電子・核粒子などの磁気能率と角運動量との比》. 〘1922〙

gy·ron /dʒáɪrən, -rɑ(:)n | dʒáɪ(ə)rən, -rɔn/ *n.* 〘紋章〙盾のフィールドの中心で直線で交わる 8 等分してできた楔(くさび)形のうち dexter chief, sinister chief の部分《単に gyron といえば dexter chief のみを指す》. 〘(1572) □ F *giron* triangular piece □ Frank. **gēro* gusset〙

gy·ron·ny /dʒaɪrɑ́(:)ni, dʒɪ́rəni | dʒaɪ(ə)rɔ́ni, dʒɪ́rəni/ *adj.* 〘紋章〙 gyron に分けられた《盾のフィールドの中心で交わる直線で 8 等分した図形の状態をいうが, 6 等分, 12 等分のものもある》. 〘(?a1400) *jeround*e, *gerundi* □ (O)F *gironné*: ⇨ ↑, -y³〙

gýro·pìlot *n.* ジャイロパイロット《飛行機や船舶に用いる自動操舵機[装置]; cf. automatic pilot》.

gýro·plàne *n.* 〘航空〙ジャイロプレーン (⇨ autogiro). 〘1907〙

gýro repéater *n.* 〘海事〙ジャイロレピーター, 従羅針儀 (⇨ repeater 7 a).

gy·ro·scope /dʒáɪrəskòup | dʒáɪ(ə)rəskə̀ʊp/ *n.* **1** ジャイロスコープ《回転体の慣性を利用して船舶・飛行機などに方向を示し, または安定を増すなどに利用される》. **2** ジャイロスコープ状のもの; (魚雷の)縦舵(だ)調整器. 〘(1856) □ F ～: ⇨ gyro-, -scope〙

gy·ro·scop·ic /dʒàɪrəskɑ́(:)pɪk | dʒàɪ(ə)rəskɔ́p-ˊ/ *adj.* ジャイロスコープの: a ～ compass=gyrocompass / a ～ stabilizer=gyrostabilizer. **gỳ·ro·scóp·i·cal·ly** *adv.* 〘(1871): ⇨ ↑, -ic¹〙

gy·rose /dʒáɪrous | dʒáɪ(ə)rəus/ *adj.* 〘植物〙波状の, ひだのある, 屈曲した. 〘(1836) ← GYRO-＋-OSE¹〙

gỳro·stábilized *adj.* ジャイロスタビライザーを使った[使って安定させた].

gỳro·stábilizer *n.* ジャイロスタビライザー, ジャイロ安定儀《ジャイロスコープを応用して船舶または飛行機の動揺を防ぐ装置》. 〘1921〙

gy·ro·stat /dʒáɪrəstæ̀t | dʒáɪ(ə)rə(ʊ)-/ *n.* =gyrostabilizer. 〘1879〙

gy·ro·stat·ic /dʒàɪrəstǽtɪk | dʒàɪ(ə)rə(ʊ)stǽt-ˊ/ *adj.* **1** gyrostat の. **2** 剛体旋回運動論の. **gỳ·ro·stát·i·cal·ly** *adv.* 〘(1879): ⇨ ↑, -ic¹〙

gy·ro·stat·ics /dʒàɪrəstǽtɪks | dʒàɪ(ə)rə(ʊ)stǽt-/ *n.* 剛体旋回運動論. 〘⇨ ↑, -ics〙

gy·rus /dʒáɪrəs | dʒáɪ(ə)r-/ *n.* (*pl.* **gy·ri** /-raɪ/) 〘解剖〙回 (convolution) 《脳のひだの高まり》. 〘(1842) ← NL ～ ← L *gȳrus* □ Gk *gûros* ring, circle〙

Gy Sgt 《略》〘米海兵隊〙 gunnery sergeant 1 等軍曹.

gyte /gáɪt/ *adj.* 《スコット》気の狂った (insane). 〘(1725) ← ?〙

gyt·tja /jɪ́tʃɑ:; *Swed.* jýtça/ *n.* 〘地質〙ユッチャ《富栄養湖の湖底にある有機物に富んだ泥》. 〘(1887) □ Swed. ～ ← *gjuta* to pour〙

Gyum·ri /gjúmri/ *n.* ギュムリ《アルメニア北西部の都市; 別称 Kumayri, 旧称 Leninakan (1924-90), Aleksandropol》.

gyve /dʒáɪv, gáɪv | dʒáɪv/ 《詩・古》 *n.* [通例 *pl.*] 足かせ手かせ. — *vt.* …に足[手]かせをはめる; 束縛する. 〘(?a1200) *gives, gyves* (pl.) ← ?: cf. AF *gyves* / OE *wiððe* 'WITHY, bond'〙

gy·ver /gáɪvə | -vəʳ/ 《豪俗》 *n.* (言葉[態度]の)気取り: put on the ～ 気取る. — *adj.* 粋(いき)な, 現代風の. 〘(a1866) ← ?〙

G

H h

H, h /éɪtʃ/ *n.* (*pl.* **H's, Hs, h's, hs** /~ɪ̀z/) **1** 英語アルファベットの第 8 字. ★ 通信コードは Hotel. **2** (活字・スタンプなどの) H または h 字. **3** [H] H 字形(のもの). **4** 文字 h が表す音 (hope, hum などの [h]). **5** (連続したものの)第 8 番目(のもの). **6** (中世ローマ数字の) 200. **7** 〘音楽〙 ロ音[ロ調] (B) を示すドイツ語名 (cf. B, b *n.* 6 b). ***dróp one's h's*** /éɪtʃɪ̀z/ ⇨ drop 成句.
〘OE *H, h* ◻ L (Etruscan を経由) ◻ Gk *H, η* (*êta*) ◻ Phoenician 𐤇: cf. Heb. ח (*ḥēth*)〙

H **h** (略) habitant(s); half; hatch; 〘トランプ〙 hearts; heat; heavy; hip; horse; hot; house; hull; hundred.

h (記号) 〘気象〙 hail; hecto-; [イタリック体で] 〘物理〙 Planck's [Planck] constant.

ħ (記号) [イタリック体で] 〘物理〙 Planck's constant を 2π で割ったもの; 量子力学における角運動量の単位.

H (略) 〘鉛筆〙 hard (H, HH, HHH …と次第に硬度が高くなる; cf. B); G. Heft (=number, part); 〘電気〙 henry; herbaceous; (俗) heroin; G. Herren (=gentlemen); Holy; *F.* Hommes (=men); hospital; Hungary; hydrant; hydraulics.

H (記号) **1** 〘物理化学〙 enthalpy. **2** [通例イタリック体で] 〘数学・物理〙 Hamiltonian. **3** 〘米軍〙 helicopter. **4** 〘物理〙 horizontal force of earth's magnetism 地磁気水平分力. **5** 〘化学〙 hydrogen. **6** 〘広告〙 half-page.

h, H (略) heavy sea; hence; high; hour(s); humidity.

h. (略) harbor; hard(ness); heat; height; high; hip; 〘野球〙 hit(s); horizontal; 〘音楽〙 horn; horse; hot; hour(s); house; hundred; husband.

ha /hɑ́ː/ *int.* まあ, おや, ああ, はあ, はは (驚き・悲しみ・喜び・得意・疑い・ためらいなどを表す). **—** *vi.* はあ[まあ, おや]と言う. 〘(*a*1325) (擬音語): cf. L & Gk, etc.〙

ha (略) hectare(s).

Ha (記号) 〘化学〙 hahnium.

HA (略) 〘軍事〙 heavy artillery; Hockey Association; horse artillery; 〘天文〙 hour angle.

h.a. (略) heir apparent; high angle; *L.* hoc anno (=in this year).

HAA (略) heavy antiaircraft 重高射砲(隊).

haaf /hɑ́ːf/ *n.* (スコットランドの Shetland 諸島および Orkney 諸島の)深海漁場. 〘(1793) ◻ ON *haf* high sea〙

Haag /hɑ́ːg; *Du.* hɑ́ːx/, **Den** /dɛn/ *n.* ハーグ (The Hague のオランダ語名).

Häagen-Dazs /hɑ́ːgəndæ̀s | hɑ̀ːgəndɑ́ːz, -dɑ́ːs, ━━━/ *n.* 〘商標〙 ハーゲンダッツ (米国 Häagen-Dazs 社製の天然原料 100% アイスクリーム).

Haa·kon VII /hɔ́ːkuːn-, hɑ́ː-, -kɑ(ː)n | -kɒn; *Norw.* hɔ̀ːkɔn den sjtt:ənə/ *n.* ホーコン七世 (1872–1957; ノルウェー国王 (1905–57)).

HA & M (略) Hymns Ancient and Modern.

haang·i /hɑ́ːŋi/ *n.* =hangi.

haar /hɑ́ə | hɑ́ː(r/ *n.* (スコット・北英) (冷たい多湿の)海霧. 〘(1662) ← ? LG (cf. Du. 〘方言〙 *harig* damp): cf. hoar〙

Haar·lem /hɑ́ələm, -lɛm | hɑ́ː-; *Du.* hɑ́ːrlɛm/ *n.* ハーレム (オランダ北西部の都市; North Holland 州の州都).

Haar·lem·mer·meer /hɑ̀ələməméə | hɑ̀ːləmə-míə(r; *Du.* hɑ̀ːrlɛmərméːr/ *n.* ハールレメルメール (オランダ北西部 North Holland 州の都市; Haarlem 湖を干拓して建設された).

Haa·vel·mo /hɑ́ːvəlmòu | -məu; *Norw.* hɔ̀ːvəl-muː/, **Trygve** /trýgvə/ *n.* ホーベルモ (1991–99; ノルウェーの経済学者; Nobel 経済学賞 (1989)).

hab. (略) habitat; habitation.

Hab. (略) Habakkuk (旧約聖書の)ハバクク書.

Ha·bac·uc /hǽbəkʌ̀k, həbǽkək | hǽbəkək, -kʌ̀k/ *n.* =Habakkuk.

hab·a hab·a /hɑ́ːbəhɑ́ːbə/ *int.* =hubba-hubba.

Ha·bak·kuk /hǽbəkʌ̀k, həbǽkək | hǽbəkək, -kʌ̀k/ *n.* 〘聖書〙 **1** ハバクク (紀元前 7 世紀ごろのヘブライの預言者). **2** (旧約聖書の)ハバクク書 (略 Hab.) 〘◻ Heb. *Ḥabhaqqûq* ← ? *ḥābhaq* to embrace〙

Ha·ba·na /*Am.Sp.* aβána/, **La** /la/ *n.* アバナ (Havana のスペイン語名).

ha·ba·ne·ra /(h)ɑ̀ːbənéˀrə | -nέərə; *Am.Sp.* aβanéɾa/ *n.* **1** ハバネラ (19 世紀前半キューバに起こったゆるい 2 拍子の舞踏). **2** ハバネラの曲. 〘(1878) ◻ Sp. ~ 'of Habana (=Havana)'〙

Ha·ba·ne·ro /(h)ɑ̀ːbənéˀrou | -nέərəu; *Am.Sp.* aβanéɾo/ *n.* (*pl.* **~s**) **1** ハバナ (Havana) 市民, ハバナっ子. **2** [通例 h-] 〘植物〙 ハバネロ (*Capsicum chinense*) (極辛のトウガラシ; 実は丸みをおび, 熟すとオレンジ色になる; Scotch bonnet ともいう).

hab·ble /hǽbl/ *n.* (スコット) 困惑[混乱]した状況.

hab·bub /həbúːb/ *n.* 〘気象〙 =haboob.

hab. corp. (略) 〘法律〙 habeas corpus.

hab·dabs /hǽbdæbz/ *n. pl.* (英俗) いらいら(する気持ち), いらだち, 神経過敏: give a person the screaming ~ 人をいらいらさせる. 〘(1946) ?〙

hab·da·lah /hɑ̀ːvdəlɑ́ː/ *n.* [しばしば H-] 〘ユダヤ教〙 ハブダラ (安息日および祝日の終わりに行われる儀式で, ぶどう酒・香料をさきげる). 〘(1733) ◻ Mish.Heb. *habhdālāh* separation〙

ha·be·as cor·pus /héɪbiəskɔ́əpəs, -biæs- | -kɔ́ː-/ *n.* 〘法律〙 人身保護令状, 身柄提出令状 (人身保護の目的で拘禁の事実・理由などを聴取するため被拘禁者を出廷させる命令書): the *Habeas Corpus* Act 人身保護法 (1679 年英国王 Charles 二世のとき初めて発布, その後 1816 年, 1862 年にも成立). 〘(1465) ◻ AF ~ ◻ L *habeās corpus* Thou (shalt) have the body (*sc.* in court)〙

ha·ben·dum /həbɛ́ndəm/ *n.* 〘法律〙 物権表示条項 (不動産譲渡証書の中で譲渡される物権の内容を明らかにする条項; to have and to hold (*L.* habendum et tenendum) という句で始まる). 〘(1607) ◻ L ~ '(which is) to be had' (gerundive) ← *habēre* to have〙

ha·ben·u·la /həbɛ́njulə/ *n.* (*pl.* **-u·lae** /-liː/) 〘解剖〙 手綱, 小帯(しょうたい) (形が手綱状のもの, 特に左右松果腺の上視床にある三角部). 〘(1876) ◻ L *habēnula* (dim.) ← *habēna* strap, thong〙

Ha·ber /hɑ́ːbə | -bə(r; G. hɑ́ːbɐ/, **Fritz** *n.* ハーバー (1868–1934; ドイツの化学者; Nobel 化学賞 (1918)).

hab·er·dash·er /hǽbədæ̀ʃə, -bə- | -bədæ̀ʃə(r/ *n.* **1** (米) 男子用雑貨商 (シャツ・カラー・帽子・ネクタイ・手袋などを売る商人). **2** (英) 小間物屋 (ひも・糸・ボタン・針・レース・リボンなどを売る商人; cf. notion 4 b). 〘(1311) *haberdashere* ◻ AF *haberdasser (変形) ? ← *hapertas* kind of cloth: ⇨ -er¹〙

hab·er·dash·er·y /hǽbədæ̀ʃ(ə)ri, -bə- | -bə-/ *n.* **1** (米) **a** [集合的] 男子用雑貨類 (シャツ・ネクタイ・手袋・帽子など). **b** 男子用雑貨店. **c** (デパートなどの)男子用雑貨売場. **2** (英) **a** [集合的] 小間物 (糸・ボタン・針・レースなど; cf. notion 4 b). **b** 小間物店. 〘(1436): ⇨ ↑, -ery〙

hab·er·geon /hǽbədʒən | -bə-/ *n.* 〘甲冑〙 丈の短い hauberk. 〘(?*a*1300) ◻ (O)F *haubergeon* (dim.) ← *hauberc* 'HAUBERK'〙

Ha·ber·mas /hɑ́ːbəmɑ̀ːs | -bə-; G. hɑ́ːbɐmaːs/, **Jür·gen** /jýʁgn/ *n.* ハーバーマス (1929– ; ドイツの哲学者・社会学者; Frankfurt 学派の代表者の一人).

Háber pròcess *n.* [the ~] 〘化学〙 ハーバー法 (アンモニア合成の一方法). 〘(1916) ← *Fritz Haber*〙

hab·ile /hǽbɪl | -bɪl/ *adj.* **1** (文語) 上手な, 熟練した, 器用な (skillful). **2** (廃) 適した, ふさわしい. 〘(*c*1425) ◻ F ~ ◻ L *habilis* ready, fit: cf. able〙

ha·bil·i·ment /həbɪ́ləmənt, hæ- | -lɪ̀-/ *n.* **1** [通例 *pl.*] **a** (ある特定の職業・場合にふさわしい)服装, 衣服. **b** (戯言) (日常の)服装. **2** [*pl.*] **a** 設備, 装備. **b** (古) (戦争用の)装具, 武具. 〘(1422) ◻ OF (*h*)*abillement* clothing ← *habiller* to dress ← *habile* (↑)〙

ha·bil·i·ment·ed /həbɪ́ləmɛ̀ntɪd | -lɪ̀mɛ̀ntɪd/ *adj.* [しばしば副詞(句)を伴って] (服を)着た (dressed): a poorly ~ beggar 粗末な服を着た乞食 / a priest ~ *in* black 黒衣の僧. 〘(1607): ⇨ ↑, -ed〙

ha·bil·i·tate /həbɪ́lətèɪt, hæ- | həbɪ́lɪ̀-/ *vi.* (ドイツ・北欧などの大学教員の)資格を得る: He ~*d* as docent at Uppsala University. 彼はウプサラ大学の講師の資格を得た. **—** *vt.* **1** 〈心身障害者などを〉社会に適応できるように訓練[教育]する. **2** (米西部) 〘鉱山〙 〈鉱山〉に運転資金[採鉱設備]を与える. **3** (古) 〈人〉に服[衣類]を着せる (clothe). **ha·bil·i·ta·tion** /həbɪ̀lətéɪʃən, hæ- | həbɪ̀lɪ̀-/ *n.* **ha·bíl·i·tà·tor** /-tə | -tə(r/ *n.* **ha·bíl·i·ta·tive** /-tɪv | -tɪv/ *adj.* 〘((1604)) (1824) ← ML *habilitātus* (p.p.) ← *habilitāre* to make fit ← L *habilitātem* 'ABILITY': ⇨ -ate³〙

Ha·bi·ru /həbíːruː, hɑ́ːbɪruː/ *n. pl.* ハビル, ハビル人 (紀元前 2 千年紀のアッシリア・バビロニアの文献に言及されている遊牧民; 恐らくは聖書に出てくるヘブル人(びと)を指す). 〘◻ Akkad. *Hābiru* ← ? WSem.〙

hab·it¹ /hǽbɪt | -bɪt/ *n.* **1 a** 癖, 習癖; (なかなかやめられないような)習慣 (cf. custom): early ~*s* 早寝早起きの習慣 / Japan's eating ~*s* 日本人の食習慣 / a creature of ~ 習慣の奴隷 / from [by, out of] (force of) ~ 習慣から[になっているので] / out of ~ いつもの癖で / have [be in] the [a] ~ *of* (*doing*) …の癖がある / break a person of a ~ 人の癖を直す / get into [out of] bad ~*s* 悪い癖がつく[取れる] / fall [get] into the [a] ~ *of* biting one's nails つめをかむ癖がつく / fall out of [kick, break] the ~ of doing …する癖を忘れる[やめる] / form good ~*s* よい習慣をつける / make [form] a [the] ~ of … [*doing* …] (…する)習慣をつくる, (…する)癖がつく / let … become a ~ …の癖がつく / *Habit* is second nature. (諺) 習慣は第二の天性. **b** [しばしば the ~] (口語) 麻薬[ヘロインなどの]常用癖 (addiction): *the* [a] cocaine [drug] ~ コカイン[麻薬]常用癖 / kick *the* ~ 麻薬を断つ. **2** たち, 気質, 性質: a cheerful ~ of mind [thought] 陽気な性質. **3** 体質: a man of corpulent [lean] ~ 太る[太らない]体質の人. **4 a** (ある階級・職業の人の着る)衣服, 服装 (costume); (特に)聖職服: a monk's [nun's] ~ 修道士[女]の服, 法衣. **b** =riding habit. **5** 〘生態〙 (動植物の)習性, 生活習性. **6** 〘結晶〙 晶癖. **7** 〘心理〙 習慣 (日常反復の結果自動的・機械的・無意識的になっている行為). ***I'm nót in the hábit of dóing*** [憤慨を表して] 私は…するようなことはしない. ***Whý bréak the hábit of a lifetime?*** (戯言) どうせまたいつもと同じことになるさ.
— *vt.* [通例 ~ *oneself* または受身で] 装う; (特に)〈ある階級の服を〉〈人〉に着せる (clothe): *be* ~*ed in* white 白い服を着ている.
〘(?*a*1200) *habit(e), abit* ◻ OF (*h*)*abit* ◻ L *habitus* condition, dress ← *habitus* (p.p.) ← *habēre* to have ← IE **ghebh-* to give or receive: cf. give〙

SYN 習慣: **habit** しばしば繰り返されたため個人にとって無意識にできるようになっている行為: He has the bad *habit* of biting his nails. つめをかむ悪癖がある. **custom** 社会全体が長年にわたって行ってきた慣習; 個人的には, 特定の状況で通例する行為: It is the *custom* to give presents at Christmas. クリスマスに贈物をするのは慣習である / It is my *custom* to take a shower in the morning. 朝, シャワーを浴びるのは私の習慣です. **practice** 規則的に反復する行為 (格式ばった語; *habit* のように無意識性を暗示しない): It is his *practice* to go jogging in the evening. 夕方ジョギングするのが彼の習慣だ. **usage** 長い間行われてきたために公に承認されるようになった慣習: Some of those practices have grown into *usage*. そういった慣わしの中には慣習として確立したものもある. **wont** (古風) 習慣的にいつもすること: He went to bed early, as was his *wont*. 例によって早く寝た.

---

hab·it² /hǽbɪt | -bɪt/ *vt.* (古) …に住む (inhabit). **—** *vi.* (廃) 住む (dwell). 〘(?*a*1400) ◻ (O)F *habiter* ◻ L *habitāre* ← *habitus* (↑)〙

hab·it·a·ble /hǽbətəbl | -bɪt-/ *adj.* 住むのに適した; 住むことができる: a ~ house. **hàb·it·a·bíl·i·ty** /-təbɪ́ləti | -təbɪ́lɪti/ *n.* **háb·it·a·bly** *adv.* **~·ness** *n.* 〘(*a*1393): ⇨ habit² (v.), -able〙

hab·it·an·cy /hǽbətənsi, -tn- | -bɪtənsi, -tn-/ *n.* **1** 居住 (inhabitancy). **2** [集合的] 居住者, 住民 (inhabitants). 〘(1792) ← HABIT² (v.) + -ANCY〙

hab·it·ant *n.* **1** /hǽbətənt, -tnt | -bɪtənt, -tnt/ 住人, 居住者 (inhabitant). **2** /hǽbɪtɑːn, hæbɪtɑ̀ːnt | æbɪtɑ́ː(ŋ), -tɑ́ːŋ, hæb-, -tɔ́ŋ; *F.* abitɑ̃/ カナダおよび米国 Louisiana 州のフランス系住民[農民]. 〘(1490) ◻ F ~ < L *habitantem* (pers.p.) ← *habitāre* to inbabit, dwell (freq.) ← *habēre* to have: ⇨ habit² (v.), -ant〙

hab·i·tat /hǽbətæ̀t | -bɪ̀-/ *n.* **1** (動植物の)産地, 生息地, 生息環境, 自生地: That part of the Sahara is prized by hunters as the ~ of the oryx. サハラ砂漠のその部分はアフリカレイヨウの生息地として狩猟家に珍重されている / The ~ of the earth's wildlife is diminishing. 地上の野生動物圏は狭まりつつある. **2 a** (個人またはグループの)住所 (dwelling). **b** (ある人[物]を)よく見かける所. **3** 〘海洋〙 水中家屋 (海底などに設置した実験用家屋; cf. Sealab, aquanaut 1). 〘(1796) ◻ L ~ 'it inhabits' ← *habitāre* (↑)〙

Hab·i·tat /hǽbətæ̀t | -bɪ̀-/ *n.* 〘商標〙 ハビタット (英国の家具・インテリア用品・家電製品などのチェーン店; そのブランド商品).

hábitat fòrm *n.* 〘生態〙 =ecad. 〘1902〙

hábitat gròup *n.* 生物環境模型 (背景画・植物群落の模型・剥製の動物・海底模型などを用いて動植物を原地の環境のまま観察できるようにした博物館内の展示). 〘1898〙

hab·i·ta·tion /hæ̀bətéɪʃən | -bɪ̀-/ *n.* **1 a** 居住: a house fit for ~ 住める家 / far from human ~ 人里遠く離れて / There was not a sign of ~. 人が住んでいる気配はまったくなかった. **b** 居住権. **2** 居住地, 住所; 住宅. **3** 植民地 (colony), 居留地 (settlement). **4** (英) 桜草連盟 (Primrose League) の地方支部. **~·al** /-ʃnəl, -ʃənl/ *adj.* 〘(*c*1375) *habitacioun* ◻ (O)F *habitation* ∥ L *habitātiō(n-)*: habit², -ation〙

háb·it·ed¹ /-tɪd | -tɪd/ *adj.* (特定階級の)服装をした: a ~ monk [nun] 僧衣をまとった(修道)僧[尼]. 〘(1807) ← HABIT¹ + -ED〙

háb·it·ed² /-tɪd | -tɪd/ *adj.* (古) 人の住んでいる (inhabited). 〘(1866) ← HABIT² + -ED〙

hábit-fòrming *adj.* 〈薬物などが〉習慣性の, 常用癖となる. 〘1913〙

ha·bit·u·al /həbítʃuəl, hæ-, -tʃʊl | -tʃuəl, -tʃʊl, -tjuəl, -tjʊl/ *adj.* **1** 習慣の, 習慣に従った; 習慣的な, 例の, いつもの (⇨ usual SYN): ~ practice 習慣 / take one's ~ seat near the fireplace 炉の近くのいつもの席につく / He got up at his ~ hour of 7:30. いつもの起床時間の 7 時半に起きた / It's ~ to him. それは彼の癖だ. **2** 常習的な: a ~ drunkard [liar] 常習的な飲酒家[うそつき] / a ~ offender 常習犯. **3** 個人の中に内在する; 生得(しょうとく)の (native). — *n.* **1** 常習犯. **2** 麻薬常用者 (addict); アル中. **~·ness** *n.* 〘(*c*1454) □ ML *habituālis*: ⇨ habit¹, -al¹〙

habítual críminal *n.* 犯罪常習者, 常習犯 (cf. first offender).

ha·bít·u·al·ly /-tʃuəli, -tʃʊli | -tʃuəli, -tʃʊli, -tjuəli, -tjʊli/ *adv.* 常に, いつも, 常習的に: be ~ late for school いつも学校に遅刻する. 〘(*c*1443) ← HABITUAL + -LY¹〙

ha·bit·u·ate /həbítʃuèɪt, hæ- | -tʃu-, -tju-/ *vt.* **1** (…に)慣らす, 習熟させる (accustom) 〔*to*〕: ~ a person *to* danger 人を危険に慣れさせる / ~ one*self to* (doing) hard work つらい仕事(をするの)に身を慣らす / be [become] ~*d to* hardship 困難に慣れている[くる]. **2** 《米古》〈場所〉へよく行く (frequent). — *vi.* 〈麻薬・催眠剤などが〉常習性を与える: Most soporifics are *habituating*. たいていの催眠剤は使うとやめられなくなる. 〘(*c*1485) □ L *habituātus* (p.p.) ← *habituāre* ← *habitus*: ⇨ habit¹, -ate²〙

ha·bit·u·a·tion /həbìtʃuéɪʃən, hæ- | -tʃu-, -tju-/ *n.* **1** 慣らす[慣れる]こと. **2** (麻薬などの)常習性 (★ addiction が生理的な欲求を表すのに対し, habituation は心理的な欲求を表す). **3** 〘心理〙 馴化(じゅんか), 慣れ (反復する刺激に対する反応の低下; cf. extinction). 〘(*c*1449): ⇨ ↑, -ation〙

hab·i·tude /hǽbətù:d, -tjù:d | -bɪtjù:d, -tʃù:d/ *n.* **1** 習慣, 習癖, 習性 (custom). **2 a** 性質, 気質 (temperament). **b** 体質 (constitution). **3** 《廃》 (親密な)関係. **hab·i·tu·di·nal** /hæ̀bətú:dənl, -tjú:-, -dnəl | -bɪtjú:dənl, -tʃú:-, -dnəl/ *adj.* 〘(*c*1384) (*h*)*abitude* □ (O)F *habitude* □ L *habitūdō* condition ← *habitus*: ⇨ habit¹, -tude〙

ha·bit·ué /həbítʃuèɪ, ―⌐―⌐― | ―⌐―⌐―, *F.* abitɥe/ *n.* (*pl.* **~s** /~z; *F.* ~/) **1** 常客, 常連: an ~ of the opera [theater, turf] 歌劇[芝居, 競馬]の常連 / ~*s* of New York ニューヨークへよく来る連中. **2** 麻薬常用者. 〘(1818) □ F ~ (p.p.) ← *habituer* 'to HABITUATE'〙

hab·i·tus /hǽbətəs | -bɪt-/ *n.* (*pl.* ~ /~, -tù:s/) **1** 習慣, 癖. **2** (特有の病気にかかりやすい)体質, 体つき, 体型. 〘(1886) ← NL ~ ← L ~ 'condition': ⇨ habit¹〙

ha·boob /həbú:b/ *n.* 〘気象〙 ハブーブ 《北アフリカやインド地方に吹く激しい砂嵐》. 〘(1897) □ Arab. *habūb* fierce wind〙

Habs·burg /hǽpsbə:g | -bə:g; *G.* há:psbʊʁk/ *n.* = Hapsburg.

ha·bu /há:bu:/ *n.* 〘動物〙 ハブ (*Trimeresurus flavoviridis*) 《クサリヘビ科ハブ属の毒ヘビ; 沖縄に多くいる》. 〘(1818) □ Jpn.〙

ha·bu·tae /há:bətàɪ/ *n.* (*also* **ha·bu·tai** /~/) 〘紡織〙 羽二重. 〘(1822) □ Jpn.〙

HAC 《略》 《英》 Honourable Artillery Company.

HACCP /hǽsɪp/ *n.* 〘食品〙 ハシップ 《米国で宇宙食の安全確保の研究から生まれた手法; 原材料から完成品まで主要な管理点を決めて製造工程を監視する》. 〘(頭字語) ← *H*(*azard*) *A*(*nalysis and*) *C*(*ritical*) *C*(*ontrol*) *P*(*oints*)〙

ha·ček /há:tʃek; *Czech* há:tʃɛk/ *n.* 〘言語〙 ハチェック 《チェコ語で /tʃ/ の音を表す č や /ʒ/ の音を表す ř の c 字や r 字の上につける ˇ 形記号; wedge ともいう》. 〘(1953) □ Czech ~ (原義) little hook〙

ha·cen·da·do /(h)à:səndá:doʊ, -sn- | -dəʊ; *Am.Sp.* asendáðo/ *n.* (*pl.* **~s**) 農場 (hacienda) の所有者. 〘(1840) □ Sp. ~ ← *hacienda* 'HACIENDA'〙

ha·chure /hæʃʊ́ə | -ʃʊ́ə(r; *F.* aʃy:ʁ/ *n.* **1** 〘絵画〙 (絵で陰影を表す平行線, (平行線で表す)陰影 (hatching) (cf. hatch³). **2** [*pl.*] けば線 《地図の上で土地の起伏を示すための無数の短い線》. — *vt.* 〈地図〉にけば線をつける. 〘(1858) □ F ~ ← *hacher* 'to HATCH³': ⇨ -ure〙

H ácid /eɪtʃ-/ *n.* 〘化学〙 H 酸 ($H_2NC_{10}H_4(OH)(SO_3H)_2$) 《無色の結晶; 染料の中間体として用いる》.

ha·ci·en·da /(h)à:siéndə, (h)æ̀s- | hæ̀s-; *Am.Sp.* asjénda/ *n.* (*pl.* **~s** /~z; *Am.Sp.* ~s/) **1 a** (中南米で, 住宅のある)農場, 牧場; 地所. **b** 農場[地所]にある)母屋(おもや). **2** (中南米の)畜産所; 工場; 鉱業所. **3** (スペイン語系諸国の)財政, 国庫歳入, 歳入管理運用. 〘(1758) □ Sp. ~ < L *faciendam* things to be done (neut. pl. gerundive) ← *facere* to do (⇨ fact)〙

ha·ci·en·da·do /(h)à:siendá:doʊ, hæs- | hæ̀sienda:dəʊ; *Am.Sp.* asjendáðo/ *n.* (*pl.* **~s** /~z; *Am.Sp.* ~s/) =hacendado. 〘1862〙

hack¹ /hǽk/ *vt.* **1 a** (乱暴にまたは乱雑に)切り刻む, めった切りにする 〔*with*〕: She ~*ed* her husband's kite *into* pieces *with* a knife. 夫の凧(たこ)をナイフでめった切りにした. **b** たたき切る, 切断する 〈*off, down*〉: ~ *off* a branch / ~ *down* a tree. **2 a** (つるや低木を切り払って)〈道などの〉邪魔物を取り除く, (森林・密林などで)〈道を〉切り開く: ~ one's way *through* the bush 茂みの中で道を切り開きながら進む / ~ a farm out of the wilderness 荒野を切り開いて農場にする. **b** 〈垣根などを〉刈り込む (trim). **c** 〈土を〉掘って耕す[細かく砕く]; 土を掘って耕しながら〈種子を〉まく 〈*in*〉: ~ *in* wheat 土を掘って耕しながら小麦をまく. **3 a** 手荒い扱いで傷つける[損なう]; 〈文学作品などを〉改竄(かいざん)する, (省略などして)めちゃくちゃにする (mangle): ~ a novel to pieces 小説をめちゃくちゃに改竄する. **b** 〈予算などを〉容赦なく削減する, 大なたを振るう. **4** [通例 ~ it として] 《米・NZ俗》 (事業・計画などを)なんとかうまくやり抜く: I can't ~ *it* alone. 一人ではとてもやっていけない. **5** 〘電算〙 〈システムを〉解析する; 〈プログラムを〉不法に改変する; 〈コンピューター〉に侵入する. **6** 《米中部》 〈人を〉からかって当惑させる[困らせる]. **7** 〘石工〙 〈石〉の面を(たたいて)ざらざらに仕上げる (roughen). **8** 《英》〘ラグビー〙 故意に〈相手〉のすねをける. **9** 〘バスケット〙 〈相手〉の腕を打つ, ハッキングする. — *vi.* **1** たたき切る, 切り刻む 〔*at*〕: ~ (*away*) *at* a branch 枝をたたき切る. **2** 〘電算〙 〈コンピューターに〉侵入する 〔*into*〕. **3** しきりに短い空咳をする; 空咳が出る: a ~*ing* cough ⇨ hacking *adj.* **4** 《英》〘ラグビー〙 相手のすねをける. **5** [~ *around* で] 《米俗》 ぶらぶら[のらくら]過ごす (loaf, idle).

— *n.* **1 a** たたき切り, 切り刻み. **b** 切り目, 刻み目; (特に, 木などの)切り傷. **2** たたき切る[切り刻む]道具; つるはし (mattock), くわ (hoe), おの (axe); 坑夫用つるはし (miner's pick). **3** 短い空咳. **4** 《英》〘ラグビー〙 すねをけること; (けられてできた)すねの傷. **5** 〘バスケット〙 ハッキング (相手の腕を打つこと; ファウルの一種). **6** 〘スポーツ〙 (カーリングで)スタートラインの足の位置となる氷面につける刻み目 (カーリング(丸石)を前へ投げる際, 足を固定して投げやすくする). **7** 口ごもり.

take a háck at …を一回やってみる. *ùnder háck* (1) 《米中部》 困って, 当惑して: put a person *under* ~ 人を困らせる[当惑させる]. (2) 〘海事〙 (処罰として)上陸禁止にされて.

〘v.: (?*a*1200) *hakke*(*n*) < OE (tō-)haccian to cut to pieces < Gmc **χakkōjan* (G *hacken*) ← IE **keg-* hook: cf. hook. — n.: (*a*1325) 'a cutting tool' ← (v.): cf. MLG *hakke*〙

hack² /hǽk/ *n.* **1 a** (乗用の)貸し馬. **b** (競馬・狩猟用の馬や乗馬と区別して, 普通の)乗馬; 雑用馬. **c** 老いぼれ馬, やくざ馬 (jade). **2** 《米》 **a** 貸馬車 (hackney). **b** 《口語》 タクシー (taxicab). **c** 《俗》 霊柩車(れいきゅうしゃ) (hearse). **d** 《俗》 (貨物列車後尾の)車掌専用車 (caboose). **3 a** あくせく働く人 (drudge); 金銭ずくの人間. **b** (文筆の)下働き (literary drudge). **c** (出版社の言いなりに)何でも書く人, 売文の徒, 雑文屋: a literary ~ 三文文士. **d** (金もうけのためになんでも描く)三文画家. **e** 利権屋, 政治ゴロ. **4** 《米口語》 **a** 馬車の御者 (hackman). **b** タクシーの運転手. **5** 《英》 (田舎への)馬の遠乗り. **6** 《米俗》 (刑務所の)看守. — *adj.* [限定的] **1** 雇われた (hired), 金で働く; 下働きの, 下請けの: a ~ horse 貸馬 / a ~ job 下請け仕事 / a ~ writer 下請け文士, 三文文士 / do ~ work for …の下働き[下積みの骨折り仕事]をする / ~ writing. **2** 使い古した, 陳腐な (hackneyed); 平凡な (mediocre): a ~ drama. — *vt.* **1** 〈馬などを〉乗用に貸す; 〈馬を〉走らせる. **2** 使い古す, (使い古して)陳腐化させる. **3** 《口語》 (金もうけのために)〈雑文などを〉書く. **4** 《古》 〈文士を〉下働きに雇う. — *vi.* **1** 貸馬を用いる. **2** 下働きをする; あくせく働く. **3** 《英》 (普通の速さで)馬に乗って行く 〈*along*〉; go ~*ing*. **4** 《米口語》 タクシーを運転する. 〘(1687) (略) ← HACKNEY〙

hack³ /hǽk/ *n.* **1** (魚・チーズなどの)干し台, 干し棚(だな). **2** (焼く前に乾燥させるため並べて積み重ねた)れんがの列. **3** (うまやの)飼い葉台. **4** 〘鷹狩〙 (子鷹のえさを置く)餌板(えさいた).

be at háck 〈子飼いの鷹が〉まだ餌板についている, 自分でえさを求められない. *live at háck and mánger* 裕福な生活をする, 楽に暮らしている. 〘(1818)〙

— *vt.* **1** 〈れんが・魚・チーズなどを〉干し台に載せて干す. **2** 〘鷹狩〙 〈子鷹を〉餌板につけて置く. 〘(1575) (変形) ← HATCH¹〙

hack·a·more /hǽkəmɔ̀ə | -mɔ̀:(r/ *n.* **1** ハッカモア, 調馬用端綱(はづな), 無口頭絡(むくちとうらく) (銜(はみ)がなく, 鼻を押さえつけるだけの頭絡で, 障害用の比較的敏感な馬や若駒の調教に使う). **2** 《米西部》 (いろいろな形の調教用)端綱, 無口頭絡. 〘(1850) (変形) ← Sp. *jáquima* headstall □ Arab. *šakīma*ʰ bit of a bridle〙

hack·ber·ry /hǽkbèri | -b(ə)ri/ *n.* **1** 〘植物〙 エノキ 《米国産のニレ科エノキ属 (*Celtis*) の落葉性高木の総称》. **2** エノキの実. **3** エノキの材. 〘(1779) (変形) ← HAGBERRY〙

háck bòard *n.* 〘鷹狩〙 =hack³ 4. 〘1892〙

hack·but /hǽkbʌt/ *n.* =harquebus. 〘1541–42〙

hack·but·eer /hæ̀kbətíə | -tíə(r/ *n.* 火縄銃兵. 〘(*c*1610) □ F *hacquebutier* (16C) ← *hacquebute*〙

hack·but·ter /-tə | -tə(r/ *n.* =hackbuteer. 〘1544–48〙

hácked-óff *adj.* 《口語》 困惑した, うんざりした.

hack·er /hǽkə | -kə(r/ *n.* **1** 〘電算〙 ハッカー: **a** 他人のコンピューターシステムに不法に侵入する人. **b** コンピューターの熟達者. **2** たたき切る人[もの]. **3** (何をやっても)うまくいかない人. **4** 《俗》 タクシー運転手. 〘(*a*1398): ⇨ hack¹, -er¹〙

hack·ette /hækét/ *n.* 《口語・軽蔑》 女性ジャーナリスト. 〘(1976) ← HACK² + -ETTE〙

hack·ey /hǽki/ *n.* 《米俗》 タクシー運転手 (hacker).

háck hàmmer *n.* (石工用)叩き手斧(ちょうな). 〘1831〙

háck hòuse *n.* 〘鷹狩〙 えづけ小屋 (若い鷹が訓練中にえさを与えられる小屋).

hack·ie /hǽki/ *n.* 《米口語》 =hack² 4 b. 〘(*c*1926) ← HACK² (n.): ⇨ -ie〙

háck·ing *n.* **1** 〘石工〙 石壁の横目地(めじ)を食い違える積み方. **2** 《口語》〘電算〙 システムへの不法な侵入. — *adj.* 〈空咳が〉短くこんこんいう: a ~ cough しきりに出る空咳. 〘(1612) ← HACK¹ + -ING¹,²〙

hácking còat [jàcket] *n.* 《英》 乗馬用上着, 一般乗馬服, ハッキングコート 《ふた付きのポケット (flap pocket) が斜めについていて両脇または背にスリットがある; 色・柄に制約がなく, 普段着的な乗馬服》. 〘1948〙

hácking pòcket *n.* 〘服飾〙 ハッキングポケット 《口を斜めに切ったふた付きの上着のポケット; ハッキングコートのポケットからきたもの》.

hack·le¹ /hǽkl/ *n.* **1** (麻・亜麻の)すきぐし (heckle) 《ねこき状の金属製の歯のついたもの》. **2 a** [集合的にも用いて] 頸羽 《雄鶏などの首の細長い羽毛》. **b** [*pl.*] 犬の首の回りから背にかけての部分の毛 《怒ったときなど逆立つ》. **c** 怒り. **3** 〘釣〙 **a** 頸羽で作った毛針 (hackle fly ともいう). **b** [集合的] (毛針の)ハックル, 蓑毛(みのげ). **4** (スコットランド高地兵の)帽子の羽飾り. *gèt one's háckles ùp* = *màke one's háckles ríse* = *ráise one's háckles* 憤激する, 怒る. *with one's háckles ùp* [*rísing*] 戦おうと身構えて, いきりたって; 憤激して, 怒って. 〘(1882)〙

— *vt.* **1** 〈麻・亜麻などを〉すきぐしですく, 扱(こ)く. **2** 〘釣〙 〈毛針〉にハックル[蓑毛]を付ける.

háck·ler /-klə, -klə | -klə(r, -klə(r/ *n.* 〘(*a*1450) (変形) ← *hetchele* HATCHEL: cf. heckle〙

hack·le² /hǽkl/ *vt.* (荒っぽく)切り刻む, 寸断する, 引き裂く (hack). — *n.* きざきざの切り口[割れ目] 〘(1579–80) (freq.) ← HACK¹ (v.): ⇨ -le³〙

háckle·bàck *n.* 〘魚類〙 =shovelnose sturgeon.

háckle flỳ *n.* 〘釣〙 =hackle¹ 3 a. 〘1676〙

hack·let /hǽklɪt/ *n.* 〘鳥類〙 =kittiwake. 〘(1855) ?〙

hack·ly /hǽkli/ *adj.* 切り刻んだような, ざらざらの, ぎざぎざの, 粗い (rough). 〘(1796) ← HACKL(E)² + -Y¹〙

háck·man /-mən/ *n.* (*pl.* **-men** /-mən/) 《米》 貸馬車の御者, 馬車屋; タクシーの運転手. 〘1796〙

hack·ma·tack /hǽkmətæ̀k/ *n.* 〘植物〙 **1** =tamarack 1 a. **2** =juniper berry. **3** =balsam poplar. 〘(1792) ← N-Am.-Ind. (Algonquian)〙

hack·ney /hǽkni/ *n.* **1** (軍馬・猟馬・競走馬と区別して)普通の乗馬用馬(うま), 乗用馬. **2** 貸馬車 (hackney coach); 貸自動車, タクシー. **3** [H-] ハックニー (ノーフォークトロッター種を先祖にもち, サラブレッドやアラブの種牡馬との交配により生まれた英国原産の一品種の馬; 首肢を深く曲げ, 前ひざを高く上げる特殊な速歩をする能力と習慣が重んじられた). **4** 《廃》 **a** 貸馬. **b** 下働き(人). **c** 売春婦 (prostitute). — *vt.* **1** 貸馬として使う. **2** こき使う, 使い古す. **3** 平凡[陳腐, 粗野]にする. — *adj.* [限定的] **1** 賃貸しの: a ~ cab 貸馬車. **2** =hackneyed. **~·ism** /-nìɪzm/ *n.* 〘(?*c*1300) *hakenei* ← ? *Hakenei* (↓): cf. F *haquenée* ambling horse〙

Hack·ney /hǽkni/ *n.* ハクニー (London 中央部の自治区). 〘ME *Hakney* (原義) *Hac*(*c*)*a's* island ∥ ← OE *haca* hook〙

háckney còach [càrriage] *n.* 貸自動車, タクシー; (特に) 6 人乗りの二頭立て四輪馬車. 〘1635〙

háck·neyed *adj.* 使い古した, 平凡な, 陳腐な (⇨ commonplace SYN): a ~ phrase 陳腐な[決まり]文句. 〘(1749) ← HACKNEY + -ED 2〙

háck·sàw *n.* (金属を切るために用いる)弓のこ. — *vt.* 弓のこで切る. 〘1654〙

háck wàtch *n.* 〘海事〙 甲板(こうはん)時計 《クロノメーターと同じ目的で使う懐中時計式の精巧な時計; deck watch ともいう》. 〘1851–59〙

háck·wòrk *n.* (芸術作品などの)請け負い仕事, 型通りの[ぞんざいな]仕事. 〘(1851): ⇨ hack²〙

had¹ /hǽd/ *v.* [have¹ の過去形・過去分詞] **1** 持った, 持っていた: I ~ some money. **2** [仮定用法]: If I ~ any money [Had I any money], I would lend you some. 金があったら貸してあげたいのだが / If I had ~ any [Had I ~ any], I would have lent him some. あったら貸してやったのだが. ★ 他の意味・用法は have¹ を参照.

hàd as góod [*wéll*] *dó* (*as dó*) (…するくらいなら)…したほうがよい: He ~ *as good* throw his money away *as* lend it to her. 彼女に金を貸すくらいなら捨てたほうがよいのに. 《17C》 *had bést dó* …するに越したことはない: You ~ *best* send it. それを送るのが一番よい. ★ had better (do …) よりも強調的だが, やや古風. 《16C》

had bètter dó …したほうがよい: You ~ *better* go [not go]. 行った[行かない]ほうがよかろう / I think you ~ *better* do it at once. 今すぐなさったほうがよろしいでしょう (★ I think … があるのはいっそう丁寧な言い方) / *Had* I better go [not go]? 行った[行かない]ほうがいいだろうか / *Had*n't you *better* go to the dentist? 歯医者へ行ったほうがいいのではありませんか / Shall I go?—You'd better! [=You better ~!] 行きましょうか—そうしてくれたまえ. 《15C》

語法 (1) 《口語》 ではしばしば You'd *better* go. のようにされ, 特にくだけた言い方では次のように had が略されることがある: You *better* go. (2) しばしば命令や脅迫を含意することがある: You'd *better* tell me you're sorry, or else! ごめんなさいと言ったほうがよい, さもないと.

had like to have dóne ⇨ like¹ *adj.* 6.

〘ME *hadde* < OE *hæfde* (pret.), *hæf*(*e*)*d* (p.p.)〙

had² /(弱) (h)əd; (強) hǽd/ *auxil. v.* have² の過去形・過去分詞. 〘↑〙

ha·da·da /há:dədə | -dədə/ *n.* 〘鳥類〙 =hadedah.

ha·dal /héɪdl/ *adj.* 〘海洋〙 超深海の (深度 6,000 m 以上の海洋にいう). 〘(1959) □ F ~ ← *Hadès* HADES + -AL¹〙

Had·ar /hǽdɑə, héɪ- | -dɑ:(r/ *n.* 〘天文〙 ハダール 《ケンタウルス座 α 星, 0.1 等星》. 〘□ Arab. *ḥaḍri*〙

Ha·das·sah /hədǽsə, hɑ:-/ *n.* ハダーサ慈善団体 (1912 年 Henrietta Szold が New York に創設したユダヤ女性の慈善団体; イスラエルの医療・教育の改善・シオン主

H

義運動・世界平和促進などを目的とする). 〖(1913) □ ModHeb. *hadasáh* Hadassah =Mish.Heb. *hadhassáh* myrtle〗

hàd·awáy *int.* (英北東方言) ぐずぐずしないで, さっさとやりなさい.

had·die /hǽdi | -di/ *n.* (スコット)【魚類】=haddock. 〖(1816) (スコット): ⇨ haddock〗

Had·ding·ton[1] /hǽdɪŋtən | -dɪŋ-/ *n.* ハディントン (East Lothian 州の旧名). 〖ME *Hadingtunm* (原義) village of *Headda's* or *Hada's* people: ⇨ -ing[3], -ton〗

Haddington[2] *n.* ハディントン (スコットランド南東部の East Lothian 州の州都). 〖lateOE *Hadynton* (原義) village of *Hading* (Frisia の人名?): ⇨ -ton〗

had·dock /hǽdək | -dək/ *n.* (*pl.* ~, ~s)【魚類】**1** ハドック (*Melanogrammus aeglefinus*) (北大西洋産のタラの一種); ハドックの肉. **2** =rosefish. 〖(1307–08) *had(d)ok* □ ? AF *hadoc* (変形) ← OF *(h)adot* kind of salt-water fish〗

hade /héɪd/【地質】*n.* 偃角(えんかく) (断層面・鉱脈が鉛直面とはさむ角). — *vi.* 〈断層面・鉱脈が〉鉛直面をはずれる, 傾く. 〖(1789) (英方言) ~ ← ? HEAD〗

Ha·de·an /heɪdíːən/ *adj.* ハーデース (Hades) の[に関する, の特徴をもつ]. 〖(1839): ⇨ Hades, -an[1]〗

H **ha·de·dah** /háːdədə | -dədə/ *n.*【鳥類】ハダダトキ (*Bostrychia hagedash*) (アフリカ南部産のトキ科の鳥).

Ha·des /héɪdiːz/ *n.* (*pl.* ~) **1**【ギリシャ神話】ハーデース: **a** 死者の国の支配者 (Pluto). **b** (死者の霊のいる) 地下界, 黄泉(よみ)の国, 冥府(めいふ) (lower world). **2**【聖書】死者の国, 黄泉 (新約聖書の近代語訳に用いられている名). **3** [しばしば h-]《口語》地獄 (hell): What *in* ~ [the ~] are you looking for? いったい何を捜してるんだい. 〖(1597) □ Gk *Háidēs* god of the nether world, Pluto, (原義) ? the invisible〗

Had·field /hǽdfiːld/, Sir **Robert Abbott** *n.* ハドフィールド (1858–1940; 英国の冶金学者).

Ha·dhra·maut /hàːdrəmáʊt/ *n.* ハドラマウト (アラビアの南海岸, Aden 東方の地方; ほぼ旧 Southern Yemen に相当する).

ha·dith /hədíːθ, hɑː- | hə-, hæ-; *Arab.* ħadíːθ/ *n.* (*pl.* ~, ~s) (*also* **ha·dit** /~/) [しばしば H-] **1**【イスラム教】ハディース (Muhammad およびその教友に関する言行録). **2** [複数扱い] ハディースの集大成. 〖(*a*1817) □ Arab. *ḥadīth* speech tradition ← *ḥadīth* (adj.) new, young〗

hadj /hǽdʒ | hǽdʒ, háːdʒ/ *n.* (*pl.* ~·es)【イスラム教】=hajj. 〖1847〗

hadj·i /hǽdʒi | hǽdʒi, háːdʒi/ *n.* (*pl.* ~s)【イスラム教】=haji. 〖1612〗

Had·ley /hǽdli/, **Henry Kimball** *n.* ハドリー (1871–1937; 米国の作曲家・指揮者).

Hádley cèll *n.*【気象】ハドリーセル: **1** 貿易風の説明として英国の科学著述家 George Hadley (1685–1768) によって提唱された大気の子午線面循環; 赤道付近で熱せられた空気が上昇し, 両極方向に向かううちに高空で冷え, 極地地方で冷たい空気として下がり, 赤道方向に向かううちに温められる. **2** 火星などの惑星での大気循環. 〖(*c*1950): G. Hadley より〗

Hádley chést *n.*【家具】ハドレーたんす (1–3 個の引き出しがあり, 前面いっぱいにチューリップ模様や持ち主の頭文字などの浮き彫りのあるたんす; 英領植民地時代に米国で作られた). 〖← *Hadley* (米国 Massachusetts 州の町名)〗

hadn't /hǽdnt/ 《口語》had not の縮約形.

Had·ow /hǽdoʊ | -dəʊ/, Sir (**William**) **Henry** *n.* ハドー (1859–1937; 英国の音楽関係著述家・教育家; Hadow Reports を出して教育制度に勧告).

hadr- /hædr/ (母音の前にくるときの) hadro- の異形.

Ha·dra·maut /hàːdrəmáʊt/ *n.* =Hadhramaut.

Ha·dri·an /héɪdriən/ *n.* ハドリアヌス (76–138; ローマ皇帝 (117–138); ラテン語名 Publius Aelius Hadrianus).

Hadrian IV *n.* =Adrian IV.

Ha·dri·an·op·o·lis /hèɪdriənɑ́(ː)pəlɪs | -nɔ́pəlɪs/ *n.* =Adrianople.

Hádrian's Wáll *n.* ハドリアヌスの長壁[塁壁] (ローマ皇帝 Hadrian が北方のピクト族を防ぐためにイングランドの北辺を東西に横断して築いた防壁 (122–27); Tyne 河口から Solway Firth までの間 120 km にわたる; Roman wall ともいう).

had·ro- /hǽdroʊ | -drəʊ/「厚い (thick), 重い (heavy)」の意の連結形. ★ 母音の前では通例 hadr- になる. 〖← NL ~ ← L ~ □ Gk *hadrós* thick, bulky〗

had·ron /hǽdrɑ(ː)n | -drɒn/ *n.*【物理】ハドロン (強く相互作用する素粒子のこと; フェルミ粒子 (fermion) である重粒子 (baryon) とボース粒子 (boson) である中間子 (meson) とに大別される; cf. antibaryon). **had·ron·ic** /hædrɑ́(ː)nɪk | -drɒ́n-/ *adj.* 〖(1962) ← HADRO-+-ON[2]〗

had·ro·saur /hǽdrəsɔ̀ə | -drə(ʊ)sɔ̀ː(r)/ *n.* (*also* **Had·ro·sau·rus** /hæ̀drəsɔ́ːrəs | -drə(ʊ)-/)【古生物】ハドロサウルス (白亜紀の鳥脚類 (ornithopod) の二本足の草食恐竜). 〖(1877) ← NL *Hadrosaurus*: ⇨ *hadro-*, *-saurus*〗

hadst[1] /hǽdst/ *v.* have[1] の二人称単数過去形 (thou に応じる).

hadst[2] /(弱) (h)ədst, -dst, -tst; (強) hǽdst/ *auxil. v.* have[2] の二人称単数過去形 (thou に応じる).

had to /(子音の前) hǽttʊ, hǽdtʊ; (母音の前) hǽttu, hǽdtu/ ⇨ have to (have[1] 成句).

hae /aux. では heɪ, héɪ; v. では héɪ/ (*auxil.*) *v.* (スコット) =have[1,2].

haec·ce·i·ty /hɛksíːəti, hiːk- | -síːɪti/ *n.*【スコラ哲学】「これ」ということ (thisness), 個性原理 (形相的でありながら個体を個体たらしめる個別化の原理; cf. quiddity 1 b). 〖(1647) □ ML *haecceitātem* thisness (Duns Scotus の造語) ← L *haec* ((fem.) ← *hic* this)+-*itas* '-ITY'〗

Haeck·el /hɛ́kəl, -kl; G. hɛ́kl/, **Ernst Heinrich** *n.* ヘッケル (1834–1919; ドイツの生物学者・進化論者).

Hae·ju /hàɪdʒúː; *Korean* hɛːdʒu/ *n.* 海州(へジュ) (朝鮮民主主義人民共和国, 黄海南道南部にある市; 黄海南道の主都).

haem /híːm/ *n.* (米)【生化学】=heme. 〖1925〗

haem- /hiːm, hɛm/ (母音の前にくるときの) haemo- の異形 (⇨ hemo-).

hae·ma- /híːmə, hɛ́mə/ =hema- (⇨ hemo-).

hae·mal /híːməl, -ml/ *adj.* =hemal. 〖1839–47〗

hae·mat- /híːmət, hɛ́m-/ (母音の前にくるときの) haemato- の異形 (⇨ hemato-).

hae·mat·o- /hɪmǽtoʊ, híːmət-, hɛ́m- | híːmətəʊ, hɛ́m-/ *n.* =hemato-.

hae·mat·o·cele /hɪmǽtəsiːl, híːmətə-, hɛ́m- | híːmətə-, hɛ́m-/ *n.*【病理】=hematocele. 〖1730–36〗

hae·mi- /híːmɪ, hɛ́m-, -mi/ =hemi-[2].

-hae·mi·a /híːmiə/ -emia の異形.

hae·mo- /híːmoʊ, hɛ́m- | -məʊ/ =hemo-.

Hae·mus /híːməs/ *n.*【ギリシャ神話】ハイモス (Boreas と Orithyia の息子で, トラキア地方の王; 妻 Rhodope とともに不遜にも自らの名を Zeus と Hera としたため山に変えられた).

haen /héɪn/ *v.* (スコット) hae の過去分詞.

haeredes *n.* haeres の複数形.

ha·e·re·ma·i /háːeɪreɪmàɪ, háɪrəmàɪ/ *int.* (NZ) ようこそ (歓迎を表す). 〖(1769) ← Maori (原義) come here〗

hae·res /híəriːz, héɪreɪs | híəriːz/ *n.* (*pl.* **hae·re·des** /hɪríːdiːz, heɪréɪdeɪs | hɪríːdiːz/)【ローマ法】=heres.

Ha·erh·pin /háːəbín, -pín | -ɜ́ː-/ *n.* =Harbin.

haet /héɪt/ *n.* (スコット) 少量, ちょっと (bit, whit). 〖(1603) (スコット) (短縮) ← (*Deil*) *hae it!* (Devil) take it!〗

Ha·fez /hɑːfɛ́z/ *n.* =Hafiz.

haf·fet /hǽfɪt/ *n.* (*also* **haf·fit** /~/) (スコット) **1** ほお (cheek); こめかみ (temple). **2** こめかみのあたりの毛. 〖(1513) (古形) *halfet, halfhed* < OE *healfhēafod* sinciput: ⇨ half, head〗

ha·fiz /háːfɪz | -fɪz/ *n.* (*pl.* ~, **ha·fis** /-fɪs | -fɪs/) ハーフィズ (イスラム教の経典 Koran を全部暗記したイスラム教徒に与える称号). 〖(1662) □ Arab. *ḥāfiẓ* guard, one who remembers〗

Ha·fiz /hɑːfíz/ *n.* ハーフィズ (1326?–?89; ペルシャの叙情詩人; Shams-ud-din Mohammed の筆名).

Haf·ling·er /hǽflɪŋə | -ŋə(r); G. háːflɪŋɐ/ *n.*【動物】ハフリンガー (アルプス西部原産の頑健な栗毛(くりげ)のポニー). 〖(*c*1875): G Hafling: この馬の発祥の地オーストリア Tyrol 地方の村〗

haf·ni·a /hǽfniə/ *n.*【化学】ハフニア (白色の結晶をなす hafnium の酸化物; 記号 HfO_2). 〖← NL ~: ⇨ ↓, -a[3]〗

haf·ni·um /hǽfniəm/ *n.*【化学】ハフニウム (周期律第 4 族元素の一つ; 記号 Hf, 原子番号 72, 原子量 178.49). 〖(1923) ← *Hafnia* (Copenhagen のラテン語名)+-IUM〗

haft[1] /hǽft | háːft/ *n.* (剣・刀・短刀などの) 柄(つか) (hilt); (紡績用) つむ[紡錘]の柄; (鎌・錐(きり)・やすりなどの) 柄. — *vt.* 〈小刀などに〉柄を付ける: ~ a dagger. **~·er** *n.* 〖OE *hæft(e)* handle (Du. *hecht* / G *Heft*) < Gmc **χaftjam* ← **χaf-* 'to HEAVE'〗

haft[2] /hǽft | háːft/ (スコット・英方言) *vt.* 〈羊を〉別の牧草地に慣れさせる. — *vi.* (新しい居住地・生活環境に) 落ち着く, 定着する. — *n.* **1** (羊の) 定住牧草地. **2** (人の) 居住地, 定住地. 〖(1725) ? ← Scand.: cf. ON *hefa* to gain (land) by right of occupation〗

haf·ta·rah /hɑːftɔ́ːrə, hɑ̀ːftɑːráː/ *n.* (*pl.* **-ta·roth** /hɑ̀ːftəróʊθ | -rɔ́ʊθ/, **-ta·rot** /-róʊt | -rəʊt/, ~s)【ユダヤ教】安息日や祭日にユダヤ教会で Parashah の直後に読まれる旧約預言書の一部. 〖(1723) □ Mish.Heb. *haphṭārāh* conclusion〗

haf·to·rah /hɑːftɔ́ːrə/ *n.* (*pl.* **-to·roth** /hɑ̀ːftəróʊθ | -rɔ́ʊθ/, **-to·rot** /-róʊt | -rəʊt/, ~s)【ユダヤ教】=haftarah.

Ha·fun /hæfúːn, -fʊ́n/, **Cape** *n.* ハーフン岬 (ソマリア民主共和国北東部にある岬; アフリカ大陸最東端).

hag[1] /hǽg/ *n.* **1 a** 鬼婆(おにばば), 醜い老婆. **b** やつれた女性; だらしない女性. **2** 魔女, 女魔法使い. **3** (古) **a** 女の悪魔. **b** 悪霊; お化け. **c** 夢魔 (nightmare). **4**【魚類】=hagfish. — *vt.* (英方言) **1** いじめる, 悩ます (harass). **2** けしかける, 刺激する. **3** 疲れさせる (tire out). 〖(?*a*1200) *hagge, hegge* witch (短縮) ← ? OE *hægtesse* fury, witch < ? Gmc **haʒōn* (G *Hexe*) ← IE **kagh-* to catch; fence〗

hag[2] /hǽg/ *n.* (スコット・北英方言) **1** (泥炭を切り取ったあとの) 垂直の断面. **2** 荒地 (moor) の中の軟地 (quagmire); 沼地 (bog). **3** 沼地の中の硬地. 〖(*a*1325) *hag* chasm □ ON *hogg* ravine < Gmc **χawwam* ← IE **kau-* to hew〗

hag[3] /hǽg/ (英方言) *vt.* (おのなどで) ぶち切る, たたき切る (hew); 切り刻む (chop, hack). — *n.* **1** 伐採. **2** (木の) 切り株. **3** (伐採用のしるしをつけた) 伐採予定地, 伐採用林. **4** (燃料用などに) 伐採した樹木 (の集まり). 〖(?*c*1325) ? ← Scand: cf. ON *hoggva* to chop〗

hag[4] /hǽg/ *n.* (英方言) 囲いをした林; 林. 〖(*c*1470) ? ← ON *hagi* enclosed pasture: cf. OE *haga* hedge〗

Hag. (略)【聖書】Haggai (旧約聖書の) ハガイ書.

Ha·ga·nah /hɑ̀ːgənáː/ *n.* [the ~] ハガナ (英国の委任統治下のパレスチナで Jewish Agency がつくった地下武装組織; 1948 年イスラエルの独立とともにその正規軍の基礎となった). 〖(1923) □ MHeb. *haghānā́h* defense ← Heb. *hēghēn* to defend〗

Ha·gar /héɪgɑə, -gə | -gɑː(r), -gə(r)/ *n.* **1** ヘイガー (女性名). **2** ヘイガー (男性名). **3**【聖書】ハガル (Abraham の妾(めかけ)で Ishmael の母 (cf. *Gen.* 16: 1); ⇨ Ishmael). 〖□ Heb. *Hāghār* (原義) ? forsaken〗

hag·ber·ry /hǽgbèri | -bəri/ *n.*【植物】**1** =hackberry. **2** =European bird cherry. 〖(1597) ← *hag*- (← ON)+BERRY: cf. Dan. *hæggebær*〗

hág·bòrn *adj.* 鬼ばば[魔女]から生まれた, 生母が鬼婆[魔女]の. 〖1611〗

hag·but /hǽgbʌt/ *n.* =harquebus. **hag·but·eer** /hæ̀gbətíə | -tíə(r)/ *n.* **hag·but·ter** /hǽgbʌtə | -tə(r)/ *n.*

hag·don /hǽgdən/ *n.* (英・カナダ)【鳥類】ミズナギドリ (shearwater) (フルマカモメ (fulmer) など主に北大西洋に生息する海鳥の総称). 〖(1832) ← ?〗

Ha·gen[1] /háːgən; G. háːgn/ *n.* ハーゲン (ドイツ North Rhine-Westphalia 州中部の工業都市).

Ha·gen[2] /háːgən; G. háːgn/ *n.*【ニーベルンゲン物語】ハーゲン (Gunther のおじに当たる武士; Brunhild からの依頼で槍(やり)を投げて Siegfried を殺したが Siegfried の妻 Kriemhild に殺される). 〖□ G ~〗

Ha·gen /héɪgən/, **Walter** *n.* ヘーゲン (1892–1969; 米国のゴルファー).

hág·fish *n.*【魚類】メクラウナギ (メクラウナギ科の魚の総称; 目が退化し皮下に埋没している; ヌメリメクラ (*Myxine glutinosa*), メクラウナギ (*M. garmani*) など). 〖(1611) ← HAG[1]+FISH[1]〗

Hag·ga·dah /həgáːdɑː, -də | hægáːdə/ *n.* (*pl.* **-ga·doth** /-doʊθ, -doʊt | -dəʊθ, -dəʊt/, **-ga·dot** /-doʊt | -dəʊt/, ~s) (*also* **Hag·ga·da** /~/) [the ~]【ユダヤ教】ハガダー: **1** 旧約聖書の律法以外の部分に対する古代ユダヤ人の注釈 (cf. midrash 1). **2** [h-] 過ぎ越しの祝い前夜 (Passover Eve) に行う儀式; またそこで用いる典礼書.

hag·gád·ic /-dɪk | -dɪk/ *adj.* **hag·gád·i·cal** /-dɪkəl, -kl | -dɪ-/ *adj.* 〖(1733) □ Mish.Heb. *haggādhā́h* tale ← *higgídh* to tell〗

hag·gá·dist /-dɪst | -dɪst/ *n.* ハガダー (Haggadah) の作者[研究家]. **hag·ga·dis·tic** /hæ̀gədístɪk, hɑ̀ː-⁻/ *adj.* 〖(1882) ← HAGGADIC+-IST〗

Haggadot *n.* Haggadah の複数形.

Haggadoth *n.* Haggadah の複数形.

Hag·ga·i /hǽgiàɪ, hǽgaɪ | hǽgeɪàɪ, -giàɪ/ *n.*【聖書】**1** ハガイ (紀元前 520 年ごろ活躍しエルサレムの神殿の再建を主唱したヘブライの預言者). **2** (旧約聖書の) ハガイ書 (略 Hag.). 〖□ LL *aggaeus* □ Gk *Haggaîos* □ Heb. *Ḥaggáy* (原義) festal〗

hag·gard[1] /hǽgəd | -gəd/ *adj.* **1** (病気・不眠・心労・老齢などで) やつれた, やせ衰えた: His face was ~ *with* anxiety. 彼の顔は不安でやつれていた. **2 a** 〈目が〉荒々しい. **b** 〈人が〉荒々しい目つきをした. **3** (廃) **a** 言うことをきかない, 強情な. **b** 浮気な, みだらな. **4**【鷹狩】〈成長後捕えた鷹が〉なかなか慣れない, 手に負えない. — *n.*【鷹狩】(羽の生えそろったころに捕えた) 慣れない (雌の) 鷹 (cf. eyas). **~·ly** *adv.* **~·ness** *n.* 〖(1567) □ (O)F *hagard* untamed (hawk) ← ? Gmc **χaʒjōn* 'HEDGE' (cf. hag[1]): ⇨ -ard〗

hag·gard[2] /hǽgəd | -gəd/ *n.* (アイル・英方言) =rickyard. 〖(1586): cf. ON *heygarðr* stak-yard〗

Hag·gard /hǽgəd | -gəd/, Sir **H(enry) Rider** *n.* ハガード (1856–1925; 英国の冒険小説家; *King Solomon's Mines* (1885), *She* (1887)).

hag·ged /hǽgɪd, hǽgd/ *adj.* (英方言) **1** 女魔法使いのような (haglike). **2** やせ衰えた, やつれた (haggard). 〖(1694) ← HAG[1]+-ED 2: 後に HAGGARD と連想〗

hag·gis /hǽgɪs | -gɪs/ *n.* (スコット・英)【料理】ハギス (羊・子牛などの臓物を刻み, オートミール・香辛料などと合わせてその胃袋に詰めて煮たもの). 〖(*c*1400) *hageys* ← ? *hagge(n)* to chop: cf. haggle〗

hag·gish /hǽgɪʃ/ *adj.* **1** 鬼ばば[の(ような)]. **2** 老醜の; やつれて気味の悪い. **~·ly** *adv.* **~·ness** *n.* 〖(1583) ← HAG[1]+-ISH[1]〗

hag·gle /hǽgl/ *vi.* **1 a** (取引で) 口うるさく値切る (higgle) 〔*about, over*〕: ~ *over* the price of meat 肉の値段を値切ろうと口うるさくいう. **b** つまらないことを言い争う; とがめだてする, けちをつける 〔*about, over*〕: ~ *over* trifles. **2** ずたずたに切る 〔*at*〕: ~ *at* a tree. — *vt.* **1** ずたずたに切る (hack). **2** (古) 議論を吹っかけて閉口させる. — *n.* **1** 値段の押問答, 値切ること. **2** 口論, 争論. **hág·gler** /-glə, -glə | -glə(r), -gl-/ *n.* 〖(1583) (freq.) ← HAG[3]+-LE[3]〗

hag·gling /hǽglɪŋ, -gl-/ *n.* (価格などでの) (値切り) 交渉, 言い争い.

hag·i- /hǽgi, héɪdʒi | hǽgi/ (母音の前にくるときの) hagio- の異形.

ha·gi·a /héɪdʒiə/ *n. pl.*【東方正教会】聖祭品 (聖体礼儀 (liturgy) で用いる聖化されたパンとぶどう酒). 〖□ LGk ~ (neut. pl.) ← Gk *hágios* sacred〗

hag·i·arch·y /hǽgiàəki, héɪdʒi- | -àːki/ *n.* =hagiocracy. 〖1826〗

Ha·gi·a So·phi·a /hǽgiəsəfíːə/ *n.* ハギアソフィア (Justinian 一世が Constantinople に建立した巨大な聖堂 (537 年完成); 現在は無宗教の博物館で, 華麗な装飾を施したバシリカ式構造と大円蓋は残存するビザンティン建築の最もみごとな例となっている). 〖□ Gk (↓)+*sophía* wisdom〗

hag·i·o- /hǽgioʊ, héɪdʒi- | -iəʊ/「聖徒 (saints); 神聖な (holy)」の意の連結形. ★ 母音の前では通例 hagi- にな

る. 〖□ LL ～ ← Gk *hágios* holy, sacred ← IE *yag- to worship〗

hag·i·oc·ra·cy /hæ̀giá(ː)krəsi, hèɪdʒi- | -ɔ́k-/ *n.* **1** 聖人政治, 聖人支配. **2** 聖人支配国. 〖(1846): ⇨ ↑, -cracy〗

Hag·i·og·ra·pha /hæ̀giá(ː)grəfə, hèɪdʒi- | -ɔ́g-/ *n. pl.* [the ～; しばしば単数扱い]〖聖書〗聖文学, 諸書 (the Writings)《旧約聖書の第三部; Ketubim ともいう; ⇨ Torah ★》. 〖(1583) □ LL ～: ⇨ hagio-, -graph〗

hag·i·og·ra·pher /hæ̀giá(ː)grəfə, hèɪdʒi- | -ɔ́grəfə^(r)/ *n.* **1** Hagiographa 作者の一人. **2** =hagiologist. 〖(1656) ← HAGIO-＋-GRAPH＋-ER¹〗

hàg·i·óg·ra·phist /-fɪ̣st | -fɪst/ *n.* =hagiographer. 〖1817〗

hag·i·og·ra·phy /hæ̀giá(ː)grəfi, hèɪdʒi- | -ɔ́g-/ *n.* **1** 聖人伝, 聖人列伝[言行録]; 聖人(伝)研究. **2** 主人公を理想化[偶像化]した伝記. **hag·i·o·graph·ic** /hæ̀giəgrǽfɪk, hèɪdʒi-⁻/ *adj.* **hàg·i·o·gráph·i·cal** /-fɪ̣kəl, -kl̩ | -fɪ-⁻/ *adj.* **hàg·i·o·gráph·i·cal·ly** *adv.* 〖(1812) ← HAGIO-＋-GRAPHY〗

hag·i·ol·a·ter /hæ̀giá(ː)lətə, hèɪdʒi- | -ɔ́l-/ *n.* 聖人崇拝者. 〖(1875) ← HAGIO-＋-LATER〗

hag·i·ol·a·try /hæ̀giá(ː)lətri, hèɪdʒi- | -ɔ́l-/ *n.* 聖人崇拝. **hag·i·ol·a·trous** /hæ̀giá(ː)lətrəs, hèɪdʒi- | -ɔ́l-⁻/ *adj.* 〖(1808) ← HAGIO-＋-LATRY: cf. idolatry〗

hàg·i·ól·o·gist /-dʒɪ̣st | -dʒɪst/ *n.* 聖人伝学者[作者]. 〖(1805) ← HAGIO-＋-LOGIST〗

hag·i·ol·o·gy /hæ̀giá(ː)lədʒi, hèɪdʒi- | -ɔ́l-/ *n.* **1** 聖人(伝)研究, 聖人伝学. **2** 聖人文学. **3** 聖人列伝[言行録]. **hag·i·o·log·ic** /hæ̀giəlá(ː)dʒɪk, hèɪdʒi- | -lɔ́dʒ-⁻/ *adj.* **hàg·i·o·lóg·i·cal** /-dʒɪ̣kəl, -kl̩ | -dʒɪ-⁻/ *adj.* **hàg·i·o·lóg·i·cal·ly** *adv.* 〖(1807) ← HAGIO-＋-LOGY〗

hag·i·o·scope /hǽgiəskòup, hèɪdʒi- | hǽgiəskòup, héɪdʒi-/ *n.*〖建築〗祭壇遙拝(ようはい)窓《本堂以外の部分からも会衆に主祭壇が見えるように内陣の壁にうがった空窓(そうそう); squint ともいう》. **hag·i·o·scop·ic** /hæ̀giəská(ː)pɪk, hèɪdʒi- | -skɔ́p-⁻/ *adj.* 〖(1839–40) ← HAGIO-＋-SCOPE〗

hag·ma·ne /hà(ː)gmənéɪ | hɔ̀g-/ *n.*《スコット》=hogmanay.

hag·me·nay /hà(ː)gmənéɪ | hɔ̀g-/ *n.*《スコット》=hogmanay.

hág·rìdden *adj.* 悪夢に悩まされた; 悩んで.

hág·rìde *vt.* (**hag·rode,**《古》**-rid; -rid·den,**《古》**-rid**) [通例 p.p. で] (悪夢や恐ろしい思いで) 悩ます (harass, torment). 〖(1661) ← HAG¹＋RIDE〗

hág·sèed *n.* 魔女の子[子孫] (Shakespeare 作 *Tempest* 中の魔女 Sycorax の子 Caliban など). 〖(1611): ⇨ hag¹, seed〗

Hague /héɪg/, **The** *n.* ハーグ《オランダ西部の都市で South Holland 州の州都; 政庁・王宮・平和宮殿・国際司法裁判所などがある事実上の同国の首都; cf. Amsterdam; オランダ語名 's Gravenhage またはその短縮形 Den Haag》. 〖□ Du. *Den Haag* the Haw (=garden): cf. haw¹〗

Hágue Cóurt *n.* [the ～] ハーグ裁判所《International Court of Justice の通称》.

Hágue Tribúnal *n.* [the ～] ハーグ国際仲裁裁判所《Permanent Court of Arbitration (1901–21) の通称》.

hah /háː/ *int., vi.* =ha.

ha-ha¹ /hàːháː, ⁻⁻/ *int.* はは, あはは《おかしさ・おもしろさ・嘲笑を表す》. ―― *n.* (おかしさ・嘲笑を表す)笑い声. 〖lateOE *ha ha* (擬音語): ⇨ ha〗

ha-ha² /háːhàː/ *n.* (見通しを妨げないように設ける地境の) 低い垣, 溝垣, 沈め垣 (sunk fence). 〖(1712) □ F ～ (加重) ← HA: 障害物に直面したときの驚きの声「あっ」から〗

ha·ham /háːhəm/ *n.* ハハム《スペイン・ポルトガル系ユダヤ人の宗教上の指導者; 一般的にはユダヤ法に精通している人; chacham ともいう》. 〖(1676) □ Heb. *ḥākhām* wise〗

Hahn /háːn; *G.* háːn/, **Otto** *n.* ハーン《1879–1968; ドイツの化学者; Nobel 化学賞 (1944)》.

Hah·ne·mann /háːnəmən; *G.* háːnəman/, **Samuel** *n.* ハーネマン《1755–1843; ドイツの医師; ホメオパシー (homeopathy) の創始者》. **Hah·ne·mann·i·an** /hàːnəmǽniən⁻/ *adj.*

Háh·ne·mann·ìsm /-nɪ̀zm/ *n.*〖医学〗=homeopathy.

hahn·i·um /háːniəm/ *n.*〖化学〗ハーニウム: **a** 105 番元素《のち IUPAC が dubnium に決定》に提案された名称; 記号 Ha. **b** 108 番元素《のち hassium に決定》に提案された名称. 〖(1970) ← *Otto Hahn*: ⇨ -ium〗

haick /háɪk, héɪk/ *n.* =haik¹.

Hai·da /háɪdə | -də/ *n.* (*pl.* ～, ～**s**) **1 a** [the ～(s)] ハイダ族《カナダ British Columbia 州の Queen Charlotte 諸島および米国 Alaska に住むアメリカインディアンの一部族》. **b** ハイダ族の人. **2** ハイダ語《Na-Dene 語族に属する》. **Hái·dan** /-dən, -dn̩ | -dən, -dn̩/ *adj.* 〖(1841) □ N-Am.-Ind. (Haida) 《原義》people〗

Hai·dar·a·bad /háɪdərəbæ̀d, -drə-, -bàːd | -dərə-, -drə-/ *n.* =Hyderabad.

Hái·ding·er frínges /háɪdɪŋə- | -dɪŋə-; *G* háɪdɪŋɐ-/ *n. pl.*〖光学〗ハイジンガー干渉縞(じま)《干渉縞の一種; 等系角干渉によって無限遠点に生じる同心円状の干渉縞》. 〖← *Wilhelm Karl von Haidinger* (1795–1871: オーストリアの鉱物学者)〗

Hai·duk, h- /háɪdʊk; *G.* haɪdúːk/ *n.* **1** 16 世紀ハンガリーの雇い兵《プロテスタントに味方した》. **2** Balkan 半島のスラブ人居住地方の愛国的山賊《トルコの支配に反抗した》. **3** (ハンガリー・ポーランドの)貴族の家の召使. 〖□ G *Haiduck* □ Hung. *hajdúk* (pl.) ← *hajdú* robber〗

Hai·fa /háɪfə/ *n.* ハイファ《イスラエル北西部の海港》.

Haig /héɪg/ *n.* ハイグ《男性名》. 〖□ OE *haga* (dweller at the) hedged enclosure〗

Haig /héɪg/, **Douglas** *n.* ヘイグ《1861–1928; 英国の元帥, 第一次大戦の在仏英軍総司令官 (1915–18); 称号 1st Earl Haig》.

haik¹ /háɪk, héɪk/ *n.* (*pl.* ～, **hai·ka** /～ə/) (アラビア人が頭と体にまとう)しまに染めた毛織りの布. 〖(1713) □ Arab. *ḥā'ik* ← *ḥāka* to weave〗

haik² /héɪk/ *n.* =hake².

haika *n.* haik¹ の複数形.

Hai·kou /hàɪkóu | -kóu; *Chin.* xàɪkʰǒu/ *n.* 海口(ハイコウ)《中国海南島北東部の市; 海南省 (Hainan) の省都》.

hai·ku /háɪkuː/ *n.* (*pl.* ～) **1** 俳句. **2** 俳句風の英詩, (特に, 5–7–5 の音節から成る)短詩. 〖(1902) □ Jpn.〗

hai·kwan /hàɪkwáːn/ *n.* 海関 (maritime customs). 〖□ Chin. haiguan (海関)〗

háikwan táel /-téɪl/ *n.* **1** 海関両《海関で使用する重量単位で約 37.80 g; cf. liang》. **2** 両《旧中国銀通貨単位, 1935 年 yuan (元)の設定と共に廃止された》.

hail¹ /héɪl/ *n.* **1** あられ (winter hail); ひょう (summer hail) (cf. hailstone). 日英比較 日英語では「ひょう」と「あられ」を区別するが, 日常的な英語ではその区別はない. **2** あられのように降るもの: a ～ *of* bullets 雨あられと飛ぶ弾丸 / a ～ *of* questions 矢つぎばやの質問. ―― *vi.* **1** [it を主語として] あられ[ひょう]が降る: *It* ～*s*. あられが降る. **2** 雨あられのように降る. ―― *vt.* 雨あられと降らす, (あられのように)浴びせかける 〔*on, upon*〕: ～ curses [blows] *on* a person 人にののしりの言葉[げんこつ]を雨あられのように浴びせる. 〖n.: OE *hagol, hægel* < Gmc **ʒaʒlaz* (G *Hagel*) ← IE **kaghlo-* small pebble (Gk *kákhlēx* round pebble). ― v.: OE *hagalian* ← *hægol* (n.)〗

hail² /héɪl/ *vt.* **1** 〈人〉に挨拶(あいさつ)する (salute), 歓呼して迎える (welcome). **2** (挨拶として) 〈人を〉(…と)呼ぶ: ～ a person (*as*) king 人を王と呼んで迎える. **3** (注意を引くために) 〈人など〉に呼びかける, 呼ぶ: ～ a waiter / I was ～*ed* by a stranger in [《米》on] the street. 通りで知らない人に呼びかけられた / ～ a taxi タクシーを呼ぶ. ―― *vi.* 〔人・他船などに〕呼びかける〔*to*〕: They ～*ed to* the flagship. 彼らは旗艦に「おーい」と呼びかけた. ***hail from*** (1) 〈船が〉〈港〉から来る: Where does the ship ～ *from*? どこの船ですか. (2) 〈人が〉〈どこ〉の出身である: What part of Japan do you ～ *from*? ご出身は日本のどちらですか. 〖(1841)〗 ―― *n.* **1** 挨拶 (salutation); 歓呼. **2** 呼びかけ(の声). **3** 声の届く距離: be [stay] *within* [*out of*] ～ 呼べば聞こえる[呼んでも聞えない]所にいる. ***within hail of*** … もう少しで…しかかって: We were *within* ～ *of* understanding each other. もう少しで互いに理解し合えるところだった. 〖v.: (?*a*1200) *heile(n)* ← *heil* (int.) (⇨ hail³). ― n.: (1500–20) ← (v.)〗

hail³ /héɪl/ *int.* **1** 幸いあれ, 万歳《歓迎・かっさいなどを表す丁寧な挨拶の言葉 be thou hail (=healthy, prosperous) の略; cf. heil》: All ～!, *Hail to* you! 万歳, ようこそ. **2**《古》やあ, おい《挨拶を表す》.

Háil to the Chíef「大統領万歳」《米国の大統領を迎える曲》.

〖(*c*1200) *heil* □ ON *heill* whole: cog. OE *hāl* 'whole, hale¹'〗

Háil Colúmbia *n.* **1** ヘイルコロンビア《米国の愛国歌; 1798 年 Joseph Hopkinson (1770–1842) の作》. **2** [時に h- c-]《米俗》**a** 撃破; ひどくなぐること, 罰; ひどい目, 大目玉: give the enemy ～ 敵をやっつける / get ～ 大目玉を食う. **b** 大騒ぎ.《hell の婉曲語》

háil·er /-lə | -lə^(r)/ *n.* **1** 呼びかける人. **2** =bullhorn. 〖1: (1880) ← HAIL²＋-ER¹. 2: (略) ← *loud-hailer*〗

Hai·le Se·las·sie /háɪlisəlǽsi/ *n.* ハイレ セラシエ《1891–1975; エチオピア皇帝 (1930–36, 1941–74); イタリアのエチオピア占領中は英国に亡命》.

háil-fèllow *adj.* きわめて親密な, 隔てのない; いやになれなれしい 〔*with*〕. ―― *n.* 親友, 仲よし (pal); 面白い友. 〖1580〗

háil-fèllow-wéll-mét *adj., n.* (*pl.* **hail-fel·lows-w-**) =hail-fellow: He is ～ *with* everybody. だれとでも仲よしだ; だれにもなれなれしい. 〖1581〗

háil·ing dìstance /-lɪŋ-/ *n.* **1** 声の届く距離: live *within* ～ (*of* …) (…から)呼べば聞こえるような所に住んでいる. **2** 近接, 手が届く範囲. 〖1840〗

Háil Máry *n.* **1**「めでたし」(cf. Ave Maria). **2**〖アメフト〗ヘイルメアリー《試合終了間際にエンドゾーンめがけて一か八かの長いパスを投げるプレー》. 〖(*a*1325) (なぞり) ← L *Ave Maria*〗

Háil·sham of St. Márylebone /héɪlʃəm-/ *n.* ヘイルシャム オブ セントマリボン (Quintin (McGarel) Hogg に与えられた称号; ⇨ Hogg).

háil·stòne *n.*〖気象〗ひょう: The ～*s* were (as) big as peas. ひょうはえんどう豆ほどの大きさだった. 〖lateOE *hagolstān*: ⇨ hail¹, stone〗

háil·stòrm *n.* **1** あられ[ひょう]を伴った嵐(あらし). **2** (あられを伴った嵐のような)激しいもの: a ～ of questions 激しい質問の嵐. 〖*a*1500〗

Hail·wood /héɪlwʊd/, **(Stanley) Michael Bailey** *n.* ヘールウッド《1940–81; 英国のオートバイ選手》.

hail·y /héɪli/ *adj.* あられの, ひょうの; あられ混じりの, ひょうの混じった. 〖(1552) ← HAIL¹ (n.)＋-Y⁴〗

Hai·nan /hàɪnáːn | -nǽn; *Chin.* xǎɪnán/ *n.* **1** 海南(ハイナン)省《もと広東省に属したが, 中国南シナ海上の海南島が独立してできた省; 省都海口 (Haikou)》. **2** 海南島《南シナ海にある島; 面積 32,200 km²》.

Hai·naut /eɪnóu | -nóu; *F.* ɛno/ *n.* エノー《ベルギー南西部の州; 州都 Mons》.

hain't /(h)éɪnt/《卑・方言》=ain't. 〖(混成) ← HAN'T ＋AIN'T〗

Hai·phong /hàɪfɔ́(ː)ŋ, -fá(ː)ŋ | -fɔ́ŋ; *Viet.* hɑːɪfɔːŋm/ *n.* ハイフォン《ベトナム北東部の海港》.

hair /héə | héə^(r)/ *n.* **1 a** [集合的] 毛; 髪の毛, 頭髪; 体毛: do up one's ～ 髪を結う / let one's ～ down 髪を解く (cf. *let one's* HAIR *down*) / wear one's ～ long [short] 髪を長く[短く]している / put [turn] up one's ～ (髪を上げて一人前に)髪を結う / have one's own ～ (かつらでなく)自分の髪である / have [get] one's ～ cut [done] 散髪する (cf. haircut) / part one's ～ in the middle 髪を真ん中で分ける / do one's ～ 髪を結う, 調髪する / The dog has a good coat of ～. その犬はよい毛並みだ / He has (a head of) gray [silver, white] ～. 彼は白髪(交じり)だ. 日英比較 日本語では「髪」と「毛」は区別するが, 英語にはその区別はない. いずれも *hair* という. **b** 毛(一本一本): I found a ～ in my soup. スープの中に毛が一本はいっていた. **c** [*pl.*; 集合的]《古》頭髪, 髪の毛: gray ～*s*. ★ ラテン語形容詞: capillary, pilar; ギリシャ語系形容詞: trichoid. **2 a** (らくだやアルパカの毛で織った)毛織物. **b** =haircloth. **3** [a ～] 毛ほど(のもの), わずか (jot): He hasn't changed *a* ～ in the last dozen years. この十数年間ちっとも変わっていない / Retail sales were off (by) *a* ～ in January. 1 月の小売総額はほんのわずかながら下がった / ⇨ *by a* HAIR, *to a* HAIR. **4**《廃》種類 (kind); 性質, 性格 (character). **5**〖植物〗(葉や茎の表面に生えた)毛. **6**〖機械〗毛状針金.

against the háir 毛並みに逆らって; 不本意に[で], 性分に反して: It goes *against the* ～ *with* me. 私の性分に合わない, いやだ. (*c*1385) ***bóth of a háir*** 似たり寄ったりで[の]. ***by a háir*** (1) 間一髪で, 僅差で: win *by a* ～. (2) [否定構文で] 毛筋ほども(…ない): It doesn't differ *by a* ～. 寸分違わない. ***cómb a person's háir for him*** =rub a person's HAIR. ***cúrl the*** [*a person's*] ***háir*** = *make a person's* HAIR *curl*. ***gét*** [***háve***] ***a person by the shórt háirs*** [***shórt and cúrlies***]《口語》〈人を〉思うままにする, 完全に支配する. (1888) ***gét in a person's háir***《俗》人を悩ます, うるさがらせる, いらだたせる. (1935) ***a*** [***the***] ***háir of the dóg*** (***that bít one***)《口語》毒を制する毒, (特に)二日酔いの迎え酒《かみついた狂犬の毛でその傷が治るという昔の迷信から》. (1546) ***háng by a*** (***single***) ***háir*** ⇨ hang 成句. ***in a person's háir***《口語》人に厄介[面倒]をかけて. ***kéep one's háir òn***《俗》落ち着いている, 慌てない (cf. *keep one's* SHIRT *on*). (1883) ***lèt one's háir dòwn***《口語》くつろぐ, 遠慮なくふるまう, 羽根をのばす, 無礼講でやる. ***lóse one's háir*** (1) 頭がはげる. (2)《口語》怒る. ***màke a person's háir cùrl***《口語》人を震え上がらせる, 肝をつぶさせる, ひどく驚かす. (1887) ***màke a person's háir stànd on ènd*** (恐怖などで)身の毛をよだたせる. ***nót hàrm*** [***tóuch***] ***a háir of a person's héad*** 人を絶対に傷つけない, 人に少しも危害を与えない. ***nót hàve a háir òut of plàce*** 身なりがきちんとしている, 服装がきまっている. ***nót túrn*** [***withòut túrning***] ***a háir*** 髪の毛一本動かさない[ないで]; 恐れ[困惑, 飽き, 疲れ]を全然見せない[ないで]; 平然としている[して], びくともしない[しないで]. (1798) ***òut of a person's háir*** 人に厄介[面倒]をかけずに, うるさがられずに. ***pùt háir*(*s*) *on a person's chést***《口語》(酒で)元気づかせる: A glass of this will *put* ～ *on your chest*. この一杯で元気になるだろう. ***rúb*** [***smóoth***] ***a person's háir*** 人をひどくしかる. ***splìt háirs*** ⇨ split 成句. ***stróke a person's háir the wróng wáy*** ⇨ stroke¹ 成句. ***téar one's háir*** (***óut***) (深い悲しみ・絶望・困惑・激しい怒りなどで)髪をかきむしる, (髪をかきむしらんばかりに)嘆き悲しむ, 怒り狂う, 絶望のふちに打ち沈む. (*c*1489) ***to a háir*** 寸分たがわず, きちっと (exactly) (cf. *to a* HAIRLINE). (1601–02) ***túrn a háir*** [通例否定形で] (驚きなどの)反応を示す: She listened to the news without *turning a* ～. 彼女はその知らせを聞いても驚かなかった. (1798)

〖OE *hēr, hǣr* < Gmc **χēram* (Du. *haar* / G *Haar*) ← ? IE **ker(s)* bristle (Lith. *šerỹs* bristle): 語形上 ME *haire* (□ (O)F ～ □ Gmc) haircloth の影響を受けた〗

háir bàll *n.* **1** 毛球(もうきゅう)《牛・羊・猫など毛をなめる動物がのみ込んだ毛が胃に入って生じた凝塊》. **2**〖獣医〗=phytobezoar. 〖1712〗

háir·bànd *n.* ヘアバンド. 〖*c*1440〗

háir·bèll *n.*〖植物〗=harebell.

háir·brèadth *n.* [a ～] 毛ほどの幅[距離]; 間一髪: He was *within a* ～ *of* being drowned. すんでのことに[もう少しで]溺死するところだった / escape death *by a* ～ 間一髪のところで助かる / *to a* ～ 正確に, きっかり. ―― *adj.* [限定的] **1** 毛幅ほどの, ごく狭い. **2** 辛うじての, 際どい: a ～ escape 九死に一生, 危機一髪の避難. 〖(*c*1450) *heere brede*〗

háir·brùsh *n.* 頭髪用ブラシ, ヘアブラシ. 〖1599〗

hairbrush cáctus *n.*〖植物〗ドジンノクシバシラ (*Pachycereus pecten-aboriginum*)《メキシコ産の頑丈なとげだらけのサボテン; インディアンはそのいが状の実をくしとして用いた》.

háir·càp móss *n.*〖植物〗スギゴケ属 (*Polytrichum*) のコケの総称; (特に)スギゴケ (*P. juniperinum*).

háir cèll *n.*〖生物〗有毛細胞《微細な突起のある上皮細胞, 特にコルチ器官などにある感覚細胞》. 〖*c*1890〗

háir·clìp *n.*《英》=bobby pin.

háir·clòth *n.* **1** ばす織《縦に綿糸, 横に馬の馬尾毛(ばす)またはらくだの毛を織り込んだ織物で, 洋服の襟芯(えりしん)や家具

H

の布張りの芯(しん)にする). 2 (hair shirt など) haircloth で作った衣類. 〚1500〛

hair còlor *n.* 髪染め剤, ヘアカラー.

hair còloring *n.* 1 髪染め剤, ヘアカラー. 2 髪を染めること.

hair·cràck *n.* 〖冶金〗毛割れ《金属中の細く短いひび割れ; hairline crack ともいう》. 〚1896〛

hair·cùrling *adj.* =hair-raising.

hair·cut /hέəkÀt | hέə-/ *n.* 1 散髪, 理髪: have [get] a ~. 2 頭の刈り方, 髪型. 〚1899〛

hair·cùtter *n.* 理髪師, 調髪師, 床屋. 〚1694〛

hair·cùtting *n.* 理髪(業), 調髪(業). 〚1868〛

hair·dò *n.* (*pl.* ~s) 《口語》(女性の)結髪, 調髪; 髪の結い方, 髪形 (coiffure). 〚*c*1925〛

hair·dress·er /hέədrèsə | hέədrèsə(r/ *n.* 1 a (特に女性相手の)美容師, 髪結い. b 《英》理髪師, 床屋 (barber). 2 美容院 (hairdresser's). 〚*c*1770〛

hair·drèssing *n.* 1 理[調]髪; 結髪. 2 理髪業, 髪結い業. 3 毛髪用薬品《油・ポマードなど》. 4 [形容詞的に] 理[調]髪用の; 結髪用の: ~ cosmetics. 〚1771〛

hair drìer [drỳer] *n.* ヘアドライヤー.

hair·dỳe *n.* 毛染め剤, 白髪染め. 〚1843〛

H

haired *adj.* 1 頭髪のある; 毛の生えている. 2 [通例複合語の第2構成素として] 頭髪が…の: gray-*haired*, long-*haired*, red-*haired*, etc. 〚(*c*1385) *hered*: ⇨ -ed〛

hair fòllicle *n.* 〖解剖〗毛包, 毛嚢(もうのう). 〚1838〛

hair gèl *n.* ゼリー状の整髪料, ジェル.

hair gràss *n.* 〖植物〗茎や花梗(かこう)が毛のように細いイネ科の草本 (*Deschampsia* 属, *Muhlenbergia* 属またはヌカススキ属 (*Aira*) などの植物). 〚1759〛

hair·grìp *n.* 《英》=bobby pin.

hair hygròmeter *n.* 毛髪湿度計《毛髪の湿度による伸縮性を応用したもの》. 〚1878〛

hair·if /hέərɪ̀f | hέərɪf/ *n.* 〖植物〗=cleavers. 〚OE *hez̧erife* ← *hez̧* 'HEDGE'+*rife* (← ?)〛

hair·làce *n.* 《廃》(女性用の)髪を結ぶひも[レース]. 〚(*a*1300) *harlas*〛

hair làcquer *n.* =hair spray.

hair·less *adj.* 1 毛のない; 毛の少ない; はげの. 2 《英俗》とても怒った, 激怒した. **~·ness** *n.* 〚(?*a*1425) *hereles*: ⇨ -less〛

hairless bát *n.* 〖動物〗=naked bat.

hair·lìke *adj.* 毛のような, 毛状の; きわめて細い. 〚(1656): ⇨ -like〛

hair·lìne *n.* 1 毛の生え際; (特に)額の生え際. 2 a 毛のように細い線. b (ペンで書いた文字などの)はね (upstroke). c (乾いた塗料の表面などに生じた)ひび割れ. 3 (織物の)細いしま; 細じまの織物. 4 〖活字〗a (欧文活字の)ヘアーライン《N の両側の縦線; thin stroke ともいう》. b ヘアーライン《細い線の活字書体》. 5 〖印刷〗a 表罫(おもてけい), 細罫《細線を印刷するための薄い罫》. b ひび割れ《磨滅した活字母型を使用するために生じた細い縦線》. c (銅版などの)細線. 6 わずかの差, 寸分の差異. 〚1731〛 7 《古》馬の毛の釣糸. ***to a háirline*** 精密に (cf. *to a* HAIR). 〚1870〛
— *adj.* [限定的] 1 細い (thin). 2 a 僅差での, 辛うじての (close): a ~ victory 辛勝 / Labor has acquired a ~ majority. 労働党が僅差で多数党となった. b ぴったりの, 非常に正確な (precise): a map with ~ accuracy 正確無比の地図.

hairline cràck [frácture] *n.* 1 ひび割れ. 2 〖冶金〗=haircrack. 〚1923〛

hair·nèt *n.* ヘアネット. 〚1865〛

hair·òil *n.* 髪油, (頭髪用)水油. 〚1810〛

hair pèncil *n.* 1 (水彩画用)絵筆, 細筆. 2 〖昆虫〗(ある種の毛虫に生えている)毛束. 〚1763〛

hair·pìece *n.* 1 入れ毛, ヘアピース, かもじ (postiche). 2 =toupee 2. 〚1926〛

hair·pìn *n.* 1 (金属・鼈甲(べっこう)・プラスチックなどでできている U 字形の束髪用)ヘアピン. 2 a (U 字形の)ヘアピン形のもの. b U 字形の曲折路[急カーブ道路]. c 〖スキー〗(スラローム競技で)滑り下りたときヘアピン(状)になるようにスロープに配置された旗門. — *adj.* [限定的] 1 U 字形の: a ~ bend [turn, curve] U 字形の曲折(路), ヘアピンカーブ. 2 U 字カーブの多い: a ~ road. — *vi.* 〈道路が〉U 字形に曲折する, ヘアピンカーブする. 〚1779〛

hairpin mégaron *n.* 〖建築〗(古代ギリシャの)主室の奥が半円形になり, 全体が U 字形の平面をもつメガロン (cf. megaron).

hair·pòwder *n.* 髪粉《髪に振りまく芳香のある白い粉末; 18 世紀ごろ頭髪やかつらに振りかけた》. 〚1663〛

hair·ràiser *n.* 《口語》ぞっとするような恐ろしい話[読物, 事件, 体験など]. 〚1897〛

hair·ràising *adj.* 《口語》1 身の毛もよだつ, ぞっとするような (terrifying): a ~ story 身の毛もよだつ物語. 2 わくわくさせる (thrilling). **~·ly** *adv.* 〚1900〛

hair·restòrer *n.* 養[育]毛剤, 毛生え薬 (hair tonic). 〚1873〛

hair rìbbon *n.* 髪飾り用リボン, ヘアリボン. 〚1790〛

hair ròot *n.* 〖解剖〗毛根.

hair sàlt *n.* 〖鉱物〗=alunogen. 〚1795〛

hairs·brèadth *n., adj.* (*also* **hair's brèadth**) = hairbreadth. 〚1584〛

hair sèal *n.* 〖動物〗アザラシ科の動物の総称《オットセイ (fur seal) のように綿毛がなく, 粗毛がある; 主に毛皮名として柔毛のオットセイと区別される》. 〚1824〛

hair·shèep *n.* 1 ヘアシープ《ウール[巻毛]でなく, ヘア[直毛]をもつ羊; 羊とやぎの中間種》. 2 ヘアシープの毛皮《製本に用いる》.

hair shírt *n.* 1 (馬の粗毛などで作った苦行者の着る)ばす織シャツ (cf. haircloth): Saint Thomas More often wore a ~. 聖トマスモアはしばしばばす織のシャツを着た. 2 懲らしめる人[もの], 痛い目に遭わせる人[もの] (scourge).

hair·shirt·ed *adj.* 〚*a*1400〛

hair·slìde *n.* 《英》(鼈甲(べっこう)・プラスチックなどで作ったちょうつがい式の)ヘアクリップ (《米》barrette).

hair·spàce *vt.* 〖印刷〗ヘアスペースで組む.

hair spàce *n.* 〖印刷〗ヘアスペース《最も薄い込め物》. 〚1843〛

hair·splìtter *n.* 小さなことをやかましく言う人, むやみに細かい区別立てをする人; 小理屈屋 (quibbler). 〚1849〛

hair·splìtting *n.* つまらない細かい区別立て; 屁(へ)理屈 (quibbling). — *adj.* 細かい区別立てをする, つまらないことにやかましく言う, 小事にこだわる (oversubtle). 〚1820〛 〚(1826) ← *split hairs* (⇨ split 成句)〛

hair sprày *n.* ヘアスプレー. 〚*c*1955〛

hair·sprìng *n.* 〖時計〗ひげぜんまい, ひげ《てんぷ (balance) に取り付けられた細い渦巻きあるいはコイル状のばねで, てんぷに復元力を与えて振動を持続させる働きをもつ; balance spring ともいう》. 〚1707〛

hair·strèak *n.* 〖昆虫〗シジミチョウ科のミドリシジミ亜科のチョウの総称《後翅裏面に条紋があり, 多くは尾状突起がある》. 〚1816〛

hair stròke *n.* 1 (絵・文字などの)細線, ひげ線. 2 〖印刷〗=serif. 〚1634〛

hair·stỳle *n.* 髪形 (coiffure), ヘアスタイル. 〚1913〛

hair·stỳling *n.* 結髪[理髪]業. 〚1936〛

hair stỳlist *n.* 〖美容〗(女性用の)ヘアデザイナー. 〚1935〛

hair·tàil *n.* 〖魚類〗タチウオ (⇨ cutlass fish). 〚1860〛

hair trànsplant *n.* (禿頭部への)毛髪移植.

hair·trìgger *adj.* 1 一触即発的な, 触発性の; 少しの挑発[刺激]にも反応する, 反応の早い; 敏感な; 即刻の; 敏捷(びんしょう)な; 崩れやすい, もろい: a man of a ~ temper すぐかっとなる人. 2 調整のデリケートな, 崩れやすい: a ~ balance 崩れやすいバランス. 〚1834〛

hair trìgger *n.* 1 (銃・拳銃などの)触発引金, 毛状引金《ちょっと押すだけで発射する》. 2 《口語》(一般に)敏感な機構[反応]. 〚1806〛

hair·wèaving *n.* ヘア編み込み(法)《毛髪とナイロン繊維を混ぜて着用者自身の毛髪にはげかくし用ヘアピース[部分かつら]を編み込むこと; cf. toupee》.

hair·wòrm *n.* 〖動物〗1 毛様線虫. 2 =horsehair worm [snake]. 〚1658〛

hair·y /hέəri | hέəri/ *adj.* (**hair·i·er**; **-i·est**) 1 a 毛のある; 毛深い, 毛で覆われた, 毛だらけの: ~ forearms 毛深い腕先. b 〈茎・葉など〉柔毛のある, うぶ毛状のものの生えた: a ~ peach, stem, etc. c 〈馬など〉けづめ毛のある. 2 毛の(ような); 毛状の (hairlike); 毛で作った. 3 でこぼこの. 4 《口語》a 身の毛もよだつ (hair-raising), 不愉快な (unpleasant); 粗野な (crude). b 骨の折れる; 危険な: ~ adventures [climbing] すごい冒険[登攀(とうはん)]. c 興奮した, 腹を立てた. — *n.* 1 毛深い人; 毛の生えた物. 2 足にふき毛の多い輓馬(ばんば), 引き馬. 3 《スコット》(特に不品行な)娘; 売春婦. **hair·i·ness** *n.* 〚(*a*1325): ⇨ hair, -y[4]〛

hairy cèll leukémia *n.* 〖病理〗毛様細胞性白血病.

hairy-fáced *adj.* 毛むくじゃらな顔をした.

hairy fróg *n.* 〖動物〗ケガエル (*Trichobatrachus* [*Astylosternus*] *robustus*)《西アフリカ産の毛状突起をもつカエル》. 〚1925〛

hairy·tàil móle *n.* 〖動物〗モグラヒミズ (*Parascalops breweri*)《北米産の体長 10–12 cm ほどの動物で外形はモグラに似る; hairytailed mole, Brewer's mole ともいう》.

hairy vétch *n.* 〖植物〗ヘアリーベッチ《羽状の葉を有するヨーロッパ産マメ科ソラマメ属の植物 (*Vicia villosa*); 多くの小さな空色の花をつける; 飼料用》. 〚1901〛

hairy wáttle *n.* 〖植物〗マメ科アカシア属の低木 (*Acacia pubescens*).

hairy wíllow hèrb *n.* 〖植物〗オオアカバナ (*Epilobium hirsutum*)《アカバナ科の多年草; codlins-and-cream ともいう》.

hairy wóodpecker *n.* 〖鳥類〗セジロアカゲラ (*Dendrocopos villosus*)《北米産のアカゲラ属のキツツキ》. 〚1731〛

Hai·ti /héɪṭi | héɪti, hάɪ-/ *n.* ハイチ: 1 西インド諸島中 Hispaniola 島の西の部分を占める共和国, (東はドミニカ共和国); 面積 27,750 km^2, 首都 Port-au-Prince; 公式名 the Republic of Haiti ハイチ共和国. 2 Hispaniola の旧名. 〚□ S-Am.-Ind. (Guarani) ~ 《原義》? mountainous country〛

Hai·tian /héɪʃən, -ṭiən | héɪʃən, hάɪ-/ *adj.* ハイチ(人)の. — *n.* 1 ハイチ人. 2 =Haitian Creole. 〚(1805): ⇨ ↑, -an[1]〛

Háitian Créole *n.* ハイチクリオール語《ハイチで用いられるなまったフランス語》. 〚*c*1938〛

Hai·tink /hάɪṭɪŋk | -tɪŋk; *Du.* hά:itɪŋk/, **Bernard** *n.* ハイティンク (1929– ; オランダの指揮者).

haj /hǽdʒ | hǽdʒ, hά:dʒ/ *n.* (*pl.* ~·es) 〖イスラム教〗= hajj.

haj·i /hǽdʒi | hǽdʒi, hά:dʒi/ *n.* 1 〖イスラム教〗メッカ巡礼 (hajj) を果たしたイスラム教徒《しばしば Haji の形で尊称として用いられる》. 2 エルサレム (Jerusalem) の聖墓参りをしたギリシャ人[アルメニア人]. 〚(1609) □ Arab. *ḥājj* (↓)〛

hajj /hǽdʒ | hǽdʒ, hά:dʒ/ *n.* (*pl.* ~·es) 〖イスラム教〗メッカ (Mecca) 巡礼《イスラム暦の 12 月にイスラム教徒が一生に一度は必ず行う》. 〚(1673) □ Arab. *ḥajj* pilgrimage ← *ḥájja* to go on a pilgrimage〛

haj·ji /hǽdʒi | hǽdʒi, hά:dʒi/ *n.* 〖イスラム教〗=haji.

ha·ka /hά:kə/ *n.* 1 ハカ踊り《マオリ (Maori) 族の出陣の踊り》. 2 ラグビーなどのチームによる 1 に似た踊り. 〚(1832) ← Maori〛

ha·kam /xά:xa:m/ *n.* =haham.

hake[1] /héɪk/ *n.* (*pl.* ~, ~s) 〖魚類〗1 メルルーサ《メルルーサ科メルルーサ属 (*Merluccius*) の数種のタラに似た食用魚の総称; ホンメルルーサ (*M. merluccius*) など》. 2 タラ科 *Urophycis* 属の海魚の総称《codling ともいう》. 3 《豪》=barracouta 1. 〚(1280) *ha(a)ke* □ ? ON *haki* hook: cf. hook / Norw. *hakefish* 《原義》hookfish〛

hake[2] /héɪk/ *n.* (生れんが・チーズなどを乾かす)木製の干し台. 〚(1768) 《変形》← ? HACK[3]〛

hake[3] /héɪk/ 《スコット》*vi.* 1 ぶらぶら歩き回る (loaf). 2 てくてく歩く, 放浪する (tramp) 〈*about, around*〉. — *n.* なまけ者 (idler); 放浪者. 〚(*c*1450) ← ?: cf. Du. *haken* to long, hanker〛

ha·ke·a /héɪkiə, hά:-/ *n.* 〖植物〗オーストラリア原産のヤマモガシ科ハケア属 (*Hakea*) の常緑低木・小高木の総称. 〚(1849) ← NL ~ ← C. L. *von Hake* (1745–1818: ドイツ人貴族で植物学の後援者)〛

ha·keem /hɑkí:m/ *n.* =hakim[1]. 〚1638〛

Ha·ken·kreuz /hά:kənkrɔ̀ɪts; *G.* hά:kn̩kʀɔʏts/ *n.* (*pl.* **Ha·ken·kreu·ze** /~ə; *G.* ~ə/, ~·es) 鉤(かぎ)十字, ハーケンクロイツ《ドイツのナチスの党章; 1935–45 年ドイツの国旗にも取り入れられた; 英語では swastika ともいう》. 〚(1931) □ G ~ 'hook cross'〛

ha·kim[1] /hɑkí:m | hɑkí:m, hə-/ *n.* (インド・イスラム教国の)学者, 医師. 〚(1638) □ Arab. *ḥakīm* 《原義》wise ← *ḥakama* to judge〛

ha·kim[2] /hά:ki:m, -kɪ̀m | hά:ki:m, ―⌐/ *n.* (*pl.* ~, ~s) (インド・イスラム教国の)知事, 太守 (governor); 裁判官 (judge). 〚(1611) □ Arab. *ḥākim* governor ← *ḥakama* (↑)〛

Hak·ka /hὰ:kά:, hǽkə/ *n.* (*pl.* ~, ~s) 1 a [the ~(s)] 客家(はっか)《唐代以後北方から福建・広東などへ移住した漢民族の支流》. b 客家族の人. 2 客家語[方言]. 〚(1867) □ Chin ~ (客家)〛

Hak·luyt /hǽklu:t/, **Richard** *n.* ハクルート (1552?–1616; 英国の地理学者・航海史家・聖職者; *Principal Navigations, Voyages, and Discoveries of the English Nation* (1589; 1598–1600)).

Hal /hǽl/ *n.* ハル (男性名). 〚(dim.) ← HENRY: cf. Harry[1]〛

Hal. 《記号》〖化学〗halogen.

hal- /hǽl/ (母音の前にくるときの) halo- の異形.

Ha·lab /hɑ:lά:b/ *n.* ハラブ《Aleppo のアラビア語名》.

Ha·la·cha /hɑ:lά:xɑ:, hὰ:lɑ:xά:, hɑ:lά:kə/ *n.* (*pl.* ~s, **Ha·la·choth** /hɑ:lά:xoυθ, -xoυt, -xoυs, ―⌐ | hɑ:lά:xəυθ, -xəυt, -xəυs, ―⌐/) (*also* **Ha·la·chah** /~/) 〖ユダヤ教〗=Halakah. 〚1881〛

Ha·laf /hɑlά:f/ *adj., n.* =Halafian.

Ha·laf·i·an /hɑlά:fiən/ *adj.* ハラフ文化の, ハラフ期の《シリア・北部メソポタミア地方の金石併用時代初期の文化についていう; 特に, 石・銅・日干しれんがの建物, 多色の陶器類で名高い》. — *n.* ハラフ文化に属する人間 (Halaf ともいう). 〚(1937) ← *(Tell) Halaf* (シリア北東部の地名; ヒッタイト時代の遺跡がある): ⇨ -ian〛

Ha·la·kah /hὰ:lɑ:kά:, hɑ:lά:kə | hælάkə, hὰ:lɑ:kά:/ *n.* (*pl.* ~s, **Ha·la·koth** /hὰ:lɑ:kóυθ, hælάkəυθ, hὰ:lɑ:kóυθ/) 〖ユダヤ教〗ハラカー《聖書の律法部分に対する古代ユダヤ人の注釈で, ユダヤ教の慣例法規 Talmud の大部分を占める; cf. midrash 1》. **ha·lak·ic, H-** /hælǽkɪk, hɑ:lά:-/ *adj.* 〚(1856) □ Mish.Heb. *hălākhāh* rule, practice ← *hālákh* to walk〛

ha·la·kist /hά:ləkɪ̀st | -kɪst/ *n.* 1 ハラカー (Halakah) の著者または編者の一人. 2 ハラカーに通じている人. 〚(1882): ⇨ ↑, -ist〛

ha·lal /həlά:l, hælǽl, ―⌐; *Arab.* halá:l/ *n.* ハラル《イスラム律法にのっとって食用に殺された動物の肉》. — *vt.* 〈動物を〉イスラム律法にのっとって食用に殺す. 〚(1855) □ Arab. *ḥalāl* lawful ← *ḥallala* to make lawful〛

ha·la·la /həlά:lə | -lǽlə/ *n.* (*pl.* ~, ~s) (*also* **ha·la·lah** /~/) 1 ハララ《サウジアラビアの通貨単位; =$^1/_{100}$ riyal》. 2 1 ハララ硬貨. 〚(1970) □ Arab. ~〛

ha·la·tion /heɪléɪʃən | hə-, hæ-/ *n.* ハレーション: 1 〖写真〗感光層の支持体の底面などから反射する光線によって生じる写真のぼやけ (cf. irradiation 5). 2 〖テレビ〗反射が原因で画面の明るいスポットの周囲に時々現れる光の輪. 〚(1859) ← HALO (v.)+-ATION〛

ha·la·vah /hὰ:ləvά:/ *n.* =halvah.

hal·berd /hǽlbəd, hɔ́:l-, hά:l- | hǽlbə(:)d, hɔ́:l-/ *n.* 斧槍(おのやり)《15–16 世紀に用いられた槍・斧兼用の武器; cf. bill[3]》. 〚(1495) □ (O)F *hallebarde* □ (O)It. *alabarda* □ MHG *hlembarte* (G *Hellebarde*) ← *helm* 'HELM[1]' +*barte* broadaxe〛

hal·berd·ier /hæ̀lbədíə, hɔ̀:l-, hὰ:l- | hæ̀lbədíə(r, hɔ̀:l-/ *n.* 斧槍(おのやり)兵. 〚(1548) □ OF *hallebardier*: ⇨ ↑, -ier[1]〛

hal·bert /hǽlbət, hɔ́:l-, hά:l- | hǽlbə(:)t, hɔ́:l-/ *n.* = halberd.

Hal·ci·on /hǽlsiən/ *n.* 〖商標〗ハルシオン《米国製の睡眠薬》.

hal·cy·on /hǽlsiən/ *n.* 1 a ハルシオン《カワセミ (kingfisher) と同一視されている伝説上の鳥; 冬至ごろの 2 週間に海上に浮巣を作り風波を静めて卵をかえすと想像された; cf. halcyon days》. b 〖鳥類〗カワセミ (kingfisher). 2 〖鳥類〗ヤマショウビン《東南アジア・オーストラリア産のカワセミ科ヤマショウビン属 (*Halcyon*) の鳥の総称》. — *adj.* 1 ハルシオン[カワセミ]の[に関する]. 2 (ハルシオンが卵をかえすころのように)のどかな, 穏やかな (calm, peaceful): ⇨ halcyon days. **3 a** 豊かな, 富んだ, 繁栄している (prosperous). **b** 幸せな: a ～ era 黄金時代 / For the time being her days were ～. しばらくの間幸せな日が続いた. 〖(*a*1393) *alcioun* ▭ L (*h*)*alcyōn* ▭ Gk (*h*)*alkuṓn* kingfisher ← ?〗

hálcyon dáys *n. pl.* **1** 冬至前後の天候の穏やかな2週間《昔このころに halcyon が卵をかえすと想像された》. 《1540》 **2** (昔をなつかしむ意味で)のどかな時期, 平穏な時代. 《1578》

Hal·cy·o·ne /hælsáɪəni/ *n.* **1** ハルサイオニ《女性名》. **2** 〖ギリシャ神話〗ハルキュオネー, アルキュオネー《風の神 Aeolus の娘で Ceyx の妻; 夫が難船して死んだので自分も身を投げたが, 神は哀れんで二人を halcyon に変えた; Alcyone ともつづる》. 〖▭ L (*H*)*alcyonē* ▭ Gk *Alkuónē*: ⇨ halcyon〗

Hal·dane /hɔ́ːldeɪn, hάːl- | hɔ́ːl-, hɔ́l-/ *n.* ホールデン《男性名》. 〖lateOE *Haldein* ▭ ON *Halfdanr* 《原義》 half Dane〗

Haldane, J(ohn) **B**(ur·don) **S**(an·der·son) /-bɔ́ːdṇsǽndəsən, -sṇ | -bɔ́ːdṇsάːndə-/ *n.* ホールデン《1892–1964; 英国の生物学者》.

Haldane, John Scott *n.* ホールデン《1860–1936; 英国の生理学者; J. B. S. Haldane の父》.

Haldane, Richard Bur·don /bɔ́ːdṇ | bɔ́ːdṇ/ *n.* ホールデン《1856–1928; 英国の政治家·法律家·哲学者; J. S. Haldane の兄; 称号 Viscount Haldane of Cloan》.

hale¹ /héɪl/ *adj.* (**hal·er**; **hal·est**) **1** 強壮な, 丈夫な, 元気な (sound, robust); (特に)〈老人が〉かくしゃくとした (⇨ healthy **SYN**): a ～ and hearty old man 老いてますます盛んな人. **2** 《スコット·北英》欠点·損傷などのない (whole). **～·ness** *n.* 〖OE *hāl* whole: WHOLE と二重語: cf. heal〗

hale² /héɪl/ *vt.* **1** (法廷などへ)引っ張り出す: ～ a person *into* court [*to* prison] 人を法廷へ[監獄へ]引き立てる. **2** 手荒く引っ張る, 強く引く. **3** 《まれ》強いる, 強要する. **hál·er** *n.* 〖(?*a*1200) *hale*(*n*) ▭ (O)F *haler* ▭ Gmc (Frank.) **χalōn*: HAUL と二重語: cf. G *holen* to fetch〗

Hale /héɪl/, **Edward Everett** *n.* ヘール《1822–1909; 米国の牧師·小説家: *The Man Without a Country* (1865)》.

Hale, George Ellery *n.* ヘール《1868–1938; 米国の天文学者; Wilson および Palomar 山天文台の創立者》.

Hale, Sir **Matthew** *n.* ヘール《1609–76; 英国の裁判官》.

Hale, Nathan *n.* ヘール《1755–76; 米国の愛国者; 独立戦争の際スパイを務め, 英軍に絞首刑に処せられた》.

Hale, Sarah Josepha Buell *n.* ヘール《1788–1879; 米国の作家; *Godey's Lady's Book* (1837–77) の編集長; *Mary Had a Little Lamb* (1830)》.

Ha·le·a·ka·la /hɑ̀ːlìɑ̀ːkəlάː⁻/; *Hawaii.* háleakalá:/ *n.* ハレアカラ(山)《ハワイ諸島中の Maui 島にある休火山; 世界最大のカルデラ火口(広さ 49 km², 深さ 762 m) をもつ山; 高さ 3,055 m》.

Háleakala Nátional Párk *n.* ハレアカラ国立公園《米国 Hawaii 州 Maui 島にあり, Haleakala 休火山で有名, 1961 年指定; 面積 110 km²》.

Hále Obsérvatories *n. pl.* [the ～] ヘール天文台《米国 California 州にある Mt. Palomar 天文台と Mt. Wilson 天文台の総称》.

ha·ler /hάːlə, -lɛə | hάːlə^(r), hάːl-; *Czech* hάlɛːr/ *n.* (*pl.* **～s, ha·le·ru** /-ləruː/; *Czech* -lɛːruː/) **1** ハレル《チェコとスロバキアの通貨単位; =¹/₁₀₀ koruna》. **2** 1ハレルアルミ貨. 〖(*c*1934) ▭ Czech ～ ▭ MHG *haller*: ⇨ heller¹〗

Hales·ow·en /heɪlzóʊən | -ə́ʊən/ *n.* ヘールズオーエン《イングランド中西部 Birmingham 西方の町》.

Ha·lé·vy /hɑːléɪvi | æ̀leɪvíː; *F.* alevi/, **Élie** *n.* アレビ《1870–1937; フランスの歴史家; *Histoire du peuple anglais XIXᵉ siècle*「19 世紀英国民史」(1912–32)》.

Halévy, Jacques *n.* アレビ《1799–1862; フランスの作曲家》.

Halévy, Ludovic *n.* アレビ《1834–1908; フランスの劇作家·小説家》.

Ha·ley /héɪli/, **Alex** *n.* ヘイリー《1921–92; 米国の黒人作家; *Roots* (1976) で Pulitzer 賞 (1977)》.

Haley, Bill *n.* ヘイリー《1925–81; 米国のロカビリー歌手; 本名 William John Clifton Haley》.

half /hǽf | hάːf/ *n.* (*pl.* **halves** /hǽvz | hάːvz/) **1** 半分, 二分の一; (大ざっぱに分けた)半分: ⇨ better half / *Half of* two is one. 2 の半分は 1 / cut into two equal *halves* 真っ二つに切る / two miles and a ～ =two and a ～ miles 2 マイル半 / the larger ～ *of* one's fortune 財産の大半 / ～ *of* the people I met 会った人たちの半分 (cf. ～ the people ⇨ *adj.* 1 語法 (2)) / ～ *of* them 彼ら[それら]の半分 / in the first ～ *of* that year その年の前半(中)に / His ～ is bigger than mine. (二分した場合)彼のほうが私のより大きい / Which is the bigger ～? (二分した場合)どちらのほうが大きいか. ★ half を主語とする述語動詞は half のあとに続く名詞の数によって支配される: *Half* (of) my time *was* wasted. / *Half* (of) the apples *were* bad. **2** 半時間, 30 分 (half an hour): ～ past [《米》 after] seven 7 時半. ★ half past は, しばしば /hǽpæs(t) | hάːpəs(t)/ と発音される. **3** 《英口語》 **a** 半パイント (half-pint). **b** 半マイル(競走) (half-mile (race)). **c** 半休日, 半ドン (half holiday). **4 a** 《米口語》 50 セント. **b** (*pl.* **halves, ～s** /～s/) 《英口語》 (旧通貨制度の)半クラウン(貨幣); =halfpenny 1. **5** 《英》 (もと一学年二期制の)半学年 (semester) (cf. quarter A 2 c): the summer ～ 夏学期. **6** (靴など一対のものの)片方; 連れ合い, 配偶者 (partner): my other ～ 私の連れ合い. **7** (訴訟事件の)一方の側 (party). **8 a** (サッカー·ラグビーなどの)試合の前半[後半]《間に休憩時間が入る》. **b** 〖野球〗 (イニングの)表, 裏: the first [second] ～ *of* the fifth inning 5 回の表[裏]. **c** 《口語》 (*h*)alfback. **d** 〖ゴルフ〗 同点, ハーフ. **9** 半額切符. **10 a** 《スコット》 少量のウイスキー. **b** (ビールなどの)半パイント. **11** (サッカー·ホッケーなどで)グラウンドの半分.

and a hálf 《口語》 すごい, すばらしい: It was a job *and a* ～. すごく重要な[大きい, むずかしい]仕事だった. 《1636》 ***by hálf*** (1) 半分だけ. (2) (反語的に)大いに: He's too good [clever] *by* ～. あまりによすぎる[利口すぎる]. (3) [否定語を伴って] ほとんど(…ない): He's *not* a poet *by* ～. 詩人なんかじゃない. ***by hálves*** (1) 不完全に, 中途半端に (incompletely): It isn't my way to do things *by halves*. 物事を中途半端にやるのは私の性分に合わない. (2) 不熱心に, 生ぬるく, あまり乗り気でなく (halfheartedly). 《1563–87》 ***crý hálves*** 半分よこせと要求する, 山分けを要求する. 《1659》 ***gò hálves*** [***hàlf and hálf***] ***with*** 〈人〉と費用を半々に出し合う, 折半する; 〈人〉と〈物を〉山分けにする 〈*in, on*〉: go *halves with* a person *in* the booty 分捕り品を人と山分けする. 《1678》 ***hálf the báttle*** ⇨ battle 成句. ***in hálf*** = ***into hálves*** 半分に, 二つに: break a stick *in* ～ 棒を二つに折る. 《1599》 ***nót the hálf of*** …の重要部分[全部]でなく, ほんの少しばかりの…: You do*n't* know *the* ～ *of* it! 君は重要な点がわかっていない. ***on hálves*** 半分ずつ分けて: rent *on halves* 半分ずつ出し合って借りる / farm *on halves* 収穫を半分ずつ分けることにして農業をやる. ***the óther hàlf*** 残りの半分; (貧乏人から見て)金持ちたち(またはその逆など): how *the other* ～ lives (自分とは)別な階級[職業]の人たちの暮らしぶり. ***to*** (***the***) ***hálves*** (1) 半分まで; 不十分に. (2) 《米》 山分けで. 《1547》 ***one's wórse*(*r*) *hàlf*** 《戯言》 夫 (cf. one's BETTER HALF). 《1827》

— *adj.* **1** 半分の, 二分の一の; (二つに分けた)半分の: ～ speed (全速力の)半速力 / a ～ salary 半給 / a ～ share 半分の分け前 / ～ a [a ～] dozen=《俗語》 a ～ a dozen 半ダース / ～ an hour=a ～ hour=《俗語》 a ～ an hour 半時間 《★ He waited a ～ an hour. は冗漫な言い方であり, He waited a ～ hour [～ an hour]. を用いるのがよい》 / a ～ length 〖ボートレース〗 半艇身; 〖競馬〗 半馬身 / a ～ mask (仮装会用などの普通の面の半分の大きさの)小型の(お)面 / a book bound in ～ calf [leather, morocco] 〖製本〗 半子牛革[半革, 半モロッコ革]装丁本 (cf. half binding) / the *half*-woman, *half*-child appearance 半ば女半ば子供といった[女とも子供ともつかない]姿態 / have ～ a mind to do … ⇨ mind *n.* 5 b / ⇨ *half an* EYE.

語法 (1) かつては *a half* dozen, *a half* hour 式の語順が上品な表現と考えられていたが, 現在では *half a* dozen, *half an* hour との間にはほとんど差はなくなっている. 半分の数量を 1 単位と見る場合には *half*-hour, *half*-inch, *half*-pine のように 1 語で書かれることもある. (2) half に the またはその他の限定語のついた名詞が続く場合, half を *n.* とする *half of the* people, *half of my* time 式の言い方と, half を *adj.* とする *half the* people, *half my* time 式の言い方とがある; 前者は全体の一部を指す意識の強いときに用いられ, 後者は全体があまり意識されていないときに用いられる. (3) half, half of が主語の場合には, 続く名詞の数によって動詞の単複が決まる: Half of the *book is* …; Half of the *books are* …. たいていの場合, of は随意である: Give him *half* (*of*) the eggs.

2 不十分な, 不完全な (imcomplete, imperfect) (cf. full¹ *adj.* 5): ～ knowledge 生はんかな知識 / a ～ smile わずかなほほえみ. **3** 〖製本〗 半… 《図書の背と平の ¹/₄ (そして時に角)の部分に特殊な表装材を使った》: ⇨ half binding, half calf. **4** 《英口語》 30 分過ぎの.

hálf a mínute [***sécond,*** 《英》 ***tíck***] 《口語》 ごく短い時間. ***hálf the tíme*** たいていの時間, しょっちゅう.

— *adv.* **1** 半分だけ: a glass ～ full of water 水が半分入っているコップ / ～ as much [many] as …の半分 / ～ as much [many] again as …の一倍半 / My work is ～ done. 仕事は半分できている / Caliban is ～ man and ～ beast. キャリバンは半人半獣だ. **2** いくぶんか, かなり; ほとんど: ～ asleep and ～ awake 夢うつつで / be ～ dead 死にかかっている; 《口語》 疲れ切っている / I ～ wish …したい気もする. **3** 生はんかに, いい加減に: *half*-educated ろくな教育のない. **4** 《英口語》 30 分過ぎて: ～ 4 4 時半.

hálf and hálf ⇨ half-and-half. ***nòt hálf*** (1) 半分も…でない: You do*n't* work ～ as hard as he. 彼の半分も[彼よりずっと]働かない[勉強しない]. (2) 《英口語》 少しも…でない (not at all) (cf. *not a* QUARTER): It's *not* ～ bad. 決して悪くはない, なかなかいい / The weather was*n't* ～ good enough. 天気はひどく悪かった. (3) [half に強勢をおく] 《英口語》 とても, 恐ろしく, ひどく; 確かに, 本当に: We did*n't* ～ laugh. 笑ったの笑わないのって, 大笑いをした / He is*n't* ～ shrewd. ひどく抜け目のないやつだ / Do you like whiskey?—*Not* ～! ウイスキーは好きですか—大好きですよ.

〖OE *h*(*e*)*alf* side, half < Gmc **χalbhaz* 《原義》 (something) divided (Du *half* / G *Halb*) ← IE **(s)kel-* to cut (L *scalpere* to cut / Skt *kḷpta* arranged): cf. halve〗

hálf-a-crówn *n.* **1** (英国旧通貨制度の)半クラウン (2 シリング 6 ペンスの金額 (=12¹/₂ new pence)). **2** = half crown 1. 〖1542〗

hálf-a-dóllar *n.* 《英俗》 =half crown.

hálf-and-hálf *adj.* 半々の; 半端の, どっちつかずの. — *adv.* 同量に, 等分に, 半々に. — *n.* **1** 半々の混合物. **2** ハーフアンドハーフ: **a** 混合ビール (ale と porter を半々に混ぜたもの). **b** 《米》 牛乳とクリームの混合, ミルク: coffee with ～. **3** 半々白鑞(しろめ)《鉛とスズを半々に混ぜたしめ[はんだ]》. **4** 《俗》 (白人と黒人の)混血児. **5** 《卑》 ハーフアンドハーフ《フェラチオと性交が半々の売春》. 〖1715〗

hálf-àrmor *n.* 〖甲冑〗 半甲冑《徒歩戦向けの上半身用の甲冑》. 〖1874〗

hálf-ársed *adj.* 《卑》 =half-assed. 〖1961〗

hálf-ássed *adj.* 《米卑》 **1** 無能な, ばかな, 愚かな (stupid). **2** ろくな計画なしの; でたらめな; 不十分な. 〖1932〗

hálf·bàck *n.* **1** ハーフバック, 中衛: **a** 〖アメフト〗 フルバックの両サイドに位置する 2 人のバックのうちの 1 人. **b** 〖ラグビー·サッカー·ホッケー〗 フォワードとバックスの中間にいる競技者の 1 人. **2** ハーフバック[中衛]の位置. 〖1882〗

hálf·báked *adj.* **1** 生焼けの: ～ bread, potatoes, etc. **2** 《口語》 **a** 〈計画·草稿など〉不完全な; 未熟な, 浅薄な: a ～ idea 未熟な考え, 思いつき程度の考え. **b** いい加減な: a ～ rumor. **c** 世間知らずの, 無経験な. **d** 頭の足りない, まぬけな. 〖1621〗

hálf-báll stróke *n.* 〖玉突〗 ハーフボール《手玉の中央を突いて的玉の端に当てる》.

hálf bát *n.* 〖土木〗 半ます《横に半分にしたれんが》.

hálf·bèak *n.* 〖魚類〗 サヨリ科の魚類の総称. 〖1880〗

hálf-bèam *n.* 〖造船〗 ハーフビーム, 半梁《ハッチのある場所のように船の全幅にわたらない梁》. 〖1836〗

H

hálf bínding *n.* 〖製本〗 半装, 半革, 半革装 (half leather); 半クロス(装) (half cloth) (cf. full binding, half calf, half morocco). 〖1821〗

hálf-blínd *adj.* 半盲の.

hálf-blìnd jóint *n.* 〖建具〗 包蟻組継(つつみありつぎ).

hálf-blòod *n.* **1** 腹[たね]違いの兄弟[姉妹]. **2** 混血児 (half-breed). 日英比較 日本語の混血児の意味の「ハーフ」は和製英語. **3** (動物の)雑種. — *adj.* = half-blooded. 〖1826〗

hálf blòod *n.* (片親だけ共通の)腹[たね]違い(の関係), 異母[異父]兄弟[姉妹], 半血血族(関係) (cf. full blood): a brother [sister] of the ～. 〖1553〗

hálf-blóoded *adj.* **1** 片親だけ共通の, 腹[たね]違いの. **2** 混種の, 雑種の: a ～ sheep. 〖1604–5〗

hálf-blúe *n.* 《英》 **1** 半青章《対抗競技で予備選手などに与えられるバッジまたは旗》. **2** 半青章が与えられる選手. 〖1908〗

hálf-bóard *n.* 〖海事〗 ハーフボード《帆船が船首を風上に向け帆を開いて帆走する操船法》.

hálf bóard *n.* 《英》 (ホテルの)一泊二食制《宿泊·朝食ともう一食; demipension ともいう》. 〖1975〗

hálf-bóiled *adj.* 生煮えの, 半熟の: ～ eggs.

hálf bòot *n.* (すねの半ばまでくる)半長靴, ハーフブーツ. 〖1787〗

hálf-bóund *adj.* 〖製本〗 半装[半革装, 半クロス装]の (cf. half binding, whole-bound). 〖1775〗

hálf bràu /-bràʊ/ *n.* 〖海事〗 非常に長くて低い前檣(ぜんしょう)ステースル (forestaysail).

hálf-bréadth plàn *n.* 〖造船〗 半幅(はんはば)線図《船を見下ろした船体の左または右半分の図で, 各線の形状を表す; cf. body plan, sheer plan》.

hálf-brèd *adj.* 混種の, 雑種の. — *n.* (動物の)雑種. 〖1701〗

hálf-brèed *n.* **1** 混血児; (特に)白人とアメリカインディアンとの混血児. ⇨ half-blood 日英比較 **2** (動植物の)混種, 雑種 (hybrid). — *adj.* 混血の; 混種[雑種]の (half-blooded). ★ 時に軽蔑·軽蔑の意を込めて用いられる. 〖1760〗

hálf-brìlliant cùt *n.* 〖宝石〗 =single cut.

hálf bròther *n.* 異父[母]兄弟 (cf. brother-german; ⇨ stepbrother). 〖*a*1338〗

hálf bútt *n.* 〖玉突〗 半長キュー《普通のキュー (cue) と long butt との中間》. 〖1896〗

hálf cádence *n.* 〖音楽〗 半終止《属和音 (dominant) またはまれに下属和音 (subdominant) 上に一時的に停止する終止法; 楽曲の途中で段落をなす部分に用いられる; half close ともいう》. 〖1880〗

hálf cálf *n.* 〖製本〗 半子牛皮装(丁), 半カーフ装 (略 hf. cf.; cf. half binding).

hálf-càp *n.* **1** 婦人用頭飾り. **2** 《廃》 帽子をわずかに持ち上げるだけの挨拶. 〖1607–08〗

hálf-càste *n.* **1** (白人の父とインド人·イスラム教徒の母との間の)混血児. **2** 異なった社会階層の両親をもつ人. — *adj.* 混血児の. 〖1789〗

hálf-cèll *n.* 〖電気〗 半電池《電極·溶液間の起電力測定のため, これの相手となって電池を構成するための電極》. 〖1940〗

hálf cènt *n.* 半セント銅貨《米国で 1793–1857 年間に幾度か発行された》.

hálf-céntury *n.* 半世紀, 50 年; 〖クリケットなど〗 50 点.

hálf-chèek *n.* 《廃》 横顔. 〖1594–95〗

hálf clóse /-klóʊs | -klə́ʊs/ *n.* 〖音楽〗 =half cadence. 〖1867〗

hálf-cóck *vt.* 〈銃を〉半撃ち[安静段, 安全装置]にする (cf. full-cock).

hálf cóck *n.* (銃を発射準備にしたとき, 撃鉄が半ばあがって第 1 段で止まり, 引金を引いても発射しない状態の)半撃ち, 安静段 (cf. cock¹ *n.* B 3 b, full cock). ***at hálf cóck*** (1) 撃鉄を半分起こして. (2) 用意[心構え]が不十分(な状態)で. 《1745》 ***gò óff at hálf cóck*** (1) 〈銃が〉半撃ちになる. (2) 早まって話す[行動する], 早とちりする, 早まって失敗する. (3) 〈事が〉不用意のうちに始まる[始められる]. 《1810》 〖1701〗

hálf-cócked *adj.* **1** 〈銃が〉安静段に置かれた. **2** 用意[心構え]が不充分(な状態)で. ***gò óff hálf-cócked*** =*go off at* HALF COCK. 〖1809〗

hálf cólumn *n.* 〘建築〙半柱, ハーフコラム《壁の一部を半円形に張り出して作った柱; cf. pilaster》. 〖1726〗

hálf-cóoked *adj.* **1** 生煮え[焼け]の, 半熟の. **2**《米俗》未熟の (inexperienced).

hálf course *n.*《米》(大学の)半期の授業.

hálf-cóurt *n., adj.* 〘球技〙ハーフコート(の)《区切られた半分のコート(上の)》.

hálf-crácked *adj.*《俗》少々いかれた.

hálf-crázed *adj.* 少し頭のおかしい.

hálf crówn *n.* **1** (英国旧通貨制度の)半クラウン硬貨 (2 s. 6 d.)《16 世紀には金貨, 以後 1946 年まで銀貨; それ以後は白銅貨; 1970 年 1 月 2 日廃止》. **2** =half-a-crown 1. 〖1542〗

hálf-cúp *n.*《米》半カップ《約 120 cc》.

hálf-cút *adj.*《俗》酔っぱらって.

hálf-day /hǽfdéɪ | hɑ́:f-/ *n.* =half-holiday.

hálf-déad *adj.* **1** 半死半生の, 死にかかっている. **2**《英口語》疲れきった, くたくたになった. 〖lateOE *h(e)alf-dēad*〗

hálf dèck *n.* **1** 半甲板《船の半分または一部に張った甲板》. **2** 見習い航海士などのための甲板室. 〖1626〗

hálf-décked *adj.* 半甲板を張った: a ～ ship. 〖1882〗

H

hálf dìme *n.*《米》(1792 年および 1794–1873 年間に鋳造された) 5 セント銀貨. 〖1792〗

hálf dísme *n.*《米》(1792 年鋳造の) 5 セント銀試鋳貨. 〖1792〗

hálf-dóllar *n.* **1** (米国・カナダの)半ドル[50 セント]ニッケル貨. **2** 50 セントの金額. 〖1786〗

hálf-dóne *adj.* **1** やりかけの, 未完成の, 不完全な. **2** 生煮えの, 半熟の, 生焼けの (underdone). 〖1863–65〗

hálf-dózen *n.* 半ダース, 6 個. 〖1829〗

hálf dúplex *n.* 〘通信〙半二重《電話回線を使ったコンピューター通信など, 相互通信[両方向伝送]方式で同時送受信ができないもの》. **hálf-dúplex** *adj.*

hálf éagle *n.*《米》(昔の) 5 ドル金貨. 〖1786〗

hálf-évergreen *adj.* 〘植物〙(テンニンカなどのように)暖冬には常緑の葉をもった; 温暖な地方では常緑の葉をつけている. 〖1934〗

hálf-fáce *n.* **1** 半面, 横顔 (profile). **2** 〘軍事〙半ば右[左]向き. **— *adj.*** 横顔を描いた, 半面の. 〖1542〗

hálf-fáced *adj.* **1** 横顔の, 半面の: a ～ portrait. **2** 不完全な, 中途半端な (imperfect). **3** 三方がふさがれ一方だけが開いた: a ～ garden, room, tent, etc. 〖1590–91〗

hálf fáre *n.* (鉄道・バスなどで)半額(運賃).

hálf-fórward *n.*《豪》〘フットボール〙ハーフフォワード《センターとフルフォワードの間に位置する 3 人のフォワード》. 〖1963〗

hálf fráme *n.* **1** 〘建築〙=combination frame. **2** 〘造船〙=half timber.

hálf gàiner *n.* 〘水泳〙半前逆飛び《飛込みの一種; cf. gainer 2》.

hálf-gérund *n.* 〘文法〙半動名詞 (H. Sweet の用語; 現在分詞と動名詞との中間的機能をもつ ing 形: I don't like him *reading* such books.). 〖1898〗

hálf hált *n.* 〘馬術〙半停止, ハーフホールト《歩調を変えるときなどバランスを整えるため手と足で締めつけ馬の動きを抑えること》.

hálf-hárdy *adj.* 〘園芸〙〈植物が〉半耐寒性の. 〖1824〗

hálf-hátched *adj.* 孵(ふ)しそこないの; 不用意に作り上げた, 未熟な: ～ allegories 未熟な[ぎこちない]諷喩(ふうゆ).

hálf-héar *vt.* 不完全に聞く, よく聞こえない, 聞き取りそこなう.

hálf-hearted /hǽfhɑ́ɚtɪ̀d | hɑ́:fhɑ́:t-ˊ/ *adj.* 気乗りのしない, 本気でない, 生ぬるい, 不熱心な: a ～ attempt あまり気乗りのしない試み / a ～ reply 生返事. **～·ly** *adv.* **～·ness** *n.* 〖*a*1425〗

hálf hítch *n.* 〘海事〙半結索, 片[半]結び, ハーフヒッチ《最も簡単なロープの止め方ですぐほどける》. 〖1769〗

hálf-hóliday *n.* 半休日, 半ドン. 〖1552〗

hálf hóse *n. pl.* [集合的] (男性用)半靴下, ソックス. 〖1851〗

hálf-hóur *n.* **1** 半時間. **2** (…時) 30 分の時点. **— *adj.*** **1** 半時間の. **2** (…時) 30 分ごとの. 〖*c*1420〗

hálf-hóurly *adv.* 半時間ごとに. **— *adj.*** =half-hour. 〖1807〗

hálf hùnter *n.* ハーフハンター《ちょうつがい付きのふたをもつ懐中時計; 開かずに文字盤が読めるようにふたに穴があけられている; cut hunter, demi-hunter ともいう; cf. hunter 4》.

hálf-ínch *vt., vi.*《英俗》盗む (steal). 〖(1925)《押韻俗語》← *pinch*〗

hálf-ínteger *n.* 〘数学〙半整数《奇数の $^1/_2$ に等しい数》. 〖1928〗

hálf-íntegral *adj.* 〘数学〙半整数の《奇数の $^1/_2$ の》. 〖1930〗

hálf-jàck *n.*《南ア口語》(平たい)ポケット酒瓶. 〖1953〗

hálf-knòt *n.* 〘海事〙(棒とか, 他の太い綱に巻きつけた場合の)一重結び《日本でいう玉結びの半分までの形》. 〖1933〗

hálf-lánding *n.* (階段の)踊り場.

hálf làp *n.* 〘木工〙=end lap.

hálf lèather *n.* 〘製本〙半革装 (half binding).

hálf-léngth *adj.* **1** 〈肖像画が〉半身の; 〈コートなど〉腰までの. **2** もとの半分の長さの. **— *n.*** 半身像, 半身肖像画. 〖1699〗

hálf léthal dóse *n.* 〘医学〙(医薬・毒物などの) 50% 致死量 (略 HLD, LD_{50}).

hálf-lìfe *n.* **1** 〘物理〙半減期《放射性物質の原子核(や励起した原子・分子や不安定な素粒子など)の半数が崩壊するのに要する時間; half-life period ともいう; cf. life 4 d》. **2** 〘薬学〙(体内での薬物の)半減期. 〖1907〗

hálf-light *adj.* 薄明かりの. **— *n.*** **1** (屋内・霧空・夕景などの)薄明かり, 薄明: in the ～. **2** 〘美術〙(絵などの)薄明るい部分. 〖1625〗

hálf lìne *n.* **1** 〘法学〙半行. **2** 〘数学〙半直線《一点で区切られた直線の片側》. 〖1864〗

hálf·lings /hǽflɪŋz | hɑ́:f-/ *adv.*《スコット》半ば (half); 部分的に (partly). 〖(?*a*1200) *halflinge(s)*: ⇨ half, -ling^2, -s^2〗

hálf-lóng *adj.* 〘音声〙〈音が〉半長の《普通は [ˑ] で表す》.

hálf-márathon *n.* ハーフマラソン《正規のマラソンの約半分の距離を走る; 21.0795 km》. 〖1978〗

hálf-mást *n.* マストの中ほど; 半旗の位置《哀悼の表示または遭難の信号》: a flag at ～ 半旗. ***(at) hálf-mást***《英戯言》〈ズボンが〉つんつるてんで. **— *adv.*** マストの中ほどに, 半旗の位置に: ～ high 半旗の位置に (cf. flag^1 1 a). **— *vt.*** 〈旗を〉半旗の位置に掲げる: ～ a flag 半旗を掲げる. 〖1627〗

hálf méasure *n.* [通例 *pl.*] (妥協などによる)不十分な[徹底さを欠いた]行動方針[政策], 妥協的な手段; 急場の間に合わせ(策): by ～*s*. 〖1798〗

hálf-míler *n.* 半マイルレース選手.

hálf-móon *n.* **1** 半月 (cf. full moon, crescent 1 a). **2** 半月形[三日月状]の物. **3** つめ半月 (lunula)《指の爪根(つめね)の半月形の白い部分》. **4** 〘築城〙半月堡(ほ) (⇨ demilune 2). **5** 〘魚類〙 **a** イスズミ科の魚 (*Medialuna californiensis*)《米国 California 州近海の食用魚》. **b** エンゼルフィッシュ (scalare). **6** (芝生の)ふち刈り機《半月形の刃をもっている》. **hálf-móoned** *adj.* 〖*a*1425〗

hálf-mòon glásses [spéctacles] *n. pl.* 半月形の(レンズをはめた)眼鏡《読書用》. 〖1969〗

hálf morócco *n.* 〘製本〙半モロッコ革装(丁) (略 hf. mor.; cf. half binding).

hálf móurning *n.* **1** 半喪服《第二期の服喪中に着る黒に白・グレー・ラベンダーなどを加味した喪服; cf. deep mourning》. **2** 半喪服を着る期間, 半喪期. 〖1820〗

hálf nélson *n.* 〘レスリング〙ハーフネルソン《片腕を背後から相手のわき下に入れもう一方の手と組んで首を攻める技の一種; cf. full nelson》. ***gèt a hálf nélson on*** …の急所をとらえる, …を完全に抑える. 〖1889〗

hálf·ness *n.* 半分; 中途半端, 不完全. 〖(1530): ⇨ -ness〗

hálf nòte *n.*《米》〘音楽〙二分音符《minim ともいう》. 〖1597〗

hálf nút *n.* 〘機械〙半割りナット.

hálf-óne *n.* **1** 〘ゴルフ〙半数減点. **2**《アイル》グラス半(杯)分のウイスキー. 〖1887〗

hálf-ópen *adj.* 〘チェス〙〈筋 (file) が〉黒白どちらか一方のポーンしか置かれていない (cf. open 25).

hálf-órphan *n.* 片親を失った子.

hálf-p /-píː/ *n.*《口語》=halfpenny 1.

hálf·pàce *n.* 〘建築〙 **1** (段のある)高座, 壇, 上段, 基壇 (platform). **2** (折れ曲がる階段の)踊り場 (footpace). **hálf·pàced** *adj.*

hálf pánt *n.*《インド》半ズボン. 〖(1569)《変形》←《廃》*halfpace*《変形》← *hau(l)tepase* ◻ F *haut pas* high step: ⇨ haughty, pace^1〗

hálf-páss *n.* 〘馬術〙ハーフパス《馬が足を互いに交差して斜め前方に進むこと》. 〖1929〗

hálf-páy *adj.* **1** 半給を受ける. **2**《英》休職の, 退職の: a ～ colonel / place an officer on the ～ list 将校に休職を命じる. 〖1715〗

hálf páy *n.* **1** 俸給[賃金]の半分, 半給. **2** 〘英軍〙(将校の減額された)休職俸, 待命俸, 半俸. 〖1664〗

hálf-pédaling *n.* 〘音楽〙(ピアノ演奏の)半[ハーフ]ペダル《少し上げてすぐに踏む》.

half·pen·ny /héɪpəni, -pni/ | hɑ́:fpéni, -píːˊ, héɪp(ə)ni, -pṇi/ *n.* (*pl.* **half·pen·nies**) ★ 発音・用法その他については ⇨ penny 1. **1 a** (英国の)半ペニー青銅貨 ($^1/_2$ d は 1969 年 8 月 2 日, $^1/_2$ p は 1985 年 1 月 1 日に廃止): Give me two *halfpennies* for this penny. このペニー貨を半ペニー二つにして下さい. **b** (*pl.* **half·pence** /héɪpəns | hɑ́:fpéns, -píːˊ, héɪpəns, -pṇs/ 半ペニー(の価): three *halfpence* 1 ペニー半 (1$^1/_2$ p). **2**《英口語》小銭. **3**《廃》少量 (a small amount); 取るに足らぬ量. ***gèt [recéive] móre kícks than hálfpence*** ⇨ kick^1 成句. ***túrn úp agàin like a bád hálfpenny***《英口語》しつこく[欠かさず]現れる. **— *adj.*** **1** 半ペニーの: a ～ stamp 半ペニー切手. **2** 安い, つまらない, くだらない (worthless). 〖(?*a*1200) *halfpenie, halpenie*〗

half·pen·ny·wòrth /héɪp(ə)ni-, -pṇi-/ *n.* 半ペニーの価額[価]のもの; ごく少量: ⇨ *lose the* SHIP *for a half-pennyworth of tar*. 〖lateOE *healfpenigwurþ*: ⇨ half, penny, worth^1〗

hálf-píe *adj.*《豪・NZ》〈計画などが〉不完全な; 未熟な (half-baked). 〖*c*1926〗

hálf-pìke *n.* (昔船乗りが敵船に乗り込む際に使った)半矛(ほこ) (cf. spontoon). 〖1599〗

hálf-pìnt *n.* **1** 半パイント (=$^1/_4$ quart). **2**《俗》 **a** ちび, 小男; (特に)小さい女性. **b** つまらない人間. **— *adj.*** **1** 半パイントの[入りの]. **2**《俗》ちびの. 〖1607–08〗

hálf-pìpe *n.* ハーフパイプ《スノーボード・スケートボード・インラインスケートで使われる半円筒形の傾斜路または滑走路》.

hálf plàne *n.* 〘数学〙半平面《直線で切られた平面の片側》. 〖1891〗

hálf-plàte *n.* 〘写真〙ハーフサイズ感光板《16.5 cm × 10.8 cm》. 〖1884〗

hálf pówer wìdth *n.* 〘電気〙電力半値幅《周波数特性を表す語で, 電力が半分に落ちる周波数の幅》.

hálf-príce *adj., adv.* 半値の[で], 半額の[で]. 〖1836〗

hálf-quártern *n.* 重さが約 2 ポンドのパンの塊 (quartern loaf の $^1/_2$).

hálf-ráter *n.* (19 世紀のイギリスヨット等級規則による)小型競走用ヨット《喫水線の所で約 15 フィートの長さのあるもの》.

hálf relíef *n.* 〘美術〙半肉[中浮]彫り (demirelief) (cf. relief^2 1).

hálf rèst *n.*《米》〘音楽〙二分休止(符). 〖*c*1899〗

hálf rhỳme *n.* 〘詩学〙=slant rhyme. 〖1830〗

hálf-róad *adj., adv.*《スコット》=halfway.

hálf-róund *adj.* 半円の, 半円形の (semicircular). **— *n.*** **1** 横断面が半円形のもの. **2** 〘印刷〙丸鉛版. 〖1662〗

hálf-róund fìle *n.* 半丸やすり, 甲丸やすり. 〖1703〗

hálf-róyal *n.* ハーフロイヤル《張り合わせた板紙・厚紙の一種》.

hálf-sèas óver *adj.* **1** 〘海事〙甲板に海水が半かぶりの. **2**《俗》酔った (drunk), ほろ酔いの (half drunk) (cf. WHOLE-SEAS over). 〖1551〗

hálf-sécond *n., adj.* 0.5 秒(の), 半秒(の).

hálf shéave *n.* 〘海事〙滑り溝《滑車の代わりに溝を用いてロープを導く方法》.

hálf shèll *n.* (料理の皿代わりにする)二枚貝の殻の片方: oysters *on the* ～ ハーフシェルに盛られた生ガキ. 〖1860〗

hálf-shíft *n.* 〘音楽〙(弦楽器の運指法で)ハーフポジション. 〖1880〗

hálf-shót *adj.*《俗》ほろ酔いの. 〖1838〗

hálf shòt *n.* 〘ゴルフ〙ハーフショット《ハーフスイングで打たれたショット》. 〖1891〗

hálf-sílvered *adj.* (鏡が)半鍍(と)銀の《片面が鏡で, 裏側からは素通しで見える; マジックミラーなどに使われる》.

hálf-sìr *n.*《アイル》〘軽蔑〙英国紳士気取りのアイルランド男性.

hálf sìster *n.* 異父[母]姉妹 (cf. sister-german, step-sister). 〖?*a*1200〗

hálf sìze *n.* 〘服飾〙ハーフサイズ《婦人服の大きさで 12$^1/_2$ から 24$^1/_2$ までの分数で示され, 身長に対して幅の大きい女性用のサイズ》.

hálf-slìp *n.* 半スリップ《下スカートとして着る短いペチコート》. **— *adj.*** 〈メロンが〉ハーフスリップの(熟し加減で)《花茎を押すか引っ張るかするとすぐ抜けてくる状態についていう》. 〖*c*1948〗

hálf-sòle *vt.* 〈靴に〉半底をつける[て修理する]. 〖1795〗

hálf sòle *n.* (靴の)半底《土踏まずの部分より前方》. 〖1865〗

hálf sóvereign *n.* (英国の旧通貨制度の)半ポンド金貨《今は廃止; =10 shillings》. 〖1503–4〗

hálf-stáff *n.*《米》=half-mast. 〖1708〗

hálf stèp *n.*《米》 **1** 〘音楽〙半音 (semitone). **2** 〘軍事〙半歩《速歩(はやあし)で 15 インチ, 駆け足で 18 インチ; cf. full step》. 〖1904〗

hálf stúff [stòck] *n.* 〘製紙〙半成紙料.

hálf-swòrd *n.*《廃》短剣: at ～ 接戦で, 間近に. 〖1552〗

hálf térm *n.* (学期中の)中間休暇《通例 2, 3 日》. 〖1888〗

hálf-thìckness *n.* 〘物理〙=half-value layer. 〖1950〗

hálf tíde *n.* 半潮《満潮と干潮との中間》. 〖?*c*1475〗

hálf-tíde dóck *n.* 〘海事〙潮待ちドック《満潮時にしか入れないドックに入るために潮待ちするためのドック》.

hálf-tímber *adj.* 〈家が〉木骨造りの《英国エリザベス朝・チューダー朝時代の建築で, 木枠の部分を外に出し, その間をしっくいなどで埋めた様式についていう》. **hálf-tím·bering** *n.* 〖1842–76〗

hálf tímber *n.* 〘造船〙短肋材.

hálf-tímbered *adj.* =half-timber. 〖*a*1847〗

hálf-tíme *adj.* 半日制の (cf. full-time, parttime 1): the ～ system 半日制《半日は学校に出て半日は工場で働く》. 〖1861〗

hálf tíme *n.* **1** 〘スポーツ〙ハーフタイム《中休みの時間》. **2** 半日労働, 半日給. 〖1645〗

hálf-tímer *n.* **1** 規定時間の半分働く者; 半日労働者 (cf. full-timer, part-timer). **2**《英》半日制学童《昔, 規定時間の半分だけ出席して他は工場で働いた学童》. 〖1865〗

hálf tìnt *n.* 〘美術〙半調ぼかし《demitint ともいう》. 〖1812〗

hálf títle *n.* 〘製本〙 **1** 略書名, 略標題; 小扉, 前扉, 略標題紙《標題紙の直前にあってその本の略書名しか印刷されていないページまたはそこに示された書名; bastard title, false title ともいう》. **2** 略書名, 略標題《本文第一ページの前の紙の右ページまたは本文第一ページの上端に示されている書名》. **3** (章などの)表題, 小見出し《章などの最初のページの直前の紙の右ページにその章の題だけが印刷されたもの》. 〖1879〗

hálf-tòn *n.*《米》半トントラック.

hálf-tòne *n.* **1** (絵画・写真などで)明暗中間[ぼかし]の部, 中間部, 半調部, ハーフトーン《middletone ともいう》. **2** 〘写真製版〙網版(画). **3**《米》〘音楽〙=half step 1. **— *adj.*** **1** 半調部の. **2** 〘写真製版〙網版の: the ～ process 網版製版術. 〖1651〗

hálf-tràck *n.* **1 a** 半無限軌道方式《前輪は車輪, 後輪はキャタピラ方式》. **b** 半無限軌道式自動車, ハーフトラック. **2** 〘軍事〙半装軌車, (特に)装甲半装軌車. —

adj. 半無限軌道式の, 半装軌式の. **～ed** *adj.* 〖1935〗

hálf tràp *n.* 半曲管 《管トラップの一種で, 排水管への空気の流入を阻止し, 排水路を経て臭気が部屋の中へ侵入するのを防ぐ器具》.

hálf-trénch *vt.* ＝double dig.

hálf-trùth *n.* 《人をだましたり, 非難を回避したりするための》半面だけの真理しか含まない言葉. **hálf-trúe** *adj.* 〖1658〗

hálf túbe *n.* 半管楽器 《管の全長で鳴る基音が使えず, 第2倍音を最低楽音とする金管楽器の総称》.

hálf-tùrn stáir *n.* 曲折式階段 《踊り場で180度向きを変えて上る階段》.

hálf twíst *n.* **1** 〖水泳〗ハーフツイスト 《体を半分ひねった逆飛込み; cf. full twist》. **2** 〖体操〗半横転.

hálf úncial *n.* 〖印刷〗半アンシャル 《uncial と cursive の中間の字体》. 〖1885〗

hálf-vàlue láyer *n.* 〖原子力〗半価層 《放射線が物質を通過するとき, その強さが半減する吸収物質の厚さ》. 〖1962〗

hálf-vòlley 〖球技〗 *vt.* 〈ボールを〉ハーフボレー (half volley) で打つ. ― *vi.* ハーフボレーで打つ[ける].

hálf vòlley *n.* 〖球技〗ハーフボレー 《サッカー・ラグビー・クリケット・テニスなどで地面からはね上がる瞬間をとらえて打つ[ける]ボレー; cf. full toss, volley》. 〖1843〗

hálf wàve anténna *n.* 〖通信〗半波空中線, 半波長アンテナ 《波長のほぼ半分の長さのアンテナ》. 〖1962〗

hálf-wàve pláte *n.* 〖光学〗半波長板, 二分の一波長板 《互いに垂直に偏った2つの光に二分の一波長の光路差を与える薄い結晶板; cf. quarter-wave plate》. 〖1904〗

hálf-wáve potèntial *n.* 〖電気〗半波電位 《ポーラログラフの電流―電位曲線で最大電流値の半分の値に対応する電位》.

hálf-wàve réctifier *n.* 〖電気〗半波整流器 (cf. full-wave rectifier).

half·way /hæ̀fwéɪ | hɑ̀ːf-ˊ/ *adj.* [限定的] **1 a** 中間の, 中途の (midway): a ～ point 中間点. **b** 起点と終点から等距離の; 中点の. **2** 中途半端の, 不十分な, 不完全な (incomplete): ～ measures 不徹底な手段. ― *adv.* **1** 中途で, 中途まで: ～ up [down] 半分ぐらい上[下]ったところに / go ～ with a person 中途まで人と一緒に行く; 人と折り合う / turn back ～ 中途で引き返す / get only ～ 中途までしか届かない / I was ～ up the staircase. 階段を半分ほど上りかけていた. **2 a** 半分だけ; 不十分に: He is ～ through the book. その本を半分ほど読んでいる / pull one's gun ～ out ピストルを(つり革から)半ば抜きかける. **b** ほとんど (almost, nearly): He ～ gave up his plan. 計画をほとんどあきらめた. **c** 少しでも, 多少とも (more or less): something ～ decent 多少なりともまともなもの.

gò halfwáy towàrd dóing …するのにある程度役立つ. ***méet a person halfwáy*** 〈人〉と歩み寄る, 折り合う, 妥協する. ***méet tróuble halfwáy*** 取越し苦労をする. 〖lateOE *healfweġe*〗

hálfway hòuse *n.* **1** 《二つの町などの》中途にある家《しばしば旅館》. **2** 《進行の》中間点; 《進歩・変化・改革などの》前半終了段階; 妥協点, 妥協; 妥協方法. **3** 社会復帰訓練所 《刑務所から出所または精神病院から退院した後など社会復帰をする人を助ける施設》. 〖1694〗

hálfway lìne *n.* 〖サッカー・ラグビー〗ハーフウェーライン 《ゴールラインに平行なフィールドの中央線》.

hálf Wéllington *n.* ハーフウェリントン 《脚部がズボンの下になるようにして履く革製の半長靴》.

hálf-wídth *n.* 〖化学〗半値幅 《ある物理量の分布が変数に対し左右対称な山形曲線で与えられるとき, 山の半分の高さのところの変数の幅》.

hálf-wìt *n.* 薄らばか, まぬけ. 〖1626〗

hálf-wítted *adj.* まぬけな, 薄ばかな (stupid); ぼうっとなる, 無感覚の (senseless): The shock has made him ～. その衝撃で頭がぼうっとなってしまった. **～·ly** *adv.* **～·ness** *n.* 〖1629〗

hálf-wórld *n.* **1** 半球 (hemisphere). **2** 花柳界, 花街, 色町(いろまち). **3** 暗黒街; どん底社会 (underworld). 〖(1606): cf. F *demi-monde*〗

hálf yéar *n.* **1** 半年. **2** 《1年2学期制の》半学年 (semester). 〖OE *healf ġear*〗

hálf-yéarly *adj.* 半年ごとの. ― *adv.* 半年ごとに, 年に2回. 〖1660〗

hal·i- /hǽlɪ̬, -li/ 「海 (sea); 塩 (salt)」の意の連結形. 〖← NL ～ ← Gk ～ ← *háls* salt, sea〗

hal·i·but /hǽləbət | -lɪ̬-/ *n.* (*pl.* ～, ～s) 〖魚類〗オヒョウ, カラスガレイ 《北方海洋に産する全長が3メートルにもなるカレイ科の魚類; カラスガレイ (Greenland halibut), 太平洋産のオヒョウ (*Hippoglossus stenolepis*)》. 〖(1396) *halybutte* ← *hāli* 'HOLY'＋*butte* 'BUTT[5]': この魚を holy day に食べたことから: cf. Du. *heilbot* / G *Heilbutt*〗

hálibut-lìver òil *n.* ハリバ肝油 《halibut の肝臓から採れる不揮発油; cf. Haliver》.

Ha·liç /*Turk.* hɑlítʃ/ *n.* ハリーチ 《Golden Horn 湾のトルコ語名》.

Hal·i·car·nas·sus /hæ̀ləkaənǽsəs | -lɪkɑː-/ *n.* ハリカルナッソス 《小アジア南西端部にあったギリシャの古代都市; Mausoleum の所在地》. **Hal·i·car·nas·si·an** /hæ̀ləkaənǽsiən | -lɪkɑː-ˊ/ *adj.*

hal·i·cot /hǽləkòʊ | -lɪkəʊ/ *n.* ＝haricot[2].

ha·lic·tine /hælíktaɪn, -tɪ̬n | -taɪn, -tɪn/ 〖昆虫〗 *adj.* コハナバチ(科)の. ― *n.* コハナバチ 《コハナバチ科 (Halictidae) のハチの総称》.

hal·ide /hǽlaɪd, héɪl-, -lɪ̬d/ *n.*, *adj.* 〖化学〗ハロゲン化物(の). 〖(1876) ← HALO-＋-IDE[2]〗

hal·i·dom /hǽlɪ̬dəm | -lɪd-/ *n.* 《古》 **1** 聖域, 聖所 (sanctuary). **2** 神聖な物, 聖物, 聖宝 (relic).

by my hálidom 神かけて, 誓って, 断じて. 《1533》 〖OE *hāliġdōm* holiness, relic ← *hāliġ* 'HOLY'＋*dōm* '-DOM'〗

hal·i·dome /hǽlɪ̬dòʊm | -lɪdəʊm/ *n.* 《古》 ＝halidom. 〖OE〗

hal·i·eu·tic /hæ̀lijúːtɪk | -tɪk˝/ *adj.* 魚釣りの.

hàl·i·éu·ti·cal·ly *adv.* 〖(1854) □ L *halieuticus* □ Gk *halieutikós* ← *halieúein* to fish ← *háls* sea〗

hal·i·eu·tics /hæ̀lijúːtɪks | -tɪks/ *n.* **1** 魚釣法, 漁法. **2** 魚類[魚釣り, 漁業]論. 〖(1646): ⇨ ↑, -ics〗

Hal·i·fax /hǽləfæ̀ks | -lɪ̬-/ *n.* ハリファックス: **1** カナダ南東部の不凍港, Nova Scotia 州の州都. **2** イングランド北部 Manchester の北東にある町. **3** [the ～] 《英》住宅金融共済組合 (building society の最大手). ***Gó to Hálifax!*** 《口語》 地獄に落ちろ, どうにでもなれ. 《1669》 〖《異化》← ME *Haliflex* 《原義》 holy flax field: ⇨ holy, flax: 成句の用法はこの市(英国)の法律が厳しく, 盗人をすぐ絞首刑にしたことから〗

Hal·i·fax /hǽləfæ̀ks | -lɪ̬-/, **Earl of** *n.* ハリファックス (⇨ Charles MONTAGU).

Halifax, 1st Earl of *n.* ハリファックス 《1881–1959; 英国の政治家; 外相 (1938–40) として Munich Pact の成立に努力; 本名 Edward Frederick Lindley Wood》.

Halifax, 1st Marquis of *n.* ハリファックス 《1633–95; 英国の政治家; 本名 George Savile》.

Hal·i·go·ni·an /hæ̀ləgóuniən | -lɪ̬gə́ʊ-ˊ/ *adj.* ハリファックス (Halifax) の. ― *n.* ハリファックスの住民. 〖← ML *Haligonia* (Halifax のラテン語名)＋-IAN〗

hal·i·o·tis /hæ̀lióʊtɪ̬s | -áʊtɪs/ *n.* (*pl.* ～) 〖貝類〗 ＝abalone 1. 〖(1752) ← NL ～ ← HALI-＋Gk *ōt-*, *oûs* ear: その形が耳と似ているところから〗

hal·ite /hǽlaɪt, héɪl-/ *n.* 〖鉱物〗岩塩 (NaCl) (rock salt). 〖(1868) ← NL *halites* ← Gk *háls* salt＋-ITE[1]〗

Hal·i·ther·ses /hæ̀ləθə́ːsiːz | -lɪθə́ː-/ *n.* ハリセルセース 《イタケー地方出身の予言者; Odysseus の帰還と彼が Penelope の求婚者たちを殺害することを予言》. 〖□ Gk *Halithérsēs*〗

hal·i·to·sis /hæ̀lətóʊsɪ̬s | -lɪ̬táʊsɪs/ *n.* 〖病理〗悪臭呼気, 口臭 (foul breath) (cf. ozostomia). 〖(1874) ← NL ～ ← L *hālitus* breath＋-OSIS〗

hal·i·tus /hǽlətəs | -lɪ̬t-/ *n.* 《古》 呼吸, 呼気 (breath). 〖(1661) □ L *hālitus* breath〗

Hal·i·ver /hǽləvə | -lɪ̬və^(r)/ *n.* 〖商標〗ハリバ 《肝油》. 〖《商標名》← *hali*(*butli*)*ver* (*oil*)〗

hall /hɔ́ːl, hɑ́ːl | hɔ́ːl/ *n.* **1** [しばしば H-] 《公務の処理や集会などのために使用する》会館, 公会堂; 《組合・協会・結社などの》事務所, 本部, …会館: the Agricultural *Hall* 農業会館 / ⇨ city hall, town hall, Faneuil Hall, Tammany Hall, Westminster Hall. **2 a** 《会館などの中にある, または独立の音楽会・講演会用の》集会場, ホール: a concert ～ 演奏会用ホール / a lecture ～ 講堂 / ⇨ Carnegie Hall. **b** 娯楽場; 大広間, ホール: a pool ～ 玉突き場 / ⇨ dance hall, music hall. **c** [しばしば *pl.*] ＝music hall. **3** [しばしば H-] **a** 《大学の》独立校舎, 講堂, 集会場: the Science *Hall* 理学部校舎 / the Students' *Hall* 学生集会場, 学生会館. **b** 《英》学生寮, 寄宿舎 (hall of residence, dormitory): live in ～ 寮に入っている. **c** 《英》(ある大学での)学部 (college). **4** 《英》 **a** 《大学の》大食堂: dine in ～ 大食堂で会食する, 会食に出席する. **b** 大食堂での食事. **5 a** 《米》《ビルディング・学校などの屋内の》廊下, 通路 (corridor): Her office is halfway along the ～. 彼女のオフィスは通路の中ほどにある. **b** 《住宅の》玄関, ロビー, 玄関の広間 (entrance hall, foyer): leave one's hat and coat in the ～ 玄関に帽子と外套(がいとう)を脱いでおく. 日英比較 日本語の「ホール」は「広間, 集会場, 演奏会場」など大きなスペースの場所をいう. 英語の *hall* にもそれらの意味はあるが, そのほかに家や建物の入口, すなわち玄関部分も *hall* (＝entrance hall) といい, また, 《米》では学校などの廊下も *hall* という. **6** 《英》 **a** 《昔の王侯邸宅の》大広間: a banqueting ～ 宴会用広間 / ⇨ servant's hall. **b** 《昔の王侯貴族の》館(やかた), 城. **7** [the H-; しばしば固有名詞をつけて] 《英》《昔の》荘園領主の邸宅 (manor house), 《今は》田舎の大地主の邸宅. **8** 《古》[混み合っている場所で通路を明けてもらう呼びかけに用いて] 空所 (cf. gangway 4): A ～! A ～! どけどけ, 場所を空けろ.

Háll of Fáme 《スポーツなど各界の》栄誉殿堂: the Baseball *Hall of Fame* 野球殿堂 《New York 州 Cooperstown にある》.

Háll of Fáme (for Gréat Américans) [the ―] (1) 《偉大な米国人の》栄誉の殿堂 《その額や胸像を飾った New York 大学の柱廊; 1900 年創設, 5年ごとに数名の新しい名が加えられる; cf. HALL of Famer》. (2) 《栄誉》殿堂入りした人々, 功労者. 《*c*1909》

Háll of Fámer /-féɪmə | -mə^(r)/ 「栄誉の殿堂」に胸像(など)を飾られる人, 殿堂入りした人, 栄誉の人.

Háll of Mírrors [the ―] 《Versailles 宮殿の》鏡の間.

háll of résidence 《英》 《大学などの》学生寮, 寄宿舎 (hall, 《米》 dormitory).

hálls of ívy 大学 《伝統のある大学の校舎の外壁につたをはわせた例が多いことから: cf. Ivy League》.

〖OE *heall* < Gmc **χallō* 《原義》 covered place (Du. *hal* / G *Halle*) ← IE **kel-* to hide, cover (L *cēlāre* to hide / Gk *kaliā́* hut, nest): cf. hell〗

Hall /hɔ́ːl, hɑ́ːl | hɔ́ːl/ *n.* ホール 《男性名》. 〖ME (*de*) *Halla* 《原義》 (worker of the) hall (↑): もと家族名〗

Hall /hɔ́ːl, hɑ́ːl | hɔ́ːl/, **Charles Francis** *n.* ホール 《1821–71; 米国の北極探険家》.

Hall, Charles Martin *n.* ホール 《1863–1914; 米国の化学者; アルミニウムの電解精錬法を考案した》.

Hall, Granville Stanley *n.* ホール 《1846–1924; 米国の心理学者》.

Hall, James Norman *n.* ホール 《1887–1951; 米国の作家》.

Hall, Sir John *n.* ホール 《1824–1907; 英国生まれのニュージーランドの政治家; 首相 (1879–82)》.

Hall, Sir Peter Reginald Frederick *n.* ホール 《1930– ; 英国の演出家》.

Hall, Rad·clyffe /rǽdklɪ̬f | -klɪf/ *n.* ホール 《1886–1943; 英国の女流小説家・詩人; *The Well of Loneliness* (1928)》.

hal·lah /xɑ́ːlə, hɑ́ː-/ *n.* ＝challah.

hal·lal /həlɑ́ːl, hǽlæl, ―ˊ/ *n.* ＝halal.

Hal·lam /hǽləm/ *n.* ハラム 《男性名》. 〖← OE *healum* (dat. pl.) (dweller at) the slopes〗

Hallam, Arthur Henry *n.* ハラム 《1811–33; 英国の詩人・随筆家; Tennyson の親友; *In Memoriam* は Hallam の死を弔う追憶の詩》.

Hallam, Henry *n.* ハラム 《1777–1859; 英国の歴史家; A. H. Hallam の父》.

háll bédroom *n.* 《米》 玄関寝室 《玄関に通じる廊下の一部を仕切って造った狭い寝室 (hall room); 旅館などでは一番安い部屋》. 〖1738〗

háll chúrch *n.* 〖建築〗ホールチャーチ 《ドイツのゴシック式教会建築様式で, 身廊 (nave) と側廊 (aisles) との天井がほぼ同じ高さでホールのように見える; Hallenkirche ともいう》. 〖《なぞり》← G *Hallenkirche*〗

Hal·le /hɑ́ːlə | hǽlə; *G.* hálə/ *n.* ハレ 《ドイツ中東部の都市, 大学がある》.

Hal·lé /hǽleɪ, -lə | -leɪ, -li/, **Sir Charles** *n.* ハレ 《1819–95; ドイツ生まれの英国のピアニスト・指揮者; Manchester に Hallé Orchestra を創設 (1858); 本名 Karl Halle》.

Hal·leck /hǽlɪ̬k/, **Fitz-Greene** /fɪ̀tsgríːn, ―ˊ/ *n.* ハレック 《1790–1867; 米国の詩人》.

Háll effèct *n.* [the ～] 〖電気〗ホール効果 《電流が流れている半導体などの板に, 垂直に磁界を与えると電流および磁界に垂直な方向に電位差を生じる現象で, 磁界の測定などに用いられる》. 〖(*c*1889) ← *E. H. Hall* (1855–1938: 発見者の米国の物理学者)〗

hal·lel /hɑːléɪl, hǽlel/ *n.* 〖ユダヤ教〗ハレル 《過ぎ越しの祝い・五旬節・仮庵(かりいお)の祭などで朗誦される詩編 113–118 編, または 136 編; ハレルヤ(主をほめたたえよ)の言葉がしばしば出るのでこう名づけられた》. 〖(1702) □ Mish.Heb. *hallél* 《原義》 praise〗

hal·le·lu·jah /hæ̀ləlúːjə | -lɪ̬-/ (*also* **hal·le·lu·iah** /～/) *int.* ハレルヤ, アレルヤ 《神を賛美する叫びで, 「主をほめたたえよ」の意》. ― *n.* **1** ハレルヤ聖歌. **2** 喜び[感謝]の表現. ― *adj.* 救世軍 (Salvation Army) の[に属する]: a ～ lass 救世軍女子官 / a ～ meeting. 〖(1535) □ Heb. *halalūyāh* praise ye Yahweh〗

Hállelujah Chórus *n.* [the ～] ハレルヤコーラス 《Handel 作曲のオラトリオ》.

Hal·len·kir·che /hɑ́ːlənkɪəkə | -kɪə-; *G.* hálənkɪ̀rçə/ *n.* (*pl.* **-kir·chen** /-kən; *G.* -çn/) 〖建築〗ハレンキルヘ (⇨ hall church). 〖□ G ～ ← *Halle* 'HALL'＋*Kirche* 'CHURCH'〗

Hal·ler /hǽlə | -lə^(r); *G.* hálɐ/, **Albrecht von** *n.* ハラー 《1708–77; スイスの生物学者》.

Hal·ley /hǽli, héɪli | hǽli/, **Edmund** *or* **Edmond** *n.* ハレー 《1656–1742; 英国の天文学者・数学者; ハレー彗星(すいせい)の軌道を計算》.

Hálley's cómet *n.* ハレー彗星(すいせい) 《最近の出現は 1986 年で周期 76.03 年; その周期的出現は E. Halley によって計算された》. 〖↑〗

hal·liard /hǽljəd | -ljəd/ *n.* 〖海事〗 ＝halyard.

Hal·li·day /hǽlədèɪ | -lɪ̬-/, **M(ichael) A(lexander) K(irk·wood)** /kə́ːkwʊd | kɑ́ːk-/ *n.* ハリデー 《1925– ; 英国のロンドン学派の言語学者》.

hal·ling /hɑ́ːlɪŋ/ *n.* 〖ダンス〗ハリング 《ノルウェーの活発なフォークダンス》. 〖(1866) □ Norw. ～ ← *Hallingdal* (この踊りで知られているノルウェー南部の谷)〗

Hal·li·well /hǽləwɛ̀l | -lɪ-/ *n.* ハリウェル 《男性名》. 〖ME (*de*) *Haliwell* 《原義》 dweller by a holy spring: ⇨ holy, well[2]: もと地名, 家族名〗

Hall-Jones /hɔ́ːldʒóʊnz, hɑ́ːl- | hɔ́ːldʒə́ʊnz/, **Sir William** *n.* ホールジョーンズ 《1851–1936; 英国生まれのニュージーランドの政治家; 首相 (1906)》.

hall·mark /hɔ́ːlmɑək, hɑ́ːl- | hɔ́ːlmɑ̀ːk/ *n.* **1 a** 《英》 (London の金細工職組合本部 (Goldsmiths' Hall) で金・銀・プラチナの純分を検証した)認刻極印. **b** 品質証明, 純正[優良]の折紙, 太鼓判. **2** 特徴, 特質 (feature). ― *vt.* …に品質証明の極印を押す, 折紙を付ける. 〖(1721) ← HALL (← *Goldsmiths' Hall*)＋MARK[1]〗

hal·lo /həlóʊ, hæ- | hələ́ʊ, hæ-, hɛ-/ (*also* **hal·loa** /～/) *int.* **1 a** おーい, おい 《人の注意の喚起を表す》. **b** 《英》 ＝hello 1 b. **c** 《英》やあ 《米》 hello) 《気軽なあいさつの発声》. **2** 《英》おや 《驚きを表す》. **3** それ, ほれ, しっかり 《猟犬をけしかけるときの掛け声》. ― *n.* (*pl.* **～s**, **～es**) hallo の声. ― *vt.* **1** 〈人に〉hallo と声をかける. **2** 大声でどなる (holler). **3** 〈猟犬などに〉'hallo' と叫ぶ; 大声で呼んで〈猟犬を〉励ます. ― *vi.* 「おーい」と叫ぶ: Don't ～ till you are out of the wood. ⇨ *out of the* WOODS. 〖(1781) 《変形》 ← HOLLA〗

hal·loo /həlúː, hæ-/ *int.* ＝hallo 1 a, 2, 3. ― *n.*, *v.* ＝hallo. 〖(1568) 《古形》 *alow*, (')*loo* 《変形》 ← HALLOW[2]〗

hallot *n.* hallah の複数形.

halloth *n.* hallah の複数形.

hal·low¹ /hǽlou | -ləu/ *vt.* [しばしば p.p. 形で] **1 a** 神聖なものとしてあがめる: *Hallowed* be thy name. 願わくは御名(な)を聖となさしめたまえ (「主の祈り」(Lord's Prayer) の一部; cf. *Matt.* 6:9). **b** 崇敬する, 神聖視する. **2 a** 神聖なものにする, 神聖化する: ground [a place] ～*ed* by sacred memories 聖地, 聖域. **b** 《古》 神にささげる, 聖別する. **— *n.*** 《廃》 聖人. **～·er** *n.* 〖v.: ME *halwe* < OE *hālgian* to consecrate ← Gmc **χailaʒ-* 'HOLY'. — n.: OE *hālga* holy person ← *hāliʒ* 'HOLY'〗

hal·low² /həlóu, hæ- | həlóu, hæ-, hɛ-/ *int., v., n.* = hallo. 〖《1369》 *haloue(n)* □ ? OF *halloer* 《擬音語》〗

hal·lowed /hǽloud | -ləud, (祈禱書などでしばしば) -louɪ̀d | -ləu-/ *adj.* **1** 神聖化された; あがめられている (⇨ holy SYN). **2** 神聖な: ～ ground 聖地. **～·ly** *adv.* **～·ness** *n.* 〖OE *ġehalgod*: ⇨ hallow¹, -ed〗

Hal·low·een /hæ̀lowíːn, hɑ̀ː-l- | hæ̀ləuíːn⁻/ *n.* (*also* **Hal·low·e'en** /～/) ハロウィーン, 諸聖人の祝日 (All Saints' Day) の前夜祭 (10 月 31 日; スコットランドや米国では jack-o'-lantern を作るなど種々の娯楽が催される; 古代ケルト暦で 1 年の終わりの日; 魔女の宴会が開かれるという; Allhallows Eve ともいう). 〖《1556》 (古形) *All hallow eve* (=Eve of All saints): cf. (スコット) *Allhallow-even*: ⇨ HALLOW¹ (n.)+*e'en*²〗

Hal·low·mas /hǽloumæ̀s, -lə-, -məs | -ləu-, -lə-/ *n.* 《古》 諸聖人の祝日, 諸聖徒日 (11 月 1 日, 天上の諸聖人をまつる; cf. All Saints' Day). 〖《1389》 *halwemesse* ← ALLHALLOWMAS: ⇨ hallow¹ (n.), mass²〗

háll pòrter *n.* 《英》 (ホテルなどの玄関を受持つ)ポーター, ボーイ. 〖1883〗

háll ròom *n.* = hall bedroom. 〖1859〗

Hall·stadt /hɔ́ːlstæt, hɑ́ːlʃtɑːt | hǽlstæt; G hálʃtat/ *adj.* [限定的] 《考古》 = Hallstatt. 〖1869〗

Hall·stadt·an /hɔːlstǽtn̩, hɑːlʃtɑ́ːtn̩ | hælstǽt-/ *adj.* 《考古》 = Hallstatt.

háll·stànd *n.* ホールスタンド (玄関の広間に置かれる, 鏡・帽子掛け・傘立てなどが一緒になった家具). 〖1882〗

Hall·statt /hɔ́ːlstæt, hɑ́ːlʃtɑːt | hǽlstæt/ *adj.* [限定的] 《考古》 ハルシュタット期(文化)の (紀元前 9–5 世紀のヨーロッパ中部にあった初期鉄器時代についている; cf. La Tène): ～ culture. 〖《1866》 ← *Hallstatt* (その代表的遺物が最初に発見されたオーストリア中部の地名)〗

Hall·statt·an /hɔːlstǽtn̩, hɑːlʃtɑ́ːt- | hælstǽt-/ *adj.* 《考古》 = Hallstatt. 〖1893〗

Háll·stät·ter Láke /hɔ́ːlstɛtə-, hɑ́ːlʃtɛtə-, -stɛtə- | hǽlstɛtə-; G. hálʃtɛtɐ/ *n.* ハルシュタット湖 (オーストリア中部にある湖; 西岸に多くのケルト系の遺物が発見された Hallstatt 村がある).

Hall·stat·ti·an /hɔːlstǽtiən, hɑːlʃtɑ́ːt- | hælstǽt-/ *adj.* 《考古》 = Hallstattan. 〖1893〗

háll trèe *n.* 《米》 玄関の帽子掛け[衣類掛け](など). 〖1891〗

hal·lu·cal /hǽljukəl, -kl̩/ *adj.* 《解剖・動物》 hallux の. 〖《1889》 ← HALLUX + -AL¹〗

halluces *n.* hallux の複数形.

hal·lu·ci·nant /həlúːsənənt, -ljúː-, -sn̩- | -sɪn-, -sn̩-/ *n.* **1** 幻覚を起こす人. **2** 幻覚剤. **— *adj.*** 幻覚を起こさせる. 〖《1895》: ⇨ ↓, -ant〗

hal·lu·ci·nate /həlúːsənèɪt, -sn̩- | -lúːsɪ̀n-, -ljúː-, -sn̩-/ *vt.* **1** 〈人を〉幻覚に陥らせる, …に幻覚を起こさせる. **2** 〈人・物・事件・光景などを〉幻覚として感じる[経験する]: She ～*d* a sweet odor of violets. すみれの花がにおってくるような幻覚を覚えた. **— *vi.*** 幻覚が起こる, 幻覚を感じる[経験する]. **hal·lú·ci·nà·tor** /-tə | -tə^(r)/ *n.* 〖《1604》 ← L *(h)allūcinātus* (p.p.) ← *(h)allūcinārī* to wander in mind: ⇨ -ate³〗

hal·lu·ci·na·tion /həlùːsənéɪʃən, -sn̩- | -lùːsɪ̀n-, -ljùː-, -sn̩-/ *n.* **1 a** 幻覚 (cf. illusion 1). **b** (幻覚によって現れた)幻 (⇨ delusion SYN). **2** 思い違い, 錯覚, 誤った考え (delusion). **～·al** /-ʃnəl, -ʃənl̩⁻/ *adj.* 〖《1629》 □ L *(h)allūcinātiō(n-)*: ⇨ ↑, -ation〗

hal·lu·ci·na·tive /həlúːsənèɪtɪv, -sn̩-, -nət- | -lúːsɪ̀nət-, -ljúː-, -sn̩-/ *adj.* 幻覚を起こさせる. 〖《1873》 ← HALLUCINATE + -IVE〗

hal·lu·ci·na·to·ry /həlúːsənətɔ̀ːri, -sn̩- | həlúːsɪ̀nətəri, -ljúː-, -sn̩-, -tri, -nèɪ-/ *adj.* **1** 幻覚の, 幻覚的な: a ～ vision 幻. **2** 幻覚を起こさせる[誘発する]: a ～ drug 幻覚(誘発)剤. 〖《1830》: ⇨ hallucinate, -ory¹〗

hal·lu·cin·o·gen /həlúːsənədʒən, -sn̩-, hæljuːsínə-, -dʒèn | hæljuːsín-, həlúːsɪ̀n-, -ljúː-, -sn̩-/ *n.* 幻覚(誘発)剤. 〖《1954》: ⇨ ↓, -o-, -gen〗

hal·lu·ci·no·gen·ic /həlùːsənoudʒénɪk, -sn̩- | -lùːsɪ̀nəu-, -ljùː-, -sn̩-⁻/ *adj., n.* 幻覚(誘発)剤(の). 〖《1952》: ⇨ ↑, -ic¹〗

hal·lu·ci·no·sis /həlùːsənóusɪ̀s, -sn̩- | -sɪ̀nə́usɪs, -sn̩-/ *n.* 《精神医学》 幻覚症 (幻覚の強い精神異常). 〖《1905》 ← HALLUCIN(ATION) + -OSIS〗

hal·lux /hǽləks/ *n.* (*pl.* **hal·lu·ces** /hǽləsìːz, -ljuː-, -ljʊ-/) **1** 《解剖》 (人間の)母趾(ぼし), 足の親指 (great toe). **2** 《動物》 (鳥の)後趾(こうし)指. 〖《1831》 ← NL ← 《混成》 ← L *(h)allex* great toe + *(h)allux* thumb〗

hállux válgus *n.* 《医学》 外反母趾(ぼし) (母趾が他の指のほうに曲がっていること).

Háll·wachs effèct /hɑ́ːlvɑːks-; G. hálvaks-/ *n.* (*also* **Hallwachs' effect** /～/) 《物理》 ハルヴァックス効果 (光電効果の一種で紫外線により負の帯電を失う). 〖← *Wilhelm Hallwachs* (1859–1922: この現象を発見したドイツの物理学者)〗

hall·way /hɔ́ːlwèɪ, hɑ́ːl- | hɔ́ːl-/ *n.* **1** (ビルディング・住宅などで数室に通じるようになっている)玄関の間 (entrance hall). **2** 廊下. 〖1876〗

halm /hɔ́ːm, hɑ́ːm | hɔ́ːm/ *n.* = haulm.

Hal·ma /hǽlmə/ *n.* 《商標》 ハルマ (256 の目のある盤を用い二人または四人でするコマ飛びゲーム). 〖《1889》 □ Gk *hálma* leaping ← *hallésthai* to leap〗

Hal·ma·he·ra /hæ̀lməhéərə, hɑ̀ːl- | -héərə/ *n.* ハルマヘラ(島) (インドネシア東部 Molucca 諸島中最大の島; 面積 15,780 km²).

Halm·stad /hɑ́ːlmstɑː(d) | hǽlmstæd; Swed. hálmsta/ *n.* ハルムスタ (スウェーデン南西部, Kattegatt 海峡に臨む港町).

ha·lo /héɪlou | -ləu/ *n.* (*pl.* **～s, ～es**) **1** (太陽・月の周囲に現れる)かさ, 暈(うん) (cf. corona 3). **2 a** 《美術》 (聖像の頭の回りに描かれる)輪光, 後光, 光背, 円光, 光輪 (aureole) (nimbus ともいう). **b** 後光に似た形のもの, 後光を連想させるもの: a beautiful woman with a ～ *of* golden hair 光輪をかぶったように金髪をふさふさとさせている美女. **3** (人物・事物を取り巻く)想像的後光, 光輝, 栄光, 神々しさ (glory, glamour): King Arthur wears a ～ *of* romance. アーサー王はロマンスの光輝に包まれている. **4** 《解剖》 暈(うん); 輪; 乳頭輪 (areola). **5** 《電気》 ハロー (ブラウン管の輝度の高い部分のまわりの光ぼけ, ハレーション). **6** 《天文》 ハロー (銀河のまわりの球状星団が分布する領域). **— *vt.*** …に後光をささせる; …にかさをかぶせる; 後光で囲む: a flying plane ～*ed* by a circular rainbow 円形の虹に囲まれた飛行中の機体 / a young girl with her head ～*ed* against the morning sun 頭に朝日の逆光を受けて輝く若い娘. **～ed** *adj.* 〖《1563》 □ ML *halō* = L *halōs* □ Gk *hálōs* circular threshing floor, round disk of the sun or moon ← ?〗

hal·o- /hǽlou | -ləu/ 次の意味を表す連結形: **1** 「塩の」「海の」: *halo*chromism. **2** 「ハロゲンの[を含む]」: *hal*oid. ★ 母音の前では通例 hal- になる. 〖← Gk *háls* salt〗

hàlo·bíont *n.* 塩生生物 (海など塩分を含んだ環境にすむ生物). 〖《1928》 ← HALO- + -BIONT〗

hálo blìght *n.* 《植物病理》 (細菌の寄生によりハロ状の病斑を生じる)アズキ, カラスムギ類などの細菌病. 〖1920〗

hàlo·cárbon *n.* 《化学》 含ハロゲン炭素化合物 (ハロゲン元素を含む炭素化合物の総称). 〖《1950》 ← HALO- + CARBON〗

hal·o·chro·mism /hæ̀ləkróumɪzm | -lə(u)krə́u-/ *n.* 《化学》 ハロクロミー, 造塩発色, 成塩発色 (無色またはわずかに有色の有機物質が酸または金属塩を加えると発色する現象). 〖《1902》 ← HALO- + CHROMO- + -ISM〗

hal·o·cline /hǽləklàɪn/ *n.* 《海洋》 塩分躍層 (海水の塩分濃度が深さに対し急変する箇所). 〖《1960》 ← HALO- + CLINE〗

hálo effèct *n.* 《心理》 威光効果, ハロー効果 (ある人の顕著な長所を一つ認めるとその人の全人格についても過度に高い評価をするようになる現象). 〖*c*1930〗

hal·o·form /hǽləfɔ̀əm | -fɔ̀ːm/ *n.* 《化学》 ハロホルム (メタンの水素原子 3 つがハロゲン原子で置換された物質の総称; chloroform, bromoform, fluoroform, iodoform の 4 種がある; 水道水中に含まれる chloroform などは発癌性が問題になっている; trihalomethane ともいう). 〖(*c*1935) ← HALO- + (CHLORO)FORM〗

hal·o·gen /hǽlədʒən, -dʒèn | hǽlə-/ *n.* 《化学》 ハロゲン, 造塩元素 (フッ素・塩素・臭素・ヨウ素・アスタチンの 5 元素の総称). 〖《1842》 ← HALO- + -GEN〗

hal·o·gen·ate /hǽlədʒənèɪt, hælɑ́(ː)dʒ- | hǽlədʒɪ̀-, hælɔ́dʒ-/ *vt.* 《化学》 ハロゲンで処理する, ハロゲンと化合させる; 〈有機化合物など〉にハロゲンを加える. 〖《1882》: ⇨ ↑, -ate³〗

hal·o·gen·a·tion /hæ̀lədʒənéɪʃən, hælɑ̀(ː)dʒ- | hæ̀lədʒɪ-, hælɔ̀dʒ-/ *n.* 《化学》 ハロゲン化, ハロゲンとの化合. 〖《1911》: ⇨ ↑, -ion〗

hal·o·gen·ide /hǽlədʒənàɪd, hælɑ́(ː)dʒ- | hǽlədʒɪ̀-, hælɔ́dʒ-/ *n.* 《化学》 ハロゲン化物 (halide).

hal·o·gen·oid /hǽlədʒənɔ̀ɪd, -dʒe- / *n.* ハロゲノイド (haloid) (ハロゲンに似た化合物・基・イオンの総称).

ha·log·e·nous /həlɑ́(ː)dʒənəs | -lɔ́dʒɪ̀-/ *adj.* 《化学》 ハロゲン[造塩元素]の. 〖《1846》: ⇨ halogen, -ous〗

hal·og·e·ton /hæ̀lədʒíːtɑ(ː)n, -tn̩ | -tɔn, -tn̩/ *n.* 《植物》 アカザ科の毒草 (*Halogeton glomeratus*) (アメリカ西部の牧草地帯に多く, 家畜に有毒). 〖《1943》 ← NL ～ ← HALO- + Gk *geítōn* neighbour〗

hal·oid /hǽlɔɪd/ 《化学》 *adj.* ハロゲン類似の. **— *n.*** ハロゲン類似物, ハロゲン誘導体. 〖《1841》 ← HALO- + -OID: cf. saline〗

hálo·lìke *adj.* 後光[かさ] (halo) のような, 後光[かさ]状の. 〖《1845》 ← HALO- + -LIKE〗

hàlo·mórphic *adj.* 《土壌》 塩類の (cf. calomorphic, hydromorphic): ～ soil 塩類土壌. 〖《1938》 ← HALO- + MORPHIC〗

hàlo·mórphism *n.* 《土壌》 塩類.

hal·on /hǽlɑ(ː)n | -lɔn/ *n.* 《化学》 ハロン (炭化水素の水素原子を臭素とハロゲンで置換してできる化合物; オゾン層破壊物質として使用が規制されている). 〖《1960》 ← HALO- + -ON³〗

hàlo·pér·i·dol /-pérədɔ̀(ː)l | -dɔ̀l/ *n.* 《薬学》 ハロペリドール ($C_{21}H_{23}ClFNO_2$) (鎮静剤・精神安定剤). 〖《1960》 ← HALO- + (PI)PERID(INE) + -OL²〗

hal·o·phile /hǽləfàɪl/ 《生物》 *n.* 好塩性生物 (塩分を含んだ環境に生育する動植物, 特に細菌や菌類). **— *adj.*** = halophilic. 〖《1844–53》 ← HALO- + -PHILE〗

hal·o·phil·ic /hæ̀ləfílɪk⁻/ *adj.* 《生物》 好塩性の (塩分の多い環境に生育する). 〖《1919》 ← HALO- + -PHILIC〗

ha·loph·i·lism /həlɑ́(ː)fəlɪzm | -lɔ́fɪ-/ *adj.* 《生物》 好塩性 (ある種の動植物が塩分の多い環境を好む性質).

ha·loph·i·lous /həlɑ́(ː)fələs | -lɔ́fɪ-/ *adj.* 《生物》 = halophilic. 〖1888〗

hal·o·phyte /hǽləfàɪt/ *n.* 塩生植物 (塩分の多い土地に生える植物). **hal·o·phyt·ic** /hæ̀ləfítɪk | -tɪk⁻/ *adj.* **hal·o·phyt·ism** /hǽləfàɪtɪzm/ *n.* 〖《1886》 ← HALO- + -PHYTE〗

hal·o·thane /hǽləθèɪn/ *n.* 《薬学》 ハロセイン (CF_3-CHBrCl) (非爆発性の液体; 全身麻酔をするためにその蒸気を吸わせる). 〖《1957》 ← HALO(GEN) + (E)THANE〗

ha·lot·ri·chite /həlɑ́(ː)trəkàɪt | -lɔ́trɪ-/ *n.* 《鉱物》 ハロトリ石(せき), 鉄明礬(みょうばん) ($FeAl_2(SO_4)_4 \cdot 22H_2O$). 〖《1849》 □ G *Halotrichit*: ⇨ halo-, trich-, -ite¹〗

Hals /hɑ́ːls, hɑ́ːlz | hǽls, hǽlz; Du. hɑ́ls/, **Frans** *n.* ハルス (1581?–1666; オランダの肖像画家).

Hal·sey /hɔ́ːlzi, hɑ́ːl- | hɔ́ːlsi, hǽl-/, **William Frederick** *n.* ハルゼー (1882–1959; 米国の海軍元帥).

Hálsey prémium plàn *n.* 《経営》 ハルセー式割増賃金 (Frederick Arthur Halsey (1856–1935) によって提唱された刺激給制度; Halsey plan ともいう).

Häl·sing·borg /hélsɪŋbɔ̀ːg | -bɔ̀ːg; Swed. hèlsɪŋbɔ́rj/ *n.* ヘルシングボリ (Helsingborg の旧名 (1971 年まで)).

halt¹ /hɔ́ːlt, hɑ́ːlt | hɔ́ːlt, hɔ́lt/ *vi.* **1** (行進・旅行などの間に)止まる, 立ち止まる; 一旦休止する: Company, ～! 《号令》 中隊止まれ. **2** (一時的に, または永久に)中止する, 終わる, 終了する (end). **— *vt.* 1 a** 〈軍隊などを〉(行進中に)停止[休止]させる. **b** (行動中に)止める, 停止させる (⇨ stop SYN): The general strike has ～*ed* buses and subways. ゼネストでバスも地下鉄も止まってしまった / All the stores ～*ed* business for a day. どの店もみな一日休業した. **2** (一時的に, または永久に)終わらせる, 終了[終結]させる: ～ the negotiations. **— *n.* 1** (行進・旅行などの)停止, 休息; 停止命令; (一時的, または永久の)(活動の)休止, 中止: bring one's horse *to* a ～ 馬を止まらせる / The general strike brought production *to* a ～. ゼネストで生産が止まった / come [draw, pull] *to* a (dead) ～ (ぴたりと)止まる; (ぴったり)停車する / grind *to* a ～ ⇨ grind *vi.* 4 / come to a grinding ～ ⇨ grinding *adj.* 1 / We have to call a ～ to the decline in moral standards. 道徳的規範の低下を食い止めなければならない / call a ～ = call '～' 停止を命じる / make a ～ 停止する, 止まる. **2** 《英》 **a** (駅舎などがなく各駅停車の列車しか停車しない)小さな駅. **b** (バスの)停留所. 〖《1591》 ← *make halt* (なぞり) ← G *haltmachen* (*halt* は *halten* 'to HOLD¹' の命令形から)〗

halt² /hɔ́ːlt, hɑ́ːlt | hɔ́ːlt, hɔ́lt/ *adj.* 《古》 足が不自由な (lame) (cf. *Mark* 9:45). **— *vi.* 1** ぐらつく, 迷う, ためらう (hesitate): ～ between two opinions 二つの意見の間で迷う, 逡巡する (cf. *1 Kings* 18:21). **2** 〈詩形などが〉不完全である, 〈議論などが〉筋が通らない, 論理が一貫しない. **3** 《古》 足を引きずる; つまずく. **— *n.*** 《古》 足が不自由なこと (lameness): a ～ in one's walk. 〖adj.: OE *h(e)alt* < Gmc **χaltaz* (OHG *halz*) ← ? IE **kel-* to break (Gk *kólos* curtailed). — v.: OE *h(e)altian* ← (adj.)〗

hal·ter¹ /hɔ́ːltə, hɑ́ːl- | hɔ́ːltə^(r), hɔ́l-/ *n.* **1** 端綱(はづな), 寝張り頭絡(とうらく), 無口(むくち)頭絡, 夜繋頭絡 (馬などの面繋(おもがい)で, 銜(はみ)がついていないもの; 引き綱を含む場合もある). **2** 絞首索 (noose); 絞首(刑): come to the ～ 絞首刑になる. **3** 《服飾》 ホールター (ひもまたは身ごろから続いた布片で首の後ろで留めるようにした背とそでのないデザイン; 婦人用スポーツウェアやイブニングに用いられる). **— *vt.* 1** 〈馬〉に端綱をかける 〈*up*〉. **2** 〈人を〉絞首刑に処する. **3** (端綱をかけたように)〈人・行動・動きを〉不自由にする, 束縛する, 抑制する. 〖OE *hælftre* < Gmc **χalftraz*, (G *Halfter*) ← IE **kelp-* to hold: ⇨ helve〗

halt·er² /hɔ́ːltə, hɑ́ːl- | hɔ́ːltə^(r), hɔ́ːl-/ *n.* **1** ためらう人. **2** 足の不自由な人. 〖《1440》 ← HALT² (v.): ⇨ -er¹〗

hal·ter³ /hɔ́ːltə, hɑ́ːl-, hǽl- | hǽltə^(r), hɔ́ːl-/ *n.* (*pl.* **hal·te·res** /hɔ́ːltɪəz, hǽl-, hæltíəriːz, hɔːl- | hæltíəriːz, hɔːl-/) 《昆虫》 = balancer 4. 〖← NL ← Gk *haltḗr* (pl. *haltêres*) jumping weight ← *hállesthai* to leap〗

hálter·brèak *vt.* 〈子馬を〉端綱(はづな)に慣らす. 〖《1837》 ← HALTER¹ + BREAK〗

hal·tere /hɔ́ːltɪə, hǽl- | hǽltɪə^(r), hɔ́ːl-/ *n.* 《昆虫》 = balancer 4. 〖1823〗

halteres *n.* halter³ の複数形.

hálter nèck [tòp] *n., adj.* 〈水着・ドレスなど〉ホールターネック(の) (cf. halter¹ 3).

halt·ing /hɔ́ːltɪŋ, hɑ́ːl- | hɔ́ːlt-, hɔ́lt-/ *adj.* **1** 足が不自由な (limping). **2 a** 〈話し方・議論・詩形など〉不完全な, 筋の通らない (uncertain), 言葉がつかえる (stumbling): speak in a ～ way ためらいながら話す / reply in ～ English つかえつかえの英語で答える / a ～ argument 不完全な[おぼつかない]議論. **b** ぐらつく, ためらう. **～·ness** *n.* 〖(*c*1325) (pres.p.) ← HALT² + -ING²〗

hált·ing·ly *adv.* 足を引きずりながら (limpingly); ためらって, 言葉がつかえて, つかえつかえ. 〖《1580》: ⇨ ↑, -ly¹〗

ha·lutz /xɑːlúːts; Heb. xalúts/ Heb. *n.* (*pl.* **ha·lutz·im** /xɑ̀ːluːtsíːm, xɑːlúːtsɪm; Heb. xalutsím/) ハールーツ (祖国の建設・発展に献身するイスラエル移民). 〖《1921》 □ ModHeb. *ḥālûṣ* pioneer < Heb. *ḥālûṣ* ← *ḥālás* to equip for war〗

hal·vah /hɑːlvɑ́ː, ⸗⸗ | hǽlvə, -vɑː/ *n.* (*also* **hal·va** /～/) ハルバ (ゴマかアーモンドなどの木の実をつぶしたものにはちみつやシロップを加えて作った糖菓). 〖《1846》 □ Yid. ～ □ Turk. *helva* □ Arab. *ḥalwā* sweet meat ← *ḥáluwa* to be sweet〗

halve /hǽv | hɑ́ːv/ *vt.* **1 a** 二等分する: ~ an apple. **b** 〔…と〕平等に分ける[負担する]〔*with*〕: ~ expenses *with* a person 人と費用を割勘にする. **2** 半減する, 半分にする. **3** 〈材木などを〉相欠(あいか)きする: ~ two timbers. **4** 〖ゴルフ〗〔相手と〕同じ打数でする〔*with*〕: ~ a hole *with* one's opponent 相手と同じ打数でホールを打ち終える / ~ a match 同点[引分け]になる. — *vi.* 半減する, 半分になる. 〖(?a1200) *halve(n)* ← *half* 'HALF'〗

halved *adj.* **1** 二等分した, 山分けにした. **2** 一方ばかり残った, 片方ばかり発達した. **3** 半減した. **4** 〖ゴルフ〗引分けの: a ~ hole [match]. 〖(1619) (p.p.) ← HALVE〗

halv·ers /hǽvəz | hɑ́ːvəz/ *n. pl.* 《口語》 =halves: go ~ 折半する. 〖(1517) ← HALVE (v.)+-ER¹+-S¹〗

halves *n.* half の複数形. 〖a1325〗

hal·yard /hǽljəd | -ljəd/ *n.* 〖海事〗(帆・帆桁(ほげた)・旗などを上げ下げする)揚げ綱, ハリヤード. 〖(1373) *halier* carrier: ⇨ hale², -ier¹: -*yard* は YARD¹ の影響〗

ham¹ /hǽm/ *n.* **1 a** 塩[薫製]豚肉, ハム《通例, 豚のもも肉を使う》: ~ and eggs ハムエッグ. 日英比較「ハムエッグ」は英語では ham and eggs. **b** (豚の)もも肉 (⇨ pork 挿絵). **2** [*pl.*] (ももの後ろ側を含めて)尻 (buttocks): squat on one's ~*s* しゃがむ. **3** ひかがみ《ひざの裏のくぼんだ所; cf. hamstring》; (動物の)ひかがみ (hough). **4** 〖服飾〗服の湾曲部にあてがうクッション. 〖OE *ham(m)* < Gmc **χammō* (G《方言》*Hamme* ham / ON *hǫm*) ← IE **konəmo-* (shin) bone (L *camur* crooked)〗

ham² /hǽm/ 《俗》 *n.* **1 a** (演技過剰の)へぼ[大根]役者 (strutter). **b** 下手な電信技手. **c** 《米》下手なボクサー[レスラー]. **2** 〖映画・演劇〗感傷的通俗性; 演技[演出]過剰: a play full of tears and ~ お涙ちょうだいの劇. — *adj.* [限定的]〈俳優が〉下手な; 芝居気たっぷりな, 芝居じみた (hammy): a ~ actor へぼ[大根]役者. — *v.* (**hammed; ham·ming**) — *vi.* オーバーな演技をする (overact) 〈*up*〉. — *vt.* **1** 〈役割・仕草などを〉大げさにやる〈*up*〉: ~ it *up* 大げさにやる[演じる]. **2** 〈物語などを〉感傷的[俗受けするように]に仕組む. 〖(1882)《略》← HAMFATTER〗

ham³ /hǽm/ *n.* (昔の)町 (town), 村 (village). 〖(1864): cf. OE *hām* town, village (⇨ home)〗

ham⁴ /hǽm/ 《口語》 *n.* アマチュア無線家, ハム (radio ham). — *adj.* アマチュア無線の: a ~ operator. 〖(1909): Harvard 大学無線クラブの会員 3 名の頭文字 H, A, M からか: ham² と連想〗

Ham /hǽm/ *n.* **1** ハム《男性名》. **2** 〖聖書〗ハム《Noah の次男, エジプト人・ヌビア人・カナン人などの祖先; cf. *Gen.* 10:1》. 〖□ LL ~ □ Gk *Kham* □ Heb. *Ḥām*《原義》?: cf. Heb. *ḥām* hot〗

Ham. 《略》 Hamburg; Hamlet.

Ha·ma /hǽmɑː | hɑ́ː-/ *n.* ハマ《シリア西部の都市; 旧約聖書ではハマテ (Hamath /héɪmæθ/)》.

Ham·a·dan /hæ̀mədǽn, -dɑ́ːn/ *n.* ハマダン《イラン西部の都市; 古名 Ecbatana》.

ham·a·dry·ad /hæ̀mədráɪəd, -æd/ *n.* **1** 〖ギリシャ・ローマ神話〗ハマドリュアデス《木の精 (dryad); 樹木と生死を共にするという; cf. nymph 1》. **2** 〖動物〗=king cobra. **3** 〖動物〗=sacred baboon. 〖(c1385) □ L *hamādryad-, hamādryas* □ Gk *hamadruás* (← *háma* together + *druás* wood nymph (⇨ dryad))〗

ham·a·drý·as (babóon) /hæ̀mədráɪəs-/ *n.* 〖動物〗=sacred baboon. 〖c1890〗

Ha·mah /hǽmɑː | hɑ́ː-/ *n.* =Hama.

ha·mal /həmɑ́ːl/ *n.* (中東の)荷運び人夫 (porter). 〖(1766) □ Arab. *ḥammāl* carrier ← *ḥamala* to carry: cf. Turk. *hamāl*〗

Ham·al /hǽməl, -mḷ/ *n.* 〖天文〗ハマル《牡羊座 (Aries) の α 星; 2.2. 等星》. 〖□ Arab. *ḥamal* lamb〗

Ham·a·mel·i·da·ce·ae /hæ̀məmèlədéɪsiiː | -lɪ̀-/ *n. pl.* 〖植物〗マンサク科. **hàm·a·mèl·i·dá·ceous** /-ʃəs⁻/ *adj.* 〖(1743) ← NL ~: ⇨ hamamelis, -aceae〗

ham·a·me·lis /hæ̀məmíːlɪ̀s | -lɪs/ *n.* 〖植物〗マンサク《マンサク科マンサク属 (*Hamamelis*) の植物の総称; マンサク (*H. japonica*), アメリカマンサク (witch hazel) など》. 〖(1743) ← NL ~ ← Gk *hamamēlid-, hamamēlís* medlar ← *háma* together + *mēlon* apple, fruit (⇨ melon)〗

Ha·man /héɪmən, -mæn/ *n.* ハマン《Ahasuerus 王の大臣; ユダヤ人を迫害したため高い絞首台上で処刑された》: be hanged as high as ~ 高い絞首台で殺される (cf. *Esth.* 3–7). 〖1644〗

Ha·mann /hɑ́ːmən; G. háːman/, **Johann Georg** *n.* ハーマン《1730–88; ドイツの哲学者; the Magnus of the North と呼ばれた》.

ha·man·tasch /hɑ́ːməntɑ̀ːʃ/ *n.* (*pl.* **~·en** /~ən/) (*also* **ha·man·tash** /~/) ハーマンターシュ《けしの実や干すももなどの詰め物を小麦粉の生地にはさんで焼いた三角形の菓子; 古来, Purim 祭の折にユダヤ人の家庭で食べる》. 〖(1927) □ Yid. *homentash* ← *Homen* Haman + *tash* pocket (cf. G *Tasche*)〗

ha·mar·ti·a /hɑ̀ːmɑːtíːə | -mɑː-/ *n.* 〖ギリシャ悲劇〗判断の誤り《特に, 主人公がその性格的欠陥によって陥る誤り》; 悲劇的欠陥. 〖(1895) □ Gk *hamartía* error, fault ← *hamartánein* to err〗

ha·mar·ti·ol·o·gy /həmɑ̀ːtiɑ́(ː)lədʒi | -mɑ̀ːtiɔ́l-/ *n.* 〖神学〗罪悪論《神学の一分科》. 〖(1875) ← Gk *hamartía* sin + -O- + -LOGY〗

Ha·mas /hɑ́ːmɑːs | hǽmæs, ─⁻/ *n.* ハマス《パレスチナ人過激派組織; イスラエルの存在を認めず和平反対のテロ活動を続けている》. 〖□ Arab. *ḥamās* ← *ḥarakāt al-muqāwama al-'islāmiyya* the Islamic Resistance Movement〗

hamata *n.* hamatum の複数形.

ha·mate /héɪmeɪt/ 〖解剖〗 *adj.* 鉤(かぎ)状の, 鉤状突起をした. — *n.* =hamatum. 〖(1744) □ L *hāmātus* ← *hāmus* hook〗

hámate bóne *n.* 〖解剖〗有鉤(ゆうこう)骨.

ha·ma·tum /həméɪtəm, heɪ- | -təm/ *n.* (*pl.* **ha·ma·ta** /-tə | -tə/) 〖解剖・動物〗(手の)有鉤(ゆうこう)骨 (unciform). 〖← NL ~ (neut.) ← L *hāmātus, hāmus* hook〗

ha·maul /həmɔ́ːl, -mɑ́ːl | -mɔ́ːl/ *n.* =hamal. 〖1766〗

ham·ba /hǽmbə; *Zulu* ɦámbɑ/ *int.* 《南ア》帰れ; 出て行け. 〖(1827) □ Xhosa & Zulu ~ 'go'〗

Ham·ble·to·ni·an /hæ̀mbḷtóuniən | -tə́u-/ *n.* **1** ハンブルトニアン系《米国産速歩馬 (trotter) の一血統》. **2** (4 歳の)速歩馬競馬《もと米国 New York 州の Goshen で, 現在は Illinois 州の Du Quoin で毎年開かれる》. 〖名馬 (1849–76) の名にちなむ〗

hám·bòne *n.* **1** (豚の)もも骨. **2** 《米俗》〖演劇〗(ボードビルで黒人の方言を用いる)黒人に扮した役者; もったいつけるへぼ役者. 〖(1855) ← HAM¹·² + BONE〗

Hamborn *n.* ⇨ Duisburg.

ham·bro·line /hǽmbrəlàɪn/ *n.* 〖海事〗ハンブロライン《小綱を 3 本より合わせた上質のマーリン (maline) で, 帆や天幕などを締めたり索端結着 (seizing) などに用いる》. 〖(1793) ← HAMB(U)R(G)¹ + LINE¹〗

Ham·burg¹ /hǽmbəːg, hɑ́ːmbuəg | hǽmbəːg, G. hámbʊʁk/ *n.* ハンブルク《ドイツ北部, Elbe 河口の都市, ドイツ最大の海港で一州を成す; かつてハンザ同盟 (Hanseatic League) の有力都市; 現在でもハンザ都市と称する; 面積 746 km²》. 〖□ G ~《原義》home city: ⇨ home, -burg〗

Ham·burg² /hǽmbəːg | -bəːg/ *n.* **1** ハンバーグ《小さい一品種の鶏》. **2** [通例 h-] 《米》=hamburger. 〖↑〗

ham·burg·er /hǽmbəːgə | -bəːgə^{(r)}/ *n.* **1** =Hamburg steak. **2** ハンバーグステーキ用のひき肉. **3** ハンバーガー(サンド)《ハンバーグステーキを丸いパンにはさんだもの》. 〖(1889)《略》← *Hamburger steak* Hamburg steak: cf. G *Hamburger* of Hamburg〗

Ham·burg·er /hǽmbəːgə, hɑ́ːmbuə- | hǽmbəː-gə^{(r)}/ *n.* (ドイツの)ハンブルクの人, ハンブルク生まれ[出身]の人. 〖(1616) ← HAMBURG¹ + -ER¹〗

hámburger hèaven *n.* 《米俗》軽食堂.

Hámburg stèak, h- s- *n.* 〖料理〗ハンバーグステーキ《牛肉・豚肉などのひき肉を楕円形にまとめてフライパンまたはオーブンで焼いたもの; Hamburger steak, hamburger ともいう》. 〖1884〗

hame¹ /héɪm/ *n., adj., adv., v.* 《スコット》=home.

hame² /héɪm/ *n.* [通例 *pl.*] 〖馬具〗軛(くびき)《馬車馬のはも (collar) に取り付けてある木製または鉄製の 2 本の曲がり棒; これに引き綱が付く》. 〖(c1303) *hame* □ MDu. ~ (Du. *haam*): cf. G *Hamen* fishhook〗

ham·el /hǽməl, -mḷ/ *n.* 《南ア》去勢羊. 〖(1831) □ Afrik. ~ □ Du. ~〗

Ha·meln /hɑ́ːməln; G. háːməln/ *n.* (*also* **Ham·e·lin** /hǽm(ə)lɪ̀n | -m(ɪ)lɪn/) ハーメルン《ドイツ Lower Saxony 州の市, Weser 川に臨む; The Pied Piper of Hamelin の伝説の地》.

ham·er·kop /hǽməkɑ̀(ː)p | -məkɔ̀p/ *n.* 〖鳥類〗= hammerkop.

Hám·ers·ley Ránge /hǽməzli- | -məz-/ *n.* [the ~] ハマーズリー山地《オーストラリア西部 Western Australia 州北西部の山地; 最高峰 Bruce 山 (1,236 m)》.

ha·metz /xɑːméts, xɔː-, xɔ́ːməts/ *n.* 〖ユダヤ教〗酵母入りの練り粉《過ぎ越しの祝い (Passover) のときにはこれで作ったパンを食べることは許されない》. 〖(1891) □ Heb. *ḥāmēṣ* that which is leavened〗

ham·fat /hǽmfæ̀t/ *vt., vi.* 《米俗》〈俳優が〉下手に演じる. 〖(逆成) ↓〗

ham·fat·ter /hǽmfæ̀tə | -tə^{(r)}/ *n.* 《米俗》へぼ役者[芸人], 下回り役者 (ham actor). 〖(1880) ← ? *The Ham-fat Man* (黒人の古謡): またはもと役者が化粧落としに使ったハムの脂身(あぶらみ) (ham fat) にちなむ〗

hám-fìsted *adj.* 《英口語》=ham-handed 2. 〖1928〗

hám-hánded *adj.* 《口語》 **1** 特別に手の大きい: a ~ wrestler. **2** 無器用な, ぎこちない (clumsy): a ~ player 下手な役者 / make a ~ attempt (to do ...) ぎこちなく(…しようと)企てる. 〖(1918) ← HAM¹ + HANDED〗

Ham·hung /hɑ̀ːmhúŋ; *Korean* hamɦwŋ/ *n.* 咸興(かんこう)《朝鮮民主主義人民共和国中部の都市; 李朝発祥の地; 咸鏡南道の道都》.

Ha·mil·car Bar·ca /həmílkɑəbɑ́əkə, hǽmɪlkɑə- | hæmílkɑːbɑ́ː-, hə-, hǽmɪlkɑː-/ *n.* ハミルカルバルカス (270?–?228 B.C.; カルタゴの将軍, Hannibal の父; Hamilcar Barcas /-kəs/ ともいう》.

Ham·il·ton¹ /hǽməltən, -mḷ-, -tṇ | -mɪ̀l-, -mḷ-/ *n.* ハミルトン: **1** カナダ南東部, Ontario 湖西端の港市, 工業都市. 《← *George Hamilton* (この地方に住んでいた農夫)》 **2** Bermuda 諸島の主都・海港. **3** ニュージーランド北島北部の都市. **4** [the ~] Churchill の旧名. 〖ME *Hamelton* ← OE *hamel* maimed: ⇨ -ton〗

Ham·il·ton² /hǽməltən, -mḷ-, -tṇ | -mɪ̀l-, -mḷ-/ *n.* ハミルトン《男性名》. 〖↑〗

Ham·il·ton /hǽməltən, -mḷ-, -tṇ | -mɪ̀l-, -mḷ-/, **Alexander** *n.* ハミルトン《1755 (あるいは 1757)–1804; 米国の政治家; Washington の下で初代財務長官 (1789–95); 連邦党 (the Federalist Party) の党首; Madison, Jay と共同執筆した論文集 *The Federalist* (1788) は米国政治思想上の重要文献》.

Hamilton, Alice *n.* ハミルトン《1869–1970; 米国の医師・毒物学者・社会改革家; *Industrial Poisons in the United States* (1925)》.

Hamilton, Edith *n.* ハミルトン《1867–1963; ドイツ生まれの米国の教育者・古典学者; *The Greek Way* (1930)》.

Hamilton, Lady **Emma** *n.* ハミルトン《1761?–1815; 英国の提督 H. Nelson の愛人; 旧姓 Lyon》.

Hamilton, Sir **Ian Standish Monteith** *n.* ハミルトン《1853–1947; 英国の将軍; 第一次大戦で Gallipoli 作戦を指揮した》.

Hamilton, Mount *n.* ハミルトン山《米国 California 州西中央部, Coast Ranges 中の山 (1,333 m); Lick 天文台がある》.

Hamilton, Patrick *n.* ハミルトン《1504?–28; スコットランドにおける宗教改革の最初の殉教者》.

Hamilton, Sir **William** *n.* ハミルトン《1788–1856; スコットランドの哲学者・論理学者》.

Hamilton, Sir **William Rowan** *n.* ハミルトン《1805–65; アイルランドの数学者・天文学者》.

Ham·il·to·ni·an¹ /hæ̀məltóuniən, -mḷ- | -mɪ̀l-, -mḷ-⁻/ *adj.* **1** ハミルトン主義 (Hamiltonianism) 的な, ハミルトン式の. **2** ハミルトン主義を支持する. 〖(c1790): ⇨ A. Hamilton, -ian〗

Hamiltonian² *n.* 〖数学・物理〗ハミルトニアン, ハミルトン関数《Hamiltonian function ともいう; H で表す; cf. Lagrangian》. 〖(1933): ⇨ Sir William Rowan Hamilton, -ian〗

Hàm·il·tó·ni·an·ìsm /-nìzm/ *n.* ハミルトン主義《Alexander Hamilton の政治的立場で, 特に中央集権・保護関税を強調する》. 〖(1901) ← HAMILTONIAN¹ + -ISM〗

Hámilton Ínlet *n.* [the ~] ハミルトン入江[湾]《カナダ Newfoundland 州 Labrador 東部, 大西洋の湾》.

Ha·mish /héɪmɪʃ/ *n.* ヘイミッシュ《男性名》. 〖(表音化変形) ← *Sheumais* (voc.) ← *Seumas* (のゲール語形)〗

Ham·ite /hǽmaɪt/ *n.* **1** 〖聖書〗Noah の次男 Ham の子孫 (cf. *Gen.* 10:6–20). **2** ハム族の人《古代エジプト人・ベルベル人など, アフリカ北部および東部に住むハム系諸族の人; cf. Semite 1, Aryan》. 〖(1645) ← HAM + -ITE¹〗

Ha·mi·tes /həmáɪtiːz/ *n.* 〖地質〗ハミテス, (俗名)かぎ石《頭足類化石の一種; cf. ammonite¹》. 〖(1832) ← L *hāmus* hook + -ITE¹〗

Ham·it·ic /hæmítɪk, hə- | -tɪk/ *adj.* ハム族の, ハム語族の. — *n.* =Hamitic languages. 〖(1844) ← HAMITE + -IC¹〗

Ham·it·i·cized /hæmítəsàɪzd, hə- | -tɪ̀-/ *adj.* ハム(語)族化された, ハム(語)族に特有の. 〖(1911): ⇨ ↑, -ize, -ed〗

Hamític lánguages *n. pl.* [the ~] 〖言語〗ハム語(族)《古代エジプト語・ベルベル語・クシ語など》. 〖c1870〗

Ham·i·to- /hǽmətou- | -mɪ̀təu-/ 「ハム語(族)と…との (Hamitic and ...)」の意の連結形. 〖← HAMITIC: ⇨ -o-〗

Hàmito-Semític *adj., n.* ハム セム語族(の) (⇨ Afro-Asiatic). 〖1901〗

Hámito-Semític lánguages *n. pl.* [the ~] 〖言語〗ハム セム語族 (⇨ Afro-Asiatic languages).

ham·let¹ /hǽmlɪ̀t/ *n.* **1** 小村落; (田舎で少数の家の固まった)小部落. **2** 《英》(それ自身の教会を持たず隣接町村の教区に属する)小村. 〖(a1338) *hamelet* □ OF (dim.) ← *hamel* (F *hameau*) (dim.) ← *ham* □ MDu. *ham*: ⇨ ham³, -let: cf. home〗

ham·let² /hǽmlɪ̀t/ *n.* 〖魚類〗フロリダ湾またはカリブ海に産するハタ科マハタ属の食用魚 (*Epinephelus striatus*).

Ham·let /hǽmlɪ̀t/ *n.* **1** [~, Prince of Denmark]「ハムレット」《Shakespeare 作四大悲劇の一つ (1600–01)》: ~ without the Prince (of Denmark) 主人公抜き[骨抜き]の芝居; 主役のいない行事. **2** ハムレット《*Hamlet* の憂鬱(ゆううつ)で瞑想的な主人公; しばしば思索型の人として, 行動型の Don Quixote と対照されてきたが, 20 世紀になって行動家としての Hamlet 解釈も現れた》. **Ham·let·ic** /hæmlétɪk | -tɪk/ *adj.* 〖□ Icel. *Amlóði* ← *Anle* (人名) + *óði*《原義》mad, furious in war〗

Ham·lin /hǽmlɪ̀n | -lɪn/ *n.* ハムリン《男性名; 異形 Hamelin, Hamelyn, Hamlyn》. 〖(dim.) ← *Haim(e)* (人名: ⇨ home)〗

Ham·lin /hǽmlɪ̀n | -lɪn/, **Hannibal** *n.* ハムリン《1809–91; 米国の政治家; 副大統領 (1861–65)》.

Hamm /hɑ́ːm, hǽm; G. hám/ *n.* ハム《ドイツ北西部 North Rhine-Westphalia 州の鉱工業都市; 1417 年ハンザ都市となり繁栄》.

ham·mal /həmɑ́ːl/ *n.* =hamal. 〖1766〗

ham·mam /hǽməm, həmɑ́ːm | hǽmæm, -əm; *Turk.* haman, *Arab.* ħammaːm/ *n.* =Turkish bath. 〖(1625) □ Arab *ḥammām* public bath, bathroom ← *ḥamma* to heat, make hot〗

Ham·mar·skjöld /hǽməʃɔ̀ld, hɑ́ːm-, -ʃòuld | hǽməʃəuld; *Swed.* hămːarɦœld/, **Dag (Hjal·mar Ag·ne Carl)** /dɑ́ːg jálmar ăŋne kɑ́ːl/ *n.* ハンマルシュルド, ハマーショルド《1905–61; スウェーデンの財政家・政治家; 国連事務総長 (1953–61); Nobel 平和賞 (1961)》.

ham·mer /hǽmə | -mə^{(r)}/ *n.* **1** ハンマー, かなづち, げんのう: a steam ~ 蒸気ハンマー / a knight of the ~ かじ屋. **2 a** ハンマー形の道具; 撞木(しゅもく). **b** (銃の)撃鉄, 打ち金. **c** (ピアノの弦を叩く)ハンマー. **d** (木琴などの)打棒. **e** (電鈴の)打子. **f** (競売者用の木槌(きづち)) (mallet). ★ しばしば次の句で: *bring [send]* something *to the* ~ ある物を競売に付する / *come [go, be] under the* ~ 競売に付される. **3** (陸上競技用の)ハンマー: throwing the ~ =the

H

hammer-throw ハンマー投げ. **4** 〘解剖〙(中耳の)槌骨(ついこつ)(⇨ malleus). **5** 〘時計〙撞木, ハンマー《報時やアラームなどのためにベルなどを打つもの》.
hámmer and tóngs 《口語》猛烈に, 激しく (forcefully) (cf. hammer-and-tongs): go [be] at it [each other] ~ *and tongs* 猛烈な勢いで取りかかる《かじ屋が真っ赤に焼けた鉄を火ばさみで盛んに打つところから》. 《1708》 ***be òn a person's hámmer*** 《豪俗》人を追いかける, 人に付きまとう. ***ùp to the hámmer*** 《口語》申し分のない, 見事な, すてきな (first-rate, excellent). 《1884》
hámmer and síckle (1) [the ―] (ハンマーと鎌を交差させた図柄の)旧ソ連邦の国旗《1923 年制定, ハンマーは労働者, 鎌は農民を表す》. (2) 共産主義の象徴. 《1921》
― *vt.* **1 a** 槌で打つ[たたく]; 〈釘(くぎ)などを〉打つ (drive): ~ a nail *in* 釘を打ち込む. **b** (釘と槌で)打ちつける: ~ *down* the lid of a box 箱のふたを打ちつける. **c** 槌で打って作る 〈*together*〉: ~ a box *together* 釘を打ちつけて箱を作り上げる. **2 a** 強く打つ, 強打する: ~ (out) a home run ホームランを打つ / ~ a typewriter タイプライターをたたく. **b** (げんこつで)ぶんなぐる. **c** 〈敵を〉さんざんに砲撃する. **d** 〈音などを〉たたいて出す 〈*out*〉: He ~*ed* a dissonance on the piano with both hands. 両手でピアノをたたいてバーンという不協和音を出した. **3 a** 〈思想などを〉たたき込む (force); (槌で打つようにして)作り上げる; 組み立てる: ~ an idea *into* a person's head 考え方を人にたたき込む / ~ a plan into shape 計画をまとめあげる. **b** 〈意見などを〉無理に押しつける 〈*home*〉: ~ *home* a point 要点を銘記させる. **4** 〈問題などを〉工夫して解く (work out), 頭を絞って作り出す, 案出する (devise) 〈*out*〉: ~ *out* a scheme 計画を案出する. **5** 《英》 **a** 厳しく問いただす, 詰問する. **b** 厳しく批判する. **6** 《口語》打ち負かす, やっつける: We really ~*ed* the opposition this time! 今度は文字通り相手をやっつけてやった. **7** 〘証券〙(London 株式取引所で会員が契約を履行できない場合, 立会場において係の者に木槌 (mallet) で演壇 (rostrum) を 3 回たたかせて)〈その会員が〉違約者であることを宣告する《その会員は取引停止となる》. ***hámmer óut*** (1) (ハンマーで)たたいて作り出す[除去する]: ~ *out* a dent in a fender ハンマーでたたいて泥よけのへこみを直す. (2) 〈不一致などを〉(努力して)解決する, 調停する (adjust): ~ *out* a difference of opinion 意見の違いを調整する. (3) (ピアノなどをたたいて)〈音などを〉出す.
― *vi.* **1** 槌で打つ; とんとん[どんどん]打つ (pound): ~ *at* [*on*] a door [a typewriter] 戸[タイプ]をたたく. **2** = water-hammer. **3** 《英方言》どもる (stammer).
hámmer (awáy) at (1) こつこつ[熱心に]…をする[勉強する] (labor): ~ *away at* a task [typewriter] せっせと仕事をする[タイプを打つ]. (2) …に繰り返し強調する, …にくどく言う: I ~*ed away at* him about his mistake. 彼の誤りについてボンボン言ってやった.
〘OE *hamer, hamor* < Gmc **χamaraz* 《原義》stone weapon (G *Hammer*) ← IE **ak-* sharp, pointed (Gk *ákmōn* (stone) anvil): cf. acrid〙
hámmer-and-tóngs *adj.* 猛烈な, 遮二無二の: in a ~ way すさまじい勢いで, 遮二無二. 《(1708)》《1799》 ← *hammer and tongs* (⇨ hammer (n.) 成句)〙
hámmer bèam *n.* 〘建築〙(小屋組の合掌を支えるために壁の両側の上部から突き出した短い)片持ちばり (cantilever). 〘1823〙
hámmer·blòw *n.* 槌(つち)打ち, 猛打. 〘1881〙
hámmer·clòth *n.* (公式馬車などの)御者台の掛布. 〘《1465》《古形》*hamerclothe* ← ? **hamelcloth* home-woven cloth ← *hamel* domestic (cf. home)+CLOTH〙
hámmer drìll *n.* 〘機械〙ハンマードリル: **1** 圧縮空気による高速削岩機. **2** 回転と連打を行う電動ドリル. 〘1908〙
hám·mered *adj.* **1** (鍛冶(かじ)工・金属細工師が)槌(つち)でたたいて作った[模様を作った]: ~ work 打出し細工(品), 鍛造(たんぞう)(品). **2** 《俗》ひどく酔っぱらった. 〘《1522》: ⇨ -ed〙
hám·mer·er /-mərə | -rə^(r)/ *n.* 鍛工(たんこう), 鍛冶(かじ)工, 槌(つち)で打つ人. 〘《1611》: ⇨ -er[1]〙
Ham·mer·fest /hǽməfɛ̀st, hɑ́ːm- | hǽmə-; *Norw.* hɑ́mːə(r)fɛ̀st/ *n.* ハンメルフェスト《ノルウェー北部の島の海港, ヨーロッパ最北の都市》.
hámmer·hèad *n.* **1** ハンマーの頭. **2** 〘魚類〙シュモクザメ《シュモクザメ属のサメの総称; シロシュモクザメ (*Sphyrna zygaena*), *S. tudes* など; hammerhead shark ともいう》. **3** 〘鳥類〙シュモクドリ (*Scopus umbretta*)《アフリカ産シュモクドリ科の鳥; hammerkop, hammerkop bird ともいう》. **4** 〘昆虫〙=flatheaded borer. **5** 〘動物〙ウマヅラフルーツコウモリ (*Hypsignathus monstrosus*)《アフリカ産のオオコウモリ科の巨大なコウモリ》. **6** 《米》ばか, 薄のろ, 石頭. 〘1532〙
hámmerhead cràne *n.* 〘機械〙槌(つち)形クレーン《埠頭で多く使われる大型クレーン》. 〘1910〙
hámmer·héaded *adj.* **1** 槌(つち)状の頭をした: a ~ shark シュモクザメ. **2** 《米》ばかな, 石頭の (stupid). 〘《1552》← HAMMERHEAD+-ED 2〙
hámmerhead shàrk *n.* 〘魚類〙シュモクザメ (⇨ hammerhead 2; hammerheaded shark ともいう).
hámmerhead stàll *n.* 〘航空〙失速反転.
hám·mer·ing /-m(ə)rɪŋ/ *n.* **1** 槌(つち)で打つこと[音]; 槌打ち; 殴り散らし: give a person a good ~ 人をしたたか殴る. **2** たたき出し模様《槌でたたいた跡にできる薄いうろこ模様》. **3** 《口語》大打撃, 大敗. ― *adj.* ハンマーで打つ, とんとん打つ: ~ blows. 〘《1563》: ⇨ -ing[1,2]〙
ham·mer·kop /hǽməkɑ̀(ː)p | -məkɔ̀p/ *n.* 〘鳥類〙=hammerhead 3. 〘《1834》□ Afrik. *hamerkop* ← *hamer* hammer+*kop* head〙
hámmerkop bìrd *n.* 〘鳥類〙=hammerhead 3.
hámmer·less *adj.* **1** 槌(つち)のない. **2** 〈小銃が〉撃鉄の見えない. 〘《1875》: ⇨ -less〙
hámmer·lòck *n.* 〘レスリング〙ハンマーロック《相手の片腕を背中へねじ上げる技》. 〘1897〙
hámmer·man /-mən, -mæ̀n/ *n.* (*pl.* **-men** /-mən, -mɛ̀n/) **1** ハンマー(を使う)職人; 鍛冶(かじ)工. **2** ハンマー機械操縦者. 〘1483〙
hámmer mìll *n.* 〘機械〙ハンマーミル: **a** 衝撃式製粉機. **b** 衝撃式粉砕機. 〘1610〙
hámmer·smìth *n.* =hammerman. 〘1294〙
Hám·mer·smith and Fúlham /hǽməsmɪθ- | -mə-/ *n.* ハマースミス フラム《Thames 川の北岸にある London 中央部の自治区; 旧 Hammersmith と Fulham 行政区画が 1965 年に合併されてできた》. 〘ME *Hameresmythe* 《原義》hammersmith's smithy: ⇨ hammer, smithy〙
Ham·mer·stein /hǽməstàɪn, -stìːn | -mə-; *G.* hámɐʃtaɪn/, **Oscar** *n.* ハマースタイン《1847?–1919; ドイツ生まれの米国の劇場経営者・オペラ興行主; Oscar Hammerstein 二世の祖父》.
Hammerstein, Oscar, II *n.* ハマースタイン《1895–1960; 米国のミュージカル作詞家・脚本家 (⇨ R. Rodgers); *Show Boat* (1927), *South Pacific* (1949), *The Sound of Music* (1959)》.
hámmer·stòne *n.* (先史時代の)石の槌(丸石).
hámmer thròw *n.* 〘スポーツ〙[the ~] ハンマー投げ.
hámmer thròwer *n.* 〘1898〙
hámmer·tòe *n.* 〘病理〙かぎ形に曲がった足指(の奇形). 〘*c*1885〙
hámmer wèlding *n.* 〘金属加工〙鍛接, ハンマー溶接《金属を加熱しハンマーでたたいて接合する方法; blacksmith welding ともいう》.
Ham·mett /hǽmɪ̀t | -mɪt/, **(Samuel) Da·shiell** /dəʃíːl/ *n.* ハメット《1894–1961; 米国の推理小説家; *The Maltese Falcon* (1930)》.
ham·mock[1] /hǽmək, -mɪk | -mək/ *n.* **1** ハンモック, つり床: lash [sling] a ~ ハンモックをたたむ[つる]. **2** ハンモック状のもの. ― *vt.* ハンモックに入れて[入れたように]つるす. 〘《1555》《古形》*hamaca, hamack(e)* □ Sp. *hamaca* ← W-Ind. (Arawakan)〙
ham·mock[2] /hǽmək, -mɪk | -mək/ *n.* **1** =hummock 1, 2. **2** 《米南部》(Florida 州の)肥沃な台地. 〘《1555》《異形》← HUMMOCK〙
hámmock chàir *n.* ハンモック椅子《ズックの背と座を木製のわくからつるしたもの》. 〘1881〙
Ham·mond /hǽmənd/ *n.* ハモンド《米国 Indiana 州北西部の都市》.
Ham·mond /hǽmənd/, **Dame Joan** *n.* ハモンド《1912–96; ニュージーランド生まれのオーストラリアのオペラ歌手(ソプラノ)》.
Hammond, John Hays *n.* ハモンド《1855–1936; 米国の鉱山技師; Cecil Rhodes と協力して南アフリカ共和国の鉱物資源を開発》.
Hammond, Laurens *n.* ハモンド《1895–1973; 米国の発明家; ハモンドオルガンを製作 (1933)》.
Hám·mond órgan /hǽmənd-/ *n.* 〘商標〙ハモンドオルガン《電気的な振動を音源として 1929 年に発明されたオルガン; 1930 年代からポピュラー音楽に多く用いられた; cf. Novachord》. 〘《1935》← *L. Hammond*〙
Ham·mu·ra·bi /hɑ̀ːmʊrɑ́ːbi, hæ̀mə- | hæ̀mʊ-/ *n.* ハンムラビ《紀元前 1700 年ごろのバビロニア第一王朝第 6 代の王; その治世中に作成されたハンムラビ法典 (Hammurabi's code) はまとまった形で現存する世界最古の法典》.
ham·my /hǽmi/ *adj.* (**ham·mi·er; -mi·est**) **1 a** ハムのにおい[味]のする. **b** ハムのように見える[なにおいがする]. **2** 《俗》 **a** へぼ役者くさい. **b** 大げさに演じられた, 演技過剰な. **c** 誇張した, 大げさな. **hám·mi·ly** /-məli/ *adv.* **hám·mi·ness** *n.* 〘《1861》← HAM[1,2] (n.)+-y[4]〙
Ha·mo /héɪmoʊ | -məʊ/ *n.* ヘイモー《男性名; 異形 Hamon; しばしばジプシーにも見られる》. 〘□ ONF ~ (nom.), *Hamon* (acc.) □ OHG *Haimo* ← *haimi* house〙
Ha·mon /ɑːmɔ́ː(ŋ), -mɔ́ːŋ; *F.* amɔ̃/, **Jean Louis** *n.* アモン《1821–74; フランスの画家; cf. Neo-Greek》.
Hamp·den /hǽm(p)dən/, **John** *n.* ハムデン《1594–1643; 英国の政治家; Charles 一世の課した議会の議決によらない船舶税 (ship money) に反対, ピューリタン革命初期の議会派の中心人物》.
Hampden, Walter *n.* ハムデン《1879–1955; 米国の俳優; Walter Hampden Dougherty の芸名》.
Hámp·den Párk /hǽm(p)dən-/ *n.* ハムデンパーク《スコットランド Glasgow にある英国最大のサッカー競技場; Scottish Cup Final がここで行われる; ここでの試合の歓声を the Hampden roar という; ここでの Rangers (主にプロテスタント)対 Celtic (カトリック)の試合は派手な騒ぎとなる》.
ham·per[1] /hǽmpə | -pə^(r)/ *vt.* **1** (妨害や束縛で)〈運行を〉阻止する; …の動きを妨げる, 邪魔する, 妨害する (impede): Her long dress ~*ed* her freedom of movement. 長い服を着ていたので自由に動けなかった. **2** 制限する, 拘束する. ― *n.* **1** 〘海事〙(平時は必要であるが暴風などのときには)邪魔になる艤装(ぎそう)品, 船具 (cf. top-hamper 2). **2** 《古》足かせ, 束縛; 邪魔, 妨害.
hám·pered·ness *n.* **~·er** /-p(ə)rə | -rə^(r)/ *n.* 〘《*a*1375》*hamp(e)re(n)* ← ?: ⇨ hem[1], -er[4]〙

SYN 妨げる: **hamper** 妨げたり束縛したりして自由な行動ができなくする: My inhibition *hampered* my tongue. 抑制が働いて口がきけなかった. **fetter** 足かせを掛けたように〈人や精神を〉拘束する: Most people hate being *fettered* by regulations. たいていの人は規則に縛られるのを嫌がる. **shackle** 手かせ・足かせを掛けるように束縛する: They were *shackled* by old customs. 古い習慣に縛られていた. **manacle** 手かせを掛けたようにして拘束する: Fear *manacled* him. 恐怖で金縛りになった. **trammel** [受身で] 特に不当なものに自由を拘束される《格式ばった語》: His mind was *trammeled* by superstition. 彼の精神は迷信にとらわれていた. **clog** 邪魔なもので動きを拘束する: Women are apt to be *clogged* by such ceremonies. 女性はそういう儀礼に縛られやすい.
ANT assist, expedite.

ham·per[2] /hǽmpə | -pə^(r)/ *n.* **1** (野菜・缶詰・酒瓶などを入れる)詰めかご, 手さげバスケット: a picnic ~ ピクニック用バスケット. **2** 詰めかごに入れた食べ物[贈物]: get a fine ~ from home 〈寮にいる生徒などが〉家から立派な[食べ物などをたくさん詰めた]かごを送ってもらう / a Christmas ~ かご詰めのクリスマスの贈物. **3** 《米》洗濯かご (laundry basket). ― *vt.* **1** 詰めかごに入れる. **2** 〈人〉にかご詰めの品物を贈る. 〘《1316–17》*hampere* 《変形》← HANAPER〙
Hamp·shire /hǽmpʃə, -ʃɪə | -ʃə^(r), -ʃɪə^(r)/ *n.* ハンプシャー: **1** イングランド南海岸の州; Hampshire 2 の本土地域; 面積 3,893 km², 州都 Winchester; Hants ともいう. **2** イングランド南海岸の旧州; 現在は Hampshire と Isle of Wight の 2 州に分かれる; Hants ともいう. **3** Hampshire 地方産の角のない肉用品種の羊; Hampshire Down ともいう. **4** 米国原産の肩に白帯のある一品種の黒豚. 〘OE *Hamtūnscīr* ← *Hamtūn* 'SOUTHAMPTON': ⇨ -shire〙
Hámpshire Dówn, h- d- *n.* =Hampshire 3.
Hamp·stead /hǽm(p)stɪ̀d, -stɛd | -stɛd, -stɪd/ *n.* ハムステッド《London 北西部の旧自治区; 丘の多い地域で住宅地; 現在は Camden の一部》. 〘OE *Hāmstede* 'HOMESTEAD manor'〙
Hámpstead Héath *n.* ハムステッドヒース《London の Hampstead にある緑地・自然公園》.
Hamp·ton /hǽm(p)tən/ *n.* ハンプトン《米国 Virginia 州南東部, Hampton Roads に臨む港市》.
Hamp·ton /hǽm(p)tən/, **Lionel** *n.* ハンプトン《1908–2002; 米国のジャズミュージシャン; ビブラフォーン奏者》.
Hampton, Wade *n.* ハンプトン《1818–1902; 米国南軍の将軍・政治家》.
Hámpton Cóurt *n.* ハンプトンコート《London の南西部, Richmond-upon-Thames 自治区の Thames 河畔にある豪壮な旧王宮; 1514 年に Cardinal Wolsey が私邸として造ったが, 1529 年 Henry 八世に献上されて王宮となった》. 〘OE *hāmtūn* homefarm, village / OE *hammtūn* town in a river land〙
Hámpton Róads *n. pl.* [単数扱い] ハンプトン水路《米国 Virginia 州南東部の水路; James 川, Elizabeth 川などがここを通って Chesapeake 湾に注ぐ; 長さ 6.4 km; 海軍基地がある》.
hám·shàckle *vt.* 《英》 **1** (勝手に歩いて行かないように)〈牛・馬などの〉頭を前脚に縛りつける. **2** 束縛する (fetter). 〘《1802》← ? HAM(PER[1])+SHACKLE〙
ham·ster /hǽmstə | -stə^(r)/ *n.* 〘動物〙ハムスター, キヌゲネズミ《ユーラシア産のキヌゲネズミ亜科の動物の総称; ヨーロッパハムスター (*Cricetus cricetus*), ゴールデンハムスター (golden hamster) など》. 〘《1607》□ G *Hamster* < OHG *hamustro* (masc.) □ ? OSlav. *khoměstorŭ*〙
hám·string *n.* **1** 〘解剖〙(人間の)膝腱(しっけん), 膝屈曲筋, ひかがみ[ひざの後ろ側]の腱(けん). **2** ひかがみの腱《四足獣の飛節 (hock) の後ろの腱》. **3** 規制力; 取締まり.
― *vt.* (**ham·strung,** (まれ) **~ed**) **1** …の飛節[ひざ]の後ろの腱を切って足を不自由にする (hough, hock). **2 a** 足を不自由にする, 不具にする. **b** 無効[無力, 骨抜き]にする; 〈人・団体・政府・家畜などの〉力を弱める. **c** 妨げる. 〘《1565》← HAM[1] 3+STRING〙
Ham·sun /hɑ́ːmsən, -sṇ; *Norw.* hámsʉn/, **Knut** *n.* ハムスン《1859–1952; ノルウェーの小説家; 本名 Knut Pedersen; Nobel 文学賞 (1920); *Hunger* (1890)》.
ham·u·lus /hǽmjʊləs/ *n.* (*pl.* **-u·li** /-làɪ/) **1** 〘解剖・動物〙かぎ状の(小)突起. **2** 〘植物〙かぎ状の剛毛.
hám·u·lar /-lə | -lə^(r)/ *adj.* **hám·u·làte** /-lèɪt/ *adj.* **hám·u·lòse** /-lòʊs | -ləʊs/ *adj.* **hám·u·lous** /-ləs/ *adj.* 〘《1727–51》□ L *hāmulus* little hook (dim.) ← *hāmus* hook〙
ham·za /hǽmzə/ *n.* 〘音声〙ハムザ《アラビア語の声門閉鎖音 (glottal stop); この音を表す記号で, しばしば ['] で表される; 国際音声学協会の記号では [ʔ]》. 〘《1938》□ Arab. *hámzaʰ* 《原義》squeezing together〙
Han /hɑ́ːn | hǽn; *Chin.* xàn/ *n.* **1** (中国の)漢朝 (206 B.C.–A.D. 8, 25–220). **2** [集合的] 中国土着の民族, 漢民族.
Éarlier [Wéstern] Hán [the ―] 前[西]漢 (206 B.C.–A.D. 8).
Láter [Éastern] Hán [the ―] 後[東]漢 (25–220). 〘1736〙
Ha·na·ni /hənéɪnaɪ/ *n.* 〘聖書〙ハナニ《Jehu の父; cf. *I Kings* 16》.
han·ap /hǽnæp, -nəp/ *n.* (中世の装飾を施した)ふた付き酒杯. 〘《1494》□ (O)F ~ (↓)〙
han·a·per /hǽnəpə | -pə^(r)/ *n.* 《英》(もと, 重要書類入れに用いられた)編みかご. 〘《1440》*hanypere* □ AF *hanaper*=OF *hanapier* large vessel to keep cups in ← *hanap* drinking vessel, cup □ (Frank.) **hnapp* < Gmc **χnappaz*: ⇨ -er[1] 2〙
Ha·nau /hɑ́ːnaʊ; G. háːnaʊ/ ハーナウ《ドイツ Hesse 州,

Frankfurt am Main の東にある都市; 貴金属加工業の中心地》.

hance /hǽns/ *n.* **1** 〖海事〗急折部《船体外観において急に曲がって見える所; 例えば後部甲板の下すりの下部付近の輪郭など》. **2** 〖建築〗 **a** (アーチの)急曲部《四心アーチや楕円アーチの両脇の迫元(せりもと)近くの, もっとも曲率の大きい部分》. **b** 迫腰 (haunch). 〚《1534》← ME *haunce(n)* ← ? *enhauncen* 'to ENHANCE'〛

hanch /hǽntʃ/ *n.* 〖土木〗 =haunch 4.

hánc·ing pìece *n.* 〖海事〗船の構造上急曲がりをする部分に使う用材.

Hán Cíties *n. pl.* =Wuhan.

Han·cock /hǽnkɑ(ː)k, hǽŋ- | -kɔk/, **John** *n.* ハンコック《1737–93; 米国の政治家; 独立宣言の最初の署名者; cf. John Hancock》.

Hancock, Win·field Scott /wínfiːld-/ *n.* ハンコック《1824–86; 米国南北戦争当時の北軍の将軍》.

hand /hǽnd/ *n.* **1** 手 (cf. arm[1], wrist): the right [left] ~ 右[左]手 / a dirty ~ 汚い手; 卑劣なやり方 / ⇨ clean hands / with his ~*s* in his trouser pockets 両手をズボンのポケットに入れて / What do you have in your ~*s*? 手に何をお持ちですか / Let me take you by the ~. 手をおとりしましょう. 日英比較 (1) 日本語の「手」は, 足に対していうときは腕のつけ根から指先までを指すが, 英語の *hand* は手首から先の部分である. 手首から肩の部分までは arm という. ただし arm はときに *hand* も含めて意味することがある. (2) 日本語の「手」は比喩的には「労働力」((例) 人手),「手段, 方法」((例) 打つ手がない),「能力」((例) 手に負えない),「所有」((例) 手に入れる),「関係」((例) 手を切る),「種類」((例) この手のもの) などの意で用いられるが, 英語の *hand* も「労働力」((例) be short of *hands*),「所有」((例) in a person's *hands*),「関係」((例) have a *hand* in ...) などでは日本語と共通している. しかし,「指し示す」という手の機能から派生した「手のようなもの, 手の働きをするもの」という比喩的意味 ((例) a minute *hand* of a clock 時計の分針; a long [short] *hand* of a watch 腕時計の長針[短針]) は日本語と大きく相違している. 日本語では英語と違って機能ではなく形状から「針」を用いる.

hand 1

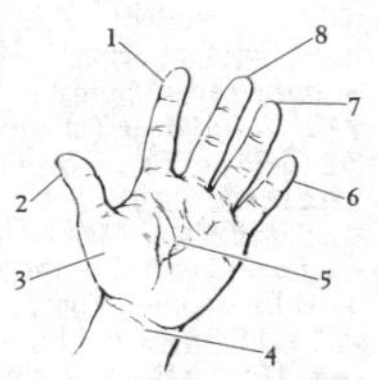

1 forefinger [index finger]
2 thumb
3 the ball of the thumb
4 wrist
5 palm
6 little finger
[《米・スコット》 pinkie]
7 ring finger
8 middle finger

2 a (高等脊椎動物の)前肢, (物をつかむことのできる)動物の足《猿・コアラなどの後足 (hind foot) にもいう》; (かに・さそりなどの)はさみ (chela); (鷹の)足 (foot). **b** 豚の肩肉[ショルダー] (forehock).

3 a (時計・メーターなどの)針 (pointer): the hour [minute, second] ~ 時[分, 秒]針 / the short [long] ~ 短[長]針. **b** 〖印刷〗手, 指印, 指標 (☞) (index). **c** バナナの房; 生姜(しょうが)の根茎; (元を葉で結えた)タバコの葉の束《5–20 枚からなる》: a ~ of bananas 一房のバナナ.

4 a 人手, 労力, 働き, 行為者 (performer): a translation *by* various ~*s* 色々の人の手でなされた翻訳 / This work has passed *through* many ~*s*. この仕事は多くの人の手を経てでき上がったものである / Many ~*s* make light work. 《諺》人手が多ければ仕事は楽 (cf.「仕事は多勢」). **b** 手[力]仕事をする雇人, 雑役夫, 労働者, 人夫; 職工, 従業員 (worker, employee): a hired ~ 雇人 / a ranch ~ 農場[牧場]労働者 / factory ~*s* 職工, 工員 / farm ~*s* 農業労働者, 作男. **c** 乗組員 (crewman): All ~*s* on deck! 全員デッキに集合 / The ship went down with all ~*s* on board. 船は乗組員を全員乗せたまま沈没した. **d** 《古》(情報などの)供給源(としての人), 情報源 (cf. *at first* HAND, *at second* HAND).

5 a (援助の)手, 手助け, 助力 (assistance): give [lend] a person a ~ =give [lend] a ~ to a person 人に手を貸す, 人の手伝いをする / ⇨ *bear a* HAND / ⇨ helping hand. **b** 参加 (participation), 参与, 関与; 関係, かかりあい: ⇨ *have a* HAND *in*, *take a* HAND *in* / He still keeps his ~ *in* the business he turned over to his son last year. 去年息子に譲った商売にまだ関係して[口出しをして]いる.

6 a [通例 *pl.*] (所有する)手, 所有 (possession): The property was taken *out of* his ~*s*. その財産は彼の手から失われた / *Into* whose ~*s* did the documents fall? その文書はだれの手に渡りましたか / ⇨ *change* HANDS (1). **b** [通例 *pl.*] 管理, 支配, 監督 (control, supervision): Shall I put matters *in* [*into*] the ~*s* of the police? 一切を警察に一任してしまいましょうか / I'll place [put] myself *in* your ~*s*. 私一身に関することはすべてあなたにおまかせします / The child is *in* good [capable, efficient, safe] ~*s*. 子供は信頼のおける人に預けてある / He appeared to hold the future *in* his ~. 未来をわが手に握っている[出世も思いのままの]男と見えた / The fortress fell *into* the enemy's ~*s* [into enemy ~*s*]. とりでは敵の手中に落ちた. **c** (取引・交渉上の)支配的地歩, 強力[優勢]な立場, 支配力; 管理権, 権力: strengthen a person's ~ 支配力を強化する / He ruled his kingdom *with* an iron and ruthless ~. 容赦のない強圧的な権力をもって国を支配した / ⇨ free hand, *with a heavy* HAND (1), *with a high* HAND. **d** 〚《なぞり》← L *manus* hand〛〖ローマ法〗手権 (manus).

7 a (書く)手, 筆跡, 書法 (handwriting): a legible [round, slanting] ~ わかりやすい[丸まった字の, 斜めに傾いた字の]筆跡 / an educated [uneducated] ~ 教養の高さを思わせる[無教養ぶりを露呈した]筆跡 / The letter was written *in* another's [a woman's] ~. その手紙は他人[女性]の手で書かれていた / He writes a good [bad] ~. 字が上手[下手]だ. **b** 手書き書体. **c** 署名 (signature): ⇨ *under one's* HAND *and seal*.

8 a 手際, 手並, 手法 (workmanship, touch); 手細工, 仕業 (handiwork); 巧みさ, 腕前 (skill, ability): the ~ of a master=a master's ~ 名人の腕前 / She has a ~ *for* pastry. パイを作るのがうまい / He has a good ~ *in* teaching [*with* horses]. 教え方が[調馬が]上手だ / She treats the children *with* a light ~. 子供たちのあしらい方が手慣れている (cf. *with a heavy* HAND (2)) / be good with one's ~*s* 手先が器用である / ⇨ *try one's* HAND *at*. **b** (布・革などの)手触り (feel): the smooth ~ of silk 絹のなめらかな手触り. **c** 《古》(筆の)ひとはけ, 一筆 (stroke). **d** [*pl.*] 〖馬術〗手綱さばき: have good ~*s* 手綱さばきがうまい.

9 [通例形容詞に修飾されて] **a** (特定の技能をもった)人: He is a *good* [*poor*] ~ *at* conversation. 会話がうまい[まずい] / I am a *rotten* ~ *at* descriptions. 言葉で説明するのが全く苦手だ / I'm not much of a ~ *at* writing letters. 手紙を書くことはあまり得意なほうではない / He is a *good* [*great*] ~ *with* motors. モーターを扱うのが手慣れている. **b** (特定の仕事などに関する)通(つう), 経験者, 専門家 (specialist): a green ~ ⇨ green *adj.* 9 a / He is an *old* Japan ~. 日本問題の専門家だ (⇨ old hand) / The burglar must have been a *cool* ~. その強盗はよほどずうずうしいやつだったに違いない.

10 《口語》[特に a big ~, a good ~ として] 拍手喝采(かっさい): get *a good* ~ 喝采を得る / give a person *a big* ~ =give a *big* ~ to a person 人に盛んな拍手を送る / get *a big* ~ *for* one's performance 演技がすばらしいので拍手喝采を得る.

11 方, 側, 方向 (side, direction): sit *at* [*on*] a person's right [left] ~ 人の右[左]手に座る / *on* the right [left] ~ of ...の右[左]側に / *on* either ~ 両側に / ⇨ *on the other* HAND / ⇨ *on all* HANDS, *on every* HAND, *on (the) one* HAND...*on the other hand*....

12 a 約束・信義のしるしとしての)手, 確約, 誓約: He gave me his ~ *on* [*upon*] the deal. 彼はその契約を保証した / You have my ~ *on* that. その点については堅くお約束します. **b** 結婚の約束 (pledge of betrothal): ask for a woman's ~ (in marriage) 女性に結婚を申し込む / win [gain] a girl's ~ 娘から結婚の承諾を得る / He asked (me) for my daughter's ~. 私の娘をもらいたいと申し出た / She gave her ~ to him. =She gave him her ~. 彼に結婚の承諾を与えた / I offered her my ~ (in marriage). 彼女に結婚の約束をした.

13 〖トランプ・チェス・チェッカー〗 **a** 競技者, 勝負者 (player): a first [second] ~ for bridge ブリッジで一番目[二番目]にビッドする人. **b** [集合的] 持ち札, 手札, 手; 持ちごま; 各人に配られる札(の一定の枚数) (deal): a winning [losing] ~ 勝ち[負け]手 / fill one's ~ (ポーカーなどで)持ち札を満たす / ⇨ *declare one's* HAND, *show one's* HAND, *throw in one's* HAND, etc. **c** 一勝負, 一番 (round): a ~ *of* poker 一番[回]のポーカー / play a good ~ 上手に勝負する / lose the ~ (トランプの)勝負に負ける.

14 (試合の)回, イニング (inning).

15 (馬の高さを測る単位として)手のひらの幅, 手幅尺, ハンド《4 インチ》(cf. handbreadth): This horse stands 14 ~*s* high. この馬の背丈は 14 ハンド(56 インチ)ある.

16 〖銃砲〗銃把(じゅうは)《銃床の細くなった部分で射撃のときにここを手で握る》.

17 a 〖機械〗手《ねじの山や歯車の歯の傾斜の相違を示す用語; 右手ねじ・左手ねじなど》: the ~ of a spiral 螺旋(らせん)の(右手・左手の)巻き (cf. right-handed 5). **b** ドア[開き窓]のちょうつがい (hinge) の取り付けられる位置.

at a person's hánd(s) =*at the* HAND(s) *of*. 《*a*1035》 ***at clóse hánd*** 間近に接近して, 目(ま)の当たりに (nearby): I often saw him *at close* ~. たびたび彼を目の当たりに見た. ***at first hánd*** 直接に, じかに (cf. firsthand): He experienced it *at first* ~. それをじかに経験した. 《1811》 ***at hánd*** (1) 手元に, 手近に (close by): My daughter lives close [near] *at* ~. 娘はすぐ近くに住んでいる / There is a bookstore near *at* ~. 手近に本屋がある. (2) 近い将来に, 差し迫って (imminent): The examinations are [Christmas is] (near) *at* ~. 試験[クリスマス]が近づいた. (3) (使えるように)用意のできた: They kept a supply of water *at* ~. 水はいつでも使えるように用意しておいた. (4) 《廃》そのときは, 始めは. 《*a*1325》 ***at sécond hánd*** (1) 間接に (cf. second hand[2]): I learned the news *at second* ~. また聞きでその知らせを知った. (2) 古(ふる)で, 古物で: buy *at second* ~. 《1613》 ***at the hánd(s) of*** ...の手から, によって, のせいで: receive a favor *at his* ~*s* 彼から好意を受ける / He suffered a good deal *at the* ~*s* of the police. 彼は警察のためにひどい目に遭った. 《1535》 ***at thírd hánd*** (1) 2 人の仲介を経て (cf. thirdhand). (2) 再中古で. ***béar a hánd*** (1) 手を貸す, 手伝う (lend a hand); 参加する, 関係する. (2) [命令形で] 〖海事〗仕事につけ. ***béar in hánd*** 《Shak》おだてる, だます. ***bíte the hánd that féeds*** one 飼い主の手をかむ; 恩をあだで返す. 《1711》 ***by a* [*the*] *stróng hánd*** =***with a* [*the*] *stróng hánd*** 力ずくで, 高圧的に, 無理に (by force) (cf. *Exod.* 6. 1) (cf. strong arm 1). ***by hánd*** (1) (機械によらず)手で, 手業で, 手先で (manually): make lace *by* ~ レースを手編みする. (2) (タイプなどによらず)手で, 手書きで: He usually writes letters *by* ~. ふだん彼は手紙をペンで書く. (3) (郵便によらず)手渡しで, 使いをもって: We'll deliver it to you *by* ~. 使いの者をやってお届けします. (4) (母乳でなく)人工乳で, 哺乳瓶などを用いて: bring up one's baby *by* ~ 赤ん坊を(母乳でなく)人工乳で育てる / raise a piglet *by* ~ (親豚任せにせず)子豚を人間の手で飼育する. 《1549》 ***chánge hánds*** (1) 持主が変わる, (次々に)人手に渡る: The house has *changed* ~*s* twice in the last five years. その家はこの 5 年間に 2 度持主が変わった / Money *changes* ~*s*. 金は天下の回り持ち. (2) (右手と左手と)手を変えて使う. 《1732》 ***cóme to hánd*** ⇨ *to* HAND (1). ***cróss a person's hánd*** ⇨ cross[1] 成句. ***decláre one's hánd*** 〖トランプ〗手を知らせる (cf. *n.* 13 b); 内情[目的]を知らせる. ***dírty one's hánds*** =*soil one's* HANDS. ***éat* [*féed*] *óut of a person's hánd*** 人のいいなりになる, 人に屈従している: He's got me *eating out of his* ~. 彼には全く頭が上がらない. 《1915》 ***fóld one's hánds*** 両手を組む. ***fórce a person's hánd*** 人に(いやおうなしに)緊急手段を取らせる, 決断を下させる, 意図を表明させる. 〚《1860》← *n.* 13 b; もと whist 用語〛 ***for one's ówn hánd*** 自分の利益のために, 自分自身のために. 《1828》 ***from hánd to hánd*** 人手から人手へ, 次々に人手に渡って: pass *from* ~ *to* ~ 転々と人手から人手へ渡る. ***from hánd to móuth*** その日暮らしで (precariously) (cf. hand-to-mouth): live *from* ~ *to mouth* その日暮らしをする, 先のことを考えずに暮らす. ***gèt one's hánds dírty*** 《口語》 =*soil one's* HANDS. ***gèt one's hánd ín*** (1) 持ち札を(自分に有利になるように)使いこなす (cf. *n.* 13 b). (2) 熟練する, 技[腕]を磨く, 慣れる, こつを心得る, (職場の仕事などが)板につく (cf. *get one's* EYE *in*). ***gíve a hánd ín*** =*take a* HAND *in*. ***gréase a person's hánd*** =*grease a person's* PALM[1]. ***hánd and fóot*** (1) 手足もろともに, がんじがらめに: He was bound ~ *and foot*. がんじがらめに縛りつけられた. (2) 足手となって, まめまめしく (assiduously): She served [nursed] her husband ~ *and foot*. 彼女はまめまめしく夫に仕えた[を看病した]. 〚OE *fōet* & *hond*〛 ***hánd in* [*and*] *glóve*** 〔...と〕親密で; 〔...と〕一緒になって, (特に悪事で)ぐるになって 〔*with*〕: She was the kind of woman that was ~ *in glove with* parsons. 彼女は日ごろ牧師たちと親しくしているような女だった / Certain high-ranking politicians were ~ *in glove with* the racketeers. 政府高官でその暴力団と結託している者がいた. 《1680》 ***hánd in hánd*** (1) 手に手を取って, 手をつないで: The two girls were walking ~ *in* ~. 《*c*1500》 (2) 互いに協力して, 〔...と〕一緒になって (conjointly) 〔*with*〕 (cf. hand-in-hand): His passion for the artistic went ~ *in* ~ *with* an equal passion for the historic. 芸術的な物に対する彼の情熱は歴史的な物に対するのと同様だ. 《1641》 ***hánd of wrít* [*write*]** 《スコット》手跡, 筆跡 (handwriting). 《1816》 ***hánd òver físt*** 《口語》 (1) =HAND *over hand* (1), (2). (2) ものすごく速く[多く], どしどし: He is making money ~ *over fist*. どんどんお金をもうけている. 《1825》 ***hánd òver hánd*** (1) (綱などよじ登る時)左右の手を交互に掛けて, たぐりながら. (2) 〈船が〉ずんずん接近[前進]して. (3) 〖水泳〗抜き手を切って. ***hánd òver héad*** 《古》向こう見ずに, むやみに. ***hánds dówn*** 《口語》 (1) 努力しないで, そうさなく, 容易に (easily): win a race ~*s down* 競走に楽勝する. (2) 文句[問題]なく, 明白に: He's ~*s down* the best writer in Japan. 彼は文句なく日本で最も優れた作家だ. 〚《1867》もと競馬で騎手が「手を下ろし手綱をゆるめて」の意から〛 ***Hánds óff!*** (...に)手を触れるな; 干渉するな, ほっておいてくれ: *Hands off* (the exhibits)! (展示品に)触れぬこと. 《*c*1592》 ***Hánds úp!*** (1) (拳銃などを向けながら)手を挙げろ, 降参しろ (Give up!). (2) (賛意などのしるしに)挙手を願います. (3) 〖遊戯〗(カーリング (curling) で)手を止め (Stop sweeping!). 《1873》 ***hánd to hánd*** (戦闘者が)相接して, 互いに肉薄して (cf. hand-to-hand): fight ~ *to* ~ 接戦する, 白兵戦をする, つかみ合う. ***hàve a hánd ín*** ...に関係する, ...に一枚加わる (cf. *n.* 5 b): He was known to have *had a* ~ *in* the murder. 彼がその暗殺に一枚加わっていたことはわかっていた. 《1625》 ***hàve one's hánd ín*** =*keep one's* HAND *in*. ***hàve one's hánds frée*** (1) 手が空いている. (2) 自分の思い通りにできる(立場にある). ***hàve one's hánds fúll*** 手がふさがっている, ずっと忙しい: I have *my* ~*s full* with three young children. 3 人の子供の世話で手いっぱいだ. 《1470–85》 ***hàve one's hánds tíed*** ⇨ *tie a person's* HANDS. ***héavy in* [*on, upon*] *hánd*** (1) 〈馬が〉(気力を失っていて)御しにくい. (2) 〈人が〉扱いにくい, 口が重い, 活気がない. ***hóld a person's hánd*** (1) 人の手を取る[握る]. (2) 〈(困っている)人を〉慰める, 励ます; 助ける. 《1935》 ***hóld* [《文》*stáy*] *one's hánd*** (処罰などの)手を控える, 措置を取らないでいる. ***hóld hánds*** (愛情の表現として)互いの手を取り合う[握り合う]. ***hóld* [*pùt*] *óut one's hánd*** 手を差し出す(握手などで)〔*to*〕. ***hóld úp one's hánds*** (無抵抗のしるしに)手を挙げる (cf. HOLD *up*). ***in góod hánds*** 資格のある[有能な]人に預けられて. ***in hánd*** (1) 手元に所有して, 手持ちに[の]; 自分の自由に使える (cf. *on* HAND (1)): I have no cash *in* ~. 手元の現金がない / with ten minutes *in* ~ まだ 10 分余裕があって. (2) 取りかかって, 進行中で[の], 準備中で[の]; 考究中で[の]: keep to the matter *in* ~ 手掛けた仕事を続ける / all *in* ~ 〖印刷〗(活字に組む原稿が)植字工の手に渡って / The work has not been *put in* ~. 仕事にはまだ取りかかっていない. (3) 支配下に: The police *had* the matter (well) *in* ~. 警察はその事件を(すっかり)掌握した / He *had* himself *in* ~. また落ち着きを取り戻した / He *kept* the children [the business] *in* ~. 子供たちを手なづけて[事業を経営して]いた. (4) 〈給料などが〉後払いで: work a week [month] *in* ~: 一週[一月]給料後払いで働く. (5) 〖玉突〗〈突き玉が〉ポークから突かれるようになって. 《*c*1200》 ***jóin hánds*** (1) (互いに)手を握り[取り]合う,

H

握手する (shake hands). (2) 〔…と〕接触する, 合流する (come together) 〔*with*〕; 〔…と〕行動を共にする, 協力する, 提携する (unite) 〔*with*〕: *join* ~*s with* a person in an enterprise 人と共同で事業をやる. (3) 結婚する (wed): *join* ~*s* in marriage 結婚する. ***kéep** one's **hánd in*** (常に練習して)技[腕]が衰えないようにしている, 技能を維持している, 練習[稽古, 勉強]を続けている (cf. *keep one's* EYE *in*). ***kéep** one's **[a firm] hánd on*** …の支配権を制して[抑えて]いる, …に勝手なことをさせない. ***kéep** one's **hánds in** one's **póckets*** (1) 懐手をしている. (2) 働かずにいる, 怠けて暮らす. ***kéep** one's **hánds óff*** …に干渉[手出し]しない (cf. HANDS *off!*). ***kíss hánds*** (帝王などの)手に接吻する《大臣など就任の儀式として》. ***láy** one's **hánd on*** =*lay* (*one's*) HANDS *on* (2). ***láy hánds on*** (1) …をつかむ, 捕らえる (catch); …を手に入れる, 見つける (find). (2) 〈人〉に暴行する. ***láy** (one's) **hánds on*** (1) …を手に入れる, 自分のものにする (obtain): They plundered what they could *lay their* ~*s on*. 手当たり次第に何でも略奪した. (2) 〈捜していた物〉を見つけ出す (find): He could not *lay his* ~*s on* the manuscript. その原稿が見つからなかった. (3) (処罰しようとして)…をつかまえる, 捕らえる (seize): The police soon *laid their* ~*s on* the robbers. 警察は間もなくその強盗をつかまえた. (4) 〈人〉に襲いかかる, 傷つける (attack, injure): How dare you *lay your* ~*s on* my child? よくも君は私の子供を殴ったりしたな / *lay* ~*s on* oneself 《古》自殺を図る, 自殺する. (5) 〈人〉に按手(あんしゅ)する, 按手して聖職に任じる; …の頭に手をのせて祝福する. (6) 〈精神療法者が〉〈患者〉の体に手を当てる: He *laid his* ~*s on* the sick. 《*c*1000》 ***líft** one's **hánd*** 片手を上げて宣誓する. ***líft (úp)** one's **hánds*** 両手を上げて祈りを捧げる. ***líft (úp)** one's **[a] hánd to [agáinst]*** …に向かって手を振り上げる, 殴る身構えをする (threaten), 攻撃する (attack). ***márry with the léft hánd*** 身分の低い女と結婚する (cf. left-handed marriage). ***néxt** one's **hánd*** 一番手近の. ***nót dò a hánd's túrn*** ⇨ hand's turn. ***nót lift [ráise] a hánd*** 指一本も動かそうとしない, 全然努力をしない, 骨を惜しむ: He won't *lift a* ~ to help others. 人のためには何一つしようとはしない. ***of** one's **hánds*** (1) (人の助けを借りず)自分の手で: the work *of one's* (*own*) ~*s*. (2) 腕の立つ, 実務的な (practical): a man *of his* ~*s* 実際[実務]家. ***òff hánd*** 準備せずに, 即座に. 《1694》 ***òff** one's **hánds*** 手を離れて, 責任[役目]が済んで, 肩から(…の)荷が下りて: I am glad to get the task *off my* ~*s*. 何とかその仕事を終えてうれしい. 《1636》 ***óil** a person's **[the] hánd*** =*grease a person's* PALM[1]. ***on áll hánds*** (1) 四方八方, いたるところに[の]. (2) すべての人によって, あまねく: It was decided *on all* ~*s*. 満場一致で決まった. 《1601》 ***on évery hánd*** =*on all* HANDS. 《1604》 ***on hánd*** (1) 手元に, すぐ用立てられる (available) (cf. *in* HAND (1)): We have some new goods *on* ~. 手前どもでは新品を持ち合わせています. (2) 間近に, 目の前に(迫って) (afoot): There was trouble *on* ~. 困った事が起こって来そうだった. (3) 出席して, 参上して (present): I'll be *on* ~ if you need. 必要なら参上します. (4) 手掛けて, 引き受けて: I have another small business *on* ~. もう一つちょっとした仕事を手掛けている. 《*c*1025》 ***on [upòn]** one's **hánds*** (荷厄介として)双肩に掛かって, 責任[負担]となって; 持て余して: She had a number of poor relations *on her* ~*s*. 世話しなければならない貧しい親類がたくさんあった / Time hangs heavy *on my* ~*s*. ⇨ time 1 a. 《1528》 ***on** one's **hánds and knées*** 四つんばいになって. ***on (the) óne hànd … on the óther (hànd) …*** 一方では…また他方では…: They prosecuted the war *on the one* ~ and the pacification program *on the other*. 彼らは一方においては戦争を行いながら他方においては和平工作も行った. 《1638》 ***on the óther hànd*** また一方では, これに反して; 別の見方をすれば. ***òut of hánd*** (1) すぐに, 即座に (immediately): Don't reject her plan *out of* ~! 彼女の計画をすぐ拒絶してはいけない. 《14C》 (2) 済んで (over): The case was finally *out of* ~. その事件もようやく落着した. 《1598》 (3) 手に余って, 制御し切れないで: The boys (a bit) got *out of* ~. その少年たちは(ちょっと)手に負えなくなった. ***over-pláy** one's **hánd*** ⇨ overplay 3. ***pláy** one's **hánd for áll it is wórth*** 全力を尽くす, 精根を傾ける. ***pláy into the hánds of [into** a person's **hánds]*** (トランプ遊びから, 比喩的に)…の都合のいいように行動する, に勝たせるようにする: *play into* one another's ~*s* 互いの利益になるように[ぐるになって]行動する. 《1705》 ***pút** one's **hánd(s) in** one's **pócket(s)*** (慈善などに)金を出す, 金を使う (spend or give money): *Put your* ~*s* in your pockets and give generously! お金を気前よくやりなさい. 《1857》 ***pùt** one's **hánd on …*** =*lay* (*one's*) HANDS *on* (2) ***pùt** one's **hánds on …*** =*lay* (*one's*) HANDS *on* …. ***pùt [sèt]** one's **hánd to*** (1) 〈仕事〉に着手する, 従事する (engage in): He can master everything he *puts his* ~ *to*. 彼は何に取りかかっても必ずうまくやってのけられる. (2) …をつかむ. (3) 〈文書〉に署名する (sign). ***pùt [sèt]** one's **hánd to the plów*** 身を入れて(困難な)仕事に取りかかる (cf. *Luke* 9: 62). ***pùt óut** one's **hánd*** =*hold out one's* HAND. ***pùt úp [《米》ráise]** one's **hánd*** 手を挙げる《質問・発言・採決の時など》. ***ráise a hánd to the báck of** one's **héad*** =*rub the back of one's* NECK. ***ráise** one's **hánds*** 両手を挙げる《無抵抗・降服などのしぐさ; cf. HANDS *up!*》; あきらめる. ***ráise** one's **[a] hánd to [agàinst]*** =*lift one's* HAND *to* [*agàinst*]. 《1535》 ***rúb** one's **hánds (togèther)*** ⇨ rub[1] *vt.* 1 c. ***sháke hánds*** (挨拶・契約・仲直りなどのしるしに)握手する: *shake* ~*s with* a person=shake a person by the ~ / They [He] *shook* ~*s* all around. 一同が[一同と]かわるがわる握手した / We *shook* ~*s* on the bargain. 契約が成立して握手をした / Let us *shake* ~*s* and be friends. 握手をして仲良くしよう. 《1535》 ***shórten the hánd of*** ⇨ shorten 成句. ***shów** one's **hánd*** 手の中の札を見せる (cf. *n.* 13 b); 計画を打ち明ける. 《1879》 ***sít on** one's **hánds*** (1) (容易に)拍手をしない, 賛意[熱意]を示さない. (2) 手をこまねいている, 傍観する (sit by). 《1926》 ***sóil [dírty]** one's **hánds*** (不正なことなどをして)体面を汚す, 手を汚す: He refused to *soil his* ~*s with* bribery. 贈賄に関係して手を汚すようなことは決してしなかった. 《*a*1661》 ***spréad** one's **hánds*** (肩をすくめて)手を広げる《どうしようもないといったしぐさ, または何も隠していないことを示す》. ***stánd** one's **hánd*** 《俗》人の酒代を払う, 酒をおごる. ***stáy** one's **hánd*** 《1560》《文》=*hold one's* HAND. ***stréngthen** a person's **hánd*** (競争などで)人の立場をよくする, 助ける, 気勢を上げさせる (cf. *1 Sam* 23: 16). 《1535》 ***stríke hánds*** 《古》(契約の取決めのしるしに)軽く手を打ち合う, 手を握り[取り]合う; 契約を結ぶ: *strike* ~*s upon* a bargain 契約に手を打つ / *strike* ~*s with* a person 人と契約を取り決める. ***táke a hánd in*** …に加わる, 参加する, 関係する (take part in) (cf. *n.* 5 b): He *took a* ~ *in* the game. 彼はそのゲームに加わった. ***táke in hánd*** (1) 〈人など〉の世話[管理]を引き受ける: I'll *take* the child *in* ~. その子を引き取りましょう. (2) 着手する; 処理する, 取り扱う: They *took* the affair *in* ~ at the board meeting. 彼らはその件を評議会で取り上げた. 《1535》 ***tàke** one's **hánds òff*** …から手を離す. ***the hánds of Gód*** 神罰; 神助, 神慮: You'd better leave the result in *the* ~*s of God*. 結果は神にお任せした方がよい. ***The léft hánd dòesn't knów what the right hánd is dòing.*** 右手のなすことを左手は知らない; (組織などの)内部の連絡ができていない. ***thrów in** one's **hánd**=**thrów** one's **hánd in*** (1) 『トランプ』(ポーカーなどで)手札を場に捨てる, 降りる. (2) 《口語》(争い・競争などから)手を引く, やめる (give up). 《1923》 ***thrów úp** one's **hánds*** (降参・絶望・諦めの意を示して)両手を挙げる, 「お手上げになる」: They *threw up their* ~*s* in despair. 彼らは望みを失いあきらめた. 《1887》 ***tíe** a person's **hánds*** 人の(行動の)自由を奪う, 人を束縛する, 無力にする: My ~*s* are *tied*.=I have *my* ~*s tied*. 手も足も出なくなった《何もできなくなった》. ***típ** one's **hánd*** (うっかり)秘密[計画]を明かす (cf. *show one's* HAND). ***to hánd*** (1) 手近に, 手の届く所に, すぐ使える; 手中に: come *to* ~ 手に入る, 手に入れる, 届く; 見つかる, 現れる / I used whatever came *to* ~. 手に入る物は何でも利用した / He has a great many dictionaries ready *to* ~. 常時手元に多く辞書を取りそろえている / Your letter [Yours] *to* ~. 『商業』貴簡拝受. (2) 制御されて, 鎮圧されて: bring the mob *to* ~ 暴徒を鎮圧する. 《*a*1300》 ***to** one's **hánd*** 労せずして得られるように; 手に入って. 《1581》 ***trý** one's **hánd at*** …で腕を試す, (初めて)…をやってみる (attempt): He wanted to *try his* ~ *at* sports journalism. スポーツ記事を担当してみたいと思った / I *tried my* ~ *at* writing a science-fiction story for the first time. 生まれて初めて SF 小説を書いてみた. 《1711》 ***túrn** one's **hánd to*** =*put* [*set*] *one's* HAND *to*. 《1703》 ***ùnder** one's **hánd and séal*** 署名捺印して[た]: given *under one's* ~ *and seal*. ***wásh** one's **hánds of*** 〈責任のある事など〉から手を引く, …と手を切る[関係を断つ] (cf. *Matt.* 27: 24): The city authorities *washed their* ~*s of* the matter. 市当局はその件から手を引いた. 《1554》 ***wéaken** a person's **hánd*** (競争などで)人の立場を弱める, 妨げる, 気勢をそぐ (cf. *Jer.* 38: 4). ***wípe** one's **hánds of*** … =*wash one's* HANDS *of* …. ***with a frée hánd*** 気前よく, 惜し気なく, ふんだんに (generously) (cf. freehanded 1, free hand): She usually gives out gifts *with a free* ~. いつも気前よく皆に贈物をする. ***with a héavy hánd*** (1) 手厳しく, 強力に, 圧制的に (oppressively): The king ruled his country *with a heavy* ~. その王は強圧的に国を統治した. (2) 無器用に, ぎごちなく (clumsily): The musical was directed *with a heavy* ~. そのミュージカルの演出はぎごちなかった[あか抜けしていなかった]. ***with a hígh hánd*** 強圧的に, 高飛車に, 尊大に (arrogantly). 《1611》 ***with an ópen hánd*** 気前よく (liberally). 《1696》 ***with cléan hánds*** 清廉潔白で[に]. ***with** one's **báre hánds*** (武器・道具を使わず)素手で. 《1604》 ***with** one's **hánds in** one's **póckets*** 懐手をして, 何もしないで (cf. *keep one's* HANDS *in one's pockets*). ***wríng** one's **[the] hánds*** (苦痛・悲しみ・絶望などの仕草として)手を絞るようにする, 手をもむ: *wring one's* ~*s* in pain 手を絞って苦しむ.

hánd of glóry 魔の手《もと盗賊などがまじないに用いたマンドレークの根茎, のちには処刑された人間の手》. 《《1707》《なぞり》← F *main de gloire*《転訛》← *mandragore* mandrake》

— *vt.* **1** [しばしば二重目的語を伴って] **a** 手渡す, 渡す: She ~*ed* me the key. 彼女は私に鍵を手渡した / *Hand* it *to* the janitor. それを管理人に渡しなさい / He ~*ed* the rope *up to* me. 綱を下から手渡してくれた. **b** (食事の時)〈食べ物などを〉取ってやる, 回す (pass); 給仕する, 配る (serve): Please ~ me the salt. 食塩を回して下さい / Cookies were ~*ed around* [*round*]. クッキーが一同に回された. **c** 〈打撃・衝撃などを〉くらわす, 加える (give): That ~*ed* me a surprise [laugh]. それにはびっくりした[思わず吹き出してしまった] / He ~*ed* the boy a terrible beating. 少年をこっぴどく打ちのめした. **2** [目的語+場所・方向の副詞語句を伴って] 手を貸して入れ[出し, 上げ, おろし]てやる (lead with the hand): He ~*ed* the lady *into* [*out of*] the car. 婦人に手を貸して車へ乗せて[から降ろして]やった / The usher ~*ed* the old gentleman *to* his seat. 案内係は老紳士を座席まで案内した / She ~*ed* her grandmother *across* the street. 祖母の手を取って通りを渡してやった. **3** 『海事』〈帆を〉たたむ (furl). **4** 《廃》手で扱う, いじくる (manipulate); 取り扱う.

hánd báck (持ち主に)返す: I'll ~ the book *back to* you on Monday. 本は月曜にお返しします. ***hánd dówn*** (1) 上から手渡す; 手を貸して下へ案内する. (2) 〈遺産を〉(代々に)伝える (bequeath): 〈風俗・慣習・特権などを〉後世に伝える: The title was ~*ed down from* father *to* son. 爵位は父子代々引き継がれた. (3) 〈使い古した衣類などを〉お下がりにする: I ~*ed* the coat *down to* my little brother. お古のコートを弟にやった / She was wearing a sweater ~*ed down* by her mother. 母のお下がりのセーターを着ていた. (4) 《米》〈控訴院の決定を〉(下級裁判所に)通達する; 〈判決・評決を〉言い渡す; 〈政策などを〉発表[声明]する. ***hánd ín*** (1) 手渡しする: ~ *in* a letter at the door 戸口で手紙を渡す. (2) 〈書類などを〉差し出す, 提出する (submit): ~ *in* one's resignation [one's term paper] 辞職願[学期のレポート]を提出する. (3) 引き渡す, 納める (give up): The stolen goods were ~*ed in* to the police. 盗品は警察に引き渡された. ***hánd it óut*** 《口語》手ひどくこらしめる, 殴る. ***hánd it to*** 《口語》…の偉さ[功績]を認める, …にはかなわないと言う, …に敬意を表する: You've got to ~ *it to* him for doing such a good job. あれだけのよい仕事をしたのだから彼には脱帽せざるをえない. 《*c*1906》 ***hánd óff*** (1) 『ラグビー』〈タックルする相手を〉平手で押しのける. (2) 『アメフト』(*vt.*) 〈ボールを〉近くの味方へ渡す; (*vi.*) ボールを味方へ手渡す. (cf. hand-off) ***hánd ón*** (1) (人から人へ)手渡しする, (順に次へ)回す: When you've read this, ~ it *on to* your classmates. 読んでしまったら級友に回して下さい. (2) (次の世代へ)引き継ぐ, 譲り渡す, 伝える (hand down): We must ~ this tradition *on to* the next generation. 私たちはこの伝統を次の世代へ伝えなければならない. ***hánd óut*** (1) (気前よく)分け[施し]与える, 分配する (distribute); 〈お世辞・忠告などを〉ふんだんに言ってやる: ~ *out* money *to* the poor 貧民に金を分かち与える. (2) (無料で)配布する, (回覧できるように)配る: The professor ~*ed out* duplicated material *to* the students. 教授は資料のプリントを学生に配布した. (3) 《口語》〈罰などを〉科する (administer, mete out): ~ *out* a severe punishment *to* a person 人に厳罰を科する. ***hánd óver*** (1) 引き[明け]渡す, 保管してもらう, 納める (deliver up): ~ *over* a stolen gun *to* the police 盗まれた銃を警察に引き渡す. (2) 〈領土・権利・役職・事業などを〉譲り渡す, 引き継ぐ, 申し送る (hand on): Israel ~*ed over* control of the oilfield *to* the United Nations Emergency Force. イスラエルは油田の管理権を国連非常軍に譲渡した / I'm glad to ~ the case *over to* you. 喜んで事件をあなたにお引き継ぎします.

~·like *adj.* 〖n.: OE ~, *hond* < Gmc **χanduz* (Du. *hand* / G *Hand*) ← ?. — v.: 《1610–11》 ← (n.): cf. OE *hentan* to seize〗

Hand /hǽnd/, **(Billings) Learned** *n.* ハンド《1872–1961; 米国の法律家・裁判官; New York 地方裁判所判事・連邦巡回控訴院判事を務める》.

hand àlphabet *n.* =manual alphabet. 〖1680〗

Han·dan /hɑ̀ːndɑ́ːn; *Chin.* xántán/ *n.* 邯鄲(かんたん)《中国河北省 (Hebei) 南部の市; 戦国時代趙 (Zhao) の都があった》.

hand àpple *n.* (料理用りんごと区別して)生食用りんご.

hand àx [àxe] *n.* **1** ハンドアックス, 握斧, (旧石器時代の)手斧(ちょうな)《アフリカ・ヨーロッパ・西アジア・インドの前期旧石器文化の代表的石器》. **2** 片手斧《柄の短い片手用の斧》. **3** 《廃》=battle-ax. 〖OE *handæx*〗

hand·bag /hǽn(d)bæ̀g/ *n.* **1** ハンドバッグ (《米》 purse; pocketbook). **2** 旅行用手さげかばん. **—***vt.* 〈特に女性の政治家が〉容赦なく攻撃する. 〖1862〗

hand bàggage *n.* 手荷物 (hand luggage). 〖1889〗

hand·bàll *n.* **1** 手まり, 手玉. **2** 『球技』ハンドボール: **a** 平手で壁にゴムボールを打ちつけてはね返るのを相手に打たせて打ち合いを続け, 21 点先取した方が勝ちになるゲーム; そのボール (cf. fives). **b** 7 人の各チームが手でボールをパスしたりドリブルしたりしてゴールへ入れて得点を争う競技; そのボール. **c** fives に似た競技. ★ 日本でハンドボールというのは通例 b をいう. **3** 『サッカー』ハンドリング (handling)《選手がボールに手を触れる反則》. **—** *vt.* 『豪式フットボール』〈ボールを〉こぶしで打ってパスする. **~·er** *n.* 〖?*a*1400〗

hánd·bàrrow *n.* **1** (前後二人で運ぶ)四つ手運搬器. **2** =handcart. 〖《1403》: ⇨ barrow[1]〗

hánd·bàsin *n.* 洗面器 (washbasin).

hánd bàsket *n.* バスケット, 手さげかご. 〖*c*1495〗

hánd·bèll *n.* (手で振り鳴らす)振鈴. 〖OE *handbelle*〗

hánd·bìll *n.* (手で配る)広告, ちらし, ビラ. 〖1753〗

hánd·blènder *n.* (手持ちタイプの電動)かくはん機《料理用》.

hand·book /hǽn(d)bʊ̀k/ *n.* **1 a** 手引, 便覧, 教本: a ~ of anatomy 解剖学便覧. **b** 旅行案内(書): a ~ to France. **2** (特定の主題についての)研究書. **3** 《米》**a** (競馬の)賭け金帳: a ~ man (競馬の)賭け業者 (cf. bookmaker 1). **b** (競馬の)賭けの行われる場所. 〖《1814》《なぞり》← G *Handbuch* ∞ OE *handbōc*《なぞり》← ML *manuālis liber* ← LL *manuāle* 'MANUAL'〗

hánd·bòoking *n.* 《米》(競馬の)賭け業.

hánd·bòund *adj.* 〈本が〉手で綴(と)じた, 手綴じの. 〖?*c*1600〗

hánd·bòw /-bòu | -bə̀u/ *n.* 手弓 (cf. crossbow). 〖1535〗

hánd bràce *n.* =hand drill.

hánd bràke *n.* (自動車などの)手動ブレーキ (cf. foot brake); 手動ブレーキレバー. 日英比較 日本語の「サイドブレーキ」は和製英語. 〚1894〛

hándbrake tùrn *n.* 《英》 ハンドブレーキターン《高速で走行中の車のハンドブレーキを引いて急激に方向転換させる危険な行為》.

hánd·brèadth *n.* 手の幅, 手幅尺《今は約 4 インチ; cf. hand *n.* 15》. 〚(1535): cf. lateOE *handbrēd*〛

h and c, h & c 《略》 hot and cold (water). 〚1901〛

hánd·cànter *n.* 〘馬術〙ゆるやかな駆け足. 〚1836〛

hánd·càr *n.* 《米》(鉄道の)ハンドカー, 手動車《線路検査や工夫の運搬に使う》. 〚1850〛

hánd·càrt *n.* 手車, 手押し車. 〚1640〛

hánd·càrve *vt.* 手で彫る.

hánd chèese *n.* ハンドチーズ《手でこねて形を整えた軟らかいチーズ; 匂いと味が強い》. 〚1890〛

hánd·clàp *n.* 拍手: a slow ~ (不賛成・退屈の意を示す)ゆっくり調子を取った拍手 / A ~ greeted him as he entered the room. 彼が部屋にはいると歓迎の拍手が起こった. 〚1822〛

hánd·clàsp *n.* (挨拶・別れ・約束の時などの)握手. 〚1583〛

hand composìtion *n.* 〘印刷〙手組み.

hand compòsitor *n.* 〘印刷〙手組み工.

hánd·cràft *n.* 手細工, 手工芸 (handicraft). **—** *vt.* 手細工で作る. 〚OE *handcræft*〛

hánd·cràfted *adj.* 手細工の, 手職人の作った.

hánd·cràft·man /-mən/ *n.* (*pl.* **-men** /-mən, -mèn/) (*also* **hánd·cràfts·man**) 手職人, 手工芸家. 〚1463–64〛

hánd·crànked *adj.* 手回し式のクランク[ハンドル]のある: a ~ telephone (旧式の)手回し電話機.

hand crèam *n.* ハンドクリーム.

hand·cuff /hǽn(d)kʌ̀f/ *n.* [通例 *pl.*] 手錠: a pair of ~*s*. **—** *vt.* **1** 〈人〉に手錠をかける. **2** 手錠をかけて[かけたように]〈人を〉拘束[妨害]する, …の自由を奪う, 無力にする: ~ an infielder ⇨ infielder 成句. 〚1629〛

H and D cùrve /éɪtʃən(d)díː-/ *n.* 〘写真〙HD 特性曲線 (⇨ characteristic curve 2). 〚⇨ H and D speed〛

hand-dòwn *n.* =hand-me-down.

hand drìll *n.* (手で回す小さな)手錐(きり), ハンドドリル. 〚1770–74〛

H and D spèed /éɪtʃən(d)díː-/ *n.* 〘写真〙HD 感光度. 〚← *Ferdinand Hurter & Charles Driffield* (共に 19 世紀末に活躍した英国の写真家)〛

hánd·ed *adj.* **1** 手のある. **2** [通例複合語の第 2 構成素として] …な手をした: neat-*handed* 手先の器用な (dexterous). **3** 〈ドア・ロック錠・蝶番(ちょうつがい)・スクリューなど〉(左・右)一方回りの: right-*handed*, left-*handed*. **4** [通例複合語の第 2 構成素として] (幾)人でする: a four-*handed* game at tennis テニスのダブルス. 〚(1552) ← HAND＋-ED 2〛

hánd·ed·ness *n.* **1** 手のあること. **2** 利(き)き手[腕](のあること) (cf. laterality 1): left ~ 左利き. **3** 〘化学〙(化学物質の)偏光面を回転させる性質 (cf. dextrorotation, levorotation). **4** 〘理学〙左右像《座標系・らせんなどを二つにわけること》. **5** 〘理学〙スピンのベクトルと中性粒子などの運動量の関係. 〚(1915): ⇨ ↑, -ness〛

Han·del /hǽndl/, **George Frederick** *n.* ヘンデル《(1685–1759; ドイツ生まれの作曲家; 1710 年英国に渡り 1726 年英国に帰化; *Messiah* (初演 1742); ドイツ語名 Georg Friedrich Händel /héndl/). **Han·del·i·an** /hændíːliən/ *adj.*

hánd·er *n.* [通例複合語の第 2 構成素として] ある特定の数の主役を持った演劇・映画: The musical was a two-*hander*. そのミュージカルは主役が二人いた.

hánd-éye coordinàtion *n.* 〘スポーツ〙目と手の動きの協調(作用).

hánd·fàst¹ *vt.* 《古》…に手を握り合わさせて約束させる (pledge), 婚約させる (betroth); 手で握る. **—** *n.* 《古》(手を握っての)約束, 誓約 (contract); 婚約 (betrothal); 固く握ること. 〚lateOE *handfæstan* ▭ ON *handfesta* ← *hand-* 'HAND (n.)'＋*festa* to fasten〛

hánd·fàst² *adj.* 《古》**1** 手かせをはめられた. **2 a** しっかり握った (tightfisted). **b** 握り屋の (closefisted), けちな. **3** 《廃》婚約した (betrothed), 結婚した (married). 〚adj.: ((*c*1125)) ((1603)) (p.p.) ← *handfaste(n)* 'HANDFAST¹'〛

hánd·fàst·ing *n.* **1** (教会での正式な結婚式に先立つ)仮の婚約, 仮祝言. **2** 《古》婚約 (betrothal). 〚(1530) ← HANDFAST¹＋-ING¹: cf. lateOE *handfæstung*〛

hand-féed *vt.* (**-fed**) **1** 〈動物・人〉に手で飼料・食事を与える. **2** 〈動物を〉規定の(分量の)飼料で飼う (cf. self-feed); 〈動物〉に 1 頭ずつ個別に飼料を与える. 〚1805〛

hand fìle *n.* 〘機械〙平やすり, 平形やすり《断面が矩形のやすり》.

hánd·flàg *n.* 手旗《通例 2 本から成る信号用の旗》.

hand-fóot-and-móuth disease *n.* 手足口病《子供がよくかかる病気で, 手・足・口に小水疱が生ずる》.

hand·ful /hǽn(d)fʊ̀l/ *n.* (*pl.* **~s, hands·ful**) **1** 手一杯, 一つかみ, 一握り. **2** [a ~] 少量, 少数: *a* ~ *of* children 少数の子供たち / only *a* ~ *of* foreign newsmen ほんのわずかの外国人記者たち. **3** 《口語》手に余る[負えない]もの《子供・動物など》, 厄介もの. **4** 《俗》5 年の禁固刑. 〚OE *handfull*〛

hand gàllop *n.* 〘馬術〙ゆるやかなギャロップ, ギャロップに近い速いペースのキャンター. 〚1675〛

hand glàss *n.* **1** 手鏡. **2** (手に持って使う)柄付き虫めがね, 読書用拡大鏡. **3** 〘海事〙(測程器を使って船の速力を測る時に用いる)小型の砂時計《14 秒または 28 秒用》. **4** 〘園芸〙(苗などを保護する)ガラスフレーム. 〚1788〛

hand grenàde *n.* 手投げ弾. 〚*a*1661〛

hánd·grìp *n.* **1** 手の握り; 握手 (handshake): exchange a hearty ~. **2 a** 柄 (handle). **b** つか (hilt). **3** [*pl.*] つかみ合い (grapple), 接戦: come to ~*s* つかみ合う, 接戦する / be *at* ~*s with* a person 人とつかみ合いをする. 〚OE *handgripe*: ⇨ hand, grip¹〛

hand·gun /hǽn(d)gʌ̀n/ *n.* 《米》(初期の)火縄銃; (片手で扱い発射する)拳銃, ピストル. 〚1446〛

hand-held /hǽn(d)hèld/ *adj.* 手に持った, 手で支えた: a ~ camera 三脚なしのカメラ. 〚1923〛

hánd·hòld *n.* **1** (手による)握り; 手づかみ. **2** (登攀などで)手掛かり, (手で)つかまるもの《木の枝・岩の突起など》(cf. foothold). 〚1643〛

hánd·hòlding *n.* 世話[援助]をすること, アフターケア《特にコンピューターなど複雑な装置の製造業者が顧客に対して行うサービス》. 〚(*c*1910) 1967〛

hánd·hòle *n.* **1** 〘機械〙手穴《機械や装置で内部作業の必要上設けられた手を入れる穴》. **2** 〘電気〙手穴《ケーブルの接続・修理などを行うための小形マンホール》. 〚*a*1877〛

hand hòrn *n.* 〘楽器〙ハンドホルン《無弁ホルン; 手を楽器の朝顔に入れることからこの名称がついた》.

hand·i·cap /hǽndikæ̀p, -dɪ-/ *n.* **1** ハンディキャップ, ハンデ《諸種の競技で優劣を平均するために優者に不利[劣者に有利]な条件をつけること; cf. start 2》. **2** ハンディキャップつきの競技[競馬, 競走]. **3 a** 不利な条件; 困難, 不利益 (disadvantage): Financial difficulty proved to be a great ~ to his business. 財政上の困難が事業への大きな障害となった. **b** 心身障害. **—** *vt.* (**hand·i·capped; -i·cap·ping**) **1** 〈速い馬・人〉にハンディキャップをつける. **2** (競技の差を少なくするため)〈優[劣]者〉に不利[有利]な条件をつける. **3** 不利な地位に立たせる: be ~*ped* by ill health [poverty] 病弱[貧乏]のために不利をこうむる. **4** 《米》(特に競馬の)勝者を予想する. 〚n.: (?*a*1653) ← *hand i'* (=in) *cap*: 帽子の中に罰金を入れておいた昔のくじ引き遊びの名? — v.: (1649) ← (n.)〛

hand·i·capped /hǽndikæ̀pt, -dɪ-/ *adj.* **1** 身体[精神]障害のある. **2** [the ~; 名詞的に] 身体[精神]障害者たち, 心身障害者[身障者]たち. **3** ハンディキャップをつけられた: a ~ player. 〚(1915): ⇨ ↑, -ed〛

hánd·i·càp·per *n.* 〘競馬〙**1** ハンディキャップ係. **2** 《米》(新聞などの)競馬の予想屋. **3** (あるハンディを付けられて参加する)ハンディつき競技者[競走馬]: a 5-*handicapper* (ゴルフで)ハンディ 5 の人. 〚(1754) ← HANDICAP＋-ER¹〛

hándicap règister *n.* 《英》〘社会福祉〙地方自治体などが編集する心身障害者の登録名簿.

hand·i·craft /hǽndikræ̀ft, -dɪ- | -krɑ̀ːft/ *n.* **1** 手細工, 手工, 手芸; 手仕事《機織・製陶・指物など》. **2** [集合的] 手細工品, 手芸品. **3** 手先の熟練, 手練. **4** 《古》=handicraftsman. **~·er** *n.* 〚(*c*1300) *hendicraft* ← OE *handcræft*: -*i*- は HANDIWORK の影響: ⇨ hand, -craft〛

hánd·i·cràfts·man /-mən/ *n.* (*pl.* **-men** /-mən, -mèn/) 手細工人, 手職人, 手工業者, 工匠. 〚1551〛

hand·i·cuff /hǽndikʌ̀f, -dɪ-/ *n.* 《古》手で打つこと (fisticuff); [*pl.*] 殴り合い: come to ~*s* 殴り合いになる. 〚(1701) ← HANDY＋CUFF²: cf. fisticuff〛

Hán·dies Péak /hǽndiz-/ *n.* ハンディーズ山《米国 Colorado 州南西部にある山 (4,282 m)》.

Hand·ie-Talk·ie /hǽnditɔ̀ːki/ *n.* 〘商標〙ハンディートーキー《携帯用小型無線送受信機》. 〚(1942): ⇨ -ie〛

hand·i·ly /-dəli | -dʒ̩-/ *adv.* **1** 巧みに, うまく (dexterously). **2** 《米》楽に, 易々と (easily). **3** (使いやすいように)手近に (conveniently): He used to keep various tools ~ by him. 色々な道具をよく手元に置いていたものだ. 〚(1611) ← HANDY＋-LY¹〛

hánd-ìn *n.* (スカッシュ・バドミントンなどサーバーだけが得点できる競技で)サーバー, サーブする選手, インサイド. 〚1875〛

hánd·i·ness *n.* 手際のよさ, 器用; 手ごろなこと, 便利さ; (手近にある)使いやすさ. 〚(1647) ← HANDY＋-NESS〛

hánd-in-hánd *adj.* **1** 〈二人が〉手に手を取っての. **2** 相並んだ; 親密な関係の. 〚(1609–10) ← *hand in hand* (⇨ hand (n.) 成句)〛

hand·i·work /hǽndiwə̀ːk, -dɪ- | -wɜ̀ːk/ *n.* **1** 手細工, 手工, 手芸; 手仕事 (handwork). **2 a** 細工物, 手工品 (handwork). **b** (特定の人の特徴的な)手法, 手際: God's ~. **3** (特定の人の)しわざ: The street demonstrations proved to be the ~ of anarchists. 街頭デモ(行進)は無政府主義者の仕組んだものとわかった. 〚OE *handġeweorc* ← *hand* 'HAND'＋*ġeweorc* (⇨ y-, work): ⇨ handwork: 後には HANDY＋WORK とも解された〛

hánd·jòb *n.* 《俗》手淫(しゅいん).

hand·ker·chief /hǽŋkətʃɪf, -tʃìːf | -kə-/ *n.* (*pl.* **~s, -ker·chieves** /-tʃɪ̀vz, -tʃìːvz/) **1** ハンカチ (pocket handkerchief ともいう). **2** ネッカチーフ (neckerchief, neckhandkerchief ともいう). ***thrów the hándkerchief to*** (1) (鬼ごっこで鬼に自分を追うことを促すために)…にハンカチを投げつける. (2) …に意中をほのめかす, 白羽の矢を立てる. 〚(1530) ← HAND＋KERCHIEF〛

hándkerchief tàble *n.* 〘家具〙=corner table. 〚1960〛

hánd-kìssing *n.* ハンドキス《フランスなどで好意・愛情などのしるしに男性が女性の手の甲にキスすること》. 〚1868〛

hánd·knìt *n.* 手編みの衣服.

hánd-knít *vt.* 手編みする. **—** *adj.* (機械編みでなく)手編みの. 〚1920〛

hánd-knítted *adj.* =hand-knit. 〚1881〛

hánd lànguage *n.* (聾唖(ろうあ)者の)手話 (dactylology). 〚1680〛

han·dle /hǽndl/ *n.* **1 a** 手で持ったり動かしたりできる部品; 取っ手, 柄, 取っ手, つまみ, (桶(おけ)など)の手. 日英比較 日本語では自動車についても自転車・オートバイについても「ハンドル」というが, 英語では自動車のハンドルを (steering) wheel, 自転車やオートバイのハンドルを handlebars という. **b** 〘電算〙ハンドル《オブジェクトの大きさを変更したりする際にドラッグする点など》. **2** 乗ずべき機会, 口実: give a ~ to one's enemies 敵に攻撃の機会[口実]を与える. **3 a** 《口語》名, 名前 (name); 肩書 (title) 〔*to*〕: have a ~ *to* one's name 肩書[敬称]がつく《Dr., Lord など》: What's his ~?—Fred. 彼の名前は—フレッドです. **b** 〘通信・電算〙ハンドル《パソコン通信や Web 上のコミュニケーションで用いるニックネーム》. **c** 〘電算〙ハンドル《プログラミングでの識別子》. **d** 《俗》=call sign. **e** 《方言》(幾分変わった)姓に対する)名. **4 a** (ゲーム・レースなどの)賭け金の総額. **b** (商売上の取引・興行などで授受される)金の総額. **5** (織物などの)手触り, 感触 (hand, touch). **6** 《NZ》**a** ハンドル《ビール量の単位名で約 1 パイント (pint)》. **b** (ガラス製の)ビールジョッキ.

flý óff the hándle 《口語》急に怒り出す, かっとなる. (1843–44) ***gèt [hàve] a hándle on*** 《口語》…の扱い方がわかる, …を理解する: I can't seem to *get a* ~ *on* this problem. この問題は処理できそうにない. (1972) ***(ùp) to the hándle*** 《米口語》徹底的に (thoroughly). (1833)

— *vt.* **1 a** …に手を触れる, 手で触る (touch): ~ books with dirty hands 汚い手で本をいじる. **b** 手で触れて[持って]〈重さなどを〉調べる. **c** (手で)扱う, 操る, さばく, 操縦する (manipulate); 〈馬などを〉慣らす (break in): ~ an oar オールを操る / He cannot ~ firearms. 銃砲の操作ができない / She is used to *handling* drugs. 彼女は薬物の扱いに慣れている. **2** 指揮する, 統制する (direct); 〈職人などを〉監督する (supervise): ~ troops. **3** 待遇する, 取り扱う (treat): ~ a person roughly 人を乱暴に扱う / ~ oneself 身を処する. **4** 処理する; (うまく)やってのける, 使いこなす, さばく; 担当する: He ~*s* all the work. 仕事は彼が一切やっている / That lawyer doesn't ~ divorce cases. あの弁護士は離婚訴訟は扱わない. **5** 〈商品を〉売買する, 商う (deal in): ~ tea. **6** 〈問題などを〉取り扱う, 論じる (deal with): How would you ~ this situation? この状況にどう対処しますか. **7** 〘ボクシング〙〈プロボクサーの〉のトレーナー兼セコンドの役をする. **8** 〘サッカー〙〈ボールを〉手に触る, 手を触れる. **9** 〘野球〙〈ボールを〉扱う, 投げる, 受ける. **—** *vi.* [通例副詞を伴って] 操られる, 制御される, 扱って…である: This boat [car] ~*s easily*. このボート[車]は扱いやすい.

hán·dle·a·ble /-dləbl/ *adj.* **~·less** *adj.* 〚n.: OE ~, *handla*: ⇨ hand (n.), -le¹. — v.: OE *handlian*: ⇨ -le³〛

hand léad /-lèd/ *n.* 〘海事〙手用測鉛《浅い海を測量するための重りのついたひも》. 〚1745〛

hándle·bàr *n.* **1** [しばしば *pl.*] (自転車・オートバイなどの)ハンドル(バー) (⇨ bicycle 挿絵). **2** [通例 *pl.*] 天神ひげ (handlebar moustache ともいう). **3** ハンドルバー《物体を扱うために用いられる柄のついた金属の棒》. 〚1886〛

hán·dled *adj.* [通例複合語の第 2 構成素として] (…の)柄[ハンドル]のある: a horn-*handled* clasp knife 取っ手が角製の折りたたみナイフ. 〚(1785): ⇨ handle, -ed〛

hand lèns *n.* (柄つきの)虫眼鏡, ルーペ. 〚1930〛

han·dler /hǽndlə, -dlə | -dlə(r, -dl-/ *n.* **1** 取り扱う人, 処理する人, 操縦者 〔*of*〕. **2** (警察犬・馬・闘鶏などの)訓練者, 調教者. **3** 〘ボクシング〙セコンド, トレーナー. 〚(*a*1398): ⇨ handle, -er¹〛

hánd·less *adj.* **1** 手のない, 手を失った. **2** 《方言》無器用な, 下手な (clumsy). 〚(?1404): ⇨ -less〛

hand·létter *n.* 〘印刷〙(箔押し用の)手押し文字. 〚1889〛

hánd·lèvel *n.* 〘測量〙ハンドレベル, 手(持水)準器, 掌準器《土地測量用の小型水準器》.

hánd·lìne *n.* **1** 〘釣〙手釣り糸. **2** 細い消火ホース. 〚1674〛

hán·dling /-dlɪŋ, -dl-/ *n.* **1** 手をかけてやること; 訓練, 調教. **2** 取扱い, 運用, 操縦, 処理; (特に, 作家・画家などの)手際. **3** (物の)運搬, 移動方法, 過程. **4** (商品の)積出し, 出荷. **5** 〘サッカー・アイスホッケー〙ハンドリング《反則》. **6** 《英》〘法律〙故買; 盗んだ品物を買うこと. 〚lateOE *handlung*: ⇨ handle, -ing¹〛

hándling chàrge *n.* 手数料.

hánd·lìst *n.* 参考書[文献]リスト. 〚1859〛

hánd·lòom *n.* 手織機, 手機(てばた) (cf. power loom). 〚1833〛

hánd-lóomed *adj.* 〈衣服が〉手織機で織られた. 〚1928〛

hand lùggage *n.* 手荷物 (hand baggage). 〚1888〛

hand·made /hǽn(d)méɪd⁻/ *adj.* **1** 手製の, 手作りの, 手細工の. 日英比較 日本語の「手製, 手作り」は英語では *handmade* と homemade とに区分されている. 前者は machine-made に対する語で, 機械を使って製造したものではないことを意味し, 後者は市販のものを買ったのではないこと, 自家製であることを意味する. **2** 手製に見せかけた, 手製風の, 手細工の感じをまねた. 〚1613〛

hánd·màid *n.* **1** 《古》女中, 侍女. **2** (他の物事に対して)補助的役割を果たすもの, しもべ: the ~ of the people 人民のしもべ. **3** 〘昆虫〙カイコガ科のガの一種 (*Datana ministra*). 〚*c*1300〛

hánd·màiden *n.* =handmaid 1, 2. 〚*c*1350〛

hand-me-dòwn 《口語》 *adj.* **1 a** 〈服などが〉お下がりの, お古の. **b** 古手の, 古物の (secondhand). **c** 出来

合いの, 既成品の (ready-made); 安っぽい (cheap). **2** 〈考え・趣向など〉受け売りの, 二番煎じの (secondhand). — *n.* **1 a** お下がり, お古. **b** 古着. **c** (安っぽい)出来合い服, 既製服. **2** 受け売り[二番煎じ]の考え[趣向など]. 〖(1827) ← *hand down* (⇨ hand (v.) 成句): cf. reach-me-down〗

hánd·mìll *n.* (コーヒーなどをひく)ひきうす, 手回しのコーヒーひき(器). 〖1563–87〗

hánd mìrror *n.* 手鏡.

hánd mòney *n.* 手付金, 証拠金 (earnest money).

hánd mòwer *n.* 手押し芝刈り機[草刈り機] (cf. power mower).

hánd-òff *n.* **1** 〘ラグビー〙 ハンドオフ《手で相手を押しのけること》. **2** 〘アメフト〙 **a** ハンドオフ《味方のバックから味方のバックにボールを手渡すこと》. **b** ハンドオフボール《このようにして手渡されたボール》. **3** (携帯電話で, 別の中継局への)受け渡し《hand over ともいう》. 〖(1922) ← *hand off* (⇨ hand (v.) 成句)〗

hánd òrgan *n.* (外側のハンドルを回して奏する)手回しオルガン (cf. barrel organ). 〖1796〗

hand·out /hǽndàʊt/ *n.* **1 a** 施し物《食物・金銭・古着など》: The captives are living on ~*s*. 捕虜たちは施し物[配給食品]をもらって生きている. **b** 宣伝ビラ, ちらし, 折りたたみ広告. **c** (宣伝用)商品見本, 試供品, サンプル. **d** (学会・講演会などの)配布用印刷物, プリント. **2** 《米》(新聞などに発表をゆだねた)公式声明[報道]; 新聞発表. 〖(1882) ← *hand out* (⇨ hand (v.) 成句)〗

hánd-óut *n.* (バドミントン・ハンドボールなどで)ハンドアウト: **a** サーブ側が得点せず, その結果サーブ権を失うこと (side-out) (cf. down[1] *n.* 8). **b** サーブを受ける側(の競技者), レシーバー. 〖1875〗

hand·o·ver /hǽndòʊvə | -əʊvə(r)/ *n.* **1** (領土・権利・財産などの)譲渡, 明け渡し. **2** =hand-off 3.

hánd-páint·ed *adj.* 手塗りの.

hánd·pìck *vt.* **1** (器具を用いずに)手で摘む. **2** (人任せでなく)自分で精選する; 自分で目的にかなうように選ぶ: ~ one's attendants 従者を自分で選ぶ. 〖1831〗

hánd·pìcked *adj.* **1** 手で摘んだ. **2 a** 精選した. **b** 勝手に選んだ, お手盛りの. 〖1881〗

hánd·pìece *n.* 《豪》 羊毛刈り用の電動バリカンの手で持つ部分. 〖1912〗

hánd plàte *n.* 押板《扉を押す箇所に取り付けた金属板; push plate ともいう; cf. finger plate》. 〖1900〗

hánd·plày *n.* **1** 殴り合い. **2** 〘トランプ〙 (スカートで)スカート (skat) を使わずにプレーすること《得点が倍になる》. 〖OE *handplega*〗

hánd·pòst *n.* 道標, 道しるべ (signpost). 〖1791〗

hánd·prèss *n.* 〘印刷〙 手動印刷機. 〖1679〗

hánd·prìnt *n.* 掌紋. 〖1886〗

hánd pròp *n.* 〘演劇〙 (演技中の俳優の用いる)手道具, 小道具. 〖1933〗

hánd·pùmp *n.* 手押しポンプ, 手動ポンプ (cf. steam pump).

hánd pùppet *n.* (人形の身体の中に手を入れて操る)指人形《glove doll, glove puppet ともいう》. 〖1947〗

hánd·ràil *n.* 手すり, 欄干. 〖1793〗

hánd·rèader *n.* 手相見 (palmist). 〖1902〗

hánd·rèading *n.* 手相術 (palmistry). 〖1867〗

hánd·rìde *vt.* (競馬でむち・拍車を使わずに)素手で〈馬〉に乗る. — *vi.* 競走馬に素手で乗る.

hánd-rùnning *adv.* 《口語》 連続して, 途切れなしに. 〖1828〗

hánd·sàw *n.* (片手用)手のこぎり. ***knów a háwk from a hándsaw*** ⇨ hawk[1] 成句. 〖(1399): ⇨ saw[2]〗

handsaw fìsh *n.* 〘魚類〙 =lancet fish. 〖そののこぎり状の歯から〗

hánds·brèadth *n.* =handbreadth.

hánd's-brèadth *n.* =handbreadth.

hánd scrèw *n.* **1** (道具を使わないで締める)手動ねじ. **2** 〘木工〙 =hand-screw clamp. 〖1765〗

hánd-scrèw clàmp *n.* 〘木工〙 手締めクランプ, つかみ締め, しぼり木《単に hand screw ともいう; ⇨ clamp[1] 挿絵》.

hánds-dówn *adj.* **1** 楽にやってのけた; 楽な: win a ~ victory 楽勝する. **2** 疑い[議論]の余地のない (unquestionable); 確かな, 明白な. 〖1867〗

hand·sel /hǽn(d)səl, -sl/ *n.* **1** (開店祝いや, 開業・入学・就職などを祝う)祝儀, 祝い品, 祝宴. **2 a** 新年の祝儀, お年玉. **b** 新郎から新婦に与える贈物. **3 a** 手付金 (earnest). **b** 初回払込金. **4** 初物, 初試し, 試食 (foretaste). — *vt.* (**hand·seled, -selled; -sel·ing, -sel·ling**) **1** (開業・新婚などを祝して)…に贈り物をする. **2** …の初試し[口開け]をする; 初めて試みる. 〖OE *handselen* 《原義》 hand gift // (?*a*1200) ◻ ON *handsal* closing of a bargain by shaking hands ← *hand* 'HAND'+*sal* 'SELL[1]'〗

hánd·sèt *n.* (無線機の)ハンドセット《送話口・受話口が備わっているもの》; (携帯電話の)端末機; (卓上電話機の)送受話器《送話器・受話器が付いており, 片手で支えられる; French telephone ともいう》. 〖*c*1919〗

hánd-sèt *adj.* 〘印刷〙 〈活字が〉手組みの. **2** 手組み刷りの. — *vt.* 〈活字〉を手で組む.

hánd sètting *n.* (時刻の)針回し, 時刻合わせ.

hánd·séw *vt.* 手で縫う.

hánd·séwn *adj.* 手縫いの (↔ machine-sewed).

hánds·frèe *adj* 〈機械が〉手を使わずに操作する.

hand·shake /hǽn(d)ʃèɪk/ *n.* **1** 握手: receive a ~ from the dean 〈卒業生が〉学部長から握手される / ⇨ golden handshake. 日英比較 欧米の握手は単に手を握るだけでなく, ある程度強く握って文字どおり shake ((上下に)振る)するのである. 動詞は shake … by the hand という. **2** 〘電算〙 ハンドシェーク, 応答確認方式《コンピューターと他の装置との間でデータの送信の前にあらかじめ決めてある信号の交換; handshaking ともいう》. 〖1873〗

hánd·shàker *n.* **1** 誰にも愛想をふりまく人. **2** 人に会うのが好きな人. 〖1905〗

hánd sìgnal *n.* 手信号《車・バイクの運転者が行う》.

hánds-óff *adj.* [限定的] **1** 無干渉(主義)の: a ~ policy 無干渉主義 / a ~ attitude 無干渉主義の態度. **2** 無干渉主義を主張する[唱える]. **3** 手を使うことを必要としない, 自動の: a ~ cellular telephone 自動セル電話. 〖(1902) ← *hands off* (1563) (⇨ hand (n.) 成句)〗

hand·some /hǽnsəm, hǽntsəm/ *adj.* (**hand·som·er; -som·est; more ~, most ~**) **1 a** 〈男子が〉(男性的で)顔立ちのよい, 魅力的な, 立派な (⇨ beautiful SYN): a ~ young man ハンサムな青年 / *Handsome* is as [that] handsome does. 《諺》 行いの立派なのが立派な人, 「見目より心」《あとの handsome は副詞; Handsome is he who does handsomely. の意》. **b** 〈女性が〉(大柄で)器量のよい, りりしい, 立派な (cf. beautiful, pretty): a ~ (young) woman / our ~ Queen わが国の毅然として美しい女王. 日英比較 日本語の「ハンサム」は「美男子」の意味で男性にのみ用いるが, 英語の *handsome* は女性に対しても用いる. **2** (形・姿などの均斉が取れて)見事な, 堂々とした (stately, fine): a ~ building / a ~ funeral 立派な葬儀. **3** 〈金額・財産・贈物など〉相当な, かなりの額の (considerable); 気前のよい (ample); 〈行為など〉手厚い, おおらかな (generous): a ~ fortune [income] かなりの財産[収入] / a ~ price 相当な[高い]値段 / ~ profits 多額の利益 / for a ~ fee かなり(多額)の料金[稿料など]を取って / a ~ contribution [present] 気前のよい寄付[贈物] / pay a person ~ compliments 人にたっぷりお世辞を言う / do the ~ (thing) 《口語》 (人に)気前よく[親切に]する. **4** 《米》 器用な, 上手な (dexterous, adroit): a ~ speech 手際のよい演説. **5** 《方言》 **a** 適した, 似合う (suitable, becoming). **b** 便利な, 手ごろな (handy). **6** 《英》 なるほどと思わせる, 心配のない: a ~ win over one's opponents 敵に対する楽勝. — *adv.* 《方言》 =handsomely (cf. *adj.* 1 a). ***cóme dówn hándsome*** 《英口語》 =*come down* HANDSOMELY.

~·ness *n.* 〖(?*a*1400) *handsom(e)* easy to handle: ⇨ hand, -some[1]: cf. Du. *handzaam* manageable〗

hándsome Hárry *n.* 〘植物〙 北米原産ノボタン科の桃色の花が咲く耐寒性多年草 (*Rhexia virginica*).

hánd·some·ly *adv.* **1** 立派に, 見事に, 男らしく: behave ~ 男らしくふるまう. **2** 寛大に, 手厚く; 気前よく: be ~ rewarded 十分に報いられる / pay a person ~ (*for*) 人に相当な報酬を支払う. **3** 〘海事〙 注意して, ゆっくりと, きちんと, 手際よく. ***cóme dòwn hándsomely*** 《英》 気がいい, 気前よく金を出す. 〖(1547–64) 'handily': ⇨ handsome, -ly[1]〗

hándsome ránsom *n.* 《米俗》 大金.

hands-on /hǽndzɑ́(ː)n, -ɔ́(ː)n | -ɔ́n/ *adj.* **1** 実地の職業活動を行う[含む]: ~ training 実地職業訓練. **2** 直接関与する. 〖(1969) ← *hands-* (⇨ hands-off)+ON〗

hánd·spìke *n.* **1** (通例木製の)てこ. **2** (巻きろくろの)棒. 〖(1615) ◻ Du. 《廃》 *handspaeke* ← *hand* 'HAND'+*spake* rod: cf. spike[1]〗

hánd·sprìng *n.* (手から着地する)とんぼ返り (cf. headspring, somersault 1): turn ~*s* とんぼ返りをする. 〖1875〗

hánd·stàff *n.* からさおの柄.

hánd·stàmp *n.* **1** ゴム印 (rubber stamp). **2** (切手の)消印器. — *vt.* 〈切手〉に消印を押す.

hánd·stànd *n.* (両手で体を支える)倒立, 逆立ち (cf. headstand). 〖1899〗

hánd stràp *n.* (電車などの)吊革.

hánd·stròke *n.* 〘鳴鐘〙 ハンドストローク《鐘を上向きにするため, 綱を前方に打ち出す動作; cf. backstroke》. 〖1523〗

hánd's tùrn *n.* (ちょっとした)仕事, 努力, 手伝い, 手助け. ★ 次のような否定構文に用いる: He does *not do a* ~. 横の物を縦にもしない. 〖1828〗

hánd tàp *n.* 〘機会〙 手回しタップ《手作業でねじ立てをする時に用いる》.

hand·tec·tor /hǽndtèktə | -tə(r)/ *n.* 小型金属探知器.

hánd-tíght *adj.* 〘海事〙 手の力だけで張りつめた, 手締めの. 〖1794〗

hánd-to-hánd *adj.* [限定的] 相手に接近した: a ~ combat [struggle] 格闘, 一騎打ち, 白兵戦. 〖(1836) ← *hand to hand* (⇨ hand (n.) 成句)〗

hánd-to-móuth *adj.* [限定的] その日暮らしの, 将来への備えのない, 一時しのぎの, おぼつかない (uncertain, precarious): lead a ~ existence その日暮らしをする / do business on a ~ basis 自転車操業をする. — *adv.* その日暮らしで. 〖(1748) ← *from hand to mouth* (⇨ hand (n.) 成句)〗

hánd tòol *n.* (手動の)道具, 工具.

hánd tòwel *n.* 手ぬぐい, タオル. 〖1598〗

hánd trùck *n.* **1** 手押車, 手押しカート《一端に小型の両輪, 他の端に握り棒のついた荷物運搬車》. **2** 小型運搬車《構内運搬用などのモータートラック》. 〖1920〗

hánd vìse *n.* 〘機械〙 手万力.

hánd-wàshing *n.* **1** 手を洗うこと. **2** (物を)手で洗うこと. **3** 責任のがれ.

hánd·wèave *vt.* 手織りばたで織る.

hánd·whèel *n.* 〘機会〙 手動ハンドル《手動ブレーキ (hand brake), バルブ (valve) などについている》. 〖*c*1889〗

hánd·wòrk *n.* 手細工, 手工; 手仕事 (cf. machine-work). **~·er** *n.* 〖OE *handweorc*〗

hánd·wórked *adj.* =handwrought. 〖1818〗

hánd·wóven *adj.* **1** 手織機で織った, 手織の: a ~ fabric. **2** 手編みの: a ~ basket, hat, shoe-lace, etc. 〖1880〗

hánd·wrìte *vt.* 手で書く. — *n.* 《方言》 **1** =handwriting. **2** 署名. 〖(1849–53) (逆成) ← *handwritten, handwriting*〗

hand·writ·ing /hǽn(d)ràɪtɪŋ | -tɪŋ/ *n.* **1 a** 筆跡: a ~ expert 筆跡鑑定家. **b** 書風, 書体, 手書き. **2** 《古》 書いた物《文書など》; 筆写物 (manuscript). ***(the) hándwriting on the wáll*** 「壁上の書き物」, 禍[不幸]の前兆 (the writing on the wall) (cf. *Dan.* 5:5). 〖(1421): cf. L *manuscriptum*〗

hand·writ·ten /hǽn(d)rítn/ *adj.* 手書きの, 肉筆の: a ~ letter 肉筆の手紙.

hánd·wróught *adj.* 手細工の (handworked): ~ gold 彫金. 〖lateOE *handworht*〗

hand·y /hǽndi/ *adj.* (**hand·i·er; -i·est**) **1** 〈人が〉手際のよい, 手先の器用な (⇨ dexterous SYN): She is ~ *with* a needle. 針仕事がうまい / be ~ *with* a gun ガンさばきがうまい / be ~ *around* [*about*] the house 家事の処理がうまい. **2** 〈物が〉扱いやすい, 手ごろな, 便利な (convenient): a ~ tool 便利な道具. 日英比較 日本語で小型で持ち運び可能で扱いやすいことを「ハンディ」というが, 英語の *handy* は大きさには関係なく, 扱いやすくて便利なことを表す. **3 a** 手近にある, すぐ使える: have [keep] a dictionary ~ 辞書を手元に(用意して)おく / A flashlight is kept ~ in case of a sudden power failure. 不意の停電のために懐中電灯が備えてある. **b** すぐに行ける, 近くの: The post office is ~. 郵便局は近い / My house is ~ *for* the shops. 私の家は商店に近い. **4** 〘海事〙 操縦しやすい: a ~ yacht 操縦の楽なヨット. ***cóme in hándy*** (なにかと)重宝する, (手近にあって)役に立つ: The tool will *come in* ~. その道具は役に立つ(ことがある)だろう. 《1888》 — *adv.* 《方言》 =handily. 〖(1535) 'manual' ← HAND+-Y[1]: cf. Du. *handig* handy, expert〗

Han·dy /hǽndi/, **W**(illiam) **C**(hristopher) *n.* ハンディ (1873–1958; 米国のブルース作曲家; *St. Louis Blues* (1914)).

hand·y-an·dy /hǽndiǽndi/ *n.* =handyman 1. 〖← *Handy Andy* (アイルランドの小説家 Samuel Lover (1797–1868) の小説の主人公の名)〗

hand·y-bil·ly /hǽndibíli/ *n.* 〘海事〙 **1** 船の小滑車装置. **2** 甲板上で用いる小ポンプ. 〖1858〗

hándy-dándy *n.* 〘遊戯〙 どちらの手に物を持っているかを当て合う遊戯. — *int.* どっちだ(好きな方を選べ). 〖(*a*1376) (押韻加重) ← HAND / HANDY〗

hándy·màn /-mæ̀n, -mən/ *n.* (*pl.* **-men** /-mèn/) **1** (こまごました仕事を)何でもする雇い人, 器用な男, 便利屋 (jack-of-all-trades). **2** 《口語》 水兵 (bluejacket). 〖1872〗

hándyman's spécial *n.* 《米俗》 (格安で売りに出される)要修繕家屋.

han·e·poot /hɑ́ːnəpʊ̀t/ *n.* 《南ア》 **1** ハーネプート《マスカットの一種でデザートに使われる大きなブドウ》. **2** ハーネプートから造られる甘口白ワイン. 〖(*c*1798) ◻ Afrik. ◻ Du. *haan* cock+*poot* CLAW〗

Hanes /héɪnz/ *n.* ヘインズ《米国 Hanes Underwear 社製の下着; T シャツ・ブリーフ・パンティーストッキングなど》.

hang /hǽŋ/ *v.* (**hung** /hʌ́ŋ/, *vt.* 6, *vi.* 2 の場合は通例 **~ed**) — *vt.* **1 a** 〈絵・壁掛・帽子などを〉(高い所などに[から])掛ける, つるす, 下げる, 垂らす, 宙に浮かす (suspend) 〔*on, from*〕: ~ pictures [a little Picasso] on the wall 絵[ピカソの小品]を壁に掛ける / pictures *hung on* the line ⇨ *on the* LINE[1] (2) / ~ curtains *on* a window カーテンを窓につるす (cf. 2 a) / ~ one's hat *on* a peg 帽子掛けに帽子を掛ける / ~ a chandelier *from* the ceiling 天井からシャンデリアをつるす. **b** 〈肉・鳥獣などを〉(食べごろになるまで)つるしておく: Venison needs to be well *hung*. 鹿肉は十分つるしておかなければおいしくならない. **2 a** 〈部屋・壁などを〉(壁掛け・額・絵・旗などで)飾る 〔*with*〕: ~ walls *with* (wall)paper 壁に壁紙を張る / ~ a window *with* curtains 窓にカーテンをかける (cf. 1 a) / The room is *hung with* flags. 部屋は旗で飾ってある / walls *hung with* tapestry つづれ織りを飾った壁. **b** 〈壁紙などを〉張る, 張りつける: ~ wallpaper. **3** 〈頭を〉うなだれる; 〈舌を〉垂らす: ~ one's head in shame 恥じてうなだれる. **4 a** 〈物を〉(自由に動くように)取り付ける; 〈戸などを〉開けたてできるように取り付ける: ~ a pendulum / ~ a door *on* hinges ちょうつがいでドアを取り付ける. **b** (適当な角度にして)…に柄をつける: ~ a blade / ~ an axe *to* its helve 斧(おの)に柄をつける. **c** 〈スカート〉の裾(すそ)丈をきめる, の裾をまつる: ~ a skirt. **5** 〈人に〉〈あだ名などを〉つける 〔*on*〕: ~ a nasty name *on* him 彼に嫌なあだ名をつける. **6** (過去形・過去分詞は通例 **~ed**) **a** 〈人〉の首をつるす; 縛り首にする, 絞首刑に処する: be ~*ed* for murder 殺人のかどで絞首刑になる / ~ oneself 首をつって死ぬ ★ 標準英語では, あらゆる意味で hung が過去形・過去分詞形として用いられるので法律上の処刑の意味でなく She *hung* herself ともいう. / One may as well be ~*ed* for a sheep as for a lamb. 《諺》 どうせするなら徹底的にする方がいい, 「毒を食(く)らわば皿まで」. **b** [軽いののしり, または強意語に用いて]: I'll be ~*ed*! 《口語》 畜生; 驚いた; 冗談じゃない《驚き・いらだちなどを表す》 / I'll be [I'm] ~*ed* if I know. 知っていたら首をやる《だれが知るものか》 / Oh, ~ it (all)! 《口語》 (困った時え)い, 畜生 / Be ~*ed* (to you)! =*Hang* you! こん畜生. **7 a** 〈考えなどを〉結びつける, 関係づける 〔*on*〕. **b** 〔法案に〕〈追加条項を〉加える 〔*on*〕: ~ a rider *on* a bill 法案に追加条項を加える. **8** 《米》 (陪審員の中に反対があって)〈陪審員〉の決定を不能にさせる, 未決のままにさせる (cf. *vi.* 11 b):

The jury was *hung*. 陪審員たちは決しかねた. **9** すっかり無視する: ～ one's duty 義務を怠る. **10** 《俗》〈一撃を〉食らわす: ～ a left *on* the temple こめかみにレフトパンチを見舞う. **11** 〔美術〕 **a** 〈絵を〉〈展覧会・画廊などで〉展示する. **b** 〈ある芸術家〉の絵を展示する. **12** 〔釣〕《魚を》釣針で釣る. **13** 〔海事〕《潮流や風に流されないように, 水底に竿を突きさしたりして》〈船を〉一か所に固定させる. **14** 〔印刷〕〈章などを〉ハンギングインデンションにする[で組む] (cf. hanging indention). **15** 〔野球〕〈カーブを〉投げ損なう, すっぽぬけた球にする (cf. hanging curve).

— *vi.* 1 (下からの支えがなく)〈高い所などに[から]〉掛かる, ぶら下がっている, 垂れ下がる, 宙に浮く (dangle) 〔*on, from*〕: ～ down 垂れ下がる / The picture was ～*ing on* the wall. その絵は壁に掛かっていた / a chandelier ～*ing from* the ceiling 天井からつられているシャンデリア / ～ by a rope in the air 綱で空中にぶら下がる. **2** (過去形・過去分詞は通例 ～**ed**) 首をつる; 絞首刑になる: He'll ～ *for* his crime. 罪のために絞首刑になる. **3 a** 〈掛布・衣服などが〉身にゆるく掛かる, すらりと垂れる: Her cloak ～*s* gracefully. 彼女のマントはすらりと垂れている. **b** 〈張っているものが〉たわむ, ゆるむ (droop): His lower lip *hung* loose. 彼の下唇がだらりと垂れていた. **4 a** (頭上や中空で垂れ下がったように)上にかぶさる (overhang), 垂れこめる; 立ちこめる: clouds ～*ing over* the mountain peaks 山頂に覆いかぶさっている雲 / The fog *hung over* the fields. 霧が野原一面に立ちこめていた / The dust *hung in* the room. ほこりが部屋に立ちこめていた. **b** 〈においなどが〉漂う, 立ちこめる: A smell of curry *hung* in the air. カレーのにおいがあたりに漂っていた. **c** 〈風が〉ぐずつく, 停滞する: The wind is ～*ing* in the south. 風は南方にぐずついている. **d** ぐずぐずしている, じっと留まる, こびりついて離れない: The idea ～*s* in my mind. その考えが頭にこびりついている / Silence *hung* over them. 沈黙が彼らの中で続いた / Time ～*s* heavy [heavily]. 時のたつのが遅い. **e** 〔電算〕ハングアップする《動かなくなる》. **5 a** 〈岩などが〉のしかかる, 覆いかぶさる: The cliff ～*s over* the road. がけが道路の上にのしかかっている. **b** 乗り出す, 寄りかかる (lean): ～ *on* a railing 手すりに寄りかかる / ～ *out of* a window 窓から体を乗り出す. **c** 〈悩み・罪悪感などが〉のしかかっている, 重荷になる: The guilt *hung on* his mind. 罪悪感が彼の心に重くのしかかっていた. **6** 近づく, 迫る (impend): There is rain ～*ing around*. 雨が近づいている / The examination is ～*ing over* me. 試験が迫っている. **7** 〈戸が〉〈ちょうつがいで〉つってある, 自由に動く (swing) 〔*on*〕: The door ～*s on* its hinges. ドアはちょうつがいで自由に開閉する. **8 a** すがりつく, しがみつく (cling), くっついている, 離れない (stick close); 寄りかかる (incline): She *hung* on his arm. 彼女は彼の腕に寄りかかった / ～ *about* a person's neck 人の首にしがみつく / The children *hung about* their mother. 子供たちは母親にまつわりついていた / ～ *on* like grim death しっかりとしがみつく / ～ *to* [*on*] the strap 吊り革にしがみつく. **b** 〈犬が〉〈獣の臭跡に〉離れずについていく 〔*to*〕: ～ *to* the trail of the fox. **9** 〔…によって〕決まる, …次第である (depend) 〔*on, upon*〕: War or peace *hung on* the king's decision. 戦争か平和かは国王の決意にかかっていた. **10** 〔…に〕じっと聞き入る; 〔…を〕見守る 〔*on, upon*〕; 〈返事などを〉じっと待つ 〔*on, upon*〕: ～ *on* a person's words [lips] = ～ on every word 人の言うことを一心に聞く / ～ *on* an answer 返事をじっと待つ. **11 a** 〈決断が〉つかない, 決定しない, ぐずぐずする: ～ behind ぐずぐずする, 遅れる / ～ in doubt 疑う, 迷う. **b** 《米》〈陪審員が〉決定しかねる (cf. *vt.* 8). **12** 〔美術〕〈絵画が〉展示される. **13** 〔冶金〕棚吊りになる《溶鉱炉内で装入物が途中で落下しない現象にいう》. **14 a** 〔野球〕〈カーブが〉すっぽぬける, 曲がら[落ち]ない. **b** 《クリケット・テニスなどで》〈ボールが〉イレギュラーする. **15** 〔競馬〕〈馬が〉全力を出し尽くさない, 余力を残して走る, 期待通りに伸びない.

gò háng (1) 〔命令形で〕《俗》くたばれ, ばか言え (cf. Shak., *Tempest* 2: 2: 51): *Go* ～! / He told me to *go* ～. 私にばか言えといった. (2) 〔通例 let go ～ として〕《口語》〈物事などが〉ほっておかれる, 無視される (cf. Shak., *Tempest* 2: 2: 54): She *lets* things *go* ～. 彼女は物事を構わない[ほうりっぱなしにする] / Don't *let* your opportunity *go* ～. せっかくのチャンスをほっておくな. ***háng abóut* [*aróund*]** 《口語》 (1) うろつく, ぶらぶらする (loiter): We *hung about* for three hours before he arrived. 彼が着くまで3時間ぶらぶらしていた / I saw a tramp ～*ing about* the garden. 浮浪者が庭のあたりにうろついているのを見た. (2) 〈人〉にまつわりつく; 〈人〉と付き合う; 〈人〉と時間を過ごす 〔*with*〕. ***háng a ríght* [*léft*]** 〈車が〉右折[左折]する. ***háng báck* [*behínd*]** (1) 尻込みする, 足が渋る; わざと遅れる. (2) ためらう, 躊躇する (hesitate). ***hàng by a* (*síngle*) *háir* = *hàng by* [*on, upòn*] *a* (*síngle*) *thréad*** 風前のともしびである, 危機一髪である. ***háng fíre*** ⇨ fire 成句. ***háng fìve* [*tén*]** 〔サーフィン〕《身体の重心を前にかけ》片足[両足]の指を先端にひっかけてサーフボードに乗る. ***háng in the bálance*** ⇨ in (*the*) BALANCE. ***háng* (*on*) *ín* (*thère*)** 《口語》負けない, がんばる, 踏みとどまる (persist). ***háng lóose*** ⇨ loose 成句. ***háng óff*** ＝HANG *back*. ***háng ón*** (1) しっかりしがみつく. (2) たゆまずやる, 頑張る (persevere); 固執する. (3) 〈病気が〉治らない. (4) 〈音が〉鳴り続けている. (5) 電話を切らずにいる[おく]. (6) 《口語》(少しの間)待つ (wait, hold on). (7) ⇨ *vi.* 9. (8) ⇨ *vi.* 10. ***háng óne ón*** 《俗》〈人〉に一発くらわす, ぶん殴る: He *hung one on* the guy. そいつをぶん殴った. ***háng òne ón*** 一杯ひっかける; ひどく酔っぱらう: He really *hung one on* at the party last night. 彼は昨晩のパーティーでひどく酔っぱらった. ***háng ón to*** 〈物〉をしっかりと握り[持ち]続ける. ***háng óut*** (*vt.*) (1) 〈看板・旗などを〉外に掲げる; 〈洗濯物を〉外に干す. (2) 〈身を〉乗り出す. —(*vi.*) (1) 身を乗り出す. (2) 《俗語》ぶらぶら[ぐずぐず]時を過ごす. (3) 《俗》住む (cf. hangout): ～ *out* in Greenwich Village グリニッジビレッジに出入りする. (4) 《口語》〈人〉と付き合う 〔*with*〕: ～ *out with* a rough crowd 不良と付き合う. (5) 《米口語》気ままにふるまう[しゃべる], あけっぴろげにする. ***háng óver*** (1) 延期される, 未解決のまま残される. (2) 〈危険・心配などが〉…に差し迫る: have … ～*ing over* one's head …にいつもびくびくしている / ～ *over* a person's head 〈いやなことが〉人に差し迫っている, 重くのしかかっている. ***háng róund*** ＝HANG *about*. ***háng tén*** ⇨ HANG *five*. ***háng togéther*** (1) 〈物と物が〉団結する, うまくくっつく. (2) 互いに助け合う. (3) 〈話などが〉つじつまが合う, 筋道が立っている: His story does not ～ *together*. (*a*1400) ***háng tóugh*** 《米俗》断固としている, 屈しない, 頑張る: Don't give in! *Hang tough*! あきらめるな, 頑張れ. ***háng úp*** (*vt.*) (1) (掛け釘・ハンガーなどに)〈物を〉掛ける: ～ *up* one's coat 上着を釘に掛ける / ～ *up* one's hat (in a house) ⇨ hat 成句. (2) 遅らす, 手間取らせる (delay, retard); …の進行を妨げる, 停止させる, 懸案として置く, 延ばす (suspend, postpone): The measure was *hung up* for a whole session. 法案は会期中懸案のままで置かれた / The ship was *hung up* on the sandbank. 船は砂洲(す)の上で動けなくなった. (3) 〈新記録などを〉達成する (achieve). (4) 〈受話器を〉置く; 〈電話を〉切る. (5) 《口語》〈人を〉悩ませる, 悩みの種となる (cf. HUNG *up*). (6) 《豪》〈馬を〉杭(くい)につなぐ. —(*vi.*) (1) (かぎ・釘などに)掛ける. (2) (電話の)受話器を置く; 電話を(急に)切る: Only courtesy kept him from ～*ing up*. 礼儀さえ考えなければ途中で電話を切っただろう. (3) 進行を妨げられる, 動けなくなる. ***húng óver*** 《俗》二日酔いで (cf. hangover). ***húng úp*** (1) 遅れて, 手間取って (delayed); 中断されて; 動きがとれなくなって. (2) 《俗》いらいらして. (3) 《俗》〔…に〕夢中になって, こだわって, とりつかれて, 悩まされて 〔*on, about*〕: Tom is *hung up on* his mother. 母親が悩みの種だ. (4) 〔野球〕〈走者が〉ベース間で挟まれ(タッチアウトされ[アウトになり]そうになって). ***léave … hánging* (*in the áir*)** …を未決定にしておく; 〈人を〉不安な状態にしておく. ***lèt it all hàng óut*** 《口語》 (1) 羽根を伸ばす, のびのびする. (2) きれいさっぱりすべてをぶちまける. (1970)

— *n.* 1 掛かり具合, 垂れ具合, 下がり具合: the ～ of a coat 上着の垂れ具合 / the ～ of one's lower lip 下唇の下がり具合. **2** 〔通例 the ～〕《口語》 **a** 扱い方, 使用法, やり方, こつ (knack): get *the* ～ of a machine 機械の使い方がわかる / get [have, see] *the* ～ of …の呼吸をのみ込む. **b** (問題・議論などの)意味, 趣意 (meaning). **3** (速力・進行などの)鈍り, ゆるみ. **4** [a ～; 否定構文で]《口語》少しの関心: I don't care [give] *a* ～. ちっともかまわない. **5** 〔海事〕 **a** 逆風を受けて[流れに逆らって]の速力低下. **b** 船首[船尾]の斜出. **c** マストの後方傾斜. **6** 《豪》大変な量[程度]: They went out in a ～ of hurry. すごく急いで出て行った.

hang·a·ble /hǽŋəbl/ *adj.* 〘次の3語から: (1) OE *hangian* (vi.) < (WGmc) **χaŋʒējan*: cog. Du. & G *hängen*; (2) OE *hōn* (vt.) < Gmc **χaŋχan*; (3) ME *henge(n)* ◻ ON *hengja* to cause to hang: いずれも IE **konk-* to hang に遡る〙

han·gar /hǽŋ(g)ə | -ŋ(g)ə(r)/ *n.* **1** (航空機の)格納庫. **2** 納屋, 小屋 (shed); (馬車などの)車庫. **— *vt.*** 格納庫[納屋, 車庫]に入れる. 〘(1852) ◻ F ～ 'shed' ◻ ? ML *angarium* shed for shoeing horses〙

han·gar·age /hǽŋ(g)ərɪdʒ/ *n.* 《英》(航空機の)格納; 格納庫使用料. 〘(1932) ← HANGAR＋-AGE: cf. garage〙

hángar dèck *n.* (航空母艦の格納庫甲板, ハンガーデッキ.

háng·bìrd *n.* 《米》〔鳥類〕つり巣鳥《木の枝に巣をつり下げる鳥の総称》; (特に) ＝Baltimore oriole. 〘1789〙

Hang·chow /hàːŋtʃáu | -dʒáu/ *n.* ＝Hangzhou.

háng·dòg *n.* (犬のように殺されるにふさわしいような)下劣な男, げす, 下郎 (sneak). **— *adj.* 1** 卑劣な, 下等な (base, low). **2 a** おどしつけられた (intimidated); 打ちひしがれた (downcast). **b** 恥じ入った (shamefaced), 罪に悩む. 〘1677〙

hang·er¹ /hǽŋə | -ŋə(r)/ *n.* **1 a** 〔しばしば複合語の第2構成素として〕つるす人, 掛ける人: a bill ～ 広告を掛ける人, ビラ張り / ⇨ paperhanger. **b** 《まれ》＝hangman. **2 a** 物をつるす[掛ける]物. **b** (上着の襟(えり)裏などに付いている)襟つり. **c** つり手, ひっかけかぎ, 自在かぎ. **d** 衣紋(えもん)掛け, ハンガー: a coat [dress] ～ 衣紋掛け / a suit *on* a ～. **e** (電車・バスなどの)つり革. **f** 《米》(店内に下げた)ポスター, 掛け広告, つり広告. **g** (装飾のある)剣帯に剣をつるすための輪ひも. **3 a** (バンドでつる)短剣, 腰刀. **b** (17–18世紀に海員が用いた)短剣. 〘(1431): cf. Du. *hangher* rapier〙 **4** (子供が英習字の練習のときに英字の基礎として書かされる)かぎ括弧 (⌐ の形; 漢字の「永」の類): pothooks and ～*s* 英習字の初歩. **5** 〔自動車〕ハンガー, つり手《車台をばねつり手に掛ける腕金》. **6** 〔建築〕(はね木の下にあって軒をつるU字型の)つり金物. **7** 〔機械〕(軸受けなどの)つり手, つり材. **8** 〔詩学〕＝outride. **9** 《俗》〔野球〕＝hanging curve. 〘(1323) *ha(u)nger*: ⇨ hang, -er¹〙

hang·er² /hǽŋə | -ŋə(r)/ *n.* 《英》急斜面にある小さな林. 〘OE *hangra* ← *hangian* 'to HANG'〙

hánger-ón *n.* (*pl.* **hangers-on, ～s**) **1** 居候(いそうろう), かかり者, 食客; 腰ぎんちゃく, 子分, 取り巻き (⇨ parasite SYN). **2** 〔鉱山〕竪(たて)坑鉱車出し入れ夫. 〘1542〙

háng·fìre *n.* (弾薬の)遅発 (cf. *hang* FIRE (1)).

háng-glìde *vi.* ハンググライダーで飛ぶ. **háng-glìding** *n.*

háng-glìder *n.* ハンググライダー. 〘1930〙

hang·i /háːŋi, hǽŋi, hʌ́ŋi/ *n.* 《NZ》 **1** (マオリ族が使う)野外で料理するための土製のかまど《Maori oven ともいう》. **2** 1で料理された食物. **3** 1を囲んで行う宴会. 〘(1824): (現地語) ◻ Maori ～, earth oven〙

háng·ing *n.* **1** つるすこと; つり下がっていること[状態], 懸垂, 垂下 (suspension): the ～ of a picture on a wall [in an exhibition] 壁に絵を掛ける[展覧会に絵を展示する]こと. **2** 絞首刑: death by ～ 絞首刑. **3** 〔通例 *pl.*〕掛け物; カーテン, 掛け布 (drapery); 壁紙 (wallpaper), つづれ織り (tapestry): wall ～*s* 壁紙. **4** 下降傾斜 (declivity). **5** 〔冶金〕棚吊り《溶鉱炉内で内容物が炉壁に付き落下しなくなること》.

— *adj.* 1 a 掛かった, ぶら下がった (pendent): a ～ lamp つりランプ / ⇨ hanging basket. **b** 掛け[つり]物用の. **2** 〈林・牧草地・庭園・散歩道など〉急斜面にある, 傾斜した: a ～ wood 急斜面にある林 (hanger) / a ～ garden, meadow, walk, etc. / ⇨ HANGING GARDENS of Babylon. **3 a** 〈岩・断崖・崖(がけ)など〉頂部が突き出た, 張り出した (overhanging): a ～ cliff, rock, etc. **b** (屋根・壁面などから支柱なしに)突き出た: ～ eaves 突き出た軒先 / a ～ balcony, staircase, etc. **4 a** 絞首刑に相当する, 絞首刑になる[なりそうな]: a ～ crime 死罪 / a ～ matter [affair] 絞首刑になる事件 / It's [That's] no ～ matter. たいした問題ではない(極刑の問題ではない). **b** 絞首刑を科したがる; 苛酷な: a ～ judge 何でも絞首刑にしたがる(苛酷な)判事. **5** 差し迫っている: a ～ crisis 今にも来そうな危機 / a ～ gale ⇨ gale³. **6** 未決の (pending). **7** 〔チェス〕＝en prise: ～ pawns 横に並んだ2つのポーンで, 他のポーンに連結できないもの. **8** 《古》〈顔・表情・顔色など〉うなだれた, 気力のない (dejected).

〘(?c1300): ⇨ hang, -ing¹·²〙

hánging básket *n.* 釣り花籠《装飾用・温室用など》.

hánging commíttee *n.* (絵画展覧会などの)審査委員会. 〘1817〙

hánging cómpass *n.* 〔海事〕つり羅針儀[コンパス]《下から見えるよう天井から逆さにつったもの》. 〘*a*1865〙

hánging cúrve *n.* 〔野球〕カーブのつもりで投げられたボールが曲がらずにすっぽぬけてしまったもの.

hánging gárdens *n. pl.* つり庭, 空中庭園《崖(がけ)に造って中空に掛かったように見せた庭園》.

Hánging Gárdens of Bábylon [the —] バビロンのつり庭[空中庭園]《階段状の建造物の屋上に植物を植え, あたかも空中に掛かったように見せた庭園; Nebuchadnezzar 王が Media から迎えた妃のために造ったという; 世界七不思議 (Seven Wonders of the World) の一つ》. 〘1705〙

hánging glácier *n.* 懸垂氷河《急な山腹に生じる小規模な氷河》. 〘1894〙

hánging indéntion *n.* 〔印刷〕ハンギング インデンション《2行目以下を字下げさせること》. 〘1904〙

hánging líe *n.* 〔ゴルフ〕ハンギング ライ《グリーンの方向に下り坂になっている所で止まっているボールの位置・状態; cf. lie¹ 4》. 〘1909〙

hánging páragraph *n.* 〔印刷〕ハンギングパラグラフ《hanging indention による段落》. 〘1959〙

hánging párticiple *n.* 〔文法〕＝dangling participle.

hánging póst *n.* 〔建築〕門柱 (⇨ gatepost a). 〘1792〙

hánging stáge *n.* (ペンキ屋などの)つり足場.

hánging stíle *n.* 〔建築〕(ドアなどの)軸元がまち.

hánging válley *n.* 〔地理〕懸谷(けんこく)《本流より谷床が高い支谷が本流との合流点付近で形成している急勾配の谷》. 〘1900〙

hánging wáll *n.* 〔地質・鉱山〕上盤(うわばん)《鉱体・鉱脈・鉱層・断層などの上側の岩石や岩盤; cf. footwall 2》. 〘1778〙

háng-lóose *adj.* 打ち解けた, 緊張のほぐれた, 気楽な: ～ wear. 〘← *hang loose* (⇨ loose 成句)〙

háng·man /-mən, -mæ̀n/ *n.* (*pl.* **-men** /-mən, -mèn/) **1** 絞首刑執行人. **2** 〔遊戯〕ハングマン《一人がある語を選び, 相手はその語に用いられている文字を一回に一つずつあてる; 間違えるたびに, あらかじめ書かれた死刑台の縄の先へ首・胴・左右の腕・左右の脚と書き加えてゆく》. 〘?*a*1387〙

hángman's hàlter [knòt] *n.* 絞首刑用の輪なわ《通例 8–9 回ねじってある》.

háng·nàil *n.* ささくれ, さかむけ (agnail). 〘(1678)《通俗語源》← AGNAIL: HANG との連想による変形〙

Han·gö /háːŋə; *Swed.* hǎŋːøː/ *n.* ハングウー《Hanko のスウェーデン語名》.

háng·òut *n.* 《俗》 **1** 住処(すみか); たまり場. **2** 低級な娯楽場. 〘(1852) ← *hang out* (⇨ hang (v.) 成句)〙

hang·o·ver /hǽŋòuvə | -òuvə(r)/ *n.* **1** 二日酔い; (服薬後の)副作用, あと作用; (緊張・興奮のあとの)気抜け, だれ: I have a ～ this morning. 今朝は二日酔いだ. **2** 前からの残りもの; 遺物, 遺風; 残存物[者] (survival): Such habits are a ～ *from* his ancestors. こうした習慣は先祖譲りだ. 〘(1894) ← *hang over* (⇨ hang (v.) 成句)〙

Háng Séng Ìndex /hǽŋsèŋ-/ *n.* 〔証券〕ハンセン株価指数《香港のハンセン銀行が発表している香港取引所上場 33 銘柄の株価指数》. 〘1969〙

háng·tàg *n.* 《米》(商品につける)品質表示票. 〘1952〙

Han·guk /hàŋgúk; *Korean* haːnguk/ *n.* ＝South Korea.

Han·gul /háːŋguːl; *Korean* hangɯl/ *n.* ハングル《朝鮮の音字で現在 11 の母音文字と 14 の子音文字とから成る; かつては諺文(おんもん) (onmun) といった》. 〘(1951) ◻ Korean ～ ← *Han* Korea＋*-Kul* script, alphabet〙

H

hang-up /hǽŋʌ̀p/ *n.* 《口語》 **1** 邪魔(物), 困難, 支障, 問題. **2** (心理的な)こだわり; 悩み; 執念; コンプレックス: have a ~ about …にこだわり[悩み]を持っている. 〖1959〗

Hang·zhou /hæ̀ŋdʒóu | -dʒə́u; *Chin.* xáŋtʂōu/ *n.* 杭州(ハンチョウ)《中国浙江省 (Zhejiang) の省都》.

ha·ni·wa /hɑ́ːnɪ̀wɑ̀ː | -nɪ-/ *n.* (*pl.* ~) 埴輪. 〖(1931) □ Jpn.〗

hank /hǽŋk/ *n.* **1** (糸の)かせ《通例周囲 1.5 ヤードの枠に一定の長さの糸を巻き取り, これを取りはずして束ねたもの; 長さは糸の種類によって異なる, 例えば綿糸は 840 ヤード=768.1 m, 毛糸は 560 ヤード=512.1 m など; skein ともいう》. **2** 束, 輪, 環: a ~ of hair. **3** 〖海事〗帆鐶(はんかん)《縦帆, 特に支索に張る三角帆の前ぶちに取り付けた木または金属の環》. **4** 《方言》支配力, 抑制力 (hold).
hánk for hánk 二つの船が並んで; 五分五分で, 対等で.
— *vt.* 〖海事〗(支索などに)帆鐶で〈帆を〉取り付ける.
〖(?a1200) ← Scand. (cf. ON *hǫnk* hank, coil, skein)〗

Hank /hǽŋk/ *n.* ハンク《男性名; 米国に多い名》. 〖(dim.) ← HENRY // □ G *Hanke* ← *Heinrich*〗

han·ker /hǽŋkə | -kə(r)/ *vi.* **1** あこがれる, 焦がれる (long); 熱望する, 渇望する, 欲しがる (crave) 〔*for, after*〕/ 〈*to* do〉: ~ *after* the pleasures of one's youth [forbidden fruit] 青春の快楽[禁断の実]にあこがれる / ~ *for* affection 愛情を渇望する / ~ *to* know it それを知りたがる. **2** 《スコット》口ごもる. **3** 《方言》ぶらつく (loiter).
~·er /-kərə | -rə(r)/ 〖(1601) □ ? Flem. *hankeren* to long for (freq.) ? ← *hangen* 'to HANG': ⇨ -er⁴〗

hán·ker·ing /-k(ə)rɪŋ/ *n.* 熱望, 切望, 渇望 (longing, yearning) 〔*for, after*〕/ 〈*to* do〉: have a ~ *after* …を熱望する / have a ~ *to* do …することにあこがれる.
— *adj.* 熱望[切望]している, 焦がれている.
~·ly *adv.* 〖(1662): ⇨ ↑, -ing¹·²〗

han·key /hǽŋki/ *n.* 《口語》 =hanky.

han·key-pan·key /hǽŋkipǽŋki/ *n.* 《口語》 =hanky-panky.

han·kie /hǽŋki/ *n.* 《口語》 =hanky.

Han·ko /hɑ́ːŋkɔː, -kɑː | -kɔː; *Finn.* hɑ́ŋkɔ/ *n.* ハンコー《フィンランド南部, バルト海に臨む海港・半島; スウェーデン語名 Hangö》.

Han·kou /hæ̀nkáu, -kóu | hæ̀nkə́u, hæ̀ŋ-; *Chin.* xànkʰǒu/ *n.* 漢口(ハンコウ)《中国湖北省 (Hubei) の長江に臨む港市, 武漢 (Wuhan) の北部を成す》.

Han·kow /hæ̀nkáu, -kóu | hæ̀nkə́u, hæ̀ŋ-/ *n.* = Hankou.

Hanks /hǽŋks/, **Tom** *n.* ハンクス (1956–　; 米国の映画俳優).

Han·kul /hɑ́ːŋkuːl/ *n.* =Hangul.

han·ky /hǽŋki/ *n.* 《口語》 =handkerchief. 〖(1895) (短縮) ← HANDKERCHIEF: cf. -y² 2 ★ (3)〗

han·ky-pan·ky /hǽŋkipǽŋki/ *n.* 《口語》 **1** 卑劣な手段, ごまかし (trickery), 不道徳な行為: be up to some ~ 何か後ろめたいことをやっている / play ~ with …をごまかす, …の目をくらます. **2** くだらない行為, 馬鹿騒ぎ; おしゃべり, 馬鹿話. **3** 許されない性的関係, 不倫. 〖(1841): HOKEY-POKEY や HOCUS-POCUS をまねた造語〗

Han·ley /hǽnli/ *n.* ハンリー《イングランド中西部の都市, 今は Stoke-on-Trent の一部; cf. Five Towns》. 〖OE *Hēa-lēah* (原義) high open place in the wood: ⇨ high, lea¹〗

Han·ley /hǽnli/ *n.* ハンリー《男性名》. 〖↑〗

han·na /hǽnə/ 《英方言》 =have not.

Han·na /hǽnə/, **Marcus Alonzo** *n.* ハンナ (1837–1904; 米国の実業家・政治家; 通称 Mark Hanna).

Han·nah /hǽnə/ *n.* **1** ハンナ《女性名; アイルランドおよびユダヤ人に多い名》. **2** 〖聖書〗ハンナ《預言者 Samuel の母; cf. 1 *Sam.* 1: 20》. 〖□ Heb. *Ḥannāʰ* ← *ḥānán* to be gracious〗

Han·ni·bal[1] /hǽnəbəl, -bl | -nɪ̀-/ *n.* ハンニバル《男性名; Cornwall に多い名》. 〖□ L ← □ Gk *Annibas* □ Punic? *Ḥannibhaʿal* (原義) favor of Baal: ⇨ Baal〗

Han·ni·bal[2] /hǽnəbəl, -bl | -nɪ̀-/ *n.* ハンニバル (247–?183 B.C.; カルタゴの将軍, 第二ポエニ戦争中 Pyrenees および Alps を越えてイタリアに攻め入った古代有数の戦略家).

Han·ni·ba·li·an /hæ̀nəbéɪliən | -nɪ̀-⁻/ *adj.* =Hannibalic. 〖1880〗

Han·ni·bal·ic /hæ̀nəbǽlɪk | -nɪ̀-⁻/ *adj.* ハンニバルの[に関する]: the ~ War 第二ポエニ戦争 (⇨ Punic Wars). 〖(1678) ← HANNIBAL²+-IC¹〗

Han·no /hǽnou | -nəu/ *n.* ハンノ: **1** 紀元前 3 世紀のカルタゴの政治家; 対ローマ和平策を唱えた. **2** 《女性名》. 〖(fem.) ← HANNIBAL¹〗

Han·no·ver /hǽnouvə, -nə- | -nə(u)və(r); *G.* hanóːfɐ/ *n.* ハノーファー《Hanover のドイツ語名》.

Ha·noi /hænɔ́ɪ, hə-, hɑː- | hæ-, hə-; *Viet.* hɑ̰nɔ̰j/ *n.* ハノイ《ベトナム北部にある首都》.

Ha·non /ɑːnɔ́ːŋ; *F.* anɔ̃/, **Charles Louis** *n.* ハノン, アノン (1820–1900; フランスのピアノ奏者・教育家; *Le pianiste-virtuose*「ハノン教則本」).

Ha·no·taux /ɑ̀ːnətóu, ɑ̀ː- | -tə́u; *F.* anɔto/, **(Albert Auguste) Gabriel** *n.* アノトー (1853–1944; フランスの政治家・著述家).

Han·o·ver[1] /hǽnouvə, -nə- | -nə(u)və(r)/ *n.* ハノーファー, ハノーバー: **1** ドイツ北部の Lower Saxony 州の州都; ドイツ語名 Hannover. **2** ドイツ北西部の旧州; もと選帝侯国, 王国, プロイセンの一州.

Han·o·ver[2] /hǽnouvə, -nə- | -nə(u)və(r)/ *n.* ハノーバー王家《George 一世から Victoria 女王まで (1714–1901) の英国王室, the House of Hanover ともいう; George 一世はもとドイツの Hanover 選帝侯》.

Han·o·ve·ri·an /hæ̀nouvíəriən, -nə-, -véᵊr- | -nə(u)víər-, -véər-⁻/ *adj.*, *n.* **1** ハノーバー王家の(人). **2** ハノーバー王家支持者(の). **3** ハノーバーの(住民). **4** ハノーバー種の(馬). 〖(1775) ← HANOVER²+-IAN〗

Han·rat·ty /hænrǽti | -ti/, **James** *n.* ハンラッティ (1936–62; 証拠不十分のまま殺人罪で死刑を執行された英国人; これをきっかけに英国での死刑廃止運動が高まった).

Hans /hǽnz | hǽns, hǽnz; *G.* háns, *Du.* hɑ́ns, *Dan.* hán's/ *n.* **1** ハンス《男性名》. **2** ドイツ人, (または)オランダ人(のあだ名) (cf. John Bull). 〖□ G & Du. □ ML *Jōhannēs* 'JOHN¹'〗

han·sa /hǽnsə, hɑ́ːnzə: | hǽnsə, hǽnzə; *G.* hánza/ *n.* 〖歴史〗 **1** (中世北欧・英国の)商人組合, 外国貿易組合. **2** 商人組合の入会金. **3** [the H-] =Hanseatic League. 〖(a1135) □ OF *hanse* □ MLG □ OHG *hansa* (G *Hanse*) troop of warriors < Gmc **χansō*: cf. Goth. *hansa* / OE *hōs* band of men〗

Han·sard /hǽnsəd, -sɑəd | -sɑːd, -səd/ *n.* **1** ハンサード《英国国会議事録》. **2** ハンサードに似た他の立法府の議事録. 〖(c1859) ← *Luke Hansard* (1752–1828): 1889 年までこの議事録を出版した出版業者〗

Hán·sard·ìze /-dàɪz/ *vt.* 《英古》議事録にある前言を引いて〈国会議員〉の矛盾を論議する; 前言を引いて〈人〉の発言の矛盾を証明する. 〖(1869): ⇨ ↑, -ize〗

Hánsa yéllow *n.* 〖化学〗ハンザイエロー《黄色有機顔料》. 〖← HANSA〗

Han·se·at·ic /hæ̀nsiǽtɪk, -zi- | -tɪk⁻/ *adj.* ハンザ同盟の: the ~ towns ハンザ同盟市. — *n.* ハンザ同盟のメンバー都市. 〖(1614) □ ML *Hanseāticus*: ⇨ hansa, -atic〗

Hánseatic Léague *n.* [the ~] ハンザ同盟 (14–17 世紀の北ドイツ商業都市 (Lübeck, Hamburg, Bremen など)の政治的商業的同盟; the Hansa ともいう). 〖1665〗

han·sel /hǽnsəl, -sl/ *n.*, *v.* (**han·seled, -selled; -sel·ing, -sel·ling**) =handsel.

Han·sel /hǽnsəl, -sl/ *n.* ハンセル《男性名》.

Hän·sel /hǽnsəl, -sl; *G.* hɛ́nzl/ *n.* ヘンゼル《男性名》.

Hánsel and Grétel *n.* ヘンゼルとグレーテル: **1** Grimm 童話の一つ; ヘンゼルとグレーテルの兄妹は森の魔女に捕らえられたが, 魔女を殺して逃げる. **2** Engelbert Humperdinck 作曲のオペラ (1893).

Hán·sen's disèase /hǽnsənz-, -snz-, -sɛnz-/ *n.* 〖病理〗ハンセン病 (leprosy). 〖(1938) ← *Armauer G. H. Hansen* (1841–1912: 癩(らい)菌を発見した (1874) ノルウェーの医学者)〗

Hán·se Tòwns /hǽns-, hɑ́ːnzə- | hǽns-; *G.* hánzə/ *n. pl.* [the ~] ハンザ同盟諸都市《その中の Hamburg, Lübeck, Bremen などは今でも Hansetown という》. 〖1571〗

Han Shui /hɑ̀ːnʃúːi | hæ̀nʃúːi; *Chin.* xànʂuǐ/ *n.* [the ~] 漢水(ハンスイ)《中国の中央部を流れ武漢で長江に合流する川; 1,532 km》.

Hans·lick /hɑ́ːnslɪk; *G.* hánslɪk/, **Eduard** *n.* ハンスリック (1825–1904; オーストリアの音楽批評家; *Vom Musikalisch-Schönen*「音楽美について」(1854)).

han·som /hǽnsəm/ *n.* ハンサム(馬車)《二人乗り一頭引き二輪のつじ馬車; 御車台は後方について一段高くなっている; hansom cab ともいう》. 〖(1847) ← *Joseph A. Hansom* (1803–82: その考案者)〗

Han·son /hǽnsən, -sn/, **Howard** *n.* ハンソン (1896–1981; 米国の作曲家).

Han·son PLC /hǽnsənpíːèlsíː, -sn-/ *n.* ハンソン社《英国に本社を置く多国籍企業; 化学・たばこ・建材などを幅広く手掛ける; 1950 年創立》.

hant /hǽnt/ *n.* 《米》 =haunt n. 3.

han't /héɪnt | héɪnt, hɑ́ːnt/ 《方言》 have [has] not の縮約形. ★《米》では主に hain't /héɪnt/ を用いる.

han·ta·vi·rus /hǽntəvàɪrəs | -vàɪ(ə)r-/ *n.* 〖生物〗ハンタウイルス《ブニヤウイルス科 (Bunyaviridae); 主に野生の齧歯(げっし)動物によって広がり, 出血熱をひき起こす》. **hán·ta·vì·ral** /-vàɪrəl | -vàɪər-/ *adj.* 〖(c1985) ← *Hantaan* (このウイルスが最初に分離された韓国の川の名前)+ VIRUS〗

Han·ten·gri /hɑ̀ːntéŋ(g)ri/ *n.* =Khan-Tengri.

Hants /hǽnts/ *n.* =Hampshire 1, 2 (cf. Hunts).

Ha·nuk·kah /hɑ́ːnəkə, xɑ́ː- | hɑ́ːn-, hɔ́n-; *Hebrew* xanuká/ *n.* 〖ユダヤ教〗ハヌカー祭《Antiochus Epiphanes によって汚されたエルサレムの宮殿を, Judas Maccabaeus が奪回し, これを清めて神にささげた (164 B.C.) のを記念する祭りで, Kislev 月 25 日から 8 日間; Feast of Dedication または, 毎夜燭台に火をともすので灯明の祭り (Feast of Lights) ともいう; Chanukkah ともいう; cf. Jewish holidays; *John* 10: 22》. 〖(1891) □ Heb. *ḥanukkāʰ* dedication ← *ḥānákh* to dedicate〗

Han·u·man /hɑ̀ːnumɑ́ːn, ⁻⁻⁻ | hànumɑ́ːn, hʌ̀n-; *Hindi* hənumaːn/ *n.* **1** 〖インド神話〗ハヌマン《*Ramayana* で活躍する猿の神》. **2** [h-] 〖動物〗ハヌマンラングール, ハヌマンヤセザル (*Presbytis entellus*)《インド原産の葉食のサルの一種で, ヒンズー教徒は神聖視する; entellus ともいう》. 〖(1814) □ Hindi *Hanumān* ← Skt *hanumat* large-jawed〗

Han Wu Di /hɑ́ːnwùːdíː; *Chin.* xànùtì/ *n.* 漢武帝(ハンウーティー) (156–87 B.C.; 前漢第七代の皇帝 (140–87 B.C.); 単に Wu Di (武帝)ともいう).

Han·yang /hɑ̀ːnjɑ́ːŋ; *Chin.* xàniáŋ/ *n.* 漢陽(ハンヤン)《中国湖北省 (Hubei) の都市, 武漢 (Wuhan) の一部をなす》.

Han Yu /hɑ̀ːnjúː; *Chin.* xànỳ/ *n.* 韓愈(ハンユ) (768–824; 中国唐代の文人・詩人・学者, 唐宋八大家の一人).

hao /háu; *Viet.* hɑːw/ *n.* (*pl.* ~) **1** ハウ《ベトナムの旧通貨単位; =1/10 dong》. **2** 1 ハウ貨. 〖(1948) □ Viet. *hào*〗

hao·le /háuli, -leɪ; *Hawaii.* háʊle/ *n.* 《ハワイ》ハオリー《ハワイの非原住民, 特に白人: cf. hapa haole》. 〖(1843) □ Hawaiian ~ 'foreigner'〗

hao·ma /háumə/ *n.* 〖ゾロアスター教〗ハウマ: **1** ゾロアスター教徒が儀式の際に用いる神酒 (cf. soma² 2 a). **2** [H-] ハウマ酒の神. 〖(1890) □ Avest. ~: ⇨ hom(a)〗

hap[1] /hǽp/ 《古》 *n.* **1** 偶然, 運, 幸運 (chance, fortune): by good ~ 幸運にも, 幸いに / the ~s and mishaps of life 人生の禍福. **2** [通例 *pl.*] (偶然の)出来事 (happening); (特に)不幸な出来事. — *vi.* (**happed; hap·ping**) **1** 偶然起こる, はからずも…する (happen, chance). **2** 〔…に〕偶然出くわす, 偶然見つける〔*on*, *upon*〕. 〖n.: (?a1200) *hap* □ ON *happ* good luck < Gmc **χapam* (cf. OE (*ge*)*hæp* fit, convenient ← IE **kob-* to fit. — v.: (?a1300) *happe(n)* ← (n.)〗

hap[2] /hǽp/ 《スコット・北英》 *vt.* (**happed; hap·ping**) (外套(がいとう)や寝具などで)すっぽり包む, 覆う (cover up). — *n.* (寝具や外套のように)すっぽり覆い包むもの. 〖(c1300) *happe(n)* to cover (混成)? ← *lappen* 'to LAP¹'+(O)F *happer* to seize〗

há·pa háole /hɑ́ːpə-; *Hawaii.* hápa-/ *adj.* 《ハワイ》白人との混血の; (特に)ハワイ-コーカサス系の (cf. haole). 〖(1919) □ Hawaiian ~ ← *hapa* half+HAOLE〗

hap·ax le·go·me·non /hǽpækslɪ̀gɑ́(ː)mənɑ̀(ː)n | -gɔ́mɪ̀nɔ̀n/ *Gk.* *n.* (*pl.* **-me·na** /-nə, -nɑ̀ː/) ただ一度だけ用いられた記録がある語, きわめてまれな語句《単に hapax ともいう》. 〖(1882) □ Gk *hápax legómenon* (something) once said〗

háp·chànce *n.* 偶然(の出来事), たまたま起こった事. 〖⇨ hap¹〗

ha'·pen·ny /héɪp(ə)ni/ *n.* 《英》 =halfpenny. 〖c1550〗

hap·haz·ard /hæ̀phǽzəd | -zəd/ *adj.* 偶然の, 思いがけない; 無計画な, やたらの, でたらめの (⇨ random SYN): a ~ collection でたらめに集めたもの. — *adv.* 偶然に; 無計画に, でたらめに. — *n.* 《古》偶然: at [by] ~ 偶然に; むやみに, やたらに, でたらめに. **~·ly** *adv.* **~·ness** *n.* 〖(1575) ← HAP¹ (n.)+HAZARD〗

hap·haz·ard·ry /hæ̀phǽzədri | -zədri/ *n.* 偶然性 (fortuity). 〖(1932): ⇨ ↑, -ry〗

haph·ta·rah /hɑːftɔ́ːrə, hɑ̀ːftɑːrɑ́ː/ *n.* (*pl.* **-ta·roth** /hɑ̀ːftɑːróuθ | -róuθ/, **-ta·rot** /-róut | -ráut/, **~s**) 〖ユダヤ教〗 =haftarah. 〖1723〗

hapl- /hæpl/ (母音の前にくるときの) haplo- の異形.

hap·less /hǽpləs/ *adj.* 不運な, 不幸せな (unlucky, unfortunate). **~·ly** *adv.* **~·ness** *n.* 〖(a1400) ← HAP¹ (n.)+-LESS〗

hap·lite /hǽplaɪt/ *n.* 〖岩石〗 =aplite. 〖(1879): ⇨ ↓, -ite¹〗

hap·lo- /hǽplou | -ləu/「単一の, 単純な, 一回の; 半数分裂の」の意の連結形. ★ 母音の前では通例 hapl- になる. 〖(19C) ← Gk *haplóos* simple, single ← *ha-* one +*-plos* -fold〗

hàplo·bíont *n.* 〖植物〗単相植物《有性生殖だけを行う植物》. **hàplo·bióntic** *adj.* 〖⇨ ↑, -biont〗

hàplo·díplont *n.* 〖植物〗単複相植物 (diplohaplont). 〖← HAPLO-+DIPLONT〗

hap·log·ra·phy /hæplɑ́(ː)grəfi | -lɔ́g-/ *n.* 重字脱落《philology を philogy, petition を petion と書く類; cf. dittography》. 〖(1888) ← HAPLO-+-GRAPHY〗

hap·loid /hǽplɔɪd/ *adj.* **1** 〖生物〗半数体の, 単相の, ハプロイドの, 一倍体の《染色体セットの基本数をもった; 染色体数 46 本の人間の場合ならば 23 本を備えた; cf. diploid》. **2** 〈外観・配列が〉単一の (single, simple). — *n.* 〖生物〗ハプロイド, 半数体《半数の染色体数をもつ細胞》. 〖(1908) ← HAPLO-+-OID〗

hap·loi·dic /hæplɔ́ɪdɪk | -dɪk/ *adj.* =haploid.

hap·loi·dy /hǽplɔɪdi | -di/ *n.* 〖動物〗半数性. 〖(1922): ⇨ ↑, -y¹〗

hap·lol·o·gy /hæplɑ́(ː)lədʒi | -lɔ́l-/ *n.* 〖音声〗重音省略《二つ重なった音を一度だけ発音する現象; 例: papa > pa, probably > probly, 《古》humblely > humbly》. **hap·lo·log·ic** /hæ̀pləlɑ́(ː)dʒɪk | -lɔ́dʒ-⁻/ *adj.* 〖(1895) ← HAPLO-+-LOGY〗

hap·lont /hǽplɑ(ː)nt | -lɔnt/ *n.* 〖生物〗半数体, 単相生物, ハプロント《体細胞中に単数だけの染色体をもつ個体; cf. diplont》. **hap·lon·tic** /hæplɑ́(ː)ntɪk | -lɔ́nt-/ *adj.* 〖(1920) ← HAPLO-+-ONT〗

hap·lo·pi·a /hæplóupiə | -lə́u-/ *n.* 〖眼科〗単視《正常視; cf. diplopia》. 〖NL ← HAPLO-+-OPIA〗

hap·lo·sis /hæplóusɪ̀s | -lə́usɪs/ *n.* (*pl.* **-lo·ses** /-siːz/) 〖生物〗 **1** 染色体減数《減数分裂で, 染色体数が半減すること; cf. diplosis, meiosis 1》. **2** 単相化《ある種の菌類で, 染色体不分離などで, 半数の染色体数をもつ核がつくられること》. 〖← HAPLO-+-OSIS〗

háp·ly *adv.* 《古》偶然に, ひょっとしたら; 恐らく (perhaps). 〖(c1390): ⇨ hap¹, -ly¹〗

hap'orth /héɪpəθ | -pəθ/ *n.* (*also* **ha'porth, ha'p'orth** /~/) **1** 《英口語》 =halfpennyworth. **2** 《口語》(特定の人物を指して)やつ: a daft ~ 馬鹿なやつ.

hap·pen /hǽpən, -pn/ *vi.* **1 a** 〈事が〉偶然起こる, 生じる (occur): This is how it ~*ed.* ことの起こりはこうだ / What ~*ed* next? 次にどんなことが起こったか / Accidents will ~. ⇨ accident 1 b / whatever may ~ =《文語》 what may [will] どんな事があっても(是非) / Anything can ~. 何が起こってもおかしくない(予想はできない) / These things ~. こういうことは起こるものさ(気にするな). **b** 〔身に〕ふりかかる (befall)〔*to*〕: Death ~*s to* all men alike. 死は(等しく)万人にやって来る / if anything should ~ *to* me 私にもしもの事があったら《「もし死んだら」の意の婉曲な

言い方)/ It can't ～ here [*to* us]. そんなことはここ[我々]に起こりっこない. **2 a** 偶然[たまたま]…する (chance) 〈*to* do〉: Do you ～ *to* know her? ひょっとして彼女をご存知ではありませんか / I ～*ed to* hear it. 偶然それを聞いた / I ～*ed to* be at home. たまたま在宅だった / It ～*ed to* be a fine [nice] day. たまたま晴天だった / Today just ～*s to* be our anniversary. 今日はたまたま我々の記念日だ. **b** [非人称の it を主語として] たまたま…である: *It* so ～*s* that I am free today. 実は今日はちょうどひまです / *It* ～*ed* that I was out then. その時たまたま外出していた. **3 a** 〈人が〉たまたま現れる (appear): He ～*ed* into the classroom. 彼はたまたま教室へ入ってきた. **b** ひょっこり立ち寄る (drop in) 〈*in, along*〉: ～by …にたまたま立ち寄る / He ～*ed along* just when we were talking about him. ちょうどうわさをしているところへたまたま立ち寄った. **4** 偶然〔…に〕出くわす, 〔…を〕見つける 〔*on, upon, across*〕: ～ *on* a rare old book 希覯(きこう)本を偶然見つける. ★ happen は occur より形式ばらない一般的な語で, 原因が明白な場合にも偶発事件の場合にも言う.
as it háppens たまたま, あいにく: *As it* ～*s*, I have to stay at home today. たまたま[あいにく]今日は家にいなければならない. ***háppen in with*** 《スコット・英方言》…にひょっこり出くわす. 《1883》 ***What's háppening?*** (1) どうしたんだ (What's going on?). (2) やあ, 元気? 《親しい人へのあいさつ》.
— *adv.* 《英北部》おそらく, ことによると (perhaps).
〘《*a*1325》 *happene(n), hapnen*: ⇨ hap[1] (n.), -en[1]〙

SYN 起こる: **happen, transpire** 〈ある物事が〉通例偶発的に起こる《後者を誤用とみなす人もいる》: The incident *happened* [*transpired*] yesterday. その事件はきのう起こった. **occur** 通例偶発的に起こる《*happen* よりも格式ばった語; 否定文では occur の方が好まれる》: His death *occurred* the following day. 彼が死亡したのはその翌日だった. **chance** 偶然に起こる《格式ばった語》: She *chanced* to be out when he called. 彼が訪ねたとき, たまたま彼女は不在だった. **take place** 〈通例計画した事柄が〉起こる: When will the wedding *take place*? 結婚式はいつ行われるのですか.

háppen·chànce *n., adj.* =happenstance. 〘1879〙
hap·pen·ing[1] /hǽp(ə)nɪŋ, -pŋ-/ *n.* **1** 出来事, 偶発事, 事件 (⇨ occurrence **SYN**): a strange ～ / local ～*s* 地方の出来事. **2** 〘演劇〙ハプニング(ショー)《劇の筋とは無関係な奇妙なしぐさや action painting などを伴う即興的演技; 時には観客も飛び入り参加する》. 〘《*a*1450》: ⇨ -ing[1]〙
háp·pen·ing[2] *adj.* 《俗》かっこいい, はやりの.
hap·pen·stance /hǽpənstæ̀ns, hǽpn- | -stæns, -stɑ̀:ns/ 《米》 *n.* **1** 偶然の出来事. **2** 偶然 (chance): by ～. — *adj.* [限定的] 偶然な. 〘《1897》 ← HAPPEN + (CIRCUM)STANCE〙
háp·pi·còat /hǽpi-/ *n.* 法被(はっぴ). 〘《1880》 ← Jpn. *happi* (法被) + COAT〙
hap·pie /hǽpi/ *n.* 《南ア口語》=tidbit 1.
hap·pi·ly /hǽpɨli/ *adv.* **1** 幸福に, 愉快に, 楽しく, 満足して: They lived ～ ever after. それ以後楽しく暮らしました (『めでたしめでたし』に当たる童話の結び文句) / He did not die ～. 幸福な死に方をしなかった. **2** 運よく, 幸いにも (luckily): *Happily* the father died before the son's disgrace. 幸い父親は息子が不面目なことをしでかす前に死んでいた. **3** うまく, 上手に (aptly); 適切に (appropriately): as the proverb ～ puts it ちゃんと諺にもある通り. **4** 《古》偶然に (haply). 〘《*c*1350》: ⇨ happy, -ly[1]〙
hap·pi·ness /hǽpinɨs/ *n.* **1** 幸福, 満足, 愉快. **2** (表現などの)巧妙, 適切 (felicity). **3** 《古》幸運, 幸せ (prosperity, luck). 〘《1530》: ⇨ ↓, -ness〙

SYN 幸福: **happiness** 喜びと満足の状態《一般的な語》: Money does not bring *happiness*. 金は幸福をもたらさない. **felicity** 大きな幸福《格式ばった語》: enjoy *felicity* 大きな幸福を味わう. **beatitude** 至高の幸福: a sense of deep *beatitude* 深い至福感. **bliss** 幸福・喜悦が頂点に達した感情: the *bliss* of health 健康の幸せ. **blessedness** 特に, 神の大きな恵みを受けている感情: single *blessedness* 独身のありがたさ.

hap·py /hǽpi/ *adj.* (**hap·pi·er, -pi·est; more** ～, **most** ～) (↔ unhappy) **1 a** 〈人など〉幸福な, 愉快な, 楽しい; 満足して: The children seem (to be) very ～. 子供たちはいかにも楽しそうだ / (as) ～ as the day is long = (as) ～ as a lark [a sandboy, a king, Larry] 全く気楽な, 非常に幸福な / as ～ as ～ can be とても幸せで / I was once ～ *in* a son. 私には(幸いにも)一人の男の子がありました(が) / Are you ～ *with* her? 彼女とうまくいってますか / He is ～ *with* his children. 子供たちと幸福に暮らしている / I am not entirely ～ *about* [*with*] the plan. その計画には不満である. **b** 〈状況など〉幸福[幸せ]な; 幸せ[うれし]そうな: a ～ letter 楽しい手紙 / a ～ union 幸福な結婚 / ～ laughter うれしそうな笑い. **c** うれしい, 喜ばしい (glad, pleased) 〈*to* do, *that*〉: I'm ～ *to* do. = I'll [I'd] be ～ *to* do. 喜んで…いたします / I shall be ～ *to* accept your invitation. 喜んでご招待をお受け致します / I am ～ *for* the plan *to* proceed. その計画が進行してうれしい / I am ～ *that* you are successful. あなたが成功してうれしい. **2** 幸運な, 都合のよい (⇨ lucky **SYN**): *Happy* man! 運のよい人だ / I met him by a ～ accident [chance]. 運よく彼に会った / a ～ guess [shot] まぐれ当たりの推量[弾] / ⇨ happy event. **3** 適切な, 当たっている, 巧妙な, うまい, 鮮やかな (apt, felicitous): a ～ choice 適切な選択 / a ～ idea [thought] 名案 / be ～ in one's expressions 言い回しがうまい / a ～ translation 名訳. **4** 《口語》ほろ酔いの, 一杯機嫌の; ふらふらになった, (病的に)興奮した (excited) (cf. 5 a). **5** [複合語の第 2 構成素として] **a** ぼうっとなった (dazed) (cf. 4): ⇨ slaphappy. **b** とりつかれた (obsessed): sports-*happy* スポーツ好きな / a ticket-*happy* cop やたらとスピード違反のチケットを渡したがる警官 / strike-*happy* workers 何かと言えばすぐストをやる労働者たち / ⇨ trigger-happy. — *vt.* 《古》〈人を〉幸福にする. 〘《*a*1325》 *happi*: ⇨ hap[1] (n.), -y[4]〙

SYN 幸福な: **happy** 喜びや満足の感情を抱いている《一般的な語》: a *happy* life 幸福な生涯. **glad** 喜悦の感情を抱いている: I was *glad* for his sake. 彼のために喜んだ. **cheerful** 幸福で朗らかなのが態度に現われている: a *cheerful* face 機嫌のいい顔. **joyful** 通例, 特定のことを喜んでいる: a *joyful* countenance 喜びにあふれた顔つき. **joyous** 《文語》=*joyful*: a *joyous* heart 喜びに満ちた心.
ANT sad, unhappy.

háppy cámper *n.* 《米口語》楽しんでいる人, (酒場などで)ご機嫌な客.
Háppy Dáys *n.* 〘商標〙ハッピーデイズ《米国 United States Tobacco 社製のかみたばこ》.
háppy dispátch *n.* 《戯言》切腹 (hara-kiri). 〘1859〙
háppy dùst *n.* 《米俗》粉末状の麻薬.
Háppy Éater *n.* ハッピーイーター《英国各地の道路沿いにあるレストランチェーン店》.
háppy evént *n.* 《口語》出産, おめでた. 〘*c*1880〙
háppy fámily *n.* **1** (皆が仲良くやっている)なごやかな一家. **2** (毛並みは違っても)同じおり[かご]の中で仲良くしている動物たち. **3** [*pl.* 単数扱い] 〘遊戯〙家族合わせ《一家四人一組で組札を一番多く集めた人が勝ち》. 〘1844〙
háppy-go-lúcky *adj.* のんき[楽天的]な, 行き当たりばったりの, 運任せの, 成り行き次第の (easygoing): He lives in a ～ fashion. のんきな生活をしている. — *adv.* 《古》のんきに, 行き当たりばったりに. 〘1672〙
háppy hóur *n.* (バーなどで無料または廉価サービスをする)サービスタイム. 〘1961〙
háppy húnting gròund *n.* **1** [the ～] (北米インディアンの一部種族の信じている)極楽《死後, 勇者や狩人が狩猟をしたり豊かな食事を楽しむ所と考えられる》. **2** (欲しい物が手にはいる)天国, 極楽, 楽園; 穴場: Old bookstalls are his ～. 古本屋あさりが彼の道楽だ. 〘1837〙
háppy lánd *n.* [the ～] 天国 (heaven). 〘1787〙
háppy médium *n.* (両極端の)中間, 中庸 (golden mean): strike a ～ 中庸を得る[取る]. 〘1778〙
háppy píll *n.* 《口語》精神安定剤. 〘1956〙
háppy reléase *n.* 死 (death). 〘1850〙
háppy shíp *n.* **1** 船員一同仲良く仕事をしている船. **2** (団員全体が)気の合っている団体. 〘1905〙
háppy wárrior *n.* どのような困難にもめげない人. 〘《1806》 英国詩人 William Wordsworth の詩 *Character of the Happy Warrior* にちなむ〙
Haps·burg /hǽpsbəːg, há:psbʊəg | hǽpsbəːg/ *n.* **1** [the ～s] ハプスブルク家《オーストリア帝国の王家 (1918 年まで); 15 世紀以来神聖ローマ帝国 (Holy Roman Empire) の帝位を事実上独占しハンガリー・ボヘミア・スペインなどの王位も兼ねた; ドイツ語名 Habsburg /há:psbʊʁk/》. **2** ハプスブルク家の人[出身の君主].
Hápsburg-Lorráine *n.* ハプスブルク ロレイン[ロートリンゲン](朝)《オーストリアの皇室 (1736–1918)》.
Hápsburg Mónarchy *n.* [the ～] ハプスブルク王国《オーストリア帝国, オーストリア ハンガリー帝国 (1804–1918); cf. Austrian Empire, Austria-Hungary》.
hapt- /hæpt/ (母音の前にくるときの) hapto- の異形.
hap·ten /hǽptɛn/ *n.* (*also* **hap·tene** /hǽpti:n/) 〘免疫〙ハプテン, 付着素《抗体形成力はないが抗体との結合力を持つ一種の抗原物質》. **hap·ten·ic** /hæpténɪk/ *adj.* 〘《1921》 ◻ G *Hapten*: ⇨ hapto-, -ene〙
hap·ter·on /hǽptəɾɑ̀(:)n | -rɔ̀n/ *n.* (*pl.* **-te·ra** /-tərə/) ハプテラ《海藻などが岩に付着するための器官》. 〘《1895》 ◻ NL ～ ← Gk *háptein* to fasten〙
hap·tic /hǽptɪk/ *adj.* **1** 触感の, 触覚による[に関する]; 触知覚(上)の. **2** 触覚型の, 触覚を喜ぶタイプの: a ～ person. 〘《1890》 ← HAPTO- + -IC[1]〙
háp·ti·cal /-tɨkəl, -kl | -tɪ-/ *adj.* =haptic. 〘1899〙
háptic léns *n.* 〘眼科〙角膜レンズ《白眼の部分まで覆うコンタクトレンズ; cf. micro-corneal lens》. 〘1971〙
hap·tics /hǽptɪks/ *n.* 触覚学《皮膚感覚を研究する心理学の一分野》. 〘《1895》 ← HAPTO- + -ICS〙
hap·to- /hǽptoʊ | -təʊ/ 「接触 (contact); 結合 (combination)」の意の連結形. ★ 母音の前では通例 hapt- になる. 〘← Gk *háptein* to fasten〙
hap·to·glo·bin /hǽptəglòʊbɨn | -glə̀ʊbɪn/ *n.* 〘生化学〙ハプトグロビン《血清中のグロブリンの一種で, ヘモグロビンと結合しやすい》. 〘《1941》 ← HAPTO- + (HEMO)GLOBIN〙
hap·tom·e·ter /hæptɑ́(:)məɾə | -tɔ́mɨtə[r]/ *n.* 触感測定器. 〘← HAPTO- + -METER[1]〙
hàpto·trópism *n.* 〘植物〙接触屈性 (thigmotropism).
ha·pu /há:pu:/ *n.* 《NZ》亜族 (subtribe). 〘《1843》: 現地語〙
ha·pu·ka /həpú:kə, há:pʊkə/ *n.* (*also* **ha·pu·ku** /～/) 《NZ》〘魚類〙ニュージーランドオオハタ (*Polyprion oxygenosis*)《南太平洋産のスズキ科の食用魚; 日本では俗にアラとも呼ばれる》. 〘1820〙
ha·ra-ki·ri /hɑ̀:rəkíri, hæ̀r-, hèr- | hæ̀rəkíri, -kíəri/ *n.* **1** 切腹, 割腹: commit ～ 切腹する. **2** 自殺的行為. 〘《1840》 ◻ Jpn.〙
Har·ald I /hǽrəld, hér- | hǽr-/, (**Harald Fairhair**) *n.* ハーラル一世《850?–933; ノルウェーの最初の王》.
Harald III, (**Hard·raa·de** /hɔ́:rɔ:də | -də/) *n.* ハーラル三世《1015–66; ノルウェー王 (1047–66); イングランドに侵攻しようとしたが, Stamford Bridge で Harold II に敗れ戦死》.
har·am /hǽrəm, hér- hɛ́ᵊr- | há:rəm, héər-/ *n.* = harem.
ha·ram·bee /hɑ̀:rɑ:mbéɪ/ *n.* **1** (東アフリカ沿岸地域の)労働歌. **2** (国家を発展させるための)協力, 団結《特に, ケニアで人を激励するために用いる合い言葉》. — *int.* 団結だ!, がんばろう! 〘《1963》 ◻ Swahili ～ '(Let's) pull together'〙
ha·rangue /həræ̃ŋ/ *n.* **1 a** (大衆の前の)演説, 熱弁 (⇨ speech **SYN**). **b** 長広舌, 長々しい大げさな話. **c** 教訓[訓戒]的な話, お説教 (lecture). **2** 激しい議論[論争]. — *vt.* …に向かって演説する, 熱弁をふるう, 長広舌をふるう; 〈人に〉お説教をする: ～ the mob. — *vi.* 熱弁をふるう, 長広舌をふるう. **ha·rángu·er** /-ŋə | -ŋə[r]/ *n.* **ha·rangue·ful** /həræ̃ŋfəl, -fl/ *adj.* 〘《1660》 ◻ F ～ ∞ 《*a*1450》 *arang* ◻ OF *arenge* ◻ ML *harenga* ← ? Gmc **χariχriŋz*- assembly ← **χarjaz* host, crowd (⇨ harry) + **χrenʒúz* 'RING[1]'〙
Ha·rap·pa /hərǽpə/ *n.* **1** ハラッパ《パキスタン東部, Punjab 地方の Indus 川支流の Ravi 川左岸にある村; 下流の Mohenjo-Daro と並ぶインダス文明の都市遺跡》. **2** ハラッパ文化《Indus 川流域に栄えた青銅器時代の文化》.
Ha·rap·pan /hərǽpən/ *adj.* ハラッパ(青銅)文化の[に関する].
Ha·rar /há:rə | -rə; *Ethiop.* harər/ *n.* ハーラル《エチオピア東部の市》.
Ha·ra·re /hərá:ri/ *n.* ハラーレ《アフリカ南東部, ジンバブエの首都; 旧名 Salisbury》.
ha·rass /hərǽs, hǽrəs, hérəs | hǽrəs, həræ̃s/ ★《英》でも 1970 代以後米式の /həræ̃s/ の発音が次第に増加している. *vt.* **1 a** 困らせる, 悩ます, 苦しめる, うるさがらせる (⇨ worry **SYN**): be ～*ed with* debts 借金に苦しむ / be ～*ed* by anxiety 心配に悩む. **b** 《古》疲れさせる, へとへとにさせる (exhaust). **2 a** (間断なく襲撃して)〈敵軍を〉悩ます. **b** 〈敵地を〉間断なく攻撃する, 侵攻する. — *n.* 《古》困らす[悩ます]こと. **～·er** *n.* 〘《1617》 ◻ F *harasser* ← OF *harer* to incite, set a dog on ← *hare* a cry to incite dogs ← ? OHG *harēn* to call〙
ha·ráss·ing *adj.* 悩ます, うるさい. **～·ly** *adv.* 〘《1833》: ⇨ ↑, -ing[2]〙
ha·rass·ment /hərǽsmənt, hǽrəs-, hérəs- | hǽrəs-, həræ̃s-/ *n.* **1** 悩ます[悩まされる]こと; 悩み(の種). **2** 疲労. **3** (絶え間ない)侵攻. 〘《1753》 ← HARASS + -MENT〙
Har·bach /há:əbɑ:k | há:-/, **Otto Abels** *n.* ハーバーク (1873–1963; 米国の劇作家・作詞家; 多くのミュージカルの台本・歌詞を書いた).
Har·bin /há:əbɨn, hɑəbín | há:bɪn, hɑ:bín/ *n.* ハルビン《中国黒竜江省 (Heilongjiang) の省都》.
har·bin·ger /há:əbɨndʒə | -bɪndʒə[r]/ *n.* **1 a** 先駆者 (herald). **b** 先触れ, 前兆, 予兆 (portent, omen) (⇨ forerunner **SYN**): The cuckoo is the ～ of spring. かっこうは春の先触れ. **2** 《古》(もと, 軍隊や国王巡幸用に宿舎を準備するために一行より先に出発した)先発者. — *vt.* …の先発者となる; 先触れをする, 予示する. 〘lateME *herbengar* 《変形》 ← *herbergere, -geour* ◻ AF & OF *herbergeor* (obl.) ← OF *herbergier* (F *héberger*) to provide lodgings ← *herberge* shelter ◻ OHG *heriberga* ← *heri* army + *berga* shelter: cf. harbor / F *auberge* inn, tavern〙
hárbinger-of-spríng *n.* (*pl.* **harbingers-**) 〘植物〙早春に白い花が咲く北米産セリ科の草本 (*Erigenia bulbosa*). 〘1868〙
har·bor, 《英》 **har·bour** /há:əbə | há:bə[r]/ *n.* **1** 港 (⇨ port **SYN**): a ～ of refuge 避難港 / a yacht ～ ヨットハーバー / in ～ 入港中で. **2** 避難所, 隠れ場所, 潜伏所 (shelter, refuge): give ～ to 〈罪人などを〉かくまう. **3** (戦車などの)格納庫.
— *vt.* **1** 〈罪人などに〉隠れ場所を与える, 避難所を提供する, 隠す, かくまう (shelter, conceal) 〔*from*〕: ～ an escaped criminal [a fugitive, a terrorist] 逃亡犯人[逃亡者, テロリスト]をかくまう / ～ smuggled goods 密輸入品を隠匿する. **2 a** 〈動物など〉の住処(すみか)[生息地]となっている: The cave ～*s* poisonous snakes. その洞穴には毒蛇がいる / Dirt ～*s* vermin. ほこりの中には虫(のみ・しらみなど)がいる. **b** 収容して[含んで]いる (contain): His study ～*s* a lot of costly books. 彼の書斎には高価な本がたくさんある. **3** 〈疑問・恨み・憎しみ・心配・希望などを〉抱く (⇨ cherish **SYN**): ～ suspicion [a grudge] against a person 人に対して疑い[恨み]を抱く / ～ evil thoughts 邪念を抱く / ～ no bitterness toward a person 人になんの恨みも持っていない / do not ～ the conventional worries that …というような月並みな心配はしていない / She ～*ed* vague hopes of getting her MSS published as a book. 自分の原稿を単行本として出版してもらえるかもしれないという淡い望みを抱いていた. **4** 〈船を〉港に停泊させる. **5** 〈獲物を〉潜伏所まで追跡する. **6** 〈動物を〉飼う.
— *vi.* **1 a** 〈動物が〉隠れる, 潜む, 潜伏する. **b** 〈細菌など〉がすむ. **2** 〈船が〉港に停泊[避難]する.
〘n.: lateOE *herebeorg* lodgings ← *here* army (⇨ harry) + *beorg* shelter (⇨ borough) (cog. ON *herbergi* inn, lodging). — v.: lateOE *herebeorgian* ← (n.): cf. harbinger〙

H

har·bor·age /hɑ́ːəbərɪʤ | hɑ́ː-/ *n.* **1** 避難, 保護 (shelter, protection). **2** 避難所; (特に, 船の)停泊所, 港. 〖(1570): ⇨ ↑, -age ∽ (《a1387》) *herbergage* ◻ OF *herberjage*〗
hárbor dùes *n. pl.* 入港税. 〖1718〗
hár·bor·er /-bərə | -rə(r)/ *n.* **1** 避難所[隠れ場]を与える人, かくまう人. **2** (鹿を潜伏所まで追跡して見張りをする)猟師の助手. **3** (ある考えなどを)心にもつ人. 〖(1548): ⇨ -er¹〗
hárbor frònt *adj.* 港に面した.
har·bor·ful /hɑ́ːbəfʊ̀l | hɑ́ːbə-/ *n.* 港にいっぱい: a ~ *of* ships 港にいっぱいの船舶.
hárbor·less *adj.* 港[停泊所, 避難所, 宿]のない. 〖(?c1200): ⇨ harbor, -less〗
hárbor lìght *n.* 港口灯台. 〖1858〗
hárbor màster *n.* 〘海事〙港(湾)長. 〖1769〗
hárbor pòrpoise *n.* 〘動物〙ネズミイルカ (*Phocoena phocoena*) (頭が丸い小形のイルカ; 世界の海洋に分布).
hárbor sèal *n.* 〘動物〙ゼニガタアザラシ (*Phoca vitulina*) (アザラシ (common seal) を指すこともある). 〖1766〗
hárbor·side *n.* 港付近(の地域).
harbour *n., v.* ＝harbor.
hard /hɑ́ːəd | hɑ́ːd/ *adj.* (~·er; ~·est) (↔ soft) **1 a** (簡単に切ったり曲げたりできないほど)堅い, 堅固な; 硬質の (⇨ firm² SYN): ~ ground 堅い地面 / ~ wood 堅い木(材) / boil an egg ~ 卵を固くゆでる / a ~ apple 固いりんご / a ~ bed [mattress] 堅い寝床[敷きぶとん] / ~ food (馬の)固形飼料 (mash, fodder に対して穀物飼料) / (as) ~ as a rock 実に堅い / a ~ nut to crack ⇨ nut 成句 / *Hard* with ~ makes not the stone wall. (諺) 堅いと堅いじゃ石塀は出来ぬ (堅い石と石をつなぐには軟らかいモルタルも必要; *L.* Durum et durum non faciunt murum. の英訳). **b** 〈チーズが〉塗って伸ばすことのできない, 硬い: ~ cheese. **c** 〈本が〉堅い(厚)表紙の, ハードカバーの (cf. hardcover).
2 a 〈貨幣が〉(紙幣でなく)鋳貨の, 硬貨の: ⇨ hard money. **b** (小切手・手形などと区別して)通貨の: ⇨ hard cash. **c** 〈紙幣・通貨制度が〉十分な金の準備に支えられた, 容易に外国貨幣に兌換(だかん)可能な: ⇨ hard currency.
3 a 〈糸・(ワイヤ)ロープなど〉固く撚(よ)ってある, 撚りが堅い (tight, short) (cf. hard-spun). **b** 〈織物が〉けばのない (napless): (a) ~ worsted けばのないウーステッド.
4 〈水が〉(鉱物塩類を含んでいて)石鹸がよく溶けない, 硬質の: ⇨ hard water.
5 a 〈からだが〉頑丈な, たくましい, がっしりした (robust): in ~ condition たくましい身体で / (as) ~ as nails 筋骨たくましい, 頑健な. **b** (病気などの)ストレスに強い (hardy). **c** 強い, 強固な: a man of ~ will 意志強固な人. **d** 《米》〈品物が〉長持ちする (durable).
6 a 感傷的でない, 客観的な, 現実的な, 冷静な: ~ good sense 情に流されない良識 / a ~ view of life 客観的な人生観. **b** 事実に基づいた, 厳然とした; 信頼できる, 確実な, 具体性のある: ~ evidence 動かしがたい証拠 / ~ facts 厳然たる事実 / ~ information 確かな情報. **c** 観察の鋭い, 冷徹な (searching): take a ~ (long) look at him 彼(の人柄)を鋭く観察する.
7 耐えがたい, つらい, 苦しい; (経済的に)困窮した: a ~ life つらい生活 / a ~ lot [fate] つらい運命 / have ~ luck 不運である / ~ times 世知辛い世の中, 不景気 / have a ~ time (of it) つらい目に遭う / give a ~ time つらい[ひどい]目に遭わせる, しごく; つらくあたる, 非難する / The ~*est* thing is ... 一番大変な[つらい]のは…(すること)だ.
8 a 厳しい, 厳格な, 無情な, 残酷な (severe, merciless): drive a ~ bargain 厳しい[譲歩しない]取引[売買]をする / ~ dealing [treatment] 虐待 / a ~ master 厳格な主人[師匠] / a ~ heart 無慈悲な心 / a ~ nature 無情な性質 / a ~ law [sentence] 苛酷な法律[宣告] / be ~ on a person 人を(過)酷に扱う / be ~ with a person 人につらく当たる, 厳格である / call a person a ~ name 人の悪口を言う / ~ words むごい言葉, 悪口 (cf. 10 b) / ⇨ hard line. **b** 手に負えない, 評判のよくない; しょうのない, 悪党の (disreputable): a ~ character [customer] 厄介な[しょうのない]人間 / ⇨ hardcase. **c** 〈天候などが〉厳しい, 激しい, 険悪な (inclement): a ~ rain 激しい雨 / a ~ winter 厳しい冬 / a ~ frost ひどい霜. **d** 〈金融が〉逼迫(ひっぱく)した. **e** 〈主義などが〉極端な: the ~Left 極左.
9 a 努力を要する, 骨の折れる (strenuous): a ~ task 骨の折れる仕事 / ~ work つらい仕事; 努力 / ~ study 猛勉強 / ⇨ hard labor. **b** よく働く, 勤勉な: a ~ worker 勤勉家, 勉強家, 働き者 / be ~ *at* one's study 勉強に精を出す / try one's ~*est* 精一杯努力する. **c** 激しい, 猛烈な; 過度の (excessive): a ~ blow 強打 / a ~ gallop 猛烈なギャロップ / a ~ fight 悪戦苦闘 / a ~ drinker 大酒飲み / ~ drinking 大酒.
10 a …しにくい (difficult) 〈*to do*〉: ~*to* believe 信じがたい / ~*to* take 受け入れがたい, 容認しがたい, 許しがたい / a mountain ~ *to* climb＝a ~ mountain to climb 登りにくい山 / He is ~ to please.＝It is ~ to please him. 彼は機嫌が取りにくい[気難しい] / ~ *of* hearing 耳が遠い, 難聴の / It is ~ for me *to* solve the problem. 私がその問題を解くのは難しい / I find it ~ *to* make up my mind. どうしても決心がつかない. **b** 理解しにくい, 難しい, 解きにくい: a ~ problem 難問 / a ~ book 難しい本 / ~ words 難解な言葉 (cf. 8 a; ⇨ hard word). **c** 〈結び目などが〉ほどきにくい: ~ knots.
11 a 〈音など〉堅い, 金属性の (metallic). **b** 〈色・輪郭などが〉くっきりし過ぎた, どぎつ過ぎる. **c** 〈文体などが〉堅い, 柔らか味[味わい, 趣]のない (rigid, ungraceful).
12 a (ビール・ワインに対して, ウイスキー・ブランデーなどのように)アルコール分の多い, 強い; (特に) 22.5% を越えるアルコール分を含む. **b** 〈飲み物が〉アルコールを含んだ, 発酵させた: ⇨ hard cider, hard liquor. **c** 〈ワインなど〉舌ざわりの悪い, 渋い (acid): (a) ~ wine.
13 〈麻薬が〉体に害を与える, 有害で習慣性のある: ⇨ hard drug.
14 けちな (stingy).
15 〈パンなどが〉古くなった.
16 〘写真〙硬調の, コントラストの強い.
17 〘宇宙〙〈宇宙船の着陸が〉船体を破損するような, 硬着陸の: ⇨ hard landing.
18 〘軍事〙〈ミサイル基地が〉誘導弾地下格納所から発射する設備のある; 〈ミサイルが〉地下格納所から発射できる.
19 〘軍事〙(地下壕で堅固に)核攻撃に対して防護されている, 硬式の: a ~ base 硬式基地.
20 〘物理〙 **a** 〈エックス線が〉透過能の大きい[強い]. **b** 〈真空状態が〉完全に近い.
21 〘音声〙 **a** 〈英語の c, g が〉硬音の (a, o, u の前でそれぞれ /k/ /g/ と発音される: 例 cat /kǽt/, come /kʌ́m/, cute /kjúːt/, gate /géɪt/, go /góʊ | gə́ʊ/, gum /gʌ́m/; cf. soft *adj.* 26). **b** (スラブ系言語で)〈子音が〉硬音の非口蓋化音の (unpalatalized). **c** 無声音の. ★ いずれも現代では専門語としては使われない.
22 〘商業〙〈市価など〉強気(つよき)の, 下落しそうにない (↔ soft): Prices are ~. 強気値段である.
23 〘農業〙硬質の, グルテン (gluten) 含有量の高い: ⇨ hard wheat.
24 〘薬学〙ハード型の (生物による代謝分解を受けにくい型にいう): ~ detergents / ~ pesticides.
25 〘電気〙(磁化状態が)変わりにくい.
26 〈ポルノなどが〉非常にわいせつな: ⇨ hard-core 3.
hárd and fást (1) ＝hard-and-fast. (2) 〘海事〙座礁して動かない (cf. *adv.* 成句). ***hárd úp*** 《口語》(1) 金に困って, 経済的に困窮して: be ~ *up* (*for* money) 金に困っている. (2) 不足して, 欠乏して; 必要として: be ~ *up for* friends 友人がない, 友人をぜひ必要としている. ***pùt the hárd wórd on*** ⇨ hard word 成句. 《1821》 ***the hárd wày*** ⇨ way 成句.
— *adv.* (~·er; ~·est) **1 a** 骨を折って, 懸命に (vigorously): study [run, struggle, work] ~ / think ~ 一心に考える / try ~ to get it それを得ようと懸命になる. **b** [しばしば複合語の第 1 構成素として] 苦労して: *hard*-earned 苦労して稼いだ, 骨折ってもうけた / *hard*-sought 苦労して求めた. **2 a** 激しく, 強烈に, 強く (violently): hit it ~ / It rained [blew] ~. ひどく雨が降った[風が吹いた]. **b** じっと (intently): look [gaze, stare] ~ at a person 人をじっと見つめる. **c** 過度に, 法外に, ひどく (excessively): drink ~ 大酒を飲む / swear ~ ひどく毒づく / be ~ hit＝be hit ~ (財政的にまたは悲しみなどのために)ひどく痛手を受ける / be ~ pressed [pushed] (to do) ひどく困る, 追いつめられる / bear ~ on …をひどく圧迫する. **d** 深く, 充分に, ぐっすりと: sleep ~. **3 a** 過酷に, 残酷に (harshly, severely): be ~ treated ひどい扱いを受ける. **b** [通例 take it ~ として] 強くうらんで[悲しんで, 憎んで]: He *took it* ~ when he was scolded by his father. 父親から叱られて強いショックを受けた. **4** しっかり(と), 堅く (tightly, firmly): hold ~ しっかりと持つ. **5** 堅く, 固く: The lake is frozen ~. 湖は固く凍っている. **6 a** 苦しんで, かろうじて, やっと: breathe ~ 苦しい息をする, やっと息をする / The wheels drag ~. 車輪がなかなか回らない. **b** 節約して, 質素に (frugally): live ~ つましく暮らす. **7** (時間・空間・量などについて)接近して, すぐ近くに (closely): ~ by the railroad station 駅のすぐ近くに[の] / follow ~ after [behind, upon] …のすぐ後を追う / ~ on [upon] …のすぐ後に[前に], …に迫って / ⇨ RUN¹ *a person hard* / He is ~ upon seventy. もうやがて 70 です. **8** 〘海事〙極度に, 出来る限り, いっぱい (fully): ~ over (かじを片方に)いっぱいに / *Hard* alee! 下手(しもて)かじいっぱい / *Hard* aport! 取りかじいっぱい / *Hard* astarboard! おもかじいっぱい / *Hard* aweather [up]! 上手(うわて)かじいっぱい. ★ 以上はいずれも出来る限り指示方向に舵柄(だへい)を取れ, という意味の号令; 旧号令であるので船首はその逆に向く; 新号令では hard port といえば船首も左へ回る.
be hárd pút (to it) 困って[難儀して, 困惑して]いる: He is ~ *put* (*to it*) *to* find a job. 彼は職探しに困っている. 《1712》 ***díe hárd*** ⇨ die¹ 成句. ***gò hárd with*** …に苦痛を与える, をひどい目に遭わせる: It will *go* ~ *with* him if he is found out. もし見つかったら彼はひどい目に遭うだろう. 《1596–97》 ***hárd and fást*** しっかりと (firmly): be bound ~ *and fast* (cf. *adj.* 成句). 《1833》 ***hárd át it*** ＝***hárd at wórk*** 全力で, 一所懸命に. ***hárd dóne bý*** 不当な扱いを受けて, ひどい目に遭って: be [feel] ~ *done by*. ***It will [shall] gò hárd but*** … よほどの障害がない[困難に遭わない]限り: *It will go* ~ *but* he will succeed. 大きな困難に遭わない限り彼は成功するだろう / *It shall go* ~ *but* I will find him. よほどの困難のない限り彼を見つけ出すつもりだ.
— *n.* **1** 《英》〘海事〙揚げ場, 上陸場. **2** 《英俗》重労働 (hard labor): six months' ~. **3** (きめの粗い)染料, 着色料. **4** 《卑》＝hard-on.
〖adj.: OE *h(e)ard* < Gmc **xarðuz* (G *hart*) ← IE **kar-* hard (Gk *kratús* strong: cf. -cracy). — adv.: OE *h(e)arde* severely, sorely, very much ← *h(e)ard* (adj.)〗

SYN 難しい: **hard** 成就・理解・解決などが難しい: a *hard* problem 難問 / a *hard* book to understand 理解するのが難しい本. **difficult** 〈課題など〉高度の知力・熟練・勇気などを必要とする: a *difficult* language 難しい言語. **arduous** 〈登山・調査などが〉困難で大変な努力を必要とする: an *arduous* task 困難な仕事. **laborious** 〈仕事など〉困難なため大変骨が折れる: the *laborious* task of picking cotton 骨の折れる綿摘み.
ANT easy, simple, facile.

hárd-and-fást *adj.* 修正のきかない, 厳重な (strict): ~ rules 厳重な規則. **~·ness** *n.* 〖1867〗
hárd-àss *adj.* 《俗》頑固な, 石頭の. — *n.* 頑固な人. 〖c1979〗
hárd·bàck *adj.* 〈本が〉厚表紙の, ハードバックの. — *n.* **1** 厚表紙本, ハードバック(本) (cf. hardcover, paperback 1). **2** ハードバック版: *in* ~ ハードバックで[の]. 〖1952〗
hárd·bàke *n.* アーモンド入りのタフィ. 〖1825〗
hárd-báked *adj.* 〈パンなど〉堅く焼いた, 堅焼きの. 〖1858〗
hárd·bàll *n.* **1** (ソフトボールと区別して)野球 (baseball). **2** 《米口語》妥協を許さない強硬なやり方: play ~ 強硬な手段に出る. — *adj.* 《米口語》非情な, 厳しい (hard-boiled): We aren't used to this uncompromising ~ politics. こんな強硬で非情な政治には慣れていない. 〖c1830〗
hard bárgaining *n.* 厳しい交渉[取り引き], 激論.
hárd·bèam *n.* 〘植物〙＝hornbeam. 〖lateOE〗
hárd-bìll *n.* 〘鳥類〙植物の種子や木の実を砕く堅いくちばしをもつ鳥類の総称 (アトリ (finch) など; cf. soft-bill).
hárd-bítten *adj.* **1 a** 戦い慣れた, 百戦練磨の, 歴戦の (veteran): a ~ soldier 歴戦の軍人, 古強(ふるつわ)者. **b** 経験豊富な, ベテランの: a ~ politician. **2 a** 手ごわい, 御し難い, 頑固な, 強情な (stubborn). **b** 苦難に満ちた (harsh): a ~ life. **3 a** 粗野な; 冷酷な, 非情な. **b** 夢のない, 現実(主義)的な. **4** (態度・しつけの)厳しい (severe): a ~ teacher. **5** 〈犬など〉ひどくかみつく癖のある. 〖1784〗
hárd·bòard *n.* 〘建築〙ハードボード, 硬質繊維板 (木削片を破砕し, 薬品を加えて加熱により繊維化したものを圧縮成形した板; 壁板・床板・家具などに用いる). 〖1925〗
hárd-bóil *vt.* 〈卵を〉固くなるまでゆでる, 固ゆでにする. 〖(1895) (逆成) ↓〗
hárd-boiled /hɑ́ːədbɔ́ɪld | hɑ́ːd-ˊ/ *adj.* (↔ soft-boiled) **1** 〈卵が〉固くゆでた: a ~ egg 固ゆでの卵 / I like my egg ~. 卵は固ゆでの方が好きだ. **2** 《米》〈えり・ワイシャツなど〉堅く糊づけした, 糊で固めた: a ~ shirt. **3** 《口語》 **a** 〈人が〉無感覚な, 無情な, 強情な, がっちりした, 情に動かされない, ドライな (callous, tough): a ~ cynic ドライな皮肉屋 / a ~ drillmaster (ばりばりやる)厳格な体操教師[教練担当教師]. **b** 現実的な, 実際的な (practical), ちゃっかりした, 現金な. **c** 〈作風など〉非情な, ハードボイルドの: the ~ style of Dashiell Hammett ダシール ハメットの非情な語り口. **~·ly** *adv.* **~·ness** *n.* 〖(1723) ← *boil hard*〗
hárd·bòot *n.* 《米俗》(Kentucky 州の) 競馬狂の人. 〖1922〗
hard bóp *n.* 〘ジャズ〙ハードバップ (荒々しい表現と強いブルースの感覚をもつモダンジャズの(演奏)スタイル).
hárd·bóught *adj.* 苦労してようやく手に入れた, 骨を折って勝ち得た: a ~ battle 苦戦の後の勝利. 〖1741〗
hárd·bòund *adj.* 〈本が〉厚表紙の (cf. softbound): ~ books. — *n.* 厚表紙本 (hardback). 〖(1926): ⇨ bound¹〗
hárd cándy *n.* ハードキャンデー (砂糖とコーンシロップを煮詰めて作る堅いキャンデー; しばしば果物で風味をつける). 〖1925〗
hárd·càse *adj.* 《口語》[限定的] 強情な, 一筋縄(なわ)ではいかない (tough).
hárd càse *n.* 《口語》**1 a** 強情なやつ, 手に負えないやつ. **b** 改心の見込みのない罪人, ならず者. **2 a** 厄介な事件. **b** 苦境に立った人. **3** 《豪》おもしろい人. 〖1836〗
hárd cásh *n.* (小切手や手形に対して)現金.
hárd chéese 《英口語》*n.* 不運, 不幸 (bad luck). — *int.* お気の毒さま. 〖1861〗
hárd cíder *n.* 《米》りんご酒 (《英》cider) (りんごの果汁を発酵させたもの; 通例アルコール分 10% 未満; cf. sweet cider). 〖1789〗
hárd clám *n.* 〘貝類〙ホンビノスガイ (⇨ quahog). 〖1846〗
hárd cóal *n.* 無煙炭 (anthracite). 〖1846〗
hárd-cóated *adj.* 〈犬が〉毛が硬くて粗い. 〖c1898〗
hárd-códe *vt.* 〘電算〙(プログラムの中で)〈データなどを〉変更できないようにコードする[組む].
hárd cópy *n.* **1** 〘印刷〙(校正の際にあまり手を入れる必要のない)完全原稿. **2** 〘電算〙ハードコピー (印刷のように人間が読めてしかも記録として残る形になったコピー; cf. soft copy). 〖1954〗
hárd-córe *adj.* [限定的] **1** 中核的な, 本格的な: a ~ anarchist 筋金入りの無政府主義者 / the GOP's ~ right wing (米国)共和党の中核的右派. **2** (教育・収入が低くいつまでも失業状態におかれている)最下層の. **3** 〈ポルノ映画・小説など〉性描写が極端に露骨な, ハードコアの (cf. soft-core): ~ pornography 露骨なポルノ. 〖c1950〗
hárd córe *n.* **1 a** (政党・団体などの)中核. **b** 中核層, 中心勢力[人物] (もっとも非妥協的で頑固な中核的部分). **2** (肉体的欠陥などで)社会に取り残された人たち; どこへ行っても施設の世話になる難民たち. **3** /ˊ-ˋ-/ 《英》〘土木〙ハードコア, 底石, 砕石層 (石塊・れんがの破片などで堅固にした最下層の地盤・路盤など). **4** 〘物理〙ハードコア (強い斥力のため剛体球のように近接不能な距離). 〖1851〗
hárd cóurt *n.* 〘テニス〙ハードコート (アスファルト・コンクリートなどで舗装してある表面の硬いテニスコート; cf. clay court, grass court).

hard·cov·er /hάədkʌ̀və | -kʌ̀və(r)/ *n.* (クロース装・紙装などの)厚表紙本, ハードカバー(本) (cf. hardback, paperback 1). **— *adj.*** =hardbound. 〖1949〗

hárd cúrrency *n.* 〖経済〗硬貨 《鋳造貨幣, あるいは金または米ドルと容易に交換できる通貨; ↔ soft currency》. 〖1851〗

hárd dísk *n.* 〖電算〗ハードディスク (略 HD): **1** 金属の固い磁気ディスクを用いた記録媒体. **2** =hard disk drive. 〖1978〗

hárd dísk drìve *n.* 〖電算〗ハードディスクドライブ 《hard disk 1 を用いた外部記憶装置; 略 HDD》.

hárd dóer *n.* 《NZ》 =hard case. 〖1916〗

hárd drínk *n.* アルコール飲料 《ウイスキーなど; cf. soft drink》.

hárd drìve *n.* 〖電算〗 =hard disk drive.

hárd drùg *n.* 強い薬 《ヘロイン・モルヒネなどのように習慣性の強い薬; cf. soft drug》.

hárd-éarned *adj.* 骨折ってもうけた [入手した].

hárd-èars *adj.* 《カリブ》 強情な, 頑固な; 扱いにくい.

Har·de·ca·nute /hὰədɪkənúːt, -njúːt | hὰːdɪkənjùːt, ⸗⸗⸗⸗⸗́/ *n.* ハルデカヌート 《1019?–42; Canute の子, デンマーク王 (1035–42) 兼イングランド王 (1040–42)》.

hárd-édge *adj.* 〖美術〗ハードエッジの 《米国に起こった明確な輪郭をもつ抽象絵画の一形式》. **hárd-édger** *n.* 〖1961〗

hárd-édged *adj.* 輪郭のくっきりした, 鋭い, きつい, 猛烈な. 〖1954〗

hard·en[1] /hάədn̩ | hάː-/ *vt.* **1** 堅くする, 固める, 硬化させる (solidify): ~ one's features 顔をこわばらせる / ~ one's attitude 態度を硬化させる / ~ steel 鋼に焼きを入れる. **2 a** 強くする, 鍛練する; 果断にする, 勇気を出させる (invigorate): ~ the body [soldiers] 身体[兵士]を鍛練する. **b** 〈苗木などを〉漸次寒気にさらして丈夫にする 〈*off*〉. **3** 無感覚にする, 無慈悲にする, 頑固にする: ~ one's heart [oneself] 気を強くもつ, 心を無情にする / be [become] ~*ed* to …に無感覚である[になる], 慣れっこである[になる]. **4** 〖軍事〗〈ミサイル攻撃から守るために〉〈軍事設備を〉強化する (⇨ hardened 4 a). **5** 〖音声〗〈英語の c, g を〉硬音化する, 硬音で発音する; 硬音であることを示す (cf. hard *adj.* 21). **— *vi.*** **1** 堅くなる, 硬化する. **2** 〈顔の表情が〉硬くなる, 緊張する. **3** 強くなる; 果断になる. **4** 無情になる, 残酷になる. **5** 〈意見・決断などが〉固まる, はっきりしてくる, 決まってくる: Public opinion is ~*ing*. 世論が(固まって)はっきりしてきた / Her desire ~*ed into* resolution. 願望が決意へと固まっていった. **6** 〖商業・証券〗〈物価・株価などが〉堅調になる, 確(しっか)りになる, 引き締まる (stiffen). ***hárden úp*** 〖軍事〗《帆がはためかずに風を受けるように》帆脚索(ほあし)を締め込む.
〖(?c1200) *hard(e)ne(n)* (cf. ON *harðna*): ⇨ hard (adj.), -en[1]〗

hard·en[2] /hάədn̩ | hάː-/ *n.* 麻・亜麻 (hards) から作るきめの粗い織地. 〖(c1450) *herden*: cf. OE *heordan*〗

Har·den /hάədn̩ | hάː-/ *n.* ハーデン 《男性名》. 〖cf. OE *haradene* hare-valley〗

Har·den /hάədn̩ | hάː-/, Sir **Arthur** *n.* ハーデン 《1865–1940; 米国の酵素化学者; Nobel 化学賞 (1929)》.

hard·en·a·bil·i·ty /hὰədn̩əbíləti | hὰːdn̩əbíl̩ti/ *n.* 〖冶金〗焼入性 《焼入れの深さと硬さの分布を支配する性質》. 〖(1932): ⇨ harden[1], -ability〗

Har·den·berg /hάədn̩bə̀ːg, -bèək | hάːdn̩bə̀ːg, -bèək; *G.* háʁdn̩bɛʁk/, Baron **Friedrich** (**Leopold**) **von** *n.* ハルデンベルク 《1772–1801; ドイツのロマン派詩人・小説家; 筆名 Novalis》.

Hardenberg, Prince **Karl August von** *n.* ハルデンベルク 《1750–1822; プロイセンの政治家, 首相 (1810–22) としてプロイセン改革を推進》.

hard·ened *adj.* **1** 堅くなった. **2 a** 無情になった. **b** 〈態度など〉硬化した. **c** 慣れっこになった; 確固とした, 常習的な (⇨ chronic SYN): a ~ offender 常習犯 / He is ~ in that matter. そのことに慣れている. **3** 鍛えられた, 強くなった. **4** 〖軍事〗 **a** 〈ミサイル基地が〉《敵の誘導弾攻撃に対して地下コンクリート構造による》強化防御設備を施した, 硬式の (cf. soft 32): a ~ silo 硬式ミサイル地下格納庫. **b** 〈ミサイルが〉地下発射装置から発射できる.
〖(c1375): ⇨ harden[1], -ed〗

hard·en·er /-dnə, -dn̩ə | -dnə(r), -dn-/ *n.* **1 a** 堅くする人. **b** 刃物に焼きを入れる人. **2 a** 堅くするもの. **b** (ペンキなどの)硬化剤. **c** (感光乳剤の)硬膜剤 《感光膜の処理液中での軟化を防ぐ》. 〖(1611): ⇨ harden[1], -er[1]〗

hard·en·ing /-dnɪŋ, -dn̩- | -dn-, -dn-/ *n.* **1 a** 堅くする[なる]こと; (セメント・油脂などの)硬化 (cf. setting 6 a); 〖冶金〗(鋼の)焼入れ 《高温から急冷却する操作; cf. annealing 1, tempering》. **b** 硬化剤; 焼入れ液 (通例, 水). **2** 〖病理〗(動脈などの)硬化: ~ of the arteries 動脈硬化 (arteriosclerosis). 〖(?c1425): ⇨ harden[1], -ing[1]〗

hárd-fàce *vt.* 〈金属〉の表面に耐磨耗鋼を溶接する.

hárd-fàcing *n.* 〖冶金〗表面硬化処理. 〖1930〗

hárd-fávored *adj.* =hard-featured. 〖1513〗

hárd-féatured *adj.* 難しい[怖い, 醜い]顔の, 人相の悪い. 〖1748〗

hárd féelings *n. pl.* 嫌な思い, 悪感情: No ~. 悪く思わないでくれ.

hárd fèrn *n.* 《米》〖植物〗 = deer fern. 〖1828〗

hárd fínish *n.* 〖建築〗ハード仕上げ 《床・壁・天井などの石膏によるこて仕上げ》.

hárd·físted *adj.* **1** (肉体労働の結果)手の(皮の)堅い, 節くれだった; 重労働に耐えられる, たくましい: a ~ laborer. **2** 手堅い; 握り屋の, けちな (miserly). **3** 意志の強い; 無慈悲な (ruthless): a ~ ruler [industrialist] 無慈悲な支配者[実業家]. **~·ness** *n.* 〖a1656〗

hárd gòods *n. pl.* 耐久消費財 (durables) 《住宅・自動車・家具など; cf. soft goods 2》. 〖1934〗

hárd-gót *adj.* 苦労して得た.

hárd-gótten *adj.* =hard-got.

hárd-gráined *adj.* **1** 〈材木など〉目のつんだ, 木目の密な[堅い]. **2** 〈性格など〉気難しい, 手厳しい, 頑固な, かたくなな (stern, obdurate). 〖1847〗

hárd gròund *n.* 〖エッチング〗金属版面にローラー等で塗布された防食剤 《松脂・アスファルト等で造る》.

hárd·hàck *n.* 〖植物〗 **1** 北米産のバラ科シモツケ属の低木 (*Spiraea tomentosa*). **2** キンロバイ (⇨ shrubby cinquefoil). 〖(1814) ← HARD＋? *hack* to chop〗

hárd·hánded *adj.* **1** =hardfisted 1. **2** 圧制的な, 厳しい (oppressive). **~·ness** *n.* 〖1595–96〗

hárd·hàt *adj.* **1** 安全帽を必要とするような. **2** 超保守(反動)主義の.

hárd hát *n.* **1** 《英》(縁の狭い)山高帽 (derby). **2** (金属・プラスチック製などの)安全帽, ヘルメット. 日英比較 日本では, 工事現場などで作業員がかぶる帽子を「ヘルメット」というが, 英語では *hard hat* が普通. helmet は軍人, 消防士などがかぶるものをいう. **3** /⸗⸗́/ 《米口語》建設工事作業員. 《安全帽を着用することから》 **4** /⸗⸗́/ 《米口語》極端な保守(反動)主義者; 国粋主義者 (superpatriot). 《建設作業員に多く見られるとされることから》
〖(c1353) c1880〗

hárd·hèad[1] *n.* **1** 融通のきかない人, わからず屋 (blockhead). **2** 抜け目のない人; 実際家. **3** =hardhead sponge. **4** 〖魚類〗 **a** 米国 California 州中部・北部産コイ科の淡水魚 (*Mylopharodon conocephalus*). **b** = Atlantic croaker. **c** =steelhead trout. **5** 〖植物〗 [通例 *pl.*; 単数または複数扱い] =knapweed. **6** 〖鳥類〗duck の一種. **7** 〖冶金〗(鉄を含む)半精練スズ.
〖a1425〗

hárd·hèad[2] *n.* ハードヘッド 《スコットランド発行の低品位銀貨; 16–17 世紀ごろ発行, 約 2 ペンスに相当》. 〖(1563) ← ? F *hardit* ← *le Hardit* the Bold (この銀貨を最初に発行したフランス王 Philip III (1245–85) の通称)〗

hárd·héaded *adj.* **1** 抜け目のない (shrewd); 実際的な, 手堅い, 事務的な (realistic): ~ political considerations 抜け目ない政治的配慮. **2** 頑固な, わがままな (stubborn). **~·ly** *adv.* **~·ness** *n.* 〖1583〗

hárd·hèads *n.* [単数扱い] =knapweed.

hárdhead spónge *n.* 硬質海綿 《西インド諸島・中部アメリカ産の海綿; 骨はざらざらして弾力のある繊維から成る; 商品用》.

hárd·héarted *adj.* 無情な, 薄情な, 不人情な (merciless). **~·ly** *adv.* **~·ness** *n.* 〖?a1200〗

hárd-hít *adj.* ひどい打撃を受けた: ~ by taxation. 〖1860〗

hárd hítter *n.* 《NZ口語》山高帽子 (bowler hat).

hard-hit·ting /hάədhítɪŋ | hάːdhít-⸗/ *adj.* 《口語》活気のある (vigorous); 感情を隠さない; 積極的な (aggressive); 強力な (powerful); 効果のある, パンチの効いた (effective). 〖1839〗

Har·di·ca·nute /hὰədəkənúːt, -njúːt | hάːdɪkənjùːt, ⸗⸗⸗⸗⸗́/ *n.* =Hardecanute.

har·die /hάədi | hάːdi/ *n.* 広刃のみ 《鍛冶工が鉄を切断するとき金床(かなとこ)に差し込む》. 〖(1870) ? ← HARD＋-IE〗

Har·die /hάədi | hάːdi/, (**James**) **Keir** /kíə | kíə(r)/ *n.* ハーディ 《1856–1915; スコットランド生まれの英国の政治家; 労働党創設者の一人》.

har·di·hood /hάədihʊ̀d | hάːdi-/ *n.* **1** (疲労や苦痛に耐えられる)我慢強さ, 不屈の精神. **2 a** 勇気, 豪胆 (boldness). **b** 厚顔, ずうずうしさ, 傲慢 (impudence) (⇨ temerity SYN). **3** たくましさ, 活力 (vigor).
〖(1570) ← HARDY[1]＋-HOOD〗

hár·di·ly /-dəli | -dɪli/ *adv.* **1** 苦難に堪えて. **2** 大胆に; ずうずうしく. **3** たくましく. 〖(?a1200) *hardili(che)*: ⇨ hardy[1], -ly[1]〗

hárd ímage *n.* 硬調像 《テレビなどで陰影のコントラストの強い画像》.

har·di·ment /hάədɪmənt | hάːdi-/ *n.* 《古》 =hardihood. 〖(c1385) ◻ OF ~: ⇨ hardy[1], -ment〗

hár·di·ness /-di- | -di-/ *n.* **1** 大胆, 勇気, 度胸. **2** 鉄面皮, 厚かましさ (impudence). **3** たくましさ; 寒さに負けない強さ; 耐久力 (robustness). 〖(?a1300): ⇨ hardy[1], -ness〗

Har·ding /hάədɪŋ | hάːdɪŋ/ *n.* ハーディング 《男性名》. 〖cf. OE *h(e)arding* bold man, hero〗

Har·ding /hάədɪŋ | hάːdɪŋ/, **Warren Gamaliel** *n.* ハーディング 《1865–1923; 米国の第 29 代大統領 (1921–23); 共和党》.

har·ding·grass, H- /hάədɪŋgræ̀s | hάːdɪŋgrὰːs/ *n.* 〖植物〗ハーディンググラス (*Phalaris tuberosa stenoptera*) 《オーストラリアとアフリカ南部原産イネ科の多年生草本, 家畜の飼料として北米に輸入された》. 〖(1917) ? ← HARDING〗

hard·ish /hάədɪʃ | hάːd-/ *adj.* やや堅い. 〖(1580): ⇨ -ish[1]〗

hárd lábor *n.* **1** (刑罰の)重労働 《拘禁刑 (imprisonment) に付加される刑罰だが, 労働そのものとしてはふつうの労働者の労働以上に激しいとか量が多いわけではない》: imprisonment *at* ~ 重禁固 / He was sentenced to five years *at* ~. 重労働 5 年(の刑)の判決を受けた. **2** 激しい労働; 非常な努力. 〖1841〗

hárd-láid *adj.* 〈糸・ロープなど〉堅撚(よ)りの 《撚りの角度が約 45° のものにいう》.

hárd-lánd *vi.* 〈宇宙船などが〉硬着陸する. **— *vt.*** 〈宇宙船などを〉硬着陸させる (cf. soft-land). **~·er** *n.*

hárd lánding *n.* 〖宇宙〗ハードランディング, 硬着陸 《ロケットなどが, 装置のすべてもしくは一部が破壊される程度の速度で月表面などに着陸すること; cf. soft landing》. 〖1958〗

hárd léad /-léd/ *n.* 〖化学〗 **1** 硬鉛 《アンチモン・銅・ヒ素などを含んだ硬質鉛》. **2** =antimonial lead; (特に)約 5% のアンチモンを含んだ合金.

hárd léft *n.* **1** [the ~] 《英》極左(勢力). **2** 急な左折.

hárd léns *n.* ハードコンタクトレンズ.

hárd-líne *adj.* 強硬路線を採る, 断固たる行動[政策]を主張する, 強硬な: a ~ policy / a group of ~ rightists 強硬な右翼グループ / Prime Minister's ~ refusal to compromise 妥協(案)に対する首相の断固たる拒絶. 〖1962〗

hárd líne *n.* **1** (政治上の)強硬路線 (cf. soft line): take a ~ *on* [*over*] …に強硬路線をとる. **2** [*pl.*; しばしば間投詞的に用いて] 《英口語》 =hard luck. 〖1824〗

hárd-líner *n.* 強硬路線論者, 強硬派の人 (cf. soft-liner). 〖1963〗

hárd líquor *n.* =distilled liquor.

hárd lúck *n.* 《英口語》不運, 苦境 (ill luck). ★ しばしば軽い同情を表す間投詞として用いる.

hárd-lúck stòry *n.* (お涙ちょうだいの)苦労話.

H

hard·ly /hάədli | hάːd-/ *adv.* **1 a** ほとんど…でない[しない] (scarcely): That is ~ true. それはまず本当ではない / I had ~ any money. ろくに金を持っていなかった / *Hardly* anybody knew it. ほとんどだれもそれを知らなかった / He could [(俗) couldn't] ~ bear it. それに耐えることがほとんどできなかった / I need ~ say that I am right. 私が正しいのは言うに及ぶまい / I gained ~ anything. ほとんど何も得なかった / He is ~ old enough. ちょっと若過ぎる. **b** [皮肉または婉曲的用法として] 全く…ない (not at all): You can ~ expect me to help you. 私からの助力はほとんど期待できません / Were you thrilled to see her again?—*Hardly!* 彼女と再会して感激した—いや, ちっとも. **2** おそらく…ない, たぶん…しそうもない: He will ~ come today. 今日は来そうもない. **3 a** 苦しんで, 難儀して (painfully), やっと, かろうじて, 危うく (barely): We live ~. 苦しい生活をしている / Victory was ~ won. かろうじて勝利を得た / ~ earned 汗水流してもうけた; 《反語》たやすくもうけた. **b** 骨折って, 力一杯, 懸命に (strenuously): The battle was ~ contested [fought]. 力一杯戦われた. **c** 《まれ》厳しく, ひどく, むごく, 不親切に (harshly): think [speak] ~ of …を悪く思う[酷評する] / She is ~ treated. 彼女はひどい待遇を受けている.
hardly éver めったに…ない (very seldom): We ~ *ever* go to the pictures. めったに映画に行きません. ***hárdly … when*** [***befòre***] …するかしないうちに: I had ~ [*Hardly* had I] spoken to him *when* [*before*, (俗) *than*] he was gone. 私が話すか話さない[ろくに話もしない]うちに彼は行ってしまった.
〖lateOE *h(e)ardliċe* sorely, harshly: ⇨ hard (adj.), -ly[1]: 否定の意味は 16C から〗

hárd máple *n.* 《米》 **1** 〖植物〗材質の堅いカエデの総称; (特に)=sugar maple. **2** カエデ材. 〖1790〗

hárd máss [**másse**] *n.* **1** ハードマス 《人造宝石用の硬質ガラス》. **2 a** 人造宝石(特に, 模造エメラルド)用ガラス. **b** 人造宝石.

hárd móney *n.* 《米》硬貨 (cf. soft money). 〖1706〗

hárd·móuthed *adj.* **1** 〈馬が〉はみのきかない. **2** 御し難い, 手に余る, 頑固な, 強情な (stubborn): a ~ boy, woman, etc. **3** 〖狩猟〗〈猟犬が〉口にくわえた獲物をなかなか離さない. 〖1617〗

hárd·ness *n.* **1** 堅いこと; 堅さ; 堅固. **2 a** (エックス線などの)硬さ. **b** (写真の)堅さ, コントラストの強いこと. **3** (水の)硬度, 硬軟. **4** 困難, 難解. **5** 厳しさ, 苛酷, 無情, 無慈悲. **6** 〖鉱物〗硬度 (cf. Mohs' scale). **7** 〖冶金〗硬さ, 硬度. 〖OE *h(e)ardnysse*: ⇨ hard, -ness〗

hárd néws *n.* 〖ジャーナリズム〗(政治・経済・国際関係などに関するいわゆる)硬いニュース (cf. soft news).

hárd-nóse *adj.* =hard-nosed. 〖c1960〗

hárd-nósed *adj.* 《口語》 **1 a** 頑強な, 押しの強い. **b** 頑固な (stubborn). **2** 抜け目のない; 実際的な (practical): a ~ style of business 実際的な[手堅い]経営のやり方. 〖1889〗

hárd nút *n.* 難題, 難物 (a hard nut to crack).

hárd-of-héaring *adj.* 耳の遠い; 難聴の (cf. hard *adj.* 10 a): a ~ child 耳の遠い子 / a ~ aid 補聴器. 〖1564〗

hárd-òn *n.* 《卑》(ペニスの)勃起 (erection). 〖c1890〗

hárd·pàck *n.* 堅くつまった雪.

hárd pád *n.* 〖獣医〗硬蹠(しょ)(症) 《犬のジステンパーの一症候; 足の裏が硬くなる; hard pad disease ともいう》. 〖1948〗

hárd pálate *n.* 〖解剖〗硬口蓋(がい) (⇨ throat 挿絵; cf. soft palate). 〖c1847〗

hárd·pàn *n.* **1 a** 〖地質〗硬盤, 底盤 《軟らかい土の下にある堅い砂・粘土・小石などの地盤》. **b** 固い未耕作地. **2** 固い土台, (堅固な)基礎, 最低部 (bedrock). **3** (問題の)本質, 核心. 〖1817〗

hárd pàste *n.* 〖窯業〗硬(質)磁器 《1300°C 以上の比較的高温で焼成された磁器; hard-paste porcelain ともいう; cf. soft paste》.

hárd pátch *n.* (リベットや溶接で継いだ)当て金.

hárd píne *n.* 〖植物〗ダイオウマツ (longleaf pine) など材質が堅いマツ; その材. 〖1884〗

hárd·pòint *n.* 〖航空〗ハードポイント 《兵器や燃料タンクを

機外に取り付けるために特に補強した箇所; strongpoint ともいう).

hard pórn *n.* (口語)(性描写の)露骨なポルノ.

hard pornógraphy *n.* =hard porn.

hard-pressed /háədprést | hɑ́ːd-ˊ/ *adj.* (過労などに)圧迫された, 悩まされた; 困難に陥っている, せっぱ詰まった: ～ states 財政難の諸国. 〖1825〗

hard ríght *n.* **1** [the ～]《英》極右(勢力). **2** 急な右折.

hárd·ròck *adj.* **1** 〈抗夫が〉硬岩[岩盤]除去に経験を積んだ. **2** 《俗》厳しい, 容赦のない, 気難しい, けんか好きな. — *n.* **1** 硬岩. **2** 《俗》頑固者.

hard róck *n.* 〖音楽〗ハードロック《絶叫型のボーカルとエレキギターを特徴とする強烈なビートをもった大音響のロック音楽; cf. soft rock》. 〖1967〗

Hárd Ròck Ca·fé /-kæféɪ/ *n.* ハードロックカフェ《内装も音楽もロック一色のカフェレストランのチェーン店; 英国・米国・日本をはじめ世界の大都市にある》.

hard-rock geólogy *n.* 〖地質〗硬岩地質学 (cf. soft-rock geology).

hard róe *n.* 魚卵, はらこ.

hard rúbber *n.* 硬質ゴム, 硬質合成ゴム. 〖1860〗

hards /háədz | hɑ́ːdz/ *n. pl.* 亜麻[麻]くず (tow) (cf. noil): flocks and ～ 繊維くず《詰め物用》. 〖OE *heordan* (pl.) < Gmc *χezdōn (Du. *heede*) ← IE **kes-* to scratch〗

hard sàuce *n.* ハードソース《バターと砂糖を合わせクリームやブランデー・ラムなどの酒を加えたデザート用のソース; 冷やして固めておく》. 〖1880〗

hard scíence *n.* ハードサイエンス《物理学・化学・生物学・地質学・天文学などの自然科学; cf. soft science》.

hard scíentist *n.*

hard·scràbble 《米口語》*adj.* 骨の折れる割に報酬[収入]の少ない, 割に合わない, 報われない: a ～ farmer / a ～ farm. — *n.* **1** やせ地, 不毛の地. **2** 困難に直面して払われる多大な努力. 〖1804〗

hard séed *n.* 〖植物〗堅い種子, 硬粒種子, 硬皮種子《種皮が堅くて発芽しにくい種子》.

hard séll *n.* [通例 the ～] 強引な販売(法), 押し売り (↔ soft sell). **hárd-séll** *adj.* 〖1952〗

hárd-sét *adj.* **1** 苦境にある. **2 a** 堅くなった, 固まった (stiff). **b** 堅く決心した, 強情な, 頑固な. **3** 〈卵が〉親鳥にしっかり抱かれている. **4** 空腹な (hungry). 〖*a*1387〗

hárd-shèll *adj.* **1** 殻の堅い. **2** 《口語》頑固な, 非妥協的な (uncompromising); 〈宗教上〉正統を厳格に守る: a ～ conservative 頑固な保守派. — *n.* **1** =hard-shell crab. **2** =quahog. **3** [H- S-]《米》=Hard-Shell Baptist. 〖1798〗

Hárd-Shèll Báptist *n.* 《米》=Primitive Baptist.

hard-shell clám *n.* 〖貝類〗=quahog. 〖1799〗

hard-shell cráb *n.* 殻の堅い食用ガニ《主に blue crab など; cf. soft-shell crab》. 〖1902〗

hard-shélled *adj.* =hard-shell. 〖1611〗

hard·ship /háədʃɪp | hɑ́ːd-/ *n.* **1** 苦難, 困難, 困苦欠乏, 辛苦: be inured to ～ 辛苦に慣れる / bear ～ 辛苦に耐える. **2** [しばしば *pl.*] つらいこと, (具体的な)苦労, 苦難 (⇨ difficulty SYN): undergo [go through] all kinds of ～s あらゆる苦労を重ねる / Early rising is not a ～ in summer. 夏の早起きはつらいことではない. 〖(?*a*1200) *h(e)ardeschipe*: ⇨ hard (adj.), -ship〗

hard shóulder *n.* 〖土木〗(非常の場合, 自動車が避けることのできる高速道路の)硬路肩.

hard sìgn *n.* **1** 硬音記号《キリル文字の Ъ, ъ; ロシア語で先行する子音が口蓋化されていないことを示す; 1918 年以降語末では公式には使用されていない》. **2** 古代教会スラブ語で後舌母音を表した記号.

hard sóap *n.* 〖化学〗硬石鹸(せっけん), ソーダ[ナトリウム]石鹸 (cf. Castile soap).

hard sòlder *n.* 硬質はんだ, 硬鑞(ろう)《金鑞・銀鑞・黄銅鑞などのはんだで, 溶融点の高い金属・合金の鑞付けに用いる; cf. soft solder 1》.

hárd-spún *adj.* 〈糸が〉堅撚(よ)りの.

hárd·stànd *n.* (飛行場の)舗装駐機場; 舗装駐車場. 〖1944〗

hárd·stànding *n.* =hardstand. 〖1944〗

hard stóne *n.* ハードストーン《不透明の準貴石; 装身具やモザイクに使用》. 〖1568〗

hard stúff *n.* **1** [(the) ～] 強い酒, (特に)ウイスキー. **2** 強い薬 (⇨ hard drug).

hard-súrface *vt.* **1** 〈道路などの表面を(舗装・砂利などで)固める. **2** =hard-face.

hárd·tàck *n.* ビスケット, 堅いパン《かつて船や軍隊で食糧とされた; pilot bread, ship biscuit [bread] ともいう》. 〖(1836) ← HARD (adj.)+TACK[2]〗

hard tìck *n.* 〖動物〗カタダニ《背板のあるマダニ科のダニ; cf. soft tick》.

hárd·tòp *n.* 〖自動車〗**1** ハードトップ《窓のスペースを最大限にとり, 中心の窓枠がなく, 屋根が金属製の乗用車; hardtop convertible ともいう》. **2** (ある種のスポーツカーの)取り外しができる金属製屋根. 〖1949〗

hard tùbe *n.* 〖電子工学〗ハードチューブ《真空度の高い真空管; cf. soft tube》. 〖1899〗

hard·ware /háədwɛ̀ə | hɑ́ːdwɛ̀ə(r)/ *n.* **1** 〖電算〗ハードウェア《コンピューター本体・周辺機器などの物理的装置全般; cf. firmware, software 1 a》. 日英比較 「ハードウェア」のことを短縮して「ハード」というのは和製英語. **2** [集合的] **a** 金物類, 鉄器類 (《英》ironmongery): a ～ house [store] 金物店 / builders' ～ 金具類. **b** 火器, 銃砲 (firearms); 戦闘用および支援用金属製装備品目《艦艇・銃砲・戦車・飛行機・ミサイル・トラック・レーダーなど》. **3** (複雑・精密な)機械設備, 機材, 機器: educational ～ 教育機器. **4** 《米》〖宇宙〗宇宙船操縦装置. 〖1440〗

hárdware clòth *n.* (通例 1/8×3/4 インチの細かい目で亜鉛引きの)鋼製の金網. 〖*c*1914〗

hárdware dèaler *n.* 《米》金物屋《人》(《英》ironmonger).

hárdware·man /-mən/ *n.* (*pl.* **-men** /-mən, -mɛ̀n/) 《米》金物製造人, 金物屋. 〖1419〗

hard wáter *n.* 硬水 (↔ soft water)《鉱物塩類を多く含み石鹸がよく溶けない》.

hard-wéaring *adj.* 〈布地など〉よくもつ.

hard whéat *n.* 硬質小麦《麩(ふ)質 (gluten) に富みマカロニやパンに適する; cf. durum wheat, soft wheat》. 〖1812〗

hárd·wíred *adj.* 〖電子工学〗**1** 配線による《プログラムにより可変の論理演算回路などに対して, 配線により固定的な機能をもつ回路などを指す》. **2** 〈機能が〉物理的に組み込まれた《変更できないことを含意する》. **hárd·wíring** *n.* 〖1968〗

hard·wood /háədwʊ̀d | hɑ́ːd-/ *n.* **1** (カシ・マホガニーなどの)材木. **2** 〖林業〗堅木, 硬材《針葉樹と区別して広葉樹の木材についていう; cf. softwood 1》. **3** 〖植物〗広葉樹. — *adj.* [限定的] 堅木の, 硬材の[で作った]. 〖1568〗

hárd-wóoded *adj.* **1** 堅材の[を用いた]. **2** 仕上げ[細工]しにくい硬材質の. 〖1858〗

hard wórd *n.* [the ～]《俗》拒絶, 非難 (⇨ hard *adj.* 10 b). ***put the hárd wórd on*** 《英・NZ口語》〈人に〉頼みごとをする, 金を貸してくれと言う; 〈女性〉に言い寄る. 〖1927〗

hárd·wórking *adj.* 勤勉な, 勉強家の, 働き者の: a ～ wife 身を粉にして働く妻. 〖1774〗

har·dy[1] /háədi | hɑ́ːdi/ *adj.* (**har·di·er; -di·est**) **1 a** 〈人・動物が〉苦難[労苦, 寒暑]に耐えられる, 頑健な, 頑丈な, 丈夫な (robust). **b** 〈植物が〉耐寒性の, 越冬性の: ～ plants / ⇨ half-hardy. **2** 耐久力を必要とする: ～ sports. **3 a** 大胆な, 度胸のよい, 勇敢な (courageous, bold). **b** ずぶとい, 横着な (audacious, bold); 向こう見ずな (daring). 〖(?*a*1200) □ (O)F *hardi* (p.p.) ← OF *hardir* to make bold □ Gmc (Frank.) *χarðjan (OE *hierdan* / OHG *hartjan*) ← *χarðuz 'HARD'〗

har·dy[2] /háədi | hɑ́ːdi/ *n.* =hardie.

Har·dy /háədi | hɑ́ːdi/ *n.* ハーディ《男性名》. 〖ME *Hardi* ← hardi 'bold, HARDY[1]'〗

Har·dy /háədi | hɑ́ːdi/, **Oliver** *n.* ハーディ (1892–1957; 米国の映画俳優; Stan Laurel と喜劇映画で活躍).

Hardy, Thomas *n.* ハーディ (1840–1928; 英国の小説家・詩人; *Tess of the D'Urbervilles* (1891), *Jude the Obscure* (1895), *The Dynasts* (詩劇, 1904–08)).

hárdy amarýllis *n.* 〖植物〗ナツズイセン, ワスレグサ (*Lycoris squamigera*).

Hárdy Ámies *n.* 〖商標〗ハーディーエイミス《英国 Hardy Amies 社製の衣料品; 女性用の注文・既製服・ランジェリー・紳士服など; ⇨ Amies》.

hárdy ánnual *n.* **1** 〖植物〗耐寒性一年生植物 (cf. tender annual). **2** 《戯言》毎年[周期的に]持ち上がる問題. 〖1831〗

hardy-har-har /háədihàəháə | hɑ́ːdihɑ̀ːhɑ́ː(r)/ *int.* 《米口語》ハハハ, 笑っちゃうよ《実はおかしくないときにからかって言う》.

hárdy perénnial *n.* **1** 〖植物〗耐寒性多年生植物. **2** 繰り返し起こる問題, よく言われること. **3** 《英》ロングセラー.

Hárdy-Wéin·berg làw [prìnciple] /-wáɪnbəːg- | -bəːg-; G. váɪnbɛʁk/ *n.* [the ～]〖生物〗ハーディワインベルクの法則《交配が無作為に行われ, 突然変異・淘汰・移住などがないとすれば遺伝子の現れ方は常に一定である, という法則》. 〖(1950) ← G. H. Hardy (1877–1947: 英国の数学者)+W. Weinberg (ドイツの医学者)〗

hare /hɛ́ə | hɛ́ə(r)/ *n.* (*pl.* **～s, ～**) **1 a** 野ウサギ, ヘア《特にノウサギ属 (*Lepus*) のウサギ類の総称; rabbit より大きく穴居性がなく, 後脚と耳が長い; 生まれたての時から毛で覆われている; 米国種のものは多く rabbit》. ★ ラテン語系形容詞: leporine: (as) timid as a ～ 非常にはにかみ屋で気の小さい / ⇨ Belgian hare / First catch your ～ (then cook him). 《諺》まず現物を手に入れよ(処理はそれから) (cf.「とらぬ狸の皮算用」). **b** 野ウサギの毛皮. **2** 馬鹿者, 間抜け. **3** (野ウサギと犬 (hare and hounds) での)ウサギ《追いかけられる側の者》. **4** (議論・研究の)テーマ, 議題, 研究課題. **5** 《英俗》ただ乗りの客, 薩摩守(さつまのかみ). **6** [the H-]〖天文〗うさぎ(兎)座 (⇨ Lepus).
— *vi.* 《口語》速く走る, 脱兎のごとく走り去る 〈*off, away, about*〉.
(as) mád as a (Márch) háre (3 月の交尾期のウサギのように)気違いじみた, 気まぐれな, 乱暴な (eccentric, wild). 〖1529〗 ***hóld [rún] with the háre and rún [húnt] with the hóunds*** 敵味方双方と仲良くする, 内また膏薬(こうやく)をする. 〖1562〗 ***máke a hare of*** …を馬鹿にする. 〖1938〗 ***stárt a háre*** うさぎを飛び出させる; (話をそらすために)無関係な問題を持ち出す, (議論で)枝葉にわたる.
hare and hóunds [単数扱い] 野ウサギと犬《ウサギになって紙片 (scent) をまき散らしながら逃げる二人(以上)の子供を他の大勢が猟犬になって追いかけるクロスカントリーゲーム; paper chase ともいう》. 〖*a*1845〗
háre and tórtoise [単数扱い] ウサギとカメ(の競走)《才能よりも頑張りの勝利に終わるゲーム・仕事・事業など》.
〖OE *hara* < Gmc *χazōn (Du. *haas* / G *Hase*) ← IE **kas-* gray (OE *hasu* gray / L *cānus* hoary, gray)〗

Hare /hɛ́ə | hɛ́ə(r)/, **William** *n.* ヘア《19 世紀のアイルランド人の殺人犯; cf. William Burke》.

háre·bèll *n.* 〖植物〗**1** イトシャジン (*Campanula rotundifolia*)《つり鐘形の青い花をつけるキキョウ科ホタルブクロ属の草本; bluebell ともいう》. **2** =wood hyacinth. 〖(1387–88): ウサギが通る場所によく生えるといわれる〗

harebell 1

háre·bràin *n.* 気まぐれな人, とっぴなことをする人; 馬鹿な人. — *adj.* =harebrained. 〖1550〗

háre·bráined *adj.* 《口語》移り気な, 気まぐれな, うわついた, 軽はずみの (flighty, reckless); 馬鹿な (foolish): a ～ scheme とっぴな計画. **～·ness** *n.* 〖(1534): ⇨ ↑, -ed〗

háre cóursing *n.* (猟犬を使った)ウサギ狩り.

har·eem /hǽrəm, hɛ́r-, hɛ́ᵊr-, hɑríːm, hɑː- | hɑ́ːriːm, hɛ́ər-, -rəm, hɑríːm, hɑː-/ *n.* =harem.

háre·fòot *n.* **1** ウサギのような足《特に, ある種の犬の細長く前に伸びた足》. **2** 足の速い人 (cf. Harold I). 〖*a*1300〗

háre·fóoted *adj.* **1** ウサギのような足をした. **2** 足の速い (fleet).

háre-héarted *adj.* 臆病な, 気の弱い, おどおどした (timid). **～·ness** *n.* 〖1614〗

Ha·re Krish·na /hɑ́ːrikríʃnə, hǽri-, hɛ́ri- | hǽri-, hɑ́ːri-/ *n.* **1** ハーレクリシュナ《ヒンズー教のクリシュナ神に捧げられた聖歌の題名》. **2** ハーレクリシュナ教《米国の宗教の一派》. **3** (ハーレ)クリシュナ教徒. 〖(1968) □ Hindi ～ 'O God, Krishna'〗

háre·líp *n.* 兎唇(しん), 唇裂 (cleft lip). **háre-lípped** *adj.* 〖(1567) ← HARE+LIP // (なぞり) ← Du. *hazenlip* (なぞり) ← L *labium leporinum*〗

har·em /hǽrəm, hɛ́r-, hɛ́ᵊr- | hɑ́ːriːm, hɛ́ər-, -rəm, hɑríːm, hɑː-/ *n.* **1 a** (イスラム教国の)婦人部屋 (cf. seraglio 1, zenana). **b** 婦人部屋の女たち《母・妻・めかけ・姉妹・娘・女中など》. **2** 《戯言》一人の男性に従属している女性たち, ハーレム. **3** 〖動物〗ハーレム, 雌の群れ《一匹の雄獣に支配されている雌たち》. **4** 〖イスラム教〗ハレム (Mecca にある聖殿). 〖(1615) □ Arab. *ḥarīm* forbidden place ← *ḥáruma* to be forbidden〗

hárem pànts *n.* ハーレムパンツ《くるぶしで締めるゆったりした女性用ズボン》. 〖1952〗

háre's-èar *n.* 〖植物〗ツキヌキサイコ (*Bupleurum rotundifolium*)《セリ科; thoroughwax ともいう》. 〖1597〗

háre's-fòot *n.* 〖植物〗シャグマハギ (*Trifolium arvense*)《英国産マメ科のクローバーの一種; 長く柔らかい綿毛があり, 昔は化粧ばけとして用いられた》. 〖1562〗

háre's-foot clóver *n.* 〖植物〗=hare's-foot.

háre's-foot férn *n.* 〖植物〗**1** シノブ属 (*Davallia*) のシダ類の総称; (特に)大西洋諸島産の *D. canariensis*. **2** ハイホラゴケ (*Vandenboschia radicans*). **3** =serpent fern. 〖1866〗

háre's-foot tréfoil *n.* 〖植物〗=hare's-foot. 〖1861〗

háre's-tàil *n.* 〖植物〗**1** ウサギノオ, ラグラス, ラグルス (*Lagurus ovatus*)《地中海沿岸地方原産のイネ科の一年草; ウサギの尾に似た白っぽい卵形の柔らかい花穂を出し, 主にドライフラワーに用いられる; hare's-tail grass ともいう》. **2** =cotton grass.

háre wàllaby *n.* 〖動物〗ウサギワラビー (*Lagorchestes, Lagostrophus*)《豪州産》.

háre·wòod *n.* サイカモアカエデ材《サイカモアカエデ (sycamore) の緑灰色の家具材》. 〖(1644) ← (古形) *ayre, ayer harewood* □ ?Friulian *ayar* maple tree < VL **acre*=L *acer* maple〗

Har·gei·sa /hɑəgéɪsə | hɑː-/ *n.* (*also* **Har·gey·sa**) ハルゲイサ《ソマリア北西部, Berbera の南西にある都市; 旧英領 Somaliland の主都 (1941–60)》.

Har·greaves /háəgriːvz | hɑ́ːgriːvz, -greɪvz/, **James** *n.* ハーグリーブス (?–1778; 英国の発明家; ジェニー紡績機 (spinning jenny) を発明 (1764 年頃)).

har har /hɑ̀əhɑ́ə | hɑ̀ːhɑ́ː(r)/ *int.* =hardy-har-har.

har·i·a·na, H- /hæ̀riɑ́ːnə/ *n.* ハリアナ《大形の乳肉兼用のインド牛》.

Ha·ri·a·na /hɑ̀ːriɑ́ːnə, hʌ̀r- | hæ̀ri-, hʌ̀ri-/ *n.* =Haryana.

har·i·cot[1] /(h)ǽrɪkòʊ, (h)ɛ́r- | hǽrɪkəʊ; F. aʁiko/ *n.* 《英》インゲンマメ (kidney bean, French bean) (haricot bean ともいう). 〖(1653) □ F ～ (変形) ← Aztec *ayacotl* // Nahuatl *ayecotli* bean〗

har·i·cot[2] /(h)ǽrɪkòʊ, (h)ɛ́r- | hǽrɪkəʊ; F. aʁiko/ *n.* アリコ《羊肉と野菜のシチュー》. 〖(1611) □ F ～ ← OF *harigoter* to cut in pieces ← ? Gmc〗

Ha·ri·jan /hɑ́ːrɪdʒɑ̀ːn, hǽr-, hɛ́r- | hǽrɪdʒən, hɑ́ː-, -dʒɑːn/ *n.* ハリジャン《インドの不可触賤民 (outcaste) の一人;「神の子」という意味で Gandhi が使った名称》. — *adj.* ハリジャンの. 〖(1931) □ Skt *harijana* ← *Hari* Vishnu+*jana* person〗

ha·ri-ka·ri /hɑ̀ːrɪkǽri, hæ̀r-, hɛ̀r-, -kéri | hæ̀rɪkíri, -kǽri/ *n.* =hara-kiri. 〖(1856) (転訛) ← HARA-KIRI〗

har·im /hǽrəm, hɛ́r-, hɛ́ᵊr- | hɑ́ːrɪm, hɛ́ər-, hɑríːm, hɑː-/ *n.* =harem.

Har·in·gey /hǽrɪŋgèɪ, hɛ́r- | hǽr-/ *n.* ハリンゲー《London 北部の自治区の一つ》.

Ha·rī·rī /hərí³ri | -ríəri/, **Abū Muhammad al-Qāsim** *n.* [al-～] ハリーリー《1054–1122; アラビアの学者・詩人; *Maqāmāt*「集会」(1101–10)》.

Ha·ri Rud /hæ̀rirúːd, hèri- | hæ̀r-/ *n.* [the ～] ハリールード(川)《アフガニスタン北西部とトルクメニスタン南部を流れる川; Kabul 山中に発し, 西北へ流れトルクメニスタンで Kara Kum 砂漠に消える; 古代名 Arius》.

hark /háək | háːk/ *vi.* **1** [主に命令法に用いて] 聞く, 耳を傾ける (listen)〔*to, at*〕: *Hark to* the sweet song of the birds. 小鳥の美しい歌をお聞き / Just ～ *to* [*at*] him.《反語》まあ聞いてごらんよ / *Hark* (ye)! 聞け. **2**《英》[猟犬に対する命令として] そら行け (go)〈*away, forward, off*〉. **— *vt.*** **1**《古》…に耳を傾ける. **2**《英》〈猟犬を〉前へ行かせる〈*forward*〉;〈猟犬を〉呼び戻す〈*back*〉. ***hárk áfter*** …を追う, …に従う (follow). ***hárk báck*** (1)〈猟犬が〉足跡を捜して戻る, 引き返す (return). (2)〔もとの思考・話・遺伝質などに〕返る, 逆戻りする, 本題に立ち返る (revert)〔*to*〕: a regime that is trying to ～ *back to* pre-war militarism 戦前の軍国主義に逆戻りしようとしている政権. 《1829》 **— *n.*** 〘狩猟〙猟犬を励ましたり指図したりする叫び声. 〖ME *herkie(n)* ＜ OE **he(o)rcian*: cog. G *horchen*: HEAR の強意: cf. OE *he(o)rcnian* 'HEARKEN'〗

hark·en /háəkən | háː k-/ *v.* 《米》＝ hearken. 〖?lateOE〗

harl¹ /háəɫ | háːɫ/ *vt.* **1**《英方言》〈物を〉(地面を)引きずる, 引っぱる. **2**《スコット》(石灰に小石などを混ぜて)〈壁などを〉荒塗りする (roughcast). **3**《英》〈魚を〉流し釣りでとる. **— *vi.*** **1** 足を引きずって歩く. **2**《英》流し釣りをする, トロール漁法で漁をする: ～ *for* salmon. **— *n.*** **1** 引きずること. **2**《英》石灰と小石を混ぜたもの, 荒塗り. 〖(c1300) *harle(n)* ← ?〗

harl² /háəɫ | háːɫ/ *n.* **1** 亜麻や大麻の繊維. **2** ＝herl. 〖(?c1390) *herle* strand of hair ▭ ? MLG *herle, harl* fiber of flax or hemp〗

Har·lan /háələn | háː-/ *n.* ハーラン《男性名》. 〖▭ OHG ～ 'army land'〗

Har·lan /háələn | háː-/, **John Marshall** *n.* ハーラン《1899–1971; 米国の法律家; 米国最高裁判所副長官 (1955–71)》.

Har·land /háələnd | háː-/, **Henry** *n.* ハーランド《1861–1905; 米国の小説家; 後に英国に在住; ⇨ Yellow Book》.

harle¹ /háəɫ | háːɫ/ *v., n.* ＝harl¹.

harle² /háəɫ | háːɫ/ *n.* ＝harl² 1.

Hár·le·ian Líbrary /háəliən-, haəlíːən- | haːlíːən-, háːliən-/ *n.* [the ～]〘文献〙ハーリー文庫《英国の政治家 Robert Harley (1661–1724) とその息子 Edward (1689–1841) が集めた写本 (Harley Manuscripts); 現在は英国図書館 (British Library) に収められている》.

Har·lem /háələm | háːləm, -lɛm/ *n.* **1** ハーレム《New York 市 Manhattan 島の北東部の黒人が多く住む区域》. **2** [the ～] ハーレム(川)《New York 市の川 (13 km); Manhattan 島の北東の境を成し, Hudson 川と East River とを結ぶ》. 〖(1934)《変形》← *Haarlem*〗

Har·lem·ite /háələmàɪt | háːlə-, -lɛ-/ *n.* ハーレム (Harlem) の住民. 〖(1890): ⇨ ↑, -ite¹〗

har·le·quin /háəlɪ̈k(w)ɪ̈n | háːlɪ̈k(w)ɪn, -kɪn/ *n.* **1 a** [H-] ハーレキン, アルレッキーノ《古いイタリア喜劇 (commedia dell'arte) や英国のパントマイムで Pantaloon の下男で Columbine の恋人としてさまざまな滑稽を演じる》. **b** 道化者 (buffoon). **2** まだら模様. **3 a**〘動物〙＝harlequin snake. **b**〘鳥類〙＝harlequin duck. **— *adj.*** [限定的] **1** ハーレキン[アルレッキーノ]の[らしい]. **2** 滑稽な, おどけた. **3** まだら色の. **— *vt.*** まだらにする (mottle). 〖(1590) ▭ F《廃》*harlequin* (F *arlequin* ▭ It. *arlecchino*)《混成》← OF *Herlequin* leader of a troop of demon horsemen riding through the air at night (▭ ? ME **Herleking* ＜ OE *Herla cyning* King Herla, a mythical figure identified with Woden)＋It. *arlecchino* buffoon〗

Harlequin

har·le·quin·ade /hàəlɪ̈k(w)ɪ̈néɪd | hàːlɪ̈k(w)ɪ-/ *n.* **1** (pantomime で) ハーレキン (Harlequin) の出る幕[劇]. **2** 道化劇, 茶番 (buffoonery). 〖(1780): ⇨ ↑, -ade: cf. F *arlequinade*〗

hárlequin bùg *n.* 〘昆虫〙北米産半翅目カメムシ科の翅に黒赤の斑紋のあるカメムシ (*Murgantia histrionica*)《キャベツに大害を与える; cabbage bug, calicoback, calico bug, harlequin cabbage bug ともいう》. 〖1945〗

hárlequin dùck *n.* 〘鳥類〙シノリガモ (*Histrionicus histrionicus*)《北太平洋・北大西洋に生息する潜水性の海ガモの一種; squealer ともいう》. 〖1772〗

har·le·quin·esque /hàəlɪ̈k(w)ɪ̈nésk | hàːlɪ̈kwɪ-ˊ/ *adj.* ハーレキン[アルレッキーノ] (harlequin) 式の[に似た]. 〖(1882): ⇨ -esque〗

hárlequin fìsh *n.* 〘魚類〙バチウオ (*Rasbora heteromorpha*)《東南アジアの淡水産の熱帯魚; 体の中央から尾柄にかけて濃紺のバチ形模様がある》. 〖1956〗

hárlequin ópal *n.* 〘鉱物〙ハレクインオパール《赤色の地にモザイク様の種々の色が混じり合ったオパール; 宝石に用いる》. 〖1887〗

Hárlequin Románce *n.* 〘商標〙ハーレクインロマンス《カナダの Harlequin Enterprises 社刊の恋愛小説のペーパーバックシリーズ》.

hárlequin snàke *n.* 〘動物〙サンゴヘビ類 (coral snake); (特に)サンゴヘビ (*Micrurus fulvius*)《アメリカ産》. 〖1885〗

hárlequin tàble *n.* 〘家具〙書きもの机と化粧テーブルに転用できる 18 世紀後期の英国製テーブル. 〖せり上がる仕掛けの舞台に類似しているところから〗

Har·ley /háəli | háː-/ *n.* ハーリー《男性名》. 〖← OE ? *hara-lēah* meadow with hares〗

Har·ley /háəli | háː-/, **Robert** *n.* ハーリー《1661–1724; 英国の政治家, 下院議長 (1701–5), 首相 (1711–14); 称号 1st Earl of Oxford; cf. Harleian Library》.

Hárley-Dávidson *n.* 〘商標〙ハーレーダビッドソン《米国 Harley-Davidson 社製の大型オートバイ》.

Hárley Strèet *n.* **1** ハーリー街《London の Westminster 区にある街路名; 一流医師が多数開業していることで有名》. **2**《英》[集合的] 医者 (medical specialists). **— *adj.*** 一流医の. 〖(1830): ⇨ Harley〗

har·lot /háələt | háː-/ *n.* **1**《古》いかがわしい女; 売春婦 (prostitute). **2**《廃》**a** みだらな人, 姦淫者. **b** 悪漢 (rogue). **— *adj.*** **1** 売春婦の[に関する]. **2** 好色な, みだらな (lewd). 〖(?a1200) ～, *herlot* vagabond ▭ OF *(h)arlot* rogue ← ? Celt.〗

har·lot·ry /háələtri | háː-/ *n.*《古》**1** 売春(行為) (prostitution). **2 a** 自堕落な女, みだらな女, おひきずり. **b** [集合的] 売春婦. 〖(a1376): ⇨ ↑, -ry〗

hárlot's héllow *n.*《米俗》ありえないもの.

Har·low /háəlou | háːləu/ *n.* ハーロー《イングランド南東部 Essex 州西部の町; London の人口集中を緩和するためにニュータウンに指定された (1946)》.

Har·low /háəlou | háːləu/, **Jean** *n.* ハーロー《1911–37; 米国の映画女優》.

harm /háəm | háːm/ *n.* **1** 害, 害悪 (evil); 不都合 (wrong): come to ～ [通例否定構文で] (危)害を受ける / do more ～ than good 益より害の方が多い / do no ～ 害にならない / I meant no ～. 悪意があってしたのではない / There is [I see] no ～ in trying. やってみても悪いことはない / Where's the ～ in trying? やってみてどうして悪いのか. **2** 損害 (damage), 損傷, 障害 (hurt): do a person ～ 人に害を与える, 人の害になる / We don't wish them any ～. 彼らに危害を加える気はない / do ～ to the crops 作物に害を与える, 作物を害する / keep [be] out of ～'s way 害を受けないようにする, 危険を避ける (a1661) / No ～ done. 被害なし, 全員異状なし. ***in hárm's wáy*** 危険な所[状態]に. ***out of hárm's wáy*** 安全な所に, 無事に. **— *vt.*** …に害を与える, 害する, 傷つける, いためる (⇨ injure SYN).

～·er *n.* 〖n.: OE *h(e)arm* ＜ Gmc **χarmaz* (G *Harm*) ← IE **kormo-* pain. — v.: lateOE *hearmian* ← (n.)〗

har·ma·line /háəməlìːn | háː-/ *n.* 〘化学〙ハルマリン ($C_{13}H_{14}N_2O$)《ハマビシ科の植物 *Peganum harmala* など数種の植物から得られる結晶アルカロイド; 中枢神経興奮剤として用いられる; 呼吸毒・痙攣(けいれん)毒を有する》. 〖(1847) ← *harmal* (← NL *harmala* ← Gk *harmalá* ▭ Arab. *ḥarmalah* rue)＋-INE³〗

har·mat·tan /hàəmətǽn, haəmǽtn̩ | hàːmǽtn̩/ *n.* 〘気象〙アルマタン, ハーマタン《12 月から 2 月にかけて Sahara 地方からアフリカ西海岸に向かって吹く乾燥した砂混じりの熱風》. 〖(1671) ▭ Sp. *harmatán* ▭ Fanti *haramata* ▭ ? Arab. *ḥarām* forbidden thing: cf. harem〗

harm·ful /háəmfəɫ, -fl | háːm-/ *adj.* 有害な, 害毒を流す (injurious): ～ bacteria 有害な細菌 / a ～ influence 悪影響. **～·ly** *adv.* **～·ness** *n.* 〖(1340): cf. OE *hearmful*〗

SYN 有害な: **harmful** 他のもの, 特に人の心身に有害な: Smoking is *harmful* to health. 喫煙は健康に害がある. **pernicious** 知らない間にむしばんだり活力を弱めたりして大きな害毒をもたらす《格式ばった語》: Gambling is a *pernicious* habit. ばくちは有害な習慣である. **baneful** 毒物による(ような)害のある: herbs with *baneful* juice 有害な汁を持つ草. **noxious** ガスなどが有毒の《格式ばった語》: *noxious* gases 有害なガス. **detrimental** 特定のものに対して損害を与える《他の語よりも害の度合いが低い; 格式ばった語》: Some food additives are *detrimental* to health. 食品添加物の中には健康に有害なものがある.
ANT harmless, innocuous.

har·mine /háəmiːn | háː-/ *n.* 〘化学〙ハルミン ($C_{13}H_{12}N_2O$)《ハマビシ科の植物 *Peganum harmala* などの種子から得られる結晶アルカロイド; 中枢神経系への興奮剤などとして用いられる》. 〖(1864) ← NL *harm(ala)* (⇨ harmaline)＋-INE³〗

harm·less /háəmlɪ̈s | háːm-/ *adj.* **1** 害のない, 無害の (innocuous): a ～ snake, amusement, etc. **2** 悪意のない, 罪のない, 無心な: a ～ child, joke, etc. **3**《まれ》無傷の, 害を受けない: escape ～ 無傷で逃れる, 無事に助かる. **～·ly** *adv.* **～·ness** *n.* 〖(c1280): ⇨ -less〗

har·mo·lod·ics /hàəməlá(ː)dɪks | hàːməlɔ́d-/ *n.* 〘ジャズ〙(グループ内の各人が調やテンポを自在に変えて行う) 集団同時即興演奏(法), ハーモロディックス. **har·mo·lod·ic** /hàəməlá(ː)dɪk | hàːməlɔ́d-ˊ/ *adj.* 〖(c1975)《混成》← HAR(MONY)＋MO(VEMENT)＋(ME)LODIC: アメリカのサキソホン奏者 O. Coleman の命名〗

Har·mo·ni·a /haəmóuniə | haːmə́u-/ *n.* 〘ギリシャ神話〙ハルモニアー《Ares と Aphrodite との娘, Cadmus の妻; 調和と秩序の象徴》. 〖▭ L ～ ▭ Gk *Harmonía*: ⇨ harmony〗

har·mon·ic /haəmá(ː)nɪk | haːmɔ́n-/ *adj.* **1 a** (音が)調和する, 音楽的な, 耳に心地よく響く. **b** (一般に) 調和する, 調和のとれた. **2**《古》音楽の[に関する]. **3**〘音楽〙協和する (harmonious, concordant); 和声(学)の; 倍音の. **4**〘数学〙調和の, 調和級数の: a ～ function 調和関数 / ～ proportion 調和比例 / ～ quantities 調和数. **5**〘物理〙調和振動の. **— *n.*** **1**〘音楽・音響〙**a** 倍音 (cf. overtone 1). **b** [*pl.*] (弦楽器奏法の)フラジョレット音 (flageolet tones). **c** [*pl.*] ハーモニクス《オルガンのミクスチュア音栓の一つ》. **2**〘電気〙**a** 調波《周期波形の成分で波形全体の周期の整数分の 1 の周期をもつもの》. **b** [*pl.*] 高調波《周期波形から基本波成分を差し引いたもの; すべての調波 (harmonic) を総括的に表現していう》. 〖(1570) ▭ L *harmonicus* ▭ Gk *harmonikós*: ⇨ harmony, -ic¹〗

har·mon·i·ca¹ /haəmá(ː)nɪkə | haːmɔ́n-/ *n.* **1** ハーモニカ (mouth organ ともいう). **2** ＝glass harmonica. 〖(1762)《変形》←《古形》*armonica* ▭ It. *armonico* harmonious ▭ L *harmonica* (fem.) ← *harmonicus* (↑): Benjamin Franklin の命名〗

harmonica² *n.* harmonicon の複数形.

har·món·i·cal /-nɪ̈kəɫ, -kl | -nɪ-/ *adj.* ＝harmonic. **～·ly** *adv.* **～·ness** *n.* 〖1531〗

harmónic análysis *n.* **1**〘数学〙調和解析《関数をフーリエ級数で表すこと; フーリエ級数ならびにその一般化についての解析学》. **2**〘音声〙和声分析. 〖1867〗

harmónic ánalyzer *n.* 〘物理〙調和分析器. 〖1908〗

harmónic cónjugates *n. pl.* 〘数学〙調和共役点《二つの点を調和に分ける 2 点》. 〖1881〗

harmónic distórtion *n.* 〘音響〙高調波ひずみ《入力に正弦波を加えたとき出力に高調波成分が発生する非線形ひずみ》. 〖1929〗

harmónic ínterval *n.* 〘音楽〙和声的音程《同時に響く 2 音の隔たり; cf. melodic interval》.

harmónic méan *n.* 〘数学〙調和平均《*n* 個の数の逆数の算術平均の逆数; cf. arithmetic mean, geometric mean》. 〖1856〗

harmónic mínor scále *n.* 〘音楽〙和声的短音階《上行・下行とも半音は主音から数えて第 2–3, 第 5–6, 第 7–8 音の間にあり, 導音が半音高められる結果第 6–7 音の間は増二度となる; cf. scale³ 6》.

harmónic mótion *n.* 〘物理〙単弦[調和]運動《変位その他が時間の経過につれて正弦的に変動する運動》. 〖1867〗

har·mon·i·con /haəmá(ː)nɪ̈kən | haːmɔ́nɪ-/ *n.* (*pl.* **-i·ca** /-kə/) **1** ＝harmonica¹. **2** ＝orchestrion. 〖(1825) ▭ Gk *harmonikón* (neut. sing.) ← *harmonikós*: ⇨ harmonic〗

harmónic progréssion *n.* **1**〘数学〙調和数列. **2**〘音楽〙和声進行《ある和音から異なる和音へと変化してゆくこと》. 〖1856〗

har·mon·ics /haəmá(ː)nɪks | haːmɔ́n-/ *n.* **1** [単数扱い]〘音楽〙楽音の研究; 和声学. **2** [複数扱い] 倍音. 〖(1709–29): ⇨ harmonic, -ics〗

harmónic séries *n.* **1**〘数学〙調和級数. **2**〘音響〙倍音列. 〖1866〗

harmónic tóne *n.* 〘音楽〙倍音 (overtone).

har·mo·ni·ous /haəmóuniəs | haːmə́u-/ *adj.* **1** 和声の[を生じる] (cf. cacophonous); 諧(かい)調的な, 調子のよい (melodious). **2** (形状など)調和の取れた, 釣合いのよい (congruous): a ～ arrangement of lines 調和した線の配列 / a ～ room 調和の取れた部屋. **3** 仲のよい, 和合した, 平和な, むつまじい: a ～ family [meeting] むつまじい家族[和気あいあいの会合] / bring the parties into a more ～ relationship 各派をもっとなごやかな関係に持っていく. **～·ly** *adv.* **～·nees** *n.* 〖(1530) ▭ (O)F *harmonieux*: ⇨ harmony, -ous〗

har·mo·nise /háəmənàɪz | háː-/ *v.* 《英》＝harmonize.

har·mo·nist /háəmənɪ̈st | háːmənɪst/ *n.* **1** 和声学者; (対位法より)和声的手法を多く用いる[に秀でた]作曲家. **2** 四福音書の対観的研究者《四福音書などの一致点を研究する人》. 〖(1570) ← HARMONY＋-IST: cf. F *harmoniste*〗

Har·mo·nist /háəmənɪ̈st | háːmənɪst/ *n.* 〘キリスト教〙＝Harmonite. 〖⇨ Harmonite, -ist〗

har·mo·nis·tic /hàəmənístɪk | hàː-ˊ/ *adj.* **1** 和声学的な. **2** (福音書の)対観的研究(者)の. **hàr·mo·nís·ti·cal·ly** *adv.* 〖(1860): ⇨ -ic¹〗

Har·mo·nite /háəmənàɪt | háː-/ *n.* 〘キリスト教〙ハーモナイト, ハーモニー会派の信徒《J. G. Rapp (1757–1847) によって創設され, 1803 年ドイツから米国に移住した共産主義的なキリスト教団体(ハーモニー会派)の信徒; Rappist ともいう》. 〖(1817): ⇨ harmony, -ite¹〗

har·mo·ni·um /haəmóuniəm | haːmə́u-/ *n.* 足踏みオルガン, ハーモニウム. 〖(1847) ▭ (O)F ～ ← L *harmonia* 'HARMONY': ⇨ -ium〗

har·mo·ni·za·tion /hàəmənɪ̈zéɪʃən | hàːmənaɪ-, -nɪ-/ *n.* **1** 調和化; 和合, 一致. **2** ハーモニー[和音]をつけた音楽作品. 〖(1837): ⇨ ↓, -ation〗

har·mo·nize /háəmənàɪz | háː-/ *vt.* **1** 調和させる, 一致させる, 調停する (reconcile)〔*with*〕: ～ differences 不和を調停する. **2**〘音楽〙…に和音を添える, ハーモニーを

H

つける: ～ a melody. **—** *vi.* **1** 調和[和合]する, 円滑に行く (⇨ agree SYN); 配合[映り]がよい〔*with*〕: ～ in feeling 感情が折り合う / Those colors ～. 色の映りがよい. **2** 〈音が〉合う, ハーモニーをつけて歌う[演奏する]. **3**〘音楽〙諧調(かいちょう)になる. **hár·mo·niz·a·ble** /-zəbl/ *adj.*

hár·mo·nìz·er *n.* 〖(1483) □ (O)F *harmoniser*: ⇨ harmony, -ize〗

har·mo·ny /háəməni | háː-/ *n.* **1** (芸術作品における) 調和, 調子, 諧調(かいちょう): the ～ of color 色の調和 / be in [out of] ～ (with) (…と)調和している[いない]. **2** (思想・趣味・意見などの)調和, 一致, 融和 (concordance): live in ～ むつまじく暮らす. **3** 心地よい音; 音楽 (music). **4**〘聖書〙福音書の平行本文の対照照合: a ～ of the Gospels 福音書対観 (cf. synoptic *adj.* 2). **5**〘音楽〙和音, 和声 (cf. melody 2, rhythm 3 a); 和声法, 和声学; (和音構成の)音楽 (cf. cacophony, discord). **6** (心の)落着き, 平静.

hármony of the sphéres [the ―] 天球の和声《天空は幾つかの層になっていて, その各層の間隔が調和音程の比例になっているから, その運行によって美妙な音楽が生じる(ただし人間の耳には聞こえない)という Pythagoras 学派の説; cf. MUSIC of the spheres》. (14C)

〖(*c*1380) □ (O)F *harmonie* □ L *harmonia* □ Gk *harmoníā* musical concord, agreement ← *harmós* joint ← IE **ar(ə)-* to fit together: ⇨ -y¹〗

har·mo·tome /háəmətòum | háːmətəum/ *n.*〘鉱物〙重十字沸石. 〖(1804) □ F ～ ← Gk *harmós* joint ＋-TOME〗

Harms·worth /háəmzwə(ː)θ | háːmzwə(ː)θ/, **Alfred Charles William** *n.* ハームズワース《1865–1922; アイルランド生まれの英国の新聞経営者; *Daily Mail* 紙を創刊 (1896); 称号 1st Viscount Northcliffe》.

Harmsworth, Harold Sidney *n.* ハームズワース《1868–1940; 英国の新聞経営者・政治家; A. C. W. Harmsworth の弟; 称号 1st Viscount Rothermere》.

Har·nack /háənæk | háːnæk; *G.* háʁnak/, **Adolf von** *n.* ハルナック《1851–1930; ドイツのプロテスタントの神学者・教会史家》.

har·ness /háənɪ̀s | háː-/ *n.* **1** [集合的] (馬車馬の)馬具, 引き具 (cf. saddle 1, bridle): a set of ～ 馬具一式. **2** **a** (子供を連れて歩くときの)革帯. **b** (首輪の代わりに犬の首につける)革帯. **3**〘航空〙ハーネス《落下傘(らっかさん)の背負い革》. **4**〘登山〙ハーネス, 安全ベルト《墜落時の衝撃を緩和させるために用いるベルト》. **5** (大きなベルをつるすための)巻き揚げ装置, ボルトなど. **6**〘紡織〙つうじ綜絖(そうこう)《はた織機で縦糸を上げ下げする仕掛け》. **7** **a**〘機械〙(航空発動機などの点火配線の)まとめ取付け. **b**〘電気〙(プレハブ式既製品の)配線. **8**〘古〙(人・軍馬の)よろい (armor), 武具.

die with hárness on one's báck ＝die in HARNESS (cf. Shak., *Macbeth* 5. 5. 52). ***gèt báck into hárness*** 平常の仕事に戻る. ***in dóuble hárness*** ⇨ double harness 成句. ***in hárness*** 日常の仕事に従事して, 仕事[戦闘]中に: die *in* ～ 執務中に倒れる, 仕事中に死ぬ (cf. *2 Macc.* 15: 28). (1841) ***in hárness (with …)*** (…と)協力して: work *in* ～ (*with* a person).

— *vt.* **1** **a** 〈馬などに〉馬具[引き具]をつける. **b** 〈馬を〉(馬具で)〈馬車の車体などに〉つける〔*to*〕: ～ a horse *to* a carriage [cart] 馬を車[荷馬車]につける. **c** 結びつける (tie together). **2** きまり仕事につかせる: ～ a person *to* a profession 人を職業に就かせる. **3** **a** 〈自然力などを〉利用する (utilize): ～ nature (水力・風力などの)自然力を動力に利用する / ～ waterpower [nuclear energy] 水力[原子力]を動力源として利用する. **b** 〈感情などを〉抑制する. **4**〘古〙…によろいを着せる.

～·er *n.* **～·less** *adj.* **～·lìke** *adj.* 〖n.: (?*a*1300) *harneis, herneis* □ OF *harneis* (F *harnais*) armor □ ON **hernest* army provision ← *herr* army (⇨ harry)＋*nest* provisions. — v.: (?*a*1300) *harneise(n)* ← (n.)〗

hárness càsk *n.*〘海事〙塩漬け肉小出し用の桶(おけ)[樽(たる)]《塩肉を塩出しするために使用した》. 〖1818〗

hár·nessed *adj.* 〈馬が〉引き具を付けた. 〖(?*a*1400): ⇨ -ed〗

hárnessed ántelope *n.*〘動物〙ウシ科ブッシュバック属 (*Tragelaphus*) の数種のレイヨウの総称《馬具に似た縞模様がある; cf. bushbuck》. 〖*c*1789〗

hárness èye *n.*〘紡織〙(縦糸を通す)綜絖(そうこう)の目 (mail).

hárness hìtch *n.*〘海事〙曳(ひ)き結び《作業する人の体に索を取る場合の結び方の一種で, ロープの途中に固定輪をつくる》.

hárness hòrse *n.* **1** harness race 用の馬. **2** (乗用馬 (saddle horse) に対して)荷車用の馬 (draft horse). 〖1861〗

hárness ràce [ràcing] *n.* ハーネスレース, 繋駕(けいが)速歩競馬《スタンダード種の馬に二輪馬車 (sulky) を引かせて速歩または側対歩で行う競馬》. 〖1901〗

Hár·ney Péak /háəni- | háː-/ *n.* ハーニー山《米国 South Dakota 州の Black Hills 中の最高峰 (2,207 m)》. 〖← *W. S. Harney* (1800–89: 米国の軍人)〗

Har·non·court /àənɔ̃ː(ŋ)kúə, -nɔːŋ- | àːnɔ̃ː(ŋ)kúə^(r), -nɔːŋ-; *F.* aʁnɔ̃kuːʁ/, **Ni·co·la·us** /nikolaus/ *n.* アーノンクール《1929–　; オーストリアの指揮者・チェロ奏者・バロック音楽研究家》.

harns /háənz | háːnz/ *n. pl.*〘スコット〙脳 (brains). 〖lateOE *hærnes* (pl.): cf. ON *hjarne*〗

Har·old /hǽrəld, hér- | hǽr-/ *n.* ハロルド《男性名; 愛称形 Hal, Harry》. 〖lateOE *Harold, Herew(e)ald* ← *here* host, army (⇨ harry)＋*w(e)ald* power (⇨ wield): cf. ON *Haraldr*〗

Har·old I /hǽrəld-, hér- | hǽr-/ *n.* ハロルド一世《?–1040; イングランド王 (1035–40); Canute の庶子; 通称 Harold Harefoot (兎足王)》.

Harold II *n.* ハロルド二世《1022?–66; イングランド王 (1066); Godwin 伯の子; Hastings で William 一世 (the Conqueror) に敗れて戦死》.

Harold III *n.* ⇨ Harald III.

ha·ro·seth /hərόusɪ̀θ, -ʃɪ̀θ | -rə́u-/ *n.* (*also* **ha·ro·set** /-sɪ̀t, -ʃɪ̀t/, **ha·ro·ses** /-sɪ̀s, -ʃɪ̀s/) ハローシス《刻んだりんご・木の実・シナモン・蜂蜜などにぶどう酒を混ぜたもの; 過ぎ越しの祝い (Passover) の際の食事のときに用いられる》. 〖□ Mish.Heb. *ḥarōseth* ← *ḥarsīth* clay pot〗

harp /háəp | háːp/ *n.* **1** ハープ, 竪琴(たてごと): play the ～ ハープを弾く. **2** **a** ハープに似た物. **b**〘電気〙(トロリー線を支える)トロリー受け (trolley harp ともいう). **c** (針金の多くついた)チーズ切り. **3** [しばしば H-]〘軽蔑〙アイルランド人, アイルランド系の奴(やつ)《アイルランドの国旗のデザインの一部にハープが用いられていることから》 **4** [the H-]〘天文〙こと(琴)座 (⇨ Lyra). **5** ＝harper 2. **6**〘口語〙＝harmonica¹. **—** *vi.* **1** ハープを弾く. **2** ハープのような音を出す. **3** 幾度も繰り返して言う, くどくど言う[説く]〔*on, upon*〕: keep ～*ing on* one [the same] string ⇨ string 成句 / ～ *on* [*upon*] the glories of a former day 昔の手柄話を繰り返す / ～ *on* one's troubles くどくどと苦難を訴える. **—** *vt.* **1**〘廃〙**a** 〈詩・物語などを〉ハープの伴奏で吟ずる. **b** ハープを弾いて〈人を〉魅了する[…させる]: ～ a person asleep. **2**〘古〙言う, 述べる. 〖n.: OE *hearpe* < Gmc **χarpōn* (G *Harfe*) ← IE **(s)kerb(h)-* to bend. — v.: OE *hearpian* ← (n.)〗

hárp·er *n.* **1** ハープ奏者. **2** ハーパー《裏面にハープのついた 1536 年以降のアイルランドの 1 グロートおよび 1/2 グロート銀貨》. 〖OE *hearpere*: ⇨ ↑, -er¹〗

Hár·per's and Quéen *n.*「ハーパーズ アンド クイーン」《英国の上流社会の女性向け月刊誌; 1970 年創刊》.

Hárper's Bazáar *n.*「ハーパーズ バザー」《米国の女性向け月刊誌; 1867 年創刊》.

Hár·pers Férry /háəpəz- | háːpəz-/ *n.* ハーパーズフェリー《米国 West Virginia 州北東部 Shenandoah 川と Potomac 川の合流地点の町; この地の兵器廠(しょう)を奴隷制度廃止論者の John Brown が襲い反乱を起こした (1859)》. 〖← *Robert Harper* (この渡船場の所有者)〗

Hárper's Magazìne *n.*「ハーパーズ マガジン」《米国の文芸総合月刊誌; 1850 年創刊》.

hárp guitár *n.* ハープギター《棹部に小型のハープを備えたギター; harp lute, dital harp ともいう》.

Har·pic /háəpɪk | háː-/ *n.*〘商標〙ハーピック《英国 Reckitt & Colman 社製のトイレ用除菌洗浄液》.

harp·in /háəpɪ̀n | háːpɪn/ *n.* **1**〘造船〙ハーピン《船を建造する時カントフレーム (cant frame) を一時的に固定する帯板》. **2**〘古〙〘海事〙(船首強化のための)腰外板(こしがいはん)《厚い外板》. 〖(1869)《変形》← HARPING〗

hárp·ing *n.* ＝harpin. 〖(1658) ← ? HARP＋-ING¹〗

hárp·ist /-pɪ̀st | -pɪst/ *n.* ハープ奏者. 〖(1613–16) ← HARP＋-IST〗

hárp lúte *n.* ＝harp guitar. 〖1861〗

Har·poc·ra·tes /hɑəpá(ː)krətìːz | hɑːpɔ́k-/ *n.*〘エジプト・ローマ神話〙ハルポクラテス《エジプトの日の神 Horus に当たる神; 口に指を当てた少年の姿をもって表されたので, 後に沈黙の神とみなされた; cf. sub rosa》. 〖□ L *Harpocratēs* □ Gk *Harpokrátēs* □ Egypt. *Ḥerupkhart* Horus the child〗

har·poon /hɑ̀əpúːn | hɑ̀ː-ˈ-/ *n.* **1** (捕鯨用の)銛(もり). **2**〘医学〙ハープーン《生検 (biopsy) 時の組織片採取用器具》. **—** *vt.* 〈鯨〉に銛を打ち込む, 銛で殺す. **～·er** *n.* **～·lìke** *adj.* 〖(1400–2) □ (O)F *harpon* ← *harpe* claw, clamp □ ? LL *harpē* sickle □ Gk *hárpē* ← IE **serp-* sickle, hook〗

harpóon gùn *n.* 銛(もり)打ち砲, 捕鯨砲. 〖1820〗

harpóon lìne *n.* (軽くて丈夫な)マニラ麻のロープ《今は主として漁業の巾着網の口綱用》.

harpóon lòg *n.*〘海事〙銛(もり)形測程器《曳航測程器の一つで, ロテーターと指示器が一緒になって水中に曳航される方式のもの; cf. taffrail log》.

hárp sèal *n.*〘動物〙タテゴトアザラシ (*Pagophilus groenlandicus*)《北大西洋・北極海に生息し, 主に魚を食う》. 〖1766〗

hárp shèll *n.*〘貝類〙ショクコウラ科の巻貝《主にインド洋・西太平洋産; 大きな幅広の縦肋と大きな殻口をもつ》. 〖1751〗

harp·si·chord /háəpsɪ̀kɔ̀əd | háːpsɪ̀kɔ̀ːd/ *n.* ハープシコード《16–18 世紀に流行し 20 世紀に復活した鍵盤楽器で, ピアノの前身; 弦を叩くのではなく引っかくのが特徴; cembalo, clavecin, clavicembalo ともいう; cf. clavichord》. 〖(1611) *harpechorde*, (古形) *(h)arpsicord* □ OF *harpechorde* ∥ It. *arpicordo*: ⇨ harp, -i-, chord²: 語中音 *-s-* は不明〗

hárp·si·chòrd·ist /-dɪ̀st | -dɪst/ *n.* ハープシコード奏者. 〖(1878): ⇨ ↑, -ist〗

har·py /háəpi | háː-/ *n.* **1** [H-]〘ギリシャ神話〙ハルピュイア《顔と体が女で鳥の翼とつめを持った強欲な怪物》. **2** **a** 仲間を食い物にする強欲な人. **b** がみがみ女, あばずれ女. 〖(*c*1375) □ (O)F *harpie* □ L *harpȳia* □ Gk *hárpuiai*《原義》snatchers ← *harpázein* to snatch〗

hárpy èagle *n.*〘鳥類〙**1** オオギワシ (*Harpia harpyja*)《中・南米産のオオワシ, 頭頂の冠羽が左右に分かれ一見耳のように見える》. **2** ＝monkey-eating eagle. 〖1830〗

har·que·bus /háəkwɪ̀bəs | háː-/ *n.* (*also* **har·que·buse** /～/) 火縄銃《携帯用だが重いので支えに載せて発射された; 15 世紀に発明された; arquebus ともいう》. 〖(1532) □ (O)F *(h)arquebuse* □ (O)It. *archibuso* □ MDu. *hakebusse* (Du. *haakbus*) gun with hook〗

har·que·bus·ier /hɑ̀əkwɪ̀bəsíə | hɑ̀ːkwɪ̀bəsíə^(r)/ *n.* 火縄銃兵 (arquebusier ともいう). 〖(1548) □ (O)F *(h)arquebusier*: ⇨ ↑, -ier²〗

har·que·buss /háəkwɪ̀bəs | háː-/ *n.* ＝harquebus.

Har·rar /háːrə | -rə^(r)/ *n.* ＝Harar.

har·ri·dan /hǽrɪ̀dən, hér-, -dn | hǽrədən, -dn/ *n.* 醜い老婆, 意地悪婆, 鬼婆 (hag, vixen); (特に)やつれ果てた売春婦. 〖(*a*1700)《転訛》← F *haridelle* worn-out horse〗

har·ried /hǽrid, hér- | hǽr-/ *adj.* (次々と困難な問題に直面して)困り果てた, 悩み抜いた (harassed). 〖(*c*1915) (p.p.) ← HARRY〗

har·ri·er¹ /hǽriə, hér- | hǽriə^(r)/ *n.* **1** 侵略者, 略奪者; 悩ます者. **2**〘鳥類〙チュウヒ《チュウヒ属 (*Circus*) のタカの総称; チュウヒ (*C. aeruginosus*), ハイイロチュウヒ (*C. cyaneus*) など》. 〖(1556) ← HARRY＋-ER¹〗

har·ri·er² /hǽriə, hér- | hǽriə^(r)/ *n.* **1** **a** ハリアー《野うさぎ狩用の小形の猟犬》. **b** [*pl.*] ハリアーと猟師との一群. **2** cross-country の走者. 〖(1408) *harier*: ⇨ hare, -ier¹〗

Har·ri·er /hǽriə, hér- | hǽriə^(r)/ *n.*〘軍事〙ハリアー《英国の Hawker 社が開発した世界初の V/STOL (垂直/短距離離着陸)型攻撃機》.

Hárrier júmp jèt *n.* ハリアージャンプジェット《垂直離着陸機 Harrier の俗称》.

Har·ri·et /hǽriət, hér- | hǽri-/ *n.* ハリエット《女性名; 愛称形 Harrietta, Harriette, Hatty》. 〖□ F *Henriette* (fem. dim.) ← *Henri*: ⇨ Henry, -ette〗

Har·ri·et·ta /hæ̀riétə, hèr- | hæ̀riétə/ *n.* ハリエッタ《女性名》. 〖(dim.) ← HARRIET〗

Har·ri·ette /hǽriət, hér- | hǽr-/ *n.* ハリエット《女性名》. 〖(dim.) ← HARRIET〗

Har·ri·man /hǽrəmən, hér- | hǽrɪ̀-/, **Edward Henry** *n.* ハリマン《1848–1909; 米国の資本家; 鉄道王》.

Harriman, W(illiam) A·ver·ell /éɪv(ə)rəl/ *n.* ハリマン《1891–1986; 米国の実業家・政治家; New York 州知事 (1954–58); E. H. Harriman の息子》.

Har·ris¹ /hǽrɪ̀s, hér- | hǽrɪs/ *n.* ハリス《スコットランド西岸沖の Outer Hebrides 諸島最大の島 Lewis with Harris 島の南部》.

Har·ris² /hǽrɪ̀s, hér- | hǽrɪs/ *n.* ハリス《男性名》. 〖ME *Harrys*《原義》Harry's (son): ⇨ Harry¹, -s²〗

Har·ris³ /hǽrɪ̀s, hér- | hǽrɪs/ *n.* ＝Harris Tweed.

Har·ris /hǽrɪ̀s, hér- | hǽrɪs/, **Frank** *n.* ハリス《1854–1931; アイルランド生まれの米国の作家; *Oscar Wilde* (1916), *My Life and Loves* (1923–27)》.

Harris, Joel Chan·dler /tʃǽndlə | tʃáːndlə^(r)/ *n.* ハリス《1848–1908; 黒人方言で物語や詩を書いた米国の作家; *Uncle Remus: His Songs and his Sayings* (1881)》.

Harris, Roy (Ellsworth) *n.* ハリス《1898–1979; 米国の作曲家》.

Harris, Townsend *n.* ハリス《1804–78; 米国の外交官; 初代駐日総領事 (1855–58), 初代駐日公使 (1858–61)》.

Harris, (Theodore) Wilson *n.* ハリス《1921–　; 英領ギアナ生まれの小説家; 四部作 *The Guyana Quartet* (1960–63)》.

Har·ris·burg /hǽrɪsbəːg, hér- | hǽrɪsbəːg/ *n.* ハリスバーグ《米国 Pennsylvania 州の州都, Susquehanna 河畔の工業都市》. 〖← *John Harris, Jr.* (この町を設計した人物): ⇨ -burg〗

Har·ri·son /hǽrɪ̀sən, hér-, -sn | hǽr-/ *n.* ハリソン《男性名》. 〖ME *Hennerissone* Harry's son: ⇨ Harry¹, -s², son¹〗

Har·ri·son /hǽrɪ̀sən, hér-, -sn | hǽr-/, **Benjamin** *n.* ハリソン: **1** (1726?–91) 米国独立戦争当時の愛国者; 独立宣言の署名者; W. H. Harrison の父. **2** (1833–1901) 米国第 23 代大統領 (1889–93); 共和党; W. H. Harrison の孫.

Harrison, Frederic *n.* ハリソン《1831–1923; 英国の著述家・哲学者; Comte の実証主義哲学を紹介した; *Positivism* (1901), *The Positive Evolution of Religion* (1913)》.

Harrison, George *n.* ハリソン《1943–2001; 英国のロック歌手・ギタリスト; the Beatles のメンバー》.

Harrison, John *n.* ハリソン《1693–1776; 英国の発明家, chronometer の改良者》.

Harrison, Sir Rex *n.* ハリソン《1908–90; 英国の俳優; *My Fair Lady* (1964) の Higgins 教授役でアカデミー主演男優賞; 本名 Reginald Carey Harrison》.

Harrison, William Henry *n.* ハリソン《1773–1841; 米国の将軍, 第 9 代大統領 (1841); Whig 党》.

Hárrison réd *n.* ＝Chinese vermilion 2. 〖← *Birge Harrison* (1854–1929: 米国の風景画家)〗

Hárris Twéed *n.*〘商標〙ハリスツイード《スコットランドの Outer Hebrides 諸島 Harris 産の手織りの毛織物》. 〖1892–93〗

Har·rod /hǽrəd, hér- | hǽr-/, **Sir (Henry) Roy (Forbes)** /fɔ́əbz | fɔ́ːbz/ *n.* ハロッド《1900–78; 英国の経済学者》.

Hárrod-Dó·mar mòdel /-dóumə- | -də́umə-/ *n.* [the ～]〘経済〙ハロッドドーマーモデル《英国の経済学者 R. F. Harrod と米国の経済学者 E. D. Domar とによって独立に開発された経済成長モデル》.

Har·rods /hǽrədz, hér- | hǽr-/ *n.* ハロッズ《London の高級ショッピング街 Knightsbridge にある英国の代表的百貨店》.

Har·ro·gate /hǽrəgɪ̀t, hér-, -gèɪt/ *n.* ハロゲート《イン

グランド北部 North Yorkshire 州南部の町; 鉱泉保養地). 〖← *Harlow* (近くにある丘の名: 《原義》 gray hill) ＋ON *gate* road〗

Har·ro·vi·an /hərόʊviən, hæ- | -rə́ʊ-/ *adj., n.* **1** Harrow School の(出身者, 在校生). **2** Harrow の(住民). 〖《1864》← NL *Harrovia* (Harrow のラテン語形)＋-AN[1]: cf. Oxonian〗

har·row[1] /hǽroʊ, hér- | hǽrəʊ/ *n.* **1** まぐわ, ハロー. **2** まぐわに似た道具. ***ùnder the hárrow*** (1) まぐわで引っかかれて. (2) 苦しんで, 絶えずおびやかされて[圧迫されて]. — *vt.* **1** 〈畑の土を〉まぐわ[ハロー]でならす; 開拓する: ～ (up) a field. **2** 精神的にひどく苦しめる, 悩ます (torment): ～ a person's feelings 人の感情を傷つける / a ～*ed* expression 苦悩に満ちた表情. **3** 《古》 切る, かき[切り]裂く. — *vi.* 〈土地が〉ハローが使える, ハローによってならされる: The land won't ～ very well. その土地はうまくハローが使えない. **～·er** *n.* 〖n.: 《*c*1300》 *haru, harwe* ← ? ON *harwjan (cf. ON *hervi, harfr*). — v.: 《*a*1325》 *harwe(n)* ← (n.): cf. harvest〗

har·row[2] /hǽroʊ, hér- | hǽrəʊ/ *vt.* 《古》 **1** 略奪する, 荒らす. **2** 〈キリストが〉(霊魂を救うために)〈地獄〉に行く (cf. harrowing[2]). **～·ment** *n.* 〖《*a*1225》 *harwe(n)* 《変形》 ← *herie(n)* < OE *hergian* 'to HARRY'〗

Har·row /hǽroʊ, hér- | hǽrəʊ/ *n.* **1** ハロー (London 北西部の自治区; もと Middlesex 州の一区; Harrow School の所在地; Harrow-on-the-Hill ともいう). **2** ＝ Harrow School. 〖OE *Hearg(e)* 《原義》 heathen temple〗

Hárrow drìve *n.* 〘クリケット〙 ＝Chinese cut.

hár·rowed *adj.* (表情などが)悩んだ, 苦しんだ.

har·row·ing[1] /hǽroʊɪŋ, hér- | hǽr-/ *adj.* 痛ましい, 胸も裂けそうな, 悲惨な (heart-rending): have a ～ experience. **～·ly** *adv.* 〖《1810》 (pres.p.) ← HARROW[1]: ⇨ -ing[2]〗

hár·row·ing[2] *n.* 《古》 略奪.

Hárrowing of Héll [the ～] 地獄の征服 《キリストが十字架処刑の後昇天する前に地獄に行ってそこに落ちた霊魂を救うという新約聖書外典による説》. 《*a*1250》 〖OE *herʒung* (ger.) ← HARROW[2]: ⇨ -ing[1]〗

Hárrow-on-the-Híll *n.* ＝Harrow 1.

Hárrow Schóol /hǽroʊ- | -rəʊ-/ *n.* ハロー校 《英国の有名な public school; Harrow にある; Elizabeth 一世時代に創設; cf. Eton College》.

har·rumph /hərʌ́m(p)f/ 《米》 *vi.* **1** (もったいぶって)せき払いをする. **2** 不賛成の意を表す; 抗議する (protest). — *n.* せき払い. 〖《1936》: 擬音語〗

har·ry /hǽri, héri | hǽri/ *vt.* **1 a** 〈都市などを〉侵略する, 略奪する, 荒らす (ravage, raid). **b** 〈人を〉攻撃する. **2** 〈人を〉(要求・質問などで)悩ます, 苦しめる (⇨ worry SYN). **3** 〈人を〉あちこち歩かせる[漂浪させる]. — *vi.* 侵略する. — *n.* **1** 侵略; 襲撃. **2** 厄介[面倒]なこと, 煩わしい事柄 (vexation). 〖OE *hergian* < Gmc **χarjōjan* ← **χarjaz* (OE *here* army / G *Heer*) ← IE **korowar* (MIr. *cuire* troop)〗

Har·ry[1] /hǽri, héri | hǽri/ *n.* ハリー 《男性名》. 〖ME *Herry* ◻ OF *Herri* 《変形》 ← *Henri* 'HENRY'〗

Har·ry[2] /hǽri, héri | hǽri/ *n.* **1** [通例 Old ～] 悪魔, 悪鬼 (devil) (cf. Old Nick): by the Lord ～ 誓って, きっと / ⇨ *play* OLD HARRY *with.* **2** 下品な若者; (特に)ロンドンっ子 (cockney) 《その発音の癖から普通 'Arry という》. 〖《1687》 ↑: harry と連想〗

Har·ry /hǽri, héri | hǽri/, **Debbie** *n.* ハリー 《1945– ; 米国のポピュラー歌手; Blondie のリーダー》.

harsh /háəʃ | hɑ́ːʃ/ *adj.* (～·er; ～·est) **1** 〈織物が手触りの悪い, 粗い, ざらざらした, 粗悪な (coarse) (⇨ rough SYN): a ～ surface, cloth, etc. **2 a** 〈味・においが〉不快な; 辛い (acrid), 苦い (bitter). **b** 〈色が〉目障りな, ひどくけばけばしい, 不調和な (stark): a ～ contrast 不調和な対照 / ～ colors どぎつい色. **c** 〈音声・楽器など〉耳障りな, 調子の悪い, 不快な音を出す (strident): a ～ voice 嫌な声. **3** 居心地の悪い, 不快な (uncomfortable): a ～ wind. **4** (性格・気質・態度などの)厳しい, 厳格な, 苛酷な (stern): a ～ master 厳格な主人 / a ～ judgment 苛酷な判決 / a ～ climate 厳しい気候 / He was ～ *to* [*with*] his servants. 召使たちに厳しかった. **5 a** 美的優雅さを欠いた, 粗野な (crude). **b** 〈作法・行動など〉粗暴な: ～ manners 無作法. **～·ly** *adv.* **～·ness** *n.* 〖《*a*1325》 *harsk* ← ON (cf. Dan. *harsk* rancid) // ◻ MLG *harsch* rough, 《原義》 hairy ← *haer* hair: cog. G *harsch*: 今の語形は 16 C から〗

harsh·en /háəʃən | hɑ́ːʃ-/ *vt.* あらく[荒々しく, どぎつく, 厳しく]する, 荒らす. — *vi.* あらく[荒々しく, どぎつく, 厳しく]なる, 荒れる. 〖《1824》: ⇨ ↑, -en[1]〗

hársh tóke *n.* 《米俗》 **1** 刺激の強いマリファナたばこ(の一服). **2** 不快な[むかつく]やつ.

hars·let /háəslɪt | hɑ́ːs-/ *n.* ＝haslet. 〖1585〗

hart /háət | hɑ́ːt/ *n.* (*pl.* ～s, ～) 〘動物〙 雄鹿 (stag) 《特に 5 歳以上の red deer についていう; cf. hind[1]》: a ～ of grease 《古》 脂の乗った[食べごろの]雄鹿 / a ～ of ten 角に十本枝のある雄鹿 / a ～ royal 王の御猟で狩り立てられて逃げた鹿. 〖OE *heor(o)t* < Gmc **χerutaz* (G *Hirsch*) ← IE **ker-* horn, head (L *cervus* stag)〗

Hart /háət | hɑ́ːt/, **Albert Bushnell** *n.* ハート 《1854–1943; 米国の歴史学者; *Epochs of American History* (1891–1926)》.

Hart, Lorenz *n.* ハート 《1895–1943; 米国の作詞家; 作曲家 Richard Rodgers と共にミュージカルを制作》.

Hart, Moss *n.* ハート 《1904–61; 米国の劇作家》.

Hart, William S. *n.* ハート 《1872–1946; 米国の映画俳優; 西部劇のヒーローとして活躍》.

har·tal /haətáːl | hɑ́ːtɑːl, hɔ́ː-; *Hindi* hərtáːl/ *n.* (インドで, 政治的反抗としての)同盟閉店, 同盟休業. 〖《1920》 ◻ Hindi *haṛtāl* ← Skt *haṭṭa* market, shop＋*tāla* lock, bolt〗

Harte /háət | hɑ́ːt/, **(Francis) Bret(t)** /brét/ *n.* ハート 《1836–1902; 米国の短編小説家・詩人; *The Luck of Roaring Camp and Other Sketches* (1870)》.

har·te·beest /háətəbìːst | hɑ́ːtɪ-/ *n.* (*pl.* ～s, ～) 〘動物〙 ハーテビースト, シカレイヨウ 《アフリカ産の大形のハーテビースト属 (*Alcelaphus*) のレイヨウの総称; カーマハーテビースト (*A. caama*) など; cf. kongoni》. 〖《1786》 ◻ Afrik. 《廃》 ～: ⇨ hart, beast〗

Hart·ford /háətfəd | hɑ́ːtfəd/ *n.* ハートフォード 《米国 Connecticut 州の州都, Connecticut 河畔の工業都市》. 〖英国の HERTFORD (原義は hart ford) にちなむ〗

Hártford férn *n.* 〘植物〙 ＝climbing fern.

Har·tha·ca·nute /hàəθəkənúːt, -njúːt | hɑ̀ːθəkənjùːt, ―――‐/ *n.* ＝Hardecanute.

Hart·le·pool /háətlɪpùːl | hɑ́ːt-/ *n.* ハートリプール 《イングランド北東部 Tees 河口北方の港市》.

Hart·ley /háətli | hɑ́ːt-/ *n.* ハートリー 《男性名》. 〖← OE *heorotléah* stag wood: ⇨ hart, lea[1]〗

Hart·ley /háətli | hɑ́ːt-/, **David** *n.* ハートリー 《1705–57; 英国の医師・心理学者・哲学者; *Observations of Man* (1749) の中で連想心理学を提唱》.

Hartley, L(eslie) P(oles) *n.* ハートリー 《1895–1972; 英国の小説家; *The Go-Between* (1953)》.

Hártley óscillator *n.* 〘電気〙 ハートレー発振器 《LC 発振器の代表的な一種》.

Hart·line /háətlaɪn | hɑ́ːt-/, **Hal·dan Kef·fer** /hɔ́ːldənkéfə, hɑ́ːl- | hɔ́ːldənkéfə(r)/ *n.* ハートライン 《1903–83; 米国の生理学者; Nobel 医学・生理学賞 (1967)》.

Hart·mann /háətmaːn, -mən | hɑ́ːt-; *G.* háʁtman/, **(Karl Robert) Eduard von** *n.* ハルトマン 《1842–1906; ドイツの哲学者; *The Philosophy of the Unconscious* (1869)》.

Hartmann, Nicolai *n.* ハルトマン 《1882–1950; ドイツの哲学者》.

Hart·nell /háətnəl, -nl | hɑ́ːt-/, Sir **Norman** *n.* ハートネル 《1901–79; 英国のファッションデザイナー; Elizabeth 女王の公式の服飾デザイナー》.

hárts·hòrn *n.* **1** 雄鹿の角(つの). **2** 《古》 〘化学〙 鹿角精(ろっかくせい) 《もと雄鹿の角から採った炭酸アンモニウム; cf. sal volatile 1》: salt of ～ ⇨ salt[1] / spirit(s) of ～. 〖late OE *heortes horn* hart's horn〗

hárt's-tòngue *n.* (*also* **hárts-tòngue**) 〘植物〙 コタニワタリ (*Phyllitis scolopendrium*) 《ウラボシ科のシダ》. 〖《*c*1325》 *hertis tonge* 《なぞり》 ← ML *lingua cervi*〗

hárt·wòrt *n.* 〘植物〙 **1** イブキボウフウに類するヨーロッパ産セリ科の植物 (*Tordylium maximum*). **2** それに似たアフリカ産の薬用植物 (*Laserpitium latifolium*). 〖《1373》 《変形》 ← *heartwort*〗

har·um-scar·um /hé(ə)rəmské(ə)rəm | héərəm-skéər-/ 《口語》 *adj.* そそっかしい, 軽はずみな, 軽率な; 無茶な, 無鉄砲な (reckless): a ～ driver. — *adv.* そそっかしく, 軽率に; 無鉄砲に: a car whizzing ～ along the street 街路を猛烈なスピードで飛ばして行く車. — *n.* 軽率な人[行為]; 無茶な人[行為]. **～·ness** *n.* 〖《1674–91》 ← ? *hare'em, scare'em* ← 《廃》 *hare* to frighten＋(')EM[2]＋SCARE＋(')EM[2]〗

Ha·run al-Ra·shid /haːrúːnaːlraːʃíːd | hærúːn-ælræ-/ *n.* ハールーン アルラシード 《764?–809; アッバース朝第 5 代のカリフ (caliph) (786–809), アラビアンナイト物語にも登場》.

ha·rus·pex /hərʌ́speks/ *n.* (*pl.* **ha·rus·pi·ces** /hərʌ́spəsìːz | -pɪ-/) 腸卜(ちょうぼく)官 《古代ローマでいけにえの獣の腸を調べて神意を占った神官; aruspex ともいう》. 〖《1584》 ◻ L ～ ← *haru-* gut＋*-spex* he who sees〗

ha·rus·pi·cal /hərʌ́spɪkəl, -kl | -pɪ-/ *adj.* 腸卜(ちょうぼく)官の. 〖《1652》 ◻ L *haruspicālis*: ⇨ ↑, -al[1]〗

ha·rus·pi·ca·tion /hərʌ̀spəkéɪʃən | -pɪ-/ *n.* **1** ＝haruspicy. **2** ＝prophecy. 〖1871〗

haruspices *n.* haruspex の複数形. 〖◻ L *haruspicēs*〗

ha·rus·pi·cy /hərʌ́spəsi/ *n.* 腸卜(ちょうぼく)による占い 《haruspication ともいう》. 〖《1569》 ◻ L *haruspicium*: ⇨ haruspex, -cy〗

Harv. 《略》 Harvard University.

Har·vard /háəvəd | hɑ́ːvəd/, **John** *n.* ハーバード 《1607–38; 英国の非国教派の牧師, 米国に移住 (1637), Harvard 大学の創立当時の主な財源の寄付者; この大学名は彼の名にちなんだもの》.

Harvard, Mount *n.* ハーバード山 《米国 Colorado 州中央部 Sawatch 山脈にある山 (4,395 m)》.

Hárvard béets *n. pl.* 〘料理〙 ハーバードビーツ 《薄切りまたは賽(さい)の目に切ったビートを甘酸っぱいソースと合わせた料理》. 〖← *Harvard University*〗

Hárvard chàir *n.* 〘家具〙 ハーバードチェア 《17 世紀の米国の肘掛け椅子, 3 脚で座面が三角形》. 〖← *Harvard University*〗

Hárvard classificàtion *n.* [the ～] 〘天文〙 《恒星のスペクトル型の》ハーバード分類 《Harvard 大学天文台刊行の *The Henry Draper Catalogue* (1924) に用いられ, 今日一般的な分類法; cf. spectral type》.

Har·var·di·an /haəváədiən | hɑːvɑ́ːd-/ *adj.* ハーバード大学の[に関する]. — *n.* ハーバード大学の学生[卒業生]. 〖《1702》 ← *Harvard*＋-IAN〗

Hárvard Univérsity *n.* ハーバード大学 《Massachusetts 州 Cambridge にある米国最古の大学 (略 Harv.); 1636 年創立, 大学となったのは 1780 年, Harvard の名称を用いたのは 1639 年 (⇨ J. Harvard)》.

har·vest /háəvɪst | hɑ́ː-/ *n.* **1** (穀物の)収穫, 取入れ; (りんご・くり・蜂蜜などの)採取: this year's wheat [rice] ～ 今年の麦[米]の収穫. **2** 取入れ[刈入れ]時, 収穫期. **3 a** 取り入れた[取り入れる]物, 収穫物, 採取[採集]物, 作物, 産物 (⇨ crop SYN): The ～ is ripe. 作物は熟した / The ～ looks good this year. 今年は豊作らしい / gather [reap] a ～ 収穫物を取り入れる, 大もうけする / the ～ of the sea(s) 海の幸(さち). **b** (一季節の)収穫高[量]: an abundant [a good, a rich] ～ 豊作 / a bad [poor] ～ 凶作. **4** (仕事・反省・行動の)結果, 報い, 報酬, 収穫: the ～ of one's follies [hard work] 愚行[努力]の報い / Research has yielded a rich ～ of information. 調査の結果豊富な参考資料(の収穫)が得られた / The drunkard reaps a bitter ～ of misery. 大酒飲みにはみじめな末路が待っている / make a long ～ for [about] a little corn 小さいことをして大きな結果を得る, 「海老(えび)で鯛(たい)を釣る」. — *vt.* **1 a** 〈作物を〉取り入れる, 刈り入れる, 収穫する (reap): ～ crops 作物を取り入れる. **b** …から作物を取り入れる: ～ the fields. **c** 〈魚・鯨・うさぎなどを〉捕獲する; 〈木材などを〉伐採する: ～ a lot of herring(s) [whales] 大量のにしん[鯨]を捕獲する / ～ timber 木材を伐採する. **d** 刈り入れて貯える, 収納する (lay up). **2 a** 〈努力・計画などの成果・報いを〉得る, ものにする (gain). **b** (怠惰・不注意などの報いとして)〈後悔・悲しみ・苦しみなどを〉受ける: ～ bitterness ひどい[つらい, 悲しい]目に遭う. — *vi.* 作物を取り入れる, 刈入れをする.

～·a·ble /-təbl/ *adj.* 〖n.: OE *hærfest* autumn < Gmc **χarbistaz* (G *Herbst* autumn) ← IE **kerp-* to gather, pluck (L *carpere* to pluck / Gk *karpós* fruit). — v.: 《*c*1400》 *herveste(n)* ← (n.)〗

hárvest bùg *n.* 〘動物〙 ＝harvest mite.

hárvest dòll *n.* 取入れ人形 《harvest home を祝って作る人形》. 〖1777〗

hár·vest·er *n.* **1 a** (穀物の)刈入れ人, 収穫者. **b** 刈取り人夫. **2** 刈取り機, 収穫機 (reaping machine). **3** 〘昆虫〙 北米産シジミチョウ科の小さなチョウの一種 (*Feniseca tarquinius*) 《黄褐色地に黒紋がある》. 〖《1589》: ⇨ harvest, -er[1]〗

hárvester ànt *n.* 〘昆虫〙 収穫アリ 《種々の雑草の種子を収穫して巣に蓄えて食糧とする一群のアリ; agricultural ant ともいう》.

hárvest féstival *n.* 収穫(感謝)祭 《教会で行われる収穫の感謝祭; harvest thanksgiving ともいう》. 〖1882〗

hárvest fìsh *n.* 〘魚類〙 **1** ブラジルから米国にかけて大西洋岸に生息するイボダイ科の小形で細長い魚 (*Peprilus paru*). **2** ＝butterfish a. 〖1885〗

hárvest flỳ *n.* 〘昆虫〙 ヨーロッパ産のエゾゼミ類の一種の俗称, 時にセミ類の総称 (cf. dog-day cicada). 〖1753〗

hárvest hóme *n.* **1** 取入れの運び込み. **2** 収穫の完了(時期). **3 a** (もと収穫を運び込む時に歌った英国の)刈上げの祝い歌 (cf. sing *vt.* 5). **b** 収穫の祝宴; その祝宴で歌う歌. 〖1573〗

hár·vest·ing *n.* 収穫, 取入れ. 〖《1719》 ← HARVEST＋-ING[1]〗

hárvest·less *adj.* 収穫のない, 不作の, 凶作の. 〖《1868》 ← HARVEST＋-LESS〗

hárvest-lòuse *n.* 〘動物〙 ＝harvest mite. 〖1775〗

hárvest·man /-mən/ *n.* (*pl.* **-men** /-mən, -mèn/) **1** (収穫時に雇われる)刈入れ人夫. **2** 〘動物〙 メクラグモ, ザトウムシ 《メクラグモ目で脚が長い; 俗に daddy longlegs ともいう》. 〖1440〗

hárvest mìte *n.* 〘動物〙 ツツガムシ 《秋の収穫時に人にたかり痒(かゆ)みをおこすツツガムシ(ダニ)の総称; ⇨ chigger 2》. 〖1873〗

hárvest mònth *n.* 刈入れ月 《9 月》. 〖OE *hærfest-mōnað*〗

hárvest móon *n.* 仲秋の満月. 〖1706〗

hárvest móuse *n.* 〘動物〙 **1** カヤネズミ (*Micromys minutus*) 《ユーラシア産の小形の野ネズミの一種でイネ科植物の茎に球形の巣を造る》. **2** アメリカカヤネズミ 《米国南部産アメリカカヤネズミ属 (*Reithrodontomys*) の小形の野ネズミの総称》. 〖1812〗

hárvest thanksgíving *n.* ＝harvest festival.

hárvest·tìme *n.* 収穫期, 取入れ時. 〖OE *hærfest-tīma*〗

Har·vey /háəvi | hɑ́ː-/ *n.* ハービー 《男性名》. 〖ME *Hervei* ◻ (O)F *Hervé* ◻ OBret. *Haerveu* (*aer* carnage＋*-uiu* worthy) // OHG *Herewig* 《原義》 army battle〗

Har·vey /háəvi | hɑ́ː-/, Sir **John Martin** *n.* ハービー 《1863–1944; 英国の俳優・演出家・劇場支配人》.

Harvey, Paul *n.* ハービー 《1918– ; 米国のジャーナリスト; ニュースコメンテーター・コラムニストとして活躍》.

Harvey, William *n.* ハービー 《1578–1657; 英国の医師, 血液循環の発見者》.

Har·vey·ize /háəviàɪz | hɑ́ː-/ *vt.* **1** 〘冶金〙 〈厚鋼板を〉焼入れする, ハーベイ法で処理する. **2** 〘造船〙 (ハーベイ法処理した)〈硬鋼板を〉船腹に張る. 〖《1891》 ← *H. A. Harvey* (1824–93: 米国の製鋼業者): ⇨ -ize〗

Har·vey's /háəviz | hɑ́ː-/ *n.* 〘商標〙 ハービーズ 《英国 John Harvey & Sons 社がブレンド・販売しているシェリー酒; 原酒はスペイン産》.

Hárvey Wáll·bang·er /-wɔ́ːlbæŋə, -wɑ́ːl- | -wɔ́ːlbæŋə(r)/ *n.* ハービーウォールバンガー 《カクテルの一種; イタリアンリキュールを浮かべたスクリュードライバー》.

Har·well /háəwəl, -wel | hɑ́ː-/ *n.* ハーウェル 《イングランド南部, Oxfordshire の村; 英国原子力公社の研究施設がある》.

Har·wich /hǽrɪdʒ, hér-, -rɪtʃ | hǽr-/ *n.* ハリッジ 《イン

H

グランド南東部, Essex 州北東部の北海に臨む港市; 英国海軍基地がある). 〘OE *herewīc* camp ← *here* army (⇨ harry)＋*wīc* dwelling (cf. Viking)〙

Ha·rya·na /hɑ̀ːrjáːnə, hɑ̀r- | hæ̀r-, hʌ̀r-; *Hind.* hərjáːnə/ *n.* ハルヤナ《インド北西部の州 (もと Punjab 州の一部); 面積 44,500 km², 州都 Chandigarh》.

harz·burg·ite /hɑ́ətsbəːgàɪt | hɑ́ːtsbəː-/ *n.* 〘岩石〙斜方輝石橄欖(かんらん)岩 (⇨ saxonite). 〘《1890》□ G *Harzburgit* ← Harzburg (ドイツ Saxony 州の町名): ⇨ -ite¹〙

Hárz Móuntains /hɑ́əts- | hɑ́ːts-; G. hɑ́ːɐts-/ *n. pl.* [the ～] ハルツ山脈《ドイツ中部の山脈; 最高峰は Brocken (1,142 m); 単に the Harz ともいう》.

has¹ /hǽz/ *v.* have¹ の三人称単数直説法現在形. 〘《13C》《語中音消失》← ME *haves* ∞ ME *haveth* < OE *hæfþ* 'HATH'〙

has² /(弱) (h)əz, z, s; (強) hǽz/ *auxil. v.* have² の三人称単数直説法現在形.

Ha·sa /hǽsə, hɑ́ːsə/, **El** /ɛl/ *or* **Al** /æl/ *n.* ハサー《サウジアラビア北東部, ペルシャ湾沿いの地域, 油田地帯; 主都 Hofuf》.

hás·bèen *n.* 《口語》 **1** 盛りを過ぎた[時代遅れの, 人気のなくなった]人[もの], 過去の人: a literary ～ 昔の流行作家. **2** [*pl.*] 《米》昔; 昔の出来事. 〘《1606》〙

H

Has·bro /hǽzbroʊ, hǽs- | -brəʊ/ *n.* ハスブロ(社)《米国最大手の玩具メーカー; 1926 年創業》.

Has·dru·bal /hǽzdruːbəl, -bl̩, -bæl/ *n.* ハスドルバル: **1** (?–207 B.C.) カルタゴの将軍; Hamilcar Barca の子で Hannibal の弟, ローマとの条約にそむいてアルプスを越え兄を助けた. **2** (?–221 B.C.) カルタゴの将軍, Hannibal の義兄.

Ha·šek /hɑ́ːʃɛk | hǽʃ-; *Czech* háʃɛk/, **Ja·ro·slav** /jároslaf/ *n.* ハシェク (1883–1923; チェコの小説家; *The Good Soldier Schweik* (1921–23)).

ha·sen·pfef·fer /hɑ́ːzənfɛ̀fə, -zn̩- | -fə^(r); G. hɑ́ːzn̩pfɛfɐ/ *n.* ハーゼンフェファー《香辛料をきかせたうさぎ肉のシチュー》. 〘《1892》□ G *Hasenpfeffer* ← *Hase* hare＋*Pfeffer* pepper〙

hash¹ /hǽʃ/ *vt.* **1** 〈肉などを〉細かに切る, 刻む 〈*up*〉. **2** 《口語》台なしにする, めちゃめちゃにする, ごたまぜにする. **3** 《米口語》…について事細かに話し合う; 吟味する, 徹底的に討論[論評]する. **4** 〘電算〙〈データを〉ハッシュする (cf. hashing). — *vi.* 《米俗》(レストランなどで)給仕をする. *hásh óut* 《口語》長々と討論をして解決する. *hásh óver* …について語る, 討論する (discuss).

— *n.* **1 a** こまぎれ肉の料理《野菜とともに炒(いた)めたり, ソースと合わせたりして出す》. **b** 《俗》食べ物 (food); 食事 (meal). **2** 《口語》(古い問題・研究・作品などの)焼き直し, 作り直し (rehash). **3** 寄せ集め, ごたまぜ (medley, jumble). **4** 《スコット》間抜け, 馬鹿 (fool). **5** 〘電算〙ハッシュ《hashing によって生成される値》; ハッシュすること. *màke a hásh of* 《口語》(1) …をめちゃめちゃにする, 台なしにする. (2) 〈人・議論などを〉さんざんにやっつける. 《1833》 *séttle a person's hásh* 《口語》(迷惑をかけたりする)人をぐうの音も出ないようにする, 「とどめ」を刺す. 《1803》 *slíng hásh* 《米俗》(安食堂で)ウエーター[ウエートレス]として働く. 〘v.: 《1590》□ F *hacher* to chop up ← *hache* 'HATCHET': cf. hack¹. — n.: 《1655》□ F *hachis* ← (v.)〙

hash² /hǽʃ/ *n.* 《口語》 **1** ＝hashish. **2** ＝marihuana 2 b. 〘《1959》《略》← HASHISH〙

hash³ /hǽʃ/ *n.* ハッシュ (# のしるし; hash mark [sign] ともいう).

hásh brówns *n. pl.* 〘料理〙ハッシュブラウンズ《ゆでたジャガイモを刻むかまたはつぶして油でこんがり両面を焼いた米国料理; hashed browns, hash [hashed] brown potatoes ともいう》. 〘《1951》〙

hash·eesh /hǽʃiːʃ, ―́―/ *n.* ＝hashish.

Ha·Shem /hɑːʃɛ́m/ *n.* 〘ユダヤ教〙ハシェム, 御名(みな)《神の名を口にするのをはばかって遠回しに呼ぶときのいい方》. 〘□ ModHeb. *hašem* < Heb. *ha-šēm*《原義》the name: cf. Adonai〙

Hash·em·ite /hǽʃəmàɪt/ *n., adj.* ＝Hashimite.

Háshemite Kíngdom of Jórdan *n.* [the ～] ヨルダンハシミト王国《Jordan の公式名》.

hásh·er *n.* 《米俗》ウエーター, ウエートレス. 〘《*a*1845》← HASH¹＋-ER¹〙

hásh hèad *n.* ハシーシ[マリファナ]中毒[常用]者.

hásh hòuse *n.* 《米俗》安飲食店; ハシーシの売買[使用]される所. 〘《1869》〙

Hash·im·ite /hǽʃəmàɪt | -ʃɪ̀-/ *n.* **1** [the ～s] ハーシム家《Muhammad の子孫; 第一次大戦後, 英国の政策に基づき Iraq と Transjordan とに王国をひらいた; 前者は 1958 年革命で倒れて共和国となったが, 後者は 1949 年以降 Hashimite Kingdom of Jordan と称する》. **2** ハーシム家の人. — *adj.* ハーシム家の; ハーシム王国の. 〘《1697》← Arab. *Hāšim* great-grandfather of Muhammad＋-ITE¹〙

Ha·shi·mó·to's disèase [thyroidìtis, strùma] /hɑ̀ːʃimóʊtoʊz- | -təʊz-/ *n.* 〘医学〙橋本病《慢性リンパ球性甲状腺炎》. 〘《1935》← 橋本策(はかる) (1881–1934; 日本の外科医)〙

hásh·ing *n.* **1** 〘電算〙 **a** ハッシング《任意の与えられたデータから一定の長さの数値を生成すること; データの誤り検査に用いる》. **b** ハッシュ法《任意の与えられたデータから生成される一定の長さの数値をデータのアドレスとすることによる, データの配置・検索法》. **2** 〘通信〙ハッシング《同一あるいは隣接周波数の電波の混信》.

hash·ish /hǽʃiːʃ, ―́―, hǽʃɪʃ, -ʃiːʃ/ *n.* 〘植物〙ハシーシ《タイマ(大麻)の結実初期の枝先(から分泌される樹脂を製したもの); イスラム教徒はこれを陶酔用としてかんだりたばこのように用いたりする; cf. bhang, marihuana, cannabis 2》. 〘《1598》□ Arab. *hašīš* herbs, dried hemp〙

hásh màrk [sìgn] *n.* **1** ＝hash³. **2** 《米軍俗》年功袖(そで)章 (service stripe). **3** 〘アメフト〙ハッシュマーク (inbounds lines). 〘《1907》〙

hásh òil *n.* 《口語》ハッシュオイル《大麻の活性成分 tetrahydrocannabinol のこと》.

hásh sìgn *n.* 《英》＝hash³.

hásh·slinger *n.* 《米俗》 **1** (安飲食店の)給仕人, ウエートレス. **2** (安飲食店の)コック. 〘《1868》: ⇨ hash¹〙

hásh·ùp *n.* 《俗》 **1** 急ごしらえの食事. **2** 焼き直し《新品に見えるように手を加えた中古品》. 〘《1895》: ⇨ hash¹ *n.* 2〙

Ha·sid /hǽsɪd, xɑ́ːs- | hæsíːd, hɑː-, xɑː-/ *n.* (*pl.* **Ha·sid·im** /hǽsɪdɪm, hɑ́ːs- | hæsíːdɪm, hɑːs-, xɑː-/) 〘ユダヤ教〙ハシッド, 敬虔(けいけん)派者: **1** 紀元前 2 世紀 Antiochus 四世のユダヤ教撲滅に抗してシリア軍と戦った敬虔派ユダヤ教徒. **2** 1750 年頃ポーランドのユダヤ教徒に起こった信仰復興運動に加わったユダヤ教徒. **Ha·sid·ic** /hæsɪ́dɪk, xɑːs- | hæsíːd-, hɑː-, xɑː-/ *adj.* 〘《1812》□ Heb. *ḥāsīdh* pious〙

Has·i·de·an /hæ̀sɪdíːən, xɑ̀ːs- | hɑ̀ːsi-, xhɑ̀ː-, xɑː-/ *n.* (*also* **Has·i·dae·an** /～/) 〘ユダヤ教〙＝Hasid 1.

Hasidim *n.* Hasid の複数形.

Has·i·dism /hǽsɪdɪzm, xɑ́ːs- | hæsíːdɪzm, hɑ(ː)-, xɑː-/ *n.* 〘ユダヤ教〙ハシディズム, 敬虔(けいけん)主義《18 世紀後半, ポーランドのユダヤ教徒の間に起こった神秘主義的傾向の信仰復興運動; cf. Baal Shem-Tob》. 〘《1904》: ⇨ Hasid, -ism: cf. Chasidism《1893》〙

Has·ka·lah /hæ̀skəlɑ́ː, hɑːskɔ́ːlə, xɑːs-/ *n.* [the ～] 〘ユダヤ教〙ハスカラ《18–19 世紀に東欧で起こった知的啓蒙の運動で, ヨーロッパ語・ヘブライ語の知識を広めるのに貢献した》. 〘□ ModHeb. *haskaláh* enlightenment, understanding〙

Has·kil /hɑ́ːskɪl | -kɪl/, **Clara** *n.* ハスキル (1895–1960; ルーマニア生まれのスイスのピアニスト).

has·let /hǽslɪt, héɪs-, héɪz- | hǽz-, héɪz-/ *n.* **1** (主に食用にする豚の)臓物. **2** 〘料理〙ハスレット《刻んだ臓物を調味して, 内臓類の膜に包んで焼いた英国の料理》. 〘《*c*1353》□ OF *hastelet* (F *hâtelette*) meat roasted on spit (dim.) ← OF *haste* (F *hâte*) spit □ OLG *harst* piece of roast meat: ⇨ -let〙

Has·mo·nae·an /hæ̀zmənìːən/ (*also* **Has·mo·ne·an** /～/) *n.* [the ～s] ハスモン家《マッカベア家 (the Maccabees) のこと》. — *adj.* ハスモン家の. 〘《1620》《変形》← LL *Asmōnaeus* of Hasmon (□ Gk *Asmō-naios* Hasmon, ancestor of Maccabees)＋-AN¹〙

has·n't /hǽznt/ 《口語》has not の縮約形.

hasp /hǽsp | hɑ́ːsp, hǽsp/ *n.* **1** 掛け金《輪になった受け金 (staple) があって締めてからその輪の中に棒を挿したり南京錠を掛けたりするもの》. **2** 《英方言》 **a** つむ, 紡錘. **b** 麻束糸, 麻のかせ (hank, skein). — *vt.* **1** 掛け金で締める, …に掛け金を掛ける. **2** 《廃》狭い所に閉じこめる 〈*up*〉. 〘OE *hæpse, hæsp* < Gmc **haspō(n)* (G *Haspe* skein) ← IE **kap-* to grasp (L *capere* to take)〙

Has·sam /hǽsəm/, **(Frederick) Childe** /tʃáɪld/ *n.* ハッサム (1859–1935; 米国の画家).

Has·san II /hɑ́ːsən-, -sn̩-, həsɑ́ːn- | həsɑ́ːn-, hæs-/ *n.* ハッサン二世 (1929–99; モロッコ王 (1961–99)).

has·sel /hǽsəl, -sl̩/ *n., v.* ＝hassle.

Has·sel /hɑ́ːsəl, -sl̩ | hǽs-; *Norw.* hásl/, **Odd** /ɔ́d/ *n.* ハッセル (1897–1981; ノルウェーの化学者; Nobel 化学賞 (1969)).

Has·sel·blad /hǽsəlblɑ̀ːd, -sl̩- | -blæ̀d; *Swed.* hǎsːelblɑ̀ːd/ *n.* 〘商標〙ハッセルブラッド《スウェーデン製の一眼レフカメラ》.

Has·selt /hɑ́ːsəlt; *Du.* hɑ́səlt/ *n.* ハッセルト《ベルギー北東部 Limburg 州の州都》.

has·sen·pfef·fer /hɑ́ːsənfɛ̀fə, -sn̩- | -fə^(r); G. hásn̩pfɛfɐ/ *n.* ＝hasenpfeffer.

Has·sid /hǽsɪd, hɑ́ːs-, xɑ́ːs- | -sɪd/ *n.* (*pl.* **Has·sid·im** /hǽsədɪm, xɑːsíːdɪ- | hǽsɪdɪm, xɑːsíːd-/) 〘ユダヤ教〙＝Hasid.

has·si·um /hǽsiəm/ *n.* 〘化学〙ハッシウム《記号 Hs, 原子番号 108》. 〘《1984》← NL < L *Hassias* 'Hesse' (発見された場所の州名)〙

has·sle /hǽsl/ *n.* 《口語》 **1 a** 奮闘, 苦闘 (struggle). **b** 手間, 手数 (trouble). **2 a** けんか, 口論; 長い議論, 激論. **b** 争い, ごたごた〔*over*〕. **3** 混乱 (muddle). — *vt.* 〈人を〉攻め立てる, しつこくいじめる[からかう], しつこく悩ます〔*about, over*〕. — *vi.* けんかする (fight); 言い争う, 激論する〔*with, about, over*〕. 〘《1939》《混成》← HA(GGLE)＋(TU)SSLE〙

has·slet /hǽslɪt/ *n.* ＝haslet.

has·sock /hǽsək/ *n.* **1** (祈りのときに用いる)ひざぶとん. **2** (厚く詰め物をした)腰掛, 脚載せ台. **3** (沼地に生える)すげの草むら. 〘OE *hassuc, hassoc* (clump of) coarse grass ← ?〙

Has·su·na /hɑsúːnə/ *adj.* (メソポタミアの新石器文化の一つ)ハッスーナ文化の, ハッスーナ期の《北イラクの Hassuna 遺跡を標準とする初期農耕文化で彩文土器を特色とし, 前 6000 年紀中葉とされる文化についていう》. 〘□ Arab. *Hassuna*〙

hast /*auxil. v.* では (弱) (h)əst, st; (強) hǽst; *v.* では hǽst/ *v., auxil. v.* 《詩・古》have¹·² の二人称単数直説法現在形: thou ～＝you have. 〘《13C》～, hest < OE *hafast, hæfst*〙

has·ta la vis·ta /ɑ́ːstələvɪ́stə | æ̀stələvís-; *Sp.* astalaβísta/ *Sp. int.* さようなら (goodbye). 〘《1935》□ Sp. ～ 'until meeting': cf. auf Wiedersehen〙

hasta lue·go /-luéɪgoʊ | -luéɪgəʊ; *Sp.* astalwéɣo/ *Sp. int.* さようなら. 〘□ Sp. ～ 'until soon'〙

hasta ma·ña·na /-mɑːnjɑ́ːnə-; *Sp.* astamaɲána/ *Sp. int.* またあした. 〘□ Sp. ～ 'till tomorrow'〙

has·tate /hǽsteɪt/ *adj.* **1** 〘植物〙三角の矢尻形の; 〈葉が〉戟(ほこ)の形をした (cf. sagittate 2). **2** 槍の(穂先の)形をした. **～·ly** *adv.* 〘《*a*1460》《1788》□ L *hastātus* armed with spear ← *hasta* spear: ⇨ -ate²〙

haste /héɪst/ *n.* **1** 急ぎ, 急速, 迅速 (speed, rapidity); あわただしさ (hurry): Why all this ～? どうしてこう急ぐのか / ⇨ *in* HASTE. **2** あわてること, 軽率, 不注意, ぞんざい (rashness): More ～, less speed. 《諺》急がば回れ / *Haste* makes waste. 《諺》せいては事を仕損じる. **3** 急ぐ必要; あせりの気持ち: I feel no ～ to phone him. 急いで彼に電話する必要はないと思う.

in háste 急いで; あわてて: *in* hot [great] ～ 大急ぎで, 躍起となって / Yours *in* ～, John. 《手紙の結句に用いて》取り急ぎ, ジョン / Marry *in* ～, and repent at leisure. ⇨ marry¹ *vi.* 1. 《*a*1325》 *in one's háste* …があわてたあまり, 急いだために. *màke háste* 《文語》急ぐ, 手早くする (hasten): *make* ～ to [and] come 急いで来る / *Make* ～ slowly. 《諺》ゆっくり急げ. 《1535》 *with áll háste* 大急ぎで.

— *vt.* 《古》急がせる, せき立てる, 促す. — *vi.* 急ぐ (hurry): ～ away 急ぎ去る.

～·ful /-fəl, -fl̩/ *adj.* **～·ful·ly** /-fəli/ *adv.*

〘n.: 《?*c*1225》□ OF ～ (F *hâte*) < (WGmc) **χaistiz* (cf. OE *hǣst* violence, fury) ← IE **ḱeibh-* quick, violence. — v.: 《*c*1280》*haste(n)* □ OF *haster*〙

SYN 急ぎ: **haste** あることを(あまりにも)急いでやること: We went straight to the scene in *haste.* 急いで現場へ直行した. **hurry** 興奮・騒ぎなどのためあわてること: Why are you in such a *hurry*? なぜそんなにあわてているのか. **speed** 運動・操作が急速なこと: The more haste, the less *speed.* 《諺》急がば回れ. **expedition** 容易に効率よく仕事を行うこと《格式ばった語》: They proceeded with their work with *expedition.* てきぱきと仕事を続けた. **dispatch** 《古風》仕事を即座に片づけること: The general commanded that we should act with *dispatch.* 将軍は我々に迅速に対処せよと命じた.

ANT deliberation, slowness, delay.

has·ten /héɪsən, -sn̩/ *vt.* **1** 〈仕事・歩調などを〉速[早]める, 促進する (speed up): ～ the growth of the plants 植物の生長を促進する / ～ one's pace [steps] 歩調を速める / ～ one's departure [arrival, the coming of peace] 出発[到着, 平和の到来]を早める / Misfortune ～*ed* her death. 不幸が彼女の死を早めた. **2** 急がせる, せき立てる, せかす: ～ a person to a doctor 急いで医者の所へ行かせる. — *vi.* **1** 急いで…する 〈*to do*〉: I ～ *to* tell you the good news. 取り急ぎ吉報をお知らせします / I ～*ed to* explain [reply]. とりあえず説明[返事]をした / He ～*ed to* comfort her. 急いで彼女を慰めた. **2** 急いで行く, 急ぐ (hurry): ～ back [home] 急いで[家へ]帰る / ～ out of a room 急いで部屋から出る / ～ to the scene 現場に駆けつける / The year is ～*ing* to its close. 年も暮れに近づいて来た. **～·er** /-sənə, -snə | -sənə^(r), -sn-/ *n.* 〘《*c*1565–73》: ⇨ ↑ (v.), -en¹〙

hast·i·ly /héɪstəli, -tl̩i | -tɪ̀li, -tli/ *adv.* **1** 急いで; あわてて, 早まって: They started for London ～. 彼らは急いでロンドンへ立った. **2** 《古》ただちに (at once) (cf. Judges 2:23). 〘《?*a*1300》: ⇨ hasty, -ly¹〙

Has·tings¹ /héɪstɪŋz/ *n.* ヘースティングズ《男性名》. 〘↓〙

Has·tings² /héɪstɪŋz/ *n.* ヘースティングズ: **1** イングランド East Sussex 州のイギリス海峡に臨む港市; 付近の Senlac Hill でノルマンディー公 William が Harold 二世を破った (the Battle of ～, 1066); 五港 (Cinque Ports) の一つ. **2** ニュージーランド北島東部の市. 〘OE *Hǣstingas* ←《原義》'people of *Hǣsta* (人名)' ← *hǣst* violence < (WGmc) **χaistiz* (ON *heifst* hate, revenge): ⇨ -ing³〙

Has·tings /héɪstɪŋz/, **Thomas** *n.* ヘースティングズ (1860–1929; 米国の建築家; New York 公立図書館を設計した (1911)).

Hastings, Warren *n.* ヘースティングズ (1732–1818; 英国の政治家, 初代インド総督 (1773–85), 英領インドの基礎を築いたが酔任後その統治の厳しさを英国下院で Edmund Burke らに弾劾された (1788)).

has to /(子音の前) hǽstʊ; (母音の前) -tu/ ⇨ have¹ 成句 have to.

hast·y /héɪsti/ *adj.* (**hast·i·er; -i·est**) **1** 急な, 急速な, 迅速な (speedy, quick): the ～ growth of crops 作物の急速な成長. **2** 取り急いだ, あわただしい (hurried): a ～ departure [visit] あわただしい出発[訪問] / have a ～ breakfast 急いで朝飯を食べる / have a ～ glance at …を急いで一目見る[一覧する] / The skin of his face was cut by ～ shaving. あわてて剃ったため顔に剃り傷ができた. **3** 早まった, そそっかしい, 軽率な (rash): a ～ conclusion 速断, 早合点 / a ～ judgment [decision] 軽率な判断[決定] / a ～ resolution 早まった決心. **4** あせって[夢中になって]いる (eager, impatient). **5** 気早な, 短気な, 怒りっぽい (quick-tempered): a ～ temper 短気. **hást·i·ness** *n.* 〘《?*c*1280》□ OF *hasti, hastif* (F *hâtif*): ⇨ haste, -ive〙

hásty púdding *n.* 〘料理〙 **1** 《英》即製プディング《煮立った湯か牛乳に小麦粉やオートミールを入れてかき混ぜて作ったもの, ジャムやシロップをかけて食べる》. **2** 《米》とうもろこしの挽(ひ)き割り粉で同様に作ったもの. 〘《1599》〙

hat /hǽt/ *n.* **1** (cap, bonnet に対して縁のある)帽子:

put on [take off] one's ～ 帽子をかぶる[ぬぐ] / ⇨ chimney-pot hat, cocked hat, high hat, opera hat, picture hat, silk hat, top hat / (as) black as one's ～ 真っ黒の / ⇨ old hat. 日英比較 (1) 日本語では頭にかぶる物を総称して「帽子」というが, 英語では一般に総称がなく, 縁がある帽子を *hat*, 縁のないものを cap として最初から 2 分した名称が用いられる. なお, 帽子類の総称には head covering, headgear があるが, これらは説明的で, 多少形式ばっており日常レベルの語ではない. また, *hat* を cap も含めた帽子類の総称として用いることもあるが, かなり前後関係が明確でないと「縁のある帽子」との区別があいまいになりがちである. *hat* と cap はさらに細分されて, 以下の図のように分かれる.

- hat[1]
  - hat[2]
    - women's hat
    - top hat
    - soft hat
    - straw hat
  - cap
    - baseball cap
    - beret
    - helmet
    - school cap
    - skullcap

(総称) head covering, headgear, *hat*[1]; *hat*[2] (縁のある帽子); cap (縁のない帽子); women's *hat* (女性の帽子); top *hat* (シルクハット); soft *hat* (中折れ帽); straw *hat* (麦わら帽); baseball cap (野球帽); beret (ベレー帽); helmet (ヘルメット); school cap (学生帽); skullcap (頭蓋だけ覆う小さい帽子)
日英のこの違いは恐らくはそれぞれの文化の伝統の中での帽子の役割の違いによると思われる. 帽子が日常的でなかった日本では細かい分類は無用であったであろう. それに対して, 帽子が服飾の一部として発達した欧米では, 帽子に関するさまざまな社会的慣習ができ, 頭にかぶる物を単に「帽子」(head covering) などという単純な名称で呼んで片付けることが不可能であったと思われる. 一般に cap は informal なものであるから, 縁があるかないかはかなり生活に密着した区別であったはずである. (2) 日本では男女ともに室内では帽子を脱ぐのが礼儀とされているが, 英米では女性の帽子は服装の一部と考えられ, 屋内はもちろん食事中も脱がなくてよいことになっている. また英米では男性は屋内と屋外を問わず, 女性の前では帽子を脱ぐのが礼儀とされている. **2 a** (一般に)ある職[地位]の象徴としての帽子; 枢機卿の緋(ひ)の帽子《cardinal's hat, red hat ともいう》. **b** (一般に)職[地位]; 枢機卿の職[地位]. **3** [bad ～ として]《英俗》不品行な人; 不正直な人. ***at the dróp of a hát*** ⇨ drop 成句. ***bét** one's **hát***《米口語》すべてを賭ける, 絶対に間違いない. ***by this hat*** 誓って. 《1597》 ***háng úp** one's **hát** (**in a hóuse**)* (1) (他人の家などで)くつろぐ, 長居する, 長く滞在する. (2) 引退する, 退職する. ***háng up** one's **hát on*** …に頼る. ***hát in hánd*** (1) 帽子を手に持って[た]. (2) かしこまって, うやうやしく, へいへいして (servilely): apologize ～ *in hand* 丁重にわびる. 《1851》 ***Háts óff to** …!* …に脱帽[敬礼](せよ)!: *Hats off to* our brave lads! わが勇敢な若者に脱帽. ***hàve a brick in** one's **hát*** ⇨ brick 成句. ***hàve** one's **hát in the ríng***＝throw one's HAT in the ring. ***I'll éat my hát if*** …《口語》もし…なら帽子を食ってやる, …なんてことがあるものか: *I'll eat my* ～ *if* you fail. もし失敗したら首をやる, 君は絶対成功するよ. 《1837》 ***máke a hát of*** …を台なしにする. ***My hát!***《口語》おや, まあ, あれ. 《1899》 ***òut of a hát*** 手品のように, 思いのままに; でたらめに: pull excuses *out of a* ～ 言い訳をこしらえる. ***páss** [**sénd**] (**aróund, róund**) **the hát*** (帽子を回して)寄付を請う, 喜捨を求める. ***ráise** [**tàke óff, tóuch**] one's **hát to** a person* (1) 軽く帽子を上げて[とって, に手を触れて]〈人〉に挨拶する. (2) 〈人〉の偉いことを認める, 〈人〉に敬意を表する. 《1856》 ***tálk through** one's **hát***《口語》無責任な[突飛な]大ぼらを吹く, でたらめを言う. 《1888》 ***thrów** one's **hát át** (it)*《アイル》望みを捨てる: You can *throw your* ～ *at it* now. もう手に入れることをあきらめたら. ***thrów** [**tóss**] one's **hát in** [**into**] **the ríng***《口語》(1) 争い[競争, 試合]に参加する, 名のりを上げる. (2) 公職の選挙に立候補を宣言する. ***Tip** one's **hát to*** (1)《米》＝*raise* one's **hat** *to a person*. (2) 〈人・物事〉に敬意を表する; 〈人の言うこと〉に耳を傾ける, …を尊重する. ***ùnder** one's **hát***《口語》秘密に: Keep it *under your* ～. 秘密にしておいてくれ. 《1885》 ***wéar** one's [**a**] ∴ **hàt*** [be wearing として]《臨時に》…の役目を果たす, …の立場[資格]でものを言う[ふるまう]: I'*m wearing my* teacher's [official] ～ today. 今日は教師として[公的な立場で]発言しています. ***wéar twó** [**mány**] **hats*** 同時に二つ[多く]の職[役割]を兼ねる.
― *v.* (**hat·ted; hat·ting**) ― *vt.* …に帽子をかぶらせる. ― *vi.* 帽子を供給する; 帽子を製造する.
～·lìke *adj.* 〘OE *hæt(t)* < Gmc **χattuz* (ON *hǫttr* hood) ← IE **kadh-* to cover (L *cassis* helmet): cf. hood[1]〙

hat·a·ble /héɪtəbl̩ | -tə-/ *adj.* ＝hateable.

hát·bànd *n.* (帽子のクラウンに巻いた)リボン[ひも]. 〘1412–13〙

hát·blòck *n.* 帽子の木型. 〘1723〙

hát·bòx *n.* **1** 帽子箱; 帽子入れ《通例革製》. **2** 女性用の帽子箱型旅行かばん. 〘1794〙

hát·brùsh *n.* 帽子ばけ《シルクハット用》.

hatch[1] /hǽtʃ/ *vt.* **1 a** 〈ひなを〉卵からかえす: ～ chickens / count the chickens before they are ～*ed*《諺》かえらないひなを数える《捕らぬ狸の皮算用をする》. **b** 〈卵を〉かえす, 孵化(ふか)する: ～ 12 out of 13 eggs 13 の卵から 12 羽をかえす. **c** 〈卵を〉抱く (incubate): eggs ～*ed* for ten days. **2** (熟考してまたは秘密に)工夫する, 企てる, たくらむ, もくろむ (contrive): ～ a plot [theory] 計略をたくらむ[理論を案出する]. ― *vi.* **1** かえる 〈*out, off*〉. **2** 卵を抱く. **3** 〈陰謀などが〉たくらまれる. ― *n.* **1** (ひなを)一腹(の子), 一かえり; (卵の)孵化 (hatching): ～*es*, catches, matches and dispatches《戯言》(新聞の)出生・婚約・結婚・死亡の欄. **2** 〘昆虫〙(水生昆虫の)羽化《主として幼虫が水面に現れて羽化する状態にいう》. 〘《*c*1250》 *hacche(n)* < OE **hæċċan* ← ?: cf. G *hecken*〙

hatch[2] /hǽtʃ/ *n.* **1** (船の)艙(そう)口や昇降口のふた; 艙口, 昇降口, ハッチ (hatchway). **2** 飛行機の機体のドア[ハッチ], 入口 (⇨ airplane 挿絵): ⇨ escape hatch. **3** (売店などの)建物[部屋]の壁に取り付けられた格子窓, ハッチ: a serving ～ 配膳窓. **4** (上下に仕切った戸・門の)下戸, 半戸, 下扉; (扉に作った)くぐり戸. **5** (床・天井・屋根などに作った)出入口, 窓; (そのような出入口や窓の)上げぶた. **6 a** 水門の扉 (sluice gate). **b** 梁(やな)のふた. **7** 狭い場所に設けた貯蔵所; 狭い仕切り.
Dówn the hátch!《俗》乾杯《乾杯の音頭》. 《1931》もと海軍俗語: cf.《俗》*hatch* throat [mouth]》 ***ùnder (the) hátches*** (1)〘海事〙(罪人・奴隷のように)甲板下に監禁されて; 非番で. (2) 束縛されて. (3) 落ちぶれて; 元気なく. (4) 死んで (dead). 《*c*1550》
〘OE *hæċ(ċ)* ← Gmc **χak-* (Du. *hek* fence, gate) ← ?: IE **kagh-* to enclose; wickerwork: cf. hedge〙

hatch[3] /hǽtʃ/ *vt.* **1** 〘美術〙…に(陰影として)細かい平行線を彫る[引く], 平行線の陰影[けば]をつける (cf. cross-hatch). **2** …に細線の象眼をする; 色の変わった細線で装飾する. ― *n.* 〘絵画〙(平行線の)陰影, けば (cf. hachure 1). 〘《1480》 ◻ (O)F *hacher* to chop, hatch ← *hache* 'axe, HATCHET': cf. hash[1]〙

hatch·a·bil·i·ty /hætʃəbíləṭi | -lɪ̀ti/ *n.* **1** 孵化(ふか)できること[状態]; 孵化率. **2** 孵化する卵を生む能力. 〘《1916》: ⇨ hatch[1], -ability〙

hatch·a·ble /hǽtʃəbl̩/ *adj.* 〈卵が〉孵化(ふか)できる.

Hátch àct /hǽtʃ-/ *n.* [the ～] ハッチ法《公務員の選挙における活動・寄付などを規制した法律; 1939 年成立と 1940 年成立の二つがある》. 〘← *Carl A. Hatch* (1889–1963: 米国の政治家)〙

hátch·bàck《米》*adj.* 〈自動車が〉後部に上下開閉できる入口のついた, ハッチバックの. ― *n.* **1** (自動車の)上下開閉できる入口のついた後部, ハッチバック部分. **2** ハッチバックのついた自動車. 〘《1970》: ⇨ hatch[2]〙

hátch bàr *n.* 〘海事〙ハッチバー《艙(そう)口を閉鎖するときに布カバーをかけた上に, これを押えてはめ込むバー》. 〘1828〙

hátch bèam *n.* 〘海事〙ハッチビーム《艙(そう)口を閉じるとき, 開口部の一方から他方まで渡す取りはずし可能の力材で, この上にカバーをするようになっている》.

hátch bòat *n.* 〘海事〙**1** 甲板全体が艙(そう)口からなる荷船の一種. **2**《米》半甲板の漁船. 〘1867〙

hát·chèck *adj.*《米》**1** (帽子・外套(がいとう)・傘などの)携帯品を預かる: a ～ girl 携帯品預かり係(の娘). **2** 携帯品預かり用の: a ～ stand 携帯品預かり台 / a ～ room 携帯品預かり所. 〘1917〙

hátched mólding [móulding] *n.* 〘建築〙あや目繰形. 〘1846〙

hatch·el /hǽtʃəl, -tʃl̩/ *n.* (亜麻・麻の)すきぐし《稲こき状のもの》. ― *vt.* (**hatch·eled, -elled; -el·ing, -el·ling**) **1** 〈亜麻・麻を〉すく, こく (heckle). **2** 〈弁士などを〉やじり倒す (heckle). **hátch·el·ler** *n.* 〘《*c*1300》 *hechele* < OE *hæċel* < (WGmc) **χakilō* ← **χak-* 'HOOK': cf. hackle[1], heckle〙

hatch·er *n.* **1 a** 卵をかえす動物, 卵を抱く鳥, 巣鶏. **b** 孵(ふ)卵器 (incubator). **2** たくらむ人, 策謀家: a ～ of plots 陰謀家. 〘《1581》← HATCH[1] (v.)+-ER[1]〙

hatch·er·y /hǽtʃ(ə)ri/ *n.* **1** (魚卵・鶏卵などの)孵(ふ)化場. **2** (離乳期の子豚を集めた)大型養豚場. 〘《1880》← HATCH[1] (v.)+-ERY〙

hatch·et /hǽtʃɪt | -tʃɪt/ *n.* **1** 手斧(ておの)《刃の反対側にハンマー形の頭のついた, 片手で使う小型の斧》. **2** ＝tomahawk. ***búry the hátchet*** 戦いをやめる, 和睦(わぼく)する. 《1754》 ***tàke úp the hátchet*** 戦いを始める 〈*against*〉. 《1694》 ***thrów the hélve àfter the hátchet*** ⇨ helve 成句.
～·lìke *adj.* 〘《1307》 *hachet* ◻ (O)F *hachette* (dim.) ← *hache* chopper < ML *hapiam* ◻ Gmc **χapja* (OHG *happa* sickleshaped knife) ← IE **(s)kep-* to cut (Gk *kóptein* to cut): ⇨ -et〙

hátchet fàce *n.* やせてとがった顔(をした人). 〘1650–66〙

hátchet-fàced *adj.* とがった顔をした. 〘*a*1700〙

hátchet·fìsh *n.* 〘魚類〙**1** 南米産ムネエソ科の数種の小形熱帯魚の総称《胸びれが大きく体は手斧(ておの)に似ている》. **2** ムネエソ科の小形の深海魚の総称. 〘1931〙

hátchet jòb *n.*《口語》故意の酷評, どぎつい中傷. 〘1944〙

hátchet màn *n.*《口語》**1**《米》殺し屋. **2 a** 上司に代わって嫌な仕事をする人. **b** (しばしば, 金で雇われて)あら探し[暴露]記事を書く記者[筆者]. **c** 批評家 (critic). 〘1755〙

hatch·ett·ine /hǽtʃətìːn, -tʃn̩ | -tʃɪtìːn, -tɪn/ *n.* 〘鉱物〙ハチェット鉱, 鉱蠟(こうろう). 〘《1821》← *Charles Hatchett* (1765?–1847: 英国の化学者): ⇨ -ine[3]〙

hatch·ett·ite /hǽtʃətàɪt | -tʃɪ-/ *n.* 〘鉱物〙＝hatchettine. 〘《1868》: ⇨ ↑, -ite[1]〙

hátchet wòrk *n.* ＝hatchet job. 〘1961〙

hátch·ing[1] *n.* (卵の)孵化(ふか). 〘《*c*1450》: ⇨ hatch[1], -ing[1]〙

hátch·ing[2] *n.* 〘製図〙**1** (細い平行線から成る)陰影, けば (cf. tint[1] 5). **2** 線影[けば]付け (cf. cross-hatching). 〘《1662》: ⇨ hatch[3], -ing[1]〙

hatch·ling /hǽtʃlɪŋ/ *n.* (人工)孵化(ふか)したばかりの魚[鳥]. 〘《1899》: ⇨ hatch[1], -ling[1]〙

hátch màst *n.*《米》〘海事〙ハッチマスト, ハッチ近くのマスト《船荷の積み卸しにのみ用いられる》.

hatch·ment /hǽtʃmənt/ *n.* 〘紋章〙忌中紋標《菱(ひし)形の黒枠の中に死者の紋章を描いたもの; 門前・墓前などに掲げる; 中の紋章図形によって死者の立場がわかるようになっている; funeral achivement ともいう》. 〘《1548》 *atcheament*《転訛》← ACHIEVEMENT〙

hátch·wày *n.* **1** (甲板の)昇降口, ハッチ. **2** (床・天井などの上げぶたのある)出入口. 〘《1626》: ⇨ hatch[2]〙

hát dànce *n.* ハットダンス《メキシコのフォークダンスで, 男性が求愛のしるしにソンブレロを地面に置くと, 女性はその帽子のふちの上で踊ってからその帽子をかぶり, 求愛に応じたことを示す》.

hate /héɪt/ *vt.* **1** 憎む, ひどく嫌う. ★ ⇨ SYN: ～ one's enemy / ～ drink 飲酒を嫌う / ～ the sight of …を見るのもいやだ / He ～*s* me *for* not helping him. 助けなかったことを恨んでいる. **2** [*doing, to* do, 目的語＋*doing* [*to* do], (まれ) *that*-clause などを伴って] 〈…することを〉(ひどく)嫌う; 《口語》…がいやである, 残念に思う (regret): I ～ ask*ing* favors. 人にものを頼むのは嫌いだ / She ～*s being* [*to be*] ordered about [around]. あれこれ指示されるのを嫌う / I ～ *to* trouble you. ご面倒をかけて申し訳ない / I ～ you work*ing* [(*for*) you *to* work] late.＝I ～ *it that* you (should) work late. 遅くまで仕事をされるのはいやだ (★ for や it の付く構文については ⇨ like[2] *vt.* 1 a, b) / I ～ (hav*ing*) to say it, but …言いたくはないが…. ― *vi.* 憎しみを感じる.
háte** a person's **gúts ⇨ gut 成句. ***háte óut*** 敵意で〈人を〉追い出す: ～ a person *out* of the group.
― *n.* **1** 憎しみ, 憎悪; 非常な嫌悪感: be filled with ～ *for* …に対する憎悪で心がいっぱいである. **2**《口語》いやでたまらないもの[人]: He [It] is one of my pet ～*s*. 私は彼[それ]が大嫌いだ. **3**《俗》〘英軍〙(第一次大戦中におけるドイツ軍の)砲撃 (bombardment): the morning [evening] ～ 夜明け[晩]の砲撃.

hát·er /-tə | -tə(r)/ *n.* 〘v.: OE *hatian* < Gmc **χatōjan* (G *hassen*) ← IE **kād-* sorrow, hatred. ― n.: 《13C》 ◻ ON *hatr* ∽ OE *hete* < Gmc **χatis-* (G *Hass*)〙

SYN **1** 憎む: **hate** 〈人や物に〉激しい悪意と嫌悪感をいだく《一般的な語》: He *hates* communism. 彼は共産主義が嫌いだ. **dislike** 〈人や物を〉いやだと思って嫌う《*hate* よりも意味が弱い》: I *dislike* rats. ネズミが嫌いだ. **detest** 〈人や物〉に軽蔑感と激しい嫌悪感を抱く: I *detest* hypocrisy. 偽善が大嫌いだ. **abhor** (特に道徳的な理由で)激しい嫌悪感を感じる《格式ばった語》: I *abhor* cruelty. 残酷さが大嫌いだ. **abominate** 〈不吉・恥ずべき物〉に強い嫌悪感を抱く《格式ばった語》: *abominate* treachery 反逆行為を嫌悪する. **loathe** たまらなく嫌いである《格式ばった語; 最も意味が強い》: I *loathe* snakes. わたしはたまらなくヘビが嫌いだ.
ANT love, like.
2 憎しみ: **hate** 最も普通の語で, 抽象的な憎しみ: love and *hate* 愛と憎しみ. **hatred** 特定の人や物に対する個別で具体的な憎しみ: I felt *hatred* toward him. 私は彼に憎しみを覚えた. **enmity** 隠れたまたははっきりと現れた強く根深い憎しみ《格式ばった語》: Her unkind words incurred his bitter *enmity*. 彼女のつれない言葉が彼の激しい恨みを買った. **hostility** 通例積極的な反抗・攻撃などに現れる敵意: the *hostility* between black and white people 黒人と白人との間の敵意. **animosity** 積極的な *hostility* になりかねない激しい憎悪と恨み; 怒りを伴った執念深い憎悪と恨み: He felt a feeling of *animosity* for his father. 父親に怒りと憎しみを覚えた. **antagonism** 個人・階級・国家などの相互の敵意: the *antagonism* between classes 階級間の反目.
ANT amity, friendliness.

---

hate·a·ble /héɪṭəbl̩ | -tə-/ *adj.* 憎らしい, 憎むべき, いやな. 〘《*c*1443》: ⇨ -able〙

háte crìme *n.* 憎悪犯罪《人種・宗教・性的志向などの違う相手に対する暴行・放火などの犯罪行為》.

hate·ful /héɪtfəl, -fl̩/ *adj.* **1** 嫌悪の情を起こさせる, 憎い, いやな, 憎らしい, いまいましい (odious): a ～ person 憎むべき人間 / The sight of him is ～ to me. あの男は見るのもいやだ / The vulgarity of the club was ～ to her. クラブの俗っぽさがいやだった / Why does old age make people so ～? なぜ年をとると皆いとわしい存在になってしまうのだろう. **2**《古》憎悪に満ちた, 悪意の (malevolent): a ～ look [eye] 憎悪に満ちた目. **～·ly** *adv.* **～·ness** *n.* 〘*c*1380》: ⇨ hate, -ful[1]〙

SYN 憎むべき: **hateful** 強い嫌悪感を催させる: a *hateful* crime 憎むべき犯罪. **odious** 非常に不快な《格式ばった語》: an *odious* habit とても不快な習慣. **detestable** 軽蔑・あざけりに値するほどいやでたまらない《格式ばった語》: *detestable* behavior 恥ずべきふるまい. **obnoxious** 甚だしい不快感を催させる《格式ばった語》: His piggish manners made him *obnoxious*. だらしない態度のために鼻つまみ者になった. **abhorrent** 正義感・道徳性に反していて忌まわしい: Such an act is *abhorrent* to me. このような行為はぞっとするほど忌まわしい. **abominable** ののしりたくなるほどいとわしい: *abominable* crimes of the day 現代の忌まわしい犯罪.
ANT lovable, sympathetic.

---

háte·less *adj.* 憎まない, 憎悪の念のない. **～·ness** *n.* 〘《1580》: ⇨ -less〙

háte màil *n.* 憎悪[いやがらせ]の手紙《受け手に対する憎悪をつづった, しばしば 匿名の手紙》.

háte·mònger *n.* 《米》憎しみ[敵意, 偏見]をかき立てる煽動家; 敵意のかき立て役.

háte shèet *n.* (ある民族・国家・宗教団体に対し)偏見的な反感を表明し続ける新聞[雑誌など].

Hat·field /hǽtfiːld/ *n.* ハットフィールド《イングランド Hertfordshire 州の町》.

hat·ful /hǽtfʊl/ *n.* (*pl.* **~s, hats·ful**) 帽子一杯: a ~ *of* nuts. 〘《1662》: ⇨ -ful[2]〙

hath /*auxil. v.* では (弱) (h)əθ; (強) hǽθ; *v.* では hǽθ/ *v., auxil v.* 《古・詩》 have[1], have[2] の三人称単数直説法現在形: he ~. 〘OE *hæfþ*〙

Hath·a·way /hǽθəwèɪ/, **Anne** *n.* ハサウェイ《1557?–1623; Shakespeare の妻》.

háth·a yóga /hǽθə-, hʌ́tə- | hǽθə-, hʌ́tə-; *Hindi* hətʰə/ *n.* ハタヨーガ《体を無理にねじ曲げる座法を数多く取り入れ, 身体の生理的操作により宇宙と合一することを目標とするヨーガ; cf. raja yoga, asana》. 〘《1911》← Skt *haṭha* force＋YOGA〙

Hath·or /hǽθɔə, -θə | -θɔː(r), -θə(r)/ *n.* 〘エジプト神話〙ハトル, ハトホル《Horus の母, 世界を生んだ天の雌牛; 愛と喜びの女神; ギリシャ神話の Aphrodite に相当; 雌牛の頭を持った姿に描かれる》. 〘《1786》□ Gk *Athṓr* □ Egypt. *Ḥw.t-Ḥr* (原義) 'House of HORUS'〙

Háthor-héaded *adj.* 〘建築〙〈エジプトの柱頭が〉ハトル (Hathor) の頭の形をした. 〘《1901》↑〙

Ha·thor·ic /həθɔ́(ː)rɪk, -θɑ́(ː)r- | -θɔ́r-/ *adj.* **1** ハトル (Hathor) の. **2** 〘建築〙〈柱頭などが〉ハトル (Hathor) の頭の形をした. 〘《1901》: ⇨ Hathor, -ic[1]〙

hát·less *adj.* 帽子のない, 無帽の (bareheaded): one's ~ head / go (out) ~ 帽子をかぶらないで外出する.
~·ness *n.* 〘《*c*1450》: ⇨ -less〙

hát·màker *n.* 帽子製造業者. 〘1400〙

hát·pèg *n.* 帽子掛け(くぎ).

hát·pìn *n.* 婦人帽の留めピン.

hát ràck *n.* **1** 帽子掛け《hat-peg などのついた板[柱]》. **2** 肉の品質の悪い食用動物, やせ牛[豚など].

hát·ràil *n.* (壁に取り付けた)帽子掛け. 〘1872〙

ha·tred /héɪtrɨd/ *n.* **1** 憎しみ, 憎悪, 嫌悪 (detestation) (⇨ hate SYN): have [entertain] a ~ for …を憎悪する / in ~ of …を憎んで / bear a person ~ ＝feel ~ against a person 人に憎悪の念をいだく / He has excited neither envy nor ~. 人をうらやましがらせたことも人の憎しみを買ったこともない. **2** 集団的な敵意, 集団憎悪. 〘?lateOE *haterede*(*n*): ⇨ hate, -red〙

Hat·shep·sut /hætʃépsuːt/ *n.* ハトシェプスト《エジプト第 18 王朝の女王 (1512?–1482 B.C.); Hatshepset ともいう》.

hát sìze *n.* 帽子のサイズ. **short of hat size** 《俗》頭の足りない, ばかな.

hát·stànd *n.* 帽子掛け台(《米》hat tree). 〘1857〙

hát·ted /-tɨd | -tɨd/ *adj.* 帽子をかぶった. 〘《1552》: ⇨ hat, -ed 2〙

hat·ter /hǽtə | -tə(r)/ *n.* **1** 帽子製造[修理]人, 帽子屋, 帽子商. **2** [通例 *pl.*] (フェルト帽の材料となる)ウサギの毛皮. **3** 《豪口語》**a** 一人で奥地に住む人間. **b** 独り住いの鉱山試掘者, 独り住まいの奇人《しばしば, あまりにも孤独のために奇人になった人について用いられる》.
(as) mád as a hátter 《口語》ひどく気が狂って; 《米口語》すごく怒って. 〘《1837–40》← *hatter's shakes* (一説では hatter は ADDER[2] の転訛): L. Carroll, *Alice in Wonderland* に登場する Mad Hatter で一般化した〙
〘《1465–66》: ⇨ hat, -er[1]〙

Hat·ter·as /hǽtərəs, -trəs | -tərəs, -trəs/ *n.* 〘商標〙ハッテラス《米国 Hatteras Yachts 社製のエンジン付きの豪華なヨット》.

Hat·ter·as /hǽtərəs, -trəs | -tərəs, -trəs/, **Cape** *n.* ハッテラス岬《米国 North Carolina 州沖合にあるハッテラス島 (Hatteras Island) の岬; 船の難所として名高い; 国定海岸 (Cape Hatteras National Seashore) となっている》. 〘北米インディアンの種族名から〙

Hátteras Ísland *n.* ハッテラス島《米国 North Carolina 州大西洋岸沖に連なる鎖状列島中の島》.

hátter's shákes *n. pl.* [通例単数扱い] 〘病理〙水俣病 (Minamata disease) 《Mad Hatter's disease ともいう》. 〘19 世紀ごろフェルト帽製造職人がフェルト処理に用いた水銀化合物による中毒で筋肉や手足の痙攣(けいれん)を起こしたことから〙

Hat·ti /hǽti | -ti/ *n.* (*pl.* ~, **~s**) **1 a** [the ~(s)] ハッティ族《ヒッタイト族による征服まで Anatolia 地方中部に住んでいた民族》. **b** ハッティ族の人. **2** ハッティ語. **Hat·tic** /hǽtɪk | -tɪk/ *adj.* 〘□ Akkad. *ḫatti, khatti*〙

Hat·tie /hǽti | -ti/ *n.* ハッティ《女性名; Harriet, Harriot の愛称》.

Hat·ties·burg /hǽtizbəːg | -tizbəːg/ *n.* ハッティズバーグ《米国 Mississippi 州南東部の市》.

hát·ting /-tɪŋ | -tɪŋ/ *n.* **1** 帽子製造(業). **2** 製帽材料. 〘《1796》: -ing[1]〙

hát trèe *n.* 《米》帽子掛け《枝に帽子を掛ける》. 〘1858〙

hát trìck *n.* **1** 〘サッカー・(アイス)ホッケー〙ハットトリック《1 試合に 1 人で 3 点(以上)得点すること》. **2** 〘野球〙＝cycle[1] 8. **3** 〘競馬〙ハットトリック《3 レース連続の勝ち》. **4** 〘《1877》: もと新しい帽子を賞として贈ったところから〙《クリケット》ハットトリック《投手が連続 3 球で打手 3 人をアウトにすること》. **5 a** 帽子を使った奇術. **b** 巧妙な手[術策, トリック].

Hat·ty /hǽti | -ti/ *n.* ハッティ《女性名; 異形 Hattie》. 〘《dim.》← HARRIET〙

hau·ber·geon /hɔ́ːbədʒən, hɑ́ː-, hɔːbə́ː-, hɑː- | hɔ́ːbə-; *F.* obɛʀʒɔ̃/ *n.* 〘甲冑〙＝habergeon.

hau·berk /hɔ́ːbəːk, hɑ́ː- | hɔ́ːbəːk/ *n.* 〘甲冑〙(中世の長い)鎖かたびら (cf. habergeon). 〘《?a1300》□ OF *hau(s)berg* □ OHG *halsberc* ← *hals* neck (⇨ hawse) ＋*bergan* to protect (⇨ harbor)〙

haud[1] /hɔ́ːd, hɑ́ːd, hʌ́d | hɔ́ːd, hʌ́d/ *v., n.* 《スコット》＝hold[1].

hauf /hɔ́ːf, hɑ́ːf | hɔ́ːf/ *n., adj., adv.* 《スコット》＝half.

Hauff /háuf; *G.* háuf/, **Wilhelm** *n.* ハウフ《1802–27; ドイツの小説家・童話作家》.

haugh /hɔ́ː(x), hɑ́ː(x) | hɔ́ː/ *n.* 《スコット・北英》(川辺の)低地の草原; 平坦な沖積土 (alluvium) の土地. 〘《OE》《1375》*hawch, hawgh* < ? OE *h(e)alh* corner, hiding-place < Gmc **χul-* ← IE **kel-* to cover: cf. hall, hell, hollow〙

Haugh·ey /hɔ́ːhi, hɑ́ː- | hɔ́ːhi, hɔ́hi/, **Charles James** *n.* ホーヒー《1925– ; アイルランドの政治家; 首相 (1979–81, 82, 87–92)》.

haught /hɔ́ːt, hɑ́ːt | hɔ́ːt/ *adj.* 《古》＝haughty.

haugh·ty /hɔ́ːti, hɑ́ː- | hɔ́ːti/ *adj.* (**haugh·ti·er; -ti·est**) **1** 傲慢(ごうまん)な, 高慢な, 横柄な (⇨ proud SYN): a woman of a ~ nature 高慢ちきな女性 / a ~ air [reply] 尊大な態度[返答] / ~ contempt 傲慢な軽蔑 / a ~ walk 傍若無人な威張り歩き. **2** 《古》高い, そびえ立つ (lofty). **3** 《廃》気高い (noble). **háugh·ti·ly** /-təli, -tli, -tli | -təli, -tli/ *adv.* **háugh·ti·ness** *n.* 〘《1530》*haught* □ OF *halt* high (F *haut*) < L *altum* high: 英語の *gh* は NAUGHTY からの類推, OF の *h* は OHG *hōh* (G *hoch* high) の影響: ⇨ -y[4]〙

Hau·hau /háuhau/ *n.* ハウハウ《キリスト教の影響を受けた 19 世紀半ばのマオリ族 (Maori) の千年王国運動》. 〘《1865》□ Maori ~〙

haul /hɔ́ːl, hɑ́ːl | hɔ́ːl/ *vt.* **1 a** (力を入れて)強く引く, 引っ張る, たぐる (⇨ pull SYN): ~ in a net 網を引っ張り[たぐり]込む / ~ out a large envelope from one's briefcase ブリーフケースから大型封筒を引っ張り出す. **b** 引いて運搬する: ~ timber (伐採場から製材場へ)材木を引いて運ぶ. **c** 〈旗などを〉引き降ろす, 下げる 〈*down*〉: ~ *down* one's [the] flag [colors] 旗を引き降ろす, 旗を巻く; 降服する. **d** 《口語》無理矢理引っ張って行く[引っ張って来る, 手に入れる]. **2** 車で運ぶ, 輸送する: ~ coal from the mine 炭鉱から石炭を運ぶ. **3** 《口語》(尋問・処罰のため)〈人を〉(当局・法廷などに)引っ張って行く, 召喚する 〈*up*〉〔*before, into*〕: ~ a person *into* court [*before* the judge] 人を法廷に引っ張り出す. **4** 〘海事〙**a** 〈船〉の針路を風向きに合うように変える (cf. close-hauled): ~ a ship on a wind 船首を一層風上に向ける. **b** (修理などのために)〈船を〉引き揚げる. — *vi.* **1** 引く, たぐる, 引っ張る (pull, tug): ~ *at* [*on*] a rope 綱を引く. **2** 〔ある場所へ〕(やっと)行く (go), 来る (come) 〔*to, into*〕. **3 a** 〘気象〙〈風が〉方位を変える (shift) 〈*around, round*〉〔*to*〕(cf. veer[1] 3): The wind was ~*ing round to* the south. 風は南風に変わりかけていた. **b** 〈風向きが〉前方からの向かい風に変わる (cf. veer[1] 4 c). **4** 〘海事〙針路を転じる 〈*off, around, up*〉. **5** 自分の意見[態度]を変える.
hául in with 〘海事〙…に近づく[接近する]ように船を向ける. *Hául of áll!* 〘海事〙(上手回しのために)全部の帆桁を回せ. *hául óff* (1) 《米口語》(なぐろうとして)腕を後ろに引く[身構える]. (2) 引き下がる, 退く (withdraw). (3) 〈人を〉引っ張る, 引っ張って連れて行く. (4) [~ off and …として] いきなり(身構えて)…する: He ~*ed off and* hit me. 彼はいきなり私をなぐった. (5) 〘海事〙(ある物を避けるために)船首を転じる. *hául úp* (1) ⇨ *vi.* 4. (2) 停止する, 立ち止まる (halt). (3) (譴責(けんせき)のために)呼び出す, ひっぱり出す.
— *n.* **1 a** (特に不正に)取得したもの(の量), 不法な所持物, 押収量[品]《大量の麻薬・武器など》; 盗品, 獲物 (⇨ spoil SYN): a pickpocket's ~ すりの獲物. **b** 一網(の漁獲); 地引き網漁場: a good ~ of fish 豊漁 / get [make] a fine [good, big] ~ 大漁である, 大もうけをする, 掘出し物をする. **c** 《特にスポーツで》(メダル・得点・ゴールなどの)獲得(数), 得点. **2** 強く引くこと; 引き, 引っ張ること, たぐり. **3 a** 運搬, 輸送. **b** 運搬量; 一回に運搬できる量の荷物. **c** 荷物を運べる距離: ⇨ long haul, short haul. **4** 〘機械〙コンベヤーベルト.
〘《1557》*hall* (変形) ← HALE[2]〙

hául·abòut *n.* 給炭用はしけ船. 〘1903〙

haul·age /hɔ́ːlɪdʒ, hɑ́ːl- | hɔ́ːl-/ *n.* **1** 引くこと, 引っ張り. **2** 牽引力; 牽引量. **3** (貨物の)運搬; 運送代, 運賃. 〘《1826》← HAUL (v.)＋-AGE〙

háulage·wày *n.* 〘鉱山〙石炭[鉱石]運搬路. 〘*c*1909〙

hául·bàck *n.* 〘林業〙引戻索《材木切出しの際に用いられる集材機の一回の運搬ごとに運搬器を引き戻すために使用されるワイヤロープ; haul-back line ともいう》.

hául·er /-lə | -lə(r)/ *n.* **1** 引っ張る人, たぐる人, 運送人. **2** 《英》**a** (トラック)運輸会社, 輸送店. **b** 運搬用貨物車[トラック, 貨物自動車]. **c** (昔, 炭鉱で働いた)石炭車運搬人. 〘《1674》← HAUL (v.)＋-ER 1〙

haul·i·er /hɔ́ːliə, hɑ́ː-, -liə | hɔ́ːliə, hɔ́ːljə(r)/ *n.* 《英》＝hauler.
〘← HAUL (v.)＋-IER〙

haulm /hɔ́ːm, hɑ́ːm | hɔ́ːm/ *n.* 《英》**1** (草などの)茎 (stem). **2** [集合的] (豆類・穀類・じゃがいもなどの)刈取り後の茎《家畜の寝わらや屋根ふき用》. 〘OE *h(e)alm* < Gmc **χalmaz* (Du. *halm* / G *Halm* / ON *halmr* grass) < IE **kolәm-* grass, reed (L *culmus* 'CULM[1]')〙

hául sèine *n.* 引き網《長い網の一端を陸地に固定し, 他端を引きまわして魚群を囲んで引き寄せる地引網の一種》. 〘1884〙

haul·yard /hɔ́ːljəd, hɑ́ːl- | hɔ́ːljəd/ *n.* 〘海事〙＝halyard.

haunch /hɔ́ːntʃ, hɑ́ːntʃ | hɔ́ːntʃ/ *n.* **1** (人の)腰部, 臀(でん)部 (hip); [*pl.*] (両方の)尻の肉の厚い部分. **2 a** (動物の)後四半部 (hindquarter): The dog was sitting on its ~*es*. 犬が座っていた. **b** (食用としての)動物の足と腰部. **3** 〘建築〙**a** 迫腰(せりごし) (hance) 《アーチの迫(せり)元から頂部までの間》. **b** ハンチ《梁端の丈の増した部分》. **4** 〘土木〙ハンチ《ラーメン (frame) の隅角部》. *on one's háunches* うずくまって, しゃがんで: squat *on one's* ~*es* (尻をついて)すわる, しゃがむ. **~ed** *adj.* 〘《?a1200》□ (O)F *hanche* ← Gmc: cf. MDu. *hanke* haunch, hip〙

háunch bòne *n.* 〘解剖〙寛骨, 無名骨 (hipbone, innominate bone). 〘*c*1390〙

haunt /hɔ́ːnt, hɑ́ːnt | hɔ́ːnt/ *vt.* **1** 〈考え・観念・感情などが〉〈人〉の心に絶えず浮かぶ; 〈人〉に付きまとう, (付きまとって)苦しめる[悩ます] (obsess): be ~*ed* by the thought that …という考えが頭から離れない[思い出されてならない] / Remorse ~*s* him continually. 絶えず悔恨の念が彼を悩ます / be ~*ed* by fears 心配に付きまとわれる / be ~*ed* by the ghost of a dead friend 死んだ友人の幽霊に取りつかれる / The possibility ~*ed* her mind. もしかしたらという気持ちが頭から離れなかった. **2** 〈幽霊・化け物などが〉〈ある場所〉にしばしば現れる, 出没する: The place is said to be ~*ed* by a ghost. そこには幽霊が出るそうだ. **3 a** 〈ある場所〉にたびたび行く, 足しげく通う, いつも出入りする, 行きつける (frequent): ~ the lowest dives 下品きわまる盛り場に通いつめる / ~ discos ディスコに足しげく通う. **b** 〈人〉としょっちゅう付き合う: ~ the rich 金持ちに付きまとう.
— *vi.* **1** 〈幽霊などが〉出没する; 〈霊などが〉〔人に〕付きまとう 〔*with*〕; 〈人が〉幽霊となって現れる. **2** たびたび行く[訪れる]. **3** ぶらぶらする, うろつく.
— *n.* **1** [しばしば *pl.*] 人のよく行く所 (resort); (悪党などの)巣, 隠れ場: holiday ~*s* 休日の行楽地 / revisit the old ~*s* of one's school days 学校時代によく行った所を再び訪れる / a favorite ~ of birds 鳥の好んで集まる所 / a hippy ~ ヒッピーのたまり場 / the ~*s* of criminals 犯罪者のたまり場 / the ~*s* of vice and crime 悪徳と犯罪の巣窟(そうくつ). **2 a** (動物などの)生息地, 繁殖地 (lair, habitat); よく姿を見せる所. **b** (植物の)好適な環境. **3** 《米方言》幽霊, お化け (ghost, goblin).
~·er /-tə | -tə(r)/ *n.* 〘《?c1200》*ha(u)nte(n)* □ (O)F *hanter* to haunt, frequent □ Gmc **χaimatjan* (OE *hāmettan*) to provide with a home ← IE **kei-* 'to lie; bed, night's lodging, HOME'〙

haunt·ed /hɔ́ːntɨd, hɑ́ːnt- | hɔ́ːntɨd/ *adj.* **1** 幽霊や化け物が出没する, 幽霊に取りつかれた: a ~ house 幽霊[化け物]屋敷 / a ~ tower 幽霊(の出る)塔 / a ~ man (幽霊などに)取り憑かれた人, 祟(たた)りを受けている人. **2** 悩んだ, 当惑した, 病んでいる, 苦悩に苛(さいな)まれた (troubled): ~ hollow eyes 病んで落ちくぼんだ目. **3** [通例複合語の第 2 構成素として] …のいっぱいいる, …が群がる: a gull-*haunted* island かもめの群がる島. **~·ness** *n.* 〘《*c*1350》: ⇨ ↑, -ed〙

haunt·ing /hɔ́ːntɪŋ, hɑ́ːnt- | hɔ́ːnt-/ *adj.* **1** 心にしばしば浮かぶ; 容易に忘れられない: a ~ melody. **2** 心を乱す, 不安にさせる: a ~ horror. — *n.* **1** たびたび行くこと, 頻繁に通うこと. **2** (幽霊などの)出没. **~·ly** *adv.* 〘《n.: *c*1350; adj.: *c*1384》← HAUNT＋-ING[1,2]〙

Haupt·mann /háup(t)mɑːn; *G.* háuptman/, **Gerhart** *n.* ハウプトマン《1862–1946; ドイツの劇作家・小説家・詩人; Nobel 文学賞 (1912); *Die Weber*「織匠」(1892), *Die Versunkene Glocke*「沈鐘」(1896)》.

Haupt·strahl /háup(t)ʃtrɑːl, -strɑːl; *G.* háuptʃtʀaːl/ *n.* 〘光学〙主光線. 〘□ G ~ ← *Haupt* 'HEAD'＋*Strahl* ray〙

Hau·rá·ki Gúlf /hauráeki-, -rɑ́ː-/ *n.* ハウラキ湾《ニュージーランド北島北岸の太平岸に面した入江》.

hau·ri·ant /hɔ́ːriənt, hɑ́ː- | hɔ́ː-/ *adj.* (*also* **hau·ri·ent** /~/) 〘紋章〙〈魚・いるかなど〉頭を上に向けて直立した姿勢の (cf. erect 4 a, naiant, urinant). 〘《1572》□ L *haurientem* (pres.p.) ← *haurīre* to draw: ⇨ -ant, -ent〙

Hau·sa /háusə, -zə; *Hausa* háusa/ *n.* (*pl.* ~, **~s**) **1 a** [the ~(s)] ハウサ族《スーダン地方の黒人の一族》. **b** ハウサ族の人. **2** ハウサ語《西アフリカに広く交易語として用いられる》. 〘《1820》: 現地言語〙

Háus·dorff spàce /háusdɔəf-, háuz- | -dɔːf-; *G.* háusdɔʀf-/ *n.* 〘数学〙ハウスドルフ空間《位相空間で, その任意の 2 点がそれらのそれぞれを含む二つの開集合によって分離できるようなもの》. 〘《1798》← *Felix Hausdorff* (ドイツの数学者)〙

haus·frau /háusfràu; *G.* háusfʀau/ *n.* (*pl.* **~s, ~·en** /~ən; *G.* ~ən/) (ドイツ人の)主婦 (housewife). 〘《1798》□ G *Hausfrau* ← *Haus* 'HOUSE'＋*Frau* wife, woman〙

Haus·ho·fer /háushoufə | -həufə(r); *G.* háushoːfɐ/, **Karl** *n.* ハウスホーファー《1869–1946; ドイツの地政学者; 日本にも滞在, ナチスを擁護した; その子 Albrecht (1903–45) も地政学者として父に協力したが, のち反ナチ活動を行い射殺された》.

haus·mann·ite /háusmənàɪt/ *n.* 〘鉱物〙ハウスマン鉱, 黒マンガン鉱 (Mn_3O_4) 《暗黒褐色の鉱物》. 〘《1831》← J. F. L. Hausmann (1782–1859) ドイツの鉱物学者: ⇨ -ite[1]〙

Haus·sa /háusə/ *n.* (*pl.* ~, **~s**) ＝Hausa.

Hauss·mann /ousmɑ́ːn, háusmən | óusmən, háus-; *F.* osman/, Baron **Georges Eugène** *n.* オスマン《1809–91; フランスの行政官; 第二帝政時代にパリの都市改造を実行》.

haust 《略》〘処方〙(水薬の)一回分. 〘《1600》□ L *haustus* (p.p.) ← *haurīre* to draw〙

haustella *n.* haustellum の複数形.

haus·tel·late /hɔːstélɪ̀t, hɑː- | hɔːs-/ *adj.* 〘動物〙〈ある種の昆虫が〉吻管(ふん)(haustellum) のある; 吸うのに適している. 〘(1835): ⇨ ↓, -ate²〙

haus·tel·lum /hɔːstéləm, hɑː- | hɔː-/ *n.* (*pl.* **-tel·la** /-lə/) 〘動物〙(昆虫などの)吸管, 吻管(ふん). 〘(1816) ← NL ~ ← L *haustus* (p.p.) ← *haurīre* to draw)+*-ellum* (dim. suf.)〙

haus·to·ri·um /hɔːstɔ́ːriəm, hɑːs- | hɔːs-/ *n.* (*pl.* **-ri·a** /-riə/) 〘植物〙 **1** (寄生植物の)吸根, 寄生根. **2** (寄生菌の菌糸が出す)吸器. **haus·to·ri·al** /hɔːstɔ́ːriəl, hɑːs- | hɔːs-/ *adj.* 〘(1875) ← NL ~ ← L *haustus* (↑)+-ORIUM〙

haut·bois /(h)óʊbɔɪ | (h)ə́ʊ-/ *n.* (*pl.* ~) 〘古〙 オーボエ (oboe). 〘(1575) ⇨ hautboy〙

háutbois stràwberry *n.* 〘植物〙 ヨーロッパ原産バラ科エゾヘビイチゴの類の多年草 (*Fragaria moschata*) (栽培イチゴの原種の一つ). 〘1731–33〙

haut·boy /(h)óʊbɔɪ | (h)ə́ʊ-/ *n.* 〘古〙 =hautbois. 〘(1575) □ F *hautbois* ← *haut* high (⇨ haughty)+*bois* wood (⇨ bush¹)〙

haute cou·ture /òʊtkuːtʊ́ə, -ku- | ə̀ʊtkuːtjʊ́ə^(r), -kʊ-, -tʊ́ə^(r); *F.* otkutyːʁ/ *F. n.* **1** [集合的] オートクチュール (高級婦人服を創り流行をリードする一流の衣装店; 特に Paris 高級衣装店を指す). **2** オートクチュール: **a** 高級婦人服を創りだす技術. **b** オートクチュールで作り出したファッション. 〘(1908) □ F ~ 'high sewing'〙

haute cui·sine /òʊtkwɪ̀zíːn | ə̀ʊt-; *F.* otkɥizin/ *F. n.* (腕利きのコックによる)高級料理(法). 〘(1926) □ F ~ 'high kitchen'〙

haute é·cole /òʊteɪkɔ́(ː)l, -kɑ́(ː)l | ə̀ʊteɪkɔ́l; *F.* otekɔl/ *F. n.* (*pl.* **hautes é·coles** /òʊzeɪkɔ́(ː)l, -kɑ́(ː)l | ə̀ʊzeɪkɔ́l; *F.* ozekɔl/) **1** 高等馬術. **2** (高度な運動をさせるための)馬の調教法. 〘(1858) □ F ~ 'high school'〙

Haute-Ga·ronne /òʊtgærɔ́(ː)n, -rɑ́(ː)n | ə̀ʊtgærɔ́n; *F.* otgaʁɔn/ *n.* オートガロンヌ(県) (フランス南部のスペインに接する県; 面積 6,372 km², 県都 Toulouse). 〘*Haute-* は upper の意: cf. G *Ober-*〙

Haute-Loire /òʊtlwɑ́ə | ə̀ʊtlwɑ́ː^(r); *F.* otlwaːʁ/ *n.* オートロワール(県) (フランス中部の県; 面積 5,001 km², 県都 Le Puy /lpɥi/).

Haute-Marne /òʊtmɑ́ən | ə̀ʊtmɑ́ːn; *F.* otmaʁn/ *n.* オートマルヌ(県) (フランスの北東部の県; 面積 6,257 km², 県都 Chaumont /ʃomɔ̃/).

Haute-Nor·man·die /òʊtnɔəmɑ̃ː(n)díː, -mɑːn- | ə̀ʊtnɔː-; *F.* otnɔʁmɑ̃di/ *n.* オートノルマンディー (フランス北西部, イギリス海峡に臨む地方; 面積 12,317 km², 主都 Rouen).

haute-piece /hóʊtpiːs | háʊt-/ *n.* 〘甲冑〙 肩板 (肩甲 (pauldron) に取り付けて首の片側を保護する; ⇨ armor 挿絵). 〘(*c*1500) □ F ~ 'high piece'〙

Hautes-Alpes /òʊtzǽlp | ə̀ʊt-; *F.* otzalp/ *n.* オートザルプ(県) (フランス東南部のイタリアに接する県; 面積 5,520 km², 県都 Gap /gap/).

Haute-Saône /òʊtsóʊn | ə̀ʊtsə́ʊn; *F.* otsoːn/ *n.* オートソーヌ(県) (フランス東部の県; 面積 5,344 km², 県都 Vesoul /vəzul, -zu/).

Haute-Sa·voie /òʊtsævwɑ́ | ə̀ʊt-; *F.* otsavwa/ *n.* オートサボワ(県) (フランス東部のイタリアおよびスイスに接する県; 面積 4,598 km², 県都 Annecy /ansi/).

Hautes-Py·ré·nées /òʊtpɪ̀reɪnéɪ | ə̀ʊt-; *F* otpiʁene/ *n.* オートピレネー(県) (フランス南西部のスペインに接する県; 面積 4,534 km², 県都 Tarbes /tarb/).

haut·eur /hɔːtə́ː, hɑː-, (h)oʊ- | əʊtə́ː^(r), ←-; *F.* otœːʁ/ *n.* 横柄, 尊大, 傲慢 (haughtiness). 〘(*a*1628) □ F ~ ← *haut* high (⇨ haughty)+*-eur* '-OR¹'〙

Haute-Vienne /òʊtvién | ə̀ʊt-; *F.* otvjɛn/ *n.* オートビエンヌ(県) (フランス西部の県; 面積 5,555 km², 県都 Limoges /limoːʒ/).

Haute-Vol·ta /*F.* otvɔlta/ *n.* オートボルタ (Upper Volta のフランス語名).

haute vul·ga·ri·sa·tion /òʊtvʌ̀lgəriːzəsjɔ̃ː(ŋ), -vɪl-, -sjɔ̃ːŋ | ə̀ʊt-; *F.* otvylgaʁizasjɔ̃/ *F. n.* 難解[高等, 複雑]な事[問題など]の巧みな解説[大衆化], 早分かり的な説明. 〘(1946) □ F ~〙

haut monde /òʊmɔ̃́ː(n)d, -mɔ́ːnd | ə̀ʊ-; *F.* omɔ̃ːd/ *F. n.* 上流社会. 〘(1864) □ F ~ 'high world or society'〙

Haut-Rhin /òʊrǽ(ŋ), -rǽŋ | ə̀ʊ-; *F.* oʁɛ̃/ *n.* オーラン(県) (フランス北東部の県, 旧ドイツ領 Alsace 地方の一部; 面積 3,508 km², 県都 Colmar /kɔlmaːr/; ⇨ Alsace-Lorraine).

Hauts-de-Seine /òʊdəséɪn | ə̀ʊdə-, *F.* otdəsɛn/ *n.* オードセーヌ (フランス中北部, パリの西の Ile-de-France 地方にある県; 1964 年設置; 面積 175 km², 県都 Nanterre).

ha·uy·nite /ɑːwíːnaɪt/ *n.* 〘鉱物〙 藍方石(らんほうせき). 〘(1868) □ F *haüyne* ← *Abbé René Haüy* (1743–1822: フランスの鉱物学者)+-ITE¹〙

hav 〘記号〙〘数学〙 haversine.

Ha·van·a /həvǽnə; *Am.Sp.* aβána/ *n.* **1** ハバナ (キューバ北西部にある海港で同国の首都; スペイン語名 La Habana). **2 a** ハバナタバコ (キューバで栽培されたタバコ). **b** ハバナ葉巻 (ハバナタバコを原料にした, またはキューバで製造された葉巻 (Havana cigar)). — *adj.* ハバナの; キューバ産[製]の. 〘(1711) □ Sp. *Habana* (原義) 'port, HAVEN'〙

Havána brówn *n.* ハバナブラウン (ハバナ葉巻色の短毛種のイエネコ). 〘1875〙

Havána Clùb *n.* ハバナクラブ (キューバ Fabrica Ron Havana 製のラム酒).

Háv·ant /hǽvənt/ *n.* ハバント (イングランド南部, Hampshire 州南東部の市場町).

Ha·var·ti /hɑ́vɑəti | -vɑ́ː.ti/ *n.* ハバーティー (デンマーク産の半硬質チーズ; デンマークの地名 Havarti から).

hav·da·lah /hɑ̀ːvdəlɑ́ː/ *n.* 〘ユダヤ教〙 =habdalah.

have¹ /hǽv/ *v.* (**had** /hǽd/; 三人称単数直説法現在 **has** /hǽz/)

語法 (1) 古体の二人称単数現在[過去]では thou *hast* /hǽst/ [*hadst* /hǽdst/] となり, 三人称単数現在では *hath* /hǽθ/ となる; 〘口語〙では否定に *haven't, hasn't, hadn't* が用いられる. (2) 特に〘英口語〙では have got をしばしば代わりに用いる (⇨ HAVE² 成句). (3) have が所有の意味を表す場合, 〘英〙では否定・疑問の文脈でも助動詞 do を用いないのが原則であるが, have が「食べる」「飲む」'enjoy' または 'suffer' を意味する場合, および動詞概念をもつ名詞を目的語とする成句的表現には do を用いる (⇨ *vt.* 7, 10); 一方〘米〙ではそのような区別なしに一般に do を用いる: I didn't ~ a cup of tea. お茶一杯も飲まなかった / I don't ~ colds. 私はかぜをひかない / Did you ~ a talk with him? 彼と話をしたか / Does she ~ blue or gray eyes? 〘米〙彼女の目は青いか灰色か.

---

vt. **1** [物質的所有] 持つ, 持っている, 所有する (possess, own): ~ a book, knife, glove, watch, etc. / He *hadn't* (got) [didn't ~] any money on [about, with] him. 全く金の持ち合わせがなかった / What ~ you (got) [do you ~] in your pocket? ポケットに何がはいっているのですか.

2 〈家族・召使などを〉かかえている, 〈友人・敵などが〉いる: I ~ a large family. 私は子供が多い / He *has* a lot of friends. 彼には友人が多い / I ~ two daughters. 娘が二人いる / I ~ no children. 子供がいない / He *has* no equal in languages. 語学にかけては並ぶ者がいない.

日英比較 日本語では所有物, 所属の人, 属性として身につけているものなどをいうときには「うちには車が 2 台ある」「私には兄弟が 2 人いる」「トムは青い目をしている」「象は鼻が長い」などのいい方となる. つまり, 日本語では能動的にある物を所有しているというような積極的な表現ではなく, 客観的にそのような状態になっているというい方となる.

それに対して, 英語をはじめとするヨーロッパ諸語では「ある者が何かを所有している」という動作主と動作の目的語との所有関係を明示する表現が使われる. すなわち, 「うちには車が 2 台ある」は「我々は 2 台の車を所有する」(We *have* two cars.), 「私には兄弟が 2 人いる」は「私は 2 人の兄弟を所有する」(I *have* two brothers.), 「トムは青い目をしている」は「トムは青い目を持っている」(Tom *has* blue eyes.) 「象は鼻が長い」は「象は長い鼻を持っている」(Elephants *have* long trunks.) というような表現となる.

3 含む, 有する, 伴う, …がある (contain): A week *has* seven days. 1 週間は七日 / That room *has* only two windows. あの部屋には窓が二つしかない / The well *has* little water (in it). 井戸には水がほとんどない / We ~ the sea on our left. 左手は海です / The word *has* no exact equivalent. その語には正確な相当語がない.

4 〈肉体的または精神的特徴を〉(属性として)持つ, 有する (possess): He *has* a bald head. 頭がはげている / I ~ a good [poor] memory. 私は記憶がいい[悪い] / Some Irishmen ~ red hair. アイルランド人には頭髪の赤い人がいる.

5 身につけている, 着ている, かぶって[はいて]いる (wear) ⟨*on*⟩: ⇨ HAVE *on* (1).

6 (心に)持つ, いだく, 考えている: *Have* you (got) [Do you ~] any questions? 質問はありませんか / I ~ no intention of changing my position. 勤めを変えようという考えはない / He *has* a great many cares. 彼には心配ごとがたくさんある / I ~ no doubt whatever of that. それについては何の疑念もいだいていない / I ~ no fear. こわくない / He *has* a liking for music. 彼は音楽が好きだ / I ~ an objection to it. 私はそれに反対です / ~ a pity [no pity] on a person 人に同情する[しない] / What *has* he (got) [does he ~] in mind? 彼は何を考えて[たくらんで]いるのか / I ~ nothing against it. それに反対すべき理由はない / What reason ~ you (got) [do you ~] for thinking so? どういうわけでそう考えるのですか.

7 経験する (楽しむ, 苦しむ, 会う, かかる, など): ~ an adventure 冒険をする / ~ a good time 面白く時を過ごす / ~ a bad time ひどい目に遭う / ~ an illness 病気にかかる / ~ a headache 頭痛がする / *Have* you (got) [Do you ~] any pain here? ここが痛いですか / ~ an earthquake 地震がある / ~ a bad night よく眠れない[寝苦しい]夜を過ごす / We shall ~ fine weather this afternoon. 午後はお天気になるだろう / He *has* very good health. すこぶる健康だ / He has *had* an accident. 事故に遭った.

8 手に入れる, 得る, 取る, 受ける, もらう (take, receive); 食べる, 飲む, 摂取する, 消費する (eat, drink): ~ no news 知らせ[便り]がない / I *had* a letter [some news] from him. 彼から手紙[知らせ]をもらった / I will let you ~ my answer by next week. 来週までにご返事いたします / I'll ~ this coat. このコートをもらいましょう / ~ breakfast [supper] 朝食[夕食]を食べる / ~ a bath [seat] 入浴する[着席する] / ~ some [no] milk 牛乳を飲む[飲まない] / ~ a lesson 教えてもらう, 授業を受ける / *Have* a cigarette. たばこを召し上がれ / ~ a cup of tea 紅茶を一杯飲む / I have *had* enough. もう十分にいただきました / I have *had* no food since morning. 朝からずっと何も食べていません / What will you ~? 何を召し上がりますか / May I ~ this one? これを頂いてもよいでしょうか / All these books may be *had* at any bookstore. これらの本は皆どこの本屋でも買える.

9 a 〈ある行動〉に従事する, 行う: ~ a game (with a person) (人と)一勝負する / I *had* words with my wife. 妻と言い争った / I *had* some conversation with him. 彼と少し話をした / ~ an affair with …と(恋愛)関係をもつ. **b** 〈会などを〉開く, 催す: ~ a party [conference, concert] パーティー[会議, コンサート]を開く.

10 [動詞概念をもつ語を目的語として]: ~ a dance 踊る / ~ a dream 夢を見る / ~ a fight 戦う / ~ a walk 散歩する / *Have* a look at this. これを見て下さい / He *had* a talk with the captain. 船長と話し合った / ~ a try やってみる / ~ a smoke 一服やる / ~ a swim 泳ぐ / ~ a wash (手や顔を)洗う.

11 a [形容詞・現在分詞形などを目的格補語として] (…の状態に)おく, 保つ (keep): *Have* all the windows open. 窓を全部開けておけ / We ~ a lot of visitors coming. たくさんのお客が来ます / He will ~ everything [it all] his own way. 何でも自分の思う通りにしようとする / I can't ~ you (being) idle. 君を遊ばせておくわけにいかない / He *has* girls around at all times. いつでも女の子に取り巻かれている / I won't ~ you going out. 外出されては困る. **b** [名詞を目的格補語として] …にさせる: I'll ~ him a good teacher before long. じきに彼を立派な教師にしてみせます.

12 [目的語+to 不定詞を伴って] …を義務として所有する, …しなければならない: I *have* nothing *to* say. 言うべきことは何もない / I *had* a lot *to* do [see]. しなければ[見なければ]ならない事がたくさんあった / I ~ a letter *to* write. 手紙を書かねばならない.

13 [目的語+p.p. を伴って (cf. get¹ *vt.* 18)] **a** [使役] …させる, …してもらう: ~ one's hair *cut* 髪を刈らせる[刈ってもらう] / ~ a house *built* 家を建てさせる / ~ a tooth *taken* out 歯を抜いてもらう / He *had* his salary *raised*. 給料を上げてもらった. **b** [受動] …される: I *had* my hat *blown* off. 帽子を吹き飛ばされた / I would not ~ it *spoken* of [generally known]. そのことをとやかく言われたくない[みんなに知られたくない]. ★ **a** の場合には強勢は have にあり, **b** の場合には過去分詞にある. **c** [完了] …してしまっている: I ~ my diary *written* up. 日記をつけてしまった.

14 [to なしの不定詞を目的格補語として] **a** [使役] 〈人〉に…させる, …してもらう (cf. get¹ *vt.* 17, make *vt.* 14): ~ somebody do something だれかに何かさせる[してもらう] / I *had* him write the letter. 彼にその手紙を書いてもらった / Shall I ~ him come here? 彼をここに来させましょうか / I should like to ~ her meet you. 彼女を君に会わせたい / I wouldn't ~ you do that. 君にそれをさせたくない / What would you ~ me do? 私に何をさせたいのですか. **b** …に…される: I *had* two dogs die of snakebite. へびにかまれて犬を 2 匹死なせてしまった.

15 [to なしの不定詞または現在分詞を同格補語として] …が…すると記述[描写]する: The author *has* the toffs say *daw* for 'door'. 著者は上流社会が 'door' のことを *daw* と言うと述べている / The novelist always *has* his characters doing foolish things. その小説家はいつも作中人物に馬鹿な事をさせている.

16 [場所・方向を示す副詞を伴って] …させる: ~ somebody [something] *in* [*out, back, off*] 人[物]を入れる[出す, 返す, 去らせる] / ~ a person *over* [*round*] 人を招く / ~ a person *in* 人をうちへ招く / We'll ~ the big table *here*. 大テーブルをここに据えよう.

17 [否定構文で] 許す (permit); 我慢する (tolerate): I *can't* ~ his audacity. 彼のずうずうしさには黙っていられない / I *won't* ~ [I'm *not having*] this nonsense. こんな馬鹿な事は許さないぞ / I'll ~ *no* more of that. そんな事はもう許さないぞ / We don't ~ people here without ties. ここではネクタイをつけない方はお断わりです / ⇨ *not having* ANY (of that [it]).

18 客として招く; もてなす (entertain): We can't ~ so many visitors at home. 家ではそんなに大勢の来客はお迎えできない / We *had* them to stay with us. 彼らを招いて泊めた / We *had* them to dinner. 彼らを夕食に招いた.

19 〈子を〉産む, もうける (bear, beget): My wife is going to ~ a baby. まもなく妻に子供が産まれる / He *had* a son last year. 去年息子ができた.

20 〈ある性質を〉(言葉・行動によって)現す, 示す: *Have* a care not to slip. 滑ってころばないように気をつけなさい / *Have* mercy on us. 私たちを哀れに思って下さい / She *had* the cheek [impudence] to do [say] so. 彼女は生意気にもそうした[そう言った] / Will you ~ the goodness [kindness] to help me? 相済みませんが手を貸して下さいませんか.

21 〈人を〉雇う; 夫[妻]として受け入れる: No shopkeeper will ~ her. 彼女を雇う店主はいまい.

22 うまくこなす: The job was so easy that soon he *had* it. その仕事は易しいので彼にもすぐこなせた.

23 〈注目などを〉引く: The salesman *has* the interest of the ladies. そのセールスマンは女性たちの関心を引いた.

24 〈人〉にわいろを使う, 買収する (bribe); 〈人を〉牛耳る (control): He is not a man to be *had* for money. 金で動かされるような人ではない.

25 〘口語〙(競技・議論で)打ち負かす, やっつける, 困らせる (defeat): I *had* him in that argument. その議論で彼をやっつけてやった / You've (got) no reply to that; he *had* you here. 君はそれに対し一言も返せない, 彼にやられたね.

26 〘俗〙〈人を〉だます, 欺く, 一杯食わす (cheat), 失望させる (disappoint): I've been *had*. 一杯食わされた / I'm afraid you've been *had* over your bargain. 君はその買物で一杯食わされたのじゃないかな.

27 《俗》…と性関係をもつ, やる: You've *had* her, haven't you? 彼女とやったんだろう.
28 《古》知っている, 理解する (cf. HAVE *it*. (3)): I ~ it by heart. それをそらで覚えている / He *has* only a little German. ドイツ語は少ししか知らない / Thou *hadst* small Latin and less Greek. あなたはラテン語はわずかしか知らず, ギリシャ語はさらに知らなかった (Ben Jonson, *To the Memory of Shakespeare*).
29 《古》…と見なす (regard): They *had* him in great esteem [reverence]. 彼を大いに尊敬していた.
hàve agáinst 〈事を〉…に反対する理由[手段]とする (cf. 6); …に〈恨みなどを〉抱いている: What do you ~ *against* me? 私に何の恨みがあるのですか. ***háve aróund*** (1) …を手近に置く[置いている] (cf. 11 a): This is a handy tool to ~ *around*. これは手近にあると便利な道具だ. (2) (家に)〈人を〉客として迎える. ***háve at*** 《古》…を攻撃する, …に打ってかかる (attack): *Have at* you! (フェンシングで)行くぞ. ***have bèen aróund*** 見識がある, 精通している. ***hàve** a person **dówn*** (下の階・南部などへ)〈人を〉客として迎える. ***have hád*** 《口語》…にうんざり[堪能]した: I *had* utterly *had* the school. その学校には全くうんざりした. ***have hád it*** 《口語》 (1) もううんざり[堪能]した. (2) 〈くたばった; 完全に敗けた[失敗した]; すっかりだめになった: One slip and you've *had it*. 一度足を踏みはずせばもうおしまいだ / His heart wasn't beating. The man *had had it*. 心臓は鼓動していなかった. その男はくたばっていた. (3) 最後のチャンスを逃がした. (4) 流行遅れ[時代遅れ]になった, すたれた: Silk hats ~ *had it*. シルクハットはすたれた. 《1941》 ***hàve in*** (1) 〈職人などを〉家に入れる: We must ~ electrician *in* to mend the fire. 暖房器の修理に電気屋を呼ばなきゃ. (2) 招待する. (3) 仕入れる. ***háve it*** (1) 勝つ: The ayes ~ *it*. 賛成者が多数だ. (2) 打ち懲らされる, しかられる: Let him ~ *it*. あいつをとっちめろ. (3) 〔…から〕(情報などを)知る(ようになる), 聞く 〔*from*〕 (cf. 28): I ~ *it from* the horse's mouth [on good authority] *that* she'll get the job. 彼女がその仕事に就くことは確かな筋から聞いている. (4) [I を主語として]《口語》(問題などが)解けた, わかった, (計画などを)思いついた: I ~ *it*. (5) [will not, would not と共に] 我慢する, 受け入れる: I tried to explain but he *would not* ~ *it*. 私は説明しようとしたが彼はどうしても受けつけなかった. (6) 〈運命などが〉手配する (arrange): As luck would ~ *it*, we arrived early. 幸運にも私たちは早めに到着した. (7) [しばしば will ~ it の形で] 主張する, 断言する; 言う (assert, say): He *will* ~ *it* that I said so. 彼は私がそう言ったと主張してきかない / Rumor *has it* so [that ...]. そういううわさだ[うわさでは…だ] / Beauty is a flower, as Shakespeare *has it*. シェークスピアも言うとおり美といえば花である. (8) 行動する, ふるまう: *Have it* your own way. (どうでも)勝手にやれ. (9) = HAVE *it away* (1). ***hàve it áll on [òver] a person*** = HAVE *it on* [*over*] *a person*. ***hàve it awáy*** 《英俗》 (1) 〔…と〕性交する 〔*with*〕. (2) 逃げる, 脱獄する: He *had it away* three times. 3 回脱獄した. (3) 〈品物を〉盗む, かっぱらう 〔*with*〕 (cf. HAVE *it off*). 《1958》 ***hàve it cóming (to one)*** 《口語》 自業自得である (cf. come *vi.* 14): The lazy student failed the test; he *had it coming to* him. あの怠け者の学生が試験に落ちたが, 自分のまいた種だ. ***hàve it góod*** 《口語》 よい境遇にいる. 《1946》 ***hàve it ín one*** 〈その人〉にその素質[力量]がある: He *has it in* him to make his name famous. 彼は有名になる素質がある. ***hàve it ín for** a person* 《口語》 〈人〉に恨み[敵意]を抱く, かたき打ち[仕返し]をしようと考えている; 〈人を〉邪険に扱う: The old woman *had it in for* all foreigners. その老婆はすべての外国人に敵意をもっていた. 《1849》 ***hàve it óff*** 《英俗》 (1) 〔…と〕性交する 〔*with*〕 (cf. HAVE *it away*). (2) 盗み[強盗]をする; 〈犯罪を〉うまくやってのける. (3) 盗む; 強奪する. ***háve it on [òver]** a person* 〈人〉よりもまさっている, 分(ぶ)がある: They think they ~ *it on* us straight enough. 彼らは我々よりもはっきりと分があると思っている / He *has it over* those ignorant of the language. 彼はその言語を知らない人々よりも有利な立場にある. 《1910》 ***hàve it [things] óut*** (議論またはけんかによって)かたをつける 〔*with*〕: Let's ~ *it out* here and now. 今この場で決着をつけよう / I'm going to ~ *it out with* him about the money. その金のことでは彼ととことんまで話をつけるつもりだ. ***hàve it óut of** a person* 〈人〉に仕返しをする, 〈人を〉罰する: This time I *had it out of* him. 今度は彼に仕返しをしてやった. ***háve it (sò) góod*** 《口語》[主に否定構文で] (こんなに)よい境遇にある: We've never *had it so good*. こんなによい時代はなかった. ***háve it togéther*** 〈人が〉てきぱきしている. ***hàve líttle [múch] to dó with*** …とほとんど関係がない[…と大いに関係がある]. ***hàve nóthing of*** …にかかり合わない, …を相手にしない: He will ~ *nothing of* it. それにかかり合おうとしない. ***hàve óff*** (1) (事故などで)切り落とす, 切断する. (2) 〈ある期間・曜日などを〉休みにする: I ~ next week *off*. 来週は休みます. (3) 〈衣服・眼鏡などを〉身につけていない. ***hàve ón*** (1) 〈衣服を〉着ている (be wearing): ~ nothing *on* ほとんど何も着ていない / He *had* a new hat *on*. 新しい帽子をかぶっていた. 日英比較 日本語では服を「着ている」, 靴を「はいている」, 帽子を「かぶっている」, 眼鏡を「かけている」, ネクタイを「しめている」, 手袋を「はめている」, えりまきを「している」, 香水を「つけている」, 指輪を「はめている」など目的語によって動詞とのコロケーションが違っているが, 英語ではすべてを have ... on で表すことができる. ただし, wear を用いることもできる. (2) 手はずを決めている, 計画している: ~ nothing *on* 何も約束がない, 暇である / What do you ~ *on* next week? 来週の計画は何ですか. (3) 《英口語》困らせる, いじめる (tease), かつぐ (hoax): You're only *having* him *on*! 君は彼をいじめているのだ. (4) 《豪口語》〈人・提案などを〉受け入れる; 〈人を〉攻撃する: He will ~ it *on*. それを受け入れるだろう / He might ~ me *on*. 私を攻撃するかもしれない. (5) [人について] 〈不利な証拠・情報などを〉握っている: The police *had* nothing *on* him, so they let him go. 警察は彼の不利になるものをつかんでいなかったので釈放した. ***have ónly to dó*** …しさえすればよい: You ~ *only to* ask him. 彼に尋ねさえすればいい. ***hàve óut*** (1) ⇨ *vt.* 16. (2) 〈歯などを〉抜いてもらう, 手術して取ってもらう. (3) ⇨ HAVE *it out*. (4) 《英》〈眠りなどを〉中断せずに終らせる. (5) 〈人を〉決闘に引き出す. ***háve onesèlf*** … 《米口語》〈好きなこと・したいことに〉ふける, …で(存分に)楽しむ: We *had ourselves* some fun [a party]. 我々はおもしろく遊んだ[パーティーを楽しんだ]. ***hàve nóthing on ...*** 《口語》 (1) …よりましなところが何もない; …よりむしろ劣る, …よりむしろ悪い: For sheer beauty, Paris *has got nothing on* Venice. 純然たる美的見地からすれば, パリがベニスに勝るところは少しもない. (2) 〈人〉の弱味を何もつかんでいない: Don't worry: the police ~ *nothing on* you. 心配するな. 警察には君を有罪にする証拠がない. 《1912》 ***hàve sómething on ...*** 《口語》 (1) …より多少ました[優れている]: He *has something on* me in tact. 彼は如才のない点で私より一枚上だ. (2) 〈人〉の弱点を握っている: He *had something on* his master. 彼は主人の弱味をつかんでいた. ***hàve sómething [nóthing, etc.] to dó with*** …に関係がある[ない]: ~ *nothing to do with* a person 人と何の関係もない, 人に用がない / This *has nothing to do with* you. これは君の知った事じゃない / *Have* you got [Do you ~] *anything to do with* the matter? 君は事件に何か関係がありますか / He *has something to do with it*. 彼はそれにいくらか関係がある. 《1604–05》 ***have to*** /(子音の前) hǽftə; (母音の前) -tu/ (1) …しなければならない (must, need): I ~ *to* go. 行かなければならない / I *haven't* got [don't ~] *to* go. 私は行くにおよばない / You'll ~ *to* go tomorrow. 明日は行かねばならないでしょう / Did he ~ [《英》 *Had* he (got)] *to* go? 行かなければならなかったのですか / I shall ~ *to* go. 行かなければならないでしょう / Do I ~ [*Have* I got] *to* go with you? 私も一緒に行かなければならないでしょうか. ★ 同様に has to の発音は /(子音の前) hǽstə; (母音の前) -tu | -tʊ/. (2) 《口語》[~ to be として] …に違いない: The woman *had to be* an American. その女性はアメリカ人に違いなかった / You ~ (got) *to be* joking. それはきっと冗談だろう. 《?a1500》 ***have to dó with*** …と交渉がある; …を扱う: ~ a lot *to do with* …と大いに関係がある / He *has to do with* all sorts of people. 彼はあらゆる種類の人々と交渉がある / Linguistics *has to do with* language. 言語学は言語を扱う. 《?a1200》 ***hàve a thing to onesélf*** …を独占する, を自由にする: I *had* the large room (all) *to myself*. その大きな部屋を独占した. ***hàve** a person **úp*** (1) (階上・北部などに)〈人を〉客として迎える. (2) 《英》〈人を〉法廷に召喚する; 〈人〉の責任を問う: He was *had up* for murder. 殺人のかどで訴えられた. 《1749》 ***háve what it tákes to dó*** …するのに必要な素質[能力]を持っている: He *has what it takes to* make him successful. 彼は成功するのに必要な素質を持っている. ***Hàve ..., will trável.***: *Have* tux(edo), *will travel*. タキシードあり, いつどこにでも参上 (*Variety* 誌に芸能人たちが出した広告) / *Have* gun [talent], *will travel*. 当方拳銃[才能]あり, 遠方可. ★ Have pen, will write などのようにもじって使われることもある. 《1954》: *The Times* の個人広告欄の用語から》 ***Hàve with you.*** 《古》申し出[挑戦]を受け入れよう. ***have yét to dó*** まだ…していない: I ~ *yet to* see the physician who will not admit that tobacco causes cancer. たばこが癌(がん)の原因になるということを認めない医者にはまだ会ったことがない / I ~ *yet to* be persuaded. まだ説得されたわけではない. ***I háve and I háven't.*** [Have you ...? という疑問に答えて] そうとも言えるし, そうでないとも言える: *Have you* spoken to him about this?—Well, *I have and I haven't*. 彼にそのことを話したかね—いや話したとも言えるしそうでないとも言える. 《1858》 ***to háve and to hóld*** 合法的に所有する; 〈妻を〉いつまでも大事にする: He gave me his sister *to* ~ *and to hold*. 彼は妹を妻としていつまでも大切にするようにと私にゆだねた (もと法律用語). 《a1376》 ***whát háve you*** 等々.
— /hǽv/ *n.* **1** [通例 *pl.*] 《口語》 財産のある人, 有産者; 持てる国 《資源に恵まれた国; ↔ have-not》: the ~*s* and the have-nots 有産者と無産者 (rich and poor); 持てる国と持たざる国. **2** 《英俗》 詐欺, かたり (swindle), だまし (take-in).
〚ME *have(n), habbe(n)* < OE *habban* < Gmc **χabēn* (Du. *hebben* / G *haben*) ← IE **kap-* to have in hand, take (L *capere* to hold / Gk *káptein* to swallow): cf. heave〛

SYN 所有する: **have** 持っている 《最も一般的な語》: I *have* no money with me. 金の持ち合わせがない. **hold** 保持する 《*have* よりも強い制御力を暗示する》: *hold* a large estate in Karuizawa 軽井沢に大きな地所を持っている. **own** 〈通例具体的な物〉の所有権を持っている: I *own* a car. 車を持っている. **possess** 特に法的に所有する 《*have* よりも格式ばった語》: *possess* a piece of land 土地を所有する. **enjoy** 〈よいものを〉幸いにも持っている: He *enjoys* a large fortune. 大きな財産を持っている.
ANT want, lack.

have² /(弱) (h)əv, v; (強) hǽv/ ★ have, has, had の /h/ の脱落した発音は文中節の冒頭には現れない. *auxil. v.* (**had** /(弱) (h)əd, d; (強) hǽd/; 三人称単数直説法現在 **has** /(弱) (h)əz, z, s; (強) hǽz/) ★ (1) 動詞の過去分詞形と結合して have [has, had] done, will [shall] have done のように完了形を造る. (2) この場合 have, has, had の発音は通例弱形; ⇨ had, has. (3) 《口語》では縮約形 *I've, he's, we'd* など, 否定には *haven't, hasn't, hadn't* が用いられる.
1 [現在完了] **a** [現在における完了・結果]: *Have* You finished?—Yes, I *háve*. 終わりましたか—はい, 終わりました / He *has* just gone out. ちょうど出て行ったところだ / I've bought a car. 車を買った / He *has* gone to America. アメリカへ行ってしまった. **b** [現在までの動作・状態の継続]: I've always walked to work. いつも歩いて仕事に行っている / It *has* been raining since last night. 昨夜以来雨が降り続いている / We've lived in London for ten years. 10 年来ロンドンに住んでいる / He *has* been ill for a week. 1 週間前から病気だ. **c** [現在までの経験]: I ~ seen him only once. 彼には 1 回しか会ったことがない / *Have* you ever been [《米》 gone] to France?—No, I ~*n't*. フランスへ行ったことがありますか—いや, ありません. **d** [時や条件を表す副詞節で未来完了の代わりに用いる]: When you ~ signed it, I will hand you the letter. それに署名すれば手紙を渡しましょう. ★ 進行形は感情的色彩を帯びることがある: I suppose you ~ been telling tales again. また告げ口をしていたらしいね.
2 [過去完了] **a** [過去の一定時における完了・結果]: When I got to the station, the train *had* already started. 駅に着いたとき列車はもう発車していた / I *had* scarcely done it when I regretted it. それをしたあとすぐ後悔した / I *had* soon told my story. 話はじきに済んでいた. **b** [過去の一定時までの動作・状態の継続]: I *had* lived in London until I was ten. 10 歳になるまでロンドンに住んでいた / He *had* been ill for a week, when the doctor was sent for. 1 週間も病気でいて, 初めて医者が呼ばれた. **c** [過去の一定時までの経験]: I *had* seen London before I was ten years old. 10 歳になる以前にロンドンを見たことがあった / I did not know him, for I *had* never seen him before. 彼を知らなかった, それ以前に会ったことがなかったから. **d** [時や条件を表す副詞節で過去における未来完了代用として]: I told him to wait till I *had* finished my letter. 手紙を書いてしまうまで待って下さいと彼に言った. **e** [hope, intend などの動詞の過去完了は希望が実現しなかったことを表す]: We *had hoped* he would recover. 彼が回復するだろうと希望していたのだが / I *had intended* to call on him yesterday. きのう彼を訪ねるつもりだったのだが. **f** [過去から見た過去を表す]: The parcel *had* arrived on May 10th. 小包は 5 月 10 日に到着していた.
3 [未来完了] **a** [未来の一定時までの完了]: I shall ~ completed the task by evening. 晩までにはその仕事を完了しているだろう. **b** [未来の一定時までの動作・状態の継続]: He will ~ been gone two years next June. 来年の 6 月で 2 か年不在ということになる / By then I shall ~ been writing this novel for five months. その時までにはこの小説を 5 か月書き続けていることになる. **c** [未来の一定時までの経験]: I shall ~ read this book three times if I read it again. もう一度読めばこの本を 3 回読んだことになる. ★ 推定を表す will に完了形が続いて過去時に対する現在の推量を表す場合がある: You will ~ heard the news. そのニュースのことはお聞き及びでしょう.
4 [仮定用法; 過去の事実の反対を表す] **a** [従属節中で]: If I *had* known [*Had* I known] you were here, I should have come at once. ここにいるのを知っていたらすぐに来たのに / I wish he *had* not married her. 彼が彼女と結婚しなければよかったのに / O that I *had* seen his face! 《詩・古》彼に会えていたらなあ. **b** [主節中で] 《古》 = would [should] have: If thou hadst been here, my brother had not died. あなたがここにいて下さったら弟は死ななかったでしょう / I *had* started yesterday but for an accident. 事故がなければ昨日出発していたでしょうに.
have dóne [主に命令形で] やめる, 中止する (stop): I wish you would ~ *done*. やめてくれたらいいのに.
have dóne with ⇨ DO² *with* (2).
have gót 《口語》 (1) 持って[所有して]いる (have): *Have* you *got* a newspaper? (いま)新聞をお持ちですか (《米》 Do you have a newspaper?) / What a pretty face she's *got*! なんてかわいい顔をしてるんだろう. 《1593–99》 (2) …しなければならない (must, be obliged) 〈*to do*〉; 〈…であるに〉違いない (must, be certainly) 〈*to be*〉: I've *got to* write a letter. 手紙を書かなければならない / You ~*n't got to* go. 行かなくてもよい / It's *got to* be his doing. きっと彼の仕業(しわざ)だ. 《1865》

語法 (1) この迂言法は主として助動詞が have, has という現在形の場合用いられ, 一般に強調的である. (2) 《米》では 'have' を意味する have *got* と区別して, 'have obtained' を意味する場合には have *gotten* を用いることがある: We ~ *gotten* the money. 我々はその金を手に入れた. (3) 非標準的な用法として, have [has] が省かれて got だけになることがある: I *got* an idea. / He *got* to come.

have gòt it cóming (to *one*) = HAVE¹ *it coming* (*to one*).
〚OE ← HAVE¹ (↑)〛

Ha·vel /hɑ́ːfəl, -fl; G. hɑ́ːfl/ *n.* [the ~] ハーフェル(川) 《ドイツ北東部の川; Spree 川と合流して Elbe 川に注ぐ (341 km)》.

Ha·vel /hɑ́ːvɛl, -vəl, -vl | hɑ́ːvəl, -vl; *Czech* háveḷ/, **Václav** /váːtslaf/ ハヴェル 《1935–2011; チェコの劇作家・政治家; チェコスロバキア大統領 (1989–92); 連邦分裂後チェコ大統領 (1993–2003)》.

have·lock /hǽvlɑ(ː)k, -lək | -lɒk, -lək/ *n.* (首の後ろに垂れる)軍帽の日覆い. 〚《1861》 ← Sir Henry Havelock

(1795–1857: インド暴動当時の英国将校)〗
Have·lock /hǽvlɑ(ː)k, -lək | -lɔk, -lək/ *n.* ハブロック《男性名》. 〖ME *Haveloc* ◻ ON *Hafleikr*《原義》sea-port〗
ha·ven /héɪvən/ *n.* **1** 避難所, 安息所 (shelter, refuge): a ～ of refuge from life's storms 人生のあらしの避難所. **2** 港, 避泊港 (⇨ port SYN). — *vt.* 〈船を〉避難[避泊]させる. **～·less** *adj.* 〖lateOE *hæfen* ◻ ON *hafn-*, *hǫfn* < Gmc **χaƀanō*《原義》place that holds ships (G *Hafen*) ← IE **kap-* to grasp: ⇨ have¹〗
háve-nòt *n.* [通例 *pl.*]《口語》財産のない人, 無産者; 持たざる国 (cf. have¹ *n.*). ★ have¹ (有産者)と対比するときには常に /ˊ-ˋ-/.
have·n't /hǽvən(t)/《口語》have not の縮約形.
háve-òn *n.*《英俗》だますこと, ぺてん (swindle). 〖cf. *have a person on toast* (⇨ toast¹ 成句)〗
hav·er¹ /hǽvə | -və(r)/ *n.* [集合的]《英》〖植物〗 **1** カラスムギ (oat); (特に)野生のカラスムギ. **2** ＝tall oat. 〖(*c*1275) ◻ ? ON *hafri* (cf. Swed. & Dan. *havre*)〗
ha·ver² /héɪvə | -və(r)/《英》*vi.* くだらない事をぺちゃくちゃしゃべる (babble); ぐずぐずする, 時を浪費する. — *n.* [通例 *pl.*] くだらないおしゃべり, たわごと (nonsense). 〖(1721)《スコット》← ?〗
ha·ver·el /héɪv(ə)rəl/ *n.*《スコット・北英》べらべらおしゃべりをする人. 〖(*a*1774): ⇨ ↑, -erel〗
Ha·ver·ing /héɪv(ə)rɪŋ/ *n.* ヘイバリング《London 東部の自治区》. 〖OE *Hæferingas*《原義》people of *Hæfer* (人名): ⇨ -ing³〗
ha·vers /héɪvəz | -vəz/ *int.*《スコット》くだらん, つまらん. 〖(1787) ← HAVER²〗
hav·er·sack /hǽvəsæ̀k | -və-/ *n.* **1** 背嚢(はいのう)《兵士の糧食・衣類を入れる》. **2** 雑嚢《通例, 負革(おいかわ)一本つきで, 片方の肩にかける》. 〖(1749) ◻ F *havresac* ◻ G *Hafersack* sack for oats ← *Hafer*, *Haber* oats＋*Sack* 'SACK¹'〗
Ha·vér·sian canál /həvə́ːʒən- | -vɔ́ːʃən-, -ʒən-/ *n.* 〖解剖〗ハバース管《骨の中の栄養毛細血管の通路》. 〖(1842) ← *Clopton Havers* (1650–1702: 英国の解剖学者)〗
Havérsian sỳstem *n.* 〖解剖〗ハバース系《ハバース管とそれを取り巻く骨組織中の構成単位》. 〖(1845–46) ↑〗
hav·er·sine /hǽvəsàɪn | -və-/ *n.* 〖数学〗(三角法で任意の角または弧の半正矢(し)《記号 hav》. 〖(1835) ← HA(LF)＋VER(SED)＋SINE¹〗
have to /(子音の前) hǽftə; (母音の前) -tu/ ⇨ have¹ 成句.
hav·il·dar /hǽvəldɑ̀ə | -vɪldɑ̀ː(r)/ *n.* (インド軍の)軍曹(ぐんそう) (sepoy sergeant). 〖(1698) ◻ Hindi *ḥavildār* ◻ Pers. *ḥawāladār* ← Arab. *ḥawāla*ʰ duty, charge＋Pers. *-dār* holder〗
hávildar májor *n.* (インド軍の)曹長.
hav·ing¹ /hǽvɪŋ/ have¹ の現在分詞・動名詞.
hav·ing² /hǽvɪŋ/ have² の現在分詞・動名詞.
hav·ing³ /hǽvɪŋ/ *n.* **1** 所有, 所持: the thirst of ～ 所有欲. **2** [通例 *pl.*] 所有物, 所有財産, 財産 (property). **3** [*pl.*; 単数扱い]《スコット》ふるまい, 作法 (manners): a lady of gentle ～*s* ふるまいの上品な女性. — *adj.*《方言》欲張りな (greedy): He has a ～ nature. 彼は欲張りなたちだ. 〖(*a*1325): ⇨ have¹, -ing¹·²〗
hav·ior /héɪvjə | -vjə(r)/ *n.*《古》 **1** 行動 (behavior). **2** [*pl.*] 行儀作法. 〖(*c*1450)《変形》◻ AF *avecir*＝(O)F *avoir* to have: *h-* は HAVE¹ の影響による〗
hav·oc /hǽvək, -vɪk | -vək/ *n.* (自然力・暴動などの)大荒れ, 大破壊, 荒廃 (⇨ ruin SYN); 大混乱, 無秩序: work ～ upon ...を荒らす, 破壊する / play [raise] ～ with [among]＝make ～ of ...を破壊する, 台なしにする, 荒らす; ...に混乱を起こす / wreak ～ with [among] ...を荒らす, を混乱させる / produce widespread ～ 広範囲にわたる[大がかりな]荒廃[混乱]を起こす. ***crý hávoc*** (1) 略奪の号令を下す; 乱暴をそそのかす. (2) 大惨事[危険]を警告する (cf. Shak., *Caeser* 3. 1. 273). 〖(*c*1450)〗 ***plày hávoc with***＝***wréak havoc on*** ...をめちゃめちゃに荒らす, 台なしにする.
— *v.* (**hav·ocked**; **hav·ock·ing**) — *vt.* 荒らす, 破壊する, 荒廃させる. — *vi.* 荒廃をもたらす, 破壊する. 〖(1419) *havok* ◻ AF *havok* ← OF *havot* (cry used to begin) plunder ← ? Gmc: cf. have¹, heave〗
Havre *n.* アーブル (⇨ Le Havre).
haw¹ /hɔ́ː, hɑ́ː | hɔ́ː/ *n.* **1** 〖植物〗サンザシ (hawthorn); サンザシの実. **2**《廃》柵 (hedge), 囲い地, 庭 (enclosure, yard). 〖OE *haga* < Gmc **χaʒōn* ← IE **kagh-* to catch; fance: cf. hedge〗
haw² /hɔ́ː, hɑ́ː| hɔ́ː/ *int.* えー(と)《口ごもるとき出る声》. — *n.*「うーん」とか「えー」とか言う声: hums and ～*s*. — *vi.* **1** (話し中に口ごもって・気取って)「えー」と言う; 口ごもる (falter) (cf. ha, hum¹). **2** 言い逃れを言う, いい加減な返事をする. ★ 主に次の句で: hem [hum] and ～＝HEM² *and haw*. 〖(1632): 擬音語〗
haw³ /hɔ́ː, hɑ́ː | hɔ́ː/ *int.* **1** [行進中の部隊やスクエアダンスをする人に対する号令・掛け声として] 左へ(回れ), 左へ進め. **2** [馬を左へ回らせるときの掛け声として] どうどう (cf. gee² 2). — *vt.* 〈馬を〉左に回らせる. — *vi.* 左折の号令[合図]をする; 左に曲がる, 左折する; 左折の命令[合図]に従う. 〖(1777) ← ? (imper.) ← ME *hawe(n)* to look〗
haw⁴ /hɔ́ː, hɑ́ː | hɔ́ː/ *n.* 〖獣医〗第三眼瞼(けん), (馬・犬などの)瞬膜 (nictitating membrane); (特に)瞬膜の炎症. 〖(*a*1425) ← ? HAW¹: その形から か〗
Haw *adj.*, *n.* (略) Hawaiian.
Ha·wai·i /həwáːiː, -wáiː | hə-, hɑː-; *Hawaii.* hawáiʔi/ *n.* **1** ハワイ《北太平洋のハワイ諸島 (Hawaiian Islands) によって構成される米国の州; ⇨ United States of America 表》. **2** ＝Hawaiian Islands. **3** ＝Hawaii Island. 〖◻ Hawaiian《現地語》*Owhyhii* ← ?: cf. Marquesan *Hvaiki* (ポリネシア人が信じる伝説の故国): その再発見者 Cook の命名 (1778)〗
Hawáii-Aléutian tìme *n.* ハワイ-アリューシャン標準時《Hawaii 諸島とアリューシャン列島を含む地域の標準時; GMT より 10 時間遅い; ⇨ standard time 1 ★》. 〖1983〗
Ha·wai·ian /həwáːjən, -wáɪən | həwáɪən, hɑː-, -wáːiən/ *adj.* **1** (米国) Hawaii 州(人)の, ハワイ諸島の. **2** ハワイ語の. — *n.* **1** Hawaii 州人. **2** ハワイ語. 〖(1825) ⇨ Hawaii, -an¹〗
Hawáiian góose *n.* 〖鳥類〗＝nene.
Hawáiian guitár *n.* **1** ハワイアンギター, スチールギター (steel guitar). **2** ＝ukulele. 〖1926〗
Hawáiian hóneycreeper *n.* 〖鳥類〗ハワイミツスイ《ハワイ諸島産ハワイミツスイ科の鳥の総称》.
Hawáiian Hóst *n.* 〖商標〗ハワイアンホスト《米国 Hawaii の Hawaiian Host Candies 製のマカダミアナッツ・ココナッツなどを材料としたチョコレート菓子・ジャム・ジュースなど》.
Hawáiian Íslands *n. pl.* [the ～] ハワイ諸島《北太平洋にある米領の諸島; Hawaii, Maui, Oahu, Kauai, Molokai, Lanai などの島々から成る; ⇨ Hawaii 1; 旧名 Sandwich Islands》.
Hawáiian shírt *n.* ハワイアンシャツ, アロハ(シャツ)《派手な色柄の半袖スポーツシャツ》. 〖1955〗
Hawáiian Stándard Tìme *n.* ＝Hawaii time.
Hawáii Ísland *n.* ハワイ島《ハワイ諸島中最大の島; 面積 10,414 km², 中心地 Hilo》.
Hawáii tìme *n.* ハワイ標準時 (⇨ Alaska time).
Hawáii Volcánoes Nátional Párk *n.* ハワイ火山国立公園《米国 Hawaii 州 Hawaii 島にあり, Mauna Loa, Kilauea などの活火山で有名, 1916 年指定; 面積 929 km²》.
Ha·wai·ki /hɑ́ːwaɪkiː/ *n.* (NZ) ハーワイキ(島)《伝説上の太平洋の島で, ここからマオリ族がカヌーでニュージーランドに移住したとされる》. 〖(1770): 現地語〗
Háwes Wàter /hɔ́ːz-, hɑ́ːz- | hɔ́ːz-/ *n.* ホーズ湖《イングランド北西部, 湖水地方の湖》.
háw·fìnch *n.* 〖鳥類〗シメ (*Coccothraustes coccothraustes*)《ユーラシア産アトリ科の鳥; 大きなくちばしをもつ; cf. grosbeak》. 〖(1674) ← HAW¹＋FINCH〗
haw-haw¹ /hɔ́ːhɔ́ː, hɑ́ːhɑ́ː | hɔ̀ːhɔ́ː/ *int.* **1** はは (ha-ha)《笑い声》. **2** うーんうーん, えーえー《口ごもるとき気取って出す声》. — /ˊ-ˋ-/ *n.* **1** 大笑い, 高笑い. **2** **a** (気取った)うーんうーん[えーえー]と言う声. **b** [形容詞的に] (気取りなどのために)よく「うーん」「えー」と口ごもる: a ～ way of speaking. — /ˊ-ˋ-/ *vi.* 大笑いする, 高笑いする. 〖(1834): 擬音語〗: cf. ha-ha¹, haw²〗
haw-haw² /hɔ́ːhɔ̀ː, hɑ́ːhɑ̀ː | hɔ́ːhɔ̀ː/ *n.* ＝ha-ha².
Haw·ick /hɔ́ːɪk, hɑ́ːɪk, hɔ́ɪk | hɔ́ːɪk/ *n.* ホーイック《スコットランド南東部の町; ニットウェア産業が盛ん》.
hawk¹ /hɔ́ːk, hɑ́ːk | hɔ́ːk/ *n.* **1** 〖鳥類〗タカ《ワシタカ亜目のうちワシ (eagle) やハゲワシ (vulture) のような大形のものを除いたものを指し, ハヤブサ (falcon) のほかノスリ (buzzard), チュウヒ (harrier), トビ (kite), カラカラ (caracara), ミサゴ (osprey) など, またワシタカ科の sparrow hawk, オオタカ (goshawk) などをいう; 時には nighthawk などをもいう》. **2** タカ派の人, 強硬論者《武力などの強硬手段による問題解決を主張する好戦的な人; cf. dove¹ 2》. **3**《口語》人を食い物にする人, 強欲な人, 詐欺師 (sharper). **4** 〖野球〗名外野手. ***hàve éyes like a háwk*** 鋭い目をしている. ***knów a háwk from a hándsaw*** [***hérnshaw***] 判断力に富む, たいていの事は心得ている, 常識がある (cf. Shak., *Hamlet* 2. 2. 379). ***wátch a person like a háwk*** 〈人を〉厳重に見張る.
— *vi.* **1** 鷹狩をする, 鷹を使う. **2** 鷹のように獲物に襲いかかる〔*at*〕. **3** タカ派に属する, タカ派的行動をとる. **4** 〈獲物を〉追って飛ぶ. — *vt.* (鷹のように)〈獲物を〉襲う. 〖n.: ME *hauk*, *havec* < OE *h(e)afoc*, *heafuc* < Gmc **χaƀukaz* (Du. *havik* / G *Habicht*) ← IE **kap-* to grasp (⇨ have). — v.: (*c*1350) *hauke(n)* ← (n.)〗
hawk² /hɔ́ːk, hɑ́ːk | hɔ́ːk/ *vt.* **1** 呼び売りする, 売り歩く, 行商する (peddle): ～ candy and flowers キャンデーや花を売り歩く. **2** 触れ歩く[回る], 一般に広める (spread, vulgarize): ～ news about うわさを広める. — *vi.* 呼び売りする, 行商する. 〖(*c*1390)《逆成》← HAWKER¹: cf. Du. *heuken* to retail〗
hawk³ /hɔ́ːk, hɑ́ːk | hɔ́ːk/ *vi.* せき(払い)をする, せき払いをしてたんを吐き出す. — *vt.* **1** 〈たんなどを〉せき払いをして出す, かーっと吐き出す (cough) 〈*up*〉. **2**《英俗》つばを吐く (spit). — *n.* かーっと吐き出すこと, せき払い(の音). 〖(1581): 擬音語?〗
hawk⁴ /hɔ́ːk, hɑ́ːk | hɔ́ːk/ *n.* (左官の)こて板 (mortarboard). 〖(1388–89) ← ?〗
háwk·bìll *n.* 〖動物〗＝hawksbill turtle. 〖1782〗
háwk-billed *adj.* タカのようなくちばしをもった.
háwkbill túrtle *n.* 〖動物〗＝hawksbill turtle.
háwk·bìt *n.* 〖植物〗キク科 *Leontodon* 属の植物の総称; (特に)＝fall dandelion. 〖(1713) ← HAWK(WEED)＋(*devil's*) *bit* (⇨ bit¹)〗
Hawke /hɔ́ːk, hɑ́ːk | hɔ́ːk/, **Edward** *n.* ホーク (1705–81; 英国の海将; 七年戦争中の 1759 年 Quiberon 湾の海戦でフランス艦隊を破り, 英国侵攻計画を挫折させた; 称号 1st Baron Hawke).
Hawke, Robert (**James Lee**) *n.* ホーク (1929– ; オーストラリアの労働運動指導者・政治家; 首相 (1983–91); 愛称 Bob).
háwk èagle *n.* 〖鳥類〗クマタカ《熱帯産タカ科セグロクマタカ属 (*Spizastur*), クマタカ属 (*Spizaetus*), エボシクマタカ属 (*Lophaetus*), ヒメクマタカ属 (*Hieraaetus*) に属する十数種のタカ》. 〖1883〗
Háwke Báy *n.* ホーク湾《ニュージーランド北島の南東岸にある入江》.
haw·ker¹ /hɔ́ːkə, hɑ́ː- | hɔ́ːkə(r)/ *n.* 呼び売り商人, 触れ売り商人, 行商人 (peddler): No ～*s*! 押売りお断り《戸口の張り札》. 〖(1409) ◻ LG *höker* (G *Höker*): cf. MDu. *hucker*〗
háwk·er² /hɔ́ːkə, hɑ́ː- | hɔ́ːkə(r)/ *n.* **1** 鷹使い, 鷹匠 (falconer). **2** 飛びながら獲物を取る動物[(特に)昆虫]. 〖OE *hafocere*: ⇨ hawk¹, -er¹〗
Haw·ker Sid·de·ley /hɔ́ːkəsídəli, hɑ́ː-, -dḷi, -dli | hɔ́ːkəsíd(ə)li, -dḷi/ *n.* ホーカーシドレー《英国の重工業グループ; Hawker Siddeley Aviation が航空機を, Hawker Siddeley Industries が重工業製品を製造; 1977 年に航空機部門は国有化された》.
Hawkes /hɔ́ːks, hɑ́ːks | hɔ́ːks/, **John** *n.* ホークス (1925–98; 米国の小説家; 本名 Clendennin Burne, Jr.; *The Cannibal* (1949)).
haw·key /hɔ́ːki, hɑ́ː- | hɔ́ːki/ *n.*《スコット・北英》＝hawkie.
háwk·èye *n.* **1** 目[視覚]の鋭い人, 目ざとい人, 厳しい検査官. **2** [通例 the H-]《米口語》アイオワ (Iowa) 州人 (Iowan). 〖1823〗
háwk-èyed *adj.* 鷹のように目の鋭い; 油断のない, すきのない (vigilant). 〖1818〗
Háwkeye Stàte *n.* [the ～] 米国 Iowa 州の俗称.
hawk·ie /hɔ́ːki, hɑ́ː- | hɔ́ː-/ *n.*《スコット・北英》牛《特に顔の部分が白色の牛》; モーちゃん《牛の愛称》. 〖(1724) ←《スコット》*hawk(it)*, *hawk(ed)* having white spots＋-IE〗
háwk·ing *n.* 鷹狩り (falconry). 〖(?*a*1300): ⇨ hawk¹, -ing¹〗
Haw·king /hɔ́ːkɪŋ, hɑ́ː- | hɔ́ː-/, **Stephen W(illiam)** *n.* ホーキング (1942– ; 英国の理論物理学者・宇宙学者; ブラックホールと量子重力の研究で有名; *A Brief History of Time* (1988)).
Haw·kins /hɔ́ːkḷnz, hɑ́ː- | hɔ́ːkɪnz/ (*also* **Hawkyns**), Sir **Anthony Hope** *n.* ホーキンズ (1863–1933; 英国の小説家; *The Prisoner of Zenda* (1894); ペンネームは Anthony Hope).
Hawkins, Coleman *n.* ホーキンズ (1904–69; 米国の草分け的ジャズテナーサックス奏者; 愛称 Bean).
Hawkins (*also* **Hawkyns**), Sir **John** *n.* ホーキンズ (1532–95; 英国の提督, スペイン無敵艦隊 (Spanish Armada) 撃破に力を尽くした).
háwk·ish /-kɪʃ/ *adj.* **1** 鷹のような; 鷹のくちばしのような: a ～ face. **2** タカ派の[的な] (cf. dovish 2): a ～ politician. **～·ly** *adv.* **～·ness** *n.* 〖(1841): ⇨ hawk¹, -ish¹〗
háwk·ism /-kɪzm/ *n.* タカ派主義[政策] (cf. hawk¹ 2).
háwk·lìke *adj.* 鷹のような, 鷹を思わせる: ～ eyes. 〖*c*1611〗
háwk·mòth *n.* 〖昆虫〗スズメガ《スズメガ科のガの総称; sphinx moth, hummingbird moth ともいう》. 〖1785〗
háwk nòse *n.* かぎ鼻. **háwk-nòsed** *adj.* 〖1533〗
háwk òwl *n.* 〖鳥類〗 **1** オナガフクロウ (*Surnia ulula*)《ユーラシア・北米大陸の亜寒帯の森林にすむ昼行性のフクロウ; 飛ぶ姿など外見がタカに似ている》. **2** ＝Oriental hawk owl. 〖1743–51〗
Hawks /hɔ́ːks, hɑ́ːks | hɔ́ːks/, **Howard** (**Winchester**) *n.* ホークス (1896–1977; 米国の映画監督).
háwks·bèak *n.* 〖建築〗 **1** 嘴(はし)繰形(くりかた)《上端部が突出した繰形; 古代ギリシャのドリス式の軒部分に見られる》. **2** (古代ギリシャのドリス式の壁端柱の柱頭と見られる)突出部を作りだしている繰形.
háwk's-bèard *n.* 〖植物〗オニタビラコ《キク科オニタビラコ属 (*Crepis*) の植物の総称; 乳状液を出し, 総状の小さな花をつける》. 〖(1806): 鷹のあごひげ状の冠毛があるところから〗
háwks·bìll *n.* 〖動物〗＝hawksbill turtle.
háwksbill túrtle *n.* 〖動物〗タイマイ (*Eretmochelys imbricata*)《ウミガメの一種でその甲羅[べっ甲]は細工用》. 〖1657〗
háwk's-èye *n.* 〖鉱物〗鷹睛石, 鷹眼石《青色の虎眼石; cf. tigereye 1》. 〖1684〗
hawk·shaw /hɔ́ːkʃɔː, hɑ́ːkʃɑː | hɔ́ːkʃɔː/ *n.*《口語》探偵, 刑事 (detective). 〖(1888): 英国の Tom Taylor 作 *The Ticket of Leave Man* (1863) 中の探偵の名から〗
Hawks·moor /hɔ́ːksmuə, hɑ́ːks- | hɔ́ːksmɔː(r), -muə(r)/, **Nicholas** *n.* ホークスムア (1661–1736; 英国の建築家).
háwk's nèst mòdel *n.* 〖造船〗船の半裁膜型の一つで船首から船尾に至るいくつかの横断面板の片側だけを作り, これを船の縦断面に垂直に取り付けて作った模型《crow's nest model ともいう》.
háwk·wèed *n.* 〖植物〗キク科ミヤマコウゾリナ属 (*Hieracium*), コウゾリナ属 (*Picris*) の数種の植物の総称《コウリンタンポポ (*H. aurantiacum*) など》. 〖(1562)《なぞり》← L *hierācium* ◻ Gk *hierákion* ← *hiérax* hawk〗
Haw·kyns /hɔ́ːkḷnz, hɑ́ː- | hɔ́ːkɪnz/ ⇨ Hawkins, Sir Anthony Hope; Hawkins, Sir John.
Haw·orth /hɔ́ːwəθ, hɑ́ː- | háuəθ, hɔ́ː-/ *n.* ホーワース《イングランド北部 West Yorkshire 州, Leeds 西方郊外の村; Brontë 姉妹の家がある》.
Haw·orth /háuəθ, hɔ́ːəθ, hɑ́ːəθ | háuəθ, hɔ́ːəθ/, Sir **Walter Norman** *n.* ホーワース (1883–1950; 英国の化学者; Nobel 化学賞 (1937)).
hawse /hɔ́ːz, hɑ́ːz | hɔ́ːz/ *n.* 〖海事〗 **1** **a** 錨鎖(びょうさ)孔

H

のある船首の部分. **b** =hawsehole; hawsepipe. **2** 停泊船の船首から錨までの水平距離. **3** 停泊船の船首直前における左右両錨鎖の状態: ⇨ clear hawse, foul hawse, open hawse. ***to háwse*** 〖海事〗船首の(左右)両方の錨を入れて.
— *vi.* 〈錨を入れた船が〉ひどく縦に揺れる.
〖((1294–95)) *hals(e)* ◻ ON *hāls* neck < Gmc **χ(w)alsaz*: cf. OE *heals* neck〗

háwse bàg *n.* 〖海事〗錨鎖(ᵗᵉᵍᵘˢᵃʳⁱ)孔詰め袋《錨鎖孔から波が船内にはいるのを防ぐため, その口に詰める袋; 中に槙肌(ᵐᵃᵏⁱʰᵃᵈᵃ)などを入れてある; jackass ともいう》. 〖1819〗

háwse·blòck *n.* 〖海事〗錨鎖(ᵗᵉᵍᵘˢᵃʳⁱ)孔蓋(ᵇᵘᵗᵃ)栓 (buckler)《錨鎖孔の上に当てる蓋(ᶠᵘᵗᵃ)》. 〖1867〗

háwse-fàllen *adj.* 〖海事〗=hawse-full. 〖1867〗

háwse-fùll *adj.* 〖海事〗波が荒くて錨鎖(ᵗᵉᵍᵘˢᵃʳⁱ)孔が波に洗われて《普通は停泊中の船にいう》. 〖1692〗

háwse·hòle *n.* 〖海事〗錨鎖(ᵗᵉᵍᵘˢᵃʳⁱ)孔《船首の両側にある錨鎖を通す穴》: come in through [at] the ~*s* 水夫から身を起こす. 〖1664〗

háwse·pìece *n.* 〖海事〗錨鎖(ᵗᵉᵍᵘˢᵃʳⁱ)孔肋材, 木船の錨孔材《hawse timber ともいう》. 〖1680〗

háwse·pìpe *n.* 〖海事〗ホースパイプ, 錨鎖(ᵗᵉᵍᵘˢᵃʳⁱ)管《錨鎖が甲板を貫いて外側へ通る鉄[鋼鉄]製の管》. 〖1865〗

H

haw·ser /hɔ́ːzə, hɑ́ː- | hɔ́ːzə^r/ *n.* 〖海事〗《船を係留するための》太綱, 大索(ᵗᵃⁱˢᵃᵏᵘ). 〖((1294)) *haucer* ◻ AF ~, *hauceour* ← OF *haucier* to raise < VL **altiāre* ← L *altus* high (⇨ altitude): ⇨ -er¹〗

háwser bènd *n.* 〖海事〗2本の綱をつなぐ結び方の一種. 〖1897〗

háwser-làid *adj.* 〖海事〗〈綱が〉右撚(ᵍ)りの索を左撚りにした (cf. cable-laid): a ~ rope. 〖1769〗

háwse tìmber *n.* 〖海事〗=hawsepiece. 〖1867〗

haw·thorn /hɔ́ːθɔən, hɑ́ː- | hɔ́ːθɔːn/ *n.* 〖植物〗サンザシ《バラ科サンザシ属 (*Crataegus*) の植物の総称》; (特に)セイヨウサンザシ (*C. oxyacantha*)《春に白または紅色の花を開く低木, 多く垣根に用いる, その実は haw という; 米国 Missouri 州の州花; whitethorn ともいう; 英国では may, may tree, mayflower ともいう》: a ~ hedge. 〖OE *haguþorn, hæġþorn* ← *haga* enclosure, hedge (⇨ haw¹) + *þorn* 'THORN'〗

Haw·thorne /hɔ́ːθɔən, hɑ́ː- | hɔ́ːθɔːn/ *n.* ホーソーン《米国 California 州南西部, Los Angeles 郊外の市》.

Haw·thorne /hɔ́ːθɔən, hɑ́ː- | hɔ́ːθɔːn/, **Nathaniel** *n.* ホーソーン《1804–64; 米国の小説家; *Twice-Told Tales* (1837, '42), *The Scarlet Letter* (1850)》.

Háwthorne effèct *n.* 〖心理〗ホーソーン効果《労働や教育で, 単に自分たちが注目されているという事実により業績が向上するというプラスの効果》. 〖((1962)) ← *the Western Electric Company's Hawthorne Works*〗

Haw·thorn·esque /hɔ̀ːθɔənésk, hɑ̀ː- | hɔ̀ːθɔːn-ˊ/ *adj.* Nathaniel Hawthorne 風の. 〖⇨ ←-esque〗

hay¹ /héɪ/ *n.* **1 a** 干し草, まぐさ: make ~ 干し草を作る / Make ~ while the sun shines. 《諺》日の照るうちに草を干せ《好機を逃すな》. **b** 干し草用の牧草: put a field under ~ 畑に牧草を作る. **c** (仕事・努力の)成果, 報い, 報酬 (reward). **2** [the ~]《口語》寝床, ベッド: hit *the* ~ 床に就く, 寝る. **3** [通例否定形で]《米俗》ちょっぴりの金額: not ~ 相当の[馬鹿にできない]金額, 大金 / That ain't ~. そりゃ大金だぞ. ***lóok for a néedle in a búndle of háy*** ⇨ needle 成句. ***màke háy*** (1) ⇨ 1 a. (2) 好機を利用する. ***màke háy (óut) of*** …をごちゃごちゃ[めちゃめちゃ]にする, 混乱させる (upset). ***róll in the háy*** 《口語》性交する (make love) (cf. *a* ROLL *in the hay*).
— *vt.* (まれ) **1** 干し草にする. **2** …に干し草を与える. **3** 〈土地〉に(干し草用の)牧草を植える. — *vi.* 干し草を作る.
〖OE *hēġ, hīeġ* (cf. OE *heawan* to cut) < Gmc **χaujam* (Du. *hooi* / G *Heu*) ← **χauwan* 'to HEW'〗

hay² /héɪ/ *n.* **1** ヘイ《円舞するカントリーダンスの一種》. **2** カントリーダンスでの輪の形. 〖((*a*1529)) ◻ OF *haye* ← ?〗

hay³ /héɪ/ *n.* 《廃》とどめの突き. — *int.* フェンシングで突く際のかけ声. 〖((1595–96)) ◻ It. *hai* thou hast (it)〗

Hay /héɪ/, **John (Milton)** *n.* ヘイ《1838–1905; 米国の政治家・外交官・著述家・詩人; 国務長官 (1898–1905); *Pike County Ballads* (1871), *Abraham Lincoln: A History* (10 vols., 1890) (John Nicolay と共著)》.

Ha·ya·ka·wa /hɑ̀ːjəkɑ́ːwə | hɑ̀ɪə-/, **S(amuel) I(chiye)** *n.* ハヤカワ《1906–92; カナダ生まれの米国の言語学者・教育者・政治家; 日系二世; 連邦上院議員 (共和党) (1977–83); *Language in Action* (1941)》.

háy àsthma *n.* 〖病理〗=hay fever. 〖1827〗

hay·bote /héɪbout | -bəut/ *n.* 〖英法〗**1** 垣根修理用材採取権《垣や柵の修理材料を借地人がその土地から伐採する権利》. **2** 垣根修理用材 (hedgebote ともいう). 〖((1180)) *heibote* ← OE *heġe* hedge + *bōt* remedy, compensation (⇨ boot²)〗

háy·bòx *n.* 干し草箱, 火なしこんろ《加熱済の料理の余熱でむらし, さらに保温するために鍋(ⁿᵃᵇᵉ)ごと入れる干し草を詰めた箱》.

háy·còck *n.* 干し草の山《干し草をかき集めた円錐形の小山》. 〖((1464)) ← HAY¹ + COCK²〗

Hay·dn /háɪdn; G. háɪdn/, **(Franz) Joseph** *n.* ハイドン《1732–1809; オーストリアの作曲家; 古典派の代表的作曲家で,「交響曲の父」「弦楽四重奏曲の父」と呼ばれる》.

Haydn, Johann Michael *n.* ハイドン《1737–1806; オーストリアの作曲家; Joseph Haydn の弟》.

Hay·ek /háɪɛk, hɑ́ːjɛk/, **Friedrich August von** *n.* ハイエク《1899–1992; オーストリア生まれの英国の経済学者; Nobel 経済学賞 (1974)》.

háy·er *n.* 干し草作りをする人.

Hayes /héɪz/ *n.* **1** [the ~] ヘイズ(川)《カナダ Manitoba 州東部を北東に流れ, Hudson 湾に注ぐ川 (483 km)》. **2** ヘイズ《イングランド南東部 Middlesex 州にあった urban district; 現在 London borough の Hillingdon の一部; 別名 Hayes and Harlington》.

Hayes /héɪz/, **Helen** *n.* ヘイズ《1900–93; 米国の女優; *The Sin of Madelon Claudet* (マデロンの悲劇, 1931) でアカデミー主演女優賞を受賞したが, 後に Broadway で活躍; 本名 Helen Hayes Brown》.

Hayes, Isaac Israel *n.* ヘイズ《1832–81; 米国の北極探検家》.

Hayes, Rutherford Bir·chard /bə́ːtʃəd | bə́ːtʃəd/ *n.* ヘイズ《1822–93; 米国の第 19 代大統領 (1877–81)》.

háy fèver *n.* 〖病理〗枯草熱, 花粉症 (pollinosis)《初夏のころ花粉によって起こる目・鼻・咽喉(ⁱⁿᵏᵒᵘ)のアレルギー疾患》. 〖1829〗

háy·fìeld *n.* 干し草畑, 牧草場. 〖1784〗

háy·fòrk *n.* ヘイフォーク, 干し草用くまで; 自動干し草積上げ機. 〖1552〗

háy·ing *n.* 干し草作り. 〖((1677)) ← HAY¹ (v.) + -ING¹〗

háy knìfe *n.* 干し草切り刀《干し草の山から必要なだけの干し草を切り取るのに用いるナイフ》. 〖1828〗

hay·lage /héɪlɪdʒ/ *n.* 〖畜産〗ヘイレージ《水分が 35%–50 % に減った貯蔵飼料》. 〖((1958)) ← HAY¹ + (SI)LAGE〗

háy·lìft *n.* 飼料空輸《大雪で近づけない地域の牛馬などに飛行機で飼料を投下してやること》. 〖((1958)) ← HAY¹ (n.) + (air)lift〗

Hay·ling /héɪlɪŋ/ *n.* ヘイリング(島)《イングランド南部, Hampshire 州南東岸沖の島; リゾート地》.

háy·lòft *n.* 干し草置屋《馬小屋・納屋の二階》. 〖1573〗

háy·màker *n.* **1 a** 干し草を作る人《刈った牧草を広げて風と日光に当てる仕事をする人》. **b** 干し草を作る機械, 火力乾草機 (hay conditioner ともいう). **2** 《俗》〖ボクシング〗ノックアウトパンチ, 強打: land a ~ of a right-fisted punch on his jaw 彼のあごに右のパンチを一発くらわせる. 〖1: *c*1450; 2: 1912〗

háy·màking *n.* 干し草作り, 草干し. 〖1408〗

Hay·mar·ket /héɪmɑ̀əkɪt | -mɑ̀ː-/ *n.* **1** [the ~] London の West End の劇場街. **2** 米国 Chicago にある広場; 1886 年 5 月 4 日 8 時間制確立のため労働者が集会を行い暴動 (Haymarket Riot) となった場所; Haymarket Square ともいう.

háy·mòw /-màʊ/ *n.* **1** 納屋に積まれた干し草の山. **2** (納屋の)干し草置場. 〖*a*1477〗

háy·nèt *n.* ヘイネット《旅のときなどに馬に干し草を与えるために使う丈夫な袋》.

háy plànt *n.* 〖植物〗クルマバソウ (woodruff).

háy prèss *n.* 〖機械〗ヘイプレス, 干し草圧縮機.

háy·ràck *n.* **1** まぐさ台[棚]. **2** 干し草やわらを運ぶとき荷車の周囲に取り付けるわく; そういうわく付きの車. 〖1825〗

háy·rìck *n.* 《英》=haystack. 〖((?*a*1300)): ⇨ hay¹, -rick¹〗

háy·rìde *n.* 《米》干し草ピクニック《干し草を積んだ大荷車[トラック, そりなど]に乗って行く夜のピクニック》. 〖1896〗

háy·rìg *n.* =hayrack.

Hays /héɪz/, **Arthur Garfield** *n.* ヘイズ《1881–1954; 米国の弁護士; 市民としての自由の擁護に活躍》.

Hays, William Harrison *n.* ヘイズ《1879–1954; 米国の政治家(共和党); 映画制作配給協会会長 (1922–45); 'Hays Code' と呼ばれる制作倫理規定を作り「映倫」の役目を果たした (1930–66)》.

háy·sèed *n.* **1 a** (干し草の中からこぼれ落ちる)草の種子. **b** 干し草ごみ, 干し草くず: He hasn't got the ~ out of his hair yet. まだ田舎から出てのほやほやだ. **2** 《米口語》田舎者, 田吾作(ᵗᵃᵍᵒˢᵃᵏᵘ) (rustic). 〖1: 1577; 2: 1851〗

háy·shàker *n.* 《米俗》田舎者 (rustic).

háy·stàck *n.* (戸外の大きな)干し草の山《時には屋根を掛ける》, 積みわら. ***lóok for a néedle in a háystack*** ⇨ needle 成句. 〖1440〗

háy wàgon *n.* 《米》干し草用の荷馬車.

hay·ward /héɪwɔəd | -wɔːd/ *n.* 《古》**1** (家畜の侵入を防ぐため)垣根や囲いを管理する役人. **2** (町の共有家畜群の)管理人. 〖((?*a*1200)) *heiward* ← *hei* hedge (⇨ haybote) + WARD〗

Hay·ward /héɪwəd | -wəd/ *n.* ヘイワード《米国 California 州西部, Oakland 郊外の都市》.

háy·wire¹ 《米》*n.* 干し草などを束ねる針金. — *adj.* [叙述的]《口語》**1** 急ごしらえの, 間に合わせの. **2** 〈機械など〉故障した. **3 a** 〈物事が〉混乱した, ごった返した. **b** 気が狂った; 興奮した. ***gò háywire*** 《口語》(1) 故障する. (2) 混乱する. (3) 気が狂う. ((1929)) 〖adj.: 1905; n.: 1917〗

háy·wire² *n.* 〖植物病理〗ジャガイモのウイルス病.

Hay·wood /héɪwʊd/ *n.* ヘイウッド(男性名). 〖ME *Heywod* (原義) enclosed wood ← OE *heġe* enclosure (⇨ haybote) + WOOD¹: 地名に由来する家族名から〗

Hay·worth /héɪwə(ː)θ | -wɔ(ː)θ/, **Rita** *n.* ヘイワース《1918–87; 米国の映画女優; *Gilda* (1946) で Hollywood のセックスシンボルとなる》.

ha·zan /xəzɑ́ːn, xɑ́ːzən, -zn | hɑ́zæn/ *n.* (*pl.* **ha·za·nim** /xəzɑ́ːnɪ̀m/, ~**s**) 〖ユダヤ教〗**1** ハザン (⇨ cantor 2). **2** ユダヤ教団の教会堂役員 (hazzan, cha(z)zan ともいう). 〖((1650)) ◻ Mish. Heb. *ḥazzān* superintendent ← *ḥāzāh* to see〗

haz·ard /hǽzəd | -zəd/ *n.* **1 a** 危険 (⇨ danger SYN); 冒険 (risk): run the ~ 冒険をする, 一か八かやってみる, 運を天に任せてやる. **b** 危険をもたらすもの[原因]: the ~*s* of traffic 交通の危険 / public ~*s* 公害 / health ~*s* 健康にとって有害なもの / ⇨ occupational hazard. **2 a** 予想できないこと, 偶然 (chance). **b** 偶然の出来事, 偶発事. **3 a** (2 個の dice を投げる)さいころ勝負, 一六勝負. **b** =chuck-luck. **4** 〖玉突〗突き玉を当て王に当てた後ポケットに入れる突き方: play a losing ~ 当て玉に当てた後突き玉の方がポケットに入る / play a (winning) ~ 突き玉を当てて当て玉をポケットに入れる. **5** (court tennis で)コートの側壁の穴《そこへボールを打ち込むと得点になる》; 壁穴をねらったボールの打込み方; ボールが打ち込まれる側 (hazard side). **6** 〖ゴルフ〗ハザード, 障害地域《コースに設けられた池・川などの water hazard やバンカーなど》. **7** 《廃》賭けられたもの《賭け金など》.
at áll házards あらゆる危険を冒して, 是非とも. ((1726)) ***at házard*** 危険な状態で. ((1576)) ***at the házard of*** …を賭(ᵗ)して. ((1876)) ***by házard*** (1) 《古》運任せに, でたらめに (at random). (2) 偶然に.
— *vt.* **1** 〈生命・財産などを〉危険にさらす, …の危険をおかす, 賭する: ~ one's life 生命を賭する. **2** (批判・反対・失敗などを覚悟の上で)あえてやってみる, 思い切って[運任せで]する: ~ a guess [remark] 当てずっぽうを言う[思い切って言ってみる].
〖n.: ((*c*1300)) ◻ (O)F *hasard* game at dice, chance ◻ ? Sp. *azar* unfortunate throw at dice, unforeseen accident ◻ Arab. *az-zahr* the die. — v.: ((1530)) ← (n.)〗

Ha·zard /ɑːzɑ́ə | -zɑ́ː^r; F azaːʁ/, **Paul(-Gustave-Marie-Camille)** *n.* アザール《1878–1944; フランスの文学史家》.

haz·ard·ous /hǽzədəs | -zəd-/ *adj.* **1** 冒険的な, 危険な (perilous); きわどい, あぶない (risky): a ~ scheme [undertaking] 冒険的な計画[企て] / a ~ exploration [climbing] 危険な探険[登山] / Cigarette smoking may be ~ *to* your health. 巻きたばこは健康を害する場合もあります《米国製たばこの箱にある表示》. **2** 運任せの, 射幸的な (aleatory). **~·ly** *adv.* **~·ness** *n.* 〖((1580)): ⇨ hazard, -ous: cf. F *hasardeux*〗

házard lìghts *n. pl.* =hazard warning device (hazard warning lights ともいう).

hàzard wárning devìce *n.* (車の)ハザード警告装置《路上で緊急停車しているとき他の車に危険を知らせるために方向指示器を全部点滅させて合図する装置》.

Haz·chem /hǽzkem/ *n.* 《英》ハズケム《危険な化学物質であることの表示; 特に輸送中のものに表示される》. 〖((1976)) (混成) ← HAZ(ARDOUS) + CHEM(ICAL)〗

haze¹ /héɪz/ *n.* **1** 煙霧, かすみ, 薄煙 (⇨ mist SYN): He left behind a gray ~ of cigar smoke. 葉巻の灰色の薄煙をあとに残して行った / a dirty blue ~ of exhaust fumes 排気ガスの汚れた青い薄煙. **2** (精神や知覚の)もうろう, ぼやけ: be in a ~ あいまいである / with no ~ of doubt 疑いの色もなく / a ~ of worry over the patient 患者に襲いかかった得体(ᵉᵗᵃⁱ)の知れない不安 / He was freed from a ~ of illusion. 漠然とした幻想から解放された. **3 a** (透明な液体または固体中の)曇り, 濁り: a ~ in water [urine] 水[尿]中の濁り / a ~ in a crystal 水晶中の曇り. **b** (鏡面・家具・塗物などの光沢面の)曇り: a ~ *on* a mahogany table (不十分な仕上げによる)マホガニー材のテーブルの曇り.
— *vt.* かすませる, ぼんやりさせる 〈*over*〉: a mirror ~*d* with steam 湯気で曇った鏡. — *vi.* かすむ, ぼんやりする.
〖((1674–91)) (逆成) ← HAZY: cf. OE *h(e)asu* grey〗

haze² /héɪz/ *vt.* **1** 《米》〈新入生などを〉いじめる, しごく (rag, bully). **2** 〖海事〗(罰として)〈水夫に〉重労働を課する, いじめる, 酷使する (overwork, harass). **3** 《米西部》馬上から家畜を追う. **ház·er** *n.* 〖((1678)) ◻ F *haser* to irritate, vex ← ?〗

ha·zel /héɪzəl, -zl/ *n.* **1** 〖植物〗ハシバミ《カバノキ科ハシバミ属の木の総称; 特に, アメリカハシバミ (*Corylus americana*), カナダハシバミ (*C. cornuta*), セイヨウハシバミ (*C. avellana*)》; ハシバミの実 (hazelnut, filbert). **2** ハシバミの森. **3** (目の)はしばみ色, 薄茶色 (light brown): eyes of ~ 薄茶色の目. — *adj.* ハシバミ材製の, ハシバミの; はしばみ色の: a woman with clear ~ eyes はしばみ色の澄んだ目をした女性. 〖OE *hæs(e)l* < Gmc **χasalaz* (G *Hasel* / ON *hasl*) ← IE **kos(e)lo-* (L *corulus*)〗

Ha·zel /héɪzəl, -zl/ *n.* ヘイゼル(女性名). 〖↑: 19 世紀末ごろより植物の名を姓名に用いることが流行しはじめた〗

házel gròuse *n.* 〖鳥類〗=hazel hen. 〖1783〗

házel hèn *n.* 〖鳥類〗エゾライチョウ (*Tetrastes bonasia*). 〖((1661)) ◻ Du. *haselhoen* ◻ G *Haselhuhn*〗

ha·zel·ly /héɪzəli, -zli/ *adj.* **1** はしばみの多い. **2** はしばみ色の, 薄茶色の (light brown). 〖((1790)): ⇨ -y¹〗

házel·nùt *n.* ハシバミの実, ヘイゼルナッツ (filbert). 〖OE *hæselhnutu*: ⇨ hazel, nut〗

ház·ing *n.* **1** 《米》(新入生に対する)しごき. **2** 〖海事〗(水夫の)酷使. 〖((1825)) ← HAZE² + -ING¹〗

Haz·litt /hǽzlɪt, héɪz- | héɪz-, hǽz-/, **William** *n.* ハズリット《1778–1830; 英国の批評家・随筆家; *Characters of Shakespeare's Plays* (1817), *Table Talk* (1821–24). ★ 本人および一族は /héɪzlɪt/ と発音している》. **Haz·litt·i·an** /hæzlítiən, heɪz- | héɪz-, hæz-/ *adj.*, *n.*

ha·zy /héɪzi/ *adj.* (**ha·zi·er**; **ha·zi·est**) **1** かすんだ, もやの深い (misty): a ~ sky, day, view, etc. / ~ weather かすんだ天気 / a ~ view of purplish mountains 紫色にかすんだ山々. **2 a** 〈考え・状態が〉ぼんやりした (confused), もうろうとした (vague): a ~ idea あいまいな考え / a ~ recollection of childhood 子供のころのぼんやりした記憶 / The economic outlook is still ~. 経済の見通しはまだはっきりしない. **b** 〈人が〉考えのはっきりしていない, 漠然とした (uncertain) 〔*about*〕: He was ~ *about* where to go. どこへ行っていいかわからなかった. **3 a** 〈鏡など〉曇った

(blurred). **b** 〈水など〉濁りを帯びた. **4** 《古》ほろ酔いの, ほろ酔い気分の. **há·zi·ly** /-zəli, -zɪli/ *adv.* **há·zi·ness** *n.* 〖(1625) *hawsey, heysey* ← ?: cf. OE *hasu* gray, dusky〗

haz·zan /xɑzɑ́ːn, xɑ́ːzən, -zn | həzǽn/ *n.* (*pl.* **haz·za·nim** /xəzɑ́ːnɪm/, ~**s**) =hazan.

hb, HB 《略》〖アメフト・ラグビー・サッカー・ホッケー〗halfback.

Hb 《略》〖聖書〗Habakkuk.

Hb 《記号》〖生化学〗hemoglobin.

HB 《略》《英》〖鉛筆〗hard black. 〖1852〗

HBC 《略》Hudson's Bay Company.

H bèam /éɪtʃ-/ *n.* 〖金属加工〗H 形鋼, H 形ビーム《I beam よりフランジ (flanges) の広いもの》.

HBM 《略》His [Her] Britannic Majesty 英国国王[女王]陛下.

HBO 《略》Home Box Office.

H-bòmb /éɪtʃ-/ *n.* 水爆. 〖(1950) ← *h(ydrogen) bomb*〗

HBP 《略》high blood pressure; 〖野球〗hit by pitch(er).

HC 《略》Heralds' College; High Commissioner; 〖キリスト教〗Holy Communion; House of Commons.

h.c. 《略》L. honoris causa.

hcap. 《略》handicap.

HCF, hcf 《略》highest common factor.

HCG 《略》〖生化学〗human chorionic gonadotropin ヒト絨毛性性腺刺激ホルモン.

h.c.l 《略》《俗》high cost of living 物価高.

HCM 《略》His [Her] Catholic Majesty.

hcp 《略》handicap.

hd 《略》hand; head; hogshead(s).

HD 《略》〖通信〗half duplex.

H.D. *n.* Hilda Doolittle の筆名.

HD 《略》haavey-duty; high density; home defense; 〖米軍〗honorable discharge; horse-drawn; 〖海事〗hourly difference.

hdbk 《略》handbook.

HDD 《略》〖電算〗hard disk drive.

HDip 《略》higher diploma.

hdkf 《略》handkerchief.

HDL 《略》high-density lipoprotein 高密度リポ蛋白質. 〖1965〗

hdqrs. 《略》headquarters.

hds 《略》heads; hundreds.

HDTV 《略》high-definition television 高品位テレビ.

hdwe. 《略》hardware.

he¹ /(弱) hi, i; (強) híː/ ★/h/ の脱落した発音は文や節の冒頭には現れない. *pron.* (人称代名詞, 男性三人称単数主格; 所有格 **his,** 目的格 **him;** 複数 **they**) 彼: It's *he* [《口語》him] who is to blame. 悪いのは彼だ / *he* who [that] ... 《文語》だれでも…する者は (anyone who ...) / *He* who is born a fool is never cured. 《諺》馬鹿につける薬はない / *He* that talks much errs much. 《諺》口数の多い者はぼろを出す. ★ God を指すとき, それが相当離れている場合 He [Him, His] と大文字にすることがある. [日英比較] 英語の人称代名詞 *he* は既出の男性の名詞を受ける働きのみをもち, 日本語の「あの男」という意味で使う「彼」のような指示機能はない. したがって, 日本語で離れた位置にいる男を指して「彼はだれですか」と言う場合, 英語では "Who's *he*?" ではなく "Who's that man?" としなくてはならない. ⇨ I, she, it, they [日英比較]

[語法] (1) 通性の単数名詞を受けたり, 性別不明の一人の人を指したりする場合 he が用いられる: What (kind of person) is a martyr?—*He* is a person who gives up *his* life for *his* beliefs. 殉教者とはどのような人のことですか—殉教者とはおのれの信念のために生命を捨てる人のことです / Go and see who is knocking at the door and what *he* wants. だれがドアをノックしているのか, そして何の用なのか行って見て来て下さい. (2) ⇨ it¹ 1 [語法] 1.

he² /híː/ *n.* (*pl.* **hes, he's**) **1** 男性, 男の子 (↔ she): Is it a *he* or a she? 男性か女性か. **2** 《口語》雄 (male). **3 a** 鬼ごっこ (tag²): play ~ 鬼ごっこをする. **b** (鬼ごっこの)鬼 (it²). 〖OE *hē* ← Gmc **χi-* ← IE **ki-, *ko-* this one (demonstrative stem) (L *cis* on this side): cf. here, hither〗

he³ /híː/ *int.* ひー, ひひー《おかしさ・あざ笑いを表わし, しばしば he! he! he! と反復する》. 〖lateOE: 擬音語〗

he⁴ /héɪ/ *n.* ヘー《ヘブライ語アルファベット 22 字中の第 5 字: ה (ローマ字の E に当たる); ⇨ alphabet 表》. 〖(1639) ☐ Heb. *hē'* (原義) lo!〗

He 《記号》〖化学〗helium.

HE 《略》His Eminence《cardinal の尊称》; His [Her] Excellency 閣下. 〖1732〗

h.e., H.E. 《略》height of eye 〖建築〗目通り; high explosive; horizontal equivalent (2 点間の)水平距離.

he- /híː/ 次の意味を表す連結形: **1** 「男性の, 雄の」(↔ she-): *he*-goat, *he*-wolf, etc. **2** 《口語》「実に男性的な; 非常に大きな[強健な]」: a real *he*-man 全くの偉丈夫. 〖(*a*1325) ← HE¹〗

head /héd/ *n.* **1 a** (人の顔も含めた)頭, 頭部《目の上から後ろにかけての毛の生える部分》: bare one's ~ 脱帽する / break one's ~ against ⇨ break¹ 成句 / strike [hit] a person on the ~ 人の頭を打つ / have a bump on one's ~ 頭にたんこぶがある. ★ ラテン・ギリシャ語系形容詞: cephalic. **b** (人の)首《頭部を含めて, 首から上の部分》: bow one's ~ 頭を下げる, お辞儀する / cut off a person's ~ 首をはねる / hang (down) one's ~ 頭を垂れる / nod one's ~ 首を縦に振る, うなずく《同意・承認を示す》/ shake one's ~ 首を振る《どうかなあと疑念を示す》/ He is taller than me by a ~.=He is a ~ taller than me. 私より首から上の分だけ高い (cf. e). [日英比較] 英語の *head* は首 (neck) から上の部分を指す. したがって, 日本語の「首」や「顔」に相当する場合があるが,「頭」とはくい違う場合がある. というのは日本語の「頭」は髪の生えている部分を指すことが多いからである: Don't put your *head* out of the window. (窓から顔「頭部」を出すな)この場合の head も「頭」と訳すことはできない. 電車などの窓から出すのは日本語では眼のある部分, つまり「顔」だからである. **c** 生命 (life): It cost him his ~. それをして彼は命を落とした. **d** (動物の)頭, 頭部 (cf. tail¹ 1, trunk 6 a): The body of an insect is divided into three sections; the ~, the thorax, and the abdomen. 昆虫の体は頭, 胸, 腹の三つに分かれている / Better (be) the ~ of an ass than the tail of a horse. 《諺》鶏口となるも牛後となるなかれ《Better (be) the ~ of a dog [fox, lizard, mouse] than the tail of a lion. など種々の言い替えがある》. **e** 〖競馬〗(馬の)頭の長さ, (着差の)頭差: win by a (short) ~ 頭の差で勝つ (cf. b).

2 a (知性・思考・霊感などの宿る座としての)頭; 頭の働き, 知力, 知能, 理性 (intellect, reason), 推理力, 理解力: bother one's ~ about a problem 問題で頭を悩ます / clear one's ~ 頭をはっきりさせる / use one's ~ 頭を使う, 考える, 判断する / cram one's ~ with knowledge 頭に知識を詰め込む / a clear ~ 明晰な頭 / a level ~ 冷静な判断力 (cf. level 4) / have a long ~ 先見の明がある / be touched in the ~ 少し気がふれている, 頭がおかしい / be weak [soft] in the ~ 頭が悪い, 低能だ / do a sum in one's ~ 暗算で勘定する / He made it up *out of* his own ~. 彼は自分でそれを案出した / put something *into* [*out of*] a person's ~ あることを人に思い起こさせる[忘れさせる] / get something *out of* one's ~ あることを考え[信じ]なくなる / ⇨ *get into one's* HEAD, *take into one's* HEAD / Two ~*s* are better than one. 《諺》三人寄れば文殊(もんじゅ)の知恵. **b** 知性のそなわった人; …の頭の人: wise ~*s* 分別ある人々 / crowned ~*s* 王位にある人々 / ⇨ hothead. **c** 生得の才能, 才 (talent): a good [poor] ~ *for* mathematics 数学に向く[向かない]頭 / a keen business ~ 抜け目のない商才 / I have no ~ *for* heights. 高い所は苦手だ / If you have a bad ~ *for* heights, don't try to cross a suspension bridge. 高所恐怖症なら吊り橋は渡ろうとするな. **d** 冷静さ, 落ち着き (poise): keep one's ~ 冷静である, 取り乱さない, 落ち着いている / keep a cool [clear] ~ 冷静である / lose one's ~ あわてる, 度を失う / ⇨ *turn a person's* HEAD / She lost her ~ over him. 彼女は彼に夢中になった.

3 a (権力・統御の)首位, 首席; 上座, 上席; 座長席, 主人席: at the ~ of the class [list] クラスの首席に[名簿の一番上に] / at the ~ of the poll (議員選挙の)最高点で / take the ~ 先に立つ, 先導する / take [sit at] the ~ of the table 宴会の主人席に着く. **b** (行列・行進などの)先頭, 前(部) (front): march at the ~ 先頭に立って行進する / ⇨ HEAD of the river. **c** (ダンスなどの)先導者[部分].

4 a 頭(かしら), 頭目, 首領, 領袖, 支配者, 指揮者 (chief); 長官, 頭取, 会長, 社長, 校長: the ~ of a clan [family] 一門[一族]の頭[長] / She became ~ of the department of a company. 彼女は会社の部長になった. **b** = headmaster: the deputy [acting] *Head* 副校長[校長代理]. **c** (Oxford, Cambridge 大学などの) 学寮長.

5 a 頂上, 頂; (物の足部 (foot) に対して)上部, 上端 (top): the ~ of a mountain 山の頂上 / at the ~ of a ladder [staircase] はしご[階段]の頭[頂上]で / the ~ of a bed ベッドの頭《枕の部分》/ the ~ of a grave 墓の頭部《埋葬遺体の頭のある側》. **b** (泉・川・谷などの)水上, 奥; 源, 水源; 終(着)点: the ~ of the Nile ナイル川の水源 / the ~ of a valley 谷の上の方 / the ~ of a bay [gulf] 湾の奥 / the ~ of a lake 湖頭《川の流入する方》. **c** 崖(がけ)の頭, 先, 先端, 鼻: the ~ of a pier 突堤の先端. **d** [しばしば地名に用いて] 岬 (cape): Diamond *Head*.

6 a (道具・品物などの)頭. **b** (たるの)かがみ. **c** (太鼓の)皮面. **d** (釘・ピンなどの)頭. **e** (杖などの)頭《持つ部分》. **f** (斧・槌などの)頭《切る・打つ部分》. **g** (砲弾の)頭部, 弾頭 (war head). **h** (ゴルフクラブ・ラケットなどの)ヘッド《ボールを打つ部分》. **i** (弦楽器の)頭の部分《渦巻き部分と糸巻き部分》. **j** (シリンダーの)閉鎖面.

7 a 一人, 一人前[分] (individual): dinner at five dollars a [per] ~ 一人前 5 ドルの料理 / count ~*s* (出席者・賛成者などの)人数を数える / They paid six dollars a ~ for the concert. その音楽会に一人頭 6 ドルずつ出した. **b** (*pl.* ~) (動物の)頭数, 数: fifty ~ of cattle [sheep] 牛[羊] 50 頭 / They paid 10 cents a ~ for the rats. そのねずみを一匹 10 セントで買ってくれた. **c** [集合的]《英》猟鳥[猟獣]の群れ: a large ~ of game たくさんの獲物の群れ.

8 a 頭髪; 結髪 (coiffure): comb one's ~ 頭髪をくしけずる / a ~ of hair (長い・ふさふさした)頭髪, 髪 / have a good [fine, thick] ~ of hair 髪の毛がふさふさしている / I wish I had your ~ of hair. 私もあなたのような髪だったらいいのに. **b** 鹿の枝角 (antlers): a deer of the first ~ 初めて角の生えた鹿.

9 a (彫像などの)頭部; 頭像: a bronze ~ of Napoleon ナポレオンのブロンズ頭像. **b** [通例 *pl.*; 単数扱い] (通例頭像のある貨幣の)表, 形(かた) (cf. tail¹ 11): *Heads* I win, tails you lose. 表が出れば私の勝ち, 裏が出れば君の負け《どちらに転んでもこちらは得をする; 昔いかさま師が用いた銭投げの文句から》/ *Heads* or tails? 形(かた)か緩面(なめ)か, 表か裏か. **c** 頭像のある郵便切手.

10 a (腫(は)れ物などの膿(う)んで破れそうな)頭, 化膿部分: ⇨ *come to a* HEAD, *gather (to a)* HEAD. **b** 絶頂, 極点, 危機 (culmination, crisis): bring matters to a ~ 事態を危機に陥れる[どたん場に追い込む]; 要約する.

11 a (液体を注ぎこんだとき表面に浮く)泡: the ~ on a glass of ale ビールのコップの上の泡 / give a ~ to beer ビールを泡立たせる. **b** 《英》(牛乳の表面に浮く)クリーム.

12 a (木の)梢(こずえ). **b** (草木の)頭状花 (capitulum); 葉球, 結球: a ~ of lettuce / a cabbage with a good ~ よく結球したキャベツ / a clover ~ クローバーの花.

13 a (車の)幌, 覆い (hood). **b** 《英》(自動車の)車蓋, 屋根 (top).

14 a (問題の)項目 (section), 論点, 題目: treat a question under several ~*s* 問題を数項目に分けて論じる / on [upon] that ~ その点について(は) / the ~ of a sermon 説教の項目 / come under the ~ of ...の部[項]にはいる. **b** (章・節などに付ける)見出し《heading ともいう; cf. running title, shoulder head, sidehead》; (新聞などの)見出し (headline).

15 a (水車や発電所のために蓄えられた)水源地, 水源の高度, 水頭, (水の)落差; (水・蒸気などの)圧力: a good ~ of water よい水源地 / a ~ of steam 蒸気圧 (cf. *have a (good)* HEAD *of steam*) / a ~ of water driving a turbine タービンを動かす水圧 / fifty feet ~ of water 50 フィートの落差のある水. **b** 〖物理〗速度(水)頭《流体の圧力を重力場において同じ圧力をもつ流体柱の高さで表したもの》.

16 ヘッド (magnetic head)《磁気ディスク・磁気テープなどの記録媒体に対して読み書きする部分》.

17 《口語》(二日酔いまたはなぐられての)頭痛: get [give] a ~ 頭痛を起こす[起こさせる], 二日酔いになる[する] / have a ~ (二日酔いで)頭痛がする.

18 《俗》**a** (LSD・マリファナなどの)麻薬常用者, 薬(やく)中毒 (cf. acidhead, pothead 3, head shop). **b** (熱烈な)ファン, 熱狂者: a pop ~ ポップの熱愛者.

19 《米俗》口 (mouth): open one's ~ しゃべる / Shut your ~! 黙れ.

20 《卑》**a** 亀頭 (glans penis). **b** =fellatio.

21 《口語》(車の)ヘッドライト (headlight).

22 〖機械〗(旋盤・ボール盤などの)工具を取り付ける部分, 板ばねの取付端.

23 〖鉱山〗坑道 (heading).

24 〖文法〗主要語 (headword), 主要語句, 中心部《内心的構造 (endocentric construction) において修飾語に対して修飾される語; 例えば hot water の water》.

25 〖音楽〗(音符の)符頭 (cf. hook 7 a, stem¹ 8).

26 〖鉄道〗レール頭 (rail head).

27 a 〖印刷〗=till⁵. **b** 〖印刷〗天, 頭下《印刷ページの上部余白; 組版で上部余白となる部分; top ともいう》. **c** 〖製本〗天, 頭《三方小口の一つで, 上部の辺; top ともいう; cf. fore edge², foot 9》.

28 〖写真〗(三脚の上などにつける)雲台.

29 [*pl.*] 〖醸造〗初溜まり《最初に蒸溜してできる溜まり分; cf. tail¹ 16》.

30 〖音声〗音調頭.

31 〖金属加工〗押し湯 (⇨ dead 4).

32 〖建築〗楣(まぐさ)石, 上枠.

33 〖海事〗**a** 船首 (bow) (↔ stern). **b** (帆や円材 (spar²) の)上部. **c** 《俗》(船首にある船員用の)便所; (一般に)トイレ.

34 〖カーリング〗得点圏 (house) に残った石 (stone).

35 a 《古》(次第に得られた)権力, 勢力 (power). **b** 《廃》軍団: make a ~ 兵を集める.

above a person's héad =over a person's HEAD (1): It's *above the* ~(*s*) of the pupils. 生徒たちにわからない[むずかし過ぎる]. ***against the héad*** 〖ラグビー〗相手側ボールのスクラムから. ***be in over one's héad*** 〈人が〉苦境に陥っている. ***béat* [*báng*] *one's héad against a* (*brick*) *wáll*** =run one's HEAD against a wall. ***béat a person's héad óff*** 人をさんざんにやっつける. ***bíte a person's héad óff*** 《口語》人につっけんどんな返事をする; 人に八つ当たりする, 食ってかかる. ***búry one's héad in the sánd* (*like an óstrich*)** (ダチョウのように)危険が近づいているのを見ようとしない, 真相を認めようとしない《ダチョウは追われると砂の中に頭を埋めて他に見えないつもりでいるとの伝説から》. ***by a héad*** (1) ⇨1 e. (2) ほんの僅かの差で, 少差で. ***by the héad*** =*down by the* HEAD. ***by* (*the*) *héad and shóulders*** =HEAD *and shoulders* (2). ***cárry one's héad hígh*** =*hold one's* HEAD *high*. ***cóck one's héad*** 首をかしげる《考えるときのしぐさ》. ***còme ínto a person's héad*** =*enter a person's* HEAD. ***cóme to a héad*** (1) 〈腫(は)れ物などが〉十分に膿(う)む (cf. 10 a). (2) 絶頂[危機, 最後の段階]に達する: The crisis has *come to a* ~. 危機は最後の段階に達した. 《1340》 ***crý one's héad óff*** ひどく泣き叫ぶ. ***dó one's héad*** 《俗》ひどく心配する[怒る]. ***dó a person's héad in*** 《英》人を参らせる, 困らせる. ***dówn by the héad*** (1) 〖海事〗船首の喫水が船尾より大で (cf. (*down*) *by the* STERN). (2) 《俗》少し酔って. ***dráw to a héad*** =*come to a* HEAD. ***éat its* [*one's*] *héad óff*** (1) 〈馬などが〉(割に合わないほど)飼料を大食いする, 飼主を食い倒す. (2) 大食いして働かない[怠ける]. (3) 大食いする, がつがつ食べる. ***énter a person's héad*** 〈考えなどが〉人の頭[胸]に浮かぶ: It never *entered his* ~ *that* he might be chosen leader. 自分が指導者に選ばれるなどとは考えもしなかった / The thought never *entered my* ~! その考えは思いつかなかった. ***flíng one's héad báck*** 頭を後ろにそらす《怒り・決意・大笑いなどのしぐさ》. ***flíng onesélf at a person's héad*** 〈女性が〉派手なふるまいをして人(男性)の気を引くようにする. ***from héad to fóot* [*héel, tóe*]** 頭のてっぺんから足のつま先まで, 全身, すっかり: She was dressed in black *from* ~ *to foot*. 《*a*1325》 ***gáther* (*to a*) *héad*** =*come to a* HEAD.

H

gèt one's héad aròund 《俗》理解する: I can't *get my* ～ *around* these new regulations. 新しい規則はどうも理解できない. **gèt one's héad dòwn** (1) 《口語》寝る. (2) (机などに戻って)また仕事を始める. (3) ＝*keep one's* HEAD *down* (1). **gèt ínto one's héad** 〈ある事を〉十分に理解する: Now *get* that *into your* ～. さあそのことをよく頭に入れておきなさい. (2) 〈ある事を〉(愚かにも)想像する, 思い込む: He had *gotten* it *into his* ～ *that* he would be elected. 当選するものと信じていた / He *got* it *into his* ～ *that* he had cancer. 癌(がん)だと思い込んでいた. **gèt it thróugh** *a person's* **héad** 人を理解させる. **gíve** *a horse its* **héad** 馬の手綱をゆるめる. **gìve héad** 《米卑》オーラルセックスをする〔*to*〕. **gíve** *a person his* **héad** 〈人〉の自由を許す, 思う通りにさせる. **gò héad to héad** (**with** *a person*) (人に)真っ向から立ち向かう. **gó to** *a person's* **héad** (1) 〈酒が〉頭にくる. (2) うぬぼれさせる. **háng one's héad** うなだれる, 恥じ入る. **háng òver** *a person's* **héad** 〈危険などが〉人に差し迫(っている). **hàve a** (**góod**) **héad of stéam** (1) 蒸気圧が(十分)ある. (2) 〈主義・運動などが〉(十分)支持されている. **hàve a** (**góod**) **héad on** *one's* **shóulders** 実務の[常識]がある, 分別がある, 聡明である. 《1812》 **hàve an óld** [**a wíse**] **héad on yóung shóulders** 若いのにしっかりしている[分別がある]. **hàve** *one's* **héad in the sánd** ＝*bury one's* HEAD *in the sand* (*like an ostrich*). **hàve** *one's* **héad scréwed ón** 分別がある, そつがない: He *has his* ～ *screwed on* right. 彼は抜かりがない. **héad and frónt** 《古》(1) 絶頂, 頂点 (summit). (2) 本質, 本体: the ～ *and front of* my offending 私の罪科の罪科たるところ (Shak., *Othello* 1. 3. 80). 《1604》 **héad and shóulders** (*adv.*) (1) 頭と肩ほどの差で; ずば抜けて, はるかに: He is [stands] ～ *and shoulders above* them. 彼らより背が頭と肩だけ[ずばぬけて]高い; 彼らより断然優秀だ. (2) 《古》強引に, 無理(やり)に, 乱暴に: drag in (by [by the]) ～ *and shoulders* 〈場違いの話題などを〉無理に引き入れる. 《1581》 (*n.*) 頭と肩だけの写真[肖像画]. (*adj.*) 頭と肩だけの: a ～ *and shoulders* portrait. **héad fírst** [**fóremost**] ＝head-first, headforemost. **héad òff** ひどく, うんざりするほど: cry one's ～ *off* 大声で泣き叫ぶ. **héad ón** (1) (衝突など)正面から, 頭と頭と(もろに): collide [clash] ～ *on* 正面衝突する / hit an iceberg ～ *on* 氷山に正面衝突する. (2) 真っ向うから対立して (cf. head-on): run ～ *on* against the opposition 反対派と正面衝突する. **héad òver éars** ＝*head over* HEAD *and ears*. **héad òver héels** (1) もんどりうって, さかさまに: turn [fall] ～ *over heels* とんぼ返りする[もんどりうって倒れる]. (2) 完全に; 深く (deeply): He fell ～ *over heels* in love with her. 彼女にぞっこんほれ込んだ / He was ～ *over heels* in debt. 借金で首が回らなかった. (3) 急いで, 衝動的に, 向こう見ずに (recklessly). 《1770》 **Héads úp!** 《口語》(1) 気をつけろ, どいたどいた. (2) (ボールなどを)ちゃんと受けとれ. **héads will róll** (間違いなどを理由に)ひどい処罰を受ける, 首になる: If this matter isn't cleared up, ～*s will roll!* この問題が解明されないとすると, ただではすまない. **híde** *one's* **héad** (1) (恥入って)顔を隠す. (2) 《廃》避難する, 逃避する. **híde** *one's* **héad in the sánd** ＝*bury one's* HEAD *in the sand* (*like an ostrich*). **hóld** *one's* **héad hígh** (1) 反身(そりみ)になって歩く. (2) (逆境にありながら)胸を張って歩く. **hóld** *one's* **héad úp** (恥ずかしい思いをしたあとなどで再び)大手を振って歩く, 世間に顔向けができるようになる. **hóld òver** *a person's* **héad** 〈威嚇などを〉人に振りかざす. **kéep** *one's* **héad abòve wáter** (1) 借金しないでいる; 死なないでいる. 《1712》 (2) 首を水上に出している, おぼれないでいる. **kéep** *one's* **héad dòwn** (1) (成り行きを待って)じっとしている, 目立たないようにする, 自重する. (2) (頭を下げて)隠れている. **knóck héad** お辞儀する (kowtow). **knóck** *one's* **héad agàinst a wáll** ＝*run one's* HEAD *against a wall*. **knóck** *a person's* **héad òff** 《俗》人を苦もなくやっつける. **knóck** *their* **héads togéther** (1) 強引に二人のけんか[ばかなまね]をやめさせる. (2) 二人にはち合わせをさせる. **knóck in** [**on**] **the héad** (1) 〈計画などを〉打ちこわす, つぶす: We have to *knock* this rumor *on the* ～ before it spreads. 《口語》このうわさが広まる前に, もみ消さねばならない. (2) 〈人〉の頭を打って気絶させる[殺す], なぐり殺す, 片付ける. **knóck ínto** *a person's* **héad** 〈ある事を〉頭にたたき込む, よく教え込む, 徹底させる. **láugh** *one's* **héad òff** 大笑いする, 存分に笑う. **láy héads togéther** ＝*put* HEADS *together*. **lèt** *a person* **hàve** *his* **héad** 〈人を〉思うようにさせる[自由にさせる]. **líft** (**úp**) *one's* **héad** (1) 頭角を現す. (2) 元気を回復する. (3) 誇りを感じる, 自信をもってくる. **lóse** *one's* **héad** (1) (重刑として)首を切られる. (2) ⇨ 2 d. 《*c*1385》 **màke héad** 前進する, 進む (advance). 《1577–87》 **màke héad agàinst** …に抵抗する, …を食い止める. **màke héad or táil of ...** [通例, 否定・疑問文で] …を理解する, …がわかる (understand): I *can't make* ～ *or tail of the case*. ＝*I can make neither* ～ *nor tail of* it. その件については一向にわからない, ちんぷんかんぷんだ. **néed** (**to hàve**) *one's* **héad exámined** 頭がおかしい, 正気でない. **nòt knów whèther** *one* **is** (**stánding**) **on** *one's* **héad or** *one's* **héels** 《口語》ひどく当惑して[とまどって]いる. **òff** *one's* **héad** 《口語》気が違った[て]: go [be] *off one's* ～ 理性を失う, 気が狂う. 《*a*1845》 **òff the tóp of** *one's* **héad** ⇨ top 成句. **on** *one's* **héad** …の責任で: have a person's blood *on one's* (own) ～ 人の死の責任を感じる / *On your* (own) ～ (be it)! それは君の責任だぞ[自業自得だ] / The crime lies *on his* ～. その犯罪の責任は彼にある. **òut of** *one's* **héad** (1) 自分の創意で, 自分で考えて: This was written *out of his* (own) ～. これは彼が自分で考えて書いたものだ. (2) 〈事を〉忘れてしまって. (3) 気が狂って(たようになって); ひどく酔って. (4) ⇨ 2 a. 《1719》 **òver** *a person's* **héad** (1) (話など)人の理解を越えて: talk *over a person's* ～ 人に理解できないような事柄を[話し方で]話す / The examination was way *over my* ～. 試験は全然歯が立たなかった. (2) 直接の担当[責任]者の頭越しに: go *over a person's* ～ to his boss 人の頭越しに社長のところへ行く. (3) (昇進など)順番を飛びこえて (cf. *over the* HEAD(*s*) *of* ...). 《1622》 **òver héad and éars** 〔…に〕深くはまり込んで〔*in*〕: be *over* ～ *and ears in* love [debt, work] 恋に夢中になっている[借金で首が回らない, 仕事に没頭している]. 《1530》 **òver the héad**(**s**) **of** …の先を越して: He *was* promoted *over the* ～ *of* his colleagues. 同僚たちより先に昇進した. **póke** *one's* **héad** (1) 前かがみになる. (2) 〔窓などから〕頭[顔]を突き出す〔*through*〕. **púll your héad in** 《豪口語》黙れ, 引っ込んでろ. **pùt a** [**one's**] **hánd to** *one's* **héad** 頭に手を置く《深刻な思い・驚きを示す》. **pùt a héad on** 《米俗》(1) …をなぐる (punch, assault). (2) …を黙らす (silence). **pùt an óld héad on** [**upon**] **yóung shóulders** 若い者に分別を持たせる, 若い者をまじめにする. **pùt** *one's* **hánds on** *one's* **héad** 両手を頭の上に置く《丸腰である[抵抗の意思がない]ことを示す》. **pùt** *one's* **héad dòwn** ＝*get one's* HEAD *down*. **pùt** *one's* **héad into the nóose** ⇨ noose 成句. **pùt** [**láy**] **héads togéther** 《口語》額を集めて相談する, 熟議する. 《*c*1380》 **réar** [**ráise**] *one's* [*its*] **héad** (またもや)現れる, 台頭する. **rún** *one's* **héad agàinst a** (**bríck** [**stóne**]) **wáll** 成功の見込みのないことを企てる. **scréam** [**shóut**] *one's* **héad òff** 声を限りに絶叫する [わめく]. **shów** *one's* **héad** ⇨ show 成句. **shút** *one's* **héad** ⇨ shut 成句. **snáp** *a person's* **héad òff** ＝*bite a person's* HEAD *off*. **stánd on** *one's* **héad** (1) 逆立ちして: *stand on one's* ～ 逆立ちする. (2) 《口語》いとも容易に, 楽々と: I can [could] do it *standing on my* ～. そんなことは朝飯前だ. 《1896》 (3) [to do を伴って] …しようと大変な努力をする. **stánd** [**túrn**] **on** *its* **héad** (1) 〈物事の順序などを〉転倒させる; …を混乱に陥れる. (2) 〈人の議論などを〉逆手に取る: She *stood* my argument *on its* ～ and showed I was wrong. 彼女は私の議論を逆手に取って, 私が間違っていることを証明した. **táke ínto** *one's* **héad** (浅はかにも)〈ある事を〉思いつく, 決める: *take* things *into one's* ～ たわいのない事をいろいろ思いつく / *take* it *into one's* ～ to become a film star 映画スターになろうと思いつく / He *took* it *into his* ～ that he was being deceived. 自分はだまされているのだと決めた. 《1711》 **tálk** *a person's* **héad òff** 長話で人をうんざりさせる, のべつ幕なしに[うんざりするほど]しゃべる. 《1894》 **thrúst** *one's* **héad fórward** 顔[頭]をぐっと突き出す《敵意・挑戦などを示す》. **túrn** *a person's* **héad** (1) 人を夢中にさせる. (2) 人をうぬぼれさせる. **túrn on** *its* **héad** ＝*stand on its* HEAD. **upon** *one's* **héad** ＝*on one's* HEAD. **with** *one's* **héad in the áir** いばって, 偉そうに: He goes about *with his* ～ *in the air*. 彼は偉そうに歩き回る. **yáwn** *one's* **héad òff** 大あくびをする.

head of state 国家元首.

head of the river [(the) —] 《英》(bumping race で, 各学寮出場ボートの)先頭; (レースで) 1 位, 優勝: go ～ *of the river* 1 位になる. 《1853》

heads or tails [単数扱い] (1)「表か裏か」, 銭投げ《硬貨を投げ上げて表か裏かで勝負する賭事》. (2) (スポーツなどで銭投げによる)トス (toss). 《1684》

— *vt.* **1 a** …の先頭に立つ, 筆頭にある, 首席である: ～ a procession 行列の先頭に立つ / ～ a league リーグのトップに立つ / ～ one's class クラスの首席である / His name ～*ed* the list [poll]. 彼の名が筆頭だった. **b** …の頭になる, 先に立つ, 率いる, 主宰する: ～ a rebellion [revolt] 暴徒を率いる / a delegation ～*ed* by X X 氏を団長とする代表団 / ～ (up) a new government 新政府の首班となる. **2 a** 〈船・車などを〉…に向ける[進める]〔*for, toward*〕: ～ a vessel *toward* the shore 船を岸に向ける / What part of London are you ～*ed for*? ロンドンのどの方面に行かれますか. **b** …に〔不運などへの〕道をたどらせる〔*for*〕: Platypuses are ～*ed for* extinction. カモノハシは絶滅に向かって[瀕して]いる / be ～*ed for* disaster 不幸に陥る運命にある. **3 a** 〈進んで来るものに〉立ち向かう: ～ the waves 波に立ち向かう. **b** (進んで来るものを阻止するために)立ちはだかる: ～ a herd of cattle 牛の群れの前に立ちはだかる. **4 a** 〈レースなど〉で 1 位になる: ～ a race. **b** …よりまさる; 〈記録などを〉超える (surpass): ～ all records すべての記録を超える. **5 a** …に頭部をつける: ～ a pin, nail, etc. **b** …に見出しをつける. **6 a** 〈動物〉の頭を取る: ～ a fish, a hen, etc. **b** 〈植物〉の枝先[芯(しん)]を摘む 〈*back, down, in*〉: ～ (*down*) a plant 草木の芯を切る / ～ *in* shoots 枝を切り返す. **c** 〈穀物を〉穂を刈って収穫する. **d** 《まれ》…の首を切る (behead). **7** 〈川〉の水源を回って行く: ～ a stream. **8** 《狐狩》〈キツネ〉の走る向きを変えさせる. **9** 《サッカー》〈ボールを〉ヘディングする: ～ a ball.

— *vi.* **1 a** 〔…に向かって〕進行[前進]する, 〔…の方向に〕進む〔*for, toward*〕: ～ west 西方に向かって進む / ～ north *toward* Bonn ボンを目指して北進する / He ～*ed straight for* Delhi [his destination]. 彼はデリー[目的地]へ直進した. **b** 〔不運などへの〕道をたどる〔*for*〕: ～ *for* bankruptcy 破産の方向に進む / ～ *for* totalitarianism 全体主義に傾斜していく. **2** 〈川が〉源を発する (arise)〔*in, from*〕. **3 a** 〈植物などが〉穂を出す, 結球する〈*up*〉: The cabbages are ～*ing up* nicely. キャベツは見事に結球してきた. **b** 〈はれものが〉膿(う)んで頭ができる.

be héading [《米》 **héaded**] **for** (1) …に向かう (cf. *vt.* 2 a). (2) 必ず…になる (cf. *vt.* 2 b). **héad ín** 《鉄道》〈列車が〉側線に待避する《進行してくる列車を通過させるため》. **héad óff** (1) (前進を阻止するために)立ちはだかる: ～ a crowd *off from* the wrong exit 群衆が間違った出口から出ようとするのをさえぎる / We'll ～ the rustlers *off* at Eagle Pass. イーグルパスで牛泥棒を阻止しよう. (2) …から思い[注意]をそらせる, させないようにする: ～ *off* a quarrel 口論をさえぎる / I ～*ed* him *off* (*from*) making a speech. 彼に演説を思いとどまらせた. **héad them** 《豪》ツーアップ (two-up) をする. **héad úp** (*vt.*) (1) 〈たるなど〉にふたをする. (2) …の先に立つ, 率いる. (*vi.*) (1) 源を発する. (2) 頂点[絶頂]に達する. (3) ⇨ *vi.* 3 a.

— *adj.* [限定的] **1** 首席の, 首位にある: a ～ teacher 教頭 / a ～ coach ヘッドコーチ / the ～ clerk 事務長 / ⇨ headwaiter. **2** 前から来る: a ～ tide 逆潮(さかしお) / ⇨ head wind. **3** 先頭の, 一番前にある: ～ sails. **4** 頭の(ための).

～·like *adj.* 〖ME *hed, heved* < OE *hēafod* < Gmc *χauƀuđam* (G *Haupt* / ON *hǫfuð* / Goth. *haubiþ*) ← IE **kaput-*《原義》? cup-shaped (L *caput* / Skt *kapāla* skull)〗

Head /héd/ 〖商標〗ヘッド《オーストリアのスポーツ用品メーカー; 同社製のスキー・テニス用品など》.

Head /héd/, **Edith** *n.* ヘッド《1907–81; 米国の服飾デザイナー; ハリウッド映画の衣装を手がけ数多くのオスカー賞に輝いた》.

-head /hèd/ *suf.* 名詞または形容詞に付いて「地位, 状態, 性質」を表す名詞を造る: god*head*, maiden*head*. ★この 2 例を除き, 今は一般には -hood が用いられる. 〖ME *-hēde, -hed* < OE **-hǣd*(*e*): ⇨ -hood〗

head·ache /hédèɪk/ *n.* **1** 頭痛: have a bad [slight] ～ ひどい[軽い]頭痛がする / suffer from ～(s) 頭痛に悩む. **2** 《口語》頭痛の種, 悩み, 困った[迷惑な]問題. 〖OE *hēafodeċe*: ⇨ head, ache (n.)〗

head·ach·y /hédèɪki/ *adj.* (**-ach·i·er**; **-i·est**) **1** 頭痛がする, 頭痛持ちの. **2** 〈酒・風邪など〉頭痛を起こす, 頭痛を伴う. 〖《1795》: ⇨ ↑, -y[4]〗

head·age /hédɪdʒ | -dɪdʒ/ *n.* 《農場の》飼育家畜数, 頭数; 《農民に支払われる》家畜一頭当たりの助成金. 〖《1957》← HEAD＋AGE〗

héad ámplifier *n.* 〖電子工学〗前置増幅器.

héad-and-táil lìght *n.* 〖魚類〗ヘッドアンドテールライトフィッシュ (*Hemigrammus ocellifer*)《反射光によって目の上縁と尾柄の上半分が金色に光るカラシン科に属する小形の熱帯魚》.

héad arràngement *n.* 〖音楽〗ヘッドアレンジ(メント)《ジャズ・軽音楽などで譜面に書かず演奏前の口頭の打合わせによる編曲》. 〖1946〗

héad·bànd *n.* **1** 鉢巻き (fillet). **2** 〖印刷〗ヘッドバンド《章頭やページの上部を飾っている草花などの飾り模様》. **3** 〖製本〗(本の中身の背の上下に張り付けたり, 縫い付けたりする)花ぎれ, ヘドバン, ヘッドバンド (cf. footband). 〖1535〗

héad·bàng *vi.* 《俗》(ヘビメタ (heavy metal) のビートに合わせて)頭を激しく振る. 〖*c*1980〗

héad·bànger *n.* 《俗》**1** ヘビメタのファン. **2** いかれた奴, 狂人. 〖1979〗

héad·bòard *n.* (寝台などの)頭板(あたまいた) (cf. footboard 2). 〖1730〗

héad·bòom *n.* 〖海事〗＝jibboom.

héad·bòrough *n.* 〖英史〗**1** 十人組長, 市邑(しゅう)長 (cf. frankpledge 1). **2** (教区の)小役人, 下級警吏. 〖《1376》 *hede borgh* ← HEAD＋OE *borh* pledge (cf. borrow)〗

héad·bòx *n.* 〖製紙〗ヘッドボックス《紙料を調整して流す装置》.

héad bòy *n.* 《英》首席の男子生徒《監督生 (prefects) のリーダーで, 公的な行事で学校代表をつとめる》. 〖1851〗

héad·bùtt *vt.* 〈人〉に頭突きをする. — *n.* 頭突き. 〖1972〗

héad·càp *n.* 〖製本〗キャップ《革装本で背の花ぎれ (headband) を覆う革の部分》. 〖1888〗

héad·càse *n.* 《口語》[軽蔑的に] 頭の変なやつ, 狂ったやつ. 〖1971〗

héad·chèese *n.* 《米》ヘッドチーズ《豚や小牛の頭や足を細かく刻んで香辛料と共に煮て, ゼリー状に冷やし固めた食品》. 〖1841〗

héad·clòth *n.* 〖服飾〗ヘッドクロス《頭にかぶる布; スカーフやターバンなど》. 〖lateOE *hēafodclāþ*〗

héad còld *n.* 鼻づまりかぜ, 鼻かぜ.

héad còllar *n.* 〖馬具〗項革 (headstall).

héad cóunt *n.* 《米口語》**1** 人口調査; 世論調査. **2** 人数, 員数, 人口.

héad-cóunter *n.* 《米口語》人口調査員; 世論調査員.

héad dìp *n.* 〖サーフィン〗波かぶり《波乗りで乗り手が板の上に膝をつけて座り波の中に頭を突っ込む技》. 〖1962〗

héad dòctor *n.* 《俗》精神(科)医, 精神病医学者. 〖1956〗

héad·drèss *n.* **1** ヘッドドレス, 頭飾り《帽子のようにかぶったり, リボン・花・くしなどのようにつける頭の装飾品》; かぶりもの《しばしば地位や職業を示す》. **2** 髪の結い方, ヘアスタイル. 〖1703〗

héad·ed /-dɪd | -dɪd/ *adj.* **1** 〈キャベツなど〉結球した. **2** (頭部・上端に)見出し (heading) のある. **3** [複合語の第 2 構成素として] 頭が…の, …頭の: long-*headed*, round-*headed*, bald-*headed*, two-*headed*, hoary-*headed*, clear-*headed*. **4** 《まれ》頂点に達した, 熟した (cf. come to a head). 〖《?*a*1200》: ⇨ head (n.), -ed 2〗

héad·ènd *n.* ヘッドエンド《有線テレビの放送信号を受信して幹線に送出する所》.

héad·er /hédə | -də[r]/ *n.* **1 a** 頭を切り離す人. **b** 頭

を除去する機械; (穀物の)穂刈り器. **2 a** 頭を作る人. **b** ふた職人《たるの頭部を作る[はめる]桶屋》. **c** (釘・針などの)作頭機. **3 a** 捕鯨船の指揮者. **b** (牛・羊の群れの)誘導犬. **4** 《口語》(水泳の)逆さ飛込み (dive); 逆さに落ちること: take a ~ off a ladder はしごから逆さに落ちる. **5 a** 通水管, 通気管, 管寄せ, 母管. **b** 圧力調整槽, ヘッダー(タンク)《header tank ともいう》. **6** 〘建築〙(ドアロの上部の)楣(まぐさ), 横梁(おうりょう) (lintel). **7** 〘石工〙れんが・切石の小口(こぐち) (cf. stretcher 7 a); 小面(こづら). **8** 〘サッカー〙=heading 4. **9** 〘印刷〙ヘッダー《ページ上部に印刷される文書名など; cf. footer¹》. **10** 〘電算〙ヘッダー《ファイル先頭の管理情報部分》. **11** 〘電子工学〙ヘッダー《端子を貫通させて素子をのせる板》. **12** 《方言》頭のおかしな人. 〖(?*a*1425): ⇨ head, -er¹〗

héader bònd *n.* 〘石工〙(石造・れんが造の)小口積み.

header còurse *n.* 〘石工〙(石造・れんが造で)小口のみが並べられた層; 小口層 (cf. stretcher course).

héader tànk *n.* =header 5 b.

héad·fàl·sie *n.* 《俗》かつら (wig).

héad·fàst *n.* 〘海事〙 **1** 船首のもやい綱. **2** 船首もやい, 先もやい《船首を岸壁に向けて縦に係留》. 〖(*c*1569): ⇨ head, fast³〗

héad·first *adv.* **1** 頭を先にして: fall [dive] ~ まっさかさまに落ちる[飛び込む]. **2** 大急ぎで (precipitately), 向こう見ずに (recklessly). — *adj.* **1** 頭を先にした. 日英比較 野球用語の「ヘッドスライディング」は和製英語. 英語では *headfirst* slide または sliding *headfirst* という. **2** 大急ぎの. 〖1828〗

héad·fìsh *n.* 〘魚類〙 **1** =ocean sunfish. **2** =sharptail mola. 〖1843〗

héad·fóremost *adv.* =headfirst. 〖1625〗

héad·fràme *n.* 〘鉱山〙巻上げ機の滑車を支えるために作られた立坑櫓《gallows ともいう》.

héad gàme *n.* 《米口語》 **1** [しばしば *pl.*] 心理的にあやつること. **2** 頭の体操.

héad gàte *n.* **1** 運河の上水門. **2** 取水門, 取水ゲート《用水・人工水路などの水門》. 〖1832〗

héad·gèar *n.* **1 a** かぶり物, 頭飾り, 帽子: a stylish piece of ~. **b** (ボクシングなどの)ヘッドギア《選手が頭部を保護するために着ける革製などの覆い》. **c** 頭当て《兵士の鉄かぶと・ヘルメットなど》. **2** おもがい《頭部の馬具》. **3** 〘鉱山〙巻上げ櫓. 〖1539〗

héad gìrl *n.* 《英》首席の女子生徒 (cf. head boy).

héad·hùnt *vi.* **1** 《俗》(企業などで, 幹部級の)人材をスカウトする[引き抜く]. **2** 政敵から地位・権力などを奪おうとする. **3** 首狩りをする. — *n.* **1** 《俗》幹部級人材のスカウト[引き抜き]. **2** 首狩り. 〖(1969) 《逆成》← HEADHUNTER, HEADHUNTING〗

héad·hùnter *n.* **1** 《俗》(企業などの, 幹部級)人材スカウト係. **2** 政敵から地位・権力を奪おうと工作する者. **3** (スポーツでの)乱暴なプレーヤー. **4** 首狩りをする蛮人. 〖1853〗

héad·hùnting *n.* **1** 《俗》(幹部級)人材のスカウト, 引き抜き. **2** 《米俗》(政敵などの)勢力を弱めようとすること. **3** (理由もなく)むやみに首にすること. **4** (蛮人の)首狩り. 〖1853〗

head·ing /hédɪŋ | -dɪŋ/ *n.* **1 a** 表題, 題目, 見出し, ヘッディング. **b** 〘図書館〙(目録記入の)標目, 見出し語. **c** (書簡の上部右側に記す)発信人のアドレスと日付. **d** 頭を付けること, 頭を作ること. **2** (船・航空機などの)方向を定めること; (向けられた, または曲げられた)方向, 方位, 向き (direction): ⇨ magnetic heading, true heading. **3** 《古》頭を切ること, 首切り. **4** 〘サッカー〙ヘッディング《ボールを頭でパスまたはシュートすること》. **5** 〘建築〙(れんがを)小口 (header) を出して積むこと, 小口積み; (小口を出して)積んだれんがの列. **6** 〘鉱山〙水平坑, 坑道, 引立(ひきたて); 鏈押(ひし)坑道 (drift); (坑道上の探掘切羽の)掘進. **7** たるのかがみの材料. 〖(*a*1325): ⇨ head, -ing¹〗

héading bònd *n.* 〘石工〙=header bond.

héading còurse *n.* 〘石工〙=header course. 〖1659〗

héading dòg *n.* 《NZ》誘導犬 (header). 〖1913〗

héading jòint *n.* **1** 〘木工〙(板の)端食(はしばみ). **2** 〘石工〙(アーチの迫石の)接ぎ. 〖1823〗

héad jòint *n.* **1** 〘建築〙縦目地《石造りやれんが造りの垂直の目地》. **2** 〘楽器〙(フルートの)吸管のついた部分.

héad·làmp *n.* =headlight. 〖1885〗

head·land /hédlənd, -lænd/ *n.* **1** (海や湖に突き出た)岬 (promontory). **2** 〘農業〙枕地《畑の畝(うね)の端にある耕してない細長い土地で, 犂(すき)などの回転のために使う》. 〖OE *hēafodland*〗

héad·lèdge *n.* 〘造船〙 **1** ハッチ端コーミング, 艙口端縁材《艙口の上端を補強するための横方向に取り付けた縁材》. **2** (ヨットの)センターボードボックスの前面に取り付けた縦方向の補強材.

héad·less *adj.* **1** 頭[首]のない; 首を切られた. **2** 首領[指導者]のない. **3** 知恵[良識]のない, ばかな. **4** 〘詩学〙=catalectic. **~·ness** *n.* 〖OE *hēafodlēas*: ⇨ head, -less〗

héad lèttuce *n.* 〘植物〙タマヂシャ《結球性のレタス》.

head·light /hédlàɪt/ *n.* **1 a** (自動車・機関車などの)前照灯, ヘッドライト (⇨ car, bicycle, locomotive 挿絵). **b** ヘッドライトの光[光線]. **2** (船の前檣(しょう)に掲げる)白色灯. **3** 〘鉱山〙(鉱夫などが前頭部につける)前照灯; (医師が額につける)額帯(がくたい)鏡; (耳鼻科の)耳鏡(じきょう). 〖1861〗

head·line /hédlàɪn/ *n.* **1 a** (新聞などの大活字の)大見出し (banner): grab [win, go into] ~ 新聞に大きく取り上げられる; 有名になる / make [hit, grab, reach] the ~*s* 重大ニュースになる. **b** [通例 *pl.*] 〘ラジオ・テレビ〙(ニュース放送の冒頭に読ま[出さ]れる)主な項目. **c** 〘印刷〙ヘッドライン《印刷ページの上部で, 通し書名やノンブルのある行》; 柱, 欄外標題. **2** =headrope. **3** 〘海事〙=headfast. — *vt.* **1** 〈記事・ページ〉に見出しを付ける: The story was ~*d* "Economy Worsens." その記事には「景気悪化」という見出しが付いていた. **2** 《米》 **a** 立て役者[花形]として出演させる; 売りものにする. **b** 〈出し物〉の主演者[売りもの]になる. **3** 大々的に宣伝する. — *vi.* 《米》主役を演ずる. 〖(1294–95): ⇨ head, line¹〗

héad·lìner *n.* **1** 見出しをつける編集記者. **2** 《米》 **a** (劇や映画で宣伝の目玉になる)立て役者, スター. **b** 有名人. 〖1891〗

héad línesman *n.* 〘アメフト〙ラインズマン, 線審.

héad·lìning *n.* 〘自動車〙ヘッドライニング《車室天井の裏張り》. 〖1864〗

héad·lòad *n.* 《アフリカ》頭上に乗せて運ぶ荷. — *vt.* 〈荷物など〉を頭上運搬する. 〖1927〗

héad·lòck *n.* 〘レスリング〙ヘッドロック《相手の首に腕を回して押さえる手》. 〖1905〗

head·long /hédlɔ̀(ː)ŋ, -lɑ̀(ː)ŋ | -lɔ̀ŋ/ *adv.* **1** 大急ぎで. **2** 真っ逆さまに: fall [plunge] ~ 真っ逆さまに落ちる[飛び込む]. **3** 向こう見ずに, がむしゃらに, 無鉄砲に (rashly): rush [plunge] ~ into danger 向こう見ずに危険に突入する. — /ˊˋ, ˋˊ/ *adj.* **1** 大急ぎの (precipitate): a ~ flight. **2** 真っ逆さまの: a ~ fall 真っ逆さまの墜落 / Poland's ~ plunge into the consumer society ポーランドの一気に消費型社会に突入[変容]したこと. **3** 向こう見ずの, がむしゃらの, 無鉄砲な: a ~ leader. **4** 《古》険しい (steep): a ~ hill. 〖adv.: (?*a*1300) *hedlinge, hevedlinge*: ⇨ head, -ling²: *-ling* が後に *-long* (=along) と混同された. — adj.: (*c*1550) ← adv.〗

héad lòuse *n.* 〘昆虫〙アタマジラミ (*Pediculus humanus capitis*)《ヒトジラミの変種; 頭髪に付着する》. 〖1861〗

head·man¹ *n.* /hédmǽn, -mæ̀n, -mən | -mæ̀n, -mən/ (*pl.* **-men** /-mén, -mɛ̀n, -mən | -mɛ̀n, -mən/) (未開部族などの)頭目, 首長, 酋長 (chief). 〖lateOE *hēafodman* chief: cf. G *Hauptmann* captain〗

head·man² /hédmǽn, -mən | -mǽn, -mæ̀n, -mən/ (*pl.* **-men** /-mén, -mən | -mén, -mɛ̀n, -mən/) 頭(かしら), 職工長 (foreman).

héad·man³ /-mən/ (*pl.* **-men** /-mən/) 《まれ》=headsman 1. 〖1673〗

head·mas·ter /hédmæ̀stə, ˊˋˋ | hédmɑ́ːstə(r, ˊˋˋ/ *n.* **1** 《米》(私立の)男子学校の管理者; 校長. **2** 《英》校長 (principal). 〖1576〗

head·mas·ter·ly /hédmæ̀stəli | -mɑ̀ːstə-/ *adj.* 校長に関する, 校長らしい. 〖1964〗

héadmaster·shìp *n.* 校長の職[地位]. 〖1827〗

head·mis·tress /hédmìstrɪ̀s, ˊˋˋ | ˋˋˊ, ˋˊ/ *n.* **1** 《米》(私立の)女子学校の女性管理者, 女性校長. **2** 《英》女性校長. 〖1872〗

héad·mís·tress·ship *n.* 女性校長の職[地位].

héad·mís·tress·y /-si/ *adj.* 女性校長に関する, 女性校長らしい.

héad mòld *n.* 〘植物病理〙穀類の種頭病 (*Helminthosporium ravenelii* によるイネ科植物の病気; 種子の先に被膜を生じ黒化硬変する).

héad mòlding *n.* 〘建築〙雨押え繰形(くりかた)《扉や窓の頂部を囲うように設けられた繰形》.

héad mòney *n.* **1** 人頭税 (head tax, poll tax). **2** 捕えた犯人や捕虜の人数に応じて与える賞金; (敵などの)首にかけた賞金. 〖1530〗

héad·mòst *adj.* 先頭の (leading), 真っ先の (foremost). 〖1628〗

héad·nòte *n.* **1** 頭注《章・頁などの最初にある梗概・解説など; cf. footnote 1, MARGINAL note》. **2** 〘法律〙頭書《判例集で判決の前に記載される判決の摘要》. 〖1855〗

héad nòte *n.* =head tone.

héad òffice *n.* 本店, 本社, 本局 (cf. branch office). 〖1869〗

head-on /hédɑ́(ː)n, -ɔ́(ː)n | hédɔ́n/ *adv.* =HEAD *on*. — *adj.* **1** 〈衝突が〉正面の (cf. rear-end): a ~ collision 正面衝突. **2 a** 真正面から見た: the ~ view of a house. **b** 真正面からの: a ~ confrontation with the left 左派との真っ向うからの対決. 〖1840〗

head·phone /hédfòun | -fəun/ *n.* [しばしば *pl.*] ヘッドフォン《頭につける受話器[受信器]; head receiver, headset, 口語では cans ともいう》. 〖(1914) ← HEAD+(TELE)PHONE〗

héad·piece *n.* **1 a** (戦闘用または頭部保護用の)(鉄)かぶと (helmet). **b** 帽子 (hat, cap). **2** 〘馬具〙項革 (headstall). **3 a** 頭. **b** 頭脳 (brain); 《古》知性, 理解力 (intellect): have a good ~ 頭がいい. **4 a** 頭に当たる部分, 頭部. **b** =headboard. **c** =lintel. **5** 頭注 (headnote). **6** 〘印刷〙章頭飾り, 天飾り《書物の章・ページの上部飾り; cf. tailpiece 3》. 〖1535〗

héad·pìn *n.* 〘ボウリング〙ヘッドピン, 一番ピン. 〖1934〗

head·quarter /ˊˋˋ, ˋˋˊ/ 《口語》 *vt.* 本部[司令部]に置く. — *vi.* 司令部[本部]を設ける[置く]: be ~*ed in* [*at*] …に本部[本社]がある. 〖(1903) 《逆成》↓〗

head·quar·ters /hédkwɔ̀ətəz, ˋˋˊ | hédkwɔ́ːtəz, ˋˋˊ/ *n. pl.* [単数または複数扱い] **1** (司令官のいる)本営, 司令部; 本署, 本局, 本部: at ~ / police ~ 警察本署 / the ~' staff 司令部員 / ⇨ general headquarters / The regimental ~ are [is] in this town. 連隊本部はこの町にある. **2** [集合的] 本部[司令部]員. 〖(1647) ← HEAD+QUARTER+-s¹: cf. G *Hauptquartier*〗

héad·ràce *n.* (水車・発電所などの)導水路, 取水路 (cf. millrace, tailrace). 〖1846〗

héad·ràil *n.* **1** ヘッドレール《玉突きなどでゲームの開始点となる台の端》, 笠木(かさぎ)《椅子の背・ベッドの頭部などの頂部の横木》. **2** 〘建築〙上がまち. 〖1823〗

héad·rèach 〘海事〙 *vi.* 〈帆船が〉(上手(うわて)回しのとき)行きあしで風上に進出する. — *n.* ヘッドリーチ《上手回し中の帆船の風上への進出距離》.

héad recèiver *n.* =headphone.

héad régister *n.* 〘音楽〙頭声声域 (cf. register 5 b, head voice). 〖1890〗

héad·rèst *n.* **1** (歯科医・理容師などの用いる椅子に付けた)頭ささえ. **2** (むち打ち症予防のため運転席や乗客席の背部上方につける)頭受け, シート枕, ヘッドレスト. 〖1853〗

héad restràint *n.* =headrest 2.

héad rhỳme *n.* 〘詩学〙=beginning rhyme. 〖1943〗

héad·rìght *n.* **1** 《米》〘法律〙(アメリカインディアンの部族共有財産の)均等分受益権. **2** 〘米史〙17 世紀 Virginia 州その他の米国植民地への渡航者・船主などに与えられた一人当たり 50 エーカーの土地に対する権利. 〖1708〗

héad·ròom *n.* **1** 〘建築〙(劇場の舞台上方の大道具用の格子の上部にある)大きな空間. **2** 〘土木〙=headway 5. 〖1572〗

héad·ròpe *n.* **1** (動物の頭部に付けた)つなぎ綱, 引き綱. **2** 〘海事〙(帆の)上ぶちの綱; 旗が縫い付けてある綱, ヘッドロープ. 〖(1295) 1627〗

heads /hédz/ *adj., adv.* (銭投げで)〈貨幣が〉表になった[て], 表が出た[て] (↔ tails): *Heads!* 表 / The coin came down [up] ~. 投げたらコインの表が出た. — *n.* 《豪口語》[the ~] 権力者, 当局者. 〖(1684): ⇨ -s²〗

head·sail /hédsèɪl, -səl, -sḷ/ *n.* 〘海事〙船首縦帆. 〖1627〗

héad·sàw *n.* ヘッドソー《製材所で丸太を厚板に切るのこぎり》.

héad·scàrf *n.* ヘッドスカーフ《婦人用の頭に着ける四角い布》. 〖1921〗

héad-scràtching *n.* 当惑, 困惑.

héad séa *n.* 〘海事〙向かい波《船の進行方向から来る波; cf. following sea, quartering sea》.

héad·sèt *n.* ヘッドフォン (headphones). 〖1921〗

héad·shàke *n.* (不信・不賛成の合図に)頭を横に振ること. 〖1600–1〗

héad·shìp *n.* **1** 頭[長]であること, 首領の職[権威], 指導的地位. **2** 《英》校長の地位[任務]. 〖(1582): ⇨ -ship〗

héad shòp *n.* 《口語》幻覚剤 [LSD] 常用者に関心のある物品を売っている店 (cf. head 18 a). 〖1968〗

héad·shrìnker *n.* **1** (首狩りして得た首を特殊の技術で縮ませる)首狩り族の蛮人. **2** 《俗》精神科医 (psychiatrist). 〖1926〗

heads·man /hédzmən/ *n.* (*pl.* **-men** /-mən/) **1** 首切り役人, 死刑執行人 (executioner). **2** 捕鯨船の指揮者 (header). **3** 《英》〘鉱山〙運搬夫《採掘場から車道まで石炭を運ぶ鉱夫》. 〖(?*a*1400): cf. tradesman〗

héad smùt *n.* 〘植物病理〙(絲黒穂病菌 (*Sphacelotheca reiliana*) によるトウモロコシ・モロコシなどの)黒穂病.

héad·spàce *n.* (液体などの容器の)上部空間, 頭隙(とうげき). 〖1936〗

héad spìn *n.* 〘レスリング〙ヘッドスピン《両足を空中で蹴り, 頭を軸にして体をひねって half nelson から切り抜ける方法》.

héad·sprìng *n.* **1 a** (川の)水源. **b** 《まれ》本源, 源泉. **2** 頭と肩を使ってする宙返り (cf. handspring, somersault 1). 〖*a*1398〗

héad·squàre *n.* 《英》=headscarf.

héad·stàll *n.* 〘馬具〙=headpiece 2. 〖(*c*1330): ⇨ stall¹〗

héad·stànd *n.* (普通両手でささえて頭で逆立ちをする)三角倒立 (cf. handstand). 〖1934〗

héad·stànd·er *n.* 〘魚類〙ヘッドスタンダー《Amazon 川水系産アノストムス科 *Abramites* 属の小さな淡水魚; 観賞用に飼われ, 頭を下に向けて泳ぐ》.

héad stàrt *n.* **1** さい先のよい出足[スタート]; 先手, 機先 〔*over, on*〕. **2** 〘競走〙(ハンデとしての)優先発走: a 5-minute ~ 5 分間の優先発走. 〖1886〗

héad stàtion *n.* 《豪》ヘッドステーション《大規模な羊・家畜農場で中心となる建物》. 〖1862〗

héad stày *n.* 〘海事〙=forestay.

héad stìck *n.* 〘印刷〙ヘッドスティック《天部のあきに相当する部分に使用するフォルマートの一つ; cf. furniture 5》. 〖1841〗

héad·stòck *n.* (旋盤などの)主軸台, (教会の鐘をぶら下げる)ヘッドストック. 〖1688〗

héad·stòne *n.* **1** (墓の頭部に建てた)墓石, 墓標. **2** 〘建築〙葛石(かつらいし), 《まれ》(要石(かなめいし)・隅石(すみいし)などの)主要な石. 〖*a*1400〗

héad·strèam *n.* (川の)源流. 〖*a*1398〗

héad·stròng *adj.* **1** 〈人・行動など〉頑固な, 強情な, わがままな (⇨ stubborn SYN). **2** 不注意な (heedless), むこうみずな (rash). **~·ly** *adv.* **~·ness** *n.* 〖(*a*1398) *hedstrong* (原義) strong of head〗

héads-úp *adj.* 《米口語》抜け目のない, 機敏な (alert): a ~ tennis. 〖1947〗

héad tàble *n.* 《米》(正式の食事会などで)上座の席, 主賓席 (《英》top table).

héad tàx *n.* 《米》人頭税.

héad tèacher *n.* 《英》校長.

héad tèlephone *n.* =headphone.

héad·tìe *n.* 《アフリカ西部》ヘッドスカーフ (headscarf). 〖1857〗

H

héad-to-héad *n., adj.* 《米》接近戦(の); 接戦(の), 互角の勝負(の) (cf. hand-to-hand): a ～ competition between the two airlines 航空 2 社間の激しい競争. 〚*c*1728〛

héad tòne *n.* 頭声調 《高音域の声調》.

héad·trèe *n.* 柱の上に取り付けた腕木. 〚1747〛

héad trìp *n.* 《俗》 **1** 精神を刺激する体験. **2** 自己中心的な行動, 自己満足.

héad-tùrn·ing *adj.* きわめて魅力的な[人目をひく], 人を振り向かせる. **héad-tùrn·er** *n.*

héad-úp *adj.* (航空機・自動車などの計器が)視線を下げなくても読める. 〚1960〛

héad-ùp displáy *n.* ヘッドアップディスプレー 《パイロット[ドライバー]の前方視野内に計器などの情報を表示する装置; 略 HUD》. 〚1968〛

héad vòice *n.* 〖音楽〗頭声 《発声法で声域中の一番高い部分を歌うときの声の出し方をいう; cf. register 5 b, chest voice》. 〚1849〛

héad·wáiter *n.* (ホテル・レストランなどの)ボーイ頭, 給仕長. 〚1805〛

héad·wàll *n.* **1 a** 圏谷(ｹﾝｺｸ)壁, カール壁 《氷河の圏谷(cirque) の底からそそり立つ絶壁》. **b** 沢のつめの急斜面. **2** 〖建築〗(暗渠や排水口の)出口部分の擁壁. 〚1904〛

H

head·ward /hédwəd | -wəd/ *adj.* 水源(より奥)の: ～ erosion 〖地質〗頭部浸食. — *adv.* 水源(より奥)へ. 〚1667〛

head·wards /hédwədz | -wədz/ *adv.* =headward. 〚(1862): ⇨ ↑, -s²〛

héad·wàter *n.* [通例 *pl.*] (川の)源流, 上流; 給水源. 〚1535〛

head·way /hédwèɪ/ *n.* **1** 前進 (progress): make [gain] ～ 前進する, 進捗(ﾁｮｸ)する. **2** (船の)進航速度, 船足. **3** 運転間隔, 車頭間隔. **4** 〖建築〗あき高, 頭上空隙 《アーチ・戸口階段などの下から上までの上部スペース》. **5** 〖土木〗(トンネルの)あき高 《内部の高さ》. 〚(1708) ← (A)-HEAD＋WAY¹〛

héad wìnd *n.* (飛行機や船の前から吹く)向かい風, 逆風 (cf. tail wind). 〚1790〛

héad·wòrd *n.* **1** (書物などの)見出し語. **2** 〖文法〗主要語 《修飾語に修飾される名詞, 例えば tall boy の boy: または複合語の主要素, 例えば schoolgirl の girl; cf. head *n.* 24》. 〚1823〛

héad·wòrk *n.* **1** 頭を使う仕事, 頭脳[精神]労働; 思考, 思索 (thinking). **2** 〖建築〗(要石(ｶﾅﾒｲｼ)などの)動物の頭を彫った装飾. **3** 〖サッカー〗ヘッディング. **4** [*pl.*] (川・運河などの)水量調節装置. **～·er** *n.* 〚1792〛

head·y /hédi | -di/ *adj.* (**head·i·er; -i·est**) **1** (勝利・成功などで)意気揚々とした (exhilarated), 浮き浮きした (giddy). **2 a** (我が強くて)向こう見ずな, 無謀な (headstrong): a ～ person わがままな人. **b** 性急な (impetuous): a ～ judgment [opinion] 性急な判断[意見]. **c** 激しい (violent): a ～ storm 暴風. **3** 〈酒が〉頭へのぼる, すぐ酔わす (inebriating): ～ liquor 頭へ来る酒 / a ～ scent 頭へつんと来る香水. **4** 《口語》頭のよい, 判断の正確な (clever, smart): a ～ player 頭のよい選手.

héad·i·ly /-dəli, -dli | -dʒli, -dəli, -dli/ *adv.* **héad·i·ness** *n.* 〚(*c*1384) *he(ve)di*: ⇨ head, -y¹〛

heal /híːl/ *vt.* **1** 〈傷病を〉いやす, 治す (⇨ cure SYN): ～ the sick 病人を治す / ～ a person of his disease 人の病気を治す / The ointment ～*ed* his wounds. この膏薬で彼の傷が治った. **2 a** (精神的に)いやす: Time ～*s* most troubles. 時がたてば大概の悩みはおさまる. **b** もとの純潔な体[心]にもどす: He was ～*ed* of sin. 罪のけがれを洗い落とした. **3** 〈不和を〉和解させる, 仲直りさせる (appease): ～ dissensions [breaches] 紛争[不和]を和解させる.
— *vi.* **1** 〈傷などが〉治る, いえる: ～ up [over] 〈傷が〉治る, 癒着(ﾕﾁｬｸ)する. **2** 病気[傷]を治す. 〚OE *hǣlan* < Gmc **χailjan* (Du. *heelen* / G *heilen*) ← **χailaz* 'WHOLE, healthy': cf. hale¹〛

heal·a·ble /híːləbl/ *adj.* いやすことのできる. 〚(1570): ⇨ ↑, -able〛

héal-àll *n., vt.* 〖植物〗=self-heal. 〚(1577) 1853〛

heald /híːld/ *n., vt.* 《英》=heddle. 〚OE *hefeld*〛

heal·er /híːlə | -lə^(r)/ *n.* 治してくれるもの[人]; (特に)信仰療法を行う人: Time is a great ～. 時は偉大な治療者だ. 〚?lateOE *helere*: ⇨ heal, -er¹〛

Hea·ley /híːli/, **Denis** (**Winston**) *n.* ヒーリー 《1917–; 英国の労働党政治家; 大蔵大臣 (1974–79); 称号 Baron Healey of Riddlesden》.

héal·ing /-lɪŋ/ *adj.* **1** (病気を)いやす; 治療の (curative): a ～ ointment 膏薬 / the ～ art 医術. **2** 回復中の, 快方に向かう. — *n.* 治療(法) (cure, remedy); (創傷の)癒合(ﾕｺﾞｳ): ～ by first [second, third] intention 一次[二次, 三次]癒合, 一期[二期, 三期]癒合 《傷口が治るのに, 細菌の感染がなく口を開けていないほど早く治る; 数字の小さいほどスムーズで肉芽組織のでき方も少ない》. **～·ly** *adv.* 〚(adj.: *a*1398; n.: lateOE): ⇨ -ing^(1,2)〛

health /hélθ/ *n.* **1 a** 健康, 健全, 壮健 (soundness) (↔ illness, disease): ～ of body and mind 心身の健全 / mental [physical] ～ 精神[肉体]の健康 / be good for (the [one's]) ～ 健康によい. **b** 体の具合, 健康状態: be in good [bad, poor] ～ 健康である[ない] / enjoy good [perfect] ～ 健康で[とても健康で]ある / recover one's ～ 健康を回復する / inquire after a person's ～ 人の安否を尋ねる, ご機嫌伺いをする / How is your ～? お体はいかがですか. **c** 健康法, 保健, 衛生 (hygiene): the board of ～ 衛生局, 衛生課 / the Department of *Health* and Social Security 《英》保健社会保障省 《1968 年「保健省」(Ministry of Health) と「社会保障省」(Ministry of Social Security) が統合され「保健社会保障省」となった》 / ～ education 衛生教育 / ⇨ public health. **2** 健全, 活力, 繁栄: the economic ～ of Japan 日本の経済的健全. **3** (人の健康を願っての)乾杯: drink (to) a person's ～ [(to) the ～ of a person] 人の健康のために乾杯する / drink a ～ to a person 人のために乾杯する / propose a person's ～ 人のために乾杯の音頭をとる / To your (good) ～! =Your ((very) good) ～! ご健康を祝して 《乾杯の言葉》/ Here's to his ～. 彼のために乾杯. **4** 《古》癒(ｲ)し; 救い(の力) (cf. *Ps.* 67: 2).

nót* ... *for one's héalth 《口語》ただ保護のため[酔狂で]...するのではない 《打算あってのこと》: I am *not* here *for my* ～. ただぼんやりこんな所へ来ているのではない. 《1900》

bill of health ⇨ BILL¹ of health.

health and sáfety (特に就労時の)健康と安全管理.

Health and Sáfety at Wórk [the -] 《英》労働衛生安全法 《労働災害防止を目的に 1974 年に制定》.

Health and Sáfety Exècutive [the-] 《英》衛生安全委員会事務局 (略 HSE).

— *adj.* **1** [限定的] 保健[衛生]の[に関する, に携わる]: ⇨ health center. 日英比較 「体重計」の意の「ヘルスメーター」は和製英語. 英語では scales という. **2** 健康の[に関する, に資する]: ⇨ foods.
〚OE *hǣlþ* < Gmc **χailiþō* (OHG *heilida*) ← **χailaz* 'WHOLE, healthy': ⇨ -th²〛

héalth càmp *n.* 《NZ》虚弱児童用施設. 〚1925〛

héalth·càre *n.* 健康管理, ヘルスケア.

héalth cènter [《英》**cèntre**] *n.* **1** 《米》(大学などの)健康管理センター, 診療所. **2** 《英》地域医療センター; 保健所. 〚1916〛

héalth certìficate *n.* 健康証明[診断]書. 〚1938〛

héalth clùb *n.* ヘルスクラブ 《健康増進のための器械を備えたスポーツ[フィットネス]クラブ》. 〚1961〛

héalth fàrm *n.* =health spa. 〚1927〛

héalth fòod *n.* 健康[自然]食品. 〚1882〛

health·ful /hélθfəl, -fl/ *adj.* **1** 健康によい[を増進する] (salutary): a ～ climate, diet, etc. **2** 健康な (healthy); (道徳的に)健全な: ～ studies 健全な研究.
～·ly *adv.* **～·ness** *n.* 〚(*c*1384): ⇨ health, -ful¹〛

SYN 健康によい: **healthful, healthy** 健康を増進する: a *healthy* [*healthful*] climate 健康によい気候. **wholesome** 〈食物が〉健康によい: *wholesome* food 健康食品. **salutary** 健康に効く 《格式ばった語》: *salutary* medicine 健康増進薬. **salubrious** 〈気候・場所など〉健康によい: a *salubrious* mountain resort 健康によい山の行楽地. **sanitary** 衛生上の, または衛生的な: *sanitary* engineering (上下水道などの)衛生工事.

---

héalth insùrance *n.* 健康保険. 〚1901〛

héalth máintenance organizàtion *n.* 《米》(会費を払って加入する)総合的な健康管理機関[医療団体] (略 HMO). 〚1971〛

héalth òfficer *n.* 保健(衛生)担当官. 〚1856〛

héalth phỳsicist *n.* 保健物理学者 (cf. health physics).

héalth phỳsics *n.* 保健物理学 《放射線その他の物理的要因の健康に及ぼす影響を扱う物理学の分野; cf. radiobiology》. 〚1946〛

héalth plàn *n.* 健康保険プラン.

héalth resòrt *n.* 療養地, 保養地: ～ therapy 転地療法. 〚1865〛

héalth sàlts *n. pl.* 健康塩 《ミネラルウォーターに入れて緩下剤とする》. 〚1900〛

héalth sèrvice *n.* **1** 公共医療(制度). **2** [the ～] 《英》=National Health Service.

Héalth Sèrvice Commíssioner *n.* 《英》公共医療監察官 《医療に対する不服申立てを調査する》.

héalth spà *n.* (減量を目的とした施設を備えた)保養所 《fat farm ともいう》.

héalth stàmp *n.* 《NZ》虚弱児童用施設 (health camp) 支援のための助成金付き切手.

héalth vìsitor *n.* 《英》訪問看護婦[士], (家庭を訪問する)巡回保健婦. 〚1901〛

health·y /hélθi/ *adj.* (**health·i·er; -i·est**) **1** 健康な, 壮健な, 異状のない: a ～ child, skin, tree, etc. / be ～ 健康である. **2** 健康そうな: a ～ look [appearance] 健康そうな顔つき[様子]. **3 a** 健康によい, 衛生的な (⇨ healthful SYN): a ～ climate, place, etc. / ～ recreation 健康的な娯楽. **b** [通例, 否定構文で] 安全な: It can't be ～ to walk alone at night. 夜の一人歩きは危いぞ. **4 a** (精神的に)健全な, 穏健な, 有益な: a ～ mind / ～ reading 健全な読物. **b** 〈感情など〉本能的な, 自然な, 健全な. **c** (財政上)健全な[堅実な]: Our finances are ～. 我々の財政は健全だ. **5** 《口語》(数量などが)大きい, かなりな. **héalth·i·ly** /-θɪli/ *adv.* **héalth·i·ness** *n.* 〚(1552) ← HEALTH＋-Y¹〛

SYN 健康な: **healthy** 肉体的・精神的に健康な: The children look very *healthy*. 子供たちはとても健康そうに見える. **sound** 申し分なく健康な: a *sound* body 健全な身体. 《*healthy* よりも意味が強い》. **hale** 《古風》[hale and hearty の形で] (特に年老いて)壮健な: He is *hale* and hearty at eighty. 80 歳でなおかくしゃくとしている. **robust** とても丈夫で健康な: He is in *robust* health. 頑健である. **well** 病気でない 《それ以上の含みはない》: I hope you will soon get *well*. 早く元気になられますように.
ANT unhealthy, ill, infirm, feeble, frail, weak.

---

héalthy potáto disèase *n.* 〖植物病理〗=latent virus disease.

Hea·ney /híːni/, **Sea·mus** /ʃéɪməs/ (**Justin**) ヒーニー 《1939–2013; アイルランドの詩人; *Death of a Naturalist* (1966); Nobel 文学賞 (1995)》.

heap /híːp/ *n.* **1** 積み重ね, 塊, 山 (accumulation, mound): a ～ of stones [books] 石[本]の山 / in a ～ [～s] 山をなして, 山ほど. **2** 《口語》**a** [通例 a ～ of または ～s of として] たくさん, 多数, 大勢; 多量 (a lot of, lots of): a ～ of trouble 嫌というほどある厄介事 / a ～ of money 大金 / I have *a* (*whole*) ～ *of* work to do. する仕事が山ほどある / *Heaps of* people were present. 大勢の人が出席した / He goes to ～*s of* places. 彼は各地へ出かける / a ～ *of* time 多くの時間 / ～*s of* times 幾度も, たびたび. **b** [しばしば *pl.*; 副詞的] はなはだ, 大変, 大いに (extremely, much): The patient is ～*s* better today. 病人は今日はぐっとよい / Thanks ～*s* [a ～]. どうもありがとう. **3** 《口語》自動車, (特に)ぼんこつ(車). **4** 《口語》がたのきたもの, 汚い場所. **5** 《廃》多数の人.

a héap sight 《米方言・口語》大いに, とても. 《1874》

(áll) of a héap 《口語》(1) どうと, どさりと: fall *all of a* ～ どうと倒れる. (2) 度胆(ﾄﾞｷﾞﾓ)を抜かれて, びっくりさせて: be struck [knocked] *all of a* ～ 度胆を抜かれる, びっくり仰天する. (3) 突然, 急に (suddenly). 《(1593) 1818》

collápse* [*fáll*] *in a héap 〈人が〉どたっと倒れて動かなくなる. ***give them héaps*** 《豪俗》対戦相手と激しく競う.

héap bíg とても大きな: a ～ *big* problem とても大きな問題. ***the bóttom of the héap*** 《口語》(競争などの)敗者, 落伍者,「負け犬」(loser). ***the tóp of the héap*** 《口語》(競争などの)勝者, 成功者 (winner).

— *vt.* **1 a** 積み上げる, 積み重ねる (pile up), 積み上げて作る 〈*up*〉: ～ *up* sand [stones] 砂[小石]を積み上げる / ～ *up* a mound 築(ﾂｷ)山を作る / ～ (*up*) sand *into* a small hill 砂を盛り上げて小山を作る. **b** 積む; 蓄積する (amass, accumulate) 〈*up*〉: ～ *up* riches 富を蓄える.
2 a 〔人などに〕山ほど[うんと]与える 〔*on, upon*〕: ～ favors *on* [*upon*] a person 人にいろいろな恩恵を施す / ～ honors *upon* the winner その勝利者に数々の名誉を与える / ～ insults [scorn] *on* a person 人に数々の侮辱を加える.
b 〔品物を〕...に山と積む[盛る, 満たす] 〔*with*〕: ～ a plate *with* food [smoked salmon] さらに食物[燻製の鮭]を山と盛る / ～ a wagon *with* hay=～ hay *into* [*onto*] a wagon 車に干し草を積み上げる / The stage was ～*ed with* flowers. ステージは花で一杯だった / ～ a desk *with* books 机に本を積み上げる / The street was ～*ed with* dead men. 路上は死人の山だった / a ～*ed* [《米》～*ing*] spoonful さじに山盛り一杯. — *vi.* 積み重ねる, 蓄積される, 山のようになる.

～·er *n.* 〚n.: OE *hēap* troop, band, multitude < (WGmc) **χaupaz* (Du. *hoop*) ← Gmc **χūpon* ← IE **keu-* to bend (L *cūpa* vat). — v.: OE *hēapian* ← (n.)〛

heaped /híːpt/ *adj.* 山盛りにした; 積み上げた: add one ～ teaspoon of salt 小さじ山盛り一杯の塩を加える / an ashtray ～ with cigarette butts 吸い殻でいっぱいの灰皿. 〚(1440): ⇨ ↑, -ed〛

héaped méasure *n.* 山盛り (cf. struck measure). 〚1581〛

héap·ing *adj.* 山盛りの. 〚(1838): ⇨ -ing²〛

héaping mèasure *n.* =heaped measure.

hear /híə | híə^(r)/ *v.* (**heard** /hə́ːd | hə́ːd/) — *vt.* **1** 〈声・音を〉聞く, ...の声[音]を聞く, ...が聞こえる: ～ the sound of laughter 笑い声が聞こえる / ～ a loud noise [a song] 大きな物音[歌]が聞こえる / ～ a person speaking 人の話しているのが聞こえる / I ～*d* the watch tick. 時計のかちかちいうのが聞こえた / ～ a bird sing 鳥の歌うのを聞く / I listened, but ～*d* nothing. 耳を澄ましたが何も聞こえなかった / The watch was ～*d* to tick. 時計がかちかちいうのが聞こえた / He was ～*d* calling for help. 彼が助けを求めているのが聞こえた / I can't ～ you [what you are saying]. おっしゃることが聞こえません. **2 a** よく聞く, 傾聴する: You had better ～ what I have to say. 私の言うことをよく聞いたほうがよい / make oneself ～*d* 自分の考えなどを聞いてもらう / ～ a speech 演説を聞く / ～ him out [through] 彼の話を最後まで聞く. **b** 聞きに行く[出る], 傍聴に行く, 参列する (attend): ...の講演[演説, 演奏]を聞く[傍聴する]; 聴講する: go to ～ a preacher [a famous singer] その説教者の説教[その有名な歌手の歌]を聞きに行く / ～ mass ミサに参列する[あずかる] / ～ a course of lectures (連続)講義を聴講する. **c** 聞き入れる, 聞き届ける, 聴許する (grant); 従う (obey): ～ a person's prayer 人の祈願を聞き届ける. **3** 耳にする, 聞き知る, 伝え聞く, 話に聞く 〈*that*〉: I've ～*d* the story before. その話は前に聞いた / I've ～*d* that one before. それは前にも聞いた 《人の言い訳を信じないときに》/ I haven't ～*d* the news. そのニュースはまだ聞いていない / You mustn't believe everything you ～. 耳にすることを何でもかでも信じてはいけない / I ～ (*that*) he is engaged.=He is engaged, I ～. 彼は婚約したそうだ / So I ～. 何でもそんな話だ / Have you ～*d* the one about ...? ...のジョークを知ってるかい. **4** 〈役人・裁判官・教師・委員会などが〉公式に聞く, ...の言い分を聞く, 審問する, 審理する: ～ a case 事件を審理する / ～ the witnesses [a deputation] 証人[代表委員会]の言い分を聞く / ～ the evidence 証言を聞く / You cannot be ～*d* on that subject now. その問題について今は聞いてやれない.
— *vi.* **1** 聞く, 聞こえる, 耳が聞こえる: He cannot ～ properly. 彼は耳がきちんと聞こえない. **2 a** 通信を受ける, 便り[音信]を受ける 〔*from*〕: I ～ *from* America every week. アメリカから毎週便りがある / I have not ～*d from* him yet. 彼からはまだ便りがない / You'll be ～*ing from* me soon. 近いうちにお便りします. **b** 消息[うわさ]を聞く, 伝え聞く (learn) 〔*of, about*〕: I have not ～*d about* [*of*]

him since then. それ以来彼のことは聞いたことがない / I've never ~d of anything so silly! そんなばかなことは聞いたことがない. **3** 〔…のことで〕(意見・批判・詰問などを)聞く, 受ける〔of, about〕: You will ~ (more) of this. この事については(追って)何らかの通知があるはずです[通知をします]; このままではすまないぞ / You will ~ about this. 君はこの事でお小言を頂戴するだろう. **4** [通例否定構文で] 承諾する, 聞き入れる, 承服する (consent, listen)〔of, 《米》to〕: I won't ~ of his doing such a thing. 彼がそんなことをするのは承知できない / He wouldn't ~ of [to] it. 彼はそのことに同意しまい. **5** [命令法で用いて; 発言者の激励または嘲笑を皮肉に表して] 聞け, 謹聴 (listen): Hear! ~! いいぞ, その通り, ヒヤヒヤ.
be héaring thìngs 《口語》そら耳がする. ***Do you héar (me)?＝You héar me?*** いいかね, わかりましたか. ***héar ànything of [abòut]*** …[疑問・否定構文で] …のうわさを(何かしら)聞く. ***héar from*** (1) ⇨ vi. 2 a. (2) 〈人〉から叱られる[小言を頂戴する]: If you complain, you will ~ from him. 不平を言おうものなら彼から小言が出るよ. ***héar of*** (1) …の存在を知る, のあることを聞く: Have you ever ~d of the book? その本のことを知っているか. (2) ⇨ vi. 2 b. (3) ⇨ vi. 3. (4) ⇨ vi. 4. ***héar óut*** (1) 〈音を〉聞き分ける. (2) ⇨ vt. 2 a. ***héar it sáid*** …ということを話[うわさ]に聞いている〈that〉: I've ~d it said that he is going to resign. 聞くところでは彼は辞職するそうだ. ***hèar sáy [téll]*** 《古・方言》〈人が〉(…のことを)言うのを聞く, (…のことを)うわさに聞く〔of〕/〈that〉(cf. hearsay n.): I haven't ~d tell of him since. その後彼のうわさを耳にしない / I ~ tell she's won first prize. 彼女が一等を取ったらしい. ***I càn't héar mysèlf thínk.*** (まわりがうるさくて)集中できないよ. ***Nòw héar thís!*** 《米古》お伝えします《重要な発表をするときに》. ***Sò I've héard.*** そう聞いている.
〘OE hēran, hīeran < Gmc *χauzjan (Du. hooren / G hören) ← IE *keu- to look at, notice, perceive (L cavēre to beware / Gk akoúein to hear)〙

SYN 聞く: **hear** 聞く意志とは無関係に耳に聞こえる: I can hear the music. 音楽が聞こえる. **listen** 聞こうとして注意する: I study while listening to the radio. ラジオを聞きながら勉強する.

hear·a·ble /hí(ə)rəbl | híər-/ adj. 聞こえる, 聞くことができる. 〘(c1443): ⇨ ↑, -able〙
heard /hə́ːd | hə́ːd/ v. hear の過去形・過去分詞.
〘OE hērde, hierde (pret.), (ġe)hēred, -hīered (p.p.)〙
Héard and McDónald Islands /hə́ːd- | hə́ːd-/ n. pl. ハードアンドマクドナルドアイランズ《南インド洋の諸島; 1947 年からオーストラリアの海外領土; 面積 412 km²》.
hear·er /hí(ə)rə | híərə(r)/ n. 聞く人, 聞き手, 聴聞者, 傍聴者, 聴衆. 〘(1340) herere: ⇨ hear, -er¹〙
hear·ing /hí(ə)rıŋ | híər-/ n. **1 a** 聞く力, 聴力, 聴覚: My ~ has dulled. 耳が遠くなってきた / Grandpapa is hard of ~. おじいちゃんは耳が遠い. **b** 聞くこと, 聞き取り, 聴取 (audition): at (the) first ~ 最初に聞いたとき.
日英比較 日本語の「ヒアリング(テスト)」は外国語学習における「聞き取り(テスト)」を意味するが, 英語の hearing にはそのような意味はなく, listening comprehension (test) という. また, 日本語の「(公開の)聴聞会」の意の「ヒアリング」は英語でも hearing という. **2 a** (委員会などの)尋問; 聴聞会; 《法律》審問, 聴聞会, 審理 (trial): ⇨ public hearing / a preliminary ~ 予審 / hold [open] ~s 審問を行う, 聴問会を開く. **b** 聞いてやること, 傾聴, 聞いてもらうこと, 発言の機会 (audience): gain [get] a ~ 聞いてもらう, 発言の機会を得る / give a person a ~ 人の泣き言を聞いてやる / grant [give] a person a fair ~ 人の言うことを公平に聞いてやる. **3** 聞こえる距離[範囲] (earshot): Their conversation was beyond my ~. 彼らの話は私のところまでは聞こえてこなかった / It was said in my ~. 私が聞いているところで[私に聞こえよがしに]言われた / out of [within] ~ 聞こえない[聞こえる]ところで. **4** 《方言》うわさ (rumor). **5** 《スコット》叱ること, 小言. 〘OE (ġe)hier-ing: ⇨ hear, -ing¹〙
héaring àid n. 補聴器. 〘1922〙
héaring (éar) dòg n. 聴導犬《聴覚障害者用の誘導犬》.
héaring-impàired adj. 聴覚障害をもつ: the ~ [集合的] 聴覚障害者.
héaring lòss n. 難聴, 失聴.
hear·ken /háːkən | háː-/ vi. 《文語》耳を傾ける, 傾聴する; 聞く (listen)〔to〕: ~ to a supplication 嘆願を聞く / Just ~ to what you are told. 私の話すことをよく聞け.
— vt. 《古》…を聴く (hear); …に(忠告などに)耳を傾ける.
~·er n. 〘OE he(o)rcnian: ⇨ hark, -en¹〙
Hearn /hə́ːn | hə́ːn/, **Laf·ca·di·o** /laːfkáːḍiòu | læfkáːdiàu/ n. ハーン《1850–1904; 著述家; ギリシャ生まれで父はアイルランド人で母はギリシャ人, 米国で新聞記者となり 1891 年来朝, 帰化して小泉八雲と名乗る, 日本に関する著述が多い; Glimpses of Unfamiliar Japan (1894), Kokoro (1895)》.
héar·sày n. **1** 風説, 伝聞, うわさ, 評判 (rumor, report): This is mere ~. これは風聞にすぎない / I have it by [from on] ~. 私はそれをうわさで聞いた. **2** 《法律》＝hearsay evidence. — adj. [限定的] 風聞の[に関する]; 風聞[うわさ]による. 〘(c1532) ← hear say: cf. G hörensagen / make-believe〙
héarsay èvidence n. 《法律》伝聞証拠 (cf. indirect evidence, original evidence, secondary evidence). 〘1753〙
héarsay rùle n. 《法律》伝聞証拠排斥の法則.

hearse /hə́ːs | hə́ːs/ n. **1** 霊柩(きゅう)車, 葬儀車, 葬式馬車[自動車]. **2 a** 《古》墓, 墓碑. **b** 《廃》棺台, 棺架 (bier). **3** 《カトリック》聖週 (Holy Week) にテネブレ (Tenebrae) を歌うときに用いるろうそく立て; 棺の上に置いてろうそくを並べ立てる枠(わく). — vt. 《詩》**1** 霊柩車で運ぶ. **2** 〈遺体など〉に覆いを掛ける. **3** 埋葬する (bury).
〘(?a1300) herse, herce ◻ (O)F herse < L hirpicem, hirpex harrow¹ ◻ Oscan (h)irpus wolf〙
héarse·clòth n. 棺衣 (pall). 〘a1425〙
Hearst /hə́ːst | hə́ːst/, **William Randolph** n. ハースト《1863–1951; 米国の新聞・雑誌経営者; 買収を重ねて全米最大の新聞王国をつくった》.
Hearst, William Randolph, Jr. n. ハースト《1908–93; 米国の新聞経営者・編集者; William Randolph Hearst の子》.
heart /háət | háːt/ n. **1 a** (生理的な意味での)心臓: the function of the ~ 心臓の機能 / The ~ beats. 心臓は鼓動する / He has a bad [weak] ~. 彼は心臓が悪い[弱い] / His ~ stopped beating. 彼の心臓の鼓動が止まった / a ~ transplant 心臓移植 / ⇨ left heart, right heart.
★ ラテン語系形容詞: cardiac. **b** [しばしば限定詞を伴って] 異常な[病気の]心臓: ⇨ smoker's heart, tobacco heart, athlete's heart.

heart 1
1 pulmonary artery
2 right atrium
3 right ventricle
4 inferior vena cava
5 left ventricle
6 left atrium
7 pulmonary veins
8 aorta
9 superior vena cava

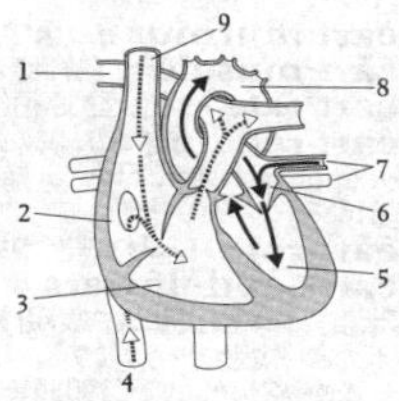

2 (心臓のある所と考えられる)胸, 胸部 (⇨ breast SYN): press [clasp] a child to one's ~ 子供を胸に抱き締める / He hugs his old convictions to his ~. 昔からの信念を確と胸に抱いている.
3 a (感情・人情などの存在場所として見た)心, 胸 (⇨ mind SYN): My ~ leaps up. 心が踊る / cry [weep] one's ~ out 胸も張り裂けるばかりに泣く / My ~ is full. 私は胸が一杯です. **b** (広く知・情・意を含む人格を中心とした)心; 心の奥, 心底, 本心; 態度 (attitude): a new ~ 更生した心 (cf. a CHANGE of heart) / Your ~ and tongue must accord. 思うことと言うことは一致しなければならない / What the ~ thinks, the mouth speaks. 《諺》思いは口に出る / lay one's ~ open [pour out one's ~] to＝open one's ~ to …に本心を打ち明ける / from (the bottom of) one's ~ 心(の底)から, 衷心より / straight from the ~ (偽りでなく) 心から / She spoke from the ~. 彼女は正直に話した / at the bottom of one's ~ 内心では, 腹では / search the [one's] ~ 自己の心底を探る, (行動・動機などについて)内省する (cf. heart-searching) / speak to the ~ 内心に訴える, 人の心を動かす / steel the ~ 心をかたくなにする. **c** (知・意と区別して)心, 心情, 感情 (mind, soul); 気持ち, 気分 (mood, temperament): a hard [stony] ~ 冷酷な心 / a tender ~ 優しい心 / ⇨ a HEART of oak / set one's ~ at rest [ease] 安心する, ほっとする / to one's ~'s content 心ゆくまで, 思う存分に / with a heavy ~ ふさぎ込んで, 打ち沈んで / with a light ~ 心も軽く, 浮き浮きと, いそいそと.
4 a 愛情 (affection), 同情, 人情 (sympathy), 恋愛 (love): an affair of the ~ 恋愛事件 / have [gain, win] a person's ~ 人の愛を得る / give [lose] one's ~ to … に思いを寄せる, …を恋する / steal a person's ~ (away) (相手の意識しないうちに)うまく人の愛情をとらえる (cf. Shak., Caesar 3. 2. 220) / ⇨ have a HEART / have no ~ 情がない / have (plenty of) ~ 人情がある / a man [woman] of ~ 人間味のある人 / The girl is all ~. その娘はとても優しい. **b** 愛好, 好み (taste): ⇨ after one's (own) HEART.
5 a 真ん中, 中心, 中央部 (⇨ middle SYN); 内地, 奥地; 真最中 (middle): the ~ of Africa アフリカの奥地 / the ~ of the city 都心 / a studio in the ~ of London ロンドンの中心にあるアトリエ / the ~ of fashionable Paris 花のパリの真ん中 / in the ~ of a severe winter 厳冬の最中に / the ~ of the country 山間僻地(へき) / tear the ~ out of Chicago シカゴの中心部をぶち壊す (cf. 5 e). **b** (花・果物などの)芯(しん) (core): the ~ of a flower / the ~ of a cabbage [lettuce] キャベツ[レタス]の結球の芯. **c** (木材の)髄, 樹心, 心材 (heartwood). **d** (ロープの)芯 (core). **e** 核心, 真髄, 要点, 真義 (essence): (lie at) the ~ of the matter [problem] 事件[問題]の核心(にある) / pluck out the ~ of a person's mystery 人の秘密の核心を探り出す (cf. Shak., Hamlet 3. 2. 385) / tear the ~ out of a book 本の要点をつかみ取る (cf. 5 a) / go [get] to the ~ of the matter 事件の核心[急所]をつかむ. **6 a** 勇気, 元気, 堅忍 (courage, fortitude): pluck up [take, gather] ~ 勇気を奮い起こす, 元気を出す, 気を取り直す / be of good ~ 元気である / lose ~ 元気をなくす / keep (a good) ~ 勇気をなくさない / ⇨ put (new) HEART into a person / have the ~ to do … 《古》…する勇気がある. **b** [通例否定・疑問構文で: have the ~ to do として] 冷酷, 無情さ: I haven't the ~ to say this. 私にはとてもこんなことは言えない / How can you have the ~ to kill the cat? どうして猫を殺すなどということが平気でできるのだろう. **c** 熱意 (enthusiasm, ardor): have one's ~ (and soul) in … …に心血を注いでいる / put one's (whole) ~ into … …に熱中する / with all one's ~ (and soul) ＝with one's whole ~ ⇨ HEART and soul.
7 《トランプ》**a** ハート(の印). **b** ハート札. **c** [pl.; 単数または複数扱い] ハート札の一そろい (suit): the ace of ~s ハートのエース / Hearts are trumps. ハートが切り札だ. **d** [pl.; 単数扱い] ハート《4 人が各自 13 枚の手札で行うホイスト (whist) に似たゲームで, ハート札を 1 枚取るごとにマイナス点がつく; Black Maria ともいう》.
8 a ハート形(の物). **b** ハート形の宝石[飾り].
9 a [通例, 限定詞を伴って] 人; 勇者, 元気者: a brave [gallant] ~ 勇士 / a noble ~ 気高い人 / true English ~s まことの英国人(たち) / My ~s! 《海事》勇者ども, 皆の衆 (cf. hearty n. 1). **b** [愛称的に] 君, あなた, いとしい人: dear(est) ~ 親愛なる者よ / one's sweet ~ 愛人 (cf. sweetheart 2) / Be of good cheer, my ~! しっかりしたまえ, 君.
10 《英》(地味の)豊かなこと; 地味: in (good, strong) ~ 地味が肥えて / out of ~ 土地がやせて.
11 《紋章》心臓《様々な図形があり,「犠牲的奉仕」を象徴する》.
àfter one's (ówn) héart 〈人物・物事が〉心にかなった[かなって], 思い[好み]通りの[で]: He is a man after my own ~. まさに私の好みの男だ, 彼がすっかり気に入った. 《OE》
at héart (1) 心は, 心底は: He is a kind man at ~. 根は親切だ / young at ~ ⇨ young 3. (2) [have … at ~ として] 心に, 何かに: have something at ~ 何かを心に抱く, 深く心にかける[たくらむ]; 心の中で思っている, 関心を持つ. 《1735》 ***Bléss one's héart!*** おやまあ, 大変だ《喜び・驚きなどを表す》. 《1732》 ***bréak a person's héart*** 人を悲嘆に暮れさせる, ひどく悲しませる; 失恋させる (cf. broken heart, heartbroken): It broke his ~. そのことで彼はひどく悲しんだ / She broke her ~ over her son's death. 息子の死をひどく嘆いた / It's [You're] breaking my ~. 《戯言》それはお気の毒さま《口先だけの同情》/ Stop! You're breaking my ~! やめてくれ, 情けないよ. 《(c1385) 1713》 ***bríng a person's héart into his móuth*** 人をびっくりさせる; びくびくさせる. ***by héart*** そらで: learn [get] by ~ 暗記する / know [have] by ~ 暗記している. 《c1385》 ***a chánge of héart*** ⇨ change 成句. ***clóse to a person's héart*** ＝near (to) [nearest] a person's HEART. ***cróss one's héart (and hópe to díe)*** 胸の上に十字を切って誓う: Cross my ~! 誓って. ***cút a person to the héart*** ＝go to a person's HEART. ***déar to a person's héart*** ＝near (to) [nearest] a person's HEART. ***déep in one's héart*** 心の奥底では. ***dó a person's héart góod*** 人を喜ばせる, 元気づける: It does [would do] my ~ good to hear such a thing. そういうことを聞くとうれしくなる. ***éat one's héart òut*** (1) 悲しんでくよくよする, 悲嘆に暮れる; 思い焦がれる: She was eating her ~ out over a young man. 彼女はある青年に恋い焦がれていた. (2) [命令文で, 有名人の名をつけて] 《口語・戯言》…も顔負けだ: Miles Davies, eat your ~ out. どうだ, マイルス(デービス)もまっ青だぜ《うまく演奏できたのを自慢して》. ***fínd it in one's héart to dó*** ⇨ find 成句. ***gíve a person (frésh) héart*** 人を励ます, 人に自信をつけさせる. ***Gód [Lórd] bléss a person's héart!*** おやまあ《喜び・驚きなどを表す》. ***gó to a person's [the] héart*** 人の胸にこたえる, 心を痛める. ***háve a héart*** 《口語》(1) 情け深い (be merciful): Have a ~! (そんなこと言わないで)同情して下さいよ, こっちの身にもなって下さい. (2) 心臓が悪い. 《1917》 ***háve one's héart in one's bóots*** (足ががたがたするほど)気が滅入(い)る, 心配でたまらない. ***hàve one's héart in one's móuth [thróat]*** (心臓が口まで飛び出すほど)びっくり(仰天)する, ぎょっとする, びくびくしている. 《1548》 ***háve one's héart in the ríght plàce*** 心根は優しい[親切だ], 悪気(わるぎ)はない. ***hàve one's héart sét on*** …を熱望している, …(すること)を心に決めている (cf. set one's HEART on). ***Héart alíve!*** ⇨ alive 成句. ***héart and sóul*** 身も心も打ち込んで, 熱心に, 献身的に, (cf. 6 c): love [support] a person ~ and soul. 《1798》 ***One's héart gòes óut to*** …に愛情[同情]を感じる: His ~ went out to her. 彼の心は彼女に注がれた. ***One's héart is in one's bóots.*** びくびくしている, 気が滅入っている. ***One's héart is in one's móuth.*** びっくり(仰天)する. ***One's héart is in the ríght plàce.*** 悪意がない, 善意である. ***One's héart is nòt in it.*** 心それにあらず, そのことに興味を示さない. ***One's héart léaps into one's móuth.*** びっくり仰天する. ***héart of héarts*** 心底. 《1600–01》 ***a héart of óak*** 〘(1609): oak の心材が特に堅いところから〙剛勇な心[人], 堅忍不抜の精神[人]. ***One's héart sínks (within one).*** ＝《口語》***One's héart sínks in [into, to] one's bóots [héels].*** がっかりする, 気が滅入る. ***One's héart stánds stíll.*** (びっくりして)瞬間心臓が止まる. ***héart to héart*** 腹を割って, 腹蔵なく (cf. heart-to-heart). ***in (góod) héart*** (1) 元気で. (2) ⇨ 10. 《1593–94》 ***in one's héart (of héarts)*** 心の中で, 心ひそかに (cf. Shak., Hamlet 3. 2. 78). ***láy to héart*** (1) 〈教訓・忠告などを〉心に留める, 肝に銘じる, かみしめる. (2) ＝take to HEART (1). 《1602》 ***líft (úp) one's héart*** (1) 心を励ます, 元気を出す. (2) 祈りを捧げる. ***néar (to) [néarest] a person's héart*** いとしい, (後生)大事な; 重要な: lose someone nearest one's ~ 最愛の[かけがえのない]人を失う / The matter is [lies] near his ~. 彼はその事に深い関心を寄せている. 《1888》 ***óut of héart*** (1) 元気なく, しょげて. (2) ⇨ 10. 《1573》 ***pùt (néw) héart into a person*** 人を激励する. ***sét [stéel] one's héart agàinst*** …に頑(がん)として反対する. ***sét one's héart on [upòn]*** …に望みをかける, …を欲しがる. ***síck at héart*** (1) 後悔して, 悩んで; 失望して, 悲観して. (2) あこがれて. ***táke héart of gráce*** 勇気を奮い起こす, 元気を出す, 気を取り直す. 《(1530): cf. 《古》herte of gresse 'HART of

grease'》 ***tàke to héart*** (1) 〈損失などを〉ひどく悲しむ[気に病む]. (2) =*lay to* HEART (1). 《*a*1325》 ***tàke to one's héart*** 人を温く迎える[取り扱う]. ***téar at a person's héart***=***téar a person's héart òut*** 人の心をかきむしる, ひどく悲しませる. ***wéar one's héart on one's sléeve*** (1) 心のうちを人に知らせる; 自分の感情をあらわに出す (cf. Shak., *Othello* 1. 1. 64). (2) すぐ誰でも好きになる, ほれやすい. ***with áll one's héart*** (***and sóul***) 《cf. *Deut.* 4: 29》=HEART and soul. ***with hálf a héart*** 気乗りがしないで, しぶしぶと (cf. halfhearted). (***with***) ***héart and hánd*** 《古》心から進んで, 快く (willingly). ***with one's héart in one's bóots*** 気が滅入って, がっかりして; びくびくして. ***with one's héart in one's móuth*** びっくり(仰天)して; びくびくして, ひどく心配して.

Héart of Díxie [the ―] 米国 Alabama 州の俗称.

héart of pálm ヤシの新芽《食用》.

― *vi.* 〈植物が〉結球の芯ができる 〈*up*〉. ― *vt.* 《古》**1** 〈忠告などを〉心に銘記する. **2** 〈壁などに〉心材[粗石など]を詰める. **3** 元気づける (hearten).

〖OE *heorte* < Gmc ***χ*ertōn* (Du. hart / G *Herz*) ← IE **kerd-* heart (L *cord-*, *cor* (⇨ cordial) / Gk *kardía*)〗

H

heart·ache /háəṭèɪk | háːt-/ *n.* 心臓の痛み; 心の苦しみ (anguish), 心痛, 悲嘆 (sorrow). 〖OE *heorteċe*: ⇨ ↑, ache〗

heart attàck *n.* 〖病理〗心臓発作, 心臓麻痺; (特に)冠状動脈血栓(症) (coronary thrombosis). 〖1935〗

heart·beat /háəṭbìːt | háːt-/ *n.* **1** 心臓の鼓動, 心拍(ᵹ); 動悸 (heartthrob). **2** 生命の中心[根源]. **3** 思い, 情緒 (emotion). 〖1850〗

héart blòck *n.* 〖病理〗心(臓)ブロック. 〖1903〗

héart·blòod *n.* **1** 心臓の血液, 生き血. **2** 生命力; 生命 (life). 〖?*a*1200〗

heart·break /háəṭbrèɪk | háːt-/ *n.* **1** 胸の張り裂けるほどの悲しみ, 悲嘆, 悲痛, 断腸の思い. **2** 悲嘆の種. 〖1583〗

héart·brèaker *n.* **1** 胸が張り裂けるような思いをさせる人[もの]; 無情な美人 (ruthless coquette). **2** (女性の)巻き毛, (額の)愛嬌毛. 〖1863〗

héart·brèaking *adj.* **1** 胸の張り裂けそうな思いをさせる, 悲痛な思いをさせる, がっかりさせる. **2** 非常に骨の折れる; うんざりするような: a ~ rock climbing / a ~ job. **3** 《口語》わくわくさせる; 強烈な: a ~ beauty. **~·ly** *adv.* 〖《1591》: ⇨ -ing²〗

héart·bròken *adj.* 悲嘆に暮れた, 失望した, やるせない (cf. broken-hearted). **~·ly** *adv.* **~·ness** *n.* 〖*c*1586〗

héart·bùrn *n.* **1** 胸やけ (cardialgia, pyrosis). **2** =heartburning. 〖*c*1250〗

héart·bùrning *n.* むしゃくしゃした感情, 不満, 不平 (discontent); ねたみ, 恨み (jealousy, grudge). 〖*c*1400〗

héart càm *n.* 〖機械〗ハートカム《ハート形のカム》. 〖1875〗

héart chèrry *n.* 〖園芸〗ハート群のオウトウ《甘果オウトウ (sweet cherry) の品種群の一つ; 果実は心臓形で肉が柔らかく甘い》. 〖1596〗

héart disèase *n.* 心臓病. 〖1864〗

héart·èasing *adj.* 心を安らかにする, ほっとさせる.

heart·ed /-ṭɪ̀d | -tɪ̀d/ *adj.* **1** [通例複合語の第 2 構成素として] …の心をもった, 心が…の: faint-*hearted*, kind-*hearted*. **2** 《古》心にある. **~·ness** *n.* 〖《?*a*1200》: ⇨ heart (n.), -ed 2〗

heart·en /háətn̩ | háːtn̩/ *vt.* 元気[勇気]づける, 励ます, 鼓舞する 〈*up*〉 (⇨ encourage SYN). ― *vi.* 勇気[元気]づく 〈*up*〉. **~·ing** /-tnɪŋ, -tn- | -tn-, -tn-/ *adj.* **~·ing·ly** *adv.* 〖《?*a*1200》: ⇨ -en¹〗

heart fàilure *n.* **1** 〖病理〗心(臓)不全. **2** 心臓の機能が停止した状態, 死. 〖1894〗

heart·felt /háəṭfèlt | háːt-/ *adj.* 深く心に感じた, 心からの, 真心の (earnest) (⇨ sincere SYN): my ~ thanks 心からの謝意 / ~ joy [sympathy, words] 心からの喜び[同情, 言葉]. 〖1734〗

héart-frèe *adj.* 恋していない (cf. fancy-free). 〖1748〗

heart·ful /háəṭfəl, -fl | háːt-/ *adj.* 心からの, 心のこもった. **~·ly** *adv.* 〖《*a*1338》: ⇨ -ful¹〗

hearth /háəθ | háːθ/ *n.* **1** 炉床 《炉 (fireplace) の火をたく床》. **2** 炉辺 (fireside); 家庭 (home); 家庭的だんらん: ~ and home 家庭(のだんらん). **3** (文化・文明の)中心地域. **4** 〖冶金〗火床, 炉床《溶鉱炉のるつぼ部》. **5** 〖金属加工〗火床(ᵹ), 火入れ. 〖OE *he(o)rþ* < (W-Gmc) ***χ*erþaz* (G *Herd*) ← IE **ker(ə)-* to burn (L *carbo* charcoal: cf. carbon)〗

héarth crìcket *n.* 〖昆虫〗=house cricket. 〖1789〗

héart-héalthy *adj* 〈食物が〉脂肪が少なく心臓に負担をかけない.

héarth mòney *n.* 《イングランドやウェールズで炉の数によって課した》炉税《1662 年に始まり, 炉一つにつき 2 シリングを課した; 不評のため 1689 年廃止され, まもなく代わりに window tax が始められた; chimney money ともいう》. 〖1663〗

héarth·rùg *n.* 炉の前の敷物. 〖1824〗

héarth·sìde *n.* 炉辺 (fireside). 〖1803〗

héarth·stòne *n.* **1** 炉石 《炉床 (hearth) に敷いた石》. **2** 炉辺 (fireside); 家庭 (home). **3** 《炉床や戸口の階段などを磨く》磨き石. 〖*a*1325〗

héarth tàx *n.* =hearth money. 〖1689〗

heart·i·ly /-ṭəli, -ṭli, -ṭli | -tɪ̀li, -tli/ *adv.* **1** 心から, 真心から, 本気で; 熱心に (cordially): welcome [thank] ~ 心から歓迎[感謝]する / laugh ~ 心から笑う. **2 a** 勢いよく, 元気よく (vigorously): row [sing] ~ 元気よくこぐ[歌う]. **b** 盛んに, たくさん (abundantly): eat ~ 腹いっぱい食べる. **3** すっかり, まったく: be ~ sick (and tired) of war 戦争にはつくづくうんざりしている. 〖《*a*1325》 *hertili*: ⇨ hearty, -ly¹〗

héart·i·ness *n.* **1** 真心のあること, 誠実, 誠心誠意. **2** 熱心; 元気盛ん, 勢いのよいこと. 〖《1530》← HEARTY +NESS〗

heart·ing /-ṭɪŋ | -tɪŋ/ *n.* 〖土木〗中詰め《壁体などの石工壁の中心部を詰めるのに使う材料, 並びにその作業》. 〖《*c*1250》: ⇨ heart (v.), -ing¹〗

heart·land /háəṭlæ̀nd | háːt-/ *n.* 中核地帯, 心臓地帯《経済的・軍事的に自立でき, 世界を支配できると考えられる地域; 特に Elbe 川と Amur 川にはさまれた Eurasia 北部地方; cf. rimland, fringeland》. 〖1904〗

héart·less *adj.* **1** 無情な, 薄情な, 不人情な, 無慈悲な, 冷酷な (unfeeling, cruel): a ~ man 薄情な人 / ~ words つれない言葉 / a ~ joke 心ない冗談. **2** 《古》勇気のない; 熱意のない. **~·ly** *adv.* **~·ness** *n.* 〖OE *heortlēas*: ⇨ heart, -less〗

héart·ling *n.* 《Shak》小さな心: 'Od's ~s! なんてこった, おやまあ. 〖1597〗

héart-lúng machìne *n.* 〖医学〗人工心肺. 〖1953〗

héart mùrmur *n.* 〖医学〗心雑音 (⇨ murmur 4).

héart mùscle *n.* 〖解剖〗心筋.

héart ràte *n.* 〖生理〗心拍(ᵹ)数.

héart·rènding *adj.* 胸の張り裂けるような, 悲痛な: a ~ appeal, letter, etc. / in a ~ voice. **~·ly** *adv.* 〖*a*1687〗

héart·ròt *n.* (木材や蕪(ᵹ)などの)芯(ᵹ)腐れ. 〖1847〗

héarts-and-flówers *n. pl.* [単数または複数扱い] 《米俗》**1** お涙頂戴式の表現[言葉]; 感傷的な表現. **2** (ボクシングなどで)ノックアウト. ― *adj.* [限定的] お涙頂戴式の, 感傷的な. 〖1908〗

héart's blóod *n.* =heartblood.

héart-sèarching *adj.* (自己の)心を探る, (欲望・行動・動機などについて)内省する. ― *n.* [しばしば *pl.*] (思想・欲望・動機などの)内省, 自省, 自己批判 (cf. heart 3 b). 〖1647〗

héarts·èase *n.* (*also* **héart's-èase**) **1** 心の平安, 安心 (peace of mind). **2** 〖植物〗=wild pansy. 〖《*c*1385》 *herts ese*〗

héart shàke *n.* 〖林業〗芯(ᵹ)割れ《樹心から放射状に伸びている木材の割れ; cf. ring shake》. 〖1875〗

héart-shàped *adj.* 心臓[ハート]形の. 〖1776〗

héart shèll *n.* 〖貝類〗ザルガイ科・トマヤガイ科などハート型をした二枚貝; その貝殻. 〖1753〗

héart·sìck *adj.* 深く悲しんだ, 悲嘆に暮れた, 思い悩んだ, 心痛の, やるせない (depressed): ~ groans 悲痛のうめき / She is too ~ to eat anything. 彼女は心痛のあまり全然食欲がない. **~·ness** *n.* 〖1526〗

héart-smárt *adj.* =heart-healthy.

heart·some /háəṭsəm | háːt-/ *adj.* 《スコット》気を引き立たせる, 陽気にする (enlivening); 楽しい, 快活な, 陽気な (merry). 〖《1567》← HEART (n.)+-SOME¹〗 **~·ly** *adv.* **~·ness** *n.*

héart·sòre *n.* 心痛, 深い悲しみ, 悲嘆. ― *adj.* 心痛した, 傷心の, 深く悲しんだ. 〖《?*a*1200》 *herte sor*〗

héart stàrter *n.* 《豪俗》(一日で)最初に飲む酒, (酔いざまし用の)迎え酒.

héart-stòpping *adj.* [限定的] 手に汗をにぎる, 息をのむ.

héart-strìcken *adj.* 悲痛に耐えない, 悲しみに打ちひしがれた, 悲嘆に暮れた, 身も世もあらぬ思いの. **~·ly** *adv.* 〖《1797》: ⇨ strike (v.)〗

héart·strìng *n.* **1** [通例 *pl.*] 心の琴線, 深い感情[愛情]: break a person's ~*s* 悲痛な思いをさせる / pull [tug, tear] at a person's ~*s* 感情を揺り動かす, 人の琴線に触れる. **2** 《廃》昔心臓をささえていると想像された神経または腱(ᵹ). 〖?*c*1475〗

héart-strùck *adj.* =heart-stricken. 〖1604–05〗

héart tamponàde *n.* 〖病理〗=cardiac tamponade.

héart·thròb *n.* **1** 心臓の動悸. **2** 《俗》**a** [通例 *pl.*] 胸の高鳴り, (胸の)ときめき. **b** 愛人, 恋人 (sweetheart); あこがれの的《歌手・映画スターなど》. 〖1839〗

héart-to-héart *adj.* 率直な, 腹蔵のない (frank); 心からの (sincere): a ~ talk 腹を割っての話し合い. ― *n.* 《口語》腹を割っての話し合い. 〖1867〗

héart tròuble *n.* 心臓病.

héart ùrchin *n.* (棘皮(ᵹ)動物)ウニ綱心形目の動物の総称《心臓形の殻をもつところから名づけられた》. 〖1843〗

héart·wàrming *adj.* 心の温まる, うれしい (cheering): a ~ reception 心温まる歓迎. 〖1899〗

héart-whòle *adj.* **1** 勇気のある, 物おじしない. **2** 恋をしていない (heart-free, fancy-free). **3** 全心をこめた, 専心の, ひたすらの (sincere). **~·ness** *n.* 〖*a*1470〗

héart·wòod *n.* 〖林業〗心材, 赤み《辺材に囲まれた中心部の材; duramen ともいう; cf. sapwood》.

héart·wòrm *n.* 〖獣医〗イヌシジョウチュウ (*Dirofilaria immitis*) 《犬の心臓に寄生する糸状虫; cf. filaria》. 〖1888〗

heart·y /háəṭi | háːti/ *adj.* (**heart·i·er**; **-i·est**) **1 a** 〈感情・声・笑いなど抑制しない: give a ~ laugh 大笑いする / her ~ voice 彼女の元気な声. **b** 心からの (genuine) (⇨ sincere SYN); 親切な, 温かい (affectionate); 熱烈な (enthusiastic): one's ~ approval [detestation, support] 心からの賛成[憎悪, 支持] / a ~ welcome 温かい歓迎. **2 a** 〈食事など〉たくさんの, 豊富な, 食べでのある: a ~ breakfast たっぷりある朝食 / have [eat] a ~ meal [dinner] 十分に食事をする, 腹一杯食べる. **b** 〈食品が〉栄養のある, 精のつく: ~ food 栄養のある食べ物 / a ~ soup 精のつくスープ. **c** 〈食欲など〉盛んな, 旺(ᵹ)盛な: a ~ appetite 盛んな食欲 / a ~ drinker 大酒飲み, 酒豪 / a ~ eater よく食べる人, 健啖家, 大食漢. **3 a** 〈風・暴風雨・波など〉激しい, すさまじい. **b** 元気な, 達者な, 丈夫な: a ~ fellow 強健な男 / ⇨ HALE¹ and hearty. **4** 《英》(地味の)肥えた: ~ land. **5** 《英口語》(親しさを表そうと思って)はしゃぎすぎている.

― *n.* **1 a** [通例 *pl.*; 水夫への呼び掛けに用いて] 屈強[元気]な男: My *hearties!* おいみんな, 皆の衆. **b** 《古》水夫 (sailor). **2** 《英》(大学で, 勉強嫌いの)野外好きの人, (審美的趣味のない)運動家 (cf. aesthete 3). 〖《*a*1375》 *herti*: ⇨ heart, -y¹〗

heat /híːt/ *n.* **1 a** (気温上, 寒さに対して)暑さ, 暑気, 暑熱 (hotness): (an) intense ~ 酷暑 / in the ~ of the day 暑い日盛りに (cf. *Matt.* 20: 12) / during the summer ~ 暑中. **b** (冷たさに対して)熱いこと[状態], 熱さ; 熱: the ~ of the sun's rays 太陽熱. **c** 暖かさ, 暖気: enjoy the ~ 暖かさを楽しむ. ★ ギリシャ語系形容詞: thermal. **2 a** 熱度, 温度 (temperature): blood ~ 血液の温度 / cook on a low [high] ~ 弱火[強火]で料理する. **b** (病理的な)熱 (fever). ⇨ fever 日英比較. **c** (熱などによる)赤らみ, 紅潮: Her face was flushed with sudden ~. 急に発熱して顔がぽっと赤くなった / ⇨ prickly heat. **d** 《米俗》(酒・麻薬などによる)陶酔状態: have a ~ on 酔っぱらっている; (麻薬で)「らりって」いる. **3 a** 暑い気候[季節]: We have had continuous ~ since June. 6 月から暑さが続いている. **b** (暖炉などの)暖かい所: bask in the ~ 暖かい所で温まる. **c** (部屋などの)暖房. **4 a** 憤激, 激怒 (passion): in the ~ of passion かっと怒って / with sudden ~ 急にかっとなって. **b** 興奮; 熱烈, 激烈, 熱心 (rage, zeal): speak with great ~ ひどく熱して話す / deny an accusation with some ~ かなり激しく非難を論駁する / answer without ~ 熱のない返事をする / His anger rose to a sudden white ~. 彼の怒りは突如爆発した. **c** (闘争・討論などの)最高潮 (fervor): in the ~ of (the) battle [argument] 戦い[議論]の真最中に. **d** 緊迫, あわただしさ. **5 a** [a ~] 一回の激しい動作, 一回の努力, 一挙: at *a* ~ 一息に / do a piece of painting at *a* (single) ~ 一気に絵を描き上げる. **b** 〖スポーツ〗一回; 予選 (trial); 〖レスリング〗(試合の) 1 ラウンド; 〖野球〗(試合の) 1 イニング: the final [last] ~ 決勝戦 / preliminary [trial] ~*s* 予選 / ⇨ dead heat. **6** (からし・こしょうなどの)辛味, ひりりとすること (pungency). **7** [the ~] 《俗》**a** 抑圧, 威圧, 強圧 (pressure, coercion): turn the ~ on …に圧力をかける / take the ~ off …への圧力[追求]の手をゆるめる, 楽にしてやる. **b** (警察の)活動強化, (捜査の強化; (強力な)追跡, 調査: *The* ~ is on [off]. 取締まり[調査, 活動]が強化されて[ゆるめられて]いる. **c** 警察(力) (the police). **d** 銃, ピストル (gun). **8** 〖物理・化学〗熱: atomic [molecular] ~ 原[分]子熱 / latent ~ 潜熱 / ⇨ radiant heat, red heat, specific heat, white heat. **9** 〖動物〗(雌獣の)さかり, 発情; 交尾期: be in [《英》on] ~ さかりがついている / come into [《英》on] ~ 発情期にはいる, さかりがつく. **10** 〖心理〗熱感覚, 熱覚《皮膚面の温点と冷点の同時的刺激によって生じる感覚》. **11** 〖冶金〗《鋳鉄・鋼鉄・金属の一操作, 一溶かし, 一溶解: The foundry runs three ~*s* a day. 鋳造場では 1 日に 3 回鋳物を流す. ***in the héat of the móment*** かっとしたはずみに[で], つい興奮して, 我を忘れて. ***táke*** [***remóve***] ***the héart out of*** …《口語》…の興奮[熱]をさます. ***tùrn ón*** [***gíve***] ***the héat*** 《口語》精力的にやる; 興奮してくる; 〈心を〉燃え立たせる. 《1934》

héat of adsórption 〖物理化学〗吸着熱.

héat of combústion 〖物理化学〗燃焼熱.

héat of condensátion 〖物理化学〗凝縮熱.

héat of dilútion 〖物理化学〗希釈熱.

héat of formátion 〖物理化学〗生成熱.

héat of fúsion 〖物理化学〗融解熱.

héat of hydrátion 〖物理化学〗水和熱.

héat of reáction 〖物理化学〗反応熱.

héat of solidificátion 〖物理化学〗凝固熱.

héat of solútion 〖物理化学〗溶解熱.

héat of sublimátion 〖物理化学〗昇華熱.

héat of vaporizátion 〖物理化学〗気化熱, 蒸発熱.

― *vt.* **1 a** 熱する, 暖める; …の温度を高くする 〈*up*〉: The room is ~*ed* by gas stoves. 部屋はガスストーブで暖められている / ~ *up* cold mutton for lunch 昼食に冷えた羊肉を温める. **b** 〈人〉の体を温める: get ~*ed* with wine ぶどう酒で体が温まる. **2** 興奮させる, 激昂させる, 怒らせる (excite): The sight ~*ed* them *up* into fury. その光景を見て彼らはかっと激昂した / be ~*ed* with dispute [argument] 議論で激する.

― *vi.* **1** 熱くなる, 暖まる 〈*up*〉; 暖まって腐り始める: Green hay ~*s* in a mow. 青草は積んでおくと熱が出て(腐り始め)る. **2 a** 激する, 興奮する. **b** 〈危機・インフレなど〉が激しくなる.

~·a·ble /-ṭəbl̩ | -tə-/ *adj.* **~·less** *adj.*

〖n.: OE *hǣtu*, *hǣte* < Gmc ***χ*aitin*, ***χ*aitjōn* (G *Hitze*) ← ***χ*aitaz* 'HOT'. ― v.: OE *hǣtan* < Gmc ***χ*aitjan* (G *heizen*)〗

héat apòplexy *n.* 〖病理〗日射病 (sunstroke). 〖1874〗

héat bàlance *n.* **1** 〖工学〗熱勘定. **2** 〖化学〗熱収支《熱力学第一法則に基づく熱エネルギー・仕事などの収支》. 〖1898〗

héat bàrrier *n.* 〖航空・宇宙〗熱障壁 (⇨ thermal barrier). 〖1953〗

héat bùmp *n.* 〘病理〙火ぶくれ. 〖1927〗

héat capàcity *n.* 〘物理化学〙熱容量《物質の温度を摂氏1度だけ上げるのに要する熱量; thermal capacity ともいう》. 〖1902〗

héat cènter *n.* 《中枢神経系の》温度調節中枢.

héat còntent *n.* 〘物理化学〙熱含量, エンタルピー《熱力学的関数の一つ; enthalpy ともいう》.

héat cràmps *n. pl.* [単数扱い]〘病理〙熱痙攣(けいれん)《高温状態で長時間働いた場合などに起こり, 多量の発汗による体内の水分や塩分不足による》.

héat dèath *n.* 〘物理〙熱力学的死, 熱的平衡状態, エントロピー最大の状態《宇宙全体が熱平衡状態になればそれ以後の状態変化は生じない》. 〖1930〗

heat dèvil *n.* 陽炎(かげろう).

héat·ed /híːtɪ̀d | -tɪd/ *adj.* **1** 激した, 興奮した: a ~ imagination, brain, etc. / a ~ discussion 激論 / a ~ election campaign 白熱した選挙運動. **2** 熱せられた, 熱くなった, 暖められた. **~·ly** *adv.* 〖(1590–91): ⇨ -ed〗

héated térm *n.* [the ~]《米》夏季, 夏場.

héat èngine *n.* 熱機関《蒸気機関・内燃機関・蒸気タービンなど》: a ~ plant 火力発電所.

héat equàtion *n.* 〘数学・物理・化学〙熱(伝導)方程式. 〖cf. *heat equator* (1904)〗

heat·er /híːtə | -tə(r)/ *n.* **1** 発熱器, 加熱器, 電熱器, ヒーター; 暖房装置《stove, furnace, steam radiator など》. **2** [しばしば複合語の第2構成素として] …を焼く人: ⇨ rivet heater. **3** 《俗》ピストル. **4** 〘電気〙ヒーター《真空管の陰極を加熱する装置》. **5** 〘甲冑〙《中世の》三角盾《上部は直線, 両側は凸形の曲線をなす》. 〖(*a*1500) ← HEAT＋-ER[1]〗

héater càr *n.* 暖房車《保温および断熱装置付きの生鮮食料品輸送用車両》.

héater-shìeld *n.* 〘紋章〙アイロン形の盾《紋章図形としての盾として最も広く使用される形であり, アイロンを裏から見た形に似ていることによる; heateriron type ともいう》. 〖1821〗

héat exchànge *n.* 〘機械〙熱交換 (cf. heat exchanger). 〖1908〗

héat exchànger *n.* 〘機械〙熱交換器《自動車の冷却器・蓄熱器・中間冷却器など高温の流体から低温の流体に熱を伝える装置》.

héat exhàustion *n.* 〘病理〙熱疲憊(ひはい), 熱ばて; 熱射病 (heat prostration ともいう; cf. sunstroke).

héat flàsh *n.* 核爆発直後に放射される強烈な熱.

heat·ful /híːtfəl, -fl/ *adj.* 高熱の; 発熱(性)の; 《燃焼の際に》高熱を発する[発しうる]. 〖(1591): ⇨ -ful[1]〗

heath /híːθ/ *n.* **1** 《英国などでヒース類のおい茂った》荒野, ヒース (cf. moor[1] 1). **2** 〘植物〙 **a** ヒース《北地の荒野に生えるツツジ科の低木類, エリカ属 (*Erica*), ギョリュウモドキ属 (*Calluna*) などの植物, 白・紫・淡紅色の鐘状の小花を付ける》. **b** ツツジ科以外のヒースに似た数種の低木の総称. **c** 《豪》ヒースに似たエパクリス科エパクリス属 (*Epacris*) の植物の総称. **3** 〘昆虫〙ヒースによく来るチョウ. *one's nátive héath* 生まれ故郷 (cf. W. Scott, *Rob Roy* 3. 34).

— *adj.* エリカ属の, (広く)ツツジ科の.

〖OE *hǣþ* < Gmc **χaiþiz* (Du. *heide* / G *Heide*) ← IE **kaito-* forest: cf. heathen〗

Heath /híːθ/, **Edward** (**Richard George**) *n.* ヒース《1916– ; 英国の政治家; 保守党党首 (1965–75), 首相 (1970–74)》.

héath àster *n.* 〘植物〙米国東部の牧草地に多いキク科の雑草 (*Aster ericoides*).

héath bèll *n.* 〘植物〙＝bell heather.

héath·bèrry /-bèri | -b(ə)ri/ *n.* 〘植物〙 **1** ＝crowberry. **2** ヒースベリー《荒野 (heath) に生えて小漿(しょう)果をつける各種の小植物》; 《特に》コケモモ (bilberry). 〖lateOE *hǣþberi(ġe)*〗

héath·bìrd *n.* 〘鳥類〙heath にすむ鳥; 《特に》クロライチョウ (black grouse). 〖1683–84〗

héath còck *n.* 〘鳥類〙＝blackcock. 〖1590〗

hea·then /híːðən/ *n.* (*pl.* **~s**, ~) **1** [しばしば the ~(s)] **a** 《キリスト教の神を信じない》異教徒; 《特に, 未開種族の神を信じる》邪教徒. **b** 〘聖書〙異邦人 (Gentile); 《キリスト教徒・ユダヤ教徒・マホメット教徒がそれぞれ他宗教の人を指していう》異教徒, 異端者; 特に異教徒の種族[国民]. **c** [the ~; 集合的] 異教徒たち, 異邦人たち (heathen people) (cf. faithful *n.* 2 a). **2 a** 無宗教者, 不信心者 (infidel). **b** 野蛮人, 未開人. — *adj.* **1** 異教の, 異教を信じる (pagan): a ~ man [temple, rite] 異教徒[寺院, 儀式]. **2 a** 無宗教の, 不信心の (irreligious). **b** 未開の, 教化されていない, 野蛮な. **~·ness** *n.* 〖OE *hǣþen* < Gmc **χaiþinaz*《原義》inhabiting open country, savage (G *Heide* / Goth. *haiþnō* gentile woman: ゴート語の訳は誤訳といわれる) ← **χaiþiz* 'HEATH': ⇨ -en[2]〗

SYN 異教徒: **heathen** 《古風》宗教を持たない人, 特にキリスト教・ユダヤ教・イスラム教以外の宗教を信じる人に対する軽蔑語. **pagan** 世界の主な宗教を信じていない人, 特にギリシャ・ローマ人のようなキリスト教以前の多神教徒. **gentile** ユダヤ人以外の人; モルモン教徒間では, モルモン教徒でない人.

---

héa·then·dom /-dəm/ *n.* **1** [集合的] 異教世界; 異教徒たち. **2** 異教, 邪教, 異端 (heathenism). 〖OE *hǣþendōm*: ⇨ heathen, -dom〗

héa·then·ish /-nɪʃ/ *adj.* **1** 異教[邪教]の, 異教[邪教]徒の. **2** 異教徒的な, 非キリスト教徒的な; 野蛮な (unchristian, barbarous). **~·ly** *adv.* **~·ness** *n.* 〖OE *hǣþenisċ*: ⇨ heathen, -ish[1]〗

héa·then·ism /-nìzm/ *n.* **1** 異教(の教義), 邪教, 異端 (paganism); 偶像崇拝. **2** 野蛮, 蛮風. 〖(1605): ⇨ -ism〗

hea·then·ize /híːðənàɪz/ *vt.* 異教徒にする, 異教(徒)化する. — *vi.* **1** 異教徒(的)になる. **2** 異教徒の慣習に従う. 〖(1681): ⇨ -ize〗

hea·then·ry /híːðənri/ *n.* **1** 異教, 異端. **2** [集合的] 異教世界, 異教徒. 〖(1577–87): ⇨ heathen, -ry〗

heath·er /héðə | -ðə(r)/ *n.* **1** 〘植物〙ヒース (heath); 《特に》ギョリュウモドキ (*Calluna vulgaris*)《ヨーロッパ原産の常緑小低木 (数 cm–90 cm 位); 英国の荒野などに普通に見られ, 8月ごろ淡い赤紫色の花をつける》. **2** ヒースに類似したツツジ科ダボエキア属 (*Daboecia*) とツツジ科ツガザクラ属 (*Phyllodoce*) の植物の総称. **3** ＝heath 1. **4** 淡い赤紫色. ***sét the héather on fíre*** 騒動を起こす. 〖1818〗 ***táke to the héather*** 《スコット》山賊になる. 〖1896〗

— *adj.* **1** ヒースの(ような); ヒースで作った. **2** 〈毛糸・織物など〉斑点のある, 雑色の. **3** くすんだ[灰色がかった]赤紫色の.

~ed *adj.* 〖(1335)《スコット》*hather, haddyr* < OE **hǣddre*: 今の形は HEATH との連想による18世紀以来の変形〗

Heath·er /héðə | -ðə(r)/ *n.* ヘザー《女性名》. ★スコットランドに多い. 〖↑〗

héather bèll *n.* 〘植物〙＝bell heather. 〖1725〗

héather gràss *n.* 〘植物〙＝heath grass.

héather mìxture *n.* 〘紡織〙種々の色糸を混ぜて織った毛織物, 混色織. 〖1885〗

héather pùrple *n.* ＝heather 4.

heath·er·y /héð(ə)ri/ *adj.* **1** ヒースの(ような): a ~ fragrance. **2** ヒースのおい茂る: a ~ field. 〖(1535): ⇨ heather, -y[4]〗

héath-fòwl [-gàme] *n.* 《英》〘鳥類〙 **1** 《古》＝black grouse. **2** ＝red grouse. 〖1711〗

héath gràss *n.* 〘植物〙ヨーロッパ産イネ科のヒース (heath) に生える多年生草本 (*Sieglingia decumbens*)《heather grass ともいう》.

héath hèn *n.* 〘鳥類〙 **1** ＝gray hen. **2** ソウゲンライチョウ (prairie chicken) に類する北米産の今は絶滅した野鳥 (*Tympanuchus cupido*). 〖1591〗

héath·lànd *n.* ヒースの生えている荒野. 〖1819〗

héath·less *adj.* ヒースの生えていない: a ~ wasteland. 〖(1804): ⇨ -less〗

héath·lìke *adj.* ヒースのような. 〖1864〗

héath pèa *n.* 〘植物〙キュウコンエンドウ (*Lathyrus tuberosus*)《ヨーロッパ産レンリソウ属の植物; その小球根は食用》. 〖1706〗

Héath Róbinson *adj.* 〈機械・計画など〉単純なことをばかばかしいほど手の込んだ仕掛け[手順, 方法]で行う. 〖(1917) ← *W. Heath Robinson*〗

Héath·row Áirport /híːθrou- | -rəu-/ *n.* ヒースロー空港《ロンドン西方にある国際空港; しばしば London Airport とも呼ばれる》.

héath wrèn *n.* 〘鳥類〙コシアカアレチムシクイ (*Sericornis pyrrhopygia*), オグロアレチムシクイ (*S. cautus*)《オーストラリア南部産; ヒタキ科; 物まねをする鳴鳥》.

heath·y /híːθi/ *adj.* (**heath·i·er**; **-i·est**) ヒース (heath) の[に関する, に似た, の茂った]. 〖(*a*1450): ⇨ heath, -y[4]〗

héat·ing /híːtɪŋ | -tɪŋ/ *n.* **1** 暖房(装置); 加熱: ⇨ central heating. **2** [形容詞的に] 熱を生じさせる, 熱する, 暖める: a ~ apparatus [system] 暖房装置 / a ~ drink 体の温まる飲料. 〖(*a*1387): ⇨ heat, -ing[1, 2]〗

héating èlement *n.* 〘電気〙発熱体《トースターなどの電熱線》.

héating pàd *n.* 電気座布団[パッド]《中に絶縁電極が入っていて体の一部を温める柔らかな当て物》.

héat ìsland *n.* 〘都市工学〙ヒートアイランド, 熱の島《都市から放出される熱のために周辺の地域より気温の高くなった部分》.

héat làmp *n.* 太陽灯, 赤外線灯 (infrared lamp).

héat lìghtning *n.* 《夏の夜遠くの地平線に見える雷鳴の聞こえない》稲光, 稲妻《遠い電光の雲への反射; wildfire ともいう》. 〖1834〗

héat pìpe *n.* 〘電子工学〙ヒート[熱]パイプ《揮発性液体を入れた盲管で, 液体の蒸発・凝縮を利用した高能率熱伝導管》. 〖1964〗

héat pollùtion *n.* 熱汚染 (⇨ thermal pollution).

héat pòwer plànt [stàtion] *n.* 火力発電所.

héat·pròof *adj.* 耐熱の.

héat prostràtion *n.* 〘病理〙＝heat exhaustion. 〖1938〗

héat pùmp *n.* **1** 熱ポンプ《熱を低温の物体から高温の物体に移す装置》. **2** 《ビルなどの》冷暖房装置. 〖1894〗

héat ràsh *n.* 〘病理〙あせも (prickly heat)《miliaria の俗称》. 〖1887〗

héat rày *n.* 〘物理化学〙熱線, 赤外線 (infrared ray).

héat rèservoir *n.* 〘物理化学〙熱源.

héat-resìstant *adj.* ＝heatproof.

heat·ron·ic /hiːtrá(ː)nɪk | -trɔ́n-/ *adj.* 誘電体加熱 (dielectric heating) の. 〖← HEAT＋(ELECT)RONIC〗

héat sèeker *n.* 熱[赤外線]追尾装置[ミサイル]. 〖1956〗

héat-sèeking *adj.* 〈ミサイルが〉赤外線追尾装置をもった. 〖1956〗

héat shìeld *n.* 〘宇宙〙熱シールド《宇宙船の構造および内部を, 大気圏突入の際に生じる表面加熱に耐えるように保護すること》. 〖1957〗

héat sìnk *n.* 《不必要な熱を吸収する》脱熱剤, 脱熱器. 〖1956〗

héat stàbilizer *n.* 〘化学〙熱安定剤《プラスチックの熱による劣化防止剤》.

héat·stròke *n.* 熱射病 (cf. heat exhaustion). 〖1874〗

héat tòne [tòning] *n.* 〘化学〙実熱量《化学変化に伴って生じるまたは吸収される熱量》. 〖1895〗

héat-trèat *vt.* 〈金属などを〉熱処理する. **~·er** *n.* 〖1907〗

héat trèatment *n.* 〘冶金〙熱処理《焼入れ (hardening)・焼戻し (tempering) など》. 〖1895〗

héat ùnit *n.* **1** ＝British thermal unit. **2** カロリー (calorie)

héat wàve *n.* **1** 長期間の酷暑: in the middle of a sizzling ~ 焼けつくような酷暑のさなかに. **2** 〘気象〙熱波 (cf. cold wave 2). 〖1878〗

heaume /hóum | hə́um/ *n.* 〘甲冑〙《中世の合戦用の》樽形大かぶと. 〖(1572) □ F ~ < OF *helme* 'HELMET'〗

heave /híːv/ *v.* (~**d**, 〘海事〙**hove** /hóuv | háuv/)

— *vt.* **1 a** 〈重い物を〉(努力して)上げる, 持ち上げる (⇨ lift[1] SYN); 持ち上げて動かす: ~ an ax(e) おのを振り上げる / ~ coal 石炭を運ぶ[積み下ろしする] / The sheriff ~*d* his bulky figure into the house. 保安官は大きな体でのっそりと立ち上がり屋内に入った. **b** 膨らます, 隆起させる: The wind ~*s* the waves. 風が波を隆起させる / ~ one's chest [bosom, breast] (息を吸い込んで)胸を膨らます; 胸を波立たせる. **2 a** 投げる, 投げ出す (throw, cast): ~ the lead ⇨ lead[2] 4 b / ~ the log ⇨ log[1] 3 / ~ an anchor overboard 錨(いかり)を入れる, 投錨(とうびょう)する. **b** 《口語》〈重い物などを〉投げる, ほうる: ~ a brick *at* …にれんがを投げつける. **3 a** 胸底から苦しそうに出す: ~ a sigh [groan] ため息をつく[うめき声を出す]. **b** 吐く (vomit): ~ *up* one's meal 食べた物を吐く. **4** 〘海事〙 **a** 〈索で〉引き揚げる, 巻き揚げる (haul in): ~ a cable [the anchor] 索[錨]を巻き揚げる / ~ a line taut 索がぴんと張るまで絞盤に巻く / ~ a rope in ロープを引き込む, たぐり込む / ⇨ HEAVE *up*. **b** 〈船などを〉移動させる: ~ a ship ahead 索をたぐって船を前に進める / ~ a ship about 船を急に回す / ~ a ship apeak 錨索(いかりづな)が垂直[起き錨]になる位置にまで船を引き寄せる. **5** 〘地質〙〈地層・鉱脈を〉(断層で)転位させる, ずらす.

— *vi.* **1** (徐々に・苦労して)上がる, 高くなる, 持ち上がる (rise). **2 a** (波のように)うねる, 波打つ, 上下する; 膨れる (swell): ~ and set 〈波上の船などが〉上下する / *heaving* billows うねる大波 / a *heaving* bosom (すすり泣き・ため息で)波打つ胸 / The sea ~*d* in a gigantic swell. 海の波は大きくうねっていた. **b** 〈地面が〉盛り上がる, 起伏する (swell, undulate). **3 a** あえぐ (pant). **b** 《口語》むかつく (retch); [~ (up) で] (ひどく)吐く (vomit). **4 a** (重い荷を動かすのに)力を振りしぼる. **b** (力一杯)引っ張る, 押す, 持ち上げる, 投げる. **5** 〘海事〙 **a** 綱などを手または巻き揚げ機で引く[巻く]. **b** 〈船などが〉移動する, 進む (move, proceed): ⇨ *heave in* SIGHT / The ship *hove* alongside [out of the harbor]. 船が横付けになった[港外へ出て行った] / The bulky figure of the sheriff finally *hove* into view. ついに保安官の大柄な姿が見えてきた. **c** (ある方向にある方法で)船を進ませる[移動させる].

heave at …を引っ張ろう[持ち上げよう]とする. ***Héave awáy [hó]!*** 〘海事〙よいと引け, よいと巻け《錨索を巻く水夫の掛け声》. ***heave dówn*** 〘海事〙(1) 〈船を〉(掃除・修理などのために)傾ける (list). (2) 〈船が〉傾く. ***héave óut*** 〘海事〙(1) 〈縮帆した帆を〉振り広げる. (2) 〈旗を〉揚げる. ***héave shórt*** 〘海事〙(船がほぼ錨の上に来るまで)錨鎖を縮める, 縮錨する. ***héave tó*** 〘海事〙 (*vi.*) (1) 〈船が〉洋上で止まる. (2) 一時止まる. (*vt.*) (1) 〈船を〉洋上で止める《船首を風上に向けてほとんど同一場所に留める》. (2) 一時止める. ***héave úp*** (1) 〈錨などを〉引き揚げる; 持ち上げる. (2) 吐く; 吐きそうになる.

— *n.* **1 a** (努力して)上げること, 引き上げること: Give it one more ~! もう一度持ち上げてくれ / give a ~ on [at]＝give something a ~ …を引っ張り[押し, 持ち]上げる. **b** 重い物を持ち上げる努力. **c** 投げること. **2** ふくれること, 隆起 (swelling); 規則的な上下動, (波の)上下, うねり: the ~ of the sea 波の隆起. **3** 〘地質・鉱山〙《断層による地層・鉱脈の》水平ずれ, 水平転差; 盤膨(ばんぶくれ)れ《地圧によってふくれ上がった坑道の床面》. **4** 〘レスリング〙ヒーブ《右手を相手の右肩に回して行う技》. **5** [*pl.*; 単数または複数扱い]〘獣医〙(馬の)息瘍(そう), 喘息, 肺気腫(しゅ) (broken wind ともいう). **6 a** あえぎ; 嘆息. **b** [the ~s]《俗》吐き気.

〖OE *hebban* < Gmc **χafjan* (Du. *heffen* / G *heben*) ← IE **kap-* to grasp: ⇨ have[1]: cf. heavy[1]〗

heave-ho /híːvhóu | -háu/ *n.* (*pl.* **~s**) [the (old) ~ として]《口語》解雇, 免職, 首切り (dismissal); 絶縁, ひじ鉄砲, 拒絶 (rejection). ***give a person the heave-hó*** 〈人を〉解雇する, 首にする; 〈人〉にひじ鉄砲を食わせる.

— *int.* よいと巻け《船乗りが錨(いかり)を巻き上げるときの掛け声》. 〖(1803) ← *Heave ho!* (⇨ heave (v.) 成句) ← (1518) heue and howe: cf. (?*a*1300) *hevelo* (⇨ low[3])〗

heav·en /hévən/ *n.* **1 a** 天国, 天界, 極楽 (↔ hell): the Buddhist ~*s* 極楽 / go to ~ 昇天する, 死ぬ / be in ~ 天国にいる, 死んでいる / I felt as if I'd died and gone to ~! 死んで天国に行ったような感じだった. **b** [集合的] 天国の住民, 神々; 天人: All ~ rejoices. 天人みな喜ぶ. **c** 《口語》非常に幸福な状態[場所, 時期]; 楽園 (paradise): a ~ on earth 地上の楽園; 地上の至福 / *Heaven* lies about us in our infancy. 幼年時代には我々は楽園の中にいる / hog ~ 《米俗》天国, 極楽, パラダイス / be in ~

H

《口語》大変満足している，とても幸せである． **2 a** [《詩》以外は通例 the ~s] 天，天空，空 (sky, firmament): the starry cope of *Heaven* 星をちりばめた天蓋(ﾃﾝｶﾞｲ) (cf. Milton, *Paradise Lost*) / the winds of ~ 空吹く風 / clouds of ~ 大空の雲 / fowls of ~ 空飛ぶ鳥 / rain from ~ 天から降る雨 / ~ and earth 宇宙，万物 / There are more things in ~ and earth than are dreamt of. 天地には思いも及ばぬ事柄があるのだ (cf. Shak. *Hamlet* 1. 5. 166–67) / *the* starry ~*s* 星空 / *The* ~*s* opened. 大雨が降り出した，どしゃぶりになった / search *the* ~*s* with a telescope 望遠鏡で空を探測する． **b** 《古》《特定の地方の》空; 気候 (climate): Italy has a brighter ~ than ours. イタリアの空はわが国の空よりも明るい[気候がよい]． **3** [通例 H-] 天帝，上帝，神 (God, Providence). ★ 感嘆・ののしり・祈願などの成句では，しばしば God の代用語 (cf. God 4): the will of *Heaven* 天命 / the decrees of *Heaven* 神慮 / the justice of *Heaven* 神の裁き / the kingdom of *Heaven* 神の王国 / *Heaven* be praised (*for* …)! = Thank *Heaven* (*for* …)! ありがたい / *Heaven's* vengeance is slow but sure. 《諺》天罰は遅くとも必ずくる，「天網恢々(ｶｲｶｲ)疎にして漏らさず」/ Inscrutable are the ways of *Heaven*. 天意は計り難い，「人間万事塞翁(ｻｲｵｳ)が馬」/ by *Heaven*(*s*)! 神かけて，必ず / Good [Great, Gracious] *Heavens*! = *Heavens* above! 《口語》困った，おや(大変)，まあ(とんでもない) (★ 女性がよく使う表現) / *Heaven* forbid (*that* it should happen)! そんなことのないように，そんなことがあってたまるものか / swear before ~ 神に誓う / for ~*'s* sake 後生だから / Witness *Heaven*! 《古》天も照覧あれ． **4** 《古》〘天文〙七天または九天の一つ《古代人の天文学によれば天は層を成し各層ごとに天体が固着していた》: ⇨ HEAVEN of heavens (2) / in (the) seventh ~ (of delight [happiness]) 有頂天になって． **5** [*pl.*; 単数扱い]〘劇場〙《エリザベス朝時代の》舞台にかけられた天蓋． **6** 〘クリスチャンサイエンス〙天《罪は存在せず精神の顕示はすべて神の摂理の下に統一されているという至福の状態》.

Héaven hélp** a person* ⇨ help *vt.* の成句． ***Héaven knòws ⇨ know¹ 成句． ***in héaven*** (1) ⇨ 2 a. (2) [通例強意語として疑問詞とともに] 一体全体: Where *in* ~ have you been? 一体全体君はどこへ行ってたんだい． ***móve héaven and éarth*** (*to* dó) 全力を尽くして(…する)． ***sméll* [*stínk*] *to* (*hígh*) *héaven*** 《口語》(1) ひどい悪臭を放つ (cf. Shak., *Hamlet* 3. 3. 36). (2) 〈取引などが〉ひどく怪しい[くさい]． ***to Héaven*** 本当に，絶対に《hope, wish, pray などの動詞の後につけて強意を表す》. ***ùnder héaven*** = in HEAVEN (2).

héaven of héavens [the —] (1) 〘聖書〙最高天《神と天使が住む》. (2) 〘ユダヤ教〙= seventh heaven. 〘*c*1384〙

〘OE *he(o)fon, hiofon* < Gmc **χeminaz* (G *Himmel* / ON *hifinn, himinn*) ← ? IE **kemen* vault; to bend: OE, ON では Gmc *-mn* の異化によって生じた *-bn* が，さらに *-fn* に変化した: cf. camera〙

héaven-bórn *adj.* **1** 天から生まれた，神から贈られた，天から下った． **2** 特殊な才能を持った． 〘1595〙

héaven-dùst *n.* 《米俗》(粉末状の)麻薬，(特に)コカイン (cocain).

héaven-kìssing *adj.* 天に届くばかりの． 〘1600–01〙

héav·en·ly /hévənli/ *adj.* **1** [限定的] 天国の，天国に住む[から来る]: the *Heavenly* Father 天父，天の神 / the ~ kingdom 天国 / the *Heavenly* City 〘聖書〙聖なる都，楽園《New Jerusalem のこと; cf. *Rev.* 21》/ ~ angels [beings] 天使 / ~ choirs 天使の合唱隊． **2 a** 《口語》すばらしい (excellent)，すてきな《主に女性語》: What ~ figs! なんて見事ないちじくだろう / have a ~ time 実に愉快な時を過ごす． **b** とても幸せな[楽しい]，美しい，やすらかな． **3 a** 天国に似た[ふさわしい]，神聖な，神々しい (divine, sacred) (cf. mundane): ~ peace 天国のような平和郷． **b** 天来の，絶妙な，荘厳な (sublime, beautiful): a ~ voice 天来の美声． **4** 天の，天空の，空の (celestial). — *adv.* 《古》 **1** 天国のように． **2** 天の力によって，天の導きで． **héav·en·li·ness** *n.* 〘OE *heofonlic(e)*: ⇨ heaven, -ly²〙

héavenly bambóo *n.* 〘植物〙ナンテン (nandina).

héavenly bódy *n.* = celestial body. 〘1607–12〙

héavenly-mínded *adj.* 信心深い． **~·ness** *n.* 〘*a*1656〙

Héavenly Twíns *n. pl.* [the ~] ふたご星《双子(ﾌﾀｺﾞ)座 (Gemini) の Castor と Pollux の 2 星; cf. Castor and Pollux》.

héaven-sènt *adj.* **1** 天来の，天与の (providential). **2** 時を得た，時機にかなった: a ~ visit 時を得た訪問． 〘*a*1649〙

heav·en·ward /hévənwəd | -wəd/ *adj.* 天に向かう，天に向かっての: the ~ journey 天国への旅． — *adv.* 天に向かって，天の方に． **~·ly** *adv.* **~·ness** *n.* 〘*a*1250〙

héav·en·wards /-wədz | -wədz/ *adv.* = heavenward. 〘1650〙

héave òffering *n.* (高く持ち上げてささげる)挙祭(ｷｮｻｲ)《供物の十分の一に当たる部分(動物の肩またはもも肉)で祭司の所得となる; cf. *Exod.* 29: 27, *Lev.* 7: 32》. 〘(1530) Tyndale の訳語〙

héav·er *n.* **1** 揚げる人，仲仕，荷揚げ人足: a coal ~ 石炭荷揚げ人[かつぎ]． **2** 〘海事〙 **a** 《綱などをピンと張るために用いる》てこ棒． **b** 帆に太い針を通すための T 字形の道具． **3** 《米俗》《野球の》投手 (pitcher). 〘(1586): ⇨ heave, -er¹〙

héav·i·er-than-áir /héviə- | -viə-/ *adj.* 〈飛行機・気球など〉(機体の排除する)空気よりも重い (cf. lighter-than-air 1): a ~ craft 〘航空〙重航空機《軽航空機以外の航空機》. 〘1903〙

heav·i·ly /hévɪ̀li/ *adv.* **1** 重く，どっかりと，どさりと: a ~ loaded [laden] truck どっさり荷を積んだトラック / a ~ built man がっしりした体格の男子 / press [weigh] ~ ぎゅうと押す[重く目方がかかる]． **2** 重々しく，重そうに，のろのろともの うげに: drag ~ 重そうに引きずる / walk ~ (重い足取りで)のそのそと歩く / Time passes ~. 時のたつのがまだるっこい． **3** 重苦しく，重くのしかかって (oppressively): Cares weighed [lay] ~ upon them. 心配事が重苦しく彼らにのしかかって来た / Taxes fall ~ on the people. 税金は国民に重い負担である． **4 a** 重く，ひどく，厳しく (severely); 強く，激しく: be fined ~ 重い罰金を科せられる / lose ~ 大損をする / be punished ~ ひどい罰を受ける / suffer ~ (主に経済的に)大打撃を被る / His English is ~ accented. 彼の英語はなまりが強い / ~ underlined 強く強調された / They're ~ into football. 《口語》サッカーにすごくはまっている / He was ~ in debt. 彼には大変な借金があった． **b** 多量に: eat [drink] ~ 大食[痛飲]する / bleed ~ 多量の出血がある． **5** 密に，こんもりと，うっそうと (densely): ~ wooded うっそうと茂った． **6** 《古》心重く，ものうく，落胆して，悲しんで． 〘OE *hefiglīce*: ⇨ heavy¹, -ly¹〙

héav·i·ness *n.* **1** 重いこと，重さ． **2** だるさ，無気力，のろさ，不活発，遅鈍 (languor). **3** ぎこちなさ，無器用: ~ of movement ぎこちない動作． **4** 重苦しさ，つらさ． **5** 悲哀，落胆: with ~ of heart 重い心で． 〘OE *hefignes*: ⇨ heavy¹, -ness〙

héav·ing *n.* **1** 揚げること，持ち上げること，引上げ; 投出し． **2** 〘英史〙胴上げ《キリストの復活にちなんで復活祭の翌日 (Easter Monday) または翌々日 (Easter Tuesday) に，月曜には男が女に対して火曜には女が男に対して行った胴上げの旧習; これらの日を heaving day [Monday, Tuesday] といった》. 〘(*a*1398): ⇨ heave, -ing¹〙

héaving lìne *n.* 〘海事〙《大索などを船から桟橋などに取る場合まず投げ渡す先端に重りのついた》投げ綱．

Heav·i·side /hévisàɪd/, **Oliver** *n.* ヘビサイド《1850–1925; 英国の物理学者; Kennelly とは別に，電離層があることを予想した》.

Héaviside láyer *n.* [the ~] 〘通信・気象〙ヘビサイド層 (⇨ ionosphere 2). 〘(1912) ← *Oliver Heaviside* (↑)〙

Héaviside únit fùnction *n.* 〘数学〙ヘビサイドの単位関数《0 以上では 1 となり，それ以外では 0 となる関数; 演算子法で重要な役割を果たす》. 〘(1940) ← *O. Heaviside* (↑)〙

heav·y¹ /hévi/ *adj.* (**heav·i·er; -i·est**) **1 a** 重い，重量のある (↔ light): a ~ load 重い荷 / The luggage is too ~ for me to lift. その荷物は重くて私には持ち上げられない / ~ cottons [woolens] 重目の綿[毛]織物 / a person of ~ build がっしりした体格の人． **b** 〈トラックなど〉重い荷物を運べる，大型の． **c** (心に)重い，重く感じる: ⇨ *lie* [*hang*] HEAVY *on*. **d** 比重の大きい: ⇨ heavy metal. **2 a** 激しい，強い，猛烈な，ひどい (tremendous, violent): a ~ blow 激しい打撃，猛打 / ~ fighting 激闘 / a ~ wound 重傷 / a ~ frost ひどい霜 / a ~ rain 大雨 / a ~ sea 激浪の海 / a ~ storm [wind] 大あらし[風] / open ~ fire (up)on …に激しい砲火を浴びせる / lay ~ emphasis [stress] on …に重点[強勢]を置く / ~ traffic 激しい交通 / a ~ failure 大失敗 / ~ losses on both sides 両者にとって大損失 / ~ falls on the Stock Exchange 株式取引所での暴落． **b** 〈沈黙・眠りなど〉深い (deep)，強度の (intense): a ~ sleep 深い眠り / a ~ sleeper ぐっすり眠る人 / a ~ silence 深い沈黙． **c** 〈酒など〉強い，きつい: ~ drinks 強い酒． **d** 〈形など〉肉太の，太い，ごつごつした; 目の粗い: a ~ line 太い線． **e** 〈音・声など〉深い所から出てくる，大きくて低い: a ~ bass voice 低く響くバスの声 / a ~ sound 大音響． **f** 〈坂が〉急勾配の (steep): a ~ grade. **g** (男女の性的関係が)激しい，濃厚な: ⇨ heavy petting / go on a ~ date 《米口語》(セックス目的の)デートをする． **h** 《俗》すばらしい (wonderful). **i** 〈ロックが〉強力なリズムをもった，ハードな (cf. heavy metal 5). **j** 《俗》粗暴な，暴力に訴える． **3 a** 苦しい，つらい (trying)，過酷な，重圧的な，負担になる (burdensome); 〔人に〕厳しい (severe) 〔*on, with*〕: a ~ day at the office 会社での非常に忙しくつらい一日 / a ~ fate つらい運命 / ~ taxes 重税 / ~ fees for the entrance examination 高い入試受験料 / a ~ sentence 重い判決 / The teacher was ~ *on* [*with*] her pupils. その教師は生徒に厳しかった． **b** 処理しにくい，難しい，困難な: a ~ task. **4 a** 大量に飲む，強い: a ~ smoker ヘビースモーカー / a ~ drinker 大酒家，酒豪． **b** 大量の; 大量に扱う; 大量に使う: a ~ crop 大収穫，豊作 / a ~ vote 大量の投票 / a ~ buyer [consumer] 大量購入[消費]者 / ~ users of the Internet インターネットの長時間使用者 / This truck is ~ *on* gas. このトラックはガソリンをよく食う / Please not too ~ *on* the cream. 甘いクリームを入れないで下さい． **c** 産出量の多い，出力の大きい: a ~ pump. **5 a** 《口語》重大な，重要な (grave)，重苦しい (depressing): a ~ matter [problem] 重要問題 / ~ news [tidings] 重大ニュース / This conversation is getting pretty ~! 《口語》会話はかなりマジ[深刻]になってきている / a ~ concentration of population in the South-East 南東部の深刻な人口集中 / a ~ responsibility [burden] 重い責任[負担] / a ~ offense [crime] 重罪． **b** 《米》[しばしば間投詞として] 驚くほど重大な，脅迫するような． **6 a** 〈土地・土が〉粘つく，粘土質の (clayey)，耕作に骨の折れる; 〈道路が〉ぬかる (sticky): ~ soil / a ~ road. **b** 〈においが〉強い，しつこい，容易に抜けない (clinging): the ~ odor of the tobacco. **c** 〘競馬〙〈走路が〉重い，ぬかるみで軟らかい．

7 a 消化しにくい，しつこい (indigestible): a ~ meal: ⇨ *lie* [*hang*] HEAVY *on*. **b** 〈パンなど〉十分ふくれない，生焼けの (doughy): ~ bread. **8** [叙述的] **a** 〔…で〕重みのかかった〔*with*〕: an apple tree ~ *with* fruit 枝もたわわに実のなったりんごの木 / air ~ *with* moisture 湿気を含んだ空気 / The air was ~ *with* the smell of fallen leaves. 空気には落葉のにおいが強く立ちこめていた． **b** 〔…で〕いっぱいの，満ちた〔*with*〕: eyes ~ *with* tears 涙をいっぱいためた目 / words ~ *with* meaning 意味深長な言葉 / a heart ~ *with* remorse 後悔の念でいっぱいの心． **9** 〈天候・空が〉曇った，うっとうしい，どんよりした，重苦しい (lowering): a ~ sky どんよりした空 / ~ clouds 厚く重苦しい雲． **10 a** 憂いに沈んだ，悲しい: with a ~ heart ふさぎ込んで，打ち沈んで / a ~ sigh 物憂いため息． **b** 気分の重い，物憂い，生気のない，だるい (languid): feel ~ だるい / look ~ 生気のない顔をしている． **c** 眠そうな (drowsy): ~ eyes [eyelids] 眠そうな目[まぶた]． **11 a** 〈歩きぶり・動作など〉重々しい，のろのろした; 無器用な: have a ~ hand 手が無器用である / a ~ step [tread] のろのろした歩調． **b** 《俗》重苦しい，軽快さのない，精彩を欠く; 退屈な，単調な，面白くない (dull): a ~ author [book] 退屈な作者[書物] / a ~ painting 重苦しい絵 / a ~ feeling [atmosphere] 重苦しい感じ[雰囲気] / a ~ style of architecture 重苦しい建築様式 / a meeting under ~ guard 物々しい警備の下に行われた集会． **c** 鈍い，のろい，ぐずの: a ~ fellow のろま / a ~ type of wit 気のきかない頓知《間の抜けたしゃれなど》. **12 a** 〈新聞など〉まじめな． **b** 〈音楽・文学など〉劇的で強烈な; すぐに理解できない[心に訴えない]． **c** 《口語》〘演劇〙〈役柄が〉まじめな，厳粛な，荘重な (serious)，物々しい，悲劇的な，敵(ｶﾀｷ)役の; 厳しい: a ~ part 敵役 / the part of the ~ villain 敵役 / a ~ actor まじめな役をする俳優 / ⇨ heavy father. **13** 〈産業が〉重…: ⇨ heavy industry. **14** 〘軍事〙重装備の，大口径砲を装備した: ~ cavalry 重騎兵 / ⇨ heavy bomber, heavy cruiser. **b** 〈火器が〉大口径の，重…: a ~ gun 重砲 / ⇨ heavy artillery. **c** 重装甲の: a ~ tank 重戦車． **d** 集中火力の大きい，重火力の: ~ antiaircraft emplacements 重(火力)高射砲陣地． **15** 《文語》妊娠している，妊娠中の; (特に)出産間近の: a woman ~ *with* child 妊娠している女性． **16** 〘商業〙〈市況が〉不況の; 〈債券など〉価値が下がった． **17** 〘音声〙強音の，強勢のある (stressed) (cf. light² 17 b): a ~ syllable / a ~ stress 第 1 強勢． **18** 〘化学〙〈同位元素がより大きな原子量をもつ: ⇨ heavy hydrogen, heavy nitrogen, heavy oxygen, heavy water. **19** 〘印刷〙 **a** ボールドフェースで組んだ[印刷した]． **b** 〈印圧が〉かかりすぎの，過重の． **c** 〈エレクトロタイプなどの版台の厚さが〉11 ポイントの． **20** 〘速記〙有声子音(字)の．

héavy in* [*on, upon*] *hánd ⇨ hand *n.* 成句． ***líe* [*háng, sít, wéigh*] *héavy on* [*upon*]** (1) …の上に重くのしかかる，…を苦しめる: The crime *lies* ~ *on* his conscience. 犯した罪が彼の良心を圧迫している． (2) 〈胃などに〉もたれる: The steak *lies* ~ *on* my stomach. ステーキが胃にもたれている． (3) 持て余している: Time *lies* [*hangs*] ~ *on* my hands. 手持ちぶさただ，退屈でしかたがない． ***with a héavy hánd*** ⇨ hand *n.* 成句．

— *n.* **1 a** 《口語》《暴力をふるう》用心棒，ボディガード; 悪党，強盗: get beaten up by a few of the boss's *heavies* 親分の数人の用心棒にぶん殴られる． **b** 《口語》大物，重要人物 (big shot). **c** 〘演劇〙まじめな役，悲劇役，敵役; 敵役者． **2** [通例 *pl.* しばしば the ~] 《口語》まじめな[堅い]新聞． **3** 《スコット》強くて苦いビール． **4** [*pl.*] **a** 重工業 (heavy industries). **b** 重工業株． **5** [*pl.*] 〘軍事〙 **a** 重騎兵; 重砲; 重戦車; 重爆撃機． **b** [the Heavies] 《英口語》〘近衛〙竜騎兵連隊 (the Dragoon Guards). **6** 《俗》〘サーフィン〙大波《特に高さ 3 メートル以上のものをいう》. **7** 《口語》= heavyweight 2.

— *adv.* (**heav·i·er; -i·est**) [しばしば複合語の第 1 構成素として] 重く; 大量に，ひどく，激しく (heavily): ⇨ heavy-buying, heavy-laden, etc.

〘OE *hefiġ* ← Gmc **χaƀuza-, *χaƀiza-* (Du. *hevig* / OHG *hebīg*) ← **χaƀiz* weight (OE *hefe* weight) ← IE **kap-* to grasp: ⇨ heave, -y⁴〙

SYN 重い: **heavy** 非常に重い: This box is too *heavy* for me to lift. この箱は重くて私には持ち上げられない． **weighty** = *heavy* 《格式ばった語》: a *weighty* package 重い包み． **ponderous** 大きくて重い《格式ばった語》: a *ponderous* wardrobe ずっしりとした洋服だんす． **cumbersome, cumbrous** 重くかさばっていて扱いにくい: a *cumbersome* old table 重くて扱いにくい古机．
ANT light.

---

heav·y² /híːvi/ *adj.* (**heav·i·er; -i·est**) 〘獣医〙〈馬が〉息瘻(ｿｸﾛｳ) (heaves) にかかった． 〘(1864) ← HEAVE (n.) 5 + -Y⁴〙

héavy-ármed *adj.* 重装備の． 〘1836〙

héavy artíllery *n.* 〘軍事〙[集合的] **1** 重砲《大口径の大砲; 米国では口径 155 mm 以上の榴(ﾘｭｳ)弾砲; heavy field artillery ともいう; cf. light artillery, medium artillery》. **2** 重砲兵(部隊).

héavy bómber *n.* 〘軍事〙重爆撃機《長距離戦略爆撃用大型爆撃機; 全備重量 25 万ポンド(約 113,400 kg 以上); cf. light bomber, medium bomber》.

héavy bréather *n.* 1 息づかいの荒い人, いびきをかく人. 2 性的興奮の[をほのめかすような]息づかいをするいたずら電話の主.
héavy bréathing *n.* 1 (小説・映画などの)激情[性的興奮]の表現. 2 もったいぶった[気取った]文体.
héavy-bréathing *adj.*
héavy-búying *adj.* 多量[大口]に買う.
héavy cháin *n.* 〘生化学〙長鎖《イムノグロビンなどでの分子量の大きいペプチド鎖; cf. light chain》. 〖1964〗
héavy chémical *n.* [しばしば *pl.*] (大量で取り扱う)工業薬品, 粗薬品《酸・アルカリ・塩類など; cf. fine chemical》.
héavy créam *n.* 1 ヘビークリーム《乳脂肪含有量が 36–40% の濃い生クリーム; cf. light cream》. 2 《米俗》太った女の子.
héavy crúiser *n.* 〘海軍〙重巡洋艦《通例主砲として 8 インチ砲を装備; cf. light cruiser》.
heav·y-du·ty /hévidúːṭi, -djúː- | -djúːti⁻/ *adj.* 1 酷使に耐え得るように作られた, 丈夫な, 頑丈な (sturdy): ~ waterproof canvas 丈夫な防水テント. 2 高関税の. 〖1914〗
héavy éarth *n.* 〘化学〙重土 (baryta).
héavy-éyed *adj.* 眠そうな; 目のどんよりした.
héavy fáther *n.* (芝居に出てくるような)厳しい[頑固]おやじ (cf. heavy¹ *adj.* 12 c): come [do, play] the ~ (子供に)がみがみ言う, 頑固ぶりを発揮する.
héavy field artíllery *n.* 〘軍事〙=heavy artillery.
héavy-fóoted *adj.* 1 a 〈動作が〉鈍い, 鈍重な. b 〈表現が〉ぎこちない (clumsy), 重苦しい: a ~ style full of archaism 古めかしい言葉をやたらに使った重苦しい文体. 2 スピードを出す癖のある: a ~ driver やたらに飛ばすドライバー. 3 《方言》身重(みおも)の (pregnant). 〖1625〗
héavy góing ⇨ going 成句.
héavy góods vèhicle *n.* ⇨ HGV.
heav·y-hand·ed /hévihǽndɪ̀d⁻/ *adj.* 1 a 圧制的な, 高圧的な, 暴虐な (tyrannical). b やたらに罰を加える, 厳罰主義の, 厳格な (rigorous). 2 a 不細工な, 無器用な, 下手な (awkward): a ~ technique. b 〈文体が〉重苦しい, 軽妙さのない. 3 〈料理人が〉〈調味料などを〉多く使いすぎる 〔*with*〕: She was ~ *with* pepper. こしょうを入れすぎた. **~·ly** *adv.* **~·ness** *n.* 〖*a*1633〗
héavy-héaded *adj.* 1 a 頭の鈍い (dull). b 眠い (drowsy). 2 頭の大きい[重い]; 〈麦など〉穂の大きい. 〖1552〗
héavy-héarted *adj.* 心の重い; 悲しみに打ちひしがれた, ふさぎ込んだ (dejected). **~·ly** *adv.* **~·ness** *n.* 〖*a*1400〗
héavy hítter *n.* 《米》1 有力者, 大物. 2 〘野球〙強打者.
héavy hórse *n.* (馬の)重種《大形で強くがっしりした牽引用の馬》.
héavy hýdrogen *n.* 〘化学〙質量数 1 以外の水素の同位体の総称; (特に)重水素 (deuterium), 三重水素 (tritium).
héavy índustry *n.* 重工業《製鉄・製鋼・機械・造船・石油などを扱う産業; cf. light industry》. 〖1932〗
héav·y·ish /-viʃ/ *adj.* やや重い. 〖(1736): ⇨ -ish¹〗
héavy-láden *adj.* 1 重荷を負った[背負わされた]: a ~ horse. 2 重圧下にある, 心配事の多い, 悩んでいる, 苦しんでいる: be ~ with troubles 悩み事に苦しむ. 〖*c*1450〗
héavy mán *n.* 《米俗》(暴力的な)犯罪者《銀行強盗などをはたらくプロ》.
héavy métal *n.* 1 〘音楽〙ヘビーメタル《重いビート・金属的な音色のエレキギター・絶叫調のボーカルなどを特徴とするロック音楽》. 2 重金属《通例比重 5.0 以上; cf. light metal》. 3 [集合的]〘海軍〙重砲, 巨砲; 巨弾. 4 優れた能力[体力], 大きな影響力. 5 [集合的にも用いて] 強敵. 〖1975〗
héavy míneral *n.* 〘鉱物〙重鉱物《比重が 2.8 より大きい鉱物の総称で, 一般に暗色をしている; ↔ light mineral》. 〖1893〗
héavy nítrogen *n.* 〘化学〙重窒素《質量数 15, 16, 17 の窒素同位体の総称; 特に 15 のものを指す》.
héavy óil *n.* 重(質)油. 〖1849〗
héavy óxygen *n.* 〘化学〙重酸素《質量数 17, 18, 19 の酸素同位体の総称; 特に 18 のものを指す》.
héavy-pàrticle collísion eléctron spectròscopy *n.* 重粒子衝突電子分光法.
héavy pétting *n.* ヘビーペッティング, 性器愛撫(あいぶ)《セックスを伴わない濃厚な愛撫》.
héavy·sét *adj.* 〈人など〉大柄で太った (thickset); がっしりした, 頑丈な (stout). 〖1922〗
héavy spár *n.* 〘鉱物〙重晶石 (⇨ barite). 〖1789〗
héavy týpe *n.* 〘活字〙ヘビータイプ《ボールドフェース (boldface) より肉太の活字書体》.
héavy víllain *n.* [the ~]〘演劇〙悪役.
héavy wáter *n.* 〘化学〙重水《普通の水 (light water) の水素の代わりに重水素でできる, または質量数 16 の酸素の代わりに ^{17}O, ^{18}O でできている水; $H_2{}^{18}O$, $H_2{}^{17}O$, HDO, D_2O などであるが, D_2O を指すことが多い》. 〖1933〗
heav·y·weight /héviwèɪt/ *n.* 1 (ボクシング・重量挙げ・レスリングの)ヘビー級の選手 (⇨ weight 表). 2 《口語》a (学会・政界・財界などの)有力者, 勢力家, 重鎮: a ~ in the Democratic Party 民主党の重鎮. b 非常に聡明な人間. 3 平均体重以上の人[動物]. — *adj.* [限定的] 1 重量のある, 重い; 厚地の. 2 ヘビー級の: a ~ champion. 〖1857〗

héavy wét *n.* 《英俗》=malt liquor. 〖1821〗
Heb. 《略》Hebraic; Hebrew; Hebrews (新約聖書の)ヘブル書; Hebrides.
Heb·bel /hébəl, -bḷ; *G.* hɛ́bl/, **Friedrich** *n.* ヘッベル (1813–63; ドイツの劇作家・詩人; *Judith* (1839), *Maria Magdalena* (1844), *Die Nibelungen* (1855–60)).
heb·do·mad /hébdəmæ̀d/ *n.* 1 《廃》7 の数; 7 つの物[人]の群. 2 《まれ》7 日間, 一週 (week)《特に, Daniel の預言にある 70 週に関連していう; cf. *Dan.* 9. 20–27》. 〖(1545) □ L *hebdomad-*, *hebdomas* □ Gk *hebdomás* ← *hébdomos* seventh ← *heptá* seven: ⇨ hepta-, -ad¹〗
heb·dom·a·dal /hɛbdɑ́(ː)mədḷ | -dɔ́mədḷ/ *adj.* 1 《まれ》7 日目ごとの, 毎週の (weekly): the *Hebdomadal* Council (Oxford 大学の) 評議員会の週会. 2 《古》7 日間継続の, 7 日[一週]間にわたっての. — *n.* 週刊誌, 新聞 (weekly). **~·ly** *adv.* 〖(1613) □ LL *hebdomadālis*: ⇨ ↑, -al¹〗
heb·dom·a·dar·y /hɛbdɑ́(ː)mədèri | -dɔ́mədəri, -dri/ *adj.* 7 日目ごとの, 毎週の. — *n.* 〘カトリック〙一週間の当番. 〖(?*a*1425) □ ML *hebdomārius* ← L *hebdomas*: ⇨ hebdomad, -ary〗
He·be¹ /híːbi/ *n.* 1 ヒービー《女性名; 3 の語義との連想のため今は《まれ》》. 2 〘ギリシャ神話〙ヘーベー《Zeus と Hera の娘で青春の女神; Olympus 山の神々の酒をくむ給仕をした; cf. Ganymede 1》. 3 《口語》女給, 酌婦 (waitress). 4 [h-]〘植物〙ニュージーランド原産のゴマノハグサ科の常緑性低木の総称. 〖(1606) □ L *Hēbē* goddess of youth □ Gk *Hḗbē*: *hḗbē* youth, youthful strength の擬人化〗
Hebe² /híːb/ *n.* 《軽蔑》=Jew. 〖《短縮》← HEBREW〗
he·be- /híːbə, hébə | -bɪ̀/「青春期 (puberty); 軟毛の (downy)」の意の連結形. 〖← Gk *hḗbē* youth, pubes ← IE **yēgʷā-* power, youthful strength〗
He·bei /hʌ̀béɪ | hɜ̀ː-; *Chin.* xɤ̌pěɪ/ *n.* 河北(ホーペイ)省《中国北東部の省; 省都石家荘 (Shijiazhuang)》.
heb·e·non /hébənɑ̀(ː)n | -nɔn/ *n.* 《Shak》=hebona.
he·be·phre·ni·a /hìːbəfríːniə, hèb-, -frén- | -bɪ̀-/ *n.* 〘精神医学〙破瓜(はか)病《精神分裂病の一亜型で, 20 歳前後に起こることが多い》. 〖(1883) ← NL ~: ⇨ ↑, -phrenia〗
he·be·phren·ic /hìːbəfrénɪk, hèb-, -fríː- | -bɪ̀-⁻/ *adj.*, *n.* 〘精神医学〙破瓜(はか)病の(患者). 〖(1908): ⇨ hebe-, phrenic〗
He·ber /híːbə | -bə⁽ʳ⁾/, **Reginald** *n.* ヒーバー (1783–1826; 英国国教会の主教で, 賛美歌作者).
Hé·bert /eɪbέə | -bέə⁽ʳ⁾; *F.* ebɛːʁ/, **Jacques-René** *n.* エベール (1757–94; フランスのジャーナリスト・革命家; フランス革命期の過激共和派の指導者; Robespierre によって処刑された).
heb·e·tate /hébətèɪt | -bɪ̀-/ *vt.* 《文語》鈍くする, 愚鈍にする. — *vi.* 《文語》鈍くなる, 鈍化する, 愚鈍になる. — *adj.* 〘植物〙先がとがらず柔らかな. **heb·e·ta·tion** /hèbətéɪʃən | -bɪ̀-/ *n.* **héb·e·tà·tive** /-tɪv | -tɪv/ *adj.* 〖(1574) ← L *hebetātus* (p.p.) ← *hebetāre* to make blunt ← *hebes* dull: ⇨ -ate³〗
he·bet·ic /hɪ̀béṭɪk | hɪbét-/ *adj.* 〘生理〙思春期の; 思春期に起こる[起こりやすい]. 〖□ Gk *hēbētikós* youthful ← *hḗbē* youth: ⇨ -ic¹〗
heb·e·tude /hébətùːd, -tjùːd | -bɪ̀tjùːd/ *n.* 《文語》間抜けなこと, 愚鈍 (stupidity); 鈍感, 無感覚 (dullness).
heb·e·tu·di·nous /hèbətúːdənəs, -tjúː-, -dn- | -bɪtjúːdɪ̀nəs, -dn-⁻/ *adj.* 〖(*c*1621) □ L *hebetūdō* ← *hebes* dull: ⇨ -tude〗
heb·o·na /hébənə/ *n.* 《廃》毒汁を出す木. 〖(*a*1393) 《変形》*ebenif* 'EBONY': HENBANE と連想〗
Hebr. 《略》Hebraic; Hebrew; Hebrews; Hebrides.
He·bra·ic /hɪ̀bréɪɪk, hiː-, he-/ *adj.* (*also* **He·bra·i·cal** /-bréɪɪ̀kəl, -kḷ | -ɪk-/) ヘブライ(人[語])の[に関する, 特有の] (Hebrew). 〖(*c*1380) *Ebraik* □ LL *Hebraicus* □ Gk *Hebraïkós* ← *Hebraîos* 'HEBREW'〗
He·brá·i·cal·ly *adv.* ヘブライ風に, ヘブライ人風に, ヘブライ語風に. 〖(1720): ⇨ ↑, -al¹, -ly¹〗
He·bra·ism /híːbreɪɪzm, -bri-/ *n.* 1 (他言語, 特にギリシャ語に現れた)ヘブライ語的な表現. 2 ユダヤ教 (Judaism). 3 a ヘブライ人的性格[精神, 習慣]. b ヘブライ思想[文化], ヘブライズム《Hellenism とともにヨーロッパ思想の二大源流をなす》. 〖(1570) □ F *hébraïsme* ∥ ← NL *Hebraismus*: ⇨ Hebraic, -ism〗
Hé·bra·ist /-breɪɪ̀st, -bri- | -ɪst/ *n.* 1 ヘブライ語学[文学]者, ヘブライ学者. 2 ヘブライ思想の人. 〖(1755) ← Gk *Hebraîos* (⇨ Hebrew) + -IST〗
He·bra·is·tic /hìːbreɪístɪk, -bri-⁻/ *adj.* ヘブライ風の, ヘブライ的な, ヘブライ語(風)の, ヘブライ学者の. **Hè·bra·ís·ti·cal** /-tɪ̀kəl, -kḷ | -tɪ-⁻/ *adj.* 〖(1846): ⇨ ↑, -ic¹〗
Hè·bra·ís·ti·cal·ly *adv.* ヘブライ風に, ヘブライ的に, ヘブライ語風に. 〖(1864): ⇨ ↑, -al¹, -ly¹〗
He·bra·ize /híːbreɪàɪz, -bri-/ *vt.* ヘブライ語で表す[述べる]; ヘブライ風にする. — *vi.* ヘブライ語風になる; ヘブライ化する, ヘブライ風に行動する[考える]. **He·bra·i·za·tion** /hìːbreɪɪ̀zéɪʃən | -breɪaɪ-, -breɪɪ-/ *n.* **Hé·bra·iz·er** *n.* 〖(1645) □ Gk *Hebraízein* to speak Hebrew ← *Hebraîos*: ⇨ ↓, -ize〗
He·brew /híːbruː/ *n.* 1 a 古代ヘブライ語 (Biblical Hebrew)《セム語族の北西セム語群に属し, パレスチナで紀元前 9 世紀から紀元 1 世紀頃まで話された; 旧約聖書の大部分はこれで書かれている; cf. Medieval Hebrew》. b 現代ヘブライ語 (Modern Hebrew), イスラエル語 (Israeli Hebrew)《19 世紀に, 死語化していた古代ヘブライ語を復活させたもので, 1948 年イスラエルの建国後その公用語となった》. 2 a 〘聖書〙ヘブル人《外国人がイスラエル人を指して言う表現; cf. Habiru》. b ヘブライ人; イスラエル人 (Israelite); 《古》ユダヤ人 (Jew). 3 《口語》不可解な言葉 (cf. Greek 4): It's ~ to me. それは私にはちんぷんかんぷんだ. — *adj.* 1 ヘブライ人[語]の, ヘブライ文化の: the ~ Bible ヘブライ語聖書《旧約聖書》. 2 ヘブライ語書体の《紀元前 5 世紀頃から用いられ, 現在では Yiddish 語などを書くのに用いられる》. 3 《古・軽蔑》ユダヤ人の. 〖(?*a*1200) (*H*)*ebreu* □ OF *Ebreu* (F *Hébreu*) □ L *Hebraeus* □ Gk *Hebraîos* □ Heb. *ʿibhrī* 《原義》? one from across (the river) ∽ OE *Ebreisc* □ L〗
Hébrew-Aramáic *n.* ヘブライ語とアラム語の混成語《ユダヤ教の儀式などで用いる》.
Hébrew cálendar *n.* =Jewish calendar.
Hé·brew·ìsm /-bruːɪzm/ *n.* =Hebraism. 〖1611〗
He·brews /híːbruːz/ *n. pl.* [単数扱い] (新約聖書の)ヘブル人への手紙, ヘブル(人への)書 (The Epistle of Paul to the Hebrews) (略 Heb.).
Heb·ri·de·an /hèbrədíːən | -brɪ̀-⁻/ *adj.* ヘブリデス諸島の; ヘブリデス諸島の住民の. — *n.* ヘブリデス諸島の住民. 〖(1623): ⇨ ↓, -an¹〗
Heb·ri·des /hébrədiːz | -brɪ̀-/ *n. pl.* [the ~] ヘブリディーズ諸島《スコットランド西岸沖の列島; 面積 7,567 km², 本島に近い Skye, Mull, Colonsay, Islay, Jura, Rum, Tiree, Iona などの島から成る Inner Hebrides と Minch 海峡を隔てた北西側の Outer Hebrides (Western Isles を成す)に分かれる》. 〖《変形》← L *Hebudes* □ Gk *Hébоudai* ← ?〗
Heb·rid·i·an /hɛbrídiən | -diən/ *adj.*, *n.* =Hebridean.
Heb·ron /hébrən, híːb-, -rɑ(ː)n | -rən, -rɔn/ *n.* ヘブロン《Jerusalem 南方, Jordan 川西岸の都市; ユダヤ教・イスラム教の聖地; アラビア語名 El Khalil》.
HEC 《略》Health Education Council.
Hec·a·be /hékəbi/ *n.* 〘ギリシャ・ローマ神話〙=Hecuba.
Hec·a·te /hékəṭi | -ti/ ★ Shakespeare の作品では /hékət/ と発音することもある. *n.* 〘ギリシャ神話〙ヘカテー《天上と地上と地下界を支配し魔術を司る女神》. 〖(?1440) □ L *Hecatē* □ Gk *Hekátē* (fem.) ← *hékatos* far-darting〗
hec·a·tomb /hékətòum, -tùːm, -tʌ̀m | -tùːm, -təum, -təm/ *n.* 1 (古代ギリシャ・ローマで神々にささげた)雄牛百頭のいけにえ. 2 (人間または生物の)多数の犠牲, 大虐殺. 3 多数; 多量. 〖(*a*1592) □ F *hécatombe* □ L *hecatombē* □ Gk *hekatómbē* ← *hekatón* hundred + *-bē* (← *boûs* 'ox, cow¹')〗
hec·ce·i·ty /hɛksíːəṭi, hiːk- | -síːɪ̀ti/ *n.* 〘スコラ哲学〙=haecceity. 〖1625〗
hech·sher /héxʃə | -ʃə⁽ʳ⁾/ *n.* (*pl.* **hech·she·rim** /hɛxʃéɪrɪ̀m, -riːm | -rɪm, -riːm/, **~s**) ヘクシャー, 食用許可《ユダヤ教の食事規則に従って作られた食物に対するラビ (rabbi) の認可; cf. kashruth》. 〖□ Mish.Heb. *hekhšēr* 《原義》fitness〗
Hecht /hékt/, **Ben** *n.* ヘクト (1894–1964; 米国の小説家・劇作家; *Erik Dorn* (小説, 1921)).
heck¹ /hék/ *n.* 1 《口語》[the ~; 強意語として] 一体全体 (cf. hell 5 b): Where *the* ~ have you been all this while? 一体今までどこにいたんだ / What *the* ~! =What the hell! 2 《口語》[a ~ of a …で] とてつもない, 極端に (cf. hell の成句): *a* ~ *of a* lot of cars 嫌になるほどの車の群れ / have *a* ~ *of a* cheek [nerve] (doing …) … (…までする)ひどい厚かましさがある. — *int.* ちくしょう, くそ《困惑・嫌悪・拒絶などを表す》: Oh ~, I'm late! ええいくそ, 遅れちまった. 〖(1860) 《婉曲的変形》← HELL〗
heck² /hék/ *n.* 1 (織機の)縦糸を導く櫛(くし)状のガイド, (紡錘の)ボビンに糸を導く装置. 2 《スコット・北英》(川魚の通路をふさぐ木製の)格子門. 3 《スコット》(家畜の)飼葉棚(かいばだな). 4 《英方言》a (上下に分かれたドアの)下戸, 下扉. b 中戸, 奥戸. 〖(*c*1390) hekke, hek(e): cf. OE *hec*, *hæc* gate, grating: cf. hatch¹〗
Heck·el /hékəl, -kḷ; *G.* hɛ́kl/, **Erich** *n.* ヘッケル (1883–1970; ドイツ表現主義の画家).
heck·el·phone /hékəlfòun, -kḷ- | -fəun/ *n.* ヘッケルフォーン《普通のオーボエより一オクターブ低い楽器》. 〖(1905) □ G *Heckelphon* ← *Wilhelm Heckel* (ドイツの楽器製作家でその発明者): ⇨ -phone〗
heck·le /hékḷ/ *vt.* 1 a 〈弁士・選挙候補者などを〉やじり倒す, 質問攻めにする, 詰問する (⇨ bait¹ SYN). b 不当に干渉する, 妨害する (disturb). 2 〈麻・亜麻などを〉麻こきでこく, すく (hackle). — *n.* =hackle¹. 〖v.: (*a*1325) *hekele(n)*: ⇨ heckle¹. — n.: (*a*1425) ← (v.)〗
héck·ler /héklə, -klə | hékḷə⁽ʳ⁾, -kl-/ *n.* やじを飛ばす人, やじ屋.
heck·u·va /hékəvə/ 《口語》=heck of a ⇨ heck¹.
hect- /hɛkt/ (母音の前にくるときの) hecto- の異形.
hec·tare /hékteə, -taə | -tɑː⁽ʳ⁾, -teə⁽ʳ⁾; *F.* ɛktaːʁ/ *n.* ヘクタール《面積の単位; =100 アール, 1 万平方メートル》. 〖(1810) □ F ~: ⇨ hecto-, are²〗
hec·tic /héktɪk/ *adj.* 1 多忙を極める, てんてこまいの: a ~ work schedule 忙殺的な仕事の予定. 2 a 〈熱が〉消耗性の: a ~ fever 消耗熱《肺結核などの消耗性疾病の患者に出る熱で頬(ほお)の紅潮を伴う》. b 消耗熱の[特有の, に伴う]: ~ flush [spots] (結核患者などの頬に現れる)消耗性紅潮. c 消耗熱にかかった: a ~ patient. 3 病的に紅潮した: a ~ appearance 病的に紅潮した顔. 4 《口語》興奮した, 熱狂的な: ~ activity 大車輪の活動 / have a ~ time 大騒ぎする / ~ pleasures 熱狂的快楽. — *n.* 1 消耗熱. 2 (消耗熱による)紅潮. 3 消耗熱患者. **héc·ti·cal·ly** *adv.* **~·ness** *n.* 〖(17C) □ LL

hecticus ◻ Gk *hektikós* habitual, consumptive ← *héxis* state of body or mind ← *ékhein* to have ← IE **segh-* to hold (cf. scheme) ∽ ⦅a1398⦆ *etik* ◻ OF *etique* (F *hectique*): ⇨ -ic[1]〗

hec·to- /héktoʊ | -təʊ/「百 (hundred)」の意の連結形. ★ 母音の前では通例 hect- になる. 〖← Gk *hekatón* hundred〗

hec·to·cot·y·lus /hèktəkɑ́(ː)tələs, -tl- | -kɔ́tləs/ *n.* (*pl.* **-y·li** /-təlàɪ, -tlaɪ | -tlàɪ/)〘動物〙(ある種の頭足類の雄の)交接腕. 〖⦅1854⦆ ← NL ～ ← HECTO-＋Gk *kotúlē* cup (⇨ cotylo-)〗

hectog. ⦅略⦆ hectogram(s).

hec·to·gram /héktəgræ̀m, -toʊ- | -tə(ʊ)-/ *n.* (*also* **hec·to·gramme** /～/) ヘクトグラム ⦅重さの単位; =100 グラム⦆. 〖⦅1810⦆ ◻ F *hectogramme*: ⇨ hecto-, gram[2]〗

hec·to·graph /héktəgræ̀f, -toʊ- | -tə(ʊ)grɑ̀ːf, -græ̀f/ *n.* こんにゃく版 ⦅1 枚の原版から 100 枚程度のコピーが得られる⦆; こんにゃく版複写器. — *vt.* こんにゃく版で複写する.

hec·to·graph·ic /hèktəgrǽfɪk, -toʊ- | -tə(ʊ)-ˉ/ *adj.* **hèc·to·gráph·i·cal·ly** *adv.* **hec·tog·ra·phy** /hektɑ́(ː)grəfi | -tɔ́g-/ *n.* 〖⦅1880⦆ ◻ G *Hektograph*: ⇨ hecto-, -graph〗

H **hec·to·kil·o-** /hèktəkìloʊ, -toʊ- | -ləʊ/「10 万」の意の連結形. 〖← HECTO-＋KILO-〗

hectol. ⦅略⦆ hectoliter(s).

hec·to·li·ter /héktəlìːtə, -toʊ- | -tə(ʊ)lìːtə(r)/ *n.* ヘクトリットル (=100 l.). 〖⦅1810⦆ ← HECTO-＋LITER〗

hectom. ⦅略⦆ hectometer(s).

hec·to·me·ter /héktəmìːtə, -toʊ-, hektɑ́(ː)mətə | héktə(ʊ)mìːtə(r)/ *n.* ヘクトメートル ⦅尺度の単位; =100 m⦆. 〖⦅1810⦆ ◻ F *hectomètre*: ⇨ hecto-, metre[2]〗

hec·to·pas·cal /héktəpæskæ̀l, -pæ̀skæl/ *n.*〘物理〙ヘクトパスカル ⦅圧力の単位; =100 pascal; 1 ミリバールに相当; 略 hPa⦆.

hec·tor /héktə | -tə(r)/ *vt.* おどしつける, 弱い者いじめする (bully, browbeat): ～ a person *into* [*out of*] doing 人をおどしつけて…させる[をやめさせる]. — *vi.* 弱い者いじめする, 空威張りする. — *n.* 空威張りする人, 弱い者いじめする人 (bully). **～·ing·ly** /-tərɪŋli, -trɪŋ-/ *adv.* 〖⦅1655⦆ ← HECTOR 2〗

Hec·tor *n.* **1** /héktə | -tə(r); *F.* ɛktɔːʁ/ ヘクター ⦅男性名⦆. ★ スコットランドに多い. **2** /héktə | -tə(r)/〘ギリシャ神話〙ヘクトール ⦅Homer の詩 *Iliad* に出て来るトロイ戦争 (Trojan War) の勇士; Priam 王と Hecuba の長子; Andromache の夫; トロイ戦争で Hector が Patroclus を殺したため, Patroclus の親友 Achilles は Hector を槍で突き, その死体を戦車に結んで Patroclus の墓の周りを引きずりまわして親友の恨みを晴らした⦆. 〖⦅c1387⦆ ◻ L ～ ◻ Gk *Héktōr* ⦅原義⦆ holding fast ← *ékhein* to have, hold (⇨ hectic)〗

Hec·u·ba /hékjʊbə/ *n.*〘ギリシャ神話〙ヘカベー, ヘクバ ⦅Homer の詩 *Iliad* に出て来る Troy の王 Priam の妻, Hector, Paris, Deiphobus, Cassandra などの母⦆. 〖◻ L ～ ◻ Gk *Hekábē*〗

he'd /(強) hiːd; (弱) (h)iːd, (h)ɪd/ ★ /h/ の脱落した発音は文や節の冒頭には現れない. ⦅口語⦆ **1** he had の縮約形. **2** he would の縮約形.

Hed·da /hédə | -də/ *n.* ヘッダ ⦅女性名⦆. 〖◻ ON ～ ⦅原義⦆ war〗

Hed·die /hédi | -di/ *n.* ヘディー ⦅女性名⦆. 〖(dim.) ← HEDWIG〗

hed·dle /hédl | -dl/ *n.* [通例 *pl.*] (織機の)綜絖(そうこう). — *vt.* 〈糸を〉綜絖の目に通す. 〖⦅1513⦆ ⦅音位転換⦆ ← OE *hefeld* thread for weaving ← *hebban* 'to HEAVE': ⇨ -le[1]: cf. bird〗

héddle·èye *n.* 綜絖の目 ⦅縦糸の通る穴⦆. 〖1864〗

hed·en·berg·ite /hédnbəːgàɪt | -bəː-/ *n.*〘鉱物〙ヘデンベルグ石, 灰鉄輝石 ($CaFeSi_2O_6$). 〖⦅1822⦆ ◻ Swed. *hedenbergit* ← *Ludwig Hedenberg* (19 世紀のスウェーデンの鉱物学者): ⇨ -ite[1]〗

he·der /héɪdə, xéɪ- | -də(r)/ *n.* (*pl.* **～s, had·a·rim** /hədɑ́ːrɪm, xəd-/) (ユダヤ人の)初等学校,「ケーデル」⦅7–13 歳の子供にヘブライ語の聖書・祈禱(きとう)書の読み方を教えるユダヤ人学校⦆. 〖⦅1579⦆ ◻ Yid. *kheyder* ◻ Heb. *ḥéder* ⦅原義⦆ room〗

hed·e·ra /hédərə | -də-/ *n.*〘植物〙=ivy 1 a.

Hed·ex /hédeks/ *n.*〘商標〙ヘデックス ⦅英国 Sterling Health Products 製の頭痛薬⦆.

hedge /hédʒ/ *n.* **1** 生垣: a quick (set) ～ 生垣 / a dead ～ 柴垣, 籬(まがき) / pleach [plash, lay, put up, put in] a ～ 生垣の新枝を編み交わして厚く頑丈にする. **2 a** (一般に)垣根, 塀. **b** 垣根の用をする物; 人垣: a ～ of policemen. **c** 行動の自由を制限するもの, 障壁, 障害 (barrier): a ～ of convention 慣習の障壁 / a ～ of etiquette 礼儀の束縛. **3 a** 防護手段 〔*against*〕: These gold bars are my ～ *against* inflation. これらの金の延べ棒はインフレ予防対策だ. **b** 損失防止措置; (賭け事での)両賭け (cf. *vt.* 4 a): make a ～ 両賭けする; 両てんびんをかける. **c**〘商業〙ヘッジング, 掛けつなぎ, 売り[買い]つなぎ. **4** (言質を取られないように)言い抜けできるようにした言葉; 言い逃れの言葉.

— *adj.* [限定的] **1** 垣根(用)の: a ～ plant. **2** 垣根のそばで生じる[行われる]; 道端の: ⇨ hedge garlic, hedge-school, etc. **3** 下等な, 低級な, 三流の (low): a ～ parson ⦅英・軽蔑・古⦆ 低俗で無学な教区牧師 / a ～ marriage 正規の手続きを経ない結婚, 秘密結婚 / a ～ lawyer 三百代言.

— *vt.* **1** …に生垣を設ける[めぐらす], 生垣で囲う: ～ a field 畑を生垣で囲う. **2 a** (生垣のように)囲む, 取り囲む (encircle); 障壁で囲む 〈*in, about, around, off*〉: ～ *in* a house with …で家を囲む / ～ *off* a house (from its surroundings) 家を(周りから)垣でさえぎる. **b** (障壁で囲むように)保護する 〈*in, about, around*〉: ～ a person *around* with care and attention 人を気配りや心遣いでかばってやる. **c** …の行動を妨害する, 妨げる; 制限[制約]する (obstruct) 〈*in, about*〉: ～ a person [project] *about* [*around, in*] with rules [restrictions, prohibitions] 人[企画]を規制[制限, 禁制]で束縛する / ～ a person's path with difficulties 人の行く手を困難でさえぎる. **3** (不慮の出来事を考慮しまたは言質を取られないように)…に率直に答えない, …にどっちつかずの態度をとる. **4 a** (賭け事で)両賭けして負けを防ぐ (cf. *n.* 3 b), (投機で)掛けつないで(現買い先売りして)損失を防ぐ: ～ one's bets (⇨ bet[1] *n.* 1) / ～ one's investments 投資を掛けつなぐ. **b**〘商業〙掛けつなぐ, 売り[買い]つなぐ.

— *vi.* **1** 生垣を作る; 生垣の手入れをする. **2** (自分の言葉に対して)そっと逃げ道をこしらえておく, 言い抜けの出来る余地を残しておく; (ぬらりくらりと)態度をあいまいにしておく: He ～*d* with dexterity on this point. この点はうまくうやむやにしてすませた. **3 a** (賭け・投機で)両賭けする; 危険[損失]を軽減[回避]する: ～ *against* loss [inflation] 損をしないように[インフレに備えて]両方に賭ける. **b**〘商業〙売り[買い]つなぐ. **4** (生垣などに)隠れる; こそこそ隠れる.

hédg·ing·ly *adv.* 〖*n.*: OE *heċg* < (WGmc) **χaʒjō(n)* (G *Hecke*) ← IE **kagh-* fence; to catch. — v.: ⦅lateOE⦆ ⦅c1384⦆ *hegge(n)* ← (n.): cf. haw[1]〗

hédge·bòte /-bòʊt | -bəʊt/ *n.*〘英法〙=haybote. 〖1313〗

hédge fùnd *n.* ヘッジファンド ⦅個人の資金を多額に出資し, 投機的に運用する有限責任の投資信託組合⦆. 〖1967〗

hédge gàrlic *n.*〘植物〙=garlic mustard.

hedge·hog /hédʒhɑ̀(ː)g, -hɔ̀(ː)g | hédʒhɔ̀g, hédʒɔg/ *n.* **1**〘動物〙ハリネズミ ⦅旧世界産ハリネズミ属 (*Erinaceus*) の総称⦆; (特に)ヨーロッパハリネズミ (*E. europaeus*). **2** ⦅米⦆〘動物〙ヤマアラシ (porcupine). **3** ウニ (sea urchin). **4** (植物の)とげのある実. **5 a** ⦅口語⦆ 怒りっぽく意地の悪い人, 付き合いにくい人. **b** ⦅廃⦆ 他人の気持ちを考えない人. **6**〘軍事〙**a** はりねずみ陣 ⦅四周防御が可能なように堅固に要塞化した陣地⦆. **b** 小拒馬 (3 本の木または鉄の棒を組み, これに有刺鉄線をハリネズミのように張り回した障害物; cf. cheval-de-frise 1). **c** 水辺[沿岸]障害物 ⦅長さ 6 フィートの山形鉄材を 3 本ボルトで締め, 通例コンクリートに埋め込んだ障害物で, 上陸する敵の舟艇や戦車に損害を与える⦆. **d** 針鼠爆雷 ⦅多数の小型爆雷を同時にばらまいて, そのどれかを敵潜水艦に命中させる方式⦆. 〖c1450〗

hedgehog 1
(*E. europaeus*)

hédgehog cóneflower *n.*〘植物〙ムラサキバレンギク (*Echinacea purpurea*) ⦅北米原産キク科の多年草⦆.

hédgehog gòurd *n.*〘植物〙観賞用に栽培されるウリ科の一年草または多年草 (*Cucumis dipsaceus*) ⦅teasel gourd ともいう⦆.

hedge·hog·gy /hédʒhɑ̀(ː)gi, -hɔ̀(ː)gi | hédʒhɔ̀gi, hédʒɔgi/ *adj.* **1** ハリネズミのような. **2** とげとげした, 付き合いにくい. 〖⦅1858⦆: ⇨ -y[4]〗

hedge·hop /hédʒhɑ̀(ː)p | -hɔ̀p/ *v.* (**hedge·hopped; -hop·ping**) — ⦅米口語⦆ *vi.* **1** 低空飛行をする ⦅殺虫剤をまく時など⦆. **2**〘米空軍〙(超)低空で接近して攻撃する, (超)低空攻撃をする. — *vt.* **1** 〈乗客・郵便物などを〉低空飛行で運ぶ. **2** (低空飛行しつつ)さっと舞い上がって〈障害物を〉避ける, すれすれに飛び越える. **3** 〈規制・警戒線・税関・検閲などを〉うまく逃げる. **hédge·hòp·ping** *n., adj.* 〖⦅1926⦆ ⦅逆成⦆ ← *hedgehopper*: ⇨ hedge, hopper[1]〗

hédge·hòpper *n.* 低空飛行をする飛行機[パイロット]. 〖1940〗

hédge hỳssop *n.*〘植物〙**1** サワトウガラシに類するゴマノハグサ科オオアブノメ属 (*Gratiola*) の草本の総称 ⦅米国種 *G. aurea*, ヨーロッパ種 *G. officinalis* など⦆. **2** タツナミソウ ⦅英国産シソ科タツナミソウ属 (*Scutellaria*) の数種の植物の総称; *S. minor* など; skullcap ともいう⦆.

hédge làying *n.* 強く厚い垣根を作るために技を一部分切り取って水平に並べ釘で留める生垣作り.

hédge mùstard *n.*〘植物〙カキネガラシ ⦅アブラナ科カキネガラシ属 (*Sisymbrium*) の植物の総称; (特に) *S. officinale*⦆. 〖1671〗

hédge pàrsley *n.*〘植物〙ヤブジラミ (*Torilis japonica*) ⦅セリ科⦆. 〖1830〗

hédge·pig *n.*〘動物〙=hedgehog 1. 〖1606〗

hédge-prìest *n.* ⦅英・軽蔑⦆ (通例無学な)身分の低い僧[牧師] (cf. hedge *adj.* 3): from Pope to ～ 教皇から貧乏牧師に至るまで(のあらゆる聖職者). 〖1550〗

hédg·er *n.* **1** 生垣職人 (cf. ditcher): a ～ and ditcher 生垣の手入れをしたり溝を掘ったりする人足. **2** 両方に賭ける人, 掛けつなぎをする人; 二またをかける人, 逃げ道をこしらえる人. 〖⦅c1515⦆: ⇨ hedge, -er[1]〗

hedge·row /hédʒròʊ | -rəʊ/ *n.* (生垣をなす)低木の列. 〖OE *heggerǣwe*: ⇨ row[1]〗

hédge-schòol *n.* (昔のアイルランドの)野外学校, 青空学校. 〖⦅1807⦆ 昔アイルランドでよく見られた野外(特に生垣のそば)に開かれた簡易学校(学級)から〗

hédge-school màster *n.* 野外学校長. 〖1830〗

hédge spàrrow *n.*〘鳥類〙ヨーロッパカヤクグリ (*Prunella modularis*) ⦅イワヒバリの一種; 英国で最も普通の鳴鳥; dunnock ともいう⦆. 〖1530〗

hédge trìmmer *n.* 生垣刈り込み機 ⦅チェーンソーのような刃のついた, 電動式の刈り込み用具⦆. 〖1870〗

hédg·ing *n.* 生垣作り[の手入れ]: ～ and ditching 生垣作りと溝掘り. 〖⦅1235–52⦆ *hegging*: ⇨ hedge (v.), -ing[1]〗

hedg·y /hédʒi/ *adj.* (**hedg·i·er; -i·est**) 生垣の多い; 生垣に似た. 〖⦅1597–98⦆: ⇨ hedge, -y[4]〗

Hed·ie /hédi | -di/ *n.* ヘディ ⦅女性名⦆. 〖(dim.) ← HEDWIG〗

He·din /hedíːn; *Swed.* hedíːn/, **Sven** (**Anders**) /svén: (ǽndeṣ)/ *n.* ヘディン ⦅1865–1952; スウェーデンの地理学者・中央アジア探検家・著述家⦆.

He·djaz /hedʒǽz, hiː-/ *n.* =Hejaz.

he·don·ic /hiːdɑ́(ː)nɪk, hɪ- | -dɔ́n-/ *adj.* **1 a** 快楽の[に関する, 特有の]. **b** 快楽を生ずる. **2** ⦅まれ⦆ 快楽説[主義]の. **3**〘心理〙快の感情を伴う. 〖⦅1656⦆ ◻ Gk *hēdonikós* ← *hēdonḗ* pleasure ← *hēdús* sweet ← IE **swād-* 'SWEET, pleasant'〗

he·dón·i·cal /-nɪkəl, -kl | -nɪ-/ *adj.* =hedonic. **～·ly** *adv.* 〖1897〗

hedónic cálculus *n.*〘倫理〙=felicific calculus.

he·don·ics /hiːdɑ́(ː)nɪks, hɪ- | -dɔ́n-/ *n.* **1**〘倫理〙快楽説 ⦅義務・正・善などの根拠を快楽に求める⦆. **2**〘心理〙快楽論 ⦅意識の快・不快とその主体との関係を扱う⦆. 〖⦅1865⦆: ⇨ hedonic, -ics〗

he·don·ism /híːdənɪzm | híːd-, héd-/ *n.* **1**〘哲学〙快楽説, 快楽説 ⦅快楽または幸福が最高善であると主張する説; cf. Epicureanism 1⦆. **2** 享楽主義. **3**〘心理〙快楽論 ⦅すべての行動の動機づけは, 苦痛を避け快楽を求めることにあるとする⦆. 〖⦅1856⦆ ← Gk *hēdonḗ* (⇨ hedonic)＋-ISM〗

hé·don·ist /-nɪst | -nɪst/ *n.* 快楽主義者. — *adj.* =hedonistic. 〖⦅1822⦆ ← Gk *hēdonḗ* (↑)＋-IST〗

he·do·nis·tic /hiːdənístɪk | hìːd-, hèd-ˉ/ *adj.* 快楽主義の, 快楽説の; 快楽主義者の. **hè·do·nís·ti·cal·ly** *adv.* 〖⦅1866⦆: ⇨ ↑, -ic[1]〗

-hedra -hedron の複数形.

-he·dral /híːdrəl | híːdrəl, hédrəl/「…個の辺[面]から成る」の意の形容詞連結形: poly*hedral*. 〖← Gk *hédra* side, face ← IE **sed-* (L *sedere* 'to SIT'): ⇨ -al[1]〗

-he·dron /híːdrən | híːdrən, hédrən/ (*pl.* **～s, -he·dra** /-drə/)「…個の辺[面]の図形[結晶], …面体」の意の名詞連結形: poly*hedron*. 〖← Gk *-edron* (neut.) ← *hédra* (↑)〗

Hed·wig /hédwɪg/ *n.* ヘッドウィッグ ⦅女性名; 愛称形 Heddie, Hedie, Hedy⦆. 〖◻ G ～ < OHG *Haduwig* ⦅原義⦆ strife, struggle〗

Hed·y /hédi | -di/ *n.* ヘディー ⦅女性名⦆. 〖(dim.) ↑〗

hee·bie-jee·bies /hìːbidʒíːbiz/ *n. pl.* [the ～] ⦅俗⦆ **1** (緊張・恐怖・心配などからくる)激しい神経過敏状態, いらいら[びくびく]の状態 (jitters). **2**〘病理〙アルコール中毒による譫妄(せんもう) (delirium tremens, jim-jams). **3**〘ダンス〙ヒービージービー ⦅ブルースに似たダンス⦆. 〖⦅1923⦆ W. Billy De Beck (1890–1942: 米国の漫画家)の造語〗

heed /híːd/ *vt.* 〈忠告・警告までに〉心を留める, 気をつける, 留意[注意]する (mind): ～ what a person says 人の言うことに注意する / ～ a person's warning 人の警告に気をつける. — *vi.* 気をつける, 注意する (attend). — *n.* 注意, 用心, 留意 (attention, notice): give [pay] ～ to advice 忠言に注意する / take ～ to [of] …を注意する, 警戒する / He takes no ～ of danger [of what he is told]. 危険[言われたこと]を気に留めない / Take ～ before it is too late! 手遅れにならないうちに用心しておきなさい. **～·er** *n.* 〖*v.*: OE *hēdan* < (WGmc) **χōdjan* (Du. *hoeden* / G *hüten*) ← IE **kādh-* to shelter. — *n.*: ⦅?a1300⦆ ← (v.)〗

heed·ful /híːdfəl, -fl/ *adj.* 注意深い, 用心深い (careful); 〔…に〕気を付ける 〔*of*〕: a ～ eye / be ～ *of* another's advice 他人の忠告に留意する. **～·ly** *adv.* **～·ness** *n.* 〖⦅1548⦆: ⇨ ↑, -ful[1]〗

héed·less *adj.* 不注意な (inattentive), うかうかした; 〔…に〕気をつけない (careless) 〔*of*〕: be ～ *of* others 他人を構わない / be ～ *of* tradition 伝統を無視する. **～·ly** *adv.* **～·ness** *n.* 〖⦅1579⦆: ⇨ heed, -less〗

hee-haw /híːhɔ̀ː, -hɑ̀ː, ˉˉ | híːhɔ̀ː, ˉˉ/ *n.* **1** ろばの鳴き声. **2** ばか笑い (guffaw). — *vi.* **1** 〈ろばが〉鳴く. **2** ばか笑いする. 〖⦅1815⦆: 擬音語〗

heel[1] /híːl/ *n.* **1 a** (人の)かかと (⇨ leg 挿絵; cf. toe): sit on one's ～*s* しゃがむ / turn on one's ～ くるりと後ろ向きになる / *Heel!* (犬に呼びかけて)ついて来い. **b** (有蹄(ゆうてい)類の)飛節 (hock). **2** (馬などの)後足(のかかと); 後ろひずめ. **3** (靴・靴下の)かかと, ヒール (cf. toe): wear [be in] high ～*s* ハイヒールをはいている. **4 a** (ものの)後尾, 後部, 末端 (tail, rear). **b** 手のひらの付け根: the ～ of the hand. **c** (バイオリンの弓などの)手に近い末端. **d** (ゴルフクラブの)ヒール ⦅クラブヘッドの曲がり目⦆. **e** (はしごの)基部: ～ of round. **f** (小銃の)床尾踵(しょう). **g** すきべら (plowshare) の尾部. **5 a** (パン・チーズなどの)端切れ, 皮: the ～ of a loaf. **b** かかと状の物, かかと状部: the ～ of Italy イタリアのかかと ⦅南東端⦆. **6** ⦅口語⦆ 卑劣漢, 信頼できない人, 下等な人間, げす (cad); 悪役. **7** 圧制, 暴虐: under the ～ of a ruthless tyranny 容赦のない虐政の下に. **8 a** 末期, 終末部: the ～ of a hunt [session] 狩猟隊の後尾[会期の終わりごろ]. **b** (物の)残り (remainder); (たばこ・パイプの)吸い残り. **9**〘ラグビー〙ラグビーでボールをかかとで操作すること ⦅スクラムの後方に蹴り出すこと⦆. **10**〘海事〙(帆柱・船材などの)下端; 竜骨の船尾寄りの端. **11** 〘園芸〙(増殖用の)切り枝や塊茎などの基部. **12** 〘建築〙(門・玄関のドアを支えている)柱 (heelpost). **13** 〘鉄道〙ヒール, (転轍軌条の)踵端(しょうたん). **14** [his ～s として]〘トランプ〙(cribbage で) 初札のジャック《積み札の最初の札がジャックであると, 配り手に 2 点つく》.
at héel すぐ後から, 後について: He followed *at* ～. 彼がすぐ後からついて来た. *at a person's héels* ＝*on a person's* HEELS. *at the héels of* ＝*on the* HEELS *of*. *báck on* one's *héels* (1) 狼狽して, 驚いて. (2) 前進[進歩]を止められて, 追い返されて. *by the héels* しっかりつかまえられて; 監禁されて: be tied *by the* ～s 監禁される / ⇨ *lay a person by the* HEELS. *cóol* one's *héels* 《口語》(長く)待たされる, 待ちくたびれる. *díg* one's *héels in* 自分の立場[意見, 決意]を固く守る[譲らない]. *dówn at* (《米》 *the*) *héel(s)* (1) 靴のかかとがすり減って, かかとのすり減った靴をはいて (cf. *out at* HEELS). (2) だらしない, みすぼらしい (slipshod, slovenly). 《1732》 *drág* one's *héels* ⇨ drag 成句. *gét the héel* 〘ラグビー〙スクラムでボールを獲得する. *hárd* [*hót*] *on the héels of* (出来事)のすぐ後に. *hàve* [*gèt*] *the héels of* …を追い越す; …に勝つ (overrun). *héels over héad* 《古》＝HEAD *over heels*. *kíck* one's *héels* ＝*cool* one's HEELS. *kíck úp a person's héels* 人を突き倒す; 殺す. *kíck úp* one's *héels* (1) 〈人が〉跳ね回る, 飛び回る. (2) はしゃぐ, 大浮かれする. (3) 〈馬が〉(たわむれて)後足を蹴上げる, 飛びはねる. (4) 《俗》死ぬ (die). *láy* [*cláp, sét*] *a person by the héels* (1) 監禁する, 投獄する. (2) 打ち負かす, 倒す (overthrow); 無力にする, 阻止する (hinder). *lift the héel agàinst a person* ＝*raise the* HEEL *against a person*. *on a person's héels* (特に捕えようとして)人のすぐ後について[追い迫って] (close behind). *on the héels of* … 〈事が〉…のすぐ後に, …を追いかけるようにして: One calamity follows hard [hot, close] *on the* ～*s of* another. 泣き面にハチ. (2) ＝*on a person's* HEELS. *óut at* (*the*) *héels* (1) 靴下のかかとが擦り切れて[破れて]; 靴のかかとが擦り減って. (2) だらしのない, みすぼらしい (shabby). 《1553》 *ráise the héel agàinst a person* 〈人〉を蹴る, 〈人〉に後足で砂をかける (kick). *rún héel* 臭跡を求めて引き返す. *sét* [*róck, knóck*] *a person* (*báck*) *on his héels* (1) 〈人を〉(不愉快なことで)驚かす, ショックを与える. (2) 〈人〉の前進[進歩]を阻む. *shów* one's *héels*＝*shów a cléan páir of héels* 一目散に逃げる, 尻に帆かけて逃げる. *stíck* one's *héels ìn* 《口語》(権利を守るために)激しく抵抗する. *táke to* one's *héels* 逃げ出す (run away). 《1542》 *to héel* 〈犬などが〉後について, 従って; 服従して, おとなしく; おもねって: *To* ～! (犬に呼びかけて)ついて来い / bring him *to* ～ 彼を後について来させる; 彼を服従させる / come [keep] *to* ～ 〈犬が〉主人の後について来る; (規則・命令などに)従う, 服従する. 《1810》 *tópple úp* one's *héels* 死ぬ (die). *tréad on* [*upon*] *the héels of* …の後に群がり集まる, …に続々と殺到する: Disasters come *treading on* each other's ～s. 災いは次々にやって来るものである. *túrn* [*spín, swíng*] *on* [*upon*] one's *héel(s)* くるりと向きを変える, きびすを返す. 《1751》 *túrn* [*túmble*] *úp a person's héels* ＝*kick up a person's* HEELS. *ùnder héel* 踏みつけられて; 征服されて, 屈服させられて: The country was brought *under* ～. その国は征服された. *ùnder the héel of a pérson*＝*ùnder a person's héel* …に踏みつぶされて, 踏みにじられて; …に虐げられて: the country *under the* ～ *of* the totalitarians 全体主義者に虐げられた国. *upon a person's héels* ＝*on a person's* HEELS. *upon the héels of* ＝*on the* HEELS *of*. (*with* one's) *héels fóremost* [*fórward*] 《口語》死体になって: leave the house ～*s foremost* 死んで家から運び出される.
héel and tóe ヒール アンド トウ《加速を敏速に行うため, ブレーキをつま先で, アクセルを同じ足のかかとで同時に操作する運転技術; toe and heel ともいう; cf. heel-and-toe》.
héel of Achílles [the ―] ＝Achilles' heel.
― *vt.* **1 a** 〈靴などに〉かかとを付ける. **b** 〈闘鶏〉に鉄のけづめをつける. **2 a** かかとで踊る. **b** かかとで踊る. **3** …のすぐ後を追う[に続く]. **4** [通例受身で]《口語》 **a** 〈人〉に金を持たせる. **b** …に武器を持たせる[供給する]. **5** 〘ゴルフ〙〈ボールを〉クラブのヒールで打つ (cf. *n.* 4 d). **6** 〘ラグビー〙〈ボールを〉かかとで蹴る; ＝HEEL *out*. ― *vi.* **1** かかとで床を蹴る[踊る]. **2 a** すぐ後に追い迫る. **b** 〈犬が〉(横道にそれずに)すぐ後からついて来る[行く]. **3** 駆ける, 走る. **4** 学校新聞[雑誌]の記者として働く. **5** 〘ラグビー〙ボールをかかとで操作する[蹴り出す]; ＝HEEL *out*.
héel ín 〘園芸〙(本植えの前に)〈植物の根元〉に土盛りして仮植えする. *héel óut* 〘ラグビー〙(スクラムの時)かかとで(ボールを)後方に蹴り出す.
〖OE *hēla*, *hǣla* < Gmc **χanχilaz* (Du. *hiel*) ← IE **kenk-* leg joint: cf. hock¹〗

heel² /híːl/ 〘海事〙 *vi.* 〈船などが〉(高波で横に)傾く (cant, tilt) 〈*over*〉: ～ to port 左舷(さげん)に傾く. ― *vt.* 〈船などを〉(横に)傾斜させる. ― *n.* (船などの横の)傾き, 横傾斜 (cant); 傾斜度: give a ～ to port 左舷に傾ける / take a ～ (横に)傾く. 〖(1530) (変形) ← 《廃》 *heeld* < OE *h(i)eldan* to incline, bend down < (WGmc) **χelþian* (Du. *hellen*) ← IE **kel-* to lean, bend〗

héel-and-tóe *adj.* **1** 片足のつま先が地から離れないうちに他方の足のかかとが地につく歩き方の: a ～ walking 競歩. **2** 〘海事〙半舷直交代する《均等の休息時間による交代をいう》. ― *n.* **1** 競歩式の歩行《toe-and-heel ともいう》. **2** 〘ダンス〙ヒール アンド トウ《つま先とかかとを交互に使うダンス》. ― *vi.* (特にモーターレースで)ブレーキとアクセルを作動させるために同じ足のかかととつま先を使う (cf. HEEL and toe). 〖1820〗

héel·bàll *n.* **1** かかとの下部. **2** 蠟(ろう)と油煙を混合した一種の墨《靴の革のつや出しや碑文・名称・貨幣面等の刷り写し[拓本]を取るのに用いる; cf. rubbing 2》. 〖1769〗

héel bàr *n.* (デパートの)靴修理コーナー: get one's shoe repaired at a ～ 靴を修理コーナーで直してもらう.

héel bòne *n.* 〘解剖〙かかとの骨, 踵骨(しょうこつ) (calcaneus) 《旧名は跟(こん)骨》. 〖1506〗

heeled *adj.* **1** [しばしば複合語の第 2 構成素として] **a** かかとのある: high-*heeled* かかとの高い, ハイヒールの. **b** (闘鶏のかかとに)鉄のけづめをつけてある. **2** 《口語》ピストルを携帯した; 金を(十分[たくさん])持っている, 身固めをして: ⇨ well-heeled. 〖(1562): ⇨ heel¹, -ed 2〗

héel·er /-lə | -ləʳ/ *n.* **1** (靴などの)かかとをつける人. **2** 獲物を追跡する犬; 《豪》牧羊犬. **3** 《米口語》(政治家の)手先, 子分 (cf. ward heeler). 〖(*a*1638): ⇨ heel¹, -er¹〗

héel flỳ *n.* 〘昆虫〙ウシバエ《ウシバエ属 (*Hypoderma*) の数種の昆虫の総称; 幼虫が牛類に寄生する; warble fly ともいう》; (特に) ＝common cattle grub.

héel·ing /-lɪŋ/ *n.* 〘海事〙(船の横の)傾斜 (list).

héeling èrror *n.* 〘海事〙(船体の傾斜による羅針儀の)傾船差.

héeling tànk *n.* 〘海事〙(砕氷船の両舷に備えてある)バラストタンク《これによって左右の氷を割って進むことができる》.

héel·less *adj.* かかと[ヒール]のない. 〖(1841) ← HEEL¹＋-LESS〗

héel·pìece *n.* **1** (靴・靴下などの)かかと革[当て]. **2** 末端についているもの; 尾片, 尾部, 最後の一片. 〖1709〗

héel plàte *n.* (摩損を防ぐため)靴のかかとにつける薄い金属片, 鋲. 〖1847〗

héel·pòst *n.* 〘建築〙 **1** (ドアを取り付ける)つりもとかまち; 門柱. **2** (馬屋の)繫柱(けいちゅう). 〖1846〗

héel·tàp *n.* **1** (靴の)かかと革 (lift). **2 a** (杯の底の)飲み残り: No ～s! 一滴残さず飲み干して下さい (cf. No DAYLIGHT!). **b** かす, 残滓(ざんし). 〖1688〗

Hee·nan /híːnən/**, John Carmel** *n.* ヒーナン《1905–75; 英国のカトリック聖職者; Westminster 大司教 (1963–75, 枢機卿 (1965))》.

Heer·len /héələn | híə-; *Du.* héːrlən/ *n.* ヘールレン《オランダ南東部の都市; Limburg 州にあり, 炭田地帯の中心地》.

HEFA /héfə/ 《略》Higher Education Facilities Act (米国の高等教育施設法 (1963 年成立)).

He·fei /hʌ̀féɪ; *Chin.* xɤ̌féɪ/ *n.* 合肥(ホーフェイ)《中国安徽省 (Anhui) の省都》.

Héf·ner cándle /héfnə- | -nə-; *G.* héːfnɐ/ *n.* 〘光学〙ヘーフナー燭《ドイツの旧法定光度単位》. 〖(1898) ← *F.von HefnerAlteneck* (1845–1904: ドイツの電気工学者)〗

heft¹ /héft/ *vt.* 《口語》 **1** 持ち上げて重さをみる. **2** 持ち上げる (heave, lift). ― *vi.* [補語を伴って](…の)重さがある. ― *n.* **1** 《英方言・米》重さ, 重量, 重み (weight). **2** [the ～]《古》大部分 (bulk) 〔*of*〕. **3** 《廃》無理な努力. 〖n.: (1558) ← HEAVE (v.): *theft* (← *thieve*) などの類推か. ― v.: (*a*1661) ← n.〗

heft² /héft/ *n.* 《英方言》＝haft².

heft·y /héfti/ *adj.* (**heft·i·er, -i·est; more ～, most ～**) 《口語》 **1** 重い. **2 a** 強い: a ～ blow 強打. **b** 大きな (big), (体の)がっしりした, 屈強な (stalwart): ～ football players. **c** 圧倒的な, 威圧するような, 堂々たる (imposing). **3** かなりの, ばかにならない (considerable): ～ increases in vegetables 野菜のかなりの値上がり. **4** 豊かな, たくさんの (plentiful). **héf·ti·ly** *adv.* **héf·ti·ness** *n.* 〖(1867) ← HEFT¹＋-Y¹〗

he·gar·i /hɪgέəri, hégəri | hɪgéəri, hégəri/ *n.* 〘植物〙アフリカのスーダン地方原産のカヒアモロコシ (kafir) に似た植物の総称. 〖(1919) □ Arab. (Sudan) *hegiri* ← Arab. *ḥajarī* stony〗

He·gel /héɪgəl, -gl; *G.* héːgl/**, Georg Wilhelm Friedrich** *n.* ヘーゲル《1770–1831; ドイツの哲学者; 弁証法を唱えた; *Die Phänomenologie des Geistes*「精神現象学」(1807), *Die Wissenschaft der Logik*「大論理学」(1812–16)》.

He·ge·li·an /hɪgéɪliən, heɪ-, heɪgíː-, hɛgíː-/ *adj.* ヘーゲルの, ヘーゲル哲学の (cf. Neo-Hegelian): the ～ dialectic ヘーゲル弁証法《一般に, 一つの思想は thesis (正), antithesis (反), synthesis (合)と発展すると説く》. ― *n.* ヘーゲル派の哲学者, ヘーゲル学徒. 〖(1838): ⇨ ↑, -ian〗

He·gé·li·an·ism /-nìzm/ *n.* ヘーゲル哲学[主義]. 〖(1846): ⇨ ↑, -ism〗

heg·e·mon /hédʒəmɑ̀(ː)n, híːdʒ- | -dʒɪmɒn/ *n.* 覇権を握っている人, 覇者; 覇権国. 〖(1904) □ Gk *hēgemṓn* leader ← *hēgeîsthai* to lead〗

He·gem·o·ne /hɪdʒémɒni | hiː-, hɪ-/ *n.* 〘ギリシャ・ローマ神話〙ヘゲモネー《Artemis, Aphrodite などの別称; アテネでは美の女神らの一人がこの名で呼ばれたという》.

heg·e·mon·ic /hèdʒəmɑ́(ː)nɪk, hìːg-, hìːg- | hègɪ-mɔ́n-, hìːg-, hèdʒ-ˊ/ *adj.* 支配する, 覇権を握る, 牛耳を執る, 指導する, 優越する. 〖(1656) □ Gk *hēgemonikós* related to a leader: ⇨ hegemony, -ic¹〗

hèg·e·món·i·cal /-nɪkəl, -kl | -nɪ-ˊ/ *adj.* ＝hegemonic. 〖*a*1619〗

he·gem·o·ny /hɪdʒéməni, -gém-, hédʒəmòuni | hɪgéməni, hiː-, -dʒém-, hégɪ-, hédʒɪ-/ *n.* **1** ヘゲモニー, 指導権; (特に, 連盟諸国の)政治的支配権, 盟主権, 覇権 (leadership): hold ～ over …に対して支配権を握る / the Prussian ～in Germany ドイツにおけるプロイセンの指導権. **2** 覇権国. 〖(1567) □ Gk *hēgemonía* ← *hēgemṓn* leader, guide ← IE **sāg-* to seek out: ⇨ -y¹〗

He·gi·ra, h- /hédʒɪrə, hɪdʒáɪrə, hɛ- | hédʒɪrə, hɪ-dʒáɪ(ə)rə, hɛ-/ *n.* **1** ヒジュラ, 聖遷《Muhammad が Mecca から Medina へ逃亡したこと; 紀元 622 年 7 月 15 日ないし 16 日; cf. Muhammadan era》. **2** [the ～] イスラム紀元, ヒジュラ紀元《キリスト紀元 622 年 7 月 16 日》. **3** [h-] 逃走, 逃避行; (特に)集団的移住 (emigration). 〖(1590) □ ML ～ □ Arab. *hijraʰ* departure ← *hájara* to leave〗

hé·gòat *n.* 雄やぎ (cf. she-goat). 〖1535〗

Heg·or /hégɔə | -gɔːʳ/ *n.* 〘商標〙ヘゴー《米国 Richardson Vicks 社製の整髪料》.

he·gu·men /hɪgjúːmɪn/ *n.* 〘東方正教会〙修道院長. 〖(1662) □ ML *hēgumenus* □ Gk *hēgoúmenos* a leading, guiding (pres.p.) ← *hēgeîsthai* to go before, lead〗

he·gu·me·nos /hɪgjúːmənɑ̀(ː)s | -nɒs/ *n.* 〘東方正教会〙＝hegumen. 〖↑〗

heh¹ /éɪ/ *int.* ヘー《疑い・驚きなどを表す》. 〖(?c1451) 擬音語?〗

heh² /héɪ/ *n.* ＝he⁴.

héh déity /héɪ-/ *n.* 〘グノーシス派〙ヘー神《Shu 神の産んだ男女四組(八柱)の神 (the Ogdoad) の一柱》. 〖← Egypt.〗

HEIB /híːb/ 《略》Home Economist in Business 職場における家政学士 (cf. home economist).

heid /híːd/ *n.* 《スコット》＝head. 〖15C〗

Hei·deg·ger /háɪdɛgə, -dɪgə | -dɛgəʳ, -dɪ-; *G.* háɪdɛgɐ/**, Martin** *n.* ハイデッガー《1889–1976; ドイツの実存(主義)哲学者; *Sein und Zeit*「存在と時間」(1927)》.

Hei·del·berg /háɪdlbə̀ːg | -dlbɜ̀ːg; *G.* háɪdlbɛʁk/ *n.* ハイデルベルク《ドイツ南西部 Baden-Württemberg 州の都市, 有名な城跡と大学 (1386 年創立)の所在地》. 〖1911〗

Héidelberg jáw *n.* [the ～]〘人類学〙ハイデルベルク人下顎(かがく)骨《1907 年ドイツ Heidelberg の近くで発見された古代人のものと推定される下顎骨》. 〖1912〗

Héidelberg màn *n.* 〘人類学〙ハイデルベルク人 (*Homo heidelbergensis*) 《Heidelberg jaw から想像される原始人》. 〖*c*1920〗

Hei·den·stam /héɪdnstæ̀m, -stɑ̀ːm; *Swed.* hěj-denstàm/**, Ver·ner von** /vέːnər fɔ́n/ *n.* ヘイデンスタム《1859–1940; スウェーデンの詩人・小説家; Nobel 文学賞 (1916)》.

Hei·di /háɪdi | -di; *G.* háɪdi/ *n.* ハイジ《スイスの作家 Johanna Spyri の同名の児童小説 (1880–81) の主人公; アルプスの少女; 本名は Adelheid》.

Hei·duc /háɪdʊk/ *n.* (*also* **Hei·duk** /～/) ＝Haiduk.

heif·er /héfə | -fəʳ/ *n.* **1** (3 歳未満でまだ子を産まない)若い雌牛《肉牛》. **2** 《俗・軽蔑》婦人, (特に)若い女. *plów with a person's héifer* ⇨ plow *v.* 成句. 〖OE *hēahfore* ← ? *hēah* 'HIGH, full-grown'＋*fearr* ox (< Gmc **farzōn* young cow ← IE **per-* the young of an animal, 《原義》a bringing forth ← **per-* forward: ⇨ fore¹)〗

Hei·fetz /háɪfɪts/**, Ja·scha** /jɑ́ːʃə/ *n.* ハイフェッツ《1901–87; ロシア生まれの米国のバイオリン奏者》.

heigh /héɪ, háɪ | héɪ/ *int.* おーい, ほい, わーい《注意・質問・鼓舞・歓喜などを表す》. 〖(?c1390): 擬音語〗

héigh-hó *int.* あーあ, やれやれ《驚き・歓喜・疲労・退屈・落胆などを表す》: *Heigh-ho*. Let's get back to work. やれやれ. 仕事に戻ろう. ― *n.* 〘鳥類〙＝flicker². 〖(*a*1553): ⇨ ↑, ho〗

height /háɪt/ *n.* **1** 高いこと, 高さ; たけ, 身長; 高度, 標高, 海抜 (elevation, altitude): the ～ of a desk, tower, mountain, person, etc. / the ～ of a cloud [an airplane] 雲[飛行機]の高度 / gain [lose] ～ 〈航空機が〉高度を上げる[下げる] / the ～ of a town 町の海抜 / ～ above sea level 海抜 / at a ～ of 7,000 meters 7,000 メートルの高さで / The sun's ～ is 20°. 太陽の高度は 20 度である / What is your ～?＝What ～ are you?＝How tall are you? 身長はどのくらいありますか / I am six feet in ～. 身長は 6 フィートです / a man of average ～ 中背の男 / He drew himself up [He rose] to his full ～. 彼はすっくと[背筋を伸ばして]立ち上がった / The mountain rises to a great ～. その山は非常に高くそびえ立っている. **2 a** 高い位置[場所]: look down from a great ～. **b** [しばしば *pl.*] 高地, 高台, 丘 (hill): the castle on the ～s 丘にある城 / ⇨ Wuthering Heights. **3 a** 頂上 (top). **b** [the [its] ～] 極致, 極点, 絶頂; 真っ最中 (peak, acme): *the* ～ of genius [eloquence] 天才[雄弁]の極致 / *the* ～ of folly [absurdity] 愚の骨頂 / *the* ～ of one's career 生涯の最盛期 / *the* ～ of a fever 熱の頂上 / The gale was at *its* ～. 強風は絶頂であった / at *the* ～ of an argument 議論の真っ最中に / at *the* ～ of the storm [war] あらし[戦争]の真っ最中に / in *the* ～ of summer 真夏に / in *the* ～ of (his) youth 若い盛りに / dress in *the* ～ of fashion 最新流行の服を着る / reach *the* ～*s* of one's ambition 大望の絶頂に達する. **4 a** 《廃》社会的に高い地位, 高位; 卓越 (excellence). **b** 《古》(精神の)高貴(さ). **5** 〘聖書〙天 (heavens): Praise him in the ～*s*. もろもろの高き所にてエホバをほめたたえよ (*Ps.* 148: 1).
height of lánd 《米》分水界 (water shed, 《米》divide). 〖1725〗
héight to páper 〘印刷〙活字の高さ《英国では 0.9175 インチ, 米国では 0.9186 インチ; type height ともいう》. 〖1683–84〗
〖OE *hēhþu*, *hīehþu* < Gmc **χauχiþō* (OHG *hōhida* / Goth. *hauhiþa*): ⇨ high, -th²〗

SYN 高さ: **height** 底部から頂部に至る距離: What is

the *height* of this building? この建物の高さはどれくらいですか. **altitude** 海面からの(特に大きな)距離: We are flying at an *altitude* of 12,000 feet. 高度 12,000 フィートで飛行中です. **elevation** 地上での海面からの高さ: The town is situated at an *elevation* of 3,000 feet. 町は海抜 3,000 フィートの高さにある. **stature** 人間が直立したときの高さ: a man of mean *stature* 中背の人.

height·en /háɪtn̩/ *vt.* **1 a** 〈速度・困難・複雑さ・人気などの(程度・量)を〉増す, 増大する (enhance): ～ its difficulty, his popularity, etc. **b** 〈効果・色などを〉強める, 深める, 激しくする (⇨ intensify SYN): ～ a color [an effect] 色[効果]を増す / ～ one's anger 怒りをつのらせる. **c** 〈話・報告など(の内容)を〉誇張する (exaggerate): The story is somewhat ～*ed* in details. 話は細かい所はいくらか誇張してある. **d** (線画などで)際立たせる, 引き立てる: ～ a picture with black 黒で絵を引き立てる. **2** 高くする, 高める. **3** 《廃》意気をあげさせる, 得意にさせる (exalt). — *vi.* **1** 高まる, 増す, 大きくなる, 強くなる: Her anxiety ～*ed*. **2** 《古》高くなる (exalt). **～·er** *n.* 〘《1523》← HEIGHT＋-EN¹: LENGTHEN, STRENGTHEN, etc. からの類推〙

H **height·ism** /háɪtɪzm/ *n.* 身長による差別《特に背の高い女性と背の低い男性に対する差別》. **héight·ist** /-tɪ̣st | -tɪst/ *n.*

heil /háɪl; *G.* háɪl/ *G. int.* [挨拶・喝采などに用いて] 万歳, ハイル (cf. hail³): *Heil* Hitler! ヒットラー万歳, ハイルヒットラー《1933–45 年に Adolf Hitler の信奉者の間で用いられた》. — *vt.* …にハイルと挨拶する. — *vi.* ハイルと挨拶する. 〘《1927》□ G *Heil* 'HAIL³': cf. whole〙

Heil·bronn /háɪlbrɑ(ː)n, ─ ─ | háɪlbrɒn; *G.* haɪlbʁɔ́n/ *n.* ハイルブロン《ドイツ南西部, Baden-Württemberg 州の都市》.

hei·li·gen·schein /háɪlɪgənʃàɪn; *G.* háɪlɪgn̩ʃaɪn/ *n.* 稲田の御光《太陽光線の反射と屈折によってぬれた芝生の上などに映った人の頭の影の周囲に光輪が見える現象》. 〘□ G ～《原義》saint's shining light〙

Hei·li·gen·stadt /háɪlɪgənʃtàːt; *G.* háɪlɪgn̩ʃtat/ *n.* ハイリゲンシュタット《オーストリア Vienna 市郊外の村(現在は同市内の住宅地区)で, Beethoven が 1802 年に遺書 (Heiligenstadt Testament) を書いた所》.

Hei·long·jiang /héɪlʊ̀ŋdʒiáːŋ | -dʒǽŋ, -dʒiǽŋ; *Chin.* xēɪlʊ́ŋtɕiāŋ/ *n.* **1** [the ～] 黒竜江《別名 Amur》. **2** 黒竜江(ᵏᵃⁱ)省《中国東北部の省; 面積 460,000 km², 省都ハルビン (Harbin)》.

Hei·lung·kiang /héɪlʊ̀ŋkjáːŋ/ *n.* ＝Heilongjiang.

Heim·dall /héɪmdɑːl/ *n.* (*also* **Heim·dallr** /-dɑːlə | -lə⁽ʳ⁾/) 《北欧神話》ヘイムダル《光の神; 神々の住居 Asgard の番人で, 世の破滅の折に Loki と刺し違えて死ぬ》. 〘□ ON *Heimdallr*〙

hei·mie /háɪmi/ *n.* ＝hymie.

heim·ish /héɪmɪʃ/ *adj.* (*also* **heim·isch** /～/) 気楽な, 気取らない (homey). 〘《1964》□ Yid. *heimisch* domestic, homelike〙

Héim·lich manèuver [procèdure] /háɪmlɪk-, -lɪx-; *G.* háɪmlɪç/ *n.* 《医学》ハイムリック操作《気管に詰まった異物を取り除く応急処置; 患者を後ろから抱きかかえて胸骨の下の腹部を握りこぶしで強く押し上げて異物を吐き出させる; abdominal thrust ともいう》. 〘《1974》〙

hein /ǽ(ŋ), ǽŋ; *F.* ɛ̃/ *int.* ＝eh.

Hei·ne /háɪnə; *G.* háɪnə/, **Heinrich** *n.* ハイネ《1797–1856; ドイツのユダヤ系の詩人・諷刺作家; *Das Buch der Lieder*「歌の本」(1827), *Atta Troll*「アッタトロル」(1847)》.

Héine-Bo·rél thèorem /háɪnəbɔːréɪ-; *G.* háɪnə-, *F.* -bɔʀɛl-/ *n.* 《数学》ハイネ ボレルの被覆定理《ユークリッド空間の有界閉集合はコンパクトであるという定理》. 〘← *Eduard Heine* (1821–81: ドイツの数学者)＋*Émile Borel* (1871–1956: フランスの数学者)〙

Hei·ne·ken /háɪnɪ̣kən | -nɪ-/ *n.* 《商標》ハイネケン《オランダ最大のビール会社; 同社製のラガービール》.

hei·nie¹, H- /háɪni/ *n.* [通例, 軽蔑的に用いて] ドイツ人 (German); (特に, 第一次大戦中の)ドイツ軍人[兵]. 〘《1904》□ G *Heine* (dim.) ← HEINRICH〙

hei·nie² /háɪni/ *n.* 《俗》尻. 〘《変形》← HINDER¹〙

Hein·kel /háɪŋkəl, -kl̩; *G.* háɪŋkl̩/, **Ernst** *n.* ハインケル《1888–1958; ドイツの航空機製作者; ターボジェット機 (turbojet) を最初に飛行させた (1939)》.

hei·nous /héɪnəs/ *adj.* 〈犯罪・行為・犯罪者など〉憎むべき, 極悪な, 凶悪な: a ～ crime, accusation, etc. **～·ly** *adv.* **～·ness** *n.* 〘《c1385》 *heynous* □ OF *haineus* (F *haineux*) full of hate ← *haine* hatred ← *hair* to hate □ Gmc *xat(ō)jan to hate ← IE *kād- sorrow, hatred (Gk *kêdos* care, grief): ⇨ -ous〙

Hein·rich /háɪnrɪk; *G.* háɪnʁɪç/ *n.* ハインリク《男性名》. 〘⇨ Henry〙

heinz /háɪnz/ *n.* 競馬などの賭けの組合わせの一つ《二重勝・三重勝・繰り越し賭け馬投票など 57 通りの組合わせの勝負のうち 6 つを選ぶもの》.

Heinz /háɪnts, háɪnz/ ★ 登録商標名は /háɪnts/ *n.* 《商標》ハインツ《米国 H. J. Heinz 社製の缶詰・瓶詰; トマトケチャップ・香辛料・ソースなど種類が多い》.

Héinz 57 varìety /-fɪftisévən-/ *n.* 《米俗》雑種犬. 〘H. J. Heinz 社の宣伝文句から〙

heir /ɛ́ə | ɛ́ə⁽ʳ⁾/ *n.* **1** (財産・称号・地位などの)相続人, 継承者, 跡取り: a male ～ 男系相続人 / an ～ *to* property [a fortune] 財産相続人 / an ～ *to* the throne 王位継承者 / a natural ～ 血族相続人 / a legal ～ ＝HEIR at law / make a person one's ～ 人を自分の跡取りにする / be ～ *to* lands and money 土地と金を継承する / fall [become] ～ *to* …の相続人となる, …を相続する. **2** (両親の特性・祖先の精神・理想・伝統などの)後継者, 継承者: Englishmen are the ～*s* of liberty. 英国人は自由の継承者である / an ～ *to* one's father's strength and mother's grace 父の体力と母の優雅を継ぐ者 / ～*s* of salvation [grace] 神の救い[恵み]を受け継ぐ者. **3** 《法律》相続人, (特に不動産の)法定相続人 (cf. ancestor 1 b). **4** 《古》子孫 (offspring).

an héir of the [*a person's*] ***bódy*** 人の後継者; 直系相続人. 《1439》

héir at láw 《英法》法定相続人; 《スコット法》法定(不動産[動産])相続人. 〘《1729》《なぞり》← L *hērēs ad legem*〙

héir in táil 《法律》限嗣(封土権)相続人. 《1872》

— *vt.* 《古・方言》相続する, …の後継ぎをする (inherit): ～ a crown 王統を継ぐ, 王位の継承者となる.

〘《?c1225》 (*h*)*eir* □ AF *heir, aire*＝(O)F *hoir* < LL *hērem* ← L *hērēdem, hērēs* heir, 《原義》? he who obtains what is left: cf. heredity〙

héir appárent *n.* (*pl.* **heirs a-**) **1** (地位・役割などを)継ぐことが確定的な人. **2** 《法律》法定(推定)相続人《被相続人が死亡すれば当然法定相続人となる人; cf. heir presumptive》. **3** 《俗用》＝heir presumptive. 〘《a1393》: ⇨ apparent〙

héir·dom /-dəm | -dəm/ *n.* 《古》**1** ＝heirship. **2** ＝heritage. 〘《1597–98》〙

heir·ess /ɛ́ᵊrɪ̣s | ɛ́ərɛs, -rɪ̣s, ɛəréś/ *n.* (相当な遺産を相続する)女子相続人, 女の後継者: a rich ～. 〘《1659》: ⇨ -ess¹〙

héir·less *adj.* 相続人[跡取り]のない. 〘《?c1400》: ⇨ -less〙

heir·loom /ɛ́əlùːm | ɛ́ə-/ *n.* **1** 先祖伝来の家財, 家宝; 一家の伝統. **2** 《法律》法定相続動産《動産でありながら不動産に付帯して相続人に承継されるもの; 墓石・権利証など》. 〘《1421》《廃》implement, vessel, piece of furniture: ⇨ loom¹〙

héir presúmptive *n.* (*pl.* **heirs p-**) 《法律》推定相続人《その人より先順位のものが被相続人の死亡前に出現すれば相続権はない; cf. heir apparent》. 〘《1875》: cf. *presumptive heir* 《1628》〙

héir·ship *n.* **1 a** 相続人であること. **b** 相続権, 相続 (inheritance). **2** 《古》＝heritage. 〘《1478》: ⇨ -ship〙

Hei·sen·berg /háɪzənbə̀ːg, -zn̩- | -bɜ̀ːg; *G.* háɪzn̩bɛʁk/, **Werner (Karl)** *n.* ハイゼンベルク《1901–76; ドイツの物理学者; Nobel 物理学賞 (1932); cf. quantum theory, uncertainty principle》.

Héisenberg prìnciple *n.* 《物理》ハイゼンベルクの法則 (⇨ uncertainty principle). 〘《1932》↑〙

hei·shi /héɪʃi/ *n. pl.* 貝[石]ビーズ《貝殻や半貴石で作ったネックレス用の小さなビーズ》.

Héis·man Tròphy /háɪsmən-/ *n.* [the ～] ハイスマントロフィー《米国の大学フットボール年間最優秀選手賞; 公式名 Heisman Memorial Trophy》.

heist /háɪst/ 《米・カナダ俗》*vt.* **1** …から強奪する; …に押入り強盗する (rob). **2** 盗む (steal). **3** 《方言》hoist¹. — *n.* **1** (押込み)強盗 (robbery), 夜盗(行為) (burglary), 追いはぎ(行為), 銀行破り. **2** 盗み, 窃盗. **3** 盗品; 強奪品. **～·er** *n.* 〘《1927》《転訛》← ? HOIST¹〙

hei·ti·ki /héɪtíːki/ *n.* (NZ) (マオリ族 (Maoris) がペンダントとしてつけている)緑色岩 (greenstone) の人の形をしたお守り. 〘《1835》□ Maori ～ ← *hei* to hang＋TIKI〙

He·jaz /hɛdʒǽz, hiː-/ *n.* ヒジャーズ, ヘジャーズ《アラビア半島西部の紅海に面する地方; Mecca, Medina がある; Al Hijaz ともいう》.

He·ji·ra /hɛ́dʒɪ̣rə, hɪdʒáɪrə, hɛ- | hɛ́dʒɪ̣rə, hɪdʒáɪ(ə)rə, hɛ-/ *n.* ＝Hegira.

Hek·a·te /hɛ́kəti | -ti/ *n.* 《ギリシャ神話》＝Hecate.

hek·tare /hɛ́ktɛə, -tɑə | -tɛə⁽ʳ⁾, -tɑː⁽ʳ⁾, -tə⁽ʳ⁾/ *n.* ＝hectare.

hek·to- /hɛ́ktou | -təu/ hecto- の異形.

hek·to·gram /hɛ́ktəgræ̀m, -tou- | -tə(ʊ)-/ *n.* ＝hectogram.

hek·to·graph /hɛ́ktəgræ̀f, -tou- | -tə(ʊ)grɑ̀ːf, -græ̀f/ *n.*, *v.* ＝hectograph.

hek·to·li·ter /hɛ́ktəlìːtə, -tou- | -tə(ʊ)lìːtə⁽ʳ⁾/ *n.* ＝hectoliter.

hek·to·me·ter /hɛ́ktəmìːtə, -tou-, hɛktɑ́(ː)mətə | hɛ́ktə(ʊ)mìːtə⁽ʳ⁾/ *n.* ＝hectometer.

Hel /hɛ́l/ *n.* 《北欧神話》**1** ヘル《黄泉(ᵏ)の国 (Niflheim) の女支配者で Loki と Angerboda の娘; 死者は彼女のもとに集まる》. **2** (戦死者以外の者が送られる)黄泉の国, 冥府(ᵐᵉⁱ). 〘□ ON ～: cf. hell〙

hel. 《略》helicopter.

Hel·a /hɛ́lɑː/ *n.* 《北欧神話》＝Hel.

Hé·La cèll /híːlə-/ *n.* 《医学》ヒーラー細胞《子宮頸管癌腫から樹立された継代培養可能な癌細胞株》. 〘《1953》← *Henrietta Lacks* (その細胞が摘出された患者の名)〙

hé·las /eɪláːs; *F.* elɑːs/ *int.* ＝alas. 〘《1484》□ F *hélas* ← *ha las, a las* ALAS〙

held /hɛ́ld/ *v.* hold の過去形・過去分詞. 〘OE *hēold* (pret.) (*ge*)*h*(*e*)*alden* (p.p.)〙

hel·den·te·nor /hɛ́ldəntèɪnɔə, -tɛ̀nə | -teɪnɔ̀ː⁽ʳ⁾, -tɛ̀nə⁽ʳ⁾; *G.* hɛ́ldn̩tenoːɐ/ *G. n.* (*pl.* **～s, -te·no·re** /-nɔ̀ːrə | -nɔ̀ːrə; *G.* -nòːʁə/) [しばしば H-] ヘルデンテノール《Wagner 作のような歌劇で英雄の役割を歌う華麗さと量感をもったテノール歌手》. 〘《1926》□ G *Heldentenor* heroic tenor〙

hele /híːl/ *vi.* 《方言》[次の成句で] ***héle ín*** ＝HEEL¹ in.

Hel·en *n.* /hɛ́lɪ̣n/ **1** ヘレン《女性名; 異形 Helena, Helene, Ellen, Eleanore, Elaine, Leonora, Nora; 愛称形 Nell, Nellie, Lena, Lina; *Fr.* Hélène, *It.*, *Sp.* Elena》. **2** 《ギリシャ神話》ヘレネー《Zeus と Leda を父母とする絶世の美人で, スパルタ王 Menelaus の妻; Troy の Paris に連れ去られたことからトロイ戦争 (Trojan War) が起こった; 通例 Helen of Troy》. 〘□ OF *Helene* (F *Hélène*) □ L *Helena* □ Gk *Helénē* 《原義》? torch of reeds〙

Hel·e·na¹ /hɛ́lənə | -lɪ̣-/ *n.* ヘレナ《米国 Montana 州の西部にある同州の州都》. 〘↓〙

Hel·e·na² /hɛ́lənə, hɛlíː-, hɪ̣-; *Pol.* xɛlɛ́na/ *n.* ヘレナ《女性名》. 〘□ L ～: ⇨ Helen〙

Hel·e·na /hɛ́lənə, hɛlíː-, hɪ̣-/, Saint *n.* ヘレナ《250?–?330; Constantine 大帝の母; 晩年聖地を巡礼して聖十字架を発見したと伝えられる; cf. EXALTATION of the Cross, Invention of the Cross (⇨ invention 10)》.

He·lene /həlíːn | hɛlíːn, hɪ̣-, -líːn; *G.* heléːnə/ *n.* ヘリーン《女性名》. 〘□ F *Hélène*: ⇨ Helen〙

he·le·ni·um /həlíːniəm/ *n.* 《植物》＝sneezeweed.

Hel·ga /hɛ́lgə/ *n.* ヘルガ《女性名; 米国に多い》. 〘□ ON ～《原義》holy: cf. Olga〙

Hel·go·land /*G.* hɛ́lgolant/ *n.* ＝Heligoland.

hel·gra·mite /hɛ́lgrəmàɪt/ *n.* (*also* **hel·gram·mite** /～/) 《昆虫》＝hellgrammite.

heli. 《略》helicopter.

he·li-¹ /híːli/ (母音の前にくるときの) helio- の異形.

hel·i-² /hɛ́lɪ̣, híːl-, -li | hɛ́l-/「ヘリコプター (helicopter)」の意の連結形: heliport. 〘← HELICOPTER〙

he·li·a·cal /hɪ̣láɪəkəl, hiː-, hɛ-, -kl̩ | hɪ-, hiː-, hɛ-/ *adj.* 《天文》〈星が〉太陽に近い, 太陽と同じ方角にあって太陽と(ほとんど)同時に出没する: the ～ rising [setting] of a star 星が日の出直前に現れる[日没直後に没する]こと. **～·ly** *adv.* 〘《1545》← LL *hēliacus* (□ Gk *hēliakós* ← *hḗlios* sun): ⇨ -al¹〙

helíacal cýcle *n.* [the ～] 《天文》ある星が日の出直前に上り[日没直後に沈み], 翌年再び同じ状態になるまでの期間.

helíacal yéar *n.* ＝Sothic year. 〘《1662》〙

He·li·a·des /hɪ̣láɪədìːz, hɛ- | hɛ-, hɪ-/ *n. pl.* 《ギリシャ神話》ヘーリアデス《太陽神 Helios の娘たち, Phaëthon の姉妹で彼が死んだ時その死を嘆いてポプラの木になったという》. 〘□ L *Hēliades* □ Gk *Hēliádes*〙

he·li·an·the·mum /hìːliǽnθəməm/ *n.* 《植物》ハンニチバナ属 (*Helianthemum*) の各種多年草[半低木], ヘリアンテムム《ハンニチバナ科; 紙のように薄い黄オレンジ色の花を付ける; cf. rockrose》. 〘《1822》← NL ← Gk *elios* sum＋*anthemon* flower〙

he·li·an·thine /hìːliǽnθɪ̣n, -θiːn/ (*also* **-thin** /-θɪ̣n | -θɪn/) *n.* 《化学》ヘリアンチン (⇨ methyl orange). 〘⇨ ↓, -ine³〙

he·li·an·thus /hìːliǽnθəs | hìːl-, hɛ̀l-/ *n.* 《植物》キク科ヒマワリ属 (*Helianthus*) の植物の総称 (cf. sunflower). 〘《1776》← NL ～: ⇨ helio-, -anthus〙

héli·bòrne *adj.* ヘリコプターで輸送した, ヘリ輸送の[による]. 〘← HELI-²＋BORNE〙

héli·bùs *n.* **1** ヘリバス《乗客輸送用のヘリコプター》. **2** ＝helicopter. 〘← HELI-²＋BUS〙

hel·ic- /hɛ́lɪk, híːl-/ (母音の前にくるときの) helico- の異形: *helical*.

hel·i·cal /hɛ́lɪ̣kəl, híːl-, -kl̩ | -lɪ-/ *adj.* らせん形の (spiral). **～·ly** *adv.* 〘《1591》← HELICO-＋-AL¹〙

hélical géar *n.* 《機械》はすば歯車《回転軸に対して斜めに歯の付いている歯車》. 〘《1888》〙

hélical ráck *n.* 《機械》はすばラック.

helices *n.* helix の複数形.

hel·i·chry·sum /hɛ̀lɪkráɪsəm/ *n.* 《植物》ムギワラギク属 (*Helichrysum*) の各種草本 (cf. strawflower). 〘《1551》← L *helichrȳsum* ← Gk *élikhrūsos* ← *éliks* spiral＋*khrūsós* gold〙

He·lic·i·dae /hɪ̣lísədìː | hɛ-/ *n. pl.* 《動物》マイマイ科. 〘← NL ～: ⇨ helico-, -idae〙

he·lic·i·ty /hɛlísəti, hɪ̣- | hɛlísɪ̣ti, hɪ-/ *n.* 《物理》ヘリシティ《素粒子の運動方向のスピン成分の値》. 〘《1958》← HELICO-＋-ITY〙

hel·i·cline /hɛ́ləklàɪn | -lɪ̣-/ *n.* らせん状の傾斜路[ランプ]. 〘← HELI(CO)-＋-CLINE〙

hel·i·co- /hɛ́ləkou, híːl- | -lɪ̣kəu/「らせん (spiral)」の意の連結形. ★ 母音の前では通例 helic- になる. 〘□ Gk *heliko-*, *hélix* spiral: ⇨ helix〙

hel·i·co·bac·ter /hɛ́ləkoubæ̀ktə, híːl-, -kə- | hɛ́lɪkə(ʊ)bæ̀ktə⁽ʳ⁾/ *n.* 《細菌》ヘリコバクター《人の胃内から分離したヘリコバクター属 (*Helicobacter*) のらせん状のグラム陰性桿菌》.

Hélicobacter py·ló·ri /-paɪlɔ́ːraɪ, -pɪ̣lɔ́ːri/ *n.* 《細菌》ヘリコバクターピロリ, ピロリ菌《人の胃内にみられ胃炎・胃潰瘍・十二指腸潰瘍・胃癌などの原因と関連する》.

hel·i·coid /hɛ́ləkɔ̀ɪd, híːl- | hɛ́lɪ̣-/ *adj.* らせん形[状]の. — *n.* 《数学》らせん体[面]. 〘《1699》□ Gk *helikoeidḗs* of spiral form: ⇨ ↑, -oid〙

hel·i·coid·al /hɛ̀ləkɔ́ɪdl | hɛ̀lɪ̣kɔ́ɪdl̩⁺/ *adj.* ＝helicoid. 〘《1864》〙

hel·i·con /hɛ́ləkɑ̀(ː)n, -lɪ̣kən | hɛ́lɪ̣kən, -kɒ̀n/ *n.* ヘリコン《軍楽隊などで肩に掛けて奏する大型で低音の tuba》. 〘《1875》← HELICO-＋(BOMBARD)ON〙

Hel·i·con /hɛ́ləkɑ̀(ː)n, -lɪ̣kən | hɛ́lɪ̣kən, -kɒ̀n/ *n.* **1** ヘリコーン(山)《ギリシャ南部, Boeotia にある山 (1,749 m); ギリシャ神話では Apollo と Muses の住んだ所とされる山; 詩想の源泉といわれる Hippocrene と Aganippe という二つの霊泉があった》. **2** 詩想の源泉. 〘《c1485》□ L ～ □ Gk *Helikṓn* 《原義》the tortuous mountain ← *hélix* spiral (⇨ helix)〙

hel·i·co·ni·a /hɛ̀ləkóuniə | -lɪ̣kə́u-/ *n.* 《植物》バショウ

科ヘリコニア属 (*Heliconia*) の熱帯植物の総称. 〖← NL ～ (fem.) ← L *Helicōnius* ← Gk *Helikōn* 'HELICON'〗

Hel·i·co·ni·an /hèləkóuniən | -lɪ̀kóu-ˉ/ *adj.* ヘリコーン山 (Helicon) の: the ～ maids ヘリコーン山のおとめたち《Muses のこと》. **—** *n.* 〘昆虫〙中南米産のタテハチョウ科のドクチョウ属 (*Heliconius*) のチョウの総称. 〖adj.: 《1557》← L *Helicōnius* (↑): ⇨ -ian. — n.: 《1826》← NL *Helicōnia*.〗

he·li·copt /hélɪ̀kà(ː)pt, híːl- | hélɪ̀kɔ̀pt/ *v.* =helicopter. 〖《1946》《逆成》↓〗

hel·i·cop·ter /hélɪ̀kà(ː)ptə, híːl- | hélɪ̀kɔ̀ptə^(r), ⌐⌐⌐/ *n.* ヘリコプター (cf. autogiro): The relatives hurried to the crash site by ～. 肉親たちはヘリコプターで墜落現場に急行した. 日英比較 日本語では時に「ヘリ」と略すことがあるが, 英語ではそのように略すことはない. ただし《米》では copter と略される. **—** *vi.* ヘリコプターに乗る, ヘリコプターで飛ぶ[行く]. **—** *vt.* ヘリコプターで運ぶ. 〖《1887》□ F *hélicoptère* ← Gk *hélix* 'HELIX'+*pterón* wing (⇨ ptero-)〗

hélicopter gúnship *n.* 〘航空〙=gunship. 〖1967〗

he·lic·tite /hɪ̀líktaɪt/ *n.* ヘリクタイト, 曲り石《一定の方向性をもたず曲がりくねって伸びる鍾乳石》. 〖《1882》← Gk *heliktós* twisted (← *hélix* 'HELIX')+-ITE¹〗

héli·dèck *n.* (船舶・石油掘削装置上の)ヘリコプター発着デッキ. 〖← HELI-²+DECK〗

hel·i·drome /hélədròum, híːl- | hélɪ̀drəum/ *n.* ヘリコプター発着場. 〖《1951》← HELI-²+-DROME: AERODROME よりの類推〗

Hel·i·go·land /hélɪ̀goulæ̀nd | -gə(ʊ)-/ *n.* ヘリゴランド(島)《北海にあるドイツの小島; 北フリジア諸島の一つ; 第一次・第二次大戦には要塞があった; 面積 1.5 km²; ドイツ語名 Helgoland》.

héli·lìft *vt.* (緊急の場合に)〈部隊などを〉ヘリコプターで輸送する. 〖← HELI-²+LIFT¹〗

he·li·o /híːliòu | -liəu/ *n.* (*pl.* ～s)《口語》=heliogram; heliograph; heliotrope. 〖略〗

he·li·o- /híːliou | -liəu/「太陽 (sun); 陽光 (sunlight); 太陽エネルギー (solar energy)」の意の連結形. ★ 母音の前では通例 heli- になる. 〖□ Gk *hēlio-* ← *hḗlios* sun: ⇨ Helios〗

he·li·o·cen·tric /hìːliousɛ́ntrɪk | -liə(ʊ)-ˉ/ *adj.* 〘天文〙太陽を中心とする, 太陽中心の, 日心の (cf. geocentric): the ～ theory [system] of Copernicus コペルニクスの太陽中心説. **hè·li·o·cén·tri·cal·ly** *adv.* **he·li·o·cen·tric·i·ty** /hìːliousɛntrísəṭi | -liə(ʊ)-sɛntrísɪ̀ti/ *n.* 〖《1685》: ⇨ ↑, -centric〗

hè·li·o·cén·tric·ìsm /-trəsìzm | -trɪ-/ *n.* 〘天文〙太陽中心説. 〖《1865》: ⇨ ↑, -ism〗

héliocentric párallax *n.* 〘天文〙(恒星の)日心視差, 年周視差 (annual parallax). 〖1864〗

he·li·o·chrome /híːliəkròum | -liə(ʊ)krəum/ *n.* (もと塩化銀を用いた光の干渉による)天然色写真, 着色写真. **he·li·o·chro·mic** /hìːliəkróumɪk | -liə(ʊ)króu-ˉ/ *adj.* 〖《1853》← HELIO-+-CHROME〗

he·li·o·chro·my /híːliəkròumi | -liə(ʊ)krəu-/ *n.* 天然色写真術 (color photography). 〖《1855》□ F *héliochromie*: ⇨ helio-, -chrome, -y¹〗

He·li·o·gab·a·lus /hìːliougǽbələs | -liə(ʊ)-/ *n.* ヘリオガバルス《204–222; ローマ皇帝 (218–222); 近衛兵の反乱により暗殺された; 別称 Elagabalus; もとの名は Varius Avitus Bassianus》.

he·li·o·gram /híːliəgræ̀m | -liə(ʊ)-/ *n.* 日光反射信号. 〖《1881》← HELIO-+-GRAM〗

he·li·o·graph /híːliəgræ̀f | -liə(ʊ)grɑ̀ːf, -græ̀f/ *n.* **1 a** 日光反射信号機, 回光信号機《鏡で日光を任意の方向へ反射する視号[視覚]通信装置》. **b** =heliogram. **2** 〘気象〙日照計《日照時間を計る装置》. **3** 〘天文〙ヘリオグラフ, 太陽写真機《太陽像を撮影するための観測器械; photoheliograph ともいう》. **4** 写真製版. **—** *vt., vi.* 日光反射信号機で通信する. **he·li·og·ra·pher** /hìːliá(ː)grəfə | -ɔ́grəfə^(r)/ *n.* 〖《1848》← HELIO-+-GRAPH〗

he·li·o·graph·ic /hìːliəgrǽfɪk | -ə(ʊ)-ˉ/ *adj.* **1** heliograph [heliography] の[に関する]. **2** 〘天文〙日面の: ～ coordinates 日面座標. **hè·li·o·gráph·i·cal** /-fɪ̀kəl, -kḷ | -fɪ-ˉ/ *adj.* 〖《1706》□ F *héliographique*: ⇨ ↑, -graphic〗

he·li·og·ra·phy /hìːliá(ː)grəfi | -ɔ́g-/ *n.* **1** 日光反射信号法, 回光信号法. **2** 〘天文〙太陽面学. **3** ニエプス式写真法《フランスの写真研究家 Nicéphore Niepce (1765–1833) の発明した最初の写真法》; (広い意味で)写真(製版)術. 〖《1730–36》← HELIO-+-GRAPHY〗

hèlio·gravúre *n.* 散粉式グラビア, ヘリオグラビア《初期の写真凹(おう)版(法); 銅面に樹脂粉末を散布融着し, これにポジを焼き付けたカーボンチッシュを転写, 現像, 腐食するグラビア版; photogravure の旧称》. 〖《1879》□ F ～: ⇨ helio-, gravure: PHOTOGRAVURE からの類推〗

he·li·ol·a·try /hìːliá(ː)lətri | -ɔ́l-/ *n.* 太陽崇拝. **hè·li·ól·a·ter** *n.* **hè·li·ól·a·trous** /-trəsˉ/ *adj.* 〖《1828》← HELIO-+-LATRY〗

he·li·o·lith·ic /hìːliəlíθɪk | -liə(ʊ)-ˉ/ *adj.* 太陽巨石文化の《巨石使用と太陽崇拝とを特徴とする文明にいう》. 〖《1915》← HELIO-+-LITHIC〗

he·li·ol·o·gy /hìːliá(ː)ləʤi | -ɔ́l-/ *n.* 太陽研究, 太陽学. 〖《1886》← HELIO-+-LOGY〗

he·li·om·e·ter /hìːliá(ː)məṭə | -ɔ́mɪ̀tə^(r)/ *n.* 〘天文〙ヘリオメーター, 太陽儀《2 星間の角距離を測定する機械; 初めは太陽の直径計測に用いた》. 〖《1753》□ F *héliomètre*: ⇨ helio-, -meter¹〗

he·li·o·met·ric /hìːlioumétrɪk | -liə(ʊ)-ˉ/ *adj.* 太陽儀の[を用いた]. **hè·li·o·mét·ri·cal** /-métrɪ̀kəl, -kḷ | -trɪ-ˉ/ *adj.* **hè·li·o·mét·ri·cal·ly** *adv.* 〖《1881》: ⇨ ↑, -ic¹〗

he·li·om·e·try /hìːliá(ː)mətri | -ɔ́mɪ̀-/ *n.* 〘天文〙太陽儀 (heliometer) による測定. 〖← HELIO-+-METRY〗

hélio·pàuse *n.* 〘天文〙太陽圏の境界. 〖《c1970》: ⇨ pause〗

he·li·o·phyte /híːliəfàɪt | -liə(ʊ)-/ *n.* 〘植物〙好日性植物《太陽光線下で繁茂する植物, また太陽光線に耐える植物》. 〖← HELIO-+-PHYTE〗

He·li·op·o·lis /hìːliá(ː)pəlɪ̀s | -ɔ́pəlɪs/ *n.* ヘリオポリス: **1** エジプトの Cairo 近郊にあった古代都市で, 太陽神 Ra 信仰の中心地; 聖書では On という (cf. *Gen.* 41: 45). **2** Baalbek の古代ギリシャ語名. 〖□ Gk *Hēlioúpolis* (原義) city of the sun: ⇨ helio-, -polis〗

He·li·or·nith·i·dae /hìːliɔəníθədìː | -ɔːníθɪ-/ *n. pl.* 〘鳥類〙(ツル目)ヒレアシ科. 〖← NL ～ ← *Heliornith-, Heliornis* (属名: ⇨ helio-, -ornis)+-IDAE〗

He·li·os /híːliɑ̀(ː)s | -ɔs/ *n.* **1** 〘ギリシャ神話〙ヘリオス《太陽神; Hyperion と Theia の子, Phaëthon の父; 古代ローマ人の Sol に当たる; しばしば Apollo と混同される》. **2** [h-] 〘物理〙光度 (luminance). 〖□ L *Hēlios* □ Gk *Hḗlios*: *hḗlios* the sun (← IE **sāwel-* (L *sōl* sun)) の擬人化〗

he·li·o·scope /híːliəskòup | -liə(ʊ)skəup/ *n.* 〘天文〙太陽観測用望遠鏡, 太陽鏡, ヘリオスコープ《太陽のスペクトルを観測する装置の一種》. 〖《1675》□ F *hélioscope*: ⇨ helio-, -scope〗

he·li·o·sis /hìːlióusɪ̀s | -ɔ́usɪs/ *n.* 〘病理〙日射病 (sunstroke). 〖《1854》□ Gk *hēlíōsis*: ⇨ helio-, -osis〗

he·li·o·sphere /híːliəsfɪə | -liə(ʊ)sfɪə^(r)/ *n.* 〘天文〙太陽圏《太陽表面の諸気体と磁場の影響を受ける宇宙空間》. 〖← HELIO-+-SPHERE〗

he·li·o·stat /híːliəstæ̀t | -liə(ʊ)-/ *n.* 〘天文〙ヘリオスタット《日光を時計仕掛けで動く鏡で反射して一定の方向に送るための装置; cf. coelostat》. **he·li·o·stat·ic** /hìːliəstǽṭɪk | -liə(ʊ)stǽtɪkˉ/ *adj.* 〖《1747》← NL *hēliostata*: ⇨ helio-, -stat〗

he·li·o·tax·is /hìːlioutǽksɪ̀s | -ə(ʊ)tǽksɪs/ *n.* 〘生物〙走日性 (cf. phototaxis): positive [negative] ～ 正[負]の走日性. **he·li·o·tac·tic** /hìːlioutǽktɪk | -liə(ʊ)-ˉ/ *adj.* 〖《1898》← HELIO-+-TAXIS〗

he·li·o·ther·a·py /hìːliouθérəpi | -liə(ʊ)-/ *n.* 〘医学〙日光療法. 〖《1890》← HELIO-+THERAPY〗

he·li·o·trope /híːliətròup | híːliətrəup, hél-/ *n.* **1** 〘植物〙**a** ヘリオトロープ, キダチルリソウ (*Heliotropium arborescens*) (garden heliotrope ともいう). **b** カノコソウ (valerian) (薬用). **2** ヘリオトロープ色, 薄紫色, 赤紫; ヘリオトロープの花の香り(のする香水). **3** 回照器, 回光儀, 日光反射器. **4** 〘宝石〙血石, 血玉髄 (bloodstone). **5** 《廃》向日性[屈光性]植物. **—** *adj.* 赤紫色の. 〖《16C》□ F *héliotrope* □ L *hēliotropium* □ Gk *hēliotrópion* (⇨ helio-, -trope) ∞ lateOE *eliotropus* □ L〗

he·li·o·tro·pic /hìːliətróupɪk, -trá(ː)p- | -trɔ́p-, -tráup-ˉ/ *adj.* 〘植物〙向日[屈光]性の (cf. phototropic, apheliotropic). **hè·li·o·tró·pi·cal·ly** *adv.* 〖《1875》: ⇨ ↑, -ic¹〗

he·li·o·tro·pin /hìːliətróupɪ̀n, -liá(ː)trə- | -liətráupɪn, -liɔ́trə-/ *n.* 〘化学〙ヘリオトロピン (⇨ piperonal). 〖《1881》: ⇨ heliotrope, -in²〗

he·li·ot·ro·pism /hìːliá(ː)trəpìzm | hìːliɔ́trəpìzm, hìːliətrəupìzm, ⌐⌐⌐⌐⌐/ *n.* 〘植物〙向日性, 向光性 (cf. phototropism): positive [negative] ～ 向[背]日性. 〖《1854》: ← HELIO-+-TROPISM〗

he·li·o·type /híːliətàɪp | -liə(ʊ)-/ *n.* ヘリオタイプ《写真製版の一種, コロタイプの変形》. 〖《1870》← HELIO-+-TYPE〗

hèlio·typógraphy *n.* 〘印刷〙ヘリオタイプ製版法[術].

he·li·o·typ·y /híːliətàɪpi | -liə(ʊ)-/ *n.* 〘印刷〙=heliotypography. 〖《c1883》← HELIOTYPE+-Y¹〗

He·li·o·zo·a /hìːliəzóuə | -zóuə/ *n. pl.* 〘動物〙(原生動物肉質綱)太陽虫目. 〖← NL *hēliozoa*: ⇨ helio-, -zoa〗

he·li·o·zo·an /hìːliəzóuən | -liə(ʊ)zóu-ˉ/ *adj., n.* 太陽虫目の(動物). **he·li·o·zo·ic** /hìːliəzóuɪk | -liə(ʊ)zóu-ˉ/ *adj.* 〖《1895》: ⇨ ↑, -an¹〗

héli·pàd *n.* =heliport. 〖《1960》← HELI-²+PAD¹〗

hel·i·port /héləpɔ̀ət, híːl- | hélɪpɔ̀ːt/ *n.* ヘリポート《ヘリコプター発着場; cf. airport, helispot》. 〖《1948》← HELI-²+(AIR)PORT〗

héli·skiing *n.* ヘリスキー《ヘリコプターで山岳の高所へ運んでもらってスキーをすること》. 〖c1975〗

héli·spòt *n.* ヘリスポット《ヘリコプターの臨時着陸場; cf. heliport》. 〖← HELI-²+SPOT〗

héli·stòp *n.* =heliport. 〖《1954》← HELI-²+STOP (n.)〗

he·li·um /híːliəm/ *n.* 〘化学〙ヘリウム《空気中にわずかに存在する無色・無臭の希ガス元素の一つ; 記号 He, 原子番号 2, 原子量 4.00260》. 〖《1872》← NL ～ ← Gk *hḗlios* sun: ⇨ Helios, -ium: Sir J. N. Lockyer (英国の天文学者)と Sir E. Frankland (英国の化学者)による命名〗

hélium-1 /-wʌ́n/ *n.* 〘化学〙ヘリウム 1《1 気圧下 4.2 K で沸騰する普通の液体のヘリウム》.

hélium-2 /-túː/ *n.* 〘化学〙ヘリウム 2《ヘリウム 1 をラムダ点 (lambda point) 以下で冷却して得られる異常な液体のヘリウム》.

hélium-3 /-θríː/ *n.* 〘化学〙ヘリウム 3《質量数 3 のヘリウムの同位体》.

hélium-4 /-fɔ́ə | -fɔ́ː^(r)/ *n.* 〘化学〙ヘリウム 4《質量数 4 のヘリウムのもっとも普通の同位体》.

He·li·us /híːliəs/ *n.* =Helios.

he·lix /híːlɪks, hél-/ *n.* (*pl.* **he·li·ces** /híːləsìːz, hél- | -lɪ̀-/, ～**es**) **1** らせん (spiral). **2** らせん形のもの《コルク抜き・懐中時計のぜんまいなど》. **3** 〘解剖〙耳輪. **4** 〘建築〙(イオニア式・コリント式柱頭の)渦巻き (volute). **5** 〘数学〙らせん, 弦(つる)巻線. **6** 〘動物〙カタツムリ属 (*Helix*) の動物の総称《edible snail, garden snail など》. 〖《1563》□ L ～ □ Gk *hélix* spiral, screw ← IE **wel-* to turn roll (L *volvere* to roll)〗

hell /hél/ *n.* **1 a** 地獄 (↔ heaven). **b** [時に H-] 冥土(めいど), 黄泉(よみ)の国 (Hades). **2** 《口語》地獄のような場所[状態, 社会], 修羅場, 生き地獄; 《口語》ひどい待遇[扱い], ぞっとするような嫌なこと, 嫌な[苦い, つらい]経験; 苦難の原因: a ～ on earth この世の地獄 / a regular ～ on earth まさにこの世の地獄 / all ～ let [broken] loose てんやわんや, 大混乱 / make a person's life ～ 地獄のような生活をさせる / suffer ～ 地獄の苦しみをする / feel [look] like ～ ひどい気分[様子]である / go through ～《口語》ひどく苦しむ. **3** [集合的] **a** (地獄に住む)悪魔, 悪鬼. **b** 悪党たち, 暗黒街の連中[顔ききたち]. **4** 《まれ》賭博宿 (gambling house), 賭博部屋: a gambling ～《古》博打(ばくち)場. **5** 《口語》**a** [焦燥・不信・驚きなどを表す間投詞または軽いののしりの言葉として]: Go to ～!=To ～ with you! くたばっちまえ / *Hell!* 畜生 / Oh, ～! 畜生 / The ～ with it! そんなのくたばってしまえ, そいつはいまいましい / Him a poet? *Hell*, (no)! やつが詩人だって, 笑わせるな / *Hell* no, we won't go (to wan)! やなこった, (戦争になんか)行くもんか. **b** [in ～ または the ～; 強意語として]: What *the* ～ [in ～, in ～'s name] are you doing! 一体君は何をしてるんだ / Why can't you leave them *the* ～ alone?=Why *the* ～ can't you leave them alone? どうしてやつらをそっとしておけないんだ / Why *in* ～? 一体なぜ. **c** [to ～ または as ～ として] とても, ひどく: be tired *to* ～ へとへとだ / cold *as* ～ とても寒い / ⇨ *to* HELL *and gone* / I hope *to* ～ they know what they're doing! わかってやってるのならいいのだが. **d** [the ～; 強い否定を表して] 絶対…ない (never): "They know what they're doing." "*The* ～ they do."「わかってやってるんだろう」「とんでもない」/ ⇨ *The* HELL *you say!* **6 a** 《米》どんちゃん騒ぎ, 茶目ないたずら: They are full of ～. 彼らはめをはずして騒いでいる. **b** [the ～] 困ったこと, 目立つこと: *The* ～ of it was that nobody helped me. 困ったことに誰も手伝ってくれなかった. **7 a** 《古》(仕立て屋が切れ端を入れる)くず箱. **b** 〘印刷〙=hellbox.

★ 以下に示す成句は《口語》または《俗》.

a* [*one*] *héll of a* …** (cf. helluva) (1) 大変な, どえらい, 非常な, 極端な; とても難しい; 不快な; とても良い[優れた]; 相当な, かなりの: a ～ *of a* noise [row] ものすごい音[騒ぎ] / take *a* ～ *of a* (long) time とても長い時間がかかる / have *a* ～ *of a* time [life] ひどい目に遭う. (2) [副詞的に] 非常に, とても, 極端に: There were *a* ～ *of a* lot of people in the park. 公園は大変な人出だった / She had *a* [*one*] ～ *of a* pretty smile. とてもかわいくほほえんだ / He's *a* ～ *of a* nice guy. あいつはとってもいいやつなんだ / She gave *one* ～ *of a* (good) perfomance last night. 昨晩すごくうまくやった. 《1776》 ***a hell of a nóte どえらい[とんでもない]事, ひどい破目. ***áll héll brèak* [*is lèt*] *lóose*** 《口語》大混乱が起きる: I just left the class for a minute and *all* ～ *broke loose.* ちょっとの間教室を離れたら大騒ぎとなった. ***(as) ángry* [*mád*] *as hell*** 《米》ものすごく怒って. ***béat (the) héll*** =beat the BAND². ***be héll for*** …に熱心である, …を主張する[強く求める]: *be* ～ *for* money. ***be héll on*** (1) …にとってとてもつらい[苦しい]: The teacher *is* ～ *on* his pupils. その先生は生徒に厳しい. (2) …に有害である: Such a life *is* ～ *on* health. そんな生活は健康によくない. ***cátch* [*gèt*] *héll*** ひどく叱られる, 大目玉を食う. ***còme héll or hígh wáter*** ⇨ HELL *or high water*. ***for the héll of it*** 悪ふざけから, 冗談に, おもしろ半分に: He broke all the windows (just) *for the* ～ *of it.* 彼は(ほんの)おもしろ半分に窓という窓を全部壊した. 《1934》 ***from héll*** 最悪[最低]の, おそまつな: the babysitter *from* ～ 最低のベビーシッター / We've finally gotten rid of the house-guest *from* ～! やっと疫病神の居候(いそうろう)を追い出した. ***gèt the héll*** 急いで立ち去る: *Get the* ～ out of here. とっとと出て行け / *Get the* ～ off my land! 私の土地からすぐに出て行け. 《a1911》 ***give a person héll*** 〈人を〉厳しく非難する, ひどくどなりつける; 殴る, 痛い目にあわせる. ***héll or hígh wáter*** あらゆる障害: We'll be there in time, come ～ *or high water.* 万難を排して[どんなことがあっても]遅れないようにそこへ行くよ. 《1915》 ***gó to héll in a hándbasket*** 《米口語》落ちぶれる, だめになる. ***héll for léather*** =hell-for-leather. ***héll on whéels*** 最低のもの, 出来損ない. ***héll to pày*** 大変な厄介, 一大事: There'll be ～ *to pay* if he doesn't finish on time! 仕上げが間に合わないとどんでもないことになるぞ. 《1807》 ***lèt héll lóose*** 大混乱を起こさせる. ***like héll*** (1) 死物狂いになって, 激しく, やけに (extremely): run [drive] *like* ～ 走りに走る[車を猛烈に飛ばす] / It was raining *like* ～. ひどい大雨が降っていた. (2) 絶対…ない (never) (cf. 5 d): He will pay.—*Like* ～ he will. 払うだろう—いや, 絶対に払いっこない / They know what they're doing.—*Like* ～ they do. わかってやってるんだろう—とんでもない. 《1855》 ***nòt a chánce* [*hópe*] *in héll*** 見込みなし, 可能性なし. 《1923》 ***pláy (mérry) héll with*** =*play the* DEVIL *with.* ***ráise (mérry) héll*** ⇨ raise 成句. ***the héll of a*** 《英》=*a* HELL *of a.* ***(the) héll òut of*** 徹底的に; すっ

かり: knock [beat, smash] ~ *out of* a person 人を散々打ちのめす / scare *the* ~ *out of* a person 人をすっかりびっくりさせる. ***The héll you sáy!*** まさか, そいつは驚いた. ***to héll and góne*** 《米》ずっと遠くへ; いつまでも. 《1938》 ***until* [*till*] *héll fréezes* (*óver*)** いつまでも (forever). 《1919》 ***Whàt the héll*(!)** [間投詞的に] えい, いいや, ままよ 《のんきな無関心·冷笑的なあきらめ·いらだち·怒りなどを表す; cf. 5 b》: *What the* ~, I will go tomorrow instead. いいや, 代わりに明日おれが行くよ. 《1836》 ***when héll fréezes*** (***óver***) 決して…ない (never).
— *vi.* 《俗》自堕落な生活を送る, 向こう見ずなことをする 〈*around*〉.
〖OE *hel*(*l*), *helle* < Gmc **χaljō* (Du. *hel* / G *Hölle*) ← IE **kel-* to hide (L *cēlāre* to hide): cf. hall〗

he'll /(強) hiːl; (弱) (h)ɪl/ ★ /h/ の脱落した発音は文や節の冒頭には現れない. 《口語》 **1** he will の縮約形. **2** he shall の縮約形.

hel·la·cious /hɛléɪʃəs/ *adj.* 《俗》 **1** とてもすばらしい[すてきな]. **2** とても恐ろしい, ひどい, 耐えられない. 〖(1943) ← HELL + -ACIOUS〗

Hel·lad·ic /hɛlǽdɪk | -dɪk/ *adj.* ヘラディック文化[時代]の, (紀元前 1,100 年以前のギリシャ本土の)青銅器時代文化の. 〖(1801) ◻ L *Helladicus* ◻ Gk *Helladikós* of Greece ← *Hellás* Greece (↓)〗

Hel·las /hɛ́ləs, -læs | -læs/ *n.* ヘラス 《ギリシャ (Greece) の古代[現代]ギリシャ語名; 古代では島·属領を含む; cf. Ellas》. 〖◻ L ~ ◻ Gk *Hellás*: ⇨ Hellen〗

hell·ben·der /hɛ́lbɛ̀ndə | -də(r)/ *n.* **1** 《米》〖動物〗アメリカオオサンショウウオ (*Cryptobranchus alleganiensis*). **2** 《俗》 **a** どんちゃん騒ぎ (debauchery). **b** 向こう見ずなやつ; とんでもないやつ. 〖1812〗

héll-bènt *adj.* 《口語》 **1** [叙述的] 〔…しようと〕やみくもに決意して, 熱中して 〔*on, for*〕 / 〈*to do*〉: be ~ *on* destroying it しゃにむにそれを破壊しようとしている. **2** 猛スピードで突っ走る; 向こう見ずな: a ~ car. — *adv.* 向こう見ずに, 断固として. 〖1835〗

héll bòmb *n.* 《俗》水素爆弾 (hydrogen bomb).

héll·bòx *n.* 〖印刷〗(摩滅した活字を入れる)滅箱 (hell). 〖1889〗

héll·bròth *n.* 地獄の吸物, 魔女のスープ (黒魔術·妖術に用いられる調合物). 〖1606〗

héll·bùggy *n.* 《米軍俗》戦車.

héll·càt *n.* **1** 意地悪女; 手の付けられないあばずれ女 (shrew). **2** 鬼婆 (hag), 魔女 (witch). 〖*a*1605〗

héll-dìver *n.* 《米口語》〖鳥類〗= pied-billed grebe. 〖1839〗

héll dùst *n.* 《英俗》粉末状の麻薬.

Hel·le /hɛ́li/ *n.* 〖ギリシャ神話〗ヘレー 《Nephele と Athamas の娘; 兄の Phrixus と共に金の羊毛をもった雄羊に乗って継母 Ino の手から逃れる途中, 彼女は海峡に落ちて死んだ; Hellespont (「Helle の海」)の名はこれに由来する》. 〖◻ L ~ ◻ Gk *Héllē* (原義)? the bright one〗

hel·le·bore /hɛ́ləbɔə | -lɪ̀bɔː(r)/ *n.* **1** 〖植物〗ヨーロッパ産キンポウゲ科クリスマスローズ属 (*Helleborus*) の植物の総称; (特に)= Christmas rose. **2** 〖植物〗ユリ科バイケイソウ属 (*Veratrum*) の有毒植物の総称. **3** ヘレボルス根 《以上各種の植物の乾燥根茎; その粉末 《殺虫剤として用い, 古代ギリシャ·ローマ時代には精神病の薬として用いた》. 〖(16C) ◻ L *helleborus* ◻ Gk *helléboros* (原義)? plant eaten by fawns ∞ (1373) *ellebre* ◻ OF *ellebore*〗

hel·le·bo·rine /hɛ́ləbərɑ̀ɪn | -lɪ-/ *n.* 〖植物〗ラン科カキラン属 (*Epipactis*) およびキンラン属 (*Cephalanthera*) の植物の総称. 〖(1597) ◻ L ~ ◻ Gk *helleborínē* ← *helléboros* (↑)〗

Hel·len /hɛ́lən | -lɪ̀n/ *n.* 〖ギリシャ神話〗ヘレーン (Deucalion と Pyrrha の息子; ギリシャ民族の先祖). 〖◻ L *Hellēn* ◻ Gk *Héllēn* (原義)? seizer〗

Hellen. (略) Hellenic, Hellenism.

Hel·lene /hɛ́liːn/ *n.* ギリシャ人 (Greek). 〖(1662) ↑〗

Hel·len·ic /hɛlɛ́nɪk, hə- | hɛlíːn-, hɪ̀-, -lén-/ *adj.* **1** ギリシャの; ギリシャ人[語, 語派]の. **2** ギリシャ精神の, ヘレニズムの. **3** 古代ギリシャの歴史[言語·文化]の. — *n.* **1** 古代ギリシャ語. **2** (印欧語族の)ギリシャ語派 《今では Greek を用いる》. **hel·lén·i·cal·ly** *adv.* 〖(1644) ◻ Gk *Hellēnikós* of the Greeks ← *Héllēnes* the Greeks: ⇨ Hellene, -ic[1]〗

Hel·len·ism /hɛ́lənɪ̀zm | -lɪ̀-/ *n.* **1** ギリシャ語風(の表現), ギリシャ語の慣用法; ギリシャの慣習. **2** (アレクサンダー大王以後の)世界主義的なギリシャ文化 (Greek culture), ギリシャ精神[思想], ヘレニズム 《理性·知識の追求, 芸術·体育の尊重などを特徴とする文化大系で, Hebraism と共にヨーロッパ文明の二大源流の一つ》. **3** ギリシャ模倣, ギリシャ化. 〖(1609) ◻ Gk *Hellēnismós* ← *Hellēnízein* 'to HELLENIZE'〗

Hél·len·ist /-nɪ̀st | -nɪst/ *n.* **1 a** ギリシャ語を用いた人, ギリシャ風を採用した人. **b** 〖聖書〗ギリシャ語を常用していた古代ギリシャ時代のユダヤ人 (cf. *Acts* 6:1). **2** 古代ギリシャ研究者, ギリシャ学者. 〖(1613) ◻ Gk *Hellēnistḗs* ← *Hellēnízein*: ⇨ ↑, -ist〗

Hel·le·nis·tic /hɛ̀lənístɪk | -lɪ̀-ˈ-/ *adj.* **1 a** Hellenism の; Hellenist の. **b** ギリシャ語用法の. **c** ギリシャ語を常用したユダヤ人の: ~ Greek 新約聖書翻訳に用い, またユダヤ人が常用したギリシャ語 / the ~ Age アレクサンダー大王時代 《アレクサンダー大王の征服以後の約 300 年, ギリシャの言語·文化が近東に普及した時代》. **2** ヘレニズム美術の 《アレクサンダー大王時代の芸術のスタイルに属する; cf. archaic 4》. **Hèl·le·nís·ti·cal·ly** *adv.* 〖(1706): ⇨ ↑, -ic[1]〗

Hel·len·i·za·tion /hɛ̀lənɪ̀zéɪʃən | -lɪ̀naɪ-, -nɪ-/ *n.* ギリシャ化. 〖(1873) ↓, -ation〗

Hel·len·ize /hɛ́lənàɪz | -lɪ̀-/ *vt.* **1** (古代)ギリシャ化する, ギリシャ風にする, …にギリシャ的教化を施す. **2** ギリシャ語風にする. — *vi.* **1** (古代)ギリシャ風になる, ギリシャ的教化を受ける. **2** ギリシャ語風になる. **Hél·le·nìz·er** *n.* 〖(1613) ◻ Gk *hellēnízein* to imitate the Greeks, speak Greek: ⇨ Hellene, -ize〗

Hel·le·no- /hɛ́lənoʊ | -lɪ̀nəʊ/ 「ギリシャ人; ギリシャと…との (Greek and …)」の意の連結形. 〖◻ Gk *Hellēno-* ← *Héllēn* 'HELLENE'〗

hel·ler[1] /hɛ́lə | -lə(r); G. hɛ́lɐ/ *n.* (*pl.* ~, ~s) **1** ヘルレル, ヘラー 《昔ドイツで発行されオーストリア·スイスに広がった小さい銀貨または銅貨》. **2 a** ヘルレル 《1893–1925 年のオーストリアの通貨単位; = 1/100 krone》. **b** 1 ヘルレル青銅貨. **3** = haler. 〖(1575) ◻ G *Heller* < MHG *häller*: 最初 Württemberg の町 Schwäbisch-Hall で鋳造されたからという〗

hell·er[2] /hɛ́lə | -lə(r)/ *n.* 《米俗》騒々しい[乱暴な, 向こう見ずな]人; 扱いにくい人. 〖(1895) ← HELL + -ER[1]〗

Hel·ler /hɛ́lə | -lə(r)/, **Joseph** *n.* ヘラー (1923–99; 米国の小説家; *Catch-22* (1961)).

hel·ler·i /hɛ́lərɑ̀ɪ, -riː/ *n.* 〖魚類〗= swordtail 3. 〖(1909) ← NL ~ ← G. Heller (今世紀の熱帯魚収集家): ⇨ -i〗

hel·ler·y /hɛ́ləri/ *n.* 《カナダ俗》乱暴な行動, いたずら, わるさ, むちゃ.

Hel·les /hɛ́liːs/, **Cape** *n.* ヘレス岬 《トルコの Gallipoli 半島南端の岬; Dardanelles 海峡への入口》.

Hel·les·pont /hɛ́ləspɑ̀(ː)nt | -lɪ̀spɒ̀nt/ *n.* [the ~] ヘレスポントス, ヘレスポント (Dardanelles 海峡のギリシャ語の古名). 〖(1594) ◻ Gk *Hellḗspontos* (原義) sea of Helle: ⇨ Helle〗

héll·fìre *n.* **1** 地獄の火, 業火. **2** 地獄の刑罰[苦しみ]. **3** [形容詞的に] (キリスト教の教えで)業火の苦しみを説く. 〖OE *helle fȳr*〗

héll-fìred *adj., adv.* [強意語に用いて] 猛烈な[に] (damned): ~ busy 猛烈に忙しい. 〖*a*1711〗

héll-for-léather 《俗》 *adv.* 全速力で, 猛スピードで; 猛烈に, 遮二無二: ride ~ 馬[車]を猛スピードで飛ばす. — *adj.* 猛スピードの; 遮二無二の, すさまじい: a ~ dash すさまじい突進. 〖(1875): 騎兵が全速力で疾駆するとき革の鞍を強く打ち叩くことから〗

Héll Gàte *n.* ヘルゲート (New York 市の Manhattan 島と Long Island の間にある East River の狭い水路).

hell·gram·mite /hɛ́lgrəmàɪt/ *n.* (*also* **hell·gra·mite** /~/) 〖昆虫〗ヘビトンボ (dobsonfly) の幼虫 (*Corydus cornutus*) 《急流内の岩石にすみ, 魚釣りの餌(え)にする; 肉食性; dobson ともいう》. 〖(1866) ← ?〗

héll-hàted *adj.* 《Shak》地獄のように嫌われて. 〖1604–05〗

héll·hòle *n.* **1** 地獄 (pit of hell). **2** 《口語》 **a** 地獄のような所, この世の地獄. **b** 汚い[ひどい]場所: a café with a ~ in the basement 地下に猥雑(わいざつ)な溜り場のあるカフェー. **c** (暴力と風俗壊乱の支配する)悪徳の町[場所], 無頼(ぶらい)の町[家]. 〖?*c*1380〗

héll·hòund *n.* **1** 地獄の犬 (Cerberus など). **2** 悪魔のような人. 〖OE *helle hund*〗

hel·lion /hɛ́ljən/ *n.* 《米口語》乱暴[無法]者; (特に)いたずらっ子, 腕白(わんぱく). 〖(1787) ← HELL + (スコット) (*hall*)*ion* a low fellow (◻ ? F *haillon* rag)〗

hell·ish /hɛ́lɪʃ/ *adj.* **1** 地獄の[のような, からの]. **2** 極悪非道な, のろうべき (infernal). **3** 《口語》不愉快な, 嫌な, ぞっとする (detestable): Venus's surface temperature is a ~ 900°F. 金星の表面はカ氏 900 度というすさまじい温度だ. **4** とても難しい. — *adv.* **1** 忌(い)まわしく; 憎らしいほど. **2** 《英·口語》[強意語として] 非常に, すごく: a ~ hot day. **~·ly** *adv.* **~·ness** *n.* 〖(1530): ⇨ -ish[1]〗

héll·kìte *n.* 残酷な人, 冷血漢. 〖1606〗

Hell·man /hɛ́lmən/, **Lillian** *n.* ヘルマン (1905–84; 米国の女流劇作家; *The Children's Hour* (1934), *The Little Foxes* (1939)).

Hell·mann's /hɛ́lmənz/ *n.* 〖商標〗ヘルマンズ 《米国 CPC International 社製のマヨネーズ·ドレッシングなど》.

hel·lo /hɛlóʊ, hɛl-, hɛ́loʊ | hələ́ʊ, hɛl-/ *int.* **1 a** [挨拶または人の注意を引くために] やあ, おい, もし, あら. **b** [電話の応答·呼び掛けに用いて] もしもし (《英》 hallo). **2** 《米》あら, おや, まあ (驚きを表す). — *n.* (*pl.* ~s) hello という呼び掛け声[挨拶]: Say ~ to your mother. 《口語》お母さんによろしく. — *vi.* hello と呼ぶ. — *vt.* 〈人〉に hello と声を掛ける (cf. hallo, hullo). 〖(1854) (変形) ← HALLO, HOLLO, HULLO〗

helló gìrl *n.* 《米口語》女子電話交換手, 交換嬢.

héll-ràiser *n.* 《俗》(常習的に)騒ぎを起こす人[もの]; (あたりをかまわぬ)無謀生活者. 〖(1914) ← *raise hell* (⇨ raise (v.) 成句)〗

héll's ángel *n.* [通例 *pl.*, しばしば H-] 暴走族, かみなり族 (cf. ton-up). 〖(1930): 1950 年代の California 州でその無軌道ぶりで悪評が高かった革ジャンパーにオートバイが特徴の若者の一集団[メンバー]に対する呼称から〗

héll's bélls *int.* **1** 《戯言》これはしたり, 畜生, ちぇっ (驚き·腹立ち·いらだたしさを表す). **2** [次に言おうとすることを強調して] 確かに, 断然. 〖1920〗

Hélls Cànyon *n.* ヘルズキャニオン 《米国 Idaho 州, Oregon 州境にある Snake 川の峡谷; 北米大陸最深の谷; 別名 Grand Canyon of the Snake》.

héll's delíght *n.* 大混乱, てんやわんや: raise ~ 大騒ぎする. 〖1823〗

héll's téeth *int.* 《英》= hell's bells.

hell·u·va /hɛ́ləvə/ *adj., adv.* 《俗》= *a* HELL *of a*. 〖(1910) ← *a hell of a* (⇨ hell 成句)〗

héll·wèed *n.* 〖植物〗 **1** = dodder[1]. **2** イトキツネノボタン (*Ranunculus arvensis*) 《ヨーロッパ産のキンポウゲ科の雑草》. 〖1640〗

héll wèek *n.* 《米俗》地獄週間 《大学の学生友愛会 (college fraternity) に加入するのに先立って新入生をいじめる週》.

hel·lyon /hɛ́ljən/ *n.* 《米口語》= hellion.

helm[1] /hɛ́lm/ *n.* **1** 〖海事〗 **a** ヘルム, かじの柄, 舵柄(だへい) (tiller); 舵輪 (steering wheel). **b** 操舵(だ)装置, 舵機; 操舵: Down [Up] (with the) ~! 下手(しもて)[上手(うわて)]かじ / ease the ~ かじを中央の位置へ戻す / put the ~ up [down] 上[下]かじを取る, 舵柄を風上[下]に取る / shift the ~ 急に反対のかじを取る / Port the ~! ⇨ port[2] *vt.* **c** ヘルム角, 舵角. **2** [the ~] 支配, 指導 (control, guidance): take *the* ~ of state (affairs) 政権を握る, 国政を処理する.
ánswer* [*obéy, respónd to*] *the hélm 〈船が〉かじのままに動く. ***be at the hélm*** (***of*** …) (1) (…を)主宰[支配]している, (…の)実権を握っている. (2) (…の)かじを取っている. ***chéck the hélm*** 〖海事〗当て舵を取る 《舵を取って船首が回り始めたら, 希望の針路を越えないうちに反対の舵を取ること》. ***Hélm alée!*** = ***Lée hélm!*** 〖海事〗下手かじ 《舵柄(だへい)を風下に取れの意の旧号令(船首は風上へ向く)》. ***Hélm awéather!*** = ***Wéather hélm!*** 〖海事〗上手かじ 《舵柄を風上に取れの意の旧号令(船首は風下へ落ちる)》. ***Lúff the hélm!*** 〖海事〗もっと風上に詰めよ 《風上に間切っている時などに「船首をさらに風上に向けよ」の意の号令》.
— *vt.* **1** 〈船〉のかじを操る[取る] (steer). **2** 指導する, 操縦する.
〖OE *helma* < Gmc **χalbmon* (OHG *halmo* / ON *hjālmr*) ← IE **kelp-* to hold: cf. helve〗

helm[2] /hɛ́lm/ *n.* **1** 《古·詩》兜(かぶと) (helmet). **2** 《英方言》〖気象〗 **a** (Lake District で) 暴風雨の前または最中に山頂にかかる雲 (helm cloud ともいう). **b** (Lake District で helm cloud を伴った) 強風 (helm wind ともいう).
— *vt.* 《古·詩》…に兜をかぶらせる. 〖OE ~ < Gmc **χelmaz* (Du. ~ / G *Helm*) ← IE **kel-* to cover, conceal: ⇨ hell〗

Hel·mand /hɛ́lmənd/ *n.* [the ~] ヘルマンド(川) 《アフガニスタン東部に源を発し, 南西に流れてイラン国境の Helmand 湖に注ぐ川 (1,400 km)》.

hélm clòud *n.* 〖気象〗= helm[2] 2 a. 〖1777〗

hel·met /hɛ́lmɪ̀t/ *n.* **1 a** (消防士·巡査·潜水夫などの用いる)ヘルメット, 鉄かぶと, (軍人の)鉄帽. **b** (野球·アメリカンフットボールなどの)ヘルメット (cf. mask 2 a). **c** (フェンシングの)面. **d** (熱帯地方などでかぶる日よけ用の緑の広い)フェルト帽. **e** (中世などの武士の用いた)兜(かぶと). **2 a** 兜状の物. **b** (植物の)兜状突起 (galea). **3** 〖貝類〗= helmet shell. **4** 〖紋章〗 **a** achievement に加えられる兜. **b** 盾の中心に描かれる図形の兜 (様々な形がある).
— *vt.* …にヘルメットをかぶせる. **~·like** *adj.*
〖(*c*1450) ◻ OF ~ (dim.) ← *helme* 'HEAUME': ⇨ -et〗

hélmet cràb *n.* 〖動物〗カブトガニ (king crab).

hélmet dìver *n.* 潜水ヘルメットをつけたダイバー.

hél·met·ed /-tɪ̀d | -tɪ̀d/ *adj.* 兜(かぶと)[ヘルメット]をかぶった. 〖(1552) ← HELMET + -ED 2〗

hélmet lìner *n.* 〖軍事〗中帽 (鉄帽の下につけるプラスチック製のヘルメット, まれに単独でも用いる).

hélmet shèll *n.* 〖貝類〗トウカムリ (海産大形の貝でカメオ (cameo) の材料; 単に helmet ともいう). 〖1753〗

Helm·holtz /hɛ́lmhoʊlts | -həʊlts; G. hɛ́lmhɔlts/, **Hermann Ludwig Ferdinand von** *n.* ヘルムホルツ (1821–94; ドイツの物理学者·生理学者·解剖学者).

Hélmholtz dóuble láyer *n.* 〖電気〗ヘルムホルツ二重層 (⇨ electric double layer).

Hélmholtz frée énergy *n.* 〖物理化学〗ヘルムホルツの自由エネルギー (Helmholtz function ともいう; 記号 A または F).

Hélmholtz résonator *n.* 〖通信〗ヘルムホルツ共鳴器[共鳴箱]. 〖1930〗

hel·minth /hɛ́lmɪ̀nθ | -mɪnθ/ *n.* 寄生虫, 腸内寄生虫. 〖(1852) ◻ Gk *hélminthos, hélmins* worm, intestinal worm〗

hel·minth- /hɛlmínθ/ (母音の前にくるときの) helmintho- の異形.

hel·min·thi·a·sis /hɛ̀lmɪ̀nθáɪəsɪ̀s | -mɪnθáɪəsɪs/ *n.* 〖病理〗蠕虫(ぜんちゅう)病. 〖(1811) ← NL ~: ⇨ helmintho-, -asis〗

hel·min·thic /hɛlmínθɪk/ *adj.* **1** 腸内寄生虫の[によって起こる]. **2** 駆虫の. — *n.* 駆虫剤, 虫下し (anthelminthic, vermifuge). 〖(1755): ⇨ helminth, -ic[1]〗

hel·min·tho- /hɛlmínθoʊ | -θəʊ/ 「寄生虫 (helminth); 蠕虫(ぜんちゅう) (worm) 状の」の意を表す連結形. ★ 母音の前では通例 helminth- になる. 〖← NL ~ ← Gk *hélminthos*: ⇨ helminth〗

hel·min·thoid /hɛlmínθɔɪd/ *adj.* 蠕虫(ぜんちゅう)状の; 腸虫状の. 〖(1854) ← HELMINTHO- + -OID〗

hel·min·thol·o·gy /hɛ̀lmɪ̀nθɑ́(ː)lədʒi | -mɪnθɔ́l-/ *n.* 蠕虫(ぜんちゅう)学, (特に)(腸内)寄生虫学. **hel·min·tho·log·i·cal** /hɛlmɪ̀nθəlɑ́(ː)dʒɪ̀kəl, -kl̩ | -lɔ́dʒɪ-ˈ-/ *adj.* **hèl·min·thól·o·gist** /-dʒɪ̀st | -dʒɪst/ *n.* 〖(1819) ← HELMINTHO- + -LOGY〗

hélm·less[1] *adj.* かじのない. 〖(1824): ⇨ helm[1]〗

hélm·less[2] *adj.* かぶとのない. 〖(1600): ⇨ helm[2]〗

Hel·mont /hɛ́lmɑ(ː)nt | -mɒnt; *Flem.* hɛ́lmɔnt/, **Jean Baptista van** *n.* ヘルモント (1579–1644; フランドルの化学者·医者; gas という語を造った).

helms·man /hɛ́lmzmən/ *n.* (*pl.* **-men** /-mən, -mɛ̀n/) かじ取り, 舵(だ)手, 操舵手 (steersman). **~-**

shìp *n.* 〘(1622) ← HELM¹+-s²+MAN: cf. craftsman, etc.〙

Hel·muth /hélmu:t; G. hɛ́lmu:t/ *n.* ヘルムート《男性名》. 〘□G ～〙

hélm wìnd *n.* 〘気象〙=helm² 2 b. 〘1777〙

he·lo /hí:loʊ | -ləʊ/ *n.* (*pl.* ～s)《口語》ヘリ (helicopter). 〘← HEL(ICOPTER)+-O〙

hel·o-¹ /héloʊ | -ləʊ/「沼, 湿地 (marsh)」の意の連結形. 〘← NL ～ ← Gk *hélos* marsh ← ?〙

he·lo-² /hí:loʊ, hél- | -ləʊ/「つめ (nail)」の意の連結形. 〘← NL ～ ← Gk *hêlos* nail〙

He·lo·bi·ae /hɛlóʊbiì: | -lə́ʊ-/ *n. pl.* 〘植物〙=Naiadales. 〘← HELO-¹+-*biae* ((pl.) ← -BIUS)〙

He·lo·der·mat·i·dae /hì:loʊdəmǽtədì:, hèl- | -lə(ʊ)dəmǽtɪ-/ *n. pl.* 〘動物〙ドクトカゲ科. 〘← NL ～ ← *Helodermat-*, *Heloderma* (属名: ⇨ helo-², -derma)+-IDAE〙

He·lo·ise /élouì:z | éləʊ-; F. eloi:z/ *n.* エロイーズ《女性名》. 〘□F *Héloïse*: ⇨ Eloise, Louise〙

Hé·lo·ïse /élouì:z | éləʊ-; F. eloi:z/ *n.* エロイーズ: **1** 女性名; Eloise, Louise のフランス語形. **2** (1101?–64) アベラール (Abélard) の教え子・愛人・妻; 激しい恋愛を経てその子を産んだのち, 尼僧院長となった.

hel·o·phyte /héləfàɪt/ *n.* 〘植物〙沼沢植物《湿地や浅い水中に生える宿根性植物》. **hel·o·phyt·ic** /hèləfítɪk | -tɪk⁻/ *adj.* 〘(1902) ← *helo-*¹+Gk *phytón* plant〙

Hel·ot /hélət/ *n.* **1** ヘロット《古代スパルタの農奴階級の一員》: a drunken ～ 酔いどれヘロット《スパルタ青年を戒めるために酔っ払いの醜態を示すのに使われた奴隷》; 戒めの例 (となる人), 反面教師. **2** [h-] 農奴 (serf); 奴隷 (slave). 〘(1579) □L *Hēlōtes* □Gk *Heílōtes* (pl.) ← *Heilṓs* bondsman, serf ← ? *Hélos* (Laconia にある町; その住民がスパルタの奴隷となった): cf. Gk *heleîn* to seize〙

hel·ot·age /hélətɪdʒ | -tɪdʒ/ *n.* 農奴の身分 (serfdom). 〘(1831): ⇨ ↑, -age〙

hél·ot·ìsm /-tìzm/ *n.* **1** (古代スパルタの)農奴制度; 農奴の身分 (serfdom). **2** 〘生物〙主従共生. 〘(1823): ← HELOT+-ISM〙

hel·ot·ry /hélətri/ *n.* **1** [集合的] 農奴 (helots). **2** 農奴[奴隷]制度; 農奴[奴隷]の境遇 (serfdom, slavery). 〘(1829) ← HELOT+-RY〙

help /hélp/ *v.* (～ed,《方言》**holp** /hóʊlp | hə́ʊlp/; ～ed,《方言》**hol·pen** /hóʊlpən, -pn | hə́ʊl-/) ― *vt.* **1 a** 〈人を〉手伝う (aid, assist); 〈困っている人を〉助ける, 救う (rescue); (財政的に)援助する: ～ a person in his difficulty 人が困っているのを助ける / ～ a person *in doing* his work 人の仕事を手伝う / My mother used to ～ me *with* my lessons. 母が勉強を見てくれました / He has to ～ his parents, who are very poor. 彼は親がとても貧しいので面倒を見なければならない / Can [May] I ～ you? 何を差し上げましょうか, 何かご用でしょうか《店員・受付係などが客に言うことば; may のほうが丁寧》/ Not if I can ～ it. そのつもりはない; そうはさせないぞ. **b** 〈…するよう〉手伝う 〈*to* do〉: This will ～ (to) alleviate the pain. 痛みを和らげるのに役立つ / *Help* me (to) lift it. 私がそれを持ち上げるのを手伝ってくれ / Go and ～ (*to*) wash the dishes. 行って皿洗いのお手伝いをしなさい / I ～*ed* (*to*) repair the car. 車の修理を手伝った. **c** 手伝って…させる 〈*out, up*, etc.〉/〔*into, out of*, etc.〕: ～ a person *down* 人を助けて下ろしてあげる / ～ a person *along* 人を助けて進ませる / ～ a person *in* [*into* a car, ship, etc.] 人を助けて入れて[車・船などに乗せて]あげる / ～ a person *onto* 手を貸して人を…に乗せて[登らせて]あげる / ～ a person *over* 人を助けて越え[切り抜け]させる / ～ a person *through* 人を助けて切り抜けさせる / ～ a person *to* his feet 手を貸して立たせてあげる / This clue ～*ed* me *to* a solution. この手がかりのおかげで解決出来た / ～ a person *out of* a difficulty 人を困難から救い出す (cf. HELP *out* (2)) / ～ a person *out of* a car 人を助けて車から出す / ～ a person *up* 人を助け起こす, 支える / *Help* me *up* the hill with this load. この荷を持って坂を上るのを手伝ってくれ / *Help* him *off* [*on*] with his coat. 彼が上着を脱ぐ[着る]のを手伝っておあげ. **d** [～ *oneself* で] 必要なことは自分でする, 自分のことは自分でする: Heaven [God] helps those who ～ *themselves*.《諺》天[神]は自ら助くる者を助く.

2 助長する, 促進する; 役立つ (further): ～ digestion 消化を助ける / ～ a person's ruin [(*to*) ruin a person] 人の破滅を早める / The fund ～*ed* the development of the town. その資金は町の発展に役立った / The grant ～*ed* the project along. 助成金により企画がはかどった.

3 a 〔食べ物を〕〈人に〉取ってやる, 酌(しゃく)をする, すすめる; 配る (serve out)〔*to*〕: Let me ～ you *to* some sherry. シェリーを差し上げましょう / ～ oneself *to* …を自由に取って食べる / Please ～ *yourself to* a cake. ご自由にケーキを召し上がれ. **b** 〈飲食物を〉盛る, よそう: ～ the potatoes [vegetables] じゃがいも[野菜]を盛る. **c** [～ *oneself to* として] 自分の用に当てる;《婉曲》わが物にする, 横領する: They ～*ed themselves* (freely) *to* the furniture of the house. その家の家具を(勝手に)使った.

4 a 〈病気などを〉軽くする, 治す: ～ a cough [a toothache] 咳(せき)[歯痛]を楽にする. **b** 〈好ましくない状態などを〉より快適にする: Colorful wallpaper will ～ the room. 華やかな壁紙を張ればその部屋もましになるだろう. **c** [～ *oneself* で; 否定構文で] 困難から脱する. **d** 《古》〔苦境から〕〈人を〉助ける, 救う (save)〔*from, of*〕: ～ a person *from* distress.

5 a [can, cannot を伴う否定・反語構文で] 避ける, 制する, 抑える: I *can't* ～ it. 避けられない, 仕方がない / It *cannot* [couldn't] be ～*ed*. どうにもしょうがない[なかった] / How *can* I ～ it (if he hasn't done his share)? (彼が自分の分をやっていないのなら)そうするよりしょうがないじゃないか / I *can't* ～ your being a fool. 君のばかはどうにもできない / I *can't* ～ his bad manners. 彼の無作法は私には抑えようがない / Don't use slang if you *can* possibly ～ it. できることなら俗語は使わないようにしなさい / Don't be longer [Don't tell him more] than you *can* ～ (=… more than you have to). なるべく遅くならない[余計なことは言わない]ようにしなさい. ★ このような否定構文で than のあとに用いた can help は意味上 =cannot help である. **b** [cannot ～ *doing* として] 禁じる, 止める (stop): I *could not* ～ laughing. 笑わないわけにはいかなかった, 笑わずにはいられなかった. ★《俗》では I could not ～ but laugh. ともいう (cf. I could not but laugh).

― *vi.* **1** 助ける, 手伝う: be ready to ～ 進んで手伝う / ～ *with* charity work 慈善活動を手伝う. **2** 役に立つ, 足しになる: Every little [《英》little bit] ～*s*.《諺》いくら少しでも何かの足しにはなる, 小さなものがいちいち役に立つ / That does not ～ much. それは大して役に立たない / This will ～ *to* explain the fact. このことはその事実を説明するのに役立つだろう. **3** 給仕[店員, 召使]として仕える, 給仕する.

Gód [Héaven] hélp a person! (1) かわいそうに《もう人力ではどうにもならない》. (2)《皮肉》哀れなやつめ. 〘(*c*1250)〙 ***Hélp!*** (1) 助けてー: Help, ～! (2)《戯言》「助けてー」だ《驚きや不信を表す》. 〘(?*a*1200)〙 ***hélp óut*** (1) 〈費用などを〉補う; 助けて終えさせる: I'll ～ you *out with* your bottle. 酒の助太刀をしてやろう. (2) 〈苦境にある人を〉切り抜けさせる, 救い出す (cf. *vt.* 1 c): He ～ed me *out* when I was in difficulties. (3) 手伝う, 手を貸す: She ～*s* (me) *out with* cooking. 彼女が料理を手伝ってくれます. ***so hélp me (Gód)*** ⇨ so¹ *adv.* 成句.

― *n.* **1** 助け, 救助 (succor, relief); 助力, 援助, 手伝い (aid, assistance): by the ～ of …の助力で / with [without] the ～ of this dictionary この辞書の助けを借りて[借りないで] / cry for ～ 助けを求めて叫ぶ / be of ～ 役に立つ / be beyond ～ 救いようがない, どうしようもない / come to a person's ～ 手伝いにやって来る / Can I be of any ～ to you? 何かお手伝い致しましょうか. **2** 役立つもの[人], 助けになる人: Your advice is a great ～. ご忠告は大層役立ちます / You [They] were a great ～ to me. おかげで大変助かりました / What a (great) ～ you've been! [皮肉]何ともよく役に立ったよ. **3** [集合的にも用いて] 手伝い人, 雇い人, 女中 (servant(s), employee(s)): a daily ～ 日決めのお手伝い / a mother's ～《英》家庭保母 / hire ～ 女中[雇い人]たちを雇う / ⇨ home help / lay off ～ 雇い人たちを解雇する / be short of ～ 従業員が不足する / The ～ are on strike. 雇い人たちがストライキをやっている / *Help* Wanted《広告》求人. **4** 治療, 救済法 (remedy); 避ける方法, 逃げ道 (escape): There is no ～ for it. それは何とも致し方がない / It's [He's] past (all) ～. もう手遅れだ. **5** 〘電算〙ヘルプ《画面上に現れる操作案内》. **6** =helping 1 a.

〘v.: OE *helpan* < Gmc *χelpan* (G *helfen* (v.)) ← IE **kelb-* to help. ― n.: OE *help* < Gmc *χelpō* (G *Hilfe*)〙

SYN 助ける: **help** 他の人の仕事を手伝う: I *helped* him with his homework. 宿題を手伝ってあげた. **aid** 〈救助の必要な人を〉援助する《格式ばった語》: I *aided* him with money and advice. 彼のために金もやり助言もした. **assist** 補助的に力を貸す《格式ばった語》: She *assisted* the writer in writing the novel. 作家が小説を書くのを手伝った. **succor** 〈困っている人を〉救援する《格式ばった語》: *succor* the needy 困っている人々を救済する.
ANT hinder, obstruct, impede.

---

help·a·ble /hélpəbl/ *adj.* 助けることができる. 〘(1833): ⇨ ↑, -able〙

hélp·er /hélpə | -pə⁽ʳ⁾/ *n.* **1** 助ける人; 助力者, 手伝い人; 助手: be a ～ to …の助手[手伝い]をする. **2** 助けるもの, 援助するもの. 〘(*c*1340): ⇨ help, -er¹: cf. OE *helpend* helper〙

hélper T cèll /-tí:-/ *n.* 〘免疫〙ヘルパー T 細胞 《B 細胞 (B cell) を刺激して異物に対する抗体を生産する免疫組織》.

help·ful /hélpfəl, -fl/ *adj.* 助けになる, 役に立つ, 有用な, 重宝な〔*to*〕: This will be ～ *to* you. これは君の役に立つことだろう. **～·ly** *adv.* **～·ness** *n.* 〘(*c*1384): ⇨ -ful¹〙

help·ing /hélpɪŋ/ *n.* **1 a** (食べ物を)盛る[よそう]こと. **b** (食べ物の)一盛り, 一よそい, 一杯: a second ～ 二杯目, お代わり. **2** 《古》助け, 助力. ― *adj.* 救いの, 援助の, 手助けの. **～·ly** *adv.* 〘adj.: lateOE; n.: ?*a*1200): ⇨ -ing¹·²〙

hélping hánd *n.* **1** 手助け, 助力; 手引き: give [lend, reach out] a person a ～ 人に手を貸す, 人を援助する〔*with*〕. **2** 〘トランプ〙(パートナーとして)有力な手, 女房ハンド《各スーツ (suit) に平均して点があるが, オープンするほど強くない手》. 〘*a*1450〙

help·less /hélpləs/ *adj.* **1 a** 助け[頼るもの]のない, 困っている (needy). **b** [the ～; 名詞的に; 複数扱い] 困っている人たち, 困窮者: a helper of *the* ～ 困っている者を援助する人. **2 a** (自分で自分を)どうすることも出来ない, 体の自由がきかない, 無力な (powerless): a ～ infant 独りでは何もできない幼児, いたいけな幼な子 / We were ～ to intervene. 仲裁はお手上げだった. **b** ふがいない, 無能な (shiftless). **c** 《俗》酔っ払った. **3** 当惑した. **4** 《まれ》役立たぬ (unhelpful); やむない. **～·ness** *n.* 〘? lateOE: ⇨ -less〙

hélp·less·ly *adv.* **1** どうすることもできず, 力なく; 当惑して; 仕方なく: ～ in love 好きでどうしようもない / We stood by ～. 立ちつくしたままなすすべもなかった. **2** 頼りにするものもなく. 〘(1594): ⇨ ↑, -ly¹〙

hélp·lìne *n.* ヘルプライン《個人的・経済的問題などに関して助言を与える電話サービス》.

Help·mann /hélpmən/, Sir **Robert** *n.* ヘルプマン (1909–86; オーストラリア生まれのバレエダンサー・振付師).

help·mate /hélpmèɪt/ *n.* **1** 援助者, 仲間. **2** 連れ合い《夫または妻》, (特に)妻. 〘(1714): *an help meet* (=fit) *for him* (*Gen.* 2: 18, 20) を *an helpmeet* (=helpmate) …と誤解したもの〙

hélp·mèet *n.* 《やや まれ》=helpmate. 〘1673〙

hélp scrèen *n.* 〘電算〙ヘルプ画面.

Hélp the Áged *n.* ヘルプ ジ エイジド《英国の慈善団体; 実業家 Cecil Jackson-Cole (1901–79) が設立 (1961); 貧困と逆境にある老人への援助を目的とする》.

hélp-yoursélf *adj.* [限定的] 〈レストラン・カフェテリアまたはそこでの食事が〉セルフサービスの. ― *n.* セルフサービス(のレストランなど). 〘1894〙

Hel·sing·borg /hélsɪŋbɔ̀ːg | -bɔ̀:g; *Swed.* hèlsɪŋbɔ́rj/ *n.* ヘルシングボリ《スウェーデン南西部の港市; 旧名 Hälsingborg (1971 年まで)》.

Hel·sing·fors /hélsɪŋfɔ̀əz | -fɔ̀:z; *Swed.* hèlsɪŋfɔ́ʃ/ *n.* ヘルシングフォッシュ (Helsinki のスウェーデン語名).

Hel·sing·ør /hèlsɪŋɔ́ː | -ɔ́:⁽ʳ⁾; *Dan.* hɛlsəŋøˀʁ/ *n.* ヘルシンゲル《デンマーク北東部の海港; Shakespeare 作 *Hamlet* の舞台; 英語名 Elsinore》.

Hel·sin·ki /hélsɪŋki, ―⌐―|―⌐―, ⌐――; *Finn.* hélsĩŋki/ *n.* ヘルシンキ《フィンランド南部の海港で同国の首都; スウェーデン語名 Helsingfors》. 〘□fin. ～ ← *Helsinge* ← ?〙

Hélsinki Accórds *n. pl.* [the ～] ヘルシンキ合意《ヨーロッパ諸国の平和的関係を維持するための協定; 米国・英国・カナダ・旧ソ連ほかヨーロッパ 35 か国が調印 (1975)》.

hel·ter-skel·ter /héltəskéltə | -təskéltə⁽ʳ⁾/ *adv.* **1** あわてふためいて: run ～. **2** でたらめに, 乱雑に (haphazardly). ― *adj.* **1** あわてふためいた (precipitate). **2** 行きあたりばったりの (hit-or-miss), いい加減な, 出まかせの (haphazard). **3** 気まぐれな, 浮わついた (flighty). ― *n.* **1** あわてふためくこと, 狼狽(ろうばい); 乱雑. **2** (遊園地などにある)ぐるぐるすべり台《マットに乗ってぐるぐるとらせん形にすべり降りるすべり台》. 〘(1593) 擬音語: cf. harum-scarum〙

helve /hélv/ *n.* (道具・武器の)柄 (handle).

pùt the áx in the hélve ⇨ ax 成句. ***thrów the hélve àfter the hátchet***=***thrów the hátchet àfter the hélve*** 損の上に損をする, 盗人に追銭[損の上塗り]をする. ★ 後の句は混乱によって生じたもの.

― *vt.* 〈道具〉に柄を付ける.

〘OE *hielfe* ← (WGmc) **χalb-* (OHG *halp* handle of an ax) ← IE **kelp-* to grasp: cf. helm¹〙

helved *adj.* 〘紋章〙〈斧やなたづちが〉柄が金属部分の色と異なる. 〘(1633) ↑〙

hélve hàmmer *n.* 〘金属加工〙ヘルブハンマー, チルトハンマー《水車を動力とし, カムまたはワイパーでレバーを駆動する鍛造用ハンマーで初期に用いられた; tilt hammer, trip hammer ともいう》. 〘1858〙

Hel·vel·lyn /hɛlvélɪn/ *n.* ヘルベリン《イングランド Cumbria 州, Lake District にある山 (950 m)》.

Hel·ve·tia /hɛlví:ʃə, -ʃiə/ *n.* ヘルベティア: **1** ローマ時代のアルプス地方; 今のスイスの西部および北部地方. **2** Switzerland のラテン語名《郵便切手に表示されている公式名でもある》. 〘□LL *Helvētia* ← L *Helvētius* of the Helvetii〙

Hel·ve·tian /hɛlví:ʃən, -ʃiən/ *adj.* ヘルベティア (Helvetia) の, ヘルベティア人の; スイス (Swiss) の, スイス人の. ― *n.* ヘルベティア人; スイス人(Swiss). 〘(1559): ⇨ ↑, -ian〙

Hel·vet·ic /hɛlvétɪk | -tɪk/ *n.* スイスの新教徒 (Zwinglian)《スイス信条 (Helvetic Confession) に同意する》. ― *adj.* **1** =Helvetian. **2** スイス新教の[に関する]. 〘(1708) ← HELVET(IA)+-IC¹〙

Hel·ve·ti·i /hɛlví:ʃiàɪ/ *n. pl.* (Julius Caesar 時代の)ヘルベティア (Helvetia) 人. 〘(1889) □L ～〙

Hel·vé·ti·us /hɛlví:ʃiəs, -véɪ-, -ʃəs; F. ɛlvesjys/, **Claude Adrien** *n.* エルベシウス (1715–71; フランスの啓蒙期哲学者).

hem¹ /hém/ *n.* **1** ヘム《裁ち端がほつれないように始末した折り返し部分; スカートのすそ・袖口・カーテンのへりなど》: take a ～ up (ドレス・スカートなどの)すそを詰める / let a ～ down すそを伸ばす. **2** ふち, へり, 境 (margin, border): the ～ of snapdragons around the flower bed 花壇の周りのキンギョソウ. **3** 〘建築〙(イオニア式柱頭の)渦巻き (volute). ― *vt.* (**hemmed; hem·ming**) **1** …のヘムを作る, 折り返してへりを縫う. **2** 取り巻く, 囲む, 閉じ込める (enclose, confine) 〈*about, round, in, up*〉: be ～*med in* by enemies 敵に取り囲まれる. ― *vi.* へり[ふち]縫いする, へりを作る. 〘n.: OE *hem(m)* enclosure < ? Gmc **χamjan* ← IE **kem-* to compress. ― v.: (*c*1386) *hemme(n)*: cf. G *hemmen*〙

hem² /hém/ ★ 単語としてこの語を発音するときは /hém/ であるが, 実際の発音は咳払いのような音. *int.* へん, えへん《ためらい・注意喚起のための軽い咳(せき)払い》. ― *n.* 咳払い(の声); へん, えへん. ― *vi.* (**hemmed; hem·ming**) **1** えへんと言う, 咳払いをする. **2** 口ごもる, 言葉がつかえる. ***hém and háw*** (口ごもって)「うーん」とか「えー」とか言う, 口ごもる; 躊躇(ちゅうちょ)する; あいまいな[いい加減な]返事をする: The management ～*med and hawed over* the union's demands. 経営者側は組合側の要求に

あいまいな応対をした. 〖(a1470) 擬音語〗
hem- /hiːm, hɛm/ 《米》(母音の前にくるときの) hemo-, haemo- の異形.
he·ma- /híːmə, hɛ́mə/ hemo-, haemo- の異形: *hema*cytometer. 〖⇨ hemo-〗
he·ma·cy·tom·e·ter /hìːməsaɪtɑ́(ː)mətə, hɛ̀m- | -tɔ́mɨ̀tə(r)/ n. 〖医学〗(赤)血球計, 血球計算器. 〖(1877): ⇨ ↑, cytometer〗
he·mag·glu·ti·nate /hìːməglúːtənèɪt, hɛ̀m-, -tn- | -tɨ̀n-, -tn-/ vt. 〖医学〗〈赤血球を〉凝集させる. 〖(1921) ← HEMO-+AGGLUTINATE〗
he·mag·glu·ti·na·tion /hìːməglùːtənéɪʃən, hɛ̀m-, -tn- | -tɨ̀-, -tn-/ n. 〖医学〗赤血球凝集(反応). 〖(1907): ⇨ ↑, -tion〗
he·mag·glu·tin·a·tive /hìːməglúːtənèɪtɪv, hɛ̀m-, -tn- | -tɨ̀nət-, -neɪt-/ adj. 〖医学〗〈赤血球が〉凝集性の.
he·mag·glu·ti·nin /hìːməglúːtənɨ̀n, hɛ̀m-, -tn- | -tɪnɪn/ n. 〖免疫〗赤血球凝集素. 〖(1903) ← HEMO-+AGGLUTININ〗
he·ma·gog /híːməgɔ̀(ː)g, hɛ́mə-, -gɑ̀(ː)g | -gɔ̀g/ (also **he·ma·gogue**) adj. 血液の流れを促進する. — n. 出血促進薬; 月経促進薬, 通経薬.
he·mal /híːməl, -mł/ adj. 1 血液の, 血管の. 2 〖解剖・動物〗血管側の, 腹側の《脊椎(せきつい)動物の心臓や大血管と同じ側の[にある]; cf. neural 2》. 〖(1839) ← HEMO-+-AL[1]〗
hé·man /-mæ̀n/ n. (pl. **-men** /-mɛ̀n/) 《口語・しばしば戯言》男っぽい男, (筋骨)たくましい男, タフガイ(ぶりを誇示する男) (cf. macho). **hé·mán·nish** /-nɪʃ/ adj. 〖1832〗
he·ma·nal·y·sis /hìːmənǽləsɨ̀s, hɛ̀m- | -lɨ̀sɪs/ n. 〖生化学〗血液分析. 〖← HEMO-+ANALYSIS〗
he·man·gi·o·ma /hɪmæ̀ndʒióʊmə | -ə́ʊ-/ n. (pl. ~s, ~·ta /-tə/) 〖病理〗血管腫 (cf. angioma). 〖(1890) ← NL ~: ⇨ hemo-, angioma〗
Hem·ans /hɛ́mənz, híːm- | hɛ́m-/, **Felicia Dorothea** n. ヘマンズ《1793–1835; 英国の女流詩人; *The Vespers of Palermo* (1823), *Casabianca* (短詩, 1829); 旧姓 Browne》.
he·mat- /híːmət, hɛ́m-/ (母音の前にくるときの) hemato- の異形.
he·ma·tal /híːmətl, hɛ́m- | -tl/ adj. 血液[血管]の[に関する]. 〖(1886) ← HEMATO-+-AL[1]〗
he·ma·te·in /hìːmətíːɨ̀n, hɛ̀m- | -ɪn/ n. 〖化学〗ヘマテイン ($C_{16}H_{12}O_6$)《logwood からとる赤褐色の結晶体でわずかに水に溶ける; 反応指示薬や顕微鏡検査の際の染色剤用》. 〖(変形) ← HEMATIN〗
he·ma·tem·e·sis /hìːmətɛ́məsɨ̀s, hɛ̀m- | -mɪsɪs/ n. 〖病理〗吐血. 〖(1800) ← NL ~: ⇨ hemato-, emesis〗
he·mat·ic /hɪmǽtɪk | -tɪk/ adj. 1 a 血液の[に関する]. b 血液を含む. 2 〈薬が〉血液に作用する. 3 血の色をした (sanguineous). — n. 補血剤, 浄血薬. 〖(1854) ← HEMATO-+-IC[1]〗
he·ma·ti·dro·sis /hìːmətɨ̀dróʊsɨ̀s, hɛ̀m- | -tɪdrə́ʊsɪs/ n. 〖病理〗血汗症 (bloody sweat). 〖← NL ~: ⇨ hemato-, -idrosis〗
he·ma·tin /híːmətɨ̀n, hɛ́m-, -tn | -tɪn/ n. (also **he·ma·tine** /-tìːn, -tɨ̀n | -tìːn, -tɪn/) 1 〖生化学〗ヘマチン ($C_{34}H_{32}O_4N_4Fe(OH)$)《ヘモグロビンの色素成分; 3 価の鉄を含み, ヘミンからアルカリ処理して得られるもの》. 2 《俗用》〖化学〗=hematein. 〖(1819) ← HEMATO-+-IN[2]〗
he·ma·tin·ic /hìːmətínɪk, hɛ̀m-ˊ/ n. 〖生理〗ヘマチニック《補血剤の一種; 赤血球を補給する》. — adj. ヘマチンの. 〖(1855): ⇨ ↑, -ic[1]〗
he·ma·tite /híːmətàɪt, hɛ́m-/ n. 〖鉱物〗赤鉄鉱 (Fe_2O_3) (bloodstone, specular iron ともいう). **he·ma·tit·ic** /hìːmətítɪk | -tɪk-ˊ/ adj. 〖(1543) ◻ L *haematītēs* blood stone: ⇨ ↓, -ite[1]〗
he·mat·o- /hɪmǽtoʊ, híːmət-, hɛ́m- | híːmətəʊ, hɛ́m-/「血 (blood)」の意の連結形 (hemo-): *hemato*crit. 〖← NL ~ ← Gk *haimat-*, *haîma* blood〗
he·ma·to·bic /hìːmətóʊbɪk, hɛ̀m- | -təʊ-ˊ/ adj. 〖生物〗血液中で(寄生)生活している. 〖← NL *hematobium* (⇨ ↑, -bium)+-IC[1]〗
he·ma·to·blast /híːmətoʊblæ̀st, hɛ́m- | -tə(ʊ)-/ n. 〖解剖〗血球母細胞, 赤芽球. **he·ma·to·blas·tic** /hìːmətoʊblǽstɪk, hɛ̀m- | -tə(ʊ)-ˊ/ adj. 〖(1876) ← HEMATO-+-BLAST〗
he·mat·o·cele /hɪmǽtəsìːl, híːmətə-, hɛ́m- | híːmətə-, hɛ́m-/ n. 〖病理〗血瘤(りゅう). 〖(1730–36) ← HEMATO-+-CELE[1]〗
he·mat·o·crit /hɪmǽtəkrət, -krɪt | -tə(ʊ)krɪt/ n. 〖医学〗1 ヘマトクリット《血液を遠心分離して血液中に占める血球の容積 % を測定するためのガラスの毛細管》. 2 ヘマトクリット値, 血球容積比《ヘマトクリットで測った血球の容積 %; hematocrit reading, packed cell volume ともいう》. 〖(1903) ← HEMATO-+-*crit* (← Gk *kritḗs* judge)〗
he·ma·to·cry·al /hìːmətoʊkráɪəl, hɛ̀m- | -tə(ʊ)-ˊ/ adj. 〈魚・両生類など〉冷血の (↔ hematothermal). 〖← HEMATO-+Gk *krúos* cold frost+-AL[1]〗
he·mat·o·cyst /hɪmǽtəsɪst, híːmətə-, hɛ́m- | híːmətə(ʊ)-, hɛ́m-/ n. 〖病理〗血液嚢腫[嚢胞]. 〖← HEMATO-+-CYST〗
hemàto·génesis n. 〖生理〗造血, 血液形成. **hemàto·génic** adj. **hemàto·genétic** adj. 〖c1876〗
he·ma·tog·e·nous /hìːmətɑ́(ː)dʒənəs, hɛ̀m- | -tɔ́dʒɨ̀-/ adj. 1 造血する, 造血性の. 2 〖病理〗a 血液によって拡がる, 血行性の: ~ tuberculosis 血行性結核. b 血液から[中に]起こる, 血液原性の. 〖(1866) ← HEMATO-+-GENOUS〗
he·ma·toid /híːmətɔ̀ɪd, hɛ́m-/ adj. =hemoid. 〖1840〗
hè·ma·tól·o·gist /-dʒɨ̀st | -dʒɪst/ n. 血液学者. 〖(1904): ⇨ ↓, -ist〗
he·ma·tol·o·gy /hìːmətɑ́(ː)lədʒi, hɛ̀m- | -tɔ́lədʒi/ n. 血液学. **he·ma·to·log·ic** /hìːmətəlɑ́(ː)dʒɪk, hɛ̀m- | -təlɔ́dʒ-ˊ/ adj. **hè·ma·to·lóg·i·cal** /-dʒɨ̀kəl, -kł | -dʒɪ-ˊ/ adj. 〖(1811) ← HEMATO-+-LOGY〗
he·ma·tol·y·sis /hìːmətɑ́(ː)ləsɨ̀s, hɛ̀m- | -tɔ́lɨ̀sɪs/ n. 〖免疫〗=hemolysis.
he·ma·to·ma /hìːmətóʊmə, hɛ̀m- | -tə́ʊ-/ n. (pl. ~s, ~·ta /~tə | ~tə/) 〖病理〗血腫(けっしゅ). 〖(1847–49) ← NL ~: ⇨ hemato-, -oma〗
he·ma·toph·a·gous /hìːmətɑ́(ː)fəgəs, hɛ̀m- | -tɔ́f-ˊ/ adj. 食血の, 吸血の: ~ insects 吸血昆虫. 〖(1854) ← HEMATO-+-PHAGOUS〗
hemàto·poiésis n. 〖生理〗(生体中での)造血, 血液形成. **hemàto·poiétic** adj. **hemàto·poiétically** adv. 〖(1854) ← NL ~: ⇨ hemato-, -poiesis〗
he·ma·to·sis /hìːmətóʊsɨ̀s, hɛ̀m- | -tə́ʊsɪs/ n. 〖生理〗1 血液生成, 造血. 2 静脈血液の動脈血液化, 動脈血液形成. 〖(1696) ← HEMATO-+-SIS〗
hemàto·thérmal adj. 〈哺乳類・鳥類など〉温血の (↔ hematocryal). 〖1866〗
he·ma·tox·y·lin /hìːmətɑ́(ː)ksəlɨ̀n, hɛ̀m- | -tɔ́ksɨ̀lɪn/ n. 〖化学〗ヘマトキシリン ($C_{16}H_{14}O_6·3H_2O$)《logwood の心材から採る無色または微黄色の結晶; hematein と共存; 天然染料・指示薬》. **he·ma·tox·yl·ic** /hìːmətɑ(ː)ksílɪk, hɛ̀m- | -tɔk-ˊ/ adj. 〖(1847) ← HEMATO-+XYLO-+-IN[2]〗
he·ma·to·zo·on /hìːmətəzóʊɑ(ː)n, hɛ̀m- | -tə(ʊ)zə́ʊɒn/ n. (pl. **-zo·a** /-zóʊə | -zə́ʊə/) 血液中の寄生虫[寄生原虫], 住血(原)虫. **hè·ma·to·zó·al** /-zóʊəl | -zə́ʊ-ˊ/ adj. **he·ma·to·zo·ic** /hìːmətəzóʊɪk, hɛ̀m- | -tə(ʊ)zə́ʊ-ˊ/ adj. 〖← HEMATO-+-ZOON〗
he·ma·tu·ri·a /hìːmətʊ́əriə, hɛ̀m-, -tjʊ́ər- | -tjʊ́ər-/ n. 〖病理〗血尿(症). 〖(1811) ← HEMATO-+-URIA〗
heme /híːm/ n. 〖生化学〗ヘム, 還元ヘマチン ($C_{34}H_{32}N_4O_4Fe$)《ヘモグロビン (hemoglobin), ミオグロビン (myoglobin) を組成する第一鉄 (2 価の鉄)を含む非蛋白質要素》. 〖(1925) 《短縮》← HEMATIN〗
Hem·el Hemp·stead /hɛ́məlhɛ́m(p)stɨ̀d, -mł-, -stɛd/ n. ヘメルヘンプステッド《イングランド南東部, Hertfordshire 州西部の町》.
hem·el·y·tron /hɛmɛ́lətrɑ̀(ː)n | -lɨ̀trɒn/ n. (pl. **-y·tra** /-trə/) 〖昆虫〗(半翅(し)類や異翅類の)前翅, 半さやばね. **hem·él·y·tral** /-trəl/ adj. 〖(1826) ← NL ~: ⇨ hemi-[1], elytron〗
hem·el·y·trum /hɛmɛ́lətrəm | -lɨ̀-/ n. (pl. **-y·tra** /-trə/) =hemelytron.
Hem·er·a /hɛ́mərə/ n. 〖ギリシャ神話〗ヘーメラー《昼の擬人化; Erebus と Nyx の娘で時に Eos と同一視される》. 〖◻ Gk *Hēméra*〗
hem·er·a·lo·pi·a /hɛ̀mərəlóʊpiə | -lə́ʊ-/ n. 〖病理〗1 昼盲(症)《人工光線ではよく見えるが日光では視力が不十分な状態; 俗称 day blindness; cf. nyctalopia 1》. 2 《俗用》夜盲(症) (nyctalopia). **hem·er·a·lo·pic** /hɛ̀mərəlóʊpɪk, -lɑ́(ː)p- | -lɔ́p-ˊ/ adj. 〖(1706) ← NL ~ ← Gk *hēméra* day+*alaós* blind+*ṓps* eye〗
Hem·er·o·cal·lis /hɛ̀məroʊkǽlɨ̀s | -rə(ʊ)kǽlɪs/ n. ユリ科キスゲ属 (*Hemerocallis*) の植物の総称《カンゾウ (day lily) など》. 〖(1625) ← NL ~ ← Gk *hēmerokallís* ← *hēméra* (↑)+*kállos* beauty〗
he·mer·y·thrin /hìːmɛ́rəθrɨ̀n | -rɪθrɪn/ n. 〖動物・生化学〗ヘメリスリン《ミミズ・ゴカイなどの血液中の鉄分を含む赤紫色の呼吸要素; cf. respiratory pigment》. 〖(1903) ← HEMO-+ERYTHRO-+-IN[2]〗
hem·i-[1] /hɛ́mɨ̀, -mi/「半」の意の連結形 (cf. semi-, demi-): *hemi*sphere, *hemi*stich. 〖(18C) ◻ Gk *hēmi-* half: ⇨ semi-〗
he·mi-[2] /híːmɨ̀, hɛ́m-, -mi/ hemo- の異形 (⇨ -i-).
-he·mi·a /híːmiə/ -emia, 《英》-aemia の異形.
hèm·i·ácetal /hɛ̀mi-/ n. 〖化学〗ヘミアセタール《アルデヒドまたはケトンの半アセタール > C(OH)(OR)》. 〖(1893): ⇨ hemi-[1], acetal〗
hem·i·al·gia /hɛ̀miǽldʒə, -dʒiə | -dʒiə, -dʒə/ n. 〖病理〗半側神経痛. 〖← HEMI-[1]+ALGIA〗
hem·i·a·no·pi·a /hɛ̀miənóʊpiə | -nə́ʊ-/ n. 〖眼科〗=hemianopsia. 〖(1882) ← NL ~: ⇨ ↓, -opia〗
hem·i·a·nop·si·a /hɛ̀miənɑ́(ː)psiə | -nɔ́p-/ n. 〖眼科〗半盲(症) (hemianopia, hemiopia, hemiscotosis ともいう). 〖(1883) ← HEMI-[1]+A-[7]+-OPSIA〗
hem·i·branch /hɛ́mɨ̀bræ̀ŋk | -mɪ-/ n. 〖動物〗片えら, 片鰓(へんさい), 半鰓 (cf. holobranch). 〖(1880): ⇨ hemi-[1], branchi-〗
he·mic /híːmɪk, hɛ́m-/ adj. 血液の[に関する]. 〖(1857) ← HEMO-+-IC[1]〗
hèm·i·céllulose /hɛ̀mɨ̀- | -mɪ-/ n. 〖化学〗ヘミセルロース《細胞膜の成分として広く植物界に存在する多糖類炭水化物》. **hèmi·cellulósic** adj. 〖(1891) ← HEMI-[1]+CELLULOSE〗
Hèmi·chordáta n. pl. 〖動物〗半索動物門《Adelochorda ともいう》. 〖← NL ~: ⇨ ↓, -a[2]〗
hèmi·chórdate adj., n. 〖動物〗半索動物門の(動物). 〖(1885) ← HEMI-[1]+CHORDATE〗
hem·i·cra·ni·a /hɛ̀mɨ̀kréɪniə | -mɪ-/ n. 〖病理〗片頭痛 (migraine). 〖(1657) ◻ L *hēmicrānia* ◻ Gk *hēmikranía*: ⇨ hemi-[1], cranium, -ia[1]〗
hèmi·crýptophyte n. 〖植物〗半地中植物《地表に近い土中に休眠芽をもつもの》. **hèmi·crypto·phýtic** adj. 〖(1913) ← HEMI-[1]+CRYPTOPHYTE〗
hem·i·cycle /hɛ́mɨ̀sàɪkł | -mɪ-/ n. 1 《まれ》半円, 半円形. 2 半円形の建物[闘技場, 部屋]. **hem·i·cy·clic** /hɛ̀mɨ̀sáɪklɪk, -sík- | -mɪ-ˊ/ adj. 〖(c1485) ◻ (O)F *hémicycle* ◻ L *hēmicyclium*: ⇨ hemi-[1], cycle[1]〗
hèmi·cylíndrical adj. 半円筒形の. 〖1854〗
hémi·dèmi·sémi·quàver n. 《英》〖音楽〗六十四分音符 (《米》 sixty-fourth note). 〖(1853) ← HEMI-[1]+DEMISEMIQUAVER〗
hèmi·élytron n. 〖昆虫〗=hemelytron. **hèmi·élytral** adj. 〖1826〗
he·mi·glo·bin /hìːmɨ̀glóʊbɨ̀n, hɛ̀m- | -mɪglə́ʊbɪn/ n. 〖生化学〗ヘミグロビン (⇨ methemoglobin). 〖← HEMO-+GLOBIN〗
hem·i·he·dral /hɛ̀mɨ̀híːdrəl | -mɪhíːdrəl, -hɛ́drəl-ˊ/ adj. 1 半面像の: a ~ form 半面像. 2 〖結晶〗半完面体の. **~·ly** adv. 〖(1837) ← HEMI-[1]+-HEDRAL〗
hem·i·hé·drism /-drɪzm/ n. 〖結晶〗半面性《対称性から出現し得る面のうち, 半分だけが結晶外形に現れる性質》. 〖(1837): ⇨ hemi-[1], -hedron, -ism〗
hem·i·he·dry /hɛ̀mɨ̀híːdri | -mɪhíːdri, -hɛ́dri/ n. 〖結晶〗=hemihedrism. 〖1864〗
hèmi·hýdrate n. 〖化学〗半水化物《焼石膏など》. **hèmi·hýdrated** adj. 〖(1909) ← HEMI-[1]+HYDRATE〗
hèmi·káryon n. 〖生物〗半数核《半数の染色体をもつ核; cf. amphikaryon》. **hèmi·kar·y·ót·ic** /-kæriɑ́(ː)tɪk | -ɔ́t-ˊ/ adj. 〖(1925) ← HEMI-[1]+KARYON〗
Hem·i·me·tab·o·la /hɛ̀mɨ̀mɨ̀tǽbələ | hɛ̀mɪmɨ̀-, -mɛ-/ n. pl. 〖昆虫〗半変態類《不完全変態をする有翅昆虫の総称; cf. Holometabola》. 〖(1870) ← NL ~ ← Gk *hēmi-* half+*metábolos* changeable (⇨ metabolism)〗
hèmi·metabólic adj. 〖昆虫〗=hemimetabolous. 〖1875〗
hèmi·metábolism n. 〖昆虫〗不完全変態, 半変態.
hèmi·metábolous adj. 〖昆虫〗不完全変態の, 半変態の. 〖1870〗
hèmi·mórphic adj. 〖結晶〗異極像の. 〖1864〗
hèmi·mórphism n. 〖結晶〗異極像《例えば正方晶系の主軸の上と下とが等価でない形態》. 〖1879〗
hem·i·mor·phite /hɛ̀mɨ̀mɔ́əfaɪt | -mɪmɔ́ː-/ n. 〖鉱物〗1 異極鉱, ヘミモーファイト ($Zn_4(OH)_2Si_2O_7·H_2O$) (smithsonite, また《英》では calamine ともいう). 2 菱(りょう)亜鉛鉱 (smithsonite). 〖(1868) ← HEMI-[1]+-MORPH+-ITE[1]〗
hem·i·mor·phy /hɛ́mɨ̀mɔ̀əfi | -mɪmɔ̀ː-/ n. =hemimorphism. 〖1886〗
Hem·i·my·a·ri·a /hɛ̀mɨ̀maɪɛ́əriə | -mɪmaɪɛ́ər-/ n. pl. 〖動物〗(原索動物サルパ綱)半筋目. 〖← NL ~: ⇨ hemi-[1], my-, -aria[1]〗
he·min /híːmɨ̀n | -mɪn/ n. 〖生化学〗ヘミン, クロルヘミン《ヘモグロビンの色素成分ヘムの塩化物で, 赤褐色の結晶; cf. Teichmann's crystal》. 〖(1857) ← HEMO-+-IN[2]〗
Hem·ing·way /hɛ́mɪŋwèɪ/, **Ernest (Miller)** n. ヘミングウェイ《1899–1961; 米国の小説家; Nobel 文学賞 (1954); *A Farewell to Arms* (1929), *The Old Man and the Sea* (1952)》.
hem·i·o·la /hɛ̀mióʊlə | -ə́ʊ-/ n. (also **hem·i·o·li·a** /-liə/) 〖音楽〗ヘミオラ《2 拍子の代わりに 3 拍子, 3 拍子の代わりに 2 拍子を用いる変形拍子; sesquialtera ともいう》. **hem·i·o·lic** /hɛ̀mióʊlɪk | -ə́ʊ-ˊ/ adj. 〖(1597) ◻ LL *hemiolia* ◻ Gk *hēmiolía* ratio of one and a half to one ← HEMI-[1]+*hólos* whole〗
hem·i·o·pi·a /hɛ̀mióʊpiə | -ə́ʊ-/ n. 〖眼科〗=hemianopsia. 〖(1811) ← HEMI-[1]+-OPIA〗
hèmi·párasite n. 1 〖動物〗半寄生生物《寄生生活のほかに腐生生活もできる動物; cf. holoparasite》. 2 〖植物〗(ヤドリギのように葉緑素を有し同化作用により一部自己の養分を得ることのできる)半寄生植物. **hèmi·parasític** adj. 〖(1891) ← HEMI-[1]+PARASITE〗
hèmi·párasitism n. 〖生物〗半寄生 (cf. hemiparasite).
hèmi·parésis n. 〖病理〗片側[半側]不全麻痺 (cf. hemiplegia). **hèmi·parétic** adj. 〖(1893) ← HEMI-[1]+PARESIS〗
hèmi·pénis n. 〖動物〗半陰茎《ヘビやトカゲ類の雄の一対になった生殖器官の一つ》. 〖1909〗
hèmi·plánkton n. 〖生物〗臨時プランクトン, 一時的プランクトン《一生のうちの一時期のみ浮遊生活する生物のプランクトンの時期; cf. holoplankton》. 〖← NL ~: ⇨ hemi-[1], plankton〗
hem·i·ple·gi·a /hɛ̀mɪplíːdʒiə, -dʒə/ n. 〖病理〗片[半側]麻痺, 半身不随. 〖(1600) ◻ LL ~: ⇨ hemi-[1], -plegia〗
hem·i·ple·gic /hɛ̀mɪplíːdʒɪk-ˊ/ adj., n. 半身不随の(人). 〖cf. *hemiplegiac* (1782)〗
hem·i·pode /hɛ́mɨ̀pòʊd | -mɪpə̀ʊd/ n. (also **hem·i·pod** /-pɑ̀(ː)d | -pɔ̀d/) 〖鳥類〗=button quail. 〖(1862) ← HEMI-[1]+-PODE〗
He·mip·ter·a /hɨ̀míptərə, hɛ-/ n. pl. 〖昆虫〗半翅(し)目《カメムシ類・セミ類・ウンカ類など》. 〖(1816) ← NL ~

(neut. pl.) ← *hēmipterus* ← HEMI-¹＋Gk *pterón* wing (⇨ -ptera)〗

he·mip·ter·an /hɪ̀míptərən, hɛ-/ (*also* **he·mip·ter·on** /～/)〖昆虫〗*n.* 半翅(し)目の昆虫. ― *adj.* 半翅目の. 〖(1877): ⇨ ↑, -an¹〗

he·mip·ter·ous /hɪ̀míptərəs, hɛ-/ *adj.* (*also* **he·mip·ter·oid** /hɪ̀míptərɔ̀ɪd, hɛ-/)〖昆虫〗半翅(し)目の. 〖(1816): ⇨ ↑, -ous〗

hem·i·sco·to·sis /hèmɪ̀skətóusɪ̀s | -mɪskə(ʊ)tóʊ-sɪs/ *n.*〖眼科〗＝hemianopsia. 〖← HEMI-¹＋SCOTO-＋-SIS〗

hem·i·sphere /hémɪ̀sfɪə | -sfɪə^(r)/ *n.* **1** (地球・天体の)半球: ⇨ Southern Hemisphere, Northern Hemisphere, Eastern Hemisphere, Western Hemisphere. **2**〖解剖〗(大脳)半球. **3** 半球体 (half sphere). **4** (活動・知識などの)範囲 (realm). **5** 地球の半球の地図[投影図]. **6** 半球の国家[住民]. 〖(16C) □ L *hēmisphaerium* (⇨ hemi-¹, sphere) ∽ (*c*1385) *emisper(i)e* □ OF *emisp(h)ere* (F *hémisphère*)〗

hem·i·spher·ic /hèmɪ̀sférɪk, -sfɪ̀ᵊr- | -sfér-ˈ/ *adj.* 半球の; 半球形の. 〖(1585): ⇨ ↑, -ic¹〗

hèmi·sphérical *adj.* ＝hemispheric. **～·ly** *adv.* 〖1624〗

hèmi·sphéroid *n.* 半球状体. **hèmi·sphe·róidal** *adj.* 〖(1727–51) ← HEMI-¹＋SPHEROID // ← HEMISPHERE＋-OID〗

hem·i·stich /hémɪ̀stɪ̀k | -mɪ-/ *n.*〖詩学〗**1** 半行 (特に中間休止 (caesura) により 2 分された詩行をいう). **2** 不完全行 (incomplete line) (通常の長さより短い詩行).

hem·i·stich·al /hémɪ̀stɪkəl, -kḷ, ーーーー | -mɪ-/ *adj.* 〖(1575) □ LL *hēmistichium* □ Gk *hēmistíkhion*: ⇨ hemi-¹, stich¹〗

hèmi·térpene *n.*〖化学〗ヘミテルペン (イソプレン (isoprene) と同じくテルペンに密接な関係のある C_5H_8 の式を持つ炭化水素). 〖← HEMI-¹＋TERPENE〗

hem·i·trope /hémɪ̀tròup | -mɪtrəʊp/〖結晶〗*adj.* 半体双晶の. ― *n.* 半体双晶 (矢筈(やはず)紋や chevron のように半分が逆向きになった型の双晶). **hem·i·tro·pism** /hèmɪ̀tróupɪzm | -mɪtrə́ʊ-/ *n.* **he·mit·ro·py** /hɪ̀mítrəpi, hɛ-/ *n.* 〖(1805) ← HEMI-¹＋-TROPE〗

hem·i·trop·ic /hèmɪ̀trɑ́(ː)pɪk | -mɪtrɔ́p-ˈ/ *adj.*〖結晶〗半体双晶の (hemitrope). 〖(1886): ⇨ ↑, -ic¹〗

hèmi·zýgote *n.*〖生物〗半接合体, 単価接合体 (一定の対をなす遺伝子の片方しかない個体). **hèmi·zý·gous** *adj.* **hèmi·zygótic** *adj.* 〖(1935) ← HEMI-¹＋ZYGOTE〗

hém·lìne *n.* (スカート・ジャケットなどの)すそのでき上がり線; すその地面からの高さ. 〖1923〗

hem·lock /hémlɑ(ː)k | -lɔk/ *n.*〖植物〗**1** (英) ドクニンジン (*Conium maculatum*) (poison hemlock); その実から採った毒薬. **2** セリ科ドクゼリ属 (*Conium*) の植物の総称 (ドクゼリ (water hemlock) など). **3** (米) ＝hemlock fir. 〖OE *hemlīc, hymblīce* ←? *hymele* hop＋*leac* 'LEEK': 今の形は Kent 方言から〗

hémlock fír [sprúce] *n.* **1**〖植物〗カナダツガ (*Tsuga canadensis*) ((米) では単に hemlock ともいう). **2** カナダツガ材. 〖1776〗

Hémlock Society *n.* [the ～] (米) ヘムロックソサエティー (安楽死を選ぶのを支持する人たちの団体 (1980); 自殺の手助けに関わる現行法の手直しをはかっている).

hem·mer /hémə | -mə^(r)/ *n.* **1** へりをつける人. **2** (ミシンの)へり付け器. 〖(?c1475): ⇨ hem¹, -er¹〗

he·mo- /hí:mou, hém- | -məʊ/「血 (blood)」の意の連結形: hemoglobin. ★ 時に hemi-, hema-, haemo-, また母音の前では通例 hem- になる. 〖← NL ～ ← Gk *haîma* blood〗

hémo·blàst *n.*〖解剖〗＝hematoblast.

hèmo·chromatósis *n.*〖病理〗ヘモクロマトーシス, 血鉄素症 (血鉄素が皮膚・内臓に沈着し, 皮膚は青銅色になり, 糖尿病を起こす; bronze diabetes ともいう). 〖1899〗

hémo·chròme *n.*〖生化学〗ヘモクロム (ヘム中の鉄に蛋白質などの窒素化合物が結合したもの; 赤色色素).

he·mo·coel /hí:məsì:l, hém-/ *n.* (*also* **he·mo·coele** /～/)〖動物〗血液囊(のう) (節足動物やある種の軟体動物などにみられる体腔で, 血液を含み循環器の一部として機能する). 〖(1839) ← HEMO-＋-COEL(E)〗

hèmo·concentrátion *n.*〖生理〗血液濃縮 (ショックや水分欠乏で血漿(しょう)が減るため, 一定容積中の赤血球(と血色素)が増加した状態; cf. hemodilution). 〖1940〗

he·mo·cy·a·nin /hì:mousáɪənɪ̀n, hèm- | -mə(ʊ)-sáɪənɪn/ *n.*〖生化学〗ヘモシアニン, 血青素 (節足動物・軟体動物の血漿中に存在する呼吸色素). 〖(1845) ← HEMO-＋CYAN-＋-IN²〗

he·mo·cyte /hí:mʊsàɪt, hém- | -mə(ʊ)-/ *n.*〖動物〗(無脊椎動物の)血球. 〖(1903) ← HEMO-＋-CYTE〗

he·mo·cy·to·blast /hì:mousáɪtəblæ̀st, hèm- | -mə(ʊ)sáɪt-/ *n.*〖解剖〗原始血球, 血球母細胞.

he·mo·cy·tom·e·ter /hì:mousaɪtɑ́(ː)mətə, hèm- | -mə(ʊ)saɪtɔ́mɪ̀tə^(r)/ *n.* ＝hemacytometer. 〖1877〗

he·mo·di·a /hɪmóudiə | hε- | -məʊdiə/ *n.*〖歯科〗歯の知覚過敏. 〖← NL *haemodia* ← Gk *haimōdeîn* to set the teeth on edge: ⇨ -ia¹〗

hèmo·diálysis *n.*〖医学〗血液透析 (腎臓病の患者に施す血液中の老廃物除去). 〖1947〗

hèmo·díalyzer *n.*〖医学〗血液透析器. 〖1959〗

hèmo·dilútion *n.*〖病理〗血液希釈 (相対的に血漿(しょう)が殖え, 血球が減少した状態; cf. hemoconcentration). 〖1939〗

hèmo·dynámic *adj.*〖生理〗**1** 血行力学の[に関する]. **2** 血行力学的に作用する. **hèmo·dynám·ically** *adv.* 〖1907〗

hèmo·dynámics *n.*〖生理〗血行[血流]力学 (血液循環の力学的側面を扱う生理学の一部門). 〖(1857): ⇨ -ics〗

hèmo·flágellate *n.*〖生物〗住血鞭(べん)毛原生虫. 〖1909〗

he·mo·fus·cin /hì:məfʌ́sɪ̀n, hèm- | -mə(ʊ)fʌ́sɪn/ *n.*〖生化学〗ヘモフスチン, 血褐素 (ヘモシデリン (hemosiderin) の鉄を含まない軟化物, 黄褐色色素). 〖← HEMO-＋L *fuscus* dark brown＋-IN²〗

he·mo·ge·ni·a /hì:mədʒí:niə, hèm- | -mə(ʊ)-/ *n.*〖病理〗偽血友病 (⇨ pseudohemophilia). 〖← HEMO-＋-GEN＋-IA¹〗

he·mo·glo·bin /hí:məglòubɪ̀n, hém- | hì:mə(ʊ)-glə́ʊbɪn, hèm-, ーーーー/ *n.*〖生化学〗**1** ヘモグロビン, 血色素 (脊椎動物の赤血球中に存在して酸素運搬の役目をする色素蛋白; 主に静脈中に見られるのは還元型; 暗赤色で結晶しやすい). **2** いくつかの無脊椎動物や若干の植物の結節に見られる呼吸色素. **he·mo·glo·bic** /hì:mə-glóubɪk, hèm- | -mə(ʊ)glə́ʊ-ˈ/ *adj.* **he·mo·glo·bin·ic** /hì:məgloubínɪk, hèm- | -glə(ʊ)-ˈ/ *adj.*

he·mo·glo·bin·ous /hì:məglóubənəs, hèm- | -glə́ʊbɪ-ˈ/ *adj.* 〖(1869) (略) ← *hematoglobulin*: ⇨ hemato-, globulin〗

he·mo·glo·bin·op·a·thy /hì:məglòubənɑ́(ː)pə-θi, hèm- | -glə̀ʊbɪnɔ́p-/ *n.*〖病理〗血色素病. 〖(1957): ⇨ hemoglobin, -pathy〗

hémoglobin S /-és/ *n.*〖病理〗ヘモグロビン S (鎌状貧血症患者の赤血球内に見られる異常ヘモグロビン). 〖1954〗

he·mo·glo·bin·u·ri·a /hì:məglòubənúᵊriə, hèm-, -njúᵊr- | -mə(ʊ)glə̀ʊbɪnjúər-/ *n.*〖病理〗ヘモグロビン尿(症), 血球素尿(症). **hè·mo·glo·bin·ú·ric** /-núᵊrɪk, -njúᵊr- | -njúər-ˈ/ *adj.* 〖(1866): ⇨ hemoglobin, -uria〗

he·mo·gram /hí:məgræ̀m, hém-/ *n.*〖医学〗ヘモグラム, 血液像. 〖(1929) ← HEMO-＋-GRAM〗

he·moid /hí:mɔɪd/ *adj.*〖生理〗血(液)様の, 血性の.

hèmo·léukocyte *n.*〖解剖〗＝leukocyte.

he·mo·lymph /hí:məlìmf, hém- | -mə(ʊ)-/ *n.*〖動物〗血リンパ (無脊椎動物の組織間隙を流れる体液; 脊椎動物の血液とリンパ液の作用を兼ねる). 〖1885〗

he·mo·ly·sin /hì:məláɪsɪ̀n, hèm-, hɪmɑ́(ː)lə-, -sn̩ | hì:mə(ʊ)láɪsɪn, hèm-, hɪmɔ́lɪ̀-/ *n.*〖免疫〗溶血素. 〖(1900) ← HEMO-＋LYSIN〗

he·mol·y·sis /hɪmɑ́(ː)ləsɪ̀s, hì:məláɪ-, hèm- | hɪ-mɔ́lɪ̀sɪs, hì:məláɪ-, hèm-/ *n.* (*pl.* **-y·ses** /hɪmɑ́(ː)ləsì:z, hì:məláɪsi:z, hèm- | hɪmɔ́lɪ̀sì:z, hì:məláɪsi:z, hèm-/)〖免疫〗溶血 (赤血球からヘモグロビンが遊離すること). 〖(1890) ← HEMO-＋-LYSIS〗

he·mo·lyt·ic /hì:məlítɪk, hèm- | -tɪk-ˈ/ *adj.*〖免疫〗溶血性の. **hemolýtic diséase of the néwborn**〖病理〗新生児溶血性疾患. (1948) 〖1893〗

hemolýtic anémia *n.*〖病理〗溶血性貧血. 〖1938〗

he·mo·lyze /hí:məlàɪz, hém-/〖生理〗*vt.* 〈赤血球〉に溶血を起こす. ― *vi.* 溶血を起こす. 〖(1901): ⇨ hemolysis, -ize: ⇨ *analyze—analysis* などの類推〗

he·mom·e·ter /hɪmɑ́(ː)mətə | -mɔ́mɪ̀tə^(r)/ *n.*〖医学〗血色素計, ヘモグロビン計. 〖(1872) ← HEMO-＋-METER¹〗

Hé·mon /eɪmɔ́:(ŋ), -mɔ́:ŋ; *F.* emɔ̃/, **Louis** *n.* エモン (1880–1913; フランス系のカナダの小説家).

he·mo·phile /hí:məfàɪl, hém-/ *n.* **1**〖病理〗＝hemophiliac. **2** 好血性細菌. ― *adj.* 〈細菌が〉好血性の. 〖← HEMO-＋-PHILE〗

he·mo·phil·i·a /hì:məfíliə, hèm-/ *n.*〖病理〗血友病. 〖(1854) ← HEMO-＋-PHILIA〗

he·mo·phil·i·ac /hì:məfíliæ̀k, hèm-/〖病理〗*n.* 血友病患者 (bleeder). ― *adj.* ＝hemophilic 1. 〖(1896): ⇨ ↑, -ac〗

he·mo·phil·ic /hì:məfílɪk, hèm-ˈ/ *adj.* **1**〖病理〗**a** 血友病の[に類似する]. **b** 血友病にかかっている. **2**〖生物〗〈細菌など〉血液で培養される, 好血性の. 〖(1864): ⇨ hemophilia, -ic¹〗

He·moph·i·lus /hi:mɑ́(ː)fələs | -mɔ́fɪ̀-/ *n.* (*also* **Haemophilus**)〖細菌〗ヘモフィラス属, 好血菌属 (非運動性・グラム陰性の小桿菌科の一属; インフルエンザ菌 (*H. influenzae*)・豚インフルエンザ菌 (*H. suis*)・軟下疳菌 (*H. ducreyi*) などを含む). 〖← NL ～ ← HEMO-＋Gk *phílos* loving (⇨ -philous)〗

hèmo·phóbia *n.*〖精神医学〗恐血症, 血液恐怖症. **hèmo·phóbic** *adj.*

hèmo·poiésis *n.*〖生理〗＝hematopoiesis. **hè·mo·poiétic** *adj.* 〖(1900) ← NL ～ ← HEMO-＋Gk *poíēsis* creation (⇨ poesy)〗

hèmo·prótein *n.*〖生化学〗ヘム蛋白質 (色素蛋白質の一つ; カタラーゼ・パーオキシラーゼなど). 〖1948〗

he·mop·ty·sis /hɪmɑ́(ː)ptəsɪ̀s | -mɔ́ptɪsɪs/ *n.* (*pl.* **-ty·ses** /-sì:z/)〖病理〗喀血(かっけつ). 〖(1646) ← NL ～ ← HEMO-＋Gk *ptúsis* spitting〗

hem·or·rhage /hém(ə)rɪdʒ/ *n.* **1**〖病理〗出血: ⇨ cerebral hemorrhage. **2** (人材・資源などの)流出. ― *vi.* 出血する (bleed). ― *vt.* 〈人材・資源などを〉大量に失う. **hem·or·rhag·ic** /hèmərǽdʒɪk-ˈ/ *adj.* 〖(1671) ← HEMO-＋-RRHAGE〗

hemorrhágic septicémia *n.*〖獣医〗出血性敗血症 (pasteurellosis ともいう; cf. swine plague).

hem·or·rhoid /hémərɔ̀ɪd, hémrɔɪd | -mərɔ̀ɪd/ *n.* [通例 *pl.*]〖病理〗痔(じ)(疾) (piles ともいう): ⇨ internal hemorrhoid, external hemorrhoid. 〖(16C) □ L *haemorrhoid-* □ Gk *haimorrhoís* bleeding ∽ (*a*1398) *emoroide* □ OF *emeroyde*〗

hem·or·rhoi·dal /hèmərɔ́ɪdḷ, hɛmrɔ́ɪ- | hèmə-rɔ́ɪdḷˈ/ *adj.* **1** 痔(じ)(疾)の[に関する]. **2**〖解剖〗＝rectal. ― *n.* (動脈・静脈などの)痔に冒されている部分, 痔疾患部位. 〖(*c*1400): ⇨ ↑, -al¹〗

hem·or·rhoi·dec·to·my /hèmərɔɪdéktəmi/ *n.*〖外科〗痔核切除(術). 〖(1917) ← HEMORRHOID＋-ECTOMY〗

he·mo·sid·er·in /hì:mousídərɪ̀n, hèm- | -mə(ʊ)-sídərɪn/ *n.*〖生化学〗ヘモシデリン (細胞内の鉄分を含む淡褐色の色素で, ヘモグロビンが破壊される時に形成される). 〖(1896) ← HEMO-＋SIDER-＋-IN²〗

he·mo·sid·er·o·sis /hì:mousɪ̀dəróusɪ̀s, hèm- | -mə(ʊ)sɪdərə́ʊsɪs/ *n.*〖病理〗ヘモジデリン沈着(症), 血鉄症. 〖(1909) ← NL ～: ⇨ ↑, -osis〗

he·mo·sta·sis /hì:məstéɪsɪ̀s, hɪmɑ́(ː)stə- | hì:mə-stéɪsɪs, hèm-/ *n.* (*pl.* **he·mo·sta·ses** /hì:məstéɪsi:z, hi:mɑ́(ː)stəsi:z | hì:məstéɪsi:z, hèm-/)〖医学〗**1** 止血; 鬱血(うっけつ). **2** (止血帯 (tourniquet) などを用いて動脈[静脈]中の血液の流れを止める)血流停止[遮断]. 〖(1843) ← HEMO-＋-STASIS〗

he·mo·stat /hí:məstæ̀t, hém-/ *n.* **1** 止血鉗子(かんし). **2** 止血剤 (hemostatic). 〖(1900) ← HEMO-＋-STAT〗

he·mo·stat·ic /hì:məstǽtɪk, hèm- | -mə(ʊ)stǽt-ˈ/〖医学〗*adj.* **1** 止血の[によって生じた]. **2** 止血作用の(ある). ― *n.* 止血剤. 〖(1706): ⇨ ↑, -ic¹〗

hèmo·thérapy *n.*〖医学〗血液療法.

hèmo·thórax *n.*〖病理〗血胸症 (胸腔内に血液がたまる状態). 〖(1857) ← NL ～: ⇨ hemo-, thorax〗

hèmo·tóxin *n.*〖免疫〗血液毒.

he·mot·ro·phe /hɪmɑ́(ː)trəfi | -mɔ́trə-/ *n.*〖生物〗血液栄養素 (母体の血液から胎児に供給される栄養物; cf. embryotroph, histotroph). 〖← HEMO-＋Gk *trophḗ* nourishment (⇨ tropho-)〗

hemp /hémp/ *n.* **1 a**〖植物〗アサ, タイマ(大麻) (*Cannabis sativa*) (インド原産; cannabis, marijuana ともいう; cf. fimble). **b** アサ[タイマ]の外皮繊維 (麻索・織物に用いる). **2** アサから作った麻薬 (bhang, hashish または cannabin, marijuana). **3**〖植物〗**a** (アサ[タイマ]以外の)コウマ (jute)・マニライトバショウ (abaca)・ラミー (ramie) など同様な繊維を採る植物. **b** それらの外皮繊維. **4** (古) **a** (戯言) 絞首索. **b** 絞首刑. ― *adj.* イラクサ目 (*Urticales*) アサ科 (*Cannabaceae*) の双子葉植物の. **～-lìke** *adj.* 〖OE *henep, hænep* < Gmc **χanipiz, *χanapiz* (G *Hanf*) □ Gk *kánnabis* (L *cannabis* 'CANNABIS')〗

hémp àgrimony *n.*〖植物〗ヨーロッパ産ヒヨドリバナ属の植物 (*Eupatorium cannabinum*) (以前は薬として用いた). 〖1760〗

hemp·en /hémpən, -pn̩/ *adj.* **1** 麻の(ような), 麻で作った, 麻に関する. **2** (古) 絞首索の; 絞首刑の: a ～ collar [cravat] 絞首索 / a ～ widow 夫が絞首刑になった女. 〖(1375) *hempyn*: ⇨ hemp, -en²〗

hemp·ie /hémpi/ *adj.*, *n.* ＝hempy.

hémp nèttle *n.*〖植物〗イタチジソ (*Galeopsis tetrahit*) (シソ科チシマオドリコソウ属のアサに似た硬い毛がある草). 〖1801〗

hémp pàlm *n.*〖植物〗矮性(わいせい)の fan palm で次の 2 種がある: **a** チャボトウジュロ (*Chamaerops humilis*) (地中海地方産; dwarf fan palm ともいう). **b** ワジュロ, シュロ (*Trachycarpus excelsa*) (中国産).

hémp·sèed *n.* **1** アサ (hemp) の実 (小鳥の餌(え)にする). **2** (まれ) 絞首刑になる者 (gallows-bird). 〖*a*1325〗

hémpseed òil *n.*〖化学〗麻実油(あさみゆ) (淡緑色ないし黄褐色の乾性油; 塗料用または食用).

Hemp·stead /hém(p)stɛd, -stɪ̀d | -stɛd, -stɪd/ *n.* ヘンプステッド (米国 New York 州南東部, Long Island 西部の町).

hemp·y /hémpi/ (スコット) *adj.* 絞首刑を受けるにふさわしい; 悪党の, 悪い. ― *n.* **1** 悪党. **2** 茶目で元気な若者[娘]. 〖(1440): ⇨ -y¹〗

hém·stìtch〖服飾〗*n.* **1** ヘムステッチ, 糸抜きかがり飾り (数本の横糸を抜き, 縦糸の上下を数本ずつ束ねる装飾的なステッチ). **2** (ヘムステッチ[飾り]をするのに用いる)縫い方, ステッチ. ― *vt.* 〈布など〉にヘムステッチをする. **～·er** *n.* 〖(1839): ⇨ hem¹〗

hen /hén/ *n.* **1 a** 雌鶏(めんどり) (↔ cock): a ～'s egg 鶏卵. **b** [*pl.*] (雄・雌に関係なく)鶏. **c** (特に生後一年以上の家禽(きん)の)雌鶏, (家禽以外の)雌: ⇨ peahen, guinea hen. **2 a** 雌魚. **b** 雌の甲殻類動物. **3** (戯言・俗) 女; (特に)うるさい[こやかましい]婆さん[中年女]. **4** (スコット) 女性に対する呼びかけの言葉. ***a hén òn*** 着々進行中の密計: Nobody knew there was *a* ～ *on*. 秘密の計画が練られているとはだれ一人気がつかなかった. ***(as) mád as a wét hén*** (口語) ぷりぷり怒って. ***(as) scárce [ráre] as hén's téeth*** 非常に乏しい. ***like a hén on a hót gírdle*** そわそわして, ひどく落着きがなく. ***like a hén with óne chícken [chíck]*** (1 羽のひよこを連れた雌鶏のように)小さな事にせかせかと騒ぎ立てて. ***séll one's héns on a ráiny dáy*** 損をして売る, ばかな売り方をする.

hén and chíckens (*pl.* **～s and c-**) (1) (親鶏を取り巻くひよこのように)親株の周囲に分枝・匍匐(ほふく)枝などで子株をつけた植物の総称 (クモノスバンダイソウ属の植物 (*Sempervivum grandiflorum*), カキドウシ (ground ivy), エケベリア属 (*Echeveria*) の植物など). (2)〖遊戯〗親鶏の後にひよこが連なり, きつねが最後尾のひよこをつかまえる遊戯. 〖(1): 1794; (2): 1894〗

H

— *adj.* [限定的] **1** 雌の (female) (↔ cock): a ~ bird 雌鳥 / a ~ canary [sparrow] 雌のカナリア[すずめ] / a ~ crab [lobster] 雌のかに[えび]. **2** 女だけの (cf. stag 1 a): ⇨ hen party.
〘OE *henn* < (WGmc) **χannjō* (G *Henne*) ← Gmc **χanōn* cock (OE *hana* / G *Hahn*) ← IE **kan-* to sing (L *canere* to sing: cf. cant¹)〙

Hen. 《略》 Henry (cf. Hy.).

He·nan /hʌ̀nɑ́ːn; *Chin.* xɤ́nán/ *n.* 河南(ホナン)省 《中国中東部の省; 面積 167,170 km², 省都鄭州 (Zhengzhou)》.

hén-and-égg *adj.* 鶏が先か卵が先かのような問題の. 〘1931〙

hén·bàne *n.* **1** 〖植物〗ヒヨス (*Hyoscyamus niger*) 《ナス科の有毒植物; hyoscyamine, scopolamine の原料に用いる》. **2** ヒヨスから採った毒. 〘(*a*1300): ⇨ hen, bane¹〙

hén·bìt *n.* 〖植物〗ホトケノザ (*Lamium amplexicaule*) 《シソ科の 4–5 月ごろ紅紫色の細長いくちびる形の花が咲く植物》. 〘(1578) ← HEN＋BIT²〙

hence /héns, hénts/ *adv.* **1** それだから, ゆえに, それで (therefore). ★ この場合に動詞が省略されることがある: He has neither ear nor voice, ~ he cannot sing [his dislike of music]. 彼は(音楽の)耳も声も持たない, それだから歌えない[音楽が嫌いなのだ] / *Hence* his failure [the fact that he failed] in the adventure. かくて彼の冒険の失敗が生じた. **2** 《詩・古》ここより: go [pass] ~ みまかる, 死ぬ. ★ しばしば運動を表す動詞を省略して用いる: *Hence!* 立ち去れ / *Hence* with him! 彼を連れて去れ. **3** 今から, 現在から, 今後, その後, それ以来: ten years ~ 今から 10 年後に (cf. thence 2). **4** 《古》これより. ★ この場合にしばしば動詞が省略される: Jacob had twelve sons, ~ (came) the twelve tribes. ヤコブには 12 人の息子がおり, これから 12 の種族ができた.
from hénce 《古》ここから, 今から; それで.
— *int.* 《古》立ち去れ, 行け.
〘(?*c*1225) *hens, hennes* ← *henne* (< OE *heonan, heonon* hence ← Gmc **χi-* 'HE¹')＋-(*e*)*s* '-s² 1': 今の語形は 16 C から: cf. since, thence〙

hence·forth /hénsfɔ̀əθ, hénts-, ⌐⌐ | hènsfɔ́ːθ, hènts-, ⌐⌐/ *adv.* 今後, 今からは, これからは; その後, それ以来 (thereafter). ***from hencefórth*** 《古》＝henceforth. 〘(*c*1200) *hennesfórth*: ⇨ ↑, forth〙

hénce·fórward *adv.* ＝henceforth. ***from hencefórward*** 《古》＝henceforth. 〘?*c*1300〙

Hench /héntʃ/, **Philip Show·al·ter** /ʃóʊɔːltə, -ɑːl- | ʃə́ʊɔːltə^(r), -ɔl-/ *n.* ヘンチ 《1896–1965; 米国の医学者; Nobel 医学生理学賞 (1950)》.

hench·man /héntʃmən/ *n.* (*pl.* **-men** /-mən/) **1 a** 信頼できる部下, 「右腕」. **b** (政治上の)支持者, 後援者. **c** 下等なご機嫌取り, 取巻き (satellite). **2** (ギャングの)子分, 荒っぽい暴力団員. **3** 《廃》**a** 従者, 小姓(こしょう) (page). **b** 家来, 家臣 (retainer). 〘(*a*1500) 《古形》*hansman* 《変形》← ME hengestman 《原義》horse attendant, page of honor ← OE *hengest* male horse＋MAN¹〙

Hen·ckels /héŋkəlz, -kl̩z; G. héŋkl̩s/ *n.* 〖商標〗ヘンケル 《ドイツ Solingen にある世界最大の刃物メーカー》.

hén·còop *n.* 鶏かご, 伏せかご. 〘1697–1703〙

hén·còte *n.* 鶏小屋. 〘(1371): ⇨ cote¹〙

hen·dec- /hendek/ (母音の前にくるときの) hendeca- の異形.

hen·dec·a- /héndekə/ 「十一」の意の連結形. ★ 母音の前では通例 hendec- になる. 〘← Gk *héndeka* eleven ← *hen-* ((neut.) ← *eîs* one)＋*déka* ten〙

hen·dec·a·gon /hendékəgɑ̀(ː)n | -gən, -gɔn/ *n.* 十一角形, 十一辺形. **hen·de·cag·o·nal** /hèndɪ̀kǽgənl̩ | -dɪ-⌐/ *adj.* 〘(1704): ⇨ ↑, -gon〙

hen·dec·a·he·dron /hendèkəhíːdrən | -hédrən, -híː-/ *n.* (*pl.* ~**s**, **-dra** /-drə/) 十一面体. **hen·dec·a·he·dral** /hendèkəhíːdrəl⌐/ *adj.* 〘← HENDECA-＋-HEDRON〙

hèndeca·sýllable *n.* 11 音節語[詩行]. **hèn·deca·syllábic** *adj., n.* 〘(1604) ← HENDECA-＋SYLLABLE 《なぞり》← L *hendecasyllabus*〙

Hen·der·son /héndəsən, -sn̩ | -də-/, **Arthur** *n.* ヘンダーソン 《1863–1935; 英国の政治家・労働党の指導者; ジュネーブ軍縮会議議長を務める (1932), Nobel 平和賞 (1934)》.

hen·di·a·dys /hendáɪədɪ̀s | -dɪs/ *n.* 〖修辞〗二詞一意 《「形容詞＋名詞」または「副詞＋形容詞」の代わりに二つの名詞または形容詞を and で結んで一つの意味を表す表現法; 例: bread and butter / a cup and gold (＝a golden cup) / death and honor (＝honorable death) / nice and warm (＝nicely [quite] warm)》. 〘(1577) ◻ ML ~ ← Gk *hèn dià duoîn* one (thing) by means of two〙

Hen·don /héndən/ *n.* ヘンドン 《London 北西部郊外の住宅地, 現在は Barnet 自治区の一部; もと飛行場があった (1909–57)》. 〘OE *Hēadūn*: ⇨ high, down³〙

Hen·drick /héndrɪk; *Du.* héndrɪk/ *n.* ヘンドリック 《男性名》. 〘↓〙

Hen·dricks /héndrɪks/, **Thomas A(ndrews)** *n.* ヘンドリックス 《1819–85; 米国の政治家; 副大統領 (1885)》.

Hen·drik /héndrɪk; *Du.* héndrɪk/ *n.* ヘンドリック 《男性名》. 〘◻ Du. ~ 'HENRY'〙

Hen·drix /héndrɪks/, **Jim·i** /dʒími/ *n.* ヘンドリックス 《1942–70; 米国のロックギタリスト・歌手・作曲家; 本名 James Marshall Hendrix》.

hen·ei·co·sane /henáɪkəsèɪn/ *n.* 〖化学〗ヘンエイコサン ($CH_3(CH_2)_{19}CH_3$) 《白色蠟状の炭化水素》. 〘(1889) ← Gk *hén* ((neut.) ← *heîs* one)＋*eíkosi* twenty＋-ANE²〙

hen·e·quen /hénɪkən, hènɪkén/ *n.* (*also* **hen·e·quin** /~/) **1** 〖植物〗ヘニケン (*Agave fourcroydes*) 《メキシコの Yucatán 産のリュウゼツランの一種で, 葉から丈夫な繊維が採れるため栽培される》. **2** ヘニケンから採った繊維 《綱・粗布・家具の詰物・敷物の材料; cf. sisal》. 〘(1880) ◻ Sp. *jeniquén* ← Mex. 《現地語》〙

hén-féathered *adj.* 〈雄鶏(おんどり)が〉雌鶏(めんどり)のような羽をした 《雄鶏特有の長尾羽根 (sickle feathers) を欠いている場合にいう; cf. cock-feathered》. 〘1868〙

hén·fìsh *n.* 〖魚類〗ランプサッカー (lumpsucker, lumpfish). 〘1603〙

hén·flèsh *n.* 鳥肌(とりはだ) (gooseflesh). 〘*a*1425〙

henge /hénd͡ʒ/ *n.* 〖考古〗(Stonehenge 式の) 環状列石遺跡. 〘(1740) 《略》← (STONE)HENGE〙

Heng·e·lo /héŋəlòʊ | -lə̀ʊ; *Du.* héŋəlo/ *n.* ヘンゲロ 《オランダ東部 Twente Canal に臨む Overijssel 州の都市; (繊維)工業の中心地》.

Hen·gist /héŋgɪst, hénd͡ʒɪst | héŋgɪst/ *n.* ヘンギスト (?–488; ジュート族 (Jutes) の首長; 449 年ごろ弟 Horsa と共に Britain 島に侵攻し Kent 王国を建てたと伝えられる). 〘OE ~ ← *hengest* stallion: cf. G *Hengst*〙

Heng·yang /hʌ̀ŋjɑ́ːŋ; *Chin.* xɤ́ŋián/ *n.* 衡陽(ホンヤン) 《中国湖南省 (Hunan) の湘江 (Xiang Jiang) に臨む都市》.

hén hàrrier *n.* 〖鳥類〗ハイイロチュウヒ (⇨ northern herrier) 《ユーラシア大陸産; 《米・カナダ》では marsh hawk, marsh harrier ともいう》. 〘1565–73〙

hén·héarted *adj.* 臆病な, 小胆な (cowardly). 〘1522〙

hén·hòuse *n.* 鶏小屋, 鶏舎. 〘1512–13〙

He·nie /héni/, **Sonja** *n.* ヘニー 《1912–69; ノルウェー生まれの米国のフィギュアスケート選手; 1928, 32, 36 年オリンピック金メダル獲得》.

Hén·le's lóop /hénliz-/ *n.* 〖解剖〗＝LOOP of Henle. 〘1885〙

Hen·ley /hénli/ *n.* ＝Henley-on-Thames.

Hen·ley /hénli/, **William Ernest** *n.* ヘンリー 《1849–1903; 英国の詩人・批評家・雑誌編集者》.

Hén·ley-on-Thámes /hénli-/ *n.* ヘンリーオンテムズ 《イングランド Oxfordshire 州の Thames 河畔の都市; Henley Regatta で有名; 単に Henley ともいう》. 〘← OE *hēanléa(ge)* (dat.) ← *hēalēah*: ⇨ high, lea²〙

Hénley Regátta *n.* ヘンリーレガッタ 《イングランドの Henley-on-Thames で毎年 7 月に開かれる国際ボートレース大会; 1839 年より開催; 正式名 Henley Royal Regatta》. 〘1839〙

hen·na /hénə/ *n.* **1** ヘンナ, シコウカ(指甲花) (*Lawsonia inermis*) 《エジプトや近東地方に産するミソハギ科の熱帯植物; 花は白色か赤色で芳香があり, 葉から染料を採る; alkanna, camphire ともいう》. **2** ヘンナ染料 《近東の女性が指先や爪を染め, 西洋の女性が髪を赤褐色に染めるのに用いる》. **3** 代赭(たいしゃ)色, 赤褐色 (reddish brown). — *adj.* 代赭色の. — *vt.* ヘンナ染料で染める. 〘(1600) ◻ Arab. *ḥinnā'*〙

hen·ner /hénə | -nə^(r)/ *n.* 《スコット》体操[アクロバット]の離れ技, 曲芸, 軽業.

hen·ner·y /hénəri/ *n.* 養鶏場. 〘(1850) ← HEN＋-ERY〙

Hen·nes·sy /hénəsi | -nɪ-; *F.* ɛnsi/ *n.* 〖商標〗ヘネシー 《フランス Ste. Jas. Hennessy 社製のコニャック》.

hén nìght *n.* 《口語》(結婚直前の女性のために開かれる) 女性だけのパーティー.

hen·nin /hénɪn | -nɪn/ *n.* ヘニン, ヘンニン 《高い円錐形の女性用かぶり物で, 頂上から薄いベールが垂れ下がっている; 15 世紀頃使用された; steeple headdress ともいう》. 〘(1852) ◻ F 《廃》~ ← ?〙

hen·ny /héni/ *adj.* **1** 雌鶏(めんどり)のような. **2** ＝hen-feathered. — *n.* 雌鶏みたいな雄鶏(おんどり). 〘(1868) ← HEN＋-Y⁴〙

hen·o·the·ism /hénoʊθiːɪzm | -nə(ʊ)-/ *n.* **1** (多数神中の, 特に一神を選ぶ)単一神教 (cf. monolatry, monotheism). **2** 単神教 《時に応じて多数神中の一神を最高神としてあがめるもの》. **hén·o·thè·ist** /-θìːɪst | -θìːɪst/ *n.* **hen·o·the·ís·tic** /hènoʊθiːístɪk | -nə(ʊ)-⌐/ *adj.* 〘(1860) ← Gk *heno-*, *heîs* one＋THEISM¹〙

hén pàrty *n.* 《口語》女性だけの会合 (cf. stag party). 〘1887〙

hén·pèck *vt.* 〈夫を〉尻に敷く. — *n.* **1** 夫を尻に敷くこと. **2** 尻に敷かれた夫. 〘(1688) 《逆成》← HENPECKED〙

hén·pècked *adj.* (妻の)尻に敷かれた, かかあ天下の: a ~ husband. 〘*a*1680〙

Hen·ri /ɑ́ː(n)ríː, ɑːn-; *F.* ɑ̃ʀi/ *n.* アンリ 《男性名》. 〘◻ F ~ 'HENRY'〙

Hen·ri /hénri/, **Robert** *n.* ヘンリー 《1865–1929; 米国の画家・教育者; 美術教育の先駆者》.

hen·ri·et·ta, H- /hènriétə | -tə/ *n.* ヘンリエッタ 《手ざわりが柔らかなあや織りの洋服用織物; 原料は羊毛で, 絹の縦糸が入っていることもある; henrietta cloth ともいう》. 〘(1851) ← *Henrietta Maria*〙

Hen·ri·et·ta /hènriétə | -tə⌐/ *n.* ヘンリエッタ 《女性名; 愛称形 Etta, Hatty, Hetty, Nettie, Netty》. 〘◻ F *Henriette* (fem. dim.) ← *Henri* 'HENRY': cf. Harriet〙

Hen·ri·ét·ta María /hènriétə- | -tə-/ *n.* ヘンリエッタ マライア 《1609–69; 英国王 Charles 一世の妃; フランス王 Henry 四世の王女》.

Hen·rik /hénrɪk; *Dan.* hén'ʀɛg/ *n.* ヘンリック 《男性名》. 〘◻ Du. ~: ⇨ Henry〙

hén·ròost *n.* 鶏小屋, 鳥屋(とや). 〘*a*1100〙

hén·rùn *n.* 鶏を飼っておく囲い. 〘1897〙

hen·ry /hénri/ *n.* (*pl.* ~**s**, **hen·ries**) 〖電気〗ヘンリー 《誘導係数(インダクタンス)の実用単位; 略 H》. 〘(1893) ← *Joseph Henry*〙

Hen·ry /hénri/ *n.* ヘンリー 《男性名; 愛称形 Hal, Hank, Henny, Harry》. 〘ME *Henrie* ◻ (O)F *Henri* ◻ LL *Henricus* ◻ OHG *Heimrich* (Henrie *Heinrich*) 《原義》home ruler ← *heim* 'HOME'＋*rīhhi* rule〙

Hen·ry /hénri/, **Cape** *n.* ヘンリー岬 《米国 Virginia 州南東部 Chesapeake 湾の入口の岬》. 〘James 一世の王子 Henry にちなむ〙

Henry, Fort *n.* ⇨ Fort Henry.

Hen·ry /hénri/, **John** *n.* ヘンリー 《米国民間伝承の黒人英雄; バラッドや物語で広く知られる; 鉄道建設の際, 蒸気ドリルと力比べをして勝つが, 勝利の瞬間力尽きて死んでしまう》.

Henry, Joseph *n.* ヘンリー 《1797–1878; 米国の物理学者》.

Henry, O. *n.* ⇨ O. Henry.

Henry, Patrick *n.* ヘンリー 《1736–99; 米国独立革命当時 Virginia 出身の愛国者・政治家・雄弁家》.

Henry I *n.* **1** ヘンリー一世 《1068–1135; William 一世 (the Conqueror) の子, イングランド王 (1100–35); 通称 Henry Beauclerc /bóʊklɛə | bə́ʊklɛə^(r)/》. **2** アンリ一世 《1008?–60; フランス王 (1031–60); フランス語名 Henri》.

Henry II *n.* **1** ヘンリー二世 《1133–89; Plantagenet 王朝初代のイングランド王 (1154–89); Becket を殺害; 通称 Henry Curtmantle /kɜ́ːtmæntl̩ | kɜ́ːtmæntl̩/》. **2** アンリ二世 《1519–59; フランス王 (1547–59); フランス語名 Henri》.

Henry III *n.* **1** ヘンリー三世 《1207–72; イングランド王 (1216–72); John² の子; 在位中 Simon de Montfort らが反乱を起こし, 最初に Parliament を召集した》. **2** アンリ三世 《1551–89; フランス王 (1574–89); フランス語名 Henri》.

Henry IV *n.* **1** ヘンリー四世 《1367–1413; Lancaster 家初代のイングランド王 (1399–1413); John of Gaunt の子; Richard 二世に反抗し, 退位させて即位した; 通称 Henry of Bolingbroke, Henry of Lancaster》. **2** 「ヘンリー四世」 《Shakespeare 作の史劇(第 1 部 1596–97, 第 2 部 1598)》. **3** ハインリヒ四世 《1050–1106; 神聖ローマ帝国皇帝 (1056–1106); ドイツ語名 Heinrich》. **4** アンリ四世 《1553–1610; Bourbon 王朝初代のフランス王 (1589–1610); 通称 Henry of Navarre; Henry III としてナバラ王 (1572–89); フランス語名 Henri》.

Henry V *n.* **1** ヘンリー五世 《1387–1422; イングランド王 (1413–22); Henry 四世の子; 百年戦争を再開し Agincourt の戦いでフランス軍を破った; 通称 Henry of Monmouth》. **2** 「ヘンリー五世」 《Shakespeare 作の史劇 (1599)》.

Henry VI *n.* **1** ヘンリー六世 《1421–71; イングランド王 (1422–61, 1470–71); Henry 五世の子; 治世中にばら戦争 (1455–85) が起こり, York 家の Edward 四世によりロンドン塔で殺害された; 通称 Henry of Windsor》. **2** 「ヘンリー六世」 《Shakespeare 作の史劇 (1589–91); 全 3 部からなる》.

Henry VII *n.* ヘンリー七世 《1457–1509; Tudor 王朝初代のイングランド王 (1485–1509); Owen Tudor の長子 Edmund Tudor (1430?–56, Earl of Richmond) の子; Lancaster 派の生き残りとして Bosworth Field の戦いで Richard 三世を敗死させ, ばら戦争を終結させて即位; 通称 Henry Tudor, 即位までの称号 Earl of Richmond》.

Henry VIII *n.* **1** ヘンリー八世 《1491–1547; Henry 七世の子, イングランド王 (1509–47); 第一王妃 Catherine of Aragon との離婚問題から, ローマ教皇に反抗し, 1534 年 Reformation を断行して Anglican Church を樹立した》. **2** 「ヘンリー八世」 《Shakespeare が Fletcher と合作したと推定される史劇 (1612–13)》.

Hen·ryk /hénrɪk; *Pol.* xénrɨk/ *n.* ヘンリック 《男性名》. 〘◻ Pol. ~ 'HENRY'〙

Hénry of Pórtugal *n.* ポルトガルのエンリケ 《1394–1460; ポルトガルの王子; Sagres に航海学校を創り探険航海を奨励した; 異名 the Navigator; ポルトガル語名 Henrique /ẽʀíkə/》.

Hénry Póole /-púːl/ *n.* 〖商標〗ヘンリープール 《London のテーラー, 同店社製の紳士服》.

Hénry's láw *n.* 〖物理化学〗ヘンリーの法則 《液体に溶解する気体の量はその気体の圧力に比例するという法則》. 〘(1886) ← *William Henry* (1775–1836; 英国の化学者)〙

Hen·ry·son /hénrisən, -sn̩/, **Robert** *n.* ヘンリソン 《1430?–1506?; スコットランドの詩人》.

Hénry sỳstem *n.* ヘンリー式指紋分類法. 〘← *Sir Edward Henry* (*d.* 1931: 英国の役人)〙

Hénry the Líon *n.* ハインリヒ獅子公 《1129?–95; ザクセン (Saxony) 公 (1142–80), バイエルン (Bavaria) 公 (1156–80); 神聖ローマ帝国皇帝 Frederick Barbarossa と領土を争う》.

Hénry the Návigator *n.* エンリケ航海王子 《1394–1460; ポルトガルの王子; 西アフリカの探検に努める; ポルトガル名 Henrique o Navegador》.

Hénry Wéin·hard's /-wáɪnhaədz | -hɑːdz/ *n.* 〖商標〗ヘンリーワインハーズ 《米国 Blitz Weinhard Brewing 社製のビール》.

Hens·lowe /hénzloʊ | -ləʊ/, **Philip** *n.* ヘンズロウ 《?–1616; 英国の劇場経営者》.

Hen·son /hénsən, -sn̩/, **Herbert Hens·ley** /hénzli/ *n.* ヘンソン 《1863–1947; 英国国教会の主教, 著述家》.

Henson, Jim *n.* ヘンソン 《1936–90; 米国の人形製作

者; marionette と puppet を合成して Muppet と呼ばれる人形をテレビ番組 *Sesame Street* に登場させ人気を集めた》.

hent /hént/ *vt.* (～) **1** 《古》 **a** 捕捉する, 捕らえる (seize). **b** 持ち去る. **2** 《廃》 着く (reach). — *n.* 《廃》 意思, 意図. 〚ME *hente(n)* < OE *hentan*〛

hén·tòed *adj.* 内また の, はと足の (pigeon-toed). 〚1937〛

Hen·ty /hénti | -ti/, **G**(**eorge**) **A**(**lfred**) *n.* ヘンティ (1832–1902; 英国の児童文学作家).

hén·wìfe *n.* (*pl.* **-wives**) 《古》 鶏の世話女. 〚(*a*1500) ← HEN＋WIFE 《古》 woman: cf. fishwife〛

Hen·ze /héntsə; *G.* héntsə/, **Hans Werner** *n.* ヘンツェ (1926–2012; ドイツの作曲家).

HEO 《略》 Higher Executive Officer.

he·or·tol·o·gy /hì:ɔətá(:)ləʤi | -ɔ:tɔ́l-/ *n.* 教会祝祭学 《教会暦の祝祭日と季節との意味や歴史に関する研究; liturgiology の一分科》. 〚(1900) ← Gk *heortḗ* festival ＋-o-＋-LOGY〛

hep[1] /hép, háp | hép/ *int.* [隊列行進の歩調を整えるための(最初の)掛け声として] いち: ～, two, three, four いち, に, い, さん, し. 〚(1862)?〛

hep[2] /hép/ *adj.* 《俗・まれ》 =hip[5]. 〚(1908) 《転訛》 ← HIP[5]〛

hep[3] /hép/ *n.* =hip[2].

HEP 《略》 hydroelectric power.

he·par /hí:pɑə | -pɑ:(r)/ *n.* **1** 肝臓色, 茶褐色 (liver). **2** 《解剖》 肝臓 (liver). **3** 《古》 《化学》 硫肝 《硫黄とアルカリ金属との肝臓色の化合物》. 〚(1693) ◻ ML *hepār* ◻ Gk *hêpar* liver < IE **yekwr̥t* (Skt *yakr̥t*)〛

hep·a·rin /hépərɨn | -rɪn/ *n.* 《生化学》 ヘパリン 《肝臓中に多く存し血液の凝固を防ぐ物質; 外科手術で血栓症防止のために用いられる》. 〚(1918): ⇨ ↑, -in[2]〛

hep·a·rin·ize /hépərɨnàɪz | -rɪ-/ *vt.* (血液凝固を防ぐため)…にヘパリンを加える. **hep·a·rin·i·za·tion** /hèpərɨnɨzéɪʃən | -rɪnaɪ-, -nɪ-/ *n.* 〚(1940): ⇨ ↑, -ize〛

hep·at- /hépət/ (母音の前にくるときの) hepato- の異形.

hep·a·tec·to·mize /hèpətéktəmàɪz/ *vt.* 《医学》 〈人の〉肝臓を切除する. 〚(1946): ⇨ ↓, -ize〛

hep·a·tec·to·my /hèpətéktəmi/ *n.* 《医学》 肝切除(術). 〚(1900) ← HEPATO-＋-ECTOMY〛

he·pat·ic /hɨpǽtɪk | hɨpǽt-, he-/ *adj.* **1** 肝(臓)の[に関する, に利く]. **2** 肝臓色[茶褐色]の (liver-colored). **3** 《植物》 苔(たい)類 (Hepaticae) の; ゼニゴケの. — *n.* **1** 肝臓の薬. **2** 《植物》 ゼニゴケ (liverwort の方がふつう). 〚(*a*1398) ◻ L *hēpaticus* ◻ Gk *hēpatikós* ← *hēpat-*, *hêpar* liver[2]: ⇨ hepar〛

he·pat·i·ca /hɨpǽtɨkə | hɨpǽtɪ-, he-/ *n.* 《植物》 **1** キンポウゲ科スハマソウ属 (*Hepatica*) の植物の総称 《スハマソウ, ユキワリソウ (*H. triloba*) など》. **2** ゼニゴケ (*Marchantia polymorpha*). 〚(?1373) (1548) ◻ ML *hēpatica* (fem.) ← L *hēpaticus* (↑)〛

hepátic ártery *n.* 《生理》 肝動脈. 〚1806〛

hep·a·ti·tis /hèpətáɪtɪs | -tɪs/ *n.* 《病理》 肝炎: viral [virus] ～ ウイルス性肝炎. 〚(1727–51) ← NL ～: ⇨ hepato-, -itis〛

hepatítis A /-éɪ/ *n.* 《病理》 A 型肝炎, 伝染性肝炎 (infectious hepatitis). 〚1973〛

hepatítis B /-bí:/ *n.* 《病理》 B 型肝炎, 血清肝炎 (serum hepatitis). 〚1973〛

hepatítis C /-sí:/ *n.* 《病理》 C 型肝炎 《non-A, non-B hepatitis のほとんどの場合》.

hep·a·ti·za·tion /hèpətɨzéɪʃən | -taɪ-, -tɪ-/ *n.* 《病理》 (肺炎時の肺の)肝変. 〚(1796): ⇨ ↓, -ization〛

hep·a·tize /hépətàɪz/ *vt.* 《病理》 〈肺臓などを〉肝臓のような組織に変える. 〚(1786) ← HEPATO-＋-IZE〛

hep·a·to- /hépətoʊ, hɨpǽt-, hépətəʊ, hɨpǽt-, he-/ 「肝臓 (liver); 肝臓と…との (liver and …)」の意の連結形: *hepato*tomy 肝臓切開. ★ 母音の前では通例 hepat- になる. 〚← Gk *hēpat-*, *hêpar* liver[2]: ⇨ hepatic〛

hèpato·céllular *adj.* 《病理》 肝細胞性の: ～ jaundice 肝細胞性黄疸(おうだん). 〚(1940): ⇨ ↑, cellular〛

hep·a·to·cyte /hépətousàɪt, hɨpǽt- | -tə(ʊ)-/ *n.* 《解剖》 肝細胞. 〚1965〛

hèpato·flávin *n.* 《生化学》 ヘパトフラビン 《肝臓から採る vitamin B_2》. 〚(1933) ← HEPATO-＋FLAVIN〛

hep·a·to·gen·ic /hèpətouʤénɪk | -tə(ʊ)-/ *adj.* 肝臓から生じる. 〚(1876) ← HEPATO-＋-GENIC[1]〛

hep·a·tog·e·nous /hèpətá(:)ʤənəs | -tɔ́ʤɨ-/ *adj.* =hepatogenic. 〚1875〛

hep·a·tol·o·gy /hèpətá(:)ləʤi | -tɔ́l-/ *n.* 苔(たい)学 (muscology). 〚(*c*1888): ⇨ hepatic, -logy〛

hep·a·to·ma /hèpətóumə | -tə́ʊ-/ *n.* 《病理》 ヘパトーム, 肝(細胞)癌. 〚← NL ～: ⇨ hepato-, -oma: 山極(やまぎわ)勝三郎 (1863–1930: 東大病理学教授)の命名〛

hep·a·to·meg·a·ly /hèpətoumégəli | -tə(ʊ)-/ *n.* 《病理》 肝臓肥大. 〚1901〛

hèpato·páncreas *n.* 《動物》 肝膵臓, 中腸腺 《軟体動物と節足動物の中腸に開く腺状組織で, 脊椎動物における肝臓と膵臓の機能を兼ねる》. 〚1884〛

hep·a·top·a·thy /hèpətá(:)pəθi | -tɔ́p-/ *n.* 《病理》 肝臓病. 〚← HEPATO-＋-PATHY〛

hep·a·tos·co·py /hèpətá(:)skəpi | -tɔ́s-/ *n.* **1** 《医学》 肝(臓)(機能)検査. **2** 動物の肝臓による占い. 〚(1727–51) ← HEPATO-＋-SCOPY〛

hèpato·splenomégaly *n.* 《病理》 肝脾腫大(症). 〚(1930) ← HEPATO-＋SPLENO-＋-MEGALY〛

hèpato·tóxic *adj.* 《病理》 肝に有害な[毒性のある], 肝臓毒の: a ～ drug. 〚1926〛

hèpato·toxícity *n.* 《病理》 **1** 肝臓中毒(症). **2** 肝臓中毒(を起こす)作用, 肝中毒誘発性. 〚(1952): ⇨ ↑, -ity〛

hèpato·tóxin *n.* 《病理》 肝臓毒素. 〚1904〛

Hep·burn /hépbə:n | -bə:n/, **Audrey** *n.* ヘップバーン (1929–93; ベルギー生まれの米国の女優; *Roman Holiday* (1955)).

Hep·burn /hébə(:)n, hép- | -bə(:)n/, **James Curtis** *n.* ヘップバーン(通称ヘボン) (1815–1911; 米国の宣教師・医師, ヘボン式ローマ字つづり方の創始者; 「和英語林集成」(1867)).

Hep·burn /hépbə:n | -bə:n/, **Katharine** *n.* ヘップバーン (1907– ; 米国の女優).

Hep·burn·i·an /hɛbə́:niən, hɛp- | -bə́:-/ *adj.* ヘボン式の: the ～ system (日本語ローマ字の)ヘボン式つづり方 《大体母音字はイタリア語式に, 子音字は英語式によったもの, 例えば「不死鳥」は 'fushichō' とつづる》. — *n.* ヘボン式つづり方使用[賛成]者. 〚(1937) ← *J. C. Hepburn*: ⇨ -ian〛

hép·càt *n.* 《俗》 **1** **a** ジャズ[スイング]の演奏家. **b** ジャズ[スイング]の愛好家. **2** 新しい事情[情勢]に明るい人, 事情通; 新流行の通 (hipster). 〚(*c*1925) ← HEP[2]＋CAT 8 a〛

He·phaes·tus /hɪféstəs | hɨfí:stəs, he-/ *n.* (*also* **He·phais·tos** /-tɑ(:)s | -tɔs/) 《ギリシャ神話》 ヘーファイストス 《Zeus と Hera の子; 火と鍛冶(かじ)仕事の神; ローマ神話の Vulcan に当たる》. 〚◻ L *Hēphaestus* ◻ Gk *Hḗphaistos*: cf. Gk *haphḗ* kindling〛

Heph·zi·bah /héfsɨbà:, héps-/ *n.* ヘフジバ 《女性名; ユダヤ人にみられる》. 〚◻ Heb. *Ḥephṣībāh* 《原義》 my delight is in her〛

hepped *adj.* [通例 ～ up として] 《俗》 =hipped[2]. 〚1947〛

Hep·ple·white /hép(h)wàɪt/ *adj.* 〈家具の意匠が〉ヘップルホワイト(様)式の 《18 世紀後期の軽快で優雅な曲線を多用した家具意匠にいう; cf. Sheraton》: a ～ chair. — *n.* ヘップルホワイト(様)式家具: a piece of ～. 〚(1897) ← *George Hepplewhite* (*d.* 1786: 英国の著名な家具製作家)〛

hep·ster /hépstə | -stə(r)/ *n.* =hipster[1] 2. 〚(1938) ← HEP[2]＋-STER〛

hept- /hɛpt/ (母音の前にくるときの) hepta- の異形.

hep·ta- /héptə/ 「7 (seven); 《化学》 7 価原子を含む」の意の連結形. ★ 母音の前では通例 hept- になる. 〚◻ Gk *hepta-* ← *heptá* seven〛

hep·ta·chlor /héptəklɔə | -klɔ:(r)/ *n.* 《化学》 ヘプタクロル ($C_{10}H_5Cl_7$) 《白色または淡黄褐色の蠟(ろう)状の不溶解性固体でもと土壌害虫の防除用》. 〚(1949) ← HEPTA-＋CHLORO-〛

hep·ta·chord /héptəkɔəd | -kɔ:d/ *n.* **1** 七弦琴. **2** 《音楽》 七音音階 (cf. hexachord, pentachord 2). 〚(1727–41) ◻ Gk *heptákhordos*: ⇨ hepta-, -chord〛

hep·tad /héptæd/ *n.* **1** 7 の数; 7 個群, 七つ揃い. **2** 《化学》 7 価原子, 7 価元素. 〚(1660) ◻ Gk *heptad-*, *heptás* ← *heptá* seven: ⇨ -ad[1]〛

hépta·decanòic ácid *n.* 《化学》 ヘプタデカン酸 ($CH_3(CH_2)_{15}COOH$) (margaric acid ともいう).

hep·ta·glot /héptəglɑ̀(:)t | -glɔt/ *adj.*, *n.* 7 か国語で書かれた(書物). 〚(1684) ← HEPTA-＋-GLOT〛

hep·ta·gon /héptəgɑ̀(:)n | -gən, -gɔ̀n/ *n.* 七角形, 七辺形. **hep·tag·o·nal** /hɛptǽgənl/ *adj.* 〚(1570) ◻ Gk *heptágōnos*: ⇨ hepta-, -gon〛

hep·ta·he·dron /hèptəhí:drən | -hí:drən, -hédrən/ *n.* (*pl.* **～s**, **-he·dra** /-drə/) 《数学・結晶》 七面体. **hèp·ta·hé·dral** /-drəl/ *adj.* 〚(1658) ← NL ～: ⇨ hepta-, -hedron〛

hèpta·hýdrate *n.* 《化学》 七水化物 《分子式中に結晶水を 7 分子含むもの》. 〚1874〛

hep·tam·er·ous /hɛptǽmərəs/ *adj.* **1** 7 部分から成る. **2** 《植物》 七数花の 《花弁などが 7 の倍数から成る; 7-merous ともつづる》. 〚(*a*1790) ← HEPTA-＋-MEROUS〛

hep·tam·e·ter /hɛptǽmətə | -mɨtə(r)/ *n.* 《詩学》 七歩格(の詩) 《1 行 7 詩脚から成る詩行; cf. meter[3] 1 b》. **hep·ta·met·ric** /hèptəmétrɪk/ *adj.* **hèp·ta·mét·ri·cal** /-métrɨkəl, -kl | -trɪ-/ *adj.* 〚(*c*1898) ◻ ML *heptametrum* ◻ Gk *heptámetron*: ⇨ hepta-, meter[3]〛

hep·tane /héptein/ *n.* 《化学》 ヘプタン (C_7H_{16}) 《パラフィン系炭化水素の一つ; 9 種の異性体がある》. 〚(1877) ← HEPTA-＋-ANE[2]〛

hep·tan·gu·lar /hɛptǽŋgjulə | -lə(r)/ *adj.* 七角形の. 〚(1706) ← HEPTA-＋ANGULAR〛

hep·ta·none /héptənòun | -nəʊn/ *n.* 《化学》 ヘプタノン ($C_7H_{14}O$). 〚← HEPTANE＋-ONE〛

hep·ta·ploid /héptəplɔ̀ɪd/ 《生物》 *adj.* 〈細胞・核など〉(染色体が)七倍性の, 七倍体の. — *n.* (染色体数の)七倍体. 〚← HEPTA-＋-PLOID〛

hep·tarch /héptɑək | -tɑ:k/ *n.* 《英史》 七王国 (the Heptarchy) の各国王. 〚(1679) ← HEPTA-＋-ARCH[1]〛

hep·tar·chy /héptɑəki | -tɑ:-/ *n.* **1** 七頭政治. **2** **a** 七王国連合. **b** [しばしば the H-] 《英史》 七王国 《5 世紀から 9 世紀ごろまでの Anglo-Saxon 時代に競い合った Kent, Sussex, Wessex, Essex, Northumbria, East Anglia, Mercia の 7 王国, 七王国時代》. **hep·tar·chal** /hɛptáəkəl, -kl | -tá:-/ *adj.* **hep·tar·chic** /hɛptáəkɪk | -tá:-/ *adj.* **hep·tár·chi·cal** /-kɨkəl, -kl | -kɪ-/ *adj.* 〚(1576) ← HEPTA-＋-ARCHY〛

hep·ta·stich /héptəstɪk/ *n.* 《詩学》 七行連(句). 〚(1882–83) ← HEPTA-＋(DI)STICH〛

hep·ta·style /héptəstàɪl/ *adj.* 《建築》 〈建物が〉(正面に) 7 本の円柱をもつ, 七柱式の (cf. distyle). 〚(1843) ← HEPTA-＋-STYLE[1]〛

hèpta·sýllable *n.* 7 音節語[詩行]. **hèpta·syllábic** *adj.* 〚(1758) ← HEPTA-＋SYLLABLE〛

Hep·ta·teuch /héptətù:k, -tjù:k | -tju:k/ *n.* [the ～] (旧約聖書の最初の)七書 《モーセ五書とヨシュア記・士師記; cf. Pentateuch》. 〚(1678) ◻ LL *Heptateuchos* ← HEPTA-＋Gk *teûkhos* book〛

hep·tath·lon /hɛptǽθlɑ(:)n | -lən, -lɔn/ *n.* 七種競技 《100 m ハードル, 砲丸投げ, 槍投げ, 走り高跳び, 幅跳び, 200 m 走, 800 m 走で競う女子陸上競技》. 〚(1977) ← HEPTA-＋ATHLON〛

hèpta·válent *adj.* 《化学》 7 価の (septivalent ともいう).

hep·tene /hépti:n/ *n.* 《化学》 ヘプテン (C_7H_{14}). 〚(1877) ← HEPTA-＋-ENE〛

hep·tose /héptous, -touz | -təus, -təuz/ *n.* 《化学》 ヘプトース ($C_7(H_2O)_7$) 《炭素原子 7 個を持つ単糖類の一般名》. 〚(1890) ← HEPTA-＋-OSE[2]〛

hep·tyl /héptaɪl, -tɪl | -tɪl/ *n.* 《化学》 ヘプチル(基) 《ヘプタンから誘導されるアルキル基》.

Hep·worth /hépwə(:)θ | -wə(:)θ/, Dame **Barbara** *n.* ヘップワース (1903–75; 英国の抽象彫刻家; 石やブロンズを用い, 大型で曲線的なフォルム, 空間の使い方で有名).

H

her /(弱) (h)ə | (h)ə(r); (強) hə́: | hə́:(r)/ ★ /h/ の脱落した発音は文や節の冒頭には現れない. *pron.* (she の所有格および目的格; cf. hers) **1** [所有格] **a** 彼女の; 彼女が作った[行った]: ～ book(s) / That's ～ and ～ father's house. 彼女と父親との(共同所有の)家だ / He insisted on ～ coming with him. 彼女が一緒に来るべきだと主張した. **b** [しばしば H-; 敬称を伴って she の代用をなす]: *Her* Highness ⇨ highness 2 / ～ ladyship ⇨ ladyship 2 / *Her* Majesty ⇨ majesty 4. **c** [女性として擬人化されたもの, 船, 国などをうけて] その. **2** [目的格] **a** 彼女を, 彼女に, 彼女へ: We like ～. / I like him better than ～. 彼女よりも彼のほうを好ましく思っている / I sent ～ a flower. / He did it for ～. 彼女のためにそうしてあげた / The money was meant for ～ alone [only]. そのお金は彼女一人にあげたものだった / The letter was addressed to her husband and ～. 手紙は彼女の夫と彼女あてだった. **b** /hə́: | hə́:(r)/ 《口語》 [補語に用いて]: It's ～, sure enough. それは確かに彼女だ / Who's next?—*Her*. 次はだれですか—彼女です. **c** 《口語》 [than, as のあとに用いて] =she: I can swim faster than ～. 私は彼女よりも速く泳げる / I'm not as beautiful *as* ～. **d** [所有格を反復して] だめな, 無益な: *Her* and *her* promises. まったく彼女の約束ときたら(何の役にも立たない). **e** 《古・詩・米口語》 =herself: She leaned ～ o'er the saddlebow. 彼女は鞍(くら)の前弓にしがみついた / She had ～ one hell of a time last night! 昨晩ひどい目に遭った. 〚ME *her*, *hir(e)* < OE *hi(e)re* (dat. & gen.: cf. *hīe* (acc.)) ← *hēo*, *hīo* 'SHE'〛

her. 《略》 heraldic; heraldry; *L.* *hērēs* (=heir).

He·ra /hí(ə)rə, hí:rə, hérə | híərə/ *n.* **1** ヘラ 《女性名》. **2** 《ギリシャ神話》 ヘラ 《Zeus の妹で妻である女神, 天界の女王で嫉妬(しっと)深い; 結婚の女神; ローマ神話の Juno に当たる; ⇨ Hercules》. 〚◻ L *Hēra* ◻ Gk *Hḗra* 《原義》 protectress: cf. hero〛

Her·a·cle·a /hèrəklí:ə/ *n.* ヘラクレア 《イタリア南部の Taranto 湾に近い古代都市; ローマ軍が Epirus 王 Pyrrhus に敗れた所 (280 B.C.); cf. Pyrrhic victory》.

Her·a·cle·an /hèrəklí:ən/ *adj.* (*also* **Her·a·clei·an** /-klí:ən, -kláɪən/) =Herculean. 〚1883〛

Her·a·cles /hérəklì:z | hér-, híər-/ *n.* 《ギリシャ・ローマ神話》 ヘラクレス (Hercules のギリシャ語名).

Her·a·clid /hérəklɨd | -klɪd/ *n.* (*pl.* **-a·cli·dae** /hèrəkláɪdi:/) ヘラクレイダイ 《Hercules の子孫, 特にスパルタのドリア人貴族》. **Her·a·cli·dan** /hèrəkláɪdn/ *adj.*

Her·a·cli·te·an /hèrəklaɪtí:ən, -klaɪtí:ən | -klaɪtiən, -klaɪtí:ən/ 《哲学》 *adj.* ヘラクレイトスの. — *n.* ヘラクレイトスの信奉者. 〚(1791): ⇨ Heraclitus, -ean〛

Hèr·a·clí·te·an·ism /-nìzm/ *n.* 《哲学》 ヘラクレイトス哲学. 〚(1885): ⇨ ↑, -ism〛

Her·a·cli·tus /hèrəkláɪtəs | hèrəkláɪtəs, hìər-/ *n.* ヘラクレイトス (544 (または 538)–484 (または 475) B.C.; ギリシャの哲学者; 「万物は流(る)転する (panta rhei)」と説いた; 異名 the Weeping Philosopher).

Her·a·cli·us /hèrəkláɪəs, hɨrǽkliəs | hèrəkláɪəs, hɪrǽkli-/ *n.* ヘラクレイオス (575?–641; 東ローマ帝国皇帝 (610–641)).

Her·a·kles /hérəklì:z | hér-, híər-/ *n.* 《ギリシャ・ローマ神話》 ヘラクレス (Hercules のギリシャ語名).

Her·a·klid /hérəklɨd | -klɪd/ *n.* =Heraclid.

He·rak·li·on /*Mod.Gk* iráklio(n)/ *n.* イラクリオン (Candia 1 の(現代)ギリシャ語名).

her·ald /hérəld/ *vt.* **1** **a** 告知する (announce). **b** 布告する (proclaim), 公表する (publicize). **2** 先触れする, 予告する (precede): The song of birds ～*s* the approach of spring. 鳥の歌は春の近づいたことを告げる. — *n.* **1** 先駆者, 先触れ (⇨ forerunner SYN): The cuckoo is a ～ of spring. かっこうは春の先触れである. **2** **a** 布告者, 報道者; 使者. **b** [H-] 新聞の名称: the New York [Morning] *Herald*. **3** **a** (英国の)紋章院 (College of Arms) の中級紋章官 (King of Arms と pursuivants との中間職; 総数 6 名). **b** 紋章官の総称. **4** 《英史》 **a** 伝令官, 伝達吏 《王の布告や国書を貴族に伝達した》. **b** 先導官 《馬上試合の際, 挑戦状を公表し一騎打ちをする二人を先導した役人》. 〚(?*c*1300) ～, *heraud* ◻ AF *heraud*, *herald*=OF *herau(l)t* (F *héraut*) ←

Gmc *χariwald- ← *χarjaz army＋*waldan 'to rule, WIELD': cf. Harold》

he·ral·dic /hɪ̬rǽldɪk, hɛ-/ *adj.* **1** 伝令の, 伝令官の. **2** 紋章の, 紋章官の, 紋章学の. **he·rál·di·cal·ly** *adv.* 《(1772): ⇨ ↑, -ic¹》

heráldic héiress *n.* 《紋章》(男子相続人のない場合に家紋を相続する)女子紋章相続人.

hér·ald·ist /-dɪ̬st | -dɪst/ *n.* 紋章学者. 《(1814): ⇨ -ist》

hérald mòth *n.* 《昆虫》ハガタキリバ (*Scoliopteryx libatrix*) 《ヤガ科のガ》. 《1832》

her·ald·ry /hérəldri/ *n.* **1 a** 紋章学, 系譜記録法. **b** 紋章官の職能. **2 a** 紋章, 紋所. **b** 紋章図案(集). **c** 紋章による象徴. **3 a** (紋章入りの旗・指物(さしもの)を打ち立てての)仰々しい儀式; 派手な儀式: historic ～ of British coronations 歴代英王の絢爛(けんらん)華麗な戴冠式. **b** 仰々しさ, 物々しさ (pageantry). **4** 前触れ, 予告. **5 a** 《古》布告者の職. **b** 《廃》社会的地位. 《(1572) ← HERALD＋-(E)RY》

Héralds' Cóllege *n.* [the ～] 紋章院 (⇨ COLLEGE of Arms). 《1588》

hérald·shìp *n.* herald の職[地位, 任務]. 《(1613): ⇨ -ship》

hérald's trúmpet *n.* 《植物》インド原産のトランペット型の白い大花をつけるキョウチクトウ科のつる植物 (*Beaumontia grandiflora*).

Hérald Tríbune *n.* [the ～] ＝International Herald Tribune.

He·rat /hɛrɑ́:t, hə- | herǽt, hɪ̬-, -rɑ́:t/ *n.* ヘラート《アフガニスタン北西部の都市》.

Hé·rault /eɪróu | -róu; *F.* eʀo/ *n.* エロー(県)《フランス南部の Lions 湾に臨む県; 面積 6,224 km², 県都 Montpellier》.

herb /ɚ́:b, hɚ́:b | hɚ́:b/ *n.* **1** 風味用[薬用, 香料]植物, ハーブ (mint, thyme, basil, sage など): a ～ farm [garden] 薬草園 / a ～ fancier 薬草愛好家. **2** 草, 草本 (peony, buttercup, wheat, cabbage など茎部が木質でなく花が咲いたあと根以外は枯れる植物をいう; cf. plant): an annual ～ 一年生草本. **3** (根と区別して)草葉. **4** [集合的]《古》牧草 (herbage). **5** [(the) ～]《米俗》マリファナ.

hérb of gráce 《古》《植物》＝rue².

～·lìke *adj.* 《(?a1300) (*h*)*erbe* ◻ OF *erbe* (F *herbe*) ∥ L *herba* grass, herb ← ?》

Herb /hɚ́:b | hɚ́:b/ *n.* ハーブ《男性名》. 《《略》← HERBERT》

her·ba·ceous /(h)ə(:)béɪʃəs | hə(:)-/ *adj.* **1 a** 草[草本]の, 草本性の (cf. ligneous): a ～ stem [root] 草質茎[根]. **b** 〈茎が木質でなく〉一季性の. **2** 〈花・萼(がく)など〉緑色で葉状の: ～ sepals 葉状萼片. **～·ly** *adv.* **～·ness** *n.* 《(1646) ◻ L *herbāceus*: ⇨ herb, -aceous》

herbáceous bórder *n.* 《園芸》(主として多年生の草花を植えて造った)花壇(の縁). 《1881》

herbáceous perénnial *n.* 《植物》多年草《地上部は毎年枯死するが地下部は生き残る草》. 《1868》

herb·age /ɚ́:bɪdʒ, hɚ́:- | hɚ́:-/ *n.* **1** [集合的] 草 (herbs); 牧草 (pasture), (牧草地の)植生. **2** 草の水分の多い部分《葉や茎》. **3** 《法律》(他人の所有地での)放牧権. 《(a1393) (*h*)*erbage* ◻ OF *erbage* (F *herbage*): ⇨ herb, -age》

herb·al /ɚ́:bəl, hɚ́:-, -bl̩ | hɚ́:-/ *adj.* 草[草本]の[に関する, から作られる]: ⇨ herbal medicine / a ～ lunch (主に)野菜を使ったランチ. — *n.* **1** 植物記載[記録]集, 草本書, 草本誌, 植物誌《特に薬草の特性を記述した初期のものを指す》. **2** 《古》植物標本 (herbarium). 《(1516) ◻ ML *herbālis* (*liber*) (book) treating of plants: ⇨ herb, -al¹》

hérb·al·ìsm /-lɪzm/ *n.* 薬草学, (昔の)本草(ほんぞう)学. 《1664》

herb·al·ist /ɚ́:bəlɪ̬st, hɚ́:-, -bl̩- | hɚ́:bəlɪst, -bl̩-/ *n.* **1 a** 薬草商. **b** 薬草医, 漢方医 (herb doctor). **2** 《廃》植物学者, 本草学者; 植物採集者 (botanist). 《(1592): ⇨ ↑, -ist》

hérbal médicine *n.* **1** 漢方医療, ハーブ療法. **2** 漢方薬.

hérbal téa *n.* ＝herb tea.

her·bar·i·um /(h)ə(:)bé(ə)riəm | hə:béər-/ *n.* (*pl.* **-i·a** /-riə/, ～**s**) **1** (分類した)腊葉(さくよう)標本. **2** 植物標本帳[箱]; 植物標本室[館], ハーバリウム. **her·bár·i·al** /-riəl/ *adj.* 《(1776) ◻ LL *herbārium*: ⇨ herb, -arium》

Her·bart /hɛ́əbɑət | hɛ́əbɑ:t; *G.* hɛ́ʁbaʁt/, **Johann Friedrich** *n.* ヘルバルト (1776–1841; ドイツの哲学者・教育学者・心理学者; その学説は日本の教育界にも大きな影響を与えた; *Umriss pädagogischer Vorlesungen*「一般教育学」(1835)).

Her·bar·ti·an /hɛəbɑ́ətiən | hɛəbɑ́:tiən, -tjən/ *adj.* ヘルバルトの; ヘルバルト教育学説の. — *n.* ヘルバルトの学説信奉者; ヘルバルト学派の人. 《(1884): ⇨ ↑, -ian》

Her·bár·ti·an·ìsm /-nɪzm/ *n.* 《教育》ヘルバルトの学説《認識には明瞭・連合・系統・方法の 4 段階があるとする説; Herbart はこの 4 段階を教授の一般的段階として定式化した》. 《(1903): ⇨ ↑, -ism》

herb·ar·y /ɚ́:bəri, hɚ́:- | hɚ́:b-/ *n.* 《古》草園, 草本園, 薬草園. 《(1548) ← HERB＋-ARY》

hérb bèer *n.* 薬草ビール《薬草を用いて醸造したもので, アルコール分を含まない》. 《1891》

hérb bènnet *n.* (*pl.* **herbs b-**, ～**s**) 《植物》ヨーロッパ産の黄色い花をつけるバラ科ダイコンソウ属の多年草 (*Geum urbanum*) 《wood avens, bennet ともいう》.

hérb Christopher *n.* (*pl.* **herbs C-**, ～**s**) 《植物》ルイヨウショウマ (baneberry). 《《なぞり》← ML herba *Christophori*: St. Christopher にちなむ》

hérb dòctor *n.* 薬草医, 漢方医《herbalist ともいう》. 《1828》

herbed /(h)ɚ́:bd | hɚ́:bd/ *adj.* ハーブを含んだ[で風味をつけた]. 《(1950): ⇨ -ed 2》

Her·bert /hɚ́:bət | hɚ́:bət; *G.* hɛ́ʁbɛʁt/ *n.* ハーバート《男性名; 愛称形 Bert, Herb》. 《ME ◻ ML *Herbertus* ◻ OHG *Haribercht* ← *heri, hari* army (⇨ harry)＋*beraht* 'BRIGHT': cf. OE *Herebeorht*》

Her·bert /hɚ́:bət | hɚ́:bət/, **Sir Alan Patrick** *n.* ハーバート (1890–1971; 英国のジャーナリスト・著述家; 国会議員にも選ばれた).

Herbert, George *n.* ハーバート (1593–1633; 英国の司祭・形而上詩人の一人; *The Temple* (1633)).

Herbert, George Edward Stan·hope Mol·y·neux /stǽnəpmɑ́(:)lənù:(ks), -mɑ́l-, -nù:k, -njù:(ks) | -mɔ́lɪnjù:(ks), -mɑ́l-/ *n.* ハーバート (1866–1923; 英国のエジプト学者; H. Carter と協力して Tutankhamen の墳墓の発掘を行った; 称号 5th Earl of Carnarvon).

Herbert, Victor *n.* ハーバート (1859–1924; アイルランド生まれの米国の作曲家・指揮者).

hérb Gerárd *n.* (*pl.* **herbs G-**, ～**s**) 《植物》イワミツバ (*Aegopodium podagraria*) 《湿地に生ずるヨーロッパ原産セリ科の帰化植物; 白い小花を密生する; goutweed ともいう》. 《(1578) 《なぞり》← ML *herba Gerardi*: St. Gerard にちなむ》

hérb-gràce *n.* 《古》《植物》＝HERB of grace. 《1548》

herb·i·cide /(h)ɚ́:bəsàɪd | hɚ́:bɪ̬-/ *n.* 除草剤. **her·bi·cid·al** /(h)ɚ̀:bəsáɪdl̩ | hɚ̀:bɪ̬sáɪdl̩⁺/ *adj.* **hèr·bi·cíd·al·ly** *adv.* 《(1899) ← *herbi-* 《連結形》← L *herba* 'HERB'＋-CIDE》

Her·biv·o·ra /(h)ə(:)bívərə | hə:-/ *n. pl.* 《動物》**1** 草食類. **2** [h-] herbivore の複数形. 《(1830) ← NL ～ (neut. pl.) ← L *herbivorus* (↓)》

her·bi·vore /(h)ɚ́:bəvɔ̀ə | hɚ́:bɪ̬vɔ̀:ʳ/ *n.* (*pl.* ～**s**, **her·biv·o·ra** /(h)ə(:)bívərə | hə(:)-/) 草類・樹葉を食べる草食獣《特にウシ, ウマ, ゾウなど》. 《(1854) ◻ F ～ ◻ L *herbivorus* (↓)》

her·biv·o·rous /(h)ə(:)bív(ə)rəs | hə(:)-/ *adj.* 〈動物が〉草食(性)の, 草を食する (cf. carnivorous 1 a, omnivorous 1 b). **～·ly** *adv.* **～·ness** *n.* 《(1661) ← NL *herbivorus* ← L *herbi-*, *herba* 'HERB': ⇨ -vorous》

hérb làyer *n.* 《生態》草本層 (field layer).

hérb·let *n.* 小さな草. 《(1609–10): ⇨ -let》

her·bo·rist /(h)ɚ́:bərɪ̬st | hɚ́:bərɪst/ *n.* 植物採集家; 草本学者 (herbalist). 《(1578) ◻ F *herboriste* ← L *herba* 'HERB': ⇨ -ist》

her·bo·rize /(h)ɚ́:bəràɪz | hɚ́:-/ *vi.* 植物[草本]を採集する (botanize). **her·bo·ri·za·tion** /(h)ɚ̀:bərɪ̬zéɪʃən | hɚ̀:bəraɪ-, -rɪ-/ *n.* 《(1664) ◻ F *herboriser* ← *herboriste* (↑): ⇨ -ize》

hérb Páris *n.* (*pl.* **herbs P-**, ～**·es**) 《植物》ヨーロッパ産ユリ科ツクバネソウ属の宿根草 (*Paris quadrifolia*) 《昔は薬用》. 《(1578) ◻ ML *herba paris* 《原義》? herb of a pair ← L *herba* 'HERB'＋*paris* ((gen.) ← *pār* a pair): Paris は通俗語源による》

hérb pátience *n.* (*pl.* **herbs p-**) 《植物》＝patience 4.

hérb Róbert *n.* (*pl.* **herbs R-**, ～**s**) 《植物》ヒメフウロ (*Geranium robertianum*) 《フウロソウ科の植物》. 《(1373) 《なぞり》← ML *herba Roberti* ← ? *Robertus* (＝St. Robert: 11 世紀のフランスの聖職者)》

hérb téa *n.* (飲用)薬草湯, 振り出し薬, ハーブティー《煎(せん)じずに, 熱湯の中に袋入りの薬草を入れて振り出した薬湯; cf. tea 4》. 《1744》

hérb-wàter *n.* ＝herb tea. 《1886》

herb·y /ɚ́:bi, hɚ́:- | hɚ́:-/ *adj.* (**herb·i·er**; **-i·est**) **1** 草本の[に関する], 草本性の; 薬草の味[香り]のする. **2** 草[草本]の多い. 《(1552): ⇨ herb, -y¹》

Her·ce·go·vi·na /*Serb./Croat.* xèrtsegovina/ *n.* ヘルツェゴビナ (Herzegovina のセルボクロアチア語名).

Her·cu·la·ne·um /hɚ̀:kjuléɪniəm | hɚ̀:-/ *n.* ヘルクラネウム《Naples の近くのローマ時代の都市; 79 年の Vesuvius の噴火で Pompeii とともに埋没した》.

Her·cu·le·an /hɚ̀:kjulí:ən⁺, hɚ(:)kjú:liən | hɚ̀:kjulí:ən⁺, hɚ:kjú:liən/ *adj.* **1** ヘラクレス (Hercules) の[に関する]. **2** [しばしば h-] **a** ヘラクレスのような; 大力無双の, 強靱(きょうじん)な体の; 勇敢な: a man of ～ build (ヘラクレスのように)立派な体格の人 / ～ strength ヘラクレスのような大力, 大力無双. **b** 大力を要する; 非常に困難な: a ～ labor [task] 非常に困難な仕事 (cf. Hercules 2). 《(1593) ← L *Herculēs* (↓)＋-EAN》

Her·cu·les /hɚ́:kjulì:z | hɚ́:-/ *n.* **1** ハーキュリーズ《男性名》. **2** 《ギリシャ・ローマ神話》ヘラクレス《Jupiter の子で 12 の難事をやってのけた大力無双で勇敢な英雄; Alcides ともいう; ギリシャ語名 Herakles, Heracles》: the twelve labors of ～ ヘラクレスの十二功業[苦業, 大業]《Hera に憎まれたヘラクレスが Mycenae の王 Eurystheus によってその遂行を命じられた 12 の難事; cf. HERCULEAN labor》. **3** [h-] ヘラクレスのような人: a regular ～ 全くヘラクレスのような大力無双の人. **4** [the ～] 《天文》**a** ヘルクレス座《右ひざをついた男性の姿になぞらえた北天の星座》. **b** 月面北面象限(しょうげん)のクレーター《直径約 70 km》. 《(?a1200) ◻ L *Herculēs* ◻ Gk *Hēraklês* 《原義》the glory of Hera ← *Hērā* 'HERA'＋*kléos* glory》

Hércules bèetle *n.* 《昆虫》ヘラクレスオオカブトムシ, ヘラクレスオオツノカブトムシ (*Dynastes hercules*) 《中米・西インド諸島から南米北部にかけて産する世界最大のカブトムシ; 体長 130 mm におよぶ》. 《1840》

Hércules' chóice *n.* ヘラクレスの選択《安逸を退けて進んで苦労を選ぶこと》.

Hércules'-clùb *n.* 《植物》**1** ウコギ科タラノキ属の低木 (*Aralia spinosa*) 《樹皮と根は薬用; angelica tree, devil's-walking-stick ともいう》. **2** ミカン科サンショウ属の木 (*Zanthoxylum clava-herculis*) 《prickly ash ともいう》. 《(1688) Hercules が手に持つとげのある棍棒から》

Hércules' Píllars *n. pl.* [the ～] ＝Pillars of Hercules. 《a1387》

Her·cyn·i·an /hə:síniən | hə:-/ *adj.* 《地質》ヘルシニア造山期の. 《(1598) ← L *Hercynia* (*silva*) Hercynian (forest)＋-AN¹》

herd¹ /hɚ́:d | hɚ́:d/ *n.* [単数または複数扱い] **1 a** (人間の世話で一緒に飼われている同一種類の)家畜の群れ; (特に)牛の群れ (⇨ group SYN): a ～ of cattle 牛の群れ / ～*s* of horses 馬の群れ / flocks and ～*s* ⇨ flock¹ *n.* 1. **b** (野生の草食動物・大きな魚・大きな陸または水中の鳥などの)群れ: deer roaming in ～*s* 群れて遊んでいる鹿 / a ～ of swans 白鳥の群れ. **2 a** (共通のつながりのある)人の集団. **b** 《軽蔑》群衆, 大勢: a ～ of politicians 政治屋ども. **c** [the ～] 《軽蔑》民衆, 一般庶民 (crowd, masses): *the* common ～ 庶民, 下層民たち (Shak., *Caesar* 1. 2. 266). **3** 多量; 多数: a ～ of new cars.

ríde hérd (1) 〔牛の群れを〕馬で巡回しながら見張る〔*on*〕. (2) 《口語》〔…を〕しっかり見張る, 監督する〔*on*〕: You've got to *ride* ～ *on* your PR people to see they don't go too far. 広報の連中が行き過ぎないようによく監督しなければならない.

— *vi.* **1 a** 群れをなして行く. **b** 群がる, 群れをなす 〈*together*〉. **2** 〔…と〕付き合う, 交際する (associate) 〔*with*〕. — *vt.* **1 a** 〈牛・羊などを〉追い集める; 世話をする: ～ cattle 牛を追い集める. **b** 〈一群の人々を〉集める, 連れて行く; 監督する: She didn't have to ～ the children along like that! あんなにまでして子供たちの監督をする必要はなかった / The pupils were ～*ed* by a young teacher. 生徒たちは若い教師に引率されていた. **2** 付き合わせる, 交際させる〔*with*〕.

～·lìke *adj.* 《OE *heord* < Gmc *χerðō* (G *Herde*) ← IE **kerdh-* row, herd》

herd² /hɚ́:d | hɚ́:d/ *n.* [通例複合語の第 2 構成素として] 《古または方言》家畜の番人, 牧夫 (herdsman), …飼い: cowherd, shepherd, swineherd, etc. 《OE *hi(e)rde* < Gmc *χerðjaz* (G *Hirte*) ← **χerðō* (↑)》

hérd·bòok *n.* (牛・豚などの)血統書[記録]. 《1822》

hérd·er /-də | -dəʳ/ *n.* **1** 《米》(牛や羊などの)家畜の番人, 牧夫 (《英》herdsman). **2** 流木係《川・水路などで, 切り出した材木の流れが滞らないように世話をする係》. 《(1635) ← HERD¹＋-ER¹》

Her·der /hɛ́ədə | hɛ́ədəʳ; *G.* hɛ́ʁdɐ/, **Johann Gottfried von** *n.* ヘルダー (1744–1803; ドイツの哲学者・詩人).

her·dic /hɚ́:dɪk | hɚ́:d-/ *n.* 《米》ハーディック(馬車)《19 世紀末の米国の, 屋根が低く後部に入口があり, 両側に席のある二輪または四輪の乗合馬車》. 《(1882) ← *Peter Herdic* (1824–88: この馬車を発明した米国人)》

hérd ìnstinct *n.* [the ～] 《心理》群(居)本能. 《1908》

hérd·man /-mən/ *n.* (*pl.* **-men** /-mən/) 《廃》＝herdsman. 《lateOE *hyrdemann*: ⇨ herd¹, man¹》

hérd's-gràss /hɚ́:dz- | hɚ́:dz-/ *n.* 《植物》イネ科の牧草; (特に)オオアワガエリ (timothy), コヌカグサ (redtop). 《← *John Herd* (これを発見した 18 世紀の米国人)》

herds·man /hɚ́:dzmən | hɚ́:dz-/ *n.* (*pl.* **-men** /-mən/) **1** 《英》家畜の番人, 牧夫; 家畜の群れの飼い主 (《米》herder). **2** [the H-] 《天文》うしかい(牛飼い)座 (⇨ Boötes). 《(1603) ← HERD¹＋-S²＋MAN¹: cf. craftsman, etc.》

hérd tèster *n.* (NZ) 牛群検査員《乳牛の健康・牛乳生産量・乳脂肪含有率の検査にあたる》. 《1960》

hérd tèsting *n.* 牛群検査.

Herd·wick /hɚ́:dwɪk | hɚ́:d-/ *n.* ハードウィック《イングランド北西部産の粗毛をもつ羊》. 《(1837) ← *herdwick* 《廃》pasture-ground: ⇨ herd, wick³》

here /híə | híəʳ/ *adv.* **1 a** ここに, ここで (cf. there B): *Here* is something [are some things] for you. 少ないがこれをあげます / *Here* it is [they are], just where I left it [them]. ここにあった, さっき置いた所に / It is warmer ～ in the room. ここの部屋の中のほうが暖かい / *Here* we are at the station. さあ駅に着いた / *Here* you are! ⇨ 成句 / Summer is ～ at last! とうとう夏になった / Your sister isn't ～ *to* clean up after you, you know! いいか, 姉さんは君の後始末をするためにここに来ているんじゃないんだ. **b** ここへ, こちらへ, こちらに: Come ～! (ここへ)おいで / *Here* he comes! 彼がやってきた. **2 a** このときに, この点で, ここで: *Here* he paused and looked around. ここで彼は話をやめてあたりを見回した / *Here* he is wrong. この点で彼は間違っている. **b** この事に関しては: The important point ～ is that we cannot afford to buy it. この事について大事なことは我々がそれを買うことができないということだ. **c** このとき, 今 (now): *Here* it is September. 今は 9 月だ. **3** この世で, 現世で: ～ below この下界では. **4** 《口語》(直接性を強調して)今の今, 今この場で: We're talking serious money ～. ちょうど大金の話をしているところだ.

hére and nów 今この場で, すぐに (cf. *n.* 成句). 《1887》

hére and thére (1) そこここに, あちこちで: every ～ *and there* そこここ一面に, そこら辺一帯に / The road was

rough ～ *and there.* 道路はあちこち凹凸していた.
日英比較 日本語の「そこここ, あちこち」とは語順が異なる.
(2) あちらこちらへ: roam ～ *and there* あちこちをさまよう.
(3) 時々 (now and then). 《*c*1300》 ***Hére góes!*** =***Here we gó!*** 《口語》ええい, やっちまえ, ええいくそっ《何か難しい事とか, 不愉快な事をしようとするときの決意またはあきらめの間投詞的発声》. 《1829》 ***hére's to*** 乾杯[祝福]のあいさつ: *Here's to* you!=*Here's* luck *to* you!=*Here's to* your health! あなたのご健康[ご幸運]を祝します, あなたのために乾杯します. 《1595–96》 ***hére, thére, and éverywhere*** 至る所に; 絶えず動き回って. 《*c*1590》 ***hére todáy,*** (***and***) ***góne tomórrow*** はかない, つかの間の; 絶えず動き回っている. 《1687》 ***Hére we àre.*** 《口語》 (1) 《我々の捜し物・望みの物が》さあここにあります. (2) ⇨ 1. 《1850》 ***Hére we gò*** (***agáin***). あーあ, またか, またやる[始まる]のか. ***Hére you áre.*** 《口語》 (1) 《捜し物・望みの物を差し出しながら》はいここにあります. (2) 来た, 着いた: *Here you are* at last. やっと来た[着いた]ね. (3) いいですか《注意を喚起する》. ***Hére you gò.*** =HERE *you are* (1). ***Lóok hère!*** =***Sée hère!*** おい, ねえ《注意を促す言葉》. ***neither hére nor thére*** 問題外で, 無関係で; 取るに足らない, つまらない (cf. Shak., *Merry W* 1. 4. 111, *Othello* 4. 3. 59). 《1583》
Hére Còmes the Bríde 「花嫁入場曲」《結婚式の始めに新婦が教会の通路を進むときに演奏される曲》.
Hère We Gó 「それっ行くぞ」《英国の若者の集団, 特にサッカー応援団が互いに励まし, 相手をびびらせるために歌う歌》.
— *adj.* **1** [指示代名詞または指示形容詞を伴う名詞のあとに用いて; 強意語として]: *this* man ～ (ここにいる)この人 / Mary ～ will know the answer. こちらにいるメアリーが答えを知っているだろう. **2** 《非標準的用法》[指示形容詞のあと名詞の前に用いて; 強意語として]: this ～ man (ここにいる)この人.
— *n.* ここ; この点; この世: from ～ ここから / Get out of ～! ここから出てうせろ / in ～ ここに, この中に, ここでは / near ～ この近くに / up to ～ ここまで(は) / around ～ このあたり / down ～ こちらでは, この低いところでは / out ～ (外の)こちらで[に]は / I've had it *up to* ～ with your lies! 《口語》(片手を顔などの高さに上げて)君のウソにはもううんざりだ / *Here* is where he is wrong. こらが彼の間違っているところです. ***be ùp to hère in*** ... 〈借金・仕事〉で動きがとれない. ***the hére and nów*** この今, 現在, 現時点; 即時性 (cf. *adv.* 成句). 《1922》
— *int.* **1** [犬に命令したり子供をたしなめたりして] これ, それ, さあ. **2** [H-; 出欠調査の返事として] はい (Present).
〖OE *hēr* < Gmc **χēr* ← **χi-* this (G *hier*) ← IE **ko-* this one (L *cis*): ⇨ he[1], her: *-r* は adv. suf.〗
He·re /híᵊri | híəri/ *n.* 〖ギリシャ神話〗=Hera 2.
hére·abòut *adv.* この辺に[で], ここあたりに: I lost my book somewhere ～. どこかこの辺で本をなくした. 〖(?*a*1200) *heer aboute*: ⇨ here, about〗
here·a·bouts /⌐ー⌐ | ⌐ー⌐, ⌐ー⌐/ *adv.* =hereabout. 〖(1595–96): ⇨ ↑, -s[2] 1〗
hère·áfter *adv.* **1 a** この後に, これから先. **b** 将来, 今後, 以後: I shall be careful ～. これからは気をつけます. **c** 《文語》(公式文書などで)以後, 以下では. **2** 来世で. **3** 《まれ》=henceforth. — *n.* [しばしば H-] **1** 今後, 将来, 未来. **2** [しばしば the ～] 来世, あの世: *the* unknown ～ 未知の来世. — *adj.* 《古》未来の, 後世の (future): that ～ ages. 〖OE *hērӕfter*: ⇨ here, after〗
hère·át *adv.* 《古》 **1** ここにおいて; このとき, そのとき (when). **2** この故に. 〖(?*a*1400) *her-at*: ⇨ here, at〗
hére·awày *adv.* (*also* **hére·awàys**) 《方言》この辺に, このあたりに (hereabout). 〖(?*c*1380) *her-awei*: ⇨ here, away〗
hère·bý *adv.* **1** 《文語》これによって, この宣言[行為, 文書]によって, この結果. **2** 《廃》この辺に. 〖(?*c*1200) *herbi*: ⇨ here, by〗
heredes *n.* heres の複数形.
He·re·dia /èrədjá:, (h)ərèɪdiə | èrɪədjá:; *F.* eʀedja, *Sp.* eɾéðja/, **José María de** *n.* エレディア (1842–1905; キューバ生まれのフランスの高踏派詩人; *Les Trophées* (1893)).
he·red·i·ta·bil·i·ty /hɪ̀rèdətəbíləṭi, hɛ- | -dɪ̀təbíl-ɪ̀ti/ *n.* =heritability. 〖*a*1837〗
he·red·i·ta·ble /hɪ̀rédəṭəbl̩, hɛ- | -dɪ̀tə-/ *adj.* 《まれ》=heritable. **he·réd·i·ta·bly** *adv.* 〖(*a*1447) ◻ ML *hērēditābilis* ← L *hērēditāre* to inherit ← *hērēs* 'HEIR': ⇨ -able〗
her·e·dit·a·ment /hèrədítəmənt, hɛ- | -díṭə-/ *n.* 〖法律〗 **1** 譲り伝えることのできる財産, 相続財産《特に不動産》, 世襲財産; 不動産 (real property). **2** 1926 年以前, 遺言による指定がなければ法定相続人 (heir) に相続される財産. 〖(1461) ◻ ML *hērēditāmentum* ← L *hērēditāre* (↑)〗
he·red·i·tar·i·an /hɪ̀rèdətéᵊriən, hɛ- | hɪ̀rèdɪ̀téər-, hɛ-⌐/ *n.* 遺伝説信奉者, 遺伝論者 (cf. environmentalist 2). — *adj.* 遺伝説信奉の, 遺伝説を主張する. 〖(1881) ← HEREDITARY+-AN[1]〗
he·rèd·i·tár·i·an·ism /-nìzm/ *n.* 遺伝説《個人の持って生まれた遺伝的素質が, その形態や機能の発達を規定するとする説; cf. environmentalism》.
he·red·i·tar·y /hərédətèri, hɛ- | hɪ̀rédɪ̀təri, hɛ-, -tri/ *adj.* **1** 〈病気・本能などが〉遺伝性の, 遺伝的な (↔ acquired) (cf. congenital) (⇨ innate SYN): ～ characteristics 遺伝形質 / a ～ disease 遺伝性疾患. **2** 〈習慣・信仰などが〉親譲りの, 代々の: a ～ enemy 宿敵 / ～ friendship [feud] 親の代からの親交[不和]. **3** 〖法律〗 〈権利・資格・財産などが〉世襲の, 相続権による: a ～ monarch [monarchy] 世襲君主[君主政体] / a ～ peerage 世襲の貴族の地位 / ～ property 相続財産. **4** 〖数学〗 (集合について)遺伝的な《一つの集合の上にその要素の性質とその要素の間の関係とが与えられているとき, その性質をもつ要素とその関係にある要素がすべてまたその性質をもつとき, その性質はその関係について遺伝的であるという》.
Hereditary Gránd Álmoner (**of Éngland**) [the —] 英国王家の施物係の大官.
he·red·i·tar·i·ly /hərèdətérəli, hɛ-, —⌐—⌐— | hɪ̀rédɪ̀tərɪ̀li, hɛ-/ *adv.* **he·réd·i·tàr·i·ness** *n.* 〖(?*a*1425) ◻ L *hērēditārius* ← *hērēditātem*: ⇨ heredity, -ary〗
he·red·i·tist /hərédəṭɪst, hɛ- | hɪ̀rédɪ̀tɪst, hɛ-/ *n.* 遺伝説信奉者, 遺伝論者. 〖(1895): ⇨ ↓, -ist〗
he·red·i·ty /hərédəṭi, hɛ- | hɪ̀rédɪ̀ti, hɛ-/ *n.* **1** 相続 (inheritance); 伝統 (tradition). **2** 〖生物〗 **a** 遺伝; 形質遺伝. **b** 個人の遺伝的特質. 〖(*c*1540) (1784) ◻ (O)F *hérédité* ◻ L *hērēditātem* heirship ← *hērēs* 'HEIR': ⇨ -ity〗
he·red·o·fa·mil·ial /hərèdoufəmíljəl, -liəl, hɛ- | hɪ̀rèdəʊ-, hɛ-⌐/ *adj.* 〈健康状態・病気など〉家族遺伝性の.
Heref. 《略》 Herefordshire.
Her·e·ford[1] /hérəfəd | -rɪ̀fəd/ *n.* **1** ヘレフォード《イングランド西部 Birmingham の南西にある市》. **2** =Herefordshire. 〖OE ～ ← *here* army (⇨ harry)+FORD〗
Her·e·ford[2] /hə́:fəd, hérə- | hérɪ̀fəd/ *n.* ヘレフォード: **1** 体が赤く顔・胸・腹が白い肉用品種の牛. **2** アメリカ種の白い斑点のある体の赤い品種の豚. 〖(1805) ↑〗
Héreford and Wórcester /hérəfəd- | -rɪ̀fəd-/ *n.* ヘレフォードウースター州《イングランド西部の旧州 (1974–98); 面積 3,926 km²; 州都 Worcester》.
Her·e·ford·shire /hérəfədʃə, -ʃiə | hérɪ̀fədʃə(r, -ʃɪə(r/ *n.* ヘレフォードシャー《イングランド南西部の旧州; 面積 1,634 km², 州都 Hereford; 1974 年 Hereford and Worcester 州の一部となる; 1998 年に unitary authority として復活》. 〖OE *Herefordsċīr*: ⇨ Hereford[1], -shire〗
hère·fróm *adv.* 《古》ここから; これから. 〖1594〗
Herefs. 《略》 Herefordshire.
hère·ín *adv.* 《文語》 **1 a** これに, この中に[へ], この内に: ～ enclosed 同封の[して]. **b** この文[本]の中に. **2** 《まれ》こういう事情で, こういうことを考えて, 特に (in particular). 〖lateOE *hērinne*: ⇨ here, in〗
hèrein·abóve *adv.* 《文語》この記録[スピーチ]の上に, 前述の部分において. 〖1802–12〗
hèrein·áfter *adv.* 《文語》(公文書・契約書などで)下文に, 下に (below): ... ～ called the Buyer ...を以下買手と称する. 〖1590〗
hèrein·befóre *adv.* 《文語》(公文書・契約書・書籍などで)上に, 上文に, 前条に. 〖1687〗
hèrein·belów *adj.* 《文語》(公文書・契約書・書籍などで)下文の, 下記の, 下の. 〖1946〗
hère·ínto *adv.* 《古》この中へ; この問題の中に. 〖1594〗
he·rem /xéɪrəm, xéᵊr- | xéɪr-, xéər-/ *Heb. n.* 〖ユダヤ教〗破門《ラビまたはシナゴグ (synagogue) および共同体の役員が宣言する破門の形式の一つ》. 〖(1903) ◻ Heb. *ḥērem* person or thing devoted to destruction〗
hère·óf *adv.* 《文語》これ[この文書]の; これについて: upon the receipt ～ これを受け取り次第. 〖lateOE *hērof*: ⇨ here, of[1]〗
hère·ón *adv.* 《文語》=hereupon. 〖lateOE *hēron*: ⇨ here, on〗
He·re·ro /hərέᵊrou, hérəròu | hərέərəʊ, hɛ-, -ríər-, híərəràu, héər-/ *n.* (*pl.* ～, ～**s**) **1 a** [the ～(s)] ヘレロ族《アフリカ南西部のバンツー族の一種族》. **b** ヘレロ族の人. **2** ヘレロ語《Bantu 語派に属する》. 〖(1862) 《現地語》〗
he·res /híᵊri:z, héreɪs | híəri:z/ *n.* (*pl.* **he·re·des** /hɪ̀rí:di:z, herréɪdeɪs | hɪrí:di:z/) 〖ローマ法〗相続人 (heir). 〖◻ L *hērēs* 'HEIR'〗
here's /híəz | híəz/ 《口語》 here is の縮約形.
he·re·si·arch /hərí:ziὰək, hɛ-, -si- | hərí:ziὰ:k/ *n.* 異端(派)の創始者[開祖], 異端の指導者; 邪教の開祖[始祖]; 異教の首長. 〖(1624) ◻ LL *haeresiarcha* ◻ Gk *hairesiárkhēs* ← *haíresis* 'HERESY'+*arkhós* ruler: ⇨ -arch[1]〗
he·re·si·mach /hərí:zəmæk, hɛ-, -sə- | hɛrí:zɪ-, hɪ̀-, -sɪ-/ *n.* (熱心な)異端[異教]反対者, 異端[異教]反駁(㊟)者. 〖(1824) ◻ LGk *hairesimákhos* ← Gk *hairesis* 'HERESY'+*mákhē* battle〗
he·re·si·og·ra·phy /hərì:ziά(:)grəfi, hɛ-, -si-, hèrəsi- | hɛrì:ziɔ́g-, hɪ̀-, -si-/ *n.* 〖キリスト教〗異端論《異端に関する論文》. 〖(1645) ← HERESY+-O-+-GRAPHY〗
he·rè·si·ól·o·gist /-dʒɪ̀st | -dʒɪst/ *n.* 異端[異教]研究者. 〖(1710) ← HERESY+-O-+-LOGIST〗
he·re·si·ol·o·gy /hərì:ziά(:)lədʒi, hɛ-, -si-, hèrəsi- | hɛrì:ziɔ́l-, hɪ̀-, -si-/ *n.* **1** 異教研究の論文. **2** 〖キリスト教〗異端研究[学]. 〖(1856): ⇨ heresy, -logy〗
her·e·sy /hérəsi | -rɪ̀si/ *n.* **1 a** (既成宗教, 特にキリスト教が排斥する)邪教, 異教, 異端. **b** (正統派の信条に反する)異説, 邪論: the Arian ～ アリウスの異説. **2** (一般的学説・通説等に反する)反論: the antivaccinationist ～ 種痘反対論. 〖(?*a*1200) ◻ OF *(h)eresie* (F *heresie*) ◻ L *haeresis* ◻ Gk *haíresis* choice, sect ← *haireîsthai* to choose ← *haireîn* to take ← ?〗
her·e·tic /hérətɪk | -rɪ̀-/ *n.* **1** 異端者, 異教徒, 邪教徒. **2** 〖カトリック〗異端者《カトリックの信徒にして, カトリック教理の一部を受け入れ, 他を公的に否認する者》. **3** (一般的学説・通説などに対して)異説を唱える人, 反論者. — /hérətɪk, hɪ̀rétɪk, hɛ- | hérɪ̀tɪk, hɪ̀rét-/ *adj.* =heretical. 〖(*a*1338) *heretike* ◻ (O)F *hérétique* ◻ L *haereticus* ◻ Gk *hairetikós* able to choose: ⇨ ↑, -ic[1]〗
he·ret·i·cal /hɪ̀rétɪ̀kəl, hɛ-, -kl̩ | hɪ̀rét-, hɛ-/ *adj.* 異教の, 邪宗の; 異端(者)の, 異説の: a ～ view 異端の説, 異教的見解. **～·ly** *adv.* **～·ness** *n.* 〖(*a*1425) ◻ ML *haereticālis*: ⇨ ↑, -al[1]〗
hère·tó *adv.* **1** 《文語》(法律文書などで)これに: the bill of credit ～ attached これに添付した信用状 / annexed ～ これに添付して. **2** 《廃》=hitherto. 〖? lateOE *heer to*: ⇨ here, to〗
here·to·fore /híətəfɔə, ⌐ー⌐ | hìətəfɔ́:(r/ *adv.* 《文語》今まで, これまで, 従前 (hitherto); 以前は, 従来は (formerly). — *adj.* 《古》今までの, 以前の (previous). — *n.* 《古》[the ～] =過去. 〖(*c*1200) *heretoforen* ← HERE+ME *toforen* before (< OE *tōforan*: ⇨ to, fore[1])〗
hère·únder *adv.* 《文語》 **1** この下に, 下(文)に: articles [examples] enumerated ～ 下記の商品[例文]. **2** この取決めに従って, これにより. 〖? lateOE *herunder*: ⇨ here, under〗
here·un·to /hìəʌntu:, ⌐ー⌐ | hɪə(r)ʌntú:, ⌐ー⌐/ *adv.* 《古》=hereto. 〖1509〗
hère·upón *adv.* 《古》ここにおいて, これに関して; それですぐ. 〖? lateOE *heruppon*: ⇨ here, upon〗
He·re·ward the Wake /hérəwədðəwéɪk | -rɪ̀-wəd-/ *n.* ヘリウォード《11 世紀のアングロサクソンの指導者・民衆の英雄; Isle of Ely にあって William the Conqueror に抵抗 (1070–71); 多くの伝説の題材に取り上げられる》.
hère·wíth *adv.* **1** (手紙などの同封物について)これと共に, これに添えて: enclosed ～ (ここに)同封して. **2** 《まれ》これ[この方法]により (hereby). 〖lateOE *herwiþ*: ⇨ here, with〗
Her·gé /ɛəʒéɪ | éəʒeɪ, ⌐ー; *F.* ɛʀʒe/ *n.* エルジェ (1907–83; ベルギーの漫画家; *Tintin*「タンタン」の漫画で知られる; 本名 Georges Rémi).
Her·ges·hei·mer /hə́:gəshaɪmə | hə́:gəshaɪmə(r/, **Joseph** *n.* ハーゲスハイマー (1880–1954; 米国の小説家; *Java Head* (1919)).
her indóors *n.* 《英俗》(うるさい)妻, 山の神.
He·ring /hέᵊrɪŋ, héɪr- | héər-; *G.* hé:ʀɪŋ/, **Ewald** *n.* ヘリング (1834–1918; ドイツの生理学者・心理学者).
her·i·ot /hériət/ *n.* 〖英法〗相続上納物, 借地相続税《昔, 領民が死亡のとき, 相続人が領主に奉納した領民所有の最良の家畜または動産; もとは武具, 備品などを返還した; 今でも荘園の慣習により認める所がある》. 〖OE *heregeat* ← *here* army (⇨ harry)+*geatwa* apparatus: 封建武士が死ぬと借用の武器を領主に返納したことから〗
He·ri·sau /hérəzàu | -rɪ̀-; *G.* hé:ʀizau/ *n.* ヘーリザウ《スイス北東部 Appenzell Outer Rhodes 州の州都》.
her·i·ta·bil·i·ty /hèrɪ̀təbíləṭi | -təbílɪ̀ti/ *n.* 相続可能性. 〖(1832): ⇨ ↓, -ity〗
her·i·ta·ble /hérɪ̀təbl̩ | -tə-/ *adj.* **1** 〈不動産が〉譲り伝えることのできる (inheritable). **2** 〈人が〉相続できる. **3** 〈性質・病気などが〉遺伝性の. 〖(*c*1375) ◻ (O)F *héritable* ← *hériter* to inherit: ⇨ heritage, -able〗
hér·i·ta·bly /-bli/ *adv.* 相続(権)によって, 相続の形で, 相続的に. 〖(*a*1475): ⇨ ↑, -ly[1]〗
her·i·tage /hérɪ̀tɪdʒ | -tɪdʒ/ *n.* **1** (権利・性質・責任・境遇などの)親譲りのもの, 前任者から引き受けたもの, 伝来の物, 遺産; 伝統 (cf. inheritance 3): Debts were his only ～. 彼の受けた遺産は借金だけだった / a cultural ～ 文化的遺産. **2** 生得権. **3** 〖法律〗 **a** 世襲財産, 相続財産《特に不動産》, 家督 (patrimony). **b** 〖スコット法〗(動産と区別して)不動産. **4** 〖聖書〗 **a** 神の選民, イスラエル人; キリスト教徒[教会]: God's ～ キリスト教徒[教会]. **b** (神からイスラエル人への贈り物としての)カナンの地.
— *adj.* **1** (国の)歴史や伝統の一部である. **2** (国の)歴史や伝統を懐しく思い出させる[回想させる]ような.
〖(?*a*1200) ◻ OF *(h)eritage* (F *héritage*) ← (O)F *hériter* to inherit ◻ L *hērēditāre* ← *hērēs* 'HEIR': cf. heredity〗
her·i·tance /hérɪ̀təns, -tn̩s | -təns, -tn̩s/ *n.* 《古》=heritage. 〖(*c*1385) ◻ OF ～ ← (O)F *hériter* (↑)〗
her·i·tor /hérɪ̀tə | -rɪtə(r/ *n.* **1** 〖スコット法〗教区の土地[家屋]所有者《女性形は heritress, heritrix》. **2** 《古》相続人 (heir). 〖(1422) *heriter* ◻ AF *heriter*=(O)F *héritier* < LL *hērēditārium*: ⇨ heredity〗
herk·y-jerk·y /hə́:kidʒə́:ki | hə́:kidʒə́:ki/ *adj.* 《口語》不規則な動きをする, ぎくしゃくした.
herl /hə́:l | hə́:l/ *n.* 〖釣〗 **1** (鳥の羽の細い羽枝《毛針用》: a peacock ～. **2** 羽枝を用いた毛針. 〖(?*c*1390) *herle* ◻ ? MLG *harle, herle* fiber of flax or hemp〗
herm /hə́:m | hə́:m/ *n.* 〖美術〗ヘルメス柱像《古代ギリシャの石の角柱を台座とした男子胸像・頭像; この形式の Hermes の像を道標として用いたことに由来》. 〖(1579–80) ◻ L *herma* (↓)〗
her·ma /hə́:mə | hə́:-/ *n.* (*pl.* **her·mae** /-mi:, -maɪ/, **her·mai** /-maɪ/) 〖美術〗=herm. 〖(1638) ◻ L ～ ◻ Gk *Hermês* 'HERMES'〗
Her·man /hə́:mən | hə́:-/ *n.* ハーマン《男性名》. 〖◻ G *Hermann* (↓)〗
Her·man /hə́:mən | hə́:-/, **Woody** *n.* ハーマン (1913–87; 本名 Woodrow Charles Herman, 米国のジャズクラリネット・アルトサックス奏者・バンドリーダー).
Her·mann /hə́:mən, héəma:n | hə́:mən, héəma:n; *F.* ɛʀman, *G.* héʀman/ *n.* **1** ハーマン《男性名; ドイツ系の名》. **2** Arminius の異称. 〖◻ G ～ < OHG *Hariman* ← *hari, heri* army (⇨ harry)+MAN[1]〗
Hér·mann-Mau·guín sỳmbol /hə́:mən-

mougɛ́(ŋ)-, -gǽŋ- | hɜ́:mənməʊ-; G. hɛ́ʁman-, F. -mogɛ̃-/ n. 〘結晶〙ヘルマンモーガンの記号《点群・空間群およびそれが含む対称要素を表す記号体系の一つで, 最も広く使われるもの; cf. Schoenflies symbol》. 〘← *C. H. Hermann* (1898–1961: ドイツの結晶学者) & *Ch. Mauguin* (1878–1958: フランスの結晶学者)〙

Her·mann·stadt /G. hɛ́ʁmanʃtat/ n. ヘルマンシュタット《Sibiu のドイツ語名》.

her·máph·ro·dìsm /-dìzm/ n. =hermaphroditism. 〘(1828) □ F *hermaphrodisme* ← *hermaphrodite* □ L *hermaphroditus* (↓): ⇨ -ism〙

her·maph·ro·dite /hə(:)mǽfrədàɪt | hə(:)-/ n. **1 a** 両性動物, ふたなり《雌雄の両性器を備えた動物; cf. gynandromorph, intersex》; 雌雄同株[同体], 両性花, 完全花. **b** 半陰陽者, 両性具有者, ふたなり, 半月(はにわり). **2 a** 男女の両性質をもつ人[物]. **b** 同性愛の人 (homosexual). **3** 相反する二つの性質を持つもの[人]. **4** 〘海事〙 =hermaphrodite brig. — *adj.* =hermaphroditic. 〘(*a*1387) *hermofrodite* □ L *hermaphroditus* □ Gk *Hermaphróditos* 'HERMAPHRODITUS'〙

hermáphrodite brìg n. 〘海事〙 (ブリグとスクーナーの)あいのこブリグ《前檣(ぜんしょう)に数枚の横帆(おうはん)を, 後檣(こうしょう)に上下 2 枚の縦帆(じゅうはん)を装備した 2 本マストの帆船; 単に hermaphrodite ともいう, 普通はブリガンティン (brigantine) という》. 〘*c*1830〙

her·maph·ro·dit·ic /hə(:)mæ̀frədítɪk | hə(:)mæ̀frədít-ˊ/ adj. **1** 〘植物〙 雌雄の両性器をもつ《花が雄蕊(ゆうずい)と雌蕊の両方を備えた》, 雌雄同花の (monoclinous). **2** 反対の両性質を持つ. **her·màph·ro·dít·i·cal** /-tɪ̣kəl, -kḷ | -tɪ-ˊ/ adj. **her·màph·ro·dít·i·cal·ly** adv. 〘(1625): ⇨ hermaphrodite, -ic[1]〙

her·máph·ro·di·tìsm /-daɪtìzm/ n. 雌雄同体現象, 半陰陽 (bisexuality) (cf. gynandry). 〘(1808) ← HERMAPHRODITE + -ISM〙

Her·maph·ro·di·tus /hə(:)mæ̀frədáɪtəs | hə(:)mæ̀frədáɪt-/ n. 〘ギリシャ神話〙 ヘルマフロディトス《Hermes と Aphrodite の間に生まれた美青年; Caria の Salmacis の泉に住む妖精 (nymph) に恋され, 妖精の祈りによって一体となり, 男女両性を備えるようになった》. 〘□ *Hermaphrodītus* □ Gk *Hermaphróditos*〙

her·ma·typ·ic /hɜ̀:mətípɪk | hɜ̀:-ˊ/ adj. 〘動物〙 暗礁を造る: ~ corals 造礁珊瑚(さんご). 〘(1950) ← HERMA + -typic (⇨ -type, -ic[1])〙

her·me·neu·tic /hɜ̀:mənú:tɪk -njú:- | hɜ̀:mənjú:t-ˊ/ adj. (聖書の)解釈の (interpretative). **hèr·me·néu·ti·cal** /-tɪ̣kəl, -kḷ | -tɪ-ˊ/ adj. **hèr·me·néu·tic·al·ly** adv. **her·me·neu·tist** /hɜ̀:mənú:tɪ̣st, -njú:- | hɜ̀:mənjú:tɪst/ n. 〘(1678) □ Gk *hermēneutikós* ← *hermēneutḗs* ← *hermēnúein* (↓)〙

her·me·neu·tics /hɜ̀:mənú:tɪks, -njú:- | hɜ̀:mənjú:t-/ n. **1** 解釈学. **2** 聖書解釈学《聖書の釈義 (exegesis) の原理を扱う神学の一分野》. **3** 〘哲学〙 **a** (人間行動, 社会制度の)解釈学. **b** (実存主義で)人生の目的論. 〘(1737) ← NL *hermēneutica* ← Gk *hermēneutikḗ* ← *hermēneutḗs* ← *hermēneúein* to interpret ← *hermēneús* interpreter ← ? *Hermês* 'HERMES TRISMEGISTUS': ⇨ -ics〙

her·mes /hɜ́:mi:z | hɜ́:-/ n. (pl. **her·mae** /-mi:, -maɪ/, **her·mai** /-maɪ/) 〘美術〙 =herm.

Her·mes /hɜ́:mi:z | hɜ́:-/ n. **1** 〘ギリシャ神話〙 ヘルメス《Zeus と Maia との子; 神々の使者で翼のついた靴と帽子と杖 (caduceus) を身に着けて描かれている; 商業・学術・雄弁・発明・体育などをつかさどり, また盗賊・羊の群れ・旅人の守護神; 死者の魂を Hades へ導く; ローマ神話の Mercury に当たる》. **2** 〘天文〙 ヘルメス《353,000 km まで地球に接近する小惑星》. 〘□ L *Hermēs* □ Gk *Hermês* ← ?〙

Her·mès /ɛəmɛ́s | ɛə-; F. ɛʁmɛs/ n. 〘商標〙 エルメス《フランスの幅広いファッション商品のメーカー; バッグ・革小物・ネクタイ・婦人服などそのブランド商品》.

Hérmes Tris·me·gís·tus /-trɪsmɪ̣dʒístəs | -mɪ-/ n. ヘルメストリスメギストス《グノーシス派がエジプトの神 Thoth に与えたギリシャ名; Hermes と同一視され, 魔術・占星術・錬金術に関する書物の著者とされた》. 〘□ Gk *Hermês trismégistos* Hermes the thrice greatest〙

her·met·ic /hə:métɪk | hə:mét-/ adj. **1 a** [通例 H-] Hermes Trismegistus の, その著書の. **b** [時に H-] 錬金術の, 魔術の: (the) ~ art [philosophy, science] 錬金術. **c** [時に H-] 秘伝の (esoteric), 解しがたい (obscure). **2 a** 密封した, 密閉した (airtight): a ~ seal 溶接密閉. **b** 外部からの力[影響]を受けつけない, 閉鎖的な. — n. 錬金術師. 〘(*a*1637) □ ML *hermēticus* alchemic ← *Hermet-*, *Hermēs* 'HERMES': ⇨ -ic[1]〙

her·mét·i·cal /-tɪ̣kəl, -kḷ | -tɪ-/ adj. =hermetic. 〘1605〙

her·mét·i·cal·ly adv. 密封して, 密閉して: a ~ sealed chamber [room] 密室. 〘(1605): ⇨ ↑, -ly[1]〙

her·mét·i·cìsm, H- /-təsìzm | -tɪ-/ n. =hermetism. 〘(1897) ↓〙

her·me·tism /hɜ́:mətìzm | hɜ́:-/ n. **1** [通例 H-] (エジプトの神人 Hermes Trismegistus の)神秘な教理. **2** (その教理に基づいた)神秘思想の支持[信奉]; 秘伝的信仰. **hér·me·tist** /-tɪ̣st | -tɪst/ n. 〘(1894) ← HERMET(IC) + -ISM〙

Her·mi·a /hɜ́:miə | hɜ́:-/ n. ハーミア《女性名》. 〘《変形》← HERMIONE〙

Her·mi·na /hɜ́:mənə | hɜ́:mɪ-/ n. ハーミナ《女性名》. 〘《変形》← HERMIONE〙

Her·mi·o·ne /hə(:)máɪənì: | hə(:)máɪəni/ n. **1** ハーマイオニー《女性名》. **2** 〘ギリシャ伝説〙 ヘルミオネー《Troy の Menelaus と Helen の子で Orestes の妻》. 〘□ L *Hermionē* □ Gk *Hermiónē* ← *Hermês* 'HERMES'〙

her·mit /hɜ́:mɪ̣t | hɜ́:mɪt/ n. **1 a** (しばしば宗教上の理由から社会生活を離れ孤独の生活をする)隠者, 世捨て人 (recluse). **b** 〘キリスト教〙 隠修士《3 世紀末のエジプト地方に始まった, 主に古代キリスト教の, 世俗を逃れ荒地・砂漠に独居した修道者; 今日でも東方正教会や西方の一部 (Carthusian など)のうちにその風習が残存する; cf. cenobite》. **2** ハーミットクッキー《干しぶどう・くるみ・香料入りの糖蜜(とうみつ)クッキー》. **3** 《廃》 =beadsman. **4 a** 〘動物〙 (群居しない)独居性動物. **b** 〘鳥類〙 ユミハシハチドリ《ユミハシハチドリ属 (*Phaethornis*) のハチドリ (hummingbird) のあるものをいう; 昆虫を主食にし花にはめったに近寄らない》. **c** 〘動物〙 =hermit crab. **~·ism** /-ìzm/ n. **~·like** adj. 〘(?*a*1200) (*h*)*ermite* □ OF (F *ermite*) ∥ L *erēmīta* (ML *herēmīta*) □ Gk *erēmítēs* ← *erēmía* desert ← *erêmos* solitary ← IE **erə-* to separate〙

her·mit·age /hɜ́:mɪ̣tɪdʒ | hɜ́:mɪ̣t-/ n. **1 a** 隠者の住みか, 庵(いおり). **b** 人里離れた家. **c** =monastery. **2** 隠遁(いんとん)者の生活. 〘(*c*1300) □ (O)F (*h*)*ermitage*: ⇨ ↑, -age〙

Her·mi·tage[1] /ɛ̀əmɪ̣tá:ʒ | ɛ̀ə-; F. ɛʁmita:ʒ/ n. **1** エルミタージュ(ワイン)《Rhone 川流域の Valence 近くで生産されるこくのある赤または白ワイン》. **2** シラズ (Shiraz) 種のブドウ《オーストラリア・米国 California 州・アフリカ南部で栽培される》. 〘(1680) ← (*Tain-l'*) *Hermitage*: フランスの原産地名〙

Her·mi·tage[2] /ɛ̀əmɪ̣tá:ʒ | ɛ̀ə-; F. ɛʁmita:ʒ, Russ. ermʲitáʃ/ n. [the ~] (St. Petersburg の)エルミタージュ宮[美術館]《Catherine 二世が建造; 現在は美術館》.

hérmit cràb n. 〘動物〙 ヤドカリ《ヤドカリ科・ホンヤドカリ科・オキヤドカリ科の動物の総称》. 〘1735〙

Her·mite /ɛəmí:t, ɛə- | ɛə-; F. ɛʁmit/, **Charles** n. エルミート《1822–1901; フランスの数学者》.

Hermíte equàtion n. 〘数学〙 エルミートの(微分)方程式. 〘← *C. Hermite*〙

Her·mí·tian cònjugate /həmí:ʃən-, ɛə- | ɛəmí:ʃiən-, -ʃən-/ n. 〘数学〙 随伴エルミート行列, 共役転置行列《複素行列の転置行列の各要素を共役複素数に変えたもの; adjoint, associate ともいう》. 〘(1961) ← *C. Hermite* + -IAN〙

Hermítian màtrix n. 〘数学〙 エルミート行列《複素正方行列で自分自身の随伴エルミートル行列 (hermitian conjugate) と等しいもの》. 〘(1935) ↑〙

her·mit·ic /hə:mítɪk | hə:mít-/ adj. 隠者の[にふさわしい]; 隠遁(いんとん)した (secluded). 〘(1691): ⇨ hermit, -ic[1]〙

her·mít·i·cal /-tɪ̣kəl, -kḷ | -tɪ-/ adj. =hermitic. **~·ly** adv. 〘1586〙

hérmit thrùsh n. 〘鳥類〙 北米産のモリツグミ属の鳥の一種 (*Hylocichla guttata*). 〘1831〙

hérmit wàrbler n. 〘鳥類〙 米国北西部産アメリカムシクイ科の鳥の一種 (*Dendroica occidentalis*).

Her·mon /hɜ́:mən | hɜ́:-/, **Mount** n. ヘルモン山《シリア南西部とレバノンとの国境, Anti-Lebanon 山脈中の山 (2,814 m)》.

Her·mo·sil·lo /ɛ̀əməsí:jou | ɛ̀əməsí:jəʊ; Am.Sp. eɾmosíjo/ n. エルモシーヨ《メキシコ北西部の都市で Sonora 州の州都》.

Her·mou·po·lis /hə:mú:pələs | hə:mú:pəlɪs/ n. エルムポリス《ギリシャ Syros 島東岸の港; Cyclades 県の県都》.

hern[1] /hɜ́:n | hɜ́:n/ n. 《英方言》 〘鳥類〙 =heron.

hern[2] /hɜ́:n, hɜ́:rən | hɜ́:n/ pron. (also **her'n** /~/) 《方言》 =hers《非標準的な語》. 〘(?*a*1200) *hiren* ← *hir*(*e*) 'HER': MY—MINE[1] などとの類推による〙

Her·ne /hɛ́ənə | hɛ́ə-; G. hɛ́ʁnə/ n. ヘルネ《ドイツ西部 North Rhine-Westphalia 州の Rhine-Herne 運河に臨む鉱工業都市》.

her·ni·a /hɜ́:niə | hɜ́:-/ n. (pl. **~s, -ni·ae** /-nii:, -niàɪ | -nii:/) 〘病理〙 ヘルニア, (特に)脱腸《ほかに脳・食道・椎間板など多くの部分についてヘルニアと呼ぶ; rupture ともいう》. **hér·ni·al** /-niəl/ adj. 〘(*c*1390) □ L ~ 'rupture' ← IE **gherə-* gut, entrail (cf. chord[2])〙

her·ni·ar·y /hɜ́:nièri | -niəri/ adj. ヘルニア(治療)の[に関する]. 〘(1751): ⇨ ↑, -ary〙

her·ni·ate /hɜ́:nièɪt | hɜ́:-/ vi. 〘病理〙 ヘルニアを起こす[になる] (rupture). **hér·ni·àt·ed** /-tɪ̣d | -tɪ̣d/ adj.

her·ni·a·tion /hɜ̀:niéɪʃən | hɜ̀:-/ n. 〘(*c*1922): ⇨ ↑, -ate[3]〙

Her·ning /hɜ́:nɪŋ | hɜ́:-; Dan. hɛ́ɐnɪŋ/ n. ヘアニング《デンマーク Jutland 半島中部の都市》.

her·ni·o- /hɜ́:niou | hɜ́:niəʊ/「ヘルニア (hernia)」の意の連結形. 〘□ F ~ ← L *hernia*〙

her·ni·or·rha·phy /hɜ̀:niɔ́(:)rəfi, -á(:)r- | hɜ̀:niɔ́r-/ n. 〘外科〙 ヘルニア縫合手術. 〘(1919) ← HERNIO- + Gk (*r*)*rhaphḗ* a sewing〙

her·ni·ot·o·my /hɜ̀:niá(:)təmi | hɜ̀:niɔ́t-/ n. 〘医学〙 ヘルニア切開(術). 〘(1811) ← HERNIO- + -TOMY〙

hern·shaw /hɜ́:nʃɔ:, -ʃɑ: | hɜ́:nʃɔ:/ n. 《廃・方言》 〘鳥類〙 =heronsew. 〘(1530)《変形》← HERONSEW〙

he·ro /hí°rou, hí:r- | híərəʊ/ n. (pl. **~es**) **1 a** 英雄, 勇士, 勇者 (cf. heroine): a national ~ 国民[国家]的英雄. **b** (敬慕の的となる)理想的人物, 偉人, 英雄的行為をした人: one of my ~es 私の敬慕する人物の一人 / a boyhood ~ 少年期の崇拝する人物 / a crew-cut basketball ~ 頭を角刈りにしたバスケットボールのスター選手 / make a ~ of …を英雄化する, もてはやす / come back to town a ~ 英雄となって[立身出世して]帰郷する; 故郷へ錦を飾る / No man is a ~ to his valet. 《諺》 どんな人もその召使には英雄に見えない,「英雄も近侍の人にはただの人」. **2** (詩・劇・小説などの)(男性の)主人公, ヒーロー (cf. heroine 2): In *High Noon*, Gary Cooper plays the ~.「真昼の決闘」ではゲーリークーパーが主役を演じている. **3 a** (pl. **~s**) =hero sandwich. **b** (hero sandwich 用の)パン. **4** 〘ギリシャ神話〙 神人; 半神 (demigod), 半神的英雄: ⇨ culture hero. 〘(1555)《逆成》← *heroes* (pl.) □ L *hērōs* □ Gk *hḗrōs* ← IE **ser-* to protect〙

He·ro /hí°rou, hí:r- | híərəʊ/ n. **1** ヒーロー《女性名》. **2** 〘ギリシャ伝説〙 ヘーロー《Sestos で女神 Aphrodite に仕えた娘で, その愛人 Leander は Abydos から毎夜 Hellespont を泳ぎ渡って彼女に会いに来たが, あらしの夜 Hero の塔の灯火が消えて見えなかったため溺れ死に, Hero もその後を追って投身自殺したという》. **3** ヘロ (⇨ Heron). 〘□ L *Hērō* □ Gk *Hērṓ*〙

Her·od /hérəd/ n. ヘロデ(大王)《73?–4 B.C.; ユダヤの王 (37–4 B.C.); 幼児のキリストを殺害するため Bethlehem の 2 歳以下の幼児全部の虐殺を命じたという悪王; cf. *Matt.* 2; 通称 Herod the Great; cf. OUT-HEROND Herod》.

Herod. 《略》 Herodotus.

Hérod Agríppa I n. ヘロデアグリッパ一世《10 B.C.?–A.D. 44; Herod 大王の孫; ユダヤの王 (41–44)》.

Hérod Àn·ti·pas /-ǽntɪ̣pæ̀s, -pəs | -tɪpæ̀s/ n. ヘロデアンティパス《21 B.C.?–?A.C. 39; Herod 大王の子, ガリラヤの領主 (4 B.C.–A.D. 39); Salome の願いにより John the Baptist の首を切り (*Matt.* 14: 3–12), イエスの裁判を行った》.

He·ro·di·an /hɪ̣róudiən, hɛ- | hɛráʊd-, hɪ̣-/ adj. Herod 大王の. — n. (パリサイ人とともにイエスに敵対した)ヘロデ家の一味. 〘(*c*1384) ← L *Hērōdiānus* of Herod: ⇨ -ian〙

He·ro·di·as /hɪ̣róudiəs, hɛ- | hɛrə́ʊdiæ̀s, hɪ̣-/ n. 〘聖書〙 ヘロデヤ《Herod Antipas の後妻で, Salome の母; John the Baptist を殺させた; cf. *Mark* 6: 17–28; ⇨ Salome 2》.

He·rod·o·tus /hɪ̣rá(:)dətəs, hɛ- | hɛrɔ́dət-, hɪ̣-/ n. ヘロドトス《484?–?425 B.C.; 小アジア Halicarnassus 生まれのギリシャの歴史家; 通称 the Father of History》.

he·ro·ic /hɪ̣róuɪk, hɛ- | -rə́ʊ-/ adj. **1** 英雄[勇士, 勇者]の[に関する, を扱った]: a ~ legend, poem, etc. **2 a** 勇ましい, 雄々しい, あっぱれな, 壮烈な, 英雄らしい, 豪傑らしい, 大胆な (daring): a ~ leader [explorer] 大胆な指導者[探検家] / ~ conduct 英雄的行為 / ~ virtues 〘カトリック〙 英雄的徳 (sanctification の根拠). **b** 思い切った, 最後の手段として用いる (extreme, radical): ~ measures 思い切った手段 / a ~ remedy [treatment] 思い切った荒療治. **3 a** 〈文体・声など〉堂々とした, 雄大な (grandiloquent), 誇張した (high-flown). **b** 〘美術〙 〈像など〉(巨大 (colossal) ではなく)実物より大きい, 超等身の: on a ~ scale 実物以上の大きさで[に]. **c** 〈薬・投薬が〉多量の (large): take ~ doses of medicine 思い切って多量に薬を飲む. **4** 〘詩学〙 英雄詩に用いられる: ⇨ heroic couplet, heroic verse 2. — n. **1 a** 英雄を扱った詩, 英雄詩. **b** [pl.] =heroic verse. **2 a** [pl.] 誇張した語風, 大げさな感情, 芝居めいた行為: go into ~s 感情を大げさに誇張して言う. **b** 英雄的な行為[偉業]. **~·ness** n. 〘(1549) □ L *hērōicus* □ Gk *hērōikós* of a hero: ⇨ hero, -ic[1]〙

heróic áge n. [the ~] 英雄時代《Troy 滅亡前のギリシャ史詩時代》. 〘1835〙

he·ró·i·cal /-ɪ̣kəl, -kḷ | -ɪk-/ adj. =heroic. **~·ly** adv. **~·ness** n. 〘(?*a*1425) ← L *hērōicus* 'HEROIC' + -AL[1]〙

heróic cóuplet n. **1** 〘詩学〙 英雄詩体二行連句《隣接する各 2 行が押韻した弱強五歩格 (iambic pentameter) の対句詩型; Chaucer が *The Canterbury Tales* などで用い始め, Dryden や Pope に至って完成の域に達した》. **2** [pl.] =heroic verse. 〘1889〙

heróic dráma n. 英国 17 世紀王政復古時代の悲劇《heroic couplet で英雄的事跡を多く材料とする》.

heróic méter n. =heroic verse.

he·ro·i·com·ic /hɪ̣ròuɪ̣ká(:)mɪk, hɛ- | -rə̀ʊɪkɔ́m-ˊ/ adj. 英雄喜劇的な《誇張した勇壮さ・高貴さのためにかえって滑稽に堕したことをいう》. 〘(1756) ← HERO + -I- + COMIC〙

he·rò·i·cóm·i·cal /-mɪ̣kəl, -kḷ | -mɪ-ˊ/ adj. =heroicomic. 〘1712–14〙

heróic póem n. 叙事詩 (epic), 叙事体の詩. 〘1693〙

heróic póetry n. 英雄詩, 史詩 (epic)《本来ギリシャ・ローマその他の英雄や神々の事跡を歌った詩》.

heróic quátrain n. =heroic stanza.

heróic stánza n. 〘詩学〙 英雄詩体 (heroic verse) の 4 行連句. 〘*c*1922〙

heróic ténor n. 〘音楽〙 ヘルデンテノール《Wagner などのオペラの主役に適する重厚華麗で力強い英雄的な声質的テノール; またその歌手》.

heróic trágedy n. =HEROIC DRAMA.

heróic vérse n. **1** 英雄詩, 史詩. **2** 〘詩学〙 英雄詩体《heroic poetry に用いる詩型; 英語では弱強五歩格 (iambic pentameter); 古典詩では長短短六歩格 (dactylic hexameter), フランス語では 12 音節語句 (Alexandrine); cf. pentameter》. 〘1586〙

her·o·in /hérouɪ̣n | -rəʊɪn/ n. (also **her·o·ine** /~/) 〘薬学〙 ヘロイン ($C_{21}H_{23}O_5N$)《モルヒネのアセチル誘導体; 最も危険な麻薬として知られ, ほとんどの国で使用が禁止されている; diacetylmorphine, diamorphine ともいう》. 〘(1898) □ G *Heroin* ← ?: cf. Gk *hḗrōs* 'HERO': ⇨ -in[2]: もと商標名〙

her·o·ine /hérouɪn | -rəuɪn/ ★《英》では heroin と特に区別したいとき /hírəuìːn/ と発音することがある. *n.* **1 a** (神話時代の)半神女 (demigoddess). **b** 女傑, 女丈夫(じょじょうふ), 勇婦, 烈婦 (female hero), 理想化された女性. **2** (詩・劇・小説などの)女主人公, ヒロイン (cf. hero 2). 〖(1609) □ L *hērōīna, hērōīnē* □ Gk *hērōínē* (fem.) ← *hḗrōs* 'HERO': ⇨ -ine[4]〗

hér·o·in·ìsm[1] /-nìzm/ *n.* 女丈夫的資質[行為]. 〖(1778): ⇨ ↑, -ism〗

héroinìsm[2] *n.* ヘロイン中毒. 〖(1898): ⇨ heroin, -ism〗

her·o·ism /hérouìzm | hérəu-/ *n.* **1** 英雄的資質; 壮烈, 豪勇, 武勇, 勇壮. **2** 英雄的行為. 〖(1717) □ F *héroïsme*: ⇨ hero, -ism〗

SYN 勇敢さ: **heroism** 危険・探検・克己などで示される勇敢で高貴なふるまい《最も意味の強い語》: an act of *heroism* exhibited in a wreck at sea 難破の折に示された英雄的行為. **valor** 戦闘などで示される大きな精神的または肉体的な勇気: He was awarded a medal for *valor* in the war. 戦時の武勇により勲章を授けられた. **prowess** 特に戦闘の際の勇敢さ《格式ばった語》: Military distinction is no more possible by *prowess*. 武勲はもはや勇敢さではかち取れない. **gallantry** 勇気と気概に富み, 危険や困難に陽気といってよいほど無頓着であること《格式ばった語》: Their *gallantry* was beyond description. 彼らの勇猛果敢さは筆舌に尽くしがたかった. **ANT** cowardice.

---

he·ro·i·za·tion /hìᵊrouɪzéɪʃən, hìːr- | hìərəuaɪ-, -rəuɪ-/ *n.* 英雄視[化], 英雄扱い. 〖(1840): ↓, -ation〗

he·ro·ize /híᵊrouàɪz, híːr- | híərəu-/ *vt.* 英雄[勇者]扱いする; 英雄的にする. — *vi.* 英雄[勇者]ぶる. 〖(1738): ⇨ hero, -ize〗

he·ro·la /hɪróulə | heróu-, hɪ-/ *n.* 〚動物〛ヒロラダマリスクス (*Damaliscus hunteri*) 《アフリカ産の黄褐色の大形のレイヨウ; 顔面と尾に白斑がある》. 〖(1894) ← ? Galla〗

He·rold /eɪróuld | -róuld; *F.* ɛʁɔld/, **Louis Joseph Ferdinand** *n.* エロルド《1791–1833; フランスの作曲家; *Zampa* (1831)》.

her·on /hérən/ *n.* (*pl.* ~, ~**s**) 〚鳥類〛サギ科の鳥の総称《アメリカササゴイ (green heron), ゴイサギ (night heron), ムラサキサギ (purple heron), オオアオサギ (great blue heron) など》. 〖(?a1300) *heiroun* □ OF *hairon* (F *héron*) □ Gmc **χaizarōn* (OHG *heigaro*) ← ? IE **ker-* (Gk *krizein* to creak) 《擬音語》: cf. scream〗

Her·on /híᵊrɑ(ː)n, híːr- | híərən/ *n.* ヘロン《紀元 1 世紀ごろの Alexandria にいたギリシャの数学者・自然科学者; Hero, Heron of Alexandria ともいう》.

Her·on /hérən/, **Patrick** *n.* ヘロン《1920–99; 英国の画家・作家・織物デザイナー》.

her·on·ry /hérənri/ *n.* 鷺(さぎ)の生息地[集団繁殖地], 鷺の森. 〖(1603–04): ⇨ heron, -ry〗

héron's-bìll *n.* 〚植物〛=erodium. 〖1578〗

her·on·sew /hérənsòu, -sùː | -səu, -sùː/ *n.* 《方言》〚鳥類〛=heron. ***know a háwk from a héronsew*** ⇨ hawk[1] 成句. 〖(1381–82) *heironseu* □ OF *heronceau* (dim.) ← *hairon, heron* 'HERON'〗

Héron's fórmula *n.* 〚数学〛=Hero's formula.

He·roph·i·lus /hɪrɑ́(ː)fələs | hɪərɔ́fɪ-/ *n.* ヘロフィロス《335?–?280 B.C.; Alexandria の医学者・解剖学者》.

héro sándwich *n.* 《米》ヒーローサンドイッチ《外皮の堅いパンを縦に切ってその間にハムやサラミソーセージ・チーズ・トマト・レタス・ピクルスなどをはさんだもの; 単に hero ともいい, また grinder, hoagie, Italian sandwich, poor boy, sub, submarine sandwich, torpedo などともいう》. 〖*c*1950〗

Héro's fórmula *n.* 〚数学〛ヘロンの公式《三角形の 3 辺の長さから面積を算出する公式; Heron's formula ともいう》. 〖← *Hero(n) of Alexandria*: ⇨ Heron〗

héro's wélcome *n.* (凱旋(がいせん)する勇士を迎えるような)大歓迎.

héro-wòrship *vt.* 英雄として崇拝する; やみくもに英雄視する. 〖1884〗

héro wòrship *n.* **1** 英雄崇拝. **2** ばかげた[度を越した]追従(ついしょう). 〖1774〗

héro-wòrshiper *n.* 英雄崇拝者. 〖1857〗

herp. 《略》herpetology.

her·pan·gi·na /hə̀ːpændʒáɪnə, həːpǽndʒə- | hə̀ː-pændʒáɪ-, həːpǽndʒɪ-/ *n.* 〚病理〛ヘルパンギナ, 水疱声口峡(こうきょう)炎《咽頭部を冒される小児のウイルス病》. 〖← NL ~: ⇨ ↓, angina〗

her·pes /hə́ːpiːz | hə́ː-/ *n.* 〚病理〛疱疹(ほうしん), ヘルペス (cf. genital herpes). 〖(*a*1398) □ L ~ □ Gk *hérpēs* shingles ← *hérpein* to creep: cf. serpent〗

hérpes la·bi·á·lis /-lèɪbiéɪlɪs | -lɪs/ *n.* 〚病理〛口唇ヘルペス (cold sore ともいう). 〖1813〗

hérpes sím·plex /-símpleks/ *n.* 〚病理〛単純疱疹(ほうしん)[ヘルペス]《風邪や発熱のとき口唇, 顔 (type one), また生殖器 (type two) などにできるウイルス性の発疹; 生殖器にできるものは性病; cold sore, fever blister ともいう》. 〖(1907) □ L ~ 'simple herpes'〗

hérpes·vìrus *n.* 〚病理〛疱疹(ほうしん)[ヘルペス]ウイルス. 〖(1925): ⇨ herpes, virus〗

hérpes zós·ter /-zɑ́(ː)stə | -zɔ́stə(r)/ *n.* 〚病理〛帯状疱疹(ほうしん)[ヘルペス]《感覚神経のウイルス感染; 痛みを伴い冒された神経にできた疱疹が破裂する; shingles ともいう》. 〖(1807) □ L ~ 'girdle of herpes'〗

herpet. 《略》herpetology.

her·pet- /hə́ːpət | hə́ːpɪt/ (母音の前にくるときの) herpeto- の異形.

her·pet·ic /hə(ː)pétɪk | həːpét-/ *adj.* 〚病理〛疱疹(ほうしん)(性)の, ヘルペス(性)の. — *n.* 疱疹[ヘルペス]患者. 〖(1783): ⇨ ↓, -ic[1]〗

her·pe·to- /hə́ːpətou | hə́ːpɪtəu/ 次の意味を表す連結形: **1** 「爬虫(はちゅう)類」. **2** 「疱疹(ほうしん), ヘルペス (herpes)」. ★ 母音の前では通例 herpet- になる. 〖← Gk *herpetón* a creeping thing: ⇨ herpes〗

herpetol. 《略》herpetology.

hèr·pe·tól·o·gist /-dʒɪst | -dʒɪst/ *n.* 爬虫(はちゅう)類学者. 〖(1828): ⇨ ↓, -ist〗

her·pe·tol·o·gy /hə̀ːpətɑ́(ː)lədʒi | hə̀ːpɪtɔ́l-/ *n.* 〚動物〛爬虫(はちゅう)類学《両生類の研究も含む; cf. amphibiology》. **her·pe·to·log·ic** /hə̀ːpətəlɑ́(ː)dʒɪk | hə̀ː-pɪtəlɔ́dʒ-ˈ/ *adj.* **hèr·pe·to·lóg·i·cal** /-dʒɪkəl, -kl | -dʒɪ-ˈ/ *adj.* **hèr·pe·to·lóg·i·cal·ly** *adv.* 〖(1824) ← HERPETO- + -LOGY〗

herp·tile /hə́ːptl, -taɪl | hə́ːp-/ *adj.* 《米》爬虫(はちゅう)両生類の.

her·que·in /hə́ːkjuɪn, -kwɪn | hə́ːkjuɪn, -kwɪn/ *n.* 〚薬学〛ヘルクェイン《*Penicillium herquei* から得られる抗生物質》. 〖← NL *(Penicillium) herquei* + -IN[2]〗

Herr /héə | hɛə(r); G. hɛ́ʁ/ *n.* (*pl.* **Her·ren** /hérən; G. hɛ́ʁən/) **1** [男性に対するドイツ語の敬称] …君, …様《英語の Mr. に当たる》: *Herr* Himmel ヒンメル氏. **2** ドイツ紳士: meine ~*en* ドイツ紳士諸君. 〖(1653) □ G ~ < OHG *hēriro* (compar.) ← *hēr* noble〗

Her·ren·volk /hérənfòuk, -fɔ̀(ː)lk, -fɑ̀(ː)lk | -fəuk, -fɔlk; G. hɛ́ʁənfɔlk/ *G. n.* (*pl.* **Her·ren·völ·ker** /-fɑ̀lkə | -kə(r); G -fœlkɐ/) **1** 支配民族, 「ヘレンフォルク」《ナチズムのスローガン, 人種理論に基づくドイツ民族自賛の語》. **2** 自分たちが先天的に他より優れていると考える集団. 〖(1940) □ G ~ ← *Herren* lords, masters + *Volk* people〗

Her·re·ra /(h)əréᵊrə | (h)eréərə; *Sp.* eréra/, **Francisco de** *n.* エレラ《1576–1656; スペインの画家; 同名で同じく画家である息子と区別して El Viejo (the Elder) と呼ばれる》.

Her·rick /hérɪk/, **Robert** *n.* ヘリック: **1** (1591–1674) 英国の詩人; *Hesperides* (1648). **2** (1868–1938) 米国の小説家.

her·ring /hérɪŋ/ *n.* (*pl.* ~, ~**s**) **1** 〚魚類〛 **a** タイセイヨウニシン (*Clupea harengus*) 《北大西洋の小形の食用魚》. **b** ニシン《ニシン科の魚の総称》: a kippered ~ 薫製ニシン / be packed as close as ~*s* いっぱいに詰められて[すし詰めになって]いる (cf. *packed like* SARDINES) / (as) dead as a ~ 完全に死んだ / ⇨ red herring. **c** (ニシン科以外の)ニシンに似た魚. **2** ニシンの身: fried ~. 〖OE *hǣring* < Gmc **χēriŋgaz* (G *Häring*) 《原義》? gray fish ← ?: cf. OE *hār* gray〗

hérring·bòne *n.* **1** ニシンの骨. **2 a** 矢筈(やはず)模様, 杉綾(すぎあや), ヘリンボン《寄せ木・刺繍・織地・れんがだたみなどに用いる》. **b** ヘリンボン縫い. **c** 矢筈模様の綾織地(製のスーツ). **d** (れんがや寄せ木, 石または床がわらの)矢筈組み. **3** 〚スキー〛開脚登高(のスキー跡). — *adj.* 矢筈模様の, ヘリンボンの: the ~ pattern 矢筈模様. — *vt.* **1** ヘリンボンに縫う. **2** 矢筈に積む. — *vi.* **1** 矢筈模様を作り出す. **2** 〚スキー〛開脚登高する, 開脚でスロープを登る. 〖1598〗

herringbone 2

b d

hérringbone bònd *n.* 〚石工〛矢筈(やはず)積み (cf. racking bond).

hérringbone gèar *n.* 〚機械〛=double-helical gear.

hérringbone stìtch *n.* 〚機械〛ヘリンボン縫い《千鳥掛けを装飾的に用いた刺し方; cf. catch stitch 2》. 〖1659〗

hérring gùll *n.* 〚鳥類〛セグロカモメ (*Larus argentatus*) 《羽毛が白と灰色で翼端が黒く足が赤い北半球によく見られるカモメ》. 〖*c*1820〗

hérring òil *n.* 〚化学〛にしん油.

hérring pònd *n.* 《戯言》にしんの池《大洋, 特に北大西洋をいう; cf. fishpond 2》. 〖1686〗

hérring ròe *n.* かずのこ.

Her·ri·ot /èrióu | èriáu; *F.* ɛʁjo/, **Édouard** *n.* エリオ《1872–1957; フランスの政治家・著述家; 急進社会党党首 (1919–55); 首相 (1924–25, '32)》.

Her·ri·ot /hériət/, **James** *n.* ヘリオット《1916–95; 英国の獣医・作家; 獣医の生活をユーモラスに描く; *All Creatures Great and Small* (1972); 本名 James Alfred Wright》.

Herrn·hut·er /héənhùːtə | héənhùːtə(r), héərən-; G. hɛ́ʁnhuːtɐ/ *n.* ヘルンフーター, モラビア教徒 (Moravian). 〖(1748) □ G ~ ← *Herrnhut* 《原義》Lord's protection (この教徒のドイツでの最初の居住地)〗

hers /hə́ːz | hə́ːz/ *pron.* (she に対する所有代名詞) **1** 彼女のもの: *Hers* is [are] better than mine. 彼女のは私のよりいい. **2** […of ~ の形式をなして (cf. mine[1] 1 b ★)] 彼女の…: *a* friend of ~ 彼女の(一)友人 / I don't like *that* smile of ~. 彼女のあの笑い方が気にくわない. ★ I don't like her smile. というよりも感情の表出が強い. 〖(*a*1325) *hires* ← HER: ⇨ her, -s[2] 4〗

Hersch·bach /hə́ːʃbɑːk | hə́ːʃ-/, **Dudley R(obert)** *n.* ハーシュバック《1932– ; 米国の化学者; 化学反応を分子運動に分解して観察する方法を開発; Nobel 化学賞 (1986)》.

Her·schel /hə́ːʃəl, -ʃl | hə́ː-/, **Sir John Frederick William** *n.* ハーシェル《1792–1871; 英国の天文学者・化学者・物理学者; W. Herschel の息子》.

Herschel, Sir William *n.* ハーシェル《1738–1822; ドイツ生まれの英国の天文学者; 天王星 (Uranus) を発見 (1781); John の父; ドイツ語名 Friendrich Wilhelm Herschel》.

Hérschel effèct *n.* 〚写真〛ハーシェル効果《赤色光・赤外線など長波長光で潜像が破壊される現象》. 〖(1909) ← *J. F. W. Herschel*〗

Her·schell /hə́ːʃəl, -ʃl | hə́ː-/, **Farrer** *n.* ハーシェル《1837–99; 英国の法学者・政治家; 法務次官 (1880), 大法官 (1886, 1892–95); 称号 1st Baron Herschell》.

her·self /(h)ə(ː)sélf | (h)ə(ː)-/ ★ herself の文中のアクセントについては ⇨ oneself ★. *pron.* (三人称単数女性複合代名詞: ⇨ oneself, himself) **1** [強意用法] 彼女自身, 彼女みずから: She ~ said so. = She said so ~. 彼女自身それを言った / She went ~. 彼女自身が行った / The money was meant for ~ (alone [only]). その金は(他人にではなく)彼女自身にあげたものだ / [絶対構文の意味上の主語として] Guilty ~ [*Herself* guilty], she tried to blame others. 罪は彼女自身にあるのにほかの人を非難しようとした / The letter was addressed to her husband and ~. その手紙は彼女の夫と彼女自身あてだった / She remained sitting all *by* ~. 彼女はなおも全く独りぼっちで座っていた / She did it all *by* ~. すべて彼女一人でやった. **2** [再帰用法]: She blames ~. 彼女は自分を責めている / She killed ~. 自殺した / She asked ~ a question. 自問した / She had ~ one hell of a time last night! 《米口語》昨晩ひどい目に遭った. **3** (身体的・精神的に)いつもの[正常な]彼女: She should just relax and be ~. ちょっとリラックスして普段どおりにしてればいい / She is not ~. いつもの彼女とは違う / She has come to ~. 正気に戻った; 体が元どおりになった. **4** 《主にアイル・スコット》重要な女性; 特に一家の女主人[主婦]: *Herself* is not in the best of moods today. 女房殿は今日は少し機嫌がよくない. 〖OE *hire selfum* (dat. sing.): ⇨ her, self〗

Her·sey /hə́ːsi, -zi | hə́ː-/, **John (Richard)** *n.* ハーシー《1914–93; 米国のジャーナリスト・小説家; *Hiroshima* (1946)》.

Her·shey /hə́ːʃi | hə́ː-/ *n.* 〚商標〛ハーシー《米国 Hershey Foods 社製のチョコレート; 板チョコを Hershey bar, 銀色の紙に包んだ小粒のチョコレートを Hershey's Kiss ともいう》.

Her·shey /hə́ːʃi | hə́ː-/, **Alfred Day** *n.* ハーシー《1908–97; 米国の微生物学者; Nobel 医学生理学賞 (1969)》.

Herst·mon·ceux /hə̀ːs(t)mənsúː, -mɑ(ː)n- | hə̀ːs(t)mənsjúː, -mɔn-, -súː/ *n.* ハーストモンスー《イングランド南部, East Sussex 州の村; 90 年まで Royal Greenwich Observatory が置かれていた (その後は在 Cambridge)》. 〖ME *Herstmonceus* ← OE *hyrst* wooded hill + *Monceaux* (Calvados にある地名)〗

her·sto·ry /hə́ːstəri, -stri | hə́ː-/ *n.* (女性の視点から見直した)歴史; 女性史.

Her·ter /hə́ːtə | hə́ːtə(r)/, **Christian Archibald** *n.* ハーター《1895–1966; 米国の政治家; 国務長官 (1959–61)》.

Hert·ford /hɑ́ːəfəd, hɑ́ːət-, hə́ːt- | hɑ́ːfəd, hɑ́ːt-/ *n.* **1** ハートフォード《イングランド Hertfordshire 州の州都》. **2** =Hertfordshire. 〖OE *Heorotford*: ⇨ hart, ford〗

Hert·ford·shire /hɑ́ːəfədʃə, hɑ́ːət-, -ʃɪə | hɑ́ːfəd-ʃə(r), hɑ́ːt-, -ʃɪə(r)/ *n.* ハートフォードシャー《イングランド南東部の州; 面積 1,635 km², 州都 Hertford》. 〖⇨ ↑, -shire〗

Her·tha /hə́ːθə | hə́ː-/ *n.* ハーサ《女性名》. 〖《変形》← EARTHA〗

Hér·to·gen·bòsch, 's *n.* ='s Hertogenbosch.

Herts /hɑ́əts | hɑ́ːts/ 《略》Hertfordshire.

Her·ty /hə́ːti | hə́ːti/, **Charles Holmes** *n.* ハーティ《1867–1938; 米国の化学者》.

hertz /hə́ːts, héəts | hə́ːts, héəts/ *n.* (*pl.* ~) **1** 〚電気〛ヘルツ《振動数・周波数の単位; 毎秒の繰り返し数; 記号 Hz; cf. cycle[1] 4》. **2** [H-] 〚商標〛ハーツ社《米国の代表的なレンタカー会社》. 〖(1928) ← *H. R. Hertz*〗

Hertz /hə́ːts, héəts | hə́ːts, héəts; G. hɛ́ʁts/, **Gustav** *n.* ヘルツ《1887–1975; ドイツの原子物理学者, H. R. Hertz の甥(おい); Nobel 物理学賞 (1925)》.

Hertz, Heinrich Rudolph *n.* ヘルツ《1857–94; ドイツの物理学者; ヘルツ波 (hertzian wave) を実証》.

Hértz effèct *n.* 〚物理〛ヘルツ効果《光電効果の一種で, 紫外線をあてるとギャップの放電開始電圧が下がる現象》. 〖← *H. R. Hertz*〗

Hertz·i·an, h- /hə́ːtsiən, héə- | hə́ːt-, héə-/ *adj.* ヘルツの(開発した). 〖(1890) ← *H. R. Hertz* + -IAN〗

hértzian óscillator *n.* 〚電気〛=hertz oscillator. 〖1907〗

hértzian telégraphy, H- *n.* 無線電信. 〖1898〗

Hértzian wáve *n.* [時に h-] 〚電気〛ヘルツ波, 電(磁)波. 〖1897〗

Hert·zog /héətsɑ(ː)g, -tsɔ(ː)g | hə́ːtsɔg/, **James Barry Mun·nik** /mʌ́nɪk/ *n.* ヘルツォク《1866–1942; 南アフリカ共和国の政治家・軍人; 首相 (1924–29, 1933–39)》.

hértz óscillator *n.* 〚電気〛ヘルツ発振器. 〖1902〗

Hértz·sprung-Rús·sell diagram /hɑ́əts-sprʌŋrʌ́səl-, -sl- | hɑ́ːts-/ *n.* 〚天文〛ヘルツシュプルングラッセル図《恒星の絶対等級と対比して表面温度を記入した図; 図中の恒星の位置から星の質量や進化の程度がわかる; cf. main sequence》.

H

Her·z·berg /hə́ːtsbəːg | hə́ːtsbəːg/, **Gerhard** *n.* ヘルツベルグ《1904–99; ドイツ生まれのカナダの物理学者; Nobel 化学賞 (1971)》.

Her·ze·go·vi·na /hə̀ːtsəgouvíːnə, hèə- | hə̀ːtsə̀gə(ʊ)-, hèə-/ *n.* ヘルツェゴビナ《もとは公国, のちに Austria-Hungary 帝国の一部; セルボクロアチア語名 Hercegovina (1878–1918); 今は Bosnia と共にボスニアヘルツェゴビナ共和国を形成する》. **Hèr·ze·go·ví·ni·an** /-víːniən⁻/ *adj.*, *n.*

Her·zl /héətsəl | héə-; *Hung.* hértsl/, **Theodor** *n.* ヘルツル《1860–1904; ハンガリー生まれのオーストリアの作家; 政治的 Zionism 運動の創始者; *Der Judenstaat* (＝*The Jewish State*) (1896) を著し第一回シオニスト会議 (1897) を組織した》.

Her·zog /hə́ːtsɔ(ː)g | hə́ːtsɔg; *G.* héʁtsoːk/, **Werner** *n.* ヘルツォーク《1942– ; ドイツの映画監督; *Aguirre, Wrath of God* (1973)》.

he's /(強) hiːz; (弱) (h)iːz, (h)ɪz/《口語》 **1** he is の縮約形. **2** he has の縮約形.

Hes·el·tine /hésəltàɪn, -sḷ-/, **Philip** *n.* ⇨ Peter WARLOCK.

he/she /híːəʃíː, -əə- | -ə-, -ɔː-/ *pron.* 彼または彼女は[が]. ★ 従来は特に男性女性の別がわからないか, 別を示す必要のないときは he を用いていたが, 女性の権利の拡大とともに, 文章ではこの形が使われることがある (cf. s/he).

Hesh·van /héʃvən, xéʃ-, -vɑːn/ *n.* (ユダヤ教暦の)第 8 月, (ユダヤ政暦の)第 2 月《グレゴリオ暦の 10–11 月に当たる; ⇨ Jewish calendar》. 〘(*c*1769) ◻ Mish.Heb. *Marḥešwān* ◻ Akkad. *Arakhsamna* (原義) month of eight〙

He·si·od /híːsiəd, hés- | -siəd, -siɔd/ *n.* ヘシオドス《紀元前 8 世紀ごろのギリシャの叙事詩人》. **He·si·od·ic** /hìːsiɑ́(ː)dɪk, hèsi-| -siɔ́d-⁻/ *adj.*

He·si·o·ne /hɪ̀sáɪəniː, -ni | hɪsáɪəni:/ *n.*【ギリシャ神話】ヘーシオネー《Troy 王 Laomedon の娘; Hercules によって海の怪物から救われた》. 〘◻ L ～ ◻ Gk *Hēsiónē*〙

hés·i·tance /-təns, -tṇs | -təns, -tṇs/ *n.* ＝hesitancy. 〘1601〙

hes·i·tan·cy /hézətənsi, -tṇ- | -zɪ̀tən-, -tṇ-/ *n.* **1 a** ちゅうちょ, ためらい, 不決断 (indecision): He had no ～ in saying it. 少しもためらわずそれを言った. **b** 不本意, 気乗りしないこと (reluctance): with [without] ～ しぶしぶ, いやいやながら[ためらわず]. **2** ためらいながらの行動, 不本意の行動. 〘(1617) ◻ L *haesitantia* a stammering: ⇨ ↓, -ancy〙

hes·i·tant /hézətənt, -tṇt | -zɪ̀tənt, -tṇt/ *adj.* **1** ちゅうちょする, ためらう, 煮え切らない (irresolute): remain ～ (*about* doing something [*to* do something]) (何かをするのに[を])(いつまでも)煮え切らない, ぐずぐずしている. **2** 口ごもる (stammering). **～·ly** *adv.* 〘(1647) ◻ L *haesitantem* (pres.p.) ← *haesitāre* (↓)〙

hes·i·tate /hézətèɪt | -zɪ̀-/ *vi.* **1** ちゅうちょする, 逡巡(しゅんじゅん)する, ためらう (falter, scruple); いやがる: I ～ *to* believe it. それはちょっと信じかねる / He didn't ～ *to* ask me. ためらうことなく私に尋ねた / Please do not ～ to contact us when you have any problems. お困りの節にはご遠慮なくご連絡下さい / I ～ to say so, but he has little knowledge of management. そう言っては何だが彼に経営の知識はほとんどない / She wrote a letter but she ～*d over* mailing it. 手紙を書いたが投函しようかよそうかと迷った / I ～*d about* [*over*] what I should do [what to do]. どうしようかと迷った. **2** 口ごもる (stammer). **3** 一瞬間(ま)を置く, ちょっと休む. — *vt.* ためらいがちに[口ごもりながら]言う. **hés·i·tàt·er** /-tə | -tə(r)/ *n.* 〘(1623) ← L *haesitātus* (p.p.) ← *haesitāre* to stick, stammer, hesitate ← IE **ghais-* to adhere: cf. adhere〙

SYN ためらう: **hesitate** 決断の前にためらったりぐずぐずしたりする《一般的な語》: I *hesitated* before answering. 答える前にためらった. **waver** 特に進路・決断が定まった後にちゅうちょする: *waver* in one's resolution 決心がぐらつく. **vacillate** 意見・決心が次々に変わり, あれこれ迷う《格式ばった語》: He *vacillated* between going and not going. 行こうか行くまいかと迷った. **falter** どう行動すべきか自信がなくなる: He did not *falter* in his resolve. 彼の決心はぐらつかなかった.

---

hés·i·tàt·ing /-tɪŋ | -tɪŋ/ *adj.* ためらいながらの; 口ごもりながらの; 遠慮がちな.

hés·i·tàt·ing·ly /-li/ *adv.* ちゅうちょして (hesitantly), ためらって; 口ごもりながら, 言いにくそうに: He spoke ～. ためらいがちに話した / *Hesitatingly*, he inched forward. ためらいながらもじりじりと前進した. 〘(1800): ⇨ ↑, -ly[1]〙

hes·i·ta·tion /hèzətéɪʃən | -zɪ̀-/ *n.* **1** ちゅうちょ, 逡巡(しゅんじゅん), ためらい, 不決断: after a brief ～ 少しためらった後 / without ～ ちゅうちょしないで, ためらわないで, すぐに, きっぱりと / have no ～ *in* saying ... ちゅうちょしないで…と言う. **2** 口ごもり; どもり. **3** ＝hesitation waltz. 〘(*a*1400) ◻ L *haesitātiō(n-)*: ⇨ hesitate, -ation〙

hesitátion wáltz *n.* ヘジテイションワルツ《ステップに休止と滑るような動きを随意に交錯させるワルツ; 単に hesitation ともいう》. 〘1914〙

hes·i·ta·tive /hézətèɪtɪv, -tət- | -zɪ̀tət-, -tèɪt-/ *adj.* ためらいがちな: in a ～ manner ちゅうちょしながら. **～·ly** *adv.* 〘(1795) ← HESITATE＋-ATIVE〙

Hes·per /héspə | -pə(r)/ *n.* **1** ヘスパー《女性名》. **2**《詩》＝Hesperus. 〘(1612) ← HESPERUS〙

Hes·pe·ri·a /hespí(ə)riə | -píər-/ *n.* **1**【ギリシャ神話】ヘスペリア (Hesperides の 1 人). **2** ヘスペリア, 西国 (Western Land)《古代ギリシャの詩人がイタリアを, またローマの詩人がスペインを指して呼んだ名》. 〘◻ L ～ ◻ Gk *Hespería*〙

Hes·pe·ri·an /hespí(ə)riən | -píər-/ *adj.*《詩》 **1** ヘスペリア (Hesperia) の; 西方の, 西国の (Western). **2** ヘスペリデス (Hesperides) の. — *n.*《まれ》西国の人. 〘(*a*1547) ← L *hesperius* (◻ Gk *hespérios*, *hésperos* western: ⇨ Hesperus)＋-IAN〙

Hes·per·i·des /hespérədìːz | hɪ̀spérɪ̀-, hes-/ *n. pl.* [the ～]【ギリシャ神話】 **1** ヘスペリデス《Hera が Zeus と結婚した日に, 大地の女神 Gaea からもらった金のりんごの楽園を守った 4 人の姉妹; Aegle, Arethusa, Erytheia および Hesperia》. **2** [単数扱い] ヘスペリデスの園《4 人の姉妹たちが竜の Ladon の助けを得て守っていた金のりんごの楽園》. **3** ＝ISLANDS of the Blessed. **Hes·per·id·e·an** /hèspərídiən | -di-⁻/ *adj.* **Hes·per·id·i·an** /hèspərídiən | -di-⁻/ *adj.* 〘(*c*1590) ◻ L *Hesperidēs* ◻ Gk *Hesperídes* (原義) daughters of the west ← *hesperis* western: cf. vesper〙

hesperidia *n.* hesperidium の複数形.

hes·per·i·din /hespérədɪn, -dṇ | -rɪ̀dɪn/ *n.*【化学】ヘスペリジン ($C_{28}H_{34}O_{15}$)《ミカンやレモンの皮などの中に含まれる微黄色の結晶性グルコース配糖体; ビタミン P の一つで, 毛細血管の保護作用があるとされる》. 〘(1838): ⇨ ↓, -in[2]〙

hes·per·id·i·um /hèspərídiəm | -pɪríd-/ *n.* (*pl.* **-i·a** /-diə | -diə/)【植物】みかん状果, 柑果(かんか)《オレンジ・ミカンなどの皮の厚い果実》. 〘(1866) ← NL ～: ⇨ Hesperides, -ium〙

hes·per·i·nos /hèspərɪ̀nɑ́(ː)s, -nóʊ(ː)s | -rɪ̀nɔ́s/ *n.*【東方正教会】晩課. 〘◻ Gk ～ (adj.) ← *hésperos* evening: cf. -ine[1]〙

hes·per·or·nis /hèspərɔ́ənɪ̀s | -rɔ́ːnɪs/ *n.*【古生物】ヘスペルオルニス, たそがれ鳥《飛ぶ力のない大きな鳥で, 米国 Kansas 州で中生代の白亜紀の地層から化石として発掘された》. 〘(1871) ← NL ～ ← Gk *hésperos* of evening＋*órnis* bird〙

Hes·per·us /hésp(ə)rəs/ *n.* 宵(よい)の明星 (Vesper) (⇨ Venus 2) (cf. Hesper 2). 〘(*c*1380) ◻ L ～ ◻ Gk *hésperos* evening (star) ← IE **wespero-* evening, night: cf. vesper〙

Hess /hés/, Dame **Myra** *n.* ヘス《1890–1965; 英国のピアニスト; 戦時中もロンドンの National Gallery でコンサートを企画, 1941 年 Dame の称号を与えられた》.

Hess, Victor Franz *n.* ヘス《1883–1964; オーストリア生まれの米国の物理学者; Nobel 物理学賞 (1936)》.

Hess, Walter Rudolf *n.* ヘス《1881–1973; スイスの生理学者; Nobel 医学生理学 (1949)》.

Hess /hés; *G.* hés/, (**Walther Richard**) **Rudolf** *n.* ヘス《1894–1987; ナチドイツの指導者の一人; ナチ党の副党首; 英国に脱出, 捕虜となり (1941–45), 1946 年ニュルンベルク国際軍事裁判で終身刑を課せられた》.

Hes·se /hésə, hés/ *n.* ヘッセン《ドイツ中西部の州, もと領邦 (landgraviate); 面積 21,111 km², 州都 Wiesbaden; ドイツ語名 Hessen》.

Hes·se /hésə; *G.* hésə/, **Hermann** *n.* ヘッセ《1877–1962; ドイツの詩人・小説家; Nobel 文学賞 (1946); *Peter Camenzind*「ペーターカーメンツィント」(1904), *Das Glasperlenspiel*「ガラス玉遊戯」(1943)》.

Hesse, Ludwig Otto *n.* ヘッセ《1811–74; ドイツの数学者; 幾何学の研究で知られる》.

Hés·sel·man èngine /hésəlmən-, -sḷ-/ *n.*【機械】ヘッセルマン機関《重油を燃料にし, 火花点火による内燃機関》.

Hes·sen /*G.* hésṇ/ *n.* ヘッセン (Hesse のドイツ語名).

Hésse-Nássau *n.* ヘッセンナサウ《もとプロイセンの一州, 現在は Hesse の一部》.

Hes·sian[1] /héʃən | -siən/ *adj.* ヘッセン(州[人])の. — *n.* **1** ヘッセン人. **2 a** (米国独立戦争あるいはナポレオン戦争のとき英国の使った)ヘッセン人の傭兵. **b**《米》(米国独立戦争のとき英国の使った)ドイツ傭兵. **c**《米》傭兵, 用心棒 (mercenary, hireling), 悪漢 (ruffian). **3** ＝Hessian boot. **4** [h-] ヘシアンクロース, 粗い麻布, ズック《アサ (hemp) や上質のコウマ (jute) で作った丈夫な包装用布》. 〘(1677) ← *Hesse*＋-IAN〙

Hes·sian[2] /héʃən | -siən/ *adj.* (ヘルマン)ヘッセ(風[流])の. 〘← *H. Hesse*〙

Hes·sian[3] /héʃən | -siən/ *n.*【数学】ヘッシアン, ヘッセ行列式《多変数関数の 2 階偏導関数のつくる行列の行列式》. 〘(1856) ← *Dr. Otto Hesse* (19 世紀ドイツの数学者)〙

Héssian bóot *n.* 19 世紀にヘッセン (Hesse) 兵が初めて使用し英国で流行したひざの所にふさのついた長靴. 〘1809〙

Héssian flỳ *n.*【昆虫】コムギタマバエ (*Mayetiola destructor*)《タマバエ科の微小なハエで幼虫は麦に大害を与える; 特にアメリカでその害が大きい》. 〘(1786) ← HESSIAN[1]: ヘッセン人の傭兵がこの害虫を米国に持ち込んだと考えられたことから〙

hess·ite /hésaɪt/ *n.*【鉱物】ヘッサイト, テルル銀鉱 (Ag_2Te)《通例塊状で, しばしば金を含む》. 〘(1849) ◻ G *Hessit* ← *Henry Hess* (19 世紀スイスの化学者): ⇨ -ite[1]〙

hes·so·nite /hésənàɪt, -sṇ-/ *n.*【鉱物】肉桂(にっけい)石 (⇨ essonite, cinnamon stone). 〘(1820) ← Gk *hḗssōn* inferior＋-ITE[1]〙

hest /hést/ *n.*《古》命令, 大命 (behest). 〘lateOE *heste* ← OE *hǣs* < Gmc **χaittiz* ← IE **hei-*: ⇨ hight[1]〙

Hes·ter /héstə | -tə(r)/ *n.* ヘスター《女性名》. 〘《変形》← ESTHER〙

Hes·ti·a /héstiə/ *n.*【ギリシャ神話】ヘスティアー (Cronus と Rhea との長子; Zeus, Hera, Poseidon および Demeter の姉; 炉・かまどの神; ローマ神話の Vesta に当たる). 〘◻ L ～ ◻ Gk *Hestíā*: *hestíā* hearth の擬人化〙

Hes·ton /héstən/, **Charlton** *n.* ヘストン《1923– ; 米国の映画俳優; 大規模な歴史映画のヒーローとして活躍》.

Hes·ton and I·sle·worth /héstənənáɪzlwə(ː)θ, -tṇ- | -wəːθ, -wəθ/ *n.* ヘストン アンド アイズルワース《イングランド Greater London 西部の Hounslow の一部》. 〘*Heston*: < OE *hǣstūn* ← *hǣs* beech or oak wood: ⇨ -ton. *Isleworth*: < OE *Gīslheresuuyrþ* ← *Gīslhere* (人名)＋*worþ* farm〙

Hes·van /héʃvən, xéʃ-, -vɑːn/ *n.* ＝Heshvan.

Hes·y·chast /hésɪ̀kæst | -sɪ-/ *n.* ヘシカスト, 静寂主義者《14 世紀にギリシャの Athos 山中に住んでいた修道士たちによって広められた神秘主義の信奉者》. **Hes·y·chas·tic** /hèsɪ̀kǽstɪk | -sɪ-⁻/ *adj.* 〘(1835) ◻ ML *hēsychasta* ◻ Gk *hēsukhastḗs* recluse ← *hēsukházein* to keep quiet〙

het[1] /hét/ *v.*《古・方言》heat の過去形・過去分詞. — *adj.* **1**《俗》＝heated. **2**《スコット》＝hot (cf. het up). ***hét úp*** 興奮した (excited); 腹を立てた (angry): He is all ～ *up*. 彼はかっかしている. 〘(1375)《変形》← HOT〙

het[2] /hét/ *adj.*, *n.*《俗》heterosexual.

he·tae·ra /hɪ̀tí(ə)rə | hɪtáɪ(ə)rə, he-, -tíərə/ *n.* (*pl.* **he·tae·rae** /-riː/, **～s**) **1** (古代ギリシャの)めかけ (concubine), 高級娼婦. **2** 売春婦, 遊女 (harlot). **3** (財産・地位を得るために)自分の肉体的魅力や個性を利用する女性. **he·táe·ric** /-rɪk/ *adj.* 〘(1820) ◻ Gk *hetaírā* (fem.) ← *hetaîros* companion ← ? IE **swetaro-* ← **s(w)e-* 'SELF'〙

he·tae·rism /hɪ̀tí(ə)rɪzṃ | hɪtáɪ(ə)r-, -tíər-/ *n.* **1** (公然と)めかけを囲うこと (open concubinage), 愛人[めかけ]の状態. **2**【文化人類学】(古代または原始社会における)女性共有制度. **he·táe·rist** /-rɪ̀st | -rɪst/ *n.* **het·ae·ris·tic** /hètərístɪk | -tə-⁻/ *adj.* 〘(1860) ◻ Gk *hetairismós* ← *hetairízein* to be a courtesan: ⇨ ↑, -ism〙

he·tai·ra /hɪ̀táɪrə | hɪtáɪ(ə)rə, -tíər-/ *n.* (*pl.* **he·tai·rai** /-raɪ/, **～s**) ＝hetaera. **he·tái·ric** /-rɪk/ *adj.*

he·tai·rism /hɪ̀táɪrɪzṃ | hɪtáɪ(ə)r-, -tíər-/ *n.* ＝hetaerism.

het·er- /hétər | -tər, -tr/ (母音の前にくるときの) hetero- の異形.

het·er·ar·chy /hétəràəki | -tərɑ̀ː-/ *n.*【数学・言語】異階層《節点 (node) をつないだ樹形図で最上位に単一の節点をもたないもの; cf. hierarchy 4, tree 7, 8》.

het·er·aux·e·sis /hètərɔːgzíːsɪ̀s, -rɔːksíː- | hètərɔːgzíːsɪs, -trɔː-/ *n.*【生物】個体相対成長. 〘← NL ← HETERO-＋AUXESIS〙

het·er·e·cious /hètəríːʃəs | -tə-⁻/ *adj.*【生物】＝heteroecious.

het·er·o /hétəròʊ | -tərəʊ, -trəʊ/ *adj.* **1**【化学】(環式化合物で)非炭素元素の. **2** ＝heterosexual. — *n.* (*pl.* **～s**) ＝heterosexual. 〘adj. 1: ← HETERO-. 2: (1933)《略》← *heterosexual*〙

het·er·o- /hétəroʊ | -tərəʊ, -trəʊ/ 次の意味を表す連結形 (cf. homo-): **1** 他の (other), 異なる (different). **2** 異種の[からの, のための]. **3**【化学】主要な原子に対して異種の原子を示す: *heterocyclic*. ★ 母音の前では通例 heter- になる. 〘← Gk *héteros*〙

hètero·aromátic *n.*【化学】複素環式芳香族の化合物. 〘1958〙

hétero·àtom *n.*【化学】異原子, 異種原子, ヘテロ原子《芳香族炭化水素中の炭素原子の一つに取って代わる原子》. 〘(1900) ← HETERO-＋ATOM〙

hètero·autotróphic *adj.*【植物】異形独立栄養の《代謝のために炭素は有機物から取るが窒素は無機物を利用する》.

hètero·áuxin *n.*【生化学】ヘテロオーキシン ($C_{10}H_9NO_2$)《auxin の一種; tryptophan の分解生成物で人尿中にある; indoleacetic acid ともいう; cf. auxin, growth hormone》. 〘(1935) ← HETERO-＋AUXIN〙

hètero·cár·y·on /-kǽriɑ̀(ː)n, -kér- | -kǽriɔ̀n/ *n.* ＝heterokaryon.

hètero·car·y·ó·sis /-kæ̀rióʊsɪ̀s, -kèr- | -kæ̀riə́ʊsɪs/ *n.* ＝heterokaryosis.

hètero·cércal *adj.*【魚類】〈尾びれが〉上下不相称な (cf. homocercal); 不相称びれの[をもつ]: a ～ fin 不相称びれ. 〘(1838) ← HETERO-＋-CERCAL〙

hètero·chlamýdeous *adj.*【植物】異花被の (cf. homochlamydeous). 〘1895〙

hètero·chromátic *adj.* **1** 一つ以上の色の, 多色の; 雑色模様のある. **2**【物理】複数の周波数から成る, 異色の. **3**【生物】異質染色質の. **hètero·chró·matism** *n.* 〘(1895) ← HETERO-＋CHROMATIC〙

hètero·chrómatin *n.*【生物】異質[異常]染色質 (cf. euchromatin). 〘(1932) ← HETERO-＋CHROMATIN〙

hètero·chromatizátion *n.*【生物】異常染色質化《遺伝子をもつ真正染色質 (euchromatin) が遺伝的に作用しない異質染色質 (heterochromatin) に変化すること》. 〘(1941): ⇨ heterochromatic, -ization〙

het·er·o·chrome /hétəroʊkròʊm | hétərə(ʊ)krəʊm, -trə(ʊ)-/ *adj.* ＝heterochromatic. 〘(1933) ← HETERO-＋-CHROME〙

het·er·o·chro·mic /hètəroʊkróʊmɪk | -tərə(ʊ)krə́ʊ-, -trə(ʊ)-⁻/ *adj.*【生物】＝heterochromous. 〘1911〙

hètero·chrómosome *adj.*【生物】性染色体 (sex chromosome). 〘(1904) ← HETERO-＋CHROMO-＋-SOME[3]〙

het·er·o·chro·mous /hèṭəroʊkróʊməs | hètər-ə(ʊ)kráʊ-, -trə(ʊ)-ˊ/ *adj.* 〘生物〙多色の (cf. homochromous). 〖(1842) ← HETERO-＋CHROMO-＋-OUS〗

het·er·och·tho·nous /hèṭərá(:)kθənəs | -tərɔ́k-ˊ/ *adj.* 〘生物〙土着でない; 外来の (foreign) (cf. autochthonous 1). 〖(1891) ← HETERO＋Gk *khthṓn* the earth, country＋-OUS〗

het·er·o·clite /héṭərəklàɪt | hétərə(ʊ)-, -trə(ʊ)-/ *adj.* **1** 《まれ》不規則な; 異常な. **2** 〘文法〙(名詞・動詞の語尾変化の)不規則な, 不規則変化の (irregular, anomalous): ～ nouns [verbs] 不規則名詞[動詞]. — *n.* **1** 不規則なもの; 異常な人間. **2** 〘文法〙不規則変化をする語《名詞・動詞など》. **hè·ter·o·clít·ic** /-klíṭɪk | -klít-ˊ/ *adj.* 〖(1580) □ F *hétéroclite* □ L *heteroclitus* □ Gk *heteróklitos* ← HETERO-＋← *klínein* to bend, inflect (⇨ incline)〗

het·er·o·cot·y·lus /hèṭəroʊkɑ́(:)ṭələs, -ṭḷ- | -tər-ə(ʊ)kɔ́tḷ-/ *n.* (*pl.* **-y·li** /-ṭəlaɪ, -ṭḷ- | -tḷ-/) 〘動物〙＝hectocotylus. 〖← HETERO-＋-*cotylus* (← Gk *kotúlē* cup)〗

het·er·o·crine /héṭərəkrɪ̀n, -kràɪn, -krì:n | hétər-ə(ʊ)kràɪn, -trə(ʊ)-, -krì:n/ *adj.* 〘生理〙〈腺が〉異質分泌の, 多種分泌, 多種分泌の, 混合腺の《内分泌・外分泌の双方を行う》. 〖← HETERO-＋(ENDO)CRINE〗

hétero·cỳcle *n.* 〘化学〙複素環. 〖(1931) ← HETERO-＋CYCLE[1]〗

hètero·cýclic *adj.* 〘化学〙複素環式の, 異種[節, 項]環式の (cf. isocyclic, homocyclic)《環に炭素とそれ以外の原素を含む環式化合物をいう》. 〖(1895) ← HETERO-＋CYCLIC〗

het·er·o·cyst /héṭərəsɪ̀st | hétərə(ʊ)-, -trə(ʊ)-/ *n.* 〘植物〙ヘテロシスト, 異質[異形]細胞《ある種の藍藻類の体細胞中に交わって存在する特殊細胞》. 〖(1872) ← HETERO-＋CYST〗

hètero·dáctyl *adj.* ＝heterodactylous.

hètero·dáctylous *adj.* 〘鳥類〙変対趾足(くそく)の《キヌバネチョウのように第一・第二指が後ろ向きで第三・第四指が前向きの趾足をいう》. — *n.* 変対趾足鳥 (cf. zygodactyl). 〖(1854) ← HETERO-＋DACTYL-＋-OUS〗

het·er·o·dont /héṭərədɑ̀(:)nt | hétərədɔ̀nt, -trə-/ *adj.* 〘動物〙異形歯(牙)の, 異歯型の (cf. homodont). 〖(1877) ← HETERO-＋-ODONT〗

het·er·o·dox /héṭərədɑ̀(:)ks, -trə- | -tərə(ʊ)dɔ̀ks, -trə(ʊ)-/ *adj.* **1** **a** 《神学などで》非正統説の, 異説の (cf. orthodox 1). **b** 〈学説・方法・方法論など〉異端的な: regard a theory as ～ ある学説を異端視する / His methods have long been (held) ～. 彼の方法(論)は長い間異端とされてきた. **2** 異説をいだく, 異端の. 〖(1619) □ Gk *heteródoxos* ← HETERO-＋*dóxa* opinion (← *dokeîn* to think)〗

het·er·o·dox·y /héṭərədɑ̀(:)ksi, -trə- | -tərə(ʊ)dɔ̀k-, -trə(ʊ)-/ *n.* (cf. orthodoxy) **1** 非正教的信仰, 異端. **2** 非正統派的学説; 異(端)説. 〖(1652–62) □ Gk *heterodoxía*: ⇨ ↑, -y[1]〗

het·er·o·dyne /héṭərədàɪn, -trə- | -tərə(ʊ)-, -trə(ʊ)-/ 〘通信〙 *n.* ヘテロダイン《一種のうなりを起こさせる受信装置; cf. autodyne, superheterodyne》. — *adj.* ヘテロダインの, うなり受波の: a ～ receiver ヘテロダイン受信機. — *vt.* 〈ある周波数〉に別の周波数を混ぜてうなりを生じさせる. 〖(1908) ← HETERO-＋Gk *dúnamis* force (⇨ dyne)〗

het·er·oe·cious /hèṭərí:ʃəs | -tə-ˊ/ *adj.* 〘生物〙異種寄生の《一種の寄生菌類で異なった寄生(植物や昆虫)を有する; cf. autoecious》. **～·ly** *adv.* 〖(1882): ⇨ ↓, -ious〗

het·er·oe·cism /hèṭərí:sɪzm | -tə-/ *n.* 〘生物〙異種寄生《サナダムシのように種々の寄主を経てその発達を完了する寄生》. 〖(1875) ← HETERO-＋Gk *oîkos* house＋-ISM〗

hètero·ferméntative *adj.* 〘細菌〙〈乳酸菌など〉異種発酵性の.

hètero·gámete *n.* 〘生物〙異形配偶子 (↔ isogamete). **hètero·gamétic** *adj.* 〖(1897) ← HETERO-＋GAMETE〗

het·er·og·a·mous /hèṭərɑ́(:)gəməs | -tərɔ́g-ˊ/ *adj.* **1** 〘生物〙異形配偶子によって生殖する (cf. isogamous). **2** 〘植物〙(二種の)異性花を有する (cf. homogamous 2 a). 〖(1839) ← HETERO-＋-GAMOUS〗

het·er·og·a·my /hèṭərɑ́(:)gəmi | -tərɔ́g-/ *n.* **1** 〘生物〙異形配偶子生殖, 異形配偶 (cf. isogamy). **2** 〘植物〙異形接合《二種の異性花を有すること; cf. homogamy 1 a》. 〖(1874) ← HETERO-＋-GAMY〗

het·er·o·ge·ne·i·ty /hèṭəroʊdʒəní:əṭi, -troʊ- | -tərə(ʊ)dʒɪ̀ní:ɪ̀ti, -trə(ʊ)-/ *n.* **1** 異種, 異質. **2** 異類混交, 異成分. 〖(1641) □ ML *heterogeneitātem*: ⇨ ↓, -ity〗

het·er·o·ge·ne·ous /hèṭəroʊdʒí:niəs, -troʊ- | -tərə(ʊ)dʒí:niəs, -trə(ʊ)-ˊ/ *adj.* **1** 異種の, 異類の, 異質の: ～ elements in a society 社会の中の異分子. **2** 雑多な, 異成分から成る (disparate) (cf. homogeneous 1) (⇨ miscellaneous SYN): a ～ country (いろいろな人種・言語・宗教などの混在する)複雑な国 / a ～ collection of rubbish がらくたの集まり. **～·ly** *adv.* **～·ness** *n.* 〖(1624) □ ML *heterogeneus* □ Gk *heterogenḗs*: ⇨ hetero-, -gen, -ous〗

hètero·génesis *n.* 〘生物〙 **1** 異形発生《親と異なった子の生まれること; cf. homogenesis》. **2** 自然発生 (abiogenesis). **3** (有性生殖と無性生殖との)世代交代 (alternation of generations). **hètero·genétic** *adj.* **hètero·génic** *adj.* **hètero·genétically** *adv.* 〖(1854) ← HETERO-＋-GENESIS〗

het·er·og·e·nous /hèṭərɑ́(:)dʒənəs | -tərɔ́dʒɪ̀-ˊ/ *adj.* 〘病理・生物〙外生の, 外来の; 不均質の (cf. homogenous); 異質の; 異成分から成る (cf. autogenous 1). 〖(1695) ← HETERO-＋-GENOUS〗

het·er·og·e·ny /hèṭərɑ́(:)dʒəni | -tərɔ́dʒɪ̀-/ *n.* 〘生物〙＝heterogenesis. 〖(1647): ⇨ ↑, -y[1]〗

het·er·o·glos·sia /hèṭərəglɑ́(:)siə | -glɔ́s-/ *n.* ヘテログロッシア《一つのテクストまたは芸術作品の中に 2 つ(以上)の声[表明された視点]が存在すること》.

het·er·o·gon·ic /hèṭərəgɑ́(:)nɪk | -tərəgɔ́n-, -trə-ˊ/ *adj.* **1** 〘植物〙長さの比率が不平等である雌・雄蕊(ずい)を有する完全花をつける (cf. homogonous). **2** 〘動物〙＝heterogynous. **3** 〘生物〙世代交代の, ヘテロゴニーの. 〖(1924): ⇨ heterogony, -ic[1]〗

het·er·og·o·nous /hèṭərɑ́(:)gənəs | -tərɔ́g-ˊ/ *adj.* ＝heterogonic. **～·ly** *adv.* 〖(*c*1870) ⇨ ↑, -ous〗

het·er·og·o·ny /hèṭərɑ́(:)gəni | -tərɔ́g-/ *n.* **1** 〘生物〙ヘテロゴニー, 異状生殖, 周期性生殖《両性生殖と単性生殖とが交互する世代交代をいう; cf. ALTERNATION of generations, isogony》. **2** 〘生物〙不等成長. **3** 〘植物〙長短[異形]花柱, 雌蕊(ずい)異花柱. **4** 〘生物〙＝allometry. 〖(1870) ← HETERO-＋-GONY〗

hétero·gràft *n.* 〘外科〙異種移植片《ヒトとチンパンジーの間など, 被移植者と異なる種の個体から取った移植片; xenograft ともいう; cf. autograft, homograft》. 〖(1909) ← HETERO-＋GRAFT[1]〗

het·er·o·graph·ic /hèṭərəgrǽfɪk | hètərə(ʊ)-, -trə(ʊ)-ˊ/ *adj.* **1** 誤った[変則]つづり字の. **2** 同字多音主義の (cf. homographic 2). 〖(1864) ← HETERO-＋-GRAPHIC〗

het·er·og·ra·phy /hèṭərɑ́(:)grəfi | -tərɔ́g-/ *n.* **1** 誤った[変則]つづり字. **2** 同字多音のつづり字 (cf. homograph). **3** 異形同音 (b*light* と b*ite* など). 〖(1783) ← HETERO-＋-GRAPHY〗

het·er·og·y·nal /hèṭərɑ́(:)dʒənḷ | -tərɔ́dʒɪ-ˊ/ *adj.* 〘動物〙＝heterogynous.

het·er·og·y·nous /hèṭərɑ́(:)dʒənəs | -tərɔ́dʒɪ̀-ˊ/ *adj.* 〘動物〙〈ミツバチ・アリなど〉有性無性二種の雌をもつ. 〖(1854) ← HETERO-＋-GYNOUS〗

hétero·jùnction *n.* 〘電子工学〙＝heterostructure.

hètero·káryon *n.* 〘生物〙ヘテロカリオン, 異核共存体, 異核接合体. **hètero·karyótic** *adj.* 〖(1941) ← HETERO-＋KARYON〗

hètero·kàr·y·ó·sis /-kæ̀rióʊsɪ̀s, -kèr- | -kæ̀riə́ʊsɪs/ *n.* 〘生物〙ヘテロカリオシス《ヘテロカリオンになるような特性・現象》. 〖(1916) ← NL ～: ⇨ hetero-, karyo-, -osis〗

hètero·lécithal *adj.* 〘生物〙不等黄性の《卵黄量が多くて卵内に局在している; cf. alecithal, homolecithal》. 〖(1892) ← HETERO-＋LECITH(IN)＋-AL[1]〗

het·er·ol·o·gous /hèṭərɑ́(:)ləgəs | -tərɔ́l-ˊ/ *adj.* **1** 〘生物〙異種から移植した; 異種構造の: a ～ transplant 異種移植; 異種移植植物; 異種移植組織[器官]. **2** 〘医学〙異種の; 異形の《構造・組織が正常でない》; 非対応の. **～·ly** *adv.* 〖(*c*1820): ⇨ ↓, -ous〗

het·er·ol·o·gy /hèṭərɑ́(:)lədʒi | -tərɔ́l-/ *n.* **1** 〘生物〙異種構造. **2** 〘医学〙異質組織; 非対応性. 〖(1854) ← HETERO-＋-LOGY〗

het·er·ol·y·sis /hèṭərɑ́(:)ləsɪ̀s | -tərɔ́lɪ̀sɪs/ *n.* **1** 〘生化学〙異種溶解《一生物体の細胞が他体の細胞溶解素あるいは酵素によって溶解すること; cf. autolysis》. **2** 〘化学〙ヘテロリシス《化合物[分子]が電荷によって二つの粒子またはイオンに分解[離]すること; heterolytic fission ともいう; cf. homolysis》. **het·er·o·lyt·ic** /hèṭəroʊlíṭɪk | -tər-ə(ʊ)lít-ˊ/ *adj.* 〖(1902) ← HETERO-＋-LYSIS〗

het·er·om·er·ous /hèṭərɑ́(:)mərəs | -tərɔ́m-ˊ/ *adj.* 〘植物〙〈輪生の葉や花が〉数の一致しない, 異数の (cf. isomerous 1): a ～ flower 異数花. 〖(1826) ← HETERO-＋-MEROUS〗

hètero·metábolism *n.* 〘昆虫〙不完全変態 (cf. holometabolism). **hètero·metabólic** *adj.*

hètero·metábolous *adj.*

hètero·metáboly *n.* 〘昆虫〙＝heterometabolism.

hètero·mórphic *adj.* **1** 〘生物〙異形の, 変形の (cf. homomorphic 1, monomorphic 1): ～ alternation of generations 変形世代交代. **2** 〘昆虫〙完全変態をする《青虫が成虫になるような場合にいう》. 〖(*c*1859) ← HETERO-＋-MORPHIC〗

hètero·mórphism *n.* **1** 〘生物〙異形, 変形. **2** 〘昆虫〙完全変態. **3** 〘結晶〙類質異形《組成の類似した化合物で結晶形が異なること; cf. homeomorphism 1, isomorphism 1》. 〖(1839): ⇨ ↑, -ism〗

hètero·morphósis *n.* 〘生物〙異型再生《例えば, エビの眼柄(がん)を切除したあとに触角ができることなど》. 〖(1891) ← NL ～: ⇨ hetero-, -morphosis〗

hètero·mórphous *adj.* 〘生物・昆虫〙＝heteromorphic. 〖1835–36〗

hétero·mòrphy *n.* 〘生物・結晶〙＝heteromorphism. 〖(1874) ← HETERO-＋-MORPHY〗

het·er·on·o·mous /hèṭərɑ́(:)nəməs | -tərɔ́n-ˊ/ *adj.* **1** 外的支配に従う, 自己(意志)外に存する; 他律の, 他治的な (cf. autonomous 1). **2** 〘生物〙異なる発達法則に従う, 不等の, 普通の形と違っている, 互いに形の異なった. **～·ly** *adv.* 〖(1824) ← HETERO-＋Gk *nómos* law (⇨ nomo-)＋-OUS〗

het·er·on·o·my /hèṭərɑ́(:)nəmi | -tərɔ́n-/ *n.* **1** 他国の法律・支配に従うこと. **2** 〘哲学〙他律《自律の反対で, 道徳律の根拠を実践理性の法則以外のものに求める立場; cf. autonomy 4》. 〖(1798) ← HETERO-＋-NOMY〗

het·er·o·nym /héṭərənɪ̀m | -tə-/ *n.* 同形異音意義語《同じつづりで異音意義の語; 例: tear /tέə | tέə[r]/ (裂く)と tear /tíə | tíə[r]/ (涙); cf. homonym 1, synonym 1》. 〖(1885) ↓〗

het·er·on·y·mous /hèṭərɑ́(:)nəməs | -tərɔ́nɪ̀-ˊ/ *adj.* **1** heteronym の. **2** 〈相関関係にあるものなど〉別々の名を持った (cf. homonymous 1): Master and servant [Male and female] are ～. 主人と召使[男性と女性]とは異なった名称を持つ相関関係にある. **3** 〘光学〙(二重像の中)視線と反対の側に現れる. **～·ly** *adv.* 〖(1734) □ Gk *heterṓnumos* ← HETERO-＋*ónoma* 'NAME': ⇨ -ous〗

Het·er·o·ou·si·an /hèṭəroʊú:siən, -áʊsiən | hèt-ərəʊ-, -trəʊ-ˊ/ 〘神学〙 *n.* (子なるキリストと父なる神とが本質的に違うという)異質論者, 異体論者, 異本質論者 (cf. Homoousian, Homoiousian). — *adj.* 異質論(者)の. 〖(1678) ← Gk *heteroousíos* ← HETERO-＋Gk *ousía* being, essence＋-AN[1]〗

het·er·o·path·ic /hèṭəroʊpǽθɪk | -tərə(ʊ)-, -trə(ʊ)-ˊ/ *adj.* 〘医学〙逆症療法の (allopathic).

het·er·op·a·thy /hèṭərɑ́(:)pəθi | -tərɔ́p-/ *n.* **1** 〘医学〙＝allopathy. **2** 〘病理〙刺激に対する異常な過敏性. 〖(1847) ← HETERO-＋-PATHY〗

het·er·o·pha·si·a /hèṭəroʊféɪʒiə, -ʒə | -tərə(ʊ)-féɪziə, -trə(ʊ)-, -ʒiə/ *n.* 〘病理〙錯語症. 〖(1877) ← HETERO-＋-PHASIA〗

het·er·o·phil /héṭərəfɪl | -tərə(ʊ)-, -trə(ʊ)-/ *adj.* 〘免疫〙異種親和性の, 異好性の《抗原[抗体]として一つ以上の物質に反応する物質についていう》. — *n.* 〘解剖〙＝heterophile. 〖(*c*1915) ← HETERO-＋-PHIL〗

het·er·o·phile /héṭərəfàɪl | -tərə(ʊ)-, -trə(ʊ)-/ *adj.* 〘免疫〙異種抗原に親和性のある, 異好性(抗原)の; 異染性の. — *n.* 〘解剖〙＝neutrophil. 〖(1920) ← HETERO-＋-PHILE〗

het·er·o·pho·bi·a /hèṭəroʊfóʊbiə | -tərə(ʊ)fə́ʊ-, -trə(ʊ)-/ *n.* 異性恐怖[嫌悪]症. 〖(1971) ← HETERO-＋PHOBIA〗

het·er·oph·o·ny /hèṭərɑ́(:)fəni | -tərɔ́f-/ *n.* 〘音楽〙ヘテロフォニー, 異音性《原始的な多声音楽の一形態; 同一旋律を歌い演奏している数人のうちの一人が原旋律を離れて変形; 装飾を行うこと》. 〖(1945) ← HETERO-＋-PHONY〗

hètero·phória *n.* 〘眼科〙(眼球)斜位. 〖(1886) ← HETERO-＋-PHOR(E)＋-IA[1]〗

het·er·o·phyl·lous /hèṭəroʊfíləs | -tərə(ʊ)-ˊ/ *adj.* 〘植物〙異形葉性の《同じ茎枝に種々の形の葉のあるものにいう; cf. anisophyllous》. 〖(1828) ← HETERO-＋-PHYLLOUS〗

het·er·o·phyl·ly /héṭəroʊfɪli | -tərə(ʊ)-/ *n.* 〘植物〙異形葉. 〖(1874): ⇨ ↑, -y[1]〗

het·er·o·phyte /héṭərəfàɪt | -tərə(ʊ)-, -trə(ʊ)-/ *n.* 〘植物〙従属栄養を行う植物. **het·er·o·phyt·ic** /hèṭərəfíṭɪk | -tərəfít-, -trə(ʊ)-ˊ/ *adj.* 〖(*c*1930) ← HETERO-＋-PHYTE〗

het·er·o·plas·ty /héṭəroʊplæ̀sti | -tərə(ʊ)-, -trə(ʊ)-/ *n.* 〘外科〙異種移植(術); 異種形成(術) (cf. homoplastic 2, autoplasty). **het·er·o·plas·tic** /hèṭəroʊ-plǽstɪk | -tərə(ʊ)-, -trə(ʊ)-ˊ/ *adj.* 〖(1855) ← HETERO-＋-PLASTY〗

het·er·o·ploid /héṭərəplɔ̀ɪd | -tərə(ʊ)-, -trə(ʊ)-/ 〘生物〙 *adj.* 異数体の《染色体の数が半数体の数の整数倍以外のものをいう; cf. euploid》. — *n.* 異数体. 〖(1926) ← HETERO-＋-PLOID〗

het·er·o·ploi·dy /héṭərəplɔ̀ɪdi | -tərə(ʊ)plɔ̀ɪdi, -trə(ʊ)-/ *n.* 〘生物〙異数性《染色体数が基本数より 1, 2 本増減していること》. 〖(1926): ⇨ ↑, -y[1]〗

hètero·pólar *adj.* **1** 〘電気〙異極(性)の. **2** 〘物理化学〙 **a** 異極(性)の (homopolar 2). **b** 《まれ》＝polar 5. **hètero·polárity** *n.* 〖(1896) ← HETERO＋POLAR〗

hètero·pólymer *n.* 〘化学〙ヘテロ重合体《ビニル化合物と, それ自身では重合しない他の化合物から成る重合体》. 〖(1931) ← HETERO-＋POLYMER〗

Het·er·op·ter·a /hèṭərɑ́(:)ptərə | -tərɔ́p-/ *n. pl.* 〘昆虫〙異翅(し)亜目《半翅目 (Hemiptera) のうち, カメムシ類・タガメ類など, 前翅の前半が革質で背面に偏平に置かれるもの》. 〖(1826) ← NL ～: ⇨ hetero-, -ptera〗

he·te·rop·te·ran /hèṭərɑ́(:)ptərən | -tərɔ́p-ˊ/ *adj.*, *n.* 〘昆虫〙異翅類の(昆虫). 〖1842〗

het·er·op·ter·ous /hèṭərɑ́(:)ptərəs | -tərɔ́p-ˊ/ *adj.* 〘昆虫〙異翅亜目の (cf. homopterous). 〖(1895) ← HETERO-＋-PTEROUS〗

hètero·pycnósis *n.* 〘生物〙異状凝縮《染色体またはその一部が他の染色体と異なる染色性をもつこと; 普通その部分が濃く染まる》. 〖(1925) ← HETERO-＋PYCNOSIS〗

hètero·sce·dás·tic /-s(k)ɪ̀dǽstɪk-ˊ/ *adj.* 〘統計〙異分散の (cf. homoscedastic). **hètero·sce·das·tíc·i·ty** /-s(k)ɪ̀:dæstísəṭi | -sɪ̀ti/ *n.* 〖1905〗

heteroses *n.* heterosis の複数形.

hètero·séx *n.* ＝heterosexuality. 〖1972〗

hètero·séxism *n.* 同性愛者に対する差別. **hètero·séxist** *n.*, *adj.* 〖(1979) ← HETERO-＋SEXISM〗

het·er·o·sex·u·al /hèṭəroʊsékʃuəl, -ʃəl | -tərə(ʊ)-sékʃuəl, -trə(ʊ)-, -ʃʊl, -sjuəl, -sjʊl-ˊ/ *adj.* **1** 異性愛の, 異性に引かれる: ～ love 異性愛. **2** 〘生物〙異性の, 他の性に関する. **3** 両性の(特質を持つ). — *n.* 異性を愛する人, 異性愛者 (↔ homosexual). **～·ly** *adv.* 〖(1892) ← HETERO-＋SEXUAL〗

het·er·o·sex·u·al·i·ty /hèṭəroʊsèkʃuǽləṭi | -tə-rə(ʊ)sèkʃuǽlɪ̀ti, -trəʊ-, -sju-/ *n.* **1** 異性愛 (↔ homosexuality). **2** 両性的な特質. 〖(1900): ⇨ ↑, -ity〗

het·er·o·sis /hèṭəróusɪ̀s | -tərə́usɪs/ *n.* (*pl.* **-o·ses** /-si:z/) 〔生物〕雑種強勢, ヘテローシス《雑種がその両親よりも生活力などが優れていること》. 〘(1864) ← NL ~ ← Gk *hetérōsis* alteration〙

het·er·o·some /héṭərəsòum | -tərə(u)səum, -trə(u)-/ *n.* 〔生物〕=heterochromosome. 〘1938〙

hétero·sphère *n.* 〔気象〕非[不]均質圏《地表から約 90 km 以上の気圏; cf. homosphere》. 〘← HETERO-＋-SPHERE〙

hètero·spórous *adj.* 〔植物〕異形胞子の《一種類以上の胞子, 特に大胞子, 小胞子を形成することをいう; cf. homosporous》. 〘(1875) ← HETERO-＋-SPOROUS〙

het·er·o·spo·ry /héṭərouspɔ̀:ri, hèṭərá(:)spəri | hétərə(u)spɔ̀ri, -trə(u)-, hètərɔ́spəri/ *n.* 〔植物〕異胞子形成. 〘(1898) ← HETERO-＋-SPORY〙

het·er·os·tra·can /hèṭərá(:)strəkən | -tərɔ́s-/ *n.* 〔古生物〕甲冑魚《異甲目の動物または化石; cf. ostracoderm》. 〘← NL ~ ← *Heterostraci* (↓)＋-AN¹〙

Het·er·os·tra·ci /hèṭərá(:)strəsàɪ | -tərɔ́s-/ *n. pl.* 〔古生物〕異甲目《魚類の中で無顎類に属し, 俗に甲冑魚といわれるものの一つ; シルル紀からデボン紀にかけて栄えた》. 〘← NL ~ ← HETERO-＋Gk *ostrakón* shell〙

H

hétero·strùcture *n.* 〔電子工学〕ヘテロ構造《数種類の半導体でできている半導体装置》. — *adj.* ヘテロ構造の. 〘(1970) ← HETERO-＋STRUCTURE〙

het·er·o·styled /héṭəroustàɪld | -tərə(u)-, -trə(u)-/ *adj.* 〔植物〕異花柱の (cf. homostyled). 〘(1876) ← HETERO-＋-STYLE¹＋-ED〙

het·er·o·sty·lism /hèṭərəstáɪlɪzm | -tərə(u)-, -trə(u)-/ *n.* 〔生物〕=heterogony 1. 〘1875〙

het·er·o·sty·lous /hèṭəroustáɪləs | -tərə(u)-, -trə(u)-⁻/ *adj.* 〔植物〕=heterostyled. 〘(1887) ← HETERO-＋-STYLOUS〙

het·er·o·sty·ly /héṭərəstàɪli | -tərə(u)-, -trə(u)-/ *n.* 〔生物〕=heterostylism. 〘(1887) ← HETERO-＋STYLE¹＋-Y¹〙

het·er·o·tac·tic /hèṭəroutǽktɪk | -tərə(u)-, -trə(u)-⁻/ *adj.* 〔医学〕内臓逆位の. 〘← HETERO-＋-TACTIC〙

het·er·o·tax·i·a /hèṭəroutǽksiə | -tərə(u)-, -trə(u)-/ *n.* 〔病理・植物・地質〕=heterotaxis. 〘← HETERO-＋-*taxia* (← Gk -*táxis* an arranging): ⇨ -ia¹〙

het·er·o·tax·is /hèṭəroutǽksɪ̀s | -tərə(u)tǽksɪs, -trə(u)-/ *n.* **1** 〔病理〕内臓逆位. **2** 〔植物〕(植物の器官の)異常布置. **3** 〔地質〕(地層の)異常配列 (cf. homotaxis). **hèt·er·o·tác·tous** /-tǽktəs⁻/ *adj.* **hèt·er·o·táx·ic** /-tǽksɪk⁻/ *adj.* 〘← HETERO-＋-TAXIS〙

het·er·o·tax·y /héṭəroutæ̀ksi | -tərə(u)-, -trə(u)-/ *n.* 〔病理・植物・地質〕=heterotaxis. 〘1854〙

het·er·o·tel·ic /hèṭəroutélɪk, -tí:l- | -tərə(u)-, -trə(u)-⁻/ *adj.* 〔哲学・文学〕〈実在・出来事が〉(他のものを目的として存在し)原因外在の, 外因の (cf. autotelic). 〘(1901) ← HETERO-＋TELO-²＋-IC¹〙

het·er·o·thal·lic /hèṭərouθǽlɪk | -tərə(u)-, -trə(u)-⁻/ *adj.* 〔植物〕**1** 《藻類・菌類など》雌雄異株[異体]の (dioecious) (cf. monoecious). **2** 異株性の《生殖機能において二つ以上の遺伝子的には両立しないが形態的には類似の相を持つ; cf. homothallic 1》. 〘(1904) ← HETERO-＋THALLO-＋-IC¹〙

het·er·o·thal·lism /hèṭərouθǽlɪzm | -tərə(u)-, -trə(u)-/ *n.* 〔植物〕ヘテロタリズム, 異株性, 雌雄異体性《性的行動を異にする二つの菌糸体の存すること; cf. homothallism》. 〘(1906): ⇨ ↑, -ism〙

het·er·ot·ic /hèṭərá(:)ṭɪk | -tərɔ́t-⁻/ *adj.* 〔生物〕雑種強勢 (heterosis) 的な. 〘(1905) ← HETERO-＋-OTIC¹〙

het·er·o·to·pi·a /hèṭəroutóupiə | -tərə(u)tə́u-/ *n.* 〔病理〕**1** (内臓の)変位, 異常位置, 異所性. **2** (組織の)異常位置, 異所性. **het·er·o·top·ic** /hèṭəroutá(:)pɪk | -tərə(u)tɔ́p-, -trə(u)-⁻/ *adj.* **het·er·ot·o·pous** /hèṭərá(:)ṭəpəs | -tərɔ́t-⁻/ *adj.* 〘← HETERO-＋-*topia* (← Gk *tópos* a place): ⇨ -ia¹〙

het·er·ot·o·py /hèṭərá(:)ṭəpi | -tərɔ́t-/ *n.* 〔病理〕=heterotopia. 〘1876〙

hètero·transplánt 〔外科〕*n.* =heterograft. — *vt.* 〈他の人〉に異種[ヘテロ]移植する. **hètero·transplantátion** *n.* 〘(1918) ← HETERO-＋TRANSPLANT〙

het·er·o·trich /héṭəroutrɪ̀k | -tərə(u)-, -trə(u)-/ *n.* 〔動物〕(原生動物繊毛虫綱)異毛目の動物. 〘← NL *heterotricha* (↓)〙

Het·er·ot·ri·cha /hèṭərá(:)trɪ̀kə | -tərɔ́trɪ-/ *n. pl.* 〔動物〕(原生動物繊毛虫綱)異毛目. 〘← HETERO-＋-TRICH(OUS)＋-A²〙

het·er·o·troph /héṭəroutròuf, -trà(:)f | -tərə(u)trɔ̀f, -trə(u)-/ *n.* 〔生物〕従属栄養生物, 他給栄養生物, 有機栄養生物 (cf. autotroph). 〘(1900) ← HETERO-＋Gk *trophós* feeder〙

het·er·o·tro·phic /hèṭəroutróufɪk, -trá(:)f- | -tərə(u)trɔ́f-, -trə(u)-⁻/ *adj.* 〔生物〕従属栄養の, 他給栄養の, 有機栄養生物の《動物などのように栄養として有機物を必要とするものにいう; cf. prototrophic, holophytic, autotrophic》. **hèt·er·o·tró·phi·cal·ly** *adv.* 〘(1893) ← HETERO-＋-TROPHIC〙

het·er·ot·ro·phy /hèṭərá(:)trəfi | -tərɔ́trə-/ *n.* 〔生物〕従属栄養, 他給栄養. 〘(1891) ← HETERO-＋-TROPHY〙

hètero·týpic *adj.* 〔生物〕〈分裂が〉異型の《生殖細胞の第一減数分裂についていう; cf. homeotypic》: ~ division 異型分裂. **hètero·týpical** *adj.* 〘(1889) ← HETERO-＋TYPE＋-IC¹〙

Het·er·ou·si·an /hèṭərú:siən, -áusiən | hètərəu-, -trəu-⁻/ *n., adj.* 〔神学〕=Heteroousian.

hètero·zygósis *n.* 〔生物〕異型接合, ヘテロ接合 (cf. homozygosis). 〘(1905) ← HETERO-＋ZYGOSIS〙

hètero·zygósity *n.* 〔生物〕異型接合性, ヘテロ接合性. 〘(1912): ⇨ ↑, -ity〙

hètero·zýgote *n.* 〔生物〕**1** 異型接合体, ヘテロ[異型]接合体 (cf. homozygote). **2** 二つの異なった形質の遺伝子をもつ雑種. 〘(1902) ← HETERO-＋ZYGOTE〙

het·er·o·zy·gous /hèṭərouzáɪgəs | -tərə(u)-, -trə(u)-⁻/ *adj.* 〔生物〕異型接合体の. 〘(1902) ← HETERO-＋-ZYGOUS〙

heth /hét, hés, xét/ *n.* ヘース《ヘブライ語アルファベット 22 字中の第 8 字: ח (ローマ字の H に当たる); ⇨ alphabet 表》. 〘(1823) □ Heb. *ḥēth*〙

het·man /hétmən/ *n.* (*pl.* **~s**) コサック人の首長 (cossack leader)《民衆に選出されて戦時には総指揮官となる》. **~·ship** *n.* 〘(1710) □ Pol. ~ □ ? G *Hauptmann* captain, 《原義》headman〙

het·man·ate /hétmənèɪt/ *n.* hetman の権力[支配]. 〘(1879): ⇨ ↑, -ate¹〙

HETP 《略》〔化学〕hexaethyl tetraphosphate; 〔化学〕height equivalent to a theoretical plate 一理論段の等価高さ.

Het·ty /héṭi | -ti/ *n.* ヘッティ《女性名》. 〘(dim.) ← ESTHER, HENRIETTA〙

heuch /hjú:k, hjú:x/ *n.* (*also* **heugh** /~/)《スコット》**1** 険しい岩山; 断崖, 絶壁. **2** 険しく狭い谷, 狭谷. 〘OE *hōh*: cf. how⁴〙

heu·cher·a /hjú:kərə/ *n.* 〔植物〕ユキノシタ科ツボサンゴ属 (*Heuchera*) の植物の総称. 〘(1772) ← NL ~ ← *J. H. Heucher* (1677–1747: ドイツの植物学者)〙

heu·land·ite /hjú:ləndàɪt/ *n.* 〔鉱物〕輝沸石《アルミニウムとカルシウムの含水ケイ酸塩》. 〘(1822) ← *Henry Heuland* (19 世紀の英国の鉱物学者): ⇨ -ite¹〙

heu·ri·ge /hɔ́ɪrɪgə; G. hɔ́ʏʁɪgə/ *n.* (*also* **heu·ri·ger** /-gə | -gə^(r); G. -gɐ/) (*pl.* **-gen** /-gən; G. -gn̩/) ホイリゲ: **1** (オーストリアで)ワインの新酒. **2** ワインの新酒を出す酒場. 〘(1935) □ G ~ 'this year's (wine)'〙

heu·ris·tic /hjuᵊrístɪk | hjuər-/ *adj.* **1** 〔教育〕発見を助ける, 生徒に自分で発見させる, 発見的教授の: the ~ method of education 発見的教授法. **2 a** 〔数学・論理〕(自己)発見的な《一定の規則に従うのではなく, 可能性を探って問題解決に至る》. **b** 〔電算〕発見的な《最終結果に至るまで試行錯誤を繰り返し評価することで解法を発見すること》: a ~ computer program. — *n.* **1** [通例 *pl.*] 〔教育〕発見的教授法《自分で真理を発見するように指導する教授法》. **2** [通例 *pl.*; 単数扱い]〔数学・論理〕発見的方法[手続き]《アルゴリズムによらない問題解決の方法[諸規則]; cf. algorithm, artificial intelligence》. **3** 〔電算〕発見的手法, ヒューリスティック. **heu·rís·ti·cal·ly** *adv.* 〘(1821) ← NL *heuristicus* ← Gk *heurískein* to find: ⇨ -istic〙

Héus·ler álloy /hjú:slə- | -slə-; G. hɔ́ʏslɐ-/ *n.* ホイスラー合金《マンガンと非強磁性金属で著しい強磁性をもつ》. 〘← *Conrad Heusler* (19 世紀のドイツの鉱山技師・化学者)〙

Heuss /hɔ́ɪs; G. hɔʏs/, **Theodor** *n.* ホイス《1884–1963; (旧)西ドイツの政治家; 大統領 (1949–59)》.

he·ve·a /hí:viə/ *n.* =Pará rubber. 〘(1878) ← NL *Hevea* ← Sp *jebe* rubber ← S-Am.-Ind.〙

He·vé·li·an hálo /hɪ̀ví:liən-/ *n.* 〔天文〕ヘーベルの暈(かさ)《高空の氷の結晶他が起こす太陽[月]のかさ》. 〘← *J. Hevel* (1611–87: ドイツの天文学者): ⇨ -ian〙

Hev·e·sy /hévɪ̀ʃi, -vɛ- | -vɛ-; *Hung.* hɛ́vɛʃi/, **Georg von** *n.* ヘベシー《1885–1966; ハンガリーの物理化学者; Nobel 化学賞 (1943)》.

hew /hjú:/ *v.* (**~ed; ~ed, hewn** /hjú:n/) — *vt.* **1 a** (おの・剣などの重い刃物で力を入れて)切る; 切り刻む, たたき切る (chop): ~ away [off] a branch 木枝を切り取る / ~ a log to a line 丸太を目印線に沿って切る / ~ a log to pieces [asunder] 丸太を細かく切る. **b** 切り倒す 〈*down*〉: ~ *down* trees to the ground 木を切り倒す. **2 a** 切って[刻んで]作る 〈*out*〉: ~ *out* a tomb in the rock 岩に墓を刻む / ~ *out* one's fortune 自己の運命を開拓する. **b** [~ one's way として] 進路を切り開く. **3** 〔大きな[別の]ものから〕切り取る 〔*away, down, from off*〕. — *vi.* **1** 切る, 伐採する 〔*at*〕: ~ *at* the tree 木になたを振るう. **2** 《米》固執する (adhere), 従う, 遵奉する (conform) 〔*to*〕: ~ *to* one's principle 自分の主義[信念]を守る / ~ *to* a rule 規則に従う / ~ *to* the line 規則通りにする, 規律を堅く守る. 〘OE *hēawan* < Gmc **xawwan* (G *hauen*) ← IE **kau-* to hew, strike (L *cūdere*)〙

HEW /éɪtʃí:dʌ́blju:/ 《略》Department of Health; Education and Welfare.

hew·er /hjú:ə | hjú:ə^(r)/ *n.* **1** (木や石などを)切る人: ~*s* of wood (and drawers of water) まきを切り水をくむ者 (*Josh.* 9:21) (cf. Gibeonite); [軽蔑的に] (知的に劣った)下積みの連中, 労働者たち (drudges). **2** 採炭夫, 先山(さきやま), 採鉱夫. 〘(*c*1384): ⇨ hew, -er¹〙

hewgh /hjú:/ *int.* (矢などの)ひゅーという音 (whew). 〘(1604–05): ⇨ 擬音語〙

Hew·ish /hjú:ɪʃ/, **Antony** *n.* ヒューイシュ《1924–　; 英国の天文学者; 電波干渉計を開発し, 電波パルサー (pulsar) を発見 (1967); Nobel 物理学賞 (1974)》.

Hew·lett /hjú:lɪ̀t/, **Maurice** (**Henry**) *n.* ヒューレット《1861–1923; 英国の小説家・詩人・随筆家; *The Forest Lovers* (1898)》.

Héwlette-Páckard *n.* ヒューレットパッカード(社)《米国の電子計測器・コンピューターメーカー; 2001 年 Compaq Computer 社を吸収合併すると発表; 1947 年設立; 略 HP, HWP》.

hewn /hjú:n/ *v.* hew の過去分詞. — *adj.* **1** 切り倒された. **2** (おのなどで)ざっと形を整えた; 〈石が〉荒削りの. 〘OE *hēawen*〙

hex¹ /héks/《米口語》*vi.* (…に)魔法を使う 〔*on*〕. — *vt.* **1** 〈人〉に(不幸が来るように)呪(のろ)いの魔法をかける; 〈人を〉魔法にかける (bewitch). **2** (魔法を使ったように)〈人を〉たぶらかす. — *n.* **1** 魔女 (witch). **2 a** 魔力, 魔法 (spell): put a ~ on a person 人に魔法をかける. **b** 縁起の悪いもの, ジンクス (jinx). **héx·er** *n.* 〘(1830) □ G *Hexe* witch: cf. hag¹〙

hex² /héks/ *adj.* **1** 六角形の. **2** =hexadecimal. 〘(1924) 《略》← HEXAGONAL〙

hex. 《略》〔音楽〕hexachord; hexagon; hexagonal.

hex- /hɛks/ (母音の前にくるときの) hexa- の異形.

hex·a- /héksə/「6 (six); 〔化学〕六価の原子を含む」の意の連結形. ★ 母音の前では通例 hex- になる. 〘□ Gk *hexa-* ← *héx* 'SIX'〙

hèxa·básic *adj.* 〔化学〕六塩基(性)の. 〘(1878) ← HEXA-＋BASIC〙

hex·a·bi·ose /hèksəbáɪous, -ouz | -əus/ *n.* 〔化学〕二六炭糖《加水分解で 2 個の六炭糖を生じる二糖類の一般名》. 〘← HEXA-＋*biose* (⇨ bi-¹, -ose²)〙

hèxa·chlor·éth·ane /-klɔ:réθeɪn/ *n.* =hexachloroethane. 〘1898〙

hèxa·chlóride *n.* 〔化学〕六塩化物. 〘(1880) ← HEXA-＋CHLORIDE〙

hèxa·chlòro·cyclohéxane *n.* 〔化学〕ヘキサクロロシクロヘキサン ($C_6H_6Cl_6$)《16 種類の異性体がある, 殺虫剤 γ-BHC はその中の一種》. 〘← HEXA-＋CHLORO-＋CYCLOHEXANE〙

héxa·chlòro·éthane *n.* 〔化学〕ヘキサクロロエタン (C_2Cl_6)《ショウノウ臭のある結晶; 有機合成, 爆薬製造の原料, 家畜の肝吸虫の駆除に用いる》. 〘(1898) ← HEXA-＋CHLORO-＋ETHANE〙

hex·a·chlo·ro·phene /hèksəklɔ́:rəfi:n/ *n.* 〔化学〕ヘキサクロロフェン ($C_{13}Cl_6H_6O_2$)《水に不溶性の無臭白色結晶質の粉末で殺菌・消毒薬》. 〘(1948) ← HEXA-＋CHLORO-＋-*phene* (⇨ phenol)〙

héxa·chlòro·platínic ácid *n.* 〔化学〕ヘキサクロロ白金 (IV) 酸 (⇨ chloroplatinic acid).

hex·a·chord /héksəkɔ̀əd | -kɔ̀:d/ *n.* 〔音楽〕六音音階 (cf. pentachord 2); ヘクサコード《中世音楽の基礎となる 6 つ音から成る全音階的音階; 第 3 音と第 4 音の間は半音程で他は全音程; この音列で当時用いられていた音をすべて組織化した》. **hex·a·chord·ic** /hèksəkɔ́ədɪk | -kɔ́:d-⁻/ *adj.* 〘(1694) ← HEXA-＋-CHORD〙

héx·a·co·sa·no·ic ácid /héksəkòusənòuɪk- | -kəusənəu-/ *n.* 〔化学〕ヘキサコサン酸 ($CH_3(CH_2)_{24}COOH$)《白色・無臭・非水溶性の蠟(ろう)で蜜蠟・カルナウバ蠟・シナ蠟から得られる; cerotic acid ともいう》.

hex·ac·ti·nel·lid /hèksæktənélɪ̀d | -tɪnélɪd⁻/ *adj., n.* 〔動物〕六放海綿綱の(海綿). 〘(1865) ← NL *Hexactinellida*〙

héxa·cỳano·férrate *n.* 〔化学〕ヘキサシアノ鉄 (II) 酸塩 ($M^I_4[Fe(CN)_6]$).

hex·ad /héksæd/ *n.* **1** 6 の数. **2** 6 の群, 6 個の一組. **3** 〔化学〕六価元素[原子, 基] (cf. monad 3). **hex·ad·ic** /hɛksǽdɪk | -dɪk/ *adj.* 〘(1660) □ LL *hexad-* □ Gk *hexad-*, *hexás*: ⇨ hexa-, -ad¹〙

hex·ade /héksèɪd/ *n.* =hexad.

hex·a·dec·ane /hèksədékeɪn, ⸗⸗⸗⸗/ *n.* =cetane. 〘1880〙

hèxa·décimal 〔電算〕*adj.* 16 進法の《0 から 15 までが 1 桁で表されるような数の記法にいう; sexidecimal ともいう》. — *n.* 16 進法 (hexadecimal notation). 〘(1954) ← HEXA-＋DECIMAL〙

hex·a·em·er·on /hèksəémərà(:)n | -rɔ̀n/ *n.* **1** 〔聖書〕六日間転地創造説; 天地創造の六日間. **2** 天地創造に関する論文 (cf. *Gen.* 1). **hex·a·em·er·ic** /hèksəémərɪk⁻/ *adj.* 〘(*a*1593) □ LL *hexaēmeron* □ Gk *hexaḗmeron* (neut.) ← *hexaḗmeros* of six days ← HEXA-＋*hēmérā* day〙

hèxa·éthyl tetra·phósphate *n.* 〔化学〕ヘキサエチルテトラフォスフェート ($(C_2H_5O)_6P_4O_7$)《アカダニなどの殺虫剤として用いる; 商品は tetraethyl pyrophosphate を含む; 略 HETP》. 〘(1946) *hexaethyl*: ⇨ HEXA-＋ETHYL〙

hèxa·flúoride *n.* 〔化学〕六フッ化物. 〘← HEXA-＋FLUORIDE〙

hex·a·gon /héksəgà(:)n | -gən/ *n.* 六辺形, 六角形. — *adj.* =hexagonal 1. 〘(1570) □ LL *hexagōnum* □ Gk *hexágōnon*: ⇨ hexa-, -gon〙

hex·ag·o·nal /hɛksǽgənl̩/ *adj.* **1** 六角[辺]形の. **2** 六辺形の底面[切断面]を持つ. **3** 〔結晶〕六方晶系の. **~·ly** *adv.* 〘(1571): ⇨ ↑, -al¹〙

hexágonal sýstem *n.* 〔結晶〕六方晶系.

hex·a·gram /héksəgræ̀m/ *n.* **1** (二つの三角形を組み合わせた)六角の星形, 六星形六角形, 籠目(かごめ)模様 (✡)《魔力のシンボル; 「ダビデの星」としてユダヤ教のシンボル; cf. magic circle, pentacle 2》. **2** 〔数学〕六線星形《正六角形の各辺を延長して星形にしたもの》. **3** 《「易経」および易占一般で用いられる》破線(陰)と実線(陽)とにより掛(け)を表す六本の線[算木]《64 通りの組合わせがある》. **hèx·a·grám·moid** /-grǽmɔɪd⁻/ *adj., n.* 〘(1863) ← HEXA-＋-GRAM〙

hex·a·he·dron /hèksəhí:drən | -hí:drən, -hédrən/ *n.* (*pl.* **~s, -he·dra** /-drə/) 〔数学・結晶〕六面体《正六面体 (regular hexahedron) は面が正方形になる》.

hèx·a·hé·dral /-drəl⁻/ *adj.* 〖(1571) ← NL ～ ← Gk *hexáedron*: ⇨ hexa-, -hedron〗

hex·a·hem·er·on /hèksəhémərɑ̀(ː)n | -rɔ̀n/ *n.* 〖キリスト教〗=hexaemeron. **hex·a·hem·er·ic** /hèksəhémərɪk⁻/ *adj.*

hèxa·hýdrate *n.* 〖化学〗六水化物《6 分子の水を含む含水化合物; 例えば六水塩マグネシウム ($MgCl_2 \cdot 6H_2O$)》.

hèxa·hýdrated *adj.* 〖(1908) ← HEXA-＋HYDRATE〗

hèxa·hýdric *adj.* 〖化学〗6 個の水酸基を含む.

hèxa·hý·drite /-háɪdraɪt/ *n.* 〖鉱物〗ヘクサハイドライト ($MgSO_4 \cdot 6H_2O$), 六水石. 〖(1911) ← HEXA-＋-*hydrite* (⇨ hydro-, -ite¹)〗

héxa·hỳdro·thýmol *n.* 〖化学〗ヘキサヒドロチモール (⇨ menthol).

héxa·hydròxy·cyclohéxane *n.* 〖化学〗= inositol.

hex·am·er·al /hɛksǽmərəl/ *adj.* =hexamerous. 〖(1879): ⇨ ↓, -al¹〗

hex·am·er·ous /hɛksǽmərəs/ *adj.* **1** 六つの部分から成る. **2** 〖動物〗六つに配列された; 〖植物〗6 個の数から成る, 〈花が〉六数花の《6-merous とも表記する; cf. pentamerous 2》. **hex·ám·er·ìsm** /-rìzm/ *n.* 〖(1857) ← HEXA-＋-MEROUS〗

hex·am·e·ter /hɛksǽmətə | -mɪ̀tə^(r)/ 〖詩学〗*n.* 六歩格(の詩)《1 行 6 詩脚から成る詩行; cf. meter³ 1 b》: the dactylic ～ 長短短[強弱弱]六歩格《本来 Homer の *Iliad*, Virgil の *Aeneid* などの叙事詩で用いられたもので, 初めの 4 脚は長短短格または長長格, 第 5 脚は長短短格, 第 6 脚は長長格または長短格; 英詩では通例, 強弱弱格に強弱格を交えた六歩格で, Longfellow の *Evangeline* が有名》. — *adj.* 六歩格の. **hex·ám·e·tral** /-trəl/ *adj.* **hex·a·met·ric** /hèksəmétrɪk⁻/ *adj.* **hèx·a·mét·ri·cal** /-trɪ̀kəl, -kl̩ | -trɪ-⁻/ *adj.* 〖(*c*1390) ▭ OF *exameter* (F *hexamètre*) ▭ L *hexameter* ▭ Gk *hexámetron* (neut.) ← *hexámetros* having six measures: ⇨ HEXA-, -METER²〗

hex·a·me·tho·ni·um /hèksəməθóuniəm | -mɪ-θəʊ-/ *n.* 〖薬学〗ヘキサメソニウム ($[(CH_3)_3N(CH_2)_6N(CH_3)_3]^{++}$)《臭酸塩·塩酸塩として神経節遮断剤として使用する; 血圧降下剤》. 〖(1949) ← NL ～: ⇨ hexa-, metho-, -onium〗

héxa·mèthylene·díamine *n.* 〖化学〗ヘキサメチレンジアミン ($H_2N(CH_2)_6NH_2$)《ナイロンの合成原料》. 〖(1894) ← HEXA-＋METHYLENE＋DIAMINE〗

héxa·mèthylene·tét·ra·mine /-tétrəmìːn/ *n.* 〖化学〗ヘキサメチレンテトラミン ($(CH_2)_6N_4$)《白色の結晶; 利尿剤接着剤·有機合成·爆薬の製造に用いる; hexamine, methenamine, urotropine ともいう》. 〖(1888): ⇨ ↑, tetramine〗

hex·a·mine /hèksəmíːn | ⌐⌐⌐/ *n.* **1** 〖化学〗ヘキサミン (⇨ hexamethylenetetramine). **2** キャンプ用固形燃料. 〖(1914) ← HEXA-＋AMINE〗

hex·ane /héksem/ *n.* 〖化学〗ヘキサン (C_6H_{14})《石油に含まれる無色のメタン系炭化水素; 5 種の異性体がある》. 〖(1877) ← HEX(A)-＋-ANE²〗

hex·an·gu·lar /hɛksǽŋgjʊlə | -lə^(r)/ *adj.* 六角の, 六角ある. 〖(1665) ← HEXA-＋ANGULAR〗

hèxa·nítrate *n.* 〖化学〗六硝酸塩.

héx·a·noic ácid /héksənòuɪk- | -nəʊ-/ *n.* 〖化学〗ヘキサン酸 (⇨ caproic acid). 〖(1926) *hexanoic*: ← HEXANE＋-OIC〗

hèxa·pártite *adj.* =sexpartite.

hex·a·pla, H- /héksəplə/ *n.* **1** ヘクサプラ《Origen 編集の旧約聖書の本文の対訳》. **2** (特に聖書の)六か国語対訳書. **hex·a·plar** /héksəplə | -plə^(r)/ *adj.* **hex·a·plar·i·an** /hèksəpléᵊriən | -pléər-⁻/ *adj.* **hex·a·plar·ic** /hèksəpléᵊrɪk | -pléər-⁻/ *adj.* 〖(1613) ▭ Gk (*tà*) *hexaplâ* (title of Origen's work) (neut. pl.) ← *hexaploûs* sixfold ← HEXA-＋-*plous* -fold (⇨ -ploid)〗

héxa·plòid 〖生物〗*adj.* 〈細胞·核など〉(染色体数が)六倍性の, 六倍体の. — *n.* 六倍体. 〖(1912) ← HEXA-＋-PLOID〗

héxa·plòidy *n.* 〖生物〗六倍性. 〖(1922): ⇨ ↑, -y¹〗

hex·a·pod /héksəpɑ̀(ː)d | -pɔ̀d/ *adj.* 6 脚類の; 昆虫の. — *n.* 昆虫綱 (Insecta) の動物, 昆虫 (insect). 〖(1668) ▭ Gk *hexápodos*: ⇨ hexa-, -pod¹〗

Hex·ap·o·da /hɛksǽpədə | -də/ *n. pl.* 〖動物〗六脚綱, 昆虫綱《古くはムカデ·ヤスデなども昆虫綱に含めていたので, 特にそれと区別するため脚が 3 対しかないものを六脚綱という》. 〖← NL ～: ⇨ hexa-, -poda〗

hex·ap·o·dous /hɛksǽpədəs | -dəs/ *adj.* 六脚の, 6 本足の. 〖(1836–39) ← HEXAPOD＋-OUS〗

hex·ap·o·dy /hɛksǽpədi | -di/ *n.* 〖詩学〗六歩格, 六脚律 (hexameter). **hex·a·pod·ic** /hèksəpɑ́(ː)dɪk | -pɔ́d-⁻/ *adj.* 〖(1844) ← HEXA-＋(DI)PODY〗

hex·a·stich /héksəstɪ̀k/ *n.* 〖詩学〗六行連(句) (sextet). **hex·a·stich·ic** /hèksəstíkɪk⁻/ *adj.* 〖(1577–87) ← NL *hexastichon* ▭ Gk *hexástikhon*: ⇨ hexa-, stich¹〗

hex·as·ti·chon /hɛksǽstɪ̀kɑ̀(ː)n | -tɪkɔ̀n/ *n.* =hexastich.

hex·a·style /héksəstàɪl/ 〖建築〗*adj.* 〈建物が〉(正面に)六本の円柱を持つ, 六柱式の (cf. distyle). — *n.* 六柱式の建物[柱廊]. 〖(1704) ← HEXA-＋-STYLE¹〗

héxa·sỳllable *n.* 6 音節語[詩脚]. **hèxa·syl·lábic** *adj.* 〖← HEXA-＋SYLLABLE〗

Hex·a·teuch /héksətùːk, -tjùːk | -tjùːk/ *n.* [the ～] (旧約聖書の最初の)六書《モーセ五書とヨシュア記; cf. Pentateuch》. **～·al** /-kəl, -kl̩/ *adj.* 〖(1878) ← HEXA-＋Gk *teûkhos* book〗

hèxa·válent *adj.* 〖化学〗六価の (sexivalent). 〖(1886) ← HEXA-＋-VALENT〗

hex·en·be·sen /héksənbèɪzən, -zn̩/ *n.* 〖植物病理〗天狗巣(てんぐす)病 (⇨ witches'-broom). 〖← G *Hexen* ((pl.) ← *Hexe* witch)＋*Besen* broom〗

hex·ene /héksiːn/ *n.* 〖化学〗ヘキセン (C_6H_{12}). 〖← HEXA-＋-ENE〗

hex·e·rei /hèksəráɪ; G. hɛksəʁáɪ/ *n.* 魔法, 魔術 (witchcraft). 〖(1898) ← G *Hexerei* ← *hexen* to practice witchcraft＋-*erei* '-ERY'〗

hex·es·trol /hɛkséstrɔ(ː)l | -trɔl/ *n.* 〖生化学〗ヘキセストロール ($C_{18}H_{22}O_2$)《合成女性発情ホルモンの一種》. 〖(1939) ← HEX(ANE)＋ESTR(OUS)＋-OL¹〗

hex·o- /héksou | -səʊ/ hexa- の異形.

hèxo·bárbital *n.* 〖薬学〗ヘキソバルビタール ($C_{12}H_{16}N_2O_3$)《無色の結晶性粉末; 鎮静剤·催眠薬》. 〖(1941) ← HEXA-＋BARBITAL〗

hex·o·bi·ose /hèksoubáɪous, -ouz | -sə(ʊ)báɪəʊs/ *n.* 〖化学〗=hexabiose.

hex·ode /héksoud | -səʊd/ *n., adj.* 〖電気〗六極管(の). 〖(1886) ← HEXA-＋-ODE²〗

hex·o·gen /héksədʒən/ *n.* ヘキソーゲン (⇨ cyclonite). 〖(1923) ▭ G *Hexogen*〗

hèxo·kínase *n.* 〖生化学〗ヘキソキナーゼ《生体内糖質代謝に関係する酵素で, ぶどう糖がぶどう糖-6-リン酸にリン酸化されるのを触媒する》. 〖(1930) ← HEXO(SE)＋KINASE〗

hex·one /héksoun | -səʊn/ *n.* 〖化学〗ヘキソン ($CH_3COCH_2CH(CH_3)_2$)《芳香のある無色の液体で溶剤; 有機合成などに用いる; methyl isobutyl ketone ともいう》. — *adj.* ヘキソンの《分子中に 6 個の炭素原子を含む有機塩基の総称; 蛋白質を加水分解して作る》. 〖(1898) ▭ G *Hexon*: ⇨ hexa-, -one〗

hex·os·a·mine /hɛksɑ̀(ː)səmíːn | -sɔ̀s-/ *n.* 〖生化学〗ヘキソサミン《ヘキソースの水酸基がアミノ基で置換されたアミノ糖》. 〖(1914) ← HEXOSE＋AMINE〗

hex·o·san /héksəsæ̀n/ *n.* 〖化学〗ヘキソサン: **a** ヘキソースから誘導されるアンヒドロ酸の総称. **b** 加水分解するとヘキソースになる多糖類の総称. **c** 3, 4, 6-トリクロロフェノール. 〖(1894) ← HEXOSE＋-AN²〗

hex·ose /héksous, -souz | -səʊs, -səʊz/ *n.* 〖化学〗ヘキソース, 六炭糖《ぶどう糖または果糖として6 個の炭素原子を持つ単糖類》. 〖(1892) ← HEXA-＋-OSE²〗

héx sìgn *n.* ヘックスサイン, 魔よけの印《魔よけのために慣習的に定められるマーク》.

hex·yl /héksɪ̀l | -sɪl/ *n.* 〖化学〗**1** ヘキシル (C_6H_{13})《ヘキサンから派生したアルキル基の一つ》. **2** ヘキサニトロジフェニルアミン《カリウムの分析試薬》. 〖(1869) ← HEX(A)-＋-YL〗

héxyl gròup [ràdical] *n.* 〖化学〗ヘキシル基 (C_6H_{13}– という一般式をもつ 5 種の一価異性体の総称).

hèxyl·resórcinol *n.* 〖化学〗ヘキシルレゾルシン ($CH_3(CH_2)_5C_6H_3(OH)_2$)《淡黄色の結晶性物質で防腐·殺菌剤, 特に寄生虫感染の治療に用いる》. 〖(1924)〗

hey¹ /héɪ/ *int.* へえ, おや, まあ, やあ, おい, ちょっと《喜び·驚き·疑問を表し, また注意を促す》: *Hey* for ...! ...はうまいぞ, でかした. **héy présto** はい, このとおり, やった《特に手品師がその技を披露するときの掛け声》. 〖(?*c*1200) *hei* (擬音語)?: cf. Du. and G *hei*〗

hey² /héɪ/ *n.* =hay².

héy cockalórum *n.* 〖英〗〖遊戯〗一種の馬跳び遊び (leapfrog); 馬跳びの際に発する掛け声.

hey·day¹ /héɪdèɪ/ *n.* (*also* **hey·dey** /～/) **1** (若さ·元気·繁栄などの)真っ盛り, 全盛期, 血気盛り, 青春 (prime, acme): the ～ of youth 青春の血気盛り / the ～ of militarism [the New Criticism] 軍国主義[新批評]の最盛期 / the leftist movement's ～ during the Vietnam War ベトナム戦争中の左翼運動の全盛期. **2** 〖古〗元気のよさ, 陽気なこと. 〖(*c*1590) ? ← *hey* 'HIGH'＋DAY // (転用) ? ← HEYDAY²〗

hey·day² /héɪdèɪ/ *int.* 〖古〗やあやあ《陽気·喜び, 時に驚きを表す》. 〖(1526) *heyda* ▭ G *heida* // Du. *hei daar* hey there〗

Hey·duc /háɪdʊk/ *n.* (*also* **Hey·duck** /～/, **Hey·duke** /～/) =Haiduk.

Hey·er /héɪə | héɪə^(r)/, **Georgette** *n.* ヘイヤー (1902–74; 英国の小説家; 摂政時代 (1811–20) を扱った歴史小説を書き, ウィットに富んだ作品で有名; *The Black Moth* (1921)).

Hey·er·dahl /háɪrədɑ̀ːl, héɪə- | héɪə-; *Norw.* hæ̀ɪə-dɑ̀ːl/, **Thor** /tɔ́ːr/ *n.* ヘイエルダール (1914– ; ノルウェーの民族学者·探検家·作家; cf. Kon-Tiki).

Hey·mans /eɪmɑ́ːns, -mǽns, háɪmənz | eɪmɑ́ːns; *F.* ɛjmɑ̃ːs/, **Corneille** *n.* ハイマンス (1892–1968; ベルギーの生理学者; Nobel 医学生理学賞 (1938)).

Hey·rov·sky /héɪrɔ(ː)fski, -rɔ(ː)v-, -rɑ(ː)f-, -rɑ(ː)v- | -rɔfski, -rɔvʃki; *Czech* héjrɔfskiː/, **Ja·ro·slav** /járɔ-slaf/ *n.* ヘイロフスキー (1890–1967; チェコの物理化学者; Nobel 化学賞 (1959)).

héy rúbe 〖米俗〗*n.* サーカス[カーニバル]の人たちと町民との間の乱闘. — *int.* 助けて《町民との乱闘でサーカスまたはカーニバルの人たちが味方に対して救いを求める発声》.

Hey·se /háɪzə; G. háɪzə/, **Paul** (**Johann Ludwig**) **von** *n.* ハイゼ (1830–1914; ドイツの劇作家·小説家·詩人; *L'Arrabbiata*「ララビアータ」(短編小説, 1855); Nobel 文学賞 (1910)).

Hey·ward /héɪwəd | -wəd/, **Du·Bose** /dəbóuz | -bəʊz/ *n.* ヘイワード (1885–1940; 米国の小説家·劇作家; *Porgy* (小説, 1925; 劇化して Pulitzer 賞受賞)).

Hey·wood /héɪwʊd/, **John** *n.* ヘイウッド (1497?–?1580; 英国の劇作家; *The Four P's* (印刷の推定年代 1543 と '47 の間)).

Heywood, Thomas *n.* ヘイウッド (1574?–?1641; 英国の劇作家·俳優; *A Woman Killed with Kindness* (1603)).

Hez·bol·lah /hèzbɑlɑ́ː | hèzbɔ-, hɪz-/ *n.* 神の党, ヒズボラ《レバノンのイスラム教シーア派の過激派組織; イランの強い影響下にあり, 1980 年代より外国勢力に対してしばしばテロ活動を行う; Hizbollah, Hizballah ともつづる》. 〖(1960) ▭ Pers. *ḥezbollāh*, Arab. *ḥizbu-llāh* party of God ← *ḥizb* party＋*allāh* 'ALLAH'〗

Hez·e·ki·ah /hèzəkáɪə | -zɪ̀-/ *n.* **1** ヘゼカイア《男性名》. **2** ヒゼキヤ《紀元前 8–7 世紀; 預言者イザヤと同じころのユダ王国の王; cf. 2 *Kings* 18–20》. 〖▭ Heb. *Ḥizqiyyā́ʰ* (原義) Yahweh has strengthened ← *ḥāzáq* to be strong: cf. Ezekiel〗

hf 《略》half; high frequency.

Hf 《記号》〖化学〗hafnium.

HF 《略》〖電気〗high frequency (cf. LF); Holy Father; home fleet; home forces. 〖1913〗

hf.-bd. 《略》〖製本〗half-bound.

HFC 《略》hydrofluorocarbon ハイドロフルオロカーボン《代替フロンに用いられる》.

hf. cf. 《略》〖製本〗half calf.

hf. mor. 《略》〖製本〗half morocco.

hfs 《略》hyperfine structure.

hg 《略》hectogram(s); heliogram; hemoglobin; hectogram.

Hg 《記号》〖化学〗hydrargyrum (=mercury); 《略》〖聖書〗Haggai.

HG 《略》High German; high grade; His [Her] Graces; Holy Ghost; 《英》Home Guard; Horse Guards.

hgt 《略》height.

HGH 《略》human growth hormone.

HGV /éɪtʃdʒìːvíː/ 《略》《英》heavy goods vehicle 大型トラック(の免許).

hgwy 《略》highway.

Hh 《記号》〖化学〗hahnium.

HH 《略》〖化学〗heavy hydrogen; His [Her] Highness 殿下; His Holiness 猊下(げいか)《教皇に対する尊称》.

HH 《記号》《英》〖鉛筆〗double hard, 2H (cf. BB).

hh. 《記号》hands《馬の体高表示の単位》.

hhd 《略》hogshead(s).

HHD 《略》NL. Humanitatum Doctor (=Doctor of Humanities).

HHFA 《略》《米》Housing and Home Finance Agency.

HHH 《記号》〖鉛筆〗treble hard, 3H (cf. BBB).

Ḣ-hìnge /éɪtʃ-/ *n.* 〖機械〗H (型)ヒンジ《開いたとき H 型になるちょうつがい》.

Ḣ-hòur *n.* 〖軍事〗H 時, 行動発起時刻, 攻撃開始時刻《作戦行動開始の発表されない時刻; zero hour ともいう》. 〖(1918) ← *H* (*hour* の第一字)＋HOUR: (原義) the hour of hours: cf. D day〗

HHS 《略》《米》(Department of) Health and Human Services 保健社会福祉省, 厚生省.

hi¹ /háɪ/ *int.* 〖口語〗やあ, こんにちは. 〖(1862) 《略》← HIYA〗

hi² /háɪ/ *adj.* 〖米口語〗=high. 〖(1911) ← HIGH〗

hi³ /háɪ/ *int.* 〖英〗おい, ねえ(ちょっと)《注意を促す》. 〖(?*c*1390) *hi*(*e*) (擬音語): cf. hey¹〗

Hi 《略》high atmospheric pressure.

HI 《略》〖米郵便〗Hawaii (州); Hawaiian Islands; high intensity; horizontal interval; 〖気象〗humidity index.

HIA 《略》Horological Institute of America アメリカ時計学会.

HIAA 《略》Health Insurance Association of America.

Hi·a·le·ah /hàɪəlíːə/ *n.* ハイアレア《米国 Florida 州南東部, Miami 北部の都市; 競馬場がある》.

hi·a·tal /haɪéɪtl̩ | -tl/ *adj.* =hiatus. 〖(1909) ← HIAT(US)＋-AL¹〗

hi·a·tus /haɪéɪtəs, hi- | -təs/ *n.* (*pl.* ～**·es**, ～) **1** すき間, 割れ目, 中絶, 途切れ (break, gap); 休憩時間: a long ～ without a government 長期にわたっての無政府状態. **2** (記事·続き物などの)脱落部分, 欠文, 脱漏 (lacuna). **3** 〖解剖〗裂孔; 〖(まれ)〗陰門 (vulva). **4** 〖音声〗母音連続《母音で終わる語[音節]と母音で始まる語[音節]との間の途切れ; 例: he entered, renew-al》. **5** 〖論理〗(論証の)連鎖中断《論証の途中が欠けていること》. — *adj.* **1** すき間[脱落部分]のある. **2** 〖病理〗(ヘルニア患者で)裂孔のある. 〖(1563) ▭ L *hiātus* (p.p.) ← *hiāre* 'to YAWN, gape'〗

hiátus [hiátal] hérnia *n.* 〖病理〗裂孔ヘルニア《胃の一部が横隔膜の食道裂孔を通って胸腔内に突出する》.

Hi·a·wath·a /hàɪəwɑ́(ː)θə, hìːə-, -wɔ́(ː)θə | hàɪə-wɔ́θə/ *n.* ハイアワサ《16 世紀 Onondaga インディアンの酋長(しゅう); 五族連合 (Five Nations) を組織化; 米国の詩人 Longfellow 作の物語詩 *The Song of Hiawatha* (1855) の主人公; 実在のインディアンの酋長の名であるが, 詩ではその名を借りただけ》.

Hib /híb/ *n.* 〖医学〗Hib《幼児性髄膜炎を引き起こすインフルエンザ菌血清型 b》. 〖(*c*1975) 《略》← *H*(*aemophilus*) *i*(*nfluenzae type*) *B*〗

hi·ba·chi /hɪbɑ́ːtʃi/ *n.* **1** 火鉢. **2** (木炭を用いる)こんろ (charcoal brazier). 〖(1863) ▭ Jpn.〗

hi·ba·ku·sha /hìːbəkúːʃə | hɪbáːkuː-/ *n.* (*pl.* ～) 被曝者《1945 年広島[長崎]で被曝したのち生存している人》. 〖▭ Jpn.〗

H

hi·ber·nac·le /háɪbənæ̀kl | -bə-/ *n.* 〘動物〙=hibernaculum 2. 〖1708〗

hi·ber·nac·u·lum /hàɪbənǽkjuləm | -bə-/ *n.* (*pl.* **-u·la** /-lə/)《まれ》**1** 〘植物〙(植物の芽の)冬眠[越冬]用外被《つぼみ・地下茎など》. **2** 〘動物〙**a** (コケムシの)冬芽. **b** (冬眠動物の)冬眠の場所. 〖(1699) ◻ L *hībernāculum* ← *hībernus* wintry: cf. -cule〗

hi·ber·nal /haɪbə́ːnl | -bə́ː-/ *adj.* 冬の[に関する, に起こる] (wintry). 〖(*a*1626) ◻ L *hibernālis* ← *hibernus* (↑)〗

hi·ber·nant /háɪbənənt | -bə-/ *adj.* 冬眠の, 冬ごもりの: ~ animals. — *n.* 冬眠動物. 〖(1836-39) ◻ L *hībernāntem* (pres.p.) ← *hibernāre* (↓)〗

hi·ber·nate /háɪbənèɪt | -bə-/ *vi.* **1** 〘動物〙冬眠する, (睡眠状態で)冬ごもりする, 越年する (cf. aestivate 2). **2** **a** 〈人が〉避寒する: 引きこもる. **b** 不活発[睡眠状態]になる[である]. **hí·ber·nà·tor** /-tə | -tə^r/ *n.* 〖(*a*1802) ◻ L *hībernātus* (p.p.) ← *hibernāre* to pass the winter ← *hibernus* wintry ← IE **ghei-* winter (Gk *kheîma* / Skt *hima*)〗

hí·ber·nat·ing glànd /-tɪŋ | -tɪŋ-/ *n.* 〘動物〙冬眠腺《ある種の哺乳類の肩甲(けんこう)骨に接する特殊な褐色の脂肪組織》. 〖1888〗

hi·ber·na·tion /hàɪbənéɪʃən | -bə-/ *n.* **1** 〘動物〙冬眠 (cf. aestivation); 冬眠期. **2** 避寒; 引きこもり. 〖(1664) ◻ L *hibernātiō(n-)*: ⇨ hibernate, -ation〗

Hi·ber·ni·a /haɪbə́ːniə | -bə́ː-/ *n.* 《詩・文語》ヒベルニア《アイルランド (Ireland) の古[雅]名, ローマ名; cf. Erin, Albion》. 〖◻ L ~《転訛》← *Iverna* ◻ Gk *Iérnē* ← Celt.: cf. Erin〗

Hi·ber·ni·an /haɪbə́ːniən | -bə́ː-/ 《主に詩》*adj.* アイルランド(人)の[に関する] (Irish). — *n.* アイルランド人 (Irishman). 〖(1632): ⇨ ↑, -ian〗

Hi·bér·ni·an·ìsm /-nìzm/ *n.* =Hibernicism. 〖1833〗

Hi·ber·ni·cism /haɪbə́ːnəsɪzm | -bə́ːnɪ̀-/ *n.* **1** アイルランド語特有の語法. **2** アイルランド人かたぎ. **3** =Irish bull. 〖(1758) ← ML *Hibernicus* Irish (⇨ Hibernia, -ic¹)+-ISM〗

Hi·ber·ni·cize /haɪbə́ːnəsàɪz | -bə́ːnɪ̀-/ *vt.* アイルランド風にする, アイルランド風に表現する. 〖(1812) ← ML *Hibernicus* (↑)+-IZE〗

Hi·ber·no- /haɪbə́ːnoʊ | -bə́ːnəʊ/ 「アイルランド人[語]と…との (Irish and …); アイルランドの」の意の連結形. 〖← HIBERNIA〗

Hibérno-Énglish *n.* アイルランド英語《特にゲール系の人々が話す[書く]英語》. 〖1985〗

Hibérno-Sáxon *adj.* **1** アイルランドとイングランドの. **2** 〘美術〙〈写本装飾画など〉アイルランドとイングランド両方の特徴を備えた (cf. Celto-Germanic 2). 〖1939〗

hi·bis·cus /haɪbɪ́skəs, hɪ̀-/ *n.* 〘植物〙ハイビスカス《アオイ科フヨウ属 (*Hibiscus*) の低木植物の総称: アメリカフヨウ (*H. moscheutos*), ムクゲ (*H. syriacus*), モミジアオイ (*H. coccineus*), ブッソウゲ (*H. rosa-sinensis*) など》. ★ 米国 Hawaii 州の州花. 〖(1706) ← NL ~ ← L ← ? Celt.: cf. Gk *ibiskos* marshmallow〗

Hi·bok·hi·bok /hìːbɑ(ː)khíːbɑ(ː)k | -bɔkhíːbɔk/ *n.* ヒボックヒボック(山)《フィリピン南部 Mindanao 島の北の Camiguin 島にある活火山 (1,713 m)》.

hic¹ /hɪ́k/ *int.* ういっ《酔った人などのしゃっくりの声》. — *n.* =hiccup. 〖(1898) 擬音語〗

hic² /hɪ́k, híːk/ *adj.* この (this). — *pron.* これ (this). 〖◻ L ~〗

HIC 《略》Health Insurance Council.

Hi-C /háɪsíː/ *n.* 〘商標〙ハイシー《米国 Coca Cola 社製の果汁 10% 入りの飲料》.

hic·cough /hɪ́kʌp, -kəp | -kʌp/ *n.*, *v.* =hiccup. 〖(1626)《変形》← HICCUP: COUGH との連想による〗

hic·cup /hɪ́kʌp, -kəp/ *n.* **1** **a** しゃっくり. **b** [*pl.*; 単数または複数扱い] 連続的な発作のしゃっくり: severe ~*s* / have the ~*s* しゃっくりが出る. **c** 《英口語》一時的な妨害[中断, 故障, 支障]. **2** 〘証券〙(株式相場の)短期間の下落. — *v.* (**hic·cuped, -cupped; -cup·ing, -cup·ping**) — *vi.* しゃっくりする. — *vt.* しゃっくりしながら言う 〈*out*〉. 〖(1580) 擬音語〗

hic et nunc /híkɛtnáŋk, -núŋk/ *L.* 今この場で. 〖(1935) ◻ L ~ 'here and now'〗

hic et u·bi·que /híkɛtjuːbáɪkwi, híːkɛtuːbíːkweɪ/ *L.* ここでもどこでも, 至る所. 〖◻ L ~ 'here and everywhere'〗

Hich·ens /hɪ́tʃənz/, **Robert Smythe** /smáɪð, smáɪθ/ *n.* ヒチンズ (1864-1950; 英国の小説家).

hic ja·cet /hìkdʒéɪsɪ̀t, -dʒáːkɪ̀t | -dʒǽket, -dʒéɪset/ *L.* **1** ここに永眠す《碑銘の文句; 略 HJ》. **2** 《古》墓碑銘 (epitaph). 〖(1654) ◻ L ~ 'here lies'〗

hick¹ /hɪ́k/ 《米口語》*n.* 田舎者; すれていない人, うぶなやつ. — *adj.* **1** 田舎者の, 純朴な (unsophisticated). **2** 田舎の, 田舎にある (rustic): a ~ town. 〖(1565)《転用》← *Hick* (dim.) ← RICHARD〗

hick² /hɪ́k/ *v.* =hiccup. 〖1607〗

hick·ey¹ /hɪ́ki/ *n.* 《米》**1** 《米口語》装置, 器具, 仕掛け (gadget). ★ その物の名前を知らなかったり忘れたりしたときに用いる. **2** 管[パイプ]を曲げる道具. **3** 〘電気〙コンセントへ電気器具を継ぐ接続継手. 〖(1909) ← ?〗

hick·ey² /hɪ́ki/ *n.* **1** 《米口語》にきび, 吹出物 (pimple). **2** 《俗》(すごい)キスマーク《かんだり吸ったりして皮膚にできた赤いあざ》. 〖(1934) ← ?〗

hick-jòint pòinting *n.* 〘石工〙平目地, 擦(す)り目地《石の表面と同一平面になるように仕上げた目地》. 〖(1876) ← ? *Hick* (人名): ⇨ hick¹〗

Hick·ok /hɪ́kɑ(ː)k | -kɔk/, **James Butler** *n.* ヒコック (1837-76; 米国の開拓時代の偵察兵・保安官; 通称 Wild Bill (Hickok)).

hick·o·ry /hɪ́k(ə)ri/ *n.* **1** 〘植物〙ヒッコリー《北米産クルミ科ペカン属 (*Carya*) の植物の総称; cf. bitternut, pecan, pignut, shagbark》. **2** **a** ヒッコリー材. **b** ヒッコリーのつえ[むち]. **c** ヒッコリーの木の実. **3** ヒッコリー《通例, 綾織りでシャツ・ズボンなどに用いる一種の丈夫な綿織物》. — *adj.* **1** ヒッコリーの[で作った]: ~ skis, canes, etc. **2** **a** 剛直な (firm, steadfast): a ~ soldier, general, president, etc. **b** 信仰心の厚くない. 〖(1670) ←《廃》*pohickery* ← N-Am.-Ind. (Virginia 現地語)〗

híckory hórned dévil *n.* =regal moth. 〖1816〗

híckory nùt *n.* ヒッコリーの実《クルミの一種》. 〖1683〗

híckory shàd *n.* 〘魚類〙=gizzard shad 1. 〖1800〗

Hicks /hɪ́ks/, **Edward** *n.* ヒックス (1780-1849; 米国の画家; The Peaceable Kingdom と題する絵を多く残した).

Hicks, Granville *n.* ヒックス (1901-82; 米国の批評家; *The Great Tradition* (1933, '35)).

Hicks, Sir **John Richard** *n.* ヒックス (1904-89; 英国の理論経済学者; 一般均衡理論を確立; Nobel 経済学賞 (1972)).

Hicks·ite /hɪ́ksaɪt/ *n.* 〘キリスト教〙ヒックス派の一人《米国の Quaker のリベラルな一派で, 内なる光 (Inner Light) を重んじる》. 〖(1839) ← *Elias Hicks* (1748-1830: 米国クエーカー教の牧師)+-ITE¹〗

hicks·ville /hɪ́ksvɪl/ *n.* [しばしば H-]《軽蔑》田舎町.

Hícks yéw /hɪ́ks-/ *n.* 柱状に伸びる斜上行の枝をもつイチイ属の園芸品種 (*Taxus media* var. *hicksii*). 〖← *Hicks* (米国 New York 州 Long Island の Westbury にある養樹園)〗

hick·wall /hɪ́kwɔːl, -wɑːl | -wɔːl/ *n.* 《英方言》〘鳥類〙ヨーロッパアオゲラ (yaffle, green wood pecker). 〖(1546)《転訛》← ME *hyghwhele* (擬音語?): cf. highhole〗

hick·y /hɪ́ki/ *n.* =hickey¹.

hid /hɪ́d/ *v.* hide¹ の過去形・過去分詞. — *adj.* 隠れた, 秘密の (hidden, secret). 〖OE *hȳded(e)*〗

HID 《略》headache, insomnia, depression.

hid·age /háɪdɪdʒ | -dɪdʒ/ *n.* 〘古英法〙ハイド税《土地 1 ハイド (hide) ごとに賦課された特別税》. 〖(*a*1275) ◻ ML *hidagium* ← *hida* hide¹+-*agium* '-AGE'〗

hi·dal·go, H- /hɪdǽlgoʊ | -gəʊ; Sp. idáʎɣo/ *n.* (*pl.* ~**s** /~z; Sp. ~s/) スペインの小貴族《grandee の次の階級》. 〖(1594) ◻ Sp. ~《転訛》← *hijo de algo* son of something (i.e., property)〗

Hi·dal·go /hɪdǽlgoʊ | -gəʊ; Sp. idálɣo/ *n.* イダルゴ《メキシコ中部の州; 面積 20,987 km², 州都 Pachuca》.

Hi·dat·sa /hɪdáːtsə, -dǽtsə/ *n.* (*pl.* ~, ~**s**) **1** **a** [the ~(s)] ヒダーツァ族《米国 North Dakota 州, Missouri 川付近に住むインディアンの一族》. **b** ヒダーツァ族の人. **2** ヒダーツァ語. 〖(1873)《現地語》〗

HIDB 《略》Highlands and Islands Development Board.

hid·den /hɪ́dn/ *v.* hide¹ の過去分詞. — *adj.* **1** 隠された, 隠れた: a ~ meaning 隠れた意味 / ~ treasures 秘宝. **2** **a** 秘密の (secret). **b** 説明のつかない, 神秘な (mysterious), ぼんやりした, 不明瞭な (obscure): ~ troubles 表現しえない悩み. **~·ly** *adv.* **~·ness** *n.* 〖OE (*ge*)*hȳdd*〗

hídden agénda *n.* 隠された意図[動機]. 〖1971〗

hídden currículum *n.* 潜在的カリキュラム《学校が暗黙のうちに教え込んでいる規範・価値・態度》.

hídden fìle *n.* 〘電算〙隠しファイル《通常のファイル一覧には表示されないファイル》.

hídden húnger *n.* 隠れた飢餓《自覚されない栄養不良; バランスを欠いた食事による栄養失調》.

hid·den·ite /hɪ́dənàɪt, -dn- | -də-, -dn-/ *n.* 〘鉱物〙緑色の黝輝(ゆうき)石《鮮緑色のものは宝石用》. 〖(1881) ← W. E. *Hidden* (1879 年にこれを発見した米国の鉱物学者)+-ITE〗

hídden resérve *n.* 〘経済〙隠匿積立金 (⇨ secret reserve). 〖1930〗

hídden táx *n.* 間接税 (indirect tax). 〖1936〗

hide¹ /háɪd/ *v.* (**hid** /hɪ́d/; **hid·den** /hɪ́dn/, **hid**) — *vt.* **1** 隠す, 覆い隠す (conceal); かくまう, かばう: ~ one's tears 涙を隠す / ~ one's face (*from*) (…から)顔をそむける; (恥じて)顔を隠す / ~ one's ear 耳を覆う, 留意しない / ⇨ *hide one's* HEAD / ~ oneself 隠れる / ~ a person from the police 警察の手から人をかくまう / The sun was *hidden* by [behind] the clouds. 太陽は雲に隠れ(て見えなかっ)た / the mountain top *hidden* in a gray waste of sky 一面灰色の空に包まれた山頂. **2** 秘密にする: ~ a fact *from* a person 人に事実を知らせないでおく / ~ one's feelings 感情をあらわに出さない. — *vi.* 隠れる, 潜む: He *hid behind* the curtain. カーテンの陰に身を潜めた / have nothing to ~ 何も隠しだてしていない, 後ろめたいことはない.

hide awáy (1) 身を潜める, 隠れる. (2) 〈物を〉隠す, 〈人を〉かくまう: ~ a letter *away*. ***hide óut* [*úp*]** 隠れる, 潜伏する (cf. hideout).

híde the thímble 〘遊戯〙部屋のどこかに隠されたものを鬼が捜す遊び《その間に音楽をかけ, 近寄ったら音を大きくし, 遠ざかったら小さくする》.

— *n.* **1** 隠れ場所 (cf. hideout). **2** 《英》(狩猟の際ひそかに撃つためや野生の動物などを観察するための)隠れ場所 (《米》blind).

híd·a·ble /-dəbl | -də-/ *adj.* **híd·er** /-də | -də^r/ *n.* 〖OE *hȳdan* < Gmc **χūðjan* ← ? IE **(s)keu-* (↓)〗

SYN 隠す: **hide** 〈物を〉発見しにくいところに置く《一般的な語》: He *hid* the money under a mattress. その金をマットレスの下に隠した. **conceal** 見つからないように注意深く隠す《*hide* よりも格式ばった語で, 意図性が強い》: a *concealed* camera 隠しカメラ. **secrete** だれも見つけないように秘密の場所に隠す《格式ばった語》: *secrete* a gun under the roof 銃を天井裏に隠す. **cache** 〈宝物・食料品などを〉盗難・風雨に備えて安全に保管[貯蔵]する: *cache* one's supplies in a cave 食料をほら穴に隠匿する. **bury** 覆いをして隠す: The letter was *buried* under the papers. 手紙は書類の下に隠れていた.
ANT expose, reveal, display, show.

hide² /háɪd/ *n.* **1** (大きい獣の)獣皮, 皮革 (⇨ skin SYN): a raw ~ 生皮. ★ 皮革業者は通例厚い生皮を hide という. **2** **a** 《口語》(人間の)皮膚. **b** 身の安全 (safety). **c** 命 (life). **3** 《豪口語》無神経, 厚顔 (impudence): have a thick ~ 無神経である, 鈍感[鈍重]である / What a ~! なんて無神経なんだろう.

hàve a person's híde =*tan a person's* HIDE. ***híde and háir*** 皮も毛も(残らず); すっかり (completely). ***nèither híde nor háir***=***nòt híde or háir***=***híde or* [*nor*] *háir*** 《口語》何もない, 全然…ない: I have seen *neither* ~ *nor hair* of him since then. あのとき以来彼に会ったことが一度もない. (1857) ***sáve a person's híde*** 罰を免れさせる; 人を窮地から救う: *save* one's (own) ~ 窮地を脱する, 身の安全を保つ. ***tán a person's híde***=***tán the híde of a person*** 《口語》人をむちでひっぱたく; 人をやっつける. (*c*1670)

— *vt.* 《口語》むち打つ (flog).

~·less *adj.* 〖OE *hȳd* skin < Gmc **χūðiz* (G *Haut*) ← IE **(s)keu-* to cover (L *cutis* 'CUTICLE')〗

hide³ /háɪd/ *n.* ハイド《英国での古い地積の単位; 自由民がその家族と雇い人たちを養えるだけの面積で, 種々の説があるが大体 60-120 acres; 北部・東部地方では ploughland と呼ばれた; cf. virgate²》. 〖OE *hīd*, *hīgid* ← Gmc **χiwz* ← IE **kei-* dear; to lie〗

híde-and-gò-séek *n.* 《米》=hide-and-seek 1. 〖1724〗

híde-and-séek *n.* **1** 隠れんぼう. **2** はぐらかし[ごまかし]合い. ***pláy* (*at*) *híde-and-séek*** 隠れんぼうをする; 避ける, はぐらかす, ごまかす 〔*with*〕: The sun *played* ~ *with* me. 太陽が照ったりかげったりした. 〖1672〗

híde·awày *n.* 《口語》**1** 隠れ場所, 潜伏地 (refuge). **2** 人目につかない小さなレストラン[娯楽所]. — *adj.* 隠れた (concealed); 人目を避けた, 人目につかない (secluded): a ~ cottage, villa, hotel, etc. 〖1871〗

híde·bòund *adj.* **1** **a** 〈家畜が〉(栄養不足で)骨と皮の, やせこけた. **b** 〈樹木が〉(生長を妨げられるほど)皮がしまった. **2** **a** 偏狭な, 頑固な, 融通の利かない, 偏屈な: that ~ arrogance of his 彼のあの手の施しようもない傲慢(ごう)さ. **b** きわめて保守的な. **3** 〘病理〙硬皮症の. **~·ness** *n.* 〖(1559) ← HIDE²+BOUND¹〗

híd·ed /-dɪ̀d | -dɪ̀d/ *adj.* [通例複合語の第 2 構成素として] (…の)皮のある, 皮が…の: thick-*hided*. 〖(?*a*1400) ← HIDE²+-ED 2〗

hid·e·ous /hɪ́diəs | -diəs/ *adj.* **1** **a** (見た目にまたは感覚的に)恐ろしい, すごい, ぞっとする (horrible): a ~ monster. **b** ひどく醜い, 醜悪な: a ~ face. **2** (道義上)憎むべき, 忌まわしい (abominable): a ~ crime, story, etc. / for two ~ years 二年という嫌な年月の間 / a ~ sight 忌まわしい光景. **3** **a** びっくりする, 困った, ばかばかしい (ludicrous): a ~ mistake, fiasco, etc. **b** ばかでかい, とてつもなく大きい[巨額の]. **~·ly** *adv.* **hid·e·os·i·ty** /hɪ̀diɑ́(ː)səti | -diɔ́sɪ̀ti/ *n.* **~·ness** *n.* 〖(*c*1303) ◻ AF *hidous*=OF *hidos* (F *hideux*) ← *hi(s)de* dread ← ? Gmc〗

híde·òut *n.* **1** 《口語》(犯人の)隠れ家, アジト. **2** 《米俗》(夜中の脱走をたくらんで潜む)囚人. 〖1885〗

hid·ey-hole /háɪdihòʊl | -dihə̀ʊl/ *n.* 《英》=hidey-hole. 〖1817〗

hid·ing¹ /háɪdɪŋ | -dɪŋ/ *n.* **1** 隠す[隠れる]こと, 秘密にすること, 隠匿: be [lie, remain] in ~ 隠れて[世を忍んで, 地下に潜って]いる / go into ~ 隠れる, 地下に潜る / come out of ~ 隠れ場所から姿を現す. **2** 隠れ場所, 隠れる手段. 〖(?*a*1200): ⇨ HIDE¹, -ING¹〗

hid·ing² /-dɪŋ | -dɪŋ/ *n.* 《口語》むち打ち; ひっぱたくこと; ひどい敗北[失敗]: give a person a good [bad] ~ 人をしたたか打つ / get a (good) ~ (罰として)(ひどく)たたかれる, (すっかり)打ち負かされる.

be on a híding to nóthing 《口語》〈人が〉負ける[失敗する]に決まっている. (1970 年代初期)

〖(1809) ← hide² (v.)+-ing¹〗

híding plàce *n.* 隠れ場所; 隠し場所. 〖*a*1387〗

hi·dro·sis /hɪdróʊsɪ̀s, haɪ- | -dráʊsɪs/ *n.* 〘病理〙**1** 発汗, 発汗過多. **2** 多汗症. **3** 汗腺を冒す皮膚病の総称. 〖(*c*1890) ← NL ~ ← Gk *hidrṓs* sweat〗

hi·drot·ic /hɪdrɑ́(ː)tɪk, haɪ- | -drɔ́t-/ *adj.* **1** 汗の, 汗に関する. **2** 汗を出す, 発汗させる. — *n.* 発汗剤. 〖(1705) ◻ ML *hidrōticus* ◻ Gk *hidrōtikós* ← *hidrṓs* (↑): ⇨ -ic¹〗

hid·y-hole /háɪdihòʊl | -dihə̀ʊl/ *n.* 《口語》=hidey-hole. 〖1817〗

hie¹ /háɪ/ *v.* (**hied**; ~**·ing, hy·ing** /háɪɪŋ/)《古・詩》— *vi.* 急ぎ行く, 急ぐ (hasten). — *vt.* [通例 ~ one*self* で] 急がせる: *Hie* thee! 急げ / He ~*d* him(*self*) homeward. 彼は家路を指して急いだ / He ~*d his way* down the slope. 坂を急いで下りた. 〖OE *hīgian* to strive, hasten ← ? Gmc **hīʒ-* ← IE **kigh-* fast〗

hie² /háɪ/《方言》*int.* はいよ(う)《馬を左に回すときの掛け声; cf. hup 2 b》. — *v.* (**hied; ~·ing**) — *vt.* 〈馬を〉左に回す. — *vi.* (馬に)はいよ(う)と叫ぶ; 〈馬が〉左に回る. 〘《1825》← hi³ *int.*〙

hie·la·man /híːləmən/ *n.* (*also* **hie·le·man** /~/) ヒエラマン《オーストラリアのアボリジニが使う木製[樹皮製]の細長い盾》. 〘《1839》《現地語》〙

hie·land /híːlənd/ *adj.*《スコット方言》**1** =Highland. **2** スコットランド高地人に特有の《特に町に出てだまされたり, まぬけな行動をとることを指す》. 〘1595〙

hi·e·mal /háɪəməl, -mḷ/ *adj.* **1** 冬の[に関する]. **2**《まれ》=hibernal. 〘《*c*1560》□ L *hiemālis* ← *hiems* winter: ⇨ -al¹〙

hi·ems /háɪɛmz/ *n.*《詩》冬; 擬人化された冬. 〘《*c*1450》L *hiems* winter〙

hi·er- /háɪ(ə)r/ (母音の前にくるときの) hiero- の異形.

hi·er·a·co·sphinx /hàɪəréɪkəsfɪŋks/ *n.* 鷹(たか)の顔をしたスフィンクス (⇨ sphinx 1 a). 〘← Gk *hierako-, hiérax* hawk＋SPHINX〙

hi·er·arch /háɪərɑ̀ək, háɪrɑək | háɪərɑ̀ːk, háɪrɑːk/ *n.* **1 a** 教主, 教団長. **b** 高僧 (high priest). **2** (古代ギリシャの)神殿の奉納物係. **3** 階級組織の中で高位を占める人; 権威者, 高官, 要人. 〘《1486》□ LL *hierarcha* □ Gk *hierárkhēs* ← *hierós* sacred＋*arkhós* leader (cf. arch-¹)〙

hi·er·ar·chal /hàɪərɑ́əkəl, haɪr-, -kḷ | -rɑ́ː-ˊ/ *adj.* =hierarchical. 〘1641〙

hi·er·ar·chic /hàɪərɑ́əkɪk, haɪr- | -rɑ́ː-ˊ/ *adj.* = hierarchical. 〘1681〙

hi·er·ar·chi·cal /hàɪərɑ́əkɪ̀kəl, haɪr-, -kḷ | -rɑ́ːk-, haɪr-ˊ/ *adj.* **1** 聖職階級制度の; 聖職政治の. **2 a** 階級組織の, 階層制の. **b** 階層分類上の, 分類体系的な; 序列的な. **c** 階級性の強い. **~·ly** *adv.* 〘《1471》← HIERARCH(Y)＋-ICAL〙

hí·er·àr·chism /-kɪzm/ *n.* 聖職階級制度[主義]; 階級制度の権威. **hí·er·àr·chist** /-kɪ̀st | -kɪst/ *n.* 〘《1846》← HIERARCH(Y)＋-ISM〙

hi·er·ar·chize /háɪərɑ̀əkaɪz, háɪrɑəkàɪz | háɪərɑ̀ː-kaɪz, háɪrɑːkàɪz/ *vt.* 階層をなすように排列する. **hi·er·ar·chi·za·tion** /hàɪərɑ̀əkɪ̀zéɪʃən, hàɪrɑək- | -rɑ̀ː-kaɪ-, -kɪ-/ *n.* 〘《1884》: ⇨ ↓, -ize〙

hi·er·arch·y /háɪərɑ̀əki, háɪrɑə- | háɪərɑ̀ː-, háɪrɑː-/ *n.* **1 a** 聖職の階級組織[制度], 聖職位階制《上の階級の者が下級者を順次に指揮命令する》: The constitution of the Anglican Church is a ~. 英国国教会の組織は階級制度である. **b** (官吏などの)階級組織, 階層制度, ヒエラルキー《地位[順位]・等[階]級などで階層を成す》: the ~ of the Civil Service 行政官の階級制度. **2 a** 教(会行)政; 聖職者政治. **b** [集合的] 全聖職[僧侶]団, 特に高位聖職団. **3**《生物》階層《綱・目・科・属などの分類段階》. **4**《言語》階層《言語は組織化された体系で要素が階層をなしている》. **5**《神学》**a** 天使の階級[位階]《天使の三大区分の一つ; これがさらに三つずつに小区分されて全部で九階級となる; cf. angel 1 a》. **b** [集合的] 天使たち, 天使団. 〘《16C》□ LL *hierarchia* □ Gk *hierarkhía* office of a hierarch (⇨ hierarch, -y¹) ∽ 《?*c*1343》*ierarchi(e)* □ OF *jerarchie* (F *hiérarchie*)〙

hi·er·at·ic /hàɪərǽtɪk, haɪr- | -tɪk-ˊ/ *adj.* **1** 聖職の, 神官の, 僧の; 聖職者らしい (sacerdotal): a ~ gesture. **2** (古代エジプトの)神官文字の: ~ writing [script] 神官文字, ヒエラティック体《象形文字 (hieroglyphic) をくずした筆記[行書]体文字, 後に神聖文書に専用; cf. DEMOTIC writing》. **3**《美術》聖美術の《エジプトやギリシャの美術のように宗教的伝統によって決められた古くからの形式・方法が伝統的に守られている美術様式についていう》. — *n.* [the ~] 神官文字. 〘《1656》□ L *hierāticus* □ Gk *hierātikós* ← *hierós* sacred, holy: ⇨ hiero-, -ic¹〙

hi·er·át·i·cal /-tɪ̀kəl, -kḷ | -tɪ-ˊ/ *adj.* =hieratic 1. **~·ly** *adv.* 〘《1656》: ⇨ ↑, -al¹〙

Hi·er·o /háɪəròʊ | -rəʊ/ *n.* =Hieron I.

hi·er·o- /háɪ(ə)roʊ | -rəʊ/「神聖な, 聖職の (priestly)」の意の連結形. ★ 母音の前では通例 hier- になる. 〘□ LL ~ □ Gk ← *hierós* sacred, holy ← IE **eis-* to move violently, excite: cf. Gk *hiereús* priest〙

hi·er·oc·ra·cy /hàɪ(ə)rɑ́(ː)krəsi, haɪr- | -rɔ́k-/ *n.* 僧侶政治, 聖職者政治 (hagiocracy). **hi·er·o·crat·ic** /hàɪ(ə)roʊkrǽtɪk | -rə(ʊ)krǽt-ˊ/ *adj.* **hì·er·o·crát·i·cal** /-tɪ̀kəl, -kḷ | -tɪ-ˊ/ *adj.* 〘《1794》← HIERO-＋-CRACY〙

hièro·déacon *n.*《東方正教会》修道輔祭《輔祭職を兼ねた修道士》.

hi·er·o·dule /háɪ(ə)roʊdùːl, -djùːl | -rə(ʊ)djùːl/ *n.* 神殿奴隷; (特に, 古代オリエント・ギリシャの)神殿専属娼婦《それに支払われた金はしばしば寺院の収入となった》. **hi·er·o·du·lic** /hàɪ(ə)roʊdúːlɪk, -djúː- | -rə(ʊ)djúː-ˊ/ *adj.* 〘《1835》□ LL *hierodūlus* □ Gk *hieródoulos* ← *hierón* temple＋*doûlos* slave〙

hi·er·o·glyph /háɪ(ə)rəglɪ̀f, -roʊ- | -rə(ʊ)-/ *n.* = hieroglyphic. 〘《1598》□ F *hiéroglyphe*《逆成》← *hiéroglyphique* (↓)〙

hi·er·o·glyph·ic /hàɪ(ə)rəglɪ́fɪk, -roʊ- | -rə(ʊ)-ˊ/ *n.* **1** (古代エジプトの)象形文字; 絵文字. **2** 象形文字に似たもの. **3** [*pl.* 単数または複数扱い] 象形文字表記法; 象形文字文書. **4** 隠された意味のある文字[記号]. **5**《戯言》**a** 判読しにくい文字[記号]; かな釘流の文字. **b** [*pl.*] 判読しにくい文字[記号]で書かれた文書. — *adj.* **1 a** (古代エジプトの)象形文字(風)の; 絵文字の: a ~ character 象形文字 / ~ writing 象形文字の文書[書き物]. **b** 象形文字で書かれた. **2** 象形文字的な, 象徴的な (symbolical). **3**《戯言》〈文字が〉虫がはった跡のような, 判読できない: a ~ scrawl 虫がはった跡のような文字, とても判読しにくいくずし字; なぐり書き. 〘《1585》□ F *hiéroglyphique* ‖ LL *hieroglyphicus* □ Gk *hierogluphikós*: ⇨ hiero-, glyph, -ic¹〙

hì·er·o·glýph·i·cal /-fɪ̀kəl, -kḷ | -fɪ-ˊ/ *adj.* = hieroglyphic. **~·ly** *adv.* 〘《1581》: ⇨ ↑, -al¹〙

Híeroglyphic Híttite *n.*《言語》象形文字のヒッタイト語《紀元前約 1400–700 年アナトリア地方に存在》.

hi·er·o·glyph·ist /hàɪ(ə)rəglɪ́fɪ̀st, -roʊ- | hàɪ(ə)-rə(ʊ)glɪ́fɪst/ *n.* **1** 象形文字研究家. **2** 象形文字を書く人. 〘《*a*1829》← HIEROGLYPH(IC)＋-IST〙

hi·er·o·gram /háɪ(ə)rəgræ̀m/ *n.* 神聖文字[紋章, 記号]. 〘《1610》← HIERO-＋-GRAM〙

hi·er·o·gram·mat /hàɪ(ə)rəgrǽmət, -roʊ-, -mæt | -rə(ʊ)-/ *n.* (*also* **hi·er·o·gram·mate** /-mət, -meɪt/) 神聖文字を書く人. 〘《1864》□ Gk *hierogrammateús* ← HIERO-＋*grammateus* scribe (← *grámma* letter)〙

hi·er·o·graph /háɪ(ə)rəgræ̀f/ *n.* =hierogram. **hi·er·o·graph·ic** /hàɪ(ə)rəgrǽfɪk-ˊ/ *adj.* **hi·er·o·gráph·i·cal** /-fɪ̀kəl, -kḷ | -fɪ-ˊ/ *adj.* 〘《1835》← HIERO-＋-GRAPH〙

hi·er·ol·a·try /hàɪərɑ́(ː)lətri, haɪr- | -rɔ́l-/ *n.* 聖人[聖者]崇拝 (hagiolatry); 聖物[聖書]崇拝. 〘《*c*1814》← HIERO-＋-LATRY〙

hi·er·ol·o·gy /hàɪərɑ́(ː)lədʒi, haɪr- | -rɔ́l-/ *n.* **1** (民族的信仰の集積した)聖文学, 宗教的伝承. **2** =hagiology. 〘《1828》□ Gk *hierologia* sacred language: ⇨ hiero-, -logy〙

Hi·er·on I /háɪərɑ̀(ː)n- | -rɔ̀n-/ *n.* ヒエロン一世《?–467 B.C.; Syracuse の僭主(せんしゅ) (478–467 B.C.); 文学の保護者》.

Hi·er·o·nym·i·an /hàɪ(ə)rənímiən | hàɪ(ə)rə-, hìər-ˊ/ *adj.* =Hieronymic. 〘1656〙

Hi·er·o·nym·ic /hàɪ(ə)rənímɪk | hàɪ(ə)rə-, hìər-ˊ/ *adj.* Saint JEROME の. 〘《1889》: ⇨ ↑, -ic¹〙

Hi·er·on·y·mite /hàɪərɑ́(ː)nəmàɪt, haɪr- | hàɪərɔ́nɪ-, haɪr-, hɪər-/ *n.* ヒエロニムス修道士《Saint Jerome の流れをくむ修道士団の一員》. 〘《1727–41》: ⇨ ↓, -ite¹〙

Hi·er·on·y·mus /hàɪərɑ́(ː)nəməs, haɪr- | hàɪərɔ́nɪ-, haɪr-, hɪər-/, **Eusebius** *n.* ヒエロニムス (⇨ Saint JEROME).

hi·er·o·phant /háɪ(ə)rəfæ̀nt | -rə(ʊ)-/ *n.* **1 a** (古代ギリシャの)秘儀の神官[祭司]. **b** 宗教上の秘義を伝える聖職者, 密教の神官. **2 a** 説明者, 代弁者 (spokesman). **b** 首唱者, 提唱者. **hi·er·o·phan·tic** /hàɪ(ə)rəfǽntɪk | -tɪk-ˊ/ *adj.* **hì·er·o·phán·ti·cal·ly** *adv.* 〘《1677》□ LL *hierophanta, -ēs* □ Gk *hierophántēs* ← HIERO-＋*phainein* to show, explain (⇨ fantasy)〙

Hier·ro /jéroʊ | -rəʊ; *Sp.* jéro/ *n.* イエロ《スペイン領 Canary 諸島西端の島; 別名 Ferro》.

hi·er·ur·gy /háɪərə̀ːdʒi, háɪr- | háɪərə̀ː-/ *n.*《キリスト教》聖務, ミサ; (宗教的)儀式. 〘《1678》□ Gk *hierourgia* ← *hierourgós* ritually sacrificing priest: ⇨ hiero-, -urgy〙

híe spỳ *n.*《遊戯》=hy spy.

HIF《略》Health Information Foundation.

hi·fa·lu·tin /hàɪfəlúːtn̩ | -tɪn, -tn̩/ *adj.* =highfalutin.

hi-fi /háɪfàɪ, ˊˊ/ *n.*《口語》**1** =high fidelity. **2** ハイファイ装置. — *adj.* ハイファイの[に関する, の特徴を持つ]: a ~ set. 〘《1948》《略》← *high fidelity*〙

Hig·gins /hígɪnz/, Professor **Henry** *n.* ヒギンズ《G. B. Shaw の *Pygmalion* (1913) およびそれを基としたミュージカル *My Fair Lady* の主人公; 下町娘 Eliza Doolittle に上流階級のマナーを仕込む音声学の教授; 従来 Henry Sweet がモデルとされてきたが, 新たな研究で Daniel Jones であることが判明した》.

Hig·gin·son /hígɪ̀nsən, -sn̩ | -gɪn-/, **Thomas Wentworth Stor·row** /stɑ́ːroʊ, stɔ́(ː)r- | stɔ́rəʊ/ *n.* ヒギンソン《1823–1911; 米国の著述家・社会改良家》.

hig·gle /hígl̩/ *vi.* 値切る (haggle), (値段などの)駆引きをする (chaffer): ~ *with* a clerk *for* the price of an article [*about* a thing] 商品の値段のことで[品物のことで]店員と掛け合う. 〘《1633》《転訛》← ? HAGGLE〙

hig·gle·dy-pig·gle·dy /hígl̩dipígl̩di/《口語》*adv.* ひどく乱雑に. — *adj.* ひどく乱雑な, ごった返しの, めちゃくちゃな (topsy-turvy). — *n.* ひどく乱雑な状態, ごった返し. 〘《1598》←《廃》*higle-pigle*《押韻加重》? ← PIG¹〙

hig·gler /-glə, -glə | -glə^r, -gl-/ *n.* **1** 値切る人, 駆引きする人. **2** 行商人 (peddler); 呼売り商人. 〘《1637》← HIGGLE＋-ER¹〙

Híggs bòson [pàrticle] /hígz-/ *n.*《物理》ヒッグスボソン[粒子]《素粒子に質量をもたせているために仮定されているスピン 0 で電気的に中性の粒子》. 〘《*c*1975》← *Peter W. Higgs* (1929–　: 英国の物理学者)〙

high /háɪ/ (↔ low) *adj.* (**~·er; ~·est**) **1 a** (地面・床面・底・表面などに立って)高い. ★ 通例この意味では人・動物には用いない (cf. 1 c, tall 1 a): a ~ hill, mountain, tower, building, tree, etc. / ⇨ high heels / ~ cheekbones 高いほお骨 / a ~ sea 高波, 大波 / a ~ plateau 高原. 日英比較 (1) 日本語では高さについての形容詞は「高い」「低い」の一組のみであるが, 英語では *high*: low, tall: short の二組がある. *high* は空中の高度に注目した語で tall は基底からの高さをいう語である. したがって英語には高さについて日本語にはない意味区分が存在している. すなわち, a *high* building (=a high-rise) は空中にそびえる高さに注目した言い方で, a tall building は地面から続いた高さ, いわば縦の長さとでもいうべきものを表す言い方である. buiding の他にも tower, mountain などは *high*, tall 両様の言い方が可能だが, 人間の背の高さについては tall しか用いられない (cf. 1 c). (2)「ハイソックス」は和製英語. 英語では knee-length socks などという. **b** (地面・床面・底などから離れて)高い: a ~ ceiling, cloud, etc. / a ~ window 高窓 (cf. tall 1 a) / The sun is already ~ (in the sky). 太陽はとうに(空)高く昇っている / a balloon ~ in the air 空高く浮かんでいる気球 / from a ~ altitude 高所から. **c** 〈人が〉身長が…の高さがある (cf. 1 a ★, tall 1 b ★): I have known him since he was this [so] ~. 彼がこのくらいの身長のころから知っている. **d** 高さが…ある, 高さ…の; [しばしば複合語の第 2 構成要素として] …の高さの: How ~ is the mountain? その山の高さはどのくらいですか / It is more than 3,000 meters ~. 3,000 メートル以上の高さである / a house 20 ft. [ten stories] ~ 20 フィートの高さ [10 階]の家 / ⇨ sky-high, knee-high. **e** 高い所にある[への, からの]: a ~ shelf 高い棚 / a ~ leap 高跳び / a ~ dive (水泳の)高飛込み / ~ flying [flight] 高空飛行. **f** 〈服が〉襟ぐりの浅い, ハイネックの (high-necked). **g** 高原の, 高地の: *High* Asia 高地アジア.

2 a (身分・地位・官職などの)高い, 貴い, 高貴な, 高位の; (官庁・官名などで)高等の: a ~ caste [class] 高貴な家柄[階級] / a ~ place [position] 高い地位 / a ~ (government) official (政府)高官 / a man [woman] of ~ birth [rank, status] 高貴の生まれの人, 名門の出[身分, 地位の高い人] / ~ society 上流社会 / ⇨ high life, Lord High Chancellor, High Court. **b** [the ~; 名詞的に]: the Most *High* (最高の)神, 上帝 (God).

3 a 主な, 主要な (main): ⇨ high altar, high street. **b** 重大な, 重要な (grave, important); 決定的な (critical): ⇨ high crime, high treason / The ~ point of the picture is the duel at the end. その映画のやまは最後の決闘である / ⇨ high spot.

4 a 気高い, 崇高な, 高潔な, 高尚な (noble, sublime), 高遠な (lofty): ~ aims [purposes] 高尚な目的 / a ~ character 高潔な人格 / a ~ resolve 崇高な決心 / Aim for the ~*est*, expect the least, and you'll never be disappointed.《諺》最高を目指し最少を予期していれば失望することはない, 志は高く下見て暮らせ / a ~ mind 高潔な心[精神] / a ~ tone (精神的に)高い調子 / ~ tragedy 高尚な悲劇 / have a ~ sense of duty 高度の義務観念を持つ / plain living and ~ thinking ⇨ living *n.* 3. **b** 〈品質など〉上等の, 高級な (superior); (学問・文化などの程度の)高度に進んだ (advanced), (一層)高等な: (a) ~ quality 上等の品質 / (a) ~ class 高級 / ~ culture 高度な文化 / ~ standards 高水準 / ⇨ high fashion, high style / ~ art 純芸術 / ⇨ high technology, higher mathematics, higher education. **c** 深遠な (abstruse).

5 a (価値・評価などの)高い (great): have a ~ opinion of a person 人を高く評価する. **b** 高価な (costly, expensive); 貴重な; ぜいたくな (rich, luxurious): pay a ~ price for …に大金を払う[払って買う] / at a ~ figure [cost] 高価で / play for ~ stakes 大きな賭けをする / ~ living ぜいたくな暮らし (cf. *adv.* 4, high liver, high life 1 a) / the ~ cost of living 高い生活費 / enjoy a ~ standard of living 高水準の生活をしている.

6 a 〈強度・速度・温度・圧力など〉高度の: a ~ speed [temperature] 高速度[温(度)] / ~ frequency 高周波 / ~ tension 高電圧 / (a) ~ pressure 高圧(力) / (a) ~ (atmospheric) pressure 高気圧 / a ~ area 高気圧圏 / ⇨ high gear / The lights are too ~. 照明が強すぎる / work at [under] ~ pressure 大車輪[大童(おおわらわ)]で働く / with a ~ hand 高圧的に. **b** 強い, 激しい, (strong, violent): a ~ sea 荒波の立つ海, 荒海 / ⇨ high sea / a ~ wind 激しい風. **c** (程度・割合などの)高い, 高率の; 多量に含まれている, 含有量の高い: a ~ percentage =~ rates 高率 / a ~ birth [death] rate 高い出生[死亡]率 / a ~ explosive (高性能)爆弾 / food ~ in protein 高蛋白質の食物. **d** 〈信仰・主義・意見・感情・儀式など〉極端な, 強烈な (extreme), 激しい (intense); 形式ばった (formal), 厳格な (rigid): in ~ anxiety 非常に心配して / in ~ favor with …に非常に気に入られて / ~ folly ばかげたこと / a ~ Tory 極端な保守党員. **e** 集中的な, 集約的な (intensive): ~ farming 集約農業. **f** 〈色が〉濃い, 赤い; 鮮明な (bright): a ~ complexion [color] 赤い顔色[色] / ⇨ high-colored / give something a ~ polish 磨いて鮮やかなつやを出す.

7 a 意気の高い, すばらしい元気の, 意気盛んな; 陽気な, 楽しい (cheerful): be in ~ spirits 非常に元気[陽気]である / a man [woman] of ~ mettle 非常に勇気[気概]のある人 / have a ~ (old) time 愉快なひとときを過ごす / in ~ feather ⇨ feather 6. **b**《口語》[…に]熱中する, 熱心な; ほれている (keen)〔*on*〕: He is ~ *on* rock-and-roll. ロックに夢中だ / She is very ~ *on* him. 彼にぞっこんほれ込んでいる. **c** 激高した, 怒っている (angry); 興奮した: ~ words 激語. **d** 高ぶった, 傲慢(ごうまん)な, 横柄な (haughty): ~ looks 傲慢な顔つき (cf. *Prov.* 21: 4) / a ~ manner 横柄な態度 / ⇨ *with a high* HAND. **e**《口語》酔っている (intoxicated); (麻薬で)ふらふらしている, 酔っている; 過度に興奮した: He is pretty ~ tonight. 今夜はだいぶ酔っている / He is [gets] ~ *on* marijuana. マリファナを吸ってラリっている.

8 a 〈季節・時期など〉十分進んでいる, たけなわの, 最盛期の: ~ summer 盛夏 / the ~ season 行楽客の多い季節, 旬(しゅん) / (the) ~ Gothic [Renaissance] 最盛期のゴシック[ルネッサンス](様式) / the ~ Middle Ages 中世の最盛期 / ⇨ high noon. **b** [通例 it is ~ time として] 潮時, 好機, とうに…すべき時刻: *It is* ~ *time* to do it. 今がそれをする潮時だ / *It is* ~ *time* for us to go. もうとうに出かける時間だ / *It is* ~ *time* you went to bed. もう寝る時間だよ. **c** (性的に)成熟した: ~ males of the giant

H

panda 成熟したパンダの雄(ᵒˢ).
9 a 〈声が〉高い, 鋭い, 甲高い (sharp, shrill): a ～ note [pitch, tone] 高い調子 / a ～ alto voice 高いアルトの声 / a ～ bass 上低音, バリトン. **b** 〈声が〉大きい (loud): a ～ voice 大声; 高い調子の[甲高い]声 / His voice rose ～ (above the others). 彼は(他の人より)大声になった.
10 a 遠い (remote): ～ antiquity 大昔, 遠い昔. **b** 〈緯度が〉極に近い, 赤道から遠く離れた: a ～ latitude 高緯度 / in ～ latitudes (両)極地帯で.
11 [H-] 高教会派の: a *High* Anglican 英国高教会派の信者 (⇨ High Churchman).
12 〈獲物(の肉)が〉におい出した, (少しいたみかけて)ちょうど食べごろになった: ～ game (猟で取った動物の)熟(ᵘ)れてきた肉 / The meat is ～. 肉は熟れている.
13 〘生物〙〈動・植物が〉進んだ段階の: the ～*er* apes [ferns] 進んだ(段階の)無尾猿類[シダ類].
14 〘音声〙〈母音が〉舌の位置が高い, 高母音の (cf. low[1] 20, mid[1] 2): ～ vowels 高母音 ([i], [u], [ɯ], [ɨ] など).
15 〘冶金〙特定の成分をかなり多く含む: iron ～ in phosphorus リン含有度の高い鉄.
16 〘野球〙〈投手の投球が〉高めの《打者の肩より高い》: a ～ ball.
17 〘トランプ〙〈札が〉高い, 高位の.
18 〘海事〙全強風 (whole gale) の《ビューフォート風力階級 (Beaufort scale) で 10 を示す; cf. wind scale》.
19 〘化学〙高級な《同族列中で, より複雑な化合物についていう》: ～*er* alcohol 高級アルコール.
(as) high as a kite 《口語》(1) ひどく酔っている. (2) 過度に興奮している. (3) (麻薬で)酔っている, ハイになっている. 《1939》 ***high and lów*** (身分の)高きも低きも, あらゆる階級の. 《12C》
— *adv.* (～·er; ～·est) **1** 高く, ずっと上方に (far up, aloft); 高位に: fly [climb] ～ 高く飛ぶ[登る] / hold one's head ～ 傲慢にふるまう, 頭(ᶻ)が高い, 頭を下げない / stand ～ in popular esteem 世間から高く評価される[尊敬される]. **2** (値など)高く, 高値に: be sold ～ 高く売られる / bid ～ (入札などで)高値をつける. **3** (分量・程度など)大いに, 高度に, 強く, 激しく (intensely); (音声など)高く: sing [speak] ～ 高声で歌う[しゃべる]. **4** ぜいたくに: live ～ ぜいたくに暮らす. **5** 〘海事〙風上に詰めて, 風向きとすれすれに.
blów high, blów lów ⇨ blow[1] 成句. ***flý high*** ⇨ fly[1] 成句. ***high and drý*** (1) 〈船が〉(水を離れて)岸に乗り上げて. (2) 見捨てられて; 時流から離れて, 時世に置き忘れられて (stranded). (3) 安全で (safe). 《1822》 ***high and lów*** (高所・低所の区別なく)あらゆる所に[で, を] (everywhere): hunt [search] ～ *and low*. 《14C》 ***high and míghty*** 《口語》威張った態度で, ふんぞり返って (cf. high-and-mighty). 《*a*1200》 ***high, wíde, and hándsome*** 《口語》悠々として自信たっぷりな[に]. 《1907》 ***rùn high*** (1) 〈海が〉紅潮で流れが急だ, 波が高い: The sea *ran* ～. (2) 激して〈言葉が〉荒くなる; 〈感情が〉激してくる.
— *n.* 1 a [on ～ として] 高い所, 天, 空 (heaven, sky): *on* ～ 空中高く; 天に[へ]. **b** 小山, 丘 (hill). **2** 《口語》最高水準, 最高の数字; (株・物価の)最高価格 (cf. low[1] *n.* 1 e): reach [be at] a new ～ 新高値[最高記録, 新記録]に達する[である] / Last week's Gallup poll showed Labour support down to 40% from a ～ of 44%. 先週のギャラップ調査では労働党支持率は最高記録の 44% から 40% に下がった. **3** 《米口語》ハイスクール (high school). **4** [the H-] 《英口語》本町《特に Oxford の High Street; cf. the TURL》. **5** 《口語》(ヘロイン・コカインなどの麻薬による)恍惚感[状態]: The drug gives a powerful ～. その麻薬は(使用者に)激しい恍惚感を与える / She was on a (real) ～ after her promotion. 昇進して気分が高揚していた. **6** 〘気象〙高気圧域 (anticyclone). **7** 〘トランプ〙最高位の切り札. **8** 《米》(自動車などの)トップギア, 高速ギア (high gear): The cars were running in ～. トップ[高速]ギアで走っていた.
from on high 高い所から; 天から; 上層部から. ***Hòw is thát for high?*** 《米口語》どうだ, すごいじゃないか《驚嘆を促す文句; もと high-low-jack 戯で言われたもの》. 《1872》 ***high and lów*** あらゆる階級の人々 (all classes) (cf. *adj.*, *adv.* 成句). ***high and mighty*** 地位があり権勢のある人々; 傲慢な人々 (cf. *adv.* 成句). ***highs and lóws*** 良いときと悪いとき, 浮き沈み.
〘ME *heigh, hȳ* < OE *hē(a)h* < Gmc **χauχaz* arched (Du. *hoog* / G *hoch*) ← IE **keu-* to bend, arch (Skt *kucati* it bends)〙

SYN 高い: **high** 地面・海面から上方に向かって非常な距離がある: a *high* mountain 高い山 / a *high* ceiling 高い天井. **tall** 〈人・植物・煙突・尖塔など〉幅よりも高さが大きい: a *tall* man 背の高い男性 / a *tall* tree 高い木. ★ a *high* [*tall*] building, a *high* [*tall*] tree の場合, *high, tall* のどちらも使える. **lofty** 《文語》=very *high* 《格式ばった語》: a *lofty* peak 高い峰. **towering** 《文語》そびえたつように高い《格式ばった語》: *towering* skyskrapers そびえ立つ摩天楼. **ANT** low, short.

---

hígh áltar *n.* [the ～] (教会堂で祭壇が二つ以上あるときの)中央祭壇, 高聖卓. 〘OE *heah-altar*〙
high análysis *adj.* 〘農業〙〈肥料が〉植物の必要栄養分の 20% 以上を含む. 〘1949〙
hígh-and-míghty *adj.* 《口語》大きく構えた, 横柄な, 傲慢(ᵍᵒ)な (cf. HIGH *and mighty*): in a ～ manner ふんぞり返って, 威張って. 〘1654〙
hígh-ángle *adj.* **1** 高角度の. **2** 〘軍事〙(最大射程の射角より大きな射角で射撃する場合の)高角の: ～ fire 高(射)角射撃, 曲射 / a ～ gun 高角砲, 曲射砲. 〘1879〙
Hígh Árctic *n.* カナダの北極圏地域《特に北方の島々を指す》.
high átmospheric préssure *n.* 〘気象〙高気圧 (↔ low atmospheric pressure) (略 Hi).
high·ball /háɪbɔ̀ːl, -bɑ̀ːl | -bɔ̀ːl/ 《米》*n.* **1** ハイボール《水・ソーダ水・ジンジャーエールなどで薄め, 氷の塊を入れて丈の高いコップに入れて出すウイスキーなど》. 日英比較 日本語の「ハイボール」に相当するのは whisk(e)y and soda. **2 a** (列車に対する)全速力で進めの信号. **b** (列車に対する)発車合図; (交通巡査などの)進めの合図. **c** 急行列車 (fast train). 《米国の鉄道で昔腕木信号機に金属製の玉を高く掲げて示したことによる》 **— *vi.*** 《俗》全速力で走る. **— *vt.*** 〈列車を〉全速で運転する. 〘《1897》? ← *high* tall (glass)+*ball* whiskyglass (バーテンの隠語)〙
hígh-bàttled *adj.* 《まれ》精鋭を指揮する. 〘1606–07〙
hígh béam *n.* 〘自動車〙ハイビーム《道を遠くまで照らす上向きのヘッドライト光線; cf. low beam》. 〘1939〙
hígh·bìnder *n.* 《米口語》**1 a** 殺し屋; 《特に, 在米中国人の》暗殺団員. **b** 秘密結社の党員《ゆすり・暗殺などに雇われる》. **c** ごろつき, 無頼漢 (ruffian). **2** 《俗》**a** (裏で不正をたくらむ)悪徳政治家, (収賄などで私腹を肥やす)悪党の政治屋. **b** 詐欺師, ぺてん師 (swindler). 〘1806〙
hígh·blóoded *adj.* 血統の純粋な, 血統の良い.
high blóod prèssure *n.* 〘病理〙高血圧(症) (⇨ hypertension) (cf. low blood pressure). 〘1916〙
hígh blówer *n.* 激しく鼻息を立てる馬. 〘1831〙
hígh-blówn *adj.* 意気盛んな, 傲慢(ᵍᵒ)な, ふんぞり返った; うぬぼれた (pretentious).
hígh bòard *n.* 飛び板《通常水面から 3 m の高さに据え付けた飛込み用の板》.
hígh bóot *n.* ハイブーツ; ロングブーツ《通例ひざ下に達する深いブーツ》.
hígh-bòrn *adj.* 高貴の生まれの, 身分の高い, 名門の出の: a ～ lord. 〘?*c*1200〙
hígh·bòy *n.* 《米》高脚付き洋だんす (《英》tallboy) (cf. lowboy). 〘(1648) 1891〙

highboy

hígh bráss *n.* **1** (約 34% の亜鉛を含む抗張力の強い)銅亜鉛合金. **2** [集合的] (軍の)高級将校; 高官, 高級幹部.
hígh·bréd *adj.* **1 a** 教養の高い, 上流家庭に育った, しつけのよい. **b** 〈態度など〉上品な, 洗練された: ～ manners. **2 a** 高貴の生まれの. **b** 純血種の. 〘1674〙
hígh·brow /háɪbràʊ/ 《口語》*n.* **1** 学問[教養]のある人, 知識人, インテリ (intellectual) (cf. middlebrow 1, lowbrow, broadbrow). **2** 《軽蔑》知識や教養を鼻にかける人, インテリぶる人. **— *adj.*** インテリの, インテリ向きの; インテリぶった: a ～ play インテリ向きの劇 / a ～ intellectual 高級インテリ. **～·ism** /-ɪzm/ *n.* 〘《1884》《逆成》← HIGH-BROWED〙
hígh-brówed *adj.* **1** 額の広い. **2** 《口語》=highbrow. 〘《1848》← HIGH+BROW+-ED 2〙
hígh búnt *n.* 〘海事〙ハイバント《帆の畳み方の一つ; 中央部を太くし帆桁(ᵍᵉ)の両端へ向かって急に細くなるような畳み方をした場合の中央部の太い膨らみ; ↔ low bunt》.
hígh·búsh *adj.* 〘植物〙丈の高い叢林の. 〘1805〙
híghbush blúeberry *n.* 〘植物〙ヌマスノキ (*Vaccinium corymbosum*) 《北米東部産のツツジ科の低木; 青黒い実は食用になる》. 〘1913〙
híghbush cránberry *n.* 〘植物〙=cranberry bush. 〘*c*1795〙
hígh cámp *n.* (芸術的手法として意識された)俗悪さ[低俗さ](のある作品[表現]) (cf. camp[2] 3; ↔ low camp). 〘1963〙
hígh-càrbon stéel a. 高炭素鋼.
hígh cháir *n.* 子供椅子《脚が高く, 食器を載せる台・足休めなどのついた子供用の食事椅子》. 〘1848〙
Hígh-Chúrch *adj.* 高教会派の. 〘1687〙
Hígh Chúrch *n.* [the ～] 高教会派, ハイチャーチ《英国国教会内の一傾向を指して呼ぶ 17 世紀以降の俗称で, 教会・主教職の権威や支配ならびに聖礼(ˢᵉⁱ)などを重視する一派; cf. Low Church, Broad Church》. 〘1702〙
Hígh Chúrchman *n.* 高教会派の人. 〘1687〙
high-class /háɪklǽs | -klɑ́ːs⁻/ *adj.* **1** 高級な, 上等な. **2** 上流の. 〘1864〙
hígh cockalórum *n.* **1** 《英》〘遊戯〙=hey cockalorum. **2** 《米俗》威張る人, もったいぶる人.
hígh cólor *n.* 上気した顔, 血色のよい顔.
hígh-cólored *adj.* **1 a** 色調の強い, 色彩の強烈な. **b** 赤い, 桜色の: a ～ complexion 紅潮した顔色. **2** まざまざと描かれた; 誇張された. 〘1551〙
hígh cóloring *n.* 血色のよさ.
hígh cómedy *n.* 本格喜劇《上流社会の生活や問題を扱い巧妙なせりふや性格描写を主とする喜劇; cf. low comedy》. **hígh comédian** *n.* 〘1895〙
hígh commánd *n.* **1** 〘軍事〙最高司令部, 高等司令部. **2 a** 最高指揮権, 最高[高等]統帥. **b** [単数または複数扱い] 統帥部, 高級幹部, 首脳部. 〘1917〙
Hígh Commíssion *n.* 高等弁務局; 高等弁務局職員《全体》.
hígh commíssioner *n.* 〘政治〙**1** [H- C-] 高等弁務官《特に, 英連邦構成国の代表で, 大使級の資格を有する人》. **2** (植民地・属領・保護国・委任統治国などの)高等弁務官. **3** (国連など国際機関の)主務官. 〘1881〙
hígh-compréssion *adj.* 〈内燃機関が〉圧縮比の高い, 燃費のよい.
hígh-cóncept *adj.* 〈映画など〉観客・聴衆に広くアピールする要素をもつ, ハイコンセプトの.
hígh-cóunt *adj.* 〈織物が〉目の詰んだ. 〘1926〙
hígh cóuntry *n.* [しばしば the ～] ハイカントリー《南アルプスやニュージーランドの山麓の丘陵地帯にある羊の牧草地》. 〘1874〙
Hígh Cóurt *n.* **1** 《米》最高裁判所 (Supreme Court). **2** (英国の)高等法院 (⇨ HIGH COURT of Justice). **3** [the ～] (ニュージーランドの)最高裁判所《Court of Appeal の下; Supreme Court の旧名》.
　Hígh Cóurt of Jústice [the —] (イングランドとウェールズの)高等法院《King's Bench Division, Chancery Division, Family Division の三部から成り, Crown Court (刑事裁判所), Court of Appeal (控訴院)と共に Supreme Court of Judicature (最高法院)を構成》. 《1873》
　Hígh Cóurt of Justíciary [the —] 《スコット》=Court of Justiciary (⇨ court).
　Hight Cóurt of Párliament [the —] 《英》(1) 英国議会, 国会. (2) 国会裁判所《司法機関としての上院》. 《1399》
〘*c*1300〙
hígh críme *n.* 〘米法〙重大な犯罪《政府高官がその地位を悪用して行った犯罪; 弾劾の理由となる》.
hígh-cróss *n.* (高い台石の上に建てた)高十字架《町村の中心や市場などにある》.
hígh-cút *adj.* 〈水着など〉ハイカットの, ハイレグの.
hígh dàddy *n.* 〘家具〙18 世紀米国の背高だんす (highboy).
hígh·dày *int.* 《古》HEYDAY[2].
hígh dày *n.* 祝祭日, 祭日 (festival): ～*s* and holidays 祭日や休日. 〘(?*c*1200): cf. heyday[2]〙
hígh-definítion télevision *n.* 高品位[高鮮明, 高解像度]テレビ (略 HDTV). 日英比較 「ハイビジョン」は商標で和製英語. 〘*c*1980〙
hígh-dénsity lipoprótein *n.* 〘生化学〙高密度リポタンパク質《血漿中に見られるリポタンパク質のひとつ; 肝臓で合成されコレステロールを肝臓から各組織へ運ぶ働きがある; 動脈硬化症との関連で「善玉」とされる; 略 HDL》. 〘1960〙
hígh-depéndency *adj.* 《英》《(入院)患者が》高度の治療と管理を必要とする, 高度依存の.
Hígh Dútch *n.* **1** =High German. **2** 高地オランダ語《アフリカーンス語 (Afrikaans) または低地オランダ語に対して文語として用いられているオランダ語》.
hígh-énd *adj.* (商品・店が)高級な, 高級顧客向けの (↔ low-end).
hígh énema *n.* 〘医学〙高圧浣腸《結腸に注入》.
hígh-énergy *adj.* **1** (加水分解の際)高エネルギーを生む, 高エネルギーの. **2** 〘物理〙高エネルギーの《素粒子や原子核などが大きなエネルギーをもつ》. 〘1934〙
hígh-énergy párticle *n.* 〘物理〙高エネルギー粒子《100 MeV 以上のエネルギーをもつものをいう》.
hígh-énergy phýsics *n.* 高エネルギー物理学《particle physics ともいう》. 〘1964〙
high·er /háɪə | háɪə[r]/ *adj.* **1** [high の比較級] より高い; より高度の (↔ lower[2]). **2** [限定的] 高等な, 高度の; 上級の: the ～ animals 高等動物 / a ～ court 上級裁判所. **— *adv.*** [high の比較級] より高く. **— *n.*** 《スコット》[通例 H-] **1** 教育修了試験 (certificate of Education) での上級レベル. **2** 上級レベルで合格した科目.
híher crític *n.* 高等[上層]批評家 (cf. higher criticism). 〘1897〙
hígher críticism *n.* 高等[上層]批評《考古学, 文芸批評, 比較宗教学などの技法・知見を聖書各書の著者, 彼らが用いた資料や著作年代, 成立事情などを確定する歴史的・文学的研究; cf. lower criticism》. 〘《1836》スコットランドの神学者 W. R. Smith (1846–94) の用語から〙
hígher degrée *n.* 《英》高等学位《学士号よりも上の学位; MA, PhD などの修士号・博士号》.
hígher educátion *n.* (中等教育以上の)高等教育; 大学教育. 〘1866〙
hígher fúngus *n.* 〘植物〙高等菌類《肉眼的な子実体をつくる菌類, キノコなどを含む; cf. lower fungus》.
hígher harmónic *n.* [通例 *pl.*] 高調波.
hígher láw *n.* 〘キリスト教〙(人の制定した法より上位にあると考えられる)神のおきて, 道徳法[律]. 〘1844〙
hígher léarning *n.* 大学教育; 大学レベルの学識. 〘1926〙
hígher mámmal *n.* 〘動物〙高等哺乳動物.
hígher mathemátics *n.* 高等数学.
hígher-úp *n.* 《口語》上役, 上司; 高官, 首脳. 〘1911〙
híghest cómmon fáctor *n.* [the ～] 〘数学〙=greatest common factor (略 HCF, hcf).
hígh explósive *n.* (TNT などの)高性能爆薬. 〘1877〙
high·fa·lu·tin /hàɪfəlúːtn | -tɪn, -tn⁻/ 《口語》*adj.* 大言壮語する, 誇張的な, 誇大な (bombastic, highflown); もったいぶった, 気取った: without any ～ techniques 鬼面人を脅すといったふうな技術は用いずに. **— *n.*** 大言壮語, 誇大な言辞, 誇張した文章 (fustian). 〘《1839》← HIGH+? *fluting* ((pres.p.) ← FLUTE)〙

high·fa·lu·ting /hàɪfəlúːtɪŋ | -tɪŋ/ *adj.* =highfalutin. 〖1839〗
hígh fáshion *n.* 1 =high style. 2 =haute couture. 〖1933〗
hígh-féd *adj.* ぜいたく育ちの (pampered).
hígh-fi /háɪfáɪ/ *n., adj.* =hi-fi.
hígh-fidélity *adj.* 〈音響機器が〉(原音再生の)忠実度の高い, 高忠実度の, ハイファイの (hi-fi).
hígh fidélity *n.* (音響機器が原音を再生する際の)高忠実度, ハイファイ (hi-fi). 〖1934〗
hígh fináncе *n.* 〘財政〙大量の(やや不健全な)融資. 〖1905〗
hígh·fìn cárpsucker *n.* 〘魚類〙北米中・東部産コイ目サッカー科の淡水にすむ背びれのすじの一つが quill のように長く伸びている魚 (*Carpiodes velifer*).
hígh fíve *n.* ハイファイブ, ハイタッチ《二人が片手を高く上げて, てのひらを打ち合わす動作; あいさつ・喜びの表現》
日英比較 「ハイタッチ」(high touch) は和製英語.
hígh-fíve *vi., vt.* 〖1980〗
hígh-flíer *n.* 1 空高く飛ぶ人[鳥]. 2 a 望み[抱負]の高い人. b 途方もない考え[言動]をする人; 野心家. 3 〘英史〙(17–18 世紀の)高教会派の人, トーリー党員 (Tory). 4 大事業を成す能力のある[成した]人[もの]. 〖(1589) ← *fly high* (⇨ fly[1] (v.) 成句)〗
hígh-flówn *adj.* 1 空想的な, 大それた, 高望みする, 野心的な (flighty, ambitious). 2 いやに大げさな, 誇張的な (bombastic): ~ language 大げさな言葉. 〖(1647) ← HIGH (adv.)＋FLOWN[2] (のちに *flown*[1] と連想された)〗
hígh-flýer *n.* =highflier.
high-fly·ing /háɪfláɪɪŋ/ *adj.* 1 a 高く飛ぶ, 高空飛行の: ~ aircraft, balloon, etc. b 見上げるほど高い: a ~ arch in St. Louis セントルイス市の大アーチ. 2 a 抱負[望み]の高い[高すぎる], 野心的な (cf. FLY *high* (2)); 途方もない (extravagant). b 〈文体・表現など〉誇張的な, 仰々しい (high-flown, pretentious). c 〈学説・論文などが〉過度に抽象的な, 現実離れした: ~ ideals. 〖1581〗
hígh fréquency *n.* 〘電気〙高周波; 〘通信〙短波 (3–30 megahertz; 1947 年の国際電気条約による分類; 略 HF). **hígh-fréquency** *adj.* 〖1892〗
High·gate /háɪgeɪt, -gɪt/ *n.* ハイゲート (London 北部の住宅地区; Karl Marx ほか有名人の墓がある共同墓地 Highgate Cemetery がある).
hígh géar *n.* 1 (自動車などの)最高速ギヤ, トップギヤ (《英》top gear) (cf. low gear). 2 《口語》(活動などの)最高の調子, 最高潮. ***in* [*ìnto*] *hígh géar*** (1) 最高速で[に]. (2) 《口語》最高潮で[に]: go [move] *into* ~ 最高潮に達する. 〖1896〗
Hígh Gérman *n.* 1 高地ドイツ語 (⇨ German[2]). 2 (標準)ドイツ語 (専門的には New High German という; cf. Old High German, Middle High German). 〖(1673) 《なぞり》← G *Hochdeutsch*〗
hígh-gráde *adj.* 1 優秀な, 高級な (superior, excellent): a ~ essay 高級なエッセイ. 2 純度の高い: ~ ore 高純度の原鉱. 3 〈証券など〉危険の少ない. 〖1878〗
hígh gráde *n.* 1 優秀(品), 高級(品). 2 高品位鉱. 3 (純血種に近い)優秀馬[犬など]. 〖1882〗
hígh gróund *n.* (論争などにおける)有利な立場, 優位.
Hígh·grove Hóuse /háɪgroʊv- | -grəʊv-/ *n.* ハイグローブハウス《イングランド南西部 Gloucestershire にある皇太子所有の家》.
hígh-grówn *adj.* 1 〈コーヒーが〉高地栽培の. 2 背の高い草に覆われた: a ~ field. 3 背が高く育った[なった].
hígh-hánded *adj.* 高圧的な, 横暴な, 高飛車の (overbearing): ~ oppresion 高圧的な圧迫. **~·ly** *adv.* **~·ness** *n.* 〖1631〗
hígh-hát 《米俗》*vt.* 〈人を〉ばかにする, 見下す; 〈人に〉尊大ぶった態度をとる. — *vi.* 尊大ぶる, 気取る. — *n.* 1 尊大ぶる人 (snob): wear a ~ 《俗》気取る. 2 =high-hat cymbals. — *adj.* 1 威張った, 高慢ちきな, 気位の高い, 気取った: get ~ 気取る, お高く構える. 2 いきな. 〖1889〗
hígh hát *n.* シルクハット (top hat).
hígh-hát cỳmbals *n. pl.* ハイハット(シンバル)《シンバルを 2 枚金属棒上に向かい合わせて水平に取り付け, ペダルで操作するようにした打楽器》. 〖1949〗
hígh-héarted *adj.* 1 意気盛んな, 元気のいい (high-spirited), 勇み立った, 勇壮な (courageous). 2 陽気な, 気軽な, のんきな. **~·ly** *adv.* **~·ness** *n.* 〖(?a1200) *hyghe herted* arrogant〗
hígh-héeled *adj.* ハイヒールの; ハイヒールをつけた: ~ shoes. 〖1642〗
hígh héels *n. pl.* ハイヒール《女性用のかかとの高い靴》. 〖1671〗
hígh-hòlder *n.* 《米方言》〘鳥類〙=high-hole. 〖1884〗
hígh-hòle *n.* 《米方言》〘鳥類〙ハシボソキツツキ (flicker). 〖(1860) 《通俗語源》← ME *hygh-whele* 《擬音語》: cf. hickwall〗
Hígh Hólidays *n. pl.* (also **Hígh Hóly Dàys**) 〘ユダヤ教〙[the ~] 大祭日《ユダヤ暦で新年祭 (Rosh Hashanah) と贖罪の日 (Yom Kippur) の両祭日(を含む時期)》. 〖1946〗
hígh hórse *n.* 1 高慢, 傲慢(ごう); 高慢[傲慢]な態度[ふるまい]: He is *on* [He *mounts*, He *rides*] the ~. 威張っている / get on one's ~ 威張る, 高飛車に出る / Down from your ~! 偉そうな顔するな. 2 不機嫌な[憤慨した]気分[態度]. 〖c1380〗
hígh húrdles *n. pl.* [the ~; 単数または複数扱い] 〘陸上競技〙ハイハードル, 高障害物競走《ランナーが 3 フィート 6 インチ (106.7 cm) の高さのハードルを跳び越える, 120 ヤード (110 m) の競走; cf. low hurdles》.
hígh ìron *n.* 《俗》〘鉄道〙1 主線. 2 急行列車線.
high-jack /háɪdʒæ̀k/ *v.* =hijack. **~·er** *n.*
hígh jìnks *n. pl.* (also **hígh jìnx**) 《口語》どんちゃん騒ぎ. 〖1825〗
hígh jùmp *n.* [the ~] (走り)高跳び, ハイジャンプ. ***be* (*ín*) *for the hígh jùmp*** 《英口語》ひどい罰を受けることになる, 困ったことになる, しかられる. 〖(1895) 騎手が高い障害物を跳び越えるときの危険について: 昔は絞首刑を指した〗
hígh jùmper *n.* (走り)高跳びの選手.
high-key /háɪkíː/ *adj.* 〘写真〙ハイキーの《写真画面の大部分が明部と中間部からなる白っぽい調子の; cf. low-key 2》. 〖1918〗
hígh-kéyed *adj.* 1 〈音・声など〉調子の高い, 高っ調子の: ~ laughter. 2 《米》興奮しやすい, 張り詰めた, 緊張した, 敏感な (sensitive). 3 明るい[澄んだ]色調の.
hígh kíck *n.* 〘ダンス〙ハイキック《宙を高くける動作》. 〖1898〗
high·land /háɪlənd/ *n.* 1 [しばしば *pl.*] 高地 (cf. lowland 1), 山地. 2 [the Highlands] 《スコットランド北部の高地地方, ハイランズ (Dumbarton と Stonehaven を結ぶ線の北西側でケルト系の言語・文化が残っており, それより南東側は the Lowlands と呼ばれる)》. — *adj.* 1 高地の[に関する, に住む, に生育する]. 2 [H-] スコットランド高地地方(特有)の: *Highland* dress. 3 [H-] ハイランド牛の. 〖OE *hēahlond* promontory〗
High·land /háɪlənd/ *n.* ハイランド: 1 スコットランド北西部の州; 1975 年に新設; 面積 25,149 km^2, 州都 Inverness. 2 米国 Indiana 州北西部, Chicago 近郊の町.
Híghland cáttle *n.* Highlands 産の一品種の牛. 〖1825〗
Híghland Cléarances *n. pl.* ハイランド放逐 (18–19 世紀, 羊の放牧のため地主が小作人を強制的に立ち退かせた; the Clearances ともいう).
Híghland dáncing *n.* ハイランドダンス《スコットランドのフォークダンス; バグパイプの演奏に合わせてすばやい足の動きを伴う踊り》.
hígh·land·er *n.* 1 高地[山地]の居住者. 2 [H-] スコットランド高地人 (cf. lowlander 2); 高地連隊兵. 〖(1610) ← HIGHLAND＋-ER[1]〗
Híghland flíng *n.* スコットランド高地人の $^4/_4$ 拍子の活発な踊り[フォークダンス]《勝利を象徴する》. 〖1804〗
Híghland Gámes *n. pl.* [the ~] ハイランド競技大会《スコットランドの Highlands を中心に伝統的に毎年行われてきたスポーツと音楽の祭典; Highland Gathering ともいう》. 〖1822〗
Híghland Néctar *n.* 〘商標〙ハイランドネクター《スコットランド Distillers Agency 社製のブレンデッドウイスキー》.
Híghland póny *n.* ハイランドポニー《スコットランド高地産の丈夫な馬; 通常茶灰色で背中に一本筋がある》. 〖1818〗
Híghland Scóts [Scótch] *n.* スコットランド高地方言.
hígh-lével *adj.* 1 程度の高い, 強度の. 2 高所からの: a ~ bombing [attack] 高空爆撃[攻撃]. 3 a 地位の高い, 高級職の: ~ personnel 高級職[隊, 社]員, 高官(連) / a ~ Government official 政府高官 / a ~ Communist Party official 共産党の高級党員. b 高級職[隊, 社]員による, 高官[学識経験者]による[を交えた]; 〈戦術・外交・講義など〉高等な: a ~ conference 高級会談[会議]. 4 〘電算〙〈プログラム言語が〉高レベル[高水準]の《理解しやすい記号や命令を用いた》. 〖1876〗
hígh-lèvel lánguage *n.* 〘電算〙高級言語, 高水準言語《機械語よりも人間の言語や数学的表記法に近いプログラム言語; cf. low-level language; ⇨ ADA, ALGOL, BASIC, COBOL, FORTRAN, LISP, PASCAL, PL/1, SNOBOL》. 〖1972〗
hígh lífe *n.* (also **hígh·life**) 1 a 上流社会の生活; ぜいたくな生活 (cf. high *adj.* 5 b). b 上流社会. 2 ハイライフ《西アフリカに発生したシンコペーションの強いビートのきいた踊り》. 〖*c*1760〗
hígh-líft devíce *n.* 〘航空〙高揚力装置《flap, slat など可動翼面を用いて離着陸時に大きい揚力係数を得る装置》.
high·light /háɪlàɪt/ *n.* (also **high light**) 1 (ニュース・プログラムなどの)光彩のある[最高潮の]場面, 最も興味ある事件, 最重要点, 呼び物, 圧巻, ハイライト: the ~ of the game 勝負のハイライト / the ~s of one's life 人生の最も華やかな場面[時期]. 2 〘絵画・写真〙ハイライト《強い光を受けた部分, 最も明るい部分》. 3 [しばしば *pl.* ~s] (髪[顔, 目]の一部に色をつけ[化粧する]などした)明るい部分. — *vt.* 1 a (ハイライトとして)目立たせる, 際立たせる (feature). b 強調する (emphasize). c 蛍光マーカー印をつける. d 〈髪・目などに〉ハイライトをつける. e 〘電算〙〈テキストの一部などを〉ハイライト表示する, 強調表示する, 反転表示する. 2 〘絵画・写真〙強い光を当てて目立たせる. 〖1658〗
high·light·er /-tə | -tə(r)/ *n.* 1 蛍光マーカー. 2 ハイライト化粧品《目鼻立ちを強調する化粧品》. 〖1964〗
híghlight hálftone *n.* 〘印刷〙=dropout 5.
high·lighting *n.* 目立たせること, 強調; (別の)色をつけること.
hígh·lìne *n.* 1 高圧線. 2 船から船へ[船から岸へ]張られた太索(ふとづな)《荷物や乗組員を運ぶ》. 3 大漁船(の船長). 4 〘印刷・ジャーナリズム〙=kicker 9. 〖1856〗
hígh·lìner *n.* =highline 3.
hígh líver *n.* ぜいたくな生活をする人, 美食家 (cf. high *adj.* 5 b).
hígh líving *n.* =high life.
hígh-lóne *adv.* 《まれ》全く独りきりで. 〖1595–96〗
hígh-lów *n.* 1 〘トランプ〙=high-low signal. 2 〘トランプ〙=high-low poker. 3 /ˊ-ˋ-/ [通例 *pl.*] 《古》(足首までの高さの)編上げ靴. 〖1801〗
hígh-lòw-jáck *n.* 〘トランプ〙=all fours 2.
hígh-lów pòker *n.* 〘トランプ〙ハイローポーカー《最高位の役の持主と最低位の役の持主とが賭けを折半する方式》.
hígh-lów sìgnal *n.* 〘トランプ〙(ブリッジで)ハイローシグナル《高低 2 枚の同種札を続けて出すことにより, そのスーツ (suit) をさらに継続するようパートナーに合図する戦法; echo ともいう》.
high·ly /háɪli/ *adv.* 1 (身分が)高く, 高位に; 貴く, 高貴に (importantly, influentially): a ~ placed official 高官 / be ~ connected [descended] 名門の家と縁続きである[の出である]. 2 高度に, 強度に, 強く; 大いに, すこぶる, 非常に (very greatly, extremely): ~ educated 高等教育を受けた, 教養の高い / ~ seasoned 強く味をつけられた / a ~ gifted actor 非常に天分の豊かな俳優 / ~ original 非常に独創的な / a ~ amusing film すこぶる面白い映画 / He was ~ amused. ひどく面白がった. 3 大いに(ほめて), 激賞[推賞]して (favorably): commend ~ 大いに推賞する / esteem ~ 大いに重んじる / speak ~ of …を激賞する / think ~ of …を大いに尊敬する. 4 高率に; 高給に: be ~ paid (↔ be poorly [badly] paid) 高給を受ける / ~ paid workers 高給取り (↔low-paid workers). 5 《まれ》高所に. 〖OE *hē(a)hlīċe*: ⇨ high, -ly[1]〗
híghly-strúng *adj.* =high-strung.
hígh máintenance *adj.* 〈機械など〉維持に手間のかかる; 〈人が〉扱いにくい.
hígh márks *n. pl.* (試験などでの)最高得点; 《比喩》高い評価.
Hígh Máss, h- m- *n.* 〘カトリック〙歌ミサ, 盛式ミサ, 荘厳ミサ (Solemn Mass)《助祭, 副助祭を伴わずに参加者が歌うミサ; cf. Solemn High Mass, Low Mass》. 〖*a*1126〗
hígh-méttled *adj.* 〈人が〉血気盛んな, 元気いっぱいの (high-spirited). 〖*a*1626〗
hígh-mínded *adj.* 1 心の高尚な, 高潔な, 気高い. 2 《古》高慢な (cf. *1 Tim.* 6:17). **~·ly** *adv.* **~·ness** *n.* 〖*c*1503〗
hígh móor *n.* 〘植物〙高層湿原《土壌が酸化しヒースやミズゴケ類が繁茂する湿原》.
high-muck-a-muck /háɪmʌ̀kəmʌ́k | -kə-/ *n.* (also **high muck·a·muck** /~/) 《米俗》偉い人, (お)偉いさん, お偉方; (特に)尊大な人, うぬぼれ屋, 威張り屋. 〖(1856) 《通俗語源》← Chinook jargon *hiu muckamuck* plenty (of) food〗
high-muck·e·ty-muck /háɪmʌ́kəṭimʌ̀k | -ti-/ *n.* 《俗》=high-muck-a-muck.
hígh-nécked *adj.* 〈服が〉ハイネックの《服のネックラインが首の付け根より高い; cf. low-necked》. 〖1844〗
high·ness /háɪnɪ̀s/ *n.* 1 高いこと (loftiness); 高位 (elevation); 高度, 高率, 高価: the ~ of prices 物価高 / the ~ of the wall 壁の高いこと / He fell from sheer ~ of his aims. あまり志望が高すぎて転落した (cf. reach the HEIGHT of one's ambition). 2 [His [Her, Your] H- として] 皇族の敬称に用いて] 殿下: *His* [*Her*] *Highness*《三人称の代わりに用いる》/ *Your Highness*《二人称の代わりに用いる; これを主語とする動詞は三人称単数形》/ *His* Imperial *Highness* Prince A A 王子, A の宮殿下 / ⇨ Royal Highness. 〖OE *hēa(h)ness*: ⇨ high, -ness〗
hígh nóon *n.* 1 真昼, 正午に: at ~ きっかり正午に. 2 最盛期, 絶頂, 頂点 (peak, pinnacle): the ~ of one's mastership その腕前のもっとも磨きのかかった時期. 3 [しばしば H- N-] 対決, 決闘. 〖1370〗
hígh-óctane *adj.* 1 オクタン価の高い, 高オクタン価の, ハイオクタンの: ~ gasoline ハイオク(タン) (cf. octane number). 2 a 〈酒・アルコール類が〉純度の高い: ~ liqueur. b 言葉遣いの純粋な: a ~ grammarian, linguist, purist, etc. 〖1932〗
hígh-pàss filter *n.* 〘電気〙高域濾波器[フィルター]《高周波成分を通過させる濾波器》. 〖1925〗
hígh-perfórmance *adj.* 高性能の: a ~ car.
high-pitched /háɪpítʃt/ *adj.* 1 調子の高い, 甲高い (shrill): a ~ voice, cry, etc. 2 〈屋根など〉急傾斜の (steep): a ~ roof. 3 a 緊張度[感度]の高い, 張り切った. b 強い感情の表れた, 感情的な: a ~ election campaign 感情をあらわにした選挙戦. 4 a 〈志操・志望など〉高い, 高遠な (lofty): ~ aims, thoughts, ambitions, etc. b 気位の高い, 高慢な (haughty). 〖1593–94〗
hígh plàce *n.* 1 [*pl.*] 高い場所[地位]. 2 〘聖書〙(古代セム族の)丘の上の神殿[祭壇] (cf. *1 Kings* 3:4). 〖*c*1395〗
hígh pòint *n.* (ある期間, 一連の活動の中で)最高の[重大な]時[出来事]; 生涯のハイライト.
Hígh Pòint *n.* ハイポイント《米国 North Carolina 州中西部の都市; cf. Greensboro》.
hígh pólymer *n.* 〘化学〙高重合体, 高分子化合物. 〖1942〗
hígh pólymer chémistry *n.* 高分子(化)学.
hígh-pówer *adj.* 1 〈ライフル銃など〉高性能の, 強力な: a ~ rifle. 2 =high-powered. 〖1892〗
high-pow·ered /háɪpáʊəd | -páʊəd/ *adj.* 1 a 馬力の大きい, 高速の, 高性能の; 強力な (powerful): a ~ car, engine, etc. b 〈双眼鏡・顕微鏡など〉倍率の高い. 2 〈人が〉有能な, 重責をになっている; 非常に精力的な, エネルギッシュな (dynamic, energetic). 3 〈仕事など〉責任重大な, 高度の知識を必要とする. 〖1893〗

hígh-préssure *adj.* **1** 高圧の, 高圧蒸気を用いる: ～ steam 高圧蒸気 / a ～ turbine 高圧タービン. **2** 高度の緊張を必要とする: She is unfit for ～ jobs. 彼女は激務には不向きだ. **3** 無理強いの, 強要する (persistent): a ～ salesman 押売り《人》, 押しの強いセールスマン / ～ salesmanship 押売り商法. **4** 〖気象〗高気圧の. **—** *vt.* 《口語》〈人〉に強要[強制]する, 圧力をかける (coerce), 高圧的に買わせる[押しつける]. 〚1824〛

hígh préssure *n.* **1** 〖気象〗高気圧 (high atmospheric pressure). **2** 精力的な活動[努力].

hígh-prèssure área *n.* 〖気象〗高気圧域《anticyclone ともいう》.

hígh-prèssure sélling *n.* 高圧販売, 押売り.

hígh-príced *adj.* 高価な (dear, expensive). 〚1749〛

hígh príest *n.* **1** (古代ユダヤの)大祭司, 祭司長, 大司祭, 司祭長 (chief priest). **2** (ある主義・運動の)主唱者, 指導者 〔*of*〕. **3** 〖モルモン教〗大祭司《メルキゼデク神権 (Melchizedek Priesthood) の職の一つ》. 〚?*c*1382〛

hígh príestess *n.* **1** 高位の尼僧[女祭司]. **2** (ある主義などの)女性の主唱者[指導者] 〔*of*〕. 〚1645〛

hígh príesthood *n.* 〖モルモン教〗大神権《メルキゼデク神権 (Melchizedek Priesthood) の別称》. 〚1535〛

H

hígh-príncipled *adj.* 高い主義を持つ, (心の)高潔な. 〚1714〛

hígh-prófile *adj.* **1** 注意を引きがちな; 目立った. **2** 高適な, 卓越した.

hígh prófile *n.* (働き・行動などの)目立ったやり方[態度] (cf. low profile). 〚1970〛

hígh-próof *adj.* アルコール分の多い: ～ whiskey. 〚1598–99〛

hígh-quálity *adj.* 高品質の.

hígh-ránk·ing /háɪræ̀ŋkɪŋ⁻/ *adj.* 高い階級の: a ～ CIA officer 高級中央情報局員. 〚1922〛

hígh régister *n.* =high style.

hígh relíef *n.* 〖美術〗**1** 高浮彫り, 高肉彫り《alto-relievo ともいう; cf. low relief, demirelief》. **2** 高浮彫りの彫刻. ***thrów into hígh relíef*** 目立たせる. 〚(*c*1828) 《なぞり》← It. *alto rilievo*: ⇨ alto-rilievo〛

Hígh Renaissánce *n.* [the ～] 〖美術・建築〗盛期ルネサンス《イタリアで Michelangelo, da Vinci などの活躍した 1490 年代から 1520 年代にかけての約 30 年間》. 〚1930〛

hígh-res /háɪrèz, ⁻⁻/ *adj.* =hi-res.

hígh-rise /háɪràɪz/ *adj.* **1** 〈建物が〉高層の; 高層建築用[向き]の (↔ low-rise). **2** 〈地域など〉高層建築の多い: a ～ area. **3** 〈自転車などのハンドルが〉高い; 〈自転車など〉ハンドルの高い. **—** *n.* 高層建築《ビルやアパート》. 〚1953〛

hígh rìse *n.* =high-riser.

hígh-rìser *n.* **1** シングルダブル兼用ベッド《重ねればシングルベッドとなり, 床に並べればダブルベッドとなる》. **2** ミニサイクル《車輪が小さくハンドルとサドルが高い自転車》. **3** =high-rise. 〚1971〛

hígh-rísk *adj.* 危険性の高い. 〚1951〛

hígh-ròad *n.* **1** 《英》大道, 本街道, 幹線道路 (highway). **2** 〔…に〕直通する楽な道, 王道, 近道 〔*to*〕: the ～ *to* success [fame] 成功[名声]への本街道, 出世街道. 〚1709〛

hígh ròd *n.* 〖測量〗(伸縮自在の)水準測桿.

hígh róller *n.* 《米俗》**1** 金遣いの荒い人, ぜいたく家. **2** 賭け好き, 大金を賭ける人. 〚1881〛

hígh-rólling *adj.* 〈人が〉金遣いの荒い; 大金を賭ける.

hígh schòol *n.* **1** ハイスクール: **a** 《米》旧制の 8·4 制の)4 年制中学《小学校と大学との間の教育をする通例 10–12 学年の学校; 時に 9 学年から, かつては 7, 8 学年も含み一般教養あるいは職業教育科目を学ぶ》. ★ いくつかの州で現在も採用している. **b** 《米・NZ》(新制の 6·3·3 制の)中[高等]学校 (7–12 学年の学校; cf. grade 1): ⇨ junior high school, senior high school. **c** 《カナダ》中等学校《州によって学年が異なる》. **2** 《英》=grammar school《特に女子の学校; 現在では主に学校名に用いられる》. **3** 高等馬術. 〚(1884) 《なぞり》← F *haute école*〛 〚*a*1475〛

hígh schòoler *n.* 《米》ハイスクールの生徒.

hígh schòol gráduate *n.* 高校卒業生.

hígh séa *n.* [通例 the ～s] **1** 公海《領海以外の海洋》; 外洋, 外海: be on [sail] *the* ～*s* 公海上を航行する. **2** 英国海事裁判所の権威の届く範囲内の水域. 〚(1340): cf. OE *hēah sǣ*〛

hígh sèason *n.* 書入れ時; (行楽の)最盛期, ピーク (cf. low season).

hígh-secùrity príson *n.* =maximum security prison.

hígh shériff *n.* 《英》州長官.

hígh-síghted *adj.* 《Shak》尊大な, 野心を抱いた. 〚1599〛

hígh sìgn *n.* 《口語》(こっそり人に知らせるために前もって示し合わせておく)注意・警告の合図[身ぶり, 目くばせ]: give the ～. 〚1902〛

High·smith /háɪsmɪθ/, **Patricia** *n.* ハイスミス (1921–95; 米国のサスペンス小説作家; *The Talented Mr. Ripley*「太陽がいっぱい」(1955)).

hígh-sóuled *adj.* 崇高な精神の.

hígh-sóunding *adj.* **1** 〈楽器など〉高い音[響]を出す, 鳴り響く. **2** 〈文体・肩書など〉大げさな, 仰々しい, これ見よがしの (pompous): without any ～ morality 仰々しいお説教じみた文句などはなくて. 〚1560〛

hígh-spéed *adj.* **1** 高速度の: a ～ engine 高速機関. **2** 〖写真〗**a** 〈フィルムなど〉高感(光)度の: ～ film 高感度フィルム. **b** 〈写真・シャッターなど〉高速度の. 〚1873〛

hígh-spèed stéel *n.* 高速度鋼, ハイス《タングステン・コバルトなどの合金鋼で高速度切削に用いられる》. 〚(1904) 1912〛

hígh-spèed túrn *n.* 〖スキー〗=tempo turn. 〚1954〛

hígh spírit *n.* **1** 進取の気性. **2** [*pl.*] 大元気, 上機嫌. 〚《逆成》↓〛

hígh-spírited *adj.* **1** 意気の盛んな, 血気盛んな, 元気[威勢]のいい, 気概のある: a ～ person, action, etc. **2** 〈馬が〉かんの強い, 気質が荒い (mettlesome). **～·ly** *adv.* **～·ness** *n.* 〚*a*1631〛

hígh spót *n.* 《俗》**1** 最も重要な[目立つ]部分, 印象深い箇所 (highlight). **2** おもしろい場所. 〚1910〛

hígh-stákes *adj.* 《米口語》のるかそるかの, 一か八かの: a heated, ～ election struggle のるかそるかの白熱した選挙戦.

hígh stéel *n.* (ビルなどの鉄製の)はり, 骨組.

hígh-stépper *n.* **1** 足を高くあげて進む馬. **2** 威勢のよい人. 〚1860〛

hígh-stépping *adj.* **1** 〈馬が〉足を高くあげて進む. **2** 放蕩にふける, 放埒(ほうらつ)な生活を送る. 〚1848〛

hígh-stícking *n.* 〖アイスホッケー〗ハイスティッキング《スティックのブレードを高く上げすぎること; ルール違反》. 〚1947〛

hígh-stómached *adj.* 《古》傲慢(ごうまん)な; 意気盛んな. 〚1548〛

hígh-strèet *adj.* **1** 一般大衆向きの: ～ fashion. **2** 国中の町に支店がある: ～ banks.

hígh strèet *n.* [the ～] **1** 《英》(商店街のある)大通り, 中心街, 本町 (《米》main street). ★ 通例 High Street と書き固有名詞として用いられる; Oxford では単に the High という. **2** (市場としての)一般大衆. 〚lateOE *hēahstrǣt*〛

hígh-strúng *adj.* **1 a** 緊張度の高い: a ～ piano 感度の強いピアノ. **b** 〈神経が〉緊張した, 敏感な, 気が張り詰めた, 興奮しやすい: ～ nerves 緊張した[敏感な]神経. **2** 〖アーチェリー〗〈弓が〉強く引き絞られた. 〚1748〛

hígh-stýle *adj.* 流行の先端を行く.

hígh stýle *n.* 先端的な[流行の先端を行く]スタイル, ハイファッション (high fashion). 〚1939〛

hight[1] /háɪt/ *adj.* **1** 《古・詩・戯言》(…と)名付け[称せ]られる, …と呼ばれる (named, called): Childe Harold was he ～. 彼は Childe Harold と呼ばれた. **2** 《スコット》保証された, 約束された. 〚ME *highte* < OE *hēht* (pret.) ← *hātan* to name, command < Gmc **χaitan* (G *heissen*) ← IE **kei-* to set in motion: 意味は *hātan* の受動形 *hātte* (=is or was called) から〛

hight[2] /háɪt/ *n.* =height.

hígh táble *n.* **1** (公式の宴会場などで高座に設けた)主賓席. **2** 《英大学で》学長・教授などの食卓. 〚?*a*1300〛

hígh-tàil *vi.* 《米・カナダ口語》**1** 大急ぎで逃げる[去る]; 急行する, 驀進(ばくしん)する: The jet planes ～*ed* back to the base. ジェット機はフルスピードで基地に舞い戻った. **2** [～ it で] 急ぐ, 急いで逃げる[逃げ帰る]; 急行する. 〚(*c*1890) 牛・シカ・ウサギなどの群れが急走するとき尾を上げることから〛

Hígh Tátra *n.* =Tatra Mountains.

hígh téa *n.* 《英》ハイティー《夕方の 5–6 時ごろの, 肉料理・サラダ・ケーキなどの付くお茶; 夕食の代わりになる; cf. tea 5》. 〚1831〛

hígh-tech /háɪtέk⁻/ *n.* **1** ハイテック《工業技術[デザイン]を応用した高度に洗練された室内装飾・家庭用品などやそのデザイン》. **2** =high technology. **—** *adj.* 高度[先端]技術の, ハイテクの: a ～ security system. 〚(1973) ← HIGH (STYLE)+TECH(NOLOGY)〛

hígh technólogy *n.* (エレクトロニクスなどの)高度に発達した技術, 先端技術, ハイテク. **hígh-technólogy** *adj.* 〚1968〛

hígh-témperature *adj.* 高温の, 高温で行われる.

hígh-ténsile *adj.* 〈金属が〉伸張性の高い: ～ steel 高張力鋼 / a ～ bolt 高力ボルト. 〚1923〛

hígh-ténsion *adj.* 〖電気〗高圧の《通例 1,000 volts 程度以上の電流にいう; 略 HT》; 〈電気器具など〉高圧電流用の: a ～ current 高圧電流 / a ～ insulator 高圧碍子(がいし). 〚1905〛

hígh-tést *adj.* **1** 厳重な試験をパスする; 厳重なテストに堪える, 高性能の. **2** 〈ガソリン・ナフサなど〉沸騰点の低い. 〚1923〛

hígh-tèst hypochlórite *n.* 〖化学〗高度晒粉 (⇨ calcium hypochlorite).

hígh-tícket *adj.* 《米口語》=big-ticket.

hígh tíde *n.* **1** 満潮, 高潮(こうちょう), 満潮時 (↔ low tide). **2** 絶頂, 頂点; 最高潮 (climax) (cf. high day). 〚OE *hēahtīd*〛

hígh tíme *n.* 《口語》**1** 機の熟した時, とっくに…すべき時刻 (⇨ high *adj.* 8 b). **2** 楽しいひと時《high old time ともいう》.

hígh-tóne *adj.* =high-toned. 〚1897〛

hígh-tóned *adj.* **1** 品格[品位]の高い, 知的[道徳的]な, 調子の高い, 高潔な, 高尚な (dignified). **2** 《しばしば皮肉的に》いやに上品な, 取っつきにくい (pretemtious): a ～ journal 格式ばった雑誌. **3** 上流の; 上品な, しゃれた; 上流めかした. **4** 《古》調子の高い. 〚1779–81〛

hígh-tòp *adj.* 〈靴が〉ハイトップ型の. **—** *n.* [*pl.*] ハイトップ《くるぶしまで覆う深いスニーカー》.

hígh tréason *n.* 大反逆罪, 大逆罪《国王・女王・皇嗣などの殺害または廃位などを謀る犯罪で死刑に当たる; cf. treason 1》. 〚*c*1303〛

high·ty-tigh·ty /háɪṭitáɪṭi | -titáɪti⁻/ *int.*, *adj.* = hoity-toity. 〚(1747) 《変形》← HOITY-TOITY〛

hígh-úp 《口語》*adj.* (社会的)地位の高い: a ～ official 高官. **—** *n.* 身分の高い人, 高官, 上役 (cf. higher-up). 〚1868〛

High·veld /háɪfɛlt, -vɛlt/ *n.* [the ～] ハイフェルト《南アフリカ共和国 Transvaal 地方の高原》.

hígh-vóltage *adj.* 力強い, 精力的な.

hígh vówel *n.* 〖音声〗高母音 (close vowel).

hígh-wáter *adj.* 〈ズボンなど〉異常に短い: ～ pants=high waters.

hígh wáter *n.* **1 a** 高潮(こうちょう), 満潮; 高潮時. **b** (川・湖などの)高水位. **2** 出水, 洪水 (freshet). 〚1422〛

hígh-wáter lìne [màrk] *n.* **1 a** 高水標; (川・湖などの)高水位線[点]. **b** (海岸の)高潮線の跡. **2** 最高水準, 絶頂: the ～ of English poetry. 〚1553〛

hígh wáters *n. pl.* [複数扱い] 《俗》(くるぶしの出る)短いズボン, つんつるてんのズボン《flooders ともいう》.

high·way /háɪwèɪ/ *n.* **1 a** 《米》(市・町を結ぶ)主要[幹線]道路, 本街道. 日英比較 日本語の「ハイウエー」は「高速道路」を意味するが, 英語の *highway* は「(町と町を結ぶ)幹線道路」の意味で, 日本語の「国道」「県道」などに相当する. 英語では「高速道路」は expressway, freeway, 《英》motorway; speedway, superhighway などという. **b** (水上・陸上の)交通路; 公水路; 公道: the queen's ～ ⇨ king's highway. **2** (成功・破滅などに至る)容易な道, 直道; (行為・思考などの)常道; (学芸・研究などの)本道, 本筋: be on the ～ *to* success [ruin] 成功[破滅]への道にある / the ～*s of* speculation 思索の常道 / the ～*s of* literature 文学の本筋. **3** 〖電算〗ハイウエー《複数の装置との間でデータをやりとりする共通線》.
gò óut into the híghways and hédges 道や生垣(いけがき)のほとりに行く; (人を集めたりするために)あちこち歩き回る (cf. *Luke* 14:23). ***táke (to) [gó on] the híghway*** 追いはぎになる. ***the híghways and býways*** (1) 公道とわき道, 大路小路. (2) 表と裏 〔*of*〕.
— *adj.* [限定的] 街道に出没する: a ～ robber 追いはぎ / ⇨ highwayman.
〚OE *hēiweg*: ⇨ high, way[1]〛

Híghway Códe *n.* [the ～] 《英》(自動車の)交通規則集. 〚1930〛

highway·man /-mən/ *n.* (*pl.* **-men** /-mən/) (昔, 通例乗馬で往来に出没した)追いはぎ (cf. footpad). 〚(1649): ⇨ highway, -man〛

híghway patról *n.* 《米》ハイウエーパトロール《公道などの施設とその周辺の治安維持・交通取締まりを行う警察》.

híghway róbbery *n.* **1** (旅行者などをねらう)街道筋[付近]の追いはぎ(行為). **2** 《口語》法外な値段[代金]; 恥知らずな詐欺(行為). 〚1778〛

hígh wíne *n.* [通例 *pl.*] 〖醸造〗ハイワイン, 精留液《蒸留で得られるアルコール分の高い蒸留液[酒]; cf. low wine, feints》. 〚*c*1384〛

hígh wíre *n.* (綱渡りの)高張り綱 (tightrope). 〚1961〛

hígh-wróught *adj.* **1** きわめて精巧[精確]な, 仕上げの細かな (elaborate). **2** ひどく動揺した, 興奮した: a ～ passion. 〚1604〛

Hígh Wýc·ombe /-wíkəm/ *n.* ハイウィカム《イングランド中南部 Buckinghamshire 南部の町; 家具作りで有名》.

hígh yál·ler /-jǽlə | -lə(r)/ *n.* 《米俗・軽蔑》**1** =mulatto. **2** 薄茶色の黒人. 〚(1923) *yaller*: 《異形》← YELLOW〛

hígh yéllow *n.* =high yaller.

HIH 《略》His [Her] Imperial Highness …宮殿下.

hi-hat /háɪhæ̀t/ *n.* =high-hat cymbals.

HII 《略》Health Insurance Institute.

Hii·u·maa /híːumàː/ *n.* ヒーウマー島《バルト海にあるエストニア共和国の島; 面積 965 km²》.

hi·jab /hɪdʒɑ́ːb/ *n.* ヒジャーブ《イスラム教徒の女性が人前で顔を隠すのに用いるかぶりもの》.

hi·jack /háɪdʒæ̀k/ *vt.* **1 a** 〈輸送中の貨物, 特に禁制品・密輸品を〉強奪する, 横取りする: ～ a liquor shipment 酒類の貨物を強奪する. **b** 〈飛行機などを〉乗っ取る, ハイジャックする: ～ a plane [helicopter] 飛行機[ヘリ]を乗っ取る / ～ a truck トラックを襲って貨物を強奪する. **2** 強要する, 強制する (coerce): ～ a person *into* buying it 人にそれを買わせる. **—** *vi.* 飛行機(など)を乗っ取る, ハイジャックする. **—** *n.* (飛行機の)乗っ取り, ハイジャック (cf. skyjack 1). 〚(1923) ? 《逆成》↓〛

hi·jack·er /háɪdʒæ̀kə | -kə(r)/ *n.* (飛行機などの)乗っ取り犯人, ハイジャッカー. 〚(1923)? ← HIGH(WAYMAN)+*jacker* (← JACKLIGHT(v.))〛

Hi·jaz /hiːdʒǽz/ *n.* =Hejaz.

hi·jinks /háɪdʒɪŋks/ *n. pl.* =high jinks.

Hij·ra /hídʒrə/; *Arab.* hídʒrah/ *n.* (*also* **Hij·rah** /～/) =Hegira.

hike /háɪk/ *vi.* **1 a** (運動・行楽に長距離を)歩く, 歩いて行く, てくてく歩く (tramp); (特に)田舎を歩き回る, ハイキング[徒歩旅行]をする: go *hiking* ハイキングに行く. **b** 行く (travel): ～ on skis [stilts] スキーで[竹馬に乗って]行く. **2** 《米》(ぐいと)上がる, (引っ張られたように)上方にずれる 〈*up*〉. **3** 《英方言》(上下に)揺れる (jolt). **4** 〖海事〗帆桁の下端の重さを減らすために傾いているヨットの風上側の舷外に身を支える.
— *vt.* **1** 《米》ハイキング[登山]をする: ～ the Rockies. **2** 《米口語》**a** 〈家賃・給料・料金・価格・物価などを〉急に上げる: ～ gas rates ガス料金を値上げする. **b** 〈ボールなどを〉さっと投げる. **c** 〈靴下・銃などを〉ぐいと引き上げる (hitch): ～ *up* one's socks [trousers] 靴下[ズボン]を引き

上げる / ～ the stock of a shotgun to one's shoulder 銃(床)をさっと肩に担ぐ. **3** 《英方言》上下に揺らす (swing). **—** *n.* **1** (田舎の)徒歩旅行, ハイキング: go on a ～ (*to*) (…へ)徒歩旅行する. **2** 《米》(家賃・料金・価格・物価・料金などの)引き上げ (rise): a big ～ 大幅な値上げ / price and wage ～*s* 物価と賃金の上昇 / a demand for a 30% pay and benefits ～ 給料および諸手当の 3 割値上げ要求 / a pay ～ plan 給料アップ案 / a ～ in prices 物価の上昇. **3** 《アメフト》ハイク (⇨ snap 13 a).
take a hike [通例命令形で]《米口語》立ち去る, うせる.
〚(1804) ← 《方言》heik to pull, drag: cf. hitch〛

hík·er *n.* ハイカー, 徒歩旅行者. 〚(1913): ⇨ ↑, -er¹〛

hík·ing *n.* ハイキング, てくてく歩き回ること, 徒歩旅行. 〚(1901): ⇨ hike, -ing¹〛

híking bòot *n.* [*pl.*] ハイキングブーツ《厚底》.

Hil. 《略》Hilary.

hila *n.* hilum の複数形.

HILAC /háɪlæk/ *n.* 《化学》重イオン線型加速器. 〚(1956)《頭字語》← *H*(*eavy*) *I*(*on*) *L*(*inear*) *AC*(*celerator*)〛

hi·lar /háɪlə | -lə(r)/ *adj.* 臍(ˢᵉ)(hilum) の. 〚(*c*1859) ← HILUM＋-AR¹〛

Hi·lar·i·a /hɪlέ(ə)riə, haɪ- | hɪlέər-/ *n.* ヒラリア《女性名》. 〚(fem.) ← HILARY¹〛

hi·lar·i·ous /hɪlέ(ə)riəs, haɪ- | hɪlέər-/ *adj.* **1** 陽気な, 楽しい, 愉快な (merry). **2** 陽気に騒ぐ, 浮かれ騒ぐ (rollicking): ～ young people 陽気に騒ぐ若者たち. **～·ly** *adv.* **～·ness** *n.* 〚(1823) ← L *hilaris* (□ Gk *hilarós* cheerful)＋-OUS〛

hi·lar·i·ty /hɪlǽrəṭi, haɪ-, -lέr- | hɪlǽrəti/ *n.* **1** 歓喜, 愉快 (mirth). **2** 陽気なはしゃぎ, 浮かれ騒ぎ (⇨ mirth SYN). 〚(?1440) □ (O)F *hilarité* // L *hilaritātem*: ⇨ ↑, -ity〛

Hil·a·ry¹ /híləri/ *n.* ヒラリー: **1** 男性名. **2** 女性名. 〚□ ML *Hilarius* ← L *hilaris* (⇨ hilarious)〛

Hil·a·ry² /híləri/ *adj.* 《英》St. Hilary の祭日 (1 月 13 日) のころの. 〚↓〛

Hílary of Poitiérs, Saint *n.* (ポアティエの)ヒラリウス《315?–367; 現フランスのポアティエの司教》.

Hílary sitting *n.* [the ～]《英法》＝Hilary term 1 b. 〚1875〛

Hílary tèrm *n.* [the ～] **1** 《英法》ヒラリ開廷期: **a** 1 月 11–31 日の昔の高等法院開廷期《廃止》. **b** 1 月 11 日から復活祭前の水曜日までの高等法院開廷期《Hilary sitting ともいう》. **2** 《英大学》(Oxford 大学で) 春学期, 第二学期《1 月 13 日の祭日前後から Palm Sunday の前日までを指す; 他の大学の Lent term に相当; cf. Easter term 2, Michaelmas term 2, Trinity term 1》. 〚(1577–87) ← *St. Hilary*〛

Hil·bert /hílbət | -bət; G. hílbɐrt/, **David** *n.* ヒルベルト《1862–1943; ドイツの数学者》.

Hílbert cùbe *n.* 《数学》ヒルベルト(の)基本(直方)体《実ヒルベルト空間の, 第 *n* 座標の絶対値が 1/*n* よりも小さい点全体から成る集合; また, 第 *n* 座標が 0 と 1 との間にあるような点全体から成る集合; 後者の場合, ヒルベルトの立方体ともいう》. 〚← *D. Hilbert*〛

Hílbert spàce *n.* 《数学》ヒルベルト空間《内積の定義されたベクトル空間で, 無限次元, 完備かつ可分であるようなもの》. 〚(1939) ← *D. Hilbert*〛

Hil·da /híldə/ *n.* ヒルダ《女性名》. 〚□ G ～ 'battle maid' ← OHG *hiltia* battle: cf. OE *Hild* war〛

Hil·de·brand /híldəbrænd; G. híldəbʀant/ *n.* **1** ヒルデブランド《男性名》. **2** ⇨ Gregory VII. 〚□ OHG *Hildibrand* ← *hildi* battle＋*branda* sword: St. Hildebrand (1000–88) にちなむ〛

Hil·de·brand /híldəbrænd; G. híldəbʀant/, **Adolf von** *n.* ヒルデブラント《1847–1921; ドイツ新古典主義 (neoclassicism) の彫刻家; B. Hildebrand の子》.

Hildebrand, Bruno *n.* ヒルデブラント《1812–78; ドイツ歴史学派に属する経済学者》.

Hil·de·garde /híldəgɑəd | -gɑ:d/ *n.* ヒルデガード《女性名》. 〚□ OHG *Hildegard* ← *hildi* battle＋**gard* to protect〛

Híldegard of Bíngen, Saint *n.* ビンゲンの聖ヒルデガルト《1098–1179; ドイツの女子修道院長・詩人・作曲家》.

Hil·des·heim /híldəshàɪm; G. híldəshaɪm/ *n.* ヒルデスハイム《ドイツ中北部 Lower Saxony 州の都市; 中世のハンザ同盟のメンバー》.

hil·ding /híldɪŋ/ 《古》*adj.* 卑劣な, 卑怯な (mean); 道徳心のない. **—** *n.* 卑劣漢. 〚(*a*1582)? ← ME *heldinge* bending aside ← *helden* to bend < OE *h*(*i*)*eldan*〛

Hil·i·gay·non /hìlɪgáɪnɑ(:)n | -nɔn/ *n.* (*also* **Hil·i·gai·non** /～/) (*pl.* ～, ～**s**) ヒリガイノン族《フィリピンの Panay 島および Negros 島の一部に住むビサヤ系 (Bisayan) の民族》; ヒリガイノン語《しばしばビサヤ語 (Bisayan) の一方言とみなされるアウストロネシア語》.

hill /híl/ *n.* **1 a** 小山, 丘《頂が丸くあまり高くない, 多くは独立したもの; 高さは地方により一定しないが, 英国では大体 2,000 フィート以下のものをいう》(cf. mountain): an artificial ～ 築山(ˢᵘ) / go up [down] a ～ 丘[坂道]を上る[下る]. **b** [the ～*s*] 丘陵; 丘陵地帯: ⇨ Black Hills, Cheviot Hills, Malvern Hills. **2** (道路の)傾斜, 坂 (slope). **3 a** 盛り[積み]上げた土砂[土], 塚 (mound): ⇨ anthill, dunghill, molehill. **b** 《野球俗》マウンド. **4** 《米》**a** 作物の根元[種子の上やまわり]に盛り上げた土. **b** 盛土の中にまかれた種子[植えられた作物]: a ～ of corn [potatoes] 盛土の中のトウモロコシ[ジャガイモ]. **5** [the H-] 《米》国会議事堂 (Capitol Hill): on *the Hill* アメリカ議会[政府]で(は).
(*as*) *óld as the hill* (1) 非常に古い, (大)昔からの; 太古の. (2) 〈人が〉非常に年寄りで. ***gò óver the hill*** 《米俗》(1) 脱獄する. (2) 突然いなくなる, 急に姿を消す. (3) 《軍事》脱走する, 無断欠勤[外出]する. ***hill and dále*** 〈レコードが〉いろいろの深さの溝がある, 溝の深さがうねうねと変わる. (1929) ***a hill of béans*** 《米口語》[否定構文で] ごく少量; つまらない[くだらない]もの (a trifle): *not* worth *a ～ of beans* 少しの価値もない. ***òver the híll*** 《口語》(1) 〈人が〉盛りを過ぎて, 下り坂で; 年を取って, 老けて. (2) 〈事が〉峠[難関]を越えて. (1950) ***táke to the hílls*** 山に逃げこむ, 逃亡する, 逃げて隠れる: He *took to the* ～*s* when the police were after him. 警察に追われて逃げて隠れた. (1969) ***ùp hill and dòwn dále*** (1) 丘を登り谷を下って; 高くまた低く; (至る所)くまなく (everywhere). (2) 徹底的に, 完全に (thoroughly). (3) 根気よく, 辛気強く (perseveringly); 猛烈に (vehemently).
— *vt.* **1** 小山の形にする. **2** 〈草木〉のまわりに土を盛り上げる[盛り土する] 〈*up*〉: ～ potatoes ジャガイモのまわりに盛り土[土寄せ]する.
〚OE *hyll* < Gmc **χulniz* (MDu. *hille*) ← IE **kel-* hill (L *collis* hill / Gk *kolōnós* hill)〛

Hill /híl/, **Ambrose Powell** *n.* ヒル《1825–65; 米国の南北戦争時の南軍の将軍; Petersburg の戦いで戦死》.

Hill, Archibald Vivian *n.* ヒル《1886–1977; 英国の生理学者; Nobel 医学生理学賞 (1922)》.

Hill, David Octavius *n.* ヒル《1802–70; スコットランドの画家・肖像写真家》.

Hill, Geoffrey (William) *n.* ヒル《1932–　　; 英国の詩人; 歴史を主題にした象徴的な詩で有名》.

Hill, James Jerome *n.* ヒル《1838–1916; 米国の実業家・鉄道事業家》.

Hill, Octavia *n.* ヒル《1838–1912; 英国の女性慈善事業家・社会事業家》.

Hill, Sir Rowland *n.* ヒル《1795–1879; 英国の郵便事業改革者; penny post の設立者》.

Hill, Susan (Elizabeth) *n.* ヒル《1942–　　; 英国の小説家》.

Hil·la /hílə/ *n.* ヒーラ《イラク中部の Euphrates 川に臨む商業都市; 一部は近くの Babylon の廃墟のれんがで建設; Al Hillah ともいう》.

Hil·la·ry /híləri/, **Sir Edmund Percival** *n.* ヒラリー《1919–　; ニュージーランドの登山家・探検家; Everest の初登頂に成功 (1953); インド大使 (1984–89)》.

hill·bil·ly /hílbìli/ 《米口語》*n.* **1** [しばしば軽蔑的に] 南部未開地の人; 山男, 山出し. **2** 《音楽》＝hillbilly music. **—** *adj.* [限定的] **1** 田舎者の. **2** ヒルビリーミュージックの. 〚(1900) ← HILL＋BILLY〛

híllbilly mùsic *n.* **1** 《音楽》ヒルビリーミュージック《米国の南部山岳地方の「山男」の意から転じて, その地方の訛りの強い歌い方を指す》. **2** カントリーミュージック. 〚1943〛

híll clèmatis *n.* 《植物》北米西部産の白い花が咲くキンポウゲ科センニンソウ属のつる木 (*Clematis ligusticifolia*).

híll clìmb *n.* (自動車・オートバイの)ヒルクライム, 山登りレース《上り傾斜の道を一人ずつ走らせて計時するスピード競技》. 〚1905〛

híll còuntry *n.* 《NZ》ヒルカントリー《北島の放牧用の高原》. 〚1582〛

híll·crèst *n.* 山頂[小山の頂部]のアウトライン[輪郭線]. 〚*c*1898〛

híll·cùlture *n.* 《農業》傾斜地被覆栽培. 〚1936〛

Hil·lel /hílel, -lɪl/ *n.* ヒルレル, ヒレル《(60 B.C.?–?A.D. 9); ユダヤの律法学者; ヒルレル派 (Beth Hillel) の創立者》.

hill·er /hílə | -lə(r)/ *n.* 《農具》土寄せ機械, 培土板《作物の根元に土寄せするためのもの》. 〚← HILL＋-ER¹〛

Hil·ler /hílə | -lə(r)/, **Dame Wendy** *n.* ヒラー《1912–　; 英国の映画女優》.

Hil·le·ry /híləri/, **Patrick John** *n.* ヒラリー《1923–　; アイルランドの大統領 (1976–90)》.

híll figure *n.* ヒルフィギュア《先史時代のイングランドで儀式・記念のために白亜質の丘に刻まれた巨大な馬や人物などの像; White Horse などが有名》.

híll·fòrt *n.* 《考古》(特に鉄器時代の)丘の上の砦(ᵗᵒʳⁱ). 〚1833〛

Hil·li·ard /híliəd, -ɑəd | -liəd, -ɑ:d/, **Nicholas** *n.* ヒリヤード《1537–1619; 英国の金細工師・画家; エリザベス一世の宮廷画家で英国細密画の開祖といわれる》.

híll índexing *n.* 《農業》(ジャガイモの)株検定 (cf. eye indexing, index *vt.* 3).

Hil·ling·don /hílɪŋdən/ *n.* ヒリングドン《London 西部の自治区》. 〚OE *Hildedūn* 《原義》Hilda's or Hilla's hill〛

híll·man /-mæ̀n, -mən/ *n.* (*pl.* **-men** /-mèn, -mən/) 山に住む人, 山国の人 (highlander). 〚*c*1830〛

Hill·man /hílmən/, **Sidney** *n.* ヒルマン《1887–1946; Lithuania 生まれの米国の労働運動家》.

híll mỳna *n.* 《鳥類》アジア産ムクドリ科キュウカンチョウ属の数種の鳥の総称; (特に)キュウカンチョウ (*Gracula religiosa*). 〚*c*1890〛

hil·lo /hílou, hɪlóu | hílәu, hɪlә́u/ *int.*, *n.*, *v.* (*also* **hil·loa** /～/) 《古》＝hollo, hallo. 〚1600–01〛

hill·ock /hílək/ *n.* 小山, 丘, 塚(ᵗˢᵘᵏᵃ) (mound). **híll·ocked** *adj.* **híll·ock·y** /híləki/ *adj.* 〚(*c*1384) ← HILL＋-OCK〛

híllock trèe *n.* 《植物》コバノブラッシノキ (*Melaleuca hypericifolia*) 《オーストラリア産の赤い花が咲くフトモモ科の低木》.

Híll reáction *n.* 《生物・化学》ヒル反応《葉緑体や植物細胞が光を用いて二酸化炭素以外の物質を還元する反応》. 〚(1950) ← *Robin Hill* (発見者の英国の化学者)〛

hill·side /hílsàɪd/ *n.* (小山の)山腹, 丘陵の側面. **—** *adj.* [限定的] 山腹の, 丘を登って行く途中の[にある]: a ～ village. 〚*a*1387〛

hills·man /hílzmæn, -mən/ *n.* (*pl.* **-men** /-mèn, -mən/) ＝hillman.

híll stàtion *n.* (インドにいるヨーロッパ人の)高原避暑地, (官吏の)夏季駐在地. 〚1879〛

hill·top /híltɑ̀(:)p | -tɔ̀p/ *n.* 丘[小山]の頂. **—** *adj.* [限定的] 丘[小山]の頂上の[にある]: a ～ hut, hotel, etc. 〚1408〛

híll trìbe *n.* 丘陵部族《丘陵地帯に住む部族》. 〚1870〛

híll tríbesman *n.* 丘陵部族民.

híll·wàlking *n.* 丘陵地の散歩, 山歩き, ヒルウォーキング. **híll·wàlker** *n.*

hill·y /híli/ *adj.* (**hill·i·er**; **-i·est**) **1** 小山の多い, 丘陵に富んでいる: a ～ country 丘陵の多い地方. **2** 小山のような, (小山のように)小高く盛り上がっている, 丘陵性[状]の; 険しい (steep): a ～ promontory 丘陵性の岬 / The terrain was too ～ for the helicopter to land. その場所の地形が丘陵性でへりの着陸は無理だった. **híll·i·ness** *n.* 〚(*c*1384) *hilli*, *hully*: ⇨ hill, -y¹〛

Hi·lo /hí:lou | -ləu/ *n.* ヒロ《米国 Hawaii 州 Hawaii 島の海港》.

H

hilt /hílt/ *n.* **1** (刀の)つか (⇨ sword 挿絵). **2** (坑夫用のつるはしなどの)柄, (ピストルなどの)握り (haft).
(*ùp*) *to the hílt* (1) つか元まで, ずぶりと. (2) 徹底的に, 完全に (completely): prove something *up to the* ～ あることを徹底的に立証する. (1687)
— *vt.* …につかをはめる.
〚OE *hilt*(*e*) < Gmc **χeltiz* ← ? IE **kel* to strike〛

hílt·ed *adj.* 《紋章》〈剣が〉つかが刃の色と異なる (cf. pommeled). 〚OE *hilted*: ⇨ -ed 2〛

Hil·ton /híltən, -tṇ/, **Conrad (Nicholson)** *n.* ヒルトン《1887–1979; 米国の実業家・ホテル王; 全米にまたがるホテルチェーンを築きあげた》.

Hilton, James *n.* ヒルトン《1900–54; 英国生まれで 1940 年以来米国に住んだ小説家; *Lost Horizon* (1933), *Good-bye, Mr. Chips* (1934)》.

Hilton, Walter *n.* ヒルトン《?–1396; 英国の神秘主義の宗教家・作家》.

Hílton Hotél *n.* [the ～] ヒルトンホテル《高級ホテルチェーン; 米国は Hilton Hotels Corp. が経営; 米国外は Hilton International の傘下にある; 単に the Hilton ともいう》.

hi·lum /háɪləm/ *n.* (*pl.* **hi·la** /-lə/) **1** 《植物》**a** 臍(ˢᵉ)《種子の胎座に付着する部分》. **b** (澱粉(ᵈᵉⁿᵖᵘⁿ))粒の)核, 粒心. **2** 《解剖》(内臓の血管・神経などが出入する)門: the pulmonary ～ 肺門. 〚(1659) □ L *hilum* very small thing, trifle ← ?〛

hi·lus /háɪləs/ *n.* 《解剖》＝hilum 2.

Hil·ver·sum /hílvəsəm, -sʊm | -və-; *Du.* hílvər-sʏm/ *n.* ヒルヴェルスム《オランダ中部 North Holland 州の都市; オランダのラジオ・テレビ放送の中心地》.

him /(弱)(h)ɪm; (強)hím/ ★ /h/ の脱落した発音は文や節の冒頭には現れない. *pron.* (he の目的語) **1** 彼を, 彼に, 彼へ: I told ～ so. 彼にそう言った / I heard ～ sing. 彼の歌うのを聞いた / He looked around ～. 彼はあたりを見回した / The money was meant for ～ alone [only]. その金は彼だけのものだった / What do you think of ～ becoming a teacher? 彼が教師になるのをどう思いますか (★ … of *his* becoming a teacher? よりも口語的). ★《米口語》では人称代名詞の単純形の目的語が再帰用接目的語として用いられることがある (cf. 3): He was going to build ～ a new house. 新しい家を(自分の家として)建てようとしていた / He had ～ one hell of a time last night. 彼は昨夜ひどい目に遭った. **2** 《口語》＝he: **a** /hím/ [補語に用いて]: It can't be ～. 彼であるはずはない / That's ～. あの人だ. **b** [than, as のあとに用いて]: You are worse than ～. 君は彼より悪い / I'm as old as ～. 彼と同じ年です. **c** [感嘆的な独立形として]: *Him* and his promises! あの男の約束ときたら. **3** 《古・詩》＝himself: He bethought ～ of it. 彼はそれを思い出した. 〚OE ～ (dat.) ← *hē* 'HE' & *hit* 'IT': cf. OE *hine* (acc.)〛

HIM 《略》His [Her] Imperial Majesty 陛下.

Hi·ma·chal Pra·desh /hɪmɑ́:tʃəlprədéʃ | hɪ-mɑ́:tʃəlprɑ:-/ *n.* ヒマチャルプラデシ(州)《インド北部の州; 面積 55,658 km², 州都 Simla》.

Him·a·la·ya /hìməléɪə, hɪmɑ́:liə | hìməléɪə⁻/; *Hindi* hɪmɑ́:ləj/ *n.* [the ～; 単数扱い] ＝Himalayas.

Himaláya bèrry *n.* 《植物》ヒマラヤベリー (*Rubus procerus*) 《ヨーロッパ原産の葉に綿毛が密生するキイチゴの一種》.

Hímalaya Móuntains *n. pl.* [the ～] ＝Himalayas.

Hi·ma·la·yan /hìməléɪən⁻, hɪmɑ́:liən/ *adj.* ヒマラヤ山脈(産)の. **—** *n.* [時に h-] ヒマラヤン: **1** 愛玩用の小形のウサギの一品種; 白色で耳・鼻・四肢・尾の先端が黒い; Himalayan rabbit ともいう. **2** 《米》ペルシャネコとシャムネコとの交配種; Himalayan cat ともいう; 《英》colourpoint cat. 〚(1866) ← HIMALAYA＋-AN¹〛

Hímalayan bálsam *n.* ツリフネ (*Impatiens glandulifera*) 《ヒマラヤ原産のホウセンカ科ホウセンカ属の一年草; 長い茎に房状の大きなピンクがかった紫色の花をつける》.

Hímalayan cédar *n.* 《植物》ヒマラヤスギ (⇨ deodar).

Hímalayan músk ròse *n.* 《植物》ヒマラヤ地方原産の白い花をつけるツルバラ (*Rosa brunoni*).

Hi·ma·la·yas /hìməléɪəz, hɪmɑ́:liəz/ *n. pl.* [the ～]

ヒマラヤ山脈《インドとチベットの境; 長さ 2,410 km; 最高峰 Everest (8,848 m) は世界一の高山; the Himalaya, the Himalaya Mountains ともいう》. 〖《1858》□ Skt *himālaya* ← *hima* snow＋*ālaya* abode〗

Hi·ma·li·a /hɪmáːliə/ *n.* 〖天文〗ヒマリヤ《木星の衛星の一つ》.

hi·mat·i·on /hɪ̀mǽtiɑ̀(ː)n, -tiən | hɪmǽtiɒ̀n, -tiən/ *n.* (*pl.* **-i·a** /-tiə | -tiə/) ヒマチオン《古代ギリシャの男女が用いた一種の外衣; 左肩に掛けて腰に巻きつけ左腕に戻る長方形の布》. 〖《1850》□ Gk *himátion* (dim.) ← *heîma* dress, garment ← *hennúnai* to clothe ← IE **wes-* to clothe〗

Him·a·vat /hímәvæ̀t/ *n.* 〖インド神話〗ヒマラヤ山(の神). 〖□ Skt ～〗

him·bo /hímbou | -bəu/ *n.* (*pl.* ～**s**) 性的魅力のある(知性に欠けた)若い男 (cf. bimbo).

him/her *pron.* ＝him (or) her. ★ him or her または him her と読む (⇨ he/she).

hi·mie /háimi/ *n.* ＝hymie.

Himm·ler /hímlə | -lə(r; G. hímlɐ/, **Heinrich** *n.* ヒムラー (1900–45; ナチドイツの最高指導者の一人, SS (親衛隊)・秘密国家警察 (Gestapo) の長官, 内相 (1943–45)).

H **Hims** /hímz/ *n.* ヒムシュ (Homs の旧名).

him·self /(h)ɪmsέlf/ ★ himself の文中のアクセントについては ⇨ oneself. *pron.* (三人称単数男性複合代名詞: ⇨ oneself) **1** [強意用法] 彼自身, 彼みずから: Your father ～ says so. (ほかならない)君のお父さんがそう言われる / He says so ～. 当人自身がそう言っている / I saw him ～. 私はその本人を見たのだ / The money I gave him is for ～ alone [only]. 彼に与えた金は(他の人へではなく)当人の物としてだ / He had a large room (all) to ～. 大きな一部屋を(自分だけのものとして)独り占めしていた / *Himself* guilty [Guilty ～], he tried to blame others. 自分が悪いのに, 彼は他の人を責めようとした.

語法 (1) 具体的な人に対する位置または方向を示す前置詞の目的語としては複合人称代名詞ではなく, 目的格の人称代名詞が用いられる: He shut the door behind *him*. 彼は(後ろの)戸を閉めた. (2) 非標準的語法として, than や as に導かれる従節内, その他の構造で, 独立的に he または him に代わって用いられることがある: I can swim better than ～. 私は彼よりも泳ぎがうまい / The letter was addressed to his wife and ～. 手紙は彼の妻と彼自身にあてたものだった. (3) (アイル・スコット) 主語として he に代わって用いられる: *Himself* will have an early dinner. (一家の主人など)ご主人が早めの食事をすると言われている.

2 [再帰用法]: He killed ～. 自殺した / He filled ～ and his canteen. 自分も飲み, 水筒をも満たした / He gave ～ a great deal of trouble. 彼は自分でずいぶん苦労した. **3** (身体的・精神的に)いつもの[正常な]彼: He is ～ again. またいつもの調子[状態]に戻った; 再びしらふになった / He should just relax and be ～. リラックスしていつもの彼に戻らねば / He is not ～ today. きょうはいつもの彼とは違う; 少しどうかしている《気が変だ・体に異状がある》/ He has come to ～. 正気に返った; 身体が元通りになった. 〖OE *him selfum* (dat.) ← *hē self*: ⇨ him, self〗

Him·yar·ite /hímjəràit/ *n.* **1** [the ～s] ヒムヤル族《アラビア西南部およびアフリカの対岸にいた古代人; 高度の文明をもちヒムヤル語を話した; 今もアラビア南部にその子孫が残存している》. **2** ヒムヤル族の人. ― *adj.* ＝Himyaritic. 〖《1842》← Arab. *Ḥimyar* king of the Himyarites: ⇨ -ite¹〗

Him·yar·it·ic /hìmjərítɪk | -tɪk⁻/ *adj.* ヒムヤル族 (Himyarites) の, ヒムヤル文明の; ヒムヤル語の. ― *n.* ヒムヤル語 (Himyarite) 《セム語派 (Semitic) に属するエチオピア語に近い南部アラビア方言》. 〖《1854》: ⇨ ↑, -ic¹〗

hin /hín/ *n.* ヒン《古代ヘブライの液量単位; 約 1.5 ガロン》. 〖《c1384》□ Heb. *hīn*〗

Hi·na·ya·na /hìːnəjáːnə, hìn-; *Hindi* hiːnəjaːnə/ *n.* 〖仏教〗小乗(仏教)《小さい乗物, 劣った乗物の意で大乗仏教徒が従来の保守的仏教をこう呼んだ; 現在ミャンマー・タイ・スリランカなどの仏教は「小乗」である; cf. Mahayana》.

Hì·na·yá·nist /-nɪst | -nɪst/ *n.* **Hì·na·ya·nís·tic** /hìːnəjəːnístɪk, hìn-⁻/ *adj.* 〖《1868》□ Skt *hīnayāna* ← *hīna* little＋*yāna* vehicle〗

Hinck·ley /híŋkli/ *n.* ヒンクリー《イングランド中部 Leicestershire 州の町》.

hinc·ty /híŋkti/ *adj.* 《米俗》つんとした, うぬぼれた. 〖《1924》← ?〗

hind¹ /háɪnd/ *adj.* あとの, 後ろの, 後部の, 後方の (hinder, posterior) (↔ fore). ★ 一般には hinder を用いるが, 前後対になったものについては fore の対語として用いる: the ～ legs [feet] (獣の)後脚[足] / ～ wheels 後部車輪. ***on one's hínd légs*** ⇨ leg 成句. ***tálk the hínd lég(s) òff a dónkey*** ⇨ talk 成句. 〖《?a1300》《略》← *bihinde* 'BEHIND': cf. OE *hindan* from behind〗

hind² /háɪnd/ *n.* (*pl.* ～**s**, ～) **1** (3 歳以上の red deer の)雌鹿 (cf. hart, stag). **2** 〖魚類〗ハタ《スズキ科ハタ属 (*Epinephelus*) の食用魚》. 〖OE *hind* < Gmc **χindō* (Du. *hinde* / G *Hinde*) ← IE **kem-* hornless (GK *kemás* young deer)〗

hind³ /háɪnd/ *n.* **1** 《スコット・北英》 **a** 熟練農夫《農場に家屋を与えられ 2 頭の馬を預る既婚の篤農》. **b** 農場管理人 (farm bailiff). **2** 《古》作男 (farm laborer); 田舎者 (rustic). 〖OE *hīna* domestic (gen.) ← *hīwan* members of a family ← Gmc **χīwaz*, **χīwōn* family: *-d* は添え字 (cf. sound¹)〗

Hind. 《略》Hindi; Hindu; Hindustan; Hindustani.

hínd·bràin *n.* 〖解剖〗後脳《小脳・脳橋・延髄を含む》. 〖1888〗

Hin·de·mith /híndəmɪθ, -mɪt, -mɪ̈θ, -mɪ̈t | -mɪt, -mɪθ; G. híndəmɪt/, **Paul** *n.* ヒンデミット (1895–1963; ドイツの作曲家・ビオラ奏者; *Mathis der Maler*「画家マティス」(1934)).

Hin·den·burg /híndənbə̀ːg, -dn- | -bə̀ːg; G. híndnbʊʁk/ *n.* **1** ヒンデンブルク《Zabrze のドイツ領時代の名》. **2** ヒンデンブルク《大西洋横断飛行についたドイツ最後の旅客飛行船; 1937 年米国での着陸時に炎上した》.

Hindenburg, Paul von *n.* ヒンデンブルク (1847–1934; ドイツの陸軍元帥; 参謀総長 (1916–18), ドイツ共和国第二代大統領 (1925–34)).

Híndenburg lìne [the ～] ヒンデンブルク線《1916–17 年にフランスとベルギーの国境にドイツ軍が建設した要塞線; 1918 年 8 月に連合軍によって突破された》.

hin·der¹ /híndə | -də(r/ *vt.* **1** 邪魔をする, 妨害する (obstruct); 〈人を〉〈…するのを〉妨げる, さえぎる 〔*from*〕 (⇨ prevent **SYN**): ～ a person (in his work) 人(の仕事)を邪魔する / ～ a person *from coming* 人の来るのを妨げる / be ～*ed* in one's work 仕事の邪魔をされる / The new taxes will ～ economic growth. 新しい税は経済成長の妨げとなる. **2** 《廃》損なう, 害する (impair). ― *vi.* 行動を妨げる, 妨害となる. **～·er** *n.* **～·ing** /-dərɪŋ, -drɪŋ/ *adj.*, *n.* 〖OE *hindrian* to keep back < Gmc **χinderōjan* (原義) to keep back (G (*ver*) *hindern*) ← IE **ko-* (↑)〗

hind·er² /háɪndə | -də(r/ *adj.* あとの, 後ろの, 後方の, 後部の (cf. hind¹): the ～ end 後端 / the ～ gate 裏門 / the ～ part of a ship 船の後部. 〖《c1300》← ? OE *hinder* (adv.) back, behind ← ? Gmc **χind-* behind (G *hinter*) ← IE **ko-* this〗

hínd·er·mòst /háɪndə- | -də-/ *adj.* 《古》＝hindmost. 〖*a*1398〗

hínd·fóremost *adv.* 後(部)を先にして.

hínd·gùt *n.* (*also* **hind-gut**) 〖生物〗 **1** 後腸《胎児の消化管の下部; これが発達して結腸と直腸となる; cf. foregut, midgut 1》. **2** (節足動物の)消化管の後部. 〖《1878》← HIND¹＋GUT〗

Hin·di /híndiː, -di; *Hindi* hɪndiː/ *adj.* **1** 北部インドの. **2** ヒンディー語の. ― *n.* **1** ヒンディー語《北インドの共通語で, インドの公用語; 印欧語族インド語派に属す》. **2** ヒンディー語を母語とする人. 〖《1801》□ Hindi *Hindī* ← *Hind* 'INDIA'＋*-ī* (adj. suf.)〗

Hínd·ley's scréw /háɪn(d)liz-, hín-/ *n.* 〖機械〗ヒンドリースクリュー, 鼓形ウォーム《中央部が細く両端へいくほど直径が太くなっているウォーム; hourgrass screw ともいう》. 〖← *Henry Hindley* (18 世紀の英国の時計製造人)〗

hínd·mòst *adj.* (hind¹ の最上級) 一番後の, 一番後ろの, もっとも奥まった, 最後部の (last); 一番遠い[辺びな]: The devil take [catch] the ～. ⇨ devil 成句. 〖《1375》: ⇨ hind¹, most〗

Hin·doo /híndu: | hɪndúː⁻/ *n.* (*pl.* ～**s**), *adj.* 《古》＝Hindu.

Hin·doo·ism /híndu:ìzm | ⸗⸗⸗, ⸗⸗⸗⸗/ *n.* ＝Hinduism.

Hin·doo·stan·i /hìndustáːni, -stǽni⁻/ *adj.*, *n.* ＝Hindustani. 〖1829〗

Hin·do·stan·i /hìndustáːni, -stǽni⁻/ *adj.*, *n.* ＝Hindustani. 〖1800〗

hínd·quàrter *n.* **1** 獣肉の後四半部, 後部《後肢の一つを含む》. **2** [*pl.*] (獣類の)身体の後半部, 臀部(でん). 〖《1881》← HIND¹＋QUARTER〗

hin·drance /híndrəns/ *n.* **1** 妨げ, 妨害, 邪魔 (obstruction): ～ to success 成功の妨げ / without ～ 無事に. **2** 妨げとなるもの[行為], 妨害物, 邪魔物, 故障 (obstacle). 〖《1436》← HINDER¹＋-ANCE〗

hínd·sàddle *n.* (子牛や羊の)屠体の後ろの四分体《通例最終肋骨を含む; cf. foresaddle》.

hínd shànk *n.* (牛・羊などの)後脚の上部; その部分の肉 (⇨ beef 挿絵).

hind·sight /háɪndsàɪt/ *n.* **1** (銃の)後部照尺. **2** 後(あ)知恵, 後からの観察 (cf. foresight 1): That act was much criticized at the time but it makes political sense in ～. その処置は当時こそ批判を受けたが後で考えてみると政治的には立派に意味のあることがわかる. ***knóck* [*kíck*] *the híndsight òut* [*òff*]** 《米口語》完全にやっつける[壊す]. 〖《1834》← HIND¹＋SIGHT〗

Hin·du /híndu: | hɪndúː⁻/ *n.* **1 a** ヒンズー人《アーリア族 (Aryan) に属するインド人でヒンズー教を信奉する》. **b** ヒンズー教信徒. **2** (米国およびヨーロッパ大陸で)インド人 (Indian). ― *adj.* ヒンズーの; ヒンズー教信徒の, インド人の. 〖《1662》□ Pers. *Hindū* Indian ← *Hind* 'INDIA'〗

Híndu-Árabic númerals *n. pl.* ＝Arabic numerals.

Híndu cálendar *n.* [the ～] ヒンズー暦《紀元前 3101 年から今日までインドで行われている暦; 各月の名は次の通り; Chait, Baisakh, Jeth, Asarh, Sawan, Bhadon, Asin, Kartik, Aghan, Pus, Magh, Phagun》. 〖*c*1909〗

Hin·du·ism /híndu:ìzm | ⸗⸗⸗, ⸗⸗⸗⸗/ *n.* ヒンズー教, インド教. 〖《1809》← HINDU＋-ISM〗

Hin·du·ize /híndu:àɪz | ⸗⸗⸗, ⸗⸗⸗⸗/ *vt.* 〈宗教・風習などを〉ヒンズー化する, ヒンズー教化する. 〖《1860》← HINDU＋-IZE〗

Hin·du Kush /híndu:kúːʃ, -kʊ́ʃ/ *n.* [the ～] ヒンズークシ(山脈)《アフガニスタン北東部の山脈; 最高峰 Tirich Mir (7,692 m)》.

Hin·du·stan /hìndustǽn, -stáːn⁻/ *n.* ヒンドスタン: **1** インド, 特に Deccan 高原の北部のペルシャ語名. **2** インド半島のヒンズー教地帯; イスラム教地帯の Pakistan 地方に対していう. **3** Ganges 川流域の Hindi 語が広く話されている地域. **4** 15 世紀から 16 世紀にかけてインド北部に存在した王国. 〖↓〗

Hin·du·stan·i /hìndustáːni, -stǽni⁻/ *adj.* **1** ヒンドスタン (Hindustan) の. **2** ヒンドスタン人の; ヒンドスタニー語の. ― *n.* ヒンドスタニー語《北インド一帯で広く使われる共通語; これを基に, デバナーガリー文字で表記し, サンスクリットの語彙を多用する Hindi 語と, ペルシア文字で表記し, ペルシア・アラビア語の語彙を多用する Urdu 語が成立した》. 〖《*c*1620》□ Hindi *Hindūstānī* (*-ī* is adj. suf.) ← Pers. *Hindustān* the country of the Hindus ← *Hindū* 'HINDU'＋*-stan* place〗

hind·ward /háɪndwəd | -wəd/ *adv.*, *adj.* 後方へ[の] (backward). 〖《?*a*1200》← HIND¹＋-WARD〗

hínd wíng *n.* (昆虫の)後翅, 後ばね. 〖《1899》← HIND¹＋WING〗

Hines /háɪnz/, **Earl** (**Kenneth**) *n.* ハインズ (1905–83; 米国のジャズピアニスト・ソングライター・バンドリーダー; "Fatha" Hines と呼ばれる).

hinge /hínʤ/ *n.* **1** ちょうつがい. **2 a** ちょうつがいのような働きをするもの; ちょうつがい関節 (hinge joint, ginglymus). **b** (二枚貝の)ちょうつがい. **c** 接点. **3** 要(かなめ), 要点, 中心点 (pivot); ＝turning point 1. **4** 〖郵趣〗ヒンジ《切手をアルバムなどに張るのに使う薄のりのついた小紙片; stamp hinge, mount ともいう》. **5** 〖製本〗 **a** のど布, のど紙《見返しののどや表紙のつなぎ部分を補強した細布[革]》. **b** 溝 (⇨ joint 10 b).
òff the hínges (1) ちょうつがいがはずれて. (2) (身体・精神などの)調子が狂って; 〈秩序などが〉乱れて. 《17C》
― *vt.* **1** …にちょうつがいを取り付ける. **2** 〔…に〕よらせる, 〔…で〕決定する 〔*on*, *upon*〕: ～ gaming transactions *on* a principle of honor いんちきはしないという建前で賭博取引をする. **3** 〖郵趣〗…にヒンジをつける.
― *vi.* **1** 〈戸などが〉ちょうつがいに掛かる, ちょうつがいで動く. **2** かかって〔…の点に〕ある, 〔…次第で〕どうにでも動く (hang) 〔*on*, *upon*〕: My acceptance will ～ *upon* the terms. 私の諾否はその条件次第で定まる.
～·lìke *adj.* 〖《1307–8》*henge* (n.) ← *hengen* to hang: ⇨ hang〗

hinged *adj.* ちょうつがいの付いた, ちょうつがい式(接着)の. 〖《*a*1672》: ⇨ ↑, -ed〗

hínge jòint *n.* 〖解剖〗(肘(ひじ)・膝(ひざ)などの)ちょうつがい関節. 〖1802〗

hínge·less *adj.* ちょうつがいのない. 〖《1614》: ⇨ -less〗

híng·ing pòst *n.* 〖建築〗門柱 (⇨ gatepost).

hink·ty /híŋkti/ *adj.* 《米俗》＝hincty.

hin·ney /híni/ *n.* (*also* **hin·nie** /～/) 《スコット・北英》＝honey.

Hin·nom /hínəm/ *n.* 〖聖書〗ヒンノム《エルサレム付近の谷; ⇨ Gehenna》.

hin·ny¹ /híni/ *n.* 駃騠(けってい)《雄馬と雌ロバとの雑種; cf. mule¹ 1》. 〖《1688》□ L *hinnus* □ Gk *hínnos*: cf. L *hinnīre* to neigh〗

hin·ny² /híni/ *n.* 《スコット・北英》＝hinney.

hin·ny³ /híni/ *v.* 《まれ》＝whinny.

hi·no·ki /hɪnóuki | hɪnə́u-/ *n.* **1** 〖植物〗ヒノキ (hinoki cypress, sun tree ともいう). **2** ヒノキ材. 〖《1727》《古形》*finoki* □ Jpn.〗

hinóki cýpress *n.* 〖植物〗ヒノキ (hinoki). 〖1964〗

Hin·shel·wood /hínʃəlwʊ̀d, -ʃl-/, **Sir Cyril Norman** *n.* ヒンシェルウッド (1897–1967; 英国の化学者; Nobel 化学賞 (1956)).

hint /hínt/ *n.* **1 a** 暗示, ヒント, ほのめかし; それとなく伝える伝言[指示]: a delicate [gentle] ～ さりげない暗示; それとなく与える助言 / a strong [broad] ～ 露骨[明白]な暗示 / give [drop, let fall] a ～ ヒントを与える, ほのめかす, それとなくにおわす / take a [the] ～ (from a person) (ちょっと言われて)その意を悟る, (ほのめかされて, またはその場の雰囲気から)それと感づく, 気をきかす / I gave him a ～ *that* I might go abroad. 外国へ行くかもしれないことを彼にそれとなく知らせた. **b** (簡単に示した)心得, 指針; きっかけ (tip): helpful ～*s* for housewives on housekeeping 主婦のための役に立つ家政指針 / cooking ～ / Here's a ～ on how to keep vegetables fresh. 野菜を新鮮に保つコツはこうです. **2 a** かすかな兆候: a ～ of rain 雨の気配 / give no ～ of [that] …の[…する]気配が全くない. **b** 微量, わずか (trace): There is no ～ of odor. においの「に」の字もしない / There was a ～ of mockery in his smile. 彼の笑いにはちょっと嘲笑の色があった. **3** 《廃》好機, 機会 (opportunity).
― *vt.* 暗示する, それとなく知らせる[言う], ほのめかす (⇨ suggest **SYN**): ～ one's disapproval 不賛成をほのめかす / Just what are you ～*ing*? 一体何を言おうとしているのか / He ～*ed* (to us) *that* he might not come. 彼はそれとなく来ないかも知れないと言った. ― *vi.* ほのめかす, (暗に)におわす[言及する], あてこする 〔*at*〕: I ～*ed at* his impoliteness. それとなく彼の無作法に言及した.
～·er /-tə | -tə(r/ *n.* **～·ing** /-tɪŋ | -tɪŋ/ *adj.* 〖n.: 《1604》《変形》← ? ME *henten* < OE *hentan* to seize ← ?. ― v.: 《1648》← n.〗

SYN 暗示する: **hint** 直接に言わずに〈ある情報を〉暗に伝えようとする: Father *hinted* that I might go to bed. 父はそれとなくもう寝たらよかろうと言った. **suggest** 〈考えなどを〉間接的に言う: Are you *suggesting* that he is a spy? 彼がスパイだと言っているのか. **imply** 言外の意味などをほのめかす《その理解には推論が必要なことを暗示する》: Silence sometimes *implies* consent. 沈黙は賛成を意味す

ることがある. **insinuate**《軽蔑》不愉快な方法でほのめかす《格式ばった語》: I *insinuated* to her that she was an idler. 彼女は怠け者だとほのめかしてやった.
ANT express.

---

hin·ter·land /híntəlæ̀nd, -lənd | -tə-; G. híntəlant/ *n.* **1 a** 後背地, 背後地, 背域, ヒンターランド《港湾または都市の背後の地域で, その貿易あるいは経済的・文化的活動によって影響を受ける; cf. foreland 3》. **b**《海岸地帯を占領した国の》勢力圏. **2** 奥地, 田舎, 地方. **3**《学問・知識などの》未開拓分野 (frontier). 〘(1890) ◻ G *Hinterland* ← *hinter* 'HINDER[1]'+*Land* 'LAND[1]'〙

hínt·ing·ly /-tɪŋli | -tɪŋ-/ *adv.* 暗示的に, ほのめかして. 〘(1892) ← HINT+-ING[2]+-LY[1]〙

Hior·dis /hjɔ́ədɪs | hjɔ́:dɪs/ *n.*〘北欧伝説〙ヒョルディース《*Volsunga Saga* で, Sigmund の 2 番目の妻, Sigurd の母》. 〘◻ ON *Hjǫrdis*〙

hip[1] /híp/ *n.* **1 a** 腰《人または哺乳動物の足と体のつながる突き出た部分で, 骨盤・大腿骨部分を含む; ⇨ body 挿絵》; 尻, ヒップ. ★ ラテン語系形容詞: coxal. 日英比較 日本語の「ヒップ」は「臀部(でんぶ)」全体を指すが, 英語の *hip* は腰の左右に張り出した部分の一方のみをいう. したがって両方を指す場合には複数形にする. また「臀部, 尻」を意味する英語は buttocks である. **b**〘解剖〙=hip joint. **c**〘解剖〙=pelvis. **2**〘昆虫〙基節 (coxa). **3**〘建築〙《屋根の》隅棟(すみむね), 降棟(くだりむね).
háve [*gét, táke*] *a person on the híp*《古》〈人を〉《手玉に取って・不利な立場で》おさえつける. *shóot from the híp* せっかちに話す, 無分別に行動する. *smite híp and thígh* さんざん[徹底的]にやっつける (cf. *Judges* 15:8). 《1560》 *with one's hánds on one's híps* 両手を腰に当てて (cf. akimbo).
— *vt.* (**hipped; hip·ping**) **1**〈家畜〉の腰をくじく[砕く], 股(こ)関節をはずす. **2**〘スポーツ〙《相手選手に》腰でぶつかる《食い止めたりつまずかせたりするため》. **3**〘レスリング〙…に腰投げをかける. **4**〘建築〙〈屋根〉に隅棟を作る.
~·less *adj.* **~·lìke** *adj.* 〘OE *hype* < Gmc **χupiz* (Du. *heup* / G *Hüfte*) ← IE **keu-* to bend; a round object (cf. cubicle)〙

hip[2] /híp/ *n.* バラの実, 《特に》野バラ (briar) の実 (rosehip): scarlet ~*s* and stony haws 赤い野バラの実と堅いサンザシの実. 〘OE *hēope* < Gmc **χeupōn* (G *Hiefe*) ← IE **keub-* thorn〙

hip[3] /híp/ *adj.* (**hip·per; hip·pest**)《俗》**1** 通の, 情報通の, 博識の, 〔…に〕通じている (well-informed)〔*to*〕: get [be] ~ *to* movies 映画通になる[である] / put a person ~ *to* modern jazz 人をモダンジャズの通にさせる. **2** 最新流行の, しゃれた (fashionable, stylish). **3** ジャズが好きな. **4** ヒッピー(族)の. — *n.* **1** =hipness. **2** =hipster.
— *vt.* 知らせる. 〘(1904)《転訛》← ? HEP[2]〙

hip[4] /híp/ *int.* ヒップ《万歳・応援の音頭(おんど)取りの掛声》: *Hip*, ~, hurrah [hooray]! ヒップ, ヒップ, フレー. 〘(1752) ←《擬音語》?〙

hip[5] /híp/《古》*n.* =hypochondria. — *vt.* (**hipped; hip·ping**) 憂鬱(ゆううつ)にさせる (cf. hipped[3]). 〘(1710)《略》← HYPOCHONDRIA〙

híp bàth *n.* 腰湯, 座浴 (sitz bath). 〘1822-34〙

híp·bòne *n.*〘解剖〙**1** 寛骨, 無名骨 (⇨ innominate bone). **2** 腸骨 (ilium). **3** 大腿骨の上端部. 〘lateOE *hipes-banes*〙

híp bòot *n.*《漁夫・消防士が用いる, 通例ゴム製品の腰まで届く》長靴. 〘1893〙

híp càt *n.* =hepcat. 〘1944〙

híp·disèase *n.*〘病理〙股(こ)関節病. 〘1879〙

híp·dom /-dəm/ *n.* =hippiedom. 〘(1946)《異形》← HIPPIEDOM〙

hipe /háɪp/ *n.*, *vt.*〘レスリング〙抱き投げ(で投げ倒す).

híp·flàsk *n.*《尻ポケットに入れる》携帯用酒入れ容器. 〘1923〙

híp gìrdle *n.*〘解剖・動物〙=pelvic girdle.

híp-gòut *n.* 座骨神経痛. 〘1598〙

híp·hòp *n.* ヒップホップ《ラップミュージック・ブレイクダンス・グラフィティなどを含む 1980 年代のアメリカのポップカルチャー》. 〘1983〙

híp·hùg·ger《米》*adj.* [限定的]〈ズボン・スカートなど〉ヒップハガーの《ウエストで締めずに腰(骨)にぴったりするようにした型にいう》: ~ pants. — *n.* [*pl.*] ヒップハガー《型のタイトなズボンなど》(《英》hipsters). 〘1967〙

híp jòint *n.*〘解剖〙股(こ)関節. 〘1794〙

híp·lèngth *adj.* 腰までの長さの, 腰まで届く[覆う]: a ~ coat. 〘1921〙

híp·ness *n.* 最新の情報[流行, 進歩]に通じていること, 通[早耳]であること. 〘(1946) ← HIP[3]+-NESS〙

hipp- /hɪp/《母音の前にくるときの》hippo- の異形.

hip·parch /hípɑək | -pɑ:k/ *n.*《古代ギリシャの》騎兵隊長. 〘(1656) ◻ Gk *hípparkhos* ← *híppos* horse: ⇨ -arch[1]〙

Hip·par·chus[1] /hɪpɑ́əkəs | -pɑ́:-/ *n.* ヒッパルコス: **1** (190?-?125 B.C.) 古代ギリシャの天文学者. **2** (?-514 B.C.) アテネの専制君主 (527-514 B.C.).

Hip·par·chus[2] /hɪpɑ́əkəs | -pɑ́:-/ *n.* ヒッパルコス《月の南西象限にある大クレーター; 直径約 130 km》.

hip·pe·as·trum /hìpiǽstrəm/ *n.*〘植物〙**1** アマリリス《熱帯アメリカ原産ヒガンバナ科ヒッペアストラム属 (*Hippeastrum*) の球根草の総称; シロスジアマリリス (*H. reticulatum* var. *striatifolium*) など多くの園芸品種を含む; アマリリスという名は以前この属がアマリリス属 (*Amaryllis*) に含まれていたことにちなむ》. **2** =Barbados lily. 〘(1821) ← NL ~ ← Gk *hippeus* horseman+*ástron* star〙

hipped[1] *adj.* **1 a** ヒップのある; [しばしば複合語の第 2 構成素として] ヒップが…の: broad-*hipped*, large-*hipped*, narrow-*hipped*, etc. **b**〘建築〙〈屋根が〉隅棟(すみむね)のある: a ~ roof 寄棟屋根 / a ~ gable 入母屋破風. **2**《方言》〈特に牛・馬・羊などが〉尻を痛めた; 股(こ)関節のはずれた (hipshot). 〘(?1440) ← HIP[1]+-ED 2〙

hipped[2] *adj.*《米・カナダ俗》〔…に〕熱中した, とりつかれた (obsessed, enthusiastic)〔*on*〕: be ~ *on* socialism 社会主義に熱中している.

hipped[3] *adj.*《英》憂鬱(ゆううつ)症にかかった, ふさいでいる (melancholy); 気難しい, 怒りっぽい (peevish, vexed): feel ~ 気分がふさいでいる. 〘(1710) *hypt*: ⇨ hip[5], -ed〙

hip·pe·ty-hop /hípəṭihɑ́(:)p | -pɪ̀tihɔ́p⁻/ *adj.*, *adv.*《口語》《ぴょんぴょん》跳びはねるような[に]; ぴょんぴょん(と).
— *vi.* 《ぴょんぴょん》跳び跳ねる. 〘(1886): cf. hop[1]〙

hip·pe·ty-hop·pe·ty /hípəṭihɑ́(:)pəṭi | -pɪ̀tihɔ́pɪ̀ti⁻/ *adj.*, *adv.* =hippety-hop. 〘1825〙

hip·pie /hípi/ *n.*《俗》ヒッピー《1960 年代に米国の若者間に現われた反体制主義者で, 既成の社会制度や価値などを退け神秘主義に傾き愛など直接的な人間関係を強調する; 異様な服装や風采《通例長髪, しばしば素足》および麻薬使用などで知られる》; 《一般に》長髪で気ままな服装をした若者にもいう; cf. beatnik, flower child, yippie》. — *adj.* ヒッピーの[らしい, 的な]. **~·hòod** *n.* 〘(1953) ← HIP[3]+-IE〙

híp·pie·dom /-dəm | -dəm/ *n.* ヒッピーの世界, ヒッピー集団. 〘(1967): ⇨ ↑, -dom〙

híp·pie·ìsm /-pìɪzm/ *n.* ヒッピー主義[思想]; ヒッピー的行動.

híp·pi·ness *n.* (*also* **híp·pie·ness**) ヒッピー状態; ヒッピー的なこと[ところ]. 〘(1968) ← HIPPIE+-NESS〙

híp·ping *n.*〘造船〙ヒッピング《木船の水線部の幅を広げるために肋材と外板の間に入れる厚板》. 〘← HIP[1]+-ING[1]〙

híp·pish /-pɪʃ/ *adj.*《英》ふさいでいる; 元気のない. 〘(1706) ← HIP[5]+-ISH[1]〙

hip·pi·ty-hop /hípəṭihɑ́(:)p | -pɪ̀tihɔ́p⁻/ *adj.*, *adv.* =hippety-hop.

hip·pi·ty-hop·pi·ty /hípəṭihɑ́(:)pəṭi | -pɪ̀tihɔ́pɪ̀ti⁻/ *adj.*, *adv.* =hippety-hop.

hip·po /hípoʊ | -pəʊ/ *n.* (*pl.* **~s**)《口語》**1** カバ (hippopotamus). **2**《南ア》武装したパトカー. 〘(1872)《略》← HIPPOPOTAMUS〙

Hip·po /hípoʊ | -pəʊ/ *n.* ヒッポ (⇨ Hippo Regius).

hip·po- /hípoʊ | -pəʊ/「馬」の意の連結形: *hippo*campus, *Hippo*crene, *hippo*potamus, etc. ★ 母音の前では通例 hipp- になる. 〘← Gk *híppos* horse ← IE **ekwo-* horse (OE *eoh*)〙

hip·po·cam·pal /hìpəkǽmpəl, -pḷ⁻/ *adj.*〘解剖〙海馬 (hippocampus) の[に関する]. 〘(1839-47): ⇨ hippocampus, -al[1]〙

hippocámpal convolútion [**gýrus**] *n.*〘解剖〙海馬回. 〘1881〙

hip·po·cam·pus /hìpəkǽmpəs/ *n.* (*pl.* **-cam·pi** /-paɪ/) **1**〘ギリシャ・ローマ神話〙ヒッポカンポス, 海馬《海神の車を引く動物で前半身は馬で後半が怪魚》. **2**〘魚類〙=sea horse. **3**〘解剖〙海馬《側脳室の側頭部にある隆起》: the ~ major [minor] 大[小]海馬. 〘(1576) ◻ LL ~ ◻ Gk *hippókampos* ← HIPPO-+Gk *kámpos* sea monster〙

híp·pòcket *n.*《ズボンの》尻ポケット. 〘1880〙

hip·po·cras /hípəkræ̀s, -krəs/ *n.* ヒポクラス《ぶどう酒に蜂蜜・香辛料などを加えた中世ヨーロッパの滋養飲料》. 〘(c1395) *ypocras* ◻ OF *ipocras*, *ypocras* ← Gk *Hippokrátēs* Hippocrates: Hippocrates's sleeve という濾過器でこされたことからか〙

Hip·poc·ra·tes /hɪpɑ́(:)krəti:z | -pɔ́k-/ *n.* ヒポクラテス《469?-375 B.C.; ギリシャの名医; the Father of Medicine と呼ばれる》. **Hip·po·crat·ic** /hìpəkrǽṭɪk | -pə(ʊ)kræ̀t-⁻/ *adj.* **Hip·po·crát·i·cal** /-ṭɪkəl, -kḷ | -tɪ-⁻/ *adj.*

Híppocratic óath *n.*〘医学〙ヒポクラテスの宣誓 (Hippocrates の作ったものといわれ, 今でも MD (Doctor of Medicine) となる時に行う倫理綱領の宣誓). 〘1747〙

Hip·po·crene /hípoʊkri:n, hìpoʊkrí:ni:, -ni | -pə(ʊ)-/ *n.* **1**〘ギリシャ神話〙ヒッポクレーネー《Helicon 山のミューズの霊泉; 詩神 Muses にささげられた泉で, 詩的霊感の源泉とされた》. **2** 詩的霊感. **Hip·po·cre·ni·an** /hìpoʊkrí:niən | -pə(ʊ)-⁻/ *adj.* 〘(1605) ◻ L *Hippocrēnē* ◻ Gk *Hippokrḗnē*《原義》fountain of the horse ← *híppos* horse+*krḗnē* fountain: 翼のある霊馬 Pegasus のひづめの一撃でこの霊泉が生じたという〙

Hip·po·da·mi·a /hìpədəmáɪə | -pə(ʊ)də-/ *n.*〘ギリシャ神話〙ヒッポダメイア《Pelops の妻; その父 Oenomaus は娘を嫁がせたくなかったので, 自分との戦車競走に勝つことを条件として, Ares から授かった武具と戦車を用いて求婚者たちを殺していたが, 御者の背信行為のため Pelops に敗れた》. 〘◻ L ~ ◻ Gk *Hippodámeia* ← *hippódamos* tamer of horses〙

hip·po·drome /hípədròʊm | -drəʊm/ *n.* **1**《古代ギリシャ・ローマの競馬・戦車競走の》楕円形競技場. **2 a** 馬場, 馬術演技場 (cf. motordrome); 曲馬場, サーカス (circus). **b** [しばしば H-]《名称として》…演芸場, 劇場. **3**《米俗》《競馬・競技などの》八百長, なれ合い. — *vi.* **1**《米俗》八百長競技をする. **2** 目立つ演技で人を引きつける; 見せびらかす. 〘(1585) ◻ F ~ // L *hippodromos* ◻ Gk *hippódromos* ← HIPPO-+*drómos* course〙

hip·po·griff /hípəgrɪ̀f/ *n.* (*also* **hip·po·gryph** /~/) ヒッポグリフ《馬の体に griffin の頭と翼を持った伝説上の動物》. 〘(1656) ◻ F *hippogriffe* ◻ It. *ippogrifo* ← *ippo-* 'HIPPO-'+*grifo* 'GRIFFIN[2]'〙

híp pòinter *n.* 骨盤上部の打ち身[筋断裂].

hip·pol·o·gy /hɪpɑ́(:)ləʤi | -pɔ́l-/ *n.* 馬学. **hip·pól·o·gist** /-ʤɪst | -ʤɪst/ *n.* 〘(1854) ← HIPPO-+-LOGY〙

Hip·pol·y·ta /hɪpɑ́(:)ləṭə | -pɔ́lɪ̀-/ *n.* =Hippolyte[1]. 〘↓〙

Hip·pol·y·te[1] /hɪpɑ́(:)ləti:, -ṭi | -pɔ́lɪ̀ti:/ *n.*〘ギリシャ神話〙ヒッポリュテ《アマゾン族の女王, アテネ王 Theseus に捕えられた; 一説では Hippolytus の母》. 〘◻ L ~ ◻ Gk *Hippolútē*〙

Hip·po·lyte[2] /i:poʊlí:t | -pə(ʊ)-; F. ipɔlit/ *n.* イーポリート《男性名》. 〘↑〙

Hip·pol·y·tus /hɪpɑ́(:)ləṭəs | -pɔ́lɪ̀t-/ *n.* **1** ヒパルタス《男性名》. **2**〘ギリシャ神話〙ヒッポリュトス《一説では Theseus と Hippolyte の息子; その継母 Phaedra の邪恋をしりぞけたため恨みをかって讒訴(ざんそ)され, 怒った父の訴えで Poseidon は海から怪物を送って Hippolytus の馬を驚かせ車を転覆させて彼を殺した; これを題材にした Euripides の同名の悲劇がある》. **Hip·pól·y·tan** /-tən, -tṇ | -tən, -tṇ/ *adj.* 〘◻ L ~ ◻ Gk *Hippólutos*《原義》? letting horses loose〙

Hip·pom·e·don /hɪpɑ́(:)mədɑ̀(:)n | -pɔ́mɪ̀dɔ̀n/ *n.*〘ギリシャ神話〙ヒッポメドーン《Thebes に攻め寄せた七勇士の一人; ⇨ SEVEN against Thebes》.

Hip·pom·e·nes /hɪpɑ́(:)məni:z | -pɔ́mɪ̀-/ *n.*〘ギリシャ神話〙ヒッポメネース《快速の美女 Atalanta との競走に勝って彼女を妻とした》. 〘◻ L ~ ◻ Gk *Hippoménēs*〙

hip·poph·a·gist /hɪpɑ́(:)fəʤɪst | -pɔ́fəʤɪst/ *n.* 馬肉を食べる人. 〘(1856) ← HIPPOPHAGY+-IST〙

hip·poph·a·gous /hɪpɑ́(:)fəgəs | -pɔ́f-/ *adj.* 馬肉を食べる, 馬肉常食の: a ~ tribe. 〘(1828) ← HIPPO-+-PHAGOUS〙

hip·poph·a·gy /hɪpɑ́(:)fəʤi | -pɔ́f-/ *n.* 馬肉を食べる風習. 〘(1828) ← HIPPO-+-PHAGY〙

hip·po·phil /hípəfɪl/ *n.* =hippophile.

hip·po·phile /hípəfàɪl/ *n.*, *adj.* 馬好き(の), 愛馬家(の). 〘(1852) ← HIPPO-+-PHILE〙

hip·po·pot·a·mus /hìpəpɑ́(:)ṭəməs | -pɔ́t-/ *n.* (*pl.* **~·es, -a·mi** /-màɪ/)〘動物〙**1** カバ (*Hippopotamus amphibius*). **2** コビトカバ (pigmy hippopotamus) (*Choeropsis liberiensis*). 〘(17C) ◻ LL ~ ◻ Gk *hippopótamos* river-horse ← *híppos* horse+*potamós* river ∞ (?a1300) *ypotamus* ◻ OF *ypotame* // ML *ypotamus*〙

Hip·po Re·gius /hípoʊrí:ʤəs, -ʤiəs | -pə(ʊ)rí:ʤiəs, -ʤəs/ *n.* ヒッポレギウス《古代 Numidia の海港; 今のアルジェリアの Annaba 港のあたり; St. Augustine はここの主教を務めていた; Hippo ともいう》.

Híppo Za·rý·tus /-zəráɪṭəs | -təs/ *n.* ヒッポザリトゥス《チュニジアの Bizerte 港の古代名》.

hip·pú·ric ácid /hɪpjʊ́ᵊrɪk- | -pjʊ́ər-/ *n.*〘化学〙馬尿酸 ($C_6H_5CONHCH_2COOH$)《白色の結晶; 草食動物の尿中に見出される; benzoylglycine ともいう》. 〘(1838) *hippuric* ← HIPPO-+URIC〙

hip·pus /hípəs/ *n.*〘医学〙瞳孔動揺. 〘(1684) ← NL ~ ← Gk *híppos* horse〙

-hip·pus /hípəs/〘古生物〙「馬 (horse)」の意の名詞連結形《古生物の属名に用いる; cf. hippo-》: Eo*hippus*, Meso*hippus*, Mio*hippus*, etc. 〘↑〙

hip·py[1] /hípi/ *n.* =hippie. 〘1967〙

hip·py[2] /hípi/ *adj.* (**hip·pi·er, -pi·est; more ~, most ~**) ヒップの大きな, 大きな腰回りをした. 〘(1919) ← HIP[1]+-Y[1]〙

híppy-díppy *adj.*《口語》ヒッピーかぶれの.

hip·py·ism /-pìɪzm/ *n.* =hippieism.

híp ràfter *n.*〘建築〙隅木(すみぎ)《寄棟屋根の棟を支える部材》. 〘1782〙

híp rìder *n.* 腰骨で留めてはくズボン[スカート].

híp ròll *n.*〘建築〙雁振瓦(がんぶりがわら), 隅丸瓦《隅棟の頂部を覆う半円筒形の断面をもった瓦》.

híp ròof *n.*〘建築〙=HIPPED[1] roof. 〘1727-41〙

híp·shòt *adj.* **1** 股(こ)関節のはずれた. **2** 足の不自由な (lame, disabled). **3** ぶざまな (awkward). 〘(1639) ← HIP[1] (n.)+SHOT[2] (p.p.)〙

hip·ster[1] /hípstə | -stə(r)/ *n.*《俗》**1** 通(つう); ジャズ通, ジャズ好き[ファン]; ジャズ演奏家. **2**《新奇を求めて》流行の先端を行く人, お先っ走り, 新しがり(屋)《性の解放の実践・麻薬の愛用などを特徴とする》. **3** =beatnik. 〘(1941) ← HIP[3]+-STER〙

hip·ster[2] /hípstə | -stə(r)/《英》*adj.* [限定的], *n.* = hip-hugger. 〘(1962) ← HIP[1]+-STER〙

híp·ster·ìsm /-stərɪ̀zm/ *n.* **1** =hipness. **2** ヒッピー族独特の生活. 〘(1958) ← HIPSTER[1]+-ISM〙

híp vértical *n.*〘建築〙腰つり材《ブリッジトラスの垂直部材》.

hir·a·ble /háɪ(ə)rəbḷ | háɪər-/ *adj.*《米》雇うことができる, 〈人・物など〉賃借りできる. 〘(1864) ← HIRE+-ABLE〙

Hi·ram[1] /háɪrəm | háɪ(ə)r-/ *n.* ハイラム《男性名; ユダヤ人に見られる》. 〘◻ Heb. *Ḥīrām*《頭音消失》← *Aḥīrām*《原義》brother of the lofty ← *āḥ* brother+*rām* lofty〙

Hi·ram[2] /háɪrəm | háɪ(ə)rəm, -ræm/ *n.* ヒラム《紀元前 10 世紀の Tyre 王; cf. *1 Kings* 5》.

hir·cine /hə́:saɪn, -sṇ, -sɪn | hə́:saɪn, -sɪn/ *adj.* **1** ヤギの[に関する, に似た]. **2** ヤギのにおいのする. **3** 好色 (lustful). 〘(1656) ◻ L *hircinus* ← *hircus* he-goat〙

hire /háɪə | háɪə(r)/ *n.* **1**《物の》賃借り; 《人の》雇用: automobiles for ~ 貸自動車 / You can't borrow it. It's on ~ from another company. それを借り出すことはできない. 別の会社から借りたものだ / ~ charges 賃貸料. 日英比較 日本語の「ハイヤー」は「運転手つきの貸切乗用車」を意味するが, 英語の *hire* にはそのような意味はなく, a

limousine, a chauffeur-driven [*hired*] car などという. **2** 賃借料, 使用料, 損料; 賃金, 給料 (wages): pay for the ～ of ...の損料を支払う / work for ～ 雇われて[給料で]働く.
— *vt.* **1 a** (賃金を払って)〈人を〉雇う, 雇用する (engage) ★《英》では普通一時的に短期間雇う場合に用いる: ～ a gardener, laborer, etc. **b** (損料を払って)〈物を〉借りる, 賃借りする (cf. rent): ～ a horse, car, etc. / ～ a hall for one evening ホールを一晩借りる. **c** 《米古》〈金を〉借りる. **2** 〈人がしてくれたこと〉に金を払う.
híre in 雇われて仕事をする. ***híre ón*** 職を得る. ***híre óut*** (*vt.*) (1) 《口語》賃貸しする, (損料を取って)貸し出す (⇨ hire SYN): ～ *out* bicycles, horses, etc. / ～ *out* a carriage by the hour 馬車を時間決めで貸し出す[損料貸しする]. (2) [～ *oneself out* として] 雇われる: He ～*d himself out as* a chauffeur. 運転手として雇われた. (3) 《英》(金を払って)〈仕事を〉してもらう. — (*vi.*) 《米》(召使などとして)雇われる: ～ *out as* a servant.
〖n.: OE *hȳr* wages < Gmc **χūrjō* (G *Heuer*) ← ?. — v.: lateOE (*ā*) *hȳrian* to hire: cog. G *heuern*〗

SYN 借りる[貸す]: **hire** 金を払って一時的に〈物を〉借りる: *hire* a bus for the picnic ピクニックのためにバスを借りる. **hire out** 金を払って一時的に〈物を〉貸す: *hire out* boats ボートを貸し出す. **lease** 〈土地・建物を〉正式の契約書を取り交わして借りる[貸す]: The land is *leased* to farmers for 20 years. その土地は 20 年契約で農夫に賃貸されている. **rent** 〈部屋・建物・土地・テレビなどを〉定期的に有料で借りる[貸す]: I *rent* a house from him. 彼から家を賃借した / I *rent* a house to him. 彼に家を賃貸した. **let (out)** 《英》, **rent out** ＝*rent*. ★ ただし「貸す」の意. **charter** 〈飛行機・バス・列車などを〉特別な目的のために借りる[貸す]: a *chartered* plane チャーター機.

hire·a·ble /háɪ(ə)rəbl | háɪər-/ *adj.* ＝hirable.
híre·càr *n.* (*also* **híre càr**) 貸し自動車, レンタカー. 〖1947〗
hired /háɪəd | háɪəd/ *adj.* **1** 雇用した, 雇い入れの: a ～ assassin 雇われ刺客, 殺し屋. **2** 賃貸しの, 借物の: a ～ article 賃貸[借]物. 〖(?*c*1200) ← HIRE＋-ED〗
híred gírl *n.* 《米》(家庭の)お手伝い(さん); (特に)農場の雇い女. 〖1820〗
híred gún *n.* 《米俗》**1** プロの殺し屋; 用心棒. **2** ある事業を推進する[難局を乗り切る]ために雇われた人[役員].
híred hánd *n.* 《米》＝farmhand 1.
híred mán *n.* 《米》(家庭の)雇い人, 下男; (特に) ＝farmhand 1. 〖(1737): cf. OE *hired-mann* (← *hired* household)〗
hire·ling /háɪəlɪŋ | háɪə-/ *n.* **1** 《軽蔑》雇い人; (特に)金のために働く人, 雇われ人 (mercenary). **2** 借り馬.
— *adj.* 《軽蔑》雇われて働く; (特に)金のために働く, 金銭ずくの, 現金主義の (venal): ～ scribblers 金銭のために書きとばす三文文士連. 〖lateOE *hȳrling*: ⇨ hire (n.), -ling¹〗
Hi·ren /háɪrən | háɪ(ə)rɪn/ *n.* 誘惑する女. 〖(1598) ◻ F *Irène* 'IRENE': George Peele の劇 *The Turkish Mahamet and Hyrin the fair Greek* (*a*1594) の女性登場人物の名から〗
híre-púrchase *adj.* 《英》分割払い購入契約の, 分割払い式の: a ～ agreement 分割払い購入契約 / the ～ system [play] 分割払い式購買法. 〖1895〗
híre púrchase *n.* 《米》賃貸借購入 (installment plan) 《商標を受取った後に割賦払いをし, 当該商品を返却もしくは買い取る制度; 略 H.P., h.p.; hirepurchase system ともいう; cf. finance company》: buy a house *by* [on] ～ [*H.P.*] 割賦[ローン]で家を買う. 〖1909〗
hir·er /háɪ(ə)rə | háɪərə(r)/ *n.* 雇い主, 雇用者; 賃借人. 〖(*c*1443): ⇨ hire, -er¹〗
hi-res /háɪrèz, ⸗⸗/ *adj.* 《口語》(↔ low-res) 高解像度の; とてもいい, 満足な, 気持ちのいい. 〖(*c*1975) 《略》← *hi(gh)-res(olution)*〗
Hi·ri Mo·tu /hí(ə)rimóutuː | híərimáu-/ *n.* ＝Motu.
hir·ing /háɪ(ə)rɪŋ | háɪər-/ *n.* **1** 雇用: ～ and firing 雇用と解雇. **2** 賃貸借: the ～ of a ship 傭船. 〖(*c*1400): ⇨ hire, -ing¹〗
híring fàir *n.* ＝statute fair [hiring]. 〖1883〗
híring hàll *n.* 《米》(労務者のための労働組合運営による)仕事周旋所《登録順に組合員に仕事を世話[割当て]する所; cf. shape-up》. 〖1934〗
hi-rise /háɪràɪz/ *n.* ＝high-rise.
hi-ris·er /háɪràɪzə | -zə(r)/ *n.* ＝high-riser.
hir·ple /hə́ːpl | hə́ː-/ 《スコット》 *vi.* 足をひきずって歩く (hobble). — *n.* 足をひきずった歩き方, 跛行(はこう). 〖(*a*1325) *hirple(n)* ← ? ON *herpa* cramp: cf. Icel. *herpast* to be contracted with cramp〗
Hirs·horn /hə́ːʃhɔən | hə́ːʃhɔːn/ *n.* ハーシュホーン《米国 Washington, DC にある現代専門の美術館と彫刻庭園 (the Hirshorn Museum and Sculpture Garden)》.
hir·sute /hə́ːsuːt, híə-, həsúːt | hə́ːsjuːt, -suːt, ⸗⸗/ *adj.* **1** 毛の粗い; 毛深い, 毛むくじゃらの (hairy, shaggy). **2** 毛の[に関する], 毛質の. **3** 〖生物〗長い粗毛で覆われた. **4** 〈動作などが〉粗野な (rough), 洗練されていない (unpolished). **～·ness** *n.* 〖(1621) ◻ L *hirsūtus* ← *hirtus* bristly ← IE **ghers-* to bristle: cf. L *hircus* he-goat〗
hír·sut·ìsm /-tìzm/ *n.* 〖病理〗(主に女性で男性型の)多毛症; 正常[異常]部位多毛症. 〖(1927): ⇨ ↑, -ism〗
hir·su·tu·lous /həːsúːtʃuləs, hɪə- | həːsjúːtju-, -súː-/ *adj.* 〖植物〗短めの粗毛で覆われた (cf. hirsute). 〖← HIRSUTE＋-ULOUS〗
hir·tel·lous /həːtéləs, hɪə- | həː-/ *adj.* 細い硬い毛で覆われた (finely hirsute). 〖← L *hirtus* hairy＋*-ellus* (dim. suf): ⇨ -ous〗
hi·ru·din /hɪrúːdɪn, hírju-, -dn | hɪrúːdɪn/ *n.* 〖生化学〗ヒルジン《ヒルの口腔腺からとれる灰色または白色の可溶粉末で, 凝血防止剤として使う》. 〖(1905) 《商標名》← L *hirūdō* leech＋-IN²〗
Hir·u·din·e·a /hìrjudíniə/ *n. pl.* 〖動物〗(環形動物)ヒル綱. 〖← NL ～ ← L *hirūdō* leech〗
hir·u·din·e·an /hìrjudíniən⸗/ *adj., n.* (環形動物)ヒル綱の(動物). 〖(1835): ⇨ ↑, -ean〗
hi·run·dine /hɪrándɪn, -daɪn | hɪrándaɪn/ 〖鳥類〗 *adj.* ツバメの; ツバメのような[に似た]; ツバメ科の. — *n.* ツバメ科の鳥. 〖(1831) ← L *hirundō* swallow＋-INE¹〗
his¹ /(弱) (h)ɪz; (強) híz/ ★ /h/ の脱落した発音は文や節の冒頭には現れない. *pron.* (he の所有格) **1** 彼の: ～ friends / ～ hat / ～ own act. **2** [しばしば H-; 敬称を伴って he の代用をなす]: *His* Highness ⇨ highness 2 / ～ Lordship ⇨ lordship 2 / *His* Majesty ⇨ majesty 4. 〖OE ～ (gen.) ← *hē* 'HE¹', *hit* 'IT¹'〗
his² /híz/ *pron.* (he に対する所有代名詞) **1** 彼のもの: This hat is ～. この帽子は彼のだ / *His* is a large family. 彼は大家族だ (★ *His* family is a large *one*. よりも文語的) / himself and ～ 彼(自身)と彼の所有物. **2** [... of ～ の形式をなして (cf. mine¹ 1 b ★)] 彼の...: this uncle *of* ～ 彼のこのおじ / Are you *a* friend *of* ～? あなたは彼の友人ですか? **hís and hérs** 彼と彼女のそろいのもの; 夫婦(めおと)お揃い品《セーター・バスローブ・枕カバーなど》. (1950) 〖↑〗
his/her *pron.* ＝his (or) her. ★ his or her または his her と読む (⇨ he/she).
hisn /hízən, -zn/ *pron.* (*also* **his'n**) 《方言》彼のもの (his). 〖(*c*1400) *hisen* ← *his* (↑): MINE¹, THINE, etc. からの類推〗
His·pa·ni·a /hɪspéɪniə, -njə; *Sp.* ispánja/ *n.* **1** イスパニア. ★ もとローマ帝国時代の Iberian Peninsula のラテン語名, また属州名. **2** 《詩・古》スペイン (Spain). 〖◻ L *Hispania* Spanish Peninsula〗
His·pan·ic /hɪspǽnɪk/ *adj.* **1** スペインの (Spanish). **2** ラテンアメリカの (Latin-American): ～ America＝Latin America. — *n.* (米国に住む)スペイン語を話すラテンアメリカ人. 〖(1972) ◻ L *Hispānicus* ← *Hispānia* (↑)〗
His·pán·i·cìsm /-nəsìzm | -nɪ̀-/ *n.* スペイン語法; スペイン語法的英語語法. 〖(1836): ⇨ ↑, -ism〗
His·pán·i·cist /-nəsɪst | -nɪ̀sɪst/ *n.* ＝Hispanist.
His·pan·i·cize, h- /hɪspǽnəsàɪz | -nɪ̀-/ *vt.* **1** 〈風俗・習慣などを〉スペイン風にする, スペイン化する. **2** スペインの支配[影響]下におく. **His·pan·i·ci·za·tion** /hɪspæ̀nəsɪzéɪʃən | -saɪ-, -sɪ-/ *n.* 〖(1878) ← HISPANIC＋-IZE〗
his·pa·ni·dad, H- /iːspàːniːdáːd; *Sp.* ispaniðá(ð)/ *Sp. n.* スペイン的性格《スペイン・ラテンアメリカなどスペイン語圏の住民の共通性・基本的性格を表す概念; cf. hispanism 2》. 〖(1941) ← *Sp. Hispania*＋*-dad* -ty² (cog. *deed* / G *Tat*)〗
His·pan·i·o·la /hɪ̀spənjóulə | -niə́u-; *Sp.* ispanjóla/ *n.* ヒスパニオラ(島)《西インド諸島中の島; Haiti と Dominica の両共和国領に分かれる; 面積 76,483 km²; 旧名 Haiti, Santo Domingo》.
his·pa·nism, H- /híspənìzm/ *n.* **1** スペイン語風の表現, スペイン語的語句. **2** ヒスパニズム《ラテンアメリカ諸国とスペインとの精神・文化の統合・発展を図ろうとする運動; cf. hispanidad》. 〖(1940) ◻ Sp. *hispanismo* ← *hispano* Spanish＋*-ismo* -ism〗
Hís·pa·nist /-nɪ̀st | -nɪst/ *n.* スペイン[ポルトガル]学者《言語・文学・文化の研究家》. 〖(1786) ◻ Sp. *hispanista*: ⇨ ↓, -ist〗
His·pan·o- /hɪspǽnou, -páːn- | -nəu/「スペインと...と の (Spanish and ...)」の意の連結形. 〖← Sp. *Hispano* ← L *Hispānus* Spanish〗
Hispáno-Gállican *adj.* イスパニアとゴール (Gaul) との, スペインとフランス(間)の.
Hispáno-Morésque *adj.* スペインムーア的な《ムーア人 (moors) がスペインを占領していた時代に関する[に作られた]; 主に芸術作品について用いられる》. 〖1897〗
his·pid /híspɪd | -pɪd/ *adj.* 〖生物〗剛毛のある (bristly, shaggy). **his·pid·i·ty** /hɪspídəti | -dɪ̀ti/ *n.* 〖(1646) ◻ L *hispidus* bristly〗
his·pid·u·lous /hɪspídʒuləs | -dju-/ *adj.* 〖生物〗ごく微小な剛毛のある (cf. hispid). 〖(1854): ⇨ ↑, -ulous〗
hiss /hís/ *vi.* **1** 〈人が〉しゅーと言う, (非難してまたは怒って)しっと言う〔*at*〕: 'Shut up', I ～*ed* (*at* him).＝I ～*ed at* him *to* shut up.「黙って」と彼にごく小さい声で言った. **2 a** 〈へび・がちょうなどが〉しゅー[しゅっ]という声を出す. **b** 〈火に注いだ水などが〉しゅー[じゅー]と声を立てる (sizzle); 〈空気・蒸気などが(もれて)しゅーしゅーと音がする; 〈静かな波が〉さーっと音を立てる: be ～*ing* hot 煮えたぎる / A ball ～*ed* by. ボールがひゅーっとそばを飛んで行った / The sea ～*ed* beyond the hotel. ホテルの向こうにはさーっさーっと波の音がしていた. — *vt.* **1** しっしっとしかる[追う], しっしっとののしる[制止する]: ～ away a dog しっしっと言って犬を追払う / ～ down a speaker 話し手をしーしーと言ってののしる / ～ off an actor＝～ an actor off the stage しっしっと言って役者を引っ込ませる / ～ one's disdain [disapproval] しーっと言って軽蔑[不賛意]を示す. **2** 〖音声〗スー音で発音する (cf. hush¹ 4); 無声スー音で発音する.
— *n.* **1 a** しっという(非難, 嘲笑の)声, しっしっという音: She lit a cigarette and inhaled with a ～. 巻きたばこに火をつけ, すーっとひと口吸った / The proposal was greeted with ～*es* of protest. その提案にはひゅーという抗議の声があがった. **b** (へびなどの)しゅっしゅっ[しゅー]と鳴らす音. **c** (雨・水などの)さっと当たる音: the ～ of rain against the casements 窓にさっと当たる雨の音. **2** 〖音声〗スー音 (hissing sound); 無声スー音 (〖s〗; cf. buzz 5). **3** 〖電子工学〗ヒス《高音域の雑音》. **～·er** *n.* 〖(*c*1395) *hisse(n)*: 擬音語〗
his·self /hɪ(z)sélf/ *pron.* ＝himself《非標準的な語》. 〖lateOE *his seolfes*: ⇨ his, self〗
hiss·ing *n.* **1 a** しーっと音を立てること. **b** しーっという音. **2** 《古》あざけり, 軽蔑(の対象). 〖(*c*1384) ← HISS＋-ING¹〗
híssing sòund *n.* 〖音声〗スー音《鋭い音色の歯擦音 [s], [z]; cf. hushing sound, sibilant》. 〖1741〗
hist /(p)s:(t), ps:, híst/ *int.* しーっ, 静かに (hush). 〖(1595–96): 《擬音語》〗
hist. 《略》histology; historian; historical; history.
hist- /hɪst/ (母音の前にくるときの) histo- の異形.
His·ta·drut /hìstaːdrúːt/ *n.* ヒスタドルート, ユダヤ労働者総同盟《イスラエルの労働同盟; 1920 年の創始》. 〖(1923) ← ModHeb.〗
his·ta·min /hístəmɪn | -mɪn/ *n.* 〖化学〗＝histamine. 〖1913〗
his·tam·i·nase /hɪstǽmɪnèɪs | -mɪ-/ *n.* 〖生化学〗ヒスタミナーゼ《ヒスタミンを酸化する酵素, アレルギー治療薬》. 〖(1930): ⇨ ↓, -ase〗
his·ta·mine /hístəmìːn, -mɪn | -mìːn, -mɪn/ *n.* 〖化学〗ヒスタミン ($C_3H_3N_2CH_2CH_2NH_2$)《白い結晶物で麦角および筋肉・脳下垂体その他動物器官に存する; 胃液分泌を促進し子宮筋を収縮させ血圧を降下させる; 魚による食中毒原因物質でもある; cf. autihistaminic》. **his·ta·min·ic** /hìstəmínɪk⸗/ *adj.* 〖(1913) ← HISTO-＋AMINE〗
his·ta·min·er·gic /hìstəmɪnə́ːdʒɪk | -mɪnə́ː-⸗/ *adj.* 〖医学〗〈自律神経繊維が〉ヒスタミン作働性の. 〖(1936) ← HISTAMINE＋-ERGY＋-IC¹〗
his·ter /hístə | -tə(r)/ *n.* 〖昆虫〗エンマムシ科の甲虫の総称; (特に)エンマムシ属 (*Hister*) の甲虫. 〖(1794) ← NL *Hister* ← L *hister* actor〗
his·ti- /hísti/ (母音の前にくるときの) histio- の異形.
his·ti·dine /hístədìːn, -dɪn | -tɪdiːn, -dɪn/ *n.* (*also* **his·ti·din** /hístədɪn | -tɪdɪn/) 〖化学〗ヒスチジン ($C_3H_3N_2CH_2CH(NH_2)COOH$)《塩基性のアミノ酸の一種》. 〖(1896) ← HISTO-＋-IDINE〗
his·ti·o- /hístiou | -tiəu/ 次の意味を表す連結形: **1** 「帆 (sail)」. **2** 「組織 (tissue)」. ★ 母音の前では通例 histi- になる. 〖← Gk *histíon* (dim.) ← *histós* web〗
his·ti·o·cyte /hístiəsàɪt/ *n.* 〖医学〗組織球《細網内皮系に属する細胞; clasmatocyte, macrophage ともいう》.
his·ti·o·cyt·ic /hìstiəsítɪk | -tɪk⸗/ *adj.* 〖(1924) ← HISTIO-＋-CYTE〗
his·to- /hístou | -təu/「組織 (tissue)」の意の連結形《ギリシャ語系の術語に用いる》. ★ 母音の前では通例 hist- になる. 〖← Gk *histós* web, tissue〗
his·to·blast /hístəblæ̀st/ *n.* 〖生物〗組織原細胞《組織形成に関する細胞; histiocyte, imaginal disk など》. 〖⇨ ↑, -blast〗
hìsto·chémical *adj.* 組織化学の[に関する, による]. **～·ly** *adv.* 〖(1874) ← HISTO-＋CHEMICAL〗
hìsto·chémistry *n.* 組織化学《生化学と組織学の手法を併用して細胞や組織の化学的組成を研究する》. 〖(1861) HISTO-＋CHEMISTRY〗
hìsto·compatibílity *n.* 〖医学〗組織適合性《組織相互間の移植適性; ↔ histoincompatibility》.
hìsto·compátible *adj.* 〖(1948) ← HISTO-＋COMPATIBILITY〗
histocompatibílity àntigen *n.* 〖医学〗組織適合抗原. 〖*c*1965〗
his·to·gen /hístədʒɪn, -dʒèn/ *n.* 〖植物〗原組織《永存組織に分化するもとの初生組織》. **his·to·gen·ic** /hìstədʒénɪk⸗/ *adj.* 〖(*c*1920) ← HISTO-＋-GEN〗
hìsto·génesis *n.* 〖生物〗組織形成[生成], 組織発生(論). **hìsto·genétic** *adj.* **hìsto·genéti·cally** *adv.* 〖(1854) ← HISTO-＋GENESIS〗
hìsto·genétics *n.* 〖生物〗組織発生学.
his·tog·e·ny /hɪstá(ː)dʒəni | -tɔ́dʒɪ-/ *n.* ＝histogenesis. 〖1847〗
his·to·gram /hístəgræ̀m/ *n.* 〖統計〗ヒストグラム, 度数分布図, [度数]柱状[棒状]図, (俗に)棒グラフ (cf. stem-and-leaf diagram). 〖(1891) ← HISTO-＋-GRAM〗
his·tog·ra·phy /hɪstá(ː)grəfi | -tɔ́g-/ *n.* 〖生物〗組織描写. 〖← HISTO-＋-GRAPHY〗
his·toid /hístɔɪd/ *adj.* 〖病理〗**1** 〈腫瘍が〉正常な組織に似た. **2** 〈腫瘍が〉単一の組織から成る. 〖(1872) ← HISTO-＋-OID〗
hìsto·incompatibílity *n.* 〖医学〗組織不適合性 (↔ histocompatibility). 〖1948〗
his·tol·o·gy /hɪstá(ː)lədʒi | -tɔ́l-/ *n.* **1** 組織学《生物学・解剖学の一分科, 顕微鏡的解剖学》. **2** (生物の)組織構造. **his·to·log·i·cal** /hìstəlá(ː)dʒɪkəl, -kl | -lɔ́dʒɪ-⸗/ *adj.* **hìs·to·lóg·ic** /-dʒɪk⸗/ *adj.* **hìs·to·lóg·i·cal·ly** *adv.* **his·tól·o·gist** /-dʒɪst | -dʒɪst/ *n.* 〖(1847) ← HISTO-＋-LOGY〗
his·tol·y·sis /hɪstá(ː)ləsɪs | -tɔ́lɪsɪs/ *n.* 〖生物〗(生物の)組織分解, 組織溶離. **his·to·lyt·ic** /hìstəlítɪk | -tɪk⸗/ *adj.* **hìs·to·lýt·i·cal·ly** *adv.* 〖(1857) ← HISTO-＋-LYSIS〗
hìsto·morphólogy *n.* 〖生物〗組織形態学, 組織学 (histology).
his·tone /hístoun | -təun/ *n.* 〖生化学〗ヒストン《塩基性蛋白質の一種》. 〖(1885) ← HISTO-＋-ONE〗

hìsto·pathólogy *n.* 〖病理〗組織病理学. **hìsto·pathológic** *adj.* **hìsto·pathológical** *adj.* **hìsto·pathológically** *adv.* **hìsto·pathólogist** *n.* 〖(1896) ← HISTO-+PATHOLOGY〗

hìsto·physiólogy *n.* 組織生理学. **hìsto·physiológic** *adj.* **hìsto·physiológical** *adj.* **hìsto·physiólogist** *n.* 〖1886〗

his·to·plas·min /hìstəplǽzmɪn | -mɪn/ *n.* 〖医学〗ヒストプラスミン《ヒストプラスマ症の皮膚反応テストに用いる》. 〖(1945) ← HISTO-+PLASMA+-IN²〗

his·to·plas·mo·sis /hìstoʊplæzmóʊsɪs | -tə(ʊ)plæzmə́ʊsɪs/ *n.* 〖病理〗ヒストプラスマ症《発熱·貧血·白血球減少·肝臓肥大などを主徴とする病気》. 〖(1907): ⇨ ↑, -osis〗

his·to·ri·an /hɪstɔ́ːriən/ *n.* **1** 歴史家, 歴史学者, 史学専攻者: an art ~ 美術史家. **2** 年代記編者 (chronicler). 〖(?a1439) □ (O)F *historien*: ⇨ history, -an¹〗

his·to·ri·at·ed /hɪstɔ́ːrièɪtɪd | -tɪd/ *adj.* (人などの)絵柄の, 絵模様の (storiated)《中世の写本などで頭文字やページの縁取りなどを人物·動物·花などの図形で飾った》. 〖(1886) ← ML *historiātus* ((p.p.) ← LL *historiāre* to depict)+-ED: ⇨ history, -ate²〗

his·tor·ic /hɪstɔ́(ː)rɪk, -tɑ́(ː)r- | -tɔ́r-/ *adj.* **1** 歴史上有名な[重要な], 歴史上の連想豊かな, 歴史に残る: a ~ spot 史跡 / ~ places=places of ~ interest [importance] 史跡, 旧跡 / a ~ battlefield 戦跡, 古戦場 / ~ ruins and monuments 歴史上有名な廃墟や遺蹟 / a ~ speech [event, agreement] 歴史的演説[事件, 合意] / ~ times 有史時代. **2** 《古》=historical. **3** 〖文法〗〈ラテン語·ギリシャ語·サンスクリット語の動詞時制が〉過去の (secondary). 〖(1607) □ L *historicus* ← Gk *historikós*: ⇨ history, -ic¹〗

his·tor·i·cal /hɪstɔ́(ː)rɪkəl, -tɑ́(ː)r-, -kl | -tɔ́rɪ-/ *adj.* **1** 歴史の[に関する], 史学の; 史学的方法の: ~ science 歴史学, 史学 / a ~ treatise 史論 / ~ studies 歴史[史学]研究 / give a ~ account of a language ある国語を歴史的に説明する. **2 a** 史料となる; 歴史に記録されている: a ~ document 史料, 史的文書 / ~ evidence 史実 / a ~ fact 歴史的事実 / a ~ event [personage] 歴史上の事件[人物] / Was King Arthur a (real) ~ figure or only a legend? アーサー王は実在した人物なのか伝説なのか. **b** 史実に基づく, 史的根拠のある: a ~ play 史劇 / a ~ painting [picture] 歴史画 / a ~ painter 歴史画家. **3** 〖文法〗歴史的(叙法)の: ~ infinitive 史的不定詞《ラテン語の史的叙法の不定詞で主格の主語をとり Indicative に代用する》/ ~ tenses《ギリシャ·ラテン語の》歴史時制《過去の事件を叙述する時に用いられる imperfect, aorist, pluperfect など; cf. primary *adj.* 16 b》. **~·ness** *n.* 〖(?a1425) ← L *historicus* (↑)+-AL¹〗

histórical críticism *n.* 〖文学〗歴史的批評.

histórical geógraphy *n.* 歴史地理学. 〖1881〗

histórical geólogy *n.* 〖地質〗地史学. 〖1923〗

histórical linguístics *n.* 歴史言語学, 史的言語学《言語の通時的変遷を取扱う言語学の一分野; diachronic linguistics ともいう; cf. descriptive linguistics》. 〖1924〗

his·tor·i·cal·ly /hɪstɔ́(ː)rɪkəli, -tɑ́(ː)r-, -kli | -tɔ́r-/ *adv.* **1** 歴史的に(言えば), 歴史上, 史実として. **2** 歴史的(研究)方法によって. 〖(1550) ← HISTORICAL+-LY¹〗

histórical matérialism *n.* 〖哲学〗史的唯物論《歴史の発展の要因は観念でなく物質であるとする見解; cf. dialectical materialism》. 〖1925〗

histórical méthod *n.* 歴史的研究方法. 〖1843〗

histórical nóvel *n.* 歴史小説. 〖1826〗

histórical présent *n.* [the ~]〖文法〗(歴)史的現在《過去の事実の叙述を生き生きさせるために用いる現在時制; historic present, dramatic present ともいう》. 〖1867〗

histórical schòol *n.* 歴史学派: **1** 〖経済〗歴史的視点を重んじ, 古典学派に対抗して 1840 年代から 20 世紀の初めにかけてドイツを中心にして起こった一派. **2** 〖法律〗法は君主の命による所産でなく歴史的·社会的事情による所産であるとする法学者の一派. 〖1876〗

históric-còst *adj.* 〖会計〗歴史的原価の, 取得原価の《実際に支出した金額による; cf. current-cost》.

históric epíscopate *n.* 〖キリスト教〗初期の監督[主教, 司教].

his·tór·i·cìsm /-rəsìzm | -rɪ-/ *n.* **1** 〖哲学〗歴史主義《史的発展こそ人間存在のもっとも根本的な契機であるとする立場》. **2** 〖歴史〗歴史的相対論[主義] (historical relativism)《歴史の諸現象はそれぞれ固有の条件下で生まれたものであり, 過去の時代·文化に対しては絶対的価値判断は排除すべきだという説》. **3** (建築設計論における)歴史主義, 様式主義. **4** 過去の制度·伝統に対する強度の関心, 歴史崇拝. **5** 歴史的進化の法則を探求しようとする態度. 〖(1895)《なぞり》← G *Historismus*: ⇨ historic, -ism〗

his·tór·i·cist /-rəsɪst | -rɪsɪst/ *n.* 歴史主義者; 歴史的相対論者. 〖(1937) ← HISTORIC+-IST〗

his·to·ric·i·ty /hìstərísəti | -sɪti/ *n.* 史実性, 史的確実性; 史的典拠. 〖(1880) ← HISTORIC+-ITY〗

his·tor·i·cize /hɪstɔ́(ː)rəsàɪz, -tɑ́(ː)r- | -tɔ́rɪ-/ *vt.* **1** 歴史的にする, 歴史[史実]化する; 史実に基づかせる. **2** 史実らしく見せる, 歴史的事実と思われる. 〖(1846) ← HISTORIC+-IZE〗

his·tor·i·co- /hɪstɔ́(ː)rɪkoʊ, -tɑ́(ː)r- | -tɔ́rɪkəʊ/「歴史の (historical); 歴史と…との (historical and …)」の意の連結形: *historico*critical 史的批評的. 〖← NL ~ ← L *historicus*: ⇨ historic〗

Históric Pláces Trùst *n.* (NZ) 歴史遺跡[特にマオリ (Maori) の遺跡]の保存を図る団体.

históric présent *n.* 〖文法〗=historical present.

hís·to·ried *adj.* 歴史をもつ, 歴史に載っている, 由緒のある (historical). 〖(1818) ← HISTORY+-ED 2〗

his·to·ri·ette /hɪstɔ̀ːriét; *F.* istɔʀjɛt/ *n.* 小史 (short history); 短編物語 (short story). 〖(a1704) □ F ~ ← *histoire* 'HISTORY'+-ETTE〗

his·to·ri·og·ra·pher /hɪstɔ̀ːriɑ́(ː)grəfə | -tɔriɔ́grəfə^(r), -tɔːr-/ *n.* **1** 歴史家 (historian). **2** 史料編修員, 修史官. 〖(1494) ← LL *historiographus* (⇨ history, -o-, -graph)+-ER¹〗

his·to·ri·og·ra·phy /hɪstɔ̀ːriɑ́(ː)grəfi | hìstɔriɔ́g-, -tɔːr-/ *n.* **1** 史料編修, 修史《特に史料に厳密な吟味を行うもの》. **2** 修史論, 歴史学方法論. **3** [集合的] 正史, 史乗, 史書. **his·to·ri·o·graph·ic** /hɪstɔ̀ːriəgrǽfɪk | -tɔ̀r-⁻/ *adj.* **his·tò·ri·o·gráph·i·cal** /-fɪkəl, -kl | -fɪ-⁻/ *adj.* **his·tò·ri·o·gráph·i·cal·ly** *adv.* 〖(1569) □ Gk *historiographía*: ⇨ history, -o-, -graphy〗

his·tor·ism /hístərìzm/ *n.* =historicism. 〖□ G *Historismus* ← *Historie* history: ⇨ -ism〗

his·to·ry /hístəri, -tri/ *n.* **1 a** 歴史; 史実; (歴)史学: ancient ~ 古代史, 上古史 / medieval ~ 中世史, 中古史 / modern ~ 近代史, 近世史 / a question of ~ 歴史上の問題 / a matter of ~ 歴史に記録された事柄 / The agreement will go down in ~ as the beginning of a new era. この協定は新しい時代の幕開けとして歴史に残るだろう / *History* repeats itself.《諺》歴史は繰り返す / pass into ~ 歴史[過去のこと]となる. **b** 歴史書, 史書. **2 a** 経歴, 来歴, 由緒; 変化の多い経歴, いわく付きの身の上話; (患者の)病歴: a woman with a ~ いわく付きの女 / This diamond has a strange ~. このダイヤ(モンド)には不思議な来歴がある / He has had a bad ~ with girls. 過去に芳しくない女性関係があった. **b** 過去のこと: That is all (ancient [past]) ~. それは皆昔のことだ / Our days of glory are ~ now, I'm afraid. 我々の栄光の日々は昔のことになってしまった. **c** 歴史に残るような事件[行為, 思想]. **d** (報告的な)話, 物語 (tale, story). **3** (学問·芸術·宗教·法律制度·言語などの)変遷, 進化発達史: a ~ of English 英語(発達)史. **4** (自然界の)組織的記述: ⇨ natural history. **5** 史劇 (historical play): Shakespeare's *histories*. **6** 〖電算〗ヒストリー, 履歴《過去の検索·コマンド投入などの記録》. ***make history*** 歴史に残るだけの重要な事をする, 歴史に影響を与える: The landing of Apollo 11 on the moon *made* ~. アポロ 11 号の月面着陸は歴史を作った / They *made* ~ by climbing [when they climbed] Everest. エベレストに登るという偉業を成し遂げた. 〖1862〗 ***the rést is history*** その後は皆さんがよくご存じのとおり.

— *vt.* 《廃》記録する, 語る.

〖(a1393) *histori(e), histoire* □ (O)F *histoire* // L *historia* □ Gk *historía* knowledge gained by inquiry, historical narrative ← *hístōr* knowing, wise ← IE **weid-* to see (⇨ vision): cf. story¹〗

his·to·sol /hístəsɑ̀(ː)l | -sɔ̀l/ *n.* 〖土壌〗ヒストソル《有機物を多く含む湿った土壌》. 〖(c1970) ← HISTO-+-*sol* (← L *solum* soil)〗

hìsto·thrómbin *n.* 〖生化学〗ヒストトロンビン《結合組織中に含まれているトロンビン》. 〖← HISTO-+THROMBIN〗

his·to·troph /hístətrɑ̀(ː)f, -trɔ̀(ː)f | -trɔ̀f/ *n.* 〖生物〗組織栄養素《母体血液以外から胎児に供給される栄養物; cf. embryotroph, hemotrophe》. 〖□ F *histotrophe*: ⇨ histo-, troph-〗

his·tri·on /hístriɑ̀(ː)n | -ɔ̀n/ *n.* 《軽蔑》役者 (actor). 〖(c1566) □ F ~ □ L *histriō(n-)* stage player〗

his·tri·on·ic /hìstriɑ́(ː)nɪk | -ɔ́n-⁻/ *adj.* **1** 俳優の[に関する]; 演技の[に関する]; 演劇の[に関する] (dramatic): the ~ tribe 演劇界[梨園(りえん)]の人々, 俳優たち, 役者連. **2** 演劇めいた, 芝居がかった, わざとらしい (staged) (⇨ dramatic SYN). **3** 〖病理〗顔面筋の: ~ spasm [paralysis] 顔面痙攣(けいれん)[麻痺]. **—** *n.* 《古》俳優, 役者 (actor). 〖(1648) ← LL *histriōnicus* ← *histriō(n-)* stage player: ⇨ -ic¹〗

his·tri·ón·i·cal /-nɪkəl, -kl | -nɪ-⁻/ *adj.* =histrionic. **~·ly** *adv.* 〖(1560): ⇨ ↑, -ical〗

hìs·tri·ón·i·cìsm /-nəsìzm | -nɪ-/ *n.* 演劇的しぐさ, 演技. 〖(1870) ← HISTRIONIC+-ISM〗

his·tri·on·ics /hìstriɑ́(ː)nɪks | -ɔ́n-/ *n. pl.* [時に単数扱い] **1** 演劇, 演芸 (theatricals). **2** (効果をねらった)演技, (芝居がかりの)しぐさ. 〖(1864): ⇨ histrionic, -ics〗

his·tri·o·nism /hístriənìzm/ *n.* (舞台上の)演技 (acting); (芝居がかりの)しぐさ. 〖(1682) ← L *histriō(n-)* stage player+-ISM〗

hit /hít/ *v.* (~; **hit·ting**) **—** *vt.* **1 a** (強く)打つ, たたく (⇨ strike SYN): ~ a ball with a bat バットでボールを打つ / ~ a nail with a hammer 金槌で釘を打つ. **b** …に強くぶつかる, ぶつける, 打ち当てる 〔*against, on*〕: The car ~ the wall. 車が塀にぶつかった / ~ one's head *against* [*on*] a shelf [post] 棚(たな)[柱]に頭をぶつける. **c** 〖野球〗〈安打などを〉打つ: ~ a homer 本塁打を打つ. **d** 〖クリケット〗打って〈得点を〉とる: ~ three scores 60 点打つ.

2 〈的など〉にうまく当てる, 射当てる, 打ち当てる, …に命中する (↔ miss): ~ a target [mark] 的を射当てる / The ball ~ him in the eye [on the nose]. ボールが彼の目[鼻]に当たった / I'm [I've been] ~. (弾丸に当たって)やられた / He was ~ in the chest. 胸を銃撃された.

3 a 〈打撃を〉加える, (がんと)くらわせる (deliver, deal): ~ a person a heavy blow *on* the head 人の頭にがんとくらわせる. **b** 〈人を〉殴る (strike): Is it ever right to ~ children? 子供をなぐることは一体いいことか / ~ a person in the eye 人の目を殴る / ~ a person when he's down (ボクシングなどで)倒れた相手を打つ; 〈相手の〉不運に追い討ちをかける. **c** 〈嵐などが〉襲う: A heavy storm [earthquake] ~ the district. 大嵐[大地震]がその地方を襲った.

4 a (偶然またはうまく)見つける, …に行き当たる (light upon): ~ the right road 正しい道に出る. **b** (偶然)…に出くわす, 経験する: ~ a run of bad luck 続けざまに不運に出遭う / ~ a problem [difficulty] 問題[困難]に出くわす. **c** 《俗》〈くじなど〉に当たる, 〈くじなど〉を当てる.

5 a (うまく)言い当てる: You've ~ it! ご名答. **b** 〈言葉が〉…に的中する, 的確にとらえる; 〈目的·好み〉に合う (suit): This dress ~*s* my fancy. この服はちょうど私の好みにぴったりだ. **c** …とぴったり[呼吸が]合って行動する: ~ a theatrical cue 台詞(せりふ)のやり取りがぴったり決まる.

6 a 〈人〉に思い浮かぶ: An idea ~ him. ある考えが浮かんだ / It suddenly ~ me that there was a better way. もっといい方法があると突然ひらめいた. **b** 《口語》…に影響する; 印象づける (affect, impress, grab): How does that ~ you? それをどう思う[感じる]か. **c** 強調する (stress).

7 a …に打撃[痛手]を与える, 〈皮肉などが〉〈人を〉傷つける, 〈人〉の感情を害する (wound): The taunt ~ him hard. 侮辱はひどく彼にこたえた / Inflation has ~ our pockets. インフレは我々のポケット[財布]に響いてきた / be hard ~ ひどい打撃を受ける; 参る, 苦しむ. **b** きびしく批判する, 非難する (censure).

8 正確に再現する, 巧みに模写する.

9 a 〈作家が〉〈雑誌など〉に作品発表の機会を得る. **b** 〈ニュースなどが〉…に報道される, 掲載される: ~ the front page of a newspaper 新聞の一面に載る / ~ the headlines 大見出しになる. **c** 〈商品が〉〈市場など〉に出る: Bonitos ~ the market. 鰹(かつお)が市場に出た.

10 a 〈ある数値·程度·水準〉に達する, 至る (attain): Commodity prices ~ a new high. 物価は新高値になった / The stocks ~ the highest. 株は天井をついた / The car can ~ 150 m.p.h. その車は時速 150 マイル出せる. **b** 〈場所〉に到着する: ~ a path 小道に出る / She ~ town in the 1960s and was an instant success. 彼女は 1960 年代に町に来てすぐに成功を収めた. **c** 《口語》〈道などを〉歩き始める; (ふと)…に立ち寄る: ⇨ *hit the* ROAD. **11** 〈魚が〉〈餌(えさ)〉に食いつく (take): ~ a bait. **12** 《口語》(打ちつけたり, 触れたりして)動かす, 始動させる: ~ a light 明かりをつける / ~ the brakes ブレーキをかける. **13** 《米·カナダ俗》〈人〉に〈仕事·借金などを〉要求する 〈*up*〉〔*for*〕: He ~ me (*up*) *for* ten dollars. 私に 10 ドル貸せと要求した. **14 a** 《口語》〈酒など〉に溺れる; 〈麻薬などを〉吸う: ~ the bottle (瓶の)酒をがぶがぶ飲む / ~ the pipe あへんを吸う. **b** 《俗》〈人〉に麻薬を注射する[与える]. **15** 《俗》殺す, ばらす (kill); 奪う (rob). **16** 〖トランプ〗 **a** (blackjack で)カードをもう一枚〈子〉に配る; 〈親〉からもう一枚手にもらう: *Hit* me (with another card). もう一枚くれ. **b** (gin rummy で)〈次の人が使えるようなカードを〉捨てる, ふりこむ.

— *vi.* **1 a** 打つ; ねらい打つ, 打ってかかる 〔*at*〕. **b** 〖野球〗安打する, ヒットを打つ. **2 a** 打ち当たる, ぶつかる, 衝突する (strike) 〔*against, on, upon*〕: ~ *against* a wall 壁にぶつかる / ~ *on* [*upon*] a rock 岩に打ち当たる. **b** 攻撃する (attack) 〔*at*〕. **c** 嘲笑する (ridicule) 〔*at*〕. **d** 〈嵐などが〉襲う, 起こる: The snowstorm ~. 吹雪が襲った. **3 a** 〈くじなど〉に的中する, (うまく)当たる; 言い当てる 〔*on, upon*〕. **b** 見当たる, 思い当たる, 見つかる 〔*on, upon*〕: ~ (*up*)*on* a plan 計画を思いつく. **4** 〈魚が〉餌(えさ)に食いつく, あたる. **5** 〈内燃機関が〉ガス爆発でピストンを動かす. **6** 《俗》麻薬を注射する.

hít and rún (1) 〖野球〗ヒットエンドランをする. (2) ひき逃げをする. (3) 奇襲をする. 〖1966〗 ***hít báck*** 仕返しをする 〔*at*〕: He insulted me and I tried to ~ *back* (*at* him). 彼は私を侮辱したのでやり返そうとした. ***hít a person for six*** ⇨ six 成句. ***hít hóme*** ⇨ home *adv.* 成句. ***hít it*** (1) ⇨ *vt.* 5 a. (2) 《俗》〖音楽〗演奏を始める. ***hít it óff*** 《口語》仲よくやる, 折り合う (get along) 〔*with*〕/ 〈*together*〉: He didn't ~ *it off* well *with* her. 彼女と折合いがよくなかった. 〖1780〗 ***hít it úp*** (1) 急いでやる, さっと片付ける; 急ぐ. (2) 頑張る, 頑張っていく. ***hít óff*** (1) (うまく)表現する, 描写する; (諷刺の目的で)まねる, 模倣する (imitate). (2) 調和する, 折り合う 〔*with*〕. ***hít on*** [***upon***] (1) ⇨ *vi.* 3 a, b. (2) 〈女性〉にしつこく言い寄る. ***hít or*** [***and***] ***miss*** 当たっても当たらなくても; のるかそるか; 成否を運に任せて, 行き当たりばったりで. 〖1601–02〗 ***hít óut*** 激しく[あちこち]打つ; 〔人·物を〕批評[攻撃]する 〔*at, against*〕. ***hít a person òver the héad*** (1) 〈人〉の頭を打つ. (2) 〈人の頭〉に繰り返したたきこむ. ***hít the high póints*** [***spóts***] 《口語》(1) もっとも重要な(もしくは目立った)点にふれる, (上記のような)場所へ行く: a book that ~ only *the high points* of the subject その問題の要点のみにふれた本 / With only a few days in Paris the best we could do was ~ *the high spots*. パリにほんの 2, 3 日しかいられなかったから, 我々はせいぜい重要なところしか行けなかった. (2) 簡単に上面のみをなでる. ***hít the ríght nóte*** ⇨ note 成句. ***hít úp*** (1) せきたてる, …に馬力をかけさせる (cf. HIT *it up*, speed up): *Hit* her *up*, or you'll be late. 馬をせきたてないと遅れるよ. (2) 〖クリケット〗〈点を〉得る (make): ~ *up* runs. (3) ⇨ *vt.* 13. ***hít a person where it húrts*** (***móst***) 人の痛い所[急所]をつく. ***nòt knów*** [***wónder***] ***whàt hít one*** 《口語》(1) (不意に)殺される. (2) ひどく戸惑う, 狼狽(ろうばい)する. 〖1923〗

— *n.* **1 a** 打当て, (打撃の)当たり, 的中打 (stroke, blow); 命中, 的中; 命中弾: a clever ~ うまい当たり / a direct ~ by a bomb 爆弾の直撃. **b** ぶつかり, 衝突

H

(collision). **c**〖クリケット・野球〗安打, ヒット: a clean ~ 快打, クリーンヒット / a ~ for three〖クリケット〗3 点打 / a long ~〖野球〗長打《二・三塁打または本塁打》/ ⇨ sacrifice hit. **2 a**《運の》当たり. **b**《口語》《劇・歌謡曲などの》ヒット, 成功 (success); 人気作品; 人気者: a ~ song [tune] ヒットソング[曲] / make a (lucky) ~ うまく当てる / The play was a (big) ~. その芝居は(大)当たりを取った / The playwright had three ~*s* in succession. その劇作家はヒットが三つ続いた / The book is a decided ~. その本は断然大当たりだ / make [be] a great ~ (with the public) 大当たりを取る. **c**《くじ・賭けの》当たり. **3** うがった言葉, 急所を突く皮肉, 当てこすり (repartee); 酷評: His answer was a clever ~. 彼の答えは巧みに要点を突いていた / That is a ~ *at* him. それは彼に対する当てこすりだ. **4**〖電算〗《検索時の》該当(項目), ヒット. **5**《俗》麻薬[ヘロイン]の(一回の)注射; 酒の一杯; たばこの一服. **6**《俗》《やくざ仲間による》殺し, 殺害. **7**〖遊戯〗(backgammon で) 競技の相手がまだ駒を盤から除き始めたあとでゲームに勝つこと. **8**〖印刷〗=impression 6 a.
màke* [*scóre*] *a hít with 《口語》…にいい印象を与える.〖v.: lateOE (*ge*)*hyttan* ◻ ? ON *hitta* to meet with (Swed. *hitta* / Dan. *hitte*) < Gmc **χitjan* ← ?. — n.: 《*c*1450》*hete* ← (v.)〗

H **hít-and-míss** *adj.* 調子が良かったり悪かったりの, 行きあたりばったりの, でたらめな (random).〖1897〗
hít-and-míss wìndow *n.*〖建築〗無双窓.
hít-and-rún *adj.* **1** ひき逃げする, ひき逃げによって生じた: a ~ accident ひき逃げ事故 / a ~ driver ひき逃げ運転者. **2**《行動が》すばやい, 敏捷(びん しょう)な; 奇襲の: a ~ raid 急襲. **3**〖野球〗ヒットエンドランの《打者と走者とがあらかじめ合図してバッティングと走塁とを同時に敢行する》: a ~ play. — *n.* **1**〖野球〗ヒットエンドラン. **2** ひき逃げ.〖1899〗
hitch[1] /hítʃ/ *vt.* **1** (急激に)ぐいと動かす[引く, ひねる, 引き寄せる]: ~ *up* one's trousers ズボンをぐいと引き上げる / ~ one's chair over to the table 椅子をテーブルに引き寄せる. **2**〈環・かぎ・綱などを〉引っかける: ~ a rope *over* [*around*] a bough 綱を枝に引っかける / My dress got ~*ed* on a nail. ドレスが釘に引っかかった. **3 a** [しばしば ~ *up* として]〈牛・馬を〉〈杭(くい)などに〉つなぐ (tether), 〈車に〉つける (harness, yoke), 〈牽引車などを〉〈農具に〉つなぐ, 〈故障した車などを〉〈他の車に〉つなぐ〔*to*〕: ~ (*up*) a horse (*to* a cart) 馬を車につける. **b**〈車〉に牛[馬]をつける; 〈牽引車などに〉農具を取りつける〔*to*〕: ~ a cart to a horse. **4**〈ある事を〉〈人の話・著作物に〉うまく引っ張り込む, 取り込む〔*into*〕. **5**《口語》=hitchhike. **6**〔通例受身で〕《俗》結婚させる, 一緒にする: get [be] ~*ed* 結婚する[している]. — *vi.* **1 a** ぐいと動く. **b** 不自由な足で歩く (hobble); (馬が進むときに)自分の脚どうしをぶつける. **2** 引っかかる, からまる (stick)〔*on, on to, in*〕: My dress ~*ed on* a nail. 服が釘に引っかかった. **3** [~ *up* として] 牛[馬]を車につける. **4**《口語》=hitchhike. **5**《俗》結婚する〈*up*〉.
hítch hórses togéther ⇨ horse 成句. ***hítch* one's *wágon to a stár*** ⇨ wagon 成句.
— *n.* **1 a** ぐいと引くこと, 急激な引上げ[下げ] (jerk). **b** 不自由な足で歩くこと (hobble). **2 a**《動作の》急停止 (halt). **b** 障害, 故障 (impediment): a technical ~ 技術上の障害 / without a ~ 滞りなく, すらすらと. **3** (農具などを牽引(けんいん)車に取り付ける)連結, 牽引装置. **4** からまり, 引っかかり (catch). **5**《口語》ヒッチハイク (lift, ride). **6**〖海事〗結索, 引掛け結び (cf. bend[1] 5, knot[1] 1 b). **7**《米・カナダ口語》服役期間. **8**〖鉱山〗**a** 小断層《採掘中の炭層の厚みより小さい程度のずれしかないもの》. **b**《坑道の壁面に掘られた》小さな凹み.
~·er *n.* 〖《?*c*1200》*hicchen* to move, remove ← ?: cf. LG *hicken*〗
hitch[2] /hítʃ/ *n.*〖魚類〗ヒッチ (*Lavinia exilicauda*)《米国 California 州 San Francisco, Monterey 付近の川にすむコイ科の小魚》.〖?〗
Hitch·cock /hítʃkɑ(ː)k | -kɔk/, **Sir Alfred (Joseph)** *n.* ヒッチコック《1899-1980; 英国生まれの米国の映画監督・映画製作者》.
Hitchcock, Edward *n.* ヒッチコック《1793-1864; 米国の地質学者》.
Hítchcock chàir *n.* ヒッチコックチェア《ロクロ加工, 藺草(いぐさ)張りのシート, 黒色に塗装, 背板にステンシルの飾りをつけた椅子》.〖《*c*1828》← *L. A. Hitchcock* (1795-1852: 米国の家具製作者)〗
hitch·hike /hítʃhàɪk/ *vi.* ヒッチハイクをする (cf. lorry-hop). — *vt.* **1** [~ one's way として] ヒッチハイクで行く[の旅行をする]: She ~*d her way* to Miami. マイアミまでヒッチハイクで行った. **2**〈徒歩旅行者が〉〈通りがかりの車などに〉〈便乗〉させてもらう (cf. thumb *vt.* 1): ~ a ride [lift] (ヒッチハイクで)車に便乗させてもらう. — *n.* **1** ヒッチハイク, 自動車の便乗旅行 (cf. hitch[1] 3): a ~ journey ヒッチハイクの旅行. **2**〖ラジオ・テレビ〗=hitchhiker 3.
hítch·hìking *n.*〖1923〗
hítch·hìker *n.* **1** ヒッチハイクをする人, ヒッチハイカー. **2**〖ダンス〗ヒッチハイカー《ツイストから由来したダンスの一種; 踊り手の手を握り親指だけ伸ばした形がヒッチハイクするときの合図の形に似ていることから》. **3**〖ラジオ・テレビ〗(二次的商品の広告などを流す)短いコマーシャル, スポット広告《通例番組の終わりに出す》.〖《1927》: ⇨ ↑, -er[1]〗
hítching pòst *n.* (馬などの)繋(つな)ぎ柱.〖1842〗
hitch·y /hítʃi/ *adj.* (**hitch·i·er; -i·est**) ぐいと動く (jerky). **hitch·i·ly** /-tʃɪli/ *adv.*〖← HITCH[1]+-Y[4]〗
hitch·y-koo /hítʃikùː/ *int.* =kitchy-kitchy.
hi-tech /háɪték⁻/ *n., adj.* =high-tech.
hith·er /híðə | -ðə[(r)]/《文語》*adv.* ここへ, こちらへ (here): ~ and thither [yon, yond] こなたかなたへ, あちらこちらに.
— *adj.*《古》こちらの方の, こちら側の: on the ~ side of the hill〖OE *hider* < Gmc **χiðeran-* (ON *heðra* hither / Goth. *hidrē*) ← IE **ko-* this: cf. here〗
híther·mòst *adj.* もっとも手近の.〖1563〗
hith·er·to /hìðətúː | -ðə-⁻/ *adv.* **1** これまで, 今まで, 従来 (until now); 今までは(まだ) (as yet, so far): an island ~ unknown to the world 今まで世界に知られていなかった島. **2**《古》ここまで, この地点までは.〖《?*a*1200》*hiderto*: ⇨ hither (adv.), to〗
hith·er·ward /híðəwəd | -ðəwəd/ *adv.*《古》こちらへ, こちらの方へ (hither).〖lateOE *hiderweard*: ⇨ hither, -ward〗
híth·er·wards /-wədz | -wədz/ *adv.*《古》=hitherward.〖?*a*1200〗
Hi·ti /háɪti | -ti/ *n.* =Haiti.
Hit·ler /hítlə | -lə[(r)]; G. hítlɐ/, **Adolf** *n.* ヒトラー《1889-1945; ドイツの政治家; ナチ党 (Nazis) の指導者, 第三帝国 (Third Reich) 首相 (1933-45); ドイツ人の優越性とユダヤ人排撃を主張; 1934 年以後総統 (Führer) と称した》.
Hit·le·ri·an /hɪtlíˀriən | -líər-/ *adj.*
Hít·ler·ism /-lərìzm/ *n.* ヒトラー主義《ドイツの国民社会主義》.〖《1930》: ⇨ ↑, -ism〗
Hit·ler·ite /hítləràɪt/ *n.* ヒトラー主義者. — *adj.* ヒトラー主義(者)の; ヒトラー政権の.〖《1930》← *Hitler*+-ITE[1]〗
hít·less *adj.*〖野球〗〈選手・チームが〉ヒットのない.
hít lìst *n.*《口語》**1** 暗殺予定者名簿. **2** 首切り対象者リスト; 削除項目[企画]リスト.〖1972〗
hít màn *n.*《俗》《やくざの》殺し屋 (killer).〖1968〗
hít-or-míss *adj.* =hit-and-miss.〖1848〗
hít-òut *n.* **1**〖豪式フットボール〗ヒットアウト《アンパイアがボールをバウンドさせたあと, またはスローインのあと, プレーヤーがチームメートに向けてボールを打つこと》. **2**《豪俗》(馬の)きびきびした疾走, 軽やかな走り.
hít paràde *n.* ヒット曲[ベストセラーなど]の番付, ヒットパレード. 日英比較 日本語のようにヒット曲を並べて構成した番組という意味はない.〖《1929》← *Your Hit Parade* (商標名)〗
hít-rún [-skíp] *adj.* =hit-and-run 1.
hít squàd *n.* 殺し屋グループ.〖1976〗
Hitt.《略》Hittite.
hit·ter /hítə | -tə[(r)]/ *n.* **1 a** 打つ人. **b**〖野球・クリケット〗打者 (batsman): a hard ~ 強打者. **c**〖ボクシング〗(技よりも)強打が売りもののボクサー. **2**〖野球〗…安打試合: a one-[two-]*hitter* 1 [2] 安打試合《投手が 1 [2] 安打におさえた試合; cf. no-hitter》.〖《1813》← HIT+-ER[1]〗
hítter's pàrk *n.*〖野球〗打者に有利な球場.
hít thèory *n.*〖生物〗衝撃説, ヒット説《生物に放射線を当てると, 細胞の一定部位(染色体)に放射線がヒットとして変化が起こるという説》.
Hit·ti /híti | -ti/, **Philip Khuri** *n.* ヒッティ《1886-1978; レバノン生まれの米国の東洋学者》.
Hit·tite /hítaɪt/ *n.* **1** ヒッタイト人《小アジア地方の古代民族, 1900-1200 B.C. に強大な国家を築いた》. **2** ヒッタイト語《印欧語族に属し楔形文字・象形文字が用いられた; 1906 年発掘, 1915 年解読》. — *adj.* ヒッタイト人[語]の[に関する].〖《1560》← Heb. *Ḥittī* Hittite ◻ Hitt. *Hatti*: ⇨ -ite[1]〗
Hit·tit·ol·o·gy /hìtaɪtɑ́(ː)lədʒi | -tɔ́l-/ *n.* ヒッタイト学.〖《1952》: ⇨ ↑, -o-, -logy〗
Hit·torf /hítɔəf | -tɔːf; G. hítɔʁf/, **Johann Wilhelm** *n.* ヒットルフ《1824-1914; ドイツの物理学者》.
Híttorf mèthod *n.*〖物理化学〗ヒットルフの方法 (Hittorf によって考案されたイオン移動度の測定法).〖《1909》↑〗
hít wìcket *adj.*〖クリケット〗〈打者が〉ヒットウィケットをして(アウトになって) (略 HW, h.w.; ⇨ *hit* WICKET). ★ 通例次の句で: be *out*, ~.
HIV /èɪtʃàɪvíː⁻/《略》human immunodeficiency virus (⇨ AIDS virus).〖1986〗
Hi·va O·a /hìːvəóuə | -óʊə; F. ivaoa/ *n.* ヒバオア《太平洋南部, フランス領 Polynesia に属する Marquesas 諸島南東部の火山島; 画家 Gauguin の墓がある》.
hive /háɪv/ *n.* **1** みつばちの巣箱, はちの巣 (beehive ともいう; cf. honeycomb). **2 a** 巣箱に群がりすむみつばち, 巣箱いっぱいのみつばち. **b** (はちの群れのように)うようよしている群衆. **3 a** みつばちの巣箱に似たもの. **b** 人の集まる所, 住居. **c** 活気に満ちた場所, 人がうごめいている場所: a ~ of activity 活動の中心地 / a ~ of industry たくさんの人が仕事(など)に熱中している所. **4**《廃》わらで編んだ頭飾り.
— *vt.* **1 a**〈みつばちを〉巣箱に集める, 〈一群を〉巣箱に住ませる. **b**〈人を〉こぢんまりと群居させる. **2 a**〈みつばちが〉〈蜜を〉巣箱に蓄える. **b** (将来のために)とっておく, 蓄える, 蓄積する〈*up, away*〉. **3 a**〈みつばちを〉分封させる. **b**〈群れ・グループ〉に分かれさせる. — *vi.* **1 a**〈みつばちが〉巣箱につく[住む]. **b** (みつばちのように)群居する. **2** 閉じこもる〈*up*〉.
híve óff (*vi*) (1)〔一緒にいたグループから〕分かれる, 分離する〔*from*〕. (2)《英口語》無断でいなくなる. (*vt.*) (1) 一緒にいたグループから分ける. (2)〈仕事を〉下請け工場に回す, 〈責任を〉下部に負わせる; 〈企業を〉民営化する.
~·lìke *adj.*〖OE *hȳf* < Gmc **χūfiz* (ON *hūfr* hull[1] (n.)) ← IE **keu-* to bend; round object: ⇨ cup〗
híve bèe *n.* =honeybee.
híve dròss *n.* =propolis.
híve·less *adj.* みつばちの巣箱のない; 群居しない.〖《1575》: ⇨ -less〗
hives /háɪvz/ *n. pl.* [単数または複数扱い]〖病理〗**1** 蕁麻疹(じんましん) (urticaria, nettle rash). **2**《英》=croup[1].〖《*c*1500》← ?〗
hi·ya /háɪjə | háɪjə, hàɪjáː/ *int.*《口語》やあ, あら, こんちは《挨拶の言葉》.〖《1940》《転訛》← *How are you?*: cf. hi[2]〗
Hiz·bol·lah /hìzbəláː/ *n.* (*also* **Hiz·bal·lah** /~/) = Hezbollah.
hizz /híz/ *vi.*《まれ》=hiss.
HJ《略》*L.* hic jacet (=here lies).
hjelm·ite /(h)jélmaɪt, hjél-/ *n.*〖鉱物〗ヒェルマイト《ウラニウムを含む黒色塊状鉱物; cf. samarskite》.〖◻ Swed. *hjelmit* ← *P. J. Hjelm* (*d.* 1813: スウェーデンの化学者): ⇨ -ite[1]〗
Hjelms·lev /jélmslèf; *Dan.* jél'mslew/, **Louis P.** *n.* イェルムスレウ《1899-1965; デンマークの言語学者; 言理学 (glossematics) の提唱者》.
HJS《略》*L.* hic jacet sepultus (=here lies buried).
HK《略》Hong Kong; House of Keys.
HKJ《略》〖自動車国籍表示〗Hashemite Kingdom of Jordan.
HK$《記号》〖貨幣〗Hong Kong dollar(s).
hl《略》hectoliter(s).
HL《略》hard labor; honors list; House of Lords.
HLA, HL-A /éɪtʃèléɪ/《略》〖免疫〗human leucocyte antigen ヒト白血球抗原《白血球に対する抗体として見つかった人間の主要な組織適合抗原》.
HLÁ còmplex *n.*〖免疫〗HLA 複合体《ヒトの主要な組織適合抗原》.
HLÁ sỳstem *n.*〖免疫〗HLA 系《ヒトの主要な組織適合抗原群》.
hld《略》hold.
HLD《略》〖医学〗half lethal dose.
HLF《略》Heart and Lung Foundation.
Hliod /hljɑ́(ː)d, hljɔ́(ː)d | hljɔ́d/ *n.*〖北欧伝説〗=Liod.
hlqn《略》harlequin.
HLS《略》*L.* hoc locō situs この地に埋葬さる (laid in this place); holograph letter signed.
hlt《略》halt.
hm《略》hectometer(s).
HM《略》His [Her] Majesty 陛下; heavy metal; headmaster, headmistress.
h'm /mm, hm, hm/ *int.* (*also* **hm, hmm** /~/) = hem[2], hum[1].
HMAS《略》His [Her] Majesty's Australian Ship.
HMC《略》heroin, morphine, and cocaine; His [Her] Majesty's Customs.
HMCS《略》His [Her] Majesty's Canadian Ship.
HMF《略》His [Her] Majesty's Forces.
HMG《略》His [Her] Majesty's Government.
HMI(S)《略》His [Her] Majesty's Inspector (of Schools).
HMNZS《略》His [Her] Majesty's New Zealand Ship.
HMO /èɪtʃèmóu | -èmóʊ/《略》health maintenance organization; heart minute output.
Hmong /hmɔ́(ː)ŋ, hmɑ́(ː)ŋ | hmɔ́ŋ/ *n.* (*pl.* ~, ~**s**) **1** フモング族《中国南部およびベトナム・ラオス・タイの北部に居住》. **2** フモング族のミャオヤオ (Miao-Yao) 諸語《Miao ともいう》.
HMP《略》*L.* hoc monumentum posuit (=erected this monument).
HMS /èɪtʃèmés/《略》His [Her] Majesty's Service《英国)官用《郵便に印刷する句》; His [Her] Majesty's Ship 英国軍艦; His [Her] Majesty's Steamer 英国汽船.
HMSO《略》His [Her] Majesty's Stationery Office (英国の)用度局.〖1905〗
HMV《略》His Master's Voice《英国 EMI 社のレコードレーベルの一つ; スピーカーに耳を傾ける犬のレーベルで有名》.
hn《記号》Honduras《URL ドメイン名》.
HN《略》Head nurse.
HNC《略》Higher National Certificate.
HND《略》Higher National Diploma.
HNS《略》Holy Name Society.
hny《略》honey.
ho[1] /hóu | hóʊ/ *int.* **1** [しばしば特定のもの・方向を示す語のあとに用いて] ほー, ほーい《呼び掛け・注意・驚き・疲労・賞賛・得意・冷笑などを表す; cf. heigh-ho》: *Ho! ho! ho!* ほほほーっ《サンタクロースの笑い声》/ *Ho there!* ほーい, おいこら / Land *ho!* 陸地[島]が見えるぞ / What *ho!* ほー, 何だと / Westward *ho!*〖海事〗おーい西へ, 西行きだ (Shak., *Twel N* 3. 1. 148)《もと Thames 川の船頭が用いた呼び声》. **2** とまれ, どうどう《馬などをとめる掛け声》.〖《*a*1325》: cf. ON *hō* / OF *ho* halt!: 擬音語: cf. heigh-ho〗
ho[2] /hóu | hóʊ/ *n.*《米黒人俗》売春婦 (whore), 女.〖《*c*1965》《転訛》← WHORE〗
Ho **1**《記号》〖化学〗holmium. **2**《略》〖聖書〗Hosea.
HO《略》head office; Home Office; hostilities only.
ho.《略》house.
hoa /hóu | hóʊ/ *int.* =ho[1].〖1942〗
ho·ac·tzin /houǽktsɪn, wɑːktsíːn | həʊǽktsɪn, wɑːktsíːn/ *n.*〖鳥類〗=hoatzin.〖1661〗
hoa·gie /hóugi | hə́ʊ-/ *n.* (*also* **hoa·gy** /~/)《米北東部》=hero sandwich.〖《1955》← ?〗
hoar /hɔ́ə | hɔ́ː[(r)]/ *adj.* **1** =hoary. **2**《廃・方言》古臭い (stale). — *n.* **1 a** (ほこりなどの)白く覆うもの. **b** 霜 (hoarfrost). **2** 白髪(であること). — *vt.*《廃》白髪にする.〖OE *hār* gray, hoary < Gmc **χairaz* (OHG *hēr* old, venerable (G *hehr* august)) ← IE **kei-* (cf. hue[1])〗

hoard /hɔ́ːd | hɔ́ːd/ *n.* **1** (財宝・金銭などの)秘蔵, 蓄え (store), 退蔵, 死蔵: a miser's ～ けちんぼうの隠してためた金 / a snug little ～ of small change たんまりたまった小銭の蓄え. **2** (食物などの)隠した蓄積, 買いだめ, 隠退蔵物, 貯蔵物: a squirrel's ～ of nuts リスのためた木の実. **3** (知識などの)蘊蓄(うんちく), 宝庫 (treasury). **4** 〖考古〗貯蔵のため意識的に隠匿・埋蔵された遺物およびその遺構. — *vt.* **1 a** 貯蔵する, 蓄積する (treasure up) 〈*up*〉: ～ money, wealth, etc. **b** 死蔵する, 退蔵する. **2** (胸に)秘める, 秘(ひそ)かに抱く: ～ revenge 秘かに恨みを抱く. — *vi.* (秘かに)蓄える, 貯蔵する, 退蔵する, 秘蔵する. **～·er** /-dɚ | -də^(r)/ *n.* 〘n.: OE *hord* treasure < Gm **χuzðam* ← IE **(s)keu-* to cover. — v.: lateOE *hordian* to hoard: cf. hide²〙

hóard·ing¹ /-dɪŋ | -dɪŋ/ *n.* **1** 秘蔵, 貯蔵, 蓄積; (貨幣の)死蔵, 退蔵; 買いだめ. **2** [通例 *pl.*] 蓄積物, 貯蔵物, 退蔵物, 貯金. 〘(1590–91): ⇨ ↑, -ing¹〙

hóard·ing² /-dɪŋ | hɔ́ːd-/ *n.* **1** (空き地・建築現場などの)板囲い. **2** 《英》掲示[広告]板 (《米》billboard). **3** 〖築城〗(城壁の頂上の)木製張出し歩廊. 〘(1823) ← 《廃》*hoard* (□ F *hourd* scaffold ← Gmc (cf. G *Hürde* hurdle)) + -ING¹〙

Hoare /hɔ́ɚ | hɔ́ː^(r)/, **Sir Samuel John Gur·ney** /gɚ́ːni | gɜ́ː-/ *n.* ホア《1880–1959; 英国の政治家; 称号 1st Viscount Templewood》.

hoar·frost /hɔ́ɚfrɔ̀(ː)st, -frɑ̀(ː)st | hɔ́ːfrɔ̀st/ *n.* 霜《white frost または単に frost ともいう; cf. black frost》. 〘*c*1300〙

hóar·hòund *n.* = horehound.

hoarse /hɔ́ɚs | hɔ́ːs/ *adj.* (**hoars·er, -est; more ～, most ～**) **1** 〈声が〉しゃがれた, かれた (husky, harsh) (cf. clear 2 a): shout oneself ～ 声をからして[声がかれるほど]叫ぶ. **2** しゃがれ声の; かーかー[ぎゃーぎゃー]鳴く: the ～ raven ぎゃーぎゃーとしゃがれ声で鳴く大鴉(おおがらす) / ～ as a crow カラスのようなしゃがれ声の. **～·ly** *adv.* **～·ness** *n.* 〘(1369) *hōrs* (変形) ← *hōs* < OE *hās* < Gmc **χais(r)az*, **χairsaz* (ON *hāss*) ← ?: *-r-* は ME *harsk* harsh, coarse の影響か〙

hoars·en /hɔ́ɚsən, -sn̩ | hɔ́ː-/ *vt.* 〈声を〉しゃがれさせる, からす. — *vi.* 〈声が〉しゃがれる, かれる. 〘(1748): ⇨ ↑, -en¹〙

hóar·stòne /hɔ́ɚ- | hɔ́ː-/ *n.* 《英》 **1** (太古からある)一本石, 境界標石. **2** 記念の古石. 〘OE *hār stān* hoar stone〙

hoar·y /hɔ́ːri/ *adj.* (**hoar·i·er, -i·est; more ～, most ～**) **1 a** 〈老いて〉〈髪が〉白い, 霜のように白い (white, gray): ～ hair 白髪. **b** 白髪の (gray-haired): a ～ head しらが頭. **2 a** 年老いて[年代を経て]いる, 古めかしい, 古さびた (ancient); (ものさびて)神々しい(ほどの) (venerable): a ～ tower. **b** (現在から)遠い, 遠く離れた (remote): ～ antiquity 太古. **3** 古くさい, 陳腐な (old and trite). **4** 〈植物など〉灰白色の微毛で覆われた, 帯白色の. **hóar·i·ly** /-rəli | -rɪ̀li/ *adv.* **hóar·i·ness** *n.* 〘(1530) ← HOAR (n.) + -Y⁴〙

hóary créss *n.* 〖植物〗カルダリアドラバ (*Cardaria draba*) 《アブラナ科の雑草》.

hóary-héaded *adj.* しらが頭の, 白頭の, 頭に霜を置いた. 〘1595–96〙

hóary mármot *n.* 〖動物〗ロッキーマーモット (*Marmota caligata*) 《北米北西部の山中に住むマーモット》.

hoast /hóust | háust/ *n., vi.* 《スコット》せき(をする) (cough). 〘(1440): cf. OE *hwōstan*〙

hoatch·ing /hóutʃɪŋ | háutʃ-/ *adj.* 《スコット》〈場所が〉〔…で〕いっぱいの (infested) 〔*with*〕.

ho·a·tzin /houǽtsɪn, wɑːtsíːn | həuǽtsɪn, wɑːtsíːn/ *n.* 〖鳥類〗ツメバケイ(爪羽鶏), ホアチン (*Opisthocomus hoazin*) 《南米産のオリーブ色の羽毛と黄色の冠毛があり幼鳥は翼につめがあって樹木をよじ上る鳥; hoactzin ともいう》. 〘(1661) □ Sp. ～ □ N-Am.-Ind. (Nahuatl) *uatzin* pheasant〙

hoax /hóuks | háuks/ *vt.* 〈人を〉かつぐ, たぶらかす, 冗談にだます, 一杯食わせる (dupe, delude): ～ a person *into* …ing 人をだまして…させる. — *n.* **1** 人をかつぐこと; いたずら, 悪ふざけ. **2** でっちあげ. **～·er** *n.* 〘(1796) (変形) ← HOCUS: ⇨ hocus-pocus〙

hob¹ /hɑ́(ː)b | hɔ́b/ *n.* **1 a** 暖炉 (fireplace) の内部横側に設けた台 《やかん・鍋(なべ)などを載せる石・鉄・れんが製の台》. **b** (鉄板と火口がついた)料理用レンジなどの最上部. **2** = hobnail. **3** 《英》そりの滑走部のすべり金. **4 a** (quoits の) 的(まと)棒. **b** 的棒を立てて遊ぶ種々の遊戯. **5** 〖機械〗 **a** (ねじ状の)歯切り工具. **b** (金属材料をプレスしてある型を作るときの)押型. — *vt.* (**hobbed; hob·bing**) **1** …に鋲釘(びょうくぎ)を付ける. **2** 〖機械〗歯切り工具で切る. 〘(1511) (転訛)? ← HUB〙

hob² /hɑ́(ː)b | hɔ́b/ *n.* **1** 《英方言》hobgoblin. **2** 《英方言》(気のきかない)田舎者 (rustic). **3** 《米》いたずら, もめごと. **4** 雄のいたち.

hób and nób 《古》親しい[く] (intimate) (cf. hobnob). ***plày hób with*** 《米》 (1) …に害を与える; …にいたずらをする. (2) …に勝手なことをする, …を自由に変える: *play* ～ *with* facts 事実を勝手に変える. (1838) ***ráise hób*** 《米》 (1) 〔…に〕害を与える, 〔…を〕ぶちこわす, 混乱させる; 〔…に〕いたずらをする 〔*with*〕. (2) いきり立つ, わめく, 腹を立てる 〔*with*〕. (3) 飲み騒ぐ. (1911)

～·lìke *adj.* 〘(1307) ← *Hob(be)* (変形) ← *Rob* (dim.) ← ROBIN // ROBERT〙

Ho·bart¹ /hóubɑːt | háubɑːt/ *n.* ホーバート《オーストラリアの Tasmania 州の州都・海港》.

Ho·bart² /hóubɚt, -bɑət, hǽbɚt | háubɑːt, hǽbət/ *n.* ホーバート《男性名》. 〘(異形) ← HUBERT〙

Ho·bart /hóubɑ̀ɚt | háubɑːt/, **Alice Tis·dale** /tízdeɪl/ *n.* ホーバート《1882–1967; 米国の女流作家》.

Ho·bart /hóubɑət, -bət, hǽbət | háubɑːt, -bət, hǽbət/, **Augustus Charles** *n.* ホーバート《1822–86; 英国の提督; トルコ政府顧問; 称号 Hobart Pasha》.

Ho·bart /hóubɑət, -bət | háubɑːt, -bət/, **Garret Augustus** *n.* ホーバート《1844–99; 米国の法律家; 副大統領 (1897–99)》.

hob·ba·de·hoy /hɑ́(ː)bədihɔ̀ɪ | hɔ̀bədihɔ́ɪ, ⌐—⌐—/ *n.* (*also* **hob·be·de·hoy** /～/) 《古》= hobbledehoy.

Hob·be·ma /hɑ́(ː)bɪ̀mə | hɔ́bɪ̀mə, -mɑː; *Du.* hɔ́bəmɑ/, **Mein·dert** /méɪndərt/ *n.* ホッベマ《1638?–1709; オランダの風景画家》.

Hobbes /hɑ́(ː)bz | hɔ́bz/, **Thomas** *n.* ホッブズ《1588–1679; 英国の政治哲学者; *Leviathan* (1651)》.

Hobbes·i·an /hɑ́(ː)bziən | hɔ́b-/ *n.* Hobbes の学説の信奉者. — *adj.* Hobbes 学説の信奉者の. 〘(1776): ⇨ ↑, -ian〙

Hob·bism /hɑ́(ː)bɪzm | hɔ́b-/ *n.* Hobbes の哲学説. 〘(1675–85) ← *Hobb(es)* + -ISM〙

Hób·bist /-bɪ̀st | -bɪst/ *n.* Hobbes の支持者. 〘(1681) ← Hobb(es) + -IST〙

hob·bit /hɑ́(ː)bɪt | hɔ́bɪt/ *n.* ホビット《Tolkien の物語 *The Hobbit* (1937) に初めて登場する小人族; 人間の半分位の大きさで穴に住む善良な種族の人》. **hób·bit·ry** /-tri/ *n.* 〘(1937) J. R. R. Tolkien の造語: *holbytla* hole-builder の転訛で hole-dweller の意とされる〙

hob·ble /hɑ́(ː)bl̩ | hɔ́bl̩/ *vi.* **1** (足を痛めたときなど)足を引きずって歩く (limp) 〈*along, about*〉: ～ *along* on a cane つえを頼りに[にすがって]よたよた歩く. **2 a** 〈動作・言葉遣いが〉たどたどしい. **b** 〈詩句が〉韻律が不完全である (halt). **c** 〈矢が〉(飛んでいて)ぐらつく. — *vt.* **1** 〈人・動物〉に(痛めた)足を引きずらせる (cripple). **2 a** (自由に歩けないように)〈馬など〉の両足を縛る. **b** 妨げる, 困らす (hinder, embarrass): circumstances that ～ industry 産業を妨げる事情. 〘(1831) (変形) ← HOPPLE〙 ***hóbble óut*** 〈馬〉に縄をつけて放牧する. — *n.* **1** (痛めた)足を引きずって歩くこと. **2 a** (馬などの脚を縛る)縄, 足かせ (fetter). **b** 障害物, 束縛. **3** = hobble skirt. **4** 《古》苦境, 当惑 (difficulty, straits): be in [get into] a ～ 苦境に陥っている[陥る], 困り抜いている[動きがとれなくなる]. 〘(?*a*1300) *hobele(n)* □ ? (M)Du. *hobbelen* to stammer〙

hóbble·bùsh *n.* 〖植物〗北米産スイカズラ科ガマズミ属の低木 (*Viburnum lantanoides* [*alnifolium*]). 〘*c*1818〙

hob·ble·de·hoy /hɑ́(ː)bl̩dihɔ̀ɪ | hɔ̀bl̩dihɔ́ɪ, ⌐—⌐—/ *n.* 《口語》(まだ大人になりきらない)身体ばかり大きくて気がきかない青年; 不器用な若者. **hób·ble·de·hòy·ish** /-hɔ̀ɪɪʃ/ *adj.* 〘(1540) ← ? HOBBLE + *-de-* (無意味の連結辞) + *hoy* ((混成) ? ← HOB² + BOY)〙

hób·bler¹ /-blɚ, -blɚ | -blə^(r), -bl-/ *n.* (痛めた)足を引きずって歩く人[もの]. 〘(1575) ← HOBBLE + -ER¹〙

hob·bler² /hɑ́(ː)blɚ, -blɚ | hɔ́blə^(r), -bl-/ *n.* 〖海事〗英国南部の小さな港で働く免許を持たない水先案内人. 〘(1838) (変形) ← HOVELER: HOBBLE と連想〙

hob·bler³ /hɑ́(ː)blɚ, -blɚ | hɔ́blə^(r), -bl-/ *n.* (14 世紀英国の)軽騎兵. 〘(?*a*1325) *hobeler* □ AF *hobeleor* ← *hobi* 'HOBBY²'〙

hóbble skìrt *n.* ホブルスカート《ひざよりすその方が狭く歩行を妨げるようなスカート; 1910–14 年ごろ流行》. 〘1911〙

hób·bling /-blɪŋ, -bl-/ *adj.* **1** (痛めた)足を引きずっている. **2** 韻律が不完全な (halting): ～ verse. **～·ly** *adv.* 〘(1545) ← HOBBLE + -ING²〙

hóbbling pìlot *n.* 〖海事〗= hobbler². 〘1891〙

Hobbs /hɑ́(ː)bz | hɔ́bz/, **Jack** *n.* ホッブズ《1882–1963; 英国のクリケット選手; 正式名 Sir John Berry Hobbs》.

hob·by¹ /hɑ́(ː)bi | hɔ́bi/ *n.* **1 a** 好きな道, 道楽, 趣味《自分ひとりで集めたり作ったりして楽しむ》: have a ～ of collecting stamps 切手収集が道楽である / make a ～ of …を道楽にする. 日英比較 日本語の「趣味; ホビー」は読書, 音楽や映画鑑賞のような受動的な事柄も含むが英語の *hobby* は普通は集めたり作ったりするような積極的な活動を意味する. スポーツは普通は *hobby* には入らない. **b** おはこ, お株, 得意な話題, 十八番. **2** = hobbyhorse 1 a. **3** 《古・方言》小馬 (pony). **4** ペダルのない昔の自転車. ***ride*** [***mount***] ***one's*** [***a***] ***hóbby*** (はた迷惑なほど)おはこを出す. 〘(1298) *hobi(n)* ← ? *Hobin* (dim.) ← ROBIN: cf. hob²〙

hob·by² /hɑ́(ː)bi | hɔ́bi/ *n.* 〖鳥類〗チゴハヤブサ (*Falco subbuteo*) 《昔鷹狩りに用いたハヤブサの一種》. 〘(1440) *hobi, hoby* □ OF *hobé, hobet* (dim.) ← *hobe* (小さな猛禽の一種)〙

hóbby·fàrm *n.* 趣味でやっている農園.

hóbby·hòrse *n.* **1 a** (棒の先に馬の頭の付いている)棒馬《子供がこれを両手で持ってまたがって遊ぶ》. **b** = rocking horse. **c** (メリーゴーラウンドの)木馬. **2** (morris dance でダンサーが腰に付けて踊る) 馬の像; 馬の像をつけた踊り手. **3** お気に入りの話題. **4** 《古》= hobby¹ 1. **5** 《廃》 **a** おどけた者. **b** 自堕落な人. — *vi.* 〖海事〗〈船が〉激しく縦揺れする. 〘(1557) ← HOBBY¹ + HORSE〙

hób·by·ist /-bɪ̀ɪst | -biɪst/ *n.* 趣味[道楽]に熱中する人. 〘(1871) ← HOBBY¹ + -IST〙

hob·day /hɑ́(ː)bdeɪ | hɔ́b-/ *vt.* 〈馬の呼吸障害を〉手術で治療する.

hób·gòblin *n.* **1** いたずらな小鬼[小妖精] (goblin). **2** (子供にとって)こわいもの, お化け (bogey). **3** [H-] = Puck 1. 〘(1530) ← HOB² + GOBLIN〙

hób·nàil *n.* **1** (靴底に打ちつける)頭の大きな鋲釘(びょうくぎ). **2** 織物の表面の房状の模様, 押型ガラス製品の花瓶などのいぼ状の模様. **3** 《古》鋲釘をはいた人; 田舎者 (rustic). — *adj.* = hobnailed 1. — *vt.* 〈靴〉に鋲釘を打つ. 〘(1592) ← HOB¹ 5 + NAIL〙

hób·nàiled *adj.* **1** (靴底に)鋲釘を打ちつけた: ～ boots. **2 a** 底に鋲釘を打った靴をはいている. **b** 田舎者の[らしい], 野暮な (rustic, boorish). 〘(1599): ⇨ ↑, -ed 2〙

hóbnailed líver *n.* 〖病理〗= hobnail liver. 〘1886〙

hóbnail líver *n.* 〖病理〗肝硬変. 〘(1882) 肝臓の表面が靴の鋲釘(びょうくぎ)を打ちつけたように凹凸になることから〙

hob·nob /hɑ́(ː)bnɑ̀(ː)b | hɔ́bnɔ̀b, ⌐⌐/ *vi.* (**hob·nobbed; -nob·bing**) **1** 《古》酒をくみ交わす, 共に[差して]飲む 〔*with*〕 (cf. HOB² *and* nob). **2 a** 〔…と〕親しくつきあう 〔*with*〕. **b** 〔…と〕打ち解けてしゃべる, 談話する 〔*with*〕. — *n.* 打ち解けたおしゃべり, 懇談. — *adv.* 《まれ》無差別に (at random). **hób·nòb·ber** *n.* 〘(1601–2) ← *hob or nob, hab or nab* give or take ← ? ME *habbe* (pres. subj.) have + *nabbe* (pres. subj.) not have〙

ho·bo /hóubou | háubəu/ *n.* (*pl.* **～es, ～s**) 《米・カナダ》 **1** 浮浪者, ルンペン (tramp) (cf. bum¹ 1). **2** 渡り労働者. — *vi.* 渡り労働者[ルンペン]の生活をする; 浮浪の旅をする. 〘(1889) ← ? (i) *ho! beau!* (浮浪者同士の交す挨拶) // (ii) *ho, boy* (1880 年代の米国北西部の鉄道郵便取扱い係が郵便物を引き渡すときの掛け声)〙

hóbo·dom /-dəm/ *n.* 渡り労働者[浮浪者]集団.

hó·bo·ìsm /-ɪzm̩/ *n.* 《米》浮浪生活. 〘(1930): ⇨ ↑, -ism〙

Ho·bo·ken¹ /hóuboukən | háubəu-/ *n.* ホーボーケン《米国 New Jersey 州北東部の都市; Hudson 川をはさんで New York 市と向かい合っている》.

Ho·bo·ken² /hóuboukən | háubəu-; *Du.* hóːbokə/ *n.* ホーボーケン《ベルギー北部 Antwerp 州の都市》.

Hob·son /hɑ́(ː)bsən, -sn̩ | hɔ́b-/, **John Atkinson** *n.* ホブソン《1858–1940; 英国の経済学者》.

hóbson-jòbson *n.* ホブソンジョブソン《ある言語の語句を他の言語に採り入れるときにその音を後者の音組織に適合させること; cf. folk etymology》. 〘1898〙

Hób·son's chóice /hɑ́(ː)bsənz-, -sn̩z- | hɔ́b-/ *n.* 勧められたものを採るか採らぬかだけの自由, えり好みの許されない選択. 〘(1649) ← *Thomas Hobson* (?1544–1631: 英国 Cambridge の貸馬車屋の主人で, 手近の馬から貸すことにして客に馬の選択を許さなかった)〙

hób tàp *n.* 〖機械〗= master tap.

hoc /hɑ́(ː)k | hɔ́k/ *L. adj., pron.* この, これ. 〘□ *L hŏc* this〙

h.o.c. 《略》held on charge.

HoC 《略》(英国・カナダの) House of Commons.

Hoc·cleve /hɑ́(ː)kliːv | hɔ́k-/, **Thomas** *n.* ホクリーブ《1368–?1450; 英国の詩人; Occleve ともつづる》.

hóc ést /-ést/ *L.* これは…である: *Hoc est* corpus meum. これはわが肉体なり《聖体拝領のとき司祭の唱える言葉》. 〘□ L ～ 'this is'〙

Hoch·deutsch /hóukdɔ̀ɪtʃ, hóux- | háuk-, háux-; *G.* hóːxdɔ̀ɣtʃ/ *n.* 高地ドイツ語 (High German) (cf. Plattdeutsch). 〘□ G ～〙

Hoch·hei·mer /hɑ́(ː)khaɪmɚ | hɔ́khaɪmə^(r), hɔ́x-; *G.* hóːxhaɪmɐ/ *n.* (*also* **Hoch·heim** /-haɪm/) = hock³.

Hoch·huth /hóukhuːt | háuk-; *G.* hóːxhuːt/, **Rolf** *n.* ホーホフート《1933– ; スイスの劇作家; *The Representative* (1963), *Soldiers* (1967)》.

Ho Chi Minh /hóutʃìːmín, hòːtʃíːmɪn | háu-; *Viet.* hɔːcíːmiŋ/ *n.* ホーチミン《1890–1969; ベトナム民主共和国[北ベトナム]の政治家; 大統領 (1945–69)》.

Hó Chì Mính Cíty *n.* ホーチミン市《ベトナム南部の都市; 南北ベトナム統一 (1976) までは Saigon と呼ばれ南ベトナム[ベトナム共和国]の首都だった》.

hoch·mag·an·dy /hɑ̀(ː)kmægǽndi, hɑ̀(ː)x- | hɔ̀k-, hɔ̀x-/ *n.* 《スコット・古》姦通 (fornication).

hock¹ /hɑ́(ː)k | hɔ́k/ *n.* **1** (犬・馬などの後脚の)飛節《前脚の knee に対する; 人間のくるぶし (ankle) にあたる; ⇨ dog, horse 挿絵》. **2** 鶏のひざ《俗に knee という》. **3** 《スコット》(豚の)足肉 (⇨ pork 挿絵). — *vt.* …の飛節の腱(けん)を切って足を不自由にする (hamstring). 〘(?*c*1395) *hok(ke), ho(u)ʒ* (略) ← ? ME *hokscyne* hamstring < OE *hōhsinu* tendon of Achilles ← *hōh* heel + *sinu* 'SINEW'〙

hock² /hɑ́(ː)k | hɔ́k/ 《米・カナダ俗》 *n.* 質(しち) (pawn): He got his camera out of ～. 質に入れてあったカメラを請(う)け出した. ***in hóck*** (1) 質にはいって[入れて], 入質して. (2) 賭博中. (3) 入獄中で, 入獄して. (4) 借金して: He was *in* ～ to the bank. 銀行に借りがあった. (1859) — *vt.* 質に入れる (pawn): She ～*ed* nearly all her clothes for her living. 生活のため持っている衣類はあらかた質に入れてしまった.

～·er *n.* 〘(1859) □ Du. *hok* prison, (俗) debt〙

hock³, **H-** /hɑ́(ː)k | hɔ́k/ *n.* 《英》ドイツのライン地方産白ワイン (Rhine wine); (一般に)白ワイン. 〘(*a*1625) (略) ← *Hockamore* (1673) □ G *Hochheimer* (*Wein*) (wine) of Hochheim (Mainz 付近の村名)〙

hock⁴ /hɑ́(ː)k | hɔ́k/ *n.* 〖トランプ〗(faro で) ホック, 底札《親の札箱中に積まれている一番下の札; cf. soda 4》. 〘(1859) □ F *hoc* □ L: ⇨ hoc〙

Hóck·dày /hɑ́(ː)k- | hɔ́k-/ *n.* **1** ホック祝節《18 世紀以前英国でイースター (Easter) 後の第二火曜日に行われた陽気な祭り; Hock Tuesday ともいう》. **2** イースター後の第二月曜日に行われたホック祝節前夜祭 (Hock Monday ともいう). 〘(*c*1175) *hokedei* ← ?〙

hock·et /hά(ː)kɪt | hɔ́kɪt/ *n.* 〘音楽〙ホケトゥス《中世多声音楽において, 2 またはそれ以上の声部が休止符によって断片化した旋律を交替して呈示し合う手法》. 〘《(?a1300))《1776》 hoket trick ◻ (O)F *hoquet* hitch, interruption〙

hock·ey[1] /hά(ː)ki | hɔ́ki/ *n.* **1** ホッケー: **a** =field hockey. **b** 《米·カナダ》=ice hockey. **2** =hockey stick. — *adj.* [限定的] ホッケー用の: a ~ ball, club, etc. 〘《1527》◻? OF *hoquet* bent stick: cf. hock², hook〙

hockey field
GK goalkeeper RB right back RH right half CH center half LB left back LH left half IR inside right CF center forward IL inside left RW right wing LW left wing
a point for initial bully b centerline c sideline d 5-yard line e 25-yard line f striking circle g penalty corner mark h goal; i goal line

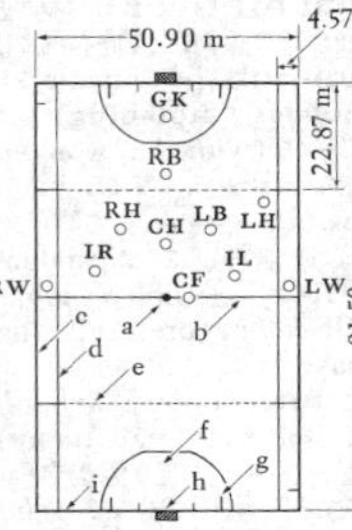

hock·ey[2] /hά(ː)ki | hɔ́ki/ *n.* 《英方言》収穫祭の祝宴. 〘《1555》← ?〙

hóckey mòm [**mòther**] *n.* 息子のアイスホッケーに夢中な母親.

hóckey pùck *n.* ホッケー用パック.

hóckey skàte *n.* アイスホッケー用スケート靴 (cf. figure skate, racing skate, tubular skate). ⇨ skate 日英比較.

hóckey stìck *n.* ホッケー[アイスホッケー]用のスティック[打球棒]. 〘1849〙

hóck lèg *n.* 〘家具〙(上部内側にくびれのある)曲がり脚.

Hock·ney /hά(ː)kni | hɔ́k-/, **David** ホックニー《1937– ; 英国のポップアートの画家; 版画·写真·舞台デザインも手掛ける》.

hóck shòp *n.* 《俗》質屋, 一六銀行 (pawnshop). 〘1871〙

Hock·tide /hά(ː)ktàɪd | hɔ́k-/ *n.* ホック祝節《昔英国でイースター (Easter) の後の第二月曜と火曜に行われた俗間の祝祭期; cf. Hockday》. 〘《1449》: ⇨ Hockday〙

hoc lo·co /hɑ(ː)klóukou | hɔ̀klə́ukəu/ *L.* この所に, ここに. 〘◻ L *hōc locō* in this place〙

hoc tem·po·re /hά(ː)ktέmpəri | hɔ́k-/ *L.* この時(において). 〘◻ L *hōc temporē* at this time〙

ho·cus /hóukəs | hə́u-/ *vt.* (**ho·cused,** 《英》**-cussed; -cus·ing,** 《英》**-cus·sing; -cus·es,** 《英》**-cus·ses**) **1** ごまかす, だます, かつぐ (dupe, hoax). **2 a** (犯罪の目的で)〈飲食物〉に麻酔剤を入れる. **b** 麻酔剤を入れた飲み物を〈人·馬などに〉飲ませる. — *n.* **1** 麻酔剤を入れた飲み物. **2** 《廃》**a** だまし, 詐欺. **b** 詐欺師. 〘《1640》《略》← HOCUS-POCUS〙

ho·cus-po·cus /hóukəspóukəs | hə́ukəspə́u-/ *n.* **1** (ごまかすための)でたらめな文句; (奇術師などの)呪文(じゅもん), まじない. **2** 手品, 奇術 (jugglery). **3 a** ごまかし, まやかし (trickery). **b** (うそをごまかすための)わざとらしい話, 作り話. — *v.* (**ho·cus-po·cused,** 《英》**-cussed; -cus·ing,** 《英》**-cus·sing; -cus·es,** 《英》**-cus·ses**) — *vi.* 《口語》**1** 手品を使う (juggle). **2** 人の目をくらます, だます (hoax). — *vt.* 〈人を〉だます, かつぐ. 〘《1624》《古形》 *Hocas Pocas*: 昔手品師が用いたラテン語まがいの文句の最初の二語(「あーらふしぎ」の類); 一説ではミサのときに司祭の唱えるラテン語 *hoc est corpus meum* (=this is my body) をもじったものという: cf. hoax〙

hod /hά(ː)d | hɔ́d/ *n.* **1** (れんが·しっくいなどを載せて肩にかついで運ぶ)木製の容器. **2** 石炭入れ (coal scuttle). 〘《1573》 *hodd* 《変形》← 《廃》*hot* ◻ (O)F *hotte* ← ? Gmc (Frank.)〙

ho·dad /hóudæd | hə́u-/ *n.* 《俗》〘サーフィン〙サーフィン (surfing) をしない人; 浜辺に行きサーフィンをするふりをする人; 新米のサーファー. 〘《1962》《変形》← ? *hodag* (Wisconsin から Minnesota 付近に生息したといわれる想像上の動物の名)〙

ho·dad·dy /hóudædi | hə́udædi/ *n.* 《俗》=hodad.

hód càrrier *n.* (hod でれんがやしっくいを運ぶ) れんが屋[石工](など) の下働き (cf. hodman). 〘1771〙

hod·den /hά(ː)dn | hɔ́dn/ 《スコット》*n.* (昔農家で自家用に織った)無地の粗ラシャ. — *adj.* 手織粗ラシャの(服を着た); 田舎風の (rustic). 〘《1591》← ? *holden* (p.p.) ← HOLD¹〙

hódden gréy *n.* 《英方言》黒毛·白毛交織粗ラシャ《昔農夫の着物に用いた》. 〘1724〙

hod·din /hά(ː)dn | hɔ́dn/ *n., adj.* =hodden.

Ho·dei·da /houdéɪdə, hu- | hə(u)déɪdə/ *n.* ホデイダ《イエメン西部, 紅海に面した海港》.

Ho·der /hóudə | hə́udə(r)/ *n.* 〘北欧神話〙ホウダー《Loki に与えられたやどりぎ (mistletoe) の枝で Balder を殺した盲目の神》. 〘◻ ON *Hǫðr*〙

hodge, H- /hά(ː)dʒ | hɔ́dʒ/ *n.* 《英》農夫, 田夫(でんぷ), 田吾作《典型的なイギリスの農夫を表す言葉》. 〘《1566》喜劇 *Gammer Gurton's Needle* (1566) 中の下男の名: ↓〙

Hodge /hά(ː)dʒ | hɔ́dʒ/ *n.* ホッジ《男性名》. 〘《転訛》← ROGER〙

hodge·podge /hά(ː)dʒpὰ(ː)dʒ | hɔ́dʒpɔ̀dʒ/ *n.* **1** ごた混ぜ (medley). **2** 《米·カナダ》=hotchpotch 1. — *vt.* ごた混ぜにする. 〘《c1290》 *hoche-pot, hogge-pot*: ⇨ hotchpotch〙

hódge-pùdding *n.* 《Shak》ごた混ぜの材料で作るプディング. 〘《1597》← HODGE(PODGE)+PUDDING〙

Hodg·kin /hά(ː)dʒkɪn | hɔ́dʒɪn/, Sir **Alan Lloyd** *n.* ホジキン《1914–98; 英国の生理学者; Nobel 医学生理学賞 (1963)》.

Hodgkin, Dorothy (**Mary**) **Crowfoot** *n.* ホジキン《1910–94; 英国の女性化学者; Nobel 化学賞 (1964)》.

Hodgkin, Thomas *n.* ホジキン《1798–1866; 英国の医師》.

Hódgkin's disèase *n.* 〘病理〙ホジキン病《リンパ肉芽腫(しゅ)》. 〘《1865》← *Dr Thomas Hodgkin*〙

Hodg·son /hά(ː)dʒsən, -sn | hɔ́dʒ-/, **Brian Houghton** *n.* ホジソン《1800–94; 英国の東洋学者·外交官》.

Hodgson, Ralph /rǽf | rά:f/ *n.* ホジソン《1871–1962; 英国の詩人; 東北帝国大学講師 (1924–37); *The Bull, A Song of Honour, Eva* (3 編とも 1913)》.

Hodgson, Shad·worth Holl·way /ʃǽdwə(ː)θ hά(ː)lweɪ | ʃǽdwə(ː)θ hɔ́l-/ *n.* ホジソン《1832–1912; 英国の哲学者》.

ho·di·er·nal /hòudiə́:nl, hɑ̀(ː)d- | hə̀udiə́:-, hɔ̀d-⁻/ *adj.* 今日の, 現今の, 現時の. 〘《1656》← L *hodiernus* (← *hodiē* today)+-AL¹〙

hod·man /hά(ː)dmən | hɔ́d-/ *n.* (*pl.* **-men** /-mən, -mèn/) 《英》**1** =hod carrier. **2** 下働きの人; (特に, 文筆の)下働き, 売文家. 〘1587〙

hod·o·graph /hά(ː)dəgræf | hɔ́dəgrὰ:f, -græf/ *n.* 〘数学〙ホドグラフ, 速度図《動点の速度ベクトルの始点を原点に一致させたとき終点の描く図形》. **ho·do·graph·ic** /hɑ̀(ː)dəgrǽfɪk | hɔ̀dəgrǽfɪk, -grǽf-⁻/ *adj.* 〘《1846》← Gk *hodós* (↓)+-GRAPH〙

ho·dom·e·ter /houdά(ː)mətə, hɑ(ː)- | hɔdɔ́mɪ̀tə(r)/ *n.* 〘機械〙=odometer. **ho·dom·e·try** /hou-dά(ː)mətri | hɔdɔ́mɪ̀-/ *n.* 〘《1791》← Gk *hodós* way+-METER¹: cf. F *odomètre*〙

hod·o·scope /hά(ː)dəskòup, hóud- | hɔ́dəskəùp/ *n.* 〘物理〙ホドスコープ, カウンターホドスコープ《計数管を数列近接して並べ, 荷電粒子の進路を測定する装置》. 〘《1915》← Gk *hodós* (↑)+-SCOPE〙

Ho·dur /hóudə | hə́udə(r)/ *n.* 〘北欧神話〙=Hoder.

hoe[1] /hóu | hə́u/ *n.* **1** くわ, ホー《土を起こしたり除草する際に用いる農器具》. **2** (しっくい·モルタルなどを混ぜる)くわ. — *v.* (~**d**; ~·**ing**) — *vt.* 〈土地·作物〉にくわで手入れをする; 〈草を〉くわで除く, くわで耕す: ~ a row of onions タマネギのうねにくわを入れる / ~ up weeds 雑草を掘り起こす / ⇨ *a hard* [*long*] ROW¹ *to hoe*. — *vi.* くわを使う, くわで仕事する. ***hóe ín*** [***ínto***] 《豪口語》…を腹いっぱい食べる.

~·lìke *adj.* **hó·er** *n.* 〘n.: 《1363》 *howe* ◻ (O)F *houe* ◻ ? OHG *houwa* (G *Haue*) ← *houwan* 'to cut, HEW'. — v.: 《c1450》 *howwe(n)* ← (n.)〙

hoe[2] /hóu | hə́u/ *n.* =ho².

Hoe /hóu | hə́u/, **Richard March** *n.* ホー《1812–86; 米国の発明家; 輪転機の製造に初めて成功した》.

hóe·càke *n.* 《米南部·中部》とうもろこしパン. 〘《1745》もと綿畑用のくわで焼いたことから〙

hóe·dòwn *n.* 《米·カナダ》**1 a** ホーダウン《米国南·西部の民謡風の歌に合わせて踊る陽気で活発な踊り》. **b** ホーダウン音楽[歌謡], ホーダウン曲. **2** ホーダウンのダンスパーティー. 〘《1841》← HOE+DOWN¹: cf. breakdown〙

Hoek van Hol·land /*Du.* húk fan hɔ́lant/ *n.* フークファンホラント《Hook of Holland のオランダ語名》.

H of C 《略》《英国·カナダの》House of Commons.

Ho·fei /hὰfèɪ/ *n.* =Hefei.

Ho·fer /hóufə | hə́ufə(r)/; *G.* hó:fɐ/, **Andreas** *n.* ホーファー《1767–1810; オーストリア Tyrol 地方の自由を目指した愛国者·志士; 1809 年バイエルンとフランスの支配に対し部下を率いて蜂起した》.

Hoff, van't *n.* ⇨ van't Hoff.

Hof·fa /hά(ː)fə | hɔ́fə/, **James Riddle** *n.* ホッファ《1913–?75; 米国の労働運動指導者; 全米トラック運転手組合委員長 (1957–71)》.

Hoff·man /hά(ː)fmən | hɔ́f-/, **Dus·tin** /dʌ́stɪ̀n | -tɪn/ (**Lee**) *n.* ホフマン《1937– ; 米国の映画俳優; *Kramer vs. Kramer* (1979) と *Rain Man* (1989) でアカデミー主演男優賞》.

Hoffman, Malvina *n.* ホフマン《1887–1966; 米国の彫刻家; Rodin の弟子》.

Hoff·mann /hά(ː)fmən, -mɑ:n | hɔ́f-; *G.* hó:fman/, **August Heinrich** *n.* ホフマン《1798–1874; ドイツの詩人·哲学者·文学史家》.

Hoffmann, E(**rnst**) **T**(**heodor**) **A**(**madeus**) *n.* ホフマン《1776–1822; ドイツの作家·音楽家·画家; この人の作品をもとにして Offenbach の *Les Contes d'Hoffmann*「ホフマン物語」が作曲された》.

Hoffmann, Ro·ald /róuəld | rə́u-/ *n.* ホフマン《1937– ; ポーランド生まれの米国の化学者; 有機化学, 特に不飽和化合物の研究に長足の進歩をもたらした; 福井謙一と共に Nobel 化学賞を受賞 (1981)》.

Hoff·man's /hά(ː)fmənz | hɔ́f-/ *n.* 〘商標〙ホフマンズ《米国 Ever-Fresh Foods 製のチーズその他の食品》.

H of L 《略》《英》House of Lords.

Hof·mann /hά(ː)fmən, -mɑ:n | hɔ́f-/, **Hans** *n.* ホフマン《1880–1966; ドイツ生まれの米国の画家》.

Hof·mann /hά(ː)fmən | hɔ́f-/, **Josef** *n.* ホフマン《1876–1957; ポーランド生まれの米国のピアニスト·作曲家》.

Hof·manns·thal /hά(ː)fmənstὰ:l, hɔ́(ː)f- | hɔ́f-; *G.* hó:fmanstaːl/, **Hugo von** *n.* ホフマンスタール《1874–1929; オーストリアの詩人·劇作家·オペラ台本作者》.

Hóf·meis·ter sèries /hά(ː)fmaɪstə-, hɔ́(ː)f- | hɔ́fmaɪstə-; *G.* hó:fmaɪstɐ-/ *n.* 〘化学〙ホーフマイスター系列《蛋白質の水溶液などに対する塩類の凝結能力を示す順位; lyotropic series ともいう》. 〘← *Franz Hofmeister* (1850–1922: オーストリア·ドイツの生理化学者)〙

Hof·stadt·er /hά(ː)fstætə, -stɑ:tə | hɔ́fstætə(r), -stɑ:-/, **Richard** *n.* ホフスタッター《1916–70; 米国の歴史家》.

Hofstadter, Robert *n.* ホフスタッター《1915–90; 米国の物理学者; Nobel 物理学賞 (1961)》.

Ho·fuf /hufú:f/ *n.* フフーフ《サウジアラビア東部の都市; Al Hufuf ともいう》.

hog /hɔ́(ː)g, hά(ː)g | hɔ́g/ *n.* **1 a** 豚《《米·カナダ》では一般的な語; cf. pig¹ 2; ⇨ pig¹ SYN》: eat like a ~ 豚のようにがつがつ食う / behave like a ~ 豚のように無作法にふるまう. **b** 去勢した雄豚, 食用豚《特に, 120 ポンド以上のものをいう》. **2** 《口語》**a** 豚のような人, 人の迷惑を顧みない人 (cf. road hog); ひどく下品な[粗暴な, 不潔な, 貪欲な]人. **b** 豚のように食い荒らすもの, 消費の激しいもの: Ours is a gas ~. うちの車はガソリン食いだ. **3** 《英》**a** 初めて毛を刈り取る前の若い羊 (hogget, hogg); 若羊から刈り取った羊毛. **b** 1 歳の家畜《雄牛など》. **4 a** (廃材などの)寸断機. **b** (製紙用)パルプ攪拌(かくはん)機. **5 a** 〘海事〙(船底掃除用の長い)搔(か)きぼうき. **b** 〘海事〙(船の)中央部の隆起の程度. **c** 〘造船〙=hog piece. **6** 《米俗》**a** 大型のオートバイ《特に Harley-Davidson》. **b** 大型車《特に Cadillac》. **c** 〘鉄道〙機関車. **7** 〘スポーツ〙(カーリングで) hog score に達しない石 (cf. curling).

bring one's hógs to a bád [***the wróng***] ***márket*** ⇨ market 成句. ***gó*** (***the***) ***whóle hóg*** ⇨ whole hog 成句. ***a hóg in ármor*** (まるでよろいを着せた豚のように)風采(ふうさい)の上がらない(野暮な)男, (着飾っていても)着映えのしない人. 《1660》 ***hóg wíld*** 《米口語》非常に興奮して, 自制心をなくして. ***líke*** [***as***] ***a hóg on íce*** 《米口語》(1) (氷上の豚のように)ぎこちない[あぶなっかしい]かっこうで. (2) 高慢な, うぬぼれた (conceited). 《1857》 ***líve*** [***éat***] ***hígh òff*** [***on***] ***the hóg*** 《口語》ぜいたくに暮らす, 景気がよい. 《1956》 ***on the hóg*** 《俗》破産して (broke), 無一文で, からっけつで, おけらで (penniless).

— *v.* (**hogged; hog·ging**) — *vt.* **1** 《口語》**a** (豚のように)むさぼり食う 〈*down*〉. **b** 分け前[必要]以上に取る; 〈物を〉いつまでも独占する. **2** 〈背·木材などを〉(豚の背のように)丸く曲げる, 丸める. **3** 〈馬のたてがみを〉短く刈る. **4** 〈船底を〉搔(か)きぼうきで掃除する. **5** (機械で仕上げをするために)〈金属棒·厚板〉に深く切り込みをつける 〈*out*〉. **6** 〈材木を〉寸断する. — *vi.* **1** 《口語》**a** 不作法なふるまいをする. **b** (豚のように)むさぼり食う. **c** 分け前以上を取る. **d** (他人の迷惑を顧みず)自動車を疾走させる. **2** 〈波に乗った船が〉中央部が豚の背の形に上に曲がる (cf. sag¹ *vi.* 8 b).

hóg the límelight 《口語》脚光を独占的に浴びる, ひとりだけ目立つ. ***hóg the róad*** 《口語》道路の真ん中を運転する《他の車が追い越せないような運転; cf. road hog》.

~·lìke *adj.* 〘lateOE *hogg* (castrated) swine ◻ Celt. **hukk-* ← IE **sū-* pig: cf. sow², swine〙

ho·gan /hóugɑ(ː)n, -gən | hə́ugən, -gæn/ *n.* ホーガン《丸太や枝を組み泥や草で覆ったアメリカインディアン Navaho 族の住居》. 〘《1871》◻ N-Am.-Ind. (Navajo) *foghan* house〙

Ho·gan /hóugən | hə́u-/, **Ben** *n.* ホーガン《1912–97; 米国のプロゴルファー; 本名 William Benjamin Hogan》.

Ho·garth /hóugɑəθ | hə́ugɑ:θ/, **William** *n.* ホガース《1697–1764; 英国の画家·銅版画家, 諷刺的な風俗画で知られる; *Marriage à la Mode* (1745)》.

Hógarth chàir *n.* 〘家具〙ホガースチェア《18 世紀英国のクイーンアン様式の曲がり脚のついた椅子》. 〘← *William Hogarth*〙

Ho·garth·i·an /hougάəθiən | həugά:-/ *adj.* ホガースの[に関する]; 〈風俗画が〉ホガース風の. 〘《1798》: ⇨ -ian〙

Hógarth's lìne *n.* 〘美術〙ホガースライン《絵画·彫刻において装飾的に使用される S 形の線》. 〘← *William Hogarth*〙

HO gàuge /éɪtʃóu- | -ə́u-/ *n.* (模型鉄道の) $^{5}/_{8}$ インチ (15.88 mm) の軌間. 〘← *H*(*alf*) *O gauge*〙

hóg·bàck *n.* **1** 〘地質〙ホグバック《丸みのある山稜が列をなしている丘陵地形; cf. razorback 1》. **2** 〘考古〙ホグバック《サクソン人やスカンジナビア人の側面が傾斜している墳墓》.

hóg-bàcked *adj.* 〘1661〙

hóg bàdger *n.* 〘動物〙ブタバナアナグマ (*Arctonyx collaris*)《アジア産; sand badger ともいう》. 〘1611〙

Hog·ben /hɔ́(ː)gbən, hά(ː)g-, -bn | hɔ́gbən, -bn, -bɛn/, **Lancelot Thomas** *n.* ホグベン《1895–1975; 英国の自然科学者·著述家; *Mathematics for the Million* (1936); cf. Integlossa》.

hog bràke *n.* 〘植物〙=fernbrake 1.

hóg·chòker *n.* 〘魚類〙**1** 米国産の小形のシタビラメ (*Achirus fasciatus*). **2** 米国産のササウシノシタ科の食用魚の一種 (*Trinectes fasciatus*). 〘《1885》豚のえさにもならない下級な魚と考えられていたところから〙

hóg chòlera *n.* 《米》〘獣医〙豚コレラ (swine fever). 〘1859〙

hóg·fìsh *n.* 〘魚類〙豚の形に似た魚類の総称: **1** ベラ科の魚 (*Lachnolaimus maximus*)《西インド諸島近海産》. **2** =pigfish. **3** =log perch. 〘《1597》《なぞり》← OF *porpeis* 'PORPOISE'〙

hóg flù *n.* =swine flu.

hóg·fràme *n.* 〘造船〙(hogging を防止するための) 縦材. 〘1864〙

hóg fùel *n.* (燃料·飼料などに用いる)おがくず, かんなくず, ウッドチップ.

hogg /hɔ́(ː)g, hά(ː)g | hɔ́g/ *n.* =hog *n.* 3.

Hogg /hɔ́(ː)g, hά(ː)g | hɔ́g/, **James** *n.* ホッグ《1770–1835; スコットランドの詩人; エトリックの森に生まれ, 羊飼い

を生業としたので the Ettrick Shepherd と呼ばれる)．

Hóg·gar Móuntains /hɑ́(ː)gə-, hɑgɑ́ə- | hɔ́gə-, hɑgɑ́ː-/ *n. pl.* [the ～] ＝Ahaggar Mountains.

hógged *adj.* **1** 〈道路・船など〉豚の背のように中央が隆起した. **2** 〈馬のたてがみが〉短く刈ってある. 〖(1764) ← HOG ＋-ED 2〗

hóg·ger *n.* **1** ＝hog 4 a. **2** 《米俗》(鉄道の)機関士 (hoghead). 〖← HOG＋-ER¹〗

hog·ger·y /hɔ́(ː)gəri, hɑ́(ː)g- | hɔ́g-/ *n.* **1** 養豚場, 豚小屋 (hog yard). **2** 豚のようなふるまい[態度]; 貪欲 (greed). 〖(1819) ← HOG (n.)＋-ERY〗

hog·get /hɑ́(ː)gɪt, hɔ́(ː)g- | hɔ́gɪt/ *n.* ＝hog 3 a. 〖(1538) ← HOG＋-ET〗

hog·gin /hɔ́(ː)gɪn, hɑ́(ː)g- | hɔ́gɪn/ *n.* 《英》(ふるいを通した)砂混じりの砂利. 〖(1852–61) ← ?〗

hóg·ging *n.* 〖造船〗ホッギング《船体の中央部が波頂に乗ったときなど船体の前と後部は垂下し, 中央部は持ち上がるような船体に全通するひずみ; cf. sagging》. 〖(1772–84) ← HOG (v.)〗

hóg·gish /-gɪʃ/ *adj.* **1** 豚のような[に似た, のような性質の] (swinish, piggish). **2** (豚のように)利己的な (selfish), 下卑た (mean); 意地汚ない, 貪欲な (gluttonous); 不潔な (filthy). **～·ly** *adv.* **～·ness** *n.* 〖(c1475): ⇨ hog, -ish¹〗

hóg·hèad *n.* ＝hogger 2. 〖1907〗

hóg lìne *n.* 〖スポーツ〗＝hog score. 〖1904〗

hog·ling /hɔ́(ː)glɪŋ, hɑ́(ː)g- | hɔ́g-/ *n.* **1** 《英方言》子羊 (lamb). **2** 《廃》子豚. 〖(1377): ⇨ hog, -ling¹〗

hog·ma·nay /hɑ́(ː)gmənèɪ | hɔ́g-/ *n.* 《スコット》**1** 大みそか (New Year's Eve); 大みそかの祝い《子供たちが歌を歌って歩き, 家々で oatcake などをもらうため Cake Day とも呼ばれる; cf. first-foot》. **2** [h-]《大みそかに子供たちがもらう》ケーキ, ごちそう, 贈物. 〖(c1680) ◻ ? ONF *hoguinané* (歳末の歌の繰返し句の中の語) ← L *hōc in annō* in this year〗

hóg-màne *n.* (馬の)刈り込んだたてがみ. 〖1804〗

hóg-màned *adj.* たてがみを刈り込んだ. 〖1883〗

hog·me·na /hɑ́(ː)gmənèɪ | hɔ́g-/ *n.* 《スコット》＝hogmanay.

hog·me·nay /hɑ́(ː)gmənèɪ | hɔ́g-/ *n.* 《スコット》＝hogmanay.

hóg mòl·ly /-mɑ̀(ː)li | -mɔ̀li/ *n.* 〖魚類〗＝hog sucker.

hóg·nòsed bát *n.* 〖動物〗キティブタバナコウモリ (*Craseonycteris thonglongyai*)《タイ産の昆虫を常食する世界最小のコウモリ; ブタのような鼻をもち, 尾はない》.

hóg·nòsed skúnk *n.* 〖動物〗ブタバナスカンク《北米産のブタのような鼻をもつ大形スカンク; 特にテキサスブタバナスカンク (*Conepatus leuconotus*) を指す》.

hóg·nòsed snáke *n.* 〖動物〗＝hognose snake.

hóg·nòse snàke *n.* 〖動物〗ハナダカヘビ《北米産のハナダカヘビ属 (*Heterodon*) の無毒のヘビの総称; puff adder ともいう》. 〖1736〗

hóg·nùt *n.* **1** 《米》＝pignut 2. **2** 《英》＝earthnut. **3** ヒッコリーの実(または木). 〖1771〗

hóg pèanut *n.* 〖植物〗アメリカヤブマメ (*Falcata comosa*)《北米東部産》.

hóg·pèn *n.* 《米》豚小屋 (pigsty). 〖1640〗

hóg pìece *n.* 〖造船〗副竜骨《木造船の竜骨と内竜骨の間に取付ける縦通材で, 船体を陸揚げしたとき, 竜骨にかかる力を受ける竜骨; ただし省略することが多い》.

hóg plùm *n.* 〖植物〗＝yellow mombin. 〖1697〗

hóg's-bàck *n.* 〖地理〗＝hogback.

hóg scòre *n.* 〖スポーツ〗(カーリングの)ホッグスコア, ホッグライン《目標 (tee) から 21 フィート前方の線; hog line ともいう; ⇨ curling 挿絵》. 〖1787〗

hóg's fènnel *n.* 〖植物〗セリ科カワラボウフウ属 (*Peucedanum*) の多年生の草本 (*P. officinale* など; ヨーロッパ・アジア産). 〖1585〗

hogs·head /hɑ́(ː)gzhèd, hɔ́(ː)gz- | hɔ́gz-/ *n.* **1** 大だる, 大おけ《通例 63–140 ガロン入り》. **2** 液量単位の一つ《英国では 52½ 英ガロン (238.5 リットル), 米国では 63 米ガロン (238.5 リットル); 略 hhd.》. 〖(1390) *hoggeshed* hog's head ← ?〗

hóg shèer *n.* 〖海事〗(中央が高くなっている)舷弧《側面から見た船の甲板のそり》.

hóg·skìn *n.* ＝pigskin. 〖1673〗

hóg sùcker *n.* 〖魚類〗北米の水のきれいな川にすむサッカー[カトストムス]科の食用魚 (*Hypentelium nigricans*) (black sucker, hog molly, stone roller ともいう). 〖1883〗

hóg-tìe *vt.* 《米》**1** (豚の脚を縛るように)…の四脚を一緒に縛る. **2** …の行動の自由を奪う. 〖1894〗

Hogue, La *n.* ⇨ La Hogue.

hóg·wàsh *n.* **1 a** 台所くず, 残飯 (refuse, swill)《豚のえさ》. **b** まずい飲食物. **2** くだらない事, たわいない話 (nonsense); つまらない作品, 駄作. 〖(c1450): ⇨ hog, wash〗

hóg·wèed *n.* 数種の雑草の総称《特にブタクサ (ragweed), ミチヤナギ (knotweed), ハナウド (cow parsnip) など; cf. giant hogweed》. 〖1707〗

hóg-wíld *adj.* 《米口語》ひどく興奮した, やっきとなった, 夢中になった: a ～ wrestler. 〖1904〗

Ho·hen·lin·den /hòuənlíndən | hàuən-; *G.* hoːənlíndṇ/ *n.* ホーエンリンデン《ドイツ Bavaria 州 Munich の東にある村; ナポレオン戦争でオーストリア軍がフランス軍に敗れた戦場 (1800)》.

Ho·hen·lo·he /hòuənlóuə | hàuənláuə; *G.* hoːənlóːə/, **Chlod·wig** /klóːtvɪç/ *n.* ホーエンローエ (1819–1901; プロイセンの政治家; ドイツ帝国の首相 (1894–1900)).

Ho·hen·stau·fen /hòuənʃtáufən | hàuən-; *G.* hoːənʃtáufṇ/ *n.* **1** [the ～s] ホーエンシュタウフェン家《ドイツの王家 (12–13 世紀)》. **2** ホーエンシュタウフェン家の人. **—** *adj.* ホーエンシュタウフェン家の.

Ho·hen·zol·lern /hóuənzɑ̀(ː)lən | hàuənzɔ́lən; *G.* hoːəntsɔ́lɐn/ *n.* **1** [the ～s] ホーエンツォレルン家《ブランデンブルク選帝侯の地位を占めたドイツの貴族の家; プロイセン王家 (1701–1918); ドイツ帝国の皇室 (1871–1918)》. **2** ホーエンツォレルン家の人. **3** ホーエンツォレルン《ドイツ西南部の地域; もとプロイセンの州》. **—** *adj.* ホーエンツォレルン家の. 〖c1895〗

Hohenzollern, Michael *n.* ⇨ Michael I.

Ho·he Tau·ern /hòuətáuən | hàuətáuən; *G.* hóːətauɐn/ *n.* ホーエタウエルン《オーストリア西部 Carinthia と Tirol の間のアルプス山脈の大山塊; 最高峰 Grossglockner (3,797 m)》.

Hoh·hot /hòuhɑ́(ː)t, -hɔ́(ː)t, xə́xxɔ̀t | hàuhɔ́t/ *n.* ホフホト《中国北部, 内モンゴル自治区の区都 (1954 年以来); Huhehot ともつづる》.

ho-ho /hóuhóu | háuháu/ *int.* ほーほー《強い興味を示すときに発する》. 〖(c1550) ← HO〗

Ho·ho·kam /hòuhouká:m, həhóukəm | hàuhə(u)ká:m, hə(u)háukəm/ *adj.* ホホカム文化の《米国南西部 Arizona 州の Gila 川流域の砂漠に発達したインディアンの農耕文化 (450–1450) にいう》. 〖(1937) ← N-Am.Ind. (Piman) *húhukam* ancient one〗

Ho·hó·kam Pí·ma Nátional Mónument /houhóukəmpíːmə- | həuháu-/ *n.* ホホカムピマ国定記念物《米国 Arizona 州 Phoenix の南東にある有史以前の砂漠文化の地; 一般に未公開》.

ho-hum /hòuhʌ́m | hàu-/ *adj.* 面白くない, 退屈な (dull). **—** *int.* あーあ《あくびのとき, また飽きたり, 疲れたりしたとき, また軽蔑を表すとき発する》. 〖(1924): 擬音語〗

hoi /hɔ́ɪ/ *int.*, *n.* ＝hoy².

hoick¹ /hɔ́ɪk/ *vt.* 《口語》**1** 〈飛行機を〉急角度で上昇させる. **2** ぐいと持ち上げる (hoist, yank); ぐいと[急に]引き抜く 〈*out of*〉. 〖(1898) (変形) ← ? HIKE〗

hoick² /hɔ́ɪk/ *int.* ＝hoicks.

hoicks /hɔ́ɪks/ *int.* ほいっ, それっ《猟犬を励ます掛け声; hoick, yoicks ともいう》. 〖(1607) ← ?: cf. yoicks〗

hoi·den /hɔ́ɪdṇ/ *n.*, *adj.*, *vi.* ＝hoyden.

hói·den·ish /-dṇɪʃ, -dən- | -dṇ-, -dən-/ *adj.* ＝hoydenish.

Hoi·how /hɔ̀ɪháu, -hóu | -háu, -háu/ *n.* ＝Haikou.

hoik /hɔ́ɪk/ *vt.* ＝hoick¹.

hoi pol·loi /hɔ̀ɪpəlɔ́ɪ | hɔ̀ɪpəlɔ́ɪ, -pə-, -pɔ́lɔɪ/ *n. pl.* [the ～] 民衆, 大衆, 庶民; 群衆, 愚民. 〖(1837) ◻ Gk *hoi polloí* (pl.) the many〗

hoise /hɔ́ɪz/ *vt.* (～d, **hoist** /-hɔ́ɪst/)《廃・方言》(空中に)持ち上げる (hoist). ***hóist with*** [***by***] ***one's ówn petárd*** ⇨ petard 成句. 〖(1490) *hyce, hysse* ◻ MDu. *hyssen* to hoist (Du. *hijsen*): もと海語〗

hói·sin sàuce /hɔ́ɪsṇ-, -sṇ- | -sɪn/ *n.* 海鮮醤《中国料理に香辛料として用いられる, 米こうじ・大豆・酢・砂糖・塩などから作るどろっとした甘辛い味噌》. 〖← Cant. *hoisin*＝Chin. *haixian* (海鮮)〗

hoist¹ /hɔ́ɪst/ *vt.* **1** 〈帆・旗・荷物などを〉(綱・滑車・起重機などで)引き上げる, 巻き上げる, 高く掲げる: ～ a person shoulder-high 人を肩上げする / He ～*ed* himself from the deep armchair. 深いひじ掛け椅子からやおら立ち上がった. **2** 〈戦争・好況などが〉〈物価などを〉上げる, 上昇させる. **3** 《俗》持ち上げて飲む. **4** 《俗》盗む (steal). **—** *vi.* 高く上がる; (高く)上げるために綱を引く, 綱で引き上げる. ***hóist dówn*** 引き下ろす.
— *n.* **1** 引上げ, 巻上げ, 釣上げ, 持上げ, 押上げ, 掲揚: give a person ～ (up) (塀(へい)などをよじ登るのに)人を下から押してやる. **2** 〖機械〗ホイスト, 巻上げ装置, 起重機, 昇降機 (elevator, lift); 《英》貨物昇降機. **3** ＝rotary clothesline. **4** 〖海事〗**a** (帆や旗の)縦幅 (cf. fly¹ *n.* 1 c). **b** 帆前ぶちに沿って測った縦帆または支索帆の長さ. **c** 旗ざおに近い旗の内縁部. **d** 帆桁(ほげた)で上げた場合の船の中央部における帆の高さ. **e** 帆桁を上げ下げできる高低差. **f** (信号用に掲げた)一連の信号旗.
～·er *n.* 〖(1548) (転訛) ← HOISE〗

hoist² *v.* hoise の過去形・過去分詞.

hóist·ing shèars *n. pl.* [単数または複数扱い]〖海事〗＝shear 4.

hóisting yàrd *n.* 〖海事〗引き上げ帆桁《アッパートップスルとか, ハッパーゲルンのような帆を展帆するときは帆桁を引き上げて展帆するので, そのような帆桁につけられた名称》.

hóist·wày *n.* (貨物などの)揚下ろし口; (エレベーター・食品食器用エレベーターなどの)垂直な通路.

hoi·ty-toi·ty /hɔ́ɪtitɔ́ɪti | -titɔ́ɪti/ *int.* おやまあ, いやはや, あきれたものだ《軽はずみなふるまい・気取りなどに対するあざけり・いら立ち・驚きなどを表す》. **—** *adj.* 《口語》**1** 《英》hoity-toity の叫びを連発する(ような), あきれ返るような; 仰山な, うわついた (fussy, giddy). **2 a** こうるさい, 怒りっぽい (touchy, petulant). **b** 横柄な, いやに気取り屋の (assuming). **—** *n.* **1** 横柄さ (haughtiness), 澄ました態度 (airs). **2** 《廃》軽はずみ (flightiness). 〖(1668) (押韻加重) ← *hoit* (方言) to romp〗

Ho·kan /hóukən | háu-/ *n.* (*pl.* ～, ～s) (*also* **Ho·ka** /hóukə | háu-/)〖言語〗ホカ語族《米国 California 州を中心に話されるアメリカインディアン語家族; Chimarikan, Esselenian, Kulanapan, Quoratean, Shastan, Yuman, Yanan 語を含む》. 〖1913〗

Hókan-Síouan *n.* 〖言語〗ホカスー語族《米国 California 州を中心に話されているアメリカインディアンの一大語族》. 〖1965〗

hoke /hóuk | háuk/ *vt.* 《俗》ごまかして見かけよくする, (いんちきなやり方で)見かけよくでっち上げる (fake) 〈*up*〉. **—** *n.* 《俗》＝hokum. 〖(1925) ← HOKUM〗

hok·ey /hóuki | háu-/ *adj.* 《米・カナダ俗》**1** ごまかしの, にせの (faked); いんちきな, でっち上げた. **2** 変にセンチ(メンタル)な (corny), いやに涙もろい (mawkish). **～·ness** *n.* 〖(1927) ← HOKUM＋-Y¹〗

hókey có·key /-kóuki | -káu-/ *n.* 《英》ホーキーコーキー《輪になって踊りながら歌うコックニー (Cockney) の歌》.

ho·key-po·key /hóukipóuki | háukipáu-/ *n.* 《口語》**1** 手品, ごまかし (hocus-pocus). **2** (大道で売る)安物アイスクリーム. **3** ホーキーポーキー《歌って踊る子供のゲーム》. 〖(1847–78) (転訛) ← ? HOCUS-POCUS〗

ho·ki /hóuki | háu-/ *n.* 〖魚類〗ホキ (*Macruronus novaezeelandiae*)《メルルーサと近縁のマクルロヌス属の海産食用魚; ニュージーランド南岸沖産》. 〖(1872) ◻ Maori ～〗

hok·ku /hɑ́(ː)kuː, hɑ́(ː)k- | hɔ́k-/ *n.* (*pl.* ～) ＝haiku. 〖(1898) ◻ Jpn.〗

ho·ko·nu·i /hòukənúːi | hàu-/ *n.* 《NZ》密造ウイスキー. 〖(1930) ← *Hokonui Hills*: この地方で造られたことから〗

ho·kum /hóukəm | háu-/ *n.* 《米・カナダ俗》**1** でたらめ, ばか話, たわいない話[こと] (nonsense). **2** (劇・映画で)人を笑わせたり泣かせたりするありふれた手 (claptrap), ミーハー族目当てのもの: the same old ～ 例の[あの]手. **3** (聞き手・読者の注意をひくために講演・エッセイの途中に入れた)くだらない脱線. 〖(1917) (混成) ← HO(CUS-POCUS)＋(BUN)KUM〗

ho·kus /hóukəs | háu-/ *n.* 《米俗》麻薬.

hol /hɑ́(ː)l | hɔ́l/ *n.* 《英口語》学校の休み (holiday). 〖略〗

hol- /hɑ(ː)l, houl | hɔl/ (母音の前にくるときの) holo- 1, 2 の異形.

hol·an·dric /hɑ(ː)lǽndrɪk, houl- | hɔl-/ *adj.* **1** 男性系列にのみ相続される. **2** 〖生物〗限雄性遺伝の《Y 染色体上の遺伝子による遺伝の》. **hol·an·dry** /hɑ́(ː)lændri, hóul- | hɔ́l-/ *n.* 〖(1930) ← HOLO-＋ANDRIC〗

hol·arc·tic /hɑ(ː)lɑ́ːktɪk, hɔ(ː)l- | hɔlɑ́ːk-/ *adj.* **1** 北極地方の[に関する]. **2** [H-]〖生物地理〗全北区の: the ～ region 全北区《新北亜区 (Nearctic) と旧北亜区 (Palaearctic) の両地域》. 〖(1883) ← HOLO-＋ARCTIC〗

Hol·bein /hóulbaɪn | hɔ́l-; *G.* hɔ́lbaɪn/, **Hans** *n.* ホルバイン: **1** (1465?–1524) ドイツの画家; the Elder. **2** (1497?–1543) ドイツルネサンスの代表的画家; 英国にとどまり (1532–43), Henry 八世の宮廷画家となった; the Elder の息子; the Younger.

Hol·berg /hóulbəːg | hɔ́lbəːg; *Dan.* hɑ́lbæɐ̯ʔ/, **Ludvig** /lúðʔvi/ *n.* ホルベア (1684–1754; デンマークの劇作家・詩人・歴史家; 現代デンマーク文学の創始者と考えられている).

HOLC /éɪtʃòuèlsíː | -tʃàu-/ 《略》Home Owners' Loan Corporation (米国の)住宅所有者資金貸付会社.

hold¹ /hóuld | háuld/ *v.* (**held** /héld/; **held**, 《古》**hold·en** /hóuldən, -dṇ | háuld-/) **—** *vt.* **1 a** (手で)しっかり持つ (keep); 手に持つ (⇨ have¹ SYN); つかむ, 握る (grasp, grip): ～ a book in one's hand 本を手に持っている / ～ the future in one's hands 将来を手中に握っている / ～ a person's hand 人の手を握っている / ～ a pen [a spade] tightly ペン[すき]をしっかりと手に持っている. **b** 抱いて持つ (embrace); (落ちないように)支える (sustain, support): Just ～ me (close [tight]). 私をきつく抱いて / ～ a child in one's arms 子供を抱いている / ～ a pipe between one's teeth パイプをくわえている / ～ one's sides with laughter 腹をかかえて笑う.
2 a 所有する, 保有する, 保持する, (所有物として)持っている (own); 保管する, 預っておく (keep): ～ land 土地を所有する / ～ shares in a company ある会社の株を持っている / ～ a black belt in karate 空手の有段者である / ～ the record for the 100-yard dash 百ヤード競走の記録を保持している / Please ～ this until I send for it. 取りにやるまでお手元に置いて下さい. **b** 拘束しておく, 拘留する, 留置する: ～ a child for ransom 子供を人質にして身代金を要求する. **c** 支配する: ～ territory 領土を支配する. **d** (軍事的に)占有する, 保持する (occupy); 防ぐ, 守る (defend, protect): ～ a fortress [position] 要塞(ようさい)[陣地]を保持する / ～ town *against* attacks 攻撃から町を守る.
3 a 〈役・地位などを〉占める (occupy): ～ first place 第一位を占める / ～ office 職を奉じる, 官職についている / ～ one's ground ⇨ ground *n.* 5. **b** 〈学位を〉もっている: ～ an MD.
4 a 〈物・人などを〉〈一定の位置・状態などに〉しておく, 保つ: ～ one's head straight 頭をまっすぐにしている / ～ one's head high ⇨ head 成句 / ～ oneself erect 体をまっすぐにしている / ～ oneself still じっとしている / ～ a door open 戸を開け放しにしておく / ～ a person in play 人を活躍させて[働かせて]おく / ～ one's judgment in suspense 判断を留保する / ～ an audience spellbound 聴衆を魅了する / ～ a person in suspense 人を不安にさせておく, 人の気をもませる / ～ a person in fear 人を恐れさせる / ～ an enemy in check 敵を食い止める / His eyes *held* her in their gaze. 彼は彼女をじっと見ていた / Astonishment *held* me dumb [speechless]. 驚きのあまり口もきけなかった / ～ people captive [hostage, prisoner] 人を捕虜[人質, 囚人]として捕えておく. **b** 〈物を〉動かなくさせる, 固定する (fix): ～ a handkerchief *to* one's eyes ハンカチを目に当てる / ～ one's eyes steadily *on* a picture その写真に目をじっと据える.
5 a 持続する, 維持する (sustain): ～ silence 沈黙を守り続ける / ～ a cheery appearance 見るからに元気な様子を続ける / ～ the temperature 温度を一定に保つ. **b** 保持する (retain): ～ a person's affection 愛情を保つ / There is enough food to ～ them for a week. 彼らが一

H

週間生きてゆけるだけの食べ物がある / ～ (the attention of) one's audience 聴衆の注意を引きつけておく / ～ food on [in] one's stomach 吐かないで食物を胃の中に収めておく. **c** …の興味[注意, 愛情]を保つ: He didn't ～ his audience long. 彼はいつまでも聴衆の心を捕らえていなかった / This thought *held* me for an instant. この考えが瞬間私の関心を捕らえた.
6 〈物が〉〈重さなどに〉耐える, 持ちこたえる (support): The pillars ～ the roof up. 柱が屋根を支えている / The shelf won't ～ much weight. その棚はあまり重いものは載せられない.
7 [～ one*self* で] ふるまう (bear): She *held herself* like a queen. 身のこなしが女王のようだった.
8 a 〈容器が〉〈液体などを〉入れることができる: This trunk ～*s* all my clothes. このトランクの中には私の衣類が残らず入っている / This glass ～*s* half a pint. このコップには半パイント入る. **b** 〈劇場などが〉収容する (accommodate): ～ over 500 people 500 人以上を収容する / How many persons does the hall ～? そのホールには何人入れますか. **c** 中に持っている, 含んでいる, 含有する (contain): His tone *held* considerable reproach. 彼の口調にはかなりの非難が含まれていた / Seawater ～*s* many salts in solution. 海水の中には各種の塩類が溶けている / The package ～*s* books. その小包には書物が入っている / Her idea may ～ the answer [key, solution] to the problem [mystery]. 彼女の考えの中にはその問題[ミステリー]についての答え[鍵, 解決]が含まれているかもしれない. **d** 〈アルコール飲料〉に酔わない: can ～ one's drink [(《米》) liquor] 酒に強い / He drank whiskey but *held* it well. ウイスキーを飲んだが酔わなかった.
9 〈物事が〉…を用意[予定]している: The future may ～ many sorrows (in store) *for* us. 我々の未来には数々の悲しみ事が控えているかもしれない.
10 a 〈商品などを〉(売らないで)取っておく: ～ one's products for [in expectation of] better prices 値上がりを待って生産物を手持ちにしておく. **b** 予約する (reserve): ～ a room for a person 人のために部屋を取っておく.
11 a (心に)持つ, いだく (entertain, cherish); 〈記憶などに〉留める 〔*in*〕: ～ a belief 信念を抱く / ～ an opinion of one's own 独自の意見を持つ / ～ no prejudices 何も偏見を持っていない / ～ strange views 変った考え方をしている / ～ a theory 学説を奉じる / ～ something *in* one's memory あることを記憶に留める. **b** 〈人などを〉〈尊敬などに〉値すると考える[みなす] 〔*in*〕: ～ a person *in* esteem [respect] 人を尊敬する / ～ a person *in* contempt 人を軽蔑する / ～ a person *in* high [low] regard 人を尊敬[軽蔑]する.
12 a [目的補語を伴って] 〈…と〉思う, 考え (think, consider); 〈…と〉判決する, 評価する: ～ it good to do …するのをよいと思う / ～ a person dear 人をかわいいと思う / ～ something [life] cheap ある物[人生]を安く見る[見くびる] / I don't ～ life as sacred as all you people do. 私はあなたがたのように人生を神聖なものだとは思わない / ～ it *to* be impossible それを不可能と思う / ～ a person responsible [guiltless] 人を責任がある[無罪だ]と思う / I ～ it my duty to inform you of it. その事をお知らせするのは私の義務だと考えます / The evidence was *held* by the court to be inadmissible. 法廷でその証拠は却下すべきものと判定された. **b** 〈…と〉考える, 思う (think) 〈*that*〉: I ～ *that* all her statements are very doubtful. 彼女の言うことは皆非常に疑わしいと思う / It is generally *held that* the plan can't work. その計画はうまくいかないと一般に考えられている.
13 a 押さえる, 控える, 制する (check): ～ a restive horse 言うことをきかない馬を制する / ～ one's breath ⇨ breath 成句 / There is no ～*ing* him. 彼は押さえられない[手に負えない] / ～ one's hand 手を控える, 手出しをしない; 罰しないでおく / ～ inflation in check インフレを抑える / ～ one's temper 怒らない, 自制する. **b** 〈言葉・音を〉出させない: *Hold* tongue! がやがや言うな, うるさい, 黙れ. **c** 〈相手を前進させない, 阻止する; 〔…に〕抑える 〔*to*〕: ～ the enemy / ～ the Giants *to* two runs ジャイアンツを 2 点に抑える / Our team *held* the opponents *to* a draw. わがチームは相手チームを引分けに抑えた. **d** 〈数・量などを〉〔…に〕抑える, 制限する (restrict) 〔*to*〕: ～ the population increase to a minimum 人口増加を最小限に抑える.
e 引き止める (detain): ～ a person before departure 出発前に引き止める / The police are ～*ing* him for questioning. 警察は彼を尋問のため拘束している. **f** 《米口語》〈人〉をしゃべらせないようにする; 〈人〉に邪魔をさせないようにする.
14 〈人〉に〈約束・義務・責任などを〉持たせる, 守らせる 〔*to*〕: ～ a person *to* his promise [word] 人に約束を守らせる.
15 a 〈会などを〉催す, 開く, 開催する: A judge ～*s* court. 判事が法廷を開く / ～ a meeting [discussion] 会[討論会]を催す / When will the meeting be *held*? 会合はいつ開かれますか / ～ a press conference 記者会見を催す / ～ an exhibition 展覧会を開く. **b** 〈式を〉挙げる, 挙行する (conduct): ～ an examination [a service, a party, an election] 試験[礼拝式, パーティー, 選挙]を行う. **16 a** 〈銃を〉(差し)向ける, ねらう (point, direct) 〔*on*〕: ～ a gun *on* a person [*to* a person's head] 人[人の頭]に銃を向ける. **b** 《廃》〈銃を〉扱う (handle). **17** 〘音楽〙〈音または休符を〉引き延ばす. **18** 〘法律〙(契約で)拘束する, (権限をもって)占有する. **19** 〘電算〙〈情報を〉(記憶装置に)保存する. **20** スリップしない: This car ～*s* the roads very well, even in icy conditions. この車は凍結した道でもスリップしない. **21** 《古英方言》賭ける (bet).
— *vi.* 1 a 保つ; 持ちこたえる, もつ (endure): This rope [dike] will ～. この綱[堤防]はもつ / The troops *held* against the attack. その軍隊は攻撃に耐えた. **b** 握っている, つかまっている 〔*to*〕: ～ *to* a rope 綱につかまる. **c** 動かないでいる, 固定している. **2** 持続する, 〈天候などが〉もつ (last, prevail): The fine weather will ～ long. 好天気は長続きするだろう / Winter is still ～*ing*. 冬はまだ続いている / His luck will not ～. 彼の幸運は長続きはしまい / The truce won't ～ much longer. 停戦は長くは続くまい. **3** [補語を伴って] 〈ある状態のままで〉いる, 引き続いて…している: Just ～ still a moment, please. すこしの間お静かに / ～ aloof 超然としている, お高くとまる / ～ fast 〈交情などが〉堅く続く (cf. 5) / ～ good ⇨ 4 / ～ still じっとしている / ～ true 真である, 本当で通る, 当てはまる. **4** (引き続いて)効力を持つ, 適用できる (apply): The promise still ～*s* (good). その約束はまだ有効だ / The rule ～*s* (good) *for* everyone [in all cases]. その法則はだれにも[あらゆる場合に]適用できる. **5** 〔…を〕あくまで捨てない, 固守する; 信じる 〔*to*〕: ～ (fast) *to* one's creed 自分の信条を固守する. **6** [通例否定構文で] 〔…と〕同意見である, 〔…に〕同意する, 賛成する 〔*with*〕: I don't ～ *with* the proposal. その提案には賛成しかねる. **7** 続けて進む, 進んで行く: ～ on one's way [course] 進み続ける / ～ north for ten miles 10 マイル北へ進む. **8** (…から受けて)〔…の〕所有権を持つ, 保有する 〔*of, from*〕: ～ *of* the crown 王権を保有する. **9 a** (電話を)切らないで待つ: Will you ～? **b** [しばしば命令形で] 《古》我慢する, 待つ (forbear): *Hold* (hard)! 待て. **10** 《米俗》麻薬を(不法に)所持する. **11** 〘ボクシング〙ホールディングする. **12** 〘宇宙〙秒読みを一時的に中止する. **13** (着陸待ちのために)空中で待機する.
hóld … agàinst a person (1) 《口語》〈過去の失敗などを〉とがめて人に不利な判断をする, …を根に持って〈人〉を恨む[非難する]. (2) 〈銃などを〉〈人〉に突きつける. (3) ⇨ *vt.* 2 d. ***hóld awáy*** (*vt.*) …を離しておく, 近寄らせない. (*vi.*) 〔…から〕離れている 〔*from*〕. ***hóld báck*** (*vt.*) (1) 進ませない, 遅らせる, 引き止める (restrain, deter); 〈川・群集などを〉堰(せ)きとめる; 〈進歩・成長などを〉阻む; 〈感情を〉押える; 〈人〉に〔…を〕しりごみさせる 〔*from*〕: ～ *back* one's tears 涙を押さえる. (2) 隠す, 秘密にしておく (hide): ～ *back* information (from the police) (警察に)話さないでおく. (3) しまっておく, とっておく; 〈援助などを〉抑制する: ～ *back* twenty cents. — (*vi.*) (1) 差し控える (refrain) 〔*from, on*〕; しりごみする, ひるむ (hesitate, delay) 〔*from*〕: There's no ～*ing back* now. 今さら, しりごみはいけない. ***hóld by*** (1) 〈主義など〉を固く守る (hold to). (2) = HOLD *with* (cf. *vi.* 6). ***hóld dówn*** (*vt.*) (1) 〈人などを〉抑えつける, 〈国民・民族などを〉抑圧する (oppress); 従属させる. (2) 《口語》〈地位などを〉保有する; 〈職を〉維持する (keep): ～ *down* a job / The patient can't ～ any food *down*. 病人は食べ物を受けつけない[もどしてしまう]. (3) 〈価格・賃金などを〉据え置く; 《米》〈音を〉小さくする. (4) 〈感情などを〉押さえる. (5) 〈成長・進歩を〉阻む. (*vi.*) 抑える, 制限する: *Hold* yourself *down* to ten cigarettes a day. たばこは 1 日 10 本に抑えなさい. ***Hóld everything!*** 止めよ, 待て. ***hóld fórth*** (*vt.*) 差し出す, 提供する (offer). (*vi.*) (1) [軽蔑的に] 大いに弁じる, 述べ立てる (harangue) 〔*upon, on, about*〕 (cf. *Philip*. 2:16): She was ～*ing forth* (to us) about her favorite subjects. 好きな題目について話していた. (2) 仕事をする; 行われる. ***hóld ín*** (1) 抑制する (restrain, check): ～ *in* one's temper. (2) 自制する, 控える. ***Hóld it!*** 動くな; (写真を撮るときに)はい, 動かないで. (1926) ***hóld lóose*** ⇨ loose *adj.* 成句. ***hóld óff*** (*vt.*) (1) 近寄らせない, 寄せつけない; 〈人を〉待たせておく; 〈敵の攻撃を〉阻止する, 防ぐ (withstand); 〈失業・インフレなどを〉押える. (2) 延ばす (delay): ～ *off* starting 出発を延期する. — (*vi.*) (1) 遠ざかる; さし控える (abstain) 〔*from*〕; 延期する. (2) ぐずつく, 遅れる (delay); 〈雨・雪などが〉(降りそうで)降ろうとしない. (3) (内気で)人を寄せつけない 〔*from*〕. ***hóld ón*** (*vi.*) (1) しっかりつかんでいる: ～ *on* with all one's strength. (2) (仕事などを)続けて行く, 持続する (continue): ～ *on* in one's course. (3) 頑張る, 辛抱する, 踏みとどまる, 〈病人などが〉持ちこたえる. (4) [主に命令形で] 《口語》待つ, 止める; (電話で)切らないでおく: Please ～ *on* a minute. ちょっとお待ち下さい. — (*vt.*) …をくっつける, 固定する. ***hóld ón to*** [***onto***] (1) しっかりしがみつく, すがりつく; …を手放さない, 死守する; 〈席など〉を取っておく 〔*for*〕; 〈信仰など〉にすがる: ～ *on to* a person's hand 人の手をしっかり握る / ～ *on to* power 権力にしがみつく. (2) 〈意見・原則・立場など〉を保持する, 固守する. (3) 〈計画など〉放棄しない, 捨てない. (4) 〈音など〉を出し続ける〈歌など〉を歌い続ける. ***hóld óut*** (*vt.*) (1) 〈手などを〉ぐっと伸ばす, 差し出す (stretch forth). (2) 〈見込み・賞などを〉約束する, 提供する (offer): ～ *out* hope to …に希望をいだかせる. (3) 〔…だと〕言う, 主張する 〔*as*〕 〈*to* be〉: ～ one*self out as* a scholar 自分が学者だと言う. (4) 《米口語》〈与えるべきものを〉与えない, 手元にとっておく. (5) 《古》継続する (continue). (6) 〘トランプ〙(いかさまポーカーで)〈札を〉隠し持つ. — (*vi.*) (1) 持ちこたえる, 抵抗する, 最後まで耐える: They *held out against* the enemy attacks for a month. 1 か月敵の攻撃に抵抗した. (2) 〈蓄えなどが〉持続する, 間に合う: How many days will our food ～ *out*? 我々の食物は何日分あるか. ***hóld óut for*** 《口語》…を妥協せず断固として要求する: They *held out for* higher wages. 賃上げを断固要求した. ***hóld … óut of***— …を—から除外[控除]する; …に—させないでおく. ***hóld óut on*** 《口語》〈人〉に全部を言うふりをして何かを隠す, 隠し事をする; 約束したものを…に与えない; 《米》借金を…に返さない. ***hóld óver*** (*vt.*) (1) [しばしば受身で] (後に)持ち越す, 延期する (postpone); 持続する, 保持する 〔*for*〕: ～ *over* a subject till the next meeting 問題を次の会合まで持ち越す. (2) 《米》〈劇などを〉(予定期間より長く)続演[続映]する: The play will be *held over* another month. 芝居はもうひと月続演される. (3) 取って置く. (4) 〘音楽〙一つの拍[小]節から他の拍[小]節にまで〈音を〉持続する. — (*vi.*) (1) 《米》期間以上占有を継続する; 定期間以上在職する, 留任する. (2) 〘音楽〙一つの拍[小]節から他の拍[小]節にまで音を持続する. ***hóld … òver*** 〈秘密などで〉…を脅す. ***hóld one's ówn*** ⇨ own 成句. ***hóld to …*** (1) ⇨ *vi.* 1 b. (2) ⇨ *vi.* 5. ***hóld … to***— (1) ⇨ *vt.* 13 c. (2) ⇨ *vt.* 14. ***hóld togéther*** (*vt.*) (1) 一緒にしておく: ～ *together* one's things 身回り品をまとめる. (2) 結合させる, 団結させる: ～ *together* one's party 党をまとめる. — (*vi.*) (1) 離れ離れにならないでいる. (2) 結合を保つ(どこまでも)団結を続ける. (3) 〈話・計画・説明などが〉まとまっている, 首尾一貫している. (4) 〈機械が〉こわれないでいる. ***hóld únder*** …を抑圧する. ***hóld … ùnder***— …を—の下に置いておく. ***hóld úp*** (*vt.*) (1) 上方にささげる, さし上げる (raise, lift): ～ *up* one's hands [head] / *Hold* the negative *up* to the light. ネガを光にかざす. (2) 支える, 落ちない[倒れない]ようにする; 支持する, 維持する, 支援する (support). (3) 挙げる, 掲げる, (模範として)押し立てる, 公表する, 立候補させる (exhibit, display): ～ *up* a person *to* people as a model [an example]. (4) (見せしめとして)さらす (expose): ～ *up* a person to derision [contempt] 人を笑いものにする. (5) 止める, 停止させる (stop): ～ *up* a car. (6) …の進行を阻止する, 〈車の流れなどを〉妨げる, 遅らせる: The accident *held* the traffic *up* for a day. 事故で一日中交通が止まった / Lack of money is ～*ing up* the project. 資金不足でプロジェクトは遅れている. (7) 《口語》(追いはぎ・強盗の目的で)〈銀行・店などを〉襲う, 〈強盗が〉(ピストルを突き付けて)〈人・列車・自動車など〉に停止を命じる. (8) 〘トランプ〙(ブリッジで)〈勝札を温存する《あるスーツ (suit) が打ち出された場合, 敵方の一方に同種札がなくなるまで勝札を出さないでおく; cf. duck² *vi.* 4, *vt.* 4》. (9) 《米口語》…に高値をふっかける (overcharge). — (*vi.*) (1) 屈しないでいる, 持ちこたえる, 耐え抜く; 〈機械・衣服などが〉もつ; 〈商売が好調である; 相変わらず元気[有効, 真実]である. (2) 〈馬が〉(すべったりつまずいたりしたとき転ばないで)立っている. (3) 歩調をゆるめない. (4) 〈好天気が〉続く, もつ. (5) [命令形で] 止まれ, 手を上げろ. ***hóld úp on*** …を延ばす, 延期する (postpone): ～ *up on* a plan. ***hóld with*** ⇨ *vi.* 6.
— *n.* 1 つかむこと, つかまること (grasp): a wrestling ～ レスリングのつかみ合い / seize ～ of …をつかむ / get [have] ～ of …を捕える; 手に入れる, 保有する / Where ever did you get ～ of that nice dress? そのすてきなドレスどこで手に入れたの / keep a firm ～ on …にしっかりつかまっている, …をじっとつかんで放さない / lay ～ of …をつかまえる / leave ～ of …を放す / let go one's ～ (of …) (…を)つかまえている手を放す[ゆるめる] / lose one's ～ (つかまっている)手を放す / ⇨ *take* HOLD. **2** (人の心などを)とらえること; 支配力, 統率力, 勢力, 威力 (influence): have [get] a ～ on [upon, over] …を支配する, …の急所を握る / lay ～ on …を支配する, …の急所をつかむ / get (a) ～ of oneself 自分を取り戻す, 我に返る / maintain [relax] one's ～ over …に対する支配権を持続する[緩(ゆる)める] / Their old religion has no great ～ on [over] the common people. 彼らの古い宗教は一般の人々には大した勢力がない. **3** 把握(はあく)力, (確かな)理解力: lose one's ～ of [on, upon] reality 現実に対する理解力を失う. **4 a** おさえ所, 持つ所, 柄(え), 手掛かり, 足掛かり, 支え: lose ～ of …の手掛かりを失う / The rocks afford no ～ for hand or foot. 岩には手や足を掛ける所がない. **b** 容器, 入れ物. **5 a** 《口語》予約の指定: put a ～ *on* a hotel room ホテルの部屋を予約する. **b** (着手・執行などの)延期[猶予, 停止]. **c** 延期[猶予, 停止]の命令[指示]. **d** 〘宇宙〙(ミサイル打上げなどでの)秒読み延期, 停止. **6 a** 監禁, 拘束 (confinement). **b** 閉じ込めておく物[所]; 刑務所, 留置場 (prison): put a person in ～ 人を投獄する, 監禁する. **7** 《古》(所有権の)保有 (holding); (土地の)保有 (cf. copyhold, freehold). **8** 《古》砦(とりで), 要塞 (stronghold).
9 〘音楽〙**a** フェルマータ (fermata, pause) (⌒ または ◡). **b** 休止. **10** 〘ダンス〙ホールド《一曲終わったあとの急停止のままの姿勢; 男女の組む身体のポジション》. **11** (柔道・レスリングなどでの)ホールド. **12** 〘音声〙(閉鎖音の)持続部.
cátch hóld of (1) …をつかまえる (grasp), …にしがみつく. (2) 〈相手の言った言葉など〉につけ込む. ***cláp hóld of*** 〘海事〙…をつかまえる, しっかり握る. ***gèt hóld of*** (1) ⇨ *n.* 1. (2) (電話などで)…と連絡がとれる: I've been trying to *get* ～ *of* you all day. 私は一日中あなたに連絡をとろうとしていました. ***gráb*** [***grásp***] ***hóld of*** …をしっかとつかむ, つかまえる. ***on hóld*** (1) 一時保留[延期]の状態で. (2) (電話で)(転送などのために)待たされた状態で: Put all incoming calls *on* ～ during the meeting. 会議中は外部からの電話は一切つながないように. ***tàke hóld*** (1) 〔有形・無形のものを〕つかむ, 握る, 捕える 〔*of, on*〕. (2) 〈物事が〉定着する. (3) 〈薬などが〉効いてくる (task effect).
(***with***) ***nó hólds bárred*** 《口語》制限なしに. (1942)
～·a·ble /-dəbḷ/ *adj.*
〖v.: OE (Ws) *healdan* < Gmc *χalðan* (Du. *houden* / G *halten*) ← IE *kel- to drive (cattle) (L *celer* swift / Gk *kélēs* swift horse). — n.: lateOE *h(e)ald* keeping, protection ← *healdan* (v.)〗

hold² /hóʊld | hə́ʊld/ *n.* 〘海事〙船倉《艦底の積荷をしまう所》; 倉内; 〘航空〙(飛行機内の)貨物室: ～ capacity 倉内容積 / break out the ～ ⇨ BREAK *out* (4) / stow the ～ 船倉に貨物を積み込む. 〖《(1591)》《転訛》← HOLE // 《廃》*holl* a hollow □? (M)Du. *hol* 'HOLE'〗

hóld·àll *n.* 《英》(兵隊や旅行者の使う)雑嚢(ざつのう)式大型手提げ, 合切(がっさい)袋 (《米》carryall). 〖1851〗

hóld·bàck *n.* **1** (馬車のながえに取り付けた)制車装置の

かぎ, 制御装置. **2 a** 抑制, 阻止, 妨害 (hindrance, check). **b** 阻止するもの. **3** 〘建築〙(ドア・シャッターなどを開けておくための)止め具. 〘1581〙

hóld bèam *n.* 〘海事〙ホールドビーム, 倉梁. 〘1800〙

hóld·dòwn *n.* **1** 抑え(つけ)ること. **2** 〘機械〙(下部を固定する)抑え金具; 止め金; 加圧板, 抑え板. 〘1888〙

hold'em /hóʊɫdəm | hǝ́ʊɫ-/ *n.* 〘トランプ〙ホールデム《ポーカーの一種; 手持ちの2枚のカードと机上の5枚のうちの3枚を組み合わせて最高の手役をつくる》.

holden *v.* 《古・方言》hold の過去分詞. 〘OE *ġeheal-den*〙

Hol·den /hóʊɫdən, -dn | hǝ́ʊɫ-/, **William** ホールデン (1918–81; 米国の映画俳優).

hold·er /hóʊɫdə | hǝ́ʊɫdə^(r)/ *n.* **1** 支える物; 入れ物, 容器, ホルダー: a matchbox ~ マッチ立て / a cigarette ~ 巻きたばこ用のホルダー / ⇨ penholder. **2 a** [しばしば複合語の第2構成素として] 保有者, (商品の)持主, (手形などの)所持人: a record ~ 記録保持者 / a ~ for value 対価支払い済みの(有償的)手形所持人 / a ~ of a preferential right 先取特権保有者 / ⇨ shareholder, stockholder. **b** (土地・権利などの)所有者. **c** (主義・教義の)支持者, 信奉者.

hólder in dúe cóurse 〘法律〙(流通証券の)正当所持人《流通証券を取得したときに, その証券が表面上完全で, 正常であり, 満期前であり, 以前に拒絶のあったことを知らず, 善意かつ有償で, 証券の流通を受けたとき, 証券自体, または流通者の権利に瑕疵(ｶｼ)のあったことを知らなかった所持人のことをいう》.

~·shìp *n.* 〘(1296): ⇨ hold¹, -er¹〙

Höl·der·lin /hóʊɫdəlɪn | hɔ́ːldəlɪn; G. hœ́ldɐliːn/, **(Johann Christian) Friedrich** *n.* ヘルダーリン (1770–1843; ドイツの詩人).

hóld·fàst *n.* **1** しっかりくっつくこと, しっかり持つこと. **2** しっかり保持するもの, 取付け金具 (catch, clamp)《壁や柱などに打ち付けて物を支えるための, 長い平たいくぎ・かすがい・しめ金・かすがい・握り金物・止め金など》. **3** 〘植物〙(海草などの, 真の根でなく物に付着するための)付着根 (cf. rhizoid). **4** 〘動物〙付着器, 固着器, 吸着器官《寄生動物が宿主に付着する器官》. 〘(1560)《なぞり》? ← Du. *houvast*, 《廃》*houdvast* // 《名詞用法》← *hold fast*〙

hold·ing /hóʊɫdɪŋ | hǝ́ʊɫd-/ *n.* **1** しっかりつかむこと, 握ること, 把持(ﾊｼﾞ). **2** (土地の)保有(権), 占有. **3 a** (農業用の)借地, 小作地. **b** [通例 *pl.*] 保有物; (特に)保有地; 持株: large ~*s* 大きい持ち地所 / ⇨ small holding / ~*s* in a business company 商事会社の株 / the gold ~ of the Bank of England イングランド銀行の金保有高 / light ~*s* 手薄な手持ち株. **4** 持株会社が所有している会社. **5** 〘スポーツ〙ホールディング《腕や手で相手の行動を妨げる反則行為》. **6** 〘法律〙判決, 判示, (裁判所の)判断. **7** [形容詞的に] 一時的保有[保存]用の: a ~ pen for pigs 仮の豚小屋. **8** 《まれ》一貫性. **9** 《廃》(歌の)繰り返し部分. **— *adj.*** 妨害をする; 遅延させる. 〘(?a1200): ⇨ hold¹, -ing¹·²〙

hólding attàck *n.* 〘軍事〙抑留攻撃, 牽制攻撃, 助攻《敵をその陣地に抑留し, 味方の主攻撃方面の戦況を有利にするための攻撃》.

hólding còmpany *n.* 持株会社 (cf. investment company). 〘1906〙

hólding fùrnace *n.* 〘金属加工〙均熱炉.

hólding gàin *n.* 〘会計〙保有利得《土地・建物・株式などの値上がりによる未実現利益》.

hólding gròund *n.* 錨を打つ海底[水底], 錨地 (anchorage). 〘1740〙

hólding nòte *n.* 〘音楽〙保持音《他の声部が動いているとき, 同じ音高に留まる音》. 〘1774〙

hólding operàtion *n.* 現状維持策. 〘1962〙

hólding pàddock *n.* 《豪》(毛を刈る前などに)羊などの家畜を一時的に入れておく小放牧地. 〘1933〙

hólding pàttern *n.* 〘航空〙待機経路《着陸しようとする機が空港管制官の着陸許可を待ちつつ空港上空を旋回するときの楕円形の飛行経路》. 〘*c*1952〙

hólding tànk *n.* 船の汚水槽[タンク].

hólding-ùp hámmer *n.* 〘機械〙(リベット締めに用いる)当てハンマー.

hóld·òut *n.* **1** 差し出すこと; 提供. **2** 抵抗 (resistance); 持続, 忍耐 (endurance). **3** 《米》**a** 契約更新拒否選手. **b** 集団活動や調停に抵抗する人. **c** 同意[妥協]しない人. **4** 〘トランプ〙(いかさまゲームで)釣り《札の隠し持ち》. 〘(1893) ← *hold out* (⇨ hold¹ 成句)〙

hóld·òver *n.* 《米・カナダ口語》**1** (前時代からの)残存者, 遺物: The system was a ~ from the war. その制度は戦争の名残りだった. **2 a** 任期以上の在職者, (同僚が辞めた後も在任している)残留者. **b** (前シーズンからの)残留組, 残留メンバー. **c** (伐採・被害・公害を免れて)生き残った樹木, 残り木. **3** 二日酔い (hangover). **4 a** (映画・劇などの)延長上演. **b** (俳優などの)契約延長者. **5** 未決拘留所, 留置場. **6** 〘印刷〙保存版《あとで使えるように崩さずに置く組み置き》. **7** 〘会計〙繰越し (carryover). **— *adj.*** 残留の, 残存の. 〘(1888) ← HOLD OVER (⇨ hold¹ 成句)〙

hóld tìme *n.* 一時待機時間《ロケット打上げの秒読み中に作業を中断して, 再び打上げ作業が続行するまでの待機時間》. 〘1968〙

hold·up /hóʊɫdʌ̀p | hǝ́ʊɫd-/ *n.* **1** (強奪の目的で行う列車・自動車などの)不法抑留, 強奪 (robbery); 辻強盗, ピストル強盗, 追いはぎ (⇨ theft SYN). **2** 《米口語》法外な値の要求 (extortion). **3** (交通などの)停止, 停滞, 妨害 (delay, obstruction). **4** (臨時の)家畜置場. **5** 〘化学〙ホールドアップ, 停滞液[ガス]の量《装置内に存在する液またはガスの量》. **6** 〘トランプ〙(ブリッジで)勝札の温存. **— *adj.*** [限定的] 強奪(的)の: a ~ policy 強奪政策. 〘(1837) ← *hold up* (⇨ hold¹ 成句)〙

hóldup màn *n.* 追いはぎ (bandit). 〘1959〙

hole /hóʊɫ | hǝ́ʊɫ/ *n.* **1 a** (壁・屋根などの突き貫けた)穴 (aperture); (空気の)抜け穴: a ~ in a wall [dam] 壁[ダム]の穴 (cf. hole-in-the-wall) / make [bore] a ~ [~*s*] in a person's head 人の頭に弾丸を打ち込む. **b** (衣類・靴下などの)破れ穴, かぎざき (tear, rent), 虫くい穴: a ~ in a curtain [pocket] カーテン[ポケット]の穴 / The moths have eaten ~*s* in my coat. 虫が食ってコートに穴があいた / be in ~*s* 《靴下などが》破れて穴だらけである. **2 a** (堅い表面にできた)凹み, 穴 (pit): a ~ in the ground 地面の凹み / a road full of ~*s* 穴だらけの道路 / dig a ~ 穴を掘る. **b** (鉱山の)立坑; (井戸の)穴. **c** 《俗》口 (mouth); 肛門 (anus); 女性の性器. **3 a** (流れの)深い所, ふち, よどみ: a swimming ~. **b** 《米》[しばしば地名に用いて] 入江 (cove). **4 a** (獣の)巣穴 (burrow): the ~ of a badger あなぐまの巣 / a rabbit ~ ウサギの(巣)穴. **b** 土牢(ﾂﾁﾛｳ), 地下牢 (dungeon); (特に, 刑務所の)独房 (prison cell). **5** 《口語》**a** (穴のように小さい)むさくるしい家, ひどい住居[宿]: a wretched ~ to live in ひどいすみか. **b** 嫌な[不潔な, むさくるしい]所. **6** 《口語》**a** 落とし穴. **b** 窮境 (fix, dilemma) (cf. *in the* HOLE (1)): be [find oneself] in a ~ のっぴきならないはめになる / He's in a devil of a ~. 大変な苦境にはまり込んでいる / put a person in a ~ 人を窮地に陥れる / get a person out of a ~ 人を苦境から救う. **7 a** 欠陥, 瑕疵(ｶｼ) (flaw, fault); (法律・議論・計画などの)弱点, 矛盾点: pick ~*s* [a ~] in 《物事》のあら探しをする / expose the ~*s* in an argument 議論の欠陥を指摘する / a treatise as full of ~*s* as a sieve 篩(ﾌﾙｲ)の目の数ほども欠陥[欠点]のある論文 / It will create a serious ~ in the plan. それはこの計画に重大な欠陥をもたらすことになる. **b** 大きな痛手, 大きな喪失感: Her husband's death left [made] a ~ in her life. 夫の死で彼女の人生には大きな穴がぽっかりあいてしまった. **8** 〘ゴルフ〙**a** ホール, カップ《ボールを打ち込む穴》; 得点. **b** ホール《tee からそれに対応するホールまでのコース; fairway, rough および hazards を含む》. 日英比較 日本語でゴルフの「ホールアウト」はカップにボールを入れてそのホールのプレーが終了することも, 1ラウンド18ホール全体が終了することも表すが, 英語の *hole out* は前者のみを指し, 後者は complete the round という. **9** 〘遊戯〙(球やはじき玉の)打込み穴; (それに入れて得た)得点. **10** 〘結晶〙空格子(ｺｳｼ)点 (⇨ vacancy 6). **11** 〘物理〙空孔, ホール《殻構造の原子や原子核において, 近くのエネルギー準位(軌道)には粒子[電子, 核子]が存在するのに, 粒子の欠けている準位があるとき, この欠けた準位をホールという; spin ½ の粒子に対する Dirac の理論では, 真空は負のエネルギー準位に粒子がことごとく詰まった状態であり, この真空中に負エネルギー粒子の欠けた状態が反粒子を表すものと考える》. **12** 〘金属加工〙(線材引抜き用の)穴型. **13** 〘電子工学〙正孔, ホール《電子の抜けた孔でみかけ上, 正の電荷をもつ電流担体》. **14** 《古》〘航空〙エアポケット: drop into a ~ in the air エアポケットに落ちる. **15** 〘野球〙野手と野手との間; (特に)三遊間(のスペース); 〘アメフト〙(ディフェンスラインの連係ミスによってできた)すき間. **16** 〘チェス〙ホール《両隣の行のポーンが前進してしまったため相手の駒の進出を防げないマス目》. **17** 〘トランプ〙=hole card 1.

blów a hóle in 《英》…に大穴をあける, …を大量に使い込む. ***búrn a hóle in*** *a person's* ***pòcket*** (金が)すぐなくなってしまう, 身につかない: Money is *burning a* ~ *in her pocket.* 彼女は金がはいるとすぐ使ってしまう. ***évery hóle and córner*** 隅から隅まで. ***in the hóle*** 《米口語》(1) 借金して, 赤字で (cf. 6 b): I was five dollars *in the* ~ last week. 先週は5ドル足が出てしまった. (2) 〘野球〙《投手・打者が》(ボールカウントで)苦境に立って, 追い込まれて (cf. behind *prep.* 5 b). (3) 〘トランプ〙(smudge などで)得点がマイナスになって, 負けかかって; (stud poker で) 伏せて配られた (cf. hole card): ⇨ *an* ACE *in the hole* (1). ***màke a hóle in*** (1) ⇨ 1 a. (2) …を大量に使い込む, …に大穴をあける; …を大量に飲む[食う]: Traveling *made a* ~ *in* our savings. 旅行で貯金に穴があいた. (3) ⇨ 7 b. ***màke a hóle in the wáter*** 投身自殺をする. 《1853》 ***néed ... lìke*** (*one néeds*) ***a hóle in the héad*** 《口語》…は全く必要ない, 願い下げだ.

hóle in óne 〘ゴルフ〙ホールインワン《tee shot が直接ホールにはいること; ace ともいう》: make [get, have] a ~ *in one* ホールインワンをする. 《1935》

hóle in (the) héart 《口語》〘病理〙心房[心室]中隔欠損(症). 《1958》

— *vt.* **1** …に穴をあける, 貫通する (perforate). **2** 《立坑を》掘り抜く (sink); 《トンネルを》あける (excavate): ~ a tunnel *through* a mountain 山を掘り抜いてトンネルをあける / A torpedo ~*d* the ship. 魚雷が船に命中した. **3** 《ウサギなどを》穴に追い込む. **4** 〘鉱山〙《炭層を》すかし掘りする, 下えぐりする (undercut). **5** 〘玉突・ゴルフ〙《ボールを》穴に送り込む[入れる, 打ち込む] 〈*out*〉. **— *vi.*** **1** 穴を掘る (dig). **2** 穴にもぐり込む. **3** 〘玉突・ゴルフ〙ボールを穴に入れる, ボールをホールに入れる[打ち込む] 〈*out*〉: ~ *out* in four ボールを四打でホールに入れる.

hóle in 《米口語》(1) 泊まる, 宿泊する: ~ *in* at a hotel. (2) 隠れる. ***hóle thróugh*** (1) ⇨ *vt.* 2. (2) 二つの地下トンネルをつなぐ, 貫通する. ***hóle úp*** (*vi.*) (1) 《動物が》(穴に入って)冬ごもり[冬眠]する (hibernate). (2) 《口語》(部屋などに)閉じこもる: She ~*d up in* her room with a book. 本を一冊持って自分の部屋に引っ込んだ. (3) 《口語》(追っ手などから)身を隠す, 潜伏する. (4) 《米口語》(ホテルなどに)泊まる. (5) 〘ゴルフ〙ホールインワンをする. — (*vt.*) (1) 《口語》隠れ穴(など)に入れる. (2) 《口語》かくまう. (3) 《米口語》(いつまでも)遅らせる (delay).

〘n.: OE *hol* (neut.) ← *hol* (adj.) hollow < Gmc *χulaz* (Du. *hol* / G *hohl*) ← IE **kel-* to cover (L *caulis* / Gk *kaulós* stalk of a plant). — v.: OE *holian* to hollow out ← *hol* (n.): cf. conceal, hell〙

SYN 穴: **hole** 固体の中のうろになった空間で, 片側または両側に開口部のあるもの: dig a *hole* in the ground 地面に穴を掘る / peep through a *hole* in the wall 壁の穴からのぞく. **hollow, cavity** 固体の内部の空洞, あるいは表面のくぼみ《後者は通例専門用語》: We spent a night in the *hollow* of the rock. 岩のくぼみで夜を過ごした / the oral *cavity* 口腔. **cave** 崖や山腹や地下に自然にできたほら穴: They explored the *caves*. 洞窟を探険した. **cavern** 《文語》大きな *cave* 《格式ばった語》: a vast *cavern* 広々とした洞窟. **excavation** 地面を掘ってできた穴: Many people have visited the *excavations*. 発掘場所を見に来た人たちはたくさんいる.

hole·a·ble /hóʊləbl | hǝ́ʊl-/ *adj.* 〘ゴルフ〙《ボールが》(ホールに)一打で入れられる. 〘(1909): ⇨ -able〙

hóle-and-córner *adj.* **1** 《行為が》内密な, 隠れて[こっそり]する (secret, underhand): a ~ love 人目を忍ぶ恋. **2** つまらない, 平凡な (insignificant): They are leading a ~ life. 平凡な生活をしている. 〘1835〙

H

hóle càrd *n.* **1** 〘トランプ〙(stud poker で) ホールカード, 伏せ札《一回目に伏せて配られるカード; cf. *in the* HOLE (3)》. **2** 取っておきの手, 決め手, 虎の子. 〘1908〙

hóle-hìgh *adj.* 〘ゴルフ〙(アプローチショットで)《ボールが》ホールハイ(の位置)の[にある]《打った場所からホールまで距離は正確だがその片側(右または左)にそれてつけたことにいう; pin-high ともいう》. 〘1897〙

hóle-in-córner *adj.* =hole-and-corner.

hóle-in-the-wáll *n.* (*pl.* **hóles-in-the-wáll**) (穴ぐらのような)狭苦しい住い[場所], 貧弱でむさくるしい家[店]. **— *adj.*** 狭苦しい, 貧弱でむさくるしい. 〘1822〙

hóle·pròof *adj.* **1** 《生地が》穴のあかないように工夫された: ~ stockings. **2** 欠点[弱点]のない. **3** 《法律・制度など》抜け穴のない. 〘1913〙

hól·er /-lə | -lə^(r)/ *n.* **1** 穴[孔]を開ける人[物, 道具]; 掘削機, 穴あけ器; 穴掘り(人夫). **2** [複合語の第2構成素として] …個の穴[ホール]のあるもの: A normal golf course is an eighteen-*holer*. 正式のゴルフコースは18ホールだ. 〘(a1425) ← HOLE＋-ER¹〙

hóle sàw *n.* =crown saw.

hole·y /hóʊli | hǝ́ʊli/ *adj.* 穴のある, 穴の多い. 〘(a1300) ← HOLE＋-Y¹〙

hóley dóllar *n.* ホリードル《スペインの穴あき1ドル貨; 5シリングに相当; 1813–29 年の間オーストラリアの通貨; pierced dollar, ring dollar ともいう》. 〘1857〙

Hol·guín /hɔ(ː)ɫgíːn | (h)ɔɫ-; *Am.Sp.* olɣín/ *n.* オルギン《キューバ東部の都市》.

Ho·li /hóʊli | hǝ́ʊ-/ *n.* (ヒンズー教徒の)フーリー祭《春分のころ Krishna 神を祝って行う無礼講》. 〘□ Hindi *holī* □ Skt *holākā* 《擬音語》?〙

hol·i·but /hɑ́(ː)ləbət | hɔ́lɪbət, -bʌ̀t/ *n.* (*pl.* ~, ~**s**) 〘魚類〙=halibut.

-hol·ic /hɔ́ːlɪk, hɑ́ː- | hɔ́l-/「…中毒者」の意を表す名詞連結形: choco*holic* チョコレート中毒者 / computer*holic* コンピューター中毒者 (cf. -aholic, -oholic). 〘cf. -oholic〙

hol·i·day /hɑ́(ː)lədèɪ | hɔ́lɪdèɪ, -di/ *n.* **1 a** 休日, 休業日 (↔ workday): make ~ 休みを取る, 業務を休んで骨休めする / high days and ~*s* ⇨ high day. 日英比較 日本語の「休日」には「日曜日」も含まれるが, 英語では Sunday は *holiday* には入らない. **b** 公休日, 法定休日: ⇨ bank holiday, legal holiday, national holiday. **2** [しばしば *pl.*] 《英》(一定期間の)休暇; 休み, 休養, 骨休め (《米》vacation): two days' ~ 二日間の休暇 / *on* ~ = *on* one's ~(*s*) 休暇(中)で / be away *on* ~ 休暇を取って(遊びに)出かけている / take a month's ~ 1か月の休暇を取る / *the* Christmas [Easter] ~*s* 冬[春]季休暇 / be at home *for the* ~*s* 休暇で帰省中 / during *the* ~*s* 休暇中に. **3** (税・心配などからの)免除期間, 息抜き時: a five-year tax ~ 5年間の免税期間. **4** 《口語》(ペンキなどの)塗り残してしまった部分. **5** 《古》祝日, 聖日 (holy day).

米国の主な法定祝日 (legal holidays)

New Year's Day* 元日	1月1日
Martin Luther King Day キング牧師の日	1月の第3月曜日
Lincoln's Birthday リンカン誕生日	2月12日
Washington's Birthday ワシントン誕生日	2月の第3月曜日 (⇨ Presidents' Day)
Good Friday 聖金曜日	復活祭の前の金曜日
Memorial [Decoration] Day 戦没将兵記念日	5月の最後の月曜日
Independence Day* 独立記念日	7月4日
Labor Day* 労働者の日	9月の第1月曜日
Columbus Day コロンブス記念日	10月の第2月曜日
Election Day 国民選挙日	11月の第1月曜日の翌日の火曜日
Veterans Day* 復員軍人の日	11月11日
Thanksgiving Day* 感謝祭	11月の第4木曜日
Christmas Day* クリスマス	12月25日

英国の公休日 (bank holidays)	
New Year's Day 元日	1月1日
Good Friday 聖金曜日	復活祭の前の金曜日
Easter Monday 復活祭明けの月曜日	復活祭の翌日の月曜日
May Day メーデー	5月の第1月曜日
Spring Bank Holiday	5月の最後の月曜日
August [Summer] Bank Holiday	8月の最後の月曜日
Christmas Day クリスマス	12月25日
Boxing Day クリスマスの贈物の日	クリスマスの日の翌日

★ 米英ともに日曜か土曜とかち合えば普通は次の月曜か前の金曜が休日となる. 米国の＊印は全州共通.

— *adj.* [限定的] **1** 休日の, 休暇中の[向きの]: a ～ task 《英》休暇中の宿題. **2 a** (休日らしく)楽しい (joyous), 祝祭日らしい (festive): a ～ mood [spirit] お祭り気分 / ～ behavior のびのびしたふるまい. **b** (平常とは違って)改まった, よそ行きの, 祝祭日用の: ～ clothes [finery] 晴着 / ～ English 改まった英語.

— *vi.* 《英》休暇を取る, 休む, 休暇で旅行をする: be ～*ing* at the seaside 休暇で海岸に行っている.

〖OE *hāligdæg*: ⇨ holy, day〗

Hol·i·day /hɑ́(ː)lədèɪ | hɔ́lɪ̀dèɪ, -di/, **Billie** *n.* ホリデー (1915–59; 米国の女性ジャズ歌手; 本名 Eleanora Fagan Holiday; 通称 Lady Day).

hóliday brochùre *n.* 旅行案内のパンフレット.

hóliday càmp [cèntre] *n.* 《英》(宿泊・娯楽施設などのある)行楽地.

hól·i·dày·er *n.* 休暇を取っている人, 休暇中の人 (vacationer). 〖(1886) ← HOLIDAY＋-ER[1]〗

hóliday hòme *n.* 《英》休暇用の家[別荘].

Hóliday Ínn *n.* ホリデイイン《Charles K. Wilson が創立 (1952) した世界最大のホテル(チェーン)》.

hol·i·day·mak·er /hɑ́(ː)lədeɪmèɪkə | hɔ́lɪ̀deɪmèɪkə(r, -di-/ *n.* 《英》休日(日曜・祭日)に郊外へ遊びに出る人, 行楽者[客] (《米》vacationer, vacationist). 〖1836〗

hóliday-màking *n.* 行楽. 〖1792〗

hóliday pày *n.* 休業手当.

hol·i·days /hɑ́(ː)lədèɪz | hɔ́lɪ̀dèɪz, -diz/ *adv.* 休日(ごと)に, 休日などには). 〖(1898): ⇨ -s[2] 1〗

hóliday village *n.* 休暇村《近代的な行楽地》.

hóliday wèekend *n.* 連休(の週末).

ho·lid·ic /hɑ(ː)lídɪk, hoʊ- | hɔlíd-, hə(ʊ)-/ *adj.* 〘生化学〙〈食餌など〉化学的にすっかりわかった成分を含む (cf. meridic, oligidic). 〖← HOLO-＋(MER)IDIC〗

hó·li·er-than-thóu /hóʊliə- | -liə-/ *adj.* 聖人[信心家]ぶった, ひとりよがりの, しかつめらしい (cf. *Is.* 65:5): with a ～ expression. — *n.* 聖人ぶった[独善的な]人. 〖1859〗

hó·li·ly /-lɪ̀li/ *adv.* **1** 信心深く (piously). **2** 神聖に, 清浄に. 〖OE *hāliglīce*: ⇨ holy, -ly[1]〗

hó·li·ness *n.* **1** 神聖 (sanctity); 霊的清浄 (spiritual purity), 聖性. **2** [His [Her] H- として; ローマ教皇・高位聖職者の尊称に用いて] 聖下: *His Holiness* Pope Leo 教皇レオ聖下 / *His Holiness* the Dalai Lama. — *adj.* [しばしば H-] 〘キリスト教〙ホーリネス派の: the Holiness Church ホーリネス教会, 聖潔派(系)教会《プロテスタント諸教派の一つ》. 〖OE *hālignes*: ⇨ -ness〗

Hol·in·shed /hɑ́(ː)lɪ̀nʃèd | hɔ́lɪn-/, **Raphael** *n.* ホリンシェッド (?–?1580; 英国の年代記作者; *Chronicles* (1578) は Shakespeare らの劇作の材料となった).

ho·lism /hóʊlɪzm | hə́ʊl-, hɔ́l-/ *n.* 〘哲学〙全体論《狭くは進化の要因が部分でなく有機的全体であるとする J. C. Smuts らの説をいうが, 一般には認識・心理・社会・化学・物理等のあらゆる分野で, 全体は部分や局所性の機械的総和に尽きず, むしろ後者を決定する固有の統体であることを強調する立場をいう》. 〖(1926) ← HOLO-＋-ISM〗

ho·lis·tic /hoʊlístɪk | hə(ʊ)l-, hɔl-/ *adj.* 〘哲学〙全体論 (holism) (的)の. **ho·lís·ti·cal·ly** *adv.* 〖(1926) ← HOLO-＋-ISTIC〗

holístic médicine *n.* 全体的医学[診療]《症状だけでなく心を含む全体を治療の対象とする》.

Hol·kár Stàte /hɑ(ː)lkɑ́ə- | hɔlkɑ́ː-/ *n.* ホルカル国《インド中部の旧藩王国; 18 世紀から印度独立 (1947) まで Indore を拠点として Maratha 同盟を構成した Holker 家が統治》.

Hól·kham Háll /hóʊkəm-, hɑ́(ː)l- | hə́ʊl-, hɔ́l-/ *n.* ホルカムホール《英国 Norfolk 州 Wells の近くに建っているパラディオ風の邸宅; William Kent が Thomas Coke のために建てた (1734–59)》.

hol·la /hɑ́(ː)lə | hɔ́lə/ *int., n., v.* ＝hollo. 〖1523〗

Hol·land /hɑ́(ː)lənd | hɔ́l-/ *n.* **1** オランダ《公式名は the Netherlands; cf. Dutch》. **2** ホラント《中世の神聖ローマ帝国の一州; 現在のオランダの North Holland と South Holland に相当する》. **3** [しばしば h-] オランダ布《さらさない一種の麻布または麻綿の交織で窓掛け, 子供服, 家具の覆いなどに用いる》. 〖□ Du. ～ ＜(古) *Holtlant* ← *holt* wood (⇨ holt[1])＋*-lant* 'LAND[1]': cf.「紀伊(＝木)の国」〗

Hol·land, Henry /hɑ́(ː)lənd | hɔ́l-/ *n.* ホランド (1745–1806; 英国の新古典主義の建築家).

Holland, John Philip *n.* ホランド (1840–1914; アイルランド生まれの米国の発明家; 米国海軍の最初の潜水艦を開発した).

Hol·land /hɑ́(ː)lənd | hɔ́l-/, **Parts of** *n.* ホランド《イングランド東部 Lincolnshire の旧行政区分》.

Holland, Sir **Sidney George** *n.* ホランド (1893–1961; ニュージーランドの政治家; 首相 (1949–57)).

hól·lan·daise sàuce /hɑ́(ː)ləndèɪz-, ⸗⸗⸗- | hɔ̀ləndéɪz-, ⸗⸗⸗-; *F.* ɔlɑ̃dɛːz/ *n.* オランデーズソース《卵黄とバターとレモン果汁または酢で作る; 特に魚料理に使う; 単に hollandaise ともいう; cf. mouseline[1] 2》. 〖(1907) □ F ～ (fem.) ← *hollandais* of Holland〗

Hól·land·er *n.* **1** オランダ人 (Dutchman). **2** オランダ船 (Dutch ship). **3** 《英》〘製紙〙ホランダー《パルプの製造機》. 〖(1435–36) ← HOLLAND＋-ER[1]〗

Hólland gin *n.* ＝Hollands.

Hol·lan·di·a /hɑ(ː)lǽndiə | hɔ-; *Du.* hɔlɑ́ndiɑ/ *n.* ホランディア (Jayapura の旧名).

Hol·lands /hɑ́(ː)ləndz | hɔ́l-/ *n.* オランダ製のジン (Holland [Hollands] gin ともいう). 〖(1788) □ Du. (古) *hollandsch* (*genever*) Dutch (gin): cf. Scots〗

Hol·le /hɔ́(ː)lə, hɑ́(ː)lə | hɔ́lə; *G.* hɔ́lə/ *n.* 〘ゲルマン伝説〙ホレばあさん (Frau Holle)《ドイツ民間信仰で女の精の名; 親切で力になる妖精のごとく現れ, 豊穣をつかさどるが, 死霊の女性支配者ともなる; 時に Perchta と同一視される; Grimm 童話の一つ》. 〖□ G (*Frau*) ～〗

hol·ler[1] /hɑ́(ː)lə | hɔ́lə(r/ 《米》*vi.* **1** 《口語》大声で言う, 大声を出す, どなる (⇨ shout SYN); 大声で呼ぶ[呼び集める]: ～ for help 大声で助けを求める. **2** 《口語》不平を鳴らす[言う] (complain) 〈*about*〉. **3** 《方言》〈鳥・カエル・鹿などが〉鳴く. — *vt.* 《口語》**1** 〈何ごとかを〉叫ぶ, 叫んで言う. **2** 大声で呼ぶ; 大声で呼び求める. — *n.* 《口語》**1** 叫び. **2** 不満. **3** ハラー(ソング) (holler song)《黒人労働歌の一種; しばしばスキャット風の歌詞のない歌》. 〖(1699) (変形) ← HOLLO〗

hol·ler[2] /hɑ́(ː)lə | hɔ́lə(r/ *n., adj., adv., v.* 《方言》＝hollow. 〖1845〗

Hol·ler·ith /hɑ́(ː)lərɪ̀θ | hɔ́lərɪθ/ *n.* ＝Hollerith code.

Hol·ler·ith /hɑ́(ː)lərɪ̀θ | hɔ́lərɪθ/, **Herman** *n.* ホレリス (1860–1929; 米国の発明家; パンチカードにデータを記録する方式を発明 (1880); IBM 社の前身を設立 (1896)).

Hóllerith càrd *n.* 〘電算・統計〙ホレリスカード (⇨ punched card). 〖(1946) ↑〗

Hóllerith còde *n.* 〘機械〙ホレリスコード《アルファベットと数字を用いて情報をパンチカードに打ち込む機械; コンピューターの前駆的な装置; 単に Hollerith ともいう》. 〖1962〗

Hol·ley /hɑ́(ː)li | hɔ́li/, **Robert William** *n.* ホリー (1922–93; 米国の生化学者; Nobel 医学生理学賞 (1968)).

Hol·li·ger /hɑ́(ː)lɪgə | hɔ́lɪgə(r; *G.* hɔ́lɪgɐ/, **Heinz** *n.* ホリガー (1939– ; スイスのオーボエ奏者・作曲家).

Hol·lings·head /hɑ́(ː)lɪŋzhèd | hɔ́l-/, **Raphael** *n.* ＝Raphael HOLINSHED.

hol·lo /hɑ́(ː)loʊ, həlóʊ | hɔ́ləʊ/ *int.* おーい, ほら《注意を促す呼び声, または激励・応答の声》. — *n.* (*pl.* ～s) (狩猟で)おーいの叫び声. — *vi.* **1** おーいと叫ぶ, 大声で呼ぶ (halloo). **2** 猟犬を呼ぶ. — *vt.* **1** …におーいと声をかける. **2** 〈猟犬を〉駆り立てる. 〖(1542) (変形) ← *holla*: cf. hallo〗

hol·loa /hɑ́(ː)loʊ, həlóʊ | hɔ́ləʊ/ *int., n., v.* ＝hollo. 〖1749〗

hol·loo /hɑ́(ː)luː, ⸗⸗ | hɔ́luː, ⸗⸗/ *int., n.* (*pl.* ～s), *v.* ＝hollo.

hol·low /hɑ́(ː)loʊ | hɔ́ləʊ/ *adj.* (**more** ～, **most** ～; ～**er**, ～**est**) **1** くぼんだ (concave), 落ち込んだ (sunken); くぼみのある: ～ cheeks こけたほお / ～ eyes くぼんだ目. **2** うろの, うつろの, 中空の: a ～ tree うろのある樹木 / a ～ ball 中空の球. **3** 実質[価値]のない, 空の (unreal); 〈感情・言葉など〉空虚な, 皮相な, うわべだけの, 不誠実な (⇨ vain SYN); 冷笑的な: a ～ victory 張合いのない(競争で得た)勝利 / ～ joys and pleasures はかない喜びと楽しみ / ～ compliments [praise] 空世辞 / a ～ life 空虚な生活 / ～ promises 空約束 / a ～ pretense 白々しい口実 / His words [laughter] sounded ～. 彼の言葉[笑い声]は空虚に響いた / Their hopes proved ～. 彼らの望みは夢に終わった. **4** 〈音・声が〉(洞穴で発せられたように)うつろな, こもった, 力のない: a ～ sound [voice] うつろな音[声]. **5** 空腹な (hungry): feel ～ 腹ぺこだ. **6** 《口語》全くの, 徹底的な (complete, thorough) (cf. *adv.* 2).

— *n.* **1 a** (比較的浅い)くぼみ, へこみ (cavity): the ～ of the back 背中のくぼみ[腰部] / the ～ of the hand 手のひら / The ～*s* of his eyes have deepened. くぼんだ目が一層深くくぼんだ. **b** 窪地(くぼち), 盆地 (basin); 谷間 (small valley): a wooded ～ 木の茂った谷間. **2** うつろ, 中空, (木の幹の)うろ, (岩の)うろ穴 (⇨ hole SYN). **3** 〘金属加工〙空洞《2面の接合部分または鈍角交差の部分にできるくぼみ》. ***hóld* [*háve*] *a person in the hóllow of one's hánd*** 〈人を〉完全に支配する (cf. *n.* 1 a).

— *vt.* **1** うつろにする, くりぬく, えぐる, うがつ (excavate) 〈*out*〉: ～ *out* a log to make a canoe 丸太をくりぬいてカヌーを作る / river banks ～*ed out* by water 流水でえぐられた川岸. **2** くり[掘り]ぬいて作る 〈*out*〉: ～ *out* a cave 洞穴を掘る / ～ a canoe *out* of a log 丸太をくりぬいてカヌーを作る / The rainwater has ～*ed out* a basin. 雨水で地面が掘れてしまった. **3** (曲げて)くぼんだ形にする. — *vi.* うつろになる.

— *adv.* **1** うつろに; 不誠実に: His laughter rang ～. 彼の笑い声がうつろに響いた. **2** [しばしば all に修飾されて] 《口語》すっかり, 徹底的に (thoroughly) (cf. *adj.* 6): ⇨ BEAT *a person (all) hollow*.

～·ly *adv.* **～·ness** *n.* 〖n.: OE *holh* a hollow, hole ← ? Gmc **χulaz* 'HOLE' — adj.: (*c*1250) *holȝ*, *holwe* ← (n.). — v.: (*a*1398) *holwe*(*n*) ← *holwe* (adj.): cf. hole〗

hol·lo·ware /hɑ́(ː)loʊwɛ̀ə | hɔ́ləʊwɛ̀ə(r/ *n.* ＝hollowware.

Hol·lo·way /hɑ́(ː)ləwèɪ | hɔ́l-/ *n.* ホロウェイ刑務所《London 北部の Islington 自治区にあり女囚を収容する刑務所》. 〖(15C) *Holwey* (原義) hollow or sunken road: ⇨ hollow, way[1]〗

hóllow-bàck *n.* lordosis の俗称 (cf. hunchback).

hóllow bàck *n.* 〘製本〙ホローバック, 腔背(あきせ)《中身の背と背表紙との間に空洞ができるようにした製本; open back, spring back ともいう; cf. tight back》.

hóllow condúctor *n.* 中空電線, 中空導体《中に冷却のための水などを通せるようにした導体》.

hóllow-èyed *adj.* (病気・疲労などで)目のくぼんだ, 目の下が黒ずんだ. 〖*a*1529〗

hóllow-héarted *adj.* 不誠実な (insincere). 〖1549〗

hóllow néwel *n.* 〘建築〙(中あきのらせん階段の)中空部, 吹き抜け《open newel ともいう; cf. solid newel》.

hóllow órgan *n.* 〘解剖〙管腔[中空]器官, 中空臓器《胃・腸など》.

hóllow squáre *n.* 〘軍事〙中空方陣(隊形).

hóllow wáll *n.* 〘建築〙中空壁《内部が中空になった壁; 経済上または屋内気温調節上の理由で設ける; ⇨ cavity wall》.

hóllow·wàre *n.* [集合的] (陶磁器製・銀製などの)深い容器《bowl, pot, kettle, jug, vase など; cf. flatware 1》. 〖1416〗

hol·lus·chick /hɑ́(ː)ləstʃɪk | hɔ́l-/ *n.* (*pl.* ～·**ie** /～i/) 〘動物〙若い雄のオットセイ. 〖(1893) □ Russ. *kholostyak* bachelor: cf. chick[1]〗

hol·ly /hɑ́(ː)li | hɔ́li/ *n.* **1** 〘植物〙ホーリー《モチノキ属 (*Ilex*) の木の総称; セイヨウヒイラギ (English holly), アメリカヒイラギ (American holly) など》; (葉が)ホーリーに似た木. **2** 赤い実のついたホーリーの枝《クリスマスの装飾用》. — *adj.* (モチノキ, ハンノキなど)双子葉植物の樹木[低木]の. 〖OE *hole*(*ġ*)*n* ← Gmc **χuli-* (Du. *hulst* / G *Hulst* holly) ← IE **kel-* to prick: その葉先が針状になっていることから〗

holly

Hol·ly /hɑ́(ː)li | hɔ́li/ *n.* ホリー《女性名; クリスマスの時期に生まれた子につける》. 〖↑〗

Hol·ly /hɑ́(ː)li | hɔ́li/, **Buddy** *n.* ホリー (1936–59; 米国のロックンロール歌手・ギタリスト・ソングライター; ロック創成期において最も影響力のあったミュージシャンの一人; 本名 Charles Hardin Holley).

hólly blùe *n.* 〘昆虫〙ルリシジミ (*Celastrina argiolus*)《シジミチョウ科のチョウ》. 〖1853〗

hólly fèrn *n.* 〘植物〙**1** ヒイラギデンダ (*Polystichum lonchitis*)《北温帯に広く分布するオシダ科の常緑性のシダ》. **2** 旧世界熱帯地方産のオシダ科ヤブソテツ属のシダ (*Cyrtomium aculeatum*). 〖1861〗

hólly·gràpe *n.* 〘植物〙＝Oregon grape.

hol·ly·hock /hɑ́(ː)lihɑ̀(ː)k, -hɔ̀(ː)k | hɔ́lihɔ̀k/ *n.* 〘植物〙タチアオイ (*Althaea rosea*)《rose mallow ともいう》. 〖((*a*1300)) (1548) *holihoc* ← *holi* 'HOLY'＋OE *hoc*(*c*) mallow (← ?)〗

hólly-léaved bárberry *n.* 〘植物〙＝Oregon grape.

hólly òak *n.* 〘植物〙＝holm oak.

hólly thístle *n.* 〘植物〙オオアザミ (⇨ milk thistle).

Hol·ly·wood /hɑ́(ː)liwʊ̀d | hɔ́li-/ *n.* ハリウッド: **1** 米国 California 州 Los Angeles 市郊外の一区; 映画産業の大中心地. **2** 米国 Florida 州の南東部 Miami 近くの海岸保養地. **3** 米国の映画界[産業]; アメリカ(的)映画. — *adj.* **1** ハリウッドの[からの]. **2** アメリカ映画産業の[に関する, で製作される]. 〖(1923) ← HOLLY＋WOOD[1]: 1887 年この地を開拓した H. H. Wilcox 夫妻が近くにあった (holly に似た) toyon の森にちなんで命名〗

Hóllywood béd *n.* ハリウッドベッド, だるまベッド《フットボード(足板)がなく, スプリングとマットレスを金属のベッドフレームに設置し, 脚輪を取り付けた低いベッド; 時には頭板が付いている》. 〖1947〗

Hóllywood Bówl *n.* [the ～] ハリウッドボウル《米国 California 州 Hollywood にある自然の地形を利用した円形劇場; 主にミュージカルに使用される》.

Hol·ly·wood·i·an /hɑ̀(ː)liwʊ́diən | hɔ̀liwʊ́d-⁻/ *n.* **1** (米国 California 州の)ハリウッドの出身者[住民]. **2** ハリウッドの映画産業に従事する人. — *adj.* **1** (ハリウッドの)映画界の; ハリウッド的な. **2** ハリウッド(人)の. 〖⇨ Hollywood, -ian〗

Hól·ly·wòod·ish /-dɪʃ | -dɪʃ⁻/ *adj.* ＝Hollywoodian.

holm[1] /hóʊm, hóʊlm | hə́ʊm/ *n.* 《英》**1** 川辺の低地. **2** 川や湖の中の小島, 川中島, 中洲; (本土付近の)小島《英国の地名に多い: Priest*holm*, Willow *Holm*, etc.》. 〖OE *holm* (詩) wave, sea ＜ Gmc **χulmaz* (ON *holmr* islet, meadow on the shore) ← IE **kel-* to rise; elevated (cf. excel)〗

holm[2] /hóʊm, hóʊlm | hə́ʊm/ *n.* 〘植物〙**1** ＝holm oak. **2** 《英方言》＝holly. 〖(*c*1380) *holm* holly, holm oak (変形) ← *holn* ＜ OE *holen* 'HOLLY'〗

Holman-Hunt, **William** *n.* ⇨ William Holman HUNT.

holme /hóum, hóulm | hə́um/ *n.* =holm¹.

Holmes /hóumz, hóulmz | hə́umz/ *n.* ホームズ《男性名》. 〖← *Holm* ◻ ON *holmr* (⇨ holm¹) // ← HOLM²: ⇨ -s² 3〗

Holmes /hóumz, hóulmz | hə́umz/, **John Haynes** *n.* ホームズ《1879–1964; 米国の聖職者・改革家》.

Holmes, Oliver Wen·dell /wéndl/ *n.* ホームズ: **1** (1809–94) 米国の生理学者・詩人・随筆家; *The Autocrat of the Breakfast-Table* (1858). **2** (1841–1935) 米国の法学者・最高裁判所判事; 上記 O. W. Holmes の息子.

Holmes, Sherlock *n.* ⇨ Sherlock Holmes.

Holmes·i·an /hóumziən, hóulmz- | hə́umz-/ *adj.* Sherlock Holmes (風)の. — *n.* [しばしば h-] Holmes の熱烈なファン. 〖(1929): ⇨ -ian〗

Hólmes lìght [sìgnal] *n.* 〖海事〗ホルムスライト, 救命炎, 自己点火灯《水中に投じると点火剤が働き, 水面に浮上して燃焼し続ける救命用の信号器具》. 〖← ? *Holmes* (発明者の名か)〗

hol·mic /hóulmɪk | hə́ul-, hɔ́l-/ *adj.* 〖化学〗ホルミウム (holmium) を含む, ホルミウムの. 〖⇨ ↓, -ic¹〗

hol·mi·um /hóulmiəm | hə́ul-, hɔ́l-/ *n.* 〖化学〗ホルミウム《希土類金属元素の一つ; 記号 Ho, 原子番号 67, 原子量 164.9304》. 〖(1879) ← NL ~ ← (*Stock*)*holm* (ストックホルムの首都) + -IUM〗

hólm òak *n.* 〖植物〗トキワガシ (*Quercus ilex*) 《ウバメガシに似たブナ科の常緑樹; 南ヨーロッパ産; ilex ともいう》. 〖1597〗

hol·o /há(ː)lou, hóul- | hɔ́l-/ *n.* 〖口語〗=hologram.

hol·o- /há(ː)lou, hóul- | hɔ́ləu/ 次の意味を表す連結形: **1** 完全な[に]: *holo*graph. **2** 類似の; 同種の: *holo*morph. **3** 最高に多数の水酸基 (hydroxyl group) を含む. ★ 母音の前では通例 1, 2 は hol- になる. 〖(17C) ◻ OF ~ ◻ L ~ ← Gk *hólos* whole, entire ← IE **solo-* whole (L *sollus*: cf. safe)〗

hol·o·blas·tic /hà(ː)loublǽstɪk, hòul- | hɔ̀lə(ʊ)-ˊ/ *adj.* 〖生物〗〈卵が〉全割の (↔ meroblastic): a ~ egg 全割卵. **hòl·o·blás·ti·cal·ly** *adv.* 〖(1872) ← HOLO- + BLAST + -IC¹〗

hol·o·branch /há(ː)ləbræ̀ŋk, hóul- | hɔ́l-/ *n.* 〖動物〗完全えら, 全鰓(ぜんさい) (cf. hemibranch).

Hol·o·caine /há(ː)ləkèɪn, hóul- | hɔ́l-/ *n.* 〖商標〗ホロカイン《phenacaine の商品名》. 〖(1897) ← HOLO- + (CO)CAINE〗

hol·o·car·pic /hà(ː)loukáːpɪk, hòul- | hɔ̀lə(ʊ)káː-ˊ/ *adj.* 〖植物〗全実性の (cf. eucarpic). 〖(1916) ← HOLO- + -CARPIC〗

hol·o·caust /há(ː)ləkɔ̀ːst, hóul-, -kàːst | hɔ́ləkɔ̀ːst, -kɔ̀st/ *n.* **1** 全燔(ぜんぱん)祭の供え物《ユダヤ教で神前に供える獣の丸焼き; ふつう burnt offering という》. **2 a** 大規模の犠牲[供え物]. **b** (多数の人命の)全滅, 全焼死; 大虐殺, 大破壊 (⇨ slaughter SYN): the nuclear ~s in Hiroshima and Nagasaki 原爆による広島と長崎の大破壊. **3** [the H-] (第二次大戦中の, ナチスによる)(ヨーロッパ在住の)ユダヤ人大虐殺, ホロコースト《Churban, Shoah ともいう; cf. final solution 1》. **hol·o·caus·tic** /hà(ː)ləkɔ́ːstɪk, hòul-, -káːs- | hɔ̀ləkɔ́ːs-, -kɔ́s-ˊ/ *adj.* 〖(*c*1250) ◻ (O)F *holocauste* ◻ LL *holocaustum* ◻ Gk *holókauston* burnt offering ← *holókaustos* burnt whole ← HOLO- + *kaustós* burnt (⇨ caustic)〗

Hol·o·cene /há(ː)ləsìːn, hóul- | hɔ́l-/ 〖地質〗*adj.* 完新世[統]の: the ~ epoch [series] 完新世[統]《第四紀の新期》. — *n.* [the ~] 完新世[統]; この時代の岩石. 〖(1897) ← HOLO- + -CENE〗

hol·o·crine /há(ː)ləkrɪ̀n, hóul-, -kràɪn | hɔ́ləkrɪn, -kràɪn/ *adj.* 〖生理〗**1** 全分泌(性)の, ホクロリンの《分泌腺細胞が全体として分泌物に変化するものをいう; cf. merocrine 1》: a ~ gland 全分泌腺. **2** 全分泌[ホクロリン]腺で作り出される. 〖(1905) ← HOLO- + Gk *krī́nein* to separate〗

hòlo·énzyme *n.* 〖生化学〗ホロ酵素, 全酵素《アポ酵素と補酵素の複合体》. 〖(1943) ← HOLO- + ENZYME〗

Hol·o·fer·nes /hà(ː)ləfə́ːniːz, hòul- | hɔ̀ləfə́ː-niːz, hɔlɔ́fənìːz/ *n.* ホロフェルネス《聖書外典 (Apocrypha) に出てくる Assyria の王 Nebuchadnezzar の部下の猛将; ユダヤの一未亡人 Judith の色香に迷い, 熟睡中に首を切られた; cf. Judith 2 b》.

hòlo·gámete *n.* 〖生物〗ホロガメート, 全配偶子《原生動物の 1 個体が分裂せず, そのまま配偶子になるとき, その個体をいう》. 〖(1926) ← HOLO- + GAMETE〗

ho·log·a·mous /həlá(ː)gəməs, hou- | hɔlɔ́g-/ *adj.* 〖生物〗ホロガメート (hologamete) をもった. 〖(1925) ← HOLO- + -GAMOUS〗

ho·log·a·my /həlá(ː)gəmi, hou- | hɔlɔ́g-/ *n.* 〖生物〗ホロガミー, 全配偶性. 〖(1925) ← HOLO- + -GAMY〗

hòlo·gonídium *n.* 〖植物〗=soredium.

hol·o·gram /há(ː)ləgræ̀m, hóul- | hɔ́lə-/ *n.* 〖光学〗ホログラム《holography によって感光材料に記録した干渉図形; cf. acoustical hologram》. 〖(1949) ← HOLO- + -GRAM〗

hol·o·graph /há(ː)ləgræ̀f, hóul- | hɔ́ləgràːf, -græ̀f/ *n.* **1** (全文)自筆: in ~ 全文自筆で[の]. **2** 自筆書類[証書]. **3** 〖光学〗=hologram. — *adj.* 自筆の: a ~ manuscript 自筆原稿. — *vt.* ホログラムにして記録する; ホログラフィーで撮影する. 〖(1623) ◻ F *holographe* // ◻ LL *holographus* ◻ Gk *hológraphos*: ⇨ holo-, -graph〗

hol·o·graph·ic /hà(ː)ləgrǽfɪk, hòul- | hɔ̀l-ˊ/ *adj.* **1** =holograph. **2** レーザー光線写真術の[で撮影した]. **hò·lo·gráph·i·cal** /-fɪ̀kəl, -kl̩ | -fɪ-ˊ/ *adj.* **hòl·o·gráph·i·cal·ly** *adv.* 〖(1727–41): ⇨ ↑, -ic¹〗

hológraphic wíll *n.* 〖法律〗自筆遺言(書)《自筆で書いて日付を打ち, 署名した遺言; cf. nuncupative will》. 〖1895〗

ho·log·ra·phy /houlá(ː)grəfi, hə- | hɔlɔ́g-, hə(ʊ)-/ *n.* 〖光学〗ホログラフィー《レーザー光などの可干渉性の光で物体を照射し, 透過あるいは散乱した光と元の光の干渉によって生じる図形を感光材料に記録し, これを別の可干渉性の光で照射よし物体の三次元像を再現する方法; cf. acoustical holography》. 〖(1802–12) ← HOLO- + -GRAPHY〗

hol·o·gyn·ic /hà(ː)lədʒínɪk, -dʒáɪ- | hɔ̀lə(ʊ)dʒáɪ-ˊ/ *adj.* 〖遺伝〗限雌性の《遺伝形質の一つ; X 染色体の遺伝子により女性だけに出る; cf. holandric》. 〖⇨ gynic〗

holohedra *n.* holohedron の複数形.

hol·o·he·dral /hà(ː)ləhíːdrəl, hòul- | hɔ̀lə(ʊ)hédrəl, -híːdrəl-ˊ/ *adj.* 〈結晶体が〉完面像の, 完全面の (cf. hemihedral, tetartohedral): a ~ form 完面像. **hò·lo·hé·drism** /-drɪzm/ *n.* 〖(1837) ← HOLO- + -HEDRAL〗

hol·o·he·dron /hà(ː)ləhíːdrən, hòul- | hɔ̀lə(ʊ)hédrən, -híːdrən/ *n.* (*pl.* **~s, -he·dra** /-drə/) 〖結晶〗完全面の結晶体, 完面像. 〖← NL ~: ⇨ holo-, -hedron〗

hol·o·he·dry /hà(ː)ləhíːdri, hòul- | hɔ̀lə(ʊ)hédri, -híːdri/ *n.* 〖結晶〗完面性《対称性から再現しうる面が全部結晶外形に現れる性質》. 〖⇨ holohedral, -y¹〗

hol·o·lith /há(ː)ləlɪθ, hóul- | hɔ́l-/ *n.* ホロリットリング《1 個の宝石をくりぬいて作る指輪》. 〖← HOLO- + -LITH〗

Hòlo·metábola *n. pl.* 〖昆虫〗完(全)変態類《内翅(ないし)類 (Endopterygota) ともいい, 半変態類 (Hemimetabola) あるいは外翅類 (Exopterygota) に対して用いられる》. 〖← NL ~: ⇨ holo-, Metabola〗

hòlo·metábolism *n.* 〖昆虫〗完全変態 (cf. heterometabolism).

hòlo·metábolous *adj.* 〈昆虫が〉完全変態をする. 〖(1870): ⇨ ↑, -ous〗

hòlo·mórphic *adj.* **1** 〖数学〗=analytic 6. **2** (結晶が異極像に対して)完面像の. 〖1880〗

hol·o·my·ar·i·an /hà(ː)loumaɪέəriən, hòul- | hɔ̀lə(ʊ)maɪέər-ˊ/ *adj.* 〖動物〗連続性筋肉膜の[をもつ]《線虫類について, その筋肉層が真の筋肉細胞によらず, 全体にわたって連続的であるか, または 2 個の体長線に分かれている状態をいう》. 〖← NL *Holomyaria* ← HOLO- + *-myaria* (⇨ my-, -aria²): ⇨ -an¹〗

hòlo·párasite *n.* 〖生物〗全寄生生物 (cf. hemiparasite 1). 〖◻ G *Holoparasit*: ⇨ holo-, parasite〗

Hol·o·pher·nes /hà(ː)ləfə́ːniːz, hòul- | hɔ̀ləfə́ː-niːz, hɔlɔ́fənìːz/ *n.* =Holofernes.

hol·o·phone /há(ː)ləfòun, hóul- | hɔ́ləfə̀un/ *n.* 〖光学〗ホロホーン《音波ホログラム (acoustical hologram) を作る装置》. 〖← HOLO- + -PHONE〗

hol·o·phote /há(ː)ləfòut, hóul- | hɔ́ləfə̀ut/ *n.* (灯台などの灯光の)全光反射装置, 完全照光鏡《光源から多くの光を集め, 望む方向に送るためのレンズまたは反射鏡から成る光学系》. **hol·o·pho·tal** /hà(ː)ləfóutl̩, hòul- | hɔ̀ləfə́utl̩-ˊ/ *adj.* 〖(1859) (逆成) ← (1850) *holophotal*: ⇨ holo-, photo-〗

hólo·phràse *n.* 〖言語〗=holophrasis. 〖(1899) ← HOLO- + PHRASE〗

ho·loph·ra·sis /həlá(ː)frəsɪs | hɔlɔ́frəsɪs/ *n.* (*pl.* **-ra·ses** /-siːz/) 〖言語〗輯合(しゅうごう)《文または語句を構成する複雑な内容を 1 語で表す方法》. 〖(1869) ← HOLO- + Gk *phrásis* (⇨ phrase)〗

hol·o·phras·tic /hà(ː)ləfrǽstɪk, hòul- | hɔ̀l-ˊ/ *adj.* 〖言語〗輯合(しゅうごう)の[に関する]; 句や文を 1 語で表す. 〖(1860) ← HOLO- + Gk *phrastikós* suited for expressing (← *phrázein* to speak): ⇨ -ic¹〗

hol·o·phyte /há(ː)ləfàɪt, hóul- | hɔ́lə(ʊ)-/ *n.* 〖生物〗=autotroph. 〖← HOLO- + -PHYTE〗

hol·o·phyt·ic /hà(ː)ləfítɪk, hòul- | hɔ̀lə(ʊ)fít-ˊ/ *adj.* 〖生物〗完全植物性の (autotrophic) 《光を必要とし, 無機物のみを栄養分として生活する; cf. holozoic》. 〖(1885) ← HOLO- + -PHYTIC〗

hòlo·plánkton *n.* 〖生物〗終生プランクトン《全生涯浮遊生活をするプランクトン; cf. hemiplankton》.

hol·op·neus·tic /hà(ː)ləpnúːstɪk, hòul-, -njúːs- | hɔ̀ləpnjúːs-ˊ/ *adj.* 〖昆虫〗〈昆虫が〉完気門式の (cf. apneustic). 〖← HOLO- + Gk *pneustikós* of breathing (← *pneîn* to breathe): ⇨ -ic¹〗

hol·o·scope /há(ː)ləskòup, hóul- | hɔ́ləskə̀up/ *n.* 〖光学〗(レーザー光線による)立体顕微鏡, ホロスコープ (cf. holography). 〖← HOLO- + -SCOPE〗

hol·o·scop·ic /hà(ː)ləská(ː)pɪk, hòul- | hɔ̀ləskɔ́p-ˊ/ *adj.* **1** (すべてを視野に入れた)総合的観察の[による], 全体像(表現)の, 立体表現的な. **2** 〖光学〗立体顕微鏡の, ホロスコープの. 〖← HOLO- + *-scopic* (MICROSCOPIC, MACROSCOPIC との類推)〗

hòlo·serículous *adj.* 〖生物〗絹のような毛で覆われた. 〖← HOLO- + SERICEOUS〗

hol·o·thu·ri·an /hà(ː)ləθúəriən, hòul-, -θjúər- | hɔ̀lə(ʊ)θjúər-, -θúər-ˊ/ 〖動物〗*adj.* ナマコ綱の. — *n.* ナマコ綱の動物 (ナマコ・キンコなど). 〖(1842) ← NL *Holothūria* ← Gk *holothoúrion* zoöphyte: ⇨ -an¹〗

Hol·o·thu·roi·de·a /hà(ː)ləθuərɔ́ɪdiə, hòul- | hɔ̀lə(ʊ)θuərɔ́ɪd-/ *n. pl.* 〖動物〗(棘皮(きょくひ)動物門)ナマコ綱. 〖← NL ~ ← *Holothuria* (↑) + -OID + *-ea* (neut. pl.) ← *-eus* '-EOUS'〗

hol·o·type /há(ː)lətàɪp, hóul- | hɔ́lə(ʊ)-/ *n.* 〖生物〗完模式標本, 正基準標本《真の基準となる 1 枚の標本で, 発表者が決定・発表したもの; cf. isotype 1》. **hol·o·typ·ic** /hà(ː)lətípɪk, hòul- | hɔ̀lə(ʊ)-ˊ/ *adj.* 〖(1897) ← HOLO- + -TYPE〗

hol·o·zo·ic /hà(ː)ləzóuɪk, hòul- | hɔ̀lə(ʊ)-ˊ/ *adj.* 〖生物〗完全動物性の (heterotrophic) 《有機物のみを食物とする; cf. holophytic》. 〖(1885) ← HOLO- + -ZOIC¹〗

holp *v.* 《古・方言》help の過去形; 《廃》help の過去分詞. 〖ME *holpe*〗

holped /hóult | hə́ulpt, hɔ́lpt/ *v.* 《方言》help の過去.

hol·pen /hóu(l)pən, -pn̩ | hə́ul-, hɔ́l-/ *v.* 《方言》help の過去分詞. 〖OE〗

hols /há(ː)lz | hɔ́lz/ *n. pl.* 《英口語》休み, 休暇 (holidays). 〖(1905) (pl.) ← HOL〗

Holst /hóulst | hə́ulst/, **Gustav** (**Theodore**) *n.* ホルスト《1874–1934; 英国の作曲家; *The Planets* (1916)》.

Hol·stein¹ /hóulstaɪn, -stiːn | hɔ́lstaɪn, hə́ul-; G. hɔ́lʃtaɪn/ *n.* ホルシュタイン《ドイツ北部 Jutland 半島の Schleswig-Holstein 州南部の地方, もとデンマークとの連合公国; ⇨ Schleswig-Holstein》. 〖(1865) (略) ← *Holstein-Friesian*〗

Hol·stein² /hóulstiːn, -staɪn | hɔ́lstaɪn, hə́ul-/ 《米・カナダ》ホルスタイン《北オランダおよび Friesland 原産で白・黒ぶちの大きな優良種の乳牛; Holstein-Friesian ともいう》.

Hol·stein-Frí·esian *n.* =Holstein².

hol·ster /hóulstə | hə́ulstə(r)/ *n.* **1** ホルスター《ピストルの革袋》. **2** 〖登山〗ピッケルを入れる革ケース. — *vt.* 《米》〈ピストルを〉ホルスターに入れる. **hól·stered** *adj.* 〖(1663) ◻ ? Du. ~ ← Gmc **χulis*, **χlus* (G *Holfter* holster / ON *hulstr* sheath) ← IE **kel-* to cover (⇨ cell)〗

holt¹ /hóult | hə́ult/ *n.* 《古・方言》**1** 雑木林 (copse), 木立ち (grove). **2** 柴山. 〖OE ~ < Gmc **χultam* (Du. *hout* / G *Holz* wood) ← IE **kel-* to strike, cut; twig (L *clādēs* injury / Gk *kládos* young branch)〗

holt² /hóult | hə́ult/ *n.* 獣の穴 (lair); カワウソの巣穴. 〖(*c*1375) (変形) ← HOLD¹〗

Holt /hóult | hə́ult/, **Harold Edward** *n.* ホルト《1908–67; オーストラリアの政治家; 首相 (1966–67)》.

ho·lus-bo·lus /hóuləsbóuləs | hə́uləsbə́u-/ *adv.* 《口語》一気に, 一度に (all at once), 丸ごと (altogether). 〖(1847–78) (ラテン語風もじり) ← *whole bolus*〗

ho·ly /hóuli | hə́u-/ *adj.* (**ho·li·er; -li·est**) [しばしば H-] **1 a** 神にささげられた, 神聖な (hallowed, sacred); 神の[に属する]: a ~ vessel (聖餐(せいさん)用の)聖器 / ~ ground 聖地. **b** 宗教上の, 聖なる (cf. profane): the ~ cross (キリストの)聖十字架 / ⇨ Holy See. **2 a** 身を神にささげた, 信仰心の深い; 高徳な (saintly): live a ~ life 信仰生活を送る / a ~ man [woman] 信心家. **b** 至純の, 神々しい (divine): (a) ~ love 至純の愛. **3 a** 尊敬[畏敬]されるべき: a ~ cause 尊い目的. **b** 《口語・婉曲》ひどい, はなはだしい: have a ~ horror of …をひどく恐れる[嫌う] / a ~ terror 全く度し難いやつ; どうにも手に負えない子供 (cf. terror *n.* 3). **c** 《口語》[驚嘆・当惑などを表す句に用いて]: *Holy* cow [mackerel, Moses, smoke]! おや, あら, まあ. **4** 超人的な恐ろしい力をもった. — *n.* **1** 神聖な物[場所], 礼拝所. **2** [the H-] 神 (God).

hóly of hólies [the —] (1) (ユダヤ神殿の)至聖所《神の契約の箱 (ark of the covenant) が置かれてあった所で, 司祭長 (high priest) だけが年に一度そこに入ることを許された奥の院; sanctum sanctorum ともいう》. (2) 最も神聖な所[物]. 〖(*c*1384) *holi of halowes* (なぞり) ← L *sanctum sanctōrum*: ⇨ SANCTUM SANCTORUM〗

〖OE *hāliġ* < Gmc **χailaȝaz* (Du. & G *heilig*) ← **χailaz* 'WHOLE': ⇨ hale¹, -y¹〗

SYN 神聖な: **holy** 神または特定の宗教に関わりがあるので崇むべき《意味の最も強い語で, この語だけが神を修飾できる》: the *Holy* Bible 聖書. **sacred** 神聖で神(々)と特別な関わりがあると信じられている: *sacred* elephants 神聖な象. **consecrated** 神聖な目的のために捧げられた: *consecrated* wine 神酒. **hallowed** 神聖化された《格式ばった語》: *hallowed* ground 聖域. **divine** 神の, 神に属する, 神から得た: *divine* wisdom 神の知恵 / a *divine* right 神権. **ANT** unholy, secular, blasphemous.

Hóly Allíance *n.* [the ~] 神聖同盟《Napoleon 一世の失脚後 1815 年にロシア皇帝の提案でオーストリア皇帝・プロイセン王の三君主間に結ばれた同盟; 民主的改革運動抑圧を意図した》.

Hóly Árk *n.* 〖ユダヤ教〗聖櫃(せいひつ)《Moses の律法の巻物を納めておく棚; 会堂の中でエルサレムに最も近い壁につけられる》. 〖OE〗

Hóly Bíble *n.* [the ~] 聖書 (Holy Scripture).

hóly brèad *n.* **1** 〖キリスト教〗聖パン, 聖餅《聖餐(せいさん)式[ミサ]で聖別されたパン》. **2** 〖東方正教会〗=antidoron. 〖*c*1300〗

Hóly Cíty *n.* [the ~] **1** 聖都 (Jerusalem, Mecca, Rome, Benares など). **2** 天 (heaven).

Hóly Commúnion *n.* **1** 〖キリスト教〗聖餐式; 〖カトリック〗聖体拝領 (⇨ communion 2 a). **2** 聖餐のパンとぶどう酒, またはそのいずれか. 〖1548〗

Hóly Cróss, Mount of the *n.* [the ~] ホーリークロス山《米国 Colorado 州北西部中央 Swatch 山脈中の高峰 (4,269 m); 十字形にクレバスが走っている》.

Hóly Cróss Dày *n.* 聖十字架称賛の祝日, 聖十字架頌栄日《9 月 14 日; 4 世紀以降聖十字架の発見などを記念する祝日であったが, ペルシャ人から聖十字架を奪回した (629 年)後は, 主としてそれを記念する祝日: Exaltation of the Cross ともいう》. 〖1662〗

hóly dày *n.* 〘キリスト教〙聖日, 祝祭日.
hóly dày of obligátion (1) 〘カトリック〙務めの聖日《ローマカトリック教徒が守るべき(特に日曜日以外の)祝日, この日信者はミサにあずかり, 労働を休む》. (2) 〘英国国教会〙聖餐式祝日《信者が聖餐式に出席すべき日》. 《1909》 〚OE *hāliġ dæġ*: cf. holiday〛
hól·y dóllar /hóʊli- | hə́ʊ-/ *n.* =holey dollar.
Hóly Fámily *n.* [the ~] 聖家族, 聖家族図《一般には幼児イエスと聖母マリアと養父聖ヨセフの 3 人の家族, またはその家族を描き出した絵》.
Hóly Fáther *n.* [the ~] 教皇 (Pope)《尊称として用いる; Most Holy Father ともいう》. 〚lateOE〛
Hóly Ghóst *n.* [the ~] 聖霊《三位一体の第三位格; cf. father 6, son 5》. 〚OE *se hālga gāst, hāliġ gāst* 《なぞり》← L *sanctus spiritus* 《なぞり》← Gk *hágion pneûma* 《なぞり》← Heb *rūaḥ ha-qōdesh* holy spirit〛
Hóly Gráil *n.* **1** [the ~] 聖杯《中世の伝説によればキリストが最後の晩餐(ばんさん)のとき用いた酒杯で, アリマタヤのヨセフ (Joseph of Arimathea) がこれに十字架上のキリストの最後の血を受けたという; 後, 彼によって英国に運ばれたが, 不徳の者が近づくとどこかに消えうせたという; 円卓騎士団 (Knights of the Round Table) がこれを捜し求めたことから, これを捜し求めるのが騎士の最高の務めとなった; the Saint Grail または the Grail, Sangrail ともいう》. **2** [the h- g-] 〈人が探求する(が達成の難しい)物事[理想, 目標, 見果てぬ夢]. 〚*a*1470〛
hóly gràss *n.* 〘植物〙香気を発するイネ科コウボウ属 (*Hierochloe*) の草の総称; (特に)コウボウ (*H. odorata*). 《1778》: 北欧では聖人祝日にこれを教会の入口で振りまく習慣があった〛
Hol·y·head /hɑ́(ː)lihèd | hɔ́lihèd/ *n.* ホリーヘッド《ウェールズ北西部, Holy Island 北岸にある港市》.
Hólyhead Ísland *n.* =Holy Island 2.
Hóly Hóur *n.* 〘キリスト教〙聖時間《聖餐(せいさん)式 (Blessed Sacrament) の前の, 殊にキリストの受難を記念する祈禱・黙想の時間》.
Hóly Ínnocents' Dày *n.* [the ~] 罪なき嬰児(みどりご)殉教の日, 無辜(むこ)聖嬰児(せいえいじ)の日[記念日], 聖嬰児日《Herod 王の命令で Bethlehem 中の幼児が殺された記念日で 12 月 28 日; Innocents' Day, Childermas ともいう; cf. *Matt.* 2: 16》.
Hó·ly Ísland /hóʊli- | hə́ʊ-/ *n.* ホリー島: **1** イングランド北東部 Northumberland 州の小島; 635 年に教会が創設されて以来重要な主教座の一つがあった; Lindisfarne ともいう. **2** ウェールズ北西部, Anglesey 島西海岸沖の島; Holyhead Island ともいう.
Hóly Jóe *n.* 《俗》 **1 a** 軍隊付き牧師, 軍僧 (chaplain). **b** 牧師 (clergyman). **2** 信心家. 〚*c*1874〛
hóly lámb *n.* 〘紋章〙=paschal lamb 3.
Hóly Lànd *n.* [the ~] 聖地 (Palestine, 特に Judea のこと; 時にキリスト教以外の宗教の聖地に用いる). 〚*a*1200〛
Hóly Léague *n.* [the ~] 神聖同盟《フランスで Henri de Lorraine Guise が指導者となってプロテスタントに反対した カトリック教徒の同盟 (1576–98)》.
hóly Máry *n.* 《アイル》敬虔な人, 信心家.
Hóly Mýsteries *n. pl.* [the ~] 〘東方正教会〙聖体礼儀 (liturgy).
Hóly náme *n.* [the ~] 〘カトリック〙キリストの御名. 〚1720〛
Ho·ly·oake /hóʊliòʊk | hə́ʊliə̀ʊk/, **George Jacob** *n.* ホリオーク (1817–1906; 英国の社会改良家; 協同組合運動の指導者; 世俗主義 (secularism) の主唱者).
Holyoake, Sir Keith Jack·a /dʒǽkə/ *n.* ホリオーク (1904–83; ニュージーランドの政治家; 首相 (1957, 1960–72); 総督 (1977–80)).
Hóly Óffice *n.* [the ~] 〘カトリック〙検邪聖省《信仰および道徳問題についての判定を下す教皇庁の機関; 正式名 the Congregation of the Holy Office; 昔の宗教裁判所 (the Inquisition) を改称したもの》. 〚*c*1741〛
hóly óil *n.* 〘キリスト教〙聖油《聖別された油; 洗礼・堅振・叙階式・戴冠(たいかん)式・臨終のときなどに用いられる; カトリックでは洗礼志願用聖油・病者用聖油・聖香油の 3 種がある; cf. chrism 1》. 〚《*c*1300》 *holi oylle* 《なぞり》← L *oleum sanctum*〛
Hol·yoke /hóʊljoʊk | hə́ʊljəʊk/ *n.* ホールヨーク《米国 Massachusetts 州南西部の市》.
Hóly Óne *n.* **1** [the ~] 聖なる者《神またはキリストの尊称としていう》. **2** [しばしば h- o-] 天使 (angel). 〚1535〛
hóly órders *n. pl.* **1** 聖職, (カトリックで)叙階, 品級, 聖品: take ~ 牧師[司祭]になる. **2** 聖職授与式, 叙階式. **3** 聖職の主な階位. 〚*a*1325〛
hóly plàce *n.* **1** 聖地. **2** [the ~] 〘聖書〙(ユダヤ神殿の)聖所 (sanctuary) (cf. *Exod.* 26: 33). **3** [Holy places] (カトリック教会がキリストのゆかりの地とした)聖地. 〚*c*1390〛
Hóly Róller *n.* 《軽蔑》〘キリスト教〙ペンテコステ派の信徒 (Pentecostal); 類似した他の宗派の信徒. 〚《1842》礼拝中に熱狂的興奮のあまり体を揺り動かすことから〛
Hóly Róman Émpire *n.* [the ~] 神聖ローマ帝国 (Otto 一世が戴冠(たいかん)した 962 年から 1806 年まで; Charlemagne 戴冠 (800) 以降とすることもある; ドイツから北イタリアまで支配した帝国; 15 世紀以後は Hapsburg 王家が支配していた). 〚1728〛
Hóly Róod *n.* **1** [the ~] 聖十字架《キリストがはりつけにされた十字架》; 聖十字架. **2** [h- r-] 教会の内陣の仕切り (rood screen) の上に設けた十字架. 〚《*a*1121》 *holie rode* < OE *hāliġe rōd*〛
Hóly Róod Dày *n.* 〘キリスト教〙 **1** =INVENTION of the Cross. **2** =Holy Cross Day. 〚?*a*1200〛
Hóly Sácrament *n.* [the ~] =sacrament 2.
Hóly Sáturday *n.* 聖土曜日《復活祭の前の土曜日》. 〚*a*1398〛
Hóly Scrípture *n.* [the ~; しばしば *pl.*] =Bible 1 (cf. scripture *n.* 1). 〚?*a*1400〛
Hóly Sée *n.* [the ~] 〘カトリック〙 **1** 聖座; ローマ教皇の権限[職]. **2** ローマ教皇庁 (Roman Curia). 〚1765〛
Hóly Sépulchre *n.* [the ~] (キリストが復活まで葬られていたとされる)聖墓. 〚*a*1225〛
Hóly Spírit *n.* [the ~] **1** 神の霊. **2** =Holy Ghost. 〚《*a*1325》: cf. Holy Ghost〛
hóly·stòne 〘海事〙 *n.* (甲板用)磨き石. — *vt.* 〈船の甲板などを〉磨き石で磨く. 〚《1823》: この石を日曜の掃除に使うため?〛
hóly sýnod *n.* 〘東方正教会〙最高教会[宗教]会議. 〚1768〛
Hóly Táble *n.* [the ~] 〘キリスト教〙聖餐(せいさん)台; 聖餐 (cf. Lord's table). 〚*a*1711〛
hóly thístle *n.* 〘植物〙=lady's-thistle. 〚1598–99〛
Hóly Thúrsday *n.* **1** 《まれ》〘英国国教会〙昇天祭[日] (⇨ Ascension Day). **2** 〘カトリック〙聖木曜日 (Maundy Thursday)《復活祭前の木曜日》. 〚?*c*1200〛
hóly·tìde *n.* 《古》聖季節《クリスマスなど教会の行事のある季節》. 〚lateOE *hāliġ tīd*〛
Hóly Trínity *n.* [the ~] (聖)三位一体 (⇨ Trinity 1). 〚?*a*1200〛
hóly wàr *n.* **1** 聖戦《十字軍など》. **2** =jihad. 〚1691〛
hóly wàter *n.* **1** 〘カトリック〙聖水《宗教の儀式などに用いられる聖別された水》. **2** 〘仏教〙お水. **3** (神社の前にある)御手洗(みたらし). 〚OE *hāliġwæter*〛
hóly wàter sprìnkler *n.* とげつき棍棒(こんぼう) (morning star). 〚1816〛
Hóly Wèek *n.* [(the) ~] 聖週(間)《復活祭前の一週間; この間キリストの最後の数日間を記念して祈禱をささげる》. 〚《1710》: cf. OE *sēo hālge wucu* Rogation week〛
Hóly Wíllie *n.* 信心家ぶった偽善者. 〚Robert Burns の諷刺詩 *Holy Willie's Prayer* (1785) から〛
Hóly Wrít *n.* **1** [the ~] =Bible 1. **2** 絶対の権威のある書類[言葉]. 〚OE *hālige writu* holy writings〛
Hóly Yèar *n.* 〘カトリック〙聖年 (jubilee)《25 年ごとにローマ巡礼, 善業に対して全免罪が与えられる》. 〚1900〛
hom /hóʊm | hə́ʊm/ *n.* =homa.
hom. 《略》 homiletics; homily.
hom- /hoʊm, hɑ(ː)m | həʊm, hɔm/ (母音の前にくるときの) homo- の異形.
ho·ma /hóʊmə | hə́ʊ-/ *n.* **1** ホウマ《古代ペルシャ人と拝火教徒の神木; インドの soma に同じ》. **2** ホウマの樹液《神酒に用いた》. 〚《1855》□ Pers. *hōm*: cf. Skt *soma* ritual drink; god 'SOMA²'〛
hom·age /hɑ́(ː)mɪdʒ, ɑ́(ː)m- | hɔ́m-/ *n.* **1 a** 尊敬, 敬意, 忠順 (reverence): pay [do] ~ to …に敬意を表する. **b** 賛辞, お世辞 (tribute) (⇨ honor SYN). **2 a** (封建時代の)臣従の礼, (臣下としての)忠順の宣誓: do [render] ~ (正式に)臣従の礼を致す, 忠順を誓って臣下となる. **b** (封建時代の)主従の関係. **c** (封建時代の)臣下であるための奉仕[行為], 貢物. — *vt.* 《まれ・詩》〈人〉に敬意[恭順の意]を表する. 〚《?*c*1225》□ OF ~ (F *hommage*) ← *homme, omme* (< L *homō* man: ⇨ HUMAN) // ML *hominātīcum* ← L *homō* man, (LL) vassal: ⇨ -age〛
hóm·ag·er *n.* **1** 敬意を表する人. **2** 封臣, 家臣 (vassal). 〚《?*a*1400》□ (O)F *hommager*: ⇨ ↑, -er¹〛
hom·al- /hɑ́(ː)məl | hɔ́m-/ (母音の前にくるときの) homalo- の異形.
hom·a·lo- /hɑ́(ː)məloʊ | hɔ́mələʊ/「平らな (flat); 平等の (equal)」の意の連結形. ★ 母音の前では通例 homal- になる. 〚← NL ~ ← Gk ~ ← *homalós* even, level〛
hom·a·lo·graph·ic /hɑ̀(ː)məloʊgrǽfɪk | hɔ̀mələ(ʊ)-/ *adj.* 〘地理〙=homolographic.
hom·bre¹ /ɑ́(ː)mbə | ɔ́mbə(r; *F.* ɔ̃:mbʁ/ *n.* 〘トランプ〙=ombre.
hom·bre² /ɑ́(ː)mbri, ɑ́m-, -breɪ | ɔ́mbreɪ, -bri; *Sp.* ómbre/ *Sp. n.* (*pl.* **~s** /~z; *Sp.* ~s/) 《米口語》男 (man), やつ (guy, fellow). 〚《1846》□ Sp. ~ < L *hominem* (acc.) ← *homō* man〛
hom·burg /hɑ́(ː)mbəːg | hɔ́mbəːg/ *n.* ホンブルク帽《つばがややそり上がり中央がくぼんだフェルト帽》. 〚《1894》← *Homburg* (ドイツ Wiesbaden 近くの町): 同地で最初に作られ流行した〛
home /hóʊm | hə́ʊm/ *n.* **1 a** (生活の場としての)家, うち, 住まい (dwelling): one's (own) ~ 自宅, わが家 / take a person to one's ~ / leave ~ at seven 7 時に家を出る / make one's ~ in New England=make New England one's ~ ニューイングランドに家をもつ[居を構える] / be for ~ 《英》家に帰るところである / My ~ is in Boston. 私のうちはボストンにあります (cf. 1 b) / *Home* [One's ~] is (the) best. うちが一番いい / My ~ is my castle. わが家は城だ / Be it ever so humble, there's no place like ~. どんなに貧しくとも, わが家にまさる所はない / *Home* is where the heart is. 心の存する所が家である. **b** 住まいのある場所, 住所 (domicile): Boston is my ~. ボストンがうちのある所です. **c** 生家, 実家: the old ~ (自分が生まれて育った)懐かしい家 / He left ~ when he was twenty. 20 歳のときに家を出(て独立し)た. **2 a** 家庭 (family); 家族: a happy ~ 円満な家庭 / a good [broken] ~ よい[壊れた]家庭. **b** 家庭生活 (family life): the pleasures of ~ 家庭(生活)の楽しみ. **3** 《米・カナダ・豪》(建物としての)家, 住宅 (house): buy a new ~ / own two ~s. **4 a** 郷里, 故郷, 国元: Her ~ is California. 彼女の国(元)はカリフォルニアだ. **b** 生国, 本国, 故国. **c** 《英》(外地から見ての)英本国, 英国 (England): Lord Clive left India for ~. クライブ卿はインドを出発して英国へ向かった. **5 a** 自分のうち[故郷]のように感じる所; 憩いの場: ⇨ second home. **b** (腰を据えて)本領を発揮できる所, よりどころ. **6 a** (困窮者などの)収容所, ホーム; 宿泊所; (身障者などの)療養所: a ~ *for* orphans 孤児収容所 / an old people's [old-age] ~ 老人ホーム / a sailors' ~ 海員宿泊所 / ⇨ nursing home, rest home. **b** 《口語》精神病院 (mental home): You ought to be in a ~. 精神病院に行くべきだ, 気がふれている. **c** 墓場. **7** (動植物の)生息地, (本来の)住みか, 本場 (habitat): the ~ of the tiger. **8** (思想・制度などの)発祥地, 本元: the ~ of jazz / the ~ of constitutional government 立憲政治の本家. **9** (探検隊などの)基地, 本部 (headquarters): start from ~ 基地から出発する. **10 a** 〘遊戯〙陣. **b** 〘野球〙ホームベース, 本塁 (home plate). **c** 〘スポーツ〙決勝点 (goal). **11** 〘ラクロッス〙 **a** ホーム《相手方のゴールに最も近い攻撃地点; 男子では 2 つ, 女子では 3 つある中の一つ》. **b** ホームプレーヤー. **12** ホームグラウンドでの試合[勝利].
at hóme (1) 在宅して; 在宅日で, 面会日で, 人に会うつもりで (cf. at home): He is *at* ~ on the first and third Mondays of every month. 毎月第一月曜と第三月曜とが在宅日です《客の訪問を受ける》 / I am not *at* ~ (to anyone) today. 今日は人に会わない《面会謝絶》. (2) 本国で, 国内で; 地元で: inflation *at* ~ and abroad 国内外のインフレ. (3) (自宅にいるように)気楽に, くつろいで: be [feel] *at* ~ 気楽にくつろぐ / Make yourself *at* ~. お楽にして下さい. (4) 〔…に〕精通して (well versed), 慣れて (familiar) 〔*with, on, in*〕: She is very much *at* ~ *in* French. フランス語がすごくうまい. (5) 環境に調和して, 周囲に溶け込んで. (6) ⇨ at home. (7) 《英》〘スポーツ〙ホームグラウンドで: a game [match] *at* ~ / win *at* ~ ホームグラウンドで(の試合)で勝つ. (8) 自宅で(非公式な)パーティーを開く. (9) 《英》自宅でのパーティー. 《1513》 ***clóse to hóme*** 身近な; 切実な, (こちらの)痛いところを突く. ***a hóme (awày) from hóme*** (気安さや設備の点で)自分の家のように思える[家庭的な雰囲気の]宿[場所]. ★《英》では away を省く: Their apartment was my ~ (*away*) *from* ~. 彼らのアパートは私には(他郷の)わが家のように思えた. ***from hóme*** (1) うち[郷里, 本国]から: a letter *from* ~. (2) 留守[不在]で; 家[本国]を離れて: He is away *from* ~. ***hóme frée*** 《米俗》(十分リードして[差をつけて])成功する[勝つ]こと疑いない: be ~ *free* in an election 選挙での楽勝疑いなし. ***one's lóng [lást] hóme*** 墓場; あの世: go to *one's long* [*last*] ~ 死ぬ (cf. *Eccles.* 12: 5). ***móve hóme*** 《英》=move HOUSE. ***néar hóme*** (1) 家[国元]に近く. (2) 身に近く, 身辺に. ***to hóme*** 《英方言・米》=*at* HOME (1), (2), (3). ***Whát is thát when it's at hóme?*** 《英・豪戯言》それはいったいどういうものだ. ***Whó is hé [shé] when he's [she's] at hóme?*** 《英・豪戯言》彼[彼女]って一体だれ[何者]なんだ. ***wórk from hóme*** ⇨ work *v.* 成句.
hóme of lóst cáuses [the —] 挫折した目的のよりどころ《Oxford 大学のこと; Matthew Arnold の言葉》.
— *adj.* [限定的] **1 a** わが家の, 自宅の, うちの; 家庭の; 郷里の; 故国の: ~ life 家庭生活 / ~ treatment 家庭療法 / one's ~ country 故国. **b** 自国の, 本国の; 本国付近の: ~ waters 近海. **c** 内国の, 内地の, 国内の (domestic, internal); 内政上の, 内務の: ~ affairs 内務 (cf. foreign affairs) / the ~ market 国内市場 / ⇨ Home Office, Home Secretary. **2** 《米》中心の, 中枢の, 本部の: the company's ~ office 本社. **3** 急所を深く突く; 手痛い (poignant): a ~ thrust 急所の一突き; (ぎくりとくる)痛切な評言 / ⇨ home truth. **4** 〘スポーツ〙ホームグラウンド(で)の, 地元の (cf. away *adj.* 1): a ~ game ホームゲーム / the ~ team 地元のチーム, ホームチーム (cf. visiting team). **5** 〘野球〙本塁(生還)の: ⇨ home plate, home run.
— *adv.* **1 a** わが家へ, 自宅へ[に, まで]; (自宅へ)帰って; 《米》家に, 在宅して (at home): the journey ~ 帰路の旅 / take a bus ~ 家へバスで帰る / be on one's way ~ 帰り道にある, 帰宅の途中である / go [come, return] ~ 帰宅する / see [walk, drive] a person ~ 家へ送って行く / send a person ~ 人を(車で, だれかに託して)家に送り届ける / stay ~ 《米》家にいる / bring a person ~ 人を家に連れてくる / I took him (back) ~. 彼を彼の[私の]家に連れて行った (cf. *n.* 1 a) / He is (back) ~ at last. とうとう帰って来た / Is she ~ yet? もう帰宅しましたか / Is he ~? 《米》家にいるかい / I won't be ~ for dinner. 今日は夕食には帰らないよ / I may be late ~ [~ late] today. 今日は帰りが遅くなるかもしれない / Things are different back ~ in Japan. 故国日本では事情が異なっています. **b** 自国[本国, 故国]へ: be ordered ~ 帰国を命じられる / write [phone] ~ 家に手紙を書く[電話をかける]. **2** (短刀・矢などをねらった所に)ぐさりと, ずぶりと(急所に達するまで) (deep); 徹底的に (thoroughly): thrust a dagger ~ 短剣をぶすりと突き立てる / drive a nail ~ 釘を頭まで打ち込む (cf. *drive* HOME (1)) / The shaft went ~. 矢がずぶりと刺さった. **3** 痛切に, ぎくりと(胸を突くように), しみじみ, 切実に: ⇨ *come* HOME (2), *drive* HOME (2). **4** 〘海事〙 **a** 沖から岸の方へ; 海岸の方へ: The wind was blowing ~. 風は陸の方へ吹いていた. **b** 船(の中)の方へ (full in): ⇨ *come* HOME (3). **c** 最大限に, 一面に. **d** しかるべき位置に. **5** 決勝点[ゴール]へ; 〘野球〙本塁へ[で].
bring hóme (1) 〈人に〉痛切に感じさせる, 納得させる (convince); …を非難する[とがめる]〔*to*〕(cf. *adv.* 3): *bring* ~ (*to* people) the risks of smoking (人々に)喫煙

の危険を切実に自覚させる / Its absurdity was *brought* ~ *to* him. その不合理さを彼は切実に感じ(させられ)た. (2) 〖競馬〗〈騎手が〈馬を〉優勝させる. ((1650)) ***bring oneself [be brought] home*** (財政的に)立ち直る, 身代[地位]を回復する (recover oneself). ((1760)) ***come home*** (1) 帰宅する (cf. 1 a). (2) 胸にこたえる, 痛感される, しみじみ[切実に]感じられる (appeal); 深刻に影響する: It finally *came* ~ *to me that* there was a better way. もっとよい方法があるとやっと痛感した. (3) 〖海事〗〈錨が〉引けてくる: ⇨ *The* ANCHOR *comes home.* (停泊中の船が錨を引いたままで移動する場合にいう). ((1625)) ***come home to roost*** ⇨ roost[1] 成句. ***drive home*** (1) 〈釘・かんぬきなどを〉深く打ち[差し]込む (cf. *adv.* 2). (2) 〈議論・事実などを〉(強く論じて)納得させる, 痛感させる, よくよく理解させる. (3) 〖野球〗(ヒットなどで)〈ランナーを〉ホームに進ませる: He *drove* Joe ~ with a scratch single. 彼はラッキーなヒットを打ってジョーにホームを踏ませた. ***fall home*** 〖海事〗〈船側の上部が〉下部よりも内側に引っ込んだ形にする (昔の船に多かった). ***find a home for*** (物が)納まる場所を見つける. ***follow home*** あくまでも続ける, 徹底的に追求する. ***get home*** (1) 家に帰る[らせる]. (2) ねらいが当たる. (3) (ゴールなどに)一着で到着する; (すごろくなどで)上がりとなる. (4) 〈不快な事実・言葉などが〉〔…に〕十分に理解される, 〔…の〕胸にこたえる; 〔…に〕十分理解させる 〔*to*〕. ((1931)) ***hit home*** (1) 急所を突く; 命中する. (2) 〈ことばなど〉効果がある, 痛切に感じられる: The insult hit ~. その誹謗(ぼう)はぐさりときた. ***home and dry*** (英口語) 〈事が〉首尾よくいって, (もう)大丈夫[安心]で. ((1930)) ***home and hosed*** (豪) =HOME *and dry.* ***home free*** (米) =HOME *and dry.* ***press home*** (1) 〈物を〉しっかり押し[詰め]込む. (2) 〈攻撃などを〉徹底的にやる; 〈主張などを〉徹底させる. (3) 〈利点を〉最大限に利用する: *press* ~ an [one's] advantage 好機を最大限に活用する. ***take home*** 〈金額を〉(手取りとして)受け取る. ***to write home about*** [しばしば否定構文で] 取り立てて言うほどの, 大した (remarkable): It was *nothing* (much) *to write* ~ *about.* 大したもの[こと]ではなかった, くだらないことだった. ((1914))

— *vi.* **1 a** 家[本国, 故郷]へ帰る. **b** 〈鳩などが〉巣に帰る (⇨ homing *adj.* 1). **2** 〔…に〕本拠を持つ 〔*in*〕: The company ~*s in* New York. その会社はニューヨークに本拠を持つ. **3 a** 〈航空機・飛行士などが〉〔ビーム・標識用電波などに向かって[従って]〕進む; 〈ミサイル・無人機が〉自動操縦で〔目標に〕向かう 〈*in*〉 〔*on*〕: The airplane ~*d in on* the radio signal. 飛行機は無線標識に従って空港に向かった / The missile ~*d in on* the ship. ミサイルはレーダーの誘導で船に向かって進んだ. **b** 〈研究・計画などが〉〔…を目指して〕進む[行われる] 〈*in*〉 〔*on*〕: They ~*d in on* my weak points. 彼らは私の弱点を突いてきた. **4** 〖航空〗(高度を除いた)座標によって目的地に飛行する. **—** *vt.* **1** 家へ帰らせる[送り返す]. **2** …に家[安息所]をあてがう. **3** (自動計測器で目標に)〈ミサイルなどを〉向ける. **4** 〈鳩〉に巣へ戻るように教える. ***home onto [on to]*** …へ(レーダーなどで)向かう[誘導する].

〖n.: OE *hām* home, house, dwelling ← Gmc **χaim-* (Du. *heem* / G *Heim*) ← IE **kei-* to lie; bed, home; beloved (L *cīvis* citizen / Gk *keîsthai* to lie). — v.: ((1765)) ← (n.)〗

Home /hjúːm/, **Alexander Frederick Douglas** *n.* ヒューム (1903–95; 英国保守党の政治家; 首相 (1963–64); 通称 Sir Alec Douglas Home).

ho·me- /hóumi, hɑ́(ː)mi | hə́umi, hɔ́mi/ (母音の前にくるときの) homeo- の異形.

home address *n.* 自宅の住所 (cf. business address). 〖1886〗

home-and-home *adj.* 〖スポーツ〗ホームアンドホーム式の (相互に相手の本拠地に遠征して試合を行う方式の): a ~ series. 〖1802〗

home-baked *adj.* 〈ケーキ・クッキーなどが〉家庭で焼いた.

home baking *n.* 家庭でケーキやクッキーなどを作ること; [集合的] 家庭で焼いたケーキ・クッキー類.

home banking *n.* ホームバンキング (銀行の顧客が家庭に置かれたコンピューター端末・テレビ・電話などの回線を通して自分の口座を利用できるようにするシステム).

home base *n.* **1** 〖野球〗本塁, ホームベース. **2** 本拠(地). 〖1856〗

home-based *adj.* 〈仕事など〉自宅でやる.

home-bird *n.* =homebody.

home·body *n.* (口語) 家に引きこもりがちな人 (stay-at-home); 家庭的な人, マイホーム主義の人. 〖1821〗

home-born *adj.* 本国[内地]生まれの; 内国産の, 土着の. 〖1587〗

home·bound[1] *adj.* 本国行きの, 本国帰還の, 帰航の: a ~ traveller, plane, ship, etc. 〖(*c*1625) ← HOME+BOUND[2]〗

home·bound[2] *adj.* 家に閉じこもった: a ~ invalid 閉じこもったきりの病人. 〖(1882) ← HOME+BOUND[1]〗

Home Box Office *n.* 〖商標〗ホームボックスオフィス (全米最大の有料ケーブルテレビネットワーク; 新作映画中心に放送している; 略 HBO).

home·boy *n.* (米口語) **1** 同じ出身地の人, 同郷人. **2** 親友, 仲間 (主に黒人の用語). 〖1886〗

home·bred *adj.* **1** 自宅[自国]育ちの; 国産の: ~ mutton 国産羊肉. **2** (古) 世間知らずの; 純朴な. 〖1587〗

home brew *n.* **1** 自家製醸造飲料 (手造りのビールなど). **2** 自家製のもの; (その)国特有のもの (文化・宗教など). **home-brewed** *adj.* 〖1853〗

home·builder *n.* 住宅建築業者; 住宅建築会社. 〖1884〗

home·building *n.* 住宅建設, 住居建築. **—** *adj.* 住宅建設の. 〖1825〗

home·buyer *n.* 住宅購入者.

home car *n.* 〖鉄道〗本属貨車 (ある路線軌道に所属する貨車).

home-care *adj.* 在宅看護[治療]の.

home center *n.* ホームセンター, 住宅設備販売店 (住宅用設備・材料・道具などを販売する大型店舗). 〖1966〗

home circuit *n.* (英) London 中心の巡回裁判区. 〖1737〗

home·coming *n.* **1 a** 帰宅, 帰省, 里帰り. **b** 帰国. **2** もとよく通っていた所に皆で集まること; (米) (大学などで年 1 度の)同窓会. **—** *adj.* [限定的] (米) (大学などで年 1 度の)同窓会の: a ~ dance. 〖(*c*1385) *homcomyng*: cf. OE *hāmcyme* homecoming, return〗

home computer *n.* 家庭用コンピューター. 〖1976〗

home cooking *n.* 家庭料理.

Home Counties *n. pl.* [the ~] (英) London を取り巻く諸州 (Hertfordshire, Essex, Kent, Surrey の諸州, もとは旧 Middlesex が含まれたが旧 Middlesex 州は現在では Greater London に含まれている; また時として Buckinghamshire, Berkshire, West Sussex, East Sussex 諸州を含めることがある). 〖1898〗

Home Department *n.* [the ~] (英) =Home Office. 〖1797〗

home dish *n.* 家庭用衛星放送受信アンテナ.

home ec *n.* (口語) =home economics.

home economics *n.* [単数または複数扱い] 家政学, ホームエコノミックス; 家庭科 (買物相談・育児などを含め家事全般の技術を研究する学問). 〖1899〗

home economist *n.* 家政学者, ホームエコノミスト (ホームエコノミックスの専門家): a ~ in business 企業内で働くホームエコノミスト (デパートなどで特にその方面を担当する専門家; cf. HEIB). 〖1943〗

home edition *n.* (米) 〖新聞〗=city edition.

home entertainment *n.* 家庭娯楽用機器 (ラジオ・テレビ・ビデオ・ステレオ・コンピューターなど).

home-farm *n.* (英) (地方大地主の)自作農場. 〖1815〗

home-felt *adj.* しみじみ胸にこたえる; 心に秘めた, 心中の. 〖1634〗

home fire *n.* **1** 炉の火. **2** [*pl.*] 家庭, 家庭生活 (home, home life): keep the ~*s* burning 銃後の生活を守る, 家庭の生活を続けていく (第一次大戦中英国で流行した歌の一節から). 〖1892〗

home folks *n. pl.* (米口語) 故郷の人々; (特に)身内の人たち. 〖1884〗

home freezer *n.* 家庭用冷凍冷蔵庫 (cf. freezer 2).

home fries *n. pl.* 〖料理〗ゆでた[生の]ジャガイモを薄切りにしていためたもの (home fried potatoes ともいう). 〖1951〗

home front *n.* [the ~] **1** 国内戦線, 銃後 (戦時中本土に留まり前線の将兵の活動に呼応して銃後の固めに努める非戦闘員の活動区域). **2** [集合的] 銃後の国民. 〖1919〗

home·girl *n.* homeboy の女性形.

home ground *n.* **1** よく知っている話題, 熟知した分野. **2** [所有格のあとで] (スポーツチームの)本拠地, ホームグラウンド. 〖1800〗

home·grown /hóumgróun | hə́umgrə́un⁻/ *adj.* [限定的] **1** 〈野菜・果物など〉自家製の; その土地でできた; 内地産の. **2** 祖国の, 出生地の; (その)土地で生まれた: a ~ wrestler 地元出身のレスラー. 〖1827〗

home guard *n.* **1** (米) (正規軍出動中の)地方義勇兵, 州留守警備部隊. **2** [H- G-] (英) 国防市民軍兵: the ~*s* 国防市民軍 (1940 年地方防衛義勇隊 (Local Defence Volunteers) を改組したもの (1940–57)). **3** (一般に)義勇軍組織. 〖1861〗

home help *n.* (英・NZ) 家政婦, ホームヘルパー, 家庭奉仕員; その仕事 (home care ともいう). 日英比較 日本語の「ホームヘルパー」は和製英語. 〖1900〗

home industry *n.* 国内産業; 家内産業. 〖1842〗

home·keeper *n.* 自宅へ引っ込みがち[出不精]の人. 〖1598〗

home·keeping *adj.* 自宅を離れない, (外出嫌いで)家にばかりいる, 引っ込みがちの (stay-at-home): *Homekeeping* youth have ever homely wits. 本国に居座る若者は本当の知恵にありつけぬ, 「井の中の蛙(かわず)大海を知らず」('home' の発音のしゃれ; Shak., *Two Gent* 1. 1. 2.). 〖1594〗

home key *n.* (タイプライターなどの)ホームキー (左右両手指を据えるキー).

home·land /hóumlæ̀nd, -lənd | hə́um-/ *n.* **1** 自国, 生国, 母国, 故国. **2** (南アフリカ共和国の) Bantustan の公式名称. **3** (特定の民族にとっての)祖国. 〖1670〗

home·lands movement /-læ̀ndz-, -ləndz-/ *n.* (豪) 先住民 (Aborigines) を元の土地に再移住させる計画[事業].

home·less /hóumləs | hə́um-/ *adj.* 家のない; よるべのない; 飼い主のない. **—** *n.* [the ~; 集合的に複数扱い] ホームレス (住む家がなく道路や公園で寝泊まりする人たち): help for *the* ~ ホームレスへの援助. 日英比較 日本語の「ホームレス」は住む家のない人の意の名詞になるが, 英語の *homeless* は形容詞かあるいは the *homeless* で「家のない人々」の意の集合名詞として用いる. また英語の *homeless* はペットなどについても用いる. **~·ly** *adv.* **~·ness** *n.* 〖(1615): ⇨ -less〗

home·like *adj.* 自宅[家庭]のような, 家庭的な (homely); (家庭的に)いかにも気安い, 気楽な (comfortable, cozy); 素朴な, 健全な: a ~ atmosphere. **~·ness** *n.* 〖1817〗

home loan *n.* 住宅ローン.

home·ly /hóumli | hə́um-/ *adj.* (**home·li·er; -li·est**) **1 a** 質素な, 素朴な (simple), 地味な (plain): a ~ meal 質素な食事. **b** (米・カナダ) 〈人・容貌が〉不器量な (plain): a ~ girl. **2** 通俗な, ありふれた: a ~ phrase [expression] 平凡な文句[表現]. **3 a** (英) わが家のような; 家庭的な (homelike): a ~ air [atmosphere] 家庭的空気[雰囲気]. **b** (英) 〈女性が〉家庭的な, 心の温かい. **4 a** 非常に親しい. **b** 友情[同情心]の厚い, 親切な.

home·li·ness *n.* 〖(?1348): ⇨ home, -ly[1,2]〗

home·made /hóummèid | hə́um-⁻/ *adj.* **1 a** 自家製の, 手製の, 自製の (⇨ handmade 日英比較): ~ bread [pies] 自家製のパン[パイ]. **b** 自己流(儀)で作った, 自家製の; 素人くさい (amateurish): a ~ dress / a ~ style of writing 未熟な書きぶり. **2** 国産の; 国内消費用の, 国内向けの. 〖1596〗

home·maker *n.* (米・カナダ) **1** 家事に携わる人 (主に主婦を指すが男性も含む). ★ housewife にとって代わりつつある語. **2** 家政婦 (housekeeper). 〖1876〗

home·making *n.* **1** 家庭作り, 家庭管理, 家政. **2** (米) 家庭科(目). **3** [形容詞的に] 家政の, 家庭管理の.

home mission *n.* 〖キリスト教〗内国伝道, 国内伝道 (inner mission) (cf. foreign mission). 〖1836〗

home movie *n.* 自家製[手製]の映画; 自分(たち)の活動を映画化したもの. 〖1939–40〗

homeo. (略) homeopathic.

ho·me·o- /hóumiou | hə́umiəu, hɔ́m-/ 「同種の, 類似の」の意の連結形. ★ 母音の前では通例 home- になる. 〖⊏ Gk *homoio-* ← *hómoios* similar, like (cf. *homós* one and the same)〗

homeo·box *n.* 〖生化学〗ホメオボックス (動物の発生に伴う形態形成を制御する遺伝子中の一定の塩基配列). 〖1984〗

ho·me·och·ro·nous /hòumiɑ́(ː)krənəs | hə̀umiɔ́k-, hɔ̀m-⁻/ *adj.* 〖生物〗同時の, 同時期に起こる, 等時性の (子の遺伝形質の発現時期が親と同じ時期に起こることにいう). 〖← HOMEO-+-CHRONOUS〗

home office *n.* (会社の)本社.

Home Office *n.* [the ~] (英国の)内務省 (米国の Department of the Interior に相当する). 〖1865〗

homeo·morph *n.* 〖結晶〗異質同形の結晶. 〖← HOMEO-+-MORPH〗

homeo·morphic *adj.* **1** 〖結晶〗異質同形の. **2** 〖数学〗同相(写像)の, 位相同形の.

homeo·morphism *n.* **1** 〖結晶〗異質同形 (似ていない化合物で結晶形が類似していること; cf. isomorphism 1, heteromorphism 3). **2** 〖数学〗位相写像, 位相同形写像 (位相空間から位相空間への全単射で, それ自身も逆写像も連続であるようなもの). **homeo·morphous** *adj.* 〖(1854) ← HOMEO-+Gk *morphḗ* shape+-ISM〗

homeo·morphy *n.* 〖生物〗=homomorphy.

ho·me·o·path /hóumiəpæ̀θ | hə́umiə(u)-, hɔ́m-/ *n.* ホメオパシー医 (homeopathist ともいう). 〖(1830) ⊏ G *Homöopath*: ⇨ homeo-, -path〗

ho·me·o·path·ic /hòumiəpǽθɪk | hə̀umiə(u)-, hɔ̀m-⁻/ *adj.* **1** ホメオパシーの, 類似[同種]療法の[に関する, を施す]. **2** (戯言) (同種療法の薬物のように)微量の (minute). **ho·me·o·path·i·cal·ly** *adv.* 〖(1830) ⇨ ↑, -ic[1]〗

ho·me·op·a·thist /-θɪst | -θɪst/ *n.* =homeopath.

ho·me·op·a·thy /hòumiɑ́(ː)pəθi | hə̀umiɔ́p-, hɔ̀m-/ *n.* 〖医学〗ホメオパシー, 同毒[類似]療法 (病原因子と同じ性質をもつ物質を少量投与する治療方法; cf. allopathy). 〖(1826) ⊏ G *Homöopathie*: ⇨ homeo-, -pathy〗

home opener *n.* (米) 〖スポーツ〗シーズン最初のホームゲーム.

ho·me·o·sis /hòumióusɪs | hə̀umiə́usɪs, hɔ̀m-/ *n.* 〖生物〗=homoeosis.

ho·me·o·sta·sis /hòumiəstéɪsɪs | hə̀umiə(u)stéɪsɪs, hɔ̀m-/ *n.* **1** 〖生理〗恒常性, ホメオスタ(ー)シス (身体内部の体温・化学的成分などが恒常を保つよう精巧に調節されていること). **2** (社会組織, 精神などの)恒常性, 平衡維持力. **ho·me·o·stat·ic** /hòumioustǽtɪk | hə̀umiə(u)stǽt-, hɔ̀m-⁻/ *adj.* 〖(1926) ← NL ~: ⇨ homeo-, -stasis〗

homeo·therm *n.* 〖生物〗恒温[定温]動物, 温血動物. 〖(*c*1875) ← HOMEO-+-THERM〗

homeo·thermal *adj.* 〖動物〗=homoiothermic.

ho·me·o·ther·mic /hòumiəθə́ːmɪk | hə̀umiə(u)θə́ː-, hɔ̀m-⁻/ *adj.* 〖動物〗=homoiothermic.

ho·me·o·type /hóumiətàɪp | hə́umiə(u)-, hɔ́m-/ *n.* 〖生物〗同模式標本 (模式標本と比較して同一と見なされた標本). 〖(1889) ← HOMEO-+-TYPE〗

ho·me·o·typ·ic /hòumiətípɪk | hə̀umiə(u)-, hɔ̀m-⁻/ *adj.* 〖生物〗〈分裂が〉同型の (cf. heterotypic). 〖(1889) ← HOMEO-+TYPIC〗

ho·me·o·typ·i·cal /-pɪkəl, -kl | -pɪ-⁻/ *adj.* 〖生物〗=homeotypic.

home·owner /hóumòunə | hə́uməunə(r)/ *n.* 自宅所有者. **~·ship** *n.*

home page *n.* 〖インターネット〗ホームページ: **a** World Wide Web で, ある情報発信者が発信するページの総体. **b** その入口となる表紙・目次のようなページ.

home perm *n.* 家庭用器具でかけたパーマ; そのための器具. 〖1949〗

home·place *n.* 出生地; 家庭. 〖1736〗

H

hóme pláte *n.* 〘野球〙本塁, ホームプレート (home base). 〚1875〛

hóme pórt *n.* 〘海事〙母港. 〚1891〛

hóm·er[1] 《口語》 *n.* **1** 《米》〘野球〙ホームラン (home run). **2** 伝書バト (homing pigeon). — *vi.* 《米》〘野球〙ホームランを打つ. 〚《1868》← HOME＋-ER[1]〛

ho·mer[2] /hóumə | háumə(r)/ *n.* ホーメル《古代イスラエルの液量単位 (＝10 baths), または乾量単位 (＝10 ephahs)》. 〚《1535》□ Heb. *ḥōmer* heap, measure〛

Ho·mer[1] /hóumə | háumə(r)/ *n.* ホーマー《男性名》. 〚□ OF *He(a)umier*《原義》helmet-maker // 《変形》← *Holmer*《原義》(i) dweller by a pool in the hollow (← OE *holh* 'HOLLOW'), (ii) dweller on flat land near water (← HOLM[1]) or by a hollybush (← HOLM[2]) // □ L *Homērus* (↓)〛

Ho·mer[2] /hóumə | háumə(r)/ *n.* ホメロス, ホーマー《紀元前 10 世紀ごろのギリシャの盲目詩人: *Iliad* と *Odyssey* の作者といわれる》: (Good) ～ sometimes nods. 《諺》名人にも失策はある,「弘法(こうぼう)にも筆の誤り」(← L Quandōque bonus dormītat Homērus. Sometimes the good Homer grows drowsy. (Horace, *De Arte Poetica*): Homer のような大詩人でも居眠りしながら書いたと思われる凡句が時々見受けられる, の意). 〚□ L *Homērus* □ Gk *Hómēros*《原義》? hostage, blind〛

H

Homer, Winslow *n.* ホーマー《1836–1910; 米国の海洋画家》.

hóme ránge *n.* 〘生態〙行動圏, 行動範囲《動物の個体[群れ]の日常生活行動範囲内地域; cf. territory 4》. 〚1884〛

Ho·mer·ic /houmérɪk | hə(ʊ)-/ *adj.* **1** 《ギリシャ詩人》ホメロスの(時代の); ホメロスに特有な, ホメロス式描写の; ホメロス詩風[語法]の(ような): a ～ battle《ホメロス物語式の》英雄が活躍する武勇戦 / the ～ question ホメロス問題《*Iliad* および *Odyssey* の作者・時日・構成などに関する問題》/ ～ verse 6 歩格の詩《ホメロスがその二大叙事詩に用いたことから》. **2 a** 叙事詩的な (epic); 勇壮な. **b** 壮大な, 堂々とした: a ～ feat of performance 堂々たる演技.

Ho·mér·i·cal·ly *adv.* 〚《*a*1771》□ L *Homēricus* □ Gk *Homērikós* ← *Hómēros* 'HOMER': ⇨ -ic[1]〛

Homéric láughter *n.* (Homer の詩 *Iliad* 中の神々を思わせるような)とめどのない大笑い, 高笑, 呵々(かか)大笑. 〚cf. Homeric laugh (1889): Hephaestus が足を引きずって歩くのを見た神々の大笑いから〛

Homéric símile *n.* 〘詩学〙ホメロス風比喩 (⇨ epic simile).

hóme·ròom *n.* 《米》 **1 a** 〘教育〙(一定の学級の生徒の集まる)固有[所属]教室, ホームルーム《学科の選択制により分散学習するので学級としてまとめるための組織》: ⇨ class 日英比較. **b** [集合的] ホームルームの全生徒. **2** ホームルームの時間[授業]. 〚1915〛

hóme rúle *n.* **1** 内政自治, 地方自治. **2** [H- R-] 《英》(1870 年ごろから英国政界に起こった)アイルランドの自治(問題). 〚1860〛

Hóme Rúle Bìll *n.* 〘英史〙アイルランド自治法案《1886 年と 1893 年に Gladstone 内閣が提出して不成立に終わり, 1914 年ようやく成立したが, 第一次大戦の勃発により延期された》.

hóme rúler *n.* **1** 内政自治論者. **2** [H- R-] 《英》アイルランド自治論者. 〚1880〛

hóme rún *n.* 〘野球〙ホームラン (cf. run[1] *n.* 22): a ～ hit 本塁打 / a cheap [Chinese] ～ 《俗》フェンスすれすれのホームラン, フライが風に流されてのホームラン. ***hít a hóme rún*** (1) 〘野球〙ホームランを打つ. (2) 際立ったことをする. 日英比較「ランニングホームラン」は和製英語. 英語では inside-the-park home run という. 〚1856〛

hóme·schòoling *n.* 自宅教育《自分の子供を家庭で教育する》.

hóme scrèen *n.* テレビ.

Hóme Sécretary *n.* 《英国の》内務大臣《正式には Secretary of State for the Home Office という》. 〚1844〛

Hóme Sérvice *n.* [the ～] 《英国 BBC ラジオの》一般家庭(特に主婦)向け放送《この呼び方は廃止された》. 〚1939〛

hóme shópping *n.* ホームショッピング《通販やインターネットで買い物すること》.

hóme·sick /hóumsɪk | háum-/ *adj.* 家を恋しがる, 故郷を懐かしむ, ホームシックの: become bitterly ～ ひどいホームシックになる. 〚《*c*1798》《逆成》← 《1756》*homesickness*《なぞり》← G *Heimweh*〛

hóme·sìck·ness *n.* 懐郷病, ホームシック, 郷愁, 里心 (nostalgia). 〚1756〛

hóme sìgnal *n.* 〘鉄道〙場内信号機 (cf. distant signal). 〚1874〛

hóme·sìt *vi.* (住み込んで)留守番をする. **hóme·sìtter** *n.*

hóme·sìte *n.* **1** 住宅建築用地, 宅地. **2** 家[自宅]のある場所, 居住地. **3** 〘電算〙ホームページのあるサイト. 〚1911〛

hóme·spùn *adj.* **1** 手紡ぎ[手織り]の, ホームスパンの; 手織物製の: ～ cloth 手織りラシャ. **2 a** 庶民的な, 大衆的な. **b** 質朴な, 素朴な, 粗野な, 平凡な (plain, homely): simple, ～ characters 単純で素朴な人物 / a ～ proverb 月並みなことわざ. **c** 実用的な (practical). — *n.* **1 a** 手織りラシャ, ホームスパン. **b** ホームスパンまがい(のラシャ), 手織り風の目の粗い布地. **2** 素朴なもの[言葉]. **3** 《古》田舎者 (rustic). 〚《1589》← HOME＋SPUN〛

hóme stànd *n.* 〘野球〙(チームの)本拠地で行う試合[シリーズ]. 〚1965〛

hóme·stày *n.* 《米》(留学生などの外国での)家庭滞在. 〚1956〛

home·stead /hóumstɛ̀d, -stɪ̀d | háum-/ *n.* **1 a** (付近の畑地を含めた農家の)家屋敷; (特に)(付属建物を含めた)農場 (farmstead). **b** 由緒ある家屋敷; 家 (house). **2** 《米・カナダ》自作農場《1 戸当たり 160 エーカーを入植者に与える; cf. Homestead Act》. **3** 《豪》牧場主の持ち家[住宅]. **4** 〘法律〙宅地, 家産《米国では差押えさえや強制売却されることのない権利をも意味する》. — *vi.* 《米》(homestead law に基づいて)土地を入手して定住する, 入植する. — *vt.* 〈土地を〉(homestead law に基づいて)入手する. 〚OE *hāmstede*: ⇨ home, stead 3: cf. farmstead〛

Hómestead Àct *n.* [the ～] **1** 〘米史〙自営農地法《公有地の払下げを事実上無償にし, 自作農民を育成しようとした 1862 年制定の法律; 米国人はだれでも公有地 160 エーカー[約 65 ヘクタール]を 5 年間住んで耕作すれば無料でもらえる; cf. homestead *n.* 2》. **2** 〘カナダ史〙1872 年制定の同上のような法律.

hóme·stèad·er /-də | -də(r)/ *n.* **1** homestead の所有者. **2** 《米・カナダ》Homestead Act による入植者. **3** homesteading 政策への参加者. 〚《1872》: ⇨ -er[1]〛

hóme·stèad·ing /-dɪŋ | -dɪŋ/ *n.* 《英》都市入植[定住]政策《公共住宅の住人が政府から都市の荒廃建物を安く入手し, 公的資金により修復できる》.

hómestead làw *n.* [the ～] **1** 入植者の家屋敷を差押さえ[公売]から免除する法律 (homestead exemption law ともいう). **2** 〘米史〙＝Homestead Act. **3** 《米国の特定州での》公有地払下げ法《払下げを受ける者に対する特別免税法》. 〚1850〛

Hómestead Nátional Mónument *n.* ホームステッド国定記念物《米国 Nebraska 州南東部 Gage 郡にある Homestead Act (1862) に基づく最初の自作農者の入植地》.

home·ster /hóumstə | háumstə(r)/ *n.* 《英》 **1** ホームチームの選手, 地元選手. **2** ＝homebody. 〚《1847》← HOME＋-STER〛

hóme stráight *n.* 《英》＝homestretch.

hóme·strétch *n.* 《米》 **1** ホームストレッチ《競走の最後の直線コース; cf. backstretch》. **2** 仕事[事業]の最終部分, 追い込み: go into the ～ 大詰めに入る. 〚1841〛

hóme stúdent *n.* 《英》(外国人留学生に対する)自国[本国]の学生.

hóme stúdy *n.* (通信教育課程における)自宅学習 (cf. correspondence school).

hóme·stỳle *adj.* 〈料理など〉家庭の, 手作りの.

hóme tìme *n.* 《英》下校時刻.

home·town /hóumtáun | háum-ˊ/ *n.* 生まれ故郷の町, ふるさと, 出生地; (長年)住み慣れた町. 日英比較 日本語の「ふるさと」は生まれた土地を指すが, 英語の *hometown* は生まれた土地, 育った土地, 住み慣れた土地, 現在住んでいる所のいずれをも意味する. — *adj.* [限定的] 生まれ故郷の町の, ふるさとの: He married a ～ friend. 故郷の幼なじみと結婚した. 〚1912〛

hóme trúth *n.* [しばしば *pl.*] (相手の)胸にこたえる真実(の言葉): tell ～*s* 本当のことをずけずけ言う. 〚1711〛

hóme túrf *n.* 〘スポーツ〙ホームグラウンド《芝のあるスタジアムについていう》.

hóme ùnit *n.* 《米・豪・NZ》(集合住宅内の)一世帯分, (マンションなどの)一戸, 一室《通例所有者が居住しているもの》.

hóme vídeo *n.* ホームビデオ: **a** 家庭用ビデオソフト[ディスク], またはそのデッキ. **b** 家庭で撮影したビデオ. 〚1968〛

home·ward /hóumwəd | háumwəd/ *adj.* **1** 家路に向かう, 帰途の: a ～ journey 帰路の旅. **2** (本国へ)帰航の, 復航の. — *adv.* 《米》 **1** 自宅へ(向けて), 家路を指して: walk ～ 家へ歩いて帰る. **2** 自国[本国]へ向かって. 〚OE *hāmweard*: ⇨ home, -ward〛

hómeward-bóund *adj.* 本国行きの, 本国への帰還の, 帰航(中)の: a ～ ship, voyage, etc. 〚1602〛

hómeward-bóund·er *n.* 帰航の船. 〚1867〛

hóme·wards /-wədz | -wədz/ *adv.* ＝homeward. 〚OE *hāmweardes*〛

home·work /hóumwɜ̀:k | háumwɜ̀:k/ *n.* **1** (生徒の)宿題, 予習 (cf. assignment 2): do one's ～ 宿題をする (cf. 3) / set the students ～ 宿題を課する. **2** 家庭でする仕事, 内職; 家内工業. **3** (会議などのための)下調べ,「予習」: do one's ～ 下調べ[準備]をする (cf. 1). 〚*a*1683〛

hóme·wórker *n.* (家庭で)内職をする人, 内職者. 〚1902〛

hóme·wòrking *n.* 在宅勤務.

hóme wrècker *n.* 《米俗》結婚している相手を誘惑して家庭をめちゃくちゃにする人《特に女性》.

hom·ey[1] /hóumi | háumi/ *adj.* (**hom·i·er**; **-i·est**) 《米口語》 **1** わが家の; わが家らしい (homelike). **2** 気のおけない, 打ち解けた, 気楽な (intimate); 〈ホテル・レストランなど〉家庭的な, 居心地のいい. — *n.* 《NZ俗》(新来の)英(本)国人 (Britisher). **～·ness** *n.* **hóm·i·ness** *n.* 〚《1856》← HOME＋-Y[4]〛

hom·ey[2] *n.* ＝homeboy.

hom·i·ci·dal /hɑ̀(:)məsáɪdl, hòum- | hɒ̀mɪsáɪdl-ˊ/ *adj.* **1** 殺人(犯)の[に関する]. **2** 殺人癖の, 殺人の傾向のある: a ～ lunatic [maniac] 殺人狂(の人) / ～ mania 殺人狂《精神病》. **～·ly** *adv.* 〚《1725》: ⇨ ↓, -al[1]〛

hom·i·cide /hɑ́(:)məsàɪd, hóum- | hɒ́mɪ-/ *n.* **1** 殺人(行為), 殺人犯(罪)《犯罪となる殺人は自殺 (suicide) と他人の殺人とに分けられ, 後者には謀殺と故殺とが含まれる》. 日英比較 日本語の殺人は普通殺意のある殺人すなわち謀殺のみを指すが, 英語の *homicide* は murder (謀殺), manslaughter (故殺) の両方を指す. **2** 殺人者, 殺人犯(人). 〚1: 《?*a*1200》□ (O)F ～ □ L *homicīdium* ← *homi-* 'HOMINI-'＋*-cīdium*. — 2: 《*c*1375》□ (O)F ～ □ L *homicīda* ← *homi-*＋*-cīda*: ⇨ Homo, -cide〛

SYN 殺人: **homicide** 殺人《一般的な語で殺意の有無を問わない》: involuntary *homicide* 過失殺人. **murder** 〘法律〙謀殺《殺意のある殺人》. **manslaughter** 〘法律〙故殺《殺意がなくて人を殺害すること》.

hom·ie /hóumi | háu-/ *n.* ＝homeboy.

hom·i·let·ic /hɑ̀(:)məlétɪk | hɒ̀mɪlét-ˊ/ *adj.* **1** 説教法の, 法話術の, 説教学の. **2** 説教の; 説教的な, 訓戒的な (hortatory). 〚《1644》□ Gk *homilētikós* conversable ← *homileîn* to converse with: cf. homily〛

hòm·i·lét·i·cal /-tɪkəl, -kl | -tɪ-ˊ/ *adj.* ＝homiletic. **～·ly** *adv.*

hom·i·let·ics /hɑ̀(:)məlétɪks | hɒ̀mɪlét-/ *n.* [単数扱い] **1** 説教法, 法話術. **2** 説教学《特にキリスト教で説教の目的・方法・形態などを取り扱う実践神学の一部門》. 〚《1830》: ⇨ ↑, -ics〛

ho·mil·i·ar·y /hɑ(:)mílièri | hɒmíliəri/ *n.* 説教集[書]. 〚《1844》□ ML *homiliārium* ← *homilia* ↓〛

hóm·i·list /-lɪst | -lɪst/ *n.* 説教家, 説教を書く人. 〚《1616》: ⇨ ↓, -ist〛

hom·i·ly /hɑ́(:)məli | hɒ́mɪ-/ *n.* **1** 説教, 法話, 説法. **2** 訓戒 (admonition); (くどくどしい)お説教: read a person a ～ 人に訓戒する. 〚《16C》□ LL *homilia* homily □ Gk *homilía* discourse ← *hómilos* crowd ← IE *somo- ← *sem- one ∞ 《*a*1387》*omelie* □ OF (F *homélie*) □ LL: ⇨ -y[1]〛

hom·in- /hɑ́(:)mən | hɒ́mɪn/ (母音の前にくるときの) homini- の異形.

hóm·ing *adj.* **1** 帰って来る, 帰還の; 家を慕う; 〈鳩など〉巣に戻る (cf. homing pigeon): the ～ instinct 帰巣本能, 帰巣性. **2** 〘航空〙〈航空機・ミサイルなど〉指向装置のある, (目標への)自動誘導装置のある: an infrared ～ missile 赤外線誘導ミサイル. — *n.* **1** 帰って来ること, 帰還; (鳩などの)帰巣性. **2** 〘航空〙ホーミング《目標の出す熱線を感知したり, 目標周辺の地形を認識したりすることにより, 自動的にミサイル等を目標に誘導すること》. 〚《1622》← HOME＋-ING[1,2]〛

hóming devìce *n.* (飛行機・誘導弾などの)自動誘導[指向]装置. 〚1933〛

homing guìdance *n.* (ミサイルなどの)自動誘導(法). 〚1962〛

hóming pìgeon *n.* 伝書バト (carrier pigeon). 〚1886〛

hóming torpèdo *n.* 〘海軍〙感応魚雷《音響や磁気に感応して誘導されながら航進して命中する魚雷》. 〚1947〛

hom·i·ni- /hɑ́(:)mənɪ, -ni | hɒ́mɪ-/「人 (man); 人間の (human)」の意の連結形. ★ 母音の前では通例 homin- になる. 〚□ L *homin-*: ⇨ Homo〛

ho·min·i·an /houmíniən | hə(ʊ)-/ *n.*, *adj.* 〘人類学〙＝hominid. 〚⇨ ↑, -an[1]〛

hom·i·nid /hɑ́(:)mənɪd | hɒ́mɪnɪd/ *n.* 〘人類学〙ヒト科の動物; ヒト[人類]に似た動物; 原人; 人間. — *adj.* ヒト科の. 〚《1889》← NL *Hominidae*: ↓〛

Ho·min·i·dae /houmínədi: | hə(ʊ)mínɪ-/ *n. pl.* 〘動物〙ヒト科《ヒトとしての特徴(例えば 2 脚直立姿勢)をもち, 霊長類に属する一群で, 化石種・現生種を含む》. 〚← NL ～ ← *Homin-* (⇨ Homo)＋-IDAE〛

hom·i·nine /hɑ́(:)mənàɪn | hɒ́mɪ-/ *adj.* 類人の; 人間の (human). 〚《1883》← HOMINI-＋-INE[1]〛

hom·i·ni·za·tion /hɑ̀mənɪzéɪʃən | hɒ̀mɪnaɪ-, -nɪ-/ *n.* **1** 〘人類学〙ヒト化, 人類進化《ヒトが他の霊長類と異なる高度の進化を遂げてきたこと[過程]》. **2** 人間の要求に適応してくること; (機械などの)人間化, 人間性付与. 〚《1952》← HOMINI-＋-IZATION〛

hom·i·nize /hɑ́(:)mənàɪz | hɒ́mɪ-/ *vt.* **1** 〈土地・環境を〉人間の利用しやすいように変える. **2** (人間の)進化を推進させる. 〚← HOMINI-＋-IZE〛

hóm·i·nìzed *adj.* 進化して人[人類]となった, 人類進化を遂げた. 〚《1959》: ⇨ ↑, -ed〛

hom·i·noid /hɑ́(:)mənɔ̀ɪd | hɒ́mɪ-/ *adj.* 人間[人類]に似た (manlike); ヒト科の. — *n.* 類人動物; ヒト科に属する動物《ヒトと類人猿》. 〚《1927》← HOMINI-＋-OID〛

hom·i·ny /hɑ́(:)məni | hɒ́mɪ-/ *n.* 《米》(かゆにする)ひき割りとうもろこし (cf. samp). 〚《1629》← N-Am.-Ind. (Algonquian) *rockahominy* parched maize〛

hóminy grìts *n. pl.* [単数または複数扱い] 《米》(均一粒状の)ひき割りとうもろこし. 〚1876〛

hom·mage /ɑ́(:)mɪdʒ, oumɑ́:ʒ | ɒ́mɪdʒ, ɒmɑ́:ʒ; *F.* ɔma:ʒ/ *F. n.* 芸術家・作家などに対するオマージュ, 敬意 (homage). 〚□ F ～: ⇨ homage〛

hom·mock /hɑ́(:)mək, -mɪk | hɒ́mək/ *n.* ＝hummock.

ho·mo /hóumou | háuməu/ *n.* (*pl.* **～s**), *adj.* 《軽蔑》＝homosexual. 日英比較 日本語の「ホモ」は普通は男性の同性愛者にのみ用いるが, 英語の *homo* は女性についても用いられる. 〚略〛

Ho·mo /hóumou | háuməu/ *n.* **1** ヒト属《霊長目の一属; 現代人類 (*Homo sapiens*) およびその出現以前に絶滅した原人 (*Homo erectus*) や旧人をも含む》. **2** [しばしば h-] ヒト (man). 〚《1592》□ L *homō* man ← IE *dhghem- earth (OE *guma* man): cf. humus[1], human〛

ho·mo- /hóumou, hɑ́(:)m- | háuməu, hɒ́m-/「同一(の)」の意の連結形《通例ギリシャ語系の語に用いる; cf.

hetero-》. ★母音の前では通例 hom- になる. 〘← Gk *homós* 'SAME'〙
ho·mo·bront /hóʊməbrɑ̀(ː)nt, hɑ́(ː)m- | hə́ʊməbrɔ̀nt, hɔ́m-/ *n.* 〖気象〗同鳴線 (⇨ isobront). 〘← HOMO-+*-bront* (⇨ bront-)〙
hòmo·céntric¹ *adj.* **1** 中心の同じ, 同心の, 共心の (concentric). **2** 〈光線が〉同一点から発散する, 同一点に集中する. 〘(1696): ⇨ homo-, -centric〙
ho·mo·cen·tric² /hòʊmoʊséntrɪk, hɑ̀(ː)m- | hə̀ʊmə(ʊ)-, hɔ̀m-⁻/ *adj.* 人類中心の. **hò·mo·cén·tri·cal·ly** *adv.* 〘⇨ Homo, -centric〙
hòmo·céntrical *adj.* ＝homocentric¹.
hòmo·cércal *adj.* 〖魚類〗〈尾ひれが〉上下同じ形の, 相称の; 相称びれの[をもつ] (cf. heterocercal): a ～ fin 相称びれ. 〘(1838) ← HOMO-+-CERCAL〙
hòmo·chlamýdeous *adj.* 〖植物〗同花被の (cf. heterochlamydeous). 〘(1895) ← HOMO-+CHLAMYDEOUS〙
hòmo·chromátic *adj.* 一色の, 単色の (monochromatic). **hòmo·chrómatism** *n.*
hòmo·chrómous *adj.* 〖生物〗単色の, 一色の (cf. heterochromous). 〘(1842) ← HOMO-+CHROMOUS〙
ho·moch·ro·nous /hoʊmɑ́(ː)krənəs, hɑ(ː)- | hə(ʊ)mɔ́k-, hɔ-/ *adj.* 〖生物〗＝homeochronous. 〘(1876) ← HOMO-+-CHRONOUS〙
hòmo·cýclic *adj.* 〖化学〗同素環式の (cf. heterocyclic). 〘(1903) ← HOMO-+CYCLIC〙
hòmo·cýsteine *n.* 〖生化学〗ホモシステイン《メチオニンのメチル基転移で生成する化合物で, システイン合成の中間体》. 〘(1932) ← HOMO-+CYSTEINE〙
ho·mo·dont /hóʊmoʊdɑ̀(ː)nt, hɑ́(ː)m- | hə́ʊmə(ʊ)dɔ̀nt, hɔ́m-/ *adj.* 〖動物〗同形歯(牙)の, 同歯型の (cf. heterodont). 〘(1877) ← HOMO-+-ODONT〙
hom·o·dyne /hóʊmoʊdàɪn, hɑ́(ː)m- | hə́ʊmə(ʊ)-, hɔ́m-/ *adj.* 〖通信〗ホモダイン受信法《入力電波と同一周波数の波を内部発生させて行う検波法の》: ～ reception ホモダイン受信. 〘(1928) ← HOMO-+DYNE〙
ho·moe- /hóʊmi | hə́ʊmi, hɔ́mi/ (母音の前にくるときの) homoeo- の異形 (⇨ homeo-).
ho·moe·cious /hoʊmíːʃəs | hə(ʊ)-, hɔ-/ *adj.* 〖生物〗(アリを宿主とするある種の甲虫のように生活環 (life cycle) を通じ)同一宿主に寄生する. 〘← HOMO-+Gk *oikos* house (⇨ economy)+-OUS〙
hómo e·co·nóm·i·cus /-èkənɑ́(ː)mɪ̀kəs, -ìːk- | -ìːkənɔ́mɪ-, -èk-/ *n.* ＝economic man.
homoeo. 《略》homoeopathic.
ho·moe·o- /hóʊmioʊ | hə́ʊmiəʊ, hɔ́m-/ ＝homeo-.
hómoeo·bòx *n.* 〖生化学〗＝homeobox.
hómoeo·mòrph *n.* 〖結晶〗＝homeomorph.
hòmoeo·mórphism *n.* 〖結晶〗＝homeomorphism. **hòmoeo·mórphous** *adj.* **hòmoeo·mórphic** *adj.*
ho·moe·o·path /hóʊmiəpæ̀θ | hə́ʊmiə(ʊ)-, hɔ́m-/ *n.* ＝homeopath.
ho·moe·o·path·ic /hòʊmiəpǽθɪk | hə̀ʊmiə(ʊ)-, hɔ̀m-⁻/ *adj.* ＝homeopathic. **hò·moe·o·páth·i·cal·ly** *adv.*
hò·moe·óp·a·thist /-θɪ̀st | -θɪst/ *n.* ＝homeopathist.
ho·moe·op·a·thy /hòʊmiɑ́(ː)pəθi | hə̀ʊmiɔ́p-, hɔ̀m-/ *n.* ＝homeopathy.
ho·moe·o·sis /hòʊmióʊsɪ̀s | hə̀ʊmiə́ʊsɪs, hɔ̀m-/ *n.* 〖生物〗ホメオーシス, 相同異質形成《動物の発生や再生の過程で, ある器官やその一部が正常な位置とは違う, ほかの器官ができる位置に形成されること》. 〘(1894) ← NL ～: ⇨ homeo-, -sis〙
ho·moe·o·sta·sis /hòʊmioʊstéɪsɪ̀s | hə̀ʊmiə(ʊ)stéɪsɪs, hɔ̀m-/ *n.* 〖生理〗＝homeostasis.
ho·moe·o·te·leu·ton /hoʊmìːəṭəlúːtɑ(ː)n | hə(ʊ)mìːətəlúːtɔn, -ljúː-/ *n.* **1** 〖修辞〗近接押韻《隣接する行または同一行内に用いられる意識的ないし無意識的な押韻; 例: Birds of a *feather* flock *together*. / *Might* is *right*. / The Thane of *Fife* had a *wife*. (Shak., *Macbeth* 5. 1. 47)》. **2** 同一語句結尾《隣接する二つの節·文が同一の語句で終わっていること, 書写の際しばしば文の一部脱落の原因となる》. 〘(1586) □ LL ～ □ Gk *homoiotéleuton* ← *homoiotéleutos* having the same ending ← HOMOIO-+*-teleutos* (← *teleutḗ* end)〙
hó·moe·o·tic géne /hóʊmiɑ̀(ː)ṭɪk- | hə́ʊmiɔ̀t-, hɔ̀m-/ *n.* 〖遺伝〗ホメオティック遺伝子.
Hómo e·réc·tus /-ɪ̀réktəs | -ɪr-/ *n.* 〖人類学〗ホモエレクトス, 原人《中期洪積世に生存した原人で, 進化の程度は猿人と旧人との中間に位置する, 脳容積は 1000 cc 前後, 多くの原始的特徴をもつ; ジャワ原人 (Java man), 北京原人 (Peking man), ハイデルベルク人 (Heidelberg man) など; cf. telanthropus》.
hòmo·erótic *adj.* 同性愛の[に関する]. 〘(1916) ← HOMO-+EROTIC〙
hòmo·eróticism *n.* 〖精神分析〗同性に対する性愛, 同性愛 (homosexuality). 〘(1916) ← HOMO-+EROTICISM〙
hòmo·érotism *n.* 〖精神分析〗＝homoeroticism.
hómo fá·ber /-féɪbə, -fáː- | -bə^(r)/ *n.* 道具を作る人, ホモファーベル. 〘(1911) □ L *homō faber* the maker of tools: H. Bergson の用語〙
hòmo·ferméntative *adj.* 〖細菌〗同種発酵性の.
hòmo·ga·mét·ic /-gəméṭɪk | -mét-⁻/ *adj.* 〖遺伝〗同形配偶子性の, ホモガメートの. 〘(1910) ← HOMO-+GAMETIC〙
ho·mog·a·mous /hoʊmɑ́(ː)gəməs, hɑ(ː)- | hɔmɔ́g-, hə-/ *adj.* **1** 〖生物〗同類交配の. **2 a** 〖植物〗同性花を生じる (cf. heterogamous). **b** 〈花が〉雌雄同熟の (cf. dichogamous). 〘(1842): ⇨ ↓, -ous〙
hom·og·a·my /hoʊmɑ́(ː)gəmi, hɑ(ː)- | hɔmɔ́g-, hə-/ *n.* **1** 〖植物〗**a** 同形接合《二種の同性花を有すること; cf. heterogamy 2》. **b** 雌雄同熟《雌雄両蕊(ずい)の同時成熟; ↔ dichogamy》. **2** 〖生物〗同類交配《表現型が同じ個体間の交配》. **ho·mo·gam·ic** /hòʊməgǽmɪk, hɑ̀(ː)m- | hə̀ʊm-, hɔ̀m-⁻/ *adj.* 〘(1874) □ G *Homogamie*: ⇨ homo-, -gamy〙
ho·mog·e·nate /həmɑ́(ː)dʒənèɪt, hoʊ- | həmɔ́dʒɪ̀-, hə-/ *n.* 〖生物〗ホモジュネート, 組織粉末懸濁液《組織を粉末状にして攪拌(かくはん)したもの; cf. homogenize》. 〘(1941) ← HOMOGEN(IZE)+-ATE¹〙
ho·mo·ge·ne·i·ty /hòʊmoʊdʒəníːəṭi, hɑ̀(ː)m-, -mə-, -néɪəṭi | hə̀ʊmə(ʊ)dʒɪ̀níːɪ̀ti, hɔ̀m-, -dʒɛ-/ *n.* **1** 同種, 同質; 同性. **2** (分布·配分の)等質, 均一, 均等性. **3** 〖数学〗同次性, 等質性. 〘(1625) □ F *homogénéité* □ ML *homogeneitātem*: ⇨ ↓, -ity〙
ho·mo·ge·ne·ous /hòʊmədʒíːniəs, -moʊ- | hɔ̀mə(ʊ)-, hə̀ʊm-/ *adj.* **1 a** 同種のものから成る (cf. heterogeneous). **b** 同種の, 同質の, 同性の (cf. heterogeneous). **2** 〖物理〗均等性の, 均質の, 等質の, 均一の: a ～ substance 均質体, 等質体 / ～ light 均質[単色]光 / ～ oil immersion 均等油浸法 / the ～ system 均質系《単一の相から成る物質系》. **3** 〖数学〗同次の, 等質の: a ～ dimension 同次元 / a ～ equation 同次方程式 / a ～ space 等質空間. **4** 〖生物〗＝homogenous 1 a. **～·ly** *adv.* **～·ness** *n.* 〘(1641) □ ML *homogeneus*: ⇨ homo-, genus, -ous〙
homogéneous coórdinates *n. pl.* 〖数学〗同次座標, 斉次座標《射影幾何で用いられる特殊な座標》. 〘1839〙
homogéneous fúnction *n.* 〖数学〗同次関数.
hòmo·génesis *n.* 〖生物〗単純[純一]発生《各世代が同じ形で生まれること, すなわち世代交代が行われないこと; cf. heterogenesis 1》. 〘(1858) ← HOMO-+GENESIS〙
hòmo·genétic *adj.* 〖生物〗**1** 単純発生の[に関する]. **2** ＝homogenous 1 a. 〘1870〙
ho·mog·e·ni·za·tion /həmɑ̀(ː)dʒənɪ̀zéɪʃən, hoʊ- | həmɔ̀dʒɪnaɪ-, hɔ-, -nɪ-/ *n.* **1** 均質化. **2** 均質化された状態[性質]. 〘1908〙
ho·mog·e·nize /həmɑ́(ː)dʒənàɪz, hoʊ- | həmɔ́dʒ-, hɔ-/ *vt.* **1** 同質にする, 均質にする. **2** 〈牛乳などを〉均質化する: ～*d* milk 均質[均等]牛乳, ホモ牛乳《高圧を加えて牛乳中の乳球を砕いて液に均等に分散させ, 消化を容易にしたもの》. — *vi.* 均質になる. 〘(1886) ← HOMOGEN(EOUS)+-IZE〙
ho·móg·e·nìz·er *n.* 〖機械〗ホモジェナイザー《物質を細孔から他の液体中に噴出させて混合する機械》. 〘(1886): ⇨ ↑, -er¹〙
ho·mog·e·nous /həmɑ́(ː)dʒənəs, hoʊ- | hɔmɔ́dʒ-, hə-/ *adj.* **1** 〖生物〗**a** 相同の, 同原の《器官などが共通起源によって構造が対応する性質にいう; cf. heterogeneous 2, homoplastic 1》. **b** ＝homoplastic 1. **2** ＝homogeneous 1. 〘(1870) □ ML *homogenus*＝*homogeneus* 'HOMOGENEOUS'〙
hómo·gentìsic ácid *n.* 〖生化学〗ホモゲンチシン酸 ($C_6H_3(OH)_2CH_2COOH$)《黒尿病患者の尿中に排泄される結晶状の酸; alkapton といわれていた》. 〘(1891): ⇨ homo-, gentisic acid〙
ho·mog·e·ny /həmɑ́(ː)dʒəni, hoʊ- | hɔmɔ́dʒ-, hə-/ *n.* 〖生物〗(発生構造の)相同性 (homology) (cf. homoplasy). 〘(1626) ← HOMO-+-GENY〙
ho·mog·o·nous /həmɑ́(ː)gənəs, hoʊ- | hɔmɔ́g-, hə-/ *adj.* 〖植物〗雌雄蕊(ずい)が同じ比率の長さである完全花を有する (cf. heterogonous). **～·ly** *adv.* 〘(1877): ⇨ ↓, -ous〙
ho·mog·o·ny /həmɑ́(ː)gəni, hoʊ- | hɔmɔ́g-, hə-/ *n.* 〖植物〗(両性花の)雌雄蕊(ずい)同長. 〘← HOMO-+-GONY〙
hómo·gràft *n.* 〖外科〗同種移植片 (allograft)《ある個体からとって同種の他の個体に移植した組織片; cf. autograft, heterograft》. 〘(1923) ← HOMO-+GRAFT¹〙
hom·o·graph /hɑ́(ː)məgræ̀f, hóʊm- | hɔ́mə(ʊ)grɑ̀ːf, -græ̀f/ *n.* 〖言語〗同形異義語《つづりが同じで意義·語源が違う語; 例えば fair (市) と fair (美しい), seal (あざらし) と seal (印) など; 時には bass /bǽs/ (スズキの類) と bass /béɪs/ (男声) のように発音の異なるものにもいう; cf. heterography 2》. 〘(1810) ← HOMO-+-GRAPH〙
hom·o·graph·ic /hɑ̀(ː)məgrǽfɪk, hòʊm- | hɔ̀mə(ʊ)-, hə̀ʊm-⁻/ *adj.* **1** 同形異義語の. **2** 同字同音の, 一字一音主義の (cf. heterographic 2). 〘(1859) ← HOMO-+GRAPHIC〙
ho·mog·ra·phy /həmɑ́(ː)grəfi, hoʊ- | hɔmɔ́g-, hə-/ *n.* **1** 同形異義. **2** 一字一音主義のつづり(字法). 〘(1859) ← HOMO-+GRAPHY〙
Hó·mo há·bi·lis /-hǽbɪ̀lɪ̀s | -hǽbɪlɪs/ *n.* 〖人類学〗ホモハビリス《道具を作った最初の直立猿人と信じられている約 170 万年前の化石人類; その化石は 1960 年代初期にタンザニア北部で発見された》. 〘(*c*1965) ← NL ～ ← L *homō* (⇨ Homo)+*habilis* handy〙
ho·moi- /hoʊmɔ́ɪ | hə(ʊ)-/ (母音の前にくるときの) homoio- の異形. 〘⇨ homeo-〙
hómo in·síp·i·ens /-ɪ̀nsípiənz, -ènz | -ɪnsípɪ-/ *n.* (*pl.* ～) 無知の人, 愚昧(ぐまい)の人 (cf. homo sapiens). 〘← NL ～ ← L *homō insipiens*: ⇨ Homo, insipience〙
ho·moi·o- /hoʊmɔ́ɪoʊ | hə(ʊ)mɔ́ɪəʊ/ ＝homeo-. 〘← Gk *hómoios* resembling: ⇨ homeo-〙
ho·moi·o·therm /hoʊmɔ́ɪəθə̀ːm | hə(ʊ)mɔ́ɪə(ʊ)θə̀ːm/ *n.* 〖動物〗恒温[定温, 温血]動物 (cf. poikilotherm). 〘⇨ ↑, -therm〙
homóio·thèrm *n.* ＝homeotherm.
ho·moi·o·ther·mal /hoʊmɔ̀ɪəθə́ːməl, -ml̩ | hə(ʊ)mɔ̀ɪə(ʊ)θə́ː-⁻/ *adj.* 〖動物〗＝homoiothermic.
ho·moi·o·ther·mic /hoʊmɔ̀ɪəθə́ːmɪk | hə(ʊ)mɔ̀ɪə(ʊ)θə́ː-⁻/ *adj.* 〖動物〗恒温(性)の, 定温の (cf. poikilothermic): ～ animals 恒温[定温, 温血]動物.
ho·moi·o·ther·my /hoʊmɔ́ɪəθə̀ːmi | hə(ʊ)mɔ́ɪə(ʊ)θə̀ː-/ *n.* 〘(1870) ← HOMOIO-+THERMIC〙
Ho·moi·ou·si·an /hòʊmɔɪúːsiən, -áʊsiən | hɔ̀mɔɪ-, hə̀ʊm-⁻/ 〖神学〗*n.* 類質論者《子(キリスト)と父(神)とは似てはいるが本質的に同じでないとする; cf. Heteroousian, Homoousian》. — *adj.* 類質論(者)の. 〘(1683) ← Gk *homoioúsios* (← *homoio-* 'HOMEO-'+*ousía* essence)+-AN¹〙
hòmo·lécithal *adj.* 〖生物〗〈卵が〉等黄性の《卵黄量が少なくて卵内にほぼ一様に分布している; cf. alecithal, heterolecithal》. 〘(1892) ← HOMO-+LECITHAL〙
ho·mo·log /hóʊməlɔ̀(ː)g, hɑ́(ː)m-, -lɑ̀(ː)g | hɔ́məlɔ̀g/ *n.* ＝homologue.
ho·mol·o·gate /hoʊmɑ́(ː)ləgèɪt, hə- | hɔmɔ́l-, hə-/ *vt.* **1** 〖スコット〗〖法律〗承認する, 賛成する, 賛同する (assent). **2** 〖法律〗確認する (confirm). **3** (国際レースで)〈車種·車体·エンジンなどを〉適合車として認定する; ホモロゲートする. — *vi.* 一致する, 同調する (agree). **ho·mol·o·ga·tion** /hoʊmɑ̀(ː)ləgéɪʃən, hə- | hɔmɔ̀l-, hə-/ *n.* 〘(1593) □ LL *homologātus* (p.p.) ← *homologāre* □ Gk *homologeîn* to agree: cf. homologue〙
ho·mo·log·ic /hòʊməlɑ́(ː)dʒɪk, hɑ̀(ː)m- | hə̀ʊmə(ʊ)lɔ́dʒ-, hə̀ʊm-⁻/ *adj.* ＝homological.
hò·mo·lóg·i·cal /-dʒɪ̀kəl, -kl̩ | -dʒɪ-⁻/ *adj.* ＝homologous. **～·ly** *adv.* 〘1847〙
ho·mol·o·gize /hoʊmɑ́(ː)lədʒàɪz, hə- | hɔmɔ́l-, hə-/ *vt.* **1** 相同[同族]化する. **2** 〈部分などの〉相同[同族]関係を示す. — *vi.* 相同である, (性質·割合·位置·構造などが)一致する[対応する]. **ho·mól·o·gì·zer** *n.* 〘(1733) ← HOMOLOG(UE)+-IZE〙
ho·mol·o·gous /hoʊmɑ́(ː)ləgəs, hə- | hɔmɔ́l-, hə-/ *adj.* **1** (性質·割合·比較·位置·構造など)一致する, (それぞれ)相応する (corresponding). **2** 〖数学〗ホモロガスの, 位相合同の. **3** 〖化学〗同族の: a ～ series 同族列. **4** 〖生物〗同種の, 対応の; 〈器官が〉相同の, 異形同源の: ⇨ homologous organ. **5** 〖病理·免疫〗対応の《免疫血清とそれの材料となった抗原との関係にある》. 〘(1660) □ Gk *homólogos* agreeing: ⇨ homology, -ous〙
homólogous chrómosomes *n. pl.* 〖生物〗相同染色体. 〘1903〙
homólogous órgan *n.* 〖生物〗相同器官 (cf. analogous organ).
hom·ol·o·graph·ic /hɑ̀(ː)məlǝgrǽfɪk, hòʊ- | hɔ̀məl-, hə̀ʊm-⁻/ *adj.* 〖地理〗各部分の縮小率を同一比率とした, 等積の. 〘(1864) 《変形》← *homalographic*〙
homolográphic projéction *n.* 〖地理〗(Mollweide projection のような)楕円(だえん)等積投影図法《すべての子午線が楕円で表される》. 〘1864〙
ho·mo·logue /hóʊməlɔ̀(ː)g, hɑ́(ː)m-, -lɑ̀(ː)g | hɔ́məlɔ̀g/ *n.* **1** 相当するもの, 相当物. **2** 〖生物〗相同器官 (cf. analogue 3). **3** 〖化学〗同族体《同族列 (homologous series) 中の化合物》. 〘(1848) □ F ← □ Gk *homólogon* (neut.) ← *homólogos*: ⇨ homologous〙
ho·mol·o·gy /hoʊmɑ́(ː)lədʒi, hə- | hɔmɔ́l-, hə-/ *n.* **1** 相同, 相同関係. **2** 〖数学〗ホモロジー, 位相合同《位相幾何学的特性による図形の分類》. **3** 〖生物〗**a** (異種の部分·器官·染色体などの)相同, 特殊相同 (cf. analogy 3): special ～ (馬の膝(ひざ)関節と人間の手首とのような)特殊相同関係, 異体同官. **b** (同一個体の部分の)相同, 一般相同. **4** 〖化学〗(化合物の)同族関係; (周期表の同族元素間の)同族関係. 〘(1623) □ F *homologie*: ⇨ homo-, -logy〙
ho·mól·o·sine projéction /hoʊmɑ́(ː)ləsàɪn, hə- | hɔmɔ́l-, hə(ʊ)-/ *n.* 〖地理〗ホモロサイン投影図法《ゆがみを少なくするために, モルワイデ図法の緯度 40°44′ より低緯度側を, サンソン図法で置き換えたもの》. 〘*homolosine*: ← HOMOLO(GRAPHIC)+SINE¹〙
hómo lú·dens /-lúːdenz, -dɛnz | -lúːdɛnz, -ljúː-/ *n.* 遊戯人, ホモルーデンス《人類の生活の中に見られる遊戯的行動から Johan Huizinga が人類をこのように名づけた》. 〘(*c*1938) ← NL *homō lūdēns* playful man〙
ho·mol·y·sis /hoʊmɑ́(ː)ləsɪ̀s, hɑ(ː)- | hɔmɔ́lɪ̀sɪs, hə(ʊ)-/ *n.* 〖化学〗ホモリシス《分子が 2 個の中性の原子または基に分解すること; homolytic fission ともいう; cf. heterolysis 2》. **ho·mo·lyt·ic** /hòʊməlíṭɪk, hɑ̀(ː)m- | hɔ̀məlít-, hə̀ʊm-⁻/ *adj.* 〘(1938) ← NL ～: ⇨ homo-, -lysis〙
hómo ma·ní·a·cus /-mənáɪəkəs/ *n.* 「狂える人」, 狂人. 〘← NL *homō maniacus* madman: 博物学者 Konad Lorenz と小説家 Arthur Koestler が人類を呼んだ名〙
hómo ma·the·má·ti·cus /-mæ̀θəmǽṭɪ̀kəs | -θɪ̀mǽtɪ-/ *n.* 数字[データ]主義者, 「数の人」《データ[数字]を根拠として行動する[人は行動すると信じる]人》. 〘← NL *homō mathēmaticus*〙
hòmo·mórphic *adj.* **1** 〖生物〗異体同形の (cf. heteromorphic 1). **2** 〖昆虫〗不完全[半]変態の. **3** 〖植物〗同形完全花をもつ. **4** 〖数学〗準同形[型]の《二つの代数系についてその間に準同形写像が存在すること; cf. isomorphic 3》. 〘(1872) ← HOMO-+-MORPHIC〙
hòmo·mórphism *n.* **1** 形態の類似. **2** 〖生物〗

=homomorphy. **3** 〘昆虫〙不完全[半]変態. **4** 〘動物〙同形《動物の幼年と成年との類似性》. **5** 〘植物〙同形完全花を有すること. **6** 〘数学〙準同形[同型]写像, 準同形[型] (cf. isomorphism 2). 〖(1869) ← HOMO-＋MORPHISM〗

hòmo·mórphous *adj.* =homomorphic.

hómo·mòrphy *n.* 〘生物〙異質同形《異種の生物間の外面的類似》; 外観同形《根本的に構造が異なる器官相互の外面的類似; cf. homophyly》. 〖(1874) ← HOMO-＋-MORPHY〗

hómo neu·ró·ti·cus /-nʊrá(ː)tɪ̥kəs, -njʊ- | -njʊ(ə)rɔ́tɪ-, -njɔːr-/ *n.* 神経症の人《おしなべて神経症的になった現代人を Homo sapiens に準じて呼んだ造語》. 〖← NL *homō neuroticus*〗

hom·o·nid /há(ː)mənɪ̥d | hɔ́mənɪd/ *n.* 〘人類学〙 = hominid.

ho·mon·o·mous /hoʊmá(ː)nəməs, hɑ(ː)- | hə-mɔ́n-, hə-/ *adj.* 〘生物〙〈体節器官・動物が〉相同の, 同規の. 〖(1854) ← Gk *homónomos* (← HOMO-＋*nómos* law)＋-OUS〗

hòmo·núclear *adj.* 〘化学〙同核の. 〖(1930) ← HOMO-＋NUCLEAR〗

H

hom·o·nym /há(ː)mənɪm, hóʊm- | hɔ́mə-, hə́ʊm-/ *n.* **1** 同音異義語《pole (柱)と pole (極), butter (バター)と butter (頭で突く獣), meat と meet などのように発音が同一で意義・語源(時につづり)の異なる語をいうが, 時には homophone および homograph と同義に用いる; cf. heteronym, synonym 1》. **2** 同名異人 (namesake). **3** 〘生物〙同名, 同一名, ホモニム《過去に, 他の属または種につけられたのと同じ学名をいい, そのため正式名としては採用されない; cf. synonym 4》. **hom·o·nym·i·ty** /hà(ː)-mənímətɪ, hòʊm- | hɔ̀mənímɪ̥tɪ/ *n.* 〖(1697) □ F *homonyme* □ L *homōnymum*: ⇨ homo-, -onym〗

hom·o·nym·ic /hà(ː)mənímɪk, hòʊm- | hɔ̀m-, hə̀ʊm-ˈ/ *adj.* =homonymous.

ho·mon·y·mous /hoʊmá(ː)nəməs, hə- | həmɔ́nɪ̥-, hɔ-/ *adj.* **1** 同じ名を持った, 同名の (cf. heteronymous 2): The State is ～ *with* the river. その州は川と同じ名である. **2 a** 同音異義(語)の. **b** 〈語など〉意義のあいまいな (equivocal, ambiguous). **3** 〘眼科〙 **a** 《複視や半盲について》同側性の. **b** 片側性の (unilateral). **～·ly** *adv.* 〖(1621) □ L *homōnymus*: ⇨ homonym, -ous〗

homónymous constrúction *n.* 〘文法〙同音異義構文《表面上の語結合は同一であるが二つ以上の相異なる意味に解釈される構文; 例: I don't like overpraising men》.

ho·mon·y·my /hoʊmá(ː)nəmi, hə- | həmɔ́nɪ̥-, hɔ-/ *n.* 同音異義 (⇨ homonym 1). 〖(1597) □ LL *homōnymia*: ⇨ homonym, -y¹〗

Ho·mo·ou·si·an /hòʊmoʊúːsiən, hà(ː)m- | hə̀ʊ-məʊ-, hɔ̀m-ˈ/ *n.* 〘神学〙同質論者, 同一実体論者《子(キリスト)と父(神)とは本質的に同一だと説く 4 世紀の学説; cf. Homoiousian, Heteroousian》. **—** *adj.* 同質論(者)の. **～·ìsm** /-nɪzm/ *n.* 〖(1565) □ LL *homoūsiānus* ← *homoūsius* □ Gk *homoousios* of the same substance ← HOMO-＋*ousía* essence: ⇨ -an¹〗

ho·mo·phile /hóʊməfàɪl, há(ː)m- | hɔ́m-, hə́ʊm-/ *adj.* **1** ホモ[同性愛]志向の, ホモ好きの. **2** 《同性愛者の権利・福祉の向上に関心を持つ》ホモ擁護の. **—** *n.* 同性愛者 (homosexual). 〖(1960) ← HOMO-＋-PHILE〗

ho·mo·pho·bi·a /hòʊməfóʊbiə, hà(ː)m- | hɔ̀m-ə(ʊ)fə́ʊ-, hə̀ʊm-/ *n.* ホモ[同性愛]嫌悪. **ho·mo·pho·bic** /hòʊməfóʊbɪk, hà(ː)m- | hɔ̀mə(ʊ)fə́ʊ-, hə̀ʊm-ˈ/ *adj.* 〖(1969) ← HOMO-＋-PHOBIA〗

hom·o·phone /há(ː)məfòʊn, hóʊm- | hɔ́məfəʊn, hə́ʊm-/ *n.* **1** 同音(異)字《c と s, また c と k など》. **2** 同音異義語, 同音異つづり語《meet と meat, foul と fowl のように発音が同じでつづり・意義・語源を異にする語》. **3** = homonym 1. 〖(1623) □ F ～ Gk *homóphōnon* (neut.) ← *homóphōnos*: ⇨ homo-, -phone〗

hom·o·phon·ic /hà(ː)məfá(ː)nɪk, hòʊm-, -fóʊn- | hɔ̀məfɔ́n-, hə̀ʊm-ˈ/ *adj.* **1** 同じ音の; 同音異語の. **2** 〘音楽〙 **a** ユニゾンの (unisonant) 斉唱[奏]の. **b** ホモフォニーの《主旋律に対して他声部は和声的に伴奏する; cf. polyphonic 3》. **c** 単旋律の (monophonic). **d** モノディー的な (monodic). **hòm·o·phón·i·cal·ly** *adv.* 〖(1879): ⇨ ↑, -ic¹〗

ho·moph·o·nous /hoʊmá(ː)fənəs, hə- | hɔmɔ́f-, hə(ʊ)-ˈ/ *adj.* =homophonic.

ho·moph·o·ny /hoʊmá(ː)fəni, hə- | hɔmɔ́f-, hə(ʊ)-/ *n.* **1** 同音. **2** 〘音楽〙 **a** 斉唱[奏], ユニゾン (unison) (cf. antiphony 2, polyphony 1). **b** ホモフォニー《主旋律に対して他声部は和声的に伴奏する様式; 音楽の垂直要素(和声)に重点をおく》; その楽曲. 〖(1776) □ Gk *homophōnía*: ⇨ homophone, -y¹〗

ho·mo·phy·ly /hóʊməfàɪli, há(ː)m-, hoʊmáfəli | hɔmɔ́fəli, hə(ʊ)-/ *n.* 〘生物〙歴史的相同《共通の祖先をもつ生物間の類似; cf. homomorphy》. 〖(1883) ← HOMO-＋*phyl* (⇨ phyllo-)＋-Y¹〗

hòmo·plástic *adj.* 〘生物〙 **1** 〈器官など〉成因的相同の (cf. homogenous 1 a). **2** 〘医学〙同種(組織)移植による(形成手術の) (cf. autoplasty, heteroplasty). **hòmo·plástically** *adv.* **hómo·plàsty** *n.* 〖(1870) ← HOMO-＋PLASTIC〗

ho·mo·pla·sy /hóʊməplèɪsi, há(ː)m-, hoʊmá(ː)p-lə-, hɑ(ː)- | hə́ʊməplèɪ-, hɔ́məplə-/ *n.* 〘生物〙成因的相同, 類形 (analogy) (cf. homogeny). 〖(1870) ← HOMO-＋-PLASY〗

hómo·plòid *adj.* 〘遺伝〙同倍数性の.

hòmo·pólar *adj.* **1** 類似の極をもつ. **2** 〘物理化学〙《共有結合 (covalent bond) などにおける》等極の (nonionic) (cf. heteropolar 2, polar 5, ionic 1); イオンに分離しない. **3** 〘電気〙単極の: a ～ dynamo [generator] = unipolar dynamo. **hòmo·polárity** *n.* 〖(1896) ← HOMO-＋POLAR〗

hòmo·pólymer *n.* 〘化学〙ホモポリマー《1 種類のモノマーから成る重合体》. 〖(1946) ← HOMO(GENEOUS)＋POLYMER〗

Ho·mop·ter·a /hoʊmá(ː)ptərə, hə- | hɔmɔ́p-, hə(ʊ)-/ *n. pl.* 〘昆虫〙同翅(どうし)亜目《半翅目のうちセミ・ウンカ・ヨコバイ・アブラムシ・カイガラムシなど前後翅が同質で背上に屋根形にたたまれる昆虫》. 〖(1826) ← NL ～: ⇨ homo-, -ptera〗

ho·mop·ter·an /hoʊmá(ː)ptərən, hə- | hɔmɔ́p-, hə(ʊ)-/ *adj., n.* 〘昆虫〙同翅(どうし)亜目の(昆虫). 〖(1842): ⇨ ↑, -an¹〗

ho·mop·ter·ous /hoʊmá(ː)ptərəs, hə- | hɔmɔ́p-, hə(ʊ)-/ *adj.* 〘昆虫〙同翅(どうし)亜目の. 〖(1826): ⇨ ↑, -ous〗

hom·or·gan·ic /hòʊmɔəgǽnɪk, hà(ː)m- | hɔ̀mɔː-, hə̀ʊm-ˈ/ *adj.* 〘音声〙同器官的な《調音の様式は異なるが, 同じ調音器官が同じ調音点で調音することにいう; [p, b, ɸ, β, m], [t, d, ,s, z, n, l], [k, g, x, ŋ] など》. 〖(1854) ← HOMO-＋ORGANIC〗

Ho·mo sa·pi·ens /hóʊmoʊséɪpiənz, -piènz | hə́ʊməʊsǽp-, -séɪp-/ *n.* **1** 〘人類学・動物〙ホモサピエンス《現世人の学名》, ヒト. **2** (*pl.* ～) [h- s-] 人類, 人間 (mankind) (cf. homo insipiens). 〖(1802) ← NL ～ ← L *homō sapiēns*: ⇨ Homo, sapient: C. Linnaeus の用語 (1758)〗

ho·mo·sce·das·tic /hòʊmoʊs(k)ɪ̥dǽstɪk, hà(ː)m- | hɔ̀mə(ʊ)s(k)ɪ-, hə̀ʊm-ˈ/ *adj.* 〘統計〙等分散的な: ～ distributions. **ho·mo·sce·das·tic·i·ty** /hòʊ-moʊs(k)ɪ̀dæstísəṭi, hà(ː)m- | hɔ̀mə(ʊ)s(k)ɪ̀dæstísɪ̥ti, hə̀ʊm-/ *n.* 〖(c1905) ← HOMO-＋Gk *skedastós* capable of being scattered＋-IC¹〗

hòmo·sérine *n.* 〘生化学〙ホモセリン ($C_4H_9O_3N$) 《動物でシスタチオンがシステインに分解するときの中間体のアミノ酸》. 〖← HOMO-＋SERINE〗

hómo·sèx *n.* =homosexuality.

hòm·o·séx·u·al /hòʊməsékʃuəl, -moʊ-, -ʃəl | hə̀ʊmə(ʊ)sékʃuəl, hɔ̀m-, -ʃʊl, -sjuəl, -sjʊl-ˈ/ *adj.* **1** 同性愛の[に関する, に基づく, の特徴をもった], 同性に引かれる (↔ heterosexual). **2** 同性の[に関する]. **—** *n.* 同性愛者 (cf. gay, queer, lesbian). ⇨ homo 日英比較.

hòm·o·séx·u·al·ly /-li/ *adv.* 〖(1892) ← HOMO-＋SEXUAL〗

hòm·o·séx·u·al·ist /-lɪ̥st | -lɪst/ *n.* =homosexual.

hom·o·sex·u·al·i·ty /hòʊməsèkʃuǽləṭi | hə̀ʊ-mə(ʊ)sèkʃuǽlɪ̥ti, hɔ̀m-, -sju-/ *n.* **1** 同性愛, 同性性欲倒錯(症). **2** 同性愛的行動. 〖(1892): ⇨ -ity〗

hòmo·sócial *adj.* 同性どうしの社会的関係の, 男どうしのつきあいの. **hòmo·sociálity** *n.*

hómo·sphère *n.* 〘気象〙均質圏《地表から約 80 km の高度までの気圏で, 対流圏 (troposphere), 成層圏 (stratosphere), 中間圏 (mesosphere) を含む; cf. heterosphere》. 〖← HOMO-＋-SPHERE〗

hòmo·spórous *adj.* 〘植物〙雌雄両性の胞子が同形の, 同形(無性生殖)胞子の, 同子の (cf. heterosporous). 〖(1887) ← HOMO-＋-SPOROUS〗

ho·mo·spo·ry /hóʊmoʊspɔ̀ːri, hoʊmá(ː)spəri, hɑ(ː)- | hɔ́mə(ʊ)spɔ̀ːri, hɔmɔ́spəri/ *n.* 〘植物〙同形(無性生殖)胞子形成. 〖(1903) ← HOMO-＋-SPORY〗

hómo·stỳled *adj.* 〘植物〙同花柱の (cf. heterostyled). 〖(1877) ← HOMO-＋STYLED〗

ho·mo·sty·ly /hóʊmoʊstàɪli, -mə- | hə́ʊməʊ-, hɔ́m-/ *n.* 〘植物〙=homogony. **hó·mo·stỳ·lous** /-ləs/ *adj.*

ho·mo·tax·is /hòʊmoʊtǽksɪ̥s, hà(ː)m- | hɔ̀mə(ʊ)-tǽksɪs, hə̀ʊm-/ *n.* 〘地質〙類似配列, ホモタクシス《必ずしも同時にできたものではないが, 地層の化石内容や配列順序が似ていること; cf. heterotaxis 3》. **ho·mo·tax·i·al** /hòʊmoʊtǽksiəl, hà(ː)m- | hɔ̀mə(ʊ)-, hə̀ʊm-ˈ/ *adj.* **hò·mo·táx·i·al·ly** /-li/ *adv.* **ho·mo·tax·ic** /hòʊmoʊtǽksɪk, hà(ː)m- | hɔ̀mə(ʊ)-, hə̀ʊm-ˈ/ *adj.* 〖(1862) ← HOMO-＋-TAXIS〗

ho·mo·thal·lic /hòʊmoʊθǽlɪk, hà(ː)m- | hɔ̀mə(ʊ)-, hə̀ʊm-ˈ/ *adj.* **1** 〘植物〙同株性の (cf. heterothallic). **2** 〘生物〙=monoecious 2. 〖(1904) ← HOMO-＋THALL-＋-IC¹〗

ho·mo·thal·lism /hòʊmoʊθǽlɪzm, hà(ː)m- | hɔ̀-mə(ʊ)-, hə̀ʊm-/ *n.* 〘植物〙ホモタリズム, 同株性, 雌雄同体性《藻類・カビ類で交配しうる配偶子を造る一つの単数世代をもつこと; cf. heterothallism》. 〖(1906) ← HOMO-＋THALLISM〗

hó·mo·thèrm *n.* 〘動物〙=homoiotherm. 〖(1934) ← HOMO-＋-THERM〗

hò·mo·thér·mal *adj.* 〘動物〙=homoiothermic. 〖⇨ ↑, -al¹〗

hò·mo·thér·mous *adj.* 〘動物〙=homoiothermic.

ho·mo·thet·ic /hòʊməθéṭɪk, hà(ː)m- | hɔ̀mə(ʊ)-θét-, hə̀ʊm-ˈ/ *adj.* 〘数学〙相似(拡大)の: ～ transformation (⇨ similarity transformation). 〖(1880) □ F *homothétique*: ⇨ homo-, thetic〗

ho·mo·top·ic /hòʊmoʊtá(ː)pɪk, hɑ(ː)m- | hɔ̀m-ə(ʊ)tɔ́p-, hə̀ʊm-ˈ/ *adj.* 〘数学〙ホモトピックの, 同位の《二つの図形が連続変形で互いに移り合えることをいう》. 〖(1876) ← HOMO-＋TOPIC〗

ho·mot·o·py /hoʊmá(ː)ṭəpi, hɑ(ː)- | hɔmɔ́təpi, hə(ʊ)-/ *n.* 〘数学〙ホモトピー, 同位《連続変形で互いに移り合えるという関係による図形の分類》. 〖(1918) □ G *Homotopie*: ⇨ homo-, -topy〗

hòmo·transplánt *n.* 〘外科〙=homograft. **—** *vt.* 〘生物・外科〙同種移植する. **hòmo·trans·plantátion** *n.* 〖(1927) ← HOMO-＋TRANSPLANT〗

hómo·tỳpe *n.* 〘生物〙 **1** 相同器官 (homologue). **2** =homeotype. 〖(1840) ← HOMO-＋-TYPE〗

ho·mo·typ·ic /hòʊmoʊtípɪk, hà(ː)m- | hɔ̀mə(ʊ)-, hə̀ʊm-ˈ/ *adj.* 〘生物〙同型の, 相同器官の. **hò·mo·týp·i·cal** /-pɪ̥kəl, -kl̩ | -pɪ-ˈ/ *adj.* 〖(1886): ⇨ ↑, -ic¹〗

ho·mo·ty·py /hóʊmoʊtàɪpi, há(ː)m- | hɔ́mə(ʊ)-, hə́ʊm-/ *n.* 〘生物〙相型《左右相称の器官の間の相同》. 〖(1874) ← HOMO-＋-TYPE＋-Y¹〗

hòmo·zygósis *n.* 〘生物〙同型接合, ホモ接合 (cf. heterozygosis). 〖(1905) ← HOMO-＋ZYGOSIS〗

hòmo·zygósity *n.* 〘生物〙同型接合性, ホモ接合性. 〖(1916): ⇨ ↑, -ity〗

hòmo·zýgote *n.* 〘生物〙同型接合体, ホモ接合体《ある個体の父方母方から受けた遺伝因子が同じであるもの; cf. heterozygote 1》. **hòmo·zygótic** *adj.* 〖(1902) ← HOMO-＋ZYGOTE〗

hòmo·zýgous *adj.* 〘生物〙同型接合体の. **～·ly** *adv.* 〖(1902): ⇨ ↑, -ous〗

Homs /hɔ́(ː)mz, hɔ́(ː)ms | hɔ́mz, hɔ́ms/ *n.* ホムス《シリア西部の都市》.

ho·mun·cu·lar /hoʊmʌ́ŋkjʊlə | hə(ʊ)mʌ́ŋkjʊlə(r/ *adj.* 小びと[一寸法師]の. 〖⇨ ↓, -ar¹〗

hom·un·cule /hoʊmʌ́ŋkjuːl | hə(ʊ)-/ *n.* =homunculus 1.

ho·mun·cu·lus /hoʊmʌ́ŋkjʊləs | hə(ʊ)-/ *n.* (*pl.* **-cu·li** /-làɪ, -lìː | -làɪ/) **1** 小びと, 一寸法師 (dwarf). **2** 《解剖学実験用の》人体模型. **3 a** 《古》〘医学〙精子微人《昔, 精子の中には後に成人となるべき人の姿が微細に縮小されて宿っているものと考えられていた》. **b** (人間の)胎児 (fetus). 〖(1656) □ L ～ (dim.) ← *homō* man: ⇨ -cle〗

hom·y /hóʊmi | hə́ʊ-/ *adj.* (**hom·i·er; -i·est**) = homey¹.

hon /hʌ́n/ *n.* [愛称として] =honey 6. 〖(1906) 《略》← HONEY〗

hon. 《略》honor; honorable; honorary.

Hon. 《略》Honduras; Honorable.

Ho·nan /hóʊnǽn | hə̀ʊ-/ *n.* **1** =Henan. **2** [しばしば h-] **a** 絹紬(けんちゅう)《柞蚕(さくさん)の糸で作った薄手の絹織物》. **b** その他の繊維で絹紬に模して作った光沢のある織物. 〖(1923) □ Chin.〗

Honble. 《略》Honorable.

hon·cho /há(ː)ntʃoʊ | hɔ́ntʃəʊ/ *n.* (*pl.* **～s**) 《米俗》親分, 班長 (boss). **—** *vt.* 《俗》責任者になる, 指揮する. 〖(1947) □ Jpn. 班長〗

Hond. 《略》Honduras.

Hon·du·ran /hɑ(ː)ndúᵊrən, -djúᵊr- | hɔndjúər-/ *adj., n.* ホンジュラスの(人). 〖(1895): ⇨ ↓, -an¹〗

Hon·du·ras /hɑndúᵊrəs, -djúᵊr- | hɔndjúᵊrəs, -ræs; *Am.Sp.* ɔndúras/ *n.* ホンジュラス《中央アメリカ北東部の共和国; 面積 112,088 km², 首都 Tegucigalpa; cf. British Honduras; 公式名 the Republic of Honduras ホンジュラス共和国》.

Honduras, Gulf of *n.* [the ～] ホンジュラス湾《中央アメリカ中部カリブ海西端の入江; 沿岸はホンジュラス・グアテマラ・ベリーズ》.

Hónduras cédar *n.* 〘植物〙スペインスギ (Spanish cedar).

Hónduras mahógany *n.* 〘植物〙オオバマホガニー (*Swietenia macrophylla*) 《中南米産; 材はマホガニー材に似て有用》.

hone¹ /hóʊn | hə́ʊn/ *n.* **1** 砥石(といし), (特に)かみそり砥. **2** 〘機械〙 **a** 《ホーニング用の》砥石《シリンダーの内径を精密寸法に仕上げるために, シリンダーの内壁に押しつけながら回転して研磨する砥石》. **b** 路面研磨材《道路の表面を研磨して滑らかにする際に散布する砂利》. **—** *vt.* **1 a** 砥石で研ぐ: ～ a razor. **b** 鋭く[効果的に]する. **c** (長時間かけて)さらにすぐれたものにする. **2** 〘機械〙〈穴などの〉研ぎ上げ[ホーン仕上げ]をする. 〖OE *hān* stone < Gmc **xainō* (ON *hein*) ← IE **kō-* to sharpen (L *cōs* whetstone / Gk *kōnos* 'CONE')〗

hone² /hóʊn | hə́ʊn/ *vi.* 《方言》 **1** ぶつぶつ言う; 嘆く. **2** 焦がれる (yearn) 〔*for, after*〕. 〖(1600) □ F 《廃》*hogner, hoigner* ← ? OF *hon* cry of discontent 《擬音語》?: cf. ONF *honer* (=OF *hon(n)ir* to disgrace □ (Frank.) **haunjan*).〗

Ho·ne·cker /hóʊnɪ̥kə, há(ː)n- | hɔ́nɛkə(r, -nɪ-; *G.* hɔ́nɛkɐ, hóːn-/, **Erich** *n.* ホーネッカー《1912–94; 東ドイツの政治家; 国家元首 (1976–89)》.

Ho·neg·ger /há(ː)nɪgə | hɔ́nɪgə(r, -nɛ-; *F.* ɔnɛgɛːʁ/, **Arthur** *n.* オネゲル《1892–1955; フランス生まれのスイスの作曲家》.

hon·est /á(ː)nɪ̥st | ɔ́n-/ *adj.* **1 a** 正直な, うそを言わない, 偽りのない (truthful) (⇨ upright **SYN**); 誠実な, 公正な (sincere, fair): an ～ person 正直者 / be ～ in business affairs 商売上の事でずるいことをしない[うそ偽りがない] / It was ～ of you to tell me the truth. よく正直に本当のことを言ってくれましたね / Let's be ～. (いやな事でも)正直に認めることにしよう. **b** 包み隠しのない, あからさまな (candid, frank): an ～ face 正直そうな顔 / an ～ confession 偽らない告白 / Tell me your ～ opinion. 歯にきぬを着せずに意見を言ってほしい / to be (quite) ～ with you [about it] 正直に[ありていに]言うと. **c** 率直な, 心からの, てらいのない (unaffected) (⇨ sincere SYN). **2** 正直に働いて得た; 正当な, 正しい (legitimate): in an ～ way 正当な方法によって / an ～ living 堅気の生活, まともな暮らし / an ～ profit 正直に働いて得た金[利益] / turn [earn] an ～ penny ⇨ penny 成句. **3 a** 〈仕事・勤務ぶりなど〉まじめな, まともな, 感心な, 信頼できる (praiseworthy). **b** 《英》(目下の者をほめて)いい, 感心な, 立派な (good, worthy). **4 a** 混ぜ物のない, 本物の, 正味の (genuine): ～ beer, milk, silk, goods, etc. / give ～ weight 目方をごまかさない. **b** 本当の, 正真正銘の (real). **5** つましい, 質素な (humble), 飾り気のない, 簡素な (plain). **6 a** 見苦しくない, 立派な (decent, honorable): an ～ good old man. **b** 《廃》評判のよい. **7** 《古》〈女が〉貞淑な (chaste, virtuous). ★ 今は主に次の句で: make an ～ woman of ⇨ woman 成句.

***hónest to Gód* [*góodness*]** 《口語》 (1) 正真正銘の, 本当の; 本物の. (2) [驚き・確信などを表して] 本当に, 全く (really, thoroughly): I didn't do it. *Honest to God* I didn't! 私はやっていません. 本当にやっていません. 《1913》

— *adv.* [間投詞的に用いて] 《口語》本当に, 間違いなく, 全く (surely, honestly).

～·ness *n.* 〘(?*a*1300) ◻ OF *honeste* (F *honnête*) ◻ L *honestus* honorable ← *honōs* 'HONOR'〙

Hónest Ábe *n.* Abraham Lincoln の愛称.

hónest bróker *n.* 中立の調停[仲裁]者. 〘《1884》もと Bismarck のあだ名〙

hónest ínjun, h- I- /-índʒən/ *adv.* 《口語》 **1** きっと, 本当に, 誓って間違いない. **2** [疑問文に用いて] 大丈夫かい. 〘《1876》: ⇨ Injun〙

Hónest Jóhn *n.* **1** 《口語》真っ正直な男; お人好し. **2** [h- J-] 《トランプ》オネストジョン (BANKER and broker の別名). 〘1935〙

hon·est·ly /ɑ́(ː)nɪ̥stli | ɔ́n-/ *adv.* **1** 正直に, 実直に; 正直に働いて, 正直に言って: get money ～. **2** 正直に打ち明けて, やましいところなく: *Honestly* I cannot trust him. 正直のところ彼は信頼できない / I can ～ say that ... やましいところなく...と言える. **3** 《古》正しく; 立派に (honorably). — *int.* いやはや, 全く (軽い怒り・不信・当惑などを表す). 〘《1340》 *honesteliche*: ⇨ -ly¹〙

hónest-to-Gód [-góodness] *adj.* [限定的] 《口語》本当の, 正真正銘の, 真実の, 全くの (true, real); 本物の (genuine): an ～ pearl-handled six-shooter 本物の真珠の握りの六連発銃. — *adv.* = HONEST *to God* [*goodness*] (2). 〘1916〙

hon·es·ty /ɑ́(ː)nɪ̥sti | ɔ́n-/ *n.* **1** 正直, 廉直 (integrity); うそ偽りのないこと, 真実, 誠実 (truthfulness): *Honesty* is the best policy. 《諺》正直は最良の策 (正直に損なし) / ～ of purpose まじめ, 誠実 / with ～ 正直に(言って) / in all ～ 正直のところ. **2** 《廃》貞節 (chastity); 立派な行為. **3** 《植物》ゴウダソウ(合田草), ギンセンソウ(銀扇草) (*Lunaria annua*) (アブラナ科の植物でさやが半透明で中の実が見えるところから出た名; satinpod, satinflower, moonwort ともいう). 〘(*a*1333) ◻ OF *honeste* (F *honnêteté*): ⇨ honest, -y¹〙

SYN 正直: **honesty** 完全に真実を語り, 何ひとつ隠さない性質 (一般的な語): He is known for his *honesty*. 彼は正直の名をとっている. **honor** 人の社会的地位・職業から期待される倫理的規範を忠実に守ること: *Honor* is found in thieves. 泥棒の間にも仁義はある. **integrity** (よい意味で) 正直で道徳的信条が堅固な性質: We should elect men of *integrity*. 高潔な人を選ばなくてはならない. **probity** 試練を経て証明された正直・廉潔 (格式ばった語): commercial *probity* 商業上の正直さ. **veracity** 真実を語る性質 (格式ばった語): His *veracity* is unquestioned. 彼が真実を語っていることは疑う余地がない.

ANT dishonesty, deceitfulness.

---

hóne·wòrt *n.* 《植物》ミツバ (セリ科ミツバ属 (*Cryptotaenia*) の多年草). 〘《1633》← 《廃》*hone* a swelling (← ?) + WORT²〙

hon·ey /hʌ́ni/ *n.* (*pl.* ～s, hon·ies) **1** 蜂蜜(はちみつ): wild ～ 野の蜂蜜 / ⇨ virgin honey / (as) sweet as ～ 蜜のように甘い, 非常に愉快な. **2 a** 蜂蜜に似たもの. **b** (蜜ように)甘いもの; 甘美さ, 優しさ (sweetness). **3** 花蜜, 糖蜜. **4** 蜂蜜色. **5** 《米・カナダ口語》**a** 非常な楽しみ[慰め]となるもの: His words were ～ to my soul. 彼の言葉は私の心を大いに慰め[楽しませ]てくれた. **b** すてきなもの[人], 最高のもの[人]: Your car is a real ～. あんたの車ほんとにすてき / a ～ *of a* girl [*an* evening] すてきな娘[晩]. **6** [通例, 恋人・妻などに対する呼び掛け] 《米・カナダ口語》かわいい人 (darling) (cf. hon): my ～ ねえお前[あなた] / Can I get you another drink, ～? あなた. もう一杯いかが.

— *adj.* [限定的] (**hon·i·er; -i·est**) **1** 蜂蜜の, 蜜の. **2** (色や甘さが)蜜のような, (蜜のように)甘美な (honeyed), 蜜を含んだ, 蜜で甘くした. **3** 《古》親愛な, かわいい (dear).

— *v.* (～ed, hon·ied) — *vt.* **1** 蜂蜜で甘くする. **2** 〈人〉にお世辞を言う; 甘い言葉をかける. **3** 《米》〈人〉に 'honey' と呼び掛ける (cf. *n.* 6): She is always ～*ing* her husband. — *vi.* 優しいことを言う; お世辞を言う 〈*up*〉.

～·like *adj.* 〘OE *hunig* < Gmc **χuna(ŋ)ʒam* (Du. *honig* / G *Honig*) — IE **kenə-ko-* yellow, golden (Gk *knēkós* pale yellow)〙

Hon·ey /hʌ́ni/ *n.* ハニー (女性名; 20 世紀になってから用いられ始めた). 〘↑〙

hóney ànt *n.* 《昆虫》ミツアリ (ミツアリ属 (*Myrmecocystus*) のアリの総称; ハタラキアリの肥大した腹部に蜜(みつ)を蓄え, 必要に応じて吐き戻して仲間のアリに与える; honeypot ant ともいう; cf. replete). 〘1868〙

honey ant
(*Myrmecocystus* sp.)

hóney bàdger *n.* 《動物》ミツアナグマ (⇨ ratel a). 〘1884〙

hóney bàg *n.* 《昆虫》蜜胃(みつい) (ミツバチの食道内にある蜜袋; honey sac ともいう). 〘1595–96〙

hóney bèar *n.* 《動物》 **1** = sloth bear. **2** = kinkajou.

hóney·bèe *n.* 《昆虫》ミツバチ (*Apis mellifera* [*mellifica*]). 〘*c*1400〙

hóney bùcket *n.* 《米俗》肥桶(こえおけ), 肥たご.

hóney·bùn *n.* = honeybunch.

hóney·bùnch *n.* 《米口語》 **1** 恋人, 愛人. **2** = honey 5, 6.

hóney bùzzard *n.* 《鳥類》ハチクマ (*Pernis apivorus*) (ハチの幼虫を食うタカの一種). 〘1674〙

hóney cèll *n.* (ハチの巣の)蜜房.

hon·ey·comb /hʌ́nikòum | -kòum/ *n.* **1** ミツバチの巣, ハチの巣 (cf. beehive 1, hive 1). **2 a** ハチの巣状のもの; (金属, 特に砲の)ハチの巣状のきず. **b** ハチの巣[亀甲(きっこう)]模様. **c** 蜂巣(はちす)織, ハニカム (ハチの巣に似た模様を浮き上がらせた織物); そのような織物の織り方. **3** (反芻(はんすう)類の)蜂巣(ほうそう)[第二]胃 (reticulum) (honeycomb stomach ともいう). **4** 《金属加工》ハニカム (2 枚の薄板の間にハチの巣状の心材を押入した複合構造). — *adj.* [限定的] **1** ハチの巣の. **2** ハチの巣状の; ハチの巣模様の: a ～ quilt 亀甲模様の刺し子ぶとん / a ～ radiator ハチの巣状のラジエーター (薄板をハチの巣状に組み立てた軽量構造) / a ～ coil 《無線》ハチの巣コイル. **3** 《金属加工》(鋳造物に)亀甲模様がある.

— *vt.* **1** ハチの巣形にする, (ハチの巣のように)穴だらけにする (riddle): The rock is ～*ed with* passages. その岩にはたくさんの通廊が掘り抜いてある. **2 a** ...に浸透する, 食い込む. **b** 危うくする, 腐敗させる. **3** ...に亀甲模様を付ける. — *vi.* ハチの巣状になる.

〘lateOE *hunigcamb*: ⇨ honey, comb¹ (n.)〙

hóneycomb còral *n.* 《古生物》ハチノスサンゴ (床板サンゴ類のファボシテスなど; オルドビス紀後期に現れ, シルル紀・デボン紀に栄えた; 一見, ハチの巣状). 〘1873〙

hón·ey·còmbed *adj.* (空洞などで)ハチの巣状[穴だらけ]になった.

hón·ey·còmb·ing /-mɪŋ/ *n.* (木材の)内部乾裂, ハチの巣割れ. 〘1889〙

hóneycomb mòth *n.* 《昆虫》= bee moth.

hóneycomb stìtch *n.* 《服飾》ハニコームステッチ (スモッキング・レース作り・編物で使われるステッチで, ハチの巣の模様を形づくる). 〘1882〙

hóneycomb trípe *n.* ハチの巣胃 (⇨ tripe 1 a).

hóney·crèeper *n.* 《鳥類》ミツドリ (熱帯アメリカ産ミツドリ科の小鳥の総称; 色彩が美しく花の蜜(みつ)を好む; cf. Hawaiian honeycreeper). 〘1872〙

hóney·dèw *n.* **1** (暑いとき植物の葉・茎から出る)甘い汁, 糖液. **2** (アブラムシ類が分泌する)蜜, 蜜滴. **3** 甘露 (想像上の美味; cf. ambrosia 2). **4** 甘露たばこ (糖蜜で甘くしたたばこ). **5** = honeydew melon. **～ed** *adj.* 〘1577〙

hóneydew mélon *n.* ハネデュー (冬メロンの代表品種; 皮が乳白色でなめらか, 果肉は厚く緑色). 〘1916〙

hóney èater *n.* 《鳥類》ミツスイ (オーストラリア産ミツスイ科の小鳴鳥の総称). 〘1731〙

hón·eyed *adj.* **1** 蜜(みつ)をもつ; 蜜の多い; 蜜で甘くした: ～ wine. **2** (蜜のように)甘ったるい (sweet); お世辞たらたらの: ～ words. **～·ly** *adv.* 〘《*c*1380》 *honyede*: ⇨ -ed 2〙

hóney·fùg·gle /-fʌ̀gl̩/ *vt.* 《米口語》 **1** だます (cajole). **2** だまし取る. 〘cf. 《方言》*fugel* to cheat〙

hóney fùngus *n.* 《植物》= honey mushroom.

hóney guìde *n.* **1** 《鳥類》ミツオシエ (アフリカ・インド産のミツオシエ科の鳥の総称; 人や動物をミツバチの巣のありかに案内する; ノドグロミツオシエ (*Indicator indicator*) など). **2** 虫媒花の花弁に蜜線(みつせん)の存在を知らせるような色の違う点や線. 〘1777〙

hóney·lìpped *adj.* = honeymouthed.

hóney lòcust *n.* 《植物》 **1 a** アメリカサイカチ (*Gleditsia triacanthos*) (北米原産のマメ科の落葉高木, 幹または枝上に枝の変形した分岐刺があり, 緑色がかった花をつけ, マメ状の種子・甘い果肉の入った大きいさやをもつ). **b** アメリカサイカチ材 (赤褐色をしていて堅くて丈夫). **2** ニセアカシア (locust). **3** モモイロニセアカシア (clammy locust). 〘1743〙

hóney mesquìte *n.* 《植物》= mesquite.

hóney·mòon /hʌ́nimùːn/ *n.* **1** 蜜月(みつげつ), ハネムーン (新婚夫婦が結婚直後に休暇や旅行を楽しむ期間; 以前は新婚後の一か月をいった); 蜜月[新婚]旅行: a second ～ 第二のハネムーン (新婚のときのハネムーンに似た既婚夫婦の休暇や旅行) / be [go] on a ～ ハネムーンを過ごす[に出る]. **2** (政治や企業で, 対立する二者間に結ばれた協調関係の) 平穏な初めの期間, 「蜜月期間」〔*between, of*〕. — *vi.* (旅行先で)ハネムーンを過ごす, 〔...に〕新婚旅行をする 〔*at, in*〕: ～ in Hawaii. **～·er** *n.* 〘《1546》← HONEY + MOON: 戯言的造語で愛情の絶頂を満月にたとえすぐに欠けていくことにかけたもの; 後に *month* と連想された: cf. ON *hjūnōttsmānaþr* 《原義》wedding-night month〙

hóneymoon pèriod *n.* 蜜月(みつげつ); 蜜月期間.

hóney mòuse *n.* 《動物》フクロミツスイ (*Tarsipes spenserae*) (オーストラリア産のクスクス科 (*Phalangeridae*) の小動物; 長い舌で蜂蜜(はちみつ)と花蜜を常食にする; honey phalanger, honey possum ともいう).

hóney·móuthed *adj.* 口のうまい, 甘言の; 口先だけの. 〘1539〙

hóney mùshroom *n.* 《植物》ナラタケ (*Armillaria mellea*) (立木の根元に群生する普通の食用菌; 木の根を枯らす害菌でもあり, 蜂蜜(はちみつ)色の子実体を生じ, その根元に黒い根状の菌糸束ができる; honey fungus ともいう).

hóney·pàrrot *n.* 《鳥類》= lorikeet.

hóney phalànger *n.* 《動物》= honey mouse.

hóney plànt *n.* = bee plant.

hóney pòssum *n.* 《動物》= honey mouse.

hóney·pòt *n.* **1** 蜂蜜貯蔵用のかめ. **2** 魅力に富むもの[人]. **3 a** [*pl.*] 一種の子供の遊戯 (両手を尻の下に組んで座らせた子供 (honeypot) を他の者たちがそのわきの下を取っ手代わりにつかんで振り, 組んだ手を離させようとする). **b** 尻の下で両手を組んだ姿勢. **4** 《昆虫》= honeypot ant. **5** マルハナバチなどが蜜をためるために作る入れ物. 〘?*c*1475〙

hóneypot ànt *n.* 《昆虫》ミツアリ (⇨ honey ant). 〘1927〙

hóney sàc *n.* 《昆虫》= honey bag.

hóney·sùcker *n.* **1** 《鳥類》= honey eater. **2** 《動物》= honey mouse. 〘《1772–84》: ⇨ ↓, sucker〙

hóney·sùck·le /-sʌ̀kl̩/ *n.* 《植物》 **1** スイカズラ (スイカズラ科スイカズラ属 (*Lonicera*) のつる性の低木の総称; Tartarian honeysuckle など). **2** スイカズラに似たにおいのある植物の総称 (シャクナゲ (rhododendron)・オダマキ (*Aquilegia flabellata*) など). **3** = banksia. 〘(*a*1300) *hunisuccle* ← *honisouke* < OE *huniġsūce* ← *huniġ* 'HONEY' + *sūcan* 'to SUCK': ⇨ -le¹〙

honeysuckle 1
(*Lonicera* sp.)

hóneysuckle òrnament *n.* = anthemion.

hóney-swèet *adj.* 蜜(みつ)のように甘い. 〘lateOE *huniġ-swēte*: ⇨ honey, sweet〙

Hóney Tángerine *n.* ハニータンジェリン (タンジェリンとオレンジを交配した果物; Murcott ともいう).

hóney-tóngued *adj.* 弁舌の巧みな, 能弁な (eloquent); うまいことを言う (smooth-tongued). 〘1594–95〙

hóney tùbe *n.* 《昆虫》蜜管(みっかん) (腹部, 背面, 末端の直線または亜直線の小管; cf. cornicle).

hóney wàgon *n.* 肥(こえ)取車; 戸外用携帯トイレ.

hóney·wòrt *n.* 《植物》ヨーロッパ産ムラサキ科キバナルリソウ属の植物 (*Cerinthe retorta*) (蜜源植物として作られる). 〘1597〙

hong /hɑ́(ː)ŋ, hɔ́(ː)ŋ | hɔ́ŋ; *Cant.* hɔ́ːŋ/ *n.* **1** (中国・日本の)商館, (外国貿易の)...洋行. **2** (中国の)工場, 倉庫. 〘《1726》 ◻ Cant. *hong* (行)〙

Hong /hɔ́(ː)ŋ, hɑ́(ː)ŋ | hɔ́ŋ; *Viet.* hɔ̣ŋm/ *n.* [the ～] ホン(川) (紅河 (Red River) のベトナム語名; ベトナム北部を流れ Tonkin 湾に注ぐ; Song Hong ともいう).

hong·i /hɑ́(ː)ŋi | hɔ́ŋi/ *n.* 《NZ》〈マオリ族が〉互いに鼻を押しつけあう挨拶. 〘《1793》 ◻ Maori ～〙

Hong Kong /hɑ́(ː)ŋkɑ̀(ː)ŋ, hɔ́(ː)ŋkɔ̀(ː)ŋ, ←⌐ | hɔ̀ŋkɔ́ŋ←; *Cant.* hœ̀ŋkɔ́ŋ/ *n.* (*also* **Hong·kong** /～/) **1** 香港(ホンコン)(中国南東部にある英国の直轄旧植民地; 1997 年中国に返還された; 九竜半島南部, 香港島および周辺諸島を含む; 面積 1,046 km², 主都 Victoria (香港島にあるが, 通例単に Hong Kong という; 中国語名 Xiānggǎng). **2** 香港島 (面積 75 km²).

Hóng Kòng flú *n.* 《病理》香港かぜ. 〘《1968》: そのウイルスが香港で最初に発見されたことから〙

Hong·shui He /hɑ̀ŋʃwéɪ; *Chin.* xúŋʂuìxɤ̌/ *n.* [the ～] 紅水河(ホンシュイ ホー) (中国, 広西チワン族自治区中西部の川 (1,287 km)).

Hong·wu /hɑ̀ŋwúː; *Chin.* xúŋǔ/ *n.* 洪武(こうぶ)帝 (1328–98; 明の初代皇帝 (1368–98); 姓名は朱元璋 (Zhu Yuanzhang)).

Hong·ze Hu /hʊ́ŋzəːhúː; *Chin.* xúŋtsɤ́xú/ *n.* 洪沢湖(ホンツォー フー) (中国江蘇省 (Jiangsu) 西部, 南京北方の淡水湖; 面積 1,960 km²).

Ho·ni·a·ra /hòuniɑ́ːrə | hɒ̀u-/ *n.* ホニアラ (ソロモン諸島の首都; Guadalcanal 島北部にある).

hon·ied /hʌ́nid/ *adj.* = honeyed.

ho·ni soit qui mal y pense /ɑ̀(ː)niswɑ̀ːkimɑ̀ː-lipɑ̃́ːns, -pɑ́ːns | ɔ̀niswɑ̀ːkimɑ̀ːl-; *F.* ɔniswakimalipɑ̃ːs/ *F.* 思い邪(よこしま)なる者に災いあれ (shamed be he who thinks evil of it) (ガーター勲章 (the Order of the Garter) の標語). 〘?*c*1390〙

Hon·i·ton /hɑ́(ː)nɪ̥tn̩, hʌ́n- | hɔ́n-, hʌ́n-/ *n.* ホニトンレース (Honiton 原産の bobbin lace の総称; 花・葉などのモチーフを網レースに縫いつけたり厚手のモチーフを針でつないだレース; Honiton lace ともいう). 〘《1831》← *Honiton* (英国 Devonshire 州の町名)〙

honk /háːŋk, hɔ́(ː)ŋk | hɔ́ŋk/ *n.* **1** 雁(がん)[あひる]の鳴き声. **2** (自転車・自動車の)らっぱ式警笛の音. — *vi.* **1** 〈雁・あひるが〉鳴く. **2** 警笛を鳴らす. **3** 《英俗》げろを吐く. — *vt.* 〈警笛を〉鳴らす: ~ one's horn. **~·er** *n.* 〖(1835): 擬音語〗

hon·kie /háːŋki, hɔ́(ː)ŋ- | hɔ́ŋ-/ *n.* (*also* **hon·ky, honkey** /~/) 《米俗》[通例軽蔑的に] 白人 (white man). 〖(1967) 《変形》 ← ? *Hunky*〗

honk·y-tonk /háːŋkitàːŋk, hɔ́(ː)ŋkitɔ̀(ː)ŋk | hɔ́ŋkitɔ̀ŋk/ *n.* 《口語》 **1** 安居酒屋, 飲み屋, 安キャバレー. **2** (安キャバレーなどで演奏される)ラグタイム (ragtime). **3** カントリーミュージックの一種《通例エレキバンドで演奏される》. — *adj.* [限定的] **1** 安キャバレー風の, 場末の; 安っぽい: a ~ piano 調子外れのピアノ. **2** ホンキートンク調の《ラグタイムによるピアノ奏法で 2/4 または 4/4 拍子の低音の固執リズムが特色; わざと安っぽい音を出すピアノを用いる; cf. ricky-tick》. — *vi.* 《俗》 安キャバレー[居酒屋]を飲み歩く. 〖(1894) ← ?〗

hon·nête homme /ɔ(ː)nɛ́tɔ́(ː)m | ɔnɛtɔ́m; *F.* ɔnɛtɔm/ *F. n.* 正直で礼儀正しい人, 紳士. 〖(1666) ☐ F ~ 'honest man'〗

Hon·o·lu·lu /hɑ̀(ː)nəlúːluː, -nl- | hɔ̀nəl-, -nl-/ *n.* ホノルル《米国 Hawaii 州の州都で Oahu 島の海港》. **Hòn·o·lú·lan** /-lən/ *n.* 〖← Hawaiian ~《原義》 sheltered bay〗

H

hon·or, (英) **hon·our** /ɑ́(ː)nə | ɔ́nə(r)/ *n.* **1 a** 名誉, 面目, 名声, 信用 (credit) (⇨ honesty SYN); (決闘に訴えても守るべき)男子の面目, 体面: military ~ 武勇の誉れ (cf. 6 a) / knightly ~ 武士の面目 / business ~ 商売上の信用 / die with ~ on the battlefield 名誉の戦死を遂げる / give one's word of ~ 名誉にかけて約束する, 誓約する / on [upon] one's (word of) ~ 名誉にかけて, 誓って (cf. *be on* [*upon*] *one's* HONOR) / pledge one's ~ 名誉にかけて誓う / put a person on his ~ 名誉にかけて誓約させる[行動させる] / save [stain] one's ~ 体面を保つ[汚す] / an affair of ~ = affair d'honneur / *Honor* is satisfied. (決闘をするか謝罪を受けるかして)面目が立った / ⇨ *a* CODE *of honor, a* DEBT *of honor, a* POINT *of honor*. **b** (地位の高い人などの交際・好意を受ける)特権, 光栄 (privilege): I have the ~ to inform you that ... 慎んで申し上げますが… / May I have the ~ of your company at dinner [of the next dance]? 晩餐(ばんさん)会にご臨席の光栄を得たいと存じます[次のダンスを踊っていただけますか] / ⇨ *a* GUEST *of honor*.

2 a 名誉[面目, 信用]を重んじる心, 廉恥心, 自尊心, 節操 (high-mindedness); (名誉にかけてする)約束: a sense of ~ 名誉を重んじる心, 廉恥心 / a man of ~ 信義を重んじる人 / commercial ~ 商業道徳 / ⇨ COURT of honor / play one's part with ~ 立派に本分を尽くす (cf. 3) / I am [feel] bound in ~ [(in) ~ bound] to refuse. 徳義上拒絶しなければならない / There is ~ among thieves. 泥棒の間にも仁義がある. **b** (女性の)貞節, 淑徳 (chastity): womanly ~ 貞節.

3 尊敬, 敬意 (respect, esteem): pay [give] ~ to the king [law] 国王を尊敬する[国法を尊重する] / show ~ to one's parents 両親を敬う / receive a person with ~ 礼をもって人を迎える (cf. 2 a) / hold a person in ~ 人を尊敬する / ⇨ GUARD *of honor*, MAID *of honor*.

4 名誉[光栄]となるもの[人], 誉れとなるもの[人]: It's a great ~ (for me) to have been invited to address you. 皆様の前でお話しするようお招きいただきましてたいへん光栄です / I deem it a great ~ to accept your invitation. ご招待をお受けすることを無上の光栄と存じます / I take your visit as a great ~. ご来訪を身に余る光栄と存じます / He is an ~ *to* his family [school, nation, profession]. 彼は一家[学校, 国家, 同業者]の誉れである.

5 a 栄誉のしるし, 栄典, 叙爵, 叙勲; 名誉章, 勲章: ⇨ birthday honours, New Year honours / the (Congressional) Medal of *Honor* ⇨ congressional / wear all one's ~s 勲章を全部身に着ける. **b** (競技で得る)褒賞.

6 a [*pl.*] 儀礼, 礼遇: funeral [last] ~*s* 葬式 / render the last ~*s* 葬式を行う[に参列する] / (full) military ~*s* 軍葬の礼; 王族[高官など]に対する軍隊の礼. **b** [*pl.*] (主人役による)社交上の儀礼: do the ~*s* (of the table, one's house, the town) (食卓, 家, 町の)主人[接待]役を務める. **c** 《古》 敬礼.

7 [His [Her, Your] H- で; 判事・《米》市長に対する, また田舎言葉や《アイル》で一般に高位の人に対する敬称として] 閣下: *Your* [*His*] *Honor* the Mayor 市長閣下.

8 [*pl.*] **a** (大学で特別コースの試験に合格して得る)優等(の学位): pass with ~*s* in biology 生物学を優等でパスする / graduate with ~*s* 優等で卒業する / take ~*s* in English 英語で優等卒業の学位を得る. **b** [単数扱い] (優秀な学生を対象にする)特別優等課程[試験].

9 《ゴルフ》オナー《tee からの打出しの優先権》. **10** 《トランプ》 **a** =honor card. **b** [*pl.*] オナーズ《ブリッジの手段で, 切札になったスーツ (suit) の最高位札 (honor card) 5 枚; no trump の場合は各スーツの ace 4 枚; いずれの場合も同一ハンド中にあれば 100 または 150 点のボーナスがつく; (ホイストで) 切札にしたスーツの)絵札 4 枚. **11** 《歴史》(多くの荘園を含む)大領地. **12** 《紋章》=honor point.

be on [***upòn***] ***one's hónor*** 名誉にかけて…しなければならない 〈*to do*〉: You *are on your* ~ not to cheat in the examination. 名誉にかけても試験で不正行為のないようにしなければならない. ***be to a person's hónor*** 人の名誉である: It *was* greatly *to his* ~ that he spoke in favor of the defendant. 被告人を弁護したことで彼は大いに男を揚げた. ***dò hónor to a person*** = ***dò a person the hónor*** (***of dóing***) (1) 〈人の〉名誉となる, …に面目をほどこす. (2) 〈人〉に敬意を表する. 《c1320》 ***dò the hónors*** (パーティー・食卓で)主人役を務める. 《1715》 ***Hónors*** (***are***) ***éven*** [***éasy***]. (1) 《トランプ》(ホイストで)絵札[(ブリッジで) 最高位の札]が平等に行き渡っている. (2) 互角の形勢だ, 五分五分だ. 《1927》 ***in hónor of*** …の記念に, …に敬意を表して, …を祝して: a ceremony held *in* ~ *of* the fallen 戦死者のために行われる追悼式 / *in* ~ *of* the event その事を記念して / give a dinner *in* ~ *of* a person 人のために晩餐会を催す. ***lóse one's hónor*** (1) 名誉を失う. (2) 貞節[純潔]を失う.

hónors of wár [the —] 《軍事》 降伏軍に与える特典《武装のまま太鼓を鳴らし軍旗を掲げて退去することを許すなど》. 《1813》

pláce [**séat**] **of hónor** [the —] 貴賓席.

— *adj.* [限定的] 名誉に関する: ⇨ honor roll.

— *vt.* **1** …に名誉を与える, 栄誉をたまう, 叙爵[叙勲]する; …に(…の)光栄を与える 〔*with*〕; 礼遇する: feel highly ~*ed* by …を大いに光栄と感じる / ~ a person *with* a knighthood 人をナイトの爵位に叙する / Such a custom is more ~*ed* in the breach than in the observance. このような習慣は守るより破ったほうが名誉になる (cf. Shak., *Hamlet* 1. 4. 16) / ~ a person [house] *with* a visit 敬意を表して人[家]を訪問する, 表敬訪問をする / Would you please ~ us by sharing our dinner tonight? 今夜粗餐を差し上げたいと存じますがおいでいただけますか / I'm [I feel] ~*ed that* you should have asked me [*to* be asked] to speak. 発言を求められて光栄である. **2 a** 大いに尊敬する, 尊重する, 尊ぶ (revere) (⇨ regard SYN): ~ one's parents, superiors, etc. **b** 〈神を〉礼拝する (adore, worship). **3** (スクエアダンスで)〈パートナー〉にお辞儀をする. **4** 慎んで受ける, 拝受[拝領, 拝承]する: ~ an invitation. **5** 〈約束・協定を〉守る, 履行する. **6** 《商業》〈手形を〉引き受けて(期日に)支払う: ~ a bill, check, etc. **7** (クレジットカードなどを)有効と認める.

~·less *adj.* 〖n.: (?a1200) ☐ OF *honur, honor* (F *honneur*) < L *honōrem*, (nom.) *honor, honōs* repute, beauty ← ?. — v.: (c1250) *honoure*(*n*) ☐ OF *honourer* (F *honorer*) < L *honōrāre* ← honor〗

SYN 尊敬: **honor, respect**「尊敬」の意を表す最も一般的な語: We received him with *honor* [*respect*]. 敬意をもって彼を迎えた. **esteem** 愛着を伴った尊敬の念《格式ばった語》: He gained everyone's *esteem*. 彼は誰からも敬愛された. **homage** 賛辞を伴う敬意: pay *homage* to a person 人に賛辞を捧げる. **reverence** 人や物に対する深い愛情を伴った尊敬の念: The bishop was held in *reverence* by all. 司教は皆から敬われた. **deference** 年上の人や上司に対して示す丁重なふるまい《格式ばった語》: He always treats his grandmother with *deference*. いつも祖母を丁重に扱う. **obeisance** (身振りによって)敬意と服従の念を表すこと《格式ばった語》: People assembled to pay the conqueror their *obeisance*. 人々は征服者に恭順の意を表すために集まった.
ANT contempt, disdain, scorn.

Hon·or /ɑ́(ː)nə | ɔ́nə(r)/ *n.* オナー: **1** 女性名. **2** 男性名. 〖☐ L ~ (↑)〗

Ho·no·ra /hounɔ́ːrə | hə(ʊ)-, hɔ-/ *n.* ホノーラ《女性名》. 〖《変形》 ← HONORIA〗

hon·or·a·ble, (英) **hon·our·a·ble** /ɑ́(ː)n(ə)rəbl̩, ɑ́(ː)nəbl̩ | ɔ́n(ə)rəbl̩/ *adj.* **1 a** 尊敬されるべき, 名誉に値する; 立派な, あっぱれな (↔ dishonorable, despicable): ~ conduct [behavior] 立派な行為. **b** 志操の正しい, 高潔な (⇨ upright SYN); 卑劣でない: Brutus is an ~ man. ブルータスは高潔な人だ (Shak., *Caesar* 3. 2. 87) / His intentions are ~. = He has ~ intentions (⇨ intention 2). **2 a** 誉れ[名誉]となる (creditable); 名誉をもたらす[伴う]: an ~ burial 栄誉の埋葬式 / an ~ wound 名誉の負傷. **b** 名誉を傷つけない, 恥ずかしくない: conclude an ~ peace 恥ずかしくない講和をする. **3** 名誉[光栄]ある, 高名な, 高貴な (illustrious); 顕要の (distinguished): an ~ duty 栄職 / win ~ distinctions 名誉の勲功をたてる. **4** [H-; 英国では伯爵の次男以下の子息, 子爵・男爵の子女・女官・高等法院判事・植民地の行政官などに対する敬称; 米国では国会議員・州会議員・閣員・判事などに対する敬称として] 閣下, 様, 先生 (略 Hon-ble., Hon.): *the Hon.* Mr. Justice Smith / *the Honourable* gentleman [lady, member] = my *Honourable* friend 英国下院議員が議場で他の議員を[に]いうときの呼び方 (cf. gallant 1) / *the* Most *Honourable* 侯爵および集合的に Bath 勲位者・枢密顧問官に対する敬称 / *the* Right *Honourable* 伯爵以下の貴族, 枢密顧問官, London [York, Belfast] 市長および Lord Justice, Lord of Appeal, Lord Provost of Edinburgh [Glasgow] などに用いる敬称 / *the* Right *Honourable* the Earl of Derby. — *n.* **1** 'Honorable' の敬称のつく身分の人. **2** 高貴な人. **~·ness** *n.* **hon·or·a·bil·i·ty** /ɑ̀(ː)n(ə)rəbíləṭi, ɑ̀(ː)nəbíl- | ɔ̀n(ə)rəbíl³ti/ *n.* 〖(a1338) ☐ (O)F ~ ☐ L *honōrābilis* that which procures honour ← *honor*: ⇨ honor, -able〗

hónorable díscharge *n.* 《米》《軍事》 **1** 無事故除隊, 名誉除隊《勤務を立派に果たした場合の除隊》. **2** 無事故[名誉]除隊証明書 (cf. dishonorable discharge).

hónorable méntion *n.* (展示会などの)選外佳作; (競技の)等外賞. 〖1866〗

hónorable órdinary *n.* 《紋章》主オーディナリー (⇨ ordinary 8).

hon·or·a·bly /ɑ́(ː)n(ə)rəbli, ɑ́(ː)nəbli | ɔ́n(ə)rə-/ *adv.* 見事に, 立派に, 尊敬されるように. 〖(c1303): ⇨ honorable, -ly¹〗

hon·or·and /ɑ́(ː)nərænd | ɔ́n-/ *n.* 名誉学位の受領者. 〖(1950) ☐ L *honōrandus* (ger.) ← *honōrāre* 'to HONOR'〗

hon·o·rar·i·um /ɑ̀(ː)nəréᵊriəm | ɔ̀nəréər-, -rɑ́ːr-/ *n.* (*pl.* **-i·a** /-riə/, **~s**) (強要できない, また金額の一定していない)謝礼, 報酬金 (fee). 〖(1658) ☐ L *honōrārium* (*dōnum*) honorary (gift) (neut.) ← *honōrārius* (↓)〗

hon·or·ar·y /ɑ́(ː)nərèri | ɔ́n(ə)rəri/ *adj.* **1 a** 名誉上の; (報酬を伴わない)名誉的性質[名誉職]の (unpaid) (cf. financial 2), 名誉職にある: an ~ title 名誉称号 / an ~ consul [secretary] 名誉領事[書記]《無俸給で, 事務に対する手当だけ受ける》/ an ~ degree 名誉学位 / an ~ member [office] 名誉会員[職]. **b** 名誉を表彰する, 名誉のしるしの (commemorative): an ~ monument 名誉表彰記念碑. **c** 学問的業績を認める. **2** (その人の)名誉心による, (法律で強制することのできない)徳義上の: ~ debts [obligations] 賭博の上での借金. — *n.* **1** 名誉職[学位](を持つ人). **2** 《古》=honorarium. **hon·or·ar·i·ly** /ɑ̀(ː)nərérəli, ——— | ɔ́n(ə)rər³li/ *adv.* 〖(1610) ☐ L *honōrārius*: ⇨ honor, -ary〗

hónorary cánon *n.* (大聖堂所属の)名誉参事会員.

hónor bríght *int.* 《英俗》 **1** 誓って; 間違いなく(やれ), きっと(だぞ). **2** [疑問文に用いて] 大丈夫だね. 〖1819〗

hónor cárd *n.* 《トランプ》オナーカード, 役札: **a** (ブリッジで)各スーツ (suit) の最高位札 5 枚 (上から ace, king, queen, jack, ten) のうちの一枚《単に honor ともいう》. **b** (ホイストで) 10 を除く上記 4 枚のうちの 1 枚; それが切札の場合は得点に加算される. 〖1936〗

Ho·no·ré /ɔ̀(ː)nouréɪ, ɑ̀(ː)n- | ɔ̀nə(ʊ)-; *F.* ɔnɔʀe/ *F. n.* オノレ《男性名》. 〖☐ F ~ ← *honoré* honored〗

hon·or·ee /ɑ̀(ː)nəríː | ɔ̀n-/ *n.* 《米》受賞[受勲]者. 〖← HONOR+-EE¹〗

hón·or·er /-nərə | -rə(r)/ *n.* 誉れを与える人, 礼遇する人. 〖(a1340): ⇨ honor, -er¹〗

hónor guàrd *n.* =GUARD of honor.

Ho·no·ri·a /hounɔ́ːriə | hə(ʊ)-, hɔ-/ *n.* ホノーリア《女性名》. 〖☐ L *Honōria* 《原義》 woman of reputation (fem.) ← *Honōrius* ← *honōs* 'HONOR'〗

hon·or·if·ic /ɑ̀(ː)nərífɪk | ɔ̀n-⁻/ *adj.* **1 a** 敬称の, 尊称的な; 敬語の: ~ titles 敬称 / a ~ word 敬語 / add the ~ 'O' to nouns. 名詞に敬語の「お」をつける. **b** 〈行為など〉敬意を表する, 形式的な. **2** 名誉を与える[伝える]. — *n.* **1** 敬称 (Doctor, Professor, Rev. など). **2** (中国語・日本語などの)敬称語句, 敬語. 〖(1650) ☐ L *honōrificus* ← *honōri-*, *honor* 'HONOR': ⇨ -fic〗

hon·or·i·fi·ca·bil·i·tu·din·i·ty /hɑ(ː)nɔ̀ːrəfɪ̀kəbìlɪ̀tuːdínəṭi, -tjuː- | hɔnɔ̀ːr³fɪkəbìl³tjuːdín³ti/ *n. pl.* 名誉ある状態《Shak., *Love's L L* 5. 1. 41 で -*tatibus* (abl. pl.) の形で最も長い言葉として用いられている》. 〖(1594–95) ☐ ML ← *honōrificābilitūdinitās* ← *honōrificābilitūdō* honourableness〗

hòn·or·íf·i·cal /-fɪ̀kəl, -kl̩ | -fɪ-⁻/ *adj.* =honorific. **~·ly** *adv.* 〖1656〗

ho·no·ris cau·sa /ɑ(ː)nɔ́ːrɪ̀skɔ́ːzə, -kɑ́ː-, -káusɑː | ɔnɔ́ːrɪskáuzɑː/ *L. adv., adj.* 名誉の(ために)《特に試験なしで授けられる学位に用いる》: the degree of Doctor of Laws ~ 名誉法学博士号. 〖(1611) ☐ L *honōris causā* for the sake of honor〗

Honorius, Flavius /fléɪviəs/ *n.* ホノリウス《384–423; 西ローマ帝国初代の皇帝 (395–423)》.

Ho·no·ri·us I /hounɔ́ːriəs-, hə- | hə(ʊ)-, hɔ-/ *n.* ホノリウス[オノリオ]一世《?–638; イタリアの貴族出身の聖職者; 教皇 (625–38); アングロサクソン人のキリスト教化に尽力》. 〖☐ L *Honōrius* 《原義》 man of reputation ← *honōs* 'HONOR'〗

hónor pòint *n.* 《紋章》(盾(たて)の)中心部と上部との中間の点. 〖1610〗

hónor prògram *n.* 《米大学》オナープログラム《一定の成績以上の学生が履修できるカリキュラム; honors program ともいう》.

hónor ròll *n.* **1** 優等生名簿 (《英》roll of honour). **2** 栄誉名簿《満期除隊者・戦死者名を名誉ある市民として記念堂や公の場所に記した名簿》. 〖1909〗

hónors lìst *n.* 優等生名簿; 栄誉名簿 (cf. honours list). 〖1849〗

hónor socìety *n.* 《教育》(大学・高校の)名誉学生団体《学業成績優秀者およびクラブ活動で功績のあった者だけが入団できる団体》.

hónor stùdent *n.* 《米大学》(honor program に入っている)成績優秀学生 (honors student ともいう).

hónor sỳstem *n.* **1** 無監督制度《監督を受けずに学生や囚人が自発的に規制を守るようにした制度》. **2** 無監督試験制度《特に, 学校で生徒の名誉心に訴えて監督者なしで試験を行う制度》. 〖1904〗

hónor trìck *n.* 《トランプ》(ブリッジやホイストで)勝つ見込みの高い honor card や honor cards の組合わせで, 特に防御にまわった際の手札の強さを評価する目安となる単位 (quick trick, defensive trick ともいう). 〖1931〗

honour *n., vt., adj.* 《英》=honor.

honourable *adj.* 《英》=honorable.

Hónour Moderàtions *n. pl.* 《英》=moderation 2.

hónour schòol *n.* 《英》(オックスフォード大学における)優等コース. 〖1902〗

hónours còurse *n.* 《英大学》優等卒業学位コース.

hónours degrèe *n.* 《英大学》優等卒業学位 (cf. pass degree). 〖1851〗

hónours lìst *n.* 《英》国王の誕生日・新年などに発表される叙爵・叙勲などの人名表 (cf. birthday honours, New-Year honours). 〖1849〗

Hons 《略》《英》honours.

Hon. Sec. 《略》 Honorary Secretary.

hon·yo(c)k /hɑ́(ː)njɑ(ː)k | hɔ́njɔk/ *n.* (*also* **hon·yock·er** /-kə | -kə(r)/) =hunyak.

hoo /huː/ *int.* おーい《さまざまな感情を表したり, 注意を引くときの呼びかけ》. 〚(1606-07): 擬音語〛

hooch[1] /húːtʃ/ *n.* 《米・カナダ口語》酒; 《特に》密売酒, 密造酒. 〚(1897)《略》← N-Am.-Ind. *hoochinoo* (Tlingit 辺に住む北米インディアンの種族 Hoochinoo (← Hutsnuwu) が造った地酒)〛

hooch[2] /húːtʃ/ *n.* =hootch. 〚(1960)《変形》← Jpn. 家(うち)〛

Hooch /húːtʃ, hóu | húːtʃ, hə́u; *Du.* hóːx/ (*also* **Hoogh** /hóu | hə́u; *Du.* hóːx/), **Pieter de** *n.* ホーホ《1629–84; オランダの風俗画家》.

hooch·ie-cooch·ie /húːtʃikúːtʃi/ *n.* =cooch[1].

hood[1] /húd/ *n.* **1 a** フード《頭と首を覆うずきん; マントや外套に取り付けてあることが多い》. **b** 僧帽《僧服の背にたれている頭巾状の覆い; cf. cowl[1] 1 b》. **2 a** フードに似たもの. **b** 《学位の表章としての》大学式服 (gown) の背にたれる布《ずきんを長く引き伸ばしたような形, 大学によってそれぞれ色が異なる》. **c** 《鷹・馬の》頭覆い. **d** 《コブラの扁平に広げた頸部(けいぶ)の》ずきん. **e** 《英》《馬車・自動車・乳母車などの》幌(ほろ); 《米・カナダ》《自動車の》ボンネット (《英》 bonnet; ⇨ car 挿絵). **f** 煙突の笠(かさ), 集風器 (cowl); 《台所の》煙出し. **g** 炉のひさし. **h** 《タイプライター・発動機などの》覆い. **i** 《電灯の》笠. **j** 《ミツバチの巣箱の》ふた. **k** 《砲塔の》天蓋(てんがい). **l** 《カメラのレンズに余計な光線の入るのを防ぐ》フード《lens hood ともいう》. **m** 《鳥の》冠毛, 《鶏の》とさか. **3** 《動物》ズキンアザラシ (⇨ bladdernose). **4** 《海事》《昇降口・天窓の》覆い, ふた.
— *vt.* **1** フード(状の物)で覆う, …に笠を付ける. **2** 覆い隠す; 《特に》〈目・まぶたを〉なかば閉じる.
〚OE *hōd* < (WGmc) **χōdaz* (Du. *hoed* / G *Hut* hat) ← IE **kādh-* to shelter: cf. hat, heed〛

hood[2] /húd, húːd | húd/ *n.* 《俗》 =hoodlum. 〚(1930)《略》〛

hood[3] /húd/ *n.* [the ~] 《口》近所, 居住地域 (neighborhood). 〚(*c*1975)《省略》← (NEIGHBOUR)HOOD〛

Hood /húd/, **John Bell** *n.* フッド《1831–79; 米国の南北戦争当時の南軍の将軍》.

Hood /húd/, **Mount** *n.* フッド山《米国 Oregon 州北西部 Cascade 山脈中の火山 (3,424 m)》.

Hood, Robin *n.* ⇨ Robin Hood.

Hood, Samuel *n.* フッド《1724–1816; 英国の提督; 称号 1st Viscount Hood》.

Hood, Thomas *n.* フッド《1799–1845; 英国の詩人・ユーモリスト; *The Dream of Eugene Aram* (1829), *The Song of the Shirt* (1843)》.

-hood /hùd/ *suf.* 次の意味を表す名詞を造る (cf. -ship, -cy): **1** 主に人・生物の名前に付いて性質・状態・階級・身分・境遇などを表す: king*hood*, man*hood*, saint*hood*; duck*hood*, puppy*hood*. **2** 期間・時代を表す: child*hood*, widow*hood*. **3** まれに形容詞に付いて状態を表す: false*hood*, likeli*hood*. **4** ある状態・性質などを共有する集団・集合体を表す: brother*hood*, neighbor*hood*.
〚OE *-hād* (cog. G *-heit*) ← OE *hād* rank, condition, character < Gmc **χaiðuz* (OHG *heit* / ON *heiðr*) ← IE **(s)kai-* bright: cf. -head〛

Hóod Canál /húd-/ *n.* フッド入江《米国 Washington 州西部 Puget 湾の入り海 (129 km)》.

hood·ed /húdɪ̀d | -dɪ̀d/ *adj.* **1** フードをかぶっている; 覆い隠した, 〈目が〉なかば閉じた: ~ eyes. **2** フードのある; 幌(ほろ)のついた. **3** 《植物》僧帽状の (cucullate). **4** 《動物》〈鳥など〉ずきん状の羽毛[色彩]のある, 冠毛[冠頂]のある; 〈コブラが〉ずきんのある《怒ると扁平に広げられる首の部分をいう》.
~·ness *n.* 〚(1422) ← HOOD[1]＋-ED 2〛

hóoded crów *n.* 《鳥類》ズキンガラス (*Corvus corone cornix*) 《ヨーロッパ産の背・腹が灰白色のハシブトガラスの亜種》. 〚1500–20〛

hóoded gúll *n.* 《鳥類》=black-headed gull.

hóoded séal *n.* 《動物》=bladdernose.

hóoded tóp *n.* 《たんす・戸棚などの頂部の》アーチ型の天蓋(てんがい) (bonnet top).

hóoded wárbler *n.* 《鳥類》アメリカムシクイ科の鳥の一種 (*Wilsonia citrina*) 《米国産, 頭・首・胸などは黒, 腹は黄色の鳥》.

hood·ie /húdi | -di/ *n.* 《スコット》《鳥類》 =hooded crow. 〚(1789) ← HOOD[1]＋-IE〛

hóodie crów *n.* 《スコット》《鳥類》 =hooded crow.

hóod·less *adj.* フードなしの; フードのない. 〚(1369): ⇨ -less〛

hóod·like *adj.* hood[1] のような. 〚1861〛

hood·lum /húːdləm, húd-/ *n.* 《口語》 **1** 不良青年, よたもの, ちんぴら (hooligan). **2** ギャング (gangster), ゆすり (racketeer), 暴力団員; 《特にギャングの》ガンマン, 悪漢, 用心棒. **~·ish** /-mɪʃ/ *adj.* 〚(1871)《逆つづり変形》← *Muldoon* (1870–72 年ごろサンフランシスコで, 中国人を襲うために雇われた暴力団の首領の名): cf. G 《スイス方言》 *Hudilump* wretch〛

hóod·lum·ism /-mɪzm/ *n.* 非行(のあり方). 〚(1872): ⇨ ↑, -ism〛

hóod·man /-mən/ *n.* (*pl.* **-men** /-mən/) 《廃》 (hoodman-blind の)目隠しされた人, 鬼. 〚1602–03〛

hóodman-blínd *n.* 《英古》目隠し遊び (blindman's buff). 〚1565–73〛

hóod·mòld *n.* 《建築》《扉や窓の上部の雨押さえ繰形(くりかた)》 (label, dripstone). 〚1842–76〛

hóod mòlding *n.* 《建築》 =hoodmold.

hoo·doo /húːduː/ *n.* (*pl.* **~s**) **1** 《北米インディアン・黒人の》迷信, まじない (voodoo). **2** 《米口語》 **a** 「けち」のつくもの, 不吉なもの[人], 縁起の悪いもの[人], 厄病神 (cf. mascot). **b** 不運 (bad luck). **3** 《地質》 **a** 《米西部・カナダに見られる》岩柱《特に浸食などによってできた奇形の》. **b** =earth pillar. — *vt.* 《米口語》〈人〉に不運をもたらす; …に魔法をかける. **~·ism** /~ɪzm/ *n.* 〚(1875)《変形》← VOODOO〛

hóod·wìnk *vt.* **1** 《口語》〈人〉の目をくらます, 欺く, だます (deceive). **2 a** 《古》〈馬の目〉に覆いをする; 〈人〉に目隠しする (blindfold). **b** 《まれ》隠す (cover, hide). — *n.* 目隠し(すること); 目隠し(の道具). **~·er** *n.* 〚(1562) ← HOOD[1] (n.)＋WINK[1]〛

hood·y /húdi | -di/ *n.* 《スコット》《鳥類》 =hoodie.

hoo·ey /húːi/ 《俗》 *int.* ばかな. — *n.* ばかな事 (nonsense). 〚(1924): 擬音語?〛

hoof /húf, húːf | húːf/ *n.* (*pl.* **hooves** /húvz, húːvz | húːvz/, **~s**) **1 a** ひづめ: a cloven ~ =cloven foot. ★ラテン語系形容詞: ungular. **b** 《ひづめをもつ動物の》足. **c** 《戯言》《人間の》足 (foot). **2** 《方言》有蹄(ゆうてい)類の動物. ***béat* [*pád*, *be upòn*] *the hóof*** 《戯言》歩く, てくる. ***on the hóof*** (1) 〈家畜が〉殺されないで, 屠殺前で. (2) 〈人が(まだ)ぴんぴんして (alive). (3) 《英・豪》移動[旅行, 歩行]中に; あまりよく考えずに, (何かをしながら)もののついでに. (*c*1645) ***sée a person's hóof in*** …に人の勢力[干渉]の跡を認める. ***ùnder the hóof*** (*of*) (…に)踏みにじられて (undertrodden), 虐げられて, 圧迫されて (oppressed). (1841)
— *vi.* 《口語》歩く; 《特に, リズミカルに》踊る (dance).
— *vt.* **1** [しばしば ~ *it* として] 《口語》歩く, てくる: We'll take a bus or ~ *it*. バスで行くか歩いて行くかどっちかにしよう. **2** ひづめで踏みつける[ける]. **3** 《俗》〈人を〉けり出す (kick) 〈*out*〉; 追い出す, 首にする (expel) 〈*out*〉.
~·less *adj.* **~·lìke** *adj.* 〚OE *hōf* < Gmc **χōfaz* (Du. *hoef*/G *Huf*/ON *hōfr*) ← IE **kap(h)o-* hoof〛

hóof-and-móuth disèase *n.* 《獣医》 =foot-and-mouth disease.

hóof·bèat *n.* ひづめの音[響き]. 〚1847〛

hóof·bòund *adj.* ひづめが干からびて縮んだ, 狭窄(きょうさく)症を病んで跛行を起こした. 〚1598〛

hoofed /húft, húːft | húːft/ *adj.* **1 a** 有蹄(ゆうてい)の (ungulate). **b** [しばしば複合語の第 2 構成素として] (…の)ひづめのある: broad-[flat-, solid-]*hoofed* ひづめの広い[平たい, 堅い]. **2** 〈靴が〉ひづめ状[形]の. 〚(1513): ⇨ -ed〛

hóof·er *n.* **1** 徒歩旅行者. **2** 《米俗》 (clog dance, tap dance の)ダンサー. 〚(1918): ⇨ -er[1]〛

hóof fòot *n.* 《家具の》ひづめ足, 鹿足《足の先が割れたひづめの形のもの; pied-de-biche ともいう》.

hóof·pàd *n.* ひづめ当て.

hóof·pìck *n.* 裏掘(うらほり), てっぴ《ひづめに食い込んだ石や汚物などをほじり取る道具; horse pick ともいう》. 〚1890〛

hóof·prìnt *n.* ひづめの跡. 〚1804〛

hóof rìng *n.* 《獣医》馬蹄輪 (⇨ coronary cushion).

hóof·ròt *n.* 《獣医》蹄叉腐爛(ていさふらん), 蹄炎《ひづめの腐る病気》. 〚1863〛

Hoo·ghly /húːgli/ *n.* [the ~] フーグリー(川)《インド北東部 Bengal 西部の川, Bengal 湾に注ぐ Ganges 川の分流 (250 km)》.

hoo-ha /húːhàː/ *n.* 《口語》 =hullabaloo. — *int.* こりゃーたまげた, なーるほど《わざと驚いてからかう》. 〚(1931): 擬音語〛

hook /húk/ *n.* **1 a** 《引っ掛けたり, 引っ掛けて引っ張るための先の曲がった》かぎ. **b** 留め金, ホック: ⇨ HOOK and eye. **c** 掛けくぎ, 自在かぎ (pothook): a hat [clothes] ~ 帽子[洋服]かけ. **d** =buttonhook. **e** 《公衆電話などの受話器を掛ける》手(の部分), フック. **2 a** 釣針: a fish ~. **b** わな (trap, snare). **3** 三日月形のかま: ⇨ billhook, reaping hook. **4 a** 川の屈曲部. **b** かぎ形に突き出た砂洲(さす); [主に地名に用いて] かぎ形の岬: Sandy *Hook*. **5 a** かぎ状のもの. **b** 《動植物の》かぎ形の器官, かぎ形の突起. **c** 引用符のかぎ (' '). **d** (g や q の)かぎの部分. **e** [*pl.*] 《俗》指: ⇨ *get one's* HOOKs *into* [*on*] *a person*. **f** 《俗》泥棒, すり (pickpocket). **6** 《米》〈人やものを〉引きつけるもの, 誘惑するもの; わな. **7 a** 《音楽》《音符の》符鉤(ふこう) (♪ ♪ などの細長いひげの部分; pennant, flag ともいう; cf. head *n.* 25, stem[1] 8). **b** 《流行歌の》覚えやすい旋律, さわり. **8** 《ボクシング》フック《ひじを曲げて打つ打ち方; cf. jab, straight 4 b, uppercut 1》. **9 a** 《ゴルフ》フック《打球が途中から利き腕と逆の方向へ曲がること; cf. slice 4 a》. **b** 《クリケット》フック《ボールをレッグ (leg) へ引っ張る打法》. **10** 《野球》カーブ (curve). **11** 《バスケット》=hook shot. **12** 《アイスホッケー》=hook check. **13** 《アメフト》=buttonhook 2. **14** 《金属加工》《圧延過程で棒材に生じる波状の》しわ疵(きず). **15** 《海事》 **a** 甲板肘材, デッキフック. **b** 《俗》錨 (anchor). **16** 《サーフィン》波の頂上.
by hóok or* (*by*) *cróok どんな手段を講じても, とにかく何とかして. (*a*1529) ***gèt one's hóoks into* [*on*] *a person*** 《口語》〈女性が〉〈男性を〉(つかまえて)籠絡(ろうらく)する; 〈あくどい人間が〉〈相手を〉手中に収める, わなにかける. (1926) ***gét* [*give*] *the hóok*** 《米・カナダ俗》首になる[する]. ***hóok, line, and sinker*** 《口語》 (1) 完全に (completely); 遠慮しないで. (2) 完全な《飢えた魚がえさとともに釣針も糸も重りも飲み込んでしまうように》. (1838) ***òff the hóok*** 《口語》 (1) 《厄介・難儀・義務などから》解放されて: get [be] *off the* ~ 困難[危機]を免れる / get [let] a person *off the* ~ 人を困難[危機]から免れさせる. (2) 〈電話の受話器が〉はずされて. (1864) ***òff the hóoks*** (1) 《英俗》死んで (dead): drop [go, pop, slip] *off the* ~*s* くたばる, ぽっくり死ぬ. (2) 《廃》気が変になって; 調子をはずして. (17C) ***on one's ówn hóok*** 《米俗》自力で, 自分の責任で (on one's own). (1812) ***on the hóok*** 《俗》 (1) 巻き込まれて, 深入りして. (2) どっちつかずの状態で, 待って. (*a*1635) ***ríng òff the hóok*** 《口語》〈電話が〉鳴りやまない. ***sling one's hóok*** 《英俗》立ち去る, そっと逃げ出す, 逃げうせる (go away). (1874)
hóok and bútt 《造船》かぎ形スカーフ《木船で力材を縦につなぎ合わせるときの, 押しても引いても離れないような形のかぎ形に切りかけを作ったつなぎ合わせ; hook scarf ともいう》.
hóok and éye (1) 《建築》あおり止め《ドア・窓などを開いたまま留めて置く金具; 留め金と輪形の受け具からなる》. (2) 《服の二つの部分を締める》ホックと通し輪, かぎホック.
hóok and ládder =ladder truck.
hóok and lóop fàstener 《服などの》マジックテープ式ファスナー.
Hóok of Hólland [the ―] フークファンホラント《オランダ南西部の岬; 海港; 英独海戦場 (1914); オランダ語名 Hoek van Holland》.
— *vt.* **1** 《かぎ状に》曲げる (crook): ~ one's arm into another's 腕を曲げて人の腕と組む. **2 a** かぎで引っ掛ける[つるす], かぎで引っ掛けてつなぐ; かぎ針[釣針]に引っ掛ける: ~ bait to [on] a fishing line 釣糸にえさをつける / ~ a fish / ~ driftwood out of a river かぎで流木を引き寄せ川から出す. **b** 〈人を〉引っ掛ける, うまく釣る (secure): ~ one's fish ねらった人をうまく釣る. **c** [通例 受身で] 《口語》〈麻薬・悪習などに〉夢中にさせる, ふけらせる, 病みつきにさせる (cf. hooked 4) 〔*on*, *by*〕: He is ~*ed on* marijuana. マリファナ中毒にかかっている. **3** ホックで留める; 掛けかぎ(など)で留める[つなぐ] 〈*on*, *in*, *up*〉: ~ a dress 服のホックを留める / ⇨ HOOK *up* (1). **4** 《口語》 **a** そっと取る, かっぱらう, 盗む (steal, pilfer): ~ pears *from* a tree. **b** だます. **5** [~ *it* として] 《俗》逃げる, ずらかる, とんずらする. **6** 〈牛などが〉角で引っ掛ける, 角で突く (gore). **7 a** かぎ編みする《かぎ針で糸をとらえて輪にし粗布の目に通す》. **b** 《かぎ編みで》〈衣服・敷物などを〉作る[織る]: ~ a rug. **8** 〈草など〉刈り取る 〈*down*〉. **9** 《ボクシング》〈相手に〉フックを入れる. **10** 《ゴルフ・ボウリング》〈右利きの打者・ボウラーが〉〈ボールを〉フックさせる, 反対回転させる. **11** 《クリケット》〈ボールを〉レッグ (leg) へ引っ張る《打者の左後方のフィールドへ打つ》. **12** 《ラグビー》スクラムを組んで〈ボールを〉後方にける. **13** 《アイスホッケー》〈スティックで相手を〉妨害する. — *vi.* **1** かぎ状に曲がる, 湾曲する (bend). **2** ホック(など)で留まる, かぎで掛かる 〈*on*, *in*, *up*〉: The dress ~*s* (*up*) in back [at the back]. そのドレスは背中のホックで留まる. **3** 〈動物が〉角で攻撃する. **4** 《俗》逃げる, ずらかる (run away). **5** 《米口語》夢中になる, 関わりをもつ 〔*into*〕 **6** 《俗》売春婦として働く. **7** 《ボクシング》フックを入れる. **8** 《スポーツ》 **a** 〈ボールが〉フックする. **b** 〈競技者が〉ボールをひねって打つ. **c** 《バスケットボールで》フックショットで得点する[しようとする].
hóok it 《俗》逃げる, ずらかる, とんずらする (cf. hook *vi.* 4): She ~*ed it* for home. 彼女はずらかって家に帰った. ***hóok óff*** 《NZ》去る, 消える. ***hóok úp*** (*vt.*) (1) 〈…の衣服を〉ホックで(すっかり)留める (↔ unhook): Please ~ me [my dress] *up*. ホックを留めて下さい. (2) 〈機械〉の部分品をつなぐ, 〈機械・電話・ステレオなどを〉組み立て(て取り付ける); 〔中央交換台などに〕接続する 〔*to*〕. (3) 《口語》〈馬などを〉車に取り付ける[つなぐ]. (4) 《方言》〈牧師が〉結婚させる (marry). (*vi.*) (1) 馬などを車に取り付ける[つなぐ]. (2) 《自動車などを》別の車につなぐ. (3) 《もと米・口語》《ラジオ》中継する (cf. hookup 2). (4) 《口語》会ってつきあう, 親しくする; 一緒に仕事を始める.
~·lìke *adj.* 〚n.: OE *hōc* < Gmc **χōkaz* ← IE **keg-* hook. — v.: (?*c*1200) *hoke(n)* ← (n.): cf. hake[1]〛

hook·ah /húkə, húːkə, -kɑː | húkə, -kɑː/ *n.* (*also* **hook·a** /~/) 水ぎせる《hubble-bubble, kalian, narghile, water pipe ともいう》. 〚(1763) ☐ Arab. *ḥúqqa*[h] casket〛

hóok-and-bútt jòint *n.* 《造船》かぎ形スカーフ継ぎ (cf. HOOK and butt).

hóok-and-éye hìnge *n.* 《戸の開閉用の》ひじつぼ式ちょうつがい. 〚((1578)) (1856)〛

hóok-and-ládder trùck *n.* =ladder truck.

hóok·bìll *n.* 《ペットとしての》オウム, インコ(など).

hóok bòlt *n.* 《機械》フックボルト, かぎボルト.

hóok chèck *n.* 《アイスホッケー》フックチェック《スティックでパックを引っ掛けて奪い取ろうとする動作》. 〚1939〛

Hooke /húk/, **Robert** *n.* フック《1635–1703; 英国の物理学者・自然科学者・数学者; ⇨ Hooke's law》.

Hóoke cóupling *n.* 《機械》 =Hooke's joint.

hooked /húkt/ *adj.* **1** かぎ形の, かぎ形に曲がった: a ~ nose かぎ鼻, わし鼻 (aquiline nose). **2** かぎ(形の物)の付いた, かぎ[フック]付きの. **3** かぎ編みした: ⇨ hooked rug. **4** 《俗》麻薬中毒症の (cf. hook *vt.* 2 c). **5** 《俗》結婚して (married). **6** 〔…のことで〕だまされた, はめられた 〔*on*〕. **7** 《口語》〔…に〕夢中の, 取りつかれた 〔*on*〕. **~·ness** /húktnɪs, húkɪd-, -kəd-, -nəs/ *n.* 〚lateOE *hokede*: ⇨ hook, -ed 2〛

hóoked rúg *n.* フックトラッグ《黄麻布の基布に種々の色毛糸を針で差し込んで模様を表したじゅうたん》. 〚1880〛

hóoked schwá *n.* 《音声》かぎ付きのシュワー《[r] の音色のついた [ə] つまり [ɚ], およびその記号 [ɚ] の名称; 米音の further /fə́ːðɚ/ などの [ɚ] の母音: ⇨ bunched vowel, retroflex vowel; schwa》.

hook·er[1] /húkə | -kə(r)/ *n.* **1** 《かぎで》引っ掛ける人[もの]. **2** 《米・カナダ俗》《ストレートのウイスキーなどの》一飲み. **3** 《米・カナダ俗》売春婦. **4** 《ラグビー》フッカー《スクラムの最前列にいてボールをけり出す選手》. **5** [H-] アマン派系メノー派の信徒《衣服をボタンの代わりにホックで留めたのでこう呼ばれる; cf. Amish, Mennonite》. 〚(1567) ← HOOK＋-ER[1]〛

H

hook·er² /hʊ́kə | -kə⁽ʳ⁾/ *n.* 〘海事〙 **1** オランダの二本マストの帆船. **2** アイルランドや英国の南西岸で用いられる一本マストの漁船. **3** 《俗》古ぼけた[やぼったい]船; 釣り船. 〖(1641) □ Du. *hoeker* ← *hoek* 'HOOK': ⇨ -er¹〗

Hook·er /hʊ́kə | -kə⁽ʳ⁾/, **Joseph** *n.* フッカー《1814–79; 米国の南北戦争当時の北軍の将軍》.

Hooker, Sir **Joseph Dalton** *n.* フッカー《1817–1911; 英国の植物学者》.

Hooker, Richard *n.* フッカー《1554?–1600; 英国の司祭・神学者・法哲学者; Anglicanism の最大の唱道者; *Of the Laws of Ecclesiastical Polity* (未完)》.

Hooker, Thomas *n.* フッカー《1586?–1647; 英国の清教徒の牧師; 1633 年に渡米し, Connecticut 植民地を開いた一人》.

Hooker, Sir **William Jackson** *n.* フッカー《1785–1865; 英国の植物学者; J. D. Hooker の父》.

Hóoker's gréen *n.* **1** 〘顔料〙 =chrome green. **2** 黄緑色. 〖(1853) ← *William Hooker* (1779–1832: 英国の植物画家)〗

Hóoke's jóint *n.* 〘機械〙 フック自在継手《一直線上になく, 一点で交わる 2 軸を連結して回転を伝える軸継手; Hooke's universal joint ともいう》. 〖(1825) ← *Robert Hooke*〗

H **Hóoke's láw** *n.* 〘物理〙 フックの法則《弾性体のひずみは応力に比例するという法則》. 〖(1853) ← *Robert Hooke*〗

hook·ey /hʊ́ki/ *n.* 《米俗》 =hooky².

hóokey wálker, H- W- *int.* =Walker².

hóok gàge [gàuge] *n.* 〘機械〙 フックゲージ《曲がった針の先端で液面の高さを測定する器具》. 〖1875〗

hóok·ing *n.* 〘ホッケー〙 フッキング《スティックで相手をひっかける反則》.

hóok·less *adj.* かぎ(針)[ホック]のない. 〖(1776): ⇨ -less〗

hook·let /hʊ́klɪ̀t/ *n.* 小さい hook. 〖(1836–39) ← HOOK＋-LET〗

hóok·nòse *n.* わし鼻, かぎ鼻 (aquiline nose). 〖1681〗

hóok-nósed *adj.* かぎ鼻の, わし鼻の. 〖(1519): ⇨ ↑, -ed 2〗

Hóok of Hólland /hʊ́k-/ *n.* [the ~] フークファンホラント《オランダ語名 Du Hoek van Holland》: **1** オランダ南西部 South Holland 州の岬. **2** そこにある港.

hóok-pìn *n.* かぎ形の頭の目くぎ, かぎくぎ. 〖1637–38〗

hóok scàrf *n.* 〘造船〙 かぎ形スカーフ (⇨ HOOK and butt). 〖1793〗

hóok·shòp *n.* 《米俗》 売春宿 (brothel).

hóok shòt *n.* 〘バスケット〙 フックショット《ボールを体の横から頭上に回し手首のスナップをきかせてするシュート; 単に hook ともいう》. 〖1932〗

hóok spànner *n.* =hook wrench.

hóok-tìp *n.* 〘昆虫〙 カギバガ科のガの一種《*Daepana* 属; beautiful hook-tip (*Laspeyria flexula*) はこれとは別属》. 〖1819〗

hóok·ùp *n.* **1 a** 接続, 結合; 連携, 同盟 (alliance). **b** 《口語》(本来対立的な立場にある国家・団体・党などの間の)友好関係, 親善: a ~ between two governments. **c** (電気・水道・下水などの)配線[配管]設備. **2** 中継, 同じ番組を中継する放送局網: a Japan-wide ~ (日本)全国中継放送 / a coast-to-coast TV ~ 全米テレビ中継. **3** 〘通信〙 無線送信機[受信機]の接続(図); 電子装置[回路]の接続(図), その組み立てられた素子. **4** 《米》(機械の部品などの)組立て, 接続. **5** 〘航空〙 (空中給油のための)タンカーのホースとの接続. 〖(1903) ← *hook up* (⇨ hook (v.) 成句)〗

hóok·wòrm *n.* **1** 〘動物〙 鉤虫(こうちゅう)《人畜の腸に寄生する鉤虫科の線虫の総称; ズビニ鉤虫 (*Ancylostoma duodenale*), アメリカ鉤虫 (*Necator americanus*) など》. **2** 〘病理〙 =hookworm disease. 〖1902〗

hóokworm disèase *n.* 〘病理〙 鉤虫(こうちゅう)症, 十二指腸虫症 (⇨ ancylostomiasis). 〖1902〗

hóok wrènch *n.* かぎ頭ねじ回し《hook spanner ともいう》.

hook·y¹ /hʊ́ki/ *adj.* (**hook·i·er; -i·est**) **1** かぎ形の, かぎのような. **2** かぎのある, かぎだらけの. 〖(1552) ← HOOK (n.)＋-Y¹〗

hook·y² /hʊ́ki/ *n.* 《米・カナダ・豪口語》 =truant. ★ 主に次の成句で: ***pláy hóoky*** (学校を)ずる休みする, さぼる, 怠ける (play truant) (cf. *hook* JACK). 〖(*c*1848) ← HOOK (vi. 4)＋-Y²〗

Hoo·lee /húːliː/ *n.* =Holi.

hoo·ley /húːli/ *n.* (*also* **hoo·lie** /~/) 《アイル・NZ》 にぎやかなパーティー. 〖(1877) ← ?〗

hoo·li·gan /húːlɪ̀gən/ *n.* 町の不良団[暴力団]の徒, ごろつき, よたもの, 無頼漢; 不良少年; 浮浪児: a ~ gang 不良団, 暴力団. **— *adj.*** ごろつきのような. 〖(1898) ← *Patrick Houlihan* (19C 末 London の Southwark に住んで乱暴をしたアイルランド人一家の姓)〗

hóo·li·gan·ìsm /-nìzm/ *n.* **1** よたもの気質(かたぎ). **2** 無頼の行状, 乱暴, 無頼生活. 〖(1898): ⇨ ↑, -ism〗

hoo·lock /húːlɑ(ː)k, -lək | -lɔk, -lək/ *n.* 〘動物〙 フーロックテナガザル (*Hylobates hoolock*)《特に Assam 地方に分布するテナガザルで, 雄は全身黒色, 雌は褐色で, 両性ともに眉のみが白い》. 〖(*c*1809) (現地語) □ Assam *hulluk*〗

hoon /húːn/ *n.* **1** 《NZ口語》 =hooligan. **2** 《豪俗》 売春婦の手引きをする者, ぽん引き (pimp). 〖(1938) ← ?〗

hoop¹ /húːp, hʊ́p | húːp/ *n.* **1 a** (たる・おけなどの)輪, たが, 金輪. **b** (輪回しの)輪 (cf. Hula-Hoop): trundle [bowl] along a ~ (おもちゃの)輪を回す. **c** (人・ライオン・あざらしなどがくぐり抜ける)曲芸用の輪. **d** =hoop iron. **2 a** 輪[たが]状のもの. **b** (鉄筋コンクリート造りの柱の)帯筋(おびきん); (砲身などの)外管, 環帯. **c** (平形の)指輪 (finger ring); (輪形の)イヤリング. **d** ジョッキまたはコップのまわりの装飾用帯状の環. **3 a** [通例 *pl.*] 輪骨, 張り骨《鯨のひげまたは鋼鉄製で, 昔婦人服のスカートやペチコートを張り広げるために用いた》. **b** =hoopskirt. **c** (刺繍用の)フープ《布地を広げておくための輪》. **4** 〘クロッケー〙 門 (《米》 wicket)《鉄の棒を曲げて作った小アーチ, 球を打ってそれをくぐらせる》. **5** 〘バスケット〙 (バスケットのネットを下げる鉄製の)リング; バスケットのゴール(全体). **6** 〘海事〙 = mast hoop. **7** 《豪口語》 競馬騎手 (jockey).

gó [júmp, be pút] thróugh (the) hóop(s) 試練を経る, 苦労する. ***júmp [gó] thróugh a hóop [hóops]*** (1) どんな命令にも従う, 言われた通りにする. (2) =go [jump, be put] through (the) HOOP(s). ***pút a person thróugh the hóop(s)*** 〈人を〉鍛える, 苦労させる. (1919)

— *vt.* **1** 〈たるなど〉にたがをかける; 巻きつける. **2** 取り巻く. **3** 輪のような形にする: ~ one's embroidery. **4** 〘バスケット〙 〈点を〉得点する. **— *vi.*** **1** 輪のような形になる, 〈猫などが〉丸くなる, 〈蛇がとぐろを巻く. **2** フラフープ (hula hoop) を回し続ける.

~·like *adj.* 〖lateOE *hōp* < Gmc *χōpaz (Du. *hoep*) ← ? IE *keub- to bend (⇨ cup)〗

hoop² /húːp, hʊ́p | húːp/ *vi., n.* =whoop.

hóop bàck *n.* フープバック《ウィンザーチェアなどの, 背枠が弓状に曲げられた背型》. 〖1905〗

hooped /húːpt, hʊ́pt | húːpt/ *adj.* **1** たがをはめた; 丸く曲げた, 丸くなった; 圏帯を巻きつけた, 巻筋入りの: a ~ gun / a ~ column まき柱. **2** 輪骨張りの: a ~ petticoat. 〖(1552) ← HOOP¹ (n.)＋-ED 2〗

hóop·er¹ *n.* **1** たがのはめ手; おけ屋 (cooper). **2** = hoopster. 〖(*a*1425): ⇨ hoop¹, -er¹〗

hoop·er² /húːpə, hʊ́pə | húːpə/ *n.* =whooper.

Hoo·per·at·ing /hùːpərèɪtɪŋ | -tɪŋ/ *n.* 〘ラジオ・テレビ〙 視聴率, フーパーレーティング《米国の Hooper 調査機関が, 電話調査法などによって得たデータを総合して割り出す視聴状況や順位》. 〖← *Claude E. Hooper* (*d.* 1954: 米国の統計学者)〗

Hóo·per ràting /húːpə- | -pə(r)-/ *n.* =Hooperating.

hóop·ing *n.* **1** たがの材料. **2** [集合的] たが (hoops); (特に)一組のたが. 〖(1463): ⇨ hoop¹, -ing¹〗

hóop ìron *n.* 帯鋼(おびこう), たが鉄《band steel ともいう》. 〖1820〗

hoop·la /húːplɑː, hʊ́p- / *n.* **1** 《英》 輪投げ《輪を投げてそれにからんだ品物をもらう縁日・祭日などで行う遊戯》. **2 a** 《米・カナダ俗》 大騒ぎ (commotion). **b** 《米俗》 空宣伝, 大宣伝 (ballyhoo). **c** 興奮の叫び声. 〖(1877) ← HOOP¹＋LA²: もと駅馬車の御者の掛け声か〗

hóop·man /-mən/ *n.* (*pl.* **-men** /-mən, -mɛ̀n/) 《俗》 バスケットボール選手[をする人].

hoo·poe /húːpuː/ *n.* (*also* **hoo·poo** /~/) 〘鳥類〙 ヤツガシラ (*Upupa epops*)《直立した美しい冠毛と羽毛のある鳥》. 〖(1668) (古形) *hoop* □ F *huppe* □ L *upupa* (擬音語)〗

hoopoe

hóop pètticoat *n.* 輪骨入りのペチコート. 〖1711〗

hóop-pètticoat dàffodil [narcìssus] *n.* 〘植物〙 南フランスからモロッコにかけて生える黄色の花が咲く小形のスイセンの一種 (*Narcissus bulbocodium*). 〖1731〗

hóop pìne *n.* 〘植物〙 ナンヨウスギ (*Araucaria cunninghamii*)《オーストラリアおよびニューギニア産ナンヨウスギ科の高木, 軽くて柔らかい材を産する; Moreton Bay pine ともいう》. 〖1884〗

hóop·skìrt *n.* 輪骨(入り)のスカート, フープスカート (cf. hoop¹ 3 a, farthingale 2, crinoline). 〖1857〗

hoopskirt

hóop snàke *n.* 〘動物〙 **1** 《米南部・中部》 米国南部産の無毒のヘビの総称. **2 a** ヒムネッチヘビ (*Farancia abacura*)《米国南部産の背が青黒く腹が赤く尾の先に無毒のとげをもつヘビ; horn snake, mud snake ともいう》. **b** = rainbow snake. 〖(1784): 自ら尾をくわえて輪形になり, 車のように回転して走ると信じられたことから〗

hoop·ster /húːpstə, hʊ́p- | húːpstə⁽ʳ⁾/ *n.* 《俗》 **1** バスケットボール選手. **2** フラフープを回す人. 〖← HOOP¹＋-STER〗

hoo·rah /hʊrɑ́ː, huː-, -rɔ́ː | -rɑ́ː/ *int., n., vi.* = hurrah.

hoo·ray¹ /hʊréɪ, huː-/ *int., n., vi.* =hurrah. 〖(変形) ← HURRAH〗

hoo·ray² /hʊréɪ, huː-/ *int.* 《豪》 さようなら (goodbye). 〖(1898) ← HURRAH〗

Hoo·ráy Hénry, h- H- /hʊréɪ-, huː-/ *n.* 〘英戯言〙 (気取った声や態度ではしゃぎまわる)上流階級の鼻持ちならない若者. 〖(1936) ← HOORAY (↑)＋HENRY〗

Hoorn /hɔ́ən | hɔ́ːn/ *n.* ホーン諸島 (Hoorn Islands)《南太平洋にあるフランス領の島; Wallis and Futuna 群島の一部; Futuna Islands ともいう》.

hoo·roo /húːruː, ─ ́─/ *int.* =《豪》 hooray².

hoose /húːz/ *n.* 〘獣医〙 牛や羊に起きる気管支炎《寄生虫が原因》. 〖(*a*1722): cf. hoast〗

hoose·gow /húːsgaʊ/ *n.* (*also* **hoos·gow** /~/) 《米俗》 刑務所. 〖(1909) ← ? Sp. *juzgado* court of justice, (in Mex.-Sp.) jail (p.p.) ← *juzgar* < L *jūdicāre* 'to JUDGE'〗

hoosh /húːʃ/ *n.* 《俗》 濃いスープ, ごった煮 (hotchpotch). 〖(1905) ← ?〗

Hoo·sier /húːʒə | -ʒə⁽ʳ⁾/ 《米》 *n.* **1** 《口語》 (米国) Indiana 州の人. **2** [通例 h-] 《俗》 (野暮な)田舎者. **— *adj.*** Indiana (州の住民)の. 〖(1826) ← ? (英方言) *hoozer* something big〗

Hóosier Stàte *n.* [the ~] 米国 Indiana 州の俗称. 〖1839〗

hoot¹ /húːt/ *vi.* **1 a** (軽蔑・怒りなどで)ふーと言う; (ほーほー)やじる, はやしたてる 〔*at*〕. **b** 《口語》 笑う (laugh) 〔*at*〕. **2 a** 〈ふくろうが〉ほーほー鳴く. **b** (ふくろうの鳴き声のような)はっきりしない声を出す. **3** 《英》 **a** 〈汽笛・霧笛・サイレンなどが〉鳴る. **b** 〈自動車・その運転者が〉ぶーぶーと鳴らす. **— *vt.*** **1** ほーほーやじる, やじってはやしたてる: ~ *down* the speaker 弁士をやじり倒す / ~ a person *off* [*away, out*] 人をやじって追い払う. **2** ほーほー言って表す: ~ one's contempt. **3** 〈警笛などを〉鳴らす.

— *n.* **1 a** やじり声, あざけり[不賛成]の叫び: a ~ of rage, contempt, etc. **b** 《口語》 笑い; (大笑いするような)実に面白いこと[物], うまい冗談 (joke): What a ~! これゃあ面白い. **2 a** ほーという音《ふくろうの鳴き声, またはそれに似た声》. **b** 《英》 警笛, 工場のサイレン. **3** [否定構文で] 《口語》 わずかなもの, 少量 (bit): *not* worth a ~ 三文の値打もない / *not* care [give] a ~ [two ~*s*] 少しも構わない / It doesn't matter a ~ what you say. 君が何を言おうとかまいはしない / She doesn't care two ~*s* about [for] me. 俺のことなんか何とも思っちゃいないんだ. 〖(?*c*1200) *houte(n)*: 擬音語?〗

hoot² /húːt/ *int.* 《スコット・北英》 ふん, うふっ, ちぇっ (pshaw, tut)《不平・じれったさ・反対を表す》. 〖(1540) (擬音語): cf. hoot¹〗

hoot³ /húːt/ *n.* 《豪俗》 金 (money); 支払い金. 〖□ Maori *utu* price, requital〗

hootch /húːtʃ/ *n.* 《俗》 **1** 草[わら, かや]ぶきの小屋. **2** 家, 住居. 〖(1952) □ Jpn. 家(うち): この語形は *hutch* の影響か〗

hootch·y-kootch·y /húːtʃikúːtʃi/ *n.* (*also* **hootch·ie-kootch·ie** /~/) =cooch¹. 〖(1890) (変形) ? ← *hura-hura*〗

hoot·en·an·ny /húːtnæ̀ni, -tn-/ *n.* 《米俗》 **1** フーテナニー《フォークシンガーの大会; しばしば聴衆も参加する》. **2** 《方言》 何とかいう物 (thingumbob)《機械・装置の部品などの名がわからないときなどに使う語》. 〖(1925) ← ?: もと方言で「仕掛け, 装置」の意〗

hóot·er /-tə | -tə⁽ʳ⁾/ *n.* **1** ふー[ほー]などの音を発するもの; (わいわいはやしたてる)やじ. **2 a** (ほーほー鳴く)ふくろう. **b** 《英》 (作業の開始・終了などを合図する)サイレン, 汽笛, (自動車などの)警笛. **3** 《英俗》 鼻 (nose). **4** [否定構文で] 少量, ちょっと (bit): I don't care a ~ what she thinks of me. 彼女が僕をどう考えようとちっとも構わない. **5** [*pl.*] 《米卑》 (女性の)おっぱい. 〖(1674–1828) ← HOOT¹＋-ER¹〗

hoot·nan·ny /húːtnæ̀ni/ *n.* =hootenanny.

Hoo·ton /húːtn/, **Earnest Albert** *n.* フートン《1887–1954; 米国の人類学者》.

hóot òwl *n.* 〘鳥類〙 フクロウ; (特に)ほーほーと鳴くヨーロッパ産のモリフクロウ (tawny owl), またはアメリカフクロウ (barred owl) など. 〖1885〗

hoots /húːts/ *int.* =hoot².

hoove /húːv/ *n.* 〘獣医〙 (家畜の)鼓脹症《胃袋がガスで膨らむ病気》. 〖(1840) ← ?: cf. heave〗

Hoo·ver /húːvə | -və⁽ʳ⁾/ *n.* 〘商標〙 (Hoover 社製の)フーバー真空掃除機; [h-] 《英》 (一般に)電気掃除機 (vacuum cleaner). **— *vt., vi.*** [h-] 《英口語》 フーバー真空掃除機で掃除する. 〖(1926–27) 英国の製造会社名〗

Hoo·ver /húːvə | -və⁽ʳ⁾/, **Herbert Clark** *n.* フーバー《1874–1964; 米国第 31 代大統領 (1929–33)》.

Hoover, J(ohn) Edgar *n.* フーバー《1895–1972; 米国の法律家・政府高官; 米連邦捜査局 (FBI) 長官 (1924–72)》.

hóover àpron *n.* フーバーエプロン《よごれたときに裏返して着用できるように仕上げられたワンピースタイプの仕事着》. 〖← *H. C. Hoover*: 食糧庁長官だった第一次大戦ごろに流行したことにちなむ〗

Hóover Dám *n.* [the ~] フーバーダム《米国 Arizona, Nevada 両州にわたり, Colorado 川の中流に造られたダム; 旧名 Boulder Dam; cf. Mead》. 〖← *H. C. Hoover*〗

Hóo·ver·ìsm /-vərìzm/ *n.* 《米》 フーバー主義, 食料消費節約主義. 〖← *H. C. Hoover*: 同氏が食糧庁長官時代 (1917–19) に国民に食料の消費節約を要請したことから〗

Hoo·ver·ize /húːvəràɪz/ 《米》 *vt.* 〈食糧を〉節約する. **— *vi.*** 食糧を節約する. 〖(1917) ← *H. C. Hoover*＋-IZE〗

Hóover moratórium *n.* [the ~] 〘経済〙 フーバー

モラトリアム《第一次大戦後ドイツ金融経済の崩壊を阻止するため, 1931 年 6 月 Hoover 米大統領の提唱で戦債・賠償金を 1 年間支払延期した》.

Hoo·ver·ville /húːvəvìl | -və-/ *n.* 米国で H. C. Hoover 大統領時代(1930 年代)に都市のはずれなどに建てられた失業者収容住宅地区. 〚(1933) ← *H. C. Hoover*＋*-ville* (cf. F *ville* town)〛

hooves *n.* hoof の複数形《普通は hoofs》.

hop¹ /hɑ́(ː)p | hɔ́p/ *v.* (**hopped; hop·ping**) — *vi.* **1** (片足で)ひょいと跳ぶ (⇨ jump¹ SYN); ひょいひょい跳んで行く (limp): ～ away with one's crutch 松葉杖(づえ)をついてひょいひょい去って行く. **2** 〈鳥が〉(二本脚で)ひょいと飛ぶ, ぴょんぴょん跳ぶ; 〈カエル・バッタ・カンガルーなどが〉ぴょんと跳ぶ. **3** 《口語》 **a** 踊る (dance). **b** さっと動く; さっと[急いで]行く: ～ *up* さっと立ち上がる. **4** 《口語》 **a** 《米・カナダ》飛行する; 短い(航空)旅行をする 〈*over, up, down, across, off*〉: ～ *up* to London for the weekend 週末を過ごしにちょっとロンドンまで行ってくる. **b** 〈飛行機などが〉離陸する 〈*up*〉. **c** 乗物に乗る[から降りる]. **5** 《英口語》(さっと)立ち去る. **6** 《俗》〔人を〕罵倒する, 非難する 〔*on, all over*〕: ～ *all over* a person. **7** 《米・カナダ口語》活動を開始する, 仕事にかかる. **8** 〖野球〗〈ゴロが〉バウンドする.

— *vt.* **1 a** ひょいと跳び越す: ～ a fence [a ditch] 垣根[溝]を跳び越す. **b** 〈クリケットの球などを〉(地面に接して)ぽんぽん飛ばす: ～ a ball. **2 a** 《米》〈(動いている)乗物など〉に飛び込む, 飛び乗る: ～ a train. **b** 〈便乗を〉させてもらう (hitchhike): ～ a ride to work 車に乗せてもらって会社へ行く. **3** 《口語》 **a** 〈飛行機などが〉飛び超える, 横断する. **b** 飛行機で輸送する[運ぶ]. **4** 《俗》 **a** …に飛びかかる, 攻撃する (jump, attack): ～ an enemy plane. **b** こきおろす, 罵倒する. **5** 〈役目・仕事などの〉係をする, …役を務める (tend, serve): hotel boys ～*ping* cars 車の世話をしているホテルのボーイたち.

hóp ín 《口語》自動車に乗る. ***hóp into*** 《豪俗》(1) 〈人を〉襲う. (2) 〈仕事に〉取りかかる. ***hóp it*** 《英口語》立ち去る. ***hóp óff*** 《口語》立ち去る, 出かける; (飛行機が[で])離陸する. ***hóp óut*** 《口語》自動車から降りる. ***hóp the twíg* [*stíck*]** 《俗》(1) (借金を残して)姿をくらます, 逃げる. (2) 《英》ぽっくり死ぬ. ***hóp the wág*** ⇨ wag² 成句. ***hóp to it*** 仕事などにさっさと取りかかる; 急ぐ (hurry up).

— *n.* **1 a** (人の)片足跳び; かえる跳び; 短急跳躍. **b** 鳥など(二本脚で)ぴょんぴょん跳ぶこと. **2** 《口語》ダンス; (形式ばらない)ダンスパーティー, 舞踏会 (ball): a students' ～ 学生ダンスパーティー. **3** 《口語》 **a** (飛行機の短い)飛行. **b** (長距離飛行中の)一航程 (stage): fly from Tokyo to Manila in three ～*s* 東京からマニラまで三航程で飛ぶ. **c** 短い(航空)旅行. **d** (ただで)乗せてもらうこと, 便乗. **4** 〖球技〗バウンド. **5** 〖野球〗(ボールの)ゴロ, バウンド. **6** 〖電算〗(パケットが)中継点から次の中継点に送られること; 中継点.

on the hóp 《口語》(1) (忙しく)動き回って: keep a person *on the* ～ 人をあたふた[やきもき]させる. (2) 《英》準備しないで, 油断して: catch a person *on the* ～ 人が油断しているのに付け込む, 人の虚[不意]をつく. 〚(1868)〛

hóp, skíp, and* (a) *júmp*＝*a hóp and a skíp (1) 短い距離, 目と鼻の先: It's only a ～, *skip, and jump* from here to the next bus stop. ここから次のバス停まではほんのひとっ走りだ. (2) [the -] 〖スポーツ〗＝HOP, step, and jump. 〚(1760)〛

hóp, stép, and júmp [the -] 〖スポーツ〗三段跳び (triple jump). 〚(1815)〛

〚OE *hoppian* to hop, dance ← Gmc **χupp-* (原義) ? to bend forward (G *hüpfen*) ← IE **keu-* to bend (L *cumbere* to lie: cf. cup)〛

hop² /hɑ́(ː)p | hɔ́p/ *n.* **1** 〖植物〗ホップ (*Humulus lupulus*) 《クワ科の多年生つる草で雌雄異株, 雌株には球形の雌花序を生じる》. **2** [*pl.*] 乾燥したホップの雌花, ホップ《ビールの芳香苦味剤・健胃剤・鎮静剤》: beer made with malt and ～*s* モルトとホップで造ったビール. **3** [*pl.*] 《豪俗》ビール. **4** 《米俗》麻薬, (特に)アヘン (opium). — *v.* (**hopped; hop·ping**) — *vt.* **1** 〈ビールなど〉にホップを入れる[で苦みをつける]. **2 a** 〈人〉に麻薬を飲ませる, 麻薬中毒にする 〈*up*〉: be ～*ped up* on morphine モルヒネで眠らされる. **b** 〈競走馬[犬]〉に薬物[興奮剤]を与える (dope). **c** 《口語》刺激する, 激励する (stimulate, excite) 〈*up*〉. **d** 《米・カナダ》〈エンジンの出力を増す 〈*up*〉: ～ *up* a motor. — *vi.* **1** ホップ(の実)を摘む. **2** ホップを生じる. 〚(1440) *hoppe* ◻ MDu. (Du. *hop*) ← Gmc **χupnōn* (G *Hopfen*) ← IE **(s)keup* cluster tuft〛

Hop /hɑ́(ː)p | hɔ́p/ *n.* 《豪俗》警官.

HOP 《略》high oxygen pressure.

-hop /hɑ̀(ː)p | hɔ̀p/「場所・グループ・職などを転々と替える」の意の複合語の第二要素: table-*hop*, job-*hopping*.

hó·pak /hóupæk | hə́u-/ *n.* ＝gopak.

hóp àphid *n.* 〖昆虫〗ホップイボアブラムシ (*Phorodon cannabis*) 《世界中に分布しホップその他の栽培植物の新芽につく害虫; hop fly, hop louse ともいう》.

hóp bàck *n.* (ビール醸造の際, 麦芽汁からホップをこす)濾過槽(ろかそう). 〚1888〛

hóp·bìnd *n.* ＝hopbine.

hóp·bìne *n.* ホップのつる. 〚1813〛

hóp clòver *n.* 〖植物〗クスダマツメクサ (*Trifolium procumbens*) 《黄花のクローバー, マメ科の牧草》. 〚1679〛

hope /hóup | hə́up/ *n.* **1** 希望 (cf. seven principal virtues): All ～ is gone. 全く絶望だ / be full of ～ 希望に満ちている / It is past [beyond] all ～. 望みが全くない, 絶望だ / Don't lose ～! 希望を失うな / While [Where] there is life, there is ～. 《諺》「命あってのもの種」/ All ～ abandon, ye who enter here. ここに来たる者はすべての希望を捨てよ《Dante 作「神曲」の「地獄編」(Inferno) で地獄の門に記された文句》. **2** [しばしば *pl.*] (自信のある)期待; 望み, 見込み (probability, promise): The result exceeds my (wildest) ～*s*. 期待以上の好結果だ / His ～*s* were disappointed.＝He was disappointed in his ～*s*. 彼の期待ははずれた / cherish [entertain] the ～ *that* …という希望[期待]を抱く / live in ～ (よい結果などへの)希望を抱いている, 楽観している / live in ～(*s*) *of* …(すること)を期待している, …(へ)の希望を抱いている / in (the) ～ *of* retrieving it それを取り戻したいと思って / I did it in the ～ *that* I could [might] help you. あなたのお手伝いができればよいと思ってそうした / put [set] one's ～*s* on [in] …に期待する[望みをかける] / Don't raise her ～*s* too high.＝Don't build up her ～*s* too much. 彼女にあまり期待を抱かせるな / see ～ for …の望みがあると思う / There is not a ～ of his recovery. 回復のいちるの望みもない / There is no ～ *of* success. 成功の望み[見込み]が全くない / Not a ～ (in hell) [《皮肉》Some ～(*s*), What a ～]! 《口語》全然[まず]見込みはないな / not have any ～ of doing＝have no ～ of doing …する望みがない / stand a (good) ～ of doing …する望みが(相当)ある / stand little ～ of doing …する望みはほとんどない / There's ～ for you yet! 《戯言》まだ望みはあるよ / with the ～ of …＝with the ～ that …という望み[目的]で. **3** 望みを与える[持たせる]もの[人]; 望みをかけられているもの[人]; 希望の綱となるもの, 頼み: ⇨ forlorn hope / He is his parents' only [last] ～. 彼は両親の唯一[最後の]頼り[望み]だ. **4** 〖聖書〗信頼 (trust).

— *vi.* **1** 〔…を〕望む, 希望[期待]する 〔*for*〕: ～ *for* success 成功を期待する / ～ *for* the best 最前を期待して絶望しない, (うまくいくと)楽観する. **2** 《古》〔…に〕望みをおく[かける], 信頼をおく 〔*in*〕: I ～ *in* thy word. われはみ言葉によりて望みを抱く (*Ps.* 119: 81). — *vt.* **1 a** 望む, 願う (⇨ expect SYN): You cannot ～ anything good from it. どうせろくなものは望めまいよ. **b** 〈…したいと〉思う, 望む 〈*to do*〉: We ～ *to* hear from you. お便りを望む. **c** 〈…と〉思う, 信じる; 希望する 〈*that*〉 (cf. afraid 4, fear *vt.* 1 b): I ～ (*that*) I can see you again. (いずれ)またお目にかかりたいものです / Will he live?—I ～ so. 彼は助かるだろうか—助かると思う / He won't do it again.—I should ～ not. 彼は二度とそうしないだろう — そうであってほしいね / Will he die?—I ～ not. 彼は死ぬだろうか—死にはすまい / I ～ it will be [is] fine tomorrow. あすはいい天気でしょう / I ～ to God that … ぜひとも…であってほしい / I ～ so (too). 私もそうなればよいと思う / let's ～ (that) …であることを期待しよう. **2** 《米中部》願う (wish).

hópe agàinst* (*áll*) *hópe 見込みがないのに希望を捨てない, 空頼みをする (cf. *Rom.* 4: 18)). 〚(1813)〛

hóp·er *n.* 〚n.: OE *hopa* (cog. G *Hoffe*). — v.: OE *hopian* (cog. G *hoffen*) (原義) ? to leap up in expectation ← ? IE **keu-* (⇨ hop¹)〛

Hope /hóup | hə́up/ *n.* ホープ: **1** 女性名. **2** 男性名. 〚↑〛

Hope /hóup | hə́up/, **Anthony** *n.* ホープ《1863–1933; 英国の小説家; *The Prisoner of Zenda* (1894); 本名 Sir Anthony Hope Hawkins》.

Hope, Bob *n.* ホープ《1903–2003; 英国生まれの米国の喜劇俳優; 本名 Leslie Townes Hope》.

Hope, Victor Alexander John *n* ホープ《1887–1952; スコットランドの貴族・軍人・行政官; インド副王兼総督 (1936–43); 称号 8th Earl of Hopetoun 2nd Marquis of Linlithgow》.

HOPE /hóup | hə́up/ 《略》Health Opportunity for People Everywhere; Help Organize Peace Everywhere.

hópe chèst *n.* 《米・カナダ・NZ》 **1** ホープチェスト, 嫁入箱《若い娘が結婚生活の準備にいろいろな品物をしまっておく箱; cf. bottom drawer》. **2** (嫁入箱にしまった)いろいろな品物. 〚1911〛

hóped-fòr *adj.* 望まれ(てい)た, 待望の.

hope·ful /hóupfəl, -fl | hə́up-/ *adj.* **1 a** 希望に満ちた: ～ words 希望に満ちた言葉. **b** 〔…に〕望みをかけている 〔*of, about*〕/〈*that*〉: be ～ *about* the future 将来有望だと思う / We are ～ *of* his success.＝We are ～ *that* he will succeed. 彼の成功を期待している. **2** 前途有望な, 見込みのある, 末頼もしい (promising): a ～ prospect, pupil, etc. / a ～ view 希望の持てる展望 (cf. wishful thinking 1) / Things look increasingly ～. ことはますます有望に思える. — *n.* **1** 前途有望な人, 「有望株」; 当選有望な候補者: a young ～ 末頼もしい青年; 《反語》行く末が心配な青年. / presidential ～*s* 会長の有望株. **2** [*pl.*] 優勝を目指す選手[チーム]. **～·ness** *n.* 〚(1568) ← HOPE＋-FUL¹〛

hope·ful·ly /hóupfəli, -fli | hə́up-/ *adv.* **1** 希望を持って, 希望に満ちて, 望みをかけて; 末頼もしく思って. **2** 《俗》もしうまくいけば, …と希望したい, …ということが望ましい (cf. ideally): *Hopefully*, we shall finish our work by the year 2000. うまくいけばこの仕事は西暦 2000 年には終わるだろう. 〚(*a*1639): ⇨ ↑, -ly¹〛

Ho·peh /hòupéɪ | hə̀u-/ *n.* ＝Hebei.

hope·less /hóupləs | hə́up-/ *adj.* **1 a** 希望を持たない, 望みを失った, 絶望的な: ～ grief 絶望的悲嘆. **b** 〔…に〕絶望している (desperate) 〔*of*〕: I feel helpless and ～. どうしようもない絶望だ. **2 a** 望み[回復の見込み]のない: a ～ situation 絶望的な情勢 / a ～ idiot [wastrel] どうにもしようのないばか[浪費者] / a ～ case 回復の望みのない病人. **b** 不可能な, 解決のできない (impossible): a ～ task / It's ～ trying to convince them. 彼らを説得しようとしてもだめだ. **3** 《口語》無能な, だめな (incompetent, stupid): As a scholar, you are (utterly) ～. 学者として君はだめだ / I'm (simply) ～ at tennis. 私はテニスは全くだめだ. **～·ness** *n.* 〚(1534): ⇨ -less〛

> **SYN** 絶望的な: **hopeless** 改良・成功・決着の見込みがない: a *hopeless* attempt 成功の見込みのない企て. **despondent** 落胆して憂鬱に陥っている《格式ばった語》: He was *despondent* over the death of his wife. 妻の死で意気消沈してしまった. **desparing** 希望をすっかり失っている《極度の落胆を暗示する》: The *desparing* suitor spoke of suicide. 絶望した求婚者は自殺を口走った. **desperate** 絶望のためやけになった: a *desperate* criminal 自暴自棄になった犯罪者. **ANT** hopeful, optimistic.

hope·less·ly /hóupləsli | hə́up-/ *adv.* **1** 希望を失って, 絶望して: cry ～ 絶望して泣く. **2** 見込みなく, どうしようもなく: be ～ in love すっかりほれ込んでいる. 〚(1616): ⇨ ↑, -ly¹〛

hópe·less·ness *n.* 絶望(状態) (⇨ despair SYN).

Hope·well /hóupwel, -wəl | hə́up-/ *n.* 〖考古〗ホープウェル文化《米国 Ohio, Illinois 両州に紀元前 2 世紀から 5 世紀にかけて栄えたアメリカインディアンの Mound Builders の文化》.

hóp fìeld *n.* ホップ畑, ホップ栽培園.

hóp flỳ *n.* 〖昆虫〗＝hop aphid.

hóp·gàrden *n.* 《英》ホップ栽培園. 〚1573〛

hóp·hèad *n.* **1** 《米俗》麻薬常用者, アヘン常用者. **2** 《豪俗》飲んだくれ (drunkard). 〚1911〛

hóp hòrnbeam *n.* 〖植物〗アサダ《カバノキ科アサダ属 (*Ostrya*) の高木の俗称》; アサダ材; (特に)ホップに似た実をつけるアメリカ産のアサダ (*O. virginiana*). 〚1785〛

Ho·pi /hóupi, -piː | hə́u-/ *n.* (*pl.* ～, ～**s**) **1 a** [the ～(s)] ホピー族《米国 Arizona 州北部に住む Pueblo 族のアメリカインディアン》. **b** ホピー族の人. **2** ホピー語 (Uto-Aztecan 語族に属する). — *adj.* ホピー族の, ホピー語[文化]の. 〚(1877) ◻ N-Am.-Ind. (Hopi) *Hópitu* (原義) good, peaceful〛

hóp kìln *n.* ホップ乾燥炉; ホップ乾燥所 (oast). 〚1784〛

Hop·kins /hɑ́(ː)pkɪnz | hɔ́pkɪnz/, **Anthony** *n.* ホプキンズ《1937– ; 英国の俳優》.

Hop·kins, Sir **Frederick Gow·land** /gáulənd/ *n.* ホプキンズ《1861–1947; 英国の生化学者; Nobel 医学生理学賞 (1929)》.

Hopkins, Gerard Man·ley /mǽnli/ *n.* ホプキンズ《1844–89; 英国の詩人・イエズス会の司祭; 死後 Robert Bridges がその詩集を編集 (1918)》.

Hopkins, Johns *n.* ホプキンズ《1795–1873; 米国の社会事業家; その遺産で Maryland 州 Baltimore に Johns Hopkins Hospital および Johns Hopkins University が設立された》.

Hopkins, Mark *n.* ホプキンズ《1802–87; 米国の教育家・神学者》.

Hop·kins·i·an·ism /hɑ(ː)pkínziənìzm | hɔp-/ *n.* 〖神学〗ホプキンズ説《S. Hopkins の説く神学で, 人間は道徳的に自由であるが神の意志には無条件に服従すべきであるとする》. 〚(1850) ← *Samuel Hopkins* (1721–1803: 米国の牧師)＋-IAN＋-ISM〛

Hop·kin·son /hɑ́(ː)pkɪnsən, -sn | hɔ́pkɪn-/, **Francis** *n.* ホプキンソン《1737–91; 米国の著作家・法律家; 米国独立宣言書の署名者の一人》.

Hopkinson, John *n.* ホプキンソン《1849–98; 英国の物理学者・技師; Edison の協力者》.

hop·lite /hɑ́(ː)plaɪt | hɔ́p-/ *n.* (古代ギリシャの)重装歩兵《よろい・かぶとを付けて盾(たて)と剣と槍(やり)を持った兵士》. 〚(1727–41) ◻ Gk *hoplítēs* heavy-armed ← *hóplon* weapon, (pl.) *hópla* arms: ⇨ -ite¹〛

hop·lol·o·gy /hɑ(ː)plɑ́(ː)lədʒi | hɔplɔ́l-/ *n.* 武器学[研究]. **hop·lól·o·gist** /-dʒɪst | -dʒɪst/ *n.* 〚(1884) ← *hoplo-* (⇨ hoplite)＋-LOGY〛

hóp lòuse *n.* 〖昆虫〗＝hop aphid.

hóp mèrchant *n.* 〖昆虫〗＝comma butterfly.

hop-o'-my-thumb /hɑ́(ː)pəmaɪθʌ́m, -mɪ- | hɔ́pəmaɪθʌ́m, -mɪ-/ *n.* 親指太郎, 一寸法師, こびと (dwarf, pygmy) (cf. Tom Thumb 2 a). 〚(1530) (古形) *hop on my thombe* (原義) one so small as to be able to hop on one's thumb: cf. F *Le Petit Poucet* (← *pouce* thumb) / G *Däumling* little thumb〛

hópped-úp *adj.* 《米俗》 **1 a** 麻薬を用いた (drugged), 麻薬でぼんやり[興奮]した (doped). **b** 興奮した (excited); 熱心な (enthusiastic); 元気いっぱいの (energetic). **c** 潤色した, 尾ひれをつけた: a ～ story. **2** 〈エンジン・ロケット・ホットロッドなど〉性能を高めた, パワーを上げた. 〚1923〛

hop·per¹ /hɑ́(ː)pə | hɔ́pə(r)/ *n.* **1 a** ひょいひょい[ぴょんぴょん]跳ぶもの[人]; 跳躍者 (leaper); 舞踏者 (dancer). **b** (ぴょんぴょん)跳ぶ虫《grasshopper, leafhopper, flea など》. **c** [通例複合語の第 2 構成として] (次から次へと)歩き回る人: a bar*hopper* 酒場から酒場へ飲み歩く人, はしごをする人 / a table-*hopper* (ナイトクラブなどで)テーブルからテーブルへと席を移り歩く人. **d** 《豪》カンガルー. **2** あちこち飛び歩いて旅をする人. **3 a** (機械にコンクリート材料・加工材料・燃料などを送入する)じょうご形の部分, (ミキサー用などの)大型じょうご, ホッパー. **b** じょうご形の便器; (水洗便所の)タンク. **4 a** 底開き船, ホッパー船《浚渫(しゅんせつ)機から受けた泥・土・砂利を処分する; hopper barge ともいう》. **b** 自動種まき器. **c** 〖鉄道〗＝hopper car. **d** 《南ア》＝cocopan. **5** 《米》(下院で)議案を入れる箱. **6** 〖写真〗(ブロモイル印画を作る際の石版用インキを塗る)柔毛ブラシ. **7** 〖電算〗パンチカードホルダー.

in the hópper 準備中で: Our plan is *in the* ～. 我々

H

の計画は準備中だ(いずれ近いうちにでき上がる).
— *vt.* 〘写真〙〈石版用インキを〉柔毛ブラシで塗る.
〘(*c*1250) *hopper(e)*: ⇨ hop[1] (v.), -er[1]〙

hop·per[2] /hɑ́(ː)pə | hɔ́pə/ *n.* =hop-picker.

Hop·per /hɑ́(ː)pə | hɔ́pə(r/, **Edward** *n.* ホッパー(1882–1967; 米国の画家·エッチング作家).

hópper bàrge *n.* 〘海事〙 =hopper[1] 4 a.

hópper càr *n.* 〘鉄道〙(石炭·砂利などを輸送する)ホッパー貨車, 底開き車. 〘1862〙

hópper fràme *n.* 〘建築〙 内側引倒し窓 (普通の窓の上部に設けられる換気用の窓; 病院建築で多用されるので hospital light ともいう).

hóp-pìcker *n.* **1** ホップ採取者, ホップ収穫の手伝い人. **2** ホップ摘取機. 〘1760〙

hóp-pìllow *n.* ホップを入れた枕 (安眠を誘うという). 〘1834〙

hóp·ping[1] *adj.* **1** はね跳んでいる. **2** 忙しく動き回っている, 精力的に働いている. **3** [通例複合語の第 2 構成素として] あちこち渡り歩く: a temple-*hopping* trip in the ancient city その古都の寺々を回って歩く旅行. **4** (口語) =HOPPING *mad*.
— *adv.* 極度に, 猛烈に, 激しく. ★ 通例, 次の句で: *hópping mád* (口語) かんかんに怒って(いる).
— *n.* **1** 片足跳び; かえる跳び; 跳び歩きダンス. **2** (英方言) 市(いち), 縁日 (特に the Hoppings は Newcastle 市で開かれる年一度の市).
〘(*c*1300): ⇨ hop[1], -ing[1,2]〙

H

hóp·ping[2] *n.* **1** ホップ摘み取り[採集]. **2** ビールにホップで苦みをつけること. 〘(1717) ← HOP[2]+-ING[1]〙

hóp·pin Jòhn /hɑ́(ː)pɪn- | hɔ́pɪn-/ *n.* (*also* **hópping Jòhn**) 〘料理〙 ホッピンジョン (豆·米·ベーコンなどで作ったシチュー; 米国南部で元日に食べる). 〘*c*1835〙

hop·pi·ty /hɑ́(ː)pəṭi | hɔ́pɪti/ *adv., adj.* ぴょんぴょんはねて[はねる]. 〘(1825) ← *hippety-hoppety*〙

hop·ple /hɑ́(ː)pl | hɔ́pl/ *vt.* **1** 〈牛·馬などの〉両脚を縛る (hobble の方が普通). **2** 拘束する, …の自由を妨げる (impede). — *n.* [通例 *pl.*] (牛·馬などの)脚を縛る綱; 革ひもの足かせ. 〘(1586) ← LG (cf. Flem. *hoppelen*): cf. hop[1], -le[3]〙

hóp·pòcket *n.* ホップ一袋 (168 ポンド (76 kg) 入りの大袋で量目の一標準).

hóp-pòle *n.* ホップのつるの細長い支柱. 〘1573–74〙

Hóp·pus fóot /hɑ́(ː)pəs- | hɔ́p-/ *n.* (英) ホッパス (木材の材積単位: ほぼ 0.036 立方メートルに等しい). 〘(1820) ← *Edward Hoppus* (18 世紀の英国の測量家)〙

hop·py[1] /hɑ́(ː)pi | hɔ́pi/ *adj.* (**hop·pi·er; -pi·est**) 跳ぶような動きの, ぴょんぴょん跳ぶ. 〘(1902) ← HOP[1]+-Y[4]〙

hop·py[2] /hɑ́(ː)pi | hɔ́pi/ *adj.* (**hop·pi·er; -pi·est**) **1** ホップの豊富な. **2** 〈ビールなど〉ホップ特有の苦み·芳香の(ある), ホップのきいた. — *n.* (俗) 麻薬中毒者. 〘(1889) ← HOP[2]+-Y[4]〙

hóp·sàck *n.* **1** ホップを入れる袋. **2** =hopsacking 1, 2. 〘1481–90〙

hóp·sàcking *n.* **1** 主に麻と黄麻で作った袋布 (もとホップ栽培者が使った). **2** 綿·羊毛などのひきそろえ糸を縦糸, 横糸に用いた斜子(ななこ)織物. 〘1884〙

hóp·scòtch *n.* 石けり遊び. — *vi.* ぴょんぴょん跳ぶ[跳んで行く]; 跳ぶように行く; あちこち跳んで歩く: He ~*ed* about the village. その村を(あちこち)跳んで歩いた.
〘(1801) ← HOP[1]+SCOTCH[1] (n. 2)〙

hóp, stép, and júmp *n.* [the ~] 〘陸上競技〙 = triple jump.

hop·ster /hɑ́(ː)pstə | hɔ́pstə(r/ *n.* (俗) ダンサー; アヘン常用者, アヘン飲み. 〘← HOP[2] (n. 4)+-STER〙

hóp·tòad *n.* (米方言) =toad.

hóp tòy *n.* (米俗) アヘン吸引用器.

hóp trèe *n.* 〘植物〙 ホップノキ (*Ptelea trifoliata*) (米国産ミカン科の小高木). 〘1877〙

hóp trèfoil *n.* (英) 〘植物〙 =hop clover.

hóp-ùp *n.* 興奮剤, 覚醒剤, シャブ. 〘⇨ hop[2]〙

hóp·vine *n.* =hopbine.

Hop·wood /hɑ́(ː)pwʊd | hɔ́p-/, **(James) Avery** *n.* ホップウッド (1882–1935; 米国の劇作家).

hóp·yàrd *n.* ホップ畑, ホップ栽培園 (hop field). 〘1533–34〙

hor. (略) horizon; horizontal; horology.

Hor. (略) Horace.

ho·ra /hɔ́ːrə/ *n.* **1** ホーラ (ルーマニア·ギリシャの伝統的な輪舞). **2** ホーラの音楽. 〘(1878) ◻ Heb. *hōrāʰ* ◻ Rum. *horă* ◻ Turk. *hora*〙

Hor·ace[1] /hɔ́(ː)rɪ̀s, hɑ́(ː)r- | hɔ́r-; *F.* ɔʀas/ *n.* ホラス (男性名 (Horatio)). 〘◻ F ~ < L *Horātius* (↓): もとローマの家族名〙

Hor·ace[2] /hɔ́(ː)rɪ̀s, hɑ́(ː)r- | hɔ́r-/ *n.* ホラティウス (65–8 B.C.; ローマの詩人; *Odes, Satires, Epistles, Ars Poetica*「詩論」; ラテン語名 Quintus Horatius Flaccus). 〘◻ L (*Quintus*) *Horātius* (*Flaccus*)〙

Ho·rae /hɔ́ːriː/ *n. pl.* [the ~] 〘ギリシャ神話〙 ホーライ, ホーラーたち (季節と秩序の女神たち; Zeus と Hera の侍女で Olympus の門番). 〘◻ L *Hōrae* ◻ Gk *Hôrai* ← *hṓra* season, hour〙

ho·rah /hɔ́ːrə/ *n.* =hora.

ho·ral /hɔ́ːrəl/ *adj.* **1** 時間の; 時間の[に関する] (hourly のほうが普通). **~·ly** *adv.* 〘(1717) ◻ LL *hōrālis* ← L *hōra* 'HOUR'+-*ālis* '-AL[1]'〙

ho·ra·ry /hɔ́ːrəri/ *adj.* **1** 1 時間の; 時間の[に関する]; 時間を示す. **2** 毎時の, 1 時間ごとの (hourly). 〘(1603) ◻ LL *hōrārius*: ⇨ ↑, -ary〙

Ho·ra·tia /həréɪʃə, hɔ(ː)r-, -ʃiə | hə-, hɔ-/ *n.* ホレイシャ (女性名). 〘◻ L *Horātia* (fem.): ⇨ Horace[1]〙

Ho·ra·tian /həréɪʃən, hɔ(ː)r- | hə-, hɔ-/ *adj.* **1** ホラティウス (Horace) の[に関する]. **2** ホラティウス作風[詩体]の, 簡潔な. 〘(1750) ← *Horātius* Horace+-AN[1]〙

Horátian óde *n.* 〘詩学〙 ホラティウス風オード (同じ韻律形式をもった長短 4 行ぐらいの短い連から成る詩型; Lesbian [Sapphic] ode ともいう).

Ho·ra·tio /həréɪʃou, hɔ(ː)r-, -ʃiòu | həréɪʃiòu, hə-/ *n.* ホレイショ: **1** 男性名 (Horace[1] の異形). **2** Shakespeare 作 *Hamlet* の主人公 Hamlet の親友. 〘(混成) ← L *Horātius* Horace+It. *Orazio* (< L *Horātius*)〙

Horátio Ál·ger /-ǽldʒə | -dʒə(r/ (米) *n.* (Horatio Alger の成功物語にあるような)腕一本でたたきあげた人, 立志伝中の人 (⇨ Alger). — *adj.* ホレーショアルジャーの物語みたいな[にあるような] (cf. Algerish).

Ho·ra·tius /həréɪʃəs, hɔ(ː)r-, -ʃiəs | hə-, hɔ-/, **Co·cles** /kóuklìːz | kɔ́u-/ *n.* 〘ローマ伝説〙 ホラーティウス (Etruria 人を向こうにまわして Tiber 川にかかった橋を二人の戦友と守り通した勇士). 〘⇨ Horace[2]〙

horde /hɔ́əd | hɔ́ːd/ *n.* **1** [しばしば *pl.*; 通例軽蔑的に] **a** (動いていく)人の群れ, 群衆 (⇨ crowd[1] SYN): a ~ [~*s*] *of* people ぞろぞろ行く大勢の人間. **b** (昆虫などの移動する)群れ, 大群: a ~ [~*s*] *of* wasps スズメバチの大群. **2 a** (中央アジアの草原 (steppe) 地方の)遊牧民の集団[部隊] (テントに住み幌(ほろ)馬車で移動する): ⇨ Golden Horde. **b** 遊牧民の集団, 遊牧民族: a gypsy ~. — *vi.* 遊牧群をなす; 群れをなす. 〘(1555) ◻ F ~ ← Turk. *ordū* camp ◻ Tartar *urdu* (原義) something erected ← *urmak* to strike〙

hor·de·in /hɔ́ədiɪ̀n | hɔ́ːdiɪn/ *n.* 〘生化学〙 ホルデイン (大麦から採るプロラミン (prolamin)). 〘(1826) ◻ F *hordéine* ← L *hordeum* barley+-*ine* '-IN[2]'〙

hor·de·o·lum /hɔədíːələm | hɔː-/ *n.* 〘病理〙 麦粒腫(ばくりゅうしゅ), ものもらい. 〘(1622) ← NL ~ (変形) ← LL *hordeolus* (dim.) ← L *hordeum* barley〙

Ho·reb /hɔ́ːrɛb/ *n.* 〘聖書〙 ホレブ (シナイ山 (Mount Sinai) の別称といわれる山; モーセが神から十戒を授かった所; cf. *Exod.* 3:1). 〘◻ Heb. *Ḥōrēbh* (原義?) desert〙

hore·hound /hɔ́əhàund | hɔ́ː-/ *n.* **1** 〘植物〙 ニガハッカ (*Marrubium vulgare*) (ヨーロッパ原産シソ科の植物; white horehound ともいう; cf. black horehound). **2 a** にがはっか汁 (ニガハッカから絞り取る苦い汁; せきどめ剤). **b** にがはっか汁で味をつけた砂糖菓子. **3** 〘植物〙 ニガハッカに似たシソ科の植物の総称. 〘OE *hārhūne* ← *hār* 'HOAR'+*hūne* horehound〙

ho·ri /hɔ́ːri/ *n.* (NZ口語·軽蔑的) マオリ人 (Maori). 〘(*c*1920) ◻ Maori ~ (変形) ← GEORGE〙

hor. interm. /hɔ́ːríntəm | -íntəm/ (略) 〘処方〙 *L.* *hōrā intermediis* 中間の時間に (at intermediate hours).

ho·ri·zon /həráɪzən, -zn/ *n.* **1** 地平線 (skyline), 水平線, 地平圏: the apparent [local] ~ 見かけの地平線 / ⇨ visible horizon / above [below] the ~ 地平線上[下]に / on the ~ 地[水]平線上に. 日英比較 日本語では「地平線」と「水平線」を区別するが英語の *horizon* はその両方を意味する. **2** 視界, 眼界; (知力·理解力·経験·趣味·見解などの)限界, 視野, 範囲 (range): the biggest event on the economic ~ 経済界における大事件 / knowledge beyond one's own ~ 自分の限界を超えた知識 / Travel enlarges [broadens] our ~*s*. 旅行は我々の視野を広げる / Science gives us a new ~. 科学は我らに新たな視野を与える. **3 a** 〘地質〙 層位; 層準. **b** 〘考古〙 遺構·遺物群の存在する層位[面]; 文化層. **4** 〘天文〙 地平線: the artificial [false] ~ 人工地平線 / the astronomical ~ 天文(学的)地平線. **5** 〘測量〙 =false horizon. ***on the horizon*** (1) ⇨ 1. (2) 〈事件など〉きざし(が見え)て, 現れかかって. **~·al** /-znəl, -zənl/ *adj.* 〘(16C) ◻ F ~ // ◻ F *horizōn* ◻ Gk *horízōn* (*kúklos*) bounding (circle) (pres.p.) ← *horízein* to bound ← *hóros* a limit < ? **worwos*: cf. Lat. *urvāre* to bound. ⇨ (*c*1385) *orizonte, orisoun* ◻ OF *orizonte, orizon* ◻ L *horizontem*〙

horízon dìstance *n.* **1** 〘テレビ〙 水平線距離, 地平線距離 (送信アンテナから水平線までの見通し距離; ほぼテレビ電波の届く範囲). **2** 〘通信〙 水平距離 (地表面で直進電波の届く距離).

horízon glàss *n.* (六分儀 (sextant) の)固定鏡. 〘1774〙

horízon·less *adj.* **1** 水平線のない. **2** 希望のない, 絶望的な (hopeless). 〘(*a*1839): ⇨ -less〙

hor·i·zon·tal /hɔ̀(ː)rəzɑ́(ː)nṭl, hɑ̀(ː)r- | hɔ̀rɪ̀zɔ́ntl˞/ *adj.* **1** 地平線[水平線]の[に関する, 上の, 近くの]; 地平線と平行の, 水平面で計った; 水平面の, 平面の, 水平な (cf. vertical 1 a) (⇨ level SYN): a ~ angle 水平角 / a ~ distance 水平距離 / a ~ line 水平線, 地平線 / a ~ plane 水平面. **2** 横になった: in a ~ position 横になって, 水平に. **3** 〈機械が〉水平動の, 横式の; 横置きの: a ~ rudder 〘海事〙 (潜水艦·魚雷などの)水平舵(だ) / a ~ wheel 水平動輪. **4** 一律の; 同等の地位の(人々[集団]の), 対等の: a ~ merger (大小の会社の)対等合併 / ⇨ horizontal union. — *n.* **1** [the ~] 水平物[線, 面]; 水平棒. **2** 水平位置: out of the ~ 水平でない. **3** 売春婦: a grand ~ 売春婦. 〘◻ F (*grande*) *horizontale*〙 **~·ness** *n.* 〘(1555) ← L *horizont-* (← *horizōn* 'HORIZON')+-AL[1]〙

horizóntal bár *n.* 〘体操〙 **1** 鉄棒. **2** 鉄棒競技. 〘1827〙

horizóntal éngine *n.* 〘機械〙 横形[横置]機関.

horizóntal escápement *n.* 〘時計〙 水平脱進機 (⇨ cylinder escapement).

horizóntal integrátion *n.* 〘経営〙 水平的統合 (cf. conglomerate integration, vertical integration). 〘1930〙

horizóntal inténsity *n.* 〘電気〙 水平強度.

hor·i·zon·tal·i·ty /hɔ̀(ː)rəzɑ(ː)ntǽləṭi, hɑ̀(ː)r- | hɔ̀rɪ̀zɔntǽlɪ̀ti/ *n.* 水平状態[であること]. 〘(1752): ⇨ -ity〙

hor·i·zon·tal·ize /hɔ̀(ː)rəzɑ́(ː)nṭəlàɪz, hɑ̀(ː)r-, -ṭl- | hɔ̀rɪzɔ́ntəl-, -tl-/ *vt.* 水平に配列[配置]する. 〘(1837): ⇨ -ize〙

hòr·i·zón·tal·ly /-ṭəli, -ṭḷi | -təli, -tḷi/ *adv.* 水平に, 横に. 〘(1646): ⇨ -ly[1]〙

horizóntal mobílity *n.* 〘社会学〙 水平移動 (地理的移動や同じ社会的レベル内での職業の移動; cf. vertical mobility).

hórizontal párallax *n.* 〘天文〙 地平視差. 〘1665〙

horizóntal péndulum *n.* 〘物理〙 水平振り子 (水平面に近い面内に運動が限定されている振り子).

horizóntal scánning *n.* 〘テレビ〙 水平走査 (cf. vertical scanning).

horizóntal séction *n.* 水平断面. 〘1834〙

horizóntal stábilizer *n.* 〘航空〙 水平安定板 (英) tail plane).

horizóntal swéep *n.* 〘電気〙 (テレビ·オシロスコープなどの)水平掃引.

horizóntal únion *n.* (従事する産業いかんにとらわれず, 類似の職業的利益をもつ労働者を組織する)職業別組合 (cf. craft union). 〘1937〙

Hork·hei·mer /hɔ́əkhaɪmə | hɔ́ːkhaɪmə(r; *G.* hɔ́ʁkhaɪmɐ/, **Max** *n.* ホルクハイマー (1895–1973; ドイツの哲学者·社会学者).

Hor·licks /hɔ́əlɪks | hɔ́ː-/ *n.* 〘商標〙 ホーリックス (英国 Horlicks 製の麦芽粉乳あるいはその粉末から作られた飲み物; 温いミルクに溶かして寝る前に飲むことが多い). 〘1891〙

hor·loge /hɔ́əloudʒ, -lɑ(ː)dʒ | hɔ́ːlɔdʒ, -ləudʒ/ *n.* = horologe.

hor·me /hɔ́əmi | hɔ́ː-/ *n.* 〘心理〙 ホルメ (William McDougall (1871–1938) が生体の行動を目的に向かって駆り立てるものとして仮定した力). 〘(*a*1680) (1915) ◻ G *Horme* ◻ Gk *hormḗ* impulse〙

hor·mic /hɔ́əmɪk | hɔ́ː-/ *adj.* 〘心理〙 ホルメ (horme) の. 〘(1926): ⇨ ↑, -ic[1]〙

hórmic psychólogy *n.* 〘心理〙 目的心理学 (⇨ hormic theory).

hórmic théory *n.* 〘心理〙 ホルメ説 (生体の行動はホルメ (horme) によって目的に駆り立てられるとする McDougall の説; hormic psychology ともいう). 〘*c*1950〙

hor·mo·go·ni·um /hɔ̀əməgóuniəm | hɔ̀ːməgə́u-/ *n.* (*pl.* **-ni·a** /-niə/) 〘植物〙 連鎖体 (藍藻に見られる紐状のもの; 後に分離して生殖体となる). 〘(1880) ◻ NL ~ ← Gk *hórmos* chain, necklace+-GONIUM〙

hor·mon·al /hɔəmóunl | hɔːmə́u-/ *adj.* ホルモンの: ~ balance ホルモンのバランス. **~·ly** *adv.* 〘(1926) ← HORMONE+-AL[1]〙

hor·mone /hɔ́əmoun | hɔ́ːməun/ *n.* **1** 〘生理·生化学〙 ホルモン (体液で運ばれ, 特定の器官の機能を調節する物質の総称で, 脊椎動物·節足動物および植物で知られている): the male [female] (sex) ~ 男[女]性ホルモン. **2** 合成ホルモン. **~·lìke** *adj.* **hor·mon·ic** /hɔəmɑ́(ː)nɪk, -móun- | hɔːmɔ́n-, -mə́un-/ *adj.* 〘(1905) ◻ Gk *hormôn* (pres.p.) ← *hormân* to stimulate ← *hormḗ* impulse ← ? *IE* **ser-* to run, flow: 原義は「覚醒素」; cf. G *Hormon*: ⇨ -one〙

hórmone replácement thèrapy *n.* 〘医学〙 ホルモン補充[置換]療法, ホルモン代償療法 (内分泌機能不全による症状に対して減少ホルモンを投与する治療法; 略 HRT)

hor·mon·ize /hɔ́əmounàɪz | hɔ́ːməu-/ *vt.* ホルモンで処理する; (特に)化学的に去勢する. 〘(1940) ← HORMONE+-IZE〙

hor·mo·nol·o·gy /hɔ̀əmənɑ́(ː)lədʒi | hɔ̀ːmənɔ́l-/ *n.* ホルモン学 (ホルモン·体内の分泌物に関する学問). 〘(1918) ← HORMONE+-OLOGY〙

Hor·muz /hɔ́əmʌz, hɔəmúːz | hɔːmúːz, hɔ́ːməz/ *n.* ホルムズ (イラン南部, Hormuz 海峡近くの古都, 後にペルシャ湾口近くの島に移った; もとインドとの陸上貿易の中心市場; Ormuz ともいう).

Hormuz, the Strait of *n.* ホルムズ海峡 (イランとアラブ首長国連邦間の海峡でペルシャ湾と Oman 湾とをつなぐ).

horn /hɔ́ən | hɔ́ːn/ *n.* **1 a** 警笛 (cf. foghorn): a motor [an automobile] ~ 自動車の警笛[クラクション] / toot a ~ 警笛を鳴らす / No ~! 警笛禁止. 日英比較 日本語の「クラクション」は商標名 Klaxon からで, 英語では普通は用いられない. **b** (俗) らっぱ (trumpet). **c** [the ~] (米口語) 電話 (telephone). **2 a** (牛·羊·ヤギ·サイなどの)角(つの). **b** 鹿の角 (antler). **c** (神·悪魔などの)角: the devil's ~. **d** 〘ギリシャ神話〙 豊饒(じょう)の角 (cornucopia). **3 a** 角状のもの[器官, 突起]. **b** (昆虫などの)触角. **c** (カタツムリの)触手 (tentacle). **d** (ミミズクなどの)耳 (cf. horned owl). **e** (ある種の爬虫類·魚などの)角 (cf. horned viper). **4** 〘音楽〙 **a** ホルン (幅広い音域と様々な音声をもつ円錐型金管楽器; cf. French horn, English horn). **b** (ジャズの)トランペット (trumpet). **c** =hornist. **d** (英) (軍楽隊の)テナーサックス. **5 a** 〘ラジオ〙 (発音体や受音器につける)らっぱ, ホーン; (蓄音器の)らっぱ. **b** =exponential horn. **c** =horn antenna. **6 a** (物を造る材料としての)角: the handle of ~ 角製の柄. **b** 角質 (べっこう·ひづめ·つめなどを形成している物質). **7 a** (牛·羊の)角で作ったもの: a powder ~ 角の火薬筒 / ⇨ shoehorn. **b** 角の杯; それでの一杯: a drinking ~ 角の

杯. **c** 角笛 (hunting horn): a huntsman's ～ (狩猟者の)角笛. **d** ＝HORN of plenty. **8 a** 角の形をしたもの; かなとこ[かなしき]のとがった端; (鞍の)前橋(まえつわ) (pommel) (cf. cantle 1); (弓の)端(はず); 新月の一端, かど. **b** 《古》翼角《新月形隊列の両端》. **c** (古代イスラエル神殿の燔(はん)祭壇の四隅の)つの. **d** 岬の先端, (砂洲(す)などの)突端; (険しい山岳地帯の)とがった峰, 尖鋒. **e** 角(つの)形の容器; 円錐形のアイスクリーム入れ. **f** 《卑》勃起したペニス. **9** [通例 *pl.*] (不貞な妻の夫の額に生えるという)嫉妬の角: wear the ～*s* 不貞の妻を持っている, 女房を人に寝取られている. **10 a** 《聖書》角(つの)《力・栄光・名誉または神・キリストの象徴》: the ～ of my salvation わが救いの角 (*Ps.* 18: 2). **b** 力の元, 力の源泉. **11** 《論理》(両刀論法 (dilemma) の)角(つの). **12** 《航空》**a** (飛行機の方向舵(だ)・補助翼または昇降舵と操縦索とを連結する部分の)角(つの). **b** ＝horn balance. **13** 《建築》角(つの)《窓などの抱(だ)き柱の頭上より高く出ている部分》. **14** 《地質》氷食尖峰 (pyramidal peak). **15** 《金属加工》(圧延板の側面に生じる突起状の)しわ庇. **16** 《時計》くわがた《レバー脱進機のアンクルの先端の二また に分かれている部分; cf. club tooth lever escapement》.

aròund the hórn 《野球》併殺をねらって三塁(手)から二塁–一塁へと送球されて, 5–4–3 とわたって. ***be on the hórns of a dilémma*** (どちらかを取らざるを得ない)両刀論法の角にひっかけられる, ジレンマに陥る (cf. HORNS of a dilemma). ***blów one's ówn hórn*** ⇨ blow 成句. ***còme óut at the líttle énd of the hórn*** ⇨ end 成句. ***denóunce to the hórn*** ＝*put to the* HORN. ***dráw* [*hául, púll*] *in one's hórns*** (1) 野心[熱意]を抑える, 弱気になる. (2) 引き下がる, 撤回する. (3) 《英》支出を抑える《かたつむりが角を隠すのにたとえたもの》. 《14C》 ***lift úp one's hórn*** 角を振り上げる; 得意になる. 《1570》 ***lóck hórns*** 《米》(1) 〔…と〕けんかする, 対戦する, 争う〔*with*〕. (2) 《牛などが》角を交えて戦う. 《1839》 ***pút to the hórn*** 《スコット古法》《人を》法の保護を受け得ない者である[公権を失ったもの]と宣告する (cf. horning 1). 《1536》 ***shów one's hórns*** 本性を表す. ***táke the búll by the hórns*** ⇨ bull[1] 成句.

Hórn of África [the ～] アフリカの角《アフリカ北東部; ソマリアを中心とする突出部の周辺地域》.

hórn of plénty [the ―] (1) 《ギリシャ神話》豊饒の角(つの) (⇨ cornucopia 1). (2) 《植物》クロラッパタケ (*Craterellus cornucopioides*) 《担子菌類のらっぱ形をした食用キノコ; 広葉樹の森林地に生える》. 《*c*1586》

hórns of a dilémma [the ―] 《論理》両刀論法の角(つの) 《両刀論法の第三前提で選言によって結合される二つの命題》.

― *adj.* [限定的] 角(つの)の; 角製の: a ～ handle 角製の柄 / ～ spectacles 角ぶちのめがね, ロイドめがね.

― *vt.* **1** [通例 p.p. 形で] …に角を生やす, 角の形にする (cf. horned) **2** …の角を取り去る: ～ cattle. **3** 角で突く. **4** 《古》《妻が》《夫》に不義をする (cuckold). **5** 《造船》《船の肋材などを》竜骨の線に直角になるように調整する.

hórn ín 《俗》〔…に〕割り込む, でしゃばる (intrude) 〔*on*〕. 《1912》

〖OE *horn* < Gmc **χornaz*, **χornam* (Du. *hoorn* / G *Horn*) ← IE **ker-* horn, head (L *cornū* horn: cf. corn[2])〗

Horn /hɔ́ən | hɔ́:n/, **Cape** *n.* ホーン岬《チリ南部, Tierra del Fuego 諸島の一島 (Horn Island) にある岬, 南米の最南端; the Horn ともいう; スペイン語名 Cabo de Hornos /kaβoðeɔ́rnos/》.

Hor·na·day /hɔ́ənədèɪ | hɔ́:-/, **William Temple** *n.* ホーナデー (1854–1937; 米国の動物学者; New York 動物園長 (1896–1926); 野生動物の保護に取り組んだ).

hórn antènna *n.* 角(つの)型アンテナ, ホーンアンテナ《マイクロ波用のアンテナ》. 《1939》

hórn bàlance *n.* 《航空》張出しバランス《昇降舵や方向舵の翼端に装着され, ヒンジ線から前方へ張出した幅の狭い舵面部分で, 操舵力および舵面の重心のバランスに役立つ》. 《1922》

hórn·bàr *n.* (馬車の)横木 (crossbar). 《1879》

hórn·bèam *n.* 《植物》**1** シデ《北米産カバノキ科クマシデ属 (*Carpinus*) の落葉樹の総称; アメリカシデ (American hornbeam) など》. **2** シデ材 (cf. ironwood). 《1568》

hórn·bìll *n.* 《鳥類》サイチョウ《アフリカとアジア熱帯地方産サイチョウ科の鳥の総称; 大きくなくちばしの上に大きい角質の隆起がある》. 《1773》

hórn·blènde *n.* 《鉱物》**1** 角閃(せん)石. **2** ＝amphibole. **hòrn·blénd·ic** /-bléndɪk←/ *adj.* 《1770》 ▭ G *Hornblende*: ⇨ horn, blende〗

hórnblende schìst *n.* 《岩石》角閃(せん)片岩. 《1821》

hórn·bòok *n.* **1** ホーンブック《昔, 子供の学習用にアルファベット・数字・主の祈りなどを書いた紙を板にはりつけて透明な角質の薄片で覆い, 柄の付いた枠に入れたもの》. **2** 入門書, 基本書 (primer). 《1594–95》

Horn·by /hɔ́ənbi | hɔ́:n-/, **Albert S.** *n.* ホーンビー (1898–1978; 英国の英語教育家・辞書編纂家; *An Idiomatic and Syntactic English Disctionary* (1942)).

horned /hɔ́ənd | hɔ́:nd/ ★ 詩ではまた /hɔ́ənɪ̀d | hɔ́:n-/ とも発音する. *adj.* **1** [しばしば複合語の第 2 構成素として] 角(つの)[角状突起]のある: ⇨ horned owl / a thin-*horned* deer 角の細い鹿. **2** 角の形をした; 三日月形の: the ～ moon 三日月. **3** 《紋章》《動物が》角が体の色と異なる (cf. attired). **4** 《古》寝取られた (cuckolded). **hórn·ed·ness** /-nɪ̀d-, -nd-/ *n.* 《(?*a*1300): ⇨ -ed 2》

hórned ádder [**ásp**] *n.* 《動物》＝horned viper.

Hórned Góat *n.* [the ～] **1** 《天文》やぎ(山羊)座 (⇨ Capricornus). **2** 《占星》やぎ座, 磨羯(まかつ)宮 (⇨ Capricorn 1).

hórned-hórse *n.* 《動物》＝gnu.

hórned lárk *n.* 《鳥類》ハマヒバリ (*Eremophila alpestris*) 《北半球に広く分布している顔に黒斑のある小形のヒバリ; shore lark ともいう》.

hórned ówl *n.* 《鳥類》ミミズク《頭に羽毛のふさがあるフクロウ》; (特に)アメリカワシミミズク (great horned owl).

hórned póppy *n.* 《植物》ツノゲシ (*Glauclum flavum*) 《ユーラシア原産で北米に帰化した黄色の花をつける植物》. 《1548–1870》

hórned póut *n.* 《魚類》＝brown bullhead.

hórned scréamer *n.* 《鳥類》ツノサケビドリ, カンムリサケビドリ (*Anhima cornuta*) 《南米北部に分布しているサケビドリ科の鳥, 頭部に角状の羽毛がある》. 《1785》

hórned tóad *n.* 《動物》ツノトカゲ (*Phrynosoma cornutum*) 《米国西部およびメキシコ産の背にとげのある無毒のタテガミトカゲ科のトカゲ》. 《1806》

hórned víper *n.* 《動物》ツノクサリヘビ (*Aspis cornutus*) 《エジプト・Palestine 産の目の上に角(つの)状の突起のあるツノクサリヘビ属の有毒ヘビ; cerastes, sand viper, asp ともいう》. 《1767》

hórn·er *n.* **1** 角(つの)細工人, 角細工商人. **2** 角笛吹き. **3** 《俗》ヘロイン吸飲者, ヘロイン飲み. 《(1419–20): ⇨ -er[1]》

Hór·ner's mèthod /hɔ́ənəz- | hɔ́:nəz-/ *n.* 《数学》ホーナーの方法《実係数の代数方程式の実根を近似する方法》. 《(1842) W. G. Horner (1786–1837: 英国の数学者)》

hor·net /hɔ́ənɪ̀t | hɔ́:-/ *n.* **1** 《昆虫》スズメバチ《スズメバチ科スズメバチ亜科に属するハチの総称; モンスズメバチ (giant hornet), whitefaced hornet など; 俗にクマンバチともいう》. **2** うるさい人, いじわる. 〖ME *harnet*, *hernet* (今の形は HORN と連想) < OE *hyrnet(u)* ← Gmc **χurz-* (G *Hornisse*) ← IE **ker-*, head horn 'HORN' (⇨ -et): cf. MLG *hornte* / MDu. *horn(e)te* / G *Hornisse*〗

hórnet clèarwing *n.* 《昆虫》スカシバガ (*Sesia apiformis*) 《体長約 3 cm; ハチに似ている》. 《1869》

hórnet's nèst *n.* 《口語》(ハチの巣をつついたような)騒ぎ; 厄介な状態, 大憤慨; 大勢の敵[反対者]: bring a ～ about one's ears 大勢のうるさい連中を怒らす, 面倒を引き起こす / arouse [stir up] a ～ (ハチの巣をつつくようにうかつ[余計]なことをして)多くの人を怒らす, 大騒ぎを起こす. 《1739–40》

Hor·ney /hɔ́ənaɪ | hɔ́:-/, **Karen** (**Dan·iel·sen**) /dǽnjəlsən, -sn/ *n.* ホーナイ (1885–1952; ドイツ生まれの米国の女性精神分析学者).

horn·fels /hɔ́ənfɛls | hɔ́:n-/ *n.* 《岩石》ホルンフェルス《粘板岩などの変成作用によって生じる目の細かく硬い岩石》. 《(1854) ▭ G *Hornfels* ← *Horn* 'HORN'＋*Fels* rock》

hórn flỳ *n.* 《昆虫》ツノサシバエ (*Haematobia irritans*) 《牛などに群がる》. 《1708》

horn·ful /hɔ́ənfʊ̀l | hɔ́:n-/ *n.* 角(つの)の杯一杯. 《(1610): ⇨ -ful[2]》

hórn gàte *n.* 《金属加工》ホーンゲート, むくり揚げ《鋳型の下から角笛状につける湯口》. 《1909》

Hor·ni·man /hɔ́ənəmən | hɔ́:nɪ̀-/, **Annie Elizabeth Fred·e·rick·a** /frɛ̀dərɪ́kə | frɛ̀d-/ *n.* ホーニマン (1860–1937; 英国の女性劇場経営者・演劇運動後援者; Dublin にあった Abbey Theatre の設立を援助; 通称 Miss Horniman).

hórn·ing *n.* 《スコット古法》**1** 角(つの)笛を三回吹いて知らせる告知《人を公権を失ったものと宣告するもの; cf. *put to the* HORN》. **2** (債務者の)処分執行: ⇨ LETTERS of horning. 《(*a*1398): ⇨ -ing[1]》

hórn·ist /-nɪ̀st | -nɪst/ *n.* 角(つの)笛吹き; ホルン(吹)奏者. 《(1836): ⇨ -ist》

hor·ni·to /hɔəníːtoʊ | hɔːníːtəʊ; *Am.Sp.* oɾníto/ *n.* (*pl.* ～**s** /～z; *Am.Sp.* ～s/) 《地質》溶岩塔, ホーニト《溶岩流の上にできるかまど状のガス噴出口; 南米火山地帯に多く, 日本で近年初めて大島の三原山にできた; spatter cone ともいう》. 《(1830) ▭ Sp. ～ (dim.) ← *horno* oven < L *furnum*: ⇨ furnace》

hórn·less *adj.* 角(つの)のない: ～ sheep. **～·ness** *n.* 《(*a*1398): ⇨ -less》

hórn·like *adj.* 角(つの)のような. 《(1579): ⇨ -like》

hórn-mád *adj.* 《古》**1** 《牛が角(つの)で突かんばかりに怒っている. **2** 気違いざたの, 激怒した. **3** 《俗》好色な (lecherous). 《1579》

hórn-màker *n.* **1** ホルン製造者. **2** 《Shak》夫に嫉妬の角 (horn n. 9) を生えさせる不倫妻. 《1599》

hórn òwl *n.* 《鳥類》＝horned owl.

hórn·pìpe *n.* **1** ホーンパイプ《拡声部に角(つの)を用いた木笛; 昔英国で用いた》. **2** ホーンパイプ踊り《英国の船乗りの間で行われる活発な舞踏, もと hornpipe を伴奏楽器とした》. **3** ホーンパイプ舞曲. 《?*a*1400》

hórn·plàte *n.* (鉄道車両の)軸箱守. 《1856》

hórn póppy *n.* 《植物》＝horned poppy.

hórn·pòut *n.* 《魚類》＝brown bullhead.

hórn-rímmed *adj.* 《めがねなど》縁がプラスチック[べっこう, 角(つの)]製の. 《1894》

hórn-rìms *n. pl.* プラスチック[べっこう, 角(つの)]縁のめがね, ロイドめがね. 《1927》

Horn·sey /hɔ́ənzi | hɔ́:n-/ *n.* ホーンジー《イングランド Greater London の Haringey 自治区の一部》. 《(変形) ← OE *Hæring-gehæg* ← *Hæring* gray wood (⇨ hoar, -ing[3] 2)＋*gehæg* enclosure, meadow》

hórn sìlver *n.* 《鉱物》角銀鉱 (⇨ cerargyrite). 《1770》

hórn snàke *n.* 《動物》＝hoop snake 2 a.

hórn·stòne *n.* **1** 《岩石》角岩《chert の一種》. **2** 《廃》火打ち石. 《(1728) ▭ G *Hornstein*》

hórn·swòg·gle /-swɑ̀(ː)gl | -swɔ̀gl/ *vt.* (*also* **horn-swag·gle** /～/) 《口語》欺く, ぺてんにかける (deceive, cheat). 《(1829) 戯言的造語: cf. horn (n. 9, vt. 4)》

hórn·tàil *n.* 《昆虫》キバチ(樹蜂)《キバチ科のハチの総称; 雌は樹木に卵を産むための角のような産卵管をもつ, wood wasp ともいう》. 《1884》

hórn tìmber *n.* 《海事》船尾肋骨.

Hor·nung /hɔ́ənəŋ | hɔ́:-/, **Ernest William** *n.* ホーナング (1866–1921; 英国の推理小説家 (cf. Raffles)).

hórn·wòrk *n.* **1 a** 角(つの)細工. **b** [集合的] 角細工品. **2** 《築城》角堡(かくほう). 《1641》

hórn·wòrm *n.* 《昆虫》イモムシ《スズメガ (hawkmoth) の幼虫; 尻に角を立てている; tomato hornworm など》. 《1676》

hórn·wòrt *n.* 《植物》マツモ, (俗に)金魚藻《マツモ (*Ceratophyllum*) 属の水草の総称》. **― *adj.*** 金魚藻属の水草の. 《1805》

hórn·wràck *n.* 《動物》＝sea mat. 《1819》

horn·y /hɔ́əni | hɔ́:ni/ *adj.* (**horn·i·er**; **-i·est**) **1** 《俗》《男が》性的に興奮した, 好色な. **2** 角(つの)の[製の, 状の]. **3** 角のように硬い, 硬化した (hard, callous): a ～ hand (仕事で)荒れて硬くなった手. **4** (角のように)半透明の; 角質の (corneous): the ～ coat (of the eye) 角膜 / the ～ layer 角質層. **5** 角形(の)突起のある. **hórn·i·ly** *adv.* **hórn·i·ness** *n.* 《(*a*1398): ⇨ -y[4]》

hórny córal *n.* 《動物》＝sea fan.

horol. 《略》horologe; horology.

hor·o·loge /hɔ́(ː)rəlòʊdʒ, hɑ́(ː)r-, -lɑ̀(ː)dʒ | hɔ́rəlɔ̀dʒ, hɔ́:r-, -lə̀ʊdʒ/ *n.* 《古》測時器, 時計 (timepiece); 日時計・水時計・機械時計(など時計に対する古い呼び名). 《(?*a*1375) ▭ OF (*h*)*orloge* (F *horloge*) ▭ L *hōrologium* ▭ Gk *hōrológion* ← *hōra* 'time, HOUR'＋*-logos* telling (⇨ -logue)》

ho·rol·o·ger /hərɑ́(ː)lədʒə | hɔrɔ́lədʒə[r], hɔːr-/ *n.* ＝horologist. 《(1408) *orloger* ▭ AF: ⇨ ↑, -er[1]》

horologia *n.* horologium の複数形.

hor·o·log·ic /hɔ̀(ː)rəlɑ́(ː)dʒɪk, hɑ̀(ː)r- | hɔ̀rəlɔ́dʒ-, hɔ̀ːr-←/ *adj.* **1** 時計の. **2** 時計学上の; 測時法上の. 《(1665) ▭ L *hōrologicus* ▭ Gk *hōrologikós* ← *hōrā* 'HOUR': ⇨ -ic[1]》

hòr·o·lóg·i·cal /-dʒɪ̀kəl, -kl̩ | -dʒɪ-←/ *adj.* ＝horologic. **～·ly** *adv.*

hor·o·lo·gi·on /hɑ̀(ː)rəlóʊdʒiən, hɔ̀(ː)r- | hɔ̀rələ́ʊ-/ *n.* 《東方正教会》時課経, オロロ一ギオン《西方教会の聖務日課書 (breviary) に相当する祈禱書》. 《(1724) ▭ Gk *hōrológion*: ⇨ horologe》

ho·rol·o·gist /hərɑ́(ː)lədʒɪ̀st | hɔrɔ́lədʒɪst, hɔːr-/ *n.* 時計師; 時計学者. 《(1798) ← HOROLOGE＋-IST》

hor·o·lo·gi·um /hɔ̀(ː)rəlóʊdʒiəm, hɑ̀(ː)r- | hɔ̀rə-lə́ʊ-, hɔːr-/ *n.* (*pl.* **-gi·a** /-dʒiə, -dʒə/) **1** 時計台. **2** [H-] 《天文》とけい(時計)座《エリダヌス座 (Eridanus) とかじき座 (Dorado) の間にある南天の小星座; the Clock ともいう》. **3** ＝horologion. 《(*a*1661) ▭ L *hōrologium*: ⇨ horologe》

ho·rol·o·gy /hərɑ́(ː)lədʒi | hɔrɔ́l-, hɔːr-, hə-/ *n.* 時計学; 測時学; 計時器[時計]作製術. 《((1388)) (1819) ← Gk *hōro-*, *hōra* 'time, HOUR'＋-LOGY》

ho·rop·ter /hərɑ́(ː)ptə, hɔ(ː)r- | hɔrɔ́ptə[r], hɔːr-/ *n.* 《光学》ホロプター, 単視限《両眼を一点に向けた時の単像として見得る限界線[面]》. 《(1704) ▭ F *horoptère* ← Gk *hóros* limit＋*optḗr* one who looks》

hor·o·scope /hɔ́(ː)rəskòʊp, hɑ́(ː)r- | hɔ́rəskə̀ʊp/ *n.* **1** (星占い用の)天宮図, 十二宮図, ホロスコープ: cast a ～ 占星天宮図を作る; (天宮図を繰って)星占いをする. **2** (星占いによる)予言. **3** ＝horoscopy. **― *vi.*** 占星天宮図を作る. **― *vt.*** 《人の》運勢図を作る; 占う. 《(1391) ▭ F ～ ▭ L *hōroscopus* ▭ Gk *hōroskópos* nativity ← *hōra-* 'HOUR, time'＋*skopós* watcher) ∽ OE *horoscopus* ▭ L》

horoscope 1

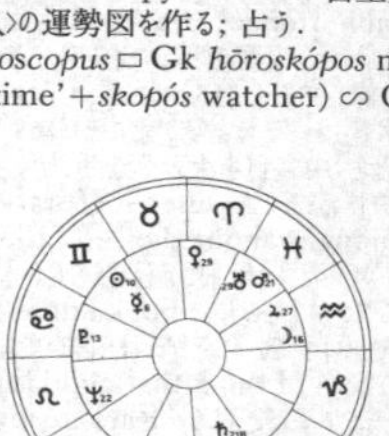

hor·o·scop·ic /hɔ̀(ː)rəskɑ́(ː)pɪk, hɑ̀(ː)r-, -skóʊp- | hɔ̀rəskɔ́p-←/ *adj.* 天宮図の, 星位上の; 星占いの, 占星術の. 《(1790) ▭ L *hōroscopicus*: ⇨ ↑, -ic[1]》

ho·ros·co·pist /hɔːrɑ́(ː)skəpɪ̀st, hɔ́(ː)rəskòʊp-, hɑ́(ː)r- | hɔrɔ́skəpɪst, hə-/ *n.* 星占い師, 運星研究家, 占星(術)師 (astrologer). 《(1652) ← HOROSCOPE＋-IST》

ho·ros·co·py /hɔːrɑ́(ː)skəpi | hɔrɔ́s-, hə-/ *n.* **1** (星占いのために行う)天体位置観測; 星占い, 占星術. **2** (天宮図の)諸星の配置, 星位. 《(1651): ⇨ horoscope, -y[1]》

Hor·o·witz /hɔ́(ː)rəwɪts, hɑ́(ː)r- | hɔ́r-/, **Vladimir** *n.* ホロヴィッツ (1904–89; ロシア生まれの米国のピアニスト).

hor·ren·dous /hɔ(ː)réndəs, hɑ(ː)r-, hər- | hɔr-, hər-/ *adj.* 《口語》恐ろしい, ものすごい (frightful). **～·ly** *adv.* 《(1659) ▭ L *horrendus*: ⇨ ↓, -ous》

hor·rent /hɔ́(ː)rənt, hɑ́(ː)r- | hɔ́r-/ *adj.* 《詩》**1** (こわい毛のように)逆立った. **2** 身の毛もよだつ. 《(1667) ▭ L

horrentem (pres.p.) ← horrēre to bristle〗
hor·ri·ble /hɔ́(ː)rəbḷ, hɑ́(ː)r- | hɔ́rɪ̀bḷ/ *adj.* **1**《口語》ぞっとするほど嫌な, ひどく不快な, ひどい (unpleasant, excessive): a ~ noise いやな音 / ~ weather 不快な天気 / They were swearing something ~《俗》彼らはひどい悪口を言っていた. **2** ものすごい, 恐ろしい (dreadful); 身の毛もよだつような, すさまじい: a ~ murder 身の毛のよだつような殺人 / ~ cruelty 身の毛のよだつような残酷さ. — *adv.* =horribly. — *n.* [通例 *pl.*] 恐ろしいもの[人].
~·ness *n.* 〖(?a1300) □ OF (h)orrible □ L *horribilis*: ⇨ horror, -ible〗

SYN 恐ろしい: **horrible** 身の毛もよだつような恐怖感・嫌悪感を起こさせる: a *horrible* accident ぞっとするような事故. **terrible** 恐ろしくて人をおびえさせる: He is *terrible* in anger. 怒ると怖い. **fearful** 恐怖感を起こさせる: a *fearful* sight 恐ろしい光景. **dreadful** 激しい恐怖・不安を催させる: Cancer is a *dreadful* disease. ガンは恐ろしい病気だ. **awful** 人に衝撃・恐怖・悲しみを起こさせる: He died an *awful* death. 彼は恐ろしい死に方をした. **frightful** 恐怖で人をしばらく麻痺させるような: a *frightful* experience とても怖い経験. ★ 以上の6語は《口語》で「ひどい」という意味の強意語として用いられる: *horrible* weather ひどい天気 / a *terrible* singer 下手っくそな歌手 / a *fearful* mistake とんでもない間違い / a *dreadful* meal ひどい食事 / an *awful* lot of work ひどくたくさんの仕事 / a *frightful* bore 退屈きわまる人物.

H

hor·ri·bly /hɔ́(ː)rəbli, hɑ́(ː)r- | hɔ́rɪ̀-/ *adv.* **1**《口語》[強意語として] ひどく, すごく (terribly, awfully). **2** 身の毛もよだつほど, ものすごく. 〖(c1340): ⇨ ↑, -ly¹〗
hor·rid /hɔ́(ː)rɪ̀d, hɑ́(ː)r- | hɔ́rɪd/ *adj.* **1** 恐ろしい (frightful), 忌まわしい. **2**《口語》ひどい, 憎らしい, ぞっとするほどいやな (repulsive); 不親切な: What a ~ nuisance! 何というううるさいことだ / How perfectly ~ of you! なんというひどい人間だ / Don't be ~! ひどいことを言うな[するな]. **3**《古・詩》逆立つ, 林立する (bristing); ごつごつした (rough). **~·ly** *adv.* **~·ness** *n.* 〖(1590) □ L *horridus* bristly, frightful ← *horrēre* to bristle: ⇨ horror, -id⁴〗
hor·rif·ic /hɔ(ː)rífɪk, hɑ(ː)r-, hər- | hɔr-, hər-/ *adj.* 身の毛もよだつほどの, 恐ろしい, ものすごい (horrifying). **hor·ríf·i·cal·ly** *adv.* 〖(1653) □ F *horrifique* ∥ L *horrificus* ← *horrēre* to bristle, shudder: ⇨ horror, -fic〗
hor·ri·fi·ca·tion /hɔ̀(ː)rəfɪ̀kéɪʃən, hɑ̀(ː)r- | hɔ̀rɪ̀fɪ-/ *n.* **1** ぞっとする[させる]こと. **2** こわがらせるもの. 〖(1800) ← L *horrificāre* (↓)+-ATION〗
hor·ri·fy /hɔ́(ː)rəfàɪ, hɑ́(ː)r- | hɔ́rɪ̀-/ *vt.*《口語》こわがらせる, ぞっとさせる (⇨ dismay SYN); …に(ぞっとするほど)反感を起こさせる, あきれ返らせる (scandalize): He was *horrified at* [*by*] the news. その知らせにぞっとした / I was *horrified* to see …を見て嫌になった[あきれた]. 〖(1791) □ L *horrificāre* to cause horror: ⇨ horror, -fy〗
hór·ri·fỳ·ing *adj.* ぞっとさせるような; あきれるような, けしからぬ: a ~ scene 恐ろしい[言語道断な]場面. **~·ly** *adv.* 〖(1791): ⇨ ↑, -ing²〗
hor·rip·i·late /hɔ(ː)rípəlèɪt, hɑ(ː)r- | hɔrípɪ̀-/ *vt.* (寒さ・恐怖などで)〈人〉に身の毛をよだたせる, 鳥肌立たせる. — *vi.* 身の毛が逆立つ. 〖(1623) ← L *horripilātus* (p.p.) ← *horripilāre* ← *horrēre* 'to HORROR'+*pilus* hair: ⇨ -ate³〗
hor·rip·i·la·tion /hɔ(ː)rìpəléɪʃən, hɑ(ː)r- | hɔrìpɪ̀-/ *n.* **1** (寒さ・恐怖などのため)身の毛がよだつこと. **2** 鳥肌, 鵞皮(がひ) (gooseflesh). 〖(1656) □ LL *horripilātiō(n-)* ← L *horrēre* (↓)+*pilus* hair〗
hor·ror /hɔ́(ː)rə, hɑ́(ː)rə | hɔ́rə(r/ *n.* **1** 恐怖, 戦慄(せんりつ) (⇨ fear SYN); (恐怖・いやらしさで)ぞっとする気持ち; 憎悪 (abhorrence): be filled with ~ at …に接してぞっとする / flee in ~ 恐ろしくて逃げる / have a ~ *of* …がぞっとするほど嫌いである / to a person's ~=to the ~ of a person …がぞっとするほど驚いたことには / Her eyes widened in ~. 恐ろしさに目を大きく見開いた. **2 a** ぞっとさせる性質[有様], 恐ろしさ: the ~ of starvation 飢餓の恐ろしさ / He thought about the ~ of their lives. 彼らの生活のひどさを考えた. **b**《口語》恐ろしいもの, ぞっとする事件; 嫌でたまらない人[もの]: a book full of ~s of every sort あらゆる恐ろしい[すごい]ことが一杯書いてある本 / the ~s of war 戦争の惨事 / I think that child is a little ~. あの子供はちょっと嫌な子だと思う / Rats are my particular ~. ネズミときたらぞっとするほど嫌だ. **3**《口語》実にひどいもの: That coat is a real ~. あの上着は実にひどい代物だ. **4** [the ~s] **a** 憂鬱(ゆううつ) (the blues). **b**《口語》ふるえの発作; (特に, delirium tremens の) 病的ふるえ. **5** スリラー映画. **6**《廃》**a** 毛を逆立てること. **b** (病気の兆候としての)身ぶるい, 悪感 (shivering). — *adj.* [限定的] 恐怖を感じさせるような, 戦慄的な: a ~ comic [film, movie] スリラー漫画[映画] / ~ fiction 恐怖小説, スリラー / a ~ writer 恐怖小説作家. — *int.* [通例 ~s] ひゃー, うわー (驚き・当惑・失望などを表す). 〖(a1325) *horrour* □ OF *(h)orrour* ∥ L *horror* a bristling, trembling ← *horrēre* to bristle (with fear), tremble ← IE **ghers-* to bristle (⇨ gorse)〗
hórror stòry *n.* **1** ホラー小説[映画]. **2**《口語》恐ろしい実話.
hórror-strìcken *adj.* =horror-struck.
hórror-strùck *adj.* 恐怖に襲われた: He stood ~ at the scene. その光景に怖くて立ちすくんだ. 〖1814〗
hórror vá·cu·i /-vǽkjuàɪ/ *n.* 空間畏怖《自己の前に広がる空白に対していだく恐怖感; 装飾の起源を説明するときにあげられる》. 〖(1845) ← NL 'the horror of a vacuum'〗
hors /ɔə | (h)ɔː(r; *F.* ɔːʁ/ *F. adv., prep.* 外部に (outside, out), …の外に (out of). 〖□ F ~《変形》← *fors* < L *foris* outside〗
Hor·sa /hɔ́əsə | hɔ́ː-/ *n.* ホルサ (?–455; ジュート族 (Jutes) の酋長; 兄 Hengist と共にイングランドに侵入し Kent 王国を建設). 〖mare の意?: cf. horse〗
hors con·cours /ɔ̀əkɔ̃ː(ŋ)kúə, -kɔːŋ- | ɔ̀ːkɔ̃ː(ŋ)kúə(r, -kɔːŋ-; *F* ɔːʁkɔ̃kuːʁ/ *F. adj., adv.* **1** 無鑑査[無審査](無鑑査参考品としての出品)の[で]; 審査の対象からはずして. **2** 比類なく優れた (supreme). 〖(1884) □ F ~ 'outside competition'〗
hors de com·bat /ɔ̀ədəkɔ̃ː(m)bɑ́ː, -kɔːm- | ɔ̀ːdə-kɔ̃ː(m)bɑː, -kɔ́m-; *F.* ɔːʁdəkɔ̃ba/ *F. adv., adj.* 戦闘力を失って(いる) (disabled). 〖(1757) □ F ~ 'out of combat'〗
hors d'oeu·vre /ɔədə́ːv | ɔːdə́ːv, hɔː-, -vrə; *F.* ɔʁdœːvʁ/ *n.* (*pl.* ~, ~s /~z; *F.* ~/) **1**《料理》オードブル, 前菜《食欲を促すために食事の最初に出す軽い料理》. **2** 本質的でないもの. 〖(1714) □ F ~《原義》outside of work〗
horse /hɔəs | hɔːs/ *n.* (*pl.* ~s, ~) **1**《動物》**a** ウマ (*Equus caballus*)《ウマ科ウマ属の動物の総称; 家ウマ (*E. caballus caballus*) など; cf. stallion 1, gelding 1, colt 1, filly 1, foal, steed 1, hack² 1, jade²》: ⇨ dark horse, flying horse, gift horse / eat like a ~ (馬のように)大食する, 馬食する / work like a ~ 大いに[がむしゃらに]働く / hold a ~ 馬の口をとる / You can lead a ~ to water, but you can't make him drink.《諺》馬を水の所まで連れて行けても水を飲ませることはできない《自分でする気のない人ははたからはどうすることもできないものだ》. ★ ラテン語系形容詞: equine. **b** (14.2 ハンド (hand) を超える背のある) 馬 (cf. pony 1 a). **c** (成長した)雄馬 (cf. mare). **d** 競走馬, 競馬馬 (racehorse). **2**《動物》ウマ科の動物《ass, zebra など》; セイウチ (sea horse). **3 a**《体操》鞍馬 (side horse). **b** 跳馬 (vaulting horse). **c** 木馬: ⇨ rocking horse. **d** (昔刑具として兵士を乗せた)木馬: ride the wooden ~. **4**《俗》ヘロイン (heroin). **5**《英》騎兵 (horsemen); 騎兵隊 (cavalry): a regiment troop of ~ 騎兵連隊 / a hundred ~ 騎兵 100 人 / ~ and foot 騎兵と歩兵, 全軍; 全力を挙げて / light ~ 軽騎兵. **6 a** のこひき台, ひきうま (sawhorse). **b** (皮の)なめし台. **c** 物を掛ける台, 掛け台, 脚立(きゃたつ): a towel ~ タオル掛け / ⇨ clotheshorse. **d**《印刷》(印刷前の)白紙置き[載せ]台. **7**《戯言》人, やつ (man, fellow): How are things, old ~? おい君, どうだい / a willing ~ 骨惜しみせずに働く人. **8**《口語》=horsepower. **9**《口語》(チェスの)ナイト (knight). **10**《米口語》とらの巻, 訳本 (crib)《trot, pony ともいう》. **11**《鉱山》はさみ石, 中石《鉱脈の中にある岩壁と同一の岩》. **12**《海事》**a** =traveler 5 b. **b** マストの後側に取り付けた丈夫な垂直ケーブルで, これにスパンカーという斜台形の帆の前端を取り付けるためのもの. **13**《造船》肋材の形が複雑な時, これを作るのに使う実物大の型.
a hórse of anóther* [*a dífferent*] *cólor 全く別なこと (cf. Shak., *Twel N* 2. 3. 181). (1798) ***báck* [*píck,* (米) *bét on*] *the wróng hórse***《口語》(1) (競馬で)負け馬に賭ける. (2) (誤って)弱い方を支持する. (3) 判断を誤る. (1922) ***be* [*gét*] *on one's high hórse***《口語》傲慢にふるまう, お高くとまる. ***béat* [*flóg*] *a déad hórse***《口語》すでに決着のついた問題を論じる, 済んだことを蒸し返す; むだ骨を折る. ***chánge* [*swáp*] *hórses in the míddle of a stréam* [*in midstréam*]**〈仕事・計画・勉学などを〉中途で方針を変える. (1940) ***flóg a déad hórse*** =beat a dead HORSE. ***from* [*òut of*] *the hórse's móuth*** = (straight) from [out of] the HORSE's mouth. ***hítch hórses togèther*** (1) 馬を一緒につなぐ (cf. hitch¹ *vt.* 3). (2)《古》共同作業をする; 仲よくする (harmonize). ***hóld one's hórses***《口語》[通例命令形で] はやる心を抑える, 我慢する, 持つ: *Hold your* ~*s!* 落着け, あわてるな. (1844) ***hórse and hórse***《米》五分五分で, 対等で (on even terms). ***hórses for cóurses*** 人はそれぞれ得手不得手がある. (1898) ***I could éat a hórse.*** 腹ぺこだ. ***on one's hígh hórse*** ⇨ high horse 1. ***pláy hórse***《口語》(1) 馬乗り遊びをする. (2) だます; あざ笑う; ばかなまねをする; 暴れる. (3) […を]無作法に[そっけなく]遇する (*with*). ***pláy the hórses***《米》競馬に賭ける. ***rún befóre one's hórse to márket*** まだ手に入れない利益を当てにする, とらぬ狸の皮算用をする. ***spúr a wílling hórse*** (ほっておいてもやる気のある人を)せき立てる, 要らぬ世話をやく: Do not *spur a willing* ~.《諺》いそいそと進む馬に拍車をかけるな《余計な世話は焼くな》. ***(stráight) from* [*òut of*] *the hórse's móuth***《口語》確かな[確からしい]筋から, 直接本人から: I had the information *from the* ~*'s mouth.* その情報を信ずべき筋から得た. (1928) ***táke hórse*** (1) 馬に乗る, 馬で行く. (2)〈雌馬が〉交尾する. (1617) ***tálk hórse*** (1) 競馬の言葉を使う. (2) 大ぼらを吹く. (1855) ***To hórse!*** 馬に乗れ, 乗馬せよ《らっぱの合図または号令》. (1847)
— *adj.* [限定的] **1 a** 馬の[に関する, に付ける]: a ~ hoof 馬のひづめ / a ~ blanket 馬の覆い / ~ trappings 飾りつき馬具, 馬飾り. **b** 馬に引かせた: a ~ barge 馬で引く小船[伝馬船]. **2** (同種類の動植物の中で)より大きい[強い]. **3** 下品な, 粗野な: a ~ joke, laugh, etc. **4** 馬に乗った (cf. horseman 1): ~ guards 騎馬護衛隊.
— *vt.* **1 a**〈人・物を〉馬に乗せる. **b**〈人〉に馬をあてがう;〈馬車など〉に馬をつける: ~ a carriage 馬車に馬をつける / be well ~*d* 十分馬があてがわれている. **2** 背負う; 背負わせる. **3**《口語》引っ張り回す, 酷使する: ~ a ship's crew. **4**《口語》押す, 突く. **5**《俗》**a**〈人を〉からかう, なぶる (kid, tease). **b** (舞台で)〈役を〉騒々しく演じる. **6**《古》(むち打つために)〈人を〉他人の背または木馬に乗せる; むち打つ (flog). **7**《木工》〈階段の側桁(ささら)〉に段板の端をはめ込むための切り込みを付ける. **8**《海事》水もれしないよう〈船板〉にハンマーで槇肌(まいはだ)を詰める. **9**〈重い物を〉(腕力だけで)動かす. — *vi.* **1** 馬に乗る, 馬で行く. **2**〈雌馬などが〉さかりがついている. **3** ばかなまねをする (⇨ 成句). **4** 突合せ校正をする, 押付け校正をする. **5**《卑》〈配偶者以外の者と〉性交する, 性行為[性戯]にふける (*with*).
***hórse aróund* [*abóut*]** (1)《口語》ばか騒ぎをする, ふざけ回る. (2) =*vi.* 5. (3) つまらぬことに時間を費やす. (1928)
~·lìke *adj.* 〖n.: OE *hors, hros* < Gmc **χursam, *χorsaz* (OHG *hros* (G *Ross*) / ON *hross*) ← ? IE **(s)ker-* to leap (Skt *kūrd-*) ∥ **kers-* to run (L *currere* to run). — v.: lateOE *horsian*〗

horse
1 forelock
2 muzzle
3 knee
4 hoof
5 fetlock
6 hock
7 tail
8 flank
9 mane

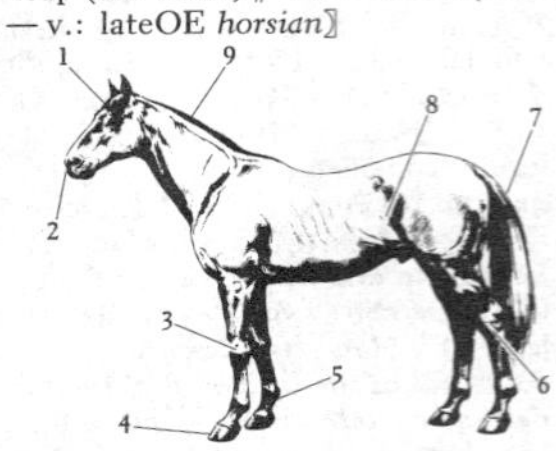

hórse-and-búggy *adj.*《米》**1** 馬車時代の(ような): ~ days 昔. **2** 古めかしい, 古くさい (old), 旧式の (outmoded). 〖1926〗
horse·back /hɔ́əsbæ̀k | hɔ́ːs-/ *n.* **1** 馬の背: on ~ 馬に乗って, 乗馬で, 騎馬で. **2**《米》《地理》=hogback.
a mán on hórseback ⇨ man¹ 成句.
ángels* [*dévils*] *on hórseback =angels-on-horseback.
— *adj.*《米口語》いい加減な, 十分に考慮を払わない.
— *adv.* 馬に乗って: ride ~.
〖a1393〗
hórseback rìding *n.*《米》乗馬 (horse riding). 〖1878〗
hórse·bèan *n.*《植物》**1** =broad bean 1. **2** =Jerusalem thorn 2.
hórse blòck *n.* (乗馬用)踏み台, 乗馬台. 〖1753〗
hórse bòat *n.* **1** 馬や牛を運ぶ渡し船. **2**《米》馬を使って推進用外輪を回した方式の船. **3** 船尾に大きな跳ね上げ板をもつ鋼製上陸用舟艇の一種. 〖1591〗
hórse bòtfly *n.*《昆虫》ウマバエ (*Gasterophilus intestinalis*)《その幼虫は馬の口蓋や胃に寄生する》. 〖1840〗
hórse bòx *n.* **1 a** (競馬などの)馬匹運搬(用貨)車. **b** (馬を船に積み込むときに用いる)馬おり; (船上の)馬小屋. **2**《英戯言》(教会堂の)長椅子席. 〖1846〗
hórse·bòy *n.*《英》馬屋の助手, 馬丁. 〖1537〗
hórse bràss *n.* (鞅(むながい)など輓馬用馬具に付ける)真鍮製装飾金具. 〖1911〗
hórse·brèaker *n.* 調馬師. 〖1550〗
hórse brèaking *n.* 調馬, 調教.
hórse brìer *n.*《植物》サルトリイバラ (⇨ greenbrier). 〖1889–91〗
hórse·càr *n.*《米》**1** 鉄道馬車. **2** 馬運搬用貨車[自動車]. 〖1833〗
hórse càvalry *n.* 騎馬騎兵隊《戦車隊その他の機械化部隊に変身した騎兵隊ではなく, 現実に馬に乗る騎兵隊》.
hórse chèstnut *n.*《植物》**1 a** セイヨウトチノキ, マロニエ (*Aesculus hippocastanum*)《トチノキ科トチノキ属の一種で街路樹に用いる》. **b** セイヨウトチノキの実 (conker). **2** トチノキ属の木の総称《buckeye ともいう》. 〖(1597)《なぞり》← L《廃》*Castanea equina*: 馬の呼吸器病の薬として用いられたことから〗
hórse·clòth *n.* **1** 馬衣. **2** (衣服用の)一種の丈夫で目の粗い織物. 〖1530〗
hórse·còllar *n.* **1**《馬具》首輪, 首枷(くびかせ), 首当て, はも《これに引き皮 (trace) を結びつける》: grin through a ~ ⇨ grin 成句. **2**《米俗》《野球》無安打; 0 点《馬の首輪の形が 0 に似ていることから》. — *vt.*《米俗》《野球》**1**〈相手チーム〉に得点を許さない. **2**〈相手チーム・バッター〉にヒットを許さない. 〖1403〗
hórse cònch *n.*《貝類》西大西洋の暖海にすむ長さ 60 cm 位になるイトマキボラ科の巻貝 (*Fasciolaria gigantea*). 〖1885〗
hórse còper *n.*《英》(不正を働く)博労(ばくろう), 馬商人(うまあきんど). 〖(1614): ⇨ coper¹〗
hórse dòctor *n.* **1**《口語》馬医, 獣医. **2** やぶ医者. 〖1672〗
hórse-dràwn *adj.* [限定的] 馬が引く.
hórse·fàce *n.* 不器量な長い顔, 馬づら. 〖1681〗
hórse-fàced *adj.* 馬づらをした, 顔の長い. 〖1672〗
hórse·fàir *n.* 馬市. 〖1369〗
hórse·fèathers *n. pl.* [単数または複数扱い]《俗》たわごと (nonsense). — *int.* ばかな, とんでもない (nonsense!)《不信を表す》. 〖1928〗
hórse·flèsh *n.* **1** 馬肉, 桜肉 (cf. cat's meat). **2** [集合的] 馬 (horses): a good judge of ~ 馬の目利き. 〖a1400–50〗
hórse·flỳ *n.*《昆虫》**1** ウシアブ《アブ科の, 特にアブ属 (*Tabanus*) の大形のアブの総称; 雌は馬・牛などの家畜の血を吸う; gadfly, cleg ともいう》. **2** ハエの総称. 〖(c1384) *hors fleeze*〗
hórse-fòot *n.* (*pl.* ~s) **1**《植物》フキタンポポ《キク科》,

カントウ(款冬) (coltsfoot). **2** 〘動物〙カブトガニ (horseshoe crab). 〘1375〙

hórse gèntian *n.* 〘植物〙 =feverroot.

hórse guàrd *n.* 〘昆虫〙米国南部に生息し, 家畜につくハエを捕食する黄色と黒のジガバチ科ハナダカバチ属のハチ (*Bembix carolina*).

Hórse Guàrds *n. pl.* [the ~]〘英〙 **1** 近衛騎兵第二連隊 (Royal Horse Guards); 近衛騎兵旅団 (3 個連隊). **2** [単数扱い] (London の Whitehall にある) 英国陸軍総司令部 (もと近衛騎兵旅団司令部); (総称的に)同司令部の人員. 〘1645〙

Hórse Guàrds Paráde *n.* 近衛騎兵練兵場 (London の Horse Guards 裏手の広場; 毎年女王の公式誕生日 (6月の第二土曜日)に連隊旗敬礼分列行進式が行われる).

hórse·hàir *n.* **1** 馬の毛 (たてがみまたは尻尾の毛). **2** ばす織り (haircloth). **—** *adj.* **1** 馬の毛の. **2** 馬の毛の詰まった, 馬の毛で覆われた. 〘(1753) *horsher*〙

hórsehair fùngus *n.* 〘植物〙シロヒメホウライタケ (*Marasmius rotula*) (北米東部にみられる食用キノコ).

hórsehair wòrm [snàke] *n.* 〘動物〙毛様線虫 (hairworm), ハリガネムシ (cf. Nematomorpha).

Hórse·hèad Nèbula *n.* 〘天文〙(オリオン座の)馬頭星雲.

hórse·hìde *n.* **1** 馬の生皮; 馬のなめし革. **2** 〘米口語〙野球のボール. 〘*a*1325〙

hórse·hòof *n.* (*pl.* ~s) 〘植物〙 =coltsfoot. 〘1398〙

hórse·kèeper *n.* 馬丁, 別当 (groom). 〘1440〙

hórse látitudes *n. pl.* 〘海事・気象〙亜熱帯無風帯 (大西洋・太平洋上の北緯および南緯 30° 辺の地帯; 一般に気圧高く多く無風時に方向不定の微風のある地帯). 〘1777〙

hórse·làugh *n.* ばか笑い (guffaw). **—** *vi.* ばか笑いをする. 〘1713〙

hórse·lèech *n.* **1** 〘動物〙ウマビル (*Haemopis gulo*) (ヨーロッパ産ヒル綱, 顎蛭(㌻)目, ヒルド科のヒルの一種; 馬が水を飲んでいるうちに鼻や口を冒すといわれる). **2** ひどい貪欲者. **3** 〘古〙獣医. ***a dáughter of the hórseleech*** ⇨ daughter 成句. 〘(1418): ⇨ leech¹〙

hórse·less *adj.* **1** 馬のない. **2** 〈馬車が〉馬のいらない, 自力で動く. 〘(1671): ⇨ -less〙

hórseless cárriage *n.* 〘古〙「馬なし馬車」(自動車のこと). 〘1895〙

hórse màckerel *n.* 〘魚類〙 **1** =blue fin 2. **2** ニシマアジ (*Trachurus trachurus*) (大西洋産のマアジ属の海魚 scad, 〘米〙 saurel ともいう). 〘*a*1705〙

horse·man /hɔ́ːəsmən | hɔ́ːs-/ *n.* (*pl.* **-men** /-mən, -mèn/) **1** 乗馬者, 騎手; 馬術家, 乗馬の達人: She's a good ~. 彼女はなかなかの乗り手だ. ★ この場合, 主語が女性でも horseman の方が horsewoman より普通. **2** 馬の飼育者[生産者]; 調教師, 馬主. **3** 〘カナダ俗〙騎馬警官 (Mountie). 〘?*a*1200〙

hórseman·shìp *n.* 馬術 (manege); 乗馬の腕前: feats of ~ 曲馬, 馬の曲乗り. 〘(1565): ⇨ ↑, -ship〙

hórse marìne *n.* **1** (昔の)騎馬水兵, 艦艇勤務の騎兵. **2** [*pl.*] 〘戯言〙(不慣れな勤務に従事する想像上の)騎馬水兵; 不適任な[場違いの]人: Tell that to the ~s! そんな事だれが本気にするもんか, でたらめ言うな (cf. marine 成句). 〘1824〙

hórse màster *n.* 調馬師, 馬の扱いの達人.

hórse·master·shìp *n.* 〘1523〙

hórse·mèat *n.* 馬肉.

hórse·mìnt *n.* 〘植物〙 **1** =water mint. **2** ヨーロッパからアメリカへ帰化したシソ科ハッカ属の植物 (*Mentha rotundifolia*) (apple mint ともいう). **3** シソ科ヤグルマハッカ属 (*Monarda*) の植物の総称; (特に)紫の斑点があるクリーム色の花が咲く丈の高い多年草 (*M. punctata*). 〘*c*1265〙

hórse mùshroom *n.* 〘植物〙シロオオハラタケ (*Agaricus arvensis*) (食用キノコの一種).

hórse mùssel *n.* 〘貝類〙ホンヒバリガイ (*Modiolus modiolus*) (ヨーロッパ北部および米国沿岸に広く分布するイガイ科の貝).

hórse nèttle *n.* 〘植物〙オニナスビ (*Solanum carolinense*) (米国中部および南部産のナス属の植物). 〘1818〙

Hor·sens /hɔ́ːəsənz, -snz, -səns, -sns | hɔ́ː-; *Dan.* hɔ́ːsəns/ *n.* ホーセンス (デンマークの Jutland 半島東部の Horsens Fjord 湾奥の港市).

hórse nùts *n. pl.* (馬用) 混合飼料 (oats, molasses, ビタミンなどを含む).

hórse òpera *n.* **1** 〘米口語〙(テレビ・映画の)西部劇. **2** 〘米俗〙サーカス. 〘1927〙

hórse pàrlor *n.* 〘俗〙〘競馬〙賭けをする場所; (特に) (bookmaker の) 馬券売場.

hórse pìck *n.* =hoof-pick.

hórse pìll *n.* 〘戯言〙大きな丸薬.

hórse pìstol *n.* (昔乗馬者が所持した)大型ピストル. 〘1704〙

hórse·plày *n.* 騒々しい[乱暴な]遊び, ばか騒ぎ. 〘1589〙

hórse·plàyer *n.* 習慣的に競馬に賭ける人, 競馬狂. 〘1947〙

hórse·pònd *n.* 馬洗い池 (馬に水を飲ませたり洗ったりする小さな池; 悪いことをした人を水責めにする所として知られる). 〘1701〙

hórse·pòwer *n.* **1** 1 頭の馬の牽引力. **2** 馬力 (1 秒間に 75 kg の重量を 1 m の高さに揚げる力を 1 とする仕事率の単位; 略 HP, h.p.; man power 2 a). **3** 馬の力を利用する機械. 〘(1806) James Watt の用語〙

hórsepower-hòur *n.* 馬力時 (一時間に一馬力の割合でなされる仕事量(に要するエネルギー)で, 1,980,000 フートポンドに当たる). 〘1899〙

hórse·pòx *n.* 馬痘 (馬の痘瘡(㌻)). 〘1656〙

hórse ràce *n.* (競馬の)レース.

hórse ràcer *n.* **1** 競馬の馬主. **2** 騎手 (jockey). **3** 競馬ファン. 〘*c*1618〙

hórse ràcing *n.* 競馬. 〘*c*1654〙

hórse·ràdish *n.* **1** 〘植物〙セイヨウワサビ, ワサビダイコン (*Armoracia rusticana*) (アブラナ科の栽培植物). **2** その根で作るわさび[ソース]. 〘1561〙

hórseradish trèe *n.* 〘植物〙ワサビノキ (⇨ ben³ 1). 〘1859〙

hórse ràke *n.* 馬の引くレーキ (cf. rake¹ 1).

hórse rìding *n.* 乗馬 (〘米〙 horseback riding). 〘*c*1610〙

hórse ròom *n.* =horse parlor

hórse sènse *n.* 〘口語〙大ざっぱな常識, 俗識, (実生活上の)分別, 直感的[実際的]な知恵. 〘1832〙

hórse·shìt *n.* 〘米卑〙 **1** 馬の糞. **2** ばかげたこと, ナンセンス (nonsense), うそっぱち (lie). **—** *int.* ばかな, うそ言え, いやなこった (不信・疑惑を表す; cf. bullshit). 〘(1946) ← HORSE+SHIT: cf. bullshit〙

horse·shoe /hɔ́ːəsʃùː, hɔ́ːəʃ- | hɔ́ːs-, hɔ́ːʃ-/ *n.* **1** 馬蹄(㌻), 蹄鉄. **2 a** 馬蹄形のもの, U 字形のもの (谷・川の湾曲部など). **b** (蹄鉄または蹄鉄形の)幸運の印, 魔よけ. **3** [*pl.*; 単数扱い] 蹄鉄投げ遊び (10 m ほど離れた所に立てた棒に蹄鉄を投げて引っ掛ける遊戯): He throws the awkwardest ~s in the world. あれくらい蹄鉄投げの下手な男はちょっといない. **—** *adj.* [限定的] 馬蹄形の, U 字形の: a ~ table. **—** *vt.* **1** …に蹄鉄を付ける. **2** 〈アーチ門などを〉蹄鉄形にする. 〘(*a*1387) *horscho* (短縮) ← *horsis sho*〙

hórseshoe árch *n.* 〘建築〙馬蹄(㌻)形アーチ. 〘1812–16〙

hórseshoe bát *n.* 〘動物〙キクガシラコウモリ (キクガシラコウモリ科 (Rhinolophidae) のコウモリ). 〘1774〙

hórseshoe clám *n.* 〘貝類〙シャゴウ (*Hippopus hippopus*) (熱帯太平洋のサンゴ礁にすむ白色に菫赤色の斑点のある大形の二枚貝).

hórseshoe cráb *n.* 〘動物〙カブトガニ (⇨ king crab 1). 〘1797〙

Hórseshoe Fálls *n. pl.* [the ~; しばしば単数扱い] ホースシュー滝 (Canadian Falls ともいう; ⇨ Niagara Falls 1).

hórseshoe màgnet *n.* 馬蹄(㌻)形磁石. 〘1785〙

hórse·shò·er *n.* (馬の)蹄(㌻)鉄工 (cf. farrier).

hórseshoe vórtex *n.* 〘航空〙馬蹄形渦, U 字渦 (飛行中の翼の両翼端近くから後方へ吐き出される一対の渦で, 両方が翼面でつながり馬蹄形になっている).

hórse shòw *n.* ホースショー (乗馬・牽車・跳躍のテストなどで馬や騎手の能力を競い合うもので, 通常毎年行われる). 〘1856〙

hórse's néck *n.* 〘米〙ホースネック (ジンジャーエールに氷とらせん形のレモンの皮を加えた飲料; 時にアルコール飲料を含むこともある). 〘1903〙

hórse sùgar *n.* 〘植物〙 =sweetleaf.

hórse·tàil *n.* **1** 馬の尾 (オスマン帝国で pasha の位をその数で示すために軍旗・総督旗に用いた): the ~ standard オスマン帝国の軍旗. **2** ポニーテール (ponytail) (髪を後ろで結んで垂らす少女ふうの結い方). **3** 〘植物〙トクサ (トクサ属 (*Equisetum*) の植物の総称; トクサ (scouring rush), スギナ (field horsetail) など). 〘*c*1300〙

hórse tìmber *n.* 〘海事〙 =horn timber.

hórse-tràde *vi.* 〘米〙 **1** 馬の売買をする. **2** 抜け目のない取引をする. 〘1846〙

hórse tràde *n.* 〘米〙 **1** 馬の売買[交換], 馬市. **2** 抜け目のない取引; 詐欺.

hórse tràder *n.* 〘米〙 **1** 馬の売買[交換]者. **2** 駆け引きのうまい人, 抜け目のない男. 〘1850〙

hórse tràding *n.* 〘米〙 **1** (相手の無知に乗じて悪い)馬を売りつけること. **2** 抜け目のない取引; 詐欺. 〘1972〙

hórse tràiler *n.* 〘米〙馬匹(㌻)運搬車.

hórse trìals *n. pl.* 馬術競技 (dressage, cross-country, showjumping などを含む).

hórse vàult *n.* [the ~]〘体操〙跳馬.

hórse·wèed *n.* 〘植物〙 **1** ヒメムカシヨモギ (*Erigeron canadensis*) (野原や路傍に群生するキク科の帰化雑草で 1.5 m に達し, 白い花をつける; 北米原産). **2** (北米産)キク科の丈の高い草本 (*Lactuca canadensis*). **3** クワモドキ, オオブタクサ (*Ambrosia trifida*) (キク科ブタクサ属の植物). 〘1790〙

hórse·whìp *n.* 馬のむち. **—** *vt.* 〈人を〉馬のむちで打つ, 懲らしめる. **hórse·whìp·per** *n.* 〘1694〙

hórse·wòman *n.* **1** 女性乗馬者, 女性騎手 (cf. horseman). **2** 馬の取扱い[世話]のうまい女性. 〘1564–78〙

hors·ey /hɔ́ːəsi | hɔ́ːsi/ *adj.* (**hors·i·er, -i·est**) **1** 馬の[に関する, のような]. **2 a** 馬好きの, 競馬狂の; 馬匹改良[産馬事業]に熱心な. **b** 〈言語・服装・動作など〉競馬人らしい; 騎手気取りの. **3** 〘口語〙ばかに大きい, でっかい.

hórs·i·ness *n.* 〘(1591) ← HORSE+-Y⁴〙

Hor·sham /hɔ́ːəʃəm | hɔ́ː-/ *n.* ホーシャム (イングランド南東部 West Sussex 州の町).

hors·ie /hɔ́ːəsi | hɔ́ː-/ *n.* (親しみをこめて) 馬. 〘⇨ -ie〙

hors·i·ly /-sɨ̀li/ *adv.* 馬のように. 〘(1889) ← HORSE (adj.)+-LY¹〙

hórs·ing *n.* 乗馬供給. **—** *adj.* 〈雌馬が〉交尾期の. 〘(?*c*1350): ⇨ horse, -ing¹〙

hor. som. /hɔ́ːəsáː(ː)m | hɔ́ːsɔ́m/ 〘略〙〘処方〙 *L.* hōrā sommī 就寝時に (at bedtime).

hor·son /hɔ́ːəsən, -sn | hɔ́ː-/ *n.* 〘廃〙 =whoreson.

horst /hɔ́ːəst | hɔ́ːst; *G.* hɔʁst/ *n.* 〘地質〙地塁, ホルスト (二つの断層に挟まれた一段と高くなっている地域; cf. graben). 〘(1893) ◻ G *Horst* heap: cf. hurst〙

Hórst Wés·sel sòng /hɔ́ːəstvésəl-, -sl- | hɔ́ːst-; *G.* hɔ́ʁstvɛsl/ *n.* [the ~]〘ドイツ史〙「ホルストヴェッセルの歌」(ナチ党員 Horst Wessel が作詞作曲した歌でナチ党の党歌, 第三帝国の第二国歌となった; ドイツ語では Horst Wessel Lied). 〘1968〙

hors·y /hɔ́ːəsi | hɔ́ːsi/ *adj.* (**hors·i·er; -i·est**) = horsey.

hort. 〘略〙 horticultural; horticulture.

Hor·ta /ɔ́əṭə | ɔ́ːtə; *Port.* ɔ́rtɐ/ *n.* オルタ (北大西洋ポルトガル Azores 諸島の Faial 島南東部にある港町).

hor·ta·tion /hɔətéɪʃən | hɔː-/ *n.* 勧告, 忠告 (exhortation); 勧め, 奨励 (encouragement). 〘(1536) ◻ L *hortātiō(n-)* ← *hortārī* to urge, encourage: ⇨ exhort, -ation〙

hor·ta·tive /hɔ́əṭəṭɪv | hɔ́ːtət-/ *adj.* 忠告の (advisory); 勧告的な, 奨励的な (exhortative). **~·ly** *adv.* 〘(1607) ◻ L *hortātīvus* ← *hortārī* (↑): ⇨ -ative〙

hor·ta·to·ry /hɔ́əṭətɔ̀ːri | hɔ́ːtətəri, -tri/ *adj.* = hortative. **hor·ta·to·ri·ly** /hɔ̀əṭətɔ́ːrəli, ⸗⸗⸗⸗⸗ | hɔ́ːtətərɨ̀li, -trɨ̀-/ *adv.* 〘1586〙

Hor·tense¹ /hɔ́ətens | hɔ́ː-/ *n.* ホーテンス (女性名). 〘◻ F ~ ◻ L *Hortēnsia* (fem.) ← *Hortēnsius* gardener ← *hortus* 'GARDEN'〙

Hor·tense² /ɔətɑ́ː(n)s, -tɑ́ːns | ɔː-; *F.* ɔʁtɑ̃ːs/ *n.* オルタンス (1783–1837; オランダ王 Louis Bonaparte の王妃; Joséphine の娘で Napoleon 三世の母; 正式には Eugéne-Hortense de Beauharnais という).

hor·ten·si·a /hɔəténʃiə, -ʃə, -siə | hɔːténsiə, -ʃiə/ *n.* 〘植物〙アジサイ (*Hydrangea macrophylla*). 〘(1799) ↑〙

Hor·ten·si·a /hɔəténʃiə, -ʃə | hɔːténsiə, -ʃiə/ *n.* ホーテンシア (女性名). 〘⇨ Hortense〙

Hor·thy /hɔ́əṭi | hɔ́ːti; *Hung.* hórti/ **Mi·klós von Nagy·bá·nya** /míkloːʃ fon nɔ́ɟbaːɲɔ/ *n.* ホルティ (1868–1957; ハンガリーの海軍大将・政治家; ハンガリー摂政 (1920–44)).

hortic. 〘略〙 horticultural; horticulture.

hor·ti·cul·tur·al /hɔ̀əṭəkʌ́ltʃ(ə)rəl | hɔ̀ːtɨ̀-/ *adj.* 園芸の; 園芸術の. **~·ly** *adv.* 〘(1778–79): ⇨ ↓, -al¹〙

hor·ti·cul·ture /hɔ́əṭəkʌ̀ltʃə | hɔ́ːtɨ̀kʌ̀ltʃə(r)/ *n.* 園芸, 園芸学 (cf. floriculture). 〘(1678) ← L *horti-*, *hortus* garden+CULTURE〙

hor·ti·cul·tur·ist /hɔ̀əṭəkʌ́ltʃ(ə)rɨ̀st | hɔ̀ːtɪkʌ́ltʃ(ə)rɪst/ *n.* 園芸家. 〘(1818): ⇨ ↑, -ist〙

hor·tus sic·cus /hɔ́əṭəssíkəs | hɔ́ːtəs-/ *n.* 圧葉(㌻)標本, 腊葉(㌻)集 (herbarium). 〘(1687) ◻ L ~ 'dry garden'〙

hor. un. spa·ti·o /hɔ́ːrʌnspéɪʃiòu | -ʃiə̀u/ 〘略〙〘処方〙 *L.* hōrae ūnius spatiō 一時間後に (at the end of one hour).

Ho·rus /hɔ́ːrəs/ *n.* 〘エジプト神話〙ホールス, ホルス (天空神, 太陽神; 鷹の頭をした神; Osiris と Isis の息子; ⇨ Harpocrates, sub rosa). 〘(1851) ◻ L *Hōrus* ◻ Egypt. *Hōr* (原義) the high-flying one〙

hos. 〘略〙 hospital.

Hos. 〘略〙 Hosea (旧約聖書の)ホセア書.

ho·san·na /houzǽnə | hə(u)-/ *int.* ホサナ (神またはキリストを賛美する言葉). **—** *n.* **1** ホサナという叫び (cf. *Matt.* 21:9, 15, etc.). **2** 賛美の熱叫. **—** *vt.* 熱狂的に賞賛[賛成]する. 〘(16C) ◻ LL ~ ◻ Gk *hōsanná* ◻ Heb. *hōšá'nā* Save, we pray ∽ lateOE (*h*)*osanna* ◻ LL〙

HÓ scàle /eɪtʃóu- | -ə́u-/ *n.* HO 尺度, HO 縮尺 (模型自動車・模型列車等に用いられる縮尺; 1 foot に対して 1/8 inch). 〘(1939) ← H(ALF)+O *scale*〙

hose /hóuz | hə́uz/ *n.* (2, 3 では *pl.* ~, 1, 4 では **hos·es**, 〘古〙 **hos·en** /hóuzn | hə́uzn/) **1** (水を注ぐ)ホース, 注水(ゴム)管. **2** [*pl.*; 集合的] 長靴下, ストッキング: a pair of ~ / ⇨ half hose. **3** (昔男子が用いた, タイツのような)長ズボン, (後には)ひざまでの半ズボン: doublet and ~. **4** 〘英方言〙(イネ科・カヤツリグサ科・テンナンショウ科などの花穂を包む)葉鞘(㌻)(部) (sheath). **5** 〘ゴルフ〙 =hosel. **—** *vt.* **1 a** …に(ホースで)水をやる, 水をまく: ~ the garden. **b** 〈家・車・外壁・床面などに〉水を流す[かける, 注ぐ]〈*down*〉: ~ *down* a kennel floor [Rolls-Royce] 犬小屋の床[ロールスロイス]に水を流す[を洗車する] / When I passed out they ~*d* me *down*. 気絶したときみんなで私に水を浴びせた. **2** 〘古〙〈人に〉長靴下をはかせる. **3** 〘カナダ俗〙 **a** ごまかす, だます, …につけこむ. **b** 決定的に打ち負かす. **4** 〘俗〙ホース(状のもの)でたたく. 〘OE *hosa* < Gmc **χusōn* (Du. *hoos* / G *Hose*) ← IE **(s)keu-* to cover (⇨ hide¹)〙

Ho·se·a /houzíːə, -zéɪə | hə(u)zíə/ *n.* 〘聖書〙 **1** ホセア (紀元前 8 世紀のヘブライの預言者). **2** (旧約聖書の)ホセア書 (略 Hos. または Ho.). 〘◻ Heb. *Hōšēa'* (短縮) ← *Hōšá'yāh* ← *hōšía' Yahwéh* Yahweh saved〙

hóse·càrt *n.* (消防用)ホース運搬車. 〘1865〙

hóse·còck *n.* **1** =sill cock. **2** =pinchcock.

hóse-in-hóse *n.* 〘植物〙二重花冠, 八重の花冠. 〘1629〙

ho·sel /hóuzəl, -zl | hə́u-/ *n.* (ゴルフクラブの)ホーゼル (ヘッドのもとの部分でシャフトを挿入する所). 〘(1899) ← HOSE+-EL¹〙

hóse·man /-mən, -mæ̀n/ *n.* (*pl.* **-men** /-mən, -mèn/) (消防隊の)ホース係.

hosen *n.* 〘古〙 hose の複数形. 〘ME ~, *hosin*〙

hóse·pìpe *n.* 注水管, ホース (hose). 〖1835〗
hóse·rèel *n.* ホースを巻く車. 〖1837〗
hóse·tòps *n. pl.* 《スコット》足部のない長靴下.
Ho·sha·na Rab·bah /houʃáːnaːráːbaː, -nə-, -bə | hə(ʊ)-/ *n.* ホシャナラッバ祭《ユダヤ暦7月 (Tishri) 21日に行われる祝い; 仮庵(㋕㋠)の祭り (Sukkoth) の第7日に当たる》. 〖◻ Aram. *hōšaʿnā rabbā* 《原義》Save, the Great!〗
ho·sier /hóuʒə | háuziə^(r), -ʒə^(r)/ *n.* **1** (男子用)洋品商《靴下・カラー・下着類を売る人》. **2** 《英》小間物商人 (haberdasher). 〖(1381): ⇨ hose (n.), -ier²〗
ho·sier·y /hóuʒ(ə)ri | háuziəri, -ʒ(ə)ri/ *n.* **1** [集合的] 靴下《stockings, socks など》. **2** 《英》メリヤス下着類. **3** (靴下など)洋品の商い. 〖(1789): ⇨ ↑, -ery〗
hosp. 《略》hospital.
hos·pice /háː(ː)spɪ̀s | hɔ́spɪs/ *n.* **1** ホスピス (home)《病人, 特に末期患者・貧困者などの病院または収容所》. **2** (しばしば宗教団体などの経営による)学生や経済的に恵まれない人のための宿舎, ホステル (hostel). **3** 《古》(宗教団体などの経営による参拝者や巡礼者のための)宿泊所, 旅人宿, 宿坊 (hospitium ともいう). 〖(1818) ◻ (O)F ～ ◻ L *hospitium* hospitality, inn ← *hospes* guest: ⇨ host²〗
H
hos·pit·a·ble /háː(ː)spɪ̀təbl, haː(ː)spítə- | hɔspítə-, hɔs-, hɔ́spɪtə-/ *adj.* **1** 客などを温かく迎える, もてなしのよい, 手厚い; 愛想のよい; 温かい: a ～ household 人を親切にもてなす家庭 / a ～ reception 歓待 / one's ～ secretary 愛想のよい秘書. **2** 〈風土など〉健康[成長]によい, 好適な: a ～ climate. **3** 〔…を〕快く受け入れる (receptive) 〔*to*〕: a mind ～ *to* new ideas 新思想を受け入れる精神[頭]. **～·ness** *n.* **hós·pit·a·bly** *adv.* 〖(1570) ◻ 《廃》F ～ ← L *hospitāre* to be a host to: ⇨ host², -able〗
hos·pi·tal /háː(ː)spɪtl | hɔ́spɪtl/ *n.* **1 a** 病院 (cf. clinic 1, hospice 1, maternity 3, sanatorium 1, nursing home): ⇨ base hospital, cottage hospital, field hospital, isolation hospital, general hospital, lock hospital, LYING-IN hospital / be in [out of] (the [a]) ～ 入院[退院]している / go into [enter] (the [a]) ～ 入院する / go to ～ 《英》通院[入院]する / go to the ～ 《米》=go to ～ 病院へ(見舞いに)行く / leave [come out of] (the [a]) ～ 退院する / be discharged from (the [a])～ 退院する / walk the ～*s* ⇨ walk 成句. ★《英》では病院の機能の意味では無冠詞で用いる; 《米》では定冠詞を付けることが多い: He is in (*the* [*a*]) ～ with a broken leg. 脚を折って入院している. **b** 動物の病院: a pets' ～ 犬猫病院. **2 a** 《古》(英国で病人・貧困者・身寄りのない老人・旅人などの世話をした)慈善施設; 慈恵病院; 養老院, 養育院, 収容所 (asylum, home). **b** 《英》パブリックスクール; 慈善学校《今は校名として残る》: ⇨ Christ's Hospital, foundling hospital. **3** 《口語》(携帯用小道具・人形・時計などの)修理店: a fountain-pen [doll] ～. — *adj.* [限定的] 病院の, 病院勤務の, 病院…: a ～ nurse 病院勤務看護婦 / a ～ orderly (傷兵病院の)衛生兵 / a ～ doctor / a ～ manager 病院の院長 / a ～ case 病院の患者 / a ～ ship 病院船. 〖(?a1300) ◻ OF ～ (F *hôpital*) ◻ ML *hospitāle* inn (neut.) ← L *hospitālis* (*domus*) (*place*) *of reception for guests* ← *hospit-*, *hospes* 'HOST²': ⇨ -al¹〗
hóspital bèd *n.* 病院ベッド《3部分から成る枠付きベッドでばね仕掛けで自由に頭部・脚部・胴部を上げ下げできる》. 〖1823〗
hóspital còrners *n. pl.* シーツの角を三角状にしっかり折り込んでできる折り目《病院のベッドメーキングでよく行われる》.
Hos·pi·tal·er /háː(ː)spɪtələ, -tlə | hɔ́spɪtələ^(r), -tlə^(r)/ *n.* **1** =Knight Hospitaler. **2** [h-] 救護院団員, 宗教的慈善団員《昔慈善施設 (hospital) に住んで老人・病人・貧困者・旅人などの救護に当たった人》. **3** [h-] 《英》(London の) 病院付き牧師[司祭]. 〖(a1338) ◻ OF *hospitalier* ◻ ML *hospitālārius* ← *hospitāle*: ⇨ hospital, -er¹〗
Hos·pi·ta·let /(h)ɑ(ː)spɪtəlét, (h)ɔ(ː)s- | (h)ɔspɪtə-; *Sp.* ospitalét/ *n.* オスピタレット《スペイン北東部, Barcelona 南西郊外の都市》.
hóspital fèver *n.* 病院チフス《昔病院内に流行した一種の熱病》.
hóspital gángrene *n.* 〘病理〙病院壊疽(㋓).〖1813〗
hós·pi·tal·ism /-təlɪzm, -tl- | -təl-, -tl-/ *n.* **1** 入院患者に悪影響を及ぼすような病院の状態; (特に, 病院設備の欠陥からくる)非衛生状態. **2** 劣悪な病院の環境が与える肉体的・精神的(悪)影響. **3** ホスピタリズム, 施設病《孤児院に暮らすことによって子供達が受ける肉体的・精神的影響》. 〖(1869): ⇨ -ism〗
hos·pi·tal·i·ty /hɑ̀(ː)spətǽləti | hɔ̀spɪtǽlɪ̀ti/ *n.* **1** 旅行者や客を親切にもてなすこと, 歓待, 厚遇: give a person ～ 人を手厚くもてなす / partake of [enjoy] His [Her] Majesty's ～ 《古英戯言》刑務所に入っている / Afford me the ～ of your columns. 貴紙にご掲載願います《寄稿家の言葉》. **2** 〔新思想などに対する〕受容力, 理解力〔*to*〕. — *adj.* (モーテルやホテルなどの)接客業の. 〖(c1384) ◻ (O)F *hospitalité* ◻ L *hospitālitātem* ← *hospitālis* of a guest: ⇨ hospital, -ity〗
hospitálity sùite *n.* (商談や種々の大会などの際に用意される)接待用特別室[スイートルーム]. 〖1963〗
hos·pi·tal·i·za·tion /hɑ̀(ː)spɪtəlɪzéɪʃən, -tl- | hɔ̀spɪ̀təlaɪ-, -lɪ-, -tl-/ *n.* **1** 病院収容, 入院加療. **2** 入院期間. **3** 《口語》=hospitalization insurance. 〖(1909) ← HOSPITALIZE + -ATION〗
hospitalizátion insùrance *n.* 入院保険《加入者とその家族の入院加療を保証する保険》.
hos·pi·tal·ize /háː(ː)spɪtəlàɪz, -tl- | hɔ́spɪtəl-, -tl-/ *vt.* 入院させる: He has been ～*d* since May with heart disease. 5月からずっと心臓病で入院している. 〖(1901): ⇨ -ize〗
Hos·pi·tal·ler /háː(ː)spɪtələ, -tlə | hɔ́spɪtələ^(r), -tlə^(r)/ *n.* 《英》=Hospitaler.
hóspital lìght *n.* 〘建築〙=hopper frame.
hóspital·man /-mən/ *n.* (*pl.* **-men** /-mən, -mèn/) 〘米海軍〙(医務助手として勤務する)衛生兵, 看護兵. 〖1828〗
Hóspital Sáturday *n.* 病院献金[寄付金]募集の土曜日《街頭などで行う; cf. Hospital Sunday》.
hóspital shìp *n.* (赤十字条約の適用と保護を受ける)病院船. 〖1683〗
Hóspital Súnday *n.* 病院献金[寄付金]募集の日曜日《教会の中で行う; cf. Hospital Saturday》. 〖1873〗
hóspital tràin *n.* 〘軍事〙(負傷兵を後送するための)病院列車. 〖1874〗
hóspital trùst *n.* 《英》ホスピタルトラスト《政府から直接財政資金を受け, 独自の理事会を有し, 地域の保健組織からは独立して運営される公立病院; trust hospital ともいう》.
hos·pi·ti·um /haː(ː)spíʃiəm | hɔs-/ *n.* (*pl.* **-ti·a** /-ʃiə/) =hospice 1.
hos·po·dar /háː(ː)spədàːə | hɔ́spədàː^(r)/ *n.* 太守, 君主《昔オスマン帝国スルタンの陪臣としての Walachia および Moldavia 総督の称号》. 〖(1630) ◻ Rum. *hospodár* ← Ukr. *hospod'* lord (cog. L *hospes* 'HOST²'): cf. OSlav. *gospodi* lord, master〗
hoss /hɔ́(ː)s, háː(ː)s | hɔ́s/ *n.* 《方言・米俗》馬. 〖(1815) 《転訛》← HORSE〗
host¹ /hóust | háust/ *n.* **1** (客をもてなす)主人(役), あるじ (cf. hostess); [形容詞的に] 主人役の: act as (the) ～ at a dinner party 晩餐(㋚)会で主人役を務める / play [be] ～ to …の主催者[地]となる; …の主人役を務める / the ～ country for [of] the Olympic Games オリンピック主催国. 日英比較 日本語の「ホスト」はホストクラブで女性客をもてなす男性を指すが, そのような意味は英語の *host* にはない. また,「ホストクラブ」は和製英語. **2 a** (座談会・討論会・インタビューなどの)司会役: He was the ～ of a local TV talk [chat] show. 地方テレビ局の討論会(など)で司会をやった. **b** (ラジオ・テレビの)司会者 (emcee). **c** (集会などの)世話人, 会場提供者. **3** 〘生物〙**a** (寄生動物[植物]の)宿主, 寄主 (cf. parasite 1 a). **b** (共生動植物の)大きい[強い]方. **4** 〘外科〙(皮膚・臓器・器官などの)被移植体, 受容者. **5** 〘地質〙小型の鉱物[岩石] (guest) を含んでいるまわりの鉱物[岩石], 親鉱物, 親岩石. **6** (旅館などの)主人 (innkeeper, landlord): Bring us a tankard of ale, mine ～! 御主人, 大ジョッキ一杯のエールを持ってきてくれ. **7** 〘電算〙**a** ホスト (=host computer). **b** (コンピューターウイルスに感染した)宿主.
cóunt* [*réckon*] *withòut one's hóst 《古》(1) (旅館などで)帳場に問い合わせずに[ひとり勝手に]勘定する. (2) (他の(人の)事情を考慮しないで)いいかげんな判断をする, 大事な点(困難や反対など)を見落とす: You are *counting without your* ～. そうは問屋がおろさないよ. 〖c1489〗
— *vt.* **1 a** (自宅・レストランなどで)〈会・パーティーなどの主人役を務める; 〈客を〉主人役として接待する. **b** 〈テレビ番組などを〉司会する (emcee): ～ a TV talk [chat] show テレビ討論会で司会する. **2** 〈客を〉泊める. **3** 《米口語》無銭飲食をする. — *vi.* 《廃》泊る, 宿をとる.
〖(c1250) ◻ OF (*h*)*ost*(*e*) (F *hôte*) < L *hospitem*, *hospes* host, guest ← IE **ghosti-* stranger, guest, host, 《原義》someone with whom one has reciprocal duties of hospitality: cf. guest〗
host² /hóust | háust/ *n.* **1** [a ～ [～s] of で] 大勢, 大群, 多数 (⇨ crowd¹ SYN): *a* ～ [～*s*] *of* friends [difficulties] 大勢の友人[幾多の困難] / The war spawned *a* ～ *of* problems. その戦争で多くの問題が生まれた / The champions picked up *a* ～ *of* medals in speed and figure skating. 選手たちはスピードとフィギュアで大量のメダルを獲得した. **2** 《古・詩》**a** 軍, 軍勢 (army): a ～ in himself 一騎当千の勇士, 英傑 / the Lord [God] of *Hosts* (旧約聖書で)万軍の主《エホバ (Jehovah) のこと》. **b** 日月星辰(㋓); 天使軍 (angels): the ～(*s*) of heaven=heavenly ～ 日月星辰; (神に仕える)多数の天使. — *vi.* 群がる, (戦争・戦闘のために)集結[集合]する. 〖(1265) ◻ OF (*h*)*ost* < L *hostem*, (nom. *hostis*) enemy, (ML) army ← IE **ghosti-* (↑)〗
host³ /hóust | háust/ *n.* 《廃》宿屋 (inn): lie [be] at ～ 宿屋に泊まる. 〖(1384) ◻ OF *hosté* 《変形》← HOSTEL〗
Host /hóust | háust/ *n.* 〘キリスト教〙聖餐(㋚)式用のパン《キリストの肉の象徴》; 〘カトリック〙ホスチア, 祭餅(㋕) (cf. particle 6). 〖(c1303) *hōste* ◻ OF *hoiste* (F *hostie*) ◻ L *hostia* victim ← ?〗
hos·ta /hóustə, háː(ː)s- | hɔ́stə, háus-/ *n.* 〘植物〙ギボウシ《アジア産ユリ科ギボウシ属 (*Hosta*) の多年草の総称; plantain lily ともいう》. 〖(1828) ← *Nicolaus T. Host* (1761–1834: オーストリアの植物学者・医師): ⇨ -a¹〗
hos·tage /háː(ː)stɪdʒ | hɔ́s-/ *n.* **1 a** 人質: take [hold] a person ～ 人を人質に取る / give ～*s* to fortune 運命の手に将来の成功をゆだねる, (妻子・財宝など)いつ失うかもしれない[足手まといになりそうな]ものをもつ (Francis Bacon, *Of Marriage and Single Life*) / be (a) ～ to …に束縛される. **b** 《廃》人質の状態: hold a person in ～ 人を人質に取っておく. **2** 抵当, 質(㋛), かた (pledge, security). — *vt.* 〈人を〉人質として与える[渡す]. 〖(?a1300) ◻ OF (*h*)*ostage* (F *otage*) ← (*h*)oste guest: ⇨ host², -age〗
hóstage·shìp *n.* 人質の状態. 〖(1848): ⇨ ↑, -ship〗
hóst compùter *n.* 〘電算〙ホストコンピューター《ネットワークなどでシステムの中心となっているコンピューター》.
hos·tel /háː(ː)stl | hɔ́s-/ *n.* **1** (自転車旅行や徒歩旅行の青年のために YMCA などで経営する)宿泊所, ホステル (youth hostel ともいう). **2** 《英》大学の寄宿寮. **3** 《英古・詩》旅館, 宿屋 (inn). **4** 《英》(看護婦や労働者のための) 宿泊所. **5** 救護院. — *vi.* **1** (徒歩や自転車で)ホステル[簡易宿泊所など]に泊まりながら旅行する. **2** 《英方言》宿泊する (lodge). 〖(c1250) ◻ OF (*h*)*ostel* (F *hôtel* 'HOTEL') < ML *hospitāle*: HOSPITAL, HOTEL と二重語〗
hos·tel·er /háː(ː)stələ, -tlə | hɔ́stələ^(r), -tlə^(r)/ *n.* (*also* 《英》**hos·tel·ler** /～/) **1 a** (学生の)合宿者. **b** ホステル利用の旅行者. **2 a** (宿泊所の)世話係. **b** 《米》ではまた háslə/《古》旅館の主人. 〖(c1300) ◻ AF *hostiler*=OF *hostelier*: ⇨ ↑, -er¹〗
hos·tel·ry /háː(ː)stəlri, -tl- | hɔ́s-/ *n.* 《古・文語》旅館, 旅舎, 宿屋 (inn). 〖(c1387–95) *hostelrie* ◻ OF *hostellerie*: ⇨ hostel, -ry〗
hóstel schòol *n.* 《カナダ》(インディアンやイヌイットのための公立の)寄宿学校.
host·ess /hóustɪ̀s | háustɪ̀s, -tes, haustés/ *n.* **1** (客をもてなす)女主人(の役), 女あるじ. **2 a** (旅客機・列車・汽船・長距離バスなどの女性の)サービス係, スチュワーデス (air hostess); (客を席に導く)案内係. **b** (旅館・料理店などで女中たちを指揮して客をもてなす)女中頭. **c** (バーなどの)ホステス. **d** 売春婦. **3** (ダンスホール・バーなどで男客の相手となって踊る)職業ダンサー. — *vi.* ホステス役をする. — *vt.* 〈パーティーなど〉のホステス役をする. 〖(c1300) ◻ OF *hostesse* (F *hôtesse*): ⇨ host², -ess〗
hóstess gòwn *n.* ホステスガウン《家庭でのくつろいだ接客用の柔らかいガウン[ドレス]》. 〖1938〗
host·ie /hóusti | háus-/ *n.* 《豪口語》=air hostess.
hos·tile /háː(ː)stl, -taɪl | hɔ́staɪl/ *adj.* **1 a** 敵意のある, 敵性を示す, 敵対する (antagonistic); 反対する (adverse) 〔*to*〕: a ～ critic 敵意のある批評家 / a ～ demonstration 反対の示威運動 / a ～ manner [tone of voice] 敵意ある態度[声調] / a ～ feeling 敵意, 敵愾(㋕)心 / people ～ *to* reform 改革に反対の人々 / assume [take] a ～ attitude 反対の[敵対的な]態度を取る / He was ～ to the new idea. その新思想を好まなかった. **b** 〈主義など〉相反する. **2** よそよそしい, 冷淡な (unfriendly). **3** (人・事物に)不利[マイナス]になる: a ～ environment マイナスになるような環境, 不良環境. **4** 敵の[に関する]; 敵軍の, 敵国の: a ～ army [country] 敵軍[国]. **5** 〘経済〙(企業の合併・買収などが)目標企業の現経営陣・取締役会の抵抗を抑えて行われる. — *n.* 敵意を抱く人; 《米》(特に)白人に敵意を抱くアメリカインディアン. **～·ly** /-tl(l)i, -taɪli, -tɪl(l)i | -taɪli/ *adv.* **～·ness** *n.* 〖((1487)) (1592–93) ◻ (O)F ～ ∥ L *hostīlis* ← *hostis*: ⇨ host¹, -ile¹〗

SYN 敵対的な: **hostile** 〈精神・態度・行動が〉激しい嫌悪感・敵意を示す: a *hostile* attitude 敵対的な態度. **unfriendly** 友好的でなく不親切な《積極的な悪意を含まない》: They are rather *unfriendly* to foreign visitors. 外人客にかなり冷淡である. **inimical** 敵意がある《格式ばった語》: Some of them were *inimical* to him. 彼らの中には彼を敵視する者もいた.
ANT friendly, amicable.

hóstile wítness *n.* 〘法律〙(真実を供述することを拒み, 自分を呼んだ側に)敵意をもつ証人.
hos·til·i·ty /haː(ː)stíləti | hɔstílɪ̀ti/ *n.* **1** 敵意, 敵性 (⇨ hate SYN): have no ～ *toward*(*s*) [*to*] …に対して何の敵意も持たない. **2 a** 敵対行為: an act of ～ 敵対行為. **b** [*pl.*] 戦争行為, 交戦, 戦争 (war): start [suspend, stop] *hostilities* 戦端を開く[休戦する] / naval *hostilities* 海戦 / the possibility of *hostilities* 交戦の可能性 / an end to *hostilitities* 戦争の終結. **3** 〔考え・計画などに対する〕反対 (animosity) 〔*to*〕. 〖(?a1425) ◻ (O)F *hostilité* ∥ LL *hostīlitātem*: ⇨ ↑, -ity〗
hóst·ing àrmor *n.* 野戦用甲冑.
hos·tler /(h)áː(ː)slə | ɔ́slə^(r), hɔ́s-/ *n.* **1** (旅館の)馬丁 (《英》ostler). **2** 《米》機関車[自動車, クレーンなど]の点検整備者[修理人]. **3** 《廃》宿屋の主人[経営者]. 〖ME: 《異形》← HOSTELER〗
hóst·ly *adj.* (来客に対して)主人役の, 主人役らしい, 主人役にふさわしい: ～ service. 〖(1893) ← HOST¹+-LY²〗
hóst mìneral *n.* 〘鉱物〙=perimorph.
hóst plànt *n.* 寄主(㋛)植物, (やどり木の)親木. 〖1888〗
hóst ròck *n.* 〘地質〙母岩 (country rock). 〖1965〗
hóst-specífic *adj.* 〘生物〙〈寄生動植物が〉特定の宿主にしかつかない, 定宿性の. 〖1969〗
hot /háː(ː)t | hɔ́t/ *adj.* (**hot·ter**; **hot·test**) **1 a** 温度の高い, 高温の; (「冷たい」に対して)熱い; (気温上「寒い」に対して)暑い (↔ cold) (cf. warm): a ～ day [climate] 暑い日[気候] / The sun is very ～ today. きょうは日差しがすごく暑い / a ～ bath [tub] 温浴, 風呂 (cf. COLD bath) / be boiling ～ 煮えたぎっている; 煮えくり返るように暑い / (as) ～ as hell すごく熱い[暑い] / The water is piping [steaming] ～. 湯が煮立ってしゅーしゅーいって[湯気を立てて]いる / Strike while the iron is ～. 《諺》鉄は熱いうちに打て, 好機を逃がすな / ⇨ hot spring, hot water, hot well. **b** 温熱を感じる: ⇨ hot spot 5.
2 a 〈身体が〉不快な体温を感じる, 熱がある; ほてる: a ～ blush 赤面 / I am ～ with fever. 熱がある / I felt ～ with shame. 恥ずかしさで顔が赤くな(る思いだ)った / Running has made me ～. 駆(㋕)けたので体がほてった. **b** (暑すぎて)不快な (unpleasant), 不快なほど暑い; 居づらい: ～

and stuffy 暑くてむんむんする / (like) a cat on a ～ tin roof《米》熱いトタン屋根の上の猫(のように); 居心地の悪い(所にいる)人 (cf. *like a* CAT *on hot bricks*).
3〈料理など〉熱くした, できたての; 熱くして食べる: ～ coffee / ～ meat 焼きたての肉 / eat the dish ～ 料理を冷めないうちに食べる.
4〈こしょう・カレーなど〉刺激する, ひりひりする, 辛い (pungent): (as) ～ as pepper.
5 a《口語》〈ニュースなど〉真新しい, 出たばかりの (⇨ new SYN); 最新の内部情報の: news ～ *from* the front 前線から来たばかりの情報 / ～ news 最新ニュース / ～ *from* [*off*] the press 刷り上がったばかりの, 最新の / ～ *off* the wire 電報[電話]で今来たばかりの. **b**《英口語》〈大蔵省証券・紙幣が〉新発行の. **c**〖狩猟〗〈獲物の臭跡が〉新しい[強い], ぷんぷんしている (cf. cold 5 b): the ～ scent of the fox キツネの逃げた跡の強いにおい. **d** (捜し物・当て物などで)もう少しのところの, 近い, 接近した (close) (cf. cold 8): in ～ pursuit of a thief [the enemy] 泥棒[敵]を追い詰めて / You are getting ～*ter*. だんだん近づいてきたぞ, もう少しで言い当てるところだ / The police are ～ on the track [trail]. 警察は激しく追い詰めている.
6 a〈動作・言葉など〉激烈な, 激しい (violent): a ～ battle [contest, chase] 激しい戦闘[競争, 追跡] / The situation is getting ～*ter*. 状況は次第に激しくなっている / a ～ place in the battle 激戦地 / ～ words 激越な言葉. **b** 緊急の (urgent): in ～ haste 非常に急いで. **c**〈気質・精神状態が〉激しい (intense, fiery); 怒った (angry), 興奮する (excitable): a ～ temper 熱烈な気質, 癇癪(持ち) / the ～ blood of youth 青年の血気 / in ～ anger かんかんに怒って / get ～ 興奮する, 怒る / He is ～ *with* anger. 腹をたててかっかしている / She was ～ *on* anyone who made the slightest mistakes. 少しでもミスをする者に厳しかった. **d** 熱烈な (ardent); 熱心な (eager)〔*on, for*〕: a ～ football fan / be ～ *for* [*on*] reform 改革に熱心である / ⇨ hot-gospeler. **e** しきりに…したがる〔*to do*〕: He is ～ *to* tell me about it. しきりにそのことを私に告げたがる.
7 刺激的な, 興味津々(しんしん)の, センセーショナルな (sensational): a ～ scandal / ～ gossip.
8 a〈色, 特に, 赤色・黄色など〉燃えるような, 強烈な, どぎつい (strong): ～ colors 強烈な色彩 / This scene is a little too ～. この場面は強烈過ぎる. **b** 熱[暑]さを思わせるような: a ～ sound of buzzing bees 蜂のぶんぶんうなる暑苦しい音.
9 a〈商品が〉現在人気がある, 流行している (popular); 売れる (salable): ～ sellers 飛ぶように売れる品 / ～ items in men's wear 紳士服のよく売れる品目. **b** (スポーツなどで一時的に)すばらしい出来ばえを見せる: a ～ favorite in the race〖競馬〗断然人気の馬, (予想行為で人気抜群の)本命馬 / He's ～ today. 彼, きょうはすごい[乗ってる]. **c**《口語》(トランプ・ダイスなどで)もっけの幸いの, 幸運な (lucky): The cards [dice] aren't ～ for you. この(トランプ)札[賽(さい)]は君にはついてないよ.
10《口語》**a** うまい, すばらしい, 一流の (excellent): As a wrestler he is not so ～. レスリング選手としては大したものでない[まあまあだ]. **b** 優秀な, よく出来る (very good); 精通した: be ～ *on* astronomy 天文学のことをよく知っている / He's really ～ *in* [*at*] math. 数学は抜群だ.
11《口語》**a** 性的に興奮して,〈獣が〉さかりがついて (in heat). **b** 好色な (lustful);〈本・劇などわいせつな: She's ～ for him. 彼女は彼に熱くなっている / The scene was too ～ for the censors. その場面は検閲官たちにはどぎつ過ぎた.
12 (球技で)〈投球・球の当たりなど〉強い, 猛烈な, 処理しにくい: ⇨ hot corner.
13《口語》〈乗物・飛行機など〉速い: ⇨ hot rod 1.
14《俗》**a** 盗んだばかりの, 盗まれた (cf. cold 12): ～ goods, money, etc. / He was found driving a ～ car. 盗難車を運転している所をつかまった. **b** (法律・協定などにより)〈商品が〉積出し[取扱い]を禁じられた, 禁制の, 密輸の (contraband). **c** お尋ね者の. **d** (亡命者・逃亡者・脱走兵にとって)危険な, 「やばい」.
15《口語》**a** 放射能のある, 放射性の (radioactive): ～ material 放射性物質 / ⇨ hot atom. **b** 放射性物質を取り扱う: ⇨ hot laboratory. **c**《口語》高電圧の.
16《口語》ばかげた (absurd), 信じられない (unbelievable); こっけいな (funny): a ～ one ばかげた[こっけいな]事[冗談] / That's a bit ～. それはちょっと信じられんな.
17 a〖ジャズ〗《俗》〈演奏が〉熱っぽい, ホットな《熱狂するリズム・音声・音量をもつ; cf. cool 10》; 甘ったるくない (cf. sweet 10): ～ jazz, music, rhythm, etc. **b**〈演奏者・ダンサーが〉熱狂的に奏する[踊る]; ぞくぞくさせる (thrilling): a ～ dancer, singer, etc.
18〖印刷〗ホットメタル (hot metal) を使った (cf. cold 17).
19〖金属加工〗再結晶が可能なほど高温の.
(*àll*) ***hot and bóthered***《口語》(すっかり)業(ごう)を煮やして. 《1921》 ***be hót and héavy***《米》〈活動などが〉激しい, 活発だ. ***be*** [***gèt***] (***tòo***) ***hót for***《口語》…に耐えられない[なくなる]; …にいたたまれない[なくなる]. ***blów hót and cóld*** (ほめてみたり非難してみたり)機嫌[気持ち]が変り易い, 気まぐれで定見がない〔*about*〕《Aesop 物語から》. 《1577》 ***dróp like a hót chéstnut*** [***potáto, etc.***]《口語》〈物・人を〉あわてて捨てる, あっさり捨てる. ***get hót***《俗》非常な情熱をもって行動する. ***gò hót and cóld*** (***àll óver***) (1) (発熱のため)体が熱くなったり寒けがしたりする. (2) (ひどく)恥ずかしい思いをする. 《1928》 ***hót and cóld*** (ホテルなどで給水の)水と湯. ***hót and hót***《古》〈料理など〉できたての, できたてのほやほやの. 《1771》 ***hót ùnder the cóllar*** ⇨ collar 成句. ***hót with***《英口語》砂糖を入れたお湯割り《ウイスキー・ブランデーなどを湯で薄め砂糖を加えたもの; hot with sugar の意; cf. COLD *without*》. ***in hót wáter*** ⇨ hot water. ***máke it*** [***thìngs***] (***tóo***) ***hót for*** *a person*＝***make a plàce tóo hót for*** [***to hóld***] *a person*《口語》(迫害などで)〈人〉を(ある場所に)いたたまれなくする. 《1618》 ***nót so*** [***tòo,*** (***áll***) ***thàt***] ***hót***《口語》思ったほどよくはない; (気分が)あまりよくない. ***tóo hót to hándle***《口語》手に負えない, 取り扱いが難しい; 手を出すとやばい.

— *adv.* **1** 熱く; 激しく; 熱烈に: The sun shone ～ on the head. 日が頭に照りつけ(てい)た. **2**〖金属加工〗再結晶の可能なまでに熱く. ***gét*** [***cátch***] ***it hót***《口語》大目玉を食う. 《1877》 ***give it*** (***to***) *a person* ***hót***《口語》〈人を〉ひどい目に遭わせる, こっぴどくしかりつける (cf. HOT *and heavy*). 《1826》 ***hót and héavy*** [《英》***stróng***]《口語》こっぴどく, 猛烈に; 猛烈な: give it to a person ～ *and heavy* [*strong*] 人をひどい目に遭わせる[ぎゅうぎゅう言わせる]. 《1880》

— *v.* (**hot·ted; hot·ting**) [通例 ～ up で]《口語》
— *vt.*《英・米方言》**1**〈冷えた食べ物を温める, 熱くする (heat, warm). **2** 活発にする, 速める; 飾る.
— *vi.*《英》〈料理・酒・水・コーヒー・液などが温かくなる, 温まる: The coffee's just ～*ting up*. コーヒーができるところだ. **2**〈競争・議論などが活発になる, 激する; 速まる. ***hót it úp***《俗》愉快に過ごす. **～·ness** *n.* 〖OE *hāt* < Gmc **χaitaz* (Du. *heet* / G *heiss*) ← IE **kaid-* ← **kai-* 'HEAT'〗

hót-áir *adj.* **1**《口語》ほら吹きの, だぼらに耽る: a ～ merchant だぼら吹き《人》. **2** 熱気の: ～ heating 熱気暖房 / a ～ apparatus 温気装置. 《1813》
hót áir *n.* **1**《口語》むだ話, だぼら, でたらめ(な話): talk a lot of ～ 出まかせにだぼらを吹く. **2** 熱気 (heated air). 《1873》
hót-áir ballòon *n.* 熱気球. 《1905》
hót-áir èngine *n.*〖機械〗熱空気機関.
Ho·tan /hòutáːn | hàutǽn/ *n.* 和田(ホータン): **1** 中国新疆ウイグル自治区の Taklimakan 砂漠にあるオアシス地帯. **2** 1 の中心都市.
hót-and-sóur sóup *n.*〖料理〗酸辣湯, スアンラータン《豚肉・鶏肉・豆・酢などで作る中国料理のスープ》.
hót átom *n.*〖原子力・化学〗ホットアトム《核反応による反跳を受けて高い運動エネルギーをもった原子, 例えば核分裂生成原子》: ～ chemistry ホットアトム化学.
hót·bèd *n.* **1**〖園芸〗温床. **2** (罪悪などの)醸成所, 温床: a ～ of vice and crime 悪徳と犯罪の温床. 《1626》
hót blàst *n.*〖冶金〗(溶鉱炉に吹き込む)熱風. 《1836》
hót-blàst stóve *n.* 熱風炉.
hót·blòod *n.* **1** サラブレッド(の馬) (thoroughbred). **2** 熱血の[情熱的な]人.
hót-blóoded *adj.* **1** 熱血の, 情熱的な, 熱烈な; 血気にはやる; 短気な: a young man of ～ passion すぐかっとなる若者. **2 a**《米》〈馬が〉サラブレッドの; アラブ種の: a ～ horse サラブレッド, アラビア馬. **b**〈家畜が〉純血種の, 優秀な血統の, 優良な. **～·ly** *adv.* **～·ness** *n.* 《1597》
hót·bòx *n.*〖鉄道〗(鉄道車両の)発熱軸箱. 《1848》
hót-bráined *adj.*《古》＝hotheaded. 《1553》
hót-búlb èngine *n.*〖機械〗焼玉機関, セミディーゼル機関. 《1911》
hót búttered rúm *n.* ホットバタードラム《ラム・熱湯・砂糖を混ぜてバターの塊を浮かせた飲物》.
hót bútton *n.*《米》**1** 強い関心[激しい反応]を呼ぶもの[問題]. **2** (新商品の)顧客に訴える魅力.
hót·càke *n.* ホットケーキ《厚焼きのパンケーキ (pancake)》. ***gó*** [***séll***] (***óff***) ***like hótcàkes***《口語》羽がはえた[飛ぶ]ようによく売れる. 〖《1683》《原義》freshly baked corncake: cf. Du. *heetekoek* pancake〗
hót cáthode *n.*〖電気〗熱陰極 (cf. cold cathode). 《1913》
hót cáve *n.*〖原子力〗ホットケーブ《強放射線物質を閉じ込め安全に取扱えるように遮蔽(しゃへい)を施した部屋》.
hót céll *n.*〖原子力〗ホットセル《放射性物質を扱うための厚い遮蔽壁で囲まれた小室》.
hotch /háː(ː)tʃ | hɔ́tʃ/《スコット・北英》*vi.* **1** (足踏みするときのように)足を踏み替える, 位置[からだの重心]を移す. **2** もじもじ[そわそわ]する (fidget); 揺れ動く (wiggle). **3** 群がる. — *vt.* **1** もじもじ[そわそわ]させる (fidget). **2** 身震いさせる; 揺らす, 揺れ動かす. 〖《?*a*1400》□ OF *hochier* to shake ← Gmc (Frank.) **hottisōn* (MHG *hotteln, hotzeln*)〗
hot·cha /háː(ː)tʃaː, -tʃə | hɔ́tʃ-/《米俗》*int.* よーし; うまい《賛成・喜びなどを表す》. — *adj.* 魅力的な, チャーミングな. — *n.* ホットジャズ, ハッチャ. 〖《1932》《変形》← ? HOT〗
hót chísel *n.* 熱たがね. 《1889》
hót chócolate *n.* **1** (飲み物の)ココア. **2**《米俗》魅力的な黒人女性.
hotch·pot /háː(ː)tʃpàː(ː)t | hɔ́tʃpɔ̀t/ *n.*〖英法〗財産併合《遺産の平等の分配のために前渡しと見られる財産も合併して相続分を公平に定めること》. 〖《1381》□ (O)F *hochepot* ragout ← *hocher* to shake + *pot* 'POT'〗
hotch·potch /háː(ː)tʃpàː(ː)tʃ | hɔ́tʃpɔ̀tʃ/ *n.* **1** ホッチポッチ, ごった煮: **a** 羊肉と野菜のシチュー. **b** 大麦, 豆, 野菜などの濃いスープ. **2**《英》＝hodgepodge 1. **3**〖法律〗＝hotchpot. 〖《*c*1390》《変形》← HOTCHPOT ↑〗
hót cóckles *n. pl.* [単数扱い] 目隠しした者が自分を打った人を言い当てる子供の遊戯. 《1580》
hót cóld-wòrking *n.*〖金属加工〗＝warm working.
hót córner *n.*《口語》〖野球〗三塁手の守備位置, ホットコーナー. 《1903》
hót cròss bún *n.* ホットクロスバン《表面に十字形の模様をつけたパン; Good Friday に食べる》.
hót déck *n.*《米》直(じか)送り山積み丸太《伐採陸揚げが済み次第製材所に運ばれる丸太の山; cf. cold deck 2》.
hót-désking *n.* デスク共用制《通例外勤者の間で机を共同使用すること》.
hót-díp *adj.* 溶融めっきの. 《1923》
hót-dípped *adj.*〖冶金〗溶融めっきした. 《1936》
hót dísh *n.*《米》なべ焼き料理.
hot·dog /háː(ː)tdɔ̀ː(ː)g, -dàː(ː)g | hɔ́tdɔ̀g/《米口語》*v.* (**-dogged; -dog·ging**) — *vi.* **1** (サーフィンで)曲技を演じる. **2** (わざと)目立つように[大げさに, 派手に]やる, 見せびらかすようにやる. — *vt.* 〈波〉の上で曲技をやる. — *adj.* とても巧い; (スポーツで)離れわざが出来る. — *n.* (サーフィンやスキーなどで)曲技を演じる人, 派手に演じる人. **hót·dòg·ger** *n.* **hót·dòg·ging** *n.* 〖《1896》← *hot dog!* (賞賛・喜びなどを表す叫び声)〗
hót dòg *n.*《口語》**1** ホットドッグ《ロールパンを縦割りにしてその間に温めたフランクフルトソーセージやウィンナソーセージをはさんだもの》. **2** フランクフルトソーセージ (frankfurter). — *int.*《米俗》結構だ, すてき; 賛成; ありがたい《賛成・満足を表す》. 〖《1900》: 漫画家 T. A. Dorgan の造語?: *dog* は犬肉を使ったというわさから, または dachshund の形との連想から〗
hót-dráw *vt.*〖金属加工〗〈金属・ナイロンなどの熱間引抜きをする《金属線を加熱して, ダイスを通して引き抜く》.
hót-dràwing *n.*〖金属加工〗熱間引抜き. 《1910》
ho·tel /houtél | həu-, hə(ʊ)tél, ə(ʊ)-ˈ/ *n.* **1** ホテル; 旅館 (cf. lodging house): His [Her] Majesty's ～《英戯言》刑務所 / a temperance ～ 禁酒旅館. **2** [フランス語法] 大邸宅; 官邸, 公邸. **3**《豪》酒場 (public house). **4** [H-]〖通信〗ホテル《文字 h を表す通信コード》. — *vt.* (**ho·telled; -tel·ling**) [通例 ～ it として] ホテルに宿泊する. 〖《1644》□ F *hôtel* < OF (*h*)*ostel* < ML *hospitāle* 'HOSPITAL'〗
hotél chína *n.*《米》ホテルチャイナ《高温で焼いた米国製の硬焼き陶器》.
Hô·tel des In·va·lides /outéldezæ̃(ŋ)vælíːd, -zæŋ- | əu-; F. otɛldezɛ̃valid, ɔtɛl-/ *n.* [the ～] オテルデザンバリード《Paris にあるもと傷兵病院; 今は軍事博物館; その礼拝堂に Napoleon 一世の墓がある》. 〖□ F ～ 'hospital of invalids'〗
hô·tel de ville /(h)outéldəvíːl | əu-; F. otɛldəvil, ɔtɛl-/ F. *n.* (*pl.* **hô·tels de ville** /-tél(z)də-; F. ～/) 市庁 (town hall). 〖《1744》□ F ～ 'hotel of town'〗
ho·tel·ier /(h)òutəljéɪ, houtéljər | həutélièɪ, əu-, -ljəʳ; F. otəlje, ɔ-/ *n.* ＝hotelkeeper. 〖《1905》□ F *hôtelier*〗
hotél·kèeper *n.* ホテル経営者[所有者]. 《1829》
hotél·kèeping *n.* ホテル経営(業). 《1870》
hotél·màn /-mæ̀n, -mən/ *n.* (*pl.* **-men** /-mèn, mən/) ホテル[旅館]のマネージャー[経営者]. 日英比較 日本語の「ホテルマン」はホテルの従業員の意だが英語では hotel employee という. 《1920》
hót fávorite *n.* 優勝候補, 本命.
hót fénce *n.* 《NZ》《農場の周囲に張り巡らされた》電流の通ったフェンス. 《1982》
hót flásh [**flúsh**] *n.*〖病理〗(閉経時の)上半身熱感; 顔面潮紅(ちょうこう)《更年期障害などの際の毛細血管の膨張とそれによる皮膚の紅潮》. 《1910》
hót·fòot *adv.* 大急ぎで (hastily): He was off ～ after the girl. 急いで少女の後を追って行った. — *vi.*《米口語》急いで行く. — *vt.*《米口語》**1** [通例 ～ it として] 大急ぎで行く. **2**〈人〉に「足あぶり」のいたずらをする; 苦しめる (annoy). — *n.* (*pl.* ～**s**) **1** 足あぶり《人の靴底と甲皮(こうひ)の間にこっそりマッチをはさみ込んで点火させるいたずら》. **2 a** 侮辱 (insult); 痛烈な皮肉. **b** 刺激, あおり (spur). 《*c*1300》
hót-góspeler *n.* **1 a** 熱狂的なプロテスタント. **b** (主義などの)熱烈な宣伝者. **2**《米俗》信仰復興運動伝道者. **hót-góspelling** *n.* 《1562》
hót·hèad *n.* 性急な人, せっかちな人. 《1660》
hót·héad·ed /-dɪ̀d | -dɪ̀d/ *adj.* 性急な, せっかちな, 激しやすい (impetuous, headstrong). **～·ly** *adv.* **～·ness** *n.* 《1641》
hót·hòuse *n.* **1** 温室 (glasshouse). **2** (陶磁器やれんがなどの)乾燥室. **3** (悪事などの)温床 (hotbed): a ～ for queers and kinks ホモや変人の温床. **4**《廃》**a** 売春宿 (brothel). **b** 風呂(屋), 浴場. — *adj.* [限定的] **1** 温室栽培の, 温室の: pink ～ flowers 温室栽培の桃色の花. **2**《口語・特に軽蔑》温室育ちの, きゃしゃな, 弱々しい (delicate): a ～ plant 温室育ちの植物[人]. — *vt.* 〈子供〉に早期教育をする. 《1451》
hóthouse efféct *n.* ＝greenhouse effect.
hóthouse làmb *n.* 秋または初冬に生まれ温室で育て生後 9–16 週間に売る子羊.
Ho·tien /hòutjén | hàu-/ *n.* ＝Hotan.
hót íssue *n.*〖証券〗人気新銘柄.
hót·kèy〖電算〗*n.* ホットキー《一連のキー操作の代わりをするキー(の組合わせ)》. — *vi.* ホットキーを使う. — *vt.* (ホットキーで)…にアクセスする, …を立ち上げる.
hót láb [**láboratory**] *n.* 放射能を浴びることの多い研究[実験]室.
hót líck *n.*《俗》〖ジャズ〗トランペット[クラリネット]の即興演奏.
hót líght *n.*〖テレビ〗ホットライト《番組制作に使用する強力照明ライト》.
hót líne *n.* **1 a** 匿名電話相談サービス. **b** 緊急直通電話(線). **2** [the ～] ホットライン《政府首脳間などの緊急直通電話》. **3**《米・カナダ》〖ラジオ・テレビ〗＝phone-in. 《1955》

H

hót-lìne wòrk [jòb] *n.* 〘電気〙活線作業《停電させずに行う電気工事作業》.

hót línk *n.* 〘電算〙ホットリンク《2 つのアプリケーションを, 一方での変更が他方に直ちに反映するように関連づけること》. ― *vt.* 〈2 つのアプリケーションを〉ホットリンクする.

hót·lìst *n.* 〘インターネット〙ホットリスト《頻繁に参照するページの URL を登録したリスト》.

hot·ly /há(ː)tli | hɔ́t-/ *adv.* **1** 熱心に; 猛烈に, 烈しく; 元気に: be ～ pursued [disputed]. **2** 怒って, むきになって. **3** 熱く, 暑く. **4** 好色的に, みだらに, 色気たっぷりに (lustfully). 〘(1525): ⇨ -ly¹〙

hót·mèlt *n.* ホットメルト《製本用の速乾性接着剤》.

hót métal *n.* 〘印刷〙ホットメタル《金属活字による植字法や印刷方法; その活字; hot type ともいう; cf. cold type》. 〘1960〙

hót míke *n.* 《米俗》作動中のマイク(ロホン).

hót móney *n.* **1** 〘経済〙ホットマネー《国際金融市場間を流動する投機的な短期資金》 **2** 《俗》盗んだ[不正で得た]金. 〘1936〙

hót móon·er /-mùːnə | -nə^(r)/ *n.* 月面噴火説主張者《月には火山活動があり, それが月面のクレーターを生み出したと主張する人; cf. cold mooner》.

Hot·ol /há(ː)tɑ(ː)l, hóu- | hɔ́tɔl, hə́u-/ 《略》 horizontal takeoff and landing 水平離着陸宇宙船, ホートル《英国の宇宙計画におけるスペースシャトル》.

hót pàck *n.* **1** 温湿布《腫(ʰᵃ)れや痛みなどを軽くするために身体に施す熱湯に浸して絞った毛布・タオルなど; cf. cold pack 1》. **2** (缶詰の)熱間処理法; hotpack method ともいう; cf. cold pack 2》.

hót pànts *n. pl.* **1** ホットパンツ《短くぴったりしたショートパンツ, 1970 年代に若い女性の間で流行した》. **2** 《俗》(性的な)激情, (突発的な)欲情. ***gèt hót pánts for*** (性的な)激しい欲望を催す. 〘1970〙

hót pépper *n.* **1** 〘植物〙(bird pepper, cone pepper, red pepper など) トウガラシ属のうち特に辛みの強い果実をつける植物の総称. **2** トウガラシ属 (*Capsicum*) の植物から採れる辛みの強い香味料. 〘1945〙

hót plàte *n.* **1 a** ホットプレート《電気・ガスなどを用いる料理・保温用鉄板》. **b** (オーブン内部の)天板. **2** (食品を温めておく)電気保温器. **3** (小型の)電熱器, ガスこんろ, 電気こんろ. 〘1845〙

Hot·point /há(ː)tpɔɪnt | hɔ́t-/ *n.* 〘商標〙ホットポイント《米国 Hotpoint 社製の家電製品; 炊飯器・洗濯機・冷蔵庫など》.

hót pòt *n.* 《英》〘料理〙ホットポット《羊肉とじゃがいもなどをなべに入れふたをして蒸し煮にしたシチュー》. 〘*a*1700〙

hót potáto *n.* **1** 《英口語》焼じゃがいも. **2** 《口語》難問, 難局, 面倒[厄介]な問題. ***dróp like a hót potáto*** ⇨ hot 成句. ***plày hót potáto with*** (敬遠して)…に具体的な手を打とうとしない, …で手を焼くのを避ける. 〘1846〙

hót-prèss *n.* 加熱プレス《紙のつやだし機・油搾り機など》. ― *vt.* (紙のつや出しや油を搾るために)加熱圧搾する; 〈紙などの〉光沢を出す. **～·ser** *n.* 〘1631〙

hót ròd *n.* 《米俗》**1** ホットロッド《高速度・高加速度を出すために改造した自動車》. **2** =hot rodder. 〘1945〙

hót ròd·der /-dər | -də^(r)/ *n.* 《俗》**1** ホットロッドの製作者; ホットロッドのドライバー[熱狂者]. **2** 向こう見ずなドライバー[運転者]; 向こう見ずな[乱暴な]青年. 〘1949〙

hót-róll *vt.* 〘金属加工〙〈金属を〉熱間圧延する (cf. cold-roll).

hót-rólling *n.* 〘金属加工〙熱間圧延. 〘1888〙

hots /há(ː)ts | hɔ́ts/ *n. pl.* [the ～] 《俗》強い性欲: have [get] *the* ～ *for* 〈異性に〉性的に強く引かれる, 熱をあげる. 〘(1947) (pl.) ← HOT〙

hót sáw *n.* 〘機械〙熱のこ《熱した鋼材を切断するのこぎり; cf. cold saw 1》.

hót sèat *n.* **1** 《米俗》**a** (死刑用)電気椅子 (electric chair). **b** 苦境, 困った[不安な]立場; 責任の重い立場. **2** 〘航空・宇宙〙=ejection seat. 〘1925〙

hót shít 《卑》*n.* うぬぼれの強いやつ; 並はずれてすぐれた人[もの]; 大物. ― *int.* やったぜ, いいぞ. 〘1971〙

hót shòe *n.* 〘写真〙(カメラのフラッシュを取り付ける)溝付台座, ホットシュー《シャッターと同調する接点のあるもの》. 〘1971〙

hót-shórt *adj.* 〘冶金〙〈金属が〉赤熱温度以上の熱に弱い[もろい] (cf. cold-short, red-short): ～ iron. 〘1798〙

hót-shórt·ness *n.* 〘金属加工〙高温脆性(ᵉᶦˢᵉᶦ), 熱脆性《高温においてもろくなり, 加工を難しくする性質が生じること》.

hót·shòt *n.* **1** 《俗》**a** 有能な人間, やり手(らしくふるまう人), ペテランぶる人; てきぱき屋. **b** 熟練工. **c** (野球・フットボール・ゴルフなどで)有能[ベテラン]選手. **2** 《米俗》(特別)速い飛行機[乗用車, 貨物車, 列車など] 急行便. **3** 《米俗》消防士. ― *adj.* **1** 《俗》有能[積極的, 派手]な; 偉い (important); 成功した; 偉ぶった, 成功を鼻にかけた: ～ cops 腕ききのポリ / a ～ businessman 敏腕な実業家. **2** 《米俗》〈貨物列車など〉直行の (nonstop), 直通の (through), 急行の (fast): a ～ freight train. 〘(1604) 1933〙

hót-spòt *vt.* 〈山林火災を〉多発地域で食い止める.

hót spòt *n.* **1** 《口語》(にぎやかで活気に満ちた)ナイトクラブ; 歓楽街. **2** 《口語》一触即発の危機をはらんだ地域[国], 紛争地域. **3** 山林火災多発地域. **4** 〘写真〙被写体の局部的に明るく露出過多の部分. **5** 〘生理〙温点 (cf. COLD spot). **6** 〘冶金〙炉の中または外殻で他の場所より熱い所. **7** 〘内燃機関〙熱点, ホットスポット: **a** 過早着火の原因となる燃焼室内の過熱箇所. **b** 燃料の蒸発を助けるため排気ガスでエンジンの吸入マニホルドの一部を加熱した箇所. **8** 〘地質〙ホットスポット《地殻下部またはまたはマントル上部の高温の物質が上昇する部分》. 〘1888〙

hót spríng *n.* (天然)温泉 (thermal spring) 《特に温度約 37°C 以上, 日本では 25°C 以上のものをいう; cf. warm spring》. 日英比較 欧米では, 日本のように健康な人が温泉につかってくつろぐという習慣はなく, 湯治が主である. 〘1669〙

Hót Spríngs *n.* ホットスプリングズ《米国 Arkansas 州 Hot Springs National Park にある都市》.

Hót Spríngs Nátional Párk *n.* ホットスプリングズ国立公園《米国 Arkansas 州中西部にあり, 47 の温泉のある保養地; 1921 年指定; 面積 41 km²》.

hot·spur /há(ː)tspəː | hɔ́tspəː^(r), -spə^(r)/ *n.* 短気者, 向こう見ず, 無鉄砲者 (hothead). **hót·spùrred** *adj.* 〘(1586) ← (1460) *Hotspur*: ⇨ hot, spur: Sir Henry Percy (1364–1403) がその性質からつけられたあだ名〙

hót stóve lèague *n.* 〘スポーツ〙(ホット)ストーブリーグ《オフシーズン中の, ファンによるスポーツ(特に野球)談義; また, そうした話をしに集まるファン》. 〘1912〙

hót stúff 《俗》*n.* **1 a** すばらしい[すごい]もの[人]. **b** すごく上手[得意]な人〔*at, with*〕. **2** 元気者, 精力家, やり手. **3** すごくセクシーな女; 浮気女. **4** ポルノ. **5** 盗品. **6** ポルノ本[劇, 映画]. ― *int.* すごいぞ, いいぞ. 〘1889〙

hót-swàp *vt.* 〈コンピューターの部品を〉電源を入れたままで交換する. **hót-swáp·pa·ble** *adj.*

hot·sy-tot·sy /há(ː)tsitá(ː)tsi | hɔ́tsitɔ́tsi/ *adj.* 《俗》すてきな, すばらしい (splendid), 申し分のない (perfect). 〘(1926) 米国の漫画家 Billie De Beck (*d.* 1942) の 1926 年頃の造語: *-tot-* は HOT の語頭音を恣意的に変え韻をふませたもの, *-s-* は口調をよくするための無意味な添加か: ⇨ -y⁴ 3〙

hót téar /-tɛ̀ə | -tɛ̀ə^(r)/ *n.* 〘金属加工〙高温割れ《鋳造・溶接などの際に赤熱もろさのために割れる》. 〘1933〙

hót-témpered *adj.* 短気な (short-temperered), 気早な, 性急な, 癇癪(ᵏᵃⁿˢʰᵃᵏᵘ)持ちの. 〘1873〙

Hot·ten·tot /há(ː)tn̩tɑ̀(ː)t | hɔ́tn̩tɔ̀t/ *n., adj.* = Khoikhoi. 〘(1677) ← Afrik. *hot en* (=and) *tot*: その言語に舌打ち音が多いのを擬音化したものか〙

Hóttentot brèad *n.* 〘植物〙=elephant's-foot.

Hóttentot fíg *n.* 〘植物〙=fig marigold.

Hóttentot's brèad *n.* 〘植物〙=elephant's-foot.

Hóttentot's fíg *n.* 〘植物〙=fig marigold.

Hot·ter, Hans /há(ː)tə | hɔ́tə^(r); *G.* hɔ́tɐ/ *n.* ホッター (1909– ; ドイツのバス・バリトン歌手).

hót tícket *n.* 《口語》とても人気がある人[もの], 人気者, 売れっ子, ひっぱりだこ.

hot·tie /há(ː)ti | hɔ́ti/ *n.* 《豪口語》湯たんぽ (hot-water bottle). 〘1910〙

hót·ting /-tɪŋ | -tɪŋ/ *n.* 《英口語》ホッティング《盗んだ高性能車を乱暴に[曲芸的に]乗りまわして見せつけること》. **hót·ter** /-tə | -tə^(r)/ *n.*

hót·tish /-tɪʃ | -tɪʃ/ *adj.* やや熱い[暑い]. 〘(1593) ← HOT + -ISH¹〙

hót tóp *n.* 〘金属加工〙押し湯 (⇨ dead 4). 〘1928〙

hót tùb *n.* 温水浴槽《マッサージ用のジェット水流の出る集団用の浴槽・プール; cf. Jacuzzi》. 〘1975〙

hót týpe *n.* 〘印刷〙ホットタイプ (⇨ hot metal).

hót wár *n.* 熱い戦争, 本格的戦争《国家間の本格的武力戦争; cf. cold war 1》. 〘1947〙

hót-wáter *adj.* 熱湯の, 湯の: a ～ heater (ガスの)自動湯沸器 / a ～ system 暖房用配管.

hót wáter *n.* **1** 熱湯, 湯《特にアパートなどの》. ⇨ water 日英比較. **2** 《口語》窮境, 難儀 (trouble) 《特に処罰を伴う》: financial ～ / be in ～ 困った[まずい]ことになっている / get into ～ 窮境に陥る, 難儀する. 〘*c*1384〙

hót-wáter bàg [bòttle] *n.* 湯たんぽ.

hót-wáter hèating *n.* 温水暖房.

hót-wáter pollùtion *n.* =thermal pollution.

hót wèll *n.* **1** =hot spring. **2** 〘機械〙機関の湯槽(ʸᵘ), ホットウェル, 温水だめ. 〘*c*1400〙

hót-wíre *vt.* 《俗》〘機械〙(キーを用いずにエンジンを始動するために)〈自動車〉(の点火装置)の回路を短絡させる. ― *adj.* 熱線の: a ～ ammeter 熱線電流計. 〘1889〙

hót-wire anemómeter *n.* 〘航空〙熱線風速計《針金の電気抵抗が温度によって変化する性質を利用した風速計》. 〘1904〙

hót-wórk *vt.* 〈金属を〉熱間加工する. 〘(1916) 《逆成》↓〙

hót-wórking *n.* 熱間加工《再結晶温度以上で行う塑性加工》. 〘1896〙

hót zòne *n.* 〘電算〙(ハイフンを入れるか改行するかを決める)行末に近い部分.

hou·ba·ra /huːbáːrə/ *n.* 〘鳥類〙フサエリショウノガン (*Chlamydotis undulata*) 《アフリカ北部からインドにかけて生息するノガン; ruffed bustard ともいう》. 〘(1827) ◻ Afrik. *ḥubārā* bustard〙

hou·dah /háudə | -də/ *n.* =howdah.

Hou·dan /húːdæn/ *n.* 〘鳥類〙ウーダン《フランス産の一品種のニワトリ; 球状のとさかと黒白まだらの羽がある》. 〘(1871) フランスの原産地名〙

Hou·din /uːdǽ(ŋ), -dǽŋ; *F.* udɛ̃/, **Jean Eugène Ro·bert** *n.* ウーダン (1805–1871; フランスの奇術師・著述家).

Hou·di·ni /huːdíːni/, **Harry** *n.* フーディーニ (1874–1926; 米国の奇術師; Houdini の名は J. E. Houdin の名をまねたもの; 本名 Erich Weiss).

Hou·don /uːdɔ̃ː(ŋ), -dɔ́ːŋ; *F.* udɔ̃/, **Jean Antoine** *n.* ウードン (1741–1828; フランスの彫刻家).

Hóu·dry pròcess /húːdri-/ *n.* 〘化学〙フードリー法《触媒を用いて分子量の大きな炭化水素の熱分解・脱水素・環状化・異性化を行う方法; 軽油・重油などからガソリンを製するのに用いられる》. 〘← *Eugene Houdry* (1892–1962; フランス生まれの米国の技師)〙

hough /há(ː)k | hɔ́k/ *n., v.* 《英》=hock¹. 〘OE *hōh* heel〙

Hough·ton /hóutn̩, hɔ́ː-, háː-, háu- | hɔ́ː-, háu-/, **(William) Stanley** *n.* ホートン (1881–1913; 英国の劇作家; *Hindle Wakes* (1912)).

Hough·ton-le-Spring /hóutn̩ləsprɪ́ŋ, háu- | hɔ́ːtn̩l-, háu-/ *n.* ホートン ル スプリング《イングランド北東部 Newcastle 南東の炭鉱町》.

houm·mos /hɑ́məs, húm- | húm-, hám-/ *n.* = hummus.

hound¹ /háund/ *n.* **1 a** 猟犬: ⇨ beagle, bloodhound, greyhoud, wolfhound / follow (the) ～*s*=ride to ～*s* 猟犬の一群を連れて(馬で)狩りをする. **b** 犬 (dog). **c** 《英》=foxhound. **2** 卑劣な男, 卑怯なやつ. **3** 野ウサギと犬 (hare and hounds) の追い手, 鬼. **4** 《米俗》[しばしば複合語の第 2 構成素として] 熱心に追求する人, 熱中者, ファン: a jazz ～ ジャズ狂 / an autograph ～ サイン(集め)狂 / a publicity ～ 宣伝屋. **5** 〘魚類〙=houndfish. **hóund of héll** [the ―] 〘ギリシャ神話〙地獄の門の番犬 (Cerberus).

― *vt.* **1 a** 激しく追跡する, 追い回す; しつこく[絶えず]悩ます: ～ a person *out of* [*from*] his post 人を職場から追い出す / be ～*ed out of* …から追い出される / be ～*ed* by one's creditors 借金取りにせめられる[悩まされる]. **b** 猟犬で狩る. **2** 〔獲物などに〕〈犬などを〉けしかける〔*at, on*〕: ～ a dog *at* a quarry 犬を獲物にけしかける. **3** 〈人を〉激励する (urge), おだてる〔*on*〕: ～ the rabble *on* a person 群衆を煽動して人を攻撃させる. ***hóund dówn*** 追い詰める, 突き止める.

～·er *n.* **～·ish** /-dɪʃ/ *adj.* 〘OE *hund* < Gmc **χundaz* (Du. *hond* / G *Hund*) ← IE **kwon-* dog (L *canis* / Gk *kúōn* dog)〙

hound² /háund/ *n.* **1** (車の)締め棒: the hind [fore] ～ 後[前]締め棒. **2** [*pl.*] 〘海事〙檣肩(ˢʰᵒᵘᵏᵉⁿ), ハウンド《檣頭縦材 (trestletrees) などを支えるためにマストの頂部に作った肩の形になる突起》. 〘(?*a*1200) *houn(e)* ◻ ? ON *hūnn* knob at the masthead〙

hóund dòg *n.* 《米南部》=hound¹ 1 a.

hóund·fìsh *n.* 〘魚類〙**1** =dogfish 1. **2** =needlefish. 〘*c*1395〙

hound·ing /háundɪŋ/ *n.* 〘海事〙ハウンディング: **1** マストの一部で檣肩(ˢʰᵒᵘᵏᵉⁿ) (hound) と甲板の間の部分. **2** ボウスプリットの一部で檣帽と船首材取付け部との間の部分. 〘(*c*1860) ← HOUND² + -ING¹〙

hóund's-tòngue /háundz-/ *n.* 〘植物〙ムラサキ科オオルリソウ属 (*Cynoglossum*) の植物の総称; *C. officinale* (など); dog's tongue ともいう. 〘OE *hundes-tunge* 《なぞり》← L *cynoglossus* ◻ Gk *kunóglōsson* 《原義》dogtongued object〙

hóund's tòoth *n.* 千鳥格子, 大弁慶《黒・白または濃淡で犬の牙のような形をしたジャケットやシャツの格子縞(ᵏᵒᵘˢʰᶦʲᶦᵐᵃ)》; houndstooth [hound's-tooth, dogtooth, dog's tooth] check ともいう》. 〘1936〙

houn·gan /húːŋgən/ *n.* ヴードゥー (voodoo) の聖職者. 〘(1929) 《現地語》◻ Haiti〙

Houns·field /háunzfiːld/, Sir **Godfrey Newbold** *n.* ハウンズフィールド (1919–2004; 英国の技術者・発明家; コンピューター断層撮影法 (CAT) を開発した; Nobel 医学生理学賞 (1979)).

Houns·low /háunzlou | -ləu/ *n.* ハウンズロー《London 南西部の自治区》 〘OE *Honeslaw* 《原義》dog's barrow ← HOUND¹ + -s² + *hlǣw* mound (← Gmc **χlaiwaz*← IE **k̑lei-* to lean)〙

Hou·phouet-Boi·gny /uːfwéɪbwɑːníː; *F.* ufwɛbwaɲi/, **Félix** *n.* ウフエ ボアニ (1905–93; コートジボワール共和国の初代大統領 (1960–93)).

houp-la /húːplɑː, húp-/ *n.* =hoopla.

houppe·lande /húːplɑːnd, -lænd/ *n.* フープランド《14–15 世紀の袖の長いベルト付きの長いガウンで毛皮の裏打ちがある》. 〘(1392–93) ◻ F ～ < OF *hoppelande*〙

hour /áuə | áuə^(r)/ *n.* **1** 1 時間: an ～'s work 1 時間の仕事 / a quarter of an ～ 15 分 / hire [pay] a worker by the ～ 時間ぎめで労働者を雇う [労働者に支払う] / every ～ or two 1, 2 時間ごとに / for ～*s* (and ～*s*) 幾時間も(幾時間もの間) / for ～*s* (together) 何時間も(ぶっ通しで) / keep a person waiting (for) ～*s* 何時間も人を待たせておく / *half an* ～ 半時間 / *an* ～*'s* walk [drive] 歩いて[車で] 1 時間の行程 / after an ～*'s* work 1 時間働いてから / The speed limit is 65 miles an [per] ～. 制限速度は時速 65 マイルだ / in an ～ [《英》 ～*'s* time] 1 時間で.

2 a (時計で示される)時刻; 正時: ask the ～ 時刻をきく / at an early [a late] ～ 早く[遅く] / At what ～ shall we meet? 何時に会いましょうか / at the appointed ～ 約束の時刻に / at all ～*s* (of the day and [or] night) (何時と限らず)いつでも, 時を選ばずに / at half past the ～ (ある正時の) 30 分過ぎに, (毎時) 30 分の時点に / every hour on the half ～ 毎時 30 分に / The ～ is late. 時刻はもう遅い / ⇨ rush hour, small hours / What is the ～? 時刻は何時か / The ～ is 4:30 (four thirty). 時刻は 4 時半だ / at this [the present] (ungodly) ～ この(とんでもない)時刻に / The clock struck the ～ of two. 時計は 2 時の時を打った. **b** [通例 *pl.*] (24 時間制で示される)時刻《通例四つの数字で表し, 前二つは時を, 後の二つは分を表す》: as of 0000 ～ 午前零時現在《zero hours と読む》/ 2000 ～*s* 20 時, 午後 8 時《20 hundred hours と読む》/ 2025 ～*s* 20 時 25 分《20 hundred and 25 hours と読む》.

3 a (特定の)時, 折; (…の)ころ, 時代: in the ～ of danger 危い[まさかの]時に / the ～ of death 死期, 臨終 / in

the ～ of adversity 逆境の時に / my boyhood's ～s 少年時代 / the happiest ～s of my life 一生の最も幸福な時 / improve each [the] shining ～ 時を精一杯に利用する (cf. Isaac Watts, *Divine Songs for Children*). **b** [the ～] 今, 現代 (cf. time 6 c, day 7): the man [question] of *the* ～ 時の人[問題] / the need of *the* ～ 刻下の急務 / the book of *the* ～ 今評判の本. **c** [one's ～] 死期, 盛時; [the *or* one's ～] 重大な[決断の]時, 危機 (crisis): *His* ～ has come [struck]. 彼の死期が来た / *The* ～ has come [struck]. 決断[行動]の時が来た.
4 a いつもの[決まった]時間; [*pl.*] 勤務[営業]時間: the lunch ～ 昼食時 / business [office, working, school] ～s 営業[執務, 労働, 授業]時間 / ⇨ *after* HOURS. / work long [regular] ～s 長時間[時間どおりに]働く. **b** [*pl.*] (起床・就寝など)生活の時間: keep regular [irregular] ～s (いつもの)決まった[不規則な]時間に寝起きする, 規則正しい[不規則な]生活をする.
5 (何)時間の行程: The town is an ～ from here (by bus). 町はここから(バスで) 1 時間かかる.
6 a (授業の) 1 時間, 1 時限 (cf. period 4). **b** 《米》(授業の)単位時間 (credit hour).
7 [*pl.*] 〘カトリック〙 **a** (1 日 7 回の)聖務日課の各時課 (canonical hours). **b** (聖務日課の時間に読む)聖務日課の勤め[祈り]: ⇨ Book of Hours.
8 [the Hours] 〘ギリシャ神話〙季節の女神 (Horae) 《四季・秩序・正義・平和をつかさどった》.
9 〘天文〙赤経の単位 《1 時間を 15° に割り当てる》.
10 〘ラジオ・テレビ〙特別番組 《もと 1 時間のものをいった》: music ～ / sports ～.
àfter hóurs 勤務[営業]時間後に, 閉店後に; 放課後に (cf. after-hours). ***at áll hóurs*** ⇨ 2 a. ***at the elèventh hóur*** ⇨ eleventh hour 成句. ***by the hóur (togèther)*** =for HOURS (together) ⇨ 1. ***from hóur to hóur*** 刻一刻と. ***hóur àfter hóur*** 毎時間 (every hour). ***hóur by hóur*** 時々刻々と. ***in a góod [háppy] hóur*** 幸いにも, 運よく (luckily). 〚(c1450) 《なぞり》← F *à la bonne heure*〛 ***in an évil [íll] hóur*** 悪い時に, 運悪く, 不運にも (unluckily). 〚(c1489) ↑〛 ***kèep éarly [góod] hóurs*** 早寝する; 早起きする(など) (cf. 4). ***kèep láte [bád] hóurs*** 夜ふかしする; 朝寝坊する; 遅く帰宅する(など). ***on the hóur*** 正時に, …時きっかりに: The bus leaves every hour *on the* ～. バスは毎時正時に発車する. ***òut of hóurs*** 勤務[勉強]時間外に. ***sérve the hóur*** =*serve the* TIME. ***till [to] áll hóurs (of the níght)*** (夜)非常に遅くまで. ***to an hóur*** (1) (日だけでなく)時間までも: Please say *to an* ～. 時間もおっしゃって下さい. (2) (1 時間も違わず)きっかり, ぴったり: ten days *to an* ～ ぴったり 10 日. ***withìn hóurs of*** …してまもなく[数時間のうちに].
〚(?*a*1200) *houre*, (*h*)*ore* ◻ OF *hore*, *eure* (F *heure*) < L *hōram* ◻ Gk *hṓrā* ← IE **yēr-* 'YEAR, season, 《原義》 that which passes': cf. horal〛

hóur àngle *n.* 〘天文〙時角. 〚1837〛
hóur cìrcle *n.* 〘天文〙 **1** 時圏 《天球の南北極を通る大円》. **2** (赤道儀式望遠鏡の)赤経の目盛り環. 〚1674〛
hóur clòck *n.* 二十四時間時計[時刻表示] 《鉄道の時刻表示など》.
hóur·glàss *n.* **1** (砂・水銀または水を用いる砂時計式の) 1 時間計時器; (一般に)砂時計 (sandglass). **2** (計時器で計った)時間(の長さ); 限りある時間: the ～ of a man's life 人の一生. — *adj.* [限定的] (砂時計のように)腰のくびれた, ほっそりした腰の: an ～ figure. 〚*c*1515〛
hóurglass scrèw [wòrm] *n.* 〘機械〙鼓形スクリュー[ウォーム] (⇨ Hindley's screw).
hóur hànd *n.* (時計の)時針, 短針. 〚1669〛
hou·ri /húᵊri | húəri/ *n.* **1** 〘イスラム教〙天国における信仰深い美しい処女 《天国に入った人々に仕える》. **2** 魅惑的な女性. 〚(1737) ◻ F ～ ◻ Pers. *hūrī* ◻ Arab. *hūr* (pl.): cf. *áḥwar* having eyes like a gazelle's〛
hóur·lóng *adj.* 1 時間にわたる[及ぶ]: an ～ lecture. — *adv.* 1 時間(の間) (for one hour). 〚1803〛
hour·ly /áuəli | áuə-/ *adj.* **1 a** 1 時間ごとの, 毎時の: ～ chimes 1 時間ごとに鳴る創鐘[チャイム]の音 / an ～ dose of medicine 1 時間ごとに服用する薬. **b** 1 時間の: the ～ outflow of water 1 時間の水の流出量 **c** 時間払いの, 時給の: an ～ wage 時間給. **2** 絶え間ない, 不断の (continual), 度々の: in ～ dread of death 絶えず死を恐れて. — *adv.* **1** 1 時間ごとに, 毎時 (every hour): To be taken ～. 1 時間ごとに服用の事 《処方箋の指示》. **2** 絶えず, のべつに, たびたび (frequently): expect a person ～ 人が今に来るかも知れないと待つ. 〚(1470): ⇨ -ly[1,2]〛
hóur·plàte *n.* (時計の)文字盤. 〚*a*1704〛
house /háus/ *n.* (*pl.* **hous·es** /háuzɨz, -sɨz | -zɨz/) **1 a** (人の住む)家, 家屋, 住宅, 人家, …邸: from ～ to ～ 家から家へ, 一軒一軒, 家ごとに / (as) safe as ～s 《英》全く安全で[な] / the Johnson ～ ジョンソン氏邸宅 / a traditional Japanese ～ 伝統的な日本家屋 / ⇨ country house, town house. **b** [H-] …邸: Hatfield *House* 《英》ハットフィールドハウス 《Hertfordshire 州の Hatfield にある Salisbury 侯爵家の由緒ある大邸宅の名》. **c** [集合的] 家に住む人たち: The whole ～ was woken up. 家のものは皆目を覚ましていた. **d** 《スコット》(一つの建物の中にいくつか入っている)住居.
2 家庭, 家族 (home, household) 《強調して house and home ともいう》: set up ～ (together) in this town この町で所帯を持つ / leave one's father's ～ 父の家を出る / An Englishman's ～ is his castle. ⇨ castle 1 a.
3 a (特定の目的のための)建物; (品物の)置場: ⇨ boardinghouse, courthouse, storehouse, workhouse / a coach [carriage] ～ 馬車置場 / a ～ of detention 留置場. **b** 旅館 (inn); レストラン: ⇨ alehouse, coffeehouse, public house. **c** 《口語》売春宿: a disorderly ～ 売春宿 / ⇨ cathouse, whorehouse.
4 a [通例複合語の第 2 構成要素として] (家畜・飼鳥などの)小屋: the monkey ～ 猿小屋 / ⇨ cowhouse, henhouse. **b** (動物などの)穴, 巣, 殻(から), 覆い 《shell など》: The snail carries his ～ on his back. 蝸牛(かたつむり)は殻を背負っている.
5 a 商社, 商館 (business firm): a trading ～ 商会 / a publishing ～ 出版社 / the ～ of Morgan モルガン商会 / a stock and bond ～ 証券会社. **b** 賭博場 (casino); 賭博場経営: The ～ always wins in the end. 胴元は結局いつも勝つ. **c** 〘英軍俗〙ハウス賭博 《碁盤目のある特殊なトランプを用いる lotto の類の賭博》.
6 [通例 the H-] **a** 議事堂: the *Houses* of Parliament 《英》国会議事堂. **b** 議院; (特に)下院: ⇨ lower house, upper house: be in *the House* 下院議員である / enter *the House* (下院)議員になる / be in possession of *the House* 〈政党が支配権を持つ, 牛耳る. **c** [集合的] 議員 (members): *The House* was greatly [very] excited by the news. 議会(議員連)はそのニュースでひどくざわめいた.
7 議員の定足数: make [keep] a *House* 下院で定足数になる[を保つ].
8 a (英国式大学の)学寮 (college); [the H-] 《英》= Christ Church. **b** (大学・学校の)寄宿寮 (boardinghouse). **c** [集合的] 寄宿寮の寄宿生. **d** (競技などのために生徒を分けた)組; 学生組織.
9 [時に H-] (先祖・子孫を含む)家, 家系, 血統, 家柄, 一族; (特に)王家: the *House* of Windsor ウインザー家 《今の英国の王家》/ spring from an ancient ～ 旧家の出である / the Imperial [Royal] *House* 皇[王]室.
10 a 劇場 (playhouse), 演芸場; 興行: a picture ～ 映画館 / *House* Full.=Full *House*. [掲示] 満員 / The second ～ starts at nine o'clock. 第二回興行は 9 時から始まる. **b** [集合的] 観衆, 聴衆: an appreciative ～ 理解ある観客[聴衆] / a full [capacity] ～ 大入り, 満員 / an empty [a poor, a thin] ～ 不入り / a good ～ 相当な入り / hold the ～=*hold the* STAGE (2).
11 a 宗教団体, 教団 《教団そのもの, またはその団員の住む建物》; 修道院. **b** 教会, 寺院, ユダヤ教会堂. **c** (教会・大学などの)評議員会, 顧問団: the ～ of convocation 評議会.
12 《英》 **a** [the H-] 《口語》株式取引所 (the Stock Exchange). **b** [the ～] 《古》貧民院, 授産所.
13 (カーリング (curling) で)ハウス 《標的 (tee) を中心にした直径 14 フィートの円; ⇨ curling 挿絵》.
14 〘占星〙(天を 12 分した)十二宮[宿]の一つ 《planetary house ともいう》.
15 〘海事〙甲板室.
bów dówn in the hóuse of Rímmon ⇨ Rimmon 成句. ***bríng dówn the hóuse=bríng the hóuse dówn*** 《口語》満場の大喝采を博する, 満場をうならせる (cf. gallery *n.* 3 b). 《(1754) 演劇用語から》 ***bríng the hóuse abóut one's éars*** 家族(など)皆の猛反対にあう, 大騒ぎを引き起こす. ***cléan hóuse*** (1) 家[家具]を清掃[整頓]する. (2) (官庁・会社・組織などの)悪弊[障害など]を一掃する, 粛清する. ***dréss the hóuse*** 〘劇場〙(1) 無料招待客などで場内を満員にする. (2) 実際よりも多く人が入っているように見せかける. ***gèt one's (ówn) hóuse in òrder*** =*put one's (own)* HOUSE *in order*. ***gó (áll) róund the hóuses*** 《英》回りくどいことをする[言う]. ***kéep a góod hóuse*** (1) 何不自由なく暮す. (2) 客を厚くもてなす. ***kèep hóuse*** (1) 一家を構える, 世帯(しょたい)を待つ. (2) 家事[家政]を切盛りする (cf. housekeeper 1, housekeeping 1). (3) 〔人と〕同じ家に住む, 寄合い世帯(じょたい)[共同世帯]をする 〔*with*〕. 〚1535〛 ***kèep ópen hóuse*** ⇨ open house 成句. ***kéep to one's hóuse*** (病気などで)家に引きこもる. ***like a hóuse on fíre*** 《口語》盛んに, どしどし, すらすらと (very fast, very well): Everything went *like a* ～ *on fire*. すべては都合よくいった. ***móve hóuse*** 《英》転居[移転, 引っ越し]する (move) ***on the hóuse*** 店(主)の支払いで, ただで (free, gratis): Drinks *on the* ～. 飲み物は当店のおごり / It's *on the* ～, Sheriff. 保安官, こりゃお店(みせ)のおごりだよ. 〚1889〛 ***pláy hóuse*** ままごと遊びをする. ***pùt [sèt] one's (ówn) hóuse in òrder*** (1) 家政を整える, 秩序を回復する. (2) 自分の行いを正す, 自分の欠点を正す (cf. 2 *Kings* 20: 1). 〚1611〛 ***thrów the hóuse òut at (the) wíndow*** 《古》家中をてんやわんやにする, 大混乱をひき起こす. 〚(1844) 《なぞり》← F *jeter la maison par la fenêtre*〛
hóuse and hóme ⇨ 2.
hóuse of assémbly [H- of A-] (英国の植民地・保護国, 英連邦諸国の)下院. 〚1653〛
Hóuse of Búrgesses [the —] (米国の植民地時代の Virginia 州の下院. 〚1658〛
hóuse of cáll (1) (昔, 仕事を求める同一職種の)職人 (journeymen) (など)のたまり場, 職人宿. (2) 行きつけの家 《酒場など》. (3) 旅人宿.
hóuse of cárds 子供がトランプ札で作る家; 不安定な[おぼつかない]事態, 机上の空論. 〚1903〛
Hóuse of Cómmons [the —] (英国・カナダの)下院 (cf. HOUSE of Lords). 〚1621〛
hóuse of corréction 〘法律〙矯正院, 教護院 《軽犯者を収容する》. 〚1576〛
Hóuse of Cóuncillors [the —] (日本の)参議院 (cf. HOUSE of Representatives).
Hóuse of Délegates [the —] (米国 Virginia, West Virginia, Maryland 各州議会の)下院. 〚1783〛
hóuse of deténtion 未決監, 留置場.
hóuse of Gód 寺院, 教会(堂), 礼拝堂. 〚OE 《なぞり》← LL *domus Dei*〛
hóuse of íll fáme [repúte] 《古》売春宿. 〚*a*1726〛
Hóuse of Kéys [the —] (英国の)マン島 (Isle of Man) の下院.
Hóuse of Lórds [the —] **1** (英国の)上院 《貴族や高位の聖職者から成る; cf. HOUSE of Commons》. **2** (英国議会上院の)法官議員(の一団) 《最高司法機関の役割をもつ》. 〚*a*1340〛
Hóuse of Nórmandy [the —] 〘フランス史・英国史〙(北フランスの)ノルマンディー家 (⇨ Norman Conquest, William I).
Hóuse of Péers [the —] (もとの日本の)貴族院.
hóuse of práyer =HOUSE of God.
hóuse of réfuge (1) 貧民[難民]収容所, 養育院, 救済ホーム. (2) 《米》海難救護所.
Hóuse of Represéntatives [the —] (米国・オーストラリア・メキシコなどの)下院; (日本の)衆議院 (cf. senate 1 a); (cf. HOUSE of Councillors); (ニュージーランドの一院制の)議員; (米国各州の)下院. 〚1716〛
hóuse of stúdies [stúdy] 聖職者研修所. 〚1929〛
Hóuse of the Péople =Lok Sabha.
hóuse of tólerance 《古》公認売春宿. 〚《なぞり》← F *maison de tolérance*〛
hóuse of wórship =HOUSE of God.
Hóuses of Párliament *n.* [the —] 《英》(国会の)上下両院; 国会議事堂 《Thames 河岸にある》.
— /háus/ *adj.* [限定的] **1** 家に飼われている; 家に出入りする: ⇨ house cat, house cricket, house sparrow. **2 a** 家で用いる: ～ furniture / a ～ key / ⇨ housecoat, housedress. **b** 家に適する: a ～ lot 宅地. **c** 家の近くの: a ～ garden. **3** (バーやレストランなどの)自家製の. **4** 病院に住み込みの: ⇨ house officer, house physician, house surgeon. **5** 家屋を害する: ～ ants.
— /háuz/ *v.* — *vt.* **1 a** 家に入れる, …に家をあてがう: ～ a large population 多数の人々に住宅を供給する. **b** (一時的に)収容する, 入れる; 泊める, 迎える (receive): This cottage will never ～ us all. この小さい家ではとても我々全部は入れない / ～ a person for a night 人を一晩泊める. **c** 〈人など〉を屋内に閉じ込める 〈*up*〉: He is ～*d* with a cold. 風邪引きで家に閉じ込もっている / a cow ～*d* in a shed 小屋に入れてある牛. **2** 〈品物〉をたくわえる, しまう: ～ one's books 本をしまう / The machine is ～*d* in a special container. その機械は特別のコンテナに入れてある. **3** 〈仕事・研究など〉の場所を用意する. **4** 屋根で覆う, 雨風に当てないようにする (cover, shelter). **5** 〘海事〙 **a** 安全な所に入れておく (stow). **b** 〈上・中マストを〉引き下げる (lower); 〈錨(いかり)〉をしまう, 収錨する. **6** 〘建築〙〈ほぞ穴〉にはめ込む, 差し込む, 大入(おおい)れにする (cf. housing[1] 5). — *vi.* **1** 避難する, 安全な所に入る. **2** 宿る (lodge); 住む (dwell) 〈*up*〉. *int.* (ビンゴのゲームで勝ったときに出す)上がり!
〚n.: OE *hūs* < Gmc **χūsam* (Du. *huis* / G *Haus*) ← ? IE **(s)keu-* to cover: cf. OE *hȳdan* 'to HIDE[2]'. — v.: lateOE *hūsian* (cog. G *hausen*) ← (n.)〛
House /háus/, **Edward Man·dell** /mǽndl/ *n.* ハウス 《1858–1938; 米国の外交官・政治家; Wilson 大統領の腹心で Colonel House と呼ばれた》.
hóuse àgent *n.* 《英》 **1** 家屋周旋人, 差配人 (real-estate agent). **2** 賃貸料集金人. 〚1843〛
hóuse arrèst *n.* 自宅[病院]監禁, 軟禁: be under ～ 軟禁されている. 〚1936〛
Hóuse Béautiful *n.* 「ハウスビューティフル」《米国のマイホーム造りのための実用月刊雑誌; The Hearst Corporation 発行; 1896 年創刊》.
hóuse·bòat *n.* **1** (住居用)屋形船, 屋根船. **2** 《米》宿泊設備付きヨット. — *vi.* **1** 屋形船で暮らす. **2** 屋形船で巡航[遊覧]する. 〚1790〛
hóuse·bòte /-bòut | -bəut/ *n.* **1** 〘英史〙家屋の修理. **2** 〘法律〙 **a** (家屋の)修理用材. **b** 修理用材伐採権 《家のテナントが家主の屋敷・用地内の木を借家の修理用材として伐採する権利; cf. estovers》. 〚(*c*1150) *housbote*: ⇨ house, boot[2]〛
hóuse·bòund *adj.* (悪天候・病気などで)家の外に出られない, 家に引き込もった. 〚1878〛
hóuse·bòy *n.* =houseman 1.
hóuse brànd *n.* 《米》販売者[自社]ブランド 《小売業者自身の名をつけた商品》.
hóuse·brèak[1] *vi.* (-**broke**; -**bro·ken**) 押込み強盗[住居侵入]をする. 〚(1820) 《逆成》← HOUSEBREAKER // HOUSEBREAKING〛
hóuse·brèak[2] *vt.* 《米》 **1** 〈犬・猫・幼児などを〉家の中を汚さないようにしつける, …に下(しも)のしつけをする. **2** 《戯言》〈人を〉家庭環境に慣れさせる, 〈幼児など〉に行儀作法を仕込む. **3** 〈人・ペットなどを〉飼い慣らす, おとなしくさせる (tame). 〚(1900) 《逆成》← *housebroken*〛
hóuse·brèaker *n.* **1** 住居侵入者 (cf. housebreaking 1, burglar). **2** 《英》(家屋の)解体業者. 〚*a*1400〛
hóuse·brèaking *n.* **1** 押込み, 住居侵入(罪) 《窃盗などの重罪を犯す目的で, 住居を破壊して侵入すること; cf. housebreaker 1, burglary》. **2** 《英》家屋の解体. 〚*a*1400〛
hóuse·bròke *adj.* =housebroken.
hóuse·bròken *adj.* **1 a** 〈犬・猫など〉家の中に住むように訓練された, 下(しも)のしつけができている: a ～ dog. **b** 〈幼児など〉(歯みがき・用便など)よくしつけられた: a ～ child. **2** 従順にされた, 飼い慣らされた, 型にはめられた: a ～ husband. 〚1900〛

H

hóuse·bùilder *n.* 大工, 建築請負い. 〘1769〙
hóuse càll *n.* **1** (医師などの)往診. **2** (セールスマンなどの)戸別[家庭]訪問, 訪問販売. 〘1960〙
hóuse càptain *n.* 《英》(public school の) 寮生徒長《寮長 (housemaster) を補佐する; cf. school captain》.
hóuse càr *n.* 〘鉄道〙有蓋貨車. 〘1856〙
hóuse·càrl /-kɑ̀ːɚl | -kɑ̀ːl/ *n.* (古代英国やデンマークで) 王族の親衛兵. 〘OE *hūscarl* ◻ ON *hūskarl*: ⇨ house, -carl〙
hóuse càt *n.* 飼いネコ, イエネコ. 〘1607〙
hóuse cèntipede *n.* 〘動物〙モトゲジ (*Scutigera coleoptrata*) 《ヨーロッパの人家のなかでよく見かける, 日本のゲジゲジに似た種類》.
hóuse·clèan *vi.* **1** (家・部屋の)大掃除をする. **2** 清掃[一掃]する; 粛正する (cf. *clean* HOUSE). — *vt.* **1** 〈家・部屋などを〉大掃除する. **2** 〈行政部門などを〉粛正(改革)する. **~·er** *n.* 〘(1863) (逆成) ← *housecleaning*〙
hóuse·clèaning *n.* **1** 家掃除, 大掃除. **2** (組織などの)粛正(改革). 〘*c*1860〙
hóuse·còat *n.* ハウスコート: **a** 婦人用は長くてゆったりした上着で, 家庭でくつろぐ時に着る. **b** 男子用は絹などのジャケットで, 家庭でくつろぐ時に着る. 〘1913〙
H
hóuse cóunsel *n.* 〘法律〙会社専属の弁護士.
hóuse·cràft *n.* 《英》家政術; 家庭科 (domestic science).
hóuse crìcket *n.* 〘昆虫〙イエコオロギ (*Acheta domestica*) 《炉のれんが間などにすみ, コオロギ類のうち西洋の家屋に最も普通な種; hearth cricket ともいう》. 〘1774〙
hóuse cròw *n.* 〘鳥類〙イエガラス (*Corvus splendens*) 《インド産のカラス; 街路の掃除屋として知られる》.
hóuse cùrtain *n.* 〘劇場〙=front curtain.
hóuse detèctive *n.* 《米》(デパート・ホテル・劇場などの) 保安員, 警備員, ガードマン (houseman). ⇨ guard 日英比較. 〘1898〙
hóuse dìck *n.* 《俗》=house detective.
hóuse dìnner *n.* (クラブ・学校・寄宿舎などで会員や客のために催す)特別晩餐会. 〘1870〙
hóuse dòctor *n.* (病院の)住み込み医師 (cf. house physician).
hóuse-dòg *n.* 飼い犬, 番犬. 〘1711〙
hóuse dràin *n.* 家屋排水管. 〘1897–98〙
hóuse·drèss *n.* ハウス[ホーム]ドレス, 家庭着. 日英比較 「ホームドレス」は和製英語. 〘1897〙
hóused strìng /háuzd-/ *n.* 〘木工〙(踏板を左右から大入れにして支えた)階段の側桁(がわげた).
hóuse fàctor *n.* 《スコット》=estate agent.
hóuse fàrmer *n.* 《英》家屋[建物]転貸人《又貸しする人》. 〘1885〙
hóuse·fàther *n.* **1** (一家の)家長. **2** (青年寮・ユースホステル・子供の家などの)管理者; 寮父 (cf. housemother 2, houseparent). 〘1552〙
hóuse fìnch *n.* 〘鳥類〙イエマシコ (*Carpodacus mexicanus*) 《米国西部およびメキシコ産マシコの一種; 雄は頭・のど・胸などが赤い》. 〘1869〙
hóuse flàg *n.* 〘海事〙**1** (船に掲げて所属会社などを示す)社旗, 船主旗. **2** ヨット船主旗. 〘1884〙
hóuse-flànnel *n.* (床掃除などに用いる)あらいネルのぞうきん.
hóuse·flỳ *n.* 〘昆虫〙**1** イエバエ (*Musca domestica*). **2** イエバエに似たハエの総称. 〘*a*1450〙
hóuse·frònt *n.* 家の正面[前面] (facade). 〘1838〙
hóuse·fùl /háusfùl/ *n.* 家一杯: a ~ of furniture [guests] 家一杯の家具[来客]. 〘(1610): ⇨ -ful²〙
hóuse·fùrnishings *n. pl.* housewares. 〘1904〙
hóuse gìrl *n.* 女中, お手伝いさん (housemaid). 〘1835〙
hóuse·guèst *n.* 泊り客. 〘1917〙
house·hold /háus(h)òuld | -(h)əùld/ *n.* **1** [集合的] 家内, 家族; (雇い人等をも含めて)家内中の者; 世帯(しょたい): a large ~ 大所帯 / the number of ~*s* 所帯数. **2 a** 家政, 家事. **b** 《古》家財. **3** [the H-] 《英》(奉仕者を含めて)王室: *the* King's [Queen's] *Household* 宮中[女王宮] / *the* Imperial *Household* 皇室 / the Master of *the Household* ⇨ master¹ *n.* 6 b. — *adj.* [限定的] **1** 一家の, 家族の, 家事の: ~ affairs 家事, 家政 / ~ economy 家庭経済, 家政 / ~ furniture 家具 / ~ goods 家財, 世帯道具. **2** 身近な, 聞き[見]慣れた, 周知の (familiar): ⇨ household word. **3** 王室の: ⇨ household name, household troops. 〘(*c*1380) *houshold* (cf. MDu. *huushoud*): ⇨ house, hold¹〙
hòusehold ammónia *n.* 希釈アンモニア溶液《少量の洗浄剤を含み家庭用》.
hòusehold árt *n.* [通例 *pl.*] 家政術《料理・洗濯・育児・家計など》.
Hòusehold Cávalry *n.* [the ~] (英国の)近衛[儀仗]騎兵隊《Life Guards と Royal Horse Guards の 2 連隊から成る》.
hòusehold económics *n.* =home economics.
hòusehold efféets *n. pl.* 家財.
house·hold·er /háus(h)òuldə | -(h)əùldə(r)/ *n.* **1** (下宿住まいなどせずに)自分の家を持っている人, 持ち家居住者. **2** 戸主, 家長, 世帯主. **3** =freeholder. **~·ship** *n.* 〘*c*1387–95〙
hòusehold fránchise *n.* [the ~] 〘英史〙戸主選挙権《1918 年以前に戸主だけに与えられていた選挙権; household suffrage ともいう》.
hòusehold gód *n.* **1** [the ~*s*] (古代ローマの)一家の守護神《lares と penates》. **2 a** [通例 *pl.*] 家に伝わる大事な品々; 尊敬される人[物, 慣習など]. **b** [*pl.*] 《英口語》家庭生活の必需品.
hòusehold mànagement *n.* 家政(術).
hòusehold náme *n.* =household word: Shakespeare and Hemingway are ~*s* in Japan. シェークスピアやヘミングウェイ(の名)は日本ではだれでも知っている.
hòusehold scíence *n.* =domestic science.
hòusehold stúff *n.* 《古》家財, 世帯道具. 〘1511〙
hòusehold súffrage *n.* [the ~] 〘英史〙=household franchise.
hòusehold tróops *n. pl.* (元首またはその住居の護衛をする)近衛兵, 近衛部隊. 〘1711〙
hòusehold wórd *n.* だれでも知っている言葉[物, 事柄, 人, 名前] (cf. Shak., *Henry V* 4. 3. 52). 〘1599〙
hóuse-hùnting *n.* 住宅探し, 家探し.
hóuse·hùsband *n.* 専業主夫. 〘(1955) (混成) ← *house(wife)*+HUSBAND〙
hóuse jòurnal *n.* (企業などの)社内報, 内部広報紙[誌].
hóuse·kèep *vi.* 《口語》家事をする, 所帯をもつ; (特に, 自分または家族のために毎日)食事の用意をする. 〘(1842) (逆成) ← HOUSEKEEPING // HOUSEKEEPER〙
house·keep·er /háuskìːpə | -pə(r)/ *n.* **1** 家計を切り盛りする人; (特に)ハウスキーパー, 家政婦, 女中頭 (cf. butler 1): a good [bad] ~ 家政が上手[下手]な人. **2** 家屋[事務所, 営業所]管理人 (janitor). 〘*a*1425〙
house·keep·ing /háuskìːpɪŋ/ *n.* **1 a** 家政, 家計: good [bad, liberal] ~ 上手な[下手な, 大まかな]家政. **b** 家計費. **2** 所帯を持つこと, 家に住むこと; 所帯: give up ~ 所帯をたたむ. **3** 〘経営〙(企業体などの)管理維持, 整備. **4** (コンピューターの)動作を間接的に援助する動作. — *adj.* [限定的] 家庭の, 家政の: a ~ book 家計簿 / ~ money 家計費. 〘(1538): ⇨ house, keeping〙
hou·sel /háuzəl, -zl/ 《古》*n.* **1** 聖餐(せいさん), 聖体 (Eucharist). **2** 聖餐式を執り行うこと, 聖体拝領. — *vt.* … に聖体を授ける. 〘OE *hūsel* the Eucharist < Gmc **χunslam* (Goth. *hunsl* a sacrifice) ← IE **k̂wen-* holy〙
hóuse·lèek *n.* 〘植物〙**1** ヤネバンダイソウ(屋根万代草) (*Sempervivum tectorum*) 《古い家の屋根などに生えるベンケイソウ科の植物; hen-and-chickens ともいう》. **2** アヤザクラ (*S. soboliferum*). 〘1440〙
hóuse·less *adj.* **1** 家のない, 宿なしの: a ~ vagabond. **2** 家影のない, 一軒の家も見えない: a ~ mountainside. **~·ness** *n.* 〘(1357) *housles*: ⇨ -less〙
hóuse·lìghts *n. pl.* 〘劇場〙(上演前後に観客席を照らす)場内照明, 客席照明. 〘(1920): ⇨ house (*n.* 10)〙
hóuse·lìne *n.* 〘海事〙三つ撚(よ)り小綱《seizing や serving に使う細ひも》.
hóuse lònghorn *n.* 〘昆虫〙ヨーロッパイエカミキリ (*Hylotrupes bajulus*) 《カミキリムシ科の昆虫; 幼虫は朽ちた木とか建材を食う》. 〘1938〙
hóuse màgazine *n.* =house organ.
hóuse·màid *n.* (通例住込みの)女中, お手伝い(さん) (cf. chambermaid). 〘1694〙
hóusemaid's knée *n.* 〘病理〙女中ひざ《ひざの皮下の急性または慢性の炎症; 正しくは膝蓋(しつがい)滑液嚢(のう)炎; 欧米の女中がひざをついて床の掃除をしたりするために起こったことから》. 〘1831〙
hóusemaid's pántry *n.* =butler's pantry.
house·man /-mən, -mæ̀n/ *n.* (*pl.* **-men** /-mən, -mèn/) **1** 下男, 雑役夫, 下働き. **2** =house detective. **3** 《英》=intern¹ 1. **4** 《米俗》=burglar. 〘1798〙
hóuse mànager *n.* 劇場支配人. 〘1906〙
hóuse màrtin *n.* 〘鳥類〙イワツバメ (*Delichon urbica*) 《人家の壁などに巣をかける》. 〘1767〙
hóuse·màster *n.* (public school などの) 寮監, 舎監. 〘1878〙
hóuse·màte *n.* 同じ家に住む人, 同居者. 〘1809–10〙
hóuse·mìstress *n.* **1** 女主人, 主婦. **2** 《英》(女子寄宿学校の)女舎監. 〘1875〙
hóuse mosquìto *n.* 〘昆虫〙アカイエカ (*Culex pipiens*) 《カ科の昆虫; 雌は哺乳類などを刺す; cf. gnat》.
hóuse mòth *n.* 〘昆虫〙ナミチャイロガ (*Hofmannophila pseudospretella*) 《マルハキバガ科のガ; 通常は鳥の巣などに生息するが, 時に人間の住居に入り込み衣服や食料を荒す; brown house moth ともいう》. 〘1932〙
hóuse·mòther *n.* **1** (一家の)女主人. **2** (女子寮・合宿所などの)寮母 (matron). 〘1834〙
hóuse mòuse *n.* 〘動物〙ハツカネズミ (*Mus musculus*) 《イエネズミの一種で世界中に広く分布する; 実験用のマウスはヨウシュハツカネズミを飼養したもの》. 〘1835〙
hóuse mùsic *n.* ハウス(ミュージック)《電子楽器を多用しリズムを重視する急テンポでビートのきいたディスコダンス音楽》.
hóuse nùmber *n.* 戸番, 番地, 家屋番号.
hóuse òfficer *n.* 《英》=intern¹ 1.
hóuse òrgan *n.* **1** (会社などが PR や広告・紹介の目的で発行する)ハウスオーガン; (商店・会社の部内向けの)社内報[誌]. **2** (同業者間の)業界紙. 〘1907〙
hóuse pàinter *n.* ペンキ屋. 〘1689〙
hóuse·pàrent *n.* **1** 青少年寮[宿泊所]の管理者夫婦のうちの一方, (ユースホステルの)ペアレント. **2** 寮母 (housemother); 寮父 (housefather). 〘1929〙
hóuse pàrlormaid *n.* 小間使, 給仕女. 〘1964〙
hóuse pàrty *n.* **1** (主に)田舎の邸宅[別荘]に客を招いて行う(一晩あるいは数日間にわたる)接待会. **2** [集合的] その滞在客の一団. 〘1876〙
hóuse·pèrson *n.* 家政担当者《housewife と househusband を区別する sexism を避ける語》. 〘1974〙
hóuse·phòne *n.* (ホテル・アパートなどで交換台を通す)館内[内線]電話. 〘1908〙
hóuse physícian *n.* **1** (病院の)住み込み内科医 [《英》医師] (cf. house surgeon). **2** (ホテルなどの)住み込み[専属]医師. 〘1753〙
hóuse·plànt *n.* 室内に置かれる鉢(はち)植えの草花. 〘1871〙
hóuse-pròud *adj.* 家[家政, 立派な家具]を誇りにする, 家の管理[美化]に(やたらと)熱中する. 〘1849〙
hóus·er /-zə | -zə(r)/ *n.* **1** 住宅計画推進者[管理者]. **2** =houseboat. 〘(*a*1400): ⇨ house, -er¹〙
hóuse-ràising *n.* 《米》(田舎で隣人が寄り合って行う)家の棟(むね)上げ (cf. raising bee). 〘1704〙
hóuse ràt *n.* 〘動物〙イエネズミ《クマネズミ (black rat) など》.
hóuse·ròom *n.* **1** (家の中で)人の住む場所; 宿泊, 宿 (lodging): give a person ~ 人を泊める. **2** (物の)置き場所, 空間: I would not give it ~. そんな物はただでもまっぴら《場所ふさぎだ》/ The government gave the subject ~. 政府はその問題に取り組むための便宜[研究所]を与えた. 〘1582〙
hóuse rùle *n.* (あるグループまたは賭博場などにだけ通用する)ゲームの内部規約, 内規. 〘1947〙
hóuse sèat *n.* 特別席《劇場側が特別の客に用意する席》. 〘1948〙
hóuse sèwer *n.* 〘土木〙各戸下水管, 私設下水管.
hóuse-sìt *vi.* 《米》(居住者の長期不在中にその家に住んで)留守番をする〔*for*〕. **hóuse-sìtter** *n.* 〘cf. housesitter (1971)〙
hóuse slìpper *n.* [通例 *pl.*] (かかとのついている)屋内スリッパ (cf. bedroom slipper). 〘1895〙
hóuse snàke *n.* 〘動物〙=milk snake. 〘1807〙
hóuse spàrrow *n.* 〘鳥類〙イエスズメ (*Passer domesticus*) 《ヨーロッパ原産; 《米》English sparrow ともいう》. 〘1674〙
hóuse spìder *n.* 〘動物〙家グモ《人家にみられるタナグモ属 (*Tegenaria*) のクモ; (特に)イエタナグモ (*H. domestica*)》. 〘1721〙
hóuse stèward *n.* (大邸宅・クラブなどの家事を司る)家扶, 家令, 執事. 〘1758〙
hóuse stỳle *n.* 〘印刷〙出版社[印刷所]の(つづりなどの, 独自の)様式[組み方]. 〘1810〙
hóuse sùrgeon *n.* (病院の)住込み外科医 (cf. house physician 1). 〘1825〙
house-to-house /háustəháus⁻/ *adj.* 戸ごとの[に訪問する], 戸別の (door-to-door): a ~ visit [canvass] 戸別訪問[運動] / ~ searches 戸別捜索 / a ~ salesman. 〘1859〙
hóuse·tòp *n.* 屋根の頂, 屋根 (roof). ***from the housetops*** だれにでも聞こえるように, 四方八方に声が届くように: proclaim [cry, preach, shout, broadcast] *from the* ~*s* 公衆に知らせる, 世間に吹聴する (*cf. Luke* 12:3). 〘1895〙 〘1526〙
hóuse tràiler *n.* 《米》**1** 〘自動車〙ハウストレーラー《移動住宅 (mobile home) 用のトレーラー; cf. caravan 1 a》. **2** =mobile home. 〘1937〙
hóuse-tràin *vt.* 《英》=housebreak².
hóuse-tràined *adj.* 《英》=housebroken.
House Un-Américan Activities Commìttee *n.* [the ~] (米国の)下院非米活動調査委員会《1940–50 年代の「アカ狩り」で有名; 1975 年に廃止された; 略 HUAC》.
hóuse·wàres *n. pl.* 家庭用品, 勝手道具類 (housefurnishings). 〘1921〙
hóuse·wàrming *n.* 新居の披露, 新宅開き, 新築祝い: give a ~. 〘1577〙
house·wife¹ /háuswàɪf/ *n.* (*pl.* **house·wives** /-wàɪvz/) 主婦: a good [bad] ~ 所帯持ちのよい[悪い]女性. 日英比較 日本語では勤務している既婚女性も「主婦」というが, 英語の *housewife* は専業主婦のみを指し, 働いている既婚女性は working wife というが, 今は homemaker が好まれる. — *vt.* 《古》〈家事を〉うまくやりくりする. — *vi.* 《古》家事をうまくやりくりする. 〘(?*a*1200) *houswif*〙
house·wife² /hʌ́zɪ̀f, -sɪ̀f | -zɪf/ (*pl.* **~s** /~s/, **-wives** /-zɪ̀vz, -sɪ̀vz | -zɪvz/ *n.* **1** 裁縫道具入れ《針・はさみ・縫糸・ボタン・小切れなどを入れる袋または小箱; hussy, huswife ともいう》. **2** 《廃》身持ちの悪い女 (hussy²). 〘(1749) ↑〙
hóuse·wìfe·ly *adj.* 主婦らしい; (つましくて)世話女房らしい. — *adv.* 世話女房のように. **hóuse·wìfe·li·ness** *n.* 〘(*c*1350): ⇨ -ly²〙
house·wife·ry /háuswàɪf(ə)ri/ *n.* 家政, 家事 (housekeeping): a ~ school 家政学校. 〘(*a*1438) *huswifri*: ⇨ -ry〙
hóuse wìne *n.* ハウスワイン《レストランで出す銘柄のない廉価ワイン》.
hóuse wìring *n.* 〘電気〙屋内配線. 〘1901〙
hóuse·wìves¹ /háuswàɪvz/ *n.* housewife¹の複数形.
hóuse·wìves² *n.* housewife²の複数形.
house·work /háuswəːk | -wɜːk/ *n.* 家事, 家事労働, 家事向きの仕事《裁縫・料理・洗濯・掃除など》. **~·er** *n.* 〘1841〙
hóuse·wrècker *n.* =wrecker 2.
hóuse wrèn *n.* 〘鳥類〙イエミソサザイ (*Troglodytes aedon*) 《家屋周辺に巣を作る米国産のミソサザイ》.
hous·ey /háusi/ *n.* 《英軍俗》=housey-housey.
house·y-house·y /háusiháusi/ *n.* 《英軍俗》= house 5 c. 〘(1936) ← HOUSE+-*ey* (⇨ -ie)〙
hous·ie /háusi/ *n.* 《英軍俗》=housey.

hous·ing[1] /háuzɪŋ/ *n.* **1** [集合的] 家, 住居, 住宅 (houses). **2** 住宅供給: the ~ problem [question] 住宅問題 / New York's ~ ニューヨークの住宅事情 / a ~ shortage 住宅難. **3 a** 覆い, 囲い. **b** (機械などの)ケース, 外被. **4** かばう[覆う]こと; 避難(場所). **5** 〘建築〙 **a** (木材の一端を切り欠かずに挿し込む)大入れ. **b** =niche 1. **6** 〘機械〙(機械のある部分を支持する)わく, 架構. **7** 〘海事〙 **a** 檣(しょう)脚 《マストや斜檣 (bowsprit) の甲板以下の隠れた部分》. **b** =houseline. 〘《*a*1325》: ⇨ -ing〙

hous·ing[2] /háuzɪŋ/ *n.* **1** 馬衣(ばい). **2** 《古》[通例 *pl.*] 馬飾り (trappings). 〘《?*c*1475》← ME *hous(e)* a covering (□ OF *houce* (F *housse*) □ ML *hultia* ← Gmc (Frank.) **hulfti* (cf. MHG *hulft* a covering)) + -ING[3] 2〙

hóusing assocìation *n.* (共同)住宅建築[購入]組合. 〘1957〙

hóusing bènefit *n.* 《英》〘社会福祉〙(失業者および低所得者に対する)住宅手当.

hóusing devèlopment *n.* 《米》(民間の)団地; 公営住宅団地 (《英》 housing estate). 〘1951〙

hóusing estàte *n.* 《英》 =housing development.

hóusing lìst *n.* (公営住宅入居希望者の)入居待ちリスト. 〘1952〙

hóusing pròject *n.* 《米》(通例低所得者向きの)公営住宅団地, 公営住宅[アパート]群. 〘1937〙

hóusing schème *n.* **1** (地方自治体の)住宅計画. **2** 住宅計画で建てられた住宅 《単に scheme ともいう》. 〘1903〙

Hous·man /háusmən/, **A**(**lfred**) **E**(**dward**) *n.* ハウスマン 《1859–1936; 英国の詩人・古典文学者; *A Shropshire Lad* (1896)》.

Housman, Laurence *n.* ハウスマン 《1865–1959; 英国の詩人・劇作家・小説家; A. E. Housman の弟; *Little Plays of St. Francis* (1922)》.

Hous·say /uːsáɪ; *Am.Sp.* usái/, **Bernardo Alberto** *n.* ウサイ 《1887–1971; アルゼンチンの生理学者; Nobel 医学生理学賞 (1947)》.

Hous·ton /hjúːstən, -tŋ/ *n.* ヒューストン 《米国 Texas 州南東部の工業都市; Houston Ship Canal によってメキシコ湾および Gulf Intercoastal Waterway という内陸大水路につながっている; 米航空宇宙局 (NASA) の宇宙飛行管制センターがある》. **Hous·to·ni·an** /hjuːstóuniən | -tóu-/ *n.* 〘↓〙

Hous·ton /hjúːstən, -tŋ/, **Samuel** *n.* ヒューストン 《1793–1863; 米国の軍人・政治家; Texas 共和国大統領 (1836–38, 1841–44); 米国上院議員 (1846–59); 通称 Sam Houston》.

Houston, Whitney *n.* ヒューストン 《1963–2012; 米国の黒人女性ポップシンガー》.

hous·to·ni·a /huːstóuniə | -tóu-/ *n.* 〘植物〙(北米産の)アカネ科トキワナズナ属 (*Houstonia*) の草本 《トキワナズナ (*H. caerulea*) など》. 〘《1838》← NL ~ ← W. Houston (1695–1733: スコットランドの植物学者): ⇨ -ia[1]〙

hou·ting /háutɪŋ | -tɪŋ/ *n.* 〘魚類〙 フェール (*Coregonus oxyrhynchus*) 《欧州産のコクチマス属の魚》. 〘《1880–84》□ Du. ~ ← MDu. *houtic* ← ? *hout* wood〙

Hou·yhn·hnm /hwínəm, huːín- | húːɪnəm, huːín-/ *n.* フイヌム 《Swift 作 *Gulliver's Travels* に登場する理性をそなえた馬; 同じ島に住む人間の姿をした野蛮族 Yahoo を支配する》. 〘《1727》: 馬の鳴声を示す whinny からの Swift の造語〙

Ho·va /hóuvə, húː- | hɔ́uv-, húː-/ *n.* (*pl.* ~, ~s) **1 a** [the ~(s)] ホーヴァ族 《Madagascar 島の一部族》. **b** ホーヴァ族の人. **2** ホーヴァ語. 〘《1839》← Malagasy 《現地語》〙

hove /hóuv | hɔ́uv/ *v.* heave の過去形・過去分詞. 〘OE *hōf*〙

Hove /hóuv | hɔ́uv/ *n.* ホーブ 《イングランド南部 Brighton の西に隣接するリゾート町》.

hov·el /hʌ́vəl, há(ː)v-, -vɫ | hɔ́v-, hʌ́v-/ *n.* **1** 小屋 (hut); あばらや: from palace to ~ 宮殿から賤(しず)が家に至るまで, 貴賤の別なく. **2** 物置, 納屋, 動物小屋. **3** = niche 1. **4** 幕屋(まくや) (tabernacle). **5** (円錐状の)窯(かま)小屋.
— *vt.* (**hov·eled, -elled; -el·ing, -el·ling**) **1** 小屋に入れる. **2** 〈煙突などを〉小屋のように造る.
〘《1358》*hovyl* ← ?: cf. OF *huvelet* penthouse〙

hov·el·er /hʌ́(ː)vələ, hʌ́v-, -vɫə | hɔ́vələ[(r)], hʌ́v-, -vɫə[(r)]/ *n.* (*also* **hov·el·ler** /~/) **1** 無免許の水先案内人, (特に, イングランド Kent 州沿岸の) 船頭. **2** 船頭の持ち船 (小舟). 〘《1769》?〙

ho·ven /hóuvən | hɔ́u-/ *adj.* 〘獣医〙 鼓脹症 (bloat) にかかった. — *n.* =bloat 5. 〘OE *hafen* (p.p.): cf. heave〙

Hó·ven·weep Nátional Mónument /hóuvənwìːp- | hɔ́u-/ *n.* ホーベンウィープ国定記念物 《米国 Utah 州南東部と Colorado 州南西部にまたがる Pueblo Indians の史跡》.

hov·er /hʌ́və, há(ː)və | hɔ́və[(r)], hʌ́v-/ *vi.* **1** 〈鳥・昆虫などが〉空に舞う, 〈雲などが〉浮かぶ, 〈ヘリコプターなどが空中に留まる, ホバリングする (*over, about*) (⇨ fly[1] SYN): A hawk ~*ed over* the tree. 鷹が木の上を舞っていた. **2** 〈人などが〉(…の辺りを)行ったり来たりする, (心配そうに, 人を守るように, うるさく)つきまとう, 側についている, うろつく (loiter) (*about, (a)round*); 漂う: A little smile ~*ed* on his lips. 彼の唇にかすかな笑みが浮かんだ. **3** ためらう, 迷う (waver): ~ on the brink of a decision 決断の瀬戸際でためらう / ~ *between* life and death 生死の境をさまよう. **4** 〈価格・値などがあまり動かない. — *vt.* **1** 〈雌鳥が〉〈ひなを〉抱く. **2** 《廃》(空中に留まるように)〈鳥が〉〈翼を〉動かす, ひらひらさせる: A crow ~*ed* its wings. カラスが羽ばたいた. — *n.* **1** 空に舞うこと. **2** うろつき, さまよう こと. **3** ためらい, 迷い. **~·er** /-vərə | -vərə[(r)]/ *n.* 〘《*c*1400》 *hovere(n)* (freq.) ← *hoven* to hover, linger ← ? OE〙

Hov·er·craft /hʌ́vəkræ̀ft, há(ː)v- | hɔ́vəkràːft, hʌ́v-/ *n.* **1** (*pl.* ~) 〘商標〙 ホバークラフト 《ground-effect machine の商品名; cf. hovertrain》. **2** [h-] ホバークラフト式の乗物: by ~=in [on] a ~ ホバークラフトで. 〘《1959》← HOVER (v.)+(*air*)*craft*〙

hóver·fèrry *n.* 《英》 連絡船用ホバークラフト. 〘1961〙

hóver flỳ *n.* 〘昆虫〙 翅を小刻みに動かして空中に停止するハナアブ科などのアブの総称. 〘*a*1887〙

hóv·er·ing /-v(ə)rɪŋ/ *adj.* うろついている, ためらうような. — *n.* 〘航空〙 ホバリング 《ヘリコプターや VTOL 機の空中停止》. **~·ly** *adv.* 〘《1610–11》← HOVER+-ING[2]〙

hóvering áccent *n.* 〘詩学〙 彷徨(ほうこう)アクセント 《主に弱強五歩格 (iambic pentameter) の heroic verse で, 詩行に弱弱強強と二つの弱音節と強音節が続くもの》.

hóvering áct *n.* 〘国際法〙 領海内徘徊規整[禁止]法 《沿岸国家の定める領海内での外国船または自国船の徘徊を禁止または制限する制定法; 特に, 一定の場合に該当船舶に立ち入り, 荷物明細書などを検査することについて定めた制定法》.

hóvering stréss *n.* 〘詩学〙 =hovering accent.

hóver mòwer *n.* ホバーモアー 《エアークッションにより地上に浮くようになっている回転式芝刈り機》.

hóver·plàne *n.* 《英》 =helicopter.

hóver·pòrt *n.* ホバークラフト港[発着所]. 〘1967〙

hóver·tràin *n.* ホバートレイン, 浮走列車 《ホバークラフトの原理を応用してレールのないコンクリート軌道の上を走る列車; cf. Hovercraft, linear motor》. 〘1961〙

Hov·ey /hʌ́vi/, **Richard** *n.* ハビィ 《1864–1900; 米国の詩人》.

Hó·vis /hóuvɪs | hɔ́uvɪs/ *n.* 〘商標〙 ホービス 《英国 Ranks Hovis McDougall 社製の全粒小麦を原料とした黒パン》. 〘1890〙

HOV làne /èɪtʃòuvíː- | -əu-/ *n.* 《米》 複数乗車車両等用車線 《二人以上の人が乗った車だけが通行できる高速道路の車線; diamond lane ともいう》. 〘《短縮》← *H(igh) O(ccupancy) V(ehicle) lane*〙

how[1] /háu/ *adv.* **A** /háu/ [疑問副詞として] **1** どんなに, どんな風に, どんな具合に; どんな方法[手段]で: **a** [疑問文で]: *How* shall I write it? どういう風に書いたらいいでしょうか / *How* do you say "I'm sorry" in Japanese? 日本語で I'm sorry" はどう言いますか / *How* was she dressed? どんな服装をしていたか / *How* did he escape? どんな風にして逃げたか / *How* was he looking? どんな風でしたか. **b** [不定詞または節を導いて]: He knows ~ *to* behave. 行儀作法を知っている / I don't know ~ *to* swim. 泳ぎ方を知らない / I do not know ~ *to* express my thanks. どう感謝を言い表してよいかわからない 《お礼の言葉もない》 / I understand ~ you feel about it. それについて君はどう感じているかその気持ちはわかる / I had no idea (as to) ~ it was done. いかにしてそれがなされるか全くわからなかった. / I know ~ she was dressed. 彼女がどんな服装をしていたかおぼえている.
2 どの程度, どれほど, どれだけ: **a** [疑問文で]: *How* far? どの位(の道のり) / *How* long? (長さ・時日が)どの位, いつから, いつまで / *How* many? いくら, いくつ / *How* much? (値段は)いくらですか / *How* often? 何度 / *How* fast? どんな速力で / *How* old are you? おいくつですか / *How* do you like your school?—I don't like it at all. 学校はどうですか—全然気に入りません / *How* was [did you like] it? それはいかがでしたか / *How* would you like your steak (cooked), sir? ステーキはどのように焼きますか. **b** [節を導いて]: You (can) have no idea ~ sweetly she sings. 彼女の歌がどんなにすばらしいか君にはわからない.
3 どんな状態[具合]で: *How* did you leave your parents? (お立ちになったとき)ご両親はいかがでしたか / *How* are you getting on? いかがお暮しですか / *How* goes it?= *How* is it going?=*How* are things going? どんな具合か, 変わりはないか, 景気はどうだ / *How* is the patient today? きょうは病人はどんな容態ですか / *How* are you? (お体は)いかがですか; ごきげんいかがですか 《挨拶の言葉; cf. How do you *do?*》 / *How* are you doing? 《口語》 元気かい; 調子はどう.
4 (相手の意見・説明などを求めて, または聞き返して)どうして, どんな意味で; 何故 (cf. why 1): *How* can [could] you? まあひどい! / *How* can you say such an unkind thing? どうしてそんなひどいことが言えるのか / *How* (= What) do you mean? それはどういうことですか / *How* would it be to start tomorrow? あす出発してはどうだろうか / *How* did it happen? どうしてそんなことが起こったか / *How* is it that you are here? 君がどうしてここにいるのか / *How's* [*How* is] that (again) ? 《口語》 今何と言いましたか, もう一度言って下さい / *How* then? これはどうしたわけか / You don't go there either. *How* so? 君も行かないって, どうして(なのか) / *How* about this? これはどうだ.
5 いくら(の値段で): *How* is the dollar [rice] today? きょうのドル[米]の相場はいくらか / *How* do you sell these apples? このりんごはいくらか.
6 何という名前[肩書き]で: *How* do you address the principal? どういう肩書きで校長に呼びかけるの.
7 [感嘆文に転用して] まあ, まあ(何と) (cf. what): **a** [感嘆文で]: *How* beautiful! 何てきれいだろう / *How* kind of you! まあ御親切さま / *How* pale you look! まあ顔色の青いこと / *How* it blows [he snores]! 何という風[いびき]だろう / How times have changed! 何と時代が変わってしまったことか. **b** [節を導いて]: I saw ~ pleased he was. 彼がとても喜んでいるのがわかった / You cannot imagine ~ beautifully she did it. 彼女がどんなに見事にやってのけたか想像もつくまい.
8 [驚き・賞賛を表して] どうしてまあ: *How* do you like that!=How *about that!*
B /hàu/ [関係副詞] **1** [名詞節を導いて] **a** どうして…であるか: This is ~ it happened. 事の起こりは次の通り / That's (just) ~ it is. 実情は以上の通り. **b** [tell, see などに続く節を導いて] …であること (that): She *told* me ~ her mistress had disappeared in the night. 彼女は奥さんが夜のうちにいなくなったと私に言った. ★ この古風な語法を口語に用いるのは非標準的とする人が多い. **2** どうにでも (however, as): Do it ~ you like. どうにでも好きなようにしてみなさい.
áll one knóws hów ⇨ know 成句. ***ánd hów*** 《口語》 [先行の陳述または相手の言葉に対する同意を強調して] 全く, 実際, ものすごく; その通り, もちろん, そうだとも (certainly, you bet): He is making money, *and* ~. ものすごく金をもうけている / He is getting better, *and* ~. どんどんよくなって来ている / Am I happy? *And* ~! 幸福かだって. もちろんさ. 《1865》 ***ány òld hów*** ⇨ any *adv.* 成句. ***Hére's hów!*** あなたの健康を祝します 《親しい者同士で言う乾杯の言葉》. ***Hów abóut …?*** ⇨ about *prep.* 成句. ***Hòw abóut thàt!*** 《口語》 それはすばらしい[面白い, 驚いた]ね (cf. 4). 《1939》 ***Hòw … can you gét?*** [形容詞 crazy, stupid, mean, selfish, ungrateful, lucky などを加えて] 《口語》 なんという…だ 《問題になっている人について驚き・不信・非難を表す》. ***hòw cóme?*** 《口語》 どういう訳で, どうしてか (cf. 4; come *vi.* 4; WHAT *for*): *How come* (= How is it that) the knife is missing? どうしてナイフが見当たらないのか / *How come* you called on us so late at night? どうしてこんなに夜おそく訪ねてくるのか / I didn't know ~ *come* she'd left her husband. 彼女がどうして夫と別れたのかわからなかった. 《1848》 ***Hòw dó?*** =How *do you do?* ***Hòw do you dó?*** 今日は, 初めまして 《初対面の挨拶; しばしば How d'ye /di/ do? ともいう; cf. How are you? ⇨ A 3》. ***Hòw éver*** [***in the wórld, on éarth, the góodness, the dévil, the díckens, etc.***] (***do you knów it***)? 一体どうして(それを知っているのか) 《how の強調》: *How ever* did you escape? 一体どうやって逃れたのか. ***Hòw's thát for …?*** (1) [形容詞・名詞を伴って] 《口語》 なんと…ではないか: *How's that for* impudent [impudence]? なんと生意気ではないか. (2) (…に関して)満足か: *How's that for* color? 色はお好みに合いますか. ***Hòw múch?*** (1) ⇨ A 2 a. (2) 《俗》(相手の言葉を聞き返すかまたはある話の反復を求めて)何か?: He plays the saxtuba.—Plays the ~ *much?* 彼はサックスチューバが吹ける.—何が吹けるんだって. ***Hów nów?*** 《古》 (1) それはどうしたことか (How is that?). (2) やあ. ***Hòw's abóut …?*** ⇨ about *prep.* 成句. ***Hòw's thát?*** (1) それはどういうわけですか; (指差して)それ[あれ]をどう思いますか. (2) 〘クリケット〙 あれはどうです 《アウトか否か, 審判者に判定を要求する言葉》. ***Hòw's thát (agáin)?*** ⇨ 4. ***Hòw's thén?*** (1) これはどういう意味か? (2) 他に方法は?
— *n.* **1** [the ~] 仕方, 方法 (manner): Tell me *the* ~(*s*) and (the) why(s) of it. その方法と理由を教えて下さい. **2** 「どのようにして」, 「どうして」 という質問.
〘OE *h(w)ū* < (WGmc) **χwō* (Du. *hoe* / OHG *(h)wio* (G *wie*)) ← **χwa-* 'WHO, WHAT' ← IE **kʷo-* (関係・疑問代名詞語幹)〙

how[2] /háu/ *int.* **1** 《英方言》 よう 《注意を引くための, または挨拶の言葉》. **2** 《スコット》 痛い, ああ 《苦痛・悲嘆を表す》. 〘《*c*1378》: 擬音語〙

how[3] /háu/ 《戯言》 *int.* やあ, さあ 《アメリカインディアンの言葉をまねたとされる挨拶の言葉》. 〘《1817》□ N-Am.Ind. (Sioux) *háo*: cf. Omaha *hau*〙

how[4] /háu/ *n.* 《英方言》 [主に地名に用いて] 低い丘; 築山(つきやま), 塚, (埋葬したあとの)土饅頭(どまんじゅう). 〘《*a*1325》□ ON *haugr* hill (cog. OHG *houg*) ← Gmc **χauʒaz* 'HIGH'〙

how[5] /háu, hóu | háu, hɔ́u/ *n.* =howe. 〘← HOWE〙

How. 《略》 Howard's U.S. Supreme Court Reports, 24 vols. (1843–1860).

How·ard /háuəd | -əd/ *n.* ハワード 《男性名; 愛称形 Howie》. 〘(i) □ OF *Huard* □ OHG *Hugihard* 《原義》 heart-brave ← *hugu* heart (⇨ Hubert)+*hart* 'HARD' // (ii) □ OHG *Howart*, ~ 《原義》 high or chief warden (⇨ high, warden) // (iii) ← *Howeherde* < ? OE *ēowu hierde* ewe herd: ⇨ ewe, herd[2]〙

How·ard /háuəd | -əd/, **Catherine** *n.* ハワード 《(1522?–42; イングランド王 Henry 八世の 5 人目の王妃; 不行跡の故をもって処刑された》.

Howard, Charles *n.* ハワード 《1536–1624; 英国の海軍司令官 (1585–1618); 1588 年スペインの無敵艦隊を破った; 称号 Lord Howard of Effingham and 1st Earl of Nottingham》.

Howard, Sir **Ebenezer** *n.* ハワード 《1850–1928; 英国の都市計画家; 田園都市計画の推進者》.

Howard, Henry *n.* ⇨ Surrey.

Howard, John *n.* ハワード 《1726–90; 英国の刑務所改革者》.

Howard, John Winston *n.* ハワード 《1939–   ; オーストラリアの政治家; 自由党党首 (1985–89, 95–   ); 首相 (1996–   )》.

Howard, Roy Wilson *n.* ハワード 《1883–1964; 米国の新聞経営者; R. P. Scripps と共に Scripps-Howard 系新聞を経営 (1921–64)》.

Howard, Sidney (**Coe**) /kóu | kɔ́u/ *n.* ハワード 《1891–1939; 米国の劇作家・脚色家; *They Knew What They Wanted* (1924)》.

Howard, Trev·or /trévə | -və[(r)]/ (**Wallace**) *n.* ハワー

ド《1916–88; 英国の俳優; 映画 *Brief Encounter*「逢びき」(1945)》.

Hóward Jóhnson's *n.* 〖商標〗ハワード ジョンソン《米国のモーテル・レストランチェーン; 1986 年にレストランから撤退》.

Hóward Lèague for Pènal Refórm *n.* [the ~] ハワード刑罰改革連盟《体刑や死刑に反対し, 国際的な刑罰改革を目指す英国の組織》.

how·be·it /haʊbíːɪ̀t | -ɪt/《古・文語》*adv.* とはいえ, にもかかわらず (nevertheless). — *conj.*《廃》…だけれども (although). 〖《*a*1398》← ME *how be it*: cf. albeit〗

how'd /haʊd/《口語》**1** how would の縮約形. **2** how did の縮約形.

how·dah /háʊdə | -də/ *n.* 象[ラクダ]かご《象[ラクダ]の背中に取り付けた数人乗りの椅子; 通例天蓋(ᵏᵃⁿ)がある》. 〖《1774》□ Hindi *haudah* □ Arab. *háwdaj* litter (of camel)〗

how-de-do /hàʊdʒədúː | -dʒ-/ *n.*《口語》=how-do-you-do.

how·die /háʊdi | -di/ *n.*《スコット・北英》助産婦 (midwife). 〖《1725》← ?: cf. ME *hou(e)-wif* midwife〗

how-do-you-do /háʊdjʊdúː, -djuː-, -dʒʊ-/ *n.* 《口語》[通例 fine, pretty, nice などを伴って] 困った破目, 苦しい立場 (dilemma): Here's a pretty [nice] ~. こいつは困った, これは大変だ. 〖1835〗

how·dy[1] /háʊdi | -di/ *int.*《米方言・口語》よう《挨拶》. 〖《1712》《短縮》← *how do ye* (or *you*) *do*: ⇨ -y[2] ★ (3)〗

how·dy[2] /háʊdi | -di/ *n.* =howdie.

How·dy Doo·dy /háʊdidúːdi | -didúːdi/ *n.*「ハウディ・ドゥーディ」《米国の子供向けテレビ番組 (1947–60); 赤毛でそばかすだらけのカウボーイ姿の少年 Howdy Doody が主人公の人形劇》.

how-d'ye-do /háʊdjidúː/ *n.* =how-do-you-do.

howe /háʊ/ *n.*《スコット・英北部方言》くぼみ, くぼ地 (hollow); (特に)谷. 〖《1375》《1585》《スコット》: ⇨ hollow〗

Howe /háʊ/, **Edgar Watson** *n.* ハウ《1853–1937; 米国の小説家; *The Story of a Country Town* (1883)》.

Howe, Elias *n.* ハウ《1819–1867; 米国のミシン発明者》.

Howe, Julia Ward *n.* ハウ《1819–1910; 米国の女流詩人・社会改良家; 南北戦争の際, 北軍の軍歌として歌われた 'The Battle Hymn of the Republic' を作詞した》.

Howe, Richard *n.* ハウ《1726–99; 米国独立戦争当時の英国の提督; W. Howe の兄; 称号 Earl Howe》.

Howe, Sir **(Richard Edward) Geoffrey** *n.* ハウ《1926–　; 英国の保守党政治家; 蔵相 (1979–83), 外相 (1983–89)》.

Howe, Sir **William** *n.* ハウ《1729–1814; 英国の将軍; 米国独立戦争当時の英軍総司令官 (1775–78); R. Howe の弟; 称号 5th Viscount Howe》.

how·e'er /haʊéə | -éə(r)/ *adv., conj.*《古詩》=however.

How·ell /háʊəl/ *n.* ハウエル《男性名》. 〖□ Welsh *hywel* eminent〗

How·ells /háʊəlz/, **Herbert** *n.* ハウエルズ《1892–1983; 英国の作曲家》.

Howells, William Dean *n.* ハウエルズ《1837–1920; 米国の小説家・批評家・編集者; *The Rise of Silas Lapham* (1885); *Criticism and Fiction* (1891)》.

How·erd /háʊəd | -əd/, **Frankie** *n.* ハワード《1921–92; 英国の喜劇俳優; ラジオ・映画・テレビ・舞台で活躍; 本名 Francis Alex Howard》.

Hówe trùss /háʊ-/ *n.* 〖建築〗ハウトラス《垂直材が引張力を受け, 斜材が圧縮力を受け, 上下に水平材をもつトラス》. 〖← *William Howe* (*d.* 1852: 米国の発明家)〗

how·ev·er /haʊévə | -évə(r)/ *conj.* **1** けれども, とはいえ, もっとも (though) (⇨ but[1] SYN). ★ 文の中間または終わりに用いることが多い; 副詞とする見方もある: He did not, ~, make a definite promise. しかし彼は確約はしなかった / We were obliged to give it up, ~. だが断念せざるを得なかった. **2** [関係副詞] (…する)どんな仕方ででも: In your own home you can act ~ you like. 自分の家でなら好きなようにふるまえる[ふるまってもかまわない].
— *adv.* **1** どんなに…でも, いかに…であろうとも, どの位…でも (howsoever): on ~ cold a day どんなに寒い日にでも / *However* tired you may be [are], you must do it. どんなに疲れていようともそれをしなければならない《are の方が口語的》/ *However* hard [painstaking] he worked, there was more to be done. どんなに一生懸命に働いても仕事は減らなかった. **2** どんな仕方ででも, どんな方法によっても (howsoever): *However* you do it, you will find it difficult. どんな仕方でやろうとむずかしいということがわかるだろう / *However* you come, come early. どんな来方でもいいから早くいらっしゃい. **3**《口語》一体全体どうやって (how ever): *However* did you escape? 一体全体どうやって逃げたのか. **4**《古》ともかく, いずれにせよ. 〖《1392》 *hou evere*: ⇨ how[1], ever〗

howff /háʊf, hóʊf | háʊf, háʊf/ *n.* (*also* **howf** /~/)《スコット》**1** 住居, 住みか. **2** よく行く場所; 行きつけの酒場. — *vi.* 行きつけの場所へ行く. 〖《1565》□ Du. *hof* enclosure, garden (cf. OE *hof* enclosure): cf. hive〗

how·gó·zit cùrve /haʊgóʊzɪt- | -gáʊzɪt-/ *n.* 〖航空〗(航空中の)状況判断曲線《特に, 大洋横断中の飛行機上で, 飛行の進行状況(飛行距離・燃料消費・経過時間など)を刻々知らせる曲線; 操縦者はこれを見て「引返し点」を決める》. 〖《1941》*how goes it?* を発音通りにつづり変えたもの: cf. whodunit〗

how·it·zer /háʊɪtsə | -ɪtsə(r)/ *n.* 曲射砲. 〖《1695》□ Du. *houwitser* □ G *Haubitze* □ Czech *houfnice* catapult: ⇨ -er[1]〗

howk /háʊk/ *v.*《スコット》掘る ⟨*out, up*⟩. 〖《*c*1380》 *holke(n)*: cf. MLG *holken* to hollow out〗

howl /háʊl/ *vi.* **1** ⟨犬・おおかみなどが⟩声を長く引いてほえる, 遠ぼえする: The wolves are ~*ing* tonight. **2** ⟨人が⟩泣きわめく; 怒号する, うなる (wail, yell): ~ with rage [pain]. **3** ⟨風などが⟩ひゅーひゅー音を立てる: The wind ~*ed* through the pines. 松の木の間をひゅーひゅーと風が鳴った. **4**《口語》大笑い[嘲笑]する: The joke made them ~ *with* laughter. 冗談に大笑いした. **5**《口語》飲み騒ぐ: This is my night to ~. 今夜は飲んで騒ぐぞ.
— *vt.* **1** 怒号する: ~ defiance at an enemy どなって敵にいどむ. **2** [副詞(句)を伴って] どなって[ののしって]…させる: ~ a speaker *down* どなりつけて演説している人を黙らせる / ~ an actor *off* the stage ののしって役者を舞台から降ろす.
— *n.* **1** (犬・おおかみなどの)遠ぼえの声: the ~(*s*) of wolves. **2** (苦痛・抗議などの)うなり声, わめき声: a ~ of pain [rage] うめき声[怒号]. **3** 大笑い[あざけり]の声;《口語》笑いを誘うもの, 冗談: ~*s* of mirth [merriment] 楽しい大笑い / His joke was a real ~. 彼の冗談はほんとにおかしかった / ~*s* of laughter 笑いのさざめき. **4** 風のひゅーひゅーという音. **5**《口語》不平 (complaint); 反対, 異議: The new tax drew ~*s* of complaint from shopkeepers. 新税は商店主たちの猛烈な反対を招いた / The shopkeepers set up a ~ of protest. 店主たちは猛烈な抗議をした. **6** 〖通信〗ハウリング《スピーカーから出た音が再びマイクやピックアップからはいって増幅された結果のうなり音; howling ともいう》.
〖《*a*1250》 *houle(n)* □ ? G *heulen* < Gmc **uwwilōn* owl (MDu. *hūlen* (Du. *huilen*)) ← IE **ul-* to howl: 《擬音語》〗

Hów·land Ísland /háʊlənd-/ *n.* ハウランド島《太平洋中部の, Phoenix 諸島の北西にある島; 米国の飛行場がある》.

hówl·bàck *n.* =howlround.

hówl·er /-lə | -lə(r)/ *n.* **1** ほえる獣. **2** (葬式の時に雇われる)泣き男 (keener). **3**《口語》(試験答案などでの) 噴飯ものの大間違い, 大しくじり: come a ~ 大失敗をやる. **4** 〖動物〗=howler monkey. **5**《英》〖電話〗ハウラー《電話の受話器を正しく電話機に戻さないと鳴る警報装置》. **6** (サーフィンで熟練者のみが乗り越えられる)大波. 〖《1800》← HOWL + -ER[1]〗

hówler mònkey *n.* 〖動物〗ホエザル《熱帯アメリカ産のホエザル属 (*Alouatta*) の大形のオマキザルの総称; howling monkey ともいう》. 〖1800〗

howl·et /háʊlɪ̀t/ *n.*《英方言》フクロウ (owl); フクロウの子 (owlet). 〖《*a*1475》 *houlot*《混成》← ? *howle* 'OWL' + *-at, -ott* '-ET[1]': cf. F *hulotte* OWLET〗

hówl·ing /-lɪŋ/ *adj.* **1** ほえる, わめく: a ~ dog, baby, wind, etc. **2** さびしい, 荒涼とした (dreary): a ~ wilderness (野獣のほえる)さびしい荒野 (cf. *Deut.* 32:10). **3**《俗》非常な, 途方もない (tremendous, glaring): a ~ lie [error] 大うそ[間違い] / a ~ swell 大変なめかし屋 / a ~ victory 大勝利. — *n.* 〖通信〗=howl 6. **~·ly** *adv.* 〖《*c*1250》← HOWL + -ING[2]〗

hówling dérvish *n.* 〖イスラム〗絶叫する熱狂派修道僧.

hówling mònkey *n.* 〖動物〗=howler monkey.

Hów·lin' Wólf /háʊlɪn-/ *n.* ハウリンウルフ《米国のブルースのシンガーソングライター Chester Burnett (1910–76) のあだ名》.

how'll /haʊl/《口語》how will の縮約形.

hówl·ròund *n.* 〖通信〗=howl 6.

How·rah /háʊrə, -rɑː/ *n.* ハウラ《インド北東部 West Bengal 州の都市, Hooghly 川を隔てて Calcutta に対する》.

how're /háʊə | háʊə(r)/《口語》how are の縮約形.

how's /haʊz/《口語》**1** how is の縮約形. **2** how has の縮約形.

how·so·ev·er /hàʊsoʊévə | -səʊévə(r)/ *adv.*《古・詩》**1** どんなに…でも, いくら…でも (however). **2** どんな方法でも. ★ 2 語にして how … soever としても用いる. 〖《*c*1380》← *hou so ever*: ⇨ how[1], so[1], ever〗

how-to /háʊtúː/ *adj.*《口語》(実用技術を教える; ハウツーものの; 手引きになる: a ~ book *on* cooking [gardening] 料理[園芸]入門書. 〖《*c*1925》← *how to do something*〗

how·tow·die /haʊtáʊdi | -di/ *n.* 〖料理〗ハウタウディー《ゆでた鶏肉に落とし卵とホウレンソウを添えたスコットランド料理》. 〖《1728》□ ? OF *hétoudeau* fat young chicken for the pot〗

how've /haʊv/《口語》how have の縮約形.

how·zat /haʊzǽt/ *int.*《口語》〖クリケット〗=How's that? (⇨ how[1] 成句) (2).

hox /hɑ́(ː)ks | hɔ́ks/ *vt.*《廃》後脚のひざの腱を切って不自由にさせる (hamstring). 〖《1388》 *hoxe(n)* ← *hox* (n.)〗

Hóx gène /hɑ́(ː)ks- | hɔ́ks-/ *n.* ホメオボックス (homeobox) を含む脊椎動物の遺伝子, HOX 遺伝子.

Ho·xha /hóʊdʒɑː, hɑ́(ː)dʒ-, -dʒə | hɔ́dʒə; *Alban.* hódʒa/, **En·ver** /envér/ *n.* ホッジャ《1906–85; アルバニアの政治家; 労働党[共産党]第一書記 (1954–85)》.

hoy[1] /hɔɪ/ *n.* **1** 一本マストの小型地回り帆船, 小舟. **2** 大型はしけ. 〖《1495》 *hoye* □ MDu. *hoei* (Du. *heu*)〗

hoy[2] /hɔɪ/ *int.* ほい, おい《挨拶・注意を引く声; 船または家畜などを呼ぶ声》. — *n.* 叫び声. 〖《?*a*1387》《擬音語》: cf. OF *hoi*〗

hoy[3] /hɔɪ/ *vt.*《豪口語》投げる, ほうる. 〖《*c*1850》← ?〗

hoy·a /hɔ́ɪə/ *n.* **1** [H-] サクララン属《ガガイモ科のオーストラリア産観賞用植物の一属名》. **2** サクララン《サクララン属の植物の総称; サクララン (wax plant) など》. 〖《1851》← *Thomas Hoy* (*d.* 1821: 英国の園芸家): ⇨ -a[1]〗

hoy·den /hɔ́ɪdn̩/ *n.* おてんば娘, おきゃん (tomboy). — *adj.* ⟨娘が⟩おてんばな, はねっかえりの, 無作法な. — *vi.* おてんばにふるまう. 〖《1593》□ ? Du. *heiden* 'HEATHEN, gipsy'〗

hóyden·hòod *n.* おてんば, はねっかえり, 礼儀知らず. 〖《1824》: ⇨ ↑, -hood〗

hóy·den·ish /-dənɪʃ, -dn̩- | -dən-, -dn̩-/ *adj.* 活発な, おてんばな[らしい]. **~·ness** *n.* 〖《1780》: ⇨ -ish[1]〗

hóy·den·ism /-dənìzm, -dn̩- | -dən-, -dn̩-/ *n.* おてんば. 〖《1886》: ⇨ -ism〗

Hoy·lake /hɔ́ɪleɪk/ *n.* ホイレイク《イングランド北西部, Liverpool 西方の Irish Sea に面したリゾート町》.

hoyle, H- /hɔɪl/ *n.* 室内遊戯の本, トランプ指導書. 〖《1906》↓〗

Hoyle /hɔɪl/, **Edmond** *n.* ホイル《1672–1769; トランプゲームに関する英国の権威; whist その他について最初の体系的著述を残した》. ***according to Hóyle*** ホイルの定めた規則通りに[の], 定石通りに[の]; 公正に[な], 堂々と(した) (cf. *according to* COCKER). 《1906》

Hoyle, Sir **Fred** *n.* ホイル《1915–2001; 英国の天文学者・作家; *The Nature of the Universe* (1950)》.

HP, h.p.《略》half pay; high power; high pressure;《英》〖商業〗hire purchase; 〖天文〗horizontal parallax; horsepower; hot-pressed;《略》〖法律〗heir presumptive;《略》High Priest;《英》Houses of Parliament.

hPa《略》hectopascal.

HPA《略》high-power amplifier.

h-paràmeter *n.* 〖電気〗h パラメーター (⇨ hybrid parameter).

HPF《略》highest possible frequency; high power field.

HPGC《略》〖航空〗heading per gyrocompass ジャイロによる船首方位《ジャイロコンパスの示す船首方向》.

HPLC《略》high-performance liquid chromatography.

H pòle *n.* H 柱《2 本の柱の間を横木で結ぶ H 形の電柱》.

HP sàuce /eɪtʃpíː-/ *n.* 〖商標〗HP ソース《英国 H. P. Foods 社製のソース; 特にフライにかけて食べる》.

HPV《略》human papillomavirus ヒト乳頭腫ウイルス《生殖器の疣贅(ᵘᵉᵗ)をひき起こす》; human-powered vehicle.

HQ, h.q. /eɪtʃkjúː/《略》headquarters.

hr《略》here; hour(s).

hr《記号》Croatia《URL ドメイン名》.

Hr《略》G. Herr (=Mr.).

HR《略》〖医学〗heart rate 心拍数;《英》Home Rule; Home Ruler;《米》House of Representatives; human relations.

h.r., HR /eɪtʃɑ́ə | -ɑ́ː(r)/《略》〖野球〗home run(s). ★ home run とも読む.

Hra·dec Krá·lo·vé /(h)rɑ́ːdɛtskrɑ́ːləvèɪ; *Czech* hrádɛtskrá:lɔvɛː/ *n.* フラデッツ クラーロベ《チェコ中北部, Elbe 川沿岸の都市; Sadowa の戦役 (1866) でプロイセン軍がオーストリア軍を打ち破った戦跡地; ドイツ語名 Königgrätz》.

Hram·sa /krǽmsə, xrǽm-/ *n.* ラムソン (ramson) で風味をつけた一種のクリームチーズ.

Hr·dlič·ka /hɔ́ːdlɪtʃkə | hɔ́ː-; *Czech* hr̩dlɪtʃka/, **A·leš** /ǽlɛʃ/ *n.* ヘリチカ《1869–1943; ボヘミア生まれの米国の人類学者》.

hrdwre《略》hardware.

HRE《略》Holy Roman Emperor; Holy Roman Empire.

H. Rept.《略》House report.

H. Res.《略》House resolution.

Hr fàctor /eɪtʃɑ́ə- | -ɑ́ː-/ *n.* 〖生化学〗Hr 因子, Hr 血液型《Rh 陰性の血液中にある; cf. Rh factor》. 〖《逆つづり》← *Rh* (*factor*)〗

HRH /eɪtʃɑ̀əéɪtʃ | -ɑ̀ː(r)éɪtʃ/《略》His [Her] Royal Highness.

HRI《略》height-range indicator.

HRIP /eɪtʃɑ̀əàɪpíː | -ɑ̀ː(r)-/《略》*L.* hic requiescit in pace (=here he [she] rests in peace) ここに眠る《墓碑句》.

Hrolf /rɑ́(ː)lf | rɔ́lf/ *n.* =Rollo[2].

hrs《略》hours.

HRS《略》historical records survey.

HRT /eɪtʃɑ̀ətíː | -ɑ̀ː-/《略》〖医学〗hormone replacement therapy.

Hrvatska /*Croat.* xr̩vaːtskaː/ *n.* フルヴァーツカ《Croatia のクロアチア語名》.

HRW《略》heated rear window.

hrzn.《略》horizon.

Hs《記号》〖化学〗hassium.

HS《略》High School;《英》Home Secretary; house surgeon.

h.s.《略》high school; *L.* hoc sensu (=in this sense); 〖処方〗*L.* hora somni (=at the hour of sleep).

HSAA《略》《米》Health Sciences Advancement Award.

H-scòpe /eɪtʃ-/ *n.* 〖通信〗H スコープ, H 表示《レーダーの表示方法の一種で, 横軸に水平方位, 縦軸に距離, 一つの目標に対する 2 輝点の関係が上下方位になるもの; cf. B-scope》.

hse《略》house.

HSE《略》《英》Health and Safety Executive; *L.* hic sepultus est (=here he [she] lies buried) ここに眠る《墓碑句》.

HSGT《略》high-speed ground transport.

HSH《略》His [Her] Serene Highness.

Hsia /ʃiɑ́ː, ʃjɑ́ː/ *n.* =Xia.

Hsia·men /ʃiὰ:mάn, ʃὰ:-/ *n.* ＝Xiamen.
Hsi·an /ʃì:ά:n/ *n.* ＝Xi' An.
Hsiang /ʃì:ά:ŋ/ *n.* ＝Xiang Jiang.
Hsiang-tan /ʃiὰ:ŋtά:n/ *n.* ＝Xiangtan.
Hsi Chiang /ʃì:tʃiά:ŋ/ *n.* ＝Xi Jiang.
hsien /ʃjén; *Chin.* ɕièn/ *Chin. n.* 県 (county). 〖□ Chin. Xian (県)〗
Hsin·chu /ʃìntʃú:; *Chin.* ɕīntʂú/ *n.* 新竹(ｼﾝﾁｭｰ)《台湾北西部台北の南西の港町》.
Hsin-hsiang /ʃìnʃiά:ŋ/ *n.* ＝Xinxiang.
Hsi·ning /ʃì:níŋ/ *n.* ＝Xining.
Hsin·kao /ʃìnkάʊ/ *n.* 玉山《Yu Shan の別名》.
Hsin·king /ʃìnkíŋ/ *n.* 新京(ｼﾝｷﾝ) (⇨ Changchun).
HSL 《略》 high-speed launch.
HSM 《略》 His [Her] Serene Majesty.
HSO 《略》 Higher Scientific Officer.
HST 《略》 Hawaiian standard time; hypersonic transport; 《英》 high speed train.
H-strètcher /éɪtʃ-/ *n.* H 型をした椅子の脚貫.
Hsü·an·hua /ʃuὰ:n(h)wά:/ *n.* ＝Xuanhua.
Hsü·an Tsung /ʃuά:ntsú:ŋ/ *n.* ＝Xuan Zong.
Hsüan Tung /ʃuά:ntúŋ/ *n.* ＝Xuantong.
Hsü-chou /ʃù:dʒóʊ | -dʒəʊ/ *n.* ＝Xuzhou.
HSUS 《略》 Humane Society of the United States.
ht 《略》 height; heat.
ht 《記号》 Haiti《URL ドメイン名》.
Ht 《略》 Harriet.
HT 《略》 half time; halftone; hardtop; Hawaiian Territory《ただし 1959 年 State に昇格》; Hawaiian time; high-tension; high tide; *L.* hoc tempore (＝at this time); *L.* hoc titulo (＝under this title); hydrotherapy.
HTGR 《略》 high temperature gas-cooled reactor 高温ガス冷却原子炉.
HTH 《略》〖化学〗 high-test hypochlorite.
HTLV 《略》 human T-cell lymphotropic virus ヒト T 細胞白血病ウイルス《ある種の白血病や免疫系不全に関与するレトロウイルスの一種》. 〖1980〗
HTLV-I 《略》 human T-cell lymphotropic virus type *I* ヒト T 細胞白血病ウイルス I 型《成人細胞白血病の原因となるレトロウイルス》.
HTLV-II 《略》 human T-cell lymphotropic virus type *II* ヒト T 細胞白血病ウイルス II 型《有毛 T 細胞白血病から分離されるレトロウイルス》.
HTLV-III 《略》 human T-cell lymphotropic virus type III ヒト T 細胞白血病ウイルス III 型, HIV (⇨ AIDS virus). 〖1984〗
HTML, html 《略》〖電算〗 Hypertext Markup Language《インターネット上のホームページなど, ハイパーテキストを記述する規約; この書式のファイル名は .htm(l) で終わる》.
HTR 《略》 high-temperature reactor 高温原子炉.
Hts 《略》 Heights.
http 《略》 Hypertext Transfer Protocol《WWW でハイパーテキストを転送する方式》.
HTV /éɪtʃtì:ví:/ *n.* 《略》《英》 Harlech Television《民間テレビ放送会社; ウェールズとイングランド西部へ向けて放送》.
ht wt 《略》〖クリケット〗 hit wicket.
hu 《記号》 Hungary《URL ドメイン名》.
HUAC /hú:æk, hjú:-/ 《略》 House Un-American Activities Committee.
Hua Guo·feng /hwά:gwὸʊfʌ́ŋ | -gwə̀ʊ-; *Chin.* xuὰkuófə̌ŋ/ *n.* 華国鋒(ﾎﾜｸﾞｵﾌｫﾝ)《1921–　; 中国の政治家; 中国共産党主席 (1976–81); 中華人民共和国国務院総理 (1976–80)》.
Huai He /hú:ὰɪhə́:, hwὰɪ-; *Chin.* xuáɪxə́/ *n.* [the ～] 淮河(ﾎｱｲﾎｰ)《中国河南省 (Henan) 南部の桐柏山に発し, 東流して江蘇省 (Jiangsu) の洪沢湖 (Hongze Hu) に注ぐ (966 km)》.
Huai·nan /hu:ὰɪná:n, hwὰɪ- | hwὰɪnǽn; *Chin.* xuáɪnán/ *n.* 淮南(ﾎｱｲﾅﾝ)《中国安徽省 (Anhui) 中央部の都市》.
Hua·la·pai /wά:ləpὰɪ/ *n.* (*pl.* ～, ～**s**) **1 a** [the ～(s)] ワラパイ族《米国 Arizona 州北西部の Colorado 川流域に住む Yuma 語族系のインディアン; Walapai ともいう》. **b** ワラパイ族の人. **2** ワラパイ語.
Hua·lla·ga /wɑ:jά:gə; *Am.Sp.* wajáγa/ *n.* [the ～] ワヤガ(川)《ペルー北部を流れ Marañón 川に合流する (1,126 km)》.
Huam·bo /(h)wά:mboʊ | -bəʊ/ *n.* フワンボー《アンゴラ中西部の都市; 旧名 Nova Lisboa》.
hua·mu·chil /wɑ:mú:tʃi:l; *Am.Sp.* wamútʃil/ *n.* 〖植物〗 ＝camachile. 〖□ Mex.Sp. *huamúchil*＝*cuamúchil*: ⇨ camachile〗
Huang Hai /hwὰ:ŋhάɪ, hwὰŋ- | hwæ̀ŋ-; *Chin.* xuáŋxǎɪ/ *n.* 黄海(ﾎﾜﾝﾊｲ)《中国北東部と朝鮮半島との間の海; 英語名 Yellow Sea》.
Huang He /hwὰ:ŋhə́:, hwæ̀ŋ- | hwæ̀ŋ-; *Chin.* xuáŋxə́/ *n.* 黄河(ﾎﾜﾝﾎｰ)《中国北部の川; Tibet に発して渤海 (Bo Hai) 湾に注ぐ同国第二の大河 (5,464 km); 英語名 Yellow River》.
Huang Ho /hwὰ:ŋhóʊ, hwæ̀ŋ- | hwæ̀ŋhə́ʊ/ ＝Huang He.
Huang Hua /hwὰ:ŋhwά:, hwæ̀ŋ- | hwæ̀ŋ-; *Chin.* xuáŋxuá/ *n.* 黄華(ﾎﾜﾝﾎﾜ)《1913–　; 中国の政治家; 外相 (1976–82), 副首相 (1980–82)》.
Huang·pu Jiang /hwὰ:ŋpu:dʒά:ŋ, -dʒiά:ŋ, hwæ̀ŋ- | hwæ̀ŋpudʒǽŋ, -dʒiǽŋ; *Chin.* xuáŋpʰùtɕiāŋ/ *n.* [the ～] 黄浦江(ﾎﾜﾝﾌﾟｰﾁｬﾝ)《中国上海市内を北東に流れ長江下流に注ぐ川 (113 km)》.
hua·pan·go /wɑ:pά:ŋgoʊ | -gəʊ; *Am.Sp.* wapáŋgo/ *n.* (*pl.* ～**s** /～z; *Sp.* ～s/)〖ダンス〗ワパンゴ《メキシコの男女が対になって踊る速いダンス; 木製の舞台で足で拍子を取りながら踊る》. 〖□ Mex. Sp. ～ ← *Huapango* (Veracruz 州にある町の名)〗
hua·ra·che /wərά:tʃi, hə-; *Am.Sp.* waráṯʃe/ *n.* (*pl.* ～**s** /～z; *Sp.* ～s/) [通例 *pl.*]《底以外が革ひもで編まれたメキシコのサンダル: a pair of ～*s*. 〖(1887) □ Mex. Sp. ～〗
Huás·car /wά:skɑə | -kɑ:ʳ; *Am.Sp.* wáskaɾ/ *n.* ワスカル《1495?–1532; Inca 帝国最後の王位を弟 Atahualpa と争ったが敗れ, 殺された》.
Huas·ca·rán /wὰ:skərά:n; *Am.Sp.* wàskaɾán/ *n.* ワスカラン《南米ペルー中西部 Andes 山脈中の高峰 (6,768 m)》.
Huas·tec /wά:stɛk/ *n.* (*pl.* ～, ～**s**) **1 a** [the ～(s)] ワステカ族《メキシコのイディアンの一族》. **b** ワステカ族の人. **2** ワステカ語《ワステカ族の話すマヤ語》. 〖(1845) □ Sp. *huasteco, guasteco* ← Am.-Ind. (現地語)〗
hua·yu·le /waɪjú:li; *Am.Sp.* wajúle/ *n.* 〖植物〗＝guayule.
hub /hʌ́b/ *n.* **1** (活動・興味などの)中心, 中枢: a ～ of industry 産業の中心 / the banking ～ of the Arab world アラブ圏の金融の中心地 / the ～ of the universe 世界の中心《米国 Boston の俗称; the Hub ともいう》/ be at the ～ of …の中心にある. **2 a** ハブ, ボス, 軸頭, こしき (boss, nave)《歯車・車輪・ベルト車などの軸のはまる部分; ⇨ bicycle, wheel 挿絵》. **b** (扇風器・プロペラの翼などが放射している)中心部, 軸の端. **c** 〖ゴルフ〗(スイングの)中心, 中軸. **3** (鉄輪投げ (quoits) の)標的 (mark). **4** 〖電気〗ハブ《接続ジャック受口の穴》. **5** 〖測量〗経緯儀の位置をマークするために用いる棒. **6** 〖金属加工〗穿(ｾﾝ)孔機; (貨幣などの)押し型の原型. **7** 〖音響〗ハブ《録音テープのリールやカセットの巻芯(ﾏｷｼﾝ)》. **8** 〖電算〗ハブ《ネットワークの中心となる装置》.
from húb to tíre 《米口語》 完全に (completely).
ùp to the húb (1) 車輪が轂(ｺｼｷ)まで泥にはまり込んで; 深くはまって. (2) 完全に, すっかり.
— *vt.* (**hubbed; hub·bing**)〖金属加工〗〈金属素板〉に穿孔機で型押しする.
〖(1511)《変形》← ? HOB¹〗
huba-huba /hʌ́bəhʌ́bə/ *int.* ＝hubba-hubba.
húb and spóke *n.* 〖航空〗ハブアンドスポーク方式《周辺空港の便をすべてセンター空港に集める空路システム》.
húb-and-spóke *adj.* 〖1980〗
hub·ba·boo /hʌ̀bəbú:/ *n.* ＝hubbub¹.
hub·ba-hub·ba /hʌ́bəhʌ́bə/ *int.* 《米俗》ハバハバ, よしよし, すてき; ようよう《興奮・熱狂・賛成などを表す》. ★ 第二次大戦中米兵が美人賞賛に用い一時流行した.
〖(1944) ← ? Arab. *ḥabba* to love〗
Hub·bard /hʌ́bəd | -bəd/, **Elbert (Green)** *n.* ハバード《1856–1915; 米国の著述家・雑誌編集者》.
Hubbard, L(afayette) Ron(ald) *n.* ハバード《1911–86; 米国の作家・哲学者; 精神療法理論 Dianetics および応用宗教哲学 Scientology を提唱してその普及に専念》.
Hub·bard /hʌ́bəd | -bəd/, **Mount** *n.* ハバード山《米国 Alaska 州南東部 Coast 山地中の高峰 (4,560 m)》.
Húbbard squásh *n.* ハバードカボチャ: **1** 米国原産の堅くて平滑またはこぶのある紡錘型の西洋カボチャ. **2** その植物. 〖(1868)?: ← *Hubbard* (人名)〗
hub·ble /hʌ́bḷ/ *n.* 《スコット・北英》 騒ぎ, 騒動 (hubbub). 〖(dim.) ← HUB: ⇨ -le¹〗
Hub·ble /hʌ́bḷ/, **Edwin Powell** *n.* ハッブル《1889–1953; 米国の天文学者; 星雲と銀河の研究で有名》.
hub·ble-bub·ble /hʌ́bḷbʌ̀bḷ/ *n.* **1** (ぶくぶくいう)水ぎせる (cf. hookah). **2** ぶくぶく(あわ立つ音); ぺちゃくちゃ(しゃべること). **3** 騒動. 〖(1634)《加重》← BUBBLE〗
Húb·ble cónstant /hʌ́bḷ-/ *n.* (*also* **Húbble's cón·stant**) [the～]〖天文〗ハッブルの定数《ハッブルの法則すなわち銀河系が後退する速度が距離に比例するというその比例定数》. 〖(1952) ← *E. P. Hubble*〗
Húbble efféct *n.* 〖天文・物理〗＝red shift.
Húbble's láw *n.* (*also* **Húbble láw**)〖天文〗ハッブルの法則《銀河系の後退の速度はわれわれの銀河系からの距離に比例する》. 〖(1933) ↑〗
Húbble Tèlescope *n.* [the～] ハッブル望遠鏡《地球周回軌道上の人工衛星に設置された大型の宇宙望遠鏡; Hubble Space Telescope ともいう》.
hub·bly /hʌ́bli, -bli/ *adj.* 《口語》 こぶだらけの, でこぼこの. 〖⇨ hubble, -y⁴〗
hub·bub¹ /hʌ́bʌb/ *n.* **1** がやがや, わあっわあっ(という騒音) (⇨ noise SYN); ときの声: a ～ of noise(s). **2** 騒ぎ (uproar), 混乱. **3** ハバッブ《賽(ｻｲ)と盆を用いて行うインディアンのゲーム; 米国の New England で行われた》. 〖(1555) ← ? Ir. *abū* war cry〗
hub·bub² /hʌ́bʌb/ *n.* 〖気象〗＝haboob.
hub·bu·boo /hʌ̀bəbú:/ *n.* ＝hubbub¹.
hub·by /hʌ́bi/ *n.* 《口語》 夫, 主人, ハズ (husband) (cf. wifey). 〖(1688) ← HUSBAND: ⇨ -y²: cf. baby〗
húb·càp *n.* 〖自動車〗ハブ[ホイール]キャップ《車軸の末端にかぶせる覆い; ⇨ car 挿絵》. 日英比較 「ホイールキャップ」は和製英語. 〖(1903) ← HUB＋CAP¹〗
Hu·bei /hù:béi; *Chin.* xúpěi/ *n.* 湖北(ﾌｰﾍﾟｲ)省《中国華省中地区北部の省, 省都は武漢 (Wuhan)》.
Hu·bel /hjú:bḷ, jú:- | hjú:-/, **David Hunter** *n.* ヒューベル《1926–2013; 米国の神経生理学者; Nobel 医学生理学賞 (1981)》.
Hu·bert /hjú:bət | -bət; *Du.* hýbərt, *F.* ybɛ:ʁ/ *n.* ヒューバート《男性名》. 〖□ F ～ ← OHG *Hugubert* bright in spirit ← *hugu* mind, heart (⇨ hug)＋*beraht* 'BRIGHT': cf. Hugh〗
Hu·bli-Dhar·war /hʊ́blidɑəwά:ə | -dɑ:wά:ʳ/ *n.* フブリダルワール《インド南部, Karnataka 州北西部の都市; 1961 年に Hubli 市と Dharwar 市が合併》.
hu·bris /hjú:brɨs, hú:- | -brɪs/ *n.* **1** (報いを受ける恐れのある) 傲慢, 自信過剰. **2** 〖ギリシャ悲劇〗神々に対する不遜. 〖(1884) □ Gk *húbris* violence ← IE *ūd- up＋*gʷerə- heavy〗
hu·bris·tic /hju:brístɪk, hu:-/ *adj.* 横柄な, 傲慢な (arrogant). 〖(1831) □ Gk *hubristikós* insolent ← *húbris* (↑): ⇨ -ic¹〗
Huch /hú:k, hú:x; *G.* hú:x/, **Ri·car·da** /ʁikáʁda/ *n.* フーフ《1864–1947; ドイツの女流小説家》.
huck /hʌ́k/ *n.* 《口語》 ＝huckaback.
huck·a·back /hʌ́kəbæ̀k/ *n.* ハッカバック《粗くて丈夫なリンネルまたは木綿製のタオル地》. 〖(1690) ← ?: cf. LG *hukkebak* pick-a-back〗
huck·e·ry /hʌ́kəri/ *adj.* 《NZ口語》 醜い (ugly), 不快な (unpleasant). 〖(1972) ← ?〗
huck·le /hʌ́kḷ/ *n.* 《古》 **1** 尻, 腰. **2** 突出したこぶ状の]部分. 〖(*a*1529) ← 《廃》 *huck, hoke* hip: ⇨ -le¹: cf. 《廃》 *hok(ke) bon* hipbone〗
húckle·bàcked *adj.* せむしの. 〖*a*1652〗
huck·le·ber·ry /hʌ́kḷbèri | -b(ə)ri, -bèri/ *n.* 〖植物〗 **1** ハックルベリー: **a** 北米産ツツジ科 *Gaylussacia* 属のコケモモに似た低木の総称; (特に) *G. baccata*. **b** その実《紫黒色で食用; blueberry に似るが 10 個の大きな種子がある》. **2** 《俗用》 ＝blueberry. — *adj.* ハックルベリー入りの[で作った]. — *vi.* ハックルベリーを採る[捜す]. 〖(1598)《転訛》← HURTLEBERRY〗
Húck·le·ber·ry Fínn /hʌ́kḷbèrifín | -b(ə)ri-, -bèri-/, **The Adventures of** *n.* 「ハックルベリーフィンの冒険」《Mark Twain 作の小説; 英国版 1884; 米国版 1885》.
Húckleberry Hóund *n.* ハックルベリーハウンド《米国のテレビアニメに登場する犬》.
húckle·bòne *n.* 《古》〖解剖〗寛骨, 無名骨 (hipbone); 座骨 (anklebone). 〖(1506) ← HUCKLE＋BONE〗
huck·ster /hʌ́kstə | -stəʳ/ *n.* **1** 《まれ》 呼売り商人 (hawker); (青物・果物などの)行商人. **2** 金で動く人, 金目当ての人 (mercenary). **3** 《米口語》 **a** 広告屋, 宣伝屋, 広告 [CM] 作者《特に, テレビ・ラジオ放送用の刺激的なコマーシャルを製作する人》. **b** 売込み上手な[押し売り的な]セールスマン. — *vi.* 呼売りする; 行商する. — *vt.* **1** 小売りする; 行商する. **2** 強引に[いかがわしいやり方で]売る[宣伝する]; 値切る. 〖(?c1200) *hukster(e), hokester(e)* □ ? MDu. *hoekster* ← *hoeken* to retail: ⇨ -ster: cf. hawker² / ME *hucken* to higgle, sell〗
huck·ster·er /hʌ́kstərə, -strə | -stərəʳ, -strəʳ/ *n.* 《古》 ＝huckster.
húck·ster·ìsm /-stərɪzṃ/ *n.* ＝commercialism 1.
HUD /hʌ́d/ 《略》 **1** Department of Housing and Urban Development (米国の)連邦都市開発省《1965 年設立》. **2** head-up display.
Hud·ders·field /hʌ́dəzfi:ld | -dəz-/ *n.* ハッダーズフィールド《イングランド北部 Manchester の北東にある町》. 〖ME *Huderesfeld* (lateOE *Oderesfelt*)《原義》 open land of *Hudǣd* (人名)〗
hud·dle /hʌ́dḷ | -dḷ/ *vi.* **1** 〈体を〉丸くする, うずくまる (crouch), 丸くなって寝る ⟨*up*⟩; 〔…に〕(丸くなって)すり寄る ⟨*up*⟩ 〔*against, to*〕. **2** 群れ集まる, 群がる (crowd), ごたごた集まる: ～ in a corner 隅の方にごたごた集まる / ～ *around* the fire たき火の周りに集まる / ～ *together* for warmth かたまって暖をとる. **3** 《口語》(人目を避け)相談[会談]する, 密議する. **4** 〖トランプ〗(ブリッジで)不当に長く考える. **5** 〖アメフト〗ハドルする (cf. *n.* 4).
— *vt.* **1** [～ *oneself* または受身で]〈体を〉丸くちぢこまらせる ⟨*up*⟩: ～ *oneself* [*be* ～*d*] *up* 体を丸くする, ちぢこまる, うずくまる / lie (all) ～*d up* in bed ちぢこまって寝る / She sat ～*d* in a chair. 椅子にかけて丸くなっていた. **2 a** ごたごた集める, ごちゃごちゃに積む ⟨*together, up*⟩. **b** 《英》〈衣類などを〉ごちゃごちゃにして押し込む[引っ張り出す] 〔*into, out of*〕: ～ clothes *into* a trunk 衣服をトランクの中にごちゃごちゃに詰め込む. **3** 隠す, 人の目につかぬようにする (cover up). **4** 《英》 急いで作り上げる, ぞんざいに片付ける ⟨*up, over, through*⟩: ～ a job *through* 大急ぎで仕事をやる / ～ *up* a treaty 大急ぎで条約を結ぶ / ～ *over* one's duty 職務をいい加減にする. **5** 《英》 急いで着る, 引っ掛ける ⟨*on*⟩: ～ *on* one's clothes.
— *n.* **1** ごちゃごちゃした人の集まり, 雑然とした集団; 群衆: ～*s* of pigs ぎゅうぎゅうに詰め込んだ豚 / a ～ of small boats 《英》 雑然としたボートの群れ. **2** ごっちゃ, 混雑, 乱雑 (confusion): all in a ～ 乱雑に, ごたごたと / ～ upon ～ ひと山になって, ひと塊になって. **3** 《口語》 密議: go into a ～ with …と密議に入る[密談をする] / call a ～ 秘密会を開く. **4** 〖アメフト〗ハドル《次のプレーを決め[指示を受け]るために選手がフィールド内で集まること》.
húd·dler /-dlə, -dlə | -dləʳ, -dl-/ *n.* 〖(1579) ← ?: cf. ME *hodere(n)* to huddle: ⇨ -le³: cf. hide²〗
Hud·dle·ston /hʌ́dḷstən | -dḷ-/, **Trevor** *n.* ハドルストン《1913–98; 英国国教会の伝導者; Stepney の教区主教 (1968–78), モーリシャス主教 (1978–83); 1981 年よりアパルトヘイト反対運動を指導》.
Hu·di·bras·tic /hjù:dəbrǽstɪk | -dɨ-ˊ/ *adj.* **1** ヒューディブラス的な. **2** 滑稽で諷刺的な. — *n.* (ヒューディブラス風の)二行連句 (couplet). 〖(1712) ← *Hudibras* (英国詩人 Samuel Butler (1612–80) 作の諷刺物語詩 (1663–78) とその主人公)＋(FANTAS)TIC〗
Hud·son /hʌ́dsən, -sṇ/ *n.* [the ～] ハドソン(川)《米国 New York 州東部の川; New York 市の西側を流れ New

York 湾に注ぐ (507 km); Hudson River ともいう》. 〖← *Henry Hudson* (↓)〗

Hud·son /hʌ́dsən, -sn/, **Henry** *n.* ハドソン《1550?–1611; 英国の航海家・探検家; 北米 Hudson 川を探検してのちの New York の基礎を築き (1609), Hudson 湾を発見 (1611)》.

Hudson, W(illiam) H(enry) *n.* ハドソン《1841–1922; アルゼンチン生まれの英国の博物学者・随筆家・小説家; *Green Mansions* (1904), *Far Away and Long Ago* (1918)》.

Húdson Báy *n.* ハドソン湾《カナダ北部の大内海; 長さ約 1,370 km, 幅 1,050 km》.

Hud·so·ni·an /hʌdsóuniən | -sə́u-/ *adj.* ハドソン湾の. 〖(1835): ⇨ *Henry Hudson*, -ian〗

Húdson Ríver Schòol *n.* [the ~]【絵画】ハドソンリバー派《19世紀中期の米国風景画家の流派; 主に Hudson 川流域をロマンチックに描いた》.

Húdson's Bày blánket *n.*《カナダ》ハドソンズベイブランケット《通常 色縞のある丈夫な羊毛製毛布》. 〖1900〗

Húdson's Báy Còmpany *n.* [the ~] ハドソン湾会社《1670 年アメリカインディアンと毛皮の取引をするために許可された英国の会社; 略 HBC》.

Húdson séal *n.* 模造あざらしの皮《うさぎ・じゃこうねずみなどの毛皮》. 〖1914〗

H

Húdson Stráit *n.* ハドソン海峡《Hudson 湾と大西洋をつなぐ海峡; 長さ 724 km, 幅 153 km》.

hue[1] /hjúː/ *n.* **1** 色; 色合い (tint), 色相 (⇨ color SYN): the ~*s* of the rainbow 虹の七色 / a dark ~ 黒ずんだ色合い. **2** (意見などの)特色, 色合い, 傾向: politicians of various ~*s* 種々色合いの違った[違った意見を持つ]政治家たち. **3**《廃》外形, 外見 (form, appearance). — *vt.* 〈物〉に色をつける〔*with*〕. — *vi.* 色がつく. 〖OE *hīw* form, appearance, color < Gmc **χiwjam* (ON *hý̄* down on plants / Goth. *hiwi* form) ← IE **k̑ei-* names of various colors (Skt *śyāva-* blackish brown)〗

hue[2] /hjúː/ *n.* (追跡の)叫び声 (outcry). ★ 次の句に用いる以外は《廃》:
húe and crý (1) 大騒ぎ (hubbub), やかましい非難 (clamor): raise a ~ and cry (against ...) (...に)激しい非難の声[強い反対の気勢]をあげる. (2)【法律】叫喚追跡《昔, 令状なしに犯人を逮捕できた方法; 笛を吹き喚声を揚げて追跡逮捕すれば合法的だとされた》; 罪人捕縛布達書; (昔の罪状・犯罪捜索などに関する)警察公報: raise a ~ *and cry*「泥棒, 泥棒」と叫ぶ. 〖(1423) □ AF *hu e cri* ← *hu* outcry＋*e* and＋*cri* (⇨ cry)〗
〖ME *heu(e)* □ OF *hu, hui(e)* outcry ← *huer* to shout《擬音語》〗

Hué /(h)wéɪ, (h)juːéɪ; *F.* ɥe, *Viet.* hwéː/ *n.* (*also* **Hue** /~/) ユエ, フエ《ベトナム中部の海港; フランス植民地時代の安南王国の首都, ベトナム戦争の激戦地; 漢名は順化のなまったもの》.

hueb·ner·ite /hjúːbnəràɪt, júːb- | hjúː-/ *n.*【鉱物】マンガン重石 ($MnWO_4$). 〖← *Adolph Huebner* (19 世紀のドイツの鉱物学者): ⇨ -ite[1]〗

hued /hjúːd/ *adj.*《古・詩》[通例複合語の第 2 構成素として] (...の)色のついた; ...の色合いの, 色合いが...の: dark-*hued*, golden-*hued*. 〖OE *(ge)hīwod*: ⇨ hue[1], -ed 2〗

húe·less *adj.* 無色の (colorless); 青白い (pallid). 〖lateOE *hīwlēas*: ⇨ hue[1], -less〗

Huel·va /wélvə; *Sp.* wélβa/ *n.* ウェルバ《スペイン南西部 Cádiz 湾付近の Odiel 川に臨む市》.

hue·mul /wéːmúːl; *Am.Sp.* wemúl/ *n.* ＝guemal.

Huer·ta /wéəṭə, uːéə- | wéətə, uːéə-; *Am.Sp.* wérta/, **Vic·to·ria·no** /biktorjáno/ *n.* ウェルタ《1854–1916; メキシコ革命の英雄 Madero 大統領を打倒したメキシコの将軍・政治家; 大統領 (1913–14)》.

Hues·ca /wéskə; *Sp.* wéska/ *n.* ウェスカ《スペイン北東部 Huesca 州の州都; かつての Aragon 王国の首都》.

Hu·ette /hjúːɪ̀t | -ɪt/ *n.* ヒューエット《女性名; 異形 Hewett》. 〖(fem.dim.) ← HUGH〗

hue·vos ran·che·ros /wéɪvousrænʧé°rous | -vəsrænʧéərəs; *Sp.* wéβosranʧéros/ *n.*【料理】ウエボスランチェロス《トルティーヤに目玉焼きを載せチリソースをかけたメキシコ料理》.

Hu·ey /hjúːi/ *n.* ヒューイ《男性名》. 〖《変形》← HUGH〗

huff /hʌ́f/ *vi.* **1** おどすように怒鳴る, 威張り散らす. ★ 主に次の句で: ~ and puff (over [against] ...) (どうにもならない事について)(口先だけで)騒ぎ立てる, やかましく言う. **2** (山登りのときのように)はあはあと息をする (blow, puff). **3** 怒る. **4**《廃》傲慢に威張る, 肩をいからす. — *vt.* **1** 怒らせる (offend): be ~*ed* by a critic's comment 批評家の論評に怒る. **2**【チェッカー】(当然取るべき駒を取らなかった)罰として〈相手の駒を〉取る《その時駒に息を吹き掛ける》. **3**《古》**a** しかりつける. **b** どなりつけて[威嚇して]...させる[...をやめさせる] (hector)〔*into, out of*〕: ~ a person *into* silence 人をどなりつけて黙らせる / ~ a person *out of* the room 人をどなりつけて部屋から追い出す. **4**《古》〈空気を〉吹込む, ふくらませる, 膨張させる; 増長させる.
húffing and púffing こけおどし, 空威張り.
— *n.* **1** ぷっと怒ること, 立腹 (⇨ offense SYN). ★ 主に次の句で: in a ~ むっとして / go [get] into a ~ 向かっ腹を立てる, ぷりぷりする. **2**【チェッカー】罰として駒を取ること (cf. *vt.* 4).
〖v.: (1583) 擬音語: 息を吹く音から. — n.: (1599) ← (v.)〗

Huff-Duff /hʌ́fdʌ̀f/ *n.*【通信】ハフダフ探知機《高周波信号を受けて発信局の方向を陰極線管のスクリーンに指示させる受信装置; 地域的に離れている 2 箇所以上に配置された上記の受信装置によって発信局の配置を決定する》. 〖(1946): HF (＝high frequency), DF (＝direction finding) をそれぞれ /hʌ́f/ /dʌ́f/ と発音することから〗

húff·ish /-fɪʃ/ *adj.* **1** ぷりぷりしている, 不機嫌な (sulky). **2**《廃》威張り散らす, 高慢ちきな (arrogant). **~·ly** *adv.* **~·ness** *n.* 〖(1755) ← HUFF＋-ISH[1]〗

huff·y /hʌ́fi/ *adj.* (**huff·i·er; -i·est**) **1 a** 怒りっぽい, 短気な. **b** むっとしている, 腹を立てている: get ~ 腹を立てる. **2**《廃》傲慢な, 高慢ちきな. **húff·i·ly** /-fɪ̀li/ *adv.* **húff·i·ness** *n.* 〖(1677) ← HUFF＋-Y[4]〗

Huf·fy /hʌ́fi/ *n.*【商標】ハフィー《米国 Huffy 社製の自転車と芝刈機》.

Hu·fuf /hufúːf/ *n.* ＝Hofuf.

hug /hʌ́g/ *v.* (**hugged; hug·ging**) — *vt.* **1 a** (通例愛情を込めて両腕で)抱き締める (embrace) (⇨ caress SYN): ~ a doll 人形を抱き締める / They ~*ged* and kissed each other. 彼らは抱き合ってキスをした. **b** 〈熊などが〉人・犬などを)前足で抱いて締めつける, 抱え込む. **2 a** なかなか手離そうとしない, 〈物・人〉にしがみつく; 〈偏見などを〉抱く, 固執する (cherish): ~ the belief that ...という考えを固執する / He tried to ~ the middle of the road. 中道(の政策)からはずれまいとした. **b** 〈体〉にぴったりくっつく (cf. hug-me-tight): She was wearing a yellow dress that ~*ged* her figure [a figure-*hugging* yellow dress]. 彼女はぴったりした(体の線が見える)黄色の服を着ていた. **3** 〈岸に近く航行する; 〈歩行者・車などが〉〈道路のふちなど〉に接近して通る: ~ the shore 海岸に沿って航行する / ~ the curb 道路のふちを通る. **4** [~ *oneself* で] 喜ぶ〔*on, over, for*〕: ~ *oneself* (with joy [delight]) *on* one's success 成功を喜ぶ. — *vi.* **1** しがみつく, 抱きつく. **2** 寄り添う, くっつき合う. — *n.* **1** (愛情のある)抱き締め, 抱擁 (embrace): He gave me an affectionate ~. 私を優しく抱き締めてくれた. **2** (熊などの)抱え込み. **3**【レスリング】ハッグ, 抱き込み (cf. bear hug).
~·ger *n.* 〖(1567) ← ? Scand.: cf. ON *hugga* to soothe, comfort〗

huge /hjúːʤ, júːʤ | hjúːʤ/ *adj.* (**hug·er; hug·est**) **1** 巨大な, 莫大(ばく)な (⇨ enormous, large SYN): a ~ mountain, building, army, etc. / a ~ sum of money 巨額の金 / a ~ difference [satisfaction] 大きな相違[満足]. **2** 限りない, 無限の (unbounded): his ~ personal talent 彼の限りない人間的才能. **~·ness** *n.* 〖(?c1150) *huge, hoge* (頭音消失) ← OF *ahuge* ← *a-* (F *à*) 'AD-'＋*hoge* height, hill (← ? Gmc)〗

Hü·gel /hjúːgəl, -gl; *G.* hýːgl/, **Baron Friedrich von** *n.* ヒューゲル《1852–1925; イタリア生まれでオーストリア系の英国のカトリック神学者》.

húge·ly *adv.* 大いに, 非常に (enormously): be ~ pleased とても喜ぶ. 〖(c1350): ⇨ huge, -ly[1]〗

huge·ous /hjúːʤəs, júː- | hjúː-/ *adj.*《古・戯言》＝huge. **~·ly** *adv.* **~·ness** *n.* 〖(a1529) ← HUGE ＋-OUS〗

hug·ga·ble /hʌ́gəbl/ *adj.* 抱き締めたくなるような: a ~ cub. 〖(1898) ← HUG＋-ABLE〗

hug·ger-mug·ger /hʌ́gəmʌ̀gə | hʌ́gəmʌ̀gə(r, ⌐⌐⌐⌐/ *n.* **1** 乱雑, 混乱 (muddle), 無秩序 (confusion). **2**《古》秘密, 内密 (secrecy). — *adj.* **1** 乱雑な, 混乱した (muddled, confused). **2**《古》秘密の, 内密の (secret, clandestine). — *adv.* **1** 混乱して, 乱雑に: They sat ~ at the table. テーブルを囲んでめいめい勝手な席に着いた. **2**《古》ひそかに. — *vt.*《廃》隠す, 内密にする〈*up*〉. — *vi.*《廃》**1** こっそりやる; こっそり集まる; こそこそ相談する. **2** もたもたやる. 〖(1526) *hucker-mucker* ← ?: cf.《方言》*mucker* < ME *mokere(n)* to hoard〗

hug·ger-mug·ger·y /hʌ́gəmʌ̀g(ə)ri | -gə-/ *n.* ＝hugger-mugger 2.

Hug·gins /hʌ́gɪnz | -gɪnz/, **Charles Brenton** *n.* ハギンズ《1901–97; カナダ生まれの米国の外科医; 前立腺癌(がん)のホルモン療法を開発; Nobel 医学生理学賞 (1966)》.

Hug·gins, Sir William *n.* ハギンズ《1824–1910; 英国の天文学者》.

Hugh /hjúː/ *n.* ヒュー《男性名; 異形 Hew, Hu, Huey, Hughie, Hugo》. 〖□ OF *Hue* □ OHG *Hugo* ← *hugu* mind: cf. Hubert〗

Hugh Capet *n.* ⇨ Hugh CAPET.

Hughes /hjúːz/ *n.* ヒューズ《男性名》. 〖⇨ Hugh〗

Hughes /hjúːz/, **Charles Evans** *n.* ヒューズ《1862–1948; 米国の政治家・法律家; 最高裁判所長官 (1930–41)》.

Hughes, Howard *n.* ヒューズ《1905–76; 米国の実業家・飛行家・映画製作者》.

Hughes, (James) Langston *n.* ヒューズ《1902–67; 米国の黒人詩人・小説家; *The Weary Blues* (1926)》.

Hughes, Richard Arthur Warren *n.* ヒューズ《1900–76; 英国の小説家・劇作家・詩人; *A High Wind in Jamaica* (小説, 1929)》.

Hughes, Ted *n.* ヒューズ《1930–98; 英国の詩人; 桂冠詩人 (1984–98); *The Hawk in the Rain* (1957), *Crow* (1970); 本名 Edward James Hughes》.

Hughes, Thomas *n.* ヒューズ《1822–96; 英国の法律家・小説家; *Tom Brown's Schooldays* (1857)》.

Hughes, William Morris *n.* ヒューズ《1864–1952; 英国生まれのオーストラリアの政治家; 首相 (1915–23)》.

Hugh·ie[1] /hjúːi/ *n.* ヒューイ《男性名》. 〖(dim.) ← HUGH: ⇨ -ie〗

Hugh·ie[2] /hjúːi/ *n.*《豪口語》ヒューイ《雨の神および波の神》. ★ 特に, 次の句で用いる: Send her down, ~! 雨よ降れ / Whip'em up, ~! 波よ来い. 〖(1912) ← ?〗

Hug·li /húgli/ *n.* ＝Hooghly.

húg-me-tìght *n.* 体にぴったりした(時には袖(そで)なしの)婦人用上着《編んで作られるものが多い》. 〖1860〗

Hu·go /hjúːgou | -gəu; *F.* ygo, *G.* húːgo, *Du.* hýːɣo, *Swed.* hʉ́ːgʊ/ *n.* ヒューゴー《男性名》. 〖□ ONF *Hugon* ＝*Hue* 'HUGH'〗

Hu·go /hjúːgou, júː- | hjúːgəu; *F.* ygo/, **Victor (Marie)** *n.* ユーゴー《1802–85; フランスの詩人・小説家・劇作家; *Les Misérables*「レミゼラブル」(小説, 1862)》.

Hú·go ròse /(h)júːgou- | -gəu-/ *n.*【植物】ユーゴーローズ (*Rosa hugonis*)《中国北中部原産の早咲きのバラ, 花は黄色, 欧州で栽培; Father Hugo's rose ともいう》. 〖19 世紀にこのバラを初めて英国に紹介した Hugo 神父にちなむ〗

Hu·gue·not /hjúːgənɑ̀(ː)t | hjúːgənəʊ, húː-, -nɒ̀t; *F.* ygno/ *n.*【キリスト教】ユグノー《16–17 世紀ごろのフランスのカルヴァン (Calvin) 派新教徒の呼称》. — *adj.* フランスのカルヴァン派プロテスタントの. 〖(1565) □ F ~ □ Swiss-G *eidgenoss*＝G *Eidgenosse* confederate ← *Eid* oath＋*Genoss* comrade: ジュネーブの宗教改革者 *Besançon Hugues* の名と連想された〗

Hu·gue·not·ic /hjùːgənɑ́(ː)ṭɪk | hjùːgənɒ́t-, hùː-⌐/ *adj.* ユグノーの. 〖(1897): ⇨ ↑, -ic[1]〗

Hú·gue·nòt·ism /-nɑ̀(ː)tɪzm | -nəʊtɪzm, -nɒ̀t-/ *n.* ユグノーの教義. 〖(1611): ⇨ -ism〗

huh /hm, hʌ̃, hʌ́/ *int.*《米》ふん, 何だって《軽蔑・嘲笑(ちょう)・驚き・疑問などを表す》. 〖(1608): 擬音語〗

Hu·he·hot /húːhèɪhóut | -hə́ʊt/ *n.* ＝Hohhot.

hu·hu /húːhuː/ *n.*【昆虫】フーフー《ニュージーランドセスジノコギリカミキリ(の食用幼虫) (*Prionoplus reticularis*)》. 〖(1848) ← Maori《現地語》〗

huh-uh /ʌ̃hʌ̃, mṃ́m | ⌐⌐/ *int.* ⇨ uh-huh 1 b.

hu·i /húːi; *Hawaii.* húi/ *n.* **1** (NZ) マオリ族の集会. **2**《ハワイ・NZ》**a** 会合; 懇親会 (gathering). **b** クラブ, 会, 組合. **3** 提携, 共同 (partnership). 〖(1858) ← Hawaiian《現地語》〗

hu·ia /húːjə/ *n.*【鳥類】ホオダレムクドリ (*Heteralocha acutirostris*)《ニュージーランドに生息したが絶滅した鳥; 雌雄でくちばしの形が違う》. 〖(1845) ← Maori《現地語》〗

Hui·la /wíːlɑː, hwíː-; *Am.Sp.* wíla/ *n.* ウィラ(山)《コロンビア中西部の火山 (5,750 m)》.

hui·pil /wiːpíːl; *Am.Sp.* wipíl/ *n.* ウィピル《メキシコやグアテマラの先住民女性の着るゆったりとした色彩豊かに刺繍(しゅう)をしたポンチョ型の衣服》. 〖□ Am.-Sp. ~ □ N-Am.-Ind. (Nahuatl)〗

hui·sa·che /wiːsɑ́ːʧi; *Am.Sp.* wisáʧe/ *n.*【植物】キンゴウカン(金合歓) (*Acacia farnesiana*)《米国南部以南の熱帯地方産のマメ科の低木; その香気のある花は香水の原料; sponge tree ともいう》. 〖□ Sp. ~ ← N-Am.-Ind. (Nahuatl)〗

Hui-tsung /hwìːdzʊ́ŋ/ *n.* ＝Hui Zong.

Hui·tzi·lo·poch·tli /wìːtsiloupóutʃtli | -ləʊpɒ́tʃ-/ *n.* ウィツィロポチトリ《Aztec 族の部族神で軍神・太陽神》.

Hui·zin·ga /háɪzɪŋə; *Du.* hœ́izɪŋɣa/, **Johan** *n.* ホイジンガ《1872–1945; オランダの歴史学者; *The Waning of the Middle Ages*「中世の秋」(1919), *Homo Ludens*「ホモルーデンス」(1938)》.

Hui Zong /hwìːdzɔ́(ː)ŋ | -dzɒ́ŋ; *Chin.* xuītsōŋ/ *n.* 徽宗(きそう)《1082–1135; 中国北宋第 8 代の皇帝 (1100–25); 書画をよくし文化事業を奨励した》.

Hui·zhou /hwìːʤóu | -ʤə́u; *Chin.* xuìʈʂōu/ *n.* 惠州(けいしゅう)《中国広東省 (Guangdong), 広州東部の都市》.

Huk /húːk, hʌ́k/ *n.* (*pl.* **~s**) フクバラハップ《第二次大戦中のフィリピンの抗日ゲリラ組織; 戦後は反共政権に抵抗; タガログ語の Hukbalahap の縮約形》.

hu·la /húːlə; *Hawaii.* húla/ *n.* **1** フラダンス《ハワイの民族舞踊》: a ~ dancer, girl, song / dance the ~. **2** フラダンス用の音楽. — *vi.* フラダンスを踊る. 〖(1825) ← Hawaiian《現地語》〗

Hu·la-Hoop /húːləhùːp/ *n.*【商標】フラフープ《腰を揺すって腰の回りを回転させて遊ぶ通例プラスチック製の中空の輪》. — *vi.* [hula-hoop] フラフープを回す[回して遊ぶ]. 〖(1958) ← HULA (↑)＋HOOP[1]〗

húla-húla *n.* ＝hula.

húla skìrt *n.* **1** フラスカート《長い草の茎で作ったスカートで, ハワイのフラダンサーが着用するもの》. **2** フラスカートをまねて作ったスカート. 〖1928〗

Hul·da /hʌ́ldə/ *n.* ハルダ《女性名; 米国に多い》. 〖□ ON *Huldr*《原義》muffled〗

Hü·le·gü /huléɪguː; *Mongol.* xúləg/ *n.* フラグ, 旭烈兀《1217?–65; イルハーン国の開祖 (1258); Genghis Khan の孫; イラン地方を征服しアッバース朝を滅ぼした (1258)》.

hulk /hʌ́lk/ *n.* **1 a**《一般に》船. **b** 廃船の船体, 壊れた建物の外郭. **c**《軽蔑》大型で扱いにくい船. **2**《軽蔑》ずうたいの大きい男, 大男 (bulky person); ばかでかい物, かさばる物. **3 a** 廃船《倉庫などに利用される古い船体》. **b** [*pl.*] 牢獄(ろうごく)船: be condemned to the ~*s* 獄屋入りを言い渡される. **c** 残骸. **4**【紋章】船体《帆柱など一切なく, 船体だけを描いた図形であり, demi-hulk といって半分の図形になったものの方が多い》. — *vi.* **1**《米》大きい姿でぼーっと現れる (loom)〈*up*〉; 大きく迫る. **2**《英方言》のっそりと[重々しく]歩き回る. — *vt.* 〈船員など〉に牢獄船入りを命じる; 廃船に泊まらせる. 〖lateOE *hulc* light ship □? ML *hulcus, hulca* □ Gk *holkás* towed ship ← *hélkein* to draw ← ? IE **selk-* to pull, draw〗

húlk·ing *adj.* 大きくて始末に困る, かさばった (bulky); 大きくてぶざまな[不格好な]. 〖(1698) ← HULK＋-ING[2]〗

hulk·y /hʌ́lki/ *adj.* (**hulk·i·er; -i·est**) ＝hulking. 〖1785〗

hull[1] /hʌ́l/ *n.* **1** 船体 (⇨ yacht 挿絵). **2**【航空】(飛行艇の)艇体, 胴体; (硬式飛行船の)葉巻形の)船体, 殻体(かくたい). **3** (砲塔を除いた戦車の)車体. **4 a** 空薬筒. **b** 弾薬筒. ***húll dówn*** (1) (船体が水平線下に沈んでマストと煙突しか見えないほど)かなたに (far away), 海上はるかに; 正甲板が水面すれすれになって. (2) 〖軍事〗《戦車・装甲車など》(敵から見えないが)自分の方からは敵を観察・攻撃できる位置に, 車体遮蔽(しゃへい)の姿勢で, 砲塔射撃の姿勢で. ***húll óut*＝*húll úp*** (船体が水平線上に見えるほど)近く, 水平線上に姿を現して.

― *vt.* (砲弾や魚雷で)〈船〉の横側を貫く, …の船体に砲弾などを命中させる. ― *vi.* **1** 帆をたたんで漂う. **2** 《古》 **a** 〈船が〉流れや風だけに任せて漂う. **b** のらくらと無為に時を過ごす.
〖(1556) 《転用》? ← HULL²: cf. Du. *hol* ship's hold〗

hull² /hʌ́l/ *n.* **1** (穀粒・種などの)外皮, 殻 (husk); (豆の)さや (pod). **2** (いちごなどの)へた. **3** 覆い (covering). ― *vt.* **1** 〈種などの〉外皮を取る; 〈穀物〉のもみをする, 皮[さや]をむく (shell): ～ beans, peas, etc. / ～*ed* rice 玄米. **2** 〈いちごなどの〉へたを取る. **húll-less** *adj.* 〖OE *hulu* (← *helan* to conceal, cover) ← Gmc *χul- (G *Hülle* covering, husk) ← IE *kel- to cover (cf. hole)〗

Hull /hʌ́l/ *n.* ハル: **1** イングランド北東部 Humber 河口に近い海港; 公式には Kingston-upon-Hull という. **2** カナダ南東部の都市, Ottawa 川を間にして Ottawa 市に対する. 〖OE ～ 《原義》(muddy) river: cf. OIr. *suth* milk / Welsh *sugno* to suck / OE *sol* mud〗

Hull /hʌ́l/, **Cor·del** /kɔ́ədɛl, ―⌐ | kɔ́:dɛl, ―⌐/ *n.* ハル (1871–1955; 米国の政治家; 国務長官 (1933–44); Nobel 平和賞 (1945)).

Hull, William *n.* ハル (1753–1825; 米国の将軍).

hul·la·ba·loo /hʌ́ləbəlù:, ―――⌐ | ―――⌐, ―――⌐/ *n.* (*pl.* ～**s**) (*also* **hul·la·bal·loo** /～/) がやがや, 騒音; 大騒ぎ, ごった返し; やかましい[けんけんごうごうの]騒ぎ. 〖(1762) ← ? HALLO＋《スコット》*baloo* hush〗

húll bàlance *n.* 〖海事〗船体釣合い (帆船で正常の傾斜をしたとき, よく釣合いが取れて操船・操舵に十分である特性).

húlled bárley *n.* 皮麦 (種子に皮をかぶったムギ; Scotch barley ともいう). 〖*c*1384〗

húll effìciency *n.* 〖造船〗船体効率 (有効馬力と推進馬力の比; プロペラ設計に用いる).

húll·er /-lə | -lə(r)/ *n.* もみすり機. 〖(1864) ← HULL¹＋-ER¹〗

húll gìrder *n.* 〖造船〗ハルガーダー (船体を一つの箱と考えた場合の積荷の偏在や波による船体ゆがみに抵抗するもの).

Húll Hòuse *n.* ハルハウス (Jane Addams たちが 1889 年に米国の Chicago 市に創設した同国最初のセツルメント(ハウス)). 〖← *Charles J. Hull* (その建物のもとの持主)〗

húll·ing lìne /-lɪŋ-/ *n.* 〖海事〗絞帆索 (特に縮帆用当て木 (reefing battens) の付いた帆を絞るための索).

hul·lo /həlóu, hʌ- | -lə́u/ *int., n., vt., vi.* 《英》＝hallo. 〖(1857): cf. hallo, hello〗

hul·loo /həlú:, hʌ-/ *int., n., v.* 《英》＝hallo. 〖(1707) ↑〗

hul·ly gul·ly /hʌ́ligʌ́li/ *n.* 〖ダンス〗ハリガリ (ツイストから派生したフルーグ (frug) の変形). 〖1964〗

Hulme /hjú:m, hú:m/, **T(homas) E(rnest)** *n.* ヒューム (1883–1917; 英国の哲学者・批評家; 写象主義 (imagism) 運動の指導者; *Speculations* (1924)).

Hulse /hʌ́ls/, **Russell Alan** *n.* ハルス (1950–　; 米国の物理学者; Nobel 物理学賞 (1993)).

hum¹ /hʌ́m/ *v.* (**hummed; hum·ming**) ― *vi.* **1** 〈ハチ・モーターなどが〉ぶんぶんいう: My head ～*s.* 頭ががんがんする / A kettle was ～*ming* on a stove. やかんがストーブの上でちんちん音を立てていた. **2** 「むー」という音を出す; (口の中で)ふむふむ言う, 口ごもる: ～ and haw [ha]＝HEM² *and haw.* **3** 鼻歌を歌う; ハミングする. **4** 〈場所が〉(騒音・活気などで)ざわつく 〔*with*〕: The room ～*med with* voices. 部屋は大勢の声でがやがやしていた. **5** 《口語》〈事業などが〉活気がある, 景気がよい: make things ～ 盛んにやる, 景気をつける. **6** 《英俗》(汗などで)悪臭がする. ― *vt.* **1** 鼻で歌う; ハミングで歌う: ～ a tune / ～ songs to oneself ひとりで鼻歌を歌って…させる: ～ a child *to* sleep 小声で子守歌を歌って子供を寝つかせる. **b** ふむふむ言って表す: ～ one's displeasure.
húm alóng 〈自動車などが〉びゅーっと驀進(ばくしん)する.
húm and háw [***há***] あいまいな言葉を使う, ことばを濁す. (1530)
― *n.* **1** ぶんぶん(いうこと, いう音): the ～ of bees, machinery, etc. **2 a** 遠い雑音, がやがや; (称賛・驚きなどを表す)ざわめき: the ～ of conversation, voices, traffic, etc. **b** (ラジオ受信機の)ハム (ぶーんという雑音). **3** 鼻歌で歌うメロディー, (ひと節の)鼻歌. **4** (人間の)活動, 活躍: the busy ～ of men. **5** うーむ, ええと (ためらいを表す): give an answer after some ～*s* and haws [ha's] 何度も口ごもったあとで返事をする. **6** 《英俗》悪臭.
― ★ 発音については humph の注を参照. *int.* ふーん, うーむ, へーえ(など) (疑い・不同意・驚き・感嘆などを表す).

hum·ma·ble /hʌ́məbl/ *adj.*
〖(*c*1385) *humme(n)* (cog. G *hummen*): 擬音語〗

hum² /hʌ́m/ 《口語》 *n.* **1** 詐欺, ぺてん. **2** 物請いをする人, 物をねだる人. ― *vt.* (**hummed; hum·ming**) ぺてんにかける (humbug). ― *vi.* 《豪俗》ねだる, 物請いをする. 〖(1751) 《略》← HUMBUG〗

hu·ma·lin /hjú:məl̩n | -lɪn/ *n.* 〖生化学〗(遺伝子工学の技術で生産された)ヒトインスリン, ヒューマリン.

hu·man /hjú:mən, jú:- | hjú:-/ *adj.* **1** 人間の, 人類の, 人の; 人間に関する[属する]; 人間特有の; 人間のような (↔ non-human): the ～ body 人体, 人 / the ～ voice 人間の声 / ～ affairs 人事 (人間社会の諸事) / the ～ condition (社会における)人間(存在)の状態 / in ～ form [shape] (表面は)人間の形をして[た]. **2** 人間から成る, 人である: the ～ race 人類 / ～ society 人間社会 / a ～ sacrifice 人身御供(ごくう) / a ～ shield (護衛などのための)人垣. **3 a** (神・獣類と区別して)人間らしい, 〈欠点など〉人間にありがちな, 人間的な (cf. inhuman): ～ weaknesses / more [less] than ～ 人間以上[以下]で / This proves he is only ～. この事で彼も人の子だということがわかる / He was ～―all too ～. 彼は人間的な―あまりにも人間的だった. **b** (機械などと区別して)人間の, 人間的な: the ～ element [factor] 人間的要素[要因] / ⇨ human relations. **4** 人間性の[に関する]; 人情の機微に触れる: the ～ comedy 人間喜劇,「人間模様」(Balzac の一連の小説の題名から) / a ～ document 人間記録 (人間性の実相を伝えるような生きた事実の記録) / a ～ touch 人間味, (人)情味. **5** 人情味のある, 温かみのある (humane).
― *n.* **1** 人, 人間. ★ human being の方が多く用いられる. **2** [the ～] **a** 人類 (the human race). **b** 人間に関するもの, 人間的な事柄. **～·lìke** *adj.* 〖(18C) □ L *hūmānus* ← *homō* man ← IE *(*dh*)*ghomon*- earthling (cf. humble) ∞ (?*c*1450) *humain* □ (O)F < L: 意味の変化については ⇨ Adam¹〗

SYN 人間らしい: **human** 人間的な (完璧でないことを暗示する); 優しく思いやりがある: He failed this time. That shows he's only *human.* あいつは今度はしくじった. やつも人間だってことだ / The boss can be very *human.* 社長はとても優しいときがある. **humane** 人道にかなった, 慈悲[情け]のある: a *humane* way to kill rats 残酷でないネズミの殺し方.

húman béing *n.* ヒト (*Homo sapiens*), (動物に対する)人間, 人. 〖1858〗

húman bótfly *n.* 〖昆虫〗熱帯アメリカに生息し, 人類や哺乳動物の皮下に寄生するハエの一種 (*Dermatobia hominis*).

húman cápital *n.* 〖経済〗人的資本.

húman cháin *n.* **1** (ものをすばやく手渡しで運ぶための) 人の列, バケツリレーの列. **2** (抗議行動として手をつないだ)「人間の鎖」. 〖1926〗

hu·mane /hju:méɪn, ju:- | hju:-/ *adj.* **1 a** 人道にかなった, 人情のある (compassionate), 慈悲深い (merciful) (↔ inhumane) (⇨ human, philanthropic **SYN**): ～ feelings 慈悲心 / a person of ～ character 心だてのやさしい人. **b** 〈兵器・道具など〉苦痛を与えることが少ない. **2** 〈学問・研究など〉人文教養的な (humanistic): ～ studies 人文科学 / ～ education 人格教育 / ～ learning 古典文学. **～·ly** *adv.* **～·ness** *n.* 〖(*c*1500) 《変形》← HUMAN〗

húman ecólogy *n.* 〖社会学〗 **1** 社会生態学 (人口と施設の配置とその相互関係とを対象とする社会学の一部門). **2** 人間[人類]生態学. 〖1907〗

humáne kíller *n.* 無痛屠殺(とさつ)機.

húman enginéer *n.* 人間工学者. 〖1957〗

húman engineéring *n.* **1** 〖心理〗人間管理 (労働者の仕事の最高能率と仕事に対する満足感を心理学的に調整する). **2** 人間工学 (人間と機械との関係を生理・応用心理・物理などの諸科学の立場から研究し, 機械を人間のもつ機能に適合させ最高能率を上げようとする技術科学; ergonomics ともいう; cf. psychotechnology). 〖1920〗

humáne socíety, H- S- *n.* **1** 愛護会 (慈善・博愛的行為と理想を目的とする); 動物愛護協会. **2** 《英》投身者救助会. 〖1776〗

Húman Génome Pròject *n.* [the ～] ヒトゲノム(解析)計画 (人間の遺伝子をすべて解読する計画).

húman geógraphy *n.* 人文(じんぶん)地理学. 〖1919〗

húman grówth hòrmone *n.* ヒト成長ホルモン (略 HGH).

hu·man·ics /hju:mǽnɪks, ju:- | hju:-/ *n.* 人間学 (保健・教育・結婚・犯罪・人種的偏見など人間に関する一切の社会問題に対する総合的研究; 米国の生化学者 Dr. Roger I. Williams の提唱). 〖(*a*1864) ← HUMAN＋-ICS〗

húman immunodeficiency vìrus *n.* ヒト免疫不全ウイルス (AIDS virus) (略 HIV). 〖1986〗

húman ínterest *n.* 〖新聞〗人間的興味, ヒューマンインタレスト. 〖1824〗

húman-ínterest stòry *n.* (新聞・ニュース放送の)同情[共感]を誘う報道, 三面記事[ワイドショー]的ネタ. 〖1930〗

hu·man·ism /hjú:mənɪzm, jú:- | hjú:-/ *n.* **1** ヒューマニズム, 人間性 (humanity). 日英比較 日本語の「ヒューマニズム」は, 英語の humanitarianism であることが多い. **2** 人本[人間]主義. **3** 人間性研究; 人文学. **4** [しばしば H-] **a** 人文主義, ヒューマニズム, ユマニスム (ルネサンス期の, 古典文学や思想研究によって人間性を育成するという思潮). **b** (フランスの Auguste Comte などの唱えた) 人道教, 人類教 (超自然的なことを排斥して人間の幸福安寧を主旨とする教義; religion of humanity ともいう). **5** 〖倫理〗人道主義. 〖(1812) ← HUMAN＋-ISM〗

hú·man·ist /-n̩st | -nɪst/ *n.* **1** ヒューマニスト, 人間性研究者; 人道主義者. 日英比較 日本語の「ヒューマニスト」は, 英語では humanitarian に該当することが多い. **2** 人本主義者, 人間主義者. **3** 人文主義者. **4** 《古》[しばしば H-] (ルネサンス期の)古典文学研究家, ユマニスト; 古典研究者. **5** [しばしば H-] 人類主義者. ― *adj.* **1** 人間性研究の. **2** 人本主義的な. **3** 人文主義的な, 人文学の, 古典学的な. 〖(1589) □ F *humaniste* □ It. *umanista*: ⇨ human, -ist〗

hu·man·is·tic /hjù:mənístɪk, jù:-⌐/ *adj.* ＝humanist. **hù·man·ís·ti·cal·ly** *adv.* 〖1845〗

humanístic psychólogy *n.* 〖心理〗人間性心理学 (主体としての全体的人間性を問題とし自己実現・創造的人間を扱う; 精神分析・行動主義に次ぐ20世紀の第3勢力とされる).

hu·man·i·tar·i·an /hju:mæ̀nətéəriən, ju:- | hju:mæ̀nɪtéər-, hjù:mæn-⌐/ *n.* **1** 人道主義者. ⇨ humanist 日英比較. **2** 人性論者. **3** 博愛家 (philanthropist). **4** 〖神学〗(キリストに神性を認めない)キリスト人間論者. ― *adj.* **1** 人道主義の (⇨ philanthropic **SYN**). **2** 博愛の. **3** 〖神学〗キリスト人間説の. 〖(1819) ← HUMANITY＋-ARIAN〗

hu·màn·i·tár·i·an·ìsm /-nìzm/ *n.* **1** 博愛, 博愛主義. **2** 〖倫理〗人道主義 (humanism). ⇨ humanism 日英比較. **3** 〖神学〗キリスト人間説[論] (キリストの人間性のみを主張する). **hu·màn·i·tár·i·an·ist** /-n̩st | -nɪst/ *n.* 〖(1833): ⇨ ↑, -ism〗

hu·man·i·ty /hju:mǽnəṭi, ju:- | hju:mǽnɪti/ *n.* **1** [集合的; 単数または複数扱い] 人類 (mankind): a friend of ～ 人類の友. **2 a** 人間性 (human nature), 人間であること (cf. animality): the religion of ～＝humanism 4b. **b** [*pl.*] 人間的属性, 人間らしさ. **c** 慈愛, 慈悲, 人情 (↔ inhumanity), 親切 (benevolence); 慈善行為: an act of ～ 慈善行為 / treat animals with ～ 動物をいたわる. **3 a** [the humanities] 人文学, 人文科学, ユマニテ (主にギリシャ・ラテンの古典文学または(社会科学や自然科学に対し)語学・文学・哲学・芸術などの学問). **b** (スコットランドの大学で)ラテン語学・文学: Professor of *Humanity* ラテン文学教授. **c** 《古》一般教養, 人文学. 〖(*c*1384) *humanite* □ (O)F *humanité* < L *hūmānitātem*: ⇨ human, -ity〗

hu·man·i·za·tion /hjù:mən̩zéɪʃən, jù:- | hjù:mənaɪ-, -nɪ-/ *n.* 人間化, 人間性賦与. 〖(1783): ⇨ ↓, -ation〗

hu·man·ize /hjú:mənàɪz, jú:- | hjú:-/ *vt.* **1** …に人間性を与える, 人間化する: ～ gods 神々に人間性を与える. **2** 人体に適応させる; 人体で作られたものと同じ性質にする: ～*d* milk 母乳化した牛乳. **3** 洗練する, 文明化する; 情深くする. ― *vi.* **1** 人間化する. **2** 人間らしくなる, 情深くなる (become humane). **3** 教化力をもつ, 文明化を広げる. **hú·man·iz·er** *n.* 〖(1603) □ F *humaniser*: ⇨ human, -ize〗

húman·kìnd *n.* [単数または複数扱い] 人類, 人間 (mankind). 〖*c*1645〗

hú·man·ly *adv.* **1** 人間として, 人間的に; 人間らしく (弱点をもっていて); 人情から. **2** 人間的見地[視点]から; 人間的能力の範囲内で, 人力で: It is not ～ possible. それは人間の力では不可能だ (cf. *Matt.* 19: 26) / It is ～ probable. 人間の判断ではそうらしく思われる / ～ speaking 人間の立場でいえば. 〖(*a*1500): ⇨ -ly¹〗

húman náture *n.* **1** 人間性, 人性, 人情 (humanity). **2** 〖社会学〗人間性 (人間の本質的諸特性の総称). 〖(*a*1398) *nature humayne* □ OF *nature humaine*〗

hú·man·ness *n.* 人であること, 人間性[味]. 〖(1727): ⇨ -ness〗

hu·man·oid /hjú:mənɔ̀ɪd, jú:- | hjú:-/ *adj.* (形態・行動などが類人猿などに比べて)人間そっくりの: ～ behavior 人間類似の行動. ― *n.* **1** ヒト[人間]類似の生物. **2** (SF 小説などに登場する)人型ロボット. 〖(1918) ← HUMAN＋-OID〗

húman poténtials mòvement *n.* 人間潜在能力回復運動 (集団訓練・指導によって自尊心や対人関係を高めようとする社会運動).

húman ráce *n.* [the ～] 人類 (mankind). 〖1804〗

húman relátions *n. pl.* [通例単数扱い] 人間関係; 人間関係論, ヒューマンリレーションズ (特に産業組織の中で, 技術上または制度上生じる関係ではなく, 当事者の直接的接触によって生じる自然発生的な人格的関係を意味する; こういう関係が産業の生産性を左右することが注目され研究されるようになった; 略 HR). 〖1916〗

húman resóurces *n. pl.* 人的資源, 人材; (企業などの)人事管理部門, 人事部[課]. 〖1961〗

húman ríghts *n. pl.* (基本的)人権 (言論・職業・教育など). 〖1791〗

húman sérvices *n. pl.* 福祉事業[施設].

húman shíeld *n.* 人間の盾 (敵の攻撃を阻止するために抑留・配置された捕虜・人質など).

húman T-cèll lýmphotrópic vìrus /-tí:sèl-/ *n.* ヒト T 細胞白血病ウイルス (略 HTLV).

hu·ma·num est er·ra·re /hju:méɪnəmɛstɛréəri, -má:- | -réəri/ *L.* 過ちを犯すのは人間的なことである (to err is human).

hu·mate /hjú:meɪt/ *n.* 〖化学〗フミン酸塩. 〖(1844) ← HUM(IC)＋-ATE¹〗

Hu·ma·yun /hu:má:ju:n/ *n.* フマーユーン (1508–56; インドの Mogul 帝国の皇帝 (1530–55)).

Hum·ber /hʌ́mbə | -bə(r)/ *n.* [the ～] ハンバー(川) (イングランド東部の Trent 川と Ouse 川とが合流した部分 (60 km)). 〖OE *Humbre* 《原義》the good stream ← OCelt. *Sumbr- ← *su- (OIr. *so-, su-* / OWelsh *hu-*) good, well＋*mbro-, *mbrā- water, river〗

Hum·ber·side /hʌ́mbəsàɪd | -bə-/ *n.* ハンバーサイド (イングランド北東部の州; 1974 年に新設, 旧 Yorkshire 州南東部と旧 Lincolnshire 州北部とから成る; 面積 3,512 km^2, 州都 (Kingston-upon-) Hull). 〖⇨ ↑, side〗

Hum·bert /hʌ́mbət | -bət/ *n.* ハンバート (男性名). 〖□ OHG *Humberct* ← *huni* ? giant＋*berhta* 'BRIGHT'〗

Humbert I *n.* ＝Umberto I.

Humbert II *n.* ＝Umberto II.

hum·ble /hʌ́mbl̩, ʌ́m- | hʌ́m-/ ★ /ʌ́mbl̩/ の発音は特に南部で多い. *adj.* (**hum·bler; -blest**) **1** 謙遜な, 謙

H

虚な, 高ぶらない; 謙虚な気持ちの表れた, つつましい, 控え目な: a ～ attitude 謙虚な態度 / a ～ request 控え目な要求 / a ～ smile つつましい微笑 / be ～ in one's behavior 控え目にふるまう. **2 a** (身分などの)卑しい (lowly): a person of ～ origin [birth] 生まれの卑しい人. **b** (卑下して)つまらない, 取るに足りない (insignificant): a ～ occupation 卑しい職業 / in my ～ opinion 卑見[私見]によれば / your (most) ～ servant 敬具《昔の公用手紙の結び文句》; 《戯言》 =I, me. **c** 質素な; みすぼらしい, 粗末な (shabby, mean); わずかな (scanty): a ～ cottage みすぼらしい家 / ～ fare 粗末な食べ物. **3** 〈物が〉小さな; 下等な: I prefer a ～*r* yacht. もっと小さなヨットのほうがいい.
— *vt.* **1** 〈人を〉卑しめる, 〈人〉の品位を落とす. **2** …の高慢の鼻を折る; 謙虚にする (⇨ degrade SYN): ～ the proud / ～ oneself 謙遜する, かしこまる. **3** 〈条件・ランク・地位などを〉落とす.
húm·bler /-blə, -blə | -blə(r, -bl-/ *n.* **～·ness** *n.* 〘(*c*1275) □ OF (*h*)*umble* (F ～) □ L *humilem* (nom. *humilis*) low, 《原義》 on the ground ← *humus* ground ← IE **(dh)ghomo-* (⇨ human)〙

SYN 謙遜な: **humble** おごりたかぶらず慎ましやかな《ときに卑屈で自尊心がないという悪い意味になる》: a *humble* attitude 謙遜な態度. **lowly** 《古風》 =*humble*: answer in *lowly* terms へり下った言葉で答える. **meek** 〈人や態度が〉おとなしく不平を言わない: a *meek* and quiet man おとなしく物静かな人. **modest** 《よい意味で》気取り・うぬぼれなどがない: *modest* behavior 慎み深い態度.
ANT proud, conceited, insolent.

H

humble-bee /hʌ́mblbìː/ *n.* 《英》 〘昆虫〙 マルハナバチ (⇨ bumblebee). 〘(*c*1450) *humbulbee* □ ? MLG *hummelbē* ← *hummel* humble-bee (cog. Du. *hommel* / G *Hummel*)+*bē* 'BEE[1]'〙
húmble píe *n.* **1** 屈辱 (humiliation), 屈従 (submission). **2** 《廃》 (狩猟後従者たちに与えた)鹿の臓物のパイ. ***éat húmble pìe*** 甘んじて屈辱を受ける; 平謝りに謝る. (1830) 〘(1648) 《変形》 ← 《古形》 *umble pie*: ⇨ numbles, umbles〙
húmble plànt *n.* 〘植物〙 =sensitive plant 1. 〘1664〙
húm·bling /-blɪŋ, -bl-/ *adj.* みじめな, 屈辱的な.
húm·bly /-bli/ *adv.* **1** 謙遜して, へりくだって, 恐れ入って. **2** 卑しく, みすぼらしく; 下級らしく. 〘(*c*1380): ⇨ -ly[1]〙
Hum·boldt /hʌ́mboult | -bəult/ *n.* [the ～] ハンボルト(川) 《米国 Nevada 州北部を西流して Rye Patch Reservoir に流入する (467 km)》.
Hum·boldt /hʌ́mboult, húm- | -bəult; *G.* húmbɔlt/, **Friedrich Heinrich Alexander,** Baron **von** *n.* フンボルト 《1769-1859; ドイツの自然科学者・探検家・政治家・著述家》.
Humboldt, Karl Wilhelm, Baron **von** *n.* フンボルト 《1767-1835; ドイツの言語学者・政治家; F. H. A. Humboldt の兄》.
Húm·boldt Báy /hʌ́mboult- | -bəult-/ *n.* ハンボルト湾 《米国 California 州北西部の入江; 同市に臨んで Eureka 市がある》.
Húmboldt Cúrrent *n.* [the ～] フンボルト海流 《Peru Current の別名》. 〘← *F. H. A. Humboldt*: 彼が最初にそれを図表にしたことによる〙
Húmboldt Láke [Sínk] *n.* ハンボルト湖 《米国 Nevada 州西部にある間欠的にできる湖; 流出河川がない》.
hum·buck·er /hʌ́mbʌkə | -kə(r/ *n.* (ギターの)二重コイルピックアップ.
hum·bug /hʌ́mbʌg/ *n.* **1** 虚偽(性), 詐欺(性); 詐欺行為, ぺてん, ごまかし (hoax, fraud). **2** 大うそ; たわごと (nonsense), 空世辞, おべっか (blarney). **3** ぺてん師, 詐欺師, 山師 (impostor). **4** 《英》 はっか入りの堅いキャンディー. **—** *v.* (**hum·bugged; -bug·ging**) **—** *vt.* **1** だます, 一杯食わせる (deceive). **2** だまして…させる (cajole) 〔*into*〕, だまして(…を)奪う 〔*out of*〕: ～ a person *into* buying rubbish 人をだましてつまらない物を買わせる / ～ a person *out of* his money 人をだまして金を奪う.
— *vi.* だます, 詐欺[ぺてん]を働く 〔*about*〕. **—** *int.* ばかな, くだらない (nonsense). **húm·bug·ger** *n.* 〘(1751) ← ?: 18 世紀の俗語から: ⇨ hum[2]〙
hum·bug·ger·y /hʌ́mbʌgəri/ *n.* ぺてん, 詐欺, ごまかし. 〘(1831): ⇨ ↑, -ery〙
hum·ding·er /hʌ́mdíŋə | -ŋə(r/ *n.* **1** 《俗》 すばらしい人[もの], 高級品; 「驚き」 (marvel). **2** 〘電子工学〙 ハム消去回路 《真空管のヒーター電位を適当に設定してハムを最小にするための分圧回路》. 〘(1904)?〙
hum·drum /hʌ́mdrʌm/ *adj.* 平凡な, 月並みな, くだらない (commonplace); 単調な (monotonous); 退屈な (dull): live a ～ life 単調な生活を送る. **—** *n.* **1** 平凡; 単調; 退屈. **2** 退屈な話; 決まりきった仕事, 日課. **3** 退屈させる人. **—** *vi.* 日々つつがなく暮らす, 平凡にやっていく. **～·ness** *n.* 〘(1553) 《加重》 ← HUM[1] (v.): DRUM[1] と連想?〙
Hume /hjúːm, júːm | hjúːm/, **David** *n.* ヒューム 《1711-76; スコットランドの哲学者・歴史家・政治家; *A Treatise of Human Nature* (1739-40), *An Inquiry concerning the Principles of Morals* (1751), *A History of Great Britain* (1754-61)》.
Hume, (George) Basil *n.* ヒューム 《1923-99; 英国のベネディクト会修道士; 枢機卿および Westminster 大司教 (1976-99)》.
Hume, John *n.* ヒューム 《1937- ; 北アイルランドの政治家; Nobel 平和賞 (1998)》.

Hum·ean /hjúːmiən, júː- | hjúː-/ *adj.* **1** ヒューム (David Hume) 的な, ヒューム(哲学)の. **2** ヒューム主義者.
hu·mec·tant /hjuːméktənt, juː- | hjuː-/ *n.* 〘医学〙 湿潤[希釈]剤 《化粧品・たばこなどに使用》. **—** *adj.* 湿らす; 湿気を与える, 湿潤(性)の. 〘(1659) □ L (*h*)*ūmectantem* (pres.p.) ← (*h*)*ūmectāre* to moisten〙
hu·mec·ta·tion /hjùːmɛktéɪʃən, jùː- | hjùː-/ *n.* 《古》 **1** 湿らすこと. **2** 湿潤. 〘(?*a*1425) □ (O)F ～ // L (*h*)*ūmectātiō(n-)* a moistening ← (*h*)*ūmēre* to be moist〙
hu·mer·al /hjúːmərəl, júː- | hjúː-/ *adj.* **1** 肩の. **2** 〘解剖・動物〙 上腕[上膊(じょうはく)](部)の. **—** *n.* 〘教会〙 =humeral veil. 〘(1615) ← NL *humerālis*: ⇨ humerus, -al[1]〙
húmeral véil *n.* 〘教会〙 ヒュメラルベール, 肩かけ 《カトリックの司祭がミサで用いる肩衣(かたぎぬ)》. 〘1853〙
hu·mer·us /hjúːmərəs, júː- | hjúː-/ *n.* (*pl.* **hu·mer·i** /-ràɪ/) 〘解剖・動物〙 上腕[上膊(じょうはく)]骨 (⇨ skeleton 挿絵); (上腕に相当する)獣類の前脚[鳥の翼の骨] (brachium). 〘(1706) □ L (*h*)*umerus* shoulder ← IE **omeso-* shoulder (Gk *ômos*)〙
Húme's láw *n.* ヒュームの法則 《評価的言説は純粋に事実的前提からは導くことができないとする David Hume の説》.
hu·met /hjuːmét/ *n.* 〘紋章〙 fess の両端が盾の両側から離れて描かれたもの. 〘(1572) □ OF **heaumet* (dim.) ← *heaume* tiller of a rudder: ⇨ -et〙
hu·met·ty /hjuːméti | -ti/ *adj.* (*also* **hu·met·tée** /hjùːmɛtéɪ, ⌐⌐⌐/) 〘紋章〙 =couped 1. 〘(1572): ⇨ ↑, -y[3]〙
Hum·ian /hjúːmiən, júː- | hjúː-/ *adj.* =Humean.
hu·mic /hjúːmɪk, júː- | hjúː-/ *adj.* 〘化学〙 有機物の[から成る]; 腐植土の, 腐植土から採った. 〘(1844) ← L *humus* the earth, ground, +-IC[1]〙
húmic ácid *n.* 〘化学〙 フミン酸, 腐植酸 《土壌・石炭中にあるアルカリに可溶, 酸に不溶の無定形酸性有機質》. 〘1844〙
hu·mid /hjúːmɪ̀d, júː- | hjúːmɪd/ *adj.* 湿気のある, 湿っぽい (⇨ wet SYN): a ～ climate 湿潤な気候.
～·ly *adv.* **～·ness** *n.* 〘(*a*1400) □ (O)F *humide* // L (*h*)*ūmidus* ← (*h*)*ūmēre* to be moist ← IE **wegw-* wet (Gk *hugrós*): ⇨ -id[4]: 語頭の *h-* は L *humus* earth との連想〙
hu·mid·i·fi·ca·tion /hjuːmɪ̀dəfɪ̀kéɪʃən, juː- | hjuːmɪ̀dɪfɪ-/ *n.* 給湿, 加湿. 〘(1890) ← HUMIDIFY+-FICATION〙
hu·míd·i·fì·er *n.* **1** 加湿器, 給湿機. **2** (たばこ工場などの)湿度調節係. 〘(1884): ⇨ ↓, -er[1]〙
hu·mid·i·fy /hjuːmídəfàɪ, juː- | hjuːmídɪ-/ *vt.* 湿らせる, ぬらす, 給湿[加湿]する (moisten). 〘(1885) ← HUMID+-FY〙
hu·mid·i·stat /hjuːmídəstæ̀t, juː- | hjuːmídɪ-/ *n.* 恒湿器, 調湿器 《湿度を自動的に調節する器具》. 〘(1909) ← HUMID+-I-+-STAT〙
hu·mid·i·ty /hjuːmídəti, juː- | hjuːmídɪti/ *n.* **1** 湿気, 湿り気 (dampness). **2** 〘気象〙 湿度: ⇨ relative humidity. 〘(1392) □ (O)F *humidité* // L *hūmiditātem*: ⇨ humid, -ity〙
hu·mi·dor /hjúːmədɔ̀ə, júː- | hjúːmɪdɔ̀ː(r/ *n.* **1** (適当な湿度を与える)たばこ貯蔵室[箱], 葉巻ケース. **2** 適湿貯蔵室[設備]. 〘(1903) ← HUMID+-OR[2]〙
hu·mi·fi·ca·tion /hjùːməfɪkéɪʃən, jùː- | hjùːmɪfɪ-/ *n.* 腐植化 (cf. humus[1]). 〘(1897) ← NL *humus* (⇨ humus[1])+-IFICATION〙
hú·mi·fied *adj.* 腐植化した. 〘(1906) ← NL *humus* (⇨ humus[1])+-*ified* (⇨ -i-, -fy, -ed 1)〙
hu·mi·fy /hjúːməfàɪ, juː- | hjúːmɪ-/ *vt., vi.* 腐植化する. 〘(1906): ⇨ humus[1], -fy〙
hu·mil·i·ate /hjuːmílièɪt, juː- | hjuː-/ *vt.* 〈人〉の自尊心を傷つける, …に恥をかかせる, 屈辱を与える (mortify) (⇨ degrade SYN): ～ oneself 面目を失う, 恥をかく / He felt ～*d*. 恥ずかしい思いをした. **hu·míl·i·à·tor** /-tə | -tə(r/ *n.* **hu·míl·i·à·tive** /-lièɪtɪv | -liət-/ *adj.*
hu·míl·i·a·to·ry /-liətɔ̀ːri | -liətəri/ *adj.* 〘(1533-34) ← L *humiliātus* (p.p.) ← *humiliāre* to humble ← *humilis* on the ground, low: ⇨ humble, -ate[3]〙
hu·míl·i·àt·ed /-tɪ̀d | -tɪd/ *adj.* 恥をかいた, 屈辱を受けた (⇨ ashamed SYN).
hu·mil·i·at·ing /hjuːmílièɪtɪŋ, juː- | hjuːmílieɪt-/ *adj.* 屈辱的な, 不面目な: ～ concessions [peace terms] 屈辱的な譲歩[講和条件]. **～·ly** *adv.* 〘(1757): ⇨ -ing[2]〙
hu·mil·i·a·tion /hjuːmìliéɪʃən, juː- | hjuːmìl-, hjùːmɪl-/ *n.* **1** 恥をかかせること, 辱めること, やり込めること. **2** 屈辱, 屈服, 屈従; 恥, 不面目. 〘(*c*1390) □ (O)F ～ // L *humiliātiō(n-)* ← *humiliāre* 'to HUMILIATE': ⇨ -ation〙
hu·mi·lis /hjúːməlɪ̀s, júː- | hjúːmɪlɪs/ *adj.* 〘気象〙 〈雲が〉偏平な, 偏平雲の. 〘← NL ～ ← L ～: ⇨ humble〙
hu·mil·i·ty /hjuːmíləti | huːmílɪti/ *n.* **1** 謙遜, 卑下. **2** [*pl.*] 謙遜な行為. 〘(?*a*1300) *humilite* □ (O)F *humilité* < L *humilitātem*: ⇨ humble, -ity〙
hu·mint /hjúːmɪnt/ *n.* スパイによる情報収集[諜報活動] (cf. elint, sigint). 〘(1977) 《短縮》 hum(an) int(elligence)〙
Hum·ism /hjúːmɪzm, júːm- | hjúːm-/ *n.* 〘哲学〙 ヒューム哲学(説) 《特に因果関係や外界存在に対する Hume の認識論上の懐疑主義的傾向をいう》. 〘(1858) ← *David Hume*+-ISM〙

hu·mi·ture /hjúːmətʃə, -tʃùə | -mɪ̀tʃə(r/ *n.* 〘気象〙 温湿[不快]指数 (⇨ THI). 〘《短縮》 humi(dity) (tempera)ture〙
hum·mel /hʌ́məl, -ml̩/ *adj.* 《スコット》 **1** 〈牛・鹿が〉角(つの)なしの, 無角(種)の (hornless). **2** 〈麦など〉のぎのない (awnless). 〘(1474) ← ?: cf. LG *hommel* hornless beast〙
Hum·mel /húməl, -ml̩; *G.* húml/, **Johann Ne·po·muk** /népomuk/ *n.* フンメル 《1778-1837; オーストリアの作曲家・ピアニスト》.
húm·mer *n.* **1 a** ぶんぶん[ふんふん]いうもの[人], 鼻歌を歌う人. **b** 〘鳥類〙 =hummingbird. **2** 《俗》 すばらしいもの (humdinger). **3** 《米俗》 ただでもらえるもの. 〘(1605) ← HUM[1] (v.)+-ER[1]〙
hum·ming /hʌ́mɪŋ/ *adj.* **1** ぶんぶんいう, ぶんぶんうなる; 鼻歌を歌う: a ～ sound. **2** 《口語》 精力のある, 活発な, 元気な (brisk, spirited): a ～ knock on the head 頭へきた強い一撃 / Business is ～. 商売は活気づいている.
— *n.* **1** ぶんぶんいう音: There rose the ～ of innumerable insects. 数知れぬ虫の音(ね)[羽音]がし始めた. **2** 鼻歌(を歌うこと), ハミング. **～·ly** *adv.* 〘(1440) ← HUM[1] (v.)+-ING[1,2]〙
húmming·bìrd *n.* 〘鳥類〙 ハチドリ 《アメリカ産のハチドリ科の小鳥の総称; cf. saberwing, racketail》. 〘1637〙

hummingbird

húmmingbird mòth *n.* 〘昆虫〙 スズメガ (hawkmoth) 《スズメガ科のガのうち特に昼飛性のホウジャク類を指す》. 〘cf. *humming-bird hawk-moth* (1819)〙
húmming-tòp *n.* うなりごま, 鳴りごま 《おもちゃ》. 〘1819〙
hum·mock /hʌ́mək, -mɪk | -mək/ *n.* **1** 丘, 小山 (hillock); 高まった土地. **2** (氷原上の)氷の丘; 波浪状の氷堆(ひょうたい)石の丘. **3** =hammock[2] 2. 〘(1555) ← ?: もと海事語: cf. hummel〙
hum·mock·y /hʌ́məki, -mɪ- | -mə-/ *adj.* hummock のような[多い]. 〘(1766): ⇨ ↑, -y[4]〙
hum·mus /hʌ́məs, húm- | húməs, hʌ́m-, -məs/ *n.* 〘料理〙 ホムス 《ヒヨコマメを裏ごししてペースト状にした中東料理; ピータ (pita) に塗って食べる》. 〘1955〙
hu·mon·gous /hjuːmʌ́ŋgəs, -mɑ́(ː)ŋ- | -mʌ́ŋ-, -mɔ́ŋ-/ *adj.* 《米俗》 異常に大きい, とてつもなく巨大な; すげえ, ひどい, とんでもねえ. 〘(1967) ← ? HUGE+MONSTROUS〙
hu·mor, 《英》 **hu·mour** /hjúːmə, júː- | hjúːmə(r/ *n.* **1 a** おかしいこと, おかしい点; 滑稽, おかしみ, 上品なしゃれ, ユーモア (jocularity, comicality) (⇨ wit[1] SYN): dry ～ まじめな顔をして言うユーモア / wry ～ 皮肉なユーモア / a sense of ～ ユーモアのセンス / ⇨ black humor /Where's the ～ in that? それのどこにユーモアがあるのですか. **b** ユーモアを解すること. **c** ユーモアに富んだ言葉[文章]. **2 a** (一時的な)気分, 気持ち, 機嫌 (⇨ mood[1] SYN): in (a) good [(an) ill] ～ 上[不]機嫌で / be in a ～ *to* work 仕事をする気になっている / be in no ～ *for* …に対して気乗りがしない / in a sulky ～ 不機嫌に[で] / please a person's ～ 人の機嫌を取る/ put a person in [into] a bad[good] ～ 人を不機嫌[上機嫌]にさせる / Every man has his ～. 《諺》 人の気持ちはさまざま, 「十人十色」, 「蓼(たで)食う虫も好き好き」. **b** 急に起こる気持ち, わけのわからない気持ち, 気まぐれ, むら気 (whim, caprice): when the ～ takes me 気が向くと. **c** [*pl.*] とっぴな行為, 奇行. **3** (持ち前の)気質, 気性 (temperament, disposition): a person of sanguine [cheerful] ～ 楽天的な[明るい]気質の人, 楽天家 / ⇨ COMEDY of humors. **4** 《廃》 湿気 (moisture). **5** 〘古生理〙 体液: the cardinal ～*s* 四体液 《blood, phlegm (粘液), yellow bile [choler] ((黄)胆汁), black bile [melancholy] (黒胆汁)の四つで昔はこれらの体液の配合の具合で人の体質や性質が定まると考えられた》. **6** 〘生物〙 (動植物体内の種々の機能を果たす)液体 《血液・リンパ液・胆汁・樹液など; cf. juice 2》: crystalline ～ (眼球の)水晶体 《aqueous humor および vitreous humor より密度が高い》. **7** 〘生理〙 (活動力を促す, ホルモンなどの)分泌物. **8** 〘病理〙 (血液の病的状態によって起こる)吹出物.
òut of húmor 不機嫌で (displeased), 怒って. (1660)
— *vt.* **1** 〈人・趣味・気質などを〉満足させる (gratify); あやす, うまくあしらう, 〈人〉の機嫌を取る (⇨ indulge SYN): ～ a child 子供をあやす / A nurse must ～ patients. 看護婦は病人の機嫌を取らなければならない / I know you don't like the idea, but just ～ me this once. 君がこの考えが気に入らないことはわかっているが今度だけは私に合わせてくれたまえ. **2** (無理をしないで)うまく扱う, うまくこなす, …に融通をきかせる: You can't force the lock, you have to ～ it. 錠前は力ずくではいうことをきかない, うまく調子を合わせていかなければいけない.
～·ful /-fəl, -fl̩/ *adj.* 〘(1340) □ OF (*h*)*umor* (F *humeur*) □ L (*h*)*ūmor* moisture ← (*h*)*ūmēre* to be moist ← IE **wegw-* wet: ⇨ humid, -or[1]〙
hu·mor·al /hjúːmərəl, júː- | hjúː-/ *adj.* **1** 〘生理〙 体液の (cf. humor 7). **2** 《古》 〘医学〙 液体[体液] (humor) の, 体液から起こる: ～ pathology 体液病理学. 〘(?*a*1425) □ (O)F ～: ⇨ humor, -al[1]〙
húmoral immúnity *n.* 〘免疫〙 体液性免疫 (antibody-mediated immunity).
hú·mored *adj.* [複合語の第 2 構成要素として] 機嫌が…の, …の機嫌の: good-*humored* 上機嫌な / ill-*humored*

機嫌の悪い. **～·ly** *adv.* 〖⇨ humor (n.), -ed 2〗

hu·mor·esque /hjùːmərέsk, jùː- | hjùː-/ *n.* 〖音楽〗ユーモレスク《楽想が気まぐれに変化する曲; cf. capriccio 3》. 〖《1889》□ G *Humoreske*: ⇨ humor, -esque〗

hú·mor·ist /-mər̩ɪst | -rɪst/ *n.* **1** 滑稽な人, ひょうきん者 (wag). **2** ユーモアの感覚[センス]をそなえた人, 諧謔(かいぎゃく)家; しゃれのうまい人. **3** ユーモア作家[俳優]. **4** 《廃》気まぐれな人, むら気な人. ★《英》でも humorist が普通で humourist は《まれ》. 〖《1589》□ F *humoriste*: ⇨ humor, -ist〗

hu·mor·is·tic /hjùːmərístɪk, jùː- | hjùː-⌐/ *adj.* = humorous. 〖1818〗

húmor·less *adj.* 滑稽味[ユーモア]のない; 面白くない, しゃれのない; くそまじめな. **～·ly** *adv.* **～·ness** *n.* 〖《1847》: ⇨ -less〗

hu·mor·ous /hjúːmərəs, júː- | hjúː-/ *adj.* **1** 滑稽味のある, ユーモアに富んだ, ユーモラスな (⇨funny, witty SYN); おどけた, ひょうきんな (jocular, funny): a ～ writer [essay] ユーモアに富んだ作家[随筆] / a ～ look おどけた目つき / a woman with ～ wrinkles around her eyes おかしそうに目尻に笑いじわを寄せた女性 / a ～ situation 滑稽な状況. **2** 《まれ》気まぐれな, 移り気な (capricious). **3** 《廃》**a** 液体の (humoral). **b** 湿った, ぬれた. **～·ly** *adv.* **～·ness** *n.* 〖《?*a*1425》□ LL *hūmōrōsus* moist: ⇨ humor, -ous〗

hu·mor·some /hjúːməsəm, júː- | hjúːmə-/ *adj.* 気の変わりやすい (capricious), 気まぐれな (whimsical); 怒りっぽい. **～·ness** *n.* 〖《1656》← HUMOR＋-SOME[1]〗

humour /hjúːmə, júː- | hjúːmə(r)/ *n.*, *vt.* 《英》= humor.

hu·mous /hjúːməs, júː- | hjúː-/ *adj.* 腐植質の, 腐植土の, 腐葉土の. 〖《1866》: ⇨ humus[1], -ous〗

hump /hʌ́mp/ *n.* **1 a** (せむし (humpback) の背の)こぶ (hunch). **b** (らくだ・野牛 (bison)・鯨などの)背こぶ: a camel with two ～s こぶが二つあるらくだ. **c** 《豪俗》荷物を背負った放浪[ハイク], ハンプ. **2 a** 円丘 (hillock, mound). **b** 《米》(越えなければならない)山脈, 山, 「こぶ」: the *Hump* ヒマラヤ山脈《第二次大戦で航空兵が用いたあだ名》/ fly over the ～ from France to Spain フランスからスペインへ「こぶ」[ピレネー山脈]を越えて飛ぶ. **c** 《俗》〖航空〗ハンプ《水上機の離水滑走の末期に遭遇する水抵抗の山》. **3** 危機, 山場, 峠, 危篤; (試験などの)難関. **4** [the ～] 《英口語》ゆううつ, かんしゃく: get [have, take] *the* ～ かんしゃくを起こす / It gives me *the* ～. しゃくにさわる. **5** 〖鉄道〗ハンプ《貨車操車場に設けた小さい丘. 貨車をこれに押し上げ, その頂上から自走させて仕分ける》. **6** 〖生理〗《脳波など》曲線のこぶ, 瘤波. **7** 《卑》**a** 性交. **b** (性交相手の)女性.

búst one's húmp 《米俗》必死で頑張る. ***gèt a húmp òn*** 《米口語》急ぐ (hurry); てきぱきやる. 《1892》 ***live on one's húmp*** 自給自足の生活をする, 自活する《らくだは水に不自由すると背のこぶの中に蓄えた栄養で生きていくということから》《1909》 ***òver the húmp*** 《口語》峠を越して[た], 危機を脱した, うまく滑り出して (cf. n. 3). 《1914》

— *vt.* **1** 〈背を〉丸くする, 猫背にする (hunch): ～ *up* the back. **2** [～ oneself で] 《米俗》努力する (exert oneself). **3** 《豪・英俗》背負う, 担う (shoulder); 〈荷物を〉運ぶ. **4** 《卑》…と性交する. **5** 〖鉄道〗ハンプを用いて〈貨車を〉仕分ける. **— *vi.*** **1** 丸くなる; 丸く[丘状に]盛り上がる, 円丘を成す. **2** 《米俗》**a** 努力する. **b** 急ぐ; 突っ走る. **3** 《卑》〔…と〕性交する〔*with*〕.

húmp (*one's* [*the*]) ***bluey*** [***swág***] 《豪俗》〈浮浪者などが〉手回品(の包み)を背負う; 旅に出る, 放浪する. 《1853》

～·like *adj.* 〖《1708》《逆成》? ← HUMPBACKED // □ ? LG *humpe* thick piece〗

húmp·bàck *n.* **1 a** 背こぶ, 猫背. **b** = hunchback. **2 a** 〖動物〗= humpback whale. **b** 〖魚類〗= humpback salmon. 〖《1697》《逆成》← HUMPBACKED〗

húmpback brìdge *n.* = hump bridge.

húmp·bácked *adj.* **1** せむしの. **2** 曲がった, 太鼓[かまぼこ]形の. 〖《1681》《混成》? ← *crump* 《廃》crooked＋HUNCHBACKED〗

húmpbacked brídge *n.* 《英》= hump bridge.

húmpback sálmon *n.* 〖魚類〗カラフトマス, セッパリマス (*Oncorhynchus gorbuscha*)《産卵期の雄は背中が盛り上がっていることによる; pink salmon ともいう》. 〖1869〗

húmpback whále *n.* 〖動物〗ザトウクジラ (*Megaptera novaeangliae*)《ナガスクジラ科の大形のクジラ; 背中にこぶがある》. 〖1725〗

húmp brìdge *n.* 太鼓橋.

humped /hʌ́m(p)t/ *adj.* **1** 〈動物など〉こぶ[隆肉]のある. **2** 猫背の, 背の曲がった (humpbacked). 〖《1713》: ⇨ -ed 2〗

húmped cáttle *n.* 〖畜産〗コビトコブウシ《インドコブウシ (*Bos indicus*) の改良種で肩に脂肪のこぶがある小形の畜牛》.

Hum·per·dinck /hʌ́mpədɪŋk, hʊ́m- | -pə-; G. hʊ́mpɐdɪŋk/, **Engelbert** *n.* フンパーディンク《1854–1921; ドイツの作曲家; 歌劇 *Hänsel und Gretel*「ヘンゼルとグレーテル」(1893)》.

humph /m̩m, m̩m̩m, hə̃h/ ★ 実際の発音は「フーム」のような感じ. 単語として読むときには /hʌ́mp/ と発音する. *int.*, *n.* ふふん(という声), ふん《疑い・軽蔑・不満を表す》. **—** /hʌ́mf/ *vi.* ふふんと言う. **— *vt.*** (ふふんと不満げに)…を言う. 〖《1603》: 擬音語〗

Hum·phrey[1] /hʌ́mfri/ *n.* ハンフリー《男性名》. 〖OE *Hunfrið* ← ? Gmc *χūni- strength＋OE *friðu* peace (cf. free)〗

Hum·phrey[2] /hʌ́mfri/ *n.* ハンフリー《1391–1447; 英国王 Henry 四世の末子; 称号 Duke of Gloucester; Henry 六世の幼時の摂政; "the Good Duke" といわれた: ⇨ DINE *with Duke Humphrey*》.

Humphrey, Hubert H(oratio) *n.* ハンフリー《1911–78; 米国の政治家; 副大統領 (1965–69)》.

Húm·phreys Péak /hʌ́mfriz-/ *n.* ハンフリーズピーク山《米国 Arizona 州の最高峰 (3,851 m)》.

húmp·less *adj.* こぶのない. 〖《1868》: ⇨ -less〗

húmp spèed *n.* 〖航空〗ハンプ速度《水上機が離水するとき水の抵抗が最大になるときの速度》. 〖1915〗

hump·ty /hʌ́m(p)ti/ *n.* 《英》ざぶとん状の低い腰掛け. 〖《1924》↓〗

Hump·ty Dump·ty, h- d- /hʌ́m(p)tidʌ́m(p)ti/ *n.* **1** ハンプティダンプティ, ずんぐりむっくり《英国の伝承童謡の主人公; 塀から落ちて割れてしまう卵の擬人化》: ～ sat on a wall, / ～ had a great fall; / All the King's horses and all the King's men / Couldn't put Humpty together again. **2** 《英》**a** ずんぐりした人. **b** 一度壊れる[倒される]と元に戻れないもの[人]. **3** 〖Lewis Carroll の *Through the Looking-Glass* 中の人物名から〗言葉の意味を自分勝手に変えてしまう人: in ～ fashion 勝手気ままな意味に. 〖《1698》《異化加重》← *humpty* (← ? HUMP ＋-ED 2＋-Y[4]): cf. dumpy[1]〗

Humpty Dumpty 1

hump·y[1] /hʌ́mpi/ *adj.* (**hump·i·er; -i·est**) **1 a** こぶ[隆肉, 突起]のある; 猫背の. **b** こぶだらけの. **2** こぶに似た, こぶのような. **3** 《英口語》怒った, 不機嫌な. 〖《1708》← HUMP＋-Y[4]〗

hum·py[2] /hʌ́mpi/ *n.* 《豪》先住民の小屋; 小屋 (hut). 〖《1873》□ Austral. 《現地語》*oompi*〗

húmp yàrd *n.* 〖鉄道〗ハンプ操車場《斜面を利用して, 車両の重力により入替えする操車場》.

Hums /hʊ́ms/ *n.* = Homs.

húm tòne *n.* 〖鳴鐘法〗ハムトーン《strike tone より 1 オクターブ低い音》.

hu·mu·hu·mu·nu·ku·nu·ku·a·pu·a·a /hùːməhúːmənùːkənúːkəàːpuáːɑː/ *n.* 〖魚類〗Hawaii 産の小形のモンガラカワハギ; (特に)ムラサメモンガラ (*Rhinecanthus aculeatus*). 〖← Hawaiian〗

hu·mu·lone /hjúːmjʊlòʊn, júː- | hjúːmjʊlə̀ʊn/ *n.* (*also* **hu·mu·lon** /-lɑ̀(ː)n | -lɔ̀n/) 〖化学〗フムロン ($C_{21}H_{30}O_5$)《ホップ・樹脂成分の一つ; 苦みあり》. 〖《1916》← NL *Humulus* (属名: ← ML *humulus* hop plant)＋-ONE〗

hu·mun·gous /hjuːmʌ́ŋgəs/ *adj.* = humongous.

hu·mus[1] /hjúːməs, júː- | hjúː-/ *n.* 腐植《土壌中の褐色または黒色の有機質》: ～ soil 腐植土 (cf. leaf mold 1). 〖《1796》□ L ～ 'ground' ← IE *(*dh*)*ghomo-* earth〗

hum·us[2] /hʌ́məs, hʊ́m- | hʊ́mʊs, hʌ́m-, -məs/ *n.* = hummus.

Hum·vee /hʌ́mviː/ *n.* 〖商標〗ハムヴィー《米陸軍のジープに似たディーゼル式軍用車; 高機動多目的装輪車両 (high-mobility multipurpose wheeled vehicle) の略 HMMWV から》. 〖《*c*1975》《混成》← HIGH-MOBILITY ＋MULTI-PURPOSE＋VEHICLE〗

Hun /hʌ́n/ *n.* **1** フン族の人《4–5 世紀に Attila 王に率いられてヨーロッパを侵略したアジアの遊牧民》; 〖中国史〗匈奴(きょうど). **2** 《口語》[しばしば h-] (文化などの)破壊者, 野蛮人 (vandal). **3** 《軽蔑》ドイツ人, (特に)ドイツ兵《第一次および第二次大戦当時用いられた; cf. Jerry[2]》. **～·like** *adj.* 〖OE *Hūne* □ LL *Hunnī* □ Turk. *Hunyū* (原義) ? human being: cf. Chin. Xiongnu (匈奴)〗

Hun. 《略》Hungarian; Hungary.

Hu·nan /hùːnάːn; *Chin.* xúnán/ *n.* 湖南省(フーナン)《中国中南部の省; 面積 210,000 km², 省都長沙 (Changsha)》.

Hu·na·nese /hùːnəníːz, -níːs | -níːz⌐/ *n.* **1** 湖南省人. **2** 湖南語[方言]. 〖《1937》: ⇨ -ese〗

hunch /hʌ́ntʃ/ *n.* **1** 直感 (intuition), 予感, 虫の知らせ: have a ～ that …ではないかという気がする / play [follow, act on] one's [a] ～ 直感[推測, 勘]で行動する. **2** 押し, 突き (shove, push). **3** 〖《逆成》? ← HUNCHBACKED〗**a** (せむしの背の)こぶ (hump). **b** 厚い一切れ; 塊 (lump). **— *vt.*** **1** 〈背などを〉弓なりに曲げる 〈*up*〉: ～ (*up*) the back 背(中)を丸くする / sit ～*ed up* over one's work 体[背]を丸めて仕事をする. **2** 押す, 押しやる, 突く. **— *vi.*** **1 a** 背を曲げる[丸くする], 身をかがめる; 身をかがめて歩く[立つ, 座る]; うずくまる. **b** 〈砂山・寄せ波・背中の上部などが〉弓状[丘状]に盛り上がる. **2** 押し進む, 突進する, 前に乗り出す. 〖v.: 《1581》《変形》← ? 《廃》*hinch* to push ← ?〗

húnch·bàck *n.* **1** せむしの人 (humpback). **2** 〖病理〗(脊柱)後湾(症) (kyphosis). 〖1712〗

húnch·bàcked *adj.* = humpbacked. 〖《1592–93》← ? HUNCH (v.)＋BACKED〗

hunched *adj.* (寒さ・病気で)背中を丸めた[て] 〈*up*〉.

hund. 《略》hundred.

hun·dred /hʌ́ndr̩ɪd, -dəd | -dr̩ɪd/ *n.* (*pl.* **～s, ～**; ⇨ **1** ★) **1** 100 [複数扱い]; 100 個, 100 人; 100 歳, 100 ドル[ポンドなど] (略 H, h., hund.). ★ ラテン語系形容詞: cental; 数詞または数を示す形容詞を伴う場合は複数形の -s をつけない: a [one] ～ = 100 / two ～ = 200 / five ～ and ten, 《米》five ～ ten = 510 / fifteen ～ = 1,500 / ⇨ great hundred, long hundred / some [about a] ～ 約 100 / the ～ and first 101 番 / There are a [one] ～ (of them). (それらのうち) 100 個がある / We sell them by the ～ [in lots of a ～], madam. 奥さん, それは 100 個単位で売ってます / five in a [every] ～ 100 につき 5 [100 分の 5] / live to (be) a ～ 100 歳まで生きる / lend a person a ～ 人に百ドル[ポンド]貸す / a cool ～ 《口語》大枚 100 ドル[ポンド]. **2 a** (アラビア数字の) 100. **b** (ローマ数字で 100 を示す) C の記号. **3** 100 人[個]一組. **4** 《英口語》100 ポンド紙幣; 《米口語》100 ドル紙幣. **5** 多数 (large number) (cf. thousand); [*pl.*] 何百, 幾百: ～*s* of people 何百人 / some [several, many] ～*s* of … 何百もの… / ～*s* of thousands of 幾十万(もの) / It's wonderful: they're selling in ～*s* [《英》in their ～*s*]! すばらしい, それは何百も売れている / He has ～*s* in the bank. 何百ドル[ポンド]も[大金を]銀行に預けている / be counted by ～*s* 何百とある / People came in their ～*s*. 《英》= *Hundreds* of people came. 何百人もの人たちがやってきた. **6 a** [*pl.*] 3 桁(けた)の数[数字]. **b** 〖数学〗(整数では) 100 の位の数[数字] 《例えば 6357 の 3》; (帯小数では)小数点以下第 3 位. **7** [*pl.*; 数字とともに用いて] 世紀: in the early fifteen-*hundreds* 16 世紀初期に. **8** 〖スポーツ〗百ヤード競走. **9 a** 〖英史〗郡, ハンドレッド《アングロサクソン時代の英国で州 (county, shire) の次位にあった行政区画; 元来 tithing が 10 個集まった「百戸村」の意味で独自の裁判所を持ち 19 世紀後半まで存続; 北部では wapentake と呼んだ; cf. Chiltern Hundreds》. **b** 〖米史〗植民地時代の同様の区画《Delaware 州には今も残る》.

a [***one***] ***húndred percént*** (1) [形容詞または副詞的] 100 パーセントの, 完全に[な] (complete(ly)) (cf. hundred-percent). (2) [通例否定構文で] 100 パーセント[完全に]回復した[元気な]. 《1911》 ***a húndred to óne*** (1) ほとんど絶対的に, 十中八九(確実に): It's *a* ～ *to one* it wasn't Walter. ウォルターでなかったことはまず間違いない / The odds are *a* ～ *to one* against (it). 確率は十中八九そうではない. (2) ほとんど見込みのない. 《1647》 ***by*** (***the***) ***húndreds*** = ***by the húndred*** 何百となく, たくさん (cf. 1, 5). ***like a húndred of bricks*** ⇨ brick 成句. ***nìnety-nìne òut of a*** [***évery***] ***húndred*** ⇨ ninety-nine 成句.

húndreds and thóusands 《英》あられ砂糖《菓子などを飾るために振りかける》. 《*c*1830》

— *adj.* **1** 100 の, 100 個の, 100 人の: a ～ people / some [several, many] ～ people / a ～ things / a ～ times 100 度[倍] / 9 ～ hours 午前 9 時 (9.00 a.m.) (⇨ hour 2 b). **2** 多数の, たくさんの: I have a ～ things to do. たくさん仕事がある / not a ～ miles from [off] … ⇨ mile 成句. ***a húndred and óne*** 多数の (cf. *a* THOUSAND *and one*).

〖OE *hundred* ← *hund* hundred (< Gmc *χundam (OHG *hunt*) ← IE *dekm̥ 'TEN')＋-*red* (< Gmc *rap-* number (Goth. *rapjō* ratio) ← IE *ar-* to fit together): cf. art[1]〗

Húndred Dáys *n. pl.* [the ～] **1** 〖フランス史〗(ナポレオンの)百日天下《Elba 島から帰還した日からその没落までの 100 日間, 1815 年 3 月 15 日から 6 月 28 日まで》. **2** 〖米史〗百日議会《1933 年 3 月 9 日から 6 月 16 日までの議会の特別会期; 重要な社会立法が制定されたため Roosevelt 大統領がそう呼んだ》. 〖1827〗

hún·dred·er /-də | -də(r)/ *n.* 〖英史〗**1** 郡 (hundred) の長, 郡長. **2** 郡 (hundred) の住民, 郡民. 〖《(1285)》《1455》: ⇨ -er[1]〗

húndred·fòld *adj.*, *adv.* 百倍の[に], 百重の[に]. **— *n.*** 百倍, 百重: The quantity increased a [an] ～. その量は 100 倍に増えた. ★ 通例 a [《英》an] または one, two … などの数詞がつく. 〖lateOE *hunderfalde*: ⇨ hundred, -fold〗

húndred-percént 《米口語》*adj.* 百パーセントの, 完全な (complete): I can't give you a ～ answer. 100 パーセント満足できるような答えは出せません. **— *adv.*** 100 パーセント, 完全に (entirely): a ～ pure wool ウール 100%. 〖1911〗

húndred-per·cént·er /-tə | -tə(r)/ *n.* 《米》過激な国粋主義者 (jingo); 極端論者 (whole-hogger).

húndred-per·cént·ism /-tɪzm/ *n.* 〖1921〗

hun·dredth /hʌ́ndr̩ɪdθ, -dədθ, -tθ | -dr̩ɪdθ, -tθ/ *adj.* **1** 第 100 の, 100 番目の (100th). **2** 100 分の 1 の. **— *n.*** **1** [the ～] 第 100, 100 番目, 第 100 位. **2** 100 分の 1 (cf. tenth 2): three ～(*s*) 100 分の 3. **3** 〖数学〗小数点以下第 2 位 (hundredth's place ともいう). 〖《*a*1325》: ⇨ hundred, -th[1]〗

húndred·wèight *n.* (*pl.* **～, ～s**; ⇨★) ハンドレッドウェイト《重量単位; 略 cwt》: **a** 《米・カナダ》100 ポンド《= 45.36 kg; net hundredweight, short hundredweight ともいう》. **b** 《英》112 ポンド《= 50.8 kg; long hundredweight ともいう》. **c** = metric hundredweight. ★ 数詞または数を示す形容詞を伴う場合には複数形の -s をつけない. 〖1577〗

Húndred Yéars' Wár *n.* [the ～] 百年戦争《1337–1453 の間に断続的に起こった英仏間の戦争; 英国がフランスに侵入したが, Calais 以外の地から退却した》. 〖1874〗

Hun·e·ker /hʌ́nɪkə | -nɪkə(r)/, **James** (**Gibbons**) *n.* ハネカー《1860–1921; 米国の批評家; *Ivory, Apes, and Peacocks* (1915)》.

hung /hʌ́ŋ/ *v.* hang の過去形・過去分詞. **— *adj.*** **1** 〈議会など〉過半数割れの: ⇨ hung parliament. **2** 解決[結論]に至らない; (事態が)解決できない: ⇨ hung jury. **3** 〖電算〗ハングアップした《動かなくなった》. 〖16C〗

H

Hung. 《略》Hungarian; Hungary.

Hun·gar·i·an /hʌŋgέ(ə)riən | -géər-/ *adj.* **1** ハンガリーの; ハンガリー人の; ハンガリー語の. **2** 《廃》ひもじい, さもしい; 貧しい (hunger との洒落から). — *n.* **1** ハンガリー人, マジャール人 (Magyar); (ハンガリー人でない)ハンガリー語話者. **2** ハンガリー語, マジャール語《ウラル (Uralic) 語族に属するフィン ウゴル (Finno-Ugric) 語派のウゴル諸語のうち唯一の大言語》. 〖(1553) ← HUNGARY＋-IAN〗

hungárian blúe, H- b- *n.* ＝azurite blue.

Hungárian bróme *n.* 〘植物〙＝awnless brome-grass.

Hungárian góulash *n.* 〘料理〙＝goulash.

Hungárian gráss *n.* 〘植物〙＝foxtail millet. 〖1859〗

hungárian gréen, H- g- *n.* ＝malachite green 2.

Hungárian lílac *n.* 〘植物〙中央ヨーロッパ原産モクセイ科のライラックの仲間ですみれ色の花が咲く落葉低木 (*Syringa josikaea*).

Hungárian póinter *n.* ＝vizsla.

Hun·ga·ry /hʌ́ŋgəri/ *n.* ハンガリー《ヨーロッパ中部の共和国; 面積 93,030 km², 首都 Budapest; 公式名 the Republic of Hungary ハンガリー共和国; ハンガリー語名 Magyarország》. 〖(1698) ▫ ML *Hungaria* ← (*H*)*ungari*, *U*(*n*)*gri* (この地方に住む人種名) ← ORuss. *Ugre* (⇨ Ugrian): ⇨ -y¹, -ia¹〗

hun·ger /hʌ́ŋgə | -gə(r)/ *n.* **1** **a** 空腹, ひもじさ: feel ～ 空腹を感じる, ひもじい / *Hunger* is the best sauce. 《諺》空腹にまずい物なし / satisfy one's ～ with …で空腹を満たす. **b** 飢え, 飢餓: die of ～ 餓死する. **c** 《古》飢饉 (famine). **2** 切望, 渇望 (craving): a ～ *for* affection [fame, learning, power] 愛情への渇望[名誉心, 知識欲, 権力欲]. (**strictly**) **from hunger** 《米俗》ひどい, 最低の, 不快な.
— *vi.* **1** 飢える, 空腹を覚える, 腹が減る, ひもじくなる. **2** 切望[熱望, 渇望]する (desire, long) 〔*for*, *after*〕: ～ *for* friends [power] 友[権力]を欲しがる / ～ *after* kindness 温かい親切を渇望する. — *vt.* 《古》 **1** 飢えさせる, …にひもじい思いをさせる. **2** ひもじい思いをさせて…させる 〔*into*, *out of*〕: ～ a person *into* abandonment 飢餓感から自棄的な気持ちにさせる[追い込む].
～·ing·ly /-gərɪŋli/ *adv.* 〖n.: OE *hungor* < Gmc *xuŋʒruz* (Du. *honger* / G *Hunger*) ← IE *kenk- to suffer from hunger or thirst (Gk *kágkanos* dry / Skt *kakat* to be thirsty). — v.: OE *hyngran* ← (n.)〗

hún·gered *adj.* 《古》ひもじい, 空腹な (hungry); 飢えた (starved). 〖(*c*1425): ⇨ -ed〗

hún·ger·ly 《古》*adj.* ひもじい顔をした. — *adv.* がつがつと. 〖(*a*1376): ⇨ hunger, -ly¹·²〗

húnger màrch *n.* 飢餓行進《失業者デモの一種》. 〖1908〗

húnger màrcher *n.* 飢餓行進者. 〖1908〗

húnger-stríke *vi.* (**-struck**) ハンストを行う. 〖1916〗

húnger stríke *n.* ハンガーストライキ, ハンスト《要求貫徹の一手段; しばしば入所中に受刑者が用いる》: go on (a) ～ ハンストに入る. 〖1889〗

húnger stríker *n.* ハンストを行う[に参加する]人. 〖1922〗

húng júry *n.* 〘法律〙陪審員の意見不統一による評決不能. 〖1903〗

Hung·nam /húŋnɑ:m/; *Korean* hwŋnam/ *n.* 興南, フンナム《北朝鮮東部, 日本海沿岸の港市》.

húng·óver *adj.* 二日酔いで.

húng párliament *n.* 《英》与党が過半数の議席に達しない議会. 〖1978〗

hún·gri·ly /-grəli | -grɪ̀li/ *adv.* 飢えて, ひもじそうに, がつがつと; むさぼるように, 熱心に (eagerly): eat ～ / go at [to] it ～ 猛烈にやり始める / look ～ at a steak [woman] 一心にステーキ[女性]を見詰める. 〖(*c*1378): ⇨ ↓, -ly¹〗

hun·gry /hʌ́ŋgri/ *adj.* (**hun·gri·er**; **-gri·est**) **1** **a** 飢えた, 空腹な, ひもじい; ひもじそうな, むさぼる(ような); がつがつした: a ～ child 腹の減った子 / a ～ look ひもじそうな顔つき / (as) ～ as a hawk [hunter, wolf] 非常に腹が減って / feel [be] (very) ～ (非常に)空腹を覚える / go ～ 飢える, 空腹でいる / I used to be a ～ reader. むさぼるように本を読んだものだ. **b** 《古》飢餓の, 飢饉(きん)の. **2** **a** 熱望[渇望]する, あこがれる (eager, yearning) 〔*for*〕: be ～ *for* affection [knowledge, news] 愛情[知識, ニュース]に飢えている / They were ～ only *for* success [power]. 彼らはただもう成功したい[権力を欲しい]一心でうずうずしていた. **b** [しばしば複合語の第 2 構成素として] (…を)欲しがる: a land-*hungry* man 土地所有欲の人 / power-*hungry* 権力欲. **3** 〈土地が〉不毛の, やせている (barren): ～ soil. **4** 《NZ》〈材木が〉乾燥して枝葉のない. **5** 《まれ》〈新鮮な空気など〉食欲をそそる: ～ air. **hún·gri·ness** *n.* 〖OE *hungriġ* (cog. G *hungrig*): ⇨ hunger, -y¹〗

SYN 空腹な: **hungry** 程度を問わず, 空腹な《一般的な語》: *hungry* children お腹をすかせた子供たち. **ravenous** ひどく空腹な: a *ravenous* wolf がつがつしているオオカミ. **famished** 《口語》腹がぺこぺこで: I'm *famished* after a long walk. 遠道を歩いたので腹ぺこだ. **starved** 《米口語》, **starving** 《英口語》餓死するほど腹がへっている《*famished* よりも一層誇張的な強調語》: I am *starved* [*starving*]. 腹がへって死にそうだ.
ANT sated, satisfied, surfeited.

Húngry Fórties *n. pl.* [the ～] 飢餓 40 年代《英国で大飢饉のあった 1840–49 の 10 年間》. 〖1905〗

húngry ríce *n.* 〘植物〙＝fundi². 〖1858〗

Hung·shui /hùŋʃwéɪ/ *n.* ＝Hongshui.

Hung·tse /hàŋdzʌ́/ *n.* ＝Hongze.

Hung·wu /hùŋwú:/ *n.* 洪武帝(こうぶてい)《1328–98; 明の初代皇帝 (1368–98); 姓名は朱元璋(しゅげんしょう) (Chu Yüan-chang)》.

hunh /hm̩, hʌ̃, hʌ́/ *int.* 《米》 **1** (考え事をしていて発する)うーん. **2** (疑問調の終わりに発する)はーん; (怒り・軽蔑などで鼻をならす)ふん. 〖1935〗

hunk¹ /hʌ́ŋk/ *n.* 《口語》 **1** 隆肉 (hunch). **2** 大きな塊; (特に, パンの)厚切り, 厚い切り身: a ～ of bread. **3** **a** 性的魅力のある男性, 筋骨隆々で精力あふれる男性. **b** セックスの対象となる男性[女性]. ***a húnk of a mán*** 《米俗》性的魅力のある[セクシーな]男性. ***a húnk of chéese*** 《米俗》愚かで鼻持ちならないやつ, とんま. ***a húnk of chánge*** 《米俗》大金. 〖(*a*1813) ▫ ? Flem. *hunke*: cf. Du. *homp* lump (⇨ hump)〗

hunk² /hʌ́ŋk/ *n.* (子供のゲームで)ゴール, 陣地. — *adj.* 《米俗》＝hunky¹. 〖(1845) ▫ Du. *honk* goal < MDu. *honc* hiding place〗

hun·ker /hʌ́ŋkə | -kə(r)/ *vi.* (上半身を少し前に出して)しゃがみ込む (squat) 〈*down*〉. ***húnker dówn*** 《米》 (1) しゃが(み込)む. (2) 身を潜める. (3) 腰を据えて待つ.
— *n.* [*pl.*] 《口語》尻 (buttocks): on one's ～*s* しゃがみ込んで. 〖(1720) ← ? Faroese *hokna* to crouch ▫ ON *hokra* to creep ∥ 《スコット》*hunker* to squat on one's hams: ⇨ -er¹〗

Hun·ker /hʌ́ŋkə | -kə(r)/ *n.* 《米》ハンカー: **1** (1845–48 年 New York 州民主党員中の)保守主義者. **2** [h-] 保守的な人, 旧弊家 (fogy). 〖← ? HUNK²〗

hun·kie, H- /hʌ́ŋki/ *n.* ＝hunky².

Hunk·pa·pa /hʌ́ŋkpɑ̀:pə/ *n.* (*pl.* ～, ～**s**) **1** **a** [the ～(s)] ハンクパーパ族《Dakota 族の Teton 支族に属する北米インディアン》. **b** ハンクパーパ族の人. **2** ハンクパーパ語.

hunks /hʌ́ŋks/ *n. pl.* [単数または複数扱い]《まれ》 **1** 意地悪な人, 偏屈な老人. **2** 欲張り, にぎり屋, けちんぼう (miser). **3** 《米俗》＝hunky². 〖(1602) ← ?: cf. Du. *hondsch* doggish〗

hunk·y¹ /hʌ́ŋki/ *adj.* (**hunk·i·er**; **-i·est**) 《米俗》 **1** ちゃんとした, 安全な, 大丈夫な; よろしい (well, right), 申し分のない; すてきな (excellent), とびきりの (first-rate). **2** 勝負なしの, あいこで (even). **3** 《口語》〈人・特に男性が〉性的な魅力をもった, セクシーな. 〖(1861) ← HUNK²＋-Y¹〗

hun·ky², H- /hʌ́ŋki/ *n.* 《米俗》[軽蔑的] 不慣れ[未熟]な移民労務者《特に, ハンガリーまたはユーゴスラビアなど中欧・東欧出身の者》. 〖(*c*1895) ← ? HUNGARIAN: cf. Bohunk, hunk¹〗

hun·ky-do·ry /hʌ́ŋkidɔ́:ri/ *adj.* 《米俗》申し分のない, けっこうな, すてきな (excellent): His speech was ～. 彼のスピーチは満点だった. 〖(1866) ← HUNKY¹＋*dory* (← ?)〗

Hun·nish /hʌ́nɪʃ/ *adj.* **1** フン族 (Huns) の, 匈奴(きょうど)の. **2** [時に h-] 破壊的な; 野蛮な (barbarous). **3** 《軽蔑》ドイツ兵[人]の, ドイツ兵[人]らしい. **～·ness** *n.* 〖(1875) ← HUN＋-ISH¹〗

hunt /hʌ́nt/ *vt.* **1** **a** 狩る, 狩猟する; (特に, 猟犬を使って馬上で)遊猟する; 《米》(猟銃を使って)〈獲物を〉撃つ, 狩猟する (shoot) (⇨ hunting 1): ～ big game (ライオン・トラなどの)大物狩りをする / ～ heads 首狩りをする / ～ ivory (象牙(ぞうげ)を取るために)象狩りをする / ～ foxes [hares] 狐[ウサギ]狩りをする. **b** 〈馬・猟犬を〉狩猟に使う: ～ one's horse in winter 冬に馬を狩りに使う. **c** 〈猟犬などが〉〈獲物を〉追う. **2** **a** 〈場所を〉狩りをして回る; 捜し回る: ～ the woods 森を狩りをして回る / ～ the house *for* the papers 家中書類を捜し回る. **b** 捜す, あさる; 捜し出す 〈*out*, *up*〉: ～ land 定住地を求め歩く / ～ *up* [*out*] proofs 証拠を捜し出す. **3** **a** 追い出す, 狩り出す, 追い払う 〈*out*, *away*〉: ～ cats *away* 猫を追っ払う / He was ～*ed* out of the country. 彼は国を追い払われた. **b** 追い詰める, 追跡して捕える; 突き止める 〈*down*〉: ～ *down* a murderer 殺人犯人を追い詰める / I finally managed to ～ *down* the address he wanted. 彼が求めた住所を私はついに首尾よく突き止めた. **c** 〈人を〉悩ます, しつこく求める. **4** 〘鳴鐘法〙〈組鐘〉の順序を変えて鳴らす 〈*up*, *down*〉.
— *vi.* **1** 狩りをする, 狩猟する, (特に)狐狩りをする: go ～*ing* 狩猟に出かける / Wolves ～ in packs. オオカミは群れをなしてえさをあさる / run with the hare and ～ with the hounds ⇨ hare 成句. **2** 〔…を〕探す, 求める (seek) 〔*after*, *for*〕: ～ *for* food 食物を探す[求める] / ～ high and low *for* …を求めてあちこち探す / ～ *for* a house for rent [to let] 貸家を探す / The detectives were ～*ing* (around) *for* clues. 刑事たちは(事件の)鍵を捜し回っていた / He ～*ed* through the bookshelves in search of a yearbook. 年鑑はないかと本棚をあちこち探した. **3** 〘電気・機械〙不規則に動く, 乱調[ハンチング]を起こす (cf. hunting 3). **4** 〘鳴鐘法〙組鐘を順序を変えて鳴らす. **5** 〈飛行機・ロケットなどが〉飛行経路をずれて飛ぶ, ハントする.
húnt the háre 〘遊戯〙ウサギ狩り《hare and hounds のこと》.
húnt the slípper 〘遊戯〙スリッパ捜し《輪を作って並んでいる者たちが次々にこっそり送るスリッパを, 輪の中にいる鬼が捜し出す遊び》.
húnt the squírrel 〘遊戯〙リス狩り《他の一人の遊戯者が残りの者が作る輪の間をジグザグに出たりはいったりして逃げるのを鬼がその通りに追ってつかまえる屋外遊戯》.
húnt the thímble 〘遊戯〙指ぬき捜し.
— *n.* **1** 狩り, 狩猟 (hunting): have a ～ 猟をする / a fox ～ 狐狩り / go on a ～ 狩りに行く. **2** 《英》 **a** (狐狩の)狩猟隊. **b** 狩猟会. **c** 《廃》狩りの獲物. **3** 猟場. **4** 追跡, 探求 (search, pursuit), あさること: a ～ *for* a job 職探し / be on a [the] ～ *for* lodgings 下宿探しをしている / The ～ for the criminal is already on. 犯人捜しはすでに行われている / have a ～ (around) *for* …を探し求める. **5** 〘電気・機械〙乱調, ハンチング. **6** 〘鳴鐘法〙転調鳴鐘法《5–12 個の組鐘を一定の法則に従って次々と順序を変えて鳴らすこと》.
〖OE *huntian* < Gmc *huntojan* ← ?: cf. OE *hunta* hunter & *hentan* 'to seize, HENT'〗

Hunt /hʌ́nt/, **(James Henry) Leigh** *n.* ハント《1784–1859; 英国の詩人・随筆家・批評家・ジャーナリスト; *The Story of Rimini* (1816)》.

Hunt, William Hol·man /hóʊlmən | hə́ʊl-/ *n.* ハント《1827–1910; 英国のラファエル前派の画家》.

húnt-and-péck *adj.* 手探り[素人]式の打ち方の, 我流のタイピングの《キーを見ながら指 1 本または 2 本で打つ; cf. touch system》. 〖1939〗

húnt·awày 《豪》*adj.* 〈犬が〉羊の番をするように訓練された. — *n.* 牧羊犬. 〖(1913) ← *hunt away* (⇨ hunt (vt. 3))〗

húnt báll *n.* 《英》(狐狩りの)狩猟会主催の舞踏会《男性は鮮紅色の上着 (pink) を着る》.

húnt·ed /-tɪ̀d | -tɪ̀d/ *adj.* **1** 追跡[迫害]されている. **2** 〈表情など〉(追われているかのように)おびえた: one's ～ eyes. 〖1633〗

hunt·er /hʌ́ntə, hʌ́nə | hʌ́ntə(r)/ *n.* **1** 狩る人[獣]; 猟師 (huntsman): The leopard is a skillful ～. ヒョウは巧みに他の動物を取る. ★ 英国では馬に乗って狐狩りなどをする人の意にはこの語は用いられない; Are you a ～? よりも Do you hunt? という言い方が好まれる. **2** 〘狩猟〙 **a** 猟馬, ハンター《強健な雌馬にサラブレッドを交配した英国の半血種; 狐狩に用いられる》. **b** 猟犬. **3** 探求者, あさる人: a ～ *after* fame 名誉を求める人, 名誉欲の強い人 / an autograph ～ やたらにサインを欲しがる人[ファン], サイン集めの好きな人 / ⇨ fortune hunter. **4** 〘時計〙ハンター《ちょうつがい付きの金属性ふたをもつ懐中時計; ふたを開けないと文字盤が見られない; hunting watch ともいう; cf. half-hunter》. **5** [the H-] 〘天文〙オリオン座 (⇨ Orion).
〖(*c*1250) *hunter*(*e*) (⇨ hunt, -er¹) ∽ OE *hunta*〗

Hun·ter¹ /hʌ́ntə | -tə(r)/ *n.* [the ～] ハンター(川)《オーストラリア New South Wales 州, Sydney の北東を流れ太平洋に注ぐ川 (462 km); 河口に Newcastle 市がある》.

Hun·ter² /hʌ́ntə | -tə(r)/ *n.* ハンター《男性名》. 〖↑〗

Hun·ter /hʌ́ntə | -tə(r)/, **John** *n.* ハンター《1728–93; スコットランドの外科医・解剖学者》.

Hunter, William *n.* ハンター《1718–83; スコットランドの医師・解剖学者; J. Hunter の兄》.

húnter clíp *n.* 脚の下位部と鞍(くら)を載せる部分の毛を長く残す馬の毛の刈り方.

húnter-gátherer *n.* 狩猟採集生活者.

húnter gréen *n.* ひわもえぎ色 (greenish yellow green) (hunter's green ともいう).

Hun·ter·i·an /hʌntí(ə)riən | -tíər-/ *adj.* John [William] Hunter の.

húnter-kíller *adj.* 対潜(水艦攻撃)の. 〖1948〗

húnter-kíller sàtellite *n.* (衛星)破壊[攻撃]衛星, キラー衛星.

húnter's gréen *n.* ＝hunter green. 〖1872〗

húnter's móon *n.* 狩猟月 (harvest moon の次の満月; このころ狩猟期にはいる). 〖1710〗

húnter's pínk *n.* (狩猟用上着などに用いられる)鮮紅色.

húnter's róbe *n.* 〘植物〙＝pothos.

hunter trials *n. pl.* 模擬狩猟会《猟人会が主催する実際の狩猟に似た条件下で行われる》.

hunt·ing /hʌ́ntɪŋ, hʌ́nɪŋ | hʌ́ntɪŋ/ *n.* **1** **a** 狩猟 (hunt); 《英》(特に)狐狩り (foxhunting). **b** 《米》銃猟. ★ (1) 英国では foxhunting は shooting, racing とともに三大スポーツといわれる. (2) 《英》では鳥の場合は shooting という. **2** 探求, 追求 (pursuit): apartment ～ アパート探し. **3** 〘電気・機械〙乱調, ハンチング: **a** 同期電動機などで定速回転が狂うこと. **b** 制御系が安定性を失うことにより, フィードバック調整システムの機能にみられる周期的変化. **4** [形容詞的に] 狩猟用の: a ～ vest 狩猟用のチョッキ. ***Góod húnting!*** 《口語》幸運を祈ります, しっかりやりなさい (Good luck!).
— *adj.* 狩猟好きな: a ～ man.
〖OE *huntunge* (n.): ⇨ hunt, -ing¹〗

húnting bòx *n.* 《英》(猟期中起居する)猟小屋 (cf. box¹ 8 b). 〖1799〗

húnting càmp *n.* 《米》狩猟キャンプ《人里離れた場所での狩りのためのキャンプ》.

húnting càp *n.* 狩猟帽. ★ 狩猟家 (huntsman) などの用いるビロード製のもので競馬騎手の用いるものと同型, いわゆる鳥打帽子[ハンチング]とは違う. 〖1814〗

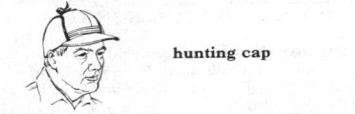

hunting cap

húnting càse *n.* 〘時計〙ハンターのケース (cf. hunter 4).

húnting cát *n.* 〘動物〙＝cheetah.

húnting chàir *n.* 前に引き出せるようになった足載せ台付きの椅子.

húnting còg *n.* 〘機械〙(伝動歯車間で一方に一枚余分の歯をつけていつも同じ歯同士がかみ合わないようにする)無駄歯. 〖1812–16〗

húnting cròp *n.* 狩猟用乗馬むち.

húnting dòg *n.* 猟犬; 野生の犬, (アフリカの)リカオン (Cape hunting dog), (インドの)ドール (dhole). 〖1838〗

Húnting Dógs *n. pl.* [the ～]〘天文〙りょうけん(猟犬)座 (⇨ Canes Venatici). 〖1863〗

Hunt·ing·don /hʌ́ntɪŋdən, -dn̩ | -tɪŋ-/ *n.* **1** ハンティンドン《イングランド Cambridgeshire 州の都市, 旧 Huntingdonshire 州の州都》. **2** =Huntingdonshire. 〖OE *Huntandūn* 《原義》 huntsman's hill ← *hunta* hunter: ⇨ down³〗

Hun·ting·don /hʌ́ntɪŋdən, -dn̩ | -tɪŋ-/, **Selina Hastings** *n.* ハンティンドン《1707–91; 英国の宗教指導者; カルバン主義メソジスト派をひろめ各地に会堂を建てた; Huntingdon 伯爵夫人》.

Húntingdon and Péterborough *n.* ハンティンドン アンド ピーターバラ (Huntingdonshire の別名).

Hunt·ing·don·shire /hʌ́ntɪŋdənʃə, -ʃɪə | -tɪŋdənʃə(r, -ʃɪə(r/ *n.* ハンティンドンシャー《イングランド中東部の旧州; 1974 年に Cambridgeshire 州の一部となる; 州都 Huntingdon》.

húnting gròund *n.* 猟場; 捜し物が見つかりそうな所, あさり場: a good ～《欲しい物がたやすく見つかりそうな所; 絶好のかせぎ場所. ⇨ happy hunting ground. 〖1777〗

húnting hòrn *n.* **1** 狩猟らっぱ《円錐形の管がホルンのように丸く曲がった合図用らっぱ》. **2** 狩猟ホルン《近代 horn の原型で長い円錐形の管が肩がはいるように円形になり, 先が朝顔形に大きく開き, 吹き口がついている》. **3** 〘馬術〙横乗り鞍(くら)の左側の第 2 の鞍頭, 第 2 ホーン. 〖1694〗

húnting knífe *n.* 〘米〙猟刀《主に獲物の皮をはいだり肉を切るのに用いる鋭利なもの》. 〖1803〗

húnting léopard *n.* 〘動物〙=cheetah.

húnting lòdge *n.* =hunting box. 〖1809〗

húnting pínk *n.* =pink¹ 3 a.

húnting ríflе *n.* 狩猟用のライフル(銃). 〖1856〗

húnting spíder *n.* 〘動物〙狩人ぐも《巣にいて獲物がかかるのを待つのでなく積極的に出て行って虫を捕食するクモ》. 〖1665〗

Hunt·ing·ton /hʌ́ntɪŋtən, -tn̩ | -tɪŋ-/ *n.* ハンティントン《男性名》. 〖OE *Huntenetūn* 《原義》 huntsmen's farm: もと地名〗

Hun·ting·ton /hʌ́ntɪŋtən, -tn̩ | -tɪŋ-/, **Collis Potter** *n.* ハンティントン《1821–1900; 米国の鉄道経営者; 大陸横断鉄道を完成 (1869)》.

Huntington, Ellsworth *n.* ハンティントン《1876–1947; 米国の地理学者・探検家》.

Huntington, Samuel *n.* ハンティントン《1731–96; 米国の政治家・法律家; 独立宣言に署名》.

Hún·ting·ton Béach /hʌ́ntɪŋtən-, -tn̩- | -tɪŋ-/ *n.* ハンティントンビーチ《米国 California 州南西部 Long Beach 南東にある太平洋に臨む都市》. 〖米国の鉄道開発者 H. E. Huntington の名にちなむ〗

Húntington Párk *n.* ハンティントンパーク《米国 California 州南部 Los Angeles の南にある市》.

Húntington's choréa [disèase] *n.* 〘病理〙ハンティントン舞踏病《中枢神経の遺伝性疾患; 30–50 歳の人に発病し, 高じると動き・言葉が鈍り, 痴呆の度が進む》. 〖1889〗

húnting wàtch *n.* 〘時計〙=hunter 4. 〖1844〗

húnting whip *n.* =hunting crop.

Húnting Wórld *n.* 〘商標〙ハンティングワールド《米国 New York 市にある高級かばん店; そのブランド》.

hunt·in', shoot·in', and fish·in' /hʌ́ntɪn-ʃúːtɪnənfɪ́ʃɪn | -tɪnʃúːtɪn-/ *n.* 狩りと鉄砲撃ちと釣り, 有閑階級[貴族]の娯楽《上流階級の /ŋ/ を /n/ とする発音をなぞったもの》.

Hunt·ley /hʌ́ntli/ *n.* ハントリー《男性名》. 〖OE *Huntelei* 《原義》 huntsman's wood ← *hunta*: ⇨ hunt, lea¹〗

hunt·ress /hʌ́ntrɪ̀s | -trɪ̀s, -trɛs/ *n.* **1** 女性猟師. **2** 〘狩猟〙雌馬. 〖(c1380) *hunteress* (⇨ hunter, -ess) ∽ OE *huntiċġe*〗

Hunts /hʌ́nts/ 《略》 Huntingdonshire (cf. Hants).

húnt sabotéur *n.* 〘英〙狐狩り反対活動家.

hunts·man /hʌ́ntsmən/ *n.* (*pl.* **-men** /-mən, -mɛ̀n/) **1** 狩猟家 (hunter). **2** (特に狐狩りの)猟犬係《狩猟中に猟犬を扱い狩猟全体に采配を振る雇い人》. 〖(1567) ← HUNT+-s² 2+-MAN〗

húntsman's-cúp *n.* 〘植物〙ヘイシソウ(瓶子草), サラセニア (*Sarracenia purpurea*) 《米国東部の沼地に産するヘイシソウ科の食虫植物》. 〖1848〗

húntsman·ship *n.* 狩猟術; 狩猟家の手腕. 〖(a1631): ⇨ -ship〗

húnt's-úp *n.* 狩猟開始を告げる起床らっぱ (reveille). 〖(1537) 《短縮》 ← *The hunt is up.*〗

Hunts·ville /hʌ́ntsvɪ̀l | -vɪl/ *n.* ハンツビル《米国 Alabama 州北部の都市; NASA の基地がある》. 〖← *John Hunt* (その最初の開拓者)〗

húnt tàble *n.* ワインテーブル《中心部をくりぬき, 可動式の瓶の受け皿を備えた半円形のテーブル; 18 世紀後期から 19 世紀に英国で流行した》.

Hu·nya·di /húnjɑːdi, -njɔ:-; *Hung.* húɲɒdi/, **János** *n.* (*also* **Hunyady**) フニャディ《1385?–1456; ハンガリーの将軍・国民的英雄; オスマントルコのヨーロッパ侵入を防いだ; ラテン語名 Johannes Corvinus Huniades》.

hun·yak /hʌ́njæk/ *n.* (*also* **hun·yock** /-njɑ(ː)k | -njɔk/) 〘俗〙(東欧などからの)移民(労働者) (hunky); 田舎者, かっぺ. 〖(1911) ← HUNGARIAN (adj., n.); cf. POLACK ← a Pole〗

Hú·on píne /hjúːɑn-/ *n.* 〘植物〙(Tasmania 産の)マキ科の大常緑樹 (*Dacrydium franklinii*) 《材は家具・造船用》. 〖(1820) ← *Huon* (Tasmania 南部の川の名)〗

hup /hʌ́p/ *int.* **1** (繰り返して)いち, に, さん《行進のときなどの掛け声》. **2 a** どう(よ)《馬をせきたてるときの掛け声》. **b** はいよ《馬を右に回すときの掛け声; cf. hie²》. **3** おすわり (down)《犬に向かっての命令》. — *v.* (**hupped; hupping**) — *vt.* 〘方言〙〈馬〉を右に回す. — *vi.* **1** (馬に) 'hup' と叫ぶ; 〈馬が〉急ぐ; 右に回る. **2** 〈犬が〉おすわりをする. 〖(1733) ← ?: cf. Du. *hop!* gee-up!〗

Hu·pa /húːpə/ *n.* (*pl.* ～, ～**s**) **1 a** [the ～(s)] フーパー族《米国 California 州北西部に住むアメリカインディアン》. **b** フーパー族の人. **2** アタパスカ語 (Athapaskan language). 〖(1853) ← Yurok *hupō*〗

Hu·peh /hùːpéɪ/ *n.* (*also* **Hupei** /～/) =Hubei.

hup·pah /húpə, xúpə/ *n.* (*pl.* **hup·poth** /-pouθ, -pout | -pəuθ, -pəut/, **hup·pot** /-pout | -pəut/, ～**s**) (ユダヤの結婚式の間中新郎新婦がその下に立つ)天蓋(てんがい). 〖□ Heb. *ḥuppāʰ* canopy, bridal chamber, 《原義》 *that which encloses*〗

Hur·ban /húəbən, xúə- | húə-, xúə-/ *n.* =Churban.

hur·dies /hə́ːdiz | hə́ːd-/ *n. pl.* 〘英方言〙尻, 臀部(でんぶ) (buttocks). 〖1535〗

hur·dle /hə́ːdl̩ | hə́ːdl/ *n.* **1 a** 障害物, ハードル. **b** [the ～s; 単数または複数扱い] ハードル競走 (hurdle race): ⇨ high hurdles, low hurdles. **2** 障害, 困難. **3** 〘英〙編み垣《木の枝などを編んで作った四角い持ち運びのできるもの; 臨時にどこへでも立てられる》. **4** 〘英史〙すのこそり《昔反逆者[謀反人]や重罪犯人を乗せて刑場に送った一種のそり》. — *vt.* **1** 〈ハードルを〉跳び越す. **2** 〈障害・困難を〉突破する. **3** 編み垣で囲う 〈*off*〉. — *vi.* ハードル[障害]を跳び越す; ハードル競走に出る. 〖OE *hyrdel* < Gmc **xurðiz* (Du. *horde* / G *Hürde*) ← IE **kert-* to turn, entwine (L *crātis* hurdle / Gk *kártalos* basket): ⇨ -le¹〗

húr·dler /-dlə, -dl̩ə | -dlə(r, -dl-/ *n.* **1** ハードル競走者[選手]. **2** 編み垣[すのこ]作り《人》. 〖(1874): ⇨ ↑, -er¹〗

húrdle ràce *n.* ハードル競走 (cf. flat race 1, steeplechase 2). 〖1836〗

húr·dling /-dlɪŋ, -dl̩- | -dlɪŋ, -dl-/ *n.* 障害物競技, ハードル競走.

hurds /hə́ːdz | hə́ːdz/ *n. pl.* =hards.

hur·dy-gur·dy /hə̀ːdigə́ːdi, ─ ─ ─ ─ | hə́ːdigə̀ːdi, ─ ─ ─ ─/ *n.* **1** ハーディガーディー《中世から 18 世紀ごろまで使用されたリュートに似た弦楽器, 手回し風琴; 底部につけたハンドルを回して奏する》. **2** 《口語》 **a** =barrel organ 1. **b** =street piano. 〖(1749) 《擬音・加重形》 ?: cf. 《スコット》 *hirdy-girdy* uproar〗

hu·ri /húəri | húəri/ *n.* =houri.

hurl /hə́ːl | hə́ːl/ *vt.* **1 a** 強く投げる (fling), 投げつける (⇨ throw SYN): ～ a spear *at* …に槍(やり)を投げつける / ～ a javelin 投げ槍を投げる / ～ eggs (*at* …) (…に)卵を投げつける / They ～*ed* rocks and beer bottles *at* the police. 彼らは警官たちに石やビール瓶を投げつけた. **b** (強く)押し進める, 押しやる (drive). **c** [～ *oneself* として] 勢いよくぶつかっていく, 飛び出す: ～ *oneself at* [*upon against*] …に飛びかかる / He ～*ed himself over* the fence [*from* the roof]. 塀を跳び越えた[屋根から飛び降りた]. **2** ほうり出す, 投げ倒す, ひっくり返す (cast down, overthrow): ～ a person downstairs 人を階下へ投げ落とす / ～ a king *from* his throne 王を位から追い出す. **3** 〈言葉などを〉投げつける, 〈悪口を〉浴びせる; 〈悲鳴を〉あげる: ～ abuse *at* [*against*] …をののしる, …をどなりつける. **4** 《スコット》〈車を〉駆る, 運転する. **5** 〘野球〙投球する (pitch). **6** 《廃》〘レスリング〙投げ倒す. — *vi.* **1** 投げつける, 射出する. **2** 突進する (rush). **3** 《スコット》のろのろと車[馬車]で行く. **4** 《口語》〘野球〙投球する. **5** 〘球技〙ハーリング (hurling) をする. — *n.* **1** 投げ(つけ)ること. **2** 《スコット》(多数の石の)落下, (轟音(ごうおん)を伴っての)落石. **3** (hurling 用の) スティック. **4** 車で行くこと. 〖(?a1200) *hurle(n)* 《擬音語》 ?: cf. LG *hurreln*〗

húrl·bàt *n.* hurling 用スティック. 〖c1450〗

húrl·er /-lə | -lə(r/ *n.* **1** hurling をする人. **2** 〘米俗〙〘野球〙投手 (pitcher). 〖(1440): ⇨ -er¹〗

Húr·ler('s) sỳndrome /hə́ːlə(z)- | hə́ːlə(z)-/ *n.* 〘医学〙ハーラー[フルラー]症候群《常染色体劣性遺伝の形式で遺伝するムコ多糖体沈着症; 骨格・顔貌の変形, 肝脾腫肥大症, 関節運動の制限, 角膜混濁, 精神遅滞などを呈する》. 〖(1938): Gertrud Hurler (1889–1965) ドイツの小児科医〗

hurl·ey /hə́ːli | hə́ː-/ *n.* 〘英〙 **1** =hurling. **2 a** =hurlbat. **b** ハーリング (hurling) 用のスティック・ボール《革張り》. 〖(1825) ← HURL+-*ey* (cf. hockey)〗

húrl·ing /-lɪŋ/ *n.* **1** 投げること. **2** ハーリング《アイルランド式ホッケー》. **3** ハーリング《昔イングランド Cornwall 地方で行われた一種のフットボール》. 〖(1366) *hurlynge*: ⇨ -ing¹〗

Hurl·ing·ham /hə́ːlɪŋəm | hə́ː-/ *n.* ハーリンガム《イングランド Middlesex 州の Fulham /fʊ́ləm/ にあったポロ (polo) 競技場; ポロ競技本部》. 〖⇨ ↑, home〗

hurl·y¹ /hə́ːli | hə́ː-/ *n.* 《古》騒動. 〖(1593–94) 《略》 ? ← HURLY-BURLY〗

hurl·y² /hə́ːli | hə́ː-/ *n.* 〘英〙=hurley.

hurl·y-burl·y /hə̀ːlibə́ːli, ─ ─ ─ ─ | hə́ːlibə̀ː-, ─ ─ ─ ─/ *n.* 大騒ぎ, 大騒動 (uproar, commotion). — *adj.* 騒がしい (tumultuous), ごたごたした (confused). 〖(1539) 《加重形》 ← 《廃》 *hurling* ← HURL (v.)+-ING¹: ⇨ -y²〗

Hu·ron /hjúᵊrən, jʊ́ᵊr-, -rɑ(ː)n | hjúərən, -rɔn/ *n.* (*pl.* ～, ～**s**) **1 a** [the ～(s)] ヒューロン族《イロクォイ (Iroquois) 族に属するアメリカインディアンの一族, Huron 湖の西方に住む; イロクォイ (Iroquois) 族のいわゆる Five Nations には所属せず, 絶えず彼らの攻撃を受けて多くが殺された》. **b** ヒューロン族の人. **2** ヒューロン語《イロクォイ語族の一つ》. 〖(1658) □ F ～ 'coarse fellow' ← *hure* unkempt head〗

Hu·ron /hjúᵊrən, jʊ́ᵊr-, -rɑ(ː)n | hjúərən, -rɔn/, **Lake** *n.* ヒューロン湖《北米の Michigan 湖と Erie 湖の間, カナダの Ontario 州と米国の Michigan 州との間の湖, 五大湖 (Great Lakes) 中第 2 の湖, 面積 59,596 km²》. 〖↑〗

hur·rah /hʊrɑ́ː, -rɔ́ː | -rɑ́ː/ *int.* 万歳, よくやったぞ, フレー《歓喜・賛成・激励を表す》: *Hurrah* for the King! 王様万歳 / *Hurrah* for the holidays! 休暇万歳. — *n.* **1 a** 歓呼の声, 万歳: the ～*s* of the crowd. **b** 熱狂 (enthusiasm). **2 a** 騒ぎ, がやがや; ばか騒ぎ, 酒宴 (spree). **b** 論争. — *vi.* **1** 万歳を唱える, 歓呼する. **2** 騒々しくふるまう. — *vt.* 〈人を〉歓呼の声で迎える, 激励する; 元気づける. 〖(1686) 《変形》 ← HUZZA: cf. Du. *hoera* ∥ G *hurra* ← MHG *hurre* (imper.) ← *hurren* to move quickly 《擬音語》〗

hurráh's nést *n.* 〘米口語〙乱雑な場所, 混乱(状態), ごちゃごちゃ: His desk is a ～. 〖1829〗

hur·ray /hʊréɪ/ *int., n., v.* =hurrah.

Hur·ri·an /húᵊriən | húər-/ *n.* **1 a** [the ～s] フルリ族《紀元前 1500 年ごろメソポタミア北部・シリア・小アジア東部に居住した非セム語族の人々》. **b** フルリ族の人. **2** フルリ語. — *adj.* フルリ族[語]の. 〖(1911) ← Heb. *Ḥōrī*: ⇨ -an¹〗

hur·ri·cane /hə́ːrɪ̀kèɪn, -kən | hʌ́rɪ̀kən, -kèɪn/ *n.* **1 a** (旋風性の)大暴風, ハリケーン《特に西インド諸島周辺や熱帯大西洋に起こる暴風》. **b** 〘気象〙颶風(ぐふう), 台風 (⇨ wind scale). **2** (感情などの)激発, 大あらし (storm): a ～ of applause 歓呼のあらし. **3** [H-] ハリケーン《第二次大戦中の英空軍戦闘機の一種; cf. BATTLE of Britain》. 〖(1555) □ Sp. *huracán* □ Taino *hurakán* ← *hura* wind; to blow away〗

húrricane bìrd *n.* 〘鳥類〙=frigate bird. 〖1879〗

húrricane dèck *n.* 〘海事〙ハリケーン甲板 (⇨ awning deck). 〖1833〗

húrricane glòbe [glàss] *n.* ランプのほや (lamp chimney).

húrricane hùnter *n.* ハリケーン観測機, ハリケーン観測機乗組員《米空・海軍のパイロットが乗務》.

húrricane làmp [làntern] *n.* **1 a** ハリケーンランプ《強風に吹き消されないようにほやのついたオイルランプ; storm lantern ともいう》. **b** ほや (hurricane globe) 付きの燭台[電気スタンド]. **2** 〘英〙カンテラ. 〖1894〗

hurricane lamps 1 b

húrricane ròof *n.* =hurricane deck. 〖1839〗

húrricane tàpe *n.* ハリケーンテープ《強風のとき窓ガラスを固定するための丈夫な粘着テープ》.

húrricane wàrning *n.* 〘気象〙ハリケーン警報.

hur·ri·ca·no /hə̀ːrəkéɪnou | hʌ̀rɪ̀kéɪnəu/ *n.* 《廃》 **1** =hurricane. **2** 水上の竜巻 (waterspout). 〖(1604–05) 《変形》 ← *hurricane*〗

hur·ri·coon /hə́ːrɪ̀kùːn | hʌ́rɪ̀-/ *n.* ハリケーン観測気球. 〖《混成》 ← HURRIC(ANE)+(BALL)OON〗

húr·ried /hə́ːrid | hʌ́rid/ *adj.* **1** せきたてられた, あわてた, 急いでいる: a ～ speaker. **2** あわただしい, 大急ぎの (hasty): a ～ glance [meal] あわただしい一見[食事] / walk with ～ steps 急ぎ足で歩く / We had a ～ conference. 大急ぎで話し合った. **3 a** 早い, 急速な (fast). **b** 騒々しい (tumultuous). **～·ly** *adv.* **～ness** *n.* 〖(1667): ⇨ ↓, -ed〗

hur·ry /hə́ːri | hʌ́ri/ *n.* **1 a** 急ぐこと, 大急ぎ, 急速 (⇨ haste SYN); あわて急ぐこと (cf. hurry-scurry): in a ～ ⇨ 成句 / I forgot it in my ～. 急いでいてつい忘れてしまった / I am in a ～ today. 今日は急いでいます. **b** せっかちに望むこと, あせっていること[状態] 〈*for*〉 / 〈*to do*〉: I am in no ～ [not in a ～] *for* it [*to* do it]. 別にそれを急いでいません / He is *in a* ～ *to* be rich. 金持ちになりたがってあせっている. **2** [否定・疑問構文で] 急ぐ必要: Don't start yet—there's *no* ～. まだ出かけるな—なにも急ぐことはない / Is there *any* ～? 何か急ぐ必要でもあるのか / What's the ～? なぜそんなに急ぐ(必要がある)のか. **3** 大騒ぎ: Everything was ～ and confusion. てんやわんやの大騒ぎだった. **4** 〘音楽〙(劇音楽の高潮した場面に奏される)弦楽器のトレモロ, 太鼓のすり打ち.

in a húrry (*adv.*) (1) 急いで: Nothing good is ever done *in a* ～. 急いで成就されたものはない. (1700) (2) 《口語》[否定構文で] 容易に (easily): You will *not* beat him *in a* ～. 彼を簡単にやっつけるなんてわけにはいかないよ. (3) 《口語》[否定構文で] 進んで, 喜んで (willingly): I won't ask again *in a* ～. またとお願いするようなことはありますまい《もうこりごり》.

— *vt.* **1** 急いで動かす[運ぶ], 急派する: ～ one's camera out of sight 急いでカメラを隠す / They *hurried* the child (off) to the hospital. 急いで子供を病院へ連れて行った / A taxi *hurried* me home [away, off]. タクシーで急いで帰宅した. **2 a** 〈人・動作などを〉急がせる, 急いでさせる, せきたてる (cf. hustle) 〈*up, along*〉: ～ a horse *along* the street 馬を急がせて町を通る / ～ the work along 仕事をせきたてる. **b** …の用意[進行, 終了]を急ぐ, 急いで片付ける, 早める (expedite) ⟨up⟩: Don't ~ your meal [typing]. 急いで食事[タイプ]をするな. **3** 急がせて[せきたてて]…させる 〔to, into〕: I have been *hurried into* errors [committing errors]. 急がされて間違った / They were *hurried to* the front. 前線へせきたてられた. — *vi.* **1** 急ぐ, 急いでする: ~ along [on] 急いで行く[進む] / ~ away [off] 急いで立ち去る / ~ back 急いで帰る, あわてて戻る / ~ home / ~ in [down] 急いではいる[下りる] / ~ *over* one's meal [*with* one's work] あわてて食事[仕事]をする / ~ *after* a person 人を急いで追いかける / I *hurried* to get there on time. 時間に遅れずにそこに着けるように急いだ / *Hurry up!* 急げ, ぐずぐずするな / ~ *up* with …を急いでやる. **2** あせる, あわてる: Don't ~—there's plenty of time. あわてなくてもいい, 時間はたっぷりあるよ.

húr·ri·er *n.* 〖(v.: 1589–90; n.: 1600)《擬音語》? (⇨ hurl): cf. ME *horien* to hurry / MHG *hurren* to move quickly / ON *hurra* to whir〗

húrry càll *n.* 救急信号. 〖1901〗

húr·ry·ing *adj.* 大急ぎの, あわてている. **~·ly** *adv.* 〖(1751): ⇨ -ing[2]〗

hur·ry-scur·ry /hə́:riskə́:ri | hʌ́riskʌ́ri/ (*also* **hur·ry-skur·ry** /~/) *adv.* 《口語》 あわただしく, 大あわてに. — *adj.* 《口語》 大あわての. — *n.* 大あわて; 騒ぎ, 混乱. — *vi.* あわてて走る (rush), あわてふためく. 〖(1732): cf. hurry, scurry〗

húrry-ùp *adj.* **1** 大急ぎの: a ~ lunch. **2 a** 緊急の: a ~ job. **b** 緊急用の: a ~ wagon 緊急用警察車. 〖1893〗

hur·sin·ghar /hə́:sɪŋgɑ̀ə | hə́:sɪŋgɑ̀:(r/ *n.* 〖植物〗 ヨルソケイ (*Nyctanthes arbortristis*) 《インド産のクマツヅラ科の常緑低木, 夜ジャスミンのような香気を放つ白い花を開くので night jasmine または tree of sadness ともいう》. 〖◻ Hindi *harsiṅgār*〗

hurst /hə́:st | hə́:st/ *n.* 《古》 **1** 森 (wood); 森のある丘; 木立ち (grove). ★ 主に地名・人名に残っている: Hazel*hurst*, Ashurst (Ash+hurst). **2** 小山, 塚. **3** 海[川]の中の砂丘, 砂洲 (sandbank). 〖OE *hyrst* wood, thicket < Gmc **χurstiz* (G *Horst* thicket: ⇨ horst) ← IE **kert-* to turn, entwine: cf. hurdle〗

Hurst /hə́:st | hə́:st/, **Fannie** *n.* ハースト 《1889–1968; 米国の小説家; *Lummox* (1923)》.

Hurst·mon·ceux /hə̀:s(t)mənsú:, -mɑ(:)n- | hə̀:s(t)mənsjú:, -mɔn-, -sú:/ *n.* =Herstmonceux.

hurt /hə́:t | hə́:t/ *v.* (~) — *vt.* **1** 〈人〉にけがをさせる, 痛くする, 痛める (⇨ injure SYN): get ~ けがをする, 負傷する / His head was ~ in his fall. 倒れて頭にけがをした / ~ oneself=get ~ けがをする, 負傷する / I will ~ you. 痛い目に遭わせるよ / It ~*s* the eyes to look at the sun. 太陽を見詰めると目が痛くなる / She ~ her eyes. 目を痛めた / My tooth is still ~*ing* me. 歯はまだ痛い / Where does it ~ you? どこが痛いですか / The child was more afraid [frightened] than ~. その子はたいしたけがでもないのに驚いた[おびえた](だけだ). **2 a** 〈人〉の気を悪くする; 〈感情を〉害する: ~ a person's feelings 人の感情を害する / feel ~ 不快に思う, 気を悪くする / His ingratitude ~*s* me. 彼の恩知らずには腹が立つ / He was [felt] ~ by what was said. その言葉で彼は気を悪くした. **b** 《口語》 [否定構文で] …に差し障る, 不都合である: Another glass *won't* ~ you. もう一杯飲んでも障りはないでしょう / It *wouldn't* ~ him to wait a while. 少し待ったって悪くないだろう. **3 a** 〈物など〉に損害を与える (damage); 害する, 損なう: The higher prices have not ~ sales. 値上げ後も売上げ(高)は落ちなかった / Portugal's foreign earnings have been badly ~ by the drastic drop in tourism. ポルトガルの外貨稼ぎ高は旅行客の激減でひどい打撃を受けた / The gale ~ the roof of the cottage. 強風で屋根が傷んだ. **b** 〈名声・評判など〉を傷つける: ~ a person's reputation 人の名声を傷つける. — *vi.* **1** 傷[害, 苦痛]を与える; 痛む; (精神的に)痛む, こたえる: My tooth still ~*s* (a lot). 歯がまだ(とても)痛む / How it ~*s*! ああ痛い / Where does it ~ [is it ~*ing*]? どこが痛いですか / It didn't ~ a bit. ちっとも痛くはなかった / The austerity program is starting to ~. 耐乏生活はこたえ始めている / What ~*s* is that … 辛い[悲しい]のは…だ. **2** 《口語》 [否定構文で] 障る, 困ったことになる: He won't ~ by himself for a few days. 2,3 日一人でいても何の差し障りもなかろう / It won't ~ to wait a while. 少し待っても何ともないだろう / The project won't ~ for being postponed a while. 《英》 その計画はしばらく延期になっても差し支えない. **3** 《米中部》 必要とする (want).

— *n.* **1 a** 傷, けが (injury, wound); 痛み. **b** (精神的な)苦痛, 悪感情, 腹立たしさ: get over one's ~ *at* being rejected 拒絶されたときの不快感から立ち直る. **2** 《古》 損害, 害, 損失: do ~ to [inflict ~ on] …を傷つける, …を損なう. **3** 〖紋章〗 青の小円 (cf. roundle 7).

— *adj.* [限定的] **1** けがをした, (肉体・精神的に)傷ついた (injured, wounded): There was a ~ look in his eyes. 腹を立てていることが目の色に現れていた / ~ pride 傷ついたプライド. **2** 《米口語》 〈品物など〉破損した, たなざらしの (damaged): a ~ book 破損本.

〖v.: (?a1200) *hurte(n), hirte(n) herte(n)* to dash, injure ◻ OF *hurter* (F *heurter*) to knock ← ? Gmc (MHG *hurt* an impact). — n.: (?a1200) ◻ OF *hurte* (F *heurte*) ← (v.)〗

húrt·er[1] /-tə | -tə(r/ *n.* 《古》 傷つける人[物]. 〖(a1460): ⇨ -er[1]〗

hur·ter[2] /hə́:tə | hə́:tə(r/ *n.* **1** (馬車のこしきの当たる)車軸の肩《軸端に近い部分》. **2** 《古》 **a** 緩衝器 (buffer); (特に, 大砲を載せる際に砲架が動かぬようにするための)車輪止め. **b** 支え (supporter). 〖(1289) *hurtour* ◻ (O)F *hurt(ou)oir* knocker ← *hurter* 'to HURT': ⇨ -er[1]〗

hurt·ful /hə́:tfəl, -fl | hə́:t-/ *adj.* **1** 傷をつける. **2** 害になる, 有害な, 毒になる; 損害を与える: be ~ *to* the health 健康に害がある. **~·ly** *adv.* **~·ness** *n.* 〖(1526): ⇨ -ful[1]〗

húrt·ing /-tɪŋ | -tɪŋ/ *adj.* 《米俗》 ひどい, みじめな; 金に困っている.

hur·tle /hə́:tl | hə́:tl/ *vi.* **1** 〈石・矢などが〉音を立てて飛んで行く, ぶーんと音を立てて行く; 音を立てて落ちる[進む, 止まる]: ~ through the air 音を立てて飛んで行く / come *hurtling* down 音を立てて落ちてくる / In New Delhi, temperatures often ~*d* over the hundred mark. ニューデリーでは気温が(カ氏) 100 度を軽く超すことがよくある. **2** 〈車などが〉猛烈に突進する, 猛スピードで走る. **3** 《まれ》 ぶつかる, 衝突する (clash) 〔*against*〕: The car ~*d against* the fence. 車はフェンスにぶつかった. — *vt.* **1** ものすごい勢いで投げる. **2** 猛スピードで運転する, 暴走させる. **3** 《古》 ぶつける, 衝突させる; …とぶつかる. — *n.* 《詩》 ぶつかること, 衝突; 衝突する音 (clatter); 投げること. 〖(a1338) *hurtle(n)*: ⇨ hurt (v.), -le[3]〗

hur·tle·ber·ry /hə́:tlbèri | hə́:tlb(ə)ri/ *n.* 《古》 〖植物〗 **1** =blueberry; (特に) =whortleberry 1 a. **2** =huckleberry. 〖(1452–54) ← *hurtil-* ← OE *horte* whortleberry: ⇨ -ile[1], berry〗

húrt·less *adj.* **1** 害を与えない, 無害の (harmless). **2** 《古》 けがのない, 傷を受けない (unhurt). **~·ly** *adv.* **~·ness** *n.* 〖(?a1400): ⇨ -less〗

húr·tling /-tlɪŋ, -tl- | -tl-, -tl-/ *adj.* 《米》 疾走する, 暴走する. **~·ly** *adv.* 〖(1832) ← HURTLE+-ING[2]〗

Hus /hʌ́s, hús; *Czech* hús/, **Jan** *n.* ⇨ Huss.

Hu·sain /husáɪn/ *n.* **1** フサイン 《625–80; イスラム教シーア派 (Shi'a) 第 3 代の imam; 第 4 代カリフ Ali と Muhammad の娘 Fatima との息子; ウマイヤ朝の軍隊に敗れ, 殺害された》. **2** =Hussein.

Hu·sák /hú:sɑ:k; *Slovak.* húsa:k/, **Gustav** *n.* フサーク 《1913–91; チェコスロバキアの政治家; 共産党第一書記 (1969–87); 大統領 (1975–89)》.

Hu·sayn Ali /huséɪnɑ́:li, -ɑ:lí:/, **Mir·za** /míəzə | míə-/ *n.* フサインアリ (⇨ Baha Ullah).

hus·band /hʌ́zbənd/ *n.* **1** 夫 (↔ wife); 結婚している男性: Yesterday they became ~ and wife. 昨日彼らは夫婦になった / He'll make some girl a fine ~. 彼はだれかのいい亭主になるだろう / ~'s tea 《戯言・口語》 (亭主のいれる)薄い茶. **2** 《英古》 執事 (steward); 支配人 (manager). **3** [通例 good [bad] を伴って] 《古》 家政[事務]の処理の上手[下手]な人, 経済家 (economist), 倹約[浪費]家: a *good* [*bad*] ~. **4** 〖海事〗 =ship's husband.

— *vt.* **1 a** 節約して管理する (manage). **b** 倹約する, 節約して使う (economize): ~ one's resources 財源を節約して使う / ~ one's strength 控え目に力を出す / They ~*ed* oil for emergencies. いざというときに備えて油を節約していた. **2** 《古》 **a** 〈女性〉に夫を持たせる. **b** …の夫になる, 〈女性〉と結婚する (marry). **3** 《古》 耕す (till); 栽培する (cultivate). **~·er** *n.* 〖lateOE *hūsbonda* householder ◻ ON *hūsbōndi* ← *hūs* 'HOUSE'+*būandi* (pres.p.) (← *būa* to inhabit: ⇨ bower[1], bond[2])〗

hus·band·age /hʌ́zbəndɪdʒ/ *n.* 〖海事〗 (船舶管理人 (ship's husband) に払う)船舶管理料. 〖(1809): ⇨ -age〗

húsband·hòod *n.* 夫であること, 夫の身分. 〖(c1445): ⇨ -hood〗

húsband·less *adj.* 夫のない; 夫を亡くした. 〖(c1410): ⇨ -less〗

hús·band·ly *adj.* **1** 夫の[らしい, にふさわしい]: ~ rights and duties 夫としての権利と義務. **2** 《廃》 倹約な (frugal). **3** 《廃》 農夫の; 農耕の. 〖(c1412): ⇨ -ly[2]〗

húsband·man /-(d)mən/ *n.* (*pl.* **-men** /-mən, -mèn/) **1** (農業の)専門家: a dairy ~ 酪農家 / a poultry ~ 養鶏家 / an apiary ~ 養蜂家. **2** 《古》 農夫 (farmer). 〖(?a1300): cf. merchantman〗

hus·band·ry /hʌ́zbəndri/ *n.* **1 a** 農業, 耕作 (agriculture) 《酪農・養鶏・養蜂などを含む》. **b** 育種学. **2** 節約, 倹約 (thrift, frugality); 管理. **3** 《古》 家政: good [bad] ~ 上手[下手]な暮らし方. 〖(c1300): ⇨ husband, -ry〗

húsband·shìp *n.* =husbandhood. 〖1784〗

Hu·sein ibn-Ali /hu:séɪnɪbənɑ:lí:, hu-, husáɪn-, -ɑ́:li/ *n.* フサインイブンアリ 《1856–1931; サウジアラビア Hejaz の初代国王 (1916–24); 第一次大戦におけるアラブの反乱の指導者》.

hush[1] /hʌ́ʃ/ *vt.* **1** 静かにさせる (quiet), 黙らせる (silence): ~ clamor 抗議を黙らせる / ~ a baby to sleep 赤ん坊を黙らせて寝かせる. **2** しずめる, なだめる (lull, soothe) ⟨up⟩: ~ a person's fears 人の心配をなだめる. **3** 〈悪事・スキャンダル・良心の苛責などを〉抑える (restrain), もみ消す (suppress) ⟨up⟩: ~ *up* a scandal 不正事件をもみ消す. **4** 〖音声〗 しゅー音で発音する (cf. hiss *vt.* 2).

— *vi.* 《口語》 **1** 静かにする, 黙る: ~ *up* 口をつぐむ, 口外しない. **2** 静まりかえる.

— /ʃ:, hʌ́ʃ/ *int.* しっ, 静かに.

— *n.* **1** (騒ぎのあとなどの)静けさ, 静寂, 沈黙: the ~ of the evening 夕べの静けさ / A ~ had fallen in the room. 部屋はしんと静まり返っていた / the ~ before a tempest あらしの前の静けさ / They were watching in a ~. 彼らは息を殺して見詰めていた. **2** (不正事件などの)もみ消し (suppression): a policy of ~ もみ消し政策. **3** 〖音声〗 しゅー音 (hushing sound).

— *adj.* **1** [限定的] もみ消しの, 口止めの: ⇨ hush money. **2** 《古》 静かな, 音のない (silent). **3** 〖音声〗 しゅー音 (hushing sound) の.

~·ful *adj.* 〖v.: (1546) 《逆成》 ← ME *husht, hust* silent 《擬音語》: cf. hiss: 語末の t を p.p. 語尾と誤解〗

hush[2] /hʌ́ʃ/ *vt.* 《英北部方言》 〖鉱山〗 **1** (鉱脈を露出するため)〈地表〉に水を流す. **2** (土の粒子を除くために)〈鉱石〉に水をかける. — *n.* (特に人為的な)水の噴出, 水の奔流. 〖(1750) 《擬音語》: cf. G *Husch* sudden shower of rain〗

hush·a·by /hʌ́ʃəbàɪ/ *int.* (*also* **hush·a·bye** /~/) ねんねんよ, ねんねしな: *Hushaby*, baby. (坊やは)よい子だねんねしな. — *n.* 子守歌 (lullaby) 〖(1796): ⇨ ↑, lullaby〗

húsh bòat *n.* =Q-boat.

hushed /hʌ́ʃt/ *adj.* **1** しずまった, 静かな (calm) (⇨ still[2] SYN). **2** 秘密の, 内密の (confidential). **~·ly** *adv.* 〖(1602): cf. husht〗

húsh-hùsh *adj.* 《口語》 ごく内々の (secret). — *n.* **1** (政治・作戦などの)極秘; (礼儀上の)タブー, ごく内々のこと: a ~ on sexual matters. **2** 検閲 (censorship). — *vt.* **1** 〈報道などを〉伏せておく, 極秘にする. **2** もみ消す (suppress). 〖1861〗

Hu Shi /hú:ʃə́:; *Chin.* xúʂɨ̀/ *n.* 胡適(フーシー) 《1891–1962; 中国の思想家・文学者》.

húshing sòund *n.* 〖音声〗 しゅー音 《やや鈍い音色の歯擦音; [ʃ], [ʒ]; cf. hissing sound, sibilant》.

húsh kìt *n.* 《英》 (ジェットエンジン用の)消音装置.

húsh mòney *n.* 《俗》 口止め料, 内済金. 〖1709〗

húsh pùppy *n.* **1** [通例 *pl.*] 《米南部》 揚げたひき割りとうもろこしの小さな丸いパン. **2** [Hush Puppies] 〖商標〗 ハッシュパピー 《豚革やスエードで作ったふだん履きの軽い靴》. 〖(1918): 飢えた猟犬が吠えるのをやめさせるのに用いたことから〗

húsh shìp *n.* =hush boat.

husk[1] /hʌ́sk/ *n.* **1 a** 殻, さや, 皮; 《米》 トウモロコシの皮, 包葉. **b** (動物の)皮, (貝・えびなどの)殻. **2** (無用の)外皮, かす, 無価値なもの: a few ~*s* of reason 二, 三のくだらない理由. **3** 支えの枠組. **4** 《米俗》 やつ, 男 (guy): He's some ~. あいつは大したやつだ. — *vt.* …の殻をむく, さやをとる, 皮をはぐ. **~·lìke** *adj.* 〖(1392) *huske* ◻ ? LG *hūske* little house=MDu. *hūskijn* (dim.) ← *hūs* 'HOUSE'〗

husk[2] /hʌ́sk/ *n.* 〖獣医〗 家畜の気管支炎. — *vt.* しゃがれ声で歌う[話す]. — *vi.* しゃがれ声になる. 〖(1577) ← HUSK[1]〗

húsk·er *n.* **1** 殻[皮]をむく人, 脱穀者; 脱穀機. **2** 《米》 husking bee に加わる人. 〖(1780) ← HUSK[1]+-ER[1]〗

husk·i·ly /hʌ́skɪ̣li/ *adv.* しゃがれ声で. 〖(1858) ← HUSKY[3]+-LY[1]〗

húsk·ing *n.* 《米》 **1** トウモロコシの皮むき. **2** =husking bee. 〖(1721) ← HUSK[1]+-ING[1]〗

húsking bèe *n.* 《米》 トウモロコシの皮むきの寄合い 《隣家の人々や友人たちが手伝いに集まり, 終わるとダンスなどをして楽しむ; cornhusking ともいう; cf. bee[1] 4, sewing circle》. 〖1809〗

húsk-tomàto *n.* 〖植物〗 =ground-cherry 2.

hus·ky[1] /hʌ́ski/ *adj.* (**hus·ki·er**; **-ki·est**) 声がしゃがれた (hoarse); 〈人が〉しゃがれ声の (cf. clear 2 a); 〈ジャズ歌手が〉ハスキーな 《ふつうセクシーな感じを出す女性のしゃがれ声にいう》. 〖a1722〗

hus·ky[2] /hʌ́ski/ *adj.* (**hus·ki·er**; **-ki·est**) 《口語》 大柄で頑丈な, (体格の)がっしりした: a ~ young farmer. — *n.* がっちりした人, 大男; 強力な機械. **hús·ki·ness** *n.* 〖(1869): ⇨ husk[1]〗

hus·ky[3] /hʌ́ski/ *n.* **1** 《方言・カナダ》 イヌイット人[語]. **2 a** 新世界の北極地方に生息する毛のふさふさした作業犬 《イヌイット犬など》. **b** =Siberian Husky. 〖(1830) 《転訛》 ← ESKIMO〗

husk·y[4] /hʌ́ski/ *adj.* (**husk·i·er**; **-i·est**) **1 a** 皮の, 殻の. **b** 殻だらけの. **2 a** (殻のように)乾いた, かさかさの (dry). **b** からっぽの, 内容のない (empty). 〖(1552) ← HUSK[1] (n.)+-Y[4]〗

huss /hʌ́s/ *n.* 〖魚類〗 **1** ニシトラザメ (*Scyliorhinus caniculus*) 《ヨーロッパ産トラザメ科の魚; 食用》. **2** =nursehound. 〖(1440) 《転訛》 ← ME *husk* ← ?〗

Huss /hʌ́s, hús; *Czech* hús/, **John** *n.* フス 《1369–1415; ボヘミアの宗教改革者・殉教者; 異端者として焚刑(ふんけい)に処せられた; ボヘミアつづりは Jan Hus; cf. Moravian Brethren》.

hus·sar /huzɑ́ə, hə- | -zɑ́:(r/ *n.* **1** 軽騎兵 《もとは 15 世紀のハンガリーの軽騎兵; ⇨ busby》. **2** ヨーロッパ軍隊の軽騎兵(あでやかな制服を着用). 〖(1532) ◻ Hung. *huszár* ◻ OSerb. *husar* ◻ It. *corsaro* 'CORSAIR'〗

Hus·sein /hu:séɪn/, **Sad·dam** /sɑdɑ́:m | sædǽm; *Arab.* sa'd'ɑ́m/ *n.* フセイン 《1937–   ; イラクの軍人・政治家; 大統領 (1979–   ); 1990 年クウェートに侵攻し, 湾岸戦争を起こしたが翌年米国を中心とする多国籍軍に敗れた》.

Hussein I *n.* フセイン一世 《1935–99 ; ヨルダン国王 (1952–99)》.

Hus·serl /húsəl | -səl; G. húsɐl/, **Edmund** *n.* フッサール 《1859–1938; ドイツの哲学者; ⇨ phenomenology》.

Huss·ite /hʌ́saɪt, hús-/ *n.* **1** フス (Huss) 信奉者, フス派の信徒. **2** [*pl.*] フス派. — *adj.* フス信奉者の. **Húss·it·ism** /-tɪzm/ *n.* 〖(1532) ← NL *Hussīta*: ⇨ Huss, -ite[1]〗

hus·sy /hʌ́si, hʌ́zi/ *n.* **1** おてんば, 跳ねっ返り (minx), 小娘. **2** [軽蔑的] あばずれ女, みだらな女性. **3** 《英》 =housewife[2] 1. 〖(1530) 《転訛》 ← HOUSEWIFE[1]: ⇨ -y[2]〗

hus·tings /hʌ́stɪŋz/ *n. pl.* [通例単数扱い] **1** 《英》 **a**

選挙場《仮の木造の壇で, 1872 年まではここで国会議員候補者が指名され政見発表を行った》. **b** (議員候補者の)政見発表演説. **2 a** 選挙演説の演壇[会場]. **b** 選挙[政治]演説. **c** 選挙運動. **d** 選挙手続き, 投票. **3** 〘法律〙 **a** (もとは英国の諸都市で, 今は時折 London の市会議事堂 (Guildhall) で開かれる)都市裁判所《court of hustings ともいう》. **b** (米国 Virginia 州の一部の都市の)下級裁判所《hustings court ともいう》. 〘lateOE *hūsting* council ◻ ON *hūsþing* ← *hūs* 'HOUSE'+*þing* 'assembly, THING²': ⇨ -s¹〙

hústings còurt *n.* 〘法律〙 =hustings 3 b. 〘1675〙

hus·tle /hʌ́sl/ *vt.* **1 a** 乱暴に押す (shove): ~ things *out of* the way 邪魔な物を押しのける / He was ~*d out of* the town. 彼は町から追い出された / He was ~*d into* the car by the police. 警察に無理に車の中に押し入れられた. **b** 〈人を〉無理に動かす, 急がす, せかせる: ~ a sightseeing party from one place to another 観光団を次から次へとせかせて連れて行く. **c** 強いる, 無理に…させる〔*into*〕: ~ a person *into* a decision 人を無理に決心させる / ~ a person *into* buying something 人に無理に何かを買わせる. **2** 《米口語》〈仕事などを〉急ぐ, せく (hurry): ~ a discussion to a conclusion 急いで討論を結論にもっていく / ~ the work (along [through]) さっさと仕事をやってのける. **3** 〈小銭・氷片などを〉かき混ぜて振る (jostle). **4** 《米口語》 **a** 〈金などを〉(不正手段で)手に入れる; 強奪する, 巻き上げる, ゆする. **b** 押し売りする, (押し売りで)売り込む; 〈町などで〉押し売り[強引な商売]をする. **5** 《米俗》 **a** 〈人を〉だます (swindle), だまして〔金などを〕奪う, …から〔…を〕巻き上げる〔*out of, for*〕. **b** 〈人を誘い込んで(仕掛けた)賭博をさせる. — *vi.* **1** 乱暴に押す, 押しつける, 押し合う (push, shove); 押しながら進む: ~ *against* a person 人に突き当たる / ~ *through* the street 人込みを押し合いながら町を通る. **2** 急ぐ, 急いで行く[する]; 騒ぎ回る (bustle). **3** 《米口語》〈商売や金もうけを〉頑張ってやる, 積極的に働く; 〈スポーツ・ゲームなどを〉意欲的にする, ハッスルする; てきぱきさばく[やる]. **4 a** 《米口語》いかがわしい手段で金をもうける[生計を立てる]. **b** 《米俗》〈売春婦が客を誘う[引く]. *hústle a person's búns* [*búff*] 《米俗》とっととやる, さっさとかたづける.
— *n.* **1** 押し合い; 押し進むこと, 雑踏: the ~ and bustle of the city 市街地の押し合いへしあい[雑踏]. **2 a** 《米口語》(商売などでの精力的な)活動, 敏腕ぶり, ハッスル. **b** 《米俗》騒ぎ, 騒動. **3** 《米口語》 **a** (収入・もうけになる)仕事. **b** 詐欺(行為), ぺてん. **4** ハッスル《激しい動きのディスコダンス》《1970 年代に流行》.
gèt a hústle òn 《口語》急いで[てきぱき]やる.
〘(1684) ◻ Du. *hutseln, husselen* to shake, toss (freq.) ← *hutsen* to shake ← Gmc **χut-* (擬音語)?〙

hús·tler /-slə, -slə | -slə^(r), -sl-/ *n.* **1** ひどく押す人. **2** 《米俗》(商売などの)やり手, すご腕, 活動家, 敏腕家; 強引なセールスマン. **3** 《俗》 **a** ぺてん師, 詐欺師. **b** すりの相棒. **c** (プロの)ばくち打ち, 賭事師. **d** 売春婦; 男娼. **4** 〘窯業〙素地(しじ)運び《陶磁器成形素地を窯(かま)のある小屋へ運ぶ係》. **5** (NZ) 〘農業〙まぐわ, まんが. 〘(1825) ← HUSTLE+-ER¹〙

Hus·ton /hjúːstən, júː s- | hjúːs-/, **John** *n.* ヒューストン《1906–87; 米国の映画監督・俳優》.

hus·wife /hʌ́zɪf, -zɪf | -zɪf/ *n.* 《英》 =housewife².

hut¹ /hʌ́t/ *n.* **1 a** 小屋, あばら屋 (hovel), 仮小屋, (山中の)ヒュッテ: a peasant's ~ / a bathing ~. **b** 《豪》牛[羊]飼いの宿舎, カウボーイ小屋. 日英比較 日本語の「バラック」や「(キャンプ用の)バンガロー」は, 英語ではこの語に該当する. **2** 〘軍事〙仮兵舎: ⇨ QUONSET hut. — *v.* (**hut·ted; hut·ting**) — *vt.* 小屋[仮兵舎]に泊まらせる (billet). — *vi.* 小屋[仮兵舎]に泊まる (lodge); 〈軍隊が〉陣営を張る. **~·like** *adj.* 〘(1545) ◻ (O)F *hutte* ◻ G *Hütte* (ヒュッテ) < OHG *hutta* < Gmc **χuđjōn*? ← **χūđ-* 'HIDE¹'〙

hut² /hʌ́t/ *int.* はっ(はっ)《行進のリズムを整える合図[号令]》. 〘(1948) 《変形》? ← HUP〙

hutch /hʌ́tʃ/ *n.* **1** (穀物などを入れる)箱, ひつ (chest, bin): a grain ~. **2** (パン屋の)こねおけ (kneading trough). **3** (小動物を飼う)檻(おり), 箱 (cage): a rabbit ~. **4** (下が前戸付きで上に戸のない棚のある)食器棚. **5** 《軽蔑・口語》小屋 (hut), ちっちゃな家. **6** 〘鉱山〙ハッチ, 洗鉱槽(そう); そこにたまった鉱石; 鉱石運搬車; ハッチ精鉱. — *vt.* **1** 《古》箱に納める, しまい込む. **2** 〘鉱山〙ハッチ[洗鉱槽]で〈鉱石を〉洗う. 〘(*c*1200) *huch(e)* chest ◻ (O)F *huche* kneading trough < ML *hūticam* box〙

hutch·ie /hʌ́tʃi/ *n.* 《豪》(仮宿舎用の)テントのシーツ.

Hutch·ins /hʌ́tʃɪnz | -tʃɪnz/, **Robert May·nard** /méɪnəd | -nəd/ *n.* ハッチンズ《1899–1977; 米国の教育家・法学者; Chicago 大学学長 (1929–45), 同名誉学長 (1945–51)》.

Hutch·in·son /hʌ́tʃɪnsən, -sn | -tʃɪn-/, **Anne** *n.* ハチンソン《1591–1643; 英国からの移住者で, 米国植民時代の Massachusetts 地方の女性宗教指導者; 自由思想のために追放され, 晩年にはインディアンの襲撃に遭い, 幼い娘一人を残して一家全員虐殺された》.

Hutchinson, Arthur Stuart Men·teth /mɛntíːθ/ *n.* ハチンソン《1879–1971; 英国の小説家; *If Winter Comes* (1921)》.

Hutchinson, Thomas *n.* ハチンソン《1711–80; Massachusetts 植民地の最後の知事 (1771–74); 英本国の政策を支持し独立戦争のきっかけとなった Boston 茶会事件を ひき起こした (1773); cf. Boston Tea Party》.

hút cìrcle *n.* 〘考古〙(先史時代の住居の跡を示す)環状列石 (cromlech). 〘1865〙

Hu·ter·ite /hʌ́tərὰɪt, hʊ́t-, húː t- | -tə-/ *n.* 〘キリスト教〙 =Hutterite.

hu·ti·a /huːtíːə; *Am.Sp.* utía/ *n.* 〘動物〙フチア類《ビーバーネズミ[フチア]科 (Capromyidae) の動物の総称; 西インド諸島に生息; 食用となる》. 〘(1793) ◻ Sp. *hutía* ◻ Taino *huti, cuti*〙

hut·ment /hʌ́tmənt/ *n.* 仮兵舎宿営地; 仮兵舎宿泊. 〘(1889): ⇨ -ment 5〙

Hutt /hʌ́t/ *n.* ハット《ニュージーランド北島南部の都市》.

Hut·ten /hʊ́tn; G. hʊ́tn/, **Ul·rich** /ʊ́lrɪç/ **von** *n.* フッテン《1488–1523; ドイツの人文学者・詩人; Luther の支持者として知られる》.

Hut·ter·ite /hʌ́tərὰɪt, hʊ́t-, húː t- | -tə-/ *n.* 〘キリスト教〙フッター派の信徒[教徒]《チェコ東部 Moravia 地方に起こり, 米国北西部からカナダにかけて土地共有のコミューン的生活をしている再洗礼派 (Anabaptists) の一派の信徒》. **Hut·te·ri·an** /hʌtíᵊriən, hʊt-, huː- | -tíər-/ *adj.* 〘(1645) ← *Jacob Hutter* (16 世紀オーストリアの宗教改革者)+-ITE¹〙

Hut·ton /hʌ́tn/, **James** *n.* ハットン《1726–97; スコットランドの地質学者; 近代地質学の創始者》.

Hu·tu /húːtuː/ *n.* **1** フツ族《アフリカ中部のルワンダおよびブルンジに住むバンツー族の農耕民; cf. Bahutu》. **2** フツ語《バンツー諸語の一つ》. 〘1965〙

hutz·pah /hʊ́tspə, xʊ́ts-, -pɑː/ *n.* (*also* **hutz·pa** /~/) =chutzpah.

Hux·lei·an /hʌ́ksliən, hʌkslíːən/ *adj.* **1** Aldous Huxley (風)の. **2** Thomas Huxley の. 〘(1: 1934; 2: 1889): ⇨ ↓, -ian〙

Hux·ley /hʌ́ksli/, **Al·dous** /ɔ́ːldəs, ɑ́ːl- | ɔ́ːl-, ɔ́l-/ (**Leonard**) *n.* ハクスリー《1894–1963; 英国の小説家・評論家》; T. H. Huxley の孫; *Crome Yellow* (1921), *Point Counter Point* (1928), *Brave New World* (1932), *Eyeless in Gaza* (1936)》. **Hux·ley·an** /hʌ́ksliən, hʌkslíːən/ *adj.*

Huxley, Andrew Fielding *n.* ハクスリー《1917–2012; 英国の生理学者; Nobel 医学生理学賞 (1963)》.

Huxley, Sir Julian (**Sor·rell** /sɔ́(ː)rəl, sɑ́(ː)r- | sɔ́r-/) *n.* ハクスリー《1887–1975; 英国の生物学者・著述家, ユネスコの初代事務総長; Aldous Huxley の兄》.

Huxley, Thomas Henry *n.* ハクスリー《1825–95; 英国の生物学者; Darwin の進化論を支持した; Aldous, Julianおよび Andrew の祖父; *Lay Sermons* (1870)》.

Hu Yao·bang /húːjὰʊbɑ́ːŋ, xuː-; *Chin.* xúiàupāŋ/ *n.* 胡耀邦(フーヤオバン)《1913–89; 中国の政治家; 文革後中国共産党総書記 (1980–87)》.

Huy·gens /háɪgənz; *Du.* hœ́yxəns/, **Chris·tian** *n.* ホイヘンス《1629–95; オランダの数学者・物理学者・天文学者》.

Húygens éyepiece *n.* 〘光学〙ホイヘンス接眼鏡《間を隔てた 2 枚の凸レンズから成る色消し接眼鏡で, 対物レンズによる像が 2 枚のレンズの中間に生じる》. 〘(1900) ← *C. Huygens*〙

Húygens prìnciple *n.* 〘物理〙ホイヘンスの原理《時間の経過につれて見られる波面の形の変化は, 一定時の波の波面の各点を新しい第 2 の波の源とみなし, 第 2 の波の波面集合に接する面を作図することによって幾何学的に決めることができるとする》. 〘(1840) ← *C. Huygens*〙

Huy·ghens /háɪgənz; *Du.* hœ́yxəns/, **Christian** *n.* =Christian HUYGENS.

Huys·mans /wiːsmɑ̃ː(ŋ)s, -mɑ́ːŋs; *F.* ɥismɑ̃ːs, *Du.* hœ́ysmans/, **Jo·ris** /*F.* ʒɔʁis *Du.* jóːris/ **Karl** *n.* ユイスマンス《1848–1907; フランスの小説家・美術批評家; *À Rebours*「さかしま」(1884), *Là-bas*「彼方」(1891); 本名 Charles Marie Georges》.

huz·zah /hʊzɑ́ː, hʌ-, hə-/ (*also* **huz·za** /~/) *int.* 万歳, よくやった, わーい, やったー(など), 喝采の叫び. 《歓喜・喝采・激励を表す》. — *n.* 万歳, わーい, やったー(など), 喝采の叫び. — *vi.* 歓喜[喝采, 激励]の叫びを上げる. — *vt.* 万歳[フレー]と叫んで〈人を迎える, 歓迎する. 〘(1573) (擬音語): cf. hurrah〙

huz·zy /hʌ́zi/ *n.* =hussy.

hv 《略》 have.

HV, h.v. 《略》 high velocity; high voltage.

hvy 《略》 heavy.

hw 《略》 how.

HW, h.w. 《略》 high water; highway; 〘クリケット〙 hit wicket; hot water.

h/w 《略》 herewith.

Hwai·ning /hwàɪníŋ/ *n.* 懐寧《Anking の旧名》.

hwan /(h)wɑ́ːn; *Korean* hwan/ *n.* (*pl.* ~) ホワン(圜)《韓国の通貨単位; 1962 年 won に変わった; 1 ホワン貨幣》. 〘← Korean〙

Hwan·ge /hwǽŋgeɪ/ *n.* ホワンゲ《ジンバブエ西部の町; 石炭の産地; 旧名 Wankie》.

Hwang Hai /hwɑ́ːŋhάɪ/ *n.* =Huang Hai.

Hwang Ho /hwɑ́ːŋhóʊ | -háʊ/ *n.* =Huang He.

HWM 《略》 high-water mark.

hwy 《略》 highway.

hwyl /húːɪl; *Welsh* húil, húɪl/ *n.* (ウェールズ人の特質としての)非常な熱情[熱弁, 雄弁]. — *adj.* (ウェールズ人を特徴づけるような)熱弁の, 熱情の. 〘(1899) ◻ Welsh ~ ← ?〙

hy. 《略》 〘電気〙 henry.

Hy. 《略》 Henry (cf. Hen).

hy- /haɪ/ (母音の前にくるときの) hyo- の異形.

hy·a·cinth /háɪəsɪnθ, -sn̩θ | -sɪnθ/ *n.* **1** 〘植物〙 **a** ヒヤシンス (*Hyacinthus orientalis*). **b** ヒヤシンスの花[球根]. **c** ヒヤシンスに似た植物: ⇨ grape hyacinth. **2** ヒヤシンス色《青みがかった紫色》. **3** 美少年 Hyacinthus の血の中から生じたと古代人が信じた草花《アイリス・グラジオラス・ヒエンソウなどいろいろに想像されている》. **4** 〘鉱物〙 **a** ヒヤシンス, 風信子鉱《zircon の紅色透明なもので宝石に用いる; jacinth ともいう》. **b** 紫水晶またはサファイアとされている古代の宝石. 〘(1553) ◻ L *hyacinthus* ◻ Gk *huákinthos* ∞ ME *jacinct(e)* ◻ OF *jacincte* (F *jacinthe*) ◻ L〙

Hy·a·cinth /háɪəsɪnθ, -sn̩θ | -sɪnθ/ *n.* ハイアシンス《女性名》. 〘↑〙

hýacinth bèan *n.* 〘植物〙フジマメ, センゴクマメ, アジマメ (*Dolichos lablab*)《アジア・アフリカの熱帯地方産マメ科のつる植物で実は食用; 日本でも栽培》.

hy·a·cin·thi·an /hὰɪəsínθiən⁻/ *adj.* =hyacinthine. 〘1714〙

hy·a·cin·thin /hὰɪəsínθɪn | -θɪn/ *n.* 〘化学〙ヒヤシンチン (⇨ phenylacetaldehyde). 〘← HYACINTH+-IN²〙

hy·a·cin·thine /hὰɪəsínθɪn, -θaɪn | -θaɪn⁻/ *adj.* **1** 〈髪が〉ヒヤシンスの(ような), ヒヤシンス色[すみれ色]の. **2** ヒヤシンスで飾った. **3** 可憐(かれん)な, 美しい (lovely). 〘(1656) ◻ L *hyacinthinus*: ⇨ hyacinth, -ine¹〙

Hy·a·cin·thus /hὰɪəsínθəs/ *n.* 〘ギリシャ神話〙ヒュアキントス《Apollo が愛した美少年; Apollo の投げた円盤が誤って彼に当たって死んだがその血から美しい花 (⇨ hyacinth 3) が生じたという》. 〘◻ L ~ ◻ Gk *Huákinthos*: cf. hyacinth〙

Hy·a·des /háɪədìːz/ *n. pl.* (*also* **Hy·ads** /háɪædz/) **1** 〘ギリシャ神話〙ヒュアデス《Atlas の七人娘で Dionysus を育てた nymph たち; 兄弟がいのししに殺されたのを悲しんでやつれ果て, 死んで星になったという; cf. Pleiades 1》. **2** 〘天文〙ヒヤデス星団《牡牛座 (Taurus) の主星 Aldebaran の近くにある星団; 古代にはこれが太陽と共に昇ると雨が降るといわれた》. 〘(*a*1398) ◻ L *Hyadēs* ◻ Gk *Huádes* little pigs ← ? *hûs* swine: 通俗語源で Gk *húein* to rain と連想〙

hy·ae·na /haɪíːnə/ *n.* =hyena.

hy·ae·no·don /haɪíːnədὰ(ː)n, -én- | -dɒn, -dɒn/ *n.* 〘古生物〙始新世後期から漸新世後期に生存していた肉食の猛獣. 〘← NL ~ (↓)〙

hyal- /háɪəl/ (母音の前にくるときの) hyalo- の異形.

hy·a·line /háɪəlɪn, -làɪn | -lɪn, -lìːn, -làɪn/ *adj.* **1** ガラスのような, ガラス質の (glassy). **2** 〘生物〙透明な (transparent); 水晶のような (crystalline). **3** 〘鉱物〙非晶質の (amorphous). — *n.* **1** ガラスのように透明なもの; 《詩・文語》鏡のように穏やかな海, 澄みきった空, 碧空(へきくう). **2** (*also* **hy·a·lin** /-lɪn | -lɪn/) 〘生化学〙ヒアリン《含水泡腫(ほうしゅ)の壁を構成している透明な角質物質》. **3** 〘解剖〙硝子(しょうし)質, ヒアリン. 〘(*a*1661) ◻ LL *hyalinus* ◻ Gk *huálinos* glassy ← *húalos*: ⇨ hyalo-〙

hýaline càrtilage *n.* 〘解剖〙硝子(しょうし)[ヒアリン]軟骨. 〘1855〙

hýaline degenerátion *n.* 〘病理〙ヒアリン変性. 〘1897〙

hýaline mémbrane disèase *n.* 〘病理〙ヒアリン膜症, 肺硝子膜症, 《特に, 肺の気嚢(きのう)を覆う透明なガラス状の繊維膜ができるために早産未熟児がかかるしばしば致命的な呼吸器疾患》. 〘1953〙

hy·a·lin·i·za·tion /hὰɪələnɪzéɪʃən | -lɪnaɪ-, -nɪ-/ *n.* 〘病理〙ヒアリン化. 〘(1919) ← HYALINE + -IZATION〙

hy·a·lite /háɪəlàɪt/ *n.* 〘鉱物〙玉滴石, ハイアライト《opal の一種だが半透明あるいは無色透明で商業的価値はない》. 〘(1794) ← HYALO-+-ITE¹〙

hy·a·lo- /háɪəloʊ | -ləʊ/「ガラス(状)の; 透明な」の意の連結形. ★ 母音の前では通例 hyal- になる. 〘(19C) ← Gk *húalos* crystal, glass〙

hy·al·o·gen /haɪǽlədʒən, -dʒèn/ *n.* 〘生化学〙ヒアロゲン《加水分解するとヒアリン (hyaline) を生じる水に不溶性の物質》. 〘⇨ ↑, -gen〙

hy·a·lo·graph /háɪələgrǽf | -ləʊgrὰːf, -grǽf/ *n.* ガラス面彫刻具. 〘← HYALO-+-GRAPH〙

hy·a·log·ra·phy /hὰɪəlɑ́(ː)grəfi | -lɔ́g-/ *n.* ガラス画技法; ガラス彫刻技法.

hy·a·loid /háɪəlɔ̀ɪd/ *adj.* ガラス状の, ガラスのような (glassy); 透明な (transparent). — *n.* =hyaloid membrane. 〘((1670)) (1835–36) ◻ F *hyaloïde* // L *hyaloides* ◻ Gk *hualoeidḗs*: ⇨ hyalo-, -oid〙

hýaloid mèmbrane *n.* 〘解剖〙(目の)硝子(しょうし)様膜. 〘1835–36〙

hy·al·o·mere /haɪǽləmɪə | -mɪə^(r)/ *n.* 〘解剖〙(血小板の)透明質 (cf. chromomere 1). 〘(1936) ← HYALO-+-MERE 1〙

hy·al·o·phane /haɪǽləfèɪn/ *n.* 〘鉱物〙重土長石 ($BaAl_2Si_2O_8$). 〘(1855) ← HYALO-+-PHANE〙

hy·al·o·plasm /haɪǽləplæ̀zm, háɪələʊ- | háɪələ(ʊ)-, haɪǽlə-/ *n.* 〘生物〙透明質《細胞の原型質で, 光学顕微鏡で透明に見える部分》. **hy·al·o·plas·mic** /hὰɪələplǽzmɪk, -loʊ- | -lə(ʊ)-⁻/ *adj.* 〘(1886) ← HYALO-+-PLASM〙

hý·al·u·ron·ic ácid /hὰɪəlʊᵊrɑ́(ː)nɪk- | -lʊərɔ́n-, -ljʊər-/ *n.* 〘生化学〙ヒアルロン酸《動物組織中にある直鎖状の高分子多糖体でグルコサミノグリカンの一種; 眼球硝子体液・関節滑液などに含まれる》. 〘(1934) ← HYAL(INE) (n.)+-URONIC〙

hy·al·u·ron·i·dase /hὰɪəlʊᵊrɑ́(ː)nədèɪs, -dèɪz | -lʊərɔ́nɪdèɪs, -ljʊər-/ *n.* 〘生化学〙ヒアルウロニダーゼ, ヒアルウロン酸分解酵素《細胞間充物質を溶かす酵素; spreading factor ともいう》. 〘(1940): ⇨ ↑, -id³, -ase〙

Hy·att /háɪət/, **Anna Vaugh** *n.* ハイアット《1876–1973; 米国の彫刻家; 動物像・騎馬像で知られる》.

hyb. 《略》 hybrid.

hy·brid /háɪbrɪd | -brɪd/ *n.* **1 a** (動植物の)雑種 (cf. mongrel). **b** 混血児, 混血の人. **2** 〘文化人類学〙二つの異なった文化[伝統]の混成で作り出された人[団体], 文化的雑種. **3** 混種物, 混成物 (composite): an arti-

ficial ~ 人工による混成物 / ⇨ hybrid computer, hybrid vigor. **4** 〘言語〙混種語《異なった言語·方言からの要素の混じり合ってできた語; 例: oddity, pleasantly, bureaucracy, speedometer, etc.; cf. blend 3》. **—** *adj.* **1** 雑種の, 混血種の (crossbred): a ~ animal, race, rose, etc. / a ~ nation 混血民族. **2** 混成の (heterogeneous): a ~ word 混種語 (cf. *n.* 4). **3** 〘物理〙《電磁波が電場·磁場の伝搬方向成分がゼロでない. **4** 〘電子工学〙〈回路がトランジスターと真空から成る, 〈IC が〉半導体チップと他の部品を基盤上にもつ, ハイブリッドの.
〚(1601) □ L *hybrida* offspring of tame sow and wild boar, mongrel ← ?〛

hýbrid bíll *n.* 〘議会〙(公的と私的の)混合法案. 〚1859〛

hýbrid cár *n.* ハイブリッドカー《電気自動車の一種で電池を内燃機関発電機で充電しながら走るもの》.

hýbrid cóil *n.* 〘電気〙ハイブリッドコイル《3 巻線からなる平衡用変圧器》. 〚1925〛

hýbrid compúter *n.* 〘電算〙混成型コンピューター《アナログコンピューターとデジタルコンピューターを一体化して組み合わせたもの》. 〚1968〛

hýbrid córn *n.* 雑種トウモロコシ《きわめて優秀な生産力と耐病性をもった一代雑種; しかしその種子による子孫は劣等で実用価値がない》.

H

hý·brid·ism /-dìzm/ *n.* **1** 雑種性; 交配(現象); 雑種育成. **2** 〘言語〙混成; 混種 (cf. blending, contamination 4). 〚(1845): ⇨ -ism〛

hý·brid·ist /-dɪ̣st | -dɪst/ *n.* 雑種繁殖者. 〚(1849): ⇨ -ist〛

hy·brid·i·ty /haɪbrídəṭi | -dɪ̣ti/ *n.* =hybridism 1. 〚1837〛

hy·brid·iz·a·tion /hàɪbrɪ̣dɪ̣zéɪʃən | -brɪdaɪ-, -dɪ-/ *n.* **1** (異種)交配, かけ合わせ, 交雑 (crossing) (cf. mating 1). **2** 〘言語〙混成. **3** 〘地質〙=assimilation 2 b. 〚(1851): ⇨ ↓, -ation〛

hy·brid·ize /háɪbrɪ̣dàɪz | -brɪ-/ *vt.* **1** かけ合わせる, 交配させる (cross). **2** 〘言語〙混成語に造る. **—** *vi.* 雑種を生む, 雑種繁殖する (interbreed); 混血児を産む.

hý·brid·ìz·er *n.* **hy·brid·iz·a·ble** /háɪbrɪ̣dàɪzəbl, ⸗⸗⸗⸗ | -brɪ-/ *adj.* 〚(1845): ⇨ -ize〛

hy·brid·o·ma /hàɪbrɪ̣dóumə | -brɪdə́u-/ *n.* 〘生物〙ハイブリドーマ, 雑種細胞.

hýbrid paràmeter *n.* 〘電気〙h パラメーター《トランジスターの特性を示すのに広く用いられているパラメーターで, 出力短絡入力インピーダンス·逆方向電圧帰還率·順方向電流増幅率·入力開放出力アドミタンスの 4 個の量からなる; h-parameter ともいう》.

hýbrid perpétual ròse *n.* 〘園芸〙ハイブリッドパーペチュアル系バラ《19 世紀のバラの主流; 多くの系統が交配して成立; 強勢で返り咲き性を有し, 大輪で芳香がある; 単に hybrid perpetual ともいう》. 〚1848〛

hýbrid téa ròse *n.* 〘園芸〙ハイブリッドティー系バラ《現在の株バラの主流; 四季咲きで大輪, 花色も多様; ティーローズ (tea rose) と hybrid perpetual rose の交配品種を中核としている; 単に hybrid tea ともいう》. 〚1890〛

hýbrid vígor *n.* 〘生物〙=heterosis. 〚1918〛

hy·bris /háɪbrɪ̣s, hiː- | -brɪs/ *n.* =hubris.

hy·bris·tic /haɪbrístɪk/ *adj.* =hubristic.

hyd. 《略》hydraulics; hydrostatics.

hy·dan·to·in /haɪdǽntouɪ̣n | -təuɪn/ *n.* 〘化学〙ヒダントイン, グリコリル尿素 ($C_3H_4N_2O_2$)《融点 220°C, 無色の結晶》. 〚(1866) ← HYD(ROGEN)+(ALL)ANTO(IS)+-IN[2]〛

hy·dat- /háɪdət | -dət/ (母音の前にくるときの) hydato- の異形.

hy·da·thode /háɪdəθòud | -dəθə̀ud/ *n.* 〘植物〙水孔, 排水組織, 過水組織《water pore, water stoma ともいう》. 〚(1895) ← HYDATO-+Gk *hodós* way, road〛

hy·da·tid /háɪdəṭɪ̣d | -dətɪd/ *n.* **1** 〘動物〙包虫《エキノコックス属 (*Echinococcus*) の条虫の幼虫で, 人を含む哺乳類の内臓に包嚢(ほうのう)をつくる; cf. echinococcus》. **2** 〘病理〙嚢胞《一種の条虫の幼虫によって人または哺乳動物の体内にできる》. **3** 〘病理〙=hydatid disease. **—** *adj.* hydatid の. 〚(1683) □ Gk *hudatid-*, *hudatís* watery vesicle ← *hudōr* water: ⇨ -id[3]〛

hýdatid disèase *n.* 〘病理〙包虫症 (⇨ echinococcus). 〚1829〛

hy·da·tid·i·form /hàɪdəṭídəfɔ̀ːm | -dətídɪ̣fɔ̀ːm/ *adj.* =cystic.

hy·da·tid·i·form móle *n.* 〘医学〙胞状奇胎. 〚(1859): ⇨ ↑, +-form, mole[5]〛

hy·da·tid·i·nous /hàɪdəṭídənəs, -dn̩- | -dətíd-, -dn̩-/ *adj.* =hydatid.

hy·da·to- /háɪdəṭou | -dətəu/「水 (water)」の意の連結形. ★ 母音の前では通例 hydat- になる. 〚← ? NL ~ ← Gk *hudat-*, *hudōr* water〛

Hyde[1] /háɪd/ *n.* ハイド《イングランド北西部 Manchester 東郊の町》.

Hyde[2] /háɪd/ *n.* ハイド《男性名》. 〚ME *Hyde* ← OE *hīd* 'HIDE[3]'〛

Hyde /háɪd/, **Douglas** *n.* ハイド (1860–1949; アイルランドの国粋運動の指導者·著作家·Gaelic 語学者; ゲール連盟 (Gaelic League) 初代会長 (1893–1915); アイルランド共和国初代大統領 (1938–45)).

Hyde, Edward *n.* ⇨ 1st Earl of CLARENDON.

Hyde, Mr. *n.* ハイド氏 (⇨ Dr. JEKYLL).

hy·del /háɪdel/ *adj.* 《インド》=hydroelectric.

Hýde Párk /háɪd-/ *n.* ハイドパーク: **1** London の公園; その東北隅の一角にだれでも自由に演説できる Speakers' [Orators'] Corner がある: a ~ orator ハイドパークの街頭演説者. **2** 米国 New York 州南東部, Hudson 川沿いの村; Franklin D. Roosevelt の生地で埋葬地. 〚← OE *hīd* 'HIDE[3]'〛

Hy·der·a·bad /háɪdərəbæ̀d, -drə-, -bɑ̀ːd | -dərə-, -drə-, ⸗⸗⸗⸗/ *n.* ハイデラバード: **1** インド Andhra Pradesh 州の州都. **2** インド中南部の旧州; 現在は Andhra Pradesh, Karrataka, Maharashtra の諸州に分かれる. **3** パキスタン南部, Indus 河畔の都市.

hyd·no·car·pate /hìdnoukɑ́əpeɪt | -nə(u)kɑ́ː-/ *n.* 〘薬学〙ヒドノカルプ酸塩《ハンセン病治療薬として使用された》. 〚(1905) ← NL *hydnocarpus* ← Gk *húdnon* (↑)+*karpós* fruit: ⇨ -ate[1]〛

hýd·no·car·pic ácid /hídnoukɑ̀əpɪk- | -nə(u)-kɑ̀ː-/ *n.* 〘化学〙ヒドノカルプ酸 ($C_{16}H_{28}O_2$)《ハンセン病治療薬として使用された》. 〚(1905): ⇨ ↑, -ic[1]〛

hydr- /haɪdr/ (母音または h の前にくるときの) hydro- の異形.

hy·dra /háɪdrə/ *n.* (*pl.* **~s, hy·drae** /-driː/) **1** [H-] 〘ギリシャ神話〙ヒュドラ, ヒドラ《九頭の蛇で Hercules に殺された怪物; 一つの頭を切るとその跡にたちまち新たに二つの頭ができたという》. **2** 根絶し難いもの, 大きな災い. **3** 〘動物〙ヒドラ《*Hydra* 属の腔腸(こうちょう)動物の総称》. **4** [H-] 〘天文〙うみへび(海蛇)座《南天の星座; the Water Snake [Monster], the Sea Serpent ともいう》. 〚(16C) □ L ~ □ Gk *húdrā* water snake ← *húdōr* water ∞ (*c*1380) *idre* □ OF *ydre, idres* (F *hydre*)〛

Hy·drach·ni·dae /haɪdrǽknədiː | -nɪ-/ *n. pl.* 〘動物〙オオミズダニ科. 〚← NL ~ ← *Hydrachna* (属名) ← HYDRO-+Gk *ákhnē* foam: ⇨ -idae〛

hy·drac·id /haɪdrǽsɪ̣d | -sɪd/ *n.* 〘化学〙水素酸 (cf. oxyacid). 〚(1826) ← HYDRO-+ACID〛

hy·drae·mi·a /haɪdríːmiə/ *n.* 〘病理〙=hydremia.

hýdra-héaded *adj.* **1** (Hydra のように) 頭の多い, 多頭の. **2** 支部[支店, 出張所, 分校など]の多い. **3** 取り去るあとから出てくる, 根絶し難い: a ~ multitude (追っても追っても群がってくる)群衆. 〚1599〛

hy·dral·a·zine /haɪdrǽləziːn, -zɪ̣n | -ziːn, -zɪn/ *n.* 〘薬学〙ヒドララジン ($C_8H_8N_4$)《抗高血圧病薬》. 〚(1952) ← ? HYDRO-+(PHTH)ALAZINE〛

hy·dran·gea /haɪdréɪndʒə, -drǽn-, -dʒiə/ *n.* **1** 〘植物〙アジサイ《ユキノシタ科アジサイ属 (*Hydrangea*) の低木の総称; アジサイ, アマチャ(甘茶) (*H. macrophylla*) など》. **2** 〘薬学〙(乾燥させた)アジサイの根[茎]《利尿剤として使用された》. 〚(1753) ← HYDRO-+-ANGE+-A[2]〛

hy·drant /háɪdrənt/ *n.* **1** 給水栓; (柱状の)消火栓《fireplug ともいう》. **2** 〘方言〙蛇口 (faucet). 〚(1806) ← HYDRO-+-ANT〛

hy·dranth /háɪdrænθ/ *n.* 〘動物〙ヒドロ花《ヒドロ虫類の群体を構成する各個虫; 触手を伸ばすと開いた花のように見える》. 〚(1874) ← HYDRO-+Gk *ánthos* flower (⇨ antho-)〛

hy·drarch /háɪdrɑək | -drɑːk/ *adj.* 〘生態〙〈遷移系列 (sere) が〉湿性の《湖沼·河川などの湿地から遷移が始まる》. 〚(1913) ← HYDRO-+-ARCH[2]〛

hy·drar·gyr·i·a /hàɪdrɑədʒíriə | -drɑː-/ *n.* 〘病理〙水銀(中毒)症 (mercurialism). 〚(1810) ← NL ~: ⇨ hydrargyrum, -ia[1]〛

hy·drar·gy·ri·a·sis /hàɪdrɑədʒəráɪəsɪ̣s | -drɑːdʒɪráɪəsɪs/ *n.* 〘病理〙=hydrargyria. 〚(1854) ← NL ~: ⇨ hydrargyrum, -iasis〛

hy·drar·gy·rism /haɪdrɑ́ədʒərìzm | -drɑ́ːdʒɪ-/ *n.* 〘病理〙=mercurialism.

hy·drar·gy·rum /haɪdrɑ́ədʒərəm | -drɑ́ːdʒɪ-/ *n.* 〘化学〙《廃》=mercury. 〚(1563) ← NL ~ (変形) ← L *hydrargyrus* □ Gk *hudrárguros* ← *húdōr* water+*árguros* silver〛

hy·drase /háɪdreɪs, -dreɪz | -dreɪs/ *n.* 〘生化学〙ヒドラーゼ《加水分解ではなく基質に水を添加したり, 取り外したりする酵素》. 〚(1943) ← HYDRO-+-ASE〛

hy·dras·tine /haɪdrǽstiːn, -tɪ̣n | -tiːn, -tɪn/ *n.* 〘化学〙ヒドラスチン ($C_{21}H_{21}NO_6$)《アルカロイドの一種; 止血薬》. 〚(1876) ← HYDRAST(IS)+-INE[3]〛

hy·dras·ti·nine /haɪdrǽstəniːn, -nɪ̣n | -tɪniːn, -nɪn/ *n.* 〘薬学〙ヒドラスチニン ($C_{11}H_{13}NO_3$)《白い結晶状の有毒のアルカロイドで, ヒドラスチンから合成され, 塩酸塩の形で心筋興奮剤および子宮止血剤に使われた》. 〚(1887) ← HYDRAST(IS)+-INE[3]〛

hy·dras·tis /haɪdrǽstɪ̣s | -tɪs/ *n.* 〘植物〙=goldenseal. 〚(1865) ← NL ~ ← HYDRO-〛

hy·drate /háɪdreɪt, -drɪ̣t/ *n.* 〘化学〙 **1** 水和物, 含水化合物, 水化物. **2** =hydroxide. **—** /háɪdreɪt | ⸗⸗, ⸗⸗/ *vt., vi.* 水和する, 水化する.

hý·dra·tor /-tə | -tə[r]/ *n.* 〚(1802) □ F ~: ⇨ hydro-, -ate[1]〛

hý·drat·ed /-dreɪṭɪ̣d | -tɪd/ *adj.* 水化[水和]した. 〚(1809): ⇨ ↑, -ed〛

hýdrated alúmina *n.* 〘化学〙=alumina trihydrate.

hýdrated líme *n.* 〘化学〙水和石灰, 消石灰 (calcium hydroxide).

hy·dra·tion /haɪdréɪʃən/ *n.* 〘化学〙水和(作用). 〚(1854) ← HYDRATE[2]+-ATION〛

hydrátion nùmber *n.* 〘化学〙水和数《水和している水分子の数》.

hydraul. 《略》hydraulic; hydraulics.

hydrauli *n.* hydraulus の複数形.

hy·drau·lic /haɪdrɔ́ːlɪk, -drɑ́ː- | -drɔ́ːl-, -drɔ́l-/ *adj.* **1 a** 水力を用いる[で動かす]; 水力の, 水圧の; 油圧の: a ~ crane 水圧クレーン / ~ machinery 水力機械 / ~ power [pressure] 水力[水圧力] / ⇨ hydraulic brake, hydraulic press. **b** 水流の[に関する]. **2** 水力学の, 水力工学の; 流水[動水]の. **3** 〈セメントなど〉水中で硬化する: ~ mortar 水硬モルタル. **—** *n.* 水圧応用機械; 《特に》=hydraulus. **hy·dráu·li·cal·ly** *adv.* **hy·drau·lic·i·ty** /hàɪdrɔːlísəṭi, -drɑː- | -drɔːlísɪ̣ti, -drɔl-/ *n.* 〚(1605) □ L *hydraulicus* □ Gk *hudraulikós* ← HYDRO-+Gk *aulós* pipe: ⇨ -ic[1]〛

hydráulic accúmulator *n.* 〘機械〙水圧だめ, 水力だめ.

hydráulic bráke *n.* 〘機械〙油圧ブレーキ. 〚1874〛

hydráulic cemént *n.* 〘土木〙水硬セメント. 〚1851〛

hydráulic cóupling *n.* 〘機械〙=fluid coupling.

hydráulic engineéring *n.* 水力工学. 〚1835〛

hydráulic-fill dám *n.* 〘土木〙水締めダム《水流によって土砂を運搬·沈積させて造ったアースダム》.

hydráulic flúid *n.* 〘機械〙水圧液体《油やグリセロールのように通例低粘性の流動体で, 水圧機械装置に使われる》. 〚1941〛

hydráulic gráde lìne *n.* 〘土木〙=hydraulic gradient line.

hydráulic grádient *n.* 〘土木〙動水勾配. 〚1881〛

hydráulic grádient lìne *n.* 〘土木〙動水勾配線.

hy·drau·li·cian /hàɪdrɔːlíʃən, -drɑː- | -drɔːl-, -drɔl-/ *n.* 水力学者, 水力技師.

hydráulic jáck *n.* 〘機械〙油圧(床)ジャッキ. 〚1851〛

hydráulic júmp *n.* 〘土木〙跳水(ちょうすい)《水路を急速に流れている水が, 障害にあたり水路の傾斜が変わったりした際に起こる水深の急に増大する現象》. 〚1922〛

hydráulic líft *n.* 〘機械〙水圧[油圧]リフト.

hydráulic méan dépth *n.* 〘土木〙径深, 水力水深, 動水半径 (hydraulic radius). 〚1797〛

hydráulic míning *n.* 水力採鉱. 〚1873〛

hydráulic mótor *n.* 水力発動機.

hydráulic órgan *n.* =hydraulus.

hydráulic píle *n.* 〘土木〙水力打ち杭.

hydráulic pówer plànt [stàtion] *n.* 水力発電所.

hydráulic préss *n.* 水圧[油圧]プレス. 〚1851〛

hydráulic rádius *n.* 〘土木〙=hydraulic mean depth. 〚1876〛

hydráulic rám *n.* 〘機械〙水撃ポンプ, 水圧ラム《水撃作用を利用した自動揚水機》. 〚1808〛

hy·drau·lics /haɪdrɔ́ːlɪks, -drɑ́ːl- | -drɔ́ːl-, -drɔ́l-/ *n.* **1** 水力学. **2** 〘土木〙水理学《流体力学を空気力学·水力学に二分した場合の水力学を日本の土木工学では特に水理学という; fluid mechanics ともいう》. 〚(1671): ⇨ hydraulic, -ics〛

hydráulic suspénsion *n.* 〘自動車〙ハイドロリックサスペンション, 油圧式懸架装置.

hydráulic tórque convèrter *n.* 〘機械〙(液体)トルクコンバーター[変速機].

hydráulic válve *n.* 調水弁.

hy·drau·lus /haɪdrɔ́ːləs, -drɑ́ːl- | -drɔ́ːl-, -drɔ́l-/ *n.* (*pl.* **hy·drau·li** /-laɪ/, **~·es**) ヒュドラウリス, 水オルガン《水圧を利用して通風させ音を出した古代ローマのパイプオルガン》. 〚(1874) □ L ~ □ Gk *húdraulos* hydraulic organ ← HYDRO-+*aulós* pipe〛

hy·draz- /haɪdrǽz, háɪdrəz/ 〘化学〙(母音の前にくるときの) hydrazo- 1 の異形.

hy·dra·zide /háɪdrəzàɪd, -zɪ̣d | -zàrd, -zɪd/ *n.* 〘化学·薬学〙ヒドラジッド《一般式 R·CO·NHNH$_2$ で表される有機化合物; 結核治療薬イソニコチン酸ヒドラジド (isonicotinic acid hydrazide) の略称》. 〚(1888) ← HYDRAZ(INE)+-IDE[2]〛

hy·dra·zine /háɪdrəziːn, -zɪ̣n | -ziːn, -zɪn/ *n.* 〘化学〙 **1** ヒドラジン (N_2H_4)《強い還元剤》. **2** ヒドラジンの水素原子を他の基で置換したもの《phenyl hydrazine など》. 〚(1887) ← HYDRAZO-+-INE[3]〛

hy·draz·o /haɪdrǽzou, háɪdrəzòu | haɪdrǽzəu, háɪdrəzə̀u/ *adj.* 〘化学〙ヒドラゾ基 (–NHNH–) (hydrazo group) を含む. 〚↓〛

hy·draz·o- /haɪdrǽzou, háɪdrəz- | -zəu/ 〘化学〙 **1** 「ヒドラジン (hydrazine) に関する」の意の連結形. ★ 母音の前では通例 hydraz- になる. **2** 「ヒドラゾ基 (–NHNH–) (hydrazo group) を含んだ」の意の連結形. 〚← HYDRO-+AZO-〛

hy·dra·zo·ate /hàɪdrəzóueɪt | -zə́u-/ *n.* 〘化学〙アジ化水素酸塩[エステル], 窒化水素酸塩[エステル]. 〚(1910): ⇨ -ate[1]〛

hydrázo gròup *n.* 〘化学〙ヒドラゾ基《ヒドラジンから誘導される 2 価の原子団 –NHNH–》.

hy·dra·zo·ic /hàɪdrəzóuɪk | -zə́u-⸗/ *adj.* 〘化学〙アジ化水素酸の. 〚(1894) ← HYDRAZO-+-IC[1]〛

hýdrazoic ácid *n.* 〘化学〙アジ化水素酸, 窒化水素酸《アジ化水素 (HN_3) の水溶液, 毒性が強く爆発しやすい》. 〚1894〛

hy·dra·zone /háɪdrəzòun | -zə̀un/ *n.* 〘化学〙ヒドラゾン《アルデヒドやケトンなどのカルボニル基とヒドラジンの縮合化合物の総称》. 〚(1888) □ G *Hydrazon*: ⇨ hydrazo-〛

hy·dre·mi·a /haɪdríːmiə/ *n.* 〘病理〙水血症《血液中に水分が異常に多く含まれる状態》. 〚(1845) ← NL ~: ⇨ hydro-, -aemia〛

hy·dri·a /háɪdriə/ *n.* (*pl.* **hy·dri·ae** /-driː/) ヒュドリア《古代ギリシャ·ローマの大きな胴体に短い首の付いた水つぼ; 肩下に水平の取っ手が二つ, 肩から口下にかけて垂直の取っ手が一つ付いている》. 〚(19C) □ L ~ □ Gk *hudríā* waterpot ← *húdōr* water ∞ (*c*1275) *idre* □ OF〛

hy·dric /háidrɪk/ *adj.* **1**〘化学〙水素の, 水素を含む. **2**〘生態〙多量の水分[水蒸気]の[を必要とする]: a ～ plant 水生植物 / a ～ habitat 水域生息地, 生息水域. **hý·dri·cal·ly** *adv.* 〖(1: 1854; 2: 1926) ← HY-DRO-＋-IC¹〗

-hy·dric /háidrɪk/〘化学〙次の意味を表す形容詞連結形: **1**「水酸基 (hydroxyl) を含む」. ★ 特にアルコール類とフェノール類に関する語に用いられる: hexa*hydric* alcohols [phenols]. **2**《古》「水素を含む」: mono*hydric*. 〖↑〗

hy·dride /háidraɪd, -drɪ̀d | -draɪd, -drɪd/ *n.*〘化学〙**1** 水素化合物. **2**《古》水酸化物 (hydroxide). 〖(1849) ← HYDRO-＋-IDE²〗

hy·dri·od·ic /hàɪdriá(ː)dɪk | -ɔ́d-ˊ/ *adj.*〘化学〙ヨウ化水素酸の, ヨウ化水素酸から誘導された. 〖(1819) ← HYDRO-＋IOD(INE)＋-IC¹〗

hydriodic ácid *n.*〘化学〙ヨウ化水素酸 (hydrogen iodide) 《ヨウ化水素 (HI) の水溶液》. 〖1819〗

hy·dro¹ /háɪdroʊ | -drəʊ/ *n.* (*pl.* **～s**)《口語》**1 a**《英》水治療院. **b** 水治療施設付きホテル, ハイドロホテル. ★ しばしば固有名詞化して Hotel Hydro などとして用いる. **c** 鉱泉場, 湯治場 (spa). **2**〖《略》← HYDROPLANE〗水上滑走艇. **3**〖(1916)《略》← *hydroelectric power*〗《カナダ》水力発電(所); 電気. 〖(1882)《略》← *hydro(pathic establishment)*〗

hy·dro² /háɪdroʊ | -drəʊ/ *adj.* =hydroelectric. 〖(1916)《略》← HYDROELECTRIC〗

hy·dro- /háɪdroʊ | -drəʊ/ **1**「水の; 水素の」の意の連結形. **2**〘病理〙「水分が貯留した」の意の連結形. ★ 母音の前では通例 hydr- になる. **3**「ヒドロ (hydriod) 虫」の意の連結形. 〖(18C) □ L *hydro-* □ Gk *hudro-* ← *hú-dōr* water ← IE **wed-* 'WATER; wet': ⇨ -o-〗

hy·dro·a /haɪdróʊə | -dróʊə/ *n.*〘病理〙水疱症. 〖□ F ～ 《変形》← Gk *hidrõia* (pl.) prickly heat ← *hidrṓs* sweat〗

hỳdro·acóustic *adj.*〘物理〙流体音波の《流体中で発生する音波に関していう》.

hỳdro·áirplane *n.* =hydroplane. 〖(1932): cf. *hydro-aeroplane* (1909)〗

hỳdro·biólogy *n.*〘生物・生態〙水生生物学; (特に) 淡水[湖沼]生物学 (limnology). **hỳdro·biológical** *adj.* **hỳdro·biólogist** *n.* 〖(1926) ← HYDRO-＋BIOLOGY: cf. G *Hydrobiologie*〗

hýdro·bíplane *n.* 複葉水上(飛行)機.

hýdro·bòmb *n.* 航空魚雷《飛行機が投下する魚雷》.

hỳdro·brómic *adj.*〘化学〙臭化水素酸の, 臭化水素酸から誘導された. 〖(1836) ← HYDRO-＋BROMIC〗

hydrobromic ácid *n.*〘化学〙臭化水素酸《臭化水素 (HBr) の水溶液》. 〖1836〗

hỳdro·brómide *n.*〘化学〙臭化水素酸塩. 〖(1877) ← HYDROBROM(IC)＋-IDE²〗

hydro·carbon /hàɪdroʊkáːbən, -drə-, -bn̩ | hàɪ-drə(ʊ)káː-/ *n.*〘化学〙炭化水素. **hỳ·dro·carbo·náceous** *adj.* **hỳdro·carbónic** *adj.* **hỳ-dro·cárbonous** *adj.* 〖(1826) ← HYDRO-＋CARBON〗

Hy·dro·car·y·a·ce·ae /hàɪdroʊkæ̀riéɪsiìː, -drə-, -kɛ̀r- | -drə(ʊ)kæ̀r-/ *n. pl.*〘植物〙ヒシ科 (Trapaceae). **hỳ·dro·càr·y·á·ceous** /-ʃəsˊ/ *adj.* 〖← NL ～: ⇨ hydro-, cary-, -aceae〗

hy·dro·cele /háɪdrəsiːl, -drə- | -drə(ʊ)-/ *n.*〘病理〙水瘤(すいりゅう), 陰嚢(いんのう)水腫(すいしゅ). 〖(1597) □ L *hydrocēlē* □ Gk *hudrokḗlē*: ⇨ hydro-, -cele¹〗

hỳdro·céllulose *n.*〘化学〙ヒドロセルロース, 水和セルロース《酸によって加水分解されたセルロース》. 〖← HYDRO-＋CELLULOSE〗

hỳdro·cephálic *adj.*〘病理〙脳水腫(すいしゅ)の(特徴を示す), 脳水腫に関する; 福助頭の. — *n.* 脳水腫患者. 〖(1815) ← HYDROCEPHAL(US)＋-IC¹〗

hỳ·dro·céphalus *n.*〘病理〙脳水腫(すいしゅ), 水頭(症)《俗称 water on the brain》. **hỳdro·céphalous** *adj.* **hỳdro·céphaloid** *adj.* 〖(1670) □ LL ～ □ Gk *hudroképhalos*: ⇨ hydro-, -cephalous〗

hỳdro·céphaly *n.*〘病理〙=hydrocephalus. 〖(1882) ? □ F *hydrocéphalie*: ⇨ ↑, -y¹〗

hỳdro·chlóric *adj.*〘化学〙塩化水素の, 塩酸の, 塩酸から誘導された. 〖(1817) ← HYDRO-＋CHLORIC〗

hydrochloric ácid *n.*〘化学〙塩酸《塩化水素 (HCl) の水溶液》. 〖*c*1828〗

hỳdro·chlóride *n.*〘化学〙塩酸塩. 〖(1826) ← HY-DROCHLOR(IC)＋-IDE²〗

hỳdro·chlorothíazide *n.*〘薬学〙ヒドロクロルチアジド ($C_7H_8ClN_3O_4S_2$)《利尿剤兼血圧降下剤》. 〖(1958) ← HYDRO-＋*chlorothiazide*〗

hy·dro·cin·na·mal·de·hyde /hàɪdroʊsɪnə-mǽldəhàɪd | -drə(ʊ)sɪnəmǽldɪ̀-/ *n.*〘化学〙ヒドロシンナムアルデヒド ($C_6H_5CH_2CH_2CHO$)《ヒヤシンスのような香気をもつ無色の液体; 香料に用いる; hydrocinnamic aldehyde ともいう》. 〖← *hydrocinnam(ic)* (↓)＋ALDEHYDE〗

hydro·cinnámic áldehyde *n.*〘化学〙=hydrocinnamaldehyde. 〖*hydrocinnamic*: ← HYDRO-＋*cinnamic*〗

hỳdro·clímate *n.*〘生態〙水中気候, 水候《水中生物に関して水温・酸性度・混濁度・比重・化学成分などを陸上生物に対する「気候」になぞらえていう》. 〖← HYDRO-＋CLIMATE〗

hy·dro·coele /háɪdrəsiːl, -drə- | -drə(ʊ)-/ *n.* (*also* **hy·dro·coel** /～/)〘動物〙水腔《棘皮(きょくひ)動物の水管系, あるいは発生初期に現れるその前駆体》. 〖← HYDRO-＋-COELE〗

hỳdro·cólloid *n.*〘化学〙ヒドロコロイド《親水性のコロイド物質; 食品の乳化剤などに使われる》. **hỳdro·collóidal** *adj.* 〖(1926) ← HYDRO-＋COLLOID〗

hýdro·còral *n.*〘動物〙ヒドロサンゴ《ヒドロサンゴ目 (*Hydrocorallian*) のアナサンゴモドキ類 (*Milleporina*) およびサンゴモドキ類 (*Stylasterina*) に属する腔腸動物》.

hỳdro·córalline *n.*〘動物〙=hydrocoral.

hỳdro·córtisone *n.*〘生化学〙ヒドロコーチゾン ($C_{21}H_{30}O_5$)《副腎(ふくじん)皮質のホルモンの一つ; Compound F, cortisol ともいう》. 〖(1951) ← HYDRO-＋CORTISONE〗

hýdro·cràck *vt.*〘化学〙水素化分解する. 〖(1940) ← HYDRO-＋CRACK (v.)〗

hýdro·cràcker *n.*〘化学〙水素化分解用の装置. 〖(1965) ← HYDRO-＋CRACKER〗

hýdro·cràcking *n.*〘化学〙水添分解, 水素添加分解, 水素化分解. 〖(1940) ← HYDRO-＋CRACKING〗

hỳdro·cyánic *adj.*〘化学〙シアン化水素の. 〖(1818) ← HYDRO-＋CYANIC〗

hydrocyanic ácid *n.*〘化学〙青酸, シアン化水素酸 (HCN) (prussic acid ともいう). 〖1819〗

hỳdro·desulfurizátion *n.*〘化学〙水素脱硫法《触媒による水素添加分解によって硫黄化合物を除去する方法》. 〖(1950) ← HYDRO-＋DESULFURIZATION〗

hỳdro·dynámic *adj.* 流体力学の, 水力学の, 動水力学の; 水力[圧]の. **hỳdro·dynámical** *adj.* **hỳ·dro·dynámically** *adv.* 〖(1828) ← NL *hydrodynamicus*: ⇨ hydro-, dynamic〗

hỳdro·dynámicist *n.* 流体力学者. 〖(1961): ⇨ ↓, -ist〗

hỳdro·dynámics *n.* 流体[液体]力学, 動水力学, 水力学 (fluid mechanics). 〖(1779) ← NL *hydrodynamica*: ⇨ hydrodynamic, -ics〗

hỳdro·elástic suspénsion *n.*〘自動車〙=hydraulic suspension.

hỳdro·eléctric *adj.* 水力電気[発電]の: a ～ project 水力発電計画. **hỳdro·eléctrically** *adv.* 〖(1827) ← HYDRO-＋ELECTRIC〗

hỳdro·electrícity *n.* 水力電気. 〖(1828) ← HY-DRO-＋ELECTRICITY〗

hỳdro·extráct *vt.* 脱水機で処理する. 〖(1882)《逆成》↓〗

hỳdro·extráctor *n.* 脱水機. 〖(1851) ← HYDRO-＋*extractor*〗

hýdro·flàp *n.*〘航空〙ハイドロフラップ《飛行艇などの水中舵またはブレーキ; cf. hydrovane》.

hỳdro·fluóric *adj.*〘化学〙フッ化水素(酸)の, フッ化水素(酸)から誘導された. 〖(1822) □ F *hydrofluorique*: ⇨ hydro-, fluoric〗

hýdrofluoric ácid *n.*〘化学〙フッ化水素酸 (HF)《ガラス腐食用》. 〖1822〗

hỳdro·fluosilícic ácid *n.*〘化学〙=fluosilicic acid.

hy·dro·foil /háɪdroʊfɔɪl, -drə- | -drə(ʊ)-/ *n.* **1** 水中翼《高速艇の下部に取り付けた翼; 水中滑走中に速度が速くなるに従って艇体を水面から浮上させる》. **2** 水中翼船 (hydrofoil boat). 〖(1919) ← HYDRO-＋FOIL¹〗

hýdrofoil bòat *n.* =hydrofoil 2.

hýdro·fòrmer *n.*〘化学〙ハイドロフォーミング, 反応塔 (⇨ hydroforming). 〖(1941) ← HYDROFORM(ING)＋-ER¹〗

hýdro·fòrming *n.*〘化学〙ハイドロフォーミング《石油から高オクタン価ガソリンを作る操作の一つ; 接触的脱水素と環式化を行う; cf. reforming》. 〖(1931) ← HYDRO-＋(*re*)*forming*〗

hýdroforming pròcess *n.*〘化学〙ハイドロフォーミング法《酸化モリブデン-アルミナ触媒を用い加圧水素気流中で行われるガソリン改質法の一つ》. 〖1953〗

hỳdro·for·myl·á·tion /-fɔ̀əmɪ̀léɪʃən | -fɔ̀ː-/ *n.*〘化学〙オキソ合成, ヒドロホルミル化 (cf. oxo process). 〖← HYDRO-＋FORMYL＋-ATION〗

hỳdro·frác·tur·ing /-tʃərɪŋ/ *n.* 水力破砕(法), (ハイドロ)フラクチャリング《地下の岩盤に液体を圧送して割れ目をつくり, 油井の出油を促進する方法》. 〖⇨ ↑, fracturing〗

hỳdro·gasificátion *n.* 高熱高圧水素処理(法). 〖(1954) ← HYDRO-＋*gasification*〗

hỳdro·gásifier *n.* 高熱高圧水素処理装置. 〖(1966) ← HYDRO-＋*gasifier*〗

hy·dro·gel /háɪdrədʒɛ̀l, -drə- | -drə(ʊ)-/ *n.*〘化学〙ヒドロゲル《水を分散媒とするゲル》. 〖(1864) ← HYDRO-＋GEL(ATIN)〗

hy·dro·gen /háɪdrɪdʒən/ *n.*〘化学〙水素《気体元素の一つ; 記号 H, 原子番号 1, 原子量 1.0079》. 〖(1791) □ F *hydrogène*: ⇨ hydro-, -gen〗

hy·drog·e·nase /haɪdrá(ː)dʒɪ̀nèɪs, háɪdrə-, -nèɪz | haɪdrɔ́dʒ-, háɪdrɪ̀-/ *n.*〘生化学〙ヒドロゲナーゼ《水素分子を出入させる酸化還元反応を触媒する酵素の総称》. 〖(1900) ← HYDROGEN＋-ASE〗

hy·drog·en·ate /haɪdrá(ː)dʒɪ̀nèɪt, háɪdrɪ̀- | haɪ-drɔ́dʒ-, háɪdrɪ̀-/ *vt.*〘化学〙**1** 水素と化合させる, …に水素を含ませる. **2** 水素で(硬化)処理する: ～*d* oil 硬化油. **hy·drog·en·a·tion** /haɪdrà(ː)dʒɪ̀néɪʃən, hàɪdrɪ̀d- | haɪdrɔ̀dʒ-, hàɪdrɪ̀-/ *n.* **hy·dróg·e·nà·tor** /-tə | -tə(r)/ *n.* 〖(1809): ⇨ hydrogen, -ate³〗

hýdrogen ázide *n.*〘化学〙アジ化水素 (HN_3)《この水溶液が azoimide》.

hýdrogen bòmb *n.* 水素爆弾《原子爆弾より強力; H-bomb ともいう》. 〖1947〗

hýdrogen bònd [bònding] *n.*〘物理〙水素結合《水・アルコール・フッ化水素などにみられる分子間の結合》. 〖1923〗

hýdrogen brómide *n.*〘化学〙臭化水素 (HBr).

hýdrogen cárbonate *n.*〘化学〙炭酸水素塩.

hýdrogen chlóride *n.*〘化学〙塩化水素 (HCl). 〖1869〗

hýdrogen cýanide *n.*〘化学〙シアン化水素《扁桃臭をもつ猛毒の無色液体》. 〖1882〗

hýdrogen dióxide *n.*〘化学〙=hydrogen peroxide.

hýdrogen eléctrode *n.*〘電気〙水素電極《電極電位の基準となる電極で, 水素イオンを含む溶液に白金を浸したもの》. 〖1898〗

hýdrogen flúoride *n.*〘化学〙フッ化水素《流動しやすい無色の発煙性の液体; 水に溶かしてフッ化水素酸を作る》. 〖1909〗

hýdrogen íodide *n.*〘化学〙ヨウ化水素 (HI). 〖1899〗

hýdrogen ìon *n.*〘化学〙**1** 水素イオン (H^+). **2** =hydronium. 〖1896〗

hýdrogen-ìon concentrátion *n.*〘化学〙水素イオン濃度. 〖1935〗

hy·drog·en·ize /haɪdrá(ː)dʒɪ̀nàɪz, háɪdrɪ̀- | haɪ-drɔ́dʒ-, háɪdrɪ̀-/ *vt.*〘化学〙=hydrogenate. 〖(1802): ⇨ -ize〗

hy·dro·gen·ol·y·sis /hàɪdrɪ̀dʒɪ̀ná(ː)ləsɪ̀s | -nɔ́lɪ̀sɪs/ *n.*〘化学〙水素化分解. 〖(1931) ← HYDROGEN＋-O-＋-LYSIS〗

hy·drog·e·nous /haɪdrá(ː)dʒɪ̀nəs | -drɔ́dʒ-/ *adj.* **1** 水素の, 水素を含む. **2**〈岩石が〉水成の. 〖(1791) ← HYDROGEN＋-OUS〗

hýdrogen óxide *n.*〘化学〙酸化水素, 水 (H_2O) (water).

hýdrogen peróxide *n.*〘化学〙過酸化水素 (H_2O_2)《水溶液は消毒剤・漂白剤用; hydrogen dioxide ともいう》. 〖1872〗

hýdrogen spéctrum *n.*〘物理〙水素スペクトル.

hýdrogen súlfate *n.*〘化学〙硫酸水素塩 (M^IHSO_4) (bisulfate ともいう).

hýdrogen súlfide *n.*〘化学〙硫化水素 (H_2S). 〖1873〗

hýdrogen súlphate *n.*〘化学〙=bisulfate.

hýdrogen súlphite *n.*〘化学〙=bisulfite.

hýdrogen tártrate *n.*〘化学〙=bitartrate.

hỳdro·geólogy *n.* 水文地質学《地表水および地下水を対象とした地質学の一部門》. **hỳdro·geológical** *adj.* **hỳdro·geólogist** *n.* 〖(1824) ← HY-DRO-＋GEOLOGY〗

hýdro·glìder *n.*〘航空〙水上グライダー. 〖1921〗

hy·dro·graph /háɪdroʊgræ̀f, -drə- | -drə(ʊ)grɑ̀ːf, -græ̀f/ *n.* **1** 自記水位計, 水位記録計《井戸・貯水池・河川などの深さの変化を調べる計器》. **2** 水位図; 水位曲線, ハイドログラフ. 〖(1893) ← HYDRO-＋-GRAPH〗

hy·drog·ra·pher /haɪdrá(ː)grəfə | -drɔ́grəfə(r)/ *n.* **1** 水界地理学者. **2** 水路学者; 水路測量者. 〖(1559) ← HYDROGRAPHY＋-ER¹〗

hy·dro·graph·ic /hàɪdroʊgrǽfɪk, -drə- | -drə(ʊ)-ˊ/ *adj.* **1** 水界地理学の. **2** 水路学の, 水路測量術の: a ～ chart 海図. 〖(1665) ← HYDRO-＋-GRAPHIC〗

hỳ·dro·gráph·i·cal /-fɪ̀kəl, -kl̩ | -fɪ-ˊ/ *adj.* =hydrographic. **～·ly** *adv.* 〖1570〗

hydrográphic survéying *n.* 河海測量《河川・海岸・港湾などの測量》.

hy·drog·ra·phy /haɪdrá(ː)grəfi | -drɔ́g-/ *n.* **1 a** 水路学. **b** (河海の)水路測量(術). **2** [集合的]《地図・測量・学術論文で扱われる》一地域の大洋・湖・川の総称. 〖(1559) □ F *hydrographie*: ⇨ hydro-, -graphy〗

hy·droid /háɪdrɔɪd/ *adj.* ヒドロ虫 (hydrozoan) の. — *n.* ヒドロ虫の樹状群体. 〖(1864) ↓〗

Hy·droi·da /haɪdrɔ́ɪdə | -də/ *n. pl.*〘動物〙(腔腸動物門)ヒドロ虫目. 〖← NL ～ ← *Hydra* (属名: ⇨ hydra)＋-OIDA〗

hỳdro·kinétic *adj.*〘物理〙流体力学の. **hỳdro·kinétically** *adv.* 〖1873〗

hỳdro·kinétics *n.*〘物理〙流体[液体]力学 (cf. hydrostatics). 〖(1873) ← HYDRO-＋KINETICS〗

hy·dro·lant /háɪdrəlæ̀nt/ *n.* (米国海軍による)大西洋緊急水路告示 (cf. hydropac). 〖← HYDRO-＋(AT)LANT(IC)〗

hy·dro·lase /háɪdrəlèɪs, -lèɪz | -lèɪs/ *n.*〘生化学〙加水分解酵素. 〖(1922) ← HYDRO-＋-OL¹＋-ASE〗

hy·dro·lith /háɪdrəlɪθ/ *n.*〘化学〙ヒドロライト (CaH_2)《水素化カルシウム; 野外における水素発生剤》. 〖(1906) ← HYDRO-＋-LITH: cf. F. *hydrolithe*〗

hy·dro·log·ic /hàɪdrəlá(ː)dʒɪk | -lɔ́dʒ-ˊ/ *adj.* 水文(すいもん)学の, 陸水学の. **hỳ·dro·lóg·i·cal** /-dʒɪ̀kəl, -kl̩ | -dʒɪ-ˊ/ *adj.* **hỳ·dro·lóg·i·cal·ly** *adv.*

hydrologic cýcle *n.*〘地質〙水の循環, 水文循環《水が水蒸気となって大気中にはいり, 凝結して雨・雪などになって降下し, また水蒸気となって大気中に戻る循環》. 〖(1887) *hydrologic*: ← HYDROLOGY＋-IC¹〗

hy·dról·o·gist /-dʒɪ̀st | -dʒɪst/ *n.* 水文学者. 〖(1830): ⇨ ↓, -ist〗

hy·drol·o·gy /haɪdrá(ː)lədʒi | -drɔ́l-/ *n.* 水文(すいもん)学, 陸水学《陸地上の水の性質・現象および分布などを研究する》. 〖(1762) ← HYDRO-＋-LOGY〗

hy·drol·y·sate /haɪdrá(ː)ləsèɪt | -drɔ́lɪ̀-/ *n.*〘化学〙水解物《加水分解による生成物; 一般に蛋白質・多糖類・脂肪などから加水分解によって生じた物質》. 〖(1915): ⇨ ↓, -ate¹〗

H

H

hy·drol·y·sis /haɪdrɑ́(ː)ləsɪs | -drɔ́lɪsɪs/ *n.* (*pl.* **-y·ses**)〖化学〗加水分解.〘(1880) ← HYDRO-＋-LYSIS〙

hy·dro·lyt·ic /hàɪdrəlíṭɪk | -tɪk⁻/ *adj.* 加水分解の. **hỳ·dro·lýt·i·cal·ly** *adv.*

hy·dro·lyz·a·ble /háɪdrəlàɪzəbl/ *adj.* 加水分解できる.〘← HYDROLY(SIS)＋(I)ZABLE〙

hy·drol·y·zate /haɪdrɑ́(ː)ləzèɪt | -drɔ́lɪ-/ *n.*〖化学〗＝hydrolysate.

hy·dro·lyze /háɪdrəlàɪz/ *vt., vi.*〖化学〗加水分解する.〘(1880): *analysis—analyse* からの連想〙

hỳdro·magnétic *adj.*〖物理〗電磁流体力学の (magnetohydrodynamic).〘(1943) ← HYDRO-＋MAGNETIC〙

hỳdro·magnétics *n.*〖物理〗電磁流体力学 (magnetohydrodynamics).〘(1953) ← HYDRO-＋MAGNETICS〙

hy·dro·man·cer /háɪdrəmæ̀nsə | -sə(r)/ *n.* 水占い者[師].〘(?*c*1400) *idromauncer*: ⇨ ↓, -er¹〙

hy·dro·man·cy /háɪdrəmæ̀nsi/ *n.* 水占い《潮の干満などによって占う》. **hy·dro·man·tic** /hàɪdrəmǽnṭɪk | -tɪk⁻/ *adj.*〘(*a*1393) *idromanci(e)* ◻ OF *ydromancie* (F *hydromancie*) ◻ LL *hydromantia*: ⇨ hydro-, -mancy〙

hỳdro·mánia *n.* 水渇望.

hỳdro·masságe *n.* 水中マッサージ《水噴射を用いたマッサージ》.

hỳdro·mechánics *n.* 流体[液体]力学 (hydrodynamics). **hỳdro·mechánical** *adj.* **hỳdro·mechánically** *adv.*〘(1851) ← HYDRO-＋MECHANICS〙

hỳdro·medúsa *n.* (*pl.* **-du·sae** /-siː/)〖動物〗ヒドロクラゲ《ヒドロ虫類のポリプから生じた小形のクラゲをいう; ポリプとクラゲの間に世代交番が行われる》. **hỳdro·medúsan** *adj.* **hỳdro·medúsoid** *adj.*〘(1889) ← HYDRO-＋MEDUSA〙

hy·dro·mel /háɪdrəmèl/ *n.* **1**〖薬学〗ハイドロメル《蜂蜜水を主成分とする緩下剤》. **2**〖古〗(発酵しない) 蜂蜜水《発酵したものは mead という》.〘(16C) ◻ L ～ ← Gk *méli* honey ∞ (1392) *idromel* ◻ OF *ydromelle*〙

hỳdro·métallurgy *n.* 湿式冶金(やきん)法 (cf. pyrometallurgy). **hỳdro·metallúrgical** *adj.* **hỳdro·metallúrgically** *adv.*〘(*c*1890) ← HYDRO-＋METALLURGY〙

hỳdro·méteor *n.*〖気象〗大気水象《水蒸気の凝結・昇華による生成物, すなわち雨・あらし・霧・雲など》.〘(1857) ← HYDRO-＋METEOR〙

hỳdro·meteorólogy *n.* 水文気象学. **hỳdro·meteorológical** *adj.* **hỳdro·meteorológically** *adv.* **hỳdro·meteorólogist** *n.*〘(1859) ← HYDRO-＋METEOROLOGY〙

hy·drom·e·ter /haɪdrɑ́(ː)məṭə | -drɔ́mɪtə(r)/ *n.* 液体比重計, 浮きばかり (cf. gravimeter). **hy·dro·met·ric** /hàɪdrəmétrɪk | -drə(ʊ)-⁻/ *adj.* **hỳ·dro·mét·ri·cal** /-trɪkəl, -kl | -trɪ-⁻/ *adj.* **hỳ·dro·mét·ri·cal·ly** *adv.*〘(1675) ← HYDRO-＋-METER¹〙

hy·drom·e·try /haɪdrɑ́(ː)mətri | -drɔ́mɪ-/ *n.*〖物理〗**1** 液体比重測定(法), 流量測定(法). **2** 流水学.〘(1727-41) ← NL *hydrometria*: ⇨ hydro-, -metry〙

hỳdro·mónoplane *n.* 単葉水上機.

hỳdro·mórphic *adj.*〖土壌〗過湿生成の《水分が過剰になったときに発達する土壌についていう; cf. calomorphic, halomorphic》: ～ soils ハイドロモーフィック土壌.〘(1938) ← HYDRO-＋MORPHIC〙

hy·dro·naut /háɪdrənɔ̀ːt, -nɑ̀ːt | -nɔ̀ːt/ *n.*〖米海軍〗(潜水艦以外の, 捜索・救助・研究用の)深海艇乗組員, バチスカーフ (bathyscaphe) の乗員 (cf. aquanaut).〘← HYDRO-＋(ASTRO)NAUT〙

hy·dro·nau·tics /hàɪdrənɔ́ːṭɪks, -nɑ́ː- | -nɔ́ːt-/ *n.*〖海洋〗海洋開発技術学《海洋環境調査用の手法開発・機械設計などを扱う科学》.〘← HYDRO-＋(AERO)NAUTICS〙

hy·dron·ic /haɪdrɑ́(ː)nɪk | -drɔ́n-/ *adj.*〖物理・建築〗〈冷暖房が〉循環パイプ式の《温水あるいは冷水による冷暖房にいう》. **hy·drón·i·cal·ly** *adv.*〘(1946) ← HYDRO-＋(ELECTR)ONIC〙

hy·dron·ics /haɪdrɑ́(ː)nɪks | -drɔ́n-/ *n.* (冷暖房の)循環パイプ式.〘⇨ ↑, -ics〙

hỳdro·nítrogen *n.*〖化学〗窒化水素《水素と窒素だけの化合物の総称》.

hy·dro·ni·um /haɪdróuniəm | -dróu-/ *n.*〖化学〗ヒドロニウムイオン《水素イオンが水分子と結合してできるイオン; H_3O^+; ⇨ oxonium》.〘(1908) ← HYDRO-＋-ONIUM〙

hy·dro·pac /háɪdrəpæ̀k | -drə(ʊ)-/ *n.* (米国海軍による)太平洋緊急水路告示 (cf. hydrolant).〘← HYDRO-＋*Pac(ific Ocean)*〙

hy·dro·path·ic /hàɪdroupǽθɪk, -drə- | -drə(ʊ)-⁻/ *adj.* 水治療法の: a ～ establishment 水治療法施設 / ～ treatment 水治療法. — *n.*〖英〗水治療地(の旅館); 水治療法院. **hỳ·dro·páth·i·cal·ly** *adv.*〘(1843) ← HYDROPATH(Y)＋-IC¹〙

hy·dróp·a·thist /-θɪst | -θɪst/ *n.* 水治療法師, 水治医 (hydropath ともいう).〘(1847): ⇨ ↓, -ist〙

hy·drop·a·thy /haɪdrɑ́(ː)pəθi | -drɔ́p-/ *n.* 水治療法《水または鉱泉を飲んだり浴びたりする; water cure ともいう; cf. hydrotherapy, therapy》.〘(1843) ← HYDRO-＋-PATHY〙

hỳdro·peróxide *n.*〖化学〗ヒドロペルオキシド《過酸化水素の水素原子 1 個を他の原子または原子団で置換したもの》.〘(1922) ← HYDRO-＋PEROXIDE〙

hy·dro·phane /háɪdroufèɪn, -drə- | -drə(ʊ)-/ *n.* 透蛋白石《水中に入れると透明に見える》. **hy·droph·a·nous** /haɪdrɑ́(ː)fənəs | -drɔ́f-/ *adj.*〘(1784) ← HYDRO-＋-PHANE〙

hy·dro·phile /háɪdroufàɪl, -drə- | -drə(ʊ)-/ *adj.*〖化学〗＝hydrophilic.〘(1903) ← HYDRO-＋-PHILE〙

hy·dro·phil·ic /hàɪdroufílɪk, -drə- | -drə(ʊ)-⁻/ *adj.*〖化学〗親水性の (cf. hydrophobic 2);〈繊維など〉水で湿らせることのできる. **hy·dro·phi·lic·i·ty** /hàɪdroufɪlísəṭi, -drə- | -drə(ʊ)fɪlísɪti/ *n.*〘(1901): ⇨ hydrophilous, -ic¹〙

hy·droph·i·lous /haɪdrɑ́(ː)fələs | -drɔ́fɪ-/ *adj.* **1**〖植物〗(授粉が)水媒の (cf. anemophilous). **2**〖生物地理〗＝hydrophytic.〘(1855) ← NL *hydrophilus*: ⇨ hydro-, -philous〙

hy·droph·i·ly /haɪdrɑ́(ː)fəli | -drɔ́fɪli/ *n.*〖植物〗**1** 水媒, 水媒性. **2 a** 親水性. **b** 水生(性).〘(1920): ⇨ ↑, -y¹〙

hy·dro·phobe /háɪdrəfòub | -drə(ʊ)fəub/ *n.* **1**〖病理・獣医〗恐水病患者[動物]. **2**〖化学〗疎水性物質.〘(1915) ← HYDRO-＋-PHOBE〙

hy·dro·pho·bi·a /hàɪdrəfóubiə | -drə(ʊ)fəu-/ *n.* **1**〖病理・獣医〗恐水病, 狂犬病 (rabies). **2**〖精神医学〗病的な対水恐怖.〘(1547) ◻ LL ～ ◻ Gk *hudrophobía*: ⇨ hydro-, -phobia〙

hy·dro·pho·bic /hàɪdrəfóubɪk | -drə(ʊ)fəub-⁻/ *adj.* **1**〖病理・獣医〗恐水[狂犬]病の[にかかった]. **2**〖化学〗疎水性の (cf. hydrophilic). **hy·dro·pho·bic·i·ty** /hàɪdrəfoubísəṭi | -fəubísɪti/ *n.*〘(1807) ← HYDROPHOBE＋-IC¹〙

hy·dro·phone /háɪdroufòun, -drə- | -drə(ʊ)fəun/ *n.* **1** (潜水艦などの位置を探知する)水中聴音器. **2** 水管検漏器. **3**〖医学〗通水式聴診器《水を通して音を拡大させる聴診器》.〘(1860) ← HYDRO-＋-PHONE〙

Hy·dro·phyl·la·ce·ae /hàɪdroufɪléɪsiː, -drə- | -drə(ʊ)fɪ-/ *n. pl.*〖植物〗ハゼリソウ科. **hy·dro·phyl·lá·ceous** /-léɪʃəs⁻/ *adj.*〘← NL ～ ← *Hydrophyllum* (属名: ← HYDRO-＋Gk *phúllon* leaf)＋-ACEAE〙

hy·dro·phyte /háɪdroufàɪt, -drə- | -drə(ʊ)-/ *n.*〖植物〗**1** 水中で越冬する芽をもった多年生管束植物 (cf. mesophyte, xerophyte). **2** 水生植物 (aquatic plant).〘(1832) ← HYDRO-＋-PHYTE〙

hy·dro·phyt·ic /hàɪdroufíṭɪk, -drə- | -drə(ʊ)fít-⁻/ *adj.*〖生物地理〗水生植物の (cf. aquatic *n.* 1).

hy·drop·ic /haɪdrɑ́(ː)pɪk | -drɔ́p-/ *adj.* ＝dropsical. **hy·dróp·i·cal** /-pɪkəl, -kl | -pɪ-/ *adj.*〘(?*c*1380) ◻ L *hydrōpicus* ◻ Gk *hudrōpikós* (⇨ hydropsy, -ic¹) ∞ *idropik* ◻ OF *idropique* (F *hydropique*)〙

hy·dro·plane /háɪdrouplèɪn, -drə- | -drə(ʊ)-/ *n.* **1** (潜水艦を昇降させる)水平舵(だ) (diving plane). **2** 水上滑走艇, ハイドロプレーン. **3** ＝hydrofoil 1. **4** 水上(飛行)機 (seaplane). — *vi.* **1** (水上滑走艇のように)水面をかすめて飛ぶ[滑走する]. **2**〈自動車が〉ハイドロプレーニング (hydroplaning) を起こす. **hý·dro·plàn·er** *n.*〘(1901) ← HYDRO-＋(AERO)PLANE〙

hýdro·plàning *n.* ハイドロプレーニング《自動車や飛行機が水をかぶった道路や滑走路を高速で走るとき, タイヤが浮き上がりハンドルやブレーキがきかなくなること》.〘(1909): ⇨ -ing¹〙

hỳdro·pneumátic *adj.* 水と空気の両者の作用による, 水空の.〘(1794) ← HYDRO-＋PNEUMATIC〙

hy·dro·pon·ic /hàɪdroupɑ́(ː)nɪk, -drə- | -drə(ʊ)pɔ́n-⁻/ *adj.* 水耕の[に関する], 水栽培の[に関する]: a ～ farm 水耕農場. **hỳ·dro·pón·i·cal·ly** *adv.*〘(1940): ⇨ hydroponics, -ic¹〙

hỳ·dro·pón·i·cist /-nəsɪst | -nɪsɪst/ *n.* 水耕農家, 水栽培実施者.〘(1938): ⇨ ↓, -ist〙

hy·dro·pon·ics /hàɪdroupɑ́(ː)nɪks, -drə- | -drə(ʊ)pɔ́n-/ *n.*〖農業〗水耕, 水栽培《土を用いずに養分を含んだ液で野菜を栽培する方法; tray agriculture, tank farming ともいう》.〘(1937) ← HYDRO-＋(GEO)PONICS〙

hy·drop·o·nist /haɪdrɑ́(ː)pənɪst | -drɔ́pənɪst/ *n.* ＝hydroponicist.

hýdro·pòwer *n.* 水力電気[力].〘1933〙

hýdro·prèss *n.* ＝hydraulic press.

hy·drops /háɪdrɑ(ː)ps | -drɔps/ *n.*〖病理〗水症, ヒドロップス.〘(*c*1375) ◻ L *hydrōps* ◻ Gk *húdrōps* (↓): cf. ME *ydrope*〙

hy·drop·sy /háɪdrɑ(ː)psi | -drɔp-/ *n.*〖廃〗＝hydrops.〘(16C) ◻ L *hydrōpsis* (変形) ← Gk *húdrōps* ← *húdōr* water ∞ (*a*1325) *idropesi(e)* ◻ OF *ydropesie* ◻ L〙

hỳdro·psỳcho·thérapy *n.*〖精神医学〗水精神治療, 沐浴治療法《ふろやプールにはいり精神障害や情動障害を治療する》.

hỳdro·quínol *n.*〖化学〗＝hydroquinone.

hỳdro·quinóne *n.*〖化学〗ハイドロキノン, ヒドロキノン ($C_6H_4(OH)_2$)《写真の現像薬・医薬・ペンキ・酸化防止剤などに用いられる; quinol ともいう》.〘(1865-72) ← HYDRO-＋QUINONE〙

hýdro·rùbber *n.*〖化学〗水素化ゴム ((C_5H_{10})x).

hydros.《略》hydrostatics.

hy·dro·scope /háɪdrouskòup, -drə- | -drə(ʊ)skəup/ *n.* ハイドロスコープ, 水中透視鏡《鋼鉄管の中のガラスを利用してかなり深い海底を見ることができるように作った水中眼鏡; cf. water glass 1》. **hy·dro·scop·ic** /hàɪdrouskɑ́(ː)pɪk, -drə- | -drə(ʊ)skɔ́p-⁻/ *adj.* **hỳ·dro·scóp·i·cal** /-pɪkəl, -kl | -pɪ-⁻/ *adj.*〘(1678) ← HYDRO-＋-SCOPE〙

hy·dro·sere /háɪdrousɪ̀ə, -drə- | -drə(ʊ)sɪ̀ə(r)/ *n.*〖生態〗水生発展段階, 湿性系列, 水生遷移系列.〘← HYDRO-＋SERE³〙

hýdro·skì *n.*〖航空〗ハイドロスキー《水上機の胴体下方に突き出せるように装着した水上滑走用のスキー》.〘1952〙

hýdro·skìmmer *n.*《米》水面浮上(滑走)船, エアクッション船 (cf. ground-effect machine).〘(1960) ← HYDRO-＋SKIMMER〙

hy·dro·sol /háɪdrousɔ̀(ː)l, -drə- | -drə(ʊ)sɔ̀l/ *n.*〖化学〗ヒドロゾル, 膠質(こう)水溶液. **hy·dro·sol·ic** /hàɪdrousɑ́(ː)lɪk, -drə- | -drə(ʊ)sɔ́l-⁻/ *adj.*〘(1864) ← HYDRO-＋SOL(UTION)〙

hy·dro·so·ma /hàɪdrousóumə, -drə- | -drə(ʊ)sə́u-/ *n.*〖動物〗＝hydrosome.〘(1861) ← NL ～ ← HYDRO-＋Gk *sôma* body〙

hy·dro·some /háɪdrousòum, -drə- | -drə(ʊ)səum/ *n.*〖動物〗(腔腸動物)ヒドロ虫の群体.〘(1871) ← HYDRO-＋-SOME³〙

hýdro·spàce *n.*〖海洋〗海面下領域《inner space ともいう》.〘(1963) ← HYDRO-＋SPACE〙

hýdro·spèed *n.* ハイドロスピード《勢いよく流れる泡立つ水の中に飛び込み, 浮袋で浮きながら高速で流されていくスポーツ; hydrospeeding ともいう》.

hy·dro·sphere /háɪdrousfɪ̀ə, -drə- | -drə(ʊ)sfɪ̀ə(r)/ *n.* **1** 大気中の水気. **2** [the ～]〖地球物理〗水圏, 水界《地球の表面の水の部分; cf. atmosphere 1 b, barysphere, lithosphere》. **hy·dro·spher·ic** /hàɪdrəsférɪk, -sfɪ́ər- | -sfér-/ *adj.*〘(1887) ← HYDRO-＋-SPHERE〙

hy·dro·stat /háɪdroustæ̀t, -drə- | -drə(ʊ)-/ *n.* **1** 漏水検出器. **2** (水不足による汽缶の)爆発防止装置.〘(1858) ← HYDRO-＋-STAT〙

hydrostat.《略》hydrostatics.

hy·dro·stat·ic /hàɪdroustǽṭɪk, -drə- | -drə(ʊ)stǽt-⁻/ *adj.* **1**〖物理〗流体[液体]静力学の, 静水学の. **2** 静水の, 流体の. **hỳ·dro·stát·i·cal** /-ṭɪkəl, -kl | -tɪ-⁻/ *adj.* **hỳ·dro·stát·i·cal·ly** *adv.*〘(1666) ← HYDRO-＋STATIC〙

hýdrostatic árch *n.*〖土木〗水圧アーチ《各点で静水圧に耐えるように設計されたアーチ》.

hýdrostatic bálance *n.*〖物理〗静水秤(ばかり)《物体を液中に入れることによって生じる重量の減少を利用して液体の密度を測るはかり》.〘1755〙

hýdrostatic héad *n.*〖水力学〗静水頭《静水圧を水柱の圧力とみなしたときの水柱の高さ》.

hýdrostatic páradox *n.*〖物理〗静水学上のパラドックス《水圧は水柱の高さに比例し, 器または水量の大小には無関係であるという一見矛盾した説》.〘1797〙

hýdrostatic préss *n.* ＝hydraulic press.

hýdrostatic préssure *n.*〖物理〗静水圧.

hy·dro·stat·ics /hàɪdroustǽṭɪks, -drə- | -drə(ʊ)stǽt-/ *n.*〖物理〗流体[液体]静力学, 静水力学 (cf. hydrokinetics).〘(1660): ⇨ hydrostatic, -ics〙

hỳdro·súlfate *n.*〖化学〗**1** 硫酸と有機塩基(特にアルカロイド)との化合物. **2** 亜ジチオン酸塩.〘(1828) ← HYDRO-＋SULFATE〙

hỳdro·súlfide *n.*〖化学〗水硫化物《hydrogen sulfide ともいう》.〘(1849) ← HYDRO-＋SULFIDE〙

hỳdro·súlfite *n.*〖化学〗ヒドロ亜硫酸塩, ハイドロサルファイト ($Na_2S_2O_4$)《ヒドロ亜硫酸ナトリウム (sodium hydrosulfite) の俗称; 漂白剤; dithionite ともいう》.〘(1864) ← HYDRO-＋SULFITE〙

hỳdro·súlfurous *adj.*〖化学〗ヒドロ亜硫酸の.〘(1855) ← HYDRO-＋SULFUROUS〙

hýdrosulfurous ácid *n.*〖化学〗ヒドロ亜硫酸 ($H_2S_2O_4$)《亜ジチオン酸 (dithionous acid) の誤った呼び方; dithionous acid ともいう》.〘1855〙

hy·dro·tac·tic /hàɪdroutǽktɪk, -drə- | -drə(ʊ)-⁻/ *adj.*〖生物〗走水性 (hydrotaxis) の[に関する].

hy·dro·tax·is /hàɪdroutǽksɪs, -drə- | -drə(ʊ)tǽksɪs/ *n.*〖生物〗走水性, 走湿性, 趨水(すう)性《湿度[水分]の高い方向へあるいは反対の方向へ運動する性質》.〘(1900) ← HYDRO-＋-TAXIS〙

hy·dro·the·ca /hàɪdrouθíːkə, -drə- | -drə(ʊ)-/ *n.*〖動物〗ヒドロ包, ヒドロ莢(きょう); ヒドロ花を包む囲皮.〘← NL ～: ⇨ hydro-, theca〙

hỳdro·therapéutics *n.* 水治療法(学). **hỳdro·therapéutic** *adj.*〘(1842) ← HYDRO-＋THERAPEUTICS〙

hỳdro·thérapy *n.* 水治療法《患部を水または流水に浸して治療する方法; cf. hydropathy, therapy 1》. **hỳdro·therápic** *adj.* **hỳdro·thérapist** *n.*〘(1876) ← HYDRO-＋THERAPY〙

hỳdro·thérmal *adj.*〖地質〗熱水の, 熱水作用の: ～ alteration 熱水変質《鉱物や岩石が熱水作用によって変質すること》. **～·ly** *adv.*〘(1849) ← HYDRO-＋THERMAL〙

hýdrothermal vént *n.* 熱水噴出口《鉱物が溶解した熱水が噴出する海底の開口部》.

hỳdro·thórax *n.*〖病理〗水胸(症). **hỳdro·thorácic** *adj.*〘(1793) ← HYDRO-＋THORAX〙

hýdro·trèat *vt.*〖化学〗〈油などを〉水素で処理する. **～·er** *n.*

hýdro·tréatment *n.*〖化学〗水素化処理《潤滑油製造法》.

hy·dro·trope /háɪdroutròup, -drə- | -drə(ʊ)trəup/ *n.* 向水[好水, 属水]性物質; 向水性植物.〘← HYDRO-＋-TROPE〙

hy·drot·ro·pism /haɪdrɑ́(ː)trəpɪzm | -drɔ́trə-/ *n.*〖生物〗屈水性: positive ～ 向水性 / negative ～ 背水性. **hy·dro·tro·pic** /hàɪdroutróupɪk, -drə-,

-trá(:)p- | -drə(u)trɔ́p-ˈ-/ *adj.* **hỳ·dro·tró·pi·cal·ly** *adv.* 〘(1882) ← HYDRO-+-TROPISM〙
hy·drous /háɪdrəs/ *adj.* **1** 水を含む (watery). **2** 〖化学・鉱物〗含水の. 〘(1826) ← HYDRO-+-OUS〙
hy·dro·vane /háɪdrouvèɪn, -drə- | -drə(u)-/ *n.* 〖航空〗飛行艇などの水中舵(だ) (cf. hydroflap). 〘(1919) ← HYDRO-+VANE〙
hy·drox- /haɪdrá(:)ks | -drɔ́ks/ (母音の前にくるときの) hydroxy- の異形.
hy·drox·ide /haɪdrá(:)ksaɪd | -drɔ́k-/ *n.* 〖化学〗水酸化物《水酸基 –OH を含む化合物, 特に金属ないしアンモニウム基と水酸基とから成るもの》. 〘(1851) ← HYDRO-+OXIDE〙
hydróxide ìon *n.* 〖化学〗水酸化物イオン. 〘1955〙
hy·drox·o- /haɪdrá(:)ksou | -drɔ́ksəu/「水酸基 (OH) を含んだ」の意の連結形 (cf. hydroxy-). 〘← HYDROX(YL)+-O-〙
hỳdroxo·cobálamin *n.* 〖生化学〗ヒドロキソコバラミン《ビタミン B_{12} 群の一種》. 〘(1950) ← HYDROXO-+COBAL(T)+-*amin* (cf. *vitamin*)〙
hý·drox·on·i·um íon /háɪdrɑ(:)ksòuniəm- | -drɔksə́u-/ *n.* =hydronium.
hy·drox·y /haɪdrá(:)ksi | -drɔ́k-/ *adj.* 〖化学〗ヒドロキシの (–OH を含む). 〘(1812) ↓〙
hy·drox·y- /haɪdrá(:)ksɪ, -si | -drɔ́k-/「(水素の代わりに)水酸基 (OH) を含む」の意の連結形. ★ 化合物や基の名に用いられる (cf. hydroxo-); 母音の前では通例 hydrox- になる. 〘← HYDROXY(L)〙
hydróxy ácid *n.* 〖化学〗ヒドロキシ酸, オキシ酸《酸で乳酸・酒石酸のように水酸基を別にもつもの》.
hydróxy áldehyde *n.* 〖化学〗ヒドロキシアルデヒド《1 分子中にアルコール性水酸基とアルデヒド基の両方をもつ有機化合物; 以前は oxyaldehyde といった》.
hydròxy·ápatite *n.* 〖生化学〗水酸化リン灰石 ($3Ca_3(PO_4)_2 \cdot Ca(OH)_2$)《骨の基本的なミネラル成分》. 〘(1912) ← HYDROXY-+APATITE〙
hydròxy·bénzene *n.* 〖化学〗ヒドロキシベンゼン (⇨ phenol).
hydróxy·benzòic ácid *n.* 〖化学〗ヒドロキシ安息香酸 (HOC_6H_4COOH)《o-, m-, p- の異性体がある》. 〘1876〙
hydróxy·butỳric ácid *n.* 〖化学〗ヒドロキシ酪酸 ($C_4H_8O_3$)《酪酸の水素を水酸基に変えたもの, 異性体がある》. 〘1879〙
hydróxy kétone *n.* 〖化学〗ヒドロキシケトン (⇨ ketol).
hy·drox·yl /haɪdrá(:)ksɪl | -drɔ́ksɪl/ *n.* 〖化学〗水酸基, ヒドロキシル基 (OH). **hy·drox·yl·ic** /hàɪdrɑ(:)ksílɪk | -drɔk-ˈ-/ *adj.* 〘(1869) ← HYDRO-+OXY-¹+-YL〙
hy·drox·yl·a·mine /haɪdrà(:)ksɪləmí:n, -lǽmi:n | -drɔ̀ksɪləmí:n, -lǽmi:n/ *n.* 〖化学〗ヒドロキシルアミン (NH_2OH)《無色の結晶; 還元剤・分析試薬などに用いる》. 〘(1869): ⇨ ↑, amine〙
hy·drox·y·lase /haɪdrá(:)ksəlèɪs, -lèɪz | -drɔ́ksɪlèɪs/ *n.* 〖化学〗ヒドロキシラーゼ, 水酸化酵素《酵素分子を取り入れてフェノールやアルコールなどの水酸化物を生成する反応を触媒する酵素》. 〘(1953) ← HYDROXYL+-ASE〙
hy·drox·yl·ate /haɪdrá(:)ksəlèɪt | -drɔ́ksɪ-/ *vt.* 〖化学〗ヒドロキシル[水酸基]化する. **hy·drox·yl·a·tion** /haɪdrà(:)ksəléɪʃən | -drɔ̀ksɪ-/ *n.* 〘(1900) ← HYDROXYL+-ATE³〙
hydróxyl gròup *n.* 〖化学〗水酸基, ヒドロキシル基 (OH).
hydróxyl ìon *n.* 〖化学〗=hydroxide ion.
hydròxy·próline *n.* 〖化学〗ヒドロキシプロリン (HOC_4H_7NCOOH)《結晶性アミノ酸の一種; コラーゲンに多く含まれる》. 〘1905〙
hydròxy·trýptamine *n.* 〖生化学〗ヒドロキシトリプタミン (⇨ serotonin). 〘(1956) ← HYDROXY-+TRYPTAMINE〙
hydròxy·uréa *n.* 〖化学〗ヒドロキシ尿素 ($HONHCONH_2$)《白血病治療薬》. 〘(1949) ← HYDROXY-+UREA〙
hy·drox·y·zine /haɪdrá(:)ksəzì:n | -drɔ́ksɪ-/ *n.* 〖薬学〗ヒドロキシジン ($C_{21}H_{27}ClN_2O_2$)《精神安定剤》. 〘(1956) ← HYDROXY-+(PIPERA)ZINE〙
Hy·dro·zo·a /hàɪdrəzóuə | -zə́uə/ *n. pl.* 〖動物〗(腔腸動物門)ヒドロ虫綱, ヒドロゾア綱. 〘(1843) ← NL ~: ⇨ hydro-, -zoa〙
hy·dro·zo·an /hàɪdrəzóuən | -zə́u-ˈ-/ *adj., n.* 〖動物〗ヒドロ虫綱(の). 〘(1877): ⇨ ↑, -an¹〙
Hy·dru·ra·ce·ae /hàɪdrʊréɪsiì:/ *n. pl.* 〖植物〗(藻類)ミズオ科. 〘← NL ~ ← *Hydrurus* (属名: ⇨ hydro-, -urus)+-ACEAE〙
Hy·drus /háɪdrəs/ *n.* 〖天文〗みずへび(水蛇)座《南極近くにある星座; the Water Snake ともいう》. 〘(1601) (1796) □ L ~ □ Gk *húdros* water snake: cf. hydra〙

hyenas 1

striped hyena　spotted hyena

hy·e·na /haɪí:nə/ *n.* **1** 〖動物〗ハイエナ, タテガミイヌ《アジア・アフリカ産のハイエナ科の動物の総称; 死肉を食い, 興奮すると人の笑い声のような声を出す; cf. laughing hyena, spotted hyena, striped hyena》. **2** 残酷な人, 裏切り者, 欲の深い人. **3** 〖豪〗〖動物〗=Tasmanian wolf.
hy·e·nic /haɪí:nɪk, -én-/ *adj.* 〘(1340) *hiene* □ OF (F *hyène*) ∥ L *hyaena* □ Gk *húaina* (原義) sow ← *hûs* pig+-*aina* (fem.suf.)〙
hyéna dòg *n.* 〖動物〗=African hunting dog. 〘1837〙
hy·e·ni·form /haɪí:nəfɔ̀əm | -nɪfɔ̀:m/ *adj.* =hyenoid. 〘⇨ ↑, -iform〙
hy·e·noid /haɪí:nɔɪd/ *adj.* ハイエナに似た. 〘(1945): ⇨ hyena, -oid〙
hy·et- /haɪét/ (母音の前にくるときの) hyeto- の異形.
hy·e·tal /háɪətl | háɪɪtl/ *adj.* 雨の[に関する], 降雨の; 降雨地帯の. 〘(1864) ← HYETO-+-AL¹〙
hy·et·o- /haɪétou | -təu/「雨 (rain)」の意の連結形. ★ 母音の前では通例 hyet- になる. 〘← Gk *huetós* ← *huein* to rain〙
hy·et·o·graph /haɪétəgræ̀f | -təgrɑ̀:f, -græ̀f/ *n.* **1** 雨量図. **2** 自記雨量計. 〘(*c*1849): ⇨ ↑, -graph〙
hy·e·tog·ra·phy /hàɪətá(:)grəfi | hàɪɪtɔ́g-/ *n.* 降水学. **hy·e·to·graph·ic** /haɪètəgrǽfɪk | -tə-ˈ-/ *adj.* **hy·è·to·gráph·i·cal** /-fɪkəl, -kl | -fɪ-ˈ-/ *adj.* **hy·è·to·gráph·i·cal·ly** *adv.* 〘(1849) ← HYETO-+-GRAPHY〙
hy·e·tol·o·gy /hàɪətá(:)lədʒi | hàɪɪtɔ́l-/ *n.* 《まれ》雨学, 降水学. **hy·èt·o·lóg·i·cal** /-dʒɪkəl, -kl | -dʒɪ-ˈ-/ *adj.* 〘← HYETO-+-LOGY: cf. *hyetological* (1878)〙
hy·e·tom·e·ter /hàɪətá(:)mətə | hàɪɪtɔ́mɪtə(r)/ *n.* 雨量計 (rain gage). 〘(1730) ← HYETO-+-METER〙
Hy·fil /háɪfɪl/ *n.* 〖商標〗ハイフィル《炭素繊維による強化プラスチックの商品名》. 〘?〙
hyg. 《略》hygiene; hygroscopic.
Hy·ge·ia /haɪdʒí:ə/ *n.* **1** 〖ギリシャ神話〗ヒュギエイア (Asclepius の娘; 健康の女神). **2** [擬人的に] 健康. 〘(1706) □ Gk *Hugeía, Hugíeia* health ← *hugiḗs* healthy ← IE **gwei-* to live (cf. quick)〙
hy·ge·ian /haɪdʒí:ən/ *adj.* **1** 健康の, 衛生の (sanitary). **2** [H-] (健康の女神)ヒュギエイアの. 〘(1766): ⇨ ↑, -an¹〙
hy·ge·ist, hy·gie·ist /háɪdʒi:ɪst | -ɪst/ *n.* =hygienist. 〘1716〙
hy·giene /háɪdʒi:n, ˈ-ˈ | ˈ-ˈ/ *n.* **1** 衛生(学). **2** 衛生状態; 衛生法, 摂生法, 健康法. 〘(1796) □ F *hygiène* ← NL *hygiena* ← Gk *hugieinḗ (tékhnē)* (art) of health ← *hugieinós* healthful ← *hugiḗs* healthy: cf. Hygeia〙
hy·gien·ic /haɪdʒí:nɪk, -dʒén-, hàɪdʒiénɪk-ˈ- | haɪdʒí:n-/ *adj.* **1** 衛生的な, 健康的な, 衛生によい (healthy): ~ conditions 衛生的な状態. **2** 衛生学の: a ~ laboratory 衛生試験所. 〘(1833): ⇨ ↑, -ic¹〙
hỳ·gi·én·i·cal /-nɪkəl, -kl | -nɪ-ˈ-/ *adj.* =hygienic. **~·ly** *adv.*
hy·gien·ics /haɪdʒí:nɪks, -dʒén-, hàɪdʒién- | haɪdʒí:n-/ *n.* 衛生学. 〘(1855): ⇨ ↑, -ics〙
hy·gien·ist /haɪdʒí:nɪst, haɪdʒén-, hàɪdʒién- | háɪdʒi:nɪst/ *n.* **1** =dental hygienist. **2** 衛生学者. 〘1844〙
hy·gr- /haɪgr/ (母音の前にくるときの) hygro- の異形.
hy·gris·tor /haɪgrístə | -tə(r)/ *n.* 〖電子工学〗ハイグリスター, 湿度測定素子《湿度によって電気抵抗が変わる》.
hygro- /háɪgrou | -grəu/「湿気 (moisture); 湿気と…との」の意の連結形. ★ 母音の前では通例 hygr- になる. 〘(17C) ← Gk *hugrós* moist ← IE **wegw-* wet〙
hy·gro·deik /háɪgrədàɪk/ *n.* 乾湿球湿度計《乾球および湿球湿度計と相対湿度早見表とを備えている》. 〘(1867) ← HYGRO-+Gk *deiknúnai* to show〙
hỳgro·expansívity *n.* 湿展性《湿度による物体の膨張性》.
hy·gro·graph /háɪgrəgræ̀f | -grɑ̀:f, -græ̀f/ *n.* 自記湿度計, 記録湿度計. 〘(1864) ← HYGRO-+-GRAPH〙
hy·grol·o·gy /haɪgrá(:)lədʒi | -grɔ́l-/ *n.* 湿度学. 〘(1790) ← HYGRO-+-LOGY〙
hy·gro·ma /haɪgróumə | -grə́u-/ *n.* (*pl.* **~s, -ma·ta** /-mətə | -tə/) 〖病理〗ヒグローマ《良性の嚢(のう)状リンパ管腫》. 〘(1819) ← NL ~: ⇨ hygro-〙
hy·grom·e·ter /haɪgrá(:)mətə | -grɔ́mɪtə(r)/ *n.* 〖気象〗湿度計. 〘(1670) □ ? F *hygromètre*: ⇨ hygro-, -meter¹〙
hy·grom·e·try /haɪgrá(:)mətri | -grɔ́mɪ-/ *n.* 湿度測定法, 湿度測定. **hy·gro·met·ric** /hàɪgrəmétrɪk | -grə(u)-ˈ-/ *adj.* **hỳ·gro·mét·ri·cal·ly** *adv.* 〘(1783) ← HYGRO-+-METRY〙
hy·gro·phile /háɪgrəfàɪl | -grə(u)-/ *adj.* 〖生物〗=hygrophilous. 〘(1878) □ F ~: ⇨ hygro-, -phile〙
hy·groph·i·lous /haɪgrá(:)fələs | -grɔ́fɪ-/ *adj.* 〖生物〗好湿性の, 親水性の. 〘(1863) ← HYGRO-+-PHILOUS〙
hy·gro·phyte /háɪgrəfàɪt/ *n.* 〖生物地理〗**1** 湿生植物《水辺や湿原に生育する植物》. **2** =hydrophyte. **hy·gro·phyt·ic** /hàɪgrəfítɪk | -tɪk-ˈ-/ *adj.* 〘(1903) ← HYGRO-+-PHYTE〙
hy·gro·scope /háɪgrəskòup | -skə̀up/ *n.* 〖物理〗験湿器. 〘(1665) ← HYGRO-+-SCOPE〙
hy·gro·scop·ic /hàɪgrəská(:)pɪk | -skɔ́p-ˈ-/ *adj.* **1** 験湿器の, 験湿器によってわかる. **2** 湿りやすい, (大気から)湿気を吸収する; 吸湿性の. **3** 〖植物〗**a** 〈組織・器官など〉水を吸いやすい, 吸湿性の. **b** 〈運動が〉乾湿の, 膨潤の《生活力を失った細胞壁が空気の乾湿によって膨潤と収縮をするために起こす運動についていう》. **hỳ·gro·scóp·i·cal·ly** *adv.* 〘(1775): ⇨ ↑, -ic¹〙
hy·gro·sco·pic·i·ty /hàɪgrəskoupísəti, -skɑ(:)- | -skɑ(u)písɪti, -skɔ-/ *n.* 〖物理〗吸湿能, 吸湿性, 吸湿力. 〘(1847) ← HYGRO-+SCOPICITY〙
hýgroscopic móisture *n.* 〖化学〗湿分. 〘1862〙
hy·gro·stat /háɪgrəstæ̀t/ *n.* =humidistat. 〘(1915) ← HYGRO-+-STAT〙
hỳgro·thérmograph *n.* 〖気象〗自記温湿計, 湿度温度(同時)記録計. 〘(1929) ← HYGRO-+*thermograph*〙
hying *v.* hie¹ の現在分詞.
Hyk·sos /híksɑ(:)s, -sous | -sɔs/ *n. pl.* ヒクソス《紀元前 17 世紀から 16 世紀中ごろまでエジプトに侵入し第十五・十六王朝を建設した異民族; その王たちを Shepherd Kings という》. — *adj.* ヒクソス王朝の. 〘(1602) □ Gk *Huksṓs* □ Egypt. *Ḥiq shasu* ruler of nomads〙
hyl- /haɪl/ (母音の前にくるときの) hylo- の異形.
hy·la /háɪlə/ *n.* **1** [H-] アマガエル属《350 種以上を含む大きな属名; 大多数は南米に生息する》. **2** アマガエル属の両生動物; アマガエル (tree toad). 〘(*a*1842) ← NL ~ ← Gk *húlē* wood, forest〙
hy·le /háɪli/ *n.* 〖哲学〗質料《一般に無限定的な素材としての物質; 特に Aristotle の用語で, 形相(けい) (eidos) との結合によって限定をうけ多くの現実の物となる, 可能態としての物質的存在》. 〘(*a*1393) □ OF □ LL ~ 'matter' □ Gk *húlē* (↑)〙

H

hy·lic /háɪlɪk/ *adj.* 物質の, 物質的な (material) (cf. psychic 4 a, pneumatic 2). 〘(1853) □ ML *hȳlicus* □ Gk *hulikós* material ← *húlē* wood, (LGk) matter〙
hy·lo- /háɪlou | -ləu/ 次の意味を表す連結形: **1**「木質 (wood)」: *hylo*phagous. **2**「物質 (matter); 質料 (material)」: *hylo*theism. ★ 母音の前では通例 hyl- になる. 〘(17C) ← Gk *húlē*: ⇨ hylic〙
hy·lo·mor·phic /hàɪləmɔ́əfɪk | -lə(u)mɔ́:-ˈ-/ *adj.* 〖哲学〗質料形相(論)的な. 〘(1888) ← HYLO-+MORPHIC〙
hỳlo·mórphism *n.* 〖哲学〗(アリストテレス哲学の)質料形相論《物体は形相と質料の根本的二原理の結合から成るとする説》. 〘(1888) ← HYLO-+MORPH-+-ISM〙
hy·loph·a·gous /haɪlá(:)fəgəs | -lɔ́f-/ *adj.* 〖動物〗木食性の (xylophagous). 〘(1879–99) ← HYLO-+-PHAGOUS〙
hỳlo·théism *n.* 物是神論. **hỳlo·théist** *n.* **hỳlo·theístic** *adj.* **hỳlo·theístical** *adj.* 〘(1828) ← HYLO-+THEISM¹〙
hy·lo·trop·ic /hàɪlətrá(:)pɪk, -tróup- | -lə(u)trɔ́p-ˈ-/ *adj.* 〖物理化学〗共沸の (azeotropic), 共融の (eutectic)《相変化に際し組成が変らない》. 〘← HYLO-+-TROPIC〙
hy·lo·zo·ism /hàɪləzóuɪzm | -lə(u)zə́u-/ *n.* 〖哲学〗物活論《物質は神話的擬人観やアニミズムとは違った意味で物質に生活力や霊魂の汎在することを認める説で, 古代ギリシャやルネサンスの自然学者に見られる考え》. **hy·lo·zo·ic** /hàɪləzóuɪk | -zə́u-ˈ-/ *adj.* 〘(1678) ← HYLO-+ZO-+-ISM〙
hỳ·lo·zó·ist /-ɪst | -ɪst/ *n.* 物活論者. **hy·lo·zo·is·tic** /hàɪləzouístɪk | -zəu-ˈ-/ *adj.* **hỳ·lo·zo·ís·ti·cal·ly** *adv.* 〘(1678): ⇨ ↑, -ist〙
hy·men /háɪmən | -mɛn, -mən/ *n.* 〖解剖〗処女膜 (maidenhead) (⇨ reproductive system 挿絵). **~·al** /-nəl, -nl | -nl/ *adj.* 〘(1615) □ F *hymen* ∥ LL *hymēn* □ Gk *humḗn* membrane ← IE **syū-* 'to bind, SEW¹' (OE *sēam* 'SEAM' / Skt *sūtra* 'SUTURE')〙
Hy·men /háɪmən | -mɛn, -mən/ *n.* **1** 〖ギリシャ神話〗ヒュメーン, ヒュメナイオス《婚姻の神; たいまつとベールを持った青年の姿で表される》. **2** [h-] 《詩・古》**a** 結婚. **b** 結婚の祝歌 (wedding song). 〘(1590) □ L ~ □ Gk *Humḗn* (↑)〙
hy·men- /háɪmən | -mɛn, -mən/ (母音の前にくるときの) hymeno- の異形.
hy·me·ne·al /hàɪməní:əl | -mení:əl, -mɪ-ˈ-/ *adj.* 婚姻の, 結婚の (nuptial): ~ rites 結婚式. — *n.* 《古》**1** 結婚の歌. **2** [*pl.*] 結婚式 (nuptials). **~·ly** *adv.* 〘(1602) ← L *hymenaeus* (□ Gk *huménaios* wedding or bridal song ← *Humḗn* 'HYMEN')+-AL¹〙
hy·me·ni·um /haɪmí:niəm/ *n.* (*pl.* **-ni·a** /-niə/, **~s**) 〖植物〗子実層《真菌植物の胞子をつける部分で, 子嚢(のう)または担子柄を含む》. **hy·mé·ni·al** /-niəl/ *adj.* 〘(1830) ← NL ~: ⇨ hymen, -ium〙
hy·me·no- /háɪmənou | -mɛnəu, -mə-/「処女膜 (hymen); 膜 (membrane)」の意の連結形. ★ 母音の前では通例 hymen- になる. 〘⇨ hymen〙
hy·me·nop·ter /hàɪməná(:)ptə | -mɛnɔ́ptə(r)/ *n.* =hymenopteron.
Hy·me·nop·ter·a /hàɪməná(:)ptərə | -mɛnɔ́p-/ *n. pl.* 〖昆虫〗膜翅(し)目. 〘← NL ~: ⇨ hymeno-, -ptera〙
hy·me·nop·ter·an /hàɪməná(:)ptərən | -mɛnɔ́p-ˈ-/ *adj., n.* 〖昆虫〗膜翅(し)目の(昆虫). 〘(1842): ⇨ ↑, -an¹〙
hy·me·nop·ter·on /hàɪməná(:)ptərɑ̀(:)n, -rən | -mɛnɔ́ptərɔn/ *n.* (*pl.* **~s, -ter·a** /-rə/) 〖昆虫〗膜翅(し)目の昆虫. 〘(1877) ← NL ~ ← HYMENO-+Gk *pterón* wing (⇨ ptero-)〙
hy·me·nop·ter·ous /hàɪməná(:)ptərəs, -trəs | -mɛnɔ́p-ˈ-/ *adj.* 膜翅(し)目の, ハチの, ハチのような, ハチに似た. 〘(1813) ← HYMENO-+-PTEROUS〙
hy·men·o·tome /haɪménətòum | -tə̀um/ *n.* 〖外科〗膜切刀. 〘← HYMENO-+-TOME〙
hy·men·ot·o·my /hàɪməná(:)təmi | -mɛnɔ́t-/ *n.* 〖外科〗**1** 処女膜切開. **2** 膜質解剖. 〘⇨ -tomy〙

Hy·met·tus /haɪmétəs | -təs/ *n.* イミットス《ギリシャの Athens の郊外にある山地 (1,026 m); 大理石および蜂蜜を産する; ギリシャ語名 Imittos》. **Hy·mét·ti·an** /-ṭiən | -tiən/ *adj.* **Hy·mét·tic** /-ṭɪk | -tɪk/ *adj.*

hy·mie /háɪmi/ *n.* [しばしば H-]《俗》[軽蔑的] ユダヤ人 (Jew)《heimie, himie ともつづる》. 〖(*c*1985)《縮約》← ユダヤ人男性名 Hyman〗

hymn /hím/ *n.* **1** 賛美歌, 聖歌. **2** 賛歌.
Hýmns Áncient and Módern「古今聖歌集」(1861 年初版の英国国教会の賛美歌集で賛美歌集として最も多く発行された; 1950 年に大改訂版が出た; cf. A & M).
— *vt.* (賛美歌を歌って)〈神などを〉賛美する; (賛美歌などで)〈賛美・感謝などを〉表す: ~ one's thanks to God.
— *vi.* 賛美歌[聖歌]を歌う.
~·lìke *adj.* 〖n.: (16C) ▭ LL *hymnus* ▭ Gk *húmnos* hymn ∽ (?*a*1200) *imne* (▭ OF *ymne*) & ME *imin* < OE *ymen* ▭ L. — v.: (1667) ← (n.)〗

SYN 賛美歌: **hymn** 通例, 教会で会衆が合唱する賛美歌《*psalm* と異なり聖書の一部ではない》. **psalm** 礼拝式で歌われる聖歌, 特に聖書の詩編 the Book of Psalms から採ったもの. **carol** 特に, クリスマスに歌われる祝歌: Christmas *carols* クリスマス祝歌.

H

hym·nal /hímnəl, -nḷ/ *adj.* 賛美歌の, 聖歌の. — *n.* =hymnbook. 〖(?*a*1500) ▭ ML *hymnāle*: ⇨ ↑, -al¹〗

hýmnal stánza *n.* 《詩学》=common meter.

hym·nar·i·um /hɪmnέ°riəm | -néər-/ *n.* (*pl.* **-i·a** /-riə/) =hymnary.

hym·na·ry /hímnəri/ *n.* 賛美歌集, 聖歌集 (hymnbook). 〖(1888) ▭ ML *hymnārium*: ⇨ hymn, -ary〗

hýmn·bòok *n.* 賛美歌集, 聖歌集. ***be singing from the sáme hýmnbook*** 同じ意見を持っている. 〖OE *ymenbōc*〗

hym·nic /hímnɪk/ *adj.* 賛美歌の; 賛美歌的な. 〖(1589) ← HYMN+-IC¹〗

hym·nist /hímnɪ̈st | -nɪst/ *n.* 賛美歌[聖歌]作者. 〖(1621): ⇨ -ist〗

hým·no·dist /-dɪ̈st | -dɪst/ *n.* 賛美歌[聖歌]学者; 賛美歌[聖歌]作者 (hymnist). 〖(*a*1711): ⇨ ↓, -ist〗

hym·no·dy /hímnəḍi | -nə(ʊ)di/ *n.* **1** 賛美歌[聖歌]を歌う[作る]こと. **2** [集合的] (特定の時代・地方・種類などの)賛美歌, 聖歌. **3** 賛美歌学, 聖歌学. **hym·nod·i·cal** /hɪmná(:)dɪ̈kəl, -kḷ | -nɔ́dɪ-/ *adj.* 〖(*a*1711) ▭ ML *hymnōdia* ▭ Gk *humnōidiā* ← *humnōidós* singing hymns: ⇨ hymn, ode, -y¹〗

hym·nog·ra·pher /hɪmná(:)grəfə | -nɔ́grəfə^(r)/ *n.* **1** 賛美歌[聖歌]研究家. **2** 賛美歌[聖歌]作者. 〖(*a*1619) ← Gk *humnográphos* hymn-writer (⇨ hymn, -o-, -graph)+-ER¹〗

hym·nog·ra·phy /hɪmná(:)grəfi | -nɔ́g-/ *n.* **1** 賛美歌[聖歌]研究. **2** 賛美歌[聖歌]編作. **3** 賛美歌[聖歌]の史料[文献], 賛美歌[聖歌]誌. 〖(1864): ⇨ ↑, -graphy〗

hym·nól·o·gist /-ʤɪ̈st | -ʤɪst/ *n.* **1** 賛美歌[聖歌]学者. **2** 賛美歌編作者, 聖歌編者. 〖(1796): ⇨ ↓, -ist〗

hym·nol·o·gy /hɪmná(:)ləʤi | -nɔ́l-/ *n.* **1** 賛美歌学, 聖歌学. **2** [集合的] 賛美歌, 聖歌 (hymns). **3** 賛美歌[聖歌]編作. **hym·no·log·ic** /hìmnəlá(:)ʤɪk | -lɔ́ʤ-ˊ/ *adj.* **hỳm·no·lóg·i·cal** /-ʤɪ̈kəl, -kḷ | -ʤɪ-ˊ/ *adj.* 〖(*a*1638) ▭ Gk *humnología*: ⇨ hymn, -logy〗

hy·o- /háɪoʊ | háɪəʊ/「舌骨弓に接続する; 舌骨と…との」の意の連結形. ★ 母音の前では通例 hy- になる. 〖← NL ~ ← Gk *huo-* upsilon (γ, υ)〗

hy·oid /háɪɔɪd/《解剖》*adj.* U 字形の; 舌骨の. — *n.* 舌骨. 〖((1706)) (1811) ← NL *hyoidēs* ← Gk *huoeidḗs* shaped like the Greek letter υ〗

hy·oi·dal /haɪɔ́ɪdḷ | -dḷ/ *adj.*《解剖》=hyoid.

hyoid bòne *n.*《解剖》舌骨. 〖1811〗

hy·oi·de·an /haɪɔ́ɪdiən | -diən/ *adj.*《解剖》=hyoid.

hy·ol·i·thid /haɪá(:)ləθɪ̈d | -ɔ́lɪθɪd/《古生物》*n.* ヒオリテス《カンブリア紀に生息した軟体動物門のうち独立した 1 綱をなす絶滅動物でヒオリテス属 (*Hyolithes*) などの総称》. — *adj.* ヒオリテス属の. 〖← NL *Hyolithida*: ⇨ hyo-, -lith, -id²〗

hy·os·cine /háɪəsì:n, -sɪ̈n | -ə(ʊ)sì:n/ *n.*《薬学》ヒオスシン ($C_{17}H_{21}O_4N$)《瞳孔(どうこう)散大薬・鎮静薬; cf. scopolamine》. 〖(1872)《短縮》← HYOSCYAMINE〗

hy·o·scy·a·mine /hàɪəsáɪəmì:n, -mɪ̈n | -ə(ʊ)sáɪəmì:n, -mɪn/ *n.*《化学》ヒオスシアミン ($C_{17}H_{23}NO_3$)《アルカロイドで, 瞳孔(どうこう)散大剤・鎮静剤》. 〖((1836)) (1858) ▭ G *Hyoscyamin* ← NL (↓): ⇨ -ine³〗

hy·o·scy·a·mus /hàɪəsáɪəməs | hàɪə(ʊ)-/ *n.* ひよす(薬)《ひよす (henbane) の干し葉で alkaloids hyoscyamine, scopolamine を含有し, 鎮痙剤・鎮痛剤・鎮静剤》. 〖((1706)) (1799) ← NL *Hyoscyamus* ← Gk *huoskúamos* ← *hûs* pig+*kúamos* bean〗

hyp /híp/ *n.* [しばしば the ~s]《古》憂鬱(ゆううつ). 〖(*c*1705)《略》← HYPOCHONDRIA〗

hyp.《略》hypochondria; hypodermic;《数学》hypotenuse; hypothesis; hypothetical.

hyp- /haɪp/ *pref.* (母音の前にくるときの) hypo- の異形.

hyp·a·byss·al /hìpəbísəl, hàɪp, -sḷˊ/ *adj.*《地質》半深成の《火山岩と深成岩の中間組織にある》: ~ rock 半深成岩. **~·ly** *adv.* 〖(1895) ← HYPO-+ABYSSAL〗

hyp·a·cu·si·a /hìpəkjú:ʒiə, hàɪp-, -kú:-, -ʒə | -ziə, -ʒiə/ *n.*《病理》聴覚[聴力]障害, 難聴. 〖(1886) ← NL ← Gk *hupákousis* ← HYPO-+*ákousis* hearing: ⇨ -ia¹〗

hyp·aes·the·sia /hìpεsθí:ʒə, hàɪp-, -ziə | -pi:s-θí:ziə, -pεs-, -ʒiə/ *n.*《病理》=hypesthesia. **hyp·aes·the·sic** /hìpεsθí:zɪk, hàɪp- | -pi:s-, -pεs-ˊ/ *adj.* 〖(1886) ▭ L ~: ⇨ hypo-, aesthesia〗

hy·pae·thral /hɪpí:θrəl, hɑ̈ɪ- | haɪ-, hɪ-/ *adj.* **1**〈古代ギリシャ・ローマの寺院が〉青天井の, 屋根のない (roofless). **2** 戸外の (outdoor). 〖(1794) ← L *hypaethrus* ▭ Gk *húpaithros* ← HYPO-+Gk *aithḗr* sky (⇨ ether)+-AL¹〗

hyp·al·ge·si·a /hìpæ̀lʤí:ziə, hàɪp-, -ʒə/ *n.*《病理》痛覚減退(症). 〖(1881) ← HYPO-+ALGESIA〗

hy·pal·la·ge /hɪpǽləʤi, hɑ̈ɪ-, -ləgi | haɪ-/ *n.*《修辞・文法》代換(法), 換置(法)《文中の 2 語の位置が互いに置き換えられていること; 例: apply *the wound* to water=apply water to the wound / land *flowing* with milk and honey 乳と蜜との流れる地 (*Exod.* 3: 8); cf. transferred epithet》. 〖(1577) ▭ L *hypallage* ▭ Gk *hupallagḗ* interchange ← *hupallássein* to interchange ← *hupó* under+*allássein* to change〗

Hy·pa·lon /háɪpəlɑ̀(:)n | -lɔ̀n/ *n.*《商標》ハイパロン《クロロスルホン化ポリエチレン; 合成ゴム》.

hy·pan·thi·um /haɪpǽnθiəm, hɪ-/ *n.* (*pl.* **-thi·a** /-θiə/)《植物》花托筒《花托が肥大して筒状になったもの; calyx tube ともいう》. **hy·pán·thi·al** /-θiəl/ *adj.* 〖(1855) ← NL ~: ⇨ hypo-, antho-, -ium〗

Hy·pa·tia /haɪpéɪʃə, -ʃiə/ *n.* ヒュパチア: **1** (?–415) エジプトの Alexandria の女性哲学者; 修道士らの暴徒に殺された. **2** Charles Kingsley の同名の歴史小説 (1851); およびその女主人公.

hype¹ /háɪp/《口語》*n.* **1 a** =hypodermic. **b** (皮下注射用の)注射針. **2** 麻薬常用者. — *vt.* (麻薬を注射したように)興奮させる (excite), 刺激する (stimulate, jazz)〈*up*〉. 〖(1924)《略》← HYPODERMIC〗

hype² /háɪp/《口語》*n.* **1** (誇大な)宣伝, 売込み (blurb); 誇大宣伝された[売込まれた]人[もの]. **2** 詐欺, ぺてん (put-on), いんちき (deception). **3** 釣銭のごまかし; 釣銭をごまかす人. — *vt.* **1**〈製品・予定の催しを〉誇大に宣伝する〈*up*〉. **2 a**〈人〉に釣銭をごまかす. **b** だます, ぺてんにかける. **3**〈数量などを〉増加[上昇]させる. **4** (ポップミュージック業界でヒットチャートの順位を上げるため)〈同じレコードを〉買う. 〖(1926)《転用》↑〗

hýped-úp *adj.*《口語》興奮した. 〖(1946) ← *hyped up* (⇨ hype¹)〗

hy·per /háɪpə | -pə^(r)/ *adj.*《口語》非常に興奮[緊張]した; 熱狂的な. — *n.* 誇大宣伝をする人. 〖(1942)《略》← HYPERACTIVE〗

hy·per- /háɪpə | -pə^(r)/ 本来ギリシャ語系の語に付き, 次の意味を表す連結形 (cf. super-, over-; ↔ hypo-): **1**「(…を)越えて, 向こうの (over)」: *hyper*baton, *hyper*borean. **2**「過度の, 過多の (excessive)」: *hyper*acid, *hyper*correction, *hyper*sensitive. **3**《数学》「超…, 三次元より高い」: *hyper*plane, *hyper* space. **4**《まれ》《化学》=per-: *hyper*oxide. 〖▭ Gk *huper-* ← *hupér* over, beyond: ⇨ over〗

hỳper·ácid *adj.* 過酸(症)の, 胃酸過多の. 〖(1897) ← HYPER-+ACID〗

hỳper·acídity *n.*《病理》過酸(症), 胃酸過多(症). 〖(1890) ← HYPER-+ACIDITY〗

hy·per·ac·tive /hàɪpəǽktɪv | -pə(r)æk-ˊ/ *adj.* 異常に[極度に]活発[活動的]な. 〖(1867) ← HYPER-+ACTIVE〗

hỳper·actívity *n.* (子供などの)落ち着きのなさ.

hy·per·a·cu·sis /hàɪpərɪkjú:sɪ̈s | -sɪs/ *n.*《病理》聴覚過敏(症). 〖(1825) ← HYPER-+Gk *akousis* hearing〗

hỳper·acúte *adj.* 非常に鋭敏な, 超過敏な.

hỳper·acúte·ness *n.* 超過敏. 〖1888〗

hy·per·a·dren·al·ism /hàɪpərədrénəlìzm, -nḷ-/ *n.*《病理》アドレナリン過剰症, 高アドレナリン症. 〖← HYPER-+ADRENAL(INE)+-ISM〗

hy·per·ae·mi·a /hàɪpərí:miə/ *n.*《病理》=hyperemia. **hy·per·ae·mic** /hàɪpərí:mɪkˊ/ *adj.* 〖(1836–39) ← HYPER-+-AEMIA〗

hỳper·aesthésia *n.*《病理》=hyperesthesia.

hỳper·aesthétic *adj.* 〖1849–52〗

hỳper·aggréssive *adj.* 非常に攻撃的な.

hỳper·aldósteronism *n.*《病理》アルドステロン過剰(症), 高アルドステロン症《アルドステロンの分泌過剰による血中のカリウム減少・血圧上昇・筋麻痺などの症候群》. 〖(1955) ← HYPER-+ALDOSTERONE+-ISM〗

hỳper·algésia *n.*《病理》痛覚過敏(症). **hỳper·al·gé·sic** /-ælʤí:zɪkˊ/ *adj.* 〖(1896) ← NL ~ ← HYPER-+Gk *álgēsis* sense of pain: ⇨ -ia¹〗

hỳper·alimentátion *n.* 栄養過多《点滴による過度の栄養摂取》. 〖(1967) ← HYPER-+ALIMENTATION〗

hy·per·az·o·tu·ri·a /hàɪpəræ̀zətú°riə, -tjú°r- | -tjúər-/ *n.*《病理》高窒素尿(症), 窒素過剰尿(症). 〖← HYPER-+AZOTE+-URIA〗

hy·per·bar·ic /hàɪpəbǽrɪk, -bér- | -pəbǽr-ˊ/ *adj.* **1**《医学》高比重の《脊髄麻酔液が髄液よりも比重の大きい; cf. hypobaric 1》. **2** 大気の圧力よりも高い, 高圧の (cf. hypobaric 2): a ~ chamber 高圧酸素室 / ~ therapy 高圧治療. **hỳ·per·bár·i·cal** /-rɪ̈kəl, -kḷ | -rɪ-ˊ/ *adj.* **hỳ·per·bár·i·cal·ly** *adv.* 〖(1930) ← HYPER-+BARIC²〗

hy·per·ba·ton /haɪpə́:bətɑ̀(:)n | -pə́:bətɔn/ *n.* (*pl.* **~s, -ba·ta** /-ṭə | -tə/)《修辞》転置(法)《特に文意を強めるため語の位置を変えること; 例えば The hills echoed. を Echoed the hills. とするなど; cf. hysteron proteron 1》.

hy·per·bat·ic /hàɪpəbǽṭɪk | -pəbǽt-ˊ/ *adj.* 〖(1550) ▭ L ~ ▭ Gk *hupérbaton* ← *huperbatós* transposed ← HYPER-+*baínein* to go〗

hy·per·bo·la /haɪpə́:bələ | -pə́:-/ *n.* (*pl.* **~s, -bo·lae** /-lì:/)《数学》双曲線. 〖(1668) ← NL ~ ← Gk *huperbolḗ* throwing beyond, excess ← HYPER-+*bállein* to throw〗

hy·per·bo·le /haɪpə́:bəli, -lì: | -pə́:bəli/ *n.*《修辞》誇張法《例: He scolds me a thousand times a day.; ↔ litotes》. 〖(1529) ▭ L *hyperbolē* ▭ Gk *huperbolḗ* ∽ (*c*1395) *iperbole* (↑)〗

hy·per·bol·ic¹ /hàɪpəbá(:)lɪk | -pəbɔ́l-ˊ/ *adj.* **1** 誇張の; 大げさな: a ~ headline 大げさな見出し. **2**《修辞》誇張法の; 誇張法を用いた. 〖(1646) ▭ LL *hyperbolicus* ▭ Gk *huperbolikós* ← *huperbolḗ* (↑)〗

hy·per·bol·ic² /hàɪpəbá(:)lɪk | -pəbɔ́l-ˊ/ *adj.*《数学》双曲線の. 〖(1676) ← HYPERBOL(A)+-IC¹〗

hỳ·per·ból·i·cal¹ /-lɪ̈kəl, -kḷ | -lɪ-ˊ/ *adj.* =hyperbolic¹. 〖?*a*1425〗

hỳper·ból·i·cal² /-lɪ̈kəl, -kḷ | -lɪ-ˊ/ *adj.* =hyperbolic². 〖1571〗

hỳ·per·ból·i·cal·ly *adv.* 誇張法を用いて; 大げさに.

hyperbólic cosécant *n.*《数学》双曲線余割 (記号 cosech, csch).

hýperbolic cósine *n.*《数学》双曲線余弦 (記号 cosh).

hyperbólic cotángent *n.*《数学》双曲線余接 (記号 coth).

hýperbolic fúnction *n.*《数学》双曲線関数《双曲線正弦・双曲線余弦・双曲線正接・双曲線余接・双曲線正割・双曲線余割の総称》. 〖1890〗

hyperbólic geómetry *n.*《数学》双曲幾何学《ロシアの N. I. Lobachevski およびハンガリーの J. Bolyai によってつくられた非ユークリッド幾何学で, 三角形の内角の和が 2 直角よりも小さくなるようなもの; ロバチェフスキーの幾何学 (Lobachevski's geometry) ともいう; cf. elliptic geometry》. 〖1872–73〗

hyperbólic navigátion *n.*《海事》双曲線航法《デッカ航法方式 (Decca system) やロラン (loran) あるいはオメガ航法方式 (Omega navigation system) など, 位置の線が双曲線で求められる電波航法》. 〖1945〗

hyperbólic parábolòid *n.*《数学》双曲放物面. 〖1842〗

hyperbolic sécant *n.*《数学》双曲線正割 (記号 sech).

hýperbolic síne *n.*《数学》双曲線正弦 (記号 sinh).

hyperbólic tángent *n.*《数学》双曲線正接 (記号 tanh).

hy·per·bo·lism /haɪpə́:bəlìzm | -pə́:-/ *n.* 誇張法使用. 〖(1653) ← HYPERBOLE+-ISM〗

hy·pér·bo·list /-lɪ̈st | -lɪst/ *n.* 誇張法使用者. 〖(1661) ← HYPERBOLE+-IST〗

hy·per·bo·lize /haɪpə́:bəlàɪz | -pə́:-/ *vt.* 誇張法で表現する; 誇張して言う. — *vi.* 誇張法を用いる. 〖(1599) ← HYPERBOLE+-IZE〗

hy·per·bo·loid /haɪpə́:bəlɔ̀ɪd | -pə́:-/ *n.*《数学》双曲面.
hypérbolòid of revolútion [the —]《数学》回転双曲面.
〖(1743) ← HYPERBOL(A)+-OID〗

hy·per·bo·loi·dal /haɪpə̀:bəlɔ́ɪdḷ | -pə̀:bəlɔ́ɪdḷˊ/ *adj.*《数学》双曲面の: a ~ gear [wheel]《機械》食い違い軸歯車. 〖(1879): ⇨ ↑, -al¹〗

Hy·per·bo·re·an, h- /hàɪpəbɔ́:riən, -pə(:)bəri:ən | hàɪpə(:)bɔ:rí:ən, -bɔr-, -bɔ́:riənˊ/ *n.* **1**《ギリシャ伝説》ヒュペルボレ(イ)オス人《北風の山々の彼方にある常春(とこはる)の地に住む人》. **2** [h-]《口語》極北に住む人, 北方人. — *adj.* **1** ヒュペルボレ(イ)オス人の. **2** [h-] 極北の人の, 北方人の. **3** [h-] 極北の; 極寒の. 〖(1591) ▭ LL *Hyperboreānus*=L *Hyperboreus* ▭ Gk *Huperbóreos*: ⇨ hyper-, Boreas〗

hy·per·cal·ce·mi·a /hàɪpəkælsí:miə | -pə-/ *n.*《病理》高カルシウム血(症). **hy·per·cal·ce·mic** /hàɪpəkælsí:mɪk | -pə-ˊ/ *adj.* 〖(1965) ← NL ~: ⇨ hyper-, calci-, -emia〗

hy·per·cal·ci·u·ri·a /hàɪpəkælsijú°riə | -pəkæl-sijúər-/ *n.*《病理》高カルシウム尿(症). 〖(1930) ← NL ~: ⇨ hyper-, calci-, -uria〗

hy·per·cap·ni·a /hàɪpəkǽpniə | -pə-/ *n.*《病理》高炭酸血(症). **hy·per·cap·nic** /hàɪpəkǽpnɪk | -pə-ˊ/ *adj.* 〖(1908) ← HYPER-+Gk *kapnós* smoke+-IA¹〗

hỳper·catalétic *adj.*《詩学》行末音節過剰の (cf. hypermetric). 〖(1704) ▭ LL *hypercatalēcticus*: ⇨ hyper-, catalectic〗

hỳper·catalḗxis *n.*《詩学》行末音節過剰. 〖← NL ~: ⇨ hyper-, catalexis〗

hỳper·cáutious *adj.* 過度に用心深い.

hýper·chàrge *n.*《物理》ハイパーチャージ, 超電荷《素粒子の荷電状態をあらわす演算子》. 〖(1956) ← HYPER-+CHARGE〗

hy·per·chlo·re·mi·a /hàɪpəklɔ:rí:miə | -pə-/ *n.*《病理》高塩素血(症). 〖(1916) ← NL ~: ⇨ hyper-, chloro-, -emia〗

hy·per·chlor·hy·dri·a /hàɪpəklɔəháɪdriə | -pə-/ *n.*《病理》高(塩)酸(症) (cf. hypochlorhydria). 〖(1891) ← NL ~: ⇨ hyper-, chloro-, hydro-, -ia¹〗

hỳper·cholesterémia *n.*《病理》=hypercholesterolemia. **hỳper·cho·les·ter·é·mic**

/-mɪk←/ *adj.* 〖(1894) ← NL ～: hyper-, cholesterin, -emia〗

hỳper·cholesterolémia *n.* 〘病理〙高コレステロール血症《血液中コレステロールの過剰状態》. **hỳper·cho·les·ter·ol·é·mic** /-mɪk←/ *adj.* 〖(1916) ← NL ～: ⇨ hyper-, cholesterol, -emia〗

hy·per·cho·li·a /hàɪpəkóʊliə | -pəkáʊ-/ *n.* 〘病理〙胆汁(分泌)過多(症). 〖← HYPER-＋CHOLO-＋-IA¹〗

hýper·chròmic anémia *n.* 〘病理〙高色(素)性貧血. 〖(1924) *hyperchromic*: ← HYPER-＋CHROMIC〗

hyperchrómic efféct *n.* 〘化学〙濃色[増色]効果《置換基の導入により, 吸収スペクトルの吸収帯の位置・吸収曲線の形状ともに変らず, 吸収係数が増して色が濃くなる効果; cf. hypsochromic effect》. 〖1939〗

hỳper·cómplex *adj.* 〘数学〙超複素の《複素数よりもより広い範囲の数で, 複素数の重要な性質のいくつかを保存するものに冠していう》: ～ variable 超複素変数. 〖(1889) ← HYPER-＋COMPLEX〗

hỳper·cónscious *adj.* 意識過剰の.

hỳper·corréct *adj.* **1** 過度に正確な, 正確に失する; 潔癖すぎる; 異常に気むずかしい; こりすぎる (finicky). **2** 〘言語〙直しすぎの. **～·ness** *n.* 〖(1922) ← HYPER-＋CORRECT〗

hỳper·corréction *n.* 〘言語〙直しすぎ[過度訂正](による誤り)《It is me. は誤りで It is I. が正しいと教えられた人が, 'between you and *me*' (内緒で) を 'between you and *I*' としてしまう, など; overcorrection ともいう; cf. hyperurbanism》. 〖(1934) ← HYPER-＋CORRECTION〗

hỳper·crític *n.* 酷評家. — *adj.* ＝hypercritical. 〖1633〗

hỳper·crítical *adj.* 酷評する (carping); 過度にあら探しをする. **～·ly** *adv.* 〖(1605) ← NL *hypercriticus*〗

hỳper·críticism *n.* 酷評; 過度のあら探し. 〖(1678) ← HYPER-＋CRITICISM〗

hỳper·críticize *vt., vi.* 酷評する. 〖(1812) ← HYPER-＋CRITICIZE〗

hỳper·cùbe *n.* 〘数学〙超立方体《多次元において三次元における立方体に相当するもの》.

hỳper·díploid *adj.* 〘生物〙高二倍体の《二倍体 (diploid) よりやや多く染色体をもつ》.

hỳper·díploìdy *n.* 〘生物〙高二倍性.

hýper·drìve *n.* (SF で) 超空間旅行のための推進システム. 〖1955〗

hỳper·dulía *n.* 〘カトリック〙(人間のうち最も聖なるものとしての)聖母崇敬, 特別崇敬 (cf. dulia). **hỳper·dú·lic** /-dú:lɪk, -djú:- | -djú:-←/ *adj.* **hỳper·dú·li·cal** /-dú:lɨkəl, -djú:-, -kl | -djú:lɪ-←/ *adj.* 〖(1530) □ ML *hyperdūlia*: ⇨ hyper-, dulia〗

hỳper·émesis *n.* 〘病理〙過度の嘔吐(おうと). 〖(1663) ← NL ～: ⇨ hyper-, emesis〗

hyperémesis gra·vi·dá·rum /-grævədéᵊrəm | -vɨdéər-/ *n.* 〘病理〙悪阻(おそ), つわり; 妊娠悪阻.

hy·per·e·mi·a /hàɪpərí:miə/ *n.* 〘病理〙充血. **hỳ·per·é·mic** /-mɪk←/ *adj.* 〖← HYPER-＋-EMIA〗

hy·per·em·i·za·tion /hàɪpərèməzéɪʃən | -mɨ-/ *n.* 〘医学〙充血療法.

hy·per·ep·i·neph·ri·ne·mi·a /hàɪpərèpənèfrəní:miə | -pɪnèfrɪ-/ *n.* 〘病理〙エピネフリン過剰血(症), 高エピネフリン血(症). 〖← HYPER-＋EPINEPHRINE＋-EMIA〗

hỳper·esthésia *n.* 〘病理〙知覚過敏(症). **hỳ·per·esthétic** *adj.* 〖← HYPER-＋ESTHESIA〗

hỳper·eutéctic *adj.* 〘冶金〙過共晶の《共晶点以上の第二元素を含む; cf. hypoeutectic》: ～ cast iron 過共晶鋳鉄《共晶点以上の炭素分を含む》. 〖(1902) ← HYPER-＋EUTECTIC〗

hỳper·eutéctoid *adj.* 〘冶金〙**1** 過共析の. **2** 〈鋼が〉0.80% を越える炭素を含む. 〖(1911) ← HYPER-＋EUTECTOID〗

hỳper·excitabílity *n.* 〘心理〙異常興奮(状態). **hỳper·excítable** *adj.* 〖(1972) ← HYPER-＋EXCITABILITY〗

hỳper·exténd *vt.* 〘医学〙(関節を)正常な範囲を超えて伸展させる, 過伸展させる. 〖1883〗

hỳper·exténsion *n.* 〘生理〙過伸展. 〖(1883) ← HYPER-＋EXTENTION〗

hỳper·fíne *adj.* 〘物理〙微小な. 〖(1926) ← HYPER-＋FINE¹〗

hýper·fìne strúcture *n.* 〘物理〙超微細構造《略 hfs; cf. fine structure》. 〖1927〗

hýper·fòcal dístance *n.* 〘写真〙過焦点距離《無限遠に焦点を合わせたとき, この点まで鮮鋭に像を結ぶ; 過焦点距離に焦点を合わせると, その 2 分の 1 の距離から無限遠まで鮮鋭に像を結ぶ》. 〖1905〗

hýper·fòrm *n.* 〘言語〙過度訂正形態[語法]. 〖(1933)《縮約》← hypercorrect form〗

hỳper·fúnction *n.* 〘病理〙機能亢進(こうしん). 〖(1909) ← HYPER-＋FUNCTION〗

hy·per·ga·lac·ti·a /hàɪpəgəlǽktiə | -pə-/ *n.* 〘病理〙乳汁分泌過多. 〖← HYPER-＋GALACTO-＋-IA¹〗

hy·per·ga·my /haɪpə́:gəmi | -pə́:-/ *n.* 〘民俗〙ハイパーガミー, 上昇婚《嫁側からみて自分より上の階層の婿との婚姻》. **hy·pér·ga·mous** /-məs/ *adj.* 〖(1883) ← HYPER-＋-GAMY〗

hỳper·geométric distribútion *n.* 〘数学〙超幾何分布《二種類のものが混合している集団から一定個数を取り出したときの一方の種類のものの個数の従う確率分布》. 〖1950〗

hypergeométric equátion *n.* 〘数学〙超幾何微分方程式.

hýpergeometric fúnction *n.* 〘数学〙超幾何関数.

hy·per·geus·es·the·sia /hàɪpəgjù:sɛsθí:ʒə, -ʤù:-, -ʒiə | -pəgjù:si:sθí:ziə, -ʤù:s-, -ʒiə/ *n.* 〘病理〙味覚過敏(症). 〖← HYPER-＋Gk *geûsis* sense of taste (← *geúesthai* to taste)＋ESTHESIA〗

hy·per·glo·bu·li·a /hàɪpəglоʊbjú:liə | -pəglə(ʊ)-/ *n.* 〘病理〙赤血球増加(症). 〖← HYPER-＋GLOBULE＋-IA¹: cf. *hyperglobulinemia* (1936)〗

hy·per·gly·ce·mi·a /hàɪpəglaɪsí:miə | -pə-/ *n.* 〘病理〙高血糖(症), 過血糖(症). **hỳ·per·gly·cé·mic** /-mɪk←/ *adj.* 〖(1894) ← NL ～: ⇨ hyper-, glycemia〗

hy·per·gol /háɪpəgɔ̀(:)l | -pəgɔ̀l/ *n.* 自発点火性[自燃性]ロケット推進薬. 〖□ G *Hypergol*: ⇨ hyper-, ergo-¹, -ol²〗

hy·per·gol·ic /hàɪpəgɑ́(:)lɪk, -gɔ́(:)l- | -pəgɔ́l-←/ *adj.* **1** 〈ロケット推進薬が〉自発点火性の《酸化剤と燃料が接触しただけで発火する》. **2** 自動点火性[自燃性]燃料の[を用いた]: a ～ engine 自動点火エンジン. **hỳ·per·gól·i·cal·ly** *adv.* 〖(1947): ⇨ ↑, -ic¹〗

hy·per·i·cum /haɪpérɨkəm | -rɪ-/ *n.* 〘植物〙オトギリソウ《オトギリソウ科オトギリソウ属 (*Hypericum*) の植物; オトギリソウ (*H. erectum*), セイヨウオトギリ (St.-John's-wort) など》. 〖(1471) ← NL ～ ← L *hypericum, hypericon* □ Gk *hupéreikon* St.-John's-wort ← *hupér* 'HYPER-'＋*ereíkē* heath〗

hỳper·immúne *adj.* 〘医学〙高度免疫の, 過免疫の《抗原の反復注射に対する反応として生み出された抗体を過量に保有している》. **hỳper·ím·mu·nized** *adj.* 〖(1927): ⇨ immune〗

hỳper·inflátion *n.* 〘経済〙超インフレ(ーション) (runaway inflation). **hỳper·inflátionary** *adj.*

hy·per·in·su·lin·ism /hàɪpərínsəlɨnɪzm | -ín-sjʊlɪn-/ *n.* 〘病理〙インシュリン過剰(症), 高インシュリン(症). 〖(1924) ← HYPER-＋INSULIN＋-ISM〗

Hy·pe·ri·on /haɪpíᵊriən | -píər-, -pér-/ *n.* **1** 〘ギリシャ神話〙ヒュペリオン《Uranus と Gaea の子; 日の神 (Helios)・月の神 (Selene)・夜明けの神 (Eos) の親; しばしば Apollo と混同される; Keats の詩 (1818–19) の題名として有名》. **2** 〘天文〙ヒペリオン, ヒューペリオン《土星 (Saturn) の第 7 衛星》. 〖□ L *Hyperīōn* □ Gk *Huperī́ōn* 《原義》he who walks above ← *hupér* above＋*-iṓn* going (⇨ ion)〗

hỳper·irritabílity *n.* 〘病理〙異常興奮性, 過剰刺激感受性. **hỳper·írritable** *adj.* 〖(1913) ← HYPER-＋IRRITABILITY〗

hy·per·ite /háɪpəràɪt/ *n.* 〘岩石〙紫蘇(しそ)輝石斑糲(はんれい)岩 (norite). 〖(1862)《略》← ? HYPERSTHENITE〗

hy·per·ka·le·mi·a /hàɪpəkəlí:miə | -pə-/ *n.* 〘病理〙高カリウム血(症). 〖← HYPER-＋KAL(IUM)＋-EMIA〗

hỳper·keratósis *n.* **1** 〘病理〙(過)角化症, 角質増殖. **2** 〘獣医〙X 病《表皮の角膜細胞が肥厚する疾病; X-disease ともいう》. **hỳper·keratótic** *adj.* 〖(1901) ← NL ～: ⇨ hyper-, keratosis〗

hỳper·kinésia *n.* (*also* **hỳper·kinésis**) 〘病理〙運動(機能)亢進(こうしん)[過剰], 多動. **hỳper·kinétic** *adj.* 〖(1848) ← NL ～: ⇨ hyper-, -kinesis, -ia¹〗

hy·per·lect /háɪpəlɛ̀kt | -pə-/ *n.* 〘言語〙ハイパーレクト《特権階級の人が使う, 標準語使用者には不自然で奇異に感じられるような発音・文法・語彙をもつ言語》.

hýper·lìnk *n.* 〘電算〙ハイパーリンク《ハイパーテキスト中で, 別のファイル, あるいは同じファイルの別の場所への関連づけ》.

hy·per·li·pe·mi·a /hàɪpəlɨpí:miə, -laɪ- | -pəlɪ-/ *n.* 〘病理〙脂肪過剰血(症), 高脂肪血(症). **hỳ·per·li·pé·mic** /-mɪk←/ *adj.* 〖(1894) ← NL ～: ⇨ hyper-, lipemia〗

hy·per·lip·id·e·mi·a /hàɪpəlìpədí:miə | -pəlìpɪ-/ *n.* 〘病理〙＝hyperlipemia. 〖(1894) ← HYPER-＋LIPID＋-EMIA〗

hỳper·mánia *n.* 〘精神医学〙重症躁病《うわごとを言ったり, 狂暴な行動をとるようになる》. 〖(1828) ← HYPER-＋MANIA〗

hýper·màrket *n.* 〘英〙ハイパーマーケット《巨大な駐車場があり幅広い品物を売る通例郊外の広い一階建てスーパーマーケット; 仕入れ・包装・サービスの簡便化などにより従来のスーパーより安い》. 〖(1970) ← HYPER-＋MARKET《なぞり》← F *hypermarché*〗

hýper·média *n.* 〘電算〙ハイパーメディア《文書・音・映像・ビデオなどを組み合わせて呈示するソフトウェアの形式》. 〖*c*1965〗

hy·per·meg·a·so·ma /hàɪpəmègəsóʊmə | -pəmègəsə́ʊ-/ *n.* 〘病理〙巨大体(格). 〖← HYPER-＋MEGA-＋SOMA¹〗

hy·per·men·or·rhe·a /hàɪpəmènərí:ə | -pə-/ *n.* 〘病理〙月経過多(症). 〖← HYPER-＋MENO-＋-RRHEA〗

hỳper·metamórphosis *n.* 〘昆虫〙過変態, 異変態. 〖(1875) ← HYPER-＋METAMORPHOSIS〗

hy·per·me·ter /haɪpə́:mətə | -pə́:mɨtəʳ/ *n.* 〘詩学〙音節過剰詩句《行末に余分の音節のある詩句》. 〖(1656) □ Gk *hupérmetros* beyond measure: ⇨ hyper-, -meter²〗

hy·per·met·ric /hàɪpəmétrɪk | -pə-←/ *adj.* 〘詩学〙音節過剰の (hypercatalectic). **hỳ·per·mét·ri·cal** /-trɨkəl, -kl | -trɪ-←/ *adj.* **hỳ·per·mét·ri·cal·ly** *adv.* 〖(1865) ← HYPER-＋METRIC〗

hy·per·met·rope /hàɪpəmétroʊp | -pəmétrəʊp/ *n.* 〘眼科〙遠視眼患者 (hyperope ともいう). 〖(1864)《逆成》↓〗

hy·per·me·tro·pi·a /hàɪpəmɨtróʊpiə | -pəmɪtrə́ʊ-/ *n.* 〘病理〙＝hyperopia. 〖(1868) ← NL ～ ← Gk *hupérmetros* going beyond measure (⇨ hypermeter)＋-OPIA〗

hy·per·me·tro·pic /hàɪpəmɨtróʊpɪk, -trɑ́(:)p- | -pəmɪtrɔ́p-←/ *adj.* 〘病理〙遠視(眼)の (farsighted). **hỳ·per·me·tró·pi·cal** /-pɨkəl, -kl | -pɪ-←/ *adj.* 〖(1864): ⇨ ↑, -ic¹〗

hy·per·met·ro·py /hàɪpəmétrəpi | -pə-/ *n.* 〘病理〙＝hyperopia. 〖1880〗

hy·per·mi·cro·so·ma /hàɪpəmàɪkrəsóʊmə | -pəmàɪkrəsə́ʊ-/ *n.* 〘病理〙矮(わい)小体(格). 〖← NL ～: ⇨ hyper-, -micro-, soma¹〗

hy·perm·ne·sia /hàɪpəmní:ʒə, -ʒiə | -pəmní:ziə, -ʒə/ *n.* 〘病理〙記憶(異常)増進(症) (cf. amnesia). **hy·perm·ne·sic** /hàɪpəmní:zɪk, -sɪk | -pə-←/ *adj.* 〖(1882) ← HYPER-＋-MNESIA〗

Hy·perm·nes·tra /hàɪpəmnéstrə | -pə-/ *n.* 〘ギリシャ神話〙ヒュペルムネーストラー《Danaus の 50 人の娘の一人; 自分の夫を殺せという父の命令を拒んだ》. 〖□ L ～ □ Gk *Hupermnēstra*〗

hỳper·módern schòol *n.* 〘チェス〙超近代派《側面から中央を掌握する戦法; Richard Reti, A. I. Nimzowitsh などに代表される》. 〖1970〗

hýper·mòrph *n.* **1** 〘心理〙＝ectomorph. **2** 〘生物〙高次形態, ハイパーモルフ《野生型よりも形質発現の活性が高まった突然変異の対立遺伝子; cf. hypomorph 2》. **hỳper·mórphic** *adj.* **hỳper·mórphism** *n.* 〖(1926) ← HYPER-＋-MORPH〗

hỳper·motílity *n.* 〘病理〙(胃腸などの)運動機能亢進(こうしん) (cf. hypomotility). 〖(1894) ← HYPER-＋MOTILITY〗

hỳper·mútable *adj.* 〘遺伝〙突然変異が異常に頻繁な, 超突然変異の.

hỳper·mutátion *n.* 超突然変異.

hy·per·na·tre·mi·a /hàɪpənətrí:miə | -pə-/ *n.* 〘病理〙高ナトリウム血症. 〖(1932) ← HYPER-＋NATREMIA〗

hỳper·núcleus *n.* 〘物理〙ハイパー(原子)核, 超原子核《ハイペロン (hyperon) を含む原子核》. 〖(1957) ← HYPER-＋NUCLEUS〗

hy·per·nym /háɪpənɪm | -pə-/ *n.* 〘言語〙上位語, 包摂語 (opp. hyponym)《例に building は house, hotel の hypernym》.

hy·per·on /háɪpərɑ̀(:)n | -rɔ̀n/ *n.* 〘物理〙ハイペロン《中性子より重い重粒子で, スピン ½, 重粒子数(質量数) 1 および (0 でない) ストレンジネス (strangeness) をもつもの; Λ-hyperon, Σ-hyperon, Ξ-hyperon がある》. 〖(1953) ? ← HYPER-＋-ON²〗

hy·per·ope /háɪpəròʊp | -rəʊp/ *n.* 〘眼科〙＝hypermetrope. 〖(1892)《逆成》← HYPEROPIA〗

hy·per·o·pi·a /hàɪpəróʊpiə | -rə́ʊ-/ *n.* 〘病理〙遠視 (farsightedness ともいう; ↔ myopia; cf. emmetropia).

hy·per·op·ic /hàɪpəróʊpɪk, -rɑ́(:)p- | -rɔ́p-←/ *adj.* 〖(1884) ← HYPER-＋-OPIA〗

hy·per·os·mi·a /hàɪpərɑ́(:)zmiə | -rɔ́z-/ *n.* 〘医学〙嗅覚過敏(症). 〖← NL ～ ← HYPER-＋(AN)OSMIA〗

hy·per·os·to·sis /hàɪpərɑ(:)stóʊsɨs | -pərɔstə́ʊsɪs/ *n.* 〘病理〙**1** 骨化過剰(症); 外骨(腫)症. **2** 異常発達の骨. **hy·per·os·tot·ic** /hàɪpərɑ(:)stɑ́(:)tɪk | -rɔstɔ́t-←/ *adj.* 〖(1835) ← NL ～: ⇨ hyper-, -ostosis〗

hy·per·ox·e·mi·a /hàɪpərɑ(:)ksí:miə | -rɔk-/ *n.* 〘病理〙高酸素血(症), 酸素過剰血(症). 〖← HYPER-＋OXY-¹＋-EMIA〗

hy·per·ox·i·a /hàɪpərɑ́(:)ksiə | -ɔ́k-/ *n.* 〘病理〙酸素過剰(症), 高酸素(症). 〖← NL ～: ⇨ hyper-, oxy-¹, -ia¹〗

hỳper·óxide *n.* 〘化学〙超酸化物 (⇨ superoxide). 〖(1805) ← HYPER-＋OXIDE〗

hỳper·panchromátic *adj.* 〘写真〙〈フィルム・感光板が〉ハイパーパンの《赤に対して高感度の》.

hỳper·párasite *n.* 〘生物〙重複[二次]寄生体《ある寄生体に寄生する第二の寄生体》. **hỳper·parasític** *adj.* 〖(1883) ← HYPER-＋PARASITE〗

hỳper·párasitism *n.* 〘生物〙**1** 重複寄生. **2** 過寄生.

hy·per·par·a·thy·roid·ism /hàɪpəpæ̀rəθáɪrɔɪdɪzm, -pèr- | -pəpæ̀rə-/ *n.* 〘病理〙上皮小体(機能)亢進(こうしん)(症), 副甲状腺機能亢進(症). 〖(1917) ← HYPER-＋PARATHYROID＋-ISM〗

hy·per·pha·gi·a /hàɪpəféɪʤiə, -ʤə | -pəféɪziə, -ʒiə/ *n.* 〘病理〙多食, 過食症 (cf. polyphagia 2). **hy·per·phag·ic** /hàɪpəfǽʤɪk | -pə-←/ *adj.* 〖(1941) ← NL ～: ⇨ hyper-, -phagia〗

hy·per·phos·phe·re·mi·a /hàɪpəfɑ̀(:)sfərí:miə | -pəfɔ̀s-/ *n.* 〘病理〙高燐酸塩血(症). 〖← HYPER-＋*phospher* (⇨ phosphor)＋-EMIA〗

hỳper·phýsical *adj.* 超自然の, 超物質的な (supernatural). **～·ly** *adv.* 〖(1600) ← HYPER-＋PHYSICAL〗

hy·per·pi·tu·i·ta·rism /hàɪpəpɨtú:ətərìzm, -tjú:-, -trìzm | -pəpɪtjú:ɪtərɪzm, -trɪzm/ *n.* 〘病理〙**1** 下垂体機能亢進(こうしん)(症). **2** (下垂体機能亢進症による)異常成長, 末端肥大 (cf. hypopituitarism 1). **hỳ·per·pitúitary** *adj.* 〖(1909) ← HYPER-＋PITUITAR(Y)＋-ISM〗

hýper·plàne *n.* 〘数学〙超平面《*n* 次元ユークリッド空間内の (*n*−1) 次元部分空間》. 〖(1903) ← HYPER-＋PLANE²〗

H

hy·per·pla·sia /hàɪpəpléɪʒə, -ʒiə | -pəpléɪziə, -ʒiə/ *n.* **1** 〘病理〙過形成,(組織の)増殖. **2** 〘植物〙細胞異常増殖, 組織異常生長 (cf. hypoplasia 2). **3** 〘動物〙肥厚, 過形成, 過生, 増生. **hy·per·plas·tic** /hàɪpəplǽstɪk | -pə-ˈ/ *adj.* 〖(1861) ← HYPER-＋-PLASIA〗

hy·per·ploid /háɪpəplɔ̀ɪd | -pə-/ 〘生物〙*adj.* 高数性の《倍数 (diploid) より多い(が半数 (haploid) の倍数ではない)染色体数を有する》. — *n.* 高数体《染色体の数が基本数の整数倍より数個多い個体[細胞]; cf. hypoploid》. 〖(1930) ← HYPER-＋-PLOID〗

hy·per·ploid·y /háɪpəplɔ̀ɪdi | -pəplɔ̀ɪdi/ *n.* 〘生物〙高数性. 〖(1930) ← HYPER-＋-PLOIDY〗

hy·per·pne·a /hàɪpə(p)níːə | -pə-/ *n.* (*also* **hy·per·pnoe·a** /〜/) 〘病理〙過呼吸, 呼吸亢進(こうしん). **hy·per·pne·ic** /hàɪpə(p)níːɪk | -pə-ˈ/ *adj.* 〖(1860) ← NL 〜: ⇨ hyper-, -pnea〗

hỳper·pólarize *vt.* 〘生理〙過分極にする. **hỳ·per·polarizátion** *n.* 〖(1946) ← HYPER-＋POLARIZE〗

hy·per·pot·as·se·mi·a /hàɪpəpɑ̀(ː)təsíːmiə | -pəpɔ̀t-/ *n.* 〘病理〙カリウム過剰血(症). 〖(1932) ← HYPER-＋POTASS(IUM)＋-EMIA〗

hỳper·prédator *n.* 〘動物〙超捕食動物《肉食動物を捕食する動物》. 〖← HYPER-＋PREDATOR〗

hy·per·pro·sex·i·a /hàɪpəprouséksiə | -pəprə(ʊ)-/ *n.* 注意過剰. 〖(1902) ← NL 〜 ← HYPER-＋Gk *prósexis* attention (← *prosékhein* to heed)＋-IA¹〗

hỳper·pyrétic *adj.* 〘病理〙超高熱の(ある). 〖(1876) ← HYPER-＋PYRETIC〗

hỳper·pyréxia *n.* 〘病理〙超高熱. **hỳper·pyréxial** *adj.* 〖(1866–80) ← NL 〜: ⇨ hyper-, pyrexia〗

hỳper·secrétion *n.* 〘病理〙分泌過多, 過分泌 (cf. hyposecretion). 〖(1864) ← HYPER＋SECRETION〗

hỳper·sénsitive *adj.* **1** 敏感な, 過敏症性の. **2** 〘病理〙感覚過敏の, 過敏症の. **〜·ness** *n.* 〖(1871) ← HYPER-＋SENSITIVE〗

hỳper·sensitívity *n.* 過敏症; アレルギー症 (*to, about*). 〖(1871) ← HYPER-＋SENSITIVE〗

hỳper·sensitizátion *n.* 〘写真〙超増感. 〖(1933) ← HYPER-＋SENSITIZATION〗

hỳper·sénsitize *vt.* 〈フィルム・感光乳剤を〉超高感度にする. 〖(1897) ← HYPER-＋SENSITIZE〗

hỳper·séxual *adj.* 性的行為に過度に関心の深い. **hỳper·sexuálity** *n.* 〖(1942) ← HYPER-＋SEXUAL〗

hỳper·slòw *adj.* 極端に遅い, 超低速の.

hy·per·som·ni·a /hàɪpəsɑ́(ː)mniə | -pəsɔ́m-/ *n.* 〘病理〙睡眠過剰(症), 過眠(症). 〖(1876) ← NL 〜 ← HYPER-＋(IN)SOMNIA〗

hỳper·sónic *adj.* **1** 〘航空・宇宙〙 **a** 極超音速の: 〜 flight 極超音速飛行. **b** 〈飛行機・人工衛星・宇宙船など〉極超音速で運行する[可能の]《音速の約 5 倍以上の速度; cf. sonic 4》. **2** 〘物理〙極超音波の《音波・振動など 100 キロヘルツ以上の周波数をもつ》. — *n.* 〘物理〙極超音波. **hỳper·sónically** *adv.* **hỳper·són·ics** *n.* 〖(1937) ← HYPER-＋SONIC〗

hỳper·spàce *n.* **1** 〘数学〙超 (3 次元)空間《ユークリッド幾何学で 3 次元よりも大きな次元の空間》. **2** (SF の世界での)超空間《通常の時空の関係が適用できない次元》. **hỳper·spátial** *adj.* 〖(1867) ← HYPER-＋SPACE〗

hỳper·sphère *n.* 〘数学〙超球《3 次元よりも大きな次元のユークリッド空間における球》.

hy·per·sthene /háɪpəsθìːn | -pə-/ *n.* 〘鉱物〙紫蘇(しそ)輝石(きせき) ((Mg, Fe)SiO_3). **hy·per·sthen·ic** /hàɪpəsθénɪk, -sθíːn- | -pə-ˈ/ *adj.* 〖(1808) □ F *hypersthène* ← HYPER-＋Gk *sthénos* strength〗

hy·per·sthe·nite /hàɪpəsθíːnaɪt | -pə-/ *n.* 〘岩石〙紫蘇(しそ)輝岩. 〖(1849): ⇨ ↑, -ite¹〗

hỳper·sùrface *n.* 〘数学〙超曲面《*n* 次元ユークリッド空間における (*n*−1) 次元の曲面》.

hỳper·suscéptible *adj.* 〘病理〙＝hypersensitive 2. **hỳper·susceptibílity** *n.* 〖1914〗

hỳper·suspícious *adj.* 異常なほど疑い深い, 極度に邪推する.

hy·per·tel·y /haɪpə́ːtəli | -pɔ́ːtɨ̯li/ *n.* 〘生物〙過進化《器官が適応の範囲を超えて行き過ぎた進化》. 〖← HYPER-＋TELO-²＋-Y¹〗

hỳper·ténse *adj.* 過度に緊張した, ぴりぴりし過ぎた.

hy·per·ten·sin /hàɪpəténs(ɪ)n | -pəténsɪn/ *n.* 〘生化学〙ヒペルテンシン《ヒペルテンシノゲンとレニン (renin) との作用によって生ずる物質; 血管を収縮させ血圧を上昇させる; angiotonin ともいう》. 〖(1939) ← *hypertens(ion)*＋-IN²〗

hy·per·ten·sin·ase /hàɪpəténsɨ̯nèɪs, -nèɪz | -pəténsɪnèɪs/ *n.* 〘生化学〙ヒペルテンシナーゼ; 高張性酵素《腎臓から分泌される酵素でヒペルテンシンを無力化する; angiotonase ともいう》. 〖⇨ ↑, -ase〗

hy·per·ten·sin·o·gen /hàɪpətensínədʒ(ə)n, -dʒèn | -pə-/ *n.* 〘生化学〙ヒペルテンシノゲン《肝臓で生成されて血漿に含まれている物質; レニン (renin) と作用してヒペルテンシンを造る》. 〖← HYPERTENSIN＋-O-＋-GEN〗

hy·per·ten·sion /hàɪpəténʃən, -téntʃən | -pə-/ *n.* **1** 〘病理〙高血圧(症) (high blood pressure ともいう; cf. hypotension). **2** 過度の緊張, 異常に緊張した状態. 〖(1893) ← HYPER-＋TENSION〗

hy·per·ten·sive /hàɪpəténsɪv | -pə-ˈ/ 〘病理〙*adj.* 高血圧(性)の; 高血圧を起こす[招く]; 血圧を上げる(作用のある) (cf. normotensive). — *n.* 高血圧(患)者 (cf. hypotensive). 〖(adj.: 1904; n.: 1939) ↑〗

hýper·tèxt *n.* 〘電算〙ハイパーテキスト《複数のテキストを相互に関連づけて一つのデータとして扱う概念; テキストの特定部分から別のテキストを呼び出せる》. 〖(1965) ← HYPER-＋TEXT〗

hy·per·ther·mi·a /hàɪpəθə́ːmiə | -pəθɔ́ː-/ *n.* **1** 〘病理〙高体温, 高熱. **2** 〘医学〙温熱療法《発熱させて行う治療; hyperthermy ともいう》. **hy·per·ther·mic** /hàɪpəθə́ːmɪk | -pəθɔ́ː-ˈ/ *adj.* **hỳ·per·thér·mal** /-məl, -mɪ̯ˈ/ *adj.* 〖(1886) ← NL 〜: ⇨ hyper-, -therm, -ia¹〗

hy·per·throm·bin·e·mi·a /hàɪpəθrɑ̀(ː)mbəníːmiə | -pəθrɔ̀mbɪ-/ *n.* 〘病理〙過トロンビン血症. 〖← HYPER-＋THROMBIN＋-EMIA〗

hy·per·thy·mi·a /hàɪpəθáɪmiə | -pə-/ *n.* 〘精神医学〙気分高揚. 〖← HYPER-＋THYM(US)＋-IA¹〗

hỳper·thýroid *adj.* 〘病理〙甲状腺機能亢進(こうしん)(性)の[に関する]. — *n.* 甲状腺機能亢進症患者; 感情抑制の出来ない人. 〖(1916) ← HYPER-＋THYROID〗

hỳper·thýroid·ism /-dɪzm/ *n.* 〘病理〙甲状腺機能亢進(こうしん)(症) (cf. hypothyroidism). 〖(1900) ← HYPER-＋THYROID＋-ISM〗

hỳper·tónic *adj.* **1 a** 〘生理〙〈乳児・臓器など〉緊張過度の (cf. hypotonic 1 a). **b** 〘病理〙高血圧の. **2** 〘生理・化学〙〈溶液が〉浸透圧の高い, 高張の (cf. hypotonic 2): a 〜 solution 高張液 / a 〜 salt solution 高張食塩水. 〖(1855) ← HYPER-＋TONIC〗

hỳper·tonícity *n.* 〘化学〙高張. 〖(1886) ← HYPER-＋TONICITY〗

hy·pér·tro·phied *adj.* **1** 〘病理〙肥大している, 肥厚した; 肥大性の. **2** 異常[病的]発達の. 〖(1835): ⇨ ↓, -ed²〗

hy·per·tro·phy /haɪpə́ːtrəfi | -pɔ́ː-/ *n.* **1** 〘病理・植物〙肥大, 肥厚, 栄養過度 (cf. hypotrophy 1). **2** 異常発達. — *vt.* 肥大させる; 異常発達させる. — *vi.* 肥大する, 異常発達する. **hy·per·troph·ic** /hàɪpətrɑ́(ː)fɪk, -tróuf- | -trɔ́f-, -tróuf-ˈ/ *adj.* 〖(1834) ← HYPER-＋-TROPHY〗

hỳper·úrbanism *n.* 〘言語〙上品過多[直し過ぎ]語法; それから生じた形態[発音] (cf. hypercorrection). 〖(1925) ← HYPER-＋URBANE＋-ISM〗

hy·per·u·ri·ce·mi·a /hàɪpəjʊ̀ərəsíːmiə | -pəjʊ̀ərɪs-/ *n.* 〘病理〙尿酸過剰血(症), 高尿酸血症. 〖(1894) ← NL 〜: ⇨ hyper-, uric-, -emia〗

hỳper·velócity *n.* 〘物理〙(宇宙船・核粒子などの, 毎秒 1 万フィート以上の)超高速(度). 〖(1949) ← HYPER-＋VELOCITY〗

hỳper·véntilate *vi.* 呼吸亢進(こうしん)する, 過換気する. — *vt.* 〈患者〉に呼吸亢進させる, 過換気させる. 〖(1931) ← HYPER-＋VENTILATE〗

hỳper·ventilátion *n.* 〘医学〙換気[呼吸]亢進(こうしん), 過換気. 〖(1928) ← HYPER-＋VENTILATION〗

hỳper·vérbal *adj.* 極端に口数の多い, 長広舌の.

hỳper·vitaminósis *n.* 〘病理〙ビタミン過剰(症). 〖(1928) ← HYPER-＋VITAMINOSIS〗

hyp·es·the·sia /hìpɛsθíːʒə, hàɪp-, -ziə | -piːsθíːziə, -pɛs-, -ʒiə/ *n.* 〘病理〙知覚減退, 触覚鈍麻(どんま). **hyp·es·the·sic** /hìpɛsθíːzɪk, hàɪp- | -piːs-, -pɛs-ˈ/ *adj.* 〖← HYPO-＋ESTHESIA〗

hy·pe·thral /haɪpíːθrəl, hɨ̯- | haɪ-, hɪ-/ *adj.* ＝hypaethral.

hy·pha /háɪfə/ *n.* (*pl.* **hy·phae** /-fiː/) 〘植物〙(菌類の)菌糸. **hý·phal** /-fəl, -fɪ̯/ *adj.* 〖(1866) ← NL 〜 ← Gk *huphḗ* web〗

hy·phen /háɪfən/ *n.* **1** ハイフン, 連字符《2 語を連結し, 2 行にまたがって書かれた 1 語を結合し, または語を区分する時に, あるいは 'b-b-but' のようにちゅうちょした言い方を示すときに用いる符号 (-)》. **2** ハイフン状のもの. — *vt.* ＝hyphenate. 〖n.: (*c*1620) □ LL 〜 □ Gk *huphén* together ← *huph-, hupó* under＋*hén* one. — v.: (1814) ← (n.)〗

hy·phen·ate /háɪfənèɪt | -fɨ̯-/ *vt.* **1** 〈2 語を〉ハイフンで結ぶ. **2** 〈複合語を〉ハイフンを用いて書く: a 〜*ed* name ハイフンでつないだ名前《例えば Kaye-Smith など》. — /háɪfənɨ̯t, -nèɪt | -fɨ̯-/ *n.* **1** ハイフン付きの人, 外国系市民; (特に)ハイフン付きの米国人《*Italo*-American, *Swedish*-American などのように 'American' の前にハイフンのつく帰化米国人》. **2** 2 種類以上の仕事を兼ねる人, 兼業家. 〖(*c*1889): ⇨ ↑, -ate³〗

hý·phen·àt·ed /-nèɪtɨ̯d | -tɨ̯d/ *adj.* ハイフンでつながれた: 〜 Americans ハイフン付きの[外国系の]米国人 German-Americans, Spanish-Americans など. 〖(1852) ← HYPHENATE＋-ED〗

hy·phen·a·tion /hàɪfənéɪʃən | -fɨ̯-/ *n.* 語をハイフンでつなぐ[をつけて書く]こと. 〖(1886) ← HYPHENATE＋-TION〗

hýphen hèlp *n.* 〘電算〙ハイフン指示機能《行末で語を分断するとき分断可能な位置を指示する機能》.

hý·phen·ìsm /-nɪzm/ *n.* 《米》(戦時中)二国に忠誠を誓うこと. 〖(1930): ⇨ -ism〗

hy·phen·ize /háɪfənàɪz | -fɨ̯-/ *vt.* ＝hyphen. **hy·phen·i·za·tion** /hàɪfənɨ̯zéɪʃən | -fɨ̯naɪ-, -nɪ-/ *n.* 〖(1869): ⇨ -ize〗

hýphen·less *adj.* ハイフンのない[付かない].

hy·pho- /háɪfou | -fəʊ/「織物 (web)」の意の連結形. 〖← NL ← Gk *huphḗ*〗

hy·pid·i·o·mor·phic /haɪpɪ̀dioumɔ́əfɪk | -diə(ʊ)mɔ́ːf-ˈ/ *adj.* 〘鉱物〙〈鉱物が〉半自形的の《結晶面の発達が隣接する他の鉱物に妨げられて一部しかできていない; cf. allotriomorphic, idiomorphic 2》. 〖(1888) ← HYPO-＋*idiomorphic*〗

hypn- /hɪpn/ (母音の前にくるときの) hypno- の異形.

hyp·na·gog·ic /hìpnəgɑ́(ː)dʒɪk | -gɔ́dʒ-ˈ/ *adj.* 〘心理〙(寝込む前に)うとうとする(状態の); 夢うつつの, 催眠性の (cf. hypnopompic): a 〜 hallucination 入眠時幻覚. 〖(1886) ← HYPNO-＋-AGOG(UE)＋-IC¹〗

hypnagógic ímage *n.* 〘心理〙入眠時幻覚像《深い眠りに入る直前に経験する幻覚・妄想》.

hyp·no- /hípnou | -nəʊ/「眠り (sleep); 催眠 (hypnotism)」の意の連結形. ★ 母音の前では通例 hypn- になる. 〖← Gk *húpnos* sleep: cf. L *somnus*〗

hỳpno·análysis *n.* 〘精神分析〙催眠療法《精神分析技法に催眠を併用する心理療法》. **hỳpno·analýt·ic** *adj.* 〖(1920) ← HYPNO-＋ANALYSIS〗

hýpno·dràma *n.* 〘精神医学〙催眠劇《催眠者がある状況を演じて見せること》.

hỳpno·génesis *n.* 催眠. **hỳpno·genétic** *adj.* **hỳpno·genétically** *adv.* 〖(1889) ← HYPNO-＋-GENESIS〗

hyp·no·gog·ic /hìpnəgɑ́(ː)dʒɪk | -gɔ́dʒ-ˈ/ *adj.* 〘心理〙＝hypnagogic.

hyp·no·graph /hípnəgræ̀f | -grɑ̀ːf, -græ̀f/ *n.* 睡眠体測定器《睡眠中の身体活動を測定する計器》.

hyp·noid /hípnɔɪd/ *adj.* 〘心理〙催眠の[に関する, 状の]. 〖(1898) ← HYPNO-＋-OID〗

hyp·noi·dal /hɪpnɔ́ɪdl̩ | -dl̩/ *adj.* 〘心理〙＝hypnoid.

hyp·nól·o·gist /-dʒɨ̯st | -dʒɪst/ *n.* 催眠学者. 〖(1847–49): ⇨ ↓, -ist〗

hyp·nol·o·gy /hɪpnɑ́(ː)lədʒi | -nɔ́l-/ *n.* 睡眠[催眠]学. **hyp·no·log·ic** /hìpnəlɑ́(ː)dʒɪk | -lɔ́dʒ-ˈ/ *adj.* **hỳp·no·lóg·i·cal** /-dʒɨ̯kəl, -kɪ̯ | -dʒɪ-ˈ/ *adj.* 〖(1833) ← HYPNO-＋-LOGY〗

hyp·none /hípnoun | -nəʊn/ *n.* 〘化学〙ヒプノン (⇨ acetophenone). 〖(1886) □ F 〜: ⇨ hypno-, -one〗

hyp·no·pe·di·a /hìpnəpíːdiə | -diə/ (*also* **hyp·no·pae·di·a** /〜/) *n.* 睡眠学習 (⇨ sleep-learning). 〖(1932) ← HYPNO-＋-*pedia* (← Gk *paideía* education)〗

hyp·no·pom·pic /hìpnəpɑ́(ː)mpɪk | -pɔ́m-ˈ/ *adj.* 〘心理〙出眠時の, (もう少しで目が覚める状態で)夢うつつの, (覚醒前に)半睡半醒(せい)の (cf. hypnagogic): a 〜 hallucination 出眠幻覚. 〖(*a*1901) ← HYPNO-＋*pomp-* (← Gk *pompḗ* act of sending)＋-IC¹〗

Hyp·nos /hípnɑ(ː)s | -nɔs/ *n.* 〘ギリシャ神話〙ヒュプノス《眠りの神; ローマ神話の Somnus に当たる; cf. Morpheus》. 〖(1906) □ Gk *Húpnos*: ⇨ hypno-〗

hyp·no·sis /hɪpnóusɨ̯s | -nə́ʊsɪs/ *n.* (*pl.* **-no·ses** /-siːz/) **1** 催眠, 催眠状態. **2** 催眠術 (hypnotism). 〖(1876) ← HYPNO-＋-OSIS〗

hyp·no·sperm /hípnəspə̀ːm | -spɜ̀ːm/ *n.* 〘植物〙＝hypnospore. 〖(1889) ← HYPNO-＋SPERM〗

hỳpno·sporángium *n.* 〘植物〙休眠胞子嚢(のう). 〖← HYPNO(SPORE)＋SPORANGIUM〗

hyp·no·spore /hípnəspɔ̀ə | -spɔ̀ː⁽ʳ⁾/ *n.* 〘植物〙休眠胞子. 〖← HYPNO-＋-SPORE〗

hỳpno·thérapist *n.* 催眠療法師.

hỳpno·thérapy *n.* 催眠術療法, 催眠治療法. 〖(1897) ← HYPNO-＋THERAPY〗

hyp·not·ic /hɪpnɑ́(ː)tɪk | -nɔ́t-/ *adj.* **1 a** 催眠術にかかりやすい, 催眠術にかかっている. **b** 催眠術の: 〜 suggestion 催眠術にかけた上での暗示. **2** 催眠の[作用のある]. **3** 眠気を催すような. — *n.* **1** 催眠薬, 眠り薬 (soporific). **2** 催眠術にかかりやすい人; 催眠状態にある人. 〖(1625) □ F *hypnotique* // LL *hypnōticus* □ Gk *hupnōtikós* ← *hupnóein* to lull to sleep: ⇨ -ic¹〗

hyp·nót·i·cal·ly *adv.* 催眠状態で; 催眠術的に. 〖(*c*1700): ⇨ ↑, -al¹, -ly¹〗

hyp·no·tism /hípnətɪzm/ *n.* **1** 催眠学[研究]; 催眠術. **2** 催眠状態 (hypnosis). 〖(1842) (略) ← *neurohypnotism*〗

hýp·no·tist /-tɨ̯st | -tɪst/ *n.* 催眠術師. 〖(1843): ⇨ ↑, -ist〗

hyp·no·tiz·a·ble /hípnətàɪzəbl̩/ *adj.* 眠らすことのできる, 催眠術にかかる. **hyp·no·tiz·a·bil·i·ty** /hìpnətàɪzəbíləti | -lɨ̯ti/ *n.*

hyp·no·tize /hípnətàɪz/ *vt.* **1** …に催眠術をかける: Someone must have 〜*d* her to do that. だれかがきっと彼女に催眠術をかけてああいうことをやらせたんだ. **2** (催眠術にかけられたように)動けなくする; びっくりさせる; 魅する: be 〜*d* by the speaker's eloquence 弁士の雄弁に魅せられる. — *vi.* 催眠術を行う. **hyp·no·ti·za·tion** /hìpnətɨ̯zéɪʃən | -taɪ-, -tɪ-/ *n.* 〖(1843) ← HYPNOT(IC)＋-IZE〗

hýp·no·tìz·er *n.* 催眠術師 (hypnotist). 〖(1883): ⇨ ↑, -er¹〗

hyp·no·toid /hípnətɔ̀ɪd/ *adj.* 催眠に似た. 〖(1887) ← HYPNOT(IC)＋-OID〗

Hyp·nus /hípnəs/ *n.* ＝Hypnos.

hy·po¹ /háɪpou | -pəʊ/《俗》*n.* (*pl.* 〜**s**) **1** 皮下注射(器). **2** 刺激 (stimulus). — *vt.* **1** …に皮下注射する (*with*): 〜 a person *with* penisillin. **2** 興奮させる, 促進させる (stimulate): 〜 trade [a person's interest]. 〖(1904)《略》← HYPO(DERMIC)〗

hy·po² /háɪpou | -pəʊ/ *n.* (*pl.* 〜**s**) 〘化学〙ハイポ, チオ硫酸ナトリウム (sodium thiosulfate)《写真定着剤》. 〖(1855)《略》← HYPO(SULFITE): はじめ *sodium hyposulfite* と誤解されたのによる〗

hy·po³ /háɪpou | -pəʊ/ *n.* (*pl.* 〜**s**)《古》＝hypochondria¹. 〖(1711)《略》← HYPO(CHONDRIA¹)〗

hy·po- /háɪpoʊ | -pəʊ/ 本来ギリシャ語系の語に付き, 次の意味を表す連結形 (cf. sub-; ↔ hyper-): **1**「下に[の]」: *hypo*derm, *hypo*physis. **2**「以下の, 下位の」: *hypo*taxis. **3**「過少の, 不足の (deficient); 低い」: *hypo*tension, *hypo*trophy. **4**「内側の」: *hypo*cycloid. **5** 〘化学〙「次亜」: *hypo*chlorite. **6**〘音楽〙「変格旋法」: *hypo*dorian. ★ 母音の前では hyp- になる. 〘□ L ～ □ Gk *hup(o)-* ← *hupó* (prep., adv.) under, below: cf. L *sub-* / Skt *upa* near, under〙

hỳpo·acídity *n.* 〘病理〙低酸(症), 胃酸減少(症). 〘(1900): ⇨ ↑, acidity〙

hỳpo·aeólian móde *n.* 〘音楽〙ヒポエオリア旋法《第 10 教会旋法; 主音はイにあり音域はホ-ホの変格旋法》. 〘(1760) *hypoaeolian*: ← LL *hypoaeolius* (⇨ hypo-, Aeolian)+-AN¹〙

hy·po·al·bu·min·e·mi·a /hàɪpoʊælbjùːmɪ̀níːmiə | -pəʊælbjùːmɪ-/ *n.* 〘病理〙低アルブミン血(症). 〘(1937) ← HYPO-+ALBUMIN+-EMIA〙

hỳpo·aldósteronism *n.* 〘病理〙低アルドステロン症.

hỳpo·alimentátion *n.* 〘病理〙栄養不足.

hỳpo·allergénic *adj.* 〈化粧品·食品など〉アレルギーを起こしにくい, 低刺激性の. 〘(1953) ← HYPO-+ALLERGENIC〙

hy·po·bar·ic /hàɪpoʊbǽrɪk, -bér- | -pə(ʊ)bǽr-⁻/ *adj.* **1**〘医学〙低比重の《脊髄麻酔液が髄液よりも比重の大きい; cf. hyperbaric 1》. **2** 大気の圧力よりも低い, 低圧の (cf. hyperbaric 2). 〘(1930) ← HYPO-+Gk *báros* weight+-IC¹〙

hy·po·ba·rop·a·thy /hàɪpoʊbərɑ́(ː)pəθi | -pə(ʊ)bərɔ́p-/ *n.* 〘病理〙高山病. 〘← HYPO-+BARO-+-PATHY〙

hỳpo·básis *n.* 〘建築〙**1** 建物の基礎の最下部. **2** 建物の基礎を支えるための一番底部の基礎《hypopodium ともいう》.

hy·po·blast /háɪpoʊblæ̀st, -pə- | -pə(ʊ)-/ *n.* 〘生物〙**1** 内胚葉(ないはいよう) (cf. epiblast 1, mesoblast 1). **2** 胚盤葉下層《鳥類などの, 発生段階で, 胚盤が層状に形成された時の下側の層》. **hy·po·blas·tic** /hàɪpoʊblǽstɪk, -pə- | -pə(ʊ)-⁻/ *adj.* 〘(1875) ← HYPO-+-BLAST〙

hỳpo·bránchial *adj., n.* 〘動物〙鰓(えら)下の(骨). 〘(1848) ← HYPO-+BRANCHIAL〙

hy·po·cal·ce·mi·a /hàɪpoʊkælsíːmiə | -pə(ʊ)-/ *n.* 〘病理〙低カルシウム血症. **hy·po·cal·ce·mic** /hàɪpoʊkælsíːmɪk | -pə(ʊ)-⁻/ *adj.* 〘(1925) ← NL ～: ⇨ hypo-, calci-, -emia〙

hy·po·caust /háɪpoʊkɔ̀ːst, -pə-, -kɑ̀ːst | -pə(ʊ)kɔ̀ːst/ *n.* (古代ローマの)床下暖房. 〘(1678) □ LL *hypocaustum* □ Gk *hupókauston* (place) heated from below ← *kaíein* to burn: ⇨ hypo-〙

hýpo·cènter *n.* **1** (核爆発の)爆心地. **2** (地震の)震源, 震源地. **hỳpo·céntral** *adj.* 〘(1905) ← HYPO-+CENTER〙

hy·po·chil /háɪpoʊkɪl | -pə(ʊ)-/ *n.* 〘植物〙下唇《ラン科の花の唇弁の一つ》. 〘← NL *hypochilium* ← HYPO-+*-chilium* (← Gk *kheîlos* lip: ⇨ -ium)〙

hỳpo·chlorémia *n.* 〘病理〙低塩素血(症). 〘(1927) ← NL ～: ⇨ hypo-, chloro-, -emia〙

hy·po·chlor·hy·dri·a /hàɪpoʊklɔəháɪdriə | -pə(ʊ)klɔː-/ *n.* 〘病理〙(胃液の)減塩酸症 (cf. hyperchlorhydria). 〘(1893) ← NL ～: ⇨ hypo-, chloro-, hydro-, -ia¹〙

hỳpo·chlórite *n.* 〘化学〙次亜塩素酸塩. 〘(1849) ← *hypochlor(ous acid)*+-ITE³〙

hỳpo·chlórous *adj.* 〘化学〙次亜塩素酸の, 次亜塩素から誘導された. 〘(1841) ← HYPO-+CHLOROUS〙

hýpochlorous ácid *n.* 〘化学〙次亜塩素酸 (HClO)《酸化剤·消毒剤·害虫駆除剤》. 〘1841〙

hy·po·cho·les·ter·o·le·mi·a /hàɪpoʊkəlèstərə(ː)líːmiə, -pə-, -roʊ-, -rɑ(ː)- | -pə(ʊ)kəlèstərə-, -kɔ-, -stɪər-, -rə-/ *n.* 〘病理〙低コレステロール血(症). 〘← HYPO-+CHOLESTEROL+-EMIA〙

hy·po·chon·dri·a¹ /hàɪpəkɑ́(ː)ndriə, -poʊ- | -pə(ʊ)kɔ́n-/ *n.* **1**〘精神医学〙心気症, ヒポコンデリー (cf. melancholia, depression). **2**〘俗用〙自分の健康に対する(不必要な)心配. 〘(1563) □ LL ～ □ Gk *hupokhóndria* upper parts of abdomen ← HYPO-+*khóndros* cartilage: 昔は上腹部が憂鬱(ゆううつ)症の起こるところと考えられた〙

hypochondria² *n.* hypochondrium の複数形.

hy·po·chon·dri·ac /hàɪpəkɑ́(ː)ndriæ̀k, -poʊ- | -pə(ʊ)kɔ́n-/ *n.* **1** 心気症患者. **2** 自分の健康を心配しすぎる人. — *adj.* **1** 心気症[ヒポコンデリー]の[にかかった, によって生じた]. **2**〘解剖〙=hypochondrial. 〘(1599) □ F *hypocondriaque*: ⇨ ↑, -ac〙

hy·po·chon·dri·a·cal /hàɪpəkəndráɪəkəl, -poʊ-, -kɑ(ː)n-, -kl̩ | -pə(ʊ)kən-, -kɔn-⁻/ *adj.* =hypochondriac 1. **～·ly** *adv.* 〘1621〙

hy·po·chon·dri·al /hàɪpəkɑ́(ː)ndriəl, -poʊ- | -pə(ʊ)kɔ́n-⁻/ *adj.* 〘解剖〙季肋(きろく)部の. 〘(1601): ⇨ hypochondrium, -al¹〙

hy·po·chon·dri·a·sis /hàɪpəkəndráɪəsɪ̀s, -poʊ-, -kɑ(ː)n- | -pə(ʊ)kɔndráɪəsɪs, -kən-/ *n.* 〘精神医学〙=hypochondria¹ 1. 〘(1766) ← HYPOCHONDRI(A¹)+-ASIS〙

hy·po·chon·dri·um /hàɪpəkɑ́(ː)ndriəm, -poʊ- | -pə(ʊ)kɔ́n-/ *n.* (*pl.* **-dri·a** /-driə/)〘解剖·動物〙季肋(きろく)部《左右どちらかに寄った上腹部》. 〘(1696) ← NL ～ (sing.) ← LL *hypochondria*: ⇨ hypochondria¹〙

hy·po·chro·mi·a /hàɪpoʊkróʊmiə, -pə- | -pə(ʊ)krə́ʊ-/ *n.* 〘病理〙血色素減少(症), 低色素血(症). 〘(1890) ← NL ～: ⇨ hypo-, chromo-, -ia¹〙

hý·po·chro·mic anémia /háɪpoʊkròʊmɪk-, -pə- | -pə(ʊ)krə̀ʊ-/ *n.* 〘病理〙低色素(性)貧血. 〘(1924) *hypochromic*: ⇨ ↑, -ic¹〙

hy·poc·o·rism /haɪpɑ́(ː)kərɪ̀zm, hàɪpəkɔ́ːrɪzm | haɪpɔ́kərɪ̀zm, hàɪpəkɔ́ːrɪzm/ *n.* 〘言語〙**1** 愛称《人·物を本名の代わりに親愛を示す別の名で呼ぶこと; 例えば William の代わりに *Will(ie) Willy, Bill, Billy*, etc. を用いるなど》. **2** 大人が幼児語をまねて用いること. **3** =euphemism. 〘(1850) □ Gk *hupokórisma* pet name ← *hupokorízesthai* (↓)〙

hy·po·co·ris·tic /hàɪpəkərístɪk | -kər-, -kɔ(ː)r-⁻/ *adj.* 親愛を表す, 愛称の (endearing, familiar): a ～ name 愛称. 〘(1796) □ Gk *hupokoristikós* ← *hupokorízesthai* to play the child, call by a pet name ← HYPO-+*korízesthai*. to caress (← *kóros* child)〙

hỳ·po·co·rís·ti·cal /-tɪ̀kəl, -kl̩ | -tɪ-⁻/ *adj.* =hypocoristic. **～·ly** *adv.* 〘1609〙

hy·po·cot·yl /hàɪpoʊkɑ́(ː)tl̩ | hàɪpə(ʊ)kɔ́tɪ̀, -tɪl/ *n.* 〘植物〙胚(はい)軸. **hy·po·cot·y·lous** /hàɪpoʊkɑ́(ː)tələs, -pə-, -tl̩- | hàɪpə(ʊ)kɔ́tɪl-, hɪp-⁻/ *adj.* 〘(1880) ← HYPO-+-COTYL〙

hy·poc·ri·sy /hɪpɑ́(ː)krəsi | -pɔ́k-/ *n.* **1** 偽善, ねこかぶり. **2** 偽善的行為. 〘(16C) □ LL *hypocrisis* □ Gk *hupókrisis* acting on the stage, simulation ← HYPO-+*krínein* to decide, judge ∞ (?a1200) *ipocrisie* □ OF *ypocrisie* (F *hypocrisie*)〙

hyp·o·crite /hípəkrɪt/ *n.* 偽善者, ねこかぶり(人): play the ～ ねこをかぶる. — *adj.* =hypocritical. 〘(16C) □ LL *hypocrita* □ Gk *hupokritḗs* actor, hypocrite ∞ (?a1200) *ipocrite* □ OF (F *hypocrite*)〙

hyp·o·crit·ic /hìpəkrítɪk | -tɪk⁻/ *adj.* =hypocritical. 〘1540〙

hyp·o·crit·i·cal /hìpəkrítɪ̀kəl, -kl̩ | -pə(ʊ)krítɪ-⁻/ *adj.* 偽善の, 偽善的な, 偽善者的な: shed ～ tears 見せかけの涙を流す. **～·ly** *adv.* 〘(1538) ← HYPOCRITE+-ICAL〙

hy·po·cy·cloid /hàɪpousáɪklɔɪd | -pə(ʊ)-/ *n.* 〘数学〙内(ない)サイクロイド, 内擺(はい)線《与えられた円に内接して転がる第 2 の円の周上の定点の描く曲線; cf. epicycloid, hypotrochoid》. **hy·po·cy·cloi·dal** /hàɪpousaɪklɔ́ɪdl̩ | -pə(ʊ)saɪklɔ́ɪdl̩⁻/ *adj.* 〘(1843) ← HYPO-+CYCLOID〙

hy·po·derm /háɪpədə̀ːm, -poʊ- | -pə(ʊ)də̀ːm/ *n.* **1**〘植物〙下皮, 下皮層. **2**〘動物〙(節足動物などの)殻皮, 上皮細胞膜. 〘(1855) ← HYPO-+-DERM〙

hy·po·der·ma /hàɪpədə́ːmə, -poʊ- | -pə(ʊ)də́ː-/ *n.* **1**〘動物〙下皮, 真皮. **2**〘植物〙下皮, 下皮層. 〘(1826) ← HYPO-+DERMA〙

hy·po·der·mal /hàɪpədə́ːməl, -poʊ-, -ml̩ | -pə(ʊ)də́ː-⁻/ *adj.* **1** 下皮の, 殻皮の. **2** 表皮下にある: a ～ gland 皮下腺. 〘(1854): ⇨ hypo-, dermal〙

hy·po·der·mic /hàɪpədə́ːmɪk, -poʊ- | -pə(ʊ)də́ː-⁻/ *adj.* **1 a** 皮下の, 皮下にある: a ～ canal 皮下管. **b** 皮下に注入する: ⇨ hypodermic syringe. **2** 元気づける, 刺激となる, 非常な精力[注意力]を引き起こす. — *n.* **1** 皮下注射; 皮下注射液. **2** 皮下注射器. 〘(1863) ← HYPODERM(A)+-IC¹〙

hỳ·po·dér·mi·cal·ly *adv.* 皮下に. 〘(1863): ⇨ ↑, -al¹, -ly¹〙

hypodérmic injèction *n.* 皮下注射. 〘1882〙

hypodérmic nèedle *n.* (皮下注射器用)注射針. 〘1909〙

hypodérmic syrínge *n.* 皮下注射器. 〘1893〙

hypodérmic tablet *n.* 〘医学〙皮下注射用錠剤.

hy·po·der·mis /hàɪpədə́ːmɪs, -poʊ- | -pə(ʊ)də́ːmɪs/ *n.* **1**〘動物〙下皮《昆虫などのクチクラ (cuticle) の下層にあり, クチクラを分泌する細胞層》, 表皮, 皮下組織. **2**〘植物〙下皮, 下皮層. 〘(1866) ← NL ～: ⇨ hypo-, -dermis〙

hỳpo·díploid *adj.* 〘生物〙低二倍体《1 本あるいはそれ以上の染色体を欠いた二倍体》. 〘(1966) ← HYPO-+DIPLOID〙

hýpo·díploidy *n.* 〘生物〙低二倍性.

hýpo·dórian móde *n.* 〘音楽〙ヒポドリア旋法《第 2 教会旋法; 主音はニにあり音域はイ-イの変格旋法》. 〘(1651) *hypodorian*: ← LL *hypodrius* (□ Gk *hupodṓrion*: ⇨ hypo-, Dorian¹)+-AN¹〙

hy·po·dy·nam·i·a /hàɪpoʊdaɪnǽmiə, -dɪ̀-, -néɪm- | -pə(ʊ)daɪnéɪm-, -dɪ-, -nǽm-/ *n.* 〘病理〙活力低下, 脱力, 無力化. 〘← HYPO-+DYNAMO-+-IA¹: cf. *hypodynamic* (1846)〙

hỳpo·eutéctic *adj.* 〘冶金〙亜共晶(共晶点以下の組成)の (cf. hypereutectic): ～ cast iron 亜共晶鋳鉄《共晶点以下の炭素分を含む》. 〘(1902) ← HYPO-+EUTECTIC〙

hỳpo·eutéctoid *adj.* 〘冶金〙〈鋼が〉亜共析晶の《炭素含有量が 0.80% 未満の》. 〘(1911) ← HYPO-+EUTECTOID〙

hỳpo·fúnction *n.* 〘病理〙機能低下[不全]. 〘(1905) ← HYPO-+FUNCTION〙

hy·po·gae·um /hàɪpoʊdʒíːəm | -pə(ʊ)-/ *n.* (*pl.* **-gae·a** /-dʒíːə/) =hypogeum.

hỳpo·gástric *adj.* 〘解剖〙胃下の; 下腹の, 下腹部の. 〘(1656) □ F *hypogastrique* ← *hypogastre* (⇨ hypogastrium): ⇨ -ic¹〙

hýpogastric ártery *n.* 〘解剖〙下腹動脈 (⇨ iliac artery 3). 〘1797〙

hy·po·gas·tri·um /hàɪpougǽstriəm | -pə(ʊ)-/ *n.* (*pl.* **-tri·a** /-triə/) 〘解剖〙下腹, 下腹部. 〘(1681) ← NL ～ ← HYPO-+Gk *gastḗr* belly+-IUM〙

hy·po·ge·al /hàɪpoʊdʒíːəl | -pə(ʊ)-⁻/ *adj.* 〘生態〙**1** 地下性の (underground) (cf. epigeal 1, endogeal). **2** =hypogeous 2. **～·ly** *adv.* 〘(1686) ← HYPOGE(OUS)+-AL¹〙

hy·po·ge·an /hàɪpoʊdʒíːən | -pə(ʊ)-⁻/ *adj.* 〘生態〙地下性の. 〘(1852) ← L *hypogēus*+-AN¹〙

hy·po·gene /háɪpoʊdʒìːn | -pə(ʊ)-/ *adj.* **1**〘地質〙〈岩石が〉地下深所で生成した, 深成の (↔ epigene): ～ rocks 深成岩, 内成岩. **2**〈鉱床が〉深成の《上昇熱水などによって形成された; cf. supergene 1》. **hỳ·po·gén·ic** *adj.* 〘(1833) ← HYPO-+-GENE〙

hỳpo·génesis *n.* 〘病理〙(器官や機能の)発育不全. 〘← HYPO-+-GENESIS〙

hy·pog·e·nous /haɪpɑ́(ː)dʒənəs, hɪ̀- | haɪpɔ́dʒɪ̀-, hɪ-/ *adj.* 〘植物〙〈菌類など〉葉の裏面に生育する (↔ epigenous). 〘(1871) ← HYPO-+-GEN+-OUS〙

hy·po·ge·ous /hàɪpoʊdʒíːəs | -pə(ʊ)-⁻/ *adj.* 〘生態〙**1** 地下性の (underground). **2**〈菌など〉地下に生じる, (落花生などのように)地下で実る. 〘(1847) ← HYPO-+GEO-+-OUS〙

hy·po·ge·um /hàɪpoʊdʒíːəm | -pə(ʊ)-/ *n.* (*pl.* **-ge·a** /-dʒíːə/) **1 a** (古代の建物の)地下部. **b** 地下室, 穴蔵. **2** 地下埋葬室, 埋葬用地下洞, 地下の墓 (cf. crypt 1). 〘(1706) □ L *hypogēum* □ Gk *hupógeion*: ⇨ hypo-〙

hy·po·geu·sia /hàɪpəgjúːʒə, -dʒúː-, -ʒiə | -ziə, -ʒə/ *n.* 〘病理〙味覚減退(症). 〘← HYPO-+Gk *geûsia* taste: ⇨ -ia¹〙

hỳpo·glóssal 〘解剖·動物〙*adj.* 舌下(神経)の. — *n.* 舌下神経. 〘(1831) ← HYPO-+Gk *glôssa* tongue+-AL¹〙

hypoglóssal nérve *n.* 〘解剖·動物〙舌下神経《単に hypoglossal ともいう》. 〘1848〙

hỳpo·glóttis *n.* 〘解剖〙舌下部. 〘(1706) □ Gk *hupoglōttis*: ⇨ hypo-, glottis〙

hỳpo·glycémia *n.* 〘病理〙低血糖(症). 〘(1894) ← HYPO-+Gk *glukús* sweet+-EMIA〙

hỳpo·gly·cé·mic /-glaɪsíːmɪk⁻/ *adj.* 〘病理〙低血糖(症)の. 〘(1923) ← HYPO-+GLYCEMIC〙

hy·pog·na·thous /haɪpɑ́(ː)gnəθəs | -pɔ́g-/ *adj.* **1**〘動物〙〈鳥·昆虫が〉下顎(かがく)·下くちばしが上のよりも長い. **2**〘人類学〙下顎が上顎よりも長くて突き出ている, 下顎突出の. **hy·póg·na·thism** /-θɪ̀zm/ *n.* 〘(1872) ← HYPO-+-GNATHOUS〙

hy·po·go·nad·ism /hàɪpougóʊnædɪ̀zm, -gɑ́(ː)n- | -pə(ʊ)gə́ʊn-, -gɔ́n-/ *n.* 〘病理〙性機能不全[低下]; (特に, 男性の)性腺機能減退(症). 〘(1918) ← HYPO-+GONAD+-ISM〙

hy·pog·y·nous /haɪpɑ́(ː)dʒənəs | -pɔ́dʒɪ̀-/ *adj.* 〘植物〙**1** 子房下の, 子房上位の (cf. epigynous). **2**〈萼(がく)·花弁·雄蕊が〉子房の下から出ている. 〘(1821) ← HYPO-+-GYNOUS〙

hy·pog·y·ny /haɪpɑ́(ː)dʒəni | -pɔ́dʒɪ̀-/ *n.* 〘植物〙子房上位. 〘(1887) ← HYPO-+-GYNY: cf. F *hypogynie*〙

hỳpo·hidrósis *n.* 〘生理〙乏汗(症), 発汗減退(症). 〘← HYPO-+HIDROSIS〙

hy·po·hy·dro·chlo·ri·a /hàɪpouhàɪdrouklɔ́ːriə | -pə(ʊ)hàɪdrə(ʊ)klɔ́ːr-/ *n.* 〘病理〙(胃の)減酸(症). 〘← HYPO-+HYDRO-+CHLORO-+-IA¹〙

hý·poid gèar /háɪpɔɪd-/ *n.* 〘機械〙ハイポイド歯車《食い違い歯車 (hyperboloidal gear) の一種で, 車軸が直角のもの; 単に hypoid ともいう》. 〘(1926) *hypoid*: ← HYP(ERBOL)OID(AL)〙

hy·po·in·o·se·mi·a /hàɪpouɪnəsíːmiə | -pə(ʊ)-/ *n.* 〘病理〙低フィブリン血(症), 低線維素血(症). 〘← HYPO-+Gk *ínos, is* sinew, fiber+-EMIA〙

hỳpo·ín·su·lin·ìsm /-ínsəlɪ̀nɪ̀zm, -sju- | -sjulɪ-/ *n.* 〘病理〙低インシュリン症《膵臓(すいぞう)からのインシュリン分泌の欠乏; cf. hyperinsulinism》.

hỳpo·iònian móde *n.* 〘音楽〙ヒポイオニア旋法《第 12 教会旋法; 主音はハにあり音域はト-トの変格旋法》. 〘(1760) *hypoionian*: ← HYPO-+IONIAN〙

hy·po·ka·le·mi·a /hàɪpoukeɪlíːmiə | -pə(ʊ)-/ *n.* 〘病理〙低カリウム血(症). 〘(1949) ← HYPO-+KAL(IUM)+-EMIA〙

hỳpo·kinésis *n.* (*also* **hỳpo·kinésia**)〘病理〙運動低下, 減動(症). **hỳpo·kinétic** *adj.* 〘(1886) ← HYPO-+-KINESIS〙

hy·po·lim·ni·on /hàɪpoulímniɑ̀(ː)n, -niən | -pə(ʊ)límniɔ̀n, -niən/ *n.* (*pl.* **-ni·a** /-niə/)〘地質〙深水層《湖水の温度躍層 (thermocline) より下の部分; 外力の影響を受けず, 温度が年間を通じてほぼ一定である; cf. epilimnion》. 〘(1910) ← HYPO-+LIMNO-+-ION〙

Hy·pol·i·te /hɪpɑ́(ː)ləti | -pɔ́lɪ̀ti; F. ipɔlit/ *n.* ヒポリティ《男性名》. 〘□ L *Hippolytus* □ Gk *Hippólutos*〙

hy·po·lith·ic /hàɪpəlíθɪk | -pə(ʊ)-⁻/ *adj.* 〘植物〙岩の下に生育する. 〘← HYPO-+-LITHIC〙

hýpo·lỳdian móde *n.* 〘音楽〙ヒポリディア旋法《第 6 教会旋法; 主音はヘにあり音域はハ-ハの変格旋法》. 〘(1760)《なぞり》← Gk *hupolúdios tónos*: ⇨ hypo-, Lydian〙

hỳpo·màg·ne·sé·mi·a /-mægnɪ̀síːmiə, -zíː-/ *n.* 〘獣医学〙(特に牛·羊の) 血漿中マグネシウム過少症, 低マグネシウム血症.

hy·po·ma·ni·a /hàɪpouméɪniə, -pə-, -njə | -pə(ʊ)-/ *n.* 〘精神医学〙軽躁(そう)(病). **hy·po·man·ic** /hàɪpoumǽnɪk | -pə(ʊ)-⁻/ *adj.* 〘(1882) ← HYPO-+-MANIA〙

hýpo·mixolỳdian móde *n.* 〘音楽〙ヒポミクソリディア旋法《第 8 教会旋法; 主音はトにあり音域はニ-ニの変

H

格旋法). 〖(1897) ← HYPO-+MIXOLYDIAN〗

hy·pom·ne·sia /hàɪpɑmníːʒə, -ʒiə | -ziə, -ʒə/ n. 〖病理〗記憶減退. 〖← HYPO-+(A)MNESIA〗

hýpo·mòrph n. 1 〖鉱物〗=endomorph 1. 2 〖生物〗低次形態, ハイポモルフ (野生型と比べて形質の発現に対する活性が低くなった突然変異の対立遺伝子; cf. hypermorph 2). **hỳpo·mórphic** adj. **hýpo·mòrphism** n. 〖(1926) ← HYPO-+-MORPH〗

hỳpo·motílity n. 〖病理〗(胃腸などの)低運動性 (cf. hypermotility). 〖(1900) ← HYPO-+MOTILITY〗

hỳpo·myotónia n. 〖病理〗筋弛緩(しかん)(症), 筋緊張減退. 〖← HYPO-+*myotonia* (⇨ myo-, -tonia)〗

hy·po·nas·ty /háɪpounæ̀sti | -pə(ʊ)-/ n. 〖植物〗下偏生長 (↔ epinasty). **hy·po·nas·tic** /hàɪpounǽstɪk | -pə(ʊ)-⁻/ adj. **hy·po·nás·ti·cal·ly** adv. 〖(1875) ← HYPO-+-NASTY〗

hy·po·na·tre·mi·a /hàɪpounətríːmiə | -pə(ʊ)-/ n. 〖病理〗低ナトリウム血(症). 〖(1935) ← HYPO-+NATR(IUM)+-EMIA〗

hy·po·ne·a /hàɪpouníːə | -pə(ʊ)-/ n. 〖病理〗=hyponoia.

Hy·po·nex /háɪpənèks/ n. 〖商標〗ハイポネックス (米国製の園芸用肥料).

hỳpo·nítrite n. 〖化学〗次亜硝酸塩[エステル]. 〖(1846) ← *hyponitr(ous acid)*+-ITE¹〗

hỳpo·nítrous adj. 〖化学〗次亜硝酸の, 次亜硝酸から誘導された. 〖(1826) ← HYPO-+NITROUS〗

hýponitrous ácid n. 〖化学〗次亜硝酸 ($H_2N_2O_2$). 〖1826〗

hy·po·noi·a /hàɪpounɔ́ɪə | -pə(ʊ)-/ n. 〖病理〗精神機能減退. 〖← HYPO-+Gk *nóos* mind+-IA¹〗

hy·po·nym /háɪpounɪ̀m, -pə- | -pə-, -pɔ-/ n. 1 〖言語〗下位語 (より一般的な語に包含される語; cabbage は vegetable の下位語). 2 〖生物〗=nomen nudum. 〖(1904) ← HYPO-+-ONYM〗

hy·pon·y·my /haɪpɑ́(ː)nəmi | -pɔ́nɪ̀-/ n. 〖言語〗上下関係包摂性 (語彙を構成する語間にみられる意味的関係). **hy·pón·y·mous** /-məs/ adj. 〖(1955) ↑: cf. synonymy〗

hy·po·par·a·thy·roid·ism /hàɪpoupæ̀rəθáɪrɔɪdɪ̀zm, -pèrə- | -pə(ʊ)pæ̀rə-/ n. 〖病理・生理〗副甲状腺[上皮小体]機能低下(症). 〖(1910) ← HYPO-+PARATHYROID+-ISM〗

hy·poph·a·mine /haɪpɑ́(ː)fəmìːn, -mɪ̀n | -pɔ́fəmìːn, -mɪn/ n. 〖生化学〗ヒポファミン (脳下垂体後葉ホルモンで次の 2 種がある): a =oxytocin 1. b =vasopressin. 〖← HYPOPH(YSIS)+-AMINE〗

hỳpo·pharýngoscope n. 〖医学〗下咽頭鏡.

hỳpo·phárynx n. (pl. ~es, -pharynges) 1 〖昆虫〗下咽頭, 舌状体 (昆虫の口の中に下っている舌状の器官). 2 〖解剖〗下咽頭. 〖(1826) ← HYPO-+PHARYNX〗

hy·po·pho·ni·a /hàɪpəfóuniə | -pə(ʊ)fə́ʊ-/ n. 〖病理〗発声不全. 〖← HYPO-+PHONO-+-IA¹〗

hy·po·pho·ri·a /hàɪpəfɔ́ːriə | -pə(ʊ)-/ 〖眼科〗下斜位. 〖(1932) ← HYPO-+PHORE-+-IA¹〗

hỳpo·phósphate n. 〖化学〗次燐(りん)酸塩. 〖(1864) ← HYPO-+PHOSPHATE〗

hỳpo·phósphite n. 〖化学〗次亜燐酸塩 ($M^IH_2PO_2$ の型の塩). 〖(1818) ← HYPO-+PHOSPHITE〗

hỳpo·phosphóric adj. 〖化学〗次燐酸の, 次燐酸から誘導された. 〖(1854) ← HYPO-+PHOSPHORIC〗

hýpophosphoric ácid n. 〖化学〗次燐(りん)酸 ($H_4P_2O_6$). 〖1854〗

hýpo·phòsphorous ácid n. 〖化学〗次亜燐(りん)酸 (HPH_2O_2). 〖1818〗

hýpo·phrỳgian móde n. 〖音楽〗ヒポフリギア旋法 (第 4 教会旋法; 主音はホにあり音域はロ－ロの変格旋法). 〖(1760) (部分訳) ← Gk *hupophrúgia harmonía* ← Gk *hupophrúgios* ← HYPO-+*phrugios* Phrygian〗

hy·poph·y·ge /haɪpɑ́(ː)fədʒìː, -dʒi | -pɔ́fɪdʒi/ n. 〖建築〗=apophyge 2. 〖□ Gk *hupophugḗ* ← HYPO-+*phugḗ* flight〗

hy·po·phyl·lous /hàɪpəfɪ́ləs | -pə(ʊ)-⁻/ adj. 〖植物〗葉の裏に生育する (↔ epigenous). 〖(1855) ← HYPO-+-PHYLLOUS〗

hy·poph·y·se·al /haɪpɑ̀(ː)fəsíːəl, -ziː- | -pɔ̀fɪ-⁻/ adj. (also **hy·po·phys·i·al** /hàɪpoufíziəl | -pə(ʊ)-⁻/) 下垂体 (hypophysis) の. 〖(1882) ← HYPO-+PHYSEAL〗

hy·poph·y·sec·to·mize /haɪpɑ̀(ː)fəséktəmàɪz | -pɔ̀fɪ-/ vt. 〖外科〗〈脳・患者〉に下垂体切除を行う. 〖(1910): ⇨ ↓, -ize〗

hy·poph·y·sec·to·my /haɪpɑ̀(ː)fəséktəmi | -pɔ̀fɪ-/ n. 〖外科〗下垂体切除(術). 〖(1909): ⇨ hypophysis, -ectomy〗

hy·poph·y·sis /haɪpɑ́(ː)fəsɪ̀s | -pɔ́fɪsɪs/ n. (pl. -y·ses /-sìːz/) 〖解剖〗下垂体 (⇨ pituitary body). 〖(1825) ← NL ~ ← HYPO-+Gk *phúsis* nature, origin: ⇨ -sis〗

hy·po·pi·tu·i·ta·rism /hàɪpoupɪ̀tjúːətərɪ̀zm, -tjúː-, -trɪ̀zm | -pə(ʊ)pɪ̀tjúːɪtərɪ̀zm, -trɪzm/ n. 〖病理〗1 下垂体機能低下(症) (cf. hyperpituitarism 2). 2 下垂体機能低下による症状 (やせ・こびと症など). **hỳpo·pitúitary** adj. 〖(1921) ← HYPO-+PITUITAR(Y)+-ISM〗

hy·po·pla·sia /hàɪpoupléɪʒə, -ʒiə | -pə(ʊ)pléɪziə, -ʒə/ n. 1 〖病理〗低形成, 減(形)成, 形成不全, 発育不全. 2 〖植物〗(栄養欠乏による)不完全発達, (それによる)生長停止 (cf. hyperplasia 2). **hy·po·plas·tic** /hàɪpouplǽstɪk | -pə(ʊ)-⁻/ adj. 〖(1889) ← HYPO-+-PLASIA〗

hy·po·ploid /háɪpouplɔ̀ɪd | -pə(ʊ)-/ 〖生物〗adj. 低数性の (基準より少ない染色体数を有する). — n. 低数体, 低倍数体 (染色体の数が基本数の整数倍より数個少ない個体[細胞]; cf. hyperploid). 〖(1930) ← HYPO-+-PLOID〗

hy·po·ploi·dy /háɪpouplɔ̀ɪdi | -pə(ʊ)plɔ̀ɪdi/ n. 〖生物〗低数性, 低倍数性. 〖(1930) ← HYPO-+PLOIDY〗

hy·pop·ne·a /haɪpɑ́(ː)pniə, hɪ- | haɪpɔ́pniə, hàɪpəníːə/ n. (also **hy·pop·noe·a** /~/) 〖病理〗呼吸低下 (極度に呼吸量が少ないこと).

hy·po·po·di·um /hàɪpoupóudiəm | -pə(ʊ)pə́ʊd-/ n. (pl. -di·a /-diə | -diə/) 1 〖植物〗葉柄の基部. 2 〖建築〗=hypobasis 2. 〖← HYPO-+-PODIUM〗

hy·po·po·tas·se·mi·a /hàɪpoupətæsíːmiə | -pə(ʊ)pɔ̀t-/ n. 〖病理〗=hypokalemia. 〖(1932) ← NL ~ ← HYPO-+POTASS(IUM)+-EMIA〗

hy·po·prax·i·a /hàɪpoupræ̀ksiə | -pə(ʊ)-/ n. 〖病理〗行動減退. 〖← HYPO-+PRAX(IS)+-IA¹〗

hy·po·pro·tein·e·mi·a /hàɪpouprəùtiːníːmiə, -tiː- | -pə(ʊ)prə̀ʊtiːɪn-, -tɪn-/ n. 〖病理〗低蛋白血症. 〖(1934) ← HYPO-+PROTEIN+-EMIA〗

hy·pop·ty·al·ism /hàɪpoutáɪəlɪ̀zm | -pə(ʊ)-/ n. 〖病理〗唾液分泌不全. 〖← HYPO-+PTYALISM〗

hy·po·py·on /haɪpóupiɑ̀(ː)n, hɪ- | haɪpə́ʊpiɔ̀n, hɪ-/ n. 〖病理〗前房蓄膿(ちくのう). 〖(1706) ← NL ~ ← Gk *hupópuon* ulcer (neut.) ← *hupópuos* tending to suppuration ← HYPO-+Gk *púon* pus〗

hy·por·che·ma /hàɪpəkíːmə | -pə-/ n. (pl. ~·ta /-tə | -tə/) 〖音楽〗ヒュポルケマ (古代ギリシャで Apollo または Dionysus をたたえた合唱歌または舞踏). 〖(1603) □ Gk *hupórkhēma* ← HYPO-+*orkhésthai* to dance with: cf. *hyporchematic* (1850)〗

hỳpo·secrétion n. 〖病理〗分泌減退 (cf. hypersecretion). 〖(1909) ← HYPO-+SECRETION〗

hỳpo·sénsitize vt. 〖医学〗(アレルギー反応に対し)〈人を〉減感作する. **hỳpo·sensitizátion** n. 〖(1922) ← HYPO-+SENSITIZE〗

hy·pos·mo·sis /hàɪpɑ(ː)zmóusɪ̀s, -pɑ(ː)s- | -pɔzmə́ʊsɪs/ n. 〖生理〗低浸透圧. 〖← HYPO-+OSMOSIS〗

hy·po·spa·di·as /hàɪpouspéɪdiəs | -pə(ʊ)spéɪd-/ n. 〖医学〗尿道下裂. 〖c1825〗

hỳpo·spér·mi·a /-spə́ːmiə | -spə́ː-/ n. 〖病理〗精液減少(症).

hýpo·sprày n. 〖医学〗ハイポスプレー (皮膚に極めて細かい霧状の溶液を吹き付けて皮下注射の用をさせる器具). 〖(1947) 商標名: ← *hypo(dermic) spray*〗

hy·pos·ta·sis /haɪpɑ́(ː)stəsɪ̀s | -pɔ́stəsɪs/ n. (pl. -ta·ses /-sìːz/) 1 〖哲学〗a 基礎, 根本 (foundation); 原質, 本質, 実体, 実在 (substance, reality). b 実体化されたもの. 2 〖神学〗(三位一体論の)位(格); (三位一体の)一位(格); ペルソナ (person): three *hypostases* of the Godhead 神の三位(格). 3 〖病理〗a 血液沈滞, 沈下鬱血(うっけつ) (血流不全により体内臓器に血液がたまること). b (試験管内に見られる)血液沈渣(さ). 4 〖生物〗下位 (ある遺伝因子の発現が, 対立関係にない他の遺伝因子の働きで抑えられる現象). 5 〖言語〗語(の一部)などを言語要素(の例)として引用すること; そのように引用された語(の一部)など. 〖(a1529) □ LL ~ □ Gk *hupóstasis*: ⇨ hypo-, stasis〗

hy·pos·ta·size /haɪpɑ́(ː)stəsàɪz | -pɔ́s-/ vt. =hypostatize. 〖1809–10〗

hy·po·stat·ic /hàɪpəstǽtɪk | -tɪk⁻/ adj. 1 〖哲学〗実在の, 本質の. 2 〖神学〗位格の, ペルソナの. 3 〖病理〗沈下鬱血(うっけつ)の: ~ pneumonia 就下性肺炎. 4 〖生物〗〈遺伝子が〉下位の. 〖(1678) □ Gk *hupostatikós*: ⇨ hypostasis, -ic¹〗

hỳ·po·stát·i·cal /-tɪ̀kəl, -kl | -tɪ-⁻/ adj. =hypostatic 1, 2. **~·ly** adv. 〖1561〗

hypostatic únion n. 〖神学〗(キリストの)位格的結合 (神性と人性の合体). 〖1678〗

hy·pos·ta·tize /haɪpɑ́(ː)stətàɪz | -pɔ́s-/ vt. 1 本質化する, 本質として考える; 実体化する, 具体化する, 具象化して考える. 2 実体[実在]とみなす, 本質として考える, 具象化して考える. **hy·pos·ta·ti·za·tion** /haɪpɑ̀(ː)stətɪ̀zéɪʃən | -taɪz-, -tɪz-/ n. 〖(1829): ⇨ hypostatic, -ize〗

hy·po·sthe·ni·a /hàɪpɑ(ː)sθíːniə | -pɔs-/ n. 〖病理〗衰弱状態; 無力. **hy·po·sthen·ic** /hàɪpɑ(ː)sθénɪk | -pɔs-⁻/ adj. 〖← NL ~ ← HYPO-+Gk *sthénos* strength+-IA¹〗

hy·pos·to·ma /haɪpɑ́(ː)stəmə | -pɔ́s-/ n. (pl. ~s, ~·ta /-tə | -tə/) 〖動物〗=hypostome. 〖(1855) ← HYPO-+-STOMA¹〗

hy·po·stome /háɪpəstòum | -stə̀ʊm/ n. 〖動物〗1 (三葉虫・甲殻類などの)上唇(うわくちびる). 2 (ヒドロゾアの)柄状部 (manubrium). 3 口円錐 (ダニ類の刺胞動物のポリプ形の口盤の中央に開く口を囲む部分). 〖(1862) ← HYPO-+-STOME〗

hy·po·style /háɪpəstàɪl, -pou-, híp- | -pə(ʊ)-/ 〖建築〗adj. (エジプト建築に見られる)柱の多い造りの: a ~ hall 多柱室. — n. 多柱式建築. 〖(1831) □ Gk *hupóstulos*: ⇨ hypo-, -style¹〗

hỳpo·súlfite n. 〖化学〗1 次亜硫酸塩 (hydrosulfite). 2 チオ硫酸塩 ($M^I_2S_2O_3$) (thiosulfate に対する誤称), ハイポ (hypo). ★ 主に写真用語として用いる. 3 亜ジチオン酸塩 (ヒドロ亜硫酸塩 ($M^I_2S_2O_4$) に対する誤称). **hyposúlfite of sóda** 次亜硫酸ソーダ, ハイポ (現像定着剤). 〖(1826) □ F *hyposulfite*: ⇨ hypo-, sulfite〗

hỳpo·súlfurous adj. 〖化学〗=hydrosulfurous. 〖1817〗

hýposulfurous ácid n. 〖化学〗=hydrosulfurous acid. 〖1817〗

hy·po·tax·is /hàɪpətǽksɪ̀s, -pou- | -pə(ʊ)tǽksɪs/ n. 〖文法〗従属 (特に複文における clause (節)の従属関係 (subordination); ↔ parataxis; cf. taxis). **hy·po·tac·tic** /hàɪpətǽktɪk, -pou- | -pə(ʊ)-⁻/ adj. 〖(1883) □ Gk *hupótaxis*: ⇨ hypo-, -taxis〗

hy·po·ten·sion /háɪpoutènʃən, -pə- | -pə(ʊ)-/ n. 〖病理〗低血圧(症) (low blood pressure ともいう; cf. hypertension). 〖1893〗

hy·po·ten·sive /hàɪpəténsɪv, -pou- | -pə(ʊ)-⁻/ 〖病理〗adj. 1 低血圧(性)の. 2 低血圧を起こす[招く]; 血圧を下げる(作用のある) (cf. normotensive). — n. 低血圧(患)者 (cf. hypertensive). 〖(1904) ← HYPOTENS(ION)+-IVE〗

hy·pot·e·nuse /haɪpɑ́(ː)tənùːs, -njùːs, -tṇ- | -pɔ́tɪ̀njùːz, -njùːs, -tṇ-/ n. 〖数学〗(直角三角形の)斜辺. 〖(1571) □ LL *hypotēnūsa* □ Gk *hupoteínousa* ← HYPO-+Gk *teínein* to stretch〗

hypoth. (略) hypothesis; hypothetical.

hỳpo·thalámic adj. 〖解剖〗1 視床の下にある. 2 視床下部の. 〖(1899) ← HYPO-+THALAMIC〗

hỳpo·thálamus n. 〖解剖〗視床下部. 〖(1896) ← NL ~: ⇨ hypo-, thalamus〗

hỳpo·thállus n. (pl. -thalli) 〖植物〗1 殻状地衣体の縁が生長したもの. 2 粘菌の胞子嚢がふくれたため生じた表面膜の残り. 〖(1855) ← NL ~: ⇨ hypo-, thallus〗

hy·poth·ec /haɪpɑ́(ː)θɪk, hɪ̀- | haɪpɔ́θ-/ n. 〖法律〗担保権, 抵当権, 非占有質, 船舶抵当: a ~ bank [debenture] 勧業銀行[債券]. 〖(1592) □ F *hypothèque* // LL *hypothēca* mortgage □ Gk *hupothḗkē* pledge ← HYPO-+Gk *(ti)thénai* to put〗

hy·po·the·ca /hàɪpouθíːkə | -pə(ʊ)-/ n. (pl. -the·cae /-θíːsiː/) 〖植物〗下殻, 下函 (珪藻類の細胞を覆う二つの行李状に重なった殻の内側; cf. epitheca).

hy·poth·e·car·y /haɪpɑ́(ː)θəkèri, hɪ̀- | haɪpɔ́θɪ̀kəri/ adj. 抵当権の, 抵当で確保した. 〖(1656): ⇨ hypothec, -ary〗

hy·poth·e·cate¹ /haɪpɑ́(ː)θəkèɪt, hɪ̀- | haɪpɔ́θɪ̀-/ vt. 〈不動産などを〉抵当[担保]に入れる (mortgage). **hy·póth·e·cà·tor** /-tə | -tə(r)/ n. 〖(1681) □ ML *hypothēcātus*: ⇨ hypothec, -ate³〗

hy·poth·e·cate² /haɪpɑ́(ː)θəkèɪt | -pɔ́θɪ̀-/ v. =hypothesize. **hy·póth·e·càt·er** /-tə | -tə(r)/ n. 〖(1906) ← Gk *hupothḗk(ē)* suggestion+-ATE³〗

hy·poth·e·ca·tion /haɪpɑ̀(ː)θəkéɪʃən, hɪ̀- | haɪpɔ̀θɪ̀-/ n. 担保契約. 〖(1601): ⇨ hypothecate¹, -tion〗

hy·poth·e·nar /haɪpɑ́(ː)θənɑ̀ə, -nə | -pɔ́θɪnɑ̀ː(r), -nə(r)/ 〖解剖〗n. 小指球 (手のひらの小指の根部近くのふくらみ). — adj. 小指球の. 〖(1706) ← HYPO-+THENAR〗

hy·poth·e·nuse /haɪpɑ́(ː)θənùːs, -njùːs | -pɔ́θɪ̀njùːz, -njùːs/ n. 〖数学〗=hypotenuse.

hỳpo·thérmal adj. 1 生ぬるい, 微温的な (lukewarm, tepid). 2 低体温の, 常温以下の. 3 〖地質〗〈鉱床が〉高温 (300°–500° C)・高圧の条件でできた: a ~ deposit 深熱水鉱床. 〖(1922): ⇨ ↓, -al¹〗

hy·po·ther·mi·a /hàɪpouθə́ːmiə | -pə(ʊ)θə́ː-/ n. 1 〖病理〗低体温(症). 2 〖医学〗(人為的な)体温低下(法) (心臓外科などで行う). **hỳpo·thérmic** adj. 〖(1886) ← NL ~: ⇨ hypo-, thermo-, -ia¹〗

hy·poth·e·sis /haɪpɑ́(ː)θəsɪ̀s | -pɔ́θɪ̀sɪs/ n. (pl. -e·ses /-sìːz/) 1 仮説, 仮想説, 憶説 (⇨ theory SYN): nebular hypothesis, working hypothesis. 2 a (議論または条件文の)前提; 仮定 (assumption). b (条件命題の)前件. 3 (行動の基礎として用いる)仮定, 推量. 〖(1570) □ LL ~ □ Gk *hupóthesis* foundation, supposition ← HYPO-+*(ti)thénai* to put〗

hypóthesis tèsting n. 〖統計〗仮説検定 (仮説がデータと矛盾しないかどうかをチェックすること).

hy·poth·e·size /haɪpɑ́(ː)θəsàɪz | -pɔ́θɪ̀-/ vi. 仮説を立てる[設ける]. — vt. 〈ある事象を〉仮説として取り上げる[認める], 仮定する (assume, suppose). 〖(1738): ⇨ ↑, -ize〗

hy·po·thet·ic /hàɪpəθétɪk | -pə(ʊ)θét-⁻/ adj. =hypothetical. 〖a1680〗

hy·po·thet·i·cal /hàɪpəθétɪ̀kəl, -kl | -pə(ʊ)θétɪ-⁻/ adj. 1 仮説の, 仮想の; 憶説の (↔ actual): a ~ judgment 仮説的判断. 2 仮説好きな, すぐ仮説を立てる: a ~ person. 3 〖論理〗仮定の (conditional); 仮言の (cf. categorical 3): a ~ proposition 仮言(的)命題. **~·ly** adv. 〖(1588) ← LL *hypotheticus* (⇨ hypothesis, -ic¹)+-AL¹〗

hypothétical impérative n. 〖倫理〗仮言(的)命令 (純粋に義務の意識に発した無条件のものでなく, ある目的や結果を条件としてそれに従属した命令; Kant の用語; cf. categorical imperative).

hy·po·thèt·i·co-dedúctive /hàɪpəθètɪkou- | -pə(ʊ)θètɪkəʊ-⁻/ adj. 仮説-演繹法の.

hỳpo·thýroid adj. 〖病理〗甲状腺機能低下(症)の[にかかっている]. — n. 甲状腺機能低下症の患者. 〖(1909) ← HYPO-+THYROID〗

hy·po·thy·roid·ism /hàɪpouθáɪrɔɪdɪ̀zm | -pə(ʊ)θáɪ(ə)r-/ n. 〖病理〗甲状腺機能低下症; その病状 (cf. hyperthyroidism). 〖(1905) ← HYPO-+THYROIDISM〗

hỳpo·tónic adj. 1 a 〖生理〗低張の, 低緊張の (cf. hypertonic 1 a). b 〖病理〗低血圧の. 2 〖化学〗〈溶液が〉浸透圧の低い, 低張の (cf. hypertonic 2). **hỳpo·tónically** adv. 〖(1895) ← HYPO-+TON(US)+-IC¹〗

hỳpo·tonícity *n.* 〘化学〙低張. 〘(1906) ← HYPO-＋TONICITY〙

hy·po·tra·che·li·um /hàɪpoʊtrəkíːliəm | -pə(ʊ)-/ *n.* (*pl.* **-li·a** /-liə/) 〘建築〙＝gorgerin. 〘(1563) □ L ～ □ Gk *hupotrakhḗlion*: ⇨ hypo-, trachelium〙

hy·po·trich /háɪpətrɪ̀k | -pə(ʊ)-/ *n.* 〘動物〙(原生動物繊毛虫綱)下毛目の動物《体は背腹に扁平で，剛毛が腹面にあり跳躍運動を行う; 淡水産または海産》. 〘↓〙

Hy·pot·ri·cha /haɪpɑ́(ː)trɪ̀kə | -pɔ́trɪ-/ *n. pl.* 〘動物〙(原生動物門繊毛虫綱)下毛目. 〘← NL ～: ⇨ hypo-, -trichous, -a²〙

hỳpo·tróchoid *n.* 〘数学〙内(転)トロコイド《円の内側を転がる円周の半径もしくはその延長上の円周上にない定点が描く曲線; cf. hypocycloid, epitrochoid》. 〘(1843) ← HYPO-＋TROCHOID〙

hy·pot·ro·phy /haɪpɑ́(ː)trəfi | -pɔ́trəfi/ *n.* **1** 〘病理〙発育不全 (cf. hypertrophy 1). **2** 〘植物〙傾下性《側枝・側根の下側が上側より余計に生長すること; ↔ epitrophy》. 〘← HYPO-＋-TROPHY〙

hy·po·ty·po·sis /hàɪpoʊtaɪpóʊsɪ̀s, -pə- | -pə(ʊ)taɪpə́ʊsɪs/ *n.* 〘修辞〙眼前描出法, 迫真描写《事物や情景などを目に見るがごとく, 聞くがごとくに描写する表現技巧》. 〘(1583) □ Gk *hupotúpōsis* outline ← HYPO-＋*túpōsis* molding (← *túpos* beat, mold＋-OSIS)〙

hỳpo·ventilátion *n.* 〘医学〙低換気, 換気低下[過少], 減呼吸.

hỳpo·vo·le·mi·a /-vəlíːmiə/ *n.* 〘医学〙(循環)血液量減少. **-vo·le·mic** /-vəlíːmɪk⁺/ *adj.* 〘(1925) ← HYPO-＋VOL(UME)＋Gk *haima* blood〙

hỳpo·xánthine *n.* 〘生化学〙ヒポキサンチン ($C_5H_4NO_4$) 《動植物組織に含まれるプリン塩基》. **hỳpo·xánthic** *adj.* 〘(1844) ← HYPO-＋XANTHINE〙

hyp·ox·e·mi·a /hàɪpɑ(ː)ksíːmiə | -pɔk-/ *n.* 〘病理〙低酸素血(症). **hyp·ox·e·mic** /hàɪpɑ(ː)ksíːmɪk | -pɔk-⁺/ *adj.* 〘(1886) ← HYPO-＋OXY-¹＋-EMIA〙

hy·pox·i·a /haɪpɑ́(ː)ksiə | -pɔ́k-/ *n.* 〘病理〙低酸素症. **hy·pox·ic** /haɪpɑ́(ː)ksɪk | -pɔ́k-/ *adj.* 〘(1941) ← HYPO-＋OXY-¹＋-IA¹〙

hỳpo·zéugma *n.* 〘修辞〙多主語結合軛(ᵃᵏᵘ)動詞《一個の動詞[述語]が多数の主語を連続してもつこと; cf. zeugma》. 〘(1589) □ LL ～: ⇨ hypo-, zeugma〙

hy·po·zeux·is /hàɪpoʊzúːksɪ̀s, -pə- | -pə(ʊ)zjúːksɪs, -zúːk-/ *n.* 〘修辞〙2 語文並列(法), 類義動詞並列 ('I came, I saw, I conquered.' などのように主語と述語各 1 語ずつからなる節を並列させること). 〘(1577) □ LL ～ ← Gk *hupózeúgnūnai* to yoke under ← HYPO-＋*zeugnúnai* to yoke (← *zeûgos* yoke): ⇨ -sis〙

hyps- /hɪps/ (母音の前にくるときの) hypso- の異形.

hyp·si- /hípsɪ̀, -si/ hypso- の異形 (⇨ -i-).

hyp·si·ceph·a·ly /hɪ̀psɪséfəli | -sɪséf-, -kéf-/ *n.* 〘病理〙塔状頭蓋症. 〘← HYPSO-＋CEPHALO-＋-Y¹〙

hyp·si·loph·o·dont /hɪ̀psəlɑ́(ː)fədɑ̀(ː)nt | -sɪ̀lɔ́fədɔ̀nt/ *n.* 〘古生物〙ヒプシロフォドン《速く走るのに適応した二足歩行の小形鳥脚類の草食性恐竜; 体長は 1.5 m》. 〘(1871) ← NL Hypsilophodontidae ← Gk *hupsi-* high＋*lophos* crest＋*odont* tooth〙

Hyp·sip·y·le /hɪpsípəliː | -pɪ̀-/ *n.* 〘ギリシャ伝説〙ヒュプシピュレー《Lemnos 島の女王; アルゴ号の頭領 Jason に恋して二児をもうける; Lemnos の女たちが島の男たちを皆殺しにしたとき, 彼女だけが父親を逃したことが後日判明し, そのために彼女は Nemea の Lycurgus のもとに奴隷として売られたが, 成長した二児によって救い出される》.

hyp·so- /hípsoʊ | -səʊ/「高い; 高さ」の意の連結形. ★ 時に hypsi-, また母音の前では通例 hyps- になる. 〘(19C) ← Gk *húpsos* height ← IE **upo* over: cf. up〙

hýpso·chròmic efféct *n.* 〘化学〙淡色効果, 浅色効果《置換基の導入によって吸収スペクトルの吸収帯の位置が短波長に移動し色が浅くなること; cf. hyperchromic effect》. 〘cf. *hypsochromic group* (1892)〙

hyp·sog·ra·phy /hɪpsɑ́(ː)grəfi | -sɔ́g-/ *n.* 〘地理〙 **1** 測高測深《陸地および海底の高低起伏の測量》. **2** 測高低図式. **hyp·so·graph·ic** /hɪ̀psəgræ̀fɪk⁺/ *adj.* **hỳp·so·gráph·i·cal** /-fɪ̀kəl, -kl̩ | -fɪ-⁺/ *adj.* **hỳp·so·gráph·i·cal·ly** *adv.* 〘(1885) ← HYPSO-＋-GRAPHY〙

hyp·som·e·ter /hɪpsɑ́(ː)mətə | hɪpsɔ́mɪ̀tə^r/ *n.* 〘機械〙 **1** 測高計《液体の沸点を計って地点の高さを知る計器》. **2** 測高計《三角法により木の高さを測る計器》. 〘(1864) ← HYPSO-＋-METER¹〙

hyp·so·met·ric /hɪ̀psəmétrɪk⁺/ *adj.* 測高術の. **hỳp·so·mét·ri·cal** /-trɪ̀kəl, -kl̩ | -trɪ-⁺/ *adj.* **hỳp·so·mét·ri·cal·ly** *adv.* 〘(1845) ← HYPSO-＋METRIC〙

hyp·som·e·try /hɪpsɑ́(ː)mətri | -sɔ́mɪ̀-/ *n.* 測高法[術]《水準儀・気圧計・温度計・三角測量などにより地点の高さを測定する方法》. 〘(1570) ← HYPSO-＋-METRY〙

hyraces *n.* hyrax の複数形.

hy·ra·coid /háɪrəkɔ̀ɪd | háɪ(ə)r-/ *adj.* 〘動物〙イワダヌキ目の (cf. hyrax). — *n.* ＝hyrax. 〘↓〙

Hy·ra·coi·de·a /hàɪrəkɔ́ɪdiə | hàɪ(ə)rəkɔ́ɪdiə/ *n. pl.* 〘動物〙イワダヌキ目. 〘← NL ～: ⇨ hyrax, -oidea〙

hy·ra·coi·de·an /hàɪrəkɔ́ɪdiən | hàɪ(ə)rəkɔ́ɪd-⁺/ *adj., n.* 〘動物〙イワダヌキ目の(動物). 〘⇨ ↑, -an¹〙

hy·rax /háɪræks | háɪ(ə)r-/ *n.* (*pl.* **～·es, hy·ra·ces** /-rəsìːz/) 〘動物〙ハイラックス《アフリカ・アラビア・シリア地方にすむウサギほどの大きさで, 蹄(ᵗᵉⁱ)をもつ臆病なイワダヌキ類の総称; キノボリハイラックス属 (*Dendrohyrax*), ロックハイラックス属 (*Heterohyrax*), ケープハイラックス属 (*Procavia*) 等の動物がいる; ケープハイラックス属のシリアハイラックスは旧約聖書にいう (*Lev.* 11: 5) coney に当たるとされている; cf. rock hyrax》. 〘(1832) ← NL ～ ← Gk *húrax* shrew mouse〙

Hyr·ca·ni·a /həːkéɪniə | həː-/ *n.* ヒルカニア《古代ペルシャ帝国の一地方, カスピ海南東部; 現在のイラン北部》. **Hyr·cá·ni·an** /-niən/ *adj.* 〘c1550〙

Hyr·ne·tho /həːníːθoʊ | həːníːθəʊ/ *n.* 〘ギリシャ神話〙ヒュルネートー《Temenus の娘》.

hyrst /hə́ːst | hə́ːst/ *n.* ＝hurst.

hy·son /háɪsən, -sn̩/ *n.* 熙春(ᵏⁱˢʸᵘⁿ)茶《中国産緑茶の一種; 早期収穫のものは young hyson といい, 質の落ちる葉は hyson skin という》. 〘(1740) □ Chin. *xichun* (熙春)〙

hy spy /háɪspàɪ/ *n.* 〘遊戯〙(一種の)隠れんぼ (hide-and-seek) 《隠れた者の「もういいよ」という合図》. 〘(1777) ← ? *hi, spy!* (「もういいよ」)〙

hys·sop /hísəp/ *n.* **1** 〘植物〙ヒソップ, ヤナギハッカ (*Hyssopus officinalis*) 《ヨーロッパ産ハッカの一種, 昔薬用とした》. **2** 〘聖書〙ヒソップ《ユダヤ人が祓(ʰᵃʳᵃ)いの儀式にその枝を用いた; caper であったろうと想像されている: cf. *Exod.* 12: 22, *Ps.* 51: 7》. 〘(16C) □ L *hyssōpus* □ Gk *hússōpos* □ Heb. *ēzōbh* □ Akkad. *zūpu* ∽ OE *ysope*〙

hys·ter- /hístər/ (母音の前にくるときの) hystero- の異形.

hys·ter·al·gia /hɪ̀stəræ̀ldʒə, -dʒiə | -dʒiə, -dʒə/ *n.* 〘病理〙子宮痛. 〘(1657) ← HYSTERO-＋-ALGIA〙

hys·ter·an·thous /hɪ̀stərǽnθəs⁺/ *adj.* 〘植物〙花が開いてから葉を生じる. 〘(1835) ← Gk *hústeros* after＋-ANTHOUS〙

hys·ter·ec·to·mize /hɪ̀stəréktəmàɪz/ *vt.* 〘外科〙…の子宮を摘出する. 〘⇨ ↓, -ize〙

hys·ter·ec·to·my /hɪ̀stəréktəmi/ *n.* 〘外科〙子宮摘出(術). 〘(1886) ← HYSTERO-＋-ECTOMY〙

hys·ter·e·sis /hɪ̀stəríːsɪ̀s | -sɪs/ *n.* 〘磁気〙(磁気・電気・弾性などの)履歴現象, ヒステリシス. **hys·ter·et·ic** /hɪ̀stərétɪk | -tɪk⁺/ *adj.* 〘(1801) ← NL ～ ← Gk *hustérein* to lag〙

hysterésis coefficient *n.* 〘磁気〙ヒステリシス係数《磁気材料のヒステリシス損を示す係数》.

hysterésis lóop *n.* 〘電気〙ヒステリシスループ《鉄に対する磁化力を正と負の間に一巡させた時の磁束密度の変化する模様を示した環線》. 〘1896〙

hysterésis lòss *n.* 〘磁気〙ヒステリシス損《磁気材料の履歴現象に伴なって変圧器の鉄心中などで発生するエネルギー損失》. 〘1893〙

hysterésis mòtor *n.* 〘電気〙ヒステリシスモーター《永久磁石材料で回転子を作った特殊な同期電動機で, 一定速度で回転する特性を生かし, レコードプレーヤーやテープレコーダーに広く用いられている》.

hys·ter·i·a /hɪ̀stériə, -tíə^r- | hɪstíər-/ *n.* 〘病理・心理〙 **1** ヒステリー (⇨ mania SYN). **2** (個人や集団の)病的興奮, 抑えのきかない恐慌状態: mob ～ 群集ヒステリー. 〘(1801) ← NL ～: ⇨ ↓, -ia¹〙

hys·ter·ic /hɪ̀stérɪk | hɪs-/ *adj.* ＝hysterical. — *n.* **1** [通例 *pl.*; 単数または複数扱い] ヒステリーの発作: go (off) [fall] into ～*s*＝get ～*s* ヒステリーを起こす. **2** ヒステリーを起こしやすい人; ヒステリー患者. 〘(1657) □ L *hystericus* □ Gk *husterikós* of the womb ← *hustéra* womb ← IE **udero-* abdomen, womb (cf. uterus): ヒステリーは子宮の影響によるとされたことから〙

hys·ter·i·cal /hɪ̀stérɪ̀kəl, -kl̩ | hɪstérɪ-/ *adj.* **1 a** ヒステリーの[に関する, 性の, にかかった]. **b** ヒステリーを引き起こす. **2 a** 病的興奮の, 非常に感情的な, ヒステリックな: Her laughter was ～. 彼女の笑いはヒステリックだった / She went ～. ヒステリックになった. **b** 感情をむき出しにする. **c** 《口語》ひどくおかしい, 滑稽至極な, 笑いの止まらない. **～·ly** *adv.* 〘(1615): ⇨ ↑, -al¹〙

hystérical féver *n.* 〘病理〙ヒステリー熱. 〘1822–34〙

hys·ter·o- /hístəroʊ | -rəʊ/「子宮 (womb); ヒステリー (hysteria)」の意の連結形. ★ 母音の前では通例 hyster- になる. 〘← Gk *hustéra* womb: ⇨ hysteric〙

hỳstero·génic *adj.* 〘病理〙ヒステリーを起こさせる. 〘(1884) ← HYSTERO-＋-GENIC¹〙

hys·ter·oid /hístərɔ̀ɪd/ *adj.* ヒステリーに似た. 〘(1855) ← HYSTERO-＋-OID〙

hys·ter·oi·dal /hɪ̀stərɔ́ɪdl̩ | -dl̩⁺/ *adj.* ＝hysteroid. 〘1887〙

hys·te·ron pro·te·ron /hístərɑ̀(ː)nprɔ́ʊtərɑ̀(ː)n | -rɔ̀npróʊtərɔ̀n, -prə́ʊ-/ *n.* **1** 〘修辞〙前後倒置, 反理倒置法《文中の要素の論理的・時間的順序を強調や文体的効果のために逆にすること; 例えば 'born and bred' の代わりに 'bred and born' とするもの; cf. hyperbaton》. **2** 〘論理〙不当仮定の虚偽. 〘(1555) □ LL ～ □ Gk *hústeron próteron* the latter (put in place of) the former〙

hys·ter·o·scope /hístərəskòʊp | -rə(ʊ)skə̀ʊp/ *n.* 〘医学〙子宮鏡, ヒステロスコープ. 〘← HYSTERO-＋-SCOPE〙

hys·ter·o·tel·y /hístəroʊtèli | -rə(ʊ)-/ *n.* 〘昆虫〙ヒステロテリー《昆虫の成虫や蛹(ˢᵃⁿᵍⁱ)に幼虫の特徴が現れること; cf. prothetely》. 〘← Gk *hústeros* latter, later＋*télos* end＋-Y¹〙

hys·ter·ot·o·my /hɪ̀stərɑ́(ː)təmi | -rɔ́tə-/ *n.* 〘外科〙(帝王切開での)子宮切開(術). 〘(1801) ← HYSTERO-＋-TOMY〙

Hys·tri·co·mor·pha /hɪ̀strɪ̀koʊmɔ́əfə | -trɪkə(ʊ)mɔ́ː-/ *n. pl.* 〘動物〙ヤマアラシ亜目. **hys·tri·co·mor·phic** /hɪ̀strɪkoʊmɔ́əfɪk, -trə- | -trɪkə(ʊ)mɔ́ː-⁺/ *adj.* 〘← hystrico- (← Gk *hústrix* porcupine)＋-MORPHA〙

Hythe /háɪð/ *n.* ハイズ《イングランド Kent 州南東部の Dover 海峡に臨む港市, 避暑地; 五港 (Cinque Ports) の一つ》. 〘← OE *hȳþ* landing-place〙

hy·ther·graph /háɪθəgræ̀f | -θəgrɑ̀ːf, -græ̀f/ *n.* 〘気象〙ハイサーグラフ《気候図の一種で温度と湿度または降水量の関係を示すグラフ》. 〘(1918) ← HY(DRO-)＋THER(MO-)＋-GRAPH〙

hy·zone /háɪzoʊn | -zəʊn/ *n.* 〘化学〙三原子水素 (H_3) 《発生期の水素のことで, 正しくない》. 〘← HY(DROGEN)＋(O)ZONE〙

Hz 〘記号〙hertz. 〘1958〙

H

I i

I, i /áɪ/ *n.* (*pl.* **I's, Is, i's, is** /~z/) **1** 英語アルファベットの第 9 字. ★ 通信コードは India. **2** (活字・スタンプなどの) I または i 字. **3** [I] **a** I 字形(のもの): ⇨ I beam. **b** 〖アメフト〗 =I formation. **4** 文字 i が表す音: a short *i* 短音の i (pit, sin などの [ɪ]; ⇨ short *adj.* 10 a) / a long *i* (長音の i (pine, nice などの /aɪ/; ⇨ long *adj.* 11)). **5** (連続したものの)第 9 番目(のもの). **6** (ローマ数字の) 1: *II* [*ii*]=2 / *III* [*iii*]=3 / *IV* [*iv*]=4 / *VI* [*vi*]=6 / *IX* [*ix*]=9 / *XI* [*xi*]=11 / *XIV* [*xiv*]=14 / *LI* [*li*]=51 / *CIII* [*ciii*]=103 / *MIV* [*miv*]=1004 / *Hamlet III. iv.* 5 ハムレット第 3 幕第 4 場 5 行目. ★ ローマ数字は読みにくいためアラビア数字がとって代わりつつある: *Hamlet* 3. 4. 5.

I

dót the** [one's] **i's /áɪz/ ⇨ DOT *the i's and cross the t's.* 〖OE *I*, *ι* □ L (Etruscan を経由) □ Gk *I*, *ι* (iôta) □ Phoenician ᛉ: cf. Heb. י (yōdh) (原義) hand: 本来は半母音 [j] を表したが, ラテン語で [i], [j] の両音を表すようになった (cf. J)〗

i (記号) [通例イタリック体で] 〖数学〗 虚数単位 ($\sqrt{-1}$) (imaginary unit); 〖数学〗 *X* 軸に平行な単位ベクトル; 〖天文〗 軌道の黄傾斜 (the inclination of an orbit to the ecliptic).

i, I (略) *L.* Imperator (=Emperor); *L.* Imperatrix (=Empress); inductance; industrial; initial; intensity; interstate; island(s); isle(s).

i, I (記号) 〖電気〗 電流 (electric current).

I /aɪ, áɪ/ *pron.* **1** [人称代名詞, 一人称単数主格: 所有格 **my**, (古・詩) **mine**; 目的格 **me**; 複数 **we**] 私, わたし, 僕 ★ I を文中でも大文字で書くのは, 昔筆写するときに起こりがちな誤りを避けるために用いた便法に起因する: Am *I* not ...? (★ 通例 (非標準) では Ain't *I* ...?, (英口語) では Aren't [(古) An't] *I* ...? という; ただし最近では (米口語) でも Aren't *I* ...? が増えてきた) / *I*, personally [myself, for one], am opposed to it. 私としてはそれに反対だ / She [You] and *I* have done our best. 彼女[君]と私は最善を尽くした / It is *I* who am to blame. 悪いのは私だ. ★ これは格式ばった文で, 日常語では It's me who's to blame. のようにいう. 日英比較 英語の人称代名詞が話し手, 話し相手, あるいは既出の名詞との照応関係を示す文法的機能のみを持ち, 指示的機能を持たない言葉であるのに対して, 日本語の人代名詞(あるいは事物代名詞)は指示的機能を持ち, 名詞的性格の強い言葉である. 英語では, 文には原則として主語が要求されるという文法構造から一人称単数が主語の文では I が用いられるが, 日本語では「私」は特に取り立てて「この私」という意味が必要な文脈でしか使われない. また, その場合には話し相手との対人関係から「私」の他に「おれ」「わたくし」「あたい」「自分」「僕」「手前」などニュアンスの違ういろいろの類義語が用いられ, この類義語は時代環境の変化で次々に追加あるいは削除されることになる. そして, 日本語では「私」を言う必要のない場合には一切人代名詞は用いずに「含みの主語」として処理される. たとえば, 英語で "*I* don't know." という場合, 日本語では普通「分かりません」とか「知りません」と言うだけで,「私は分かりません」「私は知りません」と言えば「私」を特に取り立てて「他人は別としてこの私は分からない[知らない]」という意味になる. ⇨ he, she, it, they 日英比較 **2** (非標準または方言) =me.

I ÁM*=*I ám (1) 全能の神ヤハウェ (Yahweh) [エホバ (Jehovah)]. (2) (口語) 偉い人, 尊大な[もったいぶった]人: consider oneself a great *I AM* 自分を偉い人間だと思い込む. ((1611): cf. *Exodus* 3: 14)

— /áɪ/ *n.* (*pl.* **I's** /~z/) **1** I という言葉[人物]: The "*I*" in this story is Dr. Watson. この小説の中で「私」というのはワトソン医師である / He uses too many *I's* in his letter. 彼の手紙には自分の事が多過ぎる. **2** 〖哲学〗 自我, われ (ego): the *I* われ / another *I* 第二のわれ / The sense of a permanent *I* may be dispelled in meditation. 永久不変の自我の念は瞑想のうちに滅却されるかもしれない.

〖ME *i*, *ich*, *ic* < OE *iċ* < Gmc **eka* (G *ich*) ← IE **eg-* (L *ego* / Gk *egṓ*)〗

I (記号) **1** 〖歯科〗 incisor. **2** 〖化学〗 iodine. **3** 〖物理〗 isospin, moment of inertia, density of current. **4** (米) 〖教育〗 単位不足 (incomplete); 単位不足の学生. **5** 〖論理〗 particular affirmative. **6** 〖広告〗 single column inch.

i. (略) *L.* id (=that); indicate; indicated; interest; intransitive.

I. (略) Idaho (非公式); *L.* Iesus (=Jesus); Imperial; *L.* Imperium (=Empire); incumbent; Independence; Independent; Indian; *L.* Infidelis (=infidel); inspector; institute; instructor; intelligence; interceptor; International; interpreter; Iowa (非公式); Ireland; Irish; Israel; Israeli; issue; Italian; Italy.

i' /ɪ/ *prep.* (スコット) =in.

i-[1] /aɪ/ 〖生化学〗「不活性の (inactive)」の意の連結形. ★ 通例第 2 要素との間にハイフンを入れて用いる: *i*-inositol 不活性イノシトール. 〖← I(NACTIVE)〗

i-[2] /aɪ/ 〖化学〗「イソ[異性体] (isomeric)」の意の連結形. ★ 通例第 2 要素との間にハイフンを入れて用いる: *i*-butyl イソブチル基. 〖← I(SO-)〗

i-[3] /ɪ/ *pref.* (古) =y-.

-i /aɪ, iː/ *suf.* ラテン語系名詞の複数形語尾: alumn*i* (← alumnus) / foc*i* (← focus) / literat*i* (← literatus).

-i- /ɪ, ə, i/ **1** ラテン語系合成語の第 1 要素と第 2 要素を結ぶ連結辞 (cf. -o-): omn*i*vorous, pacif*i*c, un*i*form. **2** 一般的に合成語の連結辞: cant*i*lever. 〖ME □ (O)F *-i-* < L *-i-* (語幹・連結母音): cf. -o-〗

Ia (略) Iowa (非公式).

IA (略) Incorporated Accountant; Indian Army; infected area; Institute of Actuaries; 〖米郵便〗 Iowa (州).

i.a. (略) *L.* in absentia (=in absence); 〖航空〗 indicated altitude; initial appearance.

-i·a[1] /iə, jə/ *suf.* **1** ギリシャ・ラテン語系の名詞語尾: man*ia*, morph*ia*, sep*ia*. **2** 病名の語尾: anesthes*ia*, hyster*ia*, malar*ia*. **3** 国名の語尾: Austral*ia*, Phoenic*ia*, Yugoslav*ia*. **4** 〖生物〗 動植物分類の属名の語尾: Dahl*ia*, Fuchs*ia*, Wister*ia*. 〖□ L *-ia* □ Gk *-ía* ← *-i-* (語幹・連結母音)+*-a* (女性単数格語尾)〗

-i·a[2] /iə, jə/ *suf.* **1** ギリシャ・ラテン語名詞の複数語尾: effluv*ia*, paraphernal*ia*, regal*ia*. **2** ローマの祭日名の語尾: Bacchanal*ia*, Lupercal*ia*, Saturnal*ia*. **3** 〖生物〗 動植物の大きな分類群(綱・目など)を表す複数語尾: Cryptogamm*ia*, Mammal*ia*. **4** 「…に由来する[関係のある]物」の意: Maryland*ia*, tabloid*ia*. 〖□ L *-ia* // Gk *-ía* ← *-i-* (語幹・連結母音)+*-a* (中性複数主格語尾)〗

-ia[3] *suf.* -ium 3 の複数形.

IAA (略) 〖生化学〗 indoleacetic acid; International Advertising Association 国際広告協会.

IAAF /áɪèɪèɪéf/ (略) International Amateur Athletic Federation 国際アマチュア競技連盟.

IABA (略) International Amateur Boxing Association.

IACU (略) International Association of Catholic Universities.

IADB (略) Inter-American Defense Board; Inter-American Development Bank.

IAEA (略) International Atomic Energy Agency.

IAF (略) Indian Air Force インド空軍; International Astronautical Federation 国際宇宙飛行連盟 (1950 年に発足した宇宙飛行関係の学会や協会の連合組織で, 日本を含め 37 か国が加盟).

I·a·go /iáːgoʊ | -gəʊ/ *n.* イアーゴー: **1** 男性名. **2** Shakespeare 作の *Othello* 中に出る陰険邪悪な人物. 〖□ Sp. *Jago* □ L *Jacōbus*: ⇨ Jacob〗

I·ain /iːən/ *n.* イアン (男性名). 〖(変形) ← IAN: cf. Evan〗

-i·al /⌐iəl, jəl/ *suf.* =-al[1]: celest*ial*, colloqu*ial*, pictor*ial*, remed*ial*. 〖□ L *-iālis* (masc. & fem. adj. suf.), *-iāle* (neut.): ⇨ -i-, -al[1]〗

IALC (略) 〖航空〗 instrument approach and landing chart 計器進入着陸図.

IAM (略) Institute of Advanced Motorists; International Association of Machinists and Aerospace Workers.

i·amb /áɪæm(b)/ *n.* 〖詩学〗 (古典詩の)短長格 (◡—); (英詩の)弱強[抑揚]格 (× ⌐) (例: The cúrfew tólls the knéll of párting dáy. — Gray; cf. foot 6). ((1842) □ L *iambus* iambic poem: ⇨ iambus)

iambi *n.* iambus の複数形.

i·am·bic /aɪǽmbɪk/ *adj.* **1** 〖詩学〗 弱強[短長]格の: ~ pentameter 弱強五歩格. **2** 〖ギリシャ文学〗 (短長格で書いた)諷刺詩の. — *n.* **1** 〖詩学〗 =iamb. **2** [通例 *pl.*] 〖詩学〗 弱強[短長]格の詩. **3** 〖ギリシャ文学〗 短長格の諷刺詩. **i·ám·bi·cal·ly** *adv.* ((1575) □ F *iambique* □ L *iambicus* □ Gk *iambikós* ← *íambos*: ⇨ iambus)

i·ám·bist /-bɪst | -bɪst/ *n.* iambic の詩を作る人. ((1839) □ Gk *iambistés* ← *iambízein* to iambize)

i·am·bus /aɪǽmbəs/ *n.* (*pl.* **i·am·bi** /-baɪ/, **~·es**) 〖詩学〗 =iamb. ((1586) □ L ~ □ Gk *íambos* ← *iáptein* to assail (in words))

I·an /iːən, áɪən | íːən/ *n.* イアン (男性名; スコットランドに多い). 〖(Gaelic 形) ← JOHN[1]〗

-i·an /⌐iən, jən/ *suf.* =-an[1], -ean: Athen*ian*, Christ*ian*, merid*ian*, amphib*ian*. ★ 固有名詞派生形容詞の造語では最近 -an, -ean より一般的に用いられる: Beckett*ian* (← Samuel Beckett) / Hitchcock*ian* (← Alfred Hitchcock). 〖□ L *-iānus*: ⇨ -i-, -an[1]〗

-i·a·na /iǽnə, iáːnə, iéɪnə | iáːnə/ *suf.* (連結辞 -i- を伴った) -ana の異形: Shakespear*iana*. 〖□ L *-iāna*: ⇨ -i-, -ana〗

I·an·the /aɪǽnθi/ *n.* アイアンシー (女性名). 〖□ Gk *Iánthē* (海のニンフの一人) (原義) violet flower: ⇨ janthina〗

i·an·thi·na /iǽnθənə, aɪ- | -θɪ-/ *n.* 〖貝類〗 =janthina.

IAP (略) Inter-American Press Association (⇨ IAPA); international airport.

IAPA (略) Inter-American Press Association 米州新聞協会 (時に IPA と略すこともある).

I·ap·e·tus /aɪǽpətəs | -pɪt-/ *n.* **1** 〖ギリシャ神話〗 イアペトス (巨人族 (Titans) の一人; Uranus と Gaea との間に生まれ, Atlas, Epimetheus, Prometheus の父となった). **2** 〖天文〗 イアペトス (土星 (Saturn) の第 8 衛星). 〖□ L *Iapetus* □ Gk *Iapetós*〗

IAPF (略) Inter-American Peacekeeping Force.

iar·o·vize /jáːrəvàɪz/ *vt.* 〖農業〗 =vernalize. ((異形) ← JAROVIZE)

IARU (略) International Amateur Radio Union 国際アマチュア無線連合.

IAS (略) 〖電算〗 immediate access store; 〖航空〗 indicated airspeed; Indian Administrative Service; Institute for Advanced Study; Institute of the Aerospace Sciences.

-iases *suf.* -iasis の複数形.

Ia·şi /jáːʃ(i)/; *Rum.* jaʃj/ *n.* ヤーシ (ルーマニア北東部の都市; Jassy ともいう).

-i·a·sis /áɪəsɪs | -sɪs/ *suf.* (*pl.* **-i·a·ses** /-sìːz/) (連結辞 -i- を伴った) -asis の異形: hypocondr*iasis*. 〖← NL *-iāsis*: ⇨ -i-, -asis〗

IATA /iáːṭə, aɪ-/ (略) International Air Transport Association 国際航空運送協会,「イアタ」(定期航空会社が作っている民間機関; 1945 年設立).

i·at·ric /aɪǽtrɪk/ *adj.* (まれ) 医師の; 医薬の. 〖□ Gk *iātrikós* ← *iātrós* healer, physician〗

-i·at·ric /iǽtrɪk, aɪ-/「…の医療の[に関する]」の意の形容詞連結形: hydr*iatric*. 〖↑〗

i·at·ri·cal /aɪǽtrɪkəl, -kl̩ | -trɪ-/ *adj.* =iatric. ((1716): ⇨ iatric, -al[1])

-i·at·ri·cal /iǽtrɪkəl, -kl̩ | -trɪ-/ =-iatric: psych*iatrical*.

-i·at·rics /iǽtrɪks/「医療 (medical treatment)」の意を表す通例単数扱いの名詞連結形: ped*iatrics*. 〖⇨ iatric, -ics〗

i·at·ro- /aɪǽtroʊ, i- | -trəʊ/ **1**「医師 (physician); 医薬 (medicine); 治療 (healing)」の意の連結形: *iatro*genic. **2**「医師と…との (physician and ...); 医薬[治療]と…との」の意の連結形: *iatro*chemistry / *iatro*astrological. 〖← NL ~ ← Gk *iātrós* physician〗

iàtro·chémistry *n.* イアトロ化学, 医療化学 (16–17 世紀に Paracelsus を祖としヨーロッパに流行した医学的化学的技術; はじめ不老不死の薬を作るのが主な目的であった). 〖((1573)) (1830): ⇨ ↑, chemistry〗

iàtro·génic *adj.* 医原性の (医療自体が原因となる, またはそれに促進される): an ~ disease 医原病, 医原性疾患. **iàtro·génical·ly** *adv.* **iàtro·ge·níc·i·ty** /-dʒənísəṭi, -dʒɛ- | -sɪti/ *n.* ((1924) ← IATRO-+-GENIC[1])

iàtro·phýsics *n.* **1** 物理療法. **2** 物療医学 (体の活動を物理的法則によって説明・治療しようとした 17 世紀の医学). ((1886) ← IATRO-+PHYSICS)

-i·a·try /áɪətri, iǽtri/「医療 (medical treatment)」の意の名詞連結形: psych*iatry*. 〖← Gk *iātreía* healing: ⇨ iatro-, -y[1]〗

IAU (略) International Association of Universities; International Astronomical Union.

IB (略) 〖税関〗 in bond; 〖軍事〗 incendiary bomb; information bureau; Institute of Bankers; Institute of Building; instruction book; intelligence branch; International Baccalaureate; international bank; invoice book.

ib. (略) ibidem.

IBA (略) Independent Broadcasting Authority (英国の)独立放送公社 (商業放送の施設・管理・運営・番組監督を行う公共法人; 1972 年 ITA から発展; cf. ITV).

I·bad·an /iːbáːdəːn, -dn̩ | ɪbǽdn̩/ *n.* イバダン (ナイジェリア南西部の同国第二の都市).

I·ba·gué /ìːbəːgéɪ/; *Am.Sp.* iβaɣé/ *n.* イバゲ (コロンビア中西部の都市).

I·ban /iːbáːn, ⌐⌐/ *n.* (*pl.* **~, ~s**) **1 a** [the ~(s)] イバン族 (ボルネオ島に住む Dayak 族). **b** イバン族の人. **2** イバン語 (マレー語系). ((1911) (現地語))

Ibáñez, Vicente Blasco *n.* ⇨ Blasco Ibáñez.

Í bàr *n.* 〖土木〗 I 形材 (切断面が I 字型の鋼材). 〖1890〗

I·ba·rru·ri /ɪbáːruri/; *Sp.* iβáruri/, **Dolores** *n.* イバルリ ((La) Pasionaria の本名).

IBE (略) International Bureau of Education 国際教育局 (UNESCO の一部局).

Í bèam *n.* 〖土木〗 I 形鋼, I 形ビーム (切断面が I 字型の

梁(ﾊﾘ)). 〖c1891〗

Í-bèam póinter *n.* 〘電算〙I ビームポインター (I 字形のカーソル).

I·be·ri·a /aɪbíᵊriə | -bíər-/ *n.* イベリア: **1** Iberian Peninsula の別名. **2** Caucasus 山脈南方の一地方の古名; 今のグルジア共和国に当たる. 〖□L *Ibēria* ← *Ibēres* Spaniards □Gk *Ibēres*〗

I·be·ri·an /aɪbíᵊriən | -bíər-/ *adj.* **1** イベリア(半島)の. **2** スペイン・ポルトガルの. **3** イベリア人の; 古代イベリア語の. — *n.* **1 a** 古代イベリア人 《スペインの Ebro 川周辺に住んでいた民族の人 (cf. Iberus); バスク人 (Basques) と同系という説もある》. **b** 古代イベリア (Iberia 2) の住民. **2** イベリア半島の住民 《スペイン人・ポルトガル人またはバスク人》. **3** 〘言語〙古代イベリア語 《バスク語はこれから発達したとする説もあるが不詳》. 〖(1601): ⇨ ↑, -an¹〗

Ibérian Península *n.* [the ~] イベリア半島 《スペイン・ポルトガルを含むヨーロッパ南西部の大半島》.

Ibérian ráce *n.* 〘人類学〙イベリア種族 《有史以前に北アフリカ・フランス・スペイン・ブリテンなどに住んでいた種族で, dolmen などを造ったと推定される短身・暗色皮膚・長頭の新石器人種》.

i·be·ris /aɪbíᵊrɪs | -bíərɪs/ *n.* 〘植物〙イベリス 《アブラナ科イベリス属 (*Iberis*) の一年生または多年生の植物; 白または紫の花が咲く; 高さ 12–25 cm》. 〖(1768) ← NL ← Gk *Ibēres Iberians〗

I·be·ro- /aɪbíᵊrou | -bíərəu/ Iberia または Iberian の意の連結形. 〖1891〗

I·bert /iːbéə | -béə^r; *F.* ibɛːʁ/, **Jacques (François Antoine)** *n.* イベール 《1890–1962; フランスの作曲家》.

I·ber·us /aɪbíᵊrəs | -bíər-/ *n.* [the ~] イベルス(川) 《Ebro 川の古名》. 〖□L *Ibērus*=*Hibērus* □Gk *Ibēros*〗

Iberville, d' *n.* ⇨ d'Iberville.

i·bex /áɪbeks/ *n.* (*pl.* ~**·es**, **ib·i·ces** /íbəsìːz, áɪ- | -bɪ-/, ~) 〘動物〙アイベックス 《ヨーロッパ・アジア・アフリカ産のヤギ属 (*Capra*) の野生のヤギの総称》; (特に) アルプスアイベックス (*C. ibex*) 《Alps, Apennines 山脈などにすむ後ろ向きに曲がった大角をもつ野生のヤギ; steinbock ともいう》. 〖(1607) □L *ibex*〗

ibex (*C. ibex*)

IBF 《略》International Boxing Federation 国際ボクシング連盟 《1983 年発足》.

Ib·i·bi·o /ɪbəbíːou | ɪbíbiəu/ *n.* (*pl.* ~, ~**s**) **1 a** [the ~(s)] イビビオ族 《ナイジェリア南東部の部族》. **b** イビビオ族の人. **2** イビビオ語 《ナイジェリア・コンゴ語族の中心を占めるイビビオ族の言語》.

ibices *n.* ibex の複数形.

I·bi·cui /iːbɪkwíː; *Braz.* ìbikwí/ *n.* [the ~] イビクイ(川) 《ブラジル南部 Rio Grande do Sul 州を西流して Uruguay 川に合流する (644 km)》.

ibid. /íbɪ̀d | íbɪd, ɪbíd/ 《略》ibidem.

i·bi·dem /íbɪ̀dèm, ɪbíːdem, ɪbáɪ- | íbɪ̀dèm, ɪbáɪdem/ *L. adv.* 同じ箇所に, 同書[章, 節]に (略 ib., ibid.). ★脚注などで出典を示すとき書名・著者名の繰り返しを避けるために, 通例略形で, 時にイタリック体で用いる. 〖(1663) □L ～ 'in (the) same place' ← *ibi* there+*-dem* (demonstrative suf.)〗

-i·bil·i·ty /əbíləti | ɪ̀bílɪ̀ti/ *suf.* -ible で終わる形容詞から名詞を造る: ed*ibility*, sens*ibility*. 〖□F *-ibilité* // L *-ibilitātem*: ⇨ -i-, -ability〗

IBiol 《略》《英》Institute of Biology.

i·bis /áɪbɪ̀s | -bɪs/ *n.* (*pl.* ~**·es**, ~) 〘鳥類〙 **1** トキ 《トキ科の渉禽(ｼｮｳｷﾝ)の総称; 両半球の温帯に生息し, 水生または両生動物を食用する; sacred ibis, white ibis や日本産のトキ (*Nipponia nippon*) も含まれる》. **2** コウノトリ 《トキに近似のコウノトリ科の鳥数種の総称》; (特に) アメリカトキコウ (wood ibis). 〖(c1390) □L *ibis* □Gk *îbis* ← Egypt.〗

I·bi·za /ɪbíːθə, aɪ-, iː-, -zə; *Sp.* iβíθa/ *n.* イビサ(島) 《地中海西部, スペイン領バレアレス諸島 (Balearic Islands) 南西部の島; 主都 Ibiza; Iviza ともいう》.

I·bí·zan hóund /ɪbíːzən-, -zn-/ *n.* イビザンハウンド 《Ibiza 島産のほっそりした体躯の中形の猟犬; 古代エジプトの王たちに飼われていたといわれる》. 〖1960〗

-i·ble /əbl | ɪ̀bl/ *suf.* *-ire*, *-ēre* に終わるラテン語動詞から派生した形容詞語尾で, -able と同じ意味を表す: aud*ible*, ed*ible*, sens*ible*, vis*ible*. ★(1) -able, -ible の両形をもつ語もある: admiss*able*, admitt*able*; collaps*ible*, collaps*able*. (2) -able は今日でも生きていて大抵の語に付きうるのに対し, -ible はほとんど固定化している (⇨ -able). 〖ME □(O)F ～ // L *-ibilis*: cf. -able〗

Ib·lis /íblɪ̀s | -lɪs/ *n.* 〘イスラム神話〙= Eblis.

IBM /àɪbìːém/ 《略》intercontinental ballistic missile; International Business Machines (Corporation).

ÍBM-compátible *n.* 〘電算〙IBM 互換[コンパチ]機 《IBM 機と互換性のあるパソコン》. — *adj.* IBM 互換の.

Ibn- /ɪbn/ *pref.* アラビア系の人名の前に付いて son of の意を表す (cf. Mac-, Fitz-, O'). 〖□Arab. ～ ← *ibn* son: cog. Heb. *bēn* (cf. *Benjamin*)〗

ibn-Ba·tu·ta /ɪbnbætúːtɑː/ *n.* イブン バトゥータ 《1304–68?; アラブの旅行家; アフリカ・アジア・ヨーロッパの旅行 (1325–54) の記録を *Rihlah* にまとめた》.

ibn-Khal·dun /ɪbnkɑ̀ːldúːn, -xɑ̀ːl-/ *n.* イブン ハルドゥーン 《1332–1406; アラブの歴史家・社会理論家》.

ibn-Rushd /ɪbnrúʃt/ *n.* イブン ルシュド 《Averroës のアラビア語名》.

ibn-Sa·ud /ɪbnsɑːúːd, -sáud | -sáud, -sɑːúːd/, **Abdul-A·ziz** /æbduːlɑːzíːz | -dul-/ *n.* イブン サウド 《1880–1953; サウジアラビアの初代国王 (1932–53)》.

ibn-Si·na /ɪbnsíːnɑː/ *n.* イブン シーナー 《Avicenna のアラビア語名》.

I·bo /íːbou | -bəu; *Ibo* igbo/ *n.* (*pl.* ~**s**, ~) **1 a** [the ~(s)] イボ族 《ナイジェリア南東部の部族》. **b** イボ族の人. **2** イボ語 (cf. Kwa). 〖(1732) 現地語〗

i·bo·ga·ine /ɪ̀bóugəìːn, ɪbóugeɪ- | ɪbəugə-, áɪbəugeɪ-/ *n.* 〘薬学〙イボガイン ($C_{20}H_{26}N_2O$) 《アフリカ産キョウチクトウ科の植物 (*Tabernanthe iboga*) から得られるアルカロイド; 抗抑鬱(ﾖｸｳﾂ)剤, 幻覚誘発剤》. 〖(1902) □F *ibogaine* ← *iboga*: ⇨ -ine³〗

IBR 《略》infectious bovine rhinotracheitis.

Ib·ra·hím Pá·sha /ɪbrɑːhíːm- | ɪbrəhíːm-, -hɪm-, ìbrəhíːm-; *Arab.* ibrahíːm/ *n.* イブラーヒーム パシャ 《1789–1848; エジプト統治時代のシリア (Syria) の総督》.

IBRD 《略》International Bank for Reconstruction and Development.

IBS 《略》irritable bowel syndrome.

Ib·sen /íbsən, íp-, -sn; *Norw.* ípsən/, **Henrik** *n.* イプセン 《1828–1906; ノルウェーの劇作家・詩人; 近代劇の父といわれる; *A Doll's House* (1879)》.

Ib·se·ni·an /ɪbsíːniən, ɪp-, -sén-/ *adj.* **1** イプセン (Ibsen) の. **2** イプセン劇風の, イプセン的な, イプセン主義の. 〖(1891): ⇨ ↑, -ian〗

Ib·sen·ism /íbsənìzm, íp-, -sn-/ *n.* **1** イプセン主義 《家庭・社会生活の因習的偏見の摘発, 一切の虚偽・妥協の排斥, 既成宗教打破, 女性解放などの主張》. **2** 〘演劇〙イプセン的手法 《問題劇の形で事件の進展中に伝統的偽善などを展開して新しい問題を提出し, その解決を暗示する作風》. 〖(1890): ⇨ -ism〗

Ib·sen·ite /íbsənàɪt, íp-, -sn-/ *n.* イプセン主義者; イプセン模倣者. — *adj.* イプセンに関する, イプセン的な. 〖(1889): ⇨ -ite¹〗

i·bu·pro·fen /àɪbjuːpróufən | -práu-/ *n.* 〘薬学〙イブプロフェン ($C_{13}H_{18}O_2$) 《消炎鎮痛作用があり, 関節炎などの治療に用いる》. 〖(1967) ← I(SO-)+BU(TYL)+PRO(PIONIC)+*-fen* (変形 ← PHEN(YL))〗

IBY 《略》International Biological Year 国際生物学年.

IC /àɪsíː/ 《略》*L.* Iesus Christus (=Jesus Christ); 〘言語〙immediate constituent; 〘電子工学〙integrated circuit 集積回路 (cf. LSI); internal combustion.

i/c 《略》in charge (of); 〘軍事〙in command.

-ic¹ /-ɪk/ *suf.* 次の意味を表す形容詞語尾: **1**「…の, …に属する, …に関する」: acet*ic*, Icelandic. **2**「…の性質の, …のような, …的な」: hero*ic*, realist*ic*, Byron*ic*. **3**「…から成る, …を含む」: carbon*ic*, iamb*ic*. **4**「…を生じる, …を起こす」: psychedel*ic*. **5**「…によって生じる」: amoeb*ic*. **6** 〘化学〙語尾 -ous をもつ場合より原子価の高いことを示す: ferr*ic* (cf. ferrous 2) / nitr*ic*, sulfur*ic*. **7** 形容詞の名詞的用法: class*ic*, crit*ic*, publ*ic*, scept*ic*. ★ -ic に終わる形容詞に対応する副詞は通例 -ally, 時に -ly をとる: realist*ically*; hero*icly*, publ*icly*. 〖ME *-ik*, *-ic* □(O)F *-ique* // L *-icus* □Gk *-ikós*: cf. -ish¹〗

-ic² /ɪk/ *suf.* 主に芸術・学術の分野の名称を表す (cf. -ics): arithmet*ic*, mus*ic*, rhetor*ic*. 〖ME *-ik*, *-ic* □L *-ica* □Gk *-ikḗ*: cf. *hē rhētorikḗ* (*tékhnē*) the (art of) rhetoric〗

I·çá /iːsɑ́ː | ⌐–; *Braz.* isá/ *n.* [the ~] イサ(川) 《Putumayo 川のブラジル語名》.

ICA 《略》〘会計〙Institute of Chartered Accountants 勅許会計士協会 《通常 ICA といえば ICA in England and Wales を指すが, このほか, ICA of Scotland と ICA in Ireland とがある》; Institute of Contemporary Arts; International Cooperation Administration 《米》国際協力局 《国務省の一部局で対外経済技術援助を担当していたが, 現在は Agency for International Development という》; International Cooperative Alliance.

i·ca·co /ɪkǽkou, ɪkɑ́ː- | ɪkɑ́ːkəu; *Sp.* ikáko/ *n.* 〘植物〙 =coco plum. 〖□Sp. ～, *hicaco* ← Arawak〗

-i·cal /-ɪ̀kəl, -kl | -ɪk-/ *suf.* **1**「…の, …に関する, …のような」などの意を表し -ic に終わる名詞から形容詞を造る: mus*ical* (← music). **2** -ic に終わる形容詞から第二の形容詞を造る: com*ical* (← comic) / econom*ical* (← economic) / histor*ical* (← historic). ★2 の場合 -ic, -ical で終わる語は一般的には交換可能であるが, 時に -ic のほうは原義的, -ical の方は比喩的・転義的な意味を表すことがある: a comic opera, a com*ical* grimace; an economic doctrine, an econom*ical* woman; historic houses, histor*ical* documents. 〖ME □LL *-icālis*: ⇨ -ic^{1,2}, -al¹〗

-i·cal·ly /-ɪ̀kəli, -kli | ɪk-/ *suf.* -ic, -ical に終わる形容詞の副詞を造る: crit*ically*, hero*ically*. 〖⇨ ↑, -ly¹〗

ÍC análysis *n.* 〘言語〙IC 分析 (cf. immediate constituent).

ICAO /àɪkéɪou, àɪsìːèɪóu | -əu, -áu/ 《略》International Civil Aviation Organization.

I·car·i·a /aɪkéᵊriə, ɪk- | ɪkéər-, aɪk-/ *n.* =Ikaria.

I·car·i·an /aɪkéᵊriən, ɪk- | ɪkéər-, aɪk-/ *adj.* **1** イカロス (Icarus) の(ような). **2** 向こう見ずの, 冒険的な: an ~ undertaking. 〖(1595): ⇨ Icarus, -ian〗

Icárian Séa *n.* [the ~] イカリア海 《エーゲ海南部, 小アジア沿岸付近の古名; ギリシャ神話によるとここに Icarus が墜落した》.

Ic·a·rus /íkərəs | ík-, áɪk-/ *n.* **1** 〘ギリシャ神話〙イカロス 《Daedalus の子; 蠟(ﾛｳ)付けの翼で父と共に Crete 島から脱出したが, あまり太陽に接近したため, その蠟が溶けて海中に墜落して死んだという》. **2** 〘天文〙イカロス 《太陽の最も近くを通り過ぎる小惑星》. 〖(1589) □L ～ □Gk *Íkaros*〗

ICBM /àɪsìːbìːém/ *n.* (*pl.* ~**'s**, ~**s**) 大陸間弾道弾[ミサイル] 《射程 8,000–19,000 km のもの; cf. IRBM, MRBM, SRBM》. 〖(1955) 《頭字語》← *i*(*nter*)*c*(*ontinental*) *b*(*allistic*) *m*(*issile*)〗

ICC 《略》《米》Indian Claims Commission; International Chamber of Commerce 国際商工会議所; International Control Commission 国際休戦監視委員会; International Copyright Convention; International Cricket Conference; 《米》Interstate Commerce Commission.

ICCF 《略》〘チェス〙International Correspondence Chess Federation.

ice /áɪs/ *n.* **1** 氷: *Ice* forms. 氷が張る / Your hands are like [as cold as] ~! 君の手は氷のように冷たいね. ★ラテン語系形容詞: glacial. **2** [通例 the ~] **a** 一面に張りつめた氷: He broke through *the* ~. 氷が破れて[に穴があいて]水中に落ちた. **b** [I-] (北極地方一帯の)氷原. **3** アイス, 氷菓 《果汁などを凍らせたシャーベット; fruit ice, water ice など》; 《英》アイスクリーム (ice cream): two strawberry ~*s* / eat an ~. **4** (菓子にかける)砂糖衣 (icing). **5** 氷状のもの: ⇨ camphor ice. **6** よそよそしさ, 形式張った冷たい態度. **7** 《口語》[集合的にも用いて] ダイヤモンド (diamond(s)); 宝石類: hot [stolen] ~ 盗んだダイヤモンド. **8** 《口語》(結晶状の)コカイン; ヒロポン 《メタンフェタミンの結晶体》. **9** 《米俗》**a** (不正業者が警察などに支払う)口止め料. **b** (ダフ屋が便宜を図ってもらうために劇場関係者に払う)手数料, プレミアム. **10** 《米》アイスホッケーの競技場.

be* [*skáte, stánd, tréad, wálk*] *on thín íce (1) 薄氷を踏む(思いをする), 危ない橋を渡る. (2) きわどい[デリケートな]話題に触れる. ***bréak* [《米》*cráck*] *the íce*** (1) (パーティーなどで)話の口火を切る, 座を打ち解けさせる, なごやかな空気にする. (2) (難しい事の)糸口を見つける, 皮切りをする, 口火を切る. (1579) ***chóp one's ówn íce*** 《米口語》自分の利得だけを図る. ***cút nò* [*líttle, nót mùch*] *íce*** 《口語》〔…に〕効果がない, 役に立たない, 問題にされない 〔*with*〕. ***gét* [*find*] *one's íce légs*** (スケートで)氷の上を滑って歩けるようになる (cf. get one's SEA LEGS). ***hàve one's bráins on íce*** 《俗》冷静にしている. ***on íce*** (1) 《口語》(将来に備え)保留して; 準備して: keep *on* ~ 保存する / put *on* ~ 〈問題などを〉(一時的に)保留する. (2) 《米口語》勝利[成功]が確かで, ちゃんと決まった: put the game *on* ~ 試合を確実にする. (3) 冷蔵庫に入って. (4) 〈ショーなど〉氷上で[の]. (5) 《米俗》入獄して. (1890) ***píss on íce*** 《米俗》ぜいたくに暮らす.

— *adj.* [限定的] 氷の; 氷上の; 製氷の: an ~ carnival.

— *vt.* **1 a** 凍らす (freeze). **b** 〈飲み物などを〉氷で冷やす, 冷蔵する (refrigerate): ~ a bottle of beer / ~ beer, coffee, wine, etc. **2** 〈物を〉氷で覆う, 氷で張りつめる, 氷で閉ざす 〈*up, in, over*〉: The ship was ~*d up*. 船は氷の中に閉ざされた / The lake was ~*d over*. 湖は一面に氷が張った. **3** 〈菓子〉に砂糖衣をかける (frost). **4** 〘アイスホッケー〙**a** …にアイシングする (⇨ icing 3). **b** 《カナダ》〈チームを〉公式戦に出す. **5** 《米口語》殺す (kill). — *vi.* 凍る (freeze); 〈窓ガラス・飛行機の翼などが〉氷膜で覆われる 〈*up, over*〉.

ice dówn 〈けがなどを〉氷で冷やす. ***íce óut*** 《米俗》付き合いから閉め出す, 付き合わずに無視する. ***íce the decísion* [*gáme*]** 《米俗》勝利を決定的にする.

〖OE *īs* < Gmc **īsam*, **īsaz* (Du. *ijs* / G *Eis*) ← IE **eis-* ice, frost〗

ICE 《略》Institute of Chemical Engineers; Institute of Civil Engineers; 〘機械〙internal-combustion engine; International Cultural Exchange.

Ice. 《略》Iceland; Icelandic.

-ice /ɪ̀s | ɪs/ *suf.* 行為・状態・性質などを表す名詞を造る: hosp*ice*, just*ice*, precip*ice*, serv*ice*. 〖ME *-is*(*e*), *-ys*(*e*) □OF *-ice*, *-ise* < L *-itius* (masc.), *-itium* (neut.), *-itia* (fem.)〗

Íce Àge *n.* **1** [the ~] 〘地質〙氷期 (glacial epoch). **2** [i- a-] 広範囲にわたる氷河作用の起こる時期. 〖1873〗

íce ànchor *n.* 〘海事〙氷アンカー, 氷錨(ﾋｮｳﾋﾞｮｳ) 《船を氷へ係留するときに用いるつめが一つの小型錨(ｲｶﾘ)》. 〖1774〗

íce àpron *n.* アイスエプロン 《橋脚その他を流氷から守るためのくさび形装置》. 〖1871〗

íce àx *n.* 〘登山〙ピッケル, アイスアックス 《氷の面に足場を切ったりするのに用いる; pickel ともいう》. 日英比較 「ピッケル」はドイツ語 Pickel から. 英語の pickel は一般的な語ではない. 〖1820〗

íce bàg *n.* **1** (頭などを冷やすゴム製の)氷嚢(ﾋｮｳﾉｳ), 氷枕 (cf. ice cap 3, ice pack 2). **2** アイスバッグ 《氷塊を運ぶズック製の手さげ》. 〖1883〗

íce·bàll *n.* アイスボール 《アイスリンク上でスケートを履いてプレーする, バスケットボールに似た球技; 1チーム 5人》.

íce bèam *n.* 〘海事〙アイスビーム 《氷の圧力に耐えるために満載喫水線下に特別に増設した梁(ﾊﾘ)材》. 〖1820〗

íce bèer *n.* アイスビール 《氷点下で醸造》.

íce bèlt *n.* **1** 〘地理〙=ice foot 1. **2** 〘海事〙氷帯 《砕氷船の喫水線付近の外板で, 特に広く厚くなっていて氷圧に耐えるようにできている部分》. 〖1856〗

ice·berg /áɪsbə̀ːɡ | -bɜ̀ːɡ/ *n.* **1** 〘地理〙氷山 (cf. growler 4, ice island): hit an ~ 氷山にぶつかる. **2** 氷山の一角. **3** (ものに感動しない)冷淡な人: an ~ of a man. **4** 《豪口語》冬季遊泳者[サーファー]. ***the tip of the iceberg*** ⇨ tip¹ n. 1. 〖(1774) □(M)Du. *ijsberg* ← *ijs* 'ICE'+*berg* 'hill

BARROW²: cog. G *Eisberg* / Dan. *isbjerg* / Swed. *isberg*〗

íceberg léttuce *n.* 《米》アイスバーグレタス《キャベツに似たレタスの一種》. 〖1893〗

íce·blìnk *n.* **1** 〘気象〙氷光, 氷映《氷原の反映により地平線上[近く]に漂う黄色がかった光; 単に blink または ice sky ともいう; cf. snowblink》. **2** (Greenland などの海岸の)氷の崖. 〖1817〗

íce·blòck *n.* 《スコット・豪》=ice lolly. 〖1948〗

íce blúe *n.* (氷片にみられるような)緑がかった淡青色.

íce-blúe *adj.* 〖1935〗

íce·bòat *n.* **1** 氷上ヨット, 氷上滑走艇 (ice yacht)《大きな帆を張って氷上を滑るスポーツ用のそり》. **2** 砕氷船. 〖1819〗

íce·bòating *n.* 氷上ヨット競技. 〖1885〗

íce·bòund *adj.* **1** 〈船など〉氷に閉ざされた: an ~ ship, vessel, etc. **2** 〈場所など〉氷の張りつめた: an ~ harbor. 〖(*a*1659): ⇨ bound¹〗

íce·bòx *n.* **1** (氷を入れて冷やす)冷蔵庫, アイスボックス; 《英》冷凍庫, フリーザー; 《米》電気冷蔵庫 (refrigerator). **2** 〘海事〙アイスボックス《氷海航行船で, コンデンサー冷却用の海水取り入れ用として造られた船底の一区画》. **3** 《俗》(刑務所の隔離された)独房. ***ráid the ícebox*** 《米》他人の冷蔵庫の物を勝手に使う. 〖1846〗

íce·brèaker *n.* **1** 砕氷船 (iceboat)《氷海に水路を作るため, 氷を破って進むことができるように, 船首を特に強固にした船》. **2** 〘土木〙流氷よけ《流氷から橋脚を保護するために築いた石[木]造の構築物》. **3** 砕氷器. **4** =mixer 4 b. **5** (タクシーの)基本料金. **6** 南氷洋のセミクジラ. **7** (パーティーなどで)話の口火を切る[きっかけを作る]人[物], 空気をなごませる人[物] (cf. *break the* ICE (1)). 〖1819〗

íce bùcket *n.* =ice pail. 〖1919〗

íce bùlletin *n.* 〘海事〙流氷情報《船舶に流氷の位置や移動状況などを知らせる無線通信》.

íce càndy *n.* 《インド》=ice lolly.

íce càp *n.* **1** 氷帽《山頂部を覆う小形の氷河》. **2** =ice sheet. **3** (頭部用の)氷嚢(ひょうのう). 〖1854–67〗

íce càve *n.* 氷穴, 氷洞. 〖1889〗

íce chèst *n.* =icebox 1. 〖1841〗

íce cóffee *n.* 《米》=ICED coffee.

íce-cóld *adj.* **1** 氷のように冷たい. **2** 〈感情・態度が〉温かみのない; 感情に動かされない, 冷静な: an ~ brain / his ~ reasoning 彼の冷徹な推論. 〖OE *isceald*: cf. G *eiskalt*〗

íce còlor *n.* 〘染色〙アイス染料, 冷染染料 (⇨ azoic dye). 〖1903〗

íce còlumn *n.* 〘気象〙=ice needle 2.

íce-crèam *adj.* 〈衣服が〉(バニラ)アイスクリーム色の: an ~ suit. 〖1821〗

íce crèam *n.* **1** アイスクリーム (cf. ice *n.* 3): I like ~. / Two ~*s*, please. アイスクリームを2個下さい. **2** 《商用語》アイスクリームをまねて作ったもの《乳脂肪がある水準以下のもの; cf. mousse, parfait》. 〖(1744) ← ICE＋CREAM ∞ (1688) *iced cream*〗

íce-cream chàir *n.* (歩道にあるコーヒー店などで用いる)背の丸い小椅子. 〖1949〗

íce-cream còne [《英》còrnet] *n.* アイスクリームコーン: **a** アイスクリーム入れ[入り]の円錐形のウエハース (《英》cornet). **b** アイスクリームをコーンに入れ細かく砕いたチョコレートやナッツを載せたもの. 〖1909〗

íce-cream fòrk *n.* (叉が三本でさじ状の)アイスクリームフォーク.

íce-cream frèezer *n.* アイスクリームフリーザー[製造機]. 〖1854〗

íce-cream pàrlor *n.* アイスクリーム(専門)店.

íce-cream sóda *n.* (アイス)クリームソーダ. ⇨ cream soda 日英比較. 〖1886〗

íce crùsher *n.* 砕氷機. 〖1883〗

íce crỳstal *n.* 〘気象〙**1** 氷晶《空気が0°C以下に冷却したときにできる氷の結晶》. **2** [通例 *pl.*] =ice needle 1. 〖1849〗

íce cùbe *n.* (冷蔵庫でできる)角氷. 〖1929〗

iced /áɪst/ *adj.* **1** 氷で冷やした, 氷入りの: ~ beer 冷やしたビール / ~ water 氷で冷やした水, アイスウォーター (《米》ice water) / ~ coffee アイスコーヒー (《米》ice coffee) / ~ tea アイスティー (《米》ice tea). **2** 〈菓子など〉砂糖衣をかけた (frosted) (cf. ice *vt.* 3): ~ fruits 砂糖漬け果物. **3** 氷で覆われた. 〖(1673) ← ICE＋-ED〗

íce dàncing [dànce] *n.* アイスダンス《社交ダンスの動きを取り入れたフィギュアスケート》. 〖1925〗

íced lòlly *n.* =ice lolly.

íce dòck *n.* 〘海事〙アイスドック《氷海港で停泊中の船が結氷の圧力で押しつぶされるのを防ぐため, 特別に設けた船舶収容区画》.

íce dràg *n.* 〘海事〙=ice anchor.

íce·fàll *n.* **1** 〘登山〙氷瀑《氷河の急斜面などに不規則な割れ目 (crevis) と共にできる氷塊の部分》. **2** 凍結した滝, 氷瀑. 〖(1817): cf. waterfall〗

íce fìeld *n.* 〘地理〙(極地大陸やグリーンランドに見られる)氷原, 大浮氷原《大規模な板状流氷; cf. field ice, ice floe, iceberg 1》. 〖1694〗

íce·fìsh *n.* 〘魚類〙半透明の小さな魚類の総称: **a** (日本や中国産の)シラウオ《シラウオ科の魚; whitebait ともいう》. **b** =capelin. 〖1963〗

íce fìshing *n.* 〘釣〙穴釣り《氷面に穴を開けて行う魚釣り》. 〖1890〗

íce flòe *n.* 〘地理〙**1** (海上の)氷原, 浮氷塊 (ice field より小規模な板状流氷). **2** (表面が平原状の)浮氷. 〖1819〗

íce fòg *n.* 〘気象〙氷霧《氷の粒子を含んだ霧で, 水平視程が1 km 以下のもの; cf. ice needle 1》. 〖1856〗

íce fòot *n.* 〘地理〙**1** 氷脚《北極地方の海岸の波打際に生じた帯状または壁状の氷》. **2** 氷河の末端. 〖1856〗

íce-frée *adj.* (冬でも)氷の張らない, 氷結しない, 凍らない: an ~ port 不凍港. 〖(1891): cf. G *eisfrei* / Dan. *isfri*〗

íce frònt *n.* 〘地理〙アイスフロント《棚氷(たなごおり) (shelf ice) の前面(海に面する部分)》. 〖1890〗

íce hòckey *n.* アイスホッケー《6人ずつの2組で行われる氷上競技の一種; cf. field hockey》. 〖1883〗

íce·hòuse *n.* 氷室(ひむろ), 貯氷庫: This place is like an ~. ここはひどく寒い所だ. 〖1687〗

íce ìsland *n.* 〘地理〙氷島, 卓状氷山《棚氷(たなごおり) (shelf ice) から分離した大型板状氷塊》. 〖1777〗

íce jàm *n.* **1** 詰まり氷, アイスジャム《河川の狭い部分にひっかかって流路を妨げている砕氷》. **2** 風によって湖や海の岸に打ち上げられた砕氷. 〖1846〗

íce-kha·na /áɪskɑ̀ːnə/ *n.* 《米》氷上自動車競技(会). 〖← ICE＋(GYM)KHANA〗

İ·çel /iːtʃél/ *n.* イーチェル《Mersin の別名》.

Icel. 《略》Iceland; Icelandic.

Ice·land /áɪslənd/ *n.* アイスランド《北大西洋 Greenland の南東方にある大島で共和国; もとデンマーク領であったが, 1944年独立; 面積 103,000 km², 首都 Reykjavík; アイスランド語名 Island; 公式名 the Republic of Iceland アイスランド共和国》. 〖(?*a*1200) *Island* □ ON *Ísland* ← *iss* 'ICE'＋*land* 'LAND'〗

Íceland crỳstal *n.* 〘鉱物〙=Iceland spar. 〖1797〗

Ice·land·er /áɪsləndə, -læn- | -ləndə^(r), -læn-/ *n.* アイスランド人. 〖(1613): ⇨ -er¹〗

Ice·lan·dic /aɪslǽndɪk/ *adj.* アイスランドの; アイスランド人[語]の. — *n.* アイスランド語《ゲルマン語派の北ゲルマン語群に属する; 略 Icel.; cf. Old Icelandic》. 〖(1674) ← ICELAND＋-IC¹〗

Íceland móss [líchen] *n.* 〘植物〙アイスランドゴケ (*Cetraria islandica*)《高山や北極地方に自生する低木状の地衣; Scandinavia などでは薬用および食用とする; わが国の「エイランタイ」の類》. 〖1805〗

Íceland póppy *n.* 〘植物〙**1** アイスランドポピー, シベリアヒナゲシ (*Papaver nudicaule*)《シベリア原産のケシ科の多年草》. **2** 栽培種のヒナゲシの総称. 〖1884〗

Íceland spár *n.* 〘鉱物〙氷州石《純粋無色透明の方解石; 偏光プリズムに用いられる; Iceland crystal ともいう》. 〖1771〗

íce·less *adj.* 氷のない. 〖(1853): ⇨ -less〗

íce·like *adj.* 氷のような. 〖1860〗

íce lòlly *n.* 《英》棒付きのアイスキャンディー (《米》Popsicle). 〖1949〗

íce machìne *n.* 製氷機. 〖1850〗

íce·màker *n.* 製氷器[装置], アイスメーカー《角氷を作る装置; モーテルに備え付けてあることが多い》.

íce·màn /-mæ̀n | -mæn, -mən/ *n.* (*pl.* **-men** /-mèn | -mèn, -mən/) **1** 《米》採氷者; 氷運搬[配達]人; 氷屋, 製氷者; 氷菓子製造者. **2** 氷上旅行に慣れた人. **3** アイススケート場管理人. 〖1844〗

íce mílk *n.* アイスミルク《スキムミルクを用いた氷菓で, アイスクリームより乳脂肪が少ない (3–6%)》.

íce nèedle *n.* [通例 *pl.*] 〘気象〙**1** 細氷《空中をゆるやかに落下するごく小さい氷の結晶; その時の水平視程が1 km 以上のもの; ice crystals, diamond dust ともいう; cf. ice fog》. **2** 細氷《柱状または針状の小さい氷の結晶》. 〖1873〗

ÍC èngine *n.* 〘機械〙内燃機関 (internal-combustion engine).

I·ce·ni /aɪsíːnaɪ | -naɪ, -ni/ *n. pl.* [the ~] イケニ族《イングランド東部 Norfolk および Suffolk 地方に住んだ古代のケルト族; 61年にローマの支配に対して反乱を起こした; cf. Boudicca》. **I·ce·ni·an** /aɪsíːniən/ *adj.* **I·ce·nic** /aɪsíːnɪk/ *adj.* 〖(1598) □ L *Icēni*〗

íce-òut *n.* 解氷《湖面などの氷が解けること》.

íce pàck *n.* **1** 〘地理〙(極地海上の)浮氷群, 氷原. **2** (氷嚢(ひょうのう)に入れたりタオルに包んだりして頭などを冷やすための)砕き氷. **3** 〘医学〙(寒冷ショック治療用などの)アイスパック. 〖1853〗

íce pàil *n.* アイスペール《氷を入れてワインの瓶などを冷やすのに用いる容器; ice bucket ともいう》. 〖1773〗

íce-pàntomime *n.* 《英》=ice show.

íce pèllets *n. pl.* 〘気象〙凍雨, 氷あられ《雨滴が落下中に氷結したもの; 直径 5 mm 以下》.

íce pìck *n.* 氷割り用きり, アイスピック. 〖*a*1877〗

íce plánt¹ *n.* 〘植物〙アイスプラント, メセンブリアンテマ (*Mesembryanthemum crystallinum*)《地中海地域・アフリカ南部・南 California 産ザクロソウ科の植物; 葉が細氷のように輝く》. 〖1753〗

íce plànt² *n.* 製氷所[工場].

íce pòint *n.* 〘化学〙氷点 (freezing point ともいう; cf. steam point). 〖1903〗

íce·quàke *n.* 〘地理〙氷震《氷河や氷山などの砕裂に伴う震動》. 〖1891〗

íce quèen *n.* **1** 冷たい[お高くとまった]女性. **2** (アイススケートの)銀盤の女王.

íce ràin *n.* 《まれ》着氷性の雨 (freezing rain).

íce rink *n.* 屋内(アイス)スケート場[スケートリンク] (skating rink ともいう). 〖1886〗

íce ròad *n.* 《カナダ》(湖・川などにできる)結氷した道.

íce rùn *n.* **1** 雪解け期に氷が急に割れること. **2** トボガン (toboggan) の氷滑走路.

íce-sàiling *n.* 氷上ヨット (ice yacht) で走るスポーツ.

íce·scape /áɪsskèɪp/ *n.* 氷原の景色, (特に)極地の景色 (cf. landscape 1, seascape 1). 〖(1904) ← ICE＋-SCAPE〗

íce-scòured *adj.* 〘地理〙氷食の, 氷河に削剝(さくはく)された《氷河の流動によって土壌や岩石を削り取られた》: an ~ area 氷食地域. 〖1936〗

íce scrèw *n.* 〘登山〙(スクリュー型の)アイスハーケン. 〖1965〗

íce scùlpture *n.* 氷の彫刻(芸術).

íce shèet *n.* 〘地質〙氷冠《大陸の広い範囲を覆う氷河; 今は南極大陸や Greenland で見られる; 氷河時代にはヨーロッパや北米の北部を覆っていた; ice cap ともいう; cf. continental ice》. 〖1873〗

íce shèlf *n.* =shelf ice. 〖1914〗

íce shòw *n.* アイスショー《スケートリンク上で行われるアイススケートによるショー》. 〖1950〗

íce-skàte *vi.* アイススケートをする. **íce skàting** *n.* アイススケート. ⇨ skate 日英比較. 〖1948〗

íce skàte *n.* [通例 *pl.*] **1** (スケート靴の下につける)刃, ブレード (metal runner). **2** アイススケート(靴); 二枚刃のついている子供用スケート (⇨ skate 日英比較): a pair of ~*s*. 〖1897〗

íce skàter *n.* アイススケーター. 〖1937〗

íce skỳ *n.* 〘気象〙=iceblink.

íce stàtion *n.* (南極・北極の)極地観測所[基地]. 〖1868〗

íce stòrm *n.* 〘気象〙着氷性あらし. 〖1876〗

íce téa *n.* 《米》=ICED tea.

íce tìme *n.* 〘アイスホッケー〙(選手の)プレー時間.

íce tòngs *n. pl.* [通例 a pair of ~ で] 氷ばさみ (cf. sugar tongs). 〖1858〗

íce tràỳ *n.* 《英》製氷皿《冷蔵庫の中の角氷を作るための流し箱》. 〖1936〗

íce-ùp *n.* **1** (雪や氷の)一面の凍結. **2** =icing 2.

íce wàter *n.* **1** 《米》=ICED water. **2** 〘地理〙(氷河などの)溶け水. 〖1722〗

íce wìne *n.* アイスワイン《房についたまま凍ったぶどうで造る甘いワイン》.

íce yàcht *n.* =iceboat 1. 〖1926〗

íce-yàchting *n.* 氷上ヨット滑走. 〖1881〗

ICFC 《略》Industrial and Commercial Finance Corporation 商工金融公社 (1945年設立).

IC 4-A 《略》Intercollegiate Association of Amateur Athletes of America アメリカ大学・専門学校アマチュア陸上競技者協会.

ICFTU 《略》International Confederation of Free Trade Unions 国際自由労働組合連盟《1949年に WFTU から脱退した反共産主義の組合を中心に形成された》. 〖1955〗

ich /ík/ *n.* 〘魚類〙白点病《繊毛原生動物 (*Ichthyophthirius multifiliis*) による淡水魚の皮膚炎; ichthyophthiriasis, ichthyophthirius ともいう》. 〖← ICHTHYOPHTHIRIUS〗

ich. 《略》ichthyology.

Ich·a·bod /íkəbɑ̀(ː)d | -bɔ̀d/ *int.* 残念, ああ(悲しいかな)《過去の栄光などを惜しむ気持ちを表す》. 〖(1702) □ Heb. *ikhābhōdh*《原義》? where is the glory: cf. *1 Sam.* 4: 21〗

I·chang /iːtʃáːŋ, -dʒáːŋ | iː-, aɪ-/ *n.* =Yichang.

IChemE 《略》《英》Institution of Chemical Engineers.

I Ching /iːtʃíŋ, -dʒíŋ | iː-, aɪ-/ *n.* =Yi Jing.

ich-laut /íçlàʊt, ík-; G. íçlaʊt/ *n.* 〘音声〙イッヒラウト《ドイツ語の ich の ch の音で, 無声硬口蓋摩擦音; 音声記号 [ç]; cf. ach-laut》.

ichn- /ɪkn/ (母音の前にくるときの) ichno- の異形.

ich·neu·mon /ɪknúːmən, -njúː- | -njúː-/ *n.* **1** 〘動物〙エジプトマングース, ネコイタチ (*Herpestes ichneumon*)《アフリカに生息するイタチに似たジャコウネコ科の小動物; ワニの卵を食べると古代エジプト人は信じたが, 主に小哺乳動物・鳥・爬虫類などを捕食する; cf. mongoose》. **2** 〘昆虫〙=ichneumon fly. 〖(1572) □ L ~ □ Gk *ikhneúmōn*《原義》tracker ← *ikhneúein* to track ← *íkhnos* track〗

ichnéumon flỳ [wàsp] *n.* 〘昆虫〙ヒメバチ《ヒメバチ科の昆虫の総称; 単に ichneumon ともいう》. 〖1713〗

ich·nite /íknaɪt/ *n.* 〘古生物〙足跡化石. 〖(1854): ⇨ ↓, -ite¹〗

ich·no- /íknoʊ | -nəʊ/「足跡 (footprint), 跡 (track)」の意の連結形. ★ 母音の前では通例 ichn- になる. 〖← Gk *íkhnos* track〗

ich·nog·ra·phy /ɪknɑ́(ː)grəfi | -nɔ́g-/ *n.* 〘製図〙平面図法; 平面図. **ich·no·graph·ic** /ìknəgrǽfɪk⁻/ *adj.* **ich·no·gráph·i·cal** *adj.* **ich·no·gráph·i·cal·ly** *adv.* 〖(1598) □ L *ichnographia*: ⇨ ichno-, -graphy〗

ich·no·lite /íknəlàɪt/ *n.* =ichnite. 〖(1846) ← ICHNO-＋-LITE〗

ich·nol·o·gy /ɪknɑ́(ː)lədʒi | -nɔ́l-/ *n.* 足跡化石学. **ich·no·log·i·cal** /ìknoʊlɑ́(ː)dʒɪkəl, -kl̩ | -nəʊlɔ́dʒɪ-⁻/ *adj.* 〖(1851) ← ICHNO-＋-LOGY〗

i·chor¹ /áɪkɔə, -kə | -kɔː^(r)/ *n.* 〘ギリシャ・ローマ神話〙イコル《神々の脈管を血液のように流れると想像された無色の霊液》. 〖(1638) □ Gk *íkhōr*〗

i·chor² /áɪkɔə, -kə | -kɔː^(r)/ *n.* 〘病理〙膿漿(のうしょう).

i·chor·ous /áɪkərəs/ *adj.* 〖(1651) ↑〗

ichth. 《略》ichthyology.

ich·tham·mol /ɪkθǽmɔ(ː)l, íkθəmɔ̀(ː)l | íkθæmɒl/ *n.* 〘薬学〙イクタモール《神経痛・皮膚病などの外用薬; 一般に Ichthyol の商標名で知られている》. 〖(1907) ← NL *ichth*(*yosulfonate*) (⇨ ichthyo-, sulfonate)＋AM-M(ONIUM)＋-OL¹: ⇨ Ichthyol〗

ich·thus, ICHTHUS /íkθəs/ *n.* (古代キリスト教の)キリスト(または新しい受洗者や聖餐)のシンボル. 〖□ Gk *ikhthús* fish: Jesus Christ, Son of God, Savior に対するギリシャ語 Ἰησοῦς, Χριστός, θεοῦ Υἱὸς Σωτήρ の頭文字を組み合わせると ἰχθύς (ichthus) となることから〗

ich·thy- /íkθi/ (母音の前にくるときの) ichthyo- の異形.

ich·thy·ic /íkθiɪk, ɪkθáɪ-/ *adj.* 魚の, 魚類の (piscine). 〖(1844–46) □ Gk *ikhthuïkós* fishy: ⇨ ↓, -ic[1]〗

ich·thy·o- /íkθioʊ | -əʊ/「魚 (fish) の」の意の連結形: *ichthyology*. ★ 母音の前では通例 ichthy- になる. 〖← Gk *ikhthûs* fish〗

ich·thy·o·col /íkθiəkɑ̀(ː)l | -kɔ̀l/ *n.* (*also* **ich·thy·o·coll** /~/) 魚膠(ぎょこう)《魚皮などを原料とした膠(にかわ); 主として膠着剤》. 〖(1601) □ L *ichthyocolla* □ Gk *ikhthuókolla* ← *ikhthuo-* (↑)+*kólla* glue〗

ìchthyo·fáuna *n.* 〖生態〗魚相《ある地方に生存している魚類》. **ìchthyo·fáunal** *adj.* 〖(1883): ⇨ ichthyo-, fauna〗

ich·thy·og·ra·pher /ìkθiɑ́(ː)grəfə | -ɔ́grəfə[(r)]/ *n.* 魚類(誌)学者. 〖1677〗

ich·thy·og·ra·phy /ìkθiɑ́(ː)grəfi | -ɔ́g-/ *n.* 魚類誌, 魚類記載学, 魚類学, 魚論. 〖(1736) ← ICHTHYO-+-GRAPHY〗

ich·thy·oid /íkθiɔ̀ɪd/ 〖動物〗 *adj.* 魚形の, 魚状の, 魚態の, 魚に似た (fishlike). — *n.* 魚に似た動物; (特に)魚態類の動物. 〖(1855) □ Gk *ikhthuoeidḗs* fishlike: ⇨ ichthyo-, -oid〗

ich·thy·oi·dal /ìkθiɔ́ɪdḷ | -dḷ⁻/ *adj.* 〖動物〗 =ichthyoid.

Ich·thy·ol /íkθiɔ̀(ː)l | -ɔ̀l/ *n.* 〖商標〗イヒチオール《ichthammol の商品名》. 〖(1884) ← ICHTHYO-+-OL[1]: 魚の化石を含んだ岩石から得られることから〗

ichthyol. 《略》 ichthyology. 〖1884〗

ich·thy·ol·a·try /ìkθiɑ́(ː)lətri | -ɔ́l-/ *n.* 魚類[魚像]崇拝. **ich·thy·ól·a·trous** /-trəs⁻/ *adj.* 〖1853〗

ich·thy·o·lite /íkθiəlàɪt/ *n.* 〖古生物〗魚の化石. 〖1828〗

ich·thy·ol·o·gy /ìkθiɑ́(ː)ləʤi | -ɔ́l-/ *n.* **1** 魚類学, 魚学. **2** 魚類学論文. **ich·thy·o·log·ic** /ìkθiəlɑ́(ː)ʤɪk | -lɔ́ʤ-⁻/ *adj.* **ich·thy·o·log·i·cal** /ìkθiəlɑ́(ː)ʤɪ̀kəl, -kḷ | -lɔ́ʤɪ-⁻/ *adj.* **ìch·thy·o·lóg·i·cal·ly** *adv.* **ìch·thy·ól·o·gist** /-ʤɪ̀st | -ʤɪst/ *n.* 〖(1646) ← ICHTHYO-+-LOGY〗

ich·thy·oph·a·gi /ìkθiɑ́(ː)fəʤàɪ | -ɔ́f-/ *n. pl.* (古代にアフリカ海岸などに住んでいた)漁労種族 (cf. fisheater 1). 〖(1555) □ L *ichthyophagī* (pl.) □ Gk *ikhthuophágoi* ← *ikhthuophágos* fisheating: ⇨ ichthyo-, -phagous〗

ìch·thy·óph·a·gist /-ʤɪ̀st | -ʤɪst/ *n.* 魚を食べる者. 〖1727〗

ich·thy·oph·a·gous /ìkθiɑ́(ː)fəgəs | -ɔ́f-⁻/ *adj.* 魚を常食とする, 魚食の (piscivorous). 〖1828〗

ich·thy·oph·a·gy /ìkθiɑ́(ː)fəʤi | -ɔ́f-/ *n.* 魚食. 〖(1656) ← ICHTHYO-+-PHAGY〗

ich·thy·oph·thi·ri·a·sis /ìkθiɑ̀(ː)fθəráɪəsɪ̀s | -ɔ̀fθɪráɪəsɪs/ *n.* 〖魚類〗 =ich. 〖← NL ~: ⇨ ↓, -iasis〗

ich·thy·oph·thir·i·us /ìkθiɑ(ː)fθíᵊriəs | -ɔfθíər-/ *n.* **1** [*I-*] 〖動物〗イクチオフチリウス属《淡水魚に寄生し白点病を起こす, 有毛亜門繊毛虫綱に属する原生動物の属名; *I. multifiliis* を含む》. **2** 〖魚類〗 =ich. 〖← NL ~ ← ICHTHYO-+-*phthirius* (← Gk *phtheír* louse)〗

ich·thy·or·nis /ìkθiɔ́ənɪ̀s | -ɔ́ːnɪs/ *n.* 〖古生物〗魚鳥《魚のような脊椎(せきつい)と歯をもつ魚鳥属 (*Ichthyornis*) の古代鳥の総称; その化石はアメリカの白亜紀の地層に発見された》. 〖(1872) ← ICHTHYO-+-ORNIS〗

ich·thy·o·saur /íkθiəsɔ̀ə | -sɔ̀ː[(r)]/ *n.* 〖古生物〗魚竜《ジュラ紀に全盛であった魚竜目の魚型の爬虫類》. 〖(1830) ← ICHTHYOSAURUS〗

ich·thy·o·sau·rus /ìkθiousɔ́ːrəs, -θiə- | -θiə(ʊ)-/ *n.* 〖古生物〗イクチオサウルス《*Ichthyosaurus* 属の魚竜の総称; ジュラ紀中期に全盛をきわめた》. 〖(1832) ← NL ~ ← ICHTHYO-+-SAURUS〗

ich·thy·o·sis /ìkθióʊsɪ̀s | -əʊsɪs/ *n.* 〖病理〗魚鱗癬(ぎょりんせん) (fishskin disease ともいう). **ich·thy·ot·ic** /ìkθiɑ́(ː)tɪk | -ɔ́t-⁻/ *adj.* 〖(1815) ← ICHTHYO-+-OSIS〗

ich·thys /íkθɪ̀s | -θɪs/ *n.* =ichthus. 〖□ Gk *ikhthûs* fish〗

I·chun /ìːʧúŋ, -ʤúŋ | iː-, aɪ-/ *n.* =Yichun.

ICI /áɪsìːáɪ/ 《略》 Imperial Chemical Industries Ltd. 英国の総合化学会社. 〖1934〗

-i·cian /íʃən/ *suf.*「…に関係ある人, …に巧みな人, …の専門家」の意で, -ic, -ics で終わる名詞・形容詞の語幹に付いて名詞を造る: musi*cian*, physi*cian*, politi*cian*. 〖← -IC[2], -ICS+-IAN ∞ ME -*icien* □ (O)F〗

i·ci·cle /áɪsɪ̀kl/ *n.* **1** つらら. **2** 感情の動きの鈍い人. **3** クリスマスツリーにかける金属箔などの細長い飾り. **í·ci·cled** *adj.* 〖(*c*1378) *isykle* ← *is* 'ICE'+*ikyl* icicle (《異形》← *ychele* < OE *ġiċel* < Gmc **jakilaz* (ON *jǫkull*) ← IE **yeg-* ice) ∞ OE **isġiċel*〗

-i·ci·dal /əsáɪdḷ | ɪ̀sáɪdḷ⁻/ (連結辞 -i- を伴った) -cidal の異形.

-i·cide /əsàɪd | ɪ̀s-/ (連結辞 -i- を伴った) -cide の異形: bride*icide* 花嫁殺し.

i·ci·ly /áɪsɪ̀li/ *adv.* 氷のように, 冷たく, 冷ややかに, 冷淡に. 〖(1848) ← ICY+-LY[1]〗

í·ci·ness *n.* 氷のような冷たさ, 冷ややかさ; 冷淡さ; 冷酷さ. 〖(1579) ← ICY+-NESS〗

ic·ing /áɪsɪŋ/ *n.* **1** アイシング (《米》 frosting) 《菓子などにかける糖衣, 砂糖衣; cf. ice *vt.* 3》: a cake with pink ~. **2** 着氷《固体表面に大気中の水分が凍りつくこと; ice-up ともいう》. **3** 〖アイスホッケー〗アイシング《自軍の守勢領域から攻勢領域を越えて敵側の goal line を越えてパック (puck) をシュートすること; 反則の一種》. (*the*) *ícing on the cáke* 飾り(物)《あるほうが望ましいが非本質的なもの》. 〖(1769): ⇨ ice (v.)〗

ícing sùgar *n.* 《英》粉砂糖 (《米》 confectioners' sugar). 〖1889〗

ICJ 《略》 International Court of Justice.

ick[1] /ík/ *n.* 〖魚類〗 =ich.

ick[2] /ík/ *n.* 《米俗》(べとつく)きたないもの, 嫌なもの; [通例 I-!, 間投詞的に] (嫌悪・恐怖などを表して)ちぇっ, くそ, げっ, うへっ, 嫌なこった!; 嫌なやつ. 〖(1967) ← ? ICKY[1]〗

ick·er /íkə | íkə[(r)]/ *n.* 《スコット》(麦などの)穂. 〖OE (Northumbrian) *eher*, *æhher* (WS) *ēar* 'EAR[2]'〗

Ick·es /íkɪ̀s | íkɪs/, **Harold** (**Le·Clair** /ləkléə | -kléə[(r)]/) *n.* イッキス (1874–1952; 米国の弁護士・政治家).

ick·ie /íki/ *n.* =icky[2].

ick·le /íkḷ/ *adj.* (小児語) =little.

Íck·nield Strèet [**Wáy**] /íkniːld-/ *n.* [the ~] イクニールド街道《イングランド南部 Salisbury Plain から the Wash へ通じる丘陵の細道; 有史前からのものらしく, ローマ人もこれを使用したと考えられる》. 〖OE *Iccenhilde weġ* ← ?: ⇨ Iceni〗

ick·y[1] /íki/ *adj.* (**ick·i·er**; **-i·est**) 《俗》 **1** 気持ちが悪いほどねっとり[べたべた]した. **2** 飽き飽きするほど甘い; 嫌になるほど感傷的な. **3** 実にまずい, 嫌な, 不快な. **4** 洗練されていない, 古くさい. **íck·i·ly** /-kɪ̀li/ *adv.* **íck·i·ness** *n.* 〖(1935) 《略》 ? STICKY〗

ick·y[2] /íki/ *n.* 《米俗》スイング音楽のわからない人; 仲間の流行から遅れている人. 〖(1937) ← ?〗

ICL /áɪsìːél/ 《略》 International Computers Limited 《英国最大のコンピューターメーカー》.

i·con /áɪkɑ(ː)n, -kən | -kɒn, -kən/ *n.* **1** (絵または彫刻の)像, 肖像 (image); 偶像. **2** 〖美術〗(キリスト・聖母・聖人・殉教者などの)聖像, 聖画像, イコン《ビザンチン美術で盛んに行われた; 板絵が多い》. **3** 〖電算〗アイコン《プログラムやファイルなど各種の対象を象徴的に表す絵; マウスなどの位置指示装置を用いて選択・操作する》. **4** 〖論理・言語〗アイコン, 図像, 類似(的)記号《幾何学的図形のように指し示される対象に類似している記号》. 〖(1572) □ L *icōn* □ Gk *eikṓn* likeness, image〗

icon. 《略》 iconographic; iconography.

i·con- /aɪkɑ́(ː)n | -kɔ́n/ (母音の前にくるときの) icono- の異形.

i·con·ic /aɪkɑ́(ː)nɪk | -kɔ́n-/ *adj.* **1** 像[肖像]の; 聖像の, 聖画像の. **2** 〖美術〗〈聖像が〉(ビザンチンの)伝統的形式による, 因襲的な, イコン的な. **3** 画像的な, 図像的な, 写像的な. **4** 〖論理・言語〗〈記号が〉(その表す対象に対して)類似性をもった, アイコン的な: an ~ sign 図像記号 (cf. CAUSAL sign). **i·cón·i·cal·ly** *adv.* **i·co·nic·i·ty** /àɪkənísəti | -sɪ̀ti/ *n.* 〖(1656) □ L *īconicus*: ⇨ icon, -ic[1]〗

i·cón·i·cal /-nɪ̀kəl, -kḷ | -nɪ-/ *adj.* =iconic.

icónic mémory *n.* 〖心理〗映像的記憶, アイコニックメモリー (cf. echoic memory).

i·con·i·fy /aɪkɑ́(ː)nəfàɪ | -kɔ́nɪ̀-/ *vt.* 〖電算〗〈対象を〉アイコン (icon) 化する.

I·co·ni·um /aɪkóʊniəm | aɪkəʊ-, ɪk-/ *n.* イコニウム《トルコの都市 Konya の古代名》. 〖□ L ~〗

i·co·nize /áɪkənàɪz/ *vt.* 偶像視する, 無批判に崇拝する. 〖(1678) ← ICON+-IZE: cf. idolize〗

i·con·o- /aɪkɑ́(ː)noʊ | -kɔ́nəʊ/「肖[画]像 (likeness)」の意の連結形. ★ 母音の前では通例 icon- になる. 〖□ Gk ~ ← *eikṓn*: ⇨ icon〗

i·con·o·clasm /aɪkɑ́(ː)nəklæ̀zm | -kɔ́nə(ʊ)-/ *n.* 聖(画)像破壊; 偶像破壊(主義); 因習打破. 〖(1797) ← ICONO-+Gk *klásma* breaking (← *klân* to break)〗

i·con·o·clast /aɪkɑ́(ː)nəklæ̀st | -kɔ́nə(ʊ)-/ *n.* **1** 聖(画)像破壊者, 画像破壊者《特に, 8–9 世紀に聖(画)像使用反対運動に加担した東方教会の信者》. **2** 偶像破壊(主義)者; 因習[伝統]打破主義者《16–17 世紀に聖像の破壊や伝統の打破を唱えた新教徒》. 〖(1596) □ LL *iconoclastēs* □ Gk *eikonoklástēs* ← ICONO-+*klástēs* breaker (↑)〗

i·con·o·clas·tic /aɪkɑ̀(ː)nəklǽstɪk | -kɔ̀nə(ʊ)-⁻/ *adj.* 聖(画)像破壊(者)の; 偶像破壊(者)の; 因習打破(主義)の. **i·còn·o·clás·ti·cal·ly** *adv.* 〖(1640): ⇨ ↑, -ic[1]〗

i·con·o·dule /aɪkɑ́(ː)nədùːl, -djùːl | -kɔ́nədjùːl/ *n.* 偶像崇拝者. 〖(1893) ← ICONO-+Gk *doûlos* slave〗

i·cón·o·du·ly /-dùːli, -djùːli | -djùː-/ *n.* 偶像崇拝. 〖(1640) ← ICONO-+ML *dulia* 'DULIA'〗

i·co·nog·ra·pher /àɪkənɑ́(ː)grəfə | -kənɔ́grəfə[(r)], -kɒn-/ *n.* **1** 図像学者; 聖像研究家. **2** 図解法研究者. 〖(1888) ← ICONOGRAPHY+-ER[1]〗

i·con·o·graph·ic /aɪkɑ̀(ː)nəgrǽfɪk | -kɔ̀nə(ʊ)-⁻/ *adj.* **1** 図像(学)的, 肖像画(法)に関する. **2** 図解の: an ~ encyclopedia. **i·còn·o·gráph·i·cal** *adj.* **i·còn·o·gráph·i·cal·ly** *adv.* 〖(1855): ⇨ ↓, -ic[1]〗

i·co·nog·ra·phy /àɪkənɑ́(ː)grəfi | -kənɔ́g-, -kɒn-/ *n.* **1** 〖美術〗図像法《図像を使ってする絵画的表現法》; 絵画的表現法, 図解法. **2** 図像学《古来の像の形式・意味を研究する学問》; (特定人物の)肖像研究; 聖像研究 (iconology): the ~ of Christ, the Madonna, the Saints, etc. **3** 図像法[学]書. 〖(1628) □ ML *iconographia* □ Gk *eikonographía*: ⇨ icono-, -graphy〗

i·co·nol·a·ter /àɪkənɑ́(ː)lətə | -kənɔ́lətə[(r)], -kɒn-/ *n.* 偶像崇拝者. 〖(1654) ← ICONO-+-LATER: cf. idolater〗

i·co·nol·a·try /àɪkənɑ́(ː)lətri | -kənɔ́l-, -kɒn-/ *n.* 偶像崇拝. 〖(1624) ← ICONO-+-LATRY: cf. idolatry〗

i·co·nol·o·gy /àɪkənɑ́(ː)ləʤi | -kənɔ́l-, -kɒn-/ *n.* **1** 聖像学; 図像解釈学. **2** [集合的] 図像, 肖像. **3** 象徴主義. **i·con·o·log·i·cal** /aɪkɑ̀(ː)nəlɑ́(ː)ʤɪ̀kəl, -nḷ-, -kḷ | aɪkɒnəlɔ́ʤɪ-, àɪkən-, -kɒn-⁻/ *adj.* **ì·co·nól·o·gist** /-ʤɪ̀st | -ʤɪst/ *n.* 〖(1730–36): cf. F *iconologie*〗

i·co·nom·e·ter /àɪkənɑ́(ː)məṭə | -kənɔ́mɪ̀tə[(r)], -kɒ-/ *n.* **1** 〖測量〗イコノメーター《距離測定用の透視ファインダーの一種》. **2** 〖写真〗イコノメーター《カメラに取り付けて撮影距離によるレンズとフィルムの間隔の変化に応じて, 画角を自動的に調節する直視ファインダー》. 〖1894〗

i·con·o·phile /aɪkɑ́(ː)nəfàɪl | -kɔ́n-/ *n.* 図像愛好者[鑑定家]. 〖(1881) ← ICONO-+-PHILE〗

i·con·o·scope /aɪkɑ́(ː)nəskòʊp | -kɔ́nəskəʊp/ *n.* 〖電子工学〗アイコノスコープ《初期のテレビに使われた撮像管; cf. orthicon》. 〖(1866) ← ICONO-+-SCOPE: 商標名〗

i·con·o·stas /aɪkɑ́(ː)nəstæ̀s | -kɔ́n-/ *n.* =iconostasis. 〖1833〗

i·co·nos·ta·sis /àɪkənɑ́(ː)stəsɪ̀s | -nɔ́stəsɪs/ *n.* (*pl.* **-ta·ses** /-sìːz/) 〖東方正教会〗聖(像)障, 聖画壁《教会で聖画像の描いてある, 内陣と外部との仕切り》. 〖(1833) □ ModGk *eikonóstasis*: ⇨ icono-, -stasis〗

i·cos- /áɪkoʊs, aɪkɑ́(ː)s, -kóʊs | áɪkɒs, -kəs/ (母音の前にくるときの) icosa- の異形.

i·co·sa- /áɪkoʊsə, aɪkɑ́(ː)sə, -kóʊsə | áɪkɒsə, -kəsə/「20」の意の連結形: *icosa*hedron. ★ 時に icosi-, また母音の前では通例 icos- になる. 〖← Gk *eikosa-* ← *eíkosi* twenty〗

icòsa·hédron /-híːdrən | -híːdrən, -hédrən/ *n.* (*pl.* ~**s**, **-he·dra** /-drə/) 〖数学・結晶〗(正)二十面体: a regular ~ 正二十面体. **icòsa·hédral** *adj.* 〖(1570) □ ML ~ □ Gk *eikosáedron*: ⇨ ↑, -hedron〗

i·co·si- /áɪkoʊsɪ̀, aɪkɑ́(ː)sɪ̀, -kóʊsɪ̀ | áɪkɒsɪ, -kəsɪ/ icosa- の異形 (⇨ -i-).

icòsi·tetrahédron *n.* 〖数学・結晶〗二十四面体. 〖(1831) ← ICOSA-+TETRAHEDRON〗

ICPO 《略》 International Criminal Police Organization (⇨ Interpol).

ICR 《略》 Institute for Cancer Research.

ICRC 《略》 International Committee of the Red Cross 赤十字国際委員会.

ICRF 《略》 Imperial Cancer Research Fund.

ICS 《略》 International Correspondence School(s) (米国の)国際通信学校.

-ics /ɪks/ *suf.*「…学 (science), …術 (art)」の意の名詞を造る (cf. -ic[2]): acoust*ics*, phys*ics*, athlet*ics*, con*ics*, dynam*ics*, tact*ics*. ★ もとは arithmet*ic*, log*ic*, mag*ic*, mus*ic*, rhetor*ic* のように -ic であったが, 16 世紀以後は上の例を除き一般的には複数形をとるようになった; しかしフランス語・ドイツ語式にまれに単数形 (例: dialect*ic*, eth*ic*) も使われることがある; 科学・学術・学科の名としては通例単数扱いにする (例: Mathemat*ics* deals with number. / Phonet*ics* deals with sounds.) が, 具体的活動や個人的意見・主義などを指すときは複数扱いとなることがある (例: His mathemat*ics* are weak. / Such eth*ics* are abominable. こういう道徳説は唾棄すべきだ); また単複両様に用いられるものも少数ある (例: His polit*ics* is [are] reactionary enough. 彼の政治に関する意見は極めて反動的だ). 〖← -IC[1]+-S[1] (pl. suf.): cf. Gk -*iká* (=L -*ica*) (neut. pl.) things pertaining to: はじめは論文名 (e.g. Aristotle's *tà ēthiká* 'the Ethics'), 次いで論文の主題を指し, 最後にその分野の学問名を表すようになった〗

ICSA 《略》 Institute of Chartered Secretaries and Administrators.

ICSH 《略》〖生化学〗 interstitial-cell-stimulating hormone.

ICSW 《略》 International Conference of Social Welfare 国際社会福祉会議.

ic·ter·ic /ɪktérɪk/ *adj.* 〖病理〗黄疸(おうだん)の, 黄疸にかかった (jaundiced). — *n.* **1** 黄疸患者. **2** 黄疸の薬. 〖(*a*1600) □ L *ictericus* □ Gk *ikterikós*: ⇨ icterus〗

ic·tér·i·cal /-rɪ̀kəl, -kḷ | -rɪ-/ *adj.* 〖病理〗 =icteric. 〖1649〗

íc·ter·ine wárbler [**bírd**] /íktəraɪn-/ *n.* 〖鳥類〗キイロウタイムシクイ (*Hippolais icterina*) 《背がオリーブ色で胸が黄色の, 欧州産ヒタキ科の鳴鳥》. 〖(*c*1850): ⇨ ↓, warbler〗

ic·ter·us /íktərəs/ *n.* **1** 〖病理〗黄疸(おうだん). **2** 〖植物病理〗(麦などの)黄化病. 〖(1706) ← NL ~ ← Gk *ícteros*〗

Ic·ti·nus /ɪktáɪnəs/ *n.* イクティノス《紀元前 5 世紀のギリシャの建築家; Callicrates と共に Parthenon 神殿を設計》.

ic·tus /íktəs/ *n.* (*pl.* ~·**es**, ~) **1** 〖詩学〗強勢, 強音, 揚音 (metrical stress) (cf. arsis 1, thesis 5). **2** 〖病理〗急発症状, 発作 (fit): ~ solis [sóulis] 日射病. **íc·tal** *adj.* 〖(1707) □ L ~ 'stroke, beat' (p.p.) ← *icere* to strike〗

ICU /áɪsìːjúː/ 《略》〖医学〗 intensive care unit (cf. intensive *adj.* 6, CCU).

i·cy /áɪsi/ *adj.* (**i·ci·er**; **i·ci·est**) **1** 〈風など〉氷のように冷たい: an ~ blast, wind. **2** つるつる滑る: an ~ road, street. **3** 〈目つきなど〉冷淡な, よそよそしい: an ~ stare, welcome, etc. / ~ politeness よそよそしい丁重さ. **4** 〈海など〉氷の多い, 氷で覆われた, 氷の張り詰めた: ~ waters / the ~ North. **5** 氷状の: an ~ substance. 〖OE *īsiġ*: ⇨ ice, -y[4]〗

ícy pòle *n.* 《豪》 =ice lolly. 〖1932〗

id[1] /íd/ *n.* 〖生物〗イド, 遺伝基質《A. Weismann が想定し

た細胞原形質の単位). 〖(1893)《略》← IDIOPLASM〗

id² /ɪ́d/ *n.* [the ～]〖精神分析〗イド, エス, 原我《個人の本能的な衝動の源泉たる無意識の層で自我 (ego) の基礎を成す》. 〖(1924) □ L *id* it (cf. G *es*) の特殊用法〗

id《記号》Indonesia《URL ドメイン名》.

Id /ìːd/ *n.*〖イスラム教〗イード《イスラムの大祭; Id al-Adha と Id al-Fitr の 2 つがある; Eid ともいう》. 〖□ Arab. *ʻid* feast〗

ID *n.*〖ラジオ・テレビ〗(時報の直前などに行う)局名告示のための放送番組の中断. 〖← ID(ENTIFICATION)〗

ID《略》〖米郵便〗Idaho (州).

ID《記号》〖貨幣〗Iraq dinar(s).

ID, i.d. /àɪdíː/《略》identification; induced draft; industrial design; industrial dynamics; infectious disease(s); information department; inner diameter; inside dimensions; intelligence department; internal diameter; intradermal.

id.《略》idem.

Id.《略》Idaho.

I'd /áɪd/《口語》**1** I would の縮約形. **2** I had の縮約形.

id- /aɪd, ɪd/ (母音の前にくるときの) ido- の異形.

-id¹ /ɪ̀d | ɪd/ *suf.* **1**「…の娘」の意の名詞を造る: Dana*id*, Nere*id*. **2**〖天文〗星座の名に付いてその星座から降る流星の名を表す: Andromed*id*, Perse*id*. **3** 叙事詩の題名に用いる (cf. -ad¹ 3): Aene*id*. 〖□ L *-id-*, *-is* (父祖に由来する名を表す fem. suf.) □ Gk *-id-*, *-is* (fem.)〗

-id² /ɪ̀d | ɪd/ *suf.* **1**〖動物〗その科・群に属する動物を表す名詞・形容詞を造る: clupe*id*, arachn*id*. **2** 次の意の名詞を造る: **a**「…の系統[分類]に属するもの」: Malanes*id*. **b**「…王家に属する者[子孫]」: Fatim*id*. 〖□ F *-ide* ‖ ← NL *-idae* (pl.) ← L *-ida* (neut. pl.) ← *-idēs* (父祖に由来する名を表す masc. suf.) □ Gk〗

-id³ /ɪ̀d | ɪd/ *suf.* ギリシャ・ラテン語系の名詞語尾: carot*id*, chrysal*id*, orch*id*, pyram*id*. 〖□ F *-ide* ‖ L *-id-*: ⇨ -id¹〗

-id⁴ /ɪ̀d | ɪd/ *suf.* ラテン語の動詞または名詞の語幹に付けて状態を表す形容詞語尾: horr*id*, flu*id*, frig*id*, morb*id*. 〖□ F *-ide* ‖ L *-idus* (masc.), *-idum* (neut.), *-ida* (fem.)〗

-id⁵ /ɪ̀d | ɪd/ *suf.*《米》〖化学〗＝-ide².

-id⁶ /ɪ̀d | ɪd/ *suf.*〖病理〗特定の皮疹(ひしん)を表す名詞を造る: syphil*id*, tubercul*id*. 〖cf. -id³〗

I·da /áɪdə | -də/ *n.* アイダ《女性名》. 〖□ ML ～ □ OHG ～《原義》labor: cf. ON *ið* labor〗

I·da /áɪdə | -də/, **Mount** *n.* イーダ[イーデー]山: **1** Crete 島の最高峰 Mt. Psiloriti の古名; ギリシャ神話の主神 Zeus の生育地と伝えられる (2,456 m); ギリシャ語名 Idhi. **2** 小アジアの北西部にある山で, ギリシャの神々がその頂上からトロイ戦争を見物したと伝えられる (1,800 m).

IDA /àɪdìːéɪ/《略》International Development Association.

Ida.《略》Idaho《非公式》.

-i·da /ədə | ɪdə/ *suf.*〖動物〗目・綱などを表す複数名詞を造る: Scorpion*ida*. 〖← NL ～ ← L *-idēs*: ⇨ -id²〗

-i·dae /ədìː | ɪ̀d-/ *suf.*〖動物〗科を表す複数名詞を造る (cf. -inae): Fel*idae*. 〖← NL ～: ⇨ -id²〗

I·dae·an /aɪdíːən/ *adj.* イーダ (Ida) 山の[に住む]. 〖← L *Īdaeus* □ Gk *idaîos* ← *Ídē* Mt. Ida: ⇨ -an¹〗

I·da·ho /áɪdəhòʊ | -dəhəʊ/ *n.* アイダホ《米国北西部の州 (⇨ United States of America 表)》. 〖← N-Am.-Ind. (Shoshone)《原義》? sunrise〗

I·da·ho·an /àɪdəhóʊən, ← ─ ─ ─ | áɪdəhəʊən, ← ─ ─ ─/ *adj.* (米国) Idaho 州(人)の. ── *n.* Idaho 州人.

Ídaho Fálls *n.* アイダホフォールズ《米国 Idaho 州南東部, Snake 川沿いの市》.

Id al-Ad·ha /ìdælɑːdhɑ́ː/ *n.*〖イスラム教〗犠牲祭, イード アルアドハー《イスラムの 2 大祭の一つ; 巡礼月 (Dhu'l-Hijja) の 7–10 日に祝われる; 大祭 (Greater Bairam) ともいう》. 〖□ Arab. *ʻid al-'áḍḥā*〗

Íd al-Fítr /-fítr(ə)/ *n.*〖イスラム教〗断食明けの祭, イード アルフィトル《イスラムの 2 大祭の一つ; 断食月 (Ramadan) の翌月つまり Shawwal 月の 1–3 日に祝われる; 小祭 (Lesser Bairam) ともいう》. 〖(1734) □ Arab. *ʻid al-fiṭr*〗

IDB《略》illicit diamond buyer [buying]〖南ア〗ダイヤモンド不正バイヤー[買入れ]; Inter-American Development Bank.

Í.D. bràcelet /àɪdíː-/ *n.* ＝identity bracelet.

ÍD càrd /àɪdíː-/ *n.* (*also* **I.D. card** /～/) ＝identity card.

IDDD《略》international direct distance dialing 国際自動即時通話.

ide /áɪd/ *n.*〖魚類〗ヨーロッパ産キタノウグイ属の淡水魚 (*Idus idus*). 〖(1839) ← NL *idus* ← Swed. *id*〗

IDE /àɪdìːíː/ *n.*〖電算〗IDE《IBM-compatible 用ハードディスクの標準インターフェース; SCSI などより安価にできる》. 〖《略》← *I*(*ntegrated*) *D*(*rive*) *E*(*lectronics*)〗

-ide¹ /ɪ̀d | àɪd, ɪd/ *suf.*〖病理〗＝-id⁶.

-ide² /àɪd, ɪ̀d | aɪd, ɪd/ *suf.*〖化学〗化合物[…化物]を表す名詞を造る: brom*ide*, carb*ide*, chlor*ide*, glucos*ide*. ★《米》では -id ともつづる. 〖□ F ～ ‖ G *-id* □ F *-ide*: cf. oxide〗

i·de·a /aɪdíːə, áɪdiə | aɪdíə, áɪdiə/ *n.* **1** 思いつき, 着想, 趣向, 意図, 目的, 計画: ⇨ big idea / a man [woman] of ～*s* / ⇨ idea man / She had an ～ for a new type of computer. 彼女には新しいタイプのコンピューターに対する着想があった / the ～ *of* marriage [becom*ing* a lawyer] 結婚の意図[弁護士になろうという考え] / full of original [bright] ～*s* 独創[うまい考え]に富んだ / give up [hit (up) on] the ～ *of doing* … することを断念する[思いつく] / have an ～ *of doing* …しようと思う / have big ～*s* 大きなことを考えている / with the ～ of [that] …と思って, …のつもりで / Her ～ was *to* get away without saying a word. 彼女は黙って立ち去るつもりであった / The ～ is *to* prevent accidents. その目的は事故を防止することにある / That was a good [not a bad] ～ of yours. それはよい[悪くない]お考えでした / Now I get the ～. それで意図[趣向]が読めた / You're getting the ～ (of it) pretty fast! 君はこつをのみ込むのが早いね / That's an ～!《口語》それはいい考え[アイディア]だ / That's the ～!《口語》それでよし, その調子 / What's the (big) ～?《口語》それはまたどういうつもりですか / Whose ～ was that, pray?《口語》ねえ, だれがこんなひどいことを考え出したのだ.
2 意見, 見解, 信念, 評価 (⇨ opinion SYN): force one's ～*s* on other people 他人に自分の意見[考え]を押しつける / have a poor ～ of a person's abilities 人の才能を見くびる / run away with the ～ that … [しばしば否定命令文で] …と早合点[誤解]する / He hasn't got an ～ in his head. 彼の頭には何の考えもない, 頭の中はからっぽだ.
3 a 考え, 観念, 認識; 知識; 見当, 心当たり: get a general ～ *of* the political situation 政局についての大体の考え[知識]を得る / tremble at the mere ～ *of* …を思っただけでもぞっとする / The book will give you some ～ [a very good ～] *of* life in Britain. その本を読めばイギリスでの生活について大体[大変よく]わかるだろう / I have no ～ what you mean. 君の言うことがどんな意味か私にはさっぱりわからない / I cannot get any ～ (*of*) *how* deep the water is here. この辺の水深がどのくらいか全く見当がつかない / Do you have any ～ (*of*) *why* he did it? 彼がなぜそんなことをしたのか心当たりはありませんか / I haven't got any [the vaguest, the least, the remotest, the foggiest, the first] ～ (*about* it)! (その件については)てんで見当がつかない / What an ～! ＝The ～!《口語》何という考えだろう《あきれてものが言えない》/ The (very) ～ (of such a thing)!《口語》(そんな途方もないことを考えるなんて)あきれたもんだ, まあひどい / Don't get [go getting] any ～*s*. (女性が男性に向かって)変な気を起こさないでちょうだいね. **b** 暗示, ほのめかし: Give me an ～ *of what* you want. 何が欲しいのかヒントぐらい言ってくれなくては.
4 a (漠然とした)感じ, 予感, 直感: I have an ～ *that* somehow he will fail. 何となく彼が失敗するような気がする / I had (absolutely) no ～ (*that*) you were coming. 君が来るとは少しも思わなかった. **b** 想像, 空想, 幻想: get [have] ～*s* (into [in] one's head) (実現できそうもない)妄想を抱く, (特に)反抗[暴力]的な事を考える / give a person ～*s* 人に実現できないことを期待させる / He got the ～ into his head *that* I was in love with him. 私が彼を愛しているという妄想を彼は抱いた / Where ever did he get that ～? いったい彼はどこでそんな考えを思いついたのだろう / put ～*s* into a person's head 人の頭に(実現できそうもない)大それた考えを吹き込む.
5 [所有代名詞を伴って; 通例否定構文で] 理想(像), 好み,《廃》典型: That's *not my* ～ of fun [a gentleman].《口語》僕に言わせれば面白い[紳士]なんてそんなものではない《正にその反対だ》. **6** 考え方, 観念, 思想: the young ～ 子供の考え方, 幼な心 / Eastern [Western] ～*s* 東洋[西洋]思想 / the ～ of democracy 民主主義の観念. **7 a**〖プラトン哲学〗(変化する経験的・感覚的な個物を越えた, 不変で完全な存在としての)イデア, 観念, 理想, 理念, 原型, 範型. **b** (デカルト哲学, 特にイギリス古典経験論で)(心の直接の対象である経験的な)観念. **c**〖カント哲学〗(純粋理性の)理念. **d**〖ヘーゲル哲学〗(絶対的実在としての)理性概念, イデー. **8**〖心理〗表象, 観念, 意識内容. **9**〖音楽〗(楽想)作曲の際心に浮かんだテーマ (theme)[楽句 (phrase), 音形 (figure) など]. **10**《廃》心象, 絵姿, イメージ: the right ～ of your father まさしく父君の生き写し (Shak., *Rich III* 3. 7. 13).
in idéa 観念的に, 考えとしては (cf. *in* REALITY). (1622)
you have nó idéa [興奮・当惑などを強調して] (あなたにはわからないだろうが)本当に.
idéa of réference〖精神病理〗関係念慮《他人の言動が自分に関係があるように考える観念》.
〖(1531) □ L ～ □ Gk *idéa* form, look, class, ideal form ← *ideîn* to see ∞ lateME *idee* □ (O)F *idée* □ L〗

SYN 観念: **idea** 観念: 知覚または情報に基づいて何かについて心中に描くもの《最も一般的な語》: her *idea* of hell 彼女の抱いている地獄の観念. **concept** 概念: ある事物の多くの事例を見た後に心に抱くその事物の一般化された *idea* で, 論理学用語: the *concept* of 'tree' 「木」の概念. **conception** 特に個人があるものについて心に抱く考え: my *conception* of life and death 私の死生観. **thought** 推論・瞑想などの結果, 心に浮かんでくる考え: Tell me your *thoughts* on this matter. この問題についての君の考えを聞かせてくれ. **notion** 漠然とした考え; 思いつき: His head is full of silly *notions*. 彼の頭はばかげた考えでいっぱいだ. **impression** 外部の刺激によって心に生じる考え: What is your *impression* of America? アメリカの印象はいかがですか.

i·de·aed /aɪdíːəd, áɪdiəd | aɪdíəd, áɪdiəd/ *adj.* (*also* **i·de·a'd** /～/) [複合語の第 2 構成素として] …の思想をもった. 〖(1753): ⇨ ↑, -ed 2〗

i·de·al /àɪdíːəl, -díːl | àɪdíəl, -díː(ə)l←/ *n.* **1** 理想; 極致 (↔ real): the ～ and the real 理想と現実 / realize one's ～*s* 理想を実現する / an ～ of physical beauty 肉体美の理想[極致]. **2** 理想的な物[人], 典型, 手本 (⇨ model SYN): He was the very ～ of an English gentleman. 彼は英国紳士の典型であった. **3** 理想的目標. **4** 架空のもの, 空想: That is only an ～. それはほんの空想に過ぎない. **5**〖数学〗イデアル《環の部分環で, その任意の要素と環の任意の要素との積がまたその部分環の要素となるようなもの》. ── *adj.* **1** 理想の, 理想的な; 申し分のない; 典型的な: ～ beauty / an ～ companion, husband, etc. / an ～ place *for* hiking [a holiday] ハイキング[休暇]に行くのにもってこいの場所 / It would be ～ if we could … もし…できれば申し分ないのだが. **2** 観念を表した, 想像によって作られた, 想像上の (imaginary): an ～ portrait of …の想像的肖像. **3**〖哲学〗**a** 観念(論)的な, 理想[理念]的な, 非現実[架空]的な (visionary) (↔ real): ～ happiness 観念的幸福 / ～ plans for reforming the world 世界改革の架空的[非現実的]な計画. **b**〖プラトン哲学〗イデア的な, 観念的な. **～·ness** *n.* 〖(1410) □ F *idéal* ‖ LL *ideālis*: ⇨ idea, -al¹〗

idéal élement *n.*〖数学〗仮想元素《虚数の *i* などのように, 拡張, 一般化のため数理的に導入された元素》.

idéa·less *adj.* 思想のない. 〖(1818): ⇨ -less〗

idéal gás *n.*〖物理化学〗理想気体 (ideal-gas law に従う気体; perfect gas ともいう). 〖1891〗

idéal-gás làw *n.*〖物理化学〗理想気体の法則, 理想気体の状態式 (gas law).

i·de·al·ism /aɪdíːəlìzm, -díːlɪzm | aɪdíəl-, -díːəl-/ *n.* **1** 理想化すること, 理想化癖, 理想化傾向 (cf. realism). **2** 理想化されたもの, 理想の姿. **3**〖芸術〗観念主義《fact や form より idea を尊重する芸術上の傾向; cf. realism, formalism》. **4**〖哲学〗アイディアリズム, 観念論 (cf. realism); 理想主義; 唯心論 (spiritualism) (cf. immaterialism, representationalism 1; ↔ materialism). 〖(1796) □ F *idéalisme* ‖ G *Idealismus*: ⇨ ideal, -ism〗

i·de·al·ist /aɪdíːəlɪst, -díːl- | aɪdíəlɪst, -díːəl-/ *n.* **1** 理想家, 夢想家; 実行力のない人. **2** 観念主義者, 理想主義者《idealism を信奉・実践する作家・芸術家など; cf. realist》. **3** 観念論者, 唯心論者. ── *adj.* ＝idealistic. 〖(1701): ⇨ -ist: cf. F *idéaliste*〗

i·de·al·is·tic /aɪdìːəlístɪk, àɪdiːl- | aɪdìəl-, -dìːəl-←/ *adj.* 観念論の, 唯心論的な; 理想主義(的)の; 理想[夢想]家の: ～ theories / an ～ view of life. **i·de·al·ís·ti·cal·ly** *adv.* 〖(1829): ⇨ ↑, -ic¹〗

i·de·al·i·ty /àɪdiǽləti | -diǽlɪti/ *n.* **1** 理想的なこと, 理想性; 理想的な性格[性質]. **2** 理想化する力, 想像力. **3** 理想化されたもの, 理想像. **4**〖哲学〗観念性, 理想性, 理念性. 〖(1701): ⇨ -ity〗

i·de·al·i·za·tion /aɪdìːəlɪzéɪʃən, -dìːl- | -dìəlaɪ-, -lɪ-/ *n.* 理想化; 理想化されたもの. 〖(1796): ⇨ ↓, -ation〗

i·de·al·ize /aɪdíːəlàɪz, -díːl- | -díəl-/ *vt.* 理想化する, 完全なものとして描写する: ～ a person's character 人の性格を理想化する《完全なものだと考える[として描写する]》. ── *vi.* 理想(像)を描く《癖がある》; 理想主義的である. 〖(1786): ⇨ -ize〗

i·dé·al·ìz·er *n.* 理想化する人, 理想を描く人, 理想家. 〖(1821): ⇨ ↑, -er¹〗

idéal·less *adj.* 理想のない. 〖(1880): ⇨ -less〗

i·de·al·ly /aɪdíːəli, -díːli, -díː(ə)lli | aɪdíəli, -díː(ə)li, -lli/ *adv.* **1** 観念上, 理論上; 理論的に言えば (↔ practically, really). **2 a** 理想に従って; 理想的に, 完全に, 申し分なく. **b** 最もよい結果を得るためには. **3** 観念的に. 〖(1598): ⇨ -ly¹〗

i·de·a·logue /àɪdiəlɔ̀(ː)g, -lɑ̀(ː)g | -diəlɒ̀g/ *n.* ＝ideologue.

idéal póint *n.*〖数学〗理想点《射影幾何学で平行線が無限の彼方で交わるとする点》. 〖1879〗

idéal solútion *n.*〖物理化学〗理想溶液《等温・等圧で混合したとき, 体積が混合前の体積の和になる溶液》.

idéal specífic ímpulse *n.*〖宇宙〗理想比推力《推進薬が摩擦による損出もなく, 排気による側面の広がりもない理想的なエンジンの中で完全に燃焼する際に生じる比推力; specific impulse ともいう》.

idéal týpe *n.*〖社会学〗理念型《現象に含まれる諸特徴の中から一定の価値基準に従って抽出された要素で構成される理念像》. 〖1928〗

idéa màn *n.* アイディアマン《実業界で新技術・新製品などを開発する才能の持ち主》.

idéa·mònger *n.*《口語》アイディアを売り歩く人.

idéas màn *n.* ＝idea man.

i·de·ate¹ /áɪdièɪt | aɪd-/ *vt.* 観念化する; 想像する (imagine). ── *vi.* **1** 観念を作る; 考える (think). **2**〖哲学〗イデア化する《Husserl の用語で, 事物の本質をイデア的に, しかも具象的に把握する》. 〖(1610) ← IDEA＋-ATE³〗

i·de·ate² /áɪdièɪt, aɪdíːət | áɪdièɪt, aɪdíːət/ *n.*〖哲学〗観念的対象[実在]《観念・イデア・抽象的概念に対応して実在すると考えられるもの》. **i·de·a·tive** /áɪdièɪtɪv, àɪdiéɪt- | aɪdíːət-/ *adj.* 〖(1677) ← NL *ideātum*: ⇨ idea, -ate¹〗

i·de·a·tion /àɪdiéɪʃən | -di-/ *n.* 観念作用; 観念形成, 観念化. **～·al** /-ʃnəl, -ʃənl←/ *adj.* **～·al·ly** *adv.* 〖(1829) ← IDEATE¹＋-ATION〗

ì·de·á·tion·al·ìsm /-ʃ(ə)nəlìzm/ *n.*〖社会学〗観念主義《感覚的・物質的世界を超越し, 精神的・理念的世界の実在を説く観念体系の総称》.

i·de·a·tum /àɪdiéɪtəm | -diéɪt-/ *n.* (*pl.* **i·de·a·ta** /-tə | -tə/) ＝ideate². 〖1708〗

i·dée de pro·grès /iːdéɪdəprougréɪ | -dəprə(ʊ)-; *F.* idedəpʀɔgʀɛ/ *n.*〖社会学〗進歩の観念. 〖□ F ～ 'idea of progress'〗

i·dée fixe /iːdeɪfíːks; *F.* idefiks/ *F. n.* (*pl.* **i·dées fixes** /～, iːdeɪz-/) ＝fixed idea. 〖(1836) □ F ～〗

i·dée re·çue /iːdeɪrəsúː; *F.* idersy/ *F. n.* (*pl.* **i·dées re·çues** /～, iːdeɪz-/) 一般に受け入れられた考え; 慣習, 伝統; ありふれたもの[こと]. 〖((1937)) ◻F ～ (原義) received idea〗

i·dem /áɪdɛm, íːd-, ɪ́d-｜ɪ́d-, íːd-, áɪd-/ *L. pron., adj.* 同上[同著者](の); 同じ語(の), 同じ書物[典拠](の) (略 id.): ～ page 25. ★ 脚注や参考書目などで出典を示す時, 著者名の繰り返しを避けるため通例略形で用いる (cf. ibidem). 〖((a1398)) ◻L *īdem* (masc.) *ĭdem* (neut.) the same ← *is* he＋*-dem* (指示を表す suf.)〗

ídem·fàctor *n.* 〘数学〙単位ダイアディック (dyadic の空間の基底の要素). 〖((1870)): ⇨ ↑, factor〗

i·dem·po·tent /àɪdɛmpóʊtənt, ìːd-, ɪ̀d-, -tn̩t｜ɪ̀dəmpə́ʊtənt, ìːd-, àɪd-, -dɛm-, -tn̩t/ *adj.* 〘数学〙冪等(ᵇᵉᵏⁱ)の (その冪がそれ自身と等しくなる). — *n.* 冪等元. 〖((1870)) ← IDEM＋POTENT[1]〗

ídem quód /-kwɑ́(ː)d｜-kwɔ́d/ *L.* …に同じ (略 i.q.). 〖◻L *īdem quod* the same as〗

-i·dene /ədìːn｜ɪ̀d-/ *suf.* 〘化学〙-yl で終わる一価の炭化水素基の遊離原子価をもつ炭素原子からさらに水素原子を 1 または 2 個除いて誘導される二価または三価の基の語尾: ethyl*idene*. 〖← -IDE[2]＋-ENE〗

i·den·tic /aɪdɛ́ntɪk, ɪ̀d-｜-tɪk/ *adj.* **1** 〘外交〙〈文書が〉同文の; 〈行動が〉同調の: an ～ note 同文通牒(ᶜʰᵒ)(2 国以上の政府から発せられた同文の外交文書). **2** (古) ＝identical. 〖((1649)) ◻ML *identicus* ← L *identitās* 'IDENTITY': ⇨ -ic[1]〗

i·den·ti·cal /aɪdɛ́ntɪkəl, ɪ̀d-, -kl̩, -dɛ́nɪ-｜-dɛ́ntɪ-/ *adj.* **1** [通例 the ～] 全く同じ, 同一の, ちょうどその: *the* ～ room where Shakespeare was born / *the* ～ person 同一人, 本人 / *the* ～ classes 同一類 / *the* ～ conception 同一概念. ★ the ～ same [same ～] person または *identically* the same person ということもあるが類語反復として批判する人もある. **2** (相異なる物について)同じ, 等しい, 一致する〔*with*〕(⇨ same SYN): The handwriting on both checks is ～. 双方の小切手の筆跡は同じである / If A and B are ～, A is ～ *with* [*to*] B. A と B が等しいなら A と B は一致する. ★ similar to の類推で with の代わりに to も用いられる傾向がある. **3 a** 〘論理〙(個別的対象または集合(間)の関係として)同一の, 同じ(の): an ～ proposition 同一命題. **b** 〘数学〙同一の, 恒等の: an ～ equation 恒等式. **4** 〘生物〙一卵性の (monozygotic) (cf. fraternal): ⇨ identical twin. **～·ness** *n.* 〖((1620)) ← ML *identicus* (↑)＋-AL[1]〗

i·dén·ti·cal·ly *adv.* [しばしば alike, the same を強調して] 全く同じに, 同一に; 同様に, 等しく: ～ *the same* 全く同じ (⇨ identical 1). 〖((1646)): ⇨ ↑, -ly[1]〗

idéntical proposítion *n.* 〘論理〙同一命題 (真理値あるいは意味の同じ命題; Man is man. などのように主語と述語が同じ命題).

idéntical rhýme *n.* 〘詩学〙同音韻, 同韻 (二つの異なる語(群)において強勢のある母音の前の子音も含めて互いに等しい脚韻; 例: sea: see / lighted: delighted; rime riche ともいう).

idéntical twín *n.* 〘生物〙一卵性双生児, 同型双生児 (一個の受精卵から生じた双生児で常に同性; cf. fraternal twin): one of the ～*s* 一卵性双生児の一人. 〖1889〗

i·den·ti·fi·a·ble /aɪdɛ́ntəfàɪəbl̩, ɪ̀d-, -dɛ́nə-, ─⏑─⏑⏑─｜aɪdɛ́ntɪ̀fàɪəbl̩, ɪ̀d-, ─⏑─⏑⏑─⏑/ *adj.* 同一であることが証明できる, 同一であるとみなしうる; 身元が確認できる: an ～ author / He left nothing which was personally ～. 自分の身元を割り出されてしまうようなものは何ひとつ残さなかった. **～·ness** *n.* **i·dén·ti·fi·a·bly** *adv.* 〖((1804)) ← IDENTIFY＋-ABLE〗

i·den·ti·fi·ca·tion /aɪdɛ̀ntəfɪ̀kéɪʃən, ɪ̀d-, -dɛ̀nə-｜aɪdɛ̀ntɪ̀fɪ-, ɪ̀d-/ *n.* **1** 同一と認め(られ)ること, 同一であることの証明[確認, 鑑定]; (死体・犯人などの)検証, 身元確認: The victim made a positive ～ of her assailant to the police. その被害者は加害者がだれかを警察にはっきりと告げた / He changed clothes to prevent ～. 正体を隠すために服装を変えた. **2** 身分証明(書): Do you have any ～ (on you)? 何か身分証明になるような物をお持ちですか. **3** 〘社会学〙同一化, 同一視, 一体感, 帰属化 (ある社会集団の価値・利害を自分のものとして受容すること). **4** 〘心理〙 **a** (精神分析における)同一視, 同一化. **b** 同一視 (自己の延長としての他者の知覚). **5** 〘生物〙同定 (動植物の属名や種名の決定). **6** 〘哲学〙同(一指)定. 〖((1644)) ◻ML *identificātiō(n-)*: ⇨ identify, -fication〗

identificátion bràcelet *n.* ＝identity bracelet.

identificátion càrd *n.* ＝identity card. 〖1908〗

identificátion dìsc *n.* (英) 〘軍事〙＝identification tag. 〖1915〗

identificátion paràde *n.* (犯人を面(ᵐᵉⁿ)通しするため整列させた)容疑者の列 (lineup). 〖1927〗

identificátion plàte *n.* (自動車などの)登録番号標; ナンバープレート (license plate). 〖1901〗

identificátion spàce *n.* 〘数学〙等化空間 (位相空間の商空間 (quotient space)).

identificátion tàg *n.* (米) 〘軍事〙認識票 (姓名・認識番号などを刻んだ金属製の小円盤; 2 枚一組で鎖につけて首にかけるもの; identity tag, dog tag, (英) では identification disc, identity disc ともいう). 〖1918〗

identificátion thrèad *n.* 〘海事〙＝rogue's yarn.

i·dén·ti·fi·er *n.* 確認者, 鑑定人. 〖((1889)): ⇨ ↓, -er[1]〗

i·den·ti·fy /aɪdɛ́ntəfàɪ, ɪ̀d-, -dɛ́nə-｜aɪdɛ́ntɪ̀-, ɪ̀d-/ *vt.* **1** …が同一であることを[…に相違ないと]確認する, …がだれ[何]であるかを見極める, 同定する, 鑑定する: ～ handwriting 筆跡を鑑定する / ～ a corpse 死体の身元を確認[明らかに]する / ～ a problem 問題(の本質)を見極める / ～ the bearer of a check 小切手の持参人を確認する / Shall I ～ myself? 身分証明書をお見せしましょうか (初めての相手に電話して, 自分がどこのどういう人間かをいう時などにも用いる) / *Identifying* a man or a woman by their hair is not easy these days. 髪の(長さ)で男か女か見分けるのは昨今では難しい / She *identified* the bag *as* hers by saying what it contained. 彼女は中身を言ってそのかばんが自分のものであることを証明した. **2** 同一のものとみなす, 同一視する; 見分けるのに役立つ: ～ A *with* B [A and B]. **3** 〘生物〙同定する (動植物が何属・何種に属するかを決定する). **4** 〘精神分析〙(自己と他人を)同一化する: He *identifies* himself *with* his father. 彼は自分と父親を同一視している. **5** [通例 ～ one*self* または受身で]〔…と〕提携する, 結びつく, 仲間に入れる; 〔…に〕関係[共鳴]する〔*with*〕: ～ *oneself* [become *identified*] *with* a movement [policy] 運動の同志となる[政策で提携する]. **6** 〘哲学〙同(一指)定する. — *vi.* (他人の立場に身をおいて)〔他人と〕自己を同一視する, 一体となる, 共鳴する, 同感する〔*with*〕; 〈意見などが〉一致する: ～ *with* the characters of the play 〈観客などが〉劇中の人物になりきったような気持ちになる. 〖((1644)) ◻ML *identificāre*: ⇨ identity, -fy〗

I·den·ti·kit /aɪdɛ́ntəkɪ̀t, ɪ̀d-｜-tɪ-/ *n.* **1** 〘商標〙アイデンティキット (犯人捜査に用いるモンタージュ写真作製のため, 目・鼻・口などに分けた顔の部分の絵のセット). **2** [i-] モンタージュ(写真): an *identikit* portrait. 日英比較 日本語の「モンタージュ(写真)」は髪型や顔の各部分の写真を合成した犯人の顔写真であるが, 英語の *Identikit* は写真ではなく手書きの絵 (drawings) を利用するもの. 写真を利用するものは Photofit (picture) または photomontage. — *adj.* [しばしば i-] **1** モンタージュ方式の: an ～ picture. **2** モンタージュ的な, 寄せ集めの; 紋切り型の. 〖((1961)) ← IDENTI(FICATION)＋KIT[1]: Los Angeles の Hugh C. McDonald によって 1959 年開発された〗

i·den·ti·ty /aɪdɛ́ntəti, ɪ̀d-, -dɛ́nə-｜aɪdɛ́ntɪ̀ti, ɪ̀d-/ *n.* **1** 全く同一であること, 同一状態, 一致: the law [principle] of ～ 〘論理〙同一律 / an ～ of tastes [interests] 好み[利害]の一致. **2 a** その人[物]に相違ないこと, 同一人[物]であること, 本人であること; 正体, 身元: a case of mistaken [false] ～ 人違い / betray [reveal] one's ～ 本性を現す / under (a) false ～ 身元を偽って / conceal [withhold] one's ～ 身元を隠す / prove [recognize, disclose] a person's ～ 人の身元を明らかにする, 本人に相違ないことを認める / He knew the ～ of the murderer. 彼は殺人犯の正体を知っていた / doubt one's own ～ われとわが身を(他人ではないかと)疑う. **b** 本質, 独自性, 主体性; 個性: lose one's ～ / preserve one's ～ 自分自身を失わない. **3** 同一点, 類似例. **4** 〘数学〙 **a** 恒等 (≡ で表す). **b** 恒等式 (identical equation). **c** 恒等関数, 恒等写像. **d** 単位元(ᵍᵉⁿ) (unity, identity element) (集合の他の元に作用してもその元が変わらないような元). **5** 〘心理〙アイデンティティー, 同一性, 自己同一性 (自分の正体, 自分という存在の自己証明): ⇨ identity crisis. **6** 〘論理〙(個体または集合間の)同一性: theory of ～ 同一性理論. **7** (豪) (特定地域の)名士, 有名人: a local ～. 〖((1570)) ◻F *identité* ◻LL *identitātem* ← L *idem* same: ⇨ idem, -ty[2]〗

idéntity bràcelet *n.* (所有者名を彫り込んだ)身分証明用腕輪 (I. D. bracelet). 〖1968〗

idéntity càrd *n.* 身分証明書 (identification card) (略して ID card ともいう). 日英比較 日本では普通は住所・氏名・年齢・職業などが記されているが, 英語の *identity card* にはその他に普通目と髪の色が記されている. 〖1900〗

idéntity crìsis *n.* 〘心理〙アイデンティティー[同一性]の危機 (青年期をはじめとする個人生活の激変期や社会環境の歴史的な変動に際して起きるアイデンティティーの動揺・喪失がもたらす心理的な危機). 〖1954〗

idéntity dìsc *n.* (英) 〘軍事〙＝identification tag. 〖1909〗

idéntity èlement *n.* 〘数学〙単位元(ᵍᵉⁿ). 〖1902〗

idéntity màtrix *n.* 〘数学〙単位行列 (数 1 に相当する行列).

idéntity paràde *n.* ＝identification parade. 〖1955〗

idéntity philósophy *n.* 〘哲学〙同一哲学 (Spinoza, Schelling らのように究極的には絶対者における統一を主張し, 主・客, 精神・物体等の分立を否定する; cf. indifferentism 3).

idéntity tàg *n.* ＝identification tag.

idéntity thèory *n.* 〘哲学〙同一説 (精神と物体の両者が実体のうちに統一されているという考え方; cf. anomalous monism). 〖1951〗

id·e·o- /ɪ́diou, áɪd-｜ɪ́diəu, áɪd-/「観念 (idea)」の意の連結形: *ideo*logy. 〖← Gk *idéa*: ⇨ idea, -o-〗

id·e·o·gram /ɪ́diougræ̀m, áɪd-, -diə-｜-diə(ʊ)-/ *n.* **1** 表意文字 (元来絵文字から発達したもので, 漢字その他の象形文字に見るように音に関係なく直接に意義を表す文字; cf. phonogram 1): Chinese ～*s* 漢字. **2** (ある形態素を表す)記号 (1, 2, 3, 一, ＋ など). **i·de·o·gram·mic, i·de·o·gram·mic** /ɪ̀diougrǽmɪk, àɪd-, -diə-｜-diə(ʊ)-⁻/ *adj.* **i·de·o·gram·mat·ic** /ɪ̀diougrəmǽtɪk, àɪd-, -diə-｜-diə(ʊ)grəmǽt-⁻/ *adj.* 〖((1838)): ⇨ ↑, -gram〗

i·de·o·graph /ɪ́diougræ̀f, áɪd-, -diə-｜-diə(ʊ)grɑ̀ːf, -græ̀f/ *n.* ＝ideogram. 〖1835–40〗

i·de·o·graph·ic /ɪ̀diougrǽfɪk, àɪd-, -diə-｜-diə(ʊ)-⁻/ *adj.* 表意文字の, 表意的な. **ì·de·o·gráph·i·cal** *adj.* **ì·de·o·gráph·i·cal·ly** *adv.* 〖((1822)): ⇨ ↑, -ic[1]〗

i·de·og·ra·phy /ɪ̀diɑ́(ː)grəfi, àɪd-｜-diɔ́g-/ *n.* 表意文字の使用, 表意文字法. 〖((1836)) ← Gk *idéa*＋-GRAPHY〗

i·de·o·log·ic /àɪdiəlɑ́(ː)dʒɪk, ɪ̀d-｜-diəlɔ́dʒ-⁻/ *adj.* ＝ideological. 〖((1857)) ← IDEOLOGY＋-IC[1]〗

i·de·o·log·i·cal /àɪdiəlɑ́(ː)dʒɪ̀kəl, ɪ̀d-, -kl̩｜-diəlɔ́dʒɪ-⁻/ *adj.* イデオロギーの, 観念学[論]の; 空論の; 観念形態の. **～·ly** *adv.* 〖((1797)): ⇨ ↑, -al[1]〗

ì·de·ól·o·gism /-dʒɪ̀zm/ *n.* (特に, 極端な)イデオロギー固執主義.

i·de·ól·o·gist /-dʒɪ̀st｜-dʒɪst/ *n.* **1** 〘哲学〙観念学者, 観念形態論者 (⇨ ideology 2 a). **2** 空論家, 空想家 (visionary). **3** 特定のイデオロギーの信奉者[擁護者]. 〖((1798)) ◻F *idéologiste*: ⇨ ideology〗

i·de·ol·o·gize /àɪdiɑ́(ː)lədʒàɪz, ɪ̀d-｜-diɔ́l-/ *vt.* **1** イデオロギーで説明[表現, 分析]する, 観念形態を組立てる. **2** 〈個人・社会集団を〉特定のイデオロギーに染める. 〖((1860)) ← IDEOLOGY＋-IZE〗

i·de·o·logue /àɪdiəlɔ̀(ː)g, ɪ́d-, -lɑ̀(ː)g｜-diəlɔ̀g/ *n.* **1** 理論家. **2** ＝ideologist 2. **3** ＝ideologist 3. 〖((1816)) ◻F *idéologue* (逆成) ← *idéologie* (↓)〗

i·de·ol·o·gy /àɪdiɑ́(ː)lədʒi, ɪ̀d-｜-diɔ́l-/ *n.* **1** 〘社会学〙イデオロギー, 観念形態 (民族・階級・職業・宗派・政党などの集団に特有な思想・信念・思考様式の全体): the Fascist [Marxist] ～. **2** (古) 〘哲学〙 **a** イデオロギー, 観念学 (19 世紀のフランスの哲学者 Destutt de Tracy /dɛstytdətrasi/ とその一派の言葉および立場で, J. Locke の観念の理論や Condillac の感覚論を継承して意識の対象である観念の発展と展開を研究する学問). **b** 観念形態論, イデオロギー論 (人間の意識の諸形態としてのイデオロギーを考察する諸学説という). **3** 空理, 空論. 〖((1796)) ◻F *idéologie*: ⇨ ideo-, -logy〗

I

ìdeo·mótor *adj.* **1** 〘心理〙観念運動的[性]の (cf. sensorimotor). **2** 観念運動に関する: ～ theory. 〖1867〗

id·e·o·phone /ɪ́dioufòun, áɪd-, -diə-｜-diə(ʊ)fəʊn, áɪd-/ *n.* 〘言語〙観念(を表す)音 (多くのアフリカの言語におけるように動作や物のイメージを表現する(重複)音). 〖((1881)) ← IDEO-＋-PHONE〗

ides /áɪdz/ *n. pl.* [通例 the ～; 単数または複数扱い] (古代ローマの暦で) nones の後の 8 日目 (3 月・5 月・7 月・10 月は 15 日, その他の月は 13 日; 広義ではその日と先行する 7 日間を含む).

ídes of Márch [the ―] (Julius Caesar の暗殺の日と予言された) 3 月 15 日: Beware *the* ～ *of March*. 3 月 15 日を警戒せよ (Caesar 暗殺の故事から, 一般に凶事の警戒にもいう; cf. Shak., *Caesar* 1. 2. 18). ((1599))
〖((a1126)) *idus* ◻(O)F ～ // L *īdūs* (pl.)〗

id est /ɪ́dɛ̀st｜ɪd-/ *L.* すなわち, 換言すれば (that is) (通例 i.e. と略し, 改まった文に用い, ふつう /ðæ̀tíz/ と読むことが多い; cf. videlicet). 〖((1598)) ◻L ～ 'that is'〗

Id·fu /ɪ́dfuː/ *n.* ＝Edfu.

I·dhi /íːði/ *Mod. Gk.* íði/ *n.* ＝Ida.

-idia *suf.* -idium, -idion の複数形.

-i·din /ɪ̀dn̩, ɪ̀dn̩｜ɪdɪn/ *suf.* 〘化学〙他の化合物と構造上関係のある化合物を表す名詞を造る: **1** 配糖体 (glycoside) のアグリコン (aglycon): pelargon*idin* (← pelargonin). **2** ＝-idine 1, 2. 〖← -IDE[2]＋-IN[1]〗

-i·dine /ɪ̀diːn, -dn̩｜ɪdiːn, -dɪn/ *suf.* 〘化学〙次の意味を表す名詞を造る: **1** 環式基の水素化合物: thiazoli*dine* (← thiazole). **2** 水素化合以外の方法で得られた基: quin*idine* (← quinine). 〖← -IDE[2]＋-INE[3]〗

id·i·o- /ɪ́diou｜ɪ́diəu/「特殊の (peculiar), 特有の, 独自の (proper); 〘病理〙自己に限定された, 独立の, 特発性の」の意の連結形: *idio*syncrasy. 〖◻Gk ～ ← *ídios* one's own, private, peculiar〗

id·i·o·blast /ɪ́diəblæ̀st｜ɪ́diə(ʊ)-/ *n.* **1** 〘植物〙異形[異常]細胞, 特殊[特異]細胞, 巨細胞. **2** 〘鉱物〙自形変晶. **ìd·i·o·blás·tic** /ɪ̀diəblǽstɪk｜ɪ̀diə(ʊ)blɑ́ːst-⁻/ *adj.* 〖((1882)): ⇨ ↑, -blast〗

ìdio·chromátic *adj.* 〈鉱物が〉特有な色をした.

id·i·oc·ra·sy /ɪ̀diɑ́(ː)krəsi｜ɪ̀diɔ́k-/ *n.* ＝idiosyncrasy. 〖((1681)) ◻Gk *idiokrāsía*: ⇨ idio-, crasis, -y[3]〗

id·i·o·cy /ɪ́diəsi｜ɪ́di-/ *n.* **1** 〘心理〙白痴 (知能指数 0–25 ぐらい, 精神年齢が 2 歳ぐらいまでにしか発達しない状態; 今はこの名称は用いない; cf. mental deficiency). **2** 愚かしさ, 暗愚: the height of ～ 愚の骨頂. **3** 愚かな行為[発言]. 〖((1487)) ← IDIOT＋-CY (cf. prophecy): cf. Gk *idiṓteia* private life, lack of education ← *idiṓtēs* idiot〗

ìdio·dynámic *adj.* 人格心理学の.

id·i·o·glos·si·a /ɪ̀diəglɑ́(ː)siə, -glɔ́(ː)s-｜ɪ̀diə(ʊ)glɔ́s-/ *n.* 〘病理〙 **1** 新作言語症. **2** (意味不明の音声を連ねる)言語障害 (idiolalia ともいう). **id·i·o·glot·tic** /ɪ̀diəglɑ́(ː)tɪk｜ɪ̀diə(ʊ)glɔ́t-⁻/ *adj.* 〖((1891)) ← NL ～ ← Gk *idióglōssos* of peculiar tongue: ⇨ idio-, glosso-, -ia[1]〗

id·i·o·graph /ɪ́diəgræ̀f｜ɪ́diə(ʊ)grɑ̀ːf, -græ̀f/ *n.* (特定の個人・団体の特徴を示す)印, 署名; 商標. 〖((1623)) ◻LGk *idiógraphon*: ⇨ idio-, -graph〗

id·i·o·graph·ic /ɪ̀diəgrǽfɪk｜ɪ̀diə(ʊ)-⁻/ *adj.* **1** 署名の, 私印の; 商標の. **2** 〘哲学・心理〙個別的具体的事例 (の研究)の (一回限りの歴史的事実等の記述に関する; ↔ nomothetic). 〖((1909)): ⇨ ↑, -ic[1]〗

id·i·o·la·li·a /ɪ̀diouléɪliə, -lǽl-｜ɪ̀diə(ʊ)-/ *n.* 〘病理〙＝idioglossia. 〖((1931)) ← IDIO-＋-LALIA〗

id·i·o·lect /ɪ́dioulɛ̀kt, -diə-｜ɪ́diə(ʊ)-/ *n.* 〘言語〙個人言語 (個人がその人生の特定の時期に用いる言葉の総体). **id·i·o·lec·tal** /ɪ̀dioulɛ́ktl̩, -diə-｜ɪ̀diə(ʊ)-⁻/ *adj.* **id·i·o·lec·tic** /ɪ̀dioulɛ́ktɪk, -diə-｜ɪ̀diə(ʊ)-⁻/ *adj.* 〖((1948)) ← IDIO-＋(DIA)LECT〗

id·i·om /ídiəm | ídi-/ *n.* **1** (ある言語特有の)慣用(語)法, 熟語, 成句, イディオム. ★ give way (屈服する), in order to (…するために)のように語彙(ごい)的・意味的なものと, It's me のように語法的・文法的なものとの 2 種類がある; 日本語の「イディオム」「熟語」「成句」は主として前者についての訳語である. **2** (一言語の一般的)語法, 語風, (一国民の)言語 (⇨ language SYN): the English ~ 英国人特有の言語[言い回し]. **3** なまり, 方言 (dialect): the ~ of the New England countryside ニューイングランドの田舎言葉[なまり]. **4** (ある作家などの)独特の語法, 表現方式: Browning's ~ ブラウニングの語法. **5** (音楽・美術などの)特色, 画風, 作風: the ~ of Beethoven, Degas, etc. 〘(1588) ◻ F *idiome* ∥ LL *idiōma* peculiarity ◻ Gk *idíōma* ← *idioûsthai* to make one's own ← *ídios* one's own〙

id·i·o·mat·ic /ìdiəmǽtɪk | ìdiə(ʊ)mǽt-ˈ/ *adj.* **1 a** 慣用語法の[に関する]. **b** 慣用語法にかなった, 慣用的な: speak ~ English 英語らしい英語を話す. **2** 慣用語法を含む[の多い]: an extremely ~ language ひどく慣用語法の多い言語. **3** (ある集団や個人に)特有な (individual). **id·i·o·ma·tic·i·ty** /ìdiəmətísəti | ìdiəmətísɪti/ *n.* 〘(1712) ◻ Gk *idiōmatikós* ← *idiōmat-*, *idíōma* (↑)〙

ìd·i·o·mát·i·cal /-tɪ̀kəl, -kl | -tɪ-ˈ/ *adj.* =idiomatic. **~·ness** *n.* 〘1727〙

ìd·i·o·mát·i·cal·ly *adv.* 慣用的に, 慣用句に用いて. 〘(1727): ⇨ ↑, -ly¹〙

Ídiom Néutral *n.* イディオム ネウトラル (Volapük を改良した国際語; 1902 年発表). 〘1903〙

id·i·o·mol·o·gy /ìdiəmɑ́(:)lədʒi | ìdiə(ʊ)mɔ́l-/ *n.* 慣用語法学, 慣用句研究. 〘← IDIOM＋-O-＋-LOGY: 本来の造語法では idiomatology とすべきもの〙

id·i·o·mor·phic /ìdiəʊmɔ́əfɪk, -diə- | ìdiə(ʊ)mɔ́:-ˈ/ *adj.* **1** 固有の形をもつ. **2** 〖鉱物〗 (鉱物が)自形的な (本来の結晶形態をもつ; euhedral, automorphic ともいう; cf. allotriomorphic, hypidiomorphic): an ~ mineral. **ìd·i·o·mór·phism** *n.* 〘(1887) ← IDIO-＋Gk *morphḗ*＋-IC¹〙

ìd·i·o·mór·phi·cal·ly *adv.* 固有の形をもって. 〘(1888): ⇨ ↑, -ly¹〙

-id·i·on /ídiən, -ɑ̀(:)n | ídiən, -ɔn/ *suf.* ギリシャ語系指小辞 (cf. -idium): enchiridion. 〘◻ Gk *-idion* (dim. suf.)〙

id·i·o·path·ic /ìdiəʊpǽθɪk, ìdiə- | ìdiə(ʊ)-ˈ/ *adj.* **1** 独特の, 固有の. **2** 〖病理〗 特発性の, 原発性の (primary): an ~ disease 特発性疾患. **ìd·i·o·páth·i·cal·ly** *adv.* 〘1669〙

id·i·op·a·thy /ìdiɑ́(:)pəθi | -ɔ́pə-/ *n.* 〖医学〗 特発症, 特発性疾患. 〘(*a*1640) ← NL *idiopathia* ← Gk *idiopátheia*〙

id·i·o·phone /ídiəʊfòʊn, ídiə- | ídiə(ʊ)fəʊn/ *n.* イディオフォーン, 体鳴楽器 (摩擦・打撃などによる物質自体の音を利用した楽器; glass harmonica, cymbals, xylophone など). **id·i·o·phon·ic** /ìdiəʊfɑ́(:)nɪk, ìdiə- | ìdiəfɔ́n-ˈ/ *adj.* 〘(1940) ← IDIO-＋-PHONE〙

id·i·o·plasm /ídiəplæ̀zm | ídiə(ʊ)-/ *n.* 〖生物〗 イディオプラズマ (=germ plasm). **id·i·o·plas·mat·ic** /ìdiəplæzmǽtɪk | ìdiə(ʊ)plæzmǽt-ˈ/ *adj.* **id·i·o·plas·mic** /ìdiəplǽzmɪk | ìdiə(ʊ)-ˈ/ *adj.* 〘(1889) ← IDIO-＋-PLASM〙

id·i·or·rhyth·mic /ìdiəríðmɪk | ìdiə(ʊ)-ˈ/ *adj.* (修道士が)自治的な宗教結社で生活している; (僧院などそういう修道士が住んでいる. 〘(1862) ← Gk *idiórrhuthmos* (← IDIO-＋*rhuthmós* 'manner, RHYTHM')＋-IC¹〙

id·i·o·syn·cra·sy /ìdiəʊsíŋkrəsi, ìdiə-, -sín- | ìdiə(ʊ)síŋ-/ *n.* **1** (ある人・グループ特有の)特質, 特異性; 個人的性癖. **2** (その人)特有の表現法, 風格: the *idiosyncrasies* of Faulkner's style フォークナーの文体の特異な表現. **3** 〖医学〗 特異体質 (cf. allergy 1 b). 〘(1604) ◻ Gk *idiosugkrāsía* ← IDIO-＋*súgkrāsis* a mixing together (← *sún* 'SYN-'＋*krâsis* mixture: ⇨ crasis): ⇨ -y¹〙

SYN 奇癖: **idiosyncrasy** ある人に特有の習慣や気質: One of her *idiosyncrasies* is talking to herself. 彼女の癖の一つは独り言をいうことだ. **eccentricity, oddity** 他の人が奇妙だと思うような異常なふるまい (後者は奇妙な人[物]を指すことが多い): He has many *eccentricities.* 彼にはいろいろな奇癖がある / a bunch of *oddities* 奇人変人の集まり. **quirk** 性格やふるまいの奇妙な癖: One of his *quirks* is that he refuses to travel by plane. 彼の奇妙な癖の一つは飛行機で旅行するを嫌がることだ.

---

id·i·o·syn·crat·ic /ìdiəʊsɪŋkrǽtɪk, ìdiə-, -sɪŋ- | ìdiə(ʊ)sɪŋkrǽt-ˈ/ *adj.* **1** 特異な; 特有の (peculiar) 〔*to*〕. **2** 〖医学〗 特異体質の. **id·i·o·syn·crát·i·cal·ly** *adv.* 〘(*a*1779): ⇨ ↑, -ic¹〙

id·i·ot /ídiət | ídi-/ *n.* **1** (口語) 大ばか, まぬけ: You ~! このまぬけめ / What an ~ I am! / Why were you such an ~? なぜあんなばかなことをしたのか. **2** (生来の)白痴 (cf. imbecile 1). **3** 〖心理〗 白痴の人. 〘(*a*1325) ◻ (O)F ~ ∥ L *idiōta* ◻ Gk *idiṓtēs* private person, layman, ignorant person ← *ídios*: ⇨ idio-〙

idiot bòard *n.* (口語) 〖テレビ〗 **1** =idiot sheet. **2** テレプロンプター (TelePrompTer). 〘1952〙

idiot bòx *n.* (俗) テレビ(受像機) (cf. goggle-box). 〘*c*1955〙

ídiot càrd *n.* (口語) 〖テレビ〗 = idiot sheet. 〘1959〙

id·i·ot·ic /ìdiɑ́(:)tɪk | ìdiɔ́t-ˈ/ *adj.* **1** ばかばかしい; 大ばかの, 非常識な: That's the most ~ story I ever heard. そんなばからしい話は聞いたことがない / These girls *are* ~ over babies. この女の子たちは赤ん坊のことになると夢中になってしまう. **2** 白痴の(ような). **ìd·i·ót·i·cal** *adj.* **ìd·i·ót·i·cal·ness** *n.* 〘(1713) ◻ LL *idiōticus* ◻ Gk *idiōtikós* private, unskillful: ⇨ idiot, -ic¹〙

ìd·i·ót·i·cal·ly *adv.* ばかげたことに, 愚かにも. 〘(1834): ⇨ ↑, -al¹, -ly¹〙

id·i·ot·ìsm /-tìzm/ *n.* **1** ばかげたふるまい. **2** (古) 白痴 (idiocy). 〘(1592) ← IDIOT＋-ISM〙

id·i·o·tize /ídiətàɪz | ídi-/ *vt.* (人を)ばかにする, (人)にばかのような行動をさせる. 〘(1716): ⇨ -ize〙

idiot lìght *n.* (口語) (自動車の)異常表示灯[ランプ] (バッテリー(液)・ガソリンなどの欠乏・異常を自動的に表示する). 〘1966〙

ídiot-pròof *adj.* (機械など)だれでも扱える: an ~ camera 全自動カメラ. 〘1977〙

id·i·o·trop·ic /ìdiətrɑ́(:)pɪk, -tróʊ- | ìdiə(ʊ)trɔ́p-ˈ/ *adj.* 〖精神医学〗 内向的な, 内省的な, 自己満足型の. 〘← IDIO-＋-TROPIC〙

i·diot sa·vánt /ì:dioʊsəvá:n(t), -sævǽn(t) | -diəʊsævɑ́(ŋ), -vɑ́ŋ, -sævənt; *F.* idjosavɑ̃/ *n.* (*pl.* **i·diots sa·vants, ~s**) 〖精神医学〗 イディオサヴァン, 天才白痴 (特殊な才能をもっている精神薄弱者). 〘(1927) ◻ F ~ (原義) skilled idiot〙

idiot shèet *n.* (口語) 〖テレビ〗 テレビ用プロンプター, カンペ (番組の途中でせりふを書いて出演者に見せる大きなカードあるいは装置; idiot card, idiot board ともいう; cf. TelePrompTer). 〘1961〙

idiot's lántern *n.* (英俗) =idiot box.

idiot-stìtch *n.* =tricot-stitch.

idiot tàpe *n.* 〖印刷〗 コンピューターの自動植字の入力テープ.

ídio·tỳpe *n.* 〖免疫〗 イディオタイプ, 個特異的抗原 (一つの細胞クローンの産生する免疫グロブリンに固有の抗原性). 〘(1861) ← IDIO-＋-TYPE〙

-id·i·um /ídiəm | ídi-/ *suf.* (*pl.* **~s, -id·i·a** /ídiə | ídiə/) 生物・解剖・化学などの用語に用いられる指小辞 (cf. -idion): anther*idium*, chrom*idium*. 〘← NL ~ ← Gk *-idion* (dim. suf.)〙

IDL (略) International Date Line 国際日付変更線.

i·dle /áɪdl | áɪdl/ *adj.* (**i·dler; i·dlest**) **1 a** 何もしないでいる, 遊んでいる; 失業した (cf. 4 a): be ~ on Sunday(s) 日曜日にぶらぶらしている / ~ workmen. **b** (チームが)試合の予定がない. **2** (機械・工場など)使用されないでいる, 暇でいる: ~ machinery, ships, etc. / keep land ~ 土地を遊ばせておく / ~ capital 遊休資本, 遊資 / ~ plant capacity 生かされていない工場生産能力 / ~ money=money lying ~ 遊び金 / have one's hands ~ 手を遊ばせている. **3** (時間が)暇な, すいている: an ~ moment / books for ~ hours 暇な時に読む本. **4 a** (仕事があるのに)怠ける, のらくらしている, 無精な (lazy) (↔ diligent): an ~ and useless fellow 怠け者のろくでなし / The tongues of ~ people are never idle. (諺) 怠け者の舌は少しも休むことがない (★ 後の idle は 1 a の意味) / The devil finds some mischief for ~ hands to do. (諺) 悪魔は閑人になすべき悪を見つける, 「小人閑居して不善をなす」. **b** これといった定職を持たない, 遊んでいる: the ~ rich 金があって遊んでいる連中, 有閑階級. **5 a** (行為・考えなど)むだな, つまらない (⇨ vain SYN): an ~ attempt [threat] むだな試み[脅し] / ~ talk [stories] むだ話 / ~ pleasures 道楽 / It is ~ to say that …といってもかいがない. **b** 漫然と[ふと]した: out of ~ curiosity 軽い好奇心から. **6** (話など)根拠のない, 当てにならない: ~ fears いわれのない恐怖 / an ~ rumor 根も葉もないうわさ / an ~ compliment 空世辞. **7** 〖機械〗 遊びの(ための), 遊び車の.

éat idle bréad =*eat the* BREAD *of idleness.* ***stánd* [*sít, lie*] *ídle*** 何もしないでいる, 手をこまぬいている; (物が)使われないでいる. ***rùn ídle*** (機械が)空回りする, 空転する, アイドリングする. 〘1873〙

— *vi.* **1** 怠けて[遊んで, ぶらぶらして]いる: Don't ~ (*about*). **2** ぶらつく, ぶらぶら歩く. **3** (機械などが)空回りする (*over*); (内燃機関が)無負荷回転する, アイドリングする ((英)) tick over), (スロットルを閉めて)ゆっくり回転する.

— *vt.* **1** 怠けて[遊んで](時間を)過ごす, 空費する (*away*): Don't ~ *away* your time. ぼやぼやして時間をむだにするな. **2** (モーターなどを)空転させる. **3** (通例, 事が)(人を)遊ばせる, …に仕事をさせない: The layoff ~*d* many workers. レイオフで多くの従業員は仕事がなくなった.

— *n.* (機械などの)空転状態, 運転休止, 空回り, アイドリング. 〘OE *īdel* empty, worthless < ? (WGmc) **idal* (G *eitel*) (原義) ? seeming, burned out ← ? IE **aidh-* to burn〙

ídle gèar *n.* 〖機械〗 =idler gear.

ídle lìne *n.* 〖通信〗 あき線 (使える状態で使用していない電話線).

ídle·ness *n.* **1** 怠けていること, 怠け; むだに時を過ごすこと, 無為, 怠惰: busy ~ つまらない事に忙しそうに[あくせく]すること / *Idleness* is the parent of all vice. (諺) 怠惰は悪徳のもと, 「小人閑居して不善をなす」/ ⇨ *eat the* BREAD *of idleness* / live in ~ 無為に[のらくらして]暮らす. **2** 遊んでいること, 仕事のないこと, 失業(状態). **3** 無益, むだ. 〘OE *īdelnes*: ⇨ idle, -ness〙

ídle pùlley *n.* 〖機械〗 =idler pulley.

í·dler /-dlə | -dlə(r)/ *n.* **1** 仕事をしないでいる人, 怠け者, 無精者, のらくら者; 役立たず. **b** =idler pulley. **c** =idler wheel. **3** 〖鉄道〗 空車, 遊車 (長尺の貨物を積むため, 二つの車両の間あるいはいずれかの側に連結する車両). **4** 〖海事〗 =dayman 2. 〘(1534) ← IDLE＋-ER¹〙

ídler gèar *n.* 〖機械〗 遊び歯車 (二つの主歯車の中間に回転方向の変換や, 歯車中心位置の調節等のために入れる歯車; この遊び歯車の軸から動力の授受が行われないためにこの名がある).

ídler pùlley *n.* 〖機械〗 (ベルト用の)遊び車. 〘*c*1890〙

ídler [ídle] whèel *n.* 〖機械〗 遊び車, アイドラー (二つの歯車・プーリー等の中間に回転方向の変換・中心距離の調節等のために入れる第 3 の歯車・プーリー等). 〘1842〙

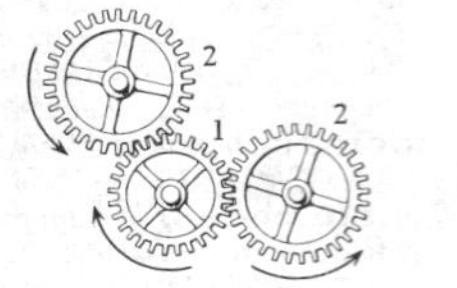

idler wheel
1 idler wheel
2 cogwheel

i·dlesse /áɪdl̩ɪs, aɪdlés/ *n.* (詩・古) 安逸, 逸楽 (idleness). 〘(1464) ← IDLE＋*-esse* 'ESS²'〙

ídle tìme *n.* 遊び時間, あき時間 (機械などが稼働していなかったり, 従業員が暇を持て余している時間; cf. downtime).

I·dle·wild /áɪdl̩wàɪld | -dl-/ *n.* アイドルワイルド (John F. Kennedy International Airport の旧名).

ídle wórms *n. pl.* (昔, 怠け者の指先にわくと冗談にいわれた)怠け虫 (cf. Shak., *Romeo* 1. 4. 65–66). 〘1607〙

íd·ling /-dlɪŋ/ *n.* **1** 怠け(ている)こと, 怠け, 怠惰. **2** (機械の)空回り, 空転, アイドリング. 〘(1843) ← IDLE＋-ING¹〙

í·dly /-dli/ *adv.* **1** 何もしないで, 怠けて, 遊んで: She sat ~ stroking her cat. 彼女は何もしないで猫をなでながら座っていた. **2** のらくらと, ぼんやりと. **3** むなしく, 無益に, むだに. 〘OE *īdellīce*: ⇨ idle, -ly¹〙

IDN (略) *L.* in Dei nomine 神の御名において (in the name of God).

I·do /í:doʊ | -dəʊ; *F.* ido/ *n.* イド語 (L. Couturat, L. de Beaufront などが Esperanto を簡易化した国際語; 1907 年フランスで発表されたが, Esperanto の綱領に反するので Esperantists は支持していない). 〘(1908) ◻ Esperanto *-ido* offspring ← Gk *-idēs*: ⇨ -id²〙

i·do- /áɪdoʊ, ɪ́d- | -dəʊ/ 〖化学〗「イドース (idose) に関係のある」の意の連結形: *ido*-saccharic acid イド糖酸. ★ 母音の前では通例 id- になる. 〘← L *idem* same〙

i·do·crase /áɪdoʊkrèɪs, ɪ́d-, -də-, -krèɪz | -də(ʊ)-/ *n.* 〖鉱物〗 アイドクレイス ($Ca_{10}(Mg, Fe)_2Al_4Si_9O_{34}(OH)_4$) (宝石用原石として使用される; vesuvianite ともいう). 〘(1804) ◻ F ~ ← Gk *eîdos* form＋*krâsis* mixture (⇨ crasis)〙

Í·do·ist /-ɪ̀st | -ɪst/ *n.* イド語 (Ido) 研究家[使用者]. 〘(1916): ⇨ -ist〙

i·dol /áɪdl | áɪdl/ *n.* **1** 偶像視される人[物], 崇拝される人[物], 崇拝物, 偶像, アイドル: a popular ~=an ~ of the people 民衆の崇拝の的 / a fallen ~ 崇拝者を失った[人気の落ちた]人, 落ちた偶像 / a film [movie] ~ 映画界の人気者[アイドル] / make an ~ of …を偶像視する, 崇拝する / Money is her ~. 彼女は拝金主義者だ. **2** (木・石に刻まれた)偶像, 神像. **3** 〖聖書〗 偶像神, 邪神 (false god), (エホバの神以外の)神. **4** (古) (実体でない)物の外形, 幻影, まぼろし (phantom); 幻想 (fantasy). **5** 〖哲学・論理〗 誤った認識, 謬見(びゅうけん), 誤謬 (fallacy), イドラ, 偶像, 幻影. **6** (廃) 詐欺師, 山師 (imposter).

ídols of the cáve [the ―] 〖論理〗 =idola specus (⇨ idolum).

ídols of the fórum [márket] [the ―] 〖論理〗 =idola fori (⇨ idolum). (1733)

ídols of the théater [the ―] 〖論理〗 =idola theatri (⇨ idolum). (1733)

ídols of the tríbe [the ―] 〖論理〗 =idola tribus (⇨ idolum). (1733)

〘(*c*1250) ◻ (O)F *idol(e)* ◻ L *īdōlum* ◻ Gk *eídōlon* image, phantom, idol ← *eîdos* form, shape〙

idola *n.* idolum の複数形.

i·dol·a·ter /aɪdɑ́(:)lətə | -dɔ́lətə(r)/ *n.* **1** 偶像崇拝者; 偶像教徒, 異教徒 (pagan) (女性にも用いる). **2** 崇拝者, 心酔者 (adorer): a ~ *of* wealth, an hero, etc. 〘(*c*1384) *ydolatrer* ◻ (O)F *idolâtre* ◻ ML *īdōlatra*=L *īdōlolatrēs* ◻ Gk *eidōlolátrēs* ← *eídōlon* (⇨ idol)＋*látris* hired servant (⇨ -later)〙

i·dol·a·tress /aɪdɑ́(:)lətrɪ̀s | -dɔ́lətrɪ̀s, -très/ *n.* 女性の idolater. 〘(1613): ⇨ ↑, -ess〙

i·dol·a·trize /aɪdɑ́(:)lətràɪz | -dɔ́l-/ *vt.* =idolize. 〘1592〙

i·dol·a·trous /aɪdɑ́(:)lətrəs | -dɔ́l-/ *adj.* **1** 偶像崇拝の, 偶像崇拝的な: ~ worship 偶像崇拝. **2** 偶像を崇拝する. **3** (盲目的に)心酔する: ~ veneration for antiquity 昔の事物に対する盲目的な心酔 / He was ~ *toward* Balzac. 彼はバルザックに心酔していた. **4** (廃) 偶像崇拝のための: a ~ temple. **~·ly** *adv.* **~·ness** *n.* 〘(1550) ← IDOLATR(Y)＋-OUS〙

i·dol·a·try /aɪdɑ́(:)lətri | -dɔ́l-/ *n.* **1** 偶像崇拝[礼拝]; 邪神崇拝, 偶像教, 邪教: honor a person on this side of ~ 人を偶像視せんばかりに崇拝する (Ben Jonson の詩の文句から). **2** 盲目的崇拝, 心酔. 〘(*c*1250) *ydolatrie* ◻ OF (F *idolâtrie*) ◻ ML *īdōlolatrīa* ◻ Gk *eidōlolatreía*: ⇨ idol, -latry〙

i·dol·ism /áɪdəlɪzm, -dl- | -dəl-, -dl-/ *n.* **1** 偶像崇拝; 盲目的崇拝, 心酔. **2** (古) 謬見(びゅうけん) (fallacy). 〘(1608): ⇨ -ism〙

í·dol·ist /-dəlɪ̀st, -dl- | -dəlɪst, -dl-/ *n.* (古) =idolater. 〘1614〙

i·dol·i·za·tion /àɪdəlɪzéɪʃən, -dl- | -dəlaɪ-, -lɪ-, -dl-/ *n.* 偶像化; 盲目的崇拝, 心酔, 敬慕, 溺愛.

〖(1853): ⇨ ↓, -ation〗

i·dol·ize /áɪdəlàɪz, -dl- | áɪdəl-, -dl-/ *vt.* 偶像として崇拝する, 偶像化する; 盲目的に崇拝する, …に心酔する, 敬慕[溺愛]する: ~ wealth, a hero, film stars, one's wife, etc. **—** *vi.* (宗教的に)偶像を崇拝する. **í·dol·ìz·er** *n.* 〖(1598) ← IDOL＋-IZE〗

i·do·lum /aɪdóʊləm | -dəʊ-/ *n.* (*pl.* **i·do·la** /-lə/) **1** [通例 *pl.*]〘論理〙イドラ, 偶像, 幻影; 心像, 表象, 観念. **2** 誤った考え, 誤信.

★ 正しい認識を妨げる先入的謬見(びゅうけん)として Francis Bacon は *Novum Organum* で以下の四つの偶像を挙げている:

idóla fo·ri /-fɔ́:raɪ/ 市場の偶像《人間の協同生活, 特に言語から生じる謬見; idols of the forum [market] ともいう》. 〖(1620)〗

idóla spe·cus /-spí:kəs/ 洞窟(どうくつ)の偶像《各個人の特殊な性質や境遇に由来する個人的謬見; idols of the cave ともいう》.

idóla the·a·tri /-θiéɪtraɪ/ 劇場の偶像《伝統的に継承されてきたことを無批判的に受け入れることから生じる謬見; idols of the theater ともいう》.

idóla tri·bus /-tráɪbəs/ 種族の偶像《人間という種族の性質を万事に投射して考える謬見; idols of the tribe ともいう》.

〖(1619) □ LL *idōlum* □ Gk *eídōlon*: ⇨ idol〗

I·dom·e·neus /aɪdá(ː)mənù:s, -njù:s | aɪdɔ́mɪ̀njù:s, ɪd-/ *n.* 〘ギリシャ伝説〙イードメネウス《トロイ戦争でギリシャ軍に加わった方の将となった Crete 島の王》. 〖□ L ~ □ Gk *Idomeneús*〗

-i·done /ɪ̀dòʊn | ɪdəʊn/ *suf.* 〘化学〙-idine に終わる名称の化合物のオクソ誘導体を表す名詞を造る: pyrroli*done*. 〖← -IDE²＋-ONE〗

i·do·ne·ous /aɪdóʊniəs | -dəʊ-/ *adj.* 《古》適当な, ふさわしい, ぴったりの (suitable). 〖(*a*1615) ← L *idoneus* fitting＋-OUS〗

i·dose /áɪdoʊs, ɪ́d-, -doʊz | -dəʊs/ *n.* 〘化学〙イドース ($C_6H_{12}O_6$)《合成で得られる炭素 6 個の糖の一種; 非発酵性の水溶性シロップ》. 〖⇨ ido-, -ose²〗

IDP 《略》〘電算〙integrated data processing; international driving permit.

Id·ris /ɪ́drɪ̀s, áɪ- | -drɪs/ *n.* イドリス《男性名》. ★ ウェールズに多い. 〖□ Welsh ~ ← *iud* lord＋*ris* ardent, impulsive〗

-i·dro·sis /ɪ̀dróʊsɪ̀s | ɪdrəʊsɪs/ 〘医学〙「特殊な発汗 (sweating)」の意の名詞連結形: hyper*idrosis* 発汗過多症. 〖← NL ~ ← Gk *hidrōsis* a sweating ← *hidrṓs* sweat〗

Id ul-Fitr /ìːdʊlfítr(ə)/ *n.* 〘イスラム教〙＝Id al-Fitr.

Id·u·mae·a /ìdjʊmíːə, ìːd-, ìːdʒʊ- | àɪdjuːmíːə, ɪ̀d-/ *n.* (*also* **Id·u·me·a** /~/) Edom² のギリシャ語名. **Ìd·u·máe·an** /-míːən⁻/ *adj.*

I·dun /íːðʊn/ *n.* 〘北欧神話〙＝Ithunn.

I·dun·a /íːðʊnə/ *n.* 〘北欧神話〙＝Idun.

i·dyl /áɪdl̩ | ɪ́dl̩, áɪdl̩, -dɪl/ *n.* 《米》＝idyll.

i·dyl·ist /áɪdəlɪ̀st, -dl- | ɪ́dəlɪst, aɪd-, -dl-/ *n.* 《米》＝idyllist.

i·dyll /áɪdl̩ | ɪ́dl̩, áɪdl̩, -dɪl/ *n.* **1 a** 田園詩, 牧歌: a prose ~ 散文田園詩. **b** 物語詩. **2 a** 田園風景; 田園的光景[情景]. **b** (田園詩的な)ロマンチックな(恋)物語. **c** ロマンチックなエピソード《出来事・恋愛など》. **3** 〘音楽〙(通例, 器楽のための静的な)牧歌, 田園詩曲, イディル (cf. pastorale 1 a). 〖(1601) □ L *idyllium* □ Gk *eidúllion* 《原義》little picture (dim.) ← *eîdos* form, picture〗

i·dyl·lic /aɪdɪ́lɪk | ɪd-, aɪd-/ *adj.* 田園詩(風)の, 牧歌的な, 田園詩的な, 野趣に富んだ, 素朴な. **i·dýl·li·cal·ly** *adv.* 〖(1856): ⇨ ↑, -ic¹〗

i·dyl·li·cism /aɪdɪ́ləsɪ̀zm̩ | ɪdɪ́lɪ-, aɪd-/ *n.* 牧歌[田園詩]風, 牧歌調. 〖(1941): ⇨ ↑, -ism〗

i·dyll·ist /áɪdəlɪ̀st, -dl- | ɪ́dəlɪst, áɪd-, -dl-/ *n.* 田園詩人, 牧歌作者. 〖(1799): ⇨ -ist〗

i·dyll·ize /áɪdəlàɪz, -dl- | ɪ́dl̩-, áɪd-, -dl-/ *vt.* 牧歌にする, 牧歌風に作る[書く]. 〖(1886): ⇨ -ize〗

ie 《記号》Ireland《URL ドメイン名》.

IE 《略》index error; Indo-European; industrial engineer; industrial engineering.

i.e. /áɪíː/《略》id est. ★ that is /ðǽtíz/ と読むことが多い. 〖1662〗

-ie /i/ *suf.* **1** ＝-y²《愛称的指小辞; cf. -ee²》: Ann*ie*, bird*ie*, dogg*ie*, ladd*ie*, nurs*ie*. **2**「…に属する[関係のある]者」: town*ie*. **3**「…の性質をもった者[物]」: cut*ie*, soft*ie*. **4** -y¹ の古形: beaut*ie*, fair*ie*.

IEA 《略》International Education Association 国際教育協会; International Energy Agency.

iech·yd da /jǽkɪdáː; ⸗⸗⸗; *Welsh* jèχɪddáː/ *int.* 《ウェールズ》乾杯, 健康を祝して. 〖□ Welsh ~ ← *iechyd* health＋*da* good〗

IEE 《略》《英》Institution of Electrical Engineers 電気技術者協会.

IEEE 《略》《米》Institute of Electrical and Electronic Engineers 電気電子技術者協会.

Ie·per /jéɪpə | -pə^(r); *Du.* íːpər/ *n.* イーパー《Ypres のフラマン語名》. 〖□ Flem. ~ 'YPRES'〗

-i·er¹ /iə, jə | iə^(r), jə^(r)/ *suf.* ＝-er¹ (⇨ ★ (2)). 〖ME □ OF *-ier*: ⇨ -er¹〗

-i·er² /⸗⸗ íə | -íə^(r)/ *suf.* ＝-eer《特に, 職業を表す名詞語尾》: brigad*ier*, gondol*ier*, grenad*ier*. 〖ME □ (O)F ~ < L *-ārius*: ⇨ -eer〗

if /(弱) ɪ̀f | ɪf; (強) ɪf/ *conj.* **1** [条件節を導いて] もしも…ならば, …だとするならば, …したら (⇨ providing SYN): **a** [真偽未知の条件]: *If* that is the case, I will not press the matter. それが事実ならその事は強要しません / I shall tell him *if* he comes. 彼が来たら伝えよう / I'll forgive her only *if* she apologizes. 彼女が謝りさえすれば許してやろう / *If* you get back before I do, wait for me here. 私より早く帰れたらここで待っていて下さい / *If* he had fair warning, he has nothing to complain of. ちゃんと警告を受けたのなら何も文句を言うことはない / I always went swimming *if* I had the time. 時間があれば私はいつも泳ぎに行った / He'll tell us *if* he won first prize. 一等賞を取ったなら彼は我々に知らせるでしょう / The rumor can do great damage *if* (it is) true. もしそのうわさが本当なら大損害をこうむることになりかねない / She does it seldom *if* ever [at all]. 彼女がそうすることはめったにない. ★ 初めの 5 例におけるような条件節に仮定法現在形を用いるのは《古》: *If* it *be* so, why am I thus? しからばわれいかでかくてあるべき (*Gen.* 25: 22). **b** [現在の事実に反する仮想] ★ *if*-clause には仮定法過去形を, 主節には would [should, etc.]＋単純不定詞を用いる; 《口語》では一・三人称単数仮定法過去形の were の代わりに was が用いられる: *If* he *were* [《口語》*was*] here, what *would* he say? もし彼がここにいたら何と言うだろう / If you *knew* how I had suffered, you *would* pity me. 私がどんなに苦しんだかを知っていれば君は私に同情するだろうに / ⇨ IF *it were not for* …. **c** [過去の事実に反する仮想] ★ *if*-clause には仮定法過去完了形を用い, 主節には通例 would [should, etc.]＋完了不定詞を用いるが, 意味によっては would [should, etc.]＋単純不定詞を用いることもある: *If* I *had known*, I *wouldn't have done* it. もし私が知っていたらそんなことはしなかったろう / *If* he *had caught* the train, he *would be* here by now. もし列車に間に合ったのならもうここに来ているだろうに / ⇨ IF *it had not been for* …. **d** [未来または現在に関する疑いを込めた仮想] ★ 通例 *if*-clause に should＋単純不定詞を用いるが, 仮定法過去形を用いることもある: *If* you *should* see her, give her my regards. 万一彼女にお会いになることがあったらよろしく言って下さい / *If* he *failed* again, he would go home. また失敗したら彼も国元に帰るだろう. **e** [純粋仮想] ★ *if*-clause に were＋to 不定詞を用いる: *If* I *were to* die tomorrow, what would you do? もし私があした死ぬとしたら君はどうする. ★ b–e の場合, 《文語》では *if* を用いず主語と(助)動詞の語順を転倒して条件節を表すことがある: Were I (＝*If* I were) in your place, I would help her. 私があなたの立場だったら彼女を助けてやるところなのだが / Had I (＝*If* I had) been there, I would have done it. 私がそこにいたのだったらそうしたでしょう.

2 [時] …のときには(いつも) (whenever): *If* I do not understand what he says, I always ask him. 彼の言うことがわからないときはいつも質問する.

3 [譲歩] たとえ…でも, …としても (even though): *If* I am wrong, you are at least not absolutely right. もし私が間違っているとしても, 君もまた絶対的に正しいとは言えない / You couldn't do it (even) *if* you tried! たとえ君がやってみても, それはできないだろう / His manner, *if* patronizing, was not unkind. 彼の態度は恩に着せるようではあったが, 不親切ではなかった / It's hurtful, (even) *if* (it's) false. 本当でないとしても有害だ.

4 [*if*-clause が帰結節を略し感嘆文として独立して]: **a** [願望を表して] …したならなあ: *If* only I knew! 知ってさえいればなあ (★ How glad I would be! などが補われる). **b** [驚き・怒りなどの激情を表して]: *If* I haven't lost my watch! しまった, 時計をなくした (★ 前に I'm blessed などが補われる) / *If* he ever does that again! 二度とそんなまねはさせん (★ 前に I'm damned などが補われる).

5 [間接疑問の名詞節を導いて] …(である)かどうか (whether): She asked [wondered] *if* it was true. 本当なのかと尋ねた[いぶかった] / I don't know *if* he is here (or not). 彼がここにいるかどうかわからない. ★ この用法の *if* は whether より口語的; この *if*-clause は通例主節の後に置かれる.

as if ⇨ as¹ *conj.* 成句. ***hàd it nót bèen for***＝IF *it were not* [*had not been*] *for*. ***if a dáy*** [***a yárd, an ínch, a mán, a díme, a cént, an óunce, a pénny***] 1 日 [1 ヤード, 1 インチ, 1 人, 1 ダイム, 1 セント, 1 オンス, 1 ペニー] でもあるとすれば; 確かに, 少なくとも: He is seventy, *if* (he is) *a day* (old). どんなに若く見積もっても 70 歳は確かだ / I've walked three miles, *if* (I've walked) *a yard*. 3 マイルは確かに歩いた / She measures six feet, *if an inch*. 少なくとも身長 6 フィートはある / It cost twenty dollars *if* (it cost) *a dime*. それは確かに 20 ドルした. ***if and whèn*** もし…するときは: I'll comment *if and when* the treaty is approved. もしその契約が承諾されたときは意見を述べよう. ***if it isn't*** [驚きを表して] …じゃないですか: Well *if it isn't* my old friend Smith! あら, なつかしい友達のスミスさんじゃないですか. ***if it were nót*** [***had nót bèen***] ***for*** もし…がない[なかった]ならば, …のおかげがない[なかった]ならば: *If it were not for* your help, I would not try [have tried] it. もし君の援助がないならやってみもしない[しなかった]だろう / *If it hadn't been for* John, we would have lost the game. ジョンがいなかったら我々は試合に負けたところだった. ***if nécessary*** [***póssible***] 必要なら[できたら] (if it is necessary [possible] の略): I'll walk *if necessary*. 必要ならば歩きます / While writing, you should have light coming, *if* (at all) *possible*, over your left shoulder. 書きものをする間は, できたら, 光が左肩越しに来るようにすべきです. ***if nót …*** もし…でなければ; もし…でないとしても (⇨ unless SYN): Where should I go, *if not* to your house? 君の家でなくて他にどこへ行ったらいいか (君の家より他に行く所はない) / In his schooldays he was graded dull, *if not* actually stupid. 生徒だったころには, 実際に愚かではなかったが, 不出来の評価をつけられていた. 〖(1560)〗 ***if só*** もしそうなら: It may be inevitable; *if so*, we must learn to live with it. それは避けられないかもしれない. もしそうなら我慢していかなければならない. ***if só bé*** 《古》＝if.

— /ɪf/ *n.* (*pl.* **~s**) **1** 条件 (condition); 仮定, 仮説 (supposition), (不確かな)可能性 (possibility) (cf. but¹ *n.*): There are a lot of '*ifs*' in these plans. これらの案は条件だらけだ / His theory is full of *ifs*. 彼の説は仮説ばかりからなっている / If *ifs* and ans [《口語》ands] were pots and pans ⇨ pot¹ 1 a. **2** 不確実性, 疑わしいこと (uncertainty).

ifs, ánds, or búts＝《英》***ifs and búts*** ぐずぐず引き延ばすための言い訳.

〖OE *ġif* (cog. ON *ef* (conj.) if, (n.) doubt / G *ob* whether, if) ← ? IE **e-* (pron. stem)〗

SYN もし…ならば: **if** 単なる条件を表す語《一般的な語》: I'm sorry *if* you're offended. 気にさわったらごめんなさい. **providing, provided**「…という条件で」という意味で, 条件・ただし書きを述べるときに用いられる: He will do the work *providing* [*provided*] you pay him. 金を出せばその仕事をするだろう. **suppose, supposing** 口語的で,「仮に…とすると, …してみたら」などと仮想を表す語: *Suppose* [*Supposing*] it snows, what will you do? 雪になったらどうしますか.

if 《略》〘野球〙infield 内野.

IF 《略》〘通信〙intermediate frequency 中間周波(数) (cf. HF, LF): an *IF* amplifier 中間周波増幅器. 〖1927〗

IFAD 《略》International Fund for Agricultural Development (国連の)国際農業開発基金.

IFC 《略》International Finance Corporation.

íf-clàuse *n.* 〘文法〙if 節, 条件節 (if で導かれる節). 〖1893〗

I·fe /íːfeɪ/ *n.* イフェ《ナイジェリア南西部の Ibadan 近くの都市; Yoruba 族の最大・最古の町の一つ》.

-if·er·ous /ɪ́f(ə)rəs/ (連結辞 -i- を伴った) -ferous の異形.

iff /ɪf/ *conj.* 〘数学・論理〙…である場合およびその場合に限って (if and only if). 〖1955〗

IFF /àɪèféf/ 《略》〘軍事〙Identification, Friend or Foe (敵)味方識別装置《あらかじめ打ち合わせた周波数の電波に応答するか否かによって目標が敵機[敵艦]か友軍機[味方艦]か判別するレーダー方式》.

if·fy /ɪ́fi/ *adj.* 《口語》if の多い, あやふやの (uncertain), 疑わしい (doubtful), 条件つきの (conditional). 〖(1937) ← IF＋-Y⁴: full of ifs の意〗

-if·ic /ɪ́fɪk/ *suf.* (連結辞 -i- を伴った) -fic の異形.

-i·fi·ca·tion /əfɪ̀kéɪʃən | ɪ̀fɪ-/ *suf.* (連結辞 -i- を伴った) -fication の異形.

-if·id /ɪ̀fɪ̀d, ɪ̀fɪd | ɪfɪ̀d, ɪfɪd/ *suf.* (連結辞 -i- を伴った) -fid の異形.

If·ni /ɪ́fni, íːf-/ *n.* イフニ《アフリカ北西部モロッコ南部の大西洋岸の一地区; もとスペインの海外州 (1934–69); 州都 Sidi Ifni /síːdi- | -di-/; 面積 1,500 km²》.

IFO 《略》identified flying object (cf. UFO).

I·for /áɪvə, íː- | áɪvə^(r), -fə^(r), íːvɔː^(r); *Welsh* ívor/ *n.* アイバー《男性名; ウェールズに多い》. 〖□ Welsh ~ ← *ior* lord: Ivor〗

-i·form /əfɔ̀əm | ɪ̀fɔːm/ *suf.* (連結辞 -i- を伴った) -form の異形.

Í formàtion *n.* 〘アメフト〙アイフォーメーション《I 字形にバックスが並ぶフォーメーション; 単に I ともいう; cf. T formation》. 〖1951〗

IFP 《略》《南ア》Inkatha Freedom Party.

IFR 《略》〘航空〙instrument flight rules.

IFS 《略》Institute for Fiscal Studies; Irish Free State (1922–37).

IFSC 《略》〘カトリック〙*L.* Institutum Frutrum Scholarum Christianorum (＝Institute of the Brothers of the Christian Schools) (cf. Christian Brothers).

IFTC 《略》International Film and Television Council.

IFTU 《略》International Federation of Trade Unions 国際労働組合連合《1913 年に形成された労働組合の国際組織; WFTU の創設に伴い消滅した》.

-i·fy /⸗əfàɪ | ⸗ɪ̀fàɪ/ *suf.* (語幹が子音で終わるときに用いる) -fy の異形: French*ify*, intens*ify*.

Ig 《略》〘生化学〙immunoglobulin.

IG 《略》imperial gallon; Indo-Germanic; Inspector General; *G.* Interessengemeinschaft (＝amalgamation); Irish Guards.

ig. 《略》ignition.

IGA /àɪdʒìːéɪ/ 《略》International Geographical Association; International Grains Arrangement 国際穀物協定.

Ig·bo /íːboʊ, ɪ́g- | íːbəʊ; *Ibo* igbo/ *n.* (*pl.* ~, **~s**) ＝Ibo.

Ig·dra·sil /ɪ́gdrəsɪ̀l/ *n.* 〘北欧神話〙＝Ygdrasil.

I·gerne /ɪgɛ́ən | ɪgɛ́ən/ *n.* 〘アーサー王伝説〙＝Igraine.

-ig·er·ous /ɪ́dʒ(ə)rəs/ *suf.* (連結辞 -i- を伴った) -gerous の異形.

IGFET /ɪ́gfɛt/ *n.* 〘電子工学〙絶縁ゲート電界効果トランジスター (cf. JUGET). 〖《頭字語》← *i*(*nsulated*)-*g*(*ate*) *f*(*ield*)-*e*(*ffect*) *t*(*ransistor*)〗

ig·loo /ɪ́gluː/ *n.* (*also* **ig·lu** /~/) (*pl.* **~s**) **1** イグルー《イヌイットの冬の家; 特に氷や雪の塊を積み上げた丸屋根造りの家》. **2 a** イグルーに似たドーム型の建物. **b** (覆いとして使われる)プラスチック製で持ち運びできるドーム型のもの. **c** 〘軍事〙覆土式[ドーム型]弾薬庫. **3** アザラシが氷中の

息抜き穴の上部の雪中に作るくぼみ．〖《1856》□ Inuit *ig(d)lu* house〗

igloo 1

IGM 《略》〘チェス〙International Grandmaster.

ign 《略》ignites; ignition; ignotus.

Ig·na·ci·o /ɪgnáːθiòʊ | -əʊ; *Sp.* iɣnáθjo/ *n.* イグナーシオ《男性名》．〖□ Sp. ～ □ L *Ignātius* (↓)〗

Ig·na·tius /ɪgnéɪʃəs, -ʃiəs/ *n.* イグネーシャス《男性名; ウェールズ語形 Inigo》．〖□ L *Ignātius* □ Gk *Ignátios* 《原義》? fiery: cf. L *ignis* fire〗

Ignatius, Saint *n.* イグナティオス，イグナティウス《35?-? 110; Syria の Antioch の司教; Apostolic Fathers の一人でローマで殉教した; 祝日 2 月 1 日; 本名 Ignatius Theophorus》.

Ignátius of Loyóla, Saint *n.* ⇨ Ignatius LOYOLA.

I·gna·zi·o /ɪnjáːtsiòʊ | -tsiəʊ; *It.* iɲɲáttsjo/ *n.* イニャーツィオ《男性名》．〖□ It. ～ 'IGNATIUS'〗

ig·ne·ous /ígniəs/ *adj.* **1** 火の，火のような． **2** 〘地質〙火成の．〖《1664》□ L *igneus* of fire ← *ignis* fire: ⇨ -ous〗

ígneous róck *n.* 〘岩石〙火成岩 (cf. sedimentary rock).

ig·nes·cent /ɪgnésənt, -snt/ *adj.* **1** (石が鉄で打つときなどに)火花を発する． **2** ぱっと燃え上がる，激しやすい． — *n.* 火花を発する物質，発火物質．〖《a1828》□ L *ignēscentem* taking fire (pres.p.) ← *ignēscere* to become inflamed ← *ignis* fire〗

ignes fatui *n.* ignis fatuus の複数形.

ig·ni- /ígn̩, -ni/「火 (fire); 燃焼 (burning)」の意の連結形．〖□ L ～ ← *ignis* fire〗

ig·nim·brite /ígn̩mbràɪt | -nɪm-/ *n.* 〘岩石〙イグニンブライト《溶結した大規模な火砕流堆積物》．〖《1932》□ G *Ignimbrit* ← L *ignis*＋*imbris*＋-ITE¹〗

ig·nis fat·u·us /ígn̩sfǽtʃuəs | -nɪsfǽtju-/ *n.* (*pl.* **ig·nes fat·u·i** /ígniːzfǽtʃuàɪ, -neɪz- | -tju-/) **1** 鬼火，きつね火 (will-o'-the-wisp, jack-o'-lantern ともいう). **2** 《口語》人を迷わすもの[理想，希望]，幻想．〖《1563》← NL ～ 'foolish fire' ← L *ignis* fire＋*fatuus* foolish〗

ig·nit·a·bil·i·ty /ɪgnàɪtəbíləti | -təbílɪ̀ti/ *n.* 可燃性，点火性．〖《1809》: ⇨ ↓, -ity〗

ig·nit·a·ble /ɪgnáɪtəbl̩ | -tə-/ *adj.* 点火[発火]しやすい，燃える．〖《1646》: ⇨ ↓, -able〗

ig·nite /ɪgnáɪt/ *vt.* **1** …に火をつける，点火する，燃やす (⇨ kindle¹ SYN): ～ paper, wood, etc. **2** 〈人などを〉奮起させる，燃え上がらす． **3** 〘化学〙高度に熱する，強熱する，焼く (roast). — *vi.* 火がつく，燃えつく，発火する，燃える．〖《1666》— L *ignītus* (p.p.) ← *ignīre* to set on fire ← *ignis* fire〗

ig·nít·er /-tə | -tə^(r)/ *n.* **1** 点火者; 発火器，燃焼器. **2** 〘機械〙(内燃機関の)点火[着火]装置． **3** 〘電気〙イグナイター，点孤子《水銀整流器の放電を開始させる電極》．〖《1883》: ⇨ ↑, -er¹〗

ig·nit·i·bil·i·ty /ɪgnàɪtəbíləti | -tɪ̀bílɪ̀ti/ *n.* =ignitability.

ig·nit·i·ble /ɪgnáɪtəbl̩ | -tɪ̀-/ *adj.* =ignitable.

ig·ni·tion /ɪgníʃən/ *n.* **1** 発火，点火，引火，燃焼. **2** (内燃機関の気筒内混合気などの)点火(装置): He switched on the ～ of his car. 彼は車の点火スイッチを入れた． **3** 〘電気〙点孤． **4** 〘化学〙強熱．〖《1612》□ ML *ignitiō(n-)*: ⇨ ignite, -tion〗

ignítion kèy *n.* (自動車等の)イグニションキー，点火スイッチの鍵．〖1933〗

ignítion tèmperature [pòint] *n.* (燃焼物の)発火点，着火点 (kindling point ともいう; cf. fire point). 〖1887〗

ig·ni·tor /ɪgnáɪtə | -tə^(r)/ *n.* **1** =igniter. **2** 伝火薬《雷管からの火炎を装薬全体に広げるための火薬》．〖1933〗

ig·ni·tron /ɪgnáɪtrɑ(ː)n | -trɒn/ *n.* 〘電子工学〙イグナイトロン《点孤子型水銀整流器》．〖《1933》← IGNI-＋-TRON〗

ig·no·ble /ɪgnóʊbl̩, ɪg- | -nəʊ-ˈ/ *adj.* **1** 〈人・性格・行儀・動作など〉下品な，下等な，下劣な (⇨ base² SYN). **2** 程度の低い，質の悪い (inferior). **3** 〈物事が〉不名誉な，恥ずべき (shameful): an ～ peace 屈辱的な講和. **4** 〈人が〉身分の卑しい，無名の. **5** 〘鷹狩〙(地面近くで獲物を追う)翼の短い鷹の (↔ noble): a ～ hawk. **ig·no·bil·i·ty** /ɪgnoʊbíləti, -nə- | -nə(ʊ)bílɪ̀ti/ *n.* **～·ness** *n.* 〖《1447》□ (O)F ～ // L *ignōbilis* unknown, of low birth ← *i-* 'IN-¹'＋(*g*)*nōbilis* 'known, NOBLE'〗

ig·nó·bly /-bli/ *adv.* 卑しく，下品に; 不面目にも: be ～ born 卑しい家に生まれる．〖《1589-90》: ⇨ ↑, -ly¹〗

ig·no·min·i·ous /ìgnəmíniəs | -nə(ʊ)-ˈ/ *adj.* **1** 不面目な，不名誉な，恥ずべき: an ～ dismissal, death, end, etc. **2** 軽蔑すべき，卑しむべき，見下げ果てた: ～ conduct. **～·ly** *adv.* **～·ness** *n.* 〖《?a1425》□ L *ignōminiōsus*: ⇨ ↓, -ous〗

ig·no·mi·ny /ígnəmɪ̀ni, -mì- | -mɪ̀-/ *n.* **1** 不面目，不名誉，恥辱 (⇨ disgrace SYN). **2** 不面目な[恥ずべき]行為，堕落行為，醜行．〖《1540》□ F *ignominie* // L *ignōminia* deprivation of one's good name ← *i-* 'IN-¹'＋*nōmen* 'NAME'〗

ig·no·my /ígnəmi/ *n.* 《古》=ignominy.

ig·nor·al /ɪgnɔ́ːrəl/ *n.* 《英口語》無視(すること). 〖← IGNORE＋-AL²〗

ig·no·ra·mus /ìgnəréɪməs/ *n.* 無知な人，無学な者; 知ったかぶりのばか者．〖《a1577》□ L *ignōrāmus* we do not know, we are ignorant ← *ignōrāre*: ⇨ ignore: 証拠不十分として不起訴の評決をしたときに大陪審 (grand jury) が起訴状案に裏書きした語〗

ig·no·rance /ígnərəns, -rənts/ *n.* **1** (ある物事に関する)知識のないこと，知らないこと，不案内: I am in complete ～ of his intentions. 彼の意向は全然知らない / *Ignorance* of the law is no excuse. 法律は知らないと言っても言い訳にはならない / plead ～ 知らなかったと申し立てる / keep a person in ～ 人に知らせずにおく． **2** 無学，無教育，無知: sin from [through, out of] ～ 無知のために罪を犯す / live in a state of ～ 無知文盲の状態で生活する / *Ignorance* is bliss. 《諺》「知らぬが仏」．〖《?a1200》□ (O)F ～ □ L *ignōrantia* ← *ignōrantem* (↓): ⇨ -ance〗

ig·no·rant /ígnərənt/ *adj.* **1** 〈人が〉無学の，無教育の，無知の，ものを知らない (uneducated) (↔ learned): an ～ man / ～, but not stupid 無学だが愚かではない． **2** 〈行為など〉無知から起こる，無知を思わせる，いかにもばからしい: an ～ letter (無学者の書いたような)ばからしい手紙 / ～ behavior (無学者のするような)ばからしい行為 / ～ errors 無知から起こる誤り． **3** [叙述的] 〈人が〉(ある事物に関して)不案内の，知らない，気付かない (unaware) (*of, about, in*): be ～ *of* Latin [a person's intentions] ラテン語[人の意図]を知らない / He is ～ *of* the world. 彼は世間知らずだ / I was ～ *about* the time. 時刻のことを忘れていた / He played ～ to me. 彼は私を知らないふりをした / I am ～ *in* financial matters. 経済関係のことは分からない / I was ～ *that* the task was so difficult. その仕事がこんなに困難だとは知らなかった． ★ 最後の例のように，あとに *that*-clause を従えることもできる; ただし意味関係をより明らかにするため I was ～ *of* the fact that …のほうを好む人もある． **4** 《口語》礼儀知らずの，無作法な，無礼な．〖《c1380》□ (O)F ～ // L *ignōrantem* not knowing (pres.p.) ← *ignōrāre*: ⇨ ignore, -ant〗

SYN 無知な: **ignorant** 一般的または特殊な事柄について知識がない《一般的な語》: He is not stupid, just *ignorant*. 彼はばかではない，無知なだけだ． **illiterate** 一定の教養の標準に達しない《特に読み書きができない》: *illiterate* children 読み書きのできない子供たち． **uneducated, untaught, untutored** (よい)教育を受けていない: *uneducated* speech 無教育な言葉遣い / *untaught* youth 無教育な若者たち / the *untutored* inhabitants of the desert 砂漠の無教育な住人たち． **unlettered** 教養，特に文学の素養のない: *unlettered* young people 本に縁のない若者たち.

ANT educated, learned, informed.

íg·no·rant·ly *adv.* 無学で，無知で; 知らないで，不案内のため; ばからしくも．〖《?a1425》: ⇨ ↑, -ly¹〗

ig·no·ra·ti·o e·len·chi /ìgnəráːtiòʊɪ̀léŋki: | -réɪʃiəʊɪléŋkaɪ/ *L. n.* 〘論理〙論点相違の虚偽《論証したことが本当に論証すべきことと多少ずれた的外れの誤謬(ごびゅう)推理》．〖□ L *ignōrātiō elenchī* (なぞり) ← Gk *hē toû elégkhou ágnoia* ignorance of the refutation: ⇨ cf. elenchus〗

ig·nore /ɪgnɔ́ə | -nɔ́ː^(r)/ *vt.* **1** …を知らないふりをする，無視する，顧みない，不問に付する (⇨ neglect SYN): ～ a person, his remarks, a signal, etc. / ～ (the presence of) a person 人(のいること)に頓着しない / Don't worry about them: just ～ them. 彼らのことで気をもむな，ただ無視しなさい / I'm afraid the problem won't go away if you just ～ it. 無視しただけではその問題はなくならないと思う / be ～*d* by the public 世間から黙殺される． **2** 〘法律〙〈大陪審 (grand jury) が〉〈起訴状案を〉証拠不十分として却下する (reject); …に不起訴の評決をする (cf. ignoramus). **ig·nór·a·ble** /-nɔ́ːrəbl̩/ *adj.* **ig·nór·er** /-nɔ́ːrə | -nɔ́ːrə^(r)/ *n.* 〖《1611》□ (O)F *ignorer* // L *ignōrāre* not to know, disregard ← *i-* 'IN-¹'＋*gnārus* knowing: ⇨ know〗

ig·no·tum per ig·no·ti·us /ɪgnóʊtʊmpəɪgnóʊʃiəs | -nəʊtʊmpərɪgnəʊtiʊs/ *L. n.* わからないことを一層わからないことで説明しようとすること．〖□ L *ignōtum per ignōtius* the unknown through the more unknown〗

I·gor /íːgɔə | -gɔː^(r); *Russ.* ígər^j/ *n.* イーゴリ《男性名》. 〖□ Russ. ～ □ ON *Ingvarr*〗

Ig·o·rot /ìːgəróʊt, ìg-, ìːgə- | ìːgəráʊt, ìg-/ *n.* (*pl.* ～, ～**s**) **1 a** [the ～(s)] イゴロト族 (Philippine 諸島 Luzon 島北部に住むマレー人種; 首狩の慣習がある). **b** イゴロト族の人． **2** イゴロト語．〖《1821》□ Sp. *igorrote* ← Tagalog〗

I·graine /ɪgréɪn, iːg-/ *n.* 〘アーサー王伝説〙イグレーヌ《Cornwall 王ゴーロイス (Gaulois) の妻; 奸計により Uther の妻となり，Arthur 王を産む; Igerne, Ygerne ともいう》．〖← ? Celt.〗

I·gua·çu /ìːgwəsúː, -gwɑː-; *Braz.* ìgwasú/ *n.* [the ～] イグアス(川)《ブラジル南部の川; Paraná 川との合流点でアルゼンチンとの国境に Iguaçu Falls がある; 長さ 1,320 km》.

Iguaçú Fálls *n. pl.* イグアス瀑布《ブラジルとアルゼンチンの国境にある滝; 高さ 82 m, 幅 4 km》.

i·gua·na /ɪgwáːnə, iːg- | ɪgwáːnə, ìgjuáːnə/ *n.* 〘動物〙 **1** イグアナ (*Iguana iguana*)《中南米に分布するタテガミトカゲ科の大形のトカゲ; パナマ地方などでは食用として珍重される; guana ともいう》． **2** タテガミトカゲ科のトカゲの総称; (特に)大形のトカゲの総称．〖《1555》□ Sp. ～ □ Carib. *iwana*〗

i·gua·nid /ɪgwáːnɪd | -nɪd/ *adj., n.* 〘動物〙タテガミトカゲ科の(トカゲ)．〖↓〗

I·gua·ni·dae /ɪgwáːnədiː | -nɪ̀-/ *n. pl.* 〘動物〙タテガミトカゲ科．〖← NL ～: ⇨ iguana, -idae〗

i·gua·no·don /ɪgwáːnədɑ̀(ː)n, ɪgwǽn- | ɪgwáːnədɒn, ìgjuáː-, -ǽnə-, -dən/ *n.* 〘古生物〙イグアノドン《白亜紀の巨大な爬虫類 *Iguanodon* 属の草食動物の総称; 後脚で立って歩いた; cf. dinosaur》. **i·gua·no·dont** /ɪgwáːnədɑ̀(ː)nt, iːg- | ɪgwáːnədɒnt, ìgjuáː-/ *adj., n.* 〖《1830》← NL ～ ← IGUANA＋-ODON〗

I·guas·sú /ìːgwəsúː, -gwɑː-; *Braz.* ìgwasú/ *n.* [the ～] =Iguaçu.

I·gua·zú /ìːgwəsúː, -gwɑː-; *Am.Sp.* iɣwasú/ *n.* [the ～] =Iguaçu.

IGY 《略》International Geophysical Year.

IH 《略》Indo-Hittite.

IHC 《略》《NZ》intellectually handicapped child.

IHC 《記号》Jesus (cf. IHS 1).

IHD 《略》International Hydrological Decade 国際水文 10 か年計画.

IHP, ihp 《略》indicated horsepower. 〖1894〗

ih·ram /ɪráːm, iː-/ *n.* **1** (イスラム教徒の)メッカ巡礼の衣服《白木綿製で二つの部分から成り，一つは腰のまわりに，他は左の肩に掛ける》． **2** (この衣服をまとった)巡礼 (pilgrim). 〖《1704》□ Arab. *iḥrām* ← *ḥárama* to forbid: cf. harem〗

IHS /áɪèɪtʃés/ 《記号》 **1** Jesus《IHC, JHS, YHS とも書く》． **2** 〘1 に対する俗解として〙 **a** Iesus Hominum Salvator /dʒíːzəsháː(ː)mənəmsælvéɪtə, -tə | -hɔ́mɪnəmsælvéɪtɔː^(r), -tə^(r)/ (=Jesus, Savior of Men) 人類の救い主イエス． **b** in hoc signo vinces /ɪnhoʊksígnoʊwíŋkeɪs | -həʊksígnəʊ-/ (=in [by] this sign thou shalt conquer) この印によりてなんじは勝利を得ん． **c** In Hoc Salus /ɪnháː(ː)kséɪləs | -hɔ́k-/ (=In this (cross) is salvation). この十字架に救いあり．〖《c1275》□ ML ～ ← Gk *IH(ΣOΥ)Σ* (*Iēsoûs*) 'JESUS'〗

IHVH 《記号》⇨ Tetragrammaton.

IHWH 《記号》⇨ Tetragrammaton.

IIC 《略》International Institute of Communications.

i·i·wi /iːíːwi/ *n.* 〘鳥類〙イーウィ (*Vestiaria coccinea*)《ハワイミツスイ科》．〖《1779》□ Hawaiian〗

Ijs·sel /áɪsəl, -sl̩; *Du.* ɛ́isəl/ *n.* [the ～] アイセル(川)《オランダ中部を流れる川; Rhine 川の支流で Ijsselmeer 湖に注ぐ (116 km)》.

Ijs·sel·meer /àɪsəlméə, -sl̩- | -méə^(r); *Du.* ɛ̀isəlmé:ʀ/ *n.* [the ～] アイセル(湖)《オランダ北西部の淡水湖; Lake Ijssel /áɪsəl, -sl̩; *Du.* ɛ́isəl/ ともいう; ⇨ Zuider Zee》．〖□ Du. ～: ⇨ ↑, mere²〗

i·kan /íːkɑːn/ *n.* 《マレーシア》(料理に使う)魚.

I·kar·i·a /ɪkέ^əriə, aɪk- | -kέər-; *Mod.Gk.* ikaría/ *n.* イカリア(島)《エーゲ海にあるギリシャ領の島で Samos 島の南西にある; 面積 260 km²》.

i·kat /íːkɑːt/ *n.* 〘染色〙くくり染め，くくり絣(かすり)，イカット《染め分けた織り糸で模様を織る技法; またはその織物》．〖《1927》□ Mal. ～ 'to tie, fasten'〗

IKBS 《略》〘電算〙intelligent knowledge-based system.

ike /áɪk/ *n.* 《俗》〘電子工学〙=iconoscope. 〖1937〗

Ike¹ /áɪk/ *n.* アイク《男性名》．〖(dim.) ← ISAAC〗

Ike² /áɪk/ *n.* アイク《米国第 34 代大統領 D. D. Eisenhower の愛称》.

IKEA /aɪkíːə, ɪkéɪə/ *n.* 〘商標〙イケア，アイキーア《スウェーデンの組立て式家具のメーカー; そのブランド》.

i·ke·ba·na /ìːkeɪbáːnə, ìk-, -kɪ-/ *n.* 生け花．〖《1901》□ Jpn.〗

I·ke·ja /ɪkéɪdʒə/ *n.* イケジャ《ナイジェリア南西部, Lagos 州の州都》.

i·key /áɪki/ 《俗・方言》*n.* **1** ユダヤ人 (Jew). **2** (ユダヤ人の)故買者，質屋，金貸し． — *adj.* **1** ずるい，抜け目のない． **2** うぬぼれた，生意気な．〖《1835》← IKE¹＋-Y²〗

Ikh·na·ton /ɪknáːtn̩/ *n.* イクナトン《Amenhotep 四世の別名》.

i·kon /áɪkɑ(ː)n, -kən | -kɒn, -kən/ *n.* 〘美術〙=icon 2.

IKr 《記号》〘貨幣〙Icelandish krona [kronur].

il 《記号》Israel (URL ドメイン名).

Il 《記号》〘化学〙illinium.

IL 《略》〘米郵便〙Illinois (州); 〘自動車国籍表示〙Israel.

il- /ɪ, ɪ(l)/ *pref.* (l の前にくるときの) in-¹·² の異形: *il*logical, *il*luminate. ★ アクセントについては ⇨ in-¹ (3).

-il /əl | ɪl/ *suf.* =-ile¹: civil.

I·la /íːlə/ *n.* イーラ《女性名》．〖cf. F *isle*〗

ILA /áɪèlèɪ/ 《略》International Law Association 国際法協会; International Longshoremen's Association.

i·lang-i·lang /íːlɑːŋíːlɑːŋ | -læŋíːlæŋ/ *n.* **1** 〘植物〙イランイランノキ (*Canangium odoratum*)《バンレイシ科に属するマライ・ジャワ産の高木》． **2** イランイラン《イランイランノキの花から採る香油で，高級香水の原料》．〖《1876》□ Tagalog ～《原義》flower of flowers: ⇨ ylang-ylang〗

ílang-ílang òil *n.* イランイラン油《ilang-ilang の花を蒸留して得られる香油; Philippine 諸島・Réunion 島などに産し，高級香料の調合に用いる; cf. cananga oil》. 〖1881〗

Il Du·ce /ɪldúːtʃeɪ | -tʃeɪ, -tʃi; *It.* ildúːtʃe/ *n.* イルドゥーチェ (⇨ duce 2).

il·e- /íli/ (母音の前にくるときの) ileo- の異形.

-ile¹ /əl, l̩, aɪl | aɪl/ *suf.* **1**「…に関する; …できる; …に適した」の意の形容詞語尾: frag*ile*, puer*ile*, text*ile*, vir*ile*. **2**「…に関係のあるもの; …できるもの」の意の名詞語尾: aed*ile*, miss*ile*. 〖ME □ (O)F ～ // L *-ilis, -īlis*〗

-ile[2] /əl, ɨ, aɪl | aɪl/ *suf.* 〖統計〗「…等分した一つ」の意を表す名詞を造る: cen*tile*, de*cile*. 〖← (QUART)ILE (aspect)〗

ILEA /ília, áɪèlìːéɪ/ 《略》 Inner London Education Authority.

ilea *n.* ileum の複数形.

il·e·ac /ílìæk/ *adj.* 〖解剖・病理〗 =ileal. 〖(1822–34) ← ILEO-＋-AC〗

il·e·al /íliəl/ *adj.* **1** 〖解剖〗 回腸 (ileum) の. **2** 〖病理〗 腸閉塞(ぢ) (ileus) (性)の. 〖(1893) ← ILEUM＋-AL[1]〗

Île-de-France /ìːldəfrɑ́ː(n)s, -frɑ́ːns; *F.* ildəfʀɑ̃ːs/ *n.* イルドフランス 《Paris を中心とする中古フランス北部の一州で, 王国の中核をなした; いくつかの川に囲まれていたため île (=island) と呼ばれた》.

Île de France /ìːldəfrɑ́ː(n)s, -frɑ́ːns; *F.* ildəfʀɑ̃ːs/ *n.* イル ド フランス 《Mauritius 1 の古名》.

Île du Dia·ble /*F.* ildydjaːbl/ *n.* イル デュ ディアブル 《Devil's Island のフランス語名》.

il·e·ec·to·my /ìliéktəmi/ *n.* 〖外科〗 回腸切除(術). 〖← ILEO-＋-ECTOMY〗

il·e·i·tis /ìliáɪtɨs | ìliáɪtɪs/ *n.* (*pl.* **il·e·it·i·des** /ìliítədìːz | -ítɪ-/) 〖病理〗 回腸炎: regional [terminal] ～ 限局性[終末]回腸炎. 〖(1855): ⇨ ↓, -itis〗

il·e·o- /íliou | íliəu/ 〖解剖〗「回腸 (ileum); 回腸と…との (ileum and …)」の意の連結形: *ileo*stomy, *ileo*cecal. ★ 母音の前では通例 ile- になる. 〖← ILE(UM)＋-O-〗

ìleo·cécal *adj.* 〖解剖〗 回盲部の 《回腸と盲腸とにいう》. 〖(1847): ⇨ ↑, cecal〗

ìleo·colítis *n.* 〖病理〗 回結腸炎. 〖← ILEO-＋COLITIS〗

il·e·os·to·my /ìliá(ː)stəmi | -ɔ́s-/ *n.* 〖外科〗 回腸造瘻(ろう)[フィステル形成](術). 〖(1887) ← ILEO-＋-STOMY[1]〗

Îles Co·mores /*F.* ilkɔmɔːʀ/ *n.* コモロ諸島 《Comoro Islands のフランス語名》.

Îles de la So·cié·té /*F.* ildəlasɔsjete/ *n.* ソシエテ諸島 《Society Islands のフランス語名》.

Îles du Sa·lut /*F.* ildysaly/ *n.* サルー諸島 《Safety Islands のフランス語名》.

Ì·le·sha /iléɪʃə/ *n.* イレシャ 《ナイジェリア南西部の都市》.

Îles Mas·ca·reignes /*F.* ilmaskaʀɛɲ/ *n.* マスカレーニュ諸島 《Mascarene Islands のフランス語名》.

Îles sous le Vent /*F.* ilsulvɑ̃/ *n.* イル スール ヴァン諸島 《南太平洋の Leeward Islands のフランス語名》.

il·e·um /íliəm/ *n.* (*pl.* **il·e·a** /ília/) **1** 〖解剖〗 回腸. **2** 〖昆虫〗 回腸, 小腸 《胃の下部で腸の細くなった部分》. 〖(1682) ← NL ～ 《変形》 ← L *ilium*, (pl.) *ilia* flanks, entrails〗

il·e·us /íliəs/ *n.* 〖病理〗 腸閉塞(症), イレウス. 〖(1693) □ L ～ □ Gk *ileós, eileós* colic ← *eílein* to roll〗

i·lex /áɪlɛks/ *n.* 〖植物〗 **1** トキワガシ (⇨ holm oak). **2 a** [*I-*] モチノキ属 《モチノキ科の一属》. **b** モチノキ属 (*Ilex*) の植物の総称 《セイヨウヒイラギ (*I. aquifolium*) など》. 〖(*a*1398) □ L ～ 'holm oak'〗

Ilf /ɪ́lf; *Russ.* ílʲf/, **I·lya Ar·nol·do·vich** /ɪ́ljá arnólʲdəvʲitʃ/ *n.* イリフ 《1897–1937; ロシアのユーモア作家; E. Petrov と共同で創作した; ソ連の「Mark Twain」と称せられる》.

Il·ford /ílfəd | -fəd/ *n.* イルフォード 《London 北東部 Red bridge の一画》. 〖OE *Ilefort* 《原義》 ford over the river *Hyle* (《原義》 trickling stream: cf. Ir. *silim* to drop, distil / Welsh *hil* seed): ⇨ ford〗

Il·fra·combe /ílfrəkùːm/ *n.* イルフラクーム 《イングランド南西部 Devonshire 州北部の港市; Bristol Channel に臨む景勝の避暑[保養]地》. 〖OE *Alfreincome* 《原義》 coombe of Alfred's people: ⇨ Alfred, -ing[3], coombe〗

Ílg·ner sỳstem /ílgnə- | -nə-; *G.* ílgnɐ-/ *n.* 〖電気〗 イルグナー方式 《直流電動機の速度制御法の一種》. 〖← *Karl Ilgner*〗

ILGWU 《略》 International Ladies' Garment Workers' Union.

I·li /íːlíː/ *n.* [the ～] イリ(川) 《中国新疆(しんきょう)ウイグル自治区の北西部に発し, カザフスタンで Balkhash 湖に注ぐ川 (1,400 km)》.

ilia *n.* ilium の複数形.

Il·i·a[1] /ília/ *n.* 〖ローマ神話〗 イーリア (⇨ Rhea Silvia). 〖□ L *Īlia*〗

I·li·a[2] /ília/ *n.* イリア (Elia[2] の現代ギリシャ語名).

il·i·ac[1] /íliæk/ *adj.* 〖解剖〗 **1** 腸骨 (ilium) の. **2** 《古》 回腸 (ileum) の. 〖(1519) □ LL *iliacus* of the flank ← L *ilia* (pl.) ← *ilium*: ⇨ ilium〗

il·i·ac[2] /íliæk/ *adj.* イリウム (ilium) の. 〖□ L *Īliacus* □ Gk *Iliakós*: ⇨ Iliad, -ac〗

íliac ártery *n.* 〖解剖〗 **1** 総腸骨動脈 《下半身に血液を送る一対の大動脈の一方; common iliac artery ともいう》. **2** 外腸骨動脈 《総腸骨動脈の二大枝の一つで大腿動脈に続く; external iliac artery ともいう》. **3** 内腸骨動脈 《総腸骨動脈の二大枝の一つで, 骨盤・臀部に血液を送る; internal iliac artery, hypogastric artery ともいう》. 〖1782〗

Il·i·ad /íliəd, -æd | -æd, -əd/ *n.* **1** [the ～]「イーリアス」,「イリアッド」《ギリシャの詩人 Homer の作と伝えられる全 24 巻の叙事詩で, Troy の攻囲戦を歌ったもの; cf. Odyssey》. **2** (イーリアスのような)叙事詩 (epic); 長い詩[物語]. **3** 長い悲しみ, 打ち続く不幸, 重ね重ねの不仕合わせ: an ～ of woes 打ち続く災難. **Il·i·ad·ic** /ìliǽdɪk | -dɪk⁻/ *adj.* 〖(1579) □ L *Īliad-*, *Īlias* □ Gk *Īliás* (*poíēsis*) (poesy) of Ilium ← *Ī́lion* Ilium, Troy: ⇨ -ad[1]〗

Il·i·am·na /ìliǽmnə⁻/ *n.* イリアムナ(山) 《イリアムナ湖の北西にある火山 (3,053 m)》.

Ìliamna Láke *n.* イリアムナ湖 《米国 Alaska 州南西部にある同州最大の湖; 面積 1,033 m²》.

I·lich /ílɪtʃ; *Russ.* ilʲjítʃ/ *n.* イリイチ 《男性名》. 〖□ Russ. *Il' ich* Ilya's son ⇨ Ilya〗

I·li·es·cu /ìliésku:, ɪljés-; *Rom.* iliésku/, **Ion** /jón/ *n.* イリエスク 《1930–　; ルーマニアの政治家; 大統領 (1990–96)》.

I·li·gan /ilíːgən/ *n.* イリガン 《フィリピン Mindanao 島北岸の港町》.

il·i·o- /íliou | íliəu/「腸骨 (ilium)」の意の連結形. 〖← NL *ilium*: ⇨ ilium〗

il·i·o·cos·tal·is /ìlioukɑ(ː)stǽlɨs, -téɪl-, -tɑ́ːl- | ìliə(ʊ)kɔst-/ *n.* 〖解剖〗 腸肋筋. 〖← ILIO-＋LL *costālis* rib (⇨ costal)〗

Il·i·on /íliən/ *n.* イリオン 《古代 Troy のギリシャ語名》.

-il·i·ty /ílәti | ílɨti/ *suf.* -ile, -il, -le で終わる形容詞から抽象名詞を造る: ab*ility*, civ*ility*, serv*ility*. 〖ME □ (O)F *-ilité* < L *-ilitātem*, *-ilitās*〗

il·i·um /íliəm/ *n.* (*pl.* **il·i·a** /ília | ília, ílja/) 〖解剖〗 **1** 腸骨. **2** 《古》 回腸 (ileum). 〖(1706) ← NL ～ ← L *ilium*, (pl.) *īlia* flanks ∽ (1392) *ilion* □ ML *ilion* ← L *ilia*: cf. ileum〗

Il·i·um /íliəm | íl-, áɪl-/ *n.* イリウム 《古代 Troy のラテン語名》. 〖□ L ～: ⇨ Iliad〗

ilk[1] /ílk/ *adj.* 《スコット・口語》 同一の, 同じ. **—** *n.* 《俗》 [しばしば軽蔑的に] 家族, 同類: that ～ その家族[同類] / he and all his ～ 彼とその家族[一族].

of thát* [*his, her, etc.*] *ílk*＝*of the sáme ílk (1) その同一の 《スコットランドで人の姓とその所有地の名とが同じことを示すときに用いる》: Guthrie *of that* ～ (=Guthrie of Guthrie) ガスリー(地名)のガスリー家. (1473) (2) 《俗》 [しばしば軽蔑的に] 同じ種類[種族, 家族]の, 同類の: burglars and others *of that* ～ 夜盗とその他同類の者 / Men *of that* ～ cannot be expected to behave otherwise. あの種の人に違ったふるまいを期待してもだめだ. (1473) 〖OE *ilca* (masc.) *ilce* (fem. & neut.) (the) same ← Gmc **is-līk-* ← IE **e-* (pron. stem): ⇨ like[1]〗

ilk[2] /ílk/ 《スコット》 *adj.* おのおのの (each), ことごとくの (every). **—** *pron.* おのおの, めいめい. 〖OE *ylc*, *elc* 《変形》 ← *ǣlċ* 'EACH'〗

il·ka /ílkə/ *adj.* 《スコット》 =ilk[2]: ～ day=weekday. 〖(?*c*1200) *ilka*(*n*) each one: ⇨ ilk[2], a[2]〗

Il·ka /ílkə/ *n.* イルカ 《女性名》. 〖(dim.) ← Slav. *Milka* 《原義》 industrious〗

Il·kes·ton /ílkɨstən, -tn/ *n.* イルケストン 《イングランド中北部, Derbyshire 州の町》.

Il·kley /ílkli/ *n.* イルクリー 《イングランド北部, West Yorkshire 州の町》.

ill /íl/ *adj.* (**worse** /wə́ːs | wə́ːs/; **worst** /wə́ːst | wə́ːst/) **1 a** [通例叙述的] (～·**er**; ～·**est**) 〈人が〉病気で, 不快で, かげんが悪い (↔ well) (⇨ sick SYN): fall [get, be taken, take] ～ 病気になる / feel ～ かげんが悪い (cf. 2) / become [get] ～ *through* overwork 過労で病気になる / be ～ *with* a fever 熱があって病気だ / be critically ～ *with* pneumonia 肺炎で危篤である / seriously ～ in hospital with gunshot wounds 《英》 銃弾による重傷を負って入院中で.

[語法] (1) 《米》では *ill* は形式ばった語で, 通例は sick を用いる. (2) 限定的用法では, seriously [terminally] ～ people のように副詞が先行する場合のほか, an ～ child, the ～ woman のように単独でも用いられる.

b 〈健康がすぐれない, 順調でない (unsound): ～ health 不健康 / You look ～. 顔色が悪いね. **c** 《英》 けがをした, 負傷した. **2 a** [叙述的] (～·**er**; ～·**est**) 《米》 気分が悪い, 吐きそうな (nauseated) (《英》 sick): feel ～ 気分が悪い (cf. 1) / The sight made me ～. その光景を見ると私は胸がむかついた. **b** 胸をむかつかせる, いやな: an ～ smell むかつくような臭い / an ～ taste 嫌な味. **3** 敵意をもつ (hostile), 意地の悪い, 不親切な (unkind); 不機嫌な, 気難しい: ～ treatment 苛酷な扱い / ～ words 意地の悪い言葉 / have an ～ opinion of …を悪く思う / an ～ man to please 気難しい人 (cf. 7) / with (an) ～ grace しぶしぶ, いやいやながら / in ～ part ⇨ part *n.* 成句 / ⇨ ill blood, ill feeling, ill humor, ill nature, ill temper, ill turn, ill will. **4** 都合の悪い (unfavorable), 不吉な, 不幸な: ～ effects 不幸な結果 / ～ fortune [luck] 不幸, 不運 / birds of ～ omen 不吉の鳥 / get ～ news 悪い知らせを受ける / as ～ luck would have it 不運にも, あいにく / It's an ～ wind that blows no good. ⇨ wind[1] 1 / *Ill* news comes apace. ⇨ news 1 b / *Ill* weeds grow apace [fast]. ⇨ weed[1] *n.* 1. **5 a** 不適当な, 間違った (improper): ～ advice 誤った忠告 / ～ behavior [manners] 無作法 / ⇨ ill breeding. **b** (道徳的に)悪い, 不徳な, よこしまな (wicked): ～ deeds 悪事 / ～ repute 悪評, 醜名 / of ～ repute [fame] 評判の悪い. **6** へたな, まずい (poor), 不十分な: an ～ example よくない例 / ～ management まずい管理 / meet with ～ success 不成功[不首尾]に終わる / be ～ *at* reckoning 計算がまずい. **7** 《古》 難しい (difficult); 厄介な: be ～ *to* please 気難しい.

— *n.* **1** 悪 (evil) (↔ good); 《古》 (道徳的)邪悪, 罪悪 (wickedness): do ～ 悪事を働く / for good or (for) ～ =for ～ or well よかれあしかれ. **2** [通例 *pl.*] 不運, 不幸, 災難 (misfortune), 難儀, 面倒 (trouble), 困難, 苦しみ (difficulty): social ～*s* 社会的病弊, 社会悪 / urban ～*s* 都会悪 / the ～*s* of life 人生の苦難 / suffer various ～*s* いろんな難儀に遭う / *Ill* befell them. 災いが彼らの身に振りかかった / the ～*s* that flesh is heir to 人間として必ず受けなければならない苦難 (cf. Shak., *Hamlet* 3. 1. 62–63). **3** 悪口, 悪い事: ⇨ *speak* [*think*] *no* ILL *of*…. **4** 《スコット・北英・米》 病, 病気 (disease, sickness): bodily ～*s* 疾病.

spéak* [*think*] *nò ìll of …を悪く言わない[思わない] (cf. *adv.* 成句).

— *adv.* (**worse**; **worst**) **1** 悪く, まずく (badly); 邪悪に, 不正に (wickedly) (↔ well): behave ～ 行儀が悪い / take a thing ～ 物事を悪くとる[に感情を害する] / Don't take it ～ of him. 彼のことで気を悪くしないで下さい / *Ill* got, ～ spent. 《諺》「悪銭身につかず」. **2** 不満足に, 不十分に, 貧弱に (poorly): be ～ able to do …しかねる / be ～ at ease 落ち着かない, 不安である / be ～ equipped [provided] 装備[供給]が不十分[不足]である / I could ～ afford (*to* spend) the time and money. 金と時間の都合がつきかねた / It ～ becomes him to speak so. そう言うとは彼に似つかわしくない. **3** 都合悪く, 運悪く (badly): be ～ off 暮らし向き[都合, 工面]が悪い / The affair turned out ～. 事がうまくいかなかった / It would have gone ～ *with* him. 彼はひどい目に遭うところだった. **4** 敵意をもって, 不親切に (unkindly): use a person ～ 人を酷使[虐待]する.

spéak* [*think*] *ìll of …を悪く言う[思う] (cf. *n.* 成句): He is ～ *spoken of* wherever he goes. 彼は行く先々で悪くいわれる.

〖(?*c*1150) □ ON *illr* (adj.), *ilt* (n.) & *illa* (adv.) ← ?〗

ill. 《略》 illustrate; illustrated; illustration; illustrator; L. illustrissimus (=most distinguished).

Ill. 《略》 Illinois.

I'll /aɪl/ 《口語》 **1** I will の縮約形. **2** I shall の縮約形.

ill- /íl/「悪く, まずく」などの意の複合語形成要素 (↔ well-): *ill*-constructed, *ill*-managed, *ill*-nourished; *ill*-smelling, *ill*-sounding. ★ 複合語は /⌐-⌐/ のアクセントとなる. 〖⇨ ill (adj., adv.)〗

ìll-advísed *adj.* 〈人・行為など〉考えのない, 思慮のない, 無分別な, 浅はかな: You would be ～ to do so. そうするのは無分別だ(やめたほうがよかろう). **ìll-ad·vís·ed·ly** /-zɨdli/ *adv.* 〖1592〗

ìll-affécted *adj.* よい感情[好意]をもたない, 好感をもっていない, 不平を抱いている, 不服な (ill-disposed) (*to, toward*). 〖1596〗

Il·lam·pu /iː(j)ɑ́ːmpuː; *Am.Sp.* ijampú/ *n.* イヤンプー(山) 《南米ボリビアの西部, Andes 山脈中の Sorata 山の高峰の一つ (6,485 m)》.

ìll-assórted *adj.* =ill-sorted. 〖1814〗

il·la·tion /ɨléɪʃən | ɪl-/ *n.* 推理, 推論 (inference); 推断, 推定, 結論. 〖(1533) □ LL *illātiō*(*n-*) a carrying in ← *illātus* (p.p.) ← *inferre* 'to INFER'〗

il·la·tive /ílətɪv, ɨléɪt- | ɪléɪt-, ílət-/ *adj.* **1** 〖文法〗 **a** 推論[推断]的な, 推論の, 推定的な. **b** (ハンガリー語などにおける)入格[方向格]の (cf. elative 1). **2** 推理の, 推論的な (inferential). **—** *n.* **1** 推論[推断]的な語句. **2** 推論 (inference), 結論. **3** 〖文法〗 (ハンガリー語などにおける)入格[方向格](の語). **～·ly** *adv.* 〖(1591) □ L *illātīvus* ← *illātus*: ⇨ ↑, -ive〗

íllative conjúnction *n.* 〖文法〗 推論[推断]接続詞 (then, therefore, so など).

il·laud·a·ble /ɨlɔ́ːdəbl, ɪl-, ɪ̀ll-, -lɑ́ː- | ɪlɔ́ːdə-, ɪ̀ll-/ *adj.* ほめられない, ほめるに値しない. **il·láud·a·bly** *adv.* 〖(1589) □ LL *illaudābilis*: ⇨ in-[1], laudable〗

Il·la·war·ra /ìləwɔ́(ː)rə, -wɑ́(ː)rə | -wɔ́rə⁻/ *n.* **1** イラワラ 《オーストラリア New South Wales 州南部の海岸地方》. **2** 〖畜産〗 イラワラ 《オーストラリア原産の乳肉兼用の一品種の牛; Illawarra (dairy [milking]) shorthorn ともいう》.

Íl·la·war·ra ásh /ìləwɔ̀(ː)rə-, -wɑ̀(ː)rə- | -wɔ̀rə-/ *n.* 〖植物〗 オーストラリア産ホルトノキ科の材木用の植物 (*Elaeocarpus cyaneus*). 〖(1889) ← *Illawarra* (オーストラリアの New South Wales 州の産地名)〗

Íllawarra móuntain pìne *n.* 〖植物〗 オーストラリア産マツ科マオウヒバ属のヒバに似た植物 (*Callitris cupressiformis*). 〖1884〗

Íllawarra shórthorn *n.* イラワラショートホーン (⇨ Illawarra 2). 〖1911〗

ìll-bálanced *adj.* 均衡のとれていない. 〖1864〗

ìll-beháved *adj.* 行儀の悪い, 不作法な. 〖1611〗

ìll-béing *n.* (生活・健康などの)悪い状態, 不運, 不幸 (↔ well-being). 〖1840〗

ìll-beséeming *adj.* ふさわしくない: An ～ semblance for a feast. 宴会にふさわしくない顔つき (Shak., *Romeo* 1. 5. 74). 〖1595–96〗

íll blóod *n.* =bad blood. 〖1624〗

ìll-bóding *adj.* 縁起の悪い, 凶兆の, 不吉な. 〖1589–90〗

ìll-bréd *adj.* **1** しつけ[育ち]の悪い, 粗野な, 無作法な (↔ well-bred): an ～ answer. **2** 〈馬・犬など〉(品種の)悪い, 劣等の (↔ well-bred): an ～ animal. 〖1604〗

ìll bréeding *n.* 育ちの悪いこと, 粗野, 無作法. 〖1800〗

ìll-clád *adj.* 粗末な服を着ている, ろくに着る物も着ていない (cf. ill-housed). 〖1784〗

ìll-concéived *adj.* 〈計画など〉思いつきの悪い, 構想のへたな; 誤解された.

ìll-condítioned *adj.* **1** 〈人が〉たちの悪い, 意地の悪い, つむじ曲りの (surly). **2** 《まれ》 〈健康など〉悪い状態の, 調子の悪い. 〖1614〗

ìll-consídered *adj.* 〈意見など〉思慮の足りない, 皮相な. 〖1835〗

ìll-cút *adj.* 〈服など〉仕立てのよくない.

íll-defíned *adj.* **1** 〈輪郭・限界など〉はっきりしない. **2** 定義のまずい, 不明確な. 〘1866〙

íll-dispósed *adj.* **1** たちの悪い, 意地の悪い, 性悪な (malicious). **2** 〔…に対して〕好意を持たない, 悪意を抱く〔*to, toward*〕: be ~ *toward* a plan. **~·ness** *n.* 〘?*a*1425〙

íll-dóer *n.* 悪人, 悪徳家 (evildoer). 〘1738〙

íll-dóing *n.* 悪行, 悪事, 悪徳 (evildoing). 〘1610–11〙

Ille-et-Vi·laine /iːleɪviːlén; *F.* ilevilɛn/ *n.* イルエビレーヌ(県) 《フランス北西部のイギリス海峡に臨む県; 面積 6,758 km², 県都 Rennes》.

il·le·gal /ɪ̀(l)líːɡəl, ɪ̀(ɫ)l-, -ɡɫ | ɪl-, ɪ̀(ɫ)l-⁻/ ★ legal と対照させるときには /íːliːɡəl, -ɡɫ/ と発音されることもある. *adj.* 法で禁じられた, 不法の, 違法の, 非合法の (unlawful) (cf. nonlegal): ~ seizure 不法占有 / ~ sale 密売 / an ~ act 不法行為 / an ~ operation 堕胎(手術) / an ~ transaction やみ取り引き. — *n.* 密入国者. **~·ly** *adv.* **~·ness** *n.* 〘(1626) □ (O)F *illégal* ∥ ML *illēgālis*: ⇨ in-¹, legal〙

illégal abórtion *n.* 堕胎(罪) (criminal abortion).

illégal álien *n.* 不法入国者 《ビザなしで, またはビザの有効期限を超えて滞在している不法滞在外国人》.

il·le·gal·i·ty /ɪ̀(l)liːɡǽləṭi | -lɨti/ *n.* 違法, 不法, 非合法, 犯則; 不法行為 (illegal action). 〘(1639) □ (O)F *illégalité*: ⇨ illegal, -ity〙

I **il·le·gal·ize** /ɪ̀(l)líːɡəlàɪz, ɪ̀(ɫ)l- | ɪl-, ɪ̀(ɫ)l-/ *vt.* 違法とする, 非合法化する: ~ gambling 賭博を非合法化する[禁じる]. **il·le·gal·i·za·tion** /ɪ̀(l)lìːɡəlɨzéɪʃən, ɪ̀(ɫ)l- | ɪlìːɡəlaɪz-, ɪ̀(ɫ)l-, -lɪz-/ *n.* 〘(1818): ⇨ -ize〙

il·leg·i·bil·i·ty /ɪ̀(l)lèdʒəbíləṭi, ɪ̀(ɫ)l- | ɪlèdʒɨbílɨti, ɪ̀(ɫ)l-/ *n.* 読みにくいこと, 判読不能. 〘(1818): ⇨ ↓, -ity〙

il·leg·i·ble /ɪ̀(ɫ)lédʒəbɫ | ɪlédʒɨ-/ *adj.* 〈文字など〉読みにくい, 判読し難い; 解読しにくい: an ~ scrawl 読みづらいなぐり書き. **~·ness** *n.* **il·lég·i·bly** *adv.* 〘((1615)) (1640): ⇨ il-〙

il·le·git·i·ma·cy /ɪ̀lɨdʒítəməsi | -tɨ-/ *n.* **1** 不法, 違法, 非合法. **2** 私生, 庶出. **3** 不条理, 不合理: the ~ of an argument. 〘(1680): ⇨ ↓, -acy〙

il·le·git·i·mate /ɪ̀lɨdʒítəmɨt | -tɨ-/ *adj.* **1** 正式な結婚から出生したのでない, 嫡出でない, 庶出の (bastard): an ~ child 非嫡出子, 私生子. **2** 〈行為が〉不法の, 違法の (unlawful); 不規則な (irregular). **3** 〈推論・結論が〉論理に合わない, 非論理的な, 不合理な, 不条理な (illogical): an ~ conclusion. **4** 〈語・句など〉誤用の, 慣用にはずれた: an ~ phrase. **5** 《廃》違法劇の, 違法劇を上演[演出]する 《往時 London で, 原作通りの劇を上演する資格は法律で若干の劇場に限られていたため, 他の劇場は歌曲や踊りを加えて上演したことから》. — *n.* 非嫡出子, 庶子, 私生子 (bastard). — *vt.* 不法[違法]とする; 非嫡出子と宣告する; 不合理であるとする. **~·ly** *adv.* 〘(1536) ← LL *illēgitimus*: ⇨ in-¹, legitimate〙

il·le·git·i·ma·tion /ɪ̀lɨdʒìtəméɪʃən | -tɨ-/ *n.* 不法[違法]と認定すること; 非嫡出子の認定[宣告]. 〘(1553): ⇨ ↑, -ation〙

il·le·git·i·ma·tize /ɪ̀lɪdʒítəmətàɪz | -tɨ-/ *vt.* =illegitimate. 〘1811〙

íll-equípped *adj.* 装備[設備]が貧弱な; 準備が不十分な. 〘1956〙

íll-estáblished *n.* 〈語法など〉十分に確立していない (cf. well-established 1).

íll fáme *n.* 悪評, 悪名: a house of ~ 売春宿. 〘1483〙

íll-fámed *adj.* 不評判の, 悪名高い. 〘1483〙

ill-fated /ɪ̀lféɪtɨd | -təd⁻/ *adj.* 不運な, 不幸な, 薄命な (unfortunate); 不運をもたらす: an ~ day 運の悪い日, 魔の日. 〘1710〙

íll-fávored *adj.* **1** 《婉曲》〈人・顔が〉醜い, 不器量な (ugly). **2** 不快な; 嫌な: an ~ word. **~·ly** *adv.* **~·ness** *n.* 〘1530〙

íll-féd *adj.* 栄養不良の.

íll féeling *n.* 悪感情, 敵意, 反感.

íll-fítting *adj.* 〈服など〉よく合わない, 適合しない.

íll-fórmed *adj.* 〖論理・言語〗〈式としての記号表現が〉不適格な, 整っていない (↔ well-formed). **~·ness** *n.* 〘*a*1672〙

íll-fóunded *adj.* 根拠の薄弱な, 正当な理由のない: an ~ claim, rumor, etc.

íll-gótten *adj.* 不正な(手段で得た): ~ gains 不正利得 / fatten on ~ wealth 不正なもうけで身代が太る / *Ill-gotten* goods never prosper. 《諺》不正の富は栄えない, 「悪銭身につかず」/ *Ill-gotten* goods thrive not to the third heir. 《諺》不正の富は三代まで続かない. 〘1552〙

íll héalth *n.* 健康が優れないこと; 病気: retire because of ~ 健康が優れないために退職する. 〘1698〙

íll-hóused /-háuzd/ *adj.* 粗末な家に住んでいる, ろくに住む家もない: ~, ill-clad, ill-nourished 衣食住に不自由している (F. D. Roosevelt).

íll húmor *n.* 不機嫌, 気難しさ, 不快 (↔ good humor): in an ~. 〘*a*1568〙

íll-húmored *adj.* 不機嫌な, 気難しい, 怒りっぽい (↔ good-humored). **~·ly** *adv.* **~·ness** *n.* 〘1687〙

il·lib·er·al /ɪ̀(l)líb(ə)rəl, ɪ̀(ɫ)l- | ɪl-, ɪ̀(ɫ)l-⁻/ *adj.* **1** 狭量の, 偏狭な (narrow-minded): ~ thinking. **2** 物惜しみする, けちな. **3** 《古》**a** 教養のない, 低級な. **b** 卑しい, 下品な, 下等な (base). **4** 反自由[進歩]主義的な: an ~ tendency. **5** 一般教育に属さない, 職業技術本位の: an ~ education. — *n.* illiberal な人; (特に)反自由[進歩]主義者. **~·ly** *adv.* **~·ness** *n.* 〘(1535) □ (O)F *illibéral* ∥ L *illīberālis* mean, sordid: ⇨ in-¹, liberal〙

il·líb·er·al·ìsm /-lìzm/ *n.* 反自由[進歩]主義. 〘(1839): ⇨ ↑, -ism〙

il·lib·er·al·i·ty /ɪ̀lìbərǽləṭi, ɪ̀ɫl- | ɪlìbərǽlɨti, ɪ̀(ɫ)l-/ *n.* 狭量, 偏狭; けち; 低級, 下品. 〘(1581) □ F *illibéralité* □ L *illīberālitātem*: ⇨ -ity〙

il·lib·er·al·ize /ɪ̀(l)líb(ə)rəlàɪz, ɪ̀(ɫ)l- | ɪl-, ɪ̀(ɫ)l-/ *vt.* 偏狭にする. 〘(1807): ⇨ -ize〙

Il·lich /ílɪtʃ/, **Ivan** *n.* イリイチ (1926– ; オーストリア生まれの米国の社会思想家).

il·lic·it /ɪ̀(l)lísɨt, ɪ̀(ɫ)l- | ɪlísɪt, ɪ̀(ɫ)l-/ *adj.* 不法の, 違法の, 不正の (cf. licit); 禁制の, 法で禁じた. ★ illegal, illegitimate よりも非難の度合いが強い: an ~ distiller 酒類密造者 / ~ intercourse 姦通, 不義 / ~ sale 密売 / ~ traffic (禁制品の)密売買. **~·ness** *n.* 〘(*a*1652) □ L *illicitus*: ⇨ in-¹, licit〙

il·líc·it·ly *adv.* 不法に, 不正に; 禁を犯して. 〘(1812): ⇨ ↑, -ly¹〙

Il·li·ma·ni /ìː(j)ɨmáːni | ìːjɪmáːni; *Am.Sp.* ijimáni/ *n.* イイマニ(山) 《南米ボリビアの西部, Andes 山脈中の山 (6,462 m)》.

il·lim·it·a·bil·i·ty /ɪ̀lìmɨtəbíləṭi, ɪ̀(ɫ)l- | ɪlìmɪtəbílɨti/ *n.* 限り[際限]がないこと, 広大無辺. 〘(1841): ⇨ ↓, -ity〙

il·lim·it·a·ble /ɪ̀límɨtəbɫ, ɪ̀(ɫ)l- | -mɪt-⁻/ *adj.* 限りのない, 無限の, 広々とした (boundless): ~ space 無限の広さ / the ~ ocean 広大無辺の大洋. **~·ness** *n.* **il·lím·it·a·bly** *adv.* 〘(1596): ⇨ il-〙

íll-infórmed *adj.* 知識の不十分な, 消息に通じない, 情報に暗い〔*in, about*〕(↔ well-informed). 〘1824〙

il·lin·i·um /ɪ̀líniəm | ɪl-/ *n.* 〖化学〗イリニウム. ★ 新元素と思われ命名されたが, 後に誤りと判明したため現在では用いられていない. 現在の promethium のこと. 〘(1926) ← NL ~ ← (*University of*) *Illin*(*ois*)+-IUM〙

il·li·noi·an /ɪ̀lɪnɔ́ɪən⁻/ *adj.* 〖地学〗(北アメリカの更新世第三氷期)イリノイ氷期の. 〘(1896): ⇨ ↓, -an〙

Il·li·nois¹ /ɪ̀lənɔ́ɪ, -nɔ́ɪz | ɪ̀lɨ-⁻/ ★ 現地の発音は /ɪ̀lənɔ́ɪ/. *n.* **1** イリノイ《米国中部の州 (⇨ United States of America 表)》. **2** [the ~] イリノイ(川) 《同州北東部を流れて Mississippi 川に注ぐ川 (440 km)》. 〘(1703) □ F ~ ← N-Am.-Ind. (Illinois) *ileniwe* man〙

Il·li·nois² /ɪ̀lənɔ́ɪ, -nɔ́ɪz | ɪ̀lɨ-⁻/ *n.* (*pl.* ~) **1 a** [the ~] イリノイ族 《かつて米国 Illinois 州およびその西方にわたって居住していた Algonquian 種族に属するアメリカインディアンの一種族》. **b** イリノイ族の人. **2** [*pl.*] イリノイ連合 (Illinois, Iowa, Wisconsin のインディアンの連合). **3** イリノイ語. 〘1703〙

Il·li·nois·an /ɪ̀lənɔ́ɪən, -nɔ́ɪzən, -zn | ɪ̀lɪnɔ́ɪən⁻/ *adj.* (米国) Illinois 州(人)の. — *n.* Illinois 州人. 〘(1836): ⇨ -an¹〙

il·liq·uid /ɪ̀(l)líkwɨd, ɪ̀(ɫ)l- | ɪlíkwɪd, ɪ̀(ɫ)l-⁻/ *adj.* **1** 〈資産が〉現金にすぐ換えられない, 非流動的な. **2** 流動資産[資金]が不十分な[不足している]: an ~ bank. **3** 〖法律〗(債権など証明する文書などがないため)不明確な. **il·li·quid·i·ty** /ɪ̀lɪkwídəṭi | -dɨti/ *n.* **~·ly** *adv.* 〘(1694) ← *il-* 'IN-¹'+LIQUID〙

illit. 《略》illiterate.

il·lite /ílaɪt/ *n.* 〖鉱物〗イライト 《粘土質堆積岩の主成分をなす雲母群鉱物》. 〘(1937) ← ILL(INOIS¹)+-ITE¹〙

il·lit·er·a·cy /ɪ̀lítərəsi, ɪ̀(ɫ)l-, -trə- | ɪlítərə-, ɪ̀(ɫ)l-, -trə-/ *n.* **1** 読み書きができないこと, 無学, 非識字, 無筆 (↔ literacy): a 75% ~ rate 75% の非識字率. **2** [通例 *pl.*] (無学からくる)書き[言い]間違い, 慣用を破った言葉遣い[語法]. 〘(1660): ⇨ ↓, -acy〙

il·lit·er·ate /ɪ̀lítərɨt, ɪ̀(ɫ)l-, -trɨt | ɪlítərɨt, ɪ̀(ɫ)l-, -trɨt⁻/ *adj.* **1** 読み書きのできない, 無学の, 無教育の, 無筆の (↔ literate) (⇨ ignorant SYN): an ~ fellow / an ~ voter 無筆[字の書けない]投票者. **2 a** 無学を示す, 無教育を表す: an ~ letter (つづり字・文法などの)間違いだらけの手紙 / an ~ manner of talking 無教養な話しぶり. **b** 慣用からずれた: an ~ style of writing 慣用を破った書き方. ★ 無学な人が用いる語法を表示する用法指示として illiterate が用いられたが, 軽蔑的な含蓄を伴うので, 今は婉曲に nonstandard, substandard を用いることが多い. **3** (ある事柄の)知識に乏しい, 素養がない, 不案内な (ignorant): musically [politically] ~ 音楽[政治]のことは知らない. — *n.* (読み書きのできない)無学者, 非識字者. **~·ly** *adv.* **~·ness** *n.* 〘(?*a*1425) □ L *illitterā-tus* unlettered: in-¹, literate〙

íll-júdged *adj.* **1** 思慮のない, 無分別な, 愚かな (unwise). **2** 時機を失した, 時を得ない, 折の悪い. 〘1717〙

íll-kémpt /-kém(p)t/ *adj.* =unkempt.

íll-lóoking *adj.* 〈顔が〉醜い (ugly); 恐ろしい[すごい]様子の (sinister) (↔ good-looking). 〘1633〙

íll-mánnered *adj.* 無作法な, ぶしつけな, 粗野な (⇨ rude SYN). **~·ly** *adv.* **~·ness** *n.* 〘1422〙

íll-mátched *adj.* 不釣合いの (ill-sorted). 〘1719〙

íll-máted *adj.* =ill-matched. 〘1667〙

íll náture *n.* つむじ曲がり, 意地悪 (↔ good nature). 〘1691〙

íll-nátured *adj.* 意地[根性]の悪い, ひねくれた, 根性の曲がった (surly) (↔ good-natured): ~ gossip たちのよくない噂話. **~·ly** *adv.* **~·ness** *n.* 〘1635〙

ill·ness /ílnɨs/ *n.* **1** 体の具合の悪いこと, 不健康; 不快, 病気 (sickness, disease) (↔ health) (⇨ disease SYN): suffer from a serious ~ 重い病気にかかる / have a slight ~ 軽い病気である / on account of (one's) ~ 病気で[のために] / die of (an) ~ 病気で死ぬ, 病死する / There has been no [not much, a great deal of] ~ here this summer. この夏は当地には病気がなかった[あまりなかった, 多かった] / nervous [mental, emotional] ~ 神経症[精神障害, 情緒障害] / physical [psychosomatic] ~ 身体障害[心身症]. **2** 《廃》邪悪. 〘(*c*1500) ← ILL+-NESS〙

il·lo·cu·tion /ɪ̀ləkjúːʃən/ *n.* 〖哲学〗発語内行為 (illocutionary act ともいう). 〘(1955) ← IL-+LOCUTION〙

il·lo·cu·tio·nar·y /ɪ̀ləkjúːʃənèri, ɪlou- | ɪ̀ləkjúːʃ(ə)nəri/ *adj.* 〖哲学・言語〗表現[発語]内の (cf. perlocutionary, performative): an ~ act 発語内(的)行為 《発語することがそのままある行為を遂行することになるような行為; 例: He urged me to shoot her.》. 〘(1955) ← IL- 'in' (*in saying*「…と言いつつ」などにおける *in* の機能に関して)+LOCUTIONARY: J. L. Austin の造語〙

illocútionary fòrce *n.* 発語内の力.

il·log·ic /ɪ̀(l)lɑ́(ː)dʒɪk, ɪ̀ɫl- | ɪlɔ́dʒ-, ɪ̀ɫl-/ *n.* 非論理(性), 無[没]論理, 不合理. 〘(1856): ⇨ il-〙

il·log·i·cal /ɪ̀(l)lɑ́(ː)dʒɨkəl, ɪ̀ɫl-, -kɫ | ɪlɔ́dʒɨ-, ɪ̀(ɫ)l-⁻/ *adj.* **1** 非論理的な, 論理[理屈]に合わない[反する], 不合理な, 筋の立たない (irrational): an ~ inference. **2** 〈人が〉論理的に考えない (cf. nonlogical): an ~ person. **~·ly** *adv.* **~·ness** *n.* 〘(1588): ⇨ il-〙

il·log·i·cal·i·ty /ɪ̀(l)lɑ̀(ː)dʒɨkǽləṭi, ɪ̀(ɫ)l- | ɪlɔ̀dʒɪkǽlɨti, ɪ̀(ɫ)l-/ *n.* 不合理, 不条理, 非論理性. 〘(1830): ⇨ ↑, -ity〙

íll-ómened *adj.* 不吉な, 縁起(えんぎ)の悪い (inauspicious); 運の悪い, 不運な (ill-starred). 〘1685〙

íll-prepáred *adj.* 準備不足の, 心構えの不十分な.

íll-sórted *adj.* **1** 不釣合いの, 不調和の, 不似合いの (ill-matched): an ~ couple. **2** 《スコット》大変不機嫌な, ひどく腹を立てた. 〘1691〙

íll-spént *adj.* 使い方を誤った; むだに費やされた, 浪費された.

íll-stárred *adj.* 星回り[巡り合わせ]の悪い, 不運に遭う[終わる]運命をもった; 運の悪い, 不運な, 不仕合わせな, 不幸な (ill-fated). 〘1604〙

íll-súited *adj.* 〔…に〕不適当な, 不似合いな〔*to*〕.

íll témper *n.* 気難しさ, 短気, 不機嫌 (bad temper) (↔ good temper).

íll-témpered *adj.* 気難しい, 怒りっぽい, 短気な, 不機嫌な (bad-tempered) (↔ good-tempered). **~·ly** *adv.* **~·ness** *n.* 〘1599〙

illth /ílθ/ *n.* 《まれ》不景気, 不況; 不景気をもたらす[示す]もの. 〘(1860) ← ILL (adj.)+-TH²: WEALTH からの類推 (J. Ruskin の造語): cf. coolth〙

íll-tímed *adj.* 時機を失した, 時を得ない, 折の悪い: an ~ jest [remark] 時をわきまえない冗談[言葉]. 〘1692〙

íll-tréat *vt.* 虐待する, 冷遇する, ひどい目に遭わせる. 〘*a*1704〙

íll-tréatment *n.* 虐待, 酷使, 冷遇. 〘1667〙

íll túrn *n.* 不親切な行為, ひどい[意地の悪い]仕打ち, あだ (injury) (cf. turn *n.* 10 a): do a person an ~=do an ~ *to* a person 人に意地悪をする. 〘*c*1450〙

il·lude /ɪ̀lúːd | ɪlúːd, ɪljúːd/ *vt.* **1** 《文語》惑わす, 欺く; 錯覚させる. **2** 《古》免れる. 〘(1447) □ L *illūdere* to jest ← *il-*+*lūdere* to play〙

il·lume /ɪ̀lúːm | ɪlúːm, ɪljúːm/ *vt.* 《詩》…に光を注ぐ, 照らす; 啓発する. 〘(1600–1) 《略》← ILLUMINE〙

il·lu·min·a·ble /ɪ̀lúːmənəbɫ | ɪlúːmɨ-, ɪljúː-/ *adj.* 照らすことができる; 啓発できる. 〘(1730–36) □ L *illūminābilis* ← *illūmināre*: ⇨ -able〙

il·lu·mi·nance /ɪ̀lúːmənəns | ɪlúːmɨ-, ɪljúː-/ *n.* 〖光学〗照度 (⇨ illumination 1 b). 〘(1943) □ L *illūminantem*+-ANCE〙

il·lu·mi·nant /ɪ̀lúːmənənt | ɪlúːmɨ-, ɪljúː-/ *adj.* 光を発する, 照らす (illuminating). — *n.* 光源, 発光体[物] 《石油・ガス・電灯など》. — *adj.* 発光性の, 照らす. 〘(1644) □ L *illūminant-*, *illūmināns* (pres.p.) ← *illūmināre* (↓): ⇨ -ant〙

il·lu·mi·nate /ɪ̀lúːmənèɪt | ɪlúːmɨ-, ɪljúː-/ *v.* — *vt.* **1** 灯火をともす, 明るくする, 照らす, 照明する: The room was poorly ~*d* by one candle. 部屋はろうそく 1 本で明かりが不十分だった[暗かった]. **2** …に光明を投じる, 明らかにする, 解明する: He ~*d* the problem for us. 彼は我々のためにその問題点を解明してくれた / His lecture ~*d* the author's obscurities. 彼の講義で著者の難解な箇所が明らかになった. **3** …にイルミネーションを施す: ~ a town [street] for a celebration 祝賀のために町[街路]にイルミネーションを施す. **4** …の名声を高める, …に光彩を添える: A smile ~*d* his face. 彼の顔に明るい微笑が浮かんでいた. **5** 〈無知な民族などを〉啓発[教化]する (enlighten): heathens ~*d* by the Gospel 福音の教化をうけた異教徒. **6** 〈写本などを〉手彩飾する, 彩飾する. **7** (電波・音波の放射に)さらす, …に放射する. — *vi.* **1** イルミネーションを施す[で輝く]. **2** 明るくなる.
— /ɪ̀lúːmənɨt | ɪlúː-, ɪljúː-/ *adj.* 《古》照らされた; 啓蒙[教化]された.
— /-nɨt/ *n.* 《古》明知を得た(と自称する)人 (cf. illuminati).
〘(?*a*1425) ← L *illūminātus* enlightened (p.p.) ← *illūmināre* to light up ← *il-* 'IN-²'+*lūmin-*, *lūmen* 'LIGHT¹'〙

il·lú·mi·nàt·ed /-nèɪtɨd | -tɨd/ *adj.* **1** 照らされた. **2** イルミネーションを施した: an ~ car 花電車. **3** 啓蒙[教化]された. **4** 〈写本など〉彩飾された: an ~ manuscript 彩飾写本. **5** 《米俗》酔っ払った. 〘(1606): ⇨ ↑, -ed〙

il·lu·mi·na·ti /ɪ̀lùːmənáːṭi | ɪlùːmɨnáːti/ *n. pl.* (*sing.* **-na·to** /-náːṭou, -tou | -náːtəu/) **1** [しばしば皮肉

に] 明知を誇る人々, (自称)哲人たち, 博士たち (cf. illuminate). **2** [I-] 光明派[会]《いくつかの宗教的熱狂者の団体に対する総称》: **a** アルンブラドス派 (Alumbrados) といわれる 16 世紀スペインにおけるキリスト教神秘主義の一派. **b** (1776 年ドイツの Bavaria に起こった)自然神教と共和主義を奉じた秘密結社. **c** 薔薇(ばら)十字会 (Rosicrucians). 〖(1599) □ L *illūminātī* (pl.) ← *illūminātus* enlightened: cf. illuminate〗

il·lú·mi·nàt·ing /-nèɪtɪŋ | -tɪŋ/ *adj.* **1** 照らす, 照明する; 照明(用)の: ~ gas 灯用ガス / an ~ mirror (顕微鏡の)反射鏡. **2** 解明する, 明らかにする, 啓示[啓発]する; 啓蒙的な. **~·ly** *adv.* 〖(*c*1561) ← ILLUMINATE＋-ING²〗

illúminating engineèring *n.* 照明工学. 〖1906〗

il·lu·mi·nàt·ing·ly *adv.* 照らして, 明らかに, 啓蒙的に.

il·lu·mi·na·tion /ɪ̀lù:mənéɪʃən | ɪlù:mɪ̀-, ɪljù:-/ *n.* **1 a** 照らす[される]こと, 明るくすること, 照明: stage ~ 舞台照明 / in ~ 照らされて, 輝いて. **b** 《光学》照度《単位は lux; illuminance ともいう》. **2** [しばしば *pl.*] イルミネーション, 灯火[点灯]装飾, 電飾, 飾光; イルミネーションを用いた祝祭行事. **3** (精神的)光明を与えること, 啓蒙, 啓示, 解明. **4** [*pl.*] (写本の)彩飾《彩色模様・金銀の文字で飾ること》. **5** 放射. **~·al** /-ʃnəl, -ʃənl/ *adj.* 〖(?*a*1396) □ L *illūminātiō(n-)* a lightiing up: ⇨ illuminate, -ation〗

il·lu·mi·na·tive /ɪlú:mənèɪtɪv, -nət- | ɪlú:mɪ̀nət-, ɪljú:-, -nèɪt-/ *adj.* 明るくする; 啓発する. 〖(1644) □ F *illuminatif* // ML *illūminātivus*: ⇨ -ative〗

illuminato *n.* illuminati の単数形.

il·lú·mi·nà·tor /-tə | -tə^r/ *n.* **1** 光を与える人[物], 照らす人[物]; 啓示[啓発]する人, 啓蒙者. **2** (集光レンズや反射鏡などを備えた)照明器, 発光体. **3** (写本などの)彩飾師. 〖(1485) ← ILLUMINATE＋-OR²〗

il·lu·mine /ɪlú:mɪn | ɪlú:mɪn, ɪljú:-/ *v.* 《文語》＝illuminate. 〖(?1348) *illumine(n)* □ (O)F *illuminer* □ L *illūmināre* to light up: ⇨ illuminate〗

il·lu·mi·nism /ɪlú:mənɪzm | ɪlú:mɪ-, ɪljú:-/ *n.* **1** 啓蒙[教化]主義. **2** [通例 I-] 光明派 (Illuminati) の主義[教義]. 〖(1798) □ F *illuminisme* ← *illuminer* (↑): ⇨ -ism〗

il·lú·mi·nist /-nɪ̀st | -nɪst/ *n.* **1** 啓蒙[教化]主義者. **2** [通例 I-] 光明派 (Illuminati) の人. 〖(1840): ⇨ ↑, -ist〗

il·lu·mi·nom·e·ter /ɪlù:mənά(:)mətə | ɪlù:mɪnɔ́mɪ̀tə^r, ɪljù:-/ *n.* 照度計. 〖(1895) ← ILLUMIN(ATION)＋-O-＋-METER¹〗

illus. 《略》illustrated; illustration; illustrator.

íll-úsage *n.* **1** 虐待, 酷使, 冷遇. **2** 悪用, 乱用. 〖1569〗

íll-úse /-jú:z/ *vt.* **1** 虐待[酷使]する. **2** 悪用[乱用]する. — /-jú:s/ *n.* ＝ill-usage. 〖1841〗

íll-úsed /-jú:zd/ *adj.* 虐待[酷使]された; 悪用[乱用]された. 〖1592–93〗

il·lu·sion /ɪlú:ʒən | ɪlú:-, ɪljú:-/ *n.* **1** 幻想, 妄想(もうそう), 迷想, 迷い, 誤解 (⇨ delusion SYN): be [labor] under an [the] ~ 幻想を抱いている, 錯覚している / be under [have] no ~(s) *about* [*as to*] …についてなんにも勘違いしていない / He has the ~ *that* he is sick. 病気でもないのに病気だと勝手に思い込んでいる / The sun gave the ~ of a summer day. 太陽は夏の日のような錯覚を起こさせた. **2** 幻覚, 幻影, 幻 (cf. hallucination 1 a): Life is but an ~. 人生は幻にすぎない / Inflation makes an increase in wages an ~. インフレは(せっかくの)賃上げを空しい[実質のない]ものにしてしまう. **3** 《心理》錯覚: an optical ~ 錯視. **4** 極薄地の網絹 (tulle)《婦人のベールなどに用いる》. **5** 《芸術》＝illusionism 2. **6** 《奇術》(多少大がかりな)魔術的現象. **7** 《廃》瞞着(まんちゃく) (deception). **il·lú·sioned** *adj.* 〖(*c*1350) □ (O)F ~ // L *illūsiō(n-)* a mocking ← *illūsus* (p.p.) ← *illūdere* to play with, mock at ← *il-* 'IN-²'＋*lūdere* to play: ⇨ -sion〗

il·lú·sion·al /-ʒnəl, -ʒənl/ *adj.* 錯覚(性)の; 妄想(もうそう)の, 幻想の. 〖(1900): ⇨ ↑, -al¹〗

il·lu·sion·ar·y /ɪlú:ʒənèri | ɪlú:ʒ(ə)nəri, ɪljú:-/ *adj.* **1** ＝illusional. **2** 錯覚に陥りやすい, 妄想にふける (illusory). 〖(1886) ← ILLUSION＋-ARY〗

il·lú·sion·ism /-ʒənɪzm/ *n.* **1** 幻想説, 迷妄(めいもう)説《一切の実在世界は一つの幻影であるとする説》. **2** 《芸術》(絵画などでの)幻覚法, だまし絵. 〖(1843): ⇨ -ism〗

il·lú·sion·ist /-ʒ(ə)nɪ̀st | -nɪst/ *n.* **1** 幻想論者 (cf. illusionism 1). **2** 錯覚[迷妄]に陥っている人. **3** 幻覚法を用いる画家[芸術家]. **4** 手品師, 奇術師 (conjurer). 〖(1843): ⇨ -ist〗

il·lu·sion·is·tic /ɪlù:ʒənístɪk | ɪlù:-, ɪljù:-/ *adj.* 幻想説の. 〖(1911): ⇨ -istic〗

il·lu·sive /ɪlú:sɪv, -zɪv | ɪlú:s-, ɪljú:-/ *adj.* 錯覚を起こさせる[に基づく], 錯覚的な; 迷わせる, 欺く. **~·ly** *adv.* **~·ness** *n.* 〖(1679) ← ILLUSION＋-IVE〗

il·lu·so·ry /ɪlú:s(ə)ri, -z(ə)- | ɪlú:-, ɪljú:-/ *adj.* 人を欺く, 迷わす, 惑わす, 紛らわしい; つかみどころのない, 架空の: ~ hopes. **2** 錯覚の, 錯覚に基づく[を起こさせる], 現実にない. **il·lú·so·ri·ly** /-rəli | -rɪ̀li/ *adv.* **il·lú·so·ri·ness** *n.* 〖(1599) □ LL *illūsōrius* ironical ← *illūsus*: ⇨ illusion, -ory¹〗

illust. 《略》illustrated; illustration; illustrator.

il·lus·trate /ɪ́ləstrèɪt, ɪlʌ́streɪt | ɪ́ləstrèɪt/ *vt.* **1 a** (実例・比較などを挙げて)説明する, 例解[例証]する (⇨ explain SYN): ~ one's lecture *with* examples 例を挙げて講義をする / Let me ~ *how* it is so. どうしてそうなのか実例を挙げて説明してあげましょう. **b** 〈物・事が〉…の例証[例解]となる: This fact ~*s* the principle [my point]. この事実はその原理[私の言うこと]の例証となる. **2** 〈本などに〉図解[挿絵]を入れる: ~ a book [*with* pictures]. / Kipling's book was ~*d* by his father. キプリングの本には彼の父が挿絵をかいた. **3** 《古》啓蒙[教化]する. **4** 《古》光らせる, 輝かせる. **5** 《古》華やかにする, 飾る. **6** 《古》著名[有名]にする. — *vi.* 例を挙げて説明する, 例示[例証]する. **íl·lus·tràt·a·ble** /-təbl | -tə-/ *adj.* 〖(1526) ← L *illūstrātus* (p.p.) ← *illūstrāre* to make light, explain: ⇨ in-², luster¹〗

íl·lus·tràt·ed /-tɪ̀d | -tɪd/ *adj.* 図解[挿絵, イラスト]入りの: lavishly ~ ふんだんに挿絵の入った / an ~ magazine, newspaper, etc. — *n.* 《英》絵[イラスト]入り新聞[雑誌]. 〖(1831): ⇨ ↑, -ed〗

il·lus·tra·tion /ɪ̀ləstréɪʃən, ɪlʌ̀s- | ɪləs-/ *n.* **1** 実例 (⇨ instance SYN): as an ~ 実例として / take an ~ 実例を挙げる. **2** 実例[挿絵, イラストレーションなど]によって説明する[される]こと; 例証, 例解, 図解: by way of ~ 実例として / in ~ of …の例証として. **3** (本の)挿絵, 説明図, イラスト(レーション). [日英比較] 日本語の「イラスト」はもっぱら「挿絵」のことだが, 英語の *illustration* は「実例」「例証」「例解」の意もあり, 辞書の用例も指す.「イラスト」は和製英語的略し方に見えるが英語でも illust または illus と略す. **4** 《古》著名, 有名. 〖(*a*1400) □ (O)F ~ // L *illūstrātiō(n-)* enlightening: ⇨ illustrate, -ation〗

ìl·lus·trá·tion·al /-ʃnəl, -ʃənl/ *adj.* **1** 図解的な. **2** 図解[例証]に役立つ. 〖(1885): ⇨ ↑, -al¹〗

il·lus·tra·tive /ɪlʌ́strətɪv, ɪ́ləstrèɪt- | ɪ́ləstrət-, -strèɪt-, ɪlʌ́strət-/ *adj.* 実例[例証]となる, 説明的な; 〔…を〕例証[説明]する〔*of*〕: ~ examples / an ~ sentence 例文 / be ~ *of* …を例証する / a fact ~ *of* the point その点を説明する事実. 〖(1643) ← ILLUSTRATE＋-IVE〗

il·lús·tra·tive·ly *adv.* 実例として; 例証的に, 説明的に. 〖(1646): ⇨ ↑, -ly¹〗

íl·lus·trà·tor /-tə | -tə^r/ *n.* 挿絵画家, 図解者, イラストレーター; 説明者. [日英比較] 日本語の「イラストレーター」は職業名であるが, 英語の *illustrator* はイラストを描くことを職業にしている人とは限らない. 〖(1598) □ L *illūstrātor*: ⇨ illustrate, -or²〗

il·lus·tri·ous¹ /ɪlʌ́striəs | ɪl-/ *adj.* **1** 有名な, 著名な, 傑出した (outstanding). **2** 〈行動など〉輝かしい, はなばなしい: ~ accomplishments 輝かしい業績. **3** 《古》光る, 輝く; 一目瞭然たる. **~·ly** *adv.* **~·ness** *n.* 〖(*c*1566) ← L *illūstris* lighted up (《逆成》? ← *illūstrāre* 'to ILLUSTRATE')＋-OUS〗

il·lus·tri·ous² /ɪlʌ́striəs | ɪlʌ́stri-/ *adj.* 《Shak》輝きを失った. 〖(1609–10) ← *il-* 'IN-¹'＋LUSTRE＋-OUS〗

illuvia *n.* illuvium の複数形.

il·lu·vi·al /ɪlú:viəl | ɪlú:-, ɪljú:-/ *adj.* 《土壌》集積の, 集積物の: an ~ horizon 集積層. 〖(1924) ← *il-* 'IN-²'＋(AL)LUVIAL〗

il·lu·vi·ate /ɪlú:vièɪt | ɪlú:-, ɪljú:-/ *vi.* 《土壌》集積する. 〖(1928): ⇨ ↑, -ate³〗

il·lu·vi·a·tion /ɪlù:viéɪʃən | ɪlù:-, ɪljù:-/ *n.* 《土壌》集積《表層から溶脱してきた土壌物質が下層で沈澱集積すること; cf. eluviation》. 〖(1928): ⇨ ↑, -ation〗

il·lu·vi·um /ɪlú:viəm | ɪlú:-, ɪljú:-/ *n.* (*pl.* **~s, -vi·a** /-viə/) 《土壌》集積物《上層から下層に落ちて堆積した土壌》. 〖← NL ~: ⇨ in-², alluvium〗

íll wíll *n.* 悪意, 敵意, 悪感情, 反感, 恨み (enmity) (↔ goodwill) (⇨ malice SYN): He bears me no ~. 彼は私を恨んでいない. 〖(*a*1325) 《部分訳》← ON *illvili*: cf. L *malevolentia* 'MALEVOLENCE'〗

íll-wílled *adj.* 悪意[敵意]のある. 〖*c*1340〗

íll-wísher *n.* 他人[物事]の不幸[不首尾]を願う人. 〖1607〗

íll-wrésting *adj.* 《Shak》人の言葉を悪いように解釈する. 〖1593–99〗

il·ly /ɪ́(l)li/ *adv.* 《方言》悪く, まずく; 不十分に (ill): be ~ prepared 準備が不十分だ / an ~ lighted street 照明の不十分な通り. 〖(1549) ← ILL＋-LY¹〗

Il·lyr·i·a /ɪlíriə | ɪl-/ *n.* イリュリア《バルカン半島西部, アドリア海東岸の地方の古名; もと王国》.

Il·lyr·i·an /ɪlíriən | ɪl-/ *adj.* 古代イリュリア (Illyria) の, イリュリア人[語]の. — *n.* **1** イリュリア人. **2** イリュリア語《死滅した印欧語族の一派》. 〖(1553) □ L *Illyrius* □ Gk *'Illyriós*〗

Il·lyr·i·cum /ɪlírɪ̀kəm | ɪl-/ *n.* イリュリクム《イリュリア人 (Illyrians) の居住地域; のちローマの一州》. 〖□ L ~〗

il·ly·whack·er /ɪ́li(h)wæ̀kə | -kə^r/ *n.* 《口語》プロの詐欺(さぎ)師 (con man).

Il·ma /ɪ́lmə/ *n.* イルマ《女性名》. 〖(dim.) ← WILHELMINA〗

Il·ma·ri·nen /ɪ́lmɑ:rɪ:nən/ *n.* 《フィンランド伝説》イルマリネン (*Kalevala* に出る鍛冶屋(かじや); ⇨ Sampo). 〖□ Finn. ~〗

Il·men /ɪ́lmən; *Russ.* ɪ́lʲmʲinʲ/, **Lake** *n.* イリミニ湖《ロシア連邦北西部 Novgorod 州にある湖》.

il·men·ite /ɪ́lmənàɪt | -mɪ̀-/ *n.* 《鉱物》イルメナイト, チタン鉄鉱 ($FeTiO_3$). 〖(1827) ← *Ilmen* (Ural 山系中の山脈の名, その発見地): ⇨ -ite¹〗

ILO, ilo 《略》in lieu of.

ILO /áɪèloʊ | -ləʊ/ 《略》International Labor Organization; International Labor Office.

I·lo·ca·no /ì:loʊkά:noʊ, ɪl-, -lə- | -ləʊkά:nəʊ/ *n.* (*pl.* **~, ~s**) **1 a** [the ~(s)] イロカノ族《Philippine 諸島 Luzon 島の一種族》. **b** イロカノ族の人. **2** (イロカノ族の用いる)イロコ語《Austronesia 語族に属するインドネシア語群の一言語》. 〖(1840) □ Sp. ~ ← *Ilocos* (地名:《原義》river men) ← Tagalog *ilog* river〗

I·lo·i·lo /ì:loʊí:loʊ | -ləʊí:ləʊ/ *n.* イロイロ《フィリピンの Panay 島南東部の港市》.

I·lo·ka·no /ì:loʊkά:noʊ, ɪ̀l-, -lə- | -ləʊkά:nəʊ/ *n.* (*pl.* **~, ~s**) ＝Ilocano.

I·lo·na /ɪlóʊnə | ɪlə́ʊ-/ *n.* イローナ《女性名》. 〖□ Hung. ~《原義》beautiful one: または HELEN の変形か〗

I·lo·rin /ɪlɔ́:rɪn | ɪlɔ́:rɪn/ *n.* イロリン《ナイジェリア西部 Kara 州の州都》.

ILP 《略》Independent Labour Party. 〖1893〗

Il Pen·se·ro·so /ɪlpɛ̀nsəróʊsoʊ | -rə́ʊsəʊ; *It.* ilpenseró:so/ *n.*「沈思の人」《Milton の詩 (1632) の題名; cf. L'Allegro》. 〖□ It. *il penseroso* the brooding (person): *penseroso* は廃語, 現在の形では *pensieroso*〗

ILS, ils 《略》《航空》instrument landing system (cf. BABS).

Il·se /ɪ́lsə; G. ɪ́lzə/ *n.* イルセ《女性名》. 〖□ G ~ (dim.) ← ELIZABETH²〗

I·lya /ɪljá:; *Russ.* ilʲjá, *F.* ilja/ *n.* イリヤ《男性名》. 〖□ Russ. *Ilʹyá*〗

I·lyich /ɪ́lɪtʃ; *Russ.* ilʲjítʃʲ/ *n.* イリイチ《男性名》. 〖□ Russ. *Ilʹich*〗

IM 《略》intramuscular; 《チェス》International Master; Isle of Man.

I'm /áɪm/ 《口語》I am の縮約形.

im- /ɪ̀m, ɪm | ɪm, ɪ̀m; /m/ の前では ɪ̀(m)/ *pref.* (b, m, p の前にくるときの) in-¹·² の異形: *im*brute, *im*mingle, *im*moral, *im*perishable. ★ アクセントについては ⇨ in-¹ (3).

im·age /ɪ́mɪdʒ/ *n.* **1 a** (好悪の)印象, イメージ: erase one's loser's ~ 敗者としてのイメージを払拭する / do harm to a person's ~ 人の印象に傷をつける / I fell in love with my ~ of him. 私が勝手に描いた彼のイメージに恋をした. [日英比較] 日本語の「イメージアップ」「イメージダウン」「イメージチェンジ」は和製英語で, それぞれ英語では動詞表現で improve one's *image*, harm one's *image*, change one's *image* などという. **b** 残像, 面影: The ~ of my father is still fresh in my mind. 父の面影はいまだに私の心に鮮やかに残っている. **2** (一般大衆がもつ)印象, イメージ《宣伝・広告などで計画的に作り上げられる; cf. image-building》: improve the (public) ~ of …を(一般大衆に)イメージアップする / Our party has an ~ problem with younger voters. 若い有権者に対してわが党のイメージに問題がある / our corporate ~ わが社のイメージ. **3** 《光学》(鏡・レンズ・顕微鏡等の光学系によって作られる)像: see one's ~ in a mirror 鏡に映った自分の姿を見る / ⇨ real image, virtual image. **4** 《心理》心像, 表象, 概念. **5** 像, 肖像; 画像, 絵姿, 影像; (特に)彫像 (statue), 人形像 (effigy): an ~ of the Virgin Mary 聖母マリアの像 / an ~ in wood 木像. **6** 聖(画)像; 偶像 (idol): ⇨ graven image. **7** 形, 姿 (semblance), イメージ: God created man in his own ~. 神そのかたちのごとくに人を造りたまえり (*Gen.* 1:27). **8** 象徴, 化身, 典型, 権化 (symbol)〔*of*〕: He is the ~ *of* loyality. 彼は忠誠[忠義]の典型だ. **9** [the ~] よく似た人[物], 生き写し〔*of*〕: He is *the* (very [living, spitting]) ~ *of* his father. 彼は父親にそっくりだ / *the* spit and ~ of ⇨ spit¹ *n.* 成句. **10** 《修辞》イメージ, 形象; 比喩(ひゆ)的表現《特に, simile や metaphor を使う表現法》: speak in ~s 例えで話す. **11** 《数学》像, 写像. **12** 《電算》(静止)画像. **13** 《古》まぼろし, 幻影.

— *vt.* **1** 想像に浮かび上がらせる, 心に描く, 思い浮かべる, 想像する (imagine), イメージに抱く: ~ a thing to oneself ものを心に描いてみる. **2** …の像を造る, 絵に描く, 表す: ~ a saint. **3** …の像[影]を映す, 映し出す (reflect), 鏡に映す (mirror), 〈写真・映画などを〉画面に映写する (project): a face ~*d* in a mirror 鏡に映った顔. **4** (言葉・文章で, 真に迫るように)描く: The poet finely ~*s* the hero. 詩人はその英雄の姿を目に見えるように描いている. **5** 象徴する (symbolize). **6** 《まれ》似る (resemble).

~·a·ble *adj.* **~·less** *adj.* **ím·ag·er** *n.* 〖n.: (?*c*1200) □ (O)F ~ □ L *imāginem* (acc.), *imāgō* portrait, likeness. — v.: (*c*1390) □ (O)F *imager*: cf. imitate〗

ímage-bùilder *n.* (広告・宣伝のために)イメージ作りをする人[もの]. 〖1964〗

ímage-bùilding *n.* (広告・宣伝のための)イメージ作り (cf. image 2). 〖1966〗

ímage convèrter *n.* 《電子工学》像変換管《光学像を電子像に変える電子管で, 最初の光学像として赤外線を用いたものが暗視装置となる》. 〖1946〗

ímage dissèctor *n.* 《電子工学》解像管《テレビカメラ用真空管の一種》. 〖1934〗

ímage enhàncement *n.* 《電算》画像強調《デジタル画像をソフトウェアを利用してより鮮明にする処理》.

ímage intènsifier *n.* 《電子工学》映像増強器《弱い光などを増倍して明るい光学像を得る装置》. 〖1939〗

ímage-màker *n.* ＝image-builder. 〖1500〗

ímage-màking *n.* ＝image-building. 〖*a*1930〗

ímage òrthicon *n.* 《電子工学》イメージオルシコン《オルシコンを改良したテレビカメラ用撮像管の一種でもともとは商品名; cf. orthicon》. 〖1945〗

ímage pòint *n.* 《光学》像点《物空間の一点から出た光線束が光学系を通過して収束する点; cf. focal point》.

ímage pròcessing *n.* 《電算》画像処理.

im·ag·er·y /ɪ́mɪdʒ(ə)ri/ *n.* **1** 心に描くもろもろの像 (mental images), 心像: a dream's dim ~ 夢に現れるおぼろな物の姿. **2** [集合的] 像, 肖像, 彫像 (images). **3** [集合的]《修辞》比喩(ひゆ)的描写[表現] (figurative description), イメージ (cf. image 10). **4** 《文芸》

形象, イメージ. **im·a·ge·ri·al** /ìmɪdʒí(ə)riəl | -dʒíər-⁻/ *adj.* 〘(c1350) □ OF *imagerie* ← *image(u)r* painter: ⇨ image, -ery〙

ímage·sètter *n.* イメージセッター《印画紙やフィルムに高い解像度で文字やデータを出力する装置》.

ímage spàce *n.* 〘光学〙像空間《光学系による結像において光学系を通過した光線が射出する空間; cf. object space》.

ímage tùbe *n.* 〘電子工学〙撮像管《光像を電気的映像信号に変換する電子ビーム管; camera tube ともいう》. 〘1936〙

i·mag·in·a·ble /ɪmǽdʒ(ə)nəbl, -dʒɪ- | ɪmǽdʒɪ-, -dʒ(ə)-/ *adj.* 想像できる, 想像がつく, 考えられる限りの (conceivable) (↔unimaginable) (⇨ imaginary SYN). ★ 最上級の形容詞や all, every, no などに伴って強調に用いることが多い: *every* method ～ ありとあらゆる方法 / the great*est* difficulty ～ ほとんど想像できないほどの困難 / take *all* the trouble ～ できうる限りの労を取る. **～·ness** *n.* 〘(c1380) □ LL *imāginābilis*: ⇨ imagine, -able〙

i·mag·in·a·bly /-bli/ *adv.* 想像できるように, 当然. 〘(1648): ⇨ ↑, -ly¹〙

i·mag·i·nal¹ /ɪmǽdʒɪnəl, -dʒənl | ɪm-/ *adj.* 想像(力)の, 影像の, 心像の. 〘(1647) □ LL *imāginālis*: ⇨ image, imagine, -al¹〙

i·mag·i·nal² /ɪméɪgɪnəl, ɪmáː-, -gənl | ɪm-/ *adj.* 〘昆虫〙成虫 (imago) の; 成虫状の. 〘(1877) ← L *imāgin-* (⇨ imago)+-AL¹〙

imáginal dísk [búd] *n.* 〘昆虫〙成虫芽《昆虫の幼虫にある成虫の器官の原基》. 〘1877〙

i·mag·i·nar·y /ɪmǽdʒənèri | ɪmǽdʒɪn(ə)ri, -dʒ(ə)-nəri/ *adj.* **1** 想像(上)の, 想像だけの, 仮想の, 空想の, 非実在的な (visionary) (↔actual, real) (⇨ fictitious SYN): an ～ person 架空の人物 / an ～ enemy 仮想敵. **2** 〘数学〙虚の (↔real): an ～ root [expression] 虚根[虚式]. **— *n.*** 〘数学〙=imaginary number. **i·mag·i·nar·i·ly** /ɪmæ̀dʒənérəli, ――――― | ɪmǽdʒɪn(ə)rɪli, -dʒ(ə)nə-/ *adv.* **i·mág·i·nàr·i·ness** *n.* 〘(c1395) □ L *imāginārius*: ⇨ image, -ary〙

SYN 想像上の: **imaginary** 想像としてのみ存在する: A dragon is an *imaginary* animal. 竜は想像上の動物である. **imaginable** 想像することができる: We tried every means *imaginable*. 想像しうるすべての手段を講じた. **imaginative** 〈人が〉想像力に富んだ: an *imaginative* girl 想像力に富んだ少女. ★ 以上はよく混同されるが, 同義語ではない.

---

imáginary áxis *n.* 〘数学〙虚軸《アルガン図表の縦軸; ⇨ Argand diagram》.

imáginary númber *n.* 〘数学〙**1** 虚数, (実数でない)複素数. **2** =pure imaginary number. 〘c1909〙

imáginary párt *n.* 〘数学〙虚(数)部(分)《複素数 $x+yi$ の y; ↔real part》. 〘c1929〙

imáginary únit *n.* 〘数学〙虚数単位 ($\sqrt{-1}$; 記号 i). 〘c1909〙

i·mag·i·na·tion /ɪmæ̀dʒənéɪʃən | ɪmæ̀dʒɪ-/ *n.* **1 a** [(the) ～] 想像(作用), 想像力; (芸術品などの)創作力, 創造力, 構想力 (cf. fancy 2): By no stretch of *the* ～ can it be true. どんなに想像をたくましくしてもそれは本当であるはずがない / beyond all ～ 想像もつかない / use one's ～ 想像力を働かせる / have a good [bad] ～ 想像力が豊か[貧弱]だ; うそがうまい[まずい]. **b** (芸術品などの)理解力, 鑑賞力. **2** 想像(の所産), 心像 (mental image); 空想: idle [vain] ～*s* 妄想 / His ～ must have played a trick on him. 気のせいで彼はそう思ったにちがいない / He must have let his ～ run away with him. 彼は想像に駆られたに違いない / His ～ must have been working overtime! 彼は気を回し過ぎたに違いない / It's all (in) your ～. それはみな君の空想だ. **3** 臨機応変の手腕, 機転: solve difficult problems with a bit of ～ 少し機転をきかせて難問を打開する. **4** (世間に流布している)俗説, 俗信. **5** 〘心理〙想像《先行経験を母体として新しい形に再構成する過程》. **6** 〘哲学〙想像(力), 構想力《カントの認識論では感性と悟性を統合して現象の客観性を構成する先天的能力》. **7** 〘文学〙(現実と遊離せぬ)想像力, 創意. **8** 《古》悪だくみ, 計略 (plot). **～·al** /-ʃnəl, -ʃənl⁻/ *adj.* 〘(1340) *imaginacio(u)n* □ (O)F *imagination* □ L *imāginātiō(n-)*: ⇨ imagine, -ation〙

SYN 想像(力): **imagination** 見たことのない, あるいは存在しない物を心に描き出す理知的な想像力: Poets must have *imagination*. 詩人は想像力を持っていなければならない. **fancy** 現実離れした空想で, こっけい・軽妙・気まぐれなどの感じを伴う: The centaur is a creature of *fancy*. ケンタウロスは空想の産物である. **fantasy** 全く抑制のない空想: live in a *fantasy* world とりとめのない空想にふけって暮らす.

---

i·mag·i·na·tive /ɪmǽdʒ(ə)nətɪv, -dʒənèɪt- | ɪmǽdʒɪnət-, -dʒ(ə)-/ *adj.* **1** 想像[構想]の: the ～ faculty 想像[構想]力. **2 a** (創作的)想像力の生み出した, 想像的な: ～ literature 想像的文学, 純文学. **b** 想像力に富む[を用いる] (⇨ imaginary SYN): an ～ poet, writer, etc. **c** 機転のきく (resourceful). **3** 〈批評・計画など〉創意[示唆]に富む. **4** 想像にふけりがちな. **5** 偽りの (false): an ～ account, report, etc. **6** 形象の; 形象を駆使する. **～·ly** *adv.* **～·ness** *n.* 〘(c1378) □ (O)F *imaginatif* // LL *imāginātīvus*: ⇨ ↓, -ative〙

i·mag·ine /ɪmǽdʒɪn | ɪm-/ *vt.* **1** [しばしば *that*-clause, *wh*-clause; 目的語+補語, 目的語+*to* do, 目的語+*doing*, 目的語+過去分詞; *doing* を伴って] 想像する, 仮定する, 心に描いてみる (⇨ think SYN): As may (well [easily]) be ～*d* (十分[たやすく])想像されるように / You are *imagining* all these things. なにもかも君の気のせいだ[考えすぎだ] / *Imagine* yourself in London [*as* a painter]. 君がロンドンへ行ったと[画家だと]仮定してみたまえ / I can easily [readily] ～ *that* ...ということは想像に難くない / Just ～ *what* would happen! 何が起こるかまあ考えてもごらんなさい / Does he ～ himself (*to* be) the boss? 自分が一番偉い人間だとでも思っているのかしら / Can you ～ them [their] climb*ing* Mt. Everest? 彼らがエベレスト山に登るなんて想像できますか《★ them を用いるほうが口語的》/ He already ～*d* himself lost. もう駄目だと思った / (Just) ～ how she must have felt at that moment! 彼女がその瞬間どんな気持ちがしたか考えてもごらんなさい / *Imagine* meet*ing* you here! ここで君に会おうなんて(全く奇遇だ) / (Just) ～ (it [that])! 考えてごらんよ; とんでもない, まさか. **2** [*that*-clause, *wh*-clause; 目的語+補語, 目的語+*to* do, 目的語+*doing* を伴って]《口語》思う, 考える; 推量[推測]する: She fondly ～*d* (*that*) he loved her. 浅はかにも彼女は彼が愛してくれていると思った / Don't ～ (*that*) you've deceived me! 私をだましおおせたと思うなよ / I ～ (*that*) he will come. 彼は来ると思う / You'll enjoy the movie, I ～. その映画は楽しめると思うよ《★ I ～ は挿入的・付加的にも用いられる》/ I can't ～ *why* he went there. 彼がなぜそこへ行ったのか見当がつかない / He ～*d* the gossip to be true. そのうわさ話を本当だと思った / Can you ～ him [his] be*ing so* stupid? 彼がそんなに愚かだなんて考えられますか《★ him を用いるほうが一層口語的》. **3** 《古》企てる: ～ the king's death 国王の暗殺を謀る. **— *vi.*** **1** 想像する; 想像力を働かせる: ～ *of* ...《古》...を想像する, 心に描く. **2** 《口語》思う, 考える: Just ～! ちょっと考えてもみたまえ / Can you ～? 君考えられるかい(到底考えられないだろう). **i·mág·in·er** *n.* 〘(c1340) *imagine(n)* □ (O)F *imaginer* □ L *imāginārī* to picture to oneself, fancy ← *imāgō* 'IMAGE'〙

imagines *n.* imago の複数形.

im·ag·ing /ɪ́mɪdʒɪŋ/ *n.* **1** 〘精神医学〙イメージング《心象操作によってストレス解消などをする療法》. **2** 〘物理〙結像《物体の像をつくること》. **3** 〘電算〙画像の生成・処理. 〘(1666) ← IMAGINE+-ING¹〙

i·mág·in·ing *n.* 想像すること; 想像: foolish ～*s* 愚かしい想像. 〘(c1340): ⇨ imagine, -ing¹〙

im·ag·ism /ɪ́mɪdʒɪzm | ɪ́mɪ-/ *n.* 〘文学〙イマジズム, 写象主義《1912 年ごろロマン主義に反抗して英米に起こった現代詩人一派の主張で, 心象の明確さを重要な綱領とする》; 写象主義的手法. 〘(1912) ← IMAGE+-ISM: cf. *Des imagistes* (1914 年出版の同派の詩集の題名)〙

ím·ag·ist /-dʒɪst | -dʒɪst/ 〘文学〙*n.* イマジスト, 写象主義者. **— *adj.*** =imagistic. 〘(1912) ↑〙

im·ag·is·tic /ìmɪdʒɪ́stɪk | ɪmɪ-⁻/ *adj.* 〘文学〙イマジズム[写象主義]の. **im·ag·ís·ti·cal·ly** *adv.* 〘(1916): ⇨ ↑, -ic¹〙

i·ma·go /ɪméɪgoʊ, ɪmáː- | ɪ-/ *n.* (*pl.* ～**es**, ～**s**, **i·ma·gi·nes** /ɪméɪgənìːz, ɪmáːg-, ɪméɪdʒə-, ɪmǽdʒ- | ɪméɪdʒɪnìːz, ɪmǽdʒ-, ɪmáːg-/) **1** 〘昆虫〙成虫, 成体 (adult) (cf. metamorphosis 2). **2** 〘精神分析〙イマーゴ, 成像, 成形《幼児期に形成されたまま保存されている愛する人(一般的には両親)の理想化された概念》. 〘(1797) ← NL ～《特殊用法》← L *imāgō*: ⇨ image〙

i·mam /ɪmáːm, iː-, -mǽm | ɪmáːm, iːmáːm/ *n.* 〘イスラム教〙イマーム: **1** 《イスラム教寺院の》司式僧, 会師, 導師. **2** [I-] Muhammad とその 4 人の直系の後継者に与えられた称号. **3** シーア派 (Shi'a) によって Muhammad の後継者であるとみなされている指導者. 〘(1613) □ Arab. *imām* leader, guide ← *ámma* to precede〙

i·mam·ate /ɪmáːmeɪt, iː-, -mǽm- | ɪmáːm-/ *n.* imam の職[管区]. 〘(1727–41): ⇨ ↑, -ate¹〙

IMarE 《略》Institute of Marine Engineers.

i·ma·ret /ɪmáːrɪt | ɪmáːrɛt/ *n.* (トルコで)巡礼者の宿舎, 巡礼宿, 宿坊. 〘□ Turk. ～ □ Arab. *'imāra^h* building, dwelling place〙

i·maum /ɪmɔ́ːm, ɪmáːm | ɪmɔ́ːm/ *n.* 《英》=imam.

IMAX /áɪmæks/ *n.* アイマックス(方式)《観客の視野全体の大画面に映写する広角の投影システム》: an ～ theater アイマックスシアター[映画館].

im·bal·ance /ɪmbǽləns, ɪm-, -lənts/ *n.* **1 a** 平均を失った状態, 不安定, 不均衡, アンバランス (*between*): (an) economic ～ / (a) social ～ / trade ～ 貿易不均衡. **b** (人口の)男女比の不均衡; 《米》(学校などにおける)人種比の不均衡. **2** 〘病理〙(筋肉または内分泌腺その他の)不均衡; (平衡)失調[異常]. ★ 元来は眼科用語: mental ～ / ⇨ autonomic imbalance. 〘(1898): ⇨ im-〙

im·bál·anced *adj.* **1** 均衡のとれていない. **2** 《米》人種比の不均衡な: an ～ school.

im·be·cile /ɪ́mbəsɪl, -sl | -bɪsìːl, -sàɪl/ *adj.* **1** 低能の. **2** 愚鈍な, 愚かな, ばかな: an ～ fellow ばか, のろま / ～ conduct [remarks] 愚かな行為[言葉]. **3** (古) 虚弱な. **— *n.*** **1** 愚者, ばか者. **2** 〘心理〙痴愚の人. **～·ly** /-s(ɪ)l(l)i, -sɪli | -sìːlli, -sàɪlli/ *adv.* 〘(1539–40) □ F *imbécile* □ L *imbēcillus* weak (原義) without staff: ⇨ in-¹, bacillus〙

im·be·cil·ic /ìmbəsɪ́lɪk | -bɪ-⁻/ *adj.* 精神薄弱者らしい. 〘(1918): ⇨ ↑, -ic¹〙

im·be·cil·i·ty /ìmbəsɪ́ləti | -bɪsɪ́lɪti/ *n.* **1** 〘心理〙痴愚《知能指数 25–50 ぐらい, 精神年齢が 3–8 歳ぐらいまでにしか発達しない状態; 今日この名称は用いない; cf. mental deficiency》. **2** 愚かさ, たわいなさ (absurdity). **3** 弱点, 愚行. **4** 柔弱, 虚弱. 〘(?a1425) □ (O)F *imbécillité* □ L *imbēcillitātem*: ⇨ imbecile, -ity〙

im·bed /ɪmbéd | ɪm-/ *vt.* (**im·bed·ded**; **-bed·ding**) =embed.

im·bibe /ɪmbáɪb | ɪm-/ *vt.* **1** 〈養分・空気などを〉吸収[吸入]する, 摂取する (take in); 〈湿気などを〉吸収する, 吸う (absorb): The earth ～*s* the rain. **2** 〈酒を〉(むやみに)飲む (⇨ drink SYN). **3** 〈知識・思想などを〉吸収する, 受け入れる, 同化する (assimilate): ～ moral principles. **4** 《廃》浸す, しみ込ます (soak). **— *vi.*** 飲む; 吸い込む, 同化する. **im·bíb·er** *n.* 〘(c1395) *embibe(n)* □ L *imbibere* to drink in, conceive (an opinion) ← *im-* 'IN-²'+*bibere* to drink, absorb〙

im·bi·bi·tion /ìmbəbɪ́ʃən | -bɪ-/ *n.* **1** 吸入, 吸収; (思想などの)同化 (assimilation). **2** 〘物理化学〙膨化, 膨潤《ゲル (gel) による溶剤の吸収; cf. syneresis 3》. **3** 〘写真〙インビビション《カラープリント焼付けでゼラチンレリーフによる色素液の吸収》. **～·al** /-ʃnəl, -ʃənl⁻/ *adj.* 〘(1471): ⇨ ↑, -ition〙

im·bit·ter /ɪmbɪ́tə | ɪmbɪ́tə(r)/ *vt.* =embitter.

im·bod·i·ment /ɪmbɑ́(ː)dɪmənt | ɪmbɔ́d-/ *n.* =embodiment.

im·bod·y /ɪmbɑ́(ː)di | ɪmbɔ́di/ *v.* =embody.

im·bold·en /ɪmbóʊldn | ɪmbə́ʊldn/ *vt.* =embolden.

im·bos·om /ɪmbʊ́zəm, -búːz- | ɪmbʊ́z-/ *vt.* =embosom.

im·bow·er /ɪmbáʊə | ɪmbáʊə(r)/ *v.* =embower.

im·brex /ɪ́mbrɛks, -brɪks/ *n.* (*pl.* **im·bri·ces** /-brəsìːz | -brɪ-/) 〘建築〙**1** 牡がわら《古代ローマの建物の上が凸形の丸がわら》. **2** =pantile. 〘(1857) □ L ～ (↓)〙

im·bri·cate /ɪ́mbrɪkɪt, -brəkèɪt | -brɪ-/ *adj.* **1** (屋根がわらのように)重なり合っている, かわら合わせの (overlapping). **2** 〘生物〙〈つぼみの弁・魚のうろこ・鳥の羽毛など〉覆瓦(ふくが)状に重なり合っている: ～ scales. **3** かわら合わせ[うろこ]模様の. **—** /-brəkèɪt | -brɪ-/ *vt., vi.* かわら合わせに重ねる[重なる], うろこのように重ね並べる[並ぶ] (overlap). **～·ly** *adv.* 〘(1656) □ L *imbricātus* covered with tiles (p.p.) ← *imbricāre* to shape like a tile ← *imbrex* hollow roofing-tile ← *imber* shower: ⇨ -ate²·³〙

im·bri·ca·tion /ìmbrəkéɪʃən | -brɪ-/ *n.* **1** 鱗形(模様); 覆瓦(ふくが)状(構造)《かわらや屋根板を重ね合わせて防水する方法》. **2** 〘外科〙腱膜重合《腹部外科で腱膜層を重ね合わすこと》. 〘(1650): ⇨ ↑, -ation〙

im·bri·ca·tive /ɪ́mbrəkèɪtɪv | -brɪkèɪt-/ *adj.* =imbricate.

imbrices *n.* imbrex の複数形.

im·bro·glio /ɪmbróʊljoʊ, -lioʊ | ɪmbrə́ʊliəʊ, -ljəʊ/ *n.* (*pl.* ～**s**) **1** (事件・交渉などの)もつれ, 紛糾; 混乱した局面, 紛糾した事態; 複雑な行き違い[誤解]. **2** (劇などの)複雑な筋[趣向]. **3** 〘音楽〙インブロリオ《異なる拍子・リズムを同時進行させること; 特にオペラで錯綜した場面の表現に用いられる手法》. **4** 《まれ》ごたごたした積み重ね: an ～ of books and magazines. 〘(1750) □ It. ～ 'confusion, entangling' ← *imbrogliare* to confuse=F *embrouiller* 'to EMBROIL'〙

Ím·broz /ɪ́mbrɑ(ː)z | -brɔz/ *n.* イムロズ(島)《Gökçeada の旧名》.

im·brown /ɪmbráʊn | ɪm-/ *v.* =embrown.

im·brue /ɪmbrúː | ɪm-/ *vt.* 〈手・剣を〉〈血で〉汚す, 染める (*with, in*): ～ one's hands *with* [*in*] blood 殺人の罪を犯す. **— *vi.*** 《廃》血を流す. **～·ment** *n.* 〘(c1410) *enbroue(n)* □ OF *embruer* to bedaub ← *em-* 'IN-²'+*breu, bro* (← Gmc **broð-* 'BROTH')〙

im·brute /ɪmbrúːt | ɪm-/ *vt., vi.* 野獣のようにする[なる]. **～·ment** *n.* 〘← IN-²+BRUTE (n.)〙

im·bue /ɪmbjúː | ɪm-/ *vt.* **1** [しばしば受身で]〔思想・感情・意見などを〕...に吹き込む, 鼓吹する〔*with*〕(⇨ implant SYN): ～ a mind *with* hatred [socialistic doctrines] 人の心に憎しみの情[社会主義]を吹き込む / a thoughtful mind ～*d with* elegant culture 上品な教養のしみ込んだ豊かな思想の持ち主. **2** しみ込ませる; 染める: ～ a fabric *into* red 織物を赤に染める. **3** =imbrue. **～·ment** *n.* 〘(?a1425) □ L *imbuere* to wet, stain〙

im·burse /ɪmbə́ːs | ɪmbə́ːs/ *vt.* 《まれ》...に金を支払う (pay); ...に金を返済する (repay). 〘(c1530) □ ML *imbursāre* ← *bursa* purse: ⇨ in-²〙

IMCO /àɪèmsìːóʊ, ɪ́mkoʊ | -əʊ, -kəʊ/ 《略》Intergovernmental Maritime Consultative Organization 政府間海事協議機関《International Maritime Organization (IMO の旧称)》.

imdtly 《略》immediately.

IME 《略》〘電算〙input method editor《日本語文字などキーボードにない文字の入力を助けるプログラム》.

IMechE 《略》《英》Institution of Mechanical Engineers.

IMF, I.M.F. /àɪèméf/ 《略》International Monetary Fund.

IMHO 《略》in my humble opinion《電子メールで用いる》.

Ím·hoff tànk /ɪ́mhɔ(ː)f-, -hɑ(ː)f- | -hɔf-; G. ɪ́mhɔf-/ *n.* 〘土木〙インホフタンク《下水処理の沈澱タンクの一つで上(沈澱室)と下(スラッジ室)の二つに分かれているもの》. 〘← *Karl Imhoff* (1876–?; ドイツの技師)〙

im·id /ɪ́mɪd | ɪ́mɪd/ *n.* 〘化学〙=imide.

imid- /ɪ́məd | ɪ́mɪd/ (母音の前にくるときの) imido- の異形: *imid*ate.

im·id·az·ole /ìmədǽzoʊl | ɪmɪdǽzəʊl/ *n.* 〘化学〙イミダゾール ($C_3H_4N_2$)《複素 5 環式化合物の一種; glyoxaline ともいう). 〖(1892): ⇨ ↓, azole〗

im·ide /ímaɪd/ *n.* 〘化学〙イミド, イミノ, 二級アミン (R_2NH) (イミド基 (imido group) を含む化合物).

i·mid·ic /ɪmídɪk | -dɪk/ 〖(1850) (変形) ← AMIDE〗

im·i·do /íməd òʊ | ím³dəʊ/ *adj.* 〘化学〙イミド基を含む. 〖(1881) ↓〗

i·mid·o- /ímədoʊ | ím³dəʊ/ 〘化学〙「イミド (imide)」の意の連結形. ★ 母音の前では通例 imid- になる. 〖← IMIDE+-O-〗

ímido gròup *n.* 〘化学〙イミド基 (> NH なる二価の基).

im·in- /ímən | ím³n/ (母音の前にくるときの) imino- の異形.

im·ine /ímiːn, ím³n | ímiːn, ɪmíːn/ *n.* 〘化学〙イミン ($(CH_2)_n$=NH で表される環状第二アミン). 〖(1883) (変形) ← AMINE: cf. imide〗

IMinE (略) (英) Institution of Mining Engineers.

im·i·no /ímənòʊ | ím³nəʊ/ *adj.* 〘化学〙イミノ基を含む. 〖(1903) ↓〗

im·i·no- /ímənoʊ | ím³nəʊ/ 〘化学〙「イミン (imine)」の意の連結形. 〖← IMINE+-O-〗

ímino gròup *n.* 〘化学〙イミノ基 (> NH なる二価の基).

i·mi·no·u·re·a /³mìːnoʊjʊ́ᵊriə | ɪmìːnəʊjʊ́ər-/ *n.* 〘化学〙 = guanidine.

i·mip·ra·mine /³míprəmìːn | ɪm-/ *n.* 〘薬学〙イミプラミン ($C_{19}H_{24}N_2$) (抗鬱(うつ)病薬). 〖(1958) ← IMI(DE)+PR(OPYL)+AMINE〗

imit. (略) imitation; imitative.

im·i·ta·bil·i·ty /ìmətəbíləti | ìm³təbíl³ti/ *n.* 模倣できること, 模倣の可能性. 〖(1678): ⇨ ↓, -ity〗

im·i·ta·ble /ímətəbl | ím³tə-/ *adj.* 模倣できる, まねられる; 見習う価値のある. **~·ness** *n.* 〖(1550) □ L *imitābilis*: ⇨ ↓, -able〗

im·i·tate /ímətèɪt | ím³-/ *vt.* **1** (道徳的意味で)習う, 手本にする, 模範にする, のっとる, 見習う: ~ the virtues of good men 善良な人々の徳に習う. **2** 〈人の風采(ふうさい)·態度·言葉などを模倣する, まねる: ~ one's betters 目上の人々のまねをする / Parrots ~ human speech. **3** 滑稽(こっけい)にまねる, まねてばかにする (burlesque); 戯画[茶番]化する (caricature). **4 a** 模写する, 模造する, …に似せる: a fabric made to ~ silk 絹に似せて造った織物 / ~ a bird's cry with one's lips 口笛で小鳥の鳴声をまねる. **b** 偽造する (counterfeit). **5** 〘生物〙 **a** 〈動植物が〉〈周囲のもの〉にまねる, 似る: The insect ~*s* its surroundings. 昆虫はその環境をまねる. **b** 〈動植物が〉〈失われた部分を〉再生する (reproduce). 〖(1534) □ L *imitātus* (p.p.) ← *imitārī* to imitate, copy: cf. image〗

SYN まねる: **imitate** あるものを見本として従おうとする (同じものになる保証はない): The poet only *imitates* Keats. その詩人はキーツをまねているにすぎない. **copy** できるだけ正確にまねる: My son is always trying to *copy* my behavior. 息子はいつも私をそっくりにふるまおうとしている. **mimic** 人の身振り·声·癖などを通例人を面白がらせるために正確にまねる: She *mimicked* the teacher's voice. 先生の声色をまねてみせた. **mock** 滑稽なことを言ったりしぐさをまねたりして人を笑い物にする: He *mocked* his mother. 母親のまねをしてあざけった. **ape** 人をからかうため, または競争心から人の言葉やしぐさをまねる: She *aped* the fashions of her betters. お偉方の風習をまねた.
ANT originate.

---

im·i·ta·tion /ìmətéɪʃən | ìm³-/ *n.* **1** 模写, 模造; 模倣したもの, 模造品, まがい物, 模倣作品; 偽造品, にせ物 (counterfeit): an ~ of life 実物をまねたもの / an ~ of marble 人造大理石 / Beware of cheap ~*s*. 安物のにせ物に注意. **2** まね, 模倣: the ~ of the great masters 大家の模倣 / an example for ~ 手本 / in ~ of …をまねて, …を見習って / *Imitation* is the sincerest (form of) flattery. (諺) 模倣は最も誠意ある追従なり. **3** 物まね, 人まね, 茶番化すること (burlesque): give [do] an ~ of …のまねをしてみせる. **4 a** 〘社会学〙模倣 (他の集団または個人の行動や思考様式をまねること). **b** 〘心理〙模倣 (他人の行為を手本とし, それを観察してする行動). **5** 〘音楽〙模倣(作法) (ある旋律または音型を他声部が繰り返すこと; カノンやフーガの基本). **6** 〘生物〙擬態, 模倣. **7** 〘芸術〙 **a** 模倣, 模造, 模作. **b** (文芸における)写実的表現, 現実再現. **c** (アリストテレス美学で)事物や行為の理想的表現. — *adj.* [限定的] 模造…, 人造… (↔ real[1]): ~ flowers 造花 / ~ pearls [wool] 模造真珠[羊毛]. 〖(*a*1400) *imytacyoun* □ (O)F ~ // L *imitātiō(n-)*: ⇨ ↑, -ation〗

ìm·i·tá·tion·al /-ʃnəl, -ʃənl⁻/ *adj.* 模倣の, 模造の. 〖(1833): ⇨ ↑, -al[1]〗

imitátion árt pàper *n.* 〘製紙〙イミテーションアート紙. 〖1937〗

imitátion dóublet *n.* 〘宝石〙 **1** 模造張り石. **2** 模造宝石.

imitátion léather *n.* 擬革, 模造革, 人工レザー. 〖1871〗

imitátion mílk *n.* (食餌療法のための)合成乳(の総称) (脂肪を除いて代わりに植物性油を用いたりなどするもの).

im·i·ta·tive /ímətèɪtɪv | ím³tət-, -tèɪt-/ *adj.* **1** まねをする, 模倣の, 模写的な (imitating): an ~ gesture / be ~ *of* …をまねる / the ~ arts 模倣芸術 (絵画·彫刻など) / ~ music 擬声音楽. **2** まねをしたがる, よくまねをする, 好んで模倣する: Children are ~. **3** 〈行為·芸術作品など〉模倣的な, 独創的でない: ~ poetry / a poem ~ *of* Milton ミルトンまがいの詩. **4** 〘生物〙擬態の, 模倣の (mimetic). **5** 擬声的な (onomatopoeic): ~ words 擬声語 (bang, buzz など). **~·ly** *adv.* **~·ness** *n.* 〖(1584) □ L *imitātīvus*: ⇨ imitate, -ive〗

ímitative mágic *n.* 模倣魔術 (願望することを模倣することによって(敵の人形を作って刺すように)達成できるという信念に基づく魔術; cf. sympathetic magic).

ím·i·tà·tor /-tə | -tə^(r)/ *n.* まねをする人, 模倣者; 模造者, 偽造者. 〖(1523) □ L *imitātor*: ⇨ imitate, -or[2]〗

I·mit·tos /*Mod.Gk.* imitós/ *n.* イミットス (Hymettus のギリシャ語名).

im·mac·u·la·cy /³mǽkjʊləsi | ɪm-/ *n.* 汚点[きず, 欠点, 過失など]のないこと; 清浄, 無垢(く); 潔白, 純潔. 〖(1799): ⇨ ↓, -acy〗

im·mac·u·late /³mǽkjʊl³t | ɪm-/ *adj.* **1** 汚れていない, 真っ白な, しみひとつない (spotless): an ~ shirt / an ~ style in dress 一分のすきもない服装. **2** 欠点のない, 完全な (faultless): an ~ text (全く誤りのない)完全なテキスト. **3** 清浄な, 純潔な, 罪に汚れていない (pure): lead an ~ life 清らかな生活を送る / a person known for ~ conduct 潔白な行為で知られた人. **4** 〘生物〙斑点(はんてん)[斑紋]のない, 単色の (unicolor). **~·ly** *adv.* **~·ness** *n.* 〖(1441) □ L *immaculātus*: ⇨ in-[1], maculate〗

Immáculate Concéption *n.* [the ~] 〘カトリック〙無原罪懐胎(説), 無原罪の御宿り (聖母マリアはその母の胎内に宿った瞬間から原罪を免れていたこと; 祝日 12 月 8 日; cf. virgin birth 1). 〖1687〗

Immáculate Héart *n.* [the ~] 〘カトリック〙(聖母マリアの)汚れなき御心, 聖心(みこころ) (原罪の汚れがない御心の意; cf. Sacred Heart (of Jesus)).

im·mane /³méɪn | ɪm-/ *adj.* (古) **1** 巨大な (huge). **2** 残酷な, 冷酷な (inhuman). **~·ly** *adv.* **~·ness** *n.* 〖(1602) □ L *immānis* ← *im-* 'IN-[1]'+*mānis, mānus* good〗

im·ma·nence /ímənəns/ *n.* **1** 内部に存在している状態, 内在性. **2** 〘神学〙(神の宇宙における)内在[遍在](性) (↔ transcendence). 〖(1816): ⇨ immanent, -ence〗

ím·ma·nen·cy /-nənsi/ *n.* = immanence.

im·ma·nent /ímənənt/ *adj.* **1** 〘哲学〙(性質が)内にある, 内在する, 内在的な (inherent) (↔ transeunt). **2** 心の中だけに起こる, 心の中だけの, 主観的な. **3** 〘神学〙(神が宇宙の内に存在するという意味で)内在的な (↔ transcendent). **~·ly** *adv.* 〖(1535) □ LL *immanentem* remaining in (pres.p.) ← *immanēre* ← *im-* 'IN-[2]'+*manēre* to remain〗

im·ma·nent·ism /-tìzm/ *n.* **1** 〘哲学〙内在哲学 (知識の対象は精神の中にあるとする 19 世紀末ドイツの意識一元論). **2** 〘神学〙内在説[論] (神は宇宙至る処に内在するという説). **ím·ma·nent·ist** /-t³st | -tɪst/ *n.*, *adj.* **im·ma·nent·is·tic** /ìmənəntístɪk⁻/ *adj.* 〖(1907): ⇨ ↑, -ism〗

im·man·i·ty /³mǽnəti | ɪmǽn³ti/ *n.* (廃) **1** 巨大さ. **2** 残忍性: such ~ and bloody strife 残忍で血を洗うような闘争 (Shak., *1 Hen VI* 5. 1. 13). 〖(1557) □ L *immanitālem* ← *immānis* huge, savage ← *im-* 'IN-[1]'+*mānus* good〗

Im·man·u·el /³mǽnjuəl, -njul | ɪm-; *G.* imáːnuèːl, -nuèl/ *n.* **1** イマニュエル (男性名; 異形 Emanuel, Emmanuel). **2** 〘聖書〙インマヌエル (Isaiah によってその誕生を預言された救世主の名 (cf. *Isa.* 7:14), またはイエスキリストが呼ばれた名 (cf. *Matt* 1:23)). 〖□ Heb. *'Immānū'ēl* (原義) with us is God ← *'immānū* with us+*Ēl* God〗

im·mask /immǽsk | -máːsk/ *vt.* (廃) 覆う, 隠す. 〖(1596–97) ← *im-* 'IN-[2]'+MASK〗

im·ma·te·ri·al /ìmətíᵊriəl | -tɪər-⁻/ *adj.* **1** 重要でない, 取るに足らない (unimportant): ~ details, objections, etc. / That is quite ~ *to* me. それは私には何でもない[どうでもよい]ことだ. **2** 非物質的な, 実体のない, 無形の; 精神上の, 霊的な (spiritual). **~·ly** *adv.* **~·ness** *n.* 〖(1410) □ ML *immateriālis*: ⇨ in-[1], material〗

ìm·ma·té·ri·al·ìsm /-lìzm/ *n.* 〘哲学〙非質料主義, 非物質[唯物]論, 唯心論 (物体的実体は存在しないとする説; cf. idealism 1). 〖(1713): ⇨ ↑, -ism〗

im·ma·té·ri·al·ist /-l³st | -lɪst/ *n.*, *adj.* 非物質論者(的な). 〖(1724): ⇨ -ist〗

im·ma·te·ri·al·i·ty /ìmətíᵊriǽləti | -tɪəriǽl³ti/ *n.* **1** 非物質性, 非実体性. **2** 非物質的な[実体のない]物. **3** 非重要性, 重要でないこと. 〖(1570): ⇨ -ity〗

im·ma·te·ri·al·ize /ìmətíᵊriəlàɪz | -tɪər-/ *vt.* 非物質的にする, 無形にする. 〖(1661): ⇨ -ize〗

im·ma·ture /ìmətʊ́ə, -tjʊ́ə, -tʃʊ́ə | -tjʊ́ə^(r), -tjɔ́ː^(r), -tʃʊ́ə^(r)/ *adj.* **1** 未熟な, 円熟していない; 未完成の (unfinished); 生硬な (crude): an ~ adult (大人になっても)子供っぽさ[小児性]を脱しきれない人 / an ~ girl まだ女[大人]になっていない少女 / ~ behavior おとならしくない[子供みたいな]ふるまい / an ~ character 円熟していない人格 / ~ fish 幼魚 / ~ fruit 未熟果実 / an ~ essay 生硬な[あか抜けのしない]随筆. **2** 〘地質〙〈地形が〉幼年期の (山·川などの浸食作用が始まったばかりの状態にいう). **3** (古) 〈死など〉早過ぎる, 時ならぬ (premature). — *n.* 未成年者; 発育中の動物. **~·ly** *adv.* **~·ness** *n.* 〖(1548) □ L *immātūrus* unripe: ⇨ in-[1], mature〗

im·ma·tu·ri·ty /ìmətʊ́ᵊrəti, -tjʊ́ᵊr-, -tʃʊ́ᵊr- | -tjʊ́ər³ti, -tjɔ́ːr-, -tʃʊ́ər-/ *n.* 未熟, 生硬, 未完成; 未成年, 子供っぽさ. 〖(*c*1540): ⇨ ↑, -ity〗

im·mea·sur·a·bil·i·ty /ɪ(m)mèʒ(ə)rəbíləti, -mèɪʒ- | ɪmèʒ(ə)rəbíl³ti/ *n.* 計り得ないこと, 広大無辺. 〖(1824): ⇨ ↓, -ity〗

im·mea·sur·a·ble /³méʒ(ə)rəbl, ɪ(m)m-, -méɪʒ- | ɪméʒ-, ɪ(m)m-⁻/ *adj.* **1** 計ることができない, 限りのない (limitless): an ~ love 限りない愛情. **2** 果てしない, 広大な, 巨大な (vast): an ~ expanse of snow 果てしない雪の広がり. **~·ness** *n.* 〖(*c*1378): ⇨ in-[1], measurable: cf. F *immésurable*〗

im·méa·sur·a·bly /-bli/ *adv.* 計れないほど, 計り知れないくらいに. 〖(1631): ⇨ ↑, -ly[1]〗

im·me·di·a·cy /³míːdiəsi | -diə-, -dʒə-/ *n.* **1** 直接(性) (directness); 即時(性). **2** 〘哲学〙直接性, 無媒介性, 直観性. **3** [通例 *pl.*] (関係などが)直接的なもの; 刻下の急務. 〖(1605): ⇨ ↓, -acy〗

im·me·di·ate /³míːdi³t | -di³t, -dʒ³t/ *adj.* **1** 早速の, 即座の, 即時の (instant) (⇨ quick **SYN**): an ~ reply [answer] 即答 / ~ cash 即金(払い) / ~ delivery [payment] 直渡し[即時払い] / an ~ notice 即時通告 / take ~ action 即刻行動を起こす, 直ちに実行する / The drama was an ~ success. その劇は(上演すると)たちまち好評を博した / I took an ~ dislike to him. 彼に会った瞬間に嫌な男だと思った. **2** 当面の, 現下の (present): our ~ plans 当面の計画 / There is no ~ work to be done. すぐに済まさなければならない仕事はない. **3** (関係が)直接の (direct); じかの, じかに得た: the ~ cause of death 直接死因 / an ~ heir 直系相続人 / a person's ~ superior すぐ上の上司 / ~ information じかに得た情報. **4** (接触が)直接の, じかの (direct); すぐ隣の, 隣接した (nearest): ~ contact 直接の接触 / have no ~ connection with …と直接の関係[連絡]はない / my ~ neighbors すぐ隣の人々, 隣家 / I sat to his ~ right. 私は彼のすぐ右隣に座った. **5** ごく近い: in the ~ future ごく近い将来に. **6** 〘哲学·論理〙直接的な, 直観の, 直覚の (intuitive). 〖(1392) □ (O)F *immédiat* // ML *immediātus*: ⇨ in-[1], mediate〗

immédiate áccess stòre *n.* 〘電算〙即時アクセス記憶装置 (データやプログラムが記憶される CPU のメモリー部分). 〖1960〗

immédiate annúity *n.* 即時年金 (cf. deferred annuity).

immédiate constítuent *n.* 〘言語〙直接構成(要素) (任意の構造を直接構成する語あるいは要素; 略 IC; 例えば a very brave man での IC は a と very brave man, 後者の IC は very brave と man, そして very brave の IC は very と brave となる; cf. ultimate constituent). 〖1933〗

immédiate ínference *n.* 〘論理〙直接(的)推理. 〖1843〗

im·me·di·ate·ly /³míːdi³tli | -di³t-, -dʒ³t-/ *adv.* **1** 直ちに, すぐさま, 早速, 即時に: answer [begin] ~ 早速返答する[始める]. **2 a** じかに, 直接に (directly): ~ involved in … 直接…にかかわり合って. **b** すぐ接して (closely): ~ in the vicinity すぐ近所に. — *conj.* (英) …(する)や否や (as soon as) (cf. directly): *Immediately* he came, he told me so. 来るとすぐ彼はそう言った. 〖(*a*1400): ⇨ -ly[1]〗

SYN すぐ: **immediately** 少しの遅れもためらいもなく: He answered *immediately*. すぐ返事をした. **instantly** 一瞬の遅滞もなく: Answer me *instantly*. すぐ返事をちらいたい. **instantaneously** すぐに, かつすばやく (格式ばった語): She swallowed the poison and died *instantaneously*. 毒を仰ぎ, たちどころに死んだ. **directly** [after を伴って] …のすぐ後に: I'll do it *directly after* lunch. 昼食後すぐやります. **straightaway** = *immediately*. **at once** 今すぐ: Do it *at once!* 今すぐしなさい. **right away**, (特に米) **right off** = *at once*: Come home *right away*. すぐ家に帰って来なさい. **forthwith** *immediately* と同義であるが, 格式ばった語.

---

im·mé·di·ate·ness *n.* = immediacy.

im·mé·di·a·tìsm /-tìzm/ *n.* **1** 直接(性); 即時(性) (immediateness). **2 a** 即時実施(策). **b** (米) 奴隷制度の即時撤廃政策. **3** 〘哲学〙直知説 (客観的実在は知覚により直接あるがままに知りうるとする認識論の学説; cf. naïve realism). 〖(*a*1825) ← IMMEDIATE+-ISM〗

im·med·i·ca·ble /³médɪkəbl | ɪmédɪ-, ìm-/ *adj.* 不治の; 取り返しのつかない: ~ wounds 治らない傷. **~·ness** *n.* **im·méd·i·ca·bly** *adv.* 〖(1533): ⇨ im-〗

Im·mel·mann /íməlmən, -màːn | -mæn, -mən; *G.* ímlman/ *n.* 〘航空〙インメルマンターン, 宙返り反転 (宙返りの頂点で横転して反対方向に向かうこと; Immelmann turn, reverse turn ともいう). 〖(1917) ← *Max Immelmann* (1890–1916: ドイツの飛行士)〗

im·mem·o·ra·ble /³mém(ə)rəbl | ɪm-/ *adj.* 記憶する価値のない. 〖(1552): ⇨ im-〗

im·me·mo·ri·al /ìməmɔ́ːriəl, ìmɪ-⁻/ *adj.* **1** 人の記憶を絶した, 遠い昔の, 太古の (cf. memorial): an ~ custom / from [since] time ~ 太古このかた, 大昔から. **2** 太古[大昔]からの: ~ rocks, tress, etc. / the ~ privileges 古くからの特権. **~·ly** *adv.* 〖(1602) □ ML *immemoriālis*: ⇨ in-[1], memorial〗

im·mense /³méns, ³ménts/ *adj.* **1** (口語) 広大な, 巨大な, 莫大な (⇨ enormous **SYN**): an ~ building [territory] / an ~ sum of money 莫大な金. **2** 計り知れない, 限りない (immeasurable): of ~ importance 計り知れぬ重要性のある[をもった]. **3** (口語) 大した, すてきな, すばらしい (splendid): an ~ success 素晴らしい成功. **~·ness** *n.* 〖(*c*1426) □ (O)F ~ // L *immēnsus* boundless ← *im-* 'IN-[1]'+*mēnsus* ((p.p.) ← *mētīrī* 'to MEASURE')〗

im·mense·ly /ɪ̀ménsli, ɪ̀ménts-/ *adv.* **1** 《口語》非常に, 素晴らしく, とても: He was ~ pleased. **2** 無限に, 莫大に, 広大に. 〖(1654): ⇨ ↑, -ly¹〗

im·men·si·ty /ɪ̀ménsəṭi | -sɪ̀ti/ *n.* **1** 広大, 巨大, 莫大, 無量, 無数 (vastness): I was surprized at the ~ of the plan. その計画の遠大なのに驚いた. **2 a** 莫大[巨大]なもの. **b** 無限の空間[広がり] (infinite space). **3** 《口語》莫大な量. 〖(?1440) □ (O)F *immensité* ∥ L *immēnsitātem*: ⇨ immense, -ity〗

im·men·su·ra·bil·i·ty /ɪ̀mènʃ(ʊ)rəbíləṭi, ɪm-, -s(ə)rə- | ɪmènʃ(ʊ)rəbílɪ̀ti, -s(ə)rə-/ *n.* =immeasurability. 〖1678〗

im·men·su·ra·ble /ɪ̀ménʃ(ʊ)rəbḷ, ɪm-, -s(ə)rə- | ɪm-, ɪm-ˈ/ *adj.* =immeasurable. 〖(1535) □ LL *immensūrābilis*: ⇨ in-¹, mensurable〗

im·merge /ɪ̀mə́ːdʒ | ɪmə́ːdʒ/ *vt.* 《古》(水などに)浸す, 浸(ひた)ける, 突っ込む (immerse). — *vi.* 《文語》〔水の中などに〕飛び込む (plunge) 〔*into*〕; 〈天体などが〉隠れて見えなくなる; 沈む (cf. emerge). **im·mér·gence** /-dʒəns/ *n.* 〖(1611) □ L *immergere* (↓)〗

im·merse /ɪ̀mə́ːs | ɪ̀mə́ːs/ *vt.* **1** [主に ~ oneself または受身で] **a** 〔…に〕夢中にさせる, 没頭させる, ふけらせる (engross) 〔*in*〕: ~ *oneself in* study 研究に没頭する / *be* ~*d in* thought 考え込む / *be* ~*d in* a book 本を読みふける. **b** 〔…に〕巻き込む, 陥らせる (entangle, involve) 〔*in*〕: *be* ~*d in* difficulties 困難に陥る / *be* ~*d in* debt 借金で動きがとれない. **2** 浸す, 沈める, 浸(ひた)ける, 突っ込む (⇨ dip SYN): ~ one's head *in* water 頭を水に浸ける. **3** (土中などに)埋める (bury): a fossil ~*d in* earth 土中に埋まっていた化石. **4** 〖キリスト教〗…に浸礼を施す (cf. sprinkle 4 b). 〖(1605) □ L *immersus* (p.p.) ← *immergere* to plunge into: ⇨ in-², merge〗

im·mérsed *adj.* **1** (液体に)浸された. **2** 〖生物〗〈身体の器官が〉周囲の組織の中に没した. **3** 〖キリスト教〗浸礼を施された. **4** 〖植物〗水中で育つ. 〖(?a1425) ← L *immersus*: ⇨ ↑, -ed〗

immérsed wédge *n.* 〖海事〗沈下楔(くさび)形部《船が横揺れしたとき水面下に沈む船体の部分》.

im·mérs·er *n.* 《口語》= immersion heater.

im·mers·i·ble /ɪ̀mə́ːsəbḷ | ɪ̀mə́ːsɪ̀-/ *adj.* 《米》〈電気器具など〉耐水性の. 〖(1846) ← IMMERSE + -IBLE〗

im·mer·sion /ɪ̀mə́ːʒən, -ʃən | ɪmə́ːʃən, -ʒən/ *n.* **1** 〔…に〕専念すること, 没頭〔*in*〕: ~ *in* study 研究への没頭. **2** (液体に)浸す[浸される]こと, 浸入, 沈入. **3** 〖キリスト教〗浸礼《洗礼 (baptism) の一形式で, 身体を水に浸(ひた)けて行う洗礼の方法; cf. affusion 1, aspersion 2》: total ~ 全身浸礼. **4** 〖天文〗潜入《天体が他の天体の陰に隠れること; cf.emersion 2》. **5** 《口語》=immersion heater. **6** 〖医学〗液浸《顕微鏡検査で標本と対物レンズの間に液体を入れて像を鮮明にすること; oil immersion (油浸)が普通》. 〖(?1440) □ LL *immersiō(n-)*: ⇨ immerse, -sion〗

immérsion fòot *n.* 〖病理〗浸潰足, 浸足病《難破した船内に浸入した海水などに長時間浸(ひた)かったために起こる足の病気; cf. trench foot》. 〖1941〗

immérsion hèater *n.* 投げ込み電熱器《シーズ線 (sheathed wire) を直接水中に入れて湯を沸かす電熱器》. 〖1914〗

im·mér·sion·ism /-ʒənɪzm, -ʃə- | -ʃə-, -ʒə-/ *n.* 〖キリスト教〗**1** 浸礼主義《洗礼または身体を水に浸(ひた)けることが絶対に必要であるとする主義》. **2** 浸礼(式). 〖(1845): ⇨ -ism〗

im·mér·sion·ist /-ʒ(ə)nɪ̀st, -ʃ(ə)- | -ʃ(ə)nɪst, -ʒ(ə)-/ *n.* 浸礼論者, 浸礼派の人. 〖(1846): ⇨ -ist〗

immérsion lèns [objèctive] *n.* 〖光学〗液浸(対物)レンズ《レンズの前面と検体またはカバーガラスの間に液体を満たして使用する顕微鏡対物レンズ》. 〖1875〗

immérsion scàle *n.* 〖海事〗喫水尺度[目盛り]《積荷量に対する船の沈下度を示す目盛り》.

immérsion sùit *n.* (救命用の)イマージョンスーツ《体全体を覆い海中での体温低下を防ぐ》.

im·mer·sive /ɪ̀mə́ːsɪv | ɪmə́ː-/ *adj.* 〖電算〗没入型の《視点を包み込むような画像を生成する; 画面の 1 点をドラッグすることで(単なるスクロールではなく)前後左右上下を表示できる》.

im·mesh /ɪméʃ/ *vt.* =enmesh.

im·me·thod·i·cal /ɪ̀mɪ̀θɑ́(ː)dɪ̀kəl, -mɛ-, -kḷ | -θɔ́dɪ-ˈ/ *adj.* 秩序のない, 不規則な, 無方式な, 乱雑な. **~·ly** *adv.* **~·ness** *n.* 〖(1605): ⇨ im-〗

im·mie /ími/ *n.* 《米口語》(特に, 色の筋がついた)ビー玉. 〖《短縮》← *imitation agate*: ⇨ -ie 1〗

im·mi·grant /ímɪ̀grənt/ *n.* **1** (外国からの)移民, 移住者, 来住者 (cf. emigrant) (⇨ alien SYN): ~*s from* Japan 日本人移民. 日英比較 英語では「外国から移住して来る人」(*immigrant*) と「外国へ移住して行く人」(emigrant) とを区別するが, 日本語ではそのいずれをも「移民」という一語で表す. **2** 《英》(在住 10 年未満の)(入国)移住者. **3** 〖生態〗移入者[個体]《他の地域から移動してきた個体》. — *adj.* 移住して来る[来た], 外来の (cf. immigrant). 〖(1787) □ L *immigrantem* (pres.p.) ← *immigrāre* (↓): cf. emigrant〗

im·mi·grate /ímɪ̀grèɪt/ *vi.* (新しい生息地・地域・居住地に)移住して来る, 来住する, 入植する (cf. emigrate, migrate 1 b): ~ *into* a country. — *vt.* 移住させる. 〖(1623) □ L *immigrātus* (p.p.) ← *immigrāre* to remove or go into: ⇨ in-², migrate〗

im·mi·gra·tion /ɪ̀mɪ̀gréɪʃən/ *n.* **1 a** 移住する[させる]こと; 移住, 移民 (cf. emigration, migration 1). **b** (空港・港などでの)出入国管理. **2 a** (ある期間内の)移民数. **b** [集合的] 移民(団), 入植者 (immigrants).

Immigration and Naturalizátion Sèrvice [the —] 《米》移民帰化局《米国司法省内にあるが, 実質的には独立した部局; 外国人の入国を管理し, 国内での生活を監督する; 略 INS》.

~·al /-ʃnəl, -ʃənḷ-ˈ/ *adj.* **ím·mi·grà·to·ry** /-tɔ̀ːri | -təri/ *adj.* 〖(1658): ⇨ ↑, -ation〗

immigrátion càrd *n.* 入国(記録)カード.

immigrátion contròls *n. pl.* 入国管理[規制].

ím·mi·grà·tor /-ṭə | -tə^(r)/ *n.* 《まれ》=immigrant. 〖1836〗

im·mi·nence /ímənəns | ímɪ̀-/ *n.* **1** 切迫, 急迫, 危急: know the ~ of war 戦争の差し迫ったことを知る. **2** 差し迫った危険, 急迫した事情. 〖(1601–2) □ L *imminentia*: ⇨ imminent, -ence〗

ím·mi·nen·cy /-si/ *n.* =imminence 1. 〖1665〗

im·mi·nent /ímənənt | ímɪ̀-/ *adj.* **1** 〈事が〉まさに起こりそうな; (特に)〈危険など差し迫った, 切迫[急迫]した, 危急の: A storm is ~. 今にも嵐になりそうだ / His arrival is ~. 到着は間もなくだ / be faced with ~ death [danger] 差し迫った死[危険]に直面する. **2** 《古》(…の上に)差しかかった, 突き出た, 張り出している: ~ crags. **~·ness** *n.* 〖(1528) □ L *imminentem* (pres.p.) ← *imminēre* to hang over ← *im-* 'IN-²' + *minēre* to jut: cf. eminent〗

SYN 差し迫った: **imminent** 〈危険・災い・不幸などが〉差し迫った: War was *imminent*. 戦争が今にも起こりそうだった. **impending** 〈通例不愉快なものが〉差し迫った《格式ばった語》: the *impending* election 差し迫った選挙 / the *impending* storm 今にも来そうな嵐.
ANT distant, remote, far-off.

ím·mi·nent·ly *adv.* 差し迫って. 〖(1548): ⇨ -ly¹〗

Im·ming·ham /ímɪŋəm/ *n.* イミンガム《イングランド北東部, Humber 河口南岸の港町》.

im·min·gle /ɪmíŋgḷ/ *vt., vi.* 混和[融合]させる[する] (blend); 混合する (intermingle). 〖(1606) ← IN-² + MINGLE〗

im·mis·ci·bil·i·ty /ɪ̀mìsəbíləṭi, ɪ(m)m- | ɪmìsɪbílɪ̀ti/ *n.* 不混和性. 〖(1807): ⇨ ↓, -ity〗

im·mis·ci·ble /ɪ̀mísəbḷ, ɪ(m)m- | ɪmísɪ̀-, ɪ(m)m-ˈ/ *adj.* 混合しにくい, 交じらない, 混和しない〔*with*〕: ~ solvents 混合しない溶剤. **im·mís·ci·bly** *adv.* 〖(1671) □ LL *immiscibilis*: ⇨ in-¹, miscible〗

im·mis·er·a·tion /ɪ̀mɪzəréɪʃən | ɪm-/ *n.* ますます悲惨にする[なる]こと, 貧困化すること.

im·mis·er·i·za·tion /ɪ̀mɪzərɪ̀zéɪʃən | ɪmɪzəraɪ-, -rɪ-/ *n.* 貧困化. 〖(1942) ← IM-¹ + MISER(ABLE) + -IZATION〗

im·mis·sion /ɪ̀míʃən | ɪm-/ *n.* 《まれ》注入, 注射. 〖(1526) □ L *immissiō(n)* ← *immissus*: ⇨ in-², mission〗

im·mit·i·ga·ble /ɪ̀míṭɪ̀gəbḷ, ɪm- | ɪmítɪ-, ɪm-ˈ/ *adj.* 緩和できない, 和らげられない, なだめにくい. **~·ness** *n.* **im·mit·i·ga·bil·i·ty** /ɪ̀mìṭɪ̀gəbíləṭi, ɪm- | ɪmɪtɪgəbílɪ̀ti, ɪm-/ *n.* **im·mít·i·ga·bly** *adv.* 〖(1576) □ LL *immitigābilis*: ⇨ in-¹, mitigable〗

im·mit·tance /ɪ̀mítəns, -tṇs | ɪmítəns, -tṇs/ *n.* 〖電気〗イミタンス《インピーダンス (impedance) とアドミタンス (admittance) の総称》. 〖(1948) ← IM(PEDANCE) + (AD)MITTANCE〗

im·mix /ɪmíks/ *vt.* (完全に)混和する, 混入する. 〖(1528) 《逆成》← (?a1425) *immixt* (p.p.) □ L *immixtus* intermingled (p.p.) ← *immiscēre*: ⇨ in-², mix〗

im·mix·ture /ɪmíkstʃə | -tʃə^(r)/ *n.* **1** 混合する[される]こと, 混和. **2** 巻き込まれること, 巻き添え (involvement): avoid an ~ in political strife 政争に巻き込まれるのを避ける. 〖(1859) ← L *immixtus* (↑) + -URE: cf. admixture〗

im·mo·bile /ɪ̀móubḷ, -biːl, -baɪl | ɪmə́ubaɪl, -biːl/ *adj.* **1** 静止した, 固定した: stand ~ (おびえたりなどして)じっと立ちすくむ. **2** 動かし難い, 動かない, 不動の (immovable). 〖(a1349) *immobill, immobil* □ (O)F *immobile* □ L *immōbilis*: ⇨ in-¹, mobile〗

im·mo·bil·ism /ɪ̀móubəlɪzm | ɪmə́u-/ *n.* 極端な保守主義, 現状維持的政策. 〖(1949) □ F *immobilisme*〗

im·mo·bil·i·ty /ɪmoubíləṭi | ɪmə(u)bílɪ̀ti/ *n.* 不動(の状態), 不動性, 固定, 静止; 無感動. 〖(?a1425) □ (O)F *immobilité* ∥ L *immōbilitātem*: ⇨ ↑, -ity〗

im·mo·bi·li·za·tion /ɪ̀mòubəlɪ̀zéɪʃən | ɪmə̀ubɪ̀laɪ-, -lɪ-/ *n.* 動かせ[動け]ないこと, 固定.

im·mo·bi·lize /ɪ̀móubəlàɪz | ɪmə́ubɪ̀l-/ *vt.* **1** 固定する, 不動にする: The planes were ~*d* by the storm. 航空機は嵐のため運行中止となった[地上に釘付けされた]. **2** (ギプスなどによって)〈傷口・関節・患者などを〉動かないようにする, 固定させる; 不動化する: ~ an injury, a patient, a broken leg, etc. **3** 〈軍隊・艦隊を〉抑留する, …の行動の自由を拘束する, 移動[動員]を不能にする; 〈敵を〉牽制抑留する: ~ troops. **4** 〖財政〗〈貨幣の〉流通を止める; 〈流通資本を〉固定資本化する. **im·mó·bi·liz·er** *n.* 〖(1871) □ F *immobiliser*: ⇨ immobile, -ize〗

Im·mo·bil·on /ɪ̀móubəlɑ̀(ː)n | ɪmə́ubɪ̀lɒn/ *n.* 〖商標〗イモビロン《野生動物に用いる麻酔薬》. 〖← IMMOBILE + -ON¹〗

im·mod·er·a·cy /ɪ̀mɑ́(ː)dərəsi, ɪ(m)m-, -drə- | ɪmɔ́dərə-/ *n.* 無遠慮, 不節制, 過度. 〖(1682): ⇨ ↓, -acy〗

im·mod·er·ate /ɪ̀mɑ́(ː)d(ə)rɪ̀t, ɪ(m)m-, -drɪ̀t | ɪmɔ́dərɪ̀t, ɪ(m)m-, -drɪ̀tˈ/ *adj.* **1** 中庸を欠いた, 節度のない; 法外な, 極端な: ~ expressions of gratitude 大げさな謝辞 / ~ drinking 大酒. **2** 《廃》不節制な; 際限ない. **~·ly** *adv.* **~·ness** *n.* 〖(a1398) □ L *immoderātus* unbounded, excessive: ⇨ in-¹, moderate〗

im·mod·er·a·tion /ɪ̀mɑ̀(ː)dəréɪʃən, ɪ(m)m- | ɪmɔ̀d-/ *n.* 中庸[節度]を欠いていること; 極端, 過度. 〖(1541) □ F *immodération* ∥ L *immoderātiōnem*〗

im·mod·est /ɪ̀mɑ́(ː)dɪ̀st, ɪ(m)m- | ɪmɔ́dɪst, ɪ(m)m-ˈ/ *adj.* **1** 慎しみ[たしなみ]のない, 不体裁な, 不謹慎な, 下品な, 淫(みだ)らな (indecent): an ~ dress / ~ remarks. **2** 無遠慮な, 厚かましい, 押しの強い, でしゃばりの (forward): an ~ claim. **~·ly** *adv.* 〖(1570) □ L *immodestus*: ⇨ in-¹, modest〗

im·mod·es·ty /ɪ̀mɑ́(ː)dɪ̀sti, ɪ(m)m- | ɪmɔ́dɪsti, ɪ(m)m-/ *n.* **1** 慎しみ[たしなみ]のなさ, 不体裁, 不謹慎; 淫(みだ)ら (indecency). **2** 無遠慮, 厚顔, ずうずうしさ. 〖(1597) □ L *immodestia*: ⇨ in-¹, modesty〗

im·mo·late /íməlèɪt | ímə(ʊ)-/ *vt.* **1** いけにえに捧げる[供する]: ~ a sacrificial victim *to* a god 神にいけにえを捧げる. **2** 犠牲にする (sacrifice): ~ one's ambitions. **3** 殺す, 破壊する. **ím·mo·là·tor** /-ṭə | -tə^(r)/ *n.* 〖(1548) ← L *immolātus* (p.p.) ← *immolāre* to sprinkle (a victim) with sacrificial meal ← IN-² + *mola* 'MEAL²': ⇨ -ate³〗

im·mo·la·tion /ɪ̀məléɪʃən | ɪ̀mə(ʊ)-/ *n.* **1** いけにえを捧げること, いけにえとなること. **2** 犠牲, いけにえ. 〖(?c1425) □ (O)F ~ ∥ L *immolātiō(n-)*: ⇨ ↑, -ation〗

im·mo·ment /ɪ̀mmóumənt | ɪmməu-/ *adj.* 《Shak》価値のない, 取るに足らぬ. 〖(1606–07) ← *im-* 'IN-¹' + MOMENT〗

im·mor·al /ɪ̀mɔ́(ː)rəl, ɪ(m)m-, -mɑ́(ː)r- | ɪmɔ́r-, ɪ(m)m-ˈ/ *adj.* **1** 不道徳な, 社会倫理にもとる, 不品行な, 淫(みだ)らな, 身持ちの悪い (unchaste) (cf. nonmoral, unmoral 2, moral). **2** 〈書籍・映画・絵画など〉猥褻(わいせつ)な, 風教を害する. 〖(1660): ⇨ im-〗

ímmoral éarnings *n. pl.* 不道徳[不徳]の稼ぎ, 売春による所得.

im·mór·al·ism /-lɪzm/ *n.* 〖哲学〗非道徳主義, 背徳主義《Nietzsche のように既成道徳に対して新しい価値観を唱導する立場》. 〖(1907) □ G *Immoralismus*〗

im·mór·al·ist /-lɪ̀st | -lɪst/ *n.* 不道徳な人; (特に)不道徳[背徳]主義者《道徳無視を唱道・実践する人》. 〖(1697): ⇨ -ist〗

im·mo·ral·i·ty /ɪ̀mərǽləṭi, -mɔːr- | -mərǽlɪ̀ti, -mɔ-/ *n.* **1** 不道徳, 背徳, 不品行, 不倫. **2** 風俗壊乱, 猥褻(わいせつ). **3** 不道徳[背徳]行為, 醜行, 乱行. 〖(c1566): ⇨ -ity〗

im·mor·al·ize /ɪ̀mɔ́(ː)rəlàɪz, -mɑ́(ː)r- | ɪmɔ́r-/ *vt.* 不道徳化する; 道徳に背(そむ)かせる. 〖(a1754): ⇨ -ize〗

im·mor·al·ly /ɪ̀mɔ́(ː)rəli, ɪ(m)m-, -mɑ́(ː)r- | ɪmɔ́r-, ɪ(m)m-/ *adv.* 不道徳に; ふしだらに.

im·mor·tal /ɪ̀mɔ́əṭḷ, ɪ(m)m- | ɪmɔ́ːtḷ, ɪ(m)m-ˈ/ *adj.* **1** 死なない, 不死の (↔ mortal): the ~ gods. **2** 不滅の, 不朽の: ~ fame / an ~ book. **3** 永遠に続く, 永久の, 不変の: one's ~ enemy 永久の敵. **4** 不朽の名声のある: an ~ poet, hero, etc. / ⇨ Immortal Bard. — *n.* **1** 不死の人; 名声不朽の人《特に作家・詩人などについて》: Shakespeare and other ~*s* シェークスピアおよびその他永久に名の残る大詩人たち. **2** [*pl.*; しばしば I-] (ギリシャ・ローマ神話の)神々 (gods). **3** [*pl.*; しばしば I-] 古代ペルシャの近衛隊《欠員ができるとすぐ補充した》. **4** [I-] アカデミーフランセーズ (French Academy) の会員《40 人から成る; 欠員はすぐ補充して常に定数を維持する》: the (Forty) *Immortals* アカデミーフランセーズの会員. **5** 〖トランプ〗(ポーカーで)不敗の手[札] (immortal hand ともいう). 〖(c1380) □ L *immortālis* undying: ⇨ in-¹, mortal〗

Immórtal Bárd *n.* [the ~] 不滅の詩人《Shakespeare の異名; cf. BARD of Avon》.

immórtal hánd *n.* 〖トランプ〗=immortal *n.* 5.

im·mor·tal·i·ty /ɪ̀mɔətǽləṭi | ɪ̀mɔːtǽlɪ̀ti/ *n.* **1** 不死, 不滅, 永遠性, 不朽性: the ~ of the soul [a great poem] 霊魂[偉大な詩]の不滅性. **2** 不朽の名声: win one's ~ 不朽の名声を得る. 〖(c1340) □ (O)F *immortalité* □ L *immortālitātem*: ⇨ immortal, -ity〗

im·mor·tal·i·za·tion /ɪ̀mɔ̀əṭəlɪ̀zéɪʃən, -ṭḷ- | ɪmɔ̀ːtəlaɪ-, ɪm-, -lɪ-, -tḷ-/ *n.* 不滅化, 不朽化. 〖(1603): ⇨ ↓, -ation〗

im·mor·tal·ize /ɪ̀mɔ́əṭəlàɪz, ɪm-, -ṭḷ- | ɪmɔ́ːtəl-, -tḷ-/ *vt.* 不滅[不朽]にする, …に永遠性を与える; …に不朽の名誉を与える. **im·mór·tal·iz·er** *n.* 〖(c1566): ⇨ -ize〗

im·mór·tal·ly /-ṭəli, -ṭḷi | -təli, -tḷi/ *adv.* **1** 永遠に, 永久に (eternally). **2** 常に, いつも (perpetually): be ~ green いつも青々としている. **3** 《口語》限りなく, はなはだしく, ひどく (exceedingly): be ~ glad. 〖(a1529): ⇨ -ly¹〗

im·mor·telle /ɪ̀mɔətél | ɪ̀mɔː-; *F.* imɔʁtɛl/ *n.* 〖植物〗不凋(ちょう)花, 永久花 (everlasting)《乾燥しても元の形や色が長く変わらない花; ムギワラギク, トキワバナなど》. 〖(1832) □ F (*fleur*) ~ 'immortal (flower)' (fem.) ← *immortel* 'IMMORTAL'〗

im·mo·tile /ɪ̀móuṭḷ, -taɪl | ɪmə́utaɪl, ɪm-ˈ/ *adj.* 動けない; 自動力のない. **im·mo·til·i·ty** /ɪ̀moutíləṭi | ɪməutílɪ̀ti/ *n.* 〖(1872) ← *im-* 'IN-¹' + MOTILE〗

im·mov·a·bil·i·ty /ɪ̀mùːvəbíləṭi, ɪ(m)m- | ɪ(m)m-, ɪmùːvəbílɪ̀ti/ *n.* 不動(性), 固定(性). 〖(c1380) ← *im-* 'IN-¹' + MOVABILITY〗

im·mov·a·ble /ɪ̀múːvəbḷ, ɪ(m)m- | ɪm-, ɪ(m)m-ˈ/ *adj.* **1** 動かせない, 動かない, 固定した (↔ movable, portable): an ～ foundation しっかりした[不動の]土台 / an ～ chair 固定椅子. **2** 〈決心・意見など〉不動の, 揺るがない, 確固たる; 感情に動かされない, 冷静な: an ～ heart 冷静な心 / an ～ face 無表情な顔 / ～ in one's resolution 決心を変えない. **3** 〈祭日や記念日など〉年が変わっても日付が動かない, 固定した (↔ movable): ⇨ immovable feast. **4** 〖法律〗不動産の (↔ movable, personal): ～ estate [property] 不動産(権). — *n.* **1** 動かせない[動かない]もの. **2** [通例 *pl.*]〖法律〗不動産. **～·ness** *n.* **im·móv·a·bly** *adv.* 〘(*c*1385) ← *im-* 'IN-¹' ＋ MOVABLE〙

immóvable féast *n.* 固定祝(祭)日 (Christmas のように毎年同じ日にある祝日; ↔ movable feast). 〘1706〙

immóvable fíxtures *n. pl.* 〖法律〗⇨ fixture 5.

im·move·a·ble /ɪ̀mmúːvəbl̩, ɪ̀(m)m- | ɪm-, ɪ̀(m)m-ˊ/ *adj.*, *n.* ＝immovable. **～·ness** *n.* **im·móve·a·bly** *adv.*

immun. 《略》immunity; immunization; immunology.

im·mune /ɪ̀mjúːn/ *adj.* **1** 〖医学〗**a** 〈伝染病などに〉免疫になった, 免疫(性)の 〔*from, to*〕: be ～ *from* [*to*] smallpox. **b** (毒素・細菌などの抗原に対し)免疫された, 抗体を形成する. **2 a** 〔…に〕感じ[動じ]ない, 影響を受けない 〔*to*〕: He was ～ *to* all persuasions. 彼はいくら説得してもだめだった. **b** 〈課税・攻撃などから〉免れた, 受ける恐れがない 〔*from, against*〕: ～ *from* taxation [punishment, scandal] / be ～ *against* attack 攻撃を受ける心配がない. — *n.* 免疫者; 免除者. 〘(?1440) □ L *immūnis* exempt from public service, burden or charge ← *im-* 'IN-¹' ＋ *mūnis* ready for service (← *mūnus* service, duty: cf. municipal)〙

immúne bódy *n.* 〖医学〗免疫体, 抗体 (antibody). 〘1899〙

immúne cómplex *n.* 〖医学〗免疫複合体.

immúne glóbulin *n.* 〖生化学〗免疫グロブリン《血液の中にあって抗体のような働きをし免疫性を生成する蛋白質; immunoglobulin ともいう》. 〘1935〙

immúne respònse *n.* 免疫応答, 免疫反応. 〘1953〙

immúne sérum *n.* 〖医学〗免疫[抗体]血清. 〘1902〙

immúne sỳstem *n.* 〖解剖〗免疫システム《生体が異質の物質・細胞・組織から体を防衛するために体内に存在する免疫反応発生システム》. 〘1955〙

im·mu·ni·ty /ɪ̀mjúːnəṭi | -nɪ̀ti/ *n.* **1** 〖医学〗免疫(性): ⇨ active immunity, passive immunity. **2** 〖法律〗**a** (課税・負債・義務などの)免除; 免税, 免役 (exemption): ～ *from* taxation [military service] 免税[兵役免除]. **b** (免除の資格をもつ人の)権利, 特権: ⇨ diplomatic immunity. **3** 〖キリスト教〗(教会関係者の)俗務免除, 公吏不入権, 不可侵権. 〘(*c*1384) □ (O)F *immunité* ∥ L *immūnitātem* exemption, (ML) sanctuary: ⇨ immune, -ity〙

im·mu·ni·za·tion /ɪ̀mjʊnɪzéɪʃən, ɪ̀mjùːnə- | -naɪ-, -nɪ-/ *n.* **1** 〈病気に対する〉免疫(法, 処置), 免疫化 〔*against*〕: oral ～ 経口免疫. **2** (免疫)予防注射. 〘(1893): ⇨ ↓, -ation〙

im·mu·nize /ímjʊnàɪz/ *vt.* **1** 〈病気に対して〉〈人を〉免疫にする, …に免疫性を与える 〔*against*〕: Vaccination ～*s* people *against* smallpox. 種痘をすれば天然痘には免疫になる. **2** 無害[無効]にする (neutralize). **ím·mu·nìz·a·ble** /-zəbl̩/ *adj.* **ím·mu·nìz·er** *n.* 〘(1892) ← IMMUNE＋-IZE〙

im·mu·no- /ímjʊnoʊ, ɪ̀mjúː- | ímjʊnəʊ, ɪmjúː-/ 「免疫性[反応]や抗体生成性[反応]ないしそれに関する研究[過程, 技術]」の意の連結形: *immuno*genetics.

ìmmuno·adsórbent *n.* 〖生化学〗免疫吸着剤.

ìmmuno·ássay *n.* 〖医学〗免疫学的検定(法) (cf. radioimmunoassay). **～·ist** *n.* 〘1959〙

ìmmuno·chémical *adj.* 〖医学〗免疫化学の. — *n.* 免疫化学製品[薬品]. **～·ly** *adv.* 〘1925〙

ìmmuno·chémistry *n.* 〖医学〗免疫化学. **ìm·muno·chémist** *n.* 〘1907〙

ìmmuno·cómpetence *n.* 〖医学〗免疫(生成)能力. **ìmmuno·cómpetent** *adj.* 〘1967〙

ìmmuno·compromised *adj.* 〖医学〗免疫システムが損なわれた, 免疫無防備(状態)の. 〘1974〙

im·mu·no·cyte /ɪ̀mjúːnəsàɪt | ɪm-/ *n.* 免疫(生成)細胞.

ìmmuno·cytochémistry *n.* 〖医学〗免疫細胞化学.

ìmmuno·deficiency *n.* 〖病理〗免疫不全.

immunodeficiency disèase *n.* 〖病理〗免疫欠如[不全]症. 〘1969〙

ìmmuno·depréssion *n.* 〖医学〗免疫抑制. **ìmmuno·depréssant** *n.* **ìmmuno·de·préssive** *adj.* 〘1966〙

ìmmuno·diffúsion *n.* 〖医学〗免疫拡散(法).

ìmmuno·electrophorésis *n.* (*pl.* **-re·ses**) 〖医学〗免疫電気泳動(法)《血漿などの蛋白成分を電気的に分離し, 免疫学的に識別する方法》. **ìmmuno·elec·trophorétic** *adj.* 〘1958〙

ìmmuno·fluoréscence *n.* 〖医学〗免疫蛍光法《組織内の抗原を証明するため蛍光物質を抗体に結合させて顕微鏡でその所在を見る方法》. 〘1960〙

ìmmuno·fluoréscent *adj.* 〖医学〗免疫蛍光性の. 〘1959〙

im·mu·no·gen /ɪ̀mjúːnədʒən, -dʒèn | ɪmjúːnə-/ *n.* 〖医学〗免疫原《特異的な免疫抗体を生じさせる抗原物質》. 〘(1923) ← IMMUNO-＋-GEN〙

ìmmuno·génesis *n.* 〖医学〗免疫発生. 〘(1948): ⇨ ↑, -genesis〙

ìmmuno·genétics *n.* 〖生物〗免疫遺伝学《免疫現象と遺伝との相互関係を調べる生物学の一部門》. **ìmmuno·genétic** *adj.* **ìmmuno·genét·ical** *adj.* 〘(1938) ← IMMUNO-＋GENETICS〙

ìmmuno·génic *adj.* 〖医学〗免疫原性がある. **ìm·muno·génically** *adv.*

ìmmuno·genícity *n.* 〖医学〗免疫原性. 〘1944〙

ìmmuno·glóbulin *n.* 〖生化学〗免疫グロブリン (⇨ immune globulin). 〘1953〙

ìmmuno·hematólogy *n.* 免疫血液学《血液の免疫学的側面を研究する分野》. **ìmmuno·hema·tológical** *adj.* **ìmmuno·hematológi·cally** *adv.* 〘1950〙

im·mu·nól·o·gist /-dʒɪ̀st | -dʒɪst/ *n.* 免疫学者. 〘(1912): ⇨ ↓, -ist〙

im·mu·nol·o·gy /ìmjʊnɑ́(ː)lədʒi | -nɔ́l-/ *n.* **1** 免疫学. **2** 〖医学〗(アレルギーなどの)生体過敏反応. **im·mu·no·log·ic** /ìmjʊnoʊlɑ́(ː)dʒɪk, -nə- | ɪ̀mjʊ-nə(ʊ)lɔ́dʒ-, ɪmjùː-ˊ/ *adj.* **ìm·mu·no·lóg·i·cal** *adj.* **ìm·mu·no·lóg·i·cal·ly** *adv.* 〘(1910) ← IMMUNO-＋-LOGY〙

ìmmuno·pathólogy *n.* 免疫病理学. **ìmmu·no·pathológic** *adj.* **ìmmuno·pathol·ógical** *adj.* **ìmmuno·pathólogist** *n.* 〘1959〙

ìmmuno·pharmacólogy *n.* 免疫薬理学; (特定薬物の)免疫学的効果.

ìmmuno·reáction *n.* 〖医学〗免疫反応《抗原 (antigen) と抗体 (antibody) との間で起こる免疫現象としての生体反応》. 〘← IMMUNO-＋REACTION〙

ìmmuno·reáctive *adj.* 〖医学〗免疫反応の[を起こさせる]. **ìmmuno·reactívity** *n.* 〘1966〙

ìmmuno·represśive *adj.* ＝immunosuppressive.

ìmmuno·sórbent *n.* 〖生化学〗免疫吸着剤. — *adj.* 免疫吸着剤の[を使う].

ìmmuno·suppréssant *n.* 免疫抑制薬[物質]. — *adj.* ＝immunosuppressive.

ìmmuno·suppréssion *n.* 〖医学〗(薬・放射線などの使用による)免疫反応抑制(作用). 〘1963〙

ìmmuno·suppréssive *adj.* 免疫反応を抑制する. — *n.* 免疫反応抑制薬[物質].

ìmmuno·thérapy *n.* 〖免疫〗免疫療法. 〘1913〙

ìmmuno·tóxin *n.* 〖免疫〗抗毒素 (antitioxin).

im·mure /ɪ̀mjʊ́ə | ɪmjʊ́ə(r)/ *vt.* **1 a** 〈室内に〉閉じ込める 〔*in*〕. **b** [～ *oneself* で] 閉じ込もる, 引きこもる, 〈研究などに〉没頭する: ～ *oneself in* one's study 書斎に閉じ込もる[勉学に没頭する]. **2** 監禁する, 幽閉する (imprison). **3** 〈家具などを〉壁に作りつける[はめ込む, 埋め込む]. — *n.* 《Shak》壁, 城壁. **～·ment** *n.* 〘(1583) □ ML *immūrāre* ← *im-* 'IN-²' ＋L *mūrus* wall〙

im·mu·si·cal /ɪ̀mjúːzɪkəl, ɪ̀(m)m-, -kl̩ | ɪmjúːzɪ-, ɪ̀(m)m-ˊ/ *adj.* 《まれ》＝unmusical. 〘1626〙

im·mu·ta·bil·i·ty /ɪ̀mjùːṭəbíləṭi, ɪ̀(m)m- | ɪmjùː-təbílɪ̀ti, ɪ̀(m)m-, ɪ̀mjùːṭə-/ *n.* 不変(性), 不易性 (changelessness). 〘(1594): ⇨ ↓, -ity〙

im·mu·ta·ble /ɪ̀mjúːṭəbl̩, ɪ̀(m)m- | ɪmjúːtə-, ɪ̀(m)m-ˊ/ *adj.* 不変の, 不易の (unchangeable): ～ laws. **～·ness** *n.* **im·mú·ta·bly** *adv.* 〘(*a*1420) □ L *immūtābilis*: ⇨ in-¹, mutable〙

I·mo /íːmoʊ | -məʊ/ *n.* イモ《ナイジェリア南東部の州; 州都 Owerri》.

IMO 《略》International Maritime Organization.

Im·o·gen /ímədʒèn, -dʒən | ímədʒɪ̀n, -dʒèn/ *n.* イモジェン: **1** 女性名. **2** Shakespeare 作 *Cymbeline* 中の Cymbeline 王の王女《あらゆる美徳を備えた理想の女性像で貞節の鑑(かがみ)》. 〘《誤形》← *Innogen* ← OIr. *ingen* daughter〙

Im·o·gene /ímədʒìːn/ *n.* イモジーン《女性名; 異形 Imogine》. 〘↑〙

imp¹ /ímp/ *n.* **1** 小鬼, 鬼の子. **2** いたずら小僧, わんぱく小僧. **3** 《古》分枝, 接ぎ穂. **4** 《古》子孫, 子供. 〘OE *impa, impe* graft, young shoot ← *impian* (↓)〙

imp² /ímp/ *vt.* **1** 〖鷹狩〗〈鷹の翼・尾などに〉羽を付け足す《落ちた羽を繕うため, または飛ぶ力を強くするため》. **2** 《古》継ぎ足して繕う, 補修[補強]する (repair); 補足する, 付け足す 〈*out*〉. 〘OE *impian* to graft □ ? ML *imputāre* ← LL *impotus* graft □ Gk *émphutos* engrafted, innate ← *emphúein* to implant ← *em-* 'EN-²' ＋ *phúein* to grow〙

IMP 《略》〖ブリッジ〗International Match Point.

imp. 《略》imperative; imperfect; imperial; impersonal; implement; import; important; imported; importer; impression; imprimatur; imprint; improper; improved; improvement; imprimis.

Imp. 《略》*L.* Imperator (＝Emperor); *L.* Imperatrix (＝Empress); Imperial.

im·pact /ímpækt/ *n.* **1** (強い)影響(力), 効果, 衝撃, インパクト 〔*on, upon*〕: the ～ of television *on* children 子供へのテレビの影響(力) / have [make] a great ～ *on* the public 世間に大きな影響力を持つ[衝撃を与える] / on ～ 衝撃的に; ぶつかった瞬間に[衝撃で]. **2 a** 衝突, 衝撃 〔*on, upon, against*〕: the ～ of sound [light] *on* the ear [eye] 音[光]が耳[目]に突き当たること. **b** 強い衝撃力. — /ɪmpǽkt, ˊ-ˋ/ *vi.* **1** 《米》〔…に〕強い衝撃[影響]を与える 〔*on, upon*〕: His last words ～*ed on* me. 彼の最後のことばは私に強い衝撃を与えた. **2** 〔…に〕強くぶつかる 〔*against*〕: The boat ～*ed against* the rock. — *vt.* **1** 《米》強い衝撃[影響]を与える. **2** …に衝突する, 突き当たる. **3** …をぎゅっと押しつける[はめ込む], 詰め込む 〔*in, into*〕. **4** 満たす. 〘(n.: 1781; v.: 1601) □ L *impactus* (p.p.) ← *impingere* 'to IMPINGE'〙

impact adhèsive *n.* 感圧式接着テープ.

impact cràter *n.* (隕石や火山放出物の)衝撃によってできた穴, 衝撃口. 〘1895〙

im·páct·ed *adj.* **1** (くさびのように)割り込んだ; 締めつけられた, ぎゅっと詰め込まれた: fine ～ snow ぎっしり詰まった細かな雪. **2** 《米》**a** 〈地域が〉(突然の人口流入によって要求される学校などの公共事業のために)財政的に苦しんでいる: an ～ area. **b** 〈援助など〉(上のような理由で)財政的に苦しんでいる地域を救済するための. **3** 〖歯科〗〈歯が〉埋伏している: an ～ tooth 埋伏歯. **4** 〖医学〗〈糞便が〉腸内に蓄積した, 宿便の. **5** 〖外科〗〈骨折が〉嵌入(かんにゅう)の《骨折片がきつく密着した》: an ～ fracture 嵌入骨折. 〘(1683): ⇨ -ed〙

im·pact·er *n.* 〖機械〗＝impactor.

im·pact·ful /ímpæktfəl, -fl, ˊ-ˋ-/ *adj.* 影響力の強い, 印象の強烈な, 強く心に残る.

im·pac·tion /ɪmpǽkʃən/ *n.* **1** ぎゅっと押しつけること, 密着させること; (押しつけた)はめ込み. **2** 〖歯科〗埋伏《歯が生えることができずあごの中に埋もれた状態》. **3** 〖医学〗宿便《腸内に糞便が, 通例凝結硬化して蓄積すること》. 〘(1739) □ L *impactiō(n-)*: ⇨ impact, -tion〙

im·pac·tive /ɪmpǽktɪv/ *adj.* **1** 衝撃的な, 印象に残るような, 感銘を与える. **2** 衝撃による: ～ shocks. 〘(1934): ⇨ -ive〙

impact lòan *n.* 〖経済〗インパクトローン《使途を限定しない外貨借款》.

im·pác·tor *n.* 〖機械〗**1** インパクター, 打撃粉砕機《回転するハンマーでセメントの塊などを粉砕する機械》. **2** 衝突集塵器《塵を含む気流を壁または液体に衝突させて塵を分離する》. 〘(1916): ⇨ -or²〙

impact paràmeter *n.* 〖物理〗衝突パラメーター《衝突する 2 粒子の位置関係を定めるパラメーターで, 2 粒子間に相互作用がないと仮定した時の最近接距離に等しい》.

impact prìnter *n.* インパクトプリンター《機械的な圧力を加えて印字するプリンター》. 〘1970〙

impact stàtement *n.* (ある企画が環境などに与える)影響評価.

impact strèngth *n.* 〖物理〗(材料の)衝撃強さ. 〘1904〙

impact tèst *n.* 〖物理〗衝撃試験. 〘1899〙

impact wrènch *n.* 〖機械〗インパクトレンチ《電気または圧縮空気で作動するレンチ》.

im·paint /ɪmpéɪnt/ *vt.* 《まれ》塗り立てる, 描写する. 〘(1596–97) ← *im-* 'IN-²' ＋PAINT〙

im·pair /ɪmpέə | -péə(r)/ *vt.* 〈価値・美点・力などを〉減じる (reduce); 〈健康などを〉害する, 損なう, 傷つける (⇨ injure SYN): ～ one's health [usefulness] 健康を損じる[有用性を減じる] / Reading ～*ed* his sight. 読書のため視力を悪くした. — *n.* 《古》＝impairment. — *adj.* 《Shak》ふさわしくない, つまらない. **～·a·ble** /-pέ(ə)rəbl̩ | -péər-/ *adj.* **～·er** /-pέ(ə)rə | -péərə(r)/ *n.* 〘(*c*1380) *empeire(n)* □ OF *empeirier* (F *empirer*) < VL **impējōrāre* ← *em-* 'IN-²' ＋LL *pējōrāre* to make worse (⇨ pejoration)〙

im·páired *adj.* 酔っ払い運転の; 正常に機能しない. 〘(1951): ⇨ ↑, -ed〙

im·páir·ment *n.* 損傷, 減損, 悪化. 〘(1340) □ OF *empeirement* (F *empirement* ← *empeirer*): ⇨ -ment〙

im·pa·la /ɪmpɑ́ːlə, -pǽlə | -pɑ́ːlə; *Zulu* imp'áːla/ *n.* (*pl.* **～s, ～**) 〖動物〗インパラ (*Aepyceros melampus*)《アフリカ産の大形のレイヨウ; 臀部(でんぶ)に黒い三日月形の斑紋がある》. 〘(1875) □ Zulu *impala*〙

im·pale /ɪ̀mpéɪl | ɪm-/ *vt.* **1 a** 突き刺す, 刺し貫く (pierce): ～ oneself upon one's own sword 自らの刃で自分を刺す, 自刃する. **b** (先のとがったもので)刺す, 留める: butterflies ～*d on* small pins 小さな針に刺した蝶. **2** 〈罪人を〉(とがった杭(くい)で)くし刺しにする (cf. impalement 1 b). **3** (刺し貫かれたように)身動きできないようにする: His gaze ～*d* me. 彼の視線に射すくめられてしまった. **4** 《まれ》杭で囲む. **5** 〖紋章〗合せ紋にする (⇨ impalement 3). **im·pál·er** /-lə | -lə(r)/ *n.* 〘(1530) □ F *empaler* ∥ ML *impālāre* ← *im-* 'IN-²' ＋L *pālus* 'stake, PALE²'〙

im·pále·ment *n.* **1 a** 刺し貫く[刺し貫かれる]こと. **b** (昔の)くし刺しの刑[拷問]. **2** 杭(くい)で囲むこと; 杭囲い. **3** 〖紋章〗インペイルメント《2 個の紋章を一つの盾に, 縦に並べて組み合わせること; cf. dimidiation》. 〘(1598) □ F *empalement*: ⇨ ↑, -ment〙

im·pal·la /ɪmpɑ́ːlə, -pǽlə | -pɑ́ːlə/ *n.* (*pl.* **～s, ～**) 〖動物〗＝impala.

im·pal·pa·ble /ɪmpǽlpəbl̩, ɪ̀m-ˊ/ *adj.* **1 a** 手で触って感じられない, 触知できない: Sunbeams are ～. 太陽の光線は手で触れられない. **b** (手触りで感じないほど)細かい, 微細な: ～ powder すべすべした[ざらざらしない]粉末[おしろい]. **2** 実質[実体]のない, 無形の (incorporeal): ～ forms and shadows 実体のない姿や影. **3** 簡単には理解できない, 容易にわからない: a ～ change わかりにくい変化 / ～ distinctions of meaning 非常に微妙な意味の区別. **im·pal·pa·bil·i·ty** /ɪmpæ̀lpəbíləṭi, ɪ̀m- | -lɪ̀ti/ *n.* 〘(1509) □ F ～ ∥ LL *impalpābilis*: ⇨ in-¹, palpable〙

im·pál·pa·bly /-bli/ *adv.* (触っても)感じられないほど; 無形に; 認めにくいほど. 〘(1796): ⇨ ↑, -ly¹〙

im·pan·ate /ɪmpǽnɪ̀t, ímpənèɪt/ *adj.* 〖神学〗〈キリストの身体が〉聖餐のパンの中に宿っている, 聖体聖餐同在の. 〘(1550) □ ML *impānātus* (p.p.) ← *impānāre* ← *im-* 'IN-²' ＋L *pānis* bread: ⇨ -ate²〙

im·pa·na·tion /ìmpənéɪʃən/ *n.* 〘神学〙インパナティオ, 聖体聖餐同在, パン内の聖体説 (「パンの中にある」の意で, キリストの肉体と血とが聖餐のパンとぶどう酒の中に宿っているという教義; cf. consubstantiation, transubstantiation 2). 〖(1548) □ ML *impānātiō(n-)*: ⇨ ↑, -ation〗

im·pa·na·tor /ɪmpənèɪtə | -tə(r)/ *n.* 〘神学〙 impanation の信奉者. 〖(1855) □ ML *impānātōrem* ← *impānāre*〗

im·pan·el /ɪmpǽnl | ɪm-/ *vt.* (**im·pan·eled, -elled; -el·ing, -el·ling**) 〘法律〙 **1** 名列[リスト]に載せる; (特に)陪審名簿に載せる. **2** (陪審名簿から)〈陪審員を〉選任する (cf. panel *vt.* 4): ~ a jury. **~·ment** *n.* 〖(1577) □ AF *empaneller*: ⇨ en-², in-², panel〗

im·pan·sion /ɪmpǽnʃən | ɪm-/ *n.* (サイズ・規模・人員などの)減少. 〖← *im-* 'IN-¹' + (EX)PANSION〗

im·par /ímpɑə | -pɑː(r)/ *adj.* 〘解剖〙 対(つい)をなしていない, 片側だけにある (azygous). 〖(*c*1430) □ L ~ 'unequal' ← *im-* 'IN-¹' + *par* equal: ⇨ pair¹〗

im·par·a·dise /ɪmpǽrədàɪs, -pér-, -dàɪz | ɪmpǽrədàɪs/ *vt.* **1** 楽園に入れる, …に楽園にいる思いをさせる, 至上の幸福を受けさせる. **2** 極楽のようにする, 楽園化する. 〖(*a*1586) ← *im-* 'IN-²' + PARADISE〗

im·par·i·pin·nate /ɪmpæ̀rəpíneɪt, -pèr-, -nɪt | -pæ̀rɪ-/ *adj.* 〘植物〙 奇数羽状の (odd-pinnate): an ~ compound leaf 奇数羽状複葉 (フジの葉など). 〖(1847) ← NL *imparipinnātus*〗

I **im·par·i·syl·lab·ic** /ɪmpæ̀rəsɪlǽbɪk, -pèr- | -pæ̀rɪ-, ―――――/ 〘ギリシャ・ラテン文法〙 *adj.* 〈名詞が〉主格よりも属格のほうが音節の多い (例えば Nominative が *dens* (=tooth) で Genitive が *dentis* のような). ― *n.* 主格よりも属格の方が音節の多い名詞. 〖(1730–36) ← L *impar* 'unequal, IMPAR' + SYLLABIC〗

im·par·i·ty /ɪmpǽrəti, ɪ̀m-, -pér- | -pǽrɪti/ *n.* 不同, 不等, 不釣合い, 不平均, 差異 (disparity). 〖(1563) □ LL *imparitātem* ← *impar* unequal: ⇨ impar, -ity〗

im·park /ɪmpɑ́ək | ɪmpɑ́ːk/ *vt.* 《古》 **1** 〈動物を〉猟園 (park) 内に囲う. **2** 〈森などを〉囲って猟園にする. **im·par·ka·tion** /ìmpɑəkéɪʃən | -pɑː-/ *n.* 〖(?*a*1400) *inparke(n)* □ AF *enparker*: ⇨ in-², park〗

im·parl /ɪmpɑ́əl | ɪmpɑ́ːl/ *vi.* 〘法律〙 (和解による解決のために)法廷外で交渉する, 廷外交渉する. 〖(1461) □ F *emparler* to speak〗

im·par·lance /ɪmpɑ́ələns | ɪmpɑ́ː-/ *n.* 〘法律〙 **1 a** 廷外交渉 (係争を和解によって解決するため法廷外で交渉すること). **b** 訴訟の延期[継続], 訴答期限猶予. **c** 訴訟延期申請[許可]. **2** 《古》 懇談. 〖(1579–80) □ OF *emparlance*: ⇨ in-², parlance〗

im·part /ɪmpɑ́ət | ɪmpɑ́ːt/ *vt.* **1** 〈知識・報道などを〉伝える, 告げる, 教える, 知らせる (⇨ communicate SYN): ~ news [a secret] *to* a person 人に報道を伝える[秘密を打ち明ける]. **2** 分け与える, 授ける, 添える (give): ~ comfort, warmth, color, etc. / ~ one's fortune *to* the poor and needy 貧困者に財産を分け与える / His very presence ~*s* authority *to* the meeting. 彼が出席しているだけで会に権威が備わる. **~·a·ble** /-təbl | -tə-/ *adj.* **~·er** /-tə | -tə(r)/ *n.* **~·ment** *n.* **im·par·ta·tion** /ìmpɑətéɪʃən | -pɑː-/ *n.* 〖(?*a*1430) □ OF *impartir* □ L *impartire* to communicate, share: ⇨ in-², part〗

im·par·tial /ɪmpɑ́əʃəl, ɪ̀m-, -ʃl | ɪmpɑ́ː-, ɪ̀m-―/ *adj.* 偏らない (unbiased); 偏見のない (unprejudiced); 公平な, 公明正大な, えこひいきしない (⇨ fair¹ SYN): an ~ mind / ~ justice / ~ *in* one's opinions 公正な意見をもっている. **~·ness** *n.* 〖(1595) ← *im-* 'IN-¹' + PARTIAL〗

im·par·ti·al·i·ty /ɪmpɑ̀əʃiǽləti, -pɑəʃǽl-, ɪm- | ɪmpɑ̀ːʃiǽlɪti, ɪ̀m-/ *n.* 偏らないこと, 不偏不党; 公明正大, 公平, えこひいきしないこと. 〖(1611): ⇨ ↑, -ity〗

im·pár·tial·ly *adv.* 偏らずに, 公平に.

im·par·ti·bil·i·ty /ɪmpɑ̀ətəbíləti, ɪm- | ɪmpɑ̀ːtɪbílɪti, ɪ̀m-/ *n.* 不可分(性). 〖(1656): ⇨ ↓, -ity〗

im·par·ti·ble /ɪmpɑ́ətəbl, ɪm- | ɪmpɑ́ːtɪ-, ɪ̀m-―/ *adj.* 〘法律〙〈土地など〉分割できない, 不可分の (indivisible). **im·pár·ti·bly** *adv.* 〖(*a*1398) □ LL *impartibilis*: ⇨ in-¹, partible〗

im·pass·a·bil·i·ty /ɪmpæ̀səbíləti, ɪ̀m- | ɪmpɑ̀ːsəbílɪti, ɪ̀m-, ――――――/ *n.* 通れないこと, 通行[通過]不能, 不通. 〖(1772): ⇨ ↓, -ity〗

im·pass·a·ble /ɪmpǽsəbl, ɪ̀m- | ɪmpɑ́ːs-, ɪ̀m-―/ *adj.* **1** 通り抜けられない, 通行できない, 横断できない, 越せない: an ~ swamp, road, mountain, etc. / Road ~ *to* motorcars. [掲示] 自動車通行止め. **2** 乗り越えられない, 克服できない. **3** 流通不能の, 通用しない. **~·ness** *n.* **im·páss·a·bly** *adv.* 〖(1568): ⇨ im-〗

im·passe /ímpæs, ―́ | ǽ(m)pɑːs, ǽm-, ím-, -pæs, ―́; *F.* ɛ̃pɑːs/ *n.* **1** 難局, 窮境, 行詰まり, 停頓(ていとん) (deadlock): be in an ~ 行き詰まっている. **2** 袋町, 袋小路 (blind alley). 〖(1851) □ F ~: ⇨ in-¹, pass¹〗

im·pas·si·bil·i·ty /ɪmpæ̀səbíləti, ɪ̀m- | ɪmpæ̀sɪbílɪti, ɪ̀m-/ *n.* **1** 苦痛を感じないこと. **2** 無感覚, 無神経, 鈍感. 〖(*c*1340): ⇨ ↓, -ity〗

im·pas·si·ble /ɪmpǽsəbl, ɪ̀m- | ɪmpǽsɪbl, ɪ̀m-―/ *adj.* **1** (苦しみや痛みに対して)無感覚な, 無神経な, 鈍感な (insensitive); 平気な, 動じない (impassive): be ~ *to* [*of*] criticism 文句を言われても平気だ. **2** 危害を加えられることのない. **3** 〘神学〙 (神の)受苦不可能な, 苦痛を感じない. **~·ness** *n.* **im·pás·si·bly** *adv.* 〖(*c*1340) □ (O)F ~ // LL *impassibilis*: ⇨ in-¹, passible〗

im·pas·sion /ɪmpǽʃən | ɪm-/ *vt.* 《まれ》 強く〈人〉の心を動かす, 深く感動[感激, 発奮]させる. 〖(1519) □ It. *impassionare*: ⇨ in-², passion〗

im·pas·sion·ate /ɪmpǽʃ(ə)nɪt | ɪm-/ *adj.* **1** 《まれ》 感情に動かされない; 冷静な. **2** 熱烈な. ― *vt.* 《古》 = impassion. 〖(1590) □ It. *impassionato* (p.p.) ← *impassionare* (↑): ⇨ -ate²〗

im·pas·sioned /ɪmpǽʃənd | ɪm-/ *adj.* 感動[感激, 興奮]した; 熱情を込めた, 熱烈な (⇨ passionate SYN): ~ glances 熱情的なまなざし / make an ~ speech 熱弁を振るう. **~·ly** *adv.* **~·ness** *n.* 〖1603〗

im·pas·sive /ɪmpǽsɪv, ɪ̀m- | ɪm-, ɪ̀m-―/ *adj.* **1** 冷静な, 平気な, 落ちついた, 平然とした: an ~ face / preserve an ~ countenance 平然とした顔をくずさない. **2** 感情を(外に)表さない, 冷淡な, 鈍感な (unemotional). **3** 無感覚な, 苦痛を感じない. **4** 《まれ》意識のない, 気を失った (unconscious): He lay as ~ as if he were dead. まるで死んだように気を失って横たわっていた. **~·ly** *adv.* **~·ness** *n.* 〖(1667) ← *im-* 'IN-¹' + PASSIVE〗

SYN 無感動な: **impassive** 感情を持たない[表さない] (格式ばった語): The prisoner remained *impassive* during trial. 被告は裁判の間無表情のままだった. **apathetic** 興味・情熱を感じない[示さない] (格式ばった語): an *apathetic* young man しらけた若者. **stoical, stoic** 快楽・苦痛に無頓着な (格式ばった語): *stoical* resignation 克己心の強いあきらめ. **phlegmatic** 気質的・体質的に容易に興奮しない: a cold and *phlegmatic* person 冷静で動じない人. **stolid** (通例軽蔑) 容易に興奮せず, 想像力がなく鈍重な: a *stolid* schoolboy 鈍重な生徒.
ANT responsive.

im·pas·siv·i·ty /ìmpæsívəti | -pæsívɪti, -pə-/ *n.* 無感覚, 無感動, 無神経; 鈍感, 冷淡; 平気, 冷静. 〖(1794): ⇨ ↑, -ity〗

im·paste /ɪmpéɪst/ *vt.* **1** 《古》 …に糊(のり)を塗る, 糊で固める[閉じる]. **2** 糊状にする. **3** …に絵の具を厚く塗る, インパスト (impasto) で描く. **im·pas·ta·tion** /ìmpæstéɪʃən/ *n.* 〖(1548–67) □ It. *impastare*: ⇨ in-², paste〗

im·pas·to /ɪmpǽstou, -pɑ́ːs- | -təu/ *n.* (*pl.* **~s**) **1** 〘絵画〙 **a** インパスト, 盛上げ塗り, 厚塗り (絵の具を分厚く塗る画法). **b** 厚塗り用絵の具. **2** 〘窯業〙 (薄浮彫りの装飾を施すため陶磁器にかける上薬または泥漿). **im·pás·toed** *adj.* 〖(1784) □ It. ~ ← *impastare* (↑)〗

im·pa·tience /ɪmpéɪʃəns, ɪ̀m- | ɪm-, ɪ̀m-/ *n.* **1** 短気, 性急, せっかち, いらいら (irritability): feel ~ *with* lazy students 怠惰な学生にいらいらする. **2** 何かをしたくてたまらないこと, 切望, 待ちかね, 焦慮, 焦り: with ~ 今か今かと, やきもきして, 焦りながら, いらいらして / His ~ to begin was visible. 始めたくていらいらしているのが目に見えた. **3** 〔苦痛・圧迫などに〕耐えられない[我慢できない]こと (intolerance) 〔*of*〕: ~ *of* restraint [bureaucratic fuss] 束縛[官僚式仰々しさ]に耐えられないこと. **4** 〘植物〙 = impatiens. 〖(?*a*1200) □ (O)F ~ □ L *impatientia*: ⇨ in-¹, patience〗

im·pa·tiens /ɪmpéɪʃənz, -ʃəns | -péɪʃiènz, -pǽti-/ *n.* (*pl.* ~) 〘植物〙 ホウセンカ (ホウセンカ属 (*Impatiens*) の植物の総称; cf. touch-me-not 1). 〖(1885) ← NL ~ ← L *impatiēns* (↓): ちょっと触れられただけでそのさやが割れ, 実が散らばることから〗

im·pa·tient /ɪmpéɪʃənt, ɪ̀m- | ɪm-, ɪ̀m-―/ *adj.* **1** 短気な, 性急な, せっかちな (irritable), 落ち着かない (restless), いらいらして (fretful), 辛抱[我慢]し切れない (↔ patient): an ~ reply 性急な返事 / be of an ~ temperament せっかちな気性である / get [grow, become] ~ (*at* [*about*] his delay) (彼の来るのが遅いので)いらいらしてくる / Don't be ~ *with* the children. 子供に向かって短気を起こすな. **2** もどかしがる, じっとしていられない; 〔…を〕待ち遠しがる〔*for*〕; しきりに…したがる, …したくてたまらない (anxious) 〈*to do*〉: an ~ gesture じれったそうな身振り / be ~ *for* her arrival [the result of one's examination] 彼女の到着[試験の結果]を待ち遠しがる / be ~ *to* go 早く行きたくてじれったがる / We were ~ *for* the play to begin. 芝居が早く始まってくれればよいと思っていた. **3** 〔束縛・反対・非難などをじっとこらえて[我慢して]いられない, 耐え切れない (intolerant) 〔*of*〕: be ~ *of* poverty [interruptions] 貧乏に耐え切れない[邪魔されるのを我慢できない]. **~·ness** *n.* 〖(*c*1378) *impacient* □ (O)F *impatient* □ L *impatientem, impatiēns*: ⇨ in-¹, patient〗

im·pá·tient·ly *adv.* 短気に, 気短かに; いらいらして, もどかしげに: wait~ じりじりして待つ, 待ちあぐむ. 〖(1490): ⇨ ↑, -ly¹〗

im·pav·id /ɪmpǽvɪd, ɪm- | -vɪd/ *adj.* 《古》 恐れない, 大胆な (fearless). **~·ly** *adv.* 〖(1857) □ L *impavidus* ← *im-* 'IN-¹' + *pavidus* timid〗

im·pawn /ɪmpɔ́ːn, -pɑ́ːn | -pɔ́ːn/ *vt.* 《古》 **1** 質[抵当]に入れる. **2** …に言質(げんち)を与える, 誓約する. 〖(1596–97): ⇨ im-〗

im·peach /ɪmpíːtʃ | ɪm-/ *vt.* **1** 〘法律〙 **a** 《米》〈公務員などを〉〔職務上の不法行為に対して〕弾劾[糾弾]する 〔*for*〕 (⇨ accuse SYN): ~ a judge *for* taking a bribe 収賄のかどで裁判官を弾劾する. **b** 〈人〉に〔罪を〕負わせる; 〈人を〉〔…のかどで〕責める, 告発[告訴]する (accuse) 〔*of, with*〕: ~ a person *of* [*with*] a crime, fault, etc. **2** 《文語》〈人を〉非難する; 〈名誉・人格などを〉疑う, 問題にする: ~ a person's honesty, honor, loyalty, character, etc. / Do you ~ my motives? 君は私の動機を疑うのか[不純だと言うのか]. **3** 〘法律〙〈証人・証言〉の信頼性[信憑(しんぴょう)性]を疑う, に異議を申し立てる: ~ a witness. ― *n.* 《廃》 非難, 告発, 弾劾 (impeachment). **~·er** *n.* 〖(?1383) *enpeche(n)* □ OF *empechier* to hinder, impede < LL *impedicāre* to catch, entangle ← *im-* 'IN-²' + *pedica* fetter (← *ped-, pēs* 'FOOT') ∞ ME *apeche(n)* □ AF **anpecher* (変形) ← OF *empechier*〗

im·peach·a·ble /ɪmpíːtʃəbl | ɪm-/ *adj.* 〈不法行為など〉弾劾されるべき, 告訴を受けるべき, 告訴できる, 非難すべき, とがむべき: an ~ offense. **im·pèach·a·bíl·i·ty** /-tʃəbíləti | -lɪti/ *n.* 〖(1503–4): ⇨ ↑, -able〗

im·peach·ment /ɪmpíːtʃmənt | ɪm-/ *n.* **1** 〘法律〙 **a** 《米》 弾劾 (非行を行った大統領以下の文官を国会が罷免(ひめん)する制度; 下院の提訴により上院で裁判を行う). **b** 《英廃》 弾劾 (大臣などを訴追する制度; 下院の提訴により上院で裁判を行う). **c** 証人弾劾 (証人の信憑(しんぴょう)性を攻撃すること). **2** 《文語》 非難; (名誉・人格などに対する) 疑惑. **3** 問責, 詰問, 言いがかり; 告発. ★ 次の句以外は今は《まれ》: own [deny] the soft ~ 《戯言》 (比較的軽い過失や罪に対して相手の)詰問を認める[否定する] (cf. Sheridan, *The Rivals*). **4** 《古》 害, 障害, 損傷.
without impéachment of wáste 〘法律〙〈借地人が〉棄損(きそん)の責任なしに[なき] (終身借地人が土地の実体を棄損するために生じる責任を免れることを保証する文句; cf. waste *n.* 8). (1415)
〖(*a*1387) *enpechement* □ OF *empe(s)chement*: ⇨ impeach, -ment〗

im·pearl /ɪmpə́ːl | ɪmpə́ːl/ *vt.* 《古・詩》 **1** 真珠のようにする: dewdrops ~*ed* on the leaves 木の葉に真珠のように光る露の玉. **2** 真珠(のような玉)で飾る, …に真珠などをちりばめる (cf. diamond *vt.*): the grass ~*ed with* dew 露の玉が真珠のように光っている草 / Tears ~*ed* her cheeks. 涙が彼女のほおに真珠のように光った. 〖(1586) □ F *emperler*: ⇨ in-², pearl¹〗

im·pec·ca·bil·i·ty /ɪmpèkəbíləti | ɪmpèkəbílɪti, ɪ̀m-/ *n.* 欠点のないこと, 完全無欠. 〖(1613): ⇨ ↓, -ity〗

im·pec·ca·ble /ɪmpékəbl, ɪ̀m- | ɪm-, ɪ̀m-―/ *adj.* **1** 全く欠点のない, 非の打ちどころない見事な, 完璧な: her ~ manners 彼女の非の打ちどころのない作法. **2** 罪を犯さない, 過誤のない: No soul is ~. 罪を犯さない人はいない. ― *n.* 《まれ》 一点の非難の余地もない人, 完全無欠の人. **im·péc·ca·bly** *adv.* **~·ness** *n.* 〖(1531) □ LL *impeccābilis*: ⇨ in-¹, peccable〗

im·pec·can·cy /ɪmpékənsi, ɪ̀m- | ɪm-, ɪ̀m-/ *n.* 罪を犯していないこと, 潔白. 〖(1614): ⇨ ↓, -ancy〗

im·pec·cant /ɪmpékənt, ɪ̀m- | ɪm-, ɪ̀m-/ *adj.* 罪のない, 潔白な (sinless). 〖(*a*1763) ← *im-* 'IN-¹' + PECCANT〗

im·pe·cu·ni·os·i·ty /ìmpɪkjùːniɑ́(ː)səti | -pɪkjùːniɔ́sɪti/ *n.* 《文語》 無一文, 貧乏 (poverty). 〖(1818): ⇨ ↓, -ity〗

im·pe·cu·nious /ìmpɪkjúːnjəs, -niəs | -niəs, -njəs―/ *adj.* 金のない, 無一文の; 貧乏な, 赤貧の (⇨ poor SYN). **~·ly** *adv.* **~·ness** *n.* 〖(1596) ← *im-* 'IN-¹' + (廃) *pecunious* wealthy (□ L *pecūniōsus* ← *pecūnia* money: ⇨ -ous)〗

im·ped·ance /ɪmpíːdəns, -dns | ɪmpíːdəns, -dṇs/ *n.* **1** 邪魔物, 障害(物). **2** 〘電気〙 インピーダンス (交流における電圧の電流に対する比で直流における抵抗に相当する): effective ~ 実効インピーダンス / surge ~ 波動インピーダンス. **3** 〘音響〙 インピーダンス (系の調和振動をする力とそれに対する応答速度の比; mechanical impedance ともいう). 〖(1886) ← IMPEDE + -ANCE〗

impédance bònd *n.* 〘電気・鉄道〙 インピーダンスボンド (電車動力用電流は通して, 信号用電流は通さないように, レールの絶縁部分に用いる特殊な変圧器). 〖1926〗

impédance brìdge *n.* 〘電気〙 インピーダンスブリッジ (インピーダンスを測定するためのブリッジ回路と検出器とを組み合わせた装置).

impédance dròp *n.* 〘電気〙 インピーダンス降下 (線路などのインピーダンスによる電圧降下).

impédance màtching *n.* 〘電気〙 インピーダンス整合 (電力を有効に伝達したり, 反射による信号のゆがみを防ぐため, インピーダンスを合わせて接続すること). 〖1929〗

impédance màtrix *n.* 〘電気〙 インピーダンス行列 (四端子網の入出力関係を示す行列で, 各要素がインピーダンスの次元をもつもの; Z-matrix ともいう).

impédance paràmeter *n.* 〘電気〙 インピーダンスパラメーター (トランジスターの入出力特性を示すパラメーターで, インピーダンスの次元で表したもの; Z-parameter ともいう).

im·pede /ɪmpíːd | ɪm-/ *vt.* 〈運動・進行などを〉妨げる, 妨害する, 邪魔する: The accident ~*d* progress [traffic]. 事故のために進行[交通]が妨害された. **im·péd·er** *n.* **im·péd·ing·ly** *adv.* 〖(1606) □ L *impedīre* (原義) to shackle the feet ← *im-* 'IN-²' + *ped-, pēs* 'FOOT'〗

im·pe·di·ent /ɪmpíːdiənt | ɪmpíːdi-/ *adj.* 妨げる, 阻害する. ― *n.* 妨害するもの, 障害物. 〖(?*a*1425) □ L *impedientem* (pres.p.) ← *impedire* (↑)〗

im·ped·i·ment /ɪmpédəmənt | ɪmpédɪ-/ *n.* **1** 故障, 邪魔, 障害; 妨害物, 邪魔物: throw ~*s* in the way 進行の邪魔をする. **2** 身体障害, (特に)言語障害, どもり: an ~ *in* (one's) speech 言語障害, どもり. **3** [*pl.*] 《古》 〘軍事〙 = impedimenta 2. **4** 〘教会法〙 (血縁・姻戚関係などによる)婚姻障害: ⇨ absolute impediment, diriment impediment. 〖(*c*1385) □ L *impedimentum* hindrance: ⇨ impede, -ment〗

im·ped·i·men·ta /ɪmpèdəméntə | ɪmpèdɪméntə, ―――――/ *n. pl.* **1** 邪魔物; (特に, 旅行用)手荷物. **2** 〘軍事〙 隊属荷物, 行李(こうり), 輜重(しちょう); 兵站(へいたん). **3** 《古》〘法律〙 婚姻障害. 〖(1600) □ L ~ (pl.) ← *impedimentum* (↑)〗

im·ped·i·men·tal /ɪ̀mpèdəméntḷ | ɪmpèdɪ̀mén-tḷ⁻/ adj. 《文語》妨げになる, 障害[邪魔]になる: causes ~ to success 成功を妨げる原因. 〚《1654》← IMPEDI-MENT＋-AL¹〛

im·ped·i·men·ta·ry /ɪ̀mpèdəméntəri | ɪmpèdɪ̀-méntə-⁻/ adj. 《文語》＝impedimental. 〚1888〛

im·ped·i·tive /ɪ̀mpédətɪv | ɪmpédɪt-/ adj. 妨げとなる, 障害となる傾向のある. 〚《(1651)》← L *impeditus* ((p.p.) ← *impedīre* 'to IMPEDE')＋-IVE〛

impé·dor /-də | -də(r/ n. 〚電気〛インピーダー《インピーダンスをもつ素子》. 〚← IMPEDE＋-OR²〛

im·pel /ɪ̀mpél | ɪm-/ vt. (**im·pelled**; **-pel·ling**) **1** 推進する, 押しやる, 押し進める, 駆る: ~*ling* force 推進力 / The wind ~*led* the boat *to* [*toward*] the shore. 風がボートを岸の方へ吹き寄せた. **2** 〈人を〉(…に)駆り立てる〔*to*〕; [目的語＋*to* do を伴って]〈人を〉強いて[駆り立てて]…させる (⇨ force¹ SYN): Poverty ~*led* him *to* crime. / What ~*led* him *to* do such a thing? 何が彼にそんな事をさせたのか. 〚《?a1425》□ L *impellere* ← *im-* 'IN-²'＋*pellere* to thrust, drive〛

im·pel·lent /ɪ̀mpélənt | ɪm-/ adj. 押しやる, 駆る, 推進する, 無理やりの: ~ force 推進力. — n. 推進するもの; 推進力. 〚《1620》□ L *impellentem* (pres.p.) ← *impellere* (↑)〛

im·pél·ler /-lə | -lə(r/ n. **1** 推進するもの[人]. **2** 〚機械〛(渦巻きポンプ・扇風機などの)羽根車. 〚《1685》← IMPEL＋-ER¹〛

im·pél·lor /-lə | -lə(r/ n. ＝impeller.

im·pend /ɪ̀mpénd | ɪm-/ vi. **1** a 〈事件・危険などが〉〔…に〕差し迫っている, 切迫している〔*over*〕: Danger ~*s over* us. **b** まさに起こりそうである: Rain ~*ed*. 今にも雨が降りそうだった. **2** 《まれ》〔…の上に〕掛かる, 垂れ下がる〔*over*〕: a large rock ~*ing over* the entrance 入口の上に差しかかっている大きな岩. 〚《1599》□ L *impendēre* to hang over ← *im-* 'IN-²'＋*pendēre* to hang (cf. pendant)〛

im·pen·dence /ɪ̀mpéndəns, -dṇs | ɪm-/ n. 《古》上に差しかかること; 差し迫った状態, 切迫, 急迫, 危急. 〚《1657》← IMPENDENT＋-ENCE〛

im·pén·den·cy /-dənsi, -dṇsi/ n. 《古》＝impendence. 〚a1632〛

im·pen·dent /ɪ̀mpéndənt, -dṇt | ɪm-/ adj. ＝impending. 〚《a1592》□ L *impendentem* (pres.p.) ← *impendēre* 'to IMPEND'〛

im·pend·ing /ɪ̀mpéndɪŋ | ɪm-/ adj. **1** 〈不吉なことが〉今にも起ころうとしている, 差し迫った, 切迫した (⇨ imminent SYN): an ~ storm, danger, etc. **2** 頭上に覆いかぶさるような, 上に差し掛かった[突き出た]: an ~ cliff. 〚《1682》: ⇨ -ing²〛

im·pen·e·tra·bil·i·ty /ɪ̀mpènətrəbíləti, ɪ̀m- | ɪmpènɪ̀trəbílɪ̀ti, ɪ̀m-/ n. **1** 貫通[貫入]できないこと; 見通しがきかないこと: the ~ of darkness. **2** 理解できない[不可解な]こと; 心を動かされないこと, 無感覚, 鈍感, 頑迷(がんめい), 冷酷. **3** 〚物理〛不可入性《ある物体の占めている空間には他の物体は入れないこと》. 〚《1665》: ⇨ ↓, -ity〛

im·pen·e·tra·ble /ɪ̀mpénətrəbḷ, ɪ̀m- | ɪmpénɪ̀-, ɪ̀m-⁻/ adj. **1** 入り込めない, 奥の知れない: ~ forests 踏み込めない森林. **2** 光線の通らない, 見通せない: ~ darkness 真っ暗闇 / ~ sunglasses 透けて見えないサングラス / woods ~ *to* sunlight 日の光の通らない密林. **3** 〈人・心など〉(思想・感情などを)受け付けない, 無感覚な, 頑迷(がんめい)な, 鈍感な (impervious)〔*by, to*〕; 片意地な, 頑固な: a mind ~ *by* [*to*] new ideas 新思想をいれない頑固な心 / a man ~ *by* [*to*] pity 情に動かされることのない(非情な)人 / an ~ silence 片意地な沈黙. **4** 〈神秘など〉計り知れない, 理解できない, 不可解な: an ~ mystery 不可解な神秘[なぞ] / an ~ disguise 見抜けない変装. **5** 〔…では〕貫けない, 突き通せない〔*to, by*〕: an ~ shield / dig down to ~ rock 貫けない岩(層)まで掘り下げる / a sheet of steel ~ *by* a bullet 弾丸で貫けない鋼鉄板 / The wall was ~ *to* shots. その壁は弾が通らなかった. **6** 〚物理〛不可入性の (cf. impenetrability 3): Matter is ~. 物質には不可入性がある. **~·ness** n. **im·pén·e·tra·bly** adv. 〚《1447》□ (O)F *impénétrable* □ L *impenetrābilis*: ⇨ in-¹, penetrable〛

im·pen·e·trate /ɪ̀mpénətrèɪt | ɪmpénɪ̀-/ vt. …に深く[完全に]入り込む, 浸透する. 〚《1859》← *im-* 'IN-²'＋PENETRATE〛

im·pen·i·tence /ɪ̀mpénətəns, ɪ̀m-, -tṇs | ɪmpénɪ̀-təns, -tṇs, ɪ̀m-⁻/ n. 悔い改めないこと, 悔悟の情のないこと; 強情, 頑固(がんこ), 頑迷. 〚《1624》□ LL *impaenitentia*: ⇨ impenitent, -ence〛

im·pén·i·ten·cy /-tənsi, -tṇ- | -tən-, -tṇ-/ n. ＝impenitence. 〚1563〛

im·pen·i·tent /ɪ̀mpénətənt, ɪ̀m-, -tṇt | ɪmpénɪ̀tənt, ɪ̀m-, -tṇt⁻/ adj. **1** 悔悟しない, 悔い改めない, 改悛の情のない (unrepentant): an ~ sinner. **2** 強情な, 頑固(がんこ)な, 頑迷な. — n. 悔悟しない人, 強情な人. **~·ly** adv. **~·ness** n. 〚《?a1425》□ L *impaenitentem*: ⇨ in-², penitent〛

im·pen·nate /ɪ̀mpéneɪt | ɪm-/ adj. 《まれ》〈鳥など〉飛力のある翼を有しない; 無翼の. 〚《1842》← IM-＋PENNATE〛

imper. 《略》imperative.

im·per·a·ti·val /ɪ̀mpèrətáɪvəl, -vḷ | ɪm-⁻/ adj. 〚文法〛命令法の. 〚《1873》: ⇨ ↓, -al¹〛

im·per·a·tive /ɪ̀mpérətɪv | ɪmpérət-/ adj. **1** 〈行動・事情などが〉避けられない, 是非ない, 緊急の, 肝要な: an ~ duty どうしてもしなければならない[必ず果たすべき]義務 / An immediate operation is ~. すぐに手術しないと危ない / It is ~ that we (should) act at once.＝It is ~ *for* [《米口語》*on*] us *to* act at once. すぐ行動することが絶対必要だ. **2** 命令的な, 権威ある, 厳然たる: an ~ command, gesture, etc. **3** [限定的]〚文法〛命令法の (cf. declarative, indicative 2): the ~ mood 命令法 / an ~ sentence 命令文. — n. **1** a (放っておけない)事態; (事態などによる)必要, 義務: political ~*s* 政治上の重要課題. **b** (従わざるを得ない)規則, 規範. **2** 命令: ⇨ categorical imperative. **3** 〚文法〛命令法(文); 命令法; 命令法の動詞. **~·ly** adv. **~·ness** n. 〚《c1450》□ LL *imperātīvus* of a command ← L *imperātus* (p.p.) ← *imperāre* to command (cf. imperator): ⇨ -ive〛

impérative idéa [concéption] n. 〚心理〛強迫観念. 〚cf. *imperative logic* (1939)〛

im·pe·ra·tor /ɪ̀mpəréɪtɔə, -rɑ́:-, -tə | -rɑ́:tɔ:(r, -réɪ-, -tə(r/ n. **1** 《まれ》専制君主. **2** 〚ローマ史〛**a** 凱旋(がいせん)将軍, 大将軍《共和制時代における戦勝将軍に対する称号》; 軍司令官 (commander). **b** (古代ローマの)ローマ皇帝の称号. **3** 元首, 皇帝 (emperor). **~·ship** n. 〚《1579–80》□ L *imperātor* ruler ← *imperātus* (p.p.) ← *imperāre* to command ← *im-* 'IN-²'＋*parāre* to prepare: ⇨ -or². cf. emperor〛

im·per·a·to·ri·al /ɪ̀mpərətɔ́:riəl, ɪmpèrə- | ɪm-pèrə-, ɪ̀mpərə-, -pɔrə-⁻/ adj. 大将軍[皇帝]の; 大将軍[皇帝]らしい. **~·ly** adv. 〚《1660》← L *imperātōrius* (← *imperātor* (↑))＋-AL¹〛

im·per·ceiv·a·ble /ɪ̀mpəsí:vəbḷ | -pə-⁻/ adj. ＝《古》imperceptible. 〚a1617〛

im·per·cep·ti·bil·i·ty /ɪ̀mpəsèptəbíləti | -tɪ̀bíl-ɪ̀ti/ n. 感知できないこと[状態].

im·per·cep·ti·ble /ɪ̀mpəséptəbḷ | -pəséptɪ̀-⁻/ adj. **1** 〔…に〕知覚できない, 感じられない, 見えない, 聞こえない; 分からない〔*to*〕: ~ *to* the senses [touch] / The difference was ~ *to* me. その差異が私には分からなかった. **2** 微細な, わずかの: ~ changes [gradations] ほとんど気がつかないほどの(微少な)変化[階調] / He gave me an ~ nod. 彼はあるかなきかにうなずいた. — n. 知覚不能なもの. **~·ness** n. 〚《?a1425》□ (O)F ~ // ML *imperceptibilis*: ⇨ in-¹, perceptible〛

ìm·per·cép·ti·bly /-təbli | -tɪ̀-/ adv. 気づかれないほどに[ように], かすかに; いつのまにか. 〚《1603》: ⇨ ↑, -ly¹〛

im·per·cep·tion /ɪ̀mpəsépʃən | -pə-/ n. 無知覚, 無感覚. 〚《1662》: ⇨ im-〛

im·per·cep·tive /ɪ̀mpəséptɪv | -pə-⁻/ adj. 感知しない; 知覚力を欠いた: He was ~ of the difference. 彼はその違いに気づかなかった. **~·ly** adv. **~·ness** n.

im·per·cep·tiv·i·ty /ɪ̀mpə̀:sɛptívəti, -pə- | -pə̀:sɛptívɪ̀ti, -pə-/ n. 〚《1661》: ⇨ im-〛

im·per·cip·i·ent /ɪ̀mpəsípiənt | -pə-/ adj. ＝imperceptive. **ìm·per·cíp·i·ence** /-piəns/ n. 〚1813〛

im·per·ence /ɪ́mpərəns/ n. 《英俗》＝impudence. 〚《1766》(転訛) ← IMPUDENCE〛

imperf. 《略》imperfect; imperforate; imperforated.

im·per·fect /ɪ̀mpə́:fɪkt, ɪ̀m- | ɪmpə́:-, ɪ̀m-⁻/ adj. **1** 不完全な, 不十分な, 不備な, 未完成な; (道徳的に)欠陥[欠点]のある: ~ knowledge [vision] 不完全な知識[視力] / reduced prices for ~ goods 欠陥商品の値引き価格. **2** 〚文法〛〈時制が〉未完了の, 半過去の; 〈動詞が〉未完了相の: the ~ tense 未完了時制《英語では進行形》; (特に, 過去形の場合に)半過去《例: He is [will be] singing. / He was singing.》. **3** 〚法律〛法的効力をもたない, 法的要件を欠いた. **4** 〚音楽〛不完全な (↔ perfect): **a** 《米》完全終止の要件をすべて満たしてはいないが属和音から主和音へ進んで終止する: ⇨ imperfect cadence. **b** 《英》主和音から属和音に進んで終止する. **c** 長短 3 度および長短 6 度の音程をもつ: an ~ consonance 不完全協和音. **d** 完全音程よりも半音少ない[多い]: an ~ interval 不完全音程《減音程 (diminished interval) または増音程 (augmented interval)》. **5** 〚植物〛**a** 〈花・葉が〉不完全な《花では萼(がく)・花冠・おしべ・めしべの 4 部中のいずれかを, 葉では葉身・葉柄・托葉の 3 部中のいずれかを欠く》; (特に)雌雄異花の (diclinous): ⇨ imperfect flower. **b** 〈多形態の菌類が〉不完全菌類に属する: ⇨ imperfect fungus. — n. 〚文法〛未完了時制, 半過去; 未完了相の動詞(形). **~·ly** adv. **~·ness** n. 〚《1557》□ L *imperfectus* unfinished (⇨ in-¹, perfect) ∽ 《c1378》 *inparfit* □ (O)F *imparfait* ＜ L *imperfectus*〛

impérfect cádence n. 〚音楽〛**1** 《米》不完全終止 (cf. perfect cadence). **2** 《英》＝half cadence. 〚1875〛

impérfect chórd n. 〚音楽〛不完全和音《ある音を省略した不完全な形の和音》.

impérfect competítion n. 〚経済〛不完全競争 (cf. perfect competition). 〚1881〛

impérfect contrítion n. 〚カトリック〛不完全痛悔《神に対する愛がない, 神の刑罰に対する恐れだけからくる悔い改め; cf. contrition 2, perfect contrition》.

impérfect flówer n. 〚植物〛不完全花; 雌雄異花 (⇨ imperfect adj. 5 a). 〚1704〛

impérfect fórm n. 〚植物〛無性生殖期を備えたカビ.

impérfect fúngus n. 〚植物〛不完全菌《不完全菌類に属する真菌の総称》. 〚1895〛

im·per·fec·ti·ble /ɪ̀mpəféktəbḷ | -pəféktɪ̀-⁻/ adj. 完成できない, 完全にできない.

im·per·fec·tion /ɪ̀mpəfékʃən | -pə-/ n. **1** 欠点, 短所, 欠陥 (⇨ defect¹ SYN): an ~ in a mirror 鏡のきず / with all one's ~*s* on one's head いろいろな欠点をもったままで[もっているにもかかわらず] (cf. Shak., *Hamlet* 1. 5. 79). **2** 不完全, 不十分, 不足, 不備. 〚《c1390》□ (O)F ~ // LL *imperfectiō(n-)*: ⇨ imperfect, -tion〛

im·per·fec·tive /ɪ̀mpəféktɪv | -pə-/ 〚文法〛adj. (ロシア語などで)非完結相の, 未完了相の, 不完了体の (↔ perfective): the ~ aspect 非完結相. — n. (ロシア語などの)非完結[未完了]相, 不完了体; 非完結[未完了]相の動詞, 不完了体の動詞. 〚《(1601)》《1887》← IMPERFECT＋-IVE〛

impérfect rhýme n. 〚詩学〛不完全脚韻《脚韻の条件の一部を欠いているもの; slant rhyme ともいう; cf. approximate rhyme, eye rhyme, identical rhyme, obsolete rhyme》.

impérfect stáge n. 〚植物〛無性生殖期《カビが無性生殖を営む時期》.

im·per·fo·rate /ɪ̀mpə́:f(ə)rɪ̀t, ɪ̀m-, -fərèɪt | ɪmpə́:-, ɪ̀m-/ adj. **1** 〚郵趣〛〈郵便切手が〉目打ちのない. **2** a 穴のあいていない. **b** 〚解剖〛無孔の, 異常閉鎖の: an ~ anus 無孔肛門, 鎖肛. — n. 目打ちのない郵便切手. 〚《1673》← *im-* 'IN-¹'＋PERFORATE〛

im·pér·fo·ràt·ed /-tɪ̀d | -tɪ̀d/ adj. ＝imperforate. 〚1650〛

im·per·fo·ra·tion /ɪ̀mpə̀:fəréɪʃən, ɪ̀m- | ɪmpə́:-, ɪ̀m-/ n. 無孔, 無目打ち; 目打ちのない切手(など). 〚《1656》: ⇨ im-〛

imperia n. imperium の複数形.

im·pe·ri·al /ɪ̀mpíᵊriəl | ɪmpíər-/ adj. **1** 帝国の. **2** 皇帝[皇后]の; 皇室の, 皇族の: an *Imperial* decree 勅命 / an *Imperial* message [messenger] 勅語[勅使] / an ~ household 皇室 / His [Her] *Imperial* Majesty ⇨ majesty 4. 日英比較 日本の天皇は普通 emperor と訳されるので, 形容詞も普通 *imperial* を用いるが, 英国の王室の場合は「王の」という意味の royal を用いる. 従って, 日本の皇室にも royal を用いることもある. **3** [しばしば I-] 《英》**a** 大英帝国の: the *Imperial* Parliament 英帝国議会 / ~ politics 英国政治. **b** 国の (cf. local 1 a, national): ~ taxes (地方税に対して)国税. **4** 《古》帝位の, 帝権の, 至上権の. **5** 荘厳な, 厳然たる, 堂々とした; 皇帝にふさわしい, 壮麗な, 壮大な. **6** 傲慢(ごうまん)な, 尊大な. **7** 〈商品など〉特大の, 上質の: ~ tea. **8** [限定的]〈度量衡が〉英本国法定の標準に従う《1971 年メートル法採用のため廃止》: ⇨ imperial bushel, imperial gallon.
— n. **1** 皇帝ひげ《Napoleon 三世のひげにならった下顎(あご)のとがりひげ》. **2** インペリアル(判): **a** 紙の大きさ《22×30 インチ [558.5×762 mm], ほかに 23×31 インチ, 21.5×29 インチがある》. **b** 石盤の大きさ《33×24 インチ》. **c** 写真の大判《6⅞×9⅞ インチ》. **d** 〚製本〛＝imperial octavo [quarto]. **3** 〚商業〛特大品, 優秀[上質]品. **4** (帝政ロシアの)インペリアル金貨《最初 1745 年に造られ 10 ルーブルに相当; 1897–1917 年は 15 ルーブルに相当》. **5** a (乗合馬車の屋根に載せる)旅行鞄(かばん). **b** (旅行鞄を載せる)馬車の屋根. **6** 〚建築〛尖塔のあるドーム, 頂のとがったドーム. **7** [I-] (神聖ローマ帝国)皇帝派の人[軍人]. **8** 皇族の一員; 皇帝, 皇后. **9** 角(つの)に 14 本のとがった枝がある赤毛の鹿.
~·ly adv. 〚《c1380》□ (O)F *impérial* □ L *imperiālis* of the empire or emperor ← *imperium* 'rule, EMPIRE': ⇨ -ial〛

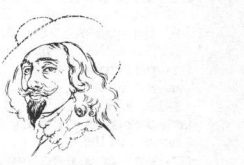

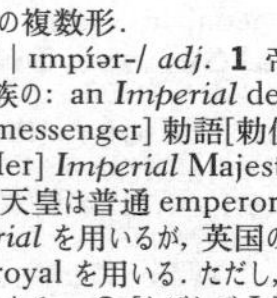

imperial n. 1

impérial búshel n. 英ブッシェル (⇨ bushel¹ 1).

impérial cíty n. **1** 帝国の中心地, 帝国政府の所在地. **2** [the I- C-] Rome 市の別称. 〚1563〛

Impérial Cónference n. [the ~] (もと英国の)大英帝国会議《英本国と各自治領の首相の連絡会議; 1887 年に始まる植民地会議 (Colonial Conference) を 1907 年に改称したもので, 1937 年を最後として今は両方とも用いられないが, 必要に応じて英連邦首相会議 (Premiers' Conference) が開催される》.

impérial crówn, I- c- n. **1** 帝冠; (英国王が戴冠式に用いる)王冠 (St. Edward's crown ともいう). **2** (しばしば英国君主の尊厳の象徴として用いられる)王冠をかたどったもの. 〚1706〛

impérial éagle n. **1** 〚鳥類〛カタジロワシ (*Aquila heliaca*)《南ヨーロッパ・アジア産のワシ; 肩に白い斑紋がある》. **2** [I- E-] 〚紋章〛**a** 神聖ローマ皇帝の双頭の鷲. **b** Napoleon 一世の単頭の鷲.

impérial federátion n. 大英帝国連合論《英国自治領の防衛と貿易振興を図るため相互の緊密な提携を目指したもの》. 〚1902〛

impérial gállon n. 英ガロン (⇨ gallon 1).

Impérial Hóliday n. [時に i- h-] 全英休日《現国王[女王]の誕生日; 法定休日ではない》.

im·pe·ri·al·ism /ɪ̀mpíᵊriəlɪzm | ɪmpíər-/ n. **1** 帝政. **2** 帝国主義; 領土拡張主義, 侵略主義, 開発途上国[弱小国]支配(政策). **3** 帝国主義権益の擁護. **4** 《英》連邦諸国統轄政策. 〚《1858》: ⇨ -ism〛

im·pe·ri·al·ist /ɪ̀mpíᵊriəlɪ̀st | ɪmpíəriəlɪst/ n. **1** 帝国主義者; (特に)英[米]帝国主義者, 英国膨張論者 (cf. little Englander). **2** a 皇帝支持者, (特に, 1600–1800 年の)ドイツ皇帝の支持者; [I-] 神聖ローマ皇帝の支持者. **b** 帝政主義者, (特に)ナポレオン王朝支持者. — adj. ＝imperialistic. 〚《1603》《なぞり》← F *impérialiste*〛

I

im·pe·ri·al·is·tic /ɪ̀mpɪ̀ᵊriəlístɪk | ɪmpɪ̀ər-ˉ/ *adj.* 帝国主義の[的な]. **im·pè·ri·al·ís·ti·cal·ly** *adv.* 〖(1879): ⇨ ↑, -ic¹〗

im·pe·ri·al·ize /ɪ̀mpɪ́ᵊriəlàɪz | ɪmpɪ́ər-/ *vt.* **1** 帝国の支配下に置く. **2** 帝政化する, 帝国主義化する. **3** …に威厳を与える. 〖(1634): ⇨ -ize〗

impérial jáde *n.* 〖鉱物〗インペリアルジェード《緑色の最良の硬玉, 翡翠(ﾋｽｲ); 宝石に用いる》.

impérial móth *n.* 〖昆虫〗米国産ヤママユガ科のガ (*Basilona imperialis*)《黄色に茶の帯のある大きく美しいガ》. 〖1904〗

im·pé·ri·al·ness *n.* 皇帝のような態度, 威厳.

impérial octávo *n.* 〖製本〗インペリアルオクタボ(判) [八折判]《本の大きさ; 米国では $8^1/_4 \times 11^1/_2$ インチ [209.5×292 mm], 英国では $7^1/_2 \times 11$ インチ [191×279 mm]; imperial 8vo と略す》.

impérial pígeon *n.* 〖鳥類〗ミカドバト (*Ducula oenea*)《南アジアに生息する緑と灰色の大形のハト》. 〖1864〗

impérial préference *n.* 英連邦内特恵関税《英連邦内諸国の生産品に対する低率関税の優先課税》. 〖1912〗

impérial quárto *n.* 〖製本〗インペリアルクオート(判) [四折判]《主に英国の本の大きさ, 11×15 インチ [279×381 mm]; imperial 4to と略す》.

Impérial Sérvice Òrder *n.* [the ～] 英帝国文官功労章.

Impérial Válley *n.* [the ～] インペリアル渓谷《米国 California 州南東部からメキシコにおよぶ農耕地方; Colorado Desert の一部を灌漑(ｶﾝｶﾞｲ)した低地で Salton Sea (湖)を含む; 面積 4,047 km²》.

Impérial Wár Musèum *n.* [the～]《英》帝国戦争博物館《ロンドンの Lambeth にある; 1917 年設立》.

im·per·il /ɪ̀mpérəl | ɪmpérɪ̀l/ *vt.* (**im·per·iled,**《英》**-illed**; **-il·ing,**《英》**-il·ling**)《文語》〈生命・財産などを〉危うくする, 危険にさらす, 危地に追い込む: Drought ～*ed* the crops. 干ばつで収穫が危うくなった. **～·ment** *n.* 〖(?a1425): ⇨ in-², peril: ENDANGER との類推による〗

im·pe·ri·ous /ɪ̀mpɪ́ᵊriəs | ɪmpɪ́ər-/ *adj.* **1** 横柄な, 尊大な, 傲慢(ｺﾞｳﾏﾝ)な (⇨ masterful SYN); 専制的な: an ～ gesture, look, voice, etc. **2** 一刻も猶予ならない, 緊急の, 重大な: an ～ need. **3**《古》帝王然とした, 厳然とした, 堂々とした. **～·ly** *adv.* **～·ness** *n.* 〖(1541) □ L *imperiōsus* commanding: ⇨ imperium, -ous〗

im·per·ish·a·bil·i·ty /ɪmpèrɪʃəbíləti, ɪ̀m- | -lɪ̀ti/ *n.* 不滅性, 不死, 不朽性: the ～ of the universe 宇宙の恒久性. 〖(1813): ⇨ ↓, -ity〗

im·per·ish·a·ble /ɪmpérɪʃəbl̩, ɪ̀m-ˉ/ *adj.* 不滅の, 不死の, 不朽の (permanent): ～ glory, fame, etc. / an ～ monument 不滅の記念碑. **～·ness** *n.* **im·pér·ish·a·bly** *adv.* 〖(1648): ⇨ in-¹, perishable〗

im·pe·ri·um /ɪ̀mpɪ́ᵊriəm | ɪmpɪ́ər-/ *L. n.* (*pl.* **-ri·a** /-riə/) **1** 絶対命令(権), 最高支配権. **2** 主権の及ぶ範囲; 領土; 帝国. **3**〖法律〗(国家の)絶対権, 主権大権, 法執行権. 〖(1651) □ L ～ 'command, dominion' ← *imperāre* to command: cf. empire〗

impérium in im·pé·ri·o /-ɪ̀nɪ̀mpɪ́ᵊriòu | -ɪmpɪ́əriəu/ *L. n.* 帝国内の帝国, 主権[政府]内の主権[政府]《同一国内などで専制的な権力を振るう機構》. 〖(1752) ← NL ～ 'an empire within an empire'〗

im·per·ma·nence /ɪmpə́ːm(ə)nəns, ɪ̀m- | -pə́ː-/ *n.* 永久でないこと, 非恒久性, 非永久[永続]性; 一時性, はかなさ, 無常. 〖(1796): ⇨ im-〗

im·pér·ma·nen·cy /-nənsi/ *n.* ＝impermanence. 〖1648〗

im·per·ma·nent /ɪmpə́ːm(ə)nənt, ɪ̀m- | ɪm-, ɪ̀m-, -pə́ː-ˉ/ *adj.* 永久[永続的]でない, 永続しない, 一時的な, はかない. **～·ly** *adv.* 〖(1653): ⇨ im-〗

im·per·me·a·bil·i·ty /ɪ̀mpə̀ːmiəbíləti, ɪ̀m- | ɪmpə̀ːmiəbílɪ̀ti, ɪ̀m-/ *n.* 不透過性, 不浸透性. 〖(1755): ⇨ ↓, -ity〗

im·per·me·a·ble /ɪ̀mpə́ːmiəbl̩, ɪ̀m- | -pə́ː-ˉ/ *adj.* **1** 貫き通すことのできない. **2**〈水・空気などを〉(しみ)通さない, 不浸透性の, 不透過性の〔*to*〕: ～ *to* water or air. **～·ness** *n.* **im·pér·me·a·bly** *adv.* 〖(1697) □ F *imperméable* □ LL *impermeābilis*: ⇨ in-¹, permeable〗

im·per·mis·si·ble /ɪmpəmísəbl̩ | -pəmísɪ̀-ˉ/ *adj.* 許し難い. **ìm·per·mìs·si·bíl·i·ty** /-səbíləti | -sɪ̀bílɪ̀ti/ *n.* **im·per·mís·si·bly** *adv.* 〖(1858): ⇨ im-〗

impers.《略》impersonal.

im·per·scrip·ti·ble /ɪmpəskríptəbl̩ | -pəskríptɪ̀-bl̩ˉ/ *adj.* 典拠のない. 〖(1832): ⇨ im-〗

im·per·son·al /ɪ̀mpə́ːs(ə)nəl, ɪm-, -snəl, -sn̩l | ɪmpə́ː-, ɪ̀m-/ *adj.* **1** 個人に関係のない, 個人を指さない, 非個人的な; 個人の感情を交えない, 客観的な, 一般的な: ～ topics 非個人的な話題《天候とか政治上の話など》/ ～ remarks 特にだれを指すのでもない言葉[批評] / an ～ point of view (自分個人でなく)一般的な[非個人的な]意見 / write [behave] in an ～ manner (特別な自説など持ち出さない)一般的な[非個人的な]書き方[ふるまい]をする. **2** 人格をもたない, 非人格的な: an ～ deity 非人格的な神 / ～ forces 非人間的な力《運命とか自然力のような》. **3** 非情な, 人間味のない. **4**〖文法〗非人称の: an ～ construction 非人称構文《今日の I like it. における OE の *Hit mē ġelīcað*. (＝It pleases me.) のような構文》/ an ～ 'it' 非人称の 'it' / an ～ pronoun 非人称代名詞 (⇨ indefinite pronoun) / ⇨ impersonal verb. **—** *n.*〖文法〗非人称動詞, 非人称代名詞. 〖(c1450) □ LL *impersōnālis*: ⇨ in-¹, personal〗

im·pér·son·al·ism /-sənəlɪzm, -snə-, -snə-/ *n.* **1** 非人格主義《個人[集団]間に非人格関係を保とうとする運動》. **2** 非人格性 (impersonality). 〖(1899): ⇨ ↑, -ism〗

im·per·son·al·i·ty /ɪ̀mpə̀ːsənǽləti, ɪ̀m-, -sn̩- | ɪmpə̀ːsənǽlɪ̀ti, ɪ̀m-, -sn̩-/ *n.* **1** 非人格性. **2** だれとも名指さないこと; 非個人性. **3** 人間感情の不在, 感情の欠如; 非情(性), 冷淡さ. **4** 非人間的なもの. 〖(1769): ⇨ -ity〗

im·per·son·al·i·za·tion /ɪ̀mpə̀ːs(ə)nəlɪzéɪʃən, ɪ̀m-, -snə-, -sn̩-, -lɪ- | ɪmpə̀ːs(ə)nəlaɪ-, -snə-, -sn̩-, -lɪ-/ *n.*〖社会学〗非人格化《人間の個性や主体性が石化してゆく過程》. 〖(1880): ⇨ ↓, -ation〗

im·per·son·al·ize /ɪ̀mpə́ːs(ə)nəlàɪz, -snə-, -sn̩-, ɪm- | ɪmpə́ː-, ɪ̀m-/ *vt.* 非人格化する. 〖(1880): ⇨ -ize〗

im·pér·son·al·ly *adv.* (特定の)個人とは関係なく; 客観的に;〖文法〗非人称として.

impérsonal vérb *n.*〖文法〗非人称動詞《特定の論理的主語をもたず常に it を形式上の主語として用いる動詞; 例えば It rains. の rain など; cf. impersonal *adj.* 4》. 〖1520〗

im·per·son·ate /ɪ̀mpə́ːsənèɪt, -sn̩- | ɪmpə́ː-/ *vt.* **1 a** 〈ある人〉の風[性格, 態度, 声]を装う[見せかける]; まねる. **b** …になりすます: escape by *impersonating* a policeman. **2**《まれ》〈俳優が〉…の役を演じる, …に扮(ﾌﾝ)する: ～ Macbeth [a character] マクベス[ある人物]に扮する[の役を演じる]. **3**《古》＝personify. **—** /-sənɪ̀t, -nèɪt, -sn̩-/ *adj.* 具現された; 人格化された. 〖(1624) ← *im-* 'IN-²' + PERSONATE¹〗

im·per·son·a·tion /ɪ̀mpə̀ːsənéɪʃən, -sn̩- | ɪmpə̀ː-/ *n.* **1** (他人の様子・態度などの)偽装, ものまね, 声色(ｺﾜｲﾛ)(使い). **2** (俳優の)扮装; 扮装法, 演出法: the ～ of Hamlet ハムレットの扮装. **3** 人格化, 体現, 具現, 権化, 典型: the very ～ of good humor 上機嫌の典型[見本]. 〖(1589): ⇨ ↑, -ation〗

im·per·son·a·tive /ɪ̀mpə́ːsənèɪtɪv, -sn̩- | ɪmpə́ːsənèɪt-, -sn̩-, -nət-/ *adj.* 扮装(上)の: her ～ talent as an actress 女優としての彼女の扮装的手腕. 〖(1886) ← IMPERSONATE + -IVE〗

im·pér·son·à·tor /-tə | -tə(r)/ *n.* 扮装者; (ある役を)演じる俳優, 役者; ものまね演芸家, 声色(ｺﾜｲﾛ)使い. 〖(1853) ← IMPERSONATE + -OR²〗

im·per·son·i·fy /ɪmpəsɑ́(ː)nəfàɪ | -pə(ː)sɔ́nɪ̀-/ *vt.*《古》＝personify. 〖1804〗

im·per·ti·nence /ɪ̀mpə́ːtənəns, ɪ̀m-, -tn̩-, -tn- | ɪmpə́ːtɪ̀n-, ɪm-/ *n.* **1 a** 生意気, 出しゃばり, 無礼: the height of ～ 無礼の極み / his ～ *in* coming to the party uninvited 招かれもしないのにパーティーへやって来る彼の厚かましさ / He *had the* ～ *to* talk back to me. 生意気[無礼]にも私に口答えをした. **b** 生意気[無礼, 無遠慮]な言行: utter ～*s* 生意気[無礼]なことを言う. **c** 生意気[無礼]な人. **2 a** 不適当, 不適切, 見当違い, 無関係. **b** 無関係[見当違い]な事柄. **3 a** くだらなさ, ばからしさ. **b** くだらない[ばからしい]事柄. 〖(1603) □ F ～ □ ML *impertinentia*: ⇨ impertinent, -ence〗

im·pér·ti·nen·cy /-nənsi/ *n.*《まれ》＝impertinence. 〖1589〗

im·per·ti·nent /ɪ̀mpə́ːtənənt, ɪ̀m-, -tn̩-, -tn- | ɪmpə́ːtɪ̀n-, ɪm-ˉ/ *adj.* **1** 差出がましい, 出過ぎた, 出しゃばった; 生意気な, 無礼な〔*to*〕: an ～ boy, question, remark, etc. / be ～ *to* …に対して無礼である / He was ～ *enough* [*so* ～ *as*] *to* do … 彼は…するほど出しゃばりだった[無礼にも…した] / May I be ～? 失礼な言い方かもしれないが(怒らずに聞いてくれたまえ). **2** 適切でない, 見当違いの, 無関係な〔*to*〕: ～ details, episodes, etc. / a point ～ *to* the matter 問題に関係のない点. **3**《古》〈人が〉軽薄な, 愚かな, くだらない. **—** *n.* 出過ぎ者, 無作法者. **～·ly** *adv.* 〖(c1395) □ (O)F ～ // LL *impertinentem* not belonging: ⇨ in-², pertinent〗

SYN 生意気な: **impertinent** 〈人や言行が〉出しゃばって, 目上に対して敬意を表さない《最も一般的な語》: an *impertinent* remark 生意気な言葉. **impudent** 厚かましくて無礼な《格式ばった語》: an *impudent* child 無礼な子供. **insolent** 〈人や態度が〉横柄で無礼な: *insolent* behavior 横柄なふるまい. **cheeky**《口語》, **saucy**《口語》こましゃくれて小生意気な: Don't be *saucy* [*cheeky*] with me. 生意気言うんじゃない. **ANT** respectful.

---

im·per·turb·a·bil·i·ty /ɪmpə(ː)tə̀ːbəbíləti | -pə(ː)tə̀ːbəbílɪ̀ti/ *n.* 沈着, 落着き, 冷静, 平気. 〖(1831): ⇨ ↓, -ity〗

im·per·turb·a·ble /ɪmpə(ː)tə́ːbəbl̩ | -pə(ː)tə́ːb-ˉ/ *adj.* 容易に動じない, 冷静な, 落ち着いた: with ～ composure 少しも騒がず落ち着いて. **～·ness** *n.* **ìm·per·túrb·a·bly** *adv.* 〖(c1450) □ LL *imperturbābilis*: ⇨ in-¹, perturbable〗

im·per·tur·ba·tion /ɪmpə̀ːtəbéɪʃən, -tə(ː)- | -pə̀ː-tə(ː)-/ *n.* 沈着, 冷静. 〖(1648) □ LL *imperturbātiō(n-)*: ⇨ ↑, -ation〗

im·per·turbed /ɪmpətə́ːbd | -pətə́ːbd/ *adj.* 動じない, 落ち着いている. 〖(1721): ⇨ -ed〗

im·per·vi·a·ble /ɪmpə́ːviəbl̩, ɪ̀m- | -pə́ː-ˉ/ *adj.* ＝impervious. 〖1816〗

im·per·vi·ous /ɪmpə́ːviəs, ɪ̀m- | -pə́ː-ˉ/ *adj.* **1** 〔水・空気などを〕通さない, 不浸透の; 通らない〔*to*〕: ～ *to* rain [light, water] 雨[光, 水]を通さない / a coat ～ *to* bullets 防弾上着 / an ～ desert 人の通れない砂漠. **2** 〔…に〕傷つかない, 耐えうる〔*to*〕: ～ *to* rough treatment 乱暴に扱ってもいたまない. **3** 〈心・人などが〉〔…を〕受け付けない, 〔…に〕盲目な, 感じない, 無感覚な, 鈍感な〔*to*〕: be ～ *to* criticism 批評を何とも思わない / men ～ *to* reason 道理のわからない連中. **～·ly** *adv.* **～·ness** *n.* 〖(1650) L *impervius* ← *im-* 'IN-¹' + *pervius* 'PERVIOUS'〗

im·pe·ti·cos /ɪmpétɪ̀kɑ̀(ː)s | -tɪkɔ̀s/ *vt.*《Shak》ポケットに入れる, 着服する: I did ～ thy gratillity (＝gratuity). あんたの薄謝は着服しておいた (*Twel N* 2. 3. 26). 〖(1601–02)《誤用混成》← *im*(*pocket*) + PETTICOAT〗

im·pe·tig·i·nous /ɪmpətídʒənəs | -pɪtídʒɪ̀-ˉ/ *adj.* 〖病理〗インペチゴ (impetigo) にかかっている, 膿痂疹(ﾉｳｶｼﾝ)性の. 〖(1620) □ L *impetīginōsus* ← *impetīgo* (↓): ⇨ -ous〗

im·pe·ti·go /ɪ̀mpətáɪgou, -tíː- | -pɪ̀táɪgəu, -pɛ-/ *n.* (*pl.* **～s**)〖病理〗インペチゴ, 膿痂疹(ﾉｳｶｼﾝ), とびひ《化膿菌によって, 特に子供の顔などにできる急性の皮膚病》. 〖(a1398) □ L *impetīgo* ← *impetere* to attack ← *im-* 'IN-²' + *petere* to fall upon〗

im·pe·trate /ímpətrèɪt | -pɪ̀-/ *vt.* **1** 嘆願[祈願]して得る, 祈って授かる. **2**《まれ》嘆願する. **im·pe·tra·tive** /ímpətrèɪtɪv | -pɪ̀trèɪt-/ *adj.* **ím·pe·trà·tor** /-tə | -tə(r)/ *n.* 〖(1533–34) ← L *impetrātus* (p.p.) ← *impetrāre* to obtain by request ← *im-* 'IN-²' + *patrāre* to achieve (← *pater* father) ∽ (c1380) *impetre(n)* to beg for □ OF *empetrer* □ L *impetrāre*: ⇨ -ate³〗

im·pe·tra·tion /ɪ̀mpətréɪʃən | -pɪ̀-/ *n.* 嘆願[祈願](で得ること). 〖(1484) □ L *impetrātiō(n-)*: ⇨ ↑, -ation〗

im·pet·u·os·i·ty /ɪ̀mpètʃuɑ́(ː)səti | ɪmpètjuɔ́sɪ̀ti, -tʃu-/ *n.* **1** 激烈, 猛烈; 熱烈; 性急, せっかち. **2** 激しい[がむしゃらな]行動, 性急な動作. 〖(?a1425) □ (O)F *impétuosité*: ⇨ ↓, -ity〗

im·pet·u·ous /ɪ̀mpétʃuəs | ɪmpétju-, -tʃu-/ *adj.* **1**《詩》激しい, 猛烈な: an ～ gale, torrent, wind, etc. / the ～ rush of water 激烈な水の奔流 / with ～ speed 猛烈な速力で. **2** 〈気質・行動など〉熱烈な, 激しい, 性急な, 衝動的な, 血気にはやる: regret one's ～ decision 性急な決定を悔やむ / a man of ～ temper 気性の激しい人, ひどく怒りっぽい人. **～·ly** *adv.* **～·ness** *n.* 〖(a1398) □ (O)F *impétueux* □ LL *impetuōsus* ← *impetus* (↓): ⇨ impetigo, -ous〗

im·pe·tus /ímpətəs | -pɪ̀t-/ *n.* **1** 起動力, はずみ, 力, 勢い, 刺激: give [lend] (an) ～ *to* 〈事業・活動などに〉刺激を与える, …を促進する. **2**〖機械〗運動量 (momentum). 〖(1641) □ L ～ 'attack, force' ← *impetere* to attack ← *im-* 'IN-²' + *petere* to seek〗

im·pey·an phéasant /ímpiən-/ *n.*〖鳥類〗ニジキジ (*Lophophorus impejanus*)《monal の一種; 雄は羽冠を有し, 全身光輝ある色彩の羽に覆われ極めて美麗》. 〖(1870) ← *Lady Impey* (この鳥を東インド諸島から英国に移した人): ⇨ -an¹〗

impf.《略》imperfect.

imp·fing /ímpfɪŋ/ *n.*〖結晶〗(溶液の過飽和を防ぐため小結晶を入れる)結晶析出促進, 晶化誘起. 〖← ?: cf. G *Impfung*〗

imp. gal. [**gall.**]《略》imperial gallon.

Imp·hal /ímphʌl | ɪmfáːl, ímfəl/ *n.* インパール《インド Manipur 州の州都; ミャンマーとの国境付近に位置する; 第二次大戦で日本軍が占領しようとして失敗した》.

im·pi /ímpi/ *n.* (*pl.* **～es, ～s**) (アフリカ南部の Zulu または Kaffir 族戦闘員の) 武装大部隊. 〖(1879) □ Zulu ～ 'company of (armed) men'〗

im·pi·e·ty /ɪmpáɪəti, ɪ̀m- | ɪmpáɪɪ̀ti, ɪm-/ *n.* **1** 不信心, 不敬虔; [通例 *pl.*] 不信心な言行. **2** 不敬, 不遜, 不従順; 不孝: filial ～ 親不孝. 〖(c1340): ⇨ in-¹, piety〗

im·pig·no·rate /ɪ̀mpígnərèɪt | ɪm-/ *vt.* 抵当[担保]として預ける, 入質する. 〖(a1639) □ ML *impignorātus* (p.p.) ← *impignorāre* to pledge ← L *im-* 'IN-²' + *pignus* pledge, pawn〗

imp·ing *n.* **1**〖鷹狩〗羽のつけ足し[補修]. **2**《古》〖園芸〗接(ﾂ)ぎ木. 〖(c1340) ← IMP²〗

im·pinge /ɪ̀mpíndʒ | ɪm-/ *vi.* **1** 〔…を〕打つ, 〔…に〕ぶつかる, 突き当たる, 衝突する〔*on, upon, against*〕: rays of light *impinging upon* the eyes 目を射る光線. **2** 〈権利・財産などを〉侵す, 破る, 侵害する〔*on, upon*〕: ～ *upon* a person's authority [privacy] 人の権限[私生活]を侵す. **3** 〔…に〕印象を与える, 影響を及ぼす〔*on, upon*〕: ～ *on* a person's way of thinking 人の思考方法に影響を与える. **—** *vt.* **1** 〈気体・炎などを〉〔…に〕ぶつける〔*on*〕. **2** 侵害する. **im·píng·er** *n.* 〖(1535) □ L *impingere* to drive in, strike against ← *im-* 'IN-²' + *pangere* to drive in, fix〗

im·pínge·ment *n.* 影響; 侵害〔*on, upon*〕.

impíngement attàck *n.*〖冶金〗衝撃腐食《流動する液体の中で腐食を加速する》.

im·pi·ous /ímpiəs, ɪmpáɪəs, ɪ̀mpáɪəsˉ/ ★ 伝統的な /ímpiəs/ という発音は減少の傾向にある. *adj.* **1** 神を敬わない, 不敬虔な, 不信心な; 邪悪な. **2** 不遜な, 不従順な; 不孝の. **～·ly** *adv.* **～·ness** *n.* 〖(1575–85) ← L *impius* + -OUS: ⇨ in-¹, pious〗

imp·ish /ímpɪʃ/ *adj.* 小鬼のような; いたずらな, 腕白な, 茶目の (mischievous): an ～ grin, smile, etc. **～·ly** *adv.* **～·ness** *n.* 〖(1652): ⇨ imp¹〗

im·pit·e·ous /ɪmpítiəs, ɪ̀m- | -tiəs/ *adj.* 無慈悲な, 無情な (pitiless). 〖(1877) ← *im-* 'IN-¹' + PITEOUS〗

im·plac·a·bil·i·ty /ɪ̀mplæ̀kəbíləti, ɪ̀m-, -plèɪk- | ɪmplæ̀kəbílɪ̀ti, ɪm-/ *n.* なだめ難いこと, 執念深さ; 無慈悲さ, 無情さ. 〖(1531) □ LL *implācābilitās*〗

im·plac·a·ble /ɪ̀mplǽkəbl̩, ɪ̀m-, -pléɪk- | ɪmplǽk-,

ìm-ˊ/ *adj.* **1** 〈人などが〉なだめられない, 和解しにくい; 〈恨みなど〉抜きがたい, 消し難い, 執念深い: an ～ enemy / ～ malice 執念深い悪意. **2** 厳しい, 容赦のない, 無慈悲な (relentless). **～·ness** *n.* **im·plác·a·bly** *adv.* 〖(?*a*1425) □ (O)F ～ // L *implācābilis*: ⇨ in-¹, placable〗

SYN 容赦しない: **implacable, inexorable** なだめることができない: the *implacable* [*inexorable*] fate 非情な運命. **relentless** 情け容赦のない《格式ばった語》: a *relentless* enemy 情け容赦のない敵. **unrelenting** 決意のゆるがない, 厳しい: an *unrelenting* master 厳しい主人. **merciless** 哀れみの情のない: a *merciless* tyrant 冷酷な暴君. **ruthless** 残酷で無慈悲な: their *ruthless* treatment of slaves 奴隷に対する彼らのむごい仕打ち.
ANT lenient.

im·pla·cen·tal /ìmpləsénṭl | -tl/ 〖動物〗 *adj.* 無胎盤の (aplacental). — *n.* 無胎盤哺乳類. 〖(1839–47): ⇨ im-〗

im·pla·cen·tate /ìmpləsénteɪt/ *adj.* =implacental.

im·plant /ɪmplǽnt | ɪmplɑ́ːnt/ *vt.* **1** 〈思想などを〉〔人(の心)に〕植え付ける, 教え込む, 吹き込む 〔*in*〕; 〈人(の心)〉に〔理想などを〕与える 〔*with*〕: ～ an ideal [a doubt] *in* a person's mind＝～ a person's mind *with* an ideal [a doubt] 人の心に理想[疑惑]を植え付ける / children ～*ed with* good habits よい習慣をつけられた子供たち / a scene deeply ～*ed in* one's memory 記憶に深く印象付けられた[心に刻み込まれた]光景. **2** 〔…に〕しっかり差し込む 〔*in*〕: ～ a diamond *in* a ring. **3** 〖外科〗〈生きた組織などを〉植え付ける, 移植する; 〖歯科〗〈義歯を〉(歯肉下または顎骨内に)植え込む. **4** 《古》植える, 植え込む: ～ seeds *in* the field 畑に種を植え付ける.
— /ímplænt | -plɑːnt/ *n.* **1** 〖医学〗移植(組織)片. **2** 〖外科〗(ラジウムなど)放射性物質を入れる小管《癌(がん)などの治療に局所に挿し込むもの》. **3** 〖歯科〗(歯肉下または顎骨内に)植え込むもの: an ～ denture 植え込み義歯, インプラントデンチュア.
～·a·ble /-ṭəbl | -tə-/ *adj.* **～·er** /-ṭə | -tə(r)/ *n.* 〖(*a*1541) □ F *implanter* // LL *implantāre* to engraft: ⇨ in-², plant〗

SYN 植え付ける: **implant** 〈思想などを〉人の心に植え付ける《格式ばった語》: My father *implanted* a hatred of violence in my mind. 父は私の心に暴力を憎む気持ちを植え付けた. **imbue, infuse** 人の心に感情・思想などを吹き込んで活気づける《共に格式ばった語であるが, 後者は一時的な影響の含みがある》: He was *imbued* with communism. 共産主義を吹き込まれていた / He *infused* patriotism into the minds of the citizens. 彼は市民の心に愛国心を吹き込んだ. **inculcate** 思想・主義などを反復して人の心にたたき込む《格式ばった語》: He *inculcated* the child with a love of knowledge. 子供に知識愛を吹き込んだ. **ingrain** 心や性格にしっかりと刻み付ける: Selfishness is *ingrained* in his character. 利己心が彼の性格にしみ込んでいる. **instill** 思想などを人の心に徐々に吹き込む《格式ばった語》: She tried to *instill* in her son a sense of responsibility. 彼女は息子に責任感を徐々に植え付けようとした.

im·plan·ta·tion /ìmplæntéɪʃən | -plɑːn-, -plæn-/ *n.* **1** (理想などを心に)植え込むこと, 教え込むこと, 注入, 鼓吹. **2** 〖動物〗(胎盤哺乳類について, 受精卵の)着床. **3** 〖医学〗(組織片・固定薬品などの)移植, 埋没, 植え込み, 皮下挿入(そうにゅう)[注入]. **4** 〖病理〗内(移)植; 移植性転位《腫瘍(しゅよう)細胞の新しい局所への侵入; cf. metastasis 2》. 〖(1578) □ F ～: ⇨ ↑, -ation〗

im·plau·si·ble /ɪ̀mplɔ́ːzəbl, ìm-, -plɑ́ːz- | ɪmplɔ́ːzɪ-, ìm-/ *adj.* 受け入れ難い; 本当とは思えない, ありそうにもない: ～ excuses 信じ難い言い訳. **im·plau·si·bil·i·ty** /ɪ̀mplɔ̀ːzəbíləṭi, ìm-, -plɑ̀ːz- | ɪmplɔ̀ːzɪbíləti, ìm-/ *n.* **～·ness** *n.* **im·pláu·si·bly** *adv.* 〖(1602): ⇨ im-〗

im·plead /ɪ̀mplíːd | ɪm-/ *vt.* **1** 〖法律〗告訴する (sue), 起訴する (prosecute). **2** 非難する, 責める. **3** 《古》抗弁する (plead). — *vi.* 《古》=plead. **～·a·ble** /-dəbl | -də-/ *adj.* 〖(*a*1387) *emplede*(*n*) □ AF *empleder*＝OF *emplaidier* ← *em-* 'IN-²'＋*plaidier* 'to PLEAD'〗

im·pléad·er /-də | -də(r)/ *n.* **1** 告訴[非難]する人. **2** 〖法律〗=interpleader². 〖(*a*1577): ⇨ ↑, -er¹〗

im·pledge /ɪ̀mpléʤ | ɪm-/ *vt.* 《古》抵当に入れる, 質に置く. 〖(1548) ← EM-, IM-＋PLEDGE〗

im·ple·ment /ímpləmənt | -plɪ-/ *n.* **1** 道具, 用具, 器具; [*pl.*] 用具[家具]一式: agricultural [farm] ～*s* 農具 / an ～ of war 兵器 / a writing ～ 筆記用具 / flint ～*s* 石器. **2** 手先(となる人), 代理人: Aunt Mary was a good ～ to my sick mother. メアリーおばさんが病気の母のよき代わりをしてくれた. **3** 〖スコット法〗履行; 〖英法〗(委員会の国会に対する勧告が制定法として)具体化されること.
— /ímpləmènt | -plɪmènt, -mənt/ *vt.* **1** 〈約束・計画などを〉履行する, 実行する: ～ an engagement, a contract, etc. / The plan is now being ～*ed*. その計画は目下実施中である. **2** 〈要求・条件などを〉満足させる; …に必要な手段[権限]を与える. **3** 〈不足などを〉満たす. **4** …に道具を供給する[与える]. **5** 〖電算〗〈機能を〉〔プログラムに〕インプリメントする, 実装する 〔*in*〕. **～·er** *n.* **ím·ple·men·tor** /-mèntə | -mèntə(r), -məntə(r)/ *n.* 〖(1445) □ LL *implēmentum* a filling up ← L *implēre* to fill up ← *im-* 'IN-²'＋*plēre* to fill〗

SYN 道具: **implement** ある仕事や目的に必要な器具《くわ・すき・まぐわ・除草器など; *tool* よりも格式ばった語》: farming *implements* 農機具. **tool** 主に手仕事のための器具《のこぎり・かんな・のみなど》: machine *tools* 工作機械. **instrument** 科学や芸術で用いられる, 通例動力のない器具《顕微鏡・コンパス・温度計など》: surgical *instruments* 手術用の器具. **appliance** 特定の目的のために, 特に電気・ガスで動かす道具: domestic *appliances* 家庭用器具《洗濯機・皿洗い機など》. **utensil** 料理・掃除など家庭用の器具または容器: kitchen *utensils* 台所用品《おろしがね・泡立て器・ほうき・なべ・瓶・おけなど》.

im·ple·men·tal /ìmpləménṭl | -plɪméntl/ *adj.* 道具の, 道具になる, 手段[助け]となる. 〖(1676): ⇨ ↑, -al¹〗

im·ple·men·ta·tion /ìmpləmentéɪʃən, -mən- | -plɪmen-, -mən-/ *n.* 履行, 実行, 実施; 〖電算〗(プログラムの機能の)実装: in ～ of ...を実施して. 〖(1926): ⇨ -ation〗

im·ple·tion /ɪ̀mplíːʃən | ɪm-/ *n.* 《古》満たすこと, 満ちていること, 充満. 〖(1583) □ LL *implētiō*(*n*-) ← L *implēre* to fill up ← *im-* 'IN-²'＋*plēre* to fill〗

im·pli·cate /ímplɪ̀kèɪt/ *vt.* **1** 〈人を〉〔犯罪などに〕関係させる, 関係があるとする, 連座させる, 巻き込む 〔*in*〕 (⇨ involve **SYN**): ～ a person *in* a plot 人を陰謀の一味に巻き込む / be ～*d in* a crime 犯罪に巻き込まれる[かかわり合う] / His confession is expected to ～ some important personages *in* the case. 彼の自白で数人の重要人物が事件関係者として表面に出るだろうとみられる. **2** (深い関係で)結び付ける: the interests of individuals ～*d in* those of the community 社会の利害とからみ合った個人の利害 / Confucianism is deeply ～*d with* ancestor worship. 儒教は祖先崇拝と深い関係がある. **3** 〈意味を〉包含する, 含蓄する: 'Parent' ～*s* 'child'. 「親」と言えば「子」のあることを含蓄する. **4** 《古》〈枝などを〉もつれさせる, からみ合わせる, (いっしょに)包み込む. — /ímplɪ̀kɪ̀t, -kèɪt/ *n.* 含まれる[包含される]もの, 関連物. 〖(?*a*1425) ← L *implicātus* (p.p.) ← *implicāre* to infold, involve ← *im-* 'IN-²'＋*plicāre* to fold: ⇨ ply², -ate³: cf. imply〗

im·pli·ca·tion /ìmplɪ̀kéɪʃən/ *n.* **1** 連累, 連座; [通例 *pl.*] 密接な関係, 掛かり合い 〔*in*〕: the ～ *in* a crime 犯罪に関係していること. **2** 包含, 含蓄; 含まれた[裏面の]意味, 含み, 暗示 (cf. connotation 1 a, implicit 1) (⇨ meaning **SYN**): by ～ 含蓄的に, 暗に, それとなく / What are the ～*s* of this statement? この声明にはどんな意味が含まれているか《言外の意味は何か》. **3** 〖論理〗含意, 伴立 (entailment) 《論理的条件命題における前件[条件]と後件との関係》. **～·al** /-ʃnəl, -ʃənl/ *adj.* 〖(?*a*1425) □ L *implicā-tiō*(*n*-) an interweaving ← *implicātus* (↑): ⇨ -ation〗

im·pli·ca·tive /ímplɪ̀kèɪṭɪv, ɪmplíkəṭ-, ímplɪ̀kèɪt-/ *adj.* **1** 包含[含蓄]的な, 言外の意味をもつ: an ～ statement. **2** 巻添えの, 連累の. **～·ly** *adv.* **～·ness** *n.* 〖(1589) ← IMPLICATE＋-IVE〗

im·pli·ca·to·ry /ímplɪkəṭɔ̀ːri | ɪmplɪ́kèɪt(ə)ri, -tri, ˌ--ˊ(-)-/ *adj.* 《英》=implicative. 〖1642〗

im·plic·a·ture /ɪ̀mplíkəṭʃə, ímplɪk- | ɪmplíkətʃə(r), -tjʊə(r)/ *n.* 〖言語・哲学〗**1** (会話の)含意《発話の状況から推論される文の文字どおりではない意味》. **2** 発話されたものと推論によって導かれたものとの関係.

im·plic·it /ɪ̀mplísɪ̀t | ɪmplísɪt/ ★ explicit と対照させるときには /ímplɪsɪ̀t | -sɪt/ と発音されることがある. *adj.* (↔ explicit) **1** 含蓄的な, (言葉に表されてはいないが)暗に含んでいる, 言わず語らずの, 暗黙の: by an ～ agreement 暗黙の同意の上で / give ～ consent 黙諾を与える / an ～ promise 黙約 / an ～ threat 無言の脅し[脅威]. **2** 絶対的な, 盲目的な: ～ faith 〖神学〗盲信, 黙信《十分な理解なしに盲目的に教会の教義を受け入れること; cf. explicit¹ 3》/ ～ obedience 盲従, 絶対的服従 / ～ confidence 絶対の自信. **3** 潜在的に含まれた, 内在する. **4** 〖数学〗〈関数が〉陰の, 陰関数表示の (cf. implicit function). **5** 《古》もつれた, からんだ. **～·ness** *n.* 〖(1599) □ F *implicite* // L *implicitus* entangled, involved (p.p.) ← *implicāre*: ⇨ implicate〗

implícit differentiátion *n.* 〖数学〗陰関数微分法《陰関数を微分する方法》. 〖1891〗

implícit fúnction *n.* 〖数学〗陰関数 (↔ explicit function) 《関係式 $f(x, y)=0$ の関数; 変数 x に対応して変数 y の値が定まるから y を x の関数と見ることができる》. 〖1816〗

implícit fúnction thèorem *n.* 〖数学〗陰関数定理《幾つかの変数の間の幾つかの関係から, 関数関係が定まるための条件を与える定理》.

im·plíc·it·ly *adv.* (ことばに表されていないが)暗黙のうちに, それとなく, 暗示的に; 盲目的に, 絶対的に. 〖(1610): ⇨ -ly¹〗

im·plíed *adj.* 含蓄された, 暗に含まれている, 暗黙の, 言外の (↔ expressed, positive): an ～ meaning 言外の意味 / an ～ consent 黙諾. 〖(1529) (p.p.) ← IMPLY〗

implíed cóntract *n.* 〖法律〗=quasi contract. 〖1767〗

im·plí·ed·ly /-pláɪɪ̀dli, -pláɪd-/ *adv.* 暗に, それとなく. 〖(*c*1400): ⇨ -ly¹〗

im·plode /ɪ̀mplóʊd | ɪmplə́ʊd/ *vi.* **1** 〈真空管などが〉内側に破裂する, 内破する, 爆縮する (cf. explode). **2** 〖音声〗〈閉鎖音が〉内破する (cf. explode 4). **3** 〈文化などが〉一点に集中する; 統合する. — *vt.* 〖音声〗〈閉鎖音を〉内破させる. 〖(1881) ← *im-* 'IN-²'＋L *plōdere, plaudere* to clap: cf. explode〗

im·plo·ra·tion /ìmpləréɪʃən, -plɔːr- | -plɔːr-, -plər-/ *n.* 懇願, 嘆願, 哀願. 〖(1577) □ F 《廃》～ // L *implōrātiō*(*n*-) a beseeching for help ← *implōrātus* (p.p.) ← *implōrāre*: ⇨ implore, -ation〗

im·plo·ra·tor /ímplɔ́ːrəṭə | ɪmplɔ́ːrətə(r)/ *n.* 《Shak》請願者. 〖(1600–01) □ ML *implōrātor*: ⇨ ↑, -ator〗

im·plo·ra·to·ry /ɪ̀mplɔ́ːrətɔ̀ːri | ɪmplɔ́ːrətəri, -tri/ *adj.* 懇願の, 嘆願の, 哀願的な. 〖1832〗

im·plore /ɪ̀mplɔ́ə | ɪmplɔ́ː(r)/ *vt.* [しばしば目的語＋*to* do を伴って] (切に)懇願する, 哀願する (⇨ beg¹ **SYN**): ～ help 助力を切に求める / He ～*d* my forgiveness [me *for* forgiveness]. 彼は私に許しを請うた / They ～*d* him not *to* do so. そうしないようにと彼に嘆願した / 'Let me go with you,' he ～*d*. 「一緒に行かせてくれ」と彼は哀願した. — *vi.* 嘆願する, 哀願する: They ～*d for* mercy. 後生だからお慈悲をと泣きついた / He ～*d of* them *to* leave him alone. 彼は頼むから一人にしておいてくれと彼らに懇願した (★ of を用いない *vt.* の用法のほうが普通). ***I implóre you*** [挿入的に用いて] 《口語》お願いです, 後生ですから: Don't do that, *I* ～ *you*.

im·plór·er /-plɔ́ːrə | -rə(r)/ *n.* 〖(1500–20) □ F *implorer* // L *implōrāre* to invoke with tears ← *im-* 'IN-²'＋*plōrāre* to weep aloud〗

im·plór·ing /-plɔ́ːrɪŋ/ *adj.* 嘆願の, 哀願的な: an ～ glance. **～·ly** *adv.* **～·ness** *n.* 〖(1654–66): ⇨ ↑, -ing²〗

im·plo·sion /ɪ̀mplóʊʒən | ɪmplə́ʊ-/ *n.* **1** (真空管などの)内部への破裂, 内破, 爆縮 (cf. explosion). **2** 〖音声〗内破, (閉鎖音の)入りわたり (on-glide); 舌打ち音 (suction stop) の内破. **3** (文化などの)集中, 統合. 〖(1877) ← *im-* 'IN-²'＋(EX)PLOSION: cf. implode〗

im·plo·sive /ɪ̀mplóʊsɪv, -zɪv | -plə́ʊ-/ *adj.* 〖音声〗入破(音)の (cf. explosive 4). — *n.* **1** 入破音《入りわたり (on-glide) があって出わたり (off-glide) のない閉鎖音; act /ǽkt/ の [k] など; cf. explosive 2》. **2** 入破音《口腔中に完全閉鎖をつくり喉頭(こうとう)を下げてつくる音; cf. ingressive》. **～·ly** *adv.* 〖(1877) ← *im-* 'IN-²'＋(EX)-PLOSIVE〗

im·plu·vi·um /ɪ̀mplúːviəm | ɪm-/ *n.* (*pl.* **-vi·a** /-viə/) 〖建築〗アトリウムの雨水だめ[水盤]. 〖(1811) □ L ～ ← *impluere* to rain into ← *im-* 'IN-²'＋*pluere* to rain〗

im·ply /ɪ̀mpláɪ | ɪm-/ *vt.* **1** (必然的な条件として)含む; 〈言葉が〉…の意味を含む, 意味する: Speech *implies* a speaker. 言語には当然話し手が考えられる / His silence often *implies* approval. 彼の沈黙はしばしば承認を意味する. **2** 〈人・態度などが〉暗示する, ほのめかす 〈*that*〉 (⇨ hint **SYN**): What do you mean to ～? それはどういう意味のつもりですか / Do you ～ *that* he is dishonest? そう言うのは彼が不正直だという意味なのですか. **3** 《廃》含む, 包む. 〖(*c*1380) *implie*(*n*) □ OF *emplier* < L *implicāre* 'to IMPLICATE, infold'〗

im·po /ímpoʊ | -pəʊ/ *n.* (*pl.* **～s**) 《英学生俗》(生徒や学生に懲罰として課する)罰課題《impot ともいう; cf. imposition 3》. 〖《略》← IMPOSITION〗

im·pol·der /ɪ̀mpóʊldə | ɪmpɔ́ldə(r)/ *vt.* =empolder. 〖(1898) □ Du. *inpolderen*: ⇨ in-², polder〗

im·pol·i·cy /ɪ̀mpɑ́(ː)ləsi, ìm- | ɪmpɔ́lɪ-, ìm-/ *n.* 拙策, 不得策; 賢明でない[無分別な]行為. 〖(1747): ⇨ in-¹, policy¹〗

im·po·lite /ìmpəláɪt/ *adj.* 無作法な, 無礼な, 失礼な, ぶしつけな (⇨ rude **SYN**): ～ *to* customers / It is ～ *of* you *to* come so late. こんなに遅れて来るなんて君も失礼だ. **～·ly** *adv.* **～·ness** *n.* 〖(1612) □ L *impolitus* rough, inelegant: ⇨ in-¹, polite〗

im·pol·i·tic /ɪ̀mpɑ́(ː)lətɪ̀k, ìm- | ɪmpɔ́lɪ-, ìm-/ *adj.* 考えのない, 賢明でない, 拙劣な, 下手な, 不利な, 不得策な. **～·ly** *adv.* **～·ness** *n.* 〖(*a*1600)〗

im·po·lit·i·cal /ìmpəlíṭɪ̀kəl, -kl | -tɪ-/ *adj.* =impolitic. **～·ly** *adv.* 〖1748〗

im·pon·der·a·bil·i·a /ɪ̀mpɑ̀(ː)ndərəbíliə | ɪmpɔ̀n-/ *n. pl.* 計量[評価]できないもの[要素, 力]. 〖(1925) ← NL ～ (neut. pl.) ← ML *imponderābilis* ⇨ in-¹, ponderable〗

im·pon·der·a·ble /ɪ̀mpɑ́(ː)ndərəbl, ìm-, -drə- | ɪmpɔ́n-, ìm-/ *adj.* **1** 計量することのできない; 〖物理〗重さがない, 極めて軽い, 微量の: be of ～ weight ほとんど目方がない(ほど軽い) / ～ air 重さのない空気. **2** 評価することのできない: ～ factors. — *n.* **1** 不可量物《熱・光・精神など》. **2** [通例 *pl.*] 計量し得ないもの[力, 要素]; 未知数のもの: spiritual ～*s* 計量できない精神的な要素. **～·ness** *n.* **im·pòn·der·a·bíl·i·ty** /-dərəbíləṭi, -drə- | -lɪti/ *n.* **im·pón·der·a·bly** *adv.* 〖(1794) □ ML *imponderābilis* (↑)〗

im·po·nent /ɪ̀mpóʊnənt | ɪmpə́ʊ-/ *adj., n.* 《まれ》課す(人), 賦課する(人). 〖□ L *impōnentem* (pres.p.) ← *impōnere* (↑)〗

im·port /ɪ̀mpɔ́ət, ìm-, ímpɔət | ɪmpɔ́ːt, ìm-, ímpɔːt/ ★ export (*v.*) と対照するときには /ímpɔət | -pɔːt/ と発音されることが多い. *v.* — *vt.* **1 a** …を輸入する (↔ export) 〔*from*〕: ～ woolen goods [rubber, cereals, whiskey, etc.] *from* abroad / ～*ed* goods 輸入品 / an ～*ing* country (国際収支からみて)輸入国. **b** 〔…へ〕持ってくる, もたらす, 移入する 〔*into*〕: ～ foodstuffs *into* a city 食料を町に運び込む. **c** 〖電算〗〈データを〉インポートする《他のシステム用のデータなどを取り入れる》. **2** 〈意見・感情などを〉〔…に〕差しはさむ, 持ち込む, 引き入れる: ～ personal feelings *into* a discussion 議論に個人的感情を差しはさむ.

I

3 (必然的な条件として)含む; [しばしば *that*-clause を伴って] …の意味を含む[示す], 意味する, 表す (imply): Honor always ～*s* justice. 名誉とは常に正義の意である / His looks ～ no good to me. 彼の顔つきから察すると私にとっていいことはないらしい / His words ～*ed that* our departure should be postponed. 彼のことばは我々の出発は延期すべきだというものだった. 4 《古》…に重要である, 重大な関係がある (cf. importance 1): questions that ～ us nearly 我々に重大な関係のある問題 / It ～*s* us to know …を知るのは我々に重要な関係がある. **—** *vi.* 1 重要な関係がある, 重要である: It does not ～ much. たいして重要ではない. 2 輸入(を)する.

— /ímpɔət | -pɔːt/ *n.* 1 a [通例 *pl.*] 輸入品: food ～*s* 輸入食品 / Rubber is a useful ～. b [通例 *pl.*] 輸入額: *Imports* exceeded exports last year. 昨年は輸入が輸出を超過した. 2 輸入 (importation) (↔ export): the ～ of goods from abroad 海外よりの物資の輸入. 3 重大, 重要性 (⇨ importance SYN): a matter of great ～ 重大な事. 4 意味, 趣旨 (⇨ meaning SYN): the ～ of one's words 言葉の意味. 5 《カナダ俗》(地元出身でない)外国人選手.

— /ímpɔət | -pɔːt/ *adj.* [限定的] 輸入の, 輸入に関する: an ～ bill 輸入手形 / ～ business 輸入業 / an ～ tax 輸入税 / ⇨ import duty / an ～ surcharge [surtax] 輸入課徴金 / ～ trade 輸入貿易 / an ～ trader 輸入業者. 〖(v.: ?*a*1425; n.: 1594) □ L *importāre* to bring in ← *im-* 'IN-[2]'+*portāre* to carry: cf. port[5], export〗

im·port·a·ble /ɪmpɔ́ətəbl, ɪm-, ímpɔət- | ɪmpɔ́ːt-, ɪm-ˊ-/ *adj.* 輸入[移入]できる. **im·pòrt·a·bíl·i·ty** /-təbíləti | -təbílɪti/ *n.* 〖1533〗

im·por·tance /ɪmpɔ́ətəns, -tns, -tənts, -tnts | ɪmpɔ́ːtəns, -tns, -təns, -tnts/ *n.* (cf. unimportance) 1 重要(性), 重大性 (cf. import *vt.* 4): the ～ *of* timing 時機を見定めることの重要性 / a matter of great [considerable] ～ 重大な[かなり重大な]事柄 / be of no [little] ～ (*to* …) (…にとって)取るに足らない, つまらない / set ～ on …を重要視する, …に重きを置く / attach ～ [no ～] to …を重視[軽視]する. 2 重要な地位, 有力, 卓越, (社会的)重み, 貫禄: a person of ～ 有力者, 重要人物 / a position of ～ 重要な地位 / be conscious of one's own ～ うぬぼれている, もったいぶっている / be full of one's own ～ [軽蔑] 自分はえらいと思い込んで[うぬぼれて]いる. 3 尊大さ, 偉がり (cf. self-importance): with an air of ～ もったいぶって, 偉そうに. 4 《廃》 a 趣旨, 意味 (import). b しつこさ. c 重要な事柄. 5 《廃》しつこい要求, せきたてること. 〖(1505) □ (O)F ～ // ML *importantia* significance, consequence: ⇨ ↓, -ance〗

SYN 重要性: **importance** 人や物が大きな価値・勢力・影響を持っていること《最も一般的な語》: a matter of great *importance* 非常に重要な問題. **consequence** *importance* と同義であるが格式ばった語: With country people time is of no *consequence*. 田舎の人々にとっては時間は重要ではない. **moment** [of ～ の形式で] *importance* と同義であるが格式ばった語: a matter of great *moment* 非常に重大な事柄. **weight** 問題になっている人や物の相対的な重要性《格式ばった語》: His opinion carries *weight* in America. アメリカでは彼の意見は大いに重きをなす. **significance** 大きな意味・重要性があること《やや格式ばった語》: The movement has a national *significance*. その運動は国家的意義がある. **import** ある事柄が人々や将来の事件に影響を及ぼすと考えられる点で重要なこと《格式ばった語》: They fail to grasp the *import* of the scandal. そのスキャンダルの重大さがわかっていない.
ANT unimportance.

---

im·pór·tan·cy /-tənsi, -tn- | -tən-, -tn-/ *n.* 《古》= importance. 〖1540〗

im·por·tant /ɪmpɔ́ətənt, -tnt | ɪmpɔ́ːtənt, -tnt/ *adj.* 1 a 〈物事など〉重大な, 重要な, 大切な, 肝要な (↔ unimportant): very [extremely] ～ / an ～ book, event, statement, etc. / The project is ～ *to* [*for*] us. その計画は我々にとって重要だ / It is ～ (*for* you) not *to* be late. 遅刻しないようにすることが(君にとって)大切なことだ / It is ～ *that* he know [should know, 《英口語》knows] that. 彼がその事を心得ておくことは重要なことである《★ 仮定法現在形を用いるのは《米》》. b (分量が)かなりの, 相当な: ～ money 多額の金 / an ～ part of one's time 自分の時間の大部分. 2 a (社会的に)重要な, 卓越した, 著名な, 有力な: an ～ position / an ～ family 名家 / a very ～ person 重要人物, (特に, 政府の)要人 (cf. VIP) / feel (oneself) ～ 自分を偉いと思う. b もったいぶった, 尊大な: an ～ manner 尊大な態度 / look ～ 偉そうに構えている, もったいぶる. 3 [more [most] ～として] 一層[最も]重要なことには (cf. importantly 2). ★ 文修飾語として用いられる: *Most* ～ (of all), he leaked the secret. 一番重大なことには, 彼は秘密を漏洩(ろうえい)した. 4 《廃》しつこい, うるさくせがむ: At your ～ letters 公爵様の執拗なるご命令で (Shak., *Errors* 5. 1. 138). **～·ness** *n.* 〖(1444) □ (O)F ～ // ML *importantem* (pres.p.) ← L *importāre* to bring in (consequences etc.): ⇨ import, -ant〗

impórtant-lóoking *adj.* 偉そうに構えている, もったいぶった. 〖1925〗

im·pór·tant·ly *adv.* 1 重大に, 有力に; もったいぶって, 尊大に: What was in the briefcase he hugged so ～? 彼があんなに大事そうに抱えていたブリーフケースの中には何が入っていたのか. 2 [more [most] ～として, 文頭に用いて] さらに[最も]重大なことには. ★ 2 では more [most] important のほうを好ましいとする人もある. 〖(1609–10): ⇨ -ly[1]〗

im·por·ta·tion /ìmpɔətéɪʃən, -pə- | -pɔː-/ *n.* 1 輸入, 移入 (↔ exportation). 2 輸入品, 舶来品, 輸入役務: an ～ *from* [*into*] Europe. 〖(1601): ⇨ import, -ation〗

ímport contròls *n. pl.* 輸入制限.

ímport dùty *n.* 輸入税.

impórted cábbageworm *n.* 〖昆虫〗モンシロチョウ (*Pieris rapae*) の幼虫《1860 年にヨーロッパより米国に輸入された》. 〖1892〗

impórted cúrrantworm *n.* 〖昆虫〗(膜翅目ハバチ科の)ヒゲナガハバチの一種 (*Nematus ribeseii*) の幼虫《ヨーロッパより北米に侵入し, スグリその他の葉の害虫になっている》.

impórted fíre ànt *n.* 〖昆虫〗トフシアリの一種 (*Solenopsis saevissima richteri*). 〖*c*1949〗

im·por·tee /ìmpɔətíː, -pə- | -pɔː-/ *n.* (外国から)招請した人. 〖(1858) ← IMPORT+-EE[1]〗

im·port·er /ɪmpɔ́ətə, ɪm-, ímpɔət- | ɪmpɔ́ːtə(r), ɪm-, ˊ-ˋ-/ *n.* 輸入業者, 輸入商, 輸入国 (↔ exporter). ★ 会社の場合は通例複数. 〖(1700): ⇨ -er[1]〗

ímport lìcense *n.* 輸入許可書.

ímport pòint *n.* 〖経済〗金輸入点《金現送点 (gold point) の下限のこと》.

im·por·tu·na·cy /ɪmpɔ́ətʃʊnəsi | ɪmpɔ́ːtjʊ-, -tʃʊ-/ *n.* しつこさ (cf. Shak., *Timon* 2. 2. 41). 〖(1548): ⇨ ↓, -acy〗

im·por·tu·nate /ɪmpɔ́ətʃʊnɪt, -tjʊ- | ɪmpɔ́ːtjʊn-, -tʃʊ-/ *adj.* 1 〈人・要求など〉しつこくせがむ[要求する], しつこい: ～ demands / an ～ petitioner しつこくねだる人. 2 《古》うるさい, やっかいな (troublesome). **～·ly** *adv.* **～·ness** *n.* 〖(1477) ← L *importūnus* (↓)+-ATE[2]〗

im·por·tune /ìmpɔətúːn, -pə-, -tjúːn, ɪmpɔ́ətʃən | ìmpətjúːn, ɪmpɔ́ːtjuːn ˊ-/ *vt.* 1 a 〈人に〉(…を)しつこく求める[ねだる] 〔*for, with*〕 (⇨ beg[1] SYN); 〈人〉に〈…するように〉うるさく頼む[せがむ] 〈*to do*〉: ～ a person *for* money [*to* give one money] 金をくれと言ってうるさく人にせがむ / ～ a person *with* requests 人にいろいろとしつこく要求する. b 《古》うるさく[しつこく]物乞いをする 〔*for*〕. 2 《廃》 a 悩ます, 困らす: Don't ～ me *with* your complaints. しつこく文句を言って困らせないでくれ. b 迫る, 強制[強要]する. 3 〈売春婦が〉〈客を〉誘う. **—** *vi.* 1 しつこく頼む[せがむ]. 2 〈売春婦が〉言い寄る, 誘う. **—** *adj.* 《まれ》=importunate. **～·ly** *adv.* **im·por·tún·er** *n.* 〖adj.: (?*a*1400) □ (O)F *importune* // L *importūnus* unfit, troublesome, 《原義》not blowing towards port ← *im-* 'IN-[1]'+*portus* 'PORT[1]'. — v.: (1530) □ F *importuner* // ML *importunāre* ← L *importūnus*: cf. opportune〗

im·por·tu·ni·ty /ìmpɔətúːnəti, -pə-, -tjúː- | -pɔːtjúːnɪti, -pə-/ *n.* 1 (要求などの)うるさいこと, しつこさ, 執拗さ: with ～ しつこく. 2 [*pl.*] しつこい要求[懇願]. 〖(*c*1425) □ (O)F *importunité*: ⇨ ↑, -ity〗

im·pos·a·ble /ɪmpóʊzəbl | ɪmpə́ʊz-/ *adj.* 賦課できる; だませる. 〖(*a*1660): ⇨ ↓, -able〗

im·pose /ɪmpóʊz | ɪmpə́ʊz/ *vt.* 1 〈義務・税・罰などを〉〔人に〕負わせる, 賦課する, 課する 〔*on, upon*〕: ～ a tax [penalty] (*up*)*on* a person 人に税[罰]を課する / ～ conditions before the negotiations 交渉前に条件をつける / ～ an embargo *on* arms 武器の輸出を禁止する. 2 a 〈意見・条件などを〉〔人に〕押しつける, 強いる 〔*on, upon*〕: ～ one's opinion *upon* others 自分の意見を人に強いる. b [～ *oneself* で] 〔人(の事)に〕くちばしをはさむ, 出しゃばる; 〔人のところへ〕(迷惑もかまわずに)押しかけて行く 〔*on, upon*〕. 3 〈悪い品物・にせ物などを〉〔人に〕つかませる, おっかぶせる 〔*on, upon*〕: ～ a fake *upon* customers 客にまやかし物を売り付ける. 4 〖印刷〗組付ける (⇨ imposition 7). 5 《古》置く. 6 《廃》〖キリスト教〗〔…の上に〕〈手を〉置く, 按手(あんしゅ)する 〔*on, upon*〕. **—** *vi.* 1 a 〔親切などに〕つけ込む, 乗じる 〔*on, upon*〕: ～ *upon* a person's kindness [good nature] 人の親切[人のいいの]につけ込む / Thanks for the invitation, but I wouldn't want to ～. ご招待ありがとう, でもご好意に甘えたくはありませんが. b 〔人を〕だます, 欺く 〔*on, upon*〕: I will not be ～*d upon*. だまされてなるものか. 2 〔人(の事)に〕(厚かましく)出しゃばる, くちばしをはさむ 〔*on, upon*〕: ～ *on* others / I hope I'm not *imposing*. 出しゃばってはいないと思いますが. **—** *n.* 《Shak》命令, 指図. **im·pós·er** *n.* 〖(*c*1380) □ (O)F *imposer* 《変形》← L *impōnere* ← *im-* 'IN-[2]'+*pōnere* to place: cf. pose[1]〗

im·pos·ing /ɪmpóʊzɪŋ | ɪmpə́ʊz-/ *adj.* 人目を引く, 際立った, 印象的な, 堂々とした (⇨ grand SYN): an ～ old lady / an ～ air [mansion] 堂々とした風采[大邸宅] / an ～ display of learning 際立った学識の現れ. **～·ly** *adv.* **～·ness** *n.* 〖(1651): ⇨ ↑, -ing[2]〗

impósing stòne [sùrface, tàble] *n.* 〖印刷〗組付け台《かつては石盤 (stone) が, 今は金属盤が用いられている》. 〖1727–41〗

im·po·si·tion /ìmpəzíʃən/ *n.* 1 (税・重荷などを)課すること, 負わせること, 賦課: announce the ～ of a 20% tax *on* imports 輸入品に 20% の税を課することを発表する / Everyone grumbled at the ～ of new taxes. だれもみな新税の賦課に不平を言った. 2 賦課物, 税 (tax); 負担, 重荷 (burden). 3 《英》生徒や学生に課する罰課題《略して impo, impot という》. 4 (人の好意などに)つけ込む[乗じる]こと[言動], 押しつけ: It would be an ～ *on* his good nature. それでは彼の人のよさにつけ込むことになる. 5 だまし, 欺き; 詐欺, 瞞着(まんちゃく), ぺてん. 6 a 《まれ》置くこと, 載せること. b 〖キリスト教〗按手(あんしゅ)《人の頭に手を載せて祝福を祈り聖霊の力の付与を祈ること》: the ～ of hands 按手式[礼]. 7 〖印刷〗組付け《凸版の版面を版盤に固定すること》. 8 《Shak》罪を帰すること, 非難. 〖(*c*1380) □ (O)F ～ // L *impositiō(n-)* a laying upon ← *impositus* (p.p.) ← *impōnere*: ⇨ impose, -ition〗

im·pos·si·bil·i·ty /ɪmpɑ̀(ː)səbíləti, ɪm- | ɪmpɔ̀sɪbílɪti, ɪm-/ *n.* 1 不可能(性): amount to ～ 不可能である. 2 不可能な事, お話にもならない事: perform *impossibilities* 不可能なことをする / It is a physical ～ for him to do so. 彼がそうするのは物理的に不可能だ / the ～ of meeting everyone's needs at once 皆の要求を同時に満たすという不可能なこと. 〖(*c*1385) □ (O)F *impossibilité* // L *impossibilitātem*: ⇨ ↓, -ity〗

im·pos·si·ble /ɪmpɑ́(ː)səbl, ɪm- | ɪmpɔ́sɪbl, ɪm-ˊ-/ *adj.* 1 不可能な; 〔…が〕できない 〔*of*〕; [*to* do を伴って] …し難い, 容易でない: an ～ task 不可能な仕事 / next to ～ ほとんど不可能な / be ～ *of* attainment [execution] 達成[遂行]できない / a dream ～ to achieve 達成不可能な夢 / Nothing is ～ *to* [*for*] him. 彼にとって不可能ということは何もない / He is ～ *to* teach.=He is an ～ person to teach.=It's ～ to teach him. 彼は教えようがない / It is ～ (*for me*) *to* teach him. 彼を教えることは(私には)できない / He makes it ～ *for* me *to* get through to him. 彼は私が彼に連絡を取れないようにしている. 2 とてもあり得ない, 信じ難い: an ～ event 到底あり得ない出来事 / an ～ rumor とても本当とは思えないうわさ / an ～ number of problems 信じられないほど多くの問題 / Such things are not ～ nowadays. 今日ではそんな事もないとは言えない / It is ～ that such a thing should [could] happen. そんなことは起こる[起こりうる]はずがない. 3 〈陳述など〉矛盾する, つじつまの合わない; 〈提案・計画など〉受け入れ難い, (実行)不可能な, 現実性のない: an ～ plan, statement, etc. / an ～ candidate とても問題にならない候補者, 泡沫候補. 4 《口語》〈品物など〉とても変てこな, 奇妙な (absurd); 〈人・状況など〉我慢のならない, とても嫌な: an ～ hat, person, situation, etc. / He's utterly ～. 全く手のつけられない男だ / The dry pale lips were ～. 乾いて青ざめた唇は見られたものではなかった. 5 [the ～; 名詞的に] 不可能な事(柄): attempt [demand, do] *the* ～ 不可能な事を試みる[要求する, する]. **～·ness** *n.* 〖(*a*1325) □ (O)F ～ // L *impossibilis*: ⇨ in-[1], possible〗

impóssible árt *n.* 〖美術〗=conceptual art.

impóssible fígure *n.* 不可能図形《位相幾何学の原理に基づいて現実にはあり得ない錯視的空間を精密に描いた絵[図形]; Escher figure ともいう》.

im·pós·si·bly /-bli/ *adv.* とてもあり得ないほどに, 信じられないくらいに, 極端に; 《口語》途方もなく: ～ difficult 難しくて手がつけられない[歯が立たない] / ～ bad English お話にならないほどひどい英語 / It's ～ round. 考えられないほどまん丸い. ***nòt impóssibly*** あるいは, ひょっとしたら (cf. possibly 2): He may *not* ～ come. ことによったら来るかもしれない. 〖1677〗 〖(1579–80) ← IMPOSSIBLE+-LY[1]〗

im·post[1] /ímpoʊst | -pəʊst, -pɔst/ *n.* 1 賦課金, 租税; 輸入税, 関税. 2 〖競馬〗負担重量《ハンディキャップレースで出走馬が背負う重量》. **—** *vt.* 《米》〈輸入品〉の関税を決定する; (課税のために)〈輸入品を〉分類する. 〖(1568) □ F 《廃》～ (F *impôt*) // ML *impostus* ← L *impositus* laid on (p.p.) ← *impōnere*: ⇨ impose〗

im·post[2] /ímpoʊst | -pəʊst, -pɔst/ *n.* 〖建築〗迫元(せりもと) (arch の内輪の起点). 〖(1470) □ (O)F *imposte* □ It. *inposta* ← *imporre* to set upon < L *impōnere* (↑)〗

im·post·er /ɪmpɑ́(ː)stə | ɪmpɔ́stə(r)/ *n.* =impostor.

im·pos·thume /ɪmpɑ́(ː)sθ(j)uːm | ɪmpɔ́sθjuːm, -θuːm/ *n.* =impostume.

im·pos·tor /ɪmpɑ́(ː)stə | ɪmpɔ́stə(r)/ *n.* 1 偽名を用いる人, 人の名をかたる人, 氏名詐称者. 2 ぺてん師, 詐欺師: The dentist was an ～. その歯科医はにせ医者だった. 〖(1586) □ F *imposteur* // LL *impos(i)tor* ← L *impositus* (p.p.) ← *impōnere*: ⇨ impose〗

im·pos·trous /ɪmpɑ́(ː)strəs | ɪmpɔ́s-/ *adj.* 人をだます, ぺてんの, 詐欺の, 不正直な. 〖(1612) 《略》← *imposterous*〗

im·pos·tume /ɪmpɑ́(ː)stʃuːm | ɪmpɔ́stjuːm/ *n.* 《古》1 膿瘍(のうよう) (abscess). 2 道義の退廃(の根源). 〖(*a*1398) *empostume* □ OF 《変形》← *apostume* □ L *apostēma* □ Gk *apóstēma* 《原義》a standing off, separation (of pus)〗

im·pos·ture /ɪmpɑ́(ː)stʃə | ɪmpɔ́stʃə(r)/ *n.* (特に, 氏名・経歴詐称などの)詐欺(行為), 偽名詐欺, かたり, ぺてん. 〖(1537) □ F ～ □ LL *impostūra* ← *impōnere* 'to IMPOSE'〗

im·pos·tur·ous /ɪmpɑ́(ː)stʃərəs | ɪmpɔ́s-/ *adj.* = impostrous.

im·po·sure /ɪmpóʊʒə | -pə́ʊʒə(r)/ *n.* 《まれ》=imposition. 〖← IMPOSE+-URE: cf. composure〗

im·pot /ímpɑ(ː)t | -pɔt/ *n.* =impo. 〖1899〗

im·po·tence /ímpətəns, -tns, -tənts, -tnts | -təns, -tns, -tənts, -tnts/ *n.* 1 無力; 無気力, 虚弱; 老衰: reduce to ～ 無力にする. 2 〖病理〗 a (男性の)勃起[性交]不能, 陰萎(いんい), インポテンツ. b 《俗用》(男性の)不妊. 3 《廃》自制を欠くこと. 〖(?1406) □ (O)F ～ □ L *impotentia*: ⇨ impotent, -ence〗

ím·po·ten·cy /-tənsi, -tn- | -tən-, -tn-/ *n.* =impotence. 〖1440〗

im·po·tent /ímpətənt, -tnt | -tənt, -tnt/ *adj.* 1 無力な 〈*to do*〉/ 〔*in doing*〕: ～ *against* attack / The enemy was ～ *to* strike back. 敵は全く反撃ができなかった / He is ～ *in* arranging things. 物事をまとめる能力がない. 2 体力がない, 虚弱な; 老衰した. 3 a 無気力な, 意気地のない, 意志の弱い. b 実行力[効果]のない, むだな: in an ～ rage 激怒しているが何も[どうすることも]できないで. 4

〖病理〗 **a** 〈男性が〉勃起[性交]不能の, インポテンツの, 陰萎(いんい)の (cf. virile 3; ↔ potent). **b** 《俗用》〈男性が〉子を作る力のない. **5** 《廃》自制力のない. **—** *n.* 虚弱者, 病身者; 老衰者; 勃起[性交]不能者. **~·ly** *adv.* **~·ness** *n.* 〖(*a*1393) □ (O)F ~ // L *impotentem* powerless ← *im-* 'IN-¹' + *potēns* 'POTENT'〗

im·pound /ɪ̈mpáund | ɪm-/ *vt.* **1** 〖法律〗 **a** 〈物を〉押収[没収]する: ~ a person's property. **b** 〈人を〉拘置する, 収容する, 監禁する. **2** 〈家畜などを〉囲い[おり]に入れる: ~ stray cattle. **3** 〈物を〉囲い込む, しまい込む; 〈水などを〉貯える, 溜める: ~ water *in* a reservoir. **—** /ímpaund/ *n.* 灌漑(かんがい)用貯水池. **~·a·ble** /-dəbl̩/ *adj.* **~·er** *n.* 〖(1434) ← *im-* 'IN-²' + POUND³〗

im·pound·age /ɪ̈mpáundɪdʒ | ɪm-/ *n.* =impoundment. 〖1611〗

im·póund·ment *n.* **1** (牛などを)囲いの中に入れること, 閉じ込めること. **2** ためられた水, 貯水量. 〖(1664–65): ⇨ -ment〗

im·pov·er·ish /ɪ̈mpɑ́(ː)v(ə)rɪʃ | ɪmpɔ́v-/ *vt.* **1** 〈人・国などを〉貧しくする, 貧乏にする: The country was ~*ed* by the war. **2** 〈土地などを〉(作物を作りすぎて)やせさせる, 不毛にする. **3** 弱くする, 虚弱にする: Rubber becomes ~*ed* after a time. ゴムはしばらくすると弱る[弾力を失う]. **4** 興味[変化, 魅力など]を奪う, 退屈にする. **~·er** *n.* 〖(*a*1420) *empoverishe(n)* □ OF *empoveriss-* (stem) ← *empov(e)rir* ← *im-* 'IN-²' + *povre* 'POOR': ⇨ -ish²〗

im·póv·er·ished *adj.* **1** 〈裕福であった人などが〉貧困に陥った (⇨ poor SYN): an ~ farmer. **2 a** 〈土地などが〉やせた, 疲弊した: ~ soil (肥料不足などのため)やせた土地. **b** 〖生態〗〈動物相・植物相が〉まばらな. **3** 虚弱になった, 衰弱した: an ~ health 衰えた健康. **4** 興味(など)を奪われた, 気の抜けた: an ~ existence 物に興味を失った[気の抜けたような]生活. 〖(*a*1631): ⇨ ↑, -ed〗

im·póv·er·ish·ment *n.* 貧窮; 疲弊, 低下.

im·pow·er /ɪ̈mpáuə | ɪmpáuə^(r)/ *vt.* 《廃》=empower.

im·prac·ti·ca·bil·i·ty /ɪ̈mpræ̀ktɪ̈kəbíləṭi, ɪ̀m- | ɪmpræ̀ktɪkəbílɪ̈ti, ɪ̀m-/ *n.* **1** 実行[実施]不可能; 実行[実施]不可能な事柄. **2** 手に負えないこと, 用をなさないこと; 頑固, 強情. 〖(1747): ⇨ ↓, -ity〗

im·prac·ti·ca·ble /ɪ̈mprǽktɪ̈kəbl̩, ɪ̀m- | ɪmprǽk-tɪ-, ɪ̀m-⁻/ *adj.* **1** 〈方法・材料など〉実用向きでない, 実行不可能な, 実際に行われ難い, できない (unfeasible) (⇨ impractical SYN): an ~ plan, proposal, scheme, etc. **2** 〈道路など〉用をなさない, 通行できない. **3** 《古》〈人・物など〉扱いにくい, 手に負えない, 御しにくい, 頑固な. **~·ness** *n.* **im·prác·ti·ca·bly** *adv.* 〖(1653) ← *im-* 'IN-¹' + PRACTICABLE〗

im·prac·ti·cal /ɪ̈mprǽktɪ̈kəl, ɪ̀m-, -kl̩ | ɪmprǽktɪ-, ɪ̀m-/ *adj.* **1** 実行できない, できそうもない, 非実用的な. **2** 実際的でない, 実際にうとい. **3** 理論倒れの, 空論の; 理想主義の. **~·ness** *n.* 〖(1865) ← *im-* 'IN-¹' + PRACTICAL〗

SYN 非実際的な: **impractical** 〈物・事が〉実際に役に立たない; 〈人が〉常識がなく非実際的な: an ingenious but *impractical* idea 独創的だが, 非実際的な考え / My husband is hopelessly *impractical*. うちの人は本当に役立たずです. **unpractical** 〈人が〉実際的な仕事が上手でない: a completely *unpractical* person 全く非実際的な人. **impracticable** 実行に移すことができない: a totally *impracticable* scheme 全く実行不可能な計画.

ANT pratctical.

---

im·prac·ti·cal·i·ty /ɪ̈mpræ̀ktɪ̈kǽləṭi, ɪ̀m- | ɪm-præ̀ktɪkǽlɪ̈ti, ɪ̀m-/ *n.* **1 a** 非実際性. **b** 実行不能. **2 a** 実際的でない事柄. **b** 実行不可能な事柄. 〖(1916): ⇨ ↑, -ity〗

im·prác·ti·cal·ly *adv.* 非実際的に, 非現実的に.

im·pre·cate /ímprɪ̈kèɪt/ *vt.* **1** 〈人に〉〈不運・災いなどを〉祈る, 祈願する〔*on, upon*〕(⇨ curse SYN): ~ evil [a curse] *upon* a person 人にのろいをかける. **2** 《まれ》のろう: ~ the weather. **—** *vi.* のろう. **ím·pre·cà·tor** /-ṭə | -tə^(r)/ *n.* 〖(1613) ← L *imprecātus* (p.p.) ← *imprecārī* to invoke upon ← *im-* 'IN-²' + *precārī* 'to PRAY'〗

im·pre·ca·tion /ìmprɪ̈kéɪʃən | -prɪ̈-, -prɛk-/ *n.* **1** (人に災いなどを下したまえと)祈願すること. **2** (「ちくしょう」(damn(ed), hell) などと)のろうこと; のろい(の言葉). 〖(1448) □ L *imprecātiō(n-)* ← *imprecārī*: ⇨ ↑, -ation〗

im·pre·ca·to·ry /ímprɪ̈kətɔ̀ːri, ɪ̈mprék- | ímprɪ̈-kèɪtəri, ⌣⌣⌣⌣⌣, -tri, ɪmprékətəri, -tri/ *adj.* のろいの. 〖(1587): ⇨ imprecate, -ory¹〗

im·pre·cise /ìmprɪ̈sáɪs⁻/ *adj.* 不正確な, 不明確な. **~·ly** *adv.* **~·ness** *n.* 〖(1805) ← *im-* 'IN-¹' + PRECISE〗

im·pre·ci·sion /ìmprɪ̈síʒən/ *n.* 不正確, 不明確, 非精密; 不正確[不明確]なもの. 〖(1803): ⇨ im-〗

im·pre·dic·a·tive /ɪ̈mprédəkèɪṭɪv, ìmprɪ̈díkə- | ìmprɪ̈díkət-/ *adj.* 〖論理〗述語不能の (cf. predicative). 〖(1937): ⇨ im-〗

im·preg /ímprɛg/ *n.* 硬化積層材《合成樹脂を含浸した合板で, 平面の乾燥割れが少なく堅牢(けんろう)で持ちがよい; cf. compreg》. 〖(1942) 《略》← *impregnated* (*wood*)〗

im·preg·na·bil·i·ty /ɪ̈mprègnəbíləṭi | ɪmprègnə-bílɪ̈ti/ *n.* 難攻不落; 堅固. 〖(1847): ⇨ ↓, -ity〗

im·preg·na·ble¹ /ɪ̈mprégnəbl̩, ɪm- | ɪm-, ɪ̀m-/ *adj.* **1** 攻略できにくい, 難攻不落の: an ~ fortress 攻め落としにくい要塞. **2** (議論・誘惑・論敵などに)負けない, くつがえされない, 堅固な, 揺るがない: an ~ faith 確固たる信念 / an ~ soul 道心堅固な人 / an ~ argument 完璧な議論. **~·ness** *n.* **im·prég·na·bly** *adv.* 〖(?*a*1439) *imprenable* □ (O)F: ⇨ in-¹, pregnable〗

im·preg·na·ble² /ɪ̈mprégnəbl̩, ɪ̀m- | ɪm-, ɪ̀m-/ *adj.* 受精[受胎]可能の. 〖⇨ impregnate, -able〗

im·preg·nant /ɪ̈mprégnənt | ɪm-/ *n.* 含浸剤《布・紙・コンクリート・パルプ・木などの物質にしみ込ませる物質; 油・樹脂・プラスチックなど》. 〖(1641): ⇨ impregnate, -ant〗

im·preg·nat·a·ble /ìmprɛgnéɪṭəbl̩ | -tə-⁻/ *adj.* = impregnable².

im·preg·nate /ɪ̈mprégneɪt, ímprɛgnèɪt | ímprɛg-nèɪt, ⌣⌣⌣/ *vt.* **1** 〈人・動物を〉はらませる, 妊娠させる, 受胎させる: be [become] ~*d* 妊娠している[する]. **2** 〖生物〗受精させる, 実らせる. **3** …に〔…を〕しみ込ませる, 含ませる, 飽和[充満]させる〔*with*〕: a handkerchief ~*d with* perfume 香水のしみ込んだハンカチ. **4** 〈心〉に〔…を〕しみ込ませる, 印象づける, 植え付ける, 注入する, 吹き込む〔*with*〕: ~ a mind *with* new ideas 新思想を人の心に植え付ける. **5** 〈土地を〉肥沃にする.
— /ɪ̈mprégnɪ̈t, -neɪt | ɪm-/ *adj.* **1** はらんでいる, 妊娠している. **2** 〔…の〕しみ込んだ, 飽和した〔*with*〕: water ~ *with* disease germs 病菌の充満した水. **3** 〔…を〕吹き込まれた, 注入された〔*with*〕: a mind ~ *with* a revolutionary idea 革命的思想のしみ込んだ心.

im·prég·na·tor /-ṭə | -tə^(r)/ *n.* 〖(adj.: 1545; v.: 1605) □ LL *impraegnātus* (p.p.) ← *impraegnāre* to render pregnant: ⇨ in-², pregnant, -ate²·³〗

im·prég·nat·ed cáble /-ṭɪ̈d- | -tɪ̈d-/ *n.* 〖電気〗含浸ケーブル《電力用ケーブルで絶縁物に絶縁油などを浸潤したもの》.

imprégnated páper *n.* 含浸紙.

im·preg·na·tion /ìmprɛgnéɪʃən | -prɛg-, -prɪg-/ *n.* **1** 受胎, 受精. **2** 飽和, 充満; 注入, 浸透, 含浸. **3** 鼓吹. 〖(*a*1398) ← IMPREGNATE + -ATION〗

im·pre·sa /ɪ̈mpréɪzə, -sə | ɪm-/ *n.* 《廃》**1** (盾(たて)の上の)紋章. **2** 金言 (maxim). 〖(1589) □ It. ~ 'enterprise' (fem. p.p.) ← *imprendere* < VL **imprehendere* to undertake: cf. emprise〗

im·pre·sa·ri·o /ìmprəsɑ́ːriòu, -séᵊr- | -prɪ̈sɑ́ːriəu, -prɛ-; *It.* imprezáːrjo/ *n.* (*pl.* **~s, im·pre·sa·ri** /-ri/; *It.* -ri/) **1** (歌劇・音楽会などの)興行主, 座元; (コンサート・展覧会・競技会などの催物の)主催者, 後援者. **2** (一座の)監督 (manager), 指揮者 (director); 経営者. **~·ship** *n.* 〖(1746) □ It. ~ 'undertaker' ← *impresa* (↑)〗

im·pre·scrip·ti·ble /ìmprɪ̈skríptəbl̩ | -tɪ̈-⁻/ *adj.* 〖法律〗時効で消滅できない; 法令で動かせない (inalienable), 絶対的な (absolute). **im·pre·scríp·ti·bly** *adv.* **ìm·pre·scrip·ti·bíl·i·ty** /-təbíləṭi | -tɪ̈bílɪ̈ti/ *n.* 〖(1563–87) □ F ~: ⇨ in-¹, prescriptible〗

im·prese /ɪ̈mpríːz | ɪm-/ *n.* 《廃》=impresa. 〖(1588) □ F 《廃》□ It. *impresa* 'IMPRESA'〗

im·press¹ /ɪ̈mprés | ɪm-/ *v.* (**~ed,** 《古》**im·prest** /~t/) **—** *vt.* **1** …の心[胸]を打つ, 感動させる: be ~*ed* by [with] a speech [the beauty of the scene] 演説を聞いて[その光景の美しさに]感動する / He [The book] did not ~ me at all. 彼[その本]から何の感銘も受けなかった / Don't be too easily ~*ed*. あまりにたやすく感動するな / The event ~*ed* itself on his childish mind. その出来事は幼い彼の心に深く刻み込まれた. **2 a** 〔人・心・記憶などに〕銘記させる, 留めさせる〔*on, upon*〕: ~ an idea *upon* a person [*on* his mind] ある観念を人[彼の心]に銘記させる / ~ *upon* a person the necessity for hard work 人に勤勉の必要を痛感させる / He ~*ed* (it) *on* me *that* …ということを彼は私に銘記させた / His words ~*ed* themselves *on* my memory. 彼のことばは私の記憶に焼き付いた. **b** 〈人〉に〔…を〕(強く)印象づける, 痛感させる〔*with*〕: ~ a person *with* the importance of his task 人に仕事の重要性を深く認識させる / be deeply [very] ~*ed with* [*by*] her beauty [intelligence] 彼女の美貌[知性]に深く[非常に]印象づけられる. **3** …に印象を与える; …に〔…であると〕印象づける〔*as*〕: ~ a person favorably [unfavorably] 人に好[悪]印象を与える / He ~*ed* me *as* (an) honest (person). 彼は私に正直(者)だという印象を与えた. **4** 〈刻印・模様などを〉〔…の上に〕押す, (押して)つける, 刻印する〔*on, upon*〕; …に〈マーク・デザインなどを〉(押して)つける〔*with*〕: ~ a mark *upon* a surface = ~ a surface *with* a mark 表面にマークを押す. **5** 移す, 伝える; (特に) 〖電気〗…に印加する, …に〈電圧を〉加える. **6** 《廃》印刷する (print): ~ a book. **—** *vi.* (良い)印象を与える, 関心を引く: It can't fail to ~. それは必ず関心を引く.
— /ímprɛs/ *n.* **1** 押印, 捺印(なついん); 刻印, 痕跡: take an ~ of …の押型を取る. **2** (作品などに残された)特徴: a picture bearing the ~ of genius 天才の特徴をよく示した絵. **3** 感銘; 影響: make a strong ~ *upon* …に強い感銘を与える / leave an ~ *upon* one's age 時代に足跡を残す.
~·er *n.* 〖v.: (?*c*1370) *impresse(n)* □ OF *em-, impresser* // L *impressus* (p.p.) ← *imprimere* ← *im-* 'IN-²' + *premere* 'to PRESS¹'. — n.: (1590) ← (v.)〗

im·press² /ɪ̈mprés | ɪm-/ *vt.* (**~ed,** 《古》**im·prest** /~t/) 《古》**1 a** 〈人を〉無理に兵役に服させる, (特に)海軍に強制徴募する. **b** 〈物資を〉徴発する, 徴用する. **2** 〔議論などに〕(無理やりに)引き合いに出す, 引用する, 利用する; 〈人を言いくるめて…させる〔*into*〕: ~ a fact *into* an argument / ~ a person *into* working 人をうまく言いくるめて働かせる.
— /ímprɛs, ɪ̈mprés | ímprɛs/ *n.* =impressment. 〖(1600) ← *im-* 'IN-²' + PRESS²〗

im·press·i·bil·i·ty /ɪ̈mprèsəbíləṭi | ɪmprèsɪ̈bílɪ̈ti/ *n.* 感じやすいこと, 感受性. 〖(1751): ⇨ ↓, -ity〗

im·press·i·ble /ɪ̈mprésəbl̩ | ɪmprésɪ̈-/ *adj.* 感じやすい, 感受性の強い (susceptible). **im·préss·i·bly** *adv.* **~·ness** *n.* 〖(1626): ⇨ impress¹, -ible〗

im·pres·sion /ɪ̈mpréʃən | ɪm-/ *n.* **1 a** (意識の上に残された)印象, 感銘, 感想 (⇨ idea SYN): give one's ~(*s*) of …に関する感想を述べる / leave a bad ~ *on* …に悪い印象を残す / make [create, produce] an ~ *on* …に印象[感銘]を与える / Her first book made quite an [a lasting] ~. 彼女の最初の本は強い[永続的な]感銘を与えた / I got a favorable ~ of him. 彼からはよい印象を受けた / What is your ~ of the candidate? その候補者の印象はどうですか / First ~*s* are the most lasting. 《諺》初対面の[第一]印象はなかなか消えない[抜けない]もの / an indelible ~ 忘れられない印象. **b** (感覚的)印象, 感じ: auditory [sensory, visual] ~*s* 聴覚[感覚, 視覚]的印象 / the ~ of sound on the ear 耳に受ける音の印象. **2** ぼんやりした観念, 感じ, 気持ち, 気: These are only my ~*s*. これらは私の感じにすぎない《しかとはわからない》/ She gives me the ~ of (being) a strong and resourceful woman. 彼女は強くて才覚ある女性の感じがする / He had the ~ *of being* followed. 尾行されているような気がした / It is my ~ *that* the woman is not his type. 何だかあの女性は彼には向かないような感じがする / I have the ~ [am under the ~] *that* we have taken the wrong road. 道を間違えたような気がする. **3** (努力・作用などの)結果, 効果; (環境などの)影響: Punishment made little ~ *on* him. 罰を与えても彼にはほとんど効き目がなかった / the ~ *on* man's behavior produced by an environment 環境が人間の行動に及ぼす影響. **4** (芸人などがする)有名人の物まね: do an ~ of the Prime Minister 総理大臣の物まねをする. **5** 押印, 捺印(なついん); (押してできた)しるし, 形, 模様, 跡, 痕跡, 形跡: the ~ of a seal *on* wax ろうに押された封印 / notes bearing a common ~ 同じ図案の紙幣 / the ~ of a foot on the sand 砂の上の足跡. **6 a** 印刷; 刷(す), 印刷物; (それらの) 1 枚, 1 部. **b** 刷《同じ原版で一時に印刷した図書などの総部数; printing ともいう; cf. edition 2》: a first ~ of 10,000 copies 初刷 1 万部 / the second ~ of the second edition 第 2 版の第 2 刷 / Five ~*s* have been made [printed] and sold. 5 回刷って売った. **c** 印圧《刷るときに, 紙に加わる圧力》. **7** 《米》(ペンキなどの)一度塗り, 1 回目の塗り付け; (保護・装飾のための)塗装. **8** 〖金属加工〗 **a** インプレッション, 彫り型, くぼみ型《造形する物体と逆の形になっている金型の型彫り部分》. **b** 圧痕. **9** 〖心理〗印象《感覚・知覚が意識される過程とその結果生じるイメージ》. **10** 〖歯科〗印象《義歯製作のためシリコンなどで採る口の中の陰型》: take an ~ 印象を採る. 〖(*c*1380) □ (O)F ~ // L *impressiō(n-)*: ⇨ impress¹, -sion〗

im·pres·sion·a·bil·i·ty /ɪ̈mprèʃ(ə)nəbíləṭi | ɪm-prèʃ(ə)nəbílɪ̈ti/ *n.* 感受性, 感動性. 〖(1835): ⇨ ↓, -ity〗

im·pres·sion·a·ble /ɪ̈mpréʃ(ə)nəbl̩ | ɪm-/ *adj.* **1** 感動しやすい, 影響を受けやすい, 感じやすい, 感受性の強い, 敏感な: an ~ nature 感動しやすい性質 / an ~ age 感じやすい年ごろ / ~ *to* sound 音に鋭敏な. **2** 押印する[跡をつける]ことのできる; 可塑性のある. **3** 印刷に適した, 印刷可能な. **~·ness** *n.* **im·prés·sion·a·bly** *adv.* 〖(1836) □ F *impressionnable*: ⇨ impression, -able〗

im·prés·sion·al /-ʃnəl, -ʃənl̩/ *adj.* **1** 印象の, 印象的な. **2** =impressionable. **~·ly** *adv.* 〖(1860): ⇨ -al¹〗

im·pres·sion·ar·y /ɪ̈mpréʃənèri | ɪmpréʃ(ə)nəri/ *adj.* 印象主義の, 印象主義的な. 〖(1889): ⇨ -ary〗

impréssion cýlinder *n.* 〖印刷〗(輪転印刷機の)圧胴. 〖1830〗

im·pres·sion·ism /ɪ̈mpréʃənìzm | ɪm-/ *n.* **1** 〖美術〗 **a** [時に I-] 印象主義, 印象派《細部の描写よりも瞬間的な視覚的印象を色彩的に表現しようとする画風で, 1865–75 年にフランスで Manet, Monet, Sisley, Renoir, Degas などによって発展した; cf. Neo-Impressionism, Postimpressionism》. **b** 印象主義的表現. **c** 〖彫刻〗印象主義《光線の乱反射の効果をねらって表面を滑らかに仕上げない彫刻様式》. **2** 〖文学〗印象主義《Goncourt 兄弟や印象派の詩にみられるような刻々の印象を描写することを主要事とする主義》. **3** 〖音楽〗印象主義《19 世紀末から 20 世紀初頭にかけて Debussy, Ravel などにより特にフランスで顕著であった作曲様式; 形式的構成化を忌み, 斬新な和声法や往時の作曲技法の復活などにより感情内容を端的に描写しようとする主義》. 〖(1839) □ F *impressionnisme*: ⇨ impression, -ism〗

im·pres·sion·ist /ɪ̈mpréʃ(ə)nɪ̈st | ɪmpréʃ(ə)nɪst/ *n.* **1 a** 印象主義者. **b** [通例 I-] (フランス)印象派の芸術家《画家・彫刻家・作家など》. **2** 有名人の物まねをする芸人. **—** *adj.* **1** 印象主義の: ~ painters 印象主義画家. **2** [通例 I-] (フランス)印象派の: *Impressionist* pictures (フランス)印象派の絵画. 〖(1881) □ F *impressionniste*: ⇨ impression, -ist〗

Impréssionist gròup *n.* [the ~] =Impressionist school.

im·pres·sion·is·tic /ɪ̈mprèʃənístɪk | ɪm-⁻/ *adj.* **1** 印象主義の. **2** [通例 I-] (フランス)印象派の. **im·près·sion·ís·ti·cal·ly** *adv.* 〖(1886): ⇨ -ic¹〗

Impréssionist schòol *n.* [the ~] 〖美術〗印象派《Manet, Monet, Sisley, Renoir, Degas などフランス印象派画家の一群; cf. impressionism 1 a》. 〖1884〗

im·pres·sive /ɪ̀mprésɪv | ɪm-/ *adj.* 強い印象[深い感動]を与える, 印象的な, 感銘的な(⇨ moving SYN); 荘厳な, 厳粛な: an ~ speech [scene] 印象的な演説[光景] / an ~ church with a tall tower 高い塔のある荘厳な教会. **~·ly** *adv.* **~·ness** *n.* 〖(1593) ← IMPRESS[1] + -IVE〗

im·press·ment /ɪ̀mprésmənt | ɪm-/ *n.* 《古》(特に, 海軍の)強制徴募[募兵]; 徴発, 徴用. 〖(1796): ⇨ impress[2], -ment〗

im·pres·sure /ɪ̀mpréʃə | ɪmpréʃə(r)/ *n.* 《古》=impression. 〖(1599) ← IMPRESS[1] (v.) + -URE: cf. pressure〗

im·prest[1] /ímprest/ *n.* **1** (公務執行のために国庫から出す)前払い金, 前渡し金, 公用立替え金. **2** (もと英国で徴募の時に兵士や水兵に与えた)前払い. **—** *adj.* 前払いの, 前金の: ⇨ imprest system. 〖(1568) ← *im prest* ∞ ME *prest* 'PREST': cf. It. *impresta* loan〗

imprest[2] *v.* 《古》impress[1,2] の過去形・過去分詞.

ímprest sỳstem *n.* 〖会計〗定額資金前渡制度.

im·pri·ma·tur /ɪ̀mprɪmáːtə, -méɪ-, -praɪ- | -tə(r)/ *n.* **1 a** 出版認可[許可]. **b** (特に, カトリック教会で司教またはその代理者の与える)印刷許可, 出版認可 (cf. nihil obstat 1). **2** 認可, 許可, 免許; 認可[許可]のサイン[印]. 〖(1640) ← NL *imprimātur* let it be printed (3rd sing. pres. subj. pass.) ← *imprimere*: ⇨ impress[1]〗

im·pri·ma·tu·ra /ɪmprìːmətúərə | -tʊ́ərə; *It.* imprɪmatúːra/ *n.* 〖絵画〗カンバスなどの着色した下地, 下塗り (underpainting). 〖(1951) □ It. ~ ← *imprimito* impressed (↑) + -*ura* '-URE'〗

im·pri·mis /ɪmpráɪmɪs, -príː- | -práɪmɪs/ *adv.* 《文語》第一に, まず, 最初に (in the first place). ★ 項目などを並べる場合にその前に置く. 〖(1407–17) □ L *imprīmis, in prīmis* among the first things ← *prīmus* first〗

im·print /ɪ̀mprínt, ímprɪnt | ɪmprínt, ⸗⸗/ *vt.* **1** [通例受身で] 〔心などに〕刻印する, 銘記する, 感銘させる (impress) 〔*on, upon, in*〕: ~ words [ideas] *on* [*in*] a person's mind 人の心に言葉[思想]をはっきりと残す / a scene ~*ed on* [*in*] one's memory はっきりと記憶に記された[残る]光景. **2 a** 〈判などを〉〔…に〕押す〔*on, upon*〕; 〔判などを〕…に印する (stamp) 〔*with*〕; 《古》印刷する: ~ a postmark *on* a letter = ~ a letter *with* a postmark 手紙に消印を押す / The soft soil was ~*ed with* footprints. 軟らかい地面に足跡が残されていた. **b** 〔…に〕当てる, 押す〔*on, upon*〕: ~ a kiss *on* a person's brow 人の額にキスをする. **3** 〈性格・特徴などを〉印象づける. **4** 〖心理〗刻印づける, 銘記して習得[確立]する.
— /ímprɪnt/ *n.* **1** (押した)印, 印影; 痕跡, 印象 (impression): the ~ of a foot 足跡. **2 a** 出版事項《図書の, 通例扉の下部に印刷されている出版者名・出版地・刊行年》: the publisher's ~. **b** 印刷事項《印刷者名・印刷地・印刷年など》: a printer's ~. **3** 面影, 色, 刻印: the ~ of care [anxiety] *on* a person's face 人の顔に表れた憂慮の色.

im·prínt·er /-tə | -tə(r)/ *n.*
〖v.: (c1380) *em-pre(i)nte(n)* □ OF *empreinter* ← *empreinte* (p.p.) ← *empreindre* to imprint < L *imprimere* 'to IMPRESS[1]'. — n.: (a1449) □ OF *empreinte*: ⇨ in-[2], print〗

im·print·ing /ɪ̀mpríntɪŋ, ímprɪnt- | ɪmprínt-/ *n.* 〖心理〗刻印づけ, 刷り込み, インプリンティング《生まれて間もない一定の時期にのみ獲得され, 永続する行動様式》. 〖(1937): ⇨ ↑, -ing[1]〗

im·pris·on /ɪ̀mprízən, -zn | ɪm-/ *vt.* **1** 刑務所に入れる, 拘禁する, 収監する: ~ a person *for* burglary. **2** 閉じ込める, 押し込める, 幽閉する, 拘束する: Jealousy ~*ed* him. 嫉妬の念が彼を強く捕らえていた(ので正しい判断ができなかった) / be ~*ed* by dogmatic beliefs 独断的な信念にとらわれている. **~·er** *n.* 〖(c1300) *emprisone(n)* □ OF *en-, emprisoner* (F *emprisonner*) ← *em-* 'IN-[2]' + *prison* 'PRISON'〗

im·pris·on·a·ble /ɪ̀mprízənəbl, -zn-, -zn- | ɪm-/ *adj.* **1** 投獄[拘禁]できる. **2** 〈犯罪など〉法的に拘禁処罰を必要とする. 〖(1622): ⇨ ↑, -able〗

im·pris·on·ment /ɪ̀mprízənmənt, -zn- | ɪm-/ *n.* 投獄, 拘禁, 収監, 入獄; 監禁, 幽閉, 束縛: under ~ 監禁されて / ~ at hard labor 懲役 / be sentenced to twenty years' ~ 20 年の禁固刑に処せられる.
imprísonment without the óption (**of a fíne**) 罰金をもって代えられない拘禁.
〖(1386) □ OF *emprisonement* ← *emprisoner*: ⇨ imprison, -ment〗

im·pro /ímproʊ | -prəʊ/ *n.* 《口語》**1** =improvisation. **2** インプロ《舞台やテレビで, 即興や客とのかけ合いでつくっていくエンターテインメント》. 〖(c1975) 《縮約》← IMPRO(VISATION)〗

im·prob·a·bil·i·ty /ɪ̀mprɑ̀(ː)bəbíləti, ìm- | ɪmprɔ̀bəbíləti, ɪm-/ *n.* あり[起き]そうもないこと; 本当[真実]らしくないこと[もの]: worry about *improbabilities* ありそうもないことを気に病む. 〖(1598): ⇨ ↓, -ity〗

im·prob·a·ble /ɪ̀mprɑ́(ː)bəbl, ìm- | ɪmprɔ́b-, ɪm-⸗/ *adj.* あり[起こり]そうもない, 信じられない; 本当[真実]らしくない (unlikely): an ~ event, story, etc. / Thunder is ~. 雷は鳴りそうもない / It is highly ~ *that* he *should* have consented to the proposal. 彼がその提案に応じたということはとてもありそうもないことだ. **~·ness** *n.* 〖(1598) □ L *improbābilis*: ⇨ in-[1], probable〗

im·prób·a·bly /-bli/ *adv.* ありそうもなく, 本当らしくなく. ***nòt impróbably*** ことによったら, あるいは(…かも知れない) (cf. probably). 〖(1646): ⇨ ↑, -ly[1]〗

im·pro·bi·ty /ɪ̀mpróʊbəti, ìm- | ɪmprə́ʊbɪti, ɪm-/ *n.* 不誠実[正直]; 邪悪. 〖(a1425) *improbite* persistency □ L *improbitātem*: ⇨ in-[1], probity〗

im·promp·tu /ɪ̀mprɑ́(ː)m(p)tuː, -tjuː | ɪmprɔ́m(p)tjuː, -tʃuː/ *adj.* **1** 〈演説・詩など〉準備なしの, 即席の, 即興的な: an ~ speech / an ~ performance 即興的演奏. **2** 〈食事・座席など〉一時の間に合わせに作った, あわてて準備した, 有り合わせの, にわか作りの: an ~ supper, bench, etc. / an ~ press conference 臨時の記者会見.
— *adv.* (すぐその場で)準備なしに, 即席に, 即座に, 即興的に: speak ~ 即席演説をする / verses written ~ 即興詩. **—** *n.* **1** 即席演説, 即興演奏, 即興詩[曲], 即吟, 即興作 (improvisation). **2** 〖音楽〗即興曲, アンプロンプチュ《19 世紀ロマン派の形式にとらわれないキャラクターピース (character piece) の標題として用いられた》. 〖(1669) □ F ~ ← L *in promptū* ((abl.) ← *promptus*) in readiness: ⇨ in-[2], prompt〗

im·prop·er /ɪ̀mprɑ́(ː)pə, ìm- | ɪmprɔ́pə(r), ɪm-⸗/ *adj.* **1** 〈場合・目的に〉ふさわしくない, 不適当な, 不相応な (⇨ indecorous SYN); (特に)不作法な, けしからぬ: behavior [remarks] ~ *to* the occasion その折にふさわしくないふるまい[言葉] / put something to an ~ use 物の使い方が正しくない[物を間違って使う]: It is ~ *for* you *to* [*that* you (*should*)] answer back. 君が口答えするのは無礼だ / It was ~ *of* you *to* have answered back. 君が口答えしたのは無礼だった. **2** 誤った, 妥当でない (erroneous, wrong, mistaken): an ~ treatment of a disease 病気の誤った手当て / an ~ conclusion とんでもない結論. **3** 不徳な, 不義の, みだらな (immoral): ~ language [conduct] みだらな言葉[行為] / an ~ book 猥褻(わいせつ)な本. **4** 《機械などの》調律が乱れた, 不規則な: ~ functioning of the control system 制御システムの不調律. **~·ness** *n.* 〖(a1460) □ (O)F *impropre* // L *improprius*: ⇨ in-[1], proper〗

imprόper fráction *n.* 〖数学〗仮分数《分母より分子の数字が小さくない分数; [5]/[3], [2]/[2] など; ↔ proper fraction》. 〖1542〗

imprόper íntegral *n.* 〖数学〗特異[異常]積分《閉区間の上の通常の定積分の極限として得られる開区間や無限区間などの上の広義の定積分; cf. infinite integral》. 〖c1942〗

im·próp·er·ly *adv.* 不適当に; 誤って; 不正に; 不穏当に, 不作法に.

im·pro·pri·ate /ɪ̀mpróʊprièɪt | ɪmprə́ʊ-/ *vt.* **1** 〖英国国教会〗**a** 〈聖職禄 (benefice) を〉宗教団体または個人の財産に移す. **b** 〈十分の一税 (tithes)・教会財産を〉俗人の手[管理]に移す. **2** 《廃》私用に当てる.
— /ɪ̀mpróʊpriɪt | ɪmprə́ʊ-/ *adj.* **1** 〖英国国教会〗〈教会財産が宗教団体または個人の所有となった, 俗人の手[管理]に移った. **2** 《廃》私用に当てられた.
〖(1538) □ ML *impropriātus* (p.p.) ← *impropriāre* to appropriate ← *im-* 'IN-[2]' + L *proprius* 'one's own, PROPER'〗

im·pro·pri·a·tion /ɪ̀mprὸʊpriéɪʃən | ɪmprə̀ʊ-, ⸗⸗⸗⸗⸗/ *n.* 〖英国国教会〗教会財産を宗教団体または個人[俗人]の手に移すこと; 宗教団体または個人[俗人]の手に移った教会財産 (cf. appropriation 3 b). 〖(?1535): ⇨ ↑, -ation〗

im·pró·pri·à·tor /-èɪtə | -tə(r)/ *n.* 〖英国国教会〗教会財産を個人財産として所有する俗人. 〖(1622) ← IMPROPRIATE + -OR[2]〗

im·pro·pri·e·ty /ɪ̀mprəpráɪəti, -pəp- | -prəpráɪɪti/ *n.* **1** 不適当, 不穏当, 不相応, 不正, 妥当でないこと (unsuitableness). **2** 誤り, 間違い; 正しくない言葉遣い; (語の)誤用. **3** 不体裁, 無作法, 下品 (indecency); 不都合な行為, 不行跡, 不義: commit an ~. 〖(1611) □ F *impropriété* // L *improprietātem* ← *improprius* 'IMPROPER': ⇨ in-[1], propriety〗

im·prov /ímprɑ(ː)v | -prɒv/ *n.* 《口語》即席に演じること (improvisation), 即席に演じる技. **—** *adj.* 即席に演じる. 〖(1979) (短縮) ← IMPROVISATION〗

im·prov·a·bil·i·ty /ɪ̀mprùːvəbíləti | ɪmprùːvəbílɪti/ *n.* 改良[改善]できること. 〖(1791): ⇨ ↓, -ity〗

im·prov·a·ble /ɪ̀mprúːvəbl | ɪm-/ *adj.* 改良[改善]できる. **~·ness** *n.* **im·próv·a·bly** *adv.* 〖(1646): ⇨ ↓, -able〗

im·prove /ɪ̀mprúːv | ɪm-/ *vt.* **1 a** 改善[改良]する, (努力して)一層良くする, 増進する; …の能力を増進する, 向上させる: ~ one's knowledge, ability, piano-playing, English, etc. / ~ one's health by constant exercise 常に運動をして健康を増進する / ~ *oneself* [one's mind] 修養する, 精神を鍛練する / ~ a situation (不利な)状況を好転させる / ~ one's vocabulary 語彙数を増やす / Suffering ~*s* (the) character. 苦労することによって人格に磨きがかる / This will ~ my luck. これでつきが変わるだろう / You cannot ~ this machine. この機械はこれ以上改良の余地がない. **b** [~ *oneself* で] 〔…が〕上達する〔*in*〕: I wish to ~ *myself in* drawing [English]. 絵[英語]がもっとうまくなりたい. **2** 〈時間・機会などを〉利用[活用]する: ~ the time by seeing the city 時間を利用して市内見物をする / *Improve* every moment while you are young. 若いうちは一瞬一瞬をむだにするな / ~ something *into* an excuse ある事を口実に利用する / ~ the occasion to learn Spanish その機会を利用してスペイン語を学ぶ / ~ each [the] shining hour ⇨ hour 3 a. **3** (耕作などによりあるいは建築物・道路などを設けて)〈土地・不動産の〉価値を高める: ~ a lot by building on it 建物を建てて地価を上げる. **4** 《古》使う: ~ an attic for storage 屋根裏を物置に使う.
— *vi.* **1** 〈状勢・健康などが〉よくなる, 改まる, 改善される, 〈人〉の〔健康・学力などが〕向上する, 進歩する, 増進する〔*in*〕: ~ *in* wealth 富を殖やす / ~ *in* one's English 英語が上達する / His health is *improving*. = He is *improving in* health. 彼の健康状態はよくなってきた / Wait until the weather ~*s*. 天気がよくなるまで待ちなさい / The situation is *improving*. 形勢が好転してきた / Stocks are *improving*. 株が持ち直してきた. **2 a** 〔…に〕改良を加える, よりよい物を作る〔*on, upon*〕: ~ *upon* a teaching method 教授法を改善する / This can hardly be ~*d on*. これは改良の余地がほとんどない. **b** 〔記録などを〕一層伸ばす, 更新する, 人より〔…を〕立派にやる, しのぐ〔*on, upon*〕: ~ *on* one's previous record 自分の記録を更新する.
— *n.* [次の句で] ***on the impróve*** 《豪》改良[改善]されつつある (improving).
〖(1473) *em-, improue(n)* □ AF *emprower* ← OF *em-* 'IN-[2]' + *prou, pros* profit (< LL *prōde* advantage 《逆成》← L *prōdesse* to be of advantage)〗

SYN 改良する: **improve** 欠けているものを補ってよりよくする: You can *improve* your English with constant use. 絶えず使えば英語が上達します. **better** 現状のままでも満足できるものをよりよくする《格式ばった語》: *better* one's previous record 前の記録を更新する. **ameliorate** 〈よくない状況を〉改善する《格式ばった語》: *ameliorate* working conditions 労働条件を改善する.
ANT impair.

impróved wóod *n.* 〖建築〗改良木材, 含浸圧縮木材《合成樹脂を注入したり含浸させたりして耐久性・耐湿性を強化した木材》. 〖1940〗

im·prove·ment /ɪ̀mprúːvmənt | ɪm-/ *n.* **1** 改善, 改良; 進歩, 増進, 向上 (↔ deterioration): ~ *in* health =the ~ of health 健康の増進 / ~ *in* stocks 株価の持ち直し / show a great deal of ~ 非常な進歩[進展]を示す / There is no need for ~. 改良の必要がない. **2 a** 改良[改善]されたもの, 改良[改善]点; 進歩, 上達; (他に比べて)より優れた[進んだ]もの[人]: This composition is a great ~ *on* [*over*] your last. この作文はこの前のに比べて格段の進歩だ. **b** (新しい設備を取り付けたりしての家の)模様替え: make ~*s* 改修する, 模様替えをする / I am making some ~*s* to my house. 私は少し家の模様替えをしている. **3** 利用, 活用: the ~ of the time. **4** (土地・不動産の価値を高める下水道・舗装などの)改良工事[施工], 手入れ. **5** [通例複数形で] 《豪》農場施設[設備]《建物・フェンスなど》. 〖(1449) □ AF *emprowement*: ⇨ improve, -ment〗

im·próv·er *n.* **1** 改善[改良]する人[もの], 改良[改善]者. **2** 《英》(低賃金または給金の代わりに職業指導を受ける)見習(職人), 徒弟. **3** 増進剤; 食品添加物, 向上剤《防腐剤など》. **4** =dress improver. 〖(1647) ← IMPROVE + -ER[1]〗

im·prov·i·dence /ɪ̀mprɑ́(ː)vədəns, ìm-, -dn̩s, -dèns | ɪmprɔ́vɪdəns, ɪm-, -dn̩s/ *n.* **1** 先の考えのないこと; 不用意. **2** 貯蓄心のないこと; 浪費. 〖(c1450) □ F 《廃》~ // L *imprōvidentia*: ⇨ in-[1], providence〗

im·prov·i·dent /ɪ̀mprɑ́(ː)vədənt, ìm-, -dn̩t, -dènt | ɪmprɔ́vɪdənt, ɪm-, -dn̩t/ *adj.* **1** 先の考えのない, 将来のことを考えない; 不用意な, 軽率な. **2** 先の備えをしない, 節約[貯蓄]心のない. **~·ly** *adv.* 〖(c1485) □ F 《廃》~: ⇨ in-[1], provident〗

im·próv·ing *adj.* 〈書物など〉教訓的な, ためになる. **~·ly** *adv.* 〖(1665) ← IMPROVE + -ING[2]〗

im·pro·vi·sa·tion /ɪ̀mprɑ̀(ː)vəzéɪʃən, ìm-, ìmprə- | ìmprəvaɪzéɪʃən, -vɪ-/ *n.* 即席にやること, 即座に作ること, 即興; 即席にやった[作った]もの《即興詩・即興曲・即興演奏・即興画など; extemporization ともいう》. **~·al** /-ʃnəl, -ʃənl⸗/ *adj.* 〖(1786) □ F ~: ⇨ -ation〗

im·prov·i·sa·tor /ɪ̀mprɑ́(ː)vəzèɪtə | ɪmprɔ́vɪzèɪtə(r)/ *n.* =improviser.

im·prov·i·sa·to·re /ɪ̀mprɑ̀(ː)vəzətɔ́ːreɪ | ɪmprɔ̀vɪ-/ *n.* (*pl.* **-to·ri** /-riː/, ~**s**) =improviser. 〖(1765) □ It. *improvvisatore* ← *improvvisare* 'to IMPROVISE'〗

im·prov·i·sa·to·ri·al /ɪ̀mprɑ̀(ː)vəzətɔ́ːriəl | ɪmprɔ̀vɪ-⸗/ *adj.* 即席の, 即興の. **~·ly** *adv.* 〖(1822): ↓ + al[1]〗

im·pro·vi·sa·to·ry /ɪ̀mprɑ́(ː)vəzətɔ̀ːri, ìmprəváɪzə- | ìmprəvaɪzéɪtəri, -tri, -váɪzə-/ *adj.* 《英》=improvisatorial. 〖1806〗

im·prov·i·sa·tri·ce /ɪ̀mprɑ̀(ː)vəzətríːtʃeɪ | ɪmprɔ̀vɪzə-/ *n.* (*pl.* **-tri·ci** /-tʃiː/, ~**s**) 女性の improvisatore. 〖(1804) □ It. *improvvisatrice*〗

im·pro·vise /ímprəvàɪz, ⸗⸗⸗ | ⸗⸗⸗/ *vt.* **1** 一時の間に合わせに作る[調製する, 工夫する]: ~ a supper for the moment その場の間に合わせの夕食を作る / ~ a hammer *out of* a stone 石をかなづち代わりにする. **2** 〈詩・音楽などを〉即席[即興]に作る[演奏する], 即席でやる: ~ a piece of music [a dance]. **—** *vi.* 一時の間に合わせに作る; 即席[即興]で演奏する[吟ずる]〔*on, upon*〕: ~ *on* the piano / ~ in verse. 〖(1826) □ F *improviser* □ It. *improvvisare* ← *improvviso* extempore < L *imprōvīsum* not foreseen: ⇨ in-[2], provision〗

ím·pro·vìsed *adj.* 即席に作った, 即興の. 〖(1837): ⇨ ↑, -ed〗

ím·pro·vìs·er *n.* (詩・音楽などを)即席に作る[演奏する]人, 即興詩人, 即興演奏家. 〖(1829) ← IMPROVISE + -ER[1]〗

ím·pro·vì·sor *n.* =improviser.

im·prov·vi·sa·to·re /*It.* improvvizatóːre/ *It. n.* (*pl.* **-to·ri** /-ri/) =improviser. 〖(1765) □ It. ~〗

im·prov·vi·sa·tri·ce /*It.* improvvizatríːtʃe/ *It. n.*

(*pl.* **-tri·ci** /-tʃi/) 女性の improviser. 〖《1804》□ It. ～ (fem.)〗

im·pru·dence /ɪ̀mprúːdəns, -dns, ɪ̀m- | ɪmprúː-dəns, ɪ̀m-, -dns/ *n.* **1** 軽率, 無謀, うかつ, 無分別, 不謹慎: have the ～ *to* do うかつにも…する. **2** 軽率[そこつ]な行為[言葉], うかつな事, 失錯: commit an ～ そこつをする. 〖《?1406》□ L *imprūdentia* (n.) ← *imprūdentem*: ⇨ ↓, -ence〗

im·pru·dent /ɪ̀mprúːdənt, -dnt, ɪ̀m- | ɪmprúːdənt, ɪ̀m-, -dnt⁻/ *adj.* 軽率な, うかつな, 無分別な, 不謹慎な, 無謀な: It was ～ *of* you *to* say so. そんなことを言うとはあなたも軽はずみな人だ. **～·ly** *adv.* **～·ness** *n.* 〖《c1390》□ L *imprūdentem*: ⇨ in-¹, prudent〗

Imp·sam·bul /ɪmpsɑːmbúːl/ *n.* ＝Abu Simbel.

imp·son·ite /ím(p)sənàɪt/ *n.* 〘鉱物〙インプソン石《アルバート鉱 (albertite) によく似た土瀝青質の鉱物》. 〖《1901》← *Impson* (米国 Oklahoma 州の谷)＋-ITE¹〗

im·pu·dence /ímpjudəns, -dns | -dəns, -dns/ *n.* **1** 厚かましさ, ずうずうしさ, 無遠慮, 無礼; 生意気, こしゃく: have the ～ *to* do 厚かましくも[鉄面皮にも]…する. **2** ずうずうしい[無遠慮な, 生意気な]言葉[行為]: None of your ～! 生意気はよせ[なことを言うな]. **3** 《廃》恥知らずなこと, たしなみを欠くこと. 〖《c1390》□ L *impudentia* ← *impudentem*: ⇨ impudent, -ence〗

im·pu·den·cy /-dənsi, -dn- | -dən-, -dn-/ *n.* ＝impudence. 〖《1529》□ L *impudentia* (↑): ⇨ -ency〗

im·pu·dent /ímpjudənt, -dnt | -dənt, -dnt/ *adj.* **1** 出しゃばりの, 無遠慮な, 無礼な, 厚かましい (⇨ impertinent **SYN**); 失敬な, 生意気な, こしゃくな: You ～ hussy! この生意気な小娘め / be ～ *to* one's parents 両親に対して無礼である / He was ～ *enough to* answer me back. 失敬にも口答えをした / It is ～ *of* you *to* answer me back. 私に口答えするなんて君もずうずうしい. **2** 《廃》恥知らずな, たしなみを欠く. **～·ly** *adv.* **～·ness** *n.* 〖《c1390》□ L *impudentem* ← *im-* 'IN-¹'＋*pudentem* ashamed: ⇨ pudency, -ent〗

im·pu·dic·i·ty /ɪ̀mpjudísəti | -sɪ̀ti/ *n.* 無恥, 恥知らず, 破廉恥; みだら. 〖《1528》□ F *impudicité* ← *impudique* shameless □ L *impudicus* shameless ← *im-* 'IN-¹'＋*pudicus* bashful, modest: ⇨ pudency, -ity〗

im·pugn /ɪ̀mpjúːn | ɪm-/ *vt.* **1** 〈人を〉(批評・議論などで)攻撃する; 〈人格・動機などを〉非難する (⇨ deny **SYN**); 〈人の陳述・主張などを〉排撃する, 論駁(ろんばく)する: ～ a person's statement, motives, honesty, etc. **2** 《古》(腕力を用いて)攻撃する, 打ってかかる. **～·er** *n.* 〖《c1378》*impugne(n)* □ (O)F *impugner* □ L *impugnāre* ← *im-* 'IN-²'＋*pugnāre* to fight (⇨ pugnacious)〗

im·pugn·a·ble /ɪ̀mpjúːnəbl | ɪm-/ *adj.* 攻撃[非難, 論駁(ろんばく)]の余地のある. 〖《1823》: ⇨ ↑, -able〗

im·pugn·a·tion /ɪ̀mpjuːnéɪʃən | ɪ̀mpʌgnéɪʃən/ *n.* 《古》＝impugnment. 〖《a1398》□ L *impugnātiō(n-)* ← *impugnāre*: ⇨ impugn, -ation〗

im·púgn·ment *n.* 攻撃, 非難, 排撃, 論駁(ろんばく). 〖《1840》: ⇨ -ment〗

im·pu·is·sance /ɪ̀mpjúːəsəns, -pwís-, ɪ̀m-, ɪ̀mpjuːís-, -sns | ɪmpjúːɪ̀-, ɪ̀m-, -pwís-/ *n.* 無力, 無気力, 虚弱, 無能. 〖《1483》□ (O)F ～: ⇨ in-¹, puissance〗

im·pu·is·sant /ɪ̀mpjúːəsənt, -pwís-, ɪ̀m-, ɪ̀mpjuːís-, -snt | ɪmpjúːɪ̀-, ɪ̀m-, -pwís-/ *adj.* 無力な, 無気力な, 虚弱な, 無能な. 〖《1629》□ F ～: ⇨ in-¹, puissant〗

im·pulse /ímpʌls/ *n.* **1** 心のはずみ, 一時の感情, 出来心, 〈…してみたいという〉衝動 〈*to* do〉 (⇨ motive **SYN**); (その時々の)衝動的行為: an ～ buy [purchase] 衝動買いの物 / act from [on (an)] ～ 衝動[出来心]で動く, 衝動的に行動する / a man of ～ 衝動的な[一時の感情に駆られる]人 / a man of good ～ 直情の人 / on the ～ of the moment そのときのはずみ[出来心]で / under the ～ of curiosity [pity, passion] 好奇心[同情心, 激情]に駆られて / be swayed by ～ 衝動に左右される[駆られる] / feel [be seized with] an ～ *to* do …しようとする衝動を感じる. **2** (物理的な)衝動, 衝撃, 推進力 (propulsion): the ～ of a wave 波の衝撃[推進力]. **3** (外部から働く)衝撃, 刺激, 鼓舞 (impetus): give an ～ to trade [education] 貿易[教育]を促進する. **4** 〘力学〙瞬間力, 撃力, 力積, インパルス《力とその作用時間との積》. **5** 〘生理〙インパルス, 衝動, 欲求《神経線維を通って伝達される神経刺激》. **6** 〘電気〙衝撃, インパルス《短時間に加えられる電圧または電流》. ― *vt.* …に衝撃を与える. 〖《1647》□ L *impulsus* a push against (p.p.) ← *impellere* 'to push, IMPEL': cf. pulse¹〗

ímpulse bùyer *n.* 衝動買いをする人. 〖1959〗

ímpulse bùying *n.* 衝動買い. 〖1959〗

ímpulse pìn *n.* 〘時計〙振り石《てんぷの大つばに取り付けられアンクルのくわがたと係合する; ruby pin, roller jewel ともいう》.

ímpulse ròller *n.* 〘時計〙大つば《てん真にはめ込まれその上に振り石が付いている; roller table ともいう》.

ímpulse tùrbine *n.* 〘機械〙衝動タービン (cf. reaction turbine). 〖1881〗

im·pul·sion /ɪ̀mpʌ́lʃən | ɪm-/ *n.* **1** (精神的な)衝動, 刺激, 原動力, はずみ (mental impulse); 衝動的行為: give an ～ to …に刺激を与える / The ～ of hunger drove him to steal. 空腹に駆られて彼は盗みをした. **2** (物理的な)衝動, 衝撃, 刺激 (impulse); 推進. 〖《?a1425》□ (O)F ～ ∥ L *impulsiō(n-)* pushing against ← *impulsus*: ⇨ impulse, -sion〗

im·pul·sive /ɪ̀mpʌ́lsɪv | ɪm-/ *adj.* **1** 〈人・動作が〉衝動的な, 一時の感情に駆られた, 直情的な (⇨ spontaneous **SYN**): an ～ child, act, etc. / ～ terror 突然起こる衝動的な恐怖 / a rash ～ marriage 軽率で衝動的な結婚. **2** 行動に駆り立てる. **3** 衝動的な, 推進的な: an ～ force 推進力. **4** 〘力学〙瞬間力の (cf. impulse 4). **～·ly** *adv.* **～·ness** *n.* 〖《?a1425》□ (O)F *impulsif, -ive* ∥ ML *impulsīvus*: ⇨ impulse, -ive〗

im·pun·du·lu /ɪmpúndùlu/ *n.* 《南ア》呪師が呼び出す霊鳥《犯罪をそそのかす妖鳥ともされる》. 〖《1894》□ Xhosa and Zulu ～〗

im·pu·ni·tive /ɪ̀mpjúːnətɪv, ɪ̀m-⁻ | ɪmpjúːnɪ̀t-, ɪ̀m-⁻/ *adj.* 〘心理〙非罰的な《欲求不満の原因を自他の責任に帰せず, 通例状況を正確に判断する; cf. extrapunitive, intropunitive》. 〖《1938》← *im-* 'IN-¹'＋PUNITIVE: ↓〗

im·pu·ni·ty /ɪ̀mpjúːnəti | ɪmpjúːnɪ̀ti/ *n.* 刑罰を受けないこと, 叱責などを免れること, (刑事責任の)免除; 無事(に済むこと). ★ immunity より意味領域が狭い: You cannot do this with ～. これをしたら必ず罰せられる[無事には済まされない]. 〖《1532》□ F *impunité* ∥ L *impūnitātem* ← *impūnis* without punishment ← *im-* 'IN-¹'＋*poena* punishment (⇨ pain): ⇨ -ity〗

im·pure /ɪ̀mpjúə, ɪ̀m- | ɪmpjúə^r, ɪ̀m-, -pjɔ́ː^r/ *adj.* **1** 汚ない, 不潔な: ～ air, water, etc. **2** 純粋でない, 混ぜ物のある, 不純な《特に, 質の悪い汚染物質の混じった》. **3** 利己的な, 不純な: from ～ motives 不純な動機から. **4 a** 〈色が他の色を混ぜている, 混色の. **b** 〈文体・建築様式など〉純粋でない, 不純な, 混交の. **c** 〈語法など〉純粋でない, 慣用的でない, 非標準語法の. **d** 〈詩・絵画など〉芸術以外の(政治的・社会的などの)目的のために作られ[描かれ]た. **5** (道徳的に)汚れた, 純潔でない, 不道徳な; 猥褻(わいせつ)な, みだらな: an ～ mind [life] 汚れた心[生活] / an ～ book 猥褻な書物. **6** (宗教的に)〈食べ物・容器など〉汚れた, 神聖でない, 不浄の. **～·ly** *adv.* **～·ness** *n.* 〖《?1440》□ OF ～ ∥ L *impūrus*: ⇨ in-¹, pure〗

im·pu·ri·ty /ɪ̀mpjúᵊrəti, ɪ̀m- | ɪmpjúərɪ̀ti, ɪ̀m-, -pjɔ́ːr-/ *n.* **1** 汚ないこと, 不潔; 不純; 混ぜ物のあること; 不浄; (道徳的に)汚れていること, 猥褻(わいせつ), みだら. **2** [しばしば *pl.*] 不純物, 混じり物, 不潔な物: remove *impurities* in the air [food] 空気[食べ物]の中の不純物[不潔な物]を除く. **3** 不純な[汚れた]行為. **4** 〘電子工学〙(半導体中の)不純物 (cf. acceptor 4). 〖《a1500》□ OF *impurité* ∥ L *impūritātem*: ⇨ ↑, -ity〗

im·pur·ple /ɪ̀mpə́ːpl | ɪmpə́ː-/ *vt.* 《廃》＝empurple.

im·put·a·ble /ɪ̀mpjúːtəbl | ɪmpjúːt-/ *adj.* **1** 〔…に〕帰することができる, 負わせることができる, 転嫁できる 〔*to*〕: sins ～ *to* weakness 性格の弱さによると思われる罪 / No blame is ～ *to* him. 彼には何のとが[責任]もない. **2** 《古》非難[告発]できる. **im·put·a·bil·i·ty** /ɪ̀mpjùːtəbíləti | -təbílɪ̀ti/ *n.* **～·ness** *n.* **im·pút·a·bly** *adv.* 〖《1626》□ ML *imputābilis* ← *imputāre* 'to IMPUTE': ⇨ -able〗

im·pu·ta·tion /ɪ̀mpjutéɪʃən/ *n.* **1** (罪・責めなどを)帰すること, 転嫁; (汚名などを)着せる[負わせる]こと: an ～ of dishonesty *to* a person 人を不正直だと決めつけること. **2** 非難, 汚名, とがめ, そしり: cast an ～ *on* a person's character 人の人格を傷つける / make an ～ *against* a person's good name 人の名声を傷つける. **3** 〘神学〙転嫁, 帰与, 帰負《キリストの義を人間のものとみなす神の行為》. **4** 《古》評判: Our ～ shall be oddly pois'd. 我々の評判を落とさしかねない. 〖《1545》□ LL *imputātiō(n)*: ⇨ impute, -ation〗

im·pu·ta·tive /ɪ̀mpjúːtətɪv | ɪmpjúːtət-/ *adj.* **1** 〔…に〕帰せられる 〔*to*〕. **2** 転嫁[非難]しがちな. **～·ly** *adv.* **～·ness** *n.* 〖《1579》□ LL *imputātīvus* charging ← *imputātus* (p.p.) ← *imputāre* (↓)〗

im·pute /ɪ̀mpjúːt | ɪm-/ *vt.* **1 a** 〈罪・失敗などを〉〔…に〕帰する, 負わせる, 着せる, 塗り付ける, 〔…の〕せいにする 〔*to*〕 (⇨ ascribe **SYN**): ～ evil motives *to* a person 人に悪い動機があるとする / How dare you ～ the theft *to* me? よくもまあその盗みの罪を私に着せるのね / ～ one's failures *to* one's misfortune 失敗を不運のせいにする / Don't ～ it *to* me that you failed. 君の失敗を私のせいにするな. **b** 〈ある性質などを〉〔…に〕帰する, 〔…の〕ものとする 〔*to*〕: ～ magical powers *to* a girl 超能力をある少女が持っているとする. **2** 〘経済〙〈価値を〉帰属させる: ⇨ imputed value. **3** 〘神学〙(身代わりによって)〔…に〕〈罪などを〉帰する 〔*to*〕. **4** 《廃》**a** 〘法律〙告発する. **b** 非難する. **im·pút·er** /-tə | -tə^r/ *n.* 〖《c1375》□ (O)F *imputer* ∥ L *imputāre* to reckon ← *im-* 'IN-²'＋*putāre* to clean〗

im·pút·ed válue /-tɪ̀d- | -tɪ̀d/ *n.* 〘経済〙帰属価値《生産財の価値は消費財の価値が帰属させられたものだというオーストリア学派の用語》. 〖1909〗

im·pu·tres·ci·ble /ɪ̀mpjuːtrésəbl | -sɪ̀-⁻/ *adj.* 〈有機体など〉腐敗しない, 分解しない. 〖《1656》□ LL *imputrescibilis*: ⇨ in-¹, putrescible〗

impv. 《略》imperative.

İm·roz /*Turk.* imroz/ *n.* イムロズ(島)《Gökçeada の旧名》.

IMS 《略》Indian Medical Service.

im·shi /ímʃiː/ *int.* 《英》〘軍俗〙行っちまえ! 〖《1916》□ Arab. *ímši* go! ← *máša* to walk〗

IMunE 《略》《英》Institution of Municipal Engineers.

in /(弱) ɪn | ɪn; /t, d, s, z/ の後ではまた n̩; (強) ín/ *prep.* **1** [場所・位置] …の中に[で, の], …の内に, …に[において] (inside (of), within): *in* a box, house, pond, etc. / *in* London, England, the world, etc. / *in* [《米》on] the street 街路で / *in* the universe 宇宙に / *in* heaven [hell] 天国[地獄]で / *in* the east 東(方)に / *in* a westerly direction 西方に(当たって) / *in* the distance 遠方に / *in* the Pacific 太平洋(上)で / *in* and around New York ニューヨーク内および近在の[に] / *in* part(s) 部分的に, ところどころに / *in* places あちこちに, ところどころに / have a stick *in* one's hand and a pipe *in* one's mouth 手にステッキを持ち口にパイプをくわえている / a candle *in* a candlestick 燭台に立てたろうそく / a light *in* a window 窓の明かり / be buried *in* the sand 砂の中に埋められる / You will find this passage *in* Shakespeare. この一節はシェークスピアの作品の中にあります / There is something *in* what he says. 彼の言うことにも一理はある. ★ 場所の機能を特に考えているときはしばしば無冠詞: *in* bed ベッドで, 寝て / *in* school 学校に, 在学中で (＝ at school); 校舎内に / *in* class 授業中で / *in* town 町で; 《英》ロンドンで / *in* church [court, jail] 教会[法廷, 刑務所]で.
2 [cast, fall, put, throw, thrust, divide, split, break などの動詞を伴って行為・動作などの方向] …の中に (into): put one's hands *in* one's pockets ポケットに両手を突っ込む / dip one's pen *in* ink ペンをインクにつける / throw a letter *in* the fire 手紙を火の中に投げ入れる / cut *in* half [two] 半分[二つ]に切る / break *in* pieces 粉々に砕く / He fell *in* the brook. 小川に落ちた.
3 [時間]: **a** (…の)うちに, …の間, …中 (within the limits of, during): *in* the future 将来に[は] / *in* the past 過去に / *in* (one's) boyhood [youth, manhood] 少年[青年, 壮年]時代に / *in* January 1月に / *in* (the) spring [summer, autumn, winter] 春[夏, 秋, 冬]に / *in* the 26th year of Meiji 明治 26 年に / *in* (the year) 1977 1977 年に / *in* the morning [afternoon, evening] 午前[午後, 晩]に / He is *in* his fifties. 50 代だ / *in* the day [daytime] 昼間に, 日中に / *in* the night [nighttime] 夜間に, 夜に (cf. *at* NIGHT) / *in* those days その当時 / I never saw such a man *in* my life. 私はこれまでそんな人は見たことがない. **b** …たてば, …かかって, …の後に (at the end of) (cf. within 4): be ready *in* an hour [a week] 1 時間[1 週間]でできる / She'll be ready *in* an hour [《英》an hour's time]. 彼女は 1 時間で用意ができるでしょう / *in* a few days 二, 三日たって, 二, 三日中に / *in* a moment [a minute, an instant] すぐ, 直ちに / *in* a trice あっという間に / *in* three months 3 か月経過して, 3 か月で. **c** …間のうちで, …間 (at any time during, for) ★ 否定, 最上級や first, only などの後の期間を表す for の代わりに《米》で用いる: the coldest day *in* twenty years 20 年間で一番寒い日 / the best harvest *in* a decade 十年ぶりの豊作 / I haven't seen him *in* years. 彼にはもう長年会っていない.
4 [物理的環境] …の中で: *in* the rain 雨の中に / *in* the snow 雪の中で / *in* the cold 寒空の下で / *in* the dark 暗がりに / out *in* a storm あらしの中に / sit *in* the sun 日向(ひなた)に座る / *in* all weathers あらゆる天候に / bask *in* (the) sunshine 日向ぼっこをする / He got lost *in* the fog. 霧の中で道に迷った.
5 [範囲・限定・包含]: **a** [最上級(相当)の形容詞を限定して]《口語》…の面で: the latest thing *in* loudspeakers 最新のスピーカー / the prettiest thing *in* hats 帽子では一番きれいな品 / the first name *in* entertainment 芸能界での第一人者. **b** [範囲を示して]: *in* (one's) sight 視界内に, 見える所に / *in* one's power 勢力範囲に, 力の限りに / *in* my opinion 私の意見では / a change *in* the weather 天候の変化 / a fall *in* prices [the value of the dollar] 値下がり[ドル安] / *in* the third chapter 第 3 章に. **c** [性質・数量・能力などの限定として]: two feet *in* length [width, depth] 長さ[幅, 深さ] 2 フィート / seven *in* number 数は七つ / vary *in* size [color] 大きさ[色]が異なる / be equal *in* strength 力が等しい / be weak *in* algebra 代数に弱い / be strong *in* English 英語が得意だ / *in* all respects すべての点において / He is wanting [lacking] *in* courage. 勇気が足りない[欠けている] / The country is rich *in* products. その国は産物に富んでいる / Sound *in* body, sound *in* mind. 《諺》健全な身体に健全な精神(が宿るように) / He is indebted to me *in* a big sum. 彼は私に多額の負債がある. **d** [特定の部位を示して]: a wound *in* the head 頭の傷 / blind *in* one eye 片方の目が見えない / He is deaf *in* one ear. 片方の耳が聞こえない.
6 [着用] …を着て, …をつけて, …をかぶって, …を履いて: dressed *in* velvet, fine clothes, rags, mourning, uniform, one's best, a top hat, black boots, etc. / a gentleman *in* spectacles 眼鏡をかけた紳士 / a woman *in* white 白衣の女性 / a man *in* a wig かつらをつけた男性 / a man *in* sandals [slippers] サンダル[スリッパ]を履いた男性 / She was buried *in* her wedding dress. 彼女は結婚衣装のまま埋葬された.
7 [状態]: *in* arms 武装して / *in* a state of collapse 意気消沈して, 参って / *in* bad [good] health 病気[壮健]で / *in* the circumstances そういう場合には / *in* that case その場合には / *in* joy and *in* sorrow うれしいときも悲しいときも / *in* a rage 激怒して / *in* anger 怒って / *in* despair 絶望して / *in* one's right mind 正気で / *in* alarm 驚いて, 肝をつぶして / women *in* love 恋する女性たち / He's *in* luck. 彼はついている / *in* difficulties 困って, 窮境に / *in* an uproar 大騒ぎして / *in* excitement 興奮して / *in* tears 泣いて / *in* confusion 混乱して / *in* fashion 流行して / *in* chains 鎖に縛られて; とらわれて / *in* fetters 手[足]枷(かせ)をかけられて; とらわれて / *in* ruins 荒廃して / *in* full bloom 《果樹などの》花が満開で / *in* haste 急いで, あわてて / *in* view 見えて / *in* calf 《雌牛が》はらんで / The land is *in* grass. その土地には草が生えている / cows *in* milk 乳を出している牛 / He is *in* the money. 彼は大金持ちだ / *in* drink [wine, liquor] 酔って / *in* progress 進行中で, 始まって.
8 [行為・活動・従事・関心] …して, …に, …の際に: be engaged *in* reading 読書している / *in* search of plunder 略奪を求めて / believe [trust] *in* God [religion] 神[宗教]を信じる / deal *in* rice 米を商う / He is *in* oil [rice,

I

buttons]. 油[米, ボタン]を商っている / He is something *in* the City. 彼は財界の大物だ / exult [glory, joy, rejoice] *in* …を喜ぶ / delight *in* novels 小説を好む / meddle [interfere] *in* other people's affairs 他人の事に干渉する / Happiness consists *in* contentment [being contented]. 幸福は足るを知るにある / I will join [help, aid, assist] you *in* your new work. 私は君の今度の仕事に加勢しよう / That house was ten years *in* (the) building. その家は建築に 10 年かかった / He slipped (*in*) crossing the road. 道路を横切るときに足を滑らせた.

9 [所属・職業] …に: be *in* the army [navy] 軍隊[海軍]にはいっている / *in* society 社交界に / *in* trade 商売をして / *in* the Cabinet 内閣に, 閣内に / have shares *in* a company ある会社の株を持っている.

10 [配置・形状など] …をなして, …になって: hair *in* ringlets 巻毛の頭髪 / *in* a circle 円を描いて, 輪になって, ぐるぐると / *in* groups 群れをなして / *in* twos and threes 二三人ずつ, 三々五々 / *in* ones or (*in*) twos 一人または二人ずつ / resign *in* a body 総辞職する / sit *in* rows 列を作って座る.

11 a [方法・やり方] …で, …をもって: *in* that manner そのやり方で, そういうふうに / arranged *in* order きちんと整頓された / *in* this way この方法で / *in* a loud voice 大声で / *in* confidence 内密に. **b** [手段の意味が加わって] …で: She covered the dog *in* her apron. その犬をエプロンで覆った.

12 [道具・材料・表現様式など] …で, …をもって (cf. with 10): paint *in* oils 油絵の具で描く / an artist *in* oils 油絵画家 / printed *in* colors 色刷りで / work *in* bronze 青銅で細工をする[製作する] / a statue *in* bronze 銅像 / written *in* ink, pencil, etc. / speak *in* English, French, etc. / *in* a few words 二, 三語で / a book (bound) *in* cloth [leather] クロース[革]装の本 / a coat *in* velvet ビロードの上着 / I have the money *in* gold. その金は金貨で持っている.

13 [行為の理由・動機・目的] …のために, …の理由で, …の目的で: rejoice *in* one's recovery 回復を喜ぶ / *in* a person's defense 人を弁護して / *in* honor of the occasion その機会を祝して / *in* return for a present 贈物の返礼に / speak *in* reply 答えて言う, 答える / grasp a person's hand *in* farewell 別れのために人の手を握る / *in* pursuit 追跡して.

14 [全体との関係・割合・程度] …中で, …のうちで, …で; …につき: the longest river *in* the world 世界で一番長い川 / the shortest day *in* the year 昼が一年で一番短い日 / the tallest boy *in* the class クラス中で一番背の高い生徒 / sold *in* dozens ダース(単位)で売られる, ダース売りの / packed *in* tens 10 個ずつ包装して / pay 5p *in* the pound 1 ポンドにつき 5 ペンスずつ支払う / nine *in* ten 十中八九まで / not one *in* ten [a hundred] 十[百]のうち一つもない / Two *in* five failed. 5 人中 2 人は失敗した / a novel *in* a million 百万冊に 1 冊というような(極めて優秀な)小説 / She is one *in* a million. 百万人に一人しかいないような(優れた)女性だ / *in* hundreds [thousands] 百[千]をもって数えるほど, 幾百[千]となく / *in* the main 概して.

15 [性格・素質・資格などに関して]: as far as *in* me lies 私の力の及ぶ限り / *in* the capacity of interpreter＝*in* my capacity as interpreter 通訳の資格で / I didn't think he had it *in* him (to suceed). 彼にそんな事ができるとは思わなかった / He has something of the artist *in* him [his nature]. 彼には多少芸術家肌のところがある (cf. He is SOMETHING of an artist.) / He has no malice *in* him. ＝It is not *in* him to be malicious. 彼には意地悪なところがない / I have found a friend *in* him. 私は彼という友を見出した《彼を友にした》/ Our country has lost a great scholar *in* Dr. Fletcher. 我が国はフレッチャー博士という大学者を失った.

16 〘音楽〙 …調[音]で: *in* F ヘ調で[の] / ⇨ *in* ALT (1).

17 [Gerund の前に用いて; 過程・動作など] (1) …している際に, …するときに: *In* doing this, you should be more careful. これをするときは, 普段よりも気をつけなさい. ★ 文頭にあるとき以外は, 現在では通例 in を用いない. (2) 《古・廃》…中; …をしに: The house was *in* building. 家は建築中であった《★ 今では in を省くが, その代わりに受動態進行形を用いて, The house was being built. とするのが最も普通である》/ He went *in* hunting. 猟(をし)に行った《★ 古くはまた He went a(-)hunting. とも言ったが, 今では前置詞を省いて He went hunting. と言うのが普通である》.

18 〘文法〙 〈語が〉…で始まる, …で終わる: words *in* 'pre-' 'pre-' で始まる語 / words *in* '-ity' '-ity' で終わる語.

háve it ín one ⇨ have[1] 成句. ***in as múch as***＝inasmuch as. ***ín it*** 《口語》 (1) 関与して, 参加して, 関係して: They had a good time, but I was not *in it*. 彼らは楽しんだが私は無関係だった. (2) 困った[とんだ]ことになって (in trouble). 《1812》 ***in itsélf*** ⇨ itself 成句. ***in onesélf*** ⇨ oneself 成句. ***in órder to dó*** [***that*** …] ⇨ order 成句. ***in so fár as*** ⇨ far 成句 (cf. insofar). ***ìn so múch that*** ⇨ INSOMUCH that. ***in that*** (1) …という点で: Men differ from brutes *in that* they can think and speak. 人間は考えたり話したりすることができる点で動物と異なる. (2) …のゆえに (because, since): *In that* he killed Abel, he was a murderer. 彼はアベルを殺したので殺人者であった. 《c1440》 ***nóthing*** [***nòt múch, líttle***] ***ín it*** (競走者・比較すべき二者の間に)全く[大した]違いはない: On balance there is very *little in it*. 差し引きすればあまり大差はない. 《1927》 ***nòt ín it*** 《口語》 〔…には〕とてもかなわない, 〔…とは〕比較にならない, 〔…に〕劣る 〔*with*〕: He is *not in it* as far as brains are concerned. 知力の点では彼はとてもかなわない / Lions aren't *in it with* men. ライオンも人間にはとてもかなわない. ***whàt is ín it for a pérson*** 〈人〉にとってどんな利益があるか: I can't see *what was in it for* him. 彼にとってどんな利益になるのかわからない. 《1963》

— /ín/ *adv.* **1** [位置]: **a** 在宅[社]して: Is your father *in*? お父様はご在宅ですか. **b** 中に; 内側に: a coat with the furry side *in* 裏に毛皮の付いたコート / *in* here [there] ここ[そこ](の中)に; (指さして)ここ[あそこ]に / from *in* [名詞的に] 中[内側]から. **2** [運動・方向]: **a** 中へ: Come (on) *in*, please. どうぞお入り下さい / walk *in* (部屋・家庭などに)歩み入る / take *in* 取り入れる / go *in* to dinner 食事のため食堂に入る (cf. into *prep.* 7) / paint *in* another figure (絵に)人物をもう一人加える. **b** [法助動詞の後で go, enter などを省略して] 《詩》: Let's *in*. 中へ入ろう / I'll *in*. 中に入るぞ. **3** 〈列車・汽船などが〉到着して; 〈季節が〉来て: The train [boat] is *in*. 列車[船]が着いている[着いた] / Summer is *in*. 夏が来た. **4** 出盛りで; 流行して: Strawberries [Oysters] are *in*. いちご[カキ]が出盛りだ / Black is *in* this year. 今年は黒が流行だ. **5** 〈果物などが〉入荷して: Peaches are *in*. 桃が入荷しています. **6** 〈物が〉手にはいって, 入手して, 手元に (at hand): The evidence is *in*. 証拠はそろった. **7** ある方向[目的地]に向かって: I flew *in* today. きょう目的地へ飛んだ. **8** 〈政治家が〉在職して; 当選して; 〈政党が〉政権を握って (↔ out): He is no longer *in*. 彼はもう在職していない / Smith is *in* again. スミスはまた当選した / The Labour party is *in*. 労働党が政権を握っている. **9** 〈物が〉正しい位置に(置かれて): Is the key *in*? 鍵はうまくかかっているか / The horses are *in*. 馬は(馬車に)つないである. **10** 刑務所に入って, 入所して: What is he *in* for? 彼はなぜ入所しているのか.

11 (本・新聞・雑誌に)載って: put a notice *in* 新聞に広告を出す / The word is not *in*. その単語は出ていない / Is his article *in*? 彼の論文が載っていますか. **12** 〈運などが〉よく (favorable); 得をして (↔ out): His luck was *in*. 運が向いてきた / Why, you're *in*. いや君はついているぞ / We were a hundred pounds [quids] *in*. 100 ポンドもうけた[得をした] / well *in* ⇨ 成句. **13** 〘野球〙 〈内・外野手が〉正規の位置より本塁に近づいて, 浅い守備で: The infielders played *in*. 内野陣は本塁寄りにプレーした. **14** (競技で)攻撃の番になって: Who is *in* next? 次はだれの(打つ)番か / He was *in* (for) five minutes. 〘クリケット〙 彼は 5 分間打者の位置についていた. **15 a** 〈作物が〉取り入れられて: The harvest is *in*. 取入れは終わった. **b** 取入れのできる状態になって, 成熟して: The cotton is *in*. 綿は成熟した. **c** 〈土地が〉耕作して: He had some two hundred acres *in*. 彼は 200 エーカーばかりを耕作していた. **16** 見えなくなって, 隠れて: The sun is [has gone] *in*. 太陽が隠れている[隠れてしまった]. **17** 《英》〈火・灯火が〉燃えて, ともして (burning): Keep the fire *in*. 火を燃やしておけ / She blew a fire *in*. 吹いて火を燃やした. **18** (ある行為, 特に不法行為に)かかわって, 巻き込まれて (involved): I was [got] *in* too deep. 私はあまりにも深く巻き込まれ(てい)た. **19** 〈帆が〉巻かれて (furled). **20** 〘スコット・NZ〙 〈学校が〉学期中で (in session): School was *in*. 学校は始まっていた.

be ín at …に立ち合う: ⇨ *be in at the* DEATH, *be in at the* FINISH[1], *be in at the* KILL[1]. ***(be) in for*** (快・不快を問わず)…をどうしても経験しなくてはならない, 受けなければならない (cf. GO[1] *in for*): *be in for* an examination 《英》試験を受けなければならない / We *are in for* an unpleasant time. 我々の前には嫌な時が待っている / I *am in for* a speech. 《英》スピーチをしなければならない / *In for* a penny, *in for* a pound. ⇨ penny *n.* 1. 《1773》 ***be ín for it*** 《口語》のっぴきならない羽目になっている; 罰を免れない, 今に嫌な思いをしなければならない: I'll *be in for it* when father hears about it. 父がそのことを聞いたらお目玉は必至だ. 《1698》 ***gò ín for*** ⇨ go[1] 成句. ***háve it ín for a pérson*** ⇨ have[1] 成句. ***ín and ín*** 同種[近親]交配で (cf. in-and-in): breed stock *in and in* 家畜を同種交配で繁殖させる / marry *in and in* 近親結婚する. ***ín and óut*** = ***óut and ín*** (1) 出たりはいったり: go *in and out of hospital* 入退院を繰り返す. (2) 内も外も, 裏も表もすっかり (thoroughly): The hall is full *in and out*. ホールは内も外もいっぱいだ / I know him *in and out*. 彼のことは何から何まで知っている. (3) 〈競技・競技者が〉勝ったり負けたり, うまかったりへただったり (cf. in-and-out). ***in betwéen*** (…の)中間に, 間に (between, in the middle (of)) (cf. in-between): There were azaleas *in between* the trees. 木立の間につつじがあった / There was a path *in between*. 間に小道が通じていた. ***ín on*** 《口語》〈秘密などに〉関与[関知]して: He is *in on* the plot. 彼はその計略に関係している / Let me *in on* your secret. 君の秘密を知らせてくれ. ***…ín, …óut*** 毎…毎…: day *in*, day *out* 毎日毎日 / week *in*, week *out* 毎週毎週. ***ín with*** (1) 《口語》…と組んで, …に味方して; …と親しい, と仲間で: He is [comes, gets] well *in with* the media crowd. 彼はマスメディアの連中とうまく付き合っている / I am no longer *in with* him. 彼とはもう親しくしていない / ⇨ KEEP *in with*. (2) 〘海事〙 …に接近して, 〈陸〉に近い (near): We kept well *in with* the land. 十分陸に近い所を航行し続けた. (3) [命令文で] …を入れろ, …は入れ (↔ out with): *In with* it! それを入れろ / *In with* you! 君は入れ. 《1682》 ***wéll ín*** (1) 〘競馬〙 〈馬が〉ハンディを軽くしてもらって. (2) 《口語》 有利な投機をやって; 楽をして, 不自由なく (well off).

— /ín/ *adj.* [限定的] **1** 《口語》 **a** 上流社会(風)の, 洗練された; 流行の: the *in* place (to go) 上流人士の出入りする場所 / *in* words 当節流行の言葉. **b** 特殊な少数の人々しかわからない, 仲間内だけの; 内情に通じている: *in* vocabulary 仲間内でのみ通じる語彙 / the *in* crowd その道の通. **2** 内の, 内にいる, 内部の, 入って来る, 入った (↔ out): an *in* patient 入院患者 / an *in* train 到着列車 / an *in* steamer 入港船. 日英比較 競技場の「インコース」は, 英語では inside track あるいは inner lane of a track. 野球の「インコーナー」は, 英語では inside corner. **3** 成功している, 権力をもった: ⇨ in-party. **4** 〘野球・クリケット〙 攻撃側の: the *in* side 攻撃側. **5** 〘ゴルフ〙 ＝back[1] 8. **6** 《NZ》 [叙述的] 競って: You've got to be in to win. 勝つためには競わねばならない. **7** [叙述的] 活動中で; 〈火が〉燃えて: The fire's still in. 火はまだ燃えている.

— /ín/ *n.* **1** [*pl.*] 〘スポーツ〙 攻撃側 (in side) (↔ outs). **2** 〘野球〙 インカーブ (incurve). **3** 〘テニス〙 イン《サービスボックスまたはコート内に入ったいわゆるセーフの打球》 (↔ out). **4** [通例 *pl.*] 与党 (↔ outs). **5** 《口語》 顔, コネ (influence, pull): He has an *in* with the boss. 社長とコネがある.

be on the ín 《米口語》 内情に通じている. 《1936》 ***íns and óuts*** (1) 詳細, 一部始終: know the *ins and outs* of a subject. (2) 与党と野党, 与野党. (3) (川・道などの)うねりくねり, 曲折; 隅々. (4) 《英》 救貧院へ出たり入ったりしている人々. 《a1670》 ***ín and óut*** 〘狐狩・競馬〙 接近してはいるがひと跳びで越せない 2 個のさくからなる障害物.

— /ín/ *vt.* 《英口語》 **1** 刈り取る, 収穫する. **2** 〈荒地などを〉囲い込む.

〘prep.: OE *in* < Gmc **in* (Du., G & Goth. *in* / ON *i*) < IE **en* (L *in, en* / Gk *en, ení*). — adv.: OE *in, inn(e)* < Gmc **in(n)* (OS *in(n)* / OHG *in* (G *ein*) / ON *inn*). — adj. & n. ← (adv.)〙

in 《記号》 India 《URL ドメイン名》.

In 《記号》 〘化学〙 indium.

IN 《略》 〘米郵便〙 Indiana (州).

in. 《略》 inch(es); inlet.

In. 《略》 India; Indian; Instructor.

in-[1] /ɪn, ɪn | ɪn, ɪn; /n/ の前では ɪ(n), ɪ(n) | ɪ(n), ɪ(n); /k/, /g/ の前ではまた ɪŋ, ɪŋ | ɪŋ, ɪŋ/ *pref.* 「無, 不 (not)」などの否定の意味を表す (cf. un-, non-[1]): *in*accurate, *in*accurately, *in*accuracy. ★ (1) in-[2] の場合と同様 l の前では il- に, b, m, p の前では im- に, r の前では ir- になる: *il*logical, *im*moral, *ir*rational. (2) 本来はラテン語系の形容詞およびその形容詞から派生した名詞・副詞に付けられるが, 英語の接頭辞としてかなり自由に用いられる (例: *in*accurateness, *in*decision); しかし明らかにラテン語的でない語には un- を用いることが多い: *un*smokable, *un*availing. (3) 発音は, in- が明白に 'not' の意味の場合アクセントが第二要素の最初の音節にあるときには /ɪn, ɪn | ɪn, ɪn/ (例: *ìn*áctive, *in*áctive), その第 2 音節にあるときには /ín/ が普通である (例: *ìn*actívity); しかし文中における語の肯定と否定の形が対照的に並べられる場合などには in- に第一アクセントが移ることがある 《il-, im- についても同じ》: Some are áccurate but others are *ín*àccurate. 〘ME ▭ (O)F *in-* // L *in-* not < IE **n̥-* (《異形》← **ne* (L *ne-*): cf. Gk *an-, a-* / OE, G & Goth. *un-*: ⇨ a-[7], un-[1]〙

in-[2] /ɪn, ɪn | ɪn, ɪn/ *pref.* **1** 休止の意を含む動詞の前で in, upon の意: *in*habit, *in*fix, *in*sist. **2** 運動の意を含む動詞の前で into, against, toward の意: *in*fluence, *in*ject. **3** 動詞構成要素として他動詞的, また時には強意的に用いる: *in*fatuate, *in*stigate. ★ (1) l の前では il-に, b, m, p の前では im- に, r の前では ir- になる: *il*lumine, *im*bibe, *im*manent, *im*press, *ir*radiate. (2) 英語起源の語に付く場合はしばしば in- のままを用いる: *in*mate, *in*lay. (3) OE の接頭辞である innan-, inne- (＝within) との区別が困難な場合がある (cf. inward). (4) フランス語の影響で en-, em- となることがあり, また in-, en- の両形が用いられる場合もある (⇨ en-[1] ★). 〘ME *in-, en-* ▭ (O)F *en-, em-* // L *in-* ← *in* (prep.): ⇨ in〙

in-[3] /ín/ 「…の中に (within); …の間に (during)」の意味で名詞と連結して形容詞を造る: *in*-college activities＝activities in college. ★ in- にも連結する名詞と同じ強勢を置く; ただし, out- と対比する場合は in- のみに強勢を置く. 〘← IN (prep.)〙

in-[4] /ín/ 「最新流行の (latest); 最も現代的な (most up-to-date); 高級な, 一流の (exclusive)」の意味で名詞と連結して形容詞を作る (cf. in *adj.* 1): *in*-jargon. ★ 第一強勢は in- に置かれる. 〘← IN (adj.)〙

in-[5] /ɪn, aɪn/ (母音の前にくるときの) ino- の異形: *in*itis.

-in[1] /ɪn/ *suf.* 《口・方言》 ＝-ing[1,2]. ★ 教養ある人でも, 改まった会話では -ing[1,2] を使い, くだけた会話では -in, -in' を使う人が少なくない.

-in[2] /ɪn | ɪn/ *suf.* **1** 〘化学〙 ＝-ine[3]. **2** 化学製品・薬品などの語尾: aspir*in*, gelat*in*. **3** ＝-ine[1].

-in[3] /ɪn, ɪn | ɪn/ 「組織的な大衆抗議 (public protest) または大衆運動 (public activity)」の意の名詞連結形: be-*in*, lie-*in*, love-*in*, teach-*in*. 〘《1960》 SIT-IN からの類推〙

-in' /ɪn/ *suf.* 《口・方言》 ＝-ing[1,2].

I·na[1] /áɪnə/ *n.* アイナ《女性名》. 〘《変形》 ← ENA: cf. -ina[2]〙

I·na[2] /áɪnə/ *n.* Ine のラテン語名.

-i·na[1] /áɪnə, íːnə/ *suf.* (*pl.* ～) 〘生物〙 「…に似た[の特徴を持つ]もの」の意で, 分類名に用いる: Fistul*ina*. 〘← (N)L *-ina* (neut. pl.) ← *-inus* '-INE[1]'〙

-i·na[2] /íːnə/ *suf.* **1** 女性の名前・称号・職業などを表す語尾: baller*ina*, czar*ina*, Georg*ina*. **2** 楽器名の語尾: concert*ina*, ocar*ina*. 〘▭ L *-ina* (fem. suf): cf. reg*ina*〙

in·a·bil·i·ty /ɪnəbíləti | -lɪti/ *n.* 無力, 無能, 不能; 〈…することができないこと 〈*to do*〉: one's ～ *to* English 英語の力がないこと / I must confess my ～ *to* help you. 残念ながらお力添えできません. 〘《15C》 ← IN-[1] + ABILITY〙

in ab·sen·tia /ɪnæbsénʃə, -ʃiə, -tiə | -tiə, -ʃiə/ *L.*

adv. 不在中に, 欠席中に. 〘(1886) □ L *in absentiā* in (one's) absence〙

in ab·strac·to /ìnæbstrǽktoʊ | -təʊ/ *L. adv.* 抽象的に. 〘□ L *in abstractō* in (the) abstract〙

in·ac·ces·si·bil·i·ty /ìnæksèsəbíləṭi, -ɪ̀k- | -æk-sès̀ɪbíl̀ɪti, -æk-, -ɪk-/ *n.* 到達し難いこと; 容易に得難いこと; 寄りつきにくいこと. 〘(1665): ⇨ ↓, -ity〙

in·ac·ces·si·ble /ìnæksésəbl̩, -ɪk- | ìnəksés̀ɪ-, -æk-, -ɪk-/ *adj.* **1** 〈場所など〉〈人に〉到達し難い, 接近し難い; 〈物が〉〈人に〉容易に得られない, 手にはいらない, 得難い 〔*to*〕: an ~ summit / materials ~ *to* us 我々に入手できない資料. **2** 〈人が〉〈感情などを〉受けつけない 〔*to*〕: He was rather ~ *to* all ordinary emotions. 彼はあらゆる凡俗の感情などはどちらかといえば受けつけない人であった. **3** 〈人など〉近づき難い, 寄りつきにくい, よそよそしい, 打ち解けない: an ~ person / ~ dignity 近づきにくい威厳. **4** 〈作品など〉難解な, 理解できない. **~·ness** *n.* **in·ac·cés·si·bly** *adv.* 〘(?*a*1425) □ (O)F ~ □ LL *inaccessibilis*: ⇨ in-¹, accessible〙

in·ac·cu·ra·cy /ɪ̀nǽkjʊrəsi, ìn- | ɪn-, ìn-/ *n.* **1** 不正確, 不精密, ずさん. **2** [通例 *pl.*] 誤り, 間違い, 不正確な言葉[箇所]: a book full of *inaccuracies* 誤りだらけの書物. 〘(1757): ⇨ ↓, -acy〙

in·ac·cu·rate /ɪ̀nǽkjʊrɪ̀t, ìn- | ɪn-, ìn-ˊ/ *adj.* 不正確な, 間違った; 不精確な, 粗漏な, ずさんな: He is often ~ *in* his statement of facts. 彼は事実を述べるのにしばしば不正確である. **~·ly** *adv.* **~·ness** *n.* 〘(1669) ← IN-¹+ACCURATE〙

In·a·chus /ínəkəs/ *n.* 〘ギリシャ神話〙 イナコス《川の神; Argos の最初の王で Io の父》. 〘□ L ~ □ Gk *Ínakhos*〙

in·ac·tion /ɪ̀nǽkʃən, ìn- | ɪn-, ìn-/ *n.* 無活動, 不活動, 無為, 怠惰; 休止, 静止, 休息. 〘(1707): ⇨ in-²〙

in·ac·ti·vate /ɪ̀nǽktəvèɪt, ìn- | ɪnǽktɪ̀-, ìn-/ *vt.* **1** 不活発にする. **2** 〘物理化学〙〈生物体・酵素などを〉不活性[不旋光性]にする. **3** 〘医学〙〈血清などを〉非働化する, 不活(性)化する. **4** 〈部隊・軍艦などの〉戦時編制を解除する. **in·àc·ti·vá·tion** /-véɪʃən/ *n.* 〘(1906): ⇨ ↓, -ate³〙

in·ac·tive /ɪ̀nǽktɪv, ìn- | ɪn-, ìn-ˊ/ *adj.* **1** 活動的でない, 怠惰な; 仕事のない, 遊んでいる; 使われていない: an ~ market 値動きの少ない市場 / lead an ~ life ぶらぶらして暮らす. **2** 活動力のない, のろい, 不活発な, 鈍い. **3** 〈病気など〉進行しない, 〈火山など〉活動しない, 静止している: an ~ volcano 休火山. **4** 〘物理化学〙不活性の, 不旋光性の; 放射能のない. **5** 《米》〘軍事〙非現役の, 退役した; 待命の. **6** 〘医学〙〈血清など〉非働性の. **~·ly** *adv.* **~·ness** *n.* 〘(1725) ← IN-¹+ACTIVE〙

SYN 不活発な: **inactive** 活動していない《格式ばった語》: an *inactive* volcano 休火山. **inert** 〈人が〉行動したり考えたりしたがらない; 〈無生物が〉動く力がない: lazy, *inert* people 怠惰でだらけた人 / *inert* objects 動く力のない物. **torpid** 〈人が〉大儀であったり眠いために精神的・肉体的に不活発な; 〈冬眠中の動物が〉動き・感覚を失った《格式ばった語》: The heat of the sun made us feel *torpid*. 暑さのために活気がなくなった / a snake *torpid* in its winter sleep 冬眠中で動かないヘビ. **sluggish** 〈人・川・エンジンなど〉非常にゆっくりと動く: a *sluggish* engine 動きの鈍いエンジン. **ANT** active, lively, dynamic.

---

in·ac·tiv·i·ty /ìnæktívəṭi | -v̀ɪti/ *n.* **1** 不活動状態, 無為. **2** 無活動, 不活動, 静止. **3** 働いていないこと, 仕事をしていないこと; 使われていないこと. **4** 怠惰, 無気力, 緩慢. 〘(1646): ⇨ ↑, -ity〙

in·a·dapt·a·bil·i·ty /ìnədæ̀ptəbíləṭi, -æd- | -ədæ̀ptəbíl̀ɪti/ *n.* 適応性を欠くこと, 不適応性. 〘(1840): ⇨ ↓, -bility〙

in·a·dapt·a·ble /ìnədǽptəbl̩, -æd- | -əd-ˊ/ *adj.* 適応[順応]できない. 〘← IN-¹+ADAPTABLE〙

in·ad·e·qua·cy /ɪ̀nǽdɪ̀kwəsi, ìn- | ɪnǽd-, ìn-/ *n.* **1** 不十分, 不完全. **2** 不適当, 無力, 無能. 〘(1787): ⇨ ↓, -acy〙

in·ad·e·quate /ɪ̀nǽdɪ̀kwɪ̀t, ìn- | ɪnǽd-, ìn-ˊ/ *adj.* **1** 不十分な, 不足な, 足りない: an ~ income / The room was ~ *for* us. その部屋は我々には十分でなかった. **2** 不適当な, 無力な; 〈…する〉力がない 〈*to do*〉: ~ *to* a purpose 目的にかなわない / His wages are quite ~ *to* support such a large family. 彼の給料ではあんな大家族をとうてい養っていけない. **~·ly** *adv.* **~·ness** *n.* 〘(1675) ← IN-¹+ADEQUATE〙

in·ad·he·sive /ìnædhí:sɪv, -əd-, -zɪv | -əd-, -æd-ˊ/ *adj.* くっつかない, 粘着力のない. 〘(1811): ⇨ in-¹〙

in·ad·mis·si·ble /ìnədmísəbl̩, -æd- | -sɪ̀-ˊ/ *adj.* (*also* **in·ad·mís·sa·ble** /-sə-/) 許せない, 認容できない, 受け入れがたい, 承認し難い: ~ behavior. **in·ad·mis·si·bil·i·ty** /-səbíləṭi | -sɪ̀bíl̀ɪti/ *n.* **in·ad·mís·si·bly** *adv.* 〘(1776): ⇨ in-¹〙

in·ad·ver·tence /ìnədvɚ́:təns, -tn̩s, -əd- | -ədvə́:təns, -tn̩s/ *n.* **1** (ほかのことに気をとられてうっかりした)不注意. **2** (不注意による)手落ち, 間違い. 〘(*c*1440) □ OF *inadvertance* // ML *inadvertentia*: ⇨ in-¹, advertence〙

ìn·ad·vér·ten·cy /-tənsi, -tn̩- | -tən-, -tn̩-/ *n.* = inadvertence. 〘(1592) □ ML *inadvertentia* (↑)〙

in·ad·ver·tent /ìnədvɚ́:tənt, -əd-, -tn̩t | -ədvə́:tənt, -tn̩tˊ/ *adj.* **1** 〈言葉・行為が〉不注意に基づく, うっかり[何げなく]やった, ふとした (unintentional): an ~ insult 心にもなく行った[うっかりにした]無礼. **2** (ほかのことに気をとられて)不注意の, 疎漏な, うかつな; 怠慢な: a ~ critic. **~·ly** *adv.* 〘(1653) 《逆成》 ← INADVERTENCE〙

in·ad·vis·a·ble /ìnədváɪzəbl̩ˊ/ *adj.* 勧められない; 不得策の, 賢明でない. **in·ad·vìs·a·bíl·i·ty** /-zəbíləṭi | -l̀ɪti/ *n.* **~·ness** *n.* **in·ad·vís·a·bly** *adv.* 〘(1870): ⇨ in-¹〙

-i·nae /áɪni:/ *suf.* 〘動物〙亜科を表す複数名詞を造る (cf. -idae): Fel*inae*. 〘← (N)L *-īnae* (fem.pl.) ← *-īnus* '-INE¹'〙

in ae·ter·num /ìni:tɚ́:nəm, -aɪtéənum | -i:tə́:-, -aɪtéə-/ *L. adv.* 永遠に. 〘□ L ~ 'in eternity'〙

in·aid·a·ble /ɪ̀néɪdəbl̩, ìn- | ɪnéɪd-, ìn-/ *adj.* 《Shak》助けることができない, 救いようのない. 〘(1602–03): ⇨ in-¹, aid, -able〙

in·a·li·en·a·ble /ɪ̀néɪliənəbl̩, ìn-, -ljə- | ɪn-, ìn-ˊ/ *adj.* 譲渡できない, 奪うことのできない: ~ rights 不可譲の権利 (cf. unalienable)《米国独立宣言文 (The Declaration of Independence) 中では unalienable Rights で Life, Liberty, and the pursuit of Happiness を指す》. **in·à·li·en·a·bíl·i·ty** /-nəbíləṭi | -l̀ɪti/ *n.* **~·ness** *n.* **in·á·lien·a·bly** *adv.* 〘(1645) □ F *inaliénable*: ⇨ in-¹, alienable〙

in·al·ter·a·bil·i·ty /ɪ̀nɔ̀:ltərəbíləṭi, ìn-, -ɑ̀:l-, -trə- | ɪnɔ̀:ltərəbíl̀ɪti, ìn-, -ɔ̀l-, -trə-/ *n.* 不変性, 不易性. 〘(1714): ⇨ ↓, -ity〙

in·al·ter·a·ble /ɪ̀nɔ́:ltərəbl̩, ìn-, -ɑ́:l-, -trə- | ɪnɔ́:l-, ìn-, -ɔ́l-ˊ/ *adj.* 変えることのできない, 不変の, 不易の. **~·ness** *n.* 〘(1541) □ ML *inalterābilis*: ⇨ in-¹, alterable〙

in·ál·ter·a·bly /-bli/ *adv.* 変更できないように, 不変に. 〘(1631): ⇨ ↑, -ly¹〙

in·am·o·ra·ta /ɪnæ̀mərá:ṭə, ìnæm- | -tə; *It.* inamorá:ta/ *n.* (男性から見た)愛人, 恋人, 情婦. 〘(1651) □ It. *inamorata* (fem. p.p.) ← *inamorare* to fall in love IN-²+*amore* love (< L *amōrem*: ⇨ enamor)〙

in·am·o·ra·to /ɪnæ̀mərá:toʊ | -təʊ; *It.* inamorá:to/ *n.* (*pl.* **~s**) (女性から見た)愛人, 恋人, 情夫. 〘(1592) □ It. *inamorato* (masc. p.p.) ← *inamorare* (↑)〙

in-and-ín *adj.* 同血統中で繰り返した: ~ breeding (家畜の)同血統繁殖, 同種交配. — *adv.* 同血統中で繰り返して. 〘(1765) ← *in and in* (⇨ in (*adv.*) 成句)〙

ín-and-óut *adj.* **1** 出たり入ったりする; 見え隠れしている; うねりくねっている. **2** 〈競技者が〉うまかったりまずかったりの; 〈競技が〉勝ったり負けたりの: an ~ race. **3** 〘証券〙(株式の)短期売買の: ~ trading. — *n.* 〘馬術〙閉鎖障害物《近接していて一回では跳び越せない二つのさくからなる障害物》. 〘(1503) ← *in and out* (⇨ in (*adv.*) 成句)〙

ín-and-óut bònd *n.* 〘石工〙出入り積み, インアウト積み《石やれんがの小口と長手が垂直方向に交互に表に出るように積むこと; 特に隅石のように角の部分に積まれたもの》.

ín-and-óut plàting [sỳstem] *n.* 〘造船〙内外張(うちそとばり)《船の外板を張るのに, 内外内外に各板の端を重ね合わせて張る方式》.

in·ane /ɪ̀néɪn | ɪn-/ *adj.* **1** 内容がない, 空虚な, うつろな. **2** 愚かな, まぬけな, ばかげた. — *n.* [the ~] 空虚, 無限の空間. **~·ly** *adv.* 〘(1662) □ L *inānis* empty, vain〙

i·nan·ga /í:nɑ:ŋɑ:/ *n.* 〘魚類〙ニュージーランドやタスマニアに生息する *Galaxias* 属の淡水魚の総称《種類が多い》. 〘(1845) □ Maori ~, *inaka*〙

in·an·i·mate /ɪ̀nǽnəmɪ̀t, ìn- | ɪnǽnɪ̀-, ìn-ˊ/ *adj.* **1** 無生物の, 生命のない (⇨ dead SYN): ~ stones / ~ matter [objects] 無生物 / ~ nature 無生物界. **2** 生命のない, 死んだ: an ~ body 死体. **3** 活気のない, 生気のない: an ~ conversation 気の抜けたような対話. **4** 〘言語・文法〙 **a** 無生(物)の (⇨ animate 4 a): an ~ noun 無生名詞. **b** (ロシア語などで)〈名詞が〉不活動体の (⇨ animate 4 b). **~·ly** *adv.* **~·ness** *n.* 〘(?*a*1425) □ LL *inanimātus* lifeless ← IN-¹+*animātus* 'ANIMATE'〙

in·an·i·ma·tion /ɪ̀nænəméɪʃən, ìn- | ɪnæ̀nɪ̀-, ìn-/ *n.* 生命のないこと; 不活動, 無生気, 無気力. 〘(1784): ⇨ in-¹〙

in·a·ni·tion /ìnəníʃən/ *n.* **1** 空虚. **2** 栄養失調, 飢餓; 〘医学〙飢餓(性)衰弱. **3** 体力不足, 精神力欠乏, 無気力. 〘(1392) □ LL *inānītiō(n-)* ← L *inānītus* (p.p.) ← *inānīre* to make empty: ⇨ inane〙

in·an·i·ty /ɪ̀nǽnəṭi | ɪnǽnɪ̀ti/ *n.* **1** 空虚. **2** 愚鈍, まぬけ (silliness). **3** ばかばかしい事, くだらない事[言葉]. 〘(1603) □ L *inānitātem* emptiness ← *inānis* 'INANE'〙

I·nan·na /i:ná:nɑ:/ *n.* 〘神話〙イナンナ《シュメール (Sumer) の愛と戦いの女神; アッシリア・バビロニアの Ishtar と同一視される》. 〘□ Sumerian ~ ← *Nin-anna* Lady of Heaven〙

in an·tis /ɪ̀nǽntɪ̀s | ɪnǽntɪs/ *adv.* 〘建築〙 **1** インアンティスで《ギリシャ神殿の portico 形式のうち, 両端の壁が壁端柱 (antae) となって前面に出て, その間に通例 2 本の円柱の立つ形式にいう》. **2** 壁端柱の間に円柱を立てて. 〘(1848) □ L ~: ⇨ anta〙

in·ap·par·ent /ìnəpǽrənt, -əpéᵊr- | -əpǽr-, -əpéər-ˊ/ *adj.* **1** 明白でない. **2** 〘医学〙(特に)〈伝染病が〉不顕性の. **~·ly** *adv.* 〘(1626): ⇨ in-¹〙

in·ap·peas·a·ble /ìnəpí:zəbl̩ˊ/ *adj.* 静める[和らげる]ことができない, なだめようのない: ~ grief, longings, etc. 〘(1803): ⇨ in-¹〙

in·ap·pel·la·ble /ìnəpéləbl̩ˊ/ *adj.* 控訴できない. 〘(1825) ← IN-¹+L *appellāre* 'to address, APPEAL to' +-ABLE〙

in·ap·pe·tence /ɪ̀nǽpəṭəns, ìn-, -tn̩s | ɪnǽpɪ̀təns, ìn-, -tn̩s/ *n.* 食欲のないこと, 食思[食欲]不振. 〘(*a*1691): ⇨ in-¹〙

in·áp·pe·ten·cy /-ṭənsi, -tn̩- | -tən-, -tn̩-/ *n.* = inappetence. 〘1611〙

in·ap·pe·tent /ɪ̀nǽpəṭənt, ìn-, -tn̩t | ɪnǽpɪ̀tənt, ìn-, -tn̩t/ *adj.* 食欲のない, 食思[食欲]不振の. 〘(1796): ⇨ in-¹〙

in·ap·pli·ca·bil·i·ty /ɪ̀næ̀plɪ̀kəbíləṭi, ìn-, ìnəplìk- | ɪnæ̀plɪkəbíl̀ɪti, ìn-, ìnəplìk-/ *n.* 適用[応用]できないこと. 〘(1673): ⇨ ↓, -ity〙

in·ap·pli·ca·ble /ɪ̀nǽplɪ̀kəbl̩, ìn-, ìnǽplɪk- | ìn-əplík-, ɪnǽplɪk-, ìn-ˊ/ *adj.* 応用[適用]できない, 当てはまらない, 不適当な: The rule is ~ *to* this case. その規則はこの場合には適用できない. **~·ness** *n.* **in·áp·pli·ca·bly** *adv.* 〘(1656): ⇨ in-¹〙

in·ap·po·site /ɪ̀nǽpəzɪ̀t, ìn | ɪnǽpəzɪt, ìn-, -zaɪtˊ/ *adj.* 適合しない, 不適当な, 不適切な; 具合の悪いときになされた; 筋違いな, 見当違いな: an ~ argument / be ~ *to* the purpose 目的に添わない. **~·ly** *adv.* **~·ness** *n.* 〘(1661): ⇨ in-¹〙

in·ap·pre·cia·ble /ìnəprí:ʃəbl̩, -ʃiə-ˊ/ *adj.* **1** 感知できないくらいの, (気づかれないくらい)わずかな, 取るに足らない: an ~ difference in temperature わからないほどの温度の違い. **2** 《古》計り知れないほど貴重な. 〘(1787) ← IN-¹+APPRECIABLE〙

in·ap·pré·cia·bly /-bli/ *adv.* 感知できないほど, わずかに. 〘(1860): ⇨ ↑, -ly¹〙

in·ap·pre·ci·a·tion /ìnəprì:ʃiéɪʃən, -si-/ *n.* (真価の)不認識, 無理解, 鑑識力のないこと. 〘(1864): ⇨ in-¹〙

in·ap·pre·cia·tive /ìnəprí:ʃəṭɪv, -ʃiəṭ-, -ʃièɪṭ- | ìnəprí:ʃiət-, -siə-/ *adj.* **1** 〔…を〕正しく評価できない, 〔…の〕鑑賞力のない 〔*of*〕: be ~ *of* a work of art 美術品の鑑賞力がない. **2** (人の功績・美点などを)正しく評価しない, 理解しない: ~ criticism 無理解な批評. **~·ly** *adv.* **~·ness** *n.* 〘(1868): ⇨ in-¹〙

in·ap·pre·hen·si·ble /ìnæprɪ̀hénsəbl̩ | -sɪ̀-ˊ/ *adj.* 理解[了解]できない, 不可解の, 会得できない. 〘(*a*1641) □ LL *inapprehensibilis*: ⇨ in-¹, apprehensible〙

in·ap·pre·hen·sion /ìnæprɪ̀hénʃən/ *n.* 理解できないこと, 不可解. 〘(1744): ⇨ in-¹〙

in·ap·pre·hen·sive /ìnæprɪ̀hénsɪvˊ/ *adj.* **1** 〔…に〕理解力のない, 気づかない 〔*of*〕: be ~ *of* one's danger 身の危険を知らずにいる. **2** 懸念なしにいる, 危険を知らない. **~·ly** *adv.* **~·ness** *n.* 〘(1651–53): ⇨ in-¹〙

in·ap·proach·a·ble /ìnəpróʊtʃəbl̩ | -próʊtʃ-ˊ/ *adj.* **1** 近づけない. **2** およびもつかない, とてもかなわない, 無敵の. **3** 遠慮深い, 打ち解けない, よそよそしい. **in·ap·proach·a·bíl·i·ty** /-tʃəbíləṭi | -l̀ɪti/ *n.* **in·ap·próach·a·bly** *adv.* 〘(1828): ⇨ in-¹〙

in·ap·pro·pri·ate /ìnəpróʊpriɪ̀t | -práʊ-ˊ/ *adj.* 〔…に〕不適当な, 不相応な, ふさわしくない, 似合わない 〔*for, to*〕: ~ remarks 不穏当な言葉. **~·ly** *adv.* **~·ness** *n.* 〘(1804): ⇨ in-¹〙

in·apt /ɪ̀nǽpt, ìn- | ɪn-, ìn-ˊ/ *adj.* **1** **a** 〔…が〕下手な, まずい 〔*at, in*〕: be ~ *at* figures 計算が下手である. **b** 適性のない, 能力のない, 向かない. **2** 〔…に〕不適当な, 適切でない 〔*for*〕: an ~ remark. **~·ly** *adv.* **~·ness** *n.* 〘(*c*1670) ← IN-¹+APT: cf. inept〙

in·ap·ti·tude /ɪ̀nǽptətù:d, ìn-, -tjù:d | ɪnǽptɪ̀tjù:d, ìn-/ *n.* **1** 性(しょう)に合わないこと, 素質のないこと; 不向き, 不適当, 不似合い. **2** 下手, 不手際, 拙劣. 〘(1620) ← IN-¹+APTITUDE〙

in·arch /ɪ̀ná:ətʃ | ɪná:tʃ/ *vt.* **1** 〈若枝などを〉寄せ[呼び]接ぎする. **2** 添え接ぎする《古木などの衰弱した根を補うため, 根の付いた若い台木の先を樹皮中に挿し込み接ぐことにいう》. — *n.* 寄せ[呼び]接ぎによる植物. 〘(1629) ← IN-²+ARCH¹〙

in·ar·gu·a·ble /ɪ̀ná:əgjuəbl̩, ìn- | ɪná:-, ìn-/ *adj.* 議論の余地のない; 論証[弁護]できない. **in·ár·gu·a·bly** *adv.* 〘(*a*1875): ⇨ in-¹〙

in·arm /ɪ̀ná:əm | ɪná:m/ *vt.* 《詩》抱きしめる. 〘(1612) ← IN-²+ARM¹〙

in·ar·tic·u·late /ìnɑ:ətíkjʊlɪ̀t | ìnɑ:-ˊ/ *adj.* **1** 〈言葉など〉(発音の)はっきりしない, 音節が不明瞭な, 〈発音が〉意味を伝えない: ~ sounds 言葉でない(無意味な)音 / an ~ groan (言葉でなく)ただうんうん言ううめき声 / an ~ mutter ただぶつぶつ言うつぶやき. **2** **a** 〈人が〉〔興奮・苦痛などで〕はっきりものを言えない 〔*with*〕: be ~ *with* rage [palsy] 激怒のあまり[中気で]口がきけない. **b** 〈苦痛・激情など〉ものが言えないほどの: ~ fear 口がきけないほどの恐怖. **3** **a** はっきり意見の言えない[感情を表現できない]: an ~ old man ろれつの回らない老人. **b** 言語をもたない, 口がきけない, ものが言えない: ~ animals. **4** 〘解剖・動物〙関節のない: an ~ worm. **~·ly** *adv.* **~·ness** *n.* **in·ar·tic·u·la·cy** /ìnɑ:ətíkjʊləsi | ìnɑ:-/ *n.* 〘(1603) □ LL *inarticulātus* not distinct ← IN-¹+L *articulātus* 'ARTICULATE'〙

in·ar·ti·fi·cial /ɪ̀nɑ:əṭəfíʃəl, ìn-, -ʃl̩ | ɪnɑ̀:tɪ̀-, ìn-/ *adj.* **1** 《まれ》 **a** 〈建物など〉人工を加えない, 簡素な, 自然な. **b** 〈行為など〉無技巧な, 巧まない, わざとらしくない, 気取りのない. **2** 《古》不手際な, 拙劣な, 非芸術的な. **~·ly** *adv.* 〘(1588) □ L *inartificiālis* ← IN-¹+*artificiālis* 'ARTIFICIAL'〙

in·ar·ti·fi·ci·al·i·ty /ɪ̀nɑ:əṭəfìʃiǽləṭi, ìn- | ɪnɑ̀:tɪ̀fìʃiǽl̀ɪti, ìn-/ *n.* **1** 人工を加えないこと, 無技巧, わざとらしくないこと. **2** 不手際, 拙劣. 〘(1847): ⇨ ↑, -ity〙

in·ar·tis·tic /ìnɑ:ətístɪk | ìnɑ:-ˊ/ *adj.* (cf. unartistic) **1** 〈作品など〉非芸術的[非美術的]な: an ~ arrangement, style, etc. **2** 〈人が〉芸術的教養を欠いた, 芸術を解さない, 無趣味な. **in·ar·tís·ti·cal** *adj.* **in·ar·tís·ti·cal·ly** *adv.* 〘(1849): ⇨ in-¹〙

in·as·múch as *conj.* **1** …だから, …であるゆえに: Double sessions were instituted ~ the school was overcrowded. 学校は生徒が多くなりすぎたので2部授業が取り入れられた. ★ この意味では because, since などを用いたほうがよいとされる. **2** 《文語》…である限りは, …に応じて (insofar as); …である程度まで: He knows that, ～ I have told him. 私が彼に話した範囲まで彼はその事を知っている. 〖(*a*1325) *in als mikel* (*als*), *in as muche*(*l*) *as*: 17C 以降 *inasmuch* と書くようになった〗

in·at·ten·tion /ɪ̀nəténʃən/ *n.* **1 a** 不注意, 怠慢, 疎漏, 油断: with ～ 不注意に, うかつに. **b** 不注意な行為. **2** かまわないこと, 無頓着. 〖(*c*1670) □ F ～: ⇨ in-¹, attention〗

in·at·ten·tive /ɪ̀nəténtɪv | -tɪv⁻/ *adj.* **1** 〔…に〕不注意な, 怠慢な, うっかりした〔*to*〕(⇨ absentminded SYN). **2** 〔…に〕かまわない, 無頓着な, ぞんざいな〔*to*〕. **～·ly** *adv.* **～·ness** *n.* 〖(1692): ⇨ in-¹〗

in·au·di·bil·i·ty /ɪnɔ̀ːdəbíləti, ɪ̀n-, -ɑ̀ːdə- | ɪnɔ̀ːdɪ̀-bílɪ̀ti, ɪn-/ *n.* 聞こえないこと, 聴取不能. 〖(1821): ⇨ ↓, -ity〗

in·au·di·ble /ɪnɔ́ːdəbl, ɪ̀n-, -ɑ́ːdə- | ɪnɔ́ːdɪbl, ɪn-/ *adj.* 〈人に〉聞こえない, 聞き取れない〔*to*〕. **～·ness** *n.* 〖(1459) □ LL *inaudibilis*: ⇨ in-¹, audible〗

in·áu·di·bly /-bli/ *adv.* 聞き取れないほど[ように].

in·au·gu·ral /ɪnɔ́ːgjurəl, -ɑ́ːg-, -g(ə)r- | ɪnɔ́ːgjur-/ *adj.* **1** 就任(式)の, 開会の; (大統領・大学総長・州知事などの)就任(式)の: an ～ address 就任演説 / an ～ ball 《米》大統領[州知事]就任祝賀舞踏会《就任当日または前日に行う》/ an ～ ceremony [meeting] 就任[発会, 開館]式 / an ～ lecture (教授の)就任公開講義. **2** 門出[開始]をしるす; (連続ものの)最初の. — *n.* **1** 就任の辞, 就任演説 (inaugural address). **2** 《米》就任式; 《英》(教授の)就任後の初講義. 〖(1689) □ F ～ ← *inaugurer* □ L *inaugurāre*: ⇨ ↓, -al¹〗

in·au·gu·rate /ɪnɔ́ːgjurèɪt, -ɑ́ːg-, -gə- | ɪnɔ́ː-/ *vt.* **1** …の就任式を行う; (正式に)〈…として〉就任させる〔*as*〕: ～ a president 大統領[総長]の就任式を挙行する / be ～*d as* president 大統領として(正式に)就任する. **2** 〈公共的なもの〉の開始式を行う (⇨ begin SYN): ～ a building [a railway, a statue, an exhibition] 建物の落成式[鉄道の開通式, 像の除幕式, 博覧会の開会式]を行う / an *inaugurating* general meeting 創立総会. **3** 開始する, 始める: ～ a new school year [a five-year plan] / ～ air service 航空路を開設する / Edison [Electricity] ～*d* a new era. エジソン[電気]は新時代を開いた. 〖(1606) ← L *inaugurātus* (p.p.) ← *inaugurāre* to practice augury ← IN-²+*augurāre* to examine omens: ⇨ augur〗

in·au·gu·ra·tion /ɪnɔ̀ːgjuréɪʃən, -ɑ̀ːg-, -gə- | ɪnɔ̀ː-/ *n.* **1** (大統領・大学総長・州知事などの)就任(式): an ～ ball 《米》=INAUGURAL ball. **2** (公式の)開始, 開業, 発会. **3** (公共的なものの)開始式《開業式・開通式・開館式・開会式・落成式・除幕式・結党式など》: the ～ of an exhibition, a monument, etc. 〖(1569) □ (O)F ～ // LL *inaugurātiō*(*n*-) ← *inaugurāre*: ⇨ ↑, -ation〗

Inaugurátion Dày *n.* 《米》大統領就任式日《4で割り切れる数の年の翌年の1月20日; 1934年2月6日の第20回の憲法改正以前は3月4日》. 〖1686〗

in·áu·gu·rà·tor /-tə | -tə(r)/ *n.* 就任させる人, 叙任者; 開始者, 創始者. 〖(*a*1834) ← INAUGURATE+-OR²〗

in·au·gu·ra·to·ry /ɪnɔ́ːgjurətɔ̀ːri, -ɑ́ːg-, -gə- | ɪnɔ́ːgjurət(ə)ri, -gə-, -tri/ *adj.* =inaugural. 〖(1775) ← INAUGURATE+-ORY¹〗

in·aus·pi·cious /ɪ̀nɔːspíʃəs, -ɑːs- | ɪ̀nɔːs-, ɪnɔs-⁻/ *adj.* **1** 不吉な, 縁起の悪い (⇨ ominous SYN): ～ stars. **2** 不運な, 不幸な: an ～ time. **～·ly** *adv.* **～·ness** *n.* 〖1595–96〗

in·au·then·tic /ɪ̀nɔːθéntɪk, -ɑːθ-, -əθ- | ɪ̀nɔːθént-⁻/ *adj.* 本物でない; 典拠のない. **in·au·then·tic·i·ty** /ɪnɔ̀ːθəntísəti, -ɑ̀ːθ-, -θən- | ɪnɔ̀ːθentísɪti, -θən-, -sɪ-/ *n.* 〖(1860): ⇨ in-¹〗

in banc /ɪnbǽŋk/ *L. adj., adv.* 〖法律〗全判事列席の(上で). 〖⇨ banc〗

in·bánd *adj.* 〈石・れんがなど〉縦に並べた. 〖← IN-²+? BAND¹〗

ín·bàsket *n.* =in-tray. 〖1940〗

inbd 《略》inboard.

ín·bèing *n.* **1** 内在 (inherence). **2** 根本の性質, 本質. 〖(1587) ← IN (adv.)+BEING (n.)〗

ìn-betwéen *n.* 中間的なもの, 間にはいるもの (intermediate). — *adj.* 中間の, 中間的な. 〖(1815) ← *in between* (⇨ in (adv.) 成句)〗

ìn·bet·wéen·er *n.* 中間的なもの, 仲介者.

ín·bòard *adj., adv.* **1** 〖海事〗舷内(げんない)の[に], 船の中心線寄りの[に], 船内の[に] (↔ outboard). **2** 〖機械〗内向きの[に]: the ～ stroke of a piston ピストンの内向き行程. **3** 〖海事〗**a** 《(モーターボートなどの)エンジンが》船内に搭載された[て]. **b** 〈モーターボートが〉船内エンジンを備えた[て]. **4** 〖航空〗(飛行機の)胴体に近いほうの[に], 胴体寄りの[に]. — *n.* **1** 〖海事〗船内エンジン. **2** 船内エンジン付き小型船. 〖(1830) ← IN (prep.)+BOARD (n.): cf. onboard〗

ínboard-óutboard 〖海事〗*adj.* 内外機式の《エンジンを艇内に設け, プロペラ軸が艇体を貫かずに方向自由変換式軸を通じて艇尾のプロペラを動かす方式にいう》. — *n.* 内外機式エンジンを付けた艇.

inboard prófile *n.* 〖造船〗船内側面図《船の縦断面図》. 〖1909〗

ínboard-rígged *adj.* 〖海事〗船の内側にだけ帆走装備をもっている.

ín·bònd *adj.* 〖石工〗〈石・れんがが〉小口積みの (↔ outbond). 〖(1842–76) ← IN-²+BOND¹〗

ín-bònd shòp *n.* 《カリブ》免税店.

in·bórn *adj.* 持って生まれた, 生まれつきの, 先天的な, 生得の (⇨ innate SYN): an ～ talent. 〖OE *inboren* 《なぞり》← LL *innātus* 'INNATE': ⇨ in (adv.), born〗

in·bòund *adj.* 本国行きの; 帰航の (↔ outbound): an ～ ship. 〖(1894) ← IN (adv.)+BOUND²〗

in·bòunds *adj.* 〖バスケット〗〈パスなど〉コート外からコート内への. 〖1968〗

inbounds líne *n.* 〖アメフト〗インバウンドライン《フィールドをヤードラインに直角に縦に3分割する2本の破線の一方》. 〖*c*1961〗

in·bréathe *vt.* **1** 《まれ》吸い込む. **2** 〈思想などを〉吹き込む, 霊感を与える. 〖(*c*1384) *inbrethe*(*n*) 《なぞり》← L *inspīrāre* 'to INSPIRE': ⇨ in-², breathe〗

in·brèd *adj.* **1** 〈性質など〉染みついた, 生得の (⇨ innate SYN). **2** 同血統繁殖の; 近親交配の: an ～ family 代々血族結婚の家族. **3** 派閥[排他]的な. 〖(1592) ← IN (adv.)+BRED〗

in·brèed *v.* (**in·bred**) — *vt.* **1** 〈家畜を〉同血統交配によって繁殖させる (↔ outbreed). **2** 《古》〈美徳の種などを〉内に生じさせる, 発生させる. — *vi.* **1** 同血統交配によって繁殖する. **2** (社会的・文化的交流が限られているため)衰退する, 無力となる. **～·er** *n.* 〖(1599) ← IN-² +BREED (v.)〗

ín·brèeding *n.* **1** 〖生物〗同系交配, 同血統繁殖, 近親交配 (cf. exogamy 2, linebreeding; ↔ outbreeding). **2** 同系統の人たちばかりで部内を固めること, 派閥のみによる人材登用. 〖(*c*1842) ↑: ⇨ -ing¹〗

in·búilt *adj.* **1** 作り付けの, はめ込みの (built-in): an ～ radio 作り付けラジオ《カーラジオなど》. **2** 生得の, 固有の: the atom's ～ energy. 〖1923〗

in·bùrst *n.* 《まれ》突入: an ～ of water. 〖(1837) ← IN (adv.)+BURST (n.): cf. outburst〗

in·býe (*also* **in·by** /～/) 《スコット・英方言》*adv.* (外から)中の方へ, 内部へ (inwards): Come ～. — *adj.* [限定的] **1** (家などに)すぐ近くの. **2** 中[内部]の (interior). — *n.* すぐ近くの土地. 〖(1768) ← IN (adv.)+BY (adv.)〗

inc. 《略》inclosure; included; including; inclusive; income; incomplete; increase; incumbent.

Inc. /ɪŋk/ ★ incorporated と読むことが多い. 《略》incorporated.

In·ca /íŋkə/ *n.* (*pl.* ～**s**, ～) **1 a** [the ～(s)] インカ族《南米ペルーの Andes 山脈地方に住んでいた先住民; ⇨ Incaic Empire》. **b** インカ人. **c** インカ人の王様. **2** インカ帝国皇帝. **3** [i-] 〖鳥類〗インカハチドリ (*Coeligena*) 《南米産》. 〖(1594) 《古形》*Inga* □ Sp. ～ ← Quechua *inka* lord, king〗

In·ca·bloc /íŋkəblɑ̀(ː)k | -blɔ̀k/ *n.* 〖商業〗インカブロック《時計のてん真 (balance staff) の軸受に設けられた耐衝撃装置; cf. shock absorber 1 c》.

in·cage /ɪnkéɪdʒ | ɪn-/ *vt.* =encage.

In·ca·ic /ɪŋkéɪɪk, ɪn-/ *adj.* インカ人[帝国]の. 〖(1880): ⇨ Inca, -ic¹〗

Incáic Émpire *n.* [the ～] インカ帝国《インカ族の建てた帝国; 高度の文明をもち, 1533年スペイン人に征服された当時, その版図がエクアドルからチリの半ばに達していた; cf. Pizarro》.

in·cal·cu·la·bil·i·ty /ɪnkæ̀lkjuləbíləti, ɪ̀n- | ɪnkæ̀lkjuləbílɪ̀ti, ɪn-, ɪŋ-, ɪ̀ŋ-/ *n.* **1** 数えきれないこと, 無数, 無量. **2** 予想し難いこと. **3** 当てにならないこと. 〖(1873): ⇨ ↓, -ity〗

in·cal·cu·la·ble /ɪnkǽlkjuləbl, ɪ̀n- | ɪn-, ɪn-, ɪŋ-⁻/ *adj.* **1** 数えきれない, 計算できない, 無数の, 無量の, 莫大な: ～ harm [benefits] 計り知れない害[利益]. **2** 予想[見積り]のできない, 見込みの立たない. **3** 信頼できない, 当てにならない, お天気屋の: a man of ～ moods 気まぐれな人. **～·ness** *n.* **in·cál·cu·la·bly** *adv.* 〖(1795): ⇨ in-¹〗

in·ca·les·cence /ɪ̀nkəlésəns, ɪ̀ŋ-, -sns/ *n.* 《まれ》増温, 加熱; 熱意が増す状態. 〖(1646) ↓〗

in·ca·les·cent /ɪ̀nkəlésənt, ɪ̀ŋ-, -snt⁻/ *adj.* 《まれ》温度が増す, 増熱する; 熱意が増す. 〖(1680) □ L *incalēscentem* (pres.p.) ← *incalēscere* to become warm or hot ← IN-²+*calēscere* to grow warm (← *calēre* to be warm)〗

in cam·er·a /ɪnkǽm(ə)rə/ *L. adv.* **1** 秘密裏に, ひそかに. **2** 〖法律〗**a** 判事室の中で. **b** 非公開の法廷で. — *adj.* **1** 秘密裏の, ひそかな. **2** 〖法律〗**a** 判事室の中の. **b** 非公開の法廷での. 〖(1882) □ L ～ 《原義》in a chamber: ⇨ camera〗

In·can /íŋkən/ *n.* **1** インカ帝国の住民. **2** ケチュア語 (Quechua). — *adj.* =Incaic. 〖(1885) ← INCA+-AN¹〗

in·can·desce /ɪ̀nkəndés, -kæn- | -kæn-, -kən-/ *vi.* 白熱する. — *vt.* 白熱させる. 〖(1874) □ L *incandēscere* to become hot, glow ← IN-²+*candēscere* to become white, shine (← *candēre* to shine, be white)〗

in·can·des·cence /ɪ̀nkəndésəns, -kæn-, -sns | -kæn-, -kən-/ *n.* **1** 白熱(状態). **2** 〖医学〗発熱による身体のほてり. **3** 〖電気〗白熱放射. 〖(1646): ⇨ ↑, -escence〗

in·can·des·cen·cy /ɪ̀nkəndésənsi, -kæn-, -sn- | -kæn-, -kən-/ *n.* =incandescence. 〖1882〗

in·can·des·cent /ɪ̀nkəndésənt, -kæn-, -snt | -kæn-, -kən-⁻/ *adj.* **1** 白熱の, 白熱光を発する; まばゆいほどの, 光り輝く: under the ～ light. **2** 〈才知など〉光り輝く, きらめく, 絢爛(けんらん)たる: ～ wit. **3** 〈人・愛情など〉熱意に燃えた, 熱烈な: ～ affection. — *n.* 〖電気〗=incandescent lamp. **～·ly** *adv.* 〖(1794) □ F ～ // L *incandēscentem* (pres.p.) ← *incandēscere* 'to INCANDESCE'〗

incandescent lámp *n.* 〖電気〗白熱電球《普通の電球; 単に incandescent または light bulb ともいう》. 〖1881〗

incandescent líght *n.* 〖電気〗白熱(電)灯. 〖1848〗

Íncan Émpire *n.* [the ～] =Incaic Empire.

in·cant /ɪnkǽnt | ɪn-/ *vt.* 吟唱する. 〖(1546) □ L *incantāre* to chant〗

in·can·ta·tion /ɪ̀nkæntéɪʃən/ *n.* **1** 呪文(じゅもん); 呪文を唱えること. **2** 魔法, まじない. **3** 魔法の儀式. **4** [しばしば *pl.*] (特別の効果を出すために繰り返し述べられる)決まり文句. **～·al** /-ʃnəl, -ʃənl⁻/ *adj.* 〖(*a*1393) *incantacioun* □ (O)F *incantation* // L *incantātiō*(*n*-) enchantment ← *incantāre* to bewitch ← IN-²+*cantāre* 'to sing, CHANT'〗

in·can·ta·to·ry /ɪnkǽntətɔ̀ːri | ɪ̀nkæntéɪtəri, -tri, ɪnkǽntə-/ *adj.* まじない[呪文(じゅもん)]の. 〖1646〗

in·cap /ínkæp/ *n.* 《軍俗》=incapacitant.

in·ca·pa·bil·i·ty /ɪnkèɪpəbíləti, ɪn- | -lɪ̀ti⁻/ *n.* 無能, 無力; 不適当, 不適任; 無資格. 〖(1632): ⇨ ↓, -ity〗

in·ca·pa·ble /ɪnkéɪpəbl, ɪ̀n- | ɪn-, ɪn-⁻/ *adj.* **1** [叙述的] **a** 〈人が〉(生まれつき)〔…が〕できない, 不能な, 〔…に〕耐えない〔*of*〕: ～ *of* speech (生まれつき, あるいは驚きなどで)ものが言えない / I am ～ *of* movement [moving]. 私は動けない / ～ *of* understanding 理解できない, 理解力のない. **b** 〈人が〉(人格的に)とても〔…が〕できない〔*of*〕: a person ～ *of* (tell*ing*) a lie [speak*ing* the truth] とてもうそが[本当の事が]言えない人. **2** 無能な, 無力の, 役に立たない (incompetent): an ～ official [worker] 無能な役人[職人] / ⇨ DRUNK *and incapable*. **3** [叙述的] 〈物・事が〉〔…を〕許さない, 〔…を〕受け付けない〔*of*〕: ～ *of* measurement [be*ing* measured] 測定(することが)できない / The plan is ～ *of* improvement [be*ing* improved]. その計画は改善の余地がない. **4** 〖法律〗(知能の欠陥があるなどの理由により)〔…の〕資格がない〔*of*〕: ～ *of* hold*ing* public office 公職につく資格がない. **5** 《古》感じない, 気がつかない. — *n.* (全くの)無能者; (特に)知能の欠陥がある人. **～·ness** *n.* **in·cá·pa·bly** *adv.* 〖(1591) □ F ～ // LL *incapābilis*: ⇨ in-¹, capable〗

in·ca·pa·cious /ɪ̀nkəpéɪʃəs⁻/ *adj.* 《古》**1** 狭い, 限られた. **2** (知的に)無能な. **～·ness** *n.* 〖(1617) ← L *incapāci-*, *incapāx* incapable+-OUS: ⇨ in-¹, capacious〗

in·ca·pac·i·tant /ɪ̀nkəpǽsətənt, -tnt | -sɪ̀-/ *n.* 〖薬学〗活動不能化学剤《眠気・めまい・方角識別不能などを起こさせ人や動物の活動を一時的に不能にする薬品で; 主に化学兵器用》. 〖(1961): ⇨ ↓, -ant〗

in·ca·pac·i·tate /ɪ̀nkəpǽsətèɪt | -sɪ̀-/ *vt.* **1** 〔…に対して〕〈人を〉無(能)力にする〔*for*〕; 〔行為などを〕〈人に〉できなくする, 耐えられなくする〔*from*〕; 〈…する〉能力をなくする〈*to* do〉: His poor health ～*d* him *from* working [*for* work, *to* work]. 健康がすぐれなくて仕事ができなかった. **2** 〖法律〗…から〔…の〕資格を奪う, 無資格にする, 失格させる〔*from*〕: be ～*d from* voting 投票の資格を失う.

ìn·ca·pác·i·tà·tor /-tə | -tə(r)/ *n.* 〖(1657) ← INCAPACIT(Y)+-ATE³〗

in·ca·pac·i·ta·tion /ɪ̀nkəpæ̀sətéɪʃən | -sɪ̀-/ *n.* 無能力にすること, 資格剥奪, 失格; 無能力, 無資格. 〖(1770): ⇨ ↑, -ation〗

in·ca·pac·i·ty /ɪ̀nkəpǽsəti, -sti | -sɪ̀ti/ *n.* **1** 無能であること, 不適当, 不適任〔*for*〕; 〈…する〉能力がないこと〈*to* do〉: ～ *for* work, *for* one's position, *to* work, etc. **2** 〖法律〗無能力, 無資格, 失格, 資格剥奪. 〖(1611) □ F *incapacité* // LL *incapācitātem*: ⇨ in-¹, capacity〗

In·cap·a·ri·na /ɪnkæ̀pəríːnə | ɪn-/ *n.* 〖食品〗インカパリナ《高蛋白性食物補給剤; 綿実粉末・粗挽きコーン・トウモロコシなどから作られ, 特にラテンアメリカで用いられる》. 〖(1960) ← *incap* ((頭字語)) ← *I*(*nstitute of*) *N*(*utrition of*) *C*(*entral*) *A*(*merica and*) *P*(*anama*))+(F)ARINA〗

in·cap·su·late /ɪnkǽpsəlèɪt, -sju- | ɪnkǽpsju-/ *v.* =encapsulate.

ín·càr *adj.* 自動車の中の, 自動車に取り付けた: an ～ computer. 〖(1968) ← IN (prep.)+CAR〗

in·car·cer·ate /ɪnkɑ́ːsərèɪt | ɪnkɑ́ː-, ɪŋ-/ *vt.* **1** [通例受身で] 投獄する, 監禁する, 幽閉する. **2** [通例受身で] 囲む, 閉じ込める; 圧縮する. — /-s(ə)rɪ̀t/ *adj.* 《まれ》投獄された (imprisoned).

in·cár·cer·à·tor /-tə | -tə(r)/ *n.* 〖(1560) ← ML *incarcerātus* (p.p.) ← *incarcerāre* ← IN-²+L *carcerāre* to imprison (← *carcer* prison): ⇨ -ate³〗

in·cár·cer·at·ed hérnia /-rèɪtɪ̀d- | -tɪ̀d-/ *n.* 〖病理〗嵌頓(かんとん)ヘルニア (strangulated hernia). 〖1886〗

in·car·cer·a·tion /ɪnkɑ̀ːsəréɪʃən | ɪnkɑ̀ː-, ɪŋ-, ɪnkɑː-, ɪŋ-/ *n.* **1** 投獄, 監禁, 幽閉(状態). **2** 〖病理〗嵌頓(かんとん). 〖(?*a*1425) □ (O)F *incarcération* // ML *incarcerātiō*(*n*-) ← *incarcerāre* 'to INCARCERATE': ⇨ -ation〗

in·car·di·nate /ɪnkɑ́ːdənèɪt, -dn- | ɪnkɑ́ːdɪn-/ *vt.* **1** (ローマ教皇庁の)枢機卿(すうききょう) (cardinal) に任じる. **2** 〖キリスト教〗〈司教が〉〈聖職者を〉教区に入籍させる. 〖(1609) ← LL *incardinātus* (p.p.) ← *incardināre* to institute into an ecclesiastical benefice: ⇨ in-², cardinal, -ate³〗

in·car·di·na·tion /ɪnkɑ̀ːdənéɪʃən, -dn- | ɪnkɑ̀ːdɪn-, -dn-/ *n.* 〖キリスト教〗**1** (聖職者の)教区入籍 (司教が聖職者を自分の教区に tonsure によって入籍させること; cf. excardination). **2** 枢機卿(すうききょう) (cardinal) に任

ずること. 〖(1897)□LL *incardinātiō(n-)* (↑)〗

in·carèer *adj.* 現職中の: ～ re-education 現職者再教育. 〖1968〗

in·car·na·dine /ɪ̀nkάənədàɪn, -dìːn, -dn̩ | ɪnkάː-nədàɪn/ 《詩》*adj.* 肉色の, とき色の, 淡紅色の (flesh-colored); 深紅の, 血赤色の (blood-red). ― *n.* 肉色, とき色; 深紅, 血赤色. ― *vt.* 赤く[深紅色]染める, 血染めにする: the multitudinous seas ～ 大海原をあかねに染める (Shak., *Macbeth* 2. 2. 62). 〖(1591)□F *incarnadine*□It. 《方言》*incarnadino* 《変形》← *incarnatino* carnation, flesh color ← *incarnato* 'INCARNATE'〗

in·car·nal·ize /ɪnkάənəlàɪz, -nl- | ɪnkάː-, ɪŋ-/ *vt.* =encarnalize.

in·car·nate /ɪnkάənɪt, -neɪt | ɪnkάː-, ɪŋ-/ *adj.* **1** [通例名詞の後に用いて] 肉体をもつ, 人間の姿をした神 (↔ discarnate): an ～ fiend=a devil ～ 悪魔の化身 / God ～ 神の化身, 人間の姿をした神 / the *Incarnate* Son of God 神の子の化身. **2** [通例名詞の後に用いて]〈観念・抽象・性質など〉具体化した, 顕現した: Liberty [Cruelty] ～ 自由[残酷]の権化(ごんげ). **3** 〈花の色など〉肉色の; 深紅の (cf. incarnadine).
― /ɪnkάəneɪt, ínkαənèɪt | ínkαːnèɪt, íŋ-, ɪnkάːneɪt, ɪŋ-/ *vt.* **1** …に肉体を与える; …に(…の)姿を与える〔*as*〕: the devil ～*d as* a serpent へびの姿をした悪魔. **2** 具体化する, 具現させる; 実現させる: ～ a plan, an idea, etc. **3** …の典型である: He ～*s* modern chivalry. 彼は近代騎士道の権化だ.
〖adj.: (1395)□LL *incarnātus* (p.p.) ← *incarnāre* to make flesh ← IN-²+*carn-, carō* flesh. ― v.: (1533) ← (adj.): ⇨ carnal, -ate²˒³〗

in·car·na·tion /ɪ̀nkαəneɪʃən | ɪ̀nkαː-, ɪ̀ŋ-/ *n.* **1 a** (人間・動植物など)地上生物の霊魂の化身. **b** 人間の姿をとること, 肉体を与えること; 人間の姿で現れること, 顕現: the ～ of God in Christ キリストにおける神の顕現. **2** (観念・抽象的性質などの)具体化, 具体的に現れたと思われる姿, 権化(ごんげ), 化身: the ～ of health 健康の権化 / He is the ～ of patience. 忍耐そのものだ. **3** (転変する人生などの)一時期: in a previous ～ 前身は. **4** [the I-]〖カトリック〗托身;〖プロテスタント〗受肉; 化肉(けにく)《神の子キリストが人類の救いのためイエスという人間として現れたこと》. **5**〖医学〗肉芽発生[形成]. 〖(c1300) *incarnacio(u)n*□(O)F *incarnation* // LL *incarnātiō(n-)*← *incarnāre* (↑)〗

in·car·vil·le·a /ɪ̀nkαəvíliə | -kαː-/ *n.*〖植物〗インカルビレア《中国原産のノウゼンカズラ科 (*Bignoniaceae*) の多年草; 観賞用に栽培されるものもある》.

in·case /ɪnkéɪs | ɪn-/ *vt.* =encase.

in·cáse·ment *n.* =encasement.

in·cau·tion /ɪnkɔ́ːʃən, -kάː- | ɪnkɔ́ː-/ *n.* 不注意. 〖(1715–20): ⇨ in-²〗

in·cau·tious /ɪnkɔ́ːʃəs, -kάː- | ɪnkɔ́ː-/ *adj.* 不注意な, 軽率な, 無謀な: an ～ talk. **～·ly** *adv.* **～·ness** *n.* 〖(a1703): ⇨ in-¹〗

Ince /ɪns/, **Thomas Harper** *n.* インス《(1882–1924; 無声映画時代の米国の映画監督》.

in·cen·di·a·rism /ɪnséndiərìzm | ɪnséndi-/ *n.* **1** 放火, 火付け: commit ～ 放火する. **2** (暴行・暴動などの)煽動, 教唆. 〖(1674–1710): ⇨ ↓, -ism〗

in·cen·di·ar·y /ɪnséndièri, -djəri | ɪnséndiəri/ *adj.* [限定的] **1** 放火の: an ～ fire 放火, 付け火 / ～ mania 放火癖. **2**〖軍事〗(建物などに)火をつける, 火災を起こす: ⇨ incendiary bomb / an ～ card 焼夷(しょうい)カード. **3** 煽動的な, 教唆的な: an ～ speech アジ演説 / an ～ article 煽動的記事. **4** 情欲をそそる, 煽情的な: a ～ picture, novel, etc. ― *n.* **1** 放火者[犯人]. **2** 煽動者, 教唆者, 使嗾(しそう)者. **3**〖軍事〗発燃剤; 焼夷剤; 焼夷弾《ナパーム・テルミットなど高熱で燃焼する物質を含む》. 〖(a1402)□L *incendiārius* causing fire ← *incendium* fire ← *incendere* to set fire to ← IN-²+*candēre* to glow〗

incéndiary bómb *n.*〖軍事〗焼夷(しょうい)弾 (cf. fire bomb). 〖1911〗

in·cen·dive /ɪnséndɪv | ɪn-/ *adj.*〖軍事〗=incendiary 2. 〖(1959) ← L *incendere* (↑)+-IVE〗

in·cense¹ /ínsens, -sents/ *n.* **1** 香(こう), (特に, 宗教的儀式に用いられる)香料; 香の煙, 香のかおり: a stick of ～ 線香 / burn ～ *before*=offer ～ *to* …に香をたく[供える]. **2** 芳香, かおり. **3** 賛美, お世辞, 愛想, へつらい: burn ～ before a person 人にへつらう. ― *vt.* **1** …に香をたき込める[くゆらす], 香でにおわせる; …に香を供える. **2**《古》…にこびへつらう. ― *vi.* 香をたく. **in·cen·sa·tion** /ɪ̀nsenséɪʃən/ *n.* 〖(c1280) *encens*□OF ～□LL *incensum* 《原義》something burnt (neut. p.p.) ← L *incendere*: ⇨ incendiary, cense〗

in·cense² /ɪnséns | ɪn-/ *vt.* [通例受身で] 激高させる, (ひどく)怒らせる: *be* ～*d by* [*with, against*] a person / *be* ～*d at* a person's words [conduct] 人の言葉を聞いて[行為を見て]かんしゃく玉を破裂させる. **～·ment** *n.* 〖(c1410) *incence(n)*□OF *incenser* ← L *incensus* (p.p.) ← *incendere*: ⇨ incendiary〗

íncense bòat *n.* 舟形(型)香入れ《つり香炉に移す香を入れておく容器》.

íncense bùrner *n.* (置)香炉 (cf. censer). 〖a1843〗

íncense cèdar *n.* **1**〖植物〗オニヒバ (*Libocedrus decurrens*)《北米太平洋岸産の樹皮が赤褐色になるヒノキ科の大樹》. **2** オニヒバ材《軽くて軟らかく木目のまっすぐな木材; 鉛筆の材料に用いられ pencil cedar または red cedar, white cedar とも呼ばれる》. 〖1884〗

in·cénsed /ɪnsénst | ɪn-/ *adj.* **1** 激怒した, 激高した. **2**〖紋章〗〈動物が〉口あるいは耳から炎を吹き出した. 〖(1577–87): ⇨ incense²〗

incense·less *adj.* 〈教会堂・礼拝など〉香を用いない[たかない]. 〖(1856): ⇨ incense¹〗

in·cen·so·ry /ínsensəri/ *n.* つり[下げ]香炉 (censer). 〖(1645) ← INCENSE¹ (n.)+-ORY²〗

in·cènter *n.*〖数学〗内心《三角形や正多角形に内接する円の中心》. 〖(c1890): ⇨ in-³〗

in·cen·tive /ɪnséntɪv | ɪnsént-/ *n.* **1 a** 〔…に対する〕刺激, 誘因, 動機〔*to*〕(⇨ motive SYN); 〈…させる〉誘因〈*to do*〉: act as an ～ 刺激となる / an ～ *to* an action 行為の動機[誘因] / He hasn't much ～ [many ～*s*] *to* work(*ing*) hard [hard work]. 彼には一心に働く励みになるものがあまりない. **b** より一心に働くための報酬[利権]. **2**〖心理〗(行動の動機となる)外的な誘因 (cf. drive 8, motivation 2). ― *adj.* 刺激的な, 誘発的な, 激励[奨励]的な, 鼓舞する: an ～ speech 激励演説 / ～ goods [pay] 報奨物資[金]. **～·ly** *adv.* 〖(?a1425)□L *incentīvus* setting the tune, inciting ← *incentus* (p.p.) ← *incinere* to sound ← IN-²+*canere* to sing: この意味にさらに L *incendere* to set fire to, kindle が影響した: cf. incendiary〗

incéntive wàge *n.* 刺激給, 能率給《能率の上下によって賃率を増減する賃金制度》.

in·cen·tiv·ize /ɪnséntɪvàɪz | ɪnséntɪ-/ *vt.* 報奨金[品]で奨励する.

in·cept /ɪnsépt | ɪn-/ *vt.* **1**〖生物〗摂取する. **2**《古》始める: ～ the Psalms 詩編を起唱する, 詩編の始句を独唱する. ― *vi.*《英》**1** (特に, Cambridge 大学で) Master [Doctor] の学位を取る. **2** 職[役]に就く. 〖(1569)□L *inceptus* (p.p.) ← *incipere* to begin ← IN-²+*capere* to take, catch〗

in·cep·tion /ɪnsépʃən | ɪn-/ *n.* **1** 初め, 開始, 発端: at the (very) ～ of …の初めに当たり. **2**《英》(中世の大学で) Master [Doctor] 学位受領者が最初の講義をする儀式《これによって同僚から有資格教員と認められる》; 学位授与式《《米》commencement》. 〖(?a1425)□(O)F ～ // L *inceptiō(n-)* ← *inceptus* (↑): ⇨ -tion〗

In·cep·ti·sol /ɪnséptɪsɔ̀(ː)l | ɪnséptɪsɔ̀l/ *n.*〖土壌〗インセプティゾル《層位分化のやや発達した土壌》. 〖(c1965) ← L *inceptum* beginning ← *incipere* to begin+-SOL〗

in·cep·tive /ɪnséptɪv | ɪn-/ *adj.* **1** 初めを示す, 初めの, 開始の, 発端の: A point is ～ *of* a line. 点は線の始め. **2**〖文法〗(主にギリシャ語・ラテン語の動詞について)動作[状態]の開始を示す, 起動(相)の (inchoative): an ～ verb 起動動詞《例: Gk *gignōskō* I learn (being to know); L *calescō* I grow warm》. ― *n.*〖文法〗起動相 (inceptive aspect); 起動動詞 (inceptive verb). **～·ly** *adv.* 〖(1612)□OF *inceptif, -ive* // LL *inceptīvus*: ⇨ incept, -ive〗

in·cép·tor *n.*《英》(特に, Cambridge 大学で) Master [Doctor] 学位取得者. 〖(1479)□L ～ ← *incipĕre* to begin〗

in·cer·tae se·dis /ɪŋkə́ətaɪséɪdɪs, ɪnsə́ːtiːsíːdiː- | ɪŋkə̀ːtaɪséɪdɪs, ɪnsə́ːtiːsíːdiː-/ *L. adv.*〖生物〗(分類学上)不確かな位置に.

in·cer·ti·tude /ɪnsə́ːtətùːd, -tjùːd | ɪnsə́ːtɪtjùːd/ *n.* 不確実, 不確か, 不定; 疑惑, 疑念; 不安定, 不定. 〖(1459)□(O)F ～ // ML *incertitūdō* ← L *incertus* uncertain: ⇨ in-¹, certitude〗

in·ces·san·cy /ɪnsésənsi, ɪ̀n-, -sn̩- | ɪn-, ɪ̀n-/ *n.* 絶え間[間断]のないこと. 〖(1615): ⇨ ↓, -ancy〗

in·ces·sant /ɪnsésənt, -snt, ɪ̀n- | ɪn-, ɪ̀n-/ *adj.* 絶え間のない, 間断のない, ひっきりなしの: a week of ～ rain / feel an ～ pain. **～·ly** *adv.* **～·ness** *n.* 〖(1461)□(O)F ～ // LL *incessantem* unceasing ← IN-¹+*cessant-* ((pres.p.) ← *cessāre* 'to CEASE')〗

in·cest /ínsest/ *n.* **1** 近親相姦(そうかん), 血族相姦, 乱倫; 近親相姦罪. **2**〖カトリック〗=spiritual incest. 〖(?a1200)□L *incestus, incestum* (neut.) ← *incestus* unchaste ← IN-¹+*castus* 'CHASTE'〗

in·ces·tu·ous /ɪnséstʃuəs | ɪnséstju-, -tʃu-/ *adj.* **1** 近親相姦(そうかん)的な: an ～ marriage. **2** 血族相姦の(罪を犯した). **3** 過度にまたは排他的に親密で近親相姦に似た. **4**《廃》近親相姦で生じた: an ～ bastard. **～·ly** *adv.* **～·ness** *n.* 〖(1532)□LL *incestuōsus* ← *incestus*: ⇨ ↑, -ous〗

inch¹ /ɪntʃ/ *n.* **1** インチ《長さの単位; 0.083 フィート, 0.027 ヤード, 2.540 cm; 略 in.; 符号 ″》: He is five feet seven ～*es* (*tall*). 身長が 5 フィート 7 インチある / a square ～ 1 平方インチ / a cubic ～ 1 立方インチ / Give him an ～ and he'll take a yard [a mile,《古》an ell]. 《諺》「寸を与えれば尺を望む」(抱けばおぶえと図に乗る). **2** [*pl.*] 身長, 背丈: a man of your ～*es* 君と同じくらいの丈の男. **3** 小距離, 少量, 少額, 少し: win by an ～ 僅差で勝つ / He didn't yield [give, budge] an ～. 彼は少しも譲ら[一歩も引か]なかった. **4**〖気象〗インチ: **a** 雨量・降雪量などの単位: an ～ of rain 1 インチの雨量. **b** 気圧の単位 (cf. INCH of mercury): an atmospheric pressure of 35 ～*es* 35 インチの気圧. **5**〖水力学〗=water-inch. **6** =column inch.
at an inch 《古》手近に, 都合のよいところあいに. ***by inches*** (1) 少しずつ, 次第に, じりじりと: die *by* ～*es* 徐々に死ぬ, 刻々死期が迫る / kill *by* ～*es* (じりじり)なぶり殺しにする. (2) 入念に, 綿密に, 注意深く. (3) やっとのことで, きわどいところで. (1607) ***every inch*** (1)〔…の〕隅から隅まで〔*of*〕: I know *every* ～ *of* the place. その場所は隅から隅まで知っている. (2) 徹頭徹尾, 完全に, 寸分のすきのない: *every* ～ a king [gentleman] 申し分のない[典型的な]国王[紳士] (cf. Shak., *Lear* 4. 6. 109). ***if an inch*** ⇨ if 成句. ***inch by inch*** =*by* INCHes. ***sée an inch beyònd one's nóse*** =see beyond (the end [length] of) one's NOSE. ***séll by ínch of cándle*** ⇨ candle 成句. ***to an inch*** 寸分たがわずに, 精密に. ***within an inch of*** … ほとんど…するところまで, …の一歩手前まで (close to): come *within an* ～ *of* being killed すんでのことで殺されるところ. ***within an inch of a person's life*** 半殺しにするほど, 徹底的に, したたかに: flog a person *within an* ～ *of his life*. (1726)
inch of mércury 水銀柱インチ, インチ水銀《気圧の単位; 33.864 ミリバール; 略 in. Hg》.
― *vi.* じりじり動く, にじり入る[出る]: ～ *along, in, forward*, etc. / Prices are ～*ing up* [*down*]. 価格が徐々に上[下]がっている. ― *vt.* じりじり[ゆっくり]動かす: ～ one's way 少しずつ慎重に進む.
〖OE *ynće* < **uŋkja*□L *uncia* twelfth part of a foot, inch, 《原義》unit ← *ūnus* one: OUNCE¹ と二重語〗

inch² /ɪntʃ/ *n.* **1** 島 (island). ★ しばしばスコットランドの海岸近くの小島の名に使う: *Inch*keith. **2** 川のそばの低い牧場. 〖(c1425)□Gael. *innse* (gen.) ← *innis* island, land by a river < (O)Ir. *inis* & Welsh *ynys* (cf. L *insula* island): cf. isle, insular〗

in·chárge *n.*《インド》責任者 (a person in charge).

Ínch·cape Róck /ɪntʃkeɪp-/ *n.* [the ～] インチケープロック《スコットランド東岸 Firth of Tay の沖にある岩礁; Bell Rock ともいう》. 〖⇨ inch², cape²〗

inched *adj.* **1** インチ目盛りのある: an ～ tape=inch tape. **2** [複合語の第 2 構成素として] …インチの: three-*inched* panels. 〖(1605) ← INCH¹+-ED 2〗

In·cheon /ɪntʃə̀(ː)n | ɪntʃɔ́n/ *n.* =Inchon.

inch·er *n.* (長さ・直径などが)…インチのもの.

inch màst *n.*〖造船〗インチマスト《マストや帆桁に用いる用材で, 幅をインチで表したもの》.

inch·meal /íntʃmìːl/ *adj.* 1インチ 1インチ, じりじりと, 少しずつ. ***by inchmeal*** =inchmeal. 〖(1530) ← INCH¹+-MEAL: cf. piecemeal〗

in·cho·ate /ɪnkóʊɪt, ínkoʊèɪt | ɪnkə́ʊɪt, -kəʊeɪt, ínkəʊèɪt, íŋ-/ *adj.*《文語》**1** 今始まった, 始まったばかりの, 発端の. **2** 初期の, 不完全な, 未完成の, 未発達の. **3** まとまりのない, 秩序のない. **4**〖法律〗未終結の, 懸案の, 未発効の, 係争中の.
― /ínkoʊèɪt, ɪnkóʊeɪt | ínkəʊèɪt, íŋ-/ *vt., vi.*《文語》始める; 始まる.
～·ly *adv.* **～·ness** *n.* 〖(1534)□L *inchoātus* (p.p.) ← *inchoāre, incohāre* to begin, 《原義》to harness ← IN-²+*cohum* the strap from plow beam to yoke: ⇨ -ate²〗

in·cho·a·tion /ɪ̀nkoʊéɪʃən | -kəʊ-/ *n.*《文語》初め, 開始, 発端, 端緒. 〖(a1400)□LL *inchoātiō(n-)*: ⇨ ↑, -ation〗

in·cho·a·tive /ɪnkóʊətɪv | ɪnkə́ʊət-, ɪŋ-, ínkəʊèɪt-, íŋ-/ *adj.* **1**《まれ》=inchoate 1. **2**〖文法〗=inceptive 2. ― *n.*〖文法〗=inceptive. **～·ly** *adv.* 〖(1530)□LL *inchoātīvus* ← *inchoāre*: ⇨ inchoate, -ative〗

In·chon /ɪntʃɑ́(ː)n, ⌐⌐ | ɪntʃɔ́n; *Korean* intʃʰʌn/ *n.* 仁川(インチョン)《韓国北西部, 黄海に臨む港湾都市; 旧名 Chemulpo》.

ínch-póund *n.* インチパウンド《foot-pound の 1/12; 略 in-lb》.

inch tàpe *n.* インチ目盛りの巻尺 (inched tape). 〖1884〗

inch·wòrm *n.*〖昆虫〗シャクトリムシ (⇨ looper 2). 〖a1861〗

in·ci·dence /ínsədəns, íntsɪdənts, -dn̩s, -dn̩ts, -dèns, -dènts | ínsɪdəns, íntsɪdənts, -dn̩s, -dn̩ts/ *n.* **1** 〔病気などの〕発生; 発生率, 罹患率; (影響する)範囲〔*of*〕: prevent the ～ *of* cholera コレラの発生を防ぐ / an area remarkable for a high ～ *of* disease and delinquency 病人や犯罪人を多数出したので有名な地帯 / the ～ *of* crime 犯罪の発生率, 犯罪者数. **2** 〔事件・災害などが〕降りかかること, 起こること〔*of*〕: the ～ *of* fire last night. **3**〖経済〗**a** (税などの)負担, 負担範囲: What is the ～ *of* the tax? 税の及ぶ範囲はどれだけか / その税はだれが払うのか. **b** (租税の)帰着《租税が最終的負担者へ達すること; incidence of tax ともいう》. **4**〖物理〗**a** 投射, 入射: an ～ indicator 入射計. **b** =ANGLE of incidence (1). **5**〖数学〗(点と線・線と面・点と面の)結合《点が線に, 線が面に, 点が面に含まれること》.
incidence of táx〖経済〗=incidence 3 b.
〖(?a1437)□(O)F ～□L *incidentia* (neut. pl.) ← *incidentem*: ⇨ ↓, -ence〗

in·ci·dent /ínsədənt, íntsə-, -dn̩t, -dènt | ínsɪdənt, íntsɪ-, -dn̩t/ *n.* **1** (付随的なまたは起こりやすい)出来事 (⇨ occurrence SYN). ★ accident より小さな出来事: a daily ～ 日常の出来事 / an ～ *in* the journey 旅行中の出来事 / without ～ これといった出来事もなく, 順調に / an action-packed life full of ～ and adventure 出来事と冒険にあふれる刺激に満ちた人生. **2** 付随の出来事; 偶発事件, 小事件. ★ 控え目な表現としてかなり大きな事件についても用いられる. **3 a** (戦争・暴動などに発展しうる)事件, 事変, 武力紛争: a frontier [border, diplomatic] ～ 国境[外交上の]紛争 / the Korea ～ 朝鮮動乱. **b** 大衆が引き起こす騒動: The police had reports of an ～ outside a pub. 警察はパブの外で大衆が騒動を起こしているとの報告を受けた. **4** (小説・劇などで, 本筋とは別の)挿話(そうわ), エピソード: an ～ *from* Edison's biography エジソンの伝記中のエピソード. **5**《英》(特に, 都市への)爆撃, 空襲. **6** 付帯的な事;〖法律〗(特に, 土地の)付随条件, 付帯権利[義務].
― *adj.* **1** 〔…に〕起こりやすい, ありがちな; 〔…に〕伴いやすい, 付随する〔*to*〕: diseases ～ *to* childhood 子供に起こりやすい病気 / weaknesses ～ *to* human nature 人間性に付随する弱点. **2**〘法律〙〔…に〕付帯する〔*to*〕: the rights and duties ～ *to* a settled estate 継承的不動産に付帯する権利義務. **3**〘物理〙投射する, 入射する, 投じる〔*on, upon*〕: an ～ light ray 入射光線 / rays of light ～ *upon* a mirror 鏡面に投じる光線.
〖(?*a*1425) □ (O)F ～ // L *incidentem* (pres.p.) ← *incidere* to fall upon, happen ← IN-²+*cadere* to fall (cf. case¹, cadence): ⇨ -ent〗

in·ci·den·tal /ìnsədéntl, ìntsə- | ìnsɪdéntl, ìntsɪ-ˈ/ *adj.* **1 a**〔…に〕付随して起こる[起こりがちな], ありがちな〔*to*〕: the trials ～ *to* married life 結婚生活につきものの苦労. **b**〔…に〕付帯[二次]的な〔*on*〕. **2** 主要でない, 枝葉的な, 偶然伴う, 偶然の; 不時の, 臨時の, 思わぬ: an ～ remark (何かの)ついでに言った事, ふと言った事 / an ～ acquaintance ふとした知り合い / an observation ～ *to* the author's main theme 著者の主要なテーマには枝葉的な意見 / ～ expenses 臨時費, 雑費 / ～ colors 残存色彩感覚 / ～ images 残像. **— *n.*** **1** 付随的な事柄; 偶発的な事柄. **2** [*pl.*] 臨時費, 雑費. **～·ness** *n.*
〖(1616) □ ML *incidentālis*: ⇨ ↑, -al¹〗

in·ci·den·tal·ly /ìnsədéntəli, ìntsə- | ìnsɪdéntəli, ìntsɪ-/ *adv.* **1** /《米》ではまた -tli/ [通例文頭に置いて] ついでに(言うと), ついでながら (by the way): And it rained all the time, ～. ついでながら, その間ずっと雨が降った. **2** 偶然, 不意に: You were mentioned only ～. 君の名はただ偶然挙げただけだ. **3** 付随的に, 随伴的に. 〖(1665): ⇨ ↑, -ly¹〗

íncidental músic *n.* 付随音楽《劇・映画などに付随して作曲・演奏される音楽》. 〖1864〗

íncident òffice [pòst, ròom] *n.* 《英》(事件の)捜査本部, (災害の)対策本部. 〖1967〗

in·ci·en·so /ìnsiénsou | -səu/ *n.* (*pl.* ～**s**)〘植物〙米国南西部産の黄色の花をつけるキク科の砂漠植物の一種 (*Encelia farinosa*). 〖□ Am.-Sp. ～ □ Sp. ～ □ L *incensum*: ⇨ incense¹〗

in·cin·der·jell /ɪnsíndədʒèl | ɪnsíndə-/ *n.*〘軍事〙発炎ゼリー《ナパームを混合したゼリー状ガソリン; 火災放射機や爆弾用》. 〖(転訛) ← *incendiary gel*〗

in·cin·er·ate /ɪnsínərèɪt | ɪn-/ *vt.* 焼いて灰にする, 焼却する; 火葬にする; 〘化学〙灰化(ᵏᵃ)する. — *vi.* 燃えて灰になる; 〘化学〙灰化する. 〖(1555) ← ML *incinerātus* (p.p.) ← *incinerāre* ← IN-²+L *ciner-, cinis* ashes: ⇨ -ate³〗

in·cin·er·a·tion /ɪnsìnəréɪʃən | ɪn-/ *n.* **1** 焼却; 〘化学〙灰化. **2** 火葬. 〖(*a*1529) □ F *incinération* // ML *incinerātiō(n-)*: ⇨ ↑, -ation〗

in·cin·er·a·tor /ɪnsínərèɪtə | ɪnsínərèɪtə(r)/ *n.* **1** 焼却者. **2** (ごみなどの)焼却炉; 火葬炉. 〖(1883) ← INCINERATE+-OR²〗

in·cíp·i·ence /-piəns/ *n.* =incipiency. 〖1864〗

in·cip·i·en·cy /ɪnsípiənsi | ɪn-/ *n.* 初め, 発端; (病気などの)初期. 〖(1817): ⇨ ↓, -ency〗

in·cip·i·ent /ɪnsípiənt | ɪn-/ *adj.* 始まりの, 初期の, 発端の, 兆しを見せる: the ～ stage of malaria マラリアの初期 / the ～ light of day 夜明けの光, 曙光(ˢʰᵒ) / an ～ cause 遠因. **～·ly** *adv.* 〖(1669) □ L *incipientem* (pres.p.) ← *incipere* to begin ← IN-²+*capere* to take (⇨ capture)〗

incípient wílting *n.* 〘植物〙初発しおれ, 初発凋萎(ᶜʰᵒ)《外観はさほどしおれが目立たないが, 水が少なくなって水分平衡の破れた初期》.

in·ci·pit /ínsəpɪt, íŋkə- | -sɪpɪt, -kɪ-/ *n.* 書き始め(語)《古写本や初期の刊本で巻頭などを示すのに用いた語句; ↔ explicit》. 〖(1897) □ L ～ '(here) begins' (3rd sing. pres.) ← *incipere*: ⇨ incipient〗

in·cise /ɪnsáɪz, -sáɪs | -sáɪz/ *vt.* **1** …に切り込む, 切れ目をつける, 切開する. **2** 刻む, 彫り込む, 彫刻する: ～ a stone surface 石の表面に彫る / ～ a design *on* a stone =～ a stone *with* a design 石に模様を彫り込む.
〖(1541) □ F *inciser* ← L *incīsus* (p.p.) ← *incīdere* ← IN-²+*caedere* to cut: cf. scissors, caesura〗

in·císed *adj.* **1** 切り込んだ: an ～ wound 切り傷. **2** 刻んだ, 彫った, 刻み込んだ: ～ letters. **3**〘生物〙欠刻のある, 鋭浅裂の: an ～ leaf 鋭浅裂葉. 〖(15C): ⇨ ↑, -ed〗

in·ci·sion /ɪnsíʒən, | ɪn-/ *n.* **1** 切り込み; 切れ目, 切り口, 刻み目, 切り傷: make an ～ in …に刻み目をつける. **2**〘外科〙切開: a crucial ～ 十字形切開. **3**〘生物〙欠刻, 鋭浅裂. **4**《まれ》鋭さ. 〖(1392) □ (O)F ～ // LL *incīsiō(n-)* ← *incīdere* 'to INCISE': ⇨ -sion〗

in·ci·sive /ɪnsáɪsɪv | ɪn-/ *adj.* **1**〈精神など〉鋭い, 鋭敏な, 機敏な; 〈言葉・文など〉鋭い, 痛烈な, 刺すような, 辛辣(ˢʰⁱⁿ ʳᵃᵗˢᵘ)な; 直截(ᶜʰᵒᵏᵘˢᵉᵗˢᵘ)な: an ～ tone of voice かん高い音声 / ～ comments 鋭い論評. **2**〈刃物など〉切断に用いる; よく切れる, 鋭利な. **3**〘歯科〙切歯[門歯] (incisors) の, 切歯の近くの: ～ teeth=incisors. **～·ly** *adv.* **～·ness** *n.* 〖(?*a*1425) □ ML *incīsīvus* ← L *incīsus*: ⇨ incise, -ive〗

SYN 辛辣な: **incisive** (よい意味で)〈人・考え・言葉が〉明快・直截・辛口の《格式ばった語》: *incisive* comments 犀利(ˢᵃⁱ ʳⁱ)な批評. **trenchant**〈文章・言葉など〉辛辣で直截的な《格式ばった語》: *trenchant* criticism ずばり核心を突いた批評. **cutting, biting**〈言葉が〉辛辣で人を傷つけるような: make *cutting* remarks 辛辣なことを言う / He fell silent at her *biting* words. 彼女の痛烈きわまる言葉でしゅんとなった.

in·ci·sor /ɪnsáɪzə | ɪnsáɪzə(r)/ *n.* 〘歯科〙切歯, 門歯 (⇨ tooth 挿絵): a central ～ 中切歯 / a lateral ～ 側切歯. 〖(1672) ← NL ～《原義》cutter (⇨ incise, -or²): cf. (15C) *inscisours* (pl.) shear-like instrument to cut off flesh or bones □ ML *incīsōrium*〗

in·ci·so·ry /ɪnsáɪzəri | ɪn-/ *adj.* 切断用の, 切る力のある, 鋭利な. 〖(1594): ⇨ ↑, -ory〗

in·ci·su·ra /ìnsaɪʒúᵊrə, -sə- | -saɪzjúərə, -sɪ-, -zjɔ́:r-/ *n.* (*pl.* **-su·rae** /-ri:/) **1** 切り傷. **2**〘解剖〙(骨などの陥凹部としての)切痕. **in·ci·sur·al** /ìnsaɪʒúᵊrəl, -sə-, ɪnsáɪʒər- | ìnsaɪʒúər-ˈ, ɪnsáɪʒər-/ *adj.* 〖□ L *incīsūra* a cutting into ← *incīsus*: ⇨ incise, -ure〗

in·ci·sure /ɪnsáɪʒə | ɪnsáɪʒə(r)/ *n.* =incisura.

in·cit·ant /ɪnsáɪtənt, -tnt | ɪnsáɪtənt, -tnt/ *n.* **1** 刺激者, 激励者. **2** 刺激物, 興奮剤. **3** (病気の)素因. **4**〘植物病理〙病因となる生物. **— *adj.*** 刺激する, 興奮させる. 〖(*a*1802) □ L *incitāntem* (pres.p.) ← *incitāre* 'to INCITE': ⇨ -ant〗

in·ci·ta·tion /ìnsaɪtéɪʃən, -sə- | -saɪ-, -sɪ-/ *n.* = incitement. 〖(?*c*1425) □ (O)F ～ // L *incitātiō(n)-*: ⇨ ↓, -ation〗

in·cite /ɪnsáɪt | ɪn-/ *vt.* **1** 刺激する, 励ます, 鼓舞する; 誘発する, 引き起こす: ～ a person's curiosity 人の好奇心をそそる / Insults ～ resentment. 侮辱は怒りを生む. **2**〈人を〉〈ある行動に〉駆り立てる〔*to*〕; 〈人を〉〈…するように〉煽動する, そそのかす〈*to do*〉(⇨ provoke SYN): ～ children *to* mischief 子供達にいたずらをさせる / His words ～*d* the people *to* rebellion [*to* rise against him]. 彼の言葉に刺激されて人々は反乱を起こした[彼に対して蜂起した]. **in·cít·er** /-tə | -tə(r)/ *n.* **in·cít·ing·ly** *adv.* 〖(1447) □ (O)F *inciter* // L *incitāre* ← IN-²+*citāre* to put in motion (⇨ cite)〗

in·cíte·ment *n.* **1** 煽動; 刺激, 激励, 鼓舞〔*to*〕: an ～ *to* study 研究の奨励. **2** 刺激するもの; 動機, 誘因〔*to*〕. 〖(*c*1485): ⇨ ↑, -ment〗

ín·city *adj.* 市内の: an ～ bus 市内バス.

in·ci·vil·i·ty /ìnsɪvíləti | -sɪvílɪti/ *n.* **1** 無礼, 失礼, 無作法. **2** 無礼な行為[言葉], 無作法な言行. 〖(1584) □ F *incivilité*: ⇨ in-¹, civility〗

in·ci·vism /ɪnsívɪzm | ˌ-ˌ-/ *n.* 公共心[愛国心]のないこと, 公共義務の怠慢; (特に, フランス革命に敵意を抱いたフランス市民の)非愛国的精神. 〖(1794) □ F *incivisme*: ⇨ in-¹, civism〗

incl. 《略》incline; inclosure; included, including; inclusive.

in·clasp /ɪnklǽsp | ɪnklɑ́:sp/ *vt.* =enclasp.

in·cle /íŋkl/ *n.* =inkle.

ín-clèarer *n.* 《英》〘金融〙手形交換担当(銀行)員.

ín-clèaring *n.* 《英》〘金融〙**1** 受入手形, 交換受入手形《手形交換所を経て銀行から支払うべき手形; ↔ out-clearing》. **2** 受入手形総額. 〖1872〗

in·clem·en·cy /ɪnklémənsi | ɪn-, ɪŋ-/ *n.* **1** (気候・天候の)厳しさ, 酷烈; 険悪, 不良, 厳寒 (↔ clemency). ★ 暑熱については用いない: the ～ of the weather 悪天候. **2**《古》残酷, 無慈悲. 〖(1559) □ L *inclēmentia*: ⇨ ↓, -ency〗

in·clem·ent /ɪnklémənt | ɪn-, ɪŋ-/ *adj.* **1**〈気候, 特に寒さが〉厳しい, 激しい; 〈天候が〉荒れた, あらしの: an ～ season, sky, etc. **2**《古》〈人・性格など〉残酷な, 無慈悲な: an ～ ruler. **～·ly** *adv.* **～·ness** *n.* 〖(1621) □ F *inclément* // L *inclēmentem*: ⇨ in-¹, clement〗

in·clin·a·ble /ɪnkláɪnəbl | ɪn-/ *adj.* **1**〔…に〕心が傾いている, 〔…の〕傾向がある〔*to*〕; …したがる, する気がある〈*to do*〉: be ～ *to* mercy 慈悲の心がある / I am ～ *to* believe you. 君の言うことを信じたい気がする. **2**〔…に〕好意ある, 〔…の〕肩をもつ, 〔…に〕好都合な (favorable)〔*to*〕: circumstances ～ *to* Japanese interests 日本の利害に好都合な情況. **3**〈置き台など〉傾けられる, 傾斜自在の. 〖(*c*1443) □ OF *enclinable* // L *inclīnābilis*: ⇨ incline, -able〗

in·cli·na·tion /ìnklənéɪʃən, ìŋ- | -klɪ-/ *n.* **1**〔…に対する〕好み, 意向〔*for, toward*〕; 〈…したい〉心, 気持ち〈*to do*〉: against one's (own) ～ 不本意ながら, 心ならずも / follow one's ～(*s*) 自分の好きなようにする / sacrifice one's ～ 自分の好みを犠牲にする, 好きな事をしないで我慢する / have a strong ～ *for* sports スポーツが大好きである / have a natural ～ *toward* study 生まれつき勉強が好きである / I feel no ～ *to* eat. どうも食べる気がしない / Come along if you feel [have] an ～ *to*. もし来たければいっしょに来たまえ / My ～ does not run that way. 私はそういう気になれない. **2 a** (精神的)傾向, 性向〔*to, for, toward*〕; 〈…する〉性癖〈*to do*〉: an ～ *to* conservatism 保守的な傾向[傾き] / by ～ 性質[性向]は / have an ～ *to* criticize others 他人を批判する性癖がある. **b** 体質(的傾向), たち (tendency): an ～ *to* stoutness [*to* get fat] 太るたち, 肥満体質. **3** 心の向かう対象, 愛好物: That task is my ～. その仕事は自分の好きな事だ. **4** 傾く[傾ける]こと: an ～ of the head 頭を傾けること, うなずき / an ～ of the body 体を傾けること, おじぎ. **5** 傾いている状態, 傾斜, 勾配(ᵏᵒᵘᵇᵃⁱ), 斜面: the ～ of a column 円柱の傾斜 / the ～ of a roof 屋根の勾配 / the angle of ～ 傾角. **6**〈建具・道具・機械などの〉〈…する〉癖〈*to do*〉: This window has an ～ *to* stick. この窓は開け閉めがうまくいかない. **7**〘数学〙傾き, 傾角《2 線または 2 面間の角, または与えられた直線が *x* 軸となす角》. **8**〘天文〙傾斜(角)《惑星の軌道と黄道との角度》. **9**〘磁気・測量〙=dip 8. **～·al** /-ʃnəl, -ʃənl/ *adj.* 〖(*c*1395) □ (O)F ～ // L *inclīnātiō(n-)* a leaning ← *inclīnāre* 'to INCLINE': ⇨ -ation〗

SYN 傾向: **inclination** ある物事を志向する心の傾き: He had no *inclination* to go. 行きたい気持ちは少しもなかった. **leaning** あるものに対する傾向・好み《格式ばった語》: He has a *leaning* toward socialism. 社会主義に傾いている. **bent** 自然の傾向・好み《格式ばった語》: He has a *bent* for mathematics. 彼は数学向きだ. **propensity, proclivity** 生まれつきの通例悪い傾向《共に格式ばった語》: He has a *propensity* for getting into trouble. ともすればいざこざを起こす癖がある / a *proclivity* to falsehood うそをつきたがる癖.

in·cli·na·to·ry /ɪnkláɪnətɔ̀:ri | ɪnkláɪnətəri, -tri/ *adj.* 傾斜の, 傾斜している. 〖(1613) ← L *inclīnātus* (⇨ ↓, -ate²)+-ORY¹〗

in·cline /ɪnkláɪn | ɪn-, ɪŋ-/ *vi.* **1**〔…に〕心が傾く, 気が向く〔*to, toward*〕; …したいと思う, …しがちである〈*to do*〉: ～ *to* an opinion ある意見に傾く / ～ *toward* [*to*] conservatism 保守主義に傾く / ～ *to* think that …のように思う, …という気がする / He ～*s to* study at night. 夜に勉強する傾向がある. **2**〔…に向かう〕体質[たち]である, 生まれつき〔…への〕傾きがある〔*to, toward*〕: ～ *to* leanness [corpulence] やせる[太る]たちである / ～ *toward* [*to*] melancholia 憂鬱(ʸᵘᵘᵘᵗˢᵘ)症の傾向がある. **3** 傾斜する, 傾く: ～ *forward*〈人が〉体を前に傾ける / ～ *to* one side〈建物などが〉一方に傾斜している / ～ *toward* a speaker 話し手の方へ体を乗り出す. **4**〔…に〕近づく, 近い〔*to*〕: purple *inclining to* red 赤みがかった紫 / The leaves ～ *to* dark. 葉の黒みがかっている. **5**〘陸軍〙斜めに進む, 斜行進する: Right ～! 斜め右へ進め. **— *vt.*** **1** [目的語+*to* do [*for*] を伴って; 通例受身で]〈人を〉〈…したい〉という気にさせる (cf. inclined 2): The letter ～*d* him *to* go. 手紙を読んで行きたい気分になった / I *am* ～*d to* agree. 賛成したいような気がする / *Are* you ～*d* (*to go*) *for* a walk? 散歩はいかがですか / She *was* ～*d for* conversation. なんだかおしゃべりがしたかった. **2** [受身で] **a** (体質的・性格的に)〔…への〕傾きがある〔*to, toward*〕; 〈…する〉たちである〈*to do*〉: *be* mechanically ～*d* 生来機械いじりが好きである / *be* ～*d to* baldness [*toward* hairiness] はげる[毛深い]たちである / *be* ～*d to* be lazy 怠けがちである / She *is* ～*d to* be flirtatious. どうも浮気っぽい. **b**〈建具・機械などが〉〈…する〉癖がある〈*to do*〉: This door *is* ～*d to* bang. このドアはよくばたんとなる. **3**〈体を〉曲げる, かがめる; 〈頭を〉下げる; 〈耳を〉傾ける, 貸す: ～ oneself 身をかがめる / ～ one's head おじぎをする, うなずく / ～ one's ear to …に耳を傾ける, (好意をもって)…を聞いてやる (cf. *Isa.* 37:17). **4**〘文語〙〈心などを〉〈…するように〉向ける, 傾ける〈*to do*〉: Let us ～ our hearts *to* obey God's commandments. 神の戒律に従うよう我々の心を向けよう. **5** 傾ける, 傾斜させる.
— /ínklaɪn, ɪnkláɪn | ínklaɪn, íŋ-, ˌ-ˈ-/ *n.* **1** 傾斜, 勾配(ᵏᵒᵘᵇᵃⁱ); 傾斜面, 斜面: a steep ～ 急な傾斜[坂]. **2**〘鉄道〙インクライン《勾配約 45° の 2 地点を結ぶ急斜面の線路の上をケーブルを用いて車両や船を上下させる鉄道》.
in·clín·er *n.* 〖v.: (16C) □ L *inclīnāre* to lean ← IN-²+*clīnāre* to bend ∞ (*a*1325) *encline(n)* □ OF *encliner* (F *incliner*). — n.: (1600) ← (v.): cf. lean¹〗

in·clined /ɪnkláɪnd | ɪn-, ɪŋ-/ *adj.* **1**〔…に〕気乗りした〔*for*〕; 〈…したく〉思って〈*to do*〉(cf. incline *vt.* 1): seem ～ *to* depart 帰りたがっているように見える / I don't feel very ～ *to* work. あまり仕事がしたくない / Come along if you're that way ～ [if you're so ～, if you're ～ *to*]. もしそうしたければいっしょに来たまえ. **2** /《米》ではまた ínklaɪnd/ **a** 傾斜した, 傾いた. **b** (他の線や面に対して)傾角をなした, 斜めになった. **3** (才能が)向いている, 才がある. 〖(*c*1380): ⇨ ↑, -ed〗

inclíned pláne *n.* **1** (水平面と交わる)斜面. **2**〘鉄道〙=incline 2. 〖1710〗

inclíned-plane clòck *n.* 〘時計〙斜面時計《ドラム形の時計で, 斜面を落ちるときの力を動力として動く》.

inclíned ráilway *n.* 《米》=incline 2.

íncline plàne *n.* 〘鉄道〙=incline 2.

in·clín·ing *n.* **1** 傾向, 気質. **2**《古》(人や主義の)共鳴者[支持者]たち, 一味の者, 従者. 〖(*c*1380): ⇨ incline, -ing¹〗

in·cli·nom·e·ter /ìnklənɑ́(:)mətə, ìŋ-, ìnklaɪ- | -klɪnɔ́mɪtə(r)/ *n.* **1** クリノメーター《地球磁力が水平面となす角を測定する傾斜[伏角]計》. **2**〘航空〙傾斜計. **3** 伏角計 (dip circle). 〖(1842) ← INCLINE+-O-+-METER¹: cf. declinometer〗

in·clip /ɪnklíp | ɪn-, ɪŋ-/ *vt.* 《古》抱き締める; 囲む. 〖(1606–07) ← IN-²+CLIP¹〗

in·close /ɪnklóuz | ɪnkláuz/ *vt.* =enclose. **in·clós·er** *n.* **in·clós·a·ble** /-zəbl/ *adj.* 〖(異形) ← ENCLOSE〗

in·clo·sure /ɪnklóuʒə | ɪnkláuʒə(r)/ *n.* =enclosure. 〖(異形) ← ENCLOSURE〗

in·clud·a·ble /ɪnklú:dəbl | ɪnklú:d-, ɪŋ-/ *adj.* 包含[包括]できる, 包含するのに適した.

in·clude /ɪnklú:d | ɪn-, ɪŋ-/ *vt.* (↔ exclude) **1**〈事が〉(全体の一部として)…を含む, 包含する; …を含めて(考え)る, 算入する: The tour ～*s* a visit to the Tower. その観光旅行にはロンドン塔の参観も含まれている / Surrender ～*s* submission. 降伏は(当然)服従を伴う / His work ～*s* taking care of the dogs. 犬の世話も彼の仕事の一部だ / The price ～*s* taxes. =Taxes are ～*d in* the price. それは税金込みの値段だ / Is (the) service ～*d*? サービス料は含まれますか / He ～*s* me *among* his supporters. 私を支持者の一人に数えている / Are you ～*d* in [on] the list? 君は名簿に載っていますか. **2**〈場所などが〉(その中に)…を含む (contain): The U. S. A. ～*s* 50 states. 合衆国には 50 州がある. **3** [しばしば p.p. 形で]〈付属品などを〉封入する, 同封する (enclose): a warranty ～*d with* an electric

appliance 電気器具に同封の保証書.
inclúde ín 《口語・戯言》(特別に)〈人を〉加える, 含める《*include out* の反意語として》. 《1967》 ***inclúde óut*** 《口語・戯言》(特別に)〈人を〉除外する, 除く (exclude): *Include* me *out*. 私は除いて下さい《米国の映画製作者 Samuel Goldwyn の用語から》. 《1937》
〘《1402》□ L *inclūdere* to shut in ← IN-² + *claudere* to shut (cf. clause, close)〙

SYN 含む: **include** 全体の一部・成分として含む: I *include* you among my friends. 君も友人の中に含めている. **contain** *include* と同義に用いることも多いが,「一定の枠内に含む」という含意があるので, 主語が容器・建物・場所などの場合は *contain* の方を用いる: This chest *contains* our family heirlooms. この箱にはわが家の家宝が入っている. **comprise** 構成要素として持つ《格式ばった語》: The university *comprises* five departments. その大学は五つの学部から成る. **comprehend** 全範囲内に包含する《格式ばった語》: The scope of linguistics *comprehends* every aspect of language. 言語学は言語のすべての面をその射程内に収めている. **embrace** 特に多様なものを包含する: The book *embraces* many subjects. その本は多くの主題を含んでいる. **subsume** ある範疇・類の中に包含する《格式ばった語》: Scarlet is *subsumed* under red. 緋色は赤の範疇に属する.
ANT exclude.

---

in·clúd·ed /ɪ̵nklúːdɪ̵d | ɪnklúːd-, ɪŋ-/ *adj.* **1** 含まれた, 包含された. **2** 〘生物〙〈雄蕊(ずい)・雌蕊(しずい)が〉花冠の外に突き出ていない (↔ exserted). **~·ness** *n.* 〘《1552》: ⇨ ↑, -ed〙
inclúded ángle *n.* 〘数学〙夾角(きょうかく)《多角形の隣合う辺のなす角》.
in·clúd·i·ble /ɪ̵nklúːdəbl̩ | ɪnklúːdɪ̵-, ɪŋ-/ *adj.* = includable. 〘1894〙
in·clúd·ing /ɪ̵nklúːdɪŋ | ɪnklúːd-, ɪŋ-/ *prep.* …を含めて, …込みで (↔ excluding): Price $10 ~ postage. 郵送料共代価 10 ドル / There were ten people present, ~ me [myself]. = *Including* me [myself], there were ten people. 私も入れて 10 人出席した. — *adj.* 包む, 含む: an ~ membrane 〘解剖〙包皮膜. 〘《1670》← INCLUDE + -ING²〙
in·cluse /ínkluːs | ín-, íŋ-/ *n.* 修道者, 隠修士《宗教的な理由で, 洞窟, あばら屋, あるいは人里離れた小屋などに自ら進んで閉じこもる隠(遁)者》. 〘《?a1425》□ L *inclūsus*: ⇨ inclusive〙
in·clu·sion /ɪ̵nklúːʒən | ɪn-, ɪŋ-/ *n.* **1** 中に含める[含められる]こと, 含有, 包含, 包括; 算入. **2** 含有物, 包含物. **3** 介在物《金属中に含まれる非金属性の不純物》. **4** 〘生物〙原形質中に含まれる物質《顆粒(かりゅう) (granule) など》. **5** 〘地質〙包有物《鉱物や岩石中に含まれる異物質》. **6** 〘論理・数学〙包含(関係)《一つの集合の元がすべて他の集合の元に含まれる場合の, 2 集合の関係; cf. membership 3, subset 2》. 〘《1600》□ L *inclūsiō(n-)* ← *inclūdere*: ⇨ include〙
inclúsion bòdy *n.* 〘医学〙封入体《ウイルス感染細胞などの中に見られる粒子; cf. X-body》. 〘*c*1919〙
inclúsion màp *n.* 〘数学〙包含写像《部分集合から全体集合への写像で, 各要素をそれ自身に対応させるもの》.
in·clu·sive /ɪ̵nklúːsɪv, -zɪv | ɪnklúːsɪv, ɪŋ-/ ★ exclusive と対照させるときは /ínklùːsɪv/ と発音されることがある. *adj.* **1** 〔…を〕中に含めて, 入れて (↔exclusive) 〔*of*〕: a party of ten ~ *of* the host 主客合わせて 10 人のパーティー / The price, ~ *of* transport, is $200. 輸送料を含めた価格は 200 ドル / from January 1st to 31st ~ [*incl.*] 1 月 1 日から 31 日に至るまで《1 日も 31 日も含めて; cf. 《英》from January 1st through to January 31st, 《米》from January 1 through 31 ⇨ through *prep.* 7》. **2** すべてを含んだ, 一切を込めた, 総括的な: ~ terms (ホテルなどで)食事その他一切込みの宿泊料 (cf. American plan) / make an ~ list of one's expenses 費用を細大もらさず記入して表にする. **3** 〘文法〙包括的の《話者と聴者を含む他の人を入れる》: ~ 'we' 包括の 'we' (↔ exclusive 'we'). **~·ness** *n.* 〘《1443》□ ML *inclūsīvus* ← L *inclūsus* (p.p.) ← *inclūdere*: ⇨ include, -ive〙
inclúsive disjúnction *n.* 〘論理〙包括[非排反]的選言《二命題の両方が偽の場合にだけ全体が偽でその他の場合は真となる選言 p ∨ q; cf. exclusive disjunction》. 〘1942〙
inclúsive fítness *n.* 〘遺伝〙包括適応度.
in·clú·sive·ly *adv.* 中に含めて, 勘定に入れて; すべてを引っくるめて, 総括して. 〘《?a1425》: ⇨ -ly¹〙
inclúsive ór /-ɔ́ə | -ɔ́ː(r/ *n.* 〘論理〙= inclusive disjunction. 〘(1938) 1940〙
inclúsive transcríption *n.* 〘音声〙包括表記《二つ以上の発音を同時に示す音声表記》.
in·co·erc·i·ble /ìnkouə́ːsəbl̩ | ìnkəʊə́ːsɪ̵-, ìŋ-⁻/ *adj.* **1** 強制でない, 強制し難い. **2** 〘化学〙〈気体が〉(圧力で)液化できない. 〘《1710》: ⇨ in-¹, coercible〙
in·cog /ínkɑ(ː)g, ɪ̵nkɑ́(ː)g | ɪnkɔ́g, ⁻⁻/ *adj., adv., n.* 《口語》= incognito, incognita. 〘《a1700》《略》〙
incog. 《略》incognito.
in·cog·i·ta·ble /ɪ̵nkɑ́(ː)dʒətəbl̩, ìn- | ɪnkɔ́dʒɪ̵t-, ìn-⁻/ *adj.* 《まれ》考えることのできない, 信じられない, 計り知れない, 想像を絶する. **in·còg·i·ta·bíl·i·ty** /-təbílәti | -təbílɪ̵ti/ *n.* 〘《1522》□ LL *incōgitābilis*: ⇨ in-¹, cogitable〙
in·cog·i·tant /ɪ̵nkɑ́(ː)dʒətənt, ìn-, -tn̩t | ɪnkɔ́dʒɪ̵tənt, -tn̩t, ìn-⁻/ *adj.* 《まれ》**1** 思慮のない, 無分別な. **2** 思考力をもたない. 〘《1628》□ L *incōgitāntem* unthinking ← IN-¹ + *cōgitāns* ((pres.p.) ← *cōgitāre* 'to think, COGITATE')〙
in·cog·ni·ta /ìnkɑ(ː)gníːtə, ɪ̵nkɑ́(ː)gnə- | ìnkɔgníːtə, ìŋ-, ɪnkɔ́gnɪ̵tə/ *adj., adv.* 〈女性が〉匿名の[で], お忍びの[で], 微行の[で]. — *n.* (*pl.* **~s, -ni·te** /-níːteɪ, -nətèɪ | -níːteɪ, -nɪ̵teɪ/) 女性の incognito. 〘《1668》□ It. ~ (fem.) ← INCOGNITO〙
in·cog·ni·to /ìnkɑ(ː)gníːtoʊ, ɪ̵nkɑ́(ː)gnətòʊ | ìnkɔgníːtəʊ, ìŋ-, ɪnkɔ́gnɪ̵təʊ, ɪŋ-/ *adj.* [しばしば後位修飾語としても用いて]〈男性が〉変名の, 匿名の, (名や身分を隠して)お忍びの, 微行の: an ~ traveler / a prince ~ 微行の王子. — *adv.* 変名で, 匿名で, 微行で, お忍びで: travel ~. — *n.* (*pl.* **~s, -ni·ti** /-níːtiː, -nətìː | -níːtiː, -nɪ̵tiː/) (男性の)変名(者), 匿名(者), 微行者 (cf. incognita): drop one's ~ (微行をやめて)本当の身分を明かす / keep one's ~ 本当の身分を明かさない. 〘《1638》□ It. ~ □ L *incognitus* unknown ← IN-¹ + *cognitus* ((p.p.) ← *cognōscere* to learn): ⇨ cognition〙
in·cog·ni·za·ble /ɪ̵nkɑ́(ː)gnəzəbl̩, ìn-, ìnkɑ(ː)gnáɪz- | ɪnkɔ́gnɪ-, ìn-, -kɔ́nɪ-⁻/ *adj.* 認識[識別]できない, 知覚しえない. 〘《1852》: ⇨ in-¹〙
in·cog·ni·zance /ɪ̵nkɑ́(ː)gnəzəns, -zns, ìn- | ɪnkɔ́gnɪ̵-, ìn-, -kɔ́nɪ̵-⁻/ *n.* 気づかないこと, 無知, 認識の欠如. 〘《a1856》: ⇨ in-¹〙
in·cog·ni·zant /ɪ̵nkɑ́gnəzənt, ìn-, -znt | ɪnkɔ́gnɪ-, ɪŋ-, -kɔ́nɪ-, ìn-, ìŋ-/ *adj.* 〔…を〕認識しない, 〔…に〕気づかない 〔*of*〕. 〘《1837》← IN-¹ + COGNIZANT〙
in·co·her·ence /ìnkoʊhí(ə)rəns | ìnkə(ʊ)híər-, ìŋ-/ *n.* **1** 筋道の立たないこと, 支離滅裂, 矛盾. **2** 筋道の立たない[つじつまの合わない]言葉[考え]: the ~ of a madman 狂人のたわごと. 〘《1611》: ⇨ in-¹, coherence〙
ìn·co·hér·en·cy /-rənsi/ *n.* = incoherence.
in·co·her·ent /ìnkoʊhí(ə)rənt | ìnkə(ʊ)híər-, ìŋ-⁻/ *adj.* **1** つじつまの合わない事を言う, 考え[言うこと]が矛盾している: be ~ with drunkenness [in agitation] 酔っ払って[興奮して]訳のわからないことを言う. **2** 〈考え・言葉など〉筋の通っていない, 一貫していない, 支離滅裂な, とりとめのない. **3** 粘着性のない, ばらばらの: ~ dust. **4** 団結していない; 統一のない. **5** 〈物質など〉(本質的に)互いに相入れない, 異質の. **~·ly** *adv.* **~·ness** *n.* 〘《1626》← IN-¹ + COHERENT〙
in·co·he·sion /ìnkoʊhíːʒən | ìnkə(ʊ)-, ìŋ-/ *n.* 社会的団結[つながり]の欠如. 〘《1882》← IN-¹ + COHESION〙
in·co·he·sive /ìnkoʊhíːsɪv, -zɪv | ìnkə(ʊ)híːs-, ìŋ-⁻/ *adj.* 粘着しない, 凝集[結合]しない. 〘《1846》: ⇨ in-¹〙
in co·i·tu /ɪ̵nkóʊətùː, -kóɪtuː | ɪnkóʊɪtùː, -kɔ́ɪtuː/ *adv.* 《婉曲》交尾中に, 性交中に.
in·com·bus·ti·bil·i·ty /ìnkəmbʌ̀stəbíləti | ìnkəmbʌ̀stɪ̵bílɪ̵ti, ìŋ-/ *n.* 不燃性. 〘《a1691》: ⇨ ↓, -ity〙
in·com·bus·ti·ble /ìnkəmbʌ́stəbl̩ | ìnkəmbʌ́stɪ̵-, ìŋ-⁻/ *adj.* 燃えにくい, 不燃性の: an ~ city 不燃都市. — *n.* 不燃性物. **~·ness** *n.* **in·com·bús·ti·bly** *adv.* 〘《a1475》□ (O)F ~ ‖ ML *incombustibilis*: ⇨ in-¹, combustible〙
in·come /ínkʌm, -kəm | íŋ-, ín-/ *n.* **1** (定期的にはいる一定の)収入, 所得 (cf. revenue 1 b) (↔ outgo): ⇨ earned income, gross income, net income, unearned income / earn [have] a large ~ たくさんの収入がある / have an ~ of $10,000 1 万ドル収入がある / live within [beyond] one's ~ 収入内[以上]の生活をする / be on a high [low] ~ 収入が多い[少ない] / Can you live on your ~? あなたの収入で生活できますか / You'll soon be in an ~ bracket where your ~ tax will be higher. あなたは間もなく税金が高くなる所得者層にはいるでしょう. **2** (偶然に)増収[増加, 追加]されるもの. **3** 《古》入来, 到来. **4** 《英方言》**a** 入口. **b** = incomer. 〘《a1325》□ ON *innkoma* arrival ‖ ← IN (adv.) + COME〙
íncome accòunt *n.* **1** 所得勘定. **2** 〘会計〙損益勘定, 集合損益勘定《決算に際し, 一期間の収益と費用勘定の貸借差額をこの勘定に振り替えて, 純損益を計算する勘定; これに基づいて損益計算書 (income statement) が作られる; profit-and-loss account ともいう》. 〘1869〙
íncome bònd *n.* 〘証券〙収益条件付き社債《得られる収益の範囲内で利子を支払うという条件の社債》. 〘*c*1864〙
íncome gròup *n.* 所得層《所得税額からみて同一の集団》. 〘1934〙
ín·còmer *n.* **1** 入来者, 新来者; (赴任してくる)新任者, 後任者 (successor). **2** 《英》移入民, 来住者. **3** 侵入者. **4 a** 〘狩猟〙ハンターの方へ飛んでくるカモやキジなどの獲物. **b** 〘射撃〙(クレー射撃で)射手の方へ飛んでくる標的《土ばとなど》. 〘《1447–48》: ⇨ in (adv.), comer〙
íncomes pòlicy *n.* 〘経済〙所得政策《説得や法制により貨幣賃金・利潤等の上昇を抑制して, 物価水準を安定させようとする政策》. 〘1965〙
íncome stàtement *n.* 〘会計〙損益計算書《一定期間における企業の営業成績を示す財務諸表; profit-and-loss statement ともいう; cf. income account》.
íncome suppòrt *n.* 《英》所得援助《生活困窮者, 失業者に対する手当; supplementary benefit に代わり導入された (1988)》. 〘1985〙
íncome tàx *n.* 所得税. 〘1799〙
in·coming /ínkʌ̀mɪŋ | ín-, íŋ-/ (↔ outgoing) *adj.* **1 a** 入って[戻って]くる: an ~ ship 入港船, 入り船 / the ~ tide 上げ潮 / the ~ waves 寄せ波. **b** 〈郵便など〉配達された, 〈電話など〉かかってきた: ~ mail / He tossed the ~ telegram to me. 彼は配達された電報を私にぽいと放り投げた / He took an ~ call. 彼はかかってきた電話を受けた. **2 a** 〈人が〉(地位などを)引き継ぐ, 後任の, 新任の (succeeding): the ~ mayor 後継[後任]市長 / the ~ tenant 次に入る借家[借地]人. **b** 〈年度など〉新しく始まる; 〈学生など〉新しく入ってくる: an ~ student 新入生 / plans for the ~ year 新年の計画. **3** 《英》移住してくる. **4** 〈利益・利子など〉生じる, つく: ~ profits 入ってくる利益. **5** 《スコット》次に起こる, 後続の (ensuing). — *n.* **1** 入り来ること, 入来, 到来: the ~ of spring 春の到来. **2** [通例 *pl.*] 収入, 所得 (income), 歳入 (revenue): ~*s* and outgoings 収支. 〘《?a1325》: ⇨ in (adv.), coming〙
íncoming lìne *n.* **1** 〘通信〙入り線《電話交換機にはいる回線》. **2** 〘電気〙引込み線 (cf. outgoing line 2).
in·com·men·su·ra·ble /ìnkəméns(ə)rəbl̩, -ʃ(ə)r- | ìnkəménʃ(ə)rəbl̩, ìŋ-, -ʃʊr-⁻/ *adj.* **1** (大きさなど)〔…と〕同一の標準で計れない, 比較することのできない 〔*with*〕: Furniture and human life are ~. 家具と人命では比較にならない《まるで性質が違う》. **2** 〔…と〕比較にならない(ほど違う), 桁(けた)違いの 〔*with*〕. **3** 〘数学〙**a** 同一単位で計れない, 通約できない, 無理の (irrational): ~ quantities 通約できない量. **b** 約分できない, 公約数がない. — *n.* **1** 〘数学〙同一単位で計れない数[量], 通約できない数[量], 無理数[量]. **2** 同一標準で計れないもの. **in·com·mèn·su·ra·bíl·i·ty** /-s(ə)rəbíləti, -ʃ(ə)r- | -ʃ(ə)rəbílɪ̵ti, -ʃʊr-/ *n.* **~·ness** *n.* **in·com·mén·su·ra·bly** *adv.* 〘《1557》□ ML *incommensurābilis*: ⇨ in-¹, commensurable〙
in·com·men·su·rate /ìnkəméns(ə)rɪ̵t, -ʃ(ə)r- | ìnkəménʃ(ə)r-, ìŋ-, -ʃʊr-/ *adj.* **1** 〔…と〕比較がとれない, 〔…に〕不相応な, 不釣合いな 〔*to, with*〕: Our means are ~ *with* our desires. 金が足らなくて思うようにならない / abilities ~ *to* [*with*] the task 仕事に不釣合いな能力. **2** = incommensurable. **~·ly** *adv.* **~·ness** *n.* 〘《(1570)》《1650》: ⇨ in-¹, commensurate〙
in·com·mode /ìnkəmóʊd | ìnkəmə́ʊd, ìŋ-/ *vt.* **1** …に不便を感じさせる, 迷惑をかける, 困らせる: be ~*d* by …に閉口する / It will ~ us if you are not in time. 君が間に合わないと我々は迷惑するよ. **2** 妨げる, 邪魔をする. 〘《1598》□ F *incommoder* □ L *incommodāre* to be inconvenient ← IN-¹ + *commodāre* (← *commodus* 'COMMODIOUS')〙
in·com·mo·di·ous /ìnkəmóʊdiəs | ìnkəmə́ʊdiəs, ìŋ-⁻/ *adj.* **1** 〈家・部屋など〉狭くて窮屈な, 狭苦しい. **2** 不便な, 勝手の悪い, 居心地のよくない. **~·ly** *adv.* **~·ness** *n.* 〘《1551》: ⇨ in-¹, commodious〙
in·com·mod·i·ty /ìnkəmɑ́(ː)dəti | ìnkəmɔ́dɪ̵ti, ìŋ-/ *n.* **1** [通例 *pl.*] 不便なもの, 都合の悪いもの. **2** 《古》不便なこと[状態], 不都合. 〘《?a1425》□ (O)F *incommodité* □ L *incommoditātem* ← *incommodus* inconvenient ← IN-¹ + *commodus* 'convenient, COMMODIOUS'〙
in·com·mu·ni·ca·ble /ìnkəmjúːnɪ̵kəbl̩ | ìnkəmjúːnɪ-, ìŋ-⁻/ *adj.* **1** 〈悲しみ・美しさなど〉伝えることができない, 言うことができない, 何とも言いようのない. **2** 《まれ》口の重い. **3** 連絡のない, 孤立した. **~·ness** *n.* **in·com·mù·ni·ca·bíl·i·ty** /-kəbíləti | -lɪ̵ti/ *n.* **in·com·mú·ni·ca·bly** *adv.* 〘《1568》: ⇨ in-¹, communicable〙
in·com·mu·ni·ca·do /ìnkəmjùːnəkáːdoʊ | ìnkəmjùːnɪ̵káːdəʊ, ìŋ-/ *adj.* **1** 外部との連絡を断たれた: hold a person ~ 人に外部との連絡を禁じる. **2** 〈囚人など〉独房に監禁された, 幽閉の: a prisoner ~ 独房囚. — *adv.* **1** 外部との連絡を断たれて. **2** 独房に監禁されて. 〘《1844》□ Sp. *incomunicado* (p.p.) ← *incomunicar* to isolate ← IN-¹ + *comunicar* (□ L *commūnicāre* 'to COMMUNICATE')〙
in·com·mu·ni·ca·tive /ìnkəmjúːnəkèɪtɪv, -nɪ̵kət- | ìnkəmjúːnɪ̵kət-, ìŋ-, -kèɪt-/ *adj.* 話嫌いな, 口の重い, 口数の少ない, むっつりした; 打ち解けない. **~·ly** *adv.* **~·ness** *n.* 〘《1670》: ⇨ in-¹〙
in·com·mut·a·ble /ìnkəmjúːtəbl̩ | ìnkəmjúːt-, ìŋ-⁻/ *adj.* **1** 取り替えられない, 交換できない (unexchangeable). **2** 変えられない, 不変の (unchangeable). **in·com·mùt·a·bíl·i·ty** /-təbíləti | -təbílɪ̵ti/ *n.* **~·ness** *n.* **in·com·mút·a·bly** *adv.* 〘□ L *incommūtābilis*: ⇨ in-¹, commutable〙
in·com·pact /ìnkəmpǽkt, -kɑ(ː)m- | ìnkəm-, ìŋ-, kəm-⁻/ *adj.* 緻密(ちみつ)[緊密]でない, 締まりのない, 簡潔でない, 散漫な. **~·ly** *adv.* 〘《1616》← IN-¹ + COMPACT¹〙
ín·còmpany *adj.* 企業[会社]内で行われる.
in·com·pa·ra·ble /ɪ̵nkɑ́(ː)mp(ə)rəbl̩, ìn-, ìnkəmpǽr-, -pέr- | ɪnkɔ́mp(ə)rə-, ɪŋ-, ìnkəmpǽr-, ìnkəmpǽr-, ìŋ-/ ★《英》では /⁻⁻⁻⁻⁻/ のアクセントが増加する傾向にある. *adj.* **1** (共通の標準がなくて)比較のできない: be ~ *with* …とは比較できない. **2** 比類のない, 無比の: a person of ~ wealth [learning] 無類の富豪[学者]. **in·còm·pa·ra·bíl·i·ty** /-rəbíləti | -lɪ̵ti/ *n.* **~·ness** *n.* 〘《?c1408》□ (O)F ~ ‖ L *incomparābilis*: ⇨ in-¹, comparable〙
in·cóm·pa·ra·bly /-rəbli/ *adv.* 比較のできないほど, 飛び抜けて (cf. comparably). 〘《1410》: ⇨ ↑, -ly¹〙
in·com·pat·i·bil·i·ty /ìnkəmpæ̀təbíləti | ìnkəmpæ̀tɪ̵bílɪ̵ti, ìŋ-/ *n.* **1 a** 両立し難いこと; 性(しょう)が合わないこと, (性格の)不一致: the ~ of temperament [personality] *between* brothers 兄弟の気性[性格]の不一致. **b** 夫婦の性格不一致: on grounds of ~ 性格不一致の理由で. **2** [*pl.*] 相互に排除し合う性質[もの]. **3** 〘植物〙不和合(性)《雌雄の間に生理的に受精が行われないこと》. 〘《1611》: ⇨ ↓, -ity〙
in·com·pat·i·ble /ìnkəmpǽtəbl̩ | ìnkəmpǽtɪ̵-, ìŋ-⁻/ *adj.* **1** 〈人が〉〈人と〉性質[気質]が合わない, そりが合

I

わない, 仲よく生活[仕事]ができない, 調和しない〔with〕: ～ people. **2** 〈事が〉〈事と〉相入れない, 両立しない, 矛盾する〔with〕: ～ ideas / Capitalism is ～ *with* socialism. 資本主義と社会主義は両立しない. **3** 〈地位・役目など〉兼務できない. **4** 〘論理〙 **a** 〈二つ以上の命題が〉同時に真でありえない, 両立しえない. **b** 〈名辞が〉矛盾なく同一の主語の述語となりえない. **5** 〘薬学〙〈薬剤が〉配合禁忌の. **6** 〘医学〙〈血液型など〉不適合の. **7** 〘数学〙〈方程式など〉論理的に矛盾する; 連立しえない. **8 a** 接ぎ木ができない. **b** 自家受精ができない. — *n.* **1** [通例 *pl.*] 両立しないもの, 性(しょう)の合わない人. **2** 配合禁忌の薬. **3** [*pl.*] 〘論理〙 非両立命題; 同時に同主語に属しえない述語. **～·ness** *n.* 〘(1459) □ (O)F ～ // ML *incompatibilis*: ⇨ in-1, compatible〙

incompátible cólor [sỳstem] *n.* 〘テレビ〙 非両立式カラーテレビ《白黒の受像機では受像できないカラーテレビ方式; cf. compatible color》.

ìn·com·pát·i·bly /-təbli | -tɪ̈bli/ *adv.* 相入れないほどに. 〘(*a*1711) ← INCOMPATIBLE+-LY1〙

in·com·pe·tence /ɪ̀nkɑ́(ː)mpətəns, ìn-, -tn̩ts, -tn̩s, -təts | ɪnkɔ́mpɪ̈təns, ɪŋ-, ìn-, ìŋ-, -tənts, -tn̩s, -tn̩ts/ *n.* **1** 無能(力), 無力; 不適当, 無資格. **2** 〘法律〙 無能力, 無資格, 禁治産; (裁判所が当該事件について)管轄権を欠くこと. 〘(1663) □ F *incompétence*: ⇨ in-1, competence〙

in·cóm·pe·ten·cy /-tənsi, -tn̩si | -tənsi, -tn̩-/ *n.* =incompetence. 〘1611〙

in·com·pe·tent /ɪ̀nkɑ́(ː)mpətənt, ìn-, -tn̩t | ɪnkɔ́mpɪ̈tənt, ɪŋ-, ìn, ìŋ-/ *adj.* **1** 〔…に〕無能な, 無力な〔for〕; 〈…するのに〉手腕のない, 役に立たない〈to do〉: an ～ cook / a thoroughly ～ person 全く無能な人 / an ～ lecture 拙劣な講義 / ～ leadership 無能な指導ぶり / be ～ as an administrator 行政官としての手腕がない / He is ～ *to* teach [*at* teaching] English. 彼は英語を教える力がない. **2** 〘法律〙 **a** 無能力の, 無資格の, 禁治産の; 〈裁判所が〉管轄権のない. **b** (証拠として)認められない. **3** 〘地質〙 インコンピーテントの《岩盤・地質が圧力を伝えるだけの力と柔軟性に欠けたことにいう》. — *n.* **1** 無能な人, 不適任者. **2** 〘法律〙 無能力者, 無資格者, 禁治産者. **～·ly** *adv.* 〘(1597) □ F *incompétent* □ LL *incompetentem* insufficient: ⇨ in-1, competent〙

in·com·plete /ìnkəmplíːt | ìn-, ìŋ-⁻/ *adj.* **1** 不完全な, 不十分な, 不備な, 未完成な. **2** 〘文法〙 不完全な《補語を伴わなければ叙述の完成しない》: an ～ (intransitive [transitive]) verb 不完全(自[他])動詞《例: This is a boy. / They *made* him president.》. **3** 〘植物〙 不完全な《各部を完全に備えていない》: an ～ flower [leaf] 不完全花[葉]. **4** 〘アメフト〙〈パス・ゴール・フィールドゴールなど〉完成しない, 失敗した. **5** 〘機械・建築〙〈トラス構造が〉不完全な. **6** 〘論理・哲学〙 不完全な《公理体系がある領域の真である式を完全に証明できない》; 〈表現・記号が〉特定の文脈の中でのみ意味をもつ: an ～ symbol 不完全記号. **～·ly** *adv.* **～·ness** *n.* 〘(?1384) □ LL *incomplētus*: ⇨ in-1, complete〙

íncomplete dóminance *n.* 〘生物〙 不完全優性《2 個の対立遺伝子が共存する場合, ヘテロ接合体の表現型が両遺伝子のホモ接合体の中間型として現れること; semidominance ともいう》.

íncomplete frácture *n.* 〘外科〙 不完全骨折.

incomplete metamórphosis *n.* 〘生物〙 不完全変態《さなぎの時期が存在しない昆虫の変態; cf. complete metamorphosis》.

incompléteness thèorem *n.* =Gödel's incompleteness theorem.

in·com·ple·tion /ìnkəmplíːʃən | ìn-, ìŋ-/ *n.* **1** 不完全, 不十分, 不備, 未完成. **2** 〘アメフト〙 (パス・ゴール・フィールドゴールなどの)失敗. 〘(1804): ⇨ in-1, completion〙

in·com·pli·ance /ìnkəmpláɪəns | ìn-, ìŋ-/ *n.* 不承諾, 不従順, 強情. 〘(*a*1655): ⇨ in-1〙

ìn·com·plí·an·cy /-pláɪənsi/ *n.* =incompliance. 〘1658〙

in·com·pli·ant /ìnkəmpláɪənt | ìn-, ìŋ-⁻/ *adj.* **1** 承諾しない, 従わない; 強情な. **2** なかなか曲がらない. **～·ly** *adv.* 〘(1647) ← IN-1+COMPLIANT〙

in·com·pos·si·ble /ìnkə(ː)mpɑ́(ː)səbl̩, -kəm- | ìnkəmpɔ́sɪ̈-, ìŋ-, -kəm-⁻/ *adj.* 共存できない. 〘(1605) □ ML *incompossibilis*〙

in·com·pre·hen·si·bil·i·ty /ɪ̀nkɑ̀(ː)mprɪ̈hènsəbíləti, ìn- | ɪnkɔ̀mprɪ̈hènsɪ̈bílɪ̈ti, ɪŋ-/ *n.* 不可解; 不可解性. 〘(1598): ⇨ ↓, -ity〙

in·com·pre·hen·si·ble /ɪ̀nkɑ̀(ː)mprɪ̈hénsəbl̩, ìn-, -héntsə- | ɪnkɔ̀mprɪhénsɪ̈-, ìn-, ɪŋ-, ìŋ-, -héntsɪ̈-/ *adj.* **1** 〈物・事が〉〈人に〉理解[了解]できない, 不可解な, 計り知れない〔to〕: for some ～ reason / an ～ murder case 動機のわからない殺人事件. **2** 《古》(神の属性として)無限の (infinite); 途方もない. — *n.* **1** 不可解なもの. **2** 《古》限りのないもの. **in·còm·pre·hén·si·bly** *adv.* **～·ness** *n.* 〘(*c*1340) □ L *incomprehensibilis*: ⇨ in-1, comprehensible〙

in·com·pre·hen·sion /ɪ̀nkɑ̀(ː)mprɪ̈hénʃən, ìn- | ɪnkɔ̀m-, ɪŋ-, ìn-, ìŋ-/ *n.* 理解できないこと, 無理解. 〘(1605): ⇨ in-1〙

in·com·pre·hen·sive /ɪ̀nkɑ̀(ː)mprɪ̈hénsɪv, ìn- | ɪnkɔ̀m-, ɪŋ-, ìn-, ìŋ-/ *adj.* **1** 理解力のない, 理解の鈍い[遅い]. **2** 包容的でない, 範囲の狭い. **～·ly** *adv.* **～·ness** *n.* 〘(1652): ⇨ in-1〙

in·com·press·i·bil·i·ty /ìnkəmprèsəbíləti | ìnkəmprèsɪ̈bílɪ̈ti, ìŋ-/ *n.* 圧縮[圧搾]できないこと, 非圧縮性. 〘(1730-36): ⇨ ↓, -ity〙

in·com·press·i·ble /ìnkəmprésəbl̩ | ìn-, ìŋ-, -sɪ̈-⁻/ *adj.* (堅くて)圧縮[圧搾]できない; 堅い. **～·ness** *n.* **ìn·com·préss·i·bly** *adv.* 〘(*c*1736): ⇨ in-1, compressible〙

incompressible flúid *n.* 〘物理・航空〙 非圧縮性流体《液体のように圧縮しても縮まない流体; 空気の流れも低速ならば非圧縮と仮定できる》.

in·com·put·a·bil·i·ty /ìnkəmpjùːtəbíləti | ìnkəmpjùːtəbílɪ̈ti, ìŋ-, ɪnkɔ́mpjʊt-, ɪŋ-, ìn-, ìŋ-/ *n.* 数えられないこと, 不可算.

in·com·put·a·ble /ìnkəmpjúːtəbl̩ | ìnkəmpjúːt-, ìŋ-, ɪnkɔ́mpjʊt-, ɪŋ-, ìn-, ìŋ-⁻/ *adj.* 数えられない, 計算できない; 巨大な. **ìn·com·pút·a·bly** *adv.* 〘(1606): ⇨ in-1, computable〙

in·co·mu·ni·ca·do /ìnkəmjùːnəkáːdoʊ | ìnkəmjùːnɪ̈káːdəʊ, ìŋ-/ *adj.* =incommunicado.

in·con·ceiv·a·bil·i·ty /ìnkənsìːvəbíləti | ìnkənsìːvəbílɪ̈ti, ìŋ-/ *n.* **1** 不可解, 想像も及ばぬこと; 信じられなさ. **2** 思いもよらないもの; 信じられないもの. 〘(1847-48): ⇨ ↓, -ity〙

in·con·ceiv·a·ble /ìnkənsíːvəbl̩ | ìn-, ìŋ-⁻/ *adj.* **1** 信じられない, ありそうもない; ものすごい: ～ loss / It is ～ *that* he should have resigned. 彼が辞職したなんてとても信じられない. **2** 人知で考えられない, 想像も及ばない, 思いもよらない: an ～ event. **～·ness** *n.* 〘(*a*1631) ← IN-1+CONCEIVABLE: cf. F *inconcevable*〙

in·con·céiv·a·bly /-vəbli/ *adv.* 考えられない[想像もつかない]ほど; すごく. 〘(1651): ⇨ ↑, -ly1〙

in·con·cin·ni·ty /ìnkənsínəti | ìnkənsínɪ̈ti, ìŋ-/ *n.* 適合していないこと, 不一致, 不調和, 不釣合い. 〘(1616) □ L *inconcinnitātem*: ⇨ in-1, concinnity〙

in·con·clu·sive /ìnkənklúːsɪv, -zɪv | ìnkənklúːs-, ìŋ-, -kəŋ-⁻/ *adj.* 〈議論・証拠など〉決定的でない, 結論に達しない, 確定しない, 要領を得ない, 説得的でない; 結末[終わり]のない, 果てしない: an ～ discussion, experiment, war, etc. **～·ly** *adv.* **～·ness** *n.* 〘(1690): ⇨ in-1〙

in·con·dens·a·ble /ìnkəndénsəbl̩ | ìn-, ìŋ-⁻/ *adj.* 凝縮できない. **ìn·con·dèns·a·bíl·i·ty** /-səbíləti | -lɪ̈ti/ *n.* 〘(1736): ⇨ in-1, condensable〙

in·con·dens·i·ble /ìnkəndénsəbl̩ | ìnkəndénsɪ̈-, ìŋ-⁻/ *adj.* =incondensable.

in·con·dite /ɪ̀nkɑ́(ː)ndɪ̈t, -daɪt, ìn- | ɪnkɔ́ndɪt, ɪŋ-, ìn-, ìŋ-, -daɪt/ *adj.* 《まれ》〈文学作品など〉構想[構成]のまずい; 仕上げが不十分の; 拙劣な, 生硬な, 粗雑な, ぎこちない. **～·ly** *adv.* 〘(1539): □ L *inconditus* disordered ← IN-1+*conditus* ((p.p.) ← *condere* to put together, construct)〙

In·co·nel /ínkənl̩, -nèl | íŋ-, íŋ-/ *n.* 〘商標〙 インコネル《ニッケル基の耐熱合金の商品名》.

in·con·for·mi·ty /ìnkənfɔ́ərməti | ìnkənfɔ́ːmɪ̈ti, ìŋ-/ *n.* 《古》 =nonconformity 1, 3. 〘1594〙

in·con·gru·ence /ɪ̀nkɑ́(ː)ŋgruəns, ìn-, ìnkəngrúː- | ɪnkɔ́ŋgru-, ɪŋ-, ìn-, ìŋ-/ *n.* =incongruity. 〘(1610): ⇨ ↓, -ence〙

in·con·gru·ent /ɪ̀nkɑ́(ː)ŋgruənt, ìn-, ìnkəngrúː- | ɪnkɔ́ŋgru-, , ɪŋ-, ìn-, ìŋ-⁻/ *adj.* **1** 合わない, 一致しない, 調和しない, 適合しない. **2** 〘数学〙 合同でない (↔ congruent). **～·ly** *adv.* 〘(*c*1450) □ L *incongruentem*: ⇨ in-1, congruent〙

in·con·gru·i·ty /ìnkə(ː)ŋgrúːəti, -kən- | ìnkɔŋgrúːɪ̈ti, ìŋ-, -kən-, -kəŋ-/ *n.* **1** 不一致, 不調和; 不適当, 不似合い, 不釣合い. **2** 不調和なもの, 不釣合いな事. **3** 〘数学〙 不合同 (↔ congruity). 〘(*a*1532) □ ML *incongruitātem*: ⇨ in-1, congruity〙

in·con·gru·ous /ɪ̀nkɑ́(ː)ŋgruəs, ìn-, -kɔ́(ː)n- | ɪnkɔ́ŋ-, ɪŋ-, ìn-, ìŋ-⁻/ *adj.* **1** 不釣合いな, 似合わない, 調和していない, 不適当な: ～ manners / an ～ remark. **2** 〔…と〕一致しない, 合わない; 首尾一貫しない, つじつまの合わない〔*with, to*〕: conduct ～ *with* one's principles 自分の主義に反した行動 / an ～ story つじつまの合わない話. **3** 〘数学〙 合同でない (↔ congruous). **～·ly** *adv.* **～·ness** *n.* 〘(1611) □ L *incongruus*: ⇨ in-1, congruous〙

in·con·nu /ìnkənúː, ìŋ-, -njúː, æ̀(ŋ)kənjúː, æ̀ŋ- | -njúː; *F.* ɛ̃kɔny/ *n.* **1** (*pl.* **～s** /～z; *F.* ～/) 未知の人 (stranger). **2** (*pl.* **～**, **～s**) 〘魚類〙 アラスカ・北西カナダおよびそれに連なるシベリア水域で取れるサケ科の大きな淡水魚 (*Stenodus leucichthys*) (sheefish ともいう). 〘(1807) □ F ～ (原義) unknown〙

in·con·scient /ɪ̀nkɑ́(ː)nʃənt, ìn- | ɪnkɔ́n-, ɪŋ-, ìn-, ìŋ-⁻/ *adj.* 意識のない, 無意識の (unconscious). 〘(1885): ⇨ in-1, conscience〙

in·con·sec·u·tive /ìnkənsékjʊtɪv | ìnkənsékjʊt-, ìŋ-⁻/ *adj.* 連続しない, 脈絡のない, ばらばらの, 順序不同の; 首尾一貫しない, つじつまが合わない. **～·ly** *adv.* **～·ness** *n.* 〘(1831): ⇨ in-1〙

in·con·se·quence /ɪ̀nkɑ́(ː)nsɪ̈kwèns, ìn-, -kwəns | ɪnkɔ́nsɪ̈kwəns, ɪŋ-, ìn-, ìŋ-/ *n.* **1** 非論理的なこと, 不合理, 矛盾. **2** 的外れ, 見当違い. **3** 不調和. 〘(1588): ⇨ ↓, -ence〙

in·con·se·quent /ɪ̀nkɑ́(ː)nsɪ̈kwènt, ìn-, -kwənt | ɪnkɔ́nsɪkwənt, ɪŋ-, ìn-, ìŋ-/ *adj.* **1** 論理的でない, 不合理な, 矛盾した: ～ reasoning / an ～ mind 非論理的な頭. **2** 〈言葉など〉関係のない, 筋違いの, 見当違いの, 的[ピント]外れの: an ～ remark, reply, etc. **3** 調和しない, 不調和な. **4** 重要でない, つまらない, くだらない. **～·ness** *n.* **～·ly** *adv.* 〘(1579) □ L *inconsequentem* disconnected: ⇨ in-1, consequent〙

in·con·se·quen·ti·a /ɪnkɑ̀(ː)nsɪ̈kwénʃiə, -ʃə | ɪnkɔ̀nsɪ-, ɪŋ-/ *n. pl.* くだらない事柄, 些事(さじ). 〘□ LL ～ (neut. pl.) ← *inconsequēns*: ⇨ ↑, -ia2〙

in·con·se·quen·tial /ɪ̀nkɑ̀(ː)nsɪ̈kwénʃəl, ìn-, -ʃl̩ | ɪnkɔn-, ɪŋ-, ìn-, ìŋ-⁻/ *adj.* **1** 重要でない, 取るに足らない, つまらない. **2** 非論理的な, 筋の通らない. **3** 的外れの. **～·ly** *adv.* **～·ness** *n.* 〘(1621): ⇨ in-1, consequential〙

in·con·se·quen·ti·al·i·ty /ɪ̀nkɑ̀(ː)nsɪ̈kwènʃiǽləti, ìn- | ɪnkɔnsɪkwènʃiǽlɪ̈ti, ɪŋ-, ìn-, ìŋ-/ *n.* **1** 取るに足らないこと. **2** 非論理性, 的外れ. 〘(1832): ⇨ ↑, -ity〙

in·con·sid·er·a·ble /ìnkənsídərəbl̩, -drə- | ìnkənsídərə-, ìŋ-, -drə-⁻/ *adj.* 考慮に値しない, 大した事でない, 重要でない; 〈大きさ・価値・額など〉取るに足らない, 些細(さい)な, わずかの: no [not an] ～ amount of money 少なからざる額の金. **～·ness** *n.* **in·con·síd·er·a·bly** *adv.* 〘(1598): □ F *inconsidérable*: ⇨ in-1, considerable〙

in·con·sid·er·ate /ìnkənsídərɪ̈t, -drɪ̈t | ìnkənsídərɪ̈t, ìŋ-, -drɪ̈t⁻/ *adj.* **1** (他人の気持ちなどを)察しない, 思いやりのない, 礼儀を心得ない: ～ *of* other people 他人に対して思いやりのない / It was ～ *of* him *to* mention the matter in her hearing. 彼女の聞いている所でその話をするなんて彼も気がきかない. **2** 《まれ》思慮のない, 無分別な, 軽率な: ～ behavior, remarks, etc. **～·ly** *adv.* **～·ness** *n.* 〘(*c*1475) □ L *inconsiderātus*: ⇨ in-1, considerate〙

in·con·sid·er·a·tion /ìnkənsìdəréɪʃən | ìnkənsìdə-, ìŋ-/ *n.* 考えのないこと, 軽率, 無思慮, 無分別. 〘(1526) □ F *inconsidération* // LL *inconsīderātiō(n-)*: ⇨ ↑, -ation〙

in·con·sís·tence /-təns, -tn̩s/ *n.* =inconsistency. 〘1643〙

in·con·sis·ten·cy /ìnkənsístənsi, -tən tsi, -tn̩-, -tn̩tsi | ìn-, ìŋ-/ *n.* **1** 不一致, 矛盾; 無定見, 無節操. **2** 矛盾した事物: full of *inconsistencies* 矛盾だらけの. **3** 〘論理〙 矛盾, 不整合. 〘(1647): ⇨ ↓, -ency〙

in·con·sis·tent /ìnkənsístənt, -tn̩t | ìn-, ìŋ-⁻/ *adj.* **1** 〈人が〉矛盾の多い, 無定見な, 無節操な; 気まぐれな, 変わりやすい: an ～ man / ～ *in* one's opinions 意見が終始一貫していない. **2** 矛盾する, つじつまの合わない: an ～ account, narrative, etc. **3** 〔…と〕一致しない, 調和しない, 両立しない, 相反する〔*with*〕: be ～ *with* one's duty 職務[義務]に反する. **4** 〘論理・数学〙 矛盾する, 不整合な; モデルをもたない. **～·ly** *adv.* **～·ness** *n.* 〘(1646) ← IN-1+CONSISTENT〙

inconsístent equátions *n. pl.* 〘数学〙 不能連立方程式《解のない連立方程式》.

in·con·sol·a·ble /ìnkənsóʊləbl̩ | ìnkənsə́ʊl-, ìŋ-⁻/ *adj.* 慰めることができない(ほどの), 悲しみに沈んだ; あきらめがつかない, やるせない: ～ grief やるせない嘆き. **in·con·sòl·a·bíl·i·ty** /-ləbíləti | -lɪ̈ti/ *n.* **～·ness** *n.* **in·con·sól·a·bly** *adv.* 〘□ L *inconsōlābilis*: ⇨ in-1, consolable〙

in·con·so·nance /ɪ̀nkɑ́(ː)ns(ə)nəns, ìn-, -sn̩- | ɪnkɔ́n-, ɪŋ-, ìn-, ìŋ-/ *n.* (行動・思想などの)不調和, 不一致, 矛盾; (音の)不協和. 〘(1811): ⇨ ↓, -ance〙

in·con·so·nant /ɪ̀nkɑ́(ː)ns(ə)nənt, ìn- | ɪnkɔ́n-, ɪŋ-, ìn-, ìŋ-/ *adj.* 調和しない, 和合しない, 一致しない; 〈音が〉協和しない, 不協和の (inharmonious): be ～ *with* …と調和しない / be ～ *to* the ear 耳障りである. **～·ly** *adv.* 〘(1658): ⇨ in-1〙

in·con·spic·u·ous /ìnkənspíkjuəs | ìn-, ìŋ-⁻/ *adj.* **1** 目立たない, 注意を引かない, 引き立たない, 人目につかない: an ～ man, house, store, etc. / be dressed in ～ colors あまり目立たない色の服装をする / lead an ～ life (交際などをしないで)地味な生活をする. **2** 〘植物〙〈花が〉小さくて淡色の: small and ～ flowers. **～·ly** *adv.* **～·ness** *n.* 〘(1624) □ LL *inconspicuus*-: ⇨ in-1, conspicuous〙

in·con·stan·cy /ɪ̀nkɑ́(ː)nstənsi, ìn-, -tn̩- | ɪnkɔ́n-, ɪŋ-, , ìn-, ìŋ-/ *n.* **1** (性格の)変わりやすさ, 移り気, むら気, 気まぐれ; 浮気, 無節操. **2** 不統一, 不揃(そろ)い. 〘(1526): ⇨ ↓, -ancy〙

in·con·stant /ɪ̀nkɑ́(ː)nstənt, ìn-, -tn̩t | ɪnkɔ́n-, ìn-, ɪŋ-, ìŋ-/ *adj.* **1** 気の変わりやすい, 気まぐれな, 移り気な, 浮気の: a woman ～ in love 浮気な女性. **2** 不実な, 無節操な: ～ *in* friendship [love] 友人[恋人]に不実な. **3** 変わりやすい, 一様でない, 変化の多い: ～ winds. **～·ly** *adv.* **～·ness** *n.* 〘(1402) □ (O)F ～ // L *inconstantem*: ⇨ in-1, constant〙

SYN 気まぐれな: **inconstant, fickle** 《口語》〈人が〉気質的に愛情・意図・方針などがしばしば変わる《前者は格式ばった語》: an *inconstant* lover 移り気な恋人 / *fickle* Fortune 移り気な運命の女神. **capricious** 心や気分が衝動的に変わる: a *capricious* child むら気な子供 / a *capricious* climate 変わりやすい気候. **unstable** 〈性格など〉感情が落ち着かず信頼できない: His nature is lamentably *unstable*. 彼の性格は嘆かわしいほど落ち着きがない. **mercurial** 〈人〉の気分が目まぐるしく変わる《格式ばった語》: a very *mercurial* girl 気分がころころ変わる女の子. **ANT** constant.

---

in·con·sum·a·ble /ìnkənsúːməbl̩ | ìnkənsjúːm-, ìŋ-, -súːm-⁻/ *adj.* **1** 焼き尽くせない, 使い切れない, 消耗しえない. **2** 消耗品でない, 使用によって消滅しない, 耐久財の. **～·ness** *n.* **in·con·súm·a·bly** *adv.* 〘(1646): ⇨ in-1〙

in·con·test·a·bil·i·ty /ìnkəntèstəbíləti | ìnkəntèstəbíləti, ìŋ-/ *n*. 論争の余地のないこと, 明白なこと. 〘(1862): ⇨ ↓, -ity〙

in·con·test·a·ble /ìnkəntéstəbl | ìn-, ìŋ-/ *adj*. 〈事実・権利・証拠など〉論争の余地のない, 争えない; 疑う余地のない, 明白な, 否定できない: ~ proof, evidence, etc. **~·ness** *n*. 〘(1673) ☐ F ~: ⇨ in-[1], contestable〙

ìn·con·tést·a·bly /-təbli/ *adv*. 争う[疑う]余地のないほど. 〘(*a*1711): ⇨ ↑, -ly[1]〙

in·con·ti·nence /ìnkά(:)ntənəns, ìn-, -tnəns | ɪnkɔ́ntɪnəns, ɪŋ-, ìn-, ìŋ-/ *n*. **1** 自制のできないこと, 抑え切れないこと: the ~ of speech [tongue] 多弁, 冗舌. **2** 不節制; 色欲にふけること, 色情的なこと. **3** 〘病理〙失禁; (大小便の)失禁: nocturnal ~ 夜尿(症) / the ~ of urine 尿失禁, 遺尿 / the ~ of feces 大便失禁. 〘(*c*1384) ☐ (O)F ~: ⇨ in-[1], continence〙

in·cón·ti·nen·cy /-nənsi/ *n*. **1** =incontinence. **2** 不貞, 淫乱(いん). 〘(?*a*1425): ⇨ ↓, -ency〙

in·con·ti·nent[1] /ìnkά(:)ntənənt, ìn-, -tnənt | ɪnkɔ́ntɪnənt, ɪŋ-, ìn-, ìŋ-/ *adj*. **1** 〔…を〕自制のできない, 抑え切れない〔*of*〕: an ~ talker のべつ幕なしにしゃべる人 / an ~ flow of talk のべつ幕なしにしゃべり通すこと / ~ *of* temper かんしゃくを抑え切れない. **2** 不節制な; 色欲にふける, みだらな. **3** 〘病理〙(両便)失禁の; 失調の. 〘(1390) ☐ (O)F ~ ∥ L *incontinentem* not holding back: ⇨ in-[1], continent〙

in·con·ti·nent[2] /ìnkά(:)ntənənt, ìn-, -tnənt | ɪnkɔ́ntɪ-, ɪŋ-, ìn-, ìŋ-/ *adv*. 《古》=incontinently[2]. 〘(*a*1422) ☐ (O)F ~ ← LL *in continentī* (*tempore*) in continuous (time)〙

in·cón·ti·nent·ly[1] *adv*. **1** だらしなく, みだらに. **2** 軽率に, 無思慮に. 〘(1552) ← INCONTINENT[1] + -LY[1]〙

in·cón·ti·nent·ly[2] *adv*. 《文語》**1** 直ちに, 即座に. **2** あたふたと, あわてふためいて. 〘(?*a*1425): ⇨ incontinent[2], -ly[1]〙

in·con·tin·u·ous /ìnkəntínjuəs | ìn-, ìŋ-/ *adj*. 続いていない, 非連続の. 〘(1862): ⇨ in-[1]〙

in·con·trol·la·ble /ìnkəntróuləbl | ìnkəntrə́ul-, ìŋ-/ *adj*. 抑制できない, 御し難い: an ~ desire. ★ uncontrollable の方が普通. **in·con·tról·la·bly** *adv*. 〘(1599): ⇨ in-[1]〙

in·con·tro·vert·i·ble /ìnkὰ(:)ntrəvə́:təbl, ìn- | ìnkɔ̀ntrəvə́:tɪbl, ìŋ-, ɪn-, ɪŋ-/ *adj*. 〈事実・証拠など〉争う[論争の]余地のない, 争えない, 明白な (indisputable): ~ evidence. **in·con·tro·vert·i·bil·i·ty** /ìn-kὰ(:)ntrəvə̀:təbíləti, ìn- | ɪnkɔ̀ntrəvə̀:tɪbíləti, ɪŋ-, ìn-, ìŋ-/ *n*. **~·ness** *n*. **in·còn·tro·vért·i·bly** *adv*. 〘(1646): ⇨ in-[1]〙

in con·tu·ma·ci·am /ɪnkɔ̀(:)ntəmά:kiὰ:m, ɪn-kὰ(:)ntəméɪʃiæm | -kɔ̀ntə-/ *L*. *adv*. 〘法律〙(主として教会法で)法廷の命令に応ぜず欠席のまま, 欠席裁判で (cf. contumacy 2, judgment by DEFAULT). 〘(1892) ☐ L ~ ← *in* 'IN' + *contumācia* 'CONTUMACY'〙

in·con·ve·nience /ìnkənví:njəns, -niəns, -njənts, -niənts | ìnkənví:niəns, ìŋ-, -njəns, -niənts, -njənts/ *n*. **1** 不便, 不自由, 不都合, 迷惑: at great ~ *to* oneself 非常な不便をしのんで, 万障繰り合わせて / put a person *to* ~ 人に不自由[迷惑]をかける, 不愉快な思いをさせる / put oneself *to* personal ~ 自分の迷惑はかまわない / Don't put yourself to any ~ for my sake. 私のためにご迷惑にならないようにして下さい / suffer [cause] ~ 不自由な思いをする [迷惑をかける]. **2** 不便[不自由]なこと, 迷惑なこと: the ~ *of* not hav*ing* a telephone / It is no ~ *to* me [*for* me *to* do it]. (私がそうするのは)少しも迷惑ではありません. **—** *vt*. …に不便を感じさせる, 迷惑をかける, 困らせる, 邪魔をする: be very ~*d* by …で大いに迷惑する / Would I [Will it] ~ you if I go by the first train? 一番列車でたってはご迷惑でしょうか / Do not ~ yourself for my sake. どうぞ私にはおかまいなく. 〘(*c*1400) ☐ OF ~ (F *inconvenance*) ☐ LL *inconvenientia*: ⇨ in-[1], convenience〙

ìn·con·vé·nien·cy /-njənsi, -niən- | -niən-, -njən-/ *n*. =inconvenience. 〘(1429): ⇨ ↓, -ency〙

in·con·ve·nient /ìnkənví:njənt, -niənt | ìnkən-ví:niənt, ìŋ-, -njənt/ *adj*. 不便な, 不自由な, 都合の悪い, 迷惑な: if (it is) not ~ *to* [*for*] you もしご迷惑でなければ / You have come at a very ~ time. こんなときに来られてははなはだ困る. **~·ness** *n*. 〘(1392) ☐ (O)F *inconvénient* ☐ L *inconvenientem*: ⇨ in-[1], convenient〙

ìn·con·vé·ni·ent·ly *adv*. 不便[不自由]に, 不便[不自由]なほどに: His house is ~ located. 彼の家は不便な所にある. 〘(?1456): ⇨ ↑, -ly[1]〙

in·con·vert·i·bil·i·ty /ìnkənvə̀:təbíləti | ìnkən-və̀:tɪbíləti, ìŋ-, / *n*. 引き換えられないこと; (紙幣が)兌換(だん)[転換]できないこと, 不換性; (通貨が)外国通貨と引き替えられないこと. 〘(1816): ⇨ ↓, -ity〙

in·con·vert·i·ble /ìnkənvə́:təbl | ìnkənvə́:tɪ-, ìŋ-/ *adj*. **1** (他の物に)引き替えられない. **2 a** 〈紙幣が〉兌換(だん)できない: ~ notes [paper money] 不換紙幣. **b** 〈通貨が〉外国通貨と引き替えられない. **3** 〘論理〙換位不能の. **in·con·vért·i·bly** *adv*. **~·ness** *n*. 〘(1646) ☐ LL *inconvertibilis*: ⇨ in-[1], convertible〙

in·con·vinc·i·bil·i·ty /ìnkənvìnsəbíləti | ìnkən-vìnsɪbíləti, ìŋ-/ *n*. 納得させえないこと. 〘(1882): ⇨ ↓, -ity〙

in·con·vinc·i·ble /ìnkənvínsəbl | ìnkənvínsɪ-, ìŋ-/ *adj*. 納得させる[説き伏せる]ことができない, 理屈のわからない, わからず屋の. **~·ness** *n*. **in·con·vín·ci·bly** *adv*. 〘(1674) ☐ LL *inconvincibilis*: ⇨ in-[1], convincible〙

in·con·y /ɪnkάni | ɪn-/ *adj*. 《廃》たぐいまれな, みごとな, きれいな. 〘*c*1592〙

in·co·or·di·nate /ìnkouɔ́ədənət, -dn-, -dṇ- | ìn-kəuɔ́:dɪn-, ìŋ-, -dn-, -dṇ-/ *adj*. 同格[等位]でない, 調整がとれていない. 〘1885): ⇨ in-[1]〙

in·co·or·di·na·tion /ìnkouɔ̀ədənéɪʃən, -dṇ- | ìnkəuɔ̀:dɪn-, ìŋ-, -dṇ-/ *n*. **1** 不同格; 不同等[不同位]関係; 不調整, 不一致, 不整合. **2** 〘病理〙共調(運動)不能. 〘(1876): ⇨ in-[1]〙

incor., incorp. 《略》incorporated.

in·cor·po·ra·ble /ɪnkɔ́əp(ə)rəbl, ìn- | ɪnkɔ́:-, ìn-, ɪŋ-, ìŋ-/ *adj*. 合同[統合, 編入]できる. 〘1607〙

incorporal próperty /ínkɔ̀əp(ə)rəl- | -kɔ̀:-/ *n*. = intangible property.

in·cor·po·rate[1] /ɪnkɔ́əpərèɪt | ɪnkɔ́:-, ɪŋ-/ *v*. **—** *vt*. **1** 〔…と〕合同させる, 合併する〔*with*〕; 〔…に〕編入する, 組み入れる〔*in, into*〕: ~ a firm *with* another / ~ his suggestions *in*(*to*) the plan 計画に彼の提案を織り込む / The village was ~*d in*(*to*) the city. 村は市に編入された / The colonies were ~*d*. 植民地は合併した. **2** [しばしば目的補語を伴って]〈人を〉(団体などに)加入させる, …の一員とする: He was ~*d* a member of the society. 彼はその会の会員になった. **3** 〔…と〕混ぜる, 混合する〔*with*〕: ~ a chemical substance *with* others 薬品を他の薬品と混和する. **4** 〘法律〙**a** 〈会社などを〉法人として認める[を設立する], 法人組織にする. **b** 《米》(有限責任)会社[株式会社] (corporation) にする: ~ a business 事業を会社組織にする. **c** 文書を併合させる (cf. incorporation 5). **5** 具体化する, 実質を与える: ~ one's thoughts. **—** *vi*. **1** 〔…と〕(結合して)一体となる, 合同[合体]する, 混ざる〔*with*〕: His firm ~*d with* mine. 彼の会社は私の会社と合併した. **2** 〈会社などが〉法人組織になる, 株式会社になる.
— /ɪnkɔ́əp(ə)rɪt, ìn- | ɪnkɔ́:-, ìn-/ *adj*. **1** 〈会社など〉法人組織の: an ~ company. **2** 《まれ》一体となった, 緊密な, 結合した. **3** 具体化した (embodied). 〘(*a*1398) ← LL *incorporātus* embodied (p.p.) ← *incorporāre*: ⇨ in-[2], corporate〙

in·cor·po·rate[2] /ɪnkɔ́əp(ə)rɪt, ìn- | ɪnkɔ́:-, ìn-, ɪŋ-, ìŋ-/ *adj*. 《古》形体のない, 無形の, 霊的な. 〘☐ LL *incorporātus* not embodied: ⇨ in-[1], corporate〙

in·cor·po·rat·ed /ɪnkɔ́əpərèɪtɪd, ìn- | ɪnkɔ́:pə-rèɪt-, ɪŋ-/ *adj*. **1** 合体した, 合同した, 併合した, 編入した: an ~ town. **2** 法人組織の, 法人格を与えられた; 会社組織の; 《米》有限責任の. ★ Inc. と略して会社名の後に付ける: an ~ company 有限責任会社 (《英》 limited (liability) company). **~·ness** *n*. 〘(1599): ⇨ ↑, -ed〙

in·cór·po·ràt·ing /-tɪŋ | -tɪŋ/ *adj*. **1** 結合させる, 合体させる. **2** 〘言語〙抱合的な: an ~ language 抱合語 (アメリカの言語におけるようにすべての構成要素が密に結合し文が1語の形をなすもの). 〘(1611) ← INCORPORATE[1] + -ING[2]〙

in·cor·po·ra·tion /ɪnkɔ̀əpəréɪʃən | ɪnkɔ̀:-, ɪŋ-/ *n*. **1** 結合, 合同, 合併, 編入; 混合, 混入; 結社. **2** 〘言語〙合体, 抱合 (cf. INCORPORATING language). **3** 〘文法〙編入. **4** 〘法律〙法人格付与, 法人[会社]設立; (そうしてできた)法人, 団体, 会社. **5** 文書併合 (例えば既存の文書を遺言の内容に組み込むこと). **6** 〘生理〙取り込み (細胞・組織へ物質が取り入れられること). 〘(*a*1398) ☐ LL *incorporātiō(n-)*: ⇨ incorporate[1], -ation〙

in·cor·po·ra·tive /ɪnkɔ́əpərèɪtɪv, -p(ə)rət- | ɪnkɔ́:-p(ə)rət-, ɪŋ-, -pərèɪt-/ *adj*. **1** 合体的な, 合同的な, 結合的な. **2** 〘言語〙抱合的な (polysynthetic). 〘(1592) ← INCORPORATE[1] + -IVE〙

in·cór·po·rà·tor /-tə | -tə(r)/ *n*. **1** 合同者, 結合者. **2** 《米》法人[会社]設立者, 発起人. **3** 《英》他大学にも籍を置く大学生. 〘1829〙

in cor·po·re /ɪnkɔ́əpəri, -pourèɪ | ɪnkɔ́:pəri, ɪn-kɔ́:pə(u)rèɪ/ *L*. *adv*. 親しく (in body); 実際に, 事実上 (in substance). 〘(1906) ☐ L ~ 《原義》in body〙

in·cor·po·re·al /ìnkɔəpɔ́:riəl | ìnkɔ:-, ìŋ-/ *adj*. **1** 無形の, 非物質的な, 霊的な (spiritual). **2** 無形物の. **3** 〘法律〙無体の, 無体財産権に関する (cf. corporeal 4): an ~ hereditament 無体相続財産. **~·ly** *adv*. 〘(?*a*1425) ← L *incorporeus* without body: ⇨ in-[1], corporeal〙

in·cor·po·re·al·i·ty /ìnkɔəpɔ̀:riǽləti | ìnkɔ:pɔ̀:-riǽlɪti, ìŋ-/ *n*. =incorporeity. 〘1846〙

in·cor·po·re·i·ty /ɪnkɔ̀əpərí:əti | ɪnkɔ̀:pərí:ɪti, ɪŋ-/ *n*. 形体[実体]のないこと, 無形, 非物質性; 無形的存在. 〘(1601) ☐ ML *incorporeitātem*: ⇨ in-[1], corporeity〙

in·cor·rect /ìnkərékt | ìn-, ìŋ-/ *adj*. **1** 正しくない, 間違った, 不正確な: an ~ statement, calculation, etc. **2** 妥当でない, 穏当でない: ~ behavior 不作法. **3** 〈語形・語法など〉正式でない, 間違っている, 正用法でない. **~·ly** *adv*. **~·ness** *n*. 〘(?*a*1425) ☐ L *incorrectus*: ⇨ in-[1], correct〙

in·cor·ri·gi·ble /ɪnkɔ́(:)rɪdʒəbl, ìn-, -kά(:)r- | ɪn-kɔ́rɪdʒɪ-, ɪŋ-, ìn-, ìŋ-/ *adj*. **1 a** 〈人・性格・行状など〉直しようのない, 矯正[善導]できない, 救い難い, しようのない: an ~ gambler [liar]. **b** 〈髪など〉くせのある. **2** 〈子供が〉手に負えない, わがままな (cf. corrigible): an ~ child. **3** 〈人が改めたがらない; 〈習慣など〉根を張った, 頑固な: an ~ chauvinist 徹底した盲目的愛国主義者 / ~ bad habits 根強い悪習慣. **4** 〈虚偽性を〉証明できない. **—** *n*. 矯正できない[手に負えない]人, ならせられない動物. **in·còr·ri·gi·bil·i·ty** /-dʒəbíləti | -dʒɪbílɪti/ *n*. **~·ness** *n*. 〘(*c*1340) ☐ (O)F ~ ∥ L *incorrigibilis*: ⇨ in-[1], corrigible〙

in·cór·ri·gi·bly /-bli/ *adv*. 直しようもなく, 手に負えなく. 〘(1610): ⇨ ↑, -ly[1]〙

in·cor·rupt /ìnkərʌ́pt | ìn-, ìŋ-/ *adj*. **1** 堕落しない, 清廉な, 潔白な. **2** =incorruptible 2. **3** 誤りや改変などのない, 正しい, 純粋な: an ~ text. **4** 《廃》分解[解体]しない, 腐敗しない. **~·ly** *adv*. **~·ness** *n*. 〘(*c*1350) ☐ L *incorruptus*: ⇨ in-[1], corrupt (adj.)〙

in·cor·rúpt·ed *adj*. =incorrupt. 〘1529〙

in·cor·rupt·i·bil·i·ty /ìnkərʌ̀ptəbíləti | ìnkərʌ̀pt-ɪbílɪti, ìŋ-/ *n*. 腐敗しないこと; 買収されないこと, 清廉潔白. 〘(*a*1475) ☐ LL *incorruptibilitātem*: ⇨ ↓, -ity〙

in·cor·rupt·i·ble /ìnkərʌ́ptəbl | ìnkərʌ́ptɪ-, ìŋ-/ *adj*. **1 a** 腐敗しない, 腐らない. **b** 不朽の, 不滅の: Gold is ~. **2** 賄賂(わい)のきかない, 買収されない, 清廉潔白な: be ~ by money 金で買収されない. **~·ness** *n*. **ìn·cor·rúpt·i·bly** *adv*. 〘(*c*1340) ☐ (O)F ~ ∥ LL *incorruptibilis*: ⇨ in-[1], corruptible〙

in·cor·rup·tion /ìnkərʌ́pʃən | ìn-, ìŋ-/ *n*. **1** 清廉潔白. **2** 《古》腐敗しないこと, 腐らない[朽ちない]状態. 〘(*a*1400) ☐ (O)F ~ ∥ LL *incorruptiō(n-)*: ⇨ in-[1], corruption〙

ín-còuntry *adj*. 国内で行われる: ~ war. 〘1953〙

incr. 《略》increase; increased; increasing; increment.

in·cras·sate /ɪnkrǽseɪt | ɪn-, ɪŋ-/ *vt*. **1** 〘薬学〙(濃化剤や蒸発などで)〈液体を〉濃化する, 濃縮する. **2** 《廃》厚くする, 濃厚にする. **—** *vi*. 《廃》厚く[濃く]なる. **—** *adj*. **1** 厚くした, 濃くした. **2** 〘生物〙肥厚した. 〘(v.: 1601; adj.: 1608) ← L *incrassātus* (p.p.) ← *incrassāre* to make thick ← IN-[2] + *crassus* 'CRASS, thick': ⇨ -ate[2, 3]〙

in·crás·sat·ed /-tɪd | -tɪd/ *adj*. =incrassate. 〘1657–83〙

in·cras·sa·tion /ìnkræséɪʃən | ìn-, ìŋ-/ *n*. **1** 〘薬学〙濃化, 濃縮. **2** 《廃》濃厚にすること; 厚くすること, 厚くなること, 厚化. 〘(1633) ← INCRASSATE + -ATION〙

in·creas·a·ble /ɪnkrí:səbl, ínkri:s- | ɪnkrí:səbl, ɪŋ-, ínkri:s-, íŋ-/ *adj*. 増大[増加]できる. 〘(1534): ⇨ ↓, -able〙

in·crease (↔ decrease) /ɪnkrí:s, ínkri:s | ɪnkrí:s, ɪŋ-, ínkri:s, íŋ-/ ★ decrease (*v*.) と対照させるときには /ˊ-ˋ/ のアクセントをとることが多い. *vi*. **1** 大きくなる, 増大する, 増す: ~ *in* number [power] 数[力]が増す / His salary ~*d by* $50 [*from* $250] *to* $300. 彼の給料は 50 ドル上がって[250 ドルから] 300 ドルになった / a greatly ~*d* population 大いに増加した人口. **2** (繁殖して)増える, 多くなる, 増加する: His family ~*d*. 彼の家族が増えた. **3** (質が)著しくなる, 強まる, つのる, 増進する: His vanity ~*d* with the years. 彼の虚栄心は年と共につのった. **4** 《詩》〈月が〉満ちる (wax). **—** *vt*. **1** 増す, 増やす, 大きくする, 拡張する, 拡大する (↔ diminish): ~ one's possessions [wealth] 財産[富]を増やす / ~ one's influence [power] 勢力[力]を拡大する / It pays to ~ your word power. 単語力を増すことは報われる / ~ a person's salary 昇給させる / ~ taxes 増税する / the ~*d* cost of living 増大した生活費. **2** 〈質などを〉著しくする, 強める, 増進させる: ~ (one's) speed [one's pace] 速力[歩調]を速める / ~ one's efforts なお一層努力する / ~ a risk 危険率を高める / ~ the rate of productivity 生産性を増大させる / This feeling ~*d* her happiness. この感じが彼女の幸福感を強めた / The rarity of an object ~*s* its value. 物はまれなほどその価値が増す. **3** 〘編物〙〈目 (stitch) を〉増やす. **4** 《廃》豊かにする.
— /ínkri:s, ɪnkrí:s | ínkri:s, íŋ-, ˊ-ˋ/ *n*. **1 a** (大きさ・額・数・強さなどの)増加, 増進, 拡張, 拡大, 上昇: an ~ *of* work, knowledge, etc. / an ~ *in* coldness, crime, exports, population, power, prices, etc. **b** 増加額, 増大量, 増量, 増加: an ~ *in* wages = a wage ~ 賃金の増額 / an ~ *of* 20% *on* [*over*] last year's total 昨年に比べて 20% の増加. **2** 〘編物〙目 (stitch) を増やすこと. **3 a** 〘《詩》以外は集合的〙子孫. **b** 生産物; 利益, 利子. **c** 《古》農産物, 作物 (crops).
on the increase 増加して, 増大して: Crime is *on the* ~. 犯罪が増加しつつある.
in·créased·ly *adv*. 〘v.: (*a*1333) *increse(n)*, *encresse(n)* ☐ AF *encres(s)*- = OF *encreis(s)*- (stem) ← *encreistre* < L *incrēscere* to grow in or upon ← IN-[2] + *crēscere* to grow. — n.: (*c*1380) *encre(e)s* ← (v.): cf. crescent〙

SYN 増加する: **increase** かさ・数・程度などを(次第に)大きくする: The earthquake *increased* their miseries. 地震で彼らの悲惨さがいやました. **enlarge** かさ・容積を前よりも大きくする: He *enlarged* his house. 家を増築した. **multiply** 数・量を大いに増やす: His care were *multiplied* as he grew older. 年をとるにつれて苦労が増えた. **augment** 〈すでに相当のかさ・数のあるものを〉増やす《格式ばった語》: He *augments* his income by doing extra work. 余分の仕事をして収入を増やす.
ANT decrease.

---

in·créase·ful *adj*. 《廃》実り豊かな. 〘1593〙

in·créas·er *n*. **1** 増やす[大きくする]人[もの]. **2** 漸拡大管 (異径管をつなぐ). 〘(?*a*1425): ⇨ ↑, -er[1]〙

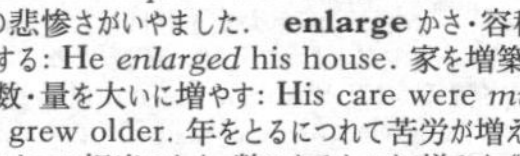

increaser 2

in·créas·ing *adj*. **1** 次第に増える, 増大[増加]する: an ~ population [traffic] / in ~ numbers ますます多く

/ his ~ fame 日に日に高まる彼の名声. **2** 〘数学〙増加の (cf. decreasing): an ~ function 増加関数. 〖(1598) ← INCREASE＋-ING²〗

in·creas·ing·ly /ɪ̀nkríːsɪŋli, ínkriːs- | ɪnkríːs-, ɪŋ-, ―‐―‐―/ *adv.* 次第に度を増して, ますます, いよいよ: It has become ~ difficult to find work. 職探しがいよいよ困難になってきた. ★ この語がつくと, 通例進行形には用いられない動詞でも進行形で用いることがある: He *was resembling* his father ~. 彼はますます父親に似てきた. 〖(*c*1450): ⇨ -ly¹〗

incréasing retúrns *n. pl.* 〘経済〙収穫逓増 (↔ decreasing returns). 〖1890〗

in·cre·ate /ìnkriéɪt | ìn-, ìŋ-ˊ-/ *adj.* 《古・詩》創造されない; (神のように)創造されないで存在する, 自存的な (self-existent). **~·ly** *adv.* 〖(*a*1420) □ LL *increātus*: ⇨ in-¹, create〗

in·cred·i·ble /ɪ̀nkrédəbl̩, ɪ̀n- | ɪnkrédɪbl̩, ɪ̀n-, ɪŋ-, ɪ̀ŋ-/ *adj.* **1** 《口語》〈人・物が〉とてもすばらしい: What an ~ computer! 何とすばらしいコンピューターだ. **2** 〈物・物事が〉信じられない, 信用できない, 疑わしい: an ~ story, fact, happiness, etc. **3** 〈数量・程度など〉驚くべき, 途方もない, 非常な: with ~ speed すさまじい速力で / His appetite was ~. 彼の食欲は途方もなかった. **~·ness** *n.* **in·crèd·i·bíl·i·ty** /-dəbíləṭi | -dɪ̀bílɪ̀ṭi/ *n.* 〖(*a*1400) □ L *incrēdibilis*: ⇨ in-¹, credible〗

in·créd·i·bly /-bli | -blɪ/ *adv.* 信じられないほど; 《口語》非常に, とても: be ~ easy うそのようにやさしい. 〖(*c*1500): ⇨ ↑, -ly¹〗

in·cre·du·li·ty /ìnkrɪdúːləṭi, -krɛ-, -djúː- | ɪ̀nkrɪ̀djúːlɪ̀ṭi, ɪ̀ŋ-, -krɛ-/ *n.* 容易に信じないこと, 疑い深いこと, 懐疑心 (⇨ unbelief SYN). 〖(?*a*1425) □ (O)F *incrédulité* // L *incrēdulitātem* ← *incrēdulus*: ⇨ ↓, -ity〗

in·cred·u·lous /ɪ̀nkréʤələs, ɪ̀n- | ɪnkrédjʊ-, ɪŋ-, -ʤʊ-/ *adj.* **1** 〈人が〉〈…を〉容易に信じない, 疑い深い, 懐疑的な 〔*of, about*〕: be ~ *of* the change その変化を本当にしない / be ~ *about* ghosts 幽霊を信じない. **2** 疑う[怪しむ]ような: an ~ laugh [look, voice] けげんそうな笑い[目つき, 声]. **~·ness** *n.* 〖(1579) □ L *incrēdulus* unbelieving: ⇨ in-¹, credulous〗

in·créd·u·lous·ly *adv.* 疑う[怪しむ]ように. 〖(1800): ⇨ ↑, -ly¹〗

in·cre·ment /íŋkrəmənt, ín- | íŋkrɪ̀-, ín-/ *n.* (↔ decrement) **1** 増すこと, 増えること, 増加, 増大, 増殖. **2** 増加[増大]量, 増額[分]; 増収, 増価: a yearly ~ of ¥100,000 年 10 万円ずつの増加[増額] / ⇨ unearned increment. **3** 利益, 利潤. **4** 〘数学〙増分, 変化量. **5** 〘電算〙インクリメント《プログラムの中で, 変数の値を増やすこと; 増やした値》. **6** 〘紋章〙**a** 満ちようとする月, 上弦の月. **b** ＝increscent 3. **in·cre·men·tal** /ìŋkrəméntl̩, ɪ̀n- | ɪ̀ŋkrɪ̀méntl̩, ɪ̀n-ˊ-/ *adj.* **in·cre·mén·tal·ly** *adv.* 〖(*c*1425) □ L *incrēmentum* increase ← *incrēscere* 'to grow, INCREASE': ⇨ -ment〗

incremental cósts *n. pl.* 〘会計〙増分原価 (⇨ differential costs).

ìn·cre·mén·tal·ìsm /-ṭəlɪzm, -tl̩- | -təl-, -tl̩-/ *n.* (政治・社会の)漸進主義[政策]. **in·cre·mén·tal·ist** /-ṭəlɪst, -tl̩- | -təlɪst, -tl̩-/ *n.* 〖(1966): ⇨ -ism〗

incremental plótter *n.* 〘電算〙インクリメンタルプロッター《プログラムの制御の下で計算機の出力を文字と共に曲線や点として表す装置; ⇨ microfilm plotter》.

increméntal recórder *n.* 〘電算〙インクリメント[増分]レコーダー.

increméntal repetítion *n.* 〘詩学〙漸増反復《劇的効果を上げるため, 通例各節の用語に少し変化を加えて先行節の一部を繰り返すこと》. 〖1918〗

in·cres·cent /ɪ̀nkrésənt, -snt | ɪn-, ɪŋ-/ *adj.* (↔ decrescent). **1** 増大する. **2** 〈月が〉だんだん満ちてくる. **3** 〘紋章〙三日月の先が盾の側から見て右側 (dexter side) を向いている (⇨ crescent 挿絵). 〖□ L *incrēscentem* (pres.p.) ← *incrēscere* 'to INCREASE'〗

in·cre·tion /ɪ̀nkríːʃən | ɪn-, ɪŋ-/ *n.* 〘生理〙内分泌(作用); 内分泌物《ホルモンなど》. **in·cre·to·ry** /ɪ̀nkríːṭəri, -tri | ɪnkríːtəri, -tri/ *adj.* 〖← IN-²＋(SE)CRETION〗

in·cre·tion·ar·y /ɪ̀nkríːʃənèri | ɪnkríːʃ(ə)nəri, ɪŋ-/ *adj.* 内分泌の. 〖(1874): ⇨ ↑, -ary: cf. concretionary〗

in·crim·i·nate /ɪ̀nkrímənèɪt | ɪnkrímɪ̀-, ɪŋ-/ *vt.* **1 a** (証言などによって)〈人を〉有罪にする, 罪に陥れる: ~ oneself (反証を承認することなどによって)自ら罪に陥る, 服罪する / ~ one's friend 友を罪に陥れる / *incriminating* evidence 罪になるような証拠, 罪証. **b** 〈人を〉〔…に〕訴える, 告発する 〔*to*〕: She ~*d* her naughty brother *to* her father. 彼女はいたずらな兄[弟]を父に訴えた. **2** 〈物事を〉〔害悪の原因などと〕みなす 〔*as*〕; 〔…の〕せいにする 〔*in*〕: Exhaust gas has been ~*d in* [*as* the cause of] the city air pollution. 都市の大気汚染は排気ガスにある[がその原因である]とされている. **in·crím·i·nà·tor** /-ṭə | -tə^(r)/ *n.* 〖(1730-36) ← LL *incrīminātus* (p.p.) ← *incrīmināre* ← IN-²＋*crīmināre* to accuse (⇨ criminate)〗

in·crim·i·na·tion /ɪ̀nkrìmənéɪʃən | ɪnkrìmɪ̀-, ɪŋ-/ *n.* 罪を負わせる[負わせられる]こと. 〖(1651) □ LL *incrīminātiō(n-)*: ⇨ ↑, -ation〗

in·crim·i·na·to·ry /ɪ̀nkrímənətɔ̀ːri | ɪnkrímɪ̀nətəri, ɪŋ-, -tri/ *adj.* 罪があるとする, 罪を帰する[負わせる], 告訴する. 〖(1861) ← INCRIMINATE＋-ORY〗

in·cross /ínkrɔ̀(ː)s, -krɑ̀(ː)s | ínkrɒs, ɪŋ-/ 〘生物〙 *n.* 同血統交配によってできた個体 (cf. incrossbred); 同血統交配. **—** *vt.* 同血統交配によって繁殖させる (inbreed). 〖← IN-²＋CROSS¹ (n.)〗

incróss·brèd *n.* 〘生物〙同血統内での交配によってできた個体 (cf. incross).

ín·cròwd *n.* (共通の利害関係・興味・意見などをもっている)排他的集団 (clique).

in·croy·a·ble /æ̃(ŋ)krwɑːjɑ́ːbl̩, æŋ-; *F.* ɛ̃kʁwajabl/ *n.* (フランス執政内閣 (Directory) 時代の)めかし屋, しゃれ者. 〖(1797) □ F ~ 'incredible'〗

in·crust /ɪ̀nkrʌ́st | ɪn-/ *v.* ＝encrust. **in·crúst·ant** /-tənt/ *n., adj.* 〖(1641) (異形) ← ENCRUST〗

in·crus·ta·tion /ìnkrʌstéɪʃən | ìn-, ìŋ-/ *n.* **1** 外被で覆う[覆われる]こと (↔ decrustation). **2** 外被, 皮殻, 外層 (crust). **3** かさぶた (scab). **4** はめこみ細工, 象眼, 寄木張り, 化粧張り; その材料. **5** (習慣・見方など)泥のように付着したもの, 堆積物. 〖(1607) □ LL *incrustātiō(n-)*: ⇨ encrust, -ation〗

in·cu·bate /íŋkjʊbèɪt, ín-/ *vt.* **1** 〈鳥が〉〈卵を〉抱く, かえす; 〈卵を〉(人工的に)孵化(ふか)する. **2** 〈計画などを〉生み出す, もくろむ, 謀(はか)る, 画策する, 計画する. **3** 〈早産児・未熟児などを〉(保育器で)保育する. **4** 〘医学〙〈細菌・細胞などを〉培養する, 孵置(ふち)する. **—** *vi.* **1** 卵を抱く, 抱卵する, 巣につく; 〈卵が〉かえる (hatch). **2** 人工孵化を受ける. **3** 〈考え・計画などが〉生まれる, 浮かぶ; 次第に発展する, 形をなす. **4** 〘病理〙〈病気が〉潜伏期にある, 潜伏する. 〖(1641) ← L *incubātus* hatched, sat on (p.p.) ← *incubāre* to lie, sit on eggs ← IN-²＋*cubāre* to lie down: ⇨ -ate³〗

in·cu·ba·tion /ìŋkjʊbéɪʃən, ìn-/ *n.* **1** 卵を抱く[かえす]こと, 抱卵, 孵化(ふか), 孵卵: artificial ~ 人工孵化. **2** 孵卵器[保育器など]に入れておくこと; (早産児・未熟児などの)保育. **3** (細菌・細胞などの)培養, 孵置(ふち). **4** (計画などの)案出, もくろみ. **5** 〘病理〙潜伏(期). **~·al** /-ʃənl̩, -ʃnəl^ˊ-/ *adj.* 〖(1614) □ L *incubātiō(n-)* brooding: ⇨ ↑, -ation〗

incubátion pèriod *n.* **1** 〘動物〙孵化(ふか)期間. **2** 〘病理〙潜伏期 (latent period). 〖1879〗

in·cu·ba·tive /íŋkjʊbèɪṭɪv, ín- | -tɪv/ *adj.* **1** 卵をかえす, 孵化(ふか)の. **2** 〘病理〙潜伏性[期]の. 〖(1835) ← INCUBATE＋-IVE〗

ín·cu·bà·tor /-ṭə | -tə^(r)/ *n.* incubate する人[もの]; 人工孵卵(らん)器 (cf. foster mother); (早産児・未熟児用)保育器; 定温器《細菌培養器》. 〖(1857) □ L *incubātor*: ⇨ incubate, -or²〗

íncubator bìrd *n.* 〘鳥類〙＝megapode. 〖1943〗

in·cu·ba·to·ry /íŋkjʊbətɔ̀ːri, ín- | -bèɪtəri, ín-/ *adj.* ＝incubative. 〖1877〗

incubi *n.* incubus の複数形.

in·cu·bous /íŋkjʊbəs, ín-/ *adj.* 〘植物〙〈葉が〉倒覆瓦(がわら)状の (cf. succubous). 〖(1857) ← L *incubāre*＋-OUS〗

in·cu·bus /íŋkjʊbəs, ín-/ *n.* (*pl.* **in·cu·bi** /-bàɪ/, **~·es**) **1** 睡眠中の者の上に乗って苦しめる魔物, (特に)睡眠中の女性を犯すと信じられた魔物 (cf. succubus 1). **2** 悪夢, 夢魔 (nightmare). **3** (払いのけることのできない)心の重荷, 心配事; 厄介者, 圧迫となる人[もの]. 〖(?*a*1200) □ LL ~ 'nightmare' (変形) ← L *incubō* ← *incubāre* to lie on: ⇨ incubate〗

incubus 1

incudes *n.* incus の複数形.

in·cul·cate /ɪ̀nkʌ́lkeɪt, ínkʌlkèɪt, -kəl- | ínkʌlkèɪt, íŋ-, -kəl-, ɪnkʌ́lkeɪt, ɪŋ-/ *vt.* 〈思想・感情・知識・習慣・事実などを〉〈人・心に〉反復して教え込む, じゅんじゅんと説き聞かせる 〔*in, into, on, upon*〕 (⇨ implant SYN): ~ a doctrine *into* a person's mind 人の心に教義を教え込む / ~ obedience [patience] *upon* a person 人に服従[忍耐]を説き勧める. **2** 〈人・心〉に思想・感情などを〉注入する, 吹き込む, 植えつける 〔*with*〕: ~ young people *with* love of knowledge 青年たちに知識愛を鼓吹する. ★ 2 の用法は inoculate 2 との混交. **in·cul·ca·tion** /ìnkʌlkéɪʃən, -kəl- | ɪ̀nkʌl-, ɪ̀ŋ-/ *n.* **in·cúl·ca·tor** /-ṭə | -tə^(r)/ *n.* 〖(1550) ← L *inculcātus* (p.p.) ← *inculcāre* to tread down, urge ← IN-²＋*calcāre* to tread on (← *calc-, calx* heel: cf. calk¹)〗

in·cul·pa·ble /ɪ̀nkʌ́lpəbl̩ | ɪn-, ɪŋ-/ *adj.* 罪のない, 非難するところのない, 潔白な. **in·cùl·pa·bíl·i·ty** /-pəbíləṭi | -lɪ̀ti/ *n.* **~·ness** *n.* **in·cúl·pa·bly** *adv.* 〖(1491) □ LL *inculpābilis*: ⇨ in-²〗

in·cul·pate /ɪ̀nkʌ́lpeɪt, ínkʌlpèɪt, -kəl- | ínkʌlpèɪt, íŋ-, ―‐―‐/ *vt.* **1** …に罪を帰する[負わせる], 告訴する; 非難する, 責める, とがめる. **2** 〈事情・証拠などが〉…の罪状を明白にする, 有罪にする; 連座させる, 連累にする, 巻き添えにする. **in·cul·pa·tive** /ɪ̀nkʌ́lpəṭɪv, -kəl-, ɪ̀nkʌ́lpəṭ-, ínkʌlpèɪt-, ɪnkʌ́lpət-, ɪŋ-/ *adj.* 〖(1799) ← L *inculpātus* (p.p.) ← *inculpāre* ← IN-²＋*culpāre* to blame: cf. culpable〗

in·cul·pa·tion /ìnkʌlpéɪʃən, -kəl- | ɪ̀nkʌl-, ɪ̀ŋ-/ *n.* 告訴; 非難; 連累にすること. 〖(1798): ⇨ ↑, -ation〗

in·cul·pa·to·ry /ɪ̀nkʌ́lpətɔ̀ːri | ɪnkʌ́lpətəri, ɪŋ-, -tri, ínkʌlpèɪ-, íŋ-/ *adj.* 罪を帰する[負わせる], 有罪にする; 非難する, 責める; 連累にする. 〖(1837) ← INCULPATE＋-ORY¹〗

in·cult /ɪ̀nkʌ́lt | ɪn-, ɪŋ-/ *adj.* **1** 《文語》未開の, 野蛮な, 粗野な; 洗練されない, 下品な; 教養のない. **2** 《古》〈土地が〉耕作されていない, 未開墾の. 〖(1599) □ L *incultus* ← IN-¹＋*cultus* ((p.p.) ← *colere* to till: cf. cult)〗

in·cul·tu·ra·tion /ɪ̀nkʌ̀ltʃəréɪʃən | ɪn-/ *n.* 〘社会学〙 **1** ＝enculturation. **2** 文化適応《キリスト教を土着の文化に適応させること》.

in·cum·ben·cy /ɪ̀nkʌ́mbənsi | ɪn-, ɪŋ-/ *n.* **1** もたれかかること, 寄りかかること. **2** 《米》(公職・大学教授などの)地位; 在位期間. **3 a** 《英》聖職禄(ろく) (ecclesiastical benefice) をもつ者の地位[任期]. **b** 聖職禄. **4** 義務, 職責. **5** 《古》重荷. 〖(*a*1608): ⇨ ↓, -ency〗

in·cum·bent /ɪ̀nkʌ́mbənt | ɪn-, ɪŋ-/ *adj.* **1** 〈事が〉〔人に〕義務としてかかる, 義務である 〔*on, upon*〕: a duty ~ *on* him / It is ~ *upon* you *to* do so. そうするのが君の責任だ. **2** [限定的] 現職[在職]の: ~ City Council members 現職の市会議員. **3** 〔…に〕寄りかかる, もたれる 〔*on*〕. **4** 《詩》〈岩など〉張り出ている, (上から)差しかかった. **5** 〘地質〙〈地層が〉重なっている. **—** *n.* **1** 《米》《英まれ》(公職・大学教授などの)在職者, 在任者. **2** 《英》聖職禄(ろく)所有者; (英国国教会の)教会をもつ牧師 (rector, vicar など). **~·ly** *adv.* 〖(adj.: 1548; n.: *c*1410) □ L *incumbentem* leaning upon (pres.p.) ← *incumbere* to lie or lean upon ← IN-²＋*cumbere* to lie (← *cubāre* to lie down)〗

in·cum·ber /ɪ̀nkʌ́mbə | ɪnkʌ́mbə^(r), ɪŋ-/ *vt.* ＝encumber.

in·cum·brance /ɪ̀nkʌ́mbrəns | ɪn-, ɪŋ-/ *n.* ＝encumbrance.

in·cu·na·ble /ɪ̀nkjúːnəbl̩ | ɪn-, ɪŋ-/ *n.* ＝incunabulum 1. 〖(1886) □ F ~〗

incunabula *n.* incunabulum の複数形.

in·cu·náb·u·list /-lɪst | -lɪst/ *n.* インキュナブラ研究者. 〖(1921): ⇨ ↓, -ist〗

in·cu·nab·u·lum /ìnkjʊnǽbjʊləm | ɪ̀nkjʊ-, ɪ̀ŋ-/ *n.* (*pl.* **-u·la** /-lə/) **1 a** インキュナブラ, 初期刊本, 揺籃期本《ヨーロッパの活字印刷術の揺籃期 (A.D. 1500 まで)に印刷された刊本》. **b** (一般に) 初期の制作品. **2** [*pl.*] 初期, 発生期, 揺籃時代, 黎明(れいめい)期. **in·cu·náb·u·lar** /-lə | -lə^(r)/ *adj.* 〖(1824) □ L *incūnābula* swaddling clothes, cradle, childhood, origin ← *cūnae* (fem. pl.) cradle < **koinā* place to lie down in: cf. Gk *keîsthai* to lie down〗

in·cur /ɪ̀nkə́ː | ɪnkə́ː^(r), ɪŋ-/ *vt.* (**in·curred; in·cur·ring**) 〈負債・損害などを〉負う, 受ける, 〈危険・非難・怒りなどを〉招く, 〈不興などを〉買う, 〈罰などを〉受ける: ~ debts 負債を負う / ~ great expense 莫大(ばくだい)な出費を招く / ~ danger 危険を招く / ~ a person's hatred [wrath] 人の憎しみ[怒り]を買う / He ~*red* the displeasure of his sovereign by declining his invitation. 招待を断わったために彼は主君の不興を買った. **in·cur·ra·ble** /ɪ̀nkə́ːrəbl̩ | ɪnkə́ːr-/ *adj.* 〖(?*c*1400) □ L *incurrere* to run into or against ← IN-²＋*currere* to run (cf. current)〗

in·cur·a·bil·i·ty /ɪ̀nkjʊ̀ərəbíləṭi, ɪ̀n- | ɪnkjʊ̀ərəbílɪ̀ti, ɪ̀n-, ɪŋ-, ɪ̀ŋ-, -kjɔ̀ːr-/ *n.* 直らぬこと, 不治; 矯正不能. 〖(1630): ⇨ ↓, -ity〗

in·cur·a·ble /ɪ̀nkjʊ́ərəbl̩, ɪ̀n- | ɪnkjʊ́ər-, ɪ̀n-, ɪŋ-, ɪ̀ŋ-, -kjɔ́ːr-ˊ/ *adj.* **1** 不治の: an ~ disease [invalid] 不治の病[病人]. **2** 矯正できない, 直らない: an ~ habit 直らない悪習慣 / an ~ fool 救い難いばか / an ~ optimist 度し難い楽観主義者. **—** *n.* 不治の病人. **~·ness** *n.* 〖(*c*1340) □ OF ~ // L *incūrābilis*: ⇨ in-¹, curable〗

in·cúr·a·bly /-bli/ *adv.* 治しようも[治る見込みも]ないように[ほど]. 〖(1529): ⇨ ↑, -ly¹〗

in·cu·ri·os·i·ty /ɪ̀nkjʊ̀əriɑ́(ː)səṭi, ɪ̀n-, -sti | ɪnkjʊ̀əriɒ́sɪ̀ti, ɪ̀n-, -kjɔ̀ː-, ɪ̀n-, ɪ̀ŋ-, ɪ̀ŋ-/ *n.* 好奇心のないこと; 無関心. 〖(1603): ⇨ ↓, -ity〗

in·cu·ri·ous /ɪ̀nkjʊ́əriəs, ɪ̀n- | ɪnkjʊ́ər-, ɪŋ-, -kjɔ́ːr-, ―‐―‐―/ *adj.* **1** 不注意な, 気をつけない, かまわない, 無頓着(むとんちゃく)な. **2** 好奇心のない, せんさくしない (⇨ indifferent SYN). **3** 《古》[通例二重否定を成して] 興味のない, おもしろくない: a *not* ~ anecdote 興味がなくはない[なかなかおもしろい]逸話. **~·ly** *adv.* **~·ness** *n.* 〖(1570) □ L *incūriōsus* careless, negligent: ⇨ in-¹, curious〗

in·cur·rence /ɪ̀nkə́ːrəns | ɪnkʌ́r-, ɪŋ-/ *n.* (損害などを)受ける[被る, 招く]こと: the ~ of debts. 〖(*a*1656): ⇨ ↓, -ence〗

in·cur·rent /ɪ̀nkə́ːrənt | ɪnkʌ́r-, ɪŋ-/ *adj.* **1** 〈管・穴など〉水が流れ込む, 流入する, 流入する水を通す. **2** 〈事件が〉やってくる, 発生する. 〖(1563-87) □ L *incurrentem* (pres.p.) ← *incurrere* to run in: ⇨ incur, -ent〗

in·cur·sion /ɪ̀nkə́ːʒən | ɪnkə́ːʃən, ɪŋ-, -ʒən/ *n.* **1 a** (通例長い占領を目的としない突然の)侵入, 侵略; 襲撃 〔*on, upon, into*〕: make ~*s into* a country 国に侵入する / the Danish ~*s on* the English coasts 英国沿岸へのデーン人の侵入. **b** 侵害, 侵入: make ~*s on* a person's privacy 人のプライバシーを侵害する. **2** (河水などの)流入. 〖(?*a*1425) □ L *incursiō(n-)* onset ← *incursus* (p.p.) ← *incurrere* 'to attack, INCUR': ⇨ -sion: cf. excursion〗

in·cur·sive /ɪ̀nkə́ːsɪv | ɪnkə́ː-, ɪŋ-/ *adj.* 侵入[侵略]する; 襲撃の; 〈河水など〉流入してくる. 〖(1592) ← L *incursus* ((p.p.) ← *incurrere* (↑))＋-IVE〗

in·cur·vate /ínkəvèɪt, ɪ̀nkə́ːvɪ̀t | ínkəːveɪt, ɪŋ-, -vɪ̀t/ *adj.* 内側へ曲がった. **—** /ɪ̀nkə́ːveɪt, ínkəːvèɪt | ínkəːvèɪt, íŋ-/ *vt.* [特に p.p. 形で] (内側へ)曲げる, 湾曲させる. 〖(?*a*1425) □ L *incurvātus* (p.p.) ← *incurvāre* 'to bend in, INCURVE'〗

in·cur·va·tion /ìnkəːvéɪʃən | ɪ̀nkəː-, ɪ̀ŋ-/ *n.* 内曲,

湾曲. 〖(1607) ◻ L *incurvātiō(n-)* ← *incurvāre* (↑)〗

in·cur·va·ture /ɪnkə́ːvətʃə, -tʃʊə, -tjʊə | ɪnkə́ːvətʃə(r), -tjʊə(r)/ *n.* =incurvation. 〖(1809) ← L *incurvātus*: ⇨ incurvate, -ure〗

in·curve /ínkəːv | -kɜːv/ *n.* **1** 内側に曲げること, 湾曲. **2** 〘野球〙インカーブ (↔ outcurve).
— /ーー/ *vi.* **1** 内側に曲がる. **2** 〘野球〙インカーブを投げる. — *vt.* **1** 内側に湾曲させる. **2** 〈球を〉内角へカーブさせる.
〖(1610) ◻ L *incurvāre*: ⇨ in-², curve〗

in·cus /íŋkəs/ *n.* (*pl.* **in·cu·des** /ɪŋkjúːdiːz, ɪn-, ɪŋkjʊdiːz/) **1** 〘解剖〙きぬた骨, 砧骨(ちんこつ) (中耳の小骨の一つ; anvil ともいう; cf. malleus, stapes). **2** 〘気象〙かなとこ雲 (積乱雲の頂が鉄床(かなとこ) (anvil) のような形になったもの; anvil, anvil cloud ともいう). **in·cu·date** /íŋkjudèɪt, ɪŋkjúːdɪ̀t | ɪŋkjudèɪt, ɪŋkjúːdɪ̀t/ *adj.* **in·cu·dal** /íŋkjʊdḷ, ɪŋkjúː- | -dḷ/ *adj.* 〖(1669) ◻ L *incūd-*, *incūs* anvil ← *incūsus* (p.p.) ← *incūdere* to forge with hammer ← IN-²+*cūdere* to strike, beat〗

in·cuse /ɪnkjúːz, -kjúːs | ɪnkjúːs, ɪŋ-/ *adj.* 〈貨幣など〉極印を打ち込んだ. — *n.* (貨幣などの)打ち込み模様, 極印. — *vt.* 〈硬貨などに〉極印を打ち込む. 〖(1818) ◻ L *incūsus* (p.p.) ← *incūdere* (↑)〗

Ind /ɪnd | índ, áɪnd/ *n.* **1** (古・詩) =India. **2** (廃) =Indies. 〖(?a1200) ◻ (O)F *Inde*: ⇨ India〗

IND (略) L. in nomine Dei 神の御名において (in the name of God); 〘自動車国籍表示〙India; 〘薬学〙investigational new drug.

ind. (略) independence; independent; index; indicated; indication; indicative; indigo; indirect; indirectly; industrial; industry.

Ind. (略) Independent; India; Indian; Indiana; Indies.

ind- /ɪnd/ (母音の前にくるときの) indo- の異形: *indamine*, *indene*.

Ind- /ɪnd/ (母音の前にくるときの) Indo- の異形.

in·da·ba /ɪndáːbə; *Zulu* indáːɓa/ *n.* **1** (南ア) **a** (部族代表の)評議会, 会議. **b** [one's ~] (口語) (自分の)事, 仕事. **2** (英口語) (キャンプ・会議などの)集会.
〖◻ Zulu *indaba* topic, affair, doing ← *in* (pref.)+*daba* business, matter, news〗

in·da·gate /índəgèɪt/ *vt.* (古) 探究する, 調査する. **in·da·ga·tion** /ìndəgéɪʃən/ *n.* **ín·da·gà·tor** /-tə | -tə(r)/ *n.* 〖(1623) ← L *indāgātus* (p.p.) ← *indāgāre* to investigate ← *indāgō* investigation ← *indu-* 'IN-²'+*agere* to drive〗

in·da·mine /índəmìːn, -mɪ̀n | -mìːn, -mɪn/ *n.* 〘化学〙インダミン ($C_{12}H_{11}N_3$) (塩基性の有機化合物の総称; 青色染料原料). 〖(1888) ← INDO-+AMINE〗

in·dan /índæn/ *n.* 〘化学〙インダン (C_9H_{10}) (タール中に存在する). 〖← IND(ENE)+-AN²〗

in·de /índi/ *adv.* 〘処方〙そこから, それから (therefrom).
〖◻ L ~ 'thence, therefrom'〗

IndE (略) industrial engineer.

in·debt /ɪndɛ́t | ɪn-/ *vt.* (古) …に借金を負わせる; …に恩義を被(こうむ)らせる. 〖(1565) (逆成) ← INDEBTED〗
★ 今では通例 indebted の形で用いる.

in·debt·ed /ɪndɛ́tɪd | ɪndét-/ *adj.* **1** 恩を受けている, 恩義がある, 負うところがある: be ~ *to* a book *for* information 書物から情報を受けている / I am [feel] (very) ~ *to* you *for* your kindness [help]. ご親切[助力]ありがとうございます. **2** 借金がある: be ~ *to* a person *for* a large sum 人に多額の負債がある / Do heavily ~ countries need foreign aid? 大きな負債をかかえている国には海外からの援助が必要だろうか. 〖(16C) ∽ (?a1200) *endetted* ◻ (O)F *endetté* (p.p.) ← *endetter* to involve in debt ← EN-¹+*dette* 'DEBT'〗

in·débt·ed·ness *n.* **1** 恩を受けていること: acknowledge one's ~ *to* one's seniors 先人の恩恵に感謝する. **2 a** 負債のあること. **b** 負債額; [集合的] 負債.
〖(1647): ⇨ ↑, -ness〗

in·de·cen·cy /ɪndíːsənt, ɪn-, -sṇt | ɪn-, ɪn-/ *n.* **1** 下品; 猥褻(わいせつ). **2** 不体裁[下品]な行い, 猥褻[卑猥]な行為[言葉]: commit *indecencies*. **3** 見苦しさ, 不体裁, 不作法. 〖(1589) ◻ L *indecentia* ← *indecentem*: ⇨ ↓, -ency〗

in·de·cent /ɪndíːsənt, ɪn-, -sṇt | ɪn-, ɪn-ˊ/ *adj.* **1** 〈言動・衣服など〉下品な; みだらな, 猥褻(わいせつ)[卑猥]な (⇨ indecorous SYN): an ~ story, picture, etc. / ~ language. **2** 〈人が〉慎みのない, 無作法な: How ~ of you to do like that! あんなことをするなんて全く失礼じゃありませんか. **3** [特に次の句で] 〈行動が〉適切でない, 時と場所をわきまえない: with ~ haste 見苦しいほどあわてて(そそくさと). **4** 〈分量が〉不当な, わずかの: his ~ wages 彼のわずかの賃金. **~·ly** *adv.* 〖(1563–87) ◻ F *indécent* ∥ L *indecentem* unfitting (pres.p.) ← *indecēre* ← IN-¹+*decēre* to be fitting: ⇨ decent〗

indécent assáult *n.* 〘法律〙強制猥褻(わいせつ)行為[罪] (cf. rape¹ 2). 〖1861〗

indécent expósure *n.* 〘法律〙公然猥褻(わいせつ)罪. 〖1851〗

in·de·cid·u·ate /ìndɪsídʒuɪ̀t | -dju-/ *adj.* **1** 〘動物〙脱落膜 (decidua) をもたない. **2** 〘植物〙=indeciduous.
〖(1879): ⇨ in-¹, deciduate〗

in·de·cid·u·ous /ìndɪsídʒuəs | -dju-ˊ/ *adj.* 〘植物〙落葉しない, 常緑(性)の (evergreen). 〖(1646): ⇨ in-²〗

in·de·ci·pher·a·bil·i·ty /ìndɪsàɪf(ə)rəbíləti | -lɪ̀ti/ *n.* 判読[解読]できないこと. 〖(1894): ⇨ ↓, -ity〗

in·de·ci·pher·a·ble /ìndɪsáɪf(ə)rəbḷˊ/ *adj.* 〈暗号など〉解読できない, 判読できない: a man with an ~ accent わからぬなまりでしゃべる人. **~·ness** *n.* **in·de·cí·pher·a·bly** *adv.* 〖(1802): ⇨ in-¹〗

in·de·ci·sion /ìndɪsíʒən/ *n.* 不決断, 優柔不断; ためらい, 躊躇(ちゅうちょ): in (a state of) ~. 〖(a1763) ◻ F *indécision*: ⇨ in-¹, decision〗

in·de·ci·sive /ìndɪsáɪsɪvˊ/ *adj.* **1** 決断力のない, 優柔不断な, 煮え切らない: an ~ character [person] 煮え切らない性格[人]. **2** 決定的でない, 決着しない: an ~ battle 勝敗の決しない戦い / an ~ result どちらにもとれる結果 / an ~ answer どっちつかずの返事 / ~ evidence はっきりしない証拠. **3** 〈輪郭など〉はっきりしない, ぼんやりした: the blurred and ~ outline of a mountain ぼんやりかすんだ山の輪郭. **~·ly** *adv.* **~·ness** *n.* 〖(1726): ⇨ in-¹, decisive〗

indecl. (略) indeclinable.

in·de·clin·a·ble /ìndɪkláɪnəbḷˊ/ 〘文法〙 *adj.* 語尾変化をしない, 不変化の (↔ declinable). — *n.* 格変化 (declension) をしない語, 不変化詞 (名詞・代名詞・形容詞以外の品詞). **~·ness** *n.* **ìn·de·clín·a·bly** *adv.* 〖(a1398) ◻ (O)F *indéclinable* ∥ L *indeclīnābilis* unchangeable: ⇨ in-¹, declinable〗

in·de·com·pos·a·ble /ìndìːkəmpóʊzəbḷ, ɪn- | ɪndìːkəmpə́ʊz-, ɪn-ˊ/ *adj.* 分解[分析]できない.
〖(1807): ⇨ in-²〗

in·dec·or·ous /ɪndɛ́k(ə)rəs, ɪn-, ìndɪkɔ́ːrəs | ɪndékər-, ɪn-, ìndɪkɔ́ːr-ˊ/ *adj.* 作法にかなわない, 無作法な, はしたない, ぶしつけな; 不体裁な. **~·ly** *adv.* **~·ness** *n.* 〖(1680) ← L *indecōrus*: ⇨ in-¹, decorous〗

SYN 下品な: **indecorous** 上品な社交界の作法にかなっていない: *indecorous* behavior はしたないふるまい. **improper** その場にふさわしくない: Laughing is *improper* at a funeral. 葬式で笑うのは場違いだ. **unseemly** 〈ふるまいなど〉状況に不適当で上品な人のひんしゅくを買う (格式ばった語): *unseemly* conduct みっともない行動. **unbecoming** 〈ふるまいが〉身分や状況にふさわしくない (格式ばった語): conduct *unbecoming* to a soldier 軍人にふさわしくない行為. **indelicate** 他人の感情を損なわないように十分な注意を払っていない (格式ばった語): *indelicate* language 慎みのない言葉. **indecent** 道徳的, 特に性的に不適切な: an *indecent* joke 下品なジョーク.
ANT decorous, proper.

---

in·de·co·rum /ìndɪkɔ́ːrəm/ *n.* **1** 無作法, 不体裁. **2** 無作法なふるまい. 〖(1575) ◻ L *indecōrum* (neut. sing.) ← *indecōrus* (↑): ⇨ decorum〗

in·deed /ɪndíːd | ɪn-/ *adv.* **1 a** 実に, 真に, 実際, 全く (in truth) (cf. *in very* DEED): He is, ~, a remarkable man. 彼は実にえらい人です / It is ~ alarming. 実に容易ならぬことだ / *Indeed* and ~. (口語) 全く本当に, 実際全く / Do you ~ believe so? 本当にそうだと信じているのですか (cf. 3) / A friend in need is a friend ~. (諺) まさかの時の友こそ真の友 / He is a friend ~. 実際いい友人だ (cf. 2 b) / She did ~ do so. 彼女は本当にそうした. **b** [質問の答えを強調して] 本当に: Yes, ~!=*Indeed*, yes! 本当にそうですとも. **c** [very+形容詞[副詞]の後で] 本当に: Thank you *very* much ~. 本当にありがとう / I am *very* glad ~. 私は本当にうれしい / It is (very [most]) unusual ~ for him to be dressed so early. 彼がそんなに早くから服を着ているとは実に珍しい. **2 a** [確認・敷衍] それにまた, いやそれどころか (in fact): It is useful, ~ indispensable. それは有用だ, いやそれどころかなくては困る / I know it—~, I am sure of it. 知っている, いや確かに知っているとも / She agreed; ~, she (even) kissed me! 彼女は同意した. いやそれどころかキスまでしてくれた. **b** [前言を反復して; 確認・同感を表してしばしば反語的に] 本当に, なるほど: Who is this Mr. Brown?—Who (is he), ~! このブラウンさんというのはだれですか? —(同感して)本当にだれだろう; (反語) だれかとは驚いた / (A) Scholar ~! (反語) なるほど学者だ, 学者とは聞いてあきれる (cf. 1 a). **3** /ɪ̀ndíːd, ɪn- | ɪ̀n-, ɪn-/ [間投詞的に]: **a** [確信を求めた疑問を表して] 本当ですか (really): He passed the exam. —*Indeed*? 彼は試験に通ったよ—本当かい. **b** [驚き・懐疑・憤慨・皮肉などの意を表して] へえ, まあ, ふふん, まさか: He intends to marry. —Does he, ~! 彼は結婚するそうだ—へえ, まさか. **4** [しばしば次に but を従え, 譲歩を表して] なるほど, いかにも, 確かに: I may, ~, be wrong. なるほど私の方が間違っているかもしれない / There are ~ exceptions. 例外はなるほどあるにはある / *Indeed* he is young [He is young ~], *but* he is wise. いかにも彼は若い, でも分別がある. **5** 実際は, 本当は, 実は (in reality): What seemed to be a failure was ~ a success. 失敗と思われたことが実は成功だった. 〖(1330) *in dede*: ⇨ in (prep.), deed: 16C までは 2 語に書かれていた〗

in·deed·y /ɪndíːdi | ɪndíːdi/ *adv.* [特に Yes [No], ~. の形式で用いて] (口語) 本当に, 実際に. 〖(1856) (変形) ← INDEED〗

indef. (略) indefinite.

in·de·fat·i·ga·bil·i·ty /ìndɪfæ̀tɪgəbíləti | -tɪgəbílɪ̀ti/ *n.* 根気強さ, 我慢強さ, 忍耐. 〖(a1634): ⇨ ↓, -ity〗

in·de·fat·i·ga·ble /ìndɪfǽtɪgəbḷ | -tɪ-ˊ/ *adj.* 疲れない, 倦(う)むことを知らない, 飽きない, 根気のよい, 不屈な: an ~ worker 根気よく働く人, 倦むことを知らない努力家 / an ~ gossip 飽くことを知らぬうわさ好きの人 / ~ zeal [perseverance] 衰えることのない熱意[不屈の忍耐] / He was ~ *in* his pursuit of truth. 真理の追求に飽くことを知らなかった. **ìn·de·fát·i·ga·bly** *adv.* **~·ness** *n.* 〖(1586) ◻ F (廃) *indéfatigable* ∥ L *indēfatīgābilis* ← IN-¹+*dēfatīgāre* to tire, exhaust (← DE-¹+*fatīgāre* to wear): ⇨ fatigue, -able〗

in·de·fea·si·ble /ìndɪfíːzəbḷ | -zɪ̀-ˊ/ *adj.* 破棄できない, 取り消せない, 無効にできない; 〈権利など〉奪うことができない: ~ rights, claims, etc. **ìn·de·fèa·si·bíl·i·ty** /-zəbíləti | -zɪ̀bílɪ̀ti/ *n.* **~·ness** *n.* **ìn·de·féa·si·bly** *adv.* 〖(1548): ⇨ in-¹〗

in·de·fec·ti·ble /ìndɪféktəbḷ | -tɪ̀-ˊ/ *adj.* **1** 欠けない, 損じない, 朽ちない, 長持ちする. **2** 欠点のない, 完全な. **ìn·de·fèc·ti·bíl·i·ty** /-təbíləti | -tɪ̀bílɪ̀ti/ *n.* **ìn·de·féc·ti·bly** *adv.* 〖(1659): ⇨ in-¹〗

in·de·fec·tive /ìndɪféktɪvˊ/ *adj.* (古) 欠陥[欠点]のない, 完全な. 〖(a1641): ⇨ in-¹〗

in·de·fen·si·ble /ìndɪfénsəbḷ | -sɪ̀-ˊ/ *adj.* **1** 防げない, 守り切れない, 防御できない. **2** 〈行動・議論など〉弁護の余地のない, 擁護できない. **ìn·de·fèn·si·bíl·i·ty** /-səbíləti | -sɪ̀bílɪ̀ti/ *n.* **~·ness** *n.* **ìn·de·fén·si·bly** *adv.* 〖(1529): ⇨ in-²〗

in·de·fin·a·ble /ìndɪfáɪnəbḷˊ/ *adj.* 限定できない; 定義できない, 説明しにくい, 漠然とした, 言いようのない: an ~ boundary はっきりしない境界 / an ~ word 定義できない言葉 / ~ sensations 何とも言いようのない[名状しがたい]感じ[気持ち]. **ìn·de·fin·a·bíl·i·ty** /-nəbíləti | -lɪ̀ti/ *n.* **~·ness** *n.* **ìn·de·fín·a·bly** *adv.*
〖(1810): ⇨ in-¹〗

in·def·i·nite /ɪndéf(ə)nɪ̀t, ɪn-ˊ/ *adj.* **1** 〈数量・大きさなど〉不定の, 決まっていない, 限界のない: an ~ number 不定の数 / for an ~ period 無期限に, いつまでも. **2** 明確でない, 曖昧(あいまい)な, ぼんやりした: an ~ answer 曖昧な返事 / an ~ plan 漠然とした計画 / in an ~ manner 漠然と, どっちつかずの様子で. **3** 〘文法〙〈代名詞など〉(指示する物が)不定の (cf. impersonal 4): an ~ personal pronoun 不定人称代名詞 (漠然と一般を指示する英語の we, you, they など) / ⇨ indefinite article, indefinite pronoun, indefinite tense 1. **4** 〘植物〙 **a** 〈雄蕊(ずい)など〉が非常に数が多い, 数を数えにくい. **b** =indeterminate 6. **~·ness** *n.* 〖(1530) ◻ L *indēfīnītus*: ⇨ in-¹, definite〗

indéfinite árticle *n.* 〘文法〙不定冠詞 (例えば英語の a, an; cf. definite article). 〖1727–41〗

indéfinite íntegral *n.* 〘数学〙不定積分 (積分する区間の上端が不定の積分; ↔ definite integral).
〖c1877〗

in·def·i·nite·ly /ɪndéf(ə)nɪ̀tli, ɪn-/ *adv.* 無期限に; 不明確に, 漠然と: put off one's departure ~ 出発を無期延期する. 〖(?c1425): ⇨ -ly¹〗

indéfinite prónoun *n.* 〘文法〙不定代名詞 (例えば英語の some, any, both, each, everything, none など; 時に impersonal pronoun ともいう). 〖1727〗

indéfinite ténse *n.* 〘文法〙 **1** 不定時制 (完了形・進行形でない時制; 例えば I wrote a letter.; H. Sweet の用語では進行形以外の時制を指す; cf. definite tense). **2** 不定過去 (indefinite past) (フランス語で passé composé「複合過去」の旧称; 完了している行為などを表し, 現在とのつながりを含意することが多い). 〖1530〗

in·de·fin·i·tude /ìndɪfínətùːd, -tjùːd | -nɪ̀tjùːd/ *n.* =indefiniteness. 〖1677〗

in·de·his·cence /ìndiːhísəns, -dɪ-, -sṇs/ *n.* 〘植物〙(果皮の)非裂開(状). 〖(1847): ⇨ ↓, -ence〗

in·de·his·cent /ìndiːhísənt, -dɪ-, -sṇt/ *adj.* 〘植物〙果皮が裂開しない: an ~ fruit 閉果. 〖(1832): ⇨ in-²〗

in·de·lib·er·ate /ìndɪlíb(ə)rɪ̀tˊ/ *adj.* 慎重でない, 熟慮されていない, 前もって計画されていない: an ~ remark.
~·ly *adv.* **~·ness** *n.* 〖(a1617): ⇨ in-¹〗

in·del·i·bil·i·ty /ɪndèləbíləti, ɪn- | ɪndèlɪ̀bílɪ̀ti, ɪn-/ *n.* 消す[ぬぐう, 忘れる]ことのできないこと. 〖(1804): ⇨ ↓, -ity〗

in·del·i·ble /ɪndéləbḷ, ɪn- | ɪndélɪ̀-, ɪn-ˊ/ *adj.* **1** 消すことのできない, 消されない, 除かれない: an ~ stain [mark] 消えないしみ[しるし] / ~ ink 消えないインク / an ~ pencil (書いたものが)消えない鉛筆. **2** 〈不面目・印象などぬぐうことのできない, どうしても消えない, 忘れられない: an ~ disgrace [impression] 消えない不面目[忘れられない印象]. **~·ness** *n.* 〖(c1485) ◻ F *indélébile* ∥ L *indēlēbilis* ← IN-¹+*dēlēbilis* (← *dēlēre* 'to DELETE'): ⇨ -ible〗

in·dél·i·bly /-bli/ *adv.* 消えないように[ほど]; 永久に.
〖(1611): ⇨ -ly¹〗

in·del·i·ca·cy /ɪndélɪ̀kəsi, ɪn- | ɪn-, ɪn-/ *n.* **1** 下品, 粗野, 無作法; 猥褻(わいせつ): ~ of behavior [speech]. **2** 下品な[慎みのない]行為[言葉]. 〖(1712): ⇨ in-¹〗

in·del·i·cate /ɪndélɪ̀kɪ̀t | ɪn-, ɪn-ˊ/ *adj.* **1** 〈人の言行など〉品[たしなみ]のない, 慎みを忘れた, はしたない, ぶしつけな, 粗野な, 無作法な (⇨ indecorous SYN). **2** みだらな, 猥褻(わいせつ)な (indecent): ~ words. **3** 他人の気持ちを考えない, 思いやりのない, 機転のきかない (tactless). **~·ly** *adv.* **~·ness** *n.* 〖(1742): ⇨ in-¹〗

in·dem·ni·fi·ca·tion /ɪndèmnəfɪ̀kéɪʃən | ɪndèmnɪ̀fɪ-/ *n.* (損害に対する)保障, 賠償 (⇨ reparation SYN); 免責, 赦免; 弁償金, 賠償金, 補償金. 〖(1732): ⇨ ↓, -fication〗

in·dem·ni·fy /ɪndémnəfàɪ | ɪndémnɪ̀-/ *vt.* **1** 〔生じた損害などを〕…に償う, 弁償する, 補償する 〔*for*〕: I will ~ you *for* any expenses incurred. かかっただけの費用は私が弁償しよう. **2** 〔起こりうる損害・被害などに対して〕(法律的に)保護する, 保障する 〔*for, against*〕: ~ a person *for* [*against*] loss or harm. **3** 〔行為などに対して〕…に免責の法律的保証を与える, …の責任[刑罰]を免じる, 免責する 〔*for*〕: ~ a person *for* an action ある行為に対して責任を負わせないことを人に保証する. **in·dém·ni·fi·er** *n.* 〖(1611) ← L *indemnis* uninjured (← IN-¹+*damnum* loss, injury)+-IFY》

in·dem·ni·tee /ɪ̀ndèmnətíː | ɪndèmnᵻ̀-/ *n.* 《米》被保障者; 被賠償者; 被免責者.

in·dem·ni·tor /ɪ̀ndémnətə | ɪndémnᵻtə⁽ʳ⁾/ *n.* 《米》保障者; 賠償者; 免責者.

in·dem·ni·ty /ɪ̀ndémnəṭi | ɪndémnᵻti/ *n.* **1** (起こりうる損害に対する)損害保障, 保険. **2** (生じた損害に対する)損害賠償, 補償: ⇨ double indemnity. **3** 賠償金, 補償金, 弁償金; (戦勝国が要求する)賠償金. **4** (刑罰の)免責, 赦免; 恩赦 (amnesty). **5** 〚保険〛損害塡補(ᵗᵃ). 《(1444) ▭ (O)F *indemnité* ▭ LL *indemnitātem* ← L *indemnis* uninjured: ⇨ indemnify, -ity》

in·de·mon·stra·bil·i·ty /ɪ̀ndᵻmɑ̀(ː)nstrəbíləṭi, ɪ̀ndèmən-, ɪ̀n- | ɪ̀ndᵻmɔ̀nstrəbílᵻti, ɪndèmən-, ɪ̀n-/ *n.* 証明不可能. 《(1789): ⇨ ↓, -ity》

in·de·mon·stra·ble /ɪ̀ndᵻmɑ́(ː)nstrəbḷ, ɪ̀ndémən-, ɪ̀n- | ɪ̀ndᵻmɔ́n-, ɪndémən-, ɪ̀n-⁻/ *adj.* 証明できない: an ~ principle. **in·de·món·stra·bly** *adv.* 《(1570): ⇨ in-¹》

in·dene /índiːn/ *n.* 〚化学〛インデン (C_9H_8) 《コールタールから分留して得られる無色液状の炭化水素》. 《(1888) ← IND(OLE)+-ENE》

in·dent¹ /ɪ̀ndént, ɪ̀n- | ɪn-, ɪ̀n-/ *v.* — *vt.* **1** …(の縁)にぎざぎざを付ける, …に刻み目を付ける, 鋸歯(ᵏᵒ)状にする. **2** 〈海が〉〈海岸線を〉湾入させる, へこませる, 出入りさせる: The sea ~*s* the western coast of the island. 海はその島の西側に入江を造っている. **3 a** 〈1枚の紙に認(ˢʰᶦ)めた同文2通の契約書などを〉ジグザグ線に沿って切り取る; 〈同文契約書などを〉正副2通作成する. **b** 《英》〚商業〛〈商品などを〉(通例複写注文書で)正式に注文する. **4** 〚英軍〛〈物資を〉徴発する; 請求する. **5** 〚印刷〛〈章・節の初行行頭を〉他の行頭より下げて組む[書く] (cf. indention 1): ~ the first line of each paragraph 各節の第一行目を引っ込める. **6** 〈人を〉年季奉公に入れる (indenture). — *vi.* **1** ぎざぎざを付ける. **2** 〈海が〉湾入する. **3** 《英》〔品物を〕正式に注文する〔*for*〕. **4** 《廃》(年季奉公などの)契約をする.
indént on [*upon*] 《英》(1) 〈人・商店などに〉〔品物を〕正式に注文する〔*for*〕《通例2通作成の複写注文書[申込書, 請求書など]を発行し, 1通は発送して1通は手元に保存する》: ~ *on* the shop *for* goods. (2) 〚英軍〛〈人〉に指令書を出して〔物資の〕徴発を行う〔*for*〕: ~ *on* a person *for* food. (3) 〔赤字などを埋めるのを〕〈準備金など〉に頼る〔*for*〕: ~ *on* national bonds *for* covering [*to* cover] the deficit その赤字を埋めるのを国債に依存する.
— /índent, ɪ̀ndént | índent, ⁻⁻/ *n.* **1** (鋸歯状の)刻み目, ぎざぎざ. **2** 〚印刷〛(章・節の初行行頭の)字下げ, 字下がり. **3** (通例1枚の紙に2通並べて作成してジグザグの線に沿って切り離す)複写契約書, 証文; 年季証文. **4** 《英》徴発, 請求; 徴発書, 請求書: an ~ *for* goods. **5** 《英》〚商業〛**a** (特に, 海外からの品種・条件などを明細に記入した)買付委託書, 注文書. **b** 委託買付. **6** (米国独立戦争の終わりに米国政府の発行した)歯形公債証書.
~·er /-ṭə | -tə⁽ʳ⁾/ *n.* **in·dén·tor** /-ṭə | -tə⁽ʳ⁾/ *n.* 《(c1400-25) *endente(n)* ▭ (O)F *endenter* ▭ ML *indentāre* to furnish with teeth ← IN-²+L *dent-, dēns* 'TOOTH'》

in·dent² /ɪ̀ndént, ɪ̀n- | ɪn-, ɪn/ *vt.* **1** …にくぼみを作る, くぼませる, へこませる. **2** 〈印などを〉打ち込む, 押す. — /índent, ɪ̀ndént | ɪndent, ⁻⁻/ *n.* へこみ, くぼみ, くぼ地. 《(?c1380): ⇨ in-², dent¹》

in·den·ta·tion /ìndentéɪʃən/ *n.* **1** (鋸歯(ᵏᵒ)状の)刻み目をつけること, ぎざぎざを付ける[が付いている]こと. **2** (鋸歯状の)ぎざぎざ, 刻み目, 欠刻: the ~*s* of a leaf 葉の欠刻《へりのぎざぎざ》. **3** (海岸線などの)湾入, 入江, 入海, 湾: The coast is full of ~*s*. その海岸は出入りが多い. **4** くぼみ, へこみ. **5** 〚病理〛へこみ, ノッチング, 陥凹. **6** 〚印刷〛=indention 1. **7** 〚金属加工〛圧痕(ᵃᵗˢᵘ) (impression). 《(a1728) ← INDENT¹ (v.)+-ATION: cf. indent² (v.)》

in·dent·ed /ɪ̀ndéntᵻd, ɪn- | ɪndént-, ɪ̀n-⁻/ *adj.* **1** ぎざぎざのある, でこぼこ[出入り]のある, ジグザグ形の: an ~ coastline 出入りのある海岸線 / an ~ molding [mold] 〚建築〛(三角形のぎざぎざをもった)かみ合わせ繰形(ᵏᵘʳⁱ) / The snake slipped away with ~ glides. 蛇はうねうねと滑っていった. **2** 〚紋章〛〈仕切り線が〉ジグザグ形の. **3** 契約書で縛られた, 年季奉公に入れられた (⇨ indentured servant): an ~ apprentice 年季徒弟. **4** 〚印刷〛〈章・節の最初の行頭が〉字下がりの, 字下げした. 《(?a1400) (p.p.) ← INDENT¹》

in·den·tion /ɪ̀ndénʃən | ɪn-/ *n.* **1** 〚印刷〛字下がり, 字下げ《節の初行を他の行より下げて組むこと》; (字下げの)空所, あき: ⇨ hanging indention. **2** =indentation 1, 2. 《(1733) ← INDENT¹+ION》

in·den·ture /ɪ̀ndéntʃə | ɪndéntʃə⁽ʳ⁾/ *n.* **1** 〚法律〛歯型捺印(ⁿᵃᵗˢᵘ)証書《もと1枚の紙に同文2通(以上)を記入し, ジグザグの切取線に沿って切断し各自1通ずつ保有した; cf. tally¹ 1, charter 5, poll²》. **2 a** (正副2通に作成した)契約書, 証書; [通例 *pl.*] 年季奉公[徒弟]契約書, 年季証文; [*pl.*] (移民の)役務契約(書): take up [be out of] one's ~*s* 年季奉公を終えて契約書を取り戻す, 年季を終える. **b** (一般に)契約書, 注文書; 債務契約証書, 信託証書. **3** 《まれ》刻み目[ぎざぎざ]を付けること (indentation); 刻み目, ぎざぎざ. — *vt.* **1** 契約書をもって取り決める[約定する], (契約書をもって)年季奉公に入れる. **2** 《古》くぼませる; …にしわを生じさせる. — *vi.* 契約書によって取り決める. **~·ship** *n.* 《(?a1335) *endenture* ▭ OF *endent(e)ure* indentation ▭ ML *indentūra* ← *indentātus* (p.p.) ← *indentāre*: ⇨ indent¹, -ure: cf. indent² (v.)》

in·dén·tured sérvant *n.* 《米》年季契約奉公人《主に17-18世紀の間に米国に渡り通例渡航費・生活費などの代わりに3-7年間の労働契約を結んだ労働者》. 《1723》

in·de·pen·dence /ìndᵻpéndəns, -dənts, -dns, -dnts⁻/ *n.* **1** 独立, 自立, 自主; 独立心 (↔ dependence)〔*of, from*〕: ~ *from* outside control 外部の支配からの独立 / declare ~ 独立を宣言する / ~ of spirit [mind] 精神の独立 / live a life of ~ 独立して生活する, 自活する / Norway won ~ *from* Denmark in 1814. ノルウェーは1814年にデンマークから独立した / political [economic] ~ 政治的[経済的]自立. **2** 《古》自活できるだけの収入: make an ~. **3** 〚論理・数学〛(公理の)独立性.
independence of páth 〚数学〛(積分)路に対する独立性.
《(1640) ▭ F *indépendance*: ⇨ in-¹, dependence》

In·de·pen·dence /ìndᵻpéndəns, -dns⁻/ *n.* インディペンデンス《米国 Missouri 州西部の都市; Kansas City の近郊; もと Santa Fe Trail と Oregon Trail の起点》. 〔Andrew Jackson の不羈(ᶠᵘᵏⁱ)独立の精神にちなむ〕

Indepéndence Dày *n.* (国の)独立記念日; (特に, 7月4日の)米国独立記念日《1776年7月4日に独立宣言が署名された; the Fourth of July ともいう; cf. Bastille Day, DECLARATION of Independence》. 《1791》

Índependence Háll *n.* 独立記念堂《米国 Philadelphia にある同国の歴史的記念建造物; 1776年7月4日ここで独立が宣言された; Liberty Bell が保存されている》.

in·de·pen·den·cy /ìndᵻpéndənsi, -dn-/ *n.* **1** 独立国, 自主国. **2** 《古》独立. **3** [I-] 〚キリスト教〛独立教会主義[制] (cf. congregationalism 2). 《(1611): ⇨ ↓, -ency》

in·de·pen·dent /ìndᵻpéndənt, -dnt⁻/ *adj.* **1** 独立の, 自主的な, 自立の, 自由な; 〔…から〕独立した〔*of, from*〕: an ~ state 独立国家 / The colonies became ~ *of* [*from*] the mother country. 植民地は本国から独立した. **2** 独立の精神をもつ, 他人に服する[世話になる]ことを潔しとしない, 自尊心の強い; 気ままな: an ~ air, attitude, manner, spirit, etc. / She was so (fiercely) ~ that she refused all pecuniary aid. 彼女は非常に勝ち気だったので金銭的援助はすべて断わった / an ~ thinker [mind] 独立精神の旺盛な人. **3 a** 〈人が〉独立の生活をする, 自活する, 一本立ちの; 〔他に〕頼らない〔*of*〕: earn enough to keep one ~ 自活していけるだけのものを稼ぐ / He is now quite ~ *of* his father. 今では全然父親の厄介になっていない. **b** 〈資産・収入が〉楽に[他から援助を受けずに]暮らせるだけの: an ~ income / a person of ~ means 楽に暮らせる身分の人. **4** 〔他の〕影響を受けない, 〔他に〕依存[関係]しない〔*of*〕; 独自の, 別々の; 民営の, 私立の (⇨ independent school): two ~ witnesses 二人の別々の証人 / an ~ retail store 自営の小売商店 (cf. chain store) / an ~ television station 民放テレビ局 / make ~ investigations (他と)独立して調査する / impulses that are ~ *of* one's will 意志とは無関係な衝動 / An automobile makes you ~ *of* trains. 自動車があれば電車の世話にならなくてもすむ. **5** (投票の際)党派的拘束を受けない, 自由な; 無所属の, 無党派の: ~ voters, candidates, etc. **6** 〚数学〛〈量・関数などが〉その値を他に依存しない, 独立の. **7** 〚統計〛(事象や確率変数の)条件付き確率と無条件の確率とが等しい. **8** 〚論理〛**a** 〈命題が〉(他の命題から導出可能でもなく他の命題と両立不能でもなく)独立の. **b** (特に, 任意の公理が他の公理(群)と前記 a の関係にあり)独立の. **9** 〚文法〛〈節が〉独立の (cf. main¹ 3): an ~ clause 独立節, 主節. **10** [I-] 〚キリスト教〛独立教会主義の.
indepéndent of [副詞句を導いて] …に無関係で, …にはかまわず, …とは別に: This will happen ~ *of* whether you want it or not. 好むと好まざるとに関わりなくこの事態は起こるだろう.
— *n.* **1** 独立者[物]. **2 a** 無所属議員[候補者]. **b** 無所属[中立]的立場で投票する人. **3** [I-] 〚キリスト教〛独立教会主義者.
《(1611) ← IN-¹+DEPENDENT: cf. F *indépendant*》

indepéndent assórtment *n.* 〚生物〛自由組合せ《染色体あるいは遺伝子が減数分裂でまったく自由な組合せで配偶子に配分されること》. 《*c*1948》

Índependent Bróadcasting Authòrity *n.* [the ~] ⇨ IBA. 《1973》

índependent chúck *n.* 〚機械〛単独チャック《四つのつめを単独に出入りさせることのできる旋盤用のチャック》.

independent cóntractor *n.* 〚法律〛請負人.

Índependent Lábour Pàrty *n.* [the ~] (英国の)独立労働党《1893年 Kein Hardie らによって創設された社会主義団体で Labour Party 結成の中心となる; 略 ILP》. 《1902》

in·de·pén·dent·ly *adv.* 独立して, 自立的に, 自主的に; 他に依存[関係]しないで, 別に, 自由に, 気ままに (↔ dependently). *indepéndently of* =INDEPENDENT *of*. 《(1651): ⇨ -ly¹》

índependent schóol *n.* 《英》〚教育〛(政府や地方自治体の援助を受けない)初等および中等の私立学校《パブリックスクールなど》.

indepéndent suspénsion *n.* 独立懸架(装置)《自動車の左右の車輪が車軸でつながれておらず, それぞれ独立して動く》. 《1930》

Índependent Télevision Authòrity *n.* [the ~] ⇨ ITA. 《1954》

Índependent Télevision Commìssion *n.* [the ~] (英国の)独立テレビ委員会《1991年から IBA に代わって民間テレビ放送の認可・監督を行なっている機関; 略 ITC》.

independent váriable *n.* **1** 〚数学〛独立変数 (argument) (↔ dependent variable). **2** 〚統計〛予測変数 (predictor) (cf. experimental condition). 《1852》

ín-dépth *adj.* [限定的] 詳細な, 深遠な, 細かく立てられた; 徹底的な (thorough): an ~ survey / an ~ magazine article 詳細な雑誌の記事. 《1965》

in·de·scrib·a·ble /ìndᵻskráɪbəbḷ⁻/ *adj.* **1** 言い表すことのできない, 漠然とした: an ~ sensation 何とも言えない感じ[気持ち]. **2** 筆舌に尽くしがたい, 言語に絶する, 言うに言われぬ: ~ charm, beauty, sufferings, etc. — *n.* **1** [通例 *pl.*] 名状しがたいもの. **2** [*pl.*] 《古・戯言》ズボン (trousers) (cf. indispensable 2, inexpressible, inexplicable, unmentionable 2 a, etc.). **in·de·scrib·a·bíl·i·ty** /-bəbíləṭi | -lᵻti/ *n.* **~·ness** *n.* 《(1794): ⇨ in-¹, describable》

in·de·scríb·a·bly /-bli/ *adv.* 言葉で言い表せないほど, 言うに言われぬほどに. 《(1795): ⇨ ↑, -ly¹》

in·de·struc·ti·ble /ìndᵻstrʌ́ktəbḷ | -trʌ́ktᵻ-⁻/ *adj.* 破壊できない, 不滅の, 不朽の. **in·de·strùc·ti·bíl·i·ty** /-təbíləṭi | -tᵻbílᵻti/ *n.* **~·ness** *n.* **in·de·strúc·ti·bly** *adv.* 《(?c1425) ▭ LL *indestructibilis*: ⇨ in-¹, destructible》

in·de·tect·a·ble /ìndᵻtéktəbḷ⁻/ *adj.* 見つけることのできない, 探知できない: This poison would be ~ in a corpse. この毒は死体からは検出されないだろう. **in·detect·a·bly** *adv.* **in·de·tèct·a·bíl·i·ty** /-tèktəbíləṭi | -lᵻti/ *n.* 《(1869): ⇨ in-¹》

in·de·tect·i·ble /ìndᵻtéktəbḷ⁻/ *adj.* =indetectable. 《1853》

in·de·ter·min·a·ble /ìndᵻtə́ːmᵻnəbḷ, -mnə- | -tə́ː-⁻/ *adj.* 確かめる[決定する, 確定する]ことのできない, 決しかねる, 解決のつかない: ~ disputes [questions] 解決のつかない議論[問題]. **~·ness** *n.* **in·de·tér·min·a·bly** *adv.* 《(1486) ▭ LL *indēterminābilis*: ⇨ in-¹, determinable》

in·de·ter·mi·na·cy /ìndᵻtə́ːm(ə)nəsi, -mɪ- | -tə́ːmɪ-, -m(ə)-/ *n.* 不確定(性). 《(1649) ← INDETERMINATE+-ACY》

indetérminacy prìnciple *n.* 〚物理〛=uncertainty principle.

in·de·ter·mi·nate /ìndᵻtə́ːmᵻnᵻt | -tə́ː-⁻/ *adj.* **1** (範囲・性質などが)決定しない, 確定しない, 不定の: an ~ number. **2** (意味など)明確でない, ぼんやりした, 漠然とした, あいまいな: an ~ color. **3** 確定していない, まだわからない; 決着のついていない, 未解決の: an ~ problem / The time of our departure is ~. 出発の時期はまだ確定していない. **4** 〚数学〛**a** 〈分数の形の式の極限が〉不定の. **b** 〈方程式が〉不定の; 未知数に二つ以上の値を与えて満足させうる. **5** 〚物理〛〈結果が〉因果律の法則に従わない. **6** 〚音声〛〈母音が〉あいまいな (obscure): an ~ vowel あいまい母音《schwa の [ə] の音》. **7** 〚植物〛無限の: ~ inflorescence 無限花序. **8** 〚機械〛〈支点反力が〉静力学理論では完全に分析[決定]できない, 不静定の (cf. redundant 5): ⇨ statically indeterminate structure. **~·ly** *adv.* **~·ness** *n.* 《(c1391) ▭ L *indēterminātus*: ⇨ in-¹, determinate》

índeterminate cléavage *n.* 〚動物〛非決定的卵割《調整卵のように, 発生運命が定まらず, 相互の発生能力に違いのない割球を生じる卵割; cf. determinate cleavage》.

índeterminate grówth *n.* 〚植物〛無限生長 (cf. determinate growth).

índeterminate séntence *n.* 〚法律〛(判決言渡しに当たって刑期の幅を1年以上10年以下というふうに言い渡す)不定期刑. 《1873》

in·de·ter·mi·na·tion /ìndᵻtə̀ːmᵻnéɪʃən | -tə̀ː-/ *n.* **1** 不定, 不確定. **2** 不決断, 優柔不断. 《← INDETERMINATE+-ATION》

in·de·ter·min·ism /ìndᵻtə́ːmᵻnìzm | -tə́ː-/ *n.* **1** 〚哲学〛非決定論, 非定命論, 自由意志論《決定論と対立し, なんらかの意志の自由や事象の非斉一性を認める立場; ↔ determinism》. **2** 決定[確定]しない状態, 不確定; 明確でないこと, ぼんやりした状態; 予見[予測]不可能(性). 《(1874): ⇨ in-¹》

in·de·tér·min·ist /-nᵻst | -nɪst/ *n.* 〚哲学〛非決定論者. **in·de·ter·min·is·tic** /ìndᵻtə̀ːmᵻnístɪk | -tə̀ː-⁻/ *adj.* 《(1880): ⇨ in-¹》

in·de·vout /ìndᵻváʊt⁻/ *adj.* 敬虔(ᵏᵉⁱᵏᵉⁿ)でない, 不信心な. **~·ly** *adv.* 《(?a1425): ⇨ in-¹》

in·dex /índeks/ *n.* (*pl.* **~·es, in·di·ces** /índəsìːz | -dᵻ-/) **1** 指数 (index number): the discomfort [uncomfortable] ~ 〚気象〛不快指数 / ⇨ cephalic index, cranial index, facial index, price index. **2 a** 索引, 見出し, インデックス: an alphabetical ~ ABC 順索引 / a card ~ カード式索引 / an ~ *to* a book 本に付けた索引. **b** (通例定期的に発行される)出版目録, 図書解題. **3 a** (内的な意味などを)表示するもの, 印: Style is an ~ of the mind. 文は心の鏡である. **b** 指針, 指標: an ~ to the solution of a problem 問題解決の指針. **4** 指示[表示]する物, 指標; (特に, 計器などの)指針, 針, 目盛. **5** 人差し指 (index finger). **6** [the I-] 〚カトリック〛**a** =Index Expurgatorius. **b** =Index Librorum Prohibitorum. **7** [通例 I-] (道徳上・政治上の)禁書目録: put a book on the *Index* 書物を禁書目録に載せる, 本を禁書に指定する. **8** (*pl.* **in·di·ces**) 〚数学〛**a** 指数 (exponent). **b** (常用対数の)指標 (cf. mantissa). **c** 添え字 (Y^3, Xa や Y_3, Xa の 3, a のように主たる文字に付けて書いた数字や文字). **d** =winding number. **9** 〚印刷〛**a** 手, 指じるし, 指標, インデックス (☞ 印の指示記号; fist, hand, index, mark ともいう; cf. reference mark). **b** =

thumb index. **10** 〘時計〙緩急針. **11** 〘光学〙屈折率 (⇨ refractive index). **12** 《廃》 **a** (本の)目次. **b** 序文, まえがき.
Índex of Indústrial Prodúction 《英》主要産業生産指数.
índex of refráction 〘光学〙屈折率 (⇨ refractive index).
índex of rétail prìces 小売物価指数.
— *vt.* **1** 〈書物〉に索引を付ける, 〈書籍〉にとじ込み番号を付ける, 〈語などを〉索引に載せる: This book is well ～*ed*. **2** 〘経済〙〈年金・利率などを〉生計指数に(反映した物価の変動に)応じて調整する, 物価(指数)にスライドさせる. **3** 指示する, 示す; 指摘する 〈*out*〉. **4** …の指数を付ける[示す]; 〘農業〙〈ジャガイモ〉の特性[収量, 耐病性など]を検定する: ⇨ eye indexing, hill indexing. **5** 〈本を〉禁書に指定する. **6** 〘機械〙割出しする (cf. index head, index plate).
～·less *adj.* 〖(*a*1398) ▭ L ～ 'forefinger, pointer, sign' ← *indicāre*: ⇨ indicate〗
índex àrbitrage *n.* 〘証券〙指数利用株式裁定取引 《株価指数に基づく, ある株式の現物と先物とのほぼ同時の売買; 両者の値ざやを稼ぐ》.
in·dex·a·tion /ìndɛkséɪʃən/ *n.* 〘経済〙インデクセーション, 指数連携 《物価指数に合わせて他の価格(賃金・利子など)を動かすこと》. 〖(1960): ⇨ index (v.), -ation〗
índex auc·tór·um /-ɔːktɔ́ːrəm/ *L. n.* (*pl.* **indices a-**) 著者索引. 〖▭ L *index auctōrum* index of authors〗
índex càrd *n.* 索引カード. 〖1928〗
índex càse *n.* 〘医学〙指針症例: **1** ある家族・集団における他の症例の発見につながる発端者の症例. **2** 接触伝染病の第一症例.
índex crìme *n.* 《米》(連邦捜査局 (FBI) から毎年出される犯罪報告書に統計が載るほどの)重大犯罪.
in·dex·er *n.* 索引作成者; 〘電算〙インデクサー 《索引生成プログラム》.
índex èrror *n.* 〘測量〙(測量器具の目盛りの)指示誤差. 〖1851–59〗
Índex Ex·pur·ga·tó·ri·us /-ɪkspə̀ːgətɔ́ːriəs, -ɛks-, | -pə̀ːgə-/ *L. n.* (*pl.* **Indices Ex·pur·ga·to·ri·i** /-riːàɪ/) 〘カトリック〙(削除箇所指示)禁書目録 《削除・変更があるまで信者が読んではならない禁読書の表; 現在存在しない; cf. Index Librorum Prohibitorum. 〖(1611) ▭ L *Index Expurgātōrius* expurgatory index〗
índex fìnger *n.* 人差し指 (⇨ hand 挿絵). 〖1849〗
índex fòssil *n.* 〘地質〙標準[示準]化石 《広い地域にわたって短期間に分布している, ある特定の地質年代を示す化石》. 〖1900〗
índex fùnd *n.* 《米》〘証券〙インデックスファンド 《一定期間の市場の平均株価に見合う運用効果を生み出せるように組入れ銘柄と比率を選定したミューチュアルファンド》. 〖1976〗
índex fùtures *n. pl.* 〘証券〙株価指数先物(取引).
índex glàss *n.* 〘測量〙指示鏡 《六分儀などの指標機についている平面鏡》. 〖1773〗
índex hèad *n.* 〘機械〙割出し台 《円周を等間隔に分割するのに用いる》. 〖1902〗
in·dex·i·cal /ɪ̀ndéksɪ̀kəl | ɪndéksɪ-/ *adj.* index の[に関する, の性質をもった]. — *n.* 〘論理・言語〙文脈依存指示語 《I, you, here, now, tomorrow のようにその指示対象が発話のコンテクストによって決まるもの》. 〖(1828): ⇨ -ical〗
ín·dex·ing *n.* 〘経済〙 = indexation.
indexing hèad *n.* 〘機械〙 = index head. 〖1901〗
indexing sèrvice *n.* 索引作成業務.
Índex Li·bró·rum Pro·hib·i·tó·rum /-laɪbrɔ́ːrəmprouhìbətɔ́ːrəm | -brɔ́ːrumprəuhìbɪtɔ́ːrum/ *L. n.* (*pl.* **Indices L- P-**) 〘カトリック〙禁書目録 《特別の許可がなければ信者は読んではならない禁読書の目録; 1966年の省令によって廃止; cf. Index Expurgatorius》. 〖▭ L *Index Librōrum Prohibitōrum* index of prohibited books〗
índex-línk *vt.* 《英》〘経済〙〈賃金・給付金などを〉物価指数に連動させる. **índex-línked** *adj.* 物価スライド型の. 〖1970〗
índex-línking *n.* = indexation. 〖1970〗
índex màp *n.* 索引図. 〖1869〗
índex màrk *n.* 〘印刷〙 = index 9 a.
índex nùmber *n.* **1** 〘数学〙指数. **2** 〘統計〙指数 《物価・賃金・人口などの移動を数値で表示したもの》: the ～ of prices 物価指数 / the ～ of all commodities 総物価指数. 〖1875〗
índex pìn *n.* 〘時計〙 = regulator pin.
índex plàte *n.* 〘機械〙割出し板 《円に目盛りをつけたりなどするために一つの円周上に等間隔に小穴のある円板; 割出し台 (index head) に用いる; dividing plate ともいう》. 〖1825〗
índex sèt *n.* 〘数学〙添数集合 《添え字が変数のときのその変域》.
in·di- /ɪ́ndɪ̀, -di/ indo- の異形 (⇨ -i-).
In·di·a /ɪ́ndiə/ *n.* インド: **1** Himalaya 山脈の南からインド洋に突出する大半島でインド・パキスタン・ネパール・ブータンなどを含む地域; 面積 4,100,300 km². **2** インド半島の大部分を占める英連邦内の共和国; もと英領インド (British India) と藩王国 (Indian States) その他に分かれていたが, 1947 年パキスタンと分離して英国の自治領 (Dominion) となり(この時の公式名は the Union of India または the Indian Union), 1950 年独立; 面積 3,268,090 km², 首都 New Delhi; 公式名 the Republic of India インド共和国. ★ 現在では India といえば通例この「インド共和国」を指す. **3** = Indian Empire. **4** 〘通信〙インディア 《文字 i を表す通信コード》. 〖OE ～, *Indea* ▭ L *India* ▭ Gk *India* ← *Indós* the river Indus ▭ OPers. *Hindu-* ← Skt *Sindhu* the Indus, 《原義》 river: ⇨ -ia[1]〗
Índia cótton *n.* インド更紗(さらさ). 〖1881〗
Índia ínk *n.* 《米》(固形の)墨; (液状の)墨, 墨汁 (《英》 Indian ink) (China ink, Chinese ink ともいう). 〖1665〗
in·di·a·lite /ɪ́ndiəlàɪt/ *n.* 〘鉱物〙インド石 《(菫(すみれ))青石 (cordierite) の同質異像・高熱型鉱物》. 〖(1954) ← INDIA + -LITE〗
Índia·man /-mən/ *n.* (*pl.* **-men** /-mən/) (大型の)インド貿易船 《特に昔の東インド会社の所有船》. 〖1709〗
In·di·an /ɪ́ndiən/ *adj.* **1** インド(人)の; 東インド(諸島)の: ～ philosophy インド哲学 / ～ races, languages, etc. / a custom of ～ origin インドから起こった風習 / ～ trade インド貿易. **2 a** アメリカインディアンの (American Indian): an ～ path [trail] (北米大陸にインディアンが作った)インディアン道 / the French and ～ War ⇨ French. **b** アメリカインディアン語の. ★ 米国では Indian は差別語として排除され Native American という言い方が主流になっているが, 専門用語としては用いられている. **3** 西インド諸島の. **4** 《米》トウモロコシ(の粉)で作った: an ～ dumpling トウモロコシだんご / ⇨ Indian pudding. **5 a** 〘動物地理〙東洋区の (cf. oriental 4). **b** 〘植物地理〙インド地方の 《Himalaya 以南のインド・パキスタン・スリランカを含む》. — *n.* **1 a** インド人, 東インド(諸島)人 (East Indian). **b** インド語, 東インド(諸島)の言語. **2 a** アメリカインディアン (American Indian) 《南北アメリカに住む先住民, 現在は Native American と呼ぶことが多い》: ⇨ Red Indian. **b** 《まれ》アメリカインディアン語 《アメリカインディアンの言語》: speak ～. **3** 《英古》インドに在住する[した]ヨーロッパ人[(特に)英国人] (cf. Anglo-Indian 1). **4** 《米口語》トウモロコシ (Indian corn). **5** [the ～] 〘天文〙インディアン座 (⇨ Indus[2]). 〖(*c*1566) ▭ LL *Indiānus* (⇨ India, -an[1]) ∽ (?*a*1300) *Indien* ▭ OF: cf. 《廃》 *Indish* < OE *Indisc*〗
In·di·an·a /ìndiǽnə | -diǽnə, -ɑ́ːnə⁻/ *n.* インディアナ (米国中部の州 (⇨ United States of America 表)). 〖(1858) ← NL ～ 'land of the Indians': ⇨ ↑, -ana〗
Indiana bállot *n.* 《米》インディアナ式投票用紙 《候補者名が党派別に記入してある投票用紙; partycolumn ballot ともいう ;cf. Massachusetts ballot, office-block ballot》.
Índian ágency *n.* インディアン保護事務所 《米国のインディアン指定保留地 (Indian reservation) における政府管理官出張所》.
Índian àgent *n.* (米国・カナダの) Indian agency の管理官. 〖1766〗
Indiana Hárbor *n.* インディアナハーバー 《米国 Indiana 州北西部, Chicago 東部の Michigan 湖沿いの港湾地域》.
Indiana Jónes *n.* インディ(アナ)ジョーンズ 《米国の冒険活劇映画の主人公の考古学者》.
In·di·an·an /ɪ̀ndiǽnən | -ǽnən, -ɑ́ːn-⁻/ *adj.* (米国) Indiana 州(人)の. — *n.* Indiana 州人.
In·di·a·nap·o·lis /ɪ̀ndiənǽp(ə)lɪ̀s | -diənǽpəlɪs⁻/ *n.* インディアナポリス 《米国 Indiana 州の州都》. 〖← INDIANA + Gk *pólis* city〗
Indianapolis 500 /-fáɪv hʌ́ndrɪ̀d, -dəd | -drɪ̀d/ *n.* [the ～] インディ(アナポリス) 500 《毎年 5 月に Indianapolis で行われるレーシングカーの 500 マイルレース》.
Índian bèan *n.* 〘植物〙 = catalpa. 〖1843〗
Índian bíson *n.* 〘動物〙インドヤギュー (⇨ gaur).
Índian blánket *n.* **1** アメリカインディアンが作った毛布; その模造品. **2** 〘植物〙米国産のテンニンギク属の植物 (*Gaillardia pulchella*). 〖1764〗
Índian brèad *n.* **1** = corn bread. **2** 〘植物〙 **a** サルノコシカケ類; (特に) *Polyporus sapurema* の大型菌核の俗称. **b** = tuckahoe 2. 〖1753〗
Índian chérry *n.* 〘植物〙 = yellow bush.
Índian chíckweed *n.* 〘植物〙 = carpetweed.
Índian chólera *n.* インドコレラ.
Índian clùb *n.* インディアンクラブ 《体操用棍棒(こんぼう); 通例一対で腕の筋肉の強化に用いる》. 〖1857〗
Índian cóbra *n.* 〘動物〙インドコブラ (*Naja naja*) 《インド産の猛毒コブラ; 頸部に眼鏡模様があるので spectacled cobra ともいう》.
Índian còrn *n.* **1** 〘植物〙トウモロコシ (*Zea mays*) 《sweet corn, dent corn, flint corn, popcorn, pod corn, soft corn などの変種がある》. ★ 米国・カナダ・オーストラリアでは通例単に corn といい, 英国では maize という. **2** トウモロコシの穂, 穂軸についたままのトウモロコシ 《未熟のものは料理用野菜として用いる; cf. green corn, sweet corn》. **3** トウモロコシの実[穀粒]. **4** 〘植物〙フリントコーン (flint corn) の総称 《色がさまざまありしばしば装飾用》. 〖1617〗
Índian còuntry *n.* 〘米史〙インディアンの土地 《西部開拓期に, 開拓民が敵対的なインディアンに出会いそうな土地をいった》.
Índian créss *n.* 〘植物〙キンレンカ, ノウゼンハレン (*Tropaeolum majus*) 《南米原産ノウゼンハレン科の黄色または紅色の花をつける観賞用一年草》. 〖1597〗
Índian cúrrant *n.* 〘植物〙 = coralberry. 〖1785〗
Índian Désert *n.* [the ～] インド砂漠 《Thar Desert の別名》.
Índian élephant *n.* 〘動物〙インドゾウ (*Elephas maximus*) 《インドからマライ半島を経て Kalimantan まで分布するゾウ》. 〖1607〗
Índian Émpire *n.* [the ～] インド帝国 《独立以前の英領インド (British India) と英国の支配下にあった藩王国 (Indian States) の総称語; 1947 年解体》.
Índian fíg *n.* **1 a** 〘植物〙熱帯アメリカ産のサボテン科の黄色い花をつけるウチワサボテンの類の植物 (*Opuntia ficus-indica*). **b** その実 《色は赤く酸味があり食用になる》. **2** 〘植物〙 = banyan 3.
Índian fìle *n., adv.* 一列縦隊(で): march in ～ 一列縦隊で進む. 〖(1758) アメリカインディアンが襲撃のため森林などを横切る時縦列を組むことから〗
Índian fìre *n.* インド花火 《硫黄・鶏冠石・硝石の混合物で, その白熱炎を信号に用いる》. 〖1875〗
Índian gift *n.* 《米口語》返礼目当ての[返してもらうつもりでする]贈物. 〖1765〗
Índian gìver *n.* 《米口語》返礼を目当てに[その品を返してもらうつもりで]贈物をする人. ★ 少年少女の用語.
Índian gíving *n.* 〖*c*1848〗
Índian Guídes *n. pl.* [the ～] 《米》インディアンガイズ 《YMCA が統轄する, アメリカインディアンの伝承に基づいた活動計画をもつ, 父と息子のための組織; cf. Indian Maidens》.
Índian háwthorn *n.* 〘植物〙中国南部産バラ科シャリンバイ属の植物 (*Raphiolepis indica*).
Índian háy *n.* 《米俗》 = marihuana 2 b.
Índian hémp *n.* 〘植物〙 **1** 北米産キョウチクトウ科バシクルモン属の低木 (*Apocynum cannabinum*) 《アメリカインディアンはその繊維を麻の代用にする》. **2** = hemp 1. 〖1619〗
In·di·an·i·an /ɪ̀ndiǽniən | -ǽn-, -ɑ́ːn-⁻/ *adj., n.* = Indianan.
Índian ínk *n.* 《英》 = India ink. 〖1665〗
Ín·di·an·ìsm /-nìzm/ *n.* アメリカインディアン(文化)復興運動[政策]. 〖(1651): ⇨ -ism〗
Ín·di·an·ist /-nɪ̀st | -nɪst/ *n.* Indianism 唱導者. 〖(1851): ⇨ -ist〗
in·di·a·nite /ɪ́ndiənàɪt/ *n.* 〘鉱物〙灰長石 (anorthite). 〖(1814) ← INDIA + -ITE[1]: インドで発見されたことから〗
In·di·an·ize /ɪ́ndiənàɪz/ *vt.* **1** インド化する, インド的にする. **2** 〈英国人支配下の制度を〉漸次インド人の支配に任せる. **In·di·an·i·za·tion** /ɪ̀ndiənɪ̀zéɪʃən | -naɪ-, -nɪ-/ *n.* 〖(1702): ⇨ -ize〗
Índian jálap *n.* 〘植物〙 = turpeth 1 b.
Índian jújube *n.* 〘植物〙東南アジア産のナツメの木 (*Ziziphus mauritiana*); その実.
Índian lánguages *n. pl.* [the ～] 〘言語〙インディアン語族 (⇨ American Indian languages).
Índian lícorice *n.* 〘植物〙トウアズキ (*Abrus precatorius*) 《インド地方産マメ科の常緑つる植物; あずき大の種子は色が美しいのでビーズとして用い, 根はカンゾウ (licorice) の代用になる; rosary pea, jequirity ともいう》. 〖*c*1890〗
Índian lílac *n.* 〘植物〙 **1** = crape myrtle. **2** = chinaberry 2.
Índian líst *n.* 《カナダ口語》酒類を売ってはならない客の名簿 (interdict list).
Índian lótus *n.* 〘植物〙ハス (*Nelumbo nucifera*) 《sacred lotus ともいう》. 〖1901〗
Índian mádder *n.* 〘植物〙 **1** インドアカネ (*Rubia cordifolia*) 《根は赤色染料; ジャワでは食用; munjeet ともいう》. **2** = chay[1].
Índian Máidens *n. pl.* [the ～] 《米》インディアンメイデンズ 《YWCA が統轄する, Indian Guides と同様の母と娘のための活動組織》.
Índian mállow *n.* 〘植物〙イチビ 《インド原産アオイ科イチビ属の植物 (*Abutilon theophrasti*); 葉はビロード状で黄色の花をつける背の高い一年生野生草本》.
Índian méal *n.* 《英》ひき割りトウモロコシ (《米》 cornmeal). 〖1609〗
Índian méal mòth *n.* 〘昆虫〙ノシメマダラメイガ (*Plodia interpunctella*) 《メイガ科の小形のガ; 幼虫は貯蔵穀物・乾燥食品の大害虫》. 〖1944〗
Índian míllet *n.* 〘植物〙 **1** = durra. **2** = pearl millet.
Índian múlberry *n.* 〘植物〙ヤエヤマアオキ, アカダマノキ (*Morinda citrifolia*) 《東南アジア原産の小高木で, 花と根から赤色および黄色の染料を採る》.
Índian mústard *n.* 〘植物〙 = leaf mustard.
Índian Mútiny *n.* [the ～] インド暴動 《インド人傭兵軍 (sepoys) の英官憲に対する反乱 (1857–59); 事変の最中に East India Company による統治は廃止され (1858), インドの大部分は Victoria 女王の支配下に移され, 1877 年 the Indian Empire となった; the Sepoy Mutiny [Rebellion] ともいう》.
Índian Nátional Cóngress *n.* [the ～] インド国民会議派 《1885 年結成; インド人の自治権を主張し, 独立後はインド最大の政党国民会議派 (Congress Party) となった》.
Ín·di·an·ness *n.* **1** アメリカインディアンであること. **2** インド(文化)的特質. 〖(1934): ⇨ -ness〗
Índian Ócean *n.* [the ～] インド洋 《アフリカとオーストラリアの間にあるアジア南部の海; 北部はインドによってアラビア海と Bengal 湾に分かれる; 面積 73,600,000 km², 最深所 7,725 m》. 〖1727–41〗
Índian Pacífic *n.* Sydney と Perth 間を走る長距離列車.
Índian páintbrush *n.* 〘植物〙 **1** 北米産ゴマノハグサ科カステラソウ属の植物 (*Castilleja linariaefolia*) 《painted cup ともいう》. ★ 米国 Wyoming 州の州花. **2** コウリンタンポポ (⇨ orange hawkweed). 〖1892〗
Índian phýsic *n.* 〘植物〙 **1** 北米産のバラ科ミツバシモツケソウ属 (*Gillenia*) の多年草 《*G. trifoliata*, *G. stipulata* の 2 種がある》. **2** = Indian hemp 1. 〖1788〗

I

Índian pípe *n.* 〘植物〙ギンリョウソウモドキ, アキノギンリョウソウ (*Monotropa uniflora*) 《北米・アジア原産; broomrape ともいう》. 〘*c*1818〙

Índian pítcher *n.* 〘植物〙ムラサキヘイシソウ (*Sarracenia purpurea*) 《沼地に生じる食虫植物で, 袋状になった葉の中に落ちた虫を消化する; sidesaddle (flower) ともいう》.

Índian potáto *n.* 〘植物〙=giant sunflower.

Índian púdding *n.* 《米》とうもろこし粉・牛乳・糖・香辛料などで作ったプディング. 〘1717〙

Índian réd *n.* **1** 《ペルシャ湾産》酸化鉄粘土. **2** インド赤《代赭(たいしゃ)色の顔料; もと酸化鉄粘土から製したベンガラの一種》. **3** 酸化クロム鉛系赤色顔料 (Persian red ともいう). **4** えび茶色 (Spanish brown ともいう). 〘1753〙

Índian Reservàtion *n.* インディアン保留地《インディアン専有の居住地として'保留'された土地; cf. reservation 3 a》.

Índian ríce *n.* 〘植物〙=wild rice 1. 〘1822〙

Índian Ríver *n.* インディアンリバー《米国 Florida 州東部の大西洋岸を縦長に走る潟湖(せきこ)》(266 km)》.

Índian rópe-trìck *n.* ヒンズーロープ(奇術)《縄が空中に立ち昇ってゆき, 男がそれを登っていったというインドの奇術》. 〘1922〙

Índian róse *n.* 〘園芸〙=China rose 2.

Índian rúnner *n.* インディアンランナー《卵をよく産むアヒルの一種》.

Índian shót *n.* 〘植物〙=canna.

Índian sígn *n.* 《米》**1** [the ~] 敵の力をなくさせる呪文[呪い]. **2** 縁起の悪いもの[人]. ***hàve* [*pùt*] *the Índian sign on*** 《米口語》(1) …の力をなくさせるため呪文を唱える, 悩殺する; …に勝つ. (2) …に不運[不幸]をもたらす. 〘1805〙

Índian Státes *n. pl.* [the ~] (もと)インドの藩王国《英国支配下で多少の内政権をもった地方王侯が治めた諸国; 1947 年そのほとんどはインドまたはパキスタンに併合; the Indian States and Agencies ともいう》.

Índian súmmer *n.* **1** 《米国北部諸州やカナダでの晩秋・初冬の》小春日和, インディアンサマー《現在では 9 月中旬から 10 月初めの夏の戻りを指すことが多い》. ★ 英国では 10 月・11 月に見られる同様な日和を St. Luke's summer, St. Martin's summer という. **2** 《人生の晩年に訪れる》落ち着いた楽しい一時期; 物事の終わりの幸福[平安]. 〘(1778): ⇨ Indian (adj. 1)〙

Índian swéater *n.* 《カナダ》=Cowichan sweater.

Índian tápir *n.* 〘動物〙マレーバク (*Tapirus indicus*) 《タイ・マライ半島などに生息する首から尻にかけて白色のバク; cf. tapir》.

Índian Térritory *n.* [(the) ~] インディアン特別保護区《米国でインディアンを集めて保護するために特設した地区 (1834–90); 現在の Oklahoma 州東部の一地方; 面積 80,290 km²》.

Índian tobácco *n.* 〘植物〙**1** ロベリアソウ (*Lobelia inflata*) 《北米産キキョウ科の薬用植物; bladder pod ともいう》. **2** アサ, タイマ (hemp). **3** 北米産のキク科の植物 (*Antenaria plantaginea*). 〘*a*1618〙

Índian túrnip *n.* 〘植物〙テンナンショウの類 (jack-in-the-pulpit); テンナンショウの根. 〘1806〙

Índian Únion *n.* [the ~] ⇨ India.

Índian Wárs *n. pl.* インディアン戦争《初期植民地時代から 19 世紀末まで, 北米インディアンと白人植民者との間に絶え間なく続いた戦い》.

Índian wéed *n.* [the ~] たばこ (tobacco). 〘1687〙

Índian-wréstle *vi.* 腕相撲をとる; インディアンレスリングをやる. 〘(1938) (逆成) ← *Indian wrestling*〙

Índian wréstling *n.* 〘スポーツ〙**1** 《米》腕相撲 (arm wrestling). **2** インディアンレスリング: **a** 互いに逆向きに並んで仰向けに横になり, 左[右]の足を組み合わせその足を床につけて相手をひっくり返しうつぶせにすること. **b** 互いに左[右]の手を固く握り, 左[右]の足を相手と並べて立って, 相手のバランスをくずそうとすること. 〘1913〙

Índian yéllow *n.* **1** オレンジイエロー, 《赤みを帯びた》明るい黄色 (snowshoe ともいう). **2 a** 〘絵画〙《マンゴーの葉を食べさせた牛の尿を濃縮して作る》黄色絵の具. **b** 〘化学〙=aureolin. 〘1866–72〙

Índia Òffice *n.* [the ~] 《London にあった英国政府の》インド政庁 (1858–1947). 〘1869〙

Índia páper *n.* 〘製紙〙**1** インディア紙, インディアペーパー《不透明で薄くて強い印刷用紙; 辞書・聖書などに用いる; Bible paper, Oxford India paper ともいう》. **2 a** インディアペーパー《彫刻凹板・木版の'試し刷り'や印刷に用いられる薄手の紙; India proof paper ともいう》. **b** 唐紙. 〘(1768) インドから伝えられたと信じられたことから〙

Índia pàper pròofs *n. pl.* 〘印刷〙インディアペーパー(の)試(ため)し[校正]刷り (⇨ India paper 2 a).

Índia prínt *n.* インド更紗(さらさ).

Índia pròof pàper *n.* 〘製紙〙インディアプルーフペーパー (⇨ India paper 2 a).

Índia pròofs *n. pl.* 〘印刷〙=India paper proofs.

Índia rúbber, i- r- *n.* **1** ゴム (gum elastic); 消しゴム (eraser). **2** 《米古》ゴム製オーバーシューズ (rubber overshoe). 〘(1790) 西インド諸島で発見されたことから〙

Índia-rúbber trèe [plànt, fìg] *n.* 〘植物〙=rubber plant 1.

Índia sílk *n.* インドシルク《平織で薄くて柔らかい》.

Índia whéat *n.* 〘植物〙=Tartarian buckwheat.

In·dic /índɪk/ *adj.* インド(人)の; インド語(系統)の; インド半島の. — *n.* 〘言語〙(印欧語族の)インド語派. 〘⊏ L *Indicus* ⊏ Gk *Indikós* Indian ← *India* 'INDIA': ⇨ -ic¹〙

indic. 《略》indicating; indicative; indicator.

in·di·can /índɪ̀kæn | -dɪ-/ *n.* **1** 〘化学〙インジカン ($C_{14}H_{17}NO_6$) 《キアイ (*Indigofera tinctoria*) の葉中に存在する配糖体; 藍(あい) (indigo) の母体》. **2** 〘生化学〙尿インジカン, インドキシル硫酸カリウム ($C_8H_6O_4SK$) 《尿の一成分》. 〘(1859) ← L *indicum* 'INDIGO' + -AN²〙

in·di·cant /índɪ̀kənt/ *adj.* 表示する, 指示する. — *n.* **1** 指示物. **2** 〘医学〙《適切な診断や治療法を示す》兆候. 〘(1607) ⊏ L *indicantem* (pres.p.) ← *indicāre* (↓)〙

in·di·cate /índɪ̀kèɪt/ *vt.* **1** [しばしば *that*-clause, *wh*-clause または phrase を伴って] 表す, 表示する (show): ~ assent by nodding うなずいて同意を示す / The signpost ~*s* the right way to go. 道標は正しい道を示す[教えてくれる] / Everything ~*s that* the situation is getting better. あらゆることが情勢が好転していることを示している. **2** それとなく知らせる, 暗示する (suggest); 〈…と〉簡単に述べる 〈*that*〉: ~ a willingness to negotiate 交渉の意のあることをほのめかす / He ~*d* (*to* me) that they had planned something. 彼は彼らが何か計画を立てたという意味のことを言った / He ~*d* where she was hiding. 彼は彼女がどこに隠れているのかそれとなく言った / He ~*d* where to look. どこを見ればよいのかそれとなく知らせた. **3 a** (指・手などを)示す, 指し示す: ~ a place on a map 地図上のある場所を指さす / ~ the door (出て行けという意味で)ドアを指さす / ~ a chair (座りなさいと)椅子を指さす. **b** 指摘する: ~ an error in an argument 議論の誤りを指摘する. **4** …のしるし[きざし]である: Tears ~ grief. 涙は悲哀のしるし / Fever ~*s* sickness. 熱で病気であることがわかる. **5** [通例受身で] **a** 〘医学〙〈徴候などが〉〈ある療法〉の必要を示す, 〈療法・処置を〉必要とする (require): The symptom ~*s* strict dieting. その兆候に対しては厳重な食事療法が必要だ / An operation *is* ~*d* in this case. この症例には手術が必要である. **b** 必要とする, …が望ましい: In this weather a roaring fire *is* ~*d*. こんな天気には火を盛んにたくことが必要だ. **ín·di·càt·a·ble** /-təbl | -tə-/ *adj.* 〘(1609) ← L *indicātus* (p.p.) ← *indicāre* to point out ← IN-² + *dicāre* to proclaim, dedicate: cf. index: ⇨ -ate³〙

ín·di·cat·ed áirspeed /-tɪ̀d- | -tɪ̀d-/ *n.* 〘航空〙指示対気速度 (略 IAS; cf. true airspeed).

índicated hórsepower *n.* 〘物理〙図示(実)馬力 (略 IHP, ihp). 〘1875〙

in·di·ca·tion /ìndɪ̀kéɪʃən/ *n.* **1** 表示するもの, しるし, きざし, 兆候 (⇨ sign SYN): such ~*s* of prosperity as second cars and second homes セカンドカーや別荘のような繁栄の指標 / His manner is no ~ of his feelings. 彼の態度は彼の気持ちを示していない / Knees are a very good ~ of age. ひざを見れば年がよく分かる / The painting gives [shows] every ~ *of* being genuine. その絵はどう見ても本物のようだ / There is little [no] ~ *that* prices will fall. 物価が下がりそうな兆候はあまり[全然]ない. **2 a** 指示, 指摘. **b** 表示: give (a) clear ~ of one's intentions 思っていることをはっきりと表明する. **3** 《各種計器の》表示度数, 示度 (reading). **4** 必要とされること[もの]: The immediate ~ is first-aid treatment. 直ちに必要なのは応急手当てを施すことだ. **5** 〘医学〙《ある処置が必要なことを示す》兆候 (symptom), 指標, 適用; 適応(症). **~·al** /-ʃnəl, -ʃənl/ *adj.* 〘(?*a*1425) ⊏ (O)F ~ ⊏ L *indicātiō(n-)*: ⇨ indicate, -ation〙

in·dic·a·tive /ɪndíkətɪv | ɪndíkət-/ *adj.* **1** 《英》ではまた índɪkèɪtɪv/ 〔…を〕指示[暗示]する, 表示する, 示す 〔*of*〕: His words seemed ~ *of* prejudice. 彼の言葉は偏見を抱いていることを示しているように思われた. **2** 〘文法〙直説法の, 叙実法の (cf. subjunctive, imperative 3): the ~ mood 直説法, 叙実法. — *n.* 〘文法〙直説法, 叙実法 (indicative mood); 直説法[叙実法]動詞. **~·ly** *adv.* 〘(*c*1450) ⊏ (O)F *indicatif*, *-ive* ⊏ LL *indicātīvus*: ⇨ indicate, -ative〙

in·di·ca·tor /índɪ̀kèɪtə | -tə(r)/ *n.* **1** 指示[表示]する人[もの]. **2** 〘経済〙(経済活動ないし景気変動を示す)(統計的)指標 (cf. coincident 2, lagger 2, leader 3): a leading ~ 先行指標 / a lagging ~ 遅行指標. **3** インジケーター, 指示計器, 表示器, 指針; 圧力計 (pressure gauge); ダイヤルゲージ (dial gauge); (道順などを示す)標識, 指印, 矢印; (自動車の)方向指示器 (blinker). **4** 〘鉄道〙インジケーター《インジケーターダイヤグラムを描く記録装置》. **5** 〘化学〙(色の変化によって水素イオン濃度や化学反応の終点を示す)指示薬, 標示薬. **6** 〘生態〙指標《ある地域の土地条件を主とする局部的環境条件の判定の裏付けになるような動植物》. 〘(1666) ⊏ LL *indicātor*: ⇨ indicate, -or²〙

índicator càrd [dìagram] *n.* 〘機械〙インジケーターダイヤグラム[線図]《蒸気機関・内燃機関のシリンダー内の圧力とピストン行程との関係を示す図; 機関車などの性能に関して用いる》: a steam-engine ~. 〘1875〙

in·dic·a·to·ry /ɪndíkətɔ̀ːri, ɪndíkə- | ɪndíkətəri, índɪkèɪt-, ìndɪkéɪt-, -tri/ *adj.* 〔…を〕指示[表示]する 〔*of*〕. 〘(1590) ← L *indicātus* ((p.p.) ← *indicāre* 'to INDICATE') + -ORY¹〙

in·di·ces /índəsìːz | -dɪ-/ *n.* index の複数形.

in·di·ci·a /ɪndíʃiə, -ʃə | ɪndíʃiə/ *n.* (*pl.* ~, ~*s*) [通例複数扱い] **1** しるし, 現れ, 兆候 (signs) (cf. indicium). **2** 《米》(料金別納郵便物などの)証印 (cf. metered mail). 〘(1625–26) ⊏ L ~ (pl.) ← *indicium* sign ← *indic-*, *index*: ⇨ index〙

in·di·cial /ɪndíʃəl, -ʃl | ɪn-/ *adj.* **1** 〔…を〕指示する, 表示する (indicative) 〔*of*〕. **2** 索引の, 索引を兼ねた. **3** 人差し指の. 〘(*a*1828): ⇨ ↑, -al¹〙

indícial equation *n.* 〘数学〙決定方程式《線形常微分方程式を考察する際補助として用いられる方程式》.

in·di·ci·um /ɪndíʃiəm | ɪn-/ *n.* (*pl.* **-ci·a** /-ʃiə/, ~*s*) =indicia 1.

in·dic·o·lite /ɪndíkəlàɪt/ *n.* 〘鉱物〙インディコライト《インジゴブルー色を呈する電気石 (tourmaline); indigolite ともつづる》.

in·dict /ɪndáɪt | ɪn-/ *vt.* **1** 〔…(の罪)で〕(正式に)起訴する 〔*for, on*〕 (⇨ accuse SYN); 〔…として〕(正式)起訴状を提出する 〔*as*〕; 《米》〘法律〙《大陪審 (grand jury) が》起訴する: ~ a person *for* [*on* (a charge of)] manslaughter 人を故殺罪で起訴する / ~ a person *as* a murderer 人を殺人者として起訴する. **2** 〈人・言動などを〉(厳しく)責める, とがめる. **~·er** /-tə | -tə(r)/ *n.* **in·díc·tor** /-tə | -tə(r)/ *n.* 〘(*c*1303) *endite(n)* ⊏ AF *enditer* to accuse, indict = OF *enditier* 'to INDITE, declare, dictate' < VL **indictāre* ← IN-¹ + L *dictāre* 'to say often, DICTATE'〙

in·dict·a·ble /ɪndáɪtəbl | ɪndáɪt-/ *adj.* 〈人・行為が〉起訴[告発]されるべき: an ~ offense 起訴犯罪《正式起訴手続きで訴追される犯罪; cf. summary offense》/ an ~ offender 被起訴犯罪人 / an offense not ~ 非起訴犯罪, 違警罪. **in·díct·a·bly** *adv.* 〘(1706): ⇨ ↑, -able〙

in·dict·ee /ɪndàɪtíː, ―́―́ | ɪndaɪtíː, ―́―́/ *n.* 被起訴者, 刑事被告人, 被告人. 〘(1581): ⇨ -ee¹〙

in·dic·tion /ɪndíkʃən | ɪn-/ *n.* **1 a** (15 年ごとに課税の目的で財産の評価をする時の)ローマ皇帝の布告[査定更正] (313 年にコンスタンティヌス帝によって始められた); その布告による財産税. **b** 15 周年, 15 年紀 (cf. CYCLE¹ of indiction). **2** 15 年紀の周期の特定の一年. **3** 《古》布告, 宣言. **~·al** /-ʃnəl, -ʃənl/ *adj.* 〘(*a*1387) ⊏ L *indictiō(n-)* ← *indictus* (p.p.) ← *indīcere* to proclaim ← IN-¹ + *dīcere* to show: cf. diction〙

in·díct·ment /ɪndáɪtmənt | ɪn-/ *n.* **1** (正式)起訴. **2** 〘法律〙(大陪審 (grand jury) による)(正式)起訴手続き, 公訴提起, 起訴状 (cf. information 6 b): a bill of ~ 《米》起訴状案 / hand up an ~ 起訴状を手渡す / bring in an ~ *against* a person 人を起訴する / find an ~ 〈大陪審が〉公訴提起に決する / be under ~ for …で起訴されている. **3** 非難(の理由), …の誤り[不備]を示すもの; 告発, 制裁: The rise in truancy is an ~ of our education system. 無断欠席の増加は教育制度の欠陥を示している. **4** 《スコット》法務長官 (Lord Advocate) による起訴. 〘(*c*1303) ⊏ AF *endi(c)tement* ← *enditer* 'to INDICT': ⇨ -ment〙

in·die /índi/ *n.* 《口語》**1** インディーズ: **a** 大手の系列に入らないミュージシャン[ポップグループ]. **b** (どの系統にも属さない)独立プロ(ダクション) [映画会社, 放送局, テレビ局]. **2** インディーズのレコード[映画]. — *adj.* インディーズの: an ~ movie producer. 〘(1928) ← IND(EPENDENT) + -IE 4〙

In·di·enne, i- /æ̀(n)diɛ́n; æn- *F.* ɛ̃djɛn/ *adj.* 〈食べ物が〉(カレーなどを使って)インド風に調理された, インド式の. — *n.* [i-] インド製のものをまねて模様づけした織物. 〘⊏ F ~ (fem.) ← *indien* Indian〙

In·dies /índiz/ *n. pl.* [the ~] **1** [単数扱い] インド諸国《インド・インドシナ・東インド諸島およびその付近の地方の総称的旧名; ヨーロッパ人はこの地方を世界の宝庫と考え探険の目的地とした》. **2** =East Indies. **3** =West Indies 1. 〘(1555) (pl.) ← INDY¹ ← INDIA: cf. F *les Indes*〙

in·dif·fer·ence /ɪndíf(ə)rəns, -fəns, -rənts, -fənts | ɪndíf(ə)rəns, -rənts/ *n.* **1** 無関心, 無頓着(むとんじゃく), 冷淡 〔*to, toward*〕: ~ *to* danger 危険をものともしないこと / his ~ *to* language 彼の言葉遣いに対する無頓着さ / the ~ of the general public *toward* politics 政治に対する一般大衆の無関心 / with ~ 無頓着に, 冷淡に; いいかげんに / He shows entire ~ *to* all that concerns others. 彼は他人に関する事には一切知らん顔をする. **2** 重要でないこと: It is a matter of perfect ~ (*to* me). それは(私にとっては)全くどうでもよいことだ. **3** どっちとも決まらないこと, どっちつかず. **4** (可もなく不可もない)平凡. **5** 《古》無差別, 均等: Journeys discover to us the ~ of places. 旅をしてみればどこも似たり寄ったりであることがわかる (R. W. Emerson). 〘(*c*1445): ⇨ indifferent, -ence〙

indífference cùrve *n.* 〘経済〙無差別曲線. 〘1894〙

in·dif·fer·en·cy /-rənsi/ *n.* 《古》=indifference. 〘(1447): ⇨ ↓, -ency〙

in·dif·fer·ent /ɪndíf(ə)rənt, -fənt | ɪndíf(ə)rənt/ *adj.* **1** 無関心な, 興味を感じない; 冷淡[無情]な; 無神経[無頓着(むとんちゃく)]な, 平気な 〔*to, toward, about*〕: an ~ attitude / ~ *to* politics [religion] / ~ *to* the cold 寒くても平気な / ~ *to* the sufferings [feelings] of others 他人の苦しみ[感情]に無頓着な / be (supremely) ~ to fame [money, worldly success] 名声[金銭, 世俗的成功]には(全く)無関心である / She is ~ *to* him. 彼女は彼に無関心だ (cf. 3 a) / The British are rather ~ *toward* food. 英国人は食物に対してかなり無頓着である. **2 a** 良くも悪くもない, 普通の, 平凡な: an ~ golfer / ~ acting [work] 平凡な演技[仕事] / an ~ book 取り柄のない本 / meet with ~ success 大した成功もしない / There were all kinds of paintings exhibited —good, bad, and ~. あらゆる種類の絵—ぴんからきりまで—が展示されていた / I don't mind whether the food is good, bad, or ~. 食べ物がうまかろうがまずかろうが, はたまた並の味であろうが私はかまわない. **b** [しばしば very ~ として] かなり劣る, かなりまずい, 貧弱な: an ~ meal まずい食事 / ~ qualifications 不十分な資格 / a *very* ~ poem [actor] 実に下手くそな詩[全くの大根役者]. **3 a** 〈人・物事が〉〔…にとって〕重要でない, どうでもよい, 何でもない; 無関係な 〔*to*〕: It is (supremely) ~ *to* me whether you stay or go. 君がとどまろうが立ち去ろうが私にはどうでもよいことだ. **b** 〈行事・慣習など〉行っても行わなくてもよい, 守っても守らなくてもよい, 強制[義務]的で

ない. **4** (大きさ・量・程度など)過大でも過小でもない, 中くらいの, 普通の: a hill of ～ size 中くらいの大きさの丘. **5** ⦅古⦆ 偏しない, 公平な, 中立の; 分け隔てのない (impartial, disinterested): an ～ judge 公平な裁判官 / ～ justice えこひいきのない公正 / remain ～ in a dispute 論争でどちらにも偏しない. **6** ⦅方言⦆ 病身の, 病弱な, 病気がちな. **7** 〘電気・磁気〙中性の (neutral). **8** 〘生物〙⦅細胞・組織など⦆分化していない (not differentiated); (特に)⦅発生運命が⦆未決定の.

― *n.* **1** (宗教または政治に)無関心な人, 中立的立場の人. **2** (道徳に)こだわらない行為.

― *adv.* ⦅古⦆ =indifferently.

〖(1386) ◻ (O)F *indifférent* // L *indifferentem* not differing: ⇨ in-², different〗

SYN 無関心な: **indifferent** 人・物事などに全然関心を示さない: He is quite *indifferent* to his appearance. 身なりに全く無関心だ. **unconcerned** 鈍感さ・利己心から関心・心配を示さない ⦅格式ばった語⦆: Most students are *unconcerned* with politics. たいていの学生は政治に無関心だ. **incurious** 生れつき知的好奇心のない: She is *incurious* about the outside world. 外界のことを知りたがろうとしない. **aloof** 控えめの性質や優越感から他の人や物に近づこうとしない: I keep *aloof* from such fellows. ああいうやつとは付き合わないようにしている. **detached** 他人や自分の感情に動かされない ⦅格式ばった語⦆: a *detached* view 突き放した見方. **uninterested** 興味を示さない ⦅最も無色の語⦆: I am utterly *uninterested* in poetry. 詩には全く興味がない. **disinterested** 私利私欲のない ⦅この語を「無関心な」の意で用いる人が増えてきている⦆: a *disinterested* observer 公平な観察者. **ANT** avid.

in·dif·fer·ent·ism /-tìzm/ *n.* **1** 無頓着(むとんちゃく)[無関心]主義 ⦅一般に真偽・善悪などに無関心な態度⦆. **2** 〘宗教〙 信仰無差別論; 宗教的無関心主義 ⦅宗教的な事柄に熱意や関心をもたないこと⦆. **3** 〘哲学〙 (Schelling などの)同一哲学 (identity philosophy) の異名. 〖⇨ ↑, -ism〗

in·dif·fer·ent·ist /-tɪ̈st | -tɪst/ *n.* 無関心主義者; 〘宗教〙 信仰無差別論者; 〘哲学〙 同一哲学者. 〖⇨ -ist〗

in·dif·fer·ent·ly *adv.* **1** 無関心で, 無頓着(むとんちゃく)に, 冷淡に, 平気で: look on ～ at a match 試合を漫然と[おもしろくもなさそうに]見物する. **2 a** 普通に, 平凡に; かなり: ～ well かなりよく[うまく]. **b** [普通 very [but] ～ として] 下手に, まずく: play *very* [*but*] ～ (技能・演技などが)全く下手くそである. **3** 公平に; 分け隔てなく: judge ～. 〖(*c*1380): ⇨ -ly¹〗

in·di·gen /índɪdʒən, -dʒèn | -dɪ-/ *n.* =indigene.

in·di·gence /índɪdʒəns | -dɪ-/ *n.* 貧困, 貧窮, 窮乏 (⇨ poverty **SYN**). 〖(*c*1385) ◻ (O)F ～ ◻ L *indigentia* ← *indigentem*: ⇨ indigent, -ence〗

in·di·gene /índɪdʒìːn | -dɪ-/ *n.* **1** 先住民 (native). **2** ⦅古⦆〘生物〙 ⦅動植物の⦆自生種, 土着種 (autochthon) (cf. cultigen). 〖(1598) ◻ F *indigène* ◻ L *indigena* native, ⦅原義⦆ born within (the tribe) ← *indu-* 'IN-²' + *gen-* ((stem) ← *gignere* to be born: cf. genus)〗

in·dig·e·nist /ɪndídʒənɪ̈st | ɪndídʒɪnɪst/ *n.* (ラテンアメリカの) Indianism の主張者.

in·dig·e·nize /ɪndídʒənàɪz | ɪndídʒɪ-/ *vt.* 土着化させる. 〖(1951): ⇨ ↓, -ize〗

in·dig·e·nous /ɪndídʒənəs | ɪndídʒɪ-/ *adj.* **1** 土着の, 〔…の土地に〕固有の, 国産の (↔ exotic) 〔*to*〕 (⇨ native **SYN**): the plants and animals ～ *to* Japan 日本固有の動植物. **2** 生まれながらの, 生来の; 〔…に〕固有の 〔*to*〕: emotions ～ *to* the human mind 人間(の心)に固有の感情. **～·ly** *adv.* **～·ness** *n.* **in·di·gen·i·ty** /ìndɪdʒénəti | -dʒénɪti/ *n.* 〖(1646) ◻ LL *indigenus* ← L *indigena* 'INDIGENE': ⇨ -ous〗

indígenous pèople *n.* ⦅豪⦆ オーストラリア先住民 ⦅アボリジニとトレス海峡諸島民を含む⦆.

in·di·gent /índɪdʒənt | -dɪ-/ *adj.* **1 a** 貧乏な, 貧困な, 貧窮の. **b** [the ～; 名詞的に] 貧困者層. ★ 経済問題に関する報告書などに用いられる. **2** ⦅古⦆ **a** 〔…が〕欠けている 〔*of*〕: be ～ *of* care 注意が欠けている. **b** 不十分な, 欠陥のある, 不完全な. ― *n.* 貧困者, 貧乏人. **～·ly** *adv.* 〖(?*a*1400) ◻ (O)F ～ ◻ L *indigentem* (pres.p.) ← *indigēre* to need ← *indi-* 'IN-²' + *egēre* to be needy: ⇨ -ent〗

in·di·gest·ed /ìndaɪdʒéstɪ̈d, -dɪ̈-/ *adj.* ⦅古⦆ **1** 〈食べ物が〉消化されない, 不消化の: ～ food. **2** 〈計画など〉粗雑な, 未熟な, まとまらない, 生硬な, ぎこちない. **3** 混乱状態の, 無秩序な (chaotic). 〖(1587) (i) ← ⦅廃⦆ *indigest* (adj.) undigested, crude ◻ L *indigestus* unarranged ← IN-¹ + *dīgestus* ((p.p.) ← *digerere* 'to DIGEST') // (ii) ← IN-¹ + DIGEST + -ED〗

in·di·gest·i·bil·i·ty /ìndaɪdʒèstəbíləti, -dɪ̈- | -tɪ̈-bílɪ̈ti/ *n.* 不消化, 消化不良; 理解し難いこと.

in·di·gest·i·ble /ìndaɪdʒéstəbl̩, -dɪ̈- | -stɪ̈-/ *adj.* **1** 不消化の, 消化しにくい: an ～ substance 不消化物. **2** 生硬な, 理解し難い; 耐え難い. **3 a** 〈学説など〉知的に消化しにくい, 理解し難い. **b** 〈態度など〉我慢ならない, 鼻もちならない, 不愉快な. ― *n.* 消化しにくい[理解し難い]もの. **～·ness** *n.* **ìn·di·gést·i·bly** *adv.* 〖(*c*1475) ◻ LL *indigestibilis*: ⇨ in-¹, digestible〗

in·di·ges·tion /ìndaɪdʒéstʃən, -dɪ̈-, -dʒéʃtʃən/ *n.* **1** 不消化, 消化不良, 胃弱 (dyspepsia). **2** 消化不良症(からくる不快症状). **3** 知的消化不良, 理解不足. 〖(1392) ◻ (O)F ～ // LL *indigestiō(n-)*: ⇨ in-¹, digestion〗

in·di·ges·tive /ìndaɪdʒéstɪv, -dɪ̈-/ *adj.* 消化不良の (dyspeptic). 〖(1632): ⇨ in-¹〗

In·di·gir·ka /ìndəgíəkə | -gíə-; *Russ.* indʲigʲírkə/ *n.* [the ～] インディギルカ(川) ⦅ロシア連邦 Sakha 共和国北東部を北東に流れて東シベリア海に注ぐ (1,368 km)⦆.

in·dig·i·ta·tion /ɪndìdʒətéɪʃən | ɪndìdʒɪ̈-/ *n.* 〘病理〙 腸重積(症) (intussusception, invagination). 〖(1644) ← L *indigitātus, indigetātus* invoked (p.p.) ← *indigetāre* to invoke (deity): ⇨ -ation〗

in·dign /ɪndáɪn | ɪn-/ *adj.* **1** ⦅古⦆ 価値のない; 品格を傷つける, 恥ずべき, 不面目な. **2** ⦅詩⦆ 〈罰など〉不当の. 〖(*c*1325) ◻ (O)F *indigne* // L *indignus* unworthy ← IN-¹ + *dignus* worthy, honorable〗

in·dig·nant /ɪndígnənt | ɪn-/ *adj.* 〔人に〕怒る 〔*with*〕; 〔悪・不正などに〕腹を立てた, 憤慨した 〔*at, about, over*〕: He is ～ *at* your dishonesty. = He is ～ *that* you are dishonest. / He was ～ *with* you *about* your remark. 君の言ったことで彼は憤慨していた. **～·ly** *adv.* 〖(1590) ◻ L *indignantem* deeming unworthy (pres.p.) ← *indignārī* to regard as unworthy ← *indignus* (↑): ⇨ -ant〗

in·dig·na·tion /ìndɪgnéɪʃən/ *n.* 〔人に対する〕憤り 〔*with, at, against*〕; 〔不義・不正などに対する〕憤慨, 義憤, 公憤 〔*at, about, over, against*〕 (⇨ anger **SYN**): righteous ～ 義憤 / in ～ 憤慨して / to a person's ～ = to the ～ of a person …を憤激させたことには / rouse a person's ～ 人を憤慨させる / His face was red with ～. 彼の顔は怒りで赤くなった. **2** [比喩的に] 怒りを示す物, 武器. 〖(?*a*1200) ◻ (O)F ～ // L *indignātiō(n-)* ← *indignātus* (p.p.) ← *indignārī* (↑): ⇨ -ation〗

indignátion méeting *n.* (政府の失政・国民的屈辱などに対する)抗議集会, 国民[市民]決起大会. 〖19C〗

in·dig·ni·ty /ɪndígnəti | ɪndígnɪ̈ti/ *n.* **1** 軽蔑, 侮辱, 無礼 (⇨ insult **SYN**); 侮辱的な言動[待遇], 冷遇: suffer *indignities* 侮辱を受ける / subject a person to an ～ = put an ～ *upon* a person 人に侮辱を加える. **2** ⦅廃⦆ 卑劣, 不面目; 恥ずべき行為; 下劣さ (unworthiness). 〖(1584) ◻ F *indignité* // L *indignitātem* ← *indignus* unworthy: ⇨ indign, -ity〗

in·di·go /índɪgòʊ | -dɪgəʊ/ *n.* (*pl.* **～s, ～es**) **1** 藍(あい), 洋藍 (indigo dye) ⦅indigo plant から採った染料で, 主要成分は indigotin⦆. **2** インジゴ, 藍色(あいいろ) ⦅Newton が命名した 7 原色の一つ; indigo blue ともいう⦆. **3** 〘化学〙 インジゴ, 藍青(らんせい) ($C_{16}H_{10}N_2O_2$) ⦅天然藍の一成分; 現在は多量に合成されている; indigo blue, indigotin ともいう⦆. **4** 〘植物〙 = indigo plant. ― *adj.* 藍色の (indigo-blue). 〖(1555) ◻ Port. ～ ◻ L *indicum* ◻ Gk *indikòn* (*phármakon*) ⦅原義⦆ Indian (dye) ← *Indikós* 'INDIC'〗

índigo·bìrd *n.* 〘鳥類〙 = indigo bunting. 〖1864–65〗

índigo-blúe *adj.* インジゴの, 藍色の. 〖1836〗

índigo blúe *n.* **1** インジゴブルー (⇨ indigo 2). **2** 〘化学〙 = indigo 3. 〖1712〗

índigo bróom *n.* 〘植物〙 北米原産の黄色い花をつけるマメ科ムラサキセンダイハギ属の草本 (*Baptisia tinctoria*) ⦅rattle weed ともいう⦆.

índigo búnting *n.* 〘鳥類〙 ルリノジコ (*Passerina cyanea*) ⦅北米産ウソの類の鳴鳥; 雄が藍色(あいいろ); indigobird, indigo finch ともいう⦆. 〖1783〗

índigo·bùsh *n.* 〘植物〙 クロバナエンジュ (⇨ false indigo 2).

índigo cármine *n.* 〘染色〙 インジゴカルミン ⦅青色酸性染料⦆. 〖1855〗

índigo cópper *n.* 〘鉱物〙 銅藍(どうらん), 天然硫化銅 (⇨ covellite). 〖1868〗

índigo fínch *n.* 〘鳥類〙 = indigo bunting.

in·di·goid /índɪgɔ̀ɪd | -dɪ-/ 〘染色〙 *adj.* インジゴイドの, インジゴ系の. ― *n.* インジゴイド (⇨ indigoid dye). 〖(1908) ← INDIGO + -OID〗

índigoid dýe *n.* 〘染色〙 インジゴイド染料 ⦅indigo と類似の化学構造をもつ染料の総称; 単に indigoid ともいう⦆. 〖1908〗

in·dig·o·lite /índɪgəlàɪt | -dɪ-/ *n.* = indicolite.

índigo plánt *n.* 〘植物〙 インドアイ, キアイ (*Indigofera tinctoria*) ⦅インド産マメ科の低木; その葉と幹から染料藍(あい)を採る⦆. 〖1757〗

índigo snáke *n.* 〘動物〙 インディゴヘビ (*Drymarchon corais couperi*) ⦅米国南部に生息する藍黒色で体長 2 m 位にまでなる大形の無毒のヘビ; gopher snake ともいう⦆. 〖1884–85〗

in·di·go·sol /índɪgousɔ̀(ː)l | -dɪgə(ʊ)sɔ̀l/ *n.* 〘染色〙 インジゴゾル染料 ⦅水溶性の建染め染料⦆. 〖← *Indigosol* (商標名)〗

in·di·got·ic /ìndɪgɑ́(ː)tɪk | -dɪgɔ́t-/ *adj.* 藍(あい)の, 藍に似た. 〖(1838): ⇨ ↓, -ic¹〗

in·dig·o·tin /ɪndígətɪ̈n | ɪndígətɪn/ *n.* 〘化学〙 インジゴチン (⇨ indigo 3). 〖(1838) ← INDIGO + -*t*- (無意味の連結字) + -IN²〗

índigo whíte *n.* [時に I- W-] 〘化学〙 白藍(はくらん), インジゴホワイト ($C_{16}H_{12}N_2O_2$) ⦅インジゴを還元して得られる白色の結晶⦆. 〖1874〗

In·dio /índiòʊ | -diəʊ; *Am.Sp.* indjo/ *n.* (*pl.* **～s**) インディオ ⦅中南米または東アジアの旧スペイン・ポルトガル領であった諸国の原地人を指す; 英語では, 例えば South American Indian などというのがふつう⦆.

in·di·rect /ìndɪ̈rékt, -daɪ-/ *adj.* **1** 〈表現・行為など〉間接の, 直接でない, 遠回しの (↔ direct): make an ～ reference to a person 人のことを遠回しに言う / an ～ answer 焦点をぼかした答え. **2** 〈道など〉まっすぐでない, 遠回りの, 回り道の: an ～ road, route, etc. **3** 曲がった, ずるい, 不正な: an ～ method 不正手段. **4** 間接的な; 傍系の; 二次的な (secondary): an ～ cause [result] 間接原因[結果] / ～ descent 傍系 ⦅血統⦆ / ～ aggression 間接侵略 ⦅対外放送戦など⦆. **5** 〘文法〙 間接の (↔ direct): ⇨ indirect object, indirect passive, indirect speech. **～·ness** *n.* 〖(?*a*1387) ◻ (O)F ～ // LL *indirectus*: ⇨ in-¹, direct〗

indiréct cósts [chárges] *n. pl.* 〘会計〙 **1** 間接費 ⦅製品との関連でその発生が直接的に認識できない原価; 例えば製造間接費, 販売間接費, 一般間接費; cf. direct cost⦆. **2** 共通費 (common costs) ⦅部門との関連でその発生が直接的に認識できない原価; 例えば二つ以上の部門を含む建物の減価償却費⦆. 〖*c*1909〗

indiréct devélopment *n.* 〘動物〙 間接発生 ⦅変態を経過する発生; ↔ direct development⦆.

indiréct díscourse *n.* ⦅米⦆〘文法〙 = indirect narration.

indiréct évidence *n.* 〘法律〙 間接証拠 (circumstantial evidence) (cf. hearsay evidence). 〖1824〗

indiréct fíre *n.* (見えない目標に向かって観測所を介して行う)間接照準射撃 (↔ direct fire). 〖1879〗

indiréct frée kíck *n.* 〘サッカー〙 間接フリーキック ⦅直接ゴールしても得点にはならないフリーキック; cf. direct free kick⦆.

indiréct inítiative *n.* 〘政治〙 間接発議(権) ⦅発議権の一種で, 国民または選挙民の請願は議会に提出されなければならない; 議会が拒否した場合は国民投票にかけられる; ↔ direct initiative⦆.

in·di·rec·tion /ìndɪ̈rékʃən, -daɪ-/ *n.* **1** 間接的行動[処置], 遠回りな方法: by ～ 遠回しに, 間接に (cf. Shak., *Hamlet*. 2. 1. 66). **2** 目標の欠如, 無目的. **3** 不正直(な行為), 曲がったこと, 偽り, 詐欺. **4** 遠回り. 〖(1594) ← INDIRECT + -ION: DIRECT と DIRECTION の関係にならう〗

indiréct lábor *n.* 〘労働〙 **1** 間接労働 ⦅生産に直接関係しない事務・修理・維持などの間接的な労働; ↔ direct labor⦆. **2** 間接労働者の賃金.

indiréct líghting *n.* 間接照明 (↔ direct lighting). 〖1922〗

indiréct·ly *adv.* 間接(的)に; 二次[副次]的に; 遠回しに. 〖1440〗

indiréctly-héated cáthode *n.* 〘電子工学〙 (真空管の)傍熱陰極 ⦅ヒーターと電気的に絶縁された熱陰極⦆.

indiréct narrátion *n.* 〘文法〙 間接話法 ⦅例: He said that he knew it.; ↔ direct narration⦆.

indiréct óbject *n.* 〘文法〙 間接目的語 ⦅例えば He gave me a watch. における me; cf. direct object⦆. 〖1879〗

indiréct pássive *n.* 〘文法〙 間接受動態 ⦅例えば I was told it. のように間接目的語が主語となった受動構文⦆.

indiréct prímary *n.* ⦅米⦆ 大統領選予備選挙, 間接予選会 ⦅大統領候補などを指名する党大会へ送る代議員の予備選挙; cf. direct primary⦆.

indiréct próof *n.* 〘論理〙 間接証明法 (reductio ad absurdum).

indiréct quéstion *n.* 〘文法〙 間接疑問 (cf. direct question).

indiréct spéech *n.* ⦅英⦆〘文法〙 = indirect narration.

indiréct táx *n.* 〘財政〙 間接税 (↔ direct tax).

in·dis·cern·i·ble /ìndɪ̈sə́ːnəbl̩, -zə́ːn- | -dɪsə́ːnɪ̈-, -zə́ːn-/ *adj.* 識別できない, 見分けにくい, 見えない: ～ *to* the naked eye 肉眼では識別できない. ― *n.* 見分けにくい物. **～·ness** *n.* **ìn·dis·cèrn·i·bíl·i·ty** /-nəbíləti | -nɪ̈bílɪ̈ti/ *n.* **in·dis·cérn·i·bly** *adv.* 〖(1635): ⇨ in-¹, discernible〗

in·dis·cerp·ti·ble /ìndɪ̈sə́ːptəbl̩, -zə́ːp- | -dɪsə́ːptɪ̈-, -zə́ːp-/ *adj.* (部分に)分解できない. **ìn·dis·cèrp·ti·bíl·i·ty** /-təbíləti | -tɪ̈bílɪ̈ti/ *n.* 〖(1736): ⇨ in-¹〗

in·dis·ci·plin·a·ble /ɪndìsəplínəbl̩, -dísəplɪ̈n-, ìn-, -plìn- | ɪndísɪplɪ̈n-, ìn-/ *adj.* 訓練できない, 御し難い. 〖(1600): ⇨ in-¹〗

in·dis·ci·pline /ɪndísəplɪ̈n, ìn- | ɪndísɪ̈plɪn, ìn-/ *n.* 訓練の欠乏; 不[無]規律, 無秩序. 〖(1783) ← IN-¹ + DISCIPLINE: cf. F *indiscipline*〗

in·dís·ci·plined *adj.* 訓練の行き届いていない; 無規律[秩序]な. 〖(*c*1400): ⇨ ↑, -ed〗

in·dis·cov·er·a·ble /ìndɪ̈skʌ́v(ə)rəbl̩/ *adj.* 発見することができない. 〖⇨ in-¹〗

in·dis·creet /ìndɪ̈skríːt/ *adj.* 思慮のない, 分別のない, 軽率な: an ～ marriage. **～·ly** *adv.* **～·ness** *n.* 〖(*a*1425) ◻ (O)F *indiscret, -crète* // L *indiscrētus*: ⇨ in-¹, discreet〗

in·dis·crete /ìndɪ̈skríːt, ɪndískriːt | ìndɪskríːt, -dɪs-/ *adj.* (個々に)分かれていない, 連続した, 個別的でない, 同質的な; 密着した (compact). **～·ly** *adv.* **～·ness** *n.* 〖(1608) ◻ L *indiscrētus* not separated: ⇨ in-¹, discrete: cf. discreet〗

in·dis·cre·tion /ìndɪ̈skréʃən | -dɪs-/ *n.* **1** 不謹慎, 無分別, 無思慮, 軽率: without ～ / have the ～ to do …無分別[不謹慎]にも…する. **2 a** 不謹慎[無分別, 軽率]な行為[言葉], 失態: commit a grave ～ 重大な失策をする. **b** ⦅古⦆ 社会の道徳律を破る行為. **3** 公の秘密をうっかりと漏らすこと, 機密漏洩(ろうえい). **～·ary** *adj.* 〖(?*a*1396) ◻ (O)F *indiscrétion* // LL *indiscrētiō(n-)*: ⇨ in-², discretion〗

in·dis·crim·i·nate /ìndɪ̈skrímənɪ̈t | -mɪ̈-/ *adj.* 無差別の, 見境ない, 乱雑な, ごちゃごちゃの, めちゃくちゃの: ～ abuse [praise, charity] だれかれの差別なしの非難[賞賛, 慈善] / ～ bombing 無差別爆撃, 盲爆 / an ～

I

reader 乱読家 / be ~ *in* one's friendships [*in* making friends] だれかれの差別なく人とつき合う. **~·ness** *n.* 〘(1597–98): ⇨ in-¹, discriminate〙

in·dis·crím·i·nate·ly *adv.* 無差別に, 見境なく, やたらに. 〘(1652): ⇨ -ly¹〙

in·dis·crim·i·nat·ing /ìndɪ̀skrímənèɪtɪŋ | -mɪ̀-nèɪt-/ *adj.* 無差別の, 差別立てをしない; 無分別の. **~·ly** *adv.* 〘(1754–67) ← INDISCRIMINATE＋-ING²〙

in·dis·crim·i·na·tion /ìndɪ̀skrìmənéɪʃən | -dɪs-krìmɪ̀-/ *n.* 無差別, でたらめ; 無分別. 〘(1649): ⇨ in-¹〙

in·dis·crim·i·na·tive /ìndɪ̀skrímənèɪtɪv, -m(ə)-nət- | -dɪskrímɪ̀nət-, -nèɪt-/ *adj.* 無差別の. **~·ly** *adv.* 〘(1854): ⇨ in-²〙

in·dis·cuss·i·ble /ìndɪ̀skʌ́səbl | -sɪ̀-/ *adj.* 討論のできない, 論議の対象とならない. 〘(1893): ⇨ in-¹〙

in·dis·pens·a·bil·i·ty /ìndɪ̀spènsəbíləṭi | -dɪs-pènsəbílɪ̀ti/ *n.* 欠くことのできないこと, 不可欠なこと, 絶対必要なこと. 〘(*a*1648): ⇨ ↓, -ity〙

in·dis·pens·a·ble /ìndɪ̀spénsəbl | -dɪs-/ *adj.* **1** 〔…に〕なくてはならない, 欠くことのできない, 不可欠の, 絶対必要な 〈*to, for*〉 (↔ dispensable) (⇨ essential SYN): an ~ book / things ~ *to* [*for*] life 生命[生活]に欠くべからざるもの / His assistance is ~ *for* us. 彼の援助は欠くことができない[絶対必要だ]. **2** 〈義務など〉避けられない, 余儀ない: an ~ obligation, duty, etc. — *n.* **1** 必要欠くべからざるもの[人]. **2** [*pl.*] 《古・戯言》ズボン (trousers) (cf. indescribable 2). **~·ness** *n.* 〘(1533) □ ML *indispensābilis*: ⇨ in-¹, dispensable〙

I

in·dis·péns·a·bly /-bli/ *adv.* ぜひとも, 必ず.

in·dis·pose /ìndɪ̀spóuz | -dɪspə́uz/ *vt.* **1** …に〈…する〉気をなくさせる, 〈…したく〉ない気を起こさせる 〈*to do*〉; …に〔…を〕思いとどまらせる 〔*from*〕 (↔dispose): Such hot weather ~*s* anyone to work [*from* working]. こんなに暑くてはだれも仕事なんかする気になれない. **2** 不適当にする, 不向きにする, 不能にする 〔*for*〕: Illness ~*d* me *for* work. 病気で私は働けなくなった. **3** 《古》(軽い)病気にかからせる, …の調子を狂わせる (cf. indisposed 1). 〘(1657) 《逆成》← INDISPOSED〙

in·dis·pósed *adj.* [叙述的] **1** 気分が悪い, 不快な, (軽い)病気の (⇨ sick¹ SYN): become ~ 気分が悪くなる / I am ~ *with* a cold. 風邪で加減がわるい. **2** 〈…する〉気がない 〈*to do*〉; 〔物事に〕気が向かない, 気乗りがしない 〔*for*〕: feel ~ *for* work 仕事に気が進まない / He seems ~ *to* come with us. 一緒に行きたくはないようだ. **in·dis·pós·ed·ness** /-zɪ̀dnɪ̀s, -zd-/ *n.* 〘(*a*1400): ⇨ in-², disposed〙

in·dis·po·si·tion /ìndɪspəzíʃən, ɪ̀ndɪs- | ɪndɪs-, ɪndɪs-/ *n.* **1** 気分のすぐれないこと, 不快, (軽い)病気: a slight ~ やや気分がすぐれないこと. **2** 〈…するのに〉気が向かない[進まない]こと 〈*to do*〉; 〔…に対する〕いや気 〔*to, toward*〕: an ~ to (do) the work. 〘(?*c*1421): ⇨ in-¹, disposition〙

in·dis·put·a·bil·i·ty /ìndɪ̀spjùːṭəbíləṭi, ɪ̀ndɪs-pjuṭ-, -pjuːṭ- | ìndɪspjùːtəbílɪ̀ti, ɪndɪspjut-, -pjuːt-/ *n.* 議論の余地のないこと, 明白[確実]さ. 〘(1880): ⇨ ↓, -ity〙

in·dis·put·a·ble /ìndɪ̀spjúːṭəbl, ɪ̀ndíspjuṭ-, ɪn- | ìndɪspjúːt-, ɪndíspjut-, ìn-/ *adj.* 議論の余地のない, 論をまたない, 争うべからざる; 明白な, 確実な (certain) (↔ disputable). **~·ness** *n.* 〘(1551) □ LL *indisputābilis*: ⇨ in-¹, disputable〙

in·dis·pút·a·bly /-bli/ *adv.* 争う余地のないほど, 明らかに. 〘(1646): ⇨ ↑, -ly¹〙

in·dis·so·cia·ble /ìndɪ̀sóuʃəbl, -ʃiə- | -dɪsə́uʃiə-, -ʃə-/ *adj.* 分離できない, 分かつことができない, 不可分の (inseparable). **in·dis·só·cia·bly** *adv.* 〘(1855): ⇨ in-¹〙

in·dis·sol·u·bil·i·ty /ìndɪ̀sɑ̀(ː)ljubíləṭi | -dɪsɒ̀lju-bílɪ̀ti/ *n.* 不分解[溶解, 分離]性, 永久性, 不変性. 〘(1677): ⇨ ↓, -ity〙

in·dis·sol·u·ble /ìndɪ̀sɑ́(ː)ljubl | -dɪsɔ́l-/ *adj.* **1** 〈物質が〉分解[溶解, 分離]することのできない. **2** 確固とした, しっかりした; 永久的な, 不変の, 切っても切れない: an ~ friendship 決して破れない友情 / the ~ link between man and wife 夫婦の永久に変わらない絆(きずな). **~·ness** *n.* **in·dis·sól·u·bly** *adv.* 〘(1542) □ L *indissolūbilis*: ⇨ in-¹, dissoluble〙

in·dis·tinct /ìndɪ̀stíŋ(k)t/ *adj.* 〈形・音・記憶など〉明瞭でない, はっきりしない, はっきり見分けがつかない, ぼんやりした, おぼろげな (↔ clear, distinct): an ~ murmur of voices なにやらざわめく人声 / ~ memories かすかな記憶 / ~ speech 不明瞭な言葉. **~·ly** *adv.* **~·ness** *n.* 〘(15C) □ L *indistinctus*: ⇨ in-¹, distinct〙

in·dis·tinc·tive /ìndɪ̀stíŋ(k)tɪv/ *adj.* 目立たない, 特色のない; 差別を示さない. **~·ly** *adv.* **~·ness** *n.* 〘(1846): ⇨ in-¹〙

in·dis·tin·guish·a·ble /ìndɪ̀stíŋgwɪʃəbl, -tíŋwɪʃ- | -dɪs-/ *adj.* 区別[差別]のできない, 見分けのつかない: ~ murmurs / be ~ *from* each other どれがどれだか見分けがつかない. **in·dis·tìn·guish·a·bíl·i·ty** /-ʃəbíləṭi | -lɪ̀ti/ *n.* **~·ness** *n.* **in·dis·tín·guish·a·bly** *adv.* 〘(1601): ⇨ in-¹〙

in·dis·trib·ut·a·ble /ìndɪ̀stríbjuṭəbl | -tə-/ *adj.* 分配できない. 〘(1847): ⇨ in-¹〙

in·dite /ɪ̀ndáɪt | ɪn-/ *vt.* **1** 〈詩文・演説などを〉作る, 書きつづる (compose); 《戯言》〈手紙などを〉書く. **2** 《古》文学作品で扱う. **3** 《廃》口授する, 書き取らせる; 命令する, 規定する (prescribe). **~·ment** *n.* 〘(*c*1303) *endite(n)* □ OF *endit(i)er* to dictate, write < VL **indictāre* ← IN-¹＋L *dictāre* 'to pronounce, DICTATE': cf. indict〙

in·dít·er /-ṭə | -tə(r)/ *n.* 書く人, 著作者. 〘(*a*1387): ⇨ ↑, -er¹〙

in·di·um /índiəm/ *n.* 〘化学〙インジウム《金属元素の一つ; 記号 In, 原子番号 49, 原子量 114.82》. 〘(1864) ← INDO-＋-IUM〙

indiv. 《略》individual.

in·di·vert·i·ble /ìndɪ̀vɜ́ːṭəbl, -daɪ- | -daɪvə́ːtɪ̀-, -dɪ̀-/ *adj.* わきへそらせない, 転じさせられない. **in·di·vért·i·bly** *adv.* 〘(1821): ⇨ in-¹〙

in·di·vid·u·al /ìndəvídʒuəl, -dʒʊl | -dɪ̀vídʒuəl, -dʒʊl, -djuəl, -djʊl/ *adj.* **1** 単一の, 一個の, 個々の, 各個の (⇨ single SYN): each ~ person [volume] 各個人[巻] / (the) ~ states 個々の国家. **2** 個人の, 個人的な; 個人用の: an ~ room 各自の部屋, 個室 / give [receive] ~ attention (ひとりひとり)個人的に世話をする[してもらう] / ~ instruction 個人教授 / ~ variation 個人差; 個体変異 / an ~ locker 個人用ロッカー. **3** 独自の, 独特の, 個性を発揮した (↔ general, universal) (⇨ characteristic SYN): in an ~ way 独自の方法で / a highly [very] ~ style of speaking きわめて個性的な話し方. **4** 〘論理・哲学〙個体の, 個物の: ~ variable 個体変数[項]. **5** ひとり用の, 一人前の: an ~ portion of ice cream. **6** (模様などが)それぞれが異なっている: a set of ~ teacups (色・模様など)それぞれ違う一そろいの紅茶茶碗. **7** 《廃》分割できない.
— *n.* **1** (社会・家族などに対して)個人 (cf. society 1, family 1 a) (⇨ person SYN): a private ~ 一私人 / the rights of the ~ 個人の権利. **2** [修飾語を伴って] 《口語》人, 人間 (person): an agreeable ~ 気持ちのよい人 / a disagreeable ~いやな人物. **3 a** 〘論理・哲学〙個体, 単一体, 個物. **b** 一群, (物の)一単位 (unit), (一個の)場合, 事実 (instance). **4** 〘生態〙(有機的に独立した)個体 (cf. colony 6). **5** 〘トランプ〙(duplicate bridge で)個人戦《一回ごとにパートナーを変え, ペアでなく個人ごとの成績が出る方式のトーナメント》.
〘(*c*1425) □ ML *individuālis* ← L *individuus* undivided ← IN-¹＋*dīviduus* 'DIVISIBLE': ⇨ -al¹〙

in·di·vid·u·al·ism /ìndəvídʒuəlìzm, -dʒʊl- | -dɪ̀vídʒuəl-, -dʒʊl-, -djuəl-, -djʊl-/ *n.* **1 a** 個人主義《全体主義などに対して, 個人は国家のために存在するのではなく, 国家が個人のために存在するという主義》. **b** 無干渉[自由放任]主義 (laissez-faire)《経済活動などにおいて政府が干渉しない主義》. **2** 〘哲学〙個体[個別, 個物]主義《全体や普遍でなく個体[個別, 個物]が真の実体であるとする説》; 個人主義. **3** 利己主義 (egoism). **4** 個性 (individuality). **5** (思想や行動の)主体性. **6** 個人[利己]主義に基づいた行動. 〘(1827) □ F *individualisme*: ⇨ ↑, -ism〙

ìn·di·víd·u·al·ist /-lɪ̀st | -lɪst/ *n.* **1** 個人[利己]主義者. **2** (思想や行動において)独自の立場をとる人, 個性の強い人, 一匹狼. — *adj.* 個人[利己]主義(者)の. 〘(1840): cf. F *individualiste*〙

in·di·vid·u·al·is·tic /ìndəvìdʒuəlístɪk, -dʒʊl- | -dɪ̀vìdʒuəl-, -dʒʊl-, -djuəl-, -djʊl-/ *adj.* 個人主義的な; 利己主義的な; 個性の強い, 一匹狼的な. **in·di·vid·u·al·ís·ti·cal·ly** *adv.* 〘(1874): ⇨ -istic〙

in·di·vid·u·al·i·ty /ìndəvìdʒuǽləṭi | -dɪ̀vìdʒuǽlɪ̀ti, -vìdju-/ *n.* **1** 個性, 個人的人格: a man of marked ~ 特異な個性をもつ人 / cultivate one's ~ 個性を養う. **2** [通例 *pl.*] 個人的特徴, 特質, 特性. **3** (共同の利益に対して)個人の利益. **4** 個人的存在, 個体, 単一体, 個物, 個人 (individual). **5** 特徴のある人[物], 特色ある存在. **6** 《古》分割できないこと. 〘(1614): ⇨ individual, -ity〙

in·di·vid·u·al·i·za·tion /ìndəvìdʒuəlɪzéɪʃən, -dʒʊl- | -dɪ̀vìdʒuəlaɪ-, -dʒʊl-, -djuəl-, -djʊl-, -lɪ-/ *n.* 個別化, 個性化; 差別, 区別; 特記. 〘(1746): ⇨ ↓, -ation〙

in·di·vid·u·al·ize /ìndəvídʒuəlàɪz, -dʒʊl- | -dɪ̀vídʒuəl-, -dʒʊl-, -djuəl-, -djʊl-/ *vt.* **1** 他と著しく違ったものに見せる, …に個性を発揮させる[与える], 個性化する: His peculiar style strongly ~*s* his works. 彼の特異な文体は彼の作品を著しく個性的なものにしている / A careful observation ~*s* the features of a landscape. 注意深く観察すると風景の部分部分にはっきりした特徴が認められる. **2** 個々に(詳細に)取り扱う, (個別に)特記する. **3** 個人の(好み・要求などの)特殊事情に合わせる. — *vi.* **1** 個別的になる, 特殊化する. **2** 詳細に述べる, 特記する. **in·di·víd·u·al·iz·er** *n.* 〘(1637): ⇨ individual, -ize〙

individual liberty *n.* 《政府の統制外にあるとされる権利を行使する》個人の自由 (cf. civil liberty, political liberty).

in·di·vid·u·al·ly /ìndəvídʒuəli, -dʒʊli | -dɪ̀vídʒu-əli, -dʒʊli, -djuəli, -djʊli/ *adv.* **1** 個々別々に, 各自に, 各個に, 個別的に, それぞれ (↔ collectively): traits ~ different 個々に異なる特性. **2** 個人として, 個人的に. **3** 個性的に, 個人の特徴を表して; はっきり, 明確に. 〘(1597): ⇨ -ly¹〙

individual médley *n.* 〘水泳〙個人メドレー《全距離を4等分し, バタフライ, 背泳, 平泳ぎ, 自由形の順に個人が泳ぐ種目; cf. medley relay 2》. 〘*c*1949〙

individual psychólogy *n.* 個人心理学《A. Adler の学説》. 〘《なぞり》← G *Individualpsychologie*〙

individual seléction *n.* 〘保険〙個別選択 (↔ group selection).

in·di·vid·u·ate /ìndəvídʒuèɪt | -dɪ̀vídʒu-, -dju-/ *vt.* **1** 個体化する, 個々別々にする. **2** 個性化する, …に個性を与える, 区別して特徴づける (individualize). **in·di·víd·u·à·tor** /-ṭə | -tə(r)/ *n.* 〘(1614) ← ML *indīviduātus* (p.p.) ← *individuāre* to individualize ← L *individuus*: ⇨ individual, -ate³〙

in·di·vid·u·a·tion /ìndəvìdʒuéɪʃən | -dɪ̀vìdʒu-, -dju-/ *n.* **1** 個体化. **2** 個性化. **3** 個性, 独自の存在 (individuality). **4** 〘生物〙個性形成, 場形成 (field formation). **5** 〘哲学〙個体化《個体を個体として同(一指)定し他から区別すること; 同じ普遍的本質を共有する個体を個別化すること》. 〘(1628) □ ML *individuātiō(n-)*: ⇨ ↑, -ation〙

in·di·vis·i·bil·i·ty /ìndɪ̀vìzəbíləṭi | -zəbíləti, -zi-, -lɪ-/ *n.* **1** 分割できないこと, 不可分性. **2** 〘数学〙割り切れないこと. 〘(1647): ⇨ ↓, -ity〙

in·di·vis·i·ble /ìndɪ̀vízəbl | -zɪ̀-/ *adj.* **1** 分割できない, 不可分の: an ~ atom / an ~ entity 不可分的実在物. **2** 〘数学〙割り切れない, 整除できない. — *n.* 分割できない物; 極微分子, 極少量. **~·ness** *n.* **in·di·vís·i·bly** *adv.* 〘(*a*1425) □ LL *indivisibilis*: ⇨ in-¹, divisible〙

indn. 《略》indication.

in·do- /índou | -dəu/ 「indigo の; (色など) indigo に似た」の意の連結形. ★ 時に indi-, また母音の前では通例 ind- になる. 〘⇨ indigo〙

In·do- /índou | -dəu/ 「インド(人)の (Indian)」の意の連結形. ★ 母音の前では通例 Ind- になる. 〘← L *Indus* □ Gk *Indós* 'INDUS': ⇨ India〙

Índo-Áryan *adj.* インドアーリア人[語]の. — *n.* インドアーリア人; インドアーリア語; 《まれ》インドアーリア語を話す人. 〘1850〙

Índo-Brítish *adj.* 〈起源・関係など〉インドと英国の (cf. Anglo-Indian): ~ relations.

Índo·chína *n.* (*also* **Índo-Chína**) **1** インドシナ(半島)《Bengal 湾と南シナ海の間にあるアジア南東部の半島; ベトナム・カンボジア・ラオス・ミャンマー・タイ, Malay Peninsula を含む Farther India ともいう》. **2** ＝French Indochina. 〘1886〙

Índo-Chinése *adj.* (*also* **Índo·chinése**) **1** インドシナの. **2** インドシナ人の. **3** ＝Sino-Tibetan. — *n.* (*pl.* ~) **1** インドシナ人. **2** ＝Sino-Tibetan.

in·doc·ile /ɪ̀ndɑ́(ː)səl, ɪn-, -sɪl, -saɪl | ɪndə́usaɪl, ɪn-, -dɔ́s-/ *adj.* 教えにくい, 扱いにくい, 訓練しにくい, 言うことをきかない, 不従順の. 〘(1603) □ F ~ // L *indocilis*: ⇨ in-¹, docile〙

in·do·cil·i·ty /ìndɑ(ː)síləṭi, -dou-, -də- | -də(u)sílɪ̀ti/ *n.* 教え[扱い]にくい性質, 不従順. 〘(1648): ⇨ ↑, -ity〙

in·doc·tri·nate /ɪ̀ndɑ́(ː)ktrɪ̀nèɪt | ɪndɔ́k-/ *vt.* **1** …に〔教義などを〕教え込む, 吹き込む 〔*with, in*〕: ~ a person *with* an idea [*in* a principle] 人に思想を吹き込む[原理を教え込む]. **2** 《まれ》教える, 教授する. **in·dóc·tri·nà·tor** /-ṭə | -tə(r)/ *n.* 〘(1626) ← IN-²＋L *doctrīna* 'teaching, DOCTRINE'＋-ATE³〙

in·doc·tri·na·tion /ɪ̀ndɑ̀(ː)ktrɪ̀néɪʃən | ɪndɔ̀k-/ *n.* (教義や思想を)教え込む[吹き込む]こと, 鼓吹; 教化, 注入. 〘(1646): ⇨ ↑, -ation〙

in·doc·tri·nize /ɪ̀ndɑ́(ː)ktrɪ̀nàɪz | ɪndɔ́k-/ *vt.* ＝ indoctrinate. 〘1861〙

ìndo·cýanine gréen *n.* 〘化学〙インドシアニングリーン ($C_{43}H_{47}N_2NaO_6S_2$)《主として肝機能検査用の注射剤として用いる色素》. 〘⇨ indo-, cyanine〙

Índo-Européan *adj.* **1** 印欧[インドヨーロッパ]語族の: an ~ language. **2** インドヨーロッパ人の. **3** 印欧祖[基]語の, 原始印欧語の. — *n.* **1 a** 印欧[インドヨーロッパ]語族. **b** 印欧[インドヨーロッパ]語族の祖[基]語; 原始印欧語 (略 IE). **2 a** 印欧祖語の使用者. **b** インドヨーロッパ人《印欧語を用いる人》. **3** ヨーロッパ人を祖先にもつ東南アジアの住民. 〘1813〙

Índo-Européanist *n.* 印欧[インドヨーロッパ]語学者, 印欧[インドヨーロッパ]比較言語学者. 〘1926〙

Índo-Européan lánguages *n. pl.* [the ~] 印欧語(族), インドヨーロッパ語(族)《ヨーロッパ・西部アジア・インド・ペルシャなどで話される言語を含む大語族》. 〘1864〙

Índo-Germánic *adj., n.* 《廃》＝Indo-European. 〘(1835) □ G *Indo-Germanisch*〙

Índo-Híttite *n.* **1** インドヒッタイト語族《ヒッタイト語は他の印欧語の祖[基]語に匹敵するほど古いという仮定に基づいて想定された語族; 現在では認められない》. **2** インドヒッタイト語族の祖[基]語. — *adj.* インドヒッタイト語族の.

Índo-Iránian *adj.* インドイラン語の. — *n.* **1** インドイラン語派《印欧語族中ペルシャ語とインドの諸言語を含む語派》; インドイラン語派の推定基語. **2** インドイラン人《インドイラン語を用いる人》. 〘1876〙

in·dole /índoul | -dəul/ *n.* 〘化学〙インドール (C_8H_7N)《蛋白質分解の際に生じる悪臭のある物質; 香料・試薬などに用いる》. 〘(1869) ← INDO-＋-OLE¹〙

índole·acètic ácid *n.* 〘生化学〙インドール酢酸 (⇨ heteroauxin). 〘(1937): ⇨ ↑, acetic〙

índole·butýric ácid *n.* 〘生化学〙インドール酪酸 ($C_{12}H_{13}NO_2$)《白色[黄色]を帯びた可溶性結晶粉末で, 植物の生長を促すホルモン》. 〘(1936): ⇨ indole, butyric〙

in·do·lence /índələns/ *n.* **1** 怠惰, なまけ, 不精. **2** 〘病理〙無痛; (病気の)進行[治り]が遅いこと. 〘(1603) □ F ~ // L *indolentia*: ⇨ ↓, -ence〙

in·do·lent /índələnt/ *adj.* **1 a** (生まれつき)怠惰な, なまけた, 無精な; 無活動の. **b** 〈暑さなど〉(人を)無活動にさせる, やる気をそぐ. **2** 〘病理〙 **a** 無痛性の: an ~ abscess, tumor, etc. **b** 〈病気など〉徐々に進行する; 治りが遅い. **~·ly** *adv.* 〘(1663) □ LL *indolentem* free from pain ← IN-¹＋*dolentem* ((pres.p.) ← *dolēre* to feel pain, grieve)〙

in·do·log·e·nous /ìndəlɑ́(ː)dʒənəs | -lɔ́dʒɪ̀-/ *adj.*

〘生化学〙インドール (indole) を作る．〘← INDOLE＋-O-＋-GENOUS〙
in·dól·o·gist, I- /-dʒɪst | -dʒɪst/ *n.* インド学者．〘(1904)：⇨ ↓, -ist〙
In·dol·o·gy /ɪndɑ́(ː)lədʒi | ɪndɔ́l-/ *n.* インド学．〘(1888) ← INDO-＋-LOGY〙
Índo-Maláyan *adj.* **1** インドとマラヤの．**2** ＝Malayan. ── *n.* インドとマラヤの人[民族]．
in·do·meth·a·cin /ìndoumέθəsɪn, -sn | -də(ʊ)mέθəsɪn/ *n.* 〘薬学〙インドメタシン ($C_{19}H_{16}ClNO_4$)《関節炎などの治療に用いられる鎮痛薬》．〘(1963) ← INDO(LE)＋METH(YL)＋AC(ETIC)＋-IN[1]〙
in·dom·i·ta·bil·i·ty /ɪndɑ̀(ː)mətəbíləti | ɪndɔ̀mətəbíləti/ *n.* 不屈さ，負けじ魂．〘(1851)：⇨ ↓, -ity〙
in·dom·i·ta·ble /ɪndɑ́(ː)mətəbl | ɪndɔ́mɪtə-/ *adj.* 屈服しない，負けじ魂の，不屈の：an ～ spirit / ～ courage [will] 不屈の勇気[意志]．**～·ness** *n.* **in·dóm·i·ta·bly** *adv.* 〘(1634) □ LL *indomitābilis* ← IN-[1]＋L *domitāre* to tame ((freq.) ← *domāre*)：⇨ -able: cf. daunt〙
Indon. 《略》Indonesia; Indonesian.
In·do·ne·sia /ìndəníːʒə, -ʃə | -də(ʊ)níːʒə, -ziə, -siə/ *n.* **1** インドネシア《アジア南東部の共和国；もとオランダ領東インド諸島 (Netherlands [Dutch] East Indies) といったが，1949 年独立；面積 1,904,345 km^2, 首都 Jakarta; 公式名 the Republic of Indonesia インドネシア共和国》．**2** 東インド諸島 (East Indies). **3** マライ諸島 (Malay Archipelago). 〘← INDO-＋Gk *nêsos* island＋-ia[1]〙
In·do·ne·sian /ìndəníːʒən, -ʃən | -də(ʊ)níːʒən, -ziən, -siən/ *adj.* **1** インドネシア人[語，共和国]の．**2** マライ諸島 (Malay Archipelago) の．── *n.* **1 a** インドネシア人《インドネシア共和国の人》．**b** マライ人；マライ諸島人 (Malaysian). **2** インドネシア語派《インドネシア語・マライ語・ジャワ語・タガログ語を含むフィリピン諸語・マダガスカル語・台湾語などを含み，オーストロネシア語族 (Austronesian) に属する》．**3** インドネシア語《主にマライ語に基礎を置くインドネシア共和国の公用語；公式名 Bahasa Indonesia》．〘(1850)：⇨ ↑, -ian〙
Índonesian Tímor *n.* インドネシア領チモール (⇨ Timor).
in·door /ìndɔ̀ə | -dɔ̀ː(r)/ *adj.* [限定的] (↔ outdoor) **1 a** 屋内の，室内の：an ～ game [amusement] 室内遊戯[娯楽] / an ～ (swimming) pool 室内[屋内]プール / an ～ set 〘映画〙室内装置．**b** 室内[屋内]用の：～ wear 室内着．**2** 《英》(もと救貧院の)院内の：～ paupers 院内貧民 / ～ relief 院内救助．〘(1711) ← IN＋DOOR ∞ (*with*)*in door*〙
índoor báseball *n.* インドアベースボール《普通のものよりも大きく柔らかく重いボールを用いる；ソフトボール (softball) の前身；屋内で行う》．〘1890〙
in·doors /ìndɔ́əz | -dɔ́ːz/ *adv.* 家の中で，屋内[室内]で；家の中へ，屋内へ (↔ outdoors): stay [keep, remain] ～ 家の中に閉じこもる / live ～ 家にばかりいる / go ～ 家に入る / ～ and out 家の中でも外でも．── *adj.* 屋内の，室内の，室内[屋内]用の．〘(1799) ← INDOOR＋-s[2] 1 // ← (*with*)*in doors*〙
Índo-Pacífic *n.* [the ～] インド太平洋海域《熱帯アジアと西部太平洋を含む地域》．── *adj.* インド太平洋(海域)の．
indo·phénol *n.* 〘化学〙インドフェノール ($HOC_6H_4N=C_6H_4=O$)《藍色(あいいろ)のコールタール染料またはそれに類似の染料；堅牢(けんろう)度がきわめて低いため，現在では用いない；硫化染料製造用の中間体の一つ》．〘(*c*1881) ← INDO-＋PHENOL〙
In·dore /ìndɔ̀ə | -dɔ̀ː(r)/ *n.* インドール：**1** インド中部にあった旧国；現在は Madhya Pradesh 州の一部．**2** Madhya Pradesh 州西部の都市．
in·dors·a·ble /ɪndɔ́əsəbl | ɪndɔ́ːs-/ *adj.* ＝endorsable.
in·dor·sa·tion /ìndɔəséɪʃən | -dɔː-/ *n.* ＝endorsement.
in·dorse /ɪndɔ́əs | ɪndɔ́ːs/ *vt.* ＝endorse. **～·ment** *n.* **in·dórs·er, in·dór·sor** *n.* 〘《変形》：cf. ML *indorsāre* to put on the back〙
in·dor·see /ɪndɔəsíː, ìndɔə- | ìndɔː-/ *n.* ＝endorsee.
in·dox·yl /ɪndɑ́(ː)ksɪl | ɪndɔ́ksɪl/ *n.* 〘化学〙インドキシル (C_8H_7NO)《合成 indigo の中間体として多量に合成されるが，普通単離せず酸化してインジゴとなる》．〘(1886) ← INDO-＋OXY-[1]＋-YL〙
In·dra /índrə/ *n.* **1** インドラ《男性名》．**2** 〘ヒンズー教〙インドラ(因陀羅)《Veda 神話の主神で雷や雨を司り，また戦の神；後世その信仰は衰えた》．〘□ Skt *Indra* ← ?〙
ín·dràft, 《英》 **in·dràught** *n.* **1** 引き入れること，吸入；吸入物．**2** 流入：an ～ of air [water] 空気[水]の流入．**3** 《古》引きつける力，魅力．〘(1594) ← IN (adv.)＋DRAFT, DRAUGHT〙
ín·dràwn *adj.* **1** 〈息など〉引き入れられた，吸い込まれた．**2** 内省的な；引っ込み思案の．〘(1751) ← IN (adv.)＋DRAWN〙
In·dre /ǽ(n)dr(ə), ǽn-; *F.* ɛ̃ːdʁ/ *n.* アンドル(県)《フランス中部の県；面積 6,906 km^2, 県都 Châteauroux /ʃɑtoru/》．
Indre-et-Loire /ǽ(n)ŋdreɪlwɑ́ə, ǽŋ- | -lwɑ́ː(r); *F.* ɛ̃dʁelwaːʁ/ *n.* アンドル エ ロワール (県)《フランス中西部の県；面積 6,158 km^2, 県都 Tours》．
in·dri /índri/ *n.* (*also* **in·dris** /índrɪs | -drɪs/) 〘動物〙 **1** インドリ (*Indri indri*)《Madagascar 島産インドリ属の尾の短いキツネザル (lemur) に似たサル；indrid lemur, babacoote ともいう》．**2** アバヒ (*Avahi laniger*)《Madagascar 島産のインドリ属の尾の長い毛深いサル；ヨウモウキツネザルともいう》．〘(1839) □ Malagasy *indry!* behold!：フランスの博物学者 P. Sonnerat (1748 (または 49)–1814) が誤ってつけた〙
in·du·bi·ta·bil·i·ty /ɪndùːbətəbíləti, -djùː- | ɪndjùːbɪtəbílɪti/ *n.* 疑う余地のないこと，確実性．〘⇨ ↓, -ity〙
in·du·bi·ta·ble /ɪndúːbətəbl, ìn-, -djúː- | ɪndjúːbɪtəbl, ìn-/ *adj.* 〈事実・証拠など〉疑いの余地のない，確かな，明白な (↔ dubitable). **～·ness** *n.* **in·dú·bi·ta·bly** *adv.* 〘(*c*1461) □ F ～ // L *indubitābilis*：⇨ in-[1], dubitable〙
induc. 《略》induction.
in·duce /ɪndúːs, -djúːs | ɪndjúːs/ *vt.* **1** 生じる，引き起こす，誘発する：indigestion ～*d* by overeating 食べ過ぎのために起こった消化不良 / ～ nostalgia *in* a person 人の心に郷愁を誘う / Marijuana ～*s* euphoria. マリファナは陶酔感を誘う．**2** 説いて[勧めて]…させる，〈…するよう〉説き勧める，勧誘する 〈*to* do〉 (⇨ persuade SYN): ～ a person *to* give up smoking 人に説いてたばこをやめさせる / ～ drivers *to* obey the traffic laws 運転者に交通法規を守るようによく言って聞かせる / Nothing will ～ me *to* go. どんな事があっても私は行かない．**3 a** 〘産科〙〈陣痛・分娩を〉人工的に起こす：～*d* labor [childbirth]. **b** 〘電気・磁気〙〈電気・磁気などを〉誘導する：～ magnetism *in* an iron bar 鉄棒に磁気を起こす．**c** 〘動物〙〈ある物質が〉〈ある構造を〉〈動物体内に〉誘導する．**4** 〘論理〙帰納する，帰納的に推論する (↔ deduce) (cf. infer). **5** 〘心理〙(間接的に)誘発する．〘(*c*1385) *enduce*(*n*) □ L *indūcere* to lead or bring in, persuade ← IN-[2]＋*dūcere* to lead (cf. duke)〙
indúced cúrrent *n.* 〘電気〙誘導電流《電磁誘導や静電誘導により導電的なつながりなしに流れる電流》．〘1852〙
indúced dráft *n.* 〘機械〙吸出し通風，誘引通風．〘1887〙
indúced drág *n.* 〘航空〙誘導抗力[抵抗]《揚力の発生に伴う抗力》．〘1926〙
indúced invéstment *n.* 〘経済〙誘発投資．
indúced radioactívity *n.* 〘物理〙誘導[誘発]放射能 (⇨ artificial radioactivity). 〘1900〙
indúced reáction *n.* 〘物理化学〙誘導[誘発]反応．〘1903〙
indúced topólogy *n.* 〘数学〙誘導位相．
indúced vóltage *n.* 〘電気〙誘導電圧《誘導により導電的なつながりなしに発生する電圧》．
in·duce·ment /ɪndúːsmənt, -djúːs- | ɪndjúːs-/ *n.* **1** 〔…に対する〕誘因，刺激，(人を誘う)力〔*to*〕；〈…する〉動機 〈*to* do〉 (⇨ motive SYN): an ～ *to* an action ある行動をさせる動機となるもの，行動の原因《義理・利益・名誉・腹いせなど》/ Reward is an ～ *to* toil. 報酬は労働の誘因である / She held out to us the ～ of higher wages. 高賃金という魅力のある条件を我々に提示した / Can you offer any other ～*s*? もっと他にやる気を起こさせる条件を提示できますか / As an extra added ～, you get a free camera thrown in! 特別に追加のおまけとして，カメラを 1 台無料でサービスします / They don't have much ～ [many ～*s*] *to* work. 仕事をする励みになるものが余りない．**2** 誘引[誘導，勧誘]すること：on any ～ どんなに誘われても．**3** 〘法律〙 **a** 〘ローマ・スコット法〙契約締結の誘因《相手方から受ける利益など》．**b** (訴訟の中での)予備的陳述．**c** (犯罪を行うに至った)動機．〘(1594)：⇨ induce, -ment〙
in·dúc·er *n.* **1** 誘引者[物]；誘導物．**2** 〘生物〙(遺伝子に対する)誘発因子，発現因子《オペロン (operon) の中の遺伝子の活動を刺激すると考えられている構成要素；cf. repressor 2》．〘(1554) ← INDUCE＋-ER[1]〙
in·duc·i·ble /ɪndúːsəbl, -djúː- | ɪndjúːsɪbl/ *adj.* 誘致[誘引]できる；誘導できる；帰納できる．**in·dùc·i·bíl·i·ty** /-səbíləti | -sɪbílɪti/ *n.* 〘(1643) ← INDUCE＋-IBLE〙
in·duct /ɪndʌ́kt | ɪn-/ *vt.* **1 a** 〈聖職者を〉正式に就任させる (cf. institute 3): ～ a clergyman *to* a benefice 聖職者を禄(ろく)付きの牧師に就任させる．**b** 〈地位・官職などに〉(正式に)就任させる〔*into*〕；〔…として〕(正式に)任命する〔*as*〕: be ～*ed into* the office of governor [*as* governor] 知事に就任する．**2 a** 〈会などに〉入会させる，加入させる〔*into*〕: ～ a person *into* a society. **b** 《米》(徴兵令により)兵役につかせる，徴兵する (cf. inductee 2): ～ a draftee (*into* army) 徴募兵を兵役につかせる．**3** …に〈秘伝・奥義を〉手ほどきする，伝える，伝授する〔*into*〕: ～ a person *into* the mysteries of a religion 人に宗教の秘法[極意]を授ける．**4** 〈人を〉導く，案内する：～ a person *into* a seat [room] 人を席に着かせる[部屋に案内する]．**5** 〘電気・磁気〙＝induce 3 a. 〘(?*c*1378) ← L *inductus* (p.p.) ← *indūcere* 'to INDUCE'〙
in·duc·tance /ɪndʌ́ktəns | ɪn-/ *n.* 〘電気〙 **1** インダクタンス《自己感応[誘導]係数，または自己感応を有する回路》：⇨ self-inductance, mutual inductance. **2** 誘導子 (inductor). 〘(1886)：⇨ ↑, -ance: cf. induce 3〙
indúctance còil *n.* 〘電気〙インダクタンスコイル《インダクタンスを主体とするコイル状の回路素子》．
in·duct·ee /ɪndʌktíː, ─ ─ ˊ─ | ìndʌktíː/ *n.* **1** 就任者．**2** 《米》(徴兵令による)徴集兵，応召兵 (cf. induct 2 b). 〘(1940)：⇨ -ee[1]〙
in·duc·tile /ɪndʌ́ktl, ìn-, -taɪl | ɪndʌ́ktaɪl, ìn-/ *adj.* 引き伸ばせない，延性[柔軟性]のない；従順でない．〘(1736)：⇨ in-[1]〙
in·duc·til·i·ty /ìndʌktíləti | -lɪti/ *n.* 非延性；非柔軟性．〘(1828)：⇨ ↑, -ity〙
in·duc·tion /ɪndʌ́kʃən | ɪn-/ *n.* **1** (軍への) 入隊式，(聖職・公職への)就任式，(新入社員の)入社式．**2** 〘論理〙帰納(法)，帰納推理 (cf. syllogism 1 b; ↔ deduction): make an ～ *from* …から帰納する．**3** 〘数学〙＝mathematical induction. **4 a** 〘電気・磁気〙誘導，感応：electromagnetic ～ 電磁誘導 / magnetic ～ 磁気誘導，磁束密度 / mutual ～ 相互誘導．**b** 〘機械〙(内燃機関で，混合気の燃焼室内への)吸入．**5** 誘導，引入れ，導入．**6 a** 〘生物〙(胎生時組織などの)分化誘導．**b** 〘産科〙(陣痛・分娩の)人工的誘発．**7** 誘発，誘致．**8** 提出，提示．**9 a** 《古》前置き，前提；序論，はしがき．**b** 序幕．**10** 《米》(徴兵令による)徴兵，徴集．**in·dúc·tion·al** *adj.* 〘(*a*1398) □ (O)F ～ // L *inductiō(n-)* ← *indūcere* 'to INDUCE'：⇨ -tion: cf. induct〙
indúction accèlerator *n.* 〘電気〙電磁誘導加速器 (⇨ betatron). 〘1940〙
indúction còil *n.* 〘電気〙誘導コイル，感応コイル (Ruhmkorff coil ともいう)．〘1837〙
indúction còmpass *n.* 〘航空〙磁気誘導コンパス．〘1925〙
indúction còurse *n.* (新入社員などの)研修．
indúction fùrnace *n.* 〘電気〙誘導電気炉，誘導炉《電磁誘導作用を利用した電気炉；cf. induction heating, arc furnace, electric furnace》．〘1906〙
indúction hàrdening *n.* 〘冶金〙高周波焼入れ，誘導加熱焼入れ．〘1941〙
indúction hèating *n.* 〘電気〙(電磁誘導により加熱したい物体自体に電流を発生させて行う)誘導加熱 (cf. dielectric heating). 〘1919〙
indúction lòop sỳstem *n.* 誘導ループシステム《劇場などで，一定区域にめぐらしたループ状のワイヤから補聴器に信号を送り，難聴者がせりふや音を聞けるようにするシステム》．
indúction mòtor *n.* 〘電気〙誘導電動機．〘1897〙
indúction pèriod *n.* **1** 〘写真〙誘導期《現像液を作用させてから黒化が始まるまでの時間》．**2** 〘化学〙誘導期《反応物質を接触させてから化学反応の現れるまでの時間》．〘1902〙
indúction règulator *n.* 〘電気〙誘導電圧調整器《交流電圧を連続的に調整する装置の一種》．
in·duc·tive /ɪndʌ́ktɪv | ɪn-/ *adj.* **1** 〘論理〙帰納の，帰納的な (↔ deductive): an ～ science / ～ reasoning 帰納的推理 / an ～ method 帰納的(研究)方法，帰納法．**2** 〘電気・磁気〙誘導(性)の，感応の：～ load 誘導負荷．**3** 〘機械〙誘導運転の：an ～ machine. **4** 生物に変化反応を誘発する．**5** 《まれ》誘導の；誘導の働きをする〔*to*〕．**6** 《まれ》緒言の，前提の．**～·ly** *adv.* **～·ness** *n.* 〘(*c*1412) □ L *inductivus* ← *inductus* (p.p.) ← *indūcere* 'to INDUCE': induct, -ive〙
indúctive cóupling *n.* 〘電気〙電磁結合，誘導結合．〘1907〙
indúctive ínference *n.* 〘論理〙帰納的推理．
indúctive interférence *n.* 〘電気〙誘導障害，誘導妨害《誘導により通信線に雑音が入るような現象》．
indúctive lógic *n.* 〘論理〙帰納(的)論理学．
indúctive rádio *n.* 〘通信〙誘導無線《電線からの放射電波をその近くで用いる無線方式；列車通信・坑内通信などに用いる；cf. space radio》．
indúctive reáctance *n.* 〘電気〙誘導リアクタンス《変化する電流に対するインダクタンスの示す抵抗；cf. capacitive reactance》．〘1960〙
in·duc·tiv·i·ty /ìndʌktívəti | -vɪti/ *n.* 誘導[感応]性，誘導力．〘(1888) ← INDUCTIVE＋-ITY〙
in·duc·tom·e·ter /ìndʌktɑ́(ː)mətə | -tɔ́mɪtə(r)/ *n.* 〘電気〙インダクタンス[誘導係数]計，可変誘導器．〘(1839) ← INDUCT(ION)＋-O-＋-METER[1]〙
in·dúc·tor *n.* **1** 授職者，聖職授与者．**2** 〘電気〙誘導器，誘導子．**3** 〘化学〙感応物質，誘導質．**4** 〘生物〙誘導者，誘導原《胎生時未分化組織の分化を誘導するもの》．〘(1652) □ L ～ 《原義》one who leads or brings in：⇨ induct, -or[2]〙
in·duc·to·ther·my /ɪndʌ́ktəθəːmi | ɪndʌ́ktə(ʊ)θəː-/ *n.* 〘医学〙誘導温熱療法．〘《混成》← *Inductotherm* (商標名)＋(-THERM)Y〙
in·due /ɪndúː, -djúː | ɪndjúː/ *vt.* ＝endue.
in·dulge /ɪndʌ́ldʒ | ɪn-/ *vt.* **1** 〈欲望・趣味などを〉満足させる：～ one's desires [inclinations] 欲望[好み]を満足させる．**2** 〈子供などを〉甘やかす，気ままにさせる：Children must not be ～*d* too much. 子供はあまり甘やかしてはいけない．**3** [～ *oneself* で] 〔…を〕ほしいままにする，〔…に〕ふける〔*in*〕: ～ *oneself in* nostalgic memories [eating and drinking] 郷愁の思い[飲食]にふける / Sometimes I like *indulging myself* a little. 少しは好きな事をして楽しみたい時もある．★ 自動詞用法 (*vi.* 1) より積極性が強い．**4** 〔…で〕喜ばせる，満足させる〔*with*〕: ～ the company *with* a song 座興に歌を歌って聞かせる / ～ oneself *with* a glass of wine 好きな酒を一杯飲む．**5** 〘金融〙〈手形・会社・人などに〉支払猶予を与える．**6** 《古》〈特権などを〉許す，与える．── *vi.* **1** 〔趣味・欲望などに〕ふける，〔贅沢(ぜいたく)などを〕楽しむ，ほしいままにする〔*in*〕: ～ *in* drinking [tobacco] 好き放題に酒を飲む[たばこを吸う] / ～ *in* sports [dreams] スポーツ[空想]にふける / ～ *in* puns [sarcasm] しゃれ[皮肉]をもてあそぶ / ～ *in* a holiday [nap] 休暇[昼寝]を楽しむ / ～ *in* a new suit 新しい服を一着奮発する．**2** 《口語》(大)酒を飲む：Will you ～? 一杯やるかい．**in·dúlg·er** *n.* **in·dúlg·ing·ly** *adv.* 〘(1623) □ L *indulgēre* to be kind to, yield to, 《原義》be long-suffering or patient ← IN-[2]＋-*dulgēre* (cf. OE *tulge* firmly / Goth *tulgus* firm / Gk *dolikhós* long)〙

SYN 甘やかす: **indulge** 欲望を押さえずに満足させる: She *indulges* her children too much. 子供を甘やかしすぎる. **humor** 相手の望みどおりにさせて喜ばせる: A sick person often has to be *humored*. 病人は好きなようにさせてやらねばならないことがよくある. **pamper** 《しばしば軽蔑》非常に親切にし, いろいろ特別なものを与える: The children are *pampered* by their grandmother. 子供たちは祖母に甘やかされている. **spoil** 過度に放任したり大事にしすぎて〈特に子供を〉わがままにしてしまう: Grandparents often *spoil* children. 祖父母はよく子供を甘やかして駄目にする. **baby** 《口語》赤ん坊のように過度に甘やかす: She *babies* her son. 息子を赤ん坊のように甘やかしている. **mollycoddle** 《通例軽蔑》〈人や動物を〉過度に甘やかし大事にする: He *mollycoddles* his daughter. 娘を猫可愛がりする.
ANT discipline, abstain.

in·dul·gence /ɪndʌ́ldʒəns, -dʒənts | ɪn-/ *n.* **1 a** 気ままにさせること, 甘やかし. **b** 気まま, 放縦 (↔ denial): a person given to ～ わがままをしつけている人. **2 a** 〔…に〕ふける[ふけらせる]こと, 耽溺(たんでき)〔*in*〕: constant ～ *in* vices 絶えず悪癖にふけること / the ～ of a person's desires 欲望のおもむくままに行動すること. **b** 道楽, 楽しみ: Smoking is his only ～. たばこは彼の唯一の道楽である. **3 a** 大目にみること, 寛大, 恩恵: treat with ～ 寛大に扱う / I request your ～ in that matter. そのことに関しご寛恕(かんじょ)のほどを願います. **b** (恩恵として与える)特権, 免除, 赦免. **4** 〘カトリック〙免償, 贖宥(しょくゆう), 赦免 (remission); 免罪符. **5** [時に I-]〘英史〙信仰の自由: ⇨ DECLARATION of Indulgence. **6** 〘金融〙支払猶予. ── *vt.* 〘カトリック〙…に贖宥(しょくゆう)[免償]を与える: ～*d* prayers 贖宥の付いた祈り. 〚(*a*1376) □ L *indulgentia* ← *indulgentem* 'INDULGENT': ⇨ ↑, -ence〛

in·dúl·gen·cy /-dʒənsi/ *n.* ＝indulgence. 〚(1547): ⇨ ↓, -ency〛

in·dul·gent /ɪndʌ́ldʒənt | ɪn-/ *adj.* 大目にみる, 甘やかす, 手ぬるい, 寛大な, 優しい: an ～ husband, smile, etc. / ～ parents 甘い親 / with ～ eyes 優しい眼で / be ～ *to* [*toward, of*] …に寛大である, …を大目にみる. **～·ly** *adv.* 〚(1509) □ F ～ ∥ L *indulgentem* (pres.p.) ← *indulgēre* 'to INDULGE'〛

in·du·line /índjulìːn, -lɪn, -dl-| -djulìːn, -lɪn/ *n.* 〘染色〙インジュリン ($C_{18}H_{15}N_3$)《濃青色酸性染料および油溶染料》. 〚(1882) ← INDO-＋-ULE＋-INE³〛

in·dult /ɪndʌ́lt/ *n.* 〘カトリック〙特典, 特許《教皇が司教などに教会法上の義務を免除する恩典的な行為》. 〚(1535) □ F ～ □ LL *indultum* indulgence, grant (neut. p.p.) ← L *indulgēre* 'to INDULGE'〛

in·du·men·tum /ìndjuméntəm, -dju-| -djumént-/ *n.* (*pl.* **-men·ta** /-tə | -tə/, **～s**)〘生物〙厚い毛[羽毛など]で覆われた外皮. 〚(1847) ← NL ～ ← L ～ 'garment, covering' ← *induere* to put on: ⇨ -ment〛

in·du·na /ɪndúːnə | ɪn-/ *n.* 〘南ア〙ズールー族 (Zulu) の族長; (ズールー族武装隊の)隊長. 〚(1835) □ Zulu ～ 'officer of state or army under the chief' ← *in-* (n. pref.)＋*duna* male, lord〛

in·du·pli·cate /ɪndúːplɪkɪ̀t, -djúː-| ɪndjúː-/ *adj.* 〘植物〙〈葉・花弁が〉内向鑷合(せつごう)状の, 内向敷石状の.

in·du·pli·ca·tion /ɪndùːplɪkéɪʃən, -djùː- | ɪndjùː-/ *n.* 〚⇨ in-², duplicate〛

in·du·rate /índurèɪt, -dju-, -də- | -dju(ə)r-/ *v.* ── *vt.* **1 a** 堅くする, 固める. **b** …の繊維組織を増やす. **2** 無感覚[無情, 頑固]にする: an ～*d* heart. **3** 慣れさせる: ～ oneself *to* …に慣れる. **4** 確立[樹立]する: ～ a custom. ── *vi.* **1** 堅くなる, 固まる. **2** 頑固[無情]になる. **3** 確かなものになる, 確立される. ── /índurɪ̀t, -dju-, -də- | -dju(ə)r-, ɪndjúər-/ *adj.* 《まれ》硬化した; 無感覚[無情, 頑固]な; 慣れた. 〚(v.: 1538; adj.: *c*1400) □ L *indūrātus* (p.p.) ← *indūrāre* ← IN-²＋*dūrāre* to harden (← *dūrus* hard): cf. endure〛

in·du·ra·tion /ìnduréɪʃən, -dju-, -də- | -dju(ə)r-/ *n.* **1** 硬化すること, 硬化した状態; (性格・態度などの)硬化, 頑固, 強情. **2** 〘地質〙硬化. **3** 〘病理〙硬結(部); 硬化. 〚(*c*1395) □ (O)F ～ ∥ ML *indūrātiō(n-)*: ⇨ ↑, -ation〛

in·du·ra·tive /índurèɪtɪv, -dju-, -də- | -dju(ə)rèɪt-/ *adj.* 固まる, 硬化性の; 頑固な. 〚(1592) ← INDURATE＋-IVE〛

In·dus¹ /índəs/ *n.* [the ～] インダス(川)《アジア南部の大河; チベット西部からカシミール, パキスタンを流れてアラビア海に注ぐ (2,900 km)》.

In·dus² /índəs/ *n.* 〘天文〙インディアン座《南天の星座; the Indian ともいう》. 〚⇨ India〛

indus. 《略》industrial; industry.

indusia *n.* indusium の複数形.

in·du·si·al /ɪndúːziəl, -djúː- | ɪndjúːziəl/ *adj.* **1** 〘植物〙包膜を有する. **2** 〘昆虫〙包被[触鞘(しょくしょう)]の. 〚⇨ ↓, -al¹〛

in·du·si·um /ɪndúːziəm, -djúː- | ɪndjúːz-/ *n.* (*pl.* **-si·a** /-ziə/) **1** 〘植物〙包膜《シダ類の子嚢(のう)群を包む薄膜》; ある種のシダ類のスカート状の環帯. **2** 〘解剖・動物〙包被膜, 包被層; (特に)羊膜 (amnion); (胼胝(べんち)体背面の)灰白層. 〚(1706) □ L *indūsium* tunic ← *induere* to put on〛

in·dus·tri·al /ɪndʌ́striəl | ɪn-/ *adj.* **1** 生産業[産業, 工業, 実業]の[に関する], 産業による; 工業用の: ～ pollution 産業公害 / an ～ exhibition 産業博覧会[見本市] / an ～ spy 産業スパイ. **2** 高度に産業[工業]の発達した: an ～ country 工業国 / an ～ nation [state] 産業[工業]国家 / an ～ town 産業[工業]都市 / from our ～ (affairs) correspondent 《英》産業(問題)担当記者から. **3** 産業[工業]に従事する: ～ workers 産業従業員, 工員. **4** 産業従業者の, 労働者の: ～ training 職業[実業]訓練 / ～ welfare 産業福利《雇主が行う》/ ～ maintenance 産業扶助《それぞれの産業がその失業者を救済する制度》. **5** 産業生命保険の. ── *n.* **1** [*pl.*] 産業株, 工業株: *Industrials* are up five points. 工業株が 5 ポイント上がった. **2** 工業生産品, 工業製品. **3** 《まれ》生産業者, 企業家, 製造家; 工業会社. **4** 《古》産業労働者; (特に)工業従業員, 職工, 工員 (worker).

Indústrial Wórkers of the Wórld [the ―; 複数または単数扱い] 世界産業労働者組合《1905 年 Chicago で組織された急進社会主義的労働組合; 第一次大戦後解散; 略 IWW; 俗称 the Wobblies》.

～·ly *adv.* 〚(*c*1485) □ F 《廃》～ (F *industriel*) □ ML *industriālis*: ⇨ industry, -al¹〛

indústrial áction *n.* 《英》(労働者の)争議行為 (《米》job action)《ストライキ・遅延戦術など》: take ～ 争議行為を行う. 〚1971〛

indústrial álcohol *n.* 工業用アルコール.

indústrial archaeólogy *n.* 産業考古学《産業革命初期の産業・機械類・生産品を研究する学問》.

indústrial archaeólogist *n.* 〚1951〛

indústrial árt *n.* **1** 産業美術《機械による量産を前提とした美術》. **2** [*pl.*] (教科としての)工作, 技術. 〚1850〛

indústrial bánk *n.* 興業銀行.

indústrial chémistry *n.* 工業化学《化学変化を含む操作過程によって原料から製品を製造する方法に関する化学》.

indústrial cóuncil *n.* 《英》＝Whitley Council.

Indústrial Cóurt *n.* (英国の)労働裁判所《高等法院と並ぶ上位記録裁判所 (superior court of record) で労使間の一般的な事件を取り扱う》. 〚1919〛

indústrial demócracy *n.* 産業民主主義《企業の経営・管理に労働者が発言権をもつこと; 特に取締役会への労働者代表の参加》.

indústrial desígn *n.* (工業製品の快適な美しさを出す特殊な)工業デザイン(の研究). 〚1934〛

indústrial desígner *n.* 工業デザイナー. 〚1940〛

indústrial díamond *n.* 〘鉱業〙工業用ダイヤモンド.

indústrial diséase *n.* 産業病; 職業病 (occupational disease). 〚1906〛

indústrial dispúte *n.* 労働争議.

indústrial engineér *n.* 生産管理技師, 管理工学者.

indústrial engineéring *n.* 生産管理, 管理工学. 〚*c*1924〛

indústrial éspionage *n.* 産業スパイ活動. 〚1962〛

indústrial estáte *n.* 《英》＝industrial park. 〚1953〛

indústrial fréquency *n.* 〘電気〙商用周波数 (⇨ commercial frequency). 〚1940〛

indústrial geógraphy *n.* 産業地理.

indústrial insúrance *n.* 〘保険〙**1** ＝industrial life insurance. **2** 労働災害健康保険. 〚1911〛

in·dús·tri·al·ism /-lìzm/ *n.* 産業[工業]主義《国民の主要職業を近代産業に求める社会組織》. 〚(1831): ⇨ -ism〛

in·dus·tri·al·ist /ɪndʌ́striəlɪst | ɪndʌ́striəlɪst/ *n.* 産業資本家, 実業家, 企業経営者; (特に)生産業者, 製造業者. ── *adj.* 産業主義の. 〚(1864): ⇨ -ist〛

in·dus·tri·al·i·za·tion /ɪndʌ̀striəlɪzéɪʃən | ɪndʌ̀striəlaɪ-, -lɪ-/ *n.* (国・地域などの)産業[工業]化. 〚(1906): ⇨ ↓, -ation〛

in·dus·tri·al·ize /ɪndʌ́striəlàɪz | ɪndʌ́s-/ *vt.* **1** 〈国・地域などを〉産業[工業]化する, 産業国にする, 工業地にする, 企業化する: ～ a village 農村を工業化する / ～*d* countries 工業国. **2** …に産業主義を鼓吹する, 産業に向かわせる. ── *vi.* 工業[産業]化する. 〚(1882): ⇨ industrial, -ize〛

indústrial lífe insùrance *n.* 〘保険〙産業生命保険《毎週[毎月]低額の掛金を支払う一種の簡易保険》.

indústrial mélanism *n.* 〘生態〙工業黒[暗]化《産業公害によって工業地帯にすむガなどに黒[暗]色のものが増えること》. 〚1943〛

indústrial miscónduct *n.* 違法労働行為《労使協定に違反し, 懲戒処分が課される被雇用者の行為》.

indústrial párk *n.* 《米》工業団地 (《英》industrial [trading] estate)《都市郊外に工場を計画誘致して造った地域》. 〚1955〛

indústrial psychólogist *n.* 産業心理学者. 〚1921〛

indústrial psychólogy *n.* 産業心理学《産業方面に適用される心理学; 例えば人間工学・交通心理学・広告心理学など》. 〚1917〛

indústrial ráilroad *n.* 専用鉄道《各種産業専用の鉄道》.

indústrial relátions *n. pl.* **1** 労使[労資]関係《経営者と労働者, 経営者団体と労働組合, それらと政府との関係など; labor relations ともいう》. **2** 〘社会学〙産業関係《産業の場での諸活動を契機として生まれる個人ないし集団間の社会的・経済的・政治的諸関係》. 〚1904〛

indústrial resérve àrmy [fòrce] *n.* 産業予備軍《Marx の用語》.

indústrial-révenue bònd *n.* 〘証券〙産業設備の賃貸料収入を元利支払いの財源とする債券.

Indústrial Revolútion *n.* [the ～] 産業革命《1760 年ごろから 19 世紀にかけて, 英国を中心として機械・動力などの発明を契機として起こった経済体制・社会組織上の一大変革; これにより資本主義制度が確立》. 〚1848〛

indústrial schòol *n.* **1** 実業学校, 産業学校. **2** 《米》教護院 (《米》reform school, 《英》community home) (cf. reformatory). 〚1853〛

indústrial sociólogy *n.* 産業社会学. 〚1948〛

indústrial-stréngth *adj.* 《米》きわめて強力な, 酷使に耐えるように作られた (heavy-duty).

indústrial télevision *n.* 工業用テレビ《各種の状態監視用テレビ; cf. closed-circuit television》.

indústrial tribúnal *n.* (英国の)労働裁判所《行政的裁判所 (administrative tribunals) の一つ; 企業による不当解雇や組合非加入の強制など労働事件を取り扱う》.

indústrial únion *n.* 産業別労働組合《熟練度や現業・非現業にかかわりなく特定の産業で働く全ての階層の労働者を組織する組合; vertical union ともいう; cf. craft union》. 〚1902〛

indústrial wáste *n.* 産業廃棄物 (《英》trade waste).

in·dus·tri·o- /ɪndʌ́striou | ɪndʌ́striəu/「工業; 産業」の意の連結形: *industrio*-economic. 〚1966〛

in·dus·tri·ous /ɪndʌ́striəs | ɪn-/ *adj.* **1** よく働く, 勤勉な, 熱心な: an ～ workman [student] / the ～ Dutch / ～ *in* doing something. **2** 《廃》腕の達者な, 器用な. **～·ly** *adv.* **～·ness** *n.* 〚(*c*1485) □ (O)F *industrieux* ∥ LL *industriōsus* diligent ← *industria* (↓): ⇨ -ous〛

in·dus·try /índəstri/ *n.* **1** 産業, 製造業 (⇨ business SYN); (産業各部門の)事業, 生産業, 実業; …業: ⇨ heavy industry, light industry / the shipping ～ 海運業 / the steel ～ 鉄鋼業 / the automobile ～ 自動車工業 / the broadcasting ～ 放送事業 / the tourist ～ 観光事業 / the sex ～ 風俗産業 / the hotel (and catering) ～ ホテル(および仕出し)産業 / the film [《米》motion-picture] ～ 映画産業 / ～ and agriculture 産業と農業 / trade [commerce] and ～ 貿易[通商]と産業. **2** [集合的] 産業界, (特に)産業経営者: a leader of ～ 実業界の指導者. **3** (ある社会的・政治的活動グループをけなして)…する連中. **4** 勤勉, 努力, 勤労: Poverty is a stranger to ～. 《諺》「稼ぐに追い付く貧乏なし」. **5** [人名を冠して]《口語》(ある特別の題目の)研究: the Shakespeare ～ シェークスピア研究 / the race-relations ～ 人種関係研究. **6** (組織化された)労働. **7** 〘考古〙インダストリー《一遺跡で発見される, 一定の製作技術による遺物群の総体》. **8** 《廃》腕が達者なこと, 器用. 〚(*c*1477) □ (O)F *industrie* ∥ L *industria* diligence ← *industrius* active, diligent, 《原義》building within ← *indu-* 'IN-²' ＋*struere* to build (cf. structure): ⇨ -y¹〛

índustry-wíde *adj.* 産業(界)全般の[にわたる].

in·dwell /ɪndwél, ɪ̀n- | ìn-, ɪn-/ *v.* (**in·dwelt**) ── *vi.* 〈精神・霊などが〉〔…に〕内在する, 宿る〔*in*〕: a power ～*ing in* God 神に内在する力. ── *vt.* …に住む. **～·er** /-lə | -lə(r)/ *n.* 〚((?*a*1350)) (1649) ← IN-²＋DWELL ∥: ME の例は L *inhabitāre* to dwell in (cf. inhabit) のなぞり〛

in·dwell·ing /índwèlɪŋ, ɪ̀n- | ìn-, ɪn-´-/ *adj.* **1** 内に住む, 内在の: an ～ goodness. **2** 〘外科〙〈カテーテルなどの挿入器が〉身体に導入された.

In·dy¹ /índi/ *n.* 《廃》＝India. 〚(1578) □ L *India*: cf. Italy, Germany〛

In·dy² /índi/ *n.* [the ～] ＝Indianapolis 500.

Indy, Vincent d' *n.* ⇨ d'Indy.

In·e /ínə, íni/ *n.* イーネ (?–729; Wessex の王 (668–?726);「イーネ法典」(Laws of Ine) の集成者; ラテン語名 Ina).

-ine¹ /aɪn, iːn, ɪn | aɪn, iːn, ɪn/ *suf.* **1**「…に似た, …に関する, …性[質]の」の意の形容詞を造る: can*ine*, fel*ine*; div*ine*, mar*ine*. **2** 科学用語として, また固有名詞に付いて形容詞を造る: alkal*ine*, lacustr*ine*, Byzant*ine*, Carol*ine*. 〚ME *-ine*, *-in* □ (O)F *-in*, *-ine* ∥ L *-īnus*: cf. Gk *-īnos* (adj. suf.)〛

-ine² /ɪn | ɪn/ *suf.* 抽象的意味を表す名詞語尾: discipl*ine*, doctr*ine*, fam*ine*, rap*ine*. 〚□ F ～ ∥ L *-īna* (fem.): cf. -ine³〛

-ine³ /aɪn, iːn, ɪn | aɪn, iːn, ɪn/ *suf.* 〘化学〙次の意味を表す名詞を造る: **1** 化学製品・薬品名: glass*ine*, vasel*ine*. **2** ハロゲン化合物: chlor*ine*. **3** アルカロイドまたは窒素塩基名: caffe*ine*, morph*ine*, nicot*ine*. **4** アミノ酸名: alan*ine*, glyc*ine*. **5** 炭化水素化合物: benz*ine*, eth*ine*. **6** 《廃》＝-yne. 〚↑〛

-ine⁴ /ɪn | ɪn/ *suf.* 女性形名詞語尾: hero*ine*, chor*ine*. ★ 英用法では上例や人名 (例: Josephine) 以外は《まれ》; また landgrav*ine*, margrav*ine* はドイツ語からの借入. 〚ME ～ □ (O)F ～ □ L *-īna* □ Gk *-ínē*: Du. & G *-in*〛

-ine⁵ /iːn, ɪn | iːn, ɪn/ *suf.* 指小辞 (⇨ -ina²): mandol*ine*, figur*ine*. 〚□ F ～ ∥ It. *-ino*, *-ina*〛

-in·e·ae /íniìː/ *suf.* 〘植物〙亜目を表す複数名詞を造る: Dinocaps*ineae*. 〚← (N)L ～ (fem. pl.) ← *-ineus*: ⇨ -eous〛

in·earth /ɪnə́ːθ | ɪnə́ːθ/ *vt.* 《詩・古》埋める (bury). 〚(1801) ← IN-²＋EARTH (n.)〛

in·e·bri·ant /ɪníːbriənt | ɪníː-/ *adj.* 酔わせる. ── *n.* 酔わせる物, 酒 (intoxicant). 〚(1819) □ L *inēbriantem* (pres.p.) ← *inēbriāre* (↓)〛

in·e·bri·ate /ɪníːbrièɪt | ɪníː-/ *vt.* **1** 酔わせる: the cups that cheer but not ～ ⇨ cup *n.* 6. **2** (興奮・刺激などによって)酔わせる, 有頂天にする: be ～*d* by success 成功によって有頂天になる. ── /ɪníːbriɪ̀t, -brièɪt | ɪníː-/ *adj.* 酔った. ── *n.* 酔った人, 酔っ払い; 大酒飲み, のんだくれ (⇨ drunkard SYN). 〚adj.: (1447) ← L *inēbriātus* (p.p.) ← *inēbriāre* to make drunk ← IN-[1]＋*ēbriāre* to intoxicate (← *ēbrius* drunk). — v.: 《*c*1485》 ← (adj.): ⇨ -ate[3]》

in·é·bri·àt·ed /-èɪt̬ɪd | -t̬ɪd/ *adj.* 酔った (⇨ drunk SYN): ～ *with* one's own verbosity 自らの冗舌に酔って. 《(1609): ⇨ ↑, -ed》

in·e·bri·a·tion /ɪnìːbriéɪʃən | ɪnìː-/ *n.* **1** 酔わせる[酔う]こと, 酩酊; 飲酒癖. **2** 夢中, 有頂天, 興奮. 《(1526) ◻ L *inēbriātiō(n-)*: ⇨ inebriate, -ation》

in·e·bri·e·ty /ìnɪbráɪəti | -bráɪɪti/ *n.* 酔い, 酩酊; 常習的酔いどれ, 飲酒癖. 《(1786) (i) ← IN-[1]＋EBRIETY // (ii) 《混成》 ← IN(EBRIATION)＋EBRIETY》

in·ed·i·ble /ɪnédəbl, ɪn- | ɪnédɪ-, ɪn-ˊ/ *adj.* 〈植物など〉(性質上)食用に適しない, 食べられない (cf. uneatable). **in·èd·i·bíl·i·ty** /-dəbíləti | -dɪbílɪti/ *n.* 《(1822–34): ⇨ in-[1]》

in·ed·i·ta /ɪnédɪtə | -dɪtə/ *n. pl.* 未刊本, 未刊著作. 《(1886) ← NL ～ (neut. pl.) ← L *inēditus* not made known: ⇨ in-[1], edit》

in·ed·it·ed /ɪnédɪtɪd, ɪn- | ɪnédɪt-, ɪn-ˊ/ *adj.* **1** 未編集の; (特に)未編集で出版された. **2** 未刊行の. 《(1760): ⇨ in-[2]》

in·ed·u·ca·ble /ɪnédʒʊkəbl, ɪn- | ɪnédʒʊ-, ɪn-, -djʊ-ˊ/ *adj.* 教育不可能な; (特に)精神薄弱[知恵遅れ]などで教育を施せない. **in·èd·u·ca·bíl·i·ty** /-kəbíləti | -lɪti/ *n.* 《(1884): ⇨ in-[1]》

in·ed·u·ca·tion /ɪnèdʒʊkéɪʃən | ɪnèdʒʊ-, -djʊ-/ *n.* 無教育. 《(1803): ⇨ in-[2]》

in·ef·fa·ble /ɪnéfəbl, ɪn- | ɪn-, ɪn-ˊ/ *adj.* **1** 〈喜びなど〉口で言えないほどの, 言いようのない: ～ joy, agony, beauty, etc. / a glance of ～ contempt 言語に絶する軽蔑のまなざし / An ～ sadness came over me. 言い知れぬ悲しみに襲われた. **2** 〈神の名など〉(おそれ多くて)口にすべからざる(ほど神聖な): the ～ name of Jehovah. **in·èf·fa·bíl·i·ty** /-fəbíləti | -lɪti/ *n.* **～·ness** *n.* **in·éf·fa·bly** *adv.* 《(*a*1398) ◻ (O)F ～ // L *ineffābilis*: ⇨ in-[1], effable》

in·ef·face·a·ble /ìnɪféɪsəbl, -ɛf- | -ɪf-, -ɛf-ˊ/ *adj.* 消せない, ぬぐう[すすぐ]ことができない: an ～ impression 消えない印象 / ～ infamy すすぐことのできない汚名. **ìn·ef·fàce·a·bíl·i·ty** /-səbíləti | -lɪti/ *n.* **ìn·ef·fáce·a·bly** *adv.* 《(1804) ← IN-[1]＋EFFACE＋-ABLE》

in·ef·fec·tive /ìnɪféktɪv, -ɛf-ˊ/ *adj.* **1** 効果[効力]のない, 利き目のない: an ～ remedy. **2** 〈芸術作品が〉美的価値に乏しい, 感銘の薄い; 効果的でない, ぱっとしない, 映えない: ～ architecture. **3** 〈人が〉無能な, 無力な, 役に立たない: an ～ old man. **～·ly** *adv.* **～·ness** *n.* 《(1649): ⇨ in-[1], effective》

in·ef·fec·tu·al /ìnɪféktʃuəl, -ɛf-, -tʃʊl | -tʃuəl, -tʃʊl-, -tjuəl, -tjʊlˊ/ *adj.* **1** 効果のない, むだな: ～ efforts むだな努力 / an ～ remedy 利き目のない薬. **2** 無力な (powerless). **～·ly** *adv.* **～·ness** *n.* 《(*a*1425): ⇨ in-[1], effectual》

in·ef·fec·tu·al·i·ty /ìnɪfèktʃuǽləti, -ɛf- | -tʃuǽlɪti, -tju-/ *n.* 無効, 無益; 無力. 《(1670): ⇨ ↑, -ity》

in·ef·fi·ca·cious /ìnɛ̀fəkéɪʃəs, ɪn- | -fɪ-ˊ/ *adj.* 〈薬など〉効力[利き目]がない: an ～ remedy, treatment, etc. **～·ly** *adv.* **～·ness** *n.* 《(1658): ⇨ in-[1]》

in·ef·fi·ca·cy /ɪnéfɪkəsi, ɪn-/ *n.* 無効果, 無効力. 《(1612–15) ◻ LL *inefficācia*: ⇨ in-[1], efficacy》

in·ef·fi·cien·cy /ìnɪfíʃənsi/ *n.* **1** 無効力, 無効果, 非能率. **2** 無能: be discharged for ～ 無能のため免職される. **3** 無効力[無効果]なもの: the governmental mechanism full of *inefficiencies* むだだらけの行政機構. 《(1746): ⇨ ↓, -ency》

in·ef·fi·cient /ìnɪfíʃəntˊ/ *adj.* **1** 〈機械など〉非能率的な, 役に立たない, 効果のない: an ～ pump. **2** 〈人が〉無能の, 手腕のない: an ～ worker 未熟練労働者. — *n.* 無能な人. **～·ly** *adv.* 《(1750): ⇨ in-[1], efficient》

in·e·gal·i·tar·i·an /ìnɪgæ̀lətéəriən, -iːg- | -ɪgæ̀lɪtéər-ˊ/ *adj.* 社会的･経済的に不均衡な. 《(1940) ← IN-[1]＋EGALITARIAN》

in·e·las·tic /ìnɪlǽstɪk | -lǽs-, -lɑ́ːs-ˊ/ *adj.* **1** 〈物が〉弾力[弾性]のない, 伸縮性のない (⇨ stiff SYN). **2** 〈人が〉順応性がない, 融通のきかない. **3** 〈規則･制度が〉固定的な, 杓子(しゃくし)定規な, 融通のきかない. **4** 〖経済〗 非弾力的な, 非弾性の (↔ elastic). **5** 〖物理〗〈衝突が〉非弾性的な 《運動エネルギーが他のエネルギーに変わることにいう》. **in·e·las·tic·i·ty** /ìnɪlæstísəti, ɪnìːl-, ɪn-, -sti | ìnːlæstísɪti, -iːl-, -ɛl-, -lɑːs-/ *n.* **in·e·lás·ti·cal·ly** *adv.* 《(1748): ⇨ in-[1]》

inelástic collísion *n.* 〖物理〗 非弾性衝突 《微粒子の総運動エネルギーの一部が放射エネルギーのような他種のエネルギーに変わる衝突》. 《1937》

ínelastic scáttering *n.* 〖物理〗 非弾性散乱 《非弾性衝突による散乱》. 《1938》

in·el·e·gance /ɪnélɪgəns, ɪn- | ɪn-, ɪn-/ *n.* 《形･姿等が》優美でないこと, 趣がないこと, 不風流, 不粋, やぼ; 《態度･言葉などの》ぎこちなさ, やぼ, 不器用, 俗悪. 《(1726) ← INELEGANT＋-ANCE》

in·él·e·gan·cy /-si/ *n.* **1** 《古》 =inelegance. **2** [通例 *pl.*] 雅致のない[俗悪な]もの 《行為･言葉･文体など》. 《(1727): ⇨ ↓, -ancy》

in·el·e·gant /ɪnélɪgənt | ɪn-, ɪn-ˊ/ *adj.* **1** 〈形･姿など〉優美でない, 不格好な, やぼな. **2** 〈言葉･態度など〉洗練されていない, 趣がない, あか抜けのしない, ぎこちない. **～·ly** *adv.* 《◻ F *inélégant* ◻ L *inēlegantem*: ⇨ in-[1], elegant》

in·el·i·gi·bil·i·ty /ɪnèlɪdʒəbíləti, ɪn- | ɪnèlɪdʒɪbílɪti, ɪn-/ *n.* 無資格, 不適任, 不適格. 《(1795): ⇨ ↑, -ity》

in·el·i·gi·ble /ɪnélɪdʒəbl, ɪn- | ɪnélɪdʒɪ-, ɪn-ˊ/ *adj.* **1** 〈人が〉(選ばれる)資格のない, 不適当な: ～ *for* marriage / ～ as a son-in-law 娘の婿としては不適当[不向き]な. **2** (法的または道徳的に)(陪審員などに)(選出される)資格がない, 不適格の 〔*for*〕. **3** 〖アメフト〗〈プレーヤーが〉フォワードパスを受ける資格がない. — *n.* (特に, 夫または運動チームの一員として)好ましくない人, 資格のない人, 不適格者. **～·ness** *n.* **in·él·i·gi·bly** *adv.* 《(1770): ⇨ in-[1], eligible: cf. F *inéligible*》

in·el·o·quence /ɪnéləkwəns, ɪn- | ɪn-, ɪn-/ *n.* 訥弁(とつべん). 《(1843): ⇨ in-[2]》

in·el·o·quent /ɪnéləkwənt, ɪn- | ɪn-, ɪn-ˊ/ *adj.* 弁舌のまずい, 訥弁な. **～·ly** *adv.* 《(*c*1530): ⇨ in-[2]》

in·e·luc·ta·ble /ìnɪlʌ́ktəbl | ɪnɪ-ˊ/ *adj.* 打ち勝てない, 不可抗力の; 逃れられない, 免れ難い, 不可避の. **in·e·lùc·ta·bíl·i·ty** /-təbíləti | -təbílɪti/ *n.* **in·e·lúc·ta·bly** *adv.* 《(1623) ◻ L *inēluctābilis* ← IN-[1]＋*ēluctābilis* (← *ēluctārī* to struggle out ← *ē-* 'EX-[1]'＋*luctārī* to struggle)》

in·e·lud·i·ble /ìnɪlúːdəbl | -ɪlúːdɪ-, -ljúː-/ *adj.* 避けられない, 逃れられない (inescapable). **in·e·lúd·i·bly** *adv.* **in·e·lùd·i·bíl·i·ty** /-dəbíləti | -dɪbílɪti/ *n.* 《(1662): ⇨ in-[1]》

in·e·nar·ra·ble /ìnɪnǽrəbl, -nέr- | -nǽr-ˊ/ *adj.* 口で言えない, 説明し難い, 描写のしようのない. 《(*c*1450) ◻ (O)F *inénarrable* ◻ L *inēnarrābilis* ← IN-[1]＋*ēnarrābilis* explicable: ⇨ ex-[1], narrate, -able》

in·ept /ɪnépt, ɪn- | ɪn-, ɪn-ˊ/ *adj.* **1** (仕事などに)適性がない, 不向きな; 無器用な, 下手な, まずい: ～ management / be ～ *at* ball games 球戯に向かない[が下手である]. **2** (時･場所･場合などに)不適当な, 不適切な, 場違いな. **3** 〈言説など〉不条理な, ばかげた, ばかばかしい, 間抜けた: an ～ remark. **～·ly** *adv.* **～·ness** *n.* 《(1603) ◻ L *ineptus* ← IN-[1]＋*aptus* 'APT, fitted': cf. inapt》

in·ep·ti·tude /ɪnéptətùːd, -tjùːd | ɪnéptɪtjùːd/ *n.* **1** 不向き; 不適当, 不適切: an ～ *for* writing. **2** 不条理, 愚かさ. **3** ばかげた行為[言葉]. 《(1615) ◻ L *ineptitūdō* ← *ineptus* (↑): ⇨ -tude》

in·eq·ua·ble /ɪnékwəbl, ɪn-, -níːk- | ɪn-, ɪn-ˊ/ *adj.* 一様でない, 不均等の, むらのある, 不平等な. 《(1717) ◻ L *inaequābilis* uneven: ⇨ in-[1], equable》

in·e·qual·i·ty /ìnɪkwɑ́(ː)ləti, ìniː-, -kwɔ́(ː)l- | ɪnɪkwɔ́lɪti/ *n.* **1** 不平等, 不均衡, 不同, 不等: social *inequalities* 社会的不平等 / ～ in wealth 富の不均衡 / ～ in size [numbers] 大きさ[数]の不同[差異] / the ～ of the fingers 指の長短 / the ～ between the rich and the poor 貧富の差. **2** 不正, 不公平. **3** 不揃い(なもの), 変動, 高低, むら: the ～ of the climate 気候の変動 / an ～ of temperature 温度の不同. **4** (表面の)でこぼこ(していること), 起伏: the ～ in the surface of the earth [of the earth's surface] 地球の表面の起伏[でこぼこ]. **5** 不適任: one's ～ *to* a task ある仕事に対する不適当[無能]. **6** 〖天文〗 均差, 不等, 差 《例えばある天体の実際の運動と楕円軌道上の運動と考えたものとの差》. **7** 〖数学〗 不等(式) (cf. equation 2): the sign of ～ 不等号 《< (is less than と読む)または > (is greater than と読む)》. 《(?*a*1425) ◻ OF *inequalité* (F *inégalité*) // L *inaequālitātem* ← *inaequālis*: ⇨ in-[1], equality》

in·e·qui- /ɪníːkwɪ, ɪn-, -ék-, -kwi/ unequal(ly) の意の連結形. 《← IN-[1]＋EQUI-》

inèqui·láteral *adj.* 不等辺の: an ～ triangle 不等辺三角形. **～·ly** *adv.* 《(1662): ⇨ ↑, lateral》

in·eq·ui·ta·ble /ɪnékwətəbl, ɪn- | ɪnékwɪt-, ɪn-ˊ/ *adj.* 不公平な, 不公正な (unjust): ～ taxation. **～·ness** *n.* **in·éq·ui·ta·bly** *adv.* 《(1667): ⇨ in-[1]》

in·eq·ui·ty /ɪnékwəti, ɪn- | ɪnékwɪti, ɪn-/ *n.* **1** 不公正, 不公平 (injustice). **2** [*pl.*] 不正なこと, 不公平な点[やりくち]: rectify the *inequities* 不公平な点を是正する. 《(1556): ⇨ in-[1], equity》

inéqui·vàlve *adj.* 〈二枚貝が殻の形や大きさの違った, 不等殻の (↔ equivalve). 《(1776) ← INEQUI-＋VALVE》

in·e·rad·i·ca·ble /ìnɪrǽdəkəbl | -dɪ-ˊ/ *adj.* (深く根を張って)根絶できない, 根深い (deep-rooted): ～ habits, hatred, contempt, etc. **～·ness** *n.* **in·e·rád·i·ca·bly** *adv.* 《(1818): ⇨ in-[1]》

in·e·ras·a·ble /ìnɪréɪsəbl | ìnɪréɪz-ˊ/ *adj.* 消す[ぬぐう]ことのできない. **～·ness** *n.* **in·e·rás·a·bly** *adv.* 《(1811): ⇨ in-[1]》

in·err·a·ble /ɪnə́ːrəbl, ɪn-, -έər- | ɪnə́ːr-, ɪn-ˊ/ *adj.* 間違うはずのない, 間違いのない (unerring). **in·err·a·bil·i·ty** /ɪnə̀ːrəbíləti, -ὲər- | ɪnə̀ːrəbílɪti/ *n.* **in·érr·a·bly** *adv.* 《◻ LL *inerrābilis* ← IN-[1]＋*errāre* 'to ERR': ⇨ -able》

in·er·rant /ɪnérənt | ɪn-/ *adj.* =inerrable. **in·ér·ran·cy** /-rənsi/ *n.* 《(1837) ◻ L *inerrantem* ← IN-[1]＋*errantem* ((pres.p.) ← *errāre* 'to ERR': ⇨ -ant》

in·er·rant·ist /ɪnérəntɪst | ɪnérəntɪst/ *n.* 無謬(むびゅう)説者 《聖書を絶対的に無謬なものとみなす人》.

in·er·rat·ic /ìnɪrǽtɪk | ìnɪrǽt-, ɪnɛr-ˊ/ *adj.* **1** 常軌を逸しない, 脱線しない, さまよい歩かない. **2** 〈恒星のように〉固定した, 不動の (fixed): an ～ star. 《(1655): ⇨ in-[1]》

in·ert /ɪnə́ːt | ɪnə́ːt/ *adj.* **1** 〈人･心など〉鈍い, 遅鈍な, 緩慢な, 不活発な, のろい. — *n.* 鈍い人; 不活性物質; 反応性のない物質. **2** 〖物理〗〈物質が〉自動力のない, 自力で動けない, 惰性的な (inactive) (cf. inertia 1): an ～ mass / ～ matter. **3** 〖化学〗 活性のない, 不活性の, 化学作用を起こさない (neutral): ⇨ inert gas. **4** 〖薬学〗〈砂糖･ゼリーなど〉薬理作用のない, 不活性の (⇨ inactive SYN). **～·ly** *adv.* **～·ness** *n.* 《(1647) ◻ L *inert-*, *iners* unskilled, inactive ← IN-[1]＋*art-*, *ars* 'ART', skill'》

in·ert·ance /ɪnə́ːtns | ɪnə́ː-/ *n.* 〖音響〗 イナータンス, 音響慣性 (acoustic inertance) 《電気回路のインダクタンスに相当する音響学的量》. 《⇨ ↑, -ance》

inért gás *n.* 〖化学〗 不活性ガス 《普通 krypton, xenon, radon など希ガス (rare gas) を指すが, 反応性に乏しい窒素などを含むこともある; noble gas, argonon ともいう》. 《1885》

in·er·tia /ɪnə́ːʃə, -ʃiə | ɪnə́ː-/ *n.* **1** 惰性, 不活発; 物ぐさ, 遅鈍. **2** 〖物理〗 慣性, 惰性 《物体がその運動を変化させるのに抗する性質》: the force of ～ 慣性抵抗, 慣性力 / the product of ～ 慣性乗積, 乗積能率 / ⇨ LAW of inertia, MOMENT of inertia. **3** 〖医学〗 無力(症), 緩慢. **in·ér·tial** /-ʃəl, -ʃiəl/ *adj.* **in·ér·tial·ly** *adv.* 《(1713) ◻ L ～ 'want of art or skill, inactivity': ⇨ inert, -ia[1]》

inértial fórce *n.* 〖物理〗 慣性力.

inértial fráme *n.* 〖物理〗 慣性系 (⇨ inertial system). 《1918》

inértial guídance *n.* 〖航空･宇宙〗 (ミサイル･航空機･船などの)慣性誘導 (cf. command guidance, inertial navigation system). 《*c*1948》

inértial máss *n.* 〖物理〗 慣性質量. 《1920》

inértial navigátion *n.* 〖航空･宇宙〗 慣性航法. 《1954》

inértial navigátion sýstem *n.* 〖航空･宇宙〗 慣性航法システム 《航空機やロケットにおいて機上搭載の 3 軸方向加速度計で, 加速度, 速度および現在の位置を測定して行う自立航法システム; 略 INS》.

inértial plátform *n.* 〖宇宙〗 慣性プラットホーム 《慣性誘導のための装置で, 諸検出器を内蔵し慣性空間に対して固定するように制御される》.

inértial spáce *n.* 〖宇宙〗 慣性空間 《Newton の慣性の法則が適用される空間》.

inértial sýstem *n.* 〖物理〗 慣性(座標)系, 惰性系 《その中では外部から力を加えぬ限り物体は静止しているか, 一定の直線速力で動くかする座標系; inertial (reference) frame, Newtonian frame ともいう》. 《1887》

inértia rèel *n.* 《英》 慣性リール 《それに巻いてある安全ベルトを自動調節できる》. 《1962》

inértia-rèel séat·bèlt *n.* (車などの) 自動調節式シートベルト. 《cf. inertia-reel belt (1964)》

inértia sélling *n.* 《英》〖商業〗 押し付け販売 《注文もしないのに品物を送り付け返品してこないと代金を請求する商法》. 《1968》

inértia wélding *n.* 〖金属加工〗 =friction welding.

I·nes /áɪnɛs, íːn-, —ˊ/ *n.* アイネス, イーネス 《女性名》. 《◻ Sp. *Iñez* ◻ L *Agnes*: ⇨ Agnes》

in·es·cap·a·ble /ìnɪskéɪpəbl, ɪnɛs-ˊ/ *adj.* 逃げられない, 逃避できない; 免れ得ない, 不可避の, 必然的な: the ～ realities / This is the year's ～ movie. この映画は見逃すことのできない今年の話題作だ. **～·ness** *n.* **in·es·cáp·a·bly** *adv.* 《(1792): ⇨ in-[1]》

in·es·cutch·eon /ìnɪskʌ́tʃən, -ɛs-/ *n.* 〖紋章〗 盾の中に加えられた小さい盾. 《(1610): ⇨ in-[1], escutcheon》

in es·se /ɪnési/ *L. adv., adj.* 実在して(いる), 存在して(いる) (↔ in posse). 《◻ L ～ 'in being'》

in·es·sen·tial /ìnɪsénʃəl, ɪnɛs-, -ʃlˊ/ *adj.* **1** 緊要でない, 必ずしも必要ではない, なしで済まされる, 重要でない (unessential). **2** 《まれ》 実質のない, 無形の. — *n.* 緊要でない事物, なくて済ませるもの. **in·es·sen·ti·al·i·ty** /ìnɪsènʃiǽləti, ɪnɛs- | -ǽlɪti, -lɪ-/ *n.* 《(1677): ⇨ in-[1]》

in·es·sive /ɪnésɪv | ɪn-/ 〖文法〗 *adj.* (フィンランド語名詞などの) 内格の. — *n.* 内格. 《(1886) ← L *iness(e)* to be in, at, or on (← IN-[2]＋*esse* to be: ⇨ is)＋-IVE》

in·es·ti·ma·ble /ɪnéstəməbl, ɪn- | ɪnéstɪ-, ɪn-ˊ/ *adj.* **1** 計り知れない, 計算できない: ～ magnitude, wasting, damage, etc. / a thing of ～ value 計り知れないほど貴重な物. **2** 評価できない, 非常に[この上もなく]尊い: an ～ privilege, contribution, etc. **in·ès·ti·ma·bíl·i·ty** /-məbíləti | -lɪti/ *n.* **～·ness** *n.* **in·és·ti·ma·bly** *adv.* 《(*c*1380) ◻ (O)F ～ ◻ L *inaestimābilis*: ⇨ in-[1], estimable》

in·e·va·si·ble /ìnɪvéɪsəbl | -sɪ-ˊ/ *adj.* 避けられない, 不可避の; 当然の. 《(1846) ← IN-[1]＋L *ēvāsus* ((p.p.) ← *ēvādere* 'to EVADE')＋-IBLE》

in·ev·i·ta·bil·i·ty /ɪnèvətəbíləti, ɪn- | ɪnèvɪtəbílɪti, ɪn-/ *n.* 避けられないこと, 免れ難いこと, 不可避, 必然; 避け難い[不可避な]事柄: historical ～ 歴史的必然性 / There was a kind of ～ about our meeting. 会うべくして会ったようなものだ. 《(1649): ⇨ ↓, -ity》

in·ev·i·ta·ble /ɪnévətəbl, ɪn- | ɪnévɪt-, ɪn-ˊ/ *adj.* **1** 避けられない, 逃れられない, やむを得ない; 当然起こる, 不可避な (unavoidable): Death is ～. 死は避けられない[必定である] / the ～ hour 逃れ難い時, 死期 (Gray, *Elegy*) / Some delay was ～. =It was ～ *that* there would be some delay. 多少の遅れの出るのは避けられなかった. **2** (論理的に)当然の, 必然の (necessary): an ～ conclusion 当然の帰結 / The conclusion is ～ *that* …という結論は当然である. **3** [the ～; 名詞的に用いて] 必然的な事, 必然の(そうなるべき)運命: accept *the* ～ 避けられない事は素直に受ける, 避けられない運命には甘んじて従う / It is in vain to fight (against) *the* ～. 必然に反抗することはむだだ. **4** (物語の筋など)もっともな, 抜き差しならぬ, 手堅い

I

(convincing) 《批評家の常用語》. **5** [one's, the を伴って] 《口語》 相変わらずの, お決まりの, つきものの (customary): with *his* ~ camera 例のカメラを持って. **~·ness** *n.* 〘(*c*1443) ◻ L *inēvitābilis* ← IN-¹+*ēvitābilis* avoidable (⇨ evitable)〙

inévitable áccident *n.* 〖法律〗 不可避的事故. ★ act of God (不可抗力)に似ているがそれよりも広義.

in·ev·i·ta·bly /ɪ̀névɪṭəbli, ìn- | ɪnévɪ̀tə-, ìn-/ *adv.* **1** 必然的に, 不可避的に: Technical innovations will ~ lead to unemployment. 技術革新は必然的に失業を招く. **2** 必ず, 当然のことながら: *Inevitably*, the negotiations took time. 当然交渉は時間がかかった. 〘(*c*1443): ⇨ inevitable, -ly¹〙

in ex. 《略》 in extenso.

in·ex·act /ɪ̀nɪgzǽkt, -ɛg-⁻/ *adj.* 厳密でない, 正確でない, 不精密な: ~ reasoning / an ~ statement. **~·ly** *adv.* **~·ness** *n.* 〘(1828) ◻ F ~: ⇨ in-¹, exact〙

in·ex·ac·ti·tude /ɪ̀nɪgzǽktətù:d, ɪnɛg-, -tjù:d | ɪ̀nɪgzǽktɪ̀tjù:d, -ɛgz-, -ɪ̀ks-, -ɛks-/ *n.* 不正確, 不精密; 不正確なもの[こと]: terminological ~*s* 用語上の不正確; 《戯言》 うそ. 〘(1782) ◻ F ~: ⇨ in-¹, exactitude〙

in·ex·cit·a·ble /ɪ̀nɪksáɪṭəbḷ, -ɛk- | -tə-⁻/ *adj.* 《まれ》 冷静な, 興奮させられない. 〘(1616) ◻ L *inexcitābilis*: ⇨ in-¹, excitable〙

in·ex·cus·a·ble /ɪ̀nɪkskjú:zəbḷ, -ɛks-⁻/ *adj.* 〈誤りなど〉言い訳の立たない, 許せない: an ~ fault. **ìn·ex·cùs·a·bíl·i·ty** /-zəbíləṭi | -lɪ̀ti/ *adv.* **~·ness** *n.* **ìn·ex·cús·a·bly** *adv.* 〘(*a*1415) ◻ L *inexcūsābilis*: ⇨ in-¹, excusable〙

in·ex·e·cra·ble /ɪ̀néksɪ̀krəbḷ | ɪn-/ *adj.* 《Shak》 忌まわしい, のろうべき: O, be thou damn'd, ~! (cf. *Merch* V 4. 1. 128: 版によっては inexorable). 〘(1594) ← in- (強調)+EXECRABLE: cf. inexorable〙

in·ex·e·cut·a·ble /ɪ̀néksɪ̀kjù:ṭəbḷ | -tə-⁻/ *adj.* 実施[遂行]できない, 不可能な.

in·ex·e·cu·tion /ɪ̀nèksɪ̀kjú:ʃən/ *n.* 不実施, 不実行. 〘(1681): ⇨ in-¹〙

in·ex·er·tion /ɪ̀nɪgzɜ́:ʃən, -ɛg- | -zɜ́:-/ *n.* 努力[奮発]の不足; 怠惰, 不精. 〘(1794–96): ⇨ in-²〙

in·ex·haust·ed /ɪ̀nɪgzɔ́:stɪ̀d, -ɛg-, -zá:st- | -ɪ̀gzɔ́:st-, -ɛg-, -ɪ̀ks-, -ɛks-⁻/ *adj.* 《古》 =unexhausted. 〘(1626): ⇨ in-¹〙

in·ex·haust·i·bil·i·ty /ɪ̀nɪgzɔ̀:stəbíləṭi, -ɛg-, -zà:st- | -ɪ̀gzɔ̀:stɪ̀bílɪ̀ti, -ɛg-, -ɪ̀ks-, -ɛks-⁻/ *n.* 無尽蔵; 疲れを知らぬこと, 精力絶倫. 〘(1834): ⇨ ↓, -ity〙

in·ex·haust·i·ble /ɪ̀nɪgzɔ́:stəbḷ, -ɛg- | -ɪ̀gzɔ́:stɪ̀bḷ, -ɛg-, -ɪ̀ks-, -ɛks⁻/ *adj.* **1** 使い切れない, 無尽蔵の, 絶えない: ~ riches, vitality, energy, etc. / an ~ supply of oil いくら使ってもなくならないほどの石油. **2** 疲れを知らない, 倦(う)むことを知らない, 不屈の, 根気のよい: an ~ worker. **~·ness** *n.* **ìn·ex·háust·i·bly** *adv.* 〘(1601): ⇨ in-¹〙

in·ex·haus·tive /ɪ̀nɪgzɔ́:stɪv, -ɛg- | -ɪ̀gzɔ́:stɪv, -ɛg-, -ɪ̀ks-, -ɛks-⁻/ *adj.* **1** 《古》 =inexhaustible. **2** きわめ尽くさない, 徹底的でない, 完全でない: an ~ investigation 徹底しない調査[研究]. 〘(1728–46): ⇨ in-¹〙

in·ex·is·tent¹ /ɪ̀nɪgzístənt, -ɛg-, -tṇt⁻/ *adj.* 存在しない. **ìn·ex·ís·tence** /-təns, -tṇs/ *n.* **ìn·ex·íst·en·cy** *n.* 〘(1646) ← IN-¹+EXISTENT〙

in·ex·is·tent² /ɪ̀nɪgzístənt, -ɛg-, -tṇt⁻/ *adj.* 《古》 内在する (inherent). 〘(1553) ◻ LL *inexistentem* ← IN-¹ +*ex(s)istentem* 'existing, EXISTENT'〙

in·ex·o·ra·bil·i·ty /ɪ̀nèks(ə)rəbíləṭi, ìn- | ɪnèks(ə)rəbílɪ̀ti, ìn-/ *n.* 容赦のないこと, がんとして聞き入れないこと, 冷酷さ; (法など)曲げられないこと, 冷厳さ. 〘(1606) ◻ L *inexōrābilitātem*: ⇨ -ABILITY〙

in·ex·o·ra·ble /ɪ̀néks(ə)rəbḷ, ìn- | ɪn-, ìn-⁻/ *adj.* **1** 〈人・言動など〉冷酷な, 仮借しない, 容赦のない, がんとして聞き入れない (↔ exorable) (⇨ inflexible SYN): an ~ creditor, judge, cruelty, etc. **2** 〈事実など〉曲げられない, 動かすべからざる, 不変の (⇨ implacable SYN): ~ laws, facts, logic, destiny, etc. **~·ness** *n.* **in·éx·o·ra·bly** *adv.* 〘(1553) ◻ F ~ ∥ L *inexōrābilis* ← IN-¹+*exōrābilis* 'EXORABLE'〙

in·ex·pec·tant /ɪ̀nɪkspéktənt, -ɛks-, -tṇt⁻/ *adj.* 期待[予期]していない. 〘(1853): ⇨ in-¹〙

ìn·ex·pé·di·ence /-ḍiəns | -diəns/ *n.* =inexpediency. 〘1608〙

in·ex·pe·di·en·cy /ɪ̀nɪkspí:ḍiənsi, -ɛks- | -di-/ *n.* 不便, 不適当; 不得策. 〘(1641): ⇨ ↓, -ency〙

in·ex·pe·di·ent /ɪ̀nɪkspí:ḍiənt, -ɛks- | -diənt⁻/ *adj.* 不便な, 不適当な, 不得策な, 不都合な. **~·ly** *adv.* 〘(1608): ⇨ in-¹〙

in·ex·pen·sive /ɪ̀nɪkspénsɪv, -ɛks-⁻/ *adj.* (経済的に)費用のかからない, 安価な, ぜいたくでない (⇨ cheap SYN): an ~ paperback book. ★ cheap と違って安物の意味合いはない. **~·ly** *adv.* **~·ness** *n.* 〘(1837): ⇨ in-¹〙

in·ex·pe·ri·ence /ɪ̀nɪkspí°riəns, -ɛks- | -píər-/ *n.* 無経験, 世間知らず, 未熟, 不慣れ. 〘(1598) ◻ F *inexpérience* ◻ LL *inexperientia*: ⇨ in-¹, experience〙

in·ex·pe·ri·enced /ɪ̀nɪkspí°rianst, -ɛks- | -píər-⁻/ *adj.* 経験不足の, 未熟な, 不慣れの; 世間知らずの: be ~ in ...に未経験だ. 〘(1626): ⇨ in-²〙

in·ex·pert /ɪ̀nékspə:t, ɪnɛkspɜ́:t, -ɪ̀ks- | ɪnékspə:t, ɪnɛkspɜ́:t, -ɪ̀ks-⁻/ *adj.* 熟練者[玄人]でない, 未熟な, 下手な, 不得手な, 不器用な (clumsy). **~·ly** *adv.* **~·ness** *n.* 〘(1451) ◻ OF ~ ∥ L *inexpertus* untried, inexperienced: ⇨ in-¹, expert〙

in·ex·per·tise /ɪ̀nèkspə:tí:z, -pə- | -pɜ:-, -pə-/ *n.* 未熟; 専門的知識の欠如[軽視].

in·ex·pi·a·ble /ɪ̀nékspiəbḷ, ìn- | ɪn-, ìn-⁻/ *adj.* **1** 〈罪など〉償われない, 罪障の深い: an ~ sin, crime, etc. **2** 《古》 〈怒り・憎悪など〉なだめられない, 抑え難い, 執念深い (unappeasable). **~·ness** *n.* **in·éx·pi·a·bly** *adv.* 〘(1459) ◻ L *inexpiābilis* implacable: ⇨ in-¹, expiable〙

in·ex·pi·ate /ɪ̀nékspièɪt | ɪn-, ìn-/ *adj.* 〈悪業など〉償われていない, 罪滅ぼしのされてない. 〘(1819) ◻ LL *inexpiātus*: ⇨ in-¹, expiate〙

in·ex·plain·a·ble /ɪ̀nɪkspléɪnəbḷ, -ɛks-⁻/ *adj.* 説明し難い, 不可解な (inexplicable). **in·ex·plàin·a·bíl·i·ty** /-nəbíləṭi | -lɪ̀ti/ *n.* **~·ness** *n.* **ìn·ex·pláin·a·bly** *adv.* 〘(1623): ⇨ in-¹〙

in·ex·plic·a·bil·i·ty /ɪ̀nɪksplɪ̀kəbíləṭi, -ɛks-, ɪ̀nɛ́ksplɪk-, ìn- | ɪ̀nɪksplɪ̀kəbílɪ̀ti, -ɛks-, ɪnɛ́ksplɪk-, ìn-/ *n.* 説明できないこと, 不可解さ. 〘(1804): ⇨ ↓, -ity〙

in·ex·plic·a·ble /ɪ̀nɪksplíkəbḷ, -ɛks-, ɪ̀nɛ́ksplɪk-, ìn- | ɪ̀nɪksplíkəbḷ, -ɛks-, ɪnɛ́ksplɪk-, ìn-⁻/ *adj.* 〈物・事が〉説明がつかない, 解釈ができない, 不可解な; 不思議な, 奇妙な (↔ explicable): an ~ fact / for some ~ reason ある不可解な理由のために. — *n.* [*pl.*] 《廃》 ズボン (trousers) (cf. indescribable 2). **~·ness** *n.* **in·ex·plíc·a·bly** *adv.* 〘(?*a*1425) ◻ (O)F ~ ∥ L *inexplicābilis* that cannot be unfolded: ⇨ in-¹, explicable〙

in·ex·plic·it /ɪ̀nɪksplísɪ̀t, -ɛks- | -sɪt⁻/ *adj.* はっきりしない, 明確でない, あいまいな. **~·ly** *adv.* **~·ness** *n.* 〘(1802–12): ⇨ in-¹〙

in·ex·plor·a·ble /ɪ̀nɪksplɔ́:rəbḷ, -ɛks-⁻/ *adj.* 探検[踏査]できない; 計り知れない. 〘(1646): ⇨ in-¹〙

in·ex·plo·sive /ɪ̀nɪksplóʊsɪv, -ɛks- | -pláʊsɪv, -zɪv⁻/ *adj.* 爆発しない, 不爆(発)性の. 〘(1867): ⇨ in-¹〙

in·ex·press·i·ble /ɪ̀nɪksprésəbḷ, -ɛks- | -sɪ̀-⁻/ *adj.* 〈美しさなど〉言葉で言い表せない, 言うに言われぬ, 言語に絶した, 名状し難い: ~ grandeur, grief, beauty, etc. — *n.* [*pl.*] 《古》 ズボン (trousers) (cf. indescribable 2). **~·ness** *n.* **ìn·ex·prèss·i·bíl·i·ty** /-səbíləṭi | -sɪ̀bílɪ̀ti/ *n.* **ìn·ex·préss·i·bly** *adv.* 〘(1625): ⇨ in-¹, expressible〙

in·ex·pres·sive /ɪ̀nɪksprésɪv, -ɛks-⁻/ *adj.* **1** 無表情な: ~ eyes. **2** 《古》 =inexpressible. **~·ly** *adv.* **~·ness** *n.* 〘(1652): ⇨ in-¹〙

in·ex·pug·na·bil·i·ty /ɪ̀nɪkspjù:nəbíləṭi, -pʌ̀gnə- | -lɪ̀ti/ *n.* 難攻不落, 確固不動. 〘(1865): ⇨ ↓, -ity〙

in·ex·pug·na·ble /ɪ̀nɪkspjú:nəbḷ, -pʌ́gnə-⁻/ *adj.* **1** 難攻不落の, 征服し難い: an ~ fortress, army, etc. **2** 〈議論など〉説破されない, 確固不動の, しっかりした. **3** 〈憎しみなど〉ぬぐい去ることのできない, 消し難い: ~ hatred. **~·ness** *n.* **in·ex·púg·na·bly** *adv.* 〘(*a*1425) ◻ (O)F ~ ∥ L *inexpugnābilis* ← IN-¹+*expugnābilis* that may be captured (← *expugnāre* to storm ← EX-¹ +*pugnāre* to fight)〙

in·ex·pung·i·ble /ɪ̀nɪkspʌ́nʤəbḷ, -ɛks- | -ʤɪ̀-/ *adj.* ぬぐいきれない, (消しても)消えない: an ~ smell [memory]. 〘(1888) ← IN-¹+EXPUNGE+-IBLE〙

in·ex·ten·si·ble /ɪ̀nɪksténsəbḷ, -ɛks- | -sɪ̀-⁻/ *adj.* 広げられない, 伸びない, 拡張できない. **ìn·ex·tèn·si·bíl·i·ty** /-səbíləṭi | -sɪ̀bílɪ̀ti/ *n.* 〘(1840): ⇨ in-¹〙

in·ex·ten·sion /ɪ̀nɪksténʃən, -ɛks-/ *n.* 不伸張; 不拡張, 不拡大. 〘(1827): ⇨ in-²〙

in·ex·tén·sion·al deformátion /-ʃnəl-, -ʃənl-/ *n.* 〖機械〗 伸びなし変形.

in ex·ten·so /ɪnɪksténsoʊ, -ɛks- | -səʊ/ *L. adv.* 十分に, 詳細に, 省略せずに. 〘(1826) ◻ L ~ 'in extention'〙

in·ex·tin·guish·a·ble /ɪ̀nɪkstíŋgwɪʃəbḷ, -ɛks-/ *adj.* 〈火など〉消すことができない, 〈怒りなど〉抑え切れない, 静められない, 止められない: an ~ fire, light, hope, etc. / ~ rage, laughter, etc. **~·ness** *n.* **ìn·ex·tín·guish·a·bly** *adv.* 〘(1450): ⇨ in-¹〙

in·ex·tir·pa·ble /ɪ̀nɪkstɜ́:pəbḷ | -tɜ́:-⁻/ *adj.* 根絶し難い: an ~ disease. **~·ness** *n.* 〘(1459) ◻ LL *inex(s)tirpābilis* ← IN-¹+L *ex(s)tirpāre* 'to EXTIRPATE': ⇨ -ABLE〙

in ex·tre·mis /ɪnɪkstréɪmɪ̀s, -ɛks-, -trí:m- | -mɪs/ *L.* *adv., adj.* 死に臨んで[だ]; 瀕死(ひん)で[の]; 全く絶望状態で[の]: a patient ~. 〘(*a*1530) ◻ L *in extrēmis* in extremity〙

in·ex·tri·ca·bil·i·ty /ɪ̀nɪkstrɪ̀kəbíləṭi, -ɛks-, ɪ̀nèkstrək-, ìn- | ɪ̀nɪkstrɪ̀kəbílɪ̀ti, -ɛks-, ɪnèkstrɪk-, ìn-/ *n.* 解決できないこと, 脱出できないこと. 〘(1834): ⇨ ↓, -ity〙

in·ex·tric·a·ble /ɪ̀nɪkstríkəbḷ, -ɛks-, ɪ̀nékstrək-, ìn-, -trɪk- | ɪnɪkstrík-, -ɛks-, ɪnékstrɪk-, ìn-⁻/ *adj.* **1** 〈問題・困難など〉解けない, 解決できない; 込み入った, 紛糾した: an ~ dilemma / in ~ confusion [difficulties] 手がつけられないほど混乱して[動きの取れない困難に陥って]. **2** 〈場所・状態など〉脱出できない (↔ extricable): an ~ maze. **3** 〈結び目・輪など〉ほどけない, もつれた: an ~ tangle, knot, etc. **~·ness** *n.* **ìn·ex·tríc·a·bly** *adv.* 〘(?*a*1425) ◻ L *inextrīcābilis* that cannot be disentangled ← IN-¹+*extrīcābilis* 'EXTRICABLE'〙

I·nez /áɪnɛz, aɪnéz, í:nɛz, i:néz | í:nɛz, áɪ-/ *n.* アイネズ, イーネズ 《女性名》. 〘◻ Sp. *Iñez* ◻ L *Agness*: ⇨ Agnes〙

inf /ɪnf/ *n.* 〖数学〗 =infimum. 〘略〙

INF 《略》 intermediate-range nuclear force(s) 中距離核戦力. 〘1981〙

inf. 《略》 infantry; inferior; infield; infielder; infinitive; infinity; infirmary; influence; information; *L.* infra; 〖処方〗 *L.* infunde (=infuse).

ín·fàll *n.* **1** (海賊などの)侵入, 侵略. **2** (隕石(いん)などの)落下; (ガスなどの)流入. **3** (川の)落合い, 合流点 (confluence) (cf. outfall). 〘(1645) ← IN (adv.)+FALL (n.): cf. G *Einfall*〙

in·fal·li·bil·ism /ɪ̀nfǽləbəlɪ̀zm, ɪn- | ɪnfǽlɪ̀bɪ-, ìn-/ *n.* 〖カトリック〗 (ペトロ (Peter) の後継者の資格で話す際の)教皇不可謬(びゅう)性, 教皇無謬説 (cf. fallibilism 2). 〘(1870) ← INFALLIBILITY+-ISM〙

in·fál·li·bil·ist /-lɪ̀st | -lɪst/ *n.* 無謬(びゅう)説の支持者[信奉者]. 〘(1870) ← INFALLIBLE+-IST〙

in·fal·li·bil·i·ty /ɪ̀nfæ̀ləbíləṭi, ɪn- | ɪnfæ̀lɪ̀bílɪ̀ti, ìn-/ *n.* **1** 絶対に誤りのないこと, 不過誤, 絶対確実 (cf. fallibility). **2** 〖カトリック〗 (教皇・公会議の)不謬(びゅう)性: the ~ of the Pope=papal infallibility / His *Infallibility* ローマ教皇の尊称 (★ 嘲笑的にも用いる). 〘(1611) ◻ F 《廃》 *infallibilité* ∥ ML *infallibilitātem*: ⇨ ↓, -ity〙

in·fal·li·ble /ɪ̀nfǽləbḷ, ɪn- | ɪnfǽlɪ̀-, ìn-⁻/ *adj.* **1** 〈判断・行動など〉決して誤らない, 全然誤りのない, 絶対に正しい: No one is ~ here on earth. この世に住む人でだれも絶対あやまちを犯さない人はない / an ~ rule 絶対確実な法則. **2** 〈効能など〉絶対確実な: an ~ remedy 必ず効く薬, 妙薬. **3** 必ず起こる, 避けられない, 免れ難い: ~ results of modern war 近代戦争の必然的な結果. **4** 〖カトリック〗 〈教皇が〉(特に, ペトロ (Peter) の後継者の資格で宣言する際信仰と道徳について)不可謬(びゅう)の. — *n.* 決して誤らない[絶対確実な]人[もの]. **~·ness** *n.* **in·fál·li·bly** *adv.* 〘(*a*1420) ◻ (O)F ~ ∥ ML *infallibilis*: ⇨ in-¹, fallible〙

in·fame /ɪ̀nféɪm | ɪn-/ *vt.* 《古》 =defame. 〘1413〙

in·famed /ɪ̀nféɪmd | ɪn-/ *adj.* 〖紋章〗 =defamed. 〘1780〙

in·fa·mize /ínfəmàɪz/ *vt.* 《古》 ...に汚名を着せる. 〘(1592): ⇨ ↓, -ize〙

in·fa·mous /ínfəməs/ *adj.* **1** 《時に戯言》 悪名の高い, 評判の悪い, 名うての (⇨ famous SYN): a name ~ in history. **2** 恥ずべき, いまわしい: an ~ woman けしからぬ[いまいましい]女 / ~ behavior 不埒(らち)なふるまい. **3** 《口語》 下等な, 拙劣な, ひどい: an ~ dinner, horse, house, pen, etc. **4** 〖法律〗 (破廉恥罪で有罪の宣告を受けたため)公民権を剥奪された, 証人たる能力を失った; (公民権を失う)破廉恥罪の: an ~ crime 《英》 破廉恥罪, 《米》 重罪. **~·ly** *adv.* **~·ness** *n.* 〘(15C) ◻ ML *infāmōsus* ∽ (*c*1378) *infamis* ◻ L *infāmis*, ML *infāmōsus*: ⇨ in-¹, famous〙

in·fa·my /ínfəmi/ *n.* **1** 不名誉, 悪名, 汚名, 醜聞 (⇨ disgrace SYN); 破廉恥, 堕落 (moral depravity). **2** 醜行, 非行. **3** 〖法律〗 (破廉恥罪による)公民権[信用]の喪失; 証人能力の喪失. 〘(?*a*1425) ◻ (O)F *infamie*, OF *infame* ∥ L *infāmia* ← *infāmis*: ⇨ infamous, -y¹〙

in·fan·cy /ínfənsi, -fəntsi/ *n.* **1** 幼少, 幼期, 幼年時代: He spent his ~ in London. / in (one's) ~ 幼時に, 子供のころ. **2** (事物の)初期, 未発達時代, 揺籃(らん)期: the ~ of a nation / in the ~ of the arts and sciences 学芸の揺籃時代に / The invention is still in its ~. その発明はまだほんの初期にある. **3** 〖法律〗 未成年 (nonage, minority). **4** [集合的] 幼児たち, 嬰児(えい)たち. 〘(*a*1398) ◻ L *infantia* early childhood, 《原義》 inability to speak ← *infantem* (↓): ⇨ -ancy〙

in·fant /ínfənt/ *n.* **1** 幼児, 嬰児(えい), 小児, 児童 (通例 7 歳未満; cf. child 1 a): ~*s'* goods 子供用品 / a terrible ~ ⇨ enfant terrible. **2** 《英》 幼児学校 (infant school) の児童 (5–7 歳). **3** 〖法律〗 未成年者 (minor) (《米》 では通例 21 歳未満, 《英》 では 18 歳未満). **4** 初心者; 《まれ》 初期の[幼稚な]事物. — *adj.* [限定的] **1 a** 小児用の, 幼児のための: ~ food 幼児食. **b** 幼児の, 小児の, 児童の: during the ~ years 幼児の間 / ~ diseases 小児病. **2** 幼稚な, 初期の段階の, 未発達状態の: ~ civilization, industries, etc. **3** 幼少の, 幼い: an ~ child 幼児 / an ~ king, heir, etc. **4** 〖法律〗 未成年の (minor). 〘(*c*1384) *enfaunt* ◻ (O)F *enfant* < L *infantem* child, 《原義》 unable to speak ← IN-¹+ *fantem* ((pres.p.) ← *fāri* to speak)〙

in·fan·ta /ɪ̀nfǽnṭə, -fá:n- | ɪnfǽntə; *Sp.* infánta, *Port.* ĩfɐ̃tɐ/ *n.* **1** (スペインやポルトガルの)王女, 皇女, 内親王. **2** infante の妻. 〘(1593) ◻ Sp. & Port. ~(fem.) ← INFANTE〙

ínfant báptism *n.* 〖キリスト教〗 幼児洗礼 《2, 3 世紀頃から幼児の洗礼はかなり一般的となり, 現在もローマカトリック教会や多くのプロテスタント教会で行われている; ただし, 洗礼は本人の自覚的な信仰告白が必要であるという理由で, これを認めない教派(バプティスト教会など)もある》. 〘1674〙

in·fan·te /ɪ̀nfǽnteɪ, -fá:n-, -ti | ɪnfǽnti; *Sp.* infánte, *Port.* ĩfɐ̃tɨ/ *n.* (スペインやポルトガルの)王子, 皇子, 親王 《長子を除く; cf. principe 2》. 〘(1555) ◻ Sp. & Port. ~ < L *infantem*, *infāns* 'INFANT'〙

in·fan·teer /ìnfəntíə | -tíə(r)/ *n.* 《軍俗》 歩兵 (infantryman).

ínfant·hòod *n.* =infancy. 〘1862〙

in·fan·ti·ci·dal /ɪ̀nfæ̀nṭəsáɪḍḷ | ɪnfæ̀ntɪ̀-⁻/ *adj.* 幼児殺しの. 〘(1835): ⇨ ↓, -al¹〙

in·fan·ti·cide /ɪ̀nfǽnṭəsàɪd | ɪnfǽntɪ̀-/ *n.* **1 a** 乳児殺し, 嬰児(えい)殺し. **b** 間引き 《多くは貧困のため子供を出生直後殺す慣習; 今もなお原始種族の間に残っている》. **2 a** 乳児殺害者. **b** 間引き者. **3** 〖英法〗 母親の(生後 1 年以内の)嬰児殺し. 〘(1656) 1: ◻ F ~ ◻ LL *infanticīdium* child murder. -2: ◻ F ~ ◻ LL *infanticīda* child murderer: ⇨ infant, -cide〙

in·fan·tile /ínfəntàɪl, -tɪ̀l, -tḷ, -tì:l | -tàɪl/ *adj.* **1** 子供らしい, あどけない (childlike); 幼稚な, 子供じみた (childish): ～ behavior, beauty, etc. **2** 幼児の, 子供の: ～ diseases 小児病 / ～ cholera 小児性コレラ / ～ mortality 幼児死亡率. **3**〘地質〙**a** 〈地形が〉(発達過程の)初期の (elementary). **b** 初めの, 発端の, 初歩の. 〘(c1443)□ LL *infantilis* pertaining to an infant: ⇨ infant, -ile[1]〙

ínfantile parálysis *n.*〘病理〙小児麻痺(ﾏﾋ)《脊髄性小児麻痺 (infantile spinal paralysis) と脳性小児麻痺 (infantile cerebral paralysis) があり, 前者は現在では通例 poliomyelitis という》. 〘1843〙

in·fan·ti·lism /ínfəntəlìzm, -tàɪlɪzm, ɪ̈nfǽntəlìzm | ɪnfǽntɪ̈lìzm/ *n.* **1** 幼児の言葉. **2**〘病理〙小児症, 幼稚症, 小児型(発育不全)《特に性的未熟についていう》. **3** 小児病, 発育不全者の言行, 小児めいた言動. 〘(1895)□ F *infantilisme*: ⇨ infantile, -ism〙

in·fan·til·i·ty /ìnfəntíləṭi | -lɪ̈ti/ *n.* 小児性. 〘(1631)← INFANTILE＋-ITY〙

in·fan·til·ize /ɪ̈nfǽntəlàɪz | ɪnfǽntɪ̈-/ *vt.* 小児化する; 子供扱いする. **in·fan·til·i·za·tion** /ɪ̈nfæ̀ntəlɪ̈zéɪʃən | ɪnfæ̀ntɪ̈laɪ-, -lɪ-/ *n.*

in·fan·tine /ínfəntàɪn, -tìːn/ *adj.* ＝infantile. 〘(1603)□ F (廃) infantin: ⇨ infant, -ine[1]〙

ínfant mortálity *n.* 乳児死亡率《生後 1 年間の死亡率》.

ínfant pródigy *n.* 天才児, 神童. 〘1924〙

in·fan·try /ínfəntri/ *n.* **1 a** [集合的] 歩兵, 歩兵部隊 (foot soldiers): two regiments of ～ 歩兵 2 個連隊 / light ～ 軽歩兵 / armored ～ 機甲歩兵部隊. **b** 歩兵科, 兵科 (cf. cavalry 2, artillery 2). **2** [the I-] 歩兵連隊: *the* 136 *Infantry* 歩兵 136 連隊. 〘(1579)□ F *infanterie* □ It. *infanteria* ← *infante* youth, servant, foot soldier < L *infantem* 'INFANT': ⇨ -ery〙

ínfantry·man /-mən, -mæ̀n/ *n.* (*pl.* **-men** /-mən, -mèn/) (個々の)歩兵. 〘1883〙

ínfant schòol *n.* (英国の)幼児学校《5–7 歳の児童を収容する義務教育の公立学校; 広義では幼稚園を指す; cf. junior school》. 〘1824〙

ínfants' schòol *n.* ＝infant school.

in·farct /ínfaəkt, ɪ̈nfáəkt | ínfɑːkt, ―⌐/ *n.*〘病理〙梗塞(ｺｳｿｸ)(症)《塞栓(ｿｸｾﾝ)症 (embolism) などのため血液の循環を阻止されて壊死(ｴｼ)に陥った状態》. **～·ed** *adj.* 〘(1873)← L *infarctus* stuffed in (p.p.) ← *infarcīre* ← IN-[1]＋*farcīre* to stuff〙

in·farc·tion /ɪ̈nfáəkʃən | ɪnfɑ́ːk-/ *n.*〘病理〙梗塞(ｺｳｿｸ)が生じること, 梗塞形成; 梗塞 (infarct): ⇨ myocardial infarction. 〘(1689): ⇨ ↑, -tion〙

in·fare /ínfɛə | -fɛə[r]/ *n.* (スコット・北英方言)《特に, 挙式の一両日後に新郎宅で行う》結婚披露. 〘OE *innfær* entrance ← *inn* 'IN (adv.)'＋*fær* a going (← *faran* 'to go, FARE')〙

in·fat·u·ate /ɪ̈nfǽtʃuèɪt | ɪnfǽtju-, -tʃu-/ *vt.* …の思慮を失わせる, 愚かにする, ぼんやりさせる; 夢中にさせる, ぼうっとさせる (cf. infatuated): She ～*d* him so much that he indulged her every whim. 望みは何でもかなえてもらえるほど彼女は彼を虜(ﾄﾘｺ)にした.
— /ɪ̈nfǽtʃuɪ̈t | ɪnfǽtju-, -tʃu-/ *adj.* ＝infatuated.
— *n.* 夢中になった人, うつつを抜かしている人.

in·fát·u·à·tor /-ṭə | -tə[r]/ *n.* 〘(adj.: 1471; v.: 1533)□ L *infatuātus* (p.p.) ← *infatuāre* to make a fool of ← IN-[1]＋*fatuus* 'foolish, FATUOUS'〙

in·fát·u·àt·ed /-ṭɪ̈d | -tɪ̈d/ *adj.* ぼうっとなった, のぼせ上がっている; 〔女などに〕夢中になった, うつつを抜かしている 〔*with*〕: a man ～ *with* pride うぬぼれでのぼせ上がった男 / be ～*d with* the study of linguistics 言語の研究に夢中になっている / He suddenly became ～ *with* a woman twenty years his senior. 突然 20 も年上の女に熱を上げた. **～·ly** *adv.* 〘(1642): ⇨ ↑, -ed〙

in·fat·u·a·tion /ɪ̈nfæ̀tʃuéɪʃən | ɪnfæ̀tju-, -tʃu-/ *n.* **1** 迷い込ませること, 夢中にさせる[なる]こと; のぼせ上がり, 逆上; 迷い込み, 夢中 (⇨ love SYN): his ～ *with* a woman 彼の女に対するのぼせぶり / have an ～ *for* gambling ギャンブルにうつつを抜かす. **2** 夢中にさせるもの[こと]. 〘(1649)□ LL *infatuātiō(n-)* ← L *infatuātus*: ⇨ infatuate, -ation〙

in·fau·na /ínfɔ̀ːnə, -fɑ̀ː- | -fɔ̀ː-/ *n.*〘生態〙内生動物《底生動物のうち, 特に柔らかい海底にすむものをいう; cf. epifauna》. **ín·fàu·nal** /-nḷ/ *adj.* 〘(1914)← NL ～: ⇨ in-[1], fauna〙

in·faust /ɪ̈nfáust, -fɔ́ːst, -fɑ́ːst | ɪnfɔ́ːst/ *adj.*《古》運が悪い; 縁起の悪い, 不吉な. 〘(1658)□ F *infauste* // L *infaustus* ← IN-[2]＋*faustus* lucky〙

in·fea·si·bil·i·ty /ɪ̈nfìːzəbíləṭi | ɪnfìːzəbílɪ̈ti/ *n.* 実行できないこと, 実行不可能性. 〘(1655): ⇨ ↓, -ity〙

in·fea·si·ble /ɪ̈nfíːzəbḷ, ɪn- | ɪnfíːzɪ̈-, ɪn-⌐/ *adj.* 実行不可能な (impracticable). **～·ness** *n.* 〘(1533): ⇨ in-[1]〙

in·fect /ɪ̈nfékt | ɪn-/ *vt.* **1 a** 病毒で汚す[汚染する]; …に〔病毒・病菌を〕混入する〔*with*〕: ～ a room 部屋に病菌をまき散らす / ～ water *with* cholera コレラで水を汚染する. **b** …に〔病気を〕汚染させる, 伝染させる〔*with*〕: be ～*ed with* the plague ペストにかかる. **c** 〈病原菌が〉〈器官・組織などを〉侵す, …に侵入する: a wound ～*ed with* suppurative germs 化膿菌の入った傷口. **2** 〈空気・水などを〉汚染する. **3 a** 〔悪風に〕染ませる, かぶれさせる; …に〔危険思想などを〕鼓吹する〔*with*〕: ～ young people *with* dangerous thoughts 青年に危険思想を吹き込む. **b** …に影響を及ぼす, 感化する, 同じ気持ちに誘う (influence); …に〔感情などを〕感応させる〔*with*〕: ～ a person *with* enthusiasm 人に熱心な気持ちを起こさせる / Her gaiety ～*ed* the company. 彼女の陽気なのにつり込まれてみんな陽気になった. **4**〘電算〙〈コンピューターウイルスが〉〈ファイルなど〉に感染する. **5**〘法律〙…に不法性を帯びさせる;〘国際法〙〈中立国の船に積んだ敵貨 (hostile goods) などが〉〈他の貨物または船そのもの〉に敵性を感染させる, 没収の危険を与える. — *vi.* 病原菌が入る, 感染する. — *adj.* 《古》＝infected. **in·féc·tor** *n.* 〘(?c1378) *infecte(n)* ← L *infectus* (p.p.) ← *inficere* to dip into, stain, taint ← IN-[2]＋-*ficere* (← *facere* to make, put)〙

in·féct·ed *adj.* 伝染した, 感染した: the ～ area 伝染病流行地域 (略 IA) / the ～ zone 伝染病流行地帯. 〘(1480): ⇨ ↑, -ed〙

in·fec·tion /ɪ̈nfékʃən | ɪn-/ *n.* **1** 伝染, 感染 (cf. contagion 1 a): spread by ～ 〈病気が〉伝染して広がる. **2 a** (バクテリア・ウイルスなどの)病原菌. **b** (傷口などへの)病原菌の侵入: get an ～ *in* the eye 目に菌が入る. **3** 伝染病 (infectious disease). **4** 悪感化, 悪影響, (悪風の)伝染, かぶれること; (精神的)感化, 影響 (influence): the ～ of enthusiasm. **5**〘法律〙不法性を帯びること;〘国際法〙敵性感染 (cf. infect 5). **6**〘文法〙(ケルト語で)母音の隣接子音への同化. 〘(1392)□ (O)F ～ // LL *infectiō(n-)* ← *inficere* 'to INFECT': ⇨ -tion〙

in·fec·tious /ɪ̈nfékʃəs | ɪn-/ *adj.* **1** 〈空気・水・衣服・ハエ・カなどが〉(伝染性)病毒をもつ, 病毒[病気]をうつしやすい; 〈病気が〉伝染力をもする, 伝染性の; 伝染病の (cf. contagious 1 a): ～ clothing [water, air] 病菌のついている衣服[水, 空気] / an ～ hospital 伝染病病院 / an ～ virus 伝染性ウイルス. **2** 〈感化・影響など〉人にうつる, うつりやすい, 伝わりやすい: Yawning is ～. あくびは皆にうつる / ～ enthusiasm [laughter] 次々と人にうつっていく熱狂[笑い]. **3**〘法律〙不法性を帯びさせる;〘国際法〙〈敵貨など〉他の貨物や船そのものに敵性を感染させる (cf. infect 5). **4**《廃》伝染した, 感染した. **～·ly** *adv.* **～·ness** *n.* 〘(c1542): ⇨ ↑, -ious〙

inféctious abórtion *n.*〘獣医〙(ブルセラ菌による)牛の伝染性流産 (⇨ contagious abortion).

inféctious anémia *n.*〘獣医〙＝equine infectious anemia.

inféctious bóvine rhinotracheítis *n.*〘獣医〙牛伝染性鼻(腔)気管炎《red nose ともいう; 略 IBR》.

inféctious diséase *n.* 伝染病, 感染症.

inféctious ectromélia *n.*〘獣医〙＝mousepox.

inféctious équine encephalomyelítis *n.*〘獣医〙馬の伝染性脳脊髄(ｾｷｽﾞｲ)膜炎《ウイルスによる馬の伝染病の一種》.

inféctious hepatítis *n.*〘病理〙伝染性肝炎 (hepatitis A). 〘c1941〙

inféctious laryngotracheítis *n.*〘獣医〙伝染性喉頭気管炎《ウイルスによる鶏の急性伝染病; 喘鳴・喀血などの症状を示し, しばしば窒息死する》.

inféctious mononucleósis *n.*〘病理〙伝染性単核症, 腺熱(ｾﾝﾈﾂ) (glandular fever). 〘1920〙

inféctious myxóma *n.*〘獣医〙伝染性粘液腫(ｼｭ)《ウサギの伝染病の一種》.

inféctious myxomatósis *n.*〘獣医〙＝myxomatosis 2.

in·fec·tive /ɪ̈nféktɪv | ɪn-/ *adj.* 伝染性の, うつりやすい (infectious). **～·ly** *adv.* **～·ness** *n.* 〘(a1398)□ L *infectīvus*: ⇨ infect, -ive〙

in·fec·tiv·i·ty /ìnfektívəṭi | -vɪ̈ti/ *n.* うつりやすいこと, 伝染性. 〘(1882): ⇨ ↑, -ity〙

in·fe·cund /ɪ̈nfíːkənd, -fék-, -kʌnd⌐/ *adj.* 実を結ばない, 子を産まない, 不毛の, 不妊の. 〘(?1440)□ L *infēcundus* ← IN-[1]＋*fēcundus* 'FECUND'〙

in·fe·cun·di·ty /ìnfɪ̈kʌ́ndəṭi, -fiː- | -dɪ̈ti/ *n.* 結実不能, 生殖不能, 不妊, 不毛. 〘(1605)□ L *infēcunditātem*: ⇨ ↑, -ity〙

in·fèed *n.* (特に心(ｼﾝ)なし研削で) 切り込み送り《研削盤に工作物を移動させて行う研削》.

in·fe·li·cif·ic /ɪ̈nfìːləsífɪk, ìn- | ɪnfìːlɪ̈-, ìn-⌐/ *adj.* 不幸にする, 不幸をもたらす. 〘(1874)← IN-[1]＋FELICIFIC〙

in·fe·lic·i·tous /ìnfɪ̈lísəṭəs | -sɪ̈t-/ *adj.* **1** 不幸な, 不運な: an ～ marriage. **2** 〈文体・言葉づかいなど〉不適当な, 不適切な, まずい: an ～ expression. **～·ly** *adv.* 〘(1835): ⇨ in-[1]〙

in·fe·lic·i·ty /ìnfɪ̈lísəti | -fɪ̈lísɪ̈ti/ *n.* **1** 不幸, 不運. **2** 不幸な事態, 逆境, 災難. **3** (言葉などの)不適当, 不適切; [*pl.*] 不適切な文句, 拙劣な表現: *infelicities* of expression 拙劣な表現. 〘(c1384)□ L *infēlīcitātem* ← *infēlix* unhappy: ⇨ in-[1], felicity〙

ín·fèlt *adj.*《古》心に深く感じた[徹した], 心からの (heartfelt). 〘(a1586)← IN (adv.)＋FELT[1] (p.p.)〙

in·fer /ɪ̈nfə́ː | ɪnfə́ː[r]/ *v.* (**in·ferred**; **in·fer·ring**)
— *vt.* **1** [しばしば *that*-clause を伴って]〔根拠・事実などから〕…と推論[推定, 推理]する (cf. posit 1)〔*from*〕: ～ a person's innocence (行動などの根拠から)人の潔白であることを推定する / *From* what he wrote to me I ～*red that* something had happened to our mother. 彼の手紙からみて母に何かがあったと推断した. **2** 〈事・《口語》人が〉(結論として)意味する, 暗示する: Silence often ～*s* consent. 沈黙はしばしば同意のしるしになる. **3** [しばしば *that*-clause を伴って] 暗示する, ほのめかす (suggest). **4**《廃》もたらす, 引き起こす. — *vi.* 〔…から〕推論[推測]する〔*from*〕. 〘(c1485)□ L *inferre*《原義》to bring in or on ← IN-[2]＋*ferre* to carry, bear〙

SYN 推論する: **infer** 既知の事実や証拠に基づいて推論する: From your smile, I *infer* that you are pleased. 君の笑顔を見て君が喜んでいるのがわかる. **deduce** ＝*infer*; 哲学用語としては「演繹(ｴﾝｴｷ)する」(格式ばった語): *deduce* a conclusion from premises 前提から結論を演繹(ｴﾝｴｷ)する. **reason** 知識・理性を用いて判断を下す: I must, therefore, *reason* that he is innocent. だから彼は無実だと断定せざるをえない. **judge** 証拠を慎重に考量することによって意見を出す: I cannot *judge* whether he is telling the truth. 彼が真実を語っているかどうか判断できない. **gather** 言われたことやなされたことから理解する: I *gather* that you are unwilling to go. どうやら君は行きたくないようだね.

in·fer·a·ble /ɪ̈nfə́ːrəbḷ | ɪnfə́ːr-, ínf(ə)r-/ *adj.* 推論できる, 推定される〔*from*〕. **in·fér·a·bly** *adv.* 〘(1755): ⇨ ↑, -able〙

in·fer·ence /ínf(ə)rəns, -fəns, -rənts, -fənts | -f(ə)rəns, -rənts/ *n.* **1** 推論, 推理, 推定; 推論の結果, 推断, 結論: by ～ 推論によって, 推論的に, 推論の結果として / speak from ～ (多分こうだろうと)推測して言う / draw [make] an ～ (*from*) (…から)推測する, 結論を下す / That is a mere ～. それはほんの推測に過ぎない. **2**〘論理〙(演繹(ｴﾝｴｷ)または帰納的)推理, 推論: hypothetic ～ 仮説推理 / ⇨ DEDUCTIVE inference, immediate inference, inductive inference, mediate inference. 〘(1594)□ ML *inferentia* ← L *inferentem* (pres.p.) ← *inferre* 'to INFER': ⇨ -ence〙

ínference rùle *n.*〘論理〙推論[推理]規則《公理体系で定理等を導出する変形規則またはその一部; 通例肯定式をいう; cf. modus ponens, transformation rule》. 〘1962〙

I

in·fer·en·tial /ìnfərénʃəl, -ʃḷ⌐/ *adj.* 推理(上)の, 推論(上)の, 推定した: It is not an ～, but a palpable fact. 推定上の事ではなくれっきとした事実である. 〘(1657) ← ML *inferentia* 'INFERENCE'＋-AL[1]〙

in·fer·én·tial·ly /-ʃəli/ *adv.* 推論的に, 推測的に. 〘(1691): ⇨ ↑, -ly[1]〙

In·fer·i /ínfəràɪ/ *n. pl.*〘ローマ神話〙インフェリ (cf. Superi): **1** 冥界の住人, 地獄の住人, 死者. **2** 地獄の神々. 〘□ L *inferi* (pl.) ← *inferus* underneath: ⇨ inferior〙

in·fer·i·ble /ɪ̈nfə́ːrəbḷ | ɪnfə́ːrɪ̈-, ínf(ə)r-/ *adj.* ＝inferable.

in·fe·ri·or /ɪ̈nfí(ə)riə, ìn- | ɪnfíəriə[r], ìn-⌐/ *adj.* (↔ superior) **1** (質・程度などが)〔…よりも〕劣った, 良くない〔*to*〕: goods ～ *to* sample 見本より悪い品物 / I always feel ～ *to* him. 彼にはいつもかなわないと思う / This wine is ～ *to* that in flavor. このぶどう酒はそのぶどう酒に比べて味が落ちる. **2** (質・程度などが)劣等[下等]の, 粗悪な; 二流品[二等品]の, 並の: an ～ poet 二流詩人 / of ～ workmanship 仕上げ[出来栄え]の良くない / sell ～ goods at high prices 粗悪な品を高い値段で売る (cf. inferior goods) / This brandy is very ～ stuff. このブランデーは大変品が悪い. **3** 下の階級[身分]の, 階級[身分]の低い; 〔…より〕下位[下級, 下層]の〔*to*〕: ⇨ inferior court / A colonel is ～ *to* a general. 大佐は将官より下位である. **4** (位置が)下の, 下方の, 下部の: the ～ strata 下位地層. **5**〘解剖・動物〙他の器官の下に付いた, 下の: ⇨ inferior vena cava. **6**〘植物〙下生の; 〈萼(ｶﾞｸ)が〉子房の下にある; 〈子房が〉萼の下にある: an ～ calyx [ovary] 下位萼[子房]. **7**〘印刷〙下付きの: an ～ letter [number] 下付き文字[数字]《H2, Dn などの 2, n など; H, 2 ～, D, N ～ と読む》. **8**〘天文〙**a** 〈惑星が〉地球の軌道の内側にある: ⇨ inferior planet. **b** 〈合(ｺﾞｳ)が〉太陽と地球の間で起こる, 内合の: ⇨ inferior conjunction.
— *n.* (↔ superior) **1** 下の者, 目下の者, 下級者, 後輩 (cf. equal): He is condescending to his ～*s*. 目下の者に腰が低い. **2** 才能の劣った者, 劣等者: I am your ～ *in* ability. 能力の点では君に及ばない. **3**〘印刷〙下付き文字[数字, 活字].
～·ly *adv.* 〘(adj.: ?a1425; n.: ?a1425)□ L *inferior* lower (comp.) ← *inferus* being below, underneath: ⇨ -ior[1]: cf. under〙

inférior conjúnction *n.*〘天文〙内合《内惑星の合(ｺﾞｳ)が太陽と地球の間で起こること; cf. superior conjunction》. 〘1833〙

inférior cóurt *n.* **1** 《英》下位裁判所《その管轄権に制限のある裁判所; 郡裁判所・治安判事裁判所以下のものがこれに当たる; cf. superior court》. **2** 《米》下位裁判所《州によって名称は異なるが郡裁判所・治安判事裁判所・遺言検認裁判所以下のものがこれに当たる》.

inférior góods *n. pl.*〘経済〙劣等財, 下級財《消費者の収入が増せば消費量が減るような財》.

in·fe·ri·or·i·ty /ɪ̈nfì(ə)riɔ́(ː)rəṭi, ìn-, -ɑ́(ː)r- | ɪnfìəriɔ́rɪ̈ti, ìn-/ *n.* 劣っていること, 下等, 劣等, 粗悪, 下級, 下位 (↔ superiority)〔*to*〕: a feeling of ～ 劣等感. 〘(1599) F *infériorité* // ML *inferiōritātem*: ⇨ -ity〙

inferióríty cómplex *n.* **1**〘精神分析〙劣等コンプレックス, インフェリオリティーコンプレックス, 劣等感《他人より劣るという潜在観念, その結果著しく内気になるかまたは反動的に大げさな虚勢的態度を見せる》. **2**《口語》ひけめ, ひがみ. 〘1922〙

inférior plánet *n.*〘天文〙内惑星《地球軌道の内側を運行する惑星; 水星 (Mercury) と金星 (Venus); interior planet ともいう; ↔ superior planet; cf. inner planet》. 〘1658〙

inférior véna cáva *n.*〘解剖〙下大静脈.

in·fer·nal /ɪ̈nfə́ːnḷ | ɪnfə́ː-/ *adj.* **1** 地獄の: the ～ regions 地獄 / an ～ spirit 地獄の鬼. **2** 悪魔[悪鬼]のような, 極悪の, 非道の: ～ cruelty / an ～ deed. **3**《口語》ひどい, 途方もない, いまいましい: an ～ nuisance いまいましい厄介物 / an ～ lie とんでもない嘘 / I'm in an ～ muddle. とても困っているんだ. — *n.* **1** [通例 *pl.*]《古》

悪魔のような人, 極悪非道な人. **2** [*pl.*]《廃》地獄. 〖《*c*1385》□ (O)F ～ // LL *infernālis* ← L *infernus* lying beneath, underground ← *inferus* lower: cf. inferior〗

in·fer·nal·i·ty /ìnfə(ː)nǽləṭi | -fə(ː)nǽlɨ̀ti/ *n.* 極悪, 非道. 〖⇨ ↑, -ity〗

in·fér·nal·ly /-nəli, -nḷi/ *adv.* **1** 悪魔のように; 極悪に. **2**《口語》いまいましいほどに, やけに, ひどく. 〖《1638》: ⇨ -ly¹〗

inférnal machíne *n.*《古》(機械仕掛けの)爆弾, 偽装爆破装置《暗殺·放火などに用いる; もと time bomb や booby trap を指すのにこの語を使った》. 〖1810〗

in·fer·no /ɪ̀nfə́ːnoʊ | ɪnfə́ːnəʊ/ *n.* (*pl.* **～s**) **1** 地獄; 焦熱地獄. **2** 地獄のような苦痛と苦悶の場所, この世の地獄. **3** 焦熱. **4** [The I-]「地獄編」《Dante 作「神曲」(*The Divine Comedy*) の第一部》. 〖《1834》□ It. ～ < LL *infernum* hell: ⇨ infernal〗

in·fe·ro- /ínfəroʊ | -rəʊ/「下側に (on the underside); 下に (below)」の意の連結形. 〖← L *inferus* lower: ⇨ inferior〗

ìnfero·antérior *adj.* 下前部の. 〖《1849》: ⇨ ↑, anterior〗

in·fér·rer /-fə́ːrə | -fə́ːrə^(r)/ *n.* 推論者, 推測者.

in·fer·ri·ble /ɪ̀nfə́ːrəbl | ɪnfə́ːrɨ̀-, ínf(ə)r-/ *adj.* = inferable. 〖1646〗

in·fer·tile /ɪ̀nfə́ːṭḷ, ɪn- | ɪnfə́ːtaɪl, ɪ̀n-⌐/ *adj.* **1** 生殖力のない, 繁殖力のない; 〈卵が〉受精していない, 無精の (⇨ sterile **SYN**): an ～ egg 無精卵. **2** 〈土地が〉豊かでない, 不毛の, やせた. **～·ly** *adv.* **in·fer·til·i·ty** /ìnfə(ː)tíləṭi | -fə(ː)tílɨ̀ti/ *n.* 〖《1597》□ F ～ □ LL *infertilis*: ⇨ in-¹, fertile〗

in·fest /ɪ̀nfést | ɪn-/ *vt.* **1 a** [しばしば受身で]〈(多数の)山賊·ねずみ·病気などが〉…に横行する, 出没する, はびこる, 荒らし回る: Brigands ～ the mountains. 山賊が山地に横行している / The sea was ～*ed* by [*with*] pirates. その海域は海賊が横行していた / The fields are ～*ed with* rats [vermin]. 畑はねずみ[害獣]に荒らされている / a slum ～*ed with* crime 犯罪のはびこる汚い裏町. ★ しばしば a pirate-*infested* sea, the rat-[vermin-]*infested* fields などとも用いる. **b** 〈子供などが〉…に群がる: streets ～*ed with* children. **2** 〈害虫などが〈動物〉に寄生する, たかる: a dog ～*ed* by fleas. **3**《古》〈心配ごとなどが〉…にからみつく, しつこく悩ます. **～·er** *n.* 〖《?*a*1425》□ (O)F *infester* // L *infestāre* to assail, molest ← *infestus* hostile,《原義》directed against ← IN-²+-*festus* (cf. manifest)〗

in·fes·tant /ɪ̀nféstənt | ɪn-/ *n.*〖生物〗侵食生物[動物]《例えば衣類を食い荒らすイガ, 麦粉を食うコナムシ, 酢の中にいるスセンチュウなど》. 〖□ L *infestāntem* (pres.p.) ← *infestāre* (↑): ⇨ -ant〗

in·fes·ta·tion /ìnfestéɪʃən/ *n.* **1** (山賊·ねずみなどが)群がり荒らすこと, 横行, 出没; 来襲, 侵入; 蔓延(まん). **2**〖病理〗(寄生動物の)(体内)浸入, インフェステーション. 〖《?*c*1425》□ LL *infestātiō(n-)*: ⇨ infest, -ation〗

in·feu·da·tion /ìnfjuːdéɪʃən/ *n.* **1**〖古英法〗授封, 封土《知行を与えて領臣 (vassal) にする[主従の関係を結ぶ]こと》; (授封によって結ばれた)領主領臣[主従]関係. **2** [the ～]〖英法〗= INFEUDATION of tithes.

infeudátion of títhes [the —]〖英法〗(俗人 (laymen) への)十分の一税 (tithe) 徴収権の譲与. 〖1695〗 〖《1473–14》□ ML *infeudātiō(n-)* ← *infeudāre* to enfeoff ← IN-¹+*feudum*: ⇨ feud², fee〗

in·fib·u·late /ɪnfíbjulèɪt/ *vt.* 〈陰部を〉封鎖する; (性交防止のため)〈性器に〉留め金[リング]をつける.

in·fib·u·la·tion /ɪnfìbjuléɪʃən/ *n.* 留め金[リング]で留めること; (特に)陰部封鎖《ある種の未開種族間で性交を防止するために行われた》. 〖《1650》← L *infibulāre* to clasp, buckle (← IN-²+*fibula* 'clasp, pin, FIBULA')+-ATION〗

in·fi·del /ínfədèl, -dḷ | -fɨ̀dḷ, -dèl/ *n.* **1** 神を信じない人, 信仰のない者, 不信心者, 無神論者. **2** (ユダヤ教·キリスト教·イスラム教徒などおのおのの立場からみて)異教徒, 異端者, 邪宗徒. **3** どの理論·教義も信じない人, 懐疑主義者. — *adj.* **1** 神を信じない, 信仰のない, 不信心な. **2** 反キリスト[イスラム]教の, 聖書や神の啓示を信じない. **3** 異教徒の, 異端者の, 不信仰者の. 〖《*a*1470》□ (O)F *infidèle* // L *infidēlis* faithless, (LL) unbelieving ← IN-¹+*fidēlis* faithful (cf. fidelity)〗

in·fi·del·ic /ìnfədélɪk | -fɨ̀-/ *adj.* = infidel. 〖1882〗

in·fi·del·i·ty /ìnfɨ̀déləṭi, -faɪ- | -lɨ̀ti/ *n.* **1** (夫婦間の)不貞, 不義: conjugal ～ 密通. **2** 不誠実; 背信. **3** 神を信じないこと, 不信心, 無信仰; キリスト教を信じないこと. **4** (テキストなどとして)信頼できないこと, (釈訳などの)誤り. 〖《*a*1400》□ (O)F *infidélité* // L *infidēlitātem* ← *infidēlis*: ⇨ infidel, -ity〗

ín·fìeld *n.* **1** 農家の周囲の畑; (常に耕作している)畑地. **2**〖クリケット·野球〗内野 (↔ outfield); [集合的] 内野手 (infielders). **3**〖陸上競技〗インフィールド《トラックに囲まれたフィールド》;〖競馬〗内馬場. — *adj.* 内野の. — *adv.* 内野の中央で[へ]. 〖《1606》— IN (adj.)+FIELD〗

ín·fielder *n.*〖野球·クリケット〗内野手.

hándcuff an infielder 〈打球が〉内野手を強襲する. 〖《1867》← INFIELD+-ER¹〗

ínfield flý *n.*〖野球〗インフィールドフライ《無死または一死で走者が 1, 2 塁もしくは満塁のとき内野手が当然捕球できうると思われるフェア区域に打たれた飛球; 主審がインフィールドフライを宣すればその飛球が捕えられる前に打者はアウトになる》.

ínfield hít *n.*〖野球〗内野安打. 〖1912〗

ínfield óut *n.*〖野球〗内野ゴロアウト. 〖1926〗

ínfields·man /-mən/ *n.* = infielder. 〖1910〗

ín·fìghter *n.* **1** 内輪もめする人. **2**〖ボクシング〗接近戦を得意とするボクサー. 〖《1812》← IN (adv.)+FIGHTER〗

ín·fìghting *n.* **1**〖ボクシング〗インファイト, 接近戦 (↔ outfighting). 日英比較「インファイト」は和製英語. **2**《口語》(政党内の)内部抗争, 内紛, 対抗意識, (組織·グループ内の)内輪もめ, 内ゲバ, (舞台裏の)暗闘. **3** 乱戦, 乱闘. 〖《1816》← IN (adv.)+FIGHTING〗

ín·fìll *vt.* 〈空いている場所を〉埋める, ふさぐ, 充填する. — *n.* = infilling. 〖《1880》← IN-²+FILL¹ *v.*〗

ín·fìll·ing *n.* **1 a** 空間[隙間]をふさぐ[埋める]こと. **b** 充填材. **2** (都市計画で)既存の建物の間の空地に建物を建てること. 〖《1871》: ⇨ in *adv.*〗

in·fil·ter /ɪ̀nfíltə | ɪnfíltə^(r)/ *vi.* 漉(こ)し入れる, ふるい入れる. 〖《*a*1846》← IN (adv.)+FILTER¹ (v.) // □ F *infiltrer*〗

in·fil·trate /ɪ̀nfíltreɪt, ínfɨ̀ltrèɪt | ínfɨ̀ltrèɪt/ *vt.* **1** 〔…に〕浸入させる〔*into*〕; 〔…に〕浸透[浸潤]させる〔*through*〕; 〔…を〕…に浸入[浸透, 浸潤]させる〔*with*〕: ～ some fluid *into* [*through*] something = ～ something *with* some fluid. **2** …に浸入[浸透, 浸潤]する. **3** 〈地域·組織〉にじりじり入り込む. **4**〖軍事〗(敵の背後から攻撃するため)〈敵地〉に潜入する, 浸透する. — *vi.* **1** 〔…に〕入り込む, しみ込む, 浸透[浸潤]する〔*into*〕. **2**〖軍事〗潜入する, 浸透する. — *n.* **1** 浸入するもの. **2**〖病理〗浸潤病(巣); 浸潤物. 〖《1758》← IN-²+FILTRATE: F *infiltrer* からの類推による〗

in·fil·tra·tion /ìnfɨ̀ltréɪʃən/ *n.* **1** しみ込むこと, 浸入, 浸透, 浸潤: ～ of the lung 肺浸潤. **2** 浸入するもの. **3 a**〖軍事〗(敵の背後から攻撃するための)潜入(行動), 浸透; (敵機から発見[攻撃]されないための個人または小グループによる)不規行進, 各個躍進[前進]; (他の車両縦隊の間を縫って進む車両の)間隙行進: advance by ～. **b** (スパイなどの目的で組織·団体などに)人を送り込むこと. **4**〖地質〗浸潤. 〖《1796》: ⇨ ↑, -ation〗

infiltrátion gàllery *n.* 排水暗渠(きょ), 地下水収集管.

in·fil·tra·tive /ínfɨ̀ltrèɪṭɪv, ɪ̀nfíltrəṭ- | ínfɪltrèɪt-/ *adj.* しみ込ませる, 浸透[浸潤]する; 浸潤性の. 〖《1856》← INFILTRATION+-IVE〗

in·fíl·tra·tor /-ṭə | -tə^(r)/ *n.* infiltrate する人[もの]: an enemy ～ 敵の潜入者. 〖《1944》← INFILTRATE+-OR²〗

in·fi·ma spè·cies /ínfəmə- | -fɨ̀-/ *n.* (分類上の)最小区分;〖論理〗最低種. 〖《1645》*infima*: □ L ～ (fem.): ↓〗

in·fi·mum /ɪ̀nfáɪməm, -fíː- | ɪnfɨ̀-/ *n.*〖数学〗下限 (⇨ greatest lower bound). 〖《1940》□ L ～ (neut.) ← *infimus* lowest (superl.) ← *inferus* low: ⇨ inferior〗

infin. 《略》infinitive.

in fi·ne /ɪnfáɪni, -fíːni, -neɪ/ *L. adv.* 窮極において, 最後に. 〖《*c*1540》□ L ～ ← *in* 'IN'+*fine* ((abl.) ← *finis* end)〗

in·fi·nite /ínfənɨ̀t | -fɨ̀-/ *adj.* **1** 無限の, 無窮の, 果てのない: ～ space, time, etc. / the ～ wisdom of God 神の無限の知恵 / the ～ God 無窮の神 / a person's ～ variety 人の無限の変化 (cf. Shak., *Antony* 2. 2. 240–1). ★ 英国の教会音楽では普通 /-fɨ̀nàɪt, -faɪ-/. **2** 無量の, 計られない, 数え切れない, 莫大な, 非常な: an ～ number of insects 無数の昆虫 / an ～ sum of money 莫大な金額 / a matter of ～ importance きわめて重要な事 / ～ patience [pains] 非常な忍耐[骨折り] / an ～ supply of coal 無尽蔵の石炭 / ～ instances おびただしい実例. **3** /ínfənɨ̀t | -fɨ̀nɨ̀t, -faɪnaɪt/〖数学〗**a** 無限の (↔ finite): an ～ decimal 無限小数 / an ～ product 無限乗積 / an ～ sequence 無限数列. **b** 〈集合が〉真部分集合と 1 対 1 の対応をさせることができる. **4** /ɪ̀nfáɪnaɪt, ìn- | ɪn-, ìn-/ *adj.*〖文法〗不定の, 非定形の《人称·数·法の限定を受けない Infinitive, Gerund, Participle などの動詞形; ↔ finite》. — *n.* **1** [the ～] 無限(の空間), 無窮(の時間). **2** [the I- (*Being*)] 無限者, 造物主, 神 (the Creator). **3** /ínfənɨ̀t | -fɨ̀nɨ̀t, -faɪnaɪt/〖数学〗無限 (infinite quantity).

an infinite of ... 《古》無限[無量]の…. 《1563》

～·ly *adv.* **～·ness** *n.* 〖《*c*1380》□ OF *infinit* // L *infinītus* unbounded, unlimited ← IN-²+*finītus* 'FINITE'〗

ínfinite báffle *n.*〖電子工学〗無限バッフル.

ínfinite bús *n.*〖電気〗無限母線《負荷効果のない十分な強力な母線》.

ínfinite íntegral *n.*〖数学〗無限積分《無限区間の上の定積分; cf. improper integral》.

ínfinite régress *n.*〖哲学〗無限後退[背進]《推論の条件·事象の原因[原理]の探究が同種の条件·原因[原理]を無際限に必要とし, 終結に至らないこと》. 〖1934〗

ínfinite séries *n.*〖数学〗無限級数. 〖1706〗

in·fin·i·tes·i·mal /ìnfɪnətésəməl, -zə-, -mḷ | -nɨ̀tésɨ̀-⌐/ *adj.* **1** 極微の, 微小の, 極小の: to an ～ degree 最小限度まで. **2**〖数学〗無限小の. — *n.* 極微量. **2**〖数学〗無限小. **～·ly** *adv.* 〖《1655》← NL *infinītēsimus* (← L *infinītus* 'INFINITE')+-AL¹: CENTESIMAL からの類推〗

infinitesimal cálculus *n.*〖数学〗極限算法; 微積分学. 〖1801〗

in·fin·i·ti·val /ɪ̀nfɪnətáɪvəl, -vḷ | ɪnfɪnɨ̀táɪvəl, ìnfɪn-⌐/ *adj.*〖文法〗不定詞 (infinitive) の[を有する]: an ～ construction 不定詞構文. **～·ly** *adv.* 〖《1869》□ LL *infinītīvus* (↓): ⇨ -al¹〗

in·fin·i·tive /ɪ̀nfínəṭɪv | ɪnfínɨ̀t-/〖文法〗*adj.* 不定詞の (cf. finite 3): ～ phrase 不定詞句. — *n.* 不定詞《I can go., I want to go. などにおける *go*, *to go* などのように, 人称·数などの制約を受けずに用いられる動詞形》: ⇨ split infinitive. **～·ly** *adv.* 〖《*c*1450》□ LL *infinītīvus* unlimited, undefined ← IN-¹+*fīnītīvus* defining, definite: cf. infinite〗

in·fin·i·tize /ɪ̀nfínətàɪz | ɪnfínɨ̀-/ *vt.* 無限にする, 無窮にする《時間·空間·状況などの制約から解放する》. 〖《1913》← INFINITE+-IZE〗

in·fin·i·tude /ɪ̀nfínətùːd, -tjùːd | ɪnfínɨ̀tjùːd/ *n.* **1** 無限, 無窮, 無辺: the ～ of God's mercy 神の慈悲の限りなさ / the ～ of the universe 宇宙の無限大. **2** [an ～ of の形で] 無量, 無数: *an ～ of* distinctions [varieties] 無数の区別[変化]. 〖《1641》: ⇨ infinite, -tude: MAGNITUDE からの類推〗

in·fin·i·ty /ɪ̀nfínəṭi | ɪnfínɨ̀ti/ *n.* **1** 無限, 無窮, 無辺: the ～ of God 神の無窮性 / to ～ 無限に / an ～ of … 無数の…. **2** = infinitude 2. **3** 無限の時間[空間, 数量]. **4**〖物理〗有限の変化量によって影響されないだけの十分な大きさの次元[量]. **5**〖数学〗**a** 無限大 (∞ の記号で表す); 無限遠: at ～ 無限遠において. **b** ゼロの逆数. **6**〖写真〗(被写体とカメラのフィルム面の距離について)インフ(ィ)ニティ, 無限遠 (∞ の記号で表示; 入射光が平行光となるくらいの遠距離); 無限遠用目盛り. — *adj.* 超高感度の: an ～ microphone [transmitter, bug] (スパイ用の)超高感度マイク[送話器, 盗聴器]. 〖《*c*1378》*infinite* □ (O)F *infinité* // L *infinītātem* boundlessness ← *infinītus* 'INFINITE': ⇨ -ity〗

infinity sìgn *n.*〖数学·言語〗無限大記号 (∞).

in·firm /ɪ̀nfə́ːm | ɪnfə́ːm/ *adj.* (**～·er; ～·est**) (cf. unfirm) **1** 〈人·動作など〉弱い, 弱々しい, (特に, 老齢のため)虚弱な (⇨ weak **SYN**): an ～ constitution 虚弱な体質 / be ～ *with* age [*from* old age] 老衰している / old and ～ 歳を取ってよぼよぼになった. **2** (精神的に)弱い, 薄弱な, 決断力のない, 優柔不断な: be ～ *of* purpose 意志が弱い. **3** (基礎·論拠などの)堅固でない, 根拠薄弱な: an ～ support, reasoning, etc. — *vt.* **1** 〈法律·慣習などを〉無効にする. **2**《廃》弱くする. **～·ly** *adv.* **～·ness** *n.* 〖《*c*1380》□ L *infirmus* ← IN-¹+*firmus* 'strong, FIRM²'〗

in·fir·mar·i·an /ìnfəméᵊriən | -fəmέər-/ *n.* 修道院の診療所 (infirmary) などの看護人. 〖《1669》← INFIRMARY+-IAN〗

in·fir·ma·ry /ɪ̀nfə́ːm(ə)ri | ɪnfə́ː-/ *n.* (小)病院, 診療所; (特に, 僧院·学校·工場などの)付属診療所, 医務室; (その)薬局, 施薬所. 〖《1451》□ ML *infirmāria* ← L *infirmus*: ⇨ infirm, -ary〗

in·fir·ma·to·ry /ɪ̀nfə́ːmətɔ̀ːri | ɪnfə́ːmətəri, -tri/ *adj.* 効果[価値]のないものにするような. 〖《1726》← L *infirmātus* ((p.p.) ← *infirmāre* to weaken ← *infirmus* 'INFIRM')+-ORY¹〗

in·fir·mi·ty /ɪ̀nfə́ːməṭi | ɪnfə́ːmɨ̀ti/ *n.* **1** 虚弱, 病弱, 衰弱, 老衰. **2** 病気, 疾患: *infirmities* of age 老病, 老齢に伴う肉体的衰弱《老眼や手足の不自由など》/ No mortal is exempt from *infirmities*. 人間に病気は免れない. **3** (精神的な)弱さ, 弱点, 欠陥: *infirmities* of purpose 意志薄弱 / the ～ of human nature 人間性の弱さ / the last ～ of nobel mind 気高き魂の最後の弱さ (J. Milton, *Lycidas*; 野心や名声を求めることについていう). 〖《*c*1350》□ L *infirmitātem* ← *infirmus*: ⇨ infirm, -ity〗

in·fix /ínfìks, ←⌐/ *v.* — *vt.* **1** 固定する, 取り付ける, 差し込む, はめ込む (fix) 〔*in*〕. **2** 〈習慣などを〉植えつける; 〈思想·事実などを〉〈心に〉しみ込ませる, 覚え込ませる〔*in*〕: ～ a fact *in* one's mind. **3**〖文法〗〈挿入辞を〉語幹中に挿入する (insert). — *vi.*〖文法〗挿入辞が入る. — /ínfìks/ *n.*〖文法〗挿入辞, 接中辞《語幹中に挿入された構成要素; 例えばラテン語の *vīcī* (=I have conquered) に対して *vincere* (=to conquer), *vincō* (=I conquer) などにおける -*n*-; cf. suffix》.

in·fix·a·tion /ìnfɪkséɪʃən/ *n.* **in·fix·ion** /ɪnfíkʃən/ *n.* 〖《?*a*1425》← L *infixus* (p.p.) ← *infigere* to fix or fasten in // ← IN-²+FIX〗

infl. 《略》inflated; influence; influenced.

in fla·gran·te de·lic·to /ìnfləgrɑ̀(ː)nṭidɪ̀líktoʊ, -grǽn- | -teɪdɪlíktəʊ/ *L. adv.* 現行犯で, 犯罪の最中に;《英俗》(不義の)性交の最中で《flagrante delicto ともいう》. 〖《1772》□ L *in flagrante dēlictō* while the crime is blazing〗

in·flame /ɪ̀nfléɪm | ɪn-/ *vt.* **1** 燃え上がらせる, 燃え立たせる, 燃やす, 焼く, たきつける; …に火を付ける. **2** (炎のように)明るくする: The setting sun ～*s* the sky. 夕日が空を炎のように染めた. **3** (激怒などで)〈顔を〉真っ赤にする, 〈目を〉充血させる, 血走らせる: a face ～*d with* wrath 怒りで真っ赤になった顔. **4** 〈人·感情などを〉あおる, たきつける, 興奮させる, 怒らせる: be ～*d with* rage[passion] 激怒する[熱情にかられる]. **5** 〈食欲などを〉刺激する, 鼓舞する; 〈敵意などを〉強める, 高潮させる. **6**〖医学〗〈体組織〉に炎症を起こさせる: an ～*d* eye 炎症を起こした目 / a wound ～*d* by infection 病毒で炎症を起こした傷口. — *vi.* **1** 燃え立つ, (ぱっと)燃え上がる. **2** 〈顔が〉真っ赤になる, ほてる, 〈目が〉充血する. **3** 〈感情などが〉熱する, 激する, いきり立つ. **4**〖医学〗炎症を起こす. **in·flám·er** *n.* **in·flám·ing·ly** *adv.* 〖《*c*1340》*enflaume(n)* □ (O)F *enflam(m)er* < L *inflammāre* to set on fire ← IN-²+*flamma* 'FLAME'〗

in·flamed /ɪ̀nfléɪmd | ɪn-/ *adj.*〖紋章〗= flamant.

in·flam·ma·bil·i·ty /ɪ̀nflæ̀məbíləṭi | ɪnflæ̀məbílɨ̀ti/ *n.* **1** 燃えやすいこと; 燃焼性, 引火性 (⇨ inflammable ★). **2** 激し[怒り]やすいこと, 興奮性. 〖《1646》: ⇨ ↓, -ity〗

in·flam·ma·ble /ɪ̀nflǽməbl | ɪn-/ *adj.* **1** 火の付きやすい, 燃えやすい, 可燃性の: an ~ gas 可燃ガス. ★ nonflammable の意にとられやすいので, 工業・商業用語としては同意語の flammable のほうが好まれる; この傾向は逐次一般にも及びつつある. **2** 〈気質・感情など〉激し[怒り]やすい, 興奮[熱狂]しやすい. **—** *n.* [通例 *pl.*] 可燃物. **~·ness** *n.* **in·flám·ma·bly** *adv.* 〖《?a1425》□(O)F ~ ∥ ML *inflammābilis* ← L *inflammāre* 'to INFLAME': ⇨ -able〗

in·flam·ma·tion /ìnfləméɪʃən/ *n.* **1** 〘医学〙炎症: ~ of the lungs 肺炎 (pneumonia). **2** 点火, 発火, 燃焼. **3** (感情などの)燃え上がり; 興奮, 激怒: an ~ of nationalism. 〖《?a1425》□L *inflammātiō(n-)* ← *inflammāre* 'to INFLAME'〗

in·flam·ma·to·ry /ɪ̀nflǽmətɔ̀ːri | ɪnflǽmətəri, -tri/ *adj.* **1** 〘医学〙炎症を起こす, 炎症性の: an ~ pain 炎症性疼痛. **2** 人を激させる, 激昂させる; 刺激的な, 煽動的な: ~ speeches, writings, etc. **in·flam·ma·to·ri·ly** /ɪ̀nflæ̀mətɔ́ːrəli | ɪnflǽmətərɪli, -trɪ-/ *adv.* 〖《1681》← L *inflammātus* ((p.p.) ← *inflammāre* 'to INFLAME')+-ATORY〗

in·flat·a·ble /ɪ̀nfléɪtəbl | ɪnfléɪt-/ *adj.* ふくらまされる, 膨張させ得る: an ~ boat. **—** *n.* (使用するとき)ふくらまさねばならないもの《玩具・マットレス・ボートなど》. 〖《1878》: ⇨ ↓, -able〗

in·flate /ɪ̀nfléɪt | ɪn-/ *vt.* **1** 〈風船などを〉〈空気・ガスなどで〉ふくらませる, 膨張させる (⇨ expand SYN): ~ a balloon, tire, etc. / ~ one's lungs 息をうんと吸い込む. **2** (異常[無分別, 過度]に)拡げる, 増大させる. **3** 〘経済〙〈物価・株式などを〉(人為的に)つり上げる; 〈通貨を〉(紙幣の濫発により)膨張させる (cf. reflate; ↔ deflate): ~ the paper currency 紙幣を濫発する. **4** …の心を高ぶらせる, 鼻を高くさせる, 得意がらせる: ~ a person *with* pride 人を慢心させる[横柄に威張らせる]. **—** *vi.* **1** 膨張を引き起こす; 膨張する. **2** インフレを引き起こす, インフレが起こる. **—** *adj.* 《古》=inflated. 〖《?a1425》← L *inflātus* puffed up (p.p.) ← *inflāre* to blow into, make haughty ← IN-[2]+*flāre* to blow〗

in·flát·ed /-təd | -tɪd/ *adj.* **1** 〈風船など〉(空気・ガスで)ふくらんだ, 膨張した. **2** 〈文体・言語が〉大げさな, 仰々しい, 誇張的な: ~ language (内容のない)大げさな言葉, 大言壮語. **3** 鼻を高くした, 得意になった: ~ *with* conceit [pride] うぬぼれ[慢心]で得意になった. **4** (インフレの結果)暴騰した; 〈通貨が〉著しく膨張した: the ~ value of land 暴騰した地価 / ~ prices. **5** 〘植物〙空気でふくらんだ, 中空の. **~·ly** *adv.* **~·ness** *n.* 〖《1599》: ⇨ ↑, -ed 1〗

in·flát·er /-tə | -tə(r)/ *n.* ふくらませるもの, (特に, タイヤなどの)手動空気入れ[ポンプ]. 〖《1884》← INFLATE+-ER[1]〗

in·fla·tion /ɪ̀nfléɪʃən | ɪn-/ *n.* **1** ふくらませる[ふくれる]こと, 膨張. **2** 〘経済〙インフレーション, インフレ; (特に, 正貨と兌換(だ)できない紙幣の発行による)通貨膨張; (物価・株価などの)騰貴, 高騰, 暴騰 (↔ deflation): galloping ~ 急性インフレ. **3** 《口語》物価上昇率. **4** 得意, 自負, 自慢; 慢心; 誇大, 誇張. 〖《c1340》□L *inflātiō(n-)* ← *inflāre* 'to INFLATE': ⇨ -ation〗

in·fla·tion·ar·y /ɪ̀nfléɪʃənèri | ɪnfléɪʃ(ə)nəri/ *adj.* インフレの, インフレを誘発する; (特に)通貨膨張の: an ~ tendency [policy] インフレ傾向[政策] / in ~ times インフレの時代に. 〖《1920》: ⇨ ↑, -ary〗

inflátionary gáp *n.* 〘経済〙インフレギャップ《完全雇用の限度を超える購買力がある状態》. 〖1945〗

inflátionary spíral *n.* 〘経済〙悪性インフレ《物価上昇が賃金その他費用の騰貴をよび, その結果さらに物価が上がる事態》. 〖1931〗

inflátionary úniverse *n.* 〘天文〙インフレーション宇宙《ビッグバンモデルの一つ; 宇宙生成の際, 宇宙が現在の膨張速度に落ちつく前に急激な膨張を経たとする》.

in·flá·tion·ism /-ʃənɪzm/ *n.* =inflater. 〖1899〗

in·flá·tion·ism /-ʃənɪ̀zm/ *n.* 〘経済〙インフレ政策, 通貨膨張論; インフレ状態. 〖《1919》← INFLATION+-ISM〗

in·flá·tion·ist /-ʃ(ə)nɪst | -nɪst/ *n.* インフレ政策を暗に奨励する人, 通貨膨張論者. **—** *adj.* インフレ政策の, 通貨膨張論の. 〖《1876》← INFLATION+-IST〗

inflátion mèthod *n.* 〘化学〙インフレーション法《押出成形機により押し出した樹脂のチューブに空気を吹き込む包装材用の合成樹脂フィルム製法の一つ》.

in·flá·tor /-tə | -tə(r)/ *n.* =inflater. 〖1899〗

in·flect /ɪ̀nflékt | ɪn-/ *vt.* **1** (内に)曲げる, 屈曲させる. **2** 〘文法〙変化させる, 屈折させる, (特に)…の語尾を活用させる: ~ a verb 動詞の活用形を書く[言う]. **3** 〈音声を〉調節する, …に抑揚をつける. **4** 〘植物〙内側に曲げる, 内曲させる. **5** 〘音楽〙〈音を〉半音高める[低める], 〈声の調子を変える. **—** *vi.* 〘文法〙屈折を特色とする; 〈語が〉屈折[活用]する. **in·fléc·tor** *n.* **~·a·ble** *adj.* 屈折し得る. 〖《c1425》□L *inflectere* ← IN-[1]+*flectere* 'to bend, FLEX'〗

in·fléct·ed *adj.* **1** 〈言語が〉屈折のある, 〈語が〉変化した. **2** 〘動物・植物〙=inflexed 2. **~·ness** *n.* 〖《1646》: ⇨ ↑, -ed〗

in·flec·tion, 《英》**in·flex·ion** /ɪ̀nflékʃən | ɪn-/ *n.* **1** 屈曲, 湾曲, 反曲. **2** 音調の変化, 抑揚 (intonation): a rising [falling] ~ 上昇[下降]調 / His English had a slightly Cockney ~. 彼の英語には少しコクニーなまりの抑揚があった. **3** 〘文法〙(名詞・代名詞・形容詞・動詞の)屈折, 語形変化(表); 語形変化論; 屈折語尾 (inflectional ending) (cf. declension 4, conjugation 2). **4** 〘数学〙**a** 変曲《曲線の凹凸が入れ替わること》. **b** = inflection point 2. 〖《?a1425》□(O)F ~ ∥ L *inflexiō(n-)* ← *inflectere* 'to INFLECT': ⇨ -tion〗

in·flec·tion·al, 《英》**in·flex·ion·al** /ɪ̀nflékʃnəl, -ʃənl | ɪn-/ *adj.* **1** 〘文法〙語形変化する, 屈折する; 語尾変化の; 屈折を特徴とする: an ~ ending 屈折語尾 / ⇨ inflectional language. **2** 屈曲する, 湾曲の. **3** 抑揚の. **~·ly** *adv.* 〖《1832》: ⇨ ↑, -al[1]〗

infléctional lánguage *n.* 〘言語〙屈折(言)語 (cf. agglutinative language, isolating language).

infléction·less *adj.* 屈折[抑揚, 屈曲]のない. 〖《1878》: ⇨ -less〗

infléction pòint *n.* **1** 〘建築〙反曲点《曲げ材で, 曲げモーメントが 0 になる点》. **2** 〘数学〙変曲点, 湾曲点 (point of inflection)《曲線の凹凸の入れ替わる点》. 〖1721〗

in·flec·tive /ɪ̀nfléktɪv | ɪn-/ *adj.* **1** 屈曲する, 湾曲する, 反曲する. **2** 〘文法〙屈折する, 語形変化する. **3** 〈音が〉抑揚のある. 〖《1666》← INFLECT+-IVE〗

in·flexed /ínflɛkst/ *adj.* **1** 曲がった, 湾曲した. **2** 〘生物〙下へ[内へ, 軸寄りに]曲がった, 内折した: an ~ leaf. 〖←《廃》*inflex* 《1661》□L *inflexus*: ⇨ inflexible〗+-ED 2〗

in·flex·i·bil·i·ty /ɪ̀nflèksəbíləti, ɪ̀n- | ɪnflèksɪbílɪti, ɪ̀n-/ *n.* **1** 曲げられないこと, 不撓(とう)性. **2** 目的を曲げないこと, ひるまないこと, 不撓不屈, 剛直, 断固とした態度. **3** 変えられないこと, 不可変性. 〖《1611》: ⇨ ↓, -ity〗

in·flex·i·ble /ɪ̀nfléksəbl, ɪn- | ɪnfléksɪ-, ɪ̀n-/ *adj.* **1** 確固とした, 毅然(きぜん)たる, 揺るがない, 剛直な: ~ determination 断固とした決意 / an ~ will 不動の意志 / ~ *to* threats 脅しに屈しない. **2** 曲げられない, 曲がらない, 硬直した (⇨ stiff SYN): an ~ rod. **3** 変えられない: The rule is ~. その規則は変更を許さない. **~·ness** *n.* **in·fléx·i·bly** *adv.* 〖《1392》□L *inflexibilis* ← *inflexus* (p.p.) ← *inflectere* 'to bend, INFLECT': ⇨ in-[1], flexible〗

SYN 断固とした: **inflexible** 絶対に主義を曲げない: an *inflexible* will 不動の意志 / an *inflexible* man 頑固な男. **adamant** 信念が固く, 誘惑や嘆願に動かされない: He was *adamant* in his refusal. 彼の拒絶の意志はあくまでも固かった. **inexorable** 〈人が〉懇願に耳をかさない《格式ばった語》: an *inexorable* creditor 仮借のない債権者. **obdurate** 説得や懇願に耳をかさない: his *obdurate* determination 彼の断固とした決意. **ANT** flexible.

inflexion *n.* 《英》=inflection.

inflexional *adj.* =inflectional.

in·flict /ɪ̀nflíkt | ɪn-/ *vt.* **1 a** 〈苦痛・打撃などを〉〔人に〕与える, 加える 〔*on, upon*〕: ~ a blow [wound] *on* a person 人を打つ[人に傷を負わせる] / ~ pain [a heavy damage] *upon* a person 人に苦痛[大損害]を与える. **b** 《まれ》〈人を〉〔…で〕苦しめる, 悩ます (afflict) 〔*with, by*〕: *be ~ed with* …で苦しめられる. **2** 〈刑罰などを〉〔人に〕負わせる, 科する 〔*on, upon*〕: ~ punishment / ~ heavy taxes *on* …に重税を課す / ~ the death penalty *upon* a criminal 罪人に死刑を科する. **3** 負わせる: She ~*ed* herself *on* her relatives. (長逗留などして)彼女は親類の厄介者になった[を悩ませた]. **~·a·ble** /-təbl/ *adj.* **~·er, in·flíc·tor** *n.* 〖《1566》← L *inflictus* struck against (p.p.) ← *infligere* ← IN-[1]+*fligere* to strike〗

in·flic·tion /ɪ̀nflíkʃən | ɪn-/ *n.* **1** 〔人に〕〈苦痛・罰などを〉課すること, 加えること 〔*on, upon*〕: the ~ of punishment [pain, a penalty] *on* a person. **2** (加えられた・課せられた)処罰, 苦しみ, 試練; 迷惑, 厄介物: ~*s* from God 神罰, 天罰 / What an ~ you are! 君は何と厄介者なんだろう. 〖《1534》□LL *inflictiō(n-)* ← *infligere* (↑): ⇨ -tion〗

in·flic·tive /ɪ̀nflíktɪv | ɪn-/ *adj.* **1** (苦痛・罰などを)加えがちな, 課する傾向のある. **2** 刑罰の, 苦痛の. 〖《1611》← L *inflictivus* (p.p.) ← *infligere*: ⇨ -ive〗

in-flight *adj.* 機内で催される[支給される], 機内用の; 飛行中の: ~ movies [meals] 機内映画[食] / ~ refueling 空中給油. 〖《1944》← IN (prep.)+FLIGHT[1]〗

in·flo·res·cence /ìnflɔːrésəns, -flər-, -sns | -flɔːr-, -flɒr-, -flər-/ *n.* **1** 花の咲くこと, 開花. **2** 〘植物〙**a** 花序: definite [indefinite] ~ 有限[無限]花序. **b** 植物の花部. **c** 花の房. **3 a** [集合的] 花 (flowers). **b** (一輪の)花 (flower). 〖《1760》← NL *inflōrēscentia* ← LL *inflōrēscentem* (pres.p.) ← *inflōrēscere* to come into flower: ⇨ in-[1], florescence〗

in·flo·res·cent /ìnflɔːrésənt, -flər-, -snt | -flɔːr-, -flɒr-, -flər-/ *adj.* 開花している.

in·flow /ínflòu | ínflàu/ *n.* 流入; 流入物; 流入量 (↔ outflow). 〖《1839》← IN-[2]+FLOW〗

in·flów·ing *adj.* 流入する, 流れ込む. **—** *n.* = inflow.

in·flu·ence /ínfluːəns, -fluːənts | -fluəns, -fluənts/ *n.* **1** 影響, 効果, 結果 (effect); 感化(力); 作用, 力 (action): the ~ of a good man [woman] 善人の感化(力) / the ~ of the moon *on* the tides 潮の干満に対する月の作用 / the alleged ~ of Poe on the French symbolists フランス象徴派に与えたといわれるポーの影響 / a hypnotist's ~ *over* his subject 催眠術師が被術者に及ぼす力 / exercise [have] a calming ~ 鎮静効果を及ぼす[がある] / under the ~ of a strong passion 激情にかられて / be under the ~ of a drug [of drink] 薬が効いている[一杯機嫌である] / feel the ~ of music 音楽に感じる / have ~ *on* [*upon*] a person 人に影響を及ぼす[感化を与える]. **2** 影響力, 勢力, 権勢, にらみ; 威光; 声望, 信望: I brought all my ~ to bear *on* the committee. 自分の持てる全ての権勢を利用して委員会に圧力をかけた / a position of ~ 影響力のある地位 / a sphere of ~ 勢力範囲 / a person of ~ 勢力家, 有力者 / through your kind ~ ご尽力[おかげ]によって / wield [have, acquire] ~ 勢力をふるう[持つ, 身に着ける] / restore England to ~ and greatness 英国に威信と偉大さを取り戻す / exercise [use] one's ~ on a person's behalf 人のために尽力[運動]する. **3** 人を左右する[動かす]力, (不当な)圧力, 「顔」; 説得力: undue ~ 不当な圧迫 / have ~ *with* [*over*] a person 人に対して顔がきく[幅をきかせる] / exert ~ *on* [*over*] a person 人に圧力をかける / have ~ at court 上に対して顔[幅]がきく (cf. *a* FRIEND *at court*) / You need ~ to get promoted. 昇進するには影響力が必要だ / He got a job through his father's ~. 親の七光で就職した. **4** 影響を及ぼす人[もの]: a good [bad] ~ 道徳的に良い[悪い]影響を与える人[もの] / an ~ *in* the community [*in* politics] 土地の顔きき[政界の有力者] / an ~ *for* good [evil] 善[悪]に誘うもの / Environment is a potent ~ *on* character. 環境は性格に大きな影響を与えるものである. **5** 《古》〘電気〙誘導, 感応 (induction): electrostatic ~ 静電誘導. **6 a** 〘占星〙(天体から流れて来る霊液が人の性格・運命などに与えるという)感応力(の働き): the moist star upon whose ~ Neptune's empire stands 大海原を司る月 (Shak., *Hamlet* 1. 1. 118–9). **b** 《詩》(人の持つ)霊妙な力 (occult virtue).

ùnder the ínfluence 《口語》酔っ(払っ)て (intoxicated) (cf. *n.* 1): drive *under the* ~. 《1879》

— *vt.* **1** …に影響を及ぼす: Mountains ~ climate. 山は気候に影響を与える. **2** …に(精神的な)影響を与える, 感化を及ぼす (⇨ affect SYN); 〈人・行動などを〉左右する, (不当に)動かす; 〈人を〉促して…させる 〈*to do*〉: ~ a person *for* good 人をよい方に動かす, 人によい影響を与える / ~ a decision [an outcome] 決定[結果]に影響を及ぼす / ~ public opinion through the media マスコミを通じて世論を動かす / He was ~*d* by his English teacher *to* take up the study of English. 英語の先生に感化されて英語の研究をするようになった / Don't be ~*d* by what other people say. 他人の言うことに影響されるな / be ~*d* too easily by bad companions. 悪い仲間にすぐ影響される. **3** 《婉曲》贈賄する, 買収する (bribe): ~ a jury.

ín·flu·enc·er *n.* 〖n.: 《c1385》□(O)F ~ ∥ ML *influentia* stellar emanation, 《原義》a flowing in ← L *influentem* flowing in, influent (pres.p.) ← *influere* to flow in ← IN-[2]+*fluere* to flow. — v.: 《1658》← (n.) (cf. F *influencer*): ⇨ -ence〗

SYN 影響力: **influence** 何らかの形で人の思考や行動・状況などに影響を及ぼす力: I have some *influence* with the local businessmen. 土地の実業家に対して少々顔がきく. **prestige** 物質的成功または社会的身分による名声または影響力: The firm has acquired an increased *prestige*. その会社は威信を増した. **weight** 効果の大きい影響力: His opinion carries a lot of *weight*. 彼の意見は大きな影響力がある.

in·flu·ence·a·ble /ínfluːənsəbl | -fluəns-/ *adj.* 影響[感化]を受けやすい. **in·flu·ence·a·bíl·i·ty** /-səbíləti | -lɪ̀ti/ *n.* 〖《1859》: ⇨ ↑, -able〗

ínfluence bùying *n.* 買収工作.

ínfluence lìne, I- l- *n.* 〘機械〙影響線《鉄橋上を列車が走る場合などに, 鉄橋のある部材の受ける力が列車の位置によりどのように影響されるかを表す線図》. 〖1902〗

ínfluence machìne *n.* 〘電気〙誘導起電機. 〖1889〗

ínfluence pèddler *n.* 《米》(第三者のために)顔をきかせて官庁との商談をまとめる人. **ínfluence pèddling** *n.* 〖1949〗

in·flu·ent /ínfluːənt | -fluənt/ *adj.* **1** 流れ込む, 流入する, 注ぐ. **2** 《古》影響力を行使する. **—** *n.* **1** 支流. **2** 〘生態〙影響種, 優越種《ある生物群集の構成に重要な影響を及ぼす動物, またはまれに植物》. 〖《?a1439》□L *influentem*: ⇨ influence, -ent〗

in·flu·en·tial /ìnfluːénʃəl, -ʃl, -éntʃəl, -éntʃl | -fluén-/ *adj.* **1** 〔…に〕影響を及ぼす, 感化力の大きい, 誘因[動機]となる 〔*in*〕: considerations which are ~ *in* (*reaching*) a decision ある決定に影響を与える事柄. **2** 勢力のある, 顔のきく, 有力な: an ~ politician 有力な政治家 / in ~ quarters 有力筋に. **—** *n.* 勢力のある人, 有力者. **~·ly** *adv.* 〖《1570》← ML *influentia* 'INFLUENCE'+-AL[1]〗

in·flu·en·za /ìnfluːénzə | -flu-/ *n.* **1** インフルエンザ, 流行性感冒, 流感 《grippe, grip, 《口語》flu ともいう》. **2** 〘獣医〙(馬・豚・犬などの)インフルエンザ. **in·flu·én·zal** /-zəl, -zl/ *adj.* 〖《1743》□It. ~ 《原義》influence < ML *influentiam* 'INFLUENCE'〗

in·flux /ínflʌks/ *n.* **1 a** 流入, 流れ込み; 流入物 (cf. efflux): the ~ of a river *into* another ある川の他の川への流入[注入]. **b** (支流が本流と合する)流入点, 落合い (cf. confluence 1 a); 河口 (estuary). **2 a** 入り来ること, 入来, 到来: the ~ of visitors 客の到来 / the ~ of immigrants *into* a country. **b** 殺到, 流入: an ~ of gold, wealth, correspondence, etc. 〖《1626》□F ~ ∥ LL *influxus* ← L *influere* to flow in: ⇨ influence〗

in·fo /ínfou | -fəu/ *n.* (*pl.* **~s**) 《口語》情報. 〖《1913》《略》← INFORMATION〗

in·fo·bahn /ínfoubàːn | -fəu-/ *n.* インフォバーン《高度情報網》; [I-] =Internet. 〖《1990》《混成》← INFO(RMATION)+(AUTO)BAHN〗

in·fold /ɪ̀nfóuld | ɪnfə́uld/ *vt.* =enfold. **—** *vi.* (内側に)折れ曲がる, (互いに)折り重なる. **~·er** *n.* **~·ment** *n.*

in·fo·mer·cial /ínfoumə̀ːʃəl, -fə-, ⌐–⌐– | ɪnfə(ʊ)mɑ́ː-/ *n.* 情報コマーシャル, インフォマーシャル《製品やサービスについての詳しい情報を提供する長めのコマーシャル》. 〖《1981》《混成》← INFO(RMATION)+(COM)MERCIAL〗

in·form /ɪ̈nfɔ́ːəm | ɪnfɔ́ːm/ *vt.* **1** …に〔…を〕告げる, 知らせる〔*of, about, on*〕(⇨ notify SYN); [目的語＋*that*-clause, 目的語＋*wh*-clause, 目的語＋*wh*-word＋*to* do を伴って] …に通知[通報]する, 教える: ～ the police 警察に通報する / Why weren't they ～*ed* at once? なぜすぐに通知を受けなかったのか / ～ a person *of* a fact 人に事実を告げる / ～ oneself *of* …を調べる; (調べて)知る, わきまえる / keep a person ～*ed* (*of* [*about*] …) (…について)人に絶えず報告しておく / be well ～*ed about* the matter [*on* the situation] その事[事情]についてはよく知っている / I beg [am happy, am sorry] to ～ you *that* …につき御通知申し上げます[…をご通知するのをうれしく思います, 残念に思います] / ～ the students *that* there will be no school on Monday 学生に月曜日は休校の旨を知らせる / The telegram ～*ed* us *when* and *where* they had discovered it. 電報にはいつどこで発見したかが報告されていた / He ～*ed* me *how to* get there. 私にそこへの行き方を教えてくれた. ★ I ～*ed* him *to* grant the application. (その申請を認可するように彼に通告した)のように *to* do を従えるのは誤用; この場合は inform の代わりに tell か ask を用いる. **2** …の特徴[本質, 生命, 基礎]をなす: Humanity ～*s* all his poems. 人間愛が彼の詩全編にみなぎる特色である. **3** …に魂を入れる, 活気[元気]づける; 〈人・心などに〉〔感情などを〕吹き込む, 満たす〔*with*〕: ～ a person *with* new life 人に新しい生命を吹き込む / ～ a person's heart *with* pity 人の心に哀れみの情を起こさせる. **4** 《廃》 **a** 教授する, 教える. **b** 〈心・性格を〉形造る, 陶冶(とうや)する. **c** 知らせる. — *vi.* **1** 告げ口をする, 密告する: ～ *on* [*against*] a person (*to* the police) 人を(警察に)告発する. **2** 情報や知識を教える, 啓発する. **～·a·ble** *adj.* 〖《?*a*1325》 *enfo(u)rme(n)* □ OF *enfo(u)rmer* ∥ L *informāre* to give form to, instruct ← IN-[2]＋*formāre* 'to shape, FORM'〗

in·for·mal /ɪ̈nfɔ́ːəməl, ɪ̀n-, -mḷ | ɪnfɔ́ː-/ *adj.* **1** 非公式の, 正式でない, 略式の; 破格の, 変則の (irregular): ～ proceedings 略式手続 / an ～ conversation between the representatives 代表者同士の非公式会談. **2** 形式[儀式]ばらない, 打ち解けた; 正装を必要としない: ～ clothes / an ～ gathering 形式ばらない会合. **3** 〈言葉遣いが〉堅苦しくない, (文語に対して)口語体の, (書き言葉に対して)話し言葉の (colloquial): an ～ style 口語[会話]体. **4** 形式によらない, 形式的でない. **5** (フランス語などで)親密さを表すのに用いられる, くだけた形の《二人称単数の代名詞・動詞の語形・語法など》. **6** 《豪》〈投票用紙が〉正規のものでない, 無効票の: an ～ vote. — *n.* 正装でなくても出られるダンスパーティー. **～·ly** *adv.* 〖《*a*1460》: ⇨ in-[2], formal〗

in·for·mal·i·ty /ɪ̀nfɔəmǽləṭi | -fɔːmǽlɪ̈ti/ *n.* **1** 本式[正式]でないこと; 非公式, 略式. **2** 形式ばらないやり方, 略式の処置. 〖《1597》: ⇨ ↑, -ity〗

infórmal séctor *n.* 非組織部門《発展途上国でまだ十分に組織化されるに至らない露店などの経済活動部門》.

infórmal vóte *n.* 《豪》無効の投票(用紙).

in·for·mant /ɪ̈nfɔ́ːəmənt | ɪnfɔ́ː-m-/ *n.* **1** 通知者, 情報提供者; 密告者: an FBI ～ / My ～ says … 自分の受け取った報告によれば…. **2** 〖言語〗インフォーマント, 資料提供者《native speaker として, 研究者の質問に対してその言語の分析・記述に必要な情報を提供する人》. 〖《1661》 □ L *informantem* (pres.p.) ← *informāre* 'to INFORM': ⇨ -ant: cf. F *informant*〗

in for·ma pau·pe·ris /ɪnfɔ́əməpɔ́ːpɚɪ̈s, -páup- | -fɔ̀ːmɑ́ːpɔ́ːpərɪs/ *L. adv., adj.* 〖法律〗貧民として(の)《訴訟費用を免除して》. 〖《1592》□ L ～ 'in the form of a pauper'〗

in·for·ma·tics /ɪ̀nfəmǽṭɪks | -fəmǽt-, -fɔː-/ *n.* 〖電算〗=information science. 〖《1967》: ⇨ ↑, -ics〗

in·for·ma·tion /ɪ̀nfəméɪʃən | -fə-, -fɔː-/ *n.* **1** 知らせること, 知らされること; 通知, 通報; (情報・知識の)伝達: for your ～ ご参考までに / The function of an encyclopedia is ～. 百科事典の使命は知識を伝えることである. **2** **a** (伝えられた[入手した])情報, 報道, 報告, 消息; インフォメーション, 資料 (data): a useful piece [bit] of ～ 有益な情報 / a reliable source of ～ 確かな(情報)筋 / to the best of my ～ 私の聞いた[知っている]限りでは / according to the latest ～ 最新の情報によれば / ask for ～ 問い合わせる, 照会する / give ～ 情報[資料]を提供する / collect [gather] ～ 情報を集める[収集する] / release ～ (*that* …) (…という)情報を公表する / I haven't got much ～ *on* [*about*] the matter. その件についてはあまり聞いていない[知らない] / We have just received ～ *as to* [*about*] *what* happened. 今事件についての情報を受け取ったところだ. ★ しばしば複合語として用いられる: *information*-carrying [-gathering, -seeking] / an *information*-gatherer. **b** (警察の)聞込み(による手掛り): acting on ～ received 聞込みによって《警官の証言に用いる文句》/ draw ～. **3** (調査・研究・経験・教授などによって得た)知識, 見聞 (⇨ knowledge SYN): a person with a lot of ～ 博識な人, 見聞の広い人, 物知り / a mine of ～ 知識の宝庫《非常な物知り》/ pick up ～ here and there あちこちで有益な知識を得る[見聞を広める]. **4** [無冠詞で] (駅・ホテル・電話交換局などの)案内係, 案内所, 受付(係), インフォメーション: dial ～ 《米》=《英》dial directory enquiries 案内係に電話する / ⇨ information girl. **5** 〖電算〗情報《コンピューターに記憶させるデータ》; 情報量《2 を底とするビット (bit) によって表されることが多い》: ～ content 情報内容 / ⇨ information bit, information retrieval, information science, information theory. **6** **a** (警察などへの)密告. **b** 〖法律〗告訴(状), 告発(状); 略式起訴(状)《大陪審 (grand jury) の審査なしで提起される公訴; cf. indictment 2》: lodge [lay] (an) ～ against …を告発[告訴]する. 〖《*c*1380》 *informacion* □ OF *en-, informacion* (F *information*) ∥ L *informātiō(n-)* ← *informāre* 'to INFORM': ⇨ -ation〗

in·for·má·tion·al /-ʃnəl, -ʃənḷ⁻/ *adj.* 報道の; 情報の; 知識を与える; 聞込みの, 密告の. 〖《1810》: ⇨ ↑, -al[1]〗

informátion bìt *n.* 〖電算〗情報ビット《情報を表現するビット; cf. bit[4] 1》.

informátion bòoth *n.* 案内所, 受付 (cf. information bureau 2).

informátion bròker *n.* 情報検索代行業者.

informátion bùreau *n.* **1** 情報部. **2** (駅・ホテルなどの)案内所, 受付 (cf. information booth, information desk, information girl). 〖1922〗

informátion chànnel *n.* 情報通信路.

informátion consùltant *n.* =information broker.

informátion dèsk *n.* (特に, 机があってそこに案内人のいる)案内所, 受付 (《英》 inquiry office) (cf. information bureau 2). 〖1967〗

informátion gìrl *n.* **1** 受付の女の子. **2** 案内係の交換手.

informátion ìndustry *n.* [the ～] 情報産業

informátion òffice *n.* =information bureau 2. 〖1890〗

informátion pròcessing *n.* 〖電算〗情報処理《コンピューターなどによりある目的のために必要な情報を処理する過程; cf. data processing》. 〖1958〗

informátion retrìeval *n.* 情報検索《書物やコンピューターなどの中にある情報の中から必要な情報を取り出すこと; 略 IR》. 〖1950〗

informátion scìence *n.* 情報科学, 情報学《コンピューターのソフトウェアなどに関する基礎科学; 資料の収集・分類・蓄積・検索を目的とする学問; informatics ともいう》. 〖1960〗

Informátion Superhíghway *n.* 情報スーパーハイウェー《米国の, NII 構想による高度情報通信網》.

informátion technólogy *n.* 〖通信〗情報技術[テクノロジー]《コンピューターと遠距離通信技術を用いたデータ収集・処理・記憶・伝達の技術; 略 IT》. 〖1958〗

informátion thèory *n.* 情報理論《情報処理を対象とする理論》. 〖1950〗

in·for·ma·tive /ɪ̈nfɔ́əməṭɪv | ɪnfɔ́ːmət-/ *adj.* 知識[情報]を与える, 見聞を広める; 有益な; 教育的な (instructive): an ～ book, lecture, etc. **～·ly** *adv.* **～·ness** *n.* 〖《*a*1398》□ LL *informātivus*: ⇨ -ative〗

in·for·ma·to·ry /ɪ̈nfɔ́əmətɔ̀ːri | ɪnfɔ́ːmətəri, -tri/ *adj.* =informative. 〖《?*a*1425》← L *informātus* (← *informāre* 'to INFORM')+-ORY[1]〗

infórmatory dòuble *n.* 〖トランプ〗=takeout double. 〖1926〗

in·formed /ɪ̈nfɔ́əmd | ɪnfɔ́ːmd/ *adj.* 知識のある, 学識のある, 見聞の広い, 博識の; 教化[洗練]された; 事実を知って[に通じて]いる; 消息通の: an ～ mind 博識家, 物知り / an ～ opinion [guess] (事実に基づいた・根拠のある)正当な意見[推測] / the ～ public 情報に通じた[教養のある]大衆 / ～ sources 消息筋 / ～ taste 洗練された趣味 / ⇨ ill-informed, well-informed. **in·fórmed·ly** /-md-, -mɪ̈d-/ *adv.* 〖《?*a*1450》(p.p.) ← INFORM[1]〗

infórmed consént *n.* 〖医学〗インフォームドコンセント, 十分な説明に基づく同意《医師から診断・病気の性状・治療法・予後などを知らされた上で, 患者が治療や手術などの処置を選択し, 承諾すること》. 〖1974〗

in·form·er /ɪ̈nfɔ́əmə | ɪnfɔ́ːmə(r)/ *n.* **1** 通知者, 通報者, 情報提供者. **2** 密告者, スパイ, 反逆者, 告発者: spies and ～*s* / turn ～ *on* a person 人を密告する. **3** (警察などへの密告を職業とする)情報提供者, 情報屋, たれこみ屋《common informer ともいう》: a police ～ 警察への内報者. 〖《*c*1385》 *enfourmer*〗

in·for·mer·cial /ɪnfəmə́ːʃəl, ←–⌣–⌣ | ɪnfəmɔ́ː-/ *n.* =infomercial. 〖1981〗

in·fórm·ing *adj.* **1** 吹き込む, 鼓舞する. **2** 情報を与える; 有益な, 教育的な: an ～ speech. **～·ly** *adv.* 〖《1635》← INFORM＋-ING[2]〗

in·for·tune /ɪ̈nfɔ́əṭʃən, ɪ̀n-, -tʃuːn | ɪnfɔ́ːtʃən, -tjuːn/ *n.* **1** 〖占星〗凶星《主に土星か火星》; 凶の相. **2** 《廃》不幸, 不運. 〖《?*c*1375–*a*1390》□ (O)F ～: ⇨ in-[2], fortune〗

Info·Seek /ínfousìːk | -fəu-/ *n.* 〖商標〗インフォシーク《インターネット検索エンジンの一つ》.

in·fo·tain·ment /ìnfoutéɪnmənt | -fəu-/ *n.* 《しばしば軽蔑》娯楽報道番組《報道性よりも娯楽的興味をねらう報道番組やドキュメンタリー》. 〖INFO(RMATION)＋(ENTER)TAINMENT〗

in·fo·tech /ínfoutèk | -fəu-/ *n.* 《口語》=information technology.

in·fra /ínfrə/ *L. adv.* **1** 下に, 下方に, 以下に (below). **2** (書物の中で参照に関して)下に, 以下に, 後に (later, below) (cf. supra): see ～ / ⇨ vide infra. 〖《1740》□ L *infrā* below, beneath〗

in·fra- /ínfrə/ *pref.* 通例形容詞に付いて次の意味を表す: **1** 「(地位・位置などが)下の, 以下の, 下部の」: *infra*human, *infra*costal, *infra*structure. **2** 「…内の」: *infra*territorial. **3** 「…以後の」: *infra*lapsarian. 〖← L *infrā* (↑)〗

infra·clàss *n.* 〖生物〗下綱(こう)《亜綱 (subclass) の下位分類》.

ìnfra·clavícular *adj.* 〖解剖〗鎖骨下の. 〖《1839》← INFRA-＋CLAVICLE＋-AR[1]〗

infra·cóstal *adj.* 〖解剖〗肋骨下の. 〖《1858》← INFRA-＋COSTAL〗

in·fract /ɪ̈nfrǽkt | ɪn-/ *vt.* 〈法律・権利などを〉破る, 犯す, 侵害する: ～ neutrality 中立を犯す. **in·frác·tor** *n.* 〖《1798》← L *infractus* broken off (p.p.) ← *infringere* 'to INFRINGE'〗

in·frac·tion /ɪ̈nfrǽkʃən | ɪn-/ *n.* **1** (法律・規則などの)違反, 反則; 違反行為. **2** 〖医学〗骨屈折(術); 亀裂骨折. 〖《1461》□ L *infractiō(n-)* a breaking: ⇨ ↑, -tion〗

in·fra·di·an /ɪ̈nfréɪdiən | ɪnfréɪdi-/ *adj.* 〖生物〗〈生物活動のリズムが〉24 時間よりも長い周期で変動する, 一日一回未満反復する.

in·fra dig /ìnfrədíg/ *L. adj.* 《口語》=infra dignitatem. 〖《1824》↓〗

infra dig·ni·ta·tem /ìnfrədìgnətéɪtəm, -tɑ́ːtɛm | -nɪ̈téɪtəm/ *L. adj.* [叙述的] 威厳を損じる, 品格を下げる, 体面にかかわる (undignified). 〖《1822》← L *infrā dignitātem* beneath one's dignity〗

ìnfra·húman *adj.* 人間以下の; (特に)人間に似た, 類人猿の (anthropoid) (cf. superhuman). — *n.* 人間以下の人; 類人猿. 〖《1847》← INFRA-＋HUMAN〗

infra·lábial *adj., n.* 〖動物〗=sublabial.

in·fra·lap·sar·i·an /ìnfrəlæpsέ°riən | -sέər-⁻/ 〖神学〗*n.* 堕罪[堕落]後予定論者, 後定論者 (sublapsarian). — *adj.* 堕罪後予定論(者)の. 〖《1731》← INFRA-＋L *lapsus* 'fall, LAPSE'＋-ARIAN〗

in·fra·lap·sár·i·an·ìsm /-nìzm/ *n.* 〖神学〗堕罪[堕落]後予定説[論], 後定論《神の選択の予定はアダムの堕罪後の人間を対象としているとするカルヴァン派などの予定説の一つ; sublapsarianism, postlapsarianism ともいう; cf. supralapsarianism》. 〖《1847》: ⇨ ↑, -ism〗

ìnfra·márginal *adj.* 縁[端]の下の, 外縁の (submarginal). 〖《1857》← INFRA-＋MARGINAL〗

ìnfra·máxillary *adj.* 〖解剖〗上顎骨 (maxilla) の下にある. 〖《1855》← INFRA-＋MAXILLA＋-ARY〗

ìnfra·médian *n., adj.* 〖動物〗50–100 尋(ひろ) (90–180 m) までの海底地帯(に生活する), 中下深帯(の). 〖《1865》← INFRA-＋MEDIAN〗

in·fran·gi·ble /ɪ̈nfrǽndʒəbl, ɪ̀n- | ɪnfrǽndʒɪ̈bl, ɪ̀n-⁻/ *adj.* **1** 破壊できない, 壊れない: ～ atoms. **2** そむけない, 犯すべからざる: an ～ promise 破ってはならない約束. **in·fràn·gi·bíl·i·ty** /-dʒəbíləṭi | -dʒɪ̈bílɪ̈ti/ *n.* **～·ness** *n.* **in·frán·gi·bly** *adv.* 〖《1597》← IN-[1]＋FRANGIBLE〗

infra·òrder *n.* 〖生物〗下目(もく)《亜目 (suborder) の下位分類》.

in·fra·red /ìnfrəréd⁻/ *n.* (スペクトルの)赤外部; 赤外線. — *adj.* **1** 赤外(線)の (cf. ultraviolet); 赤外線を生じる; 赤外線を用いる: ～ photography 赤外線写真術 / ～ rays 赤外線 / ～ therapy 赤外線治療 / an ～ spectrometer 赤外線分光計. **2** 赤外線に敏感な: an ～ film 赤外線フィルム. 〖《1881》← INFRA-＋RED〗

ìnfra·rénal *adj.* 〖解剖〗腎臓下の.

ìnfra·sónic *adj.* 〖物理〗超低周波の, 可聴下周波の《周波数が可聴範囲以下である 20 ヘルツ以下のものにいう; cf. supersonic 2》. 〖《1927》← INFRA-＋SONIC〗

in·fra·son·ics /ìnfrəsɑ́(ː)nɪks | -sɔ́n-⁻/ *n.* 可聴下音波学. 〖《1969》: ⇨ ↑, -ics〗

ínfra·sòund *n.* 〖物理〗不可聴音《雷雨・竜巻などの現象によって大気中に作り出される非常に周波数の低い音波》. 〖《1930》← INFRA-＋SOUND〗

ìnfra·specífic *adj.* 〖生物〗種以下の《亜種・変種など種より下の分類群の総称として用いる》. 〖《1939》← INFRA-＋SPECIFIC〗

in·fra·struc·ture /ínfrəstrʌ̀ktʃə | -tʃə(r)/ *n.* **1** (団体・組織などの)下部組織, 下部構造 (substructure). **2** 構造基盤, 基盤; [集合的] (特に, 生活共同体などの存続・発展にかかわる)基本的施設, インフラストラクチャー《道路・学校・交通[通信]組織など》. **3** [集合的] 部隊支援施設《NATO などの軍事目的に必要な訓練・居住・管理・作戦・補給などの面で軍隊を支援する固定建造物または施設》. **ìnfra·strúctural** *adj.* 〖《1927》← INFRA-＋STRUCTURE〗

in·fré·quence /-kwəns/ *n.* =infrequency. 〖1644〗

in·fre·quen·cy /ɪ̈nfríːkwənsi, ɪ̀n- | ɪn-, ɪ̀n-/ *n.* めったにないこと. 〖《1600》□ L *infrequentia*: ⇨ ↓, -cy〗

in·fre·quent /ɪ̈nfríːkwənt, ɪ̀n- | ɪn-, ɪ̀n-⁻/ *adj.* **1** めったにない, まれにしかない, まれにしか起こらない, 多くない, 珍しい. **2** 時たまの, 時々の (⇨ rare SYN): an ～ visitor. **3** 遠く離れた, とびとびの. 〖《1531》□ L *infrequentem*: ⇨ in-[1], frequent〗

in·fré·quent·ly *adv.* めったに…ない, まれに: not ～ まれではなく, 往々. 〖《1673》: ⇨ ↑, -ly[1]〗

in·fringe /ɪ̈nfríndʒ | ɪn-/ *vt.* 〈法律などを〉破る, 犯す, …を違反する; 〈権利などを〉侵害する (⇨ trespass SYN): ～ the law, a rule, an oath, a copyright, etiquette, etc. — *vi.* 〔…を〕侵す, 侵害する〔*on, upon*〕: ～ *on* [*upon*] a person's rights, privacy, etc. ★ impinge on [upon] との混交による. **in·fríng·er** *n.* 〖《1533》□ L *infringere* to break off ← IN-[2]＋*frangere* to break: cf. infract〗

in·fringe·ment /ɪ̈nfríndʒmənt | ɪn-/ *n.* (法律・権利・義務などの)違反, 違背 (infraction); (特許権・版権・著作権・商標[商号]権などの)侵害; 違反[侵害]行為: copyright [trademark] ～ 版権[商標権]侵害. 〖《1593》: ⇨ ↑, -ment〗

in·fruc·tes·cence /ìnfrʌktésəns, -sṇs/ *n.* 〘植物〙果実序. 〘(1876)□F ～← IN-¹+L *fructus* 'FRUIT': ⇨ -escence〙

in·fruc·tu·ous /ɪ̀nfrʌ́ktʃuəs, -frúk- | ɪnfrʌ́ktju-, -frúk-, -tʃu-/ *adj.* **1** 実を結ばない, 不毛の. **2** 無益の, 無駄な. **～·ly** *adv.* 〘(1615)□L *infructuōsus* unfruitful: ⇨ in-¹, fructuous〙

in·fu·la /ínfjulə/ *n.* (*pl.* **in·fu·lae** /-lìː/) 〘カトリック〙司教冠の(刺繍をほどこした)垂れ飾り. 〘(1610)□ML ～← L ～ 'band, priest's fillet' ← ?〙

infundibula *n.* infundibulum の複数形.

in·fun·dib·u·lar /ìnfʌndíbjulə | -lə^(r)/ *adj.* **1** 〘植物〙じょうご形の, 漏斗状の. **2** 〘動物〙漏斗状器官 (infundibulum) の. 〘(1795): ⇨ infundibulum, -ar¹〙

in·fun·dib·u·late /ìnfʌndíbjulèɪt, -lɪ̀t/ *adj.* **1** 〘動物〙漏斗状器官 (infundibulum) をもった. **2** 〘植物〙= infundibuliform. 〘(1864): ⇨ infundibulum, -ate²〙

in·fun·dib·u·li·form /ìnfʌndíbjuləfɔ̀əm | -lɪ̀-fɔ̀ːm/ *adj.* 〘植物〙〈蕚(がく)など〉漏斗状の, じょうご形の. 〘(1752): ⇨ ↓, -i-, -form〙

in·fun·dib·u·lum /ìnfʌndíbjuləm/ *n.* (*pl.* **-u·la** /-lə/) **1** 〘動物〙漏斗状器官. **2** 〘解剖〙**a** 漏斗, 漏斗(状)部, 漏斗管. **b** 動脈円錐 (右心室から肺動脈への移行部). 〘(1543)□L ～ 'funnel' ← *infundere* to pour in+-I-+-*bulum* (器具の意を表す suf.): cf. infuse〙

in·fu·ri·ate /ɪ̀nfjúᵊrièɪt | ɪnfjúər-/ *vt.* 激怒させる, 狂気のように怒らせる, 狂暴にする (⇨ anger SYN): be ～*d at* …に激怒する, かんかんに怒る. — /ɪ̀nfjúᵊriɪ̀t | ɪnfjúər-/ *adj.* 《古》激昂した. **～·ly** *adv.* 〘(1667) ← ML *infuriātus* maddened (p.p.) ← *infuriāre* to enrage ← IN-¹ +*furiāre* to enrage ← *furia* 'FURY'〙

in·fú·ri·àt·ing /-tɪŋ | -tɪŋ/ *adj.* 憤慨させる(ような): an ～ reply 腹立たしい返事. **～·ly** *adv.* 〘(1891): ⇨ ↑, -ing²〙

in·fu·ri·a·tion /ɪ̀nfjùᵊriéɪʃən | ɪnfjùər-/ *n.* 激怒(させること); 狂暴. 〘(1851) ← INFURIATE+-ATION〙

in·fus·cate /ɪ̀nfʌ́skeɪt, -kɪ̀t | ɪn-/ *adj.* **1** はっきりしない, 不明瞭な: ～ minds. **2** 〘昆虫〙黒ずんだ, 暗褐色の (dark-brown). 〘(1826)□L *infuscātus* (p.p.) ← *infuscāre* ← IN-²+*fuscāre* (← *fuscus* dark-brown, dusky: cf. fuscous)〙

in·fús·cat·ed /-keɪtɪ̀d | -tɪ̀d/ *adj.* =infuscate. 〘1727〙

in·fuse /ɪ̀nfjúːz | ɪn-/ *vt.* **1 a** 〈思想・信念・元気などを〉〔人・心などに〕吹き込む〔*into*〕(⇨ implant SYN); 〈人・心などを〉〔希望などで〕満たす〔*with*〕: ～ fresh courage [new blood] *into* a person 人に新たな元気を吹き込む[新生命を与える] / ～ one's life *into* one's poetry 詩作に生命を注ぎ込む / ～ a person [the mind] *with* new hope 人[心]を新しい希望で満たす. **b** 《文語》…のすべての部分に浸透する. **2** 〈茶〉に湯を注ぐ, 煎(せん)じる, 〈薬草などを〉水[湯]に浸す, 振り出す: ～ tea [tea leaves] 茶を出す / ～ herbs *in* water 薬草を湯で煎じる. **3** 《廃》注ぐ, 注ぎ込む, 注入する: ～ some liquid *into* a vessel. — *vi.* 〈茶・薬などが〉煎じられる: Let the tea ～ for five minutes. そのお茶は5分間煎じなさい. **in·fús·er** *n.* 〘(?a1425)□(O)F *infuser* ∥ ← L *infūsus* (p.p.) ← *infundere* to pour into or upon, communicate ← IN-²+*fundere* to pour: (cf. fusion)〙

infúsed vírtues *n.* 注入された徳 (人間の努力なしに, 恩恵とともに与えられた徳).

in·fus·i·ble¹ /ɪ̀nfjúːzəbl̩, ɪ̀n- | ɪnfjúːzɪ̀-, ɪ̀n-⁻/ *adj.* 溶解しない, 不溶解性の, 不融性の. **in·fùs·i·bíl·i·ty** /-zəbílətɪ | -zɪ̀bílɪ̀ti/ *n.* **～·ness** *n.* 〘(1555) ← IN-¹ +FUSIBLE〙

in·fus·i·ble² /ɪ̀nfjúːzəbl̩ | ɪnfjúːzɪ̀-/ *adj.* 注がれる, 注入できる. 〘(a1660) ← INFUSE+-IBLE〙

in·fu·sion /ɪ̀nfjúːʒən | ɪn-/ *n.* **1** 注入(すること); 注入物, 混和物. **2** (精神などの)鼓吹, 吹き込み. **3** (薬・茶などの)浸出, 煎(せん)じ出し, 振り出し; 煎じ[振り]出したもの, 浸出液, 浸剤, 煎じ汁. **4** 〘医学〙(静脈への食塩水・ぶどう糖などの)注入, 点滴; 注入液. **5** 〘キリスト教〙**a** 注水 (affusion). **b** (恩恵の注入: ～ of grace 恩恵[恩寵(おんちょう)]の注入. 〘(a1400)□(O)F ∥ L *infūsiō(n-)*: ⇨ infuse, -sion〙

in·fú·sion·ìsm /-ʒənɪ̀zm/ *n.* 〘神学〙霊魂注入説 (霊魂は既に存在しており, 肉体が母体に宿りまたは生まれ出る時に注入されるとの説; cf. traducianism, creationism 2). 〘(1884): ⇨ ↑, -ism〙

in·fú·sion·ist /-ʒ(ə)nɪ̀st | -nɪst/ *n.* 霊魂注入説論者. 〘(1893): ⇨ -ist〙

in·fu·sive /ɪ̀nfjúːsɪv, -zɪv | ɪn-/ *adj.* 注入する, しみ込ませる, 吹き込む, 鼓吹する: an ～ force 感化[影響]力. 〘(1630) ← INFUSE+-IVE〙

In·fu·so·ri·a /ìnfjuzɔ́ːriə, -sɔ́ːr-/ *n. pl.* 〘動物〙**1** 滴虫綱 (原生動物 (Protozoa) の一綱). **2** 《俗用》滴虫 (腐朽した有機物に含まれる微生物; バクテリア・菌・原生動物など). 〘(1787) ← NL ～ ← L *infūsus*: ⇨ infuse, -ory¹, -ia²: 干草を水に浸したもの (hay infusion) の中に発生する顕微鏡的微小動物の意〙

in·fu·so·ri·al /ìnfjuzɔ́ːriəl, -sɔ́ːr-⁻/ *adj.* 〘動物〙滴虫の, 滴虫を含む[から成る]: ～ earth=kieselguhr. 〘(1846): ⇨ ↑, -al¹〙

in·fu·so·ri·an /ìnfjuzɔ́ːriən, -sɔ́ːr-⁻/ 〘動物〙*adj.* = infusorial. — *n.* 《廃》滴虫綱 (Infusoria) の原生動物. 〘(1859) ← INFUSORIA+-AN¹〙

in·fu·so·ry /ɪ̀nfjúːzəri, -sə- | ɪn-/ 〘動物〙*adj.* = infusorial. — *n.* [通例 *pl.*] 《古》滴虫 (infusorians). 〘(1684) ← NL *Infusoria*: ⇨ Infusoria〙

in fu·tu·ro /ìnfjutúᵊroʊ, -tjúᵊr- | -fjuːtjúərəʊ/ *L. adv.* 将来において. 〘□L *in futūrō* in the future〙

-ing¹ /ɪŋ/ *suf.* 原形動詞に付いて動名詞 (gerund)・名詞を造る (⇨ -in'); 動名詞の場合は副詞・副詞句などに修飾され, また他動詞から来たものは目的語を支配することがある; また類推により動詞以外の語に添えることがある (例: off*ing*): **1** 動作・職業などを表す: danc*ing*, motor*ing*; bank*ing*, garden*ing*; clerk*ing*, soldier*ing* / See*ing* is believ*ing*. 「百聞は一見にしかず」/ I hate gett*ing* up early. 早起きするのは嫌いだ. **2** 動詞の結果・産出物・材料, または具体物・材料の集合などを表す: cloth*ing*, rail*ing*, sack*ing*; build*ing*, carv*ing*; carpet*ing*, floor*ing*, sew*ing*. **3** 形容詞用法: a sleep*ing* car / a look*ing* glass / a sew*ing* machine / a drink*ing* song / writ*ing* materials. 〘OE *-ing*, *-ung* < Gmc **-ung* (Du. *-ing* / G *-ung*)〙

-ing² /ɪŋ/ *suf.* 原形動詞に付いて現在分詞 (present participle) を造る (⇨ -in'): **1** 形容詞的にまたは形容詞として: charm*ing* manners / a strik*ing* example. **2** 前置詞として: barr*ing*, dur*ing*, pend*ing*. **3** 副詞・形容詞または目的語と結合して複合語を造る: well-mean*ing*, strong-smell*ing*; heartbreak*ing*, lifesav*ing*. 〘ME *-ing(e)* (語形上 -ing¹ と混同?) ∽ ME (南部) *-inde*, (中部) *-ende*, (北部) *-ande* < OE *-ende*, *-ǣndi* ← Gmc **-nd-* (Du. & G *-end*) ← IE **-nt-* (L *-ant-*, *-ent-* / Gk *-ont-*)〙

-ing³ /ɪŋ/ *suf.* 次の意味を表す名詞を造る: **1** 父祖から出た名: athel*ing*; (家名・地名の例) Bill*ing* (=son of Bill) / Nott*ing*(ham). **2** 「…に関係のあるもの, …に属するもの, …に似たもの, …から成るもの」: farth*ing*, geld*ing*, wild*ing*. ★ penny, king では音韻・語形変化のため現在の形では造語要素が明らかでない. 〘OE ～: cf. OHG *-ing*〙

ín·gàte *n.* 入口; (鋳型の)湯口 (gate¹ 11). 〘(1858) ← IN (adv.)+GATE¹〙

ín·gàther *vt.* 〈収穫物などを〉集め込む, 取り入れる. — *vi.* 集まる (assemble). **ín·gàtherer** *n.* 〘(1557) ← IN (adv.)+GATHER〙

ín·gàthering *n.* **1** (農産物などの)収穫, 取入れ. **2** (人の)集合; 会合, 集会 (assembly). 〘(1535): ⇨ ↑, -ing¹〙

Inge /ɪ́ndʒ/, **William** (**Mot·ter** /mɑ́(ː)tə | mɔ́tə^(r)/) *n.* インジ (1913-73; 米国の劇作家; *Picnic* (1953), *Bus Stop* (1955)).

Inge /ɪ́ŋ/, **William Ralph** *n.* イング (1860-1954; 英国国教会の聖職者・神学者・哲学者, London の St. Paul's の dean (1911-34); 文化・時事問題への悲観的見解で知られ, the Gloomy Dean と呼ばれる).

In·ge·gne·ri /ìndʒənjéᵊri | -njéəri; *It.* indʒeɲɲéːri/, **Marc'An·to·nio** /markantɔ́ːnjo/ *n.* インジェニェーリ (1547?-1592; イタリアの作曲家).

In·ge·low /ɪ́ndʒəlòʊ | -dʒɪ̀ləʊ/, **Jean** *n.* インジェロー (1820-97; 英国の女流詩人・童話作家).

in·gem·i·nate /ɪ̀ndʒémənèɪt | ɪndʒémɪ̀-/ *vt.* 《まれ》(強調のため)繰り返す, 反復する, 繰り返して言う: ～ peace 繰り返し平和を説く. **in·gem·i·na·tion** /ɪ̀ndʒèmənéɪʃən | ɪndʒèmɪ̀-/ *n.* 〘(1594) ← L *ingeminātus* (p.p.) ← *ingemināre* to redouble, repeat ← IN-¹ +*gemināre* 'to GEMINATE'〙

in·gen·er·ate¹ /ɪ̀ndʒén(ə)rɪ̀t, ɪ̀n- | ɪn-, ɪ̀n-⁻/ *adj.* 生み出されたのでない, 独立して存在する, 自存の (self-existent): God is ～. 〘(1656)□LL *ingenerātus*: ⇨ in-², generate〙

in·gen·er·ate² /ɪ̀ndʒénərèɪt | ɪn-/ *vt.* 《古》〈心などの〉中に生じさせる, 発生させる. — /ɪ̀ndʒén(ə)rɪ̀t | ɪn-/ *adj.* 生まれながらの, 生得の. **in·gen·er·a·tion** /ɪ̀ndʒènəréɪʃən | ɪn-/ *n.* **～·ly** *adv.* 〘(1528)□L *ingenerātus* (p.p.) ← *ingenerāre* to engender: ⇨ in-¹, generate〙

Ing·en·housz /ɪ́ŋənhùːs; *Du.* ɪ́ŋənhʏs/, **Jan** *n.* インゲンホウス (1730-99; オランダの医師・植物生理学者; 光合成を発見した).

in·ge·nious /ɪ̀ndʒíːnjəs, -niəs | ɪn-/ *adj.* **1** 〈人・頭脳など〉利口な, 策に富んだ; 発明の才ある, 創意・工夫のすぐれている, 器用な (⇨ clever SYN). **2** 〈仕掛けなど〉工夫に富んでいる, 独創的な, 器用な, 思いつきのよい, 巧妙な, 精巧な: an ～ device, machine, solution, excuse, etc. **3** 《廃》天才の. **～·ly** *adv.* **～·ness** *n.* 〘(?a1425)□(O)F *ingénieux* ∥ L *ingeniōsus* talented, clever ← *ingenium* natural quality, ability, genius ← IN-²+*gen-*, *gignere* to beget: ⇨ genius, -ous: cf. engine〙

in·ge·nue /ǽ(n)ʒənùː, ǽnʒə-, ɑ́ːn-, -dʒə-, -njùː | -ʒə-, -ʒeɪ-, -ʒɛ-; *F.* ɛ̃ʒeny/ *n.* (*also* **in·gé·nue** /～/) (*pl.* **～s** /～z; *F.* ～/) **1 a** (舞台に現れる)無邪気な少女. **b** 無邪気な少女役を演じる女優 (cf. soubrette). **2** 初めて社交界に出る少女 (debutante). **3** 純情な人, ナイーブな人. 〘(1848)□F *ingénue* (fem.) ← *ingénu* □L *ingenuus* 'INGENUOUS'〙

in·ge·nu·i·ty /ìndʒənúːəti, -njúː- | -dʒɪ̀njúːɪ̀ti/ *n.* **1** 発明の才, 工夫の才, 創意; 器用: a man of ～ 創意工夫に富んだ人 / show ～ *in* …に創意を示す. **2** 工夫のうまさ, 巧妙さ, 精巧; 巧妙な考案. **3** [通例 *pl.*] 巧妙な策, 工夫に富んだ思いつき. **4** 《古》率直, 純真. 〘(1592)□L *ingenuitātem* ← *ingenuus* 'INGENUOUS': ⇨ -ity: 意味上 INGENIOUS と混同しその影響を受けた〙

in·gen·u·ous /ɪ̀ndʒénjuəs/ *adj.* **1** 〈人・性格など〉率直な, 正直な; 明らさまの, 淡白な, 誠意のある. **2** 〈表情など〉無邪気な, あどけない, 純真な, 飾り気のない (⇨ naive SYN): an ～ smile. **3** 《廃》高貴な生まれの; 寛大な, 気高い; 高潔な. **～·ly** *adv.* **～·ness** *n.* 〘(1598)□L *ingenuus* native, innate, freeborn, noble, frank ← IN-²+*gen-*, *gignere* to beget: ⇨ genus, -ous〙

In·ger·soll /ɪ́ŋgəsɔ̀(ː)l, -sɑ̀(ː)l | -sɒ̀l/, **Ralph** *n.* インガソル (1900-85; 米国のジャーナリスト; 新聞・雑誌の編集者・発行者).

Ingersoll, Robert Green *n.* インガソル (1833-99; 米国の法律家・講演家・自由思想家・不可知論の代表者).

in·gest /ɪ̀ndʒést | ɪn-/ *vt.* **1 a** 〘生理〙〈食物などを〉(胃や細胞内に)取り入れる, (経口)摂取する (↔ egest): ～ food. **b** 〈考えなどを〉受け入れる: ～ a question. **2** 〘航空〙(ジェットエンジンの空気取入れ口から)〈異物を〉吸い込む. **～·i·ble** /ɪ̀ndʒéstəbl̩ | ɪndʒéstɪ̀-/ *adj.* **in·ges·tion** /ɪ̀ndʒéstʃən, -dʒéʃtʃən | ɪn-/ *n.* **in·ges·tive** /ɪ̀ndʒéstɪv | ɪn-/ *adj.* 〘(1617) ← L *ingestus* (p.p.) ← *ingerere* ← IN-²+*gerere* to carry, act: cf. digest, egest〙

in·ges·ta /ɪ̀ndʒéstə | ɪn-/ *n.* (口を通して)体内に摂取された栄養物. 〘(1727)□L ～ (neut. pl.) ← *ingestus*〙

íng·fòrm /íŋ-/ *n.* 〘文法〙'ing' 形 (動詞の原形に -ing を添えた形で, 動名詞形と現在名詞形のことをまとめていうときに用いる).

in·gle /íŋgl̩/ *n.* **1** 炉火 (flame). **2** 炉 (fireplace). **3** かど, 角 (corner). 〘(1508)□Sc.-Gael. *aingeal* fire, light ← ?: cf. L *ignis*〙

In·gle·bor·ough /íŋgl̩bə̀ːroʊ | -b(ə)rə/ *n.* イングルバラ(山) (イングランド North Yorkshire 州の山 (723 m)).

íngle·nòok *n.* **1** 《英》炉隅(ろすみ), 炉辺 (chimney corner). **2** 暖炉の脇にあるベンチ[長椅子]. 〘(1772): ⇨ ↑, nook〙

íngle·side *n.* 炉辺 (fireside). 〘(?a1750) ← INGLE +SIDE〙

In·gle·wood /íŋgl̩wùd/ *n.* イングルウッド (米国 California 州南西部, Los Angeles 郊外の都市).

In·glis /íŋglɪs/ ★ スコットランド人の発音は /-gl̩z/, **Charles** *n.* イングリス, イングルズ (1734-1816; アイルランド生まれのカナダの聖職者; 英国国教会から Nova Scotia へ派遣された最初の主教).

Inglis, John *n.* イングリス, イングルズ (1810-91; スコットランドの裁判官; 最高法院長 (1867)).

in·glo·ri·ous /ɪ̀nglɔ́ːriəs, ɪ̀n- | ɪn-, ɪ̀n-⁻/ *adj.* **1** 不名誉の, 不面目な, 恥ずべき: an ～ defeat, retreat, etc. **2** 《まれ》名声のない, 名もない (obscure): an ～ life. **～·ly** *adv.* **～·ness** *n.* 〘(1573)□L *inglōriōsus*: ⇨ in-¹, glorious〙

ín·gòal *n.* 〘ラグビー〙インゴール (ゴールラインとデッドボールラインの間でトライ可能な地域). 〘(1897) ← IN (prep.)+GOAL〙

ín·gòing *adj.* **1** 入って来る, 就任の, 上番の (↔ outgoing): an ～ tenant 新借家[借地]人 / the ～ tide 入り潮. **2** 洞察力のある, 透徹した, 鋭い: an ～ mind. — *n.* **1** 入って来ること, 入来. **2** 《英》(新借受人が払う)定着物件費, 造作費 (事業所などの取付物などの設備に対して支払う金額). 〘(1340) ← *go in* (⇨ go 成句)+-ing¹·²〙

Ín·golds·by Légends /íŋgəldzbi, -gl̩dz-, -zbi/, **The** *n.* 英国の聖職者 Richard Harris Barham が Thomas Ingoldsby の筆名の下に中世物語を滑稽に書いた詩と散文集 (1840-47).

In·gol·stadt /íŋgəlstɑ̀ːt, -gl̩-, -ʃtɑ̀ːt; *G.* íŋgəlʃtat/ *n.* インゴルシュタット (ドイツ Bavaria 州の都市; Danube 川に臨み, 中世の城と教会がある).

in·got /íŋgət | -gət, -gɒt/ 〘冶金〙*n.* **1** 〈金・銀・鉄などを型に鋳込んだ〉鋳塊, (地金の)塊, インゴット. **2** 《原義》(金属の)鋳型. — *vt.* 〈金属を〉鋳塊にする. 〘(c1395) ← 'mold for metal' ← IN (prep.)+OE *goten* ((p.p.) ← *gēotan* to pour, cast in metal < Gmc **geutan* (G *giessen*) ← IE **gheud-* ← **gheu-* to pour)〙

íngot·càse *n.* 〘冶金〙=ingot mold.

íngot íron *n.* 〘冶金〙インゴット鉄 (錬鉄 (wrought iron) の一種; 炭素含有 0.05% 未満). 〘1877〙

íngot móld *n.* 〘冶金〙鋳塊鋳型. 〘1825〙

in·graft /ɪ̀ngrǽft | -grɑ́ːft/ *vt.* =engraft. **～·ment** *n.* **in·graf·ta·tion** /ìngræftéɪʃən/ *n.*

in·grain¹ /ɪ̀ngréɪn, íngreɪn | ɪngréɪn, ⁻⁻/ *vt.* **1** 〈習慣・考えなどを〉根深くしみ込ませる, 深く植え込む (⇨ implant SYN). **2** 《古》〈染料を〉しみ込ませる, 染める.

in·grain² /íngreɪn/ *adj.* **1 a** 繊維のうちに染めた, 先染(さきぞ)めの. **b** 糸の状態で染めた, 生染(きぞ)めの, 地染めの. **2** 〈習慣・考えなど〉深くしみ込んだ, 根深い: ～ habits, vices, etc. / an ～ criminal 常習犯(人). **3** 生得の, 生まれながらの. — *n.* **1** 生染めの糸 (綿糸・毛糸). **2** 《米》=ingrain carpet. **3** 本来の性質[性格]. 〘(1766) ← *in grain* (⇨ grain¹ *n.* 成句)〙

íngrain cárpet *n.* イングレインカーペット (糸染めのじゅうたんで表裏両面に使用できるもの). 〘1836〙

íngrain dýe [**cólor**] *n.* 〘染色〙イングレイン染料; (特に) =azoic dye.

in·grained /ɪ̀ngréɪnd⁻/ *adj.* **1** 〈習慣・考えなど〉深くしみ込んだ, 根深い: an ～ habit, prejudice, superstition, etc. / be deeply ～ *in* human nature 人間の本性に深くしみ込んでいる. **2** 生まれついた, 生得の; 徹底的な, 心からの: an ～ liar / She had an ～ dislike of soup. 彼女は生まれつきスープが嫌いだった. **3** 糸の中まで(染料が)しみ込んだ: ～ *with* dye. **4** 〈ごみ・汚れなど〉こびりついた: ～ dirt. **in·gráin·ed·ly** /-nɪ̀dli/ *adv.* **in·gráin·ed·ness** /-nɪ̀d-, -n(d)-/ *n.* 〘(1548): cf. engrained〙

In·gram /íŋgrəm/ *n.* イングラム (男性名). 〘□OF *Ingelram*, *Enguerran* □OHG *Ingilramnus*, *Angilramnus* 《原義》angel's raven ← *angil* 'ANGEL'+*hram* 'RAVEN¹'〙

in·grate /íngreɪt, ⁻⁻ | ⁻⁻, ⁻⁻/ 《古》*n.* 恩知らず(の人), 忘恩者. — *adj.* 恩知らずの, 忘恩の. **～·ly**

I

adv. 〘(?a1387) □ (O)F *ingrat* ∥ L *ingrātus* unpleasing, ungrateful ← IN-¹+*grātus* grateful, pleasing: cf. grace, agree〙

in·gra·ti·ate /ɪ̀ngréɪʃièɪt | ɪn-/ *vt.* [通例 ～ *oneself* で]〔…の〕好意を得る, 気に入られる, 機嫌を取る〔*with*〕: He ～*d himself with* the boss. 上司に取り入った. 〘(1622) ← It. (廃) *ingratiare* (=It. *ingraziare*) (← L *in grātiam* into favor)+-ATE〙

in·grá·ti·àt·ing /-tɪŋ | -tɪŋ/ *adj.* **1** 機嫌取りの, 気に入られようとする, 迎合的な: He had an ～ way with women. 彼にはうまく女性に取り入る腕があった. **2** 人を引き付ける, 魅力のある, 愛嬌(あいきょう)のある: an ～ smile, manner, etc. **～·ly** *adv.* 〘(1655): ⇨ ↑, -ing²〙

in·gra·ti·a·tion /ɪ̀ngrèɪʃiéɪʃən | ɪn-/ *n.* 機嫌取り, 取入り, 迎合(すること). 〘(1815) ← INGRATIATE+-ATION〙

in·gra·ti·a·to·ry /ɪ̀ngréɪʃiətɔ̀ːri, -ʃə- | ɪngréɪʃièɪtəri/ *adj.* 機嫌を取る, 迎合する, 取り入ろうとする. 〘(1865) ← INGRATIATE+-ORY〙

in·grat·i·tude /ɪ̀ngrǽtətùːd, ɪ̀n-, -tjùːd | ɪngrǽtɪtjùːd, ɪn-/ *n.* 恩を知らない[感じない]こと, 感謝の心のないこと, 忘恩: ～ *to* one's parents 親不孝 / show ～ *for* a person's favor 人の好意に感謝しない. 〘(1340) □ (O)F ～ □ LL *ingrātitūdō* displeasure, ingratitude ← L *ingrātus* 'INGRATE': ⇨ gratitude〙

in·gra·ves·cence /ɪ̀ngrəvésəns, -sns/ *n.* 〘病理〙 悪化, 漸悪, 昂進(こうしん). 〘(1822–34): ⇨ ↓, -ENCE〙

I **in·gra·ves·cent** /ɪ̀ngrəvésənt, -snt/ *adj.* 《まれ》〘病理〙〈病気が〉重くなる, 悪化[漸悪]する, 昂進(こうしん)する. 〘(1822–34) □ L *ingravēscentem* (pres.p.) ← *ingravēscere* to grow worse ← IN-²+*gravēscere* (← *gravis* heavy, severe: cf. grave²)〙

in·gre·di·ent /ɪ̀ngríːdiənt | ɪngríːd-, ɪŋ-/ *n.* **1** (混合物の)成分, 合成分, 原料 (component), (料理の)材料: the ～*s* of a cake 菓子の材料 / an essential ～ in fertilizer 肥料の重要成分. **2** (構成)要素, 因子: the ～*s* of a man's character 人の性格を作り上げる要素. — *adj.* 《古》(構成)要素である. 〘(?a1425) □ L *ingredientem* (pres.p.) ← *ingredī* to go into ← IN-²+*gradī* to step, go (← *gradus* step: cf. grade)〙

In·gres /ǽ(n)gr(ə), ǽŋ-; *F.* ɛ̃ːgʁ/, **Jean Auguste Dominique** *n.* アングル《1780–1867; フランス新古典派の画家》.

in·gress /ɪ́ngres | ɪ́n-, ɪ́ŋ-/ *n.* **1** 入ること, 立入り, 入来, 進入 (↔ egress): prevent ～ 人の入って来るのを防ぐ / the right of ～ 進入[入場]権 / a means of ～ 入口. **2** 入場権, 入場の自由; 入場許可. **3** 入る手段; 入り道, 入口: an ～ *to* the valley. **4** 〘天文〙 潜入《惑星が太陽面経過などの際, 太陽面に入り始めること; ↔ egress》. 〘(?1440) □ L *ingressus* an entering, entrance (p.p.) ← *ingredī* to enter: ⇨ ingredient〙

in·gres·sion /ɪ̀ngréʃən | ɪn-/ *n.* 入ること, 入来, 進入. 〘(a1449) □ L *ingressiō(n-)*: ⇨ ↑, -sion〙

in·gres·sive /ɪ̀ngrésɪv | ɪn-/ *adj.* **1** 入る, 進入の. **2** 〘文法〙 動作の開始を示す, 起動(相)の (inceptive) (cf. terminate *adj.* 2): the ～ aspect 起動相. **3** 〘音声〙 吸気(流)の, 吸気音(流)の. — *n.* 〘音声〙 吸気(流)音《吸気によって発せられる音》. **～·ness** *n.* 〘(1649) ← L *ingressus* 'INGRESS'+-IVE: cf. aggressive〙

In·grid /ɪ́ŋgrɪ̀d/; *Swed.* ɪ́ŋrɪd/ *n.* イングリッド《女性名》. 〘□ Scand. ～ ← ON *Ingvi* name of a Germanic god +*rida* ride〙

ín·gròup *n.* 〘社会学〙 内集団《個人が自らをそれと同一視し, 一般に愛着・忠誠の態度でのぞむ集団; we-group ともいう; ↔ out-group》. 〘(1907) ← IN (adj.)+GROUP〙

in·grów *vi.* 中[内]へ伸びる; 内部に成長する. 〘← IN (adv.)+GROW〙

in·gròwing *adj.* **1** 内部に成長する, 内へ伸びる: ～ emotions. **2** 〈足の爪が〉肉の中に食い込む. 〘(1869): ⇨ ↑, -ing²〙

in·gròwn *adj.* **1** 中[内]に成長した; 《米》(特に)〈足の爪が〉肉へ食い込んだ. **2** 活動・興味などが外より内に向かう, 内向的な, 内向性の. **3** 天性の, 生まれつきの (innate). **4** 根深い (ingrained). **～·ness** *n.* 〘(1670) ← IN (adv.)+GROWN〙

in·gròwth *n.* 内部に向く成長, 内方[内部]成長《つめが肉に食い込むなど》; 内方成長物. 〘(1870) ← IN (adv.)+GROWTH〙

in·gui·nal /ɪ́ŋgwənl̩ | -gwɪ-/ *adj.* 〘解剖〙 鼠蹊(そけい)の, 鼠蹊部の, 股(もも)の付け根の: the ～ canal 鼠蹊管 / the ～ glands 鼠蹊(リンパ)腺(せん). 〘(?a1425) □ L *inguinālis* ← *inguin-*, *inguen* (swelling in) groin〙

in·gui·no- /ɪ́ŋgwənoʊ | -gwɪnəʊ/「鼠蹊(そけい)部の」の意の連結形. ★ 母音の前では inguin- /ɪ́ŋgwən | -gwɪn/ となる. 〘← L *inguin-*, *inguen*, groin〙

in·gulf /ɪ̀ngʌ́lf | ɪn-/ *vt.* (*also* **in·gulph** /～/) =engulf. **～·ment** *n.*

in·gur·gi·tate /ɪ̀ngə́ːdʒətèɪt | ɪngə́ːdʒɪ-/ *vt., vi.* **1** むさぼり食う, がぶがぶ飲む. **2** 巻き込む, 飲み込む. **in·gur·gi·ta·tion** /ɪ̀ngə̀ːdʒətéɪʃən | ɪngə̀ːdʒɪ-/ *n.* 〘(1570) ← L *ingurgitātus* (p.p.) ← *ingurgitāre* to pour in like a flood ← IN-¹+*gurgitāre* to flood, surge (← *gurgit-*, *gurges* whirlpool, abyss)〙

In·gush /ɪŋgúːʃ; *Russ.* ɪngúʃ/ *n.* (*pl.* ～, ～·**es**) **1** イングーシ族《コーカサス山脈の北斜面に住む》. **2** イングーシ語《カフカス諸語の一つ》. 〘(1902) □ Russ. *Ingúsh*〙

INH 《略》〘薬学〙 isonicotinic acid hydrazide; 〘商標〙 isoniazid の商品名.

in·hab·it /ɪ̀nhǽbɪ̀t | ɪnhǽbɪt/ *vt.* **1** 〈民族・動物などが〈場所〉に住む, 居住する: ～ a city, a cave, a forest, an apartment, etc. / The region is thickly [thinly] ～*ed.* その地方には住民が多い[少ない]. ★ inhabit は複数の意味の名詞を主語として用い, 単数の意味の名詞を主語としては用いない; したがって Tom ～*s* the house. とは言えない. **2** 〈無形の物が〉占める, …に存在する, 宿る; …に広がる, 遍在する. **3** 〈人が〉…に精通している: ～ the world of music 音楽界にくわしい. — *vi.* 《古》住む; 宿る, 存する. 〘(c1380) *enhabite(n)* □ OF *enhabiter* ∥ L *inhabitāre* to dwell in ← IN-²+*habitāre* to dwell (← *habēre* to have, possess: ⇨ habit)〙

in·hab·it·a·ble¹ /ɪ̀nhǽbɪ̀təbl̩ | ɪnhǽbɪt-/ *adj.* 〈地方・地域が〉住むことのできる, 住むに適した. ★ 家については通例 habitable を使う. **in·hàb·it·a·bíl·i·ty** /-ṭəbíləṭi | -təbílɪ̀ti/ *n.* 〘(1601): ⇨ ↑, -able〙

in·hab·it·a·ble² /ɪ̀nhǽbɪ̀təbl̩, ɪ̀n- | ɪnhǽbɪt-, ɪ̀n-ˈ/ *adj.* 《古》住むことのできない (uninhabitable): any other ground ～ その他の未開の土地 (Shak., *Rich II* 1. 1. 65). 〘(a1398) □ (O)F ～ □ L *inhabitābilis*: ⇨ in-¹, habitable〙

in·hab·i·tan·cy /ɪ̀nhǽbətənsi, -tn- | ɪnhǽbɪtənsi, -tn-/ *n.* (*also* **in·hab·i·tance** /-təns, -tns | -təns, -tns/) **1** 住むこと, 居住《特に, ある権利・資格を得るための特定期間の居住》. **2** (会社や協会などの本社[本部])所在地; (時に)居住地, 住所. 〘(1681): ⇨ ↓, -ancy〙

in·hab·i·tant /ɪ̀nhǽbətənt, -tn̩t | ɪnhǽbɪtənt, -tn̩t/ *n.* **1** (特定の場所・家などの)住人, 住民, 居住者: original ～*s* 原住民 / The city has 100,000 ～*s*. その都市の住民は 10 万である. **2** (ある場所に)住んでいる動物: an ～ of the intestines 腸の寄生虫《サナダムシなど》. — *adj.* 《古》住んでいる. 〘(1425) □ AF ～ =OF ～ □ L *inhabitantem* dwelling in (pres.p.) ← *inhabitāre* 'to INHABIT'〙

in·hab·i·ta·tion /ɪ̀nhæ̀bətéɪʃən | ɪnhæ̀bɪ-/ *n.* **1** 居住, 生息. **2** 《廃》住居, 住所. 〘(?a1425) □ LL *inhabitātiō(n-)*: ⇨ inhabit, -ation〙

in·háb·it·ed /-tɪ̀d | -tɪ̀d/ *adj.* 人の住んでいる, 居住者のある, 住民のいる: an ～ island 人の住んでいる島 / the thickly [thinly] ～ part of the country その国の人口が多い[少ない]地方. 〘(1570): ⇨ -ed〙

in·háb·it·er /-tə | -tə⁽ʳ⁾/ *n.* 《古》住んでいる人, 居住者. 〘(c1395): ⇨ -er¹〙

in·hal·ant /ɪ̀nhéɪlənt | ɪn-/ *adj.* 吸い込む, 吸入する, 吸入用の. — *n.* 吸入孔; 吸入器; 吸入薬; (アレルギーの)吸入抗原. 〘□ L *inhālantem* (pres.p.) ← *inhālāre* 'to INHALE': ⇨ -ant〙

in·ha·la·tion /ɪ̀n(h)əléɪʃən/ *n.* **1 a** 吸入(法), 吸引 (↔ exhalation): the ～ of oxygen 酸素吸入. **b** 吸息 (inspiration). **2** 吸入物, 吸入剤. 〘(1623) ← INHALE+-ATION〙

in·ha·la·tor /ɪ́nhəlèɪtə | -tə⁽ʳ⁾/ *n.* **1** 吸入器 (inhaler). **2** 人工呼吸装置 (respirator). 〘(1925): ⇨ ↓, -ator〙

in·hale /ɪ̀nhéɪl | ɪn-/ *vt.* **1** 吸い込む, 吸入する (↔ exhale): ～ air, gas, fragrance, tobacco smoke, etc. / ～ the fresh morning air 朝の清々しい空気を吸う. **2** がつがつ飲み込む, むさぼり食う. — *vi.* **1** 空気を吸う; 〘医学〙 吸入をする (↔ exhale): ～ deeply *on* the cigarette たばこ(の煙)を深々と吸い込む / *Inhale!* Exhale! 息を吸って, 息を吐いて. **2** (特に)たばこの煙を肺まで吸い込む. — *n.* 息を吸い込むこと. 〘(1725) □ L *inhālāre* ← IN-¹+*hālāre* to breathe: cf. exhale〙

in·hál·er /-lə | -lə⁽ʳ⁾/ *n.* **1 a** 吸入者. **b** 吸入器: an oxygen ～ 酸素吸入器. **2** 呼吸用マスク, 空気清浄器 (respirator). **3** =snifter 1. 〘(1778): ⇨ ↑, -er¹〙

I·nham·ba·ne /ɪ̀njəmbɑ́ːnəˈ/ *n.* イニャンバーネ《モザンビーク南東部の港町》.

Ínhambane Báy *n.* イニャンバーネ湾《モザンビーク南東岸の, Mozambique Channel の小湾》.

in·har·mon·ic /ɪ̀nhɑəmɑ́(ː)nɪk | -hɑːmɔ́n-ˈ/ *adj.* 不調和な, 不協和音の. 〘(1828) ← IN-²+HARMONIC〙

in·har·món·i·cal *adj.* =inharmonic. 〘1674〙

in·har·mo·ni·ous /ɪ̀nhɑəmóʊniəs | ɪ̀nhɑːmə́ʊ-ˈ/ *adj.* **1** 〈音など〉不調和な, 調子の合わない, 調子はずれの: ～ sounds, voices, etc. **2** 不一致の, 調和しない, しっくりしない: ～ colors, surroundings, etc. **～·ly** *adv.* **～·ness** *n.* 〘(1711) ← IN-¹+HARMONIOUS〙

in·har·mo·ny /ɪ̀nhɑ́əməni, ɪ̀n- | ɪnhɑ́ː-, ɪn-/ *n.* 不調和, 不一致, 不和, 調子はずれ, 不協和. 〘(1799) ← IN-²+HARMONY〙

in·hàul *n.* 〘海事〙 インホール《帆・帆桁(ほげた)などを引き込むための引索(ひきづな); ↔ outhaul》. 〘(1860) ← IN (adj.)+HAUL〙

in·hàuler *n.* 〘海事〙 =inhaul. 〘1793〙

in·hearse /ɪ̀nhə́ːs | ɪnhə́ːs/ *vt.* ひつぎに入れる, 埋葬する. 〘(1596) ← IN+HEARSE〙

in·here /ɪ̀nhíə | ɪnhíə⁽ʳ⁾/ *vi.* **1** 〈性質などが〉〔…に〕存在する, 固有である, 内在する〔*in*〕: qualities *inhering in* a person 人に固有の性質. **2** 〈権利などが〉〔…に〕帰属している〔*in*〕: rights *inhering in* a person 人に帰属する権利. 〘(1586) □ L *inhaerēre* to stick ← IN-²+*haerēre* 'to stick, cling, ADHERE'〙

in·her·ence /ɪ̀nhíᵊrəns, -hér- | ɪnhér-, -híər-/ *n.* **1** (性質などの)内在, 固有, 生来, 生得, 生まれつき, 天賦, 天与. **2** 〘哲学〙 (実体における属性の)内属(の関係). 〘(1577) □ ML *inhaerentia* ← L *inhaerentem* 'INHERENT': ⇨ -ence〙

in·her·en·cy /ɪ̀nhíᵊrənsi, -hér- | ɪnhér-, -híər-/ *n.* **1** =inherence 1. **2** 固有[生得]の性質. 〘(1601): ⇨ ↑, -ency〙

in·her·ent /ɪ̀nhíᵊrənt, -hér- | ɪnhér-, -híər-/ *adj.* **1** 固有の, 持ち前の, 生来の, もって生まれた, 先天的に備わっている (↔ acquired, extrinsic): one's ～ diligence 生来の勤勉さ / an ～ property of matter 物質固有の特性 / an ～ right 生得権 / Polarity is ～ *in* magnet. 極性は磁石に内在する / ～ differences between the sexes 男女間の生来の差異. **2** 〘文法〙 〈文法的性質が〉固有の, 内在的な: an ～ feature 固有素性. **～·ly** *adv.* 〘(1578) □ L *inhaerentem* (pres.p.) ← *inhaerēre* 'to INHERE': ⇨ -ent〙

in·her·it /ɪ̀nhérɪ̀t | ɪn-/ *vt.* **1 a** 〈財産・権利などを〉〔…から〕継ぐ, 継承する, 相続する〔*from*〕: ～ a fortune, a title, etc. / ～ one's father's estate=～ an estate *from* one's father 父の資産を受け継ぐ / But the meek shall ～ the earth. されどへりくだるものは国を継ぐ (*Ps.* 37: 11). **b** 〈人〉の後を継ぐ, 相続する: A son ～*s* his father. 息子は父の後を継ぐ. **2** 〈肉体的特質・精神的性格を〉〔親・先祖から〕受ける, 受け継ぐ, 遺伝されてもつ (↔ acquire) 〔*from*〕: ～ a strong constitution *from* one's father 頑健な体質を父から受け継ぐ / Some habits are ～*ed*. 遺伝する習癖もある. **3** 引き継ぐ, 継承する; 〈お古などを〉もらう: ～ a problem *from* one's predecessor 前任者から(未解決の)問題を引き継ぐ. **4** 《廃》受け継がせる, 〈人を〉相続人にする. — *vi.* 財産を継ぐ, 相続する; 引き継ぐ: Astronomy ～*s from* astrology. 天文学の前身は占星術である. 〘(c1350) *enherite(n)* □ OF *enheriter* to put in possession as heir < LL *inhērēditāre* to inherit ← IN-²+L *hērēditāre* (← *hērēd-*, *hērēs* 'HEIR'): cf. disinherit〙

in·her·it·a·ble /ɪ̀nhérɪ̀təbl̩, ɪ̀n- | ɪnhérɪt-, ɪ̀n-ˈ/ *adj.* **1** 後継者[子孫]に伝えることができる, 相続させられる. **2** 相続者となりうる, 相続権を有する: ～ blood 相続血統. **3** 遺伝する. **in·hèr·it·a·bíl·i·ty** /-ṭəbíləṭi | -təbílɪ̀ti/ *n.* **～·ness** *n.* **in·hér·it·a·bly** *adv.* 〘(1470) *enheritable* □ AF ← OF *enheriter* 'INHERIT': ⇨ -able〙

in·her·i·tance /ɪ̀nhérətəns, -tns, -tənts, -tnts | ɪnhérɪ̀t-/ *n.* **1** 〘法律〙 相続, 不動産相続; 相続権 (cf. alienation 2): The land came to him *by* ～. その土地は相続によって彼のものとなった. **2** 相続不動産, 遺産: A rich ～ fell to him on his father's death. 父親が死んで多額の遺産が彼のものとなった. **3 a** (先祖・先人などから)受け継いだもの, 継承物; 生得権 (cf. heritage 1). **b** (先輩・前任者から)引き継いだもの[仕事・問題]. **4** 遺伝; 遺伝的性質[体質]: an ～ of disease 病気の遺伝, 遺伝した病気. **5 a** 伝統. **b** 神[自然]から受け継いだ共有財産《土地・空気・水など》. **6** 《廃》所有権. 〘(a1393) □ AF *inheritaunce*: ⇨ inherit, -ance〙

inhéritance tàx *n.* 〘法律〙 相続税《遺産全体に課せられる遺産税 (estate tax) と相続によって取得した財産に課せられる遺産取得税 (legacy tax) とが含まれるが, 通例後者を意味する》. 〘1841〙

in·her·it·ed /-tɪ̀d | -tɪ̀d/ *adj.* **1** 〘生物〙 (祖先から)継承した, 遺伝の (⇨ innate SYN): an ～ characteristic [quality, tendency] 遺伝形質[特性, 性向]. **2** 〘文法〙 〈単語が〉祖語から継承された. 〘(1797): ⇨ -ed〙

in·hér·i·tor /-tə | -tə⁽ʳ⁾/ *n.* (遺産)相続人; 後継者: ～*s* of ancient culture. 〘(?a1430) *enheritour*, *enheriter*: ⇨ inherit, -or²〙

in·her·i·tress /ɪnhérətrɪ̀s | ɪnhérɪ̀très, -trɪ̀s/ *n.* 女性の inheritor. 〘(1603): ⇨ ↑, -ess¹〙

in·her·i·trix /ɪnhérətrɪks | ɪnhérɪ̀-/ *n.* (*pl.* **in·her·i·tri·ces** /ɪ̀nhèrətráɪsiːz | ɪnhèrɪ̀-/) =inheritress. 〘(1531) ← INHERIT+-TRIX〙

in·he·sion /ɪ̀nhíːʒən | ɪn-/ *n.* 《まれ》 =inherence. 〘(a1631) □ LL *inhaesiō(n-)* ← L *inhaerēre* 'to INHERE': cf. adhesion, cohesion〙

in·hib·it /ɪ̀nhíbɪ̀t | ɪnhíbɪt/ *vt.* **1** 〈条文・規定などが〉…に〔…を〕禁じる, 禁止する〔*from*〕: These provisions ～ the government *from doing* certain acts. これらの規定は政府がある種の行為を行うことを禁ずるものである. **2** 〈物・事・感情などが〉制する, 止める, 制止する, 抑制する: ～ an action [desires, impulses] 活動[欲望, 衝動]を抑制する / Rules ～*ed* us. いろいろな規則に縛られて我々は自由な行動がとれなかった / Shyness ～*ed* me *from talking* to her. 私は恥ずかしくて彼女にろくに口もきけなかった. **3** 〘化学〙 …の化学反応を止める, 〈化学反応を〉抑制する. **4** 〘英国国教会〙 〈聖職者〉の聖務執行を停止する. **5** 〘電子工学〙 〈特定の信号・操作を〉阻止する. **～·a·ble** *adj.* 〘(1425) □ L *inhibitus* (p.p.) ← *inhibēre* to keep back ← IN-¹+*habēre* to have, hold (cf. habit)〙

in·híb·it·ed /-tɪ̀d | -tɪ̀d/ *adj.* 抑制[抑圧]された: an ～ person (潜在意識による抑制のため)感情を現せない人, (病的に)内気な人. 〘(1602): ⇨ ↑, -ed〙

in·híb·it·er /-tə | -tə⁽ʳ⁾/ *n.* =inhibitor. 〘1611〙

in·híb·it·ing /-tɪŋ | -tɪŋ/ *adj.* 抑制[抑圧]する(ような): an ～ discipline 極めて厳重な規律. 〘(1607): ⇨ -ing²〙

in·hi·bi·tion /ɪ̀n(h)ɪ̀bíʃən/ *n.* **1** 禁止, 禁制: the ～ of an action. **2 a** 〘心理〙 抑制, 制止《精神的・生理的機能や環境条件が他の機能の持続や実現を妨げること; cf. repression 2, facilitation 2》. **b** 《口語》内的に行動[活動]のじゃまをするもの, 抑制する心の働き: She has no ～*s*. 彼女は何事にも(気をとがめられずに)自由にふるまえる. **3** 〘生理〙 **a** (生理活動の)制止, 阻止, 抑制. **b** 反射抑制. **c** 興奮抑制. **4** 〘化学〙 化学反応の停止[抑制]. **5** 〘英国国教会〙 聖務[職務]停止命令. **6** 〘英法〙 土地処分禁止命令, 訴訟進行停止令状. 〘(c1375) *inhibicioun* □ (O)F *inhibition* ∥ L *inhibitiō(n-)*: ⇨ inhibit, -tion〙

in·hib·i·tive /ɪ̀nhíbəṭɪv | ɪnhíbɪt-/ *adj.* 禁止の, 禁止的な, 抑制する. 〘(1606): ⇨ -ive〙

in·híb·i·tor /-tə | -tə⁽ʳ⁾/ *n.* **1** 〘化学〙 反応抑制剤 (anticatalyst); 酸化. **2** 〘生物〙 抑制遺伝子. **3** 〘宇

宙〗燃焼抑制剤, レストリクター. 〖(1868): ⇨ -or²〗

in·hib·i·to·ry /ɪ̀nhíbətɔ̀ːri | ɪnhíbɪtəri/ *adj.* 禁止の, 禁制の, 抑制する. 〖(1490) □ ML *inhibitōrius*: ⇨ inhibit, -ory¹〗

ín-hóme *adj.* 家庭内の.

in·ho·mo·ge·ne·i·ty /ɪ̀nhòumoudʒəníːəti, ɪ̀n-, -mə-, -néɪəti | ɪnhəumə(ʊ)dʒɪníːɪti, ɪ̀n-, -hɔ̀m-, -dʒɛ-/ *n.* **1** 異種, 異質(性). **2** 異質[異種]物. 〖(1899) ← IN-¹+HOMOGENEITY〗

in·ho·mo·ge·ne·ous /ɪ̀nhòumədʒíːniəs, ɪ̀n-, -mou- | ɪnhəmə(ʊ)-, ɪ̀n-, -həum-/ *adj.* 異種の, 異質な, 同質[均質, 等質]でない; 異種[異質]物から成る. 〖(1904): ⇨ ↑, -eous〗

in·hoop /ɪnhúːp | ɪn-/ *vt.* (Shak) 輪の中に入れる, 輪で囲む. 〖(1606) ← IN-²+HOOP〗

in·hos·pit·a·ble /ɪ̀nhɑ́(ː)spɪtəbl, ɪ̀n-, ɪnhɑ(ː)spítə- | ɪ̀nhɔspítə-, -hɔs-, ɪnhɔ́spɪtə-, ɪ̀n-⌐/ *adj.* **1** 〈人が〉客あしらい[もてなし]の悪い, 不親切な; 〈顔つきなど〉無愛想な, すげない. **2** 〈土地など〉(吹きさらしで)住みにくい, 生活できないような; 雨風にさらされた, 荒れ果てた, 寂しい(bleak): an ~ wilderness, coast, etc. / an ~ environment 住みにくい環境. **~·ness** *n.* **ìn·hos·pít·a·bly** *adv.* 〖(1570) □ OF ~ □ ML *inhospitābilis*: ⇨ in-¹, hospitable〗

in·hos·pi·tal·i·ty /ɪ̀nhɑ̀(ː)spətǽləti | ɪnhɔ̀spɪtǽlɪti/ *n.* もてなしの悪いこと, 冷遇, 無愛想, 不親切. 〖(1570–76) □ F *inhospitalité* // L *inhospitālitātem* ← *inhospitālis*: ⇨ in-¹, hospitality〗

ín-hóuse *adj.* **1** (組織・団体・会社などの)中の[で行われる]: an ~ job. **2** 企業内で雇って[使って]いる; 社内備付けの: an ~ typewriter, specialist, etc. 〖(1954) ← IN (adv.)+HOUSE〗

in·hu·man /ɪ̀nhjúːmən, ɪnjúː-, ɪ̀n- | ɪnhjúː-⌐/ *adj.* (cf. nonhuman, unhuman) **1** 〈人・言動など〉不人情な, 冷酷な, 残酷な, 思いやりのない (⇨ cruel SYN): ~ treatment 虐待. **2** 〈形・性質など〉非人間的な, 人間と思われない; 超人的な: something ~ 何か人間と思われないもの. **~·ly** *adv.* **~·ness** *n.* 〖(1461) □ (O)F *inhumain(e)* // L *inhūmānus* ← IN-²+*hūmānus* 'HUMAN'〗

in·hu·mane /ɪ̀nhjuːméɪn, ɪ̀njuː- | -hjuː-/ *adj.* 不人情な, 無慈悲な, 思いやりのない, 薄情な; 残酷な, 非人道的な: an ~ act. **~·ly** *adv.* 〖(1599) □ L *inhūmānus*: ⇨ ↑, -humane〗

in·hu·man·i·ty /ɪ̀nhjuːmǽnəti, ɪ̀njuː- | ɪ̀nhjuː-mǽnɪti/ *n.* **1** 不人情, 薄情, 残酷. **2** 不人情な行為, 残忍な仕業: man's ~ to man 人間が人間に対して行う残酷な行為(ほど悲しいことはない) (R. Burns, *Man was made to Mourn*). 〖(*c*1477) □ (O)F *inhumanité* // L *inhūmānitātem*: ⇨ inhuman, -ity〗

in·hu·ma·tion /ɪ̀nhjuːméɪʃən/ *n.* 《文語》埋葬, 土葬 (cf. cremation). 〖(1612) □ F ~ ← *inhumer* (↓): ⇨ -ation〗

in·hume /ɪnhjúːm | ɪn-/ *vt.* 《文語》土中に埋める, 葬る, 埋葬[土葬]する (⇨ bury SYN). **in·húm·er** *n.* 〖(1610) □ F *inhumer* □ L *inhumāre* to bury in the ground ← IN-²+*humāre* to bury (← *humus* ground): cf. exhume〗

In·i·go /ínɪgòu | -gəu/ *n.* イニゴー《男性名》. ★ カトリック教徒に見られる. 〖□ Sp. *Iñigo* ← L *Ignātius* 'IGNATIUS'〗

in·im·i·ca·ble /ɪnímɪkəbl | ɪnímɪ-/ *adj.* =inimical. 〖1805〗

in·im·i·cal /ɪnímɪkəl, -kl | ɪnímɪ-/ *adj.* **1** 敵意のある, 敵視する (⇨ hostile SYN); 〔…と〕反目する, 不和な, 非友好的な〔*to*〕: an ~ gaze 敵意に満ちた凝視 / nations ~ *to* one another 互いに反目する国家. **2** 〔…に〕有害な, 不利な〔*to*〕: circumstances ~ *to* a project 計画に不利な情況. **~·ly** *adv.* **~·ness** *n.* 〖(1513) □ LL *inimīcālis* ← L *inimīcus* unfriendly, enemy ← IN-¹+*amīcus* friend (cf. amity)〗

in·im·i·cal·i·ty /ɪnìmɪkǽləti | ɪnɪmɪkǽlɪti/ *n.* 反目, 不和, 敵視. 〖(1797): ⇨ ↑, -ity〗

in·im·i·ta·ble /ɪnímətəbl | ɪnímɪtɪ-/ *adj.* まねのできない, 模倣を許さない; 独特の, 無比の, 無類の: an ~ style / a man of ~ eloquence 無類の雄弁家. **in·ìm·i·ta·bíl·i·ty** /-təbíləti | -təbílɪti/ *n.* **~·ness** *n.* **in·ím·i·ta·bly** *adv.* 〖(*c*1475) □ (O)F ~ // L *inimitābilis*: ⇨ in-², imitable〗

in in·fi·ni·tum /ɪninfɪnáɪtəm | -ɪnfɪnáɪt-/ *L. adv.* 無限に, 際限なく, どこまでも. 〖□ L *in infīnītum* to infinity〗

in·i·on /íniɑ̀(ː)n, -ən | íniən/ *n.* 《人類学》イニオン, 外後頭隆起点《後頭骨の分界項線と正中矢状面との交点》. 〖(1803) ← NL ~ ← Gk *iníon* back of the head ← *ís* (gen. *inós*) sinew, muscle, 《原義》strength〗

in·iq·ui·tous /ɪníkwətəs | ɪníkwɪt-/ *adj.* 不正の, 不公平な, 不法の, 邪悪な, よこしまな (⇨ vicious SYN): an ~ bargain, deed, etc. **~·ly** *adv.* **~·ness** *n.* 〖(1726): ⇨ ↓, -ous〗

in·iq·ui·ty /ɪníkwəti | ɪníkwɪti/ *n.* **1** (悪質または公的な)不正, 不法, 非道, 罪悪: commit ~ 罪悪を犯す. **2** 不正[不法]行為, 罪. **3** 《古》公正でないこと, 不公平《法に反した決定について用いる》. 〖(?*a*1300) *iniquite* □ (O)F *iniquité* □ L *inīquitātem* injustice ← *inīquus* unequal, unfair, hostile ← IN-¹+*aequus* 'just, righteous, EQUAL' (cf. equity)〗

in·isle /ɪnáɪl | ɪn-/ *vt.* 《古》=enisle.

init. 《略》initial; initio.

i·ni·tial /ɪníʃəl, -ʃl | ɪn-/ *adj.* **1** 初めの (first), 最初の, 冒頭の, 発端の, 皮切りの: Her ~ reaction was surprise. 彼女の最初の反応は驚きだった / the ~ difficulties (事の)手始めの困難 / an ~ salary 初任給 / the ~ expenditure 創業費 / ~ symptoms (病気の)初期兆候 / the ~ stage(s) 初期の段階 / *Initial* steps have been taken. 第一歩が踏み出された, 仕事が始められた / the ~ velocity 《物理》初速度, 初速. **2** 〈文字・音が語[音節]の初めにある, 初頭の, 語頭の (cf. final 5 a, medial 2): The ~ sound in "xylophone" is /z/. ― *n.* **1 a** 語頭の文字, 頭文字 (initial letter). **b** [*pl.*] (姓名や固有名詞の)頭文字, イニシアル《例: Tom Brown の T. B., United States of America の U.S.A.》: What are your ~s? / an ~ signature 頭文字だけの署名, 略署名; 仮調印. **c** 《音声》語頭音. **2** イニシアル, 頭文字《章頭などの特別な大文字; 古写本などではこれに装飾を加えた》. **3** 《生物》始原細胞, (特に)分裂組織細胞. ― *vt.* (**i·ni·tialed**, 《英》**-tialled**; **-tial·ing**, 《英》**-tial·ling**) …に頭文字を記す, イニシアルで署名する; (特に)〈正式代表が〉〈国際協定の草案などに〉頭文字の署名をして予備的に認証する, …に仮調印する: ~ a document 書類にイニシアルの署名をする / an ~*ed* handkerchief (名前の)イニシアルを刺繍した[入れた]ハンカチ. **~·er** *n.* **~·ness** *n.* 〖(adj.: 1526; n.: 1627) □ L *initiālis* ← *initium* beginning ← *initus* (p.p.) ← *inīre* to go into, begin ← IN-²+*īre* to go: ⇨ -al¹〗

inítial chárge *n.* 《電気》初充電《蓄電池の最初の充電》.

inítial condítion *n.* 《数学》初期条件.

i·ní·tial·ìsm /-ɪ̀zm/ *n.* 《言語》頭文字語, 頭字語 (DDT, IBM など). ★ 頭文字をその順につづってアルファベットをそのまま発音する語で, acronym と同じであるが, 後者は NATO /néɪtou | -təu/ のように一語として発音される点で異なる. 〖(1899): ⇨ -ism〗

i·ni·tial·ize /ɪníʃəlàɪz, -ʃl- | ɪn-/ *vt.* 《電算》初期化する《プログラムで使用するデータの初期値を設定する》.

i·ni·tial·i·za·tion /ɪnìʃələzéɪʃən, -ʃl- | ɪnìʃəlaɪ-, -lɪ-, -ʃl-/ *n.* 〖(1833): ⇨ -ize〗

inítial létter *n.* =initial 1 a. 〖*a*1714〗

inítial líne *n.* 《数学》始線, 原線《極座標系で, 角を測り始める最初の半直線; initial side ともいう》. 〖1844〗

i·ni·tial·ly /ɪníʃəli, -ʃli | ɪn-/ *adv.* 初めに, 最初に; 初めは, 最初は (at first): The costs were higher than we had ~ estimated. コストは最初に見積もったよりも高かった / *Initially*, we were against the project. 我々は最初はその計画に反対だった. 〖(*a*1628): ⇨ -ly¹〗

inítial rhýme *n.* 《詩学》**1** =alliteration. **2** =beginning rhyme 1. 〖1838〗

inítial síde *n.* 《数学》=initial line. 〖1957〗

inítial stabílity *n.* 《造船》初期復原力, 復元性[力]《横の傾斜角が 10°–15° 以下の場合にいう; metacentric stability ともいう》.

inítial stréss *n.* 《物理》元(もと)応力.

inítial téaching àlphabet *n.* [the ~] 幼児用アルファベット《初学者用に英国の Sir James Pitman (1901–85) が考案した 1 字 1 音式の 44 文字のアルファベット; 1960 年代の小学校で広く使われた; augmented roman ともいう; 略 ITA, i.t.a.》. 〖1962〗

inítial wórd *n.* 《言語》=initialism. 〖1939〗

i·ni·ti·ate /ɪníʃièɪt | ɪn-/ *vt.* **1** 〈事を〉始める, 起こす, 創始する, …に着手する: ~ a plan 案を新たに立てる / ~ a reform [movement, fashin] 改革に着手する[運動を起こす, ファッションをはやらせる] / ~ (the) proceedings 訴訟を起こす / ~ a chain reaction 連鎖反応を起こす. **2** (正規の手続き[儀式]を踏んで)〔…に〕加入させる, 入会させる〔*into*〕; 会員にする: ~ a person *into* a secret society 人を秘密結社に加入させる / be ~*d into* a plot 陰謀に加わる / Our club ~*d* five new members. 我々のクラブは 5 人の会員を新たに加えた. **3 a** …に〔初歩・原理などを〕教える, 手ほどきする〔*into*〕: ~ pupils *into* the elements of English grammar 生徒に英文法の初歩を授ける. **b** …に〔秘伝などを〕授ける, 〔秘密などを〕明かす〔*into*〕: ~ a person *into* a secret [the mysteries of antique collecting] 人に秘密を教える[骨董品収集の秘伝を伝授する]. **c** [the ~*d*; 名詞的に; 集合的] 入門者たち; 秘伝を受けた人々, その道の人たち. **4** 《政治》(発議権によって)提案する (cf. initiative 3 a): ~ a constitutional amendment 憲法の改正を提案する.

― /ɪníʃiɪt, -ʃièɪt | ɪn-/ *adj.* **1** 〈人が〉初歩を授けられた, 手ほどきを受けた, 秘伝を授けられた. **2** 〈会員など〉新入の, (秘密結社などに)新たに入会した. **3** 《古》始めたばかりの. ― /ɪníʃiɪt, -ʃièɪt | ɪn-/ *n.* **1** 新加入者, 入会者. **2** 伝授を受けた人, 秘伝を授けられた人, その道の人, 玄人. 〖(*c*1573) ← L *initiātus* (p.p.) ← *initiāre* to begin ← *initium*: ⇨ initial, -ate³〗

i·ni·ti·a·tion /ɪnìʃiéɪʃən | ɪn-/ *n.* **1** 創始, 開始, 着手, 創設, 創業. **2 a** 加入, 入会, 入門, 入党, 入社(など): an ~ fee (クラブなどの)入会[加入]金 / an ~ ceremony 入会の儀式《学生クラブなどでは頭から水を浴びせるなどしばしば奇抜な行為を伴う》. **b** 《文化人類学》加入儀礼, イニシエーション《成年[人]式・入会式・入社式など; rite of passage》. **3** 秘伝[奥義]伝授; 手引き, 手ほどき: receive one's ~ into …の手ほどきを受ける. 〖(1583) □ L *initiātiō(n-)* ← *initiāre* (↑): ⇨ -ation〗

i·ni·tia·tive /ɪníʃətɪv, -ʃiə-, -ʃièɪt- | ɪníʃət-, -ʃiət-/ *n.* **1** 第一歩, 開始, 創始; 首唱, 先導, 機先, 先制, 先手, イニシアティブ: have [possess] the ~ 率先権がある, 主導権を有する / take the ~ (*in*) (…を)先導する, 率先してやる; (…に)先手を打つ, イニシアティブを取る. **2** 創業の才, 企業心, 独創力: He has [lacks] ~ 独創力がある[ない]. **3** [通例 the ~] 《政治》**a** 議案提出権, 発議権 (cf. initiate 4): ⇨ direct initiative, indirect initiative / The Commons have *the* ~ in respect to money bills. 財政議案に対しては下院に発議権がある. **b** 国民発案, 公民立案権, イニシアティブ《米国などで国や一地方の一般住民が立法に関する提案を行うこと; cf. referendum 1 a》. ***on one's ówn initiative*** 自発的に, 率先して, 自ら進んで. ― *adj.* 初めの, 手始めの, 創始の, 発端の, 率先の: ~ spirit 進取の気性. **~·ly** *adv.* 〖adj.: (1795) □ ML *initiātivus*: ⇨ initiate, -ive. ― n.: (1793) □ F ~〗

i·ní·ti·à·tor /-tə | -tə(r)/ *n.* **1** 創始者, 首唱者; 発起人; 教導者, 伝授者. **2** 反応を起こさせるもの, 反応開始剤, 起爆薬, 触媒. 〖(1676) □ LL *initiātor*: ⇨ initiate, -or²〗

i·ni·ti·a·to·ry /ɪníʃiətɔ̀ːri, -ʃiə- | ɪníʃətəri, -ʃiə-, -ʃièɪ-, -trɪ/ *adj.* **1** 初めの, 初歩の, 発端の; 手ほどきの. **2** 入会[入門, 入党]の: the ~ rites 入門式.

i·ni·ti·a·to·ri·ly /ɪnìʃiətɔ́ːrəli, -ʃə-, ―⌐(―)―⌐― | ɪníʃətərɪli, -ʃiə-, -ʃièɪ-, -trɪ-/ *adv.* 〖(1612–15) ← INITIATE+-ORY¹〗

i·ni·ti·o /ɪníʃiòu, -tiòu, -siòu | ɪníʃiəu, -tiəu, -siəu/ *L. adv.* (書物のページ・章・節などの)初めに, 冒頭に; 巻首に《略 init.》: ⇨ ab initio. 〖□ L *initiō* (abl.) ← *initium* beginning: cf. initial〗

i·ni·tis /ɪnáɪtɪs | ɪnáɪtɪs/ *n.* 《病理》筋実質炎.

INJ 《略》*L.* in nomine Jesu (⇨ in nomine).

ín-járgon *n.* 最新流行の専門用語. 〖← IN-⁴+JARGON〗

in·ject /ɪndʒékt | ɪn-/ *vt.* **1** 〈液体を〉注ぐ, 注入する; 〈電流を〉流す; 〈電子などを〉送り込む: ~ fuel *into* an engine / ~ current *into* a circuit 回路に電流を流す / ~ atoms *into* an accelerator 加速装置に原子を送る. **2 a** 〈薬液などを〉〔人・腕・静脈などに〕注射する〔*into*〕; 〈人などに〉〔薬液などを〕注入する〔*with*〕: ~ some fluid *into* the veins / ~ a person [the arm] *with* penicillin / ~ a drug hypodermically [under the skin] 皮下に薬を注射する. **b** 〈人〉に〔…に対する〕注射を打つ〔*against, for*〕: be [get] ~*ed against* typhoid [*for* flu] 腸チフス[インフルエンザ]の予防注射を受ける. **3** 〈新鮮[異質]なものを〉導入する, 入れる〔*into*〕: ~ a new life *into* the committee 委員会に新しい生命を吹き込む. **4** 〈意見などを〉さしはさむ〔*into*〕: ~ a remark *into* the conversation 話の中に口をさしはさむ. **5** 《宇宙》〈人工衛星・宇宙船などを〉〔軌道に〕打ち上げる, 乗せる〔*into*〕: ~ a satellite *into* (an) orbit. 〖(1599) ← L *injectus* (p.p.) ← *in(j)icere* to throw in ← IN-¹+*jacere* to throw〗

in·ject·a·ble /ɪndʒéktəbl | ɪn-/ *adj.* 〈薬物が〉注射可能の. ― *n.* 《医学》注射可能薬物. 〖(1830): ⇨ ↑, -able〗

in·jec·tant /ɪndʒéktənt | ɪn-/ *n.* 注入物質[材, 剤].

in·jéct·ed *adj.* **1** 注入[注射]された. **2** 《病理》充血した, 血走った: ~ eyes. 〖(1741): ⇨ -ed〗

in·jec·tion /ɪndʒékʃən | ɪn-/ *n.* **1 a** 注射, 注入, 灌腸(かんちょう): (a) hypodermic [subcutaneous] ~ 皮下注射 / give [administer] two camphor ~*s* カンフルを 2 本 [2 回]注射する / have an ~ of glucose ぶどう糖の注射を受ける. **b** 注射液, 注射薬, 注入薬, 灌腸剤. **c** (資金などの)導入: a large capital ~ 多額な資金投入. **2** 《医学》充血, 鬱血(うっけつ) (congestion). **3** 《機械》噴射; (燃焼室に送り込む)加圧燃料. **4** 《宇宙》(人工衛星や宇宙船を)軌道に乗せること (insertion); その軌道[時間, 場所]. **5** 《数学》単射, 単射写像《定義域の相異なる 2 点の像が常に相異なるような写像》. 〖(?*a*1425) □ (O)F ~ // L *injectiō(n-)*: ⇨ inject, -tion〗

injéction-mòlded *adj.* 射出成形の. 〖1947〗

injéction mòlding *n.* 射出成形《溶融された樹脂[加熱可塑性物質]をノズルから金型中に射出して成形する方法; プラスチック製品の多くはこの方法で作られる; cf. extrusion molding》. 〖1932〗

in·jec·tive /ɪndʒéktɪv | ɪn-/ *adj.* **1** 《音声》吸入音の, 内破音の. **2** 《数学》単射の. ― *n.* 《音声》吸入音, 内破音 (implosive). 〖(1952): ⇨ -ive〗

in·jéc·tor *n.* **1** 注射する人, 注入器, 注射器. **2** 《機械》インジェクター《噴射式の給水器または燃料噴射装置; inspirator ともいう》. **3** (替え刃の)差し込み容器 (cf. injector razor). 〖(1744): ⇨ -or²〗

injéctor ràzor *n.* インジェクターかみそり《injector の操作で簡単に刃の交換ができる片刃の安全かみそり》.

in·jóint *vi.* (Shak) 合体する, 結びつく. 〖(1604) ← IN-²+JOINT〗

ín-jòke *n.* 仲間うちでのみ通じるジョーク,「楽屋落ち」. 〖(1964) ← IN (adv.)+JOKE〗

in·ju·di·cial /ɪndʒuːdíʃəl, -dʒu- | ɪndʒúː-⌐/ *adj.* = injudicious. 〖1607〗

in·ju·di·cious /ɪndʒuːdíʃəs, -dʒu- | -dʒuː-⌐/ *adj.* 賢明でない, 無分別な, 思慮のない; 時機の悪い: an ~ remark. **~·ly** *adv.* **~·ness** *n.* 〖(1649) ← IN-²+JUDICIOUS〗

In·jun /índʒən/ *n.* 《米口語・方言》[しばしば軽蔑的] 《アメリカ》インディアン: ⇨ honest Injun. ***gèt úp one's Ínjun*** 《俗》怒る. ***plày Ínjun*** 《俗》隠れる, 逃げる. 《(1918)》 〖(1812) ← INDIAN: cf. Ingin〗

in·junct /ɪndʒʌ́ŋ(k)t | ɪn-/ *vt.* 《口語》差し止める, 禁止する, 抑止する. 〖(1887)《逆成》← INJUNCTION〗

in·junc·tion /ɪndʒʌ́ŋ(k)ʃən | ɪn-/ *n.* **1** 命令[訓令, 指令, 指図](すること): an ~ *against* …禁止令 / lay ~*s upon* a person *to* do 人に…するように命じる. **2** 《法律》差止命令, 禁止命令《エクイティー上の救済方法の一つ; 一定の行為をすることを禁止する裁判所の命令; 不法建築物の取壊しなど一定の行為を命じる差止命令を mandatory injunction (命令的差止命令)といい, 行為の禁止を命じる

I

ものは prohibitory [restrictive] injunction (禁止的[制限的]差止命令)と呼ばれる). 〘(?c1425) □ LL *injunctiō(n-)* ← L *injunctus* (p.p.) ← *injungere* 'to ENJOIN'〙

in·junc·tive /ɪndʒʌ́ŋ(k)tɪv | ɪn-/ *adj.* 1 命令的な. 2 〘法律〙差止命令の, 禁止命令の. 3 〘文法〙〈ギリシャ語やサンスクリット語などの動詞が〉指令法の. **—** *n.* 〘文法〙(動詞の)指令法《aorist のように, 第二次人称語尾をもちながら, 過去を表す加音 (augment) をもたず, 本来は時制・法と無関係に行為そのものを表した形》. **~·ly** *adv.* 〘(1624) ← L *injunctus* (↑)+-IVE〙

in·jure /índʒə | -dʒə^(r)/ *vt.* 1 〈身体を〉傷つける (hurt), 痛める, …にけがをさせる; 〈健康を〉害する: ~ a person's health 健康を損なう / ~ one's leg = ~ oneself *in* the leg 脚をけがする ★ be ~*d* in the leg とはいわない / Be careful: you may ~ yourself! 気をつけて. けがをするかもしれない / He was ~*d* in an auto accident. 自動車事故でけがをした / He was ~*d* (when) skiing. スキーでけがをした. 2 〈感情・自尊心・名声などを〉害する, 損じる, 損なう; 〈人を〉不当に扱う, ひどいことをする: ~ a person's feelings 人の感情を害する / ~ a person's reputation 評判を落とす / ~ a person's chances 人の機会を台なしにする. 3 [しばしば p.p. で] …に物質的損傷[損害]を与える (harm): The tax ~*d* all business. その税金でどの商売も打撃を受けた / The crops were ~*d* by rain. 作物は雨で損害を受けた / a picture ~*d* by damp 湿気で傷んだ絵.
in·jur·a·ble *adj.* **in·jur·ant** *adj.* **in·jur·er** /-dʒərə | -rə^(r)/ *n.* 〘(1583)《逆成》← INJURY (n.) ∽《c1450》□ OF *injurier*: *injure* が《廃》*injury* (v.) にとって代わったのは 1580 年から 1640 年の間〙

SYN 傷つける: **injure** 特に事故で〈人や動物〉に肉体的な危害を与える: Two children were *injured* in the accident. その事故で子供が二人けがをした. **wound** 武器・凶器で傷つける: A bullet *wounded* his leg. 弾丸で足に傷を受けた. **harm** 通例故意に傷害・苦痛・苦しみ・損失を与える: Don't *harm* our children. 子供たちに危害を加えないで. **hurt** 肉体または感情を傷つける: I don't want to *hurt* his feelings. 彼の感情を傷つけたくない. **damage, impair** 〈通例物の〉価値・品質などを損なう《後者は格式ばった語》: Too much washing will *damage* your hair. あまり洗いすぎると髪がいたむよ / Continual smoking *impairs* health. 絶えずたばこを吸っていると健康を損なう. **mar** 〈幸福・美などを〉損なう: His wife's death *marred* his happiness. 妻の死が彼の幸福を損なった. **spoil** 〈物〉の価値・効用などを損なってだいなしにする《*mar* よりも意味が強い》: Her poor performance *spoiled* the good play. せっかくの良い芝居も彼女の下手な演技でだいなしだ. **ANT** aid.

in·jured /índʒəd | -dʒəd/ *adj.* 1 a 負傷を受けた, けがをした: a person's ~ arm けがをした腕 / the ~ party 被害者(側). b [the ~; 名詞的に; 集合的; 複数扱い] けが人たち, 負傷者たち. 2 感情を害された, 気を悪くした: an ~ look 感情を害されたような顔つき / in an ~ voice むっとした声で / with an ~ air むっとした様子で / ~ innocence (不当に非難された人の)気を悪くしたような態度《しばしばその非難が実は正当であるという含みをもつ》. 〘(1634) (p.p.) ← INJURE〙

in·ju·ri·ous /ɪndʒʊ́^əriəs | ɪndʒʊ́ər-, -dʒɔ́:r-/ *adj.* 1 〔…に〕有害な, 毒な, 悪い〔*to*〕(↔ beneficial): habits ~ *to* health 健康によくない習慣. 2 〈言葉が〉人を傷つける, 中傷的な, 侮辱的な, 無礼な. 3 〈行為が〉不法な, 不当な, 不公平な: ~ falsehood 〘法律〙他の権利を侵害する虚偽の陳述. **~·ly** *adv.* **~·ness** *n.* 〘(c1425) □ (O)F *injurieux* ‖ L *injūriōsus* wrongful ← *injūria* (↓)〙

in·ju·ry /índʒ(ə)ri/ *n.* 1 〔手・足などの〕傷害, 危害, 負傷; 〔物に対する〕損害 (damage), 損傷〔*to*〕: an ~ *to* the head [eyes] 頭[目]の傷 / an ~ *to* a roof [picture] 屋根[絵]の受けた損害 / be ~ *to* …の害になる, …を傷つける / do a person an ~ 人に危害を加える / do oneself ~《英》痛い目に遭う; けがをする / do an ~ *to* …に損害を与える, …を傷つける / add insult *to* ~ ⇨ insult n. 1 / suffer [sustain, have] serious *injuries* 大けがをする / internal *injuries* 内傷 / I could discover no signs of external ~ on the body. 死体に外傷らしきものが見当たらなかった / an ~ to the spine 脊椎への損傷. 日英比較 日本語では「けが」およびその類義語の「負傷」「傷」は偶発的な事故によるものか, あるいは他人の意図的な武器(または武器になり得る道具)を用いた攻撃によるものかの区別をしない. しかし, 英語では一般にこの二つを明確に分ける. 事故などによるけがを *injury*, 武器を用いた意図的な攻撃によるけがを wound という. ただし, 総称としては *injury* を用いる. つまり, いずれか不明のとき, 例えば救急車で運び込まれた人の傷を医者などは *injury* という. 2 〈感情・評判などを〉害すること; 〔…に対する〕無礼, 侮辱〔*to*〕: an ~ *to* a person's feelings 人の感情を害する無礼 / suffer *injuries to* one's reputation [character] 評判[人格]に対して侮辱を受ける / Don't say anything to the ~ of others. 他人を侮辱するようなことは口にするな. 3 〘法律〙(権利・財産・名誉などの)侵害行為. 4《廃》誹謗(ひぼう), 中傷, 侮辱的言辞. 〘(c1384) *injurie* □ L *injūria* wrong, harm ← *injūrius* unjust, wrongful ← IN-^1 + *jūr-, jūs* right, justice (cf. just^2)〙

injury bènefit *n.*《英》労災保険給付.

injury tìme *n.* ロスタイム《ラグビー・サッカーなどで負傷した競技者の治療や移動などのために停止された競技時間で, その時間は試合時間を延長する》. 〘1960〙

in·jus·tice /ɪndʒʌ́stɪs | ɪndʒʌ́stɪs/ *n.* 1 不正, 不法, 不当, 不公平, 権利の侵害: remedy ~ 不公平を是正する / without ~ *to* anyone だれにも不公平なことなく, えこひいきなく. 2 不公平な行為[処置], 不正行為, 不当な仕打ち: do a person an ~ = do an ~ to a person 人に対して不当な行為をする, 人を不公平に判断する, 誤解する / You're doing your friend a grave ~. (失礼なことなどを言った人をたしなめて)そんなことを言ってはこちらの方に対して失礼ですよ. 〘(a1393) □ OF ~ □ L *injūstitia* ← *injūstus* unjust ← IN-^1 + *jūstus* just: cf. justice〙

SYN 不正: **injustice** 他の人を不当に扱ったり権利を侵害したりすること: A gross *injustice* has been committed. 大変な不正が行われた. **wrong** 非常に悪い[不当な]行為《格式ばった語》: suffer *wrongs* 不当な扱いを受ける. **ANT** justice.

ink /íŋk/ *n.* 1 インク, インキ; 印刷用インク: (as) black as ~ 真っ黒な / ⇨ India ink, invisible ink, marking ink, printing [printer's] ink, sympathetic ink / write *in* (red) ~ (赤)インクで書く / write *with* pen and ~ ペンで書く. 2 (イカ・タコ類の出す)墨: ⇨ ink sac. 3《俗》世間(特にマスコミなど)の注目[関心, 評判] (publicity).
blèed réd ínk《米》大赤字を出す. ***slíng ínk***《俗》文士稼業(かぎょう)をやる, 駄文を書く (cf. inkslinger 1).
— *vt.* 1 〈万年筆などに〉インクを入れる: ~ a pen. 2 a インクで書く[描く]; …にインクでしるしを付ける, インクを塗る[付ける]. b インクで汚す: ~ one's fingers 指をインクで汚す. c インクで消す: ~ *out* mistakes 誤りをインクで消す. 3《俗》〈契約などに〉署名する; 〈人を〉契約書に署名させて雇用する: ~ a pact, deal, etc.
ínk ín* [*óver*]** 〈鉛筆の下図などを〉インクでなぞる, …にインクを入れる, 墨入れする. ***ínk úp 〈印刷機〉にインクを入れる.
〘(c1250) *inke, enke* □ OF *enque* (F *encre*) < LL *encau(s)tum* □ Gk *énkauston* purple ink used by the later Roman emperors in signatures ← IN-^2 + *kaíein* to burn: cf. encaustic〙

In·ka·tha /ɪŋká:tə | ɪnká:tə; *Zulu* iŋk'a:tha/ *n.*《南ア》インカタ《南アフリカ共和国の最大部族である Zulu 族を基盤とする民族文化解放組織; 1975 年 Mangosuthu Buthelezi が設立》.

Inkátha Fréedom Párty *n.* [the ~]《南ア》インカタ自由党《Inkatha が他の人種をも受け容れて結成した中道的政党; 略 IFP》.

ínk bàg *n.* =ink sac. 〘1835–36〙

ínk bàll *n.* 〘印刷〙インクボール《印刷師が版面にインクをつけるための道具; 木製の把手がついていた; inking ball ともいう》. 〘1884〙

ink·ber·ry /íŋkbèri | -b(ə)ri/ *n.* 〘植物〙1 オクノフウリンウメモドキ (*Ilex glabra*)《黒い実のなるモチノキ科の植物; gallberry ともいう》; その実. 2 ヨウシュ[アメリカ]ヤマゴボウ (*Pytolacca americana*)《pokeweed ともいう》; その実. 〘1765〙

ínk·blòt *n.* 1 インクのしみ. 2 〘心理〙a (inkblot test に使用される)インクのしみで作られた不規則な型の図形. b =inkblot test. 〘a1500〙

ínkblot tèst *n.* 〘心理〙inkblot の視覚像から推測するパーソナリティーテスト (⇨ Rorschach test). 〘1928〙

ínk-bòttle *n.* インク瓶, インク壺. 〘1583〙

ínk càp *n.* 〘植物〙=inky cap. 〘1887〙

ínked *adj.*《豪口語》酔っぱらった. 〘(1898) ← INK + -ED〙

ínk·er *n.* 1 〘印刷〙=ink roller. 2 〘通信〙印字機《モールス信号の受信印字機》. 〘(1882): ⇨ -er^1〙

ínk-eràser *n.* インク消し《小刀・薬品・ゴムなど》. 〘1881〙

In·ker·man /íŋkəmən | -kə-; *Ukr.* inkermán, *Russ.* inkʲirmán/ *n.* インキルマン《ウクライナの Crimea 半島南部, Sevastopol の東にある村; クリミア戦争で英仏軍がロシア軍を破った地 (1854)》.

ínk·fish *n.* 〘動物〙イカ (cuttlefish). 〘1693〙

ínk fòuntain *n.* 〘印刷〙インク溝《印刷機でインクをためておく部分; duct ともいう》. 〘1875〙

ínk·hòlder *n.* インク入れ; (万年筆の軸内の)インクだめ. 〘1703〙

ínk·hòrn *n.* (昔の角製の)インク入れ, インク壺; 矢立て. **—** *adj.* インク壺臭い, 学者振った, 衒学的な, 物知り顔の: ~ terms [words, language] 学者[学生]言葉《生かじりの外来語や難しい語句》. 〘(1378): ⇨ ink, horn: cf. Du.《廃》*enkthoren, inkthorn*〙

ínk·ing *n.* 1 〘製図〙墨入れ. 2 〘通信〙印字. 〘(1818): ⇨ -ing^1〙

ínking bàll *n.* 〘印刷〙=ink ball. 〘1890〙

ínk-jèt prínting *n.* インクジェット式印字《コンピューター制御により霧状のインクをノズルから紙に吹き付けて, 高速に文字を印字する方式》. **ínk-jèt prínter** *n.* 〘1973〙

ínk knìfe *n.* (印刷インクを練るための)インクべら.

in·kle /íŋkl/ *n.* 細いリンネルテープ(に用いるリンネル糸). 〘(1541) □ ? Du.《廃》*inckel* (Du. *enkel*) single (with reference to its narrow width)〙

ínk·less *adj.* インクのない. 〘(1811): ⇨ -less〙

ink·ling /íŋklɪŋ/ *n.* 1 それとなく気づくこと, うすうす感づくこと: get [have] an ~ of …をうすうす知る[知っている] / have no ~ of …を全然知らない / not have the slightest ~ that …だということを少しも知らない. 2 暗示, ほのめかし: I gave her an ~ *of* his failure [*that* he had failed]. 彼が失敗したことを彼女にそれとなくにおわせておいた. 〘(?a1400) *ingkiling* ← ? ME *inkle(n), incle(n)* to hint (← OE *inca* suspicion) + -ING^1〙

ínk-pàd *n.* (スタンプ用)印肉 (stamp pad).

ínk·pòt *n.* インク入れ, インク壺. 〘1553〙

ínk ròller *n.* 〘印刷〙インクローラー (inker). 〘1825〙

ínk sàc *n.* (イカ・タコ類のもつ)墨袋.

ínk·slìnger *n.*《俗》1 書きなぐる人, 三文文士, 売文家, もの書き, 記者 (cf. sling INK). 2 (材木切出しキャンプの)作業時間係. 〘1887〙

ínk·stànd *n.* インクスタンド, 台付きインク壺. 〘1773〙

ínk stìck *n.* (固形)墨.

ínk·stòne *n.* 1 すずり: an ~ case すずり箱. 2 〘化学〙=copperas. 〘c1889〙

ínk·wèll *n.* インク壺《多く机の穴にはめ込むもの》. 〘(1875) ← INK + WELL^2〙

ínk·wòod *n.* 〘植物〙米国 Florida 州および西インド諸島産ムクロジ科の小樹 (*Exothea paniculata*).

ink·y /íŋki/ *adj.* (**ink·i·er; -i·est**) 1 インクのような; 墨のように黒い, 真っ黒な: ~ darkness 真っ暗闇. 2 インクで汚れた, インクだらけの: ~ fingers / an ~ blot インクのしみ. 3 インクの; インクで書いた. **ínk·i·ness** *n.* 〘(1581) ← INK (n.) + -Y^4〙

inky-bláck *adj.* 真っ黒な (cf. black as INK). 〘1822–34〙

inky càp *n.* 〘植物〙傘が開くとまもなく自己消化して黒い汁を垂らすヒトヨタケ (*Coprinus atramentarius*) などのキノコ《lawyer's wig ともいう》. 〘1923〙

INLA /àɪènèléɪ/《略》Irish National Liberation Army.

in·lace /ɪnléɪs | ɪn-/ *vt.* =enlace.

in·laid /ìnléɪd^←/ *vt.* inlay の過去形・過去分詞. **—** *adj.* はめ込んだ, ちりばめた, 象眼した (cf. inlay *vt.* 2): an ~ table / ~ work 象眼細工 / a table with an ~ design 象眼模様のあるテーブル / ivory ~ *with* gold 金象眼の象牙(ぞうげ). 〘(1598) (p.p.) ← INLAY〙

in·land /ínlənd, -lænd/ *adj.* 1 (海から遠い)内陸の, 国境から遠い, 奥地の: an ~ town, lake, harbor, etc. / open up ~ rivers 内陸河川を開発する. 2《英》国内で営まれる, 国内の, 内地の (↔ foreign): ~ trade [commerce] (外国貿易に対して)国内貿易[取引] / an ~ duty 内地関税, 内国税 / ~ mails 内国郵便 (《米》domestic mail)/ ~ navigation (河川・湖などの)内国航行 / ~ transport [transportation] 内国運輸, 国内輸送. 3 国内に限られる, 国内で振り出されて支払われる: an ~ check 内国小切手. 4《Shak》都会風の, 洗練された. **—** *n.* 内地, 国内, 奥地.
— /ínlǽnd, ⌐⌐/ *adv.* 内地へ[に], 内地[奥地]に向かって: go ~ / He lives about a mile ~. 内陸に向かって 1 マイルばかりの所に住んでいる.
〘OE ~: ⇨ in-^3, land〙

ínland bíll *n.* 国内[州内]為替手形 (cf. foreign bill). 〘1682〙

Ínland Émpire *n.* [the ~] インランドエンパイア《米国北西部, Cascade 山脈と Rocky 山脈の間の地域; Washington 州東部, Oregon 州北東部, Idaho 州北部, Montana 州西部にまたがる》.

in·land·er /ínləndə, -lændə | -ləndə^(r)/ *n.* 内地人, 奥地人. 〘(1610): ⇨ -er^1〙

ínland maríne insùrance *n.* 〘保険〙インランドマリーン保険《国内運送保険・動産総合保険などの総称; cf. ocean marine insurance》.

Ínland Pássage *n.* [the ~] =Inside Passage.

Ínland Révenue *n.* [the ~] 1《英・NZ》内国税収入庁, 内国歳入庁(略 IR). 2 [i- r-]《英》内国税収入 (《米》internal revenue) 〘1849〙

inland séa *n.* 1 内海 (cf. territorial sea); (大)淡水湖. 2 [the I- S-] (日本の)瀬戸内海. 〘1590〙

ín-lànguage *n.* 最新流行の言葉遣い.

in·laut /ínlaʊt; G. ínlaʊt/ *n.* (*pl.* **in·lau·te** /-tə | -tə; G. -tə/, **~s**) 〘音声〙中間音《語または音節の中間の音; cf. anlaut, auslaut》. 〘(1892) □ G ~ ← *in* 'IN' + *Laut* sound〙

in·law /ɪnlɔ́:, -lɑ́:, ínlɔ:, -lɑ: | ɪnlɔ́:, ⌐⌐/ *vt.* 〘古英法〙〈法の恩典や保護を奪われた人を〉復権させる. 〘OE *inlagian* ← IN-^1 + *lagian* (← *lagu* 'LAW^1')〙

in-law /ínlɔ:, -lɑ: | -lɔ:/ *n.* 〘口語〙[通例 *pl.*] 姻戚, (特に)しゅうと(め). **—** *adj.* [限定的] 姻戚(関係)の. **~·shìp** *n.* 〘(1894)《逆成》← (*father, mother,* etc.)-IN-LAW: ↓〙

-in-làw /ɪnlɔ̀:, -lɑ̀: | ɪnlɔ̀:/「姻戚の」を意味する複合語の第 2 構成素: brother-*in-law*, sister-*in-law*. ★ 元来は, 血縁による (by blood) に対して教会法による (in canon law) の意で, 婚姻禁止の親等の一つであることを表した. 〘(14C)《なぞり》← AF *en ley* = OF *en loi* in law〙

in·lay /ɪnléɪ, ínleɪ | ɪnléɪ, ⌐⌐/ *vt.* (**in·laid** /~d/) 1 〔…に〕はめ込む〔*in*〕: ~ a thing *in* another. 2 …に〔…で〕象眼する, 〔…を〕ちりばめる (cf. inlaid)〔*with*〕: ~ a box *with* silver. 3 〈ページ・版・カットなどを〉差し込む, 台紙にはめ込む. 4 〘園芸〙〈接ぎ穂を〉台木に(はめ込むように)接ぐ. 5 〈銀メッキ製品〉(のはげた部分)に銀をかぶせる. 6 〈針金などを〉(金属・木・石などの刻み目に)はめ込む, たたき込む, すり込む.
— /ínlèɪ/ *n.* 1 象眼模様[細工], はめ込み模様, 切りはめ細工. 2 〘歯科〙インレー《金属製・陶製の虫歯などの窩洞の埋込み物》: a gold ~. 3 〘園芸〙=inlay graft.
〘v.: (1596–97) ← IN (adv.) + LAY^2. — n.: (1610) ← (v.)〙

in·láy·er^1 *n.* 象眼師. 〘(1660): ⇨ ↑, -er^1〙

in·láyer^2 *n.* 内側の覆い[積み重ね]. 〘(1868) ← IN (adj.) + LAYER〙

inlay gràft *n.* 〘園芸〙接ぎ穂と台木の接合部がぴったりはめ込むようになっている接木法.

in-lb《略》inch-pound(s).

in·let /ínlet, -lɪt/ *n.* 1 a 入江. b (半島間などの)瀬戸, 小海峡. c (海水の出入する)砂洲の切れ目. 2 入口; (特に)注入口, 引入れ口 (↔ outlet): a fuel ~ 燃料

注入口 / an ~ valve 吸入バルブ. **3 a** 差し込み(物), 象眼(物). **b** はめ[押し]込むこと.
— /ìnlèt, ⌐⌐/ *vt.* (**in·let**; **-let·ting**) はめ[差し]込む. 〘n.: (*c*1300) *inlate* ← *let in* (⇨ let¹ (v.)). — v.: (?*c*1225) *in lete*: ⇨ in (adv.), let¹〙

ín-lètter *n.* 到着[未決]書類, 来信 (cf. in-tray). 〘1955〙

ín·lìer *n.* **1** 〘地質〙内層, 内座層 (↔ outlier). **2** 他人の土地に囲まれた土地, 飛び領土, 包領 (enclave). 〘(1859) ← IN (adv.)+LIE¹ (v.)+-ER¹〙

in lim. 《略》in limine.

in li·mi·ne /ɪnlíməni | -mɪ̀-/ *L. adv.* 戸口で; 初めに, 最初に, 予備的に (at the outset). 〘(1804) □ L *in līmine* 《原義》on the threshold〙

ín-líne *adj.* **1** 〘機械〙〈内燃機関が〉列形の, 並列の: an ~ engine 列形[並形]機関. **2** 〘電算〙インラインの《外部参照ではなく文書中に埋め込まれた; 特にテキスト行内に表示される》. 〘1929〙

ín-lìner *n.* **1** インラインスケートでスケートする人. **2** = in-line skate.

ín-lìne skáte *n.* インラインスケート《ローラーが直列に並んだスケート靴》.

ín-lìne skáting *n.* インラインスケート(遊び).

in loc. 《略》in loco.

in loc. cit. 《略》in loco citato.

in lo·co /ɪnlóʊkoʊ | -lə́ʊkəʊ/ *L. adv.* あるべき場所に (in the proper place). 〘(1710) □ L *in locō* in place〙

in lo·co ci·ta·to /ɪnlóʊkoʊsaɪtéɪtoʊ | -lə́ʊkəʊsaɪtéɪtəʊ/ *L. adv.* 前に引用した所に. 〘□ L *in locō citātō* in the place cited〙

in lo·co pa·ren·tis /ɪnlóʊkoʊpəréntɪ̀s | -lə́ʊkəʊpəréntɪs/ *L. adv.* 親の代わりに, 親の立場で. **—** *n.* (大学などにおける)管理機関による親代わりの監督[統制]. 〘(1828) □ L *in locō parentis* in the place of a parent〙

in·ly /ínli/ *adv.* 《詩》**1** 内に, 内心に (inwardly). **2** 深く, 衷心から, 心から; 親しく. 〘ME *inliche, inli* < OE *in(n)līce*: ⇨ in (adv.), -ly¹〙

ín·lỳing *adj.* 内側[内部]にある (↔ outlying). 〘(1844) ← IN (adv.)+LYING²〙

ín·màrriage *n.* 同族[族内]結婚 (endogamy) (cf. outmarriage). 〘← IN (adj.)+MARRIAGE〙

INMARSAT /ínmɑəsæ̀t | -mɑː-/ 《略》International Marine Satellite Organization 国際海事衛星機構.

in·mate /ínmèɪt/ *n.* **1** (病院・施設・刑務所などの)被収容者, 入院患者, 在監者 〔*of*〕: a hospital ~ 入院患者 / the ~*s* of a prison 刑務所の受刑者たち. **2** 《古》同居人, 同宿人, 同室者 〔*of*〕: the ~*s of* an apartment house アパートの住人たち. 〘(1589) ← IN (adj.)+MATE¹ // INN 3+MATE¹〙

in me·di·as res /ɪ̀nmédiəsréɪs, -míːdiəsríːz | -di-/ *L. adv.* **1** 事件の中心に: I shall now enter ~. さてこれから事件の核心に入って述べよう. **2** 事件の途中から: Most novelists begin [start] ~. たいていの小説家は途中の(重要な事件)から話を始める. 〘(1786) □ L *in mediās rēs* into the middle of things〙

in mem. 《略》in memoriam.

in me·mo·ri·am /ɪnmɪ̀mɔ́ːriəm, -mɛ-, -riæ̀m/ *L. adv.* (亡き人の)記念に[として]. **—** *perp.* (…を)悼(いた)みて《碑文などに用いる句》: *In Memoriam A. H. H.*「A. H. H. を悼みて」《英国の詩人 Tennyson が夭折した親友 Arthur Henry Hallam (1811–33) を弔うために書いた追悼の詩 (1850)》. **—** *n.* 追悼の詩[文]. 〘(1850) □ L ~ 'in memory (of)'〙

in·mesh /ɪ̀nméʃ | ɪn-/ *vt.* =enmesh. 〘1868〙

ín·mígrant *adj.* (国内の一地域から他の地域へ)移入する (cf. immigrant): ~ workers 移入労働者. **—** *n.* 移入者; 移入動物. 〘(1942) ← IN (adj.)+MIGRANT〙

ín·mìgrate *vi.* (特に, 労働のため, 国内の一地域から他の地域へ)移入する. **ìn·migrátion** *n.* 〘(1942) ← IN (adv.)+MIGRATE〙

in·most /ínmòʊst | ínməʊst, ím-, -məst/ *adj.* **1** 一番[最も]奥の, 最も深い, 内奥の (cf. inner 1): the ~ depths of a mine 鉱山の一番奥の底 / In my ~ heart I believed in you. 心の奥底ではあなたを信頼していた. **2** 心の奥の, 深く心に秘めた: one's ~ thoughts, feelings, desire, secrets, etc. 〘ME ~, *inmest, in(ne)mast* < OE *innemest* (double superl.) ← *inne* 'IN (adv.)'+ *-ma* (superl. suf.) + -EST¹: ME 期から IN+MOST と誤解された: ⇨ -most〙

inn /ín/ *n.* **1** (通例階下で飲食店を兼ねた旧式の二階建ての)宿屋, 旅館 (cf. lodging, house, hotel 1): a wayside ~ / keep an ~ 宿屋を経営する / put up at an ~ 宿屋に泊まる. **2** 飲み屋, 酒場. **3** 《古・詩》住居, 住所, 憩い所. **4** 《英古》(London の) 法学生の宿舎《今は Inns of Chancery と Inns of Court の名に残っている》.

Ínns of Cháncery [the —] 法学予備院《London にある建造物; Inns of Court の付属建物で, 法学生の宿舎に用いた; 19 世紀以降消滅》. (1567)

Ínns of Cóurt [the —] (英国の)法学院. ★ London にあるバリスター (barristers) の協会で, Inner Temple, Middle Temple, Lincoln's Inn, Gray's Inn の四つの建物に分かれている; 英国の裁判官やバリスターは必ずいずれかの会員であり, また新しくバリスターを志望する者はこの協会の試験に合格しなければならない (cf. *eat one's* TERMS). (15C)

— *vi.* 《古》宿屋に宿泊する.

〘OE *inn* 《廃》dwelling place ← *inn, inne* 'IN (adv.)': cf. ON *inni* house〙

Inn /ín; G. ín/ *n.* [the ~] イン(川)《ヨーロッパ中部の川, スイスの東部から流れてオーストリアとドイツを経て Danube 川に合流する (515 km)》.

inn·age /ínɪdʒ/ *n.* **1** 〘商業〙残留荷量《船貨の輸送中の乾燥などによる目減りを引いた分の到着時の実際分量; cf. outage 1 a》. **2** 〘航空〙(飛行後の)残留燃料 (cf. outage 3). 〘← IN+-AGE〙

in·nards /ínədz | ínədz/ *n. pl.* 《口語》**1** 内臓, おなか. **2** (物の)内部[機構[構造]]. 〘(1825) 《転訛》← IN-WARDS〙

in·nate /ɪ̀néɪt, ìn-, íneɪt | ɪnéɪt, ìn-⌐/ *adj.* **1** 生まれつきの, 生得の, 先天的な; 固有の, 本質的な (↔ acquired): an ~ gift [talent] 天賦の才, 資質 / a person's ~ vigor 生来の元気さ / an ~ defect in a plan 計画の本質的な欠陥 / the ~ conservatism of the English 英国人固有の保守性. **2** 〘哲学〙本有[生得]の, 本有[生得]的な: ⇨ innate ideas. **3** 〘植物〙**a** 〈特に, 葯(やく)が〉内生の. **b** (菌糸体などの)内部に生じる. **~·ly** *adv.* **~·ness** *n.* 〘(*a*1420) □ L *innātus* inborn ← *innāscī* ← IN-²+ *nāscī* to be born: ⇨ native〙

SYN 生得の: **innate** 〈性質が〉生まれたときから備わっている《格式ばった語》: *innate* kindness 生まれつきの親切. **inborn** =*innate*. **inbred** 幼児からのしつけの結果性質の一部になっている: *inbred* courtesy 身についた礼儀正しさ. **congenital** 〈病気が生まれたときから存在している: a *congenital* defect 先天性の欠陥. **hereditary** 〈精神的・身体的特徴が〉遺伝的に引き継いだ《格式ばった語》: Musical talent seems to be *hereditary*. 音楽の才能は遺伝的らしい. **inherited** =*hereditary*: *inherited* diseases 遺伝的に受け継いでいる病気.

---

innáte idéas *n. pl.* 〘哲学〙本有[生得](的)観念《心が生まれながらにして所有する観念; cf. nativism》〘(1692)《なぞり》← L *idea innāta*〙

innáte reléasing mèchanism *n.* 〘心理〙生得的解発機構《動物の本能的行動か先天的解発刺激により引き起こされる機構; 略 IRM》.

in·nav·i·ga·ble /ɪ̀(n)nǽvɪ̀gəbl̩, ìn-, -və- | ɪnǽvɪ-, ìn-⌐/ *adj.* 航行できない, 船の通わない. 〘(1527): ⇨ in-¹, navigable〙

in·ner /ínə | ínə(r/ *adj.* (↔ outer) **1** 内の, 内部の, 内の方の, 奥の (cf. innermost, inmost 1, inside) (⇨ inward SYN): an ~ door, room, etc. / an ~ pocket 内ポケット / an ~ court 中庭. **2** より親しい, より内輪の, より個人的な; [通例 one's ~] 心の奥の, 内心の: the ~ circle of one's friends 特に親しい友人たち / *one's* ~ thoughts 深く心に秘めた思い / He kept *his* ~ excitement out of his voice. 彼は内心の高ぶりを声に現さないようにした. **3** 精神の, 霊の: ~ experience 内的経験 / the [one's] ~ life 精神[霊的]生活 / She lives quietly, but she has a rich ~ life. 彼女はひっそりと暮らしているが, 精神生活は豊かだ. **4** 裏面の, 隠れた, 秘密の; 曖昧な, はっきりしない: an ~ meaning. **5** 〘化学〙〈化合物が〉分子内で生ずる. **—** *n.* **1** 〘アーチェリー〙標的の内圏《標的の中心 (bull's-eye) と外圏との間の赤い部分; red ともいう》. **2** 内圏命中(弾[矢]). **3** (サッカーなどの)インナー《前衛中堅の両側の二人の中の一人; left inner または right inner》. **~·ly** *adv.* **~·ness** *n.* 〘OE *innera, inra* (cog. OHG *innaro-, -ero* / ON *innri*) (compar.) ← *inne*, *inn* (adv.) 'IN': ⇨ -er²; cf. inmost〙

ínner automórphism *n.* 〘数学〙内部自己同形《単位元をもつ環の各元 *x* にその左右から一定の元 *a* とその逆元 *b* とを掛けて得られる元 *axb* を対応させるような自己同形写像; ⇨ automorphism; cf. outer automorphism》.

ínner bár *n.* [the ~; 集合的] 〘英法〙勅選バリスター団 (King's Counsel)《法廷で判事席の前の仕切り (bar) の中の席で弁護する特権がある; cf. outer bar》.

ínner bárrister *n.* 〘英法〙**1** 勅選弁護士《もとは serjeant-at-law も含めた; cf. inner bar》. **2** 《古》法学院 (Inn of Court) 修習生. 〘*c*1545〙

ínner cábinet *n.* 《英》**1** 閣内の実力者グループ. **2** ある組織の中で非公式に助言を与える役割りを果たす委員会[グループ]. 〘1900〙

ínner chíld *n.* 内なる子供《大人の中に存在しているとされる子供の人格で, しばしば幼年期の精神的傷をとどめ, 抑圧されるなどしている》.

ínner círcle *n.* 権力の中枢に最も近い連中, 取巻き連中. 〘1875〙

ínner cíty *n.* **1** 都心(部) (cf. outer city). **2** 《米》(貧困者の多い)都心部の過密地区 (cf. central city). **ín·ner-cíty** *adj.* 〘1968〙

Ínner Cíty *n.* [the ~] (北京の)城内.

ínner-dirécted *adj.* **1** 〘心理〙〈人が〉自律的目的[理想]をもった. **2** 〘社会学〙内部志向型の《目的・理想が他人の価値基準によらないで自己決定による; cf. other-directed, tradition-directed》: an ~ type 内部志向型. **ínner-diréction** *n.* 〘1950〙

ínner éar *n.* 〘解剖・動物〙内耳 (internal ear). 〘*c*1923〙

ínner fórm *n.* 〘印刷〙裏版《ページ物組版で, 第 2 ページと同じ側を印刷するための組版; cf. outer form》.

Ínner Hébrides *n. pl.* [the ~] ⇨ Hebrides.

Ínner Hóuse *n.* [the ~] 内院《スコットランドの高等民事法院 (the Court of Session) で控訴を扱う部局》.

ínner jíb *n.* 〘海事〙インナジブ《何枚もある船首三角帆のうち一番内側のジブ; ⇨ jib¹》.

Ínner Líght *n.* [the ~] 〘キリスト教〙内なる光《心の中に感じられるキリストの光; Quaker の信条によれば人の道徳的指導力となり宗教的確信の源泉となるという; Inner Word, Christ Within ともいう》. 〘1856〙

Ínner Lóndon *n.* ⇨ London 1.

ínner mán *n.* [the ~] **1** 内なる人, 精神, 心, 霊魂 (soul and mind) (*Ephes.* 3:16) (↔ outer man). **2** 《戯言》胃袋, 食欲: satisfy [warm] *the* ~ 腹を満たす. 〘OE *innra man*〙

ínner márgin *n.* 〘印刷〙のどあき (back margin).

ínner míssion *n.* 〘キリスト教〙内国伝道 (home mission) (cf. foreign mission).

Ínner Mongólia *n.* 内モンゴル, 内蒙古《中国北部の Mongol 族の自治区; 1947 年成立, モンゴルの国境の南側に隣接する地域; 面積 400,000 km², 区都 Hohhot; 公式名 the Inner Mongolian Autonomous Region 内モンゴル自治区》.

ínner·mòst *adj.* =inmost. **—** *n.* 最も深い[内奥の]部分. 〘(*c*1350): ⇨ inner, -most: cf. inmost〙

ínner párt *n.* 〘音楽〙内声, 中間声部《混声四部合唱曲ではアルトとテナーの声部, 男声四部合唱曲では第二テナーと第一ベースの声部; inner voice ともいう; cf. outer part》.

ínner plánet *n.* 〘天文〙太陽系の中で小惑星帯 (asteroid belt) より内側を運行する惑星《太陽に近い方から水星 (Mercury)・金星 (Venus)・地球 (Earth)・火星 (Mars); ↔ outer planet; cf. inferior planet》. 〘1951〙

ínner póst *n.* 〘海事〙プロペラポスト《プロペラ軸を支える柱部で, 船尾材の一部分》. 〘*c*1850〙

ínner próduct *n.* 〘数学〙内積 (⇨ scalar product). 〘*c*1911〙

ínner quántum nùmber *n.* 〘物理〙内量子数《全角運動量の大きさを表す量子数; 記号 J, j》. 〘1923〙

I

ínner resérve *n.* (貸借対照表に載せない)内部留保金, 秘密積立金. 〘1930〙

ínner sánctum *n.* 《口語・戯言》=sanctum 2.

ínner·sóle *n.* 中底 (insole)《靴の中に入れる敷革》. 〘(*c*1892) ← INNER+SOLE²〙

ínner spáce *n.* **1** 〘海洋・地学〙海面下地域 (⇨ hydrospace). **2** (心の)潜在的部分, (人間の)精神世界. **3** 〘絵画〙内的空間《抽象絵画における深さの感じ》. 〘1958〙

ínner spéech fòrm *n.* 〘言語〙内部言語形式《心理的省察の対象となる場合の言語形式で, 心的内容に外部言語形式を与える構成原理や統覚作用などにみられる; ↔ outer speech form》. 〘(1901)《なぞり》← G *innere Sprachform*: ドイツの言語哲学者 W. von Humboldt (1767–1835) が最初に言語学に導入した用語〙

ínner-spríng *adj.* 《米》〈マットレスなど〉スプリングが内側にある, バネ式の: an ~ mattress [cushion]. 〘1928〙

Ínner Témple *n.* [the ~] ⇨ INNS of Court. 〘1462〙

ínner tùbe *n.* (空気入りタイヤの)チューブ, 内管. 〘1895〙

ínner-túbing *n.* (水上や雪上で)タイヤのチューブに乗って遊ぶこと: go ~.

in·ner·vate /ínəːveɪt, ínə(ː)vèɪt | ínə(ː)vèɪt, ɪnə́ːveɪt/ *vt.* 〘生理〙**1** 〈器官・筋などに〉神経を分布する. **2** 〈神経を〉刺激する; (神経興奮によって)〈体内器官を〉刺激する. 〘(1870) ← IN-²+NERVE+-ATE³: cf. enervate〙

in·ner·va·tion /ìnə(ː)véɪʃən | ìnə(ː)-/ *n.* 〘解剖・生理〙**1** (器官・筋などの)神経支配; 神経分布. **2** 神経刺激. **~·al** *adj.* 〘(1832) ← INNERVATE+-ATION〙

in·nerve /ɪnə́ːv | ɪnə́ːv/ *vt.* **1** …に活気を与える, 鼓舞する (animate). **2** =innervate. 〘(1828) ← IN-²+NERVE〙

ínner vóice *n.* 〘音楽〙内声 (⇨ inner part).

ínner wóman *n.* [the ~] **1** (女性の)精神, 心 (cf. inner man). **2** 《戯言》(女性の)胃袋, 食欲. 〘1857〙

Ínner Wórd *n.* [the ~] 〘キリスト教〙内なる言葉 (⇨ Inner Light).

in·ness /ínnɪ̀s/ *n.* **1** 内側であること. **2** 《口語》現代風であること. 〘(1866) ← IN (adv. or adj.)+-NESS〙

In·ness /ínɪ̀s/, **George** *n.* イネス: **1** (1825–94) 米国の風景画家. **2** (1854–1926) その息子で画家.

ínn·hòlder *n.* 《米》《英古》=innkeeper. 〘1450〙

in·ning /ínɪŋ/ *n.* **1 a** 〘野球〙イニング, 回; (攻撃側の)打撃番: a long ~ / nine ~*s* / score a run in the first [second] half of the seventh ~ 7 回の表[裏]に 1 点あげる / go into an extra [extended] ~ 延長戦に入る / win by 5 runs and one ~ 5 点アルファ付きで勝つ. (1735) **b** (バドミントン・クロッケー・蹄鉄投げなどで)攻撃の番, 回. **2** =innings 2. **3** 《古》(荒地などを)囲うこと; (海・沼地・水害地などの)埋立, 干拓, 修復 (cf. innings 3). **4** 《古》(作物の)取入れ, 収穫. 〘ME *inning(e)* < OE *innung* a putting in (ger.) ← *innian* to get in, put in ← *inn* 'IN': ⇨ -ing¹〙

in·nings /ínɪŋz/ *n.* (*pl.* ~, 《口語》~·es) **1 a** 《クリケット》イニング《一方のチームが打つ回; 一人の打者が打つ番》: a long [short] ~ / two ~ / follow the ~ = FOLLOW *on* (2). **b** 1 イニングの得点. **2** (政党などの)政権保持期間; 在任期; 活躍期, 得意時代, 全盛期; (活躍の)機会: Now the Conservatives will have their [the] ~. 今度は保守党が政権を取るだろう. **3** [複数扱い] 埋立地, 干拓地 (chemical land).

háve a* (*góod*) *lóng ínnings (1) 長い間好運に恵まれる. (2) (幸福な)長い生涯を送る, 天寿を全うする. (1870)

〘(1735) (pl.) ← INNING〙

In·nis·kil·ling /ìnɪ̀skílɪŋ/ *n.* イニスキリング (Enniskillen の旧名).

in·nit /ínɪ̀t | ínɪt/ 《英非標準》isn't it の縮約形《同意を求めたり修辞的強調のために平叙文の文末に用いられる》. 〘1959〙

ínn·kèeper *n.* 宿屋 (inn) の主人; 飲み屋の主人. 〘*c*1449〙

in·no·cence /ínəsəns, -sṇs, -sənts, -sṇts/ *n.* **1** 清

浄, 純潔; 貞操. **2** 無罪, 潔白 (↔ guilt): prove one's ~ / injured ~ (⇨ injured 2) / wear an air of ~ 何食わぬ顔をしている. **3 a** 無邪気, あどけなさ, 天真爛漫(らんまん); おめでたさ, 愚直: in all ~ 全く無邪気に. **b** 無邪気な人, お人よし. **c** 無知: in entire ~ of grammar 文法を全然知らないで. **4** 毒にならないこと, 無害. **5** 《米》【植物】 **a** トキワナズナ (⇨ bluets). **b** シソ科コリンソウ属の植物 (*Collinsia verna*). **c** コリンソウ (*Collinsia bicolor*) 《米国 California 州産の草本》. 〖(1340) □ (O)F ~ □ L *innocentia*: ⇨ innocent, -ence〗

in·no·cen·cy /ínəsənsi, -sn̩-/ *n.* 《古》 =innocence 1–4; (特に)無邪気な性質[行動]. 〖(?c1350) □ L *innocentia*: ⇨ ↓, -ency〗

in·no·cent /ínəsənt, -sn̩t/ *adj.* **1 a** 汚れのない, 清浄な, 無垢の, 純潔な. **b** 〈人が〉(法律上)罪のない, 潔白な, 身に覚えのない〔*of*〕(↔ guilty, nocent): be ~ *of* a crime 罪を犯していない / an ~ victim 無実の罪をうけた人. **c** 〈取引・貿易など〉合法的な, 公認された; (特に, 国際法上)禁制でない, 善意の: an ~ purchaser 善意の買主. **2** 悪意から出たのでない, 悪気のない: an ~ deception, lie, remark, etc. **3 a** 毒にならない, 無害の: ~ amusements / Few drugs are completely ~. 全然害にならない薬は少ない. **b** 【病理】悪性でない, 病原性[毒性]のない, 無害の. **4** 無邪気な, 天真爛漫(らんまん)な, 無心な (⇨ naive SYN): an ~ child, smile, etc. **5** 〈人が〉(頭の)単純な, 知恵の足りない, 無知な, お人よしの, おめでたい: He is not so ~ as to believe that. それを真に受けるほどおめでたくはない / an ~ girl 世間知らずの少女, おぼこ娘. **6** 《文語・戯言》 **a** 〔…を〕全く知らない; 全然気づいていない〔*of*〕: be ~ *of* grammar 全く文法を知らない[無視している] / He was ~ *of* the danger. その危険に全然気がついていなかった. **b** 〔…の〕全くない〔*of*〕: a stove ~ *of* fire 火のないストーブ / windows ~ *of* glass ガラスのない窓 / be ~ *of* clothes 着物を着ていない, 裸だ / She was ~ *of* lipstick or rouge. 彼女は口紅なども一切つけなかった / The blue sky was ~ *of* any trace of cloud. 青空には雲のかけらもなかった. — *n.* **1** 罪のない[潔白な]人; 無邪気な子供: ⇨ MASSACRE of the Innocents. **2** 知恵の足りない人, おめでたい人, 間抜け; ばか: be ~ ばかを装う. **3** [*pl.*]【植物】=bluets. 〖(n.: c1200; adj.: 1340) □ (O)F ~ // L *innocentem* harmless ← IN-¹+*nocentem* ((pres.p.) ← *nocēre* to hurt, injure)〗

SYN 無実の: **innocent** 犯罪・非行などを犯していない: He is *innocent* of the crime. その犯罪を犯していない. **blameless** 道徳上・法律上非難すべき点がない: a *blameless* life 非の打ちどころのない生活. **guiltless** 道徳または法律上の罰を受けるような行為をしていない: The driver was *guiltless*. 運転者に罪はなかった.
ANT guilty.

In·no·cent I /ínəsənt-, -sn̩t-/, Saint *n.* インノケンティウス[インノチェント]一世 (?–417; 教皇 (401–17); 教皇権の拡大強化をはかり, Pelagianism などを禁圧).

Innocent II *n.* インノケンティウス[インノチェント]二世 (?–1143; 教皇 (1130–43); 第 2 回ラテラノ公会議を開催; Abélard に異端者の宣告を下した; 本名 Gregorio Papareschi /gregɔ́ːrjo pàparéski/).

Innocent III *n.* インノケンティウス[インノチェント]三世 (1161–1216; 教皇 (1198–1216); 英仏両国に圧迫を加え, 宗教裁判所を強化し, 教皇権を極度に伸張した; 本名 Giovanni Lotario de' Conti /lotáːrjo de kónti/).

Innocent IV *n.* インノケンティウス[インノチェント]四世 (?–1254; 教皇 (1243–54); 神聖ローマ帝国皇帝 Frederick 二世を廃し, 宗教裁判所に拷問を許可した; 本名 Sinibaldo de Fieschi /sìnibáldo de fjéski/).

Innocent XI *n.* インノケンティウス[インノチェント]十一世 (1611–89; 教皇 (1676–89); Louis 十四世と Gallicanism に関して争う; 本名 Benedetto Odescalchi /benedétto odeskálki/).

in·no·cent·ly /ínəsəntli, -sn̩t-/ *adv.* 無邪気に, 無邪気を装って; 何くわぬ顔で, (知っているのに)知らないふりをして: "Who did it ?" he asked ~.「だれがそれをしたんですか」と彼は何くわぬ顔で尋ねた. 〖(c1400): ⇨ -ly¹〗

ínnocent misrepresentátion *n.* 【法律】善意不実表示 (cf. misrepresentation 2). 〖1893〗

Ínnocents' Dày *n.* [the ~] =Holy Innocents' Day. 〖1548–49〗

in·no·cu·i·ty /ìnɑ(ː)kjúːəti | ìnɔkjúːɪ̀ti/ *n.* 無害; 無害な事[物]. 〖(1855) □ F *innocuité* // L *innocuus* (↓)〗

in·noc·u·ous /ɪ̀nɑ́(ː)kjuəs | ɪnɔ́k-/ *adj.* **1** 〈薬・ヘビなど〉害のない, 無毒の: an ~ snake, drug, etc. **2** 〈言動など〉いらいらさせない, 怒らせないような (inoffensive). **3** 刺激のない, 興味の湧かない, おもしろくない, 退屈な: an ~ lecture. **~·ly** *adv.* **~·ness** *n.* 〖(1598) □ L *innocuus* ← IN-¹+*nocuus* harmful (← *nocēre* to hurt, harm: ⇨ noxious)〗

in·nom·i·nate /ɪ̀nɑ́(ː)mənɪ̀t | ɪnɔ́mɪ̀-/ *adj.* 無名の; 匿名の. 〖(1638) □ LL *innōminātus* unnamed ← IN-²+*nōminātus* 'named, NOMINATE'〗

innóminate ártery *n.* 【解剖】無名動脈, 腕頭動脈 (大動脈弓から発し右鎖骨下動脈と右総頸動脈とに分かれる). 〖1870〗

innóminate bóne *n.* 【解剖】無名骨, 寛骨 (骨盤の側面をなす 3 つの堅い骨(腸骨・座骨・恥骨); 大人になると一つに融合する). 〖1866〗

innóminate véin *n.* 【解剖】無名静脈, 腕頭静脈. 〖1876〗

in·nom·i·ne /ɪnnɑ́(ː)mənèɪ, -nìː, | -nɔ́mɪ̀-, -nìː/ *n.* 【音楽】インノミネ, イノミネ (16 世紀頃英国で多く作曲されたグレゴリオ聖歌を定旋律としたモテット風の器楽曲). 〖← *in nomine* (*Jēsū*) in the name (of Jesus) (↓): この曲の歌い出しの句から〗

in nom·i·ne /ɪnnɑ́(ː)mənèɪ, -nìː | -nɔ́mɪ̀-, -nìː/ *L. adv.* (…の)名において: ~ Jesu イエスの御名において(略 INJ). 〖(1636) ← L *in nōmine* in the name (of)〗

in·no·vate /ínəvèɪt | ínə(ʊ)-/ *vi.* 〔…を〕革新する, 刷新する, 〔…に〕新生面を開く〔*in, on, upon*〕: ~ *in* [*on, upon*] religious forms. — *vt.* **1** 〈新しい事・物を〉採り入れる, 導入する, 始める. **2** 《古》改める. 〖(1548) ← L *innovātus* (p.p.) ← *innovāre* to renew, alter ← IN-²+*novāre* to make new (← *novus* 'NEW')〗

in·no·va·tion /ìnəvéɪʃən | ìnə(ʊ)-/ *n.* **1** 新しい事[物]を採り入れること, 刷新, 一新; (技術)革新: technical [technological] ~*s* 技術革新. **2** 新方式(のもの), 新機軸, 新制度, 新施設, 新商品; 新奇な事物 (novelty): a great ~ in education. **3** 《廃》革命騒ぎ, 反乱騒ぎ.
~·al /-ʃnəl, -ʃənl̩⁻/ *adj.* 〖(1440) □ (O)F ~ // L *innovātiō*(*n*-): ⇨ ↑, -ation〗

ìn·no·vá·tion·ist /-ʃ(ə)nɪ̀st | -nɪst/ *n.* 革新主義者; 革新論者. 〖(1800): ⇨ ↑, -ist〗

in·no·va·tive /ínəvèɪtɪv | ínə(ʊ)veɪt-, -vət-, ɪnóʊvət-/ *adj.* 革新主義の, 革新的な: an ~ policy.
~·ness *n.* 〖(1608) ← INNOVATE+-IVE〗

ín·no·và·tor /-tə | -tə(r)/ *n.* 改新[刷新]者. 〖(1593) □ LL *innovātor*: ⇨ innovate, -or²〗

in·no·va·to·ry /ínəvətɔ̀ːri | ínə(ʊ)vèɪtəri, -və-, -tri/ *adj.* =innovative. 〖1853〗

in·nox·ious /ɪ̀(n)nɑ́(ː)kʃəs, ɪn- | ɪnɔ́k-, ɪn-⁻/ *adj.* 害のない, 無毒の. **~·ly** *adv.* **~·ness** *n.* 〖(1623) 《廃》'innocent' □ L *innoxius* ← IN-¹+*noxius* 'NOXIOUS': ⇨ -ous〗

Inns·bruck /ínzbrʊk; *G.* ínsbʁʊk/ *n.* インスブルック (オーストリア西部, Tyrol 州の州都; Inn 川に臨む観光地).

in nu·bi·bus /ɪnnúːbəbəs, -njúː- | -njúːbɪ̀-/ *L. adj.* 雲の中の, 漠然たる, 未定の (vague). 〖(1583) □ L *in nūbibus* in the clouds〗

in·nu·en·do /ìnjuéndoʊ | -dəʊ/ *n.* (*pl.* ~**s**, ~**es**) **1** 暗示, 当てこすり, 諷刺, つら当て: by ~ 当てこすりに. **2** 【法律】 **a** 注釈句 (昔訴訟書類などに「すなわち」の意味で用いた語; 例: He (*innuendo* the defendant) … 彼(すなわち被告)は…). **b** 真意説明条項 (名誉毀損(きそん)などの申立書または起訴状の中で被告(人)の使用した用語について…の意味で用いたものであると付け加えた割注[注釈]的文句). **c** 真意説明語句 (上記のように説明される中傷的な語句や表現). — *vi., vt.* **1** (人に…の)当てこすりを言う, 当てつけて言う. **2** 【法律】注釈句で説明する. — *adv.* 【法律】すなわち. 〖(n.: 1564; v.: 1705) □ L *innuendō* by intimation, by hinting (abl. ger.) ← *innuere* to give a nod, hint ← IN-²+*nuere* to nod, wink: cf. nutate〗

In·nu·it /ínuɪ̀t, ínju- | -ɪt/ *n.* =Inuit. 〖1765〗

in·nu·mer·a·ble /ɪ̀núː(m)(ə)rəbl̩, ɪ̀njúː- | ɪnjúː-/ *adj.* 数え切れない, 無数の (⇨ many SYN); おびただしい, 多くの: ~ instances. **in·nù·mer·a·bíl·i·ty** /-rəbíləti | -lɪ̀ti/ *n.* **~·ness** *n.* **in·nú·mer·a·bly** *adv.* 〖(c1350) □ L *innumerābilis*: ⇨ in-¹, numerable〗

in·nu·mer·a·cy /ɪ̀núː(m)(ə)rəsi, ɪ̀njúː- | ɪnjúː-/ *n.* 数え切れないこと[状態]. 〖(1959): ⇨ ↓, -acy〗

in·nu·mer·ate /ɪ̀núːmərɪ̀t, ɪ̀njúː- | ɪnjúː-/ *adj., n.* 《英》数学と科学の基本原理を知らない(人). 〖(1959) ← IN-²+NUMERATE (adj.)〗

in·nu·mer·ous /ɪ̀(n)núː(m)(ə)rəs, -njúː- | ɪnjúː-/ *adj.* 《詩》=innumerable. 〖(1531) □ LL *innumerōsus* ← IN-¹+*numerōsus* countable (← L *numerus* 'NUMBER': ⇨ numerous)〗

in·nu·tri·tion /ìnuːtríʃən, -njuː- | ìnjuː-/ *n.* 栄養不良. 〖(1796) ← IN-¹+NUTRITION // NL *innūtrītiō*(*n*-)〗

in·nu·tri·tious /ìnuːtríʃəs, -njuː- | ìnjuː-⁻/ *adj.* 滋養分の乏しい, 滋養にならない. 〖(1796) ← IN-¹+NUTRITIOUS〗

I·no /áɪnoʊ, íː- | -nəʊ/ *n.* 【ギリシャ神話】イノ (Cadmus の娘, Thebes の王 Athamas の妻, Phrixus と Helle の継母; 発狂した夫をのがれて海に身を投じ, 海の女神 Leucothea となった). 〖□ L *Īnō* □ Gk *Inṓ*〗

in·o- /ínoʊ, áɪn- | -əʊ/「繊維, 繊維組織筋」の意の連結形: *ino*tropic. 〖□ Gr. *inos*-, *in*- muscle, fibre, nerve, strength〗

in·ob·ser·vance /ìnəbzɚ́ːvəns | -zɜ́ː-/ *n.* **1** 不注意, 怠慢. **2** 〔規則・祭日などを〕守らないこと, 違反, 無視〔*of*〕: the ~ *of* a rule, treaty, Sunday, etc. 〖(1611) □ F ~ □ L *inobservantia* (↓): ⇨ -ance〗

in·ob·ser·vant /ìnəbzɚ́ːvənt | -zɜ́ː-⁻/ *adj.* 不注意な, 怠慢な; 〔規則・祭日などを〕守らない, 無視する〔*of*〕.
~·ly *adv.* 〖(1663) □ L *inobservantem*: ⇨ in-¹, observant〗

in·oc·cu·pa·tion /ɪnɑ̀(ː)kjupéɪʃən | -ɔ̀k-/ *n.* 従事することのないこと; 無聊(ぶりょう). 〖(1786) ← IN-¹+OCCUPATION〗

inocula *n.* inoculum の複数形.

in·oc·u·la·ble /ɪ̀nɑ́(ː)kjuləbl̩ | ɪ̀nɔ́k-/ *adj.* 〈病原菌など〉接種できる. **in·oc·u·la·bil·i·ty** /ɪ̀nɑ̀(ː)kjuləbíləti | -ɔ̀kjuləbílɪ̀ti/ *n.* 〖(1847–49) ← INOCUL(ATE) +-ABLE〗

in·oc·u·lant /ɪnɑ́(ː)kjulənt | ɪ̀nɔ́k-/ *n.* 【医学】=inoculum. 〖(1898) ← INOCUL(ATE)+-ANT〗

in·oc·u·late /ɪ̀nɑ́(ː)kjulèɪt | ɪ̀nɔ́k-/ *vt.* **1** 【医学】 **a** 〈ワクチンなどを〉〈人・動物に〉接種する〔*into, on, upon*〕; 〈人など〉に〔ワクチンなどを〕接種する〔*with*〕(cf. vaccinate 1): ~ a virus *into* [*upon*] a mouse = ~a mouse *with* a virus マウスにウイルスを接種する. **b** 〈人〉に〔病気の〕予防接種をする〔*for, against*〕: ~ a person *for* [*against*] smallpox 人に種痘を行う / be ~*d for* [*against*] cholera コレラの予防接種を受けている. **c** 〈細胞などを〉〔培養基などに〕接種する, 植え付ける〔*into*〕: ~ cells *into* a culture medium. **2** 〈人〉に〔思想などを〕植え付ける, しみ込ませる〔*with*〕: ~ a person *with* new ideas 人に新しい思想を吹き込む. **3** 【農業】(土壌の改良のために)〈微生物を〉接種する; 〈微生物を〉〔土壌に〕混入する〔*into*〕. **4** 【冶金】接種する (⇨ inoculation 4). — *vi.* 接種[種痘]を行う.
— *n.* 【冶金】接種用物質. **in·óc·u·là·tor** /-tə | -tə(r)/ *n.* 〖(?1440) ← L *inoculātus* (p.p.) ← *inoculāre* to engraft, implant ← IN-²+L *oculus* eye, bud (⇨ ocular)+-ATE³〗

in·oc·u·la·tion /ɪ̀nɑ̀(ː)kjuléɪʃən | ɪ̀nɔ̀k-/ *n.* **1 a** 【医学】(伝染病予防などの)接種〔*for, against*〕: protective ~ 予防接種 / vaccine ~ ワクチン接種 / have ~*s for* [*against*] typhoid 腸チフスの予防接種を受ける[する]. **b** 接種 (細胞・微生物などを培養のため培養基などに植え付けること). **2** (悪風などの)植付け, 感化, 伝染: the ~ of vice, etc. **3** 【農業】接種, 土壌の改良 (微生物, 特にマメ科植物の根粒などを混入して窒素の固定を促進すること). **4** 【冶金】接種 (結晶化の核となる物質を溶けた金属に加えること). **5** 【医学】=inoculum. 〖(?1440) □ L *inoculātiō*(*n*-) ← *inoculāre* (↑): ⇨ -ation〗

in·oc·u·la·tive /ɪ̀nɑ́(ː)kjulèɪtɪv | ɪ̀nɔ́kjulèɪt-, -lət-/ *adj.* 接種の, 種痘の. 〖(1716) ← INOCULATE+-IVE〗

in·oc·u·la·tiv·i·ty /ɪ̀nɑ̀(ː)kjulətívəti | ɪ̀nɔ̀kjulətívɪ̀ti/ *n.* 接種性; 接種状態.

in·oc·u·lum /ɪ̀nɑ́(ː)kjuləm | ɪ̀nɔ́k-/ *n.* (*pl.* **-u·la** /-lə/, ~**s**) 【医学】接種材料[物] (vaccines, bacteria, viruses など). 〖(1902) ← NL ~ ← L *inoculāre*: ⇨ inoculate〗

in·o·dor·ous /ɪ̀nóʊdərəs, ɪn- | ɪnə́ʊ-, ɪn-⁻/ *adj.* 香りのない, 無臭の. **~·ness** *n.* 〖(1666) □ L *inodōrus*: ⇨ in-², odorous〗

ín-óff *n.* 【玉突】=losing hazard (⇨ hazard 5).

in·of·fen·sive /ìnəfénsɪv⁻/ *adj.* **1** 〈動物・薬など〉無害な. **2 a** 〈人・態度など〉悪気のない, 不快の念を与えない, 穏やかな. **b** 〈言葉など〉当たりさわりのない, 消極的な, 目立たない. **~·ly** *adv.* **~·ness** *n.* 〖(1598) ← IN-¹+OFFENSIVE〗

in·of·fi·cious /ìnəfíʃəs⁻/ *adj.* **1** 【法律】道徳上の義務を守らない[無視した], 人倫に反する: ⇨ inofficious testament [will]. **2** 〈法律など〉役に立たない, 無効の. **3 a** 《古》義務観念のない. **b** 《廃》不親切な, 思いやりのない.
~·ly *adv.* **~·ness** *n.* 〖(1603) □ L *inofficiōsus*: ⇨ in-¹, officious〗

inofficious téstament [wíll] *n.* 【法律】義務外遺言 (遺言者のもつべき自然の愛情や道徳的義務に反し, 財産の処分について故なくして家族を無視した遺言; cf. officious testament [will]). 〖1765〗

in om·ni·a pa·ra·tus /ɪnɑ́(ː)mniəpəréɪtəs | -ɔ́mniəpəréɪt-/ *L. adj.* すべて用意のできた. 〖□ L *in omnia parātus* ready for all things〗

İ·nö·nü /ɪ̀nənúː, -njúː | ìnə(ʊ)njúː; *Turk.* ínøny/, **İs·met** /ismɛt/ *n.* イノニュ (1884–1973; トルコの政治家; 大統領 (1938–50), 首相 (1923–24, '25–37, '61–65)).

in·op·er·a·ble /ɪ̀nɑ́(ː)p(ə)rəbl̩, ɪn- | ɪnɔ́p-, ɪn-⁻/ *adj.* **1** 【病理】〈癌(がん)など〉(手遅れなどで)外科手術ができない, 手術不能の: (an) ~ cancer / an ~ case. **2** 実行できない. **~·ness** *n.* **in·òp·er·a·bíl·i·ty** *n.* **in·óp·er·a·bly** *adv.* 〖(1886) □ ? F *inopérable*: ⇨ in-¹, operable〗

in·op·er·a·tive /ɪ̀nɑ́(ː)p(ə)rətɪv, -pərèɪt- | ɪnɔ́p(ə)rət-, -pərèɪt-/ *adj.* **1** 作用しない, 効き目のない, 無効の: an ~ remedy. **2** 〈法律が〉実施されていない, 効力のない: an ~ law. **~·ness** *n.* 〖(a1631) ← IN-¹+OPERATIVE〗

in·o·per·cu·late /ìnoʊpɚ́ːkjulɪ̀t, -lèɪt | -əʊpɜ́ː-⁻/ *adj.* 【植物】無蓋な: ~ mosses. 〖(1835–36): ⇨ in-¹, operculate〗

in·op·por·tune /ɪ̀nɑ̀(ː)pətúːn, -tjúːn⁻ | ɪnɔ́pətjùːn, ―⏑―⁻/ *adj.* 時機を失した, 折の悪い, あいにくの; 場所をわきまえない: an ~ call, visit, etc. / at an ~ time 折悪く, 時機を失して. **~·ly** *adv.* **~·ness** *n.* **in·op·por·tu·ni·ty** /ɪ̀nɑ̀(ː)pətúːnəti, -tjúː- | ɪnɔ̀pətjúːnɪ̀ti/ *n.* 〖(c1507) □ L *inopportūnus* unfitting: ⇨ in-¹, opportune〗

in·or·di·na·cy /ɪ̀nɔ́ədənəsi, -dn̩- | ɪnɔ́ːdɪnəsi, -dn̩-/ *n.* 《古》過度, 法外, 無法; 過度[法外]な行為. 〖(a1617): ⇨ ↓, -acy〗

in·or·di·nate /ɪ̀nɔ́ədənɪ̀t, -dn-, -dn̩- | ɪnɔ́ːdɪ̀n-, -dn-, -dn̩-/ *adj.* **1** 過度の, 法外な, 極端な (⇨ excessive SYN): ~ demands 法外な要求. **2** 乱暴な, 無法な. **3** 無節制な, ほどを知らない, 度をはずした; 不規則な: keep ~ hours 不規則な生活をする. **~·ly** *adv.* **~·ness** *n.* 〖(?1348) □ L *inordinātus* disordered ← IN-¹+*ordinātus* ((p.p.) ← *ordināre* to set in order ← *ōrdō* 'ORDER')〗

inorg. 《略》 inorganic.

in·or·gan·ic /ìnɔəgǽnɪk | ìnɔː-⁻/ *adj.* **1** 動植物と違った物質から成る, 生活機能をもたない; 無生物の: ~ nature 無生物界. **2** 〈社会・政治機関など〉有機的組織を欠いた, 体制のない. **3** 自然な[本来の]生長[生成]過程を経ていない, 人為的な. **4** 本質に関係のない, 根本的[肝要]でない; 偶有的な; 不規則の. **5** 【化学】無機の; 無機物の (cf. organic 2): ~ matter 無機物 / an ~ com-

pound 無機化合物. 6〘言語〙〈構造が〉発生[語源]的でない, 偶発的な. — *n.* 無機化学物質[製品, 薬品].
in·or·gán·i·cal·ly *adv.* 〘(1794): ⇨ in-¹, organic〙

ínorganic chémistry *n.* 無機化学 (cf. organic chemistry). 〘1847〙

in·or·gan·i·za·tion /ɪ̀nɔ̀ːg(ə)nɪzéɪʃən | ɪnɔ̀ːgənaɪ-, -nɪ-/ *n.* 無組織, 無体制. 〘(1839) ← IN-¹＋ORGANIZATION〙

in·or·nate /ɪ̀nɔənéɪt | -ɔː-⌐/ *adj.* 飾りのない, 平明な, 簡素な: ~ language, style, etc. 〘(*c*1510) ← L *inornātus*: ⇨ in-¹, ornate〙

in·os·cu·late /ɪnɑ́(ː)skjulèɪt | ɪnɔ́s-/ *vi.* 1 〈血管などが〉接合する, 吻合(ふんごう)する〔*with*〕. 2 〈繊維・つるなどが〉より合う, 組み合う. 3 混交する, 合体する (amalgamate). — *vt.* 1 〈血管などを〉接合[吻合]させる. 2 〈繊維などを〉より[組み]合わせる. 3 結合[合体]させる. 〘(1671) ← IN-²＋LL *ōsculātus* ((p.p.) ← *ōsculāre* to supply with a mouth or opening ← *ōsculum* (dim.) ← *ōs* mouth: ⇨ osculate)〙

in·os·cu·la·tion /ɪnɑ̀(ː)skjuléɪʃən | ɪnɔ̀s-/ *n.* 1 接合, 吻合(ふんごう). 2 より合い, 結合. 3 混交, 合体. 〘(1672) ← INOSCULATE＋-ATION〙

in·o·sil·i·cate /ìnousíləkèɪt, àɪn-, -kɪ̀t | -nə(ʊ)-/ *n.* 〘鉱物〙イノ珪酸塩 (SiO_4 四面体の頂点の共有が一次元的に鎖状をなしているもの; metasilicate ともいう; cf. cyclosilicate). 〘← Gk *ino-* (← *ís* fiber, sinew)＋SILICATE〙

in·o·sine /ínəsìːn, áɪn-, -sɪn | -sìːn/ *n.* 〘生化学〙イノシン (ヒポキサンチン (hypoxanthine) を塩基成分とするリボヌクレオシド (ribonucleosid) の一つ). 〘← Gk *ino-* (↑)＋-INE³〙

in·o·sín·ic ácid /ìnəsínɪk-, àɪn-/ *n.* 〘化学〙イノシン酸 ($C_{10}H_{13}N_4O_8P$) (イノシンを含むヌクレオチドで動物の筋肉中に存在する). 〘1855〙

in·o·site /ínəsàɪt/ *n.* 〘生化学・薬学〙＝inositol. 〘(1857) ← Gk *ino-* (← *ís* fiber, muscle)＋-OSE²＋-ITE¹〙

in·o·si·tol /ɪnóusətɔ̀(ː)l, aɪn- | ɪnə́ʊsɪtɒ̀l/ *n.* 1 〘生化学〙イノシトール, 筋肉糖 (muscle sugar) ($C_6H_6(OH)_6$) (心臓の筋肉などに存在する環式アルコール; ビタミン B 複合体の一つ; 化学的には 9 種の異性体がある; 天然のものは myo-inositol ともいう). 2 〘薬学〙イノシトール (主に肝臓治療に用いられる注射用結晶固体). 〘(1891) ← INOSITE＋-OL¹〙

in·o·tro·pic /ìnətróupɪk, àɪn-, -trɑ́(ː)p | -trɔ́p-⌐/ *adj.* 〘医学〙筋肉の収縮に影響する, 変力性の. 〘(1903) ← Gk *ino-* (← *ís* fiber, sinew)＋-TROPIC〙

in·ox·i·dize /ɪnɑ́(ː)ksədàɪz | ɪnɔ́ksɪ-/ *vt.* 酸化しないようにする, さびないようにする. 〘(1881): ⇨ in-¹, oxidize〙

INP 《略》International News Photo.

in pa·ce /ɪnpéɪsi | ɪn-/ *L. adv.* 平和に, 安らかに (⇨ requiescat in pace). 〘□ L *in pāce* in peace〙

in·paint /ɪnpéɪnt | ɪn-/ *vt.* 塗り直す; (退色・破損した部分に絵の具を塗り直して)〈絵画を〉修復[リタッチ]する.

in pais /ɪnpéɪ | ɪn-/ *adv.* 〘法律〙法廷外で, 訴訟せずに, 書面によらずに, 事実上. 〘□ MF ~ 'in the country'〙

in pa·ri de·lic·to /ɪnpɑ́ːridɪ̀líktou | ɪnpǽrɪdɪlíktəʊ/ *adv.* 〘法律〙(原告・被告(人)とも)同罪で. 〘□ L *in parī dēlictō* in equal fault〙

ín-pàrty *n.* 与党 (↔ out-party).

ín·pàtient *n.* 入院患者 (cf. outpatient). 〘(1760): ⇨ in (adj.)〙

in per·pe·tu·um /ɪnpəpétʃuəm | -pə(ː)pétju-, -tʃu-/ *L. adv.* 永久に (forever). 〘(1642) □ L ~ 'in perpetuity'〙

ín-pérson *adj.* 当人が出る: an ~ performance 実演. 〘1955〙

in per·so·nam /ɪnpə(ː)sóunæm, -nɑːm | -pə(ː)sə́ʊnæm/ *adv., adj.* 〘法律〙(訴訟・判決で)人に対して, 対人の, 対人的な (cf. in rem). 〘(*c*1860) □ L *in persōnam* against a person〙

in pet·to /ɪnpétou | -təʊ; *It.* impétto/ *It. adv.* 1 (教皇の)胸中に, ひそかに (教皇意中の枢機卿候補者に関連して用いる句). 2 縮小して, 小型に. 〘(*c*1674) □ It. ~ < L *in pectore* in the breast〙

ín·phàse *adj.* 〘電気〙同相の. 〘(1914) ← *in phase* (⇨ phase *n.* 成句)〙

ínphase compónent *n.* 〘電気〙同相分. 〘1914〙

ín-plànt *adj.* 工場内の[で行われる, 維持される]: ~ equipment / ~ training 工場内の技術訓練. 〘1943〙

in pos·se /ɪnpɑ́(ː)si | -pɔ́si/ *L. adv., adj.* 可能的に[な], 潜在的に[な]; 潜在して(いる) (↔ in esse). 〘(1592) □ L ~ 'in possibility'〙

in po·ten·ti·a /ìnpoutén∫iə | -pə(ʊ)-/ *L. adv.* あり得ることとして, 可能的に, 潜在的に (potentially). 〘(1601) □ L ~ 'in potentiality'〙

in·pour /ɪnpɔ́ə | -pɔ́ː$^{(r)}$/ *vt., vi.* (…に)流入[注入, 殺到]する. 〘(1885) ← IN-²＋POUR〙

ín·pòuring *n.* 注入, 流入, 増加: a great ~ of mail 郵便物の殺到. 〘(1721) ← IN (adv.)＋POUR＋-ING¹〙

in pr. 《略》in principio.

in prae·sen·ti /ɪnpraɪsénṭi, -prɪzénti | -sénti/ *L. adv.* 現在において. 〘□ L *in praesentī* in the present〙

in prin·ci·pi·o /ɪnprɪnsípiòu | -əʊ/ *L. adv.* 初めに. 〘(*c*1387–95) □ L *in principiō* in the beginning〙

ín-prìnt *adj.* 印刷中の. 〘1950〙

ín-prìson *adj.* 刑務所内の.

in-prócess *adj.* 1 (原料や製品に対して)製造中の品物の. 2 (動作・行為の)途中の, 中間の: *In-process* corrections are difficult. 途中の修正はむずかしい. 〘1925〙

in pro·pri·a per·so·na /ɪnpróupriəpəsóunə, -nɑː | -prə́ʊpriəpə(ː)sə́ʊ-/ *L. adv.* 自身で, 本人自ら (↔ by proxy); (特に)弁護士の助けなしに. 〘(1654) □ L *in propriā persōnā* in one's own person〙

in pu·ris nat·u·ral·i·bus /ɪnpjúᵊrɪsnæ̀tʃuréɪləbəs, -rɑ́ːl- | -pjʊ́ərɪsnæ̀tjʊréɪlɪ-/ *L. adv.* 真っ裸で (stark naked). 〘□ L *in pūrīs nātūrālibus* in (a state of) pure nature〙

in·put /ínpʊ̀t/ *n.* 1 〘機械・電気〙入力: an ~ current 入力電流. 2 〘電算〙 a インプット, 入力(信号) (データをコンピューターへ送り込むこと). b 入力操作. c 入力装置. (↔ output) 3 (技術上の問題を解決するための)データ, 情報. 4 [しばしば *pl.*]〘経済〙投入 (企業が買い入れる財または用役); 投入量 (↔ output). 5 a 中に入れた物. b 《スコット》(慈善団体への)寄付. — *v.* (~, **in·put·ted**; **in·put·ting**) 〘電算〙 *vt.* 〈情報などを〉インプットする, 〔コンピューターに〕入れる, 入力する〔*to*〕: ~ data [a program] *to* a computer. — *vi.* インプットする. 〘(1753) ← IN (adv.)＋PUT: cf. output〙

ínput devìce *n.* 〘電算〙入力装置 (キーボード, マウス, トラックボールなど). 〘1968〙

ínput impédance *n.* 〘電気〙入力インピーダンス (電気回路の入力端子から見たインピーダンス). 〘1928〙

in·put/out·put /ínputáutpʊt⌐/ *n., adj.* 〘電算〙入出力(の) (略 I/O): ~ devices 入出力装置. 〘1914〙

ínput-óutput anàlysis *n.* 〘経済〙投入産出分析, 産業連関分析.

ínput-óutput coeffìcient *n.* 〘経済〙投入産出係数 (投入産出表で用いられる係数で, 一産業が 1000 ドルの売上高を生み出すために要する他の一産業からの製品購入金額を計るためのもの).

ínput-óutput tàble *n.* 〘経済〙投入産出表, 産出連関表, IO 表. 〘1964〙

inq, inq. 《略》inquire; inquiry; inquisition.

in·qi·lab /ɪŋkɪlɑ̀ːb/ *n.* (インド・パキスタンなどの)革命.

in·quest /ínkwɛst | íŋ-, ín-/ *n.* 1 〘法律〙 a (通例, 検死陪審 (coroner's jury) 立会いの上で行う検死官の)検分, 検死 (coroner's inquest) (死因を審理する; ⇨ inquiry SYN); (陪審による)査問, 審理: hold an ~ *on* [*over*] …の検死を行う; …に対する査問会を開く / an ~ of lunacy 精神鑑定審査(会) / the great [last] ~ 最後の審判 (Last Judgment). b [集合的] 査問委員, 陪審 (jury); (今は, 特に)検死陪審; その評決, 決定: the grand [great] ~ 〘英史〙＝grand jury / the grand ~ of the nation 《英》下院 (Lower House). 2 《口語》調査, 取調べ〔*into*〕; (特に失敗についての)原因の究明.

ínquest of óffice 〘法律〙国王[国有]財産審査. 〘1768〙

〘(*c*1290) *enqueste* □ OF (F *enquête*) < VL **inquesta* (fem. p.p.) ← **inquaerere* 'to INQUIRE'〙

in·qui·et /ɪnkwáɪət | ɪn-/ *vt.* 《古》…の平和を乱す, …に不安[動揺]を与える. 〘(1413) □ (O)F *inquiéter* □ L *inquiētāre* ← *inquiētus*〙

in·qui·e·tude /ɪnkwáɪətùːd, -tjùːd | ɪnkwáɪɪtjùːd, ɪŋ-/ *n.* 1 不安, 動揺, (心身の)落着きのないこと. 2 [*pl.*] 心配事, 不安. 〘(*c*1450) □ (O)F *inquiétude* □ LL *inquiētūdō*: ⇨ ↑, -tude〙

in·qui·line /ínkwəlàɪn, -lɪn | íŋkwɪlàɪn, ín-, -lɪn/ *n.* 〘動物〙(他の巣の中に同居する)共生動物 (guest). — *adj.* 共生的な. **ín·qui·lin·ism** /-lɪnɪzm | -lɪ-/ *n.* 〘(*a*1641) (1879) □ L *inquilīnus* indweller, lodger ← IN-²＋*colere* to dwell: ⇨ -ine¹: cf. colony〙

in·qui·lin·i·ty /ìnkwəlínəṭi | ìŋkwɪlínɪti, ìn-/ *n.* 〘動物〙共生. 〘⇨ ↑, -ity〙

in·qui·li·nous /ìnkwəláɪnəs | -kwɪ-⌐/ *adj.* 〘動物〙共生の.

in·quire /ɪnkwáɪə | ɪnkwáɪə$^{(r)}$, ɪŋ-/ *vt.* 1 [しばしば *wh*-clause, *wh*-word＋*to* do を伴って]〈物事を〉尋ねる, 問う, 問い合わせる (⇨ ask SYN); 〈物事を〉〔人に〕聞く〔*of*〕: ~ the time, the reason, the price, a person's name, etc. / ~ *what* a person wants 何の用かを聞く / "What do you want?" she ~*d*. 「何がほしいの」と彼女は聞いた / ~ *where to* wait どこで待ったらよいかを聞く / ~ *of* a policeman the way to the station 警官に駅への道を尋ねる / ~ *of* a person *whether* he knows it 人にそれを知っているかと尋ねる. 2 《廃》捜(し出)す, 調べ出す〈*out*〉. 3 《廃》〈人に〉質問する (question).
— *vi.* 1 質問をする, 尋ねる, 聞く: When I don't know, I ~. わからない時には聞きます / If you don't know, ~ within. わからなければ, 中で聞いて下さい / ~ at the station *about* train schedules 列車の時刻を駅で聞く[尋ねる] / ~ *of* a person *about* a matter 人にある事を尋ねる. 2 〔事を〕取り調べる, 調査[探求]する〔*into*〕: ~ *into* a problem 問題の原因を調査する / ~ *into* (the truth of) a rumor うわさの真偽を調べる / ~ *into* the leak of the examination questions 試験問題の漏洩(ろうえい)を調査する. 3 a 〔人に〕面会を求める〔*for*〕: Someone has ~*d for* you. どなたかが訪ねてみえてます. b 〔品物などを〕問い合わせる, 求める〔*for*〕: ~ *for* a book at a bookstore 書店である本がないかと聞く[ある本を下さいと言う].
inquire àfter 〈人の〉健康[安否]を尋ねる, 見舞う; …について尋ねる: He ~*d after* you [your health]. 彼は君の[君の健康の]ことを尋ね(てい)た.
〘(15C) □ L *inquīrere* to ask into ← IN-²＋*quaerere* to ask, seek ∽ (*c*1290) *enquere(n)* □ OF *enquerre* (F *enquérir*) < VL **inquaerere*＝L *inquīrere*〙

in·quír·er /-kwáɪ(ə)rə | -kwáɪərə$^{(r)}$/ *n.* 尋問者; 調査[探求]者: a scientific ~ 科学研究者. 〘(1570): ⇨ ↑, -er¹〙

in·quír·ing /-kwáɪ(ə)rɪŋ | -kwáɪər-/ *adj.* 1 聞きたそうな, けげんそうな: an ~ look 不審顔 / an ~ glance いぶかるようなまなざし. 2 聞きたがる, 知りたがる, せんさく好きな, 好奇の: an ~ mind. 3 問い合わせの. 〘(1598) ← INQUIRE＋-ING²〙

in·quír·ing·ly *adv.* 聞きたそうに, けげんそうに. 〘(1644): ⇨ ↑, -ly¹〙

in·qui·ry /ɪnkwáɪᵊri, ínkwaɪᵊri, ínkwəri, -kwaɪri | ɪnkwáɪəri, ɛn-, ɪŋ-/ *n.* 1 〔…についての〕問い, 質問, 問い合わせ, 照会〔*about, concerning*〕: a letter of ~ 問い合わせ状, 照会状 / on ~ 尋ねて[調べて]みると, 照会[調査]の結果 / find out by ~ 問い合わせて知る / make *inquiries* [an ~] *about* …について問い合わせる, 質問をする / All *inquiries* should be directed to this office. 問い合わせは全てこの部署に寄せて下さい. 2 〔…の〕取調べ, 調査, 探求, 研究〔*into*〕: an ~ *into* the truth of a report 報告の真偽の調査 / a writ of ~ 調査命令書 / a line of ~ 調査の方法; 調査の情報筋 / ⇨ COURT of inquiry / hold an official ~ 正式の調査会を開く / make exhaustive inquiries *into* …を徹底的に調査[せんさく]する / A 26-year-old man is helping (the) police with their *inquiries*. 26 歳の男性が警察の取調べに協力している (《英》婉曲表現で「尋問をうけている」の意). 3 〘商業〙引合(い). 〘(1426) *enquery* ← ME *enquere(n)* 'to INQUIRE'＋-Y¹: 16 世紀以降動詞にならって INQUIRY の形になる〙

SYN 調査: **inquiry** 情報を求めること (最も一般的な語): We are making *inquiries* on the subject. その問題を調査している. **examination** 慎重に調べること: Your proposal is under *examination*. あなたの提案は検討中です. **investigation** 事実を明らかにするための綿密で組織的な調査: It is a point worthy of further *investigation*. それはさらに進んだ調査に値する点だ. **probe** 不正などの綿密で徹底的な調査: a *probe* into a bribery case 汚職事件の調査. **inquest** 死因を決定するために通例検死陪審員立会いの下に検死官が行う検分: conduct an *inquest* over the body その死体の検死を行う. **inquisition** 特に苛酷で厳しい取り調べ: He was subjected to an *inquisition* into his motives. 彼は動機について厳しい取り調べを受けた. **research** 通例研究者による精密で持続的な調査: He continued his *research* in linguistics. 言語学の研究を続けた.

---

inquíry àgency *n.* 《英》興信所, (私立)探偵社. 〘1892〙

inquíry àgent *n.* 《英》(私立)探偵 (private detective). 〘1922〙

inquíry òffice *n.* 《英》(駅・ホテルなどの)案内所, 受付 (《米》information desk).

in·qui·si·tion /ìnkwəzíʃən, ìŋ- | ìŋkwɪ-, ɪn-/ *n.* 1 調査, 審査, 審問, 探求〔*into*〕. 2 a (通例陪審立ち会いで, 官憲・裁判所などの行う)取調べ, 尋問, 審理〔*into*〕. b (官憲の行う人権侵犯や偏見のある冷酷な)取調べ, 糾問 (⇨ inquiry SYN). 3 (取調べ・尋問・審理によって得られた)調書, 尋問書, 報告書. 4 [the I-]〘カトリック〙異端審問所, 宗教裁判所; 異端者弾圧 (中世以来主にヨーロッパ南部で行われたが, スペインの宗教裁判所は特に残酷で有名; スペイン (1834 年)を最後として全廃された; 今日の (the Congregation of) the Holy Office の前身). 〘(*c*1384) *inquisicioun* □ (O)F □ L *inquīsītiō(n-)* ← *inquīsītus* (p.p.) ← *inquīrere* 'to INQUIRE into': ⇨ -tion〙

in·qui·sí·tion·al /-ʃnəl, -ʃənl⌐/ *adj.* 調査の; 宗教裁判所の(ような). 〘(1644): ⇨ ↑, -al¹〙

in·qui·sí·tion·ist /-ʃ(ə)nɪst | -nɪst/ *n.* ＝inquisitor. 〘1882〙

in·quis·i·tive /ɪnkwízəṭɪv, ɪŋ- | ɪŋkwízət-, ɪn-, -zɪ-/ *adj.* 1 〈人が〉知識欲の盛んな, ものを知りたがる, 聞きたがる, 好奇心の強い (curious): ~ *about* everything / a scientist with an ~ mind 知識欲旺盛な科学者. 2 (悪い意味で)せんさく好きな, (特に, 他人のことを)根掘り葉掘り聞く (⇨ curious SYN): an ~ face / ~ *about* other people's affairs / with ~ eyes 好奇に満ちた目つきで. — *n.* 何でも聞きたがる人. **~·ly** *adv.* **~·ness** *n.* 〘(*c*1390) *inquisitif* □ OF *inquisitif, -ive* □ LL *inquīsītīvus* ← L *inquīsītus* (p.p.) ← *inquīrere*: ⇨ inquire, -ive〙

in·quis·i·tor /ɪnkwízəṭə | ɪnkwízɪtə$^{(r)}$, ɪŋ-/ *n.* 1 取調べ人, 調査者, 審問者, 検査官; (特に)不当に厳しい[せんさく的な]尋問者. 2 [しばしば I-]〘歴史〙宗教裁判官, 異端審問官 (その残忍性で有名): the Grand *Inquisitor* 宗教裁判所長, 異端審問所長 / the *Inquisitor* General (スペインの)異端審問所長. 〘(*a*1402) *inquisitour* □ (O)F *inquisiteur* □ L *inquīsītōrem* detective, investigator ← *inquīrere*: ⇨ inquire, -or²〙

in·quis·i·to·ri·al /ɪnkwìzətɔ́ːriəl | ɪnkwìzɪtɔ́ːriəl⌐, ɪŋ-, ―――――⌐/ *adj.* 1 宗教裁判官[宗教裁判所]の(ような); (人権を無視して)厳しく尋問する. 2 (人の迷惑など構わずに)根掘り葉掘り聞く, せんさく好きな. 3 〘法律〙糾問主義的な (同一人が判事・検事の両役を行う; cf. accusatorial). **~·ly** *adv.* **~·ness** *n.* 〘(1761–62) ← ML *inquīsītōrius*: ⇨ ↑, -al¹〙

in·quis·i·tress /ɪnkwízətrɪs | ɪnkwízɪtrɪs, ɪŋ-, -très/ *n.* 女性の inquisitor. 〘(1727) ← INQUISITOR＋-ESS〙

in·quor·ate /ɪnkwɔ́ːreɪt, -rɪt | *adj.* 《英》定足数 (quorum) に達しない. 〘(1974) ← IN-¹＋QUORATE〙

in re /ɪnríː, -réɪ/ *L. prep.* 〘法律〙…の件で, …に関して (非訟事件の表示方法; cf. re² 1). 〘(1877) □ L *in rē* in the matter (of)〙

in rem /ɪnrém/ *adv., adj.* 〘法律〙(訴訟で)物に対して[する], 対物の (cf. in personam). 〘(*c*1860) □ L ~ 'against a thing'〙

I

in re·rum na·tu·ra /ɪnréɪrəmnətʊ́ᵊrə, -ríər- | -ríərʊmnətjúərə/ *L. adv.* 物事自然の性として, 本来. 〖□L *in rērum nātūra* 'in the nature of things'〗

in-résidence *adj.* 〔…に〕(ある資格で)駐在[在住]している, 官邸[公邸]住いの〔*at*〕. ★ 通例次のような連結形で用いる: a poet-*in-residence* at the university 大学在住の詩人《創作活動を続けるかたわら, 一定期間教鞭をとる》. 〖1845〗

INRI 《略》 *L.* Iēsus Nazarēnus, Rēx Iūdaeōrum ユダヤびとの王ナザレのイエス (Jesus of Nazareth, King of the Jews) (cf. *John* 19:19).

in·ro /ínrou | -rəʊ/ *n.* (*pl.* ~, ~s) 印籠(いんろう). 〖《1617》□ Jpn.〗

in·road /ínròud | -rəʊd/ *n.* [通例 *pl.*] **1** 〔国などへの〕侵入, 来襲, 侵略〔*into, on, upon*〕: the ~*s* of the disease 病気の侵入 / ~*s into* enemy territory 敵陣への侵攻. **2** 〔他人の物などへの〕侵害, 蚕食〔*into, on, upon*〕: make ~*s on* [*upon, into*] a person's time [savings] 人の時間[貯え]に食い込んでくる. — *vt., vi.* 侵入[侵害]する. 〖《1548》← IN (adv.)+*road*《廃》'RAID, riding'〗

ín·rùsh *n.* 突入, 侵入, 乱入, 来襲; 流入, 殺到: the ~ of a flood / the ~ of tourists. **~·ing** *n., adj.* 〖《1817》← IN (adv.)+RUSH¹〗

INS /áɪènés/ 《略》 International News Service アイエヌエス《米国の通信社; ⇨ UPI》; Immigration and Naturalization Service 入国許可局《米国司法省の一局》; Information Network System (日本の)高度情報通信システム; 〖航空・宇宙〗 inertial navigation system.

ins. 《略》 inches; inscribed; inside; inspected; inspector; insular; insulated; insulation; insulator; insurance.

in sae·cu·la sae·cu·lo·rum /ɪnsékjʊləsèkjʊlɔ́ːrəm, -sáɪkʊlɑ̀ːsàɪkʊlɔ́ːrʊm/ *L. adv.* 永久に, いついつまでも. 〖□L *in saecula saeculōrum*《原義》for ages of ages〗

in·sal·i·vate /ɪnsǽləvèɪt | ɪnsǽlɪ̀-/ *vt.* 噛(か)んで〈食物〉に唾液を混ぜる. **in·sal·i·va·tion** /ɪnsæ̀ləvéɪʃən | ɪnsæ̀lɪ̀-/ *n.* 〖《1855》: ⇨ in-¹, salivate〗

in·sa·lu·bri·ous /ɪnsəlúːbriəs | -lúː-, -ljúː-ˈ/ *adj.* 〈気候・土地など〉健康によくない, 不健康な: an ~ climate. **~·ly** *adv.* 〖《1615》← L *insalūbris* (⇨ in-¹, salubrious)+-OUS〗

in·sa·lu·bri·ty /ɪnsəlúːbrəti | -lúːbrɪ̀ti, -ljúː-/ *n.* (土地・気候などの)不健康, 非衛生. 〖《1663》□ F *insalubrité*: ⇨ ↑, -ity〗

in·sal·u·tar·y /ɪnsǽljʊtèri | ɪnsǽljʊtəri, -tri/ *adj.* 〈書物・考え方など〉健康的でない, 不健全な. 〖《1694》□ LL *insalūtāris* ← IN-¹+*salūtāris* SALUTARY〗

in·sane /ɪnséɪn, ìn- | ɪn-, ìn-ˈ/ *adj.* **1 a** 〈人が〉正気でない, 精神に異常のある, 気の違った, 狂気の (↔ sane): drive a person ~ 人の気を狂わせる / go ~ 気が狂う. **b** [the ~; 名詞的に; 集合的] 狂人たち, 精神異常者たち. **c** 《廃》〈精神が〉異常な. **2** 狂気のような, 非常識な, とっぴな, 途方もない: an ~ scheme, proposal, etc. **3** 狂人[精神異常者]のための: an ~ asylum [hospital] 精神病院. **4** 狂人[精神異常者]特有の. **5** 《廃》狂気にする. **~·ly** *adv.* **~·ness** *n.* 〖《1560》□ L *insānus* unsound (in mind) ← IN-¹+*sānus* 'healthy, SANE'〗

in·san·ie /ɪnséɪni | ɪn-/ *n.* 《廃》狂気 (insanity). 〖《1572》□ F《廃》~ □ L *insānia* (↑)〗

in·san·i·tar·y /ɪnsǽnətèri, ìn- | ɪnsǽnɪ̀təri, ìn-, -triˈ/ *adj.* 健康によくない, 非衛生的な: ~ houses, conditions, etc. **in·sán·i·tàr·i·ness** *n.* 〖《1874》← IN-¹+SANITARY〗

in·san·i·ta·tion /ɪnsæ̀nətéɪʃən, ìn- | ɪnsæ̀nɪ̀-, ìn-/ *n.* 衛生規則[施設]を欠くこと; 非衛生(状態). 〖《1884》← IN-¹+SANITATION〗

in·san·i·ty /ɪnsǽnəti | ɪnsǽnɪ̀ti/ *n.* **1** 精神異常[障害], 精神病, 狂気: ~ of grandeur 誇大妄想(狂). **2** 〖法律〗(法的責任[能力]にひびくほどの)精神異常[障害]. **3** 狂気じみた[はなはだしい]行為, 愚行: It would be sheer ~ to do that. そんなことをすればまさに狂気のさただ. 〖《1590》□ L *insānitātem* unhealthiness, disease: ⇨ insane, -ity〗

SYN 狂気: **insanity** 精神が正常に働かないこと《医学用語にはないが, 法律用語にはなる》: temporary *insanity* 一時的な精神錯乱. **madness** 精神が正常に働かないため, 奇妙なふるまいをすること: There's method in his *madness*. 彼の狂気には筋道が通っている. **lunacy**《古風》=*madness*; 狂気のさた: It would be sheer *lunacy* to sail in this weather. こんな天気に帆走するなんて狂気のさただ. **psychosis** 〖精神医学〗精神病《人格の機能に支障をきたすような重度の精神障害に対する総称で, 機能的なものも器質的なものも含む》. **dementia** 〖精神医学〗痴呆. **mania** 〖精神医学〗躁病.
ANT sanity.

---

in·sa·tia·ble /ɪnséɪʃəbl̩, -ʃiə- | ɪnséɪʃiə-, -ʃə-/ *adj.* 飽くことを知らない, 足るを知らない, 欲の深い, 強欲な; 〔…を〕むやみに欲しがる〔*of*〕: an ~ appetite, desire, ambition, curiosity, etc. / ~ *of* power 権力に貪欲な. **in·sà·tia·bíl·i·ty** /-ʃəbíləti, -ʃiə- | -ʃəbílɪ̀ti, -ʃiə-/ *n.* **~·ness** *n.* **in·sá·tia·bly** *adv.* 〖《c1412》*insaciable* □ OF (F *insatiable*) ∥ L *insatiābilis*: ⇨ in-¹, satiable〗

in·sa·ti·ate /ɪnséɪʃiɪ̀t, -ʃièɪt | ɪn-/ *adj.* 足るを知らない, 飽くことのない: an ~ longing / Hate bred in woman is ~. 女の恨みは執念深い. **~·ly** *adv.* **~·ness** *n.* 〖《?c1452》*insaciat(e)* □ L *insatiātus*: ⇨ in-¹, satiate〗

in·scape /ínskeɪp/ *n.* (芸術作品に表現されるような)人間[事物, 場所など]の本質[統一性]; 構成要素, 本質 (cf. haecceity). 〖《1868》← IN-²+-SCAPE〗

in·sci·ent /ínʃiənt, ínʃənt/ *adj.* 無知な (ignorant) **in·sci·ence** *n.* 〖《1578》← L *inscientem* ← IN-¹+*scient* (p.p.) ← *scīre* to know〗

in·sconce /ɪnskɑ́(ː)ns | ɪnskɔ́ns/ *vt.* 《古》=ensconce.

in·scribe /ɪnskráɪb | ɪn-/ *vt.* **1** 〈石碑・金属板・紙など〉に〈語句・姓名などを〉印する, 彫る〔*with*〕; 〈姓名などを〉〈石碑などに〉記す, 刻む〔*on, in*〕: ~ a stone [silver watch] *with* one's name=~ one's name *on* a stone [silver watch] 石[銀時計]に名を刻む / Will you ~ your name *in* my book? 私の本にご署名を預けませんか. **2** 〈心・記憶などに〉刻み込む, 銘記する〔*on, in*〕: ~ an event *in* a person's memory 事件を深く記憶に留める. **3** 〈書物・写真などを〉(それを献じる辞や名前などを記して)〈人に〉贈る, 献じる〔*to, for*〕: ~ a book *to* [*for*] a person (署名して)本を人に献じる / This book I ~ *to* … 本書を…にささげる. **4 a** 〈人・姓名などを〉(公式の名簿・リストなどに)記入する, 登録する: ~ a person as a donor 人(の名)を寄贈者として名簿に載せる. **b** 《英》〈公債などの購入者の名を〉登録する, 記録する. **5** 〖数学〗〈図形を〉内接させる (cf. circumscribe 3): ~ a square *in* a circle 正方形を円に内接させる. **in·scríb·a·ble** /-bəbl̩/ *adj.* **in·scríb·a·ble·ness** *n.* **in·scríb·er** *n.* 〖《c1485》□ L *inscribere* to write in or upon ← IN-²+*scribere* to write: ⇨ scribe¹〗

in·scribed *adj.* **1** 〈書物が〉(献呈の辞などを添えて)署名された; 印刻した, 銘刻した: an ~ copy 献本 / ~ *in* hieroglyphics 象形文字で刻まれている. **2** 登録した, 記名の: an ~ stock 《英》登録公債《証書を発行せず単に所定の登録簿に登録するもの》. **3** 〖数学〗内接した: an ~ circle 内接円. 〖《1571》: ⇨ ↑, -ed〗

in·scrip·tion /ɪnskrípʃən | ɪn-/ *n.* **1** 銘刻(すること), 記入; 銘刻した[書いた]文字, 銘, 銘刻文, 碑文, 題銘; 〖古銭〗(貨幣・メダルなどの)銘刻 (legend): an ~ *on* a tombstone 墓碑銘. **2** (寄贈図書に記した)題字, 署名; 献呈の辞. **3** (姓名などの)記入, 記載, (名簿・リストなどへの)登録. **4** 〖哲学・言語〗表記言語[書かれた文]の一要素 (cf. utterance¹ 1 b). **5** 《英》 **a** (登録公債などの)登記. **b** [*pl.*] 登録公債. **6** 〖薬学〗(処方箋の)処方欄《薬品名とその調合量を記した部分》. **~·al** /-ʃnəl, -ʃənl/ *adj.* 〖《c1384》*inscripcioun* □ L *inscriptiō(n-)* ← *inscribere* 'to INSCRIBE': ⇨ -tion〗

inscríption·less *adj.* 銘[銘刻文]のない. 〖《1654》: ⇨ -less〗

in·scrip·tive /ɪnskríptɪv | ɪn-/ *adj.* 銘の, 銘刻文の, 題銘の, 碑銘の, 銘文的な. **~·ly** *adv.* 〖《1740》← L *inscriptus* ((p.p.) ← *inscribere* 'to INSCRIBE')+-IVE〗

in·scroll /ɪnskróul | ɪnskrə́ʊl/ *vt.* =enscroll. 〖《1596–97》← IN-¹+SCROLL〗

in·scru·ta·bil·i·ty /ɪnskrùːtəbíləti, ìn- | ɪnskrùːtəbílɪ̀ti, ìn-/ *n.* 計り知れないこと, 不可解, 不可思議; 不可思議な事[物]. 〖《1654》: ⇨ ↓, -ity〗

in·scru·ta·ble /ɪnskrúːtəbl̩, ìn- | ɪnskrúːt-, ìn-ˈ/ *adj.* **1** 探索できない, 不可解な, 不可思議な (⇨ mysterious SYN): an ~ mystery / The ways of Providence are ~ *to* man. 神意は人間には計りがたい. **2** なぞのような: an ~ smile, expression, etc. **3** 肉眼で見えない[見通せない]: an ~ fog. **~·ness** *n.* **in·scrú·ta·bly** *adv.* 〖《a1500》□ LL *inscrūtābilis* ← IN-¹+L *scrūtārī* to search, examine+*-ābilis* '-ABLE': ⇨ scrutable〗

in·sculp /ɪnskʌ́lp | ɪn-/ *vt.* 《古》刻む, 彫刻する. 〖《?a1425》□ L *insculpere* ← IN-²+*sculpere* to carve: cf. sculpture〗

in·sculp·ture /ɪnskʌ́lptʃə | ɪnskʌ́lptʃə(r)/ *n.* 《廃》(ある物の上に)彫られたもの, 銘. 〖《1607–08》□ F《廃》~: ⇨ in-¹, sculpture〗

ín·sèam *n.* (手袋・靴・衣類などの)内側の縫目, 継目. 〖《1886》← IN (adj.)+SEAM〗

in·sect /ínsekt/ *n.* **1** 昆虫 (cf. worm). 日英比較 日本語の「虫」は昆虫のほかにミミズ, 回虫などの蠕虫(ぜんちゅう), ムカデなどの節足動物, いもむしなどの昆虫の幼虫でいわゆる這い虫などを含む. ところが, 英語には日本語の「虫」に当たる語はなく, 「虫」は insect と, いもむし, ミミズなど足のない這い虫すなわち worm とに二分される. なお, 一般に言語ではしばしば科学的定義とは異なる命名が行われるが, 英語の insect も生物学的昆虫の定義とは一致せず, ムカデ・クモなども含まれる. ⇨ worm 日英比較. **2** 虫《クモ・ムカデなどを含む》. **3** 下等な人間, 虫けら(に等しい人間), 小人. — *adj.* **1 a** 昆虫の(ような): ~ pests [vermin] 害虫 / the ~ kind 昆虫類 / ~ eggs [wings] 昆虫の卵[翅(はね)]. **b** 昆虫用の; 殺虫用の: an ~ cabinet 昆虫標本箱 / ⇨ insect powder. **2** けちな, 卑しい. 〖《1601》□ L (*animal*) *insectum* notched (animal) (p.p. neut.) ← *insecāre* to cut into ← IN-² +*secāre* to cut: 体に切れ目があることから: cf. entomology〗

In·sec·ta /ɪnséktə | ɪn-/ *n. pl.* 〖昆虫〗昆虫綱. 〖《1727–41》← NL ~ ← L ~ (pl.) ← *insectum* (↑)〗

in·sec·tan /ɪnséktən | ɪn-/ *adj.* **1** 昆虫綱の[に属する]. **2** 昆虫の[に関する]. 〖《1888》: ⇨ ↑, -an¹〗

in·sec·tar·i·um /ìnsektέ(ə)riəm | -téər-/ *n.* (*pl.* ~**s**, **-i·a** /-riə/) =insectary. 〖《1881》← NL ~ ← L *insectum*: ⇨ insect, -arium〗

in·sec·tar·y /ínsektèri, ɪnséktəri | ínsektəri/ *n.* (動物園などで研究のために設けた)昆虫飼育場[研究所], 昆虫館. 〖《1888》: ⇨ ↑, -ary: INSECTARIUM の英語化〗

in·sec·ti·ci·dal /ɪnsèktəsáɪdl̩ | ɪnsèktɪ̀sáɪdlˈ/ *adj.* 殺虫の, 殺虫剤の. **~·ly** *adv.* 〖《1857》: ⇨ ↓, -al¹〗

in·sec·ti·cide /ɪnséktəsàɪd | ɪnséktɪ̀-/ *n.* **1** 殺虫剤; 防虫剤. **2** 殺虫. 〖《1865》← INSECT+-I-+-CIDE〗

in·sec·ti·form /ɪnséktəfɔ̀ːəm | ɪnséktɪ̀fɔ̀ːm/ *adj.* =insectile. 〖1888〗

in·sec·ti·fuge /ɪnséktəfjùːdʒ | ɪnséktɪ̀-/ *n.* 駆虫剤. 〖← INSECT+-I-+-FUGE: cf. vermifuge〗

in·sec·tile /ɪnséktl̩, -taɪl, -tɪl | ɪnséktaɪl/ *adj.* **1** 昆虫の[に関する]; 昆虫のような. **2** 昆虫から成る. 〖《a1626》□ L *insectum* INSECT: cf. L *sectilis* ← *sectus* cut〗

in·sec·tion /ɪnsékʃən | ɪn-/ *n.* 切り込み, 断節. 〖《1653》□ LL *insectiō(n-)* ← L *insecāre* to cut into: ⇨ -tion: cf. insect〗

in·sec·ti·val /ìnsektáɪvəl, -vl̩ˈ/ *adj.* 昆虫の[に関する], のような. 〖← INSECT+-IVE+-AL¹〗

In·sec·tiv·o·ra /ìnsektívərə/ *n. pl.* 〖動物〗食虫目《真獣類のなかで最も原始的な類; 主に昆虫やミミズを食べる》. 〖《1836》← NL ~ (neut. pl.) ← *insectivorus*: ⇨ insect, -vora〗

in·sec·ti·vore /ɪnséktəvɔ̀ə | -tɪ̀vɔ̀ː(r)/ *n.* **1** 〖動物〗食虫目に属する小哺乳動物. **2** (一般に)食虫動物, 食虫植物. 〖《1840》← NL *insectivorus*: ⇨ ↑〗

in·sec·tiv·o·rous /ìnsektív(ə)rəsˈ/ *adj.* 〖生物〗〈動物・植物が〉昆虫を食う, 食虫性の: an ~ plant [animal] 食虫植物[動物]. **in·sec·tiv·o·ry** /ìnsektívəri/ *n.* 〖《1661》← NL *insectivorus*: ⇨ ↑, -ous: cf. carnivorous〗

insectivorous bát *n.* 〖動物〗食虫コウモリ《小翼手類のコウモリ; cf. fruit bat》.

insect·like *adj.* 昆虫のような; 虫けらのような. 〖《1772》← INSECT+-LIKE〗

insect nèt *n.* 捕虫網.

in·sec·tol·o·gy /ìnsektɑ́(ː)lədʒi | -tɔ́l-/ *n.* 昆虫学 (entomology). **in·sec·tól·o·gist** /-dʒɪ̀st | -dʒɪst/ *n.* 〖《1766》← F *insectologie*: ⇨ insect, -logy〗

insect pòwder *n.* 除虫粉, 虫取り粉; (特に)除虫菊粉 (pyrethrum). 〖1893〗

insect wàx *n.* =Chinese wax. 〖1853〗

in·se·cure /ìnsɪ̀kjʊ́ə | -kjʊ́ə(r), -kjɔ́ː(r)ˈ/ *adj.* **1 a** 〈人・言行など〉たより[頼み]にならない, 不確かな: ~ promises. **b** 〔…に〕自信がもてない, 確信がない〔*of, about*〕: He felt ~ *of* his success before the election and ~ *about* his success even after he'd won. 選挙の前にも, そして勝ったあとでさえも自分の成功に確信がもてなかった. **2** (危険・害などから)安全でない, 〈位置・境遇が〉不安定な. **3** これやすい, あぶなっかしい, 危険な: an ~ footing [foothold] 今にもくずれそうな足場[足掛り] / an ~ fastening 不安な[当てにならない]留め金具. **~·ly** *adv.* **~·ness** *n.* 〖《1649》□ ML *insēcūrus* ← IN-¹+*sēcūrus* 'SECURE'〗

in·se·cur·i·ty /ìnsɪ̀kjʊ́ᵊrəti | -kjʊ́ərɪ̀ti, -kjɔ́ːr-/ *n.* **1** 不安定, 危険; 不確実, たよりなさ, 不安, 不確か: the ~ of a staircase, foundation, etc. / a feeling of ~ 不安感, たよりない感じ. **2** 不安定なもの[こと], 不安なもの. 〖《1646》□ ML *insēcūritās*: ⇨ ↑, -ity〗

in·sel·berg /ínsəlbə̀ːg, -sl̩-, -zəl-, -zl̩-, -bèəg | -zəlbə̀ːg, -zl̩-; G. ínzl̩bɛʁk/ *n.* 〖地質〗島山, 島状丘, インゼルベルク《平原上に孤立してそびえ立つ山; cf.monadnock》. 〖《1907》□ G. ~ 'island mountain'〗

in·sem·i·nate /ɪnsémənèɪt | ɪnsémɪ̀-/ *vt.* **1** 〈種を〉まく, 植え付ける. **2** 〖獣医・医学〗(特に, 人工受精の目的で)精液を注入する, 媒精[授精]する (impregnate). **3** 〈思想などを〉〈心に〉植え付ける〔*in*〕; 〈心〉に〈思想などを〉教え込む〔*with*〕: ~ ideas *in* the mind=~ the mind *with* ideas. 〖《1623》← L *insēminātus* (p.p.) ← *insēmināre* ← IN-²+*sēmināre* to sow, plant (← *sēmen* 'seed, SEMEN')〗

in·sem·i·na·tion /ɪnsèmənéɪʃən | ɪnsèmɪ̀-, ɪnsèmɪ̀-/ 〖獣医・医学〗*n.* 精液注入, 媒精, 授精: ⇨ artificial insemination. 〖《1658》: ⇨ ↑, -ation〗

in·sém·i·nà·tor /-tə | -tə(r)/ *n.* (家畜などの)人工受精を施す人. 〖《1944》← INSEMINATE+-OR²〗

in·sen·sate /ɪnsénseɪt, ìn-, -sɪ̀t | ɪn-, ìn-ˈ/ *adj.* **1** 知覚[感覚]をもたない, 感覚力のない, 生命のない: mute ~ things もの言わぬ生なきもの. **2** 無感覚の, 無情な, 非情の, 残忍な: ~ cruelty. **3** 理性を欠いた, 不条理な, ばかげた: ~ rage, ambition, etc. **~·ly** *adv.* **~·ness** *n.* 〖《c1485》□ LL *insensātus* ← IN-¹+*sensātus* intelligent, sensible (⇨ sensate)〗

in·sen·si·bil·i·ty /ɪnsènsəbíləti, ìn- | ɪnsènsɪ̀bílɪ̀ti, ìn-/ *n.* **1** 無知覚, 無感覚, 麻痺(まひ), 無神経, 鈍感: ~ *to* pain, beauty, art, etc. **2** 無意識, 人事不省: a state of ~ 気絶状態 / lapse into ~ 人事不省に陥る, 気絶する. **3** 平気, 無関心, 冷淡, 無情〔*to*〕. 〖《1392》□ LL *insensibilitātem*: ⇨ ↓, -ity〗

in·sen·si·ble /ɪnsénsəbl̩, ìn- | ɪnsénsɪ̀-, ìn-ˈ/ *adj.* **1** 知覚力のない, 感じない, 無感覚な. **2 a** 〔…に〕感受性のない, 無神経な, 鈍感な, 無頓着な〔*to*〕: ~ *to* the beauties of art 芸術品の美しさを感じない / ~ *to* pain [shame] 苦痛[恥]を感じない. **b** 〔…を〕意識しない〔*of*〕: be ~ *of* one's danger 自分の危険に気づかないでいる. **c** 品のない, 上品さの欠けた. **3** 感覚を失った, 人事不省の: hands ~ *from* cold 寒さで無感覚になった手 / be ~ *from* wounds けがで気絶している / be knocked ~ 打たれて人事不省になる. **4** 認められない[感じられない]ほどわずかの, 目に見えないほどの, 気がつかないほどの: ~ changes, transitions, etc. / by ~ degrees きわめて徐々に. **5** 〖法律〗意味のない, 訳の分からない (meaningless). **6** 《古》非常識な, 不合理

な. **~·ness** *n.* **in·sén·si·bly** *adv.* 〚《*c*1380》□ L *insensibilis*: ⇨ in-¹, sensible〛

in·sen·si·tive /ɪnsénsəṭɪv, ɪ̀n-, -séntsə-, -stɪv | ɪnsénsɪtɪv, ɪ̀n-, -séntsɪ-⁻/ *adj.* 感じない, 無感覚な, 無感応の, 鈍感な; 〔…に〕感受性のない〔*to*〕; 〔…の〕影響を受けない〔*to*〕: ~ *to* light [beauty] 光[美]を感じない / ~ *to* the demands of the public 一般大衆の声に耳を貸さない / an ~ remark at a funeral 葬儀での無神経な発言 / It was very ~ of you to say that then. あの時にそれを口にするとは君も極めて無神経だったね. **~·ly** *adv.* **~·ness** *n.* 〚《(1610)》(1834) ← IN-¹+SENSITIVE〛

in·sen·si·tiv·i·ty /ɪnsènsətívəṭi, ɪ̀n- | ɪnsènsɪtívɪti/ *n.* 無感覚, 無感応, 鈍感.

in·sen·tient /ɪnsénʃənt, ɪ̀n-, -ʃiənt, ɪ̀n-⁻/ *adj.* 知覚力のない, 意識を失った; 感情を持たない; 生気[生命]のない (inanimate). **in·sén·tience** /-ʃəns, -ʃiəns/ *n.* **in·sén·tien·cy** *n.* 〚《1764》← IN-¹+SENTIENT〛

in·sep·a·ra·bil·i·ty /ɪnsèp(ə)rəbíləṭi, ɪ̀n- | ɪnsèp(ə)rəbílɪti, ɪ̀n-/ *n.* 不可分性: the ~ of economics and politics in foreign affairs 外交問題における経済と政治の不可分性. 〚《1623》□ L *insēparābilitātem*: ⇨ ↓, -ity〛

in·sep·a·ra·ble /ɪnsép(ə)rəbl̩, ɪ̀n- | ɪn-, ɪ̀n-⁻/ *adj.* 分けることができない, 離し難い, 分離できない, 不可分の, 離れ[別れ]られない, つきものの: ~ companions, friends, etc. / an ~ prefix 〘文法〙非分離接頭辞《例えば dis-, mis-, un- など独立しては用いられないもの》/ ~ *from* each other 互いに離れ[離され]ない. — *n.* [通例 *pl.*] 離し難いもの[人], 別れ難い人; (特に)互いに離れられない友, 特別の親友. **~·ness** *n.* 〚《?1348》□ L *insēparābilis*: ⇨ in-¹, separable〛

in·sép·a·ra·bly /-rəbli/ *adv.* 分離できないように[ほどに], 不可分に. 〚《1447》: ⇨ ↑, -ly¹〛

in·sep·a·rate /ɪnsép(ə)rɪt, ɪ̀n- | ɪn-, ɪ̀n-⁻/ *adj.* 分かれていない. 〚《1550》□ LL *insēparātus*: ⇨ in-¹, separate (adj.)〛

in·sert /ɪnsə́ːt | ɪnsə́ːt/ *vt.* **1 a** 入れる, 挿入する, はさむ, 差し込む (⇨ introduce SYN): ~ a key *in* [*into*] a lock / ~ one's finger in one's ear 耳の穴に指をつっこむ / ~ a piece of blotting paper *between* sheets of writing paper 便箋の間に吸い取り紙をはさむ. **b** 〔破れた衣服などに〕〈継ぎはぎなどを〉あてる, 縫いつける〔*in, on*〕: ~ lace *on* a shirtfront ワイシャツの胸にレースを縫いつける. **2** 書き入れる, 書き込む; 〈言葉などを〉差しはさむ: ~ a comma *between* two words / ~ a clause *in* a contract 契約に一条項を書き加える / In a pause he managed to ~ a question. (相手が)一息ついたときにやっと質問を差しはさむことができた. **3** 〔新聞などに〕掲載する〔*in*〕: ~ an advertisement *in* a newspaper 新聞に広告を載せる. — *vi.* 〘解剖〙〈筋肉が〉付着する.

— /ínsəːt | -səːt/ *n.* **1** 差入れ物: **a** (別刷りの)別丁(本文活字にかこまれた)差込み[挿絵など]. **b** (新聞・本・雑誌などの)差込み[折込み]ビラ[広告]. **2** 〘映画・テレビ〙挿入画面《大写しで画面と画面との間に差し込まれた字幕または説明的画面》.

in·sért·a·ble /-təbl̩, -tə-/ *adj.* **in·sért·er** /-tə | -tə⁽ʳ⁾/ *n.* 〚(v.: 1529; n.: 1893) ← L *insertus* (p.p.) ← *inserere* to put in ← IN-²+*serere* to join (cf. season)〛

in·sért·ed /-tɪd | -tɪd/ *adj.* **1** 差し込んだ[込まれた]. **2** 〘植物〙(花の部分など他の部分に)着生した. **3** 〘解剖〙(筋肉の一端などに)付着した, 付着点のある (attached). 〚《1598》: ⇨ ↑, -ed〛

in·ser·tion /ɪnsə́ːʃən | ɪnsə́ː-/ *n.* **1** 挿入, 差込み; (新聞紙面の広告の)刷込み: the ~ of ads in a newspaper 新聞広告の刷込み. **2** 挿入物, 差し込んだもの; (語・章句などの)書加え, 書込み, 挿入句; (新聞・雑誌などの)差込み[折込み]広告, 差込み[折込み]ビラ[印刷物] (insert); (新聞紙面の)刷込み広告. **3** 〘生物〙(器官の一部などの)挿入. **4** 〘解剖〙付着点《筋肉の付着部位; cf. origin 3》. **5** 〘服飾〙はめこみ布《布の上にのせるのでなく切り替えて縫い込みにする細巾レースや装飾布》: a lace ~. **6** 〘宇宙〙= injection 4. **~·al** /-ʃnəl, -ʃənl̩/ *adj.* 〚《1539》□ L *insertiō(n-)* ← *inserere* 'to INSERT': ⇨ -tion〛

insértion bràid *n.* (リボンなどを通すことのできる)透かし編み縁飾り.

ìn-sérvice *adj.* **1** 現職の, 現役の: an ~ teacher. **2** 現職中行われる[継続する]: ~ training 現職(者)教育《従業員に対する技能教育》. 〚1928〛

in·ses·so·ri·al /ɪnsesɔ́ːriəl⁻/ *adj.* **1** 〈鳥の足が〉木に止まるのに適した. **2** 〈鳥が〉常に木に止まる. **3** 木に止まる習性をもつ鳥の. 〚《1837》← NL *Insessorēs* perching birds ((pl.) ← L *insessor* occupant, 《原義》one who sits on ← *insidēre* (⇨ insidious))+-IAL〛

in·set /ínsèt/ *n.* **1** 書物・新聞などに差し[綴じ]込まれる別刷の印刷物; 挿入画[図, 写真]. **2** インセット, 挿入図版《大きな地図・図表などの図版の中に切り込んで入れたもの》. **3** 〘服飾〙はめこみ《衣服の一部分にレースや布切れを縫い込んだもの; 主として装飾用に用いる》. **4** 差し込むこと, 差込み. **5 a** 流入する場所, 水路. **b** 流入.

— /ɪnsét, ínsèt | ɪnsét, ínsèt/ *vt.* (~, **-set·ted**; **-set·ting**) 〈物を〉〔…に〕差し込む〔*in, into*〕; 〈物〉に〔…を〕はめ込む〔*with*〕: ~ a ring *with* a jewel 指輪に宝石をはめ込む. **in·sét·ter** /-tə | -tə⁽ʳ⁾/ *n.* 〚v.: 《OE》 *insettan*: ⇨ in-¹, set (v.). — n.: 《1559》← IN (adv.)+SET (n.)〛

INSET /ínset/ *n.* 《英》(公立学校教員に対する)現職研修 〚《1974》《頭字語》← *in-s(ervice) e(ducation) t(raining)*〛

in·sev·er·a·ble /ɪnsév(ə)rəbl̩, ɪ̀n- | ɪn-, ɪ̀n-⁻/ *adj.* 切り離せない, 分けられない, 緊密な. 〚《1661》← IN-¹+SEVER+-ABLE〛

in·shal·lah /ɪnʃǽlə/ *Arab. int.* 〘イスラム教〙神が許し給うならば, 神のおぼしめしであるなら. 〚《1857》□ Arab. *in šā' allāh* if Allah wills〛

in·sheathe /ɪnʃíːð | ɪn-/ *vt.* =ensheathe. 〚← IN-²+SHEATHE〛

in·shell /ɪnʃél | ɪn-/ *vt.* 《古》〈物を〉〈殻の中などに〉引っ込める. 〚《1607–08》← IN-²+SHELL〛

in·shore /ínʃɔ̀ə | -ʃɔ̀ː⁽ʳ⁾⁻/ (↔ offshore) *adj.* 海岸に近い, 沿海の, 近海の; 海岸に向かう: an ~ wind 向陸風 / ~ fisheries [fishing] 沿岸[近海]漁業. — *adv.* 海岸に近く[向かって], 陸の方へ: The wind blew ~. / The boat was headed ~. 舟は海岸に向かっていた. ***inshore of*** ...より海岸に近く. 《1859》 〚《1701》← IN-²+SHORE¹〛

ínshore cúrrent *n.* 沿岸流.

in·shrine /ɪnʃráɪn | ɪn-/ *vt.* =enshrine.

in·side /ɪnsáɪd, ínsàɪd | ɪnsáɪd, ⁻⁻/ ★ outside と対照させるときには /ínsàɪd/ と発音する. (↔ outside) *n.* **1** 内部, 内(側), 内面 (↔ inside): the ~ of a box, an envelope, a house, etc. / the ~ of the hand 手のひら / the ~ of a window [wall] 窓[壁]の内側 / He knows the business from the ~. 彼は事業の内情に通じている / The door was locked on the ~. ドアは内側から鍵がかかっていた. **2** (道路などの)車道より遠い部分, 内側, 家寄り: on the ~ of a sidewalk 歩道の内側に / Don't overtake on the ~. 内側から追い越してはいけない. **3** [しばしば *pl.*] **a** 《口語》おなか, 腹: I have something wrong with my ~*s*. 腹の具合が悪い / I have a pain in my ~*s*. 腹が痛い / I drank some brandy to warm my ~*s*. 体を温めようとブランデーを飲んだ. **b** 人の腹の中, 本性: know the ~ of a person 人の心の内[本心]を知る. **4** 内部の事情, 内幕; 内幕に通じている人; (権力などをもつ)内部(集団): I happen to know the ~ of it. たまたまその内部の事情を知っている. **5 a** (バス・乗合馬車などの)内側[窓側]座席(の乗客): help out the ~*s* 車内の乗客を助けて降ろす. **b** 《英》(二階建てバスの)1階. **6** [the ~ として] 《英》(週・月などの)中ごろ, 主要部分: *the* ~ of a week 1週の中ごろ《月曜から金曜》. **7** 〘野球〙内角, インサイド(ボール). **8 a** (種々の競技で)競技場の中央の位置[選手], インサイド. **b** 〘バスケットボール〙ゴールの近く[下]の地域.

inside out (1) 内側を外にして, 引っくり返しに: It's ~ *out*. それは裏返しだ / turn a shirt ~ *out* シャツを裏返しにする / put one's socks on ~ *out* 靴下を裏返しにはく. (2) めちゃめちゃになって. (3) 《口語》完全に, 隅から隅まで: I know the business ~ *out*. 私はその仕事は何から何まで心得ている. / I've turned the apartment ~ out trying to find it. それを見つけようとしてアパートの隅から隅まで捜した. 《16C 末》 ***in the inside of*** 《英口語》...以内に (within) (cf. INSIDE *of*): It must be done *in the* ~ *of* a month. それは1か月以内にしなければならない. 《1890》 ***on the inside*** 内部の事情に通じて, 内幕を知って: He is believed to be *on the* ~. 彼は内幕に通じていると信じられている. 《1932》

— *adj.* **1** 内側の, 内面の (⇨ inward SYN): an ~ address (封筒の名あて (outside address) に対して)手紙の中の名あて / an ~ seat [passenger] (車などの)内側の座席[内側座席の乗客] (cf. aisle seat, outside 3) / the ~ pages of a newspaper 新聞の内側のページ / the ~ diameter 内径(略 ID) / the ~ measurement [dimensions] 内法(うちのり) / He placed the money in an ~ pocket of his jacket. 彼はその金を上衣の内ポケットに入れた / Don't overtake on the ~ lane. 内側の車線から追い越してはいけない / ⇨ inside track. **2 a** 内部の, 部内の; 《口語》内情に通じた: ~ information 内部の消息 / the ~ story 内幕 / have ~ knowledge of ...の内部の事情[内情, 内幕]に通じている. **b** 〈人が〉内勤の; 〈仕事が〉屋内の: an ~ man 内勤者 / ~ work 屋内の仕事. **c** 《口語》内部の人のした: ⇨ inside job. **d** 《俗》(ある団体の)内部に入ってスパイをする: an ~ man in the union 労組に入ってスパイをする人々《会社側の御用組合員》. **3** 〘サッカー・ホッケー〙インサイドの《競技場の中央寄りのポジションにいう》: ⇨ inside forward, inside left, inside right. **4** 〘野球〙〈投球が〉インサイドコーナーの, 内角の. 日英比較 「インコーナー」は和製英語.

— *adv.* **1 a** 内(側)に, 内部に, 内面に: from ~ 内側[内部]から / go ~ 入り込む / look ~ のぞき込む. **b** 家の中に: The house was kept clean ~ and out. 家は内も外もきれいに掃除してあった / He went out and I stayed ~. 彼は外出し私は家に残った. **2** 心の中で; 心底は: I knew ~ that it was a lie. それがうそだということは内心知っていた / He was born rotten ~. 彼は生まれたときから性根が腐っていた / *Inside*, he's very gentle. 根はとても優しい. **3** 《俗》刑務所に入って (in prison): He went [is, got put] ~ again. また「むしょ」に入った[入れられた]. **4** 〘野球〙インコーナー[内角]に: pitch ~ 内角に投げる. ***inside of*** 《米口語》(1) ...以内に, ...足らずで (within): The snow will be gone ~ *of* a week. 雪は1週間以内に消えてしまうだろう. / She finished well ~ *of* the required time. 必要な時間内で, 余裕をもって終えた. (2) 《米》...の中[内]へ[に, で]: There's no more room ~ *of* the bus. バスの中はもう入る余地がない. 《1839》

— *prep.* **1** [位置]...の中に[へ, で], の内側に: ~ the house / The conductor helped me ~ the bus. 車掌は私をバスの中に入れてくれた / I stepped ~ the door. ドアの内側にはいって行った. **2** (組織などの)内部に: *Inside* the party it is common knowledge. 党内ではそれはだれ知らぬ者はない / *Inside* Europe「ヨーロッパの内幕」(書名). **3** [時間] ...以内に (within): He will answer ~ an hour. 1時間以内に返事をするだろう.

〚(n.: 1392; adj.: 1610–11; adv.: 1470) ← IN (adj.)+SIDE〛

inside báll *n.* 〘野球〙インサイドベースボール《うまい戦術や美技の多い野球》.

inside cáliper *n.* 〘機械〙内パス, 穴パス.

inside fórward *n.* 〘サッカー〙inside left [right] の旧称. 〚1897〛

inside jób *n.* 《口語》内部の者の犯罪《被害者と深い関係のある者によるかまたはなれあいの犯罪》: The police thought the theft to be an ~. 警察では盗難を内部の者の仕業とにらんだ. 〚1908〛

inside láne *n.* 〘陸上競技〙(トラックの)内側, インコース.

inside léft *n.* (サッカーなどで)インサイドレフト《フォワードのポジション名の一つ; センターフォワードとアウトサイドレフトの間》. 〚1897〛

inside lég *n.* [所有格の後で単数形で]《英》股下(の長さ[丈]).

inside lóop *n.* 〘航空〙=loop¹ 10.

inside lót *n.* 〘建築〙中敷地 (⇨ interior lot).

inside márgin *n.* 〘印刷〙のどあき (back margin).

inside móney *n.* 〘経済〙内部貨幣《民間部門の負債に裏付けられて発行された貨幣; cf. outside money》.

Ínside Pássage *n.* [the ~] 内海航路《米国 Washington 州 Puget Sound から Alaska 州 Skagway までの沿岸諸島・大陸間の航路; the Inland Passage ともいう》.

in·sid·er /ɪnsáɪḍə | -də⁽ʳ⁾⁻/ *n.* **1** 内幕[内情]を知っている人, 消息通; (会社などの管理・経営をつかさどる)有力グループの一人, 内輪筋 (↔ outsider). **2** 内部[部内]の人, 会員, 部員. 〚《1846》← INSIDE+-ER¹〛

insíder déaling *n.* 《英》=insider trading.

inside ríght *n.* (サッカーなどで)インサイドライト《フォワードのポジション名の一つ; センターフォワードとアウトサイドライトの間》. 〚1897〛

insíder tráding *n.* 〘証券〙インサイダー取引《インサイダーが内部の秘密情報を利用して行う違法な取引》. **insíder tráder** *n.* 〚1963〛

ínside skínny *n.* 《米》内幕, 内情, マル秘情報. 〚1972〛

inside stráight *n.* 〘トランプ〙(ポーカーで)カンチャン待ち《ある数字のカードが間に1枚入れば straight ができる状態の手; cf. bobtail 3 a》.

insìde-the-párk hóme rún *n.* 〘野球〙ランニングホームラン. 日英比較 「ランニングホームラン」は和製英語.

inside tráck *n.* (陸上競技のトラックの)内側走路, インコース, 内回りコース; 《口語》有利(な立場): have [be on] the ~ (for) 走路の内側を走る; (...に対して)有利な地位[立場]にある. 〚1857〛

in·sid·i·ous /ɪnsíḍiəs | ɪn-, -diəs/ *adj.* **1** 知らない間に進行する, 潜行性の: an ~ disease / the ~ approach of age 知らない間に寄る年波. **2** (こっそりと裏で)人をだまそうとしている, 油断のならない, 陰険な: ~ wiles 悪だくみ. **~·ly** *adv.* **~·ness** *n.* 〚《1545》□ L *insidiōsus* cunning, artful ← *insidiae* ambush, stratagem ← *insidēre* to sit in or on ← IN-²+*sedēre* 'to SIT': ⇨ -ous〛

in·sight /ínsàɪt/ *n.* **1** (物の真相や内面の意味などを, 特に直観によって見抜く)眼識, 見識, 識見; 看破力, 明察, 洞察〔*into*〕: a person of ~ 物を見抜く力のある人, 洞察力のある人 / gain [get, have] an ~ *into* a person's mind 人の心を見抜く[見抜いている] / The patient lacks ~ *into* his condition. その患者は自分の病状をよくわかっていない. **2** 〘心理〙洞察, 見透かし, 直観 (intuition). **3** 〘精神医学〙(精神病者の自己の病気に対する)病識. 〚《(?a1200)》《*c*1580》 *insiht, insight* 《廃》 internal sight: ⇨ in (adv.), sight: cf. Du. *inzicht* // Swed. *insiht*〛

SYN 洞察力: **insight, perception** 物事の底に潜む真実を見通し理解する能力《前者は知的能力, 後者は格式ばった語で鋭い感覚といったニュアンスがある》: a man of great *insight* [*perception*] すぐれた洞察力のある人. **acumen** すばやく正確に考え判断する能力《格式ばった語》: business *acumen* すぐれた商才. **discernment** 特にスタイル・ファッション・美などにかかわる事柄で正確な判断をする能力: critical *discernment* 批評眼. **discrimination** 《よい意味で》細かい相違を区別できる能力: He showed great *discrimination* in the choice of wines. ワインの選択に識別力を示した. **penetration** 《よい意味で》五官以上に深く物事の本質を見極める能力《格式ばった語》: Solving the mystery requires *penetration*. そのなぞを解くには眼識が必要だ.

---

in·sight·ful /ínsàɪtfəl, -fl̩ | ⁻⁻⁻/ *adj.* 洞察に満ちた, 見識のある. **~·ly** *adv.* 〚《1907》: ⇨ ↑, -ful¹〛

in·signed /ɪnsáɪnd | ɪn-/ *adj.* 〘紋章〙〈紋章図形が〉冠を付けた《動物に限らず, 植物あるいは剣などについてもいう; cf. gorged 3》.

in·sig·ni·a /ɪnsígniə | ɪn-/ *n.* (*also* **in·sig·ne** /-niː/) (*pl.* ~, **~s**) (位階・職務などを示す)記章, 勲章; (職業などを表す)しるし: armorial [school] ~ 紋章[校章] / the ~ of mourning 喪章 / the ~ of an order 勲章. 〚《1648》□ L ~ (pl.) ← *insigne* distinctive mark (neut.) ← *insignis* distinguished by a mark ← IN-²+*signum* 'mark, SIGN': ⇨ -ia², cf. ensign〛

in·sig·nif·i·cance /ɪnsɪgnífɪkəns/ *n.* **1** 取るに足らないこと, 些細; 微々たること, 卑しい身分: shrink [pale, fade] into ~ 微々たるものになる, 振るわなくなる. **2** 無意味. 〚《1699》: ⇨ insignificant, -ance〛

in·sig·nif·i·can·cy /ɪnsɪgnífɪkənsi | -fɪ-/ *n.* **1** = insignificance. **2** 取るに足らない人[もの]. 〚《1651》: ⇨ ↑, -ancy〛

in·sig·nif·i·cant /ìnsɪgnífɪ̀kənt⁻/ *adj.* **1** つまらない, 些細な; 微々たる, 重みのない, くだらない; (数・量・大きさなど)取るに足らない; (地位・性格などが)低い, 卑しい: an ~ person つまらない人 / an ~ town 微々たる町 / waste time on ~ points つまらない点に時間を費やす / The effect was quite ~. その効果は全く問題にならなかった. **2** 無意味な: an ~ phrase. — *n.* 物の数でない[くだらない]人[もの, 言葉など]. **~·ly** *adv.* 〘(1627–77) ← IN-¹+SIGNIFICANT〙

in·sin·cere /ìnsɪ̀nsíə | -síə⁽ʳ⁾⁻/ *adj.* 誠意のない, ふまじめな, 偽善的な, 偽りの, 不実な: an ~ statement. **~·ly** *adv.* 〘(1634) □ L *insincērus*: ⇨ in-², sincere〙

in·sin·cer·i·ty /ìnsɪ̀nsérəti, -síᵊr- | -sérɪ̀ti/ *n.* 不誠実な, ふまじめ, 偽善; 不誠実な言葉[行為]: evasions and *insincerities* 言い逃れや偽善的行為. 〘(1548): ⇨ ↑, -ity〙

in·sin·ew /ɪnsínuː, -njuː | ɪnsínjuː/ *vt.* 《Shak》筋肉などでつなぐ; 活気を与える, 鼓舞する《ensinew ともいう》.

in·sin·u·ate /ɪ̀nsínjuèɪt | ɪn-/ *vt.* **1** ほのめかす, 遠回しに言う; (特に)〈名誉・人格を傷つけるようなことを〉それとなく[婉曲に]言う, 当てつけて言う 〈*that*〉(⇨ hint SYN): They ~*d* (*to* us) *that* he was dishonest. 彼らは(我々に)彼は不正直だということをほのめかした. **2** [~ oneself で] 〔…に〕(気づかれないほど)徐々に入り込む, 段々入る (⇨ introduce SYN); 〔好意などに〕巧みに取り入る 〔*into*〕: The ivy ~*s itself into* every crevice. ツタはどんなすき間にもいつの間にか入り込む / Slang ~*s itself into* the language. 俗語は気づかれぬうちにその言語に入り込むものだ / ~ *oneself into* a person's favor [confidence, friendship] うまく人の機嫌[信頼心, 友情]に取り入る / ~ *oneself into* good society [a conversation] 巧みに上流社会[人の話]に入り込む. **3** 〔…に〕徐々に入り込ませる; 〈思想などを〉〈人の心などに〉巧みにしみ込ませる 〔*into*〕: The dog ~*d* his nose *into* my closed hand. 犬は私の閉じた手の中に鼻を突っ込んできた / ~ doubt *into* a person's mind 人の心に疑念を植えつける. — *vi.* ほのめかす, 当てこする; 《古》巧みに入り込む; (贈物などを送って)取り入る. **in·sín·u·à·tor** /-tə | -tə⁽ʳ⁾/ *n.* 〘(1529) ← L *insinuātus* (p.p.) ← *insinuāre* to twist oneself into ← IN-²+*sinuāre* to bend (← *sinus* bend, curved surface: cf. sinus)〙

in·sín·u·àt·ing /-tɪŋ | -tɪŋ/ *adj.* **1** うまく取り入る, 気に入るような, こびるような: an ~ smile, manner, etc. / an ~ voice 猫なで声. **2** (疑念・不信などを)それとなくほのめかす, 当てこする; 疑惑を抱かせる, 不審な: an ~ letter, remark, hint, etc. 〘(1589–90): ⇨ ↑, -ing²〙

in·sín·u·àt·ing·ly *adv.* こびるように, 迎合的に; 疑わせるように. 〘(1861): ⇨ ↑, -ly¹〙

in·sin·u·a·tion /ɪ̀nsɪ̀njuéɪʃən, ìn- | ɪn-, ìn-/ *n.* **1 a** (思想・感情などを)それとなくしみ込ませること. **b** 巧みに取り入ること, 歓心を買うこと, 迎合. **2** (特に, よくないことを)遠回しに[婉曲に]言うこと; 当てつけ, ほのめかし, 暗示: by ~ 遠回しに / make ~*s against* …をそれとなく当てつける. **3** 《廃》迎合的な行為[言辞]. **4** 《古》徐々に入り込むこと. 〘(1526) □ L *insinuātiō(n-)* ← *insinuāre*: ⇨ insinuate, -ation〙

in·sin·u·a·tive /ɪ̀nsínjuèɪtɪv, -ət- | ɪnsínjuət-, -èɪt-/ *adj.* **1** うまく取り入る, 巧みに人の好意[信用]を得る. **2** 遠回しに[それとなく]言う, ほのめかしの, 当てつけ, 当てこすりの. **~·ly** *adv.* 〘(1592): ⇨ insinuate, -ative〙

in·sin·u·a·to·ry /ɪ̀nsínjuətɔ̀ːri | ɪnsínjuətəri, -èɪt-/ *adj.* =insinuative. 〘1871〙

in·sip·id /ɪ̀nsípɪd | ɪnsípɪd/ *adj.* **1** 風味のない, 気の抜けた, まずい: ~ food / an ~ drink 味のない飲み物 / ~ coffee 香りの抜けたコーヒー. **2** 面白くない, 無味乾燥な, 退屈な, 活気のない (↔ sipid, sapid): ~ compliments 気の抜けたお世辞 / ~ conversation 退屈な会話 / an ~ young girl 面白味のない娘. **~·ly** *adv.* **~·ness** *n.* 〘(1609) □ F *insipide* ∥ LL *insipidus* tasteless ← IN-¹+*sapidus* 'savory, SAPID' (⇨ sapient)〙

SYN 味気のない: **insipid** 《軽蔑》, **vapid** 《軽蔑》〈食べ物が〉味のない; 〈人・本・会話など興味・生気のない《後者は格式ばった語》: *insipid* food 味のない食べ物 / an *insipid* speech 面白味のない話 / a *vapid* blonde 退屈な金髪女. **flat** 〈ビールなど〉気の抜けた; 退屈で活気がない: *flat* beer 気の抜けたビール / a *flat* joke 面白くない冗談. **banal** 《軽蔑》〈言葉など〉うんざりするほど面白味・独創性に欠ける: *banal* remarks 月並みな言葉. **jejune** 《軽蔑》〈主に書き物が〉退屈で面白くない《格式ばった語》: *jejune* writings 無味乾燥な書き物.
ANT sapid, zestful.

---

in·si·pid·i·ty /ìnsɪ̀pídəti | -sɪpídɪ̀ti/ *n.* **1** 無味, 無風味. **2 a** 平凡, 無味乾燥. **b** 平凡な言葉[考え]. 〘(1603): ⇨ ↑, -ity〙

in·sip·i·ence /ɪ̀nsípiəns | ɪn-/ *n.* 《古》無知, 愚鈍. 〘(?c1412) □ OF ~ □ L *insipientia* folly: ⇨ ↓, -ence〙

in·sip·i·ent /ɪ̀nsípiənt | ɪn-/ *adj.* 《古》無知な, 愚鈍な. **~·ly** *adv.* 〘(?1457) □ L *insipientem* unwise ← IN-¹+*sapient-, sapiēns* 'wise, SAPIENT'〙

in·sist /ɪ̀nsíst | ɪn-/ *vi.* **1** 〔…を〕強要する, 強いる, せがむ; 〔…と〕言い張る〔*on, upon*〕: ~ *on* obedience 服従を強要する / ~ *on* absolute secrecy 絶対に秘密にしておくようにと言い渡す / They ~ *on* coming. 来ると言って聞かない / I ~ *on* your being present [*on* your presence]. ぜひ君に出席してもらわねばならない / She ~*ed on* her husband('s) paying the check. どうしても自分の夫が勘定を払うべきだと言ってきかなかった《★ 所有格を用いるのは《文語》》/ I will have some more if you ~. そんなに勧めるならもう少しいただこう. **2 a** 〔…を〕主張する, 固執する〔*on, upon*〕: ~ *on* one's point 自分の主張に固執する / ~ *on* the justice of a claim 要求の正当性を主張する / He ~*s on* his innocence. 自分は無罪であると主張している. **b** 〔…を〕力説する, 強調する, 〔…と〕くどくど[しつこく]述べる〔*on, upon*〕: ~ *on* the importance of being honest 正直である事の重要性を力説する. — *vt.* [*that*-clause を伴って]〈…であると〉強く主張する, あくまで言い張る; 〈…せよと〉強要する: He ~*s* (*that*) he is innocent. 無実だと主張する / He ~*s* (*that*) he saw a UFO. ユーフォーを見たと言ってきかない / Congress has ~*ed that* the present law continue [should continue, 《英口語》continues] in force. 議会は現行法の存続を要求している《★ should を省くのは主に《米》》/ The policeman ~*ed that* he sign [should sign, 《英口語》signed] the statement. 警官は彼に供述書に署名せよと迫った. **~·er** *n.* **~·ing·ly** *adv.* 〘(1586) 'to persevere' □ L *insistere* to persist, stand or press upon ← IN-²+*sistere* to stand, place (《加重形》← *stāre* 'to STAND'): cf. persist〙

in·sis·tence /ɪ̀nsístəns, -tṇs, -tənts, -tṇts | ɪn-/ *n.* (*also* **in·sis·tance** /~/) **1 a** くどくど述べること, 力説, 強調〔*on, upon*〕: ~ *upon* the need of hard work 勤勉の必要の力説. **b** 主張, 断言, 固執〔*on, upon*〕: ~ *upon* one's innocence 無罪の主張. **2** 強要, 無理強い〔*on, upon*〕; しつこさ, 執拗: ~ *upon* strict obedience 絶対服従を強いること / with ~ しつこく / at a person's ~ =at the ~ of a person せがまれて, しつこく言われて / We went for a drive—at his ~. 我々はドライブに出かけた. 彼がぜひとせがむので. 〘(1436): ⇨ ↑, -ence〙

in·sís·ten·cy /-tənsi, -tṇsi/ *n.* =insistence. 〘1859〙

in·sis·tent /ɪ̀nsístənt, -tṇt | ɪn-/ *adj.* **1** しつこい, せきたてる; 〔…を〕主張する, 言い張る; 〔…をせがむ, 強要する〔*on, upon*〕: an ~ demand 執拗(しつよう)な要求 / be ~ about …について しつこい / He was ~ *on* going with me. 私と一緒に行くと言って聞かなかった. **2** 〈色・音・調子など〉人目を引く, 強烈な, 目立つ, 著しい. **~·ly** *adv.* 〘(1624) □ L *insistentem* (pres.p.) ← *insistere* 'to INSIST': ⇨ -ent〙

in si·tu /ɪnsáɪtuː, -síːtː-, -sɪ́t- | ɪnsítjuː, -sáɪ-, -tʃuː/ *L. adv., adj.* **1** 元の位置に[の], 本来の場所に[の] (in its original place). **2** 〘医学〙(生体内)自然位で[の], 正常所在で[の]; 〈特に腫瘍など〉限局された場所[状態]で[の]. **3** 〘建築〙原位置に[の]. 〘(1740) □ L *in sitū* in (the) site〙

ín·skirt *n.* 《インド》=petticoat 1 a.

in·snare /ɪ̀nsnéə | ɪnsnéə⁽ʳ⁾/ *vt.* 《古》=ensnare. **~·ment** *n.* **in·snár·er** *n.*

ín·sòak *n.* (水が)しみ込むこと, 浸透.

in·so·bri·e·ty /ìnsəbráɪəti, -sou- | -səubráɪɪ̀ti/ *n.* 不節制; (特に)暴飲, 大酒. 〘(1611) ← IN-²+SOBRIETY〙

in·so·cia·ble /ɪ̀nsóuʃəbl̩ | ɪnsə́u-/ *adj.* 《まれ》=unsociable. **in·sò·cia·bíl·i·ty** /-ʃəbíləti | -lɪ̀ti/ *n.* **in·só·cia·bly** *adv.* 〘(1581) □ L *insociābilis*: ⇨ in-¹, sociable〙

in·so·far /ìnsoufɑ́ə | -səufɑ́ː⁽ʳ⁾⁻/ *adv.* **1** その程度まで, その限りにおいて. **2** [~ *that* として] …する程度まで, …までも. **3** [~ *as* として] …する限りにおいて; …の故に: I agree with you ~ *as* you adopt his opinion. 君が彼の意見を採る限りにおいて[故に]私も君に賛成する. ★《英》では通例 in so far as と離して書く (⇨ far *adj.* 成句). 〘(1596) ← *in so far* (⇨ far 成句): cf. inasmuch〙

insol. 《略》insoluble.

in·so·late /ínsouleɪt, -sə- | -səu-/ *vt.* 日光にさらす, 日に当てる. 〘(1623) ← L *insōlātus* (p.p.) ← *insōlāre* to place in the sun ← IN-²+*sōl* sun (cf. solar²)〙

in·so·la·tion /ìnsouléɪʃən, -sə- | -səu-/ *n.* **1** 日光にさらすこと, 日に当てる[干す]こと; 日光浴. **2** 〘病理〙日射病 (sunstroke). **3** 〘気象〙日射《ある物体または地域にさす太陽放射》; 日射率《日射を受ける割合》. 〘(1617) □ LL *insōlātiō(n-)* ← L *insōlāre* (↑)〙

ín·sòle *n.* **1** 靴の中底《履いたとき足裏が直接触れる底; sock lining ともいう; ⇨ shoe 挿絵》. **2** (靴の)敷革. 〘(1851–61) ← IN (adj.)+SOLE²〙

in·so·lence /ínsələns | -/ *n.* **1** 横柄, 傲慢(ごうまん), 無礼, 尊大: have the ~ *to* do 傲慢にも…する. **2** 横柄[傲慢]なふるまい[言葉]. 〘(c1390) □ L *insolentia* ← *insolentem*: ⇨ ↓, -ence〙

in·so·lent /ínsələnt/ *adj.* 〈人・言葉・態度など〉横柄な, 傲慢(ごうまん)な, 無礼な, 生意気な (↔ humble) (⇨ impertinent SYN): an ~ child, fellow, reply, speech, etc. / ~ *to* customers 客に対して横柄な. — *n.* 生意気な人, 横柄な人. **~·ly** *adv.* **~·ness** *n.* 〘((c1390)) (1678) □ L *insolentem* unusual, excessive, arrogant ← IN-¹+*solentem* ((pres.p.) ← *solēre* to be accustomed)〙

in sol·i·do /ɪnsɑ́(ː)lədòu | -sɔ́lɪdəu/ *L. adv., adj.* 〘民法〙連帯して[の]. 〘□ L *in solidō* in (the) whole〙

in sol·i·dum /ɪnsɑ́(ː)lədəm | -sɔ́lɪd-/ *L. adv., adj.* 〘民法〙=in solido. 〘□ L ~: ↑〙

in·sol·u·bil·i·ty /ɪ̀nsɑ̀(ː)ljubíləti, ìn- | ɪnsɔ̀ljubílɪ̀ti, ìn-/ *n.* **1** 解決[説明]できないこと. **2** 不溶解性. 〘(1620) □ LL *insolūbilitātem*: ⇨ in-¹, solubility〙

in·sol·u·bil·ize /ɪ̀nsɑ́(ː)ljubəlàɪz, ìn- | ɪnsɔ́ljub̩-/ *vt.* 溶けないようにする. **in·sol·u·bi·li·za·tion** /ɪ̀nsɑ̀(ː)ljubəlɪzéɪʃən, ìn- | ɪnsɔ̀ljub̩laɪz-, ìn-, -lɪ-/ *n.* 〘(1897): ⇨ ↓, -ize〙

in·sol·u·ble /ɪ̀nsɑ́(ː)ljubl̩, ìn- | ɪnsɔ́l-, ìn-⁻/ *adj.* **1** 解くことのできない, 解決[説明, 解釈]のできない: an ~ problem, mystery, doubt, etc. **2 a** 溶解しない, 不溶(解)性の: an ~ substance / ~ salts 不溶性塩類 / ~ in water. **b** やっと[少しだけ]溶解できる, なかなか溶けない. — *n.* 不溶性物質. **~·ness** *n.* **in·sól·u·bly** *adv.* 〘(c1384) *insolible* □ (O)F *insoluble* ∥ L *insolūbilis*: ⇨ in-², soluble〙

insóluble énzyme *n.* 〘生化学〙=organized ferment.

in·solv·a·ble /ɪ̀nsɑ́(ː)lvəbl̩, ìn- | ɪnsɔ́l-, ìn-⁻/ *adj.* =insoluble. **in·solv·a·bil·i·ty** /ɪ̀nsɑ̀(ː)lvəbíləti | ɪnsɔ̀lvəbílɪ̀ti/ *n.* **in·sólv·a·bly** *adv.* 〘1652〙

in·sol·ven·cy /ɪ̀nsɑ́(ː)lvənsi, ìn- | ɪnsɔ́lvən-/ *n.* **1** 〘法律〙(借金の)支払い不能, 債務超過. **2** 破産. 〘(1660): ↓, -ency〙

insólvency provìsion *n.* 《英》会社が破産した際の賃金保障規定.

in·sol·vent /ɪ̀nsɑ́(ː)lvənt, ìn- | ɪnsɔ́l-, ìn-⁻/ *adj.* **1 a** 支払い不能の; (特に)破産した. **b** 〈抵当物件など〉全借金の支払いに不十分な[足りない]. **2** 欠陥のある: They are morally ~. — *n.* 支払い不能者; 破産者. 〘(1591): ⇨ in-¹, solvent〙

in·som·ni·a /ɪ̀nsɑ́(ː)mniə | ɪnsɔ́m-/ *n.* 不眠, 眠れないこと; 不眠症: suffer from [have] ~. **in·sóm·ni·ous** /-niəs/ *adj.* 〘(1623) □ L ~ ← *insomnis* sleepless ← IN-¹+*somnus* sleep: ⇨ -ia¹〙

in·som·ni·ac /ɪ̀nsɑ́(ː)mniæ̀k | ɪnsɔ́m-/ *n.* 不眠症患者. — *adj.* 不眠症の, 不眠症特有の; (暑さ・騒音などで)眠れない: an ~ night. 〘(1908): ⇨ ↑, -ac〙

in·som·no·lence /ɪ̀nsɑ́(ː)mnələns, ìn- | ɪnsɔ́m-, ìn-/ *n.* 不眠, 眠れないこと. 〘(1822): ⇨ in-¹, somnolence〙

in·sóm·no·len·cy /-lənsi/ *n.* =insomnolence. 〘*a*1843〙

ìn·so·múch *adv.* 《文語》**1** [通例 ~ *that* として] …する程度まで, …ほど, …までも: The rain fell in torrents, ~ *that* we were ankle-deep in water. 雨がどしゃ降りに降ったので我々はくるぶしまで水につかった. **2** [~ *as* として] =inasmuch as. 〘(c1384) *in so muche* (なぞり) ← OF *en tant (que)*: 合成語になったのは 16C から: ⇨ in (prep.), so, much〙

in·sooth /ɪ̀nsúːθ | ɪn-/ *adv.* 《古》実際, ほんとに. 〘← *in sooth* (⇨ sooth 成句)〙

in·sou·ci·ance /ɪ̀nsúːsiəns, -ʃəns | ɪnsúːsiəns; *F.* ɛ̃susjɑ̃ːs/ *n.* 無頓着, 無関心, のんき (heedlessness). 〘(1799) □ F ~: ⇨ ↓, -ance〙

in·sou·ci·ant /ɪ̀nsúːsiənt, -ʃənt | ɪnsúːsiənt; *F.* ɛ̃susjɑ̃/ *adj.* 無頓着な, のんきな (unconcerned). **~·ly** *adv.* 〘(1829) □ F ~ ← IN-¹+*souciant* caring ((pres. p.) ← *soucier* to care < L *sollicitāre* to disturb, agitate: cf. solicit)〙

in·soul /ɪ̀nsóul | ɪnsə́ul/ *vt.* =ensoul.

insp. 《略》inspected; inspection; inspector.

Insp. 《略》inspector.

in·span /ɪ̀nspǽn, ínspæn | ɪnspǽn, ⁻⁻/ *v.* 《南ア》(**in·spanned**; **-span·ning**) — *vi.* (馬や牛を)車につける (yoke up). — *vt.* 〈車〉に馬[牛]をつける; 〈馬[牛]を〉車につける. 〘(c1827) □ Afrik. ~ □ Du. *inspanen* ← *in* 'IN (adv.)'+*spannen* 'to SPAN', stretch'〙

in·spect /ɪ̀nspékt | ɪn-/ *vt.* **1** 視察[検分, 点検, 検査]する, 詳しく調べる (⇨ examine SYN): ~ every part of a machine 機械の各部を点検する / ~ a warehouse for potential fire hazards 出火の危険がないか倉庫を検分する. **2** (官権をもって公式または正式に)検閲[検査など]を行う: ~ a passport / ~ baggage / ~ troops 軍隊を査閲する. **~·a·ble** /-təbl̩/ *adj.* **in·spèct·a·bíl·i·ty** /-əti | -ɪti, ɪti/ *n.* **~·ing·ly** *adv.* 〘(1623) ← L *inspectus* (p.p.) ← *inspicere* to look into, examine ← IN-²+*specere* to look (cf. speculum) ∥ L *inspectāre* ← *inspectus*〙

in·spec·tion /ɪ̀nspékʃən | ɪn-/ *n.* **1** 視察, 検査, 検分, 点検, (書類の)閲覧: a close [careful] ~ 厳密な検査 / aerial ~ 空中査察 / medical ~ 健康診断, 検疫 / safety ~ (自動車などの)安全検査, 車検 / bottom ~ 船底検査 / *Inspection* declined [free]. [掲示] 縦覧謝絶[随意] / for (your) ~ ご閲覧を請うて / on first ~ 一応調べた[一見した]ところでは. **2** (職権をもっている)視察, 査閲, 検閲: a tour of ~ =an ~ tour 視察旅行 / make an ~ of a school 学校の視察をする / an ~ of troops 軍隊の査閲. **3** 検閲官の監督地域. **~·al** /-ʃnəl, -ʃənl/ *adj.* 〘(*a*1393) *inspeccioun* □ (O)F *inspection* □ L *inspectiō(n-)*: ⇨ ↑, -tion〙

inspéction árms *n.* 〘軍事〙(小火器の点検を受けるとき, 薬室を開いて構える)銃点検の姿勢; [号令]「銃点検」. 〘*c*1884〙

inspéction càr *n.* 〘鉄道〙(レールの異状を調べる)検査車. 〘*a*1884〙

inspéction chàmber *n.* 〘土木〙**1** のぞき穴《保守点検作業のためにあけておく穴》. **2** =manhole 1.

in·spec·tive /ɪ̀nspéktɪv | ɪn-/ *adj.* 検査[視察]する, 注意深い; 検閲[検査, 視察]の. 〘(1609) □ LL *inspectīvus*: ⇨ inspect, -ive〙

in·spec·tor /ɪ̀nspéktə | ɪnspéktə⁽ʳ⁾/ *n.* **1** 検査者, 視察者; 検査官, 検閲官, 監督官: an ~ of mines [factories] 鉱山[工場]監督官 / an ~ of schools = a school ~ 視学官 / an ~ of weights and measures 度量衡検査官 / an ~ of taxes 《英》(内国歳入庁の)税査察官 (tax inspector). **2** 《米》警視正; 《英》警部補 (⇨ police 1 ★). ★ 肩書にも用いる: *Inspector* Bacon. **3** 選挙管理[立会]人. **4** (バス・列車の)検札係. **~·al** /-tərəl, -trəl/ *adj.* **in·spec·to·ri·al** /ɪ̀nspektɔ́ːriəl | ɪn-⁻/ *adj.* 〘(1602) □ L ~: ⇨ inspect, -or²〙

in·spec·tor·ate /ɪ̀nspékt(ə)rɪ̀t | ɪn-/ *n.* **1** 検査官

[検閲官，査閲官など]の職[任務，管轄区域，視察区域]. **2** [集合的] 検査官[検閲官，査閲官]一行，視察団. 〖(1762): ⇨ ↑, -ate¹〗

inspéctor géneral *n.* (*pl.* **inspectors g-**) 〘米軍〙(軍隊の規律・士気・能率・経済などを点検する)監察総監，監察官 (略 IG); 〘英〙監察長官. 〖1702〗

inspéctor·shìp *n.* 検査官[検閲官，査閲官など]の職[任務，期間]. 〖(1753): ⇨ -ship〗

in·spec·to·scope /ɪnspéktəskòup | ɪnspéktə-skəʊp/ *n.* 蛍光検査[透視]鏡《米国陸軍が禁制品の有無を調べるため身体検査または包装物の内容検査に用いたX線利用の装置》. 〖(商標名): ⇨ inspect, -scope〗

in·spec·tress /ɪnspéktrɪs | ɪn-/ *n.* 女性の inspector. 〖(1785) ← INSPECTOR＋-ESS〗

in·sphere /ɪnsfíə | ɪnsfíə(r)/ *vt.* ＝ensphere.

in·spir·a·ble /ɪnspáɪ(ə)rəbl | ɪnspáɪər-/ *adj.* 吸い込むことができる; 霊感を受けることができる. 〖(1656–72) ← INSPIRE＋-ABLE〗

in·spi·ra·tion /ìnspəréɪʃən | -spɪ-/ *n.* **1** 鼓吹，激励，刺激; 感化，感動，感激: the ~ of one's teacher 教師の感化[激励] / We heard his speech with deep ~. 彼の演説を聞いて我々は深く感動した. **2** 霊感[感化，鼓舞]を与える人[もの]: His wife was a constant ~ to him. 彼は妻から絶えず霊感[知的な刺激]を受けた. **3** 霊感による精神活動の所産. **4** 霊感による思想，天来の思想[着想]，妙想; 〘口語〙(急にわいた)名案，うまい思いつき: have [get] a sudden ~ 急に霊感[名案]がわいてくる. **5** インスピレーション，霊感，天来の感興: a flash of ~ 霊感のひらめき / draw [get, take] ~ from …から霊感を受ける / find ~ in …に霊感を見出す / a work of sheer ~ まさに霊感がなせる作品. **6** 〘キリスト教〙(神の)霊感，神感，神霊感応，(特に，聖書記者の受けた)聖霊の導き: moral ~ 道徳的神感《聖書中の道徳的教訓だけが神感によるとするもの》/ ⇨ plenary inspiration, verbal inspiration. **7** (有力筋からの)指令，暗示，示唆，内意，内示: That report was published at the ~ of the government. その報告は政府の意を体して発表された. **8** (息を)吸い込むこと，吸息 (↔ expiration). 〖(*c*1303) *inspiracioun* □ (O)F *inspiration* □ LL *inspīrātiō(n-)* ← L *inspīrātus* (p.p.) ← *inspīrāre*: ⇨ inspire, -ation〗

ìn·spi·rá·tion·al /-ʃnəl, -ʃənl/ *adj.* **1** 人に霊感[神感]を与える，霊感的な，鼓吹する，鼓舞する: an ~ talk. **2** 霊感[神感]を受けた，霊感による: an ~ writer, speaker, etc. **3** 霊感[神感]の，霊感[神感]に関する. **~·ly** *adv.* 〖(1839): ⇨ ↑, -al¹〗

ìn·spi·rá·tion·ism /-ʃənɪzm/ *n.* 〘キリスト教〙霊感[神感]説《聖書は霊感によって記されたとする説》. 〖(1881) ← INSPIRATIONAL＋-ISM〗

ìn·spi·rá·tion·ist /-ʃ(ə)nɪst | -nɪst/ *n.* 霊感論者，神感論者. 〖(1846) ← INSPIRATIONAL＋-IST〗

in·spi·ra·tor /ínspərèɪtə | -tə(r)/ *n.* **1** 生気を与える人. **2** 吸入器. **3** 〘機械〙(蒸気機関の)インゼクター (injector)，注入器. 〖(1624) 〘廃〙*inspirer* □ LL *inspīrātor* ← L *inspīrātus* (p.p.): ⇨ inspire, -or²〗

in·spi·ra·to·ry /ɪnspáɪ(ə)rətɔ̀ːri, ínsp(ə)r- | ɪnspáɪərətəri, -spír-, -tri/ *adj.* 吸気の，吸入の; 吸気に関する: an ~ sound 〘音声〙吸気音. 〖(1773) ← L *inspīrātus* ((p.p.) ← *inspīrāre* (↓))＋-ORY¹〗

in·spire /ɪnspáɪə | ɪnspáɪə(r)/ *vt.* **1 a** 〈人を〉〔…に〕駆り立てる〔*to*〕; 〈…するように〉動機づける〈*to do*〉: He was ~*d* by the sermon *to* [*to* live] a better life. 彼はその説教に感じて心を入れ替えた. **b** 生気づける，…の気を引き立たせる，鼓舞する; …に影響を与える，感化する，感動[感激]させる: His speech ~*d* the crowd. 彼の演説は群衆を鼓舞した[感動させた]. **2** [通例受身で] **a** 〈人〉に霊感[神感]を与える，天来の感興を催させる: be ~*d* by natural scenery 自然の美景に接して霊感を受ける / The muse does not ~ all poets equally. 詩神はすべての詩人に等しく霊感を与えはしない. **b** 神の啓示によって導く: writings ~*d* by God 神の啓示によって書かれた書. **c** (霊感[感興]によって)生み出す: The book was ~*d* by his travels in Africa. その本は彼のアフリカ旅行の感興が書かせたものだ. **3** 〈人〉に〈思想・感情を〉吹き込む，鼓吹する〔*with*〕; 〈思想・感情を〉〈人に〉注ぎ込む，起こさせる〔*in*〕: ~ a person *with* hope [confidence, distrust, horror]＝~ hope [confidence, distrust, horror] *in* a person 人に希望[信頼，不信の念，恐怖]を起こさせる. **4** 〈報道・記事などを〉(ひそかに)指令する，示唆する (cf. inspired 2 a); 〈うわさなどを〉(間接的に)広げる: The news [rumor] has been ~*d* by their agents. その報道[うわさ]には彼らの手先の息がかかっている. **5** 〈ある結果を〉引き起こす，生じる，招来する: Honesty ~*s* respect. 正直は尊敬の基 / His thoughts ~*d* the revolution. 彼の思想がその革命の原因となった. **6** 〈空気などを〉吸う，吸い込む，吸入する (↔ expire). **7** 〘古〙**a** 〈息・命などを〉吹き込む. **b** …に息を吹きかける.
— *vi.* **1** 霊感[神感]を与える. **2** 息を吸う. **in·spir·a·tive** /ɪnspáɪrətɪv, -èɪt- | -ət-/ *adj.* **in·spír·er** /-spáɪ(ə)rə | -spáɪərə(r)/ *n.* 〖(*c*1340) *inspire(n)*, *enspire(n)* □ (O)F *inspirer* □ L *inspīrāre* to breathe into ← IN-²＋*spīrāre* to breathe (⇨ spirit)〗

in·spíred *adj.* **1** 霊感[神感]を感じた[受けた]; 霊感を受けて書かれた; 神の啓示を受けた: in an ~ moment / an ~ prophet, preacher, poet, etc. / the ~ books of the Bible / the ~ writings 聖書 / an ~ work of genius 霊感を受けた天才の作品 / win with an ~ move ひらめいた手で勝つ. **2 a** 〈報道・記事など〉他から吹き込まれた，内意を受けた: malevolently ~ rumors 悪意のこもったうわさ. **b** 〈推測など〉事実[確実な情報]に基づかない: an ~ guess (cf. educated 3). **3** 吸い込まれた. **4** 見事な，すばらしい. **in·spír·ed·ly** /-spáɪ(ə)rɪdli, -spáɪəd- | -spáɪərɪd-, -spáɪəd-/ *adv.* 〖(*c*1450): ⇨ ↑, -ed〗

in·spir·ing /ɪnspáɪ(ə)rɪŋ | -spáɪər-/ *adj.* **1** 生気をつける，勢いづける，鼓舞する，奮い立たせる: an ~ sight 勇ましい光景 / His speech was ~. 彼の演説は人の心を奮起させるものであった. **2** [しばしば複合語の第2構成素として] (…を)吹き込む，喚起する: awe-*inspiring* 恐れをいだかせる，畏敬(いけい)の念を起こさせる. **3** 霊感を与える. **~·ly** *adv.* 〖(1661) ← INSPIRE＋-ING²〗

in·spir·it /ɪnspírɪt | ɪn-/ *vt.* 生気[活気]づける，〈人〉に元気をつける，力をつける; 〈人を〉〔…に〕駆り立てる〔*to*〕; 〈人を〉鼓舞[激励]して…させる〈*to do*〉: ~ a person *to* an action [*to* do something] 人を鼓舞して事をなさせる. **~·er** *n.* **~·ment** *n.* 〖(1472) ← IN-²＋SPIRIT (n.)〗

in·spír·it·ing /-tɪŋ | -tɪŋ/ *adj.* 元気づける，激励の，鼓舞する: an ~ example 人を励ます手本[模範] / ~ music 勇ましい音楽. **~·ly** *adv.* 〖(1795): ⇨ ↑, -ing²〗

in·spis·sate /ɪnspíseɪt, ínspəsèɪt | ɪnspíseɪt, ínspɪsèɪt/ *vt., vi.* 〘古〙(蒸発などによって)濃厚にする[なる]; 濃くする[なる]: ~*d* gloom 深い憂鬱(ゆううつ).
— /ɪnspísɪt, ínspəsèɪt | ɪnspísɪt, ínspɪsèɪt/ *adj.* 〘古〙濃厚な，濃くした.

in·spís·sa·tor /-tə | -tə(r)/ *n.* 〖(1626) □ LL *inspissātus* (p.p.) ← *inspissāre* ← IN-²＋*spissāre* to thicken (← *spissus* thick, hard)〗

in·spis·sa·tion /ɪnspɪséɪʃən | -spɪ-/ *n.* 〘文語〙濃厚化. 〖(1603) □ ML *inspissātiō(n-)*: ⇨ ↑, -ation〗

in spite of ⇨ spite 成句.

inst. 〘略〙instant (⇨ *adj.* 4 a); instantaneous; institute; institution; instruction; instructor; instrument; instrumental.

Inst. 〘略〙Institute; Institution.

in·sta·bil·i·ty /ìnstəbíləti | -lɪti/ *n.* **1** 不安定: economic ~. **2** (心の)変わりやすさ，頼りなさ，移り気. **3** 〘物理〙不安定性: plasma ~ プラズマ不安定性《外部からの刺激なしにプラズマ中に振動が発生する性質》. 〖(1410) □ (O)F *instabilité* ∥ L *instabilitātem*: ⇨ instable, -ity〗

instabílity lìne *n.* 〘気象〙不安定線《寒冷前線の前方によく起こる強い上昇流を伴う悪天候の線状域》.

in·sta·ble /ɪnstéɪbl | ɪn-/ *adj.* 不安定な. 〖(*c*1405) □ (O)F ~ ∥ L *instabilis*: ⇨ in-¹, stable¹〗

in·stal /ɪnstɔ́ːl, -stáːl | ɪnstɔ́ːl/ *vt.* (**in·stalled; -stall·ing**) ＝install.

in·stall /ɪnstɔ́ːl, -stáːl | ɪnstɔ́ːl/ *vt.* **1** 〈装置などを〉取り付ける，据え付ける; 〔…に〕備え付ける，設備する〔*in*〕: ~ an air conditioner (*in* a house) (家に)冷暖房装置を取り付ける / have a telephone ~*ed* 電話をひく. **2** 〘電算〙〈ソフトウェア・ハードウェアを〉システムに組み込む，インストールする. **3 a** (正式に式などを行って)…に任命する，任用する: ~ a college president 大学学長に任命する. **b** 〈人を〉〔職・地位などに〕つかせる，任じる〔*in*〕; 〔…として〕就任させる〔*as*〕: ~ a person *in* an office [*as* chairman] 人をある職に任用する[議長に就任させる]. **4** [しばしば ~ *oneself* または 受身で] 〈人を〉〔席・場所などに〕着ける，落ち着かせる〔*in, at*〕: ~ a visitor *in* the best seat 客を一番よい席に着かせる / They ~*ed themselves in* a new home. 新居に落ち着いた / He *was* comfortably ~*ed in* an easy chair. 安楽椅子に気持ちよさそうに腰を下ろしていた. **~·er** /-lə | -lə(r)/ *n.* 〖(*c*1422) □ ML *installāre* ← IN-²＋*stallum* 'STALL¹, seat': cf. (O)F *installer*〗

in·stal·lant /ɪnstɔ́ːlənt, -stáːl- | ɪnstɔ́ːl-/ *n.* 任命者，叙任者. — *adj.* 任命する. 〖(1880) □ ML *installantem*: ⇨ ↑, -ant〗

in·stal·la·tion /ìnstəléɪʃən/ *n.* **1** 取付け，取り付ける[られる]こと，架設. **2** 〘電算〙インストール，据え付け. **3** [しばしば *pl.*] (設備された)装置，設備: a lighting ~ 照明装置 / a ship equipped with wireless ~*s* 無線設備を施した船. **4** 〘軍事〙軍事施設: military ~*s*. **5** 任命(する[される]こと)，任官，叙任; 就任式. **6** インスタレーション《主に屋外の特定の空間に様々な装置やオブジェを設置して創作する美術(作品)》. 〖(1464) □ ML *installātiō(n-)*: ⇨ install, -ation〗

in·stall·ment¹, (英) in·stal·ment /ɪnstɔ́ːlmənt, -stáːl- | ɪnstɔ́ːl-/ *n.* **1** (1回分の)分割払込金，賦払金: monthly [annual] ~*s* 月[年]賦 / payment *in* [*by*] ~*s* 分納支払い，分割払い / pay for a thing *in* ~*s* of $50 a month for a year 月50ドルの月賦で1年間に支払う. **2** (数回に現れる[供給される]もの)1回分，一部; (逐次刊行される本の)分冊，一編: an ~ of a serial story 連続[連載]小説の1回分 / the first ~ of goods ordered 注文品の第1回分 / a serial *in* six ~*s* 6回の連続[連載]物. **3** 〘廃〙座席，椅子. — *adj.* [限定的] 分割支払方式の[による]: ~ buying [selling] 分割払い式購入[販売] / an ~ credit 分割支払勘定 / an ~ loan 分納返済式貸付金. 〖(1732) 〘変形〙← (16C) *estallment* arrangement for payment □ AF *estalement* ← AF & OF *estaler* to stop, fix (as payments) ← *estal* place, halt □ OHG *stal* 'place, STALL¹': 変形は INSTALL の影響: ⇨ -ment〗

in·stáll·ment² *n.* ＝installation 1, 5. 〖(1589) ← INSTALL＋-MENT〗

instállment plàn *n.* [the ~] 分割支払い購入(法) (〘英〙hire purchase, tally plan) (cf. tally system [trade]): *on the* ~ 賦払法で，月賦で，分割払いで.
日英比較 日本語では「月賦」のことを「クレジット」ともいうが，英語ではこの語を用いる. 〖1876〗

in·stal·ment¹ /ɪnstɔ́ːlmənt, -stáːl- | ɪnstɔ́ːl-/ *n.* 〘英〙＝installment¹.

in·stal·ment² /ɪnstɔ́ːlmənt, -stáːl- | ɪnstɔ́ːl-/ *n.* 〘英〙＝installment².

In·sta·mat·ic /ìnstəmǽtɪk | -tɪk/ *n.* 〘商標〙インスタマチック《米国 Kodak 社製の小型固定焦点の簡易カメラ》. 〖1962〗

in·stance /ínstəns, ínstənts/ *n.* **1** 例，実例，例証: a familiar ~ よくある例 / the earliest ~ on record ＝ the earliest recorded ~ 記録に残っている最古の例 / There are many ~*s* of the phenomenon. その事象については多くの事例がある / produce [cite, give] an ~ 例を引く，例証を挙げる. **2** [修飾語を伴って] (…の)場合，事実: in this ~ この場合 / fresh ~*s* of negligence 怠慢の新事実. **3** (過程の)段階: in this ~ この段階では. **4** 〘論理〙例示によって表現されたもの. **5** 〘法律〙訴訟(手続); 審級: ⇨ COURT of first instance. **6** 〘古〙反対のために持ち出された例，例外. **7** 〘古〙言葉や行動による強要[懇願]. **8** 〘古〙緊急，切迫. **9** 〘廃〙証拠，しるし: guilty ~ 罪の証拠 (Shak., *Lucrece* 1511).
at the instance of** a person*＝at** a person's **instance*** 人の求め[依頼，要求]により; 人の提議[発起]で. ***for instance*** 例えば (for example). (1657) ***in the first instance*** (1) まず第一に，手始めに. (2) 〘法律〙第一審で. (*a*1676) ***in the last instance*** (1) 最後に. (2) 〘法律〙最終審で.
— *vt.* **1** 例に引く[挙げる]: In its response, the committee ~*d* several cases of negligence. それに答えて，委員会はいくつかの手抜きの例を挙げた. **2** [通例受身で] 例で説明する，例証する: *be* well ~*d in* …によく例証されている. — *vi.* 例を挙げる，例証する.
〖n.: (*c*1380) *instaunce* eagerness □ (O)F *instance* □ L *instantia* presence, urgency ← *instantem* (⇨ instant). — v.: (1425) 〘廃〙□ OF *instancier* to urge (n.): 1の語義は1586年から〗

SYN 例: **instance** 特定の状況・事情を表す一つの事例: Spitting in the street is an *instance* of vulgarity. 通りでつばを吐くのは下品の一例である. **example** 典型的な事例: an excellent *example* of brevity 簡潔な文章の好例. **case** 考察中の事柄の存在を示す行為や状況: *cases* of bribes 賄賂の事例. **sample** 無作為に取り出された部分で全体の質を表すと考えられるもの: sell by *sample* 見本で売買する. **illustration** 一般的な説明を明らかにするために引用した例: a story in *illustration* of the fact その事実を例証する話. **specimen** 研究したり収集したりするものの見本となるもの: botanical *specimens* 植物標本.

in·stan·cy /ínstənsi/ *n.* **1 a** 強要，懇願. **b** 〘まれ〙緊急，切迫. **2** 即時(性); 同時(性). 〖(1515) □ L *instāntia*: ⇨ ↑, -ancy〗

in·stant /ínstənt, ínts-/ *n.* **1** 瞬間，瞬時，寸時: not an ~ too soon ちょうどよい[うまい]時に / for an ~ ちょっとの間，瞬間 / in an ~ 瞬く間に，すぐに，たちまち / Don't waste an ~. 一瞬もむだにするな. **2 a** 即時，即刻 (⇨ minute¹ SYN): at that very ~ ちょうどその途端に / on the ~ 立ちどころに，即刻，直ちに / in the ~ of *doing* …しようとする瞬間に / this [that] ~ [副詞的に用いて] 今[そのとき]すぐに，今この場[すぐその場]で: Come here this ~! 今すぐ来て下さい. **b** [the ~ (*that*) として接続詞的に] (…する)や否や (as soon as): He ran away the ~ (*that*) he saw it. それを見たとたんに逃げ出した / The ~ he arrives, I'll let you know. 彼が着いたらすぐにお知らせします. **3** 〘口語〙インスタント食品[飲料]，即席飲料，(特に)インスタントコーヒー.
— *adj.* **1** 即刻の，即時の，猶予のない: ~ death 即死 / an ~ reply 即答 / a tube of ~ glue 瞬間接着剤のチューブ / The book became an ~ bestseller. その本はたちまちベストセラーになった / The medicine gave me ~ relief. その薬ですぐ楽になった / I took an ~ dislike to him. 会ったとたんに彼が嫌いになった. **2** 緊急の，差し迫った: a matter of ~ importance 差し迫って重要な問題 / There is ~ need for action. すぐ行動する必要がある. **3 a** 即席料理用の，インスタントの: ~ coffee / ~ mashed potatoes / ~ meals 即席料理. **b** 即座の，にわか仕込みの，インスタントの: an ~ camera / an ~ beard 即座につけ外しできるあごひげ / ~ knowledge にわか仕込みの知識 / the ~ world of today (何でもインスタントで)至極万事安直な今の世の中. **4 a** [日付のあとに添えて] 本月の，今月の《通例 inst. と略す; cf. proximo, ultimo》: your letter of the 13th *inst.* 本月13日付けのご書面. ★ 今は商業文ではその月の名を明示して of *September* 13th とするのが普通. **b** 〘古〙現在の，目下の: this ~ June この6月 / the ~ case 審理中の事件. **5** 切な，熱心な，倦(う)まない: continuing ~ *in* prayer 祈りを恒(つね)にし (*Rom.* 12:12).
— *adv.* 〘古・詩〙直ちに，即刻.
〖n.: *a*1398; adj.: (*c*1443; adv.: 1600–01) □ (O)F ~ 'assiduous, at hand' □ L *instantem* standing upon or near, being present, urging (pres.p.) ← *instāre* ← IN-²＋*stāre* 'to STAND': ⇨ -ANT.〗

in·stan·ta·ne·i·ty /ɪnstæ̀ntəníːəti, -tn- | ɪnstæntəníːɪti/ *n.* 即時性，即刻性; 瞬間性; 同時性. 〖(*a*1763): ⇨ ↓, -ity〗

in·stan·ta·ne·ous /ìnstəntéɪniəs, ìnts-/ *adj.* **1** 立ちどころの，即時の，即座の，てきめんの; 同時の: an ~ photograph (ポラロイドなどによる)早取り写真 / an ~ adhesive 瞬間接着剤 / an ~ (water) heater 瞬間湯沸かし器 / The dose produced an ~ effect. その一服で立ちどころに効き目が現れた / Death was ~. 即死だった. **2** 〘物理〙ある瞬間の[に起こる]: ~ velocity ある瞬間の速度. **~·ness** *n.* 〖(1651) □ ML *instantāneus*: ⇨ instant, -aneous: cf. momentaneous, simultaneous〗

in·stan·tá·ne·ous·ly *adv.* 立ちどころに，即座に，即

席に (⇨ immediately SYN). 〘(1644): ⇨ ↑, -ly¹〙
in·stan·ter /ɪ̀nstǽntə | ɪnstǽntə(r)/ *adv.* 直ちに, 即時に. ★ 法律用語として用いる以外は今は主に《古》または《戯言》. 〘(1688) □ L ～ 'urgently, pressingly' ← *instant-, instāns* 'INSTANT'〙
in·stan·tial /ɪ̀nstǽnʃəl, -ʃl | ɪn-/ *adj.* 具体例の, 例(示)化できる: an ～ premiss〘論理〙例(示)化できる前提. 〘(1647) ← L *instantia* 'INSTANCE'＋-AL¹〙
in·stan·ti·ate /ɪ̀nstǽnʃièɪt | ɪn-/ *vt.* 〈抽象的なことを〉(具体)例を挙げて説明する, 例示する;〘論理〙例(示)化する. 〘(1949) ← L *instantia* (↑)＋-ATE³〙
in·stan·ti·a·tion /ɪ̀nstæ̀nʃiéɪʃən | ɪn-/ *n.* **1** 具体化, 具体例. **2** (具体例による)例示. **3**〘論理〙例(示)化 (↔ generalization): universal [existential] ～ 全称[存在]例(示)化. 〘(1949): ⇨ ↑, -ation〙
in·stan·tize /ínstəntàɪz/ *vt.* インスタント食品に加工する. 〘(1962): ⇨ -ize〙
ínstant lóttery *n.*《米》スピードくじ.
ín·stant·ly /ínstəntli, ínts-/ *adv.* **1** 直ちに, 立ちどころに, 即座に (⇨ immediately SYN): be ～ killed 即死する. ★ 未来時制と共に用いることはできない. **2**《古》切に, ひたすら. — *conj.* (…する)や否や: I telegraphed ～ I arrived there. 着くとすぐ打電した. 〘(adv.: 1425; conj.: 1793) ← INSTANT (adj.)＋-LY¹〙
instant réplay *n.*《米・カナダ》〘テレビ〙(競技・動作などの終了直後にそれを)(スロー)ビデオで再現して見せること (《英》action replay). 〘1966〙
in·star¹ /ínstɑə | -stɑː(r)/ *n.*〘昆虫〙(脱皮と脱皮との中間の)中間形態, 齢 (cf. stage *n.* 11). ★ 第 1 回の脱皮前のものを初齢 (first instar), 第 1 回の脱皮を終わったものを二齢 (second instar) という. 〘← NL ～ ← L ～ 'form, likeness'《変形》? ← *instāre* to approach, be evenly balanced: cf. instant〙
in·star² /ɪ̀nstɑ́ə | ɪnstɑ́ː(r)/ *vt.* (**in·starred; -star·ring**) **1** 〔…で〕きら星のように飾る〔*with*〕. **2**《古》星として[のように]置く; 星にする. 〘← IN-²＋STAR〙
in·state /ɪ̀nstéɪt | ɪn-/ *vt.* **1** 〈人を〉〔地位などに〕つかせる, 就任させる, 任じる, 叙する〔*in, into, to*〕. **2**《廃》授ける. **～·ment** *n.* 〘(1604) ← IN-²＋STATE (n.): cf. reinstate〙
ín·státion *adj.* (駅・警察・消防署などで)勤務中の: ～ hours 勤務時間.
in sta·tu pu·pil·la·ri /ɪnstéɪtuːpjùːpəlέəraɪ, -stǽt-, -tʃuː- | -stéɪtjuːpjùːpəlέəraɪ/ *L. adv.* 被後見者の身分[立場]で; 大学の三年生で; 修士の学位をもっていない. 〘(1855) □ L *in statū pūpillārī* in a state of pupilage〙
in sta·tu quo /ɪnstéɪtuːkwóʊ, -stɑ́ːt- | -stǽtjuːkwə́ʊ/ *L. adv.* 現状維持で, 現状のままで, 以前のままで (cf. status quo). 〘(1602) □ L *in statū quō* in the state in which (anything was or is)〙
in·stau·ra·tion /ɪ̀nstɔːréɪʃən, -stə-/ *n.* **1**《まれ》回復, 再興, 復興, 復旧. **2**《廃》創立, 設立. 〘(*a*1603) □ L *instaurātiō(n-)* ← *instaurāre* 'to renew, RESTORE': ⇨ in-², -ation〙
in·stau·ra·tor /ínstɔːrèɪtə | -tə(r)/ *n.* **1** 復興[復旧]者. **2** 創立者. 〘(1660) □ LL *instaurātor*: ⇨ ↑, -or²〙
in·stead /ɪ̀nstéd | ɪn-/ *adv.* **1** その代わりに[として]; それどころか: Take me ～. 代わりに私を連れて行って下さい / Give me this ～. 代わりにこれを下さい / He doesn't work at all. *Instead*, he sits and daydreams. 彼は全然仕事をしない, それどころか白日夢にふけるばかりだ. **2** (それよりも)むしろ: The city has its own pleasures, but I long ～ for a quiet country life. 都会には都会の楽しみが色々あるが私はむしろ静かな田舎の生活にあこがれる.
instéad of …の代わりに, …しないで, …するどころか: use margarine ～ *of* butter バターの代わりにマーガリンを使う / watch TV ～ *of* study*ing* 勉強もしないでテレビを見る. 《1595》
〘(?*a*1200) *in stede (of)* in stead (of)《なぞり》← OF *en lieu (de)* (cf. L *in locō*): INSTEAD の語形は 16C 後半から: ⇨ in (prep.), stead〙
ín·stèp *n.* **1** 足の甲 (⇨ leg 挿絵); 靴[靴下]の甲; 足の甲形のもの. **2** 跗(ふ)《牛・馬などの後脚のひざ (hock) とつなぎ関節 (pastern joint) の間》. 〘(*c*1450) ← ? IN (adj.)＋STEP〙
in·sti·gate /ínstəgèɪt | -stɪ-/ *vt.* **1** 〈人を〉〔…に〕けしかける〔*to*〕; 〈人を〉唆(そそのか)して…させる〈*to do*〉: ～ workers *to* a strike [*to* go out on strike] 労働者を唆してストライキをやらせる. **2** 〈反乱などを〉煽動する, 誘発する, 〈殺人などを〉教唆する: ～ a rebellion, strike, etc. **3** 〈訴訟・調査などを〉起こす, 開始する. **in·sti·gàt·ing·ly** /-tɪŋ- | -tɪŋ-/ *adv.* 〘(1542) ← L *instigātus* (p.p.) ← *instigāre* to urge, stimulate ← IN-²＋*stigāre* to prick, goad (← IE **steig-* (Gk *stízein* to prick)): cf. stigma〙
in·sti·ga·tion /ɪ̀nstəgéɪʃən | -stɪ-/ *n.* 煽動, 教唆, 使嗾(しそう); 唆(そそのか)し, 唆されること; 刺激, 誘因: at [by] the ～ of …の煽動で, …に唆されて / His encouragement was an ～ *to* succeed. 彼の激励が成功をもたらす刺激となった. 〘(*a*1410) □ (O)F ～ // L *instigātiō(n-)*: ⇨ ↑, -ation〙
in·sti·ga·tive /ínstəgèɪtɪv | -stɪgèɪt-/ *adj.* 煽動的な, 唆(そそのか)す. 〘(1642) ← L *instigātus* (⇨ instigate)＋-IVE〙
ín·sti·gà·tor /-tə | -tə(r)/ *n.* 煽動者. 〘(1598) □ L *instigātor*: ⇨ instigate, -or²〙
in·stil /ɪ̀nstíl | ɪn-/ *vt.* (**in·stilled; in·stil·ling**)《英》＝instill. **～·ment** *n.* 〘1806–07〙
in·still /ɪ̀nstíl | ɪn-/ *vt.* **1** 〈感情・観念などを〉〔人・心などに〕しみ込ます, 徐々に教え込む〔*into, in*〕(⇨ implant SYN); 〈人・心などを〉〔感情などで〕浸透させる〔*with*〕: ～ the fear of God *in(to)* a person [the mind] ＝～ a person [the mind] *with* the fear of God 人[人の心]に敬虔(けいけん)の念を教え込む. **2**《まれ》(一滴ずつ)たらす, 滴下する, たらし込む. **～·er** /-lə | -lə(r)/ *n.* **～·ment** *n.* 〘(?*a*1425) □ L *instillāre* to pour in by drops ← IN-²＋*stillāre* to drop, trickle (← *stilla* drop: cf. distill)〙
in·stil·la·tion /ɪ̀nstəléɪʃən | -stɪ-/ *n.* **1** (思想などを)段々しみ込ませること, 教え込むこと, 注入. **2 a** したたらせること, 滴下, 滴注. **b** したたらせた物, 滴下物. **3**〘医学〙点滴注入(法). 〘(*c*1540) □ L *instillātiō(n-)*: ⇨ ↑, -ation〙
in·stinct¹ /ínstɪŋ(k)t/ *n.* **1 a** 本能; 本性: animal ～*s* 動物本能 / a basic ～ 基本的な本能 / the ～ of self-preservation 自己保存の本能 / act on ～ 本能のままにふるまう / *by* [*from*] (pure) ～ 本能で, 本能的に; 勘で. **b**〘精神分析〙生死の生物学的衝動. **2** 〔…に対する〕(天性の)素質, 才能; (生得の)直覚[直観]力, 勘〔*for*〕: an ～ *for* art 芸術的素質[天分] / She has an ～ *for* do*ing* and say*ing* the right thing. 決してへまな事をしたり言ったりしないようにできている. 〘(*a*1420) □ L *instinctus* instigation, impulse ← (p.p.) ← *instinguere* to incite, impel ← IN-²＋*stinguere* to urge on, goad: cf. instigate, distinct, extinct〙
in·stinct² /ɪ̀nstíŋ(k)t | ɪn-/ *adj.* **1** [叙述的]《まれ》〔生気・活気などで〕満ちた, いっぱいになった, みなぎる〔*with*〕: a picture ～ *with* life 生気に満ちた[生き生きとした]絵 / a poem ～ *with* beauty 美しさのあふれた詩 / be ～ *with* feeling 感情に満ちあふれている. **2**《廃》内部にある力から駆り立てられた. 〘(1538) 'innate' □ L *instinctus* instigated, impelled (p.p.) ← *instinguere* (↑)〙
in·stinc·tive /ɪ̀nstíŋ(k)tɪv | ɪn-/ *adj.* 本能的な, 天性の; 直覚的な (⇨ spontaneous SYN): an ～ movement 本能的な動作 / an ～ taste for art 天性の芸術趣味 / an ～ sense of danger 危険に対する直感 / have an ～ horror of spiders 生まれつきクモが嫌いである《本能的に嫌う》. **～·ly** *adv.* 〘(*c*1485): ⇨ instinct¹, -ive〙
in·stinc·tu·al /ɪ̀nstíŋ(k)tʃuəl | ɪnstíŋ(k)tju-, -tʃu-/ *adj.* ＝instinctive. **～·ly** *adv.* 〘1924〙
in·sti·tute /ínstətùːt, -tjùːt | -stɪ̀tjùːt/ *n.* **1** 会, 協会, 学会, 修道会; (その)会館. **2 a** (主に理工系の)専門学校, (大学付属の)専門部; (理工系の)大学: an ～ of technology [理]工科大学 / The Massachusetts *Institute* of Technology (略 MIT) マサチューセッツ工科大学. **b** (大学付属)研究所: a research ～ / the English Language *Institute* 英語研究所《外国人学生のために英語の教授と研究を行う施設》. **c** (短期の)特殊講座, (教員などの)講習会 (《米》course): an adult ～ 成人講座 / a farmers' ～《米》農事講習会 / a teachers' ～ 教員講習会. **3** 原則, 規則, 慣習. **4** [*pl.*] 法律原論, 提要, 綱要, 注釈書《体系的な法律学 (jurisprudence) の原理(注釈)書》: *Institutes of the Christian Religion*「キリスト教綱要」《Jean Calvin の主著 (1536)》. **5 a**〘スコット法〙(第一次的な不動産権の)受遺者. **b**〘大陸法〙(遺言によって受遺者に財産引渡の義務を負った)相続人. **6**《廃》(規則・慣例・会などを)制定すること.
Ínstitute of Educátion (イングランド・ウェールズの)教員養成協会.
Ínstitute of Fránce [the ～] フランス学士院《学術・文芸・美術の振興のため設けられた五つのアカデミー(アカデミーフランセーズ (French Academy) はその一つ)から成る; 1795 年設立》.
— *vt.* **1** 〈慣例・規則・会などを〉設ける, 制定する, 設定する, 設立する: ～ a custom, a rule, a society, etc. / ～ a government 政府を組織する / ～ restrictions on the use of …の使用に規制を設ける. **2** 〈調査・改革などを〉始める; 〈訴訟などを〉起こす, 開始する: ～ an inquiry 調査を始める / ～ a reform 改革に着手する / ～ legal proceedings against …を相手取って訴訟を起こす. **3**〘キリスト教〙〈人を〉〔…に〕任命する (appoint)〔*to, into*〕(cf. induct 1 a): ～ a person *to* [*into*] a benefice 人を聖職に任命する. **4**〘ローマ法〙(相続人として)指名する.
〘v.: (*c*1330) ← L *institūtus* set up, established (p.p.) ← *instituere* to set up, found ← IN-²＋*statuere* to set up, establish (← *stāre* to stand). — n.: (*a*1520) 'purpose' □ L *institūtum* ← *institūtus*〙
ín·sti·tùt·er /-tə | -tə(r)/ *n.* ＝institutor. 〘1538〙
in·sti·tu·tion /ɪ̀nstətúːʃən, -tjúː- | -stɪ̀tjúː-/ *n.* **1** (学術的・社会的な目的の)会, 協会, 学会; (公共的または教育的機関である)…団, 院, 会, 社, 館, 所(など); (その)会館, 施設: a charitable ～ 慈善団体, 慈善院 / a public ～ 公共機関《学校・病院など》/ an educational ～ (各種)学校, 教育施設 / a training ～ for …養成所. **2**《婉曲》精神病院; 老人ホーム: He belongs in an ～ [a mental ～]. 彼は老人ホーム[精神障害者の施設]に入っている. **3** (小売商・仲買人・保険会社などの)商社, 会社. **4** 制度, 規定, 掟(おきて), 慣例, 慣習, しきたり: the ～ of slavery [marriage] 奴隷[婚姻]制度 / Giving presents at Christmas is an ～. クリスマスに贈り物をするのは一つの慣例である. **5** 設立, 創設, 制定, 開始: the ～ of laws, customs, etc. **6**《口語》おなじみのもの[人], 名物, 名物的存在: one of the ～*s* of the place 土地の名物の一つ / She's become an ～ in our department. 彼女はわが部署の名物的存在になっている. **7**〘キリスト教〙**a** 聖職叙任[任命], 補職 (installation): ～ into a benefice. **b** (キリストによる)聖餐(せいさん)の創始[制定, 設立], 聖餐式の掟. **c**〘カトリック〙(聖体の)制定. 〘(*a*1400) *institucioun* □ (O)F *institution* □ L *institūtiō(n-)* ← *instituere* 'to INSTITUTE': ⇨ -tion〙
in·sti·tu·tion·al /ɪ̀nstətúːʃnəl, -tjúː-, -ʃənl | -stɪ̀tjúː-/ *adj.* [限定的] **1** 制度(上)の; 正規の, 規定の. **2** 学会の, 協会の; 会館の; 収容施設の. **3** (社会事業などのために)組織化した, 社会[慈善]事業を特色とする: an ～ church. **4** 規格にはまった, 画一的な, 個性に乏しい. **5** 〈宗教が〉制度を有する, 制度化した. **6** (主に法学の)原理の, 原理研究に関する. **7**《米》〘広告〙企業の(ための)《商品の直接の販売よりも信頼の獲得を目的とした, 名声を上げるためのものについう》: an ～ ad インスティチューショナルアド, 企業広告. **～·ly** *adv.* 〘(1617): ⇨ ↑, -al¹〙
in·sti·tú·tion·al·ism /-ʃ(ə)nəlɪ̀zm/ *n.* **1** (教育・社会事業団体などの)組織, 制度; その特徴, 性格. **2** (宗教上などの)制度(尊重)主義. **3** (公的機関による)困窮者救済. **4** 教会の教育・福祉事業重視主義[制度]. **5**〘経済〙制度学派《経済行動に対する社会制度の影響を重視する経済思想》. **ìn·sti·tú·tion·al·ist** /-lɪst | -lɪst/ *n.* 〘(1862): ⇨ -ism〙
in·sti·tu·tion·al·ize /ɪ̀nstətúːʃ(ə)nəlàɪz, -tjúː- | -stɪ̀tjúː-/ *vt.* **1** [通例受身で] **a** 〈精神病者・アルコール中毒患者・青少年犯罪者・老衰者などを〉施設に収容する. **b** 〈人を〉施設の生活に頼る人間にしてしまう. **2** 公共団体にする; 制度化[慣行化]する; 規定[定例]とする. **in·sti·tu·tion·al·i·za·tion** /ɪ̀nstətùːʃ(ə)nələzéɪʃən, -tjùː- | -stɪ̀tjùːʃ(ə)nəlaɪ-, -lɪ-/ *n.* 〘(1865) ← INSTITUTIONAL＋-IZE〙
in·sti·tú·tion·al·ìzed *adj.* **1** 慣例[制度]化した, 日常化した. **2** (人が外の世界に住めなくなるほど)施設などの生活に慣れきった.
institútional revolútion *n.* ＝cultural revolution 1.
institútional revolútionary *n.* ＝cultural revolutionary.
in·sti·tu·tion·ar·y /ɪ̀nstətúːʃənèri, -tjúː- | -stɪ̀tjúːʃ(ə)nəri/ *adj.* **1** 学会[協会]の. **2** 創始[制定]の. **3** 聖餐(せいさん)式制度の; 聖職授与の. **4**《古》教育の. 〘(1646): ⇨ -ary〙
in·sti·tu·tive /ínstətùːtɪv, -tjùː- | -stɪ̀tjùːt-/ *adj.* **1** 制定[設立, 開始]する: an ～ meeting 設立会. **2**《廃》慣習的な. 〘(1627) ← INSTITUTE (v.)＋-IVE〙
ín·sti·tù·tor /-tə | -tə(r)/ *n.* **1** 制定者, 設立者, 創設者, 創建者. **2**《米》(米国聖公会の)聖職授任者. **3**《古》教師, 教育者. 〘(1546) □ L *institūtor* ← *instituere* 'to INSTITUTE': ⇨ or-²〙
in·sti·tu·tress /ínstətùːtrɪs, -tjùː- | -stɪ̀tjùː-/ *n.* (*pl.* ～·**es**) 女性の institutor. 〘(1786): ⇨ ↑, -ess〙
instn《略》institution.
instns.《略》instructions.
in·stóre *adj.* デパート内の[にある], 店内の. 〘1961〙
InstP《略》《英》Institute of Physics.
instr.《略》instruction(s); instructor; instrument(s); instrumental.
ín·stròke *n.*〘機械〙内方へ向かっての運動; (ピストンなどの)内衝程, 内向き行程 (↔ outstroke). 〘(1887) ← IN (adj.)＋STROKE²〙
in·struct /ɪ̀nstrʌ́kt | ɪn-/ *vt.* **1** [目的語＋*to* do, 目的語＋*wh*-word＋*to* do を伴って] 〈人に〉(正式に)指図する, 命令する, 指令する (⇨ command SYN): ～ a patient *to* diet 〈医者が〉患者に規定食を命じる / ～ one's secretary not *to* admit callers 秘書に来訪者は断るように指示する / be ～*ed when to* start 出発の日時の指令を受ける. **2** [通例, 目的語＋*that*-clause を伴って] 知らせる; 〔…について〕伝える〔*of*〕: They ～*ed* me *that* the negotiations [proceedings] had been postponed. 交渉[訴訟]が延期になった旨を通知してよこした / I will ～ you of further developments. 今後の事情については追って通知します. **3** 〈人・クラスなどを〉教える, 教育する; 〈人などに〉〔学科を〕教授する〔*in*〕(⇨ teach SYN): ～ the young / ～ students [a class] *in* English 学生[クラス]に英語を教える. **4**〘法律〙**a** 〈裁判官が〉〈陪審〉に説示する: The judge ～*ed* the jury about the procedure. 裁判官は手続に関して陪審に説示した. **b**《英》〈訴訟依頼人などが〉〈弁護士〉に指図[説明]をする; …に弁護[事件]を依頼する (brief): The client ～*ed* a solicitor, who ～*ed* a barrister. 依頼人が事務弁護士に, 事務弁護士が法廷弁護士に説明した. 〘(?*a*1425) ← L *instructus* (p.p.) ← *instruere* to build, teach ← IN-²＋*struere* to pile up, build (← IE **streu-* to spread): cf. structure〙
in·strúct·ed *adj.* **1** 〈人が〉教育[教養]のある; 〈趣味など〉上品な, 洗練された; 〔…に〕明るい, 通じた〔*in*〕: an ～ person, taste, etc. / be ～ *in* …に明るい, 通じている. **2** 指図[命令, 訓令]を受けている: as ～ 指示されたとおりに. **～·ly** *adv.* **～·ness** *n.* 〘(1552): ⇨ ↑, -ed〙
in·struct·i·ble /ɪ̀nstrʌ́ktəbl | -tɪ-/ *adj.* 教えることができる, 教えやすい: an ～ subject. 〘(1603): ⇨ -ible〙
in·struc·tion /ɪ̀nstrʌ́kʃən | ɪn-/ *n.* **1** [通例 *pl.*] 通達, 訓令, 指図, 命令: be under ～*s that* …という命令を受けている / have full and particular ～*s to* do …せよとの詳細な訓令を受けている / on a person's ～*s* 人の指図[命令]で. **2 a** 教授, 教育, 指導: give [receive] ～ *in* French [swimming] フランス語[水泳]の教授をする[受ける] / under ～ 教育[訓練]中で / under a person's ～ ＝ under the ～*s* of a person 人の指導のもとで. **b** (教えられた)知識, 教訓, 教え: the ～*s of* one's elders 先輩[長上]の教え. **3** [*pl.*] 使用説明書: the ～*s for* assembl*ing* a kit 模型組立用説明(書). **4**〘電算〙命令 (machine instruction), インストラクション《機械に基本操作を行わせるための, 機械語による指示》. **5** [*pl.*]〘英法〙(代理人に対する本人の)指図, (弁護士に対する依頼人の)事件の説明, (陪審に対する裁判官の)説示. 〘(?*c*1400) □ (O)F ～ □ L *instructiō(n-)*: instruct, -tion〙
in·strúc·tion·al /-ʃnəl, -ʃənl/ *adj.* 教授[教育]の; 教

授する, 教訓となる: an ～ film 教育映画. 〖《1801》: ⇨ ↑, -al[1]〗

instrúctional télevision *n.* 《米》(教室内で使用する)授業用有線テレビ番組 (略 ITV) (cf. closed-circuit television). 〖1966〗

instrúction bòok [mànual] *n.* 使用説明書. 〖1895〗

instrúction sèt *n.* 〘電算〙命令セット《それぞれのコンピューターで使用できる全命令》.

in·struc·tive /ɪnstrʌ́ktɪv | ɪn-/ *adj.* **1** (教育上)ためになる, 教育的な, 教訓的な, 啓発的な: an ～ book ためになる本. **2** 〘文法〙(フィンランド語などで手段・方法を示す)助格の, 具格の. ── *n.* 〘文法〙助格, 具格. **～·ly** *adv.* **～·ness** *n.* 〖《1611》← L *instructus* (← *instruere* 'to INSTRUCT')＋-IVE〗

in·struc·tor /ɪnstrʌ́ktə | ɪnstrʌ́ktə(r)/ *n.* ★ 通例女性も含まれる (cf. instructress). **1 a** 教授者, 教官, 教師, 指導者: an ～ *in* history 歴史の教師. **b** 《英》職業[技術]学校の教師; (技術的・実用的科目を教える)教師. **2** 《米》(大学の)専任講師《多くの大学では assistant, instructor, assistant professor, associate professor, (full) professor の順の階級がある》: an ～ *in* linguistics *at* Harvard University. 〖《*a*1464》*instructour* ◻ (O)F *instructeur* ◻ ML *instructor* teacher (L) preparer ← L *instruere* 'to INSTRUCT'〗

in·struc·to·ri·al /ɪnstrʌktɔ́ːriəl/ *adj.* 教師[教授者]の; 指導者の. 〖《1952》: ⇨ ↑, -ial〗

instrúctor·ship *n.* **1** 教師[指導者]の身分[任務]. **2** 《米》(大学の)専任講師の職[地位]. 〖《1882–83》: ⇨ -ship〗

in·struc·tress /ɪnstrʌ́ktrɪs | ɪnstrʌ́ktrɪs, -trɛs/ *n.* 《まれ》女性の instructor. 〖《1630》← INSTRUCTOR＋-ESS〗

in·stru·ment /ínstrumənt, ínts-, -strə-/ *n.* **1 a** (主に学術用の)器械, 器具, 道具 (⇨ implement SYN); 計器: astronomical [surgical] ～s 天文[外科]用器械 / a dentist's [dental] ～ 歯科用器具 / drawing ～s 製図器械 / medical ～s 医療器械 / nautical ～s 航海計器 / an ～ *to* regulate [*for* regulating] temperature 温度を調節する計器 / a set of ～s 道具一式. **b** 〘航空〙計器; [形容詞的に] 計器による: fly *on* ～s 計器飛行をする / ⇨ instrument flight, instrument landing. **2** 楽器 (musical instrument): a plucked ～ 撥弦楽器 / ⇨ percussion instrument, stringed instrument, wind instrument. **3** 手段, 方便 (means): an ～ of libel 中傷の手段 / Language is an ～ *for* communication. 言語は伝達の手段である. **4** 事の動機[素因]を作る人, 媒介者: be the ～ of a person's death [downfall] (誤って)人を死に至らせる [失脚させる]. **5** 《口語》手先, だし, 道具, ロボット (human tool): act as another's ～ 人の手先となって働く / He was the ～ of her crime. 彼は彼女の犯罪の手先になった. **6** 〘法律〙証書, 証券, 文書, 書類: a commercial [financial] ～ 商業証券《手形など》/ the ～ of surrender 降服文書.
── /ínstrumènt, -strə-, -mənt/ *vt.* **1** (嘆願書などで)…へ文書をあてる. **2** …に用具[器械]類を取り付ける[備える]: ～ a factory, satellite, submarine, etc. **3** 〈楽曲を〉器楽用に編曲する.
〖(n.: *c*1300; v.: 1719) ◻ (O)F ～ ◻ L *instrūmentum* ← *instruere* 'to build, provide, INSTRUCT': ⇨ -ment〗

in·stru·men·tal /ìnstruménṭl, -strə- | -tl/ *adj.* **1** 役立つ, 助け[手段]となる: ～ *in* one's work 仕事に役立つ / ～ *in* clearing the matter up その事を解決するのに役立つ / be ～ *in* finding work for a friend 友人の就職に尽力してやる / be ～ *to* a purpose 目的達成の助けになる. **2** 楽器の, 楽器による[のための] (cf. vocal 3): ～ music 器楽 / ～ musicians [performers] 器楽奏者 / ～ parts 器楽部. **3** 器械による, 器械の: ～ drawing 用器画 (mechanical drawing) / ～ errors in measurement 測定上の器械誤差. **4** 〘文法〙**a** (サンスクリット, OE やロシア語などの)助格の, 造格の: the ～ case 助格《手段・方法などの意を示す格; 例えば 'The more, the better.' における the は OE þæt (＝that) の助格 þȳ に由来する》. **b** (格文法の)具格の《動詞によって示される状態・行為の原因として働く無生物を示す; 例えば The key opened the door. / He opened the door with the key. / He used the key to open the door. における the key はすべて具格である》. **5** 〘哲学〙道具[器具]主義 (instrumentalism) の. **6** 〘教育〙道具的な, 道具による: ⇨ instrumental learning.
── *n.* **1** 器楽, 器楽曲. **2** 〘文法〙助格, 具格, 造格 (instrumental case); 助格[具格, 造格]の語: the Russian ～. 〖《*a*1398》◻ (O)F ～ ◻ ML *instrūmentālis*: ⇨ ↑, -al[1]: 「助格(の)」の語義は 1806 年から〗

instruméntal conditioning *n.* 〘教育〙道具的条件づけ. 〖1940〗

ìn·stru·mén·tal·ism /-təlìzm, -tl- | -təl-, -tl-/ *n.* 〘哲学〙(概念)道具[器具]主義《概念は現象を解明するための手段・道具であり, この目的に無用となれば他の有用な概念に替えられるべきだとする Dewey の説》. 〖《1909》: ⇨ -ism〗

ìn·stru·mén·tal·ist /-təlɪst, -tl- | -təlɪst, -tl-/ *n.* **1** 器楽家 (cf. vocalist). **2** 〘哲学〙(概念)道具[器具]主義者. ── *adj.* (概念)道具[器具]主義の. 〖《1823》: ⇨ instrumental, -ist〗

in·stru·men·tal·i·ty /ìnstrumentǽləṭi, -strə-, -mən- | -lɪti/ *n.* 手段, 方便, 助け, 媒介, 道具, おかげ: by [through] the ～ of … の手段[媒介]によって, (人・団体など)の助けで. 〖《1651》: ⇨ instrumental, -ity〗

instruméntal léarning *n.* 〘教育〙道具的学習《あることをすればほうびがもらえ, 他のことをすればもらえないという経験を通して何をしたらよいかを学んでいく学習法; operant conditioning ともいう》. 〖1956〗

in·stru·mén·tal·ly /-təli, -tḷi | -təli, -tḷi/ *adv.* **1** 手段[方便]として; 方便を用いて; 間接に. **2** 楽器で: ～ accompanied 楽器の伴奏で. **3** 〘文法〙助格[具格]的に, 助格[具格]として. 〖《1581》: ⇨ instrumental, -ly[1]〗

instruméntal phonétics *n.* 機械音声学.

ínstrument appróach *n.* ＝instrument landing. 〖1947〗

in·stru·men·ta·tion /ìnstruməntéɪʃən, -strə-, -mɛn-, ìnts-/ *n.* **1** ある目的に用いられる全器具《機械装置の部品, オーケストラで用いられる楽器など》. **2** 〘音楽〙管弦楽法; 楽器(演奏)法 (cf. orchestration 1). **3 a** 器械[器具]使用. **b** 器械[器具]の開発, 製造技術. **4** 計測操業[運転]《計測器を使って操業すること》. **5** ＝instrumentology. **6** 《まれ》手段, 方便, 媒介. 〖《1845》◻ F ～ ← *instrumenter*: ⇨ instrument, -ation〗

ínstrument bòard *n.* 計器盤 (cf. dashboard 1 a); 計器表示盤. 〖1917〗

ínstrument flìght [flỳing] *n.* 〘航空〙計器飛行《レーダーなどの計器のみに頼って飛行すること; blind flight ともいう; cf. contact flight [flying], instrument landing》: the ～ rules 計器飛行規則. 〖1928〗

ínstrument lànding *n.* 〘航空〙計器着陸《blind landing, instrument approach ともいう; cf. instrument flight》. 〖1942〗

ínstrument lànding sỳstem *n.* 〘航空〙(ラジオビームなどの誘導による)計器着陸方式 (略 ILS, ils; cf. ground-controlled approach). 〖1938〗

in·stru·men·tól·o·gist /-dʒɪst | -dʒɪst/ *n.* 計測器学者.

in·stru·men·tol·o·gy /ìnstruməntɑ́(ː)lədʒi, -strə- | -tɔ́l-/ *n.* 計測器学《精密計測器械の設計・製作・操作などを研究する》. 〖← INSTRUMENT＋-LOGY〗

ínstrument pànel *n.* ＝instrument board. 〖1922〗

in·sub·or·di·nate /ìnsəbɔ́ədənət, -dn-, -dn- | -bɔ́ːdɪn-, -dn-, -dn-/ *adj.* **1** 服従しない, 不従順な, 反抗する: be ～ *to* one's superiors 目上の者に服従しない. **2** 下位でない, (劣らず)重要である. **3** 《まれ》低くない, (劣らず)高い: an ～ hill, tree, etc. ── *n.* 不従順な人, 反抗者. **～·ly** *adv.* 〖《*c*1828》: ⇨ in-[1], subordinate: cf. F *insubordonné*〗

in·sub·or·di·na·tion /ìnsəbɔ̀ədənéɪʃən, -dn- | -bɔ̀ːdɪn-, -dn-/ *n.* 不服従, 不従順, 反抗. 〖《1790》: ⇨ ↑, -ation: cf. F *insubordination*〗

in·sub·stan·tial /ìnsəbstǽnʃəl, -ʃl/ *adj.* **1** 実体[実質]のない; 非現実的な: an ～ vision 幻(のような理想像) / like this ～ pageant この偽りの芝居のように (Shak., *Tempest* 4. 1. 155). **2** 堅固でない, 微弱な, かすかな, か弱い: ～ arguments / an ～ accusation 根拠の薄弱な非難[言いがかり]. **in·sub·stan·ti·al·i·ty** /ìnsəbstæ̀nʃiǽləṭi | -lɪti/ *n.* **～·ly** *adv.* 〖《1607》◻ F *insubstantiel* // LL & ML *insubstantiālis*: ⇨ in-[1], substantial〗

in·suf·fer·a·ble /ɪnsʌ́f(ə)rəbl | ɪn-/ *adj.* 耐えられない, 我慢のならない, (嫌で)たまらない, しゃくにさわってならない, 憎らしい: an ～ person, nuisance, etc. / ～ insolence. **～·ness** *n.* **in·súf·fer·a·bly** *adv.* 我慢のならないほど, たまらないほど. 〖《?*a*1425》: ⇨ in-[1], sufferable〗

in·suf·fi·cience /-ʃəns/ *n.* ＝insufficiency. 〖《?*a*1425》◻ OF ～ ◻ LL *insufficientia*: ⇨ insufficient, -ence〗

in·suf·fi·cien·cy /ìnsəfíʃənsi/ *n.* **1** (知的・精神的に)不十分なこと (↔sufficiency), 不適切, 不適当; 不足, 欠乏, 払底: the ～ of a theory 理論の不徹底 / ～ of provisions 食糧の不足. **2** [しばしば *pl.*] 不十分な点, 至らないところ, 欠点. **3** 〘医学〙(器官の)機能不全(症). 〖《1526》: ⇨ ↓, -ency〗

in·suf·fi·cient /ìnsəfíʃənt/ *adj.* **1** 不足な, 不十分な (⇨ meager SYN): acquit a person on the ground of ～ evidence 証拠不十分として人を放免する / ～ daylight 不十分な日光, 日光不足 / an ～ supply of coal 石炭の供給不足 / ～ *for* [*to* meet] needs 必要品にも事欠く / ～ *in* quantity 量が不足して / There was an ～ number of people present. 出席者は不足していた / Their protests were ～ *to* stop the bomb. 彼らの抗議も原爆阻止には不十分だった. ★ この語は質・量を示す語を修飾する. **2** 〈人が〉力量の足りない, 能力のない; 〔…に〕不適任な, 不適切な〔*to*〕: a person ～ *to* the discharge of his duties 任務遂行の能力のない人. **～·ly** *adv.* 〖《1392》◻ OF ～ // LL *insufficientem*: ⇨ in-[1], sufficient〗

in·suf·flate /ínsəflèɪt, -sʌf-, ɪnsʌ́fleɪt | ínsəflèɪt, -sʌf-, ɪnsʌ́fleɪt/ *vt.* **1** 〘医学〙〈ガス・蒸気・麻酔剤などを〉〔体腔(たいこう)に〕吹き込む[入れる], 通気する〔*into*〕; 〈鼻など〉に吹入れ法を施す. **2** 〈消毒剤などを〉〈部屋〉に吹き入れる, 散布する〔*with*〕: ～ a room *with* insecticide 部屋に殺虫剤をまく. **3** 〘キリスト教〙(ある種の教会で洗礼の際新しい魂の生命に入るしるしの儀式として)〈受洗者・洗礼の水〉に息を吹きかける. 〖《1657–83》← LL *insufflātus* (p.p.) ← *insufflāre* to blow into or upon ← IN-[2]＋*sufflāre* to blow (← *suf-* 'SUB-'＋*flāre* 'to BLOW[1]')〗

in·suf·fla·tion /ìnsəfléɪʃən, -sʌf-/ *n.* **1** 〘医学〙吹入れ(法); 吸入(法); (耳管・卵管などの)通気(法). **2** 〘キリスト教〙(聖霊を与えるための)息吹(いぶき). 〖《?*c*1425》◻ LL *insufflātiō(n-)*: ⇨ ↑, -ation〗

ín·suf·flà·tor /-tə | -tə(r)/ *n.* **1 a** 〘医学〙(空気・薬品などを吹き込む)吹入れ器; 通気器. **b** 散布器. **2** (粉末散布による)指紋現出器. 〖《1872》← INSUFFLATE＋-OR[2]〗

in·su·la /ínsələ, -sju- | -sju-/ *n.* (*pl.* **in·su·lae** /-lìː, -lài/) 〘解剖〙(脳・膵臓(すいぞう)の)島《island of Reil ともいう》. 〖《1886》← NL ～ ← L ～ 'island': ⇨ isle〗

in·su·lant /ínsələnt, -sju- | -sju-/ *n.* 〘電気〙絶縁物[体]. 〖《*c*1929》← INSUL(ATE)＋-ANT〗

in·su·lar /ínsələ, -sju-, íntsə-, íntsju- | ínsjulə(r)/ *adj.* **1** 島民の, 島国民の, 島国的な; 島国根性の, 偏狭な, 狭量な: ～ narrowness 島国的偏狭 / ～ prejudices 島国根性, 偏狭. **2** 島の, 島に関する; 島のような(形をした); 島に住んでいる: ⇨ insular climate / ～ rocks 島をなす岩. **3** (島のように)孤立した, 遠く離れた: an ～ fortress 孤立した砦(とりで) / an ～ building 1 戸だけ孤立した建物. **4** 〘病理〙島状の, 点々と散発する. **5** 〘生物〙限られた生息地[生育地]しかもっていない. **6** 〘生理・解剖〙島 (island) の, 島状細胞群の, (特に)ランゲルハンス島 (islets of Langerhans) の. ── *n.* 《まれ》島民, 島人. **～·ly** *adv.* 〖(adj.: 1611; n.: 1744) ◻ LL *insulāris* of an island ← L *insula* island: ⇨ isle, -ar[1]〗

Ínsular Céltic *n.* 〘言語〙島嶼(とうしょ)ケルト語《Gaulish を除いたケルト諸語》.

ínsular clímate *n.* (季節変化の少ない)海洋的気候. 〖1830〗

in·su·lar·ism /ínsələrìzm, -sjə-, -sju- | -sjə-, -sju-/ *n.* 島民気質; 島国根性, 偏狭 (narrow-mindedness). 〖《1880》: ⇨ -ism〗

in·su·lar·i·ty /ìnsəlǽrəṭi, -sjə-, -sju-, -lér- | -sjulǽrɪti/ *n.* (cf. peninsularity) **1** 島(国)であること, 島嶼(とうしょ)性, 孤立. **2** ＝insularism. 〖《1755》: ⇨ -ity〗

in·su·lar·ize /ínsələràɪz, -sju- | -sju-/ *vt.* 島にする, 島として示す. 〖《1891》: ⇨ insular, -ize〗

in·su·late /ínsəlèɪt, -sju-, íntsə-, íntsju- | ínsju-, íntsju-/ *vt.* **1** 〈物体を〉〔電気・音・熱などから〕絶縁する, 絶縁材を巻きつける: (an) ～*d* wire 絶縁線 / an ～*d* cargo compartment 〘海事〙防熱船倉 / ～ an electric wire / ～ an oven *with* asbestos オーブンを石綿で断熱する / ～ a studio *from* noise スタジオを防音する. **2** 隔離する, 孤立させる (isolate): an ～*d* life / ～ a patient from …から患者を隔離する. **3** 保護する, 防護する. **4** 《古》〈陸地を〉水でとりまく, 島にする. 〖《1538》← L *insula* island＋-ATE[3] // L *insulātus* made into an island ← *insula*〗

in·su·làt·ed /-tɪd | -tɪd/ *adj.* 断熱[絶縁, 防音]された.

in·su·làt·ing /-tɪŋ | -tɪŋ/ *adj.* 断熱[絶縁, 防音]用の.

insulating bòard *n.* 〘建築〙断熱板《断熱性の高い板状の建材》. 〖1945〗

insulating òil *n.* 〘電気〙絶縁油《変圧器やコンデンサーの絶縁耐力を増すために用いる油; insulation oil ともいう》. 〖1940〗

insulating tàpe *n.* 《英》(電線などに使われる)絶縁テープ (《米》friction tape). 〖1893〗

insulating transfórmer *n.* 〘電気〙絶縁変圧器《入出力間の導電的なつながりをなくすための変圧比 1 の変圧器》.

insulating vàrnish *n.* 〘電気〙絶縁ワニス. 〖1963〗

in·su·la·tion /ìnsəléɪʃən, -sju-, ìntsə-, ìntsju- | ìnsju-, ìntsju-/ *n.* **1** (電気・熱・音などからの)絶縁; 絶縁体, 絶縁材[物]: thermal [acoustic] ～ 断熱[防音]材. **2** 隔離, 孤立. 〖《1767》← INSULATE＋-ATION〗

insulátion bòard *n.* 〘建築〙＝insulating board.

insulátion clàss *n.* 〘電気〙絶縁種別《耐熱温度・使用材料などに応じて定められた電気絶縁の階級》.

insulátion òil *n.* 〘電気〙＝insulating oil.

insulátion resístance *n.* 〘電気〙絶縁抵抗《絶縁物の示す電気抵抗》. 〖1876〗

in·su·là·tor /-tə | -tə(r)/ *n.* **1** 隔離者[物]. **2** 〘物理・電気〙絶縁体, 絶縁物; 絶縁器, 碍子(がいし) (cf. conductor 2 a). 〖《1801》: ⇨ insulate, -or[2]〗

in·su·lin /ínsəlɪn, -sju-, íntsə-, íntsju- | ínsjulɪn, íntsju-/ *n.* **1** 〘生化学〙インシュリン, インスリン ($C_{90}H_{150}O_{24}N_{22}S_2$)《膵臓(すいぞう)内のランゲルハンス島 (islet of Langerhans) から血液内に分泌されるホルモン; 血液中のぶどう糖などの炭水化物を調節する》. **2** 〘薬学〙インシュリン《羊・牛などの膵臓から抽出する同上のホルモンで, 糖尿病治療薬》. 〖《1914》← NL *insula* 'INSULA'＋-IN[2]: islets of Langerhans にちなむ: cf. insular〗

in·su·lin·ize /ínsəlɪnàɪz, -sju- | -sjulɪ-/ *vt.* …にインシュリン療法を施す, インシュリンを注射する. 〖《1928》: ⇨ ↑, -ize〗

ínsulin shòck *n.* 〘医学〙インシュリンショック, 低血糖性ショック《震戦・冷や汗・けいれん・昏睡状態などを主徴とし, 精神分裂症などの治療に応用される; insulin reaction [coma] ともいう》. 〖1925〗

in·su·lite /ínsəlàɪt, -sju- | -sju-/ *n.* 〘電気〙絶縁材料の一種《金属くずにパラフィンを吸収させたもの》. 〖《1882》《商標》← L *insula*＋-ITE[1]: cf. insulate〗

in·sult /ɪnsʌ́lt | ɪn-/ *v.* ── *vt.* **1** 〈人を〉辱める, 侮辱する, …に無礼を加える: ～ a person by calling him a fool. **2** 〈体など〉に害を及ぼす. **3** 《古》攻撃する, 襲撃する.
── *vi.* 《古》〔…に対して〕威張る, 尊大ぶる〔*on, upon, over*〕.
── /ínsʌlt/ *n.* **1** 侮辱(的な言動), 無礼: hurl [fling] a stream of ～s at a person 人に一連の侮辱を加える[投げつける] / lie down under an ～ 侮辱を甘んじて受ける / add ～ to injury ひどい目に遭わせた上になお侮辱を加える, 踏んだりけったりの目に遭わせる《イソップ物語から》/ They are an ～ to the honor of our profession! 彼らは我々の職の名誉を傷つける存在だ / swallow [pocket, put up with] an ～ 我慢して侮辱を受ける, 侮辱を我慢する / an ～ to a person's intelligence (本・授業などが簡単すぎて)人の知性に対する侮辱, 人をばかにした扱い. **2** 〘医学〙傷害, 外傷 (trauma); 発作 (attack); (傷)害を起こすもの[原因]. **3** 《古》攻撃, 襲撃.

I

in·súlt·er /-ṭə | -tə^(r)/ *n.* 〖v.: (1540) □ L *insultāre* to leap at or on, assail, insult ← IN-²+*saltāre* ((freq.) ← *salīre* to leap). — n.: (1603) □ F *insulte* // LL *insultus* ← IN-¹+L *saltus* leap, spring (← *saltāre*)〗

SYN 侮辱: **insult** 人の感情や威厳を傷つけるような言動: It was a gross *insult* to me. それは私にとってひどい侮辱だった. **affront** 特に公衆の面前での人や物に対する故意に侮辱的な言動: How could you suffer such an *affront*? あんなあからさまな侮辱をよくがまんできるな. **indignity** 人に屈辱を感じさせるような扱い《格式ばった語》: The bandit subjected them all sorts of *indignities*. 無法者は彼らにありとあらゆる侮辱を加えた.

in·sul·ta·tion /ìnsʌltéɪʃən/ *n.* 《古》侮辱(行為), 無礼. 〖(1513) □ F ～ // L *insultātiō(n-)*: ⇨ ↑, -ation〗

in·sult·ing /ɪnsʌ́ltɪŋ | ɪnsʌ́ltɪŋ/ *adj.* 侮辱の, 無礼な, 失敬な: make an ～ remark 無礼なことを言う / use ～ language 侮辱的な言葉を使う. 〖(1589–90): ⇨ -ing²〗

in·súlt·ing·ly *adv.* 侮辱して. 〖(1623): ⇨ ↑, -ly¹〗

in·súlt·ment *n.* 《廃》=insult. 〖1609–10〗

in·su·per·a·ble /ɪnsúːp(ə)rəbl, ìn- | ɪnsúː-, ɪnsjúː-, ìn-⁻/ *adj.* 〈障害・困難など打ちかち難い, 克服できない, 排しえない, 乗り越えられない (↔ superable): an ～ barrier, difficulty, objection, etc. **in·su·per·a·bil·i·ty** /ɪnsùːp(ə)rəbílәti, ìn- | ɪnsùːp(ə)rəbílɪti, ìn-, -sjùː-/ *n.* **～·ness** *n.* 〖((a1349)) (1657) 'unconquerable' □ OF ～ // L *insuperābilis*: ⇨ in-¹, superable〗

in·sú·per·a·bly /-bli/ *adv.* 打ちかち難いほど(に). 〖(1675): ⇨ ↑, -ly¹〗

in·sup·port·a·ble /ìnsəpɔ́əṭəbl | -pɔ́ːt-⁻/ *adj.* **1** 〈生活・重荷など耐えられない, 辛抱のできない, 忍び難い, 我慢のできない: an ～ pain / a life ～ *to* me 私に耐えられない生活. **2** 〈主張など〉支持できない, 弁護の余地のない, 条理の立たない: ～ charges accusations, etc. **～·ness** *n.* **in·sup·pórt·a·bly** *adv.* 〖(1530) □ F ～ // LL *insupportābilis*: ⇨ in-², supportable〗

in·sup·press·i·ble /ìnsəprésəbl | -sɪbl⁻/ *adj.* 抑制できない, 抑え切れない. **in·sup·préss·i·bly** *adv.* 〖(1610) ← IN-¹+SUPPRESSIBLE〗

in·sur·a·ble /ɪnʃʊ́ᵊrəbl | ɪnʃʊ́ər-, -ʃɔ́ːr-⁻/ *adj.* 保険が付けられる[に適する]: ～ property 被保険財産. **in·sùr·a·bíl·i·ty** /-rəbíləṭi | -lɪti/ *n.* 〖(1810): ⇨ insure, -able〗

insúrable ínterest *n.* 【保険】被保険利益. 〖1848〗

insúrable válue *n.* 【保険】被保険価額.

in·sur·ance /ɪnʃʊ́ᵊrəns, -ʃɔ́ːr-, -rənts | ɪnʃʊ́ər-, -ʃɔ́ːr-/ *n.* **1** 保険 (cf. assurance 4): take out [cancel] ～ 保険に入る[を解約する] / buy ～ 保険に入る[を付ける] / carry [be covered by] ～ 保険が付けて[掛けて]ある / sell ～ 保険の外交[セールス, 勧誘]をする / travel ～ 旅行保険 / cancer ～ 癌(がん)保険 / compulsory ～ 強制保険 / crop ～ 収穫物保険 / earthquake ～ 地震保険 / full ～ 全部保険 / invalidity ～ =disability insurance / life ～ 生命保険 / loss of profits ～ 利益保険《火災などの事故による営業利益の喪失に対する保険》/ health ～ 健康保険 / medical ～ 医療保険 / major medical ～ 《米》高額医療費保険 / mutual ～ 相互保険 / pure endowment ～ = pure endowment / sickness ～ 疾病(しっぺい)保険 / survivorship ～ 遺族保険 / unemployment ～ 失業保険 / voluntary ～ 任意保険 / ～ *against* traffic accidents 交通傷害保険. **2** 《英》保険契約; 保険証券 (insurance policy): apply for an ～ 保険を申し込む. **3** 保険金; 保険料: have (a lot of) ～ (*on* one's life) (多額の生命)保険を掛けている / receive ¥200,000 ～ *for* damage to one's car 自動車の破損に対して保険金 20 万円を受け取る / My ～ is [costs] $300 a year. 私の保険料は年に 300 ドルだ. **4** 保証, 請合い〔*against*〕. **5** 〔危険や障害を〕防ぐ手段〔*against*〕. **6** だめ押し(得点): add a run or two (just) for [as] ～ だめ押しに 1, 2 点加える.
— *adj.* [限定的] **1** 保険の: the ～ business 保険事業 / an ～ company [firm] 保険会社 / ～ law 保険法 / an ～ salesman 保険勧誘員 / ～ money 保険金 / an ～ premium 保険料 / an ～ rate 保険料率. **2** 駄目押しの: ⇨ insurance run.
〖(n.: ?a1400; adj.: 1651) *ensurance* □ OF *enseurance* ← *enseurer* to assure: ⇨ insure, -ance〗

insúrance adjùster *n.* 《米》保険精算[査定]人《保険金の額を査定する保険会社の社員》(《英》loss adjuster).

insúrance àgent *n.* 保険代理店. 〖1866〗

insúrance bròker *n.* 保険仲介人, 保険ブローカー《保険契約者の委嘱をうけて最高の条件を出す保険会社との契約締結をはかる独立の業者; 収入は保険会社から受け取る手数料》.

insúrance càrrier *n.* 《米》保険会社.

insúrance certíficate *n.* 保険証明書[引受証, 契約書].

insúrance pòlicy *n.* 保険証券[契約]: carry [be covered by] an ～ 保険が付けて[掛けて]ある / take out an ～ (*against*) (…に対して)保険を掛ける. 〖1869〗

insúrance rùn *n.* 【野球】駄目押し点.

insúrance stàmp *n.* 《英》保険印紙《一定額を国民保険に払っていることを証明する印紙》.

in·sur·ant /ɪnʃʊ́ᵊrənt, -ʃɔ́ːrənt | ɪnʃʊ́ər-/ *n.* 被保険者; 保険契約者. 〖(1853): ⇨ ↓, -ant〗

in·sure /ɪnʃʊ́ə, -ʃɔ́ː | ɪnʃʊ́əʳ, -ʃɔ́ːʳ/ *vt.* **1** 〈人・家など〉を保険に入れる, …に保険を付ける (cf. assure 4): ～ oneself [one's life] *for* £20,000 2 万ポンドの生命保険に入る / ～ one's house *against* fire *for* $10,000 *with* an insurance company 家に対して保険会社と 1 万ドルの火災保険契約を結ぶ. **2** 〈保険業者が〉〈生命・傷害・火災・損害・損失・健康・失業などに対して〉…の保険を引き受ける〔*against*〕: The company ～*d* his cargo *against* damage at sea. 保険会社は彼の船荷の海上保険を引き受けた. **3** 《米》確実にする, 確保する; 保証する, 請け合う (ensure): This ticket will ～ you a seat. この切符で席が確保できる / I can ～ *that* you will succeed. 君の成功を保証する. **4** 〔…から〕守る, 安全にする〔*against*〕: ～ a person *against* danger 危険から人を守る / ～ one's money *against* theft by depositing it in a bank 金を銀行に預けて盗難から守る. — *vi.* **1** 〔…の〕保険の契約をする, 保険に加入する, 保険証券を発行する〔*against*〕. **2** 〔…の〕予防をする, 〔…に〕備える〔*against*〕. 〖((a1376)) (1635) *ensure(n)*, *insure(n)* to guarantee: ⇨ ensure〗

in·súred *adj.* **1** 保険に加入した; 保険付きの. **2** [the ～; 名詞的; 単数または複数扱い] 被保険者, 保険契約者 (policyholder) (↔ insurer). 〖(1681): ⇨ ↑, -ed〗

in·súr·er /ɪnʃʊ́ᵊrə, -ʃɔ́ːrə | -ʃʊ́ərəʳ, -ʃɔ́ːr-/ *n.* **1** 【保険】保険業者[会社]: a life ～ 生命保険会社. **2** 《古》保証人, 引受人; 保証するもの. 〖(1654) ← INSURE+-ER¹〗

in·sur·gence /ɪnsə́ːdʒəns | ɪnsə́ː-/ *n.* 暴動, 反乱, 謀反; 反乱行為. 〖(1847): ⇨ insurgent, -ence〗

in·sur·gen·cy /ɪnsə́ːdʒənsi | ɪnsə́ː-/ *n.* **1** =insurgence. **2** 【国際法】反乱 (cf. belligerency 1) (⇨ rebellion SYN). 〖(1803): ⇨ ↓, -ency〗

in·sur·gent /ɪnsə́ːdʒənt | ɪnsə́ː-/ *n.* [通例 *pl.*] **1** 暴民, 暴徒, 反乱者. **2** 《米》【政治】(政党の党議に反抗する党員, 反抗分子《特に, 1911 年急進主義を唱えて反抗した共和党議員》. **3** 【国際法】反政府主義者[集団].
— *adj.* [通例 限定的] **1** 反乱[暴動]の, 反乱[暴動]を起こした, 反旗を翻した: ～ troops 反乱軍. **2** 《米》【政治】(政党首脳部に対する)反抗分子の, 造反派の, 反主流派の. **3** 《詩》荒立つ, 打ち寄せる: ～ waves 逆巻く荒波.
～·ly *adv.* 〖(1765) □ F 《廃》～ □ L *insurgentem* (pres.p.) ← *insurgere* to rise up ← IN-²+*surgere* 'to rise, SURGE'〗

in·súr·ing clàuse /-ʃʊ́ᵊrɪŋ- | -ʃʊ́ər-, -ʃɔ́ːr-/ *n.* 【保険】保険条項.

in·sur·mount·a·ble /ìnsəmáuntəbl | -sə(ː)máunt-⁻/ *adj.* 〈山など越せない; 〈困難など〉打ちかち難い, 克服できない: an ～ chain of mountains 越すことのできない山脈 / an ～ task 手に負えない仕事 / an ～ difficulty [obstacle] 打ちかち難い困難[障害]. **in·sur·mòunt·a·bíl·i·ty** /-ṭəbíləṭi | -təbílɪti/ *n.* **～·ness** *n.* 〖(1690): ⇨ in-¹, surmountable〗

in·sur·móunt·a·bly /-bli/ *adv.* 越せない[打ちかち難い]ほど(に). 〖(1860): ⇨ ↑, -ly¹〗

in·sur·rect /ìnsərékt/ *vi.* 《まれ》暴動を起こす, 反抗する (revolt). 〖(1821) 《逆成》← INSURRECTION〗

in·sur·rec·tion /ìnsərékʃən, ìntsə-/ *n.* 暴動, 反乱, 謀反 (⇨ rebellion SYN): rise in [raise] ～ 暴動を起こす.
～·al /-ʃnəl, -ʃənl⁻/ *adj.* **～·al·ly** *adv.* 〖((?a1425)) □ (O)F ～ □ LL *insurrectiō(n-)* ← L *insurrectus* (p.p.) ← *insurgere* to rise up: ⇨ insurgent〗

in·sur·rec·tion·ar·y /ìnsərékʃənèri | -ʃ(ə)nəri/ *adj.* **1** 暴動の, 反逆の, 謀反の. **2** 暴動を好む[起こしがちな], 反逆を事とする. — *n.* 暴徒, 暴民; 反逆者. 〖(1796): ⇨ ↑, -ary〗

in·sur·réc·tion·ism /-ʃənìzm/ *n.* 暴動主義. 〖(1890): ⇨ -ism〗

in·sur·réc·tion·ist /-ʃ(ə)nɪst | -nɪst/ *n.* 暴動[反乱]煽動者[参加者], 暴徒, 反徒. — *adj.* 暴動煽動者の, 暴徒の. 〖(1845): ⇨ -ist〗

in·sur·rec·tion·ize /ìnsərékʃənàɪz/ *vt.* **1** 〈国など〉に暴動を起こす. **2** 〈個人・集団・国民を〉煽動して暴動を起こさせる. 〖(1822): ⇨ -ize〗

in·sus·cep·ti·bil·i·ty /ìnsəsèptəbíləṭi | -təbílɪti/ *n.* 無感覚, 無感動, 感受性のないこと〔*to*〕. 〖(1821): ⇨ ↓, -ity〗

in·sus·cep·ti·ble /ìnsəséptəbl | -tɪ-⁻/ *adj.* **1** 〔…を〕受け入れない, 受け付けない〔*of, to*〕: a disease ～ *of* medical treatment 治療のできない病気 / a person ～ *to* colds かぜを寄せ付けない人. **2** 〔感情などに〕動かされない, 感じない, 無感覚な, 無神経な〔*of, to*〕: a heart ～ *of* pity [*to* flattery] 哀れみの情のない[へつらいに動じない]心. **in·sus·cép·ti·bly** *adv.* 〖(1603): ⇨ in-¹, susceptible〗

ín·swèpt *adj.* 〈飛行機の翼・自動車など〉先端が狭くなった, 先細の. 〖(1907) ← IN (adv.)+SWEPT〗

ín·swìng *n.* 【クリケット】インスウィング《打者の足元に食い込んでボールがカーブすること; cf. outswing》. 〖1927〗

ín·swìnger *n.* インスウィンガー: **1** 【クリケット】打者の足元に食い込んでくるカーブ (cf. outswinger). **2** 【サッカー】(コーナーキックで)ゴールまたはセンターの方にカーブするようにけったシュート. 〖(1920) ← IN (adj.)+SWINGER〗

in't /ɪnt | ɪnt/ 《古・詩》in it の縮約形.

int. 《略》integral; intelligence; intercept; interest; interim; interior; interjection; interleaved; intermediate; internal; international; interpret; interpretation; interpreter; intersection; interval; interview; intransitive.

i'n't, i'nt /ɪnt, ɪnt | ɪnt/ 《廃》isn't, is not の縮約形.

in·tact /ɪntǽkt, ìn- | ɪn-, ìn-/ *adj.* **1** [叙述的] **a** 手をつけない, そのままの, 完全な, 損なわれない: remain ～ そのまま残る / leave [keep] a thing ～ 物を完全にして置く, 手をつけないでおく / be found ～ そっくりそのまま見つかる / live on the interest keeping the capital ～ 元金には手をつけないで利子で生活する. **b** 変わってない, 減ってない; 影響を受けてない, 動揺してない. **2 a** 〈身体または身体の一部が〉無傷な, 健全な. **b** 処女の. **c** 〈動物が〉(去勢されずに)健全な. **～·ness** *n.* 〖((a1500)) □ L *intactus* untouched ← IN-¹+*tactus* ((p.p.) ← *tangere* to touch): cf. tact, tangent〗

intagli *n.* intaglio の複数形.

in·ta·gliat·ed /ɪntǽljeɪṭɪd, -táːl- | ɪntáːlièɪt-, -tǽl-/ *adj.* 彫り込み[彫り下げ]にした. 〖(1782) □ It. *intagliato* (p.p.) ← *intagliare*: ⇨ ↓, -ate², -ed〗

in·ta·glio /ɪntǽljou, -táːl- | ɪntáːliəʊ, -tǽl-; *It.* intáʎʎo/ *n.* (*pl.* **～s, in·ta·gli** /-ljiː, -li; *It.* -ʎʎi/) **1** 【美術】**a** 陰刻, 沈み彫り(模様) (⇨ sunk relief): in ～ 沈み彫りにして[した]. **b** 沈み彫り細工 (cf. cameo 1 a). **2** 沈み彫りをつくる鋳型. **3** 【印刷】凹版(おうはん): ～ printing 凹版印刷. — *vt.* …に模様を彫り込む, 沈み彫りにする; 〈模様を〉彫り込む. 〖(1644) □ It. ～ 'engraving, engraved work' (逆成) ← *intagliare* ← IN-²+*tagliare* to cut (＜ LL *tāliāre*: cf. tailor¹)〗

in·take /íntèɪk/ *n.* **1 a** 取入れ(量), 吸込み(量), 摂取(量): a high alcohol ～ 高いアルコール摂取量《大酒飲み》/ the ～ of oxygen [protein] 酸素[蛋白質]の摂取量 / I heard a sudden ～ of her breath. 突然彼女が息を吸い込む音が聞こえた. **b** 【機械】入力 (input); (内燃機関の)吸気. **2 a** (人などの)採用, 徴用: the ～ of new employees. **b** [集合的にも用いて] 受け入れ[採り入れ]た人[もの]; 収容人員; 採用[徴用]人員; 《英》新兵, 初年兵. **3** (水・空気・蒸気などの)取入れ口, 取水口: an air [a sewer] ～ 空気[下水]取入れ口 / the ～ of an engine cylinder. **4** (管・靴下などが)くびれて細くなること, くびれ. **5** 【鉱山】通気[入気]立坑, 通風孔 (air shaft). **6** 《英方言》囲い地, (特に, 沼沢地の)埋立地, 干拓地. **7** 《英方言》詐欺; 詐欺師. 〖(1523) ← IN (adv.)+TAKE: cf. take-in〗

In·tal /ìntæl/ *n.* 【商標】インタル《気管支拡張薬 cromolyn sodium の商品名》. 〖(1969) 《混成》← INT(ERFERENCE WITH) AL(LERGY)〗

in·tan·gi·bil·i·ty /ɪntæ̀ndʒəbíləṭi | -dʒɪbílɪti/ *n.* **1** 触れることができないこと; (問題などの)つかみどころのなさ. **2** 実体のない[無形の]もの. 〖(1783): ⇨ ↓, -ity〗

in·tan·gi·ble /ɪntǽndʒəbl, ìn- | -dʒɪ-, ìn-⁻/ *adj.* **1** (光や音のように)触れることができない, 手に取れない; 実体のない; 〈資産など〉無形の: tangible and ～ losses 有形無形の損失. **2** (雲をつかむように)つかみにくい, ぼんやりした, はっきりしない, 不可解な: ～ hopes, ideas, dreams, etc. — *n.* 手に触れないもの; 無形のもの; つかみにくいもの, (善意・特許権などの)無形資産. **～·ness** *n.* **in·tán·gi·bly** *adv.* 〖(1640) □ F ～ // ML *intangibilis*: ⇨ in-¹, tangible〗

intángible fíxed ássets *n. pl.* 【会計】無形固定資産《有形固定資産に対するもので, 営業権・特許権など; cf. TANGIBLE fixed assets》.

intángible própertу *n.* 無形資産, 無体財産《株式・のれん・特許権・約束手形など》. 〖1845〗

in·tar·si·a /ɪntáːsiə | ɪntáː-/ *n.* 【美術・工芸】インタルジア, 寄木象眼《15 世紀ごろからイタリアで発達した象眼(細工)》; 象眼技術; インターシャ《象眼したように別糸で模様を編み込むこと》. 〖(1867) ← □ It. *intarsio* ← *intarsiare* to inlay, incrust ← IN-²+*tarsiare* to inlay (← *tarsia* inlaid work □ Arab. *tarṣīʿ* setting together)〗

in·tar·sist /ɪntáːsɪst | ɪntáːsɪst/ *n.* 象眼細工職人[師].

in·te·ger /ínṭɪdʒə | -dʒəʳ/ *n.* **1** 【数学】整数, 全数 (whole number) (cf. fraction 2). **2** 完全なもの, 完全体. 〖(1571) □ L ～ (adj.) untouched, whole ← IN-¹+*tag-, teg-* ((stem) ← *tangere* to touch): cf. entire, tact〗

in·te·gra·ble /ínṭɪgrəbl | -tɪ-/ *adj.* 【数学】〈関数・微分方程式が〉積分可能な, 可積分の. **in·te·gra·bíl·i·ty** /-grəbíləṭi | -lɪti/ *n.* 〖(1727–41) ← INTEGR(ATE)+-ABLE〗

in·te·gral /ínṭɪgrəl, ɪntég- | íntɪg-, ɪntég-/ *adj.* **1** (全体の一部分として)欠くことのできない, 絶対必要な, 肝要な: the ～ parts of a machine / a point ～ *to* one's plan 計画に欠くことのできない点. **2 a** 〔…と共に〕(全体を構成する)要素を成す〔*with*〕. **b** 各部分[要素]から成る, 統合された, 複合的な: A hospital and a medical school are one ～ group. 病院と医科大学とは 1 つの複合体である. **3** 完全な: an ～ whole 完全体, 総合体 / the ～ works 全作品, 全集. **4** 【数学】整数の (cf. fractional 2); 積分の (cf. differential).
— /íntɪgrəl | -tɪ-/ *n.* **1** 完全体, 完全物, 全体, 総体. **2** 【数学】整数; 積分: ⇨ definite integral, elliptic integral, indefinite integral, Riemann integral.
～·ly *adv.* 〖(adj.: 1551; n.: 1620) □ LL *integrālis* whole, complete: ⇨ integer, -al¹: スイスの数学者 J. Bernouilli (1654–1705) によって数学に導入された〗

íntegral cálculus *n.* 【数学】積分学. 〖1727–41〗

íntegral cóver *n.* 【製本】=self-cover.

íntegral cúrve *n.* 【数学】(常微分方程式の)積分曲線, 解曲線.

íntegral domáin *n.* 【数学】整域《零因子をもたない環; domain of integrity ともいう》. 〖1937〗

íntegral equátion *n.* 【数学】積分方程式《未知関数の積分を含む方程式》.

in·te·gral·i·ty /ìnṭɪgrǽləṭi | -tɪgrǽlɪti/ *n.* 完全, 不可欠(性). 〖(1611): ⇨ integral, -ity〗

íntegral tánk *n.* 【航空】インテグラルタンク《燃料タンクの容量増大と軽量化とを図るために, 翼などの構造の一部をそのまま燃料タンクとするもの》.

íntegral tést *n.* 〘数学〙 積分判定法 《積分を用いて級数の収束発散を判定する方法》.

íntegral trípack *n.* 〘写真〙 インテグラルトライパック 《感色性の異なる 3 種の乳剤を同一の支持体に塗布した現在一般に使われるカラーフィルム》.

in·te·grand /ínṭɪgrӕ̀nd | -tɪ-/ *n.* 〘数学〙 被積分関数. 〘(1897) □ L *integrandum* (neut. gerundive) ← *integrāre*: ⇨ integrate〙

in·te·grant /ínṭɪgrənt | -tɪ-/ *adj.* 完全体を構成する; 一部を成す; 成分である, 要素の; (要素として)必要欠くべからざる: an ~ part 構成要素, 成分, 要素. ― *n.* **1** (不可欠な)成分, 要素. **2** 合板(建材). 〘(1637) □ L *integrantem* (pres.p.) ← *integrāre*: ⇨ integrate〙

in·te·graph /ínṭɪgrӕ̀f | -tɪgrɑ̀ːf, -grӕf/ *n.* 〘数学〙 インテグラフ, 積分器, 求積器 (integrator). 〘(1885) 《混成》 ← INTEGRA(TE)+(-GRA)PH〙

in·te·grate /ínṭɪgrèɪt, ínṭə- | íntɪ-/ *vt.* **1 a** 〈部分・要素を〉全体にまとめる, 統合する, 一本にする: ~ plans 計画を一本にまとめる / ~ several ideas *into* one's own philosophy いろいろな思想をまとめて独自の哲学に作り上げる. **b** (必要な部分・要素を加えて)完全にする, 完成する: The conquest ~*d* the empire. その征服によって帝国は完全なものとなった. **2** 〈個人・グループなどを〉〔全体の中に〕吸収[統合]する 〔*into*〕: ~ immigrants *into* the community 移民を地域社会に溶け込ませる. **3** 〈部分・要素を〉〔他の物と〕正しく調和[融合]させる 〔*with*〕: ~ a new building *with* the setting 新しい建物を環境と一体的に調和させる. **4 a** 〈軍隊・学校・施設などで〉…に対し人種的・宗教的差別を廃止[撤廃]する (cf. desegregate, segregate 2): ~ Negroes. **b** 〈教育機関などを〉(人種的・宗教的差別を廃止して)統合[融合]する: ~ classes [school districts]. **c** 〈公共施設などを〉(人種的・宗教的差別を廃止して)共用化する: ~ a restaurant. **5** 〈温度・風速・面積などの〉総和[平均値]を示す. **6** 〘数学〙 積分する. **7** 〘心理〙 〈人格を〉統合させる.
― *vi.* **1** 統合する, 融合する 〔*with, into*〕. **2** 〈学校・近隣・軍隊などが〉人種的・宗教的差別を廃止[撤廃]する. **3** 優勢な文化と融合[合体]する.
― *adj.* 部分から成る; 合成した, 複合体の, 完全な, 全一的な: an ~ whole 完全な統合体.
― *n.* 複合体, 統合体.
〘(adj.: *c*1450; v.: 1638) ← L *integrātus* made whole (p.p.) ← *integrāre* to make whole ← *integr-, integer* whole: ⇨ integer〙

ín·te·gràt·ed /-ṭɪd | -tɪd/ *adj.* **1** 統合した, 合成した; 組織化された, 一貫生産の, 完全な. **2** 人種的・宗教的差別をしない (cf. segregated 1): an ~ school / ⇨ integrated school. **3** 〘心理〙 〈人格が〉統合された (cf. dissociated 2): an ~ personality (肉体・精神・情操共に均衡のとれた)統合された人格. **4** 〘社会学〙 〈集団・社会など〉共通の規範・価値で結ばれた. 〘(*a*1586) (p.p.) ← INTEGRATE〙

íntegrated círcuit *n.* 〘電子工学〙 集積回路 (略 IC): a large-scale ~ 大規模[高密度]集積回路 (略 LSI). 〘1959〙

íntegrated círcuitry *n.* 〘電子工学〙 集積回路工学, 集積回路設計. 〘1970〙

íntegrated dáta pròcessing *n.* 〘電算〙 統合データ処理(方式), 集中情報処理 (略 IDP; cf. automatic data processing). 〘1962〙

íntegrated ínstrument sỳstem *n.* 〘航空〙 総合計器装置 《操縦士への情報提供をより的確にするため数種の表示を一つのパネルで示す装置; 略 IIS》.

íntegrated schóol *n.* (NZ) 統合学校 《私立または教会付属の学校が公立の学校に統合されたもの; cf. integrated 2》. 〘1989〙

ín·te·gràt·ing fàctor /-ṭɪŋ- | -tɪŋ-/ *n.* 〘数学〙 積分因子[因数] 《一階の微分方程式に掛けて完全微分の形にするための因数》. 〘1859〙

íntegrating sphère *n.* 〘光学〙 積分球 《内面を白色拡散面にした中空の球で, 光源の全光束等を測定するのに用いる; Ulbricht sphere ともいう》.

íntegrating wàttmeter *n.* 〘電気〙 電力量計, 積算電力計.

in·te·gra·tion /ìnṭɪgréɪʃən | -tɪ-/ *n.* **1** 完全(体)にすること; 集成, 統合, 完成. **2** (軍隊・学校・施設などにおける)人種的・宗教的差別待遇の廃止, (その廃止による)統合 《racial integration ともいう; cf. desegregation, segregation 1》. **3** 〘経済〙 (国際的な)経済統合; 〘軍事〙 (軍隊の 2 またはそれ以上の構成要素を緊密な協同動作のとれる統一体に組織化する)統合 (cf. coordination 4). **4** 《米》 〘教育〙 学科目の統合, インテグレーション 《一つのテーマを中心にしていくつかの教科を総合的に教えること》. **5** 〘心理〙 (人格の)統合 (cf. dissociation 2). **6** (個人の)環境と調和のとれた行動[態度], 調整. **7** 〘数学〙 積分法 (cf. differentiation): ~ constant 積分常数 / ~ by substitution 置換積分法 / the sign of ~ 積分符号 (∫).
integrátion by párts 〘数学〙 部分積分法.
~·al /-ʃnəl, -ʃənl/ *adj.* 〘(1620) □ L *integrātiō(n-)* renewal, restoration to wholeness ← *integrāre* 'to INTEGRATE': ⇨ -ation〙

integrátion cìrcuit *n.* 〘電子工学〙 積分回路 《入力信号を時間的に積分したものを出力とする回路》.

ìn·te·grá·tion·ist /-ʃ(ə)nɪst | -nɪst/ *n.* 人種的・宗教的差別待遇撤廃論者[運動家], 人種差別廃止論者[運動家]. ― *adj.* 人種的・宗教的差別待遇の廃止を唱える. 〘(1951): ⇨ -ist〙

in·te·gra·tive /ínṭɪgrèɪṭɪv | -tɪgrèɪt-/ *adj.* **1** 完全にする, 集成的な, 統合的な. **2** =integrant. 〘(1862) ← L *integrātus* (⇨ integrate)+-IVE〙

íntegrative bárgaining *n.* 統合交渉 《すべての関係者がそれぞれ解決すべき共通の問題点があるという認識に立って行う》.

ín·te·grà·tor /-ṭə | -tə(r)/ *n.* **1** 完成[集成, 統合]する人[もの]. **2** 〘数学〙 積分器, 求積器; 求積者. **3** 〘電算〙 **a** 積分回路網. **b** =system integrator. 〘(1876) □ LL *integrātor*: ⇨ integrate, -or²〙

in·te·gri- /ínṭɪgrɪ, -gri | -tɪ-/ 「完全な (entire)」の意の連結形. 〘□ L ~ ← *integr-, integer* 'INTEGER'〙

in·teg·ri·ty /ɪntégrəṭi | ɪntégrɪti/ *n.* **1** 正直, 高潔, 誠実 (⇨ honesty SYN): a man of ~ (of character) (人格の)高潔な人 / lack of commercial ~ 商業道徳の欠如. **2** 完全, 無欠, 完全性; (そっくり)元のまま(の状態), 本来の姿: the ~ of an ancient manuscript 古写本の完全な形 / in its ~ そっくりそのままで, 元のままで / preserve the territorial ~ [the ~ of the state] 領土[国家]を保全する. 〘(*a*1400) *integrite* □ (O)F *intégrité* // L *integritātem* wholeness, purity ← *integr-, integer* 'INTEGER': ⇨ -ity〙

ìn·te·gro-differéntial /ìnṭəgrou- | -tɪgrəu-/ *adj.* 〘数学〙 積分微分の 《関数の積分と微分の両方を含む》: an ~ equation 積分微分方程式. 〘(1914) □ It. *integro-differenziale*〙

in·teg·u·ment /ɪntégjumənt | ɪn-/ *n.* **1 a** 〘解剖・動物〙 外皮, 包被; (特に)皮膜 (membrane), 皮膚 (skin), 皮 (rind), 殻(から) (shell), さや (sheath). **b** 〘植物〙 珠皮, 珠被 《胚珠(はいしゅ)の外側にある薄い皮》. **2** 覆い, 外被. 〘(*c*1611) □ L *integumentum* ← *integere* to cover ← IN-²+*tegere* to cover (⇨ tegument: cf. thatch / Gk *stégein*)〙

in·teg·u·men·tal /ɪntègjuménṭl, -gju- | -tl/ *adj.* 外皮[珠皮]の, おおいの; (特に)皮膚に関する, 皮膚を冒す. 〘(1836–39): ⇨ ↑, -al¹〙

in·teg·u·men·ta·ry /ɪntègjuménṭəri | -təri/ *adj.* =integumental. 〘1841–71〙

In·tel /íntél, íntel | íntél, íntel/ *n.* 〘商標〙 インテル 《米国の半導体・マイクロプロセッサーのメーカー》.

in·tel·lect /ínṭəlèkt, -ṭl-, ínəlèkt | íntɪ-, -tl-/ *n.* **1** (意志や感情に対する)知性, 思惟(しい)能力, 悟性 (⇨ mind SYN); (特に, 高度な論理的または直観的な)知性, 理知: a woman of superior ~ 優れた知性の女性 / appeal to the ~ 知性に訴える. **2 a** 知識人, 識者 (intellectual person): great ~*s* of the modern age 現代の識者. **b** [the ~; 集合的に用いて] 知識人たち; 知識階級 〘(*c*1380) □ (O)F ~ // L *intellectus* a perceiving, discernment, understanding ← (p.p.) ← *intellegere, intelligere* to perceive: cf. intelligent〙

in·tel·lec·tion /ìnṭəlékʃən, -ṭl- | -tɪ-, -tl-/ *n.* **1** 思惟(しい)作用, 思考. **2** (思惟の結果得られる)概念, 観念; 理解; 知性. 〘(?*c*1400) *intelleccioun* 《廃》 meaning □ LL *intellectiō(n-)*: ⇨ ↑, -tion〙

in·tel·lec·tive /ìnṭəléktɪv, -ṭl- | -tɪ-, -tl-/ *adj.* **1** =intellectual 1. **2** 知性のある, 賢明な (intelligent). **~·ly** *adv.* 〘(?*a*1425) □ (O)F *intellectif* // LL *intellectīvus*: ⇨ intellect, -ive〙

in·tel·lec·tu·al /ìnṭəléktʃuəl, -ṭl-, -tʃul | -tɪléktʃuəl, -tl-, -tjuəl, -tjul/ *adj.* **1** (意志や感情に対し)知力の, 知的な, 理知的: ~ faculties [powers] 知的能力, 知能 / an ~ process 知的作用 / an ~ effort 知的な努力 / ~ but not emotional 感情的ではなく知的な. **2** 〈職業・仕事など〉(高度の)知力を要する, 理知に訴える, 知能を働かせる, 頭を使う; 知的な, 理知的な: ~ interest [pursuits] 知的関心[研究] / an ~ occupation 知的職業 / an ~ crime 知能犯 / ~ tastes 理知的な趣味 / an ~ life 知的生活 / an ~ novel 知的な小説. **3** 〈人など〉知性[理性]のすぐれた, 理知的な, 知識のある, 賢明な, 頭のよい: an ~ writer [poet] 理知的な作家[詩人] / the ~ class 知識[インテリ]階級 / an ~ face 理知的な顔. ― *n.* **1** 知識人, インテリ: the ~*s* of a country 一国の知識[インテリ]階級. 日英比較 日本語の「インテリ」は「インテリゲンチャ」を略した和製ロシア語で, 集合名詞的に「知識層」「知識階級」の意で用いられることが多いが, ロシア語から派生した英語の *intellectual* にはその意味はなく, それを表すのは intelligentsia. **2** 極端に理性的[理知的]な人. **3** [*pl.*] 《古》 知的能力, 思考力. **4** [*pl.*] 《まれ》 知的な事柄. **~·ness** *n.* 〘(adj.: *a*1398; n.: 1599) □ (O)F *intellectuel* // L *intellectuālis* ← *intellectus* 'INTELLECT': ⇨ -al¹〙

in·tel·léc·tu·al·ism /-lɪzm/ *n.* **1** 知性の行使; 理知に偏すること, 知性偏重; 主知的傾向; 知的研究. **2** 〘文芸〙 主知主義 《文芸は感情と感傷のみのものではなく, 知性と結びついて社会・人生を見るものだとする態度; 主に第一次大戦後のイギリス文学などに現れた傾向》. **3** 〘哲学〙 主知[理知, 知性]主義 《認識論・形而上学・倫理学などにおいて, 感覚論 (sensationalism)・経験論 (empiricism)・直観主義 (intuitionism)・神秘主義 (mysticism)・主意主義 (voluntarism) 等に対立し, 人間の理性・知性・理知・思慮などの存在と機能を力説する立場》. 〘(1829): ⇨ ↑, -ism〙

ìn·tel·léc·tu·al·ist /-lɪst | -lɪst/ *n.* 主知主義者, 知性偏重傾向の人. 〘(1605): ⇨ -ist〙

in·tel·lec·tu·al·is·tic /ìnṭəlèktʃuəlístɪk, -ṭl-, -tʃul- | -tɪlèktʃuəl-, -tl-, -tʃul-, -tjuəl-, -tjul-/ *adj.* 主知主義(者)の. **ìn·tel·lèc·tu·al·ís·ti·cal·ly** *adv.* 〘(1887): ⇨ -istic〙

in·tel·lec·tu·al·i·ty /ìnṭəlèktʃuǽləṭi, -ṭl- | -tɪlèktʃuǽlɪti, -tju-/ *n.* 知性; 知力. 〘(*c*1465) □ LL *intellectualitātem*: ⇨ intellectual, -ity〙

in·tel·lec·tu·al·ize /ìnṭəléktʃuəlàɪz, -ṭl-, -tʃul- | -tɪléktʃuəl-, -tl, -tʃul-, -tjuəl-, -tjul-/ *vt.* **1** …に知性を与える, 理知的にする. **2** (情を交えずに)理性的に調査[解釈]する, 知的に分析する. ― *vi.* 知性を働かす, 知的に論ずる, 思考する. **in·tel·lec·tu·al·i·za·tion** /ìnṭəlèktʃuəlɪzéɪʃən, -ṭl-, -tʃul- | -tɪlèktʃuəlaɪz-, -tʃul-, -tjuəl-, -tjul-/ *n.* **in·tel·léc·tu·al·ìz·er** *n.* 〘(*c*1819): ⇨ -ize〙

in·tel·léc·tu·al·ly /-tʃuəli, -tʃuli | -tʃuəli, -tʃuli, -tjuəli, -tjuli/ *adv.* **1** 知的に, 理知的に. **2** 知性[知力]に関しては, 知的見地からいえば. 〘(*a*1398): ⇨ intellectual, -ly¹〙

intelléctual próperty *n.* 〘法律〙 知的財産(権), 知的所有権, 無体財産権.

intelléctual vírtue *n.* 〘哲学〙 知徳 《知恵や認識などのように理性的原理の体得に関する徳; cf. moral virtue》.

in·tel·li·gence /ɪntéləʤəns, -ʤənts | ɪntélɪ-/ *n.* **1** 理知, 知性, 知力, 思考力 (⇨ mind SYN): human ~ 人間の知性, 人知. **2 a** (すぐれた)知性, 知力, 知恵, 聡明, 物わかりのよさ. ★ intellect より意味が広い: have the ~ *to* do …するだけの頭[知恵, 機転]がある / The boy shows very little ~. あの子は理性が足りない 《頭の働きが悪い》. **b** すぐれた知性の持主, 聡明な人. **3** (重要な事柄の)報道, 情報, 消息 (⇨ news SYN); 情報収集: give [receive] ~ of the movements of the enemy 敵軍の動静について情報を与える[受ける] / *intelligence*-gathering [monitoring] 情報収集[監視]. **4** 諜報(活動) (intelligence service): work for military ~ 軍の諜報活動のために働く. **5** 情報交換, 通信 (communication). **6** [しばしば I-] 知的存在物, 霊 (spirit); (特に)天使: the Supreme *Intelligence* 神 (God). 〘(*c*1380) □ (O)F ~ □ L *intelligentia, -legentia* understanding ← *intellegentem* 'INTELLIGENT': ⇨ -ence〙

I

intélligence àgency *n.* =intelligence bureau.

intélligence àgent *n.* 報道者; 情報将校; スパイ.

intélligence bùreau *n.* (軍事情報収集のための政府の)情報局, 情報部, 諜報部.

intélligence depàrtment *n.* =intelligence bureau. 〘1875〙

intélligence òffice *n.* **1** =intelligence bureau. **2** 《米古》 (家政婦などのための)職業紹介所[安定所]. 〘1692〙

intélligence òfficer *n.* 情報[諜報]将校. 〘1885〙

intélligence quòtient *n.* 〘心理・教育〙 知能指数 《精神年齢 (mental age) を暦年齢 (chronological age) で割っ(て 100 倍し)た数; 略 IQ》. 〘(1916) (なぞり) ← G *Intelligenz-quotient*〙

in·tél·li·genc·er *n.* **1** 通報者, 情報者. **2** 《古》 内通者, 探偵, スパイ. 〘(1540): ⇨ intelligence, -er¹〙

intélligence sèrvice *n.* **1** (秘密)情報機関, 諜報機関 《単に intelligence ともいう; cf. secret service 1》. **2** 情報勤務; 情報幕僚. 〘1930〙

intélligence tèst *n.* 〘心理〙 知能検査[テスト]. 〘1914〙

in·tel·li·gent /ɪntéləʤənt | ɪntélɪ-/ *adj.* **1** 理解力のある, 理性的な, 理知的な. **2** 〈人・動物が〉(生まれつき)理解力の鋭い, 物わかりのいい, 聡明な, 賢い: an ~ child / an ~ reader 聡明な読者 / an ~ animal 利口な動物. **3** 〈発言・行為など〉頭のよさを示す, 利口な, 気のきいた: an ~ question [reply] 頭のいい質問[返答] / conduct an ~ conversation 気のきいた会話をする. **4** 〘電算〙 情報処理機能をもつ: an ~ computer 独自のデータ処理機能をもつコンピューター. **5** 〈建物などが〉(中央コンピューターシステムにより)集中管理された; 人工知能機能をもつ: an ~ building インテリジェントビル. **6** 《古》 〔…を〕理解している, 知っている 〔*of*〕. **7** 《廃》 話好きな. **8** 《Shak》 (スパイ活動として)情報を与える. 〘(1509) □ L *intelligentem, -legentem* (pres.p.) ← *intelligere, -legere* to see into, perceive, undertand, 《原義》 choose among ← INTER-+*legere* to gather, choose, observe, read〙

SYN 聡明な: **intelligent** 知力が高く物事をよく考え理解することができる: Dolphins are *intelligent*. イルカは聡明だ. **clever** 《英》, **smart** 《米》 ものを学び理解するのが早い: a *clever* [*smart*] child 利発な子供 《両者共,「ずる賢い」という悪い意味になることがある》. **alert** 《よい意味で》 注意深くすばやく考え行動する: an *alert* mind 俊敏な精神. **quick-witted** 頭の回転が早い: a *quick-witted* policeman 機敏な警官. **bright** 特に子供が利口ではきはきしている: a *bright* boy 頭のいい少年. **knowing** 鋭く抜け目がない 《人の知らない情報を持っているという含意がある》: a *knowing* thief 抜け目のない泥棒. **brilliant** 非常に頭がよい: a *brilliant* scholar すばらしく頭の切れる学者.
ANT unintelligent.

intélligent càrd *n.* =smart card.

in·tel·li·gen·tial /ɪntèləʤénʃəl | ɪntèlɪ-/ *adj.* **1** 知力の, 知的な. **2** 知力をもった, 知力のすぐれた. **3** 通報する. 〘(1611) ← L *intelligentia* 'INTELLIGENCE'+-AL¹〙

intélligent knówledge-bàsed sýstem *n.* 〘電算〙 インテリジェント知識ベースシステム 《特定の専門分野において, 問題解決・決定を行うコンピューターシステム; 略 IKBS》.

in·tél·li·gent·ly *adv.* 理知的に, 聡明に, 利口に. 〘(1671): ⇨ intelligent, -ly¹〙

in·tel·li·gen·tsi·a /ɪntèləʤéntsiə, ɪntèl-, -gén- | ɪntèlɪ-, ɪntel-; *Russ.* inʲtʲɪlʲigʲéntsijə/ *n.* (*also* **in·tel·li·gen·tzi·a** /~/) [通例 the ~; 集合的; 複数扱い] インテリゲンチア, インテリ層, 知識[文化人]階級; 頭脳労働者. ⇨ intellectual 日英比較. 〘(1907) □ Russ. *intelligent-*

siya ▭ Pol. inteligencja ▭ L intelligentia 'INTELLIGENCE': cf. G Intelligenzia》

intélligent términal *n.* 〘電算〙インテリジェントターミナル, 多目的端末《ホストコンピューターとのデータのやりとりやデータの処理が可能なコンピューター端末装置》. 〘1969〙

in·tel·li·gi·bil·i·ty /ɪ̀ntèlədʒəbíləṭi | ɪntèlɪdʒəbíl-ɪti/ *n.* **1** 理解できること, わかること, 明白, 明瞭. **2** 〘通信〙了解度. **3** 理解できる[明白な]事柄. 〘(1610): ⇨ ↓, -ity〙

in·tel·li·gi·ble /ɪntélədʒəbl | ɪntélɪdʒə-/ *adj.* **1** 理解できる, わかりやすい〔*to*〕; 意味の明瞭な: ~ pronunciation 明瞭な発音 / an ~ explantion わかりやすい説明 / It is hardly ~ *that* he should have done something like that! 彼がそんな事をやったなんてほとんど理解できない / an ~ writer わかりやすい作家 / ~ only *to* experts 専門家にしかわからない / make oneself ~ (in English) 自分の考え[言うこと]を(英語で)わかってもらう / He spoke so fast as to be hardly ~. あまり早口に話すのでよくわからなかった. **2** 〘哲学〙(感覚を越えて)思惟(しい)されうる, 知性[理性]によって知りうる, 知性[英知]的な. **~·ness** *n.* **in·tél·li·gi·bly** *adv.* 〘(c1384) ▭ L *intelligibilis, -legibilis*: ⇨ intelligent, -ible〙

In·tel·sat /íntɛlsæt, ─ ─ ─ | ─ ─ ─/ *n.* **1** インテルサット, 国際電気通信衛星機構《衛星による宇宙空間の通信業務を商業ベースで世界のすべての地域に提供することを目標として 1964 年に発足した機構》. **2** インテルサット《商用通信衛星》. 〘(1966) ← *In(ternational) Tel(ecommunications) Sat(ellite Organization)*〙

I

in·tem·er·ate /ɪ̀ntémərɪ̀t | ɪn-/ *adj.* 《まれ》犯されない, 汚されない, 清らかな. **~·ly** *adv.* **~·ness** *n.* 〘(?c1425) ▭ L *intemerātus* ← IN-[1]+*temerātus* ((p.p.) ← *temerāre* to violate ← *temere* rashly, by chance): cf. temerity〙

in·tem·per·ance /ɪ̀ntémp(ə)rəns, -pəns | ɪntémp(ə)rəns/ *n.* **1** 不節制, 放縦; (言行などが)穏健さを欠くこと, 乱暴, 過激. **2** 耽溺(たんでき), 過度; 暴飲, 大酒: ~ in eating 暴食. **3** 激しさ, 厳しさ, (特に, 天候の)苛烈さ. 〘(?a1425) ▭ (O)F *intempérance* ▭ L *intemperantia*: ⇨ in-[1], temperance〙

in·tem·per·ate /ɪ̀ntémp(ə)rɪ̀t | ɪn-/ *adj.* **1** 〈人・言行など〉節度のない; 穏健さを欠く, 不謹慎な, 過激な: ~ ambition 途方もない[大それた]野心 / ~ language 暴言 / ~ zeal 過度の熱心. **2** 度を過ごした; (特に)酒におぼれる, 大酒を飲む: ~ habits 大酒癖. **3** 〈寒さ・天候など〉厳しい, 激しい: an ~ zone 熱[寒]帯 / ~ weather 険悪な天候, 荒天, あらし / an ~ winter 寒さの厳しい冬. **~·ly** *adv.* **~·ness** *n.* 〘(a1398) ▭ L *intemperātus* untempered, inclement, immoderate: ⇨ in-[1], temperate〙

in·tend /ɪ̀nténd | ɪn-/ *vt.* **1 a** [*to* do, 《英》*doing*, *that*-clause を伴って] 〈…する〉つもりである, 〈…しようと〉思う, 意図する: I (fully) ~ *to* go. (絶対に)行くつもりだ / He ~*ed* to go. 彼は行くつもりだった《実際に行ったかどうかは不明》. / He ~*ed* to have gone. =He had ~*ed* to go. 彼は行くつもりだったのだが(行かなかった) / Just what were you ~*ing* to achieve (by doing that)? (そうすることで)君はいったい何をするつもりだったのだ / I didn't ~ *to* hurt you. 君を傷つけるつもりでやったのではない / What do you ~ *doing* [*to* do] (about it)? 何をするつもりですか / I ~ *that* it (shall [should]) be done today. =I ~ it *to* be done today. それは今日仕上げるつもりだ / He ~*ed that* you (should) be invited. 君を招くつもりでいた. ★ 最後の 2 例のように *that*-clause で仮定法現在形を用いるのは《米》. **b** [目的語+*to* do を伴って] …に〈…させる〉つもりである, …を〈…にする〉意向である: Do you ~ me *to* share the cost of the dinner? 食事の代金をぼくにも払わせるつもりかい / He has ~*ed* his novel *to* be filmed. 小説を映画化させる意向でいる. ★ I ~ *for* him *to* call her. (彼に彼女を訪ねさせるつもりだ)のように言うのは《米》. **2** 〈人・物を〉(ある目的に)向けようとする〔*for*〕; 〔…として〕予定する〔*as*〕: This gift is ~*ed for* you. これは君への贈り物だ / His remark was ~*ed for* me. 彼の言葉は私への当てこすりだった / What was this ~*ed for*? これは何のため[何にするつもり]だったろう / I ~*ed* it *as* a stopgap. ほんの当座しのぎにやったまでだ. **3** 意図する, 企てる; 故意にする: ~ marriage 結婚しようと思う / We ~*ed* you no harm. 別にあなたに悪気があってやった[言った]わけではない / Was this ~*ed*? これは故意にやったことか. **4** 〔…で〕意味する〔*by*〕: What do you ~ *by* your words? 君の言葉はどういう意味か《どういう意味でそう言ったのか》. **5** 《古》〈目・心・方向・針路などを〉向ける. **— *vi.*** **1** 目的[計画]を持つ: He may ~ otherwise. 彼はほかに考えがあるのかも知れない. **2** 《古》方向[針路]をとる, 開始する. **~·er** *n.* 〘(?a1425) *intende(n)* ▭ L *intendere* to stretch out, direct ← IN-[2]+*tendere* to stretch out (⇨ tend[1]) ∽ (c 1290) *entende(n)* ▭ (O)F *entendre* ▭ L *intendere*〙

SYN 意図する: **intend** 特定の目的の達成に心を向けている: I *intend* to go to France this summer. この夏フランスへ行くつもりだ. **mean, aim** *intend* とほぼ同義に用いるが, 前者は目的達成の意味が弱く, 後者は強い: I've been *meaning* to write to you all week. 今週ずっと君に手紙を書こうと思っていた / *aim* for the world record 世界記録を狙う. **design** 明確な意図をもっている《格式ばった語》: He *designed* his son for a doctor. 息子を医者にするつもりだった. **propose** 用意周到な計画を立てている《格式ばった語》: I *propose* to visit Sydney this summer. この夏シドニーを訪れるつもりだ.

in·ten·dance /ɪ̀ntɛ́ndəns | ɪn-/ *n.* **1** 行政, 監督, 管理 (superintendence); 経理(局). **2** (フランス・スペインなどの)行政庁, 地方庁; 管理庁; (特に軍の)管理部. 〘(1739) ▭ F ~: ⇨ intendant, -ance〙

in·ten·dan·cy /ɪ̀ntɛ́ndənsi | ɪn-/ *n.* **1** intendant の職[身分, 地位, 管轄区域]. **2** [集合的] 監督官; 管理部. **3** (スペイン植民地などの)行政区. 〘(1598): ⇨ ↓, -ancy〙

in·ten·dant /ɪ̀ntɛ́ndənt | ɪn-/ *n.* **1** (フランス・スペインなどの)監督官, 管理官 (superintendent) スペイン植民地などの地方行政長官. **2** (特にラテンアメリカ諸国における)地方行政長官. 〘(1652) ▭ F ~ ▭ L *intendentem* (pres.p.) ← *intendere*: ⇨ intend, -ant〙

in·tend·ed /ɪ̀ntɛ́ndɪ̀d/ *adj.* **1** 意図された, もくろまれた, 故意の; 予定された, 所期の: an ~ insult 故意の辱め / produce the ~ effect 予期した効果を生じる / a book ~ *for* advanced students 上級学生向きの本 / as ~ 予想通り. **2** 《口語》いいなずけの: one's ~ wife 未来の妻, 婚約中の女性. **— *n.*** [one's ~ として]《口語》未来の夫[妻], いいなずけ, 婚約者 (fiancé(e)): her [his] ~. 〘(c1485) (p.p.) ← INTEND〙

in·ten·den·cy /ɪ̀ntɛ́ndənsi | ɪn-/ *n.* =intendancy 3.

in·ténd·ing *adj.* これからなろう[しよう]とする: ~ subscribers 予約[寄付]を申し込もうとする人々 / an ~ teacher 教師志望者 / an ~ emigrant (他国への)入国[移住]希望者. 〘(1660): ⇨ -ing[2]〙

in·ténd·ment *n.* **1** 〘法律〙(法の)真義, (法の)真意解釈. **2** 《古》意図, 目的. 〘(c1380) *entendement* 《廃》understanding, meaning ▭ (O)F ← *entendre* to mean, intend < L *intendere* 'to INTEND': ⇨ -ment〙

in·ten·er·ate /ɪ̀ntɛ́nərèɪt | ɪn-/ *vt.* 《まれ》柔らかにする, 軟化する (soften). 〘(1595) ← IN-[2]+L *tener* 'TENDER[3]'+-ATE[3]〙

in·ten·er·a·tion /ɪ̀ntɛ̀nəréɪʃən | ɪn-/ *n.* 軟化. 〘(1626): ⇨ ↑, -ation〙

intens. 《略》intensifier; intensive.

in·ten·sate /ɪ̀ntɛ́nseɪt | ɪn-/ *vt.* 《文語》=intensify. 〘(1831): ⇨ ↓, -ate[3]〙

in·tense /ɪ̀ntɛ́ns, -tɛ́nts | ɪn-/ *adj.* **1** 〈光・温度など〉激しい, 強烈な, 猛烈な, 極端な: ~ cold 厳しい寒さ, 厳寒 / ~ heat 酷暑; 高い熱 / the ~ sun 烈日 / ~ pain 激痛. **2** 〈感情・行動など〉激しい, 熱心な, 熱烈な; 〔…に〕努力する, 一生懸命な〔*in*〕: an ~ desire [hatred] 激しい欲望[憎しみ] / ~ love 熱烈な愛[恋愛] / ~ study 熱心な研究 / of ~ interest to everyone だれにとっても強い興味をひく. **3** 〈人など〉感情的な, 熱情的な, 感動しやすい, 熱烈な; 〈顔など〉真剣な, 緊張した: an ~ person 熱情家 / an ~ face [look] 真剣な顔[まなざし]. **4** 〘写真〙(明暗の)強い, どぎつい (dense), 光の強い. **~·ness** *n.* 〘(?a1425) ▭ (O)F ~ ∥ L *intensus* stretched, violent (p.p.) ← *intendere* 'to INTEND'〙

in·ténse·ly *adv.* 激しく; 強烈に, 熱情的に; 熱心に, 一生懸命に. 〘(?a1425): ⇨ ↑, -ly[1]〙

in·ten·si·fi·ca·tion /ɪ̀ntɛ̀nsəfɪ̀kéɪʃən | ɪntɛ̀nsɪ̀fɪ-/ *n.* **1** 強める[強まる]こと, 強化, 増大. **2** 〘写真〙補力(法), 増感(法)《陰画が薄すぎる場合, 薬液によって不透明度を増加させること; ↔ reduction》. 〘(1847) ← INTENSIFY+-FICATION〙

in·tén·si·fì·er *n.* **1** 強める[激しくする]もの. **2** 〘文法〙強意語 (⇨ intensive 5). **3** 〘写真〙増感剤, 補力液, 増度液. **4** 〘生物〙強調遺伝子, 強調因子. **5** 〘機械〙増圧機《水圧を上げるためのピストン装置》. 〘(1835): ⇨ ↓, -er[1]〙

in·ten·si·fy /ɪ̀ntɛ́nsəfàɪ | ɪntɛ́nsɪ̀-/ *vt.* **1** 〈光・温度などを〉強める, 激しくする, 強烈にする: ~ heat, colors, etc. **2** 〈感情・行動などを〉激しくする, …の度を増す, 激化する, 深刻化する: ~ one's efforts / The political ferment was *intensified* by labor unrest. 政治的動揺は労働不安によってさらに激化した. **3** 〘写真〙〈薄い原板を濃くする, 補力する, 増感する. **— *vi.*** 強くなる, 激化する, 深刻化する: The war has *intensified*. 戦争が激化した. 〘(1817) ← INTENSE+-FY〙

SYN 強める: **intensify** あるものの特徴を強める《格式ばった語》: His absence *intensified* her lonliness. 彼の不在が彼女の寂しさを強めた. **aggravate** いっそう悪くする《格式ばった語》: Her blunt reply *aggravated* his anger. 彼女のそっけない返事で彼の怒りはつのった. **enhance** 価値・魅力をいっそう高める《格式ばった語》: The moonlight *enhanced* her beauty. 月明かりが彼女の美しさをいやましていた. **heighten** 効果などを高める: Music served to *heighten* the effect. 音楽が効果を高めるのに役立った.
ANT temper, mitigate, allay, abate.

in·tén·si·fỳ·ing scrèen *n.* 〘写真〙増感[板]《X 線写真の感度を増大するため, フィルムの両面に密着させて用いられる蛍光物質を塗った厚紙または薄板》. 〘1903〙

in·ten·sion /ɪ̀ntɛ́nʃən | ɪn-/ *n.* **1** (精神的)緊張, 努力. **2** 強さ, 高度; 激しさ, 強烈さ, 猛烈さ. **3** (強弱の)度, 強度 (degree). **4** 強化, 増強. **5** 〘論理〙内包 (connotation) (↔ extension). **6** 〘農業〙集約経営. 〘(1603) ▭ L *intensiō(n-)* ← *intendere* to stretch out: ⇨ intend, intense, -sion: cf. intention〙

in·ten·sion·al /-ʃnəl, -ʃənl/ *adj.* 〘論理〙内包(的な); 内在的な (↔ extensional): an ~ definition 内包的定義 / an ~ meaning 内包[内在]的意味《思考[思念]の内容・対象としての意味; 属性, 共通性質》. **~·ly** *adv.* 〘(1883): ⇨ ↑, -al[1]〙

inténsional óbject *n.* 〘論理・哲学〙志向的対象《意識に志向的に内在する対象》.

in·ten·si·tom·e·ter /ɪ̀ntɛ̀nsətá(ː)məṭə | ɪntɛ̀nsɪ̀tɔ́mɪ̀tə[r]/ *n.* (正しい露出時間を決めるための) X 線強度測定装置, 線量計. 〘← INTENSIT(Y)+-O-+-METER[1]〙

in·ten·si·ty /ɪ̀ntɛ́nsəṭi, -tɛ́ntsə- | ɪntɛ́nsɪ̀ti, -tɛ́ntsɪ̀-/ *n.* **1** (性質・感情・力・温度などの)強烈さ, 激烈さ, 熱烈さ, 緊張: the ~ of feeling [faith] 強烈な感情[信仰] / the ~ of heat [light] 熱[光]の強烈さ / speak with (great) ~ (大変)熱を入れて話す / the ~ of one's exertion 激しい[猛烈な]努力 / He went mad at the ~ of his grief. 悲嘆のあまり気が狂った. **2** 強さ, 強弱, 強度, 力, 度 (degree): luminous ~ 光度 / ~ of electric current 電流の強さ / ~ of pressure 圧力の強さ / heighten the ~ of effect 効果を高める / The pain increased *in* ~. 苦痛がひどくなった. **3** 〘音声〙(音の)強さ, 強度. **4** 〘写真〙= density 3 b. **5** 〘光学〙=saturation 5. **6** (地震の)震度 (earthquake intensity) (cf. Mercalli scale, Richter scale).
inténsity of illuminátion =illumination 1 b.
inténsity of magnetizátion 〘物理〙磁化の強さ.
inténsity of radiátion 〘物理〙放射の輝度.
〘(1665): ⇨ intense, -ity〙

inténsity modulàtion *n.* 〘電気〙輝度変調《ブラウン管上に現れる図形などの特定部分の明るさを変える変調》.

in·ten·sive /ɪ̀ntɛ́nsɪv, -tɛ́ntsɪv | ɪn-/ *adj.* **1** 強い, 激しい, 猛烈な, 緊張した; 徹底的な, 集中的な: ~ study [research] 徹底的な研究[調査] / ~ reading 精読 (cf. EXTENSIVE reading) / an ~ course (会話などの)集中(的訓練)コース / an ~ bombardment 集中爆[砲]撃. **2** 度が強くなる, 増大する. **3** 〘経済・農業〙**a** 集約的な《一定の地域に資本と労力とを多量に集中して生産の増大を図る経営方法にいう; ↔ extensive》: ~ agriculture [farming] 集約農業 / ~ cultivation 集約耕作 / ~ fishing 集約漁業 / ~ methods 集約的方法. **b** [しばしば複合語の第 2 構成素として] (…を)集約的に用いる: capital-[labor-]*intensive* 資本[労働]集約的な. **4** 〘医学〙集中的な, 集約的な: ⇨ intensive care (unit). **5** 〘文法〙強意の, 強調の (cf. *n.* 2), 強意代名詞の: an ~ adverb 強意的副詞 / an ~ plural 強意複数形《full of hopes and fears の hopes, fears; I've got my wishes. の wishes など》/ an ~ prefix 強意接頭辞 (beseech の be-, forlorn の for-, perjure の per- など). **6** 〘論理〙内包的な (↔ extensive): ~ development 内包的発展.
— *n.* **1** (ある物を)強めるもの[原因]. **2** 〘文法〙**a** 強意語《形容詞・副詞の前にきてその意味を強調する語; 例: *very* well, *terribly* cold など; intensifier, intensive adverb ともいう》. **b** 強意的造語要素《接頭[尾]辞など; cf. *adj.* 5》.
~·ness *n.* 〘(c1450) ▭ F *intensif, -ive* ∥ ML *intensīvus* ← L *intensus* 'INTENSE': ⇨ -ive〙

inténsive cáre *n.* 〘医学〙(重症患者に対する)集中治療. 〘1963〙

inténsive cáre ùnit *n.* 〘医学〙集中治療室[部, 病棟] (略 ICU).

inténsive lánguage prògram *n.* [the ~] 〘教育〙(第二次大戦中, 特に米陸軍の行った)集中的語学教育計画.

in·tén·sive·ly *adv.* 激しく, 強烈に; 集中的に, 緊張して, 集約的に. 〘(1604): ⇨ -ly[1]〙

inténsive prónoun *n.* 〘文法〙強意代名詞《強意用法の再帰代名詞; 例: He himself said so. の himself など》.

in·tent[1] /ɪ̀ntɛ́nt | ɪn-/ *adj.* **1** 〔…に〕心を向けて, 一心になって; 〔…に〕余念がない, 没頭して(いる), ふけって(いる)〔*on, upon*〕: ~ *on* one's work [task] 仕事に余念がない / be ~ *on* pleasure [revenge, money-making] 遊び[復讐, 金もうけ]に夢中になっている / He is ~ *on pleasing* everyone. 皆の気に入ろうと努めている / He was too ~ *on* watch*ing* TV to hear the phone. テレビにあまり熱中していたので電話の音が耳に入らなかった. **2** 熱心な, 専心の: an ~ look 一心に見守る目, 凝視 / His face was ~. 熱心な顔つきだった. **~·ness** *n.* 〘(?c1390) ▭ L *intentus* stretched, bent (on something), attentive, eager (p.p.) ← *intendere*: ↑〙

SYN 熱中して: **intent** あることに専念して: He is *intent* on the job. その仕事に専念している. **engrossed** あることに注意と関心をすっかり奪われて: He was too *engrossed* in his work to notice me. 仕事に熱中していて私に気づかなかった. **absorbed** すっかり心を奪われて《*engrossed* よりも意味が強い》: He was *absorbed* in thought. 彼は沈思黙考していた. **rapt** あるものに魅せられてうっとりして《格式ばった語》: He gazed at the miniature *rapt* in admiration. つくづく感嘆してその細密画を見つめた.
ANT distracted.

in·tent[2] /ɪ̀ntɛ́nt | ɪn-/ *n.* **1** 意思, 意向 (⇨ intention SYN); 目的, 計画; 〘法律〙意思, 故意, 決意: criminal ~ 犯意 / with evil [malicious] ~ 悪意をもって / with good ~ 善意をもって / with ~ *to* defraud [kill] 詐欺[殺害]の目的で / use one's leisure time *to* good ~ 余暇を善用する. **2** 意味, 趣旨; 真意, 含意.
to áll inténts (and púrposes) どの点からみても; 実質[現実]的には, 実際上, 事実上, ほとんど, つまり: The revised edition is *to all ~s and purposes* a new book. 改訂版は事実上新版である.
〘(?a1200) ~, *entent* ▭ OF *entent* intention < LL *intentum* intention, attention ← L *intentus* (p.p.) 'stretching out' ← *intendere* 'to INTEND' ∥ ▭ (O)F *entente* purpose < VL *intentam (fem.) ← L *intentus*〙

in·ten·tion /ɪnténʃən, -téntʃən | ɪn-/ *n.* **1** 意思, 意向, 意図, 目的; 故意: by ～ 故意に / with good ～*s* 善意で, 誠意をもって / with the best of ～*s* 誠心誠意 / be full of good ～*s* 善意の持主である(が, 現実にはたいして役に立っていない) / with the ～ *of doing* …するつもりで / have no [every] ～ *of doing* …しようとする意思がない[大いにある] ★ このように the, an, no, any などの修飾語をとるときは「of＋動名詞」が普通; その他の場合は to 不定詞のほうが好まれる / My ～ is *to do* … [is *that* …] 私の目的は…することである[…ということである] / My ～ is *for* it *to* be finished today. ＝My ～ is *that* it (should) be finished today. 今日中にそれを終えるつもりだ / His ～ *to* finish by noon is surprising. お昼までに終えようなんて驚きだ / (The road to) Hell is paved with good ～*s*. 《諺》 地獄の道は善意で敷かれている《改心しようと思いながらも地獄へ落ちる人が多い; Boswell, *The Life of Samuel Johnson*》. **2** 〘文学〙(批評家が作品中に認める作家の)意図, 目的 (design). **3** 〘論理〙志向, 意図; 概念, 観念, 思念, 想念 (conception): → first intention 2, second intention 2. **4** 〘カトリック〙(ミサ・祈りなどの)意向: a special [particular] ～ 特定の目的《特定の人の精神的幸福など》. **5** [*pl.*]《口語》結婚の意思: make known one's ～*s* 恋を打ち明ける; 自分の意思を知らせる / His ～*s* are honorable. (交際中の女性と)彼は結婚する意思がある / What are your ～*s toward* her? 君は彼女に対して(結婚する)気があるのか. **6** 〘外科〙癒合(ゆごう) (⇨ healing). **7** 《古》意味, 趣旨: the ～ of a clause 条項の趣旨. **8** 《古》一心, 専心. 〖《c1380》 *entencioun, in-* □ OF *entencion* (F *intention*) □ L *intentiō(n-)* a stretching, purpose ← *intendere* 'to stretch out, INTEND': cf. intension〗

SYN 意図・目的: **intention** あることをしようとする気持ち: He had no *intention* of going back. 戻る意志は少しもなかった. **intent** 〘法律〙しようと考えていること《*intention* よりも熟慮の意味が強い》: He entered the building with a criminal *intent*. 犯意をもってその建物に入った. **purpose** 明確な決意を伴った目的: For what *purpose* are you doing that? 何の目的でそんなことをしているのか. **aim** 明確な努力目標: Her *aim* is to become a teacher. 彼女の目標は教師になることだ. **design** 心に抱いているもくろみ: sinister *designs* 腹黒い計画. **goal** 努力・野心などの到達点《達成したら努力をやめるという含意がある》: achieve a *goal* 目標を達成する. **end** 原理原則に則った目的《格式ばった語》: The *end* justifies the mean. 目的は手段を正当化する. **object** 努力・行為・希望などに向けられる目標: He has no *object* in life but to make money. 金もうけ以外に何も人生の目的がない. **objective** 達成することのできる具体的な目的: My *objective* for the present is to write a historical novel. 当面の目標は歴史小説を書くことだ.

in·ten·tion·al /ɪnténʃnəl, -ʃənḷ, -téntʃ-, -téntʃə- | ɪn-/ *adj.* **1** もくろんだ, 計画的な, 故意の, ことさらの (↔ accidental, unintentional): an ～ insult 故意の侮辱 / an ～ pass [walk] 〘野球〙敬遠 / I was not ～ *in doing* so. 故意にそうやったのではありません. **2** 〘哲学〙志向的な, 意図的な, 表象的な. **in·ten·tion·al·i·ty** /ɪntènʃənǽləti | ɪntènʃənǽlɪ̀ti/ *n.* 〖《1530》 □ ML *intentiōnālis*: ⇨ ↑, -al¹〗

SYN 意図的な: **intentional** ある行為を偶然にではなく意図的に行った: *intentional* damage 故意の損傷. **deliberate** 前もって計画し, 偶然ではなく意図的な: a *deliberate* lie 故意のうそ. **willful** 他人に害を与えることを知りながら, それを意図して: a *willful* injury 故意の傷害.

in·tén·tion·al·ly /-ʃ(ə)nəli/ *adv.* わざと, 故意に, ことさら (on purpose).

in·tén·tioned *adj.* [しばしば複合語の第 2 構成素として] (…の)ある意志[意向]がある, (…の)つもりの, 目的(が…)の: ill-*intentioned* 悪意でした / a well-*intentioned* lie 好意的に言ったうそ. 〖《1647》: ⇨ -ed〗

inténtion trèmor *n.* 〘医学〙企図震顫(しんせん)《随意運動をしようとすると生ずる》.

in·ténṭ·ly *adv.* 熱心に, 夢中になって, 余念なく, もっぱら: He gazed at her ～ 彼女を熱心に見詰めた. 〖《c1425》 *ententli*: ⇨ intent², -ly¹〗

in·ter /ɪntə́ː(r | ɪntə́ː(r/ *vt.* (**in·terred**; **-ter·ring**) 〈死体を〉埋める, 埋葬する (⇨ bury **SYN**); 葬る: The good is oft *interred* with their bones. 善事はしばしばそれをなした人の骨と共に土中にうずもれる (Shak., *Caesar* 3. 2. 81). 〖《c1303》 *entere(n)* □ (O)F *enterrer* < VL **interrāre* ← IN-²＋L *terra* earth, ground, 《原義》 dry land: cf. thirst〗

inter. 《略》〘英大学〙《口語》intermediate (examination); interrogation.

in·ter- /ɪ́ntə | -tə(r/ *pref.* 名詞・形容詞・動詞に付いて次の意味を表す: **1** 「…の間 (between, among)」: *inter*collegiate, *inter*oceanic. **2** 「相互関係, 交互動作」: *inter*convertible, *inter*growth, *inter*knit. **3** 科学用語で between の意味の形容詞を造る: *inter*costal, *inter*glacial, *inter*stellar. 〖ME ～, *entre-*, *enter-* □ (O)F ～, *entre-* □ L *inter-* ← *inter* between, among〗

in·ter·a·bang /ɪntérəbæ̀ŋ | ɪn-/ *n.* ＝interrobang. 〖1967〗

ìnter·académic *adj.* 学校[大学]間の, 学校[大学]に共通の: ～ exchanges.

ìnter·ácinous *adj.* 〘解剖〙腺房間の, (肺の)細葉間の. 〖1876〗

in·ter·act¹ /ɪ̀ntərǽkt | -tə(r)-/ *vi.* 相互に作用する; 〈人が〉触れ合う, 協力しあう: Wages and prices ～. 賃金と物価は互いに影響し合う. 〖《1839》: ⇨ inter-, act (v.)〗

in·ter·act² /ɪ́ntərækt | -tə(r)-/ *n.* ＝entr'acte. 〖《1750》 (なぞり) ← F *entr'acte*: ⇨ inter-, act (n.)〗

in·ter·ac·tant /ɪ̀ntərǽktənt | -tə(r)-/ *n.* 相互作用する物質; (特に)化学反応を起こしている物質, 反応体. 〖《1949》: ⇨ interact¹, -ant〗

in·ter·ac·tion /ɪ̀ntərǽkʃən, ɪnəǽk- | -tə(r)-/ *n.* **1** 相互[交互]作用, 相互影響; 触れ合い, 協力. **2** 〘物理〙(素粒子の間に働く)相互作用《強さの違う以下の 3 種類の相互作用からなる》: strong ～ 強い相互作用 / electromagnetic ～ 電磁相互作用 / weak ～ 弱い相互作用. **3** 〘電算〙対話. **～·al** /-ʃnəl, -ʃənḷ/ *adj.* 〖《1832》: ⇨ interact¹, -tion〗

ìn·ter·ác·tion·ism /-ʃənɪzm/ *n.* 〘哲学・心理〙相互影響論, 相互作用説《精神と肉体はそれぞれ独立だが互いに影響し合うという説; cf. epiphenomenalism》. 〖1902〗

in·ter·ac·tive /ɪ̀ntərǽktɪv, ɪnəǽk- | -tə(r)-/ *adj.* **1** 相互に作用する, 相互作用[影響]の. **2** 〘電算〙対話式の, 会話形式の. **～·ly** *adv.* **in·ter·ac·tiv·i·ty** /ɪ̀ntərӕktívəṭi, ɪnə- | -tə(r)æktívɪ̀ti/ *n.* 〖《1832》 ← INTERACT¹＋-IVE: cf. active〗

ìnter·ágency *adj.* (政府の)関係省庁間の. 〖1728–31〗

in·ter a·li·a /ɪntəéɪliə, -áːl- | -tə(r)éɪliə/ *L. adv.* (もの・事について)なかんずく, 中でも. 〖《1665》 □ L ～ 'among other things'〗

inter á·li·òs /-éɪliòus, -áːl- | -éɪliə̀us/ *L. adv.* (人について)なかんずく, 中でも, とりわけ. 〖《a1670》 □ L *inter aliōs* 'among other persons'〗

ìnter·allíed *adj.* 連合国[同盟国]間の; 連合軍間の. 〖1917〗

ìnter-Américan *adj.* 米大陸(諸国)間の, 北米・中南米諸国間の (cf. Pan-American): ～ Conferences 米州会議 / the ～ Treaty for Reciprocal Defense 米州相互防衛条約《1948 年 12 月発効》. 〖1938〗

ìnter·artícular *adj.* 〘解剖〙関節間の. 〖1808〗

ìnter·atómic *adj.* 原子間の: ～ forces. 〖1863〗

ìnter·authórity *adj.* 当局間の.

ìnter·bánk *adj.* 銀行間の.

ìnter·béd *v.* (**-bed·ded**; **-bed·ding**) 〘地質〙＝interstratify. 〖*c*1806〗

ìnter·bédded *adj.* 〘地質〙〈岩石・鉱物など〉異質の地層にはさまれた, 混合層の (interstratified). 〖《1872》: ⇨ ↑, -ED〗

ìnter·blénd *vt.*, *vi.* (～**ed**, **-blent**) (互いに)混合する, 混ぎり合う. 〖《(1591)》 《a1849》〗

ínter·bòrough *adj.* 自治町村[都市] (boroughs) 間の[にある]: an ～ railway. **—** *n.* 自治町村[都市]を結ぶ交通機関《地下鉄・路面電車・バスなど; cf. interurban》. 〖1905〗

ínter·bràin *n.* 〘解剖〙間脳 (diencephalon). 〖1887〗

ìnter·bréed *v.* (**-bred**) 〘生物〙 **—** *vt.* 〈動植物を〉〔…と〕異種交配させる〔*with*〕. **—** *vi.* **1** 〈異種の動植物が〉雑種を生じる[作る], 雑種繁殖をする. **2** 血族結婚する. 〖1859〗

in·ter·ca·lar·y /ɪntə́ːkəlèri, ɪntəkǽləri | ɪntə́ːkələri, ɪntəkǽlə-ri/ *adj.* **1 a** 〈日・月が〉暦に閏(うる)として加えられた: an ～ day 閏日《2 月 29 日》/ an ～ month 閏月《太陽暦で 2 月; cf. month 1》. **b** 〈年が〉閏の: an ～ year 閏年 (leap year). **2 a** 挿し込んだ, 間に入れた [入った, はさまれた]. **b** 〘地質〙地層間の: ～ strata 中間地層. **3** 〘植物〙節間の. **in·tér·ca·lar·i·ly** /-rəli | -rɪ̀li/ *adv.* 〖《1614》 ∥ L *intercalārius* ← *intercalāre*: ⇨ intercalate, -ary〗

intércalary méristem *n.* 〘植物〙節間分裂組織.

in·ter·ca·late /ɪntə́ːkəlèɪt | ɪntə́ː-/ *vt.* **1** 〔…に〕挿し込む, 挿入する, 〔…の〕間に入れる[加える]〔*into*〕. **2** [通例 p.p. 形で] 〘地質〙〈溶岩層を〉異質の地層にはさむ. **3** 〈1 日または 1 か月を〉暦に閏(うる)(日, 月)を加える, 置閏(ちじゅん)する. 〖《1603》 ← L *intercalātus* (p.p.) ← *intercalāre* to proclaim insertion of intercalary day ← INTER-＋*calāre* to call out, proclaim: cf. calendar〗

in·ter·ca·la·tion /ɪntə̀ːkəléɪʃən | ɪntə̀ː-/ *n.* **1** 挿入, 間に入れること, (中間への)挿し込み; 挿し込んだ物. **2** 〘地質〙中間層. **3** 置閏(ちじゅん)《閏日(うるうび)または閏月を置くこと》. 〖《1577》 □ F ～ ∥ L *intercalātiō(n-)*: ⇨ ↑, -ation〗

in·ter·ca·la·tive /ɪntə́ːkəlèɪṭɪv, -lət- | ɪntə́ːkələt-, -lèɪt-/ *adj.* 挿入する, 挿入的な. 〖《1882》 ← INTERCALATE＋-IVE〗

ínter·càll télegraph *n.* 〘通信〙個別呼出し電信機.

ínter·càrdinal póint *n.* 四隅点《基本方位 (cardinal points) の中間方位; 北東, 南東, 南西または北西》. 〖1909〗

in·ter·cede /ɪ̀ntəsíːd | -tə-/ *vi.* **1** 仲裁する, 仲に入る (⇨ interpose **SYN**): ～ *in* a quarrel between husband and wife 夫婦げんかの仲裁に入る / ～ *with* a person *for* [*on behalf of*] one's friend 人に友人のことを執り成す / ～ *with* a teacher *for* a pardon 許してやって下さいと先生に頼んでやる. **2** 〘ローマ史〙〈護民官が〉拒否権を持ち出す[発動する]. **in·ter·céd·er** /-də | -də(r/ *n.* 〖《1578》 □ (O)F *intercéder* ∥ L *intercēdere* to intervene ← INTER-＋*cēdere* to go (cf. proceed)〗

ìnter·céllular *adj.* 〘生物〙細胞間の[にある]. **～·ly** *adv.* 〖1835〗

intercèllular súbstance *n.* 〘生物〙細胞間質. 〖1845〗

ìnter·cénsal *adj.* 国勢調査と国勢調査との間の: the ～ period, years, etc. 〖《1887》 ← INTER-＋CENSUS＋-AL¹〗

ìnter·céntral *adj.* 中心間の. 〖1870〗

in·ter·cept /ɪ̀ntəsépt, ɪnə- | ɪntəsépt, ⸗⸗⸗/ *vt.* **1** 〈人を〉途中で捕らえる, 〈物を〉途中で奪う, 横取りする: ～ a letter, messenger, etc. **2** 〈光・音・熱・水などを〉遮る, ふさぐ, 遮断(しゃだん)する, 止める: ～ a view 見晴らしを遮る / ～ rays of light *from* …から光線を遮る. **3** 〈逃亡・通行などを〉妨害する, 止める, 押さえる: ～ the flight of a criminal 囚人の脱走を押さえる. **4** 〈通信を〉盗聴[傍受]する. **5** 〈敵機・敵ミサイルなどを〉要撃[迎撃]する, 空中破壊する: missiles that ～ missiles ミサイル迎撃用ミサイル. **6** (ホッケー・サッカーなどで) 〈パスなどを〉インターセプトする. **7** 〘数学〙2 点 [2 線]間にはさみ取る, 2 点 [2 線]によって切り取る. **8** 《廃》…の活動を妨げる; …との連絡を断つ; …の視野を遮る.

— /ɪ́ntəsèpt | -tə-/ *n.* **1** 途中で奪う[横取りする]こと. **2** 遮断, 妨害. **3** 傍受[盗聴]した暗号[通信]. **4** 〘軍事〙(敵機・敵ミサイルなどの)要撃[迎撃], 空中破壊. **5** (ホッケー・サッカーなどで)インターセプト《敵側がパスした[投げた]ボールを途中で捕らえること》. **6** 〘数学〙切片《2 点 [2 線]間に切り取った部分; 直線や曲線と座標軸との交点と原点との間の距離》.
〖《v.: 1391; n.: 1821》 ← L *interceptus* (p.p.) ← *intercipere* to seize while passing, cut off ← INTER-＋*capere* to take, seize〗

ìn·ter·cépt·er *n.* ＝interceptor. 〖1601–02〗

in·ter·cep·tion /ɪ̀ntəsépʃən | -tə-/ *n.* **1** 途中で捕らえる[奪う]こと, 横取り, さえぎること. **2** 途中で捕らえられる[奪われる]こと, 妨害[遮断(しゃだん)]されること. **3** (ホッケー・サッカーなどで)インターセプトされたもの, (特に)インターセプトされた前への送球. **4** 〘軍事〙 **a** (敵機・敵ミサイルに対する)要撃, 迎撃: air ～ 空中要撃. **b** (通信の)盗聴, 傍受. 〖《?a1425》 □ F ～ ∥ L *interceptiō(n-)*: ⇨ intercept, -tion〗

in·ter·cep·tive /ɪ̀ntəséptɪv | -tə-/ *adj.* 遮る, 妨げる. 〖《1819》 ← INTERCEPT＋-IVE〗

ìn·ter·cép·tor *n.* **1** 途中で奪う人[もの]; 横取りする人. **2** 遮る人[もの], 妨害者, 障害物. **3** 〘軍事〙(敵機に対する)要撃機, 迎撃機; (敵機・敵ミサイルに対する)要撃[迎撃]ミサイル (intercept(or) missile ともいう). 〖《1598》 □ L ～: ⇨ intercept, -or²〗

in·ter·ces·sion /ɪ̀ntəséʃən | -tə-/ *n.* **1** 仲裁, 調停, 斡旋(あっせん), 執り成し: through his ～ 彼の執り成しによって / on ～ *of* …の仲裁により / make an ～ *with* a teacher *for* one's friend 友人のために先生に執り成しをする. **2** 〘キリスト教〙(神への)執り成し, 代禱(だいとう), 代願 (intercessory prayer): the ～ of Christ キリストの執り成し (cf. *Heb.* 7: 25) / the ～ of saints 聖人の代禱. **3** 〘ローマ史〙(護民官の)拒否権発動[行使]. **～·al** /-ʃnəl, -ʃənḷ/ *adj.* 〖《?a1430》 □ (O)F ～ ∥ L *intercessiō(n-)* ← *intercessus* (p.p.) ← *intercēdere* 'to INTERCEDE': ⇨ -sion〗

in·ter·ces·sor /ɪ̀ntəsésə, ⸗⸗⸗ | ɪntəsésə(r, ⸗⸗⸗/ *n.* **1 a** 仲裁者, 調停者, 執り成し人. **b** [しばしば I-] 仲保者 (Mediator)《キリストのこと》. **2** 〘キリスト教〙臨時の主教《主教の後継者が決まるまで主教不在の教区を管轄する主教 (bishop)》. 〖《1482》 □ OF ～ (F *intercesseur*) ∥ L ～: ⇨ intercession, -or²〗

in·ter·ces·so·ri·al /ɪ̀ntəsesɔ́ːriəl | -tə-/ *adj.* 仲裁(者)の, 執り成し(人)の. 〖《1776》: ⇨ ↓, -al¹〗

in·ter·ces·so·ry /ɪ̀ntəsés(ə)ri | -tə-/ *adj.* 執り成しの, 仲裁の: an ～ prayer 〘キリスト教〙執り成しの祈り, 代禱(だいとう), 代願. 〖《1576》 □ ML *intercessōrius*: ⇨ intercessor, -ory¹〗

in·ter·change /ɪ̀ntətʃéɪndʒ, ɪnə- | ɪntə-/ *n.* **1** 交換, 取替え, やり取り (exchange): an ～ of gifts [letters] / an ～ of good offices 互いに親切を尽くすこと / an ～ of personnel *between* departments 部局間の人事交流. **2** (高速道路の)インターチェンジ: leave the highway at the next ～ 次のインターで高速を出る. **3** 交替, 代わり合い (alternation): the ～ of light and darkness 明暗の交替 / an ～ of work *with* [and] play 勉強と遊びを交互にすること.

— /ɪ̀ntətʃéɪndʒ, ɪnə- | ɪntə-/ *v.* **—** *vt.* **1** (互いに)交換する, 取り交わす (⇨ exchange **SYN**): ～ gifts [letters] 贈り物[手紙]のやり取りをする / ～ ideas [opinions] 考え[意見]を交換する / He ～*d* glances *with* her. ＝They ～*d* glances. 視線を交わした / Greetings were ～*d between* the two people. 二人の間で挨拶が交わされた. **2** 交換する, 入れ替える; 交替に起こさせる (alternate): ～ (the) front and rear tires 前後のタイヤを入れ替える / ～ cares *with* [and] pleasures 苦労と楽しみを交互に交える. **—** *vi.* 〈二つの物が〉入れ替わる, 交替する; 交替に起こる (alternate).
ìn·ter·cháng·er *n.* 〖《v.: *c*1380; n.: 1427》 *enterchaunge(n)* □ OF *entrechangier* to change, disguise ← *entre-* 'INTER-'＋*changier* 'to CHANGE'〗

in·ter·change·a·bil·i·ty /ɪ̀ntətʃèɪndʒəbɪ́ləṭi, ɪnə- | -tətʃèɪndʒəbɪ́lɪ̀ti/ *n.* 取り替えられること; 交換[交替]可能性; (部品の)互換性. 〖《1805》: ⇨ ↓, -ity〗

in·ter·change·a·ble /ɪ̀ntətʃéɪndʒəbl, ɪnə- | ɪntə-/ *adj.* 取り替えられる, 交換できる; 交代できる: ～ words / ～ in all contexts あらゆる文脈で交換可能な / Parts are ～ from one model to another. 部品は型が違っても交換が可能です. **～·ness** *n.* **in·ter·cháng·e·a·bly** *adv.* 〖《c1380》 *enterchaungeable* □ OF *entrechangeable*: ⇨ interchange, -able〗

ínterchangeable léns *n.* 〘写真〙交換レンズ.

ìnterchánge·ment *n.* 《廃》＝interchange.

I

ínterchange pòwer *n.* 融通電力《外国との間, 電力会社相互間でやりとりされる電力》.
ínterchange stàtion *n.* (鉄道の)乗換駅. 〖1892〗
inter·chúrch *adj.* 各教派に共通の, 各教派が協力した, 諸宗派間の, 教派協調的な (interdenominational). 〖1905〗
ìnter·cíty *adj.* 《英》主要都市間の[を結ぶ]: an ～ train. — *n.* 主要都市間を結ぶ列車. 〖1909〗
Ìnter·Cíty *n.* 〖商標〗インターシティー《英国内の主要都市を結ぶ高速列車》. 〖1955〗
ìnter·cláss *adj.* **1** 階級間の: ～ marriage. **2** クラス間[対抗]の, 2クラス以上を含む: an ～ debate クラス対抗討論会. 〖1909〗
ìnter·clávicle *n.* 〖解剖〗(爬行(はこう)動物などの)鎖骨間. 〖1870〗
ìnter·clavícular *adj.* 〖解剖〗鎖骨間の. 〖《1831》: ⇨ ↑, -AR¹〗
ìnter·cóllege *adj.* =intercollegiate.
ìnter·collégiate *adj.* 大学[カレッジ]間の, 大学対抗[連合]の (cf. interuniversity): an ～ regatta 大学対抗ボートレース / an ～ baseball game 大学対抗野球試合. 〖《*c*1874》← INTER-＋COLLEGIATE〗
ìnter·colónial *adj.* 〈通商・相互関係など〉(一国の)植民地間の: ～ trade, relations, etc. **～·ly** *adv.* 〖1843〗
ìnter·colúmnar *adj.* **1** 〖建築〗柱間(はしらま)の. **2** 〖解剖〗柱間(ちゅうかん)の. 〖1842〗
ìnter·columniátion *n.* 〖建築〗柱間(はしらま), 柱の内法(うちのり)寸法; 柱割り; 柱割り様式《柱の太さに比例した内法寸法の定式》. 〖《1624》← L *intercolumnium* space between columns＋-ATION〗
in·ter·com /íntəkɑ̀(ː)m | -tәkɔ̀m/ *n.* [the ～] 《口語》インターコム (⇨ intercommunication system). 日英比較 日本語の「インターホン」は interphone に由来するが, 英語では一般には用いられず, *intercom* が普通. 〖《1940》《略》〗
ìnter·cómmon *vi.* 〖英法〗相互入会をする《隣接地間で, 相手の土地に対する入会権 (common) を相互に行使し合う; 隣接地間の放牧など》. 〖《?*c*1440》*entercome(n)* ▭ AF *entrecomuner* ← *entre-* 'INTER-'＋*comuner* to share: cf. common, commune〗
ìnter·commúnal *adj.* (二つ以上の)コミュニティー間の. 〖1909〗
ìnter·commúne *vi.* 親しく語り合う. 〖《*c*1385》*entercomune(n)* ▭ AF *entrecomuner*: ↑〗
ìnter·commúnicate *vi.* **1** 相通じる, 相交わる, 交通し合う. **2** 〈部屋などが〉互いに通じる, 自由に行き来できる. — *vt.* 《まれ》〈情報・意見などを〉互いに交換する. **ìnter·commùnicabílity** *n.* **ìnter·commúnicable** *adj.* **ìnter·commúnicator** *n.* 〖《1586》← ML *intercommūnicātus* (p.p.) ← *intercommūnicāre* to have intercourse with each other: ⇨ inter-, communicate〗
ìnter·communicátion *n.* **1** 相互の交通, 互いに通じ合うこと, 交際, 連絡: ～ telephone. **2** 交通路. 〖《1586》▭ ML *intercommūnicātiō(n-)*: ⇨ ↑, -ation〗
intercommunicátion sỳstem *n.* 相互通信方式《放送などの一方向通信に対し, 両方向のものをいう; 略して intercom ともいう》. 〖1911〗
ìnter·commúnicative *adj.* 互いに通じる; 連絡[交際]の. 〖《*a*1641》← INTERCOMMUNICATE＋-IVE〗
ìnter·commúnion *n.* **1** 相互の交通, 交際, 親交; 相互関係. **2** 〖キリスト教〗諸教派共同陪餐 (cf. close communion, open communion). 〖*a*1761〗
ìnter·commúnity *n.* 共通性, 共有; 共催. — *adj.* 地域(社会)の, 地域(社会)間の. 〖1587〗
ìnter·concéptional *adj.* (連続した)妊娠の間に起こる.
ìnter·condénser *n.* 〖海事〗中間復水器.
ìnter·conféssional *adj.* 〖キリスト教〗諸教派共同の, 信仰告白を異にする教派間の[に共通な, に支持された], 信条協調的な. 〖1892〗
ìnter·connéct *vt.* 相互に連結[連絡]させる. — *vi.* 相互に連結[連絡]する. 〖1865〗
ìnter·connécted *adj.* 互いにつながった, 関連している, 相関関係にある.
ìnter·connéctedness *n.* 相互連関性, 相関状態, 提携 (interrelatedness). 〖《1922》: ⇨ ↑, -ness〗
ìnter·connéction *n.* 相互連結, 相互連絡. 〖《1822–51》← INTERCONNECT＋-TION〗
ìnter·consonántal *adj.* 〖音声〗〈母音が〉子音間にある, 子音にはさまれた. 〖1931〗
ìnter·continéntal *adj.* **1** (二つの)大陸間の[にまたがる]: ～ railways, trade, etc. **2** 大陸間を飛びうる: an ～ warplane, bomber, missile, etc. 〖1855〗
intercontinéntal ballístic míssile *n.* = ICBM. 〖1956〗
ìnter·convérsion *n.* 転換; 相互交換, 取替え. 〖1865〗
ìnter·convért *vt.* 相互交換する. 〖1953〗
ìnter·convértible *adj.* 相互交換可能な. **ìnter·convertibílity** *n.* 〖1802–12〗
ìnter·cóoler *n.* 〖機械〗中間冷却器, インタークーラー. 〖1899〗
ìnter·córporate *adj.* 異なる団体[法人]間の[を含む].
ìnter·córrelate *vi., vt.* 相関する[させる].
ìnter·correlátion *n.* 相関関係.
ìnter·cóstal *adj.* **1** 〖解剖〗肋間(ろっかん)の, 肋間に生じる: ～ neuralgia 肋間神経痛. **2** 〖海事〗〈竜骨など〉連続している骨組の間の. — *n.* 〖解剖〗肋間筋. **～·ly** *adv.* 〖《1597》← NL *intercostālis*: ⇨ inter-, costa, -al¹〗
íntercostal múscle *n.* 〖解剖〗肋間筋. 〖1597〗
in·ter·course /íntəkɔ̀əs, ínə- | -tәkɔːs/ *n.* **1** 肉体関係, 性交 (sexual intercourse): illicit ～ 姦通. **2** (グループ・団体などの間の)交通, 交際: friendly ～ 友交関係, 交際 / social ～ 社交 / have [hold] ～ *with* …と交際している. **3** (国際間などの主に貿易上・商業上の)相互関係, 交通, 交渉, 取引, 通商: commercial [trade] ～ *with* the U.S. 米国との通商 / diplomatic ～ *between* two nations 2国間の外交関係[国交]. **4** 思想・感情の交換; 霊的[精神的]交通, 霊交: ～ *with* God 神との交わり. 〖《1449》*entercourse* ▭ (O)F *entreco(u)rs* < L *intercursum* a running between (p.p.) ← *intercurrere* to run between, mingle with: ⇨ inter-, course〗
ìnter·cróp 〖農業〗 *v.* (-cropped; -crop·ping) — *vt.* 〈作物・土地を〉間作する. — *vi.* 間作する. — *n.* 間作 (catch crop). 〖1898〗
ìnter·cróss *vt.* **1** 〈線などを〉互いに交わらせる, 交差させる. **2** 異種交配させる, 雑種を生じさせる. — *vi.* **1** 〈線などが〉互いに交わる[交差する]. **2** 異種交配する, 雑種を生じる (*with*). — /ˊ—ˋ—/ *n.* 異種交配; 雑種. 〖1711〗
ìnter·crúral *adj.* 股間の, 下肢間の. 〖*a*1693〗
ìnter·crýstalline *adj.* 〖結晶〗(モザイク結晶において)〈割れ目など〉小結晶領域同士の間にある (cf. transcrystalline). 〖1901〗
ìnter·cúltural *adj.* 異文化間の, 二つ以上の文化の. 〖1937〗
ìnter·cúpola *n.* 〖建築〗**1** 屋根を構成する円蓋と天井を構成する円蓋との間の空間. **2** 二重の円蓋の間の距離.
in·ter·cur·rence /ìntəkə́ːrəns | -tәkʌ́r-/ *n.* **1** 間に起こる[来る]こと. **2** 〖医学〗(病気の)併発, 介入. 〖《1603》: ⇨ ↓, -ence〗
in·ter·cur·rent /ìntəkə́ːrənt | -tәkʌ́r-ˊ/ *adj.* **1** 間に来る[起こる], 中間の. **2** 〖医学〗〈病気が〉介入[併発]性の: an ～ disease 介入性疾患; 併発症. **～·ly** *adv.* 〖《1611》▭ L *intercurrentem* running between, intervening (pres.p.) ← *intercurrere* ← INTER-＋*currere* to run (⇨ current)〗
in·ter·cus·pa·tion /ìntəkʌspéɪʃən | -tә-/ *n.* 〖歯科〗咬頭嵌合(かんごう)《上下顎の歯の咬頭と小窩が嵌合すること》. 〖⇨ inter-, cuspate, -ation〗
ìnter·cút *v.* (～, -cut·ting) — *vi.* 〖映画〗インターカットする《カットにより遠写からクローズアップまたは別種のシーンを交互させる》. — *vt.* 〖映画〗〈ある場面〉に〔対照的なショットを〕はさみ込む (*with*); 〈対照的なショットを〉ある場面の間にはさむ; 〈対照的なことを〉物語の間にはさむ. — /ˊ—ˋ—/ *n.* インターカット《対照的な画面を交互に編集した連続画面》. 〖《1611》1938〗
ìnter·dáte *vi.* 《米》宗教[宗派]の異なった人とデートする. 〖1965〗
ìnter·déaler *adj.* (取引)業者間の. 〖1968〗
ìnter·denominátional *adj.* 教派[宗派]間の, 教派間に起こる[共通する], (特定教派に限らない)全教派連合の, 教派協調的な, 超教派の: an ～ church. **～·ism** *n.* 〖1877〗
ìnter·déntal *adj.* **1** 歯間の: an ～ papilla 〖歯科〗歯間乳頭. **2** 〖音声〗歯間的な, 歯間音の《舌端を歯間に置いて発音する》. — *n.* 〖音声〗歯間音 (《θ》, 《ð》). **～·ly** *adv.* 〖1874〗
ìnter·departméntal *adj.* 各部[局, 省]間の; (大学の)専攻学科[学部]間の; 異種部門間の: ～ cooperation [friction] 各部門間の協力[軋轢(あつれき)]. **～·ly** *adv.* 〖1895〗
ìnter·depénd *vi.* 相寄る, 互いに依存する. 〖1848〗
ìnter·depéndence *n.* 相寄ること, 頼り合い, 相互依存: ～ of labor and capital 労資の相互依存. 〖1822〗
ìnter·depéndency *n.* =interdependence. 〖1838〗
ìnter·depéndent *adj.* 〈人・国など〉相寄る, 互いに頼り合う, 相互に依存する. **～·ly** *adv.* 〖1817〗
in·ter·dict /ìntədíkt | -tәdíkt, -dáɪt/ *vt.* **1 a** (命令によって)禁じる, 禁止する: ～ trade with …との通商を差し止める. **b** …の使用を禁止する. **c** 〈人〉に〔…することを〕禁じる (*from*): ～ a person *from* doing. **2** 《米》〖軍事〗(空爆・地上砲火によって)〈敵を〉阻止する, 遮断する (cf. interdiction 2). **3** 〖カトリック〗…の聖務を禁止[停止]する. — /íntədìkt | -tәdìkt, -dàɪt/ *n.* **1** 禁止(命令), 禁制, 差止め. **2** 〖カトリック〗(聖務または秘跡授与の)禁止[停止], 聖務禁止: lay a priest under an ～ 司祭を聖務停止にする. **3** 〖ローマ法〗(執政官が下す所有権紛争に関する)差止命令. **ìn·ter·díc·tor** *n.* 〖v.: 《1502》← L *interdictus* (p.p.) ← *interdicere* to interpose by speech, forbid by decree ← INTER-＋*dicere* to say, speak ∞ 《*c*1290》*enterdite(n)* ▭ OF *entredit* (p.p.) ← *entredire* ▭ L *interdicere*. — n.: 《*c*1300》*enterdit, interdi(c)t* ▭ OF *entredit* ▭ L *interdictum* (neut.p.p.) ← *interdictus* (p.p.) ← *interdicere*〗
in·ter·dic·tion /ìntədíkʃən | -tә-/ *n.* **1** 禁止, 禁制, 停止, 差止め. **2** 《米軍》阻止, 遮断《敵軍の戦場到着以前にこれをたたき, あるいは交通路を遮断して敵軍の移動および補給を弱化させる作戦行動》; (空爆・地上砲火による)輸送作戦の破壊[妨害], 補給路砲撃[爆撃]; 阻止[遮断]射撃 (interdiction fire ともいう): air ～ (敵軍に対して航空部隊の行う)航空阻止(作戦). **3** 〖国際法〗(国家間の通商の)禁止. **4** 〖法律〗禁治産宣告: ～ of lunacy 精神病による禁治産宣告. **5** 〖カトリック〗=interdict 2. 〖《1464》▭ L *interdictiō(n-)*: ⇨ ↑, -tion〗
in·ter·dic·tive /ìntədíktɪv | -tә-ˊ/ *adj.* 《古》=interdictory. **～·ly** *adv.* 〖《1609》▭ ML *interdictīvus*: ⇨ interdict, -ive〗
interdict list *n.* =Indian list.
in·ter·dic·to·ry /ìntədíktəri, -tri | -tә-ˊ/ *adj.* **1** 禁止の, 禁制の. **2** 《米軍》(敵を)阻止する, 遮断する. 〖《1755》▭ LL *interdictōrius*: ⇨ interdict, -ory¹〗
ìnter·diffúse *vi.* 〖物理化学〗〈ガス・液体などが〉(均質な混合状態に近づくまで)相互に拡散する. **ìnter·diffúsion** *n.* 〖《*a*1859》← INTER-＋DIFFUSE〗
ìnter·dígital *adj.* **1** (手・足の)指の間の, 指間の. **2** 〖電子工学〗〈電極など〉櫛歯をからませた形の. 〖《1836–39》▭ L *interdigitālis* ← INTER-＋L *digitus* finger＋*-ālis* '-AL¹': ⇨ digital〗
ìnter·dígitate *vi.* (組んだ指のごとく)固く組み合う, 互いにかみ合う[入り込む] (*with*). — *vt.* [p.p. 形で用いて] 〖地質〗地層間に差し込む (interstratify): an ～*d* succession 中間層. **ìnter·digitátion** *n.* 〖《1847–49》: ⇨ ↑, -ate³〗
ìnter·dísciplinary *adj.* 〈研究など〉2学科以上にわたる, 各学科[研究部門]合同の, 隣接諸科学関連的な, 諸学提携の, 学際的な: ～ collaboration, research, etc. / an ～ conference 協同研究[学際]会議[学会]. 〖1926〗
in·ter·dit /ǽ(n)tɛədíː, æ̀n- | -tɛә-ˊ; *F.* ɛ̃tɛʀdi/ *F. adj.* 禁止された. 〖《1966》▭ F ～ (p.p.) ← *interdir* to prohibit〗
in·ter·est /íntrɪ̀st, -trɛst, -ṭərɪ̀st, -rèst, ínər- | íntrɪ̀st, -trest, -tərɪ̀st, -rèst/ *n.* **1** 興味, 関心, 感興, おもしろさ, 好奇心: a matter of ～ 興味のある[おもしろい]事 (cf. 3) / a subject of absorbing [strong, great] ～ きわめて興味深い問題 / places of ～ 名所 / with breathless ～ かたずをのんで / arouse [excite] a person's ～ 興味を起こさせる[そそる] / take an ～ *in* …に興味をもつ / lose [take no further] ～ *in* …に興味を失う[これ以上興味をもたない] / show [express] (an) ～ *in* …に興味を示す / I have no great ～ *in* politics. 政治にはあまり興味がない (cf. 2). **2** 興味を起こさせるもの, 興味の対象, 関心事, 趣味: a person with [of] wide [wide-ranging] ～*s* 多趣味な人 / have no ～*s* outside one's business 仕事以外に趣味がない / Baseball is his chief ～. 野球が彼の一番の趣味だ / It is *of* no ～ *to* me. それは私にとってなんの興味もない / The article lacks any real ～. その記事は本当に興味をそそるところがない / Politics has [holds] no ～ *for* me. 政治は私にはいっこうにおもしろくない (cf. 1) / Just [Partly] out of [as a matter of] ～, how many children do you have? ちょっとお尋ねしますが, お子さんは何人お持ちですか. **3** 重要(性), 重大(性): a matter of no little ～ (*to* me) (私にとっての)重大事 (cf. 1).
4 a [しばしば *pl.*] 利益, ため: common ～(*s*) 共同の利益 / the public ～(*s*) 公(共の利)益 / in the ～*s* of the country [a firm, truth, safety] 国[会社, 真理, 安全]のために / look after [serve] one's own ～*s* 自己の利益を図る[自己の利益に役立つ] / know one's own ～*s* 自己の利益に抜け目がない / I did it *in* your ～(*s*). 君のためを思ってそうしたのだ / It is *in* [*to*] your own best ～*s* to go. 行くのが一番君のためになる / promote a person's ～*s* 人の利益拡大を図る. **b** 私利, 私心, 私情: distinguish ～ from impartiality 私利と無私を区別する.
5 a [集合的; または *pl.*] (同じ職業・事業・主張などの)関係者, 利害関係者, 同業[主張]者, …側, 派, 党: landed ～*s* =《英》the landed ～ 地主連[側] / moneyed ～*s* 金融業者(側) / shipping [banking] ～*s* 海運[銀行]業界(側) / steel ～*s* 鉄鋼業界 / hotel ～*s* ホテル業界 / the Protestant [Conservative] ～ 《英古》新教派[保守陣営]. **b** [*pl.*] 大企業; 財閥: the Mitsui ～*s* 三井財閥.
6 (法律上の)所有権; 権利, 要求権; (金銭上の)権利, 利権; (持)株 (share); 利害関係: ⇨ vested interest 1 a / conflicts of ～*s* 利害の衝突 / American ～*s* in Japan 日本における米国の権益 / Who's looking after American ～*s* in Cuba? だれがキューバにおけるアメリカの権益を守っているのか / have an ～ *in* an affair 事件に利害関係をもつ / have an ～ *in* an estate 地所に(一部の)権利をもつ / have an [a financial] ～ *in* a business 事業に関係[出資]している / declare an [one's] ～ *in* an undertaking 事業に参画[出資]することを表明する / Everything goes *by* ～ nowadays. 当世は万事が利害で決まる.
7 a 〖金融〗金利, 利子, 利息 (略 i., int.) (cf. principal 1): an ～ rate 利率 / annual [daily] ～ 年利[日歩] / legal ～ 法定利率 / ⇨ compound interest, simple interest / at high [low] ～ 高[低]利で / at 5 percent ～ 五分利で / ～ *on* a loan ローンの利息 / free of ～ 無利子で (cf. interest-free) / bear [yield, pay] ～ *at* 6%＝bear [yield, pay] 6% ～ 6パーセントの利子がつく[を払う] / an *interest*-bearing loan 利子つき融資 / lend [put out] money at ～ 《古》利子つきでお金を貸す[貸し出す] / with ～ 利息をつけて. **b** おまけ, 余分, 利息: return a blow [kiss] *with* ～ おまけをつけてなぐり返す[一層強くキスし返す] / repay an insult [a slight] with ～ 侮辱[軽視]にはおまけをつけてお返しをする.
8 (多くの人が共通して関係している)事柄, 主義, 主張: two opposing ～*s* 二つの相反する主張.
9 勢力, 支配力; 信用; 縁故, 「顔」: through ～ *with* …の縁故で, 「コネ」で / have ～ *with* the authorities その筋に勢力がある[顔がきく] / make ～ *with* a person 人に運動する, 人に顔[羽振り]をきかせる / He has got a lot of ～. 彼は顔が広い.
— *vt.* **1** …に興味を起こさせる, …の注意[好奇心]を引く; …に〔…に対する〕関心をもたせる (*in*): The book ～*s* me greatly. その本は大層おもしろい / He could ～ his listeners *in* every aspect of the subject. 彼なら聴衆にその問題のあらゆる面にわたって関心をもたせることができるだろう

/ I began to ～ my*self in* economics. 経済学がおもしろくなり始めた (cf. 2) / They were very ～*ed* by the news. そのニュースに大変興味をかきたてられた (cf. interested 1 a). **2** 〔…に〕関係させる, あずからせる, 引き入れる, 加入させる〔*in*〕: ～ *oneself* [a person] *in* an enterprise 事業に関係する[人を事業に関与させる] / He ～*ed himself* actively *in* the problem. その問題に積極的に関わる気になった (cf. 1) / Can I ～ you *in* a game of bridge [*in* joining our club]? ブリッジを一番やる[クラブに入る]気はありませんか. 〖n.: 《c1390》□ OF ～ 'loss, damage' (F *intérêt*) □ L ～ (《名詞用法》) ← *interest* it concerns (3rd sing. pres.) ← *interesse* to be or lie between, take part in, be of interest ← INTER-+*esse* to be ∽ 《1387–88》 *interesse* □ AF ～ □ ML ～ 'compensation for loss' (《不定詞の名詞的用法》) ← L *interesse*. — v.: 《1570》《変形》 ← (《廃》) *interess* □ F *intéresser* to damage, concern □ L *interesse*〗

in·ter·est·ed /íntrɪ̀stɪ̀d, -trɛst-, -tər̀ɪst-, -rɛ̀st-, ínər- | íntrɪ̀st-, -trɛst-, -tər̀ɪst-, -rɛ̀st-/ *adj.* **1** (↔ uninterested) **a** 興味[注意, 好奇心]を呼び起こされた; 〔…に〕興味をもっている, 関心がある〔*in*〕〈*to do*〉 ★ この不定詞には, know, hear, see, learn などの知覚・認識を表す動詞がくる場合が多い: an ～ audience 興味をもって聞いている聴衆 / ～ spectators おもしろがる[打ち興じる]見物人 / He is not very ～ *in* the enterprise. 彼はその事業にはあまり興味[関心]がない (cf. 2 a) / She seems more ～ *in* complain*ing* than *in* work*ing*. 仕事より不平を言うことに興味があるらしい / I was ～ *to* find out how he did it. 彼がどうやってそれをしたのか知りたかった / I was ～ *that* he asked questions about cybernetics. 彼がサイバネティックスの質問をしたことに興味をもった. **b** 興味の色を浮かべた: an ～ look おもしろそうな顔つき. **2** (↔ disinterested) **a** 利害関係をもっている; 〔…に〕関係した, 関与した〔*in*〕: a group of ～ people 関係者の団体 / the ～ parties 〘法律〙(事件の)双方の利害関係人, 当事者たち / the person ～ 関係者 / He is ～ *in* the enterprise. 彼はその事業に関係[出資]している (cf. 1 a). **b** 利害に動かされた, 自分のためを考える, 私心のある: an ～ adviser 己のためにする忠告者 / ～ motives 不純な動機 / an ～ witness 私情にとらわれた証人. **～·ness** *n.* 〖《1601》(p.p.) ← INTEREST〗

ín·ter·est·ed·ly *adv.* **1** 興味[関心]をもって. **2** 自分のためを考えて, 私心をもって. 〖《1765》: ⇨ ↑, -ly[1]〗

ínterest equalizàtion tàx *n.* 利子平衡税. 〖1963〗

ínterest-frée *adj.* 無利子の: ～ loans / ～ credit 無利息の掛売り. 〖1943〗

ínterest gròup *n.* 〘社会学〙利益団体, 利害関係集団, 圧力団体. 〖1908〗

in·ter·est·ing /íntrɪ̀stɪŋ, -trɛst-, -tər̀ɪst-, -rɛ̀st-, ínər- | íntrɪ̀st-, -trɛst-, -tər̀ɪst-, -rɛ̀st-/ *adj.* 興味を起こさせる, 興味のある, おもしろい (↔ uninteresting, boring) (⇨ funny[1] SYN): an ～ anecdote, book, person, subject, etc. / It's ～ *to* me. / How ～! (相手の話に興味をもって)ほう, そう(ですか), なんとまあ / The lecture was very ～ *to* me. その講義は私には非常に興味があった / It is ～ (to note) that the rule does not apply here. その法則はこの場合には適用されないということ(に注意を向けてみるの)は興味のあることだ.

in an interesting condition [***situation, state***] 《古・婉曲》〈女性が〉身重で, 妊娠して (pregnant). 〖1748〗

～·ness *n.* 〖《1711》《廃》'important': ⇨ interest, -ing[2]〗

in·ter·est·ing·ly /íntrɪ̀stɪŋli, -trɛst-, -tər̀ɪst-, -rɛ̀st-, ínər- | íntrɪ̀st-, -trɛst-, -tər̀ɪst-, -rɛ̀st-/ *adv.* **1** 興味をそそるように, おもしろく: write ～. **2** おもしろいことには. 〖《1811》: ⇨ ↑, -ly[1]〗

ìnter·éthnic *adj.* 異人種間の, 異民族間の.

in·ter·face /íntəfèɪs, ínə- | íntə-/ *n.* **1 a** (二つのものが相接する)境界面, 接点. **b** (一般に)両方にまたがる分野, 共通領域[問題], 接点: the labor-management ～ 労使に共通の問題. **2** 〘電算〙インタフェース: **a** ハードウェア間の接続, またそのために用いる装置. **b** ハードウェア[ソフトウェア]でユーザーが直接触れる部分のつくり (cf. user interface). **c** 応用ソフトウェアが OS の機能を利用するための規格 (cf. API). **3** 〘物理〙中間面, 界面 (二つの相の相接する面).
— /íntəfèɪs, ⸗⸗⸗ | -tə-/ *vt.* **1** 〔…と〕調和させる, 協調させる〔*with*〕. **2** 〘電算〙〔…と〕インタフェースで接続する〔*with, to*〕. **3** 〘服飾〙〈襟・袖口などに見返しの芯地 (interfacing) をつける. — *vi.* **1** 〔…と〕協調[協力]する〔*with*〕. **2** 〘電算〙〔…と〕インタフェースする〔*with*〕. 〖1882〗

ìnter·fácial *adj.* **1** 〘結晶〙面と面にはさまれた. **2** 〘物理化学〙界面の. **～·ly** *adv.* 〖1837〗

interfacial ténsion *n.* 〘物理〙界面張力, 表面張力 (二つの液体の境界面で働く表面張力).

ínter·fàcing *n.* 〘服飾〙**1** 見返し芯 (前打ち合わせ・襟ぐり・袖口などの表と見返しの間に入れる芯地; cf. facing 2). **2** =interlining[2]. 〖1942〗

ìnter·fáith *adj.* 宗派を超えた: ～ marriage. 〖1932〗

ìnter·fascícular *adj.* 〘植物〙維管束間の: ～ tissue 維管束間組織. 〖1836–39〗

ìnterfascicular cámbium *n.* 〘植物〙維管束間形成層 (維管束間の柔組織に生じる形成層; cf. fascicular cambium, secondary cambium). 〖1875〗

ìnter·fenestrátion *n.* 〘建築〙**1** 窓間 (窓と窓の間の壁面の幅). **2** 窓割り (窓の割り付け方). 〖1823〗

in·ter·fere /ìntəfíə, -tə-, ìnə-, ìnə- | -təfíə(r)/ *vi.* **1 a** 〔…に〕干渉する, 口出しする〔*in, with*〕(⇨ interpose SYN): ～ *in* private concerns 人の私事に干渉[口出し]する / I don't like to be ～*d with*. 人に干渉されるのはきらいだ. **b** 〔…を〕(許しも得ないで)いじくる, ひねくりまわす〔*with*〕: Don't ～ *with* these papers. この書類にはさわらないでくれ. **2 a** 〈人・物事が〉〔…を〕妨げる, 〔…の〕じゃまをする, 〔…に〕抵触する〔*with*〕: Don't ～! じゃまをするな / if nothing ～*s* 何も故障が起こらなければ, 差し支えがなければ / That ～*s with* my work [plans]. それでは私の仕事[計画]に支障を来す / This vacuum cleaner ～*s with* the TV. この電気掃除機を使うとテレビの画像がゆがむ / Pleasure must not be allowed to ～ *with* business. 娯楽が仕事の妨げとなるようなことがあってはならない. **b** 〈物事が〉〔…に〕害を与える, 〔…を〕損なう〔*with*〕: Sedentary work often ～*s with* health. 座ってする仕事は健康を害することが多い. **3** 仲に入る[立つ], 仲裁する, 調停する〔*with*〕. **4** 〈利害などが〉衝突する, 対立する: interests *interfering with* each other 互いに衝突する利害. **5** 〘放送・通信〙〔…と〕混信する, 〔…に〕雑音をもたらす; 〘物理〙〈光波・音波・電波などが〉干渉する〔*with*〕. **6** 〘スポーツ〙〈他の競技者を〉(不法に)妨害する, インターフェアする〔*with*〕. **7** 《英口語》(特に子供に)わいせつ行為をする〔*with*〕: find a person guilty of *interfering with* a minor 未成年者に性的な乱暴をしたかどで有罪になる. **8** 〘チェス〙〈駒が〉〔…を〕妨害する〔*with*〕. **9** 《米》(発明の時期が早かったと主張して)特許権を争う (cf. infringe). **10** 〈馬が〉(歩行中に)脚と脚とをぶつける. **in·ter·fér·er** /-fíərə | -fíərə(r)/ *n.* 〖《1440》 *enterfere(n)* □ OF *(s')entreferir* to strike each other ← *entre-* 'INTER-'+*férir* to strike (< L *ferīre* to strike, affect: cf. bore[3])〗

in·ter·fer·ence /ìntəfíərəns, -tə-, -rənts, ìnə- | -təfíərəns, -rənts/ *n.* **1** 干渉, 口出し; 妨害, じゃま; 妨害物: official ～ 官憲の干渉 / an unwarranted ～ in my affairs 私の私事に対する不当な干渉 / He will brook no ～ *with* his work. 仕事のじゃまをされると, 彼は我慢がならないだろう. **2** 〘電気・通信〙混信, 雑音障害, 通信障害; 〘物理〙(光波・音波・電波などの)干渉; (空気力学で)干渉: There's a lot of ～ on this line. この回線では多くの混信がある. **3 a** 〘アメフト〙インターフェア (キック・フォワードパスをキャッチしようとする相手に接触して不法に妨害すること): run ～ for …について走り敵のタックルを阻止する. **b** 〘スポーツ〙インターフェア (相手のプレーの妨害). 日英比較 「インターフェア」を名詞として用いるのは和製英語. 英語の interfere は動詞のみ. **4** 〘言語〙**a** (2 国語使用また言語学習の際の母国語の)干渉, 妨害. **b** (2 国語使用の場合一方の言語の語法がもう一方の言語の語法に)重なり合うこと, 重合. **5** 〘機械〙締めしろ. **6** 〘教育〙既習事項の妨害[干渉]. **7** 〘心理〙記憶の妨害による干渉. **8** 《英口語》(特に子供に対する)わいせつ行為. **9** 〘チェス〙(駒の)妨害. **10 a** 〘生物〙干渉 (同一染色体上で一つの乗違い現象 (crossing-over) が他の乗違い現象を起こりにくく[やすく]すること). **b** 〘医学・生物〙干渉 (ウイルスが体内で他のウイルスの増殖を阻止すること). **11** 特許権争い.

rún interférence for (1) ⇨ 3 a. (2) 《米口語》(面倒な事態になる前に)〈同僚・上司〉のために厄介な問題を前もって処理する: His secretary often has to *run* ～ *for* him when he gets lots of hard questions. 上司が厄介な問題をいくつもかかえているときは, その秘書が走り回って問題を処理しなければならないことがしばしばだ. 〖《1783》: ⇨ ↑, -ence〗

interférence còlors *n. pl.* 〘光学〙干渉色. 〖1879〗

interférence dràg *n.* 〘物理〙干渉抗力 (二つの飛行物体の間の相互作用によって生じる力).

interférence figure *n.* 〘光学〙干渉図形 (conoscope によって観察される, 結晶板に入射する集束光によって生ずる明暗の円環および十字線からなる干渉縞(じま); 広義には光の干渉によって生ずる明暗の干渉縞図形をいう).

interférence fit *n.* 〘機械〙締まりばめ.

interférence frìnge *n.* 〘光学〙干渉縞(じま) (干渉によって生じる明暗の縞).

interférence mìcroscope *n.* 干渉顕微鏡.

interférence pàttern *n.* 〘光学〙干渉図形, 干渉縞. 〖1933〗

interférence phenòmenon *n.* 〘医学〙干渉現象 (一剤の治療効果が他剤の併用によって干渉される現象; またウイルスの増殖ないし毒性が他のウイルスの共存によって干渉低下される現象).

in·ter·fer·en·tial /ìntəfərénʃəl, -tə-, -fíər-, -ʃl | -təfər-/ *adj.* 〘物理〙〈光など〉干渉の. 〖《1880》← INTERFERENCE+-IAL: DIFFERENTIAL の類推〗

ìn·ter·fér·ing /-fíərɪŋ | -fíər-/ *adj.* **1** 〈老人などが〉干渉する, おせっかいな: an ～ old woman うるさいばあさん. **2** じゃまをする, 抵触する. **～·ly** *adv.* 〖1580〗

in·ter·fer·o·gram /ìntəfíərəgræ̀m | -təfíər-/ *n.* 〘光学〙干渉(写真)像 (干渉によって生じる明暗の干渉図形を記録した写真). 〖《1921》← INTERFER(E)+-O-+-GRAM〗

in·ter·fer·om·e·ter /ìntəfərɑ́(ː)mətə, -fɪr- | -təfərɔ́mɪtə(r)/ *n.* **1** 〘光学〙干渉計 (光・電磁波など波動の干渉 (interference) を利用し, 光路差・波長・長さ・変位・スペクトル線などを精密に測定する装置). **2** 〘天文〙電波干渉計 (電波の干渉を利用して電波到来の方向を測定する装置; 人工衛星の追跡などに利用される). **in·ter·fer·o·met·ric** /ìntəfɪərəmétrɪk | -təfɪərə-/ *adj.* **ìn·ter·fer·o·mét·ri·cal·ly** *adv.* **in·ter·fer·om·e·try** /ìntəfərɑ́(ː)mətri, -fɪr- | -təfərɔ́mɪtri/ *n.* 〖《1897》← INTERFERE+-O-+-METER[1]〗

in·ter·fer·on /ìntəfíərɑ(ː)n, -tə- | -təfíərɔn/ *n.* 〘生化学〙インターフェロン, ウイルス抑制因子, 干渉菌 (ウイルスの感染に応じて生じその成長を阻む働きをする蛋白質). 〖《1957》← INTERFERE+-*on* (添字)〗

ìnter·fértile *adj.* 〘生物〙異種交配が可能な; 雑種ができる. **ìnter·fertílity** *n.* 〖1899〗

ìnter·file *vt.* 〈カード・書類などを〉(項目別に)とじ込む, とじ込んで整理する. — *vi.* **1** (項目別に)とじ込んで整理する. **2** (現存のとじ込みと)内容が一致する. 〖1950〗

ínter·fìlling *n.* 〘建築〙間詰め (柱の間にれんがを積むなど; 材料を詰めること).

ìnter·fírm *adj.* 会社間の. 〖1949〗

ìnter·flów *vi.* 流れ合う, 合流[混流]する; 混合する. — /⸗⸗⸗/ *n.* 混流; 混合. 〖1610〗

in·ter·flu·ent /ìntəflúːənt, ɪntə́ːfluːənt | ìntəflúː-ənt, ɪntə́ːfluənt/ *adj.* 互いに流れ込む, 合流[混流]する. 〖《1651》□ L *interfluentem* (pres.p.) ← *interfluere* to flow between: ⇨ inter-, fluent〗

in·ter·fluve /íntəflùːv | -tə-/ *n.* 〘地理〙河間(かかん)地域 (川と川または谷と谷の間の地帯). **in·ter·flu·vi·al** *adj.* 〖《1895》← INTER-+L *fluvius* stream, river (← *fluere* to flow)〗

ìnter·fóld *vt.* 〈紙を〉折り込む, 折り合わせる; 折り畳む. 〖1579〗

ìnter·foliáceous *adj.* 〘植物〙=interfoliar. 〖1760〗

ìnter·fóliar *adj.* 〘植物〙(特に, 対生または輪生の)葉間の. 〖1835〗

in·ter·fret·ted /ìntəfrétɪd | -təfrét-/ *adj.* 〘紋章〙=interlaced. 〖1828–40〗

in·ter·fuse /ìntəfjúːz | -tə-/ *vt.* **1** 混ぜる, 混入[混和]させる: ～ one substance *with* another. **2** …に混じる, にじみ込ませる: floating vapors ～*d with* light 光のにじんだもや. — *vi.* 〈二物が〉混ざる, 混合する. 〖《1593》← L *interfūsus* (p.p.) ← *interfundere* ← INTER-+*fundere* to pour: cf. found[3], fuse[1]〗

in·ter·fu·sion /ìntəfjúːʒən | -tə-/ *n.* 混入, 混合, 混和; 浸透, 浸潤. 〖《1817》□ LL *interfūsiō(n-)*: ⇨ ↑, -sion〗

ìnter·galáctic *adj.* 〘天文〙(銀河)系間の: ～ gas (銀河)系間ガス. 〖1928〗

ìnter·generátional *adj.* 二世代以上の間に起こる[わたる]: ～ conflicts. 〖1964〗

ìntergenerational gáps *n. pl.* 世代の断絶.

ìnter·genéric *adj.* 〘生物〙属 (genus) 間に存在する[起こる]. 〖1921〗

ìnter·génic *adj.* 二つの遺伝子に関連する. 〖1941〗

ìnter·glácial 〘地質〙*adj.* (二つの氷期の中間の)間氷期の (cf. interstadial). — *n.* 間氷期. 〖《1867》← INTER-+GLACIAL: スイスの博物学者 Oswald Heer (1809–83) による造語〗

In·ter·glos·sa /ìntəglɑ́(ː)sə, -glɔ́(ː)sə | -təglɔ́sə/ *n.* 〘言語〙インターグロッサ (ギリシャ・ラテン語の語根を基礎にした, 用語数の比較的少ない語尾変化のない国際語; Lancelot Hogben の創案 (1943); cf. Esperanto, interlingua 2). 〖《1943》: ⇨ inter-, gloss[2]〗

ìnter·glỳph *n.* 〘建築〙縦溝間 (ドリス式の建物の軒に見られる triglyph の溝と溝の間のスペース). 〖《1875》← INTER-+GLYPH〗

ìnter·governméntal *adj.* 政府間の[に起こる]: a ～ think tank. 〖1927〗

ìnter·gradátion *n.* **1** (一連の段階・形式を経ての)遷移, 変移; 遷移の段階. **2** 〘生物〙(異なる種・属の動植物の)漸進進化. **ìnter·gradátional** *adj.* 〖1874〗

ínter·gràde *n.* 中間の段階[形式, 程度]. — /⸗⸗⸗/ *vt.* 〘生物〙〈種 (species) などが〉(中間の段階を経て)漸次に他に移り変わる. 〖1874〗

ìnter·grádient *adj.* (漸次に)移り変わる.

ìnter·gráft *vi.* **1** 相融合する. **2** 互いに接ぎ木ができる.

ìnter·gróup *adj.* 〘社会学〙(特に, 人種を異にした)集団間の, 集団相互の: ～ relationships, conflicts, etc. 〖1936〗

ínter·gròwth *n.* 互いに混ざり合って成長すること; 交生, 合生, 雑生. 〖1844〗

ìnter·hemisphéric *adj.* **1** 〘解剖〙大脳半球間の. **2** (地球の)両半球間の, 両半球に広がる: ～ warfare.

in·ter·im /íntərɪ̀m, ínə- | íntərɪm/ *n.* **1** [通例 the ～] 間の時間, 合間; 暫時, しばらく: in *the* ～ 当座の間; その間に, そのうちに. **2** 仮の取決め, 仮協定[決定]. **3** [the I-] 〘キリスト教〙仮信条協定, 暫定協約 (宗教改革当時ドイツの新教徒とカトリック教徒間の紛争解決のため神聖ローマ皇帝 Charles 五世が行った協定 (1548) などを指す). — *adj.* 当座の, 暫時の, 中間の, 仮の: an ～ solution 一時しのぎの解決策 / an ～ report 中間報告 / an ～ peace agreement 暫定平和協定. — *adv.* 《古》その間に. 〖《1548》□ L ～ 'in the meantime' (adv.) ← INTER-+*-im* (adv. suf.)〗

ínterim certíficate *n.* 〘証券〙(株券などの)仮証書, 仮証券.

ínterim dívidend *n.* 〘証券〙(一決算期の中間に出す)仮配当, 中間配当. 〖1869〗

Ínterim Stándard Átmosphere *n.* 〘気象〙暫定標準大気 (高度 50–80 km 上空の仮想大気モデル; cf. International Standard Atmosphere).

ìnter·ínfluence *vt.* 相互に影響を与える, 影響し合う. — /⸗⸗⸗⸗⸗/ *n.* 相互影響. 〖1948〗

ìnter·insúrance *n.* 〘保険〙=reciprocal insurance.

ìnter·iónic *adj.* イオン間の. 〖1903〗

in·te·ri·or /ɪntí(ə)riə | ɪntíəriə(r)/ ★ exterior と対照さ

I

せるときには /ìntɪ̀ᵊriə | -tɪ̀əriə⁽ʳ⁾/ とも発音される. *adj.* **1** 内の, 内にある, 内側の (↔ exterior) (⇨ inward SYN): the ~ walls of a building 建物の内壁. **2** 内部の, 内部に関する: ~ repairs 内部の修理 / ~ decoration=interior design / the ~ dimensions of a room 部屋の内法(うちのり). **3** 海岸[国境]から遠ざかった, 奥地の, 内陸の: an ~ city. **4** 〈政務など〉内国の, 国内の (↔ foreign): ~ trade 国内交易. **5** 内心の, 内的な, 精神的な, 霊的な. **6** 私的な, 内密の, 秘密の: his ~ life 彼の隠された生活. **7** 〘数学〙〈角が〉内側の (↔ exterior): ⇨ interior angle. — *n.* **1** 内部, 内側(inside): the ~ of a house 家の内部. **2** **a** 屋内, 室内. **b** 〘建築〙インテリア, 室内構成. **3** 室内[屋内]図; (劇の)室内の場面[背景]; (映画・テレビの)室内セット. **4** 内地, 内陸; 奥地: the ~ of Siberia シベリアの奥地. **5** [the ~] 内政, 内務: the Department of *the Interior* 《米》内務省 (《英》Home Office) / the Secretary of *the Interior* 《米》内務長官 (《英》Home Secretary) / the Minister of *the Interior* (フランス・ドイツ・イタリアなどの)内務大臣. **6** [the ~] 内心, 本心, 本性. **7** 《俗》腹, おなか. **8** 〘数学〙内部 (kernel). 〘(adj.: 1490; n.: 1596–97) □ (O)F *intérieur* ∥ L ~ 'inner' (compar.) ← OL **interus* within: ⇨ inter-: cf. inferior, exterior〙

intérior ángle *n.* 〘数学〙 **1** (多角形の)内角 《隣接する 2 辺が多角形の内側につくる角; cf. exterior angle》. **2** (2 直線が 1 直線と交わってできる)内角 《2 直線の内側にできる四つの角の一つ》. 〘1756〙

intérior ballístics *n.* 砲[腔]内弾道学 《発射体の銃砲腔内における運動に関する科学; cf. exterior ballistics》.

intérior decorátion *n.* **1** 室内の色彩[調], 家具など. **2** =interior design. 〘1807〙

intérior décorator *n.* **1** =interior designer. **2** 家の備品を供給する人. **3** 家の内部にペンキを塗ったり壁に壁紙を張る人. 〘1867〙

intérior desígn *n.* 室内設計, 室内装飾, インテリアデザイン. 〘1927〙

intérior desígner *n.* 室内装飾家, インテリアデザイナー. 〘1938〙

intérior dráinage *n.* 〘地理〙内部流域, 内陸流域 《川が海に達せず内陸の砂漠や湖沼に終わるような流域; internal drainage ともいう》.

in·te·ri·or·i·ty /ɪ̀ntɪ̀ᵊrióːrəti, -á(ː)r- | ɪntɪəriɔ́rɪ̀ti/ *n.* 内面性, 内部性.

in·te·ri·or·ize /ɪ̀ntíᵊriəràɪz | ɪntíə-/ *vt.* 〈概念・価値などを〉内面化する; (特に)自分の心・精神構造の一部とする, 同化[吸収]する: ~*d* language 同化言語. **in·te·ri·or·i·za·tion** /ɪ̀ntɪ̀ᵊriərɪ̀zéɪʃən | ɪntɪəriəraɪz-, -rɪz-/ *n.* 〘(1906): ⇨ -ize〙

intérior lòt *n.* 〘建築〙中敷地 《敷地の一方だけが道路に面するもの; inside lot ともいう》.

in·té·ri·or·ly *adv.* 内部に; 国内に; 内的に, 心の中で. 〘(1609): ⇨ -ly¹〙

intérior mápping *n.* 〘数学〙開写像 《開集合を開集合に写す写像》.

intérior mónologue *n.* 〘文学〙(意識の流れ (stream of consciousness) の手法に用いられる)内的独白. 〘1922〙

intérior plánet *n.* 〘天文〙内惑星 (⇨ inferior planet).

intérior-sprúng *adj.* 内部にバネをもった. 〘1948〙

ìnter·ísland *adj.* 島と島の間にある, 島嶼(とうしょ)間の. 〘1859〙

interj. 《略》interjection.

in·ter·ja·cen·cy /ìntədʒéɪsənsi, -sn- | -tə-/ *n.* 介在(物). 〘(1646): ⇨ ↓, -ency〙

in·ter·ja·cent /ìntədʒéɪsənt, -sn- | -tə-⁻/ *adj.* 中間にある, 介在する. 〘(1594) □ L *interjacentem* (pres.p.) ← *interjacēre* to lie between ← INTER-+*jacēre* to lie, 《原義》to be thrown (← *jacere* to throw): cf. gist, jet²〙

in·ter·jac·u·la·to·ry /ìntədʒǽkjʊlətɔ̀ːri | -tədʒǽkjʊlətəri/ *adj.* 〈質問・評言など〉(話し半ばに不意に)差しはさまれた, 飛び出した. 〘(1827) ← INTER-+L *jaculātus* ((p.p.) ← *jaculārī* to throw)+-ORY¹: cf. ↑, ejaculate〙

in·ter·ject /ìntədʒékt | -tə-/ *vt.* **1** 〈質問・評言などを〉(話し半ばに不意に)間に入れる, 差し入れる (⇨ introduce SYN); 不意に[遮って]言う: ~ a question 不意に問いを差しはさむ / ~ a witty remark 気のきいた半畳を入れる. **2** 《まれ》…の間に入る. — *vi.* 《まれ》間に入る, 間に入ってじゃまをする. **in·ter·jéc·tor** *n.* 〘(1578) ← L *interjectus* (p.p.) ← *interjicere* ← INTER-+*jacere* to throw: cf. jet²〙

in·ter·jec·tion /ìntədʒékʃən | -tə-/ *n.* **1** 不意の発声, 不意の叫び[言葉], 思わず出る感嘆; (不意に)差しはさんだ言葉. **2** 〘文法〙 **a** 間投詞, 感嘆詞 《Wonderful! Heavens! Ha ha! など; 略 interj., int.》. **b** 間投[感嘆]詞的な語句 《Ouch! Indeed! など》. 〘(?a1430) □ (O)F ~ □ L *interjectiō(n-)*: ⇨ ↑, -tion〙

in·ter·jéc·tion·al /-ʃnəl, -ʃənl⁻/ *adj.* 叫び声の; 間投[感嘆]詞的な; 挿入句的な. 〘(1761): ⇨ ↑, -al¹〙

in·ter·jéc·tion·al·ize /-ʃ(ə)nəlàɪz/ *vt.* 間投[感嘆]詞(的)にする. 〘(1871): ⇨ ↑, -ize〙

in·ter·jéc·tion·al·ly /-ʃ(ə)nəli/ *adv.* 感嘆の声をあげて; 間投[感嘆]詞的に. 〘(1837): ⇨ -ly¹〙

in·ter·jec·to·ry /ìntədʒéktəri, -tri | -tə-⁻/ *adj.* 間投詞の(ような); 不意に差しはさんだ. **in·ter·jéc·to·ri·ly** /-rəli | -rɪ̀li/ *adv.* 〘(1859): ⇨ interject, -ory¹〙

in·ter·jec·tur·al /ìntədʒéktʃʊrəl | -tə-⁻/ *adj.* =interjectional. 〘1775〙

ìnter·jóin *vt.* …と接合[結合]する. 〘1607〙

ìnter·kinésis *n.* 〘生物〙(核分裂の)中間期, 休止期, 分裂間期 《第一回核分裂が終わり次の核分裂が始まるまでの時期; interphase ともいう》. **ìnter·kinétic** /-tɪk | -tɪk/ *adj.* 〘1906〙

ìnter·knít *vt.* 編み合わせる. 〘1805〙

ìnter·knót *vt.* 結びつける, 結び合わせる. 〘(1611) ← INTER-+KNOT〙

ìnter·láboratory *adj.* 二つ以上の研究所にまたが(って行われ)る.

in·ter·lace /ìntəléɪs, ⁻⁻⁻ | ìntəléɪs/ *vt.* **1** 〈糸などを〉織り交ぜる, より合わせる; 〈枝・指などを〉組み合わせる, 交錯させる: ~*d* fibers / ~ one's fingers 指を組み合わす / He ~*d* his fingers *with* mine. 彼は指を私の指と絡み合わせた. **2** 点々とまき散らす: The book was ~*d with* pictures. その本はところどころに絵が入れてあった. **3** …に〔…を〕織り交ぜて変化を与える〔*with*〕: The lecturer ~*d* his talk *with* anecdotes. 講師は時々逸話を交えて話に興を添えた. **4** 〘テレビ・電算〙〈走査線を〉飛び越させる. — *vi.* 〈糸などが〉織り交ざる, 交錯する; 〈枝・文字などが〉組み合わされる, 絡み合う: *interlacing* branches, letters, etc. **~·ment** *n.* 〘(c1380) *enterlace(n)* □ OF *entrelacier*: ⇨ inter-, lace (v.)〙

in·ter·láced *adj.* 〘紋章〙〈紋章図形が〉織り交ぜられた. **~·ly** *adv.* 〘(1593): ⇨ ↑, -ed〙

interláced scánning *n.* 〘テレビ〙飛越し走査 《ちらつきを目立たなくするために 1 本おきに走査する方式》. 〘1935〙

ìn·ter·lác·ing *n.* 〘テレビ〙=interlaced scanning.

interlácing arcáde *n.* 交差アーケード 《それぞれ織り合わされたように重なり合うアーチ (interlacing arches) をもつアーケード; cf. intersecting arcade》.

ínterlacing árches *n. pl.* 〘建築〙たすきアーチ, 交差迫持(せりもち) (cf. interlacing arcade). 〘1842–76〙

interlacing arches

In·ter·la·ken /íntəlɑ̀ːkən, ⁻⁻⁻ | -tə-; G. íntɐlaːkn/ *n.* インターラーケン 《スイス Bern 州の小都市; Brienz, Thun 両湖間にあり, 観光避暑地; Jungfrau などの眺望で有名》. 〘□ G ~: ⇨ inter-, lake¹〙

ìnter·láminar *adj.* 薄片間の[にはさんだ], 層間の. 〘1831〙

ìnter·láminate *vt.* **1** 薄片の間に差し込む. **2** 薄片を交互に重ねて作る. 〘1816〙

ìnter·laminátion *n.* 交互薄層. 〘(1864): ⇨ ↑, -ation〙

ínter·lánguage *n.* **1** (人工の)国際語, 世界語 (interlingua). **2** 中間言語 《第二言語習得における中間段階の言語》. 〘1927〙

in·ter·lard /ìntəlɑ́ːd | -təlɑ́ːd/ *vt.* **1** …に〔異質なものを〕交ぜる; (特に)〈話・文章などに〔…を〕交ぜる, 交ぜて変化を与える〔*with*〕: a book ~*ed with* illustrations 挿絵の入った本 / ~ one's speech *with* foreign phrases 話に外国語を交ぜる. **2** 《廃》〈赤肉〉に脂肉を混ぜる. **~·ment** *n.* 〘(?c1425) 《廃》'to lard' □ (O)F *entrelarder* ← *entre-* 'INTER-'+*larder* 'to LARD'〙

ìnter·láy *vt.* (**-laid**) **1** 中間に入れる. **2** (中間に物を入れて)変化をつける. **3** 〘印刷〙中ムラトリする, 中張りする. — *n.* 〘印刷〙中張り紙 《版面の高さを調節するために版と台木の間に張り込む紙; cf. overlay 5, underlay 3》. 〘(1609) ← INTER-+LAY²〙

ínter·làyer *n.* 層と層との間の層. 〘1936〙

inter·léad·ing /-líːdɪŋ | -dɪŋ⁻/ *adj.* 《南ア》隣接している.

ínter·lèaf *n.* (*pl.* **-leaves**) 〘製本〙間紙(あいし) 《本の色刷り写真版などを保護するため, または注などを書き込むため本に差し込んだ白紙》. — /⁻⁻⁻/ *vt.* =interleave. 〘1733〙

ìnter·léague *adj.* リーグ間の: ~ trading of players リーグ間の選手のトレード.

ìnter·léave *vt.* **1** **a** 〈本などに白紙をとじ[差し]込む: an ~*d* copy. **b** 〘印刷〙=slip-sheet. **2** =interlaminate. — /⁻⁻⁻/ *n.* 〘電算〙インターリーブ 《コンピューターの記憶装置を複数個の部分に分け, その動作周期を少しずつずらすことにより等価的に高速化すること》. 〘(1668) ← INTER-+*-leave* (逆成) ← LEAVED〙: ⇨ leave³〙

in·ter·leu·kin /ìntəlúːkɪ̀n | -təlúːkɪn, -ljúː-/ *n.* 〘免疫〙インターロイキン 《リンパ球などから産出される免疫システム制御機能をもつ生理活性物質》. 〘(1979) ← INTER-+LEUK(OCYTE)+-IN¹〙

ínter·lìbrary lóan *n.* **1** 図書館(間)相互貸借制度, 相互貸借. **2** 相互貸借資料. 〘1928〙

ìnter·líne¹ *vt.* **1** [主に受身で]〈文書などの〉行間に〔字・語句などを〕書き入れる〔*with*〕: The manuscript *was* ~*d with* his corrections. 原稿には行間に彼の訂正が書き込まれていた. **2** 〈字・語句などを〉行間に書き込む[印刷する]: ~ corrections [a translation] (*on a page*) 訂正文句[訳文]を(ページの)行間に書き込む[印刷する]. — *vi.* 行間へ書き込みをする. 〘(c1400) □ ML *interlineāre* ← INTER-+L *lineāre* to make straight〙

ìnter·líne² *vt.* 〈衣服〉の表地と裏地の間に芯を入れる (cf. interlining²). **ìnter·líner** *n.* 〘(1480) ← INTER-+LINE²〙

ìnter·líne³ *adj.* 〈輸送機関・運賃など〉二つ以上の(輸送)路線にまたがる[を用いる]. 〘(1897) ← INTER+LINE¹ (n.)〙

ìnter·líneal *adj.* **1** =interlinear. **2** 《まれ》1 行置きの. **~·ly** *adv.* 〘((1526)) (1851)〙

in·ter·lin·e·ar /ìntəlíniə | -təlíniə⁽ʳ⁾⁻/ *adj.* **1** 行間の; 行間に書いた[印刷した]: an ~ gloss [translation] 行間注[訳]. **2** **a** 〈原稿など〉行間に書込みのある, 書込みの. **b** テキストと訳が 1 行おきに書かれた[印刷された]: the ~ Bible. — *n.* 行間印刷本; (特に)行間翻訳(付)語学書[テキスト]. **~·ly** *adv.* 〘(c1378) *interliniare* □ ML *interlīneāris*: ⇨ inter-, linear〙

in·ter·lin·e·ate /ìntəlíniè ɪt | -tə-⁻/ *vt.* =interline¹. 〘((1623)) (1693) ← ML *interlīneātus*: ⇨ interline¹, -ate³〙

in·ter·lin·e·a·tion /ìntəlìniéɪʃən | -tə-/ *n.* 行間書き入れ[込み](語句). 〘(1692) ← INTERLINE¹+-ATION〙

in·ter·lin·gua /ìntəlíŋgwə | -tə-/ *n.* **1** (人工)国際語, 世界語 (interlanguage). **2** [通例 I-] インターリングア 《ロマンス語を主要素とする人工語で, International Auxiliary Language Association (国際補助語協会)の提唱になる, 主として科学者用の国際語; cf. Interglossa》. 〘(1922) □ It. ~: ⇨ inter-, lingua: イタリアの数学者 Giuseppe Peano (1858–1932) による造語〙

ìnter·língual *adj.* 言語間の, 二つ以上の言語に共通する. 〘1854〙

ìnter·línguist *n.* 国際語学者. 〘1928〙

ìnter·linguístic *adj.* **1** =interlingual. **2** 国際語 (interlanguage) の. 〘1897〙

ìnter·linguístics *n.* 国際語(言語)学. 〘1931〙

ìnter·líning¹ *n.* =interlineation. 〘(1467): ⇨ interline¹, -ing¹〙

ínter·lìning² *n.* (衣服の)芯入れ; 芯生地, 芯布. 〘(1881): ⇨ interline²〙

ìnter·línk *vt.* つなぎ合わせる, 相互に連結する, 連鎖する: ~ two things / ~ one thing *with* another. — /⁻⁻⁻/ *n.* 連結環. 〘(1587) ← INTER-+LINK¹〙

ìnter·línkage *n.* 〘電気〙鎖交 《電波における電界と磁界のように互いに相手と交わる交わり方》. 〘1904〙

ìnter·lóbular *adj.* 〘解剖〙小葉間の.

ìnter·lócal *adj.* 場所と場所の間に存在する, 場所間の: ~ tax differences 土地によって異なる税金. 〘1850〙

in·ter·lock /ìntəlɑ́(ː)k, ìnə- | ìntəlɔ́k/ *vi.* **1** 〈腕・指輪などが〉重なり合う, 組み合う, 握り合う: ~*ing* branches からみ[重なり]合った枝 / five ~*ing* circles 組み合わされた五つの輪 《the Olympic Games のシンボル》. **2** 〘機械〙〈機械などが〉互いにかみ合う, はまり込む; 連動する, 鎖動する (joint together): an ~*ing* (milling) cutter かみ合いフライス / an ~*ing* device 連動装置. **3** 〘鉄道〙〈信号機・転轍(てんてつ)機などが〉連動装置で働く: an ~*ing* signal 連動信号機. — *vt.* **1** 〈腕・指などを〉組み合わせる, 重ね合わせる, かみ合わせる, はめ込む, 連結させる: with ~*ed* hands 手を組んで. **2** 〘鉄道〙〈信号機などを〉連動装置にする. — /ìntəlɑ̀(ː)k | íntəlɔk/ *n.* **1** 連結, 連動; 連動装置. **2** 〘映画〙(映像と音声を一致させる)同時装置. **3** 両面編みの織物, インターロックの織物. **4** 〘電算〙インターロック 《進行中の操作が完了するまで次の操作をさせないこと》. 〘(1632) ← INTER-+LOCK¹ (v.)〙

in·ter·lòcked gráin *n.* 〘木工〙綱目, 交錯木理(もくり) 《木材繊維の並び方がまっすぐでなく異常に交錯した木理》.

in·ter·lóck·er *n.* 連動装置. 〘(1896): ⇨ -er¹〙

in·ter·lóck·ing diréctorate *n.* 〘経営〙役員兼任(制), 重役兼任(制).

in·ter·lo·cu·tion /ìntəloukjúːʃən | -təl(ʊ)-, -lə-/ *n.* 対話, 会談, 問答. 〘(a1534) □ L *interlocūtiō(n-)*: ⇨ inter-, locution〙

in·ter·loc·u·tor /ìntəlɑ́(ː)kjʊtə | -təlɔ́kjʊtə⁽ʳ⁾/ *n.* **1** **a** 対話者, 対談者: one's ~ 話し相手, 対話者. **b** 発問者. **2** ミンストレルショー (minstrel show) の司会者, 主役 (middleman) 《列の中央にいて両端の道化役 (end men) と掛け合いをする》. **3** 〘スコット法〙(裁判官による)判決, 命令, 決定. 〘(1501) ← L *interlocūtus*+-OR²: cf. F *interlocuteur*〙

in·ter·loc·u·to·ry /ìntəlɑ́(ː)kjʊtɔ̀ːri | -təlɔ́kjʊtəri, -tri/ *adj.* **1** 対話の[に関する], 対話体の, 問答体の; 対話中にはさんだ: ~ observations. **2** 〘法律〙中間(判決)の, 最終的でない: an ~ judgment [decree] 中間判決. **in·ter·lóc·u·tò·ri·ly** /-rəli | -rɪ̀li/ *adv.* 〘(1590) □ ML *interlocūtōrius*: ⇨ interlocution, -ory¹〙

in·ter·loc·u·tress /ìntəlɑ́(ː)kjʊtrɪ̀s | -təlɔ́k-/ *n.* 女性の interlocutor. 〘(1858): ⇨ interlocutor, -ess¹〙

in·ter·loc·u·trice /ìntəlɑ́(ː)kjʊtrɪ̀s | -təlɔ́k-/ *n.* =interlocutress. 〘(1848) □ F ~ (fem.) ← *interlocuteur* 'INTERLOCUTOR'〙

in·ter·loc·u·trix /ìntəlɑ́(ː)kjʊtrɪks | -təlɔ́k-/ *n.* (*pl.* **-u·tri·ces** /-lɑ̀(ː)kjʊtráɪsiːz | -lɔ̀k-/) =interlocutress. 〘1860〙

in·ter·lope /ìntəlòʊp, ⁻⁻⁻ | ìntəlòʊp, ⁻⁻⁻/ *vi.* **1** 他人の事に立ち入る, 出しゃばる. **2** (営業権など)他人の権利を侵害する, もぐり営業をやる. 〘(1603–27) (逆成) ← INTERLOPER: cf. elope〙

in·ter·lop·er /íntəlòʊpə, ⁻⁻⁻ | íntəlòʊpə⁽ʳ⁾, ⁻⁻⁻/ *n.* **1** 他人の事に立ち入る人; 出しゃばり屋. **2** (他人の営業権などを侵す)もぐり商人. 〘(c1590) ← INTER-+*-loper* (⇨ landloper)〙

in·ter·lude /íntəlùːd, ínə- | íntəlùːd, -ljùːd/ *n.* **1** 合間 (interval); 合間の出来事, エピソード: brief ~*s* of fair weather during the rainy season 雨時の短い晴れ間. **2 a** (演芸の)幕間(まく). **b** 幕間の演芸[余興], 幕間劇,「間(あい)狂言」. **c** (英国の道徳劇 (moralities) から起こった 15–16 世紀ごろの)短い喜劇, 笑劇, インタールード. **3** 〘音楽〙間奏曲《賛美歌の合唱の中継ぎとして, また演劇・歌劇などの合間に奏する短い器楽曲; cf. intermezzo 2, entr'acte》. 〖(*c*1303) *enterlude, -ludi* □ ML *interlūdium* ← INTER-+-*lūdium* (← L *lūdus* game, play): cf. ludicrous〗

ìnter·lúnar *adj.* 月の見えない期間の, 無月期間の. 〖(1598) □ ? MF *interlunaire* □ L *interlūnium*: ⇨ inter-, lunar〗

ìnter·lunátion *n.* 無月期間《陰暦 30 日ごろの約 4 日》. 〖(1813): ⇨ ↑, lunation〗

ìnter·márriage *n.* **1** 異なる人種・種族・階級・宗徒間の結婚《特に, 白人と黒人, キリスト教徒と非キリスト教徒間のもの》. **2 a** 近親[血族]結婚. **b** (習慣や法律に従った)特定集団内の結婚. **3** 〘法律〙(当事者相互間の合意によったことを強調する)婚姻 (marriage) (cf. intermarry). 〖1579〗

ìnter·márry *vi.* **1** 〈異人種・異教徒などが〉結婚する, 結婚によって姻戚関係になる: ～ *with* other tribes 他種族と交婚する. **2 a** 近親[血族]結婚をする. **b** 仲間同士で結婚する. **3** 〘法律〙婚姻する (marry)《その婚姻が当事者相互の合意によったことを強調する場合に用いられる》: ～ *with* a person. 〖1574〗

ìnter·máxillary *adj.* 〘解剖・動物〙**1** 上顎(じょうがく)間の[にある]. **2** 上あごの中部および後部の. **3** (甲殻類で)あごをもつ輪環の間の.

ìnter·méddle *vi.* (まれ)〔…に〕干渉する, お節介をする, 出しゃばる〔*in, with*〕: ～ *in* other people's affairs 他人のことにお節介をする / ～ *with* what is not one's concern 自分に関係のないことに出しゃばる. **ìn·ter·méd·dler** *n.* 〖(*c*1380) *entermedle(n)* □ AF *entremedler* =OF *entremesler*: ⇨ inter-, meddle〗

intermedia[1] *n.* intermedium の複数形.

in·ter·me·di·a[2] /ìnṭəmíːdiə | -təmíːdiə/ *n.* インターメディア《舞台などにあらゆる芸術形式のさまざまな趣向や技術を用いること; cf. mixed media, multimedia》. — *adj.* 幾つもの媒体(特に電子媒体)を同時に使用した. 〖← INTER-+MEDIA[1]〗

in·ter·me·di·a[3] /ìnṭəmíːdiə | -təmíːdiə/ *n.* (*pl.* **-di·ae** /-diìː/) 〘鳥類〙中央尾羽. 〖← NL ～ ← L ～ (fem.) ← *intermedius* 'INTERMEDIATE'〗

in·ter·me·di·a·cy /ìnṭəmíːdiəsi | -təmíːdi-/ *n.* 中間にあること; 仲介. 〖(1713) ← INTERMEDI(ATE)+-ACY〗

in·ter·me·di·ar·y /ìnṭəmíːdièri, ìnə- | ìntəmíːdi-/ *n.* **1** 媒介者[物], 仲介者; 仲裁人: act as (an) ～ for A and B A と B のために仲介の労をとる[仲立ちをする]. **2** 媒介, 手段: through the ～ of …の手[仲介]を経て. **3** 中間の段階, 中間体[物], 暫定形式. — *adj.* **1** 仲介の, 媒介の: the ～ business 仲介業 / ～ service 仲介. **2** 中間の, 介在する, 中継の: an ～ station [post office] 中継局[郵便局]. 〖(1788) □ F *intermédiaire*: ⇨ ↓, -ary〗

in·ter·me·di·ate[1] /ìnṭəmíːdiət, ìnə- | ìntəmíːdi-ˈ/ *adj.* **1** 〈場所・時・程度などが〉中間にある[起こる], 中間の; 中級の (cf. introductory, advanced): an ～ rank 中間の階級 / an ～ stage 中間段階 / an ～ station 中間駅[局] / an ～ stop (英) 途中停車駅 / an ～ product [compound] 〘化学〙中間生成物[化合物] / ～ French 中級フランス語 / ⇨ intermediate range ballistic missile / Gray is ～ *between* black and white. 灰色は黒と白の中間である. **2** 〘地質〙〈火成岩が〉52%–65% のシリカ (silica) を含む. **3** 〘物理〙〈中性子が〉100–100,000 電子ボルトのエネルギーをもっている. — *n.* **1** 中間(にある)物, 介在物. **2** 〘化学〙(化学作用の最終結果の前に生じる)中間生成物[化合物]. **3** =intermediary 1. **4** (米) 中型車《小型車 (compact) と大型車 (full-sized car) との中間; cf. subcompact》. **～·ly** *adv.* **～·ness** *n.* 〖(adj.: ?*a*1425; n.: 1650) □ ML *intermediātus* ← L *intermedius* ← INTER-+*medius* 'middle, MID[1]': cf. mediate, immediate〗

in·ter·me·di·ate[2] /ìnṭəmíːdièɪt | -təmíːdi-/ *vi.* 〔…の〕仲に立つ, 仲立ちをする, 仲裁をする, 〔…を〕執り成す〔*between*〕. **ìn·ter·mé·di·a·tor** /-ṭə | -tə(r)/ *n.* 〖(1610) 《廃》 'interfere' ← INTER-+MEDIATE (v.)〗

intermédiate bóson *n.* 〘物理〙=W boson.

intermédiate càrd *n.* 〘紡織〙インターメディエイトカード, 中間のカード《梳毛(そもう)紡績で用いられる 3 段階カードの中間のもの》.

intermédiate fréquency *n.* 〘電気〙中間周波数 (略 IF). 〖1924〗

intermédiate góods *n. pl.* 〘経済〙中間財 (⇨ producer goods).

intermédiate hóst *n.* 〘生物〙**1** 中間宿主《寄生動物が幼生期に寄生するもの; cf. definitive host》. **2** 病菌保有生物 (reservoir); (特に)保菌生物 (vector). 〖1878〗

intermédiate ràngе ballístic míssile *n.* =IRBM. 〖1956〗

intermédiate schòol *n.* **1** (米) **a** 中学校 (junior high school). **b** 通例小学課程の第 4 学年から第 6 学年の 3 学年からなる学校. **2** (英) 小学校上級と中学校との中間の学校《12–14 歳の生徒を収容する》. **3** (NZ) (11–13 歳の)子供のための学校. 〖1842〗

intermédiate technólogy *n.* 中間技術《小規模・簡単・自足を旨とし, 環境と資源の保護との両立を唱える科学技術; 先端技術への不信に基く》. 〖1973〗

intermédiate tréatment *n.* 〘社会福祉〙中間措置《保護処分や処罰を伴わないような軽微な問題を抱えた若年者を更正させるためのもの》.

intermédiate-válue thèorem *n.* 〘数学〙中間値の定理《閉区間 [a, b] で連続な関数 $f(x)$ は $f(a)$ と $f(b)$ との間にあるすべての値をとるという定理》.

intermédiate véctor bòson *n.* 〘物理〙=W boson.

intermédiate véssel *n.* 〘海事〙貨客船《貨物を主として客を若干搭載する航洋船》.

intermédiate wáve *n.* 〘通信〙中短波《1.5 MHz–4 MHz の主として海上通信用周波数帯の電波》.

in·ter·me·di·a·tion /ìnṭəmìːdiéɪʃən | -təmìːdi-/ *n.* 間にはいること, 介在; 仲介; 調停, 仲裁. 〖(1602): ⇨ intermediate[1], -ation〗

in·ter·me·din /ìnṭəmíːdn | -təmíːdɪn, -dn/ *n.* 〘動物生理〙インテルメディン《脊椎動物の脳下垂体中葉から分泌されるホルモンで, 色素細胞の活動に影響を及ぼす》. 〖(1932) ← L (*pars*) *intermedia* intermediate (lobe)+-IN[2]〗

in·ter·me·di·o- /ìnṭəmíːdiou | -təmíːdiəu/「中間と…との (intermediate and …)」の意の連結形: *intermedio*lateral 中間と側面の. 〖← L *intermedius* (↓)〗

in·ter·me·di·um /ìnṭəmíːdiəm | -təmíːdi-/ *n.* (*pl.* **-di·a** /-diə | -diə/, **～s**) **1** 仲介物, 媒介物. **2** 〘音楽〙=intermezzo 2. 〖(1589) □ L ～ (neut.) ← *intermedius*: ⇨ intermediate[1]: cf. medium〗

in·ter·ment /ɪntə́ːmənt | ɪntə́ː-/ *n.* 埋葬, 土葬: make ～*s* 埋葬する. 〖(*a*1338) *enterement* □ OF *enterrement*: ⇨ inter, -ment〗

inter·mésh *vi.* 〘機械〙〈歯車などが〉互いにかみ合う. 〖1903〗

inter·metállic 〘冶金〙*adj.* 金属間化合の. — *n.* =intermetallic compound. 〖1900〗

intermetallic cómpound *n.* 〘冶金〙金属間化合物. 〖1900〗

in·ter·mez·zo /ìnṭəmétsou, -médzou | ìntəmétsəu, -médzəu; *It.* intermɛ́ddzo/ *n.* (*pl.* **～s**, **-mez·zi** /-tsiː, -dziː; *It.* -dzi/) **1** (劇・歌劇などの)幕間(まく)演芸, 間(あい)狂言 (interlude). **2** 〘音楽〙(歌劇・多楽章形式の曲などの)間奏曲; 間奏曲風の独立曲《19 世紀に流行したキャラクターピース (character piece) の一つ; cf. interlude 2》. 〖(1771) □ It. ～ < L *intermedium* between: cf. intermediate[1]〗

inter·migrátion *n.* 相互移住. 〖(*a*1677) ← INTER-+MIGRATION〗

in·ter·mi·na·ble /ɪntə́ːm(ə)nəbl, ɪn- | ɪntə́ːmɪn-, ìn-, -m(ə)n-ˈ/ *adj.* **1** いつ果てるとも知れない, とめどもない; 長たらしい, 飽き飽きする (⇨ eternal SYN): an ～ speech, sermon, etc. **2** 永久に続く, 無限の, 無窮の. — *n.* [the I-] 無窮の実在, 神 (the Infinite). **～·ness** *n.*

in·ter·mi·na·bil·i·ty /ɪntəːm(ə)nəbíləṭi | -təː-mɪnəbílɪti, -m(ə)n-/ *n.* 〖(adj.: *c*1380; n.: 1671) □ (O)F ～ □ LL *interminābilis* ← IN-[2]+L *termināre* 'to TERMINATE'+-*ābilis* '-ABLE'〗

in·tér·mi·na·bly /-bli/ *adv.* 際限なく, 果てしなく, 無限に. 〖(1447): ⇨ ↑, -ly[1]〗

inter·míngle *vt.* 混ぜ合わせる: ～ two things / ～ red roses *with* white ones 赤バラに白バラを取り合わせる. — *vi.* **1** 〔…と〕入り混ざる〔*with*〕: Several pickpockets ～*d with* the crowd. 幾人ものすりが群衆の中に紛れ込んでいた. **2** 〈人々が〉自由に交わる, 交歓し合う〔*with*〕. **～·ment** *n.* 〖(*c*1470): ⇨ inter-, mingle〗

in·ter·mis·sion /ìnṭəmíʃən | -tə-/ *n.* **1** (米) **a** (劇場などの)休憩時間, 幕間(まく) (cf. interval 3); (休憩時間に演奏される)抜粋曲. **b** (授業の間の)休憩[休み]時間, 合間 ((英) recess, break): a ten-minute [ten minutes'] ～ 10 分の休み時間. **2** 中絶, 中止, 休止, 中断, 絶え間: without ～ 間断なく, 絶え間なく, ひっきりなしに / with short ～*s* now and then 時折短い合間を置いて. **3** 〘病理〙(発作性の病気の)間欠[休止](期), 中休み. ***sáns intermission*** (古) 絶え間なく, とめどなく (without intermission): I did laugh *sans* ～. 私はとめどなく笑いました (cf. Shak., *As Y L* 2. 7. 32). 〖(1599)〗 〖(*a*1415) □ (O)F ～ // L *intermissiō(n-)* ← *intermittere* 'to INTERMIT': ⇨ -sion〗

in·ter·mis·sive /ìnṭəmísɪv | -tə-/ *adj.* 絶え間のある; 時々とぎれる, 断続する. 〖(*c*1485) ← L *intermissus* ((p.p.) ← *intermittere*) (↓)+-IVE〗

in·ter·mit /ìnṭəmít | -tə-/ *v.* (**in·ter·mit·ted**; **-mit·ting**) — *vt.* 一時やめる, 中止する, 中絶[中断]する: ～ one's efforts 努力を中断する. — *vi.* 〈苦痛などが〉一時やむ, 止まる, 中絶する; 断続する, とぎれる; 〈脈拍が〉結滞する: The fever ～ *ted*. 断続的に熱が出た. **in·ter·mít·ter** *n.* **ìn·ter·mít·tor** /-ṭə | -tə(r)/ *n.* 〖(*a*1542) 《廃》 'to interrupt' □ L *intermittere* to leave off ← INTER-+*mittere* to send (cf. mission)〗

in·ter·mit·tence /ìnṭəmítns, -ṭəns | -təmítns, -təns/ *n.* 断続, 間欠(状態). 〖(1796) □ F ～: ⇨ intermittent, -ence〗

in·ter·mit·ten·cy /ìnṭəmítnsi, -ṭənsi | -təmítn-, -tən-/ *n.* =intermittence. 〖1662〗

intermíttency efféct *n.* 〘写真〙間欠露光効果, 断続効果. 〖1907〗

in·ter·mit·tent /ìnṭəmítnt, -ṭənt, ìnə- | ìntəmítnt, -tənt ˈ/ *adj.* **1** 時々とぎれる, 断続する: an ～ pain / an ～ rain 断続的な雨 / Tokyo will be cloudy with ～ rain. 東京は曇り時々雨. **2 a** 間欠性の, 周期性の (periodic): an ～ discharge 〘電気〙間欠放電 / an ～ spring 間欠泉 (geyser). **b** 〘病理〙間欠性の (cf. remittent): an ～ pulse 結滞する脈拍, 間欠脈 / ⇨ intermittent fever. — *n.* 〘病理〙=intermittent fever. **～·ly** *adv.* 〖(1601) □ L *intermittentem* (pres.p.) ← *intermittere* 'to INTERMIT'〗

SYN 断続的な: **intermittent** 断続的に生じる: an *intermittent* fever 間欠熱. **recurrent** 反復的に生じる: a *recurrent* pain in the stomach 反復して起こる胃痛. **periodic** 長期にわたって周期的に生じる: a *periodic* wind 季節風. **alternate** 順序正しく交互に生じる: a life of *alternate* sorrow and joy 悲喜こもごもの生涯.
ANT incessant, continual.

---

intermíttent claudicátion *n.* 〘病理〙間欠(性)跛行(はこう), 断続跛行.

intermíttent cúrrent *n.* 〘電気〙(電信や呼び鈴などの)断続電流.

intermíttent féver *n.* 〘病理〙間欠熱《単に intermittent ともいう》. 〖1625〗

intermíttent móvement *n.* 〘映画〙間欠運動. 〖1959〗

in·ter·mít·ting·ly /-tɪŋ- | -tɪŋ-/ *adv.* とぎれとぎれに, 断続して. 〖(1654) ← INTERMIT+-ING[2]+-LY[1]〗

in·ter·mix /ìnṭəmíks | -tə-/ *vt.* 混ぜる, 混合する: smiles ～*ed with* tears 泣き笑い. — *vi.* 混ざる: Oil and water do not ～. 〖(1542) 《逆成》← 《廃》 *intermixt* ← L *intermixtus* (p.p.) ← *itnermiscēre* to mix together ← INTER-+*miscēre* 'to MIX': -*mixt* を MIX の過去分詞と誤認したため〗

I

inter·míxture *n.* **1** 交じること, 入り交じり, 混合. **2** 混合物, 混入物. 〖(1586): ⇨ ↑, -ure〗

inter·módal *adj.* **1** 〈物資の輸送体系など〉一本にまとめ(られ)た, 一本化した, 統合した. **2** 〈コンテナなど〉一本化した輸送体系の一環として使用される. 〖(1963) ← INTER-+MODE+-AL[1]〗

inter·modíllion *n.* 〘建築〙飾り持ち送り間《軒(のき)持ち送りの間(のくぼみ); cf. modillion》.

inter·modulátion *n.* 〘電気〙相互変調. 〖1931〗

inter·molécular *adj.* 分子間の. **～·ly** *adv.* 〖1843〗

inter·mónt *adj.* 〘地理〙=intermontane.

in·ter·mon·tane /ìnṭəmá(ː)nteɪn, ˌ-ˈ-ˈ- | ìntəmɔ́nteɪn/ *adj.* 〘地理〙山間の, 山にはさまれた: an ～ basin 山間盆地. 〖(1807) ← INTER-+L *montānus* of a mountain (← *mōns* 'MOUNTAIN')〗

inter·móuntain *adj.* 〘地理〙=intermontane.

inter·mundáne *adj.* 二つの天体の間にある, 天体間の: ～ space. 〖(*a*1691) ← INTER-+MUNDANE〗

inter·múral *adj.* **1** 〈建物・都市などが〉壁[塀, 城壁]に囲まれた. **2** 都市間の, 公共機関間の: an ～ baseball match 都市対抗野球試合. 〖(1656) ← L *intermurālis*: ⇨ inter-, mural〗

in·ter·mu·tule /ìnṭəmjúːtʃuːl | -təmjúːtjuːl/ *n.* 〘建築〙二つのミューチュール (mutule) の間の空間. 〖(*c*1863) ← INTER-+MUTULE〗

in·tern[1] /íntəːn | íntəːn, -ˈ-/ *n.* **1** インターン, 医学研修生 ((英) houseman)《医大卒業後助手として働く病院詰め実習医; cf. extern 1 b, resident 3 a》. **2** (米) =student teacher. **3** (米) (会社などの)実習訓練生, 見習い社員. — *vi.* (米) インターンとして勤務する, 実習勤務をする (cf. WALK *the hospital(s)* [*wards*]). 〖(1879) □ F *interne* resident within □ L *internus* 'inward, INTERNAL' ← *inter* between, among: cf. extern〗

in·tern[2] /ɪntə́ːn, íntəːn | ɪntə́ːn/ *vt.* **1** 〈捕虜などを〉〔一定の区域内に〕拘禁[抑留]する〔*in*〕. **2** 〈交戦国の船舶などを〉(戦争終結まで)抑留する. **3** 閉じ込める, 監禁する. — /íntəːn | íntəːn, -ˈ-/ *n.* (米) 被抑留者 (internee). 〖(1866) □ F *interner* ← *interne* (↑)〗

in·tern[3] /ɪntə́ːn | ɪntə́ːn/ *adj.* (古) =internal. 〖(1578) □ F *interne* // L *internus* (↑)〗

in·ter·nal /ɪntə́ːnl, ɪn- | ɪntə́ː-, ìn-ˈ/ ★ external と対照させるときには /íntəːnl | -təː-/ とも発音される. *adj.* **1** 内の, 内部の (interior); 内輪の (↔ external, exterior): the ～ parts of the body 体の内部 / ～ troubles 内紛 / ～ security 国内の治安 / an ～ line 内線電話. **2 a** 体内の (↔ external, exterior) (⇨ inward SYN): ～ organs 内臓 / ⇨ internal secretion / receive [sustain, have] ～ injuries 体の内部に傷を受ける / ～ bleeding 内出血. **b** 〘薬学〙内服用の, 経口の (oral): for ～ use 〈薬など〉内服の / an ～ remedy 内服薬 / an ～ stimulant 刺激飲料. **3** 内政の, 国務の, 内務の, 国内の (↔ foreign): ～ debts [loans] 内国債 / an ～ tax [duty] (関税に対して)内国税 / ～ trade 内地商業, 国内貿易. **4** 内面的な, 内在的な, 本質的な (↔ external): ～ evidence 内的証拠《外物に頼らないで物自体に備わる証拠》. **5** 〘哲学〙**a** 内在の. **b** 内部的な. **c** (意識の)内界の, 主観的な (subjective) (↔ external): the ～ world (意識の)内面的[主観的]世界, 内界. **6** 内的な, 心的な, 精神的な (mental): ～ peace 内面的な[心の]平和. **7 a** 〘英大学〙〈学生が〉学内で勉強する《校外にいて独学し試験だけ受ける学生に対していう; cf. internal student; ↔ external》. **b** 〈試験を〉学内で実施・採点する. **8** 〘解剖・動物〙中間の, 奥深くにある, 身体の中軸に近い: the ～ carotid artery 内頸(けい)動脈 / ⇨ internal ear. **9** 〘電算〙〈機器が〉内蔵の. — *n.* **1** 〖1834〗[*pl.*] 内臓, はらわた. **2** (人・物の)本質, 属性. **3** (婉曲) 膣[子宮]の検診. **～·ness** *n.* 〖(?*a*1425) □ ML *internālis* ← L *internus* inward: ⇨ intern[1], -al[1]〗

intérnal ángle *n.* 〘数学〙=interior angle.

intérnal áuditory meátus *n.* 〘解剖〙内耳道

(cf. external auditory meatus).

intérnal clóck *n.* 体内時計 (body clock); 生物時計 (biological clock).

intérnal-combústion *adj.* 〘機械〙内燃の (↔ external-combustion): an ~ engine 内燃機関《IC engine ともいう》. 〘1884〙

intérnal convérsion *n.* 〘物理〙内部転換《原子核が励起状態から低い状態に転位し, そのときに放出されるエネルギー(通常は光子)を同じ原子内の軌道電子が吸収し, 電子が外に飛び出してくること》.

intérnal degrée *n.* 大学に在籍して普通に取得する学位 (cf. external degree).

intérnal dráinage *n.* 〘地理〙=interior drainage.

intérnal éar *n.* 〘解剖・動物〙内耳《inner ear, labyrinth ともいう》.

intérnal énergy *n.* 〘物理化学〙内部エネルギー《物体のもつエネルギーのうち, 運動エネルギーを除いた部分》. 〘1887〙

intérnal exáminer *n.* 学内試験官.

intérnal éxile *n.* 国内流刑.

intérnal fríction *n.* 〘物理〙内部摩擦. 〘1849〙

intérnal gèar *n.* 〘機械〙内歯(うちば)歯車.

intérnal hémorrhoid *n.* 〘病理〙内痔核.

intérnal íliac ártery *n.* 〘解剖〙内腸骨動脈 (⇨ iliac artery 3).

in·ter·nal·i·ty /ìntəːnǽləṭi | -təːnǽlɪ̈ti/ *n.* 内在, 内在[内面]性. 〘(1813): ⇨ -ity〙

in·ter·nal·i·za·tion /ɪ̀ntəːnəlɪ̈zéɪʃən, -nḷ- | ɪntə̀ːnəlaɪ-, -lɪ-, -nḷ-/ *n.* 〘心理〙内面化《他者が保持する価値観や信念を個人が自らの自我の一部として受け入れる過程》. 〘(1883): ⇨ ↓, -ation〙

in·ter·nal·ize /ɪ̈ntə́ːnəlàɪz, -nḷ- | ɪntə́ː-/ *vt.* 内面化する, 主観化する; (特に)〈文化の価値・型などを〉吸収する, 習得する (↔ externalize). 〘(1884): ⇨ -ize〙

in·tér·nal·ly /-nəli, -nḷi/ *adv.* **1** 内に, 内部に. **2** 内面的に, 精神的に. **3** 国内で. **4** (薬を)内服で, 口から. 〘(1597): ⇨ -ly[1]〙

intérnally fíred bóiler *n.* 〘機械〙内だきボイラー, 内火罐(かん) (cf. externally fired boiler).

intérnal márket *n.* **1** =single market. **2** 《英》(NHS の) 内部市場《市場メカニズムを導入して病院部門が契約上お互いのサービスを買い上げるシステム》.

intérnal máxillary ártery *n.* 〘解剖〙顎(がく)動脈 (maxillary artery).

intérnal médicine *n.* 〘医学〙内科(学) (cf. internist). 〘1904〙

intérnal navigátion *n.* 〘海事〙内地航行, 内航.

intérnal ópen júncture *n.* 〘言語〙内部開放連接 (open juncture).

intérnal pháse *n.* 〘物理化学〙内相 (⇨ dispersed phase).

intérnal pollútion *n.* (薬物・食品などに含まれる有害物質の摂取による)体内汚染.

intérnal préssure *n.* 〘物理〙内圧(力). 〘1911〙

intérnal reconstrúction *n.* 〘言語〙内的再建《比較によらず, その言語の組織から理論的に過去のそれを再建すること》.

intérnal relátion *n.* 〘哲学〙内的関係 (↔ external relation). 〘1883〙

intérnal representátion *n.* 〘電算〙内部表示.

intérnal respirátion *n.* 〘生理〙内呼吸《血液と細胞間における酸素と炭素ガスの交換; cf. external respiration》. 〘1890〙

intérnal révenue *n.* 《米》内国税収入 (《英》inland revenue). 〘1796〙

Intérnal Révenue Sèrvice *n.* [the ~] (米国の)内国歳入庁, 国税庁《財務省の機関の一つ》.

intérnal rhýme *n.* 〘詩学〙中間韻, 行中韻《行末韻 (end rhyme) に対して同一行(まれに 2 行以上)の中に同韻語を用いること》. 〘1903〙

intérnal secrétion *n.* 〘生理〙内分泌(物), ホルモン分泌. 〘1895〙

intérnal stréss *n.* 〘物理〙内部応力[ひずみ]《鋳造・熱処理などの過程で品物の内部に生じた応力》. 〘1904〙

intérnal stúdent *n.* 学位を取得しようとする大学に在籍して研究している学生.

intérnal wáve *n.* 〘物理〙内部波《密度の異なる流体層の境界面に生じる横波》. 〘1931〙

internat. 《略》international.

in·ter·na·tion·al /ìnṭənǽʃnəl, ìnə-, -ʃənḷ | ìntə-/ *adj.* **1** 国際(上)の, 国際間の, 国際的な, 万国の: ~ peace [trade] 国際平和[貿易] / ~ tension 国際緊張 / an ~ conference [organization] 国際会議[機関] / an ~ servant (国連など)国際機関に勤務する人, 国際公務員 / an ~ exhibition 万国博覧会 / ~ games [matches] 国際競技 / an ~ official record 公認世界記録 / inventions of ~ value 国際的価値のある発明品 / a post office from which ~ calls can be placed 国際電話をかけられる郵便局. 日英比較 「日本人はもっとインターナショナルになるべきだ」などという場合の「インターナショナル」は英語では internationally minded. **2** 諸国民の(間の), 各国民による[のための]. **3** [I-] 国際労働者協会 (International Workingmen's Association) の. **4** [I-] 国際信号 (International Code) の: hoist an *International* "B" 国際信号旗 B を掲げる. — *n.* **1 a** 国際競技会出場[参加]者. **b** 国際競技会, (スポーツの)国際大会. **2** [I-] インターナショナル《社会主義者・共産主義者の国際的団体》; インターナショナルの参加者[メンバー]: the First *International* 第一インターナショナル《Karl Marx を中心とし 1864 年 London で結成, 1876 年 Philadelphia で解散; ⇨ International Workingmen's Association》/ the Second *International* 第二インターナショナル《英国・フランス社会主義者を主勢力とし 1889 年 Paris に創立され数次にわたり大会を開いたが, 1914 年解散》/ the Third *International* 第三インターナショナル《1919 年 Moscow に創立, ロシア共産党指導の国際的同盟で Communist [Moscow, Red] International (共産主義[モスクワ, 赤色]インターナショナル)ともいい, 第二インターナショナルを反動的であるとして排撃した; 1943 年解散されたが 1947 年 Cominform として復活; 別称 the Comintern》/ the Vienna *International* ウィーンインターナショナル《1921 年 Vienna で結成されたもので, Two-and-a-half International (第二半インターナショナル)ともいう》/ the Labor and Socialist *International* 社会主義労働者インターナショナル《1923 年 Hamburg において第二インターナショナルとウィーンインターナショナルを合併したもの》/ the Fourth [Trotskyist] *International* 第四[トロツキー]インターナショナル《もと Leon Trotsky の指導の下に旧ソ連に反対して 1936 年少数の極端な急進論者によって結成されたもの》. **3** [the I-] =Internationale 1. **4** 国際組織[企業].

Internátional Bánk for Reconstrúction and Devélopment [the —] 国際復興開発銀行《1945 年戦後の世界の復興・開発促進を目的に国連内に設立された国際金融機関; 略 IBRD; 通称 World Bank; cf. IDA》.

Internátional Cóurt of Jústice [the —] 国際司法裁判所《1946 年国際連合憲章によって The Hague に設立された; 俗称 the Hague Court; cf. PERMANENT Court of International Justice》. 《1945》

Internátional Organizátion for Standardizátion [the —] 国際標準化機構《国際的な共通規格の制定規格統一を促進する機関; 略 ISO; 本部 Geneva》.

internátional séa and swéll scàle =Douglas scale.

Internátional Sýstem of Únits [the —] 〘物理〙国際単位系《1960 年に国際度量衡総会で採択された単位系; 略 SI》.

Internátional Yéars of the Quíet Sún [the —] 〘気象〙太陽活動極小期国際観測年《1964 年 1 月から 65 年 12 月までの期間行われた国際協同観測; 略 IQSY》. 〘(adj.: 1780; n.: 1870) ← INTER-+NATIONAL: J. Bentham の用語〙

internátional áir mìle *n.* 〘航空〙国際空里 (⇨ international nautical mile).

Internátional Atómic Énergy Àgency *n.* [the ~] 国際原子力機関《1957 年設立の国連の機関; 略 IAEA; 本部 Vienna》.

internátional auxíliary lánguage *n.* 国際補助語 (international language) (cf. Esperanto, Volapük, Novial).

Internátional Baccaláureate *n.* 国際バカロレア《国際的な大学入学資格試験; 合格者には加盟国の大学の入学[受験]資格が与えられる; 略 IB》.

Internátional Brigáde *n.* 国際旅団《Spanish Civil War (1936–39) の際に, Republican 側について戦った軍隊; 多くの国々からの志願兵で構成》. 〘1937〙

internátional cándle *n.* 〘光学〙国際(標準)燭(しょく)《古い光度の単位; 現在は用いられない; ⇨ candle 3; cf. candela》.

Internátional Cívil Aviátion Organizàtion *n.* [the ~] (国連の)国際民間航空機関《略 ICAO; 1947 年発足; 本部 Montreal》.

Internátional Códe *n.* [the ~] (船舶などで用いる)国際信号 (cf. international *adj.* 4). 〘1885〙

internátional cópyright *n.* 国際著作権《国家間で取り決めた著作権(制度)》. 〘1838〙

internátional corporátion *n.* 国際企業 (⇨ MULTINATIONAL enterprise).

Internátional Críminal Políce Organizàtion [Commìssion] *n.* [the ~] 国際刑事警察機構[委員会] (略 ICPO; ⇨ Interpol).

internátional dáte lìne *n.* [しばしば I- D- L-; the ~] (ほぼ 180° の子午線に沿って太平洋の中央を通過する)国際日付変更線 (cf. date line). 〘1909〙

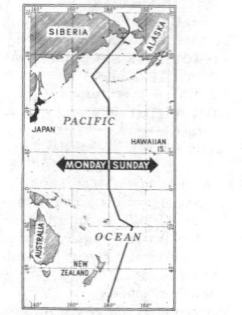

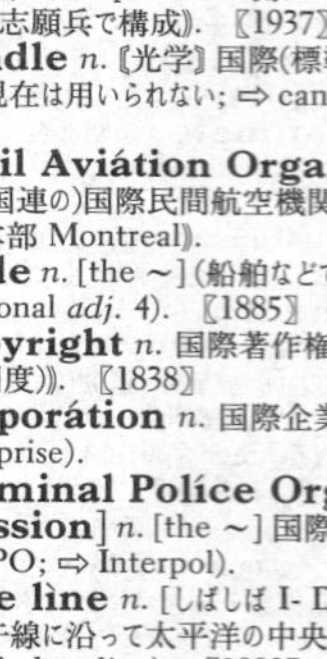

international date line

Internátional Devélopment Associàtion *n.* [the ~] 国際開発協会《開発途上国に低金利融資を提供する目的で 1960 年に設立された国連の専門機関; 略 IDA; 本部 Washington, D.C.》.

internátional dríving pèrmit [lìcense] *n.* 国際自動車運転免許証 (略 IDP). 〘1931〙

In·ter·na·tio·nale /ìnṭənæ̀ʃənǽl, -ʃiə-, -nɑ́ːl | ìntənæ̀ʃənɑ́ːl, -ʃiə-, -nǽl; *F.* ɛ̃tɛʀnasjɔnal/ *n.* **1** [the ~]「インターナショナル」《フランスその他の諸国の社会主義者・労働者間などに歌われる革命歌; フランスの Eugène Pottier 作詞 (1871), Pierre Degeyter 作曲 (1888); もとソ連の国歌 (1917–1944)》. **2** 国際労働者協会; インターナショナル (International). 〘(1912) ← F *internationale (chanson)* international (song)〙

Internátional Énergy Àgency *n.* [the ~] 国際エネルギー機関《略 IEA; 1974 年設立; 本部 Paris》.

internátional exchánge *n.* 国際為替, 外国為替 (foreign exchange).

Internátional Fínance Corporàtion *n.* [the ~] 国際金融公社《私企業に直接投資したり個人投資家にローンを提供したりする国連の金融機関; 1956 年設立; 略 IFC; 本部 Washington, D.C.》.

Internátional Geophýsical Yéar *n.* [the ~] 国際地球観測年《1957 年 7 月 1 日から 1958 年 12 月 31 日まで; 略 IGY》.

Internátional Góthic *n.* 国際ゴシック様式《14–15 世紀のゴシック絵画様式》. 〘1951〙

Internátional Grándmaster *n.* 〘チェス〙グランドマスター《国際チェス連盟が授ける最高位の名人》.

Internátional Hérald Tríbune *n.* [The ~]「インターナショナルヘラルドトリビューン」《1967 年から Paris で発行されている日刊の英字新聞; *The New York Times* と *The Washington Post* が共同出資》.

Internátional Islámic Frónt *n.* 世界[国際]イスラム戦線《Osama bin Laden が 1998 年に創設したイスラム原理主義国際連帯組織; テロ活動に従事していると見られている》.

in·ter·na·tion·al·ism /ìnṭənǽʃ(ə)nəlìzm | -tə-/ *n.* **1** 国際(協調)主義《国際的平等・平和・正義・協力などを主張する; cf. nationalism》. **2** 国際的性格, 国際性. **3** 国際政党(連合)主義. **4** [I-] (プロレタリア)インターナショナリズム[国際主義]《社会主義建設のためプロレタリアートが国際的に団結・協力するという主義》. 〘(1851): ⇨ -ism〙

ìn·ter·ná·tion·al·ist /-lɪ̈st | -lɪst/ *n.* **1** 国際法学者; 国際関係に通じた人. **2** 国際(協調)主義者. **3** 国際政党(連合)主義者. **4** [I-] プロレタリア国際主義者. 〘(1864): ⇨ -ist〙

in·ter·na·tion·al·i·ty /ìnṭənæ̀ʃənǽləṭi | -tənæ̀ʃənǽlɪ̈ti/ *n.* 国際的であること, 国際性. 〘(1864): ⇨ -ity〙

in·ter·na·tion·al·i·za·tion /ìnṭənæ̀ʃ(ə)nəlɪ̈zéɪʃən | -tənæ̀ʃ(ə)nəlaɪ-, -lɪ-/ *n.* **1** 国際化. **2** (領土などを)国際管理下に置くこと. 〘(1871): ⇨ ↓, -ation〙

in·ter·na·tion·al·ize /ìnṭənǽʃ(ə)nəlàɪz | -tə-/ *vt.* 国際的にする, 万国共通にする, 国際化する; 〈領土などを〉国際管理下に置く. 〘(1864): ⇨ -ize〙

Internátional Lábor Organizàtion *n.* [the ~] 国際労働機関《1919 年ベルサイユ条約によって設立され, 国際連盟解体後国際連合と共に 1946 年新発足をした国連の専門機関; 本部 Geneva; Nobel 平和賞 (1969); 略 ILO》.

internátional lánguage *n.* 国際語, 世界語《international auxiliary language ともいう》.

internátional láw *n.* 国際法 (cf. MUNICIPAL law). 〘1828〙

in·ter·ná·tion·al·ly /-ʃ(ə)nəli/ *adv.* 国際的に, 国際上, 国際間で. 〘(1864): ⇨ international, -ly[1]〙

Internátional Máritime Organizàtion *n.* [the —] 国際海事機関《1958 年設立された国連の専門機関; 本部 London; 旧称 International Maritime Consultative Organization (IMCO, 1982 年改称); 略 IMO》.

Internátional Máster *n.* 〘チェス〙国際マスター《国際チェス連盟が授ける International Grandmaster に次ぐ名人; 単に master ともいう》.

Internátional Mílitary Tribúnal *n.* [the ~] 国際軍事裁判所[法廷].

Internátional Mónetary Fùnd *n.* [the ~] 国際通貨基金《1945 年米英を中心として第二次大戦後の世界の通貨の安定および貿易の促進を目的とし, 各国が出資して設けた基金; 国連の専門機関; 略 IMF》. 〘1944〙

internátional Mórse códe *n.* 国際モールス符号 (⇨ Morse code).

internátional náutical míle *n.* 〘海事〙国際海里 (6,076.11549 フィートまたは 1,852 m; international air mile もこれに等しい).

Internátional Néws Sèrvice *n.* [the ~] ⇨ INS.

Internátional Olýmpic Commìtee *n.* [the ~] 国際オリンピック委員会《1894 年設立; 略 IOC; 本部 Lausanne》.

Internátional Órange *n.* 〘海事〙国際オレンジ色《遠距離や濃霧でも見えるので, 航海・海難救助に利用されるオレンジ色》. 〘1936〙

Internátional Péace Cònference *n.* [the ~] 万国平和会議, ハーグ国際平和会議《1899 年および 1907 年ロシア皇帝 Nicholas 二世の提唱により The Hague で開催された会議》.

Internátional Phonétic Álphabet *n.* [the ~] 〘音声〙国際音標文字《International Phonetic Association 制定の音声記号; 略 IPA》. 〘1898〙

Internátional Phonétic Associàtion *n.* [the ~] 国際音声学協会《1886 年設立; 略 IPA》.

internátional pítch *n.* 〘音楽〙**1** =diapason normal. **2** 国際標準音(高), 国際標準調子《1939 年採用; a=440; 日本でもこれを採用している》. 〘1904〙

internátional práctical témperature scàle *n.* 〘化学〙国際実用温度目盛.

ínternational prívate láw *n.* 〘法律〙 国際私法《国際結婚・貿易など渉外的な私法関係について, それに密接な関係をもつ準拠法を選び出し, 解決する適用法(適用関係を決定する規範); 条約もあるが, 国内法の一種; cf. CONFLICT of laws, public international law》.

Internátional Refugée Organizàtion *n.* (国連の)国際難民救済機関 (略 IRO).

internátional relátions *n. pl.* [通例単数扱い] 国際関係論. 〘1951〙

Internátional Replý Còupon *n.* 〘郵便〙 国際返信券《国際間で返信をもらうとき, 封書に同封するクーポン券で, 返信切手の代用; 郵便局で扱う》.

Internátional Scientífic Vocábulary *n.* [the ~] 国際科学用語 (略 ISV). 〘1959〙

Ínternational Stándard Átmosphere *n.* [the ~] 〘航空〙 国際標準大気 (略 ISA).

Ínternational Stándard Bóok Nùmber *n.* 国際標準図書番号《出版書籍に与えられる国際的コード; 略 ISBN》.

Ínternational Stándards Organizàtion *n.* INTERNATIONAL Organization for Standardization の通称.

internátional stỳle *n.* 国際様式: **1** 現代的な材料を用い, 地域や伝統の影響を排した建築様式. **2** =International Gothic. 〘1932〙

Internátional Telecommunicátion Ùnion *n.* [the ~] (国連の)国際電気通信連合《前身は 1865 年設立の万国電信連合 (International Telegraph Union); 本部 Geneva; 略 ITU》.

ínternational télegram *n.* 国際電報.

internátional únit *n.* 国際単位 (略 IU): **1** ビタミンや抗生物質などの量・効果を測定するのに国際的に認められた単位. **2** 〘物理〙 絶対単位をもとにして実施に便利なように国際規約で定めた電気・熱などの単位; cf. absolute unit》. 〘1922〙

internátional vólt *n.* 〘電気〙 国際ボルト (⇨ volt¹ 2).

Ínternational Wórkingmen's Associàtion *n.* [the ~] 国際労働者協会《のちに First International と呼ばれる; cf. international *adj.* 3, *n.* 2》.

internatl 《略》 international.

In·ter·naut /ínṭənɔ̀ːt, -nɑ̀ːt | -tənɔ̀ːt/ *n.* 《米俗》 インターネット熟達者, ネットサーファー.

in·terne¹ /íntəːn | íntəːn, ─⌐/ *n.* 《米》 =intern¹.

in·terne² /ɪntə́ːn | ɪntə́ːn/ *adj.* 《古》 =internal.

in·ter·ne·cine /ìnṭəníːsìːn, -nés-, -sn̩, -saɪn | -təníːsaɪn⌐/ *adj.* **1** 殺戮(さつ)と破壊に満ちた. **2 a** 〈けんかなど〉互いに殺し合う; 刺し違えの, 共倒れの: an ~ duel. **b** 〈戦争など〉多数の死傷者を出す, 血なまぐさい: ~ war 血なまぐさい激戦. **3** 〈争いなど〉内輪の: an ~ struggle. 〘(1663) □ L *internecinus* ← *internecium* slaughter, destruction ← *internecāre* to kill, destroy ← INTER-+*necāre* to kill (cf. L *nex* death)〙

in·ter·nee /ìntəːníː | -təː-/ *n.* (戦時中の)被抑留者; 捕虜. 〘(1918) ← INTERN²+-EE¹〙

ìnter·négative *n.* 〘写真〙 インターネガ, 中間ネガ《スライドなどポジ像を普通の印画紙やプリントフィルムに焼き付けるとき, まずフィルムに焼き付けて作られるネガ》.

In·ter·net /íntənèt, ínə- | íntə-/ *n.* [the ~] 〘電算〙 インターネット《多数のコンピューターネットワークを専用回線や電話回線でつないだ世界規模のネットワーク; 1990 年代半ばの www の発達により大衆化》: use *the* ~ インターネットを使う / get information on *the* ~ インターネットで情報を手に入れる. 〘1986〙

ìnter·néuron *n.* 〘解剖〙 =internuncial neuron. **~·al** *adj.* 〘1939〙

in·ter·nist /íntəːnɪst, ɪntə́ː- | íntəːnɪst, ─⌐─/ *n.* 《米》(主に成人を扱う)内科(専門)医 (cf. surgeon 1); 《米》一般開業医. 〘(1904) 《短縮》 ← INTERN(AL MEDICINE)+-IST〙

in·tern·ment /ɪntə́ːnmənt, íntəːn- | ɪntə́ːn-/ *n.* **1** 抑留(する[される]こと), 留置, 収容. **2** 留置期間. 〘(1870) ← INTERN²+-MENT〙

intérnment càmp *n.* 抑留所, 敵国人[捕虜]収容所. 〘1916〙

ínter·nòde *n.* 〘植物〙 節間《節と節との間の部分; cf. node 2》. **ìnter·nódal** *adj.* 〘(1667) □ L *internōdium* ← INTER-+*nōdus* knot (⇨ node: cf. net¹)〙

in·ter nos /ìntənóus | -tənóus/ *L. adv.* 我々[ここ]だけの話だが, 秘密に (cf. inter se 1). 〘(1714) □ L *inter nōs* between ourselves〙

intérn·shìp *n.* 《米》 **1** intern¹ の地位[職, 期間]. **2** 病院実習補助金. **3** (会社などでの)実習訓練期間, 見習い期間, 研修期間. 〘(1904): ⇨ -ship〙

ìnter·núclear *adj.* **1** 〘物理〙 核間の《原子核と原子核の間にある》. **2** 〘生物〙 核間の《細胞の核と核との間にある》. 〘1878〙

in·ter·nun·ci·al /ìntənʌ́nʃəl, -ʃiəl | -tə-⌐/ *adj.* **1** 〘解剖〙 介在の, 連結の《神経中枢間などに介在する》. **2** 〘カトリック〙 教皇代理使節の[に関する]. **—** *n.* 〘解剖〙 =internuncial neuron. **~·ly** *adv.* 〘(1845) ← L *internūncius* (⇨ internuncio)+-AL¹〙

ínternuncial néuron *n.* 〘解剖〙 介在ノイロン《単に internuncial, また interneuron ともいう》.

in·ter·nun·ci·o /ìntənʌ́nʃiòu, -ʃiòu | -tənʌ́nʃiàu, -siàu/ *n.* (*pl.* **~s**) **1** 〘カトリック〙 (教皇大使 (nuncio) が任命されない際の)ローマ教皇代理使節; 教皇庁公使《教皇大使の下位》. **2** (二者間の)使者, 仲介者. 〘(1641) □ It. *internunzio* □ L *internuntius* messenger, go-between ← INTER-+*nūntius* 'messenger, NUNCIO'〙

ìnter·oceánic *adj.* 大洋間の, 二大洋を結ぶ: ~ communication / an ~ canal. 〘1850〙

in·ter·o·cep·tive /ìntərouséptɪv | -tərə(ʊ)-⌐/ *adj.* 〘生理〙 内受容(性)の. 〘(1906) ← INTEROCEPT(OR)+-IVE〙

in·ter·o·cep·tor /ìntərouséptə | -tərə(ʊ)séptə(r)/ *n.* 〘生理〙 (体内に発生する刺激に感応する)内受容器 (↔ exteroceptor). 〘(1906) ← NL *intero-* inside (← **interus* (L *exterus* との類推))+*-ceptor* (cf. receptor)〙

ìnter·ócular *adj.* 両眼間の[にある]. 〘(1826) ← INTER-+OCULAR〙

ìnter·óffice *adj.* (同一組織内で)各部課間の, 社内の: an ~ memo 社内連絡メモ. 〘1934〙

ìnter·óperable *adj.* 協同して作業することができる, 相互に影響を与えることができる. **ìnter·operátion** *n.* 〘1969〙

ìnter·ósculate *vi.* **1** 結び合わせる. **2** 〘生物〙 通有性をもつ, つながりがある. **ìnter·ósculant** *adj.* **ìnter·osculátion** *n.* 〘1882〙

ìnter·ósseous *adj.* 〘解剖〙 骨間の, (特に, 脚・腕の)骨の間にある; 骨間筋の. 〘(1745) ← INTER-+L *osseus* bony (← *os* bone)+-OUS〙

ìnter·páge *vt.* ページの間に挿し込む. 〘(1858) ← INTER-+PAGE¹ (v.)〙

ìnter·parliaméntary *adj.* 議会(相互)間の: the *Interparliamentary* Union 列国議会同盟. 〘1816〙

in·ter par·tes /ìntəpáəti:z | -təpáː-/ *adj.* [名詞の後から修飾して] 〘法律〙 当事者間の, 当事者に限られた: papers ~ 当事者間で締結された契約書.

in·ter·pel·lant /ìntəpélənt | -tə-/ *n.* =interpellator. 〘(1869) □ F ~ (pres.p.) ← *interpeller* □ L *interpellāre* (↓)〙

in·ter·pel·late /ìntəpéleɪt, ɪntə́ːpəlèɪt | ɪntə́ːpəlèɪt, -pɛ-/ *vt.* 〘議会〙 《政策などに関して》〈当該大臣〉に公式に質問する[説明を求める]. 〘(1599) ← L *interpellātus* (p.p.) ← *interpellāre* to interrupt by speaking, 《原義》 drive between ← INTER-+*pellere* to drive, urge〙

in·ter·pel·la·tion /ìntəpəléɪʃən, ɪntə̀ː- | ɪntə̀ːpə-, -pɛ-/ *n.* 〘議会〙 (政府内閣不信任のために行われる大臣に対する公式の)説明の要求, 質問《通例討論と不信任投票とを含む; 休会の動議に相応する政府への挑戦の一形式》. 〘(?a1475) 《廃》 'pleading, interruption' □ L *interpellātiō(n-)*: ⇨ ↑, -ation〙

in·ter·pél·la·tor /-tə | -tə(r)/ *n.* 〘議会〙 (大臣に対する公式の)質問者 (interpellant ともいう). 〘□ L *interpellātor*: ⇨ interpellate, -or²〙

ìnter·pénetrate *vt.* **1** 浸透する, しみ込む, しみ通る. **2** [通例 ~ each other [one another] として] 互いに貫通[浸透]する. **—** *vi.* 〈二物が〉貫き合う, 互いに貫通[浸透]する; 物[部分]の間に貫通[浸透]する. **ìnter·pénetrable** *adj.* **ìnter·pénetrant** *adj.* 〘1809〙

ìnter·penetrátion *n.* **1** 相互透徹, 相互浸透, 相互貫入, 相貫. **2** 〘絵画〙 画面上の形態相互の交錯. 〘1809〙

ìnter·pénetrative *adj.* 互いに貫通[浸透]する. **~·ly** *adv.* 〘1860〙

in·ter·per·son·al /ìntəpə́ːs(ə)nl, -snəl, -sn̩l, ìntə- | ìntəpə́ː-⌐/ *adj.* **1** 個人間の[に起こる]: ~ relationships 対人関係 / Communication is an ~ occurrence. **2** 対人関係の. **~·ly** *adv.* 〘1842〙

interpérsonal thèory *n.* 〘心理〙 対人関係説《人間関係が人格形成と異常行動に影響を及ぼすとする説》.

ìnter·phàse *n.* 〘生物〙 =interkinesis.

in·ter·phone /íntəfòun | -təfəʊn/ *n.* (船舶・飛行機などの)内部電話, (局内・社内・省内・店内などの同一建物内部だけの)構内電話, 内線, インターホン (cf. intercom). 〘(1942) ← INTER-+(TELE)PHONE〙

ìnter·pilàster *n.* 〘建築〙 二つの付け柱 (pilaster) の間の空間. 〘1823〙

ìnter·pláit *vt.* 編み[組み]合わせる. 〘1822〙

ínter·plàne *adj.* 〘航空〙 **1** 飛行機相互間の: ~ communication. **2** (複葉機の)翼と翼との間にある: ~ struts 翼間支柱.

ìnter·plánetary *adj.* 〘天文〙 惑星と惑星の間にある, 惑星間の; 太陽系内の: an ~ journey 惑星旅行 / an ~ monitoring platform 惑星間空間観測衛星. 〘(a1691) ← INTER-+PLANET+-ARY〙

ìnter·plánt *vt.* 〈他の作物〉の間に作物を植える; …の間に苗木を植える. 〘1911〙

ínter·plày *n.* **1** 相互作用, 交錯: the ~ of light and shadow 光と影の交錯. **2** 作用と反作用. **—** /⌐─⌐/ *vi.* 互いに作用[影響]し合う. 〘1862〙

in·ter·plead /ìntəplíːd | -tə-/ 〘法律〙 *vi.* (競合)権利者確認手続き (interpleader) をする. **—** *vt.* (競合)権利者確認のために法廷に召喚する. 〘(1473) *enterplede(n)* □ AF *enterpleder*=F (*s'*)*entreplaider*: ⇨ inter-, plead〙

in·ter·plead·er¹ /ìntəplíːdə | -təplíːdə(r)/ *n.* 〘法律〙 (競合)権利者確認手続き《二人以上の者から占有物の引渡しを求められたとき, その正当な権利者がだれであるかを確認させる手続き》. 〘(1567) 《名詞的用法》 ← AF *enterpleder* (v.) (↑): ⇨ -er³〙

in·ter·plead·er² /ìntəplíːdə | -təplíːdə(r)/ *n.* 〘法律〙 (競合)権利者確認手続きをする人. 〘(1567) ← INTERPLEAD+-ER¹〙

In·ter·pol /íntəpɒ̀(ː)l, -pòul | -təpɒl/ *n.* インターポール《International Criminal Police Organization (国際刑事警察機構)の通称; 国際犯罪に対し加盟国が協力して捜査活動を行う; 本部は Paris》. 〘(1952) ← INTER(NATIONAL)+POL(ICE)〙

ìnter·pólar *adj.* 両極(地)を結ぶ, 両極(地)間の. 〘(1870) ← INTER-+POLAR〙

in·ter·po·late /ɪntə́ːpəlèɪt | ɪntə́ːpə-/ *vt.* **1 a** 〈新しいまたは確定的でない語句を〉挿入する, 書き入れる 〔*in*〕 (⇨ introduce SYN): ~ comments and questions (*in* a manuscript) (原稿に)評言と質問を書き添える. **b** 〈新しいまたは疑わしい事柄を挿入して〉〈原文を〉改竄(かいざん)する, こわす. **c** (会話中に)〈意見を〉差しはさむ: "Nonsense!" ~*d* Jack.「ばかばかしい」とジャックが横から口をはさんだ. ★ この意味では主に伝達動詞として用いられる. **2** 〈付加的[無関係]なものを〉差しはさむ. **3** 〘数学・統計〙 〈中間の値を〉補う, 内挿(ないそう)する, 補間する (cf. extrapolate 1). **—** *vi.* **1** 書入れ[挿入]を行う. **2** 〘数学・統計〙 内挿法[補間法]を行う. **in·tér·po·là·tor, in·tér·po·làt·er** /-tə | -tə(r)/ *n.* **in·ter·po·la·tive** /ɪntə́ːpəlèɪtɪv | ɪntə́ːpəlèɪt-/ *adj.* 〘(1612) ← L *interpolātus* (p.p.) ← *interpolāre* to furbish up, vary ← INTER-+*polīre* to polish, adorn〙

in·ter·po·la·tion /ɪntə̀ːpəléɪʃən | ɪntə̀ːpə-/ *n.* **1** (後代の編者・筆写者などの)書入れ語句. **2** (疑わしい語句などの)書入れ, 改竄(かいざん). **3** 〘数学・統計〙 **a** 挿入, 内挿(ないそう), 補間. **b** 内挿法, 補間法 (cf. extrapolation 1). 〘(1612) □ F ~ // L *interpolātiō(n-)*: ⇨ ↑, -ation〙

ínter·pòle *n.* 〘電気〙 補極《直流電動機などの界磁の主極の間にあって整流を助ける目的の補助の磁極; commutating pole ともいう》. 〘1907〙

ìnter·pólymer *n.* 〘化学〙 共重合体 (⇨ copolymer). 〘1936〙

ìnter·polymerizátion *n.* 〘化学〙 共重合 (copolymerization). 〘1950〙

ìnter·populátional *adj.* 異集団間に起こる; (特に) 異なった人種[品種, 文化圏など]の間に存在する. 〘1971〙

in·ter·pos·al /ìntəpóuzəl, -zl | -təpáu-/ *n.* =interposition. 〘1607〙

in·ter·pose /ìntəpóuz | -təpə́uz/ *vt.* **1 a** [~ *oneself* で] 立ち入る, 立ちふさがる. **b** 間にはさむ[置く, 入れる], 差しはさむ, 挿入する: ~ a barrier between …の間にさく[障害物]を置く. **2 a** 〈異議・反対などを〉差しはさむ, 持ち出す; 〈権力などを〉介入させる: ~ an objection / ~ one's authority 権限を利用して干渉する. **b** 〈拒否権を〉(妨害のために)発動する: ~ a veto. **3** 〈言葉を〉話の中途に差しはさむ: ~ a remark / "No," he ~*d*, "I don't agree with you."「いや, 君には同意しないよ」と彼は言葉を差しはさんだ. **4** 〘チェス〙 〈駒を〉合駒として動かす《王手をかけられたキングや攻められた駒を守るため相手の駒の効き筋をさえぎる位置に動かす》. **5** 〘映画〙 〈画面を〉重ね映しにして入れ替える. **—** *vi.* **1** 間にはいる; 間をさえぎる 〔*between*〕. **2** 〔…の〕仲に立つ, 仲裁にはいる; 〔…の〕間にはいって干渉する, 〔…に〕口を出す 〔*in, between*〕: ~ *in* a dispute 紛争の調停をする / ~ *between* the opponents in a quarrel 口論する人の間にはいって仲裁する. **3** さえぎる, 差出口をする, 異議を差しはさむ. **in·ter·pós·er** *n.* 〘(1582) □ (O)F *interposer* □ L *interpōnere* to place between ← INTER-+*pōnere* to place, put: (O)F *-poser* は *poser* to put の影響: ⇨ pose¹〙

SYN 仲裁する: **interpose** 敵対する双方の中に割って入る《格式ばった語》: *interpose* oneself between the two disputants 二人の論争者の中に割って入る. **interfere** 《軽蔑》 自分に関わりのない事柄に口をはさむ: He likes to *interfere* in other people's business. 他人のことに干渉したがる. **intervene** けんかなどを調停する《格式ばった語》: *intervene* in a dispute 紛争に介入する. **intercede** 事態の悪化を防ぐために口を出す《格式ばった語》: I *interceded* with the governor for a friend. 友人のために知事に執り成した. **mediate** 争っている双方を和解させようとする《格式ばった語》: *mediate* between labor and management 労使間を調停する.

ìn·ter·pós·ing·ly *adv.* 間にはいって, 言葉を差しはさんで. 〘(1845): ⇨ ↑, -ing², -ly¹〙

in·ter·po·si·tion /ìntəpəzíʃən | ìntə-, ɪntə̀ː-/ *n.* **1** 間に置く[置かれる]こと, 介在. **2** 間に置かれた[挿し込んだ]もの, 挿入物. **3** 仲裁, 調停; 介入, 干渉; 妨害. **4** 《米》 (連邦政府の命令に対して)州が拒否すること, (連邦政府の)干渉排除主義, 州政府介入可能説. 〘(1392) □ (O)F ~ // L *interpositiō(n-)*: ⇨ interpose, -tion〙

in·ter·pret /ɪntə́ːprɪt | ɪntə́ː-/ *vt.* **1** …の意味を解く, 解き明かす; 〈夢などを〉判断する: ~ an inscription [an obscure passage] 銘文[不明瞭な一節]を解明する / ~ a dream 夢を判断する / Poetry helps to ~ life. 詩は人生の解釈に役立つ. **2** (自己の信念・判断・利害などに基づいて)解釈する, 解する; 〔…と〕判断する 〔*as*〕 (⇨ explain SYN): ~ a contract, law, etc. / ~ a person's silence unfavorably [*as* consent] 人の沈黙を好意的でないと[承諾と]解する / How else could I ~ her remark [gesture]? 彼女の発言[そぶり]をほかにどうとれただろうか / Do I ~ you correctly *as* agreeing? 賛成してくれていると解して間違いないですか. **3** (自己の解釈に基づいて)〈音楽・演劇などを〉演奏[演出]する, 演じる: ~ (the role of) Hamlet in a new way ハムレット(の役柄)を新しい演出で演じる. **4** 通訳する (cf. translate 1 a): She ~*ed to* me what he was saying. 彼の言っていることを私に通訳してくれた. **5** 〘電算〙 解釈する, 翻訳する. **6** 〘軍事〙 〈地図・航空写真など〉から情報を読み取る[判読する].
— *vi.* **1** 通訳する: ~ *for* a person 人に通訳してやる. **2** 説明[解説]する.
〘(c1384) □ (O)F *interpréter* // L *interpretārī* to explain, 《原義》 to act as agent between (two parties in a bargain) ← *interpret-*, *interpres* agent, broker,

I

translator ← INTER-＋*pret-, pres* (cf. L *pretium* 'PRICE, value')〗

in·ter·pret·a·ble /ɪntə́ːprɪ̀təbl | ɪntə́ːprɪ̀t-/ *adj.* 意味を解くことができる, 解釈[説明]できる; 判断できる; 通訳できる: His silence is ～ *as* a refusal. 彼の沈黙は拒絶と解せる. **in·tèr·pret·a·bíl·i·ty** /-təbɪ́ləti | -təbɪ́lɪ̀ti/ *n.* **～·ness** *n.* **in·tér·pret·a·bly** *adv.* 〖((1611)) ◻ LL *interpretābilis*: ⇨ ↑, -able〗

in·ter·pre·tant /ɪntə́ːprətənt, -tnt | ɪntə́ːprɪ̀tənt, -tnt/ *n.* **1** 〔哲学〕解釈傾向《記号が解釈者に及ぼす影響または解釈者の記号に対する反応傾向》. **2** ＝interpreter. 〖◻ L *interpretantem* (pres.p.) ← *interpretārī* 'to INTERPRET'〗

in·ter·pre·ta·tion /ɪntə̀ːprətéɪʃən | ɪntə̀ːprɪ̀-/ *n.* **1** 解釈, 解説, 説明, 理解; (情報の)判読, 判定: the ～ of a law 法の解釈 / the ～ of a dream 夢の判断 / the ～ of an aerial photograph 航空写真の判読 / put [place] a favorable ～ on a person's conduct 人の行動を好意的なものと解釈する / What other ～ could I give to her remark [gesture]? 彼女の発言[そぶり]はほかにどうとれただろうか. **2** (劇中の人物・音楽作品などの)解釈, 解釈[理解]の仕方; (自己の解釈に基づく)演技, 演出, 演奏: an original ～ of (the role of) Hamlet ハムレットの(役の)独創的な演出. **3** 通訳(すること). 〖((?c1350)) ◻ (O)F *interprétation* // L *interpretātiō(n-)* ← *interpretārī* 'to INTERPRET': ⇨ -ation〗

I **in·tèr·pre·tá·tion·al** /-ʃnəl, -ʃənl/ *adj.* 解釈上の; 通訳の. 〖((1867)): ⇨ ↑, -al¹〗

interpretátion clàuse *n.* 〔法律〕解釈条項《制定法または契約書の中で使用されている文言の意義を確定しておくために設けられる条項》.

in·ter·pre·ta·tive /ɪntə́ːprətèɪtɪv, -tətɪv | ɪntə́ːprɪ̀tət-, -tèɪt-/ *adj.* **1** 解釈[説明]の; 解釈的[説明的]な, 解釈[説明]に役立つ. **2** 解釈[説明]から生じた. **3** 媒体[再生]芸術の《演奏者・俳優を媒介させる音楽・演劇などにいう》. **～·ly** *adv.* 〖((1569)) ◻ ML *interpretātivus*: ⇨ interpret, -ative〗

intérpretative dánce *n.* 〔ダンス〕創作ダンス《具体的な動作で思想・感情・ストーリーなどを表そうとするモダンダンス》.

in·ter·pret·er /ɪntə́ːprətə | ɪntə́ːprɪ̀tə(r)/ *n.* **1** 通訳(者), 通訳官 (cf. translator): act as (an) ～ *for* a person 人の通訳を務める. **2** 解釈者, 説明者, 解説者, 判断者 〔*of*〕. **3** 〔電算〕インタープリター, 解釈ルーチン[プログラム]《ある命令語があると自動的にそれに対応するサブルーチンを使用して, その命令を実行するような命令の実行方法; cf. translator 6》. 〖((c1395)) *interpretour* ◻ AF＝OF *interpreteur* ◻ LL *interpretātor* explainer ← *interpretārī* 'to INTERPRET': cf. F *interprète*: 語尾 -er が用られるようになったのは 16C から〗

intérpreter·shìp *n.* 通訳の職分[地位, 腕前]. 〖((1845)): ⇨ ↑, -ship〗

in·ter·pre·tive /ɪntə́ːprətɪv | ɪntə́ːprɪ̀t-/ *adj.* ＝interpretative. ★ interpretative の方が普通. **～·ly** *adv.* 〖1680〗

intérpretive cènter *n.* (史跡・観光名所などの)資料[展示解説]館《visitor center ともいう》.

intérpretive semántics *n.* [単数扱い]〔言語〕解釈意味論.

intérpretive thèory *n.* 〔言語〕意味解釈理論《生成文法における深層構造は統語構造であり, 統語論と意味論とは区別されるべきであって, 文の意味解釈は深層構造および表層構造を含め派生句構造からの情報でなされるという説; interpretative theory ともいう; cf. generative semantics》.

in·ter·pre·tress /ɪntə́ːprətrɪ̀s | ɪntə́ː-/ *n.* 女性の interpreter. 〖((1775)) ← INTERPRETER＋-ESS〗

ìnter·províncial *adj.* 州の間の[にある]. 〖1839〗

inter·próximal *n.* 〔歯科〕隣接歯間の. 〖1897〗

inter·púpillary *adj.* **1** 〔解剖〕瞳孔間の. **2** (眼鏡の)二つのレンズの中心間の. 〖1904〗

ìnter·quártile rànge *n.* 〔統計〕四分位数間領域《最小の四分位数から最大の四分位数までの間の範囲》.

ìnter·ráce *adj.* ＝interracial.

ìnter·rácial *adj.* 異人種間の; 各人種の混合した: an ～ conflict, meeting, etc. 〖1888〗

ìnter·rádial *adj.* 〔動物〕間幅の《棘皮(きょくひ)動物などの射出部間の》: an ～ canal 間幅水管. **～·ly** *adv.* 〖1870〗

ìnter·rádius *n.* (*pl.* **-dii**) 〔動物〕間対称面, 間幅.

In·ter·Rail /ɪ́ntərèɪl | -tə-/ *vi.* インターレールパスを使って旅をする.

Ínter·Rail pàss *n.* 〔商標〕インターレールパス《英国で販売されている乗車券で, ヨーロッパの多くの国の鉄道に一定期間無制限で乗れる; 安価で旅をすることができるので学生や若者に人気》.

interreges *n.* interrex の複数形.

interregna *n.* interregnum の複数形.

in·ter·reg·nal /ɪ̀ntərégnl | -tə-/ *adj.* 空位期間の; (政治の)空白期間の; 中絶[休止]期間の. 〖((1649)): ⇨ ↓, -al¹: cf. regnal〗

in·ter·reg·num /ɪ̀ntərégnəm | -tə-/ *n.* (*pl.* **～s, -reg·na** /-nə/) **1** (帝王の崩御・廃位などによる)空位期間, 帝[王]位空虚期間. **2** 〔英史〕空位時代《1649–60 年の Commonwealth of England と Protectorate の期間; 時には 1688–89 年の名誉革命時の James 二世逃亡後の期間にも用いられる》. **3** 〔政治〕(内閣更迭・大統領改選などによる)政務の停止, 政治空白期間. **4** 中止, 中絶(期間), 自由期間. 〖((1579–80)) ◻ L *interregnum* ← INTER-＋*regnum* 'REIGN'〗

in·ter·re·late /ɪ̀ntərɪ̀léɪt | -tə-/ *vt.* 相互に関係づける, 相互関係に置く. — *vi.* 相互関係を有する〔*with*〕. 〖1888〗

inter·reláted /-tɪ̀d | -tɪ̀d/ *adj.* 相互に関係のある, 相関の. **～·ly** *adv.* **～·ness** *n.* 〖1827〗

inter·relátion *n.* 相互関係, 相関. 〖1848〗

interrelátion·shìp *n.* 相互に関係があること. 〖1867〗

ìnter·relígious *adj.* 異宗教間の, 宗教の異なる信者間の. 〖1867〗

in·ter·rex /ɪ́ntərèks | -tə-/ *n.* (*pl.* **in·ter·re·ges** /ɪ̀ntəríːdʒiːz | -tə-/) 空位期間中の執政官, 中間王, 摂政. 〖((1579)): ◻ L ～ ← INTER-＋*rex* king〗

in·ter·ro·bang /ɪntérəbæ̀ŋ | ɪn-/ *n.* ダブルだれ, 雨だれ, 耳しずく (!?, ?!)《疑問符 (?) と感嘆符 (!) との結合による句読点; 特に, 感嘆を伴う修辞疑問文の終わりに置く》. 〖((1967)) ← *interro(gation point)*＋*bang* (印刷工の用いる俗語で, 感嘆符の意)〗

interrog. (略) interrogate; interrogation; interrogative; interrogatively.

in·ter·ro·gate /ɪntérəgèɪt | ɪn-/ *vt.* **1** 〈人〉に(正式, かつ組織的に)質問する, 聞きただす, 〈人を〉尋問する, 審問する, 取調べを行う (⇨ ask SYN): ～ a witness (about ...) (...について)証人を審問する. **2** 〔電算〕...に(応答機を駆動させるために)信号を送る, 問い合わせる. — *vi.* (正式に)質問する, 尋問する. 〖((1483)) ← L *interrogātus* (p.p.) ← *interrogāre* to ask, examine ← INTER-＋*rogāre* to ask, (原義) stretch out the hand: cf. rogation〗

in·tér·ro·gàt·ing·ly /-tɪŋ- | -tɪŋ-/ *adv.* 不審そうに, 物問いたげに, 問いただすように. 〖((1886)): ⇨ ↑, -ing², -ly¹〗

in·ter·ro·ga·tion /ɪntèrəgéɪʃən | ɪn-/ *n.* **1** 質問(す る[される]こと), 尋問, 審問, 取調べ: a mark [note, point] of ～＝interrogation point / undergo ～ by the police 警察の尋問を受ける / under ～ 取調べで. **2** 〔通信〕(パルス列による)呼び掛け信号. **3** (古) ＝question mark 1. **～·al** /-ʃnəl, -ʃənl/ *adj.* 〖((c1390)) ◻ (O)F ～ // L *interrogātiō(n-)*: ⇨ interrogate, -ation〗

interrogátion pòint [màrk] *n.* ＝question mark 1. 〖1598〗

in·ter·rog·a·tive /ɪ̀ntərá(ː)gətɪv | -tərɔ́gət-/ *adj.* **1** 疑問の, 疑問を表す; 不審そうな, 物を問いたそうな: an ～ look, tone, etc. **2** 〔文法〕疑問の: an ～ adjective 疑問形容詞《What book? の what, Which way? の which など》/ an ～ adverb 疑問副詞《when?, where?, why? など》/ an ～ pronoun 疑問代名詞《Who are you? の who, What is this? の what など》/ an ～ sentence 疑問文 (cf. DECLARATIVE sentence) / an ～ word 疑問詞《疑問代名詞・疑問形容詞・疑問副詞の総称》. — *n.* **1** 疑問を表す言葉[発話]. **2** 〔文法〕疑問文; 疑問詞; (特に)疑問代名詞; 疑問符. **～·ly** *adv.* 〖((a1500)) ◻ LL *interrogātīvus*: ⇨ interrogate, -ive〗

in·tér·ro·gà·tor /-tə | -tə(r)/ *n.* **1** 質問者; (特に, 捕虜の)尋問者, 審問者. **2** 〔通信〕質問機送信部, 呼び掛け器《応答機 (transponder) に送信してその応答機からの応答信号を受信し, その結果を表示するために送信・受信機を組み合わせたもの》. 〖((1751)) ◻ LL *interrogātor*: ⇨ interrogate, -or²〗

intérrogator-respònsor *n.* 〔電子工学〕呼び掛け応答機《応答機に質問信号を送信したり返答を受信・解釈する無線送受信機》.

in·ter·rog·a·to·ry /ɪ̀ntərá(ː)gətɔ̀ːri | -tərɔ́gətəri, -tri/ *adj.* 疑問の, 質問の; 疑問を表す, 不審そうな, 物を問いたそうな: the ～ method of teaching 問答式教授法 / an ～ sentence 〔文法〕疑問文 / an ～ tone 質問の口調 / an ～ look 物を問いたそうな顔つき. — *n.* **1** (正式かつ組織的な)質問, 尋問, 審問. **2** 〔法律〕質問書面手続き《裁判所の命令を得て相手方に一定の質問事項を記した書面を送り答弁を求める手続き; 開示 (discovery) 制度の一つ》; (このような事項を記した)質問書面.

in·ter·rog·a·to·ri·ly /ɪ̀ntərà(ː)gətɔ́ːrəli, ⌐–⌐– | ɪntərɔ́gətərɪ̀li/ *adv.* 〖((1533)) ◻ LL *interrogātōrius*: ⇨ interrogate, -ory¹〗

in·ter·ro·gee /ɪntèrəgíː | ɪn-/ *n.* 尋問を受ける人, 被尋問者. 〖((1919)) ← INTERROG(ATE)＋-EE¹〗

in ter·ro·rem /ɪntərɔ́ːrɛm | -rɔ́ːr-/ *L. adv., adj.* 〔法律〕脅迫的に[な]: ～ clauses (遺言書の中の)脅迫的条項《特定の人と婚姻すれば遺贈をしないなどの条項で無効》. 〖((1612)) ◻ L *in terrōrem* in terror〗

in·ter·rupt /ɪ̀ntərʌ́pt, ɪnə- | -tə-/ *vt.* **1** (口を出して)〈話・談話などの〉腰を折る, 〈人〉の話[仕事]のじゃまをする (⇨ prevent SYN): Please don't ～ me! じゃまをしないで下さい / ～ a conversation, discussion, etc. / ～ a person's speech＝～ a person *in* his speech 人の話の腰を折る / ～ a speaker [lecturer] *with* frequent questions 何べんも質問して話し手[講義]をさえぎる / Don't ～ me when I am busy. 忙しいときにじゃまをしないでくれ. **2** 〈行為・過程などを妨害する, 妨げる; 〈交通などを〉不通にする; 〈眺めなどを〉さえぎる, 遮断(しゃだん)する: ～ the proceedings 議事の妨害をする / ～ a person's sleep 人の睡眠を妨げる / The fog ～*ed* air travel. 霧のために空の便が不通になった / A building ～*s* the view from our window. 建物があるのでこちらの窓の眺めがきかない. **3** 中断する, 中絶させる, 断つ: ～ an electric current 電流を切る / ～ one's work to answer the phone 仕事を中断して電話に出る / The war ～*ed* the flow of commerce between the two countries. 戦争のために両国間の通商が途絶えた. **4** 〔電算〕割り込む. — *vi.* 中断させる, 阻止する; (特に, 話・談話などの)じゃまをする: Please don't ～. じゃまをしないで下さい. — *n.* 〔電算〕割込み《コンピューターが実行している操作を中断して他の操作を行うようにすること》. **～·i·ble** /-təbl | -tɪ̀bl/ *adj.* 〖((?a1400)) ← L *interruptus* (p.p.) ← *interrumpere* to break up ← INTER-＋*rumpere* to break (cf. rout¹)〗

ìn·ter·rúpt·ed *adj.* **1** さえぎられた, 中断された, 妨げられた, 途切れがちの; 〈交通など〉不通になった: an ～ sleep, murmur, etc. **2** 〔植物〕非相称の (asymmetrical). 〖((1552)) (p.p.) ← INTERRUPT〗

interrúpted cádence *n.* 〔音楽〕＝deceptive cadence.

interrúpted cúrrent *n.* 〔電気〕断続電流.

in·ter·rúpt·ed·ly *adv.* とぎれとぎれに, 断続的に. 〖((1663)): ⇨ -ly¹〗

interrúpted scréw *n.* 〔機械〕間抜きねじ.

ìn·ter·rúpt·er *n.* **1** さえぎる人[もの], 妨害者[物]. **2** 〔電気〕電流断続器. 〖((1511–12)): ⇨ -er¹〗

ìn·ter·rúpt·ing cúrrent *n.* 〔電気〕遮断電流.

in·ter·rup·tion /ɪ̀ntərʌ́pʃən, ɪnə- | -tə-/ *n.* **1 a** じゃま, 妨害: if you will excuse my ～ お話の途中じゃまをして失礼ですが. **b** 途絶, 中絶, 中断, 休止; (交通の)不通: without ～ 間断なく / ～ of electric [water] supply 停電[断水]. **2** 中断するもの, じゃま物. 〖((a1393)) ◻ (O)F ～ // L *interruptiō(n-)*: ⇨ interrupt, -tion〗

in·ter·rup·tive /ɪ̀ntərʌ́ptɪv | -tə-/ *adj.* 中断する, じゃまする, 妨害的な. **～·ly** *adv.* 〖((1643)): ⇨ -ive〗

in·ter·rúp·tor *n.* ＝interrupter.

in·ter·rup·to·ry /ɪ̀ntərʌ́ptəri | -tə-/ *adj.* ＝interruptive. 〖1869〗

inter·scápular *adj.* 〔解剖・動物〕肩甲(骨)間の. 〖((1721)) ← INTER-＋SCAPULAR〗

inter·scholástic *adj.* **1** ((米)) (中学・高校の)学校間の, 学校対抗の (cf. extramural, intercollegiate): ～ athletics. **2** 学校代表の. 〖((1879)) ← INTER-＋SCHOLASTIC〗

inter·schóol *adj.* 学校対抗の (⇨ intraschool): an ～ debate. 〖((1895)) ← INTER-＋SCHOOL〗

in·ter se /ɪ̀ntəséɪ, -síː | -tə-/ *L. adv., adj.* **1** 彼らだけの間の事として(の), 秘密に[の] (cf. inter nos). **2** 〔畜産〕同一系統間で(交配する). 〖((1845)) ◻ L *inter sē* between themselves〗

in·ter·sect /ɪ̀ntəsékt | -tə-/ *vi.* **1** 〈線・面・道路などが〉交わる, 交差する: The streets ～ at right angles. 街路は直角に交差する. **2** 重なる, 重複する. — *vt.* 横切る, 横断する; 交差する: A path ～*s* the field. 小道が畑を横切っている / The moor is ～*ed with* paths. その荒れ地にはいくつもの小道がついている / The line AB ～*s* the line CD at the point E. 線分 AB は点 E において線分 CD と交わる. 〖((1615)) ← L *intersectus* (p.p.) ← *intersecāre* to cut apart ← INTER-＋*secāre* to cut: cf. secant〗

in·ter·sec·tant /ɪ̀ntəséktənt | -tə-/ *adj.* 交差する. 〖((1658)): ⇨ ↑, -ant〗

ìn·ter·séct·ing arcáde *n.* 〔建築〕(ロマネスク様式の建物に見られる, 同一面上に重なったアーチをもつ)アーケード (cf. interlacing arcade).

in·ter·sec·tion /ɪ̀ntəsékʃən, ɪnə-, ⌐–⌐– | -tə-/ ★((米))では /⌐–⌐–/ のアクセントは特に 2 b の意味で使われる. *n.* **1 a** 横切ること, 交差, 横断. **b** (特に, 一方が主要道路の)交差点, 辻(つじ). **2** 〔数学〕交差, 交わり, 共通部分(記号 ∩) (meet, product); 交点. **～·al** /-ʃnəl, -ʃənl/ *adj.* 〖((1559)) ◻ L *intersectiō(n-)*: ⇨ intersect, -tion〗

inter·segméntal *adj.* 〔解剖〕体節間の, 脊髄節間の. 〖1894〗

inter·sénsory *adj.* 二つ以上の感覚機能を同時に働かせた. 〖1933〗

in·ter·sep·tal /ɪ̀ntəséptl | -tə-/ *adj.* 〔解剖〕隔膜 (septa) 間の. 〖((1847)) ← L *intersaeptum* diaphragm, partition: ⇨ inter-, septal¹〗

inter·sérvice *adj.* 陸・海・空の軍部間の. 〖((1946)) ◻ INTER-＋SERVICE¹〗

inter·sèssion *n.* (2 学期制の)学期間, 学期と学期の間《時に成人教育のための短期集中講義に当てられる》. 〖1932〗

ínter·sèx *n.* 〔生物〕間性; 間性個体 (intersexual individual)《雌雄両性の中間の形質を示す雌雄異体の種のある個体; cf. gynandromorph, hermaphrodite 1 a》. 〖1910〗

inter·séxual *adj.* **1** 異性間の: ～ love 異性愛. **2** 〔生物〕間性の: an ～ individual ＝intersex. **～·ly** *adv.* **～·ism** *n.* 〖a1866〗

inter·sexuálity *n.* 〔生物〕間性. 〖1916〗

inter·sidéreal *adj.* (まれ) ＝interstellar.

ínter·spàce *n.* **1** (物と物との間の)空所, すき間. **2** (出来事・時間の)合間, 中間. **3** 星間[惑星(間)]空間. — /⌐–⌐/ *vt.* **1** ...の間に合間[空間]を置く[残す]: ～ one's visits 間を置いて訪問する. **2** ...の間の空所を占める[埋める]. 〖?1440〗

inter·spátial *adj.* 中間の, 中間に介在する. **ìnter·spátially** *adv.*

inter·spécies *adj.* 〔生物〕＝interspecific.

inter·specífic *adj.* 〔生物〕異種間の: an ～ hybrid 種間雑種. 〖1889〗

in·ter·sperse /ɪ̀ntəspə́ːs, ɪnə- | ɪ̀ntəspə́ːs/ *vt.* [しばしば受身で] **1** ...のあちこちに〔...を〕差し入れる〔*with*〕; 〔...で〕点々と飾る〔*with*〕: ～ a book *with* pictures 本の所々に絵を入れる (cf. 2) / His lecture *was* ～*d with* amusing comments. 彼の講義には興味深い評論があちこちにはさまれていた / The sky *was* ～*d with* stars. 空には星がちりばめられていた. **2** まき散らす, 散在させる, 散らばらせる: ～ pictures *throughout* a book 絵を本の所々に入れる (cf. 1) /

Evergreen shrubs *are* ~*d among* the trees. 常緑低木が木々の間に散在している. **in·ter·spérs·ed·ly** /-sɪ̀d-/ *adv.* **in·ter·spér·sal** /-səl, -sl̩/ *adj.* 〖《1566》← L *interspersus* strewn (p.p.) ← *interspergere* to scatter among ← INTER-+*spargere* to scatter (cf. sparse)〗

in·ter·sper·sion /ìntəspə́ːʒən, -ʃən | -tə-/ *n.* **1** まき散らし, 散布; 散在, 点在. **2** 〘生態〙相互的散在《さまざまな種類の生物群が, 小さな生育場所に生活し, それぞれが互いに関係をもち合っていること; あるいはそのような状態》. 〖《1658》: ⇨ ↑, -sion〗

ìnter·spínal *adj.* 〘解剖〙棘(きょく)突起間の. **ìnter·spínous** *adj.* =interspinal.

in·ter·stade /íntəstèɪd | -tə-/ *n.* 〘地質〙亜間氷期《一つの氷期の中での暖化期; interstadial ともいう》. 〖《逆成》↓: cf. stade〗

in·ter·sta·di·al /ìntəstéɪdiəl | -təstéɪdiəl⁻/ 〘地質〙 *n.* **1** 氷床移動[氷床の成長と縮小の間]の一時的中止[休止](期). **2** =interstade. — *adj.* 亜間氷期の (cf. interglacial). 〖《1914》← INTER-+STADI(UM)+-AL[1]〗

in·ter·state /ìntəstéɪt, ìnə- | ìntə-⁻/ *adj.* (米国・オーストラリアなどで)各州(相互)間の, 各州連合の, 州連帯の (cf. intrastate): ~ railroads, affairs, etc. / ~ commerce 州間通商 / an ~ highway 州連絡高速道路. — *adv.* 《豪》別の州へ. — /íntəstèɪt | -tə-/ *n.* 各州間の道路. 〖1844〗

Ínterstate Cómmerce Commìssion *n.* [the ~] (米国)州間通商委員会《飛行機以外の輸送機関を監督する委員会; 1887 年に創設; 略 ICC》.

Ínterstate Híghway Sýstem *n.* [the ~] 州連絡高速道路システム《米国の, 人口 5 万人以上の都市のほとんどを結ぶ高速道路網》.

ìnter·stéllar *adj.* 星間の, 星と星との間の《まれに intersidereal ともいう》: ~ communications / ~ space 星間空間. 〖1626〗

ìnter·stérile *adj.* 〘生物〙〈動植物が〉異種交配によって繁殖できない. **ìnter·sterílity** *n.* 〖1916〗

in·ter·stice /ɪ̀ntə́ːstɪ̀s | ɪntə́ː-/ *n.* **1** 間の空間[空所]; (特に, 連続しているもの[部分]の間の)すき間, 割れ目, 裂け目. **2** 〘物理〙(格子上の原子間の)すき間. **3** 《まれ》(時間の)合間. **4** 〘カトリック〙中間期間《教会法規で定めた聖階昇進に必要な経験年数》. 〖《?a1425》□ LL *interstitium* space between ← L *intersistere* to stand between ← INTER-+*sistere* to set (← *stāre* to stand)〗

in·ter·sti·tial /ìntəstíʃəl, -ʃl̩ | -tə-⁻/ *adj.* **1** すき間[裂け目]の; すき間に生じる; すき間を作る, 割れ目をなす. **2 a** 〘解剖〙間質(性)の, 〈線維組織など〉細胞組織の間にある: ~ cells [tissue] 間質細胞[組織]. **b** 〘病理〙間質を冒す: ~ inflammation 間質炎. **3** 〘結晶〙侵入型の, 格子間型の, 格子間にはいった: an ~ compound 侵入型化合物. — *n.* 〘結晶〙侵入型, 格子間型《規則配列した結晶内原子のすき間に余分の原子がはいった型の格子欠陥, またその原子》. **~·ly** *adv.* 〖《1646》← LL *interstitium* (↑)+-al[1]〗

interstítial-céll-stìmulating hòrmone *n.* 〘生化学〙間質細胞刺激ホルモン (⇨ luteinizing hormone).

ínter·stòck *n.* 〘園芸〙中間台木(だいぎ)《高接ぎ更新した場合の枝幹部分》.

ìnter·stratificátion *n.* 〘地質〙中間地層をなすこと; 中間地層[岩層]. 〖1855〗

ìnter·strátify 〘地質〙 *vi.* 他の地層の間に介在する, 中間地層をなす. — *vt.* [受身に用いて] **1** 地層間に差し込む〔*with*〕. **2** 層を交互に重ねる. 〖1822〗

ìnter·subjéctive *adj.* 〘哲学〙間主観的な: ~ communication 間主観的交通 (E. Husserl の現象学における用語). **~·ly** *adv.* **ìnter·subjectívity** *n.* 〖1899〗

ìnter·syllábic *adj.* 音節間の.

ìnter·tángle *vt.* もつれ合わせる, 絡み合わせる, より[織り]合わせる. **~·ment** *n.* 〖1589〗

ìnter·territórial *adj.* 二つの領土間に存在する[またがる], 領土間で行われる. 〖1888〗

ìnter·testaméntal *adj.* 旧約聖書から新約聖書が出るまでの間の, 旧約聖書の最後の書と新約聖書の最初の書の作成間の約 2 世紀の. 〖1929〗

in·ter·tex·tu·al·i·ty /ìntətèkstʃuǽləti | -tətèks-tʃuǽlɪ̀ti, -tju-/ *n.* 間[相互]テキスト性《あるテキストが他の(複数の)テキストとの間に有する関係; 引喩・翻案・翻訳・パロディー・パスティーシュ・模倣などをいう; フランスの記号論学者 J. Kristeva (1941–) の造語》. **in·ter·téx·tu·al** /-tékstʃuəl, -tʃəl | -tʃuəl, -tʃəl, -tjuəl, -tjuˈl⁻/ *adj.*

ìnter·téxture *n.* **1** 織り[編み]合わせること, 織り交ぜること; 織り合わせ, 交ぜ織. **2** 織り合わせ物, 交ぜ織物. 〖《1649》← L *intertextus* ((p.p.) ← *intertexere* to interweave)+-URE: ⇨ inter-, texture〗

ìnter·tídal *adj.* 満潮と干潮の間の, 潮間帯の: ~ fauna 潮間帯動物群. **~·ly** *adv.* 〖《1883》← INTER-+TIDAL〗

ínter·tìe *n.* 〘電気〙均圧線. 〖1703〗

ìnter·tíll *vt.* 〈他の作物〉の列の間に栽培する. **ìnter·tíllage** *n.* 〖《1912》← INTER-+TILL[2]〗

ìnter·tíssued *adj.* 織りなされた. 〖《1599》: cf. MF *entertissu* interwoven〗

ìnter·tráffic *n.* 二人[箇所]間の交通. 〖1603〗

ìnter·tríbal *adj.* (異)種族間の, 部族間の: ~ warfare, marriages, etc. 〖1862〗

in·ter·tri·go /ìntətráɪgoʊ | -tətráɪgəʊ/ *n.* (*pl.* ~s) 〘医学〙間擦疹(かんさつしん)《腋の下や乳房下などこすれ合う部分の表在性皮疹》. 〖《1706》□ L ~ sore place caused by rubbing ← INTER-+*terere* to rub〗

ìnter·trópic *adj.* 〘地理〙=intertropical.

ìnter·trópical *adj.* 〘地理〙南北両回帰線間の, 熱帯地方の. 〖1794〗

Intertrópical Convérgence Zòne *n.* 〘気象〙熱帯収束帯《赤道付近で貿易風が収束する地帯; 上昇気流を生じ, 低気圧が発生しやすい; 略 ITCZ》.

in·ter·twine /ìntətwáɪn, ìnə- | ìntə-/ *vt.* 絡み合わせる, より合わせる, 編み合わせる, 織り込む: ~ two things / This is closely ~*d with* that. これはそれとは深くかかわり合っている. — *vi.* 絡み合う, もつれ合う: *intertwining* vines. 〖1641〗

ìnter·twíne·ment *n.* 絡み合い, より合わせ. 〖1840〗

in·ter·twín·ing·ly *adv.* 絡み合って, もつれて.

ìnter·twíst *vt.* より合わせる, 絡み合わせる, ねじり合わせる: ~ one's fingers. — *vi.* より合う, 絡み合う: ~*ing* tendrils. — *n.* より合わせる[合う]こと, 絡み合い, もつれ. 〖*a*1659〗

In·ter·type /íntətàɪp | -tə-/ *n.* 〘商標〙インタータイプ《ライノタイプに似た鋳植機》.

ìnter·univérsity *adj.* 各大学間の, 大学連合の, 大学対抗の (cf. intercollegiate): an ~ match 大学対抗試合 / ~ research 大学間の協同研究. 〖1870〗

ìnter·úrban *adj.* 都市間の: an ~ motorway [railway] 都市連絡自動車道路[鉄道]. — *n.* 《米》都市連絡列車[電車, バス] (cf. interborough). 〖1883〗

in·ter·val /íntəvəl, ínə-, -vl̩ | -tə-/ *n.* **1** (時の)間隔, 隔たり, 合間: an ~ of twenty years 20 年の隔たり / at ~*s* of two hours 2 時間の間隔で / in the ~ その間に; (…の)合間に / at ~*s* 時々, 折々 / at long [short] ~*s* 時たま[しばしば] / at odd [rare] ~*s* 不定期に[たまに] / at regular ~*s* 一定の時の間隔をおいて. **2** (場所の)間隔, 距離, 隔たり: an ~ of ten feet between columns 10 フィートの柱間距離 / at ~*s* とびとびに, ここかしこに / at ~*s* of fifty feet 50 フィートおきに / at regular ~*s* 一定の間隔をおいて. **3** 《劇場で》幕間(まく), 休憩時間 (cf. intermission 1): *Interval*—10 Min. 《英》休憩 10 分間 / We'll be back right after the ~. 休憩時間が終わり次第戻って来ます. **4** 〘音楽〙音程: a major [minor] ~ 長[短]音程 / ⇨ harmonic interval, melodic interval. **5** 休止期間: lucid ~*s* between fits of madness 狂気の発作と発作の間の平静期. **6** 〘軍事〙(前後の距離 (distance) に対して左右の)間隔. **7** 〘数学〙区間《2 数[点]間の全ての数[点]から成る集合; 両端の点を加えたものを closed interval, 加えないものを open interval という》. **8** =intervale. **9** 〘トランプ〙(ポーカーで)インターバル (betting interval)《チップや賭金を張るための合間》.

interval of convérgence 〘数学〙収束区間《実級数が収束するすべての点から成る区間; cf. CIRCLE of convergence》.

in·ter·val·lic /ìntəvǽlɪk | -tə-⁻/ *adj.* 〖《*a*1325》*interval(le)* □ OF *entrevale, intervalle* // L *intervallum* space between ramparts ← INTER-+*vallum* 'rampart, WALL'〗

in·ter·vale /íntəvèɪl, -vəl, -vl̩ | -tə-/ *n.* 《ニューイングランド・カナダ》(川沿いまたは山と山の間の)低地 (intervale land ともいう). 〖《14C》《廃》'interval': 現在の意味は 1647 年からで VALE[1] の影響による INTERVAL の変形〗

ínterval èstimate *n.* 〘統計〙信頼区間 (⇨ confidence interval; cf. point estimate).

ínterval estimàtion *n.* 〘統計〙区間推定 (cf. point estimation).

ìnter·vállum *n.* 《廃》(時間の)間隔, 合間 (interval). 〖《1574》□ L *intervallum*: ⇨ interval〗

in·ter·val·om·e·ter /ìntəvəlɑ́(ː)mətə | -təvəlɔ́mɪ̀tə[(r)]/ *n.* 〘写真〙インターバロメーター《航空写真に用いる等間隔シャッター装置》. 〖《1933》← INTERVAL+-OMETER〗

ínterval scàle *n.* 〘統計〙間隔尺度《対象に数を割り当てる方法の一つ; 大小関係のみならず, その差も有意だが, その比に意味はない; 摂氏温度が典型的 cf. ordinal [ratio, nominal] scale》.

ínterval sìgnal *n.* ラジオ番組の合間の送信中を示す信号. 〖1932〗

ínterval tràining *n.* インターバルトレーニング《全力疾走とジョギングを繰り返す練習方法; fartlek ともいう》. 〖1962〗

ìnter·vársity *adj.* 《英》=interuniversity.

in·ter·vene /ìntəvíːn, ìnə- | ìntə-/ *vi.* **1 a** 〈人が〉〔…の〕中に入る, 〔…を〕仲裁する〔*in, between*〕(⇨ interpose SYN): ~ *in* a dispute 争いを仲裁する / ~ *in* a strike ストライキの調停に立つ / ~ *between* two people who are quarreling 争っている二人の間に入る. **b** 〈人が〉干渉する, 介入する; 〈国が〉〈他国の内政などに〉(武力)干渉する〔*in*〕: ~ *in* a debate 論争に口を出す / ~ *in* another nation's domestic affairs 他国の内政に干渉する. **2** 〈無関係な事が〉間にはいる, 入り込む, 現れる; 間に入ってじゃまをする: I will start tomorrow if nothing ~*s* (to cause a problem). (問題になることが)何も起こらなければ明日出発します. **3 a** 〈年月・出来事などが〉間に起こる, はさまる: during the years that ~(*d*) その間の年月に, その間に / Lent ~*s between* Christmas and Easter. 四旬節はクリスマスと復活祭の間にある. **b** 〈場所などが〉間にある, 介在する: A desert ~*s between* the two cities. 両都市間には砂漠がある. **4** 〘法律〙〈第三者が〉訴訟に参加する; 《英》(特に)〈女王代訴人 (Queen's Proctor) が〉離婚裁判に参加する. 〖《1588》□ L *intervenire* to come between ← INTER-+*venīre* to come〗

in·ter·vén·er *n.* 仲介人, 調停者; 〘法律〙訴訟参加人. 〖《1621》: ⇨ ↑, -er[1]〗

in·ter·ve·nient /ìntəvíːnjənt | -tə-⁻/ *adj.* **1** 間に来る[入る], はさまる, 介在する, 干渉する. **2** 付随の, 二次的な (incidental). — *n.* 仲介人, 調停者. 〖《1605》□ L *intervenientem* (pres.p.) ← *intervenire* (↑)〗

in·ter·ven·ing /ìntəvíːnɪŋ, ìnə- | ìntə-⁻/ *adj.* 〈時間・物が〉間にある, 間にはさまれた: the ~ years その間の年月 / an ~ river その間を流れる川. 〖1646〗

intervening séquence *n.* 〘遺伝〙介在配列 (⇨ intron).

intervening váriable *n.* 〘社会学〙媒介[仲介]変数. 〖1935〗

ìn·ter·vé·nor *n.* =intervener.

in·ter·ven·tion /ìntəvénʃən, ìnə- | ìntə-/ *n.* **1** (大国による小国の内政などへの)干渉: armed [military] ~ 武力干渉, 軍事介入. **2** 間に入る[入られる]こと, 介在; 調停, 仲裁: on [through] the ~ of …の仲裁で. **3** 〘法律〙(第三者の)訴訟参加; 《英》(女王代訴人 (Queen's Proctor) の)離婚裁判への参加. **4** 〘教育〙親による子供の教育. **5** 〘商業〙(EEC による) 市場介入. **~·al** /-ʃnəl, -ʃənl̩⁻/ *adj.* 〖《*c*1425》□ (O)F ~ // LL *interventiō(n-)*: ⇨ intervene, -tion〗

in·ter·vén·tion·ism /-ʃənìzm/ *n.* (国家の政治的・経済的)干渉政策 (cf. isolationism). 〖1923〗

in·ter·vén·tion·ist /-ʃ(ə)nɪ̀st | -nɪst/ *adj.* 干渉主義の. — *n.* 干渉主義者, (他国に対する)内政干渉論者, (自国経済に対する)政府干渉賛成論者. 〖1839〗

intervéntion price *n.* (EU による) 介入価格《過剰生産農産物の買上げ開始価格》.

in·ter·ven·tor /ìntəvéntə | -tə́véntə[(r)]/ *n.* (職業・官職上の)介在者, 干渉者, 仲裁者, 調停者. 〖《1727–41》□ L ~: ⇨ intervene, -or[2]〗

ìnter·vértebral *adj.* 〘解剖〙〘脊〙椎骨(ついこつ)間の, 椎間の. **~·ly** *adv.* 〖1782〗

intervértebral dísk *n.* 〘解剖〙椎間(ついかん)板. 〖1860〗

in·ter·view /íntəvjùː, ínə- | íntə-/ *n.* **1** 面接, 面談, 対談; (公式の)会談, 協議: an ~ room (警察や刑務所の)取調室 / a job ~=an ~ for a job 就職[求職]面接 / at a personal ~ 直接面談のうえで. **2** (新聞雑誌記者またはテレビ・ラジオのニュース解説者の)会見, インタビュー, 取材訪問; 会見記, 訪問記事: ~ shows (テレビの)インタビュー番組 / have [hold] an ~ *with* the prime minister 総理大臣と会見する / give [grant] an ~ to reporters 新聞記者のインタビューに応じる. — *vt.* …と面接[会見]する; …の面接試験をする; 〈新聞記者などが〉〈公人・名士などに〉インタビューする: ~ applicants 志願者を面接する / ~ the President (about …) (…について)大統領に会見[インタビュー]する / be ~*ed for* a job 就職の面接(試験)を受ける / Everyone ~*ed* supported the plan. 面談した全員がその計画を支持した. — *vi.* …の面接を受ける; 〔…と〕面接する〔*with*〕. 〖《1514》*enterv(i)ew(e)* □ F *entrevue* ← *(s')entrevoir* to see (each other) ← *entre-* 'INTER-'+*voir* to see (< L *vidēre* to see: ⇨ view)〗

in·ter·view·ee /ìntəvjuːíː | -tə-/ *n.* 被面接者, 被会見者, インタビューされる人. 〖《1884》: ⇨ ↑, -ee[1]〗

in·ter·view·er /íntəvjùːə, ínə- | íntəvjùːə[(r)]/ *n.* **1** 面接者, 会見者, インタビュアー, 会見[訪問]記者. **2** (玄関扉の)のぞき穴. 〖《1869》: ⇨ -er[1]〗

In·ter·vi·sion /íntəvɪ̀ʒən | -tə-/ *n.* インタービジョン《東ヨーロッパ諸国間のテレビ番組やニュース素材の中継・交換組織; ユーロビジョン (Eurovision) との交換も行う》. 〖《1961》← INTER-+(TELE)VISION〗

in·ter vi·vos /ìntəváɪvous, -víː- | -təvíːvɔs/ *L. adv., adj.* 〘法律〙〈贈物・信託など〉生存者間で[の], 生存者から生存者へ(の). 〖《1837》□ L *inter vivos* among (the) living〗

ìnter·vocálic *adj.* 〘音声〙〈子音が〉母音間にある, 母音にはさまれた. **ìnter·vocálical·ly** *adv.* 〖《1887》← INTER-+VOCALIC〗

in·ter·volve /ìntəvɑ́(ː)lv | -təvɔ́lv/ *vt.* 巻き合わせる, 絡み合わせる. 〖《1667》← INTER-+L *volvere* to roll (⇨ walk)〗

ìnter·wár *adj.* 戦争と戦争の間の, (特に, 1914 年と 1939 年の)両大戦間の: the ~ period. 〖1939〗

in·ter·weave /ìntəwíːv, ìnə- | ìntə-/ *v.* (-wove /-wóʊv | -wə́ʊv/, -weaved; -wo·ven /-wóʊvən | -wə́ʊ-/, -weaved) — *vt.* **1** 〈事〉と〈事〉を混ぜ合わせる, 混合する〔*with*〕: ~ truth *with* fiction 真実と虚偽とを織り交ぜる / be *interwoven with* …と関連し合っている. **2** 織り交ぜる, 織り込む, 編み合わせる: ~ two things / ~ nylon *with* cotton ナイロンと綿を織り交ぜる. — *vi.* 混交する, 交じる; 織り交ざる. — /íntəwìːv | -tə-/ *n.* 交織, 混合, 融合.

in·ter·wéave·ment *n.* **in·ter·wéav·er** *n.* 〖《1578》← INTER-+WEAVE〗

ìnter·wínd /-wáɪnd/ *vt., vi.* (-wound /-wáʊnd/) 巻き込む, 巻き合わせる[合う], 絡み合わせる[合う]. 〖《1693》← INTER-+WIND[2]〗

ìnter·wórk *v.* (~ed, -wrought) — *vt.* =interweave. — *vi.* =interact[1]. 〖1603〗

interwove *v.* interweave の過去形.

in·ter·wo·ven /ìntəwóʊvən | -təwə́ʊ-⁻/ *v.* interweave の過去分詞. — *adj.* 織り[編み]込まれた; 混ぜ合わされた: an ~ design. 〖1647〗

ìnter·wréathe *vt.* 巻き合わせる, 編み合わせる, 組み合わせる. 〖*a*1658〗

ìnter·zónal *adj.* 二つ(以上)の地域間の: an ~ competition 地域間対抗試合. 〖1881〗

ìnter·zòne *adj.* =interzonal.

in·tes·ta·ble /ɪ̀ntéstəbl̩, ɪn- | ɪn-, ɪn-⁻/ *adj.* 〘法律〙

I

〈幼児・精神障害者など〉遺言をする能力を欠いた, 遺言状を書く資格のない. 〘((1590)) ◻ LL *intestābilis*, (L) infamous: ⇨ intestate〙

in·tes·ta·cy /ɪ̈ntéstəsi | ɪn-/ *n.* 〘法律〙 無遺言で死ぬこと; 無遺言で死んだ人の財産, 無遺言相続. 〘((1767)): ⇨ ↓, -cy〙

in·tes·tate /ɪ̈ntésteɪt, -tɪ̈t | ɪn-/ *adj.* **1** 〈人が〉(法律にかなった)遺言をしない, 遺言書を作らない (cf. testate 1): die ～ 遺言書を作らずに死ぬ. **2** 〈財産が〉遺贈されたものでもない, 遺言によって処分されない, (その処分について)何の遺言もない: an ～ estate. — *n.* 無遺言死亡者. 〘(adj.: *c*1378; n.: 1658) ◻ L *intestātus* ← IN-[1]+*testātus* ((p.p.) ← *testārī* to witness, make a will: cf. testament)〙

in·tes·ti·nal /ɪ̈ntéstɪnl | ɪntéstɪ̈-, ɪntestáɪ-/ *adj.* 腸の, 腸管の, 腸にある: ～ catarrh 腸カタル / ～ disorder [trouble] 腸疾患 / an ～ worm 腸内寄生虫 (回虫など). **～·ly** *adv.* 〘((?*a*1425)) ◻ ML *intestinālis* ← L *intestinum* 'INTESTINE': ⇨ -al[1]〙

intéstinal canál *n.* 〘解剖〙 腸管, 腸.

intéstinal flóra *n.* 〘医学〙 腸内細菌叢(そう).

intéstinal fórtitude *n.* ((米口語)) 勇気と忍耐, 肝っ玉, 胆力. ★ guts に代わる婉曲的表現. 〘1937〙

in·tes·tine /ɪ̈ntéstɪn | ɪntéstɪn, -ti:n/ *n.* [しばしば *pl.*] 〘解剖〙 腸 (bowels): ⇨ large intestine, small intestine. ★ ラテン語系形容詞: alvine. — *adj.* **1** 内部の. **2** 〈戦争・災難など〉国内の, 内国の: an ～ war 内乱, 内戦 / ～ disorders 国内紊乱(びんらん). **3** 体内の. 〘n.: (?*a*1425) ◻ L *intestinum* (neut. sing.) ← *intestinus* — adj.: (1439) ◻ L *intestinus* inward, internal ← *intus* within.〙

ín·thìng *n.* 最も現代的なもの[こと], かっこいいこと.

in·thral /ɪ̈nθrɔ́:l, -θrá:l | ɪnθrɔ́:l/ *vt.* (**in·thralled**; **in·thral·ling**) =enthrall.

in·thrall /ɪ̈nθrɔ́:l, -θrá:l | ɪnθrɔ́:l/ *vt.* =enthrall.

in·thrál·ment *n.* 《古》 =enthrallment.

in·throne /ɪ̈nθróʊn | ɪnθrə́ʊn/ *vt.* =enthrone.

in·ti /ínti | ín-; *Am.Sp.* ínti/ *n.* インティ (ペルーの旧通貨単位 (1985–91)). 〘((1985)) ◻ Am.-Sp. ～ ◻ Quechua *Ynti* 'sun'〙

in·ti·fa·da /ɪ̀ntɪ̈fá:də | -tifá:də; *Arab.* intifá:dˤa/ *n.* インティファーダ, 民衆蜂起 (1987 年に始まった, イスラエル占領地 (Jordan 川西岸および Gaza 地区) でのパレスチナ住民の抗議運動). 〘((1985)) ◻ Arab. *intifāḍa* uprising ← *intáfaḍa* to be shaken〙

in·ti·ma /íntəmə | -tɪ̈-/ *n.* (*pl.* **in·ti·mae** /-mì:/, ～**s**) 〘解剖〙 (血管などの)内膜, 脈管内膜. **ín·ti·mal** /-məl, -ml/ *adj.* 〘((1873)) ← NL ～ ← L (fem.) ← *intimus* inmost: cf. intimate[1, 2]〙

in·ti·ma·cy /íntəməsi, ínə- | -tɪ̈-/ *n.* **1 a** 親密, 親交, 懇意 (⇨ intimate[1] 1 ★): on terms of ～ =*on* INTIMATE[1] *terms*. **b** [*pl.*] 親しさを表す行為[表現], なれなれしくすること (体に触れたり, キスなどをすること). **c** 《婉曲》 (異性との)肉体関係, ねんごろな関係, 情交. **2** 密接なつながり, 精通, 深い理解. **3** 人目を避けること, 非公開, 内輪. 〘((1641)): ⇨ intimate[1], -acy〙

intimae *n.* intima の複数形.

in·ti·mate[1] /íntəmɪ̈t, ínə- | íntɪ̈-/ *adj.* **1** 密接な, 親密な, 仲のよい, 懇意な (⇨ familiar SYN). ★ しばしば 9 の意味を含意するので一般に, 特に異性間では close などが好まれる: ～ friends [friendship] 親友[交] / an ～ relation [relationship, connection] 懇意な間柄, 深い縁故. **2 a** 〈言動など〉親しみのこもった, くだけた, 打ち解けた: an ～ voice. **b** 〈部屋など〉親しみがわく, くつろげる, 懇親的な: an ～ room, lounge, etc. **3** 私事の, 私事に関する, 一身上の, 個人的な: one's ～ affairs 私事 / the ～ details of one's life 私生活のこまごました事柄 / an ～ diary (秘密の感情や内面的経験をつづった)心の日記. **4** 〈音楽会など〉少人数を対象とした, 内輪の, 非公開の: It was an ～ dinner with just five of us. ちょうど 5 人だけの内輪の食事だった. **5** 最も内部の, 本質的な: the ～ structure of matter 物質の本質的な構造. **6** 〈知識など〉直接的な, 詳細な, 深い: have an ～ knowledge of a subject ある主題に精通している. **7** 〈考えなど〉心の奥底にある, 内心の, 衷心の: a person's most ～ feelings [thoughts] 最も心の奥に秘めた感情[考え] / ～ reflections 内省. **8** 〈分子・イオンなど〉密接した, よく混じった: an ～ ion pair 内部イオン対. **9** 《婉曲》 〘異性と〙肉体関係のある, 情を通じている 〔*with*〕: be ～ *with* a woman[man]. **10 a** 〈下着など〉肌に直接着る; 家庭で着る: ～ underwear 下着 / ⇨ intimate apparel. **b** 〈包装など〉品物にじかに触れる. **11** 〈フランス語など〉親しみを表す二人称の.

on intimate terms (1) 親しい間柄で, 懇意で 〔*with*〕. (2) 〈男女が〉深い仲で, 関係して 〔*with*〕.

— *n.* [a person's ～ として] 親友; 腹心の友: The Prime Minister arrived with a few of his ～*s*. 首相は数人の腹心とともに到着した. ★ 今日では *adj.* 9 を連想するので一般に避けられる.

～·ness *n.* 〘((1632)) ◻ LL *intimātus* (p.p.) ← *intimāre* to put in ◻ L *intimus* (superl. of *interior*)〙

in·ti·mate[2] /íntəmeɪt | -tɪ̈-/ *vt.* **1** 遠回しに言う, ほのめかす, 暗示する 〈*that*〉: He ～*d* (*to me*) *that* he intended to resign soon. 間もなく辞職するつもりだということを(私に)それとなく言った. **2** 《古》 通知する, 通告する; 〈…ということを〉公表する, 告示する 〈*that*〉. **ín·ti·màt·er** /-tə | -tə(r)/ *n.* 〘((1538)) ← LL *intimātus* (p.p.) ← *intimāre* to bring or press into, announce ← *intimus* inmost, deepest, close in friendship, (n.) close friend, (superl.) ← *intus* within < IE **entos* (Gk *entós* within): cf. F *intimer*〙

íntimate appárel *n.* =lingerie 1.

íntimate bórrowing /íntəmɪ̈t- | -tɪ̈-/ *n.* 〘言語〙 密接借用 (2 言語間に起こる言語形式, 特に語句の借用). 〘1933〙

ín·ti·mate·ly *adv.* 親しく; 近く; 直接的に, 詳しく; 内心で; 《婉曲》 性的に関係して. 〘((1637)): ⇨ intimate[1], -ly[1]〙

in·ti·ma·tion /ìntəméɪʃən | -tɪ̈-/ *n.* **1** それとなく知らせること; ほのめかし, 暗示: have an ～ *that* … それとなく…という感じがする. **2** 通知, 通告; 告示, 発表: issue an ～ *that* …という通告を発する. 〘((1442–43)) ◻ (O)F ～ ∥ LL *intimātiō(n-)*: ⇨ intimate[2], -ation〙

in·time /æ̃(n)tí:m, æn-; *F.* ɛ̃tim/ *F. adj.* =intimate[1]. 〘((*a*1618)) ◻ F ～ ∥ L *intimus*: ⇨ intimate[1]〙

in·tim·i·date /ɪ̈ntímədeɪt | ɪntímɪ̈-/ *vt.* (通例暴力的な脅しによって)怖がらせる, 脅す, おびえさせる; 脅迫して〔ある行動を〕させる 〔*into*〕 (⇨ threaten SYN); 威嚇して〔ある行動を〕させない 〔*from*〕: ～ a voter 有権者を脅迫する / ～ the parents *into* paying the ransom 両親を脅迫して身代金を払わせる / ～ workers *from* forming a union 従業員を脅して組合を作らせない. 〘((1646)) ← ML *intimidātus* (p.p.) ← *intimidāre* to intimidate ← IN-[2]+L *timidus* 'TIMID': ⇨ -ate[3]〙

in·tim·i·dat·ing /ɪ̈ntímədèɪtɪŋ | ɪntímɪ̈dèɪt-/ *adj.* 威嚇するような, 人をおじけづかすような, 自信をなくさせるような: an ～ manner 威嚇するような態度. **～·ly** *adv.* 〘((*a*1812)): ⇨ ↑, -ing[2]〙

in·tim·i·da·tion /ɪ̈ntìmədéɪʃən | ɪntìmɪ̈-/ *n.* 恐れさせること, 脅し, 威嚇, 脅迫: by ～ / surrender to ～ 脅迫に屈する. 〘((1658)) ◻ F ～ ← *intimider*: intimidate, -ation〙

in·tím·i·dà·tor /-tə | -tə(r)/ *n.* 脅迫者. 〘((1857)) ← INTIMIDATE+-OR[2]〙

in·tim·i·da·to·ry /ɪ̈ntímədətɔ̀:ri | ɪntìmɪ̈déɪtəri, ɪntímɪ̈dətəri, -tri/ *adj.* 脅迫的な, 脅しの. 〘((*a*1846)) ← INTIMIDATE+-ORY〙

in·ti·mism, I- /íntəmɪzm | -tɪ-/ *n.* 〘美術〙 アンティミスム (Vuillard や Bonnard に代表される 20 世紀初頭のフランス絵画で, 日常身辺の題材を温かい感じで描いた画風). 〘((1903)) ← INTIM(IST)+-ISM〙

in·ti·mist, I- /íntəmɪ̈st | -tɪ̈mɪst/ *adj.* **1** アンティミスム (intimism) の, 日常主義画風の. **2** 〈小説が〉(個人の心理をえぐり出す)内面描写の, 心理主義的な. — *n.* アンティミスムの画家[作家]. 〘((1903)) ◻ F *intimiste* (↓)〙

in·ti·miste /æ̃(n)ti:mí:st, æn-; *F.* ɛ̃timist/ *F. adj.*, *n.* =intimist. 〘((1959)) ◻ F ～: ⇨ intime, -ist〙

in·tim·i·ty /ɪ̈ntíməti | ɪntímɪ̈ti/ *n.* **1** 秘密, 内密. **2** 《古》 親密 (intimacy). 〘((1617)) ◻ F *intimité* ∥ ← L *intimus* 'inmost, intimate, INTIMATE[1]'+-ITY〙

in·tinc·tion /ɪ̈ntíŋ(k)ʃən | ɪn-/ *n.* 〘キリスト教〙 インティンクション, 浸し (聖餐(せいさん)[聖体拝領]用のパンをぶどう酒に浸して信者に与えること). 〘((*c*1559)) (1872) 《廃》 'dipping' ◻ LL *intinctiō(n-)* ← L *intingere* to dip in ← IN-[2]+*tingere* 'to wet, TINGE'〙

in·tine /ínti:n, -taɪn/ *n.* 〘植物〙 内膜, 内壁 (胞子や花粉の内外 2 層の膜のうち内側の膜; endosporium ともいう; cf. exine). 〘((1835)) ← L *intus* within+-INE[1]〙

in·ti·tle /ɪ̈ntáɪtl | ɪntáɪtl/ *vt.* 《古》 =entitle.

in·ti·tule /ɪ̈ntítʃu:l, -tju:l | ɪntítju:l/ *vt.* [通例 p.p. 形で] 《英》 〈法令・書物などを〉…と称する, 題する. ★ 今は主に法令について用いる. **in·tit·u·la·tion** /ɪ̈ntìtʃuléɪʃən, -tju- | ɪntìtju-/ *n.* 〘((*c*1380)) ◻ (O)F *intituler* ◻ LL *intitulāre* to give a name to ← IN-[2]+*titulus* 'TITLE': cf. entitle〙

intl 《略》 international.

intnl 《略》 international.

in·to /(母音の前) ìntu, (子音の前) ìntə, (文末) ìntu, -tu: | (母音の前) intu, (子音の前) intə, (文末) intu:/ *prep.* **1** …の中に[へ], …に, …へ, …に加わるように, …の活動[獲得]に: come ～ the house 家の中へ入る / go ～ the park 公園の中へはいる / go ～ town 繁華街へ行く / get ～ a car 車に乗る / look ～ the box 箱の中をのぞく / throw a letter ～ the fire 手紙を火にくべる / He butted ～ their conversation. 彼らの会話に割り込んだ / About three minutes ～ conversation, he asked a question. 会話を始めて 3 分ほどすると彼は質問をした / His salary went ～ the rent. 彼の月給は家賃に当てられた / inquire ～ a matter 事件を調査する / A flush came ～ her cheeks. 彼女のほおがぱっと赤くなった / get ～ difficulties 困難に陥る / go ～ business [teaching] 実業界に入る[教職に就く] / come ～ property 財産を手に入れる, 財産を相続する. ★ come, drop, fall, go, put, throw などの後では誤解のおそれがない場合, 代わりに in を使うことがある. **2** [変化・結果] 〈…を〉…に(する), 〈…が〉…に(なる): change (something) ～ something else (あるものを)別のものに変える / make flour ～ bread 小麦粉をパンにする / convert water ～ ice 水を氷に変える / translate Latin ～ English ラテン語を英語に訳す / A caterpillar turns ～ a butterfly. 毛虫は蝶に変わる / He was elected ～ the academy. 彼は選ばれて学士院会員になった / fall ～ sleep 眠りに落ちる / The discussion turned [grew] ～ a quarrel. 議論は口論になった / burst ～ tears わっと泣き出す / burst ～ laughter どっと笑い出す / Suddenly he broke ～ a song. 突然彼は歌い始めた / The sad news drove him ～ despair. その悲報は彼を絶望のどん底に陥れた / harden something ～ a mass 物を(固めて)かたまりにする / harden ～ a mass (固まって)かたまりになる / cut [divide] something ～ two 物を二つに切る[分ける] / I laughed him ～ good humor again. 私は笑ってまた彼を上機嫌にさせた / reason a person ～ compliance 人を説いて承知させる / I sang my way ～ her heart. 歌を歌って彼女のハートを得た. **3** …にぶつかって (against): run ～ a pole 柱にぶつかる. **4** …の方向へ: look ～ the sun 太陽の方を見る. **5 a** 〘数学〙 …を割って: 2 ～ 6 (=6 divided by 2) goes 3 times [is 3, equals 3].=Dividing 2 ～ 6 gives 3. 6 割る 2 は 3. **b** 《古》 =by *prep.* 15. ★ multiply とともに用いる: *a multiplied* ～ *b* (=*a*×*b* (=*a multiplied by b*). **6** [時間] …まで (up to): We sat talking far [well] ～ the night. 夜が更けるまで話し込んだ. **7** 《俗用》 =IN to (cf. in *adv.* 2 a): He took her ～ dinner. 彼女を食事のために食堂に案内した. **8** 《方言》 =in: He fought ～ the Revolution. 独立戦争で戦った / There is salt ～ the porridge. ポリッジに塩がはいっている. **9** 《方言》 …だけ足りない (within): six feet tall ～ an inch 丈が 6 フィートに 1 インチ足りない. **10** 《口語》 …に関心を抱いて, かかわって: First I was ～ Zen, then I was ～ peace. 最初私は禅に関心をもち, のちに平和問題に首を突っ込んだ.

— *adj.* [限定的] 〘数学〙 〈写像が〉中への: an ～ mapping 中への写像. 〘ME *in to* < OE *in(n) tō*: 16C までは 2 語に分けて書かれた〙

in·toed /ìntòʊd | -tə̀ʊd/ *adj.* 足指内反の (足指が内方に曲がっている); 内股(うちまた)の. 〘((1835)) ← IN (adv.)+TOE+-ED 2〙

in·tol·er·a·ble /ɪ̈ntá(:)lərəbl, ìn- | ɪntɔ́l-, ìn-/ *adj.* **1** 耐えられない, 我慢できない, 忍び難い: an ～ burden / ～ pain, heat, insolence, etc. / It is ～ that he is late. 彼の遅刻は我慢できない. **2** 《口語》 じれったい, しゃくにさわる. **3** [強意語として] 非常な, 大変な (extreme). — *adv.* 我慢のならないほどひどく. **in·tol·er·a·bíl·i·ty** /-rəbíləti | -lɪ̈ti/ *n.* **～·ness** *n.* **in·tól·er·a·bly** *adv.* 〘((1392)) ◻ L *intolerābilis*: ⇨ in-[1], tolerable〙

in·tol·er·ance /ɪ̈ntá(:)lərəns, ìn-, -rənts | ɪntɔ́lə-, ìn-/ *n.* **1** (異説や, 特に他宗教を許容できない)不寛容, 偏狭, 狭量. **2 a** 耐えられないこと: an ～ of pain, heat, etc. **b** 我慢できない行為. **3** 〘病理〙〔食品・薬品などに対する〕不耐(性) 〔*for, to*〕. 〘((*a*1500)) (1765) ◻ L *intolerantia* impatience ← *intolerantem* (↓)〙

in·tol·er·ant /ɪ̈ntá(:)lərənt, ìn- | ɪntɔ́lə-, ìn-/ *adj.* **1 a** 異説を入れない; (特に, 他宗教に)不寛容な, 偏狭な, 狭量な: a person ～ of criticism 批判を受け入れない人. **b** 社会的[政治的, 職業的]権利を共にし[与え]たがらない, (特に)他民族集団と社会的平等を共にしたがらない. **2** 〔…に〕耐えられない, 我慢ができない 〔*of*〕: plants ～ *of* shade 日陰では生長しない植物 / be ～ *of* excesses 過激なことに耐えられない. — *n.* 度量の狭い人, 寛容でない人. **～·ly** *adv.* **～·ness** *n.* 〘((*a*1735)) ◻ L *intolerantem* ← IN-[1]+*tolerantem* ((pres.p.) ← *tolerāre* 'to endure, TOLERATE')〙

in·tomb /ɪ̈ntú:m | ɪn-/ *vt.* 《古》 =entomb. **～·ment** *n.*

in·to·na·co /ɪ̈ntá(:)nəkòʊ, -tɔ́(:)n- | ɪntɔ́nəkə̀ʊ; *It.* intɔ́:nako/ *n.* (*pl.* ～**s**) 〘美術〙 イントナコ (フレスコ画の下地の最上層となる白色微粒子の漆喰(しっくい)層; cf. arriccio). 〘((1806)) ◻ It. ～ ← *intonacare* to coat with plaster < VL **intunicāre* ← IN-[2]+L *tunica* 'TUNIC'〙

in·to·nate /íntənèɪt, -toʊ- | -tə(ʊ)-/ *vt.* …に抑揚をつける, 抑揚をつけて言う; 調子をつけて読む, 詠唱する. 〘((1795)) ← ML *intonātus* (p.p.) ← *intonāre* ← IN-[2]+L *tonus* 'TONE': ⇨ -ate[3]〙

in·to·na·tion /ɪ̀ntənéɪʃən, -toʊ- | -tə(ʊ)-/ *n.* **1** 〘音声〙 イントネーション, (声の)抑揚, 音調, 語調 (cf. stress *n.* 4): falling [rising] ～ 下降[上昇]イントネーション / falling-rising ～ 下降上昇イントネーション. **2** (教会の典礼文 (liturgy)・聖歌などを)単調に唱えること, 詠唱. **3** 〘キリスト教〙 (グレゴリオ聖歌 (Gregorian chant) の)歌い始め(の文句), 始唱. **4** 〘音楽〙 音調の整理, 調音, 音高の調整 (特に, 音律に応じて正しい音程を保つこと). **～·al** /-ʃnəl, -ʃənl/ *adj.* 〘((1620)) ◻ ML *intonātiō(n-)*: ⇨ ↑, -ation〙

intonátion còntour *n.* 〘音声〙 イントネーション曲線 (いくつかの音調の上がり下がりの動き). 〘1946〙

intonátion pàttern *n.* 〘言語〙 イントネーション型. 〘1953〙

in·tone /ɪ̈ntóʊn | ɪntə́ʊn/ *vt.* **1** 〈聖歌・儀式文などの歌い始めを〉一定の調子で唱える, 詠唱する. **2** 〈声〉に抑揚をつける. — *vi.* 単調な歌い声で唱える, 詠唱する. **in·tón·er** *n.* 〘((*c*1485)) *entone* ◻ OF *entoner* ◻ ML *intonāre*, (L) to make a noise ← IN-[2]+*tonus* 'TONE': ⇨ intonate〙

in·tor·sion /ɪ̈ntɔ́əʃən | ɪntɔ́:-/ *n.* (植物の茎などの, 内側への)ねじれ, よれ; (特に, 身体部分の)内転, (内側への)ねじれ (cf. extorsion). 〘((1760)) ◻ F ～ ◻ LL *intortiō(n-)* ← L *intortus* (p.p.) (↓)〙

in·tort·ed /ɪ̈ntɔ́ətɪ̈d | ɪntɔ́:t-/ *adj.* (内側へ)ねじれた; もつれた: ～ horns ねじれた角. 〘((1615)) ← L *intortus* ((p.p.) ← *intorquēre* ← IN-[2]+*torquēre* to twist)+-ED: ⇨ tort〙

in·tor·tion /ɪ̈ntɔ́əʃən | ɪntɔ́:-/ *n.* 〘植物〙 =intorsion.

in·tor·tus /ɪ̈ntɔ́ətəs | ɪntɔ́:t-/ *adj.* 〘気象〙 〈巻雲が〉もつれた糸状の. 〘◻ L ～: ⇨ intorted〙

in to·to /ɪntóʊtoʊ | -táʊtəʊ/ *L. adv.* 全体として, 全部, そっくり (wholly), 完全に (completely). ★ 通例否定的な意味の語と共に用いられる: He rejected the plan ～. 彼はその計画に全面的に反対した. 〘((*a*1639)) ◻ L *in tōtō* in the whole: ⇨ in, total〙

In·tour·ist /íntʊ̀ərɪ̈st | -tʊ́ərɪst; *Russ.* inturíst/ *n.* インツーリスト (ロシアの旅行会社). 〘◻ Russ. *Inturist* (短縮) ← *inostrannyĭ turist* foreign tourist〙

ìn·tòwn *adj.* 都市(の中央部)にある, 都心にある: an ~ hotel. 〖(1538) ← IN *adv.*＋TOWN〗

in·tox·i·cant /ɪntá(:)ksɪkənt | ɪntɔ́k-/ *adj.* 酔わせる. — *n.* 酔わせる物《特に, 酒·麻薬など》. **~·ly** *adv.* 〖(1863) □ ML *intoxicantem* (pres.p.) ← *intoxicāre* (↓)〗

in·tox·i·cate /ɪntá(:)ksɪkèɪt | ɪntɔ́k-/ *vt.* **1** 〈酒·麻薬·などが〉酔わせる: be [get] ~*d* 酔っている[酔う]. **2** 〈成功·吉報などが〉興奮させる, 夢中にさせる, うきうきさせる: be ~*d by* [*with*] success 成功に酔う[有頂天になる]. **3** 〖病理〗中毒させる (poison). — *vi.* 酔いを起こす, 酔わせる.
— /ɪntá(:)ksɪkɪt, -kèɪt | ɪntɔ́k-/ *adj.* 《古》酔った (intoxicated). **in·tóx·i·cà·tor** /-tə | -tə^r/ *n.*

in·tóx·i·ca·ble /-kəbl/ *adj.* 〖(1412–20) ← ML *intoxicātus* (p.p.) ← *intoxicāre* ← IN-²＋L *toxicāre* to smear with poison ← *toxicum* poison (cf. toxic)〗

in·tóx·i·càt·ed /-tɪd | -tɪd/ *adj.* **1** 酔った (⇨ drunk SYN): an ~ man. **2** 夢中になっている, うきうきしている[した]. **~·ly** *adv.* 〖(1558): ⇨ ↑, -ed〗

in·tóx·i·càt·ing /-tɪŋ | -tɪŋ/ *adj.* **1** 酔わせる: ~ drinks 酒類, アルコール性飲料. **2** 夢中にさせる, うきうきさせる. **~·ly** *adv.* 〖(1634) ← INTOXICATE＋-ING²〗

in·tox·i·ca·tion /ɪntà(:)ksɪkéɪʃən | ɪntɔ̀k-/ *n.* **1** 酔う[酔わせる]こと; 酔い, 酩酊(めいてい)(状態). **2** (狂気に近い)興奮, 夢中, 狂気. **3** 〖病理〗中毒 (poisoning). 〖(*c*1408) 《廃》'killing by poison' □ (O)F ~ ∥ ML *intoxicātiō(n-)*: ⇨ intoxicate, -ation〗

in·tox·i·ca·tive /ɪntá(:)ksɪkèɪtɪv | ɪntɔ́ksɪkèɪt-/ *adj.* **1** 〖病理〗中毒の. **2** 《古》酔わせる (intoxicating). 〖(1632) ← INTOXICATE＋-IVE〗

in·tox·im·e·ter /ɪntá(:)ksəmì:tə | ɪntɔ́ksɪmì:tə^r/ *n.* イントキシメーター《吐気(はき)による酒酔い度測定機》. 〖(1950)《商標》← INTOXI(CATION)＋-METER〗

intr. 《略》intransitive.

in·tra- /ìntrə/ *pref.* 主に学術用語として「内に, 内部に, 内側に」などの意味を表す (cf. intro-): *intra*cardiac, *intra*cellular, *intra*glacial. 〖□ LL *intrā-* ← L *intrā* (adv., prep.) within ← IE **entro-* (cf. interior inner, *inter* between)〗

ìntra-abdóminal *adj.* 腹内の; 〈注射など〉腹腔(ふくこう)内の. 〖(1887) ← INTRA-＋ABDOMINAL〗

ìntra·artérial *adj.* **1** 動脈内の[にある], 動脈によって入る. **2** 動脈内で用いる. **~·ly** *adv.* 〖(1897) ← INTRA-＋ARTERIAL〗

ìntra·atómic *adj.* 原子内の: ~ energy. 〖(1904) ← INTRA-＋ATOMIC〗

ìntra·cárdiac *adj.* **1** 心臓内(へ)の, 心臓内で起こる. **2** 心臓内で用いる. 〖(1876) ← INTRA-＋CARDIAC〗

ìntra·cárdial *adj.* ＝intracardiac. **~·ly** *adv.*

ìntra·céllular *adj.* 〖生物〗細胞内の (↔ extracellular). **~·ly** *adv.* 〖(1876) ← INTRA-＋CELLULAR〗

ìntra·cérebral *adj.* 大脳内の. **~·ly** *adv.*

ìntra·cíty *adj.* 市内の[にある], 市中心部の: an ~ bus 市バス.

ìntra·clóud *adj.* 〈電光など〉雲の中[間]の: ~ lightning. 〖(1970) ← INTRA-＋CLOUD〗

Íntra·còastal Wáterway *n.* [the ~] (小型船舶用の)内陸大水路《米国大西洋岸の Boston と Florida 湾間の Atlantic Intracoastal Waterway (3,000 km), および Florida 州 Carrabelle と Texas 州 Brownsville 間の Gulf Intracoastal Waterway (1,800 km) の二つから成る》. 〖1964〗

ìntra·cómpany *adj.* 会社内の, 社内に起こる. 〖(1926) ← INTRA-＋COMPANY〗

ìntra·cránial *adj.* 頭蓋(ずがい)内の[に起こる]; 頭蓋組織に影響する[を含む]. **~·ly** *adv.* 〖(1847–49) ← INTRA-＋CRANIAL〗

in·trac·ta·bil·i·ty /ɪntræ̀ktəbíləti, ìn- | ɪntræ̀ktəbílɪti, ìn-/ *n.* 御しにくいこと, 手に負えないこと, 強情; 処置しにくいこと, 取り扱いにくいこと. 〖(1579): ⇨ ↓, -ity〗

in·trac·ta·ble /ɪntræ̀ktəbl, ìn- | ɪn-, ìn-⁻/ *adj.* **1** 〈人·性質など〉御しにくい, 取り扱いにくい, 手に負えない (⇨ unruly SYN); 強情な, 片意地な: an ~ child, animal, temper, etc. **2** 〈問題など〉処置[処理]しにくい; 〈病気など〉難治性の; 〈金属など〉加工し難い: an ~ disease, metal, etc. — *n.* 手に負えない[強情な]人. **~·ness** *n.* **in·trác·ta·bly** *adv.* 〖(*a*1500) 'rough' □ L *intractābilis*: ⇨ in-¹, tractable〗

ìntra·cutáneous *adj.* ＝intradermal. **~·ly** *adv.* 〖(1885) ← INTRA-＋CUTANEOUS〗

ìntracutaneous tést *n.* 〖医学〗(過敏症の判定などに用いる)皮内試験 (cf. patch test, scratch test 1). 〖1956〗

íntra·dày *adj.* 一日のうちに生起する, 一日の: the ~ high 〖証券〗今日[その日]の高値. 〖(1950) ← INTRA-＋DAY〗

ìntra·dérmal *adj.* 〖医学〗皮(膚)内の: an ~ injection 皮内注射. **~·ly** *adv.* 〖(1900) ← INTRA-＋DERMAL〗

ìntradermal tést *n.* 〖医学〗＝intracutaneous test. 〖1916〗

ìntra·dérmic *adj.* 〖医学〗＝intradermal.

in·tra·dos /ìntrədà(:)s, -dòus, ɪntréɪdɑ(:)s, -dous | ɪntréɪdɔs/ *n.* (*pl.* ~, ~·**es**) 〖建築〗(アーチの)内側の面, 内輪, 内弧面, 拱腹(きょうふく)線 (cf. extrados). 〖(1772) □ F ~ ← INTRA-＋F *dos* back (< L *dorsum* back: cf. dorsal¹)〗

ìntra·galáctic *adj.* 〖天文〗一つの銀河系 (galaxy) 内にある[起こる]. 〖(1964) ← INTRA-＋GALACTIC〗

ìntra·génic *adj.* 〖生物〗遺伝子内の. 〖(1937) ← INTRA-＋GENIC〗

ìntra·glácial *adj.* 〖地質〗間氷期の, 氷河中にはさまっている. 〖(1895) ← INTRA-＋GLACIAL〗

ìntra·governméntal *adj.* 政府内部の. 〖(1964) ← INTRA-＋GOVERNMENTAL〗

ìntra·márginal *adj.* 余白の, 限界内の. 〖(1846) ← INTRA-＋MARGINAL〗

ìntra·molécular *adj.* 分子内の[で起こる]: ~ rearrangement 分子内転位 / ~ rotation 分子内回転. **~·ly** *adv.* 〖(1884) ← INTRA-＋MOLECULAR〗

intramolécular respirátion *n.* 〖植物病理〗分子内呼吸. 〖1885〗

ìntra·múndane *adj.* 現世の, 物質界で起こる (↔ extramundane). 〖(1839) ← INTRA-＋MUNDANE〗

in·tra·mu·ral /ìntrəmjúᵊrəl | -mjúər-, -mjɔ́:r-/ *adj.* **1** (都市などの)城壁内の, 都市内の, 建物内の (↔ extramural): an ~ burial 教会内埋葬. **2** 〈授業·スポーツなど〉大学構内の, 学内(だけ)の, 校内の: ~ games, sports, teaching, etc. **3** 〖解剖〗(器官·細胞の)壁内の. **~·ly** *adv.* 〖(1846) ← INTRA-＋MURAL〗

in·tra mu·ros /ìntrəmjúᵊrous | -mjúərəus, -mjɔ́:r-/ *L. adv.* (都市の)城壁内で; 学内で. 〖□ L *intrā mūrōs* within the walls〗

ìntra·múscular *adj.* 筋肉内の: an ~ injection. **~·ly** *adv.* 〖(1874) ← INTRA-＋MUSCULAR〗

ìntra·nátional *adj.* 国内の. 〖(1923) ← INTRA-＋NATIONAL〗

in·tra·net /ìntrənèt/ *n.* 〖電算〗イントラネット《組織[企業]内のコンピューターネットワーク》. 〖*Internet* のもじり〗

intrans. 《略》intransitive.

in trans. 《略》in transitu.

in·tran·si·geance /ɪntrǽnsədʒəns, -zə- | ɪntrǽnsɪ-, -trá:n-, -zɪ-; *F.* ɛ̃tʁɑ̃ziʒɑ̃:s/ *F. n.* ＝intransigence. 〖1899〗

in·tran·si·geant /ɪntrǽnsədʒənt, -zə- | ɪntrǽnsɪ-, -trá:n-, -zɪ-; *F.* ɛ̃tʁɑ̃ziʒɑ̃/ *F. adj.* ＝intransigent.

in·tran·si·gence /ɪntrǽnsədʒəns, -zə-, -trǽntsədʒəns | ɪntrǽnsɪ-, -trá:n-, -zɪ-, -trǽntsɪdʒənts/ *n.* 折り合わないこと, 妥協[譲歩]しないこと, (政治上の)非妥協的態度. 〖(1882): ⇨ intransigent, -ence〗

in·trán·si·gen·cy /-dʒənsi/ *n.* ＝intransigence. 〖1890〗

in·tran·si·gent /ɪntrǽnsədʒənt, -zə- | ɪntrǽnsɪ-, -trá:n-, -zɪ-/ *adj.* (主に政治上)妥協しない, 非妥協的な, 敵対的な; (自分の地位·見解を)固執する, 譲歩しない. — *n.* 妥協しない人. **~·ly** *adv.* 〖(1879) □ F *intransigeant* □ Sp. (*los*) *intransigentes* revolutionary party refusing compromise ← IN-¹＋L *transigentem* coming to an agreement ((pres.p.) ← *transigere* to come to an agreement ← *trāns* across＋*agere* to lead, act)〗

ín·trànsit *adj.* 〈貨物など〉運送中の (cf. in transitu). 〖(1918) ← IN-³＋TRANSIT〗

in·tran·si·tive /ɪntrǽnsətɪv, ìn-, -zə- | ɪntrǽnsɪt-, -trá:n-, -zɪ-, ìn-⁻/ *adj.* 〖文法〗**1** 〈動詞が〉自動の (↔ transitive): an ~ verb＝a verb ~ 自動詞 (略 v.i., vi.). **2** 〈形容詞が〉目的語を伴わない《例えば fond という形容詞は「好んで」という意味では fond of milk のように前置詞を介して目的語をとるが,「優しい」「甘い」という意味では目的語をとらない》. **3** 〖論理·数学〗非推移的な. — *n.* 自動詞 (intransitive verb). **~·ly** *adv.* **~·ness** *n.* **in·tran·si·tiv·i·ty** /ɪntræ̀nsətívəti, ìn-, -zə- | ɪntræ̀nsɪtívɪti, ìn-, -trà:ns-, -zɪ-/ *n.* 〖(1612) □ LL *intransitīvus* not passing over: ⇨ in-¹, transitive〗

in tran·si·tu /ìntrǽnsətù:, -zə-, -tjù:- | -trǽnsɪtjù:, -trá:n-/ *L. adv.* 運送中, 途上に, 途中で (on the way) (略 in trans.). 〖(1620) □ L *in transitū* in passing〗

in·trant /ìntrənt/ 《古》*n.* 加入者, 入会者, 新入者, 入学者 (entrant). — *adj.* 入って来た. 〖(1560) □ L *intrantem* (pres.p.) ← *intrāre* 'to ENTER'〗

ìntra·núclear *adj.* 〖物理·生物〗(原子·細胞などの)核内の. 〖(1887) ← INTRA-＋NUCLEAR〗

ìntra·óculăr *adj.* 〖眼科〗眼内にある[起こる], 眼内(性)の: ~ pressure 眼圧. 〖(1826) ← INTRA-＋OCULAR〗

ìntra·óffice *adj.* 事務所内の.

ìntra·pár·tum /-pá:təm | -pá:t-⁻/ *adj.* 〖医学〗分娩中の, 出産]時の. 〖← NL ~ 'during birth'〗

ìntra·párty *adj.* 政党内の: an ~ fight 党内抗争. 〖(1923) ← INTRA-＋PARTY〗

ìntra·peritonéal *adj.* 〖解剖〗**1** 腹腔(ふくこう)内にある[にはいる]. **2** 腹膜を通して差し込まれた. **~·ly** *adv.* 〖(1835–36) ← INTRA-＋PERITONEAL〗

ìntra·pérsonal *adj.* 個人(の精神)内の. 〖(1909) ← INTRA-＋PERSONAL〗

ìntra·populátion *adj.* 住民内の, 住民内に起こる. 〖(1959) ← INTRA-＋POPULATION〗

in·tra·pre·neur /ìntrəprənə́:, -nʊ́ə, -njʊ́ə | -nɔ́:^r/ *n.* 社内企業家《既存企業内で新たな製品·サービス·システムなどを開発·管理するために行動の自由と資金保証を与えられた社員·従業員》. **in·tra·pre·neur·i·al** /ìntrəprənə́:riəl, -nʊ́ᵊr-, -njʊ́ᵊr- | -nə́:r-⁻/ *adj.* **~·ship** *n.* 〖(1978) ← INTRA-＋(ENTRE)PRENEUR〗

ìntra·psýchic *adj.* 〖心理〗精神内の. 〖(1917) ← INTRA-＋PSYCHIC〗

ìntra·psýchical *adj.* 〖心理〗＝intrapsychic. **~·ly** *adv.* 〖1935〗

ìntra·régional *adj.* 地域内の: ~ trade. 〖(1964) ← INTRA-＋REGIONAL〗

ìntra·schóol *adj.* (学)校内の (⇨ interschool).

ìntra·spécies *adj.* ＝intraspecific.

ìntra·specífic *adj.* 〖生物〗(同一)種内の. **ìntra·specífically** *adv.* 〖(1919) ← INTRA-＋SPECIFIC〗

ìntra·spínal *adj.* 〖解剖〗髄腔(ずいくう)内の; 〈注射など〉脊髄管への. 〖(1840) ← INTRA-＋SPINAL〗

ìntra·státe *adj.* 《米》州内の: ~ commerce 州内通商. 〖(1903) ← INTRA-＋STATE〗

ìntra·tellúric *adj.* 〖地質〗地下の, 内成的な: ~ rocks 深成岩. 〖(1889) ← INTRA-＋L *tellūr-*, *tellus* earth (cf. telluric)〗

ìntra·thécal *adj.* **1** 〖解剖〗さや内の[に包まれた], 鞘内の; (脳脊)髄膜の下にある[への]: an ~ injection くも膜下注入. **2** 〖動物〗(サンゴ虫類の)莢壁(きょうへき)の内部にある. **~·ly** *adv.* 〖← INTRA-＋THECAL〗

íntra·tràding *n.* 内部通商: Common Market ~ ヨーロッパ経済共同体の内部での通商[貿易].

ìntra·únion *adj.* 連合組織内の.

ìntra·úterine *adj.* 子宮 (uterus) 内の[にいる]; (特に)胎児期の. 〖(1835–36) ← INTRA-＋UTERUS＋-INE¹〗

intraúterine contracéptive devíce *n.* 〖産科〗＝intrauterine device.

intraúterine devíce *n.* 〖産科〗子宮内避妊法[器具]《子宮内にプラスチックのリングなどを挿入する; 略 IUD; intrauterine contraceptive device (略 IUCD) ともいう; cf. Lippes loop》. 〖1964〗

in·trav·a·sa·tion /ɪntræ̀vəséɪʃən | ɪn-/ *n.* 〖病理〗血管内異物侵入.

ìntra·váscular *adj.* 〖医学〗脈管[血管]内の, リンパ管内の. **~·ly** *adv.* 〖(1876) ← INTRA-＋VASCULAR〗

ìntra·vehícular *adj.* 宇宙船内の (↔ extravehicular). 〖(1969) ← INTRA-＋VEHICULAR〗

in·tra·ve·nous /ìntrəví:nəs⁻/ 〖医学〗*adj.* **1** 静脈内の: an ~ injection 静脈注射. **2** 静脈注射の. — *n.* 静脈注射; 輸血; 点滴. **~·ly** *adv.* 〖(1847–49) ← INTRA-＋VENOUS〗

intravenous dríp *n.* 〖医学〗静脈内点滴(注入)法.

in·tra vi·res /ìntrəváɪri:z | -vá(ɪ)ə-/ *adv.* (個人·法人の)権限内で. 〖(1877) □ L *intrā vīrēs* within the powers〗

ìntra·vítal *adj.* 〖生物〗**1** 生存中の[に起こる]. **2** 〈染色が〉生体内の. **~·ly** *adv.* 〖(1890) ← INTRA-＋VITAL〗

in·tra·vi·tam /ìntrəváɪtæm/ *adj.* ＝intravital. 〖(1881) ← NL ~ ← INTRA-＋L *vīta* life (cf. vital)〗

ín·tray *n.* (事務室の机上に置く)到着[未決]書類入れ《書類入れに in と書くのが普通; in-basket ともいう; cf. inletter, out-tray》. 〖1941〗

ìntra·zónal *adj.* **1** 〖土壌〗間帯の, 成帯内性の (cf. azonal 2, zonal 2). **2** 地域内の. 〖(1908) ← INTRA-＋ZONAL〗

intrazonal sóil *n.* 〖土壌〗間帯土壌《気候·植生の影響以上に地形·母材などの影響を強く受けて, 成帯土壌の中に小面積ずつ散在分布する土壌型; cf. azonal soil, zonal soil》. 〖1908〗

in·treat /ɪntrí:t | ɪn-/ *v.* 《古》＝entreat.

in·trench /ɪntréntʃ | ɪn-/ *v.* ＝entrench. **~·ment** *n.*

in·tren·chant /ɪntréntʃənt | ɪn-/ *adj.* 《Shak》斬る[斬られる]ことのできない: the ~ air 斬ることのかなわぬ空気 (*Macbeth* 5. 8. 9). 〖(1606) ← IN-¹＋TRENCHANT〗

in·trénch·ing tòol *n.* ＝entrenching tool.

in·trep·id /ɪntrépɪd, ìn- | ɪntrépɪd, ìn-⁻/ *adj.* 恐れを知らない, びくともしない, 大胆な, 勇猛な, 不敵な, 勇気のある (⇨ brave SYN): an ~ soldier / ~ courage 大胆, 剛勇. **~·ly** *adv.* **~·ness** *n.* 〖(1627) □ F *intrépide* ∥ L *intrepidus* not alarmed ← IN-¹＋*trepidus* agitated, alarmed (cf. trepidation)〗

in·tre·pid·i·ty /ìntrɪpídəti, -tre- | -dɪti/ *n.* 大胆, 剛勇, 恐れ知らず; 大胆(不敵)な行為. 〖(1704): ⇨ ↑, -ity: cf. F *intrépidité*〗

in·tri·ca·cy /ìntrɪkəsi/ *n.* **1** 込み入って[入り組んで]いること[状態], 複雑さ: the ~ of a plot 筋の複雑さ. **2** [*pl.*] 込み入っているもの[こと], (特に, 部分·様相·関係など)複雑なもの. 〖(1602): ⇨ ↓, -acy〗

in·tri·cate /ìntrɪkɪt/ *adj.* 入り組んだ, 込み入った, 複雑化した; 複雑で難解な (⇨ complex SYN): the ~ windings of a path 小道の複雑な曲がりくねり / an ~ piece of machinery 複雑な機械 / an ~ pattern 手の込んだ模様 / an ~ plot 複雑な筋 / an ~ business 込み入った仕事. **~·ly** *adv.* **~·ness** *n.* 〖(?*a*1425) □ L *intrīcātus* entangled (p.p.) ← *intrīcāre* to entangle, perplex (← IN-²＋*trīcārī* to play tricks ← *trīcae* tricks, trifles, troubles): ⇨ -ate²: cf. extricate〗

in·tri·gant /ìntri:gá:nt, æ̃(n)tri:gá:(ŋ), æ̀ntri:gá:ŋ, -gá:ŋ | ìntrɪgənt; *F.* ɛ̃tʁigɑ̃/ *n.* (*also* **in·tri·guant** /~/) 陰謀者, 策略家; 密通者, 密夫 (intriguer). 〖(1781) □ F ~ □ It. *intrigante* (pres.p.) ← *intrigare*: ⇨ intrigue¹〗

in·tri·gante /ìntri:gá:nt, æ̃(n)tri:gá:(n)t, æ̀ntri:gá:nt; *F.* ɛ̃tʁigɑ̃:t/ *n.* (*also* **in·tri·guante** /~/) 女性の intrigant. 〖(1806) □ F ~ (fem.): ↑〗

in·trigue¹ /ɪntrí:g | ɪn-/ *vt.* **1** [フランス語法] **a** 〈人〉の好奇心[興味]をそそる, 〈人を〉おもしろがらせる, 魅する (fascinate): Such people ~ me. そのような人には興味がある / I was greatly [very] ~*d by* [*with*] his story. 彼の話にひどく興味をそそられた / I was ~*d* (*to discover*) *that* the word comes from Persian. その語がペルシャ語由来だということを(知って)おもしろいと思った. **b** 〈好奇心·興味などを〉引く, そそる. **c** 好奇心[興味]などを引いてだます. **2**

I

当惑させる, 惑わす: The event ~*d* me. あの出来事には参った. **3** [しばしば ~ one*self* または ~ one's way として] 策略で達成する, うまく手に入れる: ~ one*self into* office うまく役にありつく / ~ *one's way into* a person's favor 人に取り入る / ~ a bill *through* Parliament 策略を用いて法案を議会に通す. **4** 《古》だます (cheat). **5** 《廃》もつれさせる, 紛糾させる. **6** 《廃》…の陰謀をめぐらす, …をたくらむ. — *vi.* **1** 陰謀を企てる, 術策をめぐらす, ひそかに謀(はか)る: ~ *with* the enemy *against* the government 敵と手を組んで政府に対して陰謀を企てる. **2** 《文語》(…と)不義の仲となる 〔*with*〕: ~ *with* a woman 女性と密通する. 〖《1612》□ F *intriguer* □ It. *intrigare* < L *intricāre* to entangle〗

in·trigue² /íntriːg, —⌐/ *n.* **1** 陰謀 (⇨ plot SYN): political ~*s*. **2** 《文語》不義の仲, 密通: carry on an ~ *with* …と浮気をする. **3** 《劇・小説などの》複雑な筋[構成]. **4** 興味をそそるもの (beguilement). 〖《1647》□ F ~, 《廃》*intrique* □ It. *intrigo*, *-ico* ← *intrigare*〗

in·tríg·er /-gə | -gə(r)/ *n.* 陰謀者, 策略家; 密通者. 〖《1667》: ⇨ ↑, -er¹〗

in·trigu·ing /ɪ̀ntríːgɪŋ | ɪn-/ *adj.* **1** [フランス語法] 好奇心をそそられる, 興味ある, おもしろい, 魅惑的な: ~ ideas おつな思いつき / ~ vacation spots おもしろい娯楽[観光]地 / a most [very] ~ piece of news はなはだ興味をそそるニュース. **2** 陰謀[術策]をめぐらす, 陰謀的な. **~·ly** *adv.* 〖《1682》← INTRIGUE¹+-ING²〗

in·trince /ɪ̀ntríns | ɪn-/ *adj.* 《廃》入り組んだ, 込み入った, もつれた (intricate) (cf. Shak., *Lear* 2. 2. 74–75).

in·trin·sic /ɪ̀ntrínsɪk, -zɪk | ɪn-/ *adj.* (↔ extrinsic) **1** 本来備わった, 固有の, 本来の, 本質的な: an ~ merit 本質的な価値 / ~ qualities 本質 / the ~ worth of a man 人の本質[内在]的な価値 《家柄・財産などと区別して勇気・道義心など》/ the ~ value of a coin 貨幣の真実[実在]価値 《額面でなく金属としての価値》. **2** 《電子工学》真性の: ⇨ intrinsic semiconductor. **3** 《解剖》〈筋肉・神経など〉本来の器官に属する, 内在(性)の, 内因性の. **in·trín·si·cal·ly** *adv.* **in·trín·si·cal·ness** *n.* 〖《1490》'interior' □ (O)F *intrinsèque* □ LL *intrinsecus* inward, (L) inwardly ← INTRA-+*secus* alongside (< IE **sekʷ-* to follow): cf. extrinsic〗

in·trín·si·cal /-sɪ̀kəl, -zɪ̀-, -kl̩ | -sɪ-, -zɪ-/ *adj.* 《古》= intrinsic. 〖*a*1548〗

in·trin·si·cate /ɪ̀ntrínsɪ̀kèɪt | -sɪ-/ *adj.* 《廃》入り組んだ, 込み入った (intricate): this knot ~ of life この入り組んだ命の結び目 (Shak., *Antony* 5. 2. 304–05). 〖《1560》□ ? It. *intrinsecato* familiar: It. *intricato* 'INTRICATE' と混同か〗

intrínsic fáctor *n.* 《生化学》内在因子 《正常な胃腸粘膜から分泌される物質; 胃腸のビタミン B_{12} (extrinsic factor) の吸収を促進し, 赤血球の成長を助ける》. 〖《1930》〗

intrínsic órder *n.* 《文法》(生成文法で)内在的順序 《規則がどのように定式化されているかということの帰結》. **intrínsically órdered** *adj.*

intrínsic semicondúctor *n.* 《電子工学》真性半導体 《N 形でも P 形でもない半導体; i-type semiconductor ともいう》. 〖《1933》〗

in·tro /íntroʊ | -trəʊ/ *n.* (*pl.* **~s**) 《口語》イントロ 《ジャズやポピュラー音楽の序奏部》. 〖《1899》《略》← INTRODUCTION〗

intro. 《略》introduce; introduced; introducing; introduction; introductory.

in·tro- /íntroʊ | -trəʊ/ *pref.* 「内へ」の意を表す (cf. intra-; ↔ extro-): *intro*gression (=stepping into) / *intro*flexion (=bending inward) / *intro*pulsive (=driving inward). 〖ME □ OF ~ // L *intrō-* ← *intrō* (adv.) to the inside〗

introd. 《略》introduce; introduced; introducing; introudction; introductory.

in·tro·duce /ìntrədúːs, -djúːs | -djúːs/ *vt.* **1** もたらす, 伝える, 広める, 始める; 〈外国の文物を〉取り入れる, 招来する: ~ a new method [fashion] 新方式[流行]を伝える[紹介する] / Potatoes were ~*d* by the Spaniards *from* America *into* Europe. じゃがいもはスペイン人によってアメリカからヨーロッパに初めて伝えられた. **2** 〈話題・議案などを〉持ち出す, 提出する, 提起する; 〈学説などを〉提唱する: ~ a topic (*into* a conversation) (座談に)話題を持ち出す / ~ a bill *into* Congress [Parliament, the Diet] 議会に議案を提出する. **3** 〈人〉に(…を)初めて経験させる, (…の)手引きをする 〔*to*〕: ~ a person *to* a new way of life 人に新しい生活の仕方を経験させる / ~ foreigners *to* the etiquette of the tea ceremony 外国人に茶の湯の作法を手ほどきする / I was ~*d to* Buddhism in 1990. 1990 年に私は初めて仏教について教えを受けた. **4 a** 〈人を〉(正式に)紹介する; 〈講演者・演奏者などを〉(聴衆に)紹介する; (宮廷・社交界で)公式に紹介する: ~ strangers 知らない者同士を紹介する / ~ oneself 自己紹介をする, 名乗る / ~ one's girl friend *to* one's parents ガールフレンドを両親に引き合わせる / And now, to ~ the next act, here's Bruce Forsythe! さあ, 次の出し物はブルース フォーサイスさんです / *Introducing* Mr. Evans. [名刺に書いて] エバンズ氏をご紹介致します / Let me ~ my brother (*to* you). 私の兄[弟]をご紹介致します / I don't think we've been ~*d* yet: my name is Joe. まだ紹介されたことはありませんね. 私はジョーと申します. **b** 〈若い女性を〉(社交界に)紹介する, 出す (*to, into*); 〈俳優・歌手・主人公などを〉(映画・演奏会・文学作品などの中で)初登場させる, デビューさせる: ~ a girl *to* [*into*] society. ★ 映画の出演者紹介のクレジットタイトルでは, 主演者から順に Starring …, also starring … などとし, 新人のときには Introducing … とするのが普通. **c** 〈番組・演目などを〉(口上を述べて)(聴衆・観衆に)紹介する; 〈新製品を〉(華々しく広告して)売り出す. **5** 〈人を〉(初めて)導き入れる, 案内する: ~ a person *into* a drawing room / ~ a person *into* a whirl of gaiety 人を歓楽の中に連れ込む. **6** (特色となるように)取り入れる, 加える: ~ a touch of color *into* a room 部屋に色彩を添える / ~ new subjects *into* the curriculum カリキュラムに新しい学科を取り入れる / ~ amendments *to* a bill 法案に修正条項を加える. **7** 差し込む, 挿入する: ~ a key *into* a lock / ~ a probe *into* a wound 傷口に探り針を差し込む. **8** 〈談話・文章などを〉(…で)始める 〔*with*, (時に) *by*〕: ~ a talk *with* [*by* telling] a joke 冗談を前置きにして話を始める / ~ a subject *with* a preface 序論から本題に入る. **9** 《文法》〈接続詞などが〉〈節・文などを〉導く. **10** 〈動植物を〉新環境へ移入する. 〖《?*a*1425》□ L *intrōdūcere* to lead ← INTRO-+*dūcere* to lead (cf. duke)〗

SYN 入れる: **introduce** なかったものを加える: He *introduced* some new data in the second edition of his book. 彼は自著の第二版に新しいデータを付け加えた. **insert** 二つのものの間に差し込む: *insert* a key in a lock 錠前に鍵を差し込む. **insinuate** 徐々に入り込む: The ivy *insinuates* itself into every crevice. ツタはどんなすき間にも徐々に入り込む. **interpolate** 本などに本来なかった語句を書き入れる: These sentences were evidently *interpolated* into the manuscript by two different scribes. これらの文は明らかに二人の異なった写字生が写本に書き入れたものだ. **interject, interpose** 突然〈言葉を〉差しはさむ 《共に格式ばった語で, 前者は突発的, 後者は意図的といったニュアンスがある》: *interject* [*interpose*] a question 不意に質問をする.
ANT withdraw.

ìn·tro·dúc·er *n.* 紹介者; 輸入者; 創始者; 提出者. 〖《1626》: ⇨ ↑, -er¹〗

in·tro·duc·i·ble /ìntrədúːsəbl̩, -djúːs- | -trədjúːsɪ̀-⌐/ *adj.* 取り入れられる, 採用[紹介, 提出]することができる. 〖《1673》← INTRODUCE+-IBLE〗

in·tro·duc·tion /ìntrədʌ́kʃən/ *n.* **1** (正式に)紹介する[される]こと, 披露: a letter of ~ 紹介状 / on a first ~ 初めて紹介されるとき / with an ~ *from* a person 人からの紹介で / make the ~*s* 紹介する / give a person an ~ *into* society 人を社交界に紹介する / He needs no ~. 彼は紹介するまでもないでしょう. **2** 序論, 緒言, 前置き (cf. preface 1 a). **3** (…の)手引き, 入門(書), 序説, 概論 〔*to*〕: an ~ *to* (the study of) botany 植物学入門, 植物学概論. **4 a** 導き入れる[られる]こと, 導入, 創始; 伝来, 輸入; 取入れ, 採用: the ~ of a custom, new fashion, reform, etc. / the ~ of foreign capital (*into* …) (…への)外資導入 / the ~ of television テレビの導入 / foreign words of recent ~ 最近取り入れられた外国語 / on ~ 採用してみると. **b** (動植物の)移入[外来]種. **c** (話題・議案などの)提起, 提出: the ~ of a new subject [a bit of color] *into* a narrative 物語に新しい話題を[生気を少し]取り入れること. **5** 紹介[導入]された人[もの], 提出[提案]されたもの. **6** (…に)挿入すること, 差込み 〔*into*〕: the ~ of a probe *into* a wound. **7** 《音楽》序奏(部), 導入(部). **8** 《英》《証券》取引所導入 《かなり広範囲にわたって所有されている証券を取引所に初めて上場すること》. 〖《*c*1395》□ (O)F ~ // L *intrōductiō(n-)* ← *intrōdūcere* 'to INTRODUCE': ⇨ tion〗

SYN 序文: **introduction** 書物の内容を説明する冒頭部分: a brief *introduction* 短い序説. **preface** 著者による書物のはしがき: the author's *preface* 著者の序文. **foreword** 書物の初めにある短い序文で, 通例著者以外の人の書いたもの: The book has a *foreword* by Derek Cooper. その本にはデレック・クーパーの序が付いている. **prologue** 詩・戯曲の内容を紹介する予備的な部分: the *prologue* to the *Canterbury Tales*『カンタベリー物語』への序詩. **preamble** 法規・条約などの理由・目的などを述べた序文: a *preamble* to the treaty 条約への前文. **exordium** 講演・説教などの初めの部分 《格式ばった語》: an *exordium* to his sermon 説教の前置き部分.

in·tro·duc·tive /ìntrədʌ́ktɪv⌐/ *adj.* =introductory. **~·ly** *adv.* 〖《1638》□ ML *intrōductivus*: ⇨ introduce, -ive〗

in·tro·duc·to·ry /ìntrədʌ́ktəri, -tri⌐/ *adj.* 紹介の; 前置き[予備]の; 序言の: an ~ chapter 序説, 緒論 / ~ remarks 前置きの言葉, 序言. **in·tro·dúc·to·ri·ly** /-rəli | -rɪ̀li/ *adv.* **ìn·tro·dúc·to·ri·ness** *n.* 〖《1391》'an introductory treatise' □ LL *intrōductōrius* ← *intrōdūcere* 'to INTRODUCE': ⇨ -ory¹〗

in·tro·flex·ion /ìntrəflékʃən, -tro(ʊ)- | -trə(ʊ)-/ *n.* (*also* **in·tro·flec·tion** /~/) 内側に曲がること, 内側屈折. 〖《1849》← INTRO-+FLEXION〗

in·tro·gres·sant /ìntrəgrésənt, -troʊ-, -snt | -trəʊ-⌐/ 《生物》*adj.* =introgressive. — *n.* 浸透遺伝子 《交配によって別の種から得られたある種の遺伝子》.

in·tro·gres·sion /ìntrəgréʃən, -troʊ- | -trəʊ-/ *n.* 《生物》遺伝質浸透, イントログレッション, 因子拡散 《遺伝的に因子構成の異なる大小の二集団間の交雑により, それぞれの因子が他集団の中に拡散する現象》. 〖《1656》← L *intrōgressus* ((p.p.) ← *intrōgredī* to go in ← INTRO-+*gradī* to step, go)+-SION〗

in·tro·gres·sive /ìntrəgrésɪv, -troʊ- | -trəʊ-⌐/ *adj.* 《生物》(遺伝質)浸透の, 浸透性の: ~ hybridization 浸透交雑. 〖《1938》: ⇨ ↑, -ive〗

in·tro·it /ɪ̀ntróʊɪ̀t, íntroʊ-, íntrɔɪt | íntrɔɪt, íntrəʊɪt, ɪntrə́ʊɪt/ *n.* **1** 《カトリック》入祭文[唱] 《ミサにおける最初の可変部分; 荘厳ミサのとき, 司祭が入堂して祭壇に向かう際に聖歌隊が歌う賛美歌など》. **2** 《英国国教会》聖餐(せいさん)式前に歌う聖歌, 参入唱; イントロイト. **in·tro·i·tal** /ɪ̀ntróʊɪ̀tl̩, -tróɪtl̩ | ɪntrɔ́ɪtl̩, -tráʊɪtl̩/ *adj.* 〖《?*a*1425》'entrance' □ (O)F *introït* □ L *introitus* entrance ← *introīre* to enter ← INTRO-+*īre* to go: cf. exit¹〗

in·tro·ject /ìntrədʒékt, -troʊ- | -trə(ʊ)-/ 《精神分析》*vt.* **1** (無意識的に)自我の中に取り入れる; 〈他者に属する特質・態度を〉自己のものとして受け取る[感じる]. **2** 〈他人への愛・敵意などを〉自己の方へ向ける. — *vi.* 投入する, 取り入れを行う. 〖《1925》《逆成》↓〗

in·tro·jec·tion /ìntrədʒékʃən, -troʊ- | -trə(ʊ)-/ *n.* 《精神分析》取入れ, 投入作用, (内部への)投射 (↔ projection). 〖《1866》← INTRO-+(PRO)JECTION〗

in·tro·jec·tive /ìntrədʒéktɪv, -troʊ- | -trə(ʊ)-⌐/ *adj.* 《精神分析》取入れの. 〖《1932》← INTRO-+(PRO)JECTIVE〗

in·tro·mis·sion /ìntrəmíʃən, -troʊ- | -trə(ʊ)-/ *n.* **1** 《スコット法》(他人の事件・財産などへの)干渉: ⇨ legal intromission, vicious intromission. **2** 差込み, 挿入; (特に, 陰茎の腟(ちつ)への)挿入; 挿入時間. **3** 入場, 加入. **ìn·tro·mís·sive** /-sɪv/ *adj.* **in·tro·mis·si·ble** /ìntrəmísəbl̩, -troʊ- | -trə(ʊ)mísɪ̀-⌐/ *adj.* **in·tro·mis·si·bil·i·ty** /ìntrəmɪ̀səbíləti, -troʊ- | -trə(ʊ)mɪ̀sɪ̀bílɪ̀ti/ *n.* 〖《1545》□ F ~ // ML *intrōmissiō(n-)*: ⇨ ↓, -sion〗

in·tro·mit /ìntrəmít, -troʊ- | -trə(ʊ)-/ *vt.* (**-mit·ted**; **-mit·ting**) **1** (…の中へ)入らせる; 差し込む, 挿入する 〔*into*〕. **2** 入れる, 加入させる; 干渉する. **ìn·tro·mít·ter** /-tə | -tə(r)/ *n.* 〖《?*a*1425》□ L *intrōmittere* to send in ← INTRO-+*mittere* to send (cf. mission)〗

in·tro·mit·tent /ìntrəmítn̩t, -troʊ- | -trə(ʊ)-/ *adj.* 差し込むための, 挿入用の: an ~organ 挿入器官 《雄の交接器》. 〖《1836–39》□ L *intrōmittentem*: ⇨ ↑〗

in·tron /íntrɑ(ː)n | -trɒn/ *n.* 《生化学》イントロン, 介在配列 《遺伝子の中で何もコードされていない DNA 配列; cf. exon》. 〖《1978》← INTRA-+-ON¹〗

intro·púnitive *adj.* 《心理》内罰的な 《欲求不満の責任を自分自身に帰するもの; cf. extrapunitive, impunitive》. 〖《1938》← INTRO-+PUNITIVE〗

in·trorse /ɪntrɔ́ːəs, íntroəs | ɪntrɔ́ːs, ⌐—/ *adj.* 《植物》〈葯(やく)が〉内向きの, 内曲した (↔ extrorse). **~·ly** *adv.* 〖《1842》□ L *introrsus* (turned) inwards ← *intrōversus* ((p.p.) ← *vertere* to turn: cf. verse¹)〗

in·tro·spect /ìntrəspékt, -troʊ- | -trə(ʊ)-/ *vi.*, *vt.* 内省[内観]する, 自己反省する. 〖《1683》← L *intrōspectus* (p.p.) ← *intrōspicere* to look into ← INTRO-+*specere* to look (cf. spectacle)〗

in·tro·spec·tion /ìntrəspékʃən, -troʊ- | -trə(ʊ)-/ *n.* **1** 内省, 自己反省. **2** 《心理》内省, 内観: ⇨ sympathetic introspection. **~·al** /-ʃnəl, -ʃənl⌐/ *adj.* 〖《*a*1677》: ⇨ ↑, -tion: cf. inspection〗

in·tro·spéc·tion·ism /-ʃənɪzm/ *n.* 《心理》内省[内観]主義 (cf. behaviorism 1, mentalism 2). 〖《1922》: ⇨ ↑, -ism〗

in·tro·spéc·tion·ist /-ʃ(ə)nɪ̀st | -nɪst/ *n.* **1** 内省的傾向の人. **2** 内省主義者. — *adj.* 内省主義の.

in·tro·spec·tion·is·tic /ìntrəspèkʃənístɪk, -troʊ- | -trə(ʊ)-⌐/ *adj.* 〖《1881》: ⇨ -ist〗

in·tro·spec·tive /ìntrəspéktɪv, -troʊ- | -trə(ʊ)-⌐/ *adj.* 内省の; 内省的な (↔ extrospective). **~·ly** *adv.* **~·ness** *n.* 〖《1820》: ⇨ introspect, -ive〗

in·tro·ver·si·ble /ìntrəvə́ːsəbl̩, -troʊ- | -trə(ʊ)və́ːsɪ̀-/ *adj.* (カタツムリの眼柄 (eyestalk) のように)内翻できる, 裏返しにして内に引っ込めることができる. 〖《1883》← INTRO-+L *versus* ((p.p.) ← *vertere* to turn: ⇨ version)+-IBLE〗

in·tro·ver·sion /ìntrəvə́ːʒən, -tro(ʊ)-, -ʃən | ìntrə(ʊ)və́ːʃən, -ʒən/ *n.* **1** 内へ向ける[向く]こと, 内へ曲げる[曲がる]こと. **2** (器官などの)内向, 内曲, 内転, 内翻, 内側転位. **3** 《心理》内向性, 内省性 《関心を外界よりもむしろ自己の精神生活に向ける性向; cf. extroversion 2, ambiversion》. 〖《1654》← NL *intrōversiō(n-)*: ⇨ introvert, -sion〗

in·tro·ver·sive /ìntrəvə́ːsɪv, -troʊ- | -trə(ʊ)və́ːs-⌐/ *adj.* **1** 内向する, 内曲[内転]的な. **2** 《心理》内省的な, 内向的な (↔ extroversive). **~·ly** *adv.* 〖《1866》: ⇨ ↓, -ive〗

in·tro·vert /íntrəvə̀ːt, -troʊ- | -trə(ʊ)vɜ̀ːt/ *n.* **1** 《心理》内向性の人, 内省的な人 (↔ extrovert). **2** 《口語》はにかみ屋. **3** 《動物》内翻部器官, 陥入吻(ふん) 《裏返しにして内に引っ込められる器官; カタツムリの眼柄 (eyestalk) など》. — *adj.* **1** 内へ曲がった. **2** 内向的な, 内向性の強い. — /ìntrəvə́ːt, -troʊ-, ⌐—⌐ | ìntrə(ʊ)vɜ́ːt, ⌐—⌐/ *vt.* **1** 〈心・考えを〉内[自分]へ向ける, 内省させる. **2** 《動物》〈器官を〉内翻させる 《裏返しにして内に引っ込める》. 〖(v.: 1669; n.: 1883) ← INTRO-+L *vertere* to turn〗

in·tro·vert·ed /íntrəvə̀ːtɪ̀d, -troʊ-, ⌐—⌐— | ín-trə(ʊ)vɜ̀ːtɪ̀d, ⌐—⌐—/ *adj.* **1** 内向する. **2** 《心理》内向性の (↔ extroverted): an ~ nature 引っ込み思案な性質, 内向性. 〖《1781》: ⇨ ↑, -ed〗

in·tro·vert·ish /ìntrəvə́ːtɪʃ, -troʊ- | -trə(ʊ)vɜ́ːt-⌐/ *adj.* =introversive.

in·tro·ver·tive /ìntrəvə́ːtɪv, -troʊ- | -trə(ʊ)vɜ́ːt-⌐/ *adj.* =introversive. 〖1864〗

in·trude /ɪ̀ntrúːd | ɪn-/ *vi.* **1 a** (招かれないのに)(…へ)押し入る, 押しかける, 侵入する 〔*into*〕(⇨ trespass SYN): ~ *into* a place ある場所に侵入する / ~ *into* company 客の中に割り込む / You can't let personal feelings ~.

私的な感情を入れてはならない. **b** 〔…の〕じゃまをする, 〔…に〕立ち入る〔*on, upon*〕: ~ *upon* a person's time [privacy] 人の時間のじゃまをする[私事に立ち入る] / ~ *upon* a person's hospitality 人の親切なもてなしに付け入る / I hope I am not *intruding*. おじゃまではないでしょうね. **2** 〖地質〗貫入する. — *vt.* **1** [しばしば ~ oneself で] **a** 〔…に〕無理に入れる, 押し入れる, 押し込む, 介入させる〔*into*〕: ~ *oneself into* a conversation 話に割り込む / ~ *oneself into* a person's affairs 人の事に干渉する / The suspicion ~*d itself into* his mind. その疑惑はいくら抑えても心に浮かんできた. **b** 〈人に〉無理に押しつける, 強いる (force)〔*on, upon*〕: ~ *oneself upon* a person 人の所へ押しかけて行く[のじゃまをする] / ~ one's views *on* [*upon*] a person 人に自分の意見を押しつける. **2** 〖スコット教会〗〈牧師を教区民の反対を押し切って教会に就任させる. **3** 〖地質〗〈他の地層〉に貫入させる: ~*d* rocks 貫入岩. **4** 《Shak》(力ずくで)…に入る (cf. *Lucrece* 848). 〚(*c*1422) ▭ L *intrūdere* ← IN-²+*trūdere* to thrust, push (cf. threat)〛

in·trúd·er /-dɚ | -dəʳ/ *n.* **1** じゃまをする人, 出しゃばり; 侵入者, 乱入者. **2** 〖空軍〗(通例夜間の)侵入[襲撃]機, 低空襲撃機; その操縦士. 〚(1534): ⇨ ↑, -er¹〛

in·trúd·ing /-dɪŋ | -dɪŋ/ *adj.* 押し入る, じゃまをする, 侵入的な. **~·ly** *adv.* 〚(1600–01) ← INTRUDE+-ING²〛

in·tru·sion /ɪntrúːʒən | ɪn-/ *n.* **1** (場所・私事などへの)侵入, 押入り, じゃま (↔ extrusion): his ~ *upon* my privacy. **2** (意見などの)押しつけ: the ~ of one's opinions *upon* another. **3 a** 〖法律〗(無権利の土地・寺禄(じろく)に対する)不法占有, 横領 (usurpation). **b** 〖スコット教会〗(教区民の反対を押し切っての)牧師の天下り任命. **4** 〖地質〗**a** (岩脈などの)貫入; 貫入部. **b** 貫入岩(体). **5** 〖音声〗嵌入(かんにゅう), 割り込み《ある音とある音との間に本来存在しなかった音が生じること; cf. intrusive r》. **~·al** /-ʒnəl, -ʒənl/ *adj.* 〚(1292) ▭ (O)F ~ // ML *intrūsiō(n-)* ← L *intrūdere* 'to INTRUDE': ⇨ -sion〛

in·tru·sive /ɪntrúːsɪv | ɪn-/ *adj.* **1** 押しつけがましい, 出しゃばる, 出すぎた, じゃまをする: ~ guests, remarks, etc. **2** 〖音声〗嵌入(かんにゅう)的な, 割り込みの: ⇨ intrusive r. **3** 〖地質〗**a** 内側に突出する: an ~ arm of the sea (陸の)内側に突き出た入江. **b** 〈岩石が〉貫入の[する] (cf. extrusive 2): ~ rocks 貫入岩. — *n.* 〖地質〗貫入岩. **~·ly** *adv.* **~·ness** *n.* 〚(1401) ← L *intrūsus* ((p.p.) ← *intrūdere* 'to INTRUDE')+-IVE〛

intrúsive grówth *n.* 〖植物〗侵入生長《細胞膜の伸長; cf. gliding growth》.

intrúsive r /-áɚ | -áːʳ/ *n.* 〖音声〗割込みの r, 嵌入(かんにゅう)的 r 音《イギリス英語における an idea of /ənaɪdíərəv/ の /r/ の音など》.

in·trust /ɪntrʌ́st | ɪn-/ *vt.* =entrust. **~·ment** *n.*

intsv. 《略》intensive.

in·tu·bate /íntuːbèɪt, -tjuː- | -tjuː-/ *vt.* 〖外科〗〈人の喉頭(こうとう)などに管を挿し込む, …に挿管(そうかん)(治療を)する. 〚(1612) ← IN-²+L *tubus* 'pipe, TUBE'+-ATE³〛

in·tu·ba·tion /ìntuːbéɪʃən, -tjuː- | -tjuː-/ *n.* 〖外科〗管の挿入, 挿管(そうかん)(法): ~ of the larynx 喉頭(こうとう)挿管法《ジフテリアなどに用いる》. 〚(1887): ⇨ ↑, -ation〛

INTUC /íntʌk/ *n.* インド全国労働組合会議. 〚《頭字語》← *I(ndian) N(ational) T(rade) U(nion) C(ongress)*〛

in·tu·it /ɪntúːɪt, -tjúː-, íntuɪt | ɪntjúːɪt/ *vt., vi.* 直観[直覚]で知る. **~·a·ble** /-təbl | -tə-/ *adj.* 〚(1776) ← L *intuitus* (p.p.) ← *intuērī* to look at, regard, consider ← IN-²+*tuērī* to look at, watch〛

in·tu·i·tion /ìntuíʃən, -tju- | -tju-/ *n.* **1** 直観, 直覚: linguistic ~ 言語的直観 / know by ~ 直観によって[直覚的に]知る. **2** 直観された事実[真理]. **3** すばやく見抜くこと, 看破; 直観力, 洞察(力), 明察(力). **4** 〖哲学〗直覚, 直観, 直覚的知識, 直観的真理. 〚(*c*1450) ▭ OF ~ 'view, contemplation' ▭ LL *intuitiō(n-)* ← L *intuērī* (↑)〛

ìn·tu·í·tion·al /-ʃnəl, -ʃənl/ *adj.* 直観(的)の; 直観[直覚]力のある; 直観[直覚]に基づく. **~·ly** *adv.* 〚(1860): ⇨ ↑, -al¹〛

ìn·tu·í·tion·al·ism /-ʃ(ə)nəlɪzm/ *n.* =intuitionism. **in·tu·í·tion·al·ist** /-lɪst | -lɪst/ *n.* 〚1850〛

ìn·tu·í·tion·ism /-ʃənɪzm/ *n.* **1** 〖倫理〗直覚説《道徳的価値・義務は直観的に認識されるとする説》. **2** 〖哲学〗直覚主義, 直観主義《真理の認識は直観によってのみ得られるとする説》. **3** 〖論理・数学〗直観主義《数学の対象は直観的に構成しうるものに限定すべきであるとする数学基礎論の立場; L. E. J. Brouwer が提唱》. 〚(1847): ⇨ -ism〛

ìn·tu·í·tion·ist /-ʃ(ə)nɪst | -nɪst/ *n.* 直覚[直観](主義)論者. 〚(1855): ⇨ -ist〛

in·tu·i·tive /ɪntúːətɪv, -tjúː- | ɪntjúːɪtɪv/ *adj.* **1** 直覚の, 直観の; 直覚[直観]力のある: an ~ mind, poet, etc. **2** 〈知識などが〉直観[直覚]でわかる; 〖哲学〗〈能力など〉直覚的な, 直観的な (↔ discursive): ~ judgment [knowledge] 直覚的判断[知識]. **~·ly** *adv.* **~·ness** *n.* 〚(*c*1485) ▭ ML *intuitīvus* ← L *intuitus* 'INTUITION': ⇨ -ive〛

in·tú·i·tiv·ìsm /-vɪzm/ *n.* =intuitionism.

in·tú·i·tiv·ist /-vɪst | -vɪst/ *n.* =intuitionist.

in·tu·mesce /ìntuméṡ, -tjuː- | -tjuː-/ *vi.* **1** (熱などで)膨脹する, 膨れる, はれ上がる. **2** (熱などで)泡立つ, 沸騰する. 〚(1796) ▭ L *intumēscere* to swell up ← IN-²+*tumēscere* (← *tumēre* 'to be TUMID, swell')〛

in·tu·mes·cence /ìntuméṡəns, -tjuː-, -sns | -tjuː-/ *n.* **1** (充血などで)はれ上がること, 膨大; 沸騰. **2** はれもの, できもの, おでき. 〚(1656): ⇨ ↑, -ence〛

in·tu·mes·cent /ìntuméṡənt, -tjuː-, -snt | -tjuː-/ *adj.* **1** 膨脹する; はれる. **2** 〖絵画〗熱を受けて絵の具が膨脹し画面にしわや亀裂を生じる. 〚(1870) ▭ L *intumēscentem* (pres.p.) ← *intumēscere*: ⇨ intumesce, -ent〛

in·tùrn *n.* (カーリングで)石 (curling stone) の時計回り式移動 (↔ out-turn). 〚1599〛

in·tus·sus·cept /ìntəsəsépt | -tə-/ *vt.* **1** …の中に取り入れる. **2** 〖病理〗〈腸管〉の一部などを嵌入(かんにゅう)させる (invaginate); (特に)〈腸重積を〉起こさせる. — *vi.* 〖病理〗嵌入する. 〚(1802)《逆成》↓〛

in·tus·sus·cep·tion /ìntəsəsépʃən | -tə-/ *n.* **1** 〖生物〗(植物の細胞壁の)填充(てんじゅう)生長 (cf. apposition 3). **2** 〖病理〗腸重積(症) (invagination). **3** (思想などの)受け入れ, 取入れ, 摂取, 同化. **in·tus·sus·cep·tive** /ìntəsəséptɪv | -tə-/ *adj.* 〚(1789) ▭ F ~ // ← NL *intussusceptiō(n-)* ← L *intus* within+*susceptiō(n-)* taking in hand (← *susceptus* (p.p.) ← *suscipere* to take up ← *sus-* 'SUB-'+*capere* to take): 英国の外科の John Hunter (1728–93) の造語〛

in·twine /ɪntwáɪn | ɪn-/ *v.* =entwine.

in·twist /ɪntwíst | ɪn-/ *vt.* =entwist.

In·u·it /ínuɪt, ínju- | -ɪt/ *n.* (*pl.* ~, ~s) **1** イヌイット《米国 Alaska 北部やカナダ東部から Greenland 島にわたって住むエスキモー; カナダではエスキモー族に対する公式呼称; cf. Yupik》. **2** イヌイット語. — *adj.* イヌイット(語)の. 〚(1765) ▭ Inuit ~ 'people' (pl.) ← *inuk* 'human being'〛

In·uk /ínuk/ *n.* (*pl.* **In·u·it** /ínuɪt, ínju- | -ɪt/) イヌク《イヌイット族の一員》. 〚↑〛

I·nuk·ti·tut /ɪnúktətùt | ɪnúktɪ-/ *n.* 《カナダ》イヌクティトット語《Inuit の一方言; カナダ極北地方で話されている》. 〚(1976) ▭ Inuit ~ 'like the Inuit' ← *inuk* person+*-titut* (suf.)〛

in·u·lase /ínjulèɪs/ *n.* 〖生化学〗イヌラーゼ《イヌリンを加水分解して果糖に変える酵素》. 〚(1893): ⇨ ↓, -ase〛

in·u·lin /ínjulɪn | -lɪn/ *n.* 〖化学〗イヌリン《ダリア・キクイモなどの球根に含まれる物質でフルクトースからなる多糖類の一種; alant starch ともいう》. 〚(1813) ▭ ? G ~ ← NL *Inula* (← L *inula* elecampane): ⇨ -in²〛

in·unc·tion /ɪnʌ́ŋ(k)ʃən | ɪn-/ *n.* **1** 塗油 (cf. unction 1 a). **2** 〖医学〗油や膏薬(こうやく)を擦り込むこと, (膏薬の)塗擦(療法). **3** 塗擦剤, 軟膏. 〚(1483) ▭ L *inunctiō(n-)* an anointing ← *inunguere* ← IN-²+*unguere* to smear, anoint (cf. unction, unguent)〛

in·un·dant /ɪnʌ́ndənt | ɪn-/ *adj.* **1** 《詩》みなぎる, あふれる. **2** (力・数などで)圧倒的な. 〚(1629) ▭ L *inundantem* (pres.p.) ← *inundāre* (↓)〛

in·un·date /ínʌndèɪt, ínən-, ɪnʌ́ndeɪt | ínʌndèɪt, ínən-/ *vt.* **1** [しばしば受身で] (大水のように)〔…で〕満たす, あふれさせる〔*with*〕: a place ~*d with* tourists 観光客で混雑している場所 / *be* ~*d with* invitations [telephone calls] 招待[電話]攻めにあう / The publisher *was* ~*d with* orders for the best seller. 出版社にそのベストセラーの注文が殺到した. **2** 〈川が〉〈土地に〉氾濫(はんらん)する, 水浸しにする, 浸水させる: The flood ~*d* the whole district. 大水でその地方はすっかり浸水した / be ~*d with* water 水浸しになる. **ín·un·dà·tor** /-tɚ | -təʳ/ *n.* 〚(1623)《逆成》← *inundation*〛

in·un·da·tion /ìnʌndéɪʃən, ìnən-/ *n.* **1** 充満, 殺到: an ~ of visitors [letters, inquiries] 客[手紙, 問い合わせ]の殺到. **2** 氾濫(はんらん), 大水, 洪水, 浸水 (⇨ flood SYN): the annual ~ of the Nile. 〚(?*a*1425) ▭ OF *inundacion* (F *inondation*) ▭ L *inundātiō(n-)*: ⇨ ↑, -ation〛

in·un·da·to·ry /ɪnʌ́ndətɔ̀ːri | ɪnʌ́ndətəri/ *adj.* 大水の(ような). 〚(1860) ← INUNDATE+-ORY〛

in·ur·bane /ìnɚːbéɪn | ìnəː-/ *adj.* 粗野な, 無作法な; 下品な, 野卑な. 〚(1623) ▭ L *inurbānus*: ⇨ in-¹, urbane〛

in·ur·ban·i·ty /ìnɚːbǽnəti | -əːbǽnɪti/ *n.* 粗野, 無作法, 下品, 野卑. 〚(1598): ⇨ in-¹〛

in·ure /ɪnjúɚ, ɪnjúɚ | ɪnjúəʳ, ɪnjɔ́ːʳ/ *vt.* [通例 ~ oneself または受身で] 〔…に〕慣れさせる〔*to*〕; 〈…するように〉鍛える 〈*to do*〉: *be* ~*d to* distress 困苦に慣れている / become ~*d to* drudgery 骨折り仕事を何とも思わなくなる / ~ *oneself to* (bear) the cold [life] その寒気[生活]に耐えるように身を鍛える. — *vi.* 役立つ, ためになる, 好都合になる; 〖法律〗効力を生じる, 適用される: These improvements ~ *to* the owner's benefit. これらの改良は所有主の利益に帰する. **in·úr·ed·ness** *n.* 〚(*c*1489) *enewre(n)* ▭ AF *eneurer* ← *en ure* in use ← *en* 'IN (prep.)'+《廃》*ure* use, work (▭ OF *uevre* (F *œuvre* work) < L *opera* work: cf. opera¹)〛

in·úre·ment *n.* 慣らす[慣れる]こと; 鍛練. 〚(1586): ⇨ ↑, -ment〛

in·urn /ɪnɚ́ːn | ɪnə́ːn/ *vt.* **1** 骨壺に入れる[納める]. **2** 埋葬する. **~·ment** *n.* 〚(1600–01) ← IN-²+URN〛

in u·ter·o /ɪnjúːtəròu | -tərəu/ *L. adv.* 子宮内で[に]; 胎内で, 生まれる前に: a child ~ 胎児. 〚(1713) ▭ L ~ 'in the uterus'〛

in·u·tile /ɪnjúːtl, ɪn-, -taɪl | ɪnjúːtaɪl, ɪn-, -tɪl/ *adj.* 《まれ》無価値な, 用をなさない. **~·ly** *adv.* 〚(1484) ▭ (O)F ~ ▭ L *inūtilis* ← IN-¹+*ūtilis* useful (← *ūtī* use: cf. utility)〛

in·u·til·i·ty /ìnjuːtíləti | -lɪti/ *n.* **1** 無価値, 用をなさないこと. **2** 無益なもの, くだらない人: talk *inutilities* くだらない事をしゃべる. 〚(1598) ▭ F *inutilité* // ▭ L *inūtilitātem*: ⇨ in-¹, utility〛

inv 《略》invenit; invented; invention; inventor; inversion; investment invoice.

Inv. 《略》Inverness; Investment.

in va·cu·o /ɪnvǽkjuòu | -kjuəu/ *L. adv.* **1** 真空内に. **2** 事実とは無関係に. 〚(1660) ▭ L *in vacuō* 'in a vacuum'〛

in·vade /ɪnvéɪd | ɪn-/ *vt.* **1 a** 〈敵が〉…に攻め入る, 侵攻する (⇨ trespass SYN); 〈盗賊が〉…に侵入する: the ~*d* territory 侵攻された領土. **b** 〈客などが〉…に押し寄せる, なだれ込む: Tourists ~*d* the town. 観光客が町に殺到した / My house was ~*d* by a crowd of visitors. 家が客攻めにあった. **2** 〈都市・都会(の住民など)が〉〈周辺地域〉に広がる, はいり込む: The city is *invading* the surrounding countryside. 町は膨張して田舎にまで蚕食している. **3** 〈権利・プライバシーなどを〉侵す, 侵害する: ~ another person's rights, privacy, etc. **4 a** 〈病気・感情などが〉侵す, 襲う, …に入り込む: Terror ~*d* our minds. 我々の心は恐怖に襲われた. **b** 〈音・においなどが〉…に広がる, 充満する: The smell of cooking ~*d* the house. 料理のにおいが家中に充満した. **5** 〈雑草などが〉はびこる, 侵入する. — *vi.* 侵略[侵入]する. 〚(1494) ▭ L *invādere* ← IN-²+*vādere* to go, step, move (cf. wade)〛

in·vád·er /-dɚ | -dəʳ/ *n.* 侵入者, 侵略者[国], 侵入軍; 侵害者. 〚(1549): ⇨ ↑, -er¹〛

in·vag·i·na·ble /ɪnvǽdʒənəbl | ɪnvǽdʒɪ-/ *adj.* **1** 《まれ》中に引っ込められる. **2** 〖病理〗〈腸が〉嵌入(かんにゅう)しやすい, 腸重積(症)にかかりやすい. 〚(1888): ⇨ ↓, -able〛

in·vag·i·nate /ɪnvǽdʒənèɪt | ɪnvǽdʒɪ-/ *vt.* **1** さやに入れる, 収める. **2** 〈管・器官などの〉一部分を中に引っ込める, 嵌入(かんにゅう)させる. — *vi.* (管・さやなどに)はいる, はまる, 嵌入する.

— /-nɪt, -nèɪt/ *adj.* 《まれ》さやに収めた; 嵌入した. 〚(1656) ← ML *invaginātus* (← IN-²+L *vagīna* sheath)+-ATE³〛

in·vag·i·na·tion /ɪnvæ̀dʒənéɪʃən | ɪnvæ̀dʒɪ-/ *n.* **1** さやに入れる[はいっている]こと. **2** 〖生物〗嵌入(かんにゅう)(部). **3** 〖病理〗腸重積(症). 〚(1658): ⇨ ↑, -ation〛

in·va·lid¹ /ínvəlɪd | -lɪd, -lìːd/ *n.* (慢性的な)病人, 病弱者; 《古》傷病兵, 廃兵: rehabilitation for ~*s* 傷病兵の機能回復訓練 / a resort of ~*s* 療養地. — *adj.* [限定的] **1** 病弱な, 虚弱な, 病身の (↔ valid): an ~ soldier 傷病兵 / support one's ~ mother 病身の母を養う. **2** 病人向きの, 病弱者用の: an ~ diet 病人向きの食事 / ⇨ invalid chair. **3** 〈物が〉不良の, 傷んだ, 壊れかかった, がたびしの. — *vt.* [通例受身で] **1** 病弱[病人]にする: *be* ~*ed* for life 不治の病人になる. **2** 病弱者[病人]として取り扱う; 《英》傷病兵名簿に記入する, 傷病兵として兵役を免除する: *be* ~*ed home* 傷病兵として送還される / *be* ~*ed out* (*of* the army) 傷病兵として免役される. — *vi.* 《古》病身となる; 傷病兵となる[として免役される]. 〚(adj.: 1642; n.: 1704; v.: 1787) ▭ F *invalide* ▭ L *invalidus* infirm, weak ← IN-¹+*validus* 'strong, VALID'〛

in·val·id² /ɪnvǽlɪd, ìn- | ɪnvǽlɪd, ìn-/ *adj.* **1** 〈方法など〉価値のない, 力のない, 効力のない (↔ valid): an ~ method, technique, etc. **2** 〈議論など〉(論理的に)妥当でない, 説得力に欠けた, 内容のない; 〈論拠など〉薄弱な: an ~ argument. **3** 〖法律〗効力のない, 無効の (void): an ~ will 無効の遺言状 / an ~ claim [contract] 無効の請求[契約] / declare a marriage ~ 結婚の無効を宣告する. **~·ly** *adv.* **~·ness** *n.* 〚(1542) ▭ L *invalidus* not strong, weak: ⇨ in-¹, valid: ↑〛

in·val·i·date /ɪnvǽlədèɪt, ìn- | ɪnvǽlɪ-, ìn-/ *vt.* 〈要求などの〉効力を失わせる, 無価値にする; (法律的に)無効にする, 無力にする (↔ validate) (⇨ nullify SYN): ~ a contract. **in·vál·i·dà·tor** /-tɚ | -təʳ/ *n.* 〚(1649): ⇨ ↑, -ate³〛

in·val·i·da·tion /ɪnvæ̀lədéɪʃən, ìn- | ɪnvæ̀lɪ-, ìn-/ *n.* 無効にすること, 効力を失わせること, 無効, 失効. 〚(1771): ⇨ ↑, -ation〛

ínvalid chàir *n.* (歩行困難な患者用の)病人用椅子(いす), 車椅子.

in·va·lid·hood /ínvəlɪdhùd | -lɪd-, -lìːd-/ *n.* = invalidism. 〚1863〛

in·va·lid·ism /ínvəlɪdɪzm | -lɪdɪzm, -lìːdɪzm/ *n.* (通例慢性病による長い)病弱(の状態), 病身, 虚弱. 〚(1794) ← INVALID¹+-ISM〛

in·va·lid·i·ty /ìnvəlídəti, -væ- | -dɪti/ *n.* **1** 無効, 無力. **2 a** (傷病・不具などによる)就労不能. **b** =invalidism. 〚1: (*c*1550) ▭ F *invalidité* // ML *invaliditātem*. 2: (*a*1698) ← INVALID¹+-ITY〛

invalídity bènefit *n.* 《英》(国民保険による)疾病給付《病気により 6 か月以上職場を離れている者に週割りで支給される; 略 IVB》.

in·val·u·a·ble /ɪnvǽljuəbl, -ljuə- | ɪn-/ *adj.* **1** 値の付けられない, 評価できない, 価値の知れないほどの (cf. valuable 4) (↔ worthless); 非常に貴重な (priceless): an ~ piece of information / be ~ *to* …にとって極めて大切な. **2** 《古》価値のない (worthless). **~·ness** *n.* **in·vál·u·a·bly** *adv.* 〚(1576) ← IN-¹+VALUABLE〛

In·var /ɪnváɚ, ⸗ | ɪnváːʳ, ⸗/ *n.* 〖商標・化学〗不変鋼, インバール, アンバー《ニッケル 35.5%, 鉄 64% の合金; 線膨張係数が非常に小さいので温度による変化を嫌う学術用精密計器類製造に用いる》. 〚(1902)《略》← INVARIABLE〛

in·var·i·a·bil·i·ty /ɪnvɛ̀ᵊriəbíləti, ìn- | ɪnvɛ̀əriəbílɪti, ìn-/ *n.* 不変, 不易, 一定不変; 不変性, 安定性. 〚(1644): ⇨ ↑, -ity〛

in·var·i·a·ble /ɪnvɛ́ᵊriəbl, ìn- | ɪnvéər-, ìn-/ *adj.* **1** 不動の, 一定不変の; いつもの. **2** 変えられない, 不変の: an ~ rule. **3** 〖数学〗一定の, 定数の, 不変の (constant). ― *n.* **1** 不変のもの. **2**〘数学〙定数, 常数, 不変量[数]. **～·ness** *n.* 〘(adj.: *a*1410; n.: 1864) ▭ (O)F ～ // LL *invariābilis*: ⇨ in-¹, variable〙

in·var·i·a·bly /ɪ̀nvέ(ə)riəbli, ìn- | ɪnvέər-, ìn-/ *adv.* **1** 相変わらず, 変わらずに, 一定不変に: The government ～ hesitates to reform the tax system. 政府は相変わらず税制改革をためらっている. **2** いつも(決まって), 常に, 必ず. 〘(1646): ⇨ ↑, -ly¹〙

in·var·i·ance /ɪ̀nvέ(ə)riəns, ìn- | ɪnvέər-, ìn-/ *n.* 不変性. 〘(1878): ⇨ ↓, -ance〙

in·var·i·ant /ɪ̀nvέ(ə)riənt, ìn- | ɪnvέər-, ìn-˝/ *adj.* **1** 変化しない, 不変の, 一様の. **2**〘数学〙〈部分群が〉正規の (normal). ― *n.*〘数学〙不変式, 不変量. **～·ly** *adv.* **in·vár·i·an·cy** /-ənsi/ *n.* 〘(1851) ← IN-¹ ＋VARIANT〙

in·va·sion /ɪ̀nvéɪʒən | ɪn-/ *n.* **1** **a** (武力によって)侵入する[される]こと, (敵の)侵略, 侵攻; 蹂躙(じゅうりん), 占領: Caesar's ～ of Britain シーザーのブリテン島侵略 / an ～ of the earth from another planet [by aliens] 他の惑星からの[異星人による]地球の侵略 / make an ～ *upon* …に侵入する, …を襲う. **b** (体内への病原菌などの)侵入: an ～ of viruses 病菌の侵入. **2** (客などの)なだれ込み, 殺到: a tourist ～ 旅行者の殺到. **3** (権利・プライバシーなどの)侵害, 侵犯: an ～ of privacy. 〘(?*a*1439) ▭ (O)F ～ // LL *invāsiō(n-)* attack ← L *invāsus* (p.p.) ← *invādere* 'to INVADE': ⇨ -sion〙

in·va·sive /ɪ̀nvéɪsɪv, -zɪv | ɪnvéɪsɪv, -zɪv/ *adj.* **1** 伸び広がる, (特に)健康な組織を冒す: ～ cancer cells. **2** 侵入[侵略]する, 侵略的な: an ～ war. **3** 出すぎた, 出しゃばる: an ～ person. **4**〘医学〙切開を伴う. **～·ness** *n.* 〘(1447–48) ▭ (O)F *invasif*, *-ive* ▭ ML *invāsīvus* ← L *invāsus* (↑): ⇨ -ive〙

in·vecked /ɪ̀nvékt | ɪn-/ *adj.*〘紋章〙=invected. 〘(1496) ← L *invectus* (↓)〙

in·vect·ed /ɪ̀nvéktɪ̀d | ɪn-/ *adj.*〘紋章〙engrailed の逆の波線状の. 〘(*a*1641) ← L *invectus* (↓)〙

in·vec·tive /ɪ̀nvéktɪv | ɪn-/ *n.* **1** (ひどい)悪口, ののしり, 毒舌; (激しい)非難, 攻撃: a master of ～ 毒舌の名人. **2** [通例 *pl.*] 悪口[ののしり]の言葉, 侮辱的言辞: break out in coarse ～*s against* …に対して下品な悪口雑言を浴びせる. ― *adj.* 悪口の, ののしる. **～·ness** *n.* 〘(1430–40) ▭ (O)F *invectif*, *-ive* ▭ LL *invectivus* reproachful ← L *invectus* (p.p.) ← *invehere* (↓): ⇨ -ive〙

in·véc·tive·ly *adv.* 《まれ》ののしって, 毒舌で.

in·veigh /ɪ̀nvéɪ | ɪn-/ *vi.* 〔…に対して〕言葉激しく攻撃する, 痛烈に非難する; 〔…を〕激しく責める, 荒々しくとがめる; 〔…の〕悪口を言う, 〔…を〕ののしる 〔*against*〕: ～ *against* corruption [monarchism] 汚職を糾弾する[君主主義を罵倒(ばとう)する]. **～·er** *n.* 〘(1486) *inveh* ▭ L *invehī* (pass.) ← *invehere* to carry into, enter, attack with words ← IN-²＋*vehere* to carry (⇨ vehicle, vehement: cf. OE *wegan* to carry)〙

in·vei·gle /ɪ̀nvéɪgl, -víːgl | ɪn-/ *vt.* **1** 〈人を〉〔…に〕誘い込む, おびき寄せる; 誘惑[籠絡(ろうらく)]して〔ある行動を〕させる〔*into*〕(⇨ lure¹ SYN): ～ a person *into* a place 人をある場所に連れ込む / ～ a person *into doing* something wrong 人をそそのかして悪い事をさせる. **2** 〈物を〉甘言[おべっか]などを使って〔人から〕巻き上げる〔*from, out of*〕: ～ a cigar *from* a person おべっかを使って人から葉巻を1本せしめる / ～ a subscription *out of* a person うまく取り入って人から寄付をもらう. **～·ment** *n.* **in·véi·gler** /-glə, -glə | -glə^(r), -gl-/ *n.* 〘(1494) *enve(u)gle* ▭ AF *envegler* (変形) ← (O)F *aveugler* to blind, delude ← *aveugle* blind < VL **aboculum* ← AB-¹＋L *oculus* eye (⇨ ocular)〙

in·ve·ne·runt /ìnvɪ̀nɪ́ərənt, | -nɪ́ər-/ *L. v.* (二人以上の発明[制作・考案]者の名と共に用いて)…の発明[制作・考案]による (cf. invenit). 〘▭ L *invenērunt* they have invented: ↓〙

in·ve·nit /ɪ̀nvéɪnɪ̀t | -nɪt/ *L. v.* (発明[制作・考案]者の名と共に用いて)…の発明[制作・考案]による(略 inv; cf. invenerunt). 〘▭ L ～ 'he [she] has invented' (perf.) ← *invenīre* (↓)〙

in·vent /ɪ̀nvént | ɪn-/ *vt.* **1** 発明する, 初めて作る; 考案する, 工夫する (cf. discover 1): ～ a new method 新しい方法を案出する / James Watt ～*ed* the steam engine. ジェームズ ワットが蒸気機関を発明した. **2** 〈物語などを〉(想像力で)作り出す, 創作する. **3** 〈言い訳・虚説などを〉こしらえる, 作り上げる, でっち上げる, 捏造(ねつぞう)する: ～ an excuse, explanation, etc. **4** 《古》(偶然)見つける, 発見する. 〘(*c*1475) *invente(n)* ← L *inventus* (p.p.) ← *invenīre* to come upon, discover, contrive ← IN-²＋*venīre* to come: cf. advent〙

SYN 作り出す: **invent** 新しいものや便利な物を初めて作り出す: Who *invented* the computer? コンピューターはだれが発明したのか. **produce**「作り出す」の意味で最も一般的な語の一つ: He *produces* good plays one after another. 彼は良い芝居を次から次と書き上げる. **develop** 時間をかけて慎重に作る: *develop* a new medicine 新薬を開発する. **coin** 新しい語(句)を作る: Who *coined* the term 'virtual reality'?「バーチャルリアリティ」という言葉を考え出したのはだれですか. **create** 文芸・芸術などの領域で創造する; 特に無から新しいものを造り出す: God *created* the heaven and the earth. 神は天と地を創った.

in·vent·a·ble /ɪ̀nvéntəbl | ɪnvént-/ *adj.* =inventible.

in·vént·er /-tə | -tə^(r)/ *n.* 《まれ》=inventor.

in·ven·ti·ble /ɪ̀nvéntəbl | ɪnvéntɪ̀-/ *adj.* 《まれ》発明できる. 〘(1641): ⇨ -ible〙

in·ven·tion /ɪ̀nvénʃən, -véntʃən | ɪn-/ *n.* **1** 発明, 案出, 創案, 考案: the ～ of the telescope 望遠鏡の発明 / the ～ of printing [gunpowder] 印刷[火薬]の発明 / make an ～ 発明する / Necessity is the mother of ～. 《諺》必要は発明の母. **2** 発明[案出]されたもの, 新案, 新工夫, (特に, 特許法による)発明(品): patent an ～ 発明品の特許を取る / This plan was his ～. この案は彼が考え出したものだ. **3** (文学・芸術における)想像力[創作力]の駆使, 創作活動, 創造行為, 成果 (cf. Shak., *Twel N* 5. 1. 333). **4** 《婉曲》こしらえ事, 作り事, 作り話, でっち上げ, うそ (⇨ fiction SYN): ～*s* of a newspaper 新聞の作り事[捏造(ねつぞう)記事] / The whole thing turned out to be pure ～ from start to finish. 最初から最後まですべてでっち上げだということがわかった. **5** 発明の才, 工夫の才, 発明力, 創作能力. **6**〘社会学〙発明, 創造《新要素の発見, 創造, 付加, 旧要素の新しい結合などの行為》. **7**〘音楽〙インベンション《有鍵(ゆうけん)楽器用の単一の主題による対位的な小曲; J. S. Bach のクラビア曲など》. **8**〘修辞〙(主題の)創造的選択《弁論の構想・展開のための5段階からなる伝統的修辞論の第一部》. **9** 《古》発見.

Invéntion of the Cróss [the ―]〘キリスト教〙聖十字架発見の記念日《5月3日; 紀元326年の同日 Constantine 大帝の母 St. Helena が Jerusalem において聖十字架を発見したことを記念する祝日》.

～·al /-ʃnəl, -ʃənl | -ʃənl/ *adj.* **～·less** *adj.* 〘(*c*1400) ▭ L *inventiō(n-)* ← *invenīre* 'to INVENT': ⇨ -tion〙

in·ven·tive /ɪ̀nvéntɪv, -vénɪv | ɪnvéntɪv/ *adj.* **1** 発明の才のある, 発明[創作]力のある, 発明的の: an ～ person, mind, etc. / the ～ faculty 発明的才能. **2** 工夫[創意]に富む, 器用な: an ～ drawing. **～·ly** *adv.* **～·ness** *n.* 〘(*a*1420) ▭ (O)F *inventif*, *-ive* ← L *inventus*: ⇨ invent, -ive〙

in·ven·tor /ɪ̀nvéntə, -vénə | ɪnvéntə^(r)/ *n.* 発明者, 案出者, 考案者, 創案者. 〘(1490) ▭ L ～: ⇨ invent, -or²〙

in·ven·to·ri·al /ìnvəntɔ́ːriəl˝/ *adj.* 財産目録の. **～·ly** *adv.* 〘(1600–1) ← L *inventōrius*＋-AL¹〙

in·ven·to·ry /ínvəntɔ̀ːri | -tri, -təri/ *n.* **1** **a** (商品・財産などの)明細目録, 財産[在庫品]目録, 棚卸表 (⇨ list¹ SYN): an ～ of household furniture 家財目録 / an ～ of books 蔵書目録 / an ～ of the stolen items 盗品のリスト / draw up an ～ 在庫品[財産]目録を作る. **b** (船舶の)属具目録. **2** 財産[在庫品]目録に記した物品; 《米》在庫品; 在庫総額: ～ control 在庫管理 / have high *inventories* 在庫品を多くもっている. **3** 《米》〘会計〙**a** (商店などで毎年定時に行う)在庫品調べ, 棚卸し (stocktaking). **b** [*pl.*] 棚卸資産 (cf. current assets). **4** (一定地域に生息する野生動物などの)天然資源目録. **5** (カウンセリング・ガイダンスにおける性格・適性・特技などの)診断表, 調査一覧. **6** (明細)目録作成.

tàke [**màke**] (**an**) **ínventory of** (1) 〈商品・家財など〉の在庫目録を作成する: It's time to *take* ～ *of* my life. これまでの人生でやってきたことを記録してもよいころだ. (2) 〈技術・性格など〉の評価をする, 調査する, 調べ上げる. 〘(1582)〙

― *vt.* **1** **a** 〈商品・財産など〉の目録を作る, 〈在庫品を〉目録に記入する. **b** 《米》…の在庫品調べ[棚卸し]をする. **2** 要約する. ― *vi.* 〈財産などが〉(目録記載の通り)〔…の〕価値がある〔*at*〕.

ín·ven·tò·ri·a·ble /-riəbl/ *adj.* 〘(n.: 1415; v.: 1622) ▭ ML *inventōrium*=LL *inventārium* list of property found in a person's possession at his death: ⇨ invent, -ory²〙

ínventory fìnance *n.*〘経済〙資産見合いの運転資金, 在庫金融.

ínventory tùrnover *n.*〘会計〙棚卸資産回転率.

in·ven·tress /ɪ̀nvéntrɪ̀s | ɪn-/ *n.* 女性の inventor. 〘(1586) ← INVENTOR＋-ESS〙

in·ve·rac·i·ty /ìnvɪ̀rǽsəti | -vɪ̀rǽsɪ̀ti, -ve-/ *n.* **1** 不信実, 不誠実. **2** 虚偽, 偽り, うそ (cf. unveracious). 〘(1864): ⇨ in-¹, veracity〙

In·ve·rar·y /ìnvərέ(ə)ri | -rέəri/ *n.* インベラリ《スコットランド西部海岸の入り江にある町》.

In·ver·car·gill /ìnvəkάːgɪ̀l, -gɪl | -və-/ *n.* インバーカーギル《ニュージーランド South Island 南岸の港湾都市》.

In·ver·ness /ìnvənés | -və-˝/ *n.* **1** インバネス《スコットランド旧 Inverness-shire 州の州都; Highland の中心都市で, Ness 河口の港市》. **2** =Inverness-shire. **3** [しばしば i-] **a** インバネスコート《長くゆったりしたケープ (Inverness cape) 付きコート》, 二重回し. **b** =Inverness cape. 〘(1863) ▭ Gael. *Inbhirnis* mouth of the (river) Ness〙

Invernéss càpe [**còat**] *n.*〘服飾〙インバネスケープ[コート], とんび, 二重回し. 〘(1865) ↑〙

In·ver·ness-shire /ìnvənésʃə, -ʃɪə | -vənésʃə^(r), -ʃɪə^(r)/ *n.* インバネスシャー《スコットランド北西部高地の旧州; 1975年廃止; 面積 2,800 km², 州都 Inverness》.

in·verse /ɪ̀nvɔ́ːs, ìn- | ɪnvɔ́ːs, ìn-˝/ *adj.* **1** 〈位置・方向・順序・関係・傾向など〉逆の, 逆さの, 反対の, あべこべの: in ～ order 逆の順序で. **2**〘数学〙〈比例・関数が〉逆の (↔ direct): in ～ proportion [ratio, relation] to …に反比例して.

― *n.* **1** [the ～] 逆, 反対(の状態); 逆[反対]のもの: Evil is *the* ～ of good. 悪は善の反対である. **2**〘数学〙**a** 逆元《一般の演算に関連して, 乗法における逆数の役割を演じる元》. **b** =inverse function. **c** 反転; 反転図形. **3**〘論理〙戻換(れいかん)《変形推理の一形態》.

― /ɪ̀nvɔ́ːs | ɪnvɔ́ːs/ *vt.* 《まれ》逆にする (invert). 〘(adj.: ?1440; n.: 1681; v.: 1611) ▭ L *inversus* (p.p.) ← *invertere* to turn upside down ← IN-²＋*vertere* to turn: ⇨ invert〙

ínverse cósecant *n.*〘数学〙逆余割(関数) (⇨ arc cosecant).

ínverse cósine *n.*〘数学〙逆余弦(関数) (⇨ arc cosine).

ínverse cotángent *n.*〘数学〙逆余接(関数) (⇨ arc cotangent).

ínverse fúnction *n.*〘数学〙逆関数. 〘1816〙

ínverse ímage *n.*〘数学〙原像, 逆像《写像の終域の部分集合に対し, その像がその部分集合に属するような定義域の要素全体から成る集合; counter image ともいう》.

in·vérse·ly *adv.* 逆に, 反対に, あべこべに; 逆比に: ～ proportional to …に反比例して. 〘(1660): ⇨ -ly¹〙

invérse propórtion *n.*〘数学〙反[逆]比例 (↔ direct proportion).

ínverse rátio *n.*〘数学〙反比, 逆比 (↔ direct ratio).

ínverse sécant *n.*〘数学〙逆正割(関数) (⇨ arc secant).

ínverse síne *n.*〘数学〙逆正弦(関数) (⇨ arc sine).

ínverse spélling *n.*〘言語〙逆つづり字 (⇨ reverse spelling). 〘1933〙

ínverse-squáre làw *n.*〘物理・光学〙逆二乗法則《万有引力や電磁気のクーロンの法則のように2物体間の作用の大きさが, その間の距離の二乗に逆比例することをいう; 点光源によって照らされる面の(放射)照度も点光源と面との距離の二乗に逆比例する》. 〘1921〙

ínverse tángent *n.*〘数学〙逆正接(関数) (⇨ arc tangent).

ínverse trígonometric fúnction *n.*〘数学〙逆三角関数.

in·ver·sion /ɪ̀nvɔ́ːʒən, -ʃən | ɪnvɔ́ːʃən, -ʒən/ *n.* **1** (位置・方向・順序などの)反対[逆]にする[なる]こと, あべこべ, 転倒; 逆になったもの. **2** 内側にめくり返すこと; 内翻 (↔ eversion). **3**〘文法・修辞〙倒置(法) (⇨ anastrophe). **4**〘論理〙逆換(法), 戻換(れいかん)法. **5**〘音楽〙(和音・音程・保続音・対位法・主題の)転回. **6**〘音声〙反転, そり舌 (retroflexion). **7**〘解剖・病理〙(足・子宮など人体部分の)反転, 逆正, 倒置, 内反(症), (心臓などの)逆位, 転位. **8**〘精神医学〙性対象倒錯, 性欲[性的]倒錯; 同性愛. **9**〘生物〙逆位《突然変異で同一染色体の部分が逆になっていること》. **10**〘化学〙転化, 反転. **11**〘数学〙反転, 転位, 相反: ⇨ CENTER of inversion. **12**〘電算〙反転《語中の各ビット位置の値を逆にする演算》. **13**〘気象〙(温度の)逆転《高度と気温の関係が逆になること》. **14**〘電気〙極性反転, 逆変換《直流から交流への変換》. **15**〘鉱物〙相転移 (transformation). 〘(1551) ▭ L *inversiō(n-)* ← *invertere* 'to INVERT': ⇨ -sion〙

in·vér·sion·ist /-ʒ(ə)nɪ̀st, -ʃ(ə)n- | -ʃ(ə)nɪst, -ʒ(ə)n-/ *n.* (習慣的に逆に書く)転倒書家.

invérsion pòint *n.* **1**〘冶金〙転相点. **2**〘物理化学〙逆転温度.

in·ver·sive /ɪ̀nvɔ́ːsɪv, -zɪv | ɪnvɔ́ːs-/ *adj.* 転倒の, 逆の, 反対の; 転倒を起こさせる, 転換させる. 〘(1875) ← L *invers-* (p.p. stem) ← *invertere*＋-IVE〙

in·ver·sor /ɪ̀nvɔ́ːsə | ɪnvɔ́ːsə^(r)/ *n.* 反転器《互いに他の反転であるような2曲線を同時に描く器具》. 〘(1839) ← L *invertĕre*, *invers-* (↓)〙

in·vert /ɪ̀nvɔ́ːt, ìn- | ɪnvɔ́ːt, ìn-/ *vt.* **1** (位置・方向・順序・内外など)を逆にする, 反対対にする, 逆さにする, あべこべにする (⇨ reverse SYN); 内側へ曲げる; 裏返しにする: ～ a glass グラスを伏せる. **2**〘音楽〙転回させる. **3**〘音声〙〈舌を〉そり舌にする, 反転させる, 倒舌させる (cf. inverted 2). **4**〘化学〙転化させる. **5** 《口語》=invertebrate.

― *vi.*〘化学〙転化する.

― /ínvəːt | -vəːt/ *n.* **1**〘建築〙=inverted arch. **2**〘精神医学〙性欲倒錯者; (特に)同性愛者 (homosexual). **3** (水深測量で)排水管内で水深が最も深い部分. **4**〘郵趣〙逆刷り《刷込文字や模様の一部が逆さまになったエラー切手》. **5**〘化学〙転化.

― *adj.*〘化学〙転化した: ⇨ invert sugar. 〘(1533) ▭ L *invertere* to turn about, upset ← IN-²＋L *vertere* to turn (⇨ verse¹)〙

in·ver·tant /ɪ̀nvɔ́ːtənt, -tnt | ɪnvɔ́ːtənt, -tnt/ *adj.*〘紋章〙=inverted 4. 〘(1828–40) ← INVERT＋-ANT〙

in·vert·ase /ɪ̀nvɔ́ːteɪs, -teɪz | ɪnvɔ́ː-/ *n.*〘生化学〙蔗糖(しょとう)酵素, 転化酵素, インベルターゼ《蔗糖を転化 (invert) させる; sucrase, saccharase ともいう; cf. invert sugar》. 〘(1887) ← INVERT＋-ASE〙

in·ver·te·brate /ɪ̀nvɔ́ːtəbrɪ̀t, -brèɪt | ɪnvɔ́ːtɪ̀-/ *adj.* **1**〘動物〙脊椎(せきつい)[背骨]のない, 無脊椎動物の. **2** 気骨(きこつ)がない, 弱々しい, 女々しい, 優柔不断な. ― *n.* **1**〘動物〙無脊椎動物. **2** 気骨のない人. 〘(1826) ← NL *invertebrātus* not jointed: ⇨ in-¹, vertebrate〙

in·vért·ed /-tɪ̀d | -tɪd/ *adj.* **1** 逆さにした, 逆にした, 反対にした, 転倒した: the ～ order 逆順 / ～ e [ə] の記号 (cf. schwa). **2**〘音声〙反転(音)の, そり舌の (retroflex): an ～ vowel 反転母音, そり舌母音 (retroflex vowel). **3**〘精神医学〙性(欲)[性的]倒錯の; 同性愛の (homosexual). **4**〘紋章〙〈鳥が翼の先端を下に向けた. **～·ly** *adv.* 〘(1598) (p.p.) ← INVERT〙

invérted árch *n.*〘建築〙逆迫持(せりもち), 逆アーチ, インバートアーチ《建物の基礎などに用いる; invert ともいう》.

invérted cómma *n.*〘印刷〙**1** **a** 逆コンマ(活字). **b** (引用符の初めの)逆コンマ (" または '). **2** [*pl.*] 《英》引用符 (quotation marks). 〘1789〙

invérted flíght *n.*〘航空〙背面飛行.

invérted gúll wìng *n.*〘航空〙逆ガル翼, 逆かもめ型

翼《主翼が W 型になっているもの; cf. gull wing》.

invérted mórdent *n.*〘音楽〙=pralltriller.

invérted pléat *n.*〘服飾〙インバーテッドプリーツ《2 本の襞山(ひだやま)が表で突き合わせになるプリーツ; すなわち裏側で box pleat を作ることになる》. 〚1915〛

invérted síphon *n.* 逆サイホン《窪地(くぼち)などを横断するときに使う U 字形の導水路》.

invérted snób [snóbbery] *n.* 偽悪的スノッブ《より下層の階級を装って自らの階級を軽蔑する者》. 〚1943〛

in·vért·er /-tə | -tə(r)/ *n.* **1** 逆にするもの. **2 a**〘電気〙インバーター, 逆変換器《直流を交流にするもの》. **b**〘電子工学〙インバーター《波形の極性を逆にするもの》. **3**〘電算〙=NOT circuit. 〚《1611》: ⇨ -er¹〛

in·vert·i·ble /ɪnvə́ːtəbl | ɪnvə́ːtɪ-/ *adj.* **1** 逆さにできる, 逆にできる. **2**〘音楽〙転回の. **in·vert·i·bil·i·ty** /ɪnvə̀ːtəbíləti | ɪnvə̀ːtəbílɪti/ *n.* 〚《1881》: ⇨ -ible〛

invértible cóunterpoint *n.*〘音楽〙転回対位法《声部を転回ないし移高しても成り立ちうるよう配慮して作られている対位法; 転回される声部の数によって二重対位法 (double counterpoint), 三重対位法 (triple counterpoint) などと呼ばれる》.

in·ver·tin /ɪnvə́ːtn | ɪnvə́ːtɪn/ *n.*〘生化学〙=invertase.

in·vér·tor /-tə | -tə(r)/ *n.* =inverter 2. 〚← NL ~: ⇨ invert, -or²〛

ínvert sóap *n.*〘物理化学〙=cationic detergent.

ínvert súgar *n.*〘生化学〙転化糖《甘蔗(かんしょ)糖を加水分解して生じるぶどう糖および果糖の混じった左旋性の糖; cf. invertase》. 〚1880〛

in·vest /ɪnvést | ɪn-/ *vt.* **1 a**〈資本・金などを〉〔…に〕投じる, 投下する, 投資する〔*in*〕: ~*ed* capital〘商業〙払い込み[投下]資本 / ~ one's money *in* stocks [a business enterprise] 株式[事業]に投資する / ~ a lot of money *in* bringing up children 子供を育てるのに多くの金を費やす. **b**〈時間・精力などを〉〔…に〕投じる, 使う〔*in*〕: ~ time and energy *in* studying for a degree 学位取得のために時間と精力を注ぎ込む. **2**〔性質などを〕〈人〉に賦与する, 帯びさせる〔*with*〕;〔特色・性格などを〕〈物・事〉に与える, しみつかせる〔*with*〕: He was ~*ed with* an air of dignity. どことなく威厳を帯びていた / His presence ~*ed* the occasion *with* importance. 彼が出席したので行事も重みを増した. **3 a**《古》〔地位・位階・栄誉の表象である衣服・記章・勲章などを〕〈人〉に着用させる, 帯びさせる, 授ける〔*with*〕: ~ a person *with* a decoration 人に勲章を授ける. **b**〔官職・位階・権力などを〕〈人〉に与える〔*with*〕: ~ a person *with* full power 人に全権を付与する / ~ a person *with* an office 人にある職を与える, 人をある職に任命する / ~ a person *with* honor 人に名誉を与える. **4 a** 覆う, 取り囲む, 包む: Darkness ~*s* the earth at night. 夜には闇が地上を覆う. **b**〘軍事〙囲む, 包囲する, 攻囲する: ~ a town. **5**〘金属加工〙〈原型をインベストメントで包む, 〈模様〉に外装処理を施す. — *vi.* **1**〔事業・株式などに〕投資する, 出資する〔*in*〕. **2**《口語》〔…に〕金を使う, 〔…を〕買う〔*in*〕: ~ *in* a new business suit 奮発して新しい背広を一着買う. **~·a·ble** /-təbl/ *adj.* 〚《1489》□ (O)F *investir* // L *investīre* ← IN-²+*vestīre* to clothe ← *vestis* clothes (⇨ vest (v.))〛

in·ves·ti·ga·ble /ɪnvéstɪgəbl | ɪn-/ *adj.* 調査[研究]できる. 〚《1594》□ LL *investīgābilis* ← L *investīgāre* (↓)〛

in·ves·ti·gate /ɪnvéstəgèɪt | ɪnvéstɪ-/ *vt.* (詳細にわたって組織的に)調査する, 研究する, 取り調べる, 捜査する (⇨ examine SYN); 吟味する: ~ a crime 犯罪を捜査する / ~ the cause of an accident 事故の原因を究明する / ~ the matter minutely 問題を細かに調査する. — *vi.* 調査する, 究明する. 〚《c1510》← L *investīgātus* (p.p.) ← *investīgāre* ← IN-²+*vestīgāre* to track out (← *vestigium* 'footprint, trace, VESTIGE')〛

in·ves·ti·ga·tion /ɪnvèstəgéɪʃən | ɪnvèstɪ-/ *n.* **1** (詳しく系統立てて行う)調査, 研究, 検討 (⇨ inquiry SYN); 取調べ, 事実究明: *on* [*upon*] ~ 調べてみると / a committee of ~ 調査委員会 / an ~ of a murder 殺人事件の捜査 / make ~ *into* …を調査[研究]する / The matter is *under* ~. その件は調査中である. **2** 研究論文, 調査報告. **~·al** /-ʃnəl, -ʃənl⁻/ *adj.* 〚《?a1425》□ (O)F *investigation* // L *investīgātiō(n-)*: ⇨ ↑, -ation〛

in·ves·ti·ga·tive /ɪnvéstəgèɪtɪv | ɪnvéstɪgət-, -gèɪt-/ *adj.* **1** 調査の, 取調べの, 吟味の, 研究の; 調査[研究]に関係する[携わる]. **2** 研究的な. 〚《1803》← INVESTIGATE+-IVE〛

in·ves·ti·ga·tor /ɪnvéstəgèɪtə | ɪnvéstɪgèɪtə(r)/ *n.* 研究[探究]者; 調査官[員]. 〚《1552》□ L *investīgātor* ← *investīgāre* to investigate〛

in·ves·ti·ga·to·ry /ɪnvéstɪgətɔ̀ːri | ɪnvéstɪgətəri, -gèɪt-, ɪnvèstɪgéɪtəri, -tri/ *adj.* =investigative. 〚1836〛

in·ves·ti·tive /ɪnvéstətɪv | ɪnvéstɪt-/ *adj.* 授与の[に役立つ]; 投資の[に関する]. 〚《1780》← ML *investītus* (p.p.) ← L *investīre* 'to INVEST'+-IVE〛

in·ves·ti·ture /ɪnvéstətʃə, -tʃʊə | ɪnvéstɪtʃə(r), -tjʊə(r)/ *n.* **1** (勲章・記章などを与えて行う)叙任式; 叙任, 任命, 授爵, 叙位. **2** (資格・性質などを)賦与されること, 賦与. **3**《文語》着せること; 衣装, 衣類. **4** (封建社会での)占有移転(式)《君主が家臣に封地の一部を与えること; その儀式》. **5**《古》投資物件. 〚《a1387》□ ML *investītūra* ← L *investīre* 'to INVEST': ⇨ -ure〛

in·vest·ment /ɪnvés(t)mənt | ɪn-/ *n.* **1** 投資, 出資; 投下資本, 投資金[額]; 投資の対象, 投資物件: make an ~ *in* …に投資する / a good [safe] ~ 有利な[安全な]投資物件 / ~ buying 投資的買い入れ / ~ operation 投資運用 / plant and equipment ~ 設備投資. **2** (時間・才能などの)投入, 傾注, 傾倒. **3** 任命, 叙任, 授与, 授爵. **4** (性質・特性などの)賦与. **5 a** 着せること, かぶらせること, まとわせること. **b**《古》衣服 (vestment). **6**〘軍事〙包囲, 攻囲 (beleaguerment): the ~ of a city / the line of ~ 攻囲線. **7**〘生物〙(動植物体の)外被, 外殻. **8**〘金属加工〙インベストメント《鋳型を作る一方法》. 〚《1598》: ← INVEST+-MENT〛

invéstment bànk *n.*〘経済〙投資銀行, 証券会社《有価証券投資を専門に行う金融機関》. 〚1963〛

invéstment bònd *n.*《英》〘保険〙投資証券, インベストメントボンド《保険料一時払いの生命保険で, 保険料のうち一定額が証券などに投資され節税効果のある場合もある》.

invéstment càsting *n.*〘金属加工〙インベストメント鋳造(法), 焼流し精密鋳造(法).

invéstment còmpany *n.* 投資会社, 投資信託(会社)《投資者が株主として収益分配を受ける会社型投資信託(会社); cf. holding company》. 〚1917〛

invéstment fùnd *n.*〘経済〙投資信託. 〚1973〛

invéstment létter stòck *n.*〘証券〙=letter stock.

invéstment mòld *n.*〘金属加工〙インベストメント[蠟(ろう)型]造形.

invéstment trùst *n.* =investment company.

in·ves·tor /ɪnvéstə | ɪnvéstə(r)/ *n.* **1** 投資者. **2** 叙任者, 授与者. **3** 包囲[攻囲]者. 〚《1586》: ⇨ -or²〛

inv. et del. 《略》L. invēnit et dēlīneāvit (彫刻師などの名と共に用いて)…の案ならびに絵 (cf. invenit).

in·vet·er·a·cy /ɪnvétərəsi, -trə- | ɪnvétərə-, -trə-/ *n.* **1** (習癖などの)根深いこと, (病気などの)頑固(がんこ), 慢性. **2** (感情の)執念深いこと, 宿怨(しゅくえん). 〚《1691》: ⇨ ↓, -acy〛

in·vet·er·ate /ɪnvétərɪt, -trɪt | ɪnvétərɪt, -trɪt/ *adj.* **1**〈感情・病気など〉長い間続いた, 年来の, 根深い, 執念深い, 難治性の: an ~ enmity [prejudice] 根深い恨み[偏見] / an ~ feud 積年の恨み / an ~ disease 固疾, 持病 / feel ~ *against* a person《古・俗》人をいまいましく思う. **2** 癖になった, 凝り固まった, 常習的な, しんからの, 根っからの (⇨ chronic SYN): an ~ liar, smoker, drinker, gambler, etc. / He was an ~ talker [gardener]. 彼は根っからのおしゃべり[庭いじりが好き]だった / an ~ habit 常習. **3**《廃》敵意に満ちた. **~·ly** *adv.* **~·ness** *n.* 〚《1392》□ L *inveterātus* rendered old, of long standing (p.p.) ← *inveterāre* to give age to, grow old ← IN-²+*veterāre* to make old (← *vetus* old,《原義》having many years: cf. veteran)〛

in·vexed /ɪnvékst/ *adj.*〘紋章〙=arched 2. 〚《1828-40》(p.p.) ← *invex* ← IN-²+(CON)VEX〛

in·vi·a·bil·i·ty /ɪnvàɪəbíləti, ɪn- | ɪnvàɪəbílɪti, ɪn-/ *n.* (特に, 遺伝体質に致命的要素がある場合における)生存不能 (↔ viability). 〚《1918》← IN-¹+VIABILITY〛

in·vi·a·ble /ɪnváɪəbl, ɪn- | ɪn-, ɪn-⁻/ *adj.* (特に, 遺伝体質に致命的要素があって)生き残れない, 生存不能の; 正常に育たない; (財政的に)生き残れない: a ~ company. 〚《1918》: ⇨ in-¹〛

in·vid·i·ous /ɪnvídiəs | ɪnvídi-/ *adj.* **1**〈言動など〉しゃくに触る, いまいましい, いやな: an ~ remark しゃくに触る言葉. **2**〈地位・名誉など〉人に嫉妬(しっと)を起こさせる, 人のねたみを受けるような: an ~ position 人のねたみを受けるような地位. **3** (不公平で)不快な; 腹の立つ, けしからぬ: make ~ distinctions *between* …の間に不当な差別立てをする. **4**《廃》嫉妬深い. **~·ly** *adv.* **~·ness** *n.* 〚《1606》□ L *invidiōsus* envious ← *invidia* 'ill-will, ENVY'〛

in·vig·i·late /ɪnvídʒəlèɪt | ɪnvídʒɪ-/ *vi.* **1**《英》試験監督をする (《米》proctor). **2**《古》警戒[張り番]をする, 監視する〔*over*〕. — *vt.* **1**《英》〈試験〉の監督をする. **2** 警戒させる. **in·vig·i·la·tion** /ɪnvìdʒəléɪʃən | ɪnvìdʒɪ-/ *n.* **in·víg·i·là·tor** /-tə | -tə(r)/ *n.* 〚《1553》← L *invigilātus* (p.p.) ← *invigilāre* to watch over ← IN-²+*vigilāre* to watch ← *vigil* watchful: cf. vigil〛

in·vig·o·rant /ɪnvígərənt | ɪn-/ *n.* 強壮剤. 〚《1822-34》: ⇨ ↓, -ant〛

in·vig·o·rate /ɪnvígərèɪt | ɪn-/ *vt.* …に元気[気力]をつける, 活気づける, 爽快(そうかい)にする; 鼓舞する, 励ます. 〚《1646》← IN-²+L *vigor* 'strength, VIGOR'+-ATE〛

in·vig·o·rat·ing /ɪnvígərèɪtɪŋ | ɪnvígərèɪt-/ *adj.* **1** 元気を出させる, 活気づける, 激励する: an ~ speech 激励的な演説. **2**〈空気・微風など〉気持ちを引き立たせる, 爽快(そうかい)な: an ~ climate さわやかな気候. **~·ly** *adv.* 〚《1694》: ⇨ ↑, -ing²〛

in·vig·o·ra·tion /ɪnvìgəréɪʃən | ɪn-/ *n.* 元気づけること, 鼓舞, 励まし, 激励. 〚《1662》← INVIGORATE+-ATION〛

in·vig·or·a·tive /ɪnvígərèɪtɪv | ɪnvígərət-, -rèɪt-/ *adj.* 元気づける, 心身をさわやか[爽快(そうかい)]にする(ような); 激励する. 〚《1858》← INVIGORATE+-IVE〛

in·víg·o·rà·tive·ly *adv.* 元気づけるように, 激励して. 〚《1858》: ⇨ ↑, -ly¹〛

in·víg·o·rà·tor /-tə | -tə(r)/ *n.* **1** 元気づける人[もの]. **2** 刺激物; 強壮剤. 〚《c1842》← INVIGORATE+-OR²〛

in·vin·ci·bil·i·ty /ɪnvìnsəbíləti, ɪn- | ɪnvìnsɪbílɪti, ɪn-/ *n.* 征服不能, 無敵. 〚《a1677》: ⇨ ↓, -ity〛

in·vin·ci·ble /ɪnvínsəbl, ɪn- | ɪnvínsɪ-, ɪn-⁻/ *adj.* 打ち破ることのできない, 征服できない, 無敵の; 打ち勝ち難い, 至難の: an ~ army, opposition, difficulty, etc. / an ~ determination [will] 不屈の決意 / ~ ignorance〘神学〙個人の判断・理解能力を超えた無知, 倫理的に責任のない無知. — *n.* **1** 無敵の人. **2** [I-] インビンシブル《特権者の暗殺を目的として 1880 年代にアイルランドに起こった Fenian Brotherhood の流れをくむ秘密結社の一員》. **~·ness** *n.* **in·vín·ci·bly** *adv.* 〚《a1420》□ (O)F ~ □ L *invincibilis*: ⇨ in-¹, vincible〛

Invíncible Armáda *n.* [the ~] 無敵艦隊 (⇨ Spanish Armada).

in vi·no ve·ri·tas /ɪnváɪnoʊvérɪtæ̀s, -víːnoʊ-, -tɑ̀ːs | -nəʊ-/ *L.* 酒にまことあり, 酔ったときに本性が現れる《Pliny the Elder の言葉》. 〚《1594》□ L *in vīnō vēritās* '(there is) truth in wine'〛

in·vi·o·la·bil·i·ty /ɪnvàɪələbíləti | ɪnvàɪələbílɪti, ɪn-/ *n.* 不可侵(性), 神聖. 〚《1793》: ⇨ ↓, -ity〛

in·vi·o·la·ble /ɪnváɪələbl, ɪn- | ɪn-, ɪn-⁻/ *adj.* 破ることのできない, 侵すことを許されない, 汚すことのできない, 不可侵の, 神聖な: an ~ right 不可侵権 / an ~ oath [law] 犯すべからざる誓言[法律] / The gods are ~. 神々は神聖で侵すことができない. **~·ness** *n.* **in·ví·o·la·bly** *adv.* 〚《c1443》□ (O)F ~ // L *inviolābilis*: ⇨ in-¹, violable〛

in·vi·o·la·cy /ɪnváɪələsi | ɪn-/ *n.* 固く守られていること[状態]. 〚《1846》: ⇨ ↓, -acy〛

in·vi·o·late /ɪnváɪəlɪt, -lèɪt | ɪn-/ *adj.* **1** [通例叙述的] 破られていない, 侵されない; 固く守られた, 神聖のままの, 冒瀆(ぼうとく)されていない, 汚れのない: keep one's faith [a promise, a rule] ~ 信念[約束, 規則]を固く守っている. **2** =inviolable. **~·ly** *adv.* **~·ness** *n.* 〚《c1412》□ L *inviolātus* ← IN-¹+*violātus* ((p.p.) ← *violāre* 'to VIOLATE')〛

in·vi·ous /ínviəs/ *adj.*《まれ》道のない (trackless). 〚《1622》← L *invius* (← IN-¹+*via* 'WAY')+-OUS〛

in·vis·cid /ɪnvísɪd, ɪn- | ɪnvísɪd, ɪn-⁻/ *adj.* 粘性のない. 〚《1889》: ⇨ in-¹〛

invíscid flúid *n.*〘物理・航空〙非粘性流体《流れの理論的取扱いを容易にするために仮定する粘性のない流体》. 〚1913〛

in·vised /ɪnváɪzd/ *adj.*《Shak》目に見えないほどの. 〚《1609》← ? L *invīsus* unseen: ⇨ -ed〛

in·vis·i·bil·i·ty /ɪnvìzəbíləti, ɪn- | ɪnvìzɪbílɪti, ɪn-/ *n.* 目に見えないこと, 隠れていること; 不可視性; 見えないもの. 〚《1561》□ LL *invīsibilitatem*: ⇨ -ibility〛

in·vis·i·ble /ɪnvízəbl, ɪn- | ɪnvízɪ-, ɪn-⁻/ ★ visible と対照させるときには /ínvɪzəbl | -zɪ-/ と発音されることもある. *adj.* **1** 目に見えない, 目につかない: Air is ~. / be ~ in the dark 暗闇で見えない / be ~ *to* the naked eye 肉眼では見えない / the ~ stars=the stars ~ 見えない星 (★ 後位の場合はそのときたまたま見えない星を指すことが多い). **2** 目につかないほど小さい, 見分けにくい; 気づかない, それとわからない, 心に留まらない: ~ differences 見分け難いほどの小さな違い. **3** 顔を見せない, 姿を現さない, 世を忍んで; 公にされない: He feels ~ when out of sorts. 気分がすぐれないと引っ込んでいて人に会いたがらない / ~ government 黒幕政治 / real social problems still ~ to the laity 専門外の人にはまだ知られていない現実の社会的問題. **4**〈計算書・統計・目録など〉表に出ない: Goodwill is an ~ asset. のれんは隠れた[財産目録に載らない]資産. **5** (一見黒と区別しにくいような)濃い: ~ indigo [green] 濃紺[濃緑].
— *n.* **1** 目に見えないもの. **2** [the ~] 目に見えない世界, 霊界. **3** [the I-] 神 (God). **4** [*pl.*]〘経済〙**a** =invisible exports. **b** =invisible imports.
~·ness *n.* 〚《adj.: c1340; n.: 1646》(O)F ~ // L *invīsibilis*: ⇨ in-¹, visible〛

invísible bálance *n.*〘経済〙貿易外収支, 見えざる収支.

invísible cáp *n.* [the ~] 隠れ帽(子)《伝説によればこれをかぶれば姿が見えなくなるという》.

invísible chúrch *n.* [the ~]〘神学〙=church invisible.

invísible éxports *n. pl.*〘経済〙貿易外輸出, 無形の輸出 (cf. invisible trade). 〚1911〛

invísible gláss *n.* 不可視ガラス, 無反射ガラス《板ガラスを適度に湾曲させて反射鏡像をある部分に集め, それを見る人の視界から隠すようにすることによってガラスの存在を気づかぬようにしたもの; ショーウィンドーなどに用いる》.

invísible hánd *n.*〘経済〙見えざる手《Adam Smith の説いた, 個人が私利を追求すればその作用で社会最高の経済福祉が実現するという見えざる手(市場機構); 競争原理のこと》.

invísible ímports *n. pl.*〘経済〙貿易外輸入, 無形の輸入 (cf. invisible trade).

invísible ínk *n.* (火であぶらなければ見えない)あぶり出し[隠顕]インク《secret ink, sympathetic ink ともいう》. 〚1682〛

invísible ménding *n.* かけはぎ《かぎ裂きなどを目に見えないように繕うかがり方》. 〚1931〛

invísible supplý *n.*〘商業〙市場外在荷《まだ農家の手元にあって市場に現れない農産物; cf. visible supply》.

invísible tráde *n.*〘経済〙貿易外取引, 見えざる貿易《資本移動・サービスの海外取引など商品以外の貿易; cf. visible trade》.

in·vís·i·bly /-bli/ *adv.* 目に見えないように, 目につかないほど. 〚《?1382》: ⇨ invisible, -ly¹〛

in·vi·ta·tion /ìnvətéɪʃən, | -vɪ-/ *n.* **1** 招く[かれる]こと, 招き, 招待, 案内, 招聘(しょうへい), 勧誘, 依頼: an ~ *to* give a lecture 講演の依頼 / an ~ to learn more about our movement 運動をもっとよく知っていただくためのご案内 / admission by ~ only 入場は招待客に限る / at [on] the ~ of a person=at [on] a person's ~ 人の招きにより, 人に招かれて[勧められて] / accept [decline] an ~ *to* a

party パーティーへの招待に応じる[を断る]. **2** 招待状, 案内状《通例厚紙に印刷したもの》: send out [issue] ~*s* 招待状を発送する. **3** 〔…へ〕人の気を引くこと, 〔…への〕誘引, 誘惑 (cf. Shak., *Merry W* 1. 3. 45–46); 〔…に対する〕魅力〔*to*〕: an ~ *to* death 死への誘惑. **4** 〔…への〕誘因, 挑発, 挑戦〔*for*〕: an ~ *for* protest 抗議を引き起こす[起こした]原因 / That insensitive remark is an ~ to complain. あの無神経な言葉が苦情のもとだ / be an open ~ to [for] … (犯罪などを)招くことになる. **5** 提案, 示唆. **6** [しばしば I-] 〖英国国教会〗勧告, 奨励《聖餐(せいさん)式中, 懺悔(ざんげ)の直前に会師によって読まれる Ye that do truly and earnestly repent … で始まるもの》.
— *adj.* [限定的] **1** 要求に応じて準備[登録]された. **2** 〖スポーツ〗〈試合など〉(一般参加者でなく)招待選手[チーム, 団体]に限られた, 招待選手[チーム]による: an ~ tournament 招待トーナメント.
〘(*c*1445) □ (O)F ~ // L *invītātiō(n-)* ← *invītāre* 'to INVITE': ⇨ -ation〙

in·vi·tá·tion·al /-ʃnəl, -ʃənl/ *adj.* (参加者が)招待者だけの〈試合・展覧会など〉. — *n.* 招待選手のみの試合[競技会]; 招待作家展示会. 〘1922〙

invitátion càrd *n.* 招待状.

in·vi·ta·to·ry /ɪ̀nváɪtətɔ̀ːri | ɪnváɪtətəri, -tri/ *adj.* 招待の, 招きの, 誘いの. — *n.* 〖キリスト教〗(朝課または早禱(そうとう)のときの神への賛美のための)招詞, 招きのことば《Venite など》. 〘(*c*1340) □ LL *invītātōrius* inviting ← L *invītātus* (p.p.) ← *invītāre* (↓): ⇨ -ory[1]〙

in·vite /ɪ̀nváɪt | ɪn-/ *vt.* **1** [目的語＋前置詞句または副詞, 目的語＋*to* do を伴って] (正式に)招待する, 招く, 招聘(しょうへい)する (⇨ call SYN); 案内する: an ~*d* guest 来賓(らいひん) / ~ oneself (招かれないのに)押しかける / ~ a person *to* one's house [*to* a wedding] 人を家[結婚式]に招く / ~ a team *to* a tournament チームをトーナメントに招待する / ~ a person *to* a cup of tea 人にお茶を一杯勧める / ~ a person *in* 人を(家に)招き入れる / be ~*d out* よそに招かれる, 招待されて行く / We ~*d* them (*over* [*around*]) *to* (have) dinner with us. 彼らに晩餐(ばんさん)を一緒にしてもらうために招待した / ~ a person along 〈人を〉(会合・パーティーなどに)一緒に行こうと誘う / ~ a person away 〈人に〉出かけようと誘う / ~ a person back 〈一緒に帰る人を〉自宅に誘う; 〈人を〉お返しに招く / ~ a person up 〈人を〉2階[自分の住む階]に招く. **2 a** 〈意見・質問・寄付などを〉(丁重に)求める, 請う, 懇請する: ~ donations 寄付を求める / ~ questions 遠慮なく質問して下さいと言う / ~ tenders 入札を募集する / Your suggestions are ~*d*. ご提言をお聞かせ下さい. **b** [目的語＋*to* do を伴って]〈人〉に〈…すること〉を勧める, 促す, 請う: ~ a person *to* be chairman 人に議長への就任を要請する / ~ a person *to* give a talk 人に講演をしてくれるように頼む / I ~ you *to* consider … のご考慮を請う. **3** 〈危険・困難・非難・論議などを〉(意図的でなく)招く, もたらす, 引き起こす: ~ criticism, danger, disaster, trouble, war, etc. / He ~*d* death by speeding. スピードの出し過ぎで死を招いた / His actions will ~ scandal. あんなことばかりしていると今に物議をかもすぞ / Her latest novel ~*d* comparison(s) with *War and Peace*. 彼女の最新作は『戦争と平和』と比較された. **4** 〈事物が〉誘う, 招く, 引き付ける; 〈人を〉魅惑して…させる〈*to* do〉: The quiet ~*s* sleep. 静けさが眠気を誘う / His manner does not ~ approach. あの態度では近寄れない.
— *vi.* 招待する, 招く; 〔…へ〕誘う, 引き付ける〔*to*〕.
— /ínvaɪt/ *n.* 《口語》招待; 招待状, 案内状.
〘(1533) □ F *inviter* // L *invitāre* to ask, bid, entertain ← IN-[2]＋-*vitāre* (← ? IE **wei-* to go directly toward, chase after): cf. vie〙

in·vi·tee /ɪ̀nvaɪtíː, -vɪ̀- | -vaɪ-, -vɪ-/ *n.* 招待された人, 招待客. 〘(1803): ⇨ ↑, -ee[1]〙

in·vít·er /-tə | -tə(r)/ *n.* 招待する人, 招待主. 〘(*a*1586) ← INVITE＋-ER[1]〙

in·vit·ing /ɪ̀nváɪtɪŋ | ɪnváɪt-/ *adj.* 招く, 誘う; 人を引き付ける, 見ると欲しくなるような, 魅力的な; 結構な, うまそうな: an ~ climate, dinner, look, offer, etc. — *n.* 《古》＝invitation. **~·ness** *n.* 〘(1593–99) ← INVITE＋-ING[2]〙

in·vít·ing·ly *adv.* 招くように; 人(の心)を誘うように. 〘(1667): ⇨ ↑, -ly[1]〙

in vi·tro /ɪnvíːtroʊ, -vítroʊ | -trəʊ/ *L. adv., adj.* 〖生物〗生体外で[の] (cf. in vivo); ガラス器内で[の], 試験管の中で[の]: an ~ baby 試験管ベビー / ~ fertilization 体外受精. 〘(1894) ← NL *in vitrō* in glass〙

in vi·vo /ɪnvíːvoʊ | -vəʊ/ *L. adv., adj.* 〖生物〗生体内で[の] (cf. in vitro). 〘(1901) ← NL *in vīvō* in the living body〙

in·vo·cate /ínvəkèɪt | -və(ʊ)-/ *vt.* 《古》invoke. — *vi.* 祈願する, 懇願する, 哀願する. **in·voc·a·tive** /ɪ̀nvá(ː)kətɪv, ínvəkèɪ- | ɪnvɔ́kətɪv, ínvəkeɪ-/ *adj.* **in·vo·ca·tor** /ínvə(ʊ)kèɪtə(r)/ *n.* 〘(1526) ← L *invocātus* (p.p.) ← *invocāre* 'to INVOKE'〙

in·vo·ca·tion /ɪ̀nvəkéɪʃən | -və(ʊ)-/ *n.* **1** (神・聖人などに救い・導き・保護などを求める)希求の祈り, 祈願, 欣求(ごんぐ); (礼拝式の初めなどで用いられる)祈願の言葉, 招詞: an ~ *to* God. **2** 救助嘆願, 援助懇願. **3** 呪文で悪霊[悪魔など]を呼び出すこと; (悪霊などを呼ぶ)呪文, 呪い, まじない. **4 a** (叙事詩などの冒頭で詩神 Muses へ呼び掛ける)霊感・指導・援助の祈願. **b** (法律に)訴えること, (法の)発動, 実施. **5** (権威をつけたり正当化するための)言及, 参照. **~·al** /-ʃnəl, -ʃənl/ *adj.* 〘(*c*1380) □ (O)F *invocation* □ L *invocātiō(n-)* ← *invocāre* 'to INVOKE': ⇨ -ation〙

in·voc·a·to·ry /ɪ̀nvá(ː)kətɔ̀ːri | ɪnvɔ́kətəri, -tri/ *adj.* 祈りの[祈願]の, 祈願を込めた[表した], 懇願的な. 〘(1651) ← L *invocātus* ((p.p.) ← *invocāre* 'to INVOKE')＋-ORY[1]〙

in·voice /ínvɔɪs/ 〖商業〗*n.* **1 a** 送り状, 仕切り状; 仕切り状による送付: receive a large ~ of goods 多量の商品の送付を受ける / an ~ price 送り状(面)値段 / make an ~ of …の送り状を作る, 仕切る. **b** 明細記入請求書, インボイス. **2** 《まれ》送り状記載の貨物, 送り荷. — *vt.* **1** 〈売り手が〉…の送り状を作る, 仕切る: ~ goods. **2** …に送り状を送る. — *vi.* インボイスを作る[提出する]. 〘(n.: 1560; v.: 1698) 《廃》*invoyes* (pl.) ← 《廃》*invoy* thing sent □ F 《廃》*envoy, envoi* a sending, thing sent: cf. envoy[1]〙

ínvoice bòok *n.* 〖簿記〗仕入れ帳; 送り状控え簿. 〘1849〙

in·voke /ɪ̀nvóʊk | ɪnvə́ʊk/ *vt.* **1 a** 〈神など〉に(救い・霊感を求めて, または証人となることを求めて)呼び掛ける, …の名を唱える, の照覧を求める; 〈神の慈悲などを〉祈る, 願う, 祈願する: ~ the gods (救い・保護を求めて)神々の名を呼ぶ / ~ the Muses (霊感を求めて)ミューズの女神たちに呼び掛ける. **b** 〈著名人(の名)を〉引き合いに出す: ~ (the name of) one's father (偉かった)父親(の名)をよく引き合いに出す. **2 a** 〈法律・権威などに〉訴える, 頼る, 訴願[請願]する: ~ the power of the law 法の力に訴える. **b** 〈法律などを〉実施する, 有効と宣言する, 行使[発動]する: ~ a veto 拒否権を発動する. **3** 切願する, 懇願する, 念じる: ~ aid [protection] 助け[保護]を求める / ~ vengeance *on* one's enemies 敵に対して復讐を祈念する. **4** (魔法や呪文によって)〈悪霊などを〉呼び出す. **5** もたらす, 引き起こす, 招来する; 呼びさます: ~ a new problem 新しい問題を生じさせる. **in·vó·ca·ble** /-kəbl/ *adj.* **in·vók·er** *n.* 〘(*a*1449) □ (O)F *invoquer* □ L *invocāre* to call upon, appeal to ← IN-[2]＋*vocāre* to call (← *vox* voice)〙

in·vo·lu·cel /ɪ̀nvá(ː)ljʊsèl | ɪnvɔ́l-/ *n.* 〖植物〗小総苞(そうほう). 〘(1765) ← NL *involūcellum* (dim.) ← L *involūcrum* covering: ⇨ involucre〙

in·vol·u·cel·late /ɪ̀nvɑ̀(ː)ljʊsélɪ̀t | ɪnvɔ̀l-/ *adj.* 〖植物〗小総苞の. 〘(1828) ← NL *involūcellātus*: ⇨ ↑, -ate[2]〙

in·vol·u·cel·lum /ɪ̀nvɑ̀(ː)ljʊséləm | ɪnvɔ̀l-/ *n.* 〖植物〗＝involucel.

involucra *n.* involucrum の複数形.

in·vo·lu·cral /ɪ̀nvəlúːkrəl | -lúː-, -ljúː-/ *adj.* 〖植物〗総苞(そうほう)の[に似た]. 〘(1845) ← L *involūcrum* (↓)＋-AL[1]〙

in·vo·lu·crate /ɪ̀nvəlúːkrɪ̀t, -kreɪt | -lúː-, -ljúː-/ *adj.* 〖植物〗総苞(そうほう)をもった. 〘(1847) ← NL *involūcrātus* ← L *involūcrum*: ⇨ involucel, -ate[2]〙

in·vo·lu·cre /ínvəlùːkə | -lùːkə(r), -ljùː-/ *n.* **1** 〖解剖〗＝involucrum 1. **2** 〖植物〗総苞(そうほう). **in·vo·lù·cred** *adj.* 〘(1578) □ F ~ □ L *involūcrum* (↓)〙

in·vo·lu·crum /ɪ̀nvəlúːkrəm | -lúː-, -ljúː-/ *n.* (*pl.* **-lu·cra** /-krə/) **1** 〖解剖〗包被, 被膜 (covering). **2** 〖病理〗骨柩(こっきゅう). **3** 〖植物〗＝involucre 2. 〘(*a*1677) □ L *involūcrum* wrapper, covering ← *involvere* 'to enwrap, INVOLVE'〙

in·vol·un·tar·i·ly /ɪ̀nvɑ̀(ː)ləntérəli, ―――― | ɪnvɔ́ləntərəli, -trəli/ *adv.* 思わず知らず; 不本意ながら, 心ならずも. 〘(1562): ⇨ ↓, -ly[1]〙

in·vol·un·tar·y /ɪ̀nvá(ː)ləntèri, ɪn- | ɪnvɔ́ləntəri, ɪn-, -tri/ *adj.* **1** (自分の意志からではなく)無意識の, われ知らずの, 何気なしの; 自動的な, 本能的な: an ~ closing of the eyelids まぶたを思わず閉じること / make an ~ movement of fear 思わず[本能的に]恐怖の身振りをする. **2** 心ならずの, 不本意な: ~ submission 不本意な屈従 / an ~ listener いやいやながら聞いている人. **3** 〖生理・解剖〗意識を伴わない, 不随意の (↔ voluntary): ~ movements 不随意運動 / ⇨ involuntary muscle. **in·vól·un·tàr·i·ness** *n.* 〘(*c*1454) □ L *involuntarius*: ⇨ in-[1], voluntary〙

invóluntary mánslaughter *n.* 〖法律〗過失致死(罪) (cf. voluntary manslaughter). 〘1879〙

invóluntary múscle *n.* 〖解剖〗不随意筋, 平滑筋 (cf. voluntary muscle). 〘1840〙

in·vo·lute /ínvəlùːt | ínvəlùːt, -ljùːt, ―――/ *adj.* **1** 込み入った, 入り組んだ, 複雑な, 紛糾した. **2 a** らせん状に巻いた, 内側へ曲がった. **b** 〖動物〗〈貝殻が〉らせん状に巻かれた, 回旋の. **3** 〖植物〗〈葉など〉内側へまくれた, 内巻きの, 内旋の (cf. convolute 2, revolute[1]). — *n.* 〖数学〗伸開線, 漸伸線 (cf. evolute[1]). — *vi.* **1** 丸くなる, ねじ曲がる. **2 a** 正常な形[大きさ, 状態]に戻る, 元の状態に返る. **b** 解消する, 消える, うせる. **~·ly** *adv.* 〘(?*a*1425) ← L *involūtus* rolled up or in (p.p.) ← *involvere* 'to INVOLVE'〙

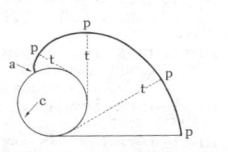

involute
a, p, p, p, p, traced by point p of thread t unrolled from curve c

ín·vo·lùt·ed /-tɪ̀d | -tɪ̀d/ *adj.* **1** ＝involute 1. **2** 〖生理〗退縮した (cf. involution 9). **3** 正常な形[大きさ, 状態]に戻った. 〘(1797) (p.p.) ← INVOLUTE〙

ín·vo·lùt·ed·ly *adv.* 入り組んで; 内巻きに, らせん状に. 〘(1879): ⇨ ↑, -ly[1]〙

ínvolute géar *n.* インボリュート歯車《内旋形の歯車》.

ínvolute tóoth *n.* 〖機械〗インボリュート歯.

in·vo·lu·tion /ɪ̀nvəlúːʃən | -lúː-, -ljúː-/ *n.* **1** 巻き込む[込まれる]こと, 包み込む[込まれる]こと. **2** 巻き込んだ[包み込んだ]もの; 巻込み(線), 内巻き, 回旋. **3** もつれ, からまり; 複雑, 交錯, 紛糾. **4** 〖文法・修辞〗(入り組んだ)複雑な構文, 錯綜体. **5** 〖数学〗対合; 冪方(べきほう), 累乗法 (↔ evolution). **6** 〖生物〗退化 (degeneration). **7** 〖生物〗巻上げ, 包み込み; 巻き上げられた[包み込まれた]部分. **8** 〖生物〗嵌入(かんにゅう) (invagination). **9** 〖生理〗衰退, 退縮《男女とも性器官の活力減退によって現れる》. **10** 〖医学〗退縮; (特に, 出産後の子宮の)産褥(さんじょく)退縮, 復旧作用. **11** 〖地質〗＝congeliturbation. 〘(1392) □ L *involūtiō(n-)* ← *involvere* 'to INVOLVE': ⇨ -tion〙

in·vo·lú·tion·al /-ʃnəl, -ʃənl/ *adj.* **1** 〖医学〗退行(性)の. **2** 〖精神医学〗退行期[更年期]鬱(うつ)病の. — *n.* 退行期[更年期]鬱病患者. 〘(1910): ⇨ ↑, -al[1]〙

involútional depréssion [melanchólia] *n.* 〖精神医学〗退行期[更年期]鬱病. 〘1910〙

involútional psychósis *n.* 〖精神医学〗(閉経・更年期に起こる)退行期精神病.

in·volve /ɪ̀nvá(ː)lv | -vɔ́lv/ *vt.* **1** 〈議論・事件・陰謀・困難などに〉〈人を〉引き込む, 引き込む〔*in*〕(cf. 8); 〈犯罪者・陰謀者・警察などと〉掛かり合いにする〔*with*〕: be ~*d in* debt 借金で首が回らない / become ~*d in* an argument [a war, a conspiracy] 論争[戦争, 陰謀]に巻き込まれる / He [Ten vehicles] got ~*d in* a traffic accident. 彼は[10台の車が]交通事故に巻き込まれた / The vehicles ~*d* were damaged. 巻き添えになった車は破損した / That ~*d* me *in* serious trouble. そのことで大変な面倒にかかずらう羽目になった / become ~*d with* gangsters [the police] ギャングの一味[警察]とかかわり合いになる / Nobody wanted to get ~*d*. だれもかかわり合いになりたくなかった. **2** (必然的結果として)包含する, 伴う, もたらす; 意味する, 必要とする: Lavish hospitality ~*s* a lot of expense. 贅沢(ぜいたく)な歓待は大変な出費が必要だ / This job would ~ my living abroad. この仕事に就くとすれば私は自然海外に住むことになろう / A certain degree of risk is ~*d in* the free enterprise system. 自由企業制には必然的にある程度の危険が伴う. **3** [通例受身または ~ *oneself* で]〔…に〕熱中させる, 没頭させる, 夢中にさせる〔*in, with*〕: *be* ~*d in* one's work [hand*ling* pressing matters] 仕事[緊急な問題の処理]に没頭している / ~ *oneself with* her [him] 彼女[彼]に夢中になる. **4** 従事させる, 参加させる: workmen ~*d in* build*ing* a highway 幹線道路の建設に従事している労働者. **5** (密接に)関連[関係]させる: Drunkenness is ~*d in* this accident. この事故には飲酒が関係している / This problem is ~*d with* that. この問題はそれと関連がある. **6** …に(直接)影響を及ぼす, 関係する: The decision ~*s* our future. その決定は我々の将来に影響を与える / His honor is ~*d*. 彼の名誉が関わっている. **7** 〈事柄を〉複雑にする, 込み入らせる. **8** 《まれ》包む, 包み込む, 巻き込む: be ~*d in* doubt 疑惑に包まれている / Clouds ~*d* the mountaintop. 雲が山頂を包んだ / The riot soon ~*d* hundreds. 暴動はあっと言う間に何百人もの人間を巻き込んだ (cf. 1). **9** 《古》(運動を妨げるように)巻き込む, からめ込む (entangle): get ~*d with* a rope ロープにからまる. **10** 《古》らせん状に巻きつける, ぐるぐる巻く. **11** 〖数学〗累乗する, 相乗する (raise)〔*to*〕. **in·vólv·er** *n.* 〘(*c*1384) □ L *involvere* to wrap or roll up, infold ← IN-[2]＋*volvere* to roll, turn (cf. volute, volume)〙

SYN 巻き込む: **involve** 〈人を〉通例厄介な事柄に巻き込む: He is deeply *involved* in debt. 借金で首が回らなくなっている. **implicate** 〈人が〉よからぬものに関係があることを示す《格式ばった語》: The letter *implicated* a politician in the crime. その手紙は政治家がその犯罪にかかわりがあることを示していた. **entangle** 困難などに巻き込む: He got *entangled* in a plot. 陰謀に巻き込まれた.

in·volved /ɪ̀nvá(ː)lvd, -vɔ́(ː)lvd | ɪnvɔ́lvd/ *adj.* **1** 〈思想・表現が〉込み入った, 入り組んだ, 複雑化した (⇨ complex SYN): an [a very] ~ argument, sentence, style, scheme, etc. **2** 混雑した, 混乱した; 不明確な. **3** (財政的に)非常に困っている, 困難に陥っている, (特に)乱脈を極めた. **4** (政治思想・芸術運動などに)深く関係のある, かかわり合った; (一般に)物事に打ち込んでいる: ~ young people 政治運動などに熱中している若者たち. **5** らせん状に巻いた, ひねった形の. **6** 《婉曲》異性と性的関係にある〔*with*〕. 〘(1607–12): ⇨ ↑, -ed〙

in·volve·ment /ɪ̀nvá(ː)lvmənt, -vɔ́(ː)lv- | ɪnvɔ́lv-/ *n.* **1** 巻き込む[巻き込まれる]こと, 巻き添えにする[を食う]こと, 連座: ~ *in* debt 借金をこしらえる[しょい込む]こと / ~ of others 他人を巻き添えにすること. **2** 《口語》(男女の)密接な関係: avoid ~ *with* a woman 女性とかかり合いをもつのを避ける. **3** 困った事, 迷惑, 当惑; 財政困難. **4** (必然的結果としての)包含; 付随的に伴うこと. 〘(1630): ⇨ -ment〙

invt., invty 《略》inventory.

in·vul·ner·a·bil·i·ty /ɪ̀nvʌ̀ln(ə)rəbíləti, ɪn-, -nəb- | ɪnvʌ̀ln(ə)rəbíl-, ɪn-, -vʌ́n(ə)r-/ *n.* 傷つけられないこと, 不死身; 攻撃[論破]不能. 〘(1775): ⇨ ↓, -ity〙

in·vul·ner·a·ble /ɪ̀nvʌ́ln(ə)rəbl, ɪn-, -nəb- | ɪn-, ɪn-, -vʌ́n(ə)r-/ *adj.* **1** 傷つけられない, 害を受けない, 不死身の; 難攻不落の. **2** 〈議論など〉容易に打ち破られない, 論破できない: an ~ argument, opinion, etc. **~·ness** *n.* **in·vúl·ner·a·bly** *adv.* 〘(1594–96) □ L *invulnerābilis*: ⇨ in-[1], vulnerable〙

in·vul·tu·a·tion /ɪ̀nvʌ̀ltʃuéɪʃən | ɪnvʌ̀ltʃu-, -tju-/ *n.* (魔法をかけるため)人や動物の像を作る[使う]こと. 〘(1856) ← IN-[2]＋*vultus* likeness〙

in·wale /ínweɪl/ *n.* 〖海事〗**1** (無甲板の舟の外板最上

部内側につける)水平補強材. **2** 舷側補強材. **3** 《廃》 舷側上縁 (gunwale). 〚(1875) ← IN (adj.)＋WALE[1]〛

in·wall /ínwɔ̀ːl, -wɑ̀ːl | -wɔ̀ːl/ *n.* **1** 内壁. **2** 〘冶金〙 溶鉱炉のシャフト部の内壁.
— /ɪ̀nwɔ́ːl, -wɑ́ːl | ɪnwɔ́ːl/ *vt.* 壁[塀(ㇸい)]で囲む. 〚(*c*1611) ← IN (adj. & adv.)＋WALL〛

in·ward /ínwəd | -wəd/ *adj.* **1 a** 内部の[にある], 内の, 内側の; 体内の (↔ outward, exterior): an ～ room 奥の部屋 / the ～ organs 内臓 / ～ convulsions 体内の痙攣(けいれん). **b** 内へ向かう, 内部[内方]への (↔ outward): an ～ curve / ～ correspondence 受信 / an ～ voyage 復航, 帰航. **2 a** 内地の, 奥地の: ～ Africa アフリカの奥地. **b** 《古》国内の, 自国の. **3** 本質的な, 本来備わった: the ～ nature of a thing 物の本質[固有性]. **4** 内的な, 心の, 精神的な, 霊的な: ～ happiness 精神的な幸福 / ～ peace 心の平和 / one's ～ thoughts 内心, 心の奥 / ～ struggles 精神的な悩み / feel some ～ agitation 心の動揺を覚える / with an ～ sigh 心の中でため息をついて / an ～ and spiritual grace ⇨ sign 9. **5** 敬虔(けいけん)な, 信心深い. **6** 〈声など〉(腹の中で出るように)低い, はっきりしない: speak in an ～ voice 含み声で話す. **7** ごく親しい, 親密な 〔*with*〕. **8** 《廃》秘密の, 内密の.
— *adv.* **1 a** 内部[内方, 内側]へ[に]; 本国へ: curve [bend] ～ / ～ bound 本国向け[帰航中]で[の]. **b** 《廃》内部で, 内側では. **2 a** 内心に, 心中に: turn one's thoughts ～ 内省する. **b** 《廃》心の中で, 精神的に.
— *n.* **1** 内部, 内側. **2** 内心, 精神, 真意, 本質. **3** [*pl.*] /通例 ínədz | -ədz/ 内臓, おなか; 臓物 (innards). **4** 《廃》腹を割って話せる友, 腹心の友, 親友.
〚OE *in(nan)weard, inneweard* ← *inn, inne, innan* (adv. & prep.) within＋*-weard* '-WARD'〛

SYN 内部にある: **inward** 内側へ向かって動く; 内部(特に心の中)にある: an *inward* voyage 帰航 / *inward* peace 心の平和. **inner** 内密の《格式ばった語》; さらに中心に近いところにある: an *inner* pocket 内ポケット / one's *inner* tensions 内心の緊張. **inside** 内側にある; 《口語》内情に通じた: the *inside* diameter 内径 / *inside* information 内部の情報. **interior** 物の内側にある: an *interior* door 家の中のドア. **internal** 特に身体の内部の《格式ばった語》; 国内の: *internal* bleeding 内出血 / *internal* trade 国内貿易.
ANT outer.

ínward díve *n.* 〘水泳〙後ろ踏切り前飛込み《後ろ向きに立って前方へ体を回転させながら飛び込む》.

ínward invéstment *n.* 対内投資《外国から国内への投資》.

Ínward Líght *n.* 〘キリスト教〙＝Inner Light.

ínward-lòoking *adj.* 内向的な, 外界に無関心な.

in·ward·ly *adv.* **1** (外部に表さず)内部で[へ, に]: bleed ～ 内出血する. **2** 心のうちで, 精神的に; 腹の中で, ひそかに: laugh [grieve] ～. **3** 小声で: speak ～. **4** 内部[内方, 中心]へ向かって. **5** 《古》親密に; 本質的に. 〚lateOE *inweardlīce*: ⇨ inward, -ly[1]〛

in·ward·ness *n.* **1** 内部[内側]にあること, 内部性. **2** 本質, 正体, 真相: the true ～ of a scheme 計画の真相. **3** 真義, 本義, 真意. **4** 心の奥底, 内心, 本心; 内省的な深さ, 霊性 (spirituality). **5** 誠実, 熱意. **6** 知[精神]的生活に没頭すること. **7** 《まれ》親密; 熟知, 精通. 〚(*c*1395): ⇨ -ness〛

in·wards /ínwədz | -wədz/ *adv.* ＝inward. — *n.* ＝inward 3. 〚(*a*1250): ⇨ inward (adj.), -s[2]: cf. besides〛

in·weave /ɪ̀nwíːv | ɪn-/ *vt.* (**in·wove** /-wóʊv | -wə́ʊv/, **～d; -wo·ven** /-wóʊvən | -wə́ʊ-/, **-wove, ～d**) [比喩的にも用いて] 織り込む, 織り交ぜる, 織り合わせる 〔*with*〕; 織り込んで変化を与える. 〚(1578) ← IN-[2]＋WEAVE〛

in·wick *n.* (カーリングで)自分の石でじゃまな石を内側からはじく一投 (cf. outwick). — *vi.* (カーリングで)じゃまな石を内側からはじく. 〚(1820) ← IN (adj. & adv.)＋WICK[2]〛

in·wind /ɪ̀nwáɪnd | ɪn-/ *vt.* (**in·wound** /-wáʊnd/) ＝enwind.

ín-wòrd *n.* (最新)流行語. 〚1969〛

ín·wòrker *n.* 内働きの人, 内勤者 (↔ outworker). 〚(1587) ← IN (adj. & adv.)＋WORKER〛

inwound *v.* inwind の過去形・過去分詞.

inwove *v.* inweave の過去形・過去分詞.

inwoven *v.* inweave の過去分詞.

in·wrap /ɪ̀nrǽp | ɪn-/ *vt.* (**in·wrapped; -wrap·ping**) ＝enwrap.

in·wreathe /ɪ̀nríːð | ɪn-/ *vt.* ＝enwreathe.

in·wrought /ɪ̀nrɔ́ːt, -rɑ́ːt | ɪ̀nrɔ́ːt˝/ *adj.* **1 a** 〈模様など〉〈布地などに〉織り[縫い]込んだ, 刺繡(ししゅう)した; 象眼した 〔*on, in*〕: flowers ～ *on* silken tissue 薄い絹地に織り[縫い]込んだ花模様 / ～ flowers 織り[縫い]込んだ花模様. **b** 〈織物など〉〈模様などを〉織り[縫い]込んだ 〔*with*〕; 織込み[打込み]模様の: a carpet ～ *with* flower patterns 花模様を織り[縫い]込んだじゅうたん. **2** 《まれ》よく混合された, 織り込まれた 〔*with*〕. 〚(1637) ← IN (adv.)＋WROUGHT〛

in·ya·la /ɪ̀njɑ́ːlə | ɪn-/ *n.* (*pl.* ～) 〘動物〙ニヤラ (*Tragelaphus angasi*) 《アフリカ南部に分布するブッシュバック属のレイヨウ》. 〚(1848) ⊏ Zulu *inxala*〛

in-your-fáce *adj.* 《口語》あけすけな, 強引な, 相手の気持ちを気にしない: raunchy ～ rap music 下品であけすけなラップミュージック. 〚1976〛

I·o[1] /áɪoʊ | áɪəʊ/ *n.* **1** 〘ギリシャ神話〙イオ《Argos の川の神 Inachus の娘; Zeus に愛されたので, Hera にねたまれ白色の雌牛に変えられた; cf. Argus 2 a》. **2** 〘天文〙イオ《木星 (Jupiter) の第 1 衛星; cf. Galilean satellites》. 〚(1592) ⊏ L *Īō* ⊏ Gk *Ἰώ*〛

I·o[2] /áɪoʊ | áɪəʊ/ *n.* (*pl.* **～s**) 〘昆虫〙 **1** ＝Io moth. **2** ＝peacock butterfly. 〚(1870) ← NL ～: ↑〛

Io 《記号》〘化学〙ionium.

I/O /àɪóʊ | áɪə́ʊ/ 《略》input/output; inspecting order.

Io. 《略》Iowa.

I·o·an·ni·na /joʊɑ́ːnɪnɑ̀ː | jəʊ-/ *n.* ヨアニーナ《ギリシャ北西部の都市; Ali Pasha が独立運動を起こした地; Yanina ともいう》.

Ío bùtterfly *n.* 〘昆虫〙＝peacock butterfly.

IOC /àɪòʊsíː | -əʊ-/ 《略》International Olympic Committee.

i·od- /aɪóʊd, -ɑ́(ː)d- | -ɔ́d/ (母音の前にくるときの) iodo- の異形.

I·od·a·ma /aɪɑ́(ː)dəmə | -ɔ́d-/ *n.* 〘ギリシャ神話〙イオダマ《頭が蛇である怪物 Gorgon を見て恐怖のあまり石に化した Athena の女神官》. 〚⊏ Gk *Iodámā*〛

i·o·date /áɪədèɪt | áɪə(ʊ)-/ 〘化学〙 *n.* ヨウ素酸塩[エステル] 《ヨウ素酸ナトリウム ($NaIO_3$) など》. — *vt.* ＝iodize.
i·o·da·tion /àɪədéɪʃən | àɪə(ʊ)-/ *n.* 〚(1826): ⇨ ↓, -ate[1,3]〛

i·od·ic /aɪɑ́(ː)dɪk | -ɔ́d-/ *adj.* 〘化学〙ヨウ素の; (特に) 5 価のヨウ素 (I^V) を含む (cf. iodous); ヨウ素酸の. 〚(1826) ⊏ F *iodique* // ← IODO-＋-IC[1]〛

iódic ácid *n.* 〘化学〙ヨウ素酸 (HIO_3) 《ヨウ素が酸化してできる白色結晶; 分析試薬・酸化剤に用いる》. 〚1826〛

i·o·dide /áɪədàɪd, -dɪ̀d | -ə(ʊ)dàɪd/ *n.* 〘化学〙ヨウ化物, ヨウ素化合物: ～ of potassium ヨウ化カリウム (KI) / ～ of silver ヨウ化銀 (AgI). 〚(1822) ← IODO-＋-IDE[2]〛

i·o·dim·e·try /àɪədímətri | -mɪ̀tri/ *n.* 〘化学〙＝iodometry.

i·o·din /áɪədɪ̀n, -dn̩ | -ə(ʊ)dɪn/ *n.* 〘化学〙＝iodine.

i·o·di·nate /áɪədɪ̀nèɪt, -dn̩- | -dɪn-, -dn̩-/ *vt.* 〘化学〙ヨウ素化する, ヨウ素で処理する. **i·o·di·na·tion** /àɪədɪ̀néɪʃən, -dn̩- | -dɪn-, -dn̩-/ *n.* 〚(1908): ⇨ ↓, -ate[3]〛

i·o·dine /áɪədàɪn, -dìːn, -dɪ̀n, -dn̩ | áɪə(ʊ)dìːn, -dàɪn/ *n.* **1** 〘化学〙ヨウ素, ヨード《ハロゲン元素の一つ; 記号 I, 原子番号 53, 原子量 126.9045》: ～ preparation ヨード剤 / tincture of ～ ＝～ tincture ヨードチンキ. **2** 《口語》ヨードチンキ. 〚(1814) ← F *iode* iodine (⊏ Gk *iṓdēs* violet-like ← *íon* violet＋*eîdos* form)＋-INE[3]: 英国の化学者 Humphry Davy (1778–1829) の造語〛

iodine 131 *n.* 〘化学〙ヨード 131 《ヨウ素の放射性同位体; 記号 I^{131}, ^{131}I》.

íodine nùmber [vàlue] *n.* 〘化学〙ヨウ素価《油脂などの 100 g 中に吸収されるハロゲンの量をヨウ素に換算してグラム数で表したもの》. 〚1885〛

i·o·dism /áɪədɪ̀zm | áɪə(ʊ)-/ *n.* 〘病理〙ヨード中毒(症). 〚(1832) ← IOD-＋-ISM〛

i·o·dize /áɪədàɪz | áɪə(ʊ)-/ *vt.* 〘化学〙ヨードで処理する, ヨウ素化する, …をヨードの蒸気に当てる: ～*d* plates ヨー化銀で処理した乾板. **í·o·dìz·er** *n.* 〚(1841) ← IODO-＋-IZE〛

í·o·dized sált *n.* ヨー素添加食卓塩《特にヨード欠乏の人がダイエットの補助に用いる》.

i·o·do- /aɪóʊdoʊ, -ɑ́(ː)d- | -ɔ́dəʊ/「ヨウ素 (iodine)」の意の連結形. ★ 母音の前では通例 iod- になる. 〚← NL *iōdum* ← F *iode*: ⇨ iodine〛

i·od·o·form /aɪóʊdəfɔ̀əm, aɪɑ́(ː)d- | -ɔ́dəfɔ̀ːm/ *n.* 〘化学〙ヨードホルム (CHI_3) 《主に防腐剤, 劇薬; triiodomethane ともいう》. 〚(1835) ← IODO-＋FORM(YL): cf. chloroform〛

I·o·dol /áɪədɔ̀(ː)l | -ə(ʊ)dɔ̀l/ *n.* 〘商標〙ヨードル《tetraiodopyrrole の商品名》. 〚← IODO-＋-OL[2]〛

i·o·dom·e·try /àɪədɑ́(ː)mətri | -dɔ́mɪ̀tri/ *n.* 〘化学〙ヨードメトリー, ヨウ素滴定, ヨウ素酸化滴定. **i·o·do·met·ric** /aɪòʊdəmétrɪk, aɪɑ̀(ː)d- | aɪɔ̀d-˝/ *adj.* 〚(1883) ← IODO-＋-METRY〛

i·o·do·phor /aɪóʊdəfɔ̀ə, -ɑ́(ː)d- | -ɔ́dəfɔ̀ː(r)/ *n.* 〘化学〙ヨードフォア《界面活性剤を担体とするヨウ素剤》. 〚(1952) ← IODO-＋-PHORE〛

iòdo·prótein *n.* 〘化学〙(ヨウ素を含む)ヨード蛋白質 (cf. thyroprotein). 〚(1909) ← IODO-＋PROTEIN〛

i·o·dop·sin /àɪədɑ́(ː)psɪ̀n, -sn̩ | -ə(ʊ)dɔ́psɪn/ *n.* 〘生化学〙ヨードプシン, 視紫《網膜錐体細胞中の紫色の色素; 昼光における視覚に関係する; visual violet ともいう; cf rhodopsin》. 〚(1938) ← IODO-＋Gk *óps-is* sight＋-IN[2]〛

i·o·do·pyr·a·cet /aɪòʊdəpáɪrəsèt, -ɑ̀(ː)d- | -ɔ̀d-/ *n.* 〘化学〙ヨードピラセート ($C_8H_{19}I_2N_2O_3$) 《レントゲン写真の造影剤, 尿路 X 線造影剤; diodone ともいう》. 〚(1947) (短縮) ← (*di*)*iodo-pyr*(*idone*)-(*n*)-*acet*(*ic*)-(*acid*)〛

i·o·dous /aɪóʊdəs, -ɑ́(ː)d- | aɪɔ́d-, áɪəd-/ *adj.* 〘化学〙 **1** ヨウ素の; (特に) 3 価のヨード (I^{III}) を含む (cf. iodic); ヨードのような. **2** 亜ヨウ素酸の. 〚(1826) ← IODO-＋-OUS〛

IOE 《略》International Organization of Employers 国際経営者団体連盟 (1920 年設立).

IOF 《略》Independent Order of Foresters 米国 New Jersey 州の Newark に創立 (1874) され, 米国・カナダに多くの支部を持つ慈善共済団.

Iof·fé bár /jɑ(ː)fíː- | jɔ-; *Russ.* iófe-/ *n.* 〘物理〙ヨッフェ棒《核融合装置においてプラズマを磁気的な井戸の中にとじ込めるために外磁場の方向に電流を通す棒》. 〚← *M. S. Ioffe* (1962 年に初めて実験に成功したソ連の物理学者)〛

I·o·la /aɪóʊlə | -ə́ʊ-/ *n.* アイオーラ《女性名》. ★ ウェールズに多い. 〚⊏ L *Iolē* ⊏ Gk *Ιόlē* (原義)? dawn cloud, violet color〛

i·o·lite /áɪoʊlàɪt | áɪə(ʊ)-/ *n.* 〘鉱物〙アイオライト, 菫青石(きんせいせき) (⇨ cordierite). 〚(1810) ⊏ G *Iolith* ← Gk *íon* violet: ⇨ -lite: ドイツの地質学者 A. G. Werner (1750–1817) の造語 (1810)〛

IOM 《略》Isle of Man.

Í·o mòth, í- m- /áɪoʊ- | áɪəʊ-/ *n.* 〘昆虫〙イオメダマヤママユ《北米産ヤママユガ科のガ (*Automeris io*); 黄色い後翅(こうし)に青い眼状紋がある大形のガ; 日本のエゾヨツメ (*Aglia tau*) に近い; 単に Io ともいう》. 〚(1870) ← NL *Io* ← L *Īō*: ⇨ Io[1]〛

Io moth

i·on /áɪən, áɪɑ(ː)n | áɪən, áɪɒn/ ★《英》では /áɪən/ は特に iron との混同を避けるときに使う. *n.* 〘物理化学〙イオン《電子の一部を失い, または付加して荷電を得た原子または分子》: a positive ～ 陽イオン (cation) / a negative ～ 陰イオン (anion). 〚(1834) ⊏ Gk *ión* (neut. pres.p.) ← *iénai* to go ← IE **ei-* to go: M. Faraday が電解実験の際, 電極に向かって '移動する' ものを発見し命名したもの〛

Ion. 《略》Ionic.

-ion /ən/ *suf.* ラテン語系動詞語幹に付いて動作・状態・結果などを表す名詞語尾: communi*on*, correct*ion*, domini*on*, leg*ion*, religi*on*. ★ 主に t, s, x に終わるラテン語過去分詞幹に付く: inflat*ion*, miss*ion*, connex*ion*. 〚ME *-ioun* ⊏ (O)F *-ion* ⊏ L *-iō*(*n*-): cf. -sion, -tion〛

I·o·na[1] /aɪóʊnə | -ə́ʊ-/ *n.* アイオーナ(島)《スコットランドの西方 Inner Hebrides 諸島中の小島; ケルト教会の中心地であった; 面積 16 km²》.

I·o·na[2] /aɪóʊnə | -ə́ʊ-/ *n.* アイオーナ《女性名》. 〚← Gk *íon* violet: スコットランドでは Iona[1] と関係づける〛

íon chàmber *n.* 〘物理化学〙＝ionization chamber.

íon èngine *n.* 〘宇宙〙イオンエンジン《イオンを静電界で加速・噴出して推力を得る形式の電気ロケットエンジン; 《米》では ion jet ともいう》. 〚1958〛

Io·nes·co /jənéskoʊ, ìːə- | jɒnéskəʊ, ìːɒ-, ìːə-; *F.* jɔnɛsko/, **Eugène** *n.* イヨネスコ (1912–94; ルーマニア生まれのフランスの劇作家; 不条理劇の主唱者; *La Cantatrice chauve*「禿の女歌手」(1950)).

íon ètching *n.* 〘物理〙イオンエッチング《金属・ガラス・ポリマー・生体組織などの構造を明らかにするために, それらに高エネルギーイオンを当ててのち腐蝕させる技術; また高エネルギー重イオンの検出にも使われる》. 〚1965〛

íon exchànge *n.* 〘物理化学〙イオン交換《イオン交換樹脂などが, 樹脂中のイオンと溶液中のイオンを交換する反応》. 〚1923〛

íon exchànger *n.* 〘物理化学〙イオン交換体《溶液中のイオンとその物質中のイオンを交換することのできる物質; イオン交換樹脂など》. 〚1941〛

íon-exchange résin *n.* イオン交換樹脂. 〚1943〛

íon gènerator *n.* イオン発生器《空気中に陰イオンを発生させる装置; イオン療法に用いる》.

I·o·ni·a /aɪóʊniə | aɪə́ʊ-/ *n.* イオニア《古代ギリシャ人の植民した小アジア西海岸中部地方および付近の島々の総称》. 〚⊏ L ～ ⊏ Gk *Iōnía* ⊏ ? Egypt. *Ha-nebu* (地中海諸島に住んだ民族, 特にイオニア人に対する古称)〛

I·o·ni·an /aɪóʊniən | aɪə́ʊ-/ *adj.* **1** イオニアの; イオニア人の. **2** 〘哲学〙イオニア派の. — *n.* **1** イオニア人; イオニア系ギリシャ人 (Ionian Greek) (cf. Aeolian 1, Dorian[1]). **2** 〘哲学〙(古代ギリシャの)イオニア学派の自然哲学者. 〚(1550) ← L *Iōnius* (⊏ Gk *Iṓnios*)＋-IAN〛

Iónian Íslands *n. pl.* [the ～] イオニア諸島《ギリシャ領で同国西岸の Corfu, Levkás, Ithaca, Cephalonia, Zante と南岸の Cerigo を含む》.

Iónian mòde *n.* 〘音楽〙イオニア旋法: **1** 古代ギリシャ旋法の一つで優雅を特徴とする. **2** 教会旋法の第 11 旋法; 現在のハ長調音階に相当 (⇨ mode[1] 4 a). 〚1844〛

Iónian schòol *n.* [the ～] 〘哲学〙イオニア学派《ギリシャの哲学者 Thales によってイオニア地方に広められたギリシャ最古の自然哲学の一派; Ionic school ともいう》. 〚1838〛

Iónian Séa *n.* [the ～] イオニア海《イタリア半島南部およびSicily 島とギリシャとの間》.

i·on·ic /aɪɑ́(ː)nɪk | -ɔ́n-/ *adj.* 〘物理・化学〙 **1** イオンの, イオンを含む (cf. homopolar 2): an ～ tube イオン管 / an ～ lattice イオン格子. **2** イオンで機能する. 〚(1890) ← ION＋-IC[1]〛

I·on·ic /aɪɑ́(ː)nɪk | -ɔ́n-/ *adj.* **1** イオニア (Ionia) の; イオニア人の. **2** 〘建築〙イオニア式の (cf. Doric 2, Corinthian 3): ～ architecture イオニア式建築 / the ～ order (⇨ order B11) / an ～ volute (柱頭の)イオニア式渦形. **3** (古代ギリシャ語の)イオニア語[方言]の. **4** 〘古典詩学〙イオニア詩脚の. — *n.* **1** 〘言語〙(古代ギリシャ語の)イオニア語[方言] (⇨ Old Ionic, Ionic dialect). **2** 〘古典詩学〙イオニア詩脚; それで書かれた詩: ～ a majore /eɪ məgɔ́ːriː, -dʒɔ́ːri | -dʒɔ́ːri/ 長々短々格 (——◡◡) (greater Ionic) / ～ a minore /eɪ mɪnɔ́ːri, -mə- | -mɪnɔ́ːrɪ/ 短々長々格 (◡◡——) (smaller or lesser Ionic). **3** [しばしば i-] 〘活字〙イオニア《活字体の一種》. 〚(1579) ⊏ L *Iōnicus* ⊏ Gk *Iōnikós* 'IONIAN': ⇨ -ic[1]〛

Iónic álphabet *n.* [the ～] イオニア式アルファベット 〔文字〕.

iónic bónd *n.* 〘物理・化学〙イオン結合, 異極結合 《electrovalent bond ともいう; cf. covalent bond》. 〚1939〛

Iónic díalect *n.* [the ～] イオニア語[方言] 《Ionia と

呼ばれた西アジア沿岸地方とエーゲ諸島で用いられたギリシャ語で, Homer の叙事詩にも用いられた). 〖1731〗

i·on·ic·i·ty /àɪənísəṭi | -sɪ̀ti/ *n.* 〘物理·化学〙イオン性. 〖(1946) ← *ionic*＋-ICITY〗

iónic propúlsion *n.* 〘宇宙〙＝ion propulsion.

iónic púmp *n.* 〘物理〙イオンポンプ《テレビ·X 線管球などに必要な高度の真空を作る装置》.

Iónic schòol *n.* [the ～]〘哲学〙＝Ionian school.

íon implantàtion *n.* イオン注入法《不純物をイオンとして加速し高純度シリコンなどに打ち込んで半導体を作る方法》.

i·o·ni·um /aɪóuniəm | aɪə́ʊ-/ *n.* 〘化学〙イオニウム《トリウムの放射性ウランの同位元素; 記号 Io; 同位体 ^{230}Th の旧名》. 〖(1907) ← NL ～ ← ION＋-IUM〗

i·on·i·za·tion /àɪənɪ̀zéɪʃən | àɪənaɪ-, -nɪ-/ *n.* 〘物理化学〙イオン化, 電離《溶液中または気体中で原子または分子がイオンになること》. 〖(1891) ← ION＋-IZATION〗

ionizátion chàmber *n.* 〘物理化学〙電離箱《放射線測定装置の一種; ion chamber ともいう》. 〖1904〗

ionizátion cùrrent *n.* 〘電気〙電離電流. 〖1902〗

ionizátion gàuge *n.* 〘電気〙電離真空計. 〖1934〗

ionizátion potèntial *n.* 〘電気〙電離電圧, イオン化電位. 〖1914〗

i·on·ize /áɪənàɪz/ *vt., vi.* イオン化する, 電離する. **í·on·iz·a·ble** /-zəbḷ/ *adj.* 〖(1898) ← ION＋-IZE〗

í·o·nìz·er *n.* イオン化[電離]装置. 〖(1901) ← IONIZE＋-ER[1]〗

I

íonizing radiàtion *n.* 〘物理〙電離放射線《透過してゆく物質中に電離を引き起こす放射線》. 〖1902〗

íon jèt *n.* (米)〘宇宙〙＝ion engine.

i·on·o·gen /aɪá(ː)nədʒən, -dʒèn | -ɔ́n-/ *n.* 〘化学〙イオノゲン《電解質のようなイオン発生物質》. **i·on·o·gen·ic** /aɪà(ː)nədʒénɪk | -ɔ̀n-⁻/ *adj.* 〖(1906) ← ION＋-O-＋-GEN〗

i·on·o·mer /aɪá(ː)nəmə | -ɔ́nəmə(r)/ *n.* 〘化学〙イオノマー《カルボキシル基などイオンとして解離する基を含むエチレンなどの共重合物》. 〖(1964) ← ION＋-O-＋(POLY)MER〗

I·o·none /áɪənòun | -nəʊn/ *n.* 〘商標〙イオノン ($C_{13}H_{20}O$)《香料》. 〖(1897) ← Gk *íon* violet＋-ONE〗

i·on·o·pause /aɪá(ː)nəpɔ̀ːz, -pɑ̀ːz | -ɔ́nəpɔ̀ːz/ *n.* 〘地球物理〙イオノポーズ, 電離圏界面《電離圏と外気圏の遷移帯》.

i·on·o·phore /aɪá(ː)nəfɔ̀ə | -ɔ́nəfɔ̀ː(r)/ *n.* 〘生化学〙イオノホア, イオン透過担体《生体膜に直接作用して, そのイオン透過性を高める働きをする抗性物質》. 〖(1967) ← ION＋-O-＋-PHORE〗

i·on·o·sonde /aɪá(ː)nəsɑ̀(ː)nd | -ɔ́nəsɔ̀nd/ *n.* 〘地球物理〙イオノゾンデ《短波の反射を用いて電離層の高さを測り記録する装置》. 〖← IONO(SPHERE)＋SONDE〗

i·on·o·sphere /aɪá(ː)nəsfɪə | -ɔ́nəsfɪə(r)/ *n.* 〘気象·通信〙**1** [the ～] イオン[電離]圏《地球上空にある電離層のある圏内; cf. mesosphere》. **2** 電離層《地上約 60–400 km の高さにおいて電波を反射する大気層; 最下層から D layer, E layer, F layer がある; もと発見者の名を取って Kennelly-Heaviside layer または Heaviside layer といった》. **3** (廃) ＝E layer. **i·on·o·spher·ic** /aɪà(ː)nəsférɪk, -fɪ(ə)r- | -ɔ̀nəsfér-⁻/ *adj.* **i·òn·o·sphér·i·cal·ly** *adv.* 〖(1926) ← ION＋-O-＋-SPHERE〗

iónospheric wáve *n.* 〘通信〙電離層波, 上空波 (sky wave).

íon propùlsion *n.* 〘宇宙〙イオン推進《イオンエンジンを用いた宇宙推進》. 〖1957〗

íon rócket *n.* 〘宇宙〙＝ion engine.

i·on·to·pho·re·sis /aɪà(ː)nṭoufəríːsɪ̀s, -tə- | -ɔ̀ntə(ʊ)fəríːsɪs/ *n.* 〘医学〙イオントフォレーシス, イオン導入(法)《電気浸透法の一つ; イオン化した薬剤などを電流によって体組織に入れる》. **iòn·to·pho·rét·ic** *adj.* 〖(1909) ← Gk. *iont-* (pr.ppl.) ← *iénai* to go＋-O-＋-PHORESIS〗

íon tràp *n.* 〘電子工学〙イオントラップ《ブラウン管の蛍光面を破壊するイオンを蛍光面以外のところに集めて捕らえる装置》.

IOOF (略) Independent Order of Odd Fellows (⇨ Odd Fellow).

-i·or[1] /iə, jə | iə(r), jə(r)/ *suf.* 形容詞の比較級を表す: jun*ior*, infer*ior*, sen*ior*, super*ior*. 〖□ L *-iōrem*〗

-i·or[2], (英) **-i·our** /iə, jə | iə(r), jə(r)/ *suf.*「…する人」の意を表す名詞を造る: savio(u)r, warrior. 〖← -I-＋-OR[2]: cf. behavior〗

IORM (略) Improved Order of Red Men 米国 Baltimore に創立 (1834) された慈善結社.

i·o·ta /aɪóuṭə | -ə́ʊtə/ *n.* **1** イオタ《ギリシャ語アルファベット 24 字中の第 9 字: *I*, *ι* (ローマ字の I, i に当たる); ⇨ alphabet 表》. **2** [通例否定語と共に用いて] 少々, 微少, みじん《*ι* はギリシャ文字の中で最小なことから; cf. *Matt.* 5: 18》: There is *not* an [one] ～ of truth in his story. 彼の話にはまったく真実味がない. ★ しばしば次のように副詞的に用いる: You have *never* changed an ～. 君は全然変わっていない. 〖(1592) □ L ～ □ Gk *iôta* □ Heb. *yōdh*: cf. yodh, jot〗

i·o·ta·cism /aɪóuṭəsɪzm | -ə́ʊtə-/ *n.* **1** イオタ (*ι*) を他の文字に代用し過ぎること. **2** 〘ギリシャ文法〙イオタ化《古代ギリシャ語の, *ī*, *η*, *ῃ*, *ει*, *οι*, *υι* をすべて *ι* /i, iː/ と発音すること; cf. etacism, itacism 1》. 〖(1656) □ LL *iōtacismus* □ Gk *iōtakismós* repetition of *ι* ← *iôta* (↑)〗

IOU /àɪòujúː | -əʊ-/ *n.* **1** 仮[略式]借用証書 (IOU £5, Robert Brown. などと記す). **2** 借金, 債務. 〖(1618) ← *I owe you*〗

-iour *suf.* ＝-ior[2]: saviour.

-i·ous /iəs, jəs/ *suf.* **1** -ion に終わる名詞に対応する形容詞語尾: ambit*ious*, relig*ious*. **2**「…の特徴をもった, …に満ちた」などの意の形容詞語尾: cur*ious*, dub*ious*, prec*ious*. 〖← -I-＋-OUS □ (O)F *-ieux* // L *-iōsus*: cf. -ous, -eous〗

IOW (略) Isle of Wight.

I·o·wa /áɪəwə | áɪəʊə, áɪəwə/ *n.* **1** アイオワ《米国中西部の州 (⇨ United States of America 表)》. **2** [the ～] アイオワ(川)《同州北部から南東に流れ, Mississippi 川に注ぐ川 (531 km)》. **3** アイオワ族(の人)《もと Iowa 州内部各地に住んでいた北米インディアンで, Siouan 語族に属し, 現在は Kansas, Minnesota, Missouri その他にも居住している》. **4** アイオワ語《アイオワインディアンが話す言語》. 〖□ N-Am.-Ind. (Dakota) *Ayukwa* (原義) sleepy ones〗

Íowa Cíty *n.* アイオワシティー《米国 Iowa 州東部の都市》.

I·o·wan /áɪəwən | áɪəʊən, áɪəwən/ *adj.* (米国) Iowa 州(人)の. ― *n.* Iowa 州人. 〖(*c*1848): ⇨ ↑, -an[1]〗

i.p. (略) initial point; intermediate pressure; 〘チェス〙in passing.

ip., IP (略)〘野球〙innings pitched (投手の)投球回数.

IP (略) India Paper; Installment Plan; 〘電算〙Internet Protocol《コンピューターをインターネットに直接接続するためのプロトコル》.

IPA /áɪpìːéɪ/ (略) International Phonetic Alphabet; International Phonetic Association (cf. API); International Publishers Association 国際出版者協会《1891 年創設, 本部 Geneva; 出版を通じて文化の振興, 国際交流の活発化を目指す》.

ÍP áddress /áɪpìː-/ *n.* 〘電算〙IP アドレス《インターネットの 32 ビットのアドレス情報; 8 ビットごとに十進表示してピリオド (dot) で区切って表記することが多い; cf. domain》.

I·pa·ti·eff /ɪpáːṭièf, -tʃəf | ɪpǽtjef; *Russ.* ipát[j]jif/, **Vladimir Nikolayevich** *n.* イパティエフ (1867–1952; ロシア生まれの米国の触媒化学者).

IPC /áɪpìːsíː/ (略) International Paralympic Committee 国際パラリンピック委員会.

IPD (略) *L.* in praesentia Dominōrum (＝in the presence of the Lords (of Session) (cf. COURT of Session).

ip·e·cac /ípɪ̀kæ̀k/ *n.* **1** 〘植物〙トコン (*Cephaelis ipecacuanha*)《ブラジル原産のアカネ科の低木》. **2** 吐根(剤)《トコンの根; 吐剤·下剤に用いる; cf. emetine》. 〖(1682) (略) ↓〗

ípecac spùrge *n.* 〘植物〙北米東部産トウダイグサ科の植物 (*Euphorbia ipecacuanhae*)《根を吐剤·下剤に用いる; American white ipecac ともいう》. 〖*ipecac*: (略) ↓〗

i·pe·cac·u·a·nha /ìpɪ̀kæ̀kjuǽnə/ *n.* ＝ipecac. 〖(1682) □ Port. ～ □ S-Am.-Ind. (Tupi) *ipe-kaa-guéne* low or creeping plant causing vomit〗

I·phid·a·mas /ɪ̀fídəməs | ɪfíd-/ *n.* 〘ギリシャ伝説〙イフィダマス (*Iliad* に出る Antenor と Theano の息子で, Agamemnon に殺される). 〖□ Gk *Iphidámas*〗

Iph·i·ge·ni·a /ìfəʤənáɪə | ìfɪʤɪ̀-, àɪfɪ-/ *n.* 〘ギリシャ神話〙イフィゲネイア《Agamemnon と Clytemnestra の娘; Agamemnon が女神 Artemis の怒りを解くために Aulis で彼女をいけにえに供しようとしたとき, 女神が彼女を雲に乗せ Tauri 族の住む Crimea 半島へ連れて行って女神官 (priestess) にした》. 〖□ L ～ □ Gk *Iphigéneia* (原義) mightly born, i.e., mighty princess ← *îphi* stoutly (← *îs* muscle)＋*génos* race, descent〗

I·phin·o·ë /ɪ̀fínouìː | ɪfínəʊ-/ *n.* 〘ギリシャ伝説〙イフィノエ: **1** Antia と Proetus の娘で神々への不敬により狂人にされた. **2** Hyspipyle 女王からの歓迎の言葉を英雄 Jason とアルゴー船の勇士に伝えた婦人 (cf. Jason[2], Argonaut 1). 〖□ L *iphinoē* □ Gk *Iphinóē*〗

IPI (略) International Press Institute.

I·pin /ìːpín/ *n.* ＝Yibin.

I·pi·ros /ípiɾos/ *n.* イピロス (Epirus の現代ギリシア語名). 〖⇨ EPIRUS〗

ipm (略) inches per minute.

IPM (略) Institute of Personnel Management.

IPMS (略)(英) Institution of Professionals, Managers, and Specialists.

IPO (略)〘米証券〙initial public offering.

I·poh /íːpou | -pəʊ/ *n.* イポー《マレーシア西部, Perak 州の州都; 錫(すず)採掘の中心地》.

ip·o·me·a /ìpəmíːə, àɪp-/ *n.* **1** 〘植物〙＝ipomoea. **2** メキシコスカモニア (Mexican scammony) の乾いた根《その「やに」はしばしば下剤に用いる》.

ip·o·moe·a /ìpəmíːə, àɪp-/ *n.* 〘植物〙ヒルガオ科サツマイモ属 (*Ipomoea*) の植物の総称. 〖(1794) ← NL ～ ← Gk *ip-*, *íps* a kind of worm＋*homoios* like: cf. homoeo-〗

IPPF (略) International Planned Parenthood Federation.

Ip·po·li·tov-I·va·nov /ìpəlíːtɔ(ː)fiːváːnɔ(ː)f, -tɑ(ː)f-, -íːvənɔ̀(ː)f | -tɔfɪváːnəf, iː-, -nɔf; *Russ.* ippal[j]ítəvivánəf/, **Mikhail Mikhailovich** *n.* イッポリトフ·イヴァーノフ (1859–1935; ロシアの作曲家·指揮者).

IPR (略) Institute of Pacific Relations 太平洋問題調査会 (1925 年設立); intellectual property rights.

i·pro·ni·a·zid /àɪprənáɪəzɪ̀d | -zɪd/ *n.* 〘薬学〙イプロニアジッド ($C_9H_{13}N_3O$)《鬱病治療に用いる結晶状ジヒドロクロライド》. 〖(1952) ← I(SO)PRO(PYL)＋NI(COTINE)＋AZ(O)-＋-ID[5]〗

ips, IPS (略) inches per second.

Ip·sam·bul /ìpsɑːmbúːl/ *n.* ＝Abu Simbel.

ip·se, IPSE /ípsi/ *n.* 〘電算〙イプシ《大規模で複雑なシステムの開発を支援するツール類で構成される統合化ソフトウェア環境》. 〖(頭文字) ← *i(ntegrated) p(roject) s(upport) e(nvironment)*〗

ip·se dix·it /ìpsidíksɪ̀t | -sidíksɪt, -seɪ-/ *L. n.* (*pl.* ～s) 独断, 独断的な言葉[主張] (cf. dixit). 〖(1477) □ L *ipse dixit* he himself said it (なぞり) ← Gk *autòs épha*〗

ip·si·lat·er·al /ìpsɪ̀lǽṭərəl, -lǽtrəl | -sɪlǽtərəl, -trəl/ *adj.* 〘生理〙(身体の)同側(性)の (cf. contralateral). **～·ly** *adv.* 〖(1907) ← L *ipse* self＋-I-＋LATERAL〗

ip·sis·si·ma ver·ba /ɪpsísəməvə́ːbə | -sɪ̀məvə́ː-/ *L. n. pl.* (ある人の言ったままの)そのとおりの言葉, 文字どおりの引用. 〖(1807) □ L ～ 'the precise words'〗

ip·so fac·to /ìpsoufǽktou | -səufǽktəu/ *L. adv.* 事実それ自身によって, 事実上. 〖(1548) □ L *ipsō factō* by the fact itself〗

ípso jú·re /-ʤú(ə)ri | -ʤúəreɪ, -ri/ *L. adv.* 法律そのものによって, 法律の力で, 法律上. 〖(1909) □ L *ipsō jūre* by the law itself〗

IPSS (略) International Packet Switching Service 国際パケット交換サービス.

Ip·sus /ípsəs/ *n.* イプソス《小アジアの古代 Phrygia 地方南部の村; Alexander 大王の後継者たちである Diadochi の戦跡地 (301 B.C.)》.

Ips·wich /ípswɪtʃ/ *n.* イプスウィッチ: **1** イングランド Suffolk 州の州都, 旧 East Suffolk の州都で港市. **2** オーストラリア南東部 Queensland 州の都市. 〖OE *Gipeswīc* village of *Gip(e)*〗

IPTS (略) International Practical Temperature Scale.

iq (記号) Iraq (URL ドメイン名).

IQ /áɪkjúː/ (略)〘心理·教育〙intelligence quotient. 〖1920〗

i.q. (略) idem quod.

I·qa·lu·it /ɪ̀kǽluːɪ̀t | ɪkǽluːɪt/ *n.* イカルイット《グリーンランドの対岸, Baffin 島にあるカナダの準州 Nunavut の州都; 旧名 Frobisher Bay》.

Iq·bal /ɪkbáːl | íkbæl, íg-, -bɑːl; *Arab.* ɪqbáːl/, Sir **Muhammad** *n.* イクバール (1877–1938; インドの詩人·思想家; ヒンズー教国とイスラム教国の分離を唱え, パキスタン建国運動の先駆者となる).

IQS (略) Institute of Quantity Surveyors.

IQSY (略) International Years of the Quiet Sun.

ÍQ tèst *n.* 知能指数テスト, IQ テスト.

I·qui·que /iːkíːkeɪ | ɪkíːki, -keɪ; *Am.Sp.* ikíke/ *n.* イキケ《チリ北部の太平洋に臨む港湾都市》.

Iqui·tos /ɪkíːtous, -tɔ(ː)s | ɪkíːtɔs; *Am.Sp.* ikítos/ *n.* イキトス《ペルー北東部, Amazon 川の上流に臨む都市; 天然ゴム·石油の積出港》.

ir (記号) Iran (URL ドメイン名).

Ir (記号)〘化学〙iridium.

IR (略) information retrieval; infrared; intelligence ratio; Inland [Internal] Revenue; 〘スポーツ〙inside right; investor relations; 〘自動車国籍表示〙Iran.

IR (記号) ⇨ IRA.

Ir. (略) Ireland; Irish.

ir- /ɪ, ə | ɪ/ *pref.* (r の前にくるときの) in-[1, 2] の異形: *ir*radiate, *ir*rational, *ir*respectable.

I·ra /áɪ(ə)rə | áɪərə/ *n.* アイラ: **1** 男性名. ★ 英国に多い. **2** 女性名. ★ 米国に多い. 〖□ Heb. *Īrā'* ← ? *īr* male, ass〗

IRA /áɪàːéɪ | -àː(r)-/ (略)(米) Individual Retirement Account 個人積立退職年金; Intercollegiate Rowing Association; International Reading Association; Iran National Airlines Corp. イラン航空(記号 IR); Irish Republican Army. 〖1921〗

i·ra·cund /áɪrəkʌ̀nd | áɪər-/ *adj.* (古) 怒りやすい, 短気な, 癇癪(かんしゃく)もちの. 〖(1821) □ L *īrācundus* ← *īra* 'anger, IRE'＋*-cundus* inclining to〗

i·ra·cun·di·ty /àɪrəkʌ́ndəṭi | àɪərəkʌ́ndɪ̀ti/ *n.* (古) 怒りやすいこと, 短気. 〖(1840) ← L *īrācundus*: ⇨ ↑, -ity〗

i·ra·de /ɪráːdeɪ/ *n.* イスラム教徒統治者の教令, トルコ皇帝の勅令. 〖(1883) □ Turk. ～ □ Arab. *irāḍa*[h] will, desire〗

Í ràil *n.* 〘土木〙I 形 [I 字]レール, 双頭レール. 〖1875〗

I·rak /ɪráːk, ɪrǽk/ *n.* ＝Iraq.

I·ra·ki /ɪráːki, ɪrǽki/ *n., adj.* ＝Iraqi.

I·rak·i·an /ɪráːkiən, ɪrǽk-/ *n., adj.* ＝Iraqi.

I·rák·li·on /ɪrǽkliən, ɪráːkliən, -ɑːn | ɪrǽkliən, ɪráːkliən; *Mod.Gk* iráklion/ *n.* イラクリオン《ギリシャの Creta 島北部の港市; Heraklion ともいう》.

I·ran /ɪrǽn, ɪráːn | ɪráːn, ɪrǽn/ *n.* イラン《アジア南西部の共和国; 1935 年までは Persia といった; 面積 1,648,000 km², 首都 Teheran; 公式名 the Islamic Republic of Iran イランイスラム共和国》. 〖□ Pers. *Īrān* < OPers. *ariya* noble ← IE **aryo-* lord, ruler: cf. Skt *ārya* noble, Aryan〗

IRAN /áɪræn/ (略) Inspection and Repair as Necessary〘航空〙アイラン(作業)《航空機の中程度の整備作業で, 機体構造および各種機能部品を検査し必要に応じた修理を実施する》.

Iran, the Plateau of *n.* イラン高原《Tigris 川から Indus 川におよび, イランとアフガニスタンの大部分にわたる大高原; 面積 2,590,000 km²》.

Iran. (略) Iranian.

Irán-cóntra affàir *n.* [the ～] イラン コントラ事件《レバノンでシーア派テロリスト集団に捕らえられている米国人人質の解放を目的として, 米国国家安全保障会議 (NSC) がイランに対して武器を売却し, さらにその代金でニカラグア右派ゲリラのコントラ (contra) を支援した事件; 1986 年に明るみに出て, 'Irangate' といわれた》. 〖cf. ↓〗

Irán·gàte /-gèɪt/ *n.* イランゲート《Iran-contra affair の

スキャンダル). 〘← Iran+(Water)gate〙

I·ran·i /ɪrǽni, ɪrɑ́ːni | ɪrɑ́ːni, ɪrǽni/ *n.* =Iranian 1. — *adj.* =Iranian, Persian.

I·ra·ni·an /ɪréɪniən, ɪrɑ́ːn-/ *adj.* イランの; イラン人の; イラン語派の: the ～ languages. — *n.* **1** イラン[ペルシャ]人. **2** イラン語派《印欧語族に属し, その古層はインド語派に非常に近い関係にある》. **3** 現代ペルシャ語. 〘《1789》← IRAN+-IAN〙

Iránian Plateau *n.* [the ～] =the Plateau of IRAN.

I·ran·ic /ɪrǽnɪk, ɪrɑ́ːn- | ɪrɑ́ːn-, ɪrǽn-/ *adj.* =Iranian.

Irán-Iráq Wár *n.* [the ～] イランイラク戦争 (1980–88).

I·raq /ɪrɑ́ːk, ɪrǽk; *Arab.* ʕirɑ́ːq/ *n.* イラク《アジア南西部の共和国; 昔の Mesopotamia とほぼ同じ地域を占め, 1958 年王制が廃止され共和国となった; 面積 434,924 km², 首都 Baghdad; 公式名 the Republic of Iraq イラク共和国》. 〘□ Arab. *ʿIrāq*《原義》? shore (of the Tigris and Euphrates)〙

I·ra·qi /ɪrɑ́ːki, ɪrǽki/ *n.* **1** イラク人. **2** イラク語《イラクで用いられるアラビア語》. — *adj.* イラクの, イラク人の; イラク語の: ～ Arabic イラクアラビア語. 〘《1777》□ Arab. *ʿIrāqī* ← *ʿIrāq* (↑)+*-ī* (adj. suf.)〙

I·raq·i·an /ɪrɑ́ːkiən, ɪrǽk-/ *n., adj.* =Iraqi.

IRAS 《略》〘天文〙Infrared Astronomical Satellite 赤外線天文衛星.

i·ras·ci·bil·i·ty /ɪræ̀səbíləti, aɪr- | ɪræ̀sɪbílɪti, aɪ(ə)r-/ *n.* 怒りやすいこと, 怒りっぽさ, 短気, 癇癪(かんしゃく). 〘《?c1425》: ⇨ ↓, -ity〙

i·ras·ci·ble /ɪrǽsəbl | ɪrǽsɪ-/ *adj.* 〈人・性質など〉怒りやすい, 怒りっぽい, 短気な, 癇癪もちの (⇨ irritable SYN). **～·ness** *n.* **i·rás·ci·bly** *adv.* 〘《a1398》 *irascibel* □ (O)F *irascible* □ LL *īrāscibilis* ← L *īrāscī* (↓): ⇨ -ible〙

i·rate /aɪréɪt, ⸗⸗ | aɪ(ə)réɪt/ *adj.* 怒った, 憤慨した; 怒りから生じる. **～·ly** *adv.* **～·ness** *n.* 〘《1838》□ L *īrātus* (p.p.) ← *īrāscī* to grow angry ← *īra* 'anger, IRE'〙

IRB 《略》Irish Republican Brotherhood.

Ir·bid /íəbɪd | íə-/ *n.* イルビッド《ヨルダン北西部の都市》.

Ir·bil /íəbɪl | íə-/ *n.* =Erbil.

IRBM 《略》Intermediate Range Ballistic Missile 中距離弾道弾[ミサイル]《射程 2,500–5,000 km のもの; cf. ICBM, MRBM, SRBM》.

IRC 《略》《英》Industrial Reorganization Corporation; International Red Cross 国際赤十字社; 〘インターネット〙Internet Relay Chat.

IrDA, IRDA, Irda 《略》Infrared Data Association (コンピューターのデータ交換の)赤外線通信協会; その通信規格.

ire /áɪə | áɪə(r)/ 《詩・文語》 *n.* 怒り, 憤怒 (⇨ anger SYN): arouse a person's ～. **～·less** *adj.* — *vt.* 怒らせる. 〘《a1300》□ (O)F ～ < L *īra* anger ← IE **eis-* to set in quick motion〙

Ire. 《略》Ireland.

ire·ful /áɪəfəl, -fl | áɪə-/ *adj.* 《詩・文語》 **1** 怒った, 憤った. **2** 怒りやすい. **～·ly** *adv.* **～·ness** *n.* 〘《a1325》← IRE+-FUL〙

Ire·land /áɪələnd | áɪə-/ *n.* **1** アイルランド《英国諸島 (British Isles) 中の西方の島; 南部のアイルランド共和国 (⇨ 2) と北部の Northern Ireland に分かれる; ★ 詩語に Erin, Hibernia がある》. **2** アイルランド(共和国)《Ireland 島の南部を占める共和国; 1921 年アイルランド自由国 (Irish Free State) として British Empire の中で自治領 (dominion) の地位を占め, 1937 年独立して Eire と改称し, さらに 1949 年英連邦から脱退; 面積 68,893 km², 首都 Dublin; the Republic of Ireland または the Irish Republic ともいう; ゲール語名 Eire, Saorstat Éireann》. **3** 〘紋章〙青地に銀色の弦を持った金の竪琴が描かれてある紋章 (cf. harp 3). 〘OE *Īraland, Īrland*《原義》land of the Irish ← OIr. *Ēriu* Ireland: ⇨ land: cf. Erin, Hibernia〙

I·rene[1] /aɪríːn, ⸗⸗ | áɪ(ə)riːn, ⸗⸗/ *n.* アイリーン《女性名; 愛称形 Renie》. 〘↓〙

I·re·ne[2] /aɪríːni | aɪ(ə)r-/ *n.* 〘ギリシャ神話〙エイレネ《平和の女神; Zeus と Themis の子; ローマ神話の Pax に当たる》. 〘□ L *Īrēnē* □ Gk *Eirḗnē* ← *eirḗnē* peace: cf. irenic〙

I·rène /ɪréɪn; *F.* iʁɛn/ *n.* イレーヌ《女性名》. 〘□ F ～: ↑〙

i·re·nic /aɪrénɪk, -ríːn- | aɪ(ə)ríːn-, -rén-/ *adj.* (主に宗教上の争いなどについて)平和的な, 協調的な (cf. polemic): ～ theology 和協神学 (irenics). — *n.* =irenics. 〘《1864》□ Gk *eirēnikós* peaceful ← *eirḗnē* peace: ⇨ -ic[1]〙

i·ré·ni·cal /-nɪkəl, -kl | -nɪ-/ *adj.* =irenic. **～·ly** *adv.* 〘1660〙

i·re·ni·con /aɪrénɪkɑ̀(ː)n | aɪ(ə)ríːnɪkɔ̀n, -rén-/ *n.* =eirenicon. 〘1618〙

i·ren·ics /aɪréniks, -ríːn- | aɪ(ə)ríːn-, -rén-/ *n.* 和協[平和, 融和]神学《全キリスト教徒・各教派間の信仰的神学的な協調の方法を論じたもので, 特に 17 世紀のヨーロッパで盛んであった; irenic ともいう; cf. polemics 2》; (神学上の)協調論. 〘《1882–83》← IREN(IC)+-ICS〙

IrGael 《略》Irish Gaelic.

IRI 《略》Islamic Republic of Iran イランイスラム共和国.

I·ri·an /íriən, -ɑ̀ːn; *Indon.* iríːan/ *n.* イリアン《New Guinea のインドネシア語名; ⇨ West Irian》. 〘《1950》《現地語》〙

Írian Bá·rat /-bɑ́ːrɑːt/ *n.* イリアンバラット《West Irian の旧インドネシア語名》.

Írian Báy *n.* イリアン湾《New Guinea 島北西海岸の湾》.

Írian Já·ya /-dʒɑ́ːjə; *Indonesian* -dʒája/ *n.* イリアンジャヤ《West Irian のインドネシア語名》.

I·ri·cism /áɪrəsɪzm | áɪ(ə)rɪ-/ *n.* =Irishism. 〘1743〙

I·ri·cize, i- /áɪrəsàɪz | áɪ(ə)rɪ-/ *vt.* =Irishize. 〘1863〙

i·rid /áɪrɪd | áɪ(ə)rɪd/ *n.* 〘植物〙アヤメ科の植物. 〘《1866》← NL *Irid-, Iris* 'IRIS[2]'〙

irid. 《略》iridescent.

ir·id- /ɪrəd, áɪr- | ɪrɪd, áɪ(ə)r-/ (母音の前にくるときの) irido- の異形.

Ir·i·da·ce·ae /ìrədéɪsiìː, àɪr- | ɪ̀rɪ-, àɪ(ə)r-/ *n. pl.* 〘植物〙アヤメ科. 〘← NL ～ ← IRIDO-+-ACEAE〙

ir·i·da·ceous /ìrədéɪʃəs, àɪr- | ɪ̀rɪ-, àɪ(ə)r-⸗/ *adj.* 〘植物〙アヤメ科の; (特に, アヤメ・ハナショウブ・イチハツなどの属する)アヤメ属 (*Iris*) の[に似た]. 〘《1851》← IRIDO-+-ACEOUS〙

ir·i·dec·to·my /ìrədéktəmi, àɪr- | ɪ̀rɪ-, àɪ(ə)r-/ *n.* 〘外科〙虹彩(こうさい)切除(術). 〘《1855》← IRIDO-+-ECTOMY〙

irides *n.* iris[1,2] の複数形.

ir·i·des·cence /ìrədésəns, -sns | ɪ̀rɪ-/ *n.* **1** 虹(にじ)色, 真珠光沢, 玉虫色. **2** (才気などの)ひらめき: the ～ of one's genius. 〘《1803》: ⇨ ↓, -ence〙

ir·i·des·cent /ìrədésənt, -snt | ɪ̀rɪ-⸗/ *adj.* **1** 虹(にじ)色の, 真珠光沢の, 玉虫色の: ～ glass. **2** (シャボン玉・真珠貝などのように)見る角度により色の変わる, 玉虫色の. **3** 〈才気など〉ひらめく. — *n.* 玉虫色の布地, 虹彩(こうさい)色織. **～·ly** *adv.* 〘《1791》← IRIDO-+-ESCENT: ⇨ iris[1]〙

íridescent séaweed *n.* 〘植物〙ギンナンソウ属 (*Iridaea*) の海藻《太平洋の東・西岸に分布し, 数種あって幅広い葉状; 赤色または紫色で美しいるり色の蛍光を放つ》.

i·rid·ic[1] /ɪrídɪk, aɪr- | ɪrídɪk, aɪ(ə)r-/ *adj.* 〘化学〙イリジウム(酸)の, (特に) 4 価のイリジウム (Ir^{IV}) を含む. 〘《1845》← IRID(IUM)+-IC[1]〙

i·rid·ic[2] /aɪrídɪk | aɪ(ə)r-/ *adj.* 〘解剖〙眼球虹彩(こうさい)の. 〘← IRIDO-+-IC[1]〙

i·rid·i·um /ɪrídiəm, aɪr- | ɪríd-, aɪr-/ *n.* 〘化学〙イリジウム《金属元素の一つ; 万年筆のペン先などに使用; 記号 Ir, 原子番号 77, 原子量 192.22》. 〘《1804》← NL ～: ⇨ irido-, -ium〙

ir·i·dize /ɪrədàɪz, áɪr- | ɪrɪ-, áɪ(ə)r-/ *vt.* **1** 〈ペン先など〉をイリジウムにする, …の先にイリジウムを付ける. **2** 虹(にじ)色にする, …に真珠光沢を出させる. **ir·i·di·za·tion** /ìrədɪzéɪʃən, àɪr- | ɪ̀rɪdaɪ-, àɪ(ə)r-, -dɪ-/ *n.* 〘《1864》← IRIDO-+-IZE〙

ir·i·do- /ɪrədoʊ, áɪr- | ɪrɪdəʊ, áɪ(ə)r-/「虹(にじ); 虹色の; 〘解剖〙虹彩(こうさい), 虹彩と…との (iris and …); 〘化学〙イリジウム, イリジウムと…との (iridium and …)」の意の連結形. ★ 母音の前では通例 irid- になる. 〘← NL ～ ← Gk *irid-, îris* 'rainbow, IRIS[1]'〙

ìrido·choroidítis *n.* 〘病理〙虹彩(こうさい)脈絡膜炎.

ìrido·cyclítis *n.* 〘病理〙虹彩(こうさい)毛様体炎《虹彩および毛様体の炎症》. 〘← IRIDO-+CYCLO-[1]+-ITIS〙

ir·i·dol·o·gy /ìrədɑ́(ː)lədʒi, àɪr- | ɪ̀rɪdɔ́l-, àɪ(ə)r-/ *n.* 〘眼科〙虹彩診断法《全身病の診断方法として虹彩の検査を利用するもの》; 虹彩学. **ir·i·dól·o·gist** /-dʒɪst | -dʒɪst/ *n.* 〘《1916》← IRIDO-+-LOGY〙

ir·id·os·mine /ìrədɑ́(ː)zmiːn, àɪr-, -mɪn | ɪ̀rɪdɔ́zmiːn, àɪ(ə)r-, -mɪn/ *n.* 〘化学〙イリドスミン《イリジウムとオスミウムの合金で, 天然に産し, ペン先や電気接点材料などに用いる》. 〘《1827》← IRIDO-+OSMO-[2]+-INE[3]: cf. G *Iridosmin*〙

ir·id·os·mi·um /ìrədɑ́(ː)zmiəm, aɪr- | ɪ̀rɪdɔ́z-, àɪ(ə)r-/ *n.* 〘化学〙=iridosmine.

ir·id·ot·o·my /ìrədɑ́(ː)təmi, àɪr- | ɪ̀rɪdɔ́t-, àɪ(ə)r-/ *n.* 〘外科〙虹彩切開(術); 瞳孔(どうこう)形成(術). 〘《1855》← IRIDO-+-TOMY〙

ir·i·dous /ɪrədəs, áɪr- | ɪrɪd-, áɪ(ə)r-/ *adj.* 〘化学〙3 価のイリジウム (Ir^{III}) を含む. 〘← IRIDO-+-OUS〙

i·ris[1] /áɪrɪs | áɪ(ə)rɪs/ *n.* (*pl.* **～·es, ir·i·des** /ɪrədìːz, áɪr- | ɪrɪ-, áɪər-/) **1** 〘解剖〙(眼球の)虹彩 (⇨ eye 挿絵). **2 a** 虹(にじ). **b** (虹の)七色閃転(せんてん). **c** 虹状のもの, 暈(かさ). **3** 〘鉱物〙アイリス, 虹色水晶《割れ目が玉虫色の石英の一種》. **4** =iris diaphragm. **5** 〘映画・テレビ〙 **a** =iris-in. **b** =iris-out. — *vt.* **1** 虹色にする. **2** 〘映画・テレビ〙〈画面を〉絞り開きにする 〈*in*〉; 絞り閉じにする 〈*out*〉. 〘《a1387》□ L *īris* □ Gk *îris* rainbow ← **wīris*《原義》something bent or curved ← IE **wei-* to turn, twist〙

i·ris[2] /áɪrɪs | áɪ(ə)rɪs/ *n.* (*pl.* **～·es, ～, i·ri·des** /ɪrədìːz, ɪrə- | áɪərɪ-/) **1** 〘植物〙アイリス, アヤメ《アヤメ属 (*Iris*) の植物の総称; アヤメ (*I. sanguinea*), イチハツ (*I. tectorum*), カキツバタ (*I. laevigata*), シャガ (*I. Japonica*), ジャーマンアイリス (German iris) など》. ★ 米国 Tennessee 州の州花. **2** アイリス色《アイリスの花のような色; iris blue ともいう》. 〘《1373》← NL ～: ↑〙

I·ris /áɪrɪs | áɪ(ə)rɪs/ *n.* **1** アイリス《女性名》. ★ 19 世紀以後一般的になった. **2** 《古》〘ギリシャ神話〙イリス《虹(にじ)の女神, 神々の使者; cf. Shak., *2 Hen VI* 3. 2. 407》. 〘□ L *Īris* □ Gk *Îris* ← *îris* rainbow: ⇨ iris[1]〙

i·ris·a·tion /àɪrɪséɪʃən | àɪ(ə)r-/ *n.* 玉虫色(を帯びること). 〘《1855》← IRIS[1]+-ATION〙

íris blúe *n.* =iris[2] 2.

i·ri·scope /áɪrɪskòʊp | áɪ(ə)rɪskəʊp/ *n.* 〘光学〙分光色表示器. 〘《1841》← IRIS[1]+-SCOPE〙

íris dìaphragm *n.* (写真機や顕微鏡の)虹彩(こうさい)絞り, アイリス絞り《口径が同心円状に連続的に変化する絞り; iris stop ともいう》. 〘1867〙

í·rised *adj.* 虹(にじ)色に彩られた. 〘《1816》← IRIS[1]+-ED〙

íris gréen *n.* =malachite green 2.

I·rish /áɪrɪʃ | áɪ(ə)r-/ *adj.* **1** アイルランドの, アイルランド人[語]の. **2** 《口語・軽蔑》ばかげた; 非論理的な. — *n.* **1** 〘言語〙=Irish Gaelic. **2** =Irish English. **3** [the ～; 集合的; 複数扱い] アイルランド国民; アイルランド軍. **4** アイルランド産の品《ウイスキー・リンネル・嗅(か)ぎたばこなど》. **5** [one's ～]《口語》怒り, 癇癪(かんしゃく): get *one's* ～ up 癇癪を起こす / My ～ is getting up. 腹が立ってきた. 〘《?a1200》 *Iris(c)h, Irisc* ← OE *Īras* (pl.) the Irish ← OIr. *Ēriu* Ireland: ⇨ -ish[1]: cf. Erin, Erse / ON *Īrar*〙

Írish-Américan *n., adj.* アイルランド系アメリカ人(の)《米国社会で最も上層部を占める》. 〘1832〙

Írish brídge *n.* 《英》道が川などを横切る所に設けられた人工的な浅瀬(の川底). 〘1923〙

Írish búll *n.* ⇨ bull[3].

Írish cóffee *n.* アイリッシュコーヒー《砂糖入りのホットコーヒーに Irish whiskey を入れ, その上に泡立てたクリームを浮かせた飲み物; Gaelic coffee ともいう》. 〘1950〙

Írish confétti *n.* 石やれんがのつぶて. 〘1922〙

Írish cróchet *n.* アイリッシュクロシェット《チュール (tulle) の上に花や葉を編み込んだレースで, 縁がスカラップ (scallops) になっている; 衣服の装飾に用いる》. 〘1881〙

Írish dáisy *n.* 〘植物〙=dandelion 1 a.

Írish dráft hòrse *n.* アイルランド産の作業馬《この雌馬とサラブレッドとを交配しハンター種の馬を生産する》.

Írish élk [déer] *n.* 〘古生物〙オオツノジカ (*Megaloceros hibernicus*)《今は絶滅した鮮世紀・更新世紀の手のひら状の巨大な角をもつ動物》. 〘1825〙

Írish Énglish *n.* アイルランド英語《アイルランドなまりの英語; 単に Irish ともいう》.

Írish Frée Stàte *n.* [the ～] アイルランド自由国 (⇨ Ireland 2). 〘1884〙

Írish Gáelic *n.* アイルランドのゲール語, アイルランド語《印欧語族のケルト語派に属する; 単に Irish ともいう; 略 IrGael; cf. Goidelic》. 〘1891〙

Írish Guárds *n. pl.* [the ～] ⇨ Foot Guards.

Í·rish·ìsm /-ʃɪzm/ *n.* **1** アイルランド語法, アイルランドなまり; アイルランド気質, アイルランド風. **2** =Irish bull. 〘《1734》: ⇨ -ism〙

I·rish·ize /áɪrɪʃàɪz | áɪ(ə)r-/ *vt.* [時に i-] アイルランド化する, アイルランド風にする. 〘《1831》: ⇨ -ize〙

Írish línen *n.* アイリッシュリネン《上質できめ細かくて軽いアイルランド産の手織りのリネン》. 〘1741〙

Írish máil *n.* (手動レバーで作動される 3 輪または 4 輪の)おもちゃ[小型]の乗物. 〘1908〙

Írish·man /-mən/ *n.* (*pl.* **-men** /-mən, -mèn/) **1** アイルランド人男性, アイルランド系人. **2** 〘植物〙=tumatakuru. 〘《?a1200》: ⇨ Irish, man〙

Írish mártingale *n.* 〘馬具〙アイリッシュマーチンゲール《手綱が乱れないようにする装置; 革ひもの端に輪がついており馬の首の下で手綱が輪を通る仕組みになっている》. 〘1937〙

Írish Míst *n.* 〘商標〙アイリッシュミスト《アイリッシュウイスキーをベースに蜂蜜・薬草で味付けしたアイルランドのリキュール》.

Írish móss *n.* **1** 紅藻類トチャカ (*Chondrus crispus*) や *Gigartina mamillosa* を漂白乾燥したもの《料理や調剤などにおける濃化剤・乳状化剤, または鎮痛剤として用いられる》. **2** 〘植物〙トチャカ (*C. crispus*)《北欧・北米沿岸産の暗紫色のツノマタの一種; carrageen ともいう》. 〘1845〙

Írish Nátional Liberátion Àrmy *n.* [the ～] アイルランド民族解放軍《暴力的手段によって南北アイルランドの統合を目指す非合法組織; 略 INLA》.

Írish pénnant [péndant] *n.* 《俗》〘海事〙 **1** ひもで巻く末端処理をしていないロープの先端《cow's tail ともいう》. **2** だらしなく垂れた索[ロープ]の先端. 〘1883〙

Írish póint *n.* アイリッシュポイント《アイルランド風手編みレース; Irish point lace ともいう》. 〘1882〙

Írish potáto *n.* (sweet potato と区別して) ジャガイモ (potato). 〘1664〙

Írish Renáissance *n.* [the ～] アイルランド文芸復興《19 世紀末にアイルランドの伝統的な民族精神の覚醒と表現のため, またアイルランド的文芸の建設と独立のため, Æ, Yeats, Lady Gregory, Synge たちが中心となって起こしたさまざまな文化運動の総称》.

Írish Repúblic *n.* [the ～] =Ireland 2.

Írish Repúblican Ármy *n.* [the ～] アイルランド共和軍《北アイルランドのカトリック系過激派の非合法組織; 反英武力活動を行っている; 略 IRA》.

Írish Repúblican Brótherhood *n.* [the ～] Fenian Brotherhood の旧称.

I·rish·ry /áɪrɪʃri | áɪ(ə)r-/ *n.* **1** [集合的] アイルランド人. **2** アイルランド人気質. 〘《1375》 *Irisherie*: ⇨ Irish, -ery〙

Írish Séa *n.* [the ～] アイルランド[アイリッシュ]海《Ireland と Britain 島の間》.

Írish sétter, I- S- *n.* アイリッシュセッター《アイルランドのマホガニー色または濃い栗紅色の鳥猟犬; red setter ともいう》. 〘1866〙

Írish stéw *n.* アイリッシュシチュー《羊肉にたまねぎ・じゃがいもを加えて蒸し煮にしたシチュー》. 〘1814〙

Írish térrier *n.* アイリッシュテリア《アイルランドの明るい赤・赤みの小麦色・金色の赤毛の小形テリア犬》. 〘1857〙

Írish wáter spàniel *n.* アイリッシュウォータースパニエル《アイルランドで発達した冠毛のある猟犬; カモ猟に使われる》. 〘1885〙

Írish whískey *n.* アイリッシュウイスキー《大麦の麦芽を石炭で乾燥させ, それを未発芽の穀類と混合して発酵させ蒸

留して造るアイルランド産のウイスキー; cf. Scotch whisky). 〖1798〗

Írish wólfhound n. アイリッシュウルフハウンド《アイルランドの, もと狼や大鹿狩などに使われた巨大な狩猟犬》. 〖1880〗

Írish·wòman n. アイルランドの女性. 〖c1400〗

Írish yéw n. 〘植物〙セイヨウイチイ (*Taxus baccata* var. *stricta*)《ユーラシア大陸・北アフリカ産のイチイの類で庭園に植えられる》.

íris-ín n. 〘映画・テレビ〙アイリスイン, 絞り開き《画面の一部を, はじめ中央に写し, そこから次第に丸く拡大して行く技法》. 〖1959〗

íris-óut n. 〘映画・テレビ〙アイリスアウト, 絞り閉じ《画面をスクリーンの周辺部から中央部へ丸く消して行くこと》. 〖1929〗

íris shùtter n. 〘写真〙虹彩(こうさい)シャッター《中心から開き周辺から閉じるシャッター》.

íris stòp n. =iris diaphragm.

i·ri·tis /aɪráɪṭɪ̀s | aɪ(ə)ráɪtɪs/ n. 〘病理〙虹彩炎. **i·rit·ic** /aɪríṭɪk | aɪ(ə)rít-/ adj. 〖《1818》← NL ~ ← IR(IS)[1] +-ITIS〗

irk /ɚ́:k | ɜ́:k/ vt. [通例 it を主語として] 疲れさせる, あきあきさせる, うんざりさせる; いらいらさせる (⇨ annoy SYN): *It ~s me to wait.* 人を待つのはうんざりだ, 待つ身はつらい. — n. 疲れ[あきあき]させること; 悩み[いらだたしさ]の種. 〖《c1330》《北部方言》*irke(n)* (v.), *yrke(n)* (adj.) □? ON *yrkja* to work < Gmc **wurkjan* ← IE **werg-* to do: cf. MHG *erklich* disgusting ← *erken* to disgust〗

irk·some /ɚ́:ksəm | ɜ́:k-/ adj. あきあきする, うんざりする, わずらわしい, 退屈な; いらいらする, いらだたしい: ~ hours / an ~ task / ~ *to* [*upon*] a person 人にとってめんどうくさい. **~·ly** adv. **~·ness** n. 〖《?c1425》: ⇨ ↑, -some[1]〗

Ir·kutsk /ɪəkú:tsk, ə:-, -kútsk | ɜ:kútsk, ɪək-; Russ. irkútsk/ n. イルクーツク《ロシア連邦, 東シベリアの Baikal 湖に近い Angara 川に臨む都市》. 〖□ Russ. ~ ← *Irkut* (川の名)〗

IRL 《略》〘自動車国籍表示〙Republic of Ireland.

IRM 《略》innate releasing mechanism.

Ir·ma /ɚ́:mə | ɜ́:-/ n. アーマ《女性名》. 〖⇨ ERMA〗

Ir·mi·na /ə:mí:nə | ɜ:-/ n. アミーナ《女性名》. 〖《dim.》↑〗

IRN 《略》《英》Independent Radio News.

IRO 《略》《英》Inland Revenue Office; International Refugee Organization; International Relief Organization.

i·ro·ko /ɪ̀róukou | ɪróukəu/ n. 〘植物〙熱帯西アフリカ産の巨木 (*Chlorophora excelsa*); その材でチーク材の代用. 〖《1890》□ Yoruba ~〗

i·ron /áɪən | áɪən/ n. 1 a 〘化学〙鉄《金属元素の一つ; 記号 Fe, 原子番号 26, 原子量 55.847》: cast [wrought] ~ 鋳[鍛]鉄 / pig ~ 銑鉄(せんてつ) / I buy old ~. 《英》鉄クズはありませんか / made of ~ 鉄製の / Strike while the ~ is hot. 《諺》鉄は熱いうちに打て《好機を逃がすな》. ★ラテン語系形容詞: ferric, ferrous. b 《一般に堅いもの・強いものとしての》鉄: (as) hard as ~ 鉄のように堅い; 厳格な, 冷酷な / a man of ~ 意志の強い人; 冷酷な人 / muscles of ~ 鉄のような強い筋肉 / a will of ~ 鉄の(ような)意志, 不屈の意志. 2 鉄製品, 鉄製の器具, 鉄器. 3 a アイロン, 火のし, こて: an electric [steam] ~ 電気[スチーム]アイロン / ⇨ curling iron, flatiron. b 〘製靴〙こばごて. c 焼印, 焼き金 (branding iron). d かんなの刃. e 《口語》銛(もり) (harpoon). f =shooting iron. g 《古》剣 (sword). 4 a [pl.] 足枷(あしかせ), 手枷, 手錠: ⇨ in IRONS (1). b [通例 pl.] あぶみ (stirrup). c [pl.] 《米俗》(湾脚を直すための鉄製の)下肢(かし)矯正器, 鉄製サポート. 5 〘ゴルフ〙アイアン《打球部が鉄製のクラブ; cf. wood[1] 7》. 6 鉄色. 7 〘医学〙鉄分; 〘薬学〙鉄剤, 含鉄強壮剤. 8 〘天文・地質〙=meteoric iron.

in [*into*] *irons* (1) 足枷[手枷, 手錠]をはめられて, とらわれの身となって. (2) 〘海事〙(a) 〈帆船が〉(上手(うわて)回し (tacking) の時, 船首を風上に向けたまま右にも左にも転じられない)金縛りの状態で (cf. *in* STAYS). (b) 〈曳船が〉曳綱が張り過ぎて方向転換できないで. 〖1832〗 ***irons in the fire*** [many, several, other などの修飾語を伴って] 仕事, 計画: have (too) many ~*s in the fire* 一度に(あまりにも)いろいろな仕事に手を出す[を計画する]. 〖1549〗 ***púmp íron*** ウエートトレーニングをする. ***rúle with a ród of íron*** [*an íron fist* [*hánd*]] 鉄の鞭(むち)をもって治める, 圧政[虐政]を行う (cf. *Ps.* 2:9; *Rev.* 2:27). ***The íron éntered ìnto his sóul.*** (とらわれの身で[虐待されて])非常な苦悩を味わった (*Ps.* 105:18 (Prayer Book Version) におけるヘブライ語の誤訳から).

— adj. 1 鉄の, 鉄製の: The gate is ~. 門は鉄製だ / an ~ gate 鉄の門 / an ~ bar 鉄棒 / an ~ tool 鉄製の器具, 鉄器 / ~ tablets 鉄の銘板. 2 鉄のような; 鉄のように堅い, 頑丈な, 堅固な: an ~ constitution 頑丈な体質 / His constitution is ~. 体質は頑丈だ / an ~ grip 力強い握り締め / an ~ will 鉄の(ような強固な)意志 / a woman of ~ nerve 鉄のように強い神経の女性. 3 厳格な; 無情な, 冷酷な: ~ rule 冷酷な統治 / ⇨ iron hand. 4 鉄色の. 5 しっかり把握した, 強く縛った. 6 〈音が〉いらいらさせる, 金属的な, 耳ざわりな. 7 《古》堕落時代の; 堕落した (⇨ Iron Age 3): ~ times. 8 《古》鉄器時代の.

iron láw of wáges [the —] 〘経済〙賃金鉄則《賃金の自然的傾向は最低生存費の方向に向かうというドイツの F. G. Lassalle の説; brazen law of wages ともいう》. 〖《なぞり》← G *ehernes Lohn gesetz*〗

— vt. 1 a 〈衣服など〉にアイロンをかける: Will you ~ this shirt *for* me? このシャツにアイロンをかけてくださいませんか / ~ a shirt smooth シャツにきれいにアイロンをかける. b 〈しわなどを〉アイロンをかけて伸ばす 〈*away*〉: ~ *away* the wrinkles of a shirt = ~ the wrinkles out of a shirt アイロンをかけてシャツのしわを伸ばす. 2 《まれ》〈人に〉足枷[手枷]をかける. 3 …に鉄をつける[かぶせる, 張る, 打つ], 装甲する: ~ a wagon. — vi. 1 〈人が〉アイロンをかける; 〘製靴〙こばごてをかける. 2 〈衣服などが〉アイロンがかかる, アイロンのかかり具合が…だ: This shirt ~*s* easily.

íron óut (1) 〈しわなどを〉アイロンをかけて伸ばす; 〈しわくちゃな紙などを〉きちんと伸ばす; 〈道路を〉ローラーでならす; 〈道路のカーブなどを〉まっすぐに直す. (2) 〈事を〉円滑にする; 〈障害・不和・誤解などを〉除く, 解消する, 和解させる; 〈意見・問題などを〉調整する: ~ *out* difficulties, problems, etc. (3) 〈(賃金・税金などの)不揃いを〉是正する. (4) 《俗》〈人を〉射殺する, 「消す」. 5 《豪口語》ノックアウトする.

~·ness n. 〖n. & adj.: OE *īren, īsen, īsern* < Gmc **īsarnam* (OS & OHG *īsarn* (Du. *ijzen* / G *Eisen*) / ON *īsarn* / Goth *eisarn*) □? Celt. **īsarno-* (原義) holy metal ← IE **eis-* passion, anger. — v.: 《c1430》← (n.)〗

Íron Àge n. 1 [the ~] 〘考古〙鉄器時代《Stone Age, Bronze Age に続く時代》. 2 [時に i- a-] 〘ギリシャ神話〙鉄の時代《golden age, silver age, bronze age に続く世界の最後の最も堕落した時代》. 3 [the i- a-] (人類の)堕落時代, 末世. 〖1592〗

íron álum n. 〘化学〙鉄明礬(みょうばん); (特に)硫酸鉄カリウム ($KFe(SO_4)_2 \cdot 12H_2O$). 〖1868〗

íron bactéria n. 鉄バクテリア. 〖1888〗

íron·bàrk n. 〘植物〙オーストラリア産の堅い樹皮をもち良材を産するユーカリの総称 (*Eucalyptus resinifera* など; ironbark tree ともいう); その木材《耐久性が強く船舶材・建築材に用いられる》. 〖1799〗

íron bínding capàcity n. 〘医学〙鉄結合能. 〖1970〗

íron bláck n. 〘化学〙鉄黒《アンチモンの黒色微粉末で, 黒色顔料》. 〖1868〗

íron blúe n. 〘化学〙1 =Prussian blue 1. 2 =Turnbull's blue.

íron·bóund adj. 1 a 鉄で包まれた[巻かれた], 鉄張りの. b 足[手]枷(かせ)をかけられた: an ~ prisoner. 2 a 〈規則など〉曲がらない, 変え難い, 動かし難い, 厳格な (rigid): ~ rules 鉄則 / ~ traditions 根強い伝統. b 〈天候など〉厳しい, 苛烈な. 3 〈海岸が〉岩の多い, 絶壁の. 〖《c1378》← IRON+BOUND[1]〗

íron brìck n. 〘石工〙鉄れんが《鉄塩を含有するため黒斑が点在する》.

I·ron·bridge /áɪənbrɪdʒ | áɪən-/ n. アイアンブリッジ《イングランド西部 Telford の南西にある Severn 川にかけられた世界初の鉄橋 (1779) およびその橋のある町の名; 1709 年に鉄の製造が開始され産業革命の中心地となった》.

íron cárbide n. 〘冶金〙セメンタイト (cementite). 〖1890〗

íron cárbonyl n. 〘化学〙鉄カルボニル; (特に)鉄ペンタカルボニル ($Fe(CO)_5$).

íron cemént n. 〘化学〙鉄セメント《ポルトランドセメントの一種で, 酸化鉄分の多いもの》. 〖1825〗

Íron Cháncellor n. [the ~] 鉄血宰相 (Bismarck の通称).

íron·clád adj. 1 鉄板をきせた, 甲鉄の, 装甲した: an ~ ship. ★ ironclad (甲鉄の)は 19 世紀後半の軍艦に用い, armored (装甲の)はその後の厚い鋼鉄製の船にいう. 2 〈協定など〉変更を許さない, 破る[解除する]ことのできない, 厳しい, 反駁を許さない: an ~ agreement 厳しい申し合わせ / an ~ guarantee 強固な保証 / an ~ argument 反論の余地のない議論. 3 《米》〈植物が〉寒さなどの不利な環境に耐えられる.
— n. 1 (初期の)甲鉄艦, 装甲艦《19 世紀後半の木造軍艦の舷側に鉄の厚板を取り付け始めたころの用語》. 2 武装した騎士. 3 道義心の強い人. 〖《1847》: ⇨ iron, clad〗

íron córe n. 〘電気〙鉄心.

Íron Cróss n. [the ~] 鉄十字《プロイセン・ドイツの戦功章; 1813 年から第二次大戦期まで》. 〖《なぞり》← G *eisernes Kreuz*〗

íron cúrtain, I- C- n. [the ~] 鉄のカーテン: a 厳重な検閲と秘密の地域を後ろに隠している境界《英国首相 Winston Churchill が 1946 年 3 月 5 日米国 Missouri 州で演説した際, 西ヨーロッパに接するソ連勢力圏を指して言ったことから; cf. bamboo curtain》. b 情報・思想などの伝達を遮断(しゃだん)する無形の障壁; 知識・文化などの越境を妨げる障害.
behínd [***ínside***] ***the íron cúrtain*** 鉄のカーテンの背後[内部]で[の].
〖《1794》《なぞり》? ← G *eiserner Vorhang*〗

I·ron·de·quoit /ɪ̀rɑ́(ː)ndəkwɔ̀ɪt, -kwɑ̀ːt | ɪrɔ́n-/ n. イロンデクウォイト《米国 New York 州北西部, Rochester 近くの都市》.

Íron Dúke n. [the ~] 鉄の公爵《英国の将軍 1st Duke of Wellington (1769–1852) のあだ名》. 〖1850〗

i·rone /áɪroun, ←–| áɪrəun, áɪ(ə)rəun/ n. 〘化学〙イロン ($C_{14}H_{22}O$) 《香料》. 〖《1894》← IR(IS)[2]+-ONE〗

i·ron·er /áɪənə | áɪənə(r)/ n. 1 アイロンを使う[かける]人. 2 =mangle[2]. 〖《1773》: ⇨ -er[1]〗

íron·físted adj. 1 冷酷な; 専断な. 2 (ひどく)けちな, しみったれな (stingy). 〖1599〗

íron-fòunder n. 鋳鉄業者, 製鉄工場主. 〖1817〗

íron-fòundry n. 鋳鉄工場, 製鉄所. 〖1784〗

Íron Gáte n. [the ~] 鉄門《ルーマニアとユーゴスラビアとの国境で Danube 川が Carpathian 山脈を貫く峡谷 (3 km); Iron Gates ともいう》.

íron glánce n. 〘鉱物〙=hematite.

íron-gráy adj. 鉄灰色の: ~ hair.

íron gráy n. 1 鉄灰色, かすかに緑がかった灰色《鉄の新しい断面の色》. 2 鉄灰色の馬.

Íron Guárd n. [the ~] 鉄衛団《ルーマニアの反ユダヤ的ファッショ党; 第二次大戦後解体》.

íron hánd n. 冷酷なこと, 圧制 (cf. iron adj. 3): the ~ of fate 冷厳な運命の手[支配力] / the ~ in the velvet glove 表面は穏やかで実は苛酷なこと.
rúle with an íron hánd =rule with a rod of IRON. 〖1703〗

íron·hánded adj. 圧制的な, 冷酷な: an ~ ruler. **~·ly** adv. **~·ness** n. 〖1768–74〗

íron hát n. 1 a (中世の)鉄かぶと. b (金属またはプラスチック製の)安全帽, 作業用ヘルメット. c 《俗》山高帽. 2 〘地質〙=gossan. 〖14C〗

íron·héarted adj. 無情な, 薄情な, 冷酷な, 残酷な. 〖1600〗

íron hórse n. 1 《米》初期の機関車 (locomotive). 2 《古》(二輪・三輪)自転車 (bicycle, tricycle). 〖1840〗

íron hydróxide n. 〘化学〙水酸化鉄: a =ferric hydroxide. b =ferrous hydroxide.

i·ron·ic /aɪrɑ́(ː)nɪk | aɪ(ə)rɔ́n-/ adj. 反語の, 反語的な; 皮肉な, 皮肉を言う (⇨ sarcastic SYN): an ~ man, remark, smile, compliment, laughter, etc. 〖《1614》□ F *ironique* ∥ LL *irōnicus* □ Gk *eirōnikós* dissembling ← *eirōneía* 'dissimulation, IRONY[1]': ⇨ -ic[1]〗

i·rón·i·cal /-nɪ̀kəl, -kl̩ | -nɪ-/ adj. =ironic. **~·ness** n. 〖《1576》: ⇨ ↑, -ical〗

i·ron·i·cal·ly /aɪrɑ́(ː)nɪ̀kəli, -kli | aɪ(ə)rɔ́n-/ adv. 1 皮肉に: smile ~ 皮肉な笑いを浮かべる. 2 [文全体を修飾して] 皮肉にも: *Ironically*, the rain stopped when we reached home. 皮肉にも家へ着いたら雨はやんだ. 〖《1576》: ⇨ ↑, -ly[1]〗

i·ron·ing /áɪənɪŋ | áɪən-/ n. 1 アイロンかけ. 2 アイロンをかける[かけた]衣類[敷布, テーブル掛けなど]. 〖《c1710》: ⇨ -ing[1]〗

íroning bòard [tàble] n. アイロン台; こて台. 〖1843〗

i·ro·nist /áɪrənɪ̀st | áɪ(ə)rənɪst/ n. 皮肉屋; 反語を使う人, (特に)アイロニーを用いる作家. 〖《1727》: ⇨ irony[1], -ist〗

i·ro·nize /áɪrənàɪz | áɪ(ə)r-/ vt. 〈物事を〉皮肉に扱う[見せる]. — vi. 皮肉を用いる[言う]. 〖《1602》← IRONY[1] +-IZE〗

íron-jáwed adj. 1 鉄製のあごのついた, 鉄のようなあごをもった: an ~ boxer. 2 決意の固い, 決然とした. 〖1883〗

Íron Lády n. [the ~] 鉄の女《特に, 首相当時の Margaret Thatcher のあだ名; 厳格・非情なイメージから》. 〖1976〗

íron·less adj. 1 鉄[鉄器]をもたない. 2 鉄分を含まない. 〖《c1420》: ⇨ -less〗

íron·lìke adj. 鉄のように強い[堅い]. 〖1577〗

íron lòss n. 〘電気〙鉄損《鉄心に起こる電力損失》. 〖1894〗

íron lúng n. 1 〘医学〙鉄の肺《小児麻痺(まひ)患者など用の鉄製の気密式呼吸補助装置; 正式の名称は Drinker respirator》. 2 《アイル口語》圧力ガス容器《生ビールをつぐときに用いる》. 〖1932〗

íron máiden n. 鉄の処女《昔の拷問道具; 女性をかたどった箱で内側に尖った釘がついている》. 〖《1895》《なぞり》← G *eiserne Jungfrau*〗

íron mán n. 《米俗》1 a 製鉄工. b 保線工[係]. 2 〘野球〙鉄腕投手. 3 粘り強い人, 精力的活動家, 仕事を任せられる人. 4 《俗》1 ドル銀貨 (silver dollar). 5 《俗》ロボット. 6 鉄人レース《水泳・サーフィン・長距離走などを競う連続耐久競技》. 〖1617〗

íron·màster n. 《英》(特に 19 世紀の)鉄工場主; 製鉄業者; 鉄器製造業者. 〖1674〗

íron méteorite n. 〘天文・地質〙=meteoric iron.

íron-mòld vt. 鉄さび[インクのしみ]で汚す. 〖1727〗

íron mòld n. (布などについた)鉄さび, インクのしみ; (布の)湿ったカビ. 〖1601〗

íron·mònger n. 《英》鉄器商, 金物屋 (《米》hardware dealer): an ~'s 金物店. 〖《1349》*irenmonger*: ⇨ iron, monger〗

íron·mòngery n. 《英》1 鉄器類, 金物 (《米》hardware). 2 金物店. 3 金物商売 (ironmonger's trade). 4 《俗》鉄砲. 〖1711〗

íron ólivine n. 〘鉱物〙=fayalite.

íron-òn adj. 〈テープ・模様など〉〈布に〉熱いアイロンで押さえて張りつけられる: ~ name tapes. 〖1959〗

íron óre n. 鉄鋼石.

íron óxide n. 〘化学〙酸化鉄《酸化第二鉄 (ferric oxide), 酸化第一鉄 (ferrous oxide) など》. 〖1885〗

íron pàn n. 〘地学〙鉄盤層.

íron perchlóride n. 〘化学〙=ferric chloride.

íron pýrites [pýrite] n. 〘鉱物〙1 黄鉄鉱 (pyrite). 2 白鉄鉱 (marcasite). 3 磁硫鉄鉱 (pyrrhotite). 〖1805–17〗

íron rátion n. [しばしば pl.] 非常食料; (特に兵士用の缶詰にした)非常携帯糧食[口糧]. 〖1876〗

íron sànd n. 砂鉄. 〖1805〗

íron shót n. 《英》〘金属加工〙=cold shot 1.

íron-sìck adj. 《まれ》〘海事〙=nail-sick 2.

íron·sìde n. 1 頑強(がんきょう)な人, 勇猛果敢な人, 豪の者. 2 [I-] 剛勇王《英国王 Edmund 二世のあだ名》. 3 [Ironsides] a [単数扱い] Oliver Cromwell の通称. b (O. Cromwell 配下の) 鉄騎隊. 4 [pl.; 通例単数扱い]

a 〖海軍〗(昔の)甲鉄艦 (ironclad). b 《米東部》〖魚類〗＝scup. 〖*a*1259〗

íron·smìth *n.* 鍛冶(かじ)屋 (blacksmith). 〖1382〗

íron spónge *n.* 〖冶金〗＝sponge iron.

íron·stòne *n.* **1** 鉄鉱石, 鉄鉱. **2** ＝ironstone china. 〖1522〗

ironstone chína *n.* アイアンストーンチャイナ《通常のイギリス製陶器よりも石英が少なくコーンウォール石の多い白色陶器; stone china ともいう cf. Mason's ironstone china》. 〖1825〗

íron súlfate *n.* 〖化学〗硫酸鉄: **a** 硫酸第一鉄 ($FeSO_4 \cdot 7H_2O$) (ferrous sulfate). **b** 硫酸第一鉄 ($Fe_2(SO_4)_3$) (ferric sulfate).

íron súlfide *n.* 〖化学〗硫化鉄: **a** ＝ferrous sulfide. **b** 二硫化鉄 (FeS_2). 〖1885〗

íron trichlóride *n.* 〖化学〗＝ferric chloride.

íron vítriol *n.* 〖化学〗＝ferrous sulfate.

íron wálls *n. pl.* 鉄壁《国の守りとして英海軍が誇った鋼鉄艦; cf. wooden walls》.

íron·wàre *n.* [集合的] 鉄器, 金物《特に, 台所用品》. 〖1447–78〗

íron·wèed *n.* 〖植物〗**1** ＝knapweed. **2** ＝blueweed 1. **3** キク科ショウジョウハグマ属 (*Vernonia*) の植物の総称《花は筒状で色は真っ赤か紫; 葉は互生葉》. 〖(1819) ← IRON＋WEED[1]: その茎が硬いところから〗

íron-wítted *adj.* 《Shak》感じない, 鈍い: ～ fools おつむの鈍いあほうども (*Rich III* 4. 2. 28).

íron·wòod *n.* 各種の硬質材の樹木《コクタン (ebony), シデ (hornbeam), アカシア (acacia) などの類》; その木材. 〖1657〗

íron·wòrk *n.* **1** (構造物の)鉄製部分; 鉄(細工)製品, 鉄金物 (cf. woodwork). **2** [*pl.*; 単数または複数扱い] 製鉄所, 鉄工場. 〖1423〗

íron·wòrker *n.* **1** 鉄工; 金物職人. **2** (鉄橋・高層建築などの)鉄骨組立て職人. 〖15C〗

íron·wòrking *n.* 鉄製品製作(法). 〖1846〗

i·ro·ny[1] /áɪrəni | áɪ(ə)rə-/ *n.* **1** 反語《雨降りの日に「いい天気ですねえ」などと言う類; cf. satire 1, sarcasm》. **2** (穏やかな)皮肉, 当てこすり, 嫌味. **3** 〖修辞・文学〗**a** 反語法《言葉の意味を裏腹に用い, 表面の(是認・賞賛の)意味に隠れて裏面でそれと反対の意味を伝えようとする表現技巧; cf. antiphrasis》. **b** 逆説的手法, アイロニー《互いに矛盾するような複雑・多様な経験を客観的に表現するために, 主題とは反対または副次的なことを強調する技法; cf. paradox 1》. **4** (運命などの)意外な成り行き, 皮肉な結果, 奇運, 奇縁: the ～ of fate [circumstances] 運命の皮肉[いたずら] / life's little *ironies* 人生のささやかな皮肉(な巡り合わせ), 人生にありがちな矛盾 (T. Hardy の短編集の題名から) / as ～ would have it 皮肉にも / The ～ (of it) was that he was waiting for me while I was waiting for him! 皮肉なことに, 彼は私を待ち, 私は彼を待っていた. **5** 〖哲学〗アイロニー, 皮肉《相手を肯定するふりをして本当は相手を否定する逆説的技法; cf. Socratic irony》. **6** 〖演劇〗＝dramatic irony. **7** 皮肉たっぷりな言葉, 嘲笑的な性向. **8** 不調和に気づいていながらの超然たる[無関心な]態度. 〖(1502) □ (O)F *ironie* // □ L *īrōnia* □ Gk *eirōneía* dissembling, assumed ignorance ← *eírōn* dissembler ← *eírein* to say ← IE **wer-* to speak: cf. word〗

SYN 皮肉: **irony** 実際とは反対のことを言って嘲笑する方法: "Of course she is always right," he said, with *irony*.「むろんいつだって彼女の言うとおりだよ」と彼は皮肉を込めて言った. **sarcasm** 相手の感情を傷つけようとして言ういやみ: biting *sarcasm* 痛烈な嫌味. **satire** 特に文学作品で悪徳・愚行などをあざけり皮肉ること: a *satire* on American politics 米国政治の諷刺.

---

i·ron·y[2] /áɪəni | áɪə-/ *adj.* **1** 鉄の, 鉄製の, 鉄を含む. **2** 〈味・堅さなどが〉鉄のような. 〖(*c*1384) *yrony*: ⇨ iron (n.), -y[4]〗

Ir·o·quoi·an /ìrəkwɔ́ɪən⁻/ *adj.* **1** イロクォイ人[族] (Iroquois) の. **2** イロクォイ語の. — *n.* **1** イロクォイ人. **2** イロクォイ語族 (Iroquoian languages). 〖(1697): ⇨ ↓, -an[1]〗

Ir·o·quois /írəkwɔ̀ɪ/ *n.* (*pl.* ～ /～(z)/) **1 a** [the ～] イロクォイ族《もと米国 New York 州に住んでいた有力なアメリカインディアンの種族; 1570 年ごろ Mohawk, Oneida, Onondaga, Cayuga, Seneca の 5 支族が連合を結成し Five Nations と呼んだが, 1722 年 Tuscarora 族をも加えた; 好戦的で文化の程度が高い; 独立戦争後大部分カナダに移住し今は New York 州と Wisconsin 州に残っている》. **b** イロクォイ族の人. **2** イロクォイ語. — *adj.* イロクォイ人[族]の. 〖(1666) □ F ～ □ N-Am-Ind. (Algonquian) *Irinakhoiw* 《原義》real adders〗

IRQ 《略》〖自動車国籍表示〗Iraq.

ir·ra·di·ance /ɪréɪdiəns | ɪréɪd-/ *n.* **1** (知的・精神的)光明を与えるもの. **2** 〖物理〗放射照度《面に入射する放射束を, その面の面積で割った値; 単位ワット毎平方メートル; 記号 *Ee*; irradiation ともいう; cf. illuminance》. **3** 《古》(光などの)放射, 発光, 射光, 光輝. 〖(1667): ⇨ irradiant, -ance〗

ir·ra·di·an·cy /ɪ̀réɪdiənsi | ɪréɪd-/ *n.* **1** 発光性; 輝き. **2** 〖物理〗＝irradiance 2. 〖(1646): ⇨ ↑, -ancy〗

ir·ra·di·ant /ɪ̀réɪdiənt | ɪréɪd-/ *adj.* 光を発する, 光る, 輝く; まばゆい. 〖(1526) □ L *irradiantem* (pres.p.) ← *irradiāre* (↓)〗

ir·ra·di·ate /ɪ̀réɪdièɪt | ɪréɪd-/ *v.* — *vt.* **1** …に光を投じる, 照らす, 明るくする. **2** 〈心・問題など〉に知識の光[光明]を与える, 啓発[啓蒙]する: ～ the mind [a subject] 心を啓発する[問題に光明を投じる]. **3** 〈顔〉を明るくする, 輝かせる〔*with, by*〕: a face ～*d with* [*by*] a smile 微笑に輝く顔. **4** (光線のように)放射する, 発する, 放つ: ～ happiness 喜びの色を発散する / ～ hospitality もてなしの心を十分に示す / His presence ～*d* strength and comfort. 彼がいるだけで力強く安心できた. **5** 輻射エネルギーで熱する. **6** 〖化学〗放射線にさらす; 〔放射線などで〕照射する〔*with*〕: ～ milk *with* ultraviolet rays. **7** 〖医学〗…に放射線を照射する. — *vi.* 《古》光を発する[放つ], 光る, 輝く, 照る, 明るくなる.

— /ɪ̀réɪdiɪ̀t, -dièɪt | ɪréɪdiɪt, -dieɪt/ *adj.* (きらきら)輝く〔*with*〕.

ir·rá·di·à·tor /-tə | -tə(r)/ *n.* 〖(adj.: *a*1475; v.: 1603) ← L *irradiātus* illumined (p.p.) ← *irradiāre* to shine forth ← *ir-* 'IN-[2]'＋*radiāre* to shine (← *radius* ray): cf. radiate〗

ir·rá·di·àt·ed /-èɪtɪ̀d | -tɪd/ *adj.* **1** 〖医学・化学〗(放射線で)照射された, 照射を受けた. **2** 〖紋章〗光線に囲まれた, 放射状の光に包まれた (ensoleil). 〖(1794): ⇨ ↑, -ed〗

ir·ra·di·a·tion /ɪ̀rèɪdiéɪʃən | ɪrèɪd-/ *n.* **1** 発光; 光を投じること; 照射. **2** 知的啓蒙, 啓発 (mental illumination). **3** 熱(線)の放射. **4** 〖光学〗光滲(こうしん)《暗い背景で物を強く照らすと発光体の大きさが実物よりも大きく見える心理的現象》. **5** 〖写真〗イラジエーション《フィルムに当たった光が乳剤内で散乱して光のにじみとなって現れる現象; cf. halation 1》. **6** 〖物理〗**a** ＝irradiance 2. **b** (放射線の)照射 (bombardment). **7** 〖医学〗(放射線)照射, レントゲン[ラジウム]線照射; 放射強度. **8** 〖心理・生理〗拡散《求心性神経の刺激興奮が正常な伝導路を超えて拡散すること》; (条件反射の)拡延. **9** 食品照射《ガンマ線などを照射して殺菌し食品の棚もちをよくする処理法》. **10** 光, 光線. 〖(1589) □ F ～ □ LL *irradiātiō(n-)*: ⇨ irradiate, -ation〗

ir·ra·di·a·tive /ɪ̀réɪdièɪtɪv | ɪréɪdiət-, -èɪt-/ *adj.* **1** 光を発する, 発光する, 輝く. **2** 啓蒙的な. 〖(*a*1834) ← IRRADIATE＋-ATIVE〗

ir·rad·i·ca·ble /ɪ̀rǽdɪkəbl̩ | ɪrǽdɪ-/ *adj.* 根絶[撲滅]することができない, 深く根ざした. **ir·rád·i·ca·bly** *adv.* 〖(1728) □ ML *irrādīcābilis* ← L *ir-* 'IN-[1]'＋*rādīcāre* to take root (⇨ radical): ⇨ -able〗

ir·ra·tion·al /ɪ̀rǽʃnəl, -ʃənl̩ | ɪr-/ *adj.* (↔ rational) **1** 理性のない: an ～ animal. **2** 一時的に理性[分別]を失った. **3** 道理のわからない, 分別のない. **4** 理屈に合わない, 不合理な; ばかげた: ～ fears / ～ conduct. **5** 〖古典詩学〗〈詩脚が〉変則格の, 破格の《短音節のくるべき箇所に長音節がくるなど》: ～ spondee. **6** 〖数学〗**a** 無理数の, 不尽根数の (surd) (↔ rational): an ～ expression [equation] 無理式[方程式] / an ～ root 無理根. **b** 無理方程式の. — *n.* **1** 不合理なこと. **2** 〖数学〗＝irrational number. **～·ly** *adv.* **～·ness** *n.* 〖(*a*1398) □ L *irratiōnālis* ← *ir-* 'IN-[1]'＋*ratiōnālis* 'RATIONAL'〗

ir·rá·tion·al·ism /-ʃ(ə)nəlɪzm/ *n.* **1** (思想・行動の)無分別, 不合理, 背理. **2** 非合理主義. **ir·rá·tion·al·ist** /-lɪ̀st | -lɪst/ *n.* 〖(1811): ⇨ ↑, -ism〗

ir·ra·tio·nal·i·ty /ɪ̀ræ̀ʃənǽləti | ɪræ̀ʃənǽlɪ̀ti/ *n.* **1** 理性のないこと; 道理のわからないこと, 分別のなさ, 理解力のなさ. **2** 不合理, 背理; 不合理な行為[考えなど]. 〖(1570) □ ML *irratiōnālitātem*: ⇨ irrational, -ity〗

ir·ra·tio·nal·ize /ɪ̀rǽʃ(ə)nəlàɪz | ɪr-/ *vt.* …の理性をなくする, 不合理[不条理]にする. 〖(1895): ⇨ -ize〗

irrátional númber *n.* 〖数学〗無理数. 〖1551〗

Ir·ra·wad·dy /ìrəwɑ́(ː)di, -wɔ́(ː)di | -wɔ́di/ *n.* [the ～] イラワジ(川)《ミャンマーの大河; チベットに源を発し同国の中央部を南流して Andaman 海に注ぐ (2,090 km)》.

ir·re·al /ɪ̀ríːəl, -ríːl | ɪríəl, ɪríːəl/ *adj.* 実在しない; 本物でない. 〖(1944) ← *ir-* 'IN-[1]'＋REAL〗

ir·re·al·i·ty /ìriǽləti | ìriǽlɪ̀ti/ *n.* ＝unreality. 〖1803〗

ir·re·al·iz·a·ble /ɪ̀ríːəlàɪzəbl̩ | ɪríə-, ɪríːə-/ *adj.* **1** 実現できない, 達成できない. **2** 〈財産・証券など〉現金に換えられない. 〖(1853): ⇨ in-[1]〗

ir·re·but·ta·ble /ɪ̀rɪbʌ́təbl̩ | ɪ̀rɪbʌ́t-/ *adj.* 反論[反証]できない. 〖(*a*1834): ⇨ in-[1]〗

ir·re·claim·a·ble /ɪ̀rɪkléɪməbl̩ | ɪ̀rɪ-⁻/ *adj.* **1** 取返しのつかない, 回復できない; (特に)改心[矯正(きょうせい)]させられない, 済度し難い, 教化できない. **2** 〈土地が〉埋め立てられない, 開墾[開拓]できない. **ìr·re·clàim·a·bíl·i·ty** /-məbíləti | -lɪ̀ti/ *n.* **～·ness** *n.* **ìr·re·cláim·a·bly** *adv.* 〖(1609) ← *ir-* 'IN-[1]'＋RECLAIMABLE〗

ir·rec·og·niz·a·ble /ɪ̀rèkəgnáɪzəbl̩, ìr-, -kɪg- | ɪrèkəg-, ìr-⁻/ *adj.* 認められない, 認識のできない, 見分けがつかない. **ir·rèc·og·níz·a·bly** *adv.* 〖(1837) ← *ir-* 'IN-[1]'＋RECOGNIZABLE〗

ir·rec·on·cil·a·ble /ɪ̀rèkənsáɪləbl̩, ɪ̀rékənsàɪl-, ìr- | ɪr-, ìr-⁻/ *adj.* **1** 〈人など〉和解できない, 融和しない, 妥協をいれない, 執念深い: ～ enemies. **2** 調和しない, 相入れない; 〔…と〕両立しない, 矛盾する (inconsistent)〔*to, with*〕: ～ statements / ～ *to* [*with*] the fact 事実と一致しない. — *n.* **1** (政界などでの)非妥協派の人 (intransigent). **2** [*pl.*] 妥協できない思想[信念など]. **ir·rèc·on·cìl·a·bíl·i·ty** /-ləbíləti | -lɪ̀ti/ *n.* **～·ness** *n.* **ir·rèc·on·cíl·a·bly** *adv.* 〖(1599) ← *ir-* 'IN-[1]'＋RECONCILABLE〗

ir·rec·on·ciled /ɪ̀rékənsàɪld | ɪr-/ *adj.* 《まれ》(特に神と)和解しない, 懺悔(ざんげ)しない.

ir·re·cov·er·a·ble /ɪ̀rɪkʌ́v(ə)rəbl̩ | ɪ̀r-⁻/ *adj.* **1 a** 〈損失など〉取返しのつかない; 〈病気など〉回復の見込みのない, 回復し難い: an ～ loss, injury, disease, etc. / Lost youth is ～. 失われた青春は取り戻せない. **b** 〈誤りなど〉直せない, 〈悲しみなど〉慰め[救い]ようがない. **2** 〈貸金が〉取り戻せない, 回収できない: an ～ debt. **～·ness** *n.* **ìr·re·cóv·er·a·bly** *adv.* 〖(*c*1443) ← *ir-* 'IN-[1]'＋RECOVERABLE〗

ir·re·cu·sa·ble /ɪ̀rɪkjúːzəbl̩⁻/ *adj.* 〈証拠など〉認めざるを得ない, 拒めない, 拒絶できない. **ìr·re·cú·sa·bly** *adv.* 〖(1776) □ F *irrécusable* // LL *irrecūsābilis* ← *ir-* 'IN-[1]'＋*recūsābilis* (← L *recūsāre* to refuse): ⇨ -able: cf. recusant〗

ir·re·deem·a·ble /ɪ̀rɪdíːməbl̩⁻/ *adj.* **1** 買い戻しのできない, 取り戻せない. **2** 教化[矯正]できない, 直せない, 済度し難い: an ～ criminal. **3** 〈国債など〉(満期以前に)償還されない, 無償還の; 〈紙幣など〉兌換(だかん)されない, 不換の: ～ bank notes 不換紙幣. **4** 〈病気など〉望みのない, 回復できない, 不治の, 救いようのない. — *n.* 無償還公債. **ìr·re·dèem·a·bíl·i·ty** /-məbíləti | -lɪ̀ti/ *n.* **～·ness** *n.* **ìr·re·déem·a·bly** *adv.* 〖(1609) ← *ir-* 'IN-[1]'＋REDEEMABLE〗

ir·re·den·ta /ɪ̀rɪdéntə | -tə/ *n.* イレデンタ, 未回収領《ある国の統治下にあるが歴史的・人種的には別の国とかかわりの深い地域; cf. irredentist 2》. 〖(1914) □ It. (*Italia*) *irredenta* unredeemed (Italy): ⇨ irredentist〗

ir·re·den·tism /ɪ̀rɪdéntɪzm/ *n.* **1** [通例 I-] イレデンタ併合主義, イタリア民族統一主義. **2** 民族統一主義, 失地回復主義. 〖(1883): ⇨ ↓, -ism〗

ir·re·dén·tist /-tɪ̀st | -tɪst/ *n.* **1** [通例 I-] イレデンタ併合党員, イタリア民族統一党員《イタリア語を用いる近隣の地域で未併合のイタリア (Italia irredenta) をイタリアに併合しようという主義で, 1878 年に創立された政党の党員》. **2** (現在他の国に属する地域を, その住民の民族的なつながりその他の理由から自国に併合しようとする)民族統一派の人, 失地回復主義者. — *adj.* イレデンタ民族統一主義の. 〖(1882) □ It. *irredentista* ← (*Italia*) *irredenta* unredeemed (Italy) (fem) ← *ir-* 'IN-[1]'＋*redento* ((p.p.) ← *redimere* to redeem □ L *redimere*) 'to REDEEM': ⇨ -ist〗

ir·re·duc·i·ble /ɪ̀rɪdúːsəbl̩, -djúː- | -djúːsɪ̀-⁻/ *adj.* **1 a** (元の形式・状態以上には)簡単[明瞭]にはできない: an ～ formula 単純化が不可能な方式. **b** 〔欲する形式・状態・程度などに〕帰し[化し, 復し]得ない〔*to*〕: ～ *to* measurement 数量に換算できない / ～ *to* rule 規則にまとめ上げることのできない. **2** 減じることのできない, 削減できない: the ～ minimum それ以上は減らせない最小限. **3** 〖外科〗整復不能の: an ～ hernia. **4** 〖数学〗(分数などで)既約の, 約せない; (多項式で因数分解できない; (無理式で)有理式にできない. **ìr·re·dùc·i·bíl·i·ty** /-səbíləti | -sɪ̀bílɪ̀ti/ *n.* **～·ness** *n.* **ìr·re·dúc·i·bly** *adv.* 〖(1633) ← *ir-* 'IN-[1]'＋REDUCIBLE〗

ir·re·flex·ive /ɪ̀rɪfléksɪv⁻/ *adj.* 反射しない, 非反射性の. 〖(1890): ⇨ *ir-* 'IN-[1]'〗

ir·re·form·a·ble /ɪ̀rɪfɔ́əməbl̩ | -fɔ́ːm-⁻/ *adj.* **1** 改訂[変更]を許さない. **2** 矯正(きょうせい)できない, 救いがたい. **ìr·re·fòrm·a·bíl·i·ty** /-məbíləti | -lɪ̀ti/ *n.* 〖(1609) ← *ir-* 'IN-[1]'＋REFORMABLE〗

ir·ref·ra·ga·ble /ɪ̀réfrəgəbl̩, ɪr- | ɪr-, ɪr-/ *adj.* 論駁(ろんばく)できない, 論争の余地のない; 否定し得ない; 〈法律など〉犯す[破る]ことができない: ～ arguments, evidence, etc. **ir·ref·ra·ga·bil·i·ty** /ɪ̀rèfrəgəbíləti, ìr- | ɪrèfrəgəbílɪ̀ti, ìr-/ *n.* **～·ness** *n.* **ir·réf·ra·ga·bly** *adv.* 〖(1533) □ LL *irrefrāgābilis* ← *ir-* 'IN-[1]'＋L *refrāgārī* to oppose: ⇨ -able: cf. suffrage〗

ir·re·fran·gi·ble /ɪ̀rɪfrǽndʒəbl̩ | -dʒɪ̀-⁻/ *adj.* **1** 〈法律など〉破ることができない, 犯すべからざる. **2** 〖光学〗〈光線が〉屈折しない. **ìr·re·fràn·gi·bíl·i·ty** /-dʒəbíləti | -lɪ̀ti/ *n.* **～·ness** *n.* **ìr·re·frán·gi·bly** *adv.* 〖(*c*1719) ← *ir-* 'IN-[1]'＋REFRANGIBLE〗

ir·re·fut·a·ble /ɪ̀rɪfjúːtəbl̩, ɪ̀réfjʊt-, ìr- | ɪ̀rɪfjúːt-⁻, ɪréfjʊt-/ *adj.* 〈理論・学説など〉論破できない, 反駁(はんばく)できない. **ir·re·fut·a·bil·i·ty** /ɪ̀rɪfjùːtəbíləti, ɪ̀rèfjʊt- | ɪ̀rɪfjùːtəbílɪ̀ti, ɪrèfjʊt-/ *n.* **～·ness** *n.* **ìr·re·fút·a·bly** *adv.* 〖(1620) □ LL *irrefūtābilis* ← *ir-* 'IN-[1]'＋*refūtāre* 'to REFUTE'〗

irreg. 《略》irregular; irregularly.

ir·re·gard·less /ɪ̀rɪgɑ́ədlɪ̀s | -gɑ́ːd-⁻/ *adj., adv.* 《米戯言・俗用》＝regardless. 〖(1912) 《混成》? ← IR(RESPECTIVE)＋REGARDLESS〗

ir·reg·u·lar /ɪ̀régjʊlə, ɪr- | ɪrégjʊlə(r), ɪr-⁻/ ★ regular と対照させるときには /ìrègjʊlə | -ə(r)/ と発音されることもある. *adj.* (↔ regular) **1** 不規則な, 変則の, 破格の, 異常な: an ～ liner 不定期船 / ～ service 不定期便 / at ～ intervals 不規則に間隔を置いて / be ～ *in* one's attendance at school 登校が不規則である. 日英比較 野球などの球技で用いられる「イレギュラー(バウンド)」は和製英語. 英語では bad hop [bounce] という. **2** 〈手続など〉反則の, 不法の; (法律上)無効の (invalid): an ～ physician 無免許医師 / an ～ proceeding 不法処置[手段] / an ～ marriage 正式でない[内縁の]婚姻. **3** 〈行動など〉不規律な, 乱れた, だらしのない; 不道徳な: ～ conduct 不身持ち, 不始末. **4** 〈形・配置など〉不整の, 不揃(ふぞろ)いの, 不同の, むらのある, 〈道など〉でこぼこの: ～ teeth / an ～ outline いびつな輪郭 / an ～ group of buildings 乱雑な建物の集まり / an ～ calyx [corolla, flower] 〖植物〗不整斉萼(がく)[花冠, 花] / an ～ curve 雲形定規 / ～ in shape 形が不揃いな. **5** 《米》〈商品など〉きずのある, はんぱの. **6** 〖軍事〗正規兵でない, 不正規の: ～ troops 不正規軍. **7** 〖文法〗〈動詞・形容詞など〉(語尾変化が)不規則変化の (cf. strong 16): an ～ verb 不規則動詞 / ～ comparison 不規則比較変化 / ～ conjugation 不規則活用 / an ～ plural

I

form 不規則複数形. 8 〖キリスト教〗宗規によらない. 9 《米》《特に学生が》定時制の.
— *n.* 1 a 不規則[不揃い]なもの. b 型破りな人; 無法者. 2 [*pl.*] 《米》《商品の》きずもの, はんぱもの, 《規格はずれの》等外[二級]品. 3 [通例 *pl.*] 〖軍事〗不正規兵, 義勇兵. 〖《c1390》 *irreguler* ◻ O(F) *irrégulier*: ⇨ in-¹, regular〗

SYN 不規則な: **irregular** 通常の規則・方式・型から外れている: He is *irregular* in his attendance at classes. 授業の出席が不規則だ / an *irregular* pulse 不整脈. **anomalous** 正常なものとは異なっている《格式ばった語》: *anomalous* acts 異常な行為. **unnatural** 自然の法則に反する《最も非難の意味が強い》: He died an *unnatural* death. 変死した.
ANT regular.

ir·reg·u·lar·i·ty /ɪ̀rèɡjʊlǽrəṭi, ɪr-, -lér- | ɪrèɡju-lǽrɪ̀ti, ɪr-/ *n.* 1 不規則, 変則, 破格, 異常: ~ of attendance 不規則な出席. 2 不整, 不揃(そろ)い, 不規律, 無秩序. 3 a 不規則[不法]な行為[方法], 反則, 不法. b [しばしば *pl.*] 不身持ち, 不品行: *irregularities in* one's conduct. 4 a でこぼこ[高低]のあること. b [通例 *pl.*] でこぼこ: the *irregularities* of the earth's surface 地球表面のでこぼこ. 5 便秘 (constipation). 〖《a1325》 ◻ (O)F *irrégularité* ◻ ML *irrēgulāritātem*: ⇨ in-¹, regularity〗

I **ir·rég·u·lar·ly** *adv.* 不規則に, 不定期に, 不正規に; 不揃(そろ)いに; でこぼこに. 〖《1591》: ⇨ -ly¹〗

irrégular óde *n.* 〖詩学〗 =Cowleyan ode.

ir·reg·u·lous /ɪ̀réɡjʊləs | ɪr-/ *adj.* 《Shak》無秩序の, 無法の. 〖《1609-10》 ← IRREGULAR+-OUS〗

ir·re·la·tion /ɪ̀rɪléɪʃən/ *n.* 無関係, 無縁故. 〖《1848》: ⇨ in-¹〗

ir·rel·a·tive /ɪ̀réləṭɪv, ɪr- | ɪrélət-, ɪr-⁻/ *adj.* 1 〔…と〕関係[関連]のない, 姻戚関係でない 〔*to*〕; 縁故のない. 2 不適当な, 見当違いの. **~·ly** *adv.* **~·ness** *n.* 〖《1640》 ← *ir-* 'IN-¹'+RELATIVE〗

ir·rel·e·vance /ɪ̀réləvəns, ɪr- | ɪrélɪ̀-, ɪr-/ *n.* 1 無関係(であること), 不適切, 見当違い. 2 見当違いな言葉[批評, 陳述], 的はずれの質問. 〖《1561》: ⇨ irrelevant, -ance〗

ir·rél·e·van·cy /-vənsi/ *n.* =irrelevance. 〖1592〗

ir·rel·e·vant /ɪ̀réləvənt, ɪr- | ɪrélɪ̀-, ɪr-⁻/ *adj.* 1 〔…に〕無関係な, 不適切な, 的はずれの, 筋違いの, 見当違いの 〔*to*〕: ~ remarks, evidence, etc. / an argument ~ *to* a case 事件に無関係な議論. 2 重要でない, 無意味な. 3 〖法律〗《証拠・間接事実が》関連性のない. **~·ly** *adv.* 〖《1558》 ← *ir-* 'IN-¹'+RELEVANT〗

ir·re·liev·a·ble /ɪ̀rɪlíːvəbl̩⁻/ *adj.* 救助[救済]し難い; 《苦痛など》軽減[脱却]させ得ない, 除去できない. 〖《1670》 ← *ir-* 'IN-¹'+RELIEVABLE〗

ir·re·li·gion /ɪ̀rɪlídʒən/ *n.* 無宗教, 無信仰; 反宗教, 不敬. 〖《1592》 ◻ F *irréligion* ‖ LL *irreligiō(n-)*: ⇨ in-¹, religion〗

ìr·re·lí·gion·ist /-dʒ(ə)nɪ̀st | -nɪst/ *n.* 無宗教者, 反宗教者. 〖《a1779》: ⇨ ↑, -ist〗

ir·re·li·gious /ɪ̀rɪlídʒəs⁻/ *adj.* 無宗教の, 不信心な, 反宗教的な; 神を汚す, 不敬な. **~·ly** *adv.* **~·ness** *n.* 〖《a1400》 ◻ LL *irreligiōsus*: ⇨ in-¹, religious〗

ir·re·me·a·ble /ɪ̀ríːmiəbl̩, ɪr- | ɪr-, ɪr-⁻/ *adj.* 《文語》引き返すことのできない, 戻ることのできない: an ~ way 帰るによしなき道. **~·ness** *n.* **ir·ré·me·a·bly** *adv.* 〖《1569》 ◻ L *irremeābilis* not returning ← *ir-* 'IN-¹'+*remeāre* to return (RE-+*meāre* to go, pass): ⇨ -able: cf. meatus〗

ir·re·me·di·a·ble /ɪ̀rɪmíːdiəbl̩ | -diə-⁻/ *adj.* 1 《病気など》治療のできない, 不治の, 治らない: an ~ disease. 2 《欠点など》回復のできない, 償うことのできない; 《誤りなど》取返しのつかない: ~ faults, evils, etc. **~·ness** *n.* **ìr·re·mé·di·a·bly** *adv.* 〖《c1449》 ◻ LL *irremediābilis*: ⇨ in-¹, remediable〗

ir·re·mis·si·ble /ɪ̀rɪmísəbl̩ | -sɪ̀-⁻/ *adj.* 1 許し難い, 容赦のならない (unpardonable): an ~ sin. 2 免れることのできない: an ~ duty. **ìr·re·mìs·si·bíl·i·ty** /-səbíləṭi | -sɪ̀bílɪ̀ti/ *n.* **~·ness** *n.* **ir·re·mís·si·bly** *adv.* 〖《1413》 ◻ F *irrémissible* ◻ LL *irremissibilis*: ⇨ in-¹, remissible〗

ir·re·mov·a·ble /ɪ̀rɪmúːvəbl̩⁻/ *adj.* 《物・事が》移し得ない, 動かされない, 除去されない; 《人が》免官できない, 終身官の. **ir·re·mòv·a·bíl·i·ty** /-vəbíləṭi | -lɪ̀ti/ *n.* **~·ness** *n.* **ir·re·móv·a·bly** *adv.* 〖《1597》 ← *ir-* 'IN-¹'+REMOVABLE〗

ir·rep·a·ra·ble /ɪ̀rép(ə)rəbl̩, ɪr- | ɪr-, ɪr-⁻/ *adj.* 修繕[修復]のできない, 直されない, 償えない; 回復の見込みがない, 取返しのつかない: an ~ injury 損害額が算定困難の損害 / an ~ disaster, loss, damage, etc. **ir·rèp·a·ra·bíl·i·ty** /-rəbíləṭi | -lɪ̀ti/ *n.* **~·ness** *n.* **ir·ré·p·a·ra·bly** *adv.* 〖《c1412》 ◻ (O)F *irréparable* ◻ L *irreparābilis*: ⇨ in-¹, reparable〗

ir·re·peal·a·ble /ɪ̀rɪpíːləbl̩⁻/ *adj.* 《法律など》廃止できない, 取り消せない. **ir·re·pèal·a·bíl·i·ty** /-ləbíləṭi | -lɪ̀ti/ *n.* **~·ness** *n.* **ìr·re·péal·a·bly** *adv.* 〖《1633》: ⇨ in-²〗

ir·re·place·a·ble /ɪ̀rɪpléɪsəbl̩⁻/ *adj.* 置き換えることのできない, 取り替えられない; 代わりのもの[人]がない, 代わりのない: valuable and ~ treasures かけがえのない貴重な宝物. **ìr·re·plàce·a·bíl·i·ty** /-səbíləṭi | -lɪ̀ti/ *n.* **~·ness** *n.* **ìr·re·pláce·a·bly** *adv.* 〖《1807》 ← *ir-* 'IN-¹'+REPLACEABLE〗

ir·re·plev·i·sa·ble /ɪ̀rɪplévəsəbl̩ | -vɪ̀-⁻/ *adj.* (*also* **ir·re·plev·i·able** /ɪ̀rɪpléviəbl̩⁻/) 〖法律〗動産占有回復訴訟 (replevin) で取り戻すことができない. 〖《1621》 ← *ir-* 'IN-²'+REPLEVISABLE〗

ir·re·press·i·ble /ɪ̀rɪprésəbl̩ | -sɪ̀-⁻/ *adj.* 1 《人など》制することができない, 抑えられない, 手に負えない: an ~ child. 2 《感情など》制し[抑え]切れない, こらえられない, 包み切れない: ~ laughter, joy, spirits, etc. / conceal one's ~ yawns こらえられないあくびを隠す. **ìr·re·press·i·bíl·i·ty** /-səbíləṭi | -sɪ̀bílɪ̀ti/ *n.* **~·ness** *n.* **ìr·re·préss·i·bly** *adv.* 〖《1811》 ← *ir-* 'IN-¹'+REPRESSIBLE〗

ir·re·proach·a·ble /ɪ̀rɪpróʊtʃəbl̩ | -prə́ʊtʃ-⁻/ *adj.* とがめようのない, 非難すべきところのない, 落ち度のない; 非の打ちどころのない, 申し分のない: produce one's ~ alibi 完全なアリバイを作り上げる. **ir·re·pròach·a·bíl·i·ty** /-tʃəbíləṭi | -lɪ̀ti/ *n.* **~·ness** *n.* **ìr·re·próach·a·bly** *adv.* 〖《1634》 ◻ F *irréprochable*: ⇨ in-¹, reproachable〗

ir·re·pro·duc·i·ble /ɪ̀riːprədúːsəbl̩, -djúː- | -djúːsɪ̀-⁻/ *adj.* 再生産できない. **ir·rè·pro·dùc·i·bíl·i·ty** /-səbíləṭi | -sɪ̀bílɪ̀ti/ *n.* 〖《1868》: ⇨ in-¹〗

ir·re·sist·i·ble /ɪ̀rɪzístəbl̩ | -tɪ̀-⁻/ *adj.* 1 抵抗できない, 食い止められない (resistless): an ~ force 〖法律〗不可抗力. 2 《感情など》抑えられない, 打ちかつことのできない: an ~ desire, impulse, etc. 3 《魅力など》人を悩殺する; 《人・物など》実に魅力的な, 愛さずにはおれないほど愛くるしい: ~ charms / an ~ little baby [doll] とてもかわいい赤ちゃん[人形] / Darling, you're absolutely ~! とってもかわいいよ. 4 《議論・申し出など》人を信服[承服]させる, いやおうのない, 文句の言えない: an ~ argument / ~ proof(s). — *n.* 愛さずにはおれないような人[もの]. **ìr·re·sìst·i·bíl·i·ty** /-təbíləṭi | -tɪ̀bílɪ̀ti/ *n.* **~·ness** *n.* **ìr·re·síst·i·bly** *adv.* 〖《1597》 ◻ LL *irresistibilis* ‖ ← *ir-* 'IN-¹'+RESISTIBLE〗

ir·re·sol·u·ble /ɪ̀rɪzɑ́(ː)ljʊbl̩, ɪ̀rézəl- | ɪ̀rɪzɔ́lʊ-, ɪrézəl-/ *adj.* 1 解けない, 解決できない, 説明できない: an ~ problem. 2 《古》溶解しない. 3 《古》救済不可能な, 消散できない. **ir·re·sol·u·bil·i·ty** /ɪ̀rɪzɑ̀(ː)ljʊbíləṭi, ɪ̀rèzəl- | ɪ̀rɪzɔ̀ljʊbílɪ̀ti, ɪrèzəl-/ *n.* **ir·re·sól·u·bly** *adv.* 〖《1646》 ◻ L *irresolūbilis*: ⇨ in-¹, resoluble〗

ir·res·o·lute /ɪ̀rézəlùːt, ɪr- | ɪrézəlùːt, ɪr-, -ljùːt⁻/ *adj.* 決断力のない, 優柔不断の; ためらいがちの, 煮えきらない, ぐずぐずした. **~·ly** *adv.* **~·ness** *n.* 〖《1573》 ◻ L *irresolūtus* ‖ *ir-* 'IN-¹'+RESOLUTE〗

ir·res·o·lu·tion /ɪ̀rèzəlúːʃən, ɪr- | ɪrèzəlúː-, -ljúː-/ *n.* 不決断, 優柔不断. 〖《1592》 *ir-* 'IN-¹'+RESOLUTION: cf. F *irrésolution*〗

ir·re·solv·a·ble /ɪ̀rɪzɑ́(ː)lvəbl̩ | -zɔ́lv-⁻/ *adj.* 1 分解[分離, 分析]のできない. 2 解決できない, 解けない. **ir·re·sòlv·a·bíl·i·ty** /-vəbíləṭi | -bílɪ̀ti/ *n.* **ìr·re·sólv·a·bly** *adv.* 〖《1660》: ⇨ in-¹〗

ir·re·spec·tive /ɪ̀rɪspéktɪv⁻/ *adj.* 《まれ》《法令など》無私な, 絶対的な; 無関心な, 無関係な 〔*of*〕. ★ 今は通例副詞的に次の成句に用いる. ***irrespéctive of*** …にかかわりなく, に関係なく, にかまわないで, …を顧みないで: be chosen ~ *of* age [nationality] 年齢[国籍]を問わず に選ばれる. — *adv.* 《口語》…におかまいなく, 十分な考えなしで[に], とかく. 〖《1640》 ← *ir-* 'IN-¹'+RESPECTIVE〗

ìr·re·spéc·tive·ly *adv.* 関係なく: ~ of =IRRESPECTIVE *of.* ★ irrespective of のほうが普通. 〖《1624》: ⇨ ↑, -ly¹〗

ir·res·pi·ra·ble /ɪ̀réspərəbl̩, ɪr-, ɪ̀rɪspáɪrəbl̩⁻ | ɪréspɪ̀r-, ɪr-, ɪ̀rɪspáɪər-⁻/ *adj.* 《空気・ガスなど》吸入できない, 呼吸に適さない. 〖《1822-34》 ◻ F ~ ‖ ← *ir-* 'IN-¹'+RESPIRABLE〗

ir·re·spon·si·ble /ɪ̀rɪspɑ́(ː)nsəbl̩, -spɑ́(ː)ntsə- | -spɔ́nsɪ̀-, -spɔ́ntsɪ̀-⁻/ *adj.* 1 責任を負わない, 責任のない; 精神的[経済的]に責任を負うことができない, 責任能力のない, とがめられない, 罰せられない: an ~ monarch 責任を問われない君主 / an ~ child (何をしても)とがめられない子供 / ~ *for* …に対し責任がない. 2 責任感のない, 無責任な, 当てにならない, いい加減な: an ~ person, action, reply, etc. — *n.* 責任のない人; 無責任な人. **ìr·re·spòn·si·bíl·i·ty** /-səbíləṭi | -sɪ̀bílɪ̀ti/ *n.* **~·ness** *n.* **ìr·re·spón·si·bly** *adv.* 〖《1648》 ← *ir-* 'IN-¹'+RESPONSIBLE〗

ir·re·spon·sive /ɪ̀rɪspɑ́(ː)nsɪv | -spɔ́n-⁻/ *adj.* 〔…に〕手ごたえのない, 反応のない, 感応しない 〔*to*〕: an ~ child 反応しない子供 / ~ *to* control [treatment] 制御[治療]がきかない. **~·ly** *adv.* **~·ness** *n.* 〖《1846》 ← *ir-* 'IN-¹'+RESPONSIVE〗

ir·re·strain·a·ble /ɪ̀rɪstréɪnəbl̩⁻/ *adj.* 抑制できない, 抑えられない. 〖《1643》: ⇨ in-¹〗

ir·re·ten·tion /ɪ̀rɪténʃən/ *n.* 保持[保留]できないこと, 保持力のないこと: ~ of urine 尿の失禁 (cf. incontinence 3). 〖《1643》 ← *ir-* 'IN-¹'+RETENTION〗

ir·re·ten·tive /ɪ̀rɪténtɪv | -tɪv⁻/ *adj.* 《記憶力が》保持できない, 保持力のない. **~·ness** *n.* 〖《1749》: ⇨ in-¹〗

ir·re·trace·a·ble /ɪ̀rɪtréɪsəbl̩⁻/ *adj.* 元へ戻せない; 取返しのつかない: an ~ step. 〖《1847》 ← *ir-* 'IN-¹'+RETRACEABLE〗

ir·re·triev·a·ble /ɪ̀rɪtríːvəbl̩⁻/ *adj.* 回復のできない; 取返しのつかない, 元通りにならない, 償い難い: an ~ loss, mistake, disaster, etc. **ìr·re·trìev·a·bíl·i·ty** /-vəbíləṭi | -lɪ̀ti/ *n.* **~·ness** *n.* **ìr·re·tríev·a·bly** *adv.* 〖《1695》 ← *ir-* 'IN-¹'+RETRIEVABLE〗

ir·rev·er·ence /ɪ̀rév(ə)rəns, ɪr- | ɪr-, ɪr-/ *n.* 1 a 不敬; 不遜(そん), 非礼. b 不敬の[不遜な]行為[言葉]. 2 a 不面目, 不名誉: be held in ~ 面目を失する, 軽蔑を受ける. b 《まれ》不評, 悪評. 3 軽視, 無視: treat a person with ~ 人を無視してかかる. 〖《a1349》: ⇨ ↓, -ence〗

ir·rev·er·ent /ɪ̀rév(ə)rənt, ɪr- | ɪr-, ɪr-⁻/ *adj.* 不敬な, 尊崇心のない; 非礼な, 不遜な. **~·ly** *adv.* 〖《c1460》 ◻ L *irreverentem* (pres.p.): ⇨ in-¹, reverent〗

ir·rev·er·en·tial /ɪ̀rèvərénʃəl | ɪr-⁻/ *adj.* =irreverent. **~·ly** *adv.* 〖1652〗

ir·re·vers·i·ble /ɪ̀rɪvə́ːsəbl̩ | -və́ːsɪ̀-⁻/ *adj.* 1 逆にできない, 裏返しできない; 転倒[逆転, 逆行]できない: an ~ engine 逆転不能の機関. 2 《法律・決議など》廃止できない, 廃棄し得ない, 取り消せない, 撤回できない, 変更できない: the ~ decisions of the court 取り消せない裁判所の判決. 3 〖物理化学〗不可逆の, 非可逆の. 4 〖熱力学〗不可逆過程の: ~ thermodynamics 不可逆熱力学. **ir·re·vèrs·i·bíl·i·ty** /-səbíləṭi | -sɪ̀bílɪ̀ti/ *n.* **~·ness** *n.* **ìr·re·vérs·i·bly** *adv.* 〖《1625》 ← *ir-* 'IN-¹'+REVERSIBLE〗

ir·rev·o·ca·ble /ɪ̀révəkəbl̩, ɪ̀rɪvóʊ-, ɪr- | ɪrévə-, ɪr-, ɪr-, ɪ̀rɪvə́ʊ-⁻/ *adj.* 1 呼び戻せない, 取返しのつかない: the ~ yesterday. 2 廃止できない, 取り消せない, 変更できない, 最終的な: an ~ promise, judgment, etc. **ir·rèv·o·ca·bíl·i·ty** /-kəbíləṭi | -lɪ̀ti/ *n.* **~·ness** *n.* **ir·rév·o·ca·bly** *adv.* 〖《c1384》 ◻ L *irrevocābilis*: ⇨ in-¹, revocable〗

ir·ri·den·ta /ɪ̀rɪdéntə | -tə/ *n.* =irredenta.

ir·ri·ga·ble /ɪ́rɪɡəbl̩/ *adj.* 《土地など》灌漑(かんがい)できる. **ír·ri·ga·bly** *adv.* 〖《1844》 ← L *irrigāre* (↓)+-ABLE〗

ir·ri·gate /ɪ́rəɡèɪt | ɪ́rɪ̀-/ *vt.* 1 《川・用水路などが》《土地・作物を》潤す; (川などで)《土地》に水を注ぐ[引く], 灌漑(かんがい)する: a land ~*d* by many streams たくさんの川で潤される土地 / ~ the desert (*with* water from a river) (川から水を引いて)砂漠を灌漑する. 2 〖外科〗《傷口など》に水・液などを灌注する, 洗浄する. 3 濡(ぬ)らす, 湿らせる. 4 …に生命を与える, 肥沃にする; 元気づける. — *vi.* 1 灌漑する. 2 《俗》酒を飲む. 〖《1615》 ← L *irrigātus* (p.p.) ← *irrigāre* to convey water to ← *ir-* 'IN-²'+*rigāre* to wet (cf. rain)〗

ir·ri·ga·tion /ɪ̀rəɡéɪʃən | ɪ̀rɪ̀-/ *n.* 1 水を引くこと, 灌漑(かんがい), 注流: canal [reservoir, sewage] ~ 水路[貯水池, 下水]灌漑 / an ~ canal [ditch] 用水路. 2 〖外科〗灌注(法), 洗浄(法). **~·al** /-ʃnəl, -ʃənl/ *adj.* 〖《1612》 ◻ L *irrigātiō(n-)* watering: ⇨ ↑, -ation〗

ir·ri·ga·tive /ɪ́rəɡèɪṭɪv | ɪ́rɪɡèɪt-/ *adj.* 灌漑(かんがい)(用)の. 〖《1861》 ← IRRIGATE+-IVE〗

ír·ri·gà·tor /-ṭə | -tə(r)/ *n.* 1 灌漑(かんがい)者, 灌漑車. 2 〖外科〗イルリガートル, 灌注器, 洗浄器. 〖《1829》 ◻ LL *irrigātor*: ⇨ irrigate, -or²〗

ir·rig·u·ous /ɪ̀ríɡjuəs | ɪr-/ *adj.* 《まれ》1 潤った (moist). 2 潤す, 灌漑(かんがい)する. 〖《1651-53》 ◻ L *irriguus* moist ← *irrigāre* 'to IRRIGATE': ⇨ -ous〗

ir·ri·ta·bil·i·ty /ɪ̀rəṭəbíləṭi | ɪ̀rɪ̀təbílɪ̀ti/ *n.* 1 怒りやすいこと, 怒りっぽいこと, 短気. 2 a 〖生理〗被刺激性, 過敏症《刺激に対する興奮性》. b 〖生物〗刺激感受性. 〖《1755》 ◻ L *irritābilitātem*: ⇨ ↓, -ity〗

ir·ri·ta·ble /ɪ́rəṭəbl̩ | ɪ́rɪ̀t-/ *adj.* 1 《人・性質など》怒りやすい, 怒りっぽい, 短気な, 癇癪(かんしゃく)もちの; じれったがる, いらいらする: an ~ disposition 短気 / grow ~ いらいらしてくる / in an ~ voice いらいらした声で. 2 a 〖生物・生理〗《身体・器官など》《刺激に対して》感じやすい, 興奮性の[しやすい], 過敏な. b 〖病理〗《傷など》炎症を起こしやすい, 炎症性の. **~·ness** *n.* **ír·ri·ta·bly** *adv.* 〖《1662》 ◻ F ~ ‖ L *irritābilis* ← *irritāre* 'to IRRITATE'〗

SYN 怒りっぽい: **irritable** すぐに興奮して怒りだす: I was in an *irritable* mood. いらいらした気分になっていた. **irascible** *irritable* と同義であるが, 格式ばった語: an *irascible* old man 短気な老人. **choleric** 《文語》かんしゃくもちの: a *choleric* gentleman かんしゃくもちの紳士. **splenetic** 《文語》習慣的に不機嫌で怒りっぽい: a *splenetic* temper 気難しい性質. **touchy** 《口語》すぐに怒りだす: He's very *touchy* today. きょうはとてもぴりぴりしている. **cranky** 《米》機嫌の悪い: a *cranky* baby 機嫌の悪い赤ん坊.

írritable bówel sỳndrome *n.* 〖病理〗過敏性大腸症候群《腹痛を伴う下痢や便秘などの腸障害; 略 IBS》. 〖1943〗

írritable cólon *n.* 〖病理〗過敏性大腸《慢性下痢もしくは下痢便秘の反復・腹痛などを呈する》.

írritable héart *n.* 〖病理〗過敏心臓, 心悸(しんき)亢進, 心臓神経症 (cardiac neurosis). 〖1864〗

ir·ri·tan·cy¹ /ɪ́rəṭənsi, -tn- | ɪ́rɪ̀tən-, -tn-/ *n.* いらだたしさ, うるささ (annoyance); じれったさ; いらだたせる事物; 気に障ること, 立腹, 激高. 〖《1831》 ← IRRITANT¹: ⇨ -ancy〗

ir·ri·tan·cy² /ɪ́rəṭənsi, -tn- | ɪ́rɪ̀tənsi, -tn-/ *n.* 〖ローマ・スコット法〗無効にすること, 無効状態 (invalidation); 無効条項 (irritant clause). 〖《1681》 ← IRRITANT²: ⇨ -ancy〗

ir·ri·tant¹ /ɪ́rəṭənt, -tnt | ɪ́rɪ̀t-/ *adj.* 刺激する, 刺激性の, 炎症を起こさせる. — *n.* 刺激薬[剤], 刺激物; (心の)刺激. 〖《1636》 ◻ L *irritantem* (pres.p.) ← *irrītāre*: ⇨ irritate¹, -ant〗

ir·ri·tant² /ɪ́rəṭənt, -tnt | ɪ́rɪ̀t-/ *adj.* 〖法律〗無効にする. 〖《1592》 ◻ L *irritantem* (pres.p.) ← *irritāre*: ⇨ irritate², -ant〗

írritant cláuse *n.* 〖スコット法〗無効条項. 〖1592〗

ir·ri·tate¹ /írətèɪt | írɪ̀-/ *vt.* **1** いらいら[じりじり]させる, じらす; 怒らせる, …にかんしゃくを起こさせる: be ~*d at* the thought of it それを思っただけでもいらいらする / be ~*d with* [*against*] a person 人に対して腹を立て(てい)る / His arrogance ~*d* me. 奴(ﾔﾂ)の横柄な態度にじりじりした. **2** 〖生理・生物〗〈身体・器官などを〉刺激する, 興奮させる; 〖病理〗…に炎症を起こす: The smoke ~*d* my eyes. 煙で目が痛くなった. — *vi.* 〈物事が〉いらいらの原因となる, 腹が立つ; (皮膚などを)刺激する. **ír·ri·tà·tor** /-tə | -tə(r)/ *n.* 〖(1531)《廃》'incite' ← L *irrītātus* (p.p.) ← *irrītāre* to excite, stimulate〗

SYN 怒らせる: **irritate** いらいらさせて怒らせる: His silly questions *irritated* me. ばかな質問で私はいらだった. **exasperate** 激しくいらだたせる: He was *exasperated* by her continual banter. 絶えずからかわれてかっとなった. **nettle** 一時的にむっとさせる: She was *nettled* by his rude questions. 無礼な質問でむっとした. **rile** 《口語》いらいらさせて怒らせる: Don't get *riled*. いらいらしなさんな. **peeve** 《俗》いらいらさせる, じらす: He was *peeved* about it. そのことでむしゃくしゃしていた. **provoke** 挑発して強いいらだちを起こさせる: Don't *provoke* the dog. その犬を怒らせてはいけない. **aggravate** 《口語》絶えずじらして怒らせる: He was *aggravated* by her continual complaints. 彼女ののべつの不平に腹を立てた.
ANT soothe, pacify.

---

ir·ri·tate² /írətèɪt | írɪ̀-/ *vt.* 〖法律〗無効にする, 失効させる. 〖(1605) ← LL *irritātus* (p.p.) ← *irritāre* to invalidate ← L *irritus* invalid, void ← *ir-* 'IN-¹'+*ratus* established, valid (p.p.) ← *rērī* to think, count: cf. rate¹〗

ír·ri·tàt·ed /-tɪ̀d | -tɪ̀d/ *adj.* **1** 〈人が〉いらいら[じりじり]した, 怒った. **2** 〈皮膚・目など〉(炎症を起こして)ちくちく[ひりひり]する, 荒れた, 赤くなった. 〖(1595) ← IRRITATE¹+-ED〗

ir·ri·tat·ing /írətèɪtɪŋ | írɪ̀tèɪt-/ *adj.* **1** 腹立たしい, いまいましい, いらだたしい, じれったい, うるさい〔*to*〕: an ~ answer, laugh, etc. **2** 刺激する, ちくちく[ひりひり]させる; 炎症を起こさせる; 興奮させる. **~·ly** *adv.* 〖(1707) ← IRRITATE¹+-ING²〗

ir·ri·ta·tion /ìrətéɪʃən | ìrɪ̀-/ *n.* **1** 怒らせること, 激させること, いらだたせること; いらだたせるもの, じれったいもの. **2** 怒ること, いらだち, 立腹, かんしゃく; 焦燥: with ~ いらいらして. **3** 〖生理・病理〗刺激, 興奮(すること, 状態): cause eye and throat ~s 目や喉を刺激する. **4** 刺激物. 〖(?a1425) □ L *irrītātiō(n-)*: ⇨ irritate¹, -ation〗

ir·ri·ta·tive /írətèɪtɪv | írɪ̀tèɪt-/ *adj.* **1** 刺激する, 興奮させる. **2** 〖病理〗刺激に伴う[によって起こる], 刺激性の; 興奮性の: an ~ cough, fever. **~·ness** *n.* 〖(1644) ← IRRITATE¹+-IVE〗

ir·ro·rate /írərèɪt/ *adj.* 〖動物〗小斑点のある (speckled). 〖(1826) □ L *irrōrātus* (p.p.) ← *irrōrāre* to bedew ← *ir-* 'IN-²'+*rōrāre* to drop dew (← *rōs* dew)〗

ír·ro·ràt·ed /-tɪ̀d | -tɪ̀d/ *adj.* 〖動物〗=irrorate. 〖1843〗

ir·ro·ta·tion·al /ìroutéɪʃnəl, -ʃənl | ìrəu-⁻/ *adj.* **1** 回転しない, 無回転の. **2** 〖数学〗渦なしの, 非回転的な, 層状の《回転が 0 であるベクトルについていう》. 〖(1875) ← *ir-* 'IN-¹'+ROTATIONAL〗

ir·rupt /ɪ̀rʌ́pt | ɪr-/ *vi.* **1** 突然[力ずくで]侵入する, 乱入する〔*into*〕. **2** 〈群集などが〉激動する; 感情を爆発させる. **3** 〖生態〗〈動物が〉(自然の均衡が破れて)大繁殖する. **4** 〈人口が〉急増する. 〖(1855) ← L *irruptus* (↓)〗

ir·rup·tion /ɪ̀rʌ́pʃən | ɪr-/ *n.* **1** 突入, 侵入, 乱入; 侵略: an ~ of the Goths *into* Italy ゴート族のイタリア侵入. **2** 〖生態〗(動物の)大繁殖, 激増, 急増. 〖(1533) □ L *irruptiō(n-)* ← *irruptus* (p.p.) ← *irrumpere* ← *ir-* 'IN-²'+*rumpere* to break (cf. rupture)〗

ir·rup·tive /ɪ̀rʌ́ptɪv | ɪr-/ *adj.* **1** 突入[乱入, 侵入]する. **2** 〖地質〗〈火成岩が〉迸入(ﾍｲﾆｭｳ)する (intrusive). **3** 〖生態〗〈動物が〉大繁殖する, 激増[急増]する. **~·ly** *adv.* 〖(1593): ⇨ -ive〗

IRS 《略》Information and Records Section 情報記録部; 《米》Internal Revenue Service.

Ir·tish /ɪətíʃ | ɪə-; *Russ.* irtíʃ/ *n.* [the ~] =Irtysh.

ir·tron /ə́ːtrɑ(ː)n | ə́ːtrɒn/ *n.* 〖天文〗銀河系中心にある強烈な赤外線源. 〖← *i(nfra)r(ed)* (*spec*)*tr*(*um*)+-ON²〗

Ir·tysh /ɪətíʃ | ɪə-; *Russ.* irtíʃ/ *n.* [the ~] イルトゥシ(川)《Altai 山脈よりロシア連邦西部を流れて Ob 川に注ぐ川 (3,720 km)》.

Ir·vine¹ /ə́ːvɪ̀n | ə́ːvɪn/ *n.* アービン《男性名》. 〖⇨ Irving²〗

Ir·vine² /ə́ːvɪ̀n | ə́ːvɪn/ *n.* アービン: **1** スコットランド南西岸 Clyde 湾に臨む町; 1966 年ニュータウンとして開発. **2** 米国 California 州南西部, Los Angeles 市郊外の都市.

Ir·ving¹ /ə́ːvɪŋ | ə́ː-/ *n.* アービング《男性名; 異形 Ervin, Erwin, Irvin, Irvine, Irwin》. 〖ME *Irwine* < OE *Eoforwine* 《原義》boar-friend〗

Ir·ving² /ə́ːvɪŋ | ə́ː-/ *n.* アービング《米国 Texas 州北西部, Dallas 市郊外の都市》.

Ir·ving /ə́ːvɪŋ | ə́ː-/, Sir **Henry** *n.* アービング《1838–1905; 英国の俳優; Shakespeare 劇の演出・演技で有名》.

Irving, Washington *n.* アービング《1783–1859; 米国の随筆家・短編小説家・歴史家; *The Sketch Book* (1819–20)》.

Ir·ving·ite /ə́ːvɪŋàɪt | ə́ː-/ *n. pl.* 〖キリスト教〗[しばしば軽蔑的に] アービング派の人《1832 年にスコットランドの牧師 Edward Irving (1792–1834) を中心とした, 原始教会の職制に帰りキリストの再臨の切迫を説くプロテスタントの一派 (Catholic Apostolic Church) の人》. 〖(1836) ← *Edward Irving*+-ITE¹〗

Ir·win /ə́ːwɪ̀n | ə́ːwɪn/ *n.* アーウィン《男性名》. 〖⇨ Irving〗

Irwin, William Henry *n.* アーウィン《1873–1948; 米国のジャーナリスト・作家》.

is /(弱) ɪ̀z, ɪz | ɪz; (強) íz/ ★(弱)ではまた /z, ʒ, dʒ/ 以外の有声音の後はまた /z/; /s, ʃ, tʃ/ 以外の無声音の後ではまた /s/. *vi.* be の第三人称単数直説法現在形 (cf. am, are¹). 〖OE *is* (G & Goth. *ist* / ON *es, er*) < IE **esti* (L *est* / Gk *estí* / Skt *asti*) ← **es-* to exist: ⇨ be¹〗

is 《記号》Iceland《URL ドメイン名》.

IS 〖自動車国籍表示〗Iceland.

IS 《略》Industrial Society; International Socialist.

IS 《記号》〖貨幣〗Israeli shekel(s).

Is. 《略》Isaiah (旧約聖書の)イザヤ書.

Is., is. 《略》island(s); isle(s).

is- /(母音の前にくるときの) iso- の異形: *is*energetic, *is*acoustic.

I·sa /áɪsə/ *n.* アイサ《女性名》. 〖(dim.) ← ISABEL〗

ISA /áɪsə/ 《略》〖航空〗International Standard Atmosphere.

Isa. 《略》Isaiah (旧約聖書の)イザヤ書.

I·saac /áɪzɪ̀k | -zək; *F.* izak/ *n.* **1** アイザック《男性名; 愛称形 Ike》. **2** 〖聖書〗イサク《ヘブライの族長; Abraham と Sarah の子で, Jacob の父; cf. *Gen.* 17:19; 21:3; 22》. 〖lateOE *Isac* □ LL *Isaacus* □ Gk (Septuagint) *Isaák* □ Heb. *Yiṣḥāq* 《原義》he laughs〗

I·saac /íza:k; *Du.* í:za:ɑk, ízɑk/, **Heinrich** *n.* イザーク《1450?–1517; フランドル楽派の作曲家》.

I·saacs /áɪzɪ̀ks | -zəks/, Sir **Isaac Alfred** *n.* アイザックス《1855–1948; オーストラリアの法学者; オーストラリア総督 (1931–36)》.

Isaacs, Rufus Daniel *n.* ⇨ READING, Rufus Daniel Isaacs.

Is·a·bel /ízəbèl; *Sp.* isaβél/ *n.* イサベル《女性名》. 〖□ F *Isabelle* □ Sp. *Isabella* (変形) ← L *Elisabetha* 'ELIZABETH²'〗

Is·a·bel·la¹ /ìzəbélə/ *n.* 灰黄色 (grayish yellow), 麦わら色 (dull straw color). — *adj.* 灰黄色の. 〖(1600) □ F *isabelle*: Isabella² の特殊用法: 俗にスペイン王の Philip 二世の王女 Isabella が Ostend 攻略の際, 陥落までは下着を変えぬと誓い, 3 年間その誓いを守ったという故事と連想されるが, 正確な由来は不明〗

Is·a·bel·la² /ìzəbélə; *Sp.* isaβéla/ *n.* イサベラ《女性名》. 〖⇨ Isabel〗

Is·a·bel·la³ /ìzəbélə/ *n.* イザベラ《1292–1358; 英国王 Edward 二世の王妃; フランス王 Philip 四世の王女; 愛人 Roger de Mortimer と共に Edward を死に至らしめる (1326); 息子を Edward 三世として即位させるが (1327), 息子に愛人を殺され引退; Isabella of France と呼ばれた》.

Isabella I *n.* イサベル一世《1451–1504; スペイン Castile と León の女王 (1474–1504); Aragon 王 Ferdinand 五世との結婚 (1474) によりスペインを統一した; Columbus の後援者; the Catholic または Isabella of Castile と呼ばれた》.

Isabella II *n.* イサベル二世《1830–1904; スペイン女王 (1833–68)》.

Isabélla of Castíle *n.* ⇨ Isabella I.

Isabélla of Fránce *n.* ⇨ Isabella³.

Is·a·belle /ízəbèl; *F.* izabɛl/ *n.* イザベル《女性名; 愛称形 Belle; cf. Isabel》.

Is·a·bel·line /ìzəbélɪ̀n, -laɪn, -li:n | -lɪn, -làɪn, -li:n/ *adj.* **1** (スペイン女王)イサベル一世 (Isabella I) 時代の. **2** [i-] 灰黄色の, 麦わら色の. 〖(1859) 1: ← *Isabella I*+-INE¹. 2: ← ISABELLA¹+-INE¹〗

is·ab·nor·mal /àɪsæbnɔ́ːməl, -səb-, -ml | -nɔ́:-/ *n.* 〖気象〗等異常線《標準気象からの偏差が等しい地点を結ぶ地図・海図上の線》. 〖(1853) ← ISO-+ABNORMAL〗

is·a·cous·tic /àɪsəkú:stɪk⁻/ *adj.* 等音響の. 〖(1842–76) ← ISO-+ACOUSTIC〗

Is·a·do·ra /ìzədɔ́:rə/ *n.* イザドーラ《女性名》. 〖(fem.) ← ISIDORE〗

Is·a·dore /ízədɔ̀ə | -dɔ̀:(r)/ *n.* イザドア《男性名》. 〖⇨ Isidore〗

i·sa·go·ge /áɪsəgòudʒi, ⁻⁻⁻⁻ | áɪsəgəudʒi, ⁻⁻⁻⁻/ *n.* **1** (学問の分野などに対する)手引き, 序説 (introduction). **2** =isagogics. 〖(1652) □ L *īsagōgē* □ Gk *eisagōgē* (↓)〗

i·sa·gog·ic /àɪsəgɑ́(ː)dʒɪk | -gɔ́dʒ-⁻/ *adj.* (特に, 聖書の)手引きの, 序説的な. — *n.* =isagogics. 〖(1828) □ L *īsagōgicus* ← Gk *eisagōgikós* ← *eisagōgē* introduction ← *eis* into+*agōgē* leading (← *ágein* to lead: cf. agent)〗

i·sa·gog·ics /àɪsəgɑ́(ː)dʒɪks | -gɔ́dʒ-/ *n.* 序論的研究; (特に)聖書序論[入門]《聖書の文献学的研究の準備としてのもの》. 〖(1864): ⇨ ↑, -ics〗

I·sai·ah /aɪzéɪə, -záɪə | -záɪə/ *n.* **1** アイゼイア《男性名》. **2** 〖聖書〗**a** イザヤ《紀元前 8 世紀のヘブライの預言者》. **b** (旧約聖書の)イザヤ書 (The Book of Isaiah) (略 Is., Isa.). 〖□ Heb. *Yᵉšaʿyā́h* ← *Yᵉšaʿyā́hū* 《原義》salvation of Yahweh〗

I·sa·ian /aɪzéɪən, -záɪ- | -záɪ-/ *adj.* イザヤ(書)の, イザヤ(書)的な. 〖(1883): ⇨ ↑, -an¹〗

I·sa·ian·ic /àɪzeɪǽnɪk, -zaɪ- | -zaɪ-⁻/ *adj.* =Isaian. 〖1882〗

I·sai·as /aɪzéɪəs, -záɪ- | -záɪ-/ *n.* (Douay Bible での) Isaiah のラテン語形.

i·sal·lo·bar /aɪsǽləbɑ̀ə | -bɑ̀:(r)/ *n.* 〖気象〗イサロバール, 気圧等変化線. **is·al·lo·bar·ic** /aɪsæ̀ləbǽrɪk, -bɛ́r- | -bǽr-⁻/ *adj.* 〖(1909) ← ISO-+ALLO-+(ISO)BAR〗

is·al·lo·therm /aɪsǽləθə̀:m | -θə̀:m/ *n.* 〖気象〗気温等変化線《一定期間中に同じ気温変化を示した地点を結ぶ天気図上の線》. 〖← ISO-+ALLO-+-THERM〗

ISAM /áɪsæm/ 《略》〖電算〗indexed-sequential access memory; indexed-sequential access method.

is·an·drous /aɪsǽndrəs/ *adj.* 〖植物〗雄蕊(ﾕｳｽﾞｲ)と花弁が同数の. 〖← ISO-+-ANDROUS〗

is·a·nom·al /àɪsənɑ́(ː)məl, -ml | -nɔ́m-/ *n.* 〖気象〗等偏差線《気温・気圧などの偏差の等しい地点を結ぶ地図・海図上の線》. 〖(1881) ← ISO-+-*anomal* (《逆成》← ANOMALOUS)〗

is·an·thous /aɪsǽnθəs/ *adj.* 〖植物〗整正花 (regular flowers) をもった. 〖(1855) ← NL *isanthus*: ⇨ iso-, -anthous〗

I·sar /í:zɑə | -zɑ:(r); *G.* í:zaʁ/ *n.* [the ~] イーザル(川)《オーストリア西部からドイツ南部を流れて Danube 川に注ぐ川 (260 km)》.

i·sa·rithm /áɪsərɪ̀ðm/ *n.* 〖地理〗等値線 (isopleth)《地図や海図で気温・高度・水深・人口密度その他の値の等しい地点を結んで引いてある線》. 〖← ISO-+(LOG)ARITHM〗

i·sa·tin /áɪsətɪ̀n, -tn | -tɪn/ *n.* (*also* **i·sa·tine** /-tì:n, -tɪ̀n | -tì:n, -tɪn/) 〖化学〗イサチン ($C_8H_5NO_2$)《インジゴ系染料の一種の中間体》. **i·sa·tin·ic** /àɪsətínɪk/ *adj.* 〖(1845) ← NL *Isatis* (← L *isatis* □ Gk *isátis* woad)+-IN²〗

-i·sa·tion /⁻⁻(⁻)ɪ̀zéɪʃən | -aɪz-, -ɪz-/ *suf.* =-ization.

I·sau·ri·a /aɪsɔ́:riə/ *n.* イサウリア《小アジア中南部, 古代の地域; 主に Taurus 山脈西部の北面地域》. **I·sáu·ri·an** /-riən/ *adj.*, *n.*

is·aux·e·sis /àɪsɔ:gzí:sɪ̀s, -ksí:-, -sɑ:- | -sɔ:gzí:sɪs, -ksí:-/ *n.* 〖生物〗=isogony. 〖← NL ~: ⇨ iso-, auxesis〗

is·ba /ɪzbɑ́:; *Russ.* izbá/ *n.* (ロシアの)丸太小屋 (log hut), 木造小屋, 百姓家. 〖(1784) □ Russ. *izba* < ORuss. *istŭba* bathing room ← ? Gmc. (cf. OHG *stuba* heated room: ⇨ stove¹)〗

ISBN /áɪèsbì:én/ 《略》International Standard Book Number.

ISC 《略》International Space Congress; International Student Conference; interstate commerce.

Is·car·i·ot /ɪ̀skǽriət, -kér- | -kǽr-/ *n.* **1** イスカリオテ《キリストを裏切ったユダヤ人 Judas の姓; cf. Judas 1 a》. **2** 裏切り者; 反逆者 (traitor). 〖(1647) □ LL *Iscariōta* □ Gk *Iskariṓtēs* □ ? Heb. *īš-qᵉrīyṓth* man of *Kerioth* (Palestine の地名): cf. Gk *sikários* killer〗

is·che·mi·a /ɪ̀skí:miə | ɪs-/ *n.* (*also* **is·chae·mi·a** /~/) 〖病理〗虚血, 乏血, 局所貧血. 〖(1855) ← NL ← Gk *ískhein* to check+-EMIA〗

is·che·mic /ɪ̀skí:mɪk | ɪs-/ *adj.* (*also* **is·chae·mic** /~/) 〖病理〗虚血(性)の, 乏血(性)の: an ~ heart disease 虚血性心疾患《心筋梗塞(ｺｳｿｸ)など》. 〖(1876): ⇨ ↑, -ic¹〗

ischia *n.* ischium の複数形.

Is·chi·a /ískiə; *It.* ískja/ *n.* イスキア(島)《イタリア南西岸ナポリ湾内の火山島; 1883 年に大地震を記録した; 面積 147 km²》.

is·chi·ad·ic /ìskiǽdɪk | -dɪk⁻/ *adj.* 〖解剖〗坐骨の (sciatic), 坐骨神経の. 〖(1656) □ L *ischiadicus* □ Gk *iskhiadikós* ← *iskhíon* (⇨ ischium)〗

is·chi·al /ískiəl/ *adj.* 〖解剖〗=ischiatic. 〖1855〗

is·chi·al·gi·a /ìskiǽldʒiə, -dʒə/ *n.* 〖病理〗坐骨神経痛. 〖(1847) ← *ischio-* ← (ISCHIUM)+-ALGIA〗

is·chi·at·ic /ìskiǽtɪk | -tɪk⁻/ *adj.* 〖解剖〗坐骨の(近くにある). 〖(1656) □ ML *ischiaticus* (変形) ← L *ischiadicus* □ Gk *iskhiadikós* ← *iskhíon* hip joint〗

is·chi·op·o·dite /ìskiɑ́(ː)pədàɪt | -ɔ́p-/ *n.* 〖動物〗坐節 (節足動物の関節肢の第 3 肢節). 〖(1870) ← *ischio-* (← ISCHIUM)+-*podite* (⇨ pod-, -ite¹)〗

is·chi·um /ískiəm/ *n.* (*pl.* **is·chi·a** /-kiə/) 〖解剖〗坐骨. 〖(1646) ← L ~ ← Gk *iskhíon* hip joint〗

is·chu·ri·a /ɪ̀skjúəriə | ɪskjúər-/ *n.* 〖病理〗尿閉. 〖(1675) □ L *ischūria* □ Gk *iskhouría* ← *ískhein* to check, hold+*oûron* urine: ⇨ -ia¹〗

ISD /áɪèsdí:/ 《略》international subscriber dialling 国際ダイヤル通話. 〖1972〗

ISDN /áɪèsdì:én/ 《略》integrated services digital network 総合デジタル通信網. 〖1974〗

ISE 《略》International Stock Exchange.

Ise, I'se /aɪz/ 《方言・古》I is (=am) の縮約形 (cf. ye'se). 〖1796〗

-ise¹ /⁻⁻(⁻)àɪz/ *suf.* =-ize.

-ise² /⁻⁻(⁻)àɪz, ⁻àɪz/ *suf.* -ice の異形: excer*cise*, franch*ise*, merchand*ise*. 〖ME □ OF ~ < L *-itiam*, *-itium*, *-icium*: cf. -ice, -ess²〗

i·sei·ko·ni·a /àɪsaɪkóuniə | -kə́u-/ *n.* 〖眼科〗等像視 (↔aniseikonia)《像が両眼に同じ大きさで結ぶ状態》. **i·sei·kon·ic** /àɪsaɪkɑ́(ː)nɪk | -kɔ́n-⁻/ *adj.*

is·en·thal·pic /àɪsɛnθǽlpɪk⁻/ *adj.* 〖物理・化学〗等エンタルピー (enthalpy) の. 〖(1925) ← ISO-+ENTHALPY+-IC¹〗

is·en·tro·pic /àɪsɛntróupɪk, -trɑ́(ː)p- | -trɔ́p-⁻/ *adj.* 〖物理・化学〗等エントロピー (entropy) の[をもった]; (特に)エントロピーの変化なくして起こる. **ìs·en·tróp·i·cal·ly** *adv.* 〖(1873) ← ISO-+ENTROPY+-IC¹〗

I·sère /i:zéə | -zéə(r); *F.* izɛːʁ/ *n.* **1** イゼール(県)《フランス南東部の県; 面積 7,474 km², 県都 Grenoble》. **2**

I

[the ～] イゼール(川)《フランス南東部の川; アルプスから流れて Rhône 川に注ぐ (290 km)》.

I·seult /ɪsúːlt, iːzúːlt | ɪzúːlt, ɪsúːlt/ *n.* **1** イスールト《女性名》. **2**〖アーサー王伝説〗イズー, イゾーデ, イゾルデ《ドイツ語名 Isolde》: **a** アイルランド王の娘で Cornwall 王 Mark の妻; Tristram の愛人; 通称 the Fair *or* Beautiful Iseult. **b** フランス Brittany 王の娘で Tristram の妻; 通称 Iseult of the White Hands. 〖ME ◻ OF *Iseut, Isolt* ◻ OHG *Isold* ← ? *is* ice＋*waltan* to rule: cf. Isolde〗

Is·fa·han /ìsfəhάːn | ìʃfəhάːn, ís-/ *n.* ＝Esfahān.

-ish[1] /ɪʃ/ *suf.* 次の意味を表す形容詞語尾: **1** 特に, 国民・人種の名称において「…の, …に属する, …性の」の意: English, Ir*ish*, Frank*ish*. ★ これらの形は名詞に転用されて言語名も表す. **2**「…のような, …がかった, …めいた」などの意: boy*ish*, fever*ish*, wagg*ish*. **3** 悪い意味で「…じみた」の意: ap*ish*, baby*ish*, monk*ish*. **4** 色彩などを表す形容詞に付いて「やや…の, 幾分…な」の意: brown*ish*, cold*ish*, thinn*ish*. **5**《口語》時刻・年齢などで「およそ…, …ごろ」の意: a sixty*ish*, white-haired gentleman 六十がらみの白髪の紳士 / Come at ten*ish* next Monday. 次の月曜 10 時ごろおいでなさい / I'll call on you dinner*ish*. 夕食のころお訪ねしよう. 〖OE *-isc* < Gmc **-iskaz* (Du. & G *-isch*): cf. L *-iscus* / Gk *-iskós*〗

-ish[2] /ɪʃ/ *suf.* フランス語系の動詞語尾: fin*ish*, per*ish*, pol*ish*, pun*ish*. 〖ME *-ische(n)*《口蓋化》← *-isse(n)* ◻ (O)F *-iss-* (原形に *-ir* の語尾をもつ動詞の現在分詞・現在複数語幹) < L *-isc-*〗

I

Ish·bo·sheth /ɪʃbóʊʃɪθ | -ʃɪθ/ *n.*〖聖書〗イシボセテ《Saul の第 4 子で薄命の後継者; cf. 2 *Sam.* 2–4》. 〖◻ Heb. *Īšbōšeth*《原義》man of shame〗

Ish·er·wood /íʃəwʊ̀d | íʃə-/, **Christopher** (**William Bradshaw-**) *n.* イシャーウッド《1904–86; 英国生まれの米国の小説家・劇作家; *Goodbye to Berlin* (1939)》.

Ísherwood fràming [**sỳstem**] *n.*〖造船〗イシャーウッド構造《船の縦通材を多く用いて縦剛性を特に強くする艦船建造法; longitudinal framing ともいう》. 〖← *B. F. Isherwood* (1822–1915: 米国の技師)〗

I·shi·gu·ro /ìʃɪɡúəroʊ | -ɡúərəʊ/, **Ka·zu·o** /kaːzúːoʊ | -əʊ/ イシグロ《1954–　; 長崎生まれの英国の作家; 漢字表記は石黒一雄; *The Remains of the Day* (1989)》.

I·shi·há·ra tèst /ìʃiːhάːrə-/ *n.*〖医学〗石原式色盲検査法《同名の検査表ないし「英文色盲検査表」を用いる; Ishihara's test ともいう》. 〖《1924》← 石原忍 (1879–1963: 日本の眼科学者)〗

I·shim /ɪʃím; *Russ.* iʃím/ *n.* [the ～] イシム(川)《カザフスタン北中部とロシア西部を流れる川; 北流して Irtysh 川に合流する (2,140 km)》.

Ish·ma·el /íʃmeɪəl, -mɪəl/ *n.* イシマエル: **1** Abraham がその侍女 Hagar に産ませた子; 妻 Sarah によって母と共に追放された (cf. *Gen.* 16:11). **2** ユダの Babylon による支配に反対し Nebuchadnezzar が任命した総督を暗殺した山賊の首領 (cf. 2 *Kings* 25:25; *Jer* 40:13–41:18). **3**《まれ》世の憎まれ者, 世ののけ者, 追放人, 社会の敵. 〖《1835》◻ Heb. *Yišmāʿēl*《原義》God hears〗

Ish·ma·el·ite /íʃmiəlàɪt, -meɪə-/ *n.* **1** イシマエルの子孫《アラビア人の祖先といわれる》. **2** ＝Ishmael 3.

Ísh·ma·el·ìt·ish /-tɪʃ | -tɪʃ/ *adj.* **Ísh·ma·el·ìt·ism** /-tɪzm/ *n.* 〖⇨ ↑, -ite[1]〗

Ish·tar /íʃtaə | -taː(r)/ *n.*〖神話〗イシュタル《Babylonia と Assyria の主神; 愛・戦争・豊作の女神; cf. Astarte, Inanna》. 〖◻ Akkad. *Ištar*: cf. Heb. *'Aštōreth* 'Ashtoreth'〗

Ish·va·ra /íːʃwərə/ *n.* **1**〖ヒンズー教〗イーシュバラ《最高神; Siva に冠して使うことが多い; cf. deva[2]》. **2**〖哲学〗人間や宇宙に遍在する聖霊. 〖◻ Skt *īśvara*〗

Is·i·ac /ísiæk, ízi-, άɪsi-/ *adj.* 豊穣と受胎の女神イシス (Isis) の, イシス崇拝の. 〖《1694》◻ L *Īsiacus* ◻ Gk *Īsiakós*: ⇨ Isis[1], -ac〗

I·si·a·cal /ɪsáɪəkəl, aɪs-, -kl | ɪs-, aɪs-/ *adj.* ＝Isiac.

isidia *n.* isidium の複数形.

i·sid·i·oid /aɪsídiɔɪd | -di-/ *adj.*〖植物〗針芽 (isidium) の, 針芽状の. 〖← ISIDI(UM)＋-OID〗

i·sid·i·um /aɪsídiəm | -di-/ *n.* (*pl.* **i·sid·i·a** /-diə | -diə/)〖植物〗針芽, 裂芽《地衣類の無性生殖器官の一つ》. 〖《1866》← NL ～ ← *Isid-* (⇨ Isis[1])＋-IUM: その形状が Isis の日輪と角の頭飾りに似ているところから〗

Is·i·dor /ízədɔə | ízɪdɔː(r)/ *n.* ＝Isidore.

Is·i·do·ra /ìzədɔ́ːrə | ìzɪ-/ *n.* イジドーラ《女性名; 異形 Isadora》. 〖(fem.) ← ISIDORE〗

Is·i·dore /ízədɔə | ízɪdɔː(r); *F.* izidɔːʁ/ *n.* イジドア《男性名; 異形 Isidor, Isadore》. ★ 米国に多い. 〖◻ F ～ ◻ L *Isidōrus* ◻ Gk *Isídōros* ← *Îsis* 'Isis'＋*dōron* gift〗

Ísidore of Sevílle, **Saint** *n.* (セビリヤの)イシドルス《560?–636; スペイン Seville の大司教; 歴史家・百科事典編纂(へんさん)者》.

i·sin·glass /áɪzɪŋɡlæ̀s, -zn-, -zɪŋ- | -zɪŋɡlὰːs/ *n.* **1** アイシングラス《魚類の浮袋から作り, 水を加え加熱してゼラチンを作る; 清澄剤・宝石の接着剤に用いる》. **2**〖鉱物〗雲母(うんも) (mica). **3** 寒天. 〖《1528》*isonglass*《変形》← MDu. *huysenblas* (cf. G *Hausenblase*) ← *huso* sturgeon＋*blas* bladder (← Gmc **blēsan* to blow: cf. blast): *-glass* ← *-blas* は GLASS の影響による変形〗

I·sis[1] /áɪsɪs | -sɪs/ *n.*〖エジプト神話〗イシス《豊穣と受胎の女神; Osiris の妹で妻; Horus の母; 古代エジプトで最も広く信仰された》. 〖◻ L *Īsis* ◻ Gk *Îsis* ◻ Egypt. *'Ise*＝*Ast* ← *Ås-*《原義》seat＋*-t* (fem. suf.): cf. Osiris〗

I·sis[2] /áɪsɪs | -sɪs/ *n.* [the ～] アイシス(川)《イングランド Oxford 付近の》Thames 川上流の名》. 〖ME *Isa* ← *Tamise, Tamesis* (Thames の古形)〗

Isis[1]

Is·kan·der Bey /*Turk.* iskɛndɛ́rbéj/ *n.* イスカンデルベイ《Scanderbeg のトルコ語名》.

Is·ken·de·run /ɪskɛ̀ndərúːn, ―――; *Turk.* iskɛ́ndɛrun/ *n.* イスケンデルン《トルコ南部 Iskenderun 湾に臨む港市; 旧名 Alexandretta》.

Iskenderun, **the Gulf of** *n.* イスケンデルン湾《トルコ南部地中海東部の湾; 旧名 the Gulf of ALEXANDRETTA》.

Isl., isl.《略》island; isle.

Is·la de Pas·cua /*Sp.* ísladepáskwa/ *n.* ＝Easter Island.

Is·lam /ízlaːm, ís-, -læm, -ləm, ɪzlάːm, ɪs-; *Arab.* islάːm/ *n.* **1** イスラム教, マホメット教, 回教. **2 a** イスラム教の世界; 回教文化[文明]. **b** イスラム教諸国. 〖《(1613)》《1818》◻ Arab. *islām* submission (to the will of God) ← *áslama* to submit oneself ← Arab. *sálima* to be safe: cf. Moslem, salaam〗

Is·la·ma·bad /ɪslάːməbὰːd, -bæ̀d, ɪzlǽməbæ̀d | ɪzlάːməbæ̀d, ɪs-, -lǽm-, -bὰːd/ *n.* イスラマバード《パキスタン北東部にある同国の首都; cf. Rawalpindi》.

Is·lam·ic /ɪslάːmɪk, ɪz-, -lǽm- | ɪzlǽm-, ɪs-, -lάːm-/ *adj.* イスラム教(徒)の. 〖《1791》: ⇨ -ic[1]〗

Islámic cálendar *n.* [the ～] イスラム暦《Muhammadan calendar ともいう》. ★ 12 の太陰月から成るイスラム教徒の暦法 (cf. Jewish calendar). Muhammad の Mecca から Medina への移住の日(紀元 622 年 7 月 16 日金曜日 ⇨ Hegira, A. H.) から起算する; この暦法によれば 1 年は 354 日(うるう年 355 日)で 12 か月は 1 か月交互に 30 日, 29 日(うるう年に限り第 12 月は 30 日)となる; 各月の名は次の通り: Muharram, Safar, Rabi I, Rabi II, Jumada I, Jumada II, Rajab, Sha'ban, Ramadan, Shawwal, Dhu'l-Qa'dah, Dhu'l-Hijja. 〖1974〗

Islámic fundaméntalism *n.* イスラム原理主義《アラブ・イスラム諸国と対決する過激なイスラム教復古主義運動》.

Islámic Repúblic of Mauritánia *n.* [the ～] モーリタニア-イスラム共和国《Mauritania の公式名》.

Is·lam·ics /ɪslάːmɪks, ɪz-, -lǽm- | ɪzlǽm-, ɪs-, -lάːm-/ *n.* [単数または複数扱い] イスラム教研究.

Is·lam·ism /ɪslάːmɪzm, ɪz-, -lǽm-, íslәmɪzm, íz- | ízləmɪzm, ís-/ *n.* イスラム[マホメット]教信仰 (Muhammadanism). **Is·lám·ist** /-mɪst | -mɪst/ *n.* 〖《1747》← ISLAM＋-ISM〗

Is·lam·ite /ɪslάːmaɪt, ɪz-, -lǽm-, ízləmàɪt, ís- | ízləmàɪt/ *n.* イスラム教徒. 〖《1799》← ISLAM＋-ITE[1]〗

Is·lam·it·ic /ìzləmítɪk, ìs- | ìzləmít-/ *adj.* イスラム[マホメット]教信仰の[に関する]; イスラム教的な. 〖《1791》: ⇨ ↑, -ic[1]〗

Is·lam·ize /ízləmàɪz, ís-, ɪslάːmaɪz, ɪz-, -lǽm- | ízləmàɪz/ *vt.* イスラム化する; …にイスラム教を信奉させる.

Is·lam·i·za·tion /ìzləmɪzéɪʃən, ìs-, ɪslὰːm-, ɪz-, -læ̀m- | ìzləmaɪ-, -mɪ-/ *n.* 〖《1846》: ⇨ -ize〗

is·land /áɪlənd/ *n.* **1** 島 (isle): ⇨ floating island 1. **2** 島のようなもの: **a** (街路上の)安全地帯 (cf. refuge 2 c): a safety [street, traffic] ～. **b** 孤立した丘[地面など]; 孤丘, 島状丘陵. **c**《米》大草原中の森林地. **d**〖鉄道〗＝island platform. **3**〖生理・解剖〗(組織の)島(細胞群) (cf. ISLETS of Langerhans, insular 6). **4**〖海事〗(航空母艦の)司令塔, アイランド《艦橋・砲台・煙突などを飛行甲板の右舷(うげん)中央部に取りまとめた構造物》. **5** 孤立した人種集団[地域, 単位]: an ～ of civilization in a sea of barbarism 野蛮という海の中の文明の島. **6**〖言語〗言語島 (speech island). **7** [Islands] [the ～]《NZ》南太平洋の島々.

ísland of Réil [the ―]〖解剖〗島, ライル島《大脳皮質の三角部; insula ともいう》.

Ísland of Sáints [the ―] 聖人島《アイルランドの別称》.

íslands of Lángerhans [the ―]〖解剖〗＝ISLETS of Langerhans.

Íslands of the Bléssed [**Blést**] [the ―]〖ギリシャ神話〗極楽島《善人が死後移り住むといわれる大洋のはるか西方にある島; Hesperides ともいう》.

― *adj.* [限定的] 島の; 島国の; 島のような, 島状の: an ～ empire 島帝国 / our ～ story わが国の物語, 英国の歴史 (cf. A. Tennyson, *Ode on the Death of the Duke of Wellington* viii).

― *vt.* **1** 島にする; …に島を散在させる. **2** 〔…を〕…に島のように点在させる〔*with*〕. **3** 島(のような所)に置く; 隔離する, 孤立させる (isolate).

～·lìke *adj.* 〖OE *īland, ī(e)ġland* ← *īġ, ieġ* island,《原義》watery land (< Gmc **awjō* < **azwjō* water (ON *ey* island / OE *ēa* water, river / G *Aue*《古》water-meadow, river-island) ← IE **akʷā-* water (L *aqua*))＋*land* 'LAND': *-s-* は ISLE からの類推で 16 C 末頃から一般化した〗

Ís·land /*Iceland.* íːsland/ *n.* イースラント《アイスランド (Iceland) のアイスランド語名》.

ísland árc *n.* 孤状列島, 島弧《日本列島や Aleutian 列島のような列島; 通例外洋に対して凸状をなし, 内側に深い海盆をもつ》. 〖1906〗

Ísland Cárib *n.* アイランドカリブ《小アンティル諸島 (Lesser Antilles) のインディオ》; アイランドカリブ語《アラワク語族; ベリーズ・グアテマラ・ホンジュラスなどでも話される》.

is·land·er /áɪləndə | -də(r)/ *n.* **1** 島の住民, 島民; 島国民. **2** [I-]《NZ》太平洋諸島の先住民[住人]. 〖《c1550》: ⇨ -er[1]〗

ísland-hòp *vi.*《米》島伝いに行く;(特に)島伝いに攻撃する, 島伝い戦法をとる. **ísland-hòp·ping** *n.* 〖1944〗

ísland·man /-mən/ *n.* (*pl.* **-men** /-mən, -mèn/)《アイル》＝islander.

ísland plàtform *n.*〖鉄道〗島式プラットホーム, 両側[面]ホーム《上り下り両線の発着に併用される》. 〖1885〗

íslands cóuncil *n.* 島嶼(とうしょ)議会《1975 年, 地方自治の目的でスコットランドの島々を三つの地域 (Orkney, Shetland, the Western Isles) に分割したうちの一つ; cf. region 4》.

ísland úniverse *n.*〖天文〗島宇宙《銀河系外星雲; galaxy の古称》. 〖1867〗

Is·lay /άɪleɪ | -lə/ *n.* アイレー《スコットランド西岸沖の Inner Hebrides 諸島最南端の島; 農業, ウイスキー製造が盛ん; 面積 609 km²》. ★ 現地の発音は /άɪlə/.

isle /aɪl/ *n.* **1** 小島. **2** 島 (island). ★ 特に詩語として, または散文では固有名詞の一部として用いる: the Isle of Wight / the British Isles. ― *vt.*《詩》**1** 島に[島のように]する. **2** 島(のような所)に置く; 隔離する. ― *vi.* 島 (isle) に住む.

Ísle of Dógs [the ―] ⇨ the Isle of DOGS.

Ísle of Ély [the ―] ⇨ the Isle of ELY.

Ísle of Fránce ⇨ Île-de-France.

Ísle of Mán [the ―] ⇨ the Isle of MAN.

Ísle of Pínes [the ―] ⇨ the Isle of PINES.

Ísle of Sáints [the ―] ⇨ ISLAND of Saints.

Ísle of Shéppey [the ―] ⇨ the Isle of SHEPPEY.

Ísle of Thánet [the ―] ⇨ the Isle of THANET.

Ísle of Wíght [the ―] ⇨ the Isle of WIGHT.

Ísle of Yóuth [the ―] ⇨ the Isle of YOUTH.

〖《?c1225》*i(s)le* ◻ OF *i(s)le* (F *île*) < L *insulam* island ← ? **en salos* in the sea〗

Ísle Róy·ale /-rɔ́ɪəl/ *n.* アイルロイヤル《米国 Michigan 州, Superior 湖中の島 (⇨ Isle Royale National Park)》. 〖◻ F ～ 'royal island'〗

Ísle Róyale Nátional Párk *n.* アイルロイヤル国立公園《米国 Michigan 州北部 Superior 湖中にあり, Isle Royale および付近の島々からなる, 1940 年指定; 面積 2,183 km²》.

is·let /άɪlɪt | άɪlɪt, -lət/ *n.* 小島; 小島に似たもの《斑点(はんてん)・斑紋など》: an ～ of verdure in a desert 砂漠の中の緑地.

íslets of Lángerhans [the ―]〖生理・解剖〗ランゲルハンス島《インシュリンを分泌する膵(すい)の細胞群; the islands of Langerhans ともいう; cf. insular 6》.

〖《1538》◻ OF *islette* (F *îlette*) (dim.) ← *isle*: ⇨ isle, -et〗

Is·ling·ton /ízlɪŋtən/ *n.* イズリントン《London 中央部の自治区》. 〖OE *Ġislandun* ← *Ġīslan dūn* Gisla's hill〗

Isls., isls.《略》islands.

ism /ízm/ *n.*《口語》[しばしば軽蔑的に] 主義, 学説, イズム (doctrine) (cf. doxy[1]): an age of ～s イズム(いろいろ難しい理論)の多い時代. 〖《1680》← -ISM〗

-ism /―ìzm, ―ɪzm/ *suf.* 次の意味を表す抽象名詞を造る: **1** -ize, -ise で終わる動詞に対応する名詞を造り, 行為・結果を表す: bapt*ism*, catech*ism*, ostrac*ism*. **2** 典型的行動, 状態, 作用: barbar*ism*, hero*ism*, pauper*ism*. **3** 学説, 主義, 信仰: Calvin*ism*, Darwin*ism*, scepticism. **4** 特性, 特徴: American*ism*, Gallicism, manner*ism*, patriot*ism*. **5** 病的状態: alcohol*ism*, morph*ism*. 〖ME ◻ (O)F *-isme* ◻ L *-ismus, -isma* ◻ Gk *-ismós, -isma* ← *-izein* '-IZE'＋*-m-* (抽象名詞語尾): cf. G *-ismus*〗

Is·ma·il /ìzmaːíːl, ìs-, ízmaɪl, -meɪl/ *n.* イスマイル《?–760; Shi'a 派第六代教主の長子》. 〖◻ Arab. *Ismāʿīl*: cf. Ishmael〗

Is·ma·il·i /ìsmaːíːli, ɪz- | ìzmaːíːli, ɪzmάɪli; *Arab.* ismaːʕiːliː/ *n.* (*also* **Is·ma'il·i** /～/) ＝Ismailian.

Is·ma·i·li·a /ìzmeɪlɪ̀líːə, -ìs- | -maɪlíːə/ *n.* イスマイリア《エジプト北東部, Suez 運河の中間点; Timsah 湖に臨む都市; Ismā'iliya ともつづる》.

Is·ma·il·i·an /ìzmaːíːliən, ìs-, -meɪ-/ *n.*〖イスラム教〗イスマイル派 (Ismailiya) の信者《Ismaili ともいう》. 〖《1839》← ISMAIL＋-IAN〗

Is·ma·i·li·ya /ìzmeɪlɪ̀líːə, ìs- | -maɪlíːə/ *n.* [the ～]〖イスラム教〗イスマイル派《秘教的哲学を信奉し, Ismail を第七代教主であると唱えたイスラム教 Shi'a 派の一分派》. 〖◻ Arab. *Ismāʿīlīya* ← *Ismāʿīl* 'ISMAIL'＋*-ī* (adj. suf.)＋*-ya* (名詞化の suf.)〗

Ismáil Pásha *n.* イスマイルパシャ《1830–95; エジプトの総督 (1863–79); 1867 年より副王 (khedive Ismail) と呼称変わる》.

is·me·ne /ɪzmíːniː, ɪs-, -méɪ-/ *n.*〖植物〗＝Peruvian daffodil. 〖← NL ～ ← L *Ismēnē* ◻ Gk *Isménē* (Oedipus の娘)〗

is·na /ízni/ *vi.* (*also* **is·nae** /～/)《スコット》＝is not.

Is·nik /íznɪk/ *adj.* イズニック陶器の《元来 15–17 世紀にト

ルコで作られた色あざやかな陶器タイルおよびそれを模倣した製品についていう). 〘(1909): *Iznik* 製造地〙

is·n't /íznt, íznt/ 《口語》 is not の縮約形.

ISO /áɪsóu | -ésóu/ 《略》 Imperial Service Order 《英》文官勲功章 (1993 年廃止); International Organization for Standardization; International Sugar Organization 国際砂糖機関.

i·so- /áɪsou | -səu/ 主に学術用語として次の意味を表す連結形 (↔ aniso-): **1** 「等しい, 同一の」: *iso*chromatic, *iso*morph. **2** 〘化学〙「同質異性体の」: *iso*alloxazine, *iso*butane. ★ 母音の前では通例 is- になる. 〘← NL ～ ← Gk *ísos* equal < ? **wiswo-* ← IE **wi-* apart, in half〙

ìso·agglutinátion *n.* 〘医学〙 (血液型などの)同種[同系, 種族内]血球凝集反応[現象]. **ìso·agglútinative** *adj.* 〘⇨ ↑, agglutination〙

ìso·agglútinin *n.* 〘医学〙 (血液型などの)同種凝集素. 〘(1903) ← ISO-+AGGLUTININ〙

ìso·allóxazine *n.* 〘生化学〙 イソアロキサジン (アロキサジンの異性体; 窒素原子に水素原子の付いている位置が異なる; フラビン類の一部を構成する). 〘1936〙

ìso·ámyl *n.* 〘化学〙 **1** イソアミル (⇨ isopentyl). **2** =amyl. 〘← ISO-+AMYL〙

ísoamyl ácetate *n.* 〘化学〙 酢酸イソアミル ($CH_3CO_2C_5H_{11}$) (酢酸アミル (amyl acetate) の異性体の一つ; 芳香のある無色の液体で, フルーツエッセンスなどに用いられる; banana oil, pear oil ともいう).

ísoamyl álcohol *n.* 〘化学〙 イソアミルアルコール: **a** =isopentyl alcohol. **b** =amyl alcohol.

ísoamyl bénzoate *n.* 〘化学〙 イソアミル安息香酸塩 ($C_6H_5COOCH_2CH_2CH(CH_3)_2$) (果実のような強い香りをもつ無色の液体で, 化粧品に用いる).

ísoamyl bénzyl éther *n.* 〘化学〙 イソアミルベンジルエーテル ($(CH_3)_2CHCH_2CH_2OCH_2C_6H_5$) (せっけんの香料用の無色の液体; benzyl isoamyl ether ともいう).

isoámyl gròup *n.* 〘化学〙 イソアミル基 ($(CH_3)_2CHCH_2CH_2$–) (isoamyl radical ともいう).

ísoamyl nítrite *n.* 〘化学〙 =amyl nitrite.

isoámyl ràdical *n.* 〘化学〙 =isoamyl group.

isoámyl salícylate *n.* 〘化学〙 サリチル酸イソアミル (⇨ amyl salicylate).

ìso·ántibody *n.* 〘免疫〙 同種抗体. 〘(1919) ← ISO-+ANTIBODY〙

ìso·ántigen *n.* 〘免疫〙 同種抗原 (isoantibody に対応する). **ìso·antigénic** *adj.* **ìso·antigenícity** *n.* 〘(1936) ← ISO-+ANTIGEN〙

i·so·bar /áɪsəbàə, -sou- | -sə(u)bàː$^{(r)}$/ *n.* (*also* **i·so·bare** /-bèə | -bèə$^{(r)}$/) **1** 〘気象・物理〙 等圧線. **2** 〘物理・化学〙 同重体 (同一の質量数を有する異種の元素または原子核(同重原子核); cf. isotope). **～·ism** /-bàːrɪzm/ *n.* 〘(1864) ◻ Gk *isobarḗs* of equal weight: ⇨ iso-, baro-〙

i·so·bar·ic /àɪsəbǽrɪk, -sou-, -bér- | -sə(u)bǽr-/ *adj.* **1** 〘気象〙 等圧 (isopiestic) の, 等圧を示す; 等圧線の. **2** 〘物理・化学〙 同重体の. 〘(1878): ⇨ ↑, -ic[1]〙

ísobaric spín *n.* 〘物理〙 =isospin.

íso·bàse *n.* 〘地理〙 イソバース, 等隆起線 (土地の隆起量の等しい地点を結んだ地図上の線). 〘(1892) ← ISO-+BASE[1]〙

iso·bath /áɪsoubæ̀θ, -sə- | -sə(u)-/ *n.* **1** (海図上の)等深線. **2** 等深度線 (地下の滞水層やある地質層までの地表からの深さの等しい点を結んだ地質学的曲線). — *adj.* 深さが等しい; 等深線の. 〘(1895) ◻ Gk *isobathḗs* of equal depth: ⇨ iso-, batho-〙

i·so·bath·ic /àɪsoubǽθɪk, -sə- | -sə(u)-/ *adj.* = isobath.

i·so·bath·y·therm /àɪsoubǽθəθə̀ːm, -sə- | -sə(u)bǽθɪθəːm/ *n.* 海中[地中]等温線 (同じ水深[地下深度]で一定の温度を示す点を結んでできる線を海面[地面]上に描いた線). 〘(1876) ← ISO-+BATHY-+-THERM〙

Is·o·bel /ízəbèl/ *n.* イゾベル, イソベル (女性名). 〘◻ F & Sp ～ ← L *Elisabetha* ← 'ELIZABETH[2]': cf. Isabel〙

ìso·biláteral *adj.* 2 個の平面によって相称的な二つに分けることのできる. 〘(1887) ← ISO-+BILATERAL〙

i·so·bront /áɪsoubrɑ̀(ː)nt, -sə- | -sə(u)brɔ̀nt/ *n.* 〘気象〙 同鳴線 (最初の雷鳴が同時に聞こえた地表上の地点を結ぶ線; homobront ともいう). 〘(1886) ← ISO-+*-bront* (← Gk *brontḗ* thunder)〙

ìso·bútane *n.* 〘化学〙 イソブタン ($(CH_3)_3CH$) (燃料・イソオクタンなどの製造原料などに使う無色の可燃性ガス). 〘← ISO-+BUTANE〙

ìso·bútene *n.* 〘化学〙 =isobutylene. 〘← ISO-+BUTENE〙

ìso·bútyl *n.* 〘化学〙 イソブチル ($(CH_3)_2CHCH_2$–) (イソブタンから誘導される 1 価の置換基). 〘← ISO-+BUTYL〙

isobútyl cárbinol *n.* 〘化学〙 イソブチルカルビノール (⇨ isopentyl alcohol).

íso·butylene *n.* 〘化学〙 イソブチレン ($(CH_3)_2C=CH_2$) (オレフィン臭をもつ無色の液化しやすいガスで, ブチル合成ゴムの製造に使う; isobutene ともいう). 〘(1872) ← ISO-+BUTYLENE〙

ísobutyl própionate *n.* 〘化学〙 プロピオン酸イソブチル ($CH_3CH_2COOCH_2CH(CH_3)_2$) (無色の液体; ワニス・ペンキなどの溶剤).

ìso·cárpic *adj.* 〘植物〙 〈花が〉同数心皮の (cf. anisocarpic). 〘← ISO-+-CARPIC〙

ìso·cephálic *adj.* 〘美術〙 等頭の (絵画や浮彫で, 群像の背丈が等しく頭の線がだいたいそろっている様子). 〘← ISO-+CEPHALIC〙

ìso·céphalous *adj.* 〘美術〙 =isocephalic.

i·so·ceph·a·ly /àɪsouséfəli, -sə- | -sə(u)séf-, -kéf-/ *n.* 〘美術〙 等頭性 (並列する人物群の頭部をそろえる表現).

i·so·ce·rau·nic /àɪsousərɔ́ːnɪk, àɪsə-, -rɑ́ː- | -sə(u)sərɔ́ː-, -sə-/ *adj.* 〘気象〙 等雷雨性の[を示す]. 〘← ISO-+*ceraun-* (← Gk *keraun-ós* thunderbolt)+-IC[1]〙

i·so·chasm /áɪsoukæ̀zm, -sə- | -sə(u)-/ *n.* 〘気象〙 等出現度数曲線 (オーロラが観測される頻度が同じ地点を結ぶ地図上の線). 〘(1885) ← ISO-+CHASM〙

i·so·cheim /áɪsoukàɪm, -sə- | -sə(u)-/ *n.* 〘気象〙 冬季等温線, 等寒線. **ì·so·chéi·mal** /-məl, -ml/ *adj.* **ìso·chéi·me·nal** /-mənl/ *adj.* 〘(1864) ← ISO-+*-cheim* (← Gk *kheîma* winter)〙

i·so·chime /áɪsoukàɪm, -sə- | -sə(u)-/ *n.* 〘気象〙 = isocheim.

i·so·chor /áɪsoukɔ̀ə, -sə- | -sə(u)kɔ̀ː$^{(r)}$/ *n.* (*also* **i·so·chore** /-kɔ̀ə | -kɔ̀ː$^{(r)}$/) 〘物理化学〙 等容線, 等積線 (ある物質の体積を一定に保ったときの温度と圧力の関係を表す曲線). **i·so·chor·ic** /àɪsoukɔ́ːrɪk, -sə- | -sə(u)-/ *adj.* 〘← ISO-+Gk *khṓra* space〙

ìso·chromátic *adj.* **1** 〘光学〙 等色の, 同一色の. **2** 〘物理〙 一定の波長[周波数]の. **3** 〘写真〙 =orthochromatic: an ～ film [plate] 整色フィルム[乾板]. 〘(1829) ← ISO-+CHROMATIC〙

i·soch·ro·nal /aɪsɑ́(ː)krənl | -sɔ́k-/ *adj.* 等時の, 等時性の; (時間的に)等間隔の. **～·ly** *adv.* 〘(1680) ← Gk *isókhronos* equal in age or time (← ISO-+*khrónos* time)+-AL[1]〙

i·so·chrone /áɪsoukròun, -sə- | -sə(u)kròun/ *n.* (*also* **iso·chron** /-krɑ̀(ː)n | -krɔ̀n/) 〘地理〙 等時線 (一定の現象が同時に起こる地点, または中心から同じ時間で行ける地点を結ぶ地図上の線). 〘(1881) (逆成) ↑〙

i·soch·ro·nism /aɪsɑ́(ː)krənɪzm | -sɔ́k-/ *n.* 等時性. 〘(1770) ◻ F *isochronisme*: ⇨ ↑, -ism〙

i·soch·ro·nize /aɪsɑ́(ː)krənàɪz | -sɔ́k-/ *vt.* …に等時性をもたせる[与える], 等時的にする.

i·soch·ro·nous /aɪsɑ́(ː)krənəs | -sɔ́k-/ *adj.* =isochronal. **～·ly** *adv.* 〘(1706) ← ISOCHRON(AL)+-OUS〙

isóchronous góvernor *n.* 〘機械〙 等時性調速機.

i·soch·ro·ous /aɪsɑ́(ː)krouəs | -sɔ́krə(u)-/ *adj.* 同色の. 〘← ISO-+-CHROOUS〙

i·so·cli·nal /àɪsəkláɪnl, -sou- | -sə(u)-/ *adj.* **1** (地磁気の)等伏角(線)の. **2** 〘地質〙 等(傾)斜の, 地層が一方に同じく傾く: an ～ valley 等斜谷. — *n.* =isoclinic line. **～·ly** *adv.* 〘(1839) ← ISO-+Gk *klínein* to bend+-AL[1]〙

i·so·cline /áɪsəklàɪn, -sou- | -sə(u)-/ *n.* 〘地質〙 等斜褶曲(しゅうきょく). 〘← ISO-+-CLINE〙

i·so·clin·ic /àɪsəklínɪk, -sou- | -sə(u)-/ *adj.* 〘地質〙 =isoclinal 2. — *n.* =isoclinic line. **ì·so·clín·i·cal·ly** *adv.*

ísoclinic líne *n.* (地磁気の)等伏角線 (cf. isogonic line).

ìso·cólon *n.* 〘修辞〙 同型句反復(の文) (同じ長さの句を並列構文で反復する技法[文]). 〘◻ Gk *isókōlon* (neut.). ← *isókōlos* of equal members or clauses ← ISO-+*kôlon* limb: cf. colon[1]〙

i·soc·ra·cy /aɪsɑ́(ː)krəsi | -sɔ́k-/ *n.* 〘政治〙 平等参政権; 万民等権政治. 〘(1652) ◻ Gk *isokratía* equality of power: ⇨ iso-, -cracy〙

I·soc·ra·tes /aɪsɑ́(ː)krətìːz | -sɔ́k-/ *n.* イソクラテス (436–338 B.C.; Athens の雄弁家・修辞家).

i·so·crat·ic /àɪsəkrǽtɪk, -sou- | -sə(u)krǽt-/ *adj.* 〘政治〙 平等参政権の, 万民等権的な. 〘(1894) ← ISO-+-CRATIC〙

iso·cýanate *n.* 〘化学〙 **1** イソシアン酸塩[エステル]. **2** 一価の基 –NCO を含む化合物 (樹脂・接着剤の製造に用いる). 〘(1872) ← *isocyan(ic acid)*+-ATE[1]〙

iso·cyànic ácid *n.* 〘化学〙 イソシアン酸 (HNCO) (無色揮発性の液体; carbimide ともいう). 〘*isocyanic*: ← ISO-+CYANIC〙

ìso·cýanide *n.* 〘化学〙 イソシアン化物 (NC 群を含む有機化合物; carbylamine ともいう). 〘← ISO-+CYANIDE〙

ìso·cýanine *n.* 〘化学・写真〙 イソシアニン (シアニン色素の一種; 写真乳剤に添加し, 長波長光の感度を増す). 〘← ISO-+CYANINE〙

ìso·cýano *adj.* 〘化学〙 イソシアン基を含む. 〘← ISO-+CYANO〙

ìso·cýclic *adj.* 〘化学〙 同素環式の (構成元素が同一元素の環の[からなる]; cf. carbocyclic, heterocyclic). 〘(1900) ← ISO-+CYCLIC〙

ìso·diamétric *adj.* **1** 〘物理・生物〙 等直径の; 等軸の. **2** 〘結晶〙 等側軸の: ～ crystals. 〘(1879) ← ISO-+DIAMETRIC〙

ìso·dí·a·phere /-dáɪəfɪə | -fɪə$^{(r)}$/ *n.* 〘物理〙 等差核 (中性子の数と陽子の数の差が等しい原子核). 〘(1947) ◻ G ～〙

ìso·dimórphism *n.* 〘結晶〙 異質同像[同形]. **ìso·dimórphic** *adj.* **ìso·dimórphous** *adj.* 〘← ISO-+DIMORPHISM〙

i·so·dom·ic /àɪsədɑ́(ː)mɪk, -sou- | -sə(u)dɔ́m-/ *adj.* 〘建築〙 切石整層積みの. 〘← L *isodomum* (◻ Gk *isódomon* ← *isódomos* with equal layers or rows)+-IC[1]: ⇨ iso-, dome〙

iso·dont /áɪsədɑ̀(ː)nt, -sou- | -sə(u)dɔ̀nt/ *adj.* 〘動物〙 等歯性の. 〘← ISO-+-ODONT〙

i·so·dose /áɪsədòus, -sou- | -sə(u)dəus/ *adj.* 〘化学・生物〙 等線量の, 等放射能汚染地点[域]の: an ～ chart. 〘(1922) ← ISO-+DOSE〙

i·so·dros·o·therm /àɪsoudrɑ́(ː)səθə̀ːm, àɪsə- | -səudrɔ́səθə̀ːm/ *n.* 〘気象〙 等露点温度線 (露点温度の等しい地点を結ぶ天気図上の線). 〘← ISO-+Gk *drósos* dew+-THERM〙

ìso·dynámic *adj.* 〘磁気〙 等力の; 等磁力の. 〘(1832) ← ISO-+DYNAMIC〙

ìso·dynámical *adj.* 〘磁気〙 =isodynamic.

isodynámic líne *n.* 〘磁気〙 等磁力線 (isogam ともいう).

ìso·elástic *adj.* 〘物理〙 〈物質が〉等弾力性の. 〘← ISO-+ELASTIC〙

ìso·eléctric *adj.* 〘化学〙 等電の. 〘(1877) ← ISO-+ELECTRIC〙

ísoelectric fócusing *n.* 〘生化学〙 等電点電気泳動 (蛋白質を分類するために pH 勾配の存在下で行う電気泳動法).

isoeléctric pòint *n.* 〘化学〙 等電点 (蛋白質などの物質の電位ゼロの点の水素イオン濃度 (pH)).

ìso·electrónic *adj.* 〘物理〙 〈原子・イオンが〉(核の外に)同数の電子をもつ. **ìso·electrónically** *adv.* 〘(1926) ← ISO-+ELECTRONIC〙

ìso·énzyme *n.* 〘化学〙 =isozyme. **ìso·enzymátic** *adj.* **ìso·enzýmic** *adj.* 〘(1960) ← ISO-+ENZYME〙

i·so·e·tes /aɪsóuətìːz | -sə́uɪ-/ *n.* 〘植物〙 **1** [I-] ミズニラ属 (清水中に生えるニラのような形をしたシダ植物の一属). **2** =quillwort. 〘← NL ～ ← L *isoetes* houseleek ◻ Gk *isoetḗs* equal in years ← ISO-+*étos* year〙

i·so·flor /áɪsouflɔ̀ə, -sə- | -sə(u)flɔ̀ː$^{(r)}$/ *n.* 〘生態〙 等分布線 (ある種または属などの分布数の同じ地点を結ぶ線). 〘← ISO-+FLOR(A)〙

i·so·gam /áɪsəgæ̀m, -sou- | -sə(u)-/ *n.* 〘磁気〙 =isodynamic line. 〘← ISO-+-GAM〙

ìso·gaméte *n.* 〘生物〙 同形配偶子 (↔ heterogamete). **ìso·gamétic** *adj.* 〘(1891) ← ISO-+GAMETE〙

i·sog·a·mous /aɪsɑ́(ː)gəməs | -sɔ́g-/ *adj.* 〘生物〙 同形配偶子によって生殖する (cf. heterogamous 1). 〘(1887) ← ISO-+GAMOUS〙

i·sog·a·my /aɪsɑ́(ː)gəmi | -sɔ́g-/ *n.* 〘生物〙 同形配偶子生殖, 同形配偶 (↔ anisogamy; cf. heterogamy). 〘(1891) ← ISO-+-GAMY〙

i·so·ge·ne·ic /àɪsouʤəníːɪk, -sə-, -néɪk | -sə(u)ʤɪ-/ *adj.* 〘生物〙 同系の, 同質遺伝子的な (syngeneic). 〘(1963) ← ISO-+Gk *geneá*+-IC[1]〙

ìso·genétic *adj.* 〘生物〙 =isogenic.

i·so·gen·ic /àɪsouʤénɪk, -sə- | -sə(u)-/ *adj.* 〘生物〙 同一遺伝子の[に関する, に起因する], 同系の. 〘(1931) ← ISO-+GEN(E)+-IC[1]〙

i·sog·e·nous /aɪsɑ́(ː)ʤənəs | -sɔ́ʤɪ-/ *adj.* 〘生物〙 **1** 同原の (胎児の同じ組織に由来する部分についていう). **2** =isogenic. 〘(1884) ← eccl. Gk *isogenes*+-OUS〙

i·sog·e·ny /aɪsɑ́(ː)ʤəni | -sɔ́ʤɪ-/ *n.* 〘生物〙 同原. 〘← ISO-+-GENY〙

ìso·géotherm *n.* 〘地質〙 等地温線. **ìso·geothérmal** *adj.* **ìso·geothérmic** *adj.* 〘(1864) ← ISO-+GEO-+-THERM〙

i·so·gloss /áɪsəglɑ̀(ː)s, -sou-, -glɔ̀(ː)s | -sə(u)glɔ̀s/ *n.* 〘言語〙 **1 a** 等語線 (ある言語的特徴をもつ地域と, それをもたない地域との間に引かれる線). **b** (地図上に示されたその)等語線. **2** 共通言語特徴 (一定地域の多数の人が共有する言語特徴). **i·so·gloss·al** /àɪsəglɑ́(ː)səl, -sou-, -glɔ́(ː)s- | -sə(u)glɔ́s-/ *adj.* 〘(1925) ← ISO-+Gk *glôssa* tongue, word, speech: ⇨ gloss[2]〙

i·so·gon /áɪsougɑ̀(ː)n, -sə- | -sə(u)gən/ *n.* 〘数学〙 等角多角形. 〘← ISO-+-GON〙

i·sog·o·nal /aɪsɑ́(ː)gənl | -sɔ́g-/ *adj.*, *n.* =isogonic.

i·so·gone /áɪsəgòun, -sou- | -sə(u)gəun/ *n.* =isogonic line. 〘↓〙

i·so·gon·ic /àɪsəgɑ́(ː)nɪk, -sou- | -sə(u)gɔ́n-/ *adj.* **1** 〘磁気〙 等偏角の. **2** 等比成長の[に関する]. — *n.* =isogonic line. 〘(1851) ← Gk *isogṓnios* having equal angles+-IC[1]: ⇨ iso-, gon-〙

ísogonic líne *n.* (地磁気の)等偏角線, 等方位角線 (cf. aclinic line, agonic line, isoclinic line). 〘1859〙

i·sog·o·ny /aɪsɑ́(ː)gəni | -sɔ́g-/ *n.* 〘生物〙 等比成長 (生物の各部分の相対的な大きさの差が一定であるように成長すること; cf. heterogony). 〘← ISO-+-GONY〙

ìso·grádient *n.* 〘気象〙 等傾度線 (気温・気圧など気象条件が同じ曲線を描く地点を結ぶ天気図上の線). 〘← ISO-+GRADIENT〙

íso·gràft *n.* 〘外科〙 同種移植片 (cf. homograft). 〘(1958) ← ISO-+GRAFT[1]〙

i·so·gram /áɪsəgræ̀m, -sou- | -sə(u)-/ *n.* 〘気象・地理〙 (地図上の)等値線. 〘(1889) ← ISO-+-GRAM〙

íso·gràph *n.* **1** 〘言語〙 等語線 (共通の言語的特徴を示す地図上の線). **2** 〘電算〙 アイソグラフ (*n* 次代数方程式の複素根を求める単能アナログ計算機). **iso·gráphic** *adj.* 〘(1838) ← ISO-+-GRAPH〙

i·so·griv /áɪsəgrɪ̀v, -sou- | -sə(u)-/ *n.* 〘海事〙 (地磁気の)等偏差曲線 (地球表面における真子午線と磁気子午線のなす角すなわち偏差 (variation, grivation, gridvariation) の等しい点を結んで作った曲線). 〘← ISO-+GRIV(ATION)〙

i·so·ha·line /àɪsouhéɪliːn, -sə-, -hǽl-, -laɪn | -sə(u)-/ *n.* 〘海洋〙 等塩分線 (塩分が等しい点を結ぶ海図上の線). 〘← ISO-+Gk *hálinos* salty (⇨ halo-)+-INE[1]〙

i·so·hal·sine /àɪsouhǽlsiːn, -sə-, -saɪn | -sə(u)-/ *n.* =isohaline. 〘← ISO-+*-halsine* (← Gk *háls* salt)〙

i·so·hel /áɪsouhèl, -sə- | -sə(u)-/ *n.* 〘気象〙 等日照線. 〘(1904) ← ISO-+Gk *hḗlios* sun〙

I

ìso·hemólysis *n.* 〖医学〗同種溶血. 〘← NL ～ ← ISO-＋HEMOLYSIS〙

i·so·hume /àɪsouhjù:m, -sə- | -sə(ʊ)-/ *n.* 〖気象〗等湿度線《湿度が等しい地点を結ぶ地図上の線》. 〘← ISO-＋HUM(IDITY)〙

i·so·hy·et /àɪsouhάɪət, -sə- | -sə(ʊ)-/ *n.* 〖気象〗等降水量線. **～·al** /-ṭḷ | -tḷ/ *adj.* 〘(1899) ← ISO-＋Gk *huetós* rain〙

ìso·immunizátion *n.* 〖免疫〗同種免疫(を生じること)《同一種の動物間で抗体を生じた場合をいう; 例えば, 人間同士で血液型が違うために生じるような場合》. 〘(1939) ← ISO-＋IMMUNIZATION〙

ìso·iónic póint *n.* 〖化学〗等イオン点.

i·so·ke·rau·nic /àɪsoukərɔ́:nɪk, -sə-, -rά:- | -sə(ʊ)-kɪ-/ *adj.* 〖気象〗＝isoceraunic.

ìso·kinétic *adj.* 等速の: ～ exercise 等速運動《さまざまなウェイトを一定速度で持ち上げたり押したりして行う筋肉の強さ・持久力を増大させる運動》. 〘(1958) ← ISO-＋-KINETIC〙

i·so·la·ble /άɪsələbḷ, ís- | άɪs-/ *adj.* 孤立させることができる, 隔離できる. **i·so·la·bil·i·ty** /àɪsələbíləṭi, ìs- | àɪsələbíləti/ *n.* 〘(1855) ← ISOL(ATE)＋-ABLE〙

i·so·lat·a·ble /άɪsəlèɪṭəbḷ, ís- | άɪsəlèɪt-/ *adj.* ＝isolable.

i·so·late /άɪsəlèɪt, ís- | άɪs-/ *vt.* **1** 孤立させる, 隔てる, 離す: ～ oneself *from* all society 世間と一切の交際を絶つ, 隠遁する / The flood ～*d* the town. 洪水でその町は孤立した / ～ the cause of a problem 問題の原因を別扱いする. **2** 〖医学〗〈伝染病患者などを〉隔離する: ～ an infectious patient 伝染病患者を隔離する. **3** 〖電気〗絶縁する (insulate). **4** 〖電子工学〗〈同一基板上に作る素子を〉(相互に)分離する. **5** 〖化学〗単独に取り出す, 単離[遊離]する. **6** 〖細菌〗〈細菌などを〉分離(培養)する: ～ a pathogen 病原体を分離する.
— /άɪsələt, ís- | άɪs-/ *adj.* ＝isolated.
— *n.* 孤独者, 隔離集団: a social ～ 社会的孤立者. 〘(1819)《逆成》↓: ⇨ insulate〙

i·so·lat·ed /άɪsəlèɪṭɪd, ís- | άɪsəlèɪtɪd/ *adj.* **1** 孤立した; 隔離された (⇨ alone SYN): an ～ house 離れ家, 一軒家 / some ～ instances (まとまっていないで)ばらばらで孤立したいくつかの実例 / stand ～ 孤立する / an ～ patient 隔離患者. **2** 〖化学〗単離した. **3** 〖電気〗絶縁した, 非接地の: ～ system 非接地電力系統. **4** 〖数学〗孤立の. 〘(1763) ◻ F *isolé* ◻ It. *isolato* (p.p.) < LL *insulātus* made into an island ← L *insula* 'ISLE'〙

ísolated cámera *n.* 〖テレビ〗部分撮影用カメラ《スポーツ実況放送などで特定の場面を必要に応じてすぐに再生して見せるように競技(場)の限定された箇所を撮影・録画するカメラ》.

ísolated páwn *n.* 〖チェス〗孤立したポーン《近くの縦列に同一色のポーンがないポーン》. 〘1842〙

ísolated póint *n.* 〖数学〗**1** (位相空間の)孤立点《その点だけから成る集合がその近傍であるような点》. **2** (曲線の)孤立点 (acnode).

í·so·làt·ing /-ṭɪŋ | -tɪŋ/ *adj.* 〖言語〗＝analytic. 〘1860〙

ísolating lánguage *n.* 〖言語〗孤立言語, 孤立語《中国語などのように語が文法的関係を表す語形変化をもたない言語; cf. agglutinative language, inflectional language》.

ísolating méchanism *n.* 〖生物〗隔離機構《生物の2群の間で互いに交雑することを妨げ, その結果この2群が将来, 例えば一つの種の中の二つの品種として分化する原因となる機構; 地理的に分布が異なること, 生理や生態が互いに異なること, 交尾器の形態が違い交雑できぬことなど》.

i·so·la·tion /àɪsəléɪʃən, ìs- | àɪs-/ *n.* **1** 隔離, 分離 (⇨ solitude SYN); 孤立, 孤独(の状態); 交通遮断(しゃだん): in ～ 分離して; 孤立して / You can't consider [deal with] this problem in ～ (*from* its context). (前後関係から)切り離してこの問題を考える[扱う]ことはできない / the ～ *of* A *from* B A を B から分離すること. **2 a** (政策による国家の国際的)孤立: splendid [glorious] ～ (英国が19世紀末とった)光輝ある孤立《G. E. Foster が1896年カナダ議会で演説した文句から》. **b** 超然と他から離れていること. **3** 〖医学〗(細菌などの)分離; (伝染病患者の)隔離: ⇨ isolation hospital, isolation ward. **4** 〖精神分析〗隔離. **5** 〖社会学〗孤立 (social isolation). **6** 〖化学〗単離, 遊離. **7** 〖電気〗絶縁. **8** 〖電子工学〗(素子)分離. **9** 〖生物〗隔離. 〘(1833) ◻ F ～: ⇨ isolate, -ation〙

isolátion bòoth *n.* (テレビのスタジオ内の)隔離防音室.

isolátion hòspital *n.* (伝染病)隔離病院.

ì·so·lá·tion·ìsm /-ʃənɪzm/ *n.* (国家の政治的・経済的・国際的)孤立主義[政策]. 〘(1922): ⇨ -ism〙

ì·so·lá·tion·ist /-ʃ(ə)nɪst | -nɪst/ *n.* 孤立主義者. **—** *adj.* 孤立主義の. 〘(1899): ⇨ -ist〙

isolátion pèriod *n.* (伝染病患者の)隔離期間.

isolátion wàrd *n.* 隔離病棟[病室].

i·so·la·tive /άɪsəlèɪṭɪv, ís- | άɪsələt-, -lèɪt-/ *adj.* **1** 孤立[隔離](的)の. **2** 〖言語〗〈音韻変化が〉孤立的に生じる, 孤立性の (cf. combinative 4): an ～ change 孤立的変化《例えば OE *stān* から ModE *stone* への変化など》. **～·ly** *adv.* 〘(1888) ← ISOLATE＋-IVE〙

í·so·là·tor /-ṭə | -tə(r)/ *n.* **1** 隔離する人[もの]; 騒音[振動]防止装置. **2** 〖電気〗絶縁体 (insulator). 〘(1855) ← ISOLATE＋-OR[2]〙

I·sol·da /ɪsóuldə, ɪzóul- | ɪzɔ́l-/ *n.* イゾルダ《女性名》. 〘⇨ Iseult〙

I·sol·de /ɪsóuld(ə), ɪzóul- | ɪzɔ́ldə; G. izɔ́ldə/ *n.* イゾルデ《Iseult のドイツ語名》. 〘◻ G ～: ⇨ Iseult〙

ìso·lécithal *adj.* 〖生物〗＝homolecithal. 〘← ISO-＋LECITHAL〙

I·so·lette /àɪsəlét, ìs- | àɪsə-/ *n.* 〖商標〗アイソレット《米国製の早産児保育器》. 〘← *Isolette* (商標名) ← ISOL(ATION)＋(BASSIN)ETTE〙

ìso·léucine *n.* 〖化学〗イソロイシン ($C_2H_5CH(CH_3)CH(NH_2)COOH$)《各種蛋白質の中にあるアミノ酸の一種》. 〘(1903) ◻ G *Isoleucin*: ⇨ iso-, leucine〙

i·so·lex /άɪsəlèks | -sə(ʊ)-/ *n.* 〖言語〗等語彙線《特定の語彙項目が見いだされる地域を示す等語線》. 〘(1921) ← ISO-＋LEX〙

íso·lìne *n.* 〖気象・地理〗＝isogram.

isoln. 《略》isolation.

i·so·log /άɪsəlɔ̀(:)g, -sou-, -lὰ(:)g | -sə(ʊ)lɔ̀g/ *n.* 〖化学〗＝isologue.

i·sol·o·gous /aɪsά(:)ləgəs | -sɔ́l-/ *adj.* 〖化学〗**1** 同級体 (isologue) の. **2** 同級列の. 〘(1857) ← ISO-＋(HOMO)LOGOUS〙

i·so·logue /άɪsəlɔ̀(:)g, -sou-, -lὰ(:)g | -sə(ʊ)lɔ̀g/ *n.* 〖化学〗同級体《同型の構造をもち, 異なる原子または原子団から成る化合物》. 〘《逆成》↑〙

I·solt /ɪsóult, ɪzóult | ɪsóult/ *n.* ＝Iseult. 〘⇨ Iseult〙

I·sol·te /ɪsóultə, ɪzóul- | ɪsóultə/ *n.* ＝Iseult. 〘⇨ Iseult〙

ìso·magnétic *adj.* **1** 等磁の. **2** 等磁線の[を示した]. **—** *n.* 等磁線《地球表面の地磁気の値が等しい地点を結んだ地図上の線》. 〘(1898) ← ISO-＋MAGNETIC〙

i·so·mer /άɪsəmə, -sou- | -səmə(r)/ *n.* **1** 〖化学〗異性体. **2** 〖物理〗異性核《原子核の励起状態; nuclear isomer ともいう; cf. isomerism 2》. 〘(1866) ◻ G ～: ⇨ iso-, -mer: スウェーデンの化学者 J. J. Berzelius (1779–1848) の造語〙

i·som·er·ase /aɪsά(:)mərèɪs, -rèɪz | -sɔ́mərèɪs/ *n.* 〖化学〗イソメラーゼ《ある化合物を異性化する酵素の一般名》. 〘1927〙

i·so·mer·ic /àɪsəmérɪk, -sou- | -sə(ʊ)-/ *adj.* 〖物理・化学〗異性の. **ì·so·mér·i·cal·ly** *adv.* 〘(1838): ⇨ -ic[1]〙

i·som·er·ism /aɪsά(:)mərɪzm | -sɔ́m-/ *n.* **1** 〖化学〗異性: ⇨ geometric isomerism. **2** 〖物理〗異性, 核異性《原子核の励起状態を指す; 基底状態 (ground state) とはエネルギー・半減期が異なる; nuclear isomerism ともいう; cf. isomer 2》. 〘(1838): ⇨ -ism〙

i·som·er·i·za·tion /aɪsὰ(:)mərɪzéɪʃən | -sɔ̀mərai-, -rɪ-/ *n.* 〖化学〗異性化. 〘(1891): ⇨ ↓, -ation〙

i·som·er·ize /aɪsά(:)məràɪz | -sɔ́m-/ *vi., vt.* 〖化学〗異性化する[させる]. 〘(1891): ⇨ -ize〙

i·som·er·ous /aɪsά(:)mərəs | -sɔ́m-/ *adj.* **1** 〖植物〗〈花など〉各部分が等しい数でできている, 等数の (cf. heteromerous): an ～ flower 同数花. **2** 〖動物〗〈昆虫の脚・斑紋(はんもん)模様など〉同数の部分[点]をもっている. **3** 〖物理・化学〗異性の. 〘(1857) ← ISO-＋-MEROUS〙

i·so·met·ric /àɪsəmétrɪk, -sou- | -sə(ʊ)-/ *adj.* **1** 同じ大きさの, 同大の, 等積の, 等角の, 等容の (↔ anisometric). **2** 〖詩学〗等韻律の, 等長性の, 詩脚の規則正しい. **3** 〖生理〗(筋肉の収縮が)等尺性の; アイソメトリックス (isometrics) の: ～ exercise＝isometrics. **4** 〖製図〗(遠近法を無視した)等角投影の. **5** 〖結晶〗等軸の (regular), 立方晶系の (cubic) (cf. anisometric 1): ⇨ isometric system. **—** *n.* **1** 等角投影画法, 等距離図法 (isometric drawing). **2** 〖物理化学〗＝isometric line. **ì·so·mét·ri·cal·ly** *adv.* 〘(1849) ← Gk *isometría* of equal measure＋-IC[1]: ⇨ iso-, metric〙

i·so·met·ri·cal /àɪsəmétrɪkəl, -sou-, -kḷ | -sə(ʊ)-métrɪ-/ *adj.* ＝isometric. 〘1838〙

isométric dráwing *n.* ＝isometric 1.

isométric líne *n.* 〖物理化学〗等積線, 等容線《一定体積のもとで圧力・温度の関係を表す線; 単に isometric, isochor(e) ともいう》. 〘1911〙

isométric projéction *n.* **1** 等角投像《物体の三軸が投像面に直角に傾く場合》. **2** 〖数学〗等測投影, 等大射影.

i·so·met·rics /àɪsəmétrɪks, -sou- | -sə(ʊ)-/ *n.* 〖医学〗アイソメトリックス《等尺性収縮による筋肉鍛錬運動》. 〘(1962) ← ISO-＋METRICS〙

isométric sýstem *n.* 〖結晶〗等軸晶系, 立方晶系.

i·so·me·tro·pi·a /àɪsoumətróupiə, -sə- | -sə(ʊ)mɪtrə́ʊ-/ *n.* 〖医学〗両眼屈折力均等, 同視眼. 〘← NL ～ ← ISO-＋METRO-[1]＋-OPIA〙

i·som·e·try /aɪsά(:)mətri | -sɔ́mɪ-/ *n.* **1** (額・量の)均等. **2** 〖地理〗(海抜高度の)等高. **3** 〖数学〗等長写像《距離を変えない写像》. 〘(1941) ← ISO-＋-METRY〙

I·so·mil /άɪsoumìl | -sə(ʊ)-/ *n.* 〖商標〗アイソミル《米国製の, 大豆を原料とした乳児用植物性調整乳》.

i·so·morph /άɪsəmɔ̀əf, -sou- | -sə(ʊ)mɔ̀:f/ *n.* **1** 〖化学・結晶〗異種同形体[物]. **2** 〖生物〗異種同形の生物. 〘(1864) ← ISO-＋-MORPH〙

i·so·mor·phic /àɪsəmɔ́əfɪk, -sou- | -sə(ʊ)mɔ́:-/ *adj.* **1** 〖生物〗異種同形の. **2** 〖化学・結晶〗＝isomorphous. **3** 〖数学〗同形の《二つの代数系についてその間に同形写像が存在することにいう; cf. homomorphic 4》. 〘(1862): ⇨ ↑, -ic[1]〙

i·so·mor·phism /àɪsəmɔ́əfɪzm, -sou- | -sə(ʊ)mɔ́:-/ *n.* **1** 〖結晶〗類質同形《化学組成が類似した物質で, 結晶形と構造が類似していること; 狭義には固溶体を作る二種の物質に用いる》; 同形 (cf. heteromorphism 3, homeomorphism 1). **2** 〖数学〗同形[型]写像, 同形[型] (cf. homomorphism 6). **3** 〖言語〗同型性. **4** 〖生物〗(異種)同形《同じ生活環の異世代についていう》. 〘(1828) ← ISO-＋-MORPHISM: cf. G *Isomorphismus*〙

i·so·mor·phous /àɪsəmɔ́əfəs, -sou- | -sə(ʊ)mɔ́:-/ *adj.* 〖結晶〗類質同形の; 異種同形の; 同形結晶でできる, 等晶形の (cf. isostructural). 〘(1828) ← ISO-＋-MORPHOUS〙

isomórphous substitútion *n.* 〖地質〗同形置換.

i·so·neph /άɪsənèf, -sou- | -sə(ʊ)-/ *n.* 〖気象〗(天気図上の)等雲量線. 〘(19C) ← ISO-＋Gk *néphos* cloud〙

i·so·ni·a·zid /àɪsənáɪəzɪd, -sou- | -sə(ʊ)náɪəzɪd/ *n.* 〖薬学〗イソニアジド《isonicotinic acid hydrazide の化学名》. 〘← *isoni(cotinic acid hydr)azid(e)*: ↓〙

ìso·nicotìnic ácid hýdrazide *n.* 〖薬学〗イソニコチン酸ヒドラジド ($C_5H_4N \cdot CO \cdot NHNH_2$)《結核治療[予防]剤; 略 INH》. 〘*Isonicotinic*: ← ISO-＋NICOTINIC〙

i·son·o·my /aɪsά(:)nəmi | -sɔ́n-/ *n.* **1** 法の下での市民の平等. **2** 市民権[政治的権利]の平等. **i·so·nom·ic** /àɪsənά(:)mɪk, -sou- | -sə(ʊ)nɔ́m-/ *adj.* **i·són·o·mous** /-nəməs/ *adj.* 〘(1600) ◻ Gk *isonomía*: ⇨ iso-, -nomy〙

ìso·óctane *n.* 〖化学〗イソオクタン《ガソリンのアンチノック性 (antiknock) 測定の標準に用いる一種の炭化水素》. 〘(1909) ← ISO-＋OCTANE〙

ìso·osmótic *adj.* 〖物理化学〗等浸透圧の. 〘(1908) ← ISO-＋OSMOTIC〙

i·so·pach /άɪsəpæ̀k, -sou- | -sə(ʊ)-/ *n.* 〖地質〗(地図上の)等層厚線. 〘(1918) ← ISO-＋Gk *pákhos* thickness〙

ísopach máp *n.* 〖地質〗等層厚線図《ある地層について, 厚さの等しい点を結んで層厚分布を示した図》.

i·so·pach·ous /àɪsəpǽkəs, -sou- | àɪsə(ʊ)-/ *adj.* **1** 同じ厚さの. **2** 〖地質〗等層厚線の. 〘(1913): ⇨ isopach, -ous〙

i·so·pachy·te /àɪsəpǽkaɪt, -sou- | àɪsə(ʊ)-/ *n.* 〖地質〗＝isopach. 〘1912〙

i·so·pag /άɪsəpæ̀g, -sou- | -sə(ʊ)-/ *n.* 〖気象〗等氷結線《冬期ほぼ同日数結氷する地点を結ぶ地図上の線》. 〘← ISO-＋Gk *págos* frost〙

i·so·pec·tic /àɪsəpéktɪk, -sou- | -sə(ʊ)-/ *n.* 〖気象〗等結氷線《冬期ほぼ同時期に結氷し始める地点を結ぶ地図上の線》. 〘← ISO-＋Gk *pēktikós* freezing: ⇨ pectic〙

i·sop·e·din /aɪsά(:)pədɪn, àɪsəpí:-, -sou-, -dṇ | aɪsɔ́pɪdɪn, àɪsə(ʊ)pí:-/ *n.* 〖魚類〗硬鱗魚類のうろこの下部の板骨層. 〘← ISO-＋Gk *pedinós* level〙

i·sop·e·dine /aɪsά(:)pədɪn, -dì:n, -dàɪn | aɪsɔ́pɪdì:n, -dàɪn/ *n.* 〖魚類〗＝isopedin.

ìso·péntane *n.* 〖化学〗イソペンタン ($(CH_3)_2CHC_2H_5$)《高オクタン価ガソリンの成分の一つ》. 〘← ISO-＋PENTANE〙

ìso·péntyl *n.* 〖化学〗イソペンチル《イソペンタンから誘導される1価の原子団 ($(CH_3)_2CHCH_2CH_2$–); isoamyl ともいう》. 〘← ISO-＋PENTA-＋-YL〙

isopentyl álcohol *n.* 〖化学〗イソペンチルアルコール ($(CH_3)_2CHCH_2CH_2OH$)《フーゼル油から得られる無色の液体; 不快臭がある; isoamyl alcohol, isobutyl carbinol ともいう》.

i·so·phene /άɪsəfì:n, -sou- | -sə(ʊ)-/ *n.* 〖生態〗等季節線, 等態線《開花・排卵などが同時期に起こる地点を結んだ線》. 〘← ISO-＋*-phene* (← Gk *phaínein* to show: ⇨ pheno-)〙

i·so·phone /άɪsəfòun, -sou- | -sə(ʊ)fəun/ *n.* 〖言語〗等音線《特定の発音の特徴が見いだされる地域を示す等語線》. 〘(1921) ← ISO-＋PHONE〙

i·so·phote /άɪsəfòut, -sou- | -sə(ʊ)fəut/ *n.* 〖光学〗被照射面上の等照度の点を結ぶ曲線. **i·so·phot·al** /àɪsəfóuṭḷ, -sou- | -sə(ʊ)fə́ʊtḷ/ *adj.* 〘(1909) ← ISO-＋Gk *phōt-, phōs* light (⇨ photo-)〙

ìso·phthàlic ácid *n.* 〖化学〗イソフタル酸 ($C_6H_4(COOH)_2$)《無色結晶状のフタル酸異性体; 合成樹脂・エステル製造の可塑剤として用いる》. 〘← *isophthalic*: ISO-＋PHTHALIC〙

i·so·pi·es·tic /àɪsoupaɪéstɪk, -sə- | -sə(ʊ)-/ 〖気象・物理〗*adj.* 等圧の (isobaric). **—** *n.* 等圧線 (isobar). **ì·so·pi·és·ti·cal·ly** *adv.* 〘(1873) ← ISO-＋Gk *piestós* compressible (← *piézin* to press)＋-IC[1]〙

i·so·pleth /άɪsəplèθ, -sou- | -sə(ʊ)-/ *n.* **1** 〖気象〗等値線《二つの座標軸で決まる面内の等値線の意に多く用いる》. **2** 〖地理〗アイソプレス, (地図の等高線のような)等値線 (isarithm). **i·so·pleth·ic** /àɪsəpléθɪk, -sou- | -sə(ʊ)-/ *adj.* 〘(1908) ← Gk *isoplēth-ēs* equal in number: ⇨ iso-, plethora〙

i·so·pod /άɪsəpὰ(:)d, -sou- | -sə(ʊ)pɔ̀d/ 〖動物〗*n.* 等脚目 (Isopoda) の甲殻類《扁平卵形で7対の脚をもつ; ダンゴムシ (*Armadillidium vulgare*) やフナムシ (*Ligia exotica*) など》. **—** *adj.* 等脚目の; 等脚をもつ. 〘(1835) ← NL *Isopoda* (pl.): ⇨ iso-, -pod[1]〙

i·sop·o·dan /aɪsά(:)pədən, -dṇ | -sɔ́pədən, -dṇ/ *adj.*, *n.* 〖動物〗＝isopod. 〘1856〙

i·sop·o·dous /aɪsά(:)pədəs | -sɔ́pəd-/ *adj.* 〖動物〗＝isopod. 〘1826〙

ìso·pólity *n.* (市民権などの)権利平等, 相互権利. 〘(1836) ◻ Gk *isopoliteía*: ⇨ iso-, polity〙

i·so·por /άɪsəpɔ̀ə, -sou- | -sə(ʊ)pɔ̀:(r)/ *n.* 〖磁気〗等偏角変化線《地磁気偏角の年間変化が等しい点を結ぶ線》. 〘(1931) ← ISO-＋Gk *póros* 'path, PORE[1]'〙

i·so·pren·a·line /àɪsəprénəlɪn, -sou-, -lì:n, -nḷ- | -sə(ʊ)prénəlì:n, -lɪn, -nḷ-/ *n.* 〖薬学〗＝isoproterenol. 〘(1951) ← ? ISOPR(OPYL)＋(ADR)ENALINE〙

i·so·prene /άɪsəprì:n, -sou- | -sə(ʊ)-/ *n.* 〖化学〗イソプレン (C_5H_8)《人造ゴムの原料》. 〘(1860) ← ISOPR(OPYL)＋-ENE: 英国の化学者 C. G. Williams (1829–1910) の造語〙

i·so·pren·oid /àɪsəpríːnɔɪd, -soʊ- | -sə(ʊ)-/ *n.* 〖化学〗イソプレノイド《イソプレン構造をもつ化合物の一般名; 天然ゴム・テルペン・ビタミン A などがこれに属する》. — *adj.* イソプレノイドの. 〖(1940): ⇨ ↑, -oid〗

iso·pro·pa·nol /àɪsəpróʊpənɔ̀(ː)l, -soʊ- | -sə(ʊ)-próʊpənɔ̀l/ *n.* 〖化学〗イソプロパノール《isopropyl alcohol の正式名》. 〖1945〗

ìso·própyl *n.* 〖化学〗イソプロピル ($(CH_3)_2CH$–). 〖(1866) ← ISO-+PROPYL〗

ísopropyl álcohol *n.* 〖化学〗イソプロピルアルコール ($(CH_3)_2CHOH$)《無色・引火性の液体; 溶剤》. 〖1872〗

ísopropyl éther *n.* 〖化学〗イソプロピルエーテル ($(C_3H_7)_2O$)《蠟(ろう)・脂肪などの溶剤にする無色の液体》.

isoprópyl gròup *n.* 〖化学〗イソプロピル基 ($(CH_3)_2CH$–)《プロピル基の異性体》.

i·so·pro·ter·e·nol /àɪsəproʊtérənɔ̀(ː)l | -prə(ʊ)-térɪnɔ̀l/ *n.* 〖薬学〗イソプロテレノール ($C_{11}H_{17}NO_3$)《喘息(ぜんそく)治療薬》. 〖(1957)《短縮》← *isopropylarterenol* ← ISOPROPYL+*Arterenol*《商標名》〗

I·sop·ter·a /aɪsɑ́(ː)ptərə | -sɔ́p-/ *n. pl.* 〖昆虫〗等翅目, シロアリ目. 〖← NL ~: ⇨ iso-, -ptera〗

i·sop·ter·an /aɪsɑ́(ː)ptərən | -sɔ́p-/ *n.* 〖昆虫〗シロアリ (termite).

i·so·pyc·nal /àɪsoʊpíknəl, -sə-, -nl | -sə(ʊ)-⁻/ *adj., n.* 〖気象〗=isopycnic.

i·so·pyc·nic /àɪsoʊpíknɪk, -sə- | -sə(ʊ)-⁻/ 〖気象〗*adj.* 等密度の. — *n.* 等密度線《水・空気などの密度が等しい点を結ぶ線》. 〖(1890) ← ISO-+PYCNO-+-IC¹〗

i·so·quant /áɪsoʊkwɑ̀(ː)nt, -sə- | -sə(ʊ)kwɔ̀nt/ *n.* 〖経済〗等産出量曲線《同一生産量を与えるような生産因子の結合を示す曲線》. 〖← ISO-+QUANT(ITY)〗

ÍSO ràting *n.* 〖写真〗イソ感度《フィルムの露光速度で, 数値は ASA や DIN と同じ; ISO 100/21°=ASA 100, DIN 21°》.

íso·rhỳthm *n.* 〖音楽〗イソリズム, 定型反復リズム《主にテナー声部に反復して現れる同じリズム型のこと; アルスノヴァ時代の重要な楽曲構成原理》. **ìso·rhýthmic** *adj.* 〖(1954) ← ISO-+RHYTHM〗

i·so·sbes·tic /àɪsoʊsbéstɪk | -sə(ʊ)-⁻/ *adj.* 〖化学〗等吸収の: an ~ point 等吸収点《水素イオン濃度などの条件によって互いに変わりうる異性体の光吸収曲線が 1 点で交わる波長》. 〖(1943) ← ISO-+Gk *sbestós* extinguished +-IC¹: cf. G *isosbestisch*〗

i·sos·ce·les /aɪsɑ́(ː)səlìːz, -sl- | sɔ́sɨ̀l-, -sl-/ *adj.* 〖数学〗**1** 《三角形が》二等辺の, 等脚の: an ~ triangle 二等辺三角形. **2** 《台形において隣り合った辺が》等辺の: an ~ trapezoid 等脚台形. 〖(1551) □ LL *isoscelēs* □ Gk *isoskelḗs* with equal legs ← ISO-+*skélos* leg〗

ìso·séismal *adj.* 《地震の震度が》等震の; 等震線の: an ~ line. — *n.* 等震線. 〖(1883) ← ISO-+SEISMAL〗

ìso·séismic *adj.* =isoseismal.

is·os·mot·ic /àɪsɑ(ː)zmɑ́(ː)ṭɪk, -sɑ(ː)s- | -sɔzmɔ́t-, -sɔs-⁻/ *adj.* 〖物理化学〗等浸透圧の[に関する]. **ìs·os·mót·i·cal·ly** *adv.* 〖(1895) ← ISO-+OSMOTIC〗

íso·spìn *n.* 〖物理〗アイソスピン《ハドロン (hadron) に固有な物理的特性を表す量; あるハドロンのアイソスピンが I《整数または半奇数》であれば, 強い相互作用に対して全く同等な (2I+1) 個の(質量のほぼ等しい)素粒子が存在し, これらの電荷の差は陽子の電荷に等しい》. 〖(1961):《略》← *isotopic spin, isobaric spin*〗

I·so·spon·dy·li /àɪsoʊspɑ́(ː)ndəlàɪ, -sə- | -sə(ʊ)-spɔ́n-/ *n. pl.* 〖魚類〗ニシン目, 等椎目. 〖← NL ~: ⇨ iso-, spondyl〗

i·so·spon·dy·lous /àɪsoʊspɑ́(ː)ndələs, -sə- | -sə(ʊ)spɔ́n-⁻/ *adj.* 〖魚類〗ニシン目の[に関する]. 〖⇨ ↑, -ous〗

ìso·spórous *adj.* 〖植物〗=homosporous. 〖← ISO-+-SPOROUS〗

i·so·spo·ry /áɪsəspɔ̀ːri, -soʊ- | -sə(ʊ)-/ *n.* 〖植物〗=homospory.

i·sos·ta·sy /aɪsɑ́(ː)stəsi | -sɔ́s-/ *n.* 〖地球物理〗**1** (地殻の)平衡, 均衡, アイソスタシー. **2** 地殻均衡説《地殻が均衡を保っているのは地下の岩石の重力的変形に起因するとの仮説》. 〖(1889) ← ISO-+Gk *stásis* a standing still+-Y¹〗

ìso·státic *adj.* 地殻均衡(説)の. **ìso·státically** *adv.* 〖(1901) ← ISO-+STATIC〗

i·so·ste·mo·nous /àɪsəstíːmənəs, -soʊ-, -stém- | -sə(ʊ)-⁻/ *adj.* 〖植物〗《花被が》同数雄蕊(ずい)の《萼片(がくへん)や花弁と同数の雄蕊をもつ》. 〖(1835) ← ISO-+Gk *stḗmōn* thread+-OUS〗

i·so·stere /áɪsəstɪə, -soʊ- | áɪsə(ʊ)stɪə^(r)/ *n.* **1** 〖気象〗等比容線《比容 (specific volume) の等しい点を結ぶ線》. **2** 〖化学〗等量線, 等量式. 〖(1900) ← ISO-+Gk *stereós* solid, hard (cf. stereo-)〗

i·sos·ter·ism /aɪsɑ́(ː)stərìzm | -sɔ́s-/ *n.* **1** 〖化学〗等電子配置[性]. **2** 〖薬学〗等配電子体説《等配電子体は薬理作用が同じであるとする理論》. 〖(1865–72) ← ↑ +-ISM〗

ìso·strúctural *adj.* 〖結晶〗同型構造の《結晶構造が同じで化学成分は必ずしも同じでないことにいう; cf. isomorphous》. 〖(1906) ← ISO-+STRUCTURAL〗

i·so·tac /áɪsətæ̀k, -soʊ- | -sə(ʊ)-/ *n.* 〖地理〗等融氷線《春ほぼ同時期に融氷する地点を結ぶ線》. 〖← ISO-+Gk *takênai* to melt〗

i·so·tach /áɪsətæ̀k, -soʊ- | -sə(ʊ)-/ *n.* 〖気象〗等風速線《風速の等しい点を結ぶ線》. 〖(1947) ← ISO-+Gk *takhús* swift (⇨ tachy-)〗

ìso·táctic *adj.* 〖化学〗アイソタクチックの《主鎖に対して側鎖が同一方向のみに配列されていることにいう》: an ~ polymer アイソタクチックポリマー《立体特異性重合体 (stereospecific polymer) の一種》. 〖1955〗

i·so·ten·i·scope /àɪsəténɨ̀skòʊp, -soʊ- | -sə(ʊ)ténɪskəʊp/ *n.* 〖化学〗イソテニスコープ《沸点あるいは蒸気圧測定装置の一つ》. 〖(1910) ← ISO-+*ten-* (← L *tenēre* to hold)+-I-+-SCOPE〗

i·so·ther·al /aɪsɑ́θ(ə)rəl, -soʊ- | -sə(ʊ)θɪər-⁻/ 〖気象〗*adj.* 等高温の, 等暑線の. — *n.* 等暑線. 〖(1839): ⇨ ↓, -al¹〗

i·so·there /áɪsəθɪə, -soʊ- | -sə(ʊ)θɪə^(r)/ *n.* 〖気象〗等夏温線, 等暑線. 〖(1852) □ F *isothère* ← ISO-+Gk *théros* summer〗

i·so·therm /áɪsəθəːm, -soʊ- | -sə(ʊ)θəːm/ *n.* **1** 〖気象〗等温線. **2** 〖物理・化学〗等温式. 〖(1859) □ F *isotherme*: ⇨ iso-, -therm〗

i·so·ther·mal /àɪsəθə́ːməl, -soʊ-, -ml | -sə(ʊ)θə́ː-⁻/ 〖気象・物理・化学〗*adj.* 一定の温度で起こる; 等温を示す, 等温(線)の (cf. adiabatic): ~ change [process] 等温変化[過程]. — *n.* =isotherm. **~·ly** *adv.* 〖(1826) ← F *isotherme* (↑)+-AL¹〗

ìsothermal líne *n.* 〖気象・物理・化学〗=isotherm.

ìsothermal région *n.* 〖気象〗等温圏 (⇨ stratosphere).

ìso·thìocyanic ácid *n.* 〖化学〗イソチオシアン酸 (HNCS) (thiocyanic acid). 〖*isothiocyanic*: ← ISO-+THIOCYANIC〗

i·so·tim·ic /àɪsətímɪk, -soʊ- | -sə(ʊ)-⁻/ *adj.* 《空間の線・面が》同期等価の. 〖← ISO-+TIME+-IC¹〗

i·so·tone /áɪsətòʊn, -soʊ- | -sə(ʊ)təʊn/ *n.* 〖物理〗アイソトーン, 同中性子核. 〖← *isotope*: *-tope* の *p* を *proton* にこじつけ, *neutron* にちなんで *n* に代えた造語〗

ìso·tónic *adj.* **1** 〖化学・生物〗《塩類その他の溶液が》等張(性)の. **2** 〖生理〗《筋肉が》同緊張の, 等張の. **3** 〖音楽〗同音の. **ìso·tónically** *adv.* **ìso·tonícity** *n.* 〖(1891) □ Gk *isótonikos* having equal tension or time: ⇨ iso-, tone〗

ísotonic sódium chlóride solùtion *n.* 〖薬学〗生理食塩液.

ísotonic sỳstem *n.* 〖音楽〗イソトニック記譜法《嬰(えい)・変の記号を廃し一高度の音の表示にそれぞれ独自の符号を与え, または新譜表などによって, 一高度の音を特に一定した譜表上の位置に存置させる記譜法》.

i·so·tope /áɪsətòʊp, -soʊ- | -sə(ʊ)tə̀ʊp/ *n.* 〖物理〗アイソトープ, 同位体, 同位元素《互いに化学的性質を同じくするが, 原子量を異にするもの》; 同位核《陽子数は等しいが質量数の異なる原子核》. **i·so·top·ic** /àɪsətɑ́(ː)pɪk, -soʊ- | -sə(ʊ)tɔ́p-⁻/ *adj.* **ì·so·tóp·i·cal·ly** *adv.* **í·so·tòp·y** /-tòʊpi | -təʊ-/ *n.* 〖(1913) ← ISO-+Gk *tópos* place〗

ísotope effèct *n.* 〖物理〗同位体効果.

isotópic númber *n.* 〖物理〗アイソトピックナンバー《原子核の中性子数から陽子数を引いたもの; 原子核のアイソスピン (isospin) にマイナスをつけたものに等しい》.

isotópic spìn *n.* 〖物理〗=isospin.

i·so·tron /áɪsətrɑ̀(ː)n, -soʊ- | -sə(ʊ)trɔ̀n/ *n.* 〖物理〗アイソトロン《同位元素の電磁分離器の一種; 特に, 原子爆弾製造用》. 〖(1945) ← ISO(TOPE)+-TRON〗

i·so·tro·pic /àɪsətróʊpɪk, -soʊ-, -trɑ́(ː)p- | -sə(ʊ)-trɔ́p-⁻/ *adj.* **1** 〖物理〗等方性の (cf. isotropy 1). **2** 〖動物〗等方性の. 〖(1860) ← ISO-+-TROPIC〗

i·sot·ro·pous /aɪsɑ́(ː)trəpəs | -sɔ́trə-/ *adj.* =isotropic.

i·sot·ro·py /aɪsɑ́(ː)trəpi | -sɔ́trə-/ *n.* **1** 〖物理〗等方性《方向によって物質の物理的性質の異ならないこと; ↔ anisotropy》. **2** 〖動物〗等方性《卵が先天的に決定された軸をもたず, 体軸が後天的に決定されること》. 〖← ISO-+-TROPY〗

íso·tỳpe *n.* **1** 〖生物〗**a** 同基準標本《正基準標本と同時に同一場所で採集した重複標本》. **b** アイソタイプ, イソタイプ《種特有抗原》. **2** アイソタイプ《絵グラフの単位となる絵や図形》. **3** 絵グラフ《アイソタイプを幾つか並べて人口・生産物などを示したもの》. 〖(1881) ← ISO-+TYPE〗

ìso·týpic *adj.* 〖結晶〗同一構造型の (isostructural). 〖(1929): ⇨ ↑, -ic¹〗

íso·valèric ácid *n.* 〖化学〗イソ吉草酸 ($(CH_3)_2CHCH_2COOH$)《不快臭のある無色の液体; 香料に用いる》. 〖*isovaleric*: ← ISO-+VALERIC〗

íso·zỳme /-zàɪm/ *n.* 〖化学〗アイソチーム《構造は違っていて全く同じ働きをする酵素》. **ìso·zý·mic** /-záɪmɪk, -zí-⁻/ *adj.* 〖(1959) ← ISO-+-ZYME〗

ISP 《略》Internet Service Provider インターネットプロバイダー[接続業者].

is·pa·ghul /íspəgùːl/ *n.* 〖植物〗オオバコ, (特に)インドやイランに自生するオオバコの一種 (*Plantago ovata*)《種子を煎じて胃腸薬とする》. 〖(1810) □ Hind. □ Pers. *asp* horse+*gol* ear; 葉もしくは種子の名から〗

Is·pa·han /ìspəhɑ́ːn/ *n.* **1** イスパハン (Esfahān の旧名). **2** 手織のペルシャ敷物《濃い赤・青・緑の地に古風な花や動物の模様のあるのが特色》. 〖1931〗

I spy /àɪspáɪ/ *n.* 〖遊戯〗=hy spy; 《英》〖遊戯〗アイスパイ《その場にある物の頭文字を言い, それが何かを当てるゲーム; 物を選ぶ人は "I spy, with my little eye, something beginning with ~." のように言う》.

ISR 《略》〖物理〗Intersecting Storage Ring 交差型蓄積リング《スイス Geneva 郊外のヨーロッパ原子核共同研究所 (CERN) 内にある陽子ビーム衝突型加速器; 1971 年完成》.

Isr. 《略》Israel; Israeli.

Is·ra·el¹ /ízriəl, -reɪ(ə)l | ízreɪ(ə)l, -riəl, (聖歌では普通) -reɪèl/ *n.* **1** イズリエル《男性名》. ★ユダヤ人に多い. **2** 〖聖書〗イスラエル《天使と格闘後のヤコブ (Jacob) の異名; cf. *Gen.* 32: 28》: the Children of ~ ヤコブの子, ユダヤ人 (*Gen.* 32: 32). **3** [集合的; 複数扱い] ヤコブの子孫, イスラエル人, ユダヤ人 (Jewish people). **4** [集合的] 神の選民 (God's elect); キリスト教徒 (Christians). 〖lateOE ~ □ L *Isrāēl* □ Gk *Israḗl* □ Heb. *Yiśrā'ēl*《原義》? one who strives with God, God fights ← *śārāʰ* to fight+*Ēl* God: cf. *Gen.* 32: 28〗

Is·ra·el² /ízriəl, -reɪ(ə)l | ízreɪ(ə)l, -riəl, -reɪèl/ *n.* **1** イスラエル(国)《アジア南西部, 地中海に臨むユダヤ人の国家; 1948 年 5 月, もと英国委任統治領 Palestine に建設された; 面積 20,700 km², 首都 Jerusalem; 公式名 the State of Israel イスラエル国; cf. Zionism》. **2** イスラエル(王国)《Palestine 北部の古代王国で, 古代ヘブライ人の国が南北に分裂した当時の北方の国名; 首都 Samaria; cf. Judah 3》. 〖↓〗

Israel ben Eliezer *n.* ⇨ Baal Shem-Tob.

Is·rae·li /ɪzréɪli/ *n.* (*pl.* **~s**, ~) (現代の)イスラエル人[国民]. — *adj.* (現代の)イスラエルの[国(民)の]. 〖(1948) □ ModHeb. *Yisra'elí* ← *Yisra'él* 'ISRAEL²'+-*i* (adj. suf.)〗

Israéli Hébrew *n.* (現代イスラエル人の用いる)口語ヘブライ語 (cf. Hebrew 2 b).

Is·ra·el·ite /ízriəlàɪt, -reɪ(ə)l- | ízriəl-, -reɪ(ə)l-, -rəl-/ *n.* **1** (ヤコブ (Jacob) の子孫である)古代ヘブライ人. **2** 〖聖書〗(ユダ王国に対する)古代イスラエル王国 (922–721 B.C.) の民. **3** (現代または古代の)イスラエル人. **4** 神の選民. **5** 《古》ユダヤ人(Jew). — *adj.* イスラエルの; ユダヤ(人)の (Jewish). 〖(n.: *c*1350; adj.: 1851) □ LL *Isrāēlīta* □ Gk *Israēlī́tēs* ← *Israḗl* □ Heb. *Yiśrā'ēl*: ⇨ Israel¹, -ite¹〗

Is·ra·el·it·ic /ìzriəlíṭɪk, -reɪ(ə)l- | ìzriəlít-, -reɪ(ə)l-, -rəl-⁻/ *adj.* =Israelite. 〖1609〗

Is·ra·el·it·ish /ízriəlàɪṭɪʃ, -reɪ(ə)l- | ízriəlàɪt-, -reɪ(ə)l-, -rəl-⁻/ *adj.* =Israelite. 〖lateOE〗

Is·ra·fil /ízrəfìːl/ *n.* (*also* **Is·ra·fel** /-fèl/, **Is·ra·feel** /-fìːl/) 〖イスラム神話〗イスラフィール《コーラン (Koran) で音楽の大天使》. 〖□ Arab. *Isrāfīl*〗

Is·ro /ízroʊ | -rəʊ/ *n.* 《米》アフロ型 (Afro) に似た若いユダヤ人の髪型. 〖← IS(RAELI)+(AF)RO〗

iss. 《略》issue.

Is·sa /iːsɑ́ː/ *n.* (*pl.* ~, **~s**) **1 a** [the ~(s)] イサ族《エチオピア東部, ソマリアおよびアファルイッサ (Afars and Issas) に住むソマリ族》. **b** イサ族の人. **2** イサ語.

Is·sa·char /ísəkɑ̀ə | -kə^(r), -kɑ̀ː^(r)/ *n.* 〖聖書〗**1** イッサカル《Jacob の第 9 子, 母は Leah; cf. *Gen.* 30: 18; 49: 14–15》. **2** イッサカル族《イッサカルを祖とするイスラエル十二支族の一つ》. 〖□ Gk *Issákhar* □ Heb. *Yiśśākhā́r*《原義》? he brings pay〗

Is·sei, i- /iːséɪ, ⁻⁻/ *n.* (*pl.* ~, **~s**) 《米》一世《米国へ移住・帰化した日本人; cf. Nisei, Sansei, Kibei》. 〖(1937) □ Jpn.〗

Is·si·go·nis /ìsɨ̀góʊnɨ̀s | -gə́ʊnɪs/, **Sir Alec (Arnold Constantine)** *n.* イシゴーニス《1906–88; トルコ生まれの英国の技師・自動車設計者》.

ISSN /áɪèsèsén/《略》International Standard Serial Number 国際標準逐次刊行物番号.

is·su·a·ble /íʃuːəbl | íʃuːə-, ísjuːə-/ *adj.* **1** 発布[発行]できる. **2** 生じるかもしれない, 受け取りうる (receivable). **3** 〖法律〗**a** 訴訟上の争点になりうる. **b** 《商品・通貨など発売[発行]することができる. **c** 財産から(利得などが)生じうる. **ís·su·a·bly** *adv.* 〖(*c*1570) ← ISSUE+-ABLE〗

is·su·ance /íʃuːəns | íʃuː-, ísjuː-/ *n.* **1** 配給, 給与 (distribution): an ~ of rations 食糧の配給. **2** 発行, 発布, 公布: the ~ of an order 命令の発布. 〖(1863): ⇨ ↓, -ance〗

is·su·ant /íʃuːənt | íʃuː-, ísjuː-/ *adj.* **1** 〖紋章〗《動物が》上半身を表す (cf. jessant). **2** 《古》出現する, 出てくる (issuing). 〖(1610) ← ISSUE+-ANT〗

is·sue /íʃuː | íʃuː, ísjuː/ *n.* **1** 問題(点), 論点, 争点, 論争点; 論争, 討議 (discussion): ⇨ general issue, side issue, special issue / burning ~*s* 焦眉の問題 / raise a new ~ 新しい論点を持ち出す / That is a separate ~. それは別問題だ / debate an ~ 問題を討議する / You're avoiding the ~. 君はその問題を避けている / make a political ~ of ...を政治問題化する / Wait until an ~ is decided. 問題が片付くまで待ってくれ / The real ~ is *where* the money will come from [*whether* there is enough money]. 真に重要な問題はお金の出所だ[お金が十分あるかどうかだ].

2 a 発行物, 刊行物; (雑誌などの)号 (number): a new ~ (切手・公債・貨幣・紙幣などの)新発行物 / the latest ~ of a magazine 雑誌の最新号 / today's ~ of a newspaper 今日発行の新聞 / Autumn ~ (季刊誌の)秋季号 / a back ~ 既刊号. **b** (貨幣・紙幣・新聞などの)発行数[高], 発行部数.

3 発布, 公布, 発行; (手形・為替などの)振出し: the ~ of stamps [coinage, bonds] 切手[貨幣, 公債]の発行 / First Day of *Issue* 〖郵趣〗発行日第 1 日《切手の初日カバー (first-day cover) に日付・発行場所と共に押される消印》/ ⇨ BANK¹ of issue.

4 〖書誌〗別版《既刊の edition (または impression) の下位概念で, 主に販売上の理由で, 標題紙などを変えたりして出版した図書; cf. edition, impression, state》: the second ~ 第 2 別版.

5 a 外に出す[出る]こと, 流出 (outgoing): an entrance and ~ of customers 客の出入り. **b** 流出口; 出口 (exit), はけ口 (vent); 内海の口, 河口, 落ち口.

6 流出物, 発生物, 所産, 成果: Hallucinations are the

I

~s of a disordered imagination. 幻覚は妄想の所産. **7** 〖軍事〗(軍人に対する補給品・装備・器械などの)交付, 支給; 交付品, 支給品: an ~ of clothing by the quartermaster *to* the troops 補給将校から隊への衣料の支給. **8** (*pl.* ~)〖法律〗[通例集合的] 子 (child, children); 子孫, 直系卑属 (descendant(s)): male [female] ~ 男[女]系子孫 / die without ~ 子をもたずに[跡継ぎなしに]死ぬ. **9** [*pl.*]〖法律〗(不動産などからの)収益 (proceeds). **10** 〖図書館〗**a** 貸出し記録システム. **b** 貸出し冊数. **11 a** 《古》(成り行きの)結果, 終局, 結末: the ~ of a contest [a battle, an argument] 競争[戦闘, 議論]の結果 / bring [put] matters to an ~ 事柄に決着[結末]をつける / bring a campaign to a successful ~ 運動を成功させる / abide [await] the ~ 結末[成り行き]を待つ / force the ~ 強行に決着をつける. **b** 《廃》(熟慮の上で到達した)決意, 決定. **12** 《古》〖病理〗出血, 漏膿(ろう), 化膿性病巣; (血膿(ち)を出すための)切開 (incision): the ~ of blood from a wound [the nose] 傷口からの出血[鼻血]. **13** 《Shak》行為, 処分.

at issue (1) 未解決で[の], 係争[論争]中で[の], 問題となって(いる): the point [question] *at* ~ 係争点[問題]. 《1817》 (2) 不一致で, 不和で; 矛盾して: be *at* ~ *with* …と意見が合わない, 不和である. 《16C 前半》 ***fáce the issue*** 事実を事実として認めて対処する. ***in issue*** =*at* ISSUE (1). ***in the issue*** 帰するところは, 結局は. ***jóin issue*** (1)〖法律〗法廷闘争を開始する. (2) 議論を始める; 反対する: *join* ~ *with* a person *on* [*about*] a point ある点について人と議論を戦わす[反対の立場を執る]. 《1429》 ***tàke issue with*** …に反対する, に異議を唱える: I *took* ~ *with* him *over* [*about*] the source of the funds. 資金源に関して彼に反対した. 《1825》 ***Whát's the bíg issue?*** 何でそんなに問題になるのか(わからない).

issue of fáct 〖法律〗=FACT in issue.

issue of láw 〖法律〗法律上の争点 《通常裁判官が決定する; question of law ともいう》.

— *vi.* **1** 出る, 流出する, 発する, 噴出する, 漏れる, 現れる (⇨ rise SYN): smoke *issuing from* chimneys / The students ~*d out into* the campus. 学生たちはどっと校庭へあふれ出た / A stream of abuse ~*d* (*forth*) *from* his lips. 彼の口から矢継ぎ早に罵詈(ば)雑言が飛び出した. **2** 〔…に〕由来する, 〔…から〕起こる, 生じる 〔*from*〕: It ~*s* naturally *from* his doctrine. 彼の主義からすれば当然そうなる. **3** 〖法律〗**a** (子孫として)生まれる, 出る: ~ *from* …から生まれる, …の子孫である. **b** 〔土地などから〕(収益として)上がる, 入る (accrue) 〔*from*〕. **4** 〔…の〕結果に終わる, 結局〔…と〕なる 〔*in*〕: The game ~*d in* a tie. 勝負は同点に終わった. **5** 〈通貨などが〉発行される, 〈書物などが〉刊行される, 〈令状などが〉出される. **6** 《Shak》〈涙を〉流す.

— *vt.* **1** 〈命令・令状・布告・免許証などを〉出す, 発する, 発布する; 〈通貨・切手・公債などを〉発行する; 〈新聞・雑誌などを〉刊行する, 出版する; 〈手形を〉振り出す: ~ bills, coins, books, etc. / ~ orders [decrees] *to* a subordinate 部下に指令[命令]を下す / A joint communiqué was ~*d* after the conference. 会議のあとで共同コミュニケが発表された / ~ passports [driver's licenses] to applicants 申請者にパスポート[運転免許証]を発行する / ~ a warrant for a person's arrest 逮捕状を発行する. **2** [しばしば受身で]〈物資を〉〈人に〉交付する, 支給する 〔*to*〕; 《英》〈人に〉〔物資を〕給与[配給]する 〔*with*〕: ~ food and clothing *to* soldiers =《英》~ soldiers *with* food and clothing 兵士に食糧と衣料を給する / The pupils were ~*d with* their textbooks. =Textbooks were ~*d to* the pupils. 学童たちには教科書が支給された. **3** 〈血・膿(う)・煙などを〉出す.

〖n.: (?*a*1300) □ OF (*e*)*issue* (F *issue*) (fem. p.p.) ← *i*(*s*)*sir*, *eissir* < L *exīre* to go out ← EX-[1]+*īre* to go: ⇨ exit[2]. — v.: (*a*1338) □ (O)F *issu* (p.p.) ← OF *issir*, *eissir*〗

íssue·less *adj.* **1** 子のない, 子孫のない. **2** 成果のない, 無益[無駄]な. **3** 議論を生むような論点のない, 問題を提起するようなものでない. 《(1447): ⇨ ↑, -less》

íssue prìce *n.* 〖証券〗(公(社)債・株式などの)発行[売出]価格.

ís·su·er *n.* (手形などの)発行人, 振出人. 《(1757) ← ISSUE+-ER[1]》

ís·su·ing hòuse *n.* 《英》〖金融〗証券発行商社, 発行受託会社 《資金を調達したい会社に代わって株式・証券などを発行する金融機関》. 《1929》

Is·sus /ísəs/ *n.* イッソス 《小アジア Cilicia の古代都市; 今の Iskenderun 付近; 紀元前 333 年 Alexander 大王が Darius 三世を大敗させた地》.

Is·syk-Kul /ìsɪkkúːl/ *n.* イシククール(湖) 《キルギス共和国北東部, 天山山脈中にある大湖; 面積 6,236 km^2, 標高 1,608 m》.

IST /áɪèstíː/ 《略》〖医学〗insulin shock therapy インシュリンショック療法.

is't /ɪ̀st | ɪst/ 《古・詩・方言》is it の縮約形.

-ist /ɪ̀st | ɪst/ *suf.* 「人」の意を表す名詞を造る; 多くは -ize, -ise に終わる動詞と -ism に終わる名詞に対応する: **1** -ize に終わる動詞の「動作主 (agent)」を表す: antagon*ist*, evangel*ist*, monopol*ist*. **2** 「(主義・慣例・風習など -ism の)信奉者, 主義者」を表す: Buddh*ist*, fatal*ist*, polygam*ist*, social*ist*. **3** 「(特殊な研究・職業などに)従事する人」を表す: dent*ist*, novel*ist*, pian*ist*, zoolog*ist*. **4** [形容詞用法]「…の特徴をもった, …的な」の意: dilettant*ist* / a social*ist* state. 〖ME □ (O)F *-iste* □ L *-ista* □ Gk *-istēs* ← *-izein* '-IZE'+*-tēs* (agent suf.): cf. -ism〗

is·ta·na /iːstáːnə/ *n.* (マレーシアの)王宮. 《(1839) □ Mal. ~ ← Skt *ā-sthāna* place, site》

Is·tan·bul /ìstɑːnbúːl, -tæn- | -tæn-, -tɑːn-ˊ; *Turk.* istánbul/ *n.* イスタンブール 《トルコ北西部 Bosporus 海峡の両岸に位置する同国最大の都市; 旧名 Constantinople, Stambul, 古代名 Byzantium》. 〖□ Turk. ~ 《変形》← MGk *eis tēn pólin* in(to) the city〗

ISTC 《略》Iron and Steel Trades Confederation.

isth. 《略》isthmus.

isthmi *n.* isthmus の複数形.

isth·mi·an /ísmiən | ísθm-, ís(t)m-/ *adj.* **1** パナマ (Panama) 地峡の: the *Isthmian* Canal (Zone) パナマ運河(地帯). **2** 地峡の. **3** [I-] コリント (Corinth) 地峡(大競技祭)の. **—** *n.* **1** [I-] パナマ地峡の住民. **2** 地峡に住む人. 《(1601) ← ISTHMUS+-IAN》

Ísthmian gámes *n. pl.* [the ~] (古代ギリシャの)コリント地峡[イストミア]大競技祭 《往時コリント (Corinth) 地峡で隔年に海神 Poseidon のために行ったもの; cf. Nemean games》. 《1603》

isth·mic /ísmɪk | ísθm-, ísm-, ís(t)m-/ *adj.* =isthmian. 《1585》

isth·mus /ísməs | ísm-, ísθm-, ís(t)m-/ *n.* (*pl.* ~·**es**, **isth·mi** /-maɪ/) **1** 地峡. **2** [the I-] スエズ[パナマ]地峡 (the Isthmus of Suez [Panama]). **3** 〖植物〗(接合藻(そう)類の)峡部. **4** 〖解剖・動物〗峡(部), 地峡, 狭窄(きょうさく)部: the ~ of the throat [fauces] 〖解剖〗口峡(部). **5** 〖魚類〗両鰓(りょうさい)の間の肉質部. **ísth·moid** /-mɔɪd/ *adj.* 《(1555) □ L ~ □ Gk *isthmós* narrow passage, neck ← ?: cf. Gk *íthma* march, movement, *eisíthmē* entrance》

-is·tic /ístɪkˊ/ *suf.* -ist, -ism に終わる名詞に対応する形容詞を造る: euphu*istic*, lingu*istic*, subjectiv*istic*, the*istic*. 〖□ F *-istique* // L *-isticus* □ Gk *-istikós*: ⇨ -ist, -ic[1]〗

-is·ti·cal /ístɪ̀kəl, -kl̩ | -tɪ-ˊ/ *suf.* =-istic: ego*istical*, Method*istical*. 〖← -ISTIC+-AL[1]〗

Is·ti·o·phor·i·dae /ìstioufɔ́(ː)rədiː, -fɑ́(ː)r- | -ti-ə(ʊ)fɔ́rɪ-/ *n. pl.* 〖魚類〗マカジキ科. 〖← NL ~ ← *Istiophorus* (属名: ← Gk *histíon* sail (← Gk *histánai* to cause to stand)+NL *-phorus* (⇨ -phorous))+-IDAE〗

is·tle /ístli/ *n.* イストレ 《熱帯アメリカ産の各種の agave, yucca などから採取した繊維; 綱・網・敷物などの原料; ixtle ともいう》. 《(1883) □ Mex.-Sp. *ixtle* □ Nahuatl *ichtli*》

Is·tri·a /ístriə; *It.* ístrja/ *n.* [the ~] イストラ[イストリア](半島) 《アドリア海北端の半島; 北西の付け根はイタリア Trieste 市域で, 残りはスロベニア・クロアチア領; Istrian Peninsula ともいう》.

Is·tri·an /ístriən/ *adj.* イストラ[イストリア](半島)の; イストリア人の. **—** *n.* イストリア人. 《(1607) ← ISTRIA+-AN[1]》

Ístrian Península *n.* [the ~] =Istria.

IStructE 《略》Institution of Structural Engineers.

ISV /áɪèsvíː/ 《略》International Scientific Vocabulary.

it[1] /(弱) ɪ̀t | ɪt; (強) ít/ *pron.* [人称代名詞, 三人称中性単数主格および目的格; 所有格 its; 複数 they] **1** [物・事柄, または性別を無視して幼児・動物などを指して] それ: He took a stone and threw *it*. / Where did you buy your watch?—I bought *it* in London. / I would like to have a car, but I can't afford *it*. 私は車が欲しいが買うことができない (★ it は前の to have a car という不定詞句を指す) / He got to the hut before dark, but I don't know how he managed to do *it*. 暗くならないうちに山小屋に着いたのだが, どうやってそれができたのかわからない (★ to do *it* は to get there before dark の代用; cf. so[1] *pron.* 1 b) / Where is the dog?—*It* is in the kennel. 犬はどこにいますか—犬小屋にいます / The child [baby] was so lovely that I could not help kissing *it*. 大変かわいい子だったので私は思わずキスしてしまった. [日英比較] 英語の人称代名詞 *it* は前出の物を受ける働きのみを持ち, 日本語の「それ」のように指示機能はない. 日本語では, 主語はしばしば含み表現になるが, 英語では原則として主語が必要なため, 人称代名詞が用いられる: "What's that?" "*It*'s a new type of fruit." "それ何"「新しいくだものです」のように, *it* は単に that といわれたものと照応するための記号である. ⇨ I, he she, they [日英比較]

[語法] (1) 幼児や動物(特にペット)を特に親愛の情を込めて指す場合には, それを受ける代名詞として he や she を用いる: What's the baby doing?—*He*'s [*She*'s] sleeping. / Have you given Rover *his* dog biscuit? ローバーに犬用ビスケットをやったか. (2) ⇨ she[1] [語法] (2).

2 [心中にあるかまたは問題に上った人・物・事情・出来事・行為などを指して]: There's someone at the door: Go and see who *it* is. 戸口にだれかいる. だれだか行って見て来なさい / *It*'s me. 《口語》(それは)私だ (=*It* is I.) / There *it* is, do what you like. たとえ君がどうしようとどうにもならないのだ / *It* says, "Keep (to the) Right." 「右側通行」と書いてある / *It* says in the Bible that… と聖書に出ている / Where does *it* say that I have to know everything? 私が全部知っていなければならないなどとどこに書いてあるか / I would go if *it* were not for the expense. 費用さえ(そんなに)かからなければ行くんだがな / Had *it* not been for your help, he would have drowned. 君が助けてくれなかったら彼はおぼれ死んでいたろう / That's *it*. 《口語》おおそれだ, そこだ; それでよし; それだけだ, それでおしまい / That's *it* for today, folks! 皆さん, 今日のところはここまで / That's (just) [《俗》This is] *it*—the point is (that) we have no money. (まさに)その通りだ—問題はお金がないということだ / That's *it*—now do it again. そう, その調子—さあもう一度やってごらん / This is *it*. 《口語》さあいよいよだ; もうだめだ, おだぶつだ / This is *it*, I guess: I just have to accept defeat. もうだめだ. 負けを認めざるを得ない / Don't let *it* come to a breach between us. 我々の間で仲たがいなどよそうよ / We had a good time of *it*. 私たちは愉快な時を過ごした (とても楽しかった) / What can you do about *it*? それを何とかできるかね / She'll never agree to [allow, authorize] *it*. 決して認めないだろう / run for *it* 逃げる / be in for *it* 《口語》罰を受けるに決まっている; のっぴきならない破目に陥る.

3 [非人称動詞の主語として, または一般的な漠然とした事情・状態・事件・天候・温度・時間・距離・約束・手はず・取引などを示して]: *It* is going to rain. 雨が降りそうだ / *It* will snow [thunder] before long. 間もなく雪が降る[雷が鳴る]だろう / *It* looks like snow. 雪になりそうだ / *It* seems [looks] as if we will finish tomorrow. どうやら明日は済みそうだ / *It* is getting very hot. 大変暑くなってきた / *It*'s six o'clock. 6 時です / *It*'s winter. (今は)冬です, 冬になりました / *It* is Friday (today). 今日は金曜日です / How goes *it* with you? 《口語》ごきげんいかがですか, いかがお暮らしですか / *It* is 6 miles to [from] Oxford. オクスフォードへ[から] 6 マイルです / *It* is a 10-minute walk. 歩いて 10 分間で行けます / *It*'s a promise. 約束だよ, 絶対だよ / *It*'s a date. それで決まりだ / *It*'s a deal. これで取引はまとまった.

4 [文の一部を強める構文 'It is … that [who] …'において]: *It* is you *that* [*who*] are to blame. 悪いのは君だ / *It* is the price *that* frightened him. 彼が驚いたのはその値段だ / Who is *it that* I see for tax information? だれに会って税金の相談をしたらいいのですか / *It* was yesterday [in March] *that* I met her. 私が彼女に会ったのは昨日[3 月]だった. ★ この構文の節が主格の関係代名詞に導かれる場合, それに続く述語動詞は通例, 強調される語と一致する; しかし《口語》では it と一致することもある: *It*'s me *that* has to give it up. それをあきらめなければならないのは私だ.

5 [形式主語[目的語]として後に従う実質主語[目的語]としての不定詞句・動名詞句・*that*-clause などを代表して]: *It* will be difficult (for you) *to* beat him. (君が)彼を負かすのは困難だろう / *It* was nice of you *to* say that. そう言ってくださるのはありがたかった / *It* is natural *that* he should complain. 彼が不平を言うのは当然だ / *It* is said *that* the Cabinet will soon change. 内閣はもうすぐ変わるそうです / I've heard *it* said [rumored, reported] *that* there will be a Cabinet reshuffle. 内閣の改造があるそうだ / *It* seemed [appeared] *that* she had won. 彼女が勝ったようだ[らしい] / How [Why] is *it that* he's always late? どうして彼はいつも遅刻するのだ / *It*'s amazing *how* [*that*] she always knows the answer. 彼女がいつも答えを知っているとは驚くべきことだ / *It*'s not *that* I don't like you. 君を好きでないというわけではない / *It* does not matter *whether* you like it or not. 君がそれを好もうが好むまいが問題ではない / *It* is no use try*ing*. やってみたってむだだ / *It* is absurd talk*ing* [*to* talk] like that. そんな事を言うのはばかげている / *It* is not in his nature *to* complain. 泣き言を言うのは彼の性に合わない / He found *it* hard *to* solve the problem. その問題を解くのは難しいと思った / I take *it* that you will act at once. 君が直ちにやることと私は信じる / I love *it when* you smile like that. そのようにほほえんでくれるときが好きだ / Let me make (*it*) clear *where* I stand on the issues. この問題に関する私の立場を明らかにさせていただきたい / *It* is a nuisance, this delay. こんなに延びるのは本当に迷惑だ.

6 [it is [was] として]《方言》=there is [was]: *It*'s nobody here but me. ここにいるのは私だけだ.

7 《口語》**a** [ある種の動詞の後に無意味な形式上の目的語として]: walk *it* 歩く, 徒歩で行く (walk) / fight *it* out あくまで戦う / as ill luck will [would] have *it* あいにく / Hook *it*! 逃げろ (Be off!) / (The) Devil take *it*! あっ, しまった / Go *it* while you are young. 若いうちに大いにやれ / I have done *it*. 大しくじりをした, へまをやった / ⇨ FACE *it out*, *give it to* a person HOT, HAVE *it out with*, TAKE *it out of*. **b** [ある種の名詞を臨時動詞として用いる時その後に付けて]: foot *it* 歩いて行く / bus *it* バスで行く / queen *it* 女王の役をする; 女王然とふるまう / lord *it* (over others) 殿様顔をする, 威張る (play the lord). **c** [of it で名詞相当語句の後につけて]: The worst *of it* was that it started to rain. 最悪なことに, 雨まで降りだした / The beauty *of it* is that you needn't pay until much later. 利点は支払はずっと後でよいということだ.

dróp a person ín it 《口語》人を困難[面倒]に陥れる: You've really *dropped* me *in it* this time. 今回は本当に困らせてくれた. ★ it =the shit.

〖ME (*h*)*it*, (*h*)*yt* < OE *hit*, *hyt* (gen. *his*, dat. *him*, acc. *hit*) (neut.) ← *hē* 'HE[1]': cog. Du. *het* it / Goth. *hita* this〗

it[2] /ít/ *n.* **1** (鬼ごっこの)鬼: Everybody hide! I'll be *it*. みんな隠れて. あたしが鬼よ. **2** 《口語》理想 (the ideal), 完全, 極致 (absolute perfection), まさにその物 (the thing). ★ 通例イタリック体で書き, 特に強勢を置いて読む: For barefaced lying you are really *it*. しゃあしゃあとしてうそをつくことにかけては君は天下の一人者[天下一品]だ / In a lilac sunbonnet she was *it*. 彼女が藤(ふじ)色の日よけボンネットをかぶった姿は天下一品だった. **3** [時に It] 《俗》性的魅力, 「イット」(sex appeal) 《米国の人気女優 Clara Bow (1905–65) が主演した映画の題名 "It" (1927) から》. **4** 《口語》性交: ⇨ DO[2] *it* (1). **5** 中性あるいは無性の生き物 《侮辱する意図で人に用いることもある》. 《(1611) 《転用》← IT[1]》

it[3], **It** /ít/ *n.* 《英口語》=Italian vermouth: gin and *it* [*It*] ⇨ gin[2] 1 a. 《(1932) 《略》← ITALIAN》

it 《記号》Italy 《URL ドメイン名》.

It. 《略》Italian; italic(s); Italy.

IT /àɪtíː/ *n.* 情報技術, 情報通信技術: *IT* education 情報通信技術教育. 〘(1958)《頭字語》← *i*(*nformation*) *t*(*echnology*)〙

IT 《略》 income tax; 《米》 Indian Territory; Intermediate Technology.

ITA /áɪtìːéɪ/ 《略》 Independent Television Authority (英国の)独立テレビジョン公社《1954 年設立; 1972 年に IBA と改称》. 〘1955〙

i.t.a., ITA 《略》 initial teaching alphabet.

i·ta·cism /íːtəsìzm | -tə-/ *n.* **1** 〘ギリシャ文法〙母音字 η を /iː/ と発音すること《J. Reuchlin がこの発音を用いた; cf. etacism, iotacism 2》. **2** =iotacism. **í·ta·cist** /-sɪ̈st | -sɪst/ *n.* 〘(1837) ← Gk *êta* name of the letter η (後期ギリシア語では /íːtə | -tə/ と発音する)+(ɪᴏᴛᴀ)-ᴄɪsᴍ〙

it·a·col·u·mite /ìṭəkɑ́(ː)ljʊmàɪt | ìtəkɔ́l-/ *n.* 〘岩石〙イタコルミ岩, 撓曲(ぎょうく)石英片岩. 〘(1862) ← *Itacolumi* (この岩石が発見されたブラジル東部の山の名)+-ɪᴛᴇ[1]〙

ít·a·con·ic ácid /ìṭəkɑ̀(ː)nɪk- | ìtəkɔ̀n-/ *n.* 〘化学〙イタコン酸 ($C_5H_6O_4$)《結晶; サトウキビ培地で培養してつくる; 樹脂・可塑剤の製造に用いる》. 〘(1865–72) *itaconic*: 《恣意的綴りかえ》← *aconitic* ← ᴀᴄᴏɴɪᴛᴇ+-ɪᴄ[1]〙

i·tai-i·tai /iːtaɪíːtaɪ/ *n.* 〘病理〙イタイイタイ病. 〘(1969) □ Jpn.〙

I·tai·pu /iːtáɪpuː/ *n.* イタイプ《ブラジル・パラグアイの国境を流れる パラナ (Paraná) 川にあるダム》.

ital. 《略》〘印刷〙 italic(s); italicized.

Ital. 《略》 Italian; Italy.

I·tal- /ɪ̈tǽl-, ítəl, ítl | ɪ̈tǽl-, ítəl, ítl/ (母音の前にくるときの) Italo- の異形.

I·ta·lia /*It.* itáːlja/ *n.* イタリア《Italy のイタリア語名》. 〘□ It. ～ 'Iᴛᴀʟʏ'〙

Italia ir·re·den·ta /*It.* itáːljairredénta/ *n.* 未併合のイタリア (⇨ irredentist 1). 〘□ It. ～ 'unredeemed Italy': ⇨ irredentist〙

I·tal·ian /ɪ̈tǽljən/ *adj.* **1** イタリアの; イタリア人の. **2** イタリア語の. **3** =italic. — *n.* **1** イタリア人. **2** イタリア語 (cf. romance[1] 7 a). **3** =Italian vermouth. 〘(n.: *a*1398; adj.: 1423) □ L *Italiānus* ← *Italia* 'Iᴛᴀʟʏ'〙

Itálian áster *n.* 〘植物〙イタリアンアスター (*Aster Amellus*)《ユーラシア産キク科の多年生草本》.

I·tal·ian·ate /ɪ̈tǽljənɪ̈t, nèɪt | -nèɪt, -nɪ̈t/ *adj.* イタリア化した, イタリア式[風]の: an ～ novel. — /ɪ̈tǽljənèɪt/ *vt.* イタリア風にする (Italianize). 〘(adj.: 1572; v. 1567) □ It. *italianato* ← *italiano* Italian (← *Italia* 'Iᴛᴀʟʏ')+-*ato* (< L *-ātus* '-ᴀᴛᴇ[2]')〙

Itálian bréad *n.* (甘みをつけない)イタリアパン《30 cm くらいの堅くて細長いパン》.

Itálian bróccoli *n.* 《米》〘園芸〙ブロッコリー (⇨ broccoli 1).

Itálian clóth *n.* イタリア繻子(じゅす)《薄地の綿毛交織繻子; 裏地用》.

Itálian clóver *n.* 〘植物〙=crimson clover. 〘1840〙

Itálian córn sàlad *n.* 〘植物〙イタリアンコーンサラダ (*Valerianella eriocarpa*)《南欧産の一年生草本で, 野菜サラダに用いる》.

Itálian cýpress *n.* 〘植物〙セイヨウヒノキ, ホソイトスギ (*Cupressus sempervirens*)《ユーラシア原産ヒノキ科シダレイトスギ属の常緑針葉高木; 樹冠は細長く先がとがっている庭園樹; Mediterranean cypress ともいう》. 〘1838〙

Itálian dréssing *n.* イタリアンドレッシング《にんにく・ハーブなどの入ったサラダドレッシング》.

Itálian Èast África *n.* イタリア領東アフリカ《1936 年 Ethiopia 征服後それに旧領土 Eritrea と Italian Somaliland を併せた地域の名称; 1941 年英軍によって占領された; 主都 Addis Ababa》.

I·tal·ian·esque /ɪ̈tæ̀ljənésk←/ *adj.* =Italianate. 〘1850〙

Itálian gréyhound *n.* イタリアングレーハウンド《gazehound からペットとして矮小化されたイタリア原産のイヌ》. 〘1743〙

Itálian hánd *n.* **1** イタリア書体《中世イタリアで発達した手書き書体で, イタリア最初の印刷者たちが活字書体の手本としたり, 現代英国では美しい手書き書体の模範となっている; Italian handwriting ともいう》. **2** [通例 fine ～] 《口語》(政治・商談などにおける)狡猾(こうかつ)さ, 巧妙さ.

Itálian íron *n.* イタリアンアイロン《ラッフル状の丸いひだ作り用の円筒形のアイロン》.

I·tál·ian·ism /-nìzm/ *n.* **1** イタリア風[式, 流]. **2** イタリア気質. **3** イタリア語法[なまり] (Italicism ともいう). **4** イタリアびいき[好み], 親イタリア主義. 〘(1594) □ F *italianisme* // ← Iᴛᴀʟɪᴀɴ+-ɪsᴍ〙

I·tál·ian·ist /-nɪ̈st | -nɪst/ *n.* **1** イタリア(語)学者. **2** 親イタリア家. 〘(1855): ⇨ -ist〙

I·tal·ian·i·za·tion /ɪ̈tæ̀ljənɪ̈zéɪʃən | -naɪ-, -nɪ-/ *n.* イタリア(風)化. 〘(1855): ⇨ ↓, -ation〙

I·tal·ian·ize /ɪtǽljənàɪz/ *vt., vi.* イタリア風にする[なる], イタリア(語)化する. 〘(1611) □ F *italianiser*: ⇨ Italian, -ize〙

I·tál·ian·iz·er *n.* イタリア風の人[もの]. 〘(1847): ⇨ ↑, -er[1]〙

Itálian jásmine *n.* 〘植物〙ヒマラヤソケイ (*Jasminum humile*)《香り高い黄金色の花が咲くモクセイ科の常緑低木》.

Itálian míllet *n.* 〘植物〙=foxtail millet.

Itálian províncial *adj.* イタリア田舎風の《18–19 世紀のイタリア家具で, 果樹材やマホガニー材を用い直線的で素朴な装飾が特徴》.

Itálian rýe gràss *n.* 〘植物〙イタリアンライグラス (*Lolium multiflorum*)《ヨーロッパ産イネ科の一年生牧草で, 北米に移植された; 芝生・緑肥用; 単に Italian rye ともいう》.

Itálian sándwich *n.* 《米口語》イタリアンサンドイッチ (⇨ hero sandwich). 〘*c*1953〙

Itálian síxth *n.* 〘音楽〙イタリア六の和音《長三度と増六度から構成される増六度和音の一形式》. 〘1875〙

Itálian Somáliland *n.* イタリア領ソマリランド《東アフリカのインド洋に臨むイタリアの国連信託統治領 (1950–60); 1960 年 British Somaliland と合体して Somalia として独立; 主都 Mogadiscio》.

Itálian sónnet *n.* 〘詩学〙イタリア風ソネット[十四行詩]《Petrarch 等によって始められたもので, 前半 8 行と後半 6 行の 2 部に分かれ, 前の 8 行は a b b a a b b a, 後の 6 行は c d e c d e, c d c d c d などの韻を踏む; Petrarchan sonnet ともいう; ⇨ sonnet》. 〘1879〙

Itálian vermóuth *n.* イタリアンベルモット《イタリア産の甘口で濃い色のベルモット; cf. French vermouth》. 〘1896〙

Itálian wárehouse *n.* 《英》イタリア食料品店《パスタ類・乾果・オリーブ油などイタリア産食料品を売る店》. 〘1837〙

Itálian wárehouseman *n.* 《英》イタリア食料品商.

i·tal·ic /ɪ̈tǽlɪk/ *adj.* **1** 〘活字〙イタリック(体)の: ～ type イタリック《1501 年に Venice の Aldus Manutius が初めて用いた斜体活字; cf. Gothic 4, Roman[1] 4》. **2** [I-] **a** 古代イタリアの. **b** 古代イタリア人[語]の. **c** 〘言語〙イタリック語派の. — *n.* **1** [通例 *pl.*] 〘活字〙イタリック(体)《ローマン(体) (roman) に対し強調のため, または外来語・出版物名・船名などを示すために用いる斜体活字; タイプや手書きの場合には 1 本の下線で示す; cf. Roman[1] 3, Gothic 2》: in ～*s* イタリック(体)になって(いる), イタリック(体)で / I quote the passage; the ～*s* are mine [in the original]. その一節を引用するが, イタリック(体)にしたのは筆者[原文のまま]である. **2** [I-] 〘言語〙イタリック語派《古代イタリアにおいて話された印欧語族の一派で Latin, Oscan などを含む》. 〘(adj.: 1563; n.: 1594) □ L *Italicus* ← *Italia* 'Iᴛᴀʟʏ': ⇨ -ic[1]〙

I·tal·i·cism /ɪ̈tǽləsìzm | -lɪ̈-/ *n.* =Italianism 3. 〘(1773): ⇨ ↑, -ism〙

i·tal·i·ci·za·tion /ɪ̈tæ̀ləsɪ̈zéɪʃən, aɪt- | ɪ̈tæ̀lɪ̈saɪ-, -sɪ-/ *n.* イタリック(体)の使用.

i·tal·i·cize /ɪ̈tǽləsàɪz | -lɪ̈-/ *vt.* **1** 〈語・句を〉(強調や区別などのために)イタリックで印刷する. **2** (イタリックを指示するために)…に下線を 1 本引く. **3** 強調する, 力説する; 目立たせる, 引き立てる; 浮彫りにする: The quietness of his tone ～*d* the malice of his reply. 彼の口調の穏やかなのがかえって彼の返答に含まれている悪意を強調した. — *vi.* イタリックを使う. 〘(1795): ⇨ italic, -ize〙

I·tal·i·ot /ɪ̈tǽliət, -liòʊt | ɪtǽliət, ət-, -liəʊt/ *n., adj.* =Italiote. 〘1660〙

I·tal·i·ote /ɪ̈tǽliòʊt, -liət | ɪtǽliəʊt, ət-, -liət/ *n.* 南部イタリアの古代ギリシャ植民地の住民. — *adj.* 南部イタリアの古代ギリシャ植民地の住民の. 〘(1660) □ Gk *Italiṓtēs* ← *Italia* 'Iᴛᴀʟʏ'+-*ōtēs* inhabitant〙

I·tal·o- /ɪ̈tǽloʊ, ítəl-, ítl- | ɪtǽləʊ, ət-, ítəl-, ítl-/「イタリア(系)の (Italian); イタリアと…の間の (Italian and …)」の意の連結形: Italo-Austrian イタリアとオーストリアの. ★ 母音の前では通例 Ital- になる. 〘← L *Italus*〙

Ítal·o·phil /-fɪl/ *adj.* =Italophile. 〘1920〙

I·tal·o·phile /ɪ̈tǽləfàɪl, ítəl-, ítl- | ɪtǽlə(ʊ)-, ət-, ítəl-, ítl-/ *n.* 親イタリア家. — *adj.* 親イタリア的な. 〘(1906): ⇨ ↑, -phile〙

It·a·ly /íṭəli, íṭli | ítəli, ítli/ *n.* **1** イタリア《ヨーロッパ南部の共和国; もと王国 (1870–1946); 面積 301,225 km^2, 首都 Rome; 公式名 the Italian Republic イタリア共和国; イタリア語名 Italia》. **2** イタリア半島. 〘(?*a*1200) *Itaille* □ OF ～ (F *Italie*) // L *Italia* < ? Osc. *Vitelia* 《変形》← *Vitel(l)iu* 《原義》land of cattle ← *vitulus* calf: 本来は南イタリアの突端部の地名[民族名]; 牡牛を崇拝したところからか〙

Ita·na·gar /ìːtənάgə | -tənάgə(r)/ *n.* イタナガル《インド北東部 Arunachal Pradesh の州都》.

ITAR /άɪtɑə | -tɑː(r)/ *n.* ロシア電報情報通信社, イタル《ロシア国営の通信社; ソ連の TASS をロシアが継承するとともに Novosti をも吸収したもの; 対外ニュース配信のクレジットは ITAR-TASS》. 〘《頭字語》← Russ. *I*(*nformatsionnoe*) *T*(*elegrafnoe*) *A*(*gentstvo*) *R*(*ossi*) Information Telegraph Agency of Russia〙

I·tas·ca /aɪtǽskə/, **Lake** *n.* アイタスカ湖《米国 Minnesota 州北部の小湖; Mississippi 川の水源》. 〘← L (*ver*) *itas ca*(*put*) true source: Mississippi 川の水源と考えられたところから〙

ITB 《略》 Industry Training Board.

ITC 《略》《英》 Independent Television Commission 独立テレビ委員会《BBC以外の民間テレビ放送の監督・認可を行う団体》.

itch /ítʃ/ *n.* **1** かゆいこと, むずがゆさ, かゆみ, 掻痒(そうよう): scratch an ～ かゆいところをかく / have an ～ かゆいところがある. **2** [通例 the ～] 〘病理〙疥癬(かいせん), 皮癬(ひぜん): have [suffer from] *the* ～ 皮癬にかかる / *the* barber's ～ ひげ湿疹(しっしん), かみそりまけ. **3** [通例 an ～ または one's ～ として] 〔…に対する〕むずむずするような[たまらない]ものほしさ, 熱望, 切望, 渇望〔*for*〕; 〈…したいという〉じれったいような望み〈*to do*〉: have *an* ～ *for* money [honor] 金[名誉]が欲しくてたまらない / *his* ～ *to* travel abroad 海外旅行がしたくてじっとしていられない気持ち. **4** 情欲, 性欲 (lust). — *vi.* **1 a** かゆい, むずがゆい: scratch where it ～*es* かゆいところをかく. **b** 〈衣類などが〉体をかゆくさせる, ちくちくする: This undershirt ～*es*. このシャツを着るとかゆくなる. **2** 〔…が欲しくて〕たまらない〔*for, after*〕; 〈…したくて〉むずむずする〈*to do*〉: be ～*ing for* praise ほめてもらいたくてたまらない / ～ *after* fame 名声を切望する / My hands ～ *to* box his ears. 彼に往復びんたを食らわせたくて手がむずむずする / He was ～*ing for* the postman to come. 郵便屋が来るのを待ちかねていた. **3** 〈皮膚を〉かく, ひっかく《非標準的用法》. — *vt.* **1** むずゆかくさせる, ちくちくさせる. **2** いらいらさせる, じらす, 不愉快にする. 〘v.: ME (*y*)*icche*(*n*) < OE *ġiċċ(e)an*, *ġyċċan* ← (WGmc) *jukjan* (Du. *jeuken* / G *jucken*). — n.: ME *yicche*, *icche* < OE *ġyċċe* ← (v.)〙

ítch·i·ness *n.* むずむずすること, かゆいこと.

itch·ing *n.* **1** かゆいこと. **2** 欲しくてたまらないこと, 渇望: have an ～ *for* …が欲しくてたまらない. — *adj.* **1** かゆい, むずむずする. **2** …したくてたまらない; 貪欲な. ***hàve ítching éars*** ⇨ ear[1] 成句. ***hàve an ítching pálm*** ⇨ palm[2] 成句. 〘OE: ⇨ ↑, -ing[1,2]〙

ítching pòwder *n.* かゆみ粉《襟首などに入れてかゆがらせる; いたずら用》.

ítch mìte *n.* 〘動物〙ヒゼンダニ (*Sarcoptes scabiei*)《皮癬(ひぜん)の原因になる寄生虫》. 〘1833〙

itch·y /ítʃi/ *adj.* (**itch·i·er, -i·est; more ～, most ～**) 《口語》 **1 a** かゆい. **b** 疥癬(かいせん)[皮癬(ひぜん)]にかかった. **2** 渇望する, 欲しくてむずむずする; 何かをしたがる. ***hàve an ítchy pálm*** ⇨ palm[2] 成句. ***hàve [gèt] ítchy féet*** ⇨ foot 成句. ***hàve ítchy fíngers*** ⇨ finger 成句.

itch·i·ly /ítʃɪ̈li/ *adv.* 〘(1530) ← ɪᴛᴄʜ (n.)+-ʏ[4]〙

ITCZ 《略》 Intertropical Convergence Zone.

it'd /íṭəd | ít-/ 《口語》 **1** it would の縮約形. **2** it had の縮約形.

-ite[1] /←(–)àɪt, ←aɪt/ *suf.* 次の意味を表す名詞・形容詞を造る: **1**「…に関係ある人, …の住民, …の信奉者」: Israelite, Labo(u)rite, Semite, Wycliffite. **2** 学術用語: **a** 岩石・鉱物の名称: dolomite, hematite. **b** 化石の名称: ammonite, trilobite. **c** 爆薬の名称: cordite, dynamite. **d** 製品の名称: bakelite, ebonite, vulcanite. **e** 動物体などの「節・一部分」: somite. 〘ME □ (O)F ～ // L *-ita*, *-itēs* □ Gk *-ítēs* (fem. *-îtis*: ⇨ -itis)〙

-ite[2] /ɪ̈t, aɪt | ɪt, aɪt/ *suf.* **1** 形容詞語尾: definite, finite, polite. **2** 名詞語尾: appetite, favorite. **3** 動詞語尾: unite. 〘□ L *-ītus* (*-īre*, *-ēre* で終わる動詞の p.p. 語尾)〙

-ite[3] /aɪt/ *suf.* 《化学》名称が -ous acid の形をとる酸の「塩またはエステル」の意の名詞を造る: nitrite, sulphite. 〘□ F ～ 《変形》← *-ate* ← NL *-ātum*: ⇨ -ate[1]〙

i·tem /áɪṭəm | -tɪ̈m, -tɛm/ *n.* **1** 箇条, 項目, 条項; 種目, 品目, 細目: fifty ～*s* on the list 表の上の 50 の項目[品目] / budget ～*s* 予算項目 / clothing ～*s* 衣料品 / ～ by ～ 1 項目ごとに; 逐条的に / What's the next ～ on the agenda? 議題の次の項目は何か. **2** (新聞記事などの)項目; 新聞記事: an ～ of news =a news ～ 1 つのニュース / a front-page ～ 第一面の記事 / local ～*s* (新聞の)地方記事, 地方だね. **3** 《俗》(誹謗(ひぼう)・煽情的な)記事, うわさの種, ゴシップ; (特に)スキャンダル. **4** 〘教育〙アイテム (⇨ frame 17). **5** 《廃》訓戒, 警告 (warning); 暗示 (hint): give [take] (an) ～.
be an ítem 《俗》(長い間)性的関係にある.
— /《米》ではまた áɪtem/ *adv.* 《古》 **1** (項目を次々に数えあげる場合に)一つ…. **2** (新しい事実・陳述などに特別の注意を与えるために)また同じく, さらにまた[同様に] (also).
— *vt.* 《古》項目として記入する, 箇条書きにする; 一つ一つ数えあげる.
〘(adv.: *a*1398; n.: *c*1440) □ L ～ (adv.) just so, likewise ← *ita* so ← **i-* (pron. stem: ⇨ he[1], it[1])+-*em* (adv. suf.): cf. idem〙

SYN 項目: **item** 特にリストの中のいくつかのもののうちの一つ: two *items* on the list リストの中の 2 項目. **detail** 小さな特定の事実[項目]: every *detail* of the contract その契約の一つ一つの細目. **particular** 個々の事項: I remember all the *particulars* about the incident. その事件の細部を全部覚えている.

i·tem·ize /áɪṭəmàɪz | -tɪ̈-/ *vt.* 項目分けにする, 箇条書きにする, 明細に記す: ～ expenses [a bill] 必要経費[勘定]を項目別に(詳しく)記す / an ～*d* account 明細精算書.
i·tem·i·za·tion /àɪṭɪ̈mɪ̈zéɪʃən | -tɪ̈maɪ-, -mɪ-/ *n.*
í·tem·ìz·er *n.* 〘(1857): ⇨ ↑, -ize〙

ítem vèto *n.* 《米法》(州知事の有する歳出予算案などに対する)部分拒否権.

I·té·nez /*Am.Sp.* iténes/ *n.* イテネス(川)《Guaporé 川のボリビア語名》.

it·er /íṭə, áɪt- | -tə(r)/ *n.* 〘解剖〙導管; (特に)シルヴィウス導水管 (aqueduct of Sylvius). 〘(1598) □ L ～ 'passage, journey, way, 《原義》a walking' ← *ire* to go〙

it·er·ance /íṭərəns | ít-/ *n.* =iteration. 〘(1604): ⇨ iterant, -ance〙

ít·er·an·cy /-rənsi/ *n.* =iterance. 〘1889〙

it·er·ant /íṭərənt | ít-/ *adj.* 反復する, 繰り返す: ～ echoes こだまする山びこ. 〘(1626) □ L *iterantem* (pres. p.) ← *iterāre* (↓)〙

it·er·ate /íṭərèɪt | ít-/ *vt.* 繰り返して言う[する], 繰り返す, 反復する (⇨ repeat **SYN**): ～ a warning [an objection]繰り返し警告を発する[異議を唱える]. 〘(1533) □ L *iterātus* (p.p.) ← *iterāre* to do again, repeat ← *iterum* again ← **iterus* (compar.) ← **i-* (pron. stem: ⇨ he[1], it[1])〙

íter·àt·ed íntegral /-ṭɪ̈d- | -tɪ̈d-/ *n.* 〘数学〙累次[反

I

復]積分《多重積分を, 一重積分を反復して求めること》.

it·er·a·tion /ɪ̀ṭəréɪʃən | ɪ̀t-/ *n.* **1** 反復 (repetition): damnable ~ 全く嫌な繰返し (Shak., *1 Hen. IV* 1. 2. 101). **2** 〖電算〗繰返し《次の動作に移るたびに少しずつ修正を加えて, 一連の命令を繰り返し, 最終的な結果に到達する過程》. 〖《(?*a*1425)》□ L *iterātiō(n-)*: ⇨ iterate, -ation〗

it·er·a·tive /ɪ́ṭərèɪṭɪv, -rəṭ- | ɪ́tərət-, -rèɪt-/ *adj.* **1** 繰り返す, 反復の; 繰返しの多い. **2** 〖文法〗〈動詞が〉反復を表す, 反復相の (cf. frequentative): the ~ aspect 反復相. **3** 〖電算〗繰返しの. **4** 〖数学・論理〗=recursive. — *n.* 〖文法〗反復相. **~·ly** *adv.* **~·ness** *n.* 〖《(1490)》□ F *itératif, -ive* □ LL *iterātīvus* (p.p.) ← L *iterāre* 'to ITERATE': ⇨ -ative〗

-i·tes[1] /áɪtiːz/ *suf.* (*pl.* ~)「…に似た[…産の]化石・生物」の意の名詞を造る: Malay*ites*. 〖← NL ~: ⇨ -ite[1]〗

-ites[2] *suf.* -itis の複数形.

Ith·a·ca /ɪ́θəkə | ɪ́θə-/ *n.* **1** イサカ《米国 New York 州南部の工業都市, Cornell 大学の所在地》. **2** イタキ[イタケー](島)《ギリシャ西岸沖のイオニア諸島 (Ionian Islands) 中の一島で, Ulysses の故郷と伝えられる; 面積 96 km²; ギリシャ語名 Ithaki》. **Ith·a·can** /-kən/ *adj., n.*

I·tha·ki /*Mod.Gk.* iθáki/ *n.* =Ithaca 1.

ith·er /ɪ́ðə | ɪ́ðə(r)/ 《英方言》 *adj., pron.* **1** 《スコット》= other. **2** 《英方言》=either.

I

I·tho·ma·tas /ɪ̀θóʊmətəs | ɪθə́ʊmət-/ *n.* 〖ギリシャ神話〗イトマタス《Zeus の別名; イトメ山 (Mount Ithome) が Zeus に献納されたためこの名がついた》.

I·tho·me /ɪ̀θóʊmi | ɪθə́ʊ-/ *n.* 〖ギリシャ神話〗イトメ《Zeus を育てた nymph の一人》. 〖□ Gk *Ithṓmē*〗

Ithome /ɪ̀θóʊmi | ɪθə́ʊ-/, **Mount** *n.* イトメ山《ギリシャの Peloponnesus 半島南西部 Messene の山; 標高約 780 m》.

I·thunn /íːðʊn/ *n.* (*also* **I·thun** /~/) 〖北欧神話〗イズン, イドゥン《Bragi の妻; 豊穣の女神; 食べると永遠の若さを保つ 11 の黄金のリンゴの入ったかごを保管する; Idun ともいう》. 〖□ ON *Idhunn* ← ? *idh* again, anew ← IE *e-(pron. stem)〗

I·thu·ri·el /ɪ̀θjʊ́əriəl, ɪ̀θjʊ́əriəl | ɪθjʊ́ər-, ɪθjʊ́ər-/ *n.* イスリエル《Milton 作 *Paradise Lost* の天使; Gabriel から Satan 探索の命を受けた》. 〖Milton の造語〗

Ithúriel's spéar *n.* **1** 真偽を試す確実な標準《Ithuriel が少しでも触れると欺瞞(ぎまん)をあばくことのできる槍(やり)を持っていたことから》. **2** 〖植物〗=triplet lily. 〖← *Ithuriel with his spear* (Milton *Paradise Lost* 4: 810)〗

i·thy·phal·lic /ɪ̀θɪfǽlɪk | ɪθɪ-, àɪθɪ-/ *adj.* **1** 酒神 Bacchus の祭礼にかつぎ歩く陰茎像 (phallus) の. **2 a** (絵画・彫刻で)陰茎を勃起(ぼっき)させた. **b** 淫猥(いんわい)な (obscene). **3** 〖古典詩学〗バッカス賛歌に用いる韻律の《長短長短長長格》. — *n.* バッカス賛歌律の詩; 淫猥詩. 〖《(n.: 1614; adj.: 1795)》□ LL *ithyphallicus* □ Gk *ithuphallikós* ← *ithúphallos* erect phallus ← *ithús* straight+*phallós* 'PHALLUS'〗

I·ti /áɪtaɪ, -ṭi | -taɪ, -ti/ *n., adj.* (*pl.* **I·ties**) =Eyetie.

-it·ic /ɪ́tɪk | ɪt-/ *suf.* -ite, -itis などで終わる名詞に対応する形容詞語尾: bronch*itic*, Sem*itic*. 〖□ F *-itique* // L *-iticus* □ Gk *-itikos* ← *-itis* (n. & adj. suf.)+*-ikos* '-IC'〗

itin. 《略》 itinerant; itinerary.

itinera *n.* iter 2 の複数形.

i·tin·er·a·cy /aɪtín(ə)rəsi, ɪ̀t- | ɪtí-, aɪt-/ *n.* =itinerancy. 〖1827〗

i·tin·er·an·cy /aɪtín(ə)rənsi, ɪ̀t- | ɪt-, aɪt-/ *n.* **1** 巡回, 巡歴, 遍歴; 巡回者の団体. **2** 〖メソジスト教会〗巡回制[組織], 巡回説教. **3** 巡回の必要な[勤務地不定の]職務. 〖《(1789)》: ⇨ ↓, -ancy〗

i·tin·er·ant /aɪtín(ə)rənt, ɪ̀t- | ɪt-, aɪt-/ *adj.* **1** 〈商人など〉巡回する, 巡歴する, 遍歴する, 旅回りの (↔ stationary): ~ musicians 旅回りの楽団 / an ~ peddler [trader] 行商人 / an ~ showman 旅回りの見世物師 / an ~ library 巡回図書館. **2** 放浪の, 旅行しながらの. **3** 〈肉体労働者など〉移動労働の; 〈職務など〉巡回の必要な. **4 a** 〖法律〗〈裁判官が〉巡回する, 巡回裁判の: an ~ judge [justice] 巡回裁判官. **b** 〖メソジスト教会〗〈牧師が〉巡回説教をする: an ~ preacher 巡回説教師. — *n.* 巡回者, 遍歴者; 巡回説教[布教]師; 巡回裁判官; 行商人, 旅役者, 旅見世物師; 放浪者. **~·ly** *adv.* 〖《(1570–76)》□ LL *itinerantem* (pres.p.) ← *itinerārī* to travel: ↓〗

SYN 動き回る: **itinerant** 特に仕事であちこち旅行している《格式ばった語》: *itinerant* laborers 移動労働者 / an *itinerant* library 巡回図書館. **ambulatory, ambulant** 歩行のできる: an *ambulatory* patient 歩行可能の患者. **peripatetic** あちこち渡り歩く《格式ばった語》: a *peripatetic* preacher 巡回説教師. **nomadic** 〈種族が〉定まった住居を持たず家畜とともにあちこち移動する: a *nomadic* tribe 遊牧民. **vagrant** 〈放浪者が〉定まった住居を持たず転々と歩き回る: a *vagrant* gypsy 放浪のジプシー.

i·tin·er·ar·i·um /aɪtìnəréəriəm, ɪ̀t- | aɪtìnəréər-, ɪt-/ *n.* (*pl.* **-i·a** /-iə/, **~s**) 〖カトリック〗旅行祝福祈禱(きとう)文. 〖《(1706)》□ ML *itinerārium*: ↓〗

i·tin·er·ar·y /aɪtínərèri, ɪ̀t- | aɪtín(ə)rəri, ɪt-/ *n.* **1** 旅行日程(表), 旅行計画. **2** 旅行記. **3** 旅行案内書. **4** 旅路. — *adj.* **1** 道程の, 旅程の, 旅路の: an ~ pillar [column] 道路指示標, 道しるべの柱. **2** 《まれ》巡回する, 巡歴する, 巡回中の (itinerant): an ~ judge 巡回裁判官. 〖*adj.*: 《(1552)》□ LL *itinerārius* of a journey ← L *itiner-*, *iter* journey, way, road: ⇨ ↓, -ary. — *n.*: 《?*a*1425》□ LL *itinerārium* (neut.) ← (adj.)〗

i·tin·er·ate /aɪtínərèɪt, ɪ̀t- | ɪt-, aɪt-/ *vi.* **1** 巡回する, 巡歴する, 巡遊する: an *itinerating* library 巡回図書館, 回覧[移動]文庫. **2** 〈牧師が〉説教して回る; 〈裁判官が〉巡回裁判をする.
— /aɪtínərɪ̀t, ɪ̀t-, -rèɪt | ɪt-, aɪt-/ *adj.* 巡回する, 遍歴する: ~ newspapermen.
〖《(1600–09)》← LL *itinerātus* (p.p.) ← *itinerārī* to travel ← L *iter* (↑)〗

i·tin·er·a·tion /aɪtìnəréɪʃən, ɪ̀t- | ɪt-, aɪt-/ *n.* = itinerancy. 〖1623〗

-i·tion /íʃən/ *suf.* 動作・状態を表す名詞語尾: defin*ition*. 〖ME □ (O)F ~ // L *-itiō(n-)*: ⇨ -ite[2], -tion〗

-i·tious /íʃəs/ *suf.*「…の, …に関する, …の特徴をもった」の意を表す形容詞を造る: advent*itious*, ambi*tious*, exped*itious*, propi*tious*. 〖□ ML *-ītius*=L *-īcius*: ⇨ -ition, -ous〗

-i·tis /áɪṭɪs | -tɪs/ *suf.* (*pl.* **-i·tes** /áɪtiːz/) 次の意味を表す名詞を造る: **1** 〖病理〗「…炎」: appendic*itis*, bronch*itis*, tonsill*itis*. **2** 《口語》「…熱, …狂」: education*itis* (教育ママなどにみられる過度の)教育熱 / golf*itis* ゴルフ熱. 〖□ Gk *-itis* (fem.) pertaining to ← *-ítēs*: cf. -ite[1]〗

-i·tive /ɪṭɪv | ɪt-/ *suf.* 形容詞および名詞語尾: appos*itive*, infin*itive*, puni*tive*. 〖□ L *-ītīvus*: ⇨ -ive〗

it'll /ɪṭl | -tl/ 《口語》 it will の縮約形.

ITN /áɪtìːén/ 《略》 Independent Television News 独立テレビニュース《24 時間ニュースを提供する英国の民間会社》.

-i·tol /-ɪ̀tɔ̀ːl, -ɪ̀tɑ̀ːl, -ɪ̀tòʊl | -ɪtɒ̀l/ *suf.* 〖化学〗一水酸基群以上を含むアルコールを表す名詞を造る: inos*itol*, mann*itol*. 〖← -ITE[1]+-OL[1]〗

I·to·ni·a /ɪ̀tóʊniə | ɪtə́ʊ-/ *n.* 〖ギリシャ神話〗イトニア (Athena の別称). 〖□ Gk *Itōnía*〗

-i·tous /-ɪ̀ṭəs | -ɪ̀təs/ *suf.* ラテン語系の形容詞を造る: calam*itous*, felic*itous*, iniqu*itous*. 〖(i) ← -IT(Y)+-OUS. (ii) □ F *-iteux* // L *-itōsus*〗

its /(弱) ɪ̀ts; (強) ɪ́ts/ *pron.* [it の所有格] その, それの: The dog ran toward me wagging ~ tail. 犬はしっぽを振りながら私の方へ走って来た / a baby wriggling ~ toes 足の指をもぞもぞ動かしている赤ちゃん / The government has presented ~ program. 政府は計画を発表した / Virtue is ~ own reward. 《諺》徳行は自ら報ゆ《見返りを期待するべきでない》. ★ *its* is yours, his, hers などと違って, 独立的に所有代名詞としてはほとんど用いられない. 〖《(1596)》~, *it's* ← IT[1]+-'s ∽ ME *his* (gen.) ← *hit* 'IT[1]': 19C 初頭まで *it's* と書かれた〗

it's /ɪts/ 《口語》 **1** it is の縮約形. **2** it has の縮約形.

it·self /ɪ̀tsélf | ɪt-/ ★ itself の文中のアクセントについては ⇨ oneself ★ *pron.* [三人称単数中性複合代名詞: ⇨ oneself] **1** [強意用法] それ自身, そのもの: At last the house ~ fell down. ついに家自体が倒れた / The house is fine; it's the street I don't like. 家自体は問題ない. 気に入らないのは通りだ / Rome is older than London, ~ an ancient city[, an ancient city ~]. ロンドン自体古都であるが, ローマはそのロンドンよりも古い / She was beauty ~. 彼女は本当に美しかった (=She was very beautiful.). **2** [再帰用法]: The cat stretched ~. 猫は背伸びをした / The dog began to lick ~. 犬が体[足]をなめ始めた / Can mankind [humankind] find ~ a new path [a new path for ~]? 人類は自ら新しい道を見いだすことができるであろうか. **3** (動物などの)普通の健康状態: The kitten was soon ~ again. 子猫はすぐにまた元気になった.
by itsélf (1) (助けを借りずに)それだけで, 単独で; (他のものと)離れて, 孤立して (alone): The house stands all *by* ~. その家は一軒家である / *By* ~ it won't make much difference—but together with other things it might. 単独では大した違いはないが, 他のものと合わせると違いがあるかもしれない. (2) ひとりでに, 自動的に (automatically): An automatic machine goes [works, operates] *by* ~. 自動装置の機械はひとりで動く. ***in itsélf*** それ自体(において) (as such), 元来, 実質において, 本質的に (basically, intrinsically) (cf. thing-in-itself): (A) Diamond is hard *in* ~. ダイヤモンドは本来堅い. ***of itsélf*** 自然に, ひとりでに (spontaneously). ★ 今は by itself を用いるほうが普通. ***to itsélf*** それ自体に[で].
〖OE *hit self* (⇨ it, self): 17–18C には *its self* とも書かれた〗

it·sy-bit·sy /ítsibítsi/ *adj.* 《口語》=itty-bitty. 〖1938〗

ITT /áɪtìːtíː/ 《略》 International Telephone and Telegraph Corporation (米国の)国際電話電信会社.

it·ty-bit·ty /ítibíṭi | ítibíti/ *adj.* [限定的]《口語》[おどけて] ちっぽけな, ちいちゃい; ちょっぴりの (very small). 〖《(1938)》《変形》← *little bit*: 小児語〗

ITU /áɪtìːjúː/ 《略》 International Telecommunication Union; International Typographical Union 国際活版印刷同盟; Intensive Therapy Unit.

-i·tude /-ɪ̀tùːd, -tjùːd | -ɪ̀tjùːd/ *suf.* (連結辞 -i- を伴った) -tude の異形.

I·tur·bi /ɪtʊ́əbi | ɪtʊ́ə-; *Sp.* itúrβi/, **José** *n.* イトゥルビ《(1895–1980; スペイン生まれのピアニスト・指揮者》.

ITV /áɪtìːvíː/ 《略》《英》 independent television 独立放送公社 (IBA) が行うテレビ放送; industrial television; instructional television.

-i·ty /-əṭi | -ɪ̀ti/ *suf.* 状態・性格・程度などを表す抽象名詞語尾: calam*ity*, major*ity*, prob*ity*. 〖ME *-it(e)* □ (O)F *-ité* < L *-itātem*: ⇨ -i-, -ty〗

í-type semicondúctor *n.* =intrinsic semiconductor.

I·tys /áɪṭɪs | -tɪs/ *n.* 〖ギリシャ神話〗イテュス (⇨ Philomela 1). 〖□ Gk *Ítus*〗

IU /áɪjúː/ 《略》 immunizing unit; international unit(s).

IUCD /áɪjùːsìːdíː/ 《略》〖産科〗 intrauterine contraceptive device. ★ 今は IUD のほうが普通.

IUCN /áɪjùːsìːén/ 《略》 International Union for Conservation of the Nature and Natural Resources 国際自然保護連合《1948 年設立; 本部スイス》.

IUD /áɪjùːdíː/ 《略》〖産科〗 intrauterine device.

I·u·lus /aɪjúːləs/ *n.* 〖ローマ神話〗イウルス: **1** Ascanius の別称. **2** Ascanius の息子でユリウス族の祖. 〖□ L *Iūlus*〗

-i·um /iəm, jəm/ *suf.* **1** ラテン語の中性形容詞語尾: med*ium*, prem*ium*. **2** 〖化学〗塩を作りうる金属または非金属の存在を示す語尾: irid*ium*, rad*ium*, sod*ium*; ammon*ium*, imidazol*ium*. **3** (*pl.* **~s, -i·a** /iə, jə/) (特に植物学用語で)「小形, 塊」の意の名詞語尾: pollin*ium*. 〖1, 2: □ L ~. 3: ← NL ~ ← L *-ium* □ Gk *-ion*〗

IUPAB /júːpæb/ 《略》 International Union of Pure and Applied Biophysics 国際基礎および応用生物学連合.

IUPAC /júːpæk/ 《略》 International Union of Pure and Applied Chemistry 国際純正および応用化学連合.

ÍUPAC nómenclature *n.* 〖化学〗イウパック命名法《国際純正および応用化学連合で制定した化合物命名法》.

IUPAP /júːpæp/ 《略》 International Union of Pure and Applied Physics 国際純粋および応用物理学連合.

i.v., IV 《略》 initial velocity; intravenous; intravenously. 〖1951〗

I·van /áɪvən, iːvǽn, ɪ-, -vɑ́ːn/; *Russ.* iván/ *n.* **1** イヴァン《男性名》. **2** ロシア人[兵]. 〖□ Russ. ~ < ORuss. *Ioan(n)ŭ* □ Gk *Iōánnēs*: cf. John[1]〗

Ivan III *n.* イヴァン三世《1440–1505; Muscovy 大公 (1462–1505); ロシア帝国の基礎を築いた; 通称 Ivan the Great》.

Ivan IV *n.* イヴァン四世《1530–84; Muscovy 大公 (1533–47), Ivan 三世の孫; ロシア帝国最初の皇帝 (czar) (1547–84); 通称 Ivan the Terrible イヴァン雷帝》.

I·van·hoe /áɪvənhòʊ | -hə̀ʊ/ *n.* **1**「アイバンホー」《Sir Walter Scott 作の歴史小説 (1819)》. **2** アイバンホー《*Ivanhoe* の主人公である騎士の名》.

I·van I·van·o·vich /iːvǽnɪvɑ́ːnəvɪtʃ, ɪ-, -vɑ́ːn-; *Russ.* ivánivánəvʲitʃ/ *n.* (典型的な)ロシア人《人がよくて怠け者; cf. John Bull, Uncle Sam 2》. 〖□ Russ. ~ (⇨ Ivan, Ivanovich): 'John Johnson' に当たる〗

I·va·no-Fran·kovsk /ɪvɑ́ːnoʊfrɑ́ːŋkɔ(ː)fsk | -nəʊfrɑ́ːŋkɒfsk; *Ukr.* ivánofrankʲiwsʲk/ *n.* イヴァノフランコフスク, イヴァノフランキウシク《ウクライナ共和国南西部の都市; 旧名 Stanislav (1962 年まで)》.

I·va·no·vich /ɪvɑ́ːnəvɪtʃ; *Russ.* ivánəvʲitʃ/ *n.* イヴァノヴィッチ《男性名》. 〖□ Russ. ~ 《原義》'son of IVAN'〗

I·va·no·vo /iːvɑ́ːnəvə, -vòʊ | -və̀ʊ; *Russ.* ivánəvə/ *n.* イヴァノヴォ《ロシア連邦 Moscow の北東にある工業都市》. 〖□ Russ. ~: Ivan IV にちなむ〗

IVB 《略》 invalidity benefit.

I've /aɪv/ 《口語》 I have の縮約形. 〖1586〗

-ive /ɪv/ *suf.* **1**「(継続して, 絶えず)…の傾向のある, …の性質をもった」などの意を表す形容詞語尾: aggress*ive*, capt*ive*, gerund*ive*, sport*ive*, invect*ive*. **2**「特定の行為をする人, 特定の状況下におかれた人; 効果を発揮する物」などの意を表す名詞語尾: detect*ive*, sedat*ive*, capt*ive*, consumpt*ive*. 〖ME *-if, -ive* □ (O)F *-if* (masc.) *-ive* (fem.) // L *-ivus* (masc.), *-ivum* (neut.), *-iva* (fem.)〗

i·ver·mec·tin /àɪvəméktɪ̀n | -vəméktɪn/ *n.* 〖薬学〗イベルメクチン《動物・ヒトの寄生虫駆除薬》.

Ives /áɪvz/, **Charles (Edward)** *n.* アイヴズ《1874–1954; 米国の作曲家》.

Ives, Frederick Eugene *n.* アイヴズ《1856–1937; 米国の発明家; 写真術の先駆者》.

Ives, James Merritt *n.* アイヴズ《1824–95; 米国の石版師》(⇨ Currier and Ives).

IVF 《略》 in vitro fertilization 体外受精.

i·vied /áɪvid/ *adj.* 〈壁など〉キヅタ[ツタ] (ivy) の生い茂った[で覆われた]. 〖《(*a*1771)》(p.p.) ← IVY〗

I·vi·za /ɪbíːθə, aɪ-, iː-, -zə; *Sp.* iβíθa/ =Ibiza.

I·vo /áɪvoʊ, iː- | áɪvəʊ/ *n.* アイヴォー《男性名》. 〖□ OF *Ive(s), Yve(s), Ivon* □ OHG *Iv* 《原義》yew: cf. Yvonne〗

I·vor /áɪvə, iːvə | áɪvə(r)/ *n.* アイヴァー《男性名; ウェールズ語名 Ifor》. 〖ME *Yfore* ← ? Scand. (ON *Ivarr* / ODan. *Iwar* / OSwed. *Ivar*) 《原義》yew-army〗

í·vo·ried *adj.* **1** 《古》象牙(ぞうげ)に似せた. **2** 象牙のある. **3** 《戯言》歯のある. 〖《(*a*1400)》《(1890)》: ⇨ ↓, -ed〗

i·vo·ry /áɪv(ə)ri/ *n.* **1 a** 象牙(ぞうげ); (ゾウ・カバ・セイウチなどの)牙(きば) (tusk): artificial ~ 人造象牙 / ⇨ black ivory, fossil ivory / hunt ~ 象狩りをする. **b** 象牙に似たもの. **2** [通例 *pl.*]《口語》象牙細工: a collection of *ivories*. **3** [通例 *pl.*]《口語》象牙(まがいの)製品: **a** ピアノのキー: tickle the *ivories* 《戯言》ピアノを弾く. **b** 玉突きの玉. **c** さいころ (dice). **4** [*pl.*]《口語》歯 (teeth): show one's *ivories* 歯をむき出す (grin). **5** アイボリー, 象牙色 (ivory yellow). **6** =vegetable ivory. **7** =ivory paper. **8** 〖解剖〗=dentin. **9** 《米俗》(特に野球で)有能な選手(cf. ivory hunter). **10** [I-] 〖商標〗アイボリー《米国 Procter & Gamble 社製の水に浮かぶ白色石鹸》. — *adj.* [限定的] **1** 象牙製の; 象牙に似た: an ~ box 象牙の箱 / an ~ letter weight 象牙製の文鎮 / ~ manufactures 象牙製品. **2** 象牙色の: an ~

skin. **〜·lìke** *adj.* 〖(1263) ▭ OF *yvoire* (F *ivoire*) < L *eboreum* of ivory ← *ebor-, ebur* ivory ▭ Egypt. *āb, ābu* elephant, ivory: cf. Coptic *ebu* ivory / Skt *ibha* elephant〗

I·vo·ry /áɪv(ə)ri/, **James** *n.* アイヴォリー (1928–　; 米国の映画監督; プロデューサー Ismail Merchant との共同作業による文芸映画などで有名; *A Room with a View*「眺めのいい部屋」(1985)).

ívory·bìll *n.* 〘鳥類〙 =ivory-billed woodpecker. 〖1787〗

ívory-bìlled wóodpecker *n.* 〘鳥類〙 ハシジロキツツキ (*Campephilus principalis*) 《米国南東部産の大形の黒と白のキツツキ; 雄には華やかな赤い冠毛がある, 今はほとんど絶滅; ivorybill ともいう》. 〖1811〗

ívory bláck *n.* アイボリーブラック 《動物の骨(本来は象牙)を焼いて造った黒色顔料》. 〖1634〗

ívory bòard *n.* 〘製紙〙 アイボリー, アイボリー紙. 〖1926〗

Í·vo·ry Cóast /áɪv(ə)ri-/ *n.* [the 〜] コートジボワール, (植民地時代の)象牙海岸 (Côte d'Ivoire の英語名). 〖(なぞり) ← F *La Côte d'Ivoire*〗

ívory gáte *n.* [the 〜] 〘ギリシャ神話〙 (眠りの家の)象牙(ぞうげ)の門 《この門からはかない夢が出る; gate of ivory ともいう; cf. GATE of horn》. 〖1870〗

ívory gùll *n.* 〘鳥類〙 ゾウゲカモメ (*Pagophila eburnea*) 《北極産の白色カモメ; snowbird ともいう》.

ívory hùnter *n.* 《米俗》 (特に, 野球で)有能な選手のスカウト (talent scout). 〖(1900): cf. ivory (n. 9)〗

ívory nùt *n.* アイボリーナット 《ゾウゲヤシ (ivory palm) の実; 植物象牙 (vegetable ivory) が採れる; cf. coquilla nut》; 他のヤシの同じような実. 〖*c*1847〗

ívory pàlm *n.* 〘植物〙 ゾウゲヤシ, ボタンヤシ (*Phytelephas macrocarpa*) 《熱帯アメリカ産アメリカゾウゲヤシ属; 堅い胚乳(はいにゅう)をボタンの製造などに利用する》. 〖1844〗

ívory pàper *n.* アイボリペーパー, 象牙紙 《画家が用いる光沢のある上質の厚紙》.

ívory ràider *n.* 《米俗》 **1** タレントスカウト (talent scout). **2** 優秀な学生を在学中からスカウトに来る人.

ívory tówer *n.* **1**「象牙(ぞうげ)の塔」《社会の現実から隔離した思索・夢想の世界》. **2** (実社会から離れた)超俗的な態度[生活], 現実離れ. **ívory-tówer** *adj.* **ívory·tów·er·ish** /-táuᵊrɪʃ | -táuər-ˊ/ *adj.* 〖(1911) (なぞり) ← F *tour d'ivoire* (フランスの文学者 Sainte-Beuve の言葉 (1837)): cf. 'Thy neck is as a *tower of ivory*.' (*Solom.* 7:4)〗

ívory-tówered *adj.* **1** 象牙(ぞうげ)の塔に閉じこもった[住む], 現実離れの, 外界から隔絶した: an 〜 scientist. **2** 孤立した; 人里離れた, 辺鄙(へんぴ)な. 〖(1937): ⇨ ↑, -ed〗

ívory-tów·er·ìsm /-táuərɪ̀zm/ *n.* 超俗思想, 夢想主義. 〖(1945) ← IVORY TOWER + -ISM〗

ívory·tỳpe *n.* 《古》 アイボリータイプ 《手工的に天然色効果を出す写真; 今は使われない》. 〖1873〗

ívory-whíte *adj.* 象牙(ぞうげ)色の, 乳白色の. 〖1595〗

ívory whíte [yéllow] *n.* 象牙色, 乳白色. 〖1897〗

IVP 《略》 〘医学〙 intravenous pyelogram 静脈性腎盂造影.

IVR 《略》 International Vehicle Registration.

i·vy /áɪvi/ *n.* **1** 〘植物〙 **a** キヅタ 《ウコギ科キヅタ属 (*Hedera*) のつる性常緑低木の総称》; (特に)セイヨウキヅタ, (イングリッシュ)アイビー (*H. helix*) 《観賞用; English ivy ともいう》. **b** ツタ類 《キヅタに似たつる植物の総称》: ⇨ ground ivy, Boston ivy. **c** 《米》 =poison ivy 1. **2** アイビー色 《通例灰色がかった緑色》. **3** [通例 I-] =Ivy League college. — *adj.* **1** 学園の, 学究的な; 純学理的な. **2** =Ivy League. — *vt.* キヅタ[ツタ]で飾る[覆う], …にキヅタ[ツタ]を生い茂らせる. **〜·lìke** *adj.* 〖OE *ifiġ* < Gmc **ibahs* (OHG *ebah* (G *Efeu*) / Du. *ei-loof* ivy (leaf)): cf. L *ibex* climber〗

I·vy /áɪvi/ *n.* アイヴィー 《女性名》. 〖↑〗

Ívy cóllege *n.* =Ivy League college.

ívy gerànium *n.* 〘植物〙 ツタバテンジクアオイ (*Pelargonium peltatum*) 《南米産フウロソウ科の植物》. 〖1894〗

Ívy Léague *n.* [the 〜] 《米》 **1** アイビーリーグ 《米国北東部の一群の有名大学, 特に Yale, Harvard, Princeton, Columbia, Pennsylvania, Cornell, Dartmouth および Brown の 8 大学; 個々の大学は Ivy League college という》. **2** 米国東部大学競技連盟. — *adj.* **1** アイビーリーグ (Ivy League) 大学[学生, 卒業生]の[に関する]: an 〜 education / leaders with 〜 backgrounds 有名大学出の指導者たち. **2** アイビーリーグ風の: the 〜 look アイビー(リーグ)ルック 《ブレザータイプの上着, 細身のズボン, アイビーシャツ, アイビータイなどに特徴づけられた身なり》. **3** 米国東部大学競技連盟の. 〖(1939) 伝統ある大学の校舎の多くが ivy に覆われているところから〗

Ívy Lèague cóllege *n.* 《米》 アイビーリーグ大学 (Ivy college, Ivy ともいう; ⇨ Ivy League *n.* 1). 〖1951〗

Ívy Léagu·er /-líːgə | -gə^(r)/ *n.* 《米》 アイビーリーグ (Ivy League) 大学の学生[卒業生]. 〖1943〗

ívy-mántled *adj.* 〈家など〉キヅタ[ツタ] (ivy) に覆われた. 〖1750〗

ívy vìne *n.* 〘植物〙 **1** 米国産ブドウ科のブドウの一種 (*Ampelopsis cordata*). **2** アメリカヅタ (⇨ Virginia creeper). 〖1867〗

IW 《略》 index word; inside width; Inspector of Works; Isle of Wight; isotopic weight.

IWA 《略》 International Whaling Agreement 国際捕鯨協定.

IWC 《略》 International Whaling Commission.

Í.W. Hár·per /-háəpə | -háːpə^(r)/ *n.* 〘商標〙 I.W. ハーパー 《米国 I.W. Harper Distilling 社製のバーボンウイスキー》.

i·wi /íːwi/ *n.* 《NZ》 (特にマオリ族の)部族. 〖(現地語) ▭ Maori〗

i·wis /iːwís/ *adv.* 《古》 確かに (certainly) (cf. Shak., *Rich III* 1. 3. 101). 〖ME *ewis, iwis(se)* < OE *ġewis* (adj.) certain, **gewisse* (adv.) ← Gmc **a-*, **i-* 'Y-' + **wissa-* (← *wissa* (p.p.) known ← IE *weid-*, **wid-* to see: cf. wit²): cf. Du *gewis* / OHG *giwis* (G *gewiss* certain, certainly)〗

I·wo /íːwou | -wəu/ *n.* イウォ 《ナイジェリア南西部 Ibadan の北東にある都市》.

I·wo Ji·ma /íːwoudʒíːmə | -wəu-/ *n.* 硫黄島 《1945–68 年米国が統治; 第二次大戦の激戦地 (1945)》.

IWS 《略》 International Wool Secretariat 国際羊毛事務局.

IWTD 《略》 Inland Water Transport Department 《英》 内国水運管理局.

IWW 《略》 Industrial Workers of the World.

IX 《略》 *Gk.* Iēsoûs Khrīstós (=Jesus Christ).

-ix /ɪks/ *suf.* ラテン語の -or で終わる男性形名詞に対応する女性形語尾: executr*ix* (cf. executor). 〖▭ L 〜 (変形) ← *-iss-* '-ESS¹'〗

ix·i·a /íksiə/ *n.* 〘植物〙 アフリカ南部原産のアヤメ科ヤリズイセン属 (*Ixia*) の植物の総称 《観賞植物; corn lily ともいう》. 〖((1551)) (1794) ← (N)L 〜 ← Gk *ixós* birdlime + -IA¹〗

ix·i·o·lite /íksiəlàɪt, -siou- | -siə(ʊ)-/ *n.* 〘鉱物〙 イキシオライト 《タンタル・ニオビウムなどを含むマンガン・鉄の酸化鉱物》. 〖(1861) ▭ Swed. *ixiolith* ← IXION + Gk *líthos* stone (⇨ -lite): Tantalus に因む tantalum を含有するので同じような責め苦に遭った IXION に因んだ命名〗

Ix·i·on /ɪksáɪən, -ɑ(ː)n | ɪksáɪən/ *n.* 〘ギリシャ伝説〙 イクシオン (Lapithae 族の王; Hera を慕って Zeus の怒りに触れ, 罰として永遠に回転する地獄の火の輪 (Ixion's wheel) につながれた). 〖▭ L *Ixīōn* ▭ Gk *Ixíōn*〗

ix·od·id /íksədɪd, ɪksóudɪ̀d, -sá(ː)d- | íksədɪd, ɪksə́ʊdɪd, -sɔ́d-/ 〘動物〙 *n.* マダニ科のダニ. — *adj.* マダニ科のダニの[に関する, による]. 〖(*c*1909) ← NL *Ixodidae*: ↓〗

Ix·od·i·dae /ɪksá(ː)dədìː | -sɔ́dɪ-/ *n. pl.* 〘動物〙 マダニ科. 〖← NL 〜 ← *Ixodes* (属名: ▭ Gk *ixṓdēs* like birdlime ← *ixós* birdlime) + *-ōdēs* '-ODE¹' + -IDAE〗

ix·o·ra /íksərə/ *n.* 〘植物〙 イクソラ 《熱帯産アカネ科イクソラ属(*Ixora*)の常緑樹の総称; 花は美しく温室で栽培》. 〖(1816) ← NL 〜 ← *Iswara* =Skt *īśvará* master, lord, God; 神への供物とされた種があることから〗

Ix·ta·cci·huatl /ìːstɑːsíːwɑːtḷ | -tḷ; *Am.Sp.* istasíwatl/ *n.* =Iztaccihuatl.

ix·tle /ístli/ *n.* =istle.

I·yar /íːjɑə | -jɑː^(r)/ *n.* (*also* **Iy·yar** /〜/) (ユダヤ暦の) 2 月 《グレゴリオ暦の 4–5 月に当たる; ⇨ Jewish calendar》. 〖(1737) ▭ Mish. Heb. *Iyyār* ▭ Akkad. *Ayyaru* (原義) ? month of bloom〗

IYC 《略》 International Year of the Child 国際児童年.

IYHF 《略》 International Youth Hostels Federation 国際ユースホステル連盟.

IYHO 《略》〘電算〙 in your humble opinion 《電子メールなどで用いる》.

I·zaak /áɪzək, -zɪk | -zək/ *n.* アイザック 《男性名》. 〖⇨ Isaac〗

iz·ard /ízəd | ízəd/ *n.* (*pl.* 〜, 〜s) 〘動物〙 =chamois. 〖(1791) ▭ F *isard* ← ? Iberian: cf. Basque *izar* star, white spot on the forehead〗

-i·za·tion, 《英》 **-i·sa·tion** /ˊ-(-)ɪzéɪʃən | -aɪz-, -ɪz-/ *suf.* -ize, -ise に終わる動詞に対応する名詞語尾 (cf. -ize ★): civil*ization*, organ*ization*, steril*ization*. 〖← -IZE + -ATION〗

iz·ba /ɪzbáː; *Russ.* izbá/ *n.* =isba.

-ize, 《英》 **-ise** /ˊ-(-)àɪz/ *suf.* 次の意味を表す動詞語尾: **1** [他動詞] **a**「…(の状態)にする, …化する」: Americ*anize*, civil*ize*, real*ize*, symbol*ize*. **b**「…のように[…式に]取り扱う, …で処理する」: bowdler*ize*, alkal*ize*, oxid*ize*. **2** [自動詞]「…のように行動する, …(の状態)になる, …化する」: apolog*ize*, material*ize*, sympath*ize*, crystall*ize*. ★ 名詞語尾 -ism, -ization をとる語の場合には -ize が用いられる(英用法では -ise も併用されているが, baptize は -ise 形を用いない); -is- を語幹にもつ語の場合には, 英米ともに -ise (例: improv*ise*, telev*ise*); また advert*ise* の場合, 米用法では -ise と -ize 形の両形が用いられる. 〖ME *-ise(n)* ▭ (O)F *-iser* // LL *-izāre* ▭ Gk *-izein*: cf. G *-isieren*〗

I·zhevsk /íːʒɛfsk, -ʒɪfsk; *Russ.* iʒéfsk/ *n.* イジェフスク 《ロシア連邦西部 Udmurt 共和国の首都; 旧名 Ustinov (1985–87)》.

Iz·mid /ɪzmíd, -mít/ *n.* =İzmit.

İz·mir /ɪzmíə, ˊ-ˊ | ɪzmíə^(r), ˊ-ˊ; *Turk.* izmir/ *n.* イズミル 《トルコ西部, エーゲ海の İzmir 湾に臨む港市; 旧名 Smyrna》.

İzmir, the Gulf of *n.* イズミル湾 《トルコ西部のエーゲ海の湾》.

İz·mit /ɪzmít; *Turk.* izmit/ *n.* イズミット 《トルコ西北部 Marmara 海に臨む港市; Ismid ともいう》.

İz·nik /íznɪk; *Turk.* íznik/ *n.* イズニック 《トルコ北西部, Marmara 海の東にあるイズニック湖 (〜 Lake) 東岸の村; 古代名 Nicaea》. — *adj.* =Isnik.

Iz·tac·ci·huatl /ìːstɑːksíːwɑːtḷ | -tḷ; *Am.Sp.* istasíwatl/ *n.* イスタシワトル(山) 《メキシコ中部の死火山 (5,286 m)》.

Iz·ves·tia /ɪzvéstiə; *Russ.* izvʲéstʲijə/ *n.*「イズベスチヤ」《ソ連発行の政府機関紙; 1991 年独立紙に転換; cf. Pravda, Red Star》. 〖▭ Russ. *izvestiya* news〗

Iz·zak /ízək | ízək/ *n.* イズィック 《男性名》. 〖⇨ Isaac〗

iz·zard /ízəd | ízəd/ *n.* 《古》 Z の字. ★ 次の成句以外では今は 《古・方言》: ⇨ A¹ *and izzard, from* A¹ *to izzard*. 〖(1726) (変形) ← ZED: cf. (古形) *ezod, ezed*〗

iz·zat /ízət/ *n.* 《インド》 (個人の)体面, 面目, 名声, 自尊心 (honor); 尊大. 〖(1857) ▭ Hindi *'izzat* ▭ Arab. *'izzaʰ* glory, *'azza* to become strong〗

Iz·zy /ízi/ *n.* イズィー 《男性名》. 〖(dim.) ← Isidore // Ishmael // Isaac // Israel¹〗

J j

J, j /dʒéɪ/ *n.* (*pl.* **J's, Js, j's, js** /~z/) **1** 英語アルファベットの第 10 字. ★ 通信コードは Juliet(t). **2** (活字・スタンプなどの) J または j 字. **3** [J] J 字形の(もの): ⇨ J pen. **4** 文字 j が表す音 (jam, joke などの [dʒ]). **5** (連続するものの) 第 10 番目(のもの). ★ J を省略して K を 10 番目とすることも多い. **6** 中世ローマ数字の 1 の異形 (iij (=iii) のように i の文字が並んだときの最後の i を j として示すことが多く, 処方箋などでは今でも用いる). **7** 〖物理〗J 粒子 (中間子の一種). 〖I, i の変形: 中世の写本で i を際立たせるため, または隣接する i, u, m, n などの縦線 (minim) と混同されないようにするために用いられた; 古くは母音 /ɪ/ にも子音 /j/ /dʒ/ にも用いられたが, 英語では 17 世紀はじめごろ *j* が子音字, *i* が母音字という区別が一般化した〗

j 《記号》〖数学〗Y 軸に平行な一単位の長さのベクトル; 〖電気〗虚数単位 $\sqrt{-1}$; 〖電気〗current density.

j, j. 《記号》〖処方〗one.

J 《記号》〖トランプ〗Jack; 〖物理〗joule; 〖自動車国籍表示〗Japan.

j. 《略》*F.* jour (=day); *F.* journal (=newspaper); *L.* jūris (=of law); jus.

J. 《略》Jack; January; Journal; *L.* jūdex (=judge); Judge; July; June; Justice.

Ɉ 《記号》riel.

ja /jáː; *G.* jáː/ *G. adv.* =yes (cf. nein). 〖□ G ~〗

JA 《略》〖自動車国籍表示〗Jamaica; Joint Account (また J/A); Judge Advocate; Junior Achievement.

Ja. 《略》January.

já·al góat /dʒéɪəl-, jáːəl-/ *n.* 〖動物〗ヌビアアイベックス (*Capraibex nubiana*) (アラビア・エジプト・エチオピア産の角の長い野生山羊). 〖(1838) *jaal*: □ Heb. *yā'ēl* wild goat: cf. Jael〗

jaap /jáːp/ *n.* 《南ア》まぬけ, 田舎者. 〖(1963): Afrik. の人名 Jaap の転用〗

jab /dʒǽb/ *v.* (**jabbed**; **jab·bing**) — *vt.* **1 a** 〔とがった物などで〕ぐいと突く, ずぶりと突き刺す (stab) 〔*with*〕: ~ a boar *with* a spear いのししを槍で突き刺す / ~ a person in the ribs 人の横腹をひじで突く. **b** 〈とがった物を〉差し込む 〔*into*〕: ~ a key *into* the lock 鍵穴にキーを入れる. **2** 〖ボクシング〗素早く突く, 〈相手〉にジャブを出す. ***jáb óut*** (とがった物で)〈とげ・釘などを〉ぐいと押して取り出す. — *vi.* **1** (とがった物・ひじなどで)突く, 突き刺す 〔*at*〕: ~ *at* a person. **2** 〖ボクシング〗ジャブを出す 〔*at*〕. — *n.* **1** (急激な)突き, 突き刺すこと. **2** 《口語》(皮下)注射. **3** 〖ボクシング〗ジャブ (腕だけで小刻みに突くこと). ***tàke a jáb at*** (1) 人に打ちかかる; ジャブを見舞う. (2) 《米俗》人を侮辱する, ちくちくいじめる.
~·ber *n.* **~·bing·ly** *adv.* 〖(1825–80) 《変形》← JOB²〗

Ja·bal·pur /dʒʌ́bəlpʊ̀ə | dʒʌ̀bəlpʊ́ə^(r)/ *n.* ジャバルプル (インド中部, Madhya Pradesh 州の都市).

jab·ber /dʒǽbə | -bə^(r)/ *vi.* 早口[不明瞭]にしゃべる, わけのわからないことをぺらぺらしゃべる (chatter). — *vt.* 〈言葉を〉早口[不明瞭]にしゃべる. — *n.* 早口なおしゃべり (chatter). **~·er** /-bərə | -rə^(r)/ *n.* 〖(*c*1405) 《擬音語》: cf. gab¹, gabble〗

Jab·ber·wock /dʒǽbəwɑ̀(ː)k | -bəwɔ̀k/ *n.* **1** ジャバーウォク (L. Carroll 作 '*Through the Looking-Glass*' 中の不可解な詩に登場する空想上の怪物). **2** [j-] =jabberwocky 2. 〖(1871) ← JABBER+*wock* (← ?): L. Carroll の造語〗

jab·ber·wock·y /dʒǽbəwɑ̀(ː)ki | -bəwɔ̀ki/ *n.* **1** 意味のない戯文. **2** 無意味な[訳のわからぬ]言葉. — *adj.* 訳のわからぬたわごとの, ちんぷんかんぷんの. 〖(1908) ← *Jabberwocky* (L. Carroll 作 '*Through the Looking-Glass*' 中の不可解な詩の題名): ⇨ ↑, -y¹〗

Ja·bez /dʒéɪbɪ̀z | -bez, -bɪz/ *n.* ジェイビズ (男性名). 〖□ Heb. *Ya'bēṣ* (通俗語源) he will cause pain〗

Ja·bir ibn Ḥay·yān /dʒáːbɪəɪbnhaɪjǽn | -bɪə-ɪbnhaːjáːn/ *n.* ジャービル イブン ハイヤーン (721?–?815; アッバース朝初期のアラブの化学者).

jab·i·ru /dʒǽbərùː, ʒæb-, | dʒǽbɪ̀-/ *n.* 〖鳥類〗**1** ズグロハゲコウ (*Jabiru mycteria*) (熱帯アメリカ産コウノトリ科の鳥). **2** セイタカコウ (*Xenorhynchus asiaticus*) (オーストラリア産で脚が長い). **3** =saddlebill. **4** =wood ibis. 〖(1774) □ Sp. & Port. ~ □ S-Am.-Ind. (Tupi) *jabirú*〗

jab·o·ran·di /dʒæ̀bərǽndi, -rændíː | dʒæ̀bərǽndi, ʒæb-, -rændíː/ *n.* **1** 〖植物〗南米熱帯地方産ミカン科 *Pilocarpus* 属の低木の総称; (特に) *P. jaborandi*. **2** ヤボランジ葉 (同上植物および *P. microphyllus* の干葉でピロカルピジン (pilocarpidine) を含む; 利尿剤・発汗剤). 〖(1875) □ Port. ~ □ S-Am.-Ind. (Tupi) *yaborandí*〗

ja·bot /ʒæbóʊ, dʒæ- | ʒǽbəʊ; *F.* ʒabo/ *n.* ジャボー: **a** レースやレースの縁取りをしたフリルでできた胸当て; ブラウスなどに付けたものもある. **b** 18 世紀に用いられた紳士用の首に巻くフリル状のタイ. 〖(1823) □ F ~ 《原義》bird's crop ← ? Gaul.〗

jabot b

ja·bo·ti·ca·ba /ʒəbùːtɪkáːbə | -tɪ-/ *n.* 〖植物〗ブラジル産フトモモ科の低木 (*Myrciaria cauliflora*) (幹と主枝一体に花とぶどう状の実をつける); その実. 〖(1824) □ Port. ~ □ S-Am.-Ind. (Tupi) 《原義》tortoise fat ← *jaboti* tortoise+*icaba* fat〗

Ja·brud /dʒǽbrud/ *n.* 〖考古〗ヤブルド, ジャブルード (シリア南西部の Anti-Lebanon 山脈にある旧石器時代の遺跡).

ja·bu·ran /dʒɑ̀ːbʊráːn/ *n.* (*pl.* ~) 〖植物〗ノシラン (*Ophiopogon jaburan*) (日本原産のユリ科の多年草; 庭園に植えられる). 〖□ Jpn. 藪蘭〗

ja·cal /həkáːl; *Am. Sp.* hakál/ *n.* (*pl.* **ja·ca·les** /-leɪs; *Am.Sp.* -les/, **~s**) **1** ハカール (米国南西部とメキシコに見られる細い杭(くい)を密に並べて打ち込み, 泥で固めた草ぶきの家). **2** ハカール造り. 〖(1838) □ Mex.-Sp. ~ □ N-Am.-Ind. (Nahuatl) *xacalli* (混成) ← *xamitl* adobe +*calli* house〗

jac·a·mar /dʒǽkəmɑ̀ə, ʒǽk- | -mɑ̀ː^(r)/ *n.* 〖鳥類〗中南米熱帯産キリハシ科の鳥の総称 (くちばしが長く, 羽毛が青銅色[金緑色]でハチドリを大きくしたような鳥). 〖(1825) □ F ~ □ S-Am.-Ind. (Tupi) *jacamá-ciri*〗

ja·ça·na /dʒəkáːnə/ *n.* (*also* **ja·ça·na** /*Braz.* ʒasə̃nɐ́/) 〖鳥類〗レンカク (熱帯地方産レンカク科の鳥の総称; アメリカレンカク (*Jacana spinosa*), レンカク (water pheasant) などで, 足指が長く, スイレンその他の水草の葉などの上を歩く; lily-trotter ともいう). 〖(1753) □ Port. *jaçanã* □ S-Am.-Ind. (Tupi) *jasaná*〗

jac·a·ran·da /dʒæ̀kərǽndə/ *n.* 〖植物〗**1** 熱帯アメリカ産ノウゼンカズラ科ジャカランダ属 (*Jacaranda*) の樹木の総称 (青[紫色]の密集花をつけ, 熱帯の街路樹とされる; キリモドキ (*J. filicifolia*) など). **2** ジャカランダ属の樹木の芳香のある装飾用材. **3** 熱帯アメリカ産マメ科ツルサイカチ属 (*Dalbergia*) の植物の総称. 〖(1753) □ Port. *jacarandá* □ S-Am.-Ind. (Tupi) *yacarandá*〗

j'ac·cuse /ʒɑːkúːs; *F.* ʒakyːz/ *n.* [通例イタリック体で] 強い非難, 糾弾 (Zola が Dreyfus 事件を弾劾した文から). 〖← F ~ 'I accuse'〗

J̸ ácid /dʒéɪ-/ *n.* 〖化学〗J 酸 ($NH_2C_{10}H_5(OH)SO_3H$) (アゾ染料の製造原料). 〖1914〗

ja·cinth /dʒéɪsn̩θ, dʒǽs- | dʒǽsɪnθ-, dʒéɪs-/ *n.* **1** 〖鉱物〗=hyacinth 4. **2** 赤橙色. 〖(?*c*1200) *iacyn(c)t* □ OF *jacin(c)te* (F *jacinthe*) □ L *hyacinthus*: ⇨ hyacinth〗

ja·cinthe /dʒéɪsn̩θ, dʒǽs- | dʒǽsɪnθ, dʒéɪs-; *F.* ʒasɛ̃ːt/ *n.* 濃橙色. 〖(*c*1384) □ F ~: ↑〗

jack¹ /dʒǽk/ *n.* **1 a** ジャッキ, 押上げ万力 (重量物をテコの原理や油圧・水圧などで押し上げる装置). **b** (焼き串回転具など) 各種の機械装置.

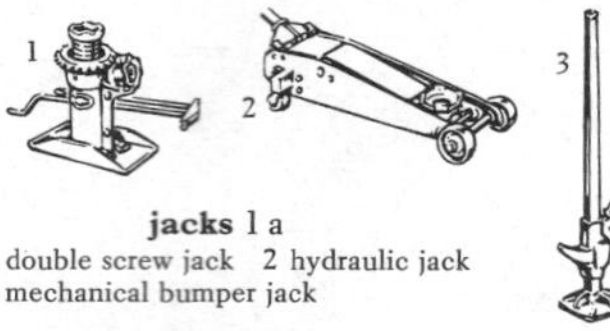

jacks 1 a
1 double screw jack 2 hydraulic jack
3 mechanical bumper jack

2 〖トランプ〗**a** ジャックの札 (knave). **b** =jackpot 2 b. **3** 〖電気〗ジャック (プラグを差し込んで電気の接続を行う装置; jack socket ともいう). **4 a** [通例 J-] (普通一般の)男, 人 (man), 若者. ★ 今は次のような表現に用いる: *Jack* and Gill [Jill] 若い男と女, 彼と彼女 (英国の古い童謡の中の少年と少女の名から) / Every *Jack* must have his Gill [Jill]. 《諺》どんな男にもそれ相当の嫁の来手(きて)はあるもの, 「割れ鍋にとじぶた」/ A good *Jack* makes a good Gill [Jill]. 《諺》女性は夫次第 (でよくもなるもの) / *Jack* is as good as his master. 《諺》人に上下はない, 人は平等である / *Jack* of [on, o'] both sides =Jack-of-both-sides / ⇨ *every man* JACK [*Jack*]. **b** 《口語》[J-; 見知らぬ人への呼び掛けに用いて] 君(きみ): Hey, *Jack*! おーい, 君. **5 a** (はんぱな仕事などをする)労働者, 人夫; 使用人, 雇人, 従者. **b** [しばしば J-] 船員, 水兵 (jack-tar) 《愛称》. **c** 木こり (lumberjack). **d** =steeple jack. **6** (*pl.* ~, **~s**) **a** (ある種の動物の)雄 (male) (cf. jenny 1 a); (特に)雄のロバ: ⇨ jackass, jackdaw, jacksnipe. **b** (ある種の魚の)雄: a ~ salmon. **c** =jack rabbit. **7 a** [複合語の第 1 構成素として] 小さめの, こぢんまりした (cf. jack-): ⇨ jackhammer, jackshaft. **b** 船に関係のある人・用材・帆・ロープ・器具などのうち小さなものに対する愛称. **8** (*pl.* ~, **~s**) 〖魚類〗**a** カワカマス (pike); (特に)カワカマスの幼魚[小魚]. **b** アジ科のうち主にカイワリ属 (*Caranx*) の魚類. **9** 〖鷹狩〗チョウゲンボウ (kestrel), コチョウゲンボウ (merlin), チゴハヤブサ (hobby) などの雄の鷹. **10 a** jacks に用いる六つの突起のある金属片 (石や骨を用いることもある; cf. b). **b** [*pl.*; 単数扱い]

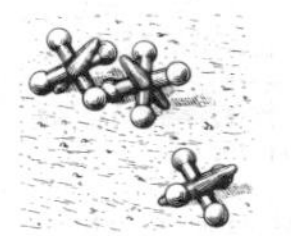

jacks 10 a

ゴルフボールのようなゴム球を投げ, それを捕らえる間に金属片 6 個を操る遊戯 (jackstones). **c** (lawn bowling で) 的球(まとだま) (白い小球; 直径およそ 2.5 インチ, 重さ 10 オンス). **11** 〖海事〗**a** 船首旗, 国籍旗 (艦船が停泊中だけ船首に掲げる国籍を示す小旗; 必ずしも国旗そのものとは限らない, 例えば米国のは国旗の左上隅の「青地に星」の部分だけ; cf. Union flag). **b** =jack crosstree. **c** =mast funnel. **d** ジャック船 (Newfoundland 地方で使用される 2 本マストの縦帆式の漁船). **12** 〖音楽〗打弦槌(だげんつい) (ハープシコード属の鍵盤楽器の各鍵の内端に付いている木製のてこ; その先端に付いているつめで弦をはじく); 《まれ》鍵盤 (cf. Shak., *Sonnets* 128. 5–6). **13** 時打ちジャック (古い教会堂などの大型時計のベルを打つハンマーを持った機械人形). **14 a** =smokejack. **b** =bootjack. **15** 〖水泳〗=jackknife 2. **16** 《米》**a** =applejack. **b** =brandy. **17** 《米》=jacklight. **18 a** 《俗》金, 金銭. **b** 《英俗》5 ポンド(紙幣). **19** 《英俗》刑事, デカ; 警官. **20** 〖劇場〗=brace jack. **21** 〖石工〗詰め物 (石・れんがなどを横に並べていく際, 石と石, れんがとれんがの間に詰める粘土・れんがくずなど: cf. bat² 5). **22** 〖鉱物〗閃(せん)亜鉛鉱. **23** 《英方言》**a** 半パイント (half pint). **b** 4 分の 1 パイント.
báll the jáck (1) 《俗》早く行う, 機敏な行動をとる. (2) 一事にすべてを賭ける, 一か八かやる. (← ?: cf. highball (v.)) ***befòre you can sày Jáck Róbinson*** ⇨ Jack Robinson 成句. ***évery mán jáck*** [***Jáck***] だれも彼も皆, 一人残らず: *Every man* ~ of us knows it. (我々は) だれも彼もそれを知っている. (1840) ***hóok Jáck*** 《米口語》ずる休みする (cf. hooky²). ***I'm áll rìght, Jáck.*** 《英口語》(他の人はともかく) 自分は大丈夫だ, 私の知ったことじゃない. ***Jáck at a pínch*** 《俗》急場の間に合わせに使う[手を貸す]人 (cf. Johnny-on-the-spot). ***Jáck in the (lów) céllar*** 《古》おなかの子, 胎児. ***Jáck of áll tráдes, (and máster of nóne).*** 《諺》何でもやれる人にすぐれた芸[能力]はない,「多芸は無芸」(cf. jack-of-all-trades). ***on one's Jáck*** (***Jónes***) 《英俗》ひとりで, 人手を借りずに (alone). (1931) ***pláy the jáck*** [***Jáck***] 《廃》悪辣(あくらつ)[卑劣]なことをする, 欺く.
Jáck and Jíll pàrty 《米》(客を招いて行う)結婚間近のカップルのためのパーティー.
Jáck and the Béanstalk 〖英国童話〗「ジャックと豆の木」(少年 Jack が天まで伸びた豆の木によじ登って大男から宝物を取ってくる話).
— *vt.* **1** [通例 ~ *up* として] **a** 〈車などを〉ジャッキで持ち上げる (lift): ~ *up* a car. **b** 〈物を〉(ぐっと)引き[持ち]上げる. **2** 《米》たいまつ[カンテラなど] (jacklight) をつけて 〈魚・獣を〉探す[捕らえる]. — *vi.* 《米》たいまつ[カンテラなど]で夜釣り[夜猟]をする; (鹿などに)スポットライトを当てて目をくらませて密猟する.
be jácked úp 《米口語》そわそわしている. ***jáck aróund*** 《米俗》〈人を〉困らせる. ***jáck in*** 《英俗》〈仕事などを〉捨てる, よす: ~ it *in*. (1948) ***jáck ínto*** 《口語》〖電算〗(ホームページなどに)(不正に)侵入する. ***jáck óff*** (1) 《英俗》行ってしまう, ずらかる. (2) 《卑》自慰をする. 〖(1935) 《変形》? ~ *jerk off* (⇨ jerk¹ (v.) 成句)〗 ***jáck úp*** (1) ⇨ *vt.* 1. (2) 《口語》〈値段などを〉つり上げる, 引き上げる; 〈商品などの〉レベル[品質]を高める. (3) 《米口語》〈人を〉(職務上などで)元気づける, 励ます. (4) 《米口語》〈人を〉しかる, 責める. (5) 《英口語》〈仕事・計画などを〉(急に)投げ出す, よす; だめにする. (6) 《NZ 口語》取り決める; 整理する; 調達する. (7) 《豪俗》断る, 意地を張る. (8) 《俗》[jack oneself up で] ヘロインを打つ. (9) 《米俗》(身体検査して) 尋問する, 職務質問する. (1873)
— *adj.* 《豪俗》[とくに be ~ of の形で] (…に)うんざりしている.
~·er *n.* 〖(n.: *c*1300; v.: 1873) 《転用》← JACK〗

jack² /dʒǽk/ *n.* 《古》**1** 皮製ジョッキ (ろう引きの皮で作り外側にタールを塗ったビール用の容器; cf. blackjack 2). **2** 〖甲冑〗ジャック (中世の兵卒防着; 刺縫いしたものや小札を入れた袷(あわせ)などがある). 〖(1375) *jakke* □ (O)F *jaque* (i) □ Sp. *jaco* ← ? Arab. *šakk* // (ii) ← OF *jacque(s)* peasant ← *Jacques* 'JACK' (昔フランスの農夫がこの種の胴着を常用していたことから)〗

jack² 2

jack³ /ʤǽk/ *n.* 〘植物〙 =jackfruit. 〘(1613) □ Port. *jaca* □ Malayalam *chakka*〙

jack⁴ /ʤǽk/ *adj.* 〘建築〙 配付(はいつけ)の: ⇨ jack rafter. 〘(転用) ← JACK¹ (n.) 7 a〙

Jack /ʤǽk/ *n.* ジャック (男性名). 〘(1267) *Jacke* □ ? OF *Jaques* (F *Jacques*) □ LL *Jacobus*=L *Jacōbus*: ⇨ Jacob〙

jack- /ʤǽk/ 次の意味を表す複合語の第一要素 (cf. jack¹ 7 a): **1** 「雄の」: *jack*ass. **2** 「大型の, 強力な」: *jack*boot. **3** 「男, 野郎」: *jack*anapes. 〘(転用) ← JACK¹〙

jàck-a-dándy /-kə-/ *n.* 《古》 洒落者(しゃれもの), めかし屋 (dandy, fop). 〘(1632) ← JACK¹+A-³+DANDY¹〙

jack·al /ʤǽkəl, -kɪt, -kɔːt, -kɑːt | -kɔːt, -kəl, -kɪt/ *n.* **1** 〘動物〙 ジャッカル 《イヌ科の野生犬; アフリカ北部からヨーロッパ南東部・中央アジア・インドの草原に分布; ライオンのために獲物あさりの役をすると想像されていたので lion's provider ともいわれた》; (特に)キンイロジャッカル (*Canis aureus*). **2** **a** 下働き, 道具に使われる人, お先棒かつぎ. **b** 自分の利益のために不正[卑劣]なことをする人, 悪党, 詐欺師. **—** *vi.* (**~ed, jack·alled**) 下働きをする, 〈…の〉お先棒をかつぐ 〔*for*〕. 〘(1603) □ Turk. *çakāl* □ Pers. *shag(h)āl* ← ? Skt *śṛgāla*〙

jackal 1

jáck-a-làntern /-kə-/ *n.* =jack-o'-lantern.

Jáck-a-Lènt /-kə-/ *n.* **1** レント人形 《四旬節の際, 石などを投げつけて遊ぶための詰め物をした人形》. **2** 《古》 つまらない人間, 単純な人 (puppet): You little ~. ねえ, おばかさん (Shak., *Merry W.* 3. 3. 27). 〘(1597) ← JACK¹+A-³+LENT〙

jack·a·napes /ʤǽkənèɪps/ *n.* **1** **a** 小ざかしい生意気な男, きざな洒落者(しゃれもの). **b** 生意気な[こましゃくれた]子, あくたれ小僧. **2** 《古》 猿 (monkey). 〘(1450) ← JACK¹+*napes* (← ?): 英国の Suffolk 公爵 William de la Pole (1396–1450) が猿の足かせと鎖をバッジの紋章としていたことからつけられたあだ名: -a- は 16 世紀に通俗語源により挿入? (cf. a-³)〙

jáck àrch *n.* 〘建築〙 =flat arch. 〘1885〙

jack·a·roo /ʤæ̀kərúː/ *n.* (*pl.* ~**s**), *vi.* =jackeroo. 〘(1878) ← JACK¹+(KANG)AROO〙

jack·ass /ʤǽkæs | ʤǽkæs, -ɑːs/ *n.* **1** **a** 雄のロバ. **b** ロバ. **2** /《英》 -ɑːs, -æs/ まぬけ, とんま, ばか: Oh, don't be a ~. おい, ばかなことを言うな. **3** 〘海事〙 =hawse bag. **4** 《豪》 〘鳥類〙 =kookaburra (laughing jackass ともいう). 〘(1727) ← JACK¹+ASS¹〙

jáckass bàrk *n.* 〘海事〙 ジャッカスバーク 《ジャッカス艤装 (jackass rig) をしたバーク型帆船; マストは 3 本または 4 本》. 〘1861〙

jáckass brìg *n.* 〘海事〙 ジャッカスブリッグ 《前檣(ぜんしょう)に横帆を後檣に縦帆を張ったブリッグ型帆船》. 〘1883〙

jack·ass·er·y /ʤǽkæs(ə)ri | -ɑːsəri, -æs-/ *n.* ばかまね. 〘(1833): ⇨ jackass, -ery〙

jáckass gùnter *n.* 〘海事〙 ジャッカス式ガンター帆装 《ヨットのような小型帆艇のマストの上部を垂直に滑らせて短くできる方式; bastard gunter ともいう》.

jáckass rìg *n.* 〘海事〙 ジャッカス艤装 《縦帆船で前檣上部にだけ横帆を張った比較的簡略な帆装》. 〘1883〙

jáck bèan *n.* 〘植物〙 **1** タチナタマメ (*Canavalia ensiformis*) 《西インド諸島原産のマメ科のつる植物; 家畜飼料用などに栽培》. **2** タチナタマメの白い種子. 〘1885〙

jáck blòck *n.* 〘海事〙 ジャックブロック 《展帆・絞帆のために, トゲルンヤード (topgallant yard) を上げ下ろしするのに使うマストの上に取り付けてある滑車》. 〘1794〙

jáck·bòot *n.* **1** ジャックブーツ: **a** 漁夫などが用いるひざ下[ふくらはぎ]までの深さのある革のブーツ. **b** 17–18 世紀に騎兵隊が着用した厚革のひざの上まであるブーツ. **2** 高圧的[高飛車な]態度. **3** 強圧的な支配, 専横; 強圧的な人: under the ~ of …の不当な支配のもとで. **—** *adj.* [限定的] 高圧的な, 高飛車な: ~ tactics 高圧[威嚇]的戦術. 〘(1686) ← JACK¹+BOOT¹〙

jáck·bòot·ed /-tɪ̬d | -tɪd/ *adj.* **1** 軍靴を履いた. **2** 強権的な.

jáck·bòx *n.* 〘通信〙 プラグ差し込み器 《これにより拡声器[受話器]を受信機につなぐ》. 〘← JACK¹+BOX¹〙

jáck-by-the-hédge *n.* =garlic mustard.

jáck chàin *n.* **1** S 字鎖 《8 の字に近く, 深く曲げた S 字形の鐶(かん)の一つ一つが互いに直角になるように連結された鎖》. **2** 〘林業〙 木材運送用のキャタピラー. 〘1: 1639; 2: 1905〙

jáck chèese *n.* ジャックチーズ 《全乳で造った半硬質のチーズ; cf. Monterey cheese》.

jáck crevàlle *n.* 〘魚類〙 米国 Florida 州西岸産のカイワリ属の魚 (*Caranx hippos*) 《重要な食用魚》. 〘1948〙

jáck cròsstree *n.* 〘海事〙 ジャッククロスツリー: **a** トゲルンマスト (topgallant mast) の最上部にある鋼製の肘形金具. **b** 橋の下を通過するとき, 上部マストを引っ込めることができるようにした小型帆船用マスト支えの金具. 〘1840〙

Jáck Dán·iel's /-dǽnjəlz/ *n.* 〘商標〙 ジャックダニエル 《米国 Jack Daniel Distillery 社製のテネシーウイスキー》.

jáck·dàw *n.* 〘鳥類〙 **1** コクマルガラス (*Corvus monedula*), (俗に)小(こ)がらす 《ヨーロッパ・アジア・北アフリカ産の小形のカラスで教会の塔などに集まり, 鳴き声がやかましいのと盗癖とで知られている; 飼いならすと人語を真似する; 単に daw ともいう》. **2** =grackle 2; (特に) =boat-tailed grackle. 〘(1543) ← JACK¹+DAW¹〙

jáck díd·dly /-dídli/ *n.* =jack shit.

jack·een /ʤækíːn/ *n.* 《アイル》 いやに押しの強いダブリンの町の者; 横柄な洒落者(しゃれもの). 〘(1840) ← Ir. ~ (dim.) ← JACK¹〙

Jack·e·lyn /ʤǽkəlɪn | -lɪn/ *n.* ジャックリン (女性名). 〘⇨ Jacqueline〙

jack·e·roo /ʤæ̀kərúː/ 《豪口語》 *n.* (*pl.* ~**s**) (牧羊場の)新米の雇人. **—** *vi.* 新米の雇人として牧羊場で働く. 〘(1911) (変形) ← JACKAROO〙

jack·et /ʤǽkɪt | -kɪt/ *n.* **1** **a** ジャケット 《前明きの短い上着, 通例ヒップを覆う長さで男女用ともにいう》. **b** (服装以外の目的で)上半身を覆うもの: ⇨ cork jacket, life jacket, straitjacket. **2** **a** (羊・犬・猫などの)外被, 毛皮 (coat). **b** [通例 in their ~s として] (皮つきのまま丸ごと調理した)じゃがいもの皮: potatoes boiled [cooked] *in their* ~*s*. **3** **a** 包被, 被覆物, ジャケット. **b** (ボイラー・スチームパイプなどを覆って熱の放散を防ぐ)外被. **c** (砲身[銃身]の)被筒. **d** 被甲 (銃弾の金属外被). **e** 冷却筒 《水冷式機関銃の冷却水の通る外套》. **f** (機関などの過熱を防ぐ)水ジャケット (water jacket). **4** **a** 本のカバー, ジャケット 《表紙上にかぶせる覆い》. 日英比較 本の表紙にかぶせる紙を日本語では「カバー」というが, 英語では *jacket*, book *jacket* [wrapper], dust *jacket* [cover, wrapper] という. なお欧米では購入時にサービスとして書店で「カバー」をつける習慣はない. ⇨ cover 日英比較. **b** がんだれ 《両端を折って裏に入れるようにした略装の表紙》. **c** 《米》 (レコードなどの)ジャケット. **5** 《米》 (書類・公文書などを入れる)大型封筒, 書類入れ 《しばしば内容などが表記されている》. **6** 〘製本〙 外折り 《中綴(なかとじ)じをする小冊子の外側の折丁》. ***dúst a person's jácket (for him)*** ⇨ dust *v.* 成句. **—** *vt.* **1** …にジャケットをきせる; 被覆する. **2** 〈本〉にカバーをかぶせる.

~·ed *adj.* **~·lìke** *adj.* 〘(1451) □ OF *ja(c)quet* (F *jaquette*) (dim.) ← *jaque* 'JACK²': ⇨ -et. — v.: (1856) ← n.〙

jácket cròwn *n.* 〘歯科〙 ジャケットクラウン 《歯の被覆修復用の人工歯冠; 陶製または合成樹脂製》. 〘1903〙

jáck·fìsh *n.* (*pl.* ~, ~**es**) 《米方言》 =jack¹ 8 a. 〘1847〙

Jáck Fróst *n.* (擬人的に)霜, 厳寒, 冬将軍 (cf. General Winter): before ~ comes 寒くならないうちに. 〘1826〙

jáck·frùit *n.* **1** **a** 〘植物〙 パラミツ, ナガミパンノキ (*Artocarpus heterophyllus*) 《インド原産のクワ科の高木》. **b** パラミツの実 《食用》. **c** パラミツ材 《家具・船材用》. **2** =durian. 〘(1830) ← JACK³+FRUIT〙

Jáck-gò-to-béd-at-nóon *n.* 〘植物〙 =goats beard. 〘1853〙

jáck·hàmmer *n.* **1** 〘鉱山〙 手持ち削岩機. **2** 〘機械〙 =air hammer. 〘1916〙

Jáck Hór·ner píe /-hɔ́ənə- | -hɔ́ːnə-/ *n.* ジャックホーナーのパイ 《パーティーなどで, 贈り物や玩具を入れるパイ形の容器》. 〘*Jack Horner*: 童謡の主人公, パイの中身のあんずをつまみ出してしまう〙

Jack·ie /ʤǽki/ *n.* ジャッキー: **1** 女性名. **2** 男性名. 〘(dim.) 1: ← JACQUELINE; 2: ← JACK: ⇨ -ie: cf. Jacky¹〙

jáck-in-a-bòx *n.* (*pl.* **jacks-**) **1** =jack-in-the-box 1. **2** 〘植物〙 **a** ハスノハギリ (*Hernandia sonora*) 《熱帯アジア原産のハスノハギリ科の高木, 果実は発達した総苞中に納まっているのでこの名がある; 葉から採れる汁は強力な脱毛剤となる》. **b** 《英》 =cuckoopint. 〘1: 1592; 2: 1752〙

jáck·ing èngine *n.* 〘機械〙 =turning engine 2.

jáck-in-òffice *n.* (*pl.* **jacks-**) 威張った[もったいぶった]小役人, 横柄な公務員. 〘*a*1700〙

jáck-in-the-bòx *n.* (*pl.* ~·**es**, **jacks-**) **1** びっくり箱. **2** 〘機械〙 =differential gear. **3** [Jack-in-the-Box] ジャックインザボックス 《ハンバーガー・メキシコ料理・サンドイッチなどをメニューにのせている米国のファーストフードレストランチェーン店》. 〘1546〙

Jáck-in-the-grèen *n.* (*pl.* ~**s**, **Jacks-**) 《英》 青葉(の中)のジャック 《五月祭 (May Day) に煙突掃除夫などが行う遊戯の際, 青葉や小枝で囲まれたピラミッド形の屋台の中に入れられた男または子供》. 〘1801〙

jáck-in-the-púlpit *n.* (*pl.* ~**s**, **jacks-**) 〘植物〙 **1** サトイモ科テンナンショウ属 (*Arisaema*) の植物の総称; (特に)北米産の *A. atrorubens*. **2** 《英》 =cuckoopint. 〘1837〙

Jáck Kétch /-kéʧ/ *n.* 《英》 絞首刑執行人 (hangman). 〘(1673): 英国王 James 二世時代の絞刑吏 (1663?–86) の名〙

jáck·knìfe *n.* **1** ジャックナイフ 《もと船乗りが所持した大型の折りたたみ[ポケット]ナイフ》. **2** 〘水泳〙 ジャックナイフ 《えび型飛込み; cf. swan dive》. **—** *vt.* **1** ジャックナイフで切り(つけ)る. **2** 〈体などを〉ジャックナイフのように折り曲げる: *Jackknifing* his length, he climbed in. 体を曲げて(車に)乗り込んだ. **—** *vi.* **1** 〈体などが〉ジャックナイフのように折れ曲がる. **2** 〈連結した 2 台の車が〉連結部で急角度 [90 度以下]に曲がる. **3** 〘水泳〙 ジャックナイフダイブをする. 〘(1711) ← JACK¹+KNIFE〙

jáckknife clàm *n.* 〘貝類〙 =razor clam.

jáckknife fìsh *n.* 〘魚類〙 大西洋の熱帯地方にいる白黒のすじのあるニベ科の魚 (*Equetus lanceolatus*) 《背びれを垂直に立てて泳ぐ; cf. drum¹ 9》.

jáck làdder *n.* **1** 〘海事〙 =Jacob's ladder 3. **2** 〘林業〙 **a** (木材を貯材場から製材所へ送る上り傾斜の)自動運送樋(とい) (cf. bull chain). **b** =jack chain 2. 〘1886〙

jáck·lèg 《米俗》 *adj.* **1** 未熟な (unskilled), 素人の (amateurish). **2** いんちきな, ごまかしの, でたらめな, (仕事に)無責任な. **3** 間に合わせの (makeshift). **—** *n.* **1** 未熟者, 素人, かけ出し. **2** 無責任な人. 〘(1850) ← JACK²+(BLACK)LEG: cf. *jack-legged* (1839)〙

jáck·lìght 《米》 *n.* (夜間漁猟用の)たいまつ (torch), 閃光灯 (flashlight), カンテラ (lantern) 《単に jack ともいう》. **—** *v.* =jack¹ *vt.* 2, *vi.* 〘(1883) ← JACK¹+LIGHT¹〙

jáck·lìght·er *n.* 《米》 jacklight を用いて釣り[狩猟]をする人; (特に)鹿の夜間密猟者.

Jack·lin /ʤǽklɪn | -lɪn/, **Tony** *n.* ジャックリン (1944– ; 英国のプロゴルファー; 本名 Anthony Jacklin).

jáck màckerel *n.* 〘魚類〙 マアジ属 (*Trachurus*) の次の 2 種の魚: **a** 米国太平洋岸産の食用魚 (*T. symmetricus*). **b** オーストラリア・ニュージーランド産の食用魚 (*T. novaezelandiae*). 〘1882〙

J

Jáck Mòrmon *n.* **1** モルモン教徒と親交のある[モルモン教の社会に生活している]非モルモン教徒. **2** 教義に従わない[教会で活動しない]モルモン教徒. 〘1845〙

jack·o /ʤǽkoʊ | -kəʊ/ *n.* (*pl.* ~**s**) 〘動物〙 =jocko.

jáck òak *n.* 〘植物〙 =blackjack 4. 〘1816〙

jáck-of-áll-tràdes *n.* (*pl.* **jacks-**) よろず屋, 何でも屋 (⇨ jack¹ 成句). 〘1618〙

Jàck-of-bóth-sìdes *n.* (*pl.* **Jacks-**) あっちに付いたりこっちに付いたりする人, 日和見主義者 (Jack-on-both-sides, Jack-o'-both-sides ともいう). 〘1562〙

jáck-o'-làntern /-kə-/ *n.* **1** 鬼火, きつね火 (ignis fatuus). **2** かぼちゃのちょうちん, おばけちょうちん 《中身をくりぬき, 目・鼻・口などをあけたもの; 主に Halloween に子供が作って遊ぶ》. **3** 〘気象〙 =St. Elmo's fire. 〘1663〙

Jáck-o'-the-clòck *n.* =jack¹ 13. 〘1595〙

jáck pìne *n.* 〘植物〙 バンクスマツ (*Pinus banksiana*) 《カナダ・米国北部に多いマツの一種》. 〘1883〙

jáck plàne *n.* (大型の)粗(あら)かんな, 粗仕子(しこ). 〘1812–16〙

jáck plùg *n.* 〘電気〙 ジャック用差込み [プラグ]. 〘1931〙

jack·pot /ʤǽkpɑ̀(ː)t | -pɒt/ *n.* **1** **a** (slot machine, bingo, lottery などで)組合わせ 《これが出ると最高賞または中の硬貨が全部手にはいる; cf. bingo》. **b** その積立て賭け金[賞金]. **c** 《口語》 大当たり, 高額の賞金[礼金]: ⇨ *hit the* JACKPOT. **2** 〘トランプ〙 (ポーカーで)ジャックポット: **a** 最低ジャックのワンペアがないと賭けに参加できない方式 《麻雀の一翻縛りに当たる》. **b** (通例巨額の)積み金 《流れた回から持ち越される場代や賭け金; 単に jack ともいう》. **3** 〘郵便〙 (区分ケースに余裕がないため)区分係が一括して一つの箱[袋]に一時入れておく遠距離仕切り用の郵便物. ***hit the jáckpot*** 《口語》 (1) 急に大もうけをする; 大当たりする. (2) 大成功を遂げる. 〘(1881) ← JACK¹ (n.) 2+POT〙

jáck-púdding *n.* 《古》 道化師. 〘1648〙

jáck·ràbbit *n.* 〘動物〙 ノウサギ 《北米西部・中米産の耳と後肢が長いノウサギ属 (*Lepus*) のウサギの総称; オグロジャックウサギ (*L. californicus*) など》. **—** *vi.* 〈車などが〉急に傾く[跳び上がる, スタートする]. 〘(1863) ← JACK(ASS)+RABBIT¹: 耳の形にちなむ〙

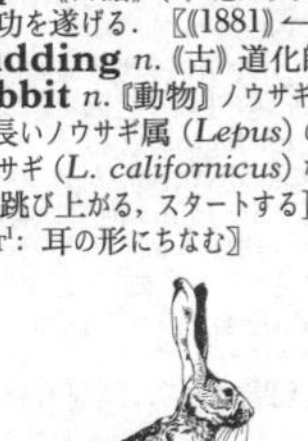

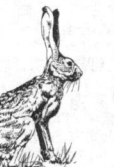

jackrabbit
(*L. californicus*)

jáck ràfter *n.* 〘建築〙 配付(はいつけ)け垂木(たるき) 《隅木(すみき)に取り付けられた垂木》. 〘1757〙

Jáck Róbinson *n.* ★ 次の成句で: ***befòre you can sày Jáck Róbinson*** 《口語》 たちまち, あっという間に: He went away *before you can say* ~. あっという間に彼は行ってしまった. 〘18 世紀後半から: Jack Robinson には特別の由来はないらしい〙

jáck·ròd *n.* 〘海事〙 =jackstay 1.

jáck·ròll *vt.* 《俗》 (酔っぱらいなどから)盗む (cf. roll *vt.* 12). **~·er** *n.* 〘cf. 'jack rolling' (1923)〙

jáck ròpe *n.* 〘海事〙 ジャックロープ: **a** 縦帆下辺をブームに取り付ける索. **b** 縮帆帯に通してある索.

Jáck Rússel *n.* 〘動物〙 ジャックラッセル 《小形の短脚テリア犬; この品種を手掛けた英国の聖職者 John Russel (1795–1883) にちなむ; Jack Russel terrier ともいう》. 〘1907〙

jáck sàlmon *n.* 〘魚類〙 **1** 《北米西部》 降海後初めて川を上ってきたサケ(特にギンマス) (grilse). **2** =walleye 5. 〘1871〙

Jáck-sàuce *n.* 《Shak》生意気なやつ.

jáck·scrèw *n.* 〖機械〗ねじジャッキ. 〘《1769》← JACK¹ 1＋SCREW〙

jáck·shàft *n.* 〖機械〗副軸 (countershaft); (特に, 昔の自動車の鎖駆動に用いた)中間軸, ジャックシャフト. 〘1896〙

jáck shít *n.* 《米卑》 **1** [しばしば J- s-] 何の価値もないもの, 役立たず, くだらんやつ, 無, ナンセンス. **2** [否定語と共に用いて] 全く(ない): I don't know ～ about …のことなんざ何にも知っちゃいねえ / not worth ～ 何の値打もない, まったくくだらない.

jack·sie /dʒǽksi/ *n.* **1** 《英俗》おしり, けつ(の穴), おいど (arse); 《北イングランド卑》前穴 (vagina): Up your ～! そんなの[考えは]くそくらえだ. **2** 《豪俗》売春宿, 淫売屋. 〘《1896》: ⇨ jack¹, -sy〙

Jáck-slàve *n.* 《Shak》卑しいやつ, 下郎.

jáck·smèlt *n.* (*pl.* ～**s**, ～) 〖魚類〗トウゴロウイワシ科の一種 (*Atherinopsis californiensis*) 《米国 California 州沿岸産の大形食用魚》. 〘← JACK¹＋SMELT³〙

jáck·snìpe *n.* (*pl.* ～, ～**s**) 〖鳥類〗 **1** コシギ (*Limnocryptes minimus*) 《ヨーロッパ・アジア産》. **2** アメリカウズラシギ (⇨ pectoral sandpiper). 〘1663〙

jáck sòcket *n.* 〖電気〗ジャックソケット (⇨ jack¹ 3). 〘1970〙

Jack·son¹ /dʒǽksən, -sn̩/ *n.* ジャクソン: **1** 米国 Mississippi 州中部にある同州の州都. **2** 米国 Michigan 州南部の都市. **3** 米国 Tennessee 州西部の都市. 〘← *Andrew Jackson*〙

Jack·son² /dʒǽksən, -sn̩/ *n.* ジャクソン《男性名》. 〘《原義》son of Jack〙

Jack·son /dʒǽksən, -sn̩/, **Andrew** *n.* ジャクソン《1767–1845; 米国の将軍; 第 7 代大統領 (1829–37) (⇨ Jackson Day); あだ名 Old Hickory》.

Jackson, Barry *n.* ジャクソン《1879–1961; 英国の演出家・俳優》.

Jackson, Glenda *n.* ジャクソン《1936–　; 英国の女優; *Women in Love* (1969), *A Touch of Class* (1973) でオスカー受賞》.

Jackson, Helen (Maria) Hunt *n.* ジャクソン《1830–85; 米国の女流小説家・詩人; 旧姓 Helen Maria Fiske; *Ramona* (小説, 1884)》.

Jackson, Jesse (Louis) *n.* ジャクソン《1941–　; 米国の牧師・民主党の政治家・黒人公民権運動指導者》.

Jackson, John Hugh·lings /hjúːlɪŋz/ *n.* ジャクソン《1835–1911; 英国の神経学者》.

Jackson, Michael *n.* ジャクソン《1958–　; 米国のポップシンガー・ソングライター; *Thriller* (1982) でスーパースターとなる》.

Jackson, Robert H(oughwount) *n.* ジャクソン《1892–1954; 米国の裁判官; 最高裁判所陪席判事 (1941–54)》.

Jackson, Thomas Jonathan *n.* ジャクソン《1824–63; 米国南北戦争当時の南軍の将軍; 通称 Stonewall Jackson》.

Jáckson Dày *n.* ジャクソン勝利記念日《1815 年 Andrew Jackson が New Orleans で英軍を撃破した記念日; 1 月 8 日; 民主党員が祝う; Louisiana 州では法定休日; cf. Jefferson Day》. 〘1885〙

Jáckson Hóle *n.* ジャクソンホール《米国 Wyoming 州北西部, Teton 山脈東部にある渓谷; もと重要な狩猟地だった》.

Jack·so·ni·an /dʒæksóuniən | -sóu-ˊ/ *adj.*, *n.* Andrew Jackson の(共鳴[支持]者). 〘《1824》: ⇨ -ian〙

Jacksónian demócracy *n.* ジャクソニアンデモクラシー《Andrew Jackson 大統領時代に行われた普通選挙などの政治改革運動》. 〘1906〙

Jacksónian épilepsy *n.* 〖病理〗運動中枢損傷性癲癇(てんかん), ジャクソン癲癇《脳外傷に起因する二次性の癲癇》. 〘《1933》← *John H. Jackson*〙

Jack·son·ville /dʒǽksənvɪ̀l, -sn̩-/ *n.* ジャクソンビル《米国 Florida 州北東部 St. Johns 河畔の港市》. 〘← *Andrew Jackson*＋*-ville*: ⇨ -ville〙

Jáck Sprát *n.* **1** こびと, 一寸法師. **2** ジャックスプラット《伝承童謡の主人公で, 脂身を食べられなかったやせ男; 奥さんは赤身が嫌いで太っていた》.

jáck·stàff *n.* 〖海事〗船首旗竿(はたざお)《国籍旗, 商船は社旗を揚げる》. 〘1692〙

jáck·stày *n.* 〖海事〗 **1** ジャックステー《帆桁(ほげた)の上側に取り付けた金属[木]の棒; ヤードに登った人のつかまる棒としても使われる; 古くは帆の上側をこれに取り付ける綱》. **2** 滑り環. **3** ガフスル (gaff sail) のついたマストを固定するために左右に張る支索. **4** ガフトップスル (gaff topsail) の前ぶち (luff) をマストに引き付け甲板上まで導く綱. 〘《1840》← JACK¹＋STAY³〙

jáck·stòne *n.* **1** [通例 *pl.*; 単数扱い] ＝jack¹ 10 b. **2** ＝jack¹ 10 a. 〘《1814》《変形》← *checkstone* ← ? 《廃》*check*＝? CHECKER¹〙

jáck·stràw *n.* **1 a** わら人形, かかし (scarecrow). **b** つまらぬ人物. **2 a** [*pl.*; 単数扱い] ジャックストロー《わら・木片・骨片などを卓上に積み上げ, 他を動かさずに一つずつ取り去る遊戯; cf. spillikin, pick-up-sticks》. **b** その遊戯に用いるわら[木片, 骨片など]. 〘《1565》← JACK¹ 1 a＋STRAW¹: cf. *Jack Straw* (1381 年英国に起こった農民一揆(いっき) (Peasants' Revolt) の指導者の一人のあだ名?)〙

jack·sy /dʒǽksi/ *n.* ＝jacksie.

jáck tár, J- *n.* 《主に文語》水兵, 船乗り (sailor). 〘1781〙

Jáck the Gíant Kìller *n.* 〖英国童話〗「巨人退治のジャック」《巨人から手に入れた隠れ蓑(みの)・飛び靴・全知の帽子・魔法の剣によって国中の巨人を全滅させた少年 Jack の話》.

Jáck the lád *n.* 《英俗》自信に満ちた[威勢のいい]若者. 〘(*c*1840) 1981〙

Jáck-the-rágs *n. pl.* 《ウェールズ南部》＝rag-and-bone man.

Jáck the Rípper *n.* 切り裂きジャック《1888 年から 89 年にかけて London の East End で多くの女性(主に売春婦)を殺して死体を損傷した犯人が自ら呼んだ名; 捕らえられなかったため正体不明》. 〘1890〙

jáck tòpsail *n.* 〖海事〗gaff topsail の変形小型の帆.

jáck tòwel *n.* (巻軸から輪にしてつるした, 手ふき用の)回転式長タオル (roller towel). 〘1819〙

jáck·ùp *n.* **1** 《米》増加, 引き上げ. (cf. *to jack up* 《1904》) **2** (海底ボーリング用の)架脚繰り出し機. 〘1965〙

jack·y /dʒǽki/ *n.* 《英俗》ジン (gin). 〘《1799》← JACK¹ 23＋-Y²〙

Jack·y¹ /dʒǽki/ *n.* ジャッキー: **1** 男性名. **2** 女性名. **3** 《豪俗》オーストラリア先住民に対する蔑称.
sit úp like Jácky まっすぐに座っている; 生意気にふるまう. 〘(dim.) 1: ← JACK; 2: ← JACQUELINE: ⇨ -y²〙

Jack·y², j- /dʒǽki/ *n.* ＝jack tar.

jáck yàrd *n.* 〖海事〗jack topsail を展帆しておくための帆桁(ほげた). 〘1873〙

jácky wínter *n.* [時に J- W-] 〖鳥類〗オジロオリーブヒタキ (*Microeca leucophaea*) 《豪州とニューギニアの一部に分布するヒタキ科の灰褐色の小鳥》. 〘《1898》: 冬期にも鳴くことから〙

Ja·cob *n.* **1** /dʒéɪkəb; G., *Du.* jáːkɔp/ ジェイコブ《男性名》. **2** /dʒéɪkəb/ 〖聖書〗ヤコブ《Isaac の次男で兄の Esau とは双子; 別名 Israel; イスラエル 12 支族の祖の父; cf. *Gen.* 25: 24–34》. **3** ＝Jacob sheep. 〘□ LL *Jacobus*＝L *Jacōbus* □ Gk *Iákōbos* □ Heb. *Ya'ăqōbh* 《原義》one who takes by the heel ← *'āqēbh* heel: cf. James〙

Ja·cob /dʒéɪkəb; *F.* ʒakɔb/, **François** *n.* ジャコブ《1920–2013; フランスの遺伝学者; Nobel 医学生理学賞 (1965)》.

Jacob, Max *n.* ジャコブ《1876–1944; フランスの作家; surrealism の先駆者; *L'Art poétique*「詩学」(1922)》.

Ja·co·ba /dʒəkóubə | -kóu-/ *n.* ＝Jakoba.

Jac·o·be·an /dʒæ̀kəbíːən, -kou- | dʒæ̀kə(u)bíːənˊ/ *adj.* **1 a** (英国王) James 一世時代 (1603–25) の. **b** 〈家具・建築が〉ジェームズ一世朝風の, ジャコビアン(期)の《文芸復興期の影響を受けているが, それよりシンプルで軽快な様式にいう》. **c** (James 一世時代に書かれた文学, 特にドラマのスタイルについて)ジェームズ(王朝)風の. **2 a** 使徒ヤコブ (St. James the Less) の. **b** (新約聖書の)ヤコブ書 (The General Epistle of James) の. — *n.* James 一世時代の人[作家, 政治家など]. 〘《1770–74》← NL *Jacōbaeus* ← L *Jacōbus* 'JACOB, JAMES': ⇨ Jacob, -ean〙

Jácobean architecture *n.* ジャコビアン様式建築, ジェームズ一世朝建築《イタリアのパラディオ風建築様式と後期ゴシック様式の影響を受けた 17 世紀初期の英国の建築; cf. Palladian²》.

Jácobean líly, j- l- *n.* 〖植物〗メキシコ産のヒガンバナ科の球根草本 (*Sprekelia formosissima*). 〘《1770–74》← JACOBEAN (adj.) 2〙

Ja·co·bi /dʒəkóubi | dʒəkóu-, dʒæ-/, **Derek (Gorge)** *n.* ジャコビ《1938–　; 英国の俳優》.

Ja·co·bi /jaːkóubi | -kóu-; G. jakóːbi/, **Karl Gustav Jacob** *n.* ヤコービ《1804–51; ドイツの数学者; 楕円関数を発見》.

Ja·co·bi·an /dʒəkóubiən, jaː- | -kóu-/ 〖数学〗 *n.* ヤコビ行列式, ヤコビアン, 関数行列式 (functional determinant ともいう). — *adj.* 関数行列式の: ～ determinant ヤコビ行列式. 〘《1852》↑＋-AN¹〙

jac·o·bin /dʒǽkəbɪn | -kə(u)bɪn/ *n.* 〖鳥類〗ジャコビン種のドバト《首にコートの襟を立てたような飾り羽がある観賞用のハト》. 〘《1688》□ F *jacobine* (fem.) ← *jacobin* (↓)〙

Jac·o·bin /dʒǽkəbɪn | -kə(u)bɪn; *F.* ʒakɔbɛ̃/ *n.* **1 a** [the ～s] ジャコバン派[党]《フランス革命の際の過激共和主義者の党派; cf. Gironde 3》. **b** ジャコバン派の人 (cf. Girondist). **2** (ジャコバン党式の)過激な共和主義者. **3** 〖キリスト教〗ドミニコ会修道士 (Dominican). — *adj.* ジャコバン党[主義]の. 〘《*a*1325》□ (O)F *Jacobin* (adj.) □ ML *Jacōbīnus* ← L *Jacōbus* 'JACOB': ⇨ -ine¹〙

Ja·co·bi·na /dʒæ̀kəbíːnə/ *n.* ジャコビーナ《女性名; 異形 Jacobine》. 〘← JACOB＋-INA²〙

Jácobin Clùb *n.* [the ～] 〖フランス史〗ジャコバン党《フランス革命期の政治結社; 1789 年 Paris のドミニコ会修道院で結成; 革命の進展と共に急進化し, 92 年後半から山岳党 (the Mountain) が主導権をとった》.

Jac·o·bin·ic /dʒæ̀kəbínɪkˊ/ *adj.* 〖フランス史〗 **1** Jacobin Club 派の, ジャコバン派的な. **2** ジャコバン的な, 過激な. 〘《1793》: ⇨ ↑, -ic¹〙

Jàc·o·bín·i·cal /-nɪ̀kəl, -kl̩ | -nɪ-ˊ/ *adj.* 〖フランス史〗＝Jacobinic. ～**·ly** *adv.* 〘1793〙

Jác·o·bin·ism /-nɪzm̩/ *n.* **1** 〖フランス史〗ジャコバン主義《ジャコバン派の政治原則》. **2** (政治の)過激急進主義. 〘《1793》□ F *jacobinisme*: ⇨ Jacobin, -ism〙

Jac·o·bin·ize /dʒǽkəbɪ̀nàɪz | -kə(u)bɪ-/ *vt.* ジャコバン主義化する; 過激化する. 〘《1793》: ⇨ -ize〙

Jac·o·bite /dʒǽkəbàɪt | -kə(u)-/ *n.* **1** 〖英史〗(1688 年の名誉革命による国王 James 二世廃位後の) James 二世派の人, Stuart 王家支持者 (cf. fifteen 6, forty-five 4). **2** シリアのキリスト(単性論)教会の信者. **3** 《まれ》エジプトのコプト教会 (Coptic Church) の信徒. **4** ＝Dominican¹. 〘1: 《1689》← L *Jacōbus* 'JACOB, JAMES': ⇨ -ite¹; 2: 《*c*1400》□ ML *Jacōbita* ← L *Jacōbus*: ⇨ Jacobin〙

Jácobite Rebéllion *n.* [the ～] 〖英史〗ジャコバイトの反乱《Stuart 朝の復興をもくろんだ反乱: (1) 1715 年 James Stuart が起こし失敗. (2) 1745–46 年 Charles Stuart が起こし Culloden の戦いで敗北》.

Jac·o·bit·ic /dʒæ̀kəbítɪk | -tɪkˊ/ *adj.* (英国王) James 二世派的[流]の, Stuart 王家派[流]の. **Jàc·o·bít·i·cal** *adj.* 〘《1779》← JACOBITE＋-ICAL〙

Jác·o·bìt·ism /-bàɪtɪzm̩/ *n.* (英国の) Jacobites の政策[主義, 行き方]. 〘《1700》← JACOBITE＋-ISM〙

Ja·cob-Mo·nod /ʒɑːkɑ́(ː)bmɔ(ː)nóu, -kɔ́(ː)b-, -mou- | -kɔ́bmɔnóu; *F.* ʒakɔbmɔno, ʒa-/ *adj.* 〖生物〗ジャコブモノー説の[に関する], オペロン (operon) 説の. 〘← *François Jacob*＋*Jacques Monod* (ともにフランスの科学者)〙

Ja·cob·sen /jáːkɔ(ː)psən, -sn̩ | -kɔp-; *Dan.* jákʌbsən/, **Ar·ne** /áːnə/ *n.* ヤコブセン《1902–71; デンマークの建築家・デザイナー》.

Jácob shéep *n.* 〖動物〗ヤコブヒツジ《角が 2 [4] 本のまだらのある古代種のヒツジ》.

Jácob's ládder *n.* **1** 〖聖書〗ヤコブのはしご《ヤコブが夢に見た天まで届くはしご; 天使たちがそれを上がり下りしているのを見たという; cf. *Gen.* 28: 12》. **2 a** 急勾配のはしご. **b** (連続的に動くはしご状のキャタピラとバケツによる)立体運搬機《石炭・土などを運ぶ》. **3** 〖海事〗(横棒[足掛け]だけが木[鉄]の)縄[鎖]ばしご. **4** 〖植物〗 **a** ハナシノブ (*Polemonium caeruleum*) 《ヨーロッパ産ハナシノブ属の多年草; 葉の配列がはしごに似ている; charity ともいう》. **b** ハナシノブ属の植物数種の総称. **c** 北米産ユリ科サルトリイバラ属の多年草 (*Smilax herbacea*). 〘1733〙

Já·cob·son's órgan /dʒéɪkəbsənz-, -snz-/ *n.* 〖解剖・動物〗ヤコブソン[ヤコプソン]器官《脊椎動物の鼻腔の一部が左右にふくらんでできた一対の嚢状器官; 嗅神経の一部が分布していてヘビ類・トカゲ類では主要な嗅覚器官となっている》. 〘《1836》← *Ludvig L. Jacobson* (1783–1843: デンマークの解剖学者)〙

Jácob's ród *n.* 〖植物〗＝asphodel.

Jácob's stáff *n.* **1 a** (ハンドレベルなど簡単な測量器具をのせる)単脚, (一本足の)支架. **b** 距離[高度]測定器. **2** 《廃》 **a** 巡礼者の持つつえ (cf. *Gen.* 32: 10). **b** 仕込みつえ. 〘*a*1548〙

Jácob's stóne *n.* 〖英史〗＝Stone of SCONE. 〘《1637》: この石を *Jacob* が枕に使ったとの伝説から〙

Jácob stáff *n.* ＝Jacob's staff 1.

Ja·co·bus /dʒəkóubəs | -kóu-; *Du.* jaːkóːbʏs/ *n.* 《英》＝unite². 〘《1612》□ LL *Jacōbus* James (I)〙

jac·o·net /dʒǽkənɛ̀t | -nɪt/ *n.* ジャコネット: **1** 薄地のローン (lawn) 状の白綿布《本の背打ち用など》. **2** 耐水仕上げをした綿布. 〘《1769》《変形》← Urdu *Jagannāth* (インドの原産地, 今の Puri)〙

Ja·co·po del·la Quer·cia /jáːkəpòudɛ̀ləkwɛ́ə-tʃə, -kwɛ́ə- | -pəudɛ̀ləkwɑ́ː-, -kwɛ́ə-; *It.* jáːkopodellakwértʃa/ *n.* ヤコポ デラ クエルチア《*c*1374–1438; イタリアの彫刻家》.

jac·quard, J- /dʒəkáəd, dʒǽkaəd | dʒǽkaːd, dʒəkáːd/ *n.* **1** ＝Jacquard fabric. **2** ＝Jacquard loom. **3** ＝Jacquard weave. 〘《1841》← *J. M. Jacquard* (1752–1834: フランスの紋織装置の発明者)〙

Jácquard fàbric *n.* ジャカード[ジャカール]式紋織地[物]《精細な文様の織物》.

Jácquard lòom *n.* ジャカード[ジャカール]式紋織機. 〘1851〙

Jácquard wèave *n.* (Jacquard loom で織った)ジャカード[ジャカール]織り, 紋織り(の布地). 〘cf. *Jacquard weaving* 《1875》〙

Jacque /ʒǽk; *F.* ʒak/ *n.* ジャック《男性名》. 〘⇨ Jacques〙

Jac·que·line /dʒǽk(w)əlɪ̀n, -lìːn | dʒǽkəlìːn, ʒǽk-, -lɪn; *F.* ʒaklin, ʒak-/ *n.* ジャクリーン《女性名; 愛称形 Jacky, Jackie》. 〘□ F ～ (fem. dim.) ← *Jacques* James: ⇨ Jack〙

jacque·mi·not /dʒǽkmənòu | -mɪ̀nəu; *F.* ʒakmino/ *n.* **1** [J-] 〖園芸〗＝General Jacqueminot. **2** ＝raspberry 2. 〘《1857》← *J. F. Jacqueminot* (1787–1865: フランスの将軍・博物学者)〙

Jacque·rie, j- /ʒɑ̀ːkəríː, ʒæ̀k-; *F.* ʒakʀi/ *n.* **1 a** [the ～] (1357–58 年のフランスの)農民暴動. **b** [j-] 農民暴動, 百姓一揆(いっき). **2** [j-] 農民[小作人]階級. 〘《1523》□ F ～ 'peasants, villains' ← *Jacques* James (農民の通称): ⇨ Jack, -ery〙

Jacques /ʒɑ́ːk, dʒǽk, dʒéɪks | dʒéɪks, dʒǽks, ʒǽk; *F.* ʒɑːk, ʒak/ *n.* ジャック《男性名》. 〘□ F ～ (↑)〙

Jacques I /ʒɑ́ːk, ʒǽk; *F.* ʒɑːk, ʒak/ *n.* ＝Dessalines.

Jacques-Car·tier /ʒɑ́ːkkaətjéɪ | -kɑː-; *F.* ʒɑkkaʀtje/ *n.* ジャックカルティエ《カナダ Quebec 州南部, Montreal 対岸の都市》.

Jac·quette /ʒəkɛ́t; *F.* ʒakɛt/ *n.* ジャケット《女性名》. 〘□ F ～ (fem. dim.) ← *Jacques*: ⇨ Jack, -ette〙

jac·ta est a·le·a /dʒǽktaɛstéɪliə, jáːktaɛstáː-/ ⇨ die² 成句. 〘□ L ～ 'The die is cast.'〙

jac·ta·tion /dʒæktéɪʃən/ *n.* **1** 自慢, ほら吹き (bragging). **2** 〖病理〗＝jactitation 1. 〘《1576》□ L *jactātiō(n-)* a throwing ← *jactāre* (freq.) ← *jacere* to throw: ⇨ -ation〙

jac·ti·ta·tion /dʒæ̀ktətéɪʃən | -tɪ-/ *n.* **1** 〖病理〗(高熱に伴う)意識異常の際のもがき, 展転反側. **2** 〖英法〗 **a** ＝JACTITATION of marriage. **b** ＝SLANDER of title. **3** 《古》虚偽の揚言[自慢, 主張].
jactitátion of márriage 〖英法〗婚姻詐称《ある人と結婚したと詐称し, その事実が評判となること; 詐称者がその事実を立証できなければ, 裁判所はそれについて永久に沈黙を守ることを命じる).
〘(1632) ◻ ML *jactitātiō(n-)* ← L *jactitāre* (freq.) ← *jactāre* (↑)〙

jac·u·late /dʒǽkjʊlèɪt/ *vt.* 〈槍などを〉投げる. **jac·u·la·tion** /dʒæ̀kjʊléɪʃən/ *n.* 〘(1623) ← L *jaculātus* (p.p.) ← *jaculārī* to dart ← *jacere* to throw: ⇨ ejaculate〙

Ja·cuz·zi /dʒəkúːzi, dʒæ-/ *n.* 〚商標〛ジャクージ《ふろ用の噴射式水流装置》; [時に j-] 気泡ふろ[プール]. 〘1966〙

jade[1] /dʒéɪd/ *n.* **1 a** 〚鉱物〛翡翠(ひすい), 玉(ぎょく)《jadeite (硬玉)と nephrite (軟玉)の 2 種がある》. **b** 翡翠製品, 玉製品. **2** =jade green. **~·lìke** *adj.* 〘(1657) ◻ F ~ ◻ Sp. *(piedra de) ijada* colic stone ← L *īlia* flanks: ⇨ ilium〙

jade[2] /dʒéɪd/ *n.* **1 a** (こき使われた)やせ馬. **b** 癖の悪い馬, 悍馬(かんば), 跳ね馬. **2 a** 《軽蔑・戯言》あばずれ, ふしだらな女性. **b** 《まれ》生意気な若い娘. **3** 《古》つまらぬやつ, 役立たず《人間一般に対する蔑称》. **— *vt.*** **1** [しばしば p.p. 形で] **a** 〈馬を〉(こき使って)役立たずの馬にする. **b** 疲労させる, 疲れ切らせる (cf. jaded). **2** 《廃》ばかにする, 軽蔑にさらす. **— *vi.*** ぐったり疲れる. 〘(c1390) ◻ ? ON *jalda* mare〙

jad·ed /dʒéɪdɪ̈d | -dɪ̈d/ *adj.* **1** (酷使されて)疲れ切った (exhausted): a ~ horse / ~ nerves. **2 a** 飽き飽きした, 飽満状態の (surfeited): a ~ appetite 飽満. **b** 遊び疲れた, 放埒(ほうらつ)な: a ~ youth. **3** 《Shak》生まれの卑しい, 下劣な. **~·ly** *adv.* **~·ness** *n.* 〘(1590–91): ⇨ jade², -ed〙

jáde gréen *n.* 翡翠(ひすい)色《青緑から黄緑に至る各種の緑色》. **jáde-gréen** *adj.* 〘1892〙

jade·ite /dʒéɪdaɪt/ *n.* 〚鉱物〛硬玉《アルカリ輝石の一種; 主にエメラルド緑色ないし白色で, 磨いて宝石にする》. **ja·dit·ic** /dʒeɪdítɪk | -tɪk/ *adj.* 〘(1864) ◻ F ~: ⇨ jade¹, -ite¹〙

jáde plànt *n.* 〚植物〛アフリカ南部およびアジア原産ベンケイソウ科の植物 (*Crassula arborescens*). 〘1944〙

jád·ish /-dɪʃ | -dɪʃ/ *adj.* **1** 〈馬が〉たちの悪い, 悪癖のある (vicious). **2** 〈女性が〉みだらな (wanton). **~·ly** *adv.* **~·ness** *n.* 〘(1573) ← JADE²+-ISH²〙

Ja·dot·ville /ʒɑ̀ːdouvíːl | -də(ʊ)-; *F.* ʒadovil/ *n.* ジャドビル《Likasi の旧名》.

j'a·doube /ʒædúːb, ʒə-, ʒɑ-; *F.* ʒaduːb/ *F. int.* 〚チェス〛直し《ルール上, 駒の位置を正すだけで, 駒を進めるのではないと相手に断るときの言葉》. 〘(1808) ◻ F ~ 'I adjust'〙

jad·y /dʒéɪdi | -di/ *adj.* (**jad·i·er, -i·est; more ~, most ~**) =jadish. 〘(1873) ← JADE²+-Y¹〙

jae·ger /jéɪgə, dʒéɪ- | -gə^(r); *G.* jɛ́ːgɐ/ *n.* **1** 《まれ》**a** (ドイツやスイスの)猟夫. **b** 狩猟服を着込んだ従僕. **2 a** (ドイツ・オーストリア軍の)狙撃兵. **b** (ヨーロッパの軍隊の)軽装[山岳]歩兵. **3** 《米》〚鳥類〛トウゾクカモメ《他の鳥を襲ってえさを横取りするトウゾクカモメ科の鳥の総称; 北極圏で繁殖する; クロトウゾクカモメ (parasitic jaeger) など; marlinespike, skua ともいう》. 〘(1776) ◻ G *Jäger* hunter ← *jagen* to hunt〙

Jae·ger /jéɪgə, dʒéɪ- | -gə^(r); *G.* jɛ́ːgɐ/ *n.* イェーガー布《純毛織物の名》; イェーガー製品: ~ underclothes 純毛の下着. 〘(1887)《商標名》← *Dr. Gustav Jäger* (1832–1917: 純毛の生地が健康によいことを主張したドイツの学者)〙

Ja·el /dʒéɪəl, dʒéɪl, dʒéɪɪːl/ *n.* 〚聖書〛ヤエル《庇護を求めて来た敵将 Sisera が熟睡中に, その頭に天幕の釘を打ち込んで殺害した女性; cf. *Judges* 4: 17–22》. 〘◻ Heb. *Yā'ēl* 《原義》wild goat: ⇨ jaal goat〙

Ja·én /hɑːéːn, -éɪn; *Sp.* xaén/ *n.* ハエン《スペイン南部の都市》.

Jaf·fa /dʒǽfə, dʒɑ́ːfə, jǽfə | dʒǽfə/ *n.* **1** ヤッファ《イスラエル中部の旧港市, 1950 年 Tel Aviv と合併; 古名 Joppa》. **2** 〚植物〛=Jaffa orange. 〘1881〙

Jáf·fa càke /dʒǽfə-/ *n.* 〚商標〛ジャッファケーキ《英国 McVitie's 社製の, オレンジゼリーとチョコレートの層で包まれたスポンジケーキ》.

Jáffa órange *n.* 〚植物〛ジャッファオレンジ《イスラエルの Jaffa 産の大きくて皮の厚いオレンジ》.

Jaff·na /dʒɑ́ːfnə, dʒǽf- | dʒǽf-/ *n.* ジャフナ《スリランカ北部の海港》.

jag[1] /dʒǽg/ *n.* **1** (岩石などの)鋭いかど; (のこぎりの歯のような)ぎざぎざ (tooth); (木の葉の縁の)ぎざぎざ(の一つ一つ). **2 a** (ルネサンス期に衣服の飾りとしてつけたひとならびの)垂れぎれの 1 枚, 垂れ飾り. **b** (14–15 世紀に装飾用とした)衣服のすその切り込み《下着の色を見せるための工夫》. **3 a** 《古》かぎ裂き. **b** 《方言》(布地の)端ぎれ, 切れ端; [*pl.*] ぼろ(きれ). **4** 《英方言》(麦の穂・イバラなどの)とげ. **5** 《スコット》(とげの)ひと刺し. **6** 《口語》=jab.
— *v.* (**jagged; jag·ging**) **— *vt.*** **1 a** …にぎざぎざを付ける; 〈のこぎり〉に歯をつける. **b** …にかぎ裂きを作る. **c** ふぞろいに切る[切り抜く]. **2** 《方言》突く, 突き刺す (jab, stab). **3** 《口語》=jab. **— *vi.*** 《スコット》**1** 突き刺す (prick); 突く (thrust). **2** つっかえつっかえ進む (jog). **jág·ger** *n.* 〘(1373): 擬音語?〙

jag[2] /dʒǽg/ *n.* **1** 《俗》**a** 十分酔わせるだけの量の酒; 酔い (intoxication): on a ~ 酔っ払って, 飲んで浮かれて / have a ~ on 酔っている / sleep off one's ~ 眠って酔いをさます. **b** …し放題 (binge); ばか騒ぎ; 浮かれ騒ぎ, 酒宴 (spree): an eating ~ 食い放題. **c** (活動・感情などの)ひとしきり: have a crying ~ ひとしきり泣く. **d** スリル, 興奮. **2** 《方言》**a** (馬一頭の)小さい荷 (load): a ~ of hay, wood, etc. **b** (荷を積んで帰る)ひと仕事の往復. 〘(1597) ?〙

Jag /dʒǽg/ *n.* 《口語》〚自動車〛ジャガー(Jaguar)《しばしば富裕のシンボルとして》. 〘(1959)《略》← JAGUAR〙

JAG 《略》Judge Advocate General.

ja·ga /dʒɑ́ːgə/ 《マレーシア》*n.* 張り番. **— *vt.*** 見張る.

Jag·an·nath /dʒʌ́gənɑ̀ːt, -nɔ̀ːt/ *n.* =Juggernaut.

Jag·an·na·tha /dʒʌ̀gənɑ́ːthə/ *n.* =Juggernaut.

Jag·a·tai /dʒǽgətàɪ, ˌ—ˌ—ˊ/ *n.* **1** チャガタイ(察合台) (?–1242; 13–14 世紀中央アジアのチャガタイハーン国の創始者; Genghis Khan の第二子). **2** 〚言語〛チャガタイ語《アルタイ語族の中のチュルク語群 (Turkic) の一つ; ウイグル語 (Uighur), ウズベク語 (Uzbek) を含む》.

ja·ger /jéɪgə, dʒéɪ- | -gə^(r); *G.* jɛ́ːgɐ/ *n.* (*also* **jä·gar** /~/) =jaeger 1, 2.

jagg /dʒǽg/ *n., v.* =jag¹.

jag·gar·y /dʒǽgəri/ *n.* =jaggery.

jag·ged[1] /dʒǽgɪ̈d/ *adj.* (**more ~, most ~; ~·er, ~·est**) **1 a** ぎざぎざのある, のこぎりの歯のような (⇨ rough SYN): ~ rocks, pinnacles, leaves, etc. / ~ skyscrapers 凸凹(でこぼこ)のスカイラインを見せている超高層ビル(群). **b** 鋭く曲がった, ジグザグの (zigzag): a ~ lightning. **2** 〈声・思想など〉角(かど)がある, とげとげしい, 荒削りの (rugged): in a voice ~ with excitement 興奮のあまり声が変わって[割れて]. **3** 〈旋律など〉調子の狂った, 急激に変化する. **~·ly** *adv.* **~·ness** *n.* 〘(1373): ⇨ jag¹, -ed〙

jagged[2] /dʒǽgd/ *adj.* 《米俗》酔っ払った (drunk). 〘(1737) ← JAG²〙

jag·ger /dʒǽgə | -gə^(r)/ *n.* 《英方言》小荷物運搬人; 行商人; 荷馬. 〘(1514): ⇨ jag²〙

Jag·ger /dʒǽgə | -gə^(r)/, **Mick** *n.* ジャガー (1943– ; 英国のロック歌手; Rolling Stones のリードボーカル; 本名 Michael Philip Jagger).

jag·ger·y /dʒǽgəri/ *n.* (サトウヤシ (gomuti) の樹液から採る)粗糖. 〘(1598) ◻ Hindi *jāgrī* ← Skt *śarkarā* 'SUGAR'〙

jag·gher·y /dʒǽgəri/ *n.* =jaggery.

jag·gy /dʒǽgi/ *adj.* (**jag·gi·er; -gi·est**) **1** 《まれ》=jagged¹. **2** 《スコット》とげ[針]のある. 〘(1717) ← JAG¹〙

jag·uar /dʒǽgwɑə, -gjuɑ̀ə, -gwə | -gjuə^(r), -gwə^(r)/ *n.* (*pl.* **~s, ~**) **1** 〚動物〛ジャガー, アメリカヒョウ, アメリカトラ (*Panthera onca*)《米国から南米まで分布するネコ類中最大の動物》. **2** [J-] 〚商標〛ジャガー《英国 Jaguar Cars 社製の高級乗用車》. 〘(1604) ◻ Sp. & Port. ~ ◻ S-Am.-Ind. (Tupi) *jaguara*〙

jag·ua·run·di /dʒæ̀gwərʌ́ndi, dʒɑ̀ːg- | ʒæ̀g-, dʒæ̀g-/ *n.* (*also* **jag·ua·ron·di** /-rɑ́(ː)n- | -rɔ́n-/) 〚動物〛ジャガランディー, アイラ (*Herpailurus jaguarondi*)《米国からアルゼンチン北部まで分布する長尾短脚のヤマネコの一種; 暗灰色と赤褐色の 2 型があり, 後者を eyra と呼び区別することもある》. 〘(1885) ◻ Am.-Sp. & Port ~ ← S-Am.-Ind. (Tupi)〙

jaguarundi

Jah /jɑ́ː, dʒɑ́ː | dʒɑ́ː, jɑ́ː/ *n.* =Yahweh. 〘(1539) ◻ Heb. *Yāh* 《略》← *Yahwéh* 'YAHWEH': cf. halleluyah, Elijah〙

Ja·han·gir /dʒəhɑ́ːŋgɪə, jə- | -gɪə^(r)/ *n.* ジャハーンギール (1569–1627; インドの Mogul 帝国第四代皇帝 (1605–27); Akbar 大帝の長男).

Jah·ve /jɑ́ːveɪ | jɑ́ːveɪ, ˌ—ˊ, dʒɑ́ːveɪ, jɑ́ːvə/ *n.* (*also* **Jah·veh** /~/) =Yahweh.

Jah·vism /jɑ́ːvɪzm/ *n.* =Yahwism. **Jáh·vist** /-vɪ̈st | vɪst/ *n.* 〘1867〙

Jah·vis·tic /jɑːvístɪk/ *adj.* =Yahwistic.

Jah·weh /jɑ́ːweɪ, -veɪ | jɑ́ːveɪ, ˌ—ˊ, dʒɑ́ːveɪ, jɑ́ːvə/ *n.* =Yahweh.

Jah·wism /jɑ́ːwɪzm/ *n.* =Yahwism.

Jáh·wist /-wɪ̈st | -wɪst/ *n.* =Yahwist.

Jah·wis·tic /jɑːvístɪk/ *adj.* =Yahwistic.

jai /dʒáɪ; *Hind.* dʒæ/ *n.* 《インド》勝利. 〘◻ Hindi *jay*〙

jai a·lai /háɪlaɪ, háɪəlàɪ, ˌ—ˌ—ˊ | haɪəláɪ, ˌ—ˌ—ˊ, haɪláɪ; *Am.Sp.* haialái/ *n.* ハイアライ《中米で盛んな屋内球技; 片手に結びつけた cesta を用いてボール (pelota) を壁に打ち当ててするゲーム; シングルスとダブルスがある》. 〘(1903) ◻ Sp. ~ ◻ Basque *jai alai* ← *jai* festival+*alai* merry〙

Jai Hind /dʒáɪhínd/ *int.* インドに勝利を《政治的スローガンや集会などのあいさつ》. 〘(1948) ◻ Hindi ~ ← *jay* long live!+*Hind* India〙

jail /dʒéɪl/ *n.* **1** 刑務所, 牢獄; 拘置所. **2** 入獄; 留置: in ~ / be sent to [put in] ~ 投獄される / break ~ = escape from ~ 脱獄する. ★ 英国の公用語では gaol とつづる. ***deliver a jáil*** (巡回裁判などによって)拘置所から収容者全員を一掃する. **— *vt.*** 拘置する, 拘留する; 投獄する.
~·less *adj.* **~·lìke** *adj.* 〘(?a1300) *gaiole* ◻ ONF *gaiole* & OF *jaiole* (F *geôle*) prison, cage < VL **gaviōla(m)*=**caveola* (dim.) ← L *cavea*: ⇨ cage〙

jáil·bàit *n.* **1** 《俗》**a** (性行為の相手にすると犯罪になる)承諾年齢未満の少女[少年]. **b** 性的魅力のある若い女性. **2** 《米俗》刑務所行きになる犯罪の誘惑. 〘1930〙

jáil·bìrd *n.* 《口語》**1** 囚人; 前科者. **2** 常習犯. 〘1603〙

jáil·brèak *n.* 脱獄. 〘1910〙

jáil càptain *n.* 《俗》刑務所長.

jáil delìvery *n.* **1** 《米》集団脱獄; (暴力による)囚人解放. **2** 〚英法〛(巡回裁判 (assizes) などによる)拘置所の収容者全員の一掃; 収容者全員の審理. 〘1464〙

jail·er /dʒéɪlə | -lə^(r)/ *n.* **1** (刑務所の)看守 (keeper). **2** 自由を束縛するもの. 〘(c1300) ◻ OF *jaiolier*: ⇨ jail, -er¹〙

jail·er·ess /dʒéɪlərɪ̈s/ *n.* (刑務所の)女性看守. 〘(1748): ⇨ -ess〙

jáil fèver *n.* 発疹チフス. 〘(1750): 昔しばしば刑務所で発生したことから〙

jáil·hòuse *n.* 《米》刑務所 (prison).

jail·or /dʒéɪlə | -lə^(r)/ *n.* =jailer.

Jain /dʒáɪn | dʒáɪn, dʒéɪn/ *n.* **1** ジャイナ[耆那(ぎな)]教徒 (Jainist). **2** ジャイナ教祖師. **— *adj.*** ジャイナ教徒の; ジャイナ教の. 〘(1805) ◻ Hindi *jaina* saint ← Skt *jaina* of Buddha ← *jina* saint, Buddha, 《原義》conqueror〙

Jai·na /dʒáɪnə/ *n., adj.* =Jain.

Jáin·ism /-nɪzm/ *n.* ジャイナ[耆那]教《紀元前 6 世紀にインドに起こった二元論的禁欲主義の宗教, 動物を殺すことを極端に戒める》. 〘(1858): ⇨ -ism〙

Jáin·ist /-nɪ̈st | -nɪst/ *n., adj.* ジャイナ[耆那]教(徒)(の). 〘(1816): ⇨ -ist〙

Jai·pur /dʒáɪpʊə | dʒaɪpʊ́ə^(r), -pɔ́ː^(r); *Hindi* dʒəipur/ *n.* ジャイプル《インド北西部の都市; Rajasthan 州の州都》.

Ja·i·rus /dʒáɪrəs, dʒeɪáɪr- | dʒáɪ(ə)r-, dʒeɪáɪr-/ *n.* ジェイアイラス《男性名》. 〘◻ LL ~ ◻ Gk *Iáeiros* ◻ Heb. *Yā'īr* 《原義》? may Yahweh enlighten〙

Ja·kar·ta /dʒəkɑ́ətə | -kɑ́ːtə/ *n.* ジャカルタ《インドネシアの首都; Java 北西部にある; 旧名 Batavia》.

jake[1] /dʒéɪk/ *adj.* 《豪・NZ 俗》ちょうどいい; 申し分のない, 結構な, 満足な (satisfactory): It's ~ *with* me. こっちはオーケーだ. ***She's jáke.*** 万事うまくいっている. 〘(1914)《転用》← ? JAKE〙

jake[2] /dʒéɪk/ *n.* [しばしば軽蔑的に] 田舎者; やつ: a country ~ 田舎者. 〘(a1854)《転用》← JAKE〙

jake[3] /dʒéɪk/ *n.* 《俗》しょうが酒《米国の禁酒時代に飲用された Jamaica 産のしょうがで造ったアルコール飲料》. 〘(1926)《短縮》← *Jamaica (ginger)*〙

Jake /dʒéɪk/ *n.* ジェイク《男性名》. 〘(dim.) ← JACOB〙

jáke flàke *n.* 《俗》うんざりするやつ, 退屈なやつ.

jakes /dʒéɪks/ *n. pl.* [通例単数扱い] 《古・方言》**1** (屋外の)便所 (privy). **2** 《英》便, 糞. 〘(c1530)《転用》← JACQUES〙

Ja·kob /jɑ́ːkɑ(ː)b, -kəb | -kəb; *G.* jɑ́ːkɔp, *Swed.* jɑ̌ːkɔp/ *n.* ヤーコブ《男性名》. 〘◻ G & Swed. ~ 'JACOB'〙

Ja·ko·ba /dʒəkóʊbə | -kóʊ-/ *n.* ジャコーバ《女性名》. 〘◻ ML *Jacōba* (fem.) ← LL *Jacōbus*: ⇨ Jacob〙

Jákob-Créutz·feldt disèase *n.* =Creutzfeldt-Jacob disease. 〘1973〙

Ja·kob·son /jɑ́ːkəbsən, -sn; *Russ.* jikapsón/, **Roman** /ramán/ (**Osipovič**) *n.* ヤーコブソン (1896–1982; ロシア生まれの米国の言語学者).

JAL /dʒéɪèɪél/ 《略》Japan Air Lines 日本航空 (記号 JL).

Ja·lāl ad-Dīn ar-Rū·mi /dʒəlɑ́ːlədíːnəərúːmi | -nɑː-/ *n.* ルーミー (1207?–73; イランの神秘主義詩人).

Ja·lan·dhar /dʒʌ́ləndə | -də^(r)/ *n.* =Jullundur.

jal·ap /dʒǽləp, dʒɑ́ːl- | dʒǽl-/ *n.* **1 a** 〚植物〛ヤラッパ (*Exogonium purga*)《メキシコ原産のヒルガオ科の植物》. **b** ヤラッパに似た植物. **2** ヤラッパ剤《乾燥させたヤラッパの根[粉末]; 下剤用》. **3** ヤラッパ樹脂. 〘(1574) ◻ F ~ ◻ Sp. *jalapa* ← *Jalapa* (↓)〙

Ja·la·pa /həlɑ́ːpə; *Am.Sp.* halápa/ *n.* ハラパ《メキシコ東部の都市; Veracruz 州の州都; 公式名 Jalapa Enríquez /-enríːkəs; *Am.Sp.* -enríkes/ ハラパエンリケス》.

ja·la·pe·ño /hɑ̀ːləpéɪnjoʊ | -njəʊ; *Am.Sp.* halapéɲo/ *n.* (*pl.* **~s**) ハラペーニョ《メキシコ料理に使うトウガラシ; jalapeño pepper ともいう》. 〘(1949) ◻ Mexican Sp. *(chile) jalapeño* Jalapa chilli〙

jal·a·pin /dʒǽləpɪ̈n, dʒɑ́ːl- | -pɪn/ *n.* 〚化学〛ジャラピン ($C_{34}H_{56}O_{16}$)《jalap の樹脂; 下剤》. 〘(1832) ← JALAP+-IN²〙

ja·lee /dʒɑ́ːli/ *n.* 《インド》〚建築〛透かし彫りを施した大理石などの格子細工《jalee work ともいう》. 〘◻ Hindi *jālī* network ← Skt *jāla* net〙

Ja·lis·co /həlískoʊ | -kəʊ; *Am.Sp.* halísko/ *n.* ハリスコ《メキシコ中西部の州; 面積 80,137 km², 州都 Guadalajara》.

jal·lop·y /dʒəlɑ́(ː)pi | -lɔ́pi/ *n.* **1** 《口語》=jalopy. **2** 〚植物〛=jalap.

ja·lop /dʒəlɑ́(ː)p | -lɔ́p/ *n.* 《口語》=jalopy 1.

ja·lop·y /dʒəlɑ́(ː)pi | -lɔ́pi/ *n.* (*also* **ja·lop·py** /~/) 《口語》**1** 旧式な自動車, ぼろ自動車. **2** 旧式な航空機, ぼろ飛行機. 〘(1920) ← ? F *chaloupe* shallop〙

ja·louse /dʒəlúːz/ *vt.* 《スコット》疑う (suspect). 〘(1816) ◻ F *jalouser* to regard with jealousy〙

jal·ou·sie /dʒǽləsi | ʒǽluziː, ˌ—ˌ—ˊ/ *n.* **1** 板すだれ (Venetian blind); よろい戸《日よけ・通風用ブラインド》. **2** ガラス製のよろい戸《ガラス板をブラインド式に並べ, その角度を変えて通風を得られるもの》. **jál·ou·sied** *adj.* 〘(1766) ◻ F ~ 《原義》JEALOUSY〙

jam[1] /dʒǽm/ *v.* (**jammed; jam·ming**) **— *vt.*** **1 a** 〈人・物を〉(狭い場所に)(ぎっしり)押し込む, 詰め込む 〈*into*〉: ~ one's purchases *into* a bag 買い物をかばんに詰め込む / ~ oneself *into* a crowded bus 満員バスにしゃにむに割り込む / We were ~*med into* the small room. その狭い部屋にぎゅうぎゅう詰めにされた. **b** はめ込む; きっちりかぶる[履く, 入れる]: ~ a stereo *between* a TV set and a bookcase テレビと本箱の間にステレオを無理やりにはめ込む / ~ a gun *in* one's belt ベルトにピストルを差し込む

/ He ～*med* his hat *on* (his head). (小さめの)帽子をきっちりかぶった. **c** 強く[ぐっと]押す, 押しつける, 突く (push, thrust) 〔*against, down*〕. **2 a** 〈群衆などが〉〈場所を〉雑踏させる, ふさぐ: ～ a passage 通路をふさぐ / The street was ～*med with* cars. 通りは車で動きがとれなかった / The hall was ～*med* to the doors. ホールは戸口まで満員だった. **b** 〈狭い場所を〉〈…で〉いっぱいにする (pack) 〔*with*〕: The desk was ～*med with* papers. 机(の引き出し)には書類がいっぱいに詰まっていた. **3** 〈指などを〉はさむ; (押し)つぶす: ～ one's finger [get one's finger ～*med*] *in* a door ドアに指をはさむ[まれる]. **4** 〈機械(の一部など)を〉引っかからせる, 詰まらせる, (故障などで)動かなくする: His hasty strokes ～*med* the typewriter keys. 急いで打ったためタイプのキーが動かなくなった / The gun is ～*med*. 銃(の装置)が動かない / The window is ～*med*. 窓が(引っかかって)動かない / The brakes were ～*med*. ブレーキが掛からなかった. **5 a** 〈意見などを〉〈人に〉押しつける 〔*on*〕: ～ one's opinion *on* other people. **b** 《米》〈法案などを〉(多数の力で)無理(やり)に通す 〔*through*〕. **6** 〘通信〙周波数の近い電波を送って〈ラジオ・通信などを〉妨害する; 〈電波が〉〈他の電波を〉妨害する (cf. jamming). **7** [通例受身で] (通話が一時に殺到して電話の)回線をパンクさせる. **8** 〈寄り集まったミュージシャンが〉即興で演奏する. **9** 《米口語》困らせる, 苦しめる, 窮地に立たせる. **10** 〘バスケット〙〈ボールを〉リングに押し込む; 〘野球〙インサイドを攻める.

— *vi.* **1** 〔狭い場所などへ〕しゃにむに割り込む 〔*into*〕. **2** 〈機械(の一部)などが〉(詰まったり引っかかったりして)動かなくなる, 故障する. **3** 《口語》(ジャズ演奏中に)即興的に曲を変奏して面白くさせる, ジャムセッション (jam session) で演奏する. **4** 《米口語》(コンテストで)ラップソング (rap song) を作る. **5** 《米口語》〈呼び売り商人が〉競り売りする.

be jámming 《米》(人が/パーティーなどで)のっている. ***jám on*** 〈帽子・靴下などを〉急いで身につける[かぶる, 履く, はめる]. ***jám on the brákes*** 〈自動車のブレーキを〉急に[強く]踏む. ***jám togéther*** ぎっしり詰める. ***jám úp the wórks*** 《口語》物事をだめにする[台なしにする].

— *n.* **1 a** (身動きができないほどの)込合い, 雑踏; 渋滞: a traffic ～ 交通渋滞 / a ～ of broken ice in a river 川いっぱいにふさがった氷塊[砕氷]. **b** (事務などの)渋滞, 停頓. **2** 集積物; (川の流れをふさぐ)集積した材木: ⇨ logjam. **3** (機械の運転部分の引っかかりなどによる)停止, 故障, ロック. **4** 《口語》困難, 窮地, 困ったはめ (difficulty): be in [get into] a ～ 窮地にある[陥る]. **5** 《口語》=jam session. **6** 〘スポーツ〙(roller derby での)激戦のワンラウンド[一回戦] 《各チームは相手チームの選手を一周(以上)抜いて得点しようとする》. **7** 〘音楽〙=jam session. **8** 〘登山〙ジャム 《岩の割れ目に手や足などの一部をはさみ込んで得るハンドホールド》. **9** 〘バスケット〙ダンクシュート.

— *adj.* [限定的] 《口語》即興ジャズ演奏会の; 即興的な: ～ music 即興ジャズ曲.

— *adv.* [しばしば ～ *up* として] 《口語》完全に, 見事に.

〖(1706): 擬音語 ?: cf. champ²〗

jam² /dʒǽm/ *n.* **1** ジャム: apple [apricot, grape, strawberry] ～. 日英比較 日本語で「ジャム」とよんでいるものを英語では *jam* と preserve の二つに分ける. *jam* はしばしば総称としても使われ, preserve と同義にもなるが, パンにつけて食べる果物の砂糖煮であることは日本語のジャムと大差はない. preserve は「保存する」が原義だが, 単に持ちがよいというだけではなく, 果物のもとの形を保つように煮たものという意味である. したがって材料の果物の形が残っているジャムが preserve である. **2** 《英口語》愉快なもの, たやすい事: real ～ とても楽しいもの[人] / ⇨ MONEY *for jam* / That job wasn't ～ for her. **3** 《俗》蜜壺 (vagina); 《俗》性交, セックス(の相手).

a bít of jám (1) 《英口語》楽しい[たやすい]物事. (2) 《俗》かわいい女の子. ***jám on it*** 《英口語》(1) (この上もない)幸運, 上首尾: You have ～ *on it*. 君はもったいないほど幸福だよ. (2) 余分(な望み): Do you want ～ *on it*? (その上)もっと欲張るのかね. ***jám tomórrow*** 《英口語》(いつもお預けになる)あす[将来]の楽しみ (L. Carroll, *Through the Looking-Glass* より; cf. PIE¹ *in the sky*). 《1871》

— *vt.* (jammed; jam·ming) **1** 〈パンなど〉にジャムを塗る[つける]. **2** 〈果物を〉ジャムにする.

～·like *adj.* 〖(1730–36) ← ? JAM¹ to bruise, crush with pressure〗

Jam. 《略》Jamaica; James (新約聖書の)ヤコブ書.

JAMA /dʒéɪèɪèméɪ/ 《略》Journal of the American Medical Association アメリカ医師会雑誌 《最新の医学研究成果を収録する権威ある医学誌》.

jam·a·dar /dʒʌ́mədàː | -dàː(r)/ *n.* =jemadar.

Ja·mai·ca /dʒəméɪkə/ *n.* **1** ジャマイカ 《西インド諸島中キューバの南にある島で英連邦内の国; もと英領の西インド諸島連邦 (Federation of the West Indies) の一員であったが 1962 年独立; 面積 10,991 km², 首都 Kingston》. **2** =Jamaica rum. 〖《変形》← 《廃》*Xaymaca* ◻ Arawakan *xaimaca* 《原義》land of fountain〗

Jamáica ébony *n.* =cocuswood. 〖1756〗

Jamáica gínger *n.* **1** 〘植物〙ジャマイカ産のショウガ. **2 a** ショウガから抽出したエッセンス. **b** (薬用の)粉末ショウガ根. 〖1818〗

Jamáica hóneysuckle *n.* 〘植物〙キミノトケイソウ (*Passiflora laurifolia*) 《西インド諸島産のトケイソウの一種; 花は白色で赤い斑点を持ち, 実は紫色で黄熟し食用となる; yellow granadilla, water lemon ともいう》.

Ja·mai·can /dʒəméɪkən/ *adj., n.* ジャマイカ島の; ジャマイカ島人(の). 〖(1693) ← JAMAICA＋-AN¹〗

Jamáica pépper *n.* =allspice. 〖1660〗

Jamáica rúm *n.* ジャマイカラム 《香りと味の強いジャマイカ産のヘビーラム; 単に Jamaica ともいう》. 〖1775〗

jamáica shórts *n. pl.* ジャマイカショーツ 《ひざ上 10–12 cm ぐらいのショートパンツ》. 〖1959〗

jamb /dʒǽm/ *n.* **1 a** 〘建築〙(入口・窓・炉 (fireplace) などの両側の)だき, 竪枠(たてわく), わき柱 (cheek); [*pl.*] (炉辺の)だき石. **b** (石切場・鉱山の)鉱柱. **2** 〘窯業〙**a** (窯(かま)の)吹出し口の横壁のブロック. **b** (窯の)吹出し柱. **3** 〘紋章〙(獣類の)前脚. **4** 〘甲冑〙=jambeau. 〖(1334) ◻ (O)F *jambe* 《原義》leg < LL *gambam* hoof: cf. gamb〗

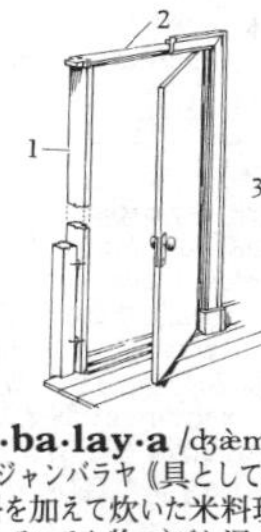

jamb 1 a
1 jamb
2 lintel
3 wall

jam·ba·lay·a /dʒʌ̀mbəláɪə, dʒʌ̀m-, -láːjə/ *n.* **1** 〘料理〙ジャンバラヤ 《具としてハム・肉・えびなどを用い, トマト・香辛料を加えて炊いた米料理; クリオール (Creole) 料理》. **2** (いろいろな物の)ごた混ぜ (potpourri). 〖(1872) ◻ Am.-F ～ ◻ Prov. *jambalaia*〗

jam·bart /dʒǽmbaət | -baːt/ *n.* =jambeau.

jambe /dʒǽm/ *n.* =jamb.

jam·beau /dʒǽmbou | -bəu/ *n.* (*pl.* **jam·beaux** /～z/) 〘甲冑〙(よろいの)すね当て (⇨ armor 挿絵). 〖(c1380) ◻ AF **jambeau* ← (O)F *jambe* leg: ⇨ jamb〗

jam·ber /dʒǽmbə | -bə(r)/ *n.* =jambeau.

Jam·bi /dʒáːmbi | dʒǽm-; *Indon.* dʒámbi/ *n.* ジャンビ 《インドネシア Sumatra 島南東部の Hari 川に臨む港市; Telanaipura ともいう》.

jam·bo /dʒǽmbou | -bəu/ *int.* 《アフリカ東部》こんにちは. 〖◻ Swahili ～〗

jam·bok /ʒæmbá(ː)k | -bɔ́k/ *n., vt.* =sjambok.

jam·bon /*F.* ʒɑ̃bɔ̃/ *n.* ハム (ham). 〖◻ F ～: ⇨ jamb〗

jam·bo·ree /dʒæ̀mbəríː, ⸗⸗⸗/ *n.* **1** 〘ボーイスカウト〙ジャンボリー 《通例 4 年ごとに開かれる全国大会・国際大会; 1920 年 London 郊外で開催されたボーイスカウト国際大会に初めて用いられた語; cf. camporee》. **2** 《口語》騒がしい会合, 陽気な宴会; (政党・スポーツ連盟[リーグ]などの)舞台演芸つきの大会, お祭り騒ぎ. **3** (各種の出し物を組み合わせた)長時間番組. **4** 〘トランプ〙(ユーカー (euchre) で)最高位の切札が 5 枚そろった手. 〖(1868) ← ?: cf. corroboree〗

James /dʒéɪmz/ *n.* **1** /dʒéɪmz; *F.* ʒam/ ジェームズ 《男性名; 愛称形 Jamie, Jammie, Jim, Jimmie, Jimmy》. **2** [(Saint) ～] 〘聖書〙ヤコブ 《ゼベダイ (Zebedee) の子, ヨハネ (John) の兄; ヨハネ・ペテロ (Peter)・アンデレ (Andrew) と共にキリスト最初の弟子で十二使徒中の四大使徒の一人; 今のスペイン地方で布教したという; Herod Agrippa 一世により処刑され, その遺体は奇跡によってスペインの Santiago de Compostela に移されたという; スペインの守護聖人, 七守護聖人 (Seven Champions of Christendom) の一人; 通称 St. James the Great または St. James of Compostela; 祝日 7 月 25 日; cf. *Matt.* 4:21》. **3** [(Saint) ～] 〘聖書〙使徒ヤコブ 《十二使徒の一人; 通称 St. James the Less; 祝日 5 月 3 日; cf. *Matt.* 10:3》. **4** 〘聖書〙**a** ヤコブ 《「ヤコブ書」の著者と伝えられている; St. James the Less と同一人ともいわれ, エルサレム教会の長となった; 通称 St. James the Just または James the Lord's brother; 祝日 10 月 23 日; cf. *Mark* 6:3; *Gal.* 1:19》. **b** (新約聖書の)ヤコブの手紙, ヤコブ書 (The General Epistle of James) (略 Jas.). 〖◻ OF ～ ◻ L *Jacomus* 《変形》← *Jacōbus* 'JACOB': cf. Jack〗

James I /dʒéɪmz-/ *n.* ジェームズ一世: **1** (1394–1437) スコットランドの王 (1424–37); イングランドで教育を受け, 詩集 *The Kingis Quair* を出した. **2** (1566–1625) イングランドの王 (1603–25), Mary Stuart (Mary, Queen of Scots) の子; James 六世としてスコットランドの王 (1567–1625) になったが, Elizabeth 一世の死後イングランドの王を兼ね, 同国の Stuart 王朝を創始, その治世中欽定(きんてい)訳聖書 (Authorized Version) が完成した.

James II *n.* ジェームズ二世: **1** (1430–60) スコットランドの王 (1437–60). **2** (1633–1701) イングランドの王 (1685–88), James 七世としてスコットランドの王も兼ねた; 名誉革命により王位を追われフランスに亡命.

James III *n.* ジェームズ三世: **1** (1451–88) スコットランドの王 (1460–88); 反乱貴族との戦いに敗れ, 敗走中に暗殺された. **2** Louis 十四世と Jacobites が Old Pretender のことを称した名.

James IV *n.* ジェームズ四世 《1473–1513; スコットランドの王 (1488–1513); イングランドに侵入したが Flodden の戦いで敗れ戦死した》.

James V *n.* ジェームズ五世 《1512–42; スコットランドの王 (1513–42); 1 歳半で即位, 最後は対イングランド戦敗北の悲報を聞きつつ病没》.

James VI *n.* ⇨ James I 2.

James VII *n.* ⇨ James II 2.

James, Henry *n.* ジェームズ: **1** (1811–82) 米国の宗教・社会問題に関する著述家; William および Henry James 2 の父. **2** (1843–1916) 米国の小説家で晩年英国に帰化した; W. James の弟; *Daisy Miller* (1879), *The Portrait of a Lady* (1881), *The Ambassadors* (1903).

James, Jesse (**Wood·son** /wúdsən, -sn̩/) *n.* ジェームズ 《1847–82; 米国の無法者, 強盗団の首領で義賊; 「米国の Robin Hood」と呼ばれたが, 裏切者の仲間により射殺された》.

James, Dame **P**(**hyllis**) **D**(**orothy**) *n.* ジェームズ 《1920– ; 英国の女性推理小説作家; ロンドン警視庁の警視 Adam Dalgliesh を主人公にしたシリーズで知られる; *Cover Her Face* (1962)》.

James, Sid(**ney**) *n.* ジェームズ 《1913–76; 南アフリカ共和国出身の英国の喜劇俳優; テレビやラジオで活躍》.

James, William *n.* ジェームズ 《1842–1910; 米国の心理学者・哲学者; Henry James 2 の兄; *The Principles of Psychology* (1890), *Pragmatism* (1907)》.

Jámes Báy /dʒéɪmz-/ *n.* ジェームズ湾 《カナダ東部, Ontario, Quebec 両州間の, Hudson 湾南部の支湾; 沿岸の長さ 443 km》.

Jámes Édward *n.* ⇨ Old Pretender.

James·i·an /dʒéɪmziən/ (*also* **James·e·an** /～/) *adj.* **1** Henry James 2 の[に関する, 的な]. **2** William James の[に関する, 的な]. — *n.* **1** Henry James 2 の研究者. **2** William James 哲学の信奉者. 〖(1875) ← (*Henry, William*) *James*＋-IAN〗

Jámes-Láng·e thèory /-láːŋə-; G. -láŋə-/ *n.* [the ～] 〘心理〙ジェームズランゲ説 《対象や環境の変化の認知が生理的な変化をもたらし, その変化の意識が情動であるとする説; たとえば悲しいから泣くのではなく, 泣くから悲しいとみなす; 米国の W. James とデンマークの心理学者 C. G. Lange (1834–1900) が同時に独立に唱えた学説》. 〖1909〗

Jame·son /dʒéɪmsən, -sn̩/ *n.* 〘商標〙⇨ John Jameson. 〖1922〗

Jame·son /dʒéɪmsən, dʒéɪmɨ̀-, -sn̩, -sn̩/, (**Margaret**) **Storm** *n.* ジェームソン 《1891–1986; 英国の女流小説家》.

Jameson, Sir **Leander Starr** /stáə | stáː(r)/ *n.* ジェームソン 《1853–1917; スコットランド生まれの英国の医師・南アフリカ共和国行政官; 通称 Dr. Jameson (⇨ Jameson Raid)》.

Jámeson Ráid *n.* [the ～] ジェームソン進攻 《Sir L. S. Jameson が C. J. Rhodes の指示を受けアフリカの Transvaal 共和国に向かって行った英国の進攻 (1895–96); 同国の Boer 軍に敗北して降伏した; 英帝国主義の代表的事件の一つ》.

Jámes Ríver /dʒéɪmz-/ *n.* [the ～] ジェームズ川: **1** 米国 Virginia 州西部に発し東流して Chesapeake 湾に注ぐ川 (547 km). **2** 米国 North Dakota 州中部に発し南流して Missouri 川に合流する川 (1,143 km). 〖1: ∽ 《廃》*King's River*: ⇨ Jamestown〗

James·town /dʒéɪmztaun/ *n.* ジェームズタウン: **1** 米国 Virginia 州東部 James 河口の廃村; 北米最初の英国人定住地 (1607). **2** 米国 New York 州南西部の都市. 〖*James I* にちなむ〗

Ja·mi /dʒáːmi; *Pers.* dʒáːmiː/ *n.* ジャーミー 《1414–92; ペルシャの詩人; 本名 Nur ud-Din Abd-ur-Raḥman ibn Aḥmad; *Baharistan* (1478), *The Seven Thrones* (1472–85)》.

Ja·mie /dʒéɪmi/ *n.* ジェーミー 《男性名》. 〖(dim.) ← JAMES〗

Já·mie Gréen /dʒéɪmigríːn/ *n.* 〘海事〙ジャミーグリーン: **a** 船首から突き出ているバウスプリット (bowsprit) およびその先端にあるジブブーム (jib boom) の下に張る帆; 角型縦帆で横風のとき使う. **b** スクーナーのような縦帆船の帆の下端のブームから下に張る帆; 水面近くまで張って追風のとき使う. 〖1866〗

Ja·mie·son /dʒéɪmɨ̀sən, -sn̩ | dʒéɪm-, dʒǽm-/, **John** *n.* ジェイミソン 《1759–1838; スコットランドの牧師・辞書編集者; *An Etymological Dictionary of the Scottish Language* (1808)》.

Ja·mi·son /dʒéɪmɨ̀sən, -sn̩/, **Judith** *n.* ジェイミソン 《1944– ; 米国の舞踏家・振付師》.

jammed *adj.* **1** ぎっしり詰まった. **2** はさまって. **3** 《米口語》酔っぱらって. **4** 《米口語》窮地に陥って, 逮捕されて.

jam·mer /dʒǽmə | -mə(r)/ *n.* **1** 妨害物; じゃまもの. **2** 〘軍事〙妨害機 《相手の電波を妨害するための電子器材またはこれを搭載した航空機》; 妨害送信機: radar ～. **3** 〘スポーツ〙ジャマー 《roller derby で相手方チームの選手を抜こうとする選手》. **4** 《俗》〘ジャズ〙ジャムセッションに加わる人. 〖(1909) ← JAM¹〗

jam·mies /dʒǽmiz/ *n. pl.* 《口語》パジャマ (pajamas).

jám·ming *n.* 〘通信〙(電波)妨害, (妨害波による)混信, ジャミング (cf. jam¹ *vt.* 6). — *adj.* 《米俗》すばらしい, すてきな, のってる.

Jam·mu /dʒʌ́muː | dʒǽm-, dʒʌ́m-/ *n.* **1** ジャンム 《インド北部 Jammu and Kashmir 州の冬季州都; cf. Srinagar》. **2** ジャンム王国 《インド北部にあった王国; 1846 年 Kashmir と合併した》.

Jámmu and Káshmir *n.* ジャンムカシミール(州) 《インド北部 Himalaya 山脈中の州; 州都 Srinagar (夏季), Jammu (冬季); 係争地である Kashmir 地方の南東部を占め, 同地方全域を指すこともある》.

jam·my /dʒǽmi/ *adj.* (**jam·mi·er**; **-mi·est**) **1** ジャムを塗った, ジャムでべたつく; ジャムに似た: ～ fingers [hands] ジャムでべたべたの指[手]. **2** 《英口語》愉快な; 容易な, すばらしい. **3** 《英俗》(悪)運の強い, ついている. — *adv.* 《口語》最高について, 運よく, つきまくって. 〖(1853) ← JAM²＋-Y¹〗

Jam·na·gar /dʒɑːmnʌ́gə | dʒæmnəgáː(r)/ *n.* ジャームナガル 《インド西部 Gujarat 州西部の都市》.

jám nùt *n.* 〘機械〙=locknut.

jám-páck *vt.* 《口語》いっぱいに満たす, …に(ぎゅうぎゅう)詰め込む: The audience ～*ed* the hall. 聴衆でホールは

いっぱいだった / ～ed with cars 自動車で動きもとれなくなった街路. **jám-pácked** *adj.* 〖(1924) ← JAM[1]＋PACK[1]〗

jám ríveter *n.* 〖造船〗ジャムリベッター《リベット締めの際, 当て盤を使わずリベットの両端から打ち合う方式のリベット打ち機》. 〖← JAM[1]＋RIVETER〗

jams /dʒǽmz/ *n. pl.* **1** 《口語》＝pajamas. **2** [J-] 〖商標〗ジャムズ《派手な色柄でサーフィンに用いるひざまでくるゆるい水泳パンツ; cf. baggys》. 〖(1966) 《短縮》← PAJAMAS〗

jám sèssion *n.* 《口語》ジャムセッション《数人の演奏家が交互に即興的に主旋律を作り, これを展開させて楽しむジャズの演奏(会); 単に session ともいう》. 〖1933〗

Jam·shed·pur /dʒɑ́:mʃedpùə | -pùə(r)/ *n.* ジャムシェドプル《インド北東部 Bihar 州の都市》.

Jam·shid /dʒæmʃí:d/ *n.* (*also* **Jam·shyd** /～/) 〖ペルシャ神話〗ジャムシード《もと妖精 (peri) の王; 自分の不滅を誇ったため罰を受けて人間に化し, 地上に住んでペルシャ大王となり 700 年間君臨し, そのうち 300 年間は慈愛と幸福に満ちた世であったという》. 〖□ Pers. ～ ← Aves. *Yimo kshaeto* 《原義》shining Yima: cf. Yama〗

Ja·mu·na /dʒʌ́mənə/ *n.* [the ～] ジャムナ(川)《バングラデシュを流れる Brahmaputra 川の本流; Tista 川との合流点から Ganges 川との合流点までの名称》.

jám-ùp[1] *adj.* 《口語》一流の, すばらしい, すてきな (first-rate). 〖↓ の転用か〗

jám-ùp[2] *n.* 詰め込み, 押し合い, 混雑, 雑踏 (jam). 〖(1941) ← JAM[1] (v.)＋UP〗

Jan /dʒǽn, jǽn, jɑ́:n; *F.* ʒɑ̃, *Czech, G., Pol.* ján, *Du.* jɑ́n/ *n.* ジャン: **1** 男性名. **2** 女性名. 〖1 《変形》: ← JOHN[1]; 2 《略》: ← JANET〗

jan. 《略》janitor.

Jan, Jan. 《略》January.

Ja·ná·ček /jǽnətʃèk, jɑ́:-; *Czech* jána:tʃɛk/, **Le·oš** /léoʃ/ *n.* ヤナーチェク《1854–1928; チェコの作曲家》.

Ja·na Sangh /dʒʌ́nəsʌ́ŋ/ *n.* 人民党《インドの政党》.

Ja·na·ta /dʒʌ́nətɑ̀:/ *n.* 《インド》**1** 大衆, 民衆. **2** 人民党《1976 年に創立されたインドの政党》.

Jan·dal /dʒǽndl/ *n.* (NZ) 〖商標〗ジャンダル《鼻緒のあるサンダル; ⇨ flip-flop 5》.

J & B *n.* 〖商標〗J アンド B《スコットランド Justerini & Brooks 社製のブレンデッドウイスキー》.

J & WO /-wóu | -wə́u/ 《略》〖海上保険〗jettisoning and washing overboard 投げ荷と波さらい.

jane /dʒéɪn/ *n.* 《米俗》**1** 女性, 娘; 恋人, 彼女 (sweetheart): a GI ～ 女性兵士. **2** (女子)便所 (cf. John). 〖(1906) ↓〗

Jane /dʒéɪn/ *n.* ジェーン《女性名; 愛称形 Janie, Jany, Jenny, Janet》. 〖□ F *Jeanne* < OF *Jehane* □ ML *Johanna, Joanna* 'JOAN[1]'〗

Jáne Dóe *n.* **1** 〖米法律〗ジェーンドウ《裁判で, 名前が不明な場合用いる女性の仮名; cf. John Doe》. **2** 《米》(特に名を出すことのない)女性, 某女. 〖1936〗

Jáne Éyre /-ɛ́ə | -ɛ́ə(r)/ *n.* ジェーンエア《C. Brontë の同名の小説(1847) の主人公; 家庭教師として住み込んだ家の主人 Rochester と恋に落ちる》.

Jane·ite /dʒéɪnaɪt/ *n.* Jane Austen 賛美者. 〖(1896) ← *Jane (Austen)*＋-ITE[1]〗

Jane's /dʒéɪnz/ *n.* 「ジェーン」《航空機および軍用船に関する年鑑 *Jane's All the World's Aircraft, Jane's Fighting Ships* の略称》.

Janes·ville /dʒéɪnzvɪl/ *n.* ジェーンズビル《米国 Wisconsin 州西部の都市》.

Jan·et /dʒǽnɨt/ *n.* ジャネット《女性名》. 〖(dim.) ← JANE: cf. Jessie, Nettie〗

Ja·net /ʒənéɪ; *F.* ʒanɛ/, **Pierre** (**Marie Félix**) *n.* ジャネ《1859–1947; フランスの心理学者・神経学者》.

JANET /dʒǽnɨt/ 《略》〖電算〗Joint Academic Network《英国の学術研究機関の間の情報ネットワーク》.

Ja·net·ta /dʒənétə/ *n.* ジャネッタ《女子名, Jane の愛称》.

jan·gle /dʒǽŋgl/ *vi.* **1** じゃんじゃん鳴る; 騒音を立てる. **2** 〈神経等が〉いらだつ. **3** 《古》わいわい[騒々しく]言い争う, 口げんかをする, (大声で)口論する (wrangle). **4** 《古》ぺちゃくちゃしゃべる, たわいもないことをしゃべる (babble). — *vt.* **1** 〈鐘・どらなどを〉じゃんじゃん[乱調子に]鳴らす. **2** 〈神経などを〉いらだたせる, 乱す: ～*d* nerves 乱れた神経. **3** 《古》〈事・話を〉ぺちゃくちゃしゃべる (chatter).
jángle on a pérson's éars 〈騒音・声などが〉人の耳障りになる, 人の神経にさわる.
— *n.* **1** (鐘などの)耳障りな音, 乱調子, 騒音: We heard the approaching ～ of footsteps. どたどたという靴音の近づいてくるのが聞こえた. **2** けんか, 口論. **3** 《口》おしゃべり.

ján·gler /-glə, -glə | -glə(r), -glə(r)/ *n.* 〖(*c*1280) □ OF *jangler* to chatter, tattle ← Gmc (MDu. *jangelen*): 《擬音語》?〗

Jan·ice /dʒǽnɨs/ *n.* ジャニス《女性名》. 〖《変形》← JANE, JANET〗

Ja·nic·u·lum /dʒəníkjʊləm/ *n.* [the ～] ヤニクルム [ジャニコロ](の丘)《Rome の Tiber 川右岸にある丘で, 七丘に対峙する》. 〖□ L *Jāniculum*〗

Ja·nie /dʒéɪni/ *n.* ジェーニー《女性名》. 〖(dim.) ← JANE〗

jan·i·form /dʒǽnəfɔ̀əm | -nɨfɔ̀:m/ *adj.* ＝Janus-faced 1. 〖← JAN(US)＋-I-＋-FORM〗

Ja·ni·na /*Serb./Croat.* jânina/ *n.* ヤニナ《Ioannina のセルビア・クロアチア語名》.

Jan·is·sar·y, j- /dʒǽnəsèri | -nɪs(ə)ri/ *n.* **1 a** イェニチェリ, オスマン帝国の歩兵親衛軍団, 新軍《14 世紀末に組織され 1826 年に廃止》. **b** オスマン帝国兵. **2** (抑圧的な政治の)手先. 〖(1529) □ F *janissaire* // It. *gianizzero* □ Turk. *yeniçeri new soldiers* (← *yeni* new＋*çeri* soldiery, troops)〗

Jánissary músic, j- m- *n.* **1** トルコ王の親衛兵の軍楽《かん高い横笛やオーボエまたトルコクレスント(鈴)等の各種の打楽器を用いる》. **2** 1 を模した管楽器その他の音楽.

Jan·ite /dʒéɪnaɪt/ *n.* ＝Janeite.

jan·i·tor /dʒǽnətə | -nɨtə(r)/ *n.* **1** 《米・スコット》(学校・事務所・アパートなどの)管理人, 営繕係, 用務員(《英》caretaker), 掃除夫. **2** 《まれ》門衛, 玄関番. — *vi.* 門衛[管理人, 用務員]として働く. **jan·i·to·ri·al** /dʒæ̀nətɔ́:riəl | -nɨ-/ *adj.* 〖(1584) □ L *jānitor* doorkeeper ← *Jānus* 'JANUS'〗

jan·i·tress /dʒǽnətrɨs | -nɪ-/ *n.* 女性の janitor. 〖(1806): ⇨ -tress〗

Jan·i·za·ry, j- /dʒǽnəzèri | -nɪz(ə)ri/ *n.* ＝Janissary.

jan·kers /dʒǽŋkəz | -kəz/ *n.* 《英俗》(軍規違反者に対する)懲罰; 軍規違反者; 営倉: on ～ (軍規違反で)懲罰をうけて. 〖(1916) ← ?〗

Jan May·en /jɑ̀:nmáɪən | jæ̀n-; *Norw.* janmáɪən/ *n.* ヤン マイエン(島)《Greenland とノルウェーとの間にあるノルウェー領の火山島; 気象観測所がある; 面積 373 km^2》.

jan·nock[1] /dʒǽnək/ *n.* 《英方言》＝bannock. 〖(?*a*1500) ← ?: cf. johnnycake〗

jan·nock[2] /dʒǽnək/ *adj.* 《英方言》公正な (fair); 率直な, 正直な (straightforward). 〖(1828) ?〗

Já·nos /jɑ́:nɑ(:)ʃ, -nɔ(:)ʃ | -nɔʃ; *Hung.* já:noʃ/ *n.* ヤーノシュ《英語の John に対するハンガリー語名》. 〖□ Hung.〗

Jan·sen /ʒɑ̃:(n)sén, ʒɔ̃:(n)-; *F.* ʒɑ̃sɛn/, **Jean** *n.* ジャンセン《1920– ; アルメニア生まれのフランスの画家》.

Jan·sen /dʒǽnsən, jɑ́:n-, -sn; *Du.* jánsən/, **Cor·ne·lis** /kɔrné:lɪs/ *n.* ヤンセン《1585–1638; オランダのカトリック神学者; Ypres の司教; ラテン語名 Cornelius Jansenius /dʒænsí:niəs, jɑ:n- | -njiəs/》.

Jan·sen·ism /dʒǽnsənɪzm, -sn-/ *n.* 〖キリスト教〗**1** ヤンセン主義, ヤンセン説《17 世紀に C. Jansen の説を奉じる人々によって起こされたカトリック教会内の改革派の説; Augustine の特異な解釈に基づく厳格主義; のち異端として排斥された》; (性などに対する)厳格な考え[態度]. **2** ヤンセン主義に基づく教会改革運動. 〖(1656) □ F *jansénisme* ← C. Jansen: ⇨ -ism〗

Ján·sen·ist /-sənɨst, -sn- | -ɪst/ *n.* ヤンセン (C. Jansen) 派の人. 〖(1664) □ F *janséniste*: ⇨ ↑, -ist〗

Jan·sen·is·tic /dʒæ̀nsənístɪk, -sn-ˈ/ *adj.* ヤンセン主義の, ヤンセン派の. 〖(1837): ⇨ ↑, -ic[1]〗

jan·sky /dʒǽnski/ *n.* 〖天文〗ジャンスキー《電波天文学における電磁波束密度の単位; 記号 Jy》. 〖(1966) ← *Karl G. Jansky* (1905–50: 銀河電波を発見した米国の無線技師)〗

Jans·son /jɑ́:nsɔ:n/, **Tove** *n.* ヤンソン《1914–2001; フィンランドの女流作家・画家; 子供向けの Moomintroll シリーズで国際的評価を得た》.

jan·thi·na /dʒǽnθənə | -θɪ-/ *n.* 〖貝類〗アサガオガイ《アサガオガイ属 (Janthina) の浮遊性の巻貝の総称》. 〖← NL ～ ← L *ianthinus* violet-blue □ Gk *iánthinos* (← *íon* violet＋*ánthos* flower)〗

Jant·zen /dʒǽntsən, jǽn-, -tsn/ *n.* 〖商標〗ジャンセン《米国 Jantzen 社製のスポーツウェア・水着など》.

Jan·u·ar·y /dʒǽnjuèri | -njuəri, -njʊri/ *n.* 1 月 (略 Jan., Ja., J.): in ～ 1 月に / on ～ 5 1 月 5 日に / on the evening of ～ 15 1 月 15 日の夕方に. 〖(*c*1395) *Januarie* □ L *Jānuārius* (*mēnsis*) 《原義》the month dedicated to Janus (⇨ ↓, -ary) ∞ (*c*1300) *ianivere* □ AF *jenvier* (F *janvier*) < VL **ienuāriu(m)*: cf. OE *Januarius* □ L〗

Ja·nus /dʒéɪnəs/ *n.* **1** 〖ローマ神話〗(双面神)ヤヌス《前後に顔を持ち, 左手に鍵, 右手に笏(しゃく)を持った神で, 日出・日没をはじめ一切の事の初めと終わりをつかさどり, 門や入口を守護した》. **2** 〖天文〗ヤヌス《土星 (Saturn) の第 10 衛星》. 〖□ L *Jānus*: *jānus* doorway, arcade の擬人化〗

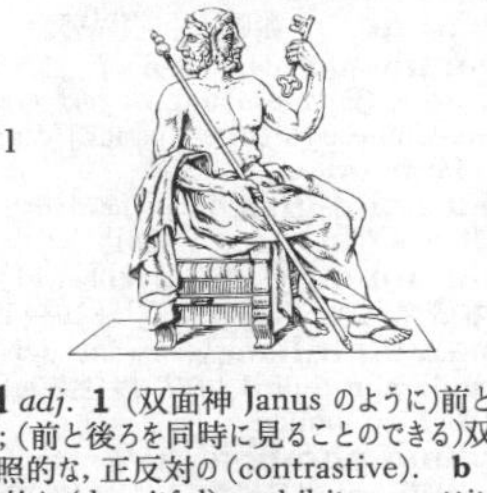

Janus 1

Jánus-fàced *adj.* **1** (双面神 Janus のように)前と後ろに顔が(二つ)ある; (前と後ろを同時に見ることのできる)双面を持つ. **2 a** 対照的な, 正反対の (contrastive). **b** 二心のある, 欺瞞(ぎまん)的な (deceitful): exhibit a ～ attitude 二股膏薬(ふたまたごうやく)的な態度をとる. 〖1682〗

Jánus gréen *n.* 〖化学・生物〗ヤヌスグリーン《緑色の塩基性染料, 特にミトコンドリアの塗色に用いる》. 〖(1898) ← ? *Janus* (商標名)〗

Ja·ny /dʒéɪni/ *n.* ジェーニー《女性名》. 〖(dim.) ← JANE〗

Ja·nys /dʒéɪnɨs/ *n.* ジェーニス《女性名》. 〖⇨ Janice〗

Jap /dʒǽp/ *adj., n.* 《口語》[しばしば軽蔑的に] ＝Japanese (cf. Chink). ★ 軽蔑的な Jap との連想を避けるため, 最近は JPN, Jpn を用いる傾向がある. 〖*c*1880〗

Jap. 《略》Japan; Japanese.

ja·pan /dʒəpǽn, dʒæ- | dʒə-/ *n.* **1 a** 漆. **b** 漆器. **2 a** 日本製陶磁器. **b** 日本風の細工物. **c** 日本製の絹. **3** 液状乾燥剤, 調合乾燥剤《乾燥性脂肪油を含む塗料の乾燥促進剤》. — *adj.* 漆塗りの; 漆器の: ～ ware 漆器類 / a ～ cabinet 漆塗りの飾りたんす. — *vt.* (**ja·panned; -pan·ning**) **1** 〈木製の器などに〉漆を塗る. **2** 〈革などに〉黒ワニスを塗る. 〖(1673) ↓〗

Ja·pan /dʒəpǽn, dʒæ- | dʒə-/ *n.* 日本. — *adj.* 日本の; 日本産の; 日本製の: ～ china 日本製陶器. 〖(1577) □ ? Malay *Japung* □ Chin. *Jihpûn* sunrise, orient (← *jih* 日＋*pûn* 本)〗

Japán, the Sea of *n.* 日本海.

Japán állspice *n.* 〖植物〗ロウバイ (*Chimonanthus praecox*)《花に香気があり庭木として栽培》.

Japán cédar *n.* 〖植物〗＝Japanese cedar. 〖1852〗

Japán clóver *n.* 〖植物〗マルバヤハズソウ (*Lespedeza striata*)《マメ科ヤハズソウの類の 1 年草; 米国南東海岸地方で緑肥や牧草として広く栽培される》. 〖1868〗

Japán Cúrrent *n.* [the ～] 日本海流, 黒潮. 〖1865〗

Jap·a·nese /dʒæ̀pəní:z, -ní:s | -ní:zˈ/ *adj.* **1** 日本の; 日本人の; 日系の. **2** 日本語の. — *n.* (*pl.* ～) **1** 日本人; 日系人: a ～ 日本人 / the ～ 日本人《全体》. **2** 日本語. 〖(1604) ← JAPAN＋-ESE〗

Jápanese ácid cláy *n.* 酸性白土《montmorillonite を主成分とする粘土の一種で, 脱色剤・吸着剤用》.

Japanése-Américan *adj.* 日米の; 日系米人の. — *n.* 日系米人.

Japanése andrómeda *n.* 〖植物〗アセビ (*Pieris japonica*). 〖1948〗

Japanése anémone *n.* 〖植物〗シュウメイギク (*Anemone hupehensis* var. *japonica*). 〖*c*1908〗

Japanése ápricot *n.* 〖植物〗ウメ (*Prunus mume*).

Japanése arborvítae *n.* 〖植物〗クロベ, ネズコ (*Thuja standishii*).

Jápanese ártichoke *n.* 〖植物〗＝Chinese artichoke. 〖1905〗

Jápanese ásh *n.* **1** 〖植物〗ヤチダモ (*Fraxinus mandschurica*)《アジア東部産のモクセイ科トネリコ属の落葉高木》. **2** ヤチダモ材《合板の表板・家具などに用いる》.

Jápanese áspen *n.* 〖植物〗ヤマナラシ (*Populus sieboldii*)《ヤナギ科》.

Japanése banána *n.* 〖植物〗バショウ (*Musa basjoo*).

Jápanese bárberry *n.* 〖植物〗メギ (*Berberis thunbergii*)《垣根に用いる》.

Jápanese béar *n.* 〖動物〗ニホンツキノワグマ (*Selenarctos thibetanus japonicus*).

Jápanese béauty-bèrry *n.* 〖植物〗ムラサキシキブ (*Callicarpa japonica*).

Jápanese béetle *n.* 〖昆虫〗マメコガネ (*Popillia japonica*)《1916 年ごろ日本から米国に渡り農作物に大害を与えた; cf. milky disease》. 〖1900〗

Jápanese bítterling *n.* 〖魚類〗タナゴ《日本産コイ科タナゴ亜科の魚類の総称》.

Jápanese bláck píne *n.* 〖植物〗クロマツ (*Pinus thunbergii*).

Jápanese bóbtail *n.* 〖動物〗日本ネコ《尾が短くしばしば白・黒・赤の三毛》.

Jápanese cáne *n.* 〖植物〗サトウキビ (*Saccharum officinarum*).

Jápanese cédar *n.* 〖植物〗スギ (*Cryptomeria japonica*)《Japan cedar ともいう》. 〖1880〗

Jápanese chérry *n.* 〖植物〗＝Japanese flowering cherry. 〖1913〗

Jápanese chéstnut *n.* **1** 〖植物〗クリ, シバグリ (*Castanea crenata*)《日本産》. **2** クリ(の実)《米国のクリより実が大きい》.

Jápanese Chín /-tʃín/ *n.* 〖動物〗チン(狆)《黒白絹状の長い毛を持つ日本産の愛玩犬; かつて Japanese spaniel といった》.

Jápanese clématis *n.* 〖植物〗センニンソウ (*Clematis terniflora*)《日本・朝鮮・中国に分布するキンポウゲ科の木性つる植物》.

Jápanese clímbing férn *n.* 〖植物〗カニクサ (*Lygodium japonicum*)《日本産のツル状シダ植物》.

Jápanese clóver *n.* 〖植物〗＝Japan clover.

Jápanese cráb[1] *n.* 〖動物〗＝giant crab.

Jápanese cráb[2] *n.* 〖植物〗＝showy crab apple.

Jápanese crésted íbis *n.* 〖鳥類〗トキ (*Nipponia nippon*).

Jápanese cýpress *n.* 〖植物〗ヒノキ (*Chamaecyparis obtusa*); (その他)ヒノキ属の植物数種の総称.

Jápanese dáncing móuse *n.* 〖動物〗コマネズミ, マイネズミ (*Mus musculus bacterianus*)《ハツカネズミの畜用品種; 内耳の蝸牛殻管(かぎゅうかくかん)異常のため, 回る習性がある; 遺伝学・腫瘍(しゅよう)学などの実験動物として用いられる; Japanese waltzing mouse ともいう》.

Jápanese déer *n.* 〖動物〗ニホンジカ (*Cervus nippon, C. sika*).

Japanése encephalítis *n.* 〖病理〗日本脳炎.

Jápanese flóod fèver *n.* 〖病理〗＝tsutsugamushi disease.

Jápanese flówer *n.* 水中花《水に入れると開く紙の造花》. 〖1917〗

Jápanese flówering chérry *n.* 〖植物〗(日本産の観賞用)サクラの総称《主にヤマザクラ (*Prunus serrulata*), ムシャザクラ (*P. sieboldii*) を品種改良したもの; Japanese cherry ともいう》. 〖1901〗

Jápanese fówl *n.* 〖鳥類〗オナガドリ.

Jápanese gút *n.* 〖釣〗てぐす(糸), 天蚕糸(てんさんし).

Jápanese háwthorn *n.* 〖植物〗タチシャリンバイ (*Raphiolepis umbellata*).

Jápanese házel *n.* 〖植物〗ツノハシバミ (*Corylus sieboldiana*).

Jápanese hémlock *n.* 〖植物〗コメツガ (*Tsuga di-*

versifolia); ツガ (*T. sieboldii*).

Jápanese hólly *n.* 〖植物〗イヌツゲ (*Ilex crenata*).

Jápanese hóneysuckle *n.* 〖植物〗スイカズラ (*Lonicera japonica*).

Jápanese hóp *n.* 〖植物〗カナムグラ (*Humulus japonicus*).

Jápanese hórse chèstnut *n.* 〖植物〗トチノキ (*Aesculus turbinata*).

Jápanese hórseradish *n.* 〖植物〗＝wasabi.

Jápanese íris *n.* 〖植物〗ハナショウブ (*Iris ensata*) とカキツバタ (*I. laevigata*) から改良された数種のアヤメ属の植物の総称. 〖1883〗

Jápanese ívy *n.* 〖植物〗＝Boston ivy.

Jápanese knótweed *n.* 〖植物〗イタドリ (*Polygonum cuspidatum*).

Jápanese lácquer *n.* ＝lacquer 1 b. 〖1900〗

Jápanese lácquer trèe *n.* 〖植物〗＝Japanese varnish tree.

Jápanese lántern *n.* 岐阜提灯(ちょうちん). 〖1895〗

Jápanese lárch *n.* 〖植物〗カラマツ (*Larix leptolepis*). 〖1861〗

Jápanese láurel *n.* 〖植物〗アオキ (*Aucuba japonica*) (Japan laurel ともいう).

Jápanese láwn gràss *n.* 〖植物〗シバ (*Zoysia japonica*) (日本産の多年草).

Jápanese léaf *n.* 〖植物〗＝Chinese evergreen.

Jápanese líly *n.* 〖植物〗＝Japan lily. 〖1870〗

Jápanese línden *n.* 〖植物〗シナノキ (*Tilia japonica*).

Japanése macáque *n.* 〖動物〗ニホンザル.

Jápanese máckerel *n.* 〖魚類〗マサバ (*Scomber japonicus*).

Jápanese máple *n.* 〖植物〗イロハカエデ (*Acer palmatum*) (full-moon maple ともいう). 〖1898〗

Jápanese médlar *n.* 〖植物〗ビワ (loquat). 〖1866〗

Jápanese míllet *n.* 〖植物〗ヒエ (*Echinochloa frumentacea*) (雑穀, また水田に生えるイネ科の雑草). 〖1900〗

Jápanese mínk *n.* 〖動物〗ホンドイタチ (*Mustela itatsi*) (チョウセンイタチ (*M. sibirica coreana*) に近いがやや小形; 本州・四国・九州・屋久島の特産).

Jápanese mínt *n.* 〖植物〗(日本産の)ハッカ (*Mentha arvensis* var. *piperascens*).

Jápanese mórning glòry *n.* 〖植物〗アサガオ (*Ipomoea nil*) (熱帯アジア・ヒマラヤ山麓高原地帯を原産とし, 日本で多様に分化した; cf. morning glory).

Jápanese níghtingale *n.* 〖鳥類〗ソウシチョウ (*Leiothrix lutea*) (Japanese robin ともいう).

Jápanese nútmeg *n.* 〖植物〗カヤ (*Torreya nucifera*).

Jápanese óak *n.* 〖植物〗日本産のカシの総称.

Jápanese óyster *n.* 〖貝類〗マガキ (*Crassostrea gigas*) (中国沿岸よりサハリンまでの大陸沿岸にも産する大きなカキ).

Japanése pagóda trèe *n.* 〖植物〗エンジュ (*Sophora japonica*). 〖1924〗

Jápanese páper *n.* 和紙 (Japan paper ともいう). 〖1727〗

Jápanese péar *n.* 〖植物〗**1** ニホンヤマナシ (*Pyrus pyrifolia*). **2** ニホンナシ (*P. pyrifolia* var. *culta*).

Jápanese pépper *n.* 〖植物〗サンショウ (*Xanthorylum piperitum*). 〖1861〗

Japanése persímmon *n.* 〖植物〗カキ (kaki) (*Diospyros kaki*); カキの実. 〖1909〗

Jápanese phéasant *n.* 〖鳥類〗(日本産の)キジ (*Phasianus colchicus versicolor*).

Jápanese plúm *n.* 〖植物〗スモモ (*Prunus salicina*). 〖1901〗

Jápanese prínt *n.* 浮世絵版画. 〖*c*1895〗

Jápanese prívet *n.* 〖植物〗ネズミモチ (*Ligustrum japonicum*) (朝鮮・日本産のモクセイ科の常緑低木; 生垣に植える).

Jápanese quáil *n.* 〖鳥類〗ウズラ (*Coturnix coturnix japonica*) (中国・日本等に分布; 実験用に利用). 〖1966〗

Jápanese quínce *n.* 〖植物〗**1** ボケ (*Chaenomeles lagenaria*) (japonica ともいう). **2** ビワ (loquat). 〖1900〗

Jápanese ráisin trèe *n.* 〖植物〗ケンポナシ (*Hovenia dulcis*).

Jápanese réd píne *n.* 〖植物〗アカマツ (*Pinus densiflora*).

Jápanese ríver fèver *n.* 〖病理〗＝tsutsugamushi disease.

Jápanese róbin *n.* 〖鳥類〗**1** コマドリ (*Erithacus akahige*). **2** ＝Japanese nightingale.

Jápanese róse *n.* 〖植物〗**1** ヤマブキ (*Kerria japonica*). **2** ノイバラ (multiflora rose). 〖1883〗

Jap·a·ne·se·ry /dʒæ̀pəníːzəri/ *n.* 日本様式(の作品); [*pl.*] 日本(様式)の装飾品[小物類] (japonaiserie). 〖(1885) ← JAPANESE＋-ERY〗

Jápanese ságo pàlm *n.* 〖植物〗＝sago palm 6.

Jápanese slíppers *n. pl.* (マレーシアで)ゴム草履, つっかけ.

Jápanese snówball *n.* 〖植物〗**1** オオデマリ, テマリバナ (*Viburnum plicatum*); その花. **2** エゴノキ (*Styrax japonica*) (Japanese snowbell [storax] ともいう).

Jápanese snówflower *n.* 〖植物〗ヒメウツギ (*Deutzia gracilis*).

Jápanese spániel *n.* ＝Japanese Chin. 〖1894〗

Jápanese sprúce *n.* 〖植物〗**1** アオモリトドマツ (*Abies mariesii*). **2** ＝Yeddo spruce.

Jápanese spúrge *n.* 〖植物〗フッキソウ (*Pachysandra terminalis*) (庭園に植えられる常緑小低木). 〖1924〗

Jápanese stár ànise *n.* 〖植物〗シキミ (*Illicium anisatum*).

Jápanese stórax *n.* 〖植物〗＝Japanese snowball 2.

Jápanese stóve *n.* 懐炉 (大きめのもの).

Jápanese strángIehold *n.* 〖レスリング〗首巻き固め.

Jápanese súmac *n.* ＝Japanese varnish tree.

Jápanese táble píne *n.* 〖植物〗＝Japanese umbrella pine 2.

Jápanese tíssue *n.* 薄葉(うすよう)和紙 (コウゾなどを原料にしてすいた薄紙; レンズふき紙などに用いる; cf. tissue paper). 〖1900〗

Jápanese trée pèony *n.* 〖植物〗ボタン (*Paeonia suffruticosa*).

Jápanese túng òil *n.* 〖化学〗日本産桐油(とうゆ) (アブラギリ (*Aleurites cordata*) の種子から採る乾性油; 油紙の製造に用いる; Japanese wood oil ともいう).

Japanése umbrélla pìne *n.* 〖植物〗**1** ＝umbrella pine 1. **2** ウツクシマツ (*Pinus densiflora* var. *umbraculifera*) (アカマツの園芸品種; Japanese table pine ともいう).

Jápanese várnish trèe *n.* 〖植物〗ウルシ, ウルシノキ (*Rhus verniciflua*) (Japanese lacquer tree, Japanese sumac ともいう).

Jápanese véllum *n.* 局紙(きょくし) (ミツマタを原料にした上質の光沢紙; 株券・証券用紙などに用いる). 〖1888〗

Jápanese wáltzing móuse *n.* ＝Japanese dancing mouse. 〖1902〗

Jápanese wáx *n.* ＝Japan wax. 〖1859〗

Jápanese wáx trèe *n.* 〖植物〗ハゼ, ハゼノキ, リュウキュウハゼ, トウハゼ, ロウノキ (*Rhus succedanea*).

Jápanese whíte píne *n.* 〖植物〗ゴヨウマツ (*Pinus parviflora*).

Japanése wistéria *n.* 〖植物〗フジ (*Wisteria floribunda*).

Jápanese wítch hàzel *n.* 〖植物〗マンサク (*Hamamelis japonica*).

Jápanese wólf *n.* 〖動物〗ヤマイヌ, ニホンオオカミ (*Canis hodophilax*) (本州・四国・九州に分布していたが, 1905 年ごろ絶滅した). 〖1878〗

Jápanese wóod òil *n.* ＝Japanese tung oil.

Jápanese yéw *n.* 〖植物〗イチイ, アララギ, オンコ (*Taxus cuspidata*).

Jap·a·nesque /dʒæ̀pənésk⁻/ *adj.* 日本式[風, 流]の. 〖(1883) ← JAPAN＋-ESQUE〗

Jap·a·nes·y /dʒæ̀pəníːzi, -si | -zi⁻/ *adj.* 日本風の, 日本式の. 〖(1890) ← JAPANESE＋-Y[1]〗

Japán férn pàlm *n.* 〖植物〗ソテツ (*Cycas revolta*).

Japán glóbeflower *n.* 〖植物〗＝Japanese rose 1.

Ja·pán·ism /-nɪzm/ *n.* **1** 日本人の特質. **2** (芸術様式などの)日本風; 日本語の(慣用)語法. **3** 日本研究; 日本好き; 日本心酔. 〖(1888): ⇨ -ism〗

Jap·a·ni·za·tion /dʒæ̀pənɪzéɪʃən | -naɪ-, -nɪ-/ *n.* 日本(風)化. 〖(1895): ⇨ ↓, -ation〗

Jap·a·nize /dʒǽpənàɪz/ *vt.* **1** 日本風にする, 日本化する. **2** 〈地域を〉日本の影響[勢力]下に置く. 〖(1890): ⇨ -ize〗

Japán láurel *n.* ＝Japanese laurel.

Japán líly *n.* 〖植物〗日本産ユリ属 (*Lilium*) の植物の総称 (ヤマユリ (*L. auratum*), ハカタユリ (*L. japnicum*) など). 〖1813〗

Japán médlar *n.* 〖植物〗**1** ＝loquat. **2** ＝Japanese persimmon.

ja·pánned *adj.* 漆塗りの; 漆器の, 黒塗りの. 〖(1693–94) ← japan＋-ED〗

ja·pán·ner *n.* 漆職人. 〖(1695) ← japan＋-ER[1]〗

Jap·a·no- /dʒǽpənoʊ | -nəʊ/「日本の (Japanese); 日本と…との (Japanese and …)」の意の連結形: the *Japano*-Chinese [*Japano*-Russian] War 日清[日露]戦争. 〖← JAPAN: ⇨ -o-〗

Jap·a·nol·o·gist /dʒæ̀pənɑ́(ː)lədʒɪst | -dʒɪst/ *n.* 日本学者, ジャパノロジスト. 〖(1881): ⇨ ↓, -ist〗

Jap·a·nol·o·gy /dʒæ̀pənɑ́(ː)lədʒi | -nɔ́l-/ *n.* 日本学, 日本研究, ジャパノロジー. 〖(1881) ← JAPANO-＋-LOGY〗

Ja·pan·o·phile /dʒəpǽnəfàɪl, dʒæ- | dʒə-/ *n.*, *adj.* (*also* **Ja·pan·o·phil** /-fɪl/) 親日家(の), 日本びいき(の). 〖(1904): ⇨ -phile〗

Ja·pan·o·pho·bi·a /dʒəpæ̀nəfóʊbiə, dʒæ- | dʒəpæ̀nəfəʊ-/ *n.* 対日恐怖症, 日本(人)嫌い, 排日主義. 〖← JAPANO-＋-PHOBIA〗

Japán páper *n.* ＝Japanese paper. 〖1625〗

Japán Stréam *n.* [the ～] ＝Japan Current.

Japán tállow *n.* ＝Japan wax.

Japán téa *n.* 日本茶, 緑茶 (green tea).

Japán Trénch *n.* [the ～] 〖地理〗日本海溝 (東北・関東地方の東沖合にある海溝; 最大深度約 8,400 m).

Japán wàx *n.* 木蠟(もくろう) (ハゼノキ (sumac) から採り, 日本ろうそく・電気絶縁材にする; Japanese wax ともいう). 〖1859〗

jape /dʒéɪp/ *vi.* **1** 冗談を言う, からかう; いたずらをする, 悪ふざけする [*at*]. **2** 《方言》性交する. ― *vt.* 〈人を〉からかう (gibe). ― *n.* **1** 冗談, からかい (joke, jest); やじ. **2** 面白い作品[演劇]. **jáp·er** *n.* **jáp·ing·ly** *adv.* 〖(*c*1378) (混成) ? ← OF *japer* (F *japper*) to bark at, yap＋OF *gaber* to mock〗

jap·er·y /dʒéɪp(ə)ri/ *n.* **1** 冗談を言うこと, からかい. **2** 冗談. 〖(?c1350): ⇨ ↑, -ery〗

Ja·pheth /dʒéɪfɪ̀θ | -feθ, -fɪθ/ *n.* **1** ジェーフェス (男性名). **2** 〖聖書〗ヤペテ (Noah の第三子; cf. *Gen.* 5: 32). 〖□ L ～ □ Gk *Iaphéth* □ Heb. *Yépheth* (原義) ? enlargement〗

Ja·phet·ic /dʒəféṭɪk, dʒeɪ- | -tɪk/ *adj.* **1 a** (Noah の子)ヤペテ (Japheth) の. **b** ヤペテの子孫の (cf. *Gen.* 10: 1–5). **2** 《廃》〖言語〗**a** ヤペテ系の, (Semitic および Hamitic に対する)アーリア系の, 印欧系[語族]の (Indo-European). **b** ヤペテ語族の. ― *n.* ヤペテ語族 (ロシアの言語学者 N. Marr の仮定した言語族; コーカサス・スメール・バスク・アジアなどの諸言語を含み, 印欧語族やセム語族より古いと考えられた). 〖(1828): ⇨ ↑, -ic[1]: cf. Hamitic, Semitic〗

Jap·lish /dʒǽplɪʃ/ *n.* ジャップリッシュ, 日本語的[和製]英語 (old maid を old miss という類). 〖(1960) (混成) ← JAP(ANESE)＋(ENG)LISH〗

ja·po·nai·se·rie /ʒɑ̀ːpɑnéɪzəri, -poʊ- | -pə(ʊ)-; *F.* ʒapɔnɛzʀi/ *n.* ＝Japanesery. 〖(1896) □ F ～ ← *Japonais* Japanese＋-*erie* '-ERY'〗

Ja·pon·ic /dʒəpɑ́(ː)nɪk, dʒæ- | dʒəpɔ́n-/ *adj.* ＝Japanese. 〖(1673) ← *Japon* ((古形) ← JAPAN)＋-IC[1]〗

ja·pon·i·ca /dʒəpɑ́(ː)nɪkə, dʒæ- | dʒəpɔ́nɪ-/ *n.* 〖植物〗**1** ツバキ (*Camellia japonica*). **2** ＝Japanese quince 1. **3** サルスベリ (crape myrtle). 〖(1819) ← NL ～ (fem.) ← *Japonicus* of Japan ← *Japonia* (⇨ Japan, -ia[1])〗

Jap·o·nism /dʒǽpənɪzm/ *n.* ＝Japanism. 〖(1890) □ F *japonisme*〗

Ja·pu·rá /ʒɑ̀ːpuːrɑ́ː; *Am.Sp.* hapuɾá, *Braz.* ʒapuɾá/ *n.* [the ～] ジャプラ(川) (南米のコロンビア南西部の Andes 山脈に発しブラジル北西部を東流して Amazon 川に合流する川 (1,848 km)).

ja·pyg·id /dʒəpídʒɪd | -dʒɪd/ 〖昆虫〗*adj.* ハサミコムシ(科)の. ― *n.* ハサミコムシ (ハサミコムシ科の昆虫の総称). 〖↓〗

Ja·pyg·i·dae /dʒəpídʒədìː | -dʒɪ-/ *n. pl.* 〖昆虫〗(倍尾目)ハサミコムシ科. 〖← NL ～ ← *Japygia* (イタリアの古王国の名): ⇨ -idae〗

Jaque·lee /dʒæklíː/ *n.* ジャクリー (女性名). 〖⇨ Jacqueline〗

Ja·ques /dʒéɪkwɪz, -kiːz, dʒéɪks, dʒǽks | dʒéɪkwɪz, dʒǽks/ *n.* **1** ジェイクィーズ (Shakespeare 作の *As You Like It* 中の人物). ★ Shakespeare の作品では /dʒéɪkwɪz/ と発音される. **2** 世をすねて暮らす皮肉な人間観察者. 〖□ OF ～ (F *Jacques*): ⇨ Jack, James〗

Jaques-Dal·croze /ʒɑ́ːkdælkróʊz, ʒǽk-, -dɑːl- | -kráʊz; *F.* ʒakdalkʀoːz/, **Émile** *n.* ジャック ダルクローズ (1865–1950; オーストリア生まれのスイスの作曲家・教育者; eurythmics と呼ばれる独自のリズム教育を考案).

jar[1] /dʒɑ́ə | dʒɑ́ː(r)/ *n.* **1** (広口の)瓶, つぼ, かめ: a ～ with two handles 両耳付きのつぼ. 日英比較「ジャー」は「(口の広い)魔法瓶」を意味するが, 英語の *jar* にはその意味はなく, 陶器またはガラス製の瓶, つぼの意. 日本語の「ジャー」に当たるのは thermos (《米》bottle; 《英》flask), 《米》vacuum bottle; 《英》(vacuum) flask. **2** つぼ[瓶]の 1 杯の量 (jarful): a ～ of oil, jam, etc. **3** 《英口語》(コップ) 1 杯のビール. 〖(1592) □ F *jarre* □ OProv. *jarra* □ Arab. *jarrah* earthen vessel〗

jar[1] 1
1 pickle jars
2 honey jar

jar[2] /dʒɑ́ə | dʒɑ́ː(r)/ *n.* **1** (神経にさわる)きしり音, (調子はずれで耳障りな)雑音. **2 a** (衝突などによる)激しい震動; 衝撃 (shock). **b** (身体・神経への)ショック (shock): Her words gave a ～ to his composure. 彼女の言葉にぎょっとして落着きを失った / a ～ to one's spine 背骨に響く衝撃. **3** (意見・感情などの)衝突, 不和, けんか: be at (a) ～ 仲たがいしている. **4** 《Shak》(時計の)チックタックの音: not a ～ o' th' clock behind 一秒たりとも遅れず (*Winters* 1. 2. 43).

― *v.* (**jarred; jar·ring**) ― *vi.* **1 a** (ぎーぎー・きしきし)きしる, (耳障りな)不快な音を立てる. **b** (きしるようないやな音を立てて)ぶつかる [*upon, against*]. **c** 〔耳・神経などに〕不快に響く, 〔人の感情などに〕さわる [*on, upon*]: Her voice ～*s on* [*upon*] my ear(s) [nerves]. 彼女の声は耳[神経]にさわる / ～ *on* a person 人の感情に[しゃくに]さわる. **2 a** 一致しない, 釣り合わない (disagree) [*with*]: The building ～*s with* surroundings. その建物は周囲と合わない. **b** 〈意見などが〉衝突する (disagree) [*with*]; 口論する (bicker): His opinion ～*s with* mine. 彼は私と意見を異にする / They have been ～*ring at* each other. 彼らは互いに言い争ってきた. **3** がたがた震動する, ぎーぎー揺れる; 震動する, 揺れる (vibrate, shake).

― *vt.* **1 a** (ぎーぎー・がたがた)震動させる: The wind ～*red* the whole house. 風で家中がぎしぎし鳴った. **b** 〈ニュース・予報・為替相場などが〉〈市場などを〉震駭させる, 動揺させる, …に揺さぶりをかける: ～ the markets. **2 a** …に不快な音を立てさせる, きしらせる. **b** 〈神経に〉いらいらさせる; ぎくりとさせる (shock): He was ～*red* by the sudden stopping of the bus. バスが急に止まったのでぎくりとした. **3** (殴って)けがをさせる. **4** (昆虫採集・害虫駆除のため)〈昆虫を〉木から揺さぶって落とす[落として集める]. **5** 〖土木〗(繰り返して衝撃を加えて)〈井戸を〉掘る. **6** 《まれ》〈時計に時を〉刻ませる (cf. Shak., *Rich II* 5. 5. 51).

〖(1526)《擬音語》?: cf. jar[1]〗

jar[3] /ʤάə | ʤά:ʳ/ *n.* 《古》(ドアなどの)回転 (turn). ★ 次の成句で. **on a** [**the**] **jár** 〈ドアなどが〉ちょっと開いて (ajar). 《1707》 〖(1674)《変形》← CHAR[1]: cf. ajar[1]〗

ja·ra·ra·ca /ʤæ̀rərάːkə/ *n.* (*also* **ja·ra·ra·ka** /~/) 《動物》ハララカハブ (*Bothrops jararaca*)《ブラジルなどにすむ毒蛇》. 〖(1613) □ Port. ~ ← S-Am.-Ind. (Tupi)〗

jar·di·niere /ʤὰədəníə, ʒὰə-, -n(j)ɛ́ə, -dn̩- | ʒὰ:dɪníɛəʳ, ʤὰ:-, -njɛ́əʳ; *F.* ʒaʁdinjɛ:ʁ/ *n.* (*also* **jar·di·nière** /~/) **1** 装飾用の植木鉢; 植木鉢の台, 花台. **2** 《料理》ジャルディニエール《さいの目切りにし調理した数種の野菜; にんじん・かぶ・さやいんげんなど, 肉料理の付け合わせとして用いる》. 〖(1841) □ F *jardinière*《原義》gardener's wife (fem.) ← *jardinier* gardener ← *jardin* 'GARDEN': ⇨ -ier[1]〗

Jar·ed /ʤǽrəd, ʤɛ́r- | ʤǽr-/ *n.* ジャレド《男性名》. 〖□ L ~ □ Gk *Iáred* □ Heb. *Yáredh*《通俗語源》descent: cf. Akkad. (*w*)*ardu* slave〗

jar·ful /ʤάəfùl | ʤά:-/ *n.* (*pl.* ~**s, jars·ful**) 瓶[つぼ, かめ]いっぱい(の量) 〈*of*〉. 〖(1866) ← JAR[1]+-FUL[1]〗

jar·gon[1] /ʤάəgən, -gα(:)n | ʤά:gən/ *n.* **1** (職業上の)専門用語, 隠語, (特殊な人たちにだけ通じる)通語 (⇨ dialect SYN); (学者間の)むずかしい専門語: metaphysical [medical] ~ (素人にはさっぱりわからない)形而上学[医学]用語. **2 a** (ちんぷんかんで)わけのわからない言葉; たわごと (gibberish): speak a perfect ~ / a baby's ~. **b** ひどいなまり言葉; (わけのわからない)外国[未開]人の言葉. **c** (pidgin English のような)混合語. **3** 《古》(鳥の)さえずり (twittering). — *vi.* **1** わけのわからない言葉を[で]話す. **2** 〈鳥が〉さえずる. **jar·gon·is·tic** /ʤὰəgənístɪk | ʤὰ:-/ *adj.* 〖(*c*1350) □ (O)F ~ 'chattering (of birds)'《擬音語》?: cf. gargle〗

jar·gon[2] /ʤαəgά:n | ʤα:gɔ́n/ *n.* 《鉱物》=jargoon. 〖(1769) □ F ~ □ It. *giargone* □ Arab. *zarqūn* □ ? Pers. *zargūn* gold-colored ← *zar* gold+*gūn*- color: cf. zircon〗

jar·go·naut /ʤάəgənɔ̀:t | ʤά:-/ *n.* jargon[1] をむやみに用いる人.

jar·go·nelle /ʤὰəgənél | ʤὰ:-/ *n.* 《園芸》早生西洋梨の一品種. 〖(1693) □ F ~ (dim.) ← *jargon* 'JARGON[2]'〗

jar·gon·ize /ʤάəgənàɪz | ʤά:-/ *vi.* わけのわからない言葉[専門語, 隠語]を使う, 言葉をくずして使う. — *vt.* 〈普通の語句を〉専門語[むずかしい言葉, 隠語]に言い換える[換えて言う, 換えて書く]. **jar·gon·i·za·tion** /ʤὰəgənɪ̀zéɪʃən | ʤὰ:gənaɪ-, -nɪ-/ *n.* 〖(1803) ← JARGON[1]+-IZE〗

jar·goon /ʤαəgú:n | ʤα:-/ *n.* 《鉱物》ジャーゴン《ジルコン (zircon) の一種; 宝石に用いる》.

jár·hèad *n.* **1** 《米俗》ラバ (mule). **2** 《米軍俗》海兵隊員.

Ja·rir /ʤəríə | -ríəʳ/ *n.* ジャリール《650?-?729; アラブの詩人; 諷刺詩によって知られる》.

jarl /jάəl | ʤά:l/ *n.* (昔のスカンジナビア諸国で)王侯的地位の人. 〖(1820) □ ON ~ 'man of noble birth': cf. earl〗

jár·less *adj.* 震動[揺れ]のない. 〖(1876): ⇨ jar[2]〗

Jarls·berg /jάəlzbə:g | jά:lzbə:g; *Norw.* jά:lsbærg/ *n.* 《商標》ヤールスバーグ《ノルウェー産の硬質チーズ; バター風味で大きな穴がある》.

Jar·man /ʤάəmən | ʤά:-/ *n.* 《商標》ジャーマン《米国 Jarman Shoe 社製の靴; その小売店》.

ja·ro·site /ʤəróusaɪt, -ráu- | ʤǽrəu-/ *n.* 《鉱物》ジャロサイト ($KFe_3(SO_4)_2(OH)_6$)《褐色ないし黄褐色の鉱物》. 〖(1854) □ G *Jarosit* ← *Barranco Jaroso* (スペイン南東部の地名): ⇨ -ite[1]〗

jar·o·vi·za·tion /jὰːrəvɪ̀zéɪʃən, jæ̀r- | -vaɪ-, -vɪ-/ *n.* 《農業》=vernalization. 〖1933〗

ja·ro·vize /jά:rəvàɪz/ *vt.* 《農業》=vernalize. 〖← Russ. *yarovoe* spring grain (← *yara* spring: cf. year)+-IZE〗

jarp /ʤάəp | ʤά:p/ *vt.* 《英方言》たたく, つぶす; (特に)〈イースターの卵の殻を〉割る.

jar·rah /ʤǽrə, ʤɛ́rə | ʤǽrə/ *n.* 《植物》マホガニーゴムノキ (*Eucalyptus marginata*)《オーストラリア南西部産のユーカリノキの一種》; その木材《木質が堅く耐久性に富む》. 〖(1866) □ Austral. (Nyungar) *jerryhl*〗

Jar·rell /ʤərέl, ʤæ-/, **Randall** *n.* ジャレル《1914-65; 米国の詩人・批評家; *The Woman at the Washington Zoo* (1960)》.

Jar·rett /ʤǽrɪt, ʤɛ́r- | ʤǽr-/, **Keith** *n.* ジャレット《1945- ; 米国のジャズピアニスト・作曲家》.

jar·ring /ʤά:rɪŋ/ *n.* きしみ, きしり; 震動 (shaking). — *adj.* **1** きしる; 耳障りな (harsh). **2** 調和しない, 軋轢の. **~·ly** *adv.* 〖(1552): ⇨ jar[2], -ing[1,2]〗

Jar·row /ʤέrou, ʤǽr- | ʤǽrəu/ *n.* ジャロー《英国北東部, Tyne 河口にある港市》. 〖OE *gyruum* ← *gyr* mud, fen: cf. ON *gjǫr* mud〗

Jar·ry /ʒα:rí: | ʒǽri; *F.* ʒaʁi/, **Alfred** *n.* ジャリ《1873-1907; フランスの詩人・劇作家; *Ubu Roi*「ユビュ王」(戯曲, 1896)》.

Ja·ru·zel·ski /jὰ:ruzélski | jæ̀r-; *Pol.* jaruzélsk'i/, **Woj·ciech Wi·told** /vɔ́jtɕɛxvítɔlt/ *n.* ヤルゼルスキ《1923- ; ポーランドの軍人・政治家; 統一労働者党(共産党) 第一書記 (1981-89); 大統領 (1989-90)》.

jar·vey /ʤάəvi | ʤά:-/ *n.* (*also* **jar·vie** /~/) **1** 《アイル》辻馬車の御者 (cabdriver); 軽装二輪馬車 (jaunting car) の御者. **2** 《古俗》6 人乗り二頭立て四輪馬車 (hackney coach). 〖(1819) (dim.) ← JARVIS: むちを持ち物とする St. Gervase にちなむ〗

Jar·vik-7 /ʤάəvɪksévən | ʤά:-/ *n.* 《商標》ジャービック 7《ポリウレタン製人工心臓》. 〖← *Robert K. Jarvik* (1946- : 発明者である米国人)〗

Jar·vis /ʤάəvɪs | ʤά:vɪs/ *n.* ジャービス《男性名》. 〖□ AF *Gervais* □ OHG *Gervas* ← *ger* spear+Celt. **vaas* servant: cf. vassal〗

jar·vy /ʤάəvi | ʤά:-/ *n.* =jarvey.

JAS /ʤéɪèɪés/ 《略》Japan Air System; Japanese Agricultural Standard 日本農林規格.

Jas. /ʤéɪmz | ʤéɪmz, ʤǽs/ 《略》James.

JASDF 《略》Japan Air Self Defense Force 航空自衛隊.

ja·sey /ʤéɪzi/ *n.* 《英》(通例, 毛糸製の昔の)かつら (wig). 〖(*c*1780)《転訛》← ? JERSEY 1: もと Jersey 産の毛糸で作ったのにちなむ〗

jas·mine /ʤǽzmɪ̀n | ʤǽzmɪn, ʤǽs-/ *n.* (*also* **jas·min** /~/) **1** 《植物》**a** ジャスミン《オウバイ属 (*Jasminum*) の植物の総称; cf. winter jasmine》. **b** [通例 jessamine] ソケイ (*J. officinale*)《香水が採れる》. **c** これに似た他属の植物《コリンクチナシ (*Gardenia jasminoides*), インドソケイ (red jasmine) など》. **2** ジャスミン香水. **3** (多少緑がかった)薄黄色 (cf. butter 2). 〖(1548) □ F *jasmin* □ Arab. *yāsamīn* □ Pers. *yāsemīn*〗

Jas·mine /ʤǽzmɪ̀n | ʤǽzmɪn, ʤǽs-/ *n.* ジャスミン《女性名》. 〖↑〗

jásmine òil *n.* 《化学》ジャスミン油《ソケイ (*Jasminum officinale*), オオバナソケイ (*J. grandiflorum*) などの花から採る淡黄色の花精油; 香料用》.

jásmine téa *n.* ジャスミン茶《ジャスミンの花を入れて香りをつけた茶, 中国の茉莉花(ﾓｰﾘｰ)茶など》. 〖1933〗

jásmine yéllow *n.* =butter yellow 2.

jas·mone /ʤǽzmoun, ʤǽs- | -məun/ *n.* 《化学》ジャスモン ($C_{11}H_{16}O$)《ジャスミン油・ネロリ油などに含まれるケトン性の液体; ジャスミン系香料に用いる》. 〖← JASM(INE)+-ONE〗

Ja·son[1] /ʤéɪsən, -sn̩/ *n.* ジェーソン《男性名》. 〖□ Gk *E*(*i*)*ásōn* □ Heb. *Yᵉhōšūaʿ* 'JOSHUA'〗

Ja·son[2] /ʤéɪsən, -sn̩/ *n.* 《ギリシャ伝説》イアソン《Aeson の息子; 金の羊毛 (Golden Fleece) を求めて Colchis 国へ出掛けたアルゴー号一行 (Argonauts) のリーダー; 後に Medea の夫となる》. 〖□ L *Iāsōn* □ Gk *Iásōn* healer: cf. iatric〗

jas·pé /ʒæspéɪ, ʤæs-; *F.* ʒaspe/ *adj.* 多彩な色[模様]の; 玉虫色[模様]の. 〖(1851) □ F *jaspé* (p.p.) ← *jasper* to marble: ↓〗

jas·per /ʤǽspə | -pəʳ/ *n.* **1 a** 《鉱物》碧玉(ﾍｷｷﾞｮｸ)《不純・不透明な石英, 血赤色・褐色・緑色などの色があり, 磨いて宝石に用いる》. **b** 《聖書》(不透明な) 緑色石英. **2** 暗緑色. **3** 《窯業》ジャスパー《Wedgwood の発明した半磁器素地に炭酸バリウムや硫酸バリウムを融剤として添加して作った一般に無釉の精炻器(ｾｲｾｯｷ)》; jasperware ともいう》.

jas·per·y /ʤǽspəri/ *adj.* 〖(?*c*1300) □ OF *jaspre* (F *jaspe*) □ L *jaspis* □ Gk *íaspis*: cf. Arab. *yašb* / Heb. *yāšᵉphēʰ*〗

Jas·per /ʤǽspə | -pəʳ/ *n.* **1** ジャスパー《男性名》. **2** 《米俗》神学生, いやに敬虔なやつ, なんにも知らない田舎者; ばか, まぬけ. 〖□ OF *Jaspar* □ ? Pers. *Jasper*《原義》treasure holder: cf. Casper〗

Jás·per Nátional Párk /ʤǽspə- | -pəʳ-/ *n.* ジャスパー国立公園《カナダ Alberta 州の西部, Rocky 山脈中にある国立公園; 面積 10,900 km²》.

Jásper Pláce *n.* ジャスパープレイス《カナダ Alberta 州, Jasper National Park 入口の村》.

Jas·pers /jά:spəz | jǽspəz; *G.* jáspɐs/, **Karl** *n.* ヤスパース《1883-1969; ドイツの実存主義哲学者・精神病理学者; *Existenzphilosophie*「実存哲学」(1938)》.

jásper·wàre *n.* 《窯業》=jasper 3. 〖1863〗

jas·pi·lite /ʤǽspəlàɪt | -pɪ̀-/ *n.* (*also* **jas·pi·lyte** /~/) 《岩石》ジャスピライト《石英に富むしまと赤鉄鉱などに富むしまからなる珪質岩》. 〖← JASP(ER)+-I-+-LITE〗

JASRAC /ʤǽsræk/ 《略》Japanese Society for the Rights of Authors, Composers and Publishers 日本音楽著作権協会, ジャスラック.

jass /jά:s; *G.* jás/ *n.* 《トランプ》**a** ヤース《5 から 2 までの札を除く 36 枚のカードを使い, 2 人がそれぞれ 6 枚ずつ持って得点を競うゲーム》. **b** =klaberjass. **c** (上述のゲームで)最高位札として働く切札のジャック. 〖□ G《スイス方言》*Jaß*《原義》red hot〗

jas·sid /ʤǽsɪ̀d | -sɪd/ 《昆虫》*adj.* ヨコバイ(科)の. — *n.* ヨコバイ《ヨコバイ科の昆虫の総称; cf. leafhopper》. 〖(1892) ↓〗

Jas·si·dae /ʤǽsədì: | -sɪ-/ *n. pl.* 《昆虫》(半翅目)ヨコバイ科. 〖← NL ~ ← *Jassus* (属名) ← L *Ias*(*s*)*us* (小アジアの古代都市)〗: -idae〗

Jas·sy /jά:si/ *n.* =Iași.

Jat /ʤά:t/ *n.* **1** [the ~s] ジャート[ジョート]族 (Punjab, Sind, インド北西部の民族). **2** ジャート[ジョート]族の人. 〖(1622) □ Hindi *jāṭ*〗

JAT 《略》Jugoslovenski Aero-transport ユーゴスラビア航空.

Ja·ta·ka /ʤά:təkə | -tə-/ *n.* 《仏教》ジャータカ, 本生(ﾎﾝｼｮｳ)経, 本生《仏教の十二部経の一つ; 釈迦(ｼｬｶ)前世の物語で五百数十編から成る宗教訓話の宝庫; 一般には諸仏諸人の前世に関する説話の意》. 〖(1828) □ Skt *jātaka* nativity ← *jāta* (p.p.) ← *jan* to produce〗

ja·ti /ʤά:ṭi | -ti/ *n.* (*pl.* ~, ~**s**) 《インド》ジャーティ《生まれを同じくする集団; いわゆるカースト (caste) を指す, より正確な用語》. 〖(1891) □ Hindi *jāti* ← Skt *jāti* birth〗

ja·to, JA·TO /ʤéɪṭou | -təu/ *n.* (*pl.* ~**s**) 《航空》**1** ジャトー《jato unit を使っての離陸; cf. rato》. **2** =jato unit. 〖(1944)《頭字語》← *J*(*et*)-*A*(*ssisted*) *T*(*ake*)-*O*(*ff*)〗

játo ùnit *n.* 《航空》ジャトーユニット, ジャトー《航空機の離陸距離を短縮するため, 機体外部に取り付ける補助のジェットエンジン装置》. 〖1947〗

jauk /ʤɔ́:k, ʤά:k | ʤɔ́:k/ *vi.* 《スコット》ぶらぶらして時を過ごす, ぐずぐずする. 〖(*c*1378) ← ?〗

jaunce /ʤɔ́:ns, ʤά:ns | ʤɔ́:ns/ 《古》*vi.* 跳ね回る: with *jauncing* up and down あちこち駆け回って (cf. Shak., *Romeo* 2. 5. 52). — *n.* 跳ね回ること (cf. Shak., *Romeo* 2. 5. 26).. 〖(1595) ?〗

jaun·dice /ʤɔ́:ndɪ̀s, ʤά:n- | ʤɔ́:ndɪs/ *n.* **1** 《病理》黄疸(ｵｳﾀﾞﾝ)(を伴う病気) (icterus). **2** (ねたみなどによる)ひがみ, 偏見, 不満. **3** 《養蚕》=grasserie. — *vt.* [しばしば p.p. 形で] **1** 〈人〉に黄疸を起こさせる. **2** …にひがみ[偏見]を持たせる (prejudice). 〖(*c*1303) *jaundis, jaunis* □ OF *jaunice* (F *jaunisse*) ← *jaune* yellow < L *galbinum* greenish yellow ← *galbus* yellow: cf. G *Gelb*〗

jáun·diced *adj.* **1** 黄疸(ｵｳﾀﾞﾝ)にかかっている: ~ skin / All looks yellow to the *jaundic'd* eye. 黄疸にかかった人の目にはすべてが黄色く見える(ひがんで見ればどうにでも見える) (Pope, *An Essay on Criticism* 2. 359). **2** (ねたみなどのために)ひがんだ, 偏見の: take a ~ view of …についてひがんだ見方をする. 〖(1640): ⇨ ↑, -ed〗

jaunt /ʤɔ́:nt, ʤά:nt | ʤɔ́:nt/ *n.* **1** (行楽の)小旅行, 遠足. **2** 《古》骨の折れる[うんざりする]旅. — *vi.* **1** 遠足に行く, (行楽の)小旅行をする. **2** 《古》てくてく歩く[歩きまわる]. **~·ing·ly** /-ṭɪŋ- | -tɪŋ-/ *adv.* 〖(1570) ← ?: cf. jaunce〗

jáunt·ing [**jáun·ty**] **càr** /-ṭɪŋ- | -tɪŋ-/ *n.* (アイルランドの)軽快な四人乗りの二輪馬車. 〖1801〗

jaun·ty /ʤɔ́:nṭi, ʤά:n- | ʤɔ́:nti/ *adj.* (**jaun·ti·er; -ti·est**) **1** (気持ちの)軽快な, 気軽な, のんきを装った. **2** (態度・歩きぶりなど)はつらつとした, 元気のいい (lively); 威張った, 気取った (perky). **3** 《古》お上品な (genteel); いきな, スマートな, しゃれた. — *n.* 《英口語》=master-at-arms. **jáun·ti·ly** /-ṭəli, -ṭli | -tɪ̀li, -tli/ *adv.* **jáun·ti·ness** *n.* 〖(1662)《変形》← 《廃》*janty, jentee* □ F *gentil* genteel: ⇨ gentle〗

jaup /ʤɔ́:p, ʤά:p | ʤɔ́:p/ 《スコット・北英》*vt.* **1** 〈泥水などを〉はねかける (splash). **2** =jarp. — *vi.* 〈泥水などが〉はねかかる. — *n.* (泥水などの)はね. 〖(1513) 擬音語?〗

Jau·regg /jáurɛk; *G.* jáuʁɛk/, **Julius Wagner von** *n.* ヤウレック《1857-1940; オーストリアの医学者; Nobel 医学生理学賞 (1927)》.

Jau·rès /ʒɔ:rés, ʒα:- | ˊ--; *F.* ʒoʁɛs/, **Jean Léon** *n.* ジョレス《1859-1914; フランスの社会主義者》.

Jav. 《略》Java; Javanese.

Ja·va[1] /ʤά:və, ʤǽvə | ʤά:və/ *n.* **a** ジャワ(島)《インドネシア共和国の主島, 西部に同国の首都 Djakarta がある; 面積 130,987 km²; インドネシア名 Jawa》. **b** =Java Sea.

Ja·va[2] /ʤǽvə, ʤά:- | ʤά:-/ *n.* **a** ジャワコーヒー(の木, 実). **b** [しばしば j-]《俗》コーヒー. **c** ジャワ《アジア産の改良種である米国産の大形の鶏》.

Ja·va[3] /ʤά:və/ *n.* 《電算・商標》ジャヴァ《多様なシステムを含むインターネットのようなネットワークで, プログラムの授受を電子メール感覚の容易さで実現するプログラミング言語 (applet); たとえば動画を独立したデータとして送るだけでなく, ユーザーからの指示に応じる対話的な利用ができる; Sun Microsystems 社の商標》. 〖(1995) ← JAVA[1]: 米国のコンピュータープログラマーにジャワコーヒーの愛好家が多いことから; プログラミング言語の豊かさと強力さを象徴する意図も込められているといわれる〗

Jáva cótton *n.* =kapok.

Jáva màn *n.* 《人類学》ジャワ原人 (*Homo erectus*)《1891 年ジャワでその化石が発見された原始人; 旧学名 *Pithecanthropus erectus*; Trinil man ともいう》. 〖1911〗

Ja·van /ʤά:vən, ʤǽv- | ʤά:v-/ *adj., n.* =Javanese.

Jav·a·nese /ʤæ̀vəní:z, ʤὰ:v-, -ní:s | ʤὰ:vəní:zˊ/ *adj.* **1** ジャワ島の. **2** ジャワ人[語]の. — *n.* (*pl.* ~) **1** ジャワ人《マレー人種》: a ~ ジャワ人 / the ~ ジャワ人(全体). **2** ジャワ語. 〖(1704): ⇨ Java, -ese〗

jav·a·nine /ʤǽvənì:n, -nɪ̀n/ *n.* 《薬学》ヤバニン《アカネ科植物シンコナ (*Chinchona calisaya*) から採る結晶性アルカロイド; 健胃剤》. 〖← NL *javan*(*ica*) (属名: ⇨ Java, -ic[1], -a[1])+-INE[3]〗

Jávan rhinóceros *n.* 《動物》ジャワサイ (*Rhinoceros sondaicus*) (Java, Sumatra, インド産).

Jáva pépper *n.* 《植物》ヒッチョウカ.

Ja·va·ri /ʒὰ:vərí:; *Braz.* ʒavarí/ *n.* (*also* **Ja·va·ry** /~/) [the ~] ヤバリ(川)《Amazon 川南部の支流, ブラジルとペルーとの国境の一部をなす (870 km); Yavari ともいう》.

Jáva Séa *n.* [the ~] ジャワ海《Java 島と Borneo 島との間の海》.

Jáva spárrow *n.* 《鳥類》ブンチョウ (*Padda oryzivora*)《ジャワに野生し, 稲を害する小鳥; ペット用》. 〖1861〗

jav·e·lin /ʤǽv(ə)lɪ̀n | -lɪn/ *n.* **1 a** 投げ矢, 投げ槍. **b** (競技用)投げ槍, 槍《長さ 2.6 m》. **2** 投げ槍兵. **3** [the ~] 《陸上競技》=javelin throw. **4** 《空軍》=javelin formation. — *vt.* **1** 投げ槍で刺す[突く]. **2** (投げ槍のように)投げる. 〖(1467) □ F *javeline* ← Celt.〗

jav·e·li·na /hὰ:vəlí:nə; *Am.Sp.* haβelína/ *n.* 《動物》=peccary. 〖(1822) □ Sp. *jabalina* wild sow (fem.) ← *jabalí* boar □ Arab. *jabalī* of the mountain, inhabitant of mountains ← *jábal* mountain〗

jávelin bàt *n.* 《動物》ヘラコウモリ《熱帯アフリカ産》.

J

jávelin formátion n. 〖空軍〗(爆撃機などの)縦列編隊 (3 機ずつ縦に並んだ数個編隊からなり, 通例後の 3 機が前の 3 機より上方または下方に位置する).
jávelin thròw n. 〖陸上競技〗槍投げ.
jávelin thròwer n. 槍投げ選手.
jávelin thròwing n. 〖陸上競技〗=javelin throw. 〚1902〛
Ja·vélle wàter /ʒævél-, ʒə-/ n. 〖化学〗ジャベル水 (NaOCl) (次亜塩素酸カリウムと塩化カリウムの混合水溶液; 漂白・殺菌用; eau de Javelle ともいう). 〚(1890) (部分訳) ← F (eau de) Javelle (water of) Javelle (現在 Paris に含まれる古都市): cf. Water of Javelle (1875)〛
Ja·vél wàter /ʒævél-, ʒə-/ n. 〖化学〗=Javelle water.
jaw¹ /dʒɔ́ː, dʒɑ́ː | dʒɔ́ː/ n. **1 a** あご, 顎骨(がっこつ): the lower [upper] ～ 下[上]あご / wag one's [the] ～(s) うるさくしゃべる / set one's ～ (固い決意を示して)あごを引く[引きしめる], 意志の固さを見せる. ★ ギリシャ語系形容詞: gnathic. 日英比較 日本語の「あご」は英語の chin (下あごの先端部)も含むのが普通だが, 英語では the upper *jaw*, the lower *jaw* の他に chin を区別する (cf. chin). **b** [通例 *pl.*] (上下顎骨と歯を含めた)口部, 口腔(こうこう) (cf. lip 2). **c** 無脊椎動物で顎骨の働きをするもの. **2 a** あごの形に似たもの. **b** [*pl.*] (谷・通路などの)狭い入口. **c** [*pl.*] (挟み道具の)あご: the ～s of a vise 万力(まんりき)のあご. **3** [*pl.*] 死などに脅かされた状態: in [out of] the ～s of death 死地に陥って[を脱して], 死に瀕して[死を免れて] / the ～s of despair 絶望の淵. **4** 《俗》 **a** (親しい)おしゃべり, 多弁; 雑談: all ～ (ぺらぺらと)まくしたてること / have a ～ おしゃべりをする, 雑談する / Stop [Hold] your ～! 黙れ. **b** (うるさい)小言, (長たらしい)お説教 (lecture), 不(愉)快な話. **5** 〖海事〗ジョー (boom や gaff の内端で帆柱を半分抱いて上下できるように作った Y 形材; 帆柱から外れないようにその先端にはジョーロープ (jaw rope) という細索をつける).
gét jáws tight 《口語》黙る, 怒る. ***give a person a jáw*** しかりつける, くどくど小言を言う. ***a person's jáw dróps (a míle)*** 《口語》驚いて大口をあける, びっくりする. ***sét one's jáw*** 肚(はら)を決めてかかる.
Jáws of Lífe [単数扱い]〖商標〗ジョーズオブライフ (大破した事故車などをこじあけて人を救出するための装置).
— *vi.* **1** 《口語》くどくど[長々と]小言を言う 〔*at*〕. **2** 長々としゃべる (chat) 〈*away*〉. — *vt.* **1** 〈ガムなどを〉かむ. **2** 《俗》…にしゃべりまくる: ～ a person down 人をしゃべり負かす. **3** 《俗》しかりつける, …に(くどくど)小言を言う (scold).
〚(1325) *jou(e)* □ (O)F *joue* cheek < VL **gauta(m)* ← ? **gavita*=**gabita* ← OL **gaba* gorge, jaw (cf. jabot): cf. jowl¹, chaw, chew〛
jaw² /dʒɔ́ː, dʒɑ́ː | dʒɔ́ː/ n. 《スコット》波, はね, はね返り. 〚(1513) ?〛
Ja·wa /*Indon.* dʒáva/ n. Java のインドネシア語名.
Ja·wan /dʒəwáːn/ n. 《インド》**1** 軍人, 兵士. **2** 若者. 〚(1839) □ Urdu *jawān*〛
Ja·wa·ra /dʒɑ́ːwərə/, **Sir Dauda Kairaba** n. ジャワラ (1924–　; ガンビアの政治家; 大統領 (1970–94)).
jáw·bòne n. **1** 〖解剖〗顎骨(がっこつ) (cf. maxilla, mandible); (特に)下顎骨. **2** 《米俗》信用, 貸付け, ローン: He has nothing to live on but ～. 彼はつけで暮らすしか手がない. **3** 《米口語》説得工作, 強い要請[圧力]. — *vt.* 《米俗》**1** 〈大統領などが〉説得工作をする, 強く要請する; しかる, お説教する. **2** 借りる, 信用[つけ]で買う. — *vi.* 《米俗》**1** 説得につとめる. **2** 貸しつける. **3** しゃべる, 長々と討議する 〈*about*〉. 〚n.: (c1489): ⇨ jaw¹, bone. — v.: (1966) (逆成) ← JAWBONING〛
jáw·bòn·ing n. 《米俗》(価格・賃金の抑制について, 企業・労組の指導者に与える)一国の長[大統領]の強力な要請; 有力者[高官]の要請[圧力]. 〚(1969) ← JAWBONE (n.)+-ING¹〛
jáw·brèaker n. **1** 《口語》非常に発音しにくい語[句], 舌をかむような言葉 (cf. tongue twister). **2** 《米》変わり玉(だま) (gobstopper) (なめていくうちに色の変わるあめ). **3** 〖機械〗=jaw crusher. 〚1839〛
jáw·brèaking adj. 《口語》非常に発音しにくい.
～·ly adv. 〚1842〛
jáw clùtch n. 〖機械〗かみ合いクラッチ. 〚1893〛
jáw crùsher n. 〖機械〗ジョークラッシャー, 砕鉱機 (鉱石などを砕く強力な破砕機). 〚1877〛
jawed adj. **1** あごのある: a ～ fish. **2** [複合語の第 2 構成素として] …の(ような)あごをした: a square-*jawed* boxer あご[えら]の張ったボクサー. 〚(a1529) ← JAW¹+-ED〛
jáw·fìsh n. 〖魚類〗アゴアマダイ科の魚の総称.
jáw-jàw 《英俗》vi., n. 長話[長談議](をする). 〚(1831) (加重) ← JAW¹ (vt. 2 & vi. 2)〛
jáw·less adj. あごのない, 無顎の.
jáwless fìsh n. 〖魚類〗無顎(むがく)綱の魚 (ヤツメウナギなどの円口類). 〚1941〛
jáw·lìke adj. あごのような.
jáw·lìne n. 下あごの輪郭. 〚1924〛
jáw ròpe n. 〖海事〗ジョーロープ (⇨ jaw¹ 5). 〚1833〛
jaw's harp n. =Jew's harp.
Jax·ar·tes /dʒæksáətiːz | -sáː-/ n. [the ～] ヤハルテス(川) (Syr Darya の古名).
jay¹ /dʒéɪ/ n. **1** 〖鳥類〗**a** カケス, (俗に)カシドリ (*Garrulus glandarius*) (鳴き声のやかましいいたずらな鳥). **b** カケスに似た鳥の総称. **2** 《口語》**a** (だまされやすい)のろま. **b** 世間知らず, 青二才 (greenhorn). **c** 生意気なおしゃべり屋. **d** めかし屋, 洒落(しゃれ)男 (dandy). **3** [軽蔑的] 尻軽女: Some ～ of Italy イタリアの性悪女 (Shak., *Cymb.* 3. 4. 49). **4** かけす色 (jay blue) (穏やかな青色).
— *adj.* (～·er; ～·est) 《米口語》田舎っぽい, 安っぽい, くだらない. 〚(?a1300) □ OF ～ (F *geai*) □ LL *gaius* jay (擬音語): L *Gaius* (人名)との連想あり〛
jay² /dʒéɪ/ n. アルファベットの J [j]. 〚c1620〛
jay³ /dʒéɪ/ n. 《俗》マリファナタバコ (joint 4). 〚(1973) ← *joint* の 'j' の発音から〛
Jay /dʒéɪ/, **John** n. ジェイ (1745–1829; 米国の法律家・政治家; 初代最高裁判所長官 (1789–95): ⇨ Jay's Treaty).
Ja·ya /dʒɑ́ːjə/, **Mount** n. =Djaja.
Ja·ya·pu·ra /dʒɑ̀ːəpúᵊrə | -púərə; *Indon.* dʒajapúra/ n. ジャヤプラ (インドネシア北西の港で Irian Jaya 州の州都; Djajapura ともいう; 旧名 Sukarnapura, Kotabaru, Hollandia).
Ja·ya·war·dene /dʒɑ̀ɪjəwɑ́ədɪnə | -wɑ́ːd-/, **Junius Richard** n. ジャヤワルデネ (1906–96; スリランカの政治家; 首相 (1977–78) を経て初代大統領 (1978–89)).
jáy·bìrd n. 〖鳥類〗=jay¹ 1.
(as) náked as a jáybird 《米》素っ裸で, 一糸もまとわず. 〚1661〛
jay·cee, J- /dʒèɪsíː/ n. 《口語》青年商工会議所 (Junior Chamber of Commerce) の会員. 〚(1938): *Junior Chamber* の頭文字の発音から〛
jay·gee /dʒèɪdʒíː/ n. 《米口語》=lieutenant junior grade. 〚(1943): *junior grade* の頭文字の発音から〛
jáy·hàwk vt. 《米口語》略奪する, 襲う; 襲撃する (raid). — *n.* **1** =jayhawker. **2** ジェイホーク鳥 (米国 Kansas 州の象徴となっているくちばしの大きい架空の鳥). 〚(1866) (逆成) ↓〛
jáy·hàwk·er n. 《米》**1** [しばしば J-] **a** 略奪者, 匪賊(ひぞく). **b** 《俗》南北戦争当時 Kansas 州を根拠として Missouri 州西部で略奪を続けていた奴隷制反対のゲリラ. **2** [J-] 《口語》Kansas 州の住民 (あだ名), カンザス人 (Kansan). 〚(1865) ← ? JAY¹+HAWK¹+-ER¹〛
Jáyhawker Stàte n. [the ～] 米国 Kansas 州の俗称.
Jayne /dʒéɪn/ n. ジェイン (女性名). 〚⇨ Jane〛
Jáy's [Jáy] Tréaty n. ジェイ条約 (米国の Washington 大統領の指示により, John Jay がロンドンで締結した米英間の和平協定 (1794); 制限つき通商の開始, 英軍側の北東部国境要塞の放棄, フランス革命不介入などを決定した).
jay·vee /dʒèɪvíː/ n. 《口語》〖スポーツ〗**1** =junior varsity. **2** [通例 *pl.*] ジュニアチームのメンバー, 二軍のメンバー. 〚(1937): *junior varsity* の頭文字の発音から〛
jáy·wàlk vi. 《口語》交通規則や信号を無視して街路[道路]を横断する. **～·er** n. 〚(1919) (逆成) ← *jaywalker* (1917): ⇨ jay¹ 2, walk〛
jáy·wàlking n. 《口語》交通規則や信号を無視した街路横断. 〚1919〛
jaz·er·ant /dʒǽzərənt/ n. 〖甲冑〗小札鎧(こざねよろい) (金属や角製の小札を布または革製の胴衣の表にうろこ状に重ねて縫い付けた一種のよろい). 〚(?a1400) *jesseraunt* □ OF *jaseran(t)* □ Sp. *jacerina* □ Arab. *Jazā'irī* Algerian ← *al-Jazā'ir* Algiers, (原義) the islands〛
jazz /dʒǽz/ n. **1 a** ジャズ (米国黒人起原の音楽; syncopation の多用, 即興演奏などが特徴; cf. Dixieland, ragtime, swing, boogie-woogie). **b** ジャズ(ダンス): dance ～. **2** 《俗》**a** (文体などに表現される)ジャズ的特色 (奇異な刺激・興奮・狂騒など). **b** 張り切り, 活気. **c** (いいかげんな)ほら話, 誇張した話: Don't give me all that ～. そんなくだらない話は聞かさないでくれ. **3** 《卑》性交.
and áll that jázz 《口語》などなど (et cetera): He likes chatting, drinking, dancing, *and all that* ～. しゃべるとか, 飲むとか, 踊るとかそういったようなことが好きなんだ. (1959)
— *adj.* [限定的] **1** ジャズ(式)の: a ～ band, dance, singer, song, etc. **2** まだらの, 雑色の (mottled).
— *vi.* **1 a** ジャズ音楽を演奏する; ジャズ風に演奏する. **b** ジャズ(ダンス)を踊る. **2** あちこちぶらつく[歩きまわる] (gad) 〈*around*〉. **3** 《卑》性交する.
— *vt.* **1** (即興や速いテンポを使い) ジャズ(風)に演奏[編曲]する, ジャズ化する: ～ a tune. **2** 《俗》**a** 興奮させる, 活気づける (enliven) 〈*up*〉. **b** 〈装飾などを〉けばけばしくする〈*up*〉. **c** …のスピードを増す, 加速する (accelerate). **3** 《卑》…と性交する.
〚(1909) □ ? Creole (方言) *jass* ← Afr. (現地語): もとコンゴ踊りまた性的意味を表した隠語〛
jázz àge, J- À- n. [the ～] ジャズ時代, ジャズエイジ (第一次大戦の後を受けジャズが流行し道徳が退廃した米国の 1920 年代; F. S. Fitzgerald の命名). 〚1922〛
jazz·bo /dʒǽzbou | -bəu/ n. 《俗》**1** ジャズミュージシャン, ジャズ狂. **2** 《古》[軽蔑的] 黒人男, 黒人兵. 〚(1917) ← ?〛
jázzed-úp adj. 活気づいた; 飾りたてた.
jazz·er /dʒǽzə | -zə(r)/ n. =jazzman. 〚1919〛
jaz·zer·cise /dʒǽzəsàɪz | -zə-/ n. ジャザーサイズ, ジャズダンス (ジャズ音楽に合わせて行う体操). 〚(1977) ← JAZZ+(EX)ERCISE〛
jazz·man /-mæ̀n, -mən/ n. (*pl.* **-men** /-mɛ̀n, -mən/) ジャズ演奏家[者], ジャズ音楽家. 〚1926〛
jaz·zo·thèque /dʒǽzətɛ̀k/ n. 生演奏のジャズとレコード音楽のあるナイトクラブ. 〚(1968) (短縮) ← *jazz (disc)-othèque*〛
jázz-róck n. 〖音楽〗ジャズロック (ジャズとロックの混合した音楽), ジャズ風ロック. 〚1970〛
jazz·y /dʒǽzi/ adj. (**jazz·i·er**; **-i·est**) **1** ジャズ音楽特有の, ジャズ的な. **2** 《口語》**a** 狂騒的な, 活発な. **b** 派手な, かっこいい: a ～ tie [shirt]. **jázz·i·ly** /-zɪ̀li/ adv. **jázz·i·ness** n. 〚(1919): ⇨ -y¹〛
Jb (略) 〖聖書〗Job.
Jb. G. Jahrbuch (=yearbook).
JB (略) John Bull; *L.* Jūrum Baccalaureus (=Bachelor of Laws).
J-bàr líft /dʒéɪ-/ n. 〖スキー〗(一人乗りの) J 字型リフト. 〚1954〛
JBJ /dʒéɪbìːdʒéɪ/ n. 〖商標〗ジェービージェー (米国 Oxford Industries 社製のスポーツウェア).
JBS (略) John Birch Society.
JC (略) jurisconsult; 〖スコット法〗Justice Clerk; Juvenile Court.
J.C. (略) Jesus Christ; Julius Caesar
JCB /dʒèɪsìːbíː/ n. 〖商標〗ジェーシービー (前方に水圧ショベル後方に掘削機をもつ建設機械). 〚1960〛
JCB (略) junior college of business 実務短期大学; *L.* Jūris Canonicī Baccalaureus (=Bachelor of Canon Law); *L.* Jūris Cīvīlis Baccalaureus (=Bachelor of Civil Law).
JCC (略) Jesus College, Cambridge; Junior Chamber of Commerce 青年商工会議所.
JCD (略) *L.* Jūris Canonicī Doctor (=Doctor of Canon Law); *L.* Jūris Cīvīlis Doctor (=Doctor of Civil Law).
JCL (略) 〖電算〗job control language; *L.* Jūris Canonicī Licentiātus (=Licentiate in Canon Law) 教会法法曹; *L.* Jūris Cīvīlis Licentiātus (=Licentiate in Civil Law) 大陸法法曹.
J. C. Pen·ney /dʒéɪsìːpéni/ n. J. C. ペニー (米国の衣料中心のデパートチェーン; 1962 年より通信販売も手掛けている).
JCR (略) 〖英大学〗Junior Combination Room; 〖英大学〗Junior Common Room. 〚1892〛
JCS /dʒéɪsìːés/ (略) Joint Chiefs of Staff (米国)統合参謀本部 (⇨ joint): Chairman of *JCS* 統合参謀本部議長.
jct., jctn (略) junction.
J cùrve /dʒéɪ-/ n. 〖経済〗カーブ効果 (為替レートの変動の効果を示すグラフがとる形; 為替レートの下落は, 当初は貿易収支を悪化させるが, しばらくしてから改善するというもので, グラフに表すと J 型になる). 〚1973〛
jd (略) joined.
JD (略) 〖天文〗Julian Day; Junior Dean; *L.* Jūris Doctor (=Doctor of Jurisprudence); Doctor of Law; *L.* jūrum doctor (=doctor of laws); 〖法律〗justice department 司法部; 〖法律〗juvenile delinquency; 〖法律〗juvenile delinquent.
JD (記号) 〖貨幣〗Jordan dinar(s).
Jdt (略) 〖聖書〗Judith.
Je (略) June.
jeal·ous /dʒéləs/ adj. **1 a** 嫉妬(しっと)心から出た, 嫉妬の: ～ intrigues. **b** 嫉妬深い, やきもちやきの: a ～ wife, lover, disposition, etc. **c** 〔…を〕ねたむ, 嫉妬する 〔*of*〕: be ～ *of* a person [another's happiness, wealth, etc.] 人[他人の幸福, 富など]をねたんでいる. **2** (疑い深いまでに)油断のない; (愛情などを失うまいと)気を配る 〔*of, for*〕: with ～ care きわめて用心深く / a ～ guardian 油断のない保護者 / be ～ *of* one's rights 権利を失う[侵され]まいと気を配っている. **3** 〖聖書〗〈神がただ一筋の信仰を求める, 不信仰を許さぬ: I the Lord thy God am a ～ God. われエホバなんじの神はねたむ神なり (*Exod.* 20:5; cf. *Deut.* 6:15). **4** 《古》疑い深い, 邪推する. **5** 《廃》=zealous. **～·ly** adv. **～·ness** n. 〚(?a1200) □ OF *gelos* (F *jaloux*) < ML *zelōsum* ← LL *zēlus* zeal □ Gk *zêlos*: zealous と二重語: ⇨ zeal, -ous〛
jeal·ou·sy /dʒéləsi/ n. **1** 嫉妬, そねみ, ねたみ, やきもち. **2** 後生大事の念, 油断のない配慮, 警戒的な注視, 警戒心: guard with ～ 大切に[油断なく]守る. **3** 《古・方言》疑惑 (suspicion), 疑念, 不信 (mistrust) (cf. Shak., *Much Ado* 2. 2. 49). **4** 《古》**a** 怒り (indignation) (cf. *Deut.* 29:20). **b** 熱愛 (ardent love). 〚(?a1200) □ OF *gelosie* (F *jalousie*): ⇨ ↑, -y³〛
jean /dʒíːn/ n. **1** [*pl.*] **a** /《英》dʒéɪn, dʒíːn/ ジーンズ (ジーンズで作った衣服・ズボン・作業服など; ⇨ blue jeans). 日英比較 日本語では「ジーンズ」の他に「ジーパン」ともいうが, これは *jeans* と pants を組み合わせた和製英語. **b** ジーパン: a girl in ～s. **2** [時に ～s; 単数扱い] ジーンズ, ドイッチェン, 細綾綿布, 細綾綿毛交織 (縦糸は綿で横糸は毛). **3** ジーンズ, ジーンズに似た型[生地]: They make a very good ～. あの会社のジーンズはとてもよい. 〚(1488) ← ME *Gene* □ OF *Janne* (F *Gênes*) < ML *Janua* Genoa〛
Jean /dʒíːn; *F.* ʒɑ̃/ n. ジーン: **1** 男性名. **2** 女性名. 〚1: □ F ～ 'JOHN¹'; 2: (スコット) ～ 'JANE, JOAN¹'〛
Jean /ʒɑ́ː(ŋ), ʒɑ́ːŋ; *F.* ʒɑ̃, *G.* ʒɑ́ː/ n. ジャン (1921–　; ルクセンブルク大公 (1964–2000)).
Jean Bap·tiste de la Salle /ʒɑ̃ː(m)bætíːstdəlæsɑ́ːl, ʒɑ́ːm-; *F.* ʒɑ̃batistdəlasal/, **Saint** /sɛ̃/ n. ジャン バティストドゥラサール (1651–1719; フランス Reims の聖職者, 聖人; Christian Brothers の創立者).
Jean de Meung /ʒɑ̃ː(n)dəmə́ː(ŋ), ʒɑ́ːndəmə́ːŋ; *F.* ʒɑ̃dmœ̃/ n. ジャンドマン (1250?–?1305; フランスの詩人: Guillaume de Lorris の *Roman de la Rose* の続編約 18,000 行の作者; 本名 Jean Clopinel).
Jean Des·prez /ʒɑ̃ː(n)deɪpréɪ, ʒɑ́ːn-; *F.* ʒɑ̃depʁe/ n. 〖商標〗ジャンデプレ (フランスの調香師 Jean Desprez の作品; 彼が創業した香水メーカー).
Jean·ie /dʒíːni/ n. ジーニー (女性名).
Jeanne /ʒɑ́ːn; *F.* ʒɑːn, ʒan/ n. ジーン (女性名). 〚□ F ～ 'JANE, JOAN¹'〛
Jeanne d'Arc /*F.* ʒɑːndaʁk/ n. ジャンヌダルク (⇨

Joan of Arc).

Jean·nette /dʒənét | dʒə-; *F.* ʒanɛt/ *n.* ジャネット《女性名; 愛称形 Nettie》. 〖□F ～ (dim.) ← JEANNE: ⇨ -ette〗

Jean·nie /dʒíːni/ *n.* ジーニー《女性名》. 〖← JEANNE＋-IE〗

Jean Pa·tou /ʒɑ́ː(m)pɑːtúː, ʒɑ́ːm-; *F.* ʒɑ̃patu/ *n.* 〘商標〙ジャンパトゥ《フランスのデザイナー Jean Patou (1893–1936) およびその後継者がデザインした高級衣料品・香水; そのメーカー》.

Jean Paul *n.* ⇨ Jean Paul Friedrich RICHTER.

Jean Paul Gaul·tier /ʒɑ́ː(m)pɔːlgoːtjéɪ, ʒɑ́ːm-, -pɑːl-, -gɑː- | -gɔː-; *F.* ʒɑ̃pɔlgotje/ *n.* 〘商標〙ジャンポールゴルチエ《フランスのデザイナー Jean Paul Gaultier (1952–) がデザインした衣服》.

Jeans /dʒíːnz/, Sir **James** (**Hop·wood** /hɑ́(ː)pwʊd | hɔ́p-/) *n.* ジーンズ《1877–1946; 英国の数学・物理・天文学者》.

jea·sly /dʒíːzli/ *adj.* (*also* **jea·sely** /～/)《米俗》くだらない.

Jebb /dʒéb/, Sir **Richard C**(**la·ver·house**) /kléɪvəhàʊs | -və-/ *n.* ジェブ《1841–1905; スコットランド生まれの英国のギリシャ古典学者》.

Jeb·by /dʒébi/ *n.* 《米俗》イエズス会士 (Jesuit), イエズス会.

jeb·el /dʒébəl, -bɨl/ *n.* ＝djebel.

Jéb·el Druze /dʒébəldrúːz, -bɨl-/ *n.* ＝Djebel Druze.

Jeb·el ed Druz /dʒébəlɛdrúːz/ *n.* ＝Djebel Druze.

Jeb·el Mu·sa /dʒébəlmúːsɑː, -bɨl-/ *n.* ジェベルムーサ《モロッコ北西部, Gibraltar 対岸の山 (840 m); Pillars of Hercules の一つ》.

Jébel Toubkál *n.* ＝Toubkal.

Je·bus /dʒíːbəs/ *n.* エブス《Jerusalem のこと; David により征服されイスラエルの都となった; *Judges* 19:10》.

Jed·burgh /dʒédbəːg | dʒédb(ə)rə/ *n.* ジェドバラ《スコットランド南東部, Jed 河畔の都市, 旧 Roxburghshire 州の州都; David 一世の建立(こんりゅう)した有名な修道院の旧跡のほか, 史跡に富む》. 〖《古形》*Jedworth* ＜ OE *Gedwearde* ← *Ged* River Jed＋*worð* enclosure: ⇨ -burgh〗

Jed·da, Jed·dah /dʒédə | -də/ *n.* ＝Jidda.

jee[1] /dʒíː/ *int.* 《米俗》＝gee[1].

jee[2] /dʒíː/ *int. n., v.* ＝gee[2].

jee·lie /dʒíːli/ *n.* (*also* **jee·ly** /～/)《スコット》ゼリー; ジャム.

jeep /dʒíːp/ *n.* **1 a** ジープ《第二次大戦中に米軍が使用しだした 4 輪駆動の軍用小型万能自動車; cf. doodlebug》: by ～ ＝in a ～ ジープで. **b** [J-]〘商標〙ジープ《同上の能率的な小型自動車》. **c** ジープ型の民間用自動車. **2 a** 《海軍俗》＝jeep carrier. **b** 《空軍》(軽快な)小型偵察(連絡)機. — *vi.* ジープに乗って行く. — *vt.* ジープで運ぶ. 〖《1941》《もと軍俗》←? *Eugene the Jeep*: E. C. Segar (1894–1938) の漫画 Popeye 中の 'jeep' という奇声を出す架空の小動物の名, のち *GP* (＝General Purpose Car) と連想された〗

jéep·a·ble /-pəbl/ *adj.* (普通の自動車は通れず)ジープなら行ける[通れる]. 〖《1944》: ⇨ ↑, -able〗

jéep càrrier *n.* 《米海軍俗》船団護衛用小型空母.

jee·pers /dʒíːpəz | -pəz/ *int.* へーえ, おや《軽いののしりを表す》. 〖《1929》《婉曲的転訛》← JESUS〗

jéepers créep·ers /-kríːpəz | -pəz/ *int.* ＝jeepers. 〖《1927》《婉曲的転訛》← *Jesus Christ*〗

jeep·ney /dʒíːpni/ *n.* ジープニー《フィリピンのジープ改造の小型バス》. 〖《1961》← JEEP＋(JIT)NEY〗

jeer[1] /dʒíə | dʒíə(r)/ *vi.* あざける, ばかにする, やじる (⇨ scoff[1] SYN); 酷評する 〔*at*〕. — *vt.* ひやかす, やじる, からかう (deride): ～ a person out [off] 人をあざけって[やじって]追い出す. — *n.* からかい, ひやかし, あざけり (gibe). **～·er** /dʒíərə | dʒíərə(r)/ *n.* 〖《1553》《変形》←? CHEER: cf. MDu. *scheeren, scheren* to jest, jeer〗

jeer[2] /dʒíə | dʒíə(r)/ *n.* [通例 *pl.*] 〘海事〙重い帆桁(ほげた)《特に, 最下の帆桁》を上げ下げするときに使う滑車装置. 〖《1495》←? GEE[2]＋-ER[1]〗

jeer·ing /dʒíərɪŋ | dʒíər-/ *adj.* あざける(ような), からかう. — *n.* あざけり. **～·ly** *adv.* 〖《1581》: ⇨ ↑, -ing[2]〗

Jeeves /dʒíːvz/ *n.* ジーヴズ《P. G. Wodehouse の一連の小説に登場する信頼のおける機略縦横の執事》.

jeez /dʒíːz/ *int.* おや, あーあ《軽いののしりを表す》. 〖《*c*1900》《婉曲的転訛》← JESUS〗

je·fe /héɪfeɪ, héf-; *Am.Sp.* héfe/ *n.* (*pl.* **～s** /～z; *Sp.* ～s/) **1** 《米南西部》長, 頭(かしら). **2** 司令官 (commander). 〖□Sp. ～ □OF *chief* (F *chef*) 'CHIEF'〗

Jeff /dʒéf/ *n.* ジェフ《男性名》. 〖(dim.) ← JEFFREY〗

Jef·fer·ies /dʒéfriz/, (**John**) **Richard** *n.* ジェフリーズ《1848–87; 英国の随筆家; 病身で終生自然を友とした; *Bevis* (1882), *The Story of My Heart* (1883)》.

Jef·fers /dʒéfəz | -fəz/, (**John**) **Robinson** *n.* ジェファーズ《1887–1962; 米国の詩人; *Roan Stallion, Tamar, and Other Poems* (1925)》.

Jef·fer·son /dʒéfəsən, -sn | -fə-/ *n.* [the ～] ジェファーソン(川)《米国 Montana 州南西部を流れる川; Madison 川, Gallatin 川と合流して Missouri 川となる (402 km)》.

Jef·fer·son /dʒéfəsən, -sn | -fə-/, **Mount** *n.* ジェファーソン山《米国 Oregon 州北西部, Cascade 山脈の一高峰 (3,200 m)》.

Jef·fer·son /dʒéfəsən, -sn | -fə-/, **Thomas** *n.* ジェファソン《1743–1826; 米国の政治家・著述家・第 3 代大統領 (1801–09);「独立宣言」の起草に重要な役割を果たした (⇨ Jefferson Day)》.

Jéfferson Cíty *n.* ジェファーソンシティ《米国 Missouri 州中部 Missouri 河畔にある同州の州都》. 〖← (*Thomas*) *Jefferson*〗

Jéfferson Dávis's Bírthday *n.* (南部諸州で祝う)ジェファソン誕生記念日《6 月 3 日》. 〖《1929》← *J. Davis*〗

Jéfferson Dày *n.* Jefferson 大統領誕生記念日《4 月 13 日; 民主党員が祝う; cf. Jackson Day》. 〖1936〗

Jef·fer·so·ni·an /dʒèfəsóʊniən | -fəsóʊ-ˊ/ *adj.* **1** (米国第 3 代大統領) Thomas Jefferson 風[流]の; 民主的な. **2** Jefferson の主義[政策]に関する. — *n.* Jefferson 崇拝家[追随者]. **～·ism** /-nìzm/ *n.* 〖《1799》← (*Thomas*) *Jefferson*＋-IAN〗

Jef·frey /dʒéfri/ *n.* ジェフリー《男性名》. 〖《変形》← GEOFFREY: cf. Jeff〗

Jef·frey /dʒéfri/, **Francis** *n.* ジェフリー《1773–1850; スコットランドの評論家・裁判官; *Edinburgh Review* を創刊しロマン派に対する手厳しい批評家として有名; 称号 Lord Jeffrey》.

Jéffrey píne *n.* 〘植物〙ジェフリーマツ (*Pinus ieffreyi*)《米国 Oregon 州や California 州などに生育するマツ》; ジェフリーマツ材. 〖*Jeffrey*: ← *John Jeffrey* (19 世紀のスコットランドの園芸家): cf. *Jeffrey's pine* 《1858》〗

Jef·freys /dʒéfriz/, **George** *n.* ジェフリーズ《1644–89; 英国の判事; James 二世に登用され, 1685 年 Monmouth 公の反乱後, 反徒たちに対する無慈悲な裁きは Bloody Assizes (血の裁判)として恐れられた; 名誉革命 (Glorious Revolution) 後 London 塔で獄死した; 称号 1st Baron Jeffreys of Wem /wém/》.

je·had /dʒɪhɑ́ːd, dʒɪː- | -hɑ́ːd, -hǽd/ *n.* ＝jihad.

Je·hol /dʒəhóʊl | -hɔ́ʊl/ *n.* **1** 熱河省《中国東北部の旧省; 現在は河北省 (Hebei)・遼寧省 (Liaoning) などに属する》. **2** 熱河; 承徳 (⇨ Chengde).

Je·hosh·a·phat /dʒɪhɑ́(ː)ʃəfæ̀t, -hɑ́(ː)s- | -hɔ́ʃ-, -hɔ́s-/ *n.* 〘聖書〙ヨシャパテ《紀元前 9 世紀の南王国ユダの王; cf. *1 Kings* 22:41–50》. 〖□Heb. *Yᵉhōšāphāṭ* (原義) Yahweh has judged〗

Je·ho·vah /dʒɪhóʊvə | -hɔ́ʊ-/ *n.* **1** エホバ《旧約聖書の伝統的な英訳で用いられたイスラエルの神の名称; cf. *Exod.* 6:3》. **2** 全能の神 (God). **Je·ho·vic** /dʒɪhóʊvɪk | -hɔ́ʊ-/ *adj.* 〖《1530》← NL *Jehova*: 旧約聖書で神の名 YAHWEH を口にするのをはばかって「わが主」の意味の Heb. *Adhōnāy* (⇨ Adonai) を代用していたのが, 聖書翻訳の際に誤って字訳されたもの: cf. Tetragrammaton〗

Jehóvah Gód *n.* エホバの神 (Jehovah's Witnesses の礼拝・信仰する神の呼称).

Jehóvah's Wítnesses *n. pl.* エホバの証人[証者(しょうしゃ)], ものみの塔《19 世紀後半米国で組織されたキリスト教の一派で絶対平和主義を奉じる; 1872 年に Charles T. Russell (1852–1916) が Pittsburgh で設立》.

Je·ho·vism /dʒɪhóʊvɪzm | -hɔ́ʊ-/ *n.* ＝Yahwism. 〖1872〗

Je·hó·vist /-vɪst | -vɪst/ *n.* **1** ＝Yahwist. **2** 旧約聖書中のヘブライ語の名前 YHVH がもともと Jehovah と発音されたと主張する人. 〖1753〗

Je·ho·vis·tic /dʒɪhòʊvístɪk, dʒìːhoʊ- | dʒìːhəʊ-, dʒɪhəʊ-ˊ/ *adj.* **1** エホバの信仰の[に関する]. **2** ＝Yahwistic 1. 〖《1841》: ⇨ ↑, -ic[1]〗

Je·hu /dʒíːhjuː, -huː | -hjuː/ *n.* **1** ジーヒュー《男性名》. **2** 〘聖書〙エヒウ《紀元前 9 世紀ヨシャパテ (Jehoshaphat) 王治下のユダの預言者, Hanani の子; cf. *1 Kings* 16》. **3 a** エヒウ (843?–?815 B.C.; 北王国イスラエル第 10 代の王; 馬車 (chariot) を疾駆させたことで有名; cf. *2 Kings* 9:20). **b** 《まれ》[j-]《戯言》御者 (driver);《特に》猛烈に飛ばす御者. 〖□Heb. *Yēhūʼ* (原義) he is Yahweh〗

je·jun- /dʒɪdʒúːn | dʒɪ-/ (母音の前にくるときの) jejuno- の異形.

jejuna *n.* jejunum の複数形.

je·june /dʒɪdʒúːn/ *adj.* **1 a** (栄養分・実質などの)乏しい, 貧弱な, 粗末な: a ～ diet 粗食. **b** 〈土地が地味の〉やせた (barren). **2** 平凡な, 無味乾燥な, 興味の乏しい (dry) (⇨ insipid SYN): a ～ narrative, style, etc. **3 a** 経験[知識]の乏しい, 未熟な, 青くさい (immature). **b** 若い, 子供っぽい. **～·ly** *adv.* **～·ness** *n.* **je·ju·ni·ty** /dʒɪdʒúːnəti | -nɨti/ *n.* 〖《1615》□L *jējūnus* empty, meager: ⇨ jejunum〗

je·ju·nec·to·my /dʒɪdʒùːnéktəmi, dʒìːdʒuː- | dʒɪdʒùːnéktəmɪ/ *n.* 〘医学〙空腸切除術. 〖⇨ ↓, -ectomy[1]〗

je·ju·no- /dʒɪdʒúːnoʊ, -nəʊ/「空腸 (jejunum); 空腸と…との」の意の連結形. ★ 母音の前では通例 jejun- になる. 〖← L *jējūnum* 'JEJUNUM'〗

je·ju·nos·to·my /dʒɪdʒuːnɑ́(ː)stəmi, dʒìːdʒuː- | -nɔ́s-/ *n.* 〘医学〙空腸造瘻(ぞうろう)術. 〖《1885》: ⇨ ↑, -stomy[1]〗

je·ju·num /dʒɪdʒúːnəm/ *n.* (*pl.* **je·ju·na** /-nə/)〘解剖〙空腸《十二指腸と回腸の間にある小腸の一部》. **je·jú·nal** /-nl/ *adj.* 〖《1392》← NL ～ (neut.) ← L *jējūnus* empty, dry《なぞり》← Gk *nêstis*: 死後は空になると思われていたことから〗

Jek·yll /dʒékəl, dʒíːk-, -kɪl/, **Dr.** *n.* ジキル博士 (R. L. Stevenson 作の小説 *The Strange Case of Dr. Jekyll and Mr. Hyde* (1886) 中の温良な紳士; 自分で発明した特殊な薬物を飲むとハイド氏 (Mr. Hyde) という極悪人に一変して凶暴性を発揮する).

Jékyll and Hýde (ジキルとハイドのような典型的な)二重人格者 (cf. split personality 1).

Je·kyll /dʒíːkəl, -dʒék-, -kɪl/, **Gertrude** *n.* ジーキル《1843–1932; 英国の庭園師; 色と形を調和させる現代の庭園様式を生み出した》.

Jékyll-and-Hýde *adj.* 二重人格的な, 二重人格者の: a ～ character. 〖1929〗

jell /dʒél/ *vi.* **1** ゼリー状になる. **2** 《口語》〈計画・意見などが〉固まる, 具体化する: Her opinion has ～*ed* upon an idea. 思惑についての考えがまとまった. — *vt.* **1** ゼリー状にする, 固める. **2** 《口語》〈計画・意見などを〉具体化する. — *n.* ＝jelly. 〖《1830–40》《逆成》← JELLY〗

jel·la·ba /dʒəlɑ́ːbə | dʒéləbə, dʒəlɑ́ːbə/ *n.* (*also* **jel·lab·ah** /～/) ジャラバ《モロッコなどのイスラム教国で着用する長いゆったりした外衣; 袖が広くフードが付いている》. 〖《1904》□Arab. *jallāb(ah)* tunic《変形》← *jallābīya^h*〗

Jel·li·coe /dʒélɪkòʊ | -kəʊ/, **John Rush·worth** /rʌ́ʃwəθ, -wəːθ | -wəθ, -wəːθ/ *n.* ジェリコー《1859–1935; 英国の提督; 第一次大戦中英艦隊司令長官として Jutland 沖海戦でドイツ艦隊と戦った; 称号 1st Earl Jellicoe》.

jel·lied /dʒélid/ *adj.* **1** ゼリー状になった: ～ consommé ゼリー状コンソメ. **2** ゼリーで覆った[に入れた]. 〖《1593》← JELLY＋-ED〗

jéllied éel *n.* 《英》うなぎのゼリー寄せ《London の労働者の好む料理》.

jéllied gásoline *n.* 〘化学〙＝napalm.

jel·li·fy /dʒéləfàɪ | -lɨ-/ *vt.* ゼリー(状)にする. — *vi.* ゼリー(状)になる. **jel·li·fi·ca·tion** /dʒèləfɪkéɪʃən | -lɨfɪ-/ *n.* 〖《1806》← JELLY＋-FY〗

jel·lo /dʒélou | -ləʊ/ *n.* 《米・カナダ》＝jelly[1] 1 c. 〖1934〗

Jell-O /dʒélou | -əʊ/ *n.* 〘商標〙ジェロー, ゼロー《各種の果実の味・色・香りをつけたデザート用ゼリー》. 〖1934〗

jel·ly[1] /dʒéli/ *n.* **1 a** ゼリー, ジェリー《ゼラチンやペクチンなど膠質分を利用して冷やし固めた透明度と弾力性のある食品》. **b** 肉ゼリー (aspic). **c** 《英》フルーツゼリー (《米・カナダ》jello). **d** 《米》ジャム (jam). **2 a** ゼリー状の物; ゼラチン膜; ゼリー剤. **b** 《俗》ゼリー《避妊薬の一種》. **3** (恐ろしさに)ぶるぶる震える状態, おののき; 優柔不断. **4** 《俗》＝gelatine dynamite. **5** 《俗》かわいい娘; ガールフレンド. **6** 《口語》舞台やスタジオの照明に使う色付きフィルター. **7** [*pl.*] ゼリーシューズ[サンダル]《ゴム・軟質プラスチック製の女性用靴》.

béat a person to* [*ìnto*] *a jélly 〈人を〉さんざんに打ちのめす (cf. pulp). ***féll líke* [*sháke líke, túrn to*] *jélly*** 〈脚・ひざなどが〉ぶるぶる震えだす.

— *vi.* ゼリーになる, ゼリー状に凝固する. — *vt.* **1** ゼリー状にする[固める]. **2** …にゼリーを塗る.

— *adj.* [限定的] ゼリーでできた; ゼリーを塗った; ゼリーの入った; ゼリー状になった.

～·lìke *adj.* 〖《1381》*gele* □(O)F *gelée* jelly, frost ＜ L *gelātam* (fem. p.p.) ← *gelāre* to freeze ← *gelū* frost: cf. gelatine〗

jel·ly[2] /dʒéli/ *n.* 《英俗》＝gelignite. 〖1941〗

jélly bàby *n.* 《英》赤ん坊の形に作ったゼリー菓子. 〖1945〗

jélly bàg *n.* ゼリーこし袋《ゼリー用の果汁をこす袋》. 〖1602〗

jélly bèan *n.* **1** ゼリービーンズ《ガムかゼリーに砂糖がけをした豆形の小さな菓子》. **2** 《米俗》意気地なし, 弱虫 (jellyfish). 〖1905〗

Jélly Bélly *n.* **1** 〘商標〙ジェリーベリー《米国 Goelitz Confectionery 社製のゼリービーン; インゲン豆に似た形をしている》. **2** [j- b-]《米俗》でぶちん, お腹のぶよぶよしたやつ; 臆病者, 腰抜け.

jélly bòmb *n.* (ゼリー状ガソリン)焼夷(しょうい)弾 (fire bomb).

jélly dòughnut *n.* ゼリー[ジャム]の入ったドーナツ.

jélly·fìsh *n.* **1** 〘動物〙クラゲ《腔腸動物と有櫛(ゆうしつ)動物で浮遊生活をする動物の総称; cf. siphonophore, ctenophore》. **2** 《口語》意気地なし, 気骨のない人, 骨なし, ぐず. 〖1707〗

jélly fùngus *n.* 〘植物〙シロキクラゲ目 (*Tremellales*), キクラゲ目 (*Auriculariales*), アカキクラゲ目(*Dacrymycetales*) の各種のキノコ《ゼラチン質の担子器果に特徴があり, ぬれるとゼリー状になる》.

jel·ly·graph /dʒéləgræ̀f | -lɪgrɑ̀ːf, -græ̀f/ 《英》〘印刷〙*n.* 寒天版, こんにゃく版. — *vt.* 寒天版[こんにゃく版]で刷る. 〖1900〗

jélly mòuld *n.* 《NZ》＝jelly fungus. 〖1860〗

jélly ròll *n.* **1** 《米》ゼリーロール《薄く焼いたスポンジケーキにゼリー[ジャム]を塗って巻いたもの; cf. Swiss roll》. **2** 《俗》恋人. **3** 《卑》**a** 性交. **b** 女性の性器. 〖1895〗

jélly shòe [**sàndal**] *n.* [通例 *pl.*] ゼリーシューズ《軽いプラスチック製のサンダル; 海で, また普段ばきに使う》. 〖《1991》: 透明なプラスチック製でゼリー状に見えることから〗

jélly strèngth *n.* 〘化学〙ゼリー強度《弾性率・破壊度などを総合したゼリーの強さ; ゼラチンなどの品質試験に用いる; gel strength ともいう》.

jel·u·tong /dʒélətɔ̀(ː)ŋ, -tɑ̀(ː)ŋ | -tɔ̀ŋ/ *n.* **1** 〘植物〙マラヤ原産キョウチクトウ科 *Dyera* 属の樹木の総称. **2** *Dyera* 属の樹木の樹液から採るゴム質の樹脂《特に, *D. costulata* の樹脂でチューインガム原料に用いる》. 〖《1836》← Malay〗

Jem /dʒém/ *n.* ジェム《男性名》. 〖(dim.) ← JAMES〗

jem·a·dar /dʒémədɑ̀ə | -dɑ̀ː(r)/ *n.* 《インド》**1** (原地人部隊の)土人士官《少尉または中尉相当官》. **2** 役人, 巡査. **3** 召使頭. 〖《1763》□Urdu *jam(a)ʻdar* ← Pers. *jamāʻat* body of men＋*dār* having〗

Je·mappes /ʒəmǽp; *F.* ʒəmap/ *n.* ジャマップ《ベルギー南西部の町, Mons に近い; 1792 年フランス軍がオーストリア軍を破った戦跡》.

jem·be /dʒémbi/ *n.* (アフリカ東部で) 鍬(くわ) (hoe).

Je·mi·ma /dʒəmáɪmə | dʒɪ-/ *n.* ジェマイマ《女性名》.

J

〖□ Heb. *Y^emīmā^h* 《原義》 dove〗

je·mi·mas /dʒəmáɪməz | dʒɪ̀-/ *n. pl.* 《英》 =congress boot. 〖《1902》 (pl.) ← JEMIMA: cf. 《廃》 *jemmy* riding-boot〗

jem·my /dʒémi/ 《英》 *n.* **1** =jimmy. **2** 《方言》 外套(がいとう) (overcoat). **3** 『料理』 羊の頭. — *vt.* =jimmy. 〖《1753》 《変形》 ← JIMMY, JAMES: ⇨ -y[2]〗

Jen /dʒén/ *n.* ジェン 《女子名; Jennifer の愛称》.

Je·na /jéɪnə, -nɑː | -nə; *G.* jéːna/ *n.* イエーナ 《ドイツ中東部 Thuringia 州の都市; 1806 年この付近で Napoleon がプロイセン軍に対し圧倒的勝利を得た》.

Jéna gláss *n.* 『ガラス製造』 (イ)エナガラス 《Jena 市のショット (Schott) 会社製のガラス製品で理化学用; 光学ガラスが特に有名》. 〖1892〗

je ne sais quoi /ʒənəsèɪkwɑ́ː; *F.* ʒənsɛkwa/ *F. n.* (人の性質などについて)はっきり説明できないもの[こと], 言い表し[名状し]がたいあるもの[こと]: There is an elegance, a ~, in his air. 彼の態度には上品さというか何というか, そういったものがある / a certain ~ 何ともいえないいい感じ. 〖《1656》 □ F ~ 《原義》 I know not what〗

Jen·ghis Khan /dʒéŋgɪ̀skɑ́ːn | -gɪs-/ *n.* =Genghis Khan.

Jén·ghiz Khán /-gɪ̀z- | -gɪz-/ *n.* =Genghis Khan.

Jen·ice /dʒénɪ̀s | -nɪs/ *n.* ジェニス 《女性名》. 〖《変形》 ← JANICE〗

Jen·kins /dʒéŋkɪ̀nz | -kɪnz/, **Roy** (**Harris**) *n.* ジェンキンズ 《1920–　; 英国の政治家; EC 委員長 (1977–80); 社会民主党党主 (1982–83)》.

Jén·kins' Éar /dʒéŋkɪ̀nz- | -kɪnz-/, **the War of** *n.* ジェンキンズの耳戦争 《英国とスペインの戦争 (1739–43) の異称; 英国人船長 Robert Jenkins がスペイン艦により臨検され片耳を切り取られたと主張したことに端を発した戦争》.

J

Jen·ne /dʒéni/ *n.* ジェニー 《女性名》. 〖(dim.) ← JENNIFER〗

Jen·ner /dʒénə | -nə^(r)/, **Edward** *n.* ジェンナー 《1749–1823; 英国の医師; 種痘法の発明者》.

Jenner, Sir **William** *n.* ジェンナー 《1815–98; 英国の医師》.

jen·net /dʒénɪ̀t/ *n.* **1** (アラブ馬の系統で)スペイン産の小馬. **2 a** 雌ロバ. **b** =hinny[1]. 〖《1463》 □ (O)F *genet* □ Sp. *jinete* light horseman □ Arab. *Zanāta^h* (騎兵隊で有名な北アフリカの一種族)〗

Jen·nie /dʒéni/ *n.* ジェニー 《女性名》.

Jen·ni·fer /dʒénəfə | -nɪ̀fə^(r)/ *n.* ジェニファー 《女性名》. 〖《変形》 ← GUENEVERE〗

jen·ny /dʒéni/ *n.* **1 a** [しばしば複合語の第 1 構成素として] (ある種の動物・鳥の)雌 (cf. jack[1] 6 a). **b** =jenny ass. **c** =jenny wren. **2** 『機械』 **a** 走行起重機 (traveling crane). **b** =spinning jenny. **c** スチーム掃除機 《蒸気を噴出させて油性顔料などをぬぐいとる装置》. **3** 『海事』 はえなわ導車 《はえなわを巻き上げるとき用いる導滑車》. **4** /《英》 dʒíni, dʒéni/ 『玉突』 ジェニー 《クッション付近の的玉を経て同じ側のポケットに送る突き方》. 〖《1600》 《転用》 ↓〗

Jen·ny /dʒéni/ *n.* ジェニー 《女性名》. 〖(dim.) ← JANE, JANET〗

jénny àss *n.* 雌ロバ.

jénny wrèn *n.* 雌ミソサザイ; (童話などでは一般に)ミソサザイ (wren). 〖1648〗

Jens /jéns; *Dan.* jén's/ *n.* イェンス 《男性名》. 〖□ Dan. ~: ⇨ John[1]〗

Jen·sen /jénzən, zn̩; *G.* jénzn̩/, (**Johannes**) **Hans** (**Dan·iels**) *n.* イェンゼン 《1907–73; ドイツの物理学者; Nobel 物理学賞 (1963)》.

Jen·sen /jénsən, sn̩, dʒén-; *Dan.* jénsən/, **Johannes Vilhelm** *n.* イェンセン 《1873–1950; デンマークの詩人・小説家; Nobel 文学賞 (1944)》.

Jen·senism /dʒénsənɪzm/ *n.* ジェンセン主義 《知能指数はおおむね遺伝によって決定するとする; 米国の教育心理学者 Arthur R. Jensen (1923–　) の説》.

Jen·sen's /dʒénsənz, -sn̩z; *G.* jénzn̩s/ *n.* 『商標』 イェンセン 《ドイツ Jensen 社製の缶詰・瓶詰; 特にスープの缶詰が有名》.

je·on /dʒɪɔ́(ː)n | -ɔ́n; *Korean* tʃʌn/ *n.* (*pl.* ~) =chon 1.

jeop·ard /dʒépəd | -pəd/ *vt.* =jeopardize. 〖*c*1385〗

jeop·ar·dize /dʒépədàɪz | -pə-/ *vt.* 危うくする, 危難にさらす: ~ national security 国家の安全を危うくする / He ~*d* his position by taking bribes. 収賄して自分の地位を危うくした. 〖《1646》 ← JEOPARDY＋-IZE〗

jeop·ar·dous /dʒépədəs | -pəd-/ *adj.* 危険な (dangerous). **~·ly** *adv.* 〖《1451》: ⇨ ↓, -ous〗

jeop·ar·dy /dʒépədi | -pə-/ *n.* **1** (死・損失・失敗などの)危険にさらされていること (⇨ danger SYN); 危険, 危難 (danger): Her life was in ~. 彼女の命は危なかった / put [place] a person in ~ 〈人を〉危険に陥れる. **2** 『法律』 被告人が審理および処罰を受ける恐れのある状態: ⇨ double jeopardy. 〖《?*a*1300》 *juparti* □ OF *jeu parti* even game, uncertain chance ← *jeu* (< L *jocum* jest)＋*parti* ((p.p.) ← *partir* to divide)〗

Jeph·thah /dʒéfθə/ *n.* **1** ジェフサ 《男性名》. **2** 『聖書』 エフタ 《勝利と引き換えに娘を犠牲にしたイスラエルの士師(しし) (judge); cf. *Judges* 11:30–40》. 〖□ Gk *Iephtháe* □ Heb. *Yiphtāḥ* 《原義》 Yahweh opens〗

je·quir·i·ty /dʒəkwírəti | dʒɪ̀kwírɪ̀ti/ *n.* (*also* **je·quer·i·ty** /~/) **1** 『植物』 (インド産)トウアズキ (⇨ Indian licorice). **2** [集合的] トウアズキの種子 《半分赤半分黒色の実で装飾用ビーズなどに用いられる; jequirity beans ともいう》. 〖《1882》 □ Port. *jequiriti* ← Indic〗

Je·qui·ti·nho·nha /dʒəkìːtənjóunjə | -tənjóu-; *Braz.* ʒekitʃiɲóɲa/ *n.* [the ~] ジェキティニョーニャ(川) 《ブラジル東部の川; Minas Gerais 州に源を発し, 東流して Bahia 州を流れ, 大西洋に注ぐ (805 km)》.

jer /jéə | jéə^(r); *Russ.* jér/ *n.* **1** イェル (hard jer) 《後舌の弱母音》. **2** イェリ (soft jer) 《前舌の弱母音》. **3** (*pl.* ~s /-z; *Russ.* jirí/) イェルとイェリ, スラブ語の古い弱母音. 〖《1763》 □ Russ. ъ の旧称〗

jer' /jéə | féə^(r); *Russ.* jér^j/ *n.* =jer 2.

Jer. 《略》 Jeremiah (旧約聖書の)エレミヤ書; Jeremias; Jerome; Jersey; Jerusalem.

Jer·ba /dʒə́ːbə | dʒə́ː-/ *n.* =Djerba.

jer·bil /dʒə́ːbɪ̀l, -bl̩ | dʒə́ː-/ *n.* =gerbil.

jer·bo·a /dʒəbóuə, dʒɛə- | dʒə(ː)bə́uə/ *n.* 『動物』 トビネズミ 《乾燥地にすむ夜行性のトビネズミ科の動物の総称; 後肢と尾が長く跳躍に適応; ミユビトビネズミ (*Dipus sagitta*), イツユビトビネズミ (*Allactagulus sibirica*) など》. 〖《1662》 ← NL *jerbōa* ← Arab. *yarbū'* flesh of loins〗

jerboa
(*D. sagitta*)

jerbóa móuse *n.* 『動物』 トビネズミに似た齧歯(げっし)類の総称 《カンガルーネズミ (kangaroo rat) など》.

je·reed /dʒəríːd/ *n.* =jerid.

jer·e·mi·ad /dʒèrəmáɪəd, -æd | -rɪ̀-/ *n.* 悲嘆; 泣き言, 恨み言. 〖《1780》 □ F *jérémiade*: ⇨ Jeremy, -ade: 「エレミヤの嘆き (Lamentations of Jeremiah)」にちなむ〗

Jer·e·mi·ah /dʒèrəmáɪə | -rɪ̀-´/ *n.* **1** ジェレマイア 《男性名》. **2** 『聖書』 **a** エレミヤ 《紀元前7 世紀のヘブライの預言者》. **b** (旧約聖書の)エレミヤ書 (The Book of Jeremiah) (略 Jer.). **3** 現在[現代]を悲観し未来の惨状を予知する人; 悲観主義者. 〖《1781》 □ LL *Jeremias* □ Heb. *Yirm^eyā^h* ← *Yirm^eyāhū* 《原義》 ? Yahweh casts or founds〗

Jer·e·mi·as /dʒèrəmáɪəs | -rɪ̀-/ *n.* (Douay Bible での) Jeremiah のラテン語式語形.

Jer·e·my /dʒérəmi | -rɪ̀-/ *n.* ジェレミー 《男性名》. 〖□ F *Jérémie* □ LL *Jeremias*: ⇨ Jeremiah: cf. Jerry[1]〗

jer·e·pi·go /dʒèrəpíːgou | -gəu/ *n.* 《南ア》 (通例赤でこくのある) デザートワイン. 〖《1862》 □ Port. *jeropiga*〗

Je·rez /hərés, -réθ | -réz, -réθ; *Sp.* xeréθ/ *n.* ヘレス 《スペイン南西部の都市; シェリーの産地として有名; Jerez de la Frontera /-de la frontéra/ ともいう, 旧名 Xeres /*Sp.* xeréθ/ は sherry の語源》. — *adj.* (ヘレス産の)シェリーの[に似た].

jer·fal·con /dʒə́ːfæ̀lkən, -fɔ̀ːl-, -fɑ̀ːl- | dʒə́ːfɔ̀ːl-, dʒíə-, -fæ̀l-, -fɔ̀lk-, -fɔ̀ːk-/ *n.* 『鳥類』 =gyrfalcon.

Jer·i /dʒéri/ *n.* ジェリ 《女性名》. 〖(dim.) ← GERALDINE〗

Jer·i·cho /dʒérɪkòu | -kəu/ *n.* **1** エリコ 《死海北方の Palestine の古都; cf. *Num.* 22:1; *Matt.* 20:29》. **2** 《口語》 世に隠れた所, 世を忍ぶ場所, 遠い遠い所 (cf. 2 *Sam.* 10:5): Go to ~! どこへでも行ってしまえ, くたばってしまえ (cf. *go to* BATH!) / Send him to ~! やつを追っぱらえ / wish a person at ~ 人がどこか(遠い所)へ行ってしまえばいいと思う.

je·rid /dʒəríːd/ *n.* ジェリード 《イスラム教国の騎兵が馬上競技で用いる投げ槍》. 〖《1662》 □ Arab. *jarīd* javelin. 《原義》 palm branches stripped of their leaves ← *járada* to peel〗

jerk[1] /dʒə́ːk | dʒə́ːk/ *n.* **1** (急に)ぐいと引くこと, 急激な押し[ひねり, 突き]; 急な開始: with a ~ of the head 頭をぐんと動かして / give the rope a ~ ロープをぐいと引く / pull [stop] with a ~ ぐいと引く[止める] / The train started off with a ~. 列車はぐいと動き始めた. **2 a** 『生理』 (急激な)反射[不随意]運動: a knee ~ ひざ反射. **b** [*pl.*] 『生理・病理』 攣縮(れんしゅく). **c** [通例 the ~s] 《英俗》 =jump 2 c. **d** [*pl.*] 《米俗》 舞踏病 (chorea). **3** [*pl.*] 《英口語》 =physical jerks. **4** 《米俗》 うぶ, 世間知らず, 変わり者; ばか; 役立たず, つまらないやつ. **5** 『重量挙げ』 ジャーク 《肩まで上げたバーベルを両足を前後に開くと同時に頭上に差し上げる種目 (clean and jerk) の第 2 動作》. **6** 《まれ》 警句.

pùt a jérk ìnto it 《口語》 しっかりやる, さっさとやる.

— *vt.* **1** ぐいと動かす[引く, 押す, 突く, ねじる], ぴくぴくさせる; ひょいと投げる: ~ out a pistol ピストルをぐいと引っ張り出す / ~ one's hand *away* 手をぐいと引っ込める / ~ one's hand *up* ひょいと手を挙げる / ~ at [on] …をぐいっと引く[突く] / He ~*ed* open the drawer. 引出しをぐいと開けた / She ~*ed* her head in assent. 彼女は「そのとおりです」というふうに強くうなずいて見せた. **2** だしぬけに高い声で言う, 突然とぎれとぎれに言う 〈*out*〉: ~ *out* words. **3** 《米口語》 〈水・ビール・ソーダ水などを〉じゃーっと出す.

— *vi.* **1** ぐいと動く; ぴくぴくする, ぴくっとする[動く], 引きつる: The door ~*ed* open. ドアがぐいと開いた / His Adam's apple ~*ed* up and down. のどぼとけがぴくっぴくっと上下した. **2** とぎれとぎれに話す. **3** 〈列車・馬車などが〉がたごと走る: ~ to a stop [halt] がたんと止まる, 急に止まる. **4** 《米口語》 ソーダ水の売り子として働く.

jérk aròund 《俗》 〈人を〉困らせる; 《米俗》 ぶらぶら[ちんたら]する, なまける. ***jérk óff*** 《卑》 〈男が〉自慰をする (masturbate); 〈人〉に自慰行為をする. 《1937》

~·er *n.* **~·ing** *adj., n.* 〖《1550》 《変形》 ? ← YERK〗

jerk[2] /dʒə́ːk | dʒə́ːk/ *vt.* 〈牛肉を〉干し肉にする 《保存用に薄く細長く切って乾燥させる》: ~*ed* beef 乾燥牛肉, 干し肉. — *n.* 干し(牛)肉. 〖《1707》 《変形》 ← Am.-Sp. *charquear* ← *charqui* 'JERKY[2]'〗

jer·kin /dʒə́ːkɪ̀n | dʒə́ːkɪn/ *n.* **1** ジャーキン 《16–17 世紀のしばしば革製の男性用の短い上着》. **2** (1 に似た型の現代の)袖なしの短い胴着 《男性・女性用》. 〖《1519》 ← ?: cf. G 《方言》 *Jürken* jacket〗

jérkin·hèad *n.* 『建築』 半切妻 《切妻破風に半分寄棟(よせむね)が降りた形のもの; shreadhead, clipped gable ともいう》. 〖1842–76〗

jérk pùmp *n.* 『機械』 ジャークポンプ 《内燃機関の吸気管内に一定量の燃料を衝撃的に供給するポンプ》.

jérk·wàter 《米口語》 *n.* **1** ローカル線の列車. **2** 重要でない場所[土地]; へんぴな場所, 田舎町. — *adj.* **1** 幹線を離れた, ローカル線の: a ~ train, station, etc. **2** 田舎(風)の, へんぴな場所の (insignificant): a ~ college, museum, etc. **3** 《口語》 ちっぽけな, つまらない (petty). 〖《1878》 ← JERK[1] (v.)＋WATER: 蒸気機関車に水をバケツでくんで補給することから〗

jerk·y[1] /dʒə́ːki | dʒə́ːki/ *adj.* (**jerk·i·er**; **-i·est**) **1 a** ぐいと[ぴくぴく]動く, がたがた動く[揺れる] (jumpy); 痙攣(けいれん)的な (spasmodic): a ~ vehicle. **b** 〈文体など〉だしぬけに変わる, 落ち着きのない. **2 a** 《俗》 ばかな, まぬけな. **b** ばかばかしいほど弱い; ききめのない (ineffective): a ~ policy. — *n.* 《米》 (スプリングのない)がた馬車. **jérk·i·ly** /-kɪ̀li/ *adv.* **jérk·i·ness** *n.* 〖《1858》 ← JERK[1]＋-Y[4]〗

jer·ky[2] /dʒə́ːki | dʒə́ː-/ *n.* 《米》 干し肉, ジャーキー (jerked meat). 〖《1850》 《変形》 ← Am.-Sp. *charqui* 'CHARQUI'〗

Jer·ne /jéənə | jéə-; *Dan.* jæ̀ənə/, **Niels Kaj** /néls kɑ́j'/ *n.* イェアネ 《1911–94; 英国生まれのデンマークの免疫学者; Nobel 医学生理学賞 (1984)》.

Jer·o·bo·am /dʒèrəbóuəm | -bə́u-/ *n.* **1** 『聖書』 **a** ヤラベアム(一世) 《Solomon の死後南北に分裂したイスラエルのうち北王国の初代王 (922–901 B.C.); cf. *1 Kings* 11–14》. **b** ヤラベアム(二世) 《北王国イスラエルの王 (786–746 B.C.); cf. *2 Kings* 14》. **2** 〖《1816》: Jeroboam 二世に関する次の記事にちなむ: 'a mighty man of valor' (*1 Kings* 11:28), 'who made Israel to sin' (*1 Kings* 14:16): cf. jerry[2]〗 [j-] **a** (ワイン・シャンパン用の)ジェロボーアム瓶 (2½–3 gallons 入り). **b** 《英》 室内便器 (chamber pot). 〖□ Heb. *Yārobh'ām* 《通俗語源》 let the people increase〗

Je·rome /dʒɪ̀róum, dʒə- | -rə́um; *F.* ʒeʁoːm/ *n.* ジェローム 《男性名》. 〖□ (O)F *Jérôme* □ L *Hierōnymus* □ Gk *Ierṓnumos* (← *ierós* 'HOLY'＋*ónoma* 'NAME')〗

Jé·rôme /ʒeɪróum, dʒɪ̀-, dʒə- | -rə́um; *F.* ʒeʁoːm/ *n.* ジェーローム 《男性名》. 〖□ F ~ (↑)〗

Je·rome /dʒəróum, dʒə- | -rə́um/, **Jerome K**(**lapka**) /klǽpkə/ *n.* ジェローム 《1859–1927; 英国のユーモア作家; *Three Men in a Boat* (1889), *The Passing of the Third Floor Back* (戯曲, 1908)》.

Je·rome /dʒəróum, dʒə- | -rə́um/, Saint *n.* ヒエロニムス, ジェローム 《(340?–420; 古代キリスト教の代表的(ラテン)教父で, Doctors of the Church の一人に数えられる, ラテン語訳聖書 (Vulgate) の完成者; 祝日 9 月 30 日; ラテン語名 Eusebius Hieronymus Sophronius /səfróuniəs | səfrə́unjəs, -nɪəs/》.

Jer·o·ni·ma /dʒèrəníːmə/ *n.* ジェロニーマ 《女性名》. 〖(fem.) ← JEROME〗

jer·reed /dʒəríːd/ *n.* =jerid.

jer·ri·can /dʒérɪkæ̀n/ *n.* ジェリカン 《水・燃料などを入れる 5 ガロン (14 リットル) 入りの偏平直方体の容器》. 〖《1939》 ← JERRY[2]＋CAN[2]〗

Jer·rie /dʒéri/ *n.* ジェリー 《女性名; 異形 Jeri, Jerry》. 〖(dim.) ← GERALDINE〗

jer·ry[1] /dʒéri/ *adj.* (**jer·ri·er**; **-ri·est**) 安普請(やすぶしん)の (jerry-built); お粗末な, 間に合わせの (poor). 〖《1882》 《略》 ← JERRY-BUILT〗

jer·ry[2] /dʒéri/ *n.* 《英俗》 室内便器 (chamber pot). 〖《*c*1825》 《短縮》 ← JEROBOAM 2〗

jer·ry[3] /dʒéri/ *adj.* 《米俗》 [次の成句で]. ***be* [*gét*] *jérry*** (よく)知っている, わかっている[わかる] 〈*on, on to, to*〉.

Jer·ry[1] /dʒéri/ *n.* **1** ジェリー: 男性名. **2** 女性名. 〖(dim.) 1: ← JEREMIAH, JEREMY, JEROME, GERALD, GERARD; 2: ← GERALDINE〗

Jer·ry[2] /dʒéri/ *n.* 《英》 **1** (あだ名として)ドイツ人 (German), (特に第二次世界大戦の)ドイツ軍人 (cf. Hun 3). **2** [集合的] ドイツ人[兵] (Germans). **3** ドイツ戦闘機[爆撃機]. 〖《1919》 ← GER(MAN)[2]＋-Y[2]〗

jérry-build *vt.* **1** 安普請する. **2** 〈機械・計画・契約・文書などを〉ぞんざいにでっち上げる, いい加減に作る. — *vi.* 安普請をする. 〖《1893》 《逆成》 ← JERRY-BUILT〗

jérry-build·er *n.* 安普請(やすぶしん)専門の大工, たたき大工. 〖1881〗

jérry-build·ing *n.* がたがた普請, 安普請; [*pl.*] 安普請の建物. 〖1885〗

jérry-bùilt *adj.* **1** 〈家・船・橋など〉安普請(やすぶしん)の, 急造の, いい加減に造った: a ~ house 安普請の家. **2** 〈企画・立案・配置・組閣など〉間に合わせ的な, 慎重さを欠いた, 粗末な: a ~ project お粗末な企画. 〖《1869》 ← ? JERRY[1]: JURY[2] の影響〗

jérry-càn *n.* =jerrican.

jer·ry·man·der /dʒérimæ̀ndə, -rɪ-, ´–––´ | dʒérimæ̀ndə^(r), ´–––´/ *v., n.* 『政治』 =gerrymander.

jérry-shòp *n.* 《英俗》 低級なビヤホール.

jer·sey /dʒə́ːzi | dʒə́ː-/ *n.* **1** ジャージー 《伸縮性のあるメリヤスの布地》. **2 a** ジャージーセーター 《ニット地を用いたプルオーバースタイルのスポーツ用セーター[シャツ]》. **b** 体にぴったり合うニットの上着. **3** 《豪》 (フットボールで着用する)セーター. — *adj.* [限定的] ジャージー毛糸の; 毛編みの, メリヤスの. 〖《1583》: ↓ (英国の最初の製造地)〗

Jer·sey /dʒə́ːzi | dʒə́ː-/ *n.* **1** ジャージー(島) 《イギリス海峡にある Channel 諸島中最大の島; 面積 117 km², 主都 St.

Helier》. **2** ジャージー《Jersey 島原産の一品種の乳牛; 牛乳の脂肪含有量が多いので有名》. **3**《米》=New Jersey. — *adj.* ジャージー島(産)の: a ～ cow [cattle] = *n.* 2. 〖《原義》? grass island〗

Jérsey Cíty *n.* ジャージーシティ《米国 New Jersey 州北東部の港市; Hudson 川をはさんで New York 市に対している》.

Jérsey Gíant *n.* ジャージージャイアント《New Jersey 原産の大形の一品種のニワトリ》. 〖←(*New*) *Jersey*〗

Jer·sey·ite /dʒə́ːziàɪt | dʒə́ː-/ *n.* 米国 New Jersey 州生まれ[在住]の人. 〖←(*New*) *Jersey* ＋-ITE¹〗

Jérsey líghtning *n.*《米口語》=applejack. 〖(1852) ←(*New*) *Jersey*〗

Jérsey píne *n.*〖植物〗=Virginia pine. 〖(1743) ←(*New*) *Jersey*〗

Je·ru·sa·lem /dʒɪrúːs(ə)ləm, dʒɛ-, -sl̩-, -səlèm/ *n.* エルサレム《Palestine の中心的都市で, ユダヤ教・キリスト教・イスラム教の聖地; 1949 年以来旧市街(東エルサレム)はヨルダン領, 新市街(西エルサレム)はイスラエル領となったが, 1967 年イスラエルは前者をも占領併合した》. 〖◻LL *Ierusalem* ◻Gk *Ierousalḗm* ◻Heb. *Yᵉrūšāláim*《通俗語源》foundation of peace〗

Jerúsalem ártichoke *n.*〖植物〗**1** キクイモ (*Helianthus tuberosus*)《米国産のキク科の多年草でその塊茎は食用》. **2** キクイモの塊茎. 〖(1620) ← *Jerusalem*《通俗語源》← It. *girasole* sunflower ← *girare* to turn＋*sole* sun〗

Jerúsalem Bíble *n.* [the ～] エルサレム聖書《同名の解説付きフランス語訳聖書を範として 1966 年に英国で出版されたカトリック系聖書》.

Jerúsalem chérry *n.*〖植物〗フユサンゴ, タマサンゴ, リュウノタマ (*Solanum pseudo-capsicum*)《ヨーロッパ産のナス科の有毒植物; 白い花とまるい紅, 黄の実をつけ装飾用に栽培される》. 〖1788〗

Jerúsalem crícket *n.*〖昆虫〗米国西部のカマドウマ科 (*Stenopelmatidae*) のコオロギの一種《sand cricket ともいう》.

Jerúsalem cróss *n.* **1** エルサレムクロス《cross potent (T 形の先端をもつ十字)を中心に四つの小さい cross を配した十字; 十字軍遠征時代のエルサレム王の紋章に由来する》. **2**〖植物〗=Maltese cross 2. 〖1615〗

Je·ru·sa·lem·ite /dʒɪrúːs(ə)ləmàɪt/ *adj.*, *n.* エルサレムの(出身者, 在住者). 〖⇨ -ite¹〗

Jerúsalem óak *n.*〖植物〗**1** ユーラシア・アフリカ産のアカザ科の一年草 (*Chenopodium botrys*)《アメリカに帰化して雑草となる; feather geranium ともいう》. **2** =Mexican tea.

Jerúsalem thórn *n.*〖植物〗**1** =Christ's-thorn. **2** 熱帯アメリカ産のマメ科の低木 (*Parkinsonia aculeata*). 〖1866〗

Jer·vis /dʒə́ːvɪ̀s | dʒɑ́ːvɪs, dʒə́ː-/ *n.* ジャービス《男性名》. 〖⇨ Jarvis〗

Jer·vis /dʒə́ːvɪ̀s | dʒɑ́ːvɪs, dʒə́ː-/, **John** *n.* ジャービス (1735–1823; 英国の海軍大将; 地中海艦隊司令長官としてスペイン艦隊を St. Vincent 岬沖で破り (1797), 伯爵の称号(Earl of St. Vincent)をうける; 海軍大臣として (1801–04) Napoleon 1 世の英国上陸を阻止した).

Jérvis Báy *n.* ジャービス湾《オーストラリアの南東の太平洋側の湾》.

Jes·per·sen /jéspəsən, -sn̩ | -pə-; *Dan.* jésbʌsən/, **(Jens) Otto (Har·ry)** /hǽri/ *n.* イェスペルセン (1860–1943; デンマークの言語学者・英語学者; *The Philosophy of Grammar* (1924), *A Modern English Grammar* (7 vols., 1909–49)).

jess /dʒés/ *n.* [*pl.*]《鷹狩用の鷹の, 特定の色の》足緒(あし), 絆緒(ほ). — *vt.*《鷹》に足緒を付ける: a falcon ～*ed* and belledor〖紋章〗金色の足緒と鈴を付けた鷹. **～ed** *adj.* 〖(1340) *ges* ◻OF (nom. sing. & acc. pl.) ← *g(i)et* (F *jet*) < VL **jectum*=L *jactus* (p.p.) ← *jacere* to throw: cf. eject, jet²〗

Jess /dʒés/ *n.* ジェス《男性名》. 〖《変形》← JESSE〗

jes·sa·mine /dʒésəmɪ̀n | -mɪn/ *n.*〖植物〗=jasmine 1.

Jes·sa·myn /dʒésəmɪ̀n | -mɪn/ *n.* ジェサミン《女性名》. 〖◻MF *jassemin*: ⇨ Jasmine〗

jes·sant /dʒésənt, -sn̩t/ *adj*〖紋章〗《動物, 特にライオンが》fess などの ordinary の中から上半身を突き出した姿の. 〖(1572) ◻OF *gesant* (F *gisant*) (pres.p.) ← *gésir* to lie < L *jacēre*: cf. OF *iessant* (← *isser* to issue)〗

jes·se¹ /dʒési/ *n.*《方言》厳しくしかること[打つこと]: give a person ～ 人を厳しくしかる, ひどく打つ, ひどい目に遭わす / get [catch] ～ ひどくしかられる[打たれる], ひどい目に遭う. 〖(1839) ←? JESSE 2: 'There shall come forth a *rod* out of the stem of *Jesse*.' (*Isa.* 11:1)「エッサイの株より一つの芽出でん」の戯言的誤用から〗

jesse² /dʒés/ *n.* =jess.

Jes·se /dʒési/ *n.* **1** ジェシー《男性名》. **2**〖聖書〗エッサイ《David 王の父; cf. *1 Sam.* 16》. **3** =Jesse tree. 〖◻L ～ ◻Gk *Iessaí* ◻Heb. *Yiššáy*〗

Jes·sel·ton /dʒésəltən, -sl̩-/ *n.* ジェスルトン《Kota Kinabalu の旧名》.

Jésse trèe *n.* (キリストの)系図の木《エッサイ (Jesse) からキリストに至る系図を樹枝状または樹枝付きの燭台の形に表した装飾模様; cf. *Isa.* 11:1; *Matt.* 1:6–16》. 〖cf. *Tree of Jesse* (1706)〗

Jésse wìndow *n.* エッサイの窓《Jesse tree を表現したステンドグラスなどの窓》. 〖1848〗

Jes·si·ca /dʒésɪkə/ *n.* **1** ジェシカ《女性名》. **2** ジェシカ《Shakespeare 作 *Merchant of Venice* 中の人物, Shylock の娘》. 〖◻LL *Jesca* (*Gen.* 11:29) ◻Gk *Ieskhá* ◻Heb. *Yiskā́h*《原義》?〗

Jes·sie /dʒési/ *n.* **1** ジェシー《女性名》. **2** =Jesse 1. **3**《主にスコット・軽蔑》めめしい男. 〖1:《スコット》～ (dim.) ← JANET // (dim.) ← JESSICA // (fem.) ← JESSE〗

jest /dʒést/ *n.* **1** 冗談 (⇨ joke SYN); おどけ, たわむれ, ふざけ: in ～ 冗談に / half in ～, half in earnest 冗談とも本気ともつかず, 冗談半分に / break a ～ 冗談を言う. **2 a** からかい(言葉), 茶化して言う言葉 (jeer, taunt). **b** 気のきいた[ウィットに富む]言葉; しゃれ: drop a ～ しゃれを飛ばす. **3** 笑い草, 物笑い(の種): He is a standing ～ of all his companions. 彼はいつも仲間たちの物笑いの的になっている / make a ～ of ...を笑い物にする, からかう. **4**《古》陽気, 快活 (gaiety). **5**《廃》手柄 (exploit); 手柄話 (gest). — *vi.* **1** 冗談を言う (joke); ふざける〔*at*, *about*〕: I ～. 冗談だよ. **2** 茶化す (trifle)〔*with*〕. **3** からかう, ばかにする (scoff)〔*at*〕. — *vt.* からかう, ばかにする (deride). **～·ful** /-fəl, -fl̩/ *adj.* 〖(?*c*1225) *geste* deed, entertainment ◻(O)F *geste* ◻L *gesta* acts: ⇨ gest(e)〗

jést·bòok *n.* 笑話集 (jokebook). 〖1750〗

jést·er *n.* **1** 冗談を言う人, (よく人を笑わせる)ユーモリスト, 諧謔家, 茶目. **2** 道化師 (fool)《特に, 中世の王侯・貴族のお抱え者》. 〖(*a*1338)《変形》← ME *gestour*: ⇨ -er¹〗

jést·ing *n.* **1** ふざけ, おどけ, 滑稽 (pleasantry). **2** [形容詞的に] 冗談向きの, くだらない: This is no ～ matter. これは冗談事では(済まされ)ない. — *adj.* 冗談の好きな, 滑稽な (jocose): in a ～ manner ふざけて, おどけて. 〖(1526): ⇨ -ing¹〗

jést·ing·ly *adv.* ふざけて, おどけて. 〖(1568): ⇨ -ly¹〗

Je·su /dʒíːzuː, dʒéɪ-, -suː, -zjuː | dʒíːzjuː/ *n.*《詩》= Jesus. 〖◻LL *Jēsū*《斜格; 通例呼格》← *Jēsus* 'JESUS'〗

Jes·u·it /dʒézuɪ̀t, -ʒu-, -zju- | -zjuɪt, -ʒu-/ *n.* **1**〖カトリック〗イエズス会(修道)士《1534 年 Ignatius Loyola が教皇 Paul 三世の承認を得て創立したカトリックの修道会の一つ「イエズス会 (Society of Jesus)」に属する一員》. **2** [j-; 通例軽蔑的に]《口語》(陰険な)策謀家 (intriguer), 詭弁(きべん)家. 〖イエズス会士の布教方法に対する新教徒側の批判から〗 〖(1550) ◻F *Jésuite* // NL *Jēsuīta* (cf. (Sp. *Jesuita* / It. *Gesuita*): ⇨ Jesus, -ite¹〗

Jes·u·it·ic /dʒèzuɪ́tɪk, -ʒu-, -zju- | -zjuɪ́t-, -ʒu-ˈ/ *adj.* **1** イエズス会士 (Jesuit) の; イエズス会 (Society of Jesus) の. **2** [j-; 通例軽蔑的に] 陰険で腹黒い, ずるくて策略的な (crafty); 詭弁を使う (casuistic). **Jès·u·ít·i·cal** /-tɪ̀kəl, -kl̩ | -tɪ-/ *adj.* **Jès·u·ít·i·cal·ly** *adv.* 〖(1640): ⇨ ↑, -ic¹〗

Jés·u·it·ìsm /-tɪ̀zm̩/ *n.* **1** イエズス会主義《その教義・慣行・組織など; cf. equivocation 4, mental reservation 2》. **2** [通例軽蔑的に]《口語》**a** =Jesuitry. **b** [j-] ずるさ, 陰険さ (craftiness), あいまいな言葉, 言い抜け (quibble). 〖(1609): ⇨ -ism〗

Jes·u·it·ize /dʒézuɪ̀tàɪz, -ʒu-, -zju- | -zjuɪ-, -ʒuɪ-/ *vt.*, *vi.* イエズス会風にする; イエズス会化する. 〖(1644): ⇨ -ize〗

Jes·u·it·ry /dʒézuɪ̀tri, -ʒu-, -zju- | -zjuɪ-, -ʒuɪ-/ *n.* [通例軽蔑的に] (イエズス会士的な)策略, 権謀術数, (目的のためには手段を選ばない)詭弁(きべん)的精神, ずるさ. 〖(1832): ⇨ -ry〗

Jésuits' bárk *n.* =cinchona 2. 〖(1694): 南米のイエズス会伝道士によってヨーロッパにもたらされたことから〗

Je·sus /dʒíːzəs/ *n.* **1** ジーザス《男性名》. **2** イエス (4 B.C.?–?A.D. 29; キリスト教の祖; 処女 Mary を母として Bethlehem で生まれる; Jesus Christ, Jesus of Nazareth ともいう). ★ カトリックでは「イエズス」, 正教会では「イイスス」という. **3**〖クリスチャンサイエンス〗神の化身《人間の誤りを正し永遠の生へ導く》. **4** イエス《聖書外典 (Apocrypha) の一書 Ecclesiasticus の著者; 通称 the Son of Sirach (シラクの子イエス)》.

béat* [*kíck, knóck*] *the Jésus out of* a *person《米俗》人をさんざんぶったたく[けりつける].

— *int.*《俗》[Jesus (Christ)! として] へーえ, やっ, 大変だ, うーむ, 驚いた, こんちくしょう, くそ《不信・狼狽(ろうばい)・恐れ・失望・苦痛などを強く表す; Jesus wept ともいう; cf. gee¹》. 〖◻L *Iēsūs* ◻Gk *Iēsoûs* ◻Heb. *Yēšū́a'*《短縮》← *Yᵉhōšū́a'*《原義》Yahweh is salvation: 当時のユダヤ人の普通の人名: ⇨ Joshua: *Jesus* の形が一般化したのは 16 世紀以降〗

Jésus fréak *n.*《口語》キリスト陶酔派の人《キリストの教えを熱烈に信仰し陶酔し, 街頭説教・聖書研究・共同生活などをする正統派キリスト教の青年グループの一員; cf. Jesus Movement, fundamentalism 1》. 〖1970〗

Jésus Mòvement [revolùtion] *n.* [the ～] ジーザス[イエス]運動《主として若者から成る, 米国に始まるキリスト教運動(プロテスタント)で, あらゆる既成の教会・教派から独立してキリストの礼拝・伝道に従事する》. 〖1972〗

jet¹ /dʒét/ *n.* **1** ジェット機 (jet plane): travel *by* [in a] ～ / a DC-9 passenger ～ DC-9 型ジェット旅客機. **2 a** (孔口またはパイプからの)噴出, 射出, 噴流, 噴射: a ～ of water, steam, air, gas, etc. / a ～ of light 一条の光 / words poured in a ～ 速射砲のようにぽんぽん飛び出す言葉. **b** 噴出物《ガス・水・言葉など》. **3** 噴出口, 吹出し口 (spout, nozzle): ⇨ gas jet 1. **4** =jet engine.

— *adj.* [限定的] ジェットの, ジェットエンジンの; ジェット機の, ジェット機での: ～ travel(ing) ジェット機による旅行 / a ～ bomber [fighter] ジェット爆撃[戦闘]機 / a ～ flier ジェット機操縦士.

— *v.* (**jet·ted; jet·ting**) — *vi.* **1** (細い筋となって) 射出する, 噴出する (spurt, spout). **2** ジェット機で行く, ジェット機で旅行する: ～ from London to New York / ～ about [around] ジェットで飛び回る. **3**《米俗》さっさと立ち去る, 急いで行く. **4**《廃》侵害する (intrude)〔*upon*〕. **5**《廃》威張って歩く, ふんぞり返って歩く.

— *vt.* **1** 噴出[射出]させる. **2**〖土木〗《杭(くい)など》を噴射水力で地中に打ち込む. **3** ジェット機で送る.

jét úp《米俗》懸命に[てきぱき]働く, うまくやる.

〖(1593) ◻(O)F *jeter* to throw < VL **jectāre*=L *jactāre* (freq.) ← *jacere* to throw〗

jet² /dʒét/ *n.* **1** 黒玉(こくぎょく)(炭(たん)), 貝褐炭《漆黒色の緻密(ちみつ)な炭質物, よく磨いて飾り石にする》. **2** 黒玉色《つやのある漆黒色》. — *adj.* **1** 黒玉(製)の. **2** 黒玉色の, 漆黒の (jet-black). 〖(1351) *gete*, *jet(e)* ◻AF *geet*=OF *jaiet* (F *jais*) < L *gagātem* jet ◻Gk *gagátēs* ← *Gágai*: 小アジアの Lycia の古い町の名〗

JET /dʒét/ *n.* (米国の Culham に建設された) ヨーロッパ共同体 9 か国の共同開発による臨界プラズマ試験装置. 〖《頭字語》← *J*(*oint*) *E*(*uropean*) *T*(*orus*)〗

jét áircraft *n.* ジェット機.

jét áirplane *n.* ジェット機 (jet plane). 〖1944〗

jet·a·va·tor /dʒétəvèɪtə | -təvèɪtəʳ/ *n.*〖宇宙〗ジェタベーター《ロケットの噴出口にある操縦面で動力の方向制御を行うもの》. 〖(1960) ← JET¹＋(ELE)VATOR〗

jét·bèad *n.*〖植物〗シロヤマブキ (*Rhodotypos scandens*). 〖1930〗

jét-bláck *n.* 黒玉色, 漆黒. — *adj.* 黒玉 (jet) のように真っ黒い, 漆黒の. 〖*c*1475〗

jét·bòat *n.*《NZ》ジェットボート《水を強力に噴出させて推力を得る》. 〖1963〗

jét condènser *n.*〖機械〗ジェット コンデンサー, 噴射復水器《蒸気を冷却水と直接接触させて復水する》.

je·té /ʒətéɪ; *F.* ʒəte, ʃte/ *n.* (*pl.* ～**s** /～z; *F.* ～/)〖バレエ〗ジュテ《一方の足から他の足に重心を移していく跳躍》. 〖(1830) ◻F ～ (p.p.) ← *jeter* to throw: ⇨ jet¹〗

je·té en tour·nant /*F.* ʒəteɑ̃tuʁnɑ̃/ *n.*〖バレエ〗= tour jeté. 〖◻F ～《原義》jeté while turning〗

jét éngine *n.* ジェットエンジン《吸気を高圧のガスに換え後方に噴出させ, 機体を前方に推し進める航空機用エンジン; ⇨ airplane 挿絵》. 〖1943〗

jét fatìgue *n.*〖病理〗=jet syndrome.

jét fláp *n.*〖航空〗ジェットフラップ《翼の後縁に設けた細いすき間から翼面に対して後下方に高速のジェットを吹き出して高い揚力を得る装置》. 〖1958〗

jét·fòil *n.* =hydrofoil 2. 〖(1972) ← JET¹＋(HYDRO)FOIL〗

Jeth /dʒéɪt/ *n.* ジェート(の月)《ヒンズー暦の月名の一つで, 太陽暦の 5–6 月に当たる; cf. Hindu calendar》. 〖◻Hindi *Jēṭh* ← Skt *Jyaiṣṭha*〗

Jeth·ra /dʒéθrə/ *n.* ジェスラ《女性名》. 〖(fem.) ↓〗

Jeth·ro /dʒéθroʊ | -rəʊ/ *n.* **1** ジェスロ《男性名》. **2**〖聖書〗エテロ《Midian の祭司で Moses の義父; cf. *Exod.* 3:1》. 〖◻Heb. *Yithrṓ*=*Yéther*《原義》abundance〗

jét làg *n.* 時差ぼけ (jet syndrome). **jét-làgged** *adj.* 〖1969〗

jét·liner *n.* ジェット旅客機. 〖1949〗

jét mótor *n.* =jet engine. 〖1944〗

jét nóise *n.* ジェット(機)騒音.

jet·on /dʒétn̩/ *n.* =jetton. 〖1933〗

jét-píercing *n.*〖鉱山〗火炎ジェット穿孔(せんこう)《ケロシンと酸素あるいは空気を燃焼させた高温・高圧のガスをノズルの先から噴射して, 熱破砕により岩石に穿孔する方法》.

jét pílot *n.* ジェットパイロット.

jet pìpe *n.* ジェットパイプ《ガスタービンの後部にある排気ガスの出るダクト》. 〖1946〗

jét pláne *n.* ジェット機 (jet airplane). 〖1944〗

jét pód *n.*〖航空〗ジェットポッド《ジェットエンジンを内蔵する筒; 翼下面[後部胴体]などに付く》.

jét·pòrt *n.* ジェット機用空港. 〖(1961) ← JET¹＋(AIR)PORT〗

jét-propélled *adj.* **1** ジェット推進式の: a ～ airplane ジェット機. **2** ジェット機風な, 迫力のある; 〈スピードなど〉ものすごい. 〖1877〗

jét propúlsion *n.*〖航空〗ジェット推進, 噴流推進《ジェットエンジンやロケットのように気体を高速で後方に吹出し, その反動で前向きの推力を与える推進法; reaction propulsion の一種; cf. rocket propulsion》. 〖1867〗

jét propúlsion èngine [mòtor] *n.*〖航空〗噴流推進エンジン.

jét púmp *n.* ジェットポンプ, 噴射水ポンプ《噴出する液体で他の液体を連れ出すポンプ》. 〖1875〗

JETRO /dʒétroʊ | -trəʊ/《略》Japan External Trade Organization 日本貿易振興会, ジェトロ.

jet·sam /dʒétsəm | -səm, -sæm/ *n.* **1** 投げ荷された貨物 (海難の際船体を軽くするために海中に投げ捨てた貨物, またはそれが後に海岸に打ち上げられたもの; cf. flotsam 1, lagan): ⇨ FLOTSAM and jetsam. **2** =flotsam 2. **3**《古》=jettison 1. 〖(1570)《変形》← JETTISON〗

jét sèt *n.* [通例 the ～] ジェット族《ジェット機で世界中の観光地を訪れて遊び暮らす有閑階級の人々; ジェット機を使って商用をする人々》. — *vi.* (ジェット族のように)豪遊する. 〖1951〗

jét-sètter *n.* ジェット族の人. 〖1965〗

jét·skì *n.* ジェットスキー《水上バイク》. — *vi.* ジェットスキーで水面を走る.

jét strèam *n.* **1**〖気象〗ジェットストリーム, ジェット気流《大気中の狭い領域に集中した強風; 中緯度対流圏上部の偏西風帯に見出される; 風速は時速 90 km 以上》. **2**〖航空〗ジェット噴流《ジェットエンジン・ロケットエンジンなどによって生じる燃焼気体の流れ》. 〖1947〗

jét sỳndrome *n.*〖病理〗ジェット症候群《ジェット機の旅客が時差を経験した際に起こる各種の体調の変化・異常; jet fatigue, jet lag ともいう》.

J

jet·tage /ʤétɪʤ | -tɪʤ/ *n.* 〘海事〙 桟橋税. 〖《1833》← JETT(Y)² + -AGE〗

jét thrùst *n.* 〘機関〙 = thrust 2.

Jet·tie /ʤéti | -ti/ *n.* ジェティー《女性名》. 〖← *Jet*（女性名: ⇨ jet²）+ -IE〗

jet·ti·son /ʤétəsən, -sn̩, -zən, -zn̩ | -tɪ-/ *n.* **1 a** 打ち荷, 投げ荷《難船に際して船の重量を軽くしょうと積荷(の一部)を捨てること》. **b** 放棄, 投棄 (abandonment). **2** = jetsam 1. — *vt.* **1** 〈船荷の一部を海中に投げ捨てる, 投げ荷する: ~*ed* cargo 投げ荷された貨物. **2 a** 〈じゃまもの・障害物などを〉捨てる (abandon). **b** 〈考え・計画などを〉放棄する, やめる. **3** 〘軍事〙 **a** (非常時, 航空機・宇宙船などを軽くするために)〈爆弾や装備を〉投棄する. **b** (非常の場合, 航空機の操縦士ごと)〈座席を〉射出する. **4** 《俗》〘トランプ〙 (ブリッジで)〈エース・キングなどの高位の札を〉故意に捨てる (discard). 〖《1425》⊏ AF *getteson* = OF *getaison* < L *jactātiō(n-)* a throwing ← L *jactāre* to throw: ⇨ -jet¹〗

jét·ti·son·a·ble /-nəbl̩/ *adj.* 〘軍事〙 〈爆弾・装備など〉投棄できる; 〈航空機の座席が〉射出できる: a ~ seat 射出座席. 〖《1934》: ⇨ ↑, -able〗

jéttison tànk *n.* 〘航空〙 (投棄可能な)補助燃料タンク (drop tank).

jet·ton /ʤétn̩/ *n.* **1** (ゲーム機や電話機などに用いる)メタル. **2** = counter¹ 3.

jet·ty¹ /ʤéti | -ti/ *n.* **1 a** 突堤, 半島堤, 防砂堤, 導水堤: a ~ harbor 突堤港. **b** 波止場, 桟橋 (wharf, pier). **c** (桟橋を波から保護する)水切り (starling) 《桟橋に平行に置いた材木・石などの集積》. **2** 〘建築〙 (二階や窓などの)張出し. — *vt.* 張り出して建築する[造る]. — *vi.* **1** 〈建物の一部などが〉張り出す, 突き出る. **2** 〈突堤・桟橋などが(海中に)突き出る 〈*out*〉: The pier *jetties out* a hundred feet into the lake. 桟橋が湖面へ100フィート突き出ている. 〖《1396》 *gete* ⊏ (O)F *jetée* structure thrown out (fem. p.p.) ← *jeter* to throw: ⇨ jet¹〗

jet·ty² /ʤéti | -ti/ *adj.* **1** 黒玉質の. **2** 黒玉色の, 漆黒の. **jét·ti·ness** *n.* 〖《1477–48》: ⇨ jet¹〗

jét·wàre *n.* 〘窯業〙 ジェットウエア《赤色の生地でマンガン系の黒色釉のかかった陶器》.

jét wàsh *n.* 〘航空〙 ジェットウォッシュ《ジェット機の背後にできる激しい気流》.

Jet·way /ʤétweɪ/ *n.* 〘商標〙 《米》 ジェットウェイ《旅客機とターミナルビルを連絡する伸縮筒式の乗降用通路》. 〖1960〗

jeu /ʒə́ː; *F.* ʒø/ *F. n.* (*pl.* **jeux** /~z; *F.* ~/) 戯れ (play); ゲーム; スポーツ; 娯楽. 〖《c1380》⊏ (O)F ~ < L *jocum* 'JOKE'〗

jeu de mots /ʒə́ːdəmóu | -máu; *F.* ʒødmo/ *F. n.* (*pl.* **jeux de mots** /~z; *F.* ~/) しゃれ, 地口 (ぢぐち) (pun). 〖《1749》⊏ F ~ 'play of words': ⇨ ↑, mot〗

jeu d'es·prit /ʒə́ːdɛspríː; *F.* ʒødɛspʁi/ *F. n.* (*pl.* **jeux d'es·prit** /~/) **1** 気のきいた言葉, うまいしゃれ, 警句 (witticism). **2** 鋭い機智・知性のあふれた文学作品. 〖《1712》⊏ F ~ 'play of wit': ⇨ jeu, esprit〗

jeune fille /ʒə́ːnfíː; *F.* ʒœnfij/ *F. n.* (*pl.* **jeunes filles** /~/) 少女, 若い娘, うら若い未婚女性. 〖《1802》⊏ F ~ 'young girl': ⇨ fille: cf. young〗

jeune pre·mier /ʒə́ːnprəmjéɪ; *F.* ʒœnpʁəmje/ *F. n.* (*pl.* **jeunes pre·miers** /~/) 若い(男性の)主役; 若い主役を演じる俳優; 恋人役《男性》. 〖《1877》⊏ F ~ 'first young (person)': ⇨ premier〗

jeune pre·mière /ʒə́ːnprəmjéə | -mjéə^(r); *F.* ʒœnpʁəmjɛːʁ/ *F. n.* (*pl.* **jeunes pre·mières** /~/) 若い(女性の)主役; 若いヒロインを演じる女優; ヒロイン役. 〖《1852》⊏ F ~ (fem.) ↑〗

jeu·nesse /ʒəːnés; *F.* ʒœnɛs/ *n.* 若者; 青春. 〖《1781》⊏ F ~〗

jeu·nesse do·rée /ʒəːnésdɔːréɪ | ⌐—⌐—, ⌐—⌐; *F.* ʒœnɛsdɔʁe/ *F. n.* [集合的] (富裕な家柄の)青年紳士たち, スマートな貴公子族[階級]. 〖《1830》⊏ F ~ 'gilded youth'〗

jeux *n.* jeu の複数形.

Jev·ons /ʤévənz/, **William Stanley** *n.* ジェヴォンズ《1835–82; 英国の経済学者・論理学者》.

Jew /ʤúː/ *n.* **1** ユダヤ人, ヘブライ人 (Hebrew), イスラエル人 (Israelite): ⇨ wandering Jew. **2** ユダヤ教信者. **3** 《口語》[通例軽蔑的に; しばしば j-] ひどく値切る人; 守銭奴; 《廃》 高利貸し《ユダヤ人に対する古来の偏見に基づく》: (as) rich as a ~ 大金持ちで / a regular [perfect] ~ 強欲で無情な人 / an unbelieving ~ ひどく疑い深い人. ***wórth a Jéw's éye*** 非常に貴重[高価]な《拷問を行ってユダヤ人から金をゆすり取った中世の史実に基づくという; cf. Shak., *Merch* V 2. 5. 43》: a picture *worth a ~'s eye* 非常に貴重[高価]な絵画. 《1596–97》
— *adj.* [通例軽蔑的に] ユダヤ人の (Jewish): a ~ boy.
— *vt.* [j-; 通例軽蔑的に] (あくどい商法で)だます.
jéw dówn 〈支払・値段を〉値切る; 〈取引の相手を〉値切り倒す.
〖lateOE *Jeu, Giu* ⊏ OF *giu, juieu* (F *juif*) < L *jūdaeum* ⊏ Gk *ioudaîos* ⊏ Heb. *Yᵉhūdhī* Jew ← *Yᵉhūdhāʰ* 'JUDAH'〗

Jew 《略》 Jewelry; Jewish.

Jéw-bàiting *n.* (組織的な)ユダヤ人いじめ[迫害]. **Jéw-bàiter** *n.* 〖《1892》: cf. bearbaiting〗

jéw·bòy *n.* 《軽蔑》 ユダヤ人の男性《年齢にかかわらず》. 〖1796〗

jew·el /ʤúːəl, ʤúəl, ʤúːl/ *n.* **1** (装飾用にカットし磨いてある)宝石, 宝玉 (gem). **2 a** (装身具として身につける)玉飾り; 宝石入りの装身具. **b** 装身具 (1個)《耳輪・指輪・腕輪・首飾りなど》. **3** (ステンドグラスにはめ込む)宝石形に刻んだ色ガラスの浮出し. **4 a** (宝石にも比すべき)貴重な人[もの], 至宝 (treasure), 掌中の玉 (gem): She is my ~. / a ~ of a boy 大事な男の子 / these ~*s* of God, the poor神の宝石ともいうべき貧しい人々. **b** 宝石に似たもの《イチゴ・星など》: the ~*s* of God 神の宝石《星》. **5** 〘時計〙 石《摩擦や磨耗を少なくするため軸受けや脱進機の係合部に使われるルビーなどの宝石》.
the jéwel in the [*a person's*] ***crówn*** (人の)一番いい点, 最大の業績.
— *vt.* (**jew·eled, -elled; -el·ing, -el·ling**) **1 a** 宝石で飾る. **b** …に宝石をちりばめる. **2** 〈腕時計などに〉軸受石をはめる: ~ a watch. **3 a** 〈言葉などを〉飾る; 〈表現を美しくする; 〈小鳥・風車・花などが〈風景〉に彩りを添える. **b** 〈人・性格などを〉美徳・才能・技能などで〉飾る 〔*with*〕.
~·like *adj.* 〖《?a1300》 *jeuel* ⊏ AF *j(e)uel* = OF *joel* (F *joyau*) ← ? *jeu* game, jest < L *jocum* 'JOKE, joy'〗

Jew·el /ʤúːəl, ʤúəl, ʤúːl/ *n.* ジューエル《女性名》. 〖↑〗

jéwel blòck *n.* 〘海事〙 玉滑車《信号旗や国旗を掲げるときに用いる帆桁(ほげた)の端にある小さな単滑車; もとはスタンスル (studding sail) を揚げるときに揚帆索用として使った》. 〖1769–89〗

jéwel bòx [càse] *n.* **1** 宝石箱. **2** (宝石箱のような)小さくて美しいもの. 〖1831〗

Jéwel Cáve Nátional Mònument *n.* ジュエルケーブ国定記念物《米国 South Dakota 州南西部 Custer の西に位置; 鍾乳洞で有名》.

jéwel clòth *n.* きらきら光る金属片などで飾った薄地の布《舞台衣装・ウインドーディスプレー用》.

jéw·eled *adj.* 宝石で飾った, 宝石をちりばめた, 宝石入りの.

jew·el·er /ʤúːələ, ʤúələ, ʤúːlə | ʤúːələ^(r), ʤúəl-/ *n.* **1 a** 宝石商, 貴金属商・宝石・時計商: ~'s bar 貴金属細工地金(じがね). **b** 宝石細工人, 玉造り. **c** 宝石修理人. **2** 精密器具設計[製作, 修理]技師. 〖《?c1380》⊏ AF *jueler* = OF *juelier* (F *joaillier*): ⇨ jewel, -er¹〗

jéweler's enámel *n.* 七宝琺瑯(ほうろう) 《銅・銀・金などの生地にかけるのに適した低温で溶ける琺瑯》.

jéwelers' pútty *n.* = putty powder.

jéwelers' róuge *n.* 〘化学〙 = colcothar.

jéwel·fìsh *n.* 〘魚類〙 ジュエルフィッシュ (*Hemichromis bimaculatus*) 《アフリカ産カワスズメ科の美しい観賞魚》.

Jéwel-hòuse *n.* (ロンドン塔内の)英国王室宝器 (crown jewels) 保存室. 〖1530〗

jéw·elled *adj.* 《英》 = jeweled.

jew·el·ler /ʤúːələ, ʤúələ, ʤúːlə | ʤúːələ^(r), ʤúəl-/ *n.* 《英》 = jeweler.

jew·el·ler·y /ʤúːəlri, ʤúəl-, ʤúːl-/ *n.* 《英》 = jewelry.

jew·el·ly /ʤúːəli, ʤúəli, ʤúːli/ *adj.* 《英》 = jewely.

jew·el·ry /ʤúːəlri, ʤúəl-, ʤúːl-/ *n.* [集合的] **1** 宝石類 (jewels) 《装身用の金・銀・宝石細工類》. **2** 宝石細工, 宝石装飾. 〖《?c1380》⊏ OF *juelerie* (F *joaillerie*): ⇨ jewel, -ery〗

jéwel·wèed *n.* 〘植物〙 ホウセンカ《ホウセンカ属 (*Impatiens*) の植物の総称; touch-me-not ともいう》: **a** 北米大西洋岸産の *I. capensis* 《celandine ともいう》. **b** 北米中・東部産の *I. pallida*. 〖1817〗

jew·el·y /ʤúːəli, ʤúəli, ʤúːli/ *adj.* 宝石のような, きらめく. 〖《1765》: ⇨ -y¹〗

Jew·ess /ʤúːɪs | ʤúːes, -ɪs, ʤuːés/ *n.* 《まれ》 [しばしば軽蔑的に] ユダヤの女性[婦人]. 〖《c1390》: ⇨ Jew, -ess¹〗

Jew·ett /ʤúːɪt | ʤúːɪt/, **Sarah Orne** /ɔ́ən | ɔ́ːn/ *n.* ジューエット《1849–1909; 米国の女流小説家; *The Country of the Pointed Firs* (1896)》.

jéw·fìsh *n.* 〘魚類〙 **1** 米国の大西洋岸産のマハタ属の一種 (*Epinephelus itajara*). **2** 米国太平洋岸産のイシナギ属の一種 (*Stereolepis gigas*). **3** 西オーストラリア産フエダイ科アオバダイ属の海魚 (*Glaucosoma hebraicum*). 〖1679〗

Jew·ish /ʤúːɪʃ/ *adj.* **1** ユダヤ人の[特有の, らしい]. **2** ユダヤ教の. **3** 《軽蔑》 けちな, しみったれの. — *n.* 《口語》 = Yiddish. **~·ly** *adv.* **~·ness** *n.* 〖《a1546》: ⇨ -ish¹〗

Jéwish Autónomous Région *n.* [the ~] ユダヤ自治州《ロシア東端 Amur 川の左岸にある自治州; 1934年ユダヤ人の入植先として成立したが, 植民は十分に行われなかった; 面積 36,000 km², 州都 Birobidzhan》.

Jéwish cálendar *n.* [the ~] ユダヤ暦. ★ 太陽暦と太陰暦とを併用したイスラエル民族の暦法で, ユダヤ人が天地創造の年と信じているキリスト紀元前 3761 年から起算する; 1 年は 354 日で 19 年に 7 回の割合でうるう年 384 日を設けて調整する (cf. defective year, regular year, perfect year; Islamic calendar); 各月の名は次の通り; Tishri, Heshvan, Kislev, Tebet, Shebat, Adar, Veadar (これはうるう年にだけ), Nisan, Iyar, Sivan, Tammuz, Ab, Elul; 1 年は教会暦では Nisan, 民間暦では Tishri をもって始まる. 〖1888〗

Jéwish hólidays *n. pl.* ユダヤ教の祝祭日. ★ 次の10日をいう: Rosh Hashanah, Yom Kippur, Sukkoth, Simhath Torah, Hanukkah, Purim, Pasch, Lag b'Omer, Shabuoth, Tishah b'Ab.

jéw lìzard *n.* アゴヒゲトカゲ (*Amphibolurus barbatus*) 《オーストラリアに生息しあごの下に袋をもつ大形のトカゲ; bearded lizard [dragon] ともいう》. 〖1847〗

Jew·ry /ʤúːri, ʤúəri, ʤúːri/ *n.* **1 a** [集合的] ユダヤ人; ユダヤ民族: British ~. **b** ユダヤ人社会: the world ~ 世界のユダヤ人(社会). **2** 《古》 = ghetto 1, 2. **3** 《廃》 = Judea. 〖《?a1200》 *Jeueri(e)* ⊏ AF *juerie* = OF *juierie* (F *juiverie*): ⇨ Jew, -ery〗

Jéw's èar *n.* 〘植物〙 キクラゲ (*Auricularia auricula-judae*). 〖《1544》《なぞり》← ML *auricula Judae* Juda's ear: その形の類似のためと, ユダが首をつったセイヨウニワトコの木によく寄生することから〗

Jéw's èye *n.* 非常に価値のある物《諺的に用いる; Jewess' eye ともいう》(cf. Shak., *Merch* V. 2. 5. 43). 〖1592〗

Jéw's hàrp *n.* (*also* **Jéws' hàrp**) **1** びやぼん, きやこん, 口琴《金属製の枠を上下の歯でくわえて中央の薄い金属の舌を指先ではじいて鳴らす簡単な楽器》. **2** 〘植物〙 = nodding trillium. 〖《1595》: ユダヤ人が製作して販売して歩いたことから?〗

Jex-Blake /ʤéksbléɪk/, **Sophia Louisa** *n.* ジェックスブレーク《1840–1912; 英国の医師; 女性が医学に携わる権利の確立に尽力; London School of Medicine for Women を設立 (1874)》.

je·zail /ʤəzáɪl, -zéɪl/ *n.* (長くて重い)アフガン式ライフル銃. 〖《1838–42》⊏ Pers. *jazā'il* a large rifle〗

Jez·e·bel /ʤézəbèl, -bəl, -bl̩ | -zɪ-/ *n.* **1** 〘聖書〙 イゼベル《北王国イスラエルの王 Ahab の邪悪な妻; cf. *1 Kings* 16: 31, 21: 25; *2 Kings* 9: 30–37》. **2** [しばしば j-] 邪悪な女性, 恥知らずの女性, 悪女: a painted ~ 厚化粧の毒婦. 〖⊏ LL *Jezabel* ⊏ Gk *Iezábel* ⊏ Heb. *Īzébhel*: cf. Isabella²〗

Jez·re·el /ʤézriəl, -rièl, -riːl/ *n.* イズレエル《古代パレスティナ Samaria の町; 現在のイスラエル北部 Gilboa 山の北西に位置する; Ahab 王の都 (*1 Kings* 18: 45)》. **~·ite** /-làɪt/ *n.*

Jezreel, Plain of *n.* [the ~] イズレエル[エズレル]平原 (⇨ Esdraelon).

JFK 《略》 John Fitzgerald Kennedy.

j.g. 《略》〘米海軍〙 junior grade: Lieutenant, *j.g.* 海軍中尉.

Jgs 《略》〘聖書〙 Judges.

Jhan·si /ʤáːnsi; *Hindi* ʤʱaːnsi/ *n.* ジャーンシ《インド中部, Uttar Pradesh 州南西部の都市》.

jhat·ka /ʤǽtkə/ *n.* シーク教の戒律による食肉動物の畜殺.

jheel /ʤíːl/ *n.* 《インド》〘地理〙 沼地; (特に, 洪水のあとにできる)残留湖. 〖《1805》⊏ Hindi *jhīl*〗

Jhe·lum /ʤéɪləm/ *n.* [the ~] ジェールム(川)《インド Kashmir 南部に発しパキスタンの Chenab 川に合流する川 (725 km)》.

jhil /ʤíːl/ *n.* 〘地理〙 = jheel.

JHS 《記号》 Jesus (cf. IHS 1).

JHU 《略》 Johns Hopkins University.

JHVH, JHWH /jáːweɪ, -veɪ | -weɪ/ 《記号》 ⇨ Tetragrammaton.

-ji /ʤiː/ *suf.* 《インド》 (姓や姓名のあとにつけて)「…さん」「…殿」「…氏」《敬意を表すしるしとして》.

Jia·ling Jiang /ʤiáːlɪŋʤiáːŋ, -ʤiáːŋ | -ʤǽŋ, -ʤiǽŋ; *Chin.* tɕiālíŋtɕiāŋ/ *n.* [the ~] 嘉陵江(チャーリン)《中国中部の川; 陝西省 (Shanxi) 南西部の秦嶺山脈に源を発し, 四川省 (Sichuan) 東部を南流して重慶で長江に合流 (1,119 km)》.

Jiamu·si /ʤiáːmùːsíː; *Chin.* tɕiāmùsī/ *n.* 佳木斯(チャムス)《中国黒竜江省 (Heilongjiang) 中東部の工業都市》.

Jiang Jie·shi /ʤiáːŋʤɪəʃíː | ʤǽŋ-; *Chin.* tɕiāŋtɕièʂí/ *n.* 蔣介石(チャンチェシー)《1887–1975; 中国の軍人・政治家; 中国国民党主席 (1928–75), 台湾総統 (1948–75)》.

Jiang Jing·guo /ʤiáːŋʤɪŋgwóu | ʤǽŋʤɪŋgwə́u; *Chin.* tɕiāŋtɕīŋkuó/ *n.* 蔣経国(チャンチングオ)《1910–88; 中国の政治家; 台湾総統(1978–88); 蔣介石の息子》.

Jiang·ling /ʤàːŋlíŋ; *Chin.* tɕiāŋlíŋ/ *n.* 江陵(チャンリン)《中国中部, 湖北省 (Hubei) の長江沿岸の都市》.

Jiang Qing /ʤàːŋʧíŋ | ʤǽŋ-; *Chin.* tɕiāŋtɕʰíŋ/ *n.* 江青(チャンチン)《1913–91; 毛沢東夫人; 中国文化大革命運動 (1966–76) の指導者の一人; 1976 年四人組の一人として失脚》.

Jiang·su /ʤàːŋsúː | ʤǽŋ-; *Chin.* tɕiāŋsū/ *n.* 江蘇(チャンスー)省《中国東部の省; 面積 108,900 km², 省都南京 (Nanjing)》.

Jiang·xi /ʤàːŋʃíː | ʤǽŋ-; *Chin.* tɕiāŋɕī/ *n.* 江西(チャンシー)省《中国南東部の省; 面積 160,000 km², 省都南昌 (Nanchang)》.

Jiang Ze·min /ʤiáːŋzəmín | ʤǽŋ-; *Chin.* tɕiāŋtsɤmín/ *n.* 江沢民(チャンツォーミン)《1926– ; 中国の政治家; 鄧小平引退の跡を継いで党中央軍事委員会主席 (1989), 翌 90 年国家中央軍事委員会主席; 国家主席 (1993–)》.

jiao /ʤáu; *Chin.* tɕiǎu/ *n.* (*pl.* ~) **1** 角(チャオ)《中華人民共和国の通貨単位; = 1/10 元 (yuan), 10 分 (fen)》. **2** 1 角札[紙幣]. 〖《1949》⊏ Chin.; ~ (角)〗

Jiao·zhou /ʤàuʤóu- | -ʤə́u; *Chin.* tɕiāuʈʂōu/ *n.* 膠州(チャオチョウ)《中国山東省 (Shandong) の一地方; 旧ドイツ租借地方 (1898–1914)》.

Jiaozhóu Wán /-wáːn; *Chin.* tɕiāuʈʂōuuān/ *n.* 膠州湾(チャオチョウワン)《黄海 (Huang Hai) の一部》.

jib¹ /ʤíb/ 〘海事〙 *n.* **1** ジブ, 船首三角帆《船首に張る三角の縦帆; 大型船は外側より flying jib, jib, inner jib などに分ける; ⇨ yacht 挿絵》. **2** (起重機の)腕の部分. **3** 《廃》 (しかめ面をしたときに突き出る)下唇. **4** [しばしば *pl.*] 《南ウェールズ方言》 顔のゆがみ; しかめ面.
the cút of a person's jíb ⇨ cut 成句.
— *adj.* [限定的] ジブの.
— *v.* (**jibbed; jib·bing**) — *vt.* (間切る際などに)〈帆・帆桁(ほげた)などを〉一方の舷側から他方の舷側へ回す, ジャイブする. — *vi.* 〈帆が〉(他方の舷へ)くるりと回る. 〖《1661》← ?〗

jib² /ʤíb/ *vi.* (**jibbed; jib·bing**) 《英》 **1** 〈馬などがたじろぐ, 急に立ち止まる, (横にそれたり後ずさりして)進もうとしない

(balk, shy)〔*at*〕. **2** 〈人が〉二の足を踏む, しりごみする〔*at*〕: ～ *at* doing something 何かすることをためらう. **3** 〘海事〙 =jibe[1]. ― *n.* 急にじれて進まない馬[ロバ, ラクダなど]. 〖(1811) ← ? JIB[1]〗

jib[3] /dʒíb/ *n.* 〘機械〙 ジブ, (クレーン[起重機]の)動臂(どうひ), 腕, 突出回旋臂. 〖(1764) 《短縮》 ← ? GIBBET〗

ji·ba·ro /hí:bəròu | -ràu; *Am.Sp.* híβaro/ *n.* (*pl.* ～**s**) プエルトリコ人の小農; 田舎[地方, 山地]の労務者. 〖□ Am.-Sp. *jíbaro, gíbaro* ← ? *jíbaro* 'JIVARO'〗

Ji·ba·ro /hí:bəròu | -ràu; *Am.Sp.* híβaro/ *n.* (*pl.* ～**s**, ～) =Jivaro.

jibb /dʒíb/ *n.* =jib[1] 1, 2.

jib·ba /dʒíbə/ *n.* (*also* **jib·bah** /～/) ジバ 《イスラム教徒が着るスモックのような外衣》. 〖(1848) □ Egypt.-Arab. *jíbbah* 《変形》 ← Arab. *júbbah* 'JUBBAH'〗

jib·ber[1] /-bə | -bə(r)/ *n.* じれて暴れる馬. 〖(1847) ← JIB[2]〗

jib·ber[2] /dʒíbə | -bə(r)/ *vi., n.* =gibber[1].

jib·bons /dʒíbənz, -bn̩z/ *n. pl.* 《英南部方言》 =spring onion.

jíb·bóom *n.* 〘海事〙 ジブブーム, ジブ斜檣(しゃしょう), 第二斜檣 《帆船の船首から斜前に突き出ている円材の先端の方の材; ここに jib を張る》. 〖1748〗

jíb cràne *n.* ジブクレーン, 動臂(どうひ)起重機 《クレーン本体から jib を突き出し, その先端の滑車を通して貨物を釣る装置》.

jíb dòor *n.* 〘建築〙 ジブドア 《壁と同平面に取り付け壁面と同じ仕上げにしてドアに見えないようにした扉; gib door ともいう》. 〖(1800) ← ?〗

jibe[1] /dʒáɪb/ 〘海事〙 *vi.* **1** (帆走中風向きや船の向きが変わったため)〈縦帆 (fore-and-aft sail) とそのブーム (boom) が〉一方の舷から反対の舷に急に移行する, ジャイブする. **2** ジャイブするように船の向きを変える. ― *vt.* 〈帆〉の向きを変える, 〈船〉の向きを変える. ― *n.* 帆の向きの変わる[向きを変える]こと. 〖(1693) □ Du. 《廃》 *gijben, gijpen*: cf. jib[1] / G *gieben, giepen*〗

jibe[2] /dʒáɪb/ *n., v.* =gibe (⇨ scoff[1] SYN).

jibe[3] /dʒáɪb/ *vi.* 《米口語》〈意見・説明などが〉合う, 一致する (agree)〔*with*〕. 〖(1813) ← ? cf. jibe[1]〗

jíb gùy *n.* 〘海事〙 ジブブーム張索 《jib の風圧に耐えるように jibboom を横から支える張り綱》. 〖1868〗

jíb-hèaded *adj.* 〘海事〙 **1** 〈縦帆が〉ジブの形をした, 三角帆の. **2** (大檣帆(しょう)として)ジブ形の三角帆を装備した. 〖1861〗

jib·let /dʒíblɪ̀t/ *n.* =giblet.

Ji·bou·ti /dʒɪ̀bú:ti | -ti/ *n.* =Djibouti.

jíb·stày *n.* 〘海事〙 ジブステー 《小型帆船ではマストと艇首の間に, 大型帆船では jibboom と foremast の間に斜めに張られたワイヤー; これに jib を結びつける》. 〖1752〗

jíb tòpsail *n.* 〘海事〙 ジブトップスル 《jib よりも高い所に張られ, 帆の下端が jibboom から離れてずっと高く張られる三角帆; cf. topsail》. 〖*a*1865〗

Ji·bu·ti /dʒɪ̀bú:ti | -ti/ *n.* =Djibouti.

ji·ca·ma /hí:kəmə, hík-; *Am.Sp.* híkama/ *n.* 〘植物〙 クズイモ (*Pachyrhizus erosus*) の塊茎 《熱帯アメリカ原産; マメ科; 生または調理して食べる》. 〖(1604) □ Mex.Sp. *jícama* □ Nahuatl *xicama*〗

Ji·ca·ril·la /hì:kərí:jə; *Am.Sp.* hikaríja/ *n.* (*pl.* ～**s**, ～) **1 a** [the ～(s)] ヒカリーヤ族 《米国 New Mexico 州北部のアパッチ (Apache) 族》. **b** ヒカリーヤ族の人. **2** ヒカリーヤ語. 〖□ Am.-Sp. *jicarillos, xicarillas* (dim.) ← N-Am.-Ind. (Nahuatl) *jícara* basket: この種族の女性たちがかご作りに巧みだったことから〗

JICTAR /dʒíktɑə | -tɑ:(r)/ *n.* テレビ広告調査合同事業委員会. 〖(1964) 《頭字語》 ← *J(oint) I(ndustry) C(ommittee) for T(elevision) A(dvertising) R(esearch)*〗

Jid·da, Jid·dah /dʒídə, dʒédə | -də/ *n.* ジッダ 《サウジアラビア西部, 紅海の沿岸にある Mecca の外港; Jedda(h) ともいう》.

Jif /dʒíf/ *n.* 〘商標〙 ジフ 《米国 Procter & Gamble 社製のピーナッツバター》.

jiff /dʒíf/ *n.* =jiffy.

jif·fy /dʒífi/ *n.* 《口語》 瞬間 (⇨ minute[1] SYN): in a ～ たちまち, すぐ / Wait half a ～. ちょっと待ってくれ. 〖(1785) ← ?: cf. 《方言》 *jiffle* to fidget〗

Jíffy bàg *n.* ジフィーバッグ: **1** 〘商標〙 柔らかい詰め物をした本などの郵送用封筒. **2** 旅行用の小物を入れる革製バッグ.

jig[1] /dʒíg/ *n.* **1 a** ジグ 《急速度で軽快な $^6/_8$ 拍子のダンス; 16–17 世紀英国で流行》; ジグ舞曲, ジグ踊りの音楽. **b** 《古》 芝居の合間などに演じられる歌や踊りの余興. **2** 《俗》 **a** いたずら, 悪ふざけ. **b** (trick の) 策略, 手: ⇨ *The* JIG *is up.* **3** 〘釣〙 ジグ 《擬餌針の一種; 水中で上下に動かし魚をおびき寄せる》. **4** 〘機械〙 ジグ, 「治具」 《きりなどを穴あけ位置に正確に案内する工作用具; 「治具」は意訳と音訳を兼ねたもの》. **5** 〘染色〙 =jigger[1] 10. **6** 〘鉱山〙 =jigger[1] 4 b.
in jig time 《米口語》 すぐ, じきに, あっという間に.
The jig is ùp. 《俗》 (1) 手の内は読めた. (2) 勝負は終わった. (3) 万事休すだ, もうだめだ. 〖(1800)〗
― *v.* (**jigged; jig·ging**) ― *vi.* **1** ジグを踊る; 急速度で活発に踊る. **2** (急激に上下・前後に)動く, 揺れる: ～ up and down, to and fro, etc. **3** 〘鉱山〙 水選する. **4** 〘釣〙 ジグ (jig) で釣りをする. **5** 《豪俗》 学校をずる休みする. ― *vt.* **1** 〈ダンスを〉ジグ風に速く踊る. **2** (急激に上下・前後に)動かす, 揺する. **3** 〈井戸を〉振動削岩機で掘る. **4** 〘鉱山〙 〈鉱石を〉(ジガーに入れて)水選する. **5** 〘釣〙 〈魚を〉ジグ針で釣る. **6** 〘機械〙 ジグで工作する.
〖(*c*1560) ← ? OF *giguer* to hop, dance ← *gigue* fiddle ← Gmc: cf. G *Geige* fiddle〗

jig[2] /dʒíg/ *n.* 《俗》 [しばしば軽蔑的に] =Negro. 〖(1924) ← ? JIG[1]〗

jig·a·boo /dʒígəbù:/ *n.* [しばしば軽蔑的に] =Negro. 〖(1909) 《混成》 ? ← JIG[2]+(BUG)ABOO // ← ? JIGGER[1]+BOO[1]〗

jig-a-jig /dʒígədʒíg/ *n.* 《俗》 性交 (jig-jig). 〖(1602) 擬音語?〗

jigg /dʒíg/ *n.* =jig[2].

jig·ger[1] /dʒígə | -gə(r)/ *n.* **1** ジグ (jig) を踊る人. **2** 《米口語》 仕掛け, しろもの 《構造が複雑[簡単]すぎて適当な呼び名がないときとか, はっきりした名のわからないときに用いる語》: What is that little ～ on the machine? その機械に付いている小さなものは何ですか. **3 a** ジガー 《カクテル用の酒を量るのに使う $1^1/_2$ オンス容量の小コップ》. **b** ジガー 1 杯分 ($1^1/_2$ オンス). **4** 〘鉱山〙 **a** 選鉱夫. **b** ジッガー, 跳汰(ちょうた)機 《湿式選鉱機の一種; cf. pulsator》. **c** ぐいっぐいと律動的に動く機械. **5** 〘海事〙 **a** ジガー 《小型帆船の船尾に付けた短マストに掛ける補助帆; 同上の帆装を有する小型漁船》. **b** ひも付き小型滑車, 小型のテークル(滑車装置). **c** =jiggermast. **6** 〘玉突〙 キュー架. **7** 〘窯業〙 機械ろくろ 《平皿を成形する》. **8** 〘通信〙 振動変成器. **9** 〘ゴルフ〙 ジガー 《頭の小さい 4 番と 5 番の中間のアイアンクラブ; 今はほとんど用いられない》. **10** 〘染色〙 ジッガー 《布を, 染浴中の 2 本のローラー間で反復して巻き返しながら染める染色機》. **11** 〘釣〙 ジグ (⇨ jig[1] *n.* 3). **12** =jigger coat. **13** (NZ) 〘鉄道〙 手動[動力]推進器のついた車両. **14** (カナダ) 氷の下に刺し網をする道具. **15** 《リバプール方言》 路地.
― *adj.* [限定的] 〘海事〙 ジガーマストの; 補助帆の.
― *vt.* **1** 上下にぐいと動かす. **2** 〘窯業〙 機械ろくろで作る. **3** 《米》 (不正に)〈…を〉変更する.
jigger úp 《俗》 (1) 混乱させる; 破壊する, 壊す. (2) [通例 p.p. 形で] 疲れさせる, へとへとにする.
〖*n.*: (1675): ⇨ jig[1], -er[1]. ― *v.*: (1862) ? ← jig[1] (v.)〗

jig·ger[2] /dʒígə | -gə(r)/ *n.* **1** 〘昆虫〙 =chigoe 1. **2** 〘動物〙 =chigger 2. 〖(1781) □ Afr. (Wolof *jiga* insect)〗

jígger còat *n.* ジッガー(コート) 《婦人用の短いルースなジャケット; 単に jigger ともいう》.

jig·gered /dʒígəd | -gəd/ *adj.* **1** 《口語》 damned の代用語: Well, I'm ～! まさか / I am ～ if I do it! そんなことをだれがするものか, そんなことをしてたまるものか / I'll be ～! 驚いたなあ. **2** 《スコット・英北部方言》 へとへとに疲れた 〈*up*〉. 〖(1837) ← ?〗

jígger·màst *n.* 〘海事〙 ジガーマスト: **a** 4–5 本檣(しょう)帆船の最後部のマスト. **b** (5 本以上のマストを持つ帆船の) 前から 4 本目のマスト. **c** (小艇の)艇尾に付けた小帆を張る短いマスト 《単に jigger ともいう》. 〖1831〗

jig·ger·y-pok·er·y /dʒígəripóukəri | -pə́u-/ *n.* **1** 《英口語》 ごまかし, ぺてん (humbug). **2** 不公正な取引き, 目こぼし; 策略, ごまかし, いんちき (monkey business). **3** 操作; (機械などの)巧みな扱い方. 〖(1893) 《変形》 ← 《スコット》 *joukery-paukery* 《押韻俗語》 ← JOUK+PAWKY: cf. jigger[1] 2〗

jig·get /dʒígɪ̀t | -gɪt/ *vi.* 《口語》 跳ね回る (jig); がたがたと動く[進む]. 〖(1687) ← JIG[1] (v.)+-*et* (cf. fidget)〗

jig·get·y /dʒígɪ̀ti | -gɪti/ *adj.* がたがたする, 不安定な (jerky). 〖1883〗

jig·gle /dʒígl/ *vt.* 軽く(ひょいひょい)揺り動かす. ― *vi.* 軽く揺すぶる. ― *n.* (ぴくぴくする)動揺, 揺すぶり. 〖(1830) ← JIG[1] (v.)+-LE[3]〗

jig·gly /dʒígli, -gli/ *adj.* (**more** ～, **most** ～; **jig·gli·er, -gli·est**) 軽く揺れる; 不安定な.

jig·gy /dʒígi/ *adj.* (**more** ～, **most** ～; **jig·gi·er, -gi·est**) ジグ(ダンス, 舞曲)風の. 〖← JIG[1]+-Y[4]〗

jig-jig /dʒígdʒíg/ *n.* 《俗》 性交. 〖1935〗

jíg·sàw *n.* **1** 細帯鋸(ほそおびのこ) 《雲形などの曲線ひき用》. **2** =jigsaw puzzle. **3** 複雑な[込み入った]状況.
― *adj.* [限定的] 細帯鋸で切り取った(ような)形の.
― *vt.* **1** 細帯鋸でひく. **2** 入り組んだ[複雑な]形に並べる. 〖(1873) ← JIG[1]+SAW[2]〗

jígsaw pùzzle *n.* (切抜き)はめ絵, ジグソーパズル 《picture puzzle ともいう》. 〖1909〗

ji·had /dʒɪhɑ́:d | -hǽd; *Arab.* dʒihá:d/ *n.* **1** イスラム教徒が異教徒に対して行う戦い, (イスラム教徒の)聖戦, ジハド 《コーランはこれを信徒の義務と教えている》. **2** 主義などの擁護または反対のための戦い (campaign): a ～ against a new doctrine 新教義反対運動. 〖(1869) □ Arab. *jihād* contest, strife〗

Jih-k'a-tse /ʒɪkɑ́:tsə, ʃɪkɑ́:tsə, dʒɪəkɑ́:dʒə/ *n.* =Xigazê.

Ji·lin /dʒì:lín; *Chin.* tɕílín/ *n.* **1** 吉林(きつりん)省 《中国北東部の省; 面積 290,000 km^2; 省都長春 (Changchun)》. **2** 吉林 《同省の第二松花江(松花江 (Songhua Jiang) の支流)に面する港湾都市》.

jill[1], **J-** /dʒíl/ *n.* 《主に文語》 **1** 女, 女性; 小娘 (lass), 若い女性. **2** 恋人, 愛人 (sweetheart) (⇨ jack[1] 4 a). 〖↓〗

jill[2] /dʒíl/ *n.* 《英方言》 〘動物〙 雌のケナガイタチ (ferret). 〖(1851) 《略》 ← GILLIAN〗

Jill /dʒíl/ *n.* ジル 《女性名》. 〖(dim.) ← GILLIAN: cf. Gill〗

jill·a·roo /dʒìlərú:/ *n.* (*also* **jill·e·roo** /～/) (*pl.* ～**s**) 《豪口語》 (羊場の) 女性の新米の見習い雇人 (cf. jackeroo). 〖(1945) 《戯言》 ← JACKAROO〗

jill·et /dʒílɪ̀t | -lɪt/ *n.* 《スコット》 はすっぱ娘, 男たらし (flirt). 〖(1755) ← JILL+-ET〗

jil·lion /dʒíljən | -ljən, -liən/ 《口語》 *n.* 大変な数.
― *adj.* 大変な数の: He wrote a ～ letters to her. ずいぶんたくさん彼女に手紙を書いた. **jíl·lionth** /-θ/ *adj.* 〖(1942) ← *j-* (無意味な添え字)+-*illion* (cf. million, billion)〗

Ji·lo·lo /dʒaɪlóulou | -lə́uləu/ *n.* =Halmahera.

Ji·long /dʒì:lúŋ/ *n.* =Chilung.

jilt /dʒílt/ *n.* **1 a** 男たらし, 浮気女. **b** 女たらし, 浮気者. **2** 売春婦 (whore). ― *vt.* **1 a** 〈女性が〉〈男性を〉(最初ちやほやしておいて最後に)振る, 捨てる. **b** …との深い関係を断つ. **2** 《廃》 たぶらかす, だます (cheat).
～·er /-tə | -tə(r)/ *n.* 〖(1660) ← 《まれ》 *gillot* (dim.) ← GILL: cf. jillet〗

Jim /dʒím/ *n.* ジム 《男性名》. 〖(dim.) ← JAMES: cf. Jimmy〗

Jím Bèam /-bí:m/ *n.* 〘商標〙 ジムビーム 《米国 James B. Beam Distilling 社製のストレートバーボン》.

jim·crack /dʒímkræ̀k/ *adj., n.* =gimcrack.

Jim Crow, j- c- /dʒímkróu | -krə́u/ 《米》 *n.* **1 a** [通例軽蔑的に] 黒んぼ (Negro). **b** 《口語》 =Jim Crowism. **2** [j- c-] **a** 《口語》 レール屈伸器, 「ジンクロ」. **b** 釘抜きのついたかなてこ. ― *adj.* 《口語》 黒人差別待遇の[を支持する]; 黒人専用の: the ～ law (特に南部で)黒人差別の法律 / a ～ car [school] 黒人専用車[学校] 《かつて差別的に黒人だけが乗せ[通学させ]られた》. ― *vt.* 〈黒人を〉(人種)差別する, 差別待遇する. 〖(*c*1832): 'jump, Jim Crow' という繰り返し句のある黒人のミンストレルソングから〗

Jím Crów·ism, j- c- /-ɪzm/ *n.* 《米口語》 人種差別主義; 黒人隔離政策. 〖1837〗

jím-dándy *adj., n.* 《米口語》 すてきな[すばらしい] (物, 人). 〖1887〗

jím dàsh *n.* 〘活字〙 ジムダッシュ 《新聞で見出しと本文の間, 同一欄中の別項目の間などに使う(しばしば M 字の 3 倍幅の)ダッシュ》.

Ji·mé·nez /himéɪnəθ, -ménɛθ | -neɪθ; *Sp.* ximéneθ/, **Juan Ramón** *n.* ヒメネス (1881–1958; スペインの詩人; Nobel 文学賞 (1956)).

Ji·mé·nez de Cis·ne·ros /-deɪsɪsnéɪrəs, -θɪs-; *Sp.* -ðeθisnéros/, **Francisco** *n.* ヒメネス デシスネロス (1436–1517; スペインの宗教家・政治家; 枢機卿).

jim·i·ny /dʒímənɪ | -mɪ̀-/ *int.* [しばしば by ～, ～ Christmas, ～ cricket(s) として] ああ, おお 《軽い驚きなどを表す》. 〖(1664) 《変形》 ← GEMINI〗

jim·jams /dʒímdʒæ̀mz/ *n. pl.* [the ～] **1** 《口語》 ぞっとする感じ; ひどい神経過敏, びくびく(すること): Every time she sees a caterpillar it gives her *the* ～. 彼女は毛虫を見るたびにぞっとする. **2** 《俗》 =delirium tremens. 〖(*a*1550): 恣意的加重〗

Jim·mie /dʒími/ *n.* ジミー 《男性名》. 〖(dim.) ← JAMES〗

jim·mies /dʒímiz/ *n. pl.* 《口語》 (アイスクリームなどの上に振りかける) 小粒の糖菓 《チョコレートチップなど》. 〖(1900): ⇨ jim-jam〗

jim·mi·ny /dʒímənɪ | -mɪ̀-/ *int.* =jiminy.

jim·my /dʒími/ 《米》 *n.* 組立式かなてこ 《強盗用具》. ★ 英国では通例 jemmy の形を用いる. ― *vt.* かなてこでこじあける: ～ a door, window, etc. 〖(1753) 《転用》 ↓〗

Jim·my /dʒími/ *n.* **1** ジミー 《男性名; 異形 Jimmie, Jymmye》. **2** 《スコット中部方言》 (知らない男性への呼び掛けとして) おい, 君. 〖(dim.) ← JAMES〗

Jímmy Wóod·ser /-wúdzə | -dzə(r)/ *n.* 《豪口語》 (酒場で)一人で酒を飲む男; 一人で飲む酒. 〖1898〗

jimp /dʒímp/ 《スコット・北英》 *adj.* (～·**er**; ～·**est**) **1** やせ型の, すんなりした (slim), 優美な (elegant). **2** 乏しい, 不十分な (scanty). ― *adv.* かろうじて, ほとんど…ない (scarcely). ― *vt.* 削減する, けちけちする. 〖(1508) ← ?: cf. 《方言》 *gim* smart, spruce〗

jím·son·wèed /dʒímsən-, -sn̩-/ *n.* (*also* **jimp·son·wèed** /dʒím(p)sən-, -sn̩-/) 〘植物〙 シロバナヨウシュチョウセンアサガオ (*Datura stramonium*) 《アジア原産ナス科チョウセンアサガオ属の植物の総称; 有毒; apple of Peru ともいう》. 〖《短縮》 ← *Jamestownweed* ← *Jamestown* (米国 Virginia 州の地名)+WEED[1]〗

jin /dʒín/ *n.* (*pl.* ～**s**, ～) 〘イスラム伝説〙 =jinn.

Jin /dʒín; *Chin.* tɕín/ *n.* 中国の四つの王朝名 《Western Jin (西晋) (256–316), Eastern Jin (東晋) (317–420), Later Jin (後晋) (936–946), Jin /tɕín/ (金) (1115–1234)》.

Ji·nan /dʒì:nɑ́:n | -nǽn; *Chin.* tɕínán/ *n.* 済南(せいなん) 《中国北部, 山東省 (Shandong) の省都》.

jing /dʒíŋ/ *int.* 《スコット》 《軽いののしりとして》 ちくしょう (jings ともいう). 〖(1785) ← '*by jing!*' By Jingo〗

jing·bang /dʒíŋbæ̀ŋ/ *n.* 《スコット》 集まり, 一群. 〖(1866) ← ?〗

Jing·de·zhen /dʒìŋdédʒɛn; *Chin.* tɕìŋtɤ́tʂən/ *n.* 景徳鎮(けいとくちん) 《中国江西省 (Jiangxi) 北東部の都市; 中国第一の陶磁器生産地》.

Jin·ghis Khan /dʒíŋgɪ̀skɑ́:n | -gɪs-/ *n.* =Genghis Khan.

jin·gle /dʒíŋgl/ *n.* **1 a** ちんちん[りんりん, ちゃりんちゃりん]と鳴る音, 金属性の音響. **b** りんりん鳴る物 《小鈴など》: a ～ of keys (キーホルダーにつないだ)ひと束の鍵, 鍵束. **c** 《米俗》 電話をかけること: give someone a ～. **2 a** (もっぱら音的効果のために用いた)同音または類似音の反復. **b** 脚韻・頭韻などで調子をよくした詩や文. **c** (テレビ・ラジオのコマーシャルの)調子のいい短い歌. **3** (アイルランド・オーストラリアなどの)ジングル馬車 《一頭引二輪の幌馬車》. **4** 〘貝類〙 =jingle shell.
― *vi.* **1** ちんちん[りんりん]鳴る (tinkle): The keys ～*d* together in his hand. 手にした鍵束がちゃりんちゃりん鳴った. **2** ちりんちりん鳴りながら動く[進む]. **3** 〈詩文が〉(頭韻・脚韻に満ちて)調子よく響く: a *jingling* ballad, song, etc. ― *vt.* **1** ちんちん[りんりん]と鳴らす: ～ the keys 鍵をじゃらじゃらと鳴らす. **2** (音的効果のためだけに)韻を合わせる, 押韻する (rhyme).
jín·gler /-glə, -glə | -glə(ʳ, -gl-/ *n.*
〖(*c*1387–95) gingle(n)《擬音語》: cf. Du. *jengelen*〗
jíngle bèll *n.* **1** そりの鈴. **2** (店の入口のドアにつけた)客の来店を知らせる鈴. **3**〘海事〙速力指示用のベル《船橋から細ひもでこれを引き鳴らし, 引く回数で機関室に速力を指示する; 小型艇などで多く使う》. 〖1887〗
jíngle·jàngle *n.* ちんちん[りんりん, ちゃりんちゃりん]と鳴り響く音. ― *vi.* ちんちん[りんりん, ちゃりんちゃりん]と鳴る. 〖(1640)《加重》← JINGLE〗
jíngle shèll *n.*〘貝類〙ナミマガシワガイ《*Anomia* 属の二枚貝の総称》. 〖その殻を振ると音がすることから〗
jín·gling Jóhnny /-glɪŋ-, -gl-/ *n.* =crescent 8.
jin·gly /dʒíŋgli, -gli/ *adj.* **1** りんりんと鳴る; りんりんと鳴るような. **2**〈詩文が〉(頭韻・脚韻を豊富に[むやみに]使って)調子よく響く. 〖(*a*1806) ← JINGLE (n.)+-Y⁴〗
jin·go /dʒíŋgou | -gəu/ *n.* (*pl.* ~**es**) **1** (対外的政策に対する)示威的強硬論者, 主戦論者, 盲目的愛国者, 国粋主義者 (chauvinist). **2** (露土戦争時の英国首相 Disraeli の)対ロシア強硬政策支持者.
by* (*the living*) *jingo 《口語》いやはや; まったく《驚き・肯定などを示す強意的文句》. (1694)
― *int.* そーら《もと, 奇術師が何か取り出すときの掛け声》.
― *adj.* 感情的対外強硬(論)の, 盲目的愛国主義的な: a ~ nationalism 国粋的愛国主義.
〖n.: (1878) ← (int.): 1877–78 年の露土戦争当時流行の俗謡の折り返し 'We don't want to fight, but by Jingo! ...' に由来する. ― int.: (1670)《恣意的造語》// ← ? Basque *Jinko, Jainko* god //《転訛》? ← JESUS〗
jin·go·ish /dʒíŋgouɪʃ | -gəu-/ *adj.* 国粋主義の, 対外強硬主義の. 〖(1892): ⇨ ↑, -ish¹〗
jín·go·ìsm /-gouìzm | -gəu-/ *n.* (感情的)国威宣揚主義, 盲目的愛国主義 (cf. chauvinism). 〖(1878): ⇨ -ism〗
jín·go·ist /-gouɪ̀st | -gəuɪst/ *n.* 感情的[盲目的]愛国主義者, (やっつけろ主義の)強硬外交論者. ― *adj.* =jingoistic. 〖(1884): ⇨ -ist〗
jin·go·is·tic /dʒìŋgouístɪk | -gəu-ˊ/ *adj.* 感情的愛国主義的な, 強硬外交的な. **jìn·go·ís·ti·cal·ly** *adv.* 〖(1885): ⇨ ↑, -ic¹〗
jings /dʒíŋz/ *int.* =jing.
Jin·ja /dʒíndʒə/ *n.* ジンジャ《ウガンダ南東部の Victoria 湖北岸の港市》.
jink¹ /dʒíŋk/ *vi.* **1**《英》さっと身をかわす, 巧みに逃げる (dodge). **2** (踊りなどで)跳ね回る, 跳び跳ねる. **3**〘ラグビー〙ひらりと身をかわす. **4**《俗》〘航空〙〈操縦士・飛行機が〉砲火(など)を巧みに避ける. ― *vt.* **1**〈追手などから〉さっと身をかわす, 巧みに逃げる. **2**《スコット》〈人を〉だます, ぺてんにかける. ― *n.* **1**《英》さっと身をかわす[逃げる]こと. **2** [*pl.*] 浮かれ騒ぎ, はしゃぎ: ⇨ high jinks. 〖(*a*1700) ← ?: 擬音語か〗
jink² /dʒíŋk/ *n.*《英方言》=chink¹. 〖(*c*1775)《変形》〗
jin·ker /dʒíŋkə | -kə(ʳ/ *n.*《豪》ジンカー: **a** 二輪馬車 (sulky) の一種《競走用》. **b** (二輪または四輪の)木材運搬車. 〖(1894) ← ?〗
jinks /dʒíŋks/ *n.* (*pl.* ~)〘植物〙=checkerberry.
Jin·men /*Chin.* tɕínmə́n/ *n.* =Kinmen.
jinn /dʒín/ *n.* (*pl.* ~**s**, ~)〘イスラム伝説〙[集合的にも用いて] 精霊, ジン《人間に, 時には益を, 時には害を与える(天使たちより位の低い)妖霊で, 人や獣の姿に変身できる》.
〖(1684) □ Arab. ~ 'spiritual beings,《原義》darkness' (pl.) ← *jinnī* ← *jánna* to conceal: cf. genie〗
Jin·nah /dʒínə/, **Mohammed Ali** *n.* ジンナー (1876–1948; パキスタンの政治家; 独立の父, パキスタンイスラム教徒自治領初代総督 (1947–48)).
jin·nee /dʒɪníː/ *n.* (*pl.* **jinn**)〘イスラム伝説〙=jinni. 〖1841〗
jin·ni /dʒɪníː, dʒíni/ *n.* (*pl.* **jinn**)〘イスラム伝説〙=jinn. 〖□ Arab. *jinnī*〗
jin·ny /dʒíni/ *n.*〘鉱山〙(斜面でトロッコを動かす)つるべ式の重錘または固定エンジン. 〖(1877)《変形》← JENNY〗
Jin·ny /dʒíni/ *n.* ジニー《女性名》. 〖⇨ Jenny〗
jínny ròad *n.*〘鉱山〙石炭車が自動的に重力の作用によって昇降する傾斜面. 〖(1881) *jinny*:《転用》← JINNY〗
jin·rik·i·sha /dʒɪnríkɪ(ə)ʃɔː, -ʃɑː | -k(ɪ)ʃə/ *n.* (*also* **jin·rik·sha** /~/, **jin·rick·sha, jin·rick·show** /-rɪ́kʃ-/) 人力車 (ricksha, rickshaw ともいう). 〖(1874) □ Jpn.〗
jinx /dʒíŋ(k)s/ 《口語》*n.* 縁起の悪い物[事, 人]; 不運続き, ジンクス: a ~ day 縁起の悪い日 / break the ~ 不運[失敗]続きから抜け出る, ジンクスを破る / put a ~ *on* ...の縁起を悪くする, ...にけちをつける / He is a ~ *for* [*to*] us. / There is a ~ *on* that house. あの家は縁起が悪い.
日英比較 日本語の「ジンクス」は「因縁があって避けられないもの」の意で必ずしも縁起のよしあしには関係ないが, 英語の *jinx* は「縁起の悪いもの」のみを意味する. ― *vt.* **1**〈人・物〉の縁起を悪くする, ...にけちをつける: a ~*ed* car 縁起の悪い[けちのついた]車 / That ~*ed* the team. そのことでチームにけちがついた. **2**〈せっかくのもの[こと]を〉だめ[むだ]にしてしまう: That ~*ed* the play. そのことでせっかくの劇もだめになった. 〖(1911)《転用》? ← NL *jynx* wryneck ← L *iynx* □ Gk *íugx*: 魔術に用いる鳥(キツツキの類)の名〗
Jin·zhou /dʒìndzóu/; *Chin.* tɕîntʂōu/ *n.* 錦州(ｷﾝｼｭｳ)《中国北東部遼寧省 (Liaoning) 南西部の都市》.
jip /dʒíp/ *n.*《英口語》=gyp³.
ji·pi·ja·pa /hìːpihɑ́ːpəː; *Am.Sp.* hipiháp a/ *n.* (*also* **jip·pi·jap·pa** /hɪ̀p-/) **1**〘植物〙パナマソウ (*Carludovica plamata*)《中南米熱帯地方産のヤシに似た植物; その若葉を裂いてパナマ帽の材料とするので Panama hat plant ともいう》. **2** パナマ帽. 〖(1858) □ Sp. ~ ← *Jipijapa* (エクアドルの町の名)〗
jir·ga /dʒə́ːgə, dʒíə- | dʒə́ː-, dʒíə-/ *n.* (*also* **jir·gah** /~/) (アフガニスタンの)元老会議. 〖(1843) □ Pers. *jarga* ring (of men or beasts) ← ? Mongol〗
JIS /dʒéɪàɪés/《略》Japanese Industrial Standard 日本工業規格 (cf. DIN).
jism /dʒízm/ *n.* **1**《俗》元気, 精力, 活力. **2**《卑》精液. 〖(1842) ← ?〗
jis·som /dʒísəm/ *n.*《卑》精液.
JIT《略》job instruction training; just-in-time.
jit·ney /dʒítni/《米》*n.* **1**《俗》ジットニー《5 セント白銅貨; cf. nickel 2》. **2 a** 小型[ミニ]バス (jitney bus ともいう). **b** 安物の自動車. **3** 低級な品(物), 安物.
― *adj.* [限定的] 安物の, 低級な: a ~ bar, dance, piano, etc. 〖← ?: cf. F *jeton* a token or counter〗
jit·ter /dʒítə | -tə(ʳ/《口語》*n.* **1** [通例 the ~s] ひどい神経過敏, 神経質な動作, いらいらした(心理)状態: have *the* ~*s* いらいら[びくびく]している / give a person *the* ~*s* about ...のことで人をひどくいらいら[びくびく]させる / The rattle of gunfire kept the whole city in ~*s*. 銃声が全市民をびくびくさせていた. **2**〘通信〙ジッター《信号パルスの時間軸上の位置の変動; 雑音や中継器の内部原因により生じる》. ― *vi.* **1** 神経質にふるまう, いらいらする; ぶるぶる[がたがた]震える. **2** 小刻みに動く[進む]. ― *vt.* **1** いらいらさせる. **2** ぶるぶる[がたがた]振動させる. 〖(1929)《転訛》? ← CHITTER《方言》to shiver: cf. chatter〗
jítter·bùg《口語》*n.* **1** ジルバ《1920 年代に生まれ, 1940 年代の初めに流行した動きの激しい陽気な社交ダンス; ブギウギ (boogie-woogie) やスイングなどに合わせて踊る》.
日英比較 「ジルバ」は *jitterbug* から借用した和製英語.
2 a ジルバを踊る人. **b** ジャズ狂《音楽に熱中し, 音楽に合わせて激しく踊り出す人》. **3** ひどく神経質な人. ― *vi.* (**jitter·bugged; -bug·ging**) **1** ジルバを踊る. **2**〘スポーツ〙(相手を面食らわせるため)急速に動き回る, 急速に前後に動く. 〖(1934) ← JITTER (v.)+BUG¹《俗》enthusiast〗
jit·ter·y /dʒítəri | -tə-/ *adj.*《口語》**1** 神経過敏な (nervous). **2** (いらいらして)じっとしていない (jumpy).
jít·ter·i·ness *n.* 〖(1931) ← JITTER+-Y⁴〗
Ji·u /dʒíːuː/ *n.* ジーウ(川)《ルーマニア南部の川; Craiova のそばを流れて Danube 川に合流 (320 km)》.
Jiu·jiang /dʒùːdʒɑ́ːŋ; *Chin.* tɕiǒutɕiɑ̄ŋ/ *n.* 九江(ｷｭｳｺｳ)《中国江西省 (Jiangxi) 北部, 長江南岸の港市》.
jiu·jit·su /dʒuːdʒítsuː/ *n.* (*also* **jiu·jut·su** /-dʒúts-/) =jujitsu.
ji·va /dʒíːvə/ *n.* **1**〘ヒンズー教〙**a** (大我 (Atman) の顕現としての)人の霊魂. **b** (人の)生命力. **2**〘ジャイナ教〙ジーバ《宇宙構成要素を霊魂と非霊魂 (ajiva) に分けた場合の霊魂》, 生 (life). 〖(1807) □ Skt *jīva* living, life〗
Ji·va·ro /híːvəròu | -rəu; *Am.Sp.* híβaɾo/ *n.* (*pl.* ~**s**, ~) **1 a** [the ~(s)] ヒバロー族《エクアドル南部とペルー北東部に住むインディオの一種族》. **b** ヒバロー族の人. **2** ヒバロー語. 〖(1862) □ Sp. *Jíbaro* ← Am.-Ind.〗
jive¹ /dʒáɪv/《俗》*n.* **1** ジャズ, スイング(音楽). **2 a** (むずかしい)専門語, 職域語; (一般の人にはわからない)隠語 (jargon). **b**《米》いい加減なおしゃべり, ほら(話). ― *adj.* にせの, いんちきな (phony).
― *vi.* **1 a** ジャズ[スイング]を演奏する. **b** ジャズ[スイング]に合わせて踊る, ジルバを踊る. **2**《米》ごまかす (kid); のらくらする (fool around).
― *vt.* **1**〈音楽を〉ジャズ[スイング]式に(速く熱狂的に)演奏する. **2**《米》いい加減な[大げさな]ことを言って煙に巻く; かつぐ, ぺてんにかける, だます (cheat); からかう (tease).
jív·er *n.* 〖(1928)《変形》← ? JIBE¹·²〗
jive² /dʒáɪv/ *vi.* =jibe³. 〖1928〗
Ji·xi /dʒìːʃíː; *Chin.* tɕíɕí/ *n.* 鶏西(ｹｲｾｲ)《中国北東部, 黒竜江省 (Heilongjiang) 南東部の都市》.
jizz¹ /dʒíz/ *n.* (鳥や植物などの種類を区別するために役立つ)特徴. 〖(1922) ← ?〗
jizz² /dʒíz/ *n.* (*also* **jiz·zum** /dʒízəm/)《卑》精液. 〖⇨ jism〗
JJ《略》Judges; justices.
JL《記号》⇨ JAL.
Jl.《略》July.
jm《記号》Jamaica《URL ドメイン名》.
JM.《略》〘英法〙jactitation of marriage.
JMB《略》Joint Matriculation Board.
JMJ《略》〘カトリック〙Jesus, Maria, Joseph.
jn《略》join; junction; junior.
Jn《略》〘聖書〙John; Junction; June.
jna·na /dʒənɑ́ːnəː; *Hindi* dʒɲaːn/ *n.*〘ヒンズー教〙(瞑想や学問によって得られる解脱(ｹﾞﾀﾞﾂ)に達する方法としての)智, 知識. 〖(1827) □ Skt *jñāna* knowledge ← *jānāti* he knows〗
jnána-márga *n.*〘ヒンズー教〙知の道 (⇨ marga). 〖1877〗
JND《略》〘心理〙just noticeable difference.
jnl《略》journal.
Jno《略》〘聖書〙John.
jnr《略》junior.
jnt《略》joint.
jo¹ /dʒóu | dʒə́u/ *n.* (*pl.* **joes** /~z/)《スコット》[しばしば呼び掛けに用いて] いとしい人; 恋人, 愛人 (sweetheart). 〖(*a*1529)《転訛》← JOY〗
jo² /dʒóu | dʒə́u/ *n.*《米口語》=joe². 〖《異形》← JOE²〗
jo《記号》Jordan《URL ドメイン名》.
Jo /dʒóu | dʒə́u/ *n.* ジョー: **1** 男性名. **2** 女性名. 〖(dim.) 1: ← JOSEPH; 2: ← JOSEPHINE〗
Jo.《略》〘聖書〙Joel; John; Joseph; Josephine.
Jo·ab /dʒóuæb | dʒə́u-/ *n.* **1** ジョーアブ《男性名》. **2**〘聖書〙ヨアブ《David 王の甥(ｵｲ), David 王の軍隊の隊長; 反乱した王子 Absalom を殺す; cf. *2 Sam.* 18:14》. 〖□ LL *Jōab* □ Gk *Iōáb* □ Heb. *Yō'ābh* Yahweh is father〗
Jo·a·chim /dʒóuəkɪm | dʒə́u-; *F.* ʒoaʃɛ̃, *G.* jóːaxɪm, joáxɪm/ *n.* ジョアキム《男性名》. 〖□ Heb. *Yᵉhōyāqīm*《原義》may Yahweh raise up, exalt: 経外典では聖母マリヤの父とされた〗
Jo·a·chim /dʒóuəkɪm | dʒə́u-/, **Saint** *n.* 聖ヨアキム《処女 Mary の父とされる; 妻は St Anne; 祝日 7 月 26 日(もとは 8 月 16 日)》.
Jo·a·chim /jóuəkɪm, -xɪm | jə́uə-; *G.* jóːaxɪm, joáxɪm, *Swed.* júːakim/, **Joseph** *n.* ヨアヒム (1831–1907; ハンガリー生まれのドイツのバイオリン奏者・作曲家).
Joan¹ /dʒóun | dʒə́un/ *n.* ジョーン《女性名》. 〖(dim.) ← JOANNA // (fem.) ← JOHN¹〗
Joan² /dʒóun | dʒə́un/ *n.* ヨハンナ《伝説上の女性教皇; Benedict 会の若い修道士と恋仲となったが, 愛人に死なれて Rome に行き, 男装して教皇となり John 八世と称した (855–858)》.
Joan³ *n.* ジョウン (1328–85; 英国の Edward, the Black Prince の妃; Richard 二世の母; the Fair Maid of Kent の名で知られる).
jo·an·na /dʒouǽnə | dʒəu-/ *n.*《英俗》ピアノ. 〖(1846)《押韻俗語》← PIANO〗
Jo·an·na /dʒouǽnə | dʒəu-/ *n.* ジョアンナ《女性名》. 〖□ ML *Jo(h)anna* (fem.) ← *Jo(h)annēs* 'JOHANNES'〗
Jo·anne /dʒouǽn | dʒəu-/ *n.* ジョアン《女性名》.
jo·an·nes /dʒouǽnɪ̀s | dʒəuǽnɪs/ *n.* (*pl.* ~) =johannes.
Jóan of Árc /-ɑ́ək | -ɑ́ːk/ *n.* ジャンヌダルク (1412–31; 百年戦争の際オルレアン城を包囲した英軍を破り祖国フランスを救ったが, 後に英軍に捕らえられ火刑に処せられた; 1920 年聖人の列に加えられた; オルレアンの少女 (Maid of Orléans) とも呼ばれる; Saint Joan of Arc ともいう; フランス語名 Jeanne d'Arc).
Joã·o Pes·so·a /ʒwàʊ̃(m)pəsóuə, ʒwaum- | -sə́uə; *Braz.* ʒoɐ̃ʊ̃pesóa/ *n.* ジョアンペソア《ブラジル東部の都市; Paraíba 州の州都》.
Joa·quim /ʒwɑːkíŋ; *Braz.* ʒwakí, *Port.* ʒwɐkí/ *n.* ジョアキン《男性名》. 〖□ Port. ~: ⇨ Joachim〗
Joa·quín /hwɑːkíːn; *Sp.* xwakín/ *n.* ホアキン《男性名》. 〖□ Sp. ~: ⇨ Joachim〗
job¹ /dʒɑ́(ː)b | dʒɔ́b/ *n.* **1 a** 仕事 (piece of work) (⇨ occupation **SYN**); 手間仕事, 賃仕事; 端物(ﾊﾓﾉ)仕事: do a ~ well / do a ~ of work《英口語》いい仕事をする / a bad ~ 割りの悪い[骨折り損の](仕)事 / a good ~ 割りのいい[うまくいった](仕)事 / odd ~*s* 半端(ﾊﾝﾊﾟ)仕事, 種々な手間仕事 / the ~ at [《英》in] hand 当面の仕事 / know one's ~ (仕事に)年季が入っている, 十分な知識がある, (自分の役割を)心得ている / have the ~ of washing cars 洗車の仕事をもっている / get a ~ copy*ing* out a manuscript《口語》原稿を清書する仕事[アルバイト]を見つける (★ copying 以下は job と同格; cf. 3). **b** 立派な仕事, 業績: make a good [clean, bad, poor] ~ of ...をうまく[手際よく, 下手に]やってのける. **c** 仕事の質[過程, でき]: a weary [tedious] ~ 退屈な仕事 / She knows her ~ inside and out. 彼女は自分の仕事の裏も表も知っている.
d [集合的にも用いて] (大きな事業の)一つの作業.
2 役目, 役割 (role) (⇨ function **SYN**); 職務, 義務 (duty): It's your ~ to do this. これをするのが君の務めだ.
3 職業, 地位 (post): be out of a ~ 失業している / a teaching ~ 教師の職[口], 教職 / a part-time ~ パートの口 / have [get] a good ~ よい勤め口にありついている[見つける] / get a ~ teach*ing* grade school=get a ~ as a grade-school teacher.《口語》小学校教員の口を見つける (cf. 1) / The public works employment bill will create 100,000 ~*s*. その公共事業雇用法案が通れば 10 万人分の勤め口が生まれることになる / How many ~*s* will be lost? どのくらいのポストが失われるのでしょうか / The company is planning to shed 300 ~*s*. 会社は300のポストを減らす予定です.
4《英口語》事, 事件, 事情; 運. ★ 通例 a good [bad] ~ として用いる (cf. 1 a, b): *a good* [*bad*] ~ けっこうな[困った]事柄; 幸[不]運 / It's *a good* ~, too! ちょうど[かえって]よかった / And (a) *good* ~ (too)! (ほんとに)よかった, よくやったな.
5《口語》骨の折れる(仕)事, むずかしい事: *It* was a (hard) ~ *to* make [mak*ing*] her sing. 彼女に歌わせるのは骨が折れた / I had a ~ to persuade [persuad*ing*] him. 彼を説得するのに骨が折れた. **6 a**《英》もうけ仕事; (公職利用の)不徳行為, 利権仕事, 汚職. **b**《俗》(泥棒の)一仕事, 盗み (theft); 犯罪: pull a bank ~ 銀行強盗をする / case the ~ ⇨ case¹ *vt.* **7**《口語》製品 (product)《機械・乗物・電気製品・服など》; 人, 品, もの (item): a four-door ~ 4 ドア車 / His new suit is a single-breasted ~. 彼の新調の服はシングルだ / What do you think of that blonde ~? あの金髪娘をどう思う. **8** [*pl.*] 見切り品, 特売品《ぞっき本 (remainders) など》. **9** =jobsite. **10**〘電算〙ジョブ《コンピューターの仕事の単位》.
by the jób 一仕事いくら(の契約)で; (時間でなく)仕事で: employ someone *by the* ~ (時間いくらでなく)仕事いくらで人を雇う. (1733) ***dò a jób on***《口語》...をやっつける; 〈車など〉をめちゃめちゃにする, 台無しにする: The collision *did a* ~ *on* the car. 衝突で車がめちゃめちゃになった / The reviewers *did* quite *a*~ *on* her latest novel. 書評家たちは彼女の最新の小説をこっぴどくやっつけた. ***dò the jób*** =do the trick ⇨ trick 成句. ***dò the jób for a person*** =***dó a person's jób for him*** (1) 人に代わって仕事をして

やる. (2)《俗》人をやっつけてしまう: This will *do his* [*the*] ～ *for him*. これで彼も往生するだろう.《1719》 ***fáll* [*líe*] *dówn on the jób*** 《口語》仕事をなまける[いい加減にやる]. ***gíve úp as a bád jób*** 《口語》〈物事・人を〉だめなものとして見切りをつける.《1887》 ***I'm ónly dòing my jób.*** (やっていることを非難されて)悪いけど仕事なんでね. ***It's móre than*** one's ***jób's wòrth.*** それは人の職権ではできない, 人の首がとびかねない. ***jóbs for the bóys* [*gírls*]** 《口語》仲間[子分]向けの(割りのいい)仕事[公職]; =nepotism 1. ***júst the jób*** 《口語》ちょうど欲しかった[うってつけの]もの.《1959》 ***màke the bést of a bád jób*** 不利な状況で最善を尽くす (make the best of). ***on the jób*** (1) (忙しく)働いて, (仕事に)精出して; 仕事中に[で]; 〈機械が〉作動して (cf. on-the-job). (2)《俗》油断なく(警戒して). (3)《英卑》性交中で.《1882》

— *adj.* **1** [限定的] **a** 職業の; 雇用の. **b** 賃[手間]仕事の; 端物印刷(用)の: ⇨ job shop. **c** ある特定の仕事[取引]の(ための). **2** 一括購入[販売]の, 込みで売った[買った], 込みの: ⇨ job lot. **3**《英》賃貸(用)の.

— *v.* (**jobbed**; **job·bing**) — *vi.* **1** 賃[手間]仕事をする, 手間取りをする: ～ about (色々な)手間仕事をする. **2** 株式売買[仲買]をする. **3**《英》(公職を利用して)金もうけをする: ～ *in* elections 選挙でひともうけする. — *vt.* **1** 賃仕事[下請け]に出す: ～ out the work 仕事を分業的[部分的]下請けに出す. **2** 賃貸借する; 〈馬・馬車などを〉賃貸する; 賃借する. **3** 〈株式・商品〉の仲買をする; 大口に安く買って小口にもうけて売る. **4**《英》(うまく立ち回って)…でうまいもうけをする; 〈公職にある者が〉地位を利用して…に不正を行う: ～ a person *into* a post (権力などを利用して)人を売り込む. **5**《俗》**a** だます. **b** 〈競争相手・政敵などを〉失脚させる, 片づける, やっつける.

jób báckwards 《英》(1) あと知恵を使う. (2)《証券》あとで知ったことを利用して過去にさかのぼって証券売買をしたと仮定し, その利益を計算してみる.《1919》 ***jób óff*** 安値で品物を売る.

〖《1557》← ?: cf. ME *gobbe* lump (⇨ gob[1]) / Celt. *gob*, *gop* mouth〗

job[2] /dʒɑ́(ː)b | dʒɔ́b/ *v.* (**jobbed**; **job·bing**) — *vt.* **1** 軽く突く[刺す, 押す]. **2**《豪》強打する. — *vi.* 押す, 突く〈*at*〉. 〖《*a*1500》(擬音語): cf. jab〗

Job /dʒóub | dʒə́ub/ *n.* **1** ジョブ《男性名》. **2**〖聖書〗**a** ヨブ《ヘブライの族長; 神への信仰が厚くあらゆる神の試練に耐えた忍苦・堅忍の生活は旧約聖書の「ヨブ記」に伝えられている》: (as) poor [patient] as ～ ひどく貧しい[忍耐強い] / the patience of ～ ヨブの忍耐, 極度の辛抱 (*James* 5:11) / You [It] would try the patience of ～. 君[それ]には全く腹が立つ[いらいらする]. **b** (旧約聖書の)ヨブ記 (The Book of Job). **3** 大きな苦難にじっと耐える人.
〖□ LL *Jōb*, *Jōbus* □ Gk *Iṓb* □ Heb. *Iyyōbh*《伝統的原義》enemy, persecuted〗

jób àction *n.* (怠業・順法闘争などの)抗議行動.〖*c*1968〗

jób anàlysis *n.*〖経済〗職務分析《各職務の目的・範囲・責任などを分析・確定する》. **jób ànalyst** *n.*〖1923〗

jo·ba·tion /dʒoubéɪʃən | dʒəu-/ *n.*《英口語》長たらしい小言. 〖《1687》←《俗》*jobe* to scold, reprove ← JOB (cf. Job's comforter): ⇨ -ation〗

jób bènefits *n. pl.* 福利厚生(サービス).

job·ber /dʒɑ́(ː)bə | dʒɔ́bə[r]/ *n.* **1 a**《米》卸し商, 仲買人《安い品を大口に買って小売人に小口に売る》. **b**《英》=stockjobber 2. **2** (臨時仕事の)人夫, 職人 (pieceworker). **3** 公の仕事で不正の金もうけをする人, 政商; 公職を利用して私利を図る人. **4**《英》(日決めの)貸馬屋. 〖《1670》← JOB[1] (v.)〗

job·ber·nowl /dʒɑ́(ː)bənòul | dʒɔ́bənəul/ *n.*《英口語》あほう, ばか. 〖《1592》← ?《廃》*jobard* dupe (□ F ← *jobe* stupid ← JOB) + *nowl*《変形》← NOLL)〗

job·ber·y /dʒɑ́(ː)b(ə)ri | dʒɔ́b-/ *n.*《英》(官庁・公団などに関する)利権あさり, 結託[汚職]行為. 〖《1832》← JOB[1] (v.) + -ERY〗

job·bie /dʒɑ́(ː)bi | dʒɔ́bi/ *n.*《俗》=jobby.

jób·bing *adj.* 臨時仕事をする: a ～ gardener 臨時雇いの植木屋 / a ～ printer《英》=job printer. 〖《1705》: ⇨ job[1], -ing[2]〗

job·by /dʒɑ́(ː)bi | dʒɔ́bi/ *n.*《米俗》ちょっとした装置, 代物, なに (gadget); [時に jobbies]《俗》排便, 便通, うんち. 〖⇨ job, -ie, -y[2]〗

jób càse *n.*〖印刷〗ジョブケース《欧文活字を入れて手に持つケースの一種で, 端物(はもの)組版(くみはん)に便利なように 1 個のケースに大・小文字の活字をひとそろえ全部収容したもの》.〖1894〗

jób·cèntre *n.*《英》(雇用サービスの一環として政府が設けた)職業案内センター.〖1972〗

jób classificàtion *n.* 職種分類.

Jób·clùb /dʒɑ́(ː)b- | dʒɔ́b-/ *n.*《英》ジョブクラブ《1985 年国の援助を受けて設立された失業者支援団体》.

jób contròl lànguage *n.*〖電算〗ジョブ制御言語 (略 JCL).〖1967〗

Jób Còrps *n.*《米》職業練成隊《米国で, 16–21 歳の無職の青少年に職業教育と訓練を施す国営機関》.〖1965〗

jób còsting *n.*〖会計〗=job-order cost system.

jób creàtion *n.* 就職斡旋(あっせん).

jób descrìption *n.* 職種内容記録; 職務分析記録.〖1951〗

jób enlàrgement *n.* 職務拡大《仕事に対する充実感などをもたせるために, 仕事の内容を拡大・多様化すること》.〖1954〗

jób evaluàtion *n.* 職務評価《job rating ともいう》.〖1957〗

jób fàctor *n.* 職務要素 (⇨ factor 1 c).

jób·hòlder *n.* 定職のある人; 政府職員.

jób·hòp *vi.* 職を転々とする, 絶えず職場を変える. **jób·hòpper** *n.* 〖《1970》← JOB[1] + HOP[1]: cf. island-hop〗

jób·hòpping *n.* (よりよい賃金・待遇を求めての)職場移り, 渡り歩き.〖1953〗

jób·hùnt *vi.* 職を探す.〖1928〗

jób hùnter *n.* 求職者.〖1928〗

jób hùnting *n.* 仕事探し, 求職.〖1930〗

Jo·bi·na /dʒoubíːnə | dʒəu-/ *n.* ジョビーナ《女性名; 異形 Jobyna》. 〖(fem.) ← JOB〗

jób·less *adj.* **1 a** 仕事のない, 失業(中)の (unemployed). **b** [the ～; 名詞的に; 複数扱い] 失業者たち. **2** 失業者(のため)の: ～ insurance 失業保険 / a high ～ rate 高い失業率. **～·ness** *n.*〖1923〗

jób lòss *n.* 職の削減.

jób lòt *n.* **1** (一括取引用の)大口商品; 寄せ集めの(雑多な)商品. **2** 十把一からげのはんぱもの; (数量の)ふぞろいの[少ない]品, (サイズが)規格より小さい品. **3** 雑多な(時に, 低級な)人間の集団: a ～ of people.
in jób lòts 十把一からげで; 卸売りで (wholesale).

jób·màster *n.*《英》貸馬屋の主人, 貸馬車店主.〖1802〗

jób òrder *n.* (労務者に対する)作業指令(書) (cf. job ticket).

jób-òrder còsting *n.*〖会計〗=job-order cost system.

jób-order cóst sỳstem *n.*〖会計〗個別原価計算; 指図書別原価計算《主として受注生産形態の工場に適用される原価計算の方法; cf. process cost system》.

jób prìnter *n.* (名刺・招待状・ちらしなどの)端物(はもの)専門の印刷屋.〖1884〗

jób prìnting *n.* 端物印刷.〖1825〗

jób ràting *n.*〖経営〗=job evaluation.

jób rotàtion *n.* 職務ローテーション《流れ作業の中で仕事の内容に多様性をもたせるために, 従業員の持ち場を変えること》.〖1963〗

jób satisfàction *n.* 仕事上の満足感[やりがい].

Jób's còmforter /dʒóubz- | dʒə́ubz-/ *n.* **1** ヨブの慰安者; (意図的にまたは知らぬ間に)慰めようとしながらかえって相手の苦悩を深める人. **2**《俗》おでき (boil) (cf. *Job* 2: 7). 〖《1738》← JOB: 三人の友人が病と災害に悩む Job を慰めにきたが, その心ない言葉でかえって Job を悲しませた故事から; cf. *Job* 16: 2〗

jób shàre *vi.* ジョブシェアリングで働く. — *n.* **1** =job sharing. **2** ジョブシェアリングにおける仕事の分担分.
jób·shàrer *n.*〖1982〗

jób shàring *n.* ジョブシェアリング《本来一人の仕事を二人以上の労働者が日, 週などによって分担し合う労働形態》.〖1972〗

jób shòp *n.* **1** 半端(はんぱ)仕事をやる工場. **2** 端物(はもの)印刷所.〖1851〗

jób·site *n.* (建設などの)工事現場, 仕事場.

Job's tears /dʒóubztíəz | dʒə́ubztíəz/ *n.* (*pl.* ～) **1**〖植物〗ジュズダマ (*Coix lacryma-jobi*)《アジア熱帯地域原産のイネ科の草本; tear grass ともいう》. **2** [複数扱い] ジュズダマの種子《ビーズまたは数珠玉として用いられる》. 〖《1597》← JOB: Job が辛苦のために涙を流したことから〗

Jób's túrkey /dʒóubz- | dʒə́ubz-/ *n.*《米・戯言》赤貧(に甘んじるもの): (as) poor as ～ ものすごく貧乏で (as poor as Job). 〖《1824》← JOB: 19 世紀カナダのユーモア作家 T. C. Haliburton の造語〗

jóbs·wòrth *n.*《口語》規則にうるさく融通の利かない小役人[職員] (' I'd like to help you, but it's more than my job's worth' などと言って人の頼みを断ることから).〖1970〗

jób tìcket *n.* **1** 作業指示票, 作業票《job order に付ける》. **2** =job order.

jób wòrk *n.* **1** (臨時の)かせぎ仕事, 手間賃仕事. **2** (名刺・ちらしなどの)端物(はもの)印刷.〖1805〗

joc. 《略》jocose(ly); jocular(ly).

Jo·cas·ta /dʒoukǽstə | dʒə(u)-/ *n.* **1** ジョカスタ《女性名; 異形 Jocaste》. **2**〖ギリシャ伝説〗イオカステ《Laius 王の妃で Oedipus の母; のち知らずにその妃となる》. 〖□ L ～ □ Gk *Iokástē*〗

Joc·e·lyn /dʒɑ́(ː)s(ə)lɪ̀n, -sl- | dʒɔ́s(ə)lɪn, -sl-/ *n.* ジョスリン: **1** 男性名. **2** 女性名《異形 Jocelin, Joceline, Jocelynne, Joscelin, Joselyn》. 〖□ ? ONF ～ □ OHG *Gautelen* ← *Gauta* 'GOTH' + *-lin* '-LING'〗

Jo·chum /jóukəm | jɔ́k-, jɔ́x-; G. jɔ́xʊm/, **Eugen** *n.* ヨッフム (1902–87; ドイツの指揮者).

jock[1] /dʒɑ́(ː)k | dʒɔ́k/ *n.* **1**《口語》=jockey 1. **2**《俗》=disc jockey.〖略〗

jock[2] /dʒɑ́(ː)k | dʒɔ́k/ *n.*《米俗》**1** =jockstrap. **2** = jocker.〖略〗

jock[3] /dʒɑ́(ː)k | dʒɔ́k/ *n.*《卑》=penis. 〖《略》← *jockam*, *jockum* ← ?〗

jock[4] /dʒɑ́(ː)k | dʒɔ́k/ *n.*《口語》[しばしば軽蔑的] (大学の)運動選手, スポーツ好きの大学生, 体育ばか.

Jock[1] /dʒɑ́(ː)k | dʒɔ́k/ *n.* ジョック《男性名》. 〖《スコット》～ 'JACK, JOHN'〗

Jock[2] /dʒɑ́(ː)k | dʒɔ́k/ *n.* **1**《スコット・アイル》田舎の青年[若者]. **2**《英軍俗》スコットランド人 (Scot); スコットランド兵. 〖《1508》《転用》↑〗

jock·er /dʒɑ́(ː)kə | dʒɔ́kə[r]/ *n.*《米・カナダ俗》ホモ (queer). 〖《1893》: ⇨ ↑, -er[1]〗

jock·ette /dʒɑ(ː)két | dʒɔ-/ *n.*《口語》[主に軽蔑的に] 女性(競馬)騎手. 〖《1969》← JOCK[1] + -ETTE〗

jock·ey /dʒɑ́(ː)ki | dʒɔ́ki/ *n.* **1** (職業的な)競馬騎手, ジョッキー. **2 a**《米俗》(自動車・トラック・エレベーターなどの)運転手, (飛行機の)操縦士, (機械・道具などの)操作者: a truck ～ / a typewriter ～. **b** =disc jockey. **3**《英》若者 (lad); やっこさん (chappie). **4**《古・方言》馬商人. **5** (ある種の乗馬鞍(くら)の)小障泥(こあおり). **6** [J-]〖商標〗ジョッキー《米国 Jockey International 社製の男性用下着・スポーツウエア》.
— *vt.* **1** 騎手として〈馬〉に乗る. **2**《口語》〈飛行機を〉操縦する, 〈自動車などを〉運転する; 〈機械・エレベーターなどを〉操作する. **3 a** 〈人を〉うまくあしらう[動かす] (maneuver). **b** 〈物を〉うまく扱う (manipulate); 〈運びにくい物などを〉うまく動かす[運ぶ]: ～ one's car *into* the garage 車をうまく車庫に入れる. **4** だます, 欺く (cheat): ～ a person *into* doing something 人をだまして何かさせる / ～ a person *out of* something 人をだまして何か取る[巻き上げる]. — *vi.* **1** 騎手を務める. **2** (利益を求めて)うまくふるまう[立ち回る]〈*for*〉. **3** 策略を用いる, 策略を用いて利益を得る.
jóckey for position (1) (競馬で)うまく馬を導いて好位置につける. (2) (ヨットレース・交通渋滞などの際)ずるく操縦して割りのよい位置に割り込もうとする. (3) (巧みにだましたり, 不正な手を用いて)有利な立場を得ようとする, うまく立ち回る. ***jóckey for the fávorite wind*** 〈帆船・ヨットなどが〉順風に乗ろうとする.
〖《*a*1529》□《スコット》～ (dim.) ← JOCK[1]〗

jóckey bòot *n.* ジョッキーブーツ《カフス付きのトップブーツ (top boot) の一種; 革またはゴム製で上部に房飾りがついているものもある》.〖1683〗

jockey boots

jóckey càp *n.* **1** 騎手帽. **2** 騎手帽をまねた婦人帽.〖1748〗

jóckey clùb *n.* **1 a** 競馬クラブ《その地方の競馬を管理する》. **b** [the J- C-] 英国競馬クラブ《Newmarket にある英本国内の競馬をつかさどる団体; 1750 年ごろ創立》. **2** これらのクラブ員用の(上等の)席.〖1775〗

jóckey·ship *n.* 競馬騎手としての技術[熟練].〖*a*1763〗

jóckey shòrts *n. pl.* [しばしば J-] ジョッキショーツ《ぴったりしたニットの男子用ブリーフ》.

jóckey stràp *n.* =jockstrap.〖1896〗

jóck ìtch *n.* いんきん (tinea cruris). 〖《1950》← JOCK[3]〗

jock·o /dʒɑ́(ː)kou | dʒɔ́kəu/ *n.* (*pl.* ～**s**) **1** チンパンジー (chimpanzee). **2** サル (monkey). 〖《1777》□ F ～ ← Bantu〗

Jóck Scótt [Scót] *n.*〖釣〗(サケ釣り用の)毛針. 〖《1867》← JOCK[1] + SCOTT, SCOT〗

jóck·stràp *n.* **1** サポーター《ゴム入り生地(きじ)製で, もと競馬騎手が着用し, 今は一般に男性の運動選手などが股間に用いる; jockey strap, athletic supporter ともいう》. **2** (大学・高校の)運動に熱心な男子学生, 運動選手. 〖《1897》← JOCK[4] + STRAP〗

jock·te·leg /dʒɑ́(ː)ktəlèg | dʒɔ́k-/ *n.*《スコット》(大型の)折りたたみナイフ, ポケットナイフ, ジャックナイフ. 〖《1672》□《スコット》～《変形》← ? *Jock the leg* ← ?〗

jo·cose /dʒoukóus, dʒə- | dʒə(ʊ)kə́us/ *adj.* 滑稽な (facetious); おどけた, ふざける (playful). **～·ly** *adv.* **～·ness** *n.* 〖《1673》□ L *jocōsus* homorous: ⇨ joke, -ose[1]〗

jo·cos·i·ty /dʒoukɑ́(ː)səti, dʒə- | dʒə(ʊ)kɔ́sɪ̀ti/ *n.* **1** おかしさ, 滑稽; 冗談, ふざけ. **2** おどけた言葉[行為]. 〖《1646》: ⇨ ↑, -ity〗

joc·u·lar /dʒɑ́(ː)kjulə | dʒɔ́kjʊlə[r]/ *adj.* (人がいつも) 滑稽な, おかしい, ひょうきんな, (言葉が) 冗談で言った (⇨ witty SYN): He is deadly serious behind his ～ façade. 見掛けはひょうきんだが実はくそまじめな男なのだ. **～·ly** *adv.* 〖《1626》□ L *joculāris* facetious ← *joculus* (dim.) ← *jocus* 'JOKE': ⇨ -ar[1]〗

joc·u·lar·i·ty /dʒɑ̀(ː)kjulǽrəti | dʒɔ̀kjulǽrɪ̀ti/ *n.* **1** 滑稽, おかしさ. **2** ひょうきん[滑稽]な言葉[行為]. 〖《1646》: ⇨ ↑, -ity〗

joc·und /dʒɑ́(ː)kənd, dʒóukʌnd, -kənd | dʒɔ́kənd, dʒə́uk-, -kʌnd/ *adj.*《詩》陽気な, 楽しい (cheerful); 愉快な (pleasant): a ～ manner. **～·ly** *adv.* **～·ness** *n.* 〖《*c*1380》□ OF *jocond* □ LL *jōcundus* pleasant (L *jūcundus* pleasant (← *juvāre* to help, delight) が *jocus* (⇨ joke) に影響された)〗

jo·cun·di·ty /dʒoukʌ́ndəti, dʒɑ(ː)k- | dʒə(ʊ)kʌ́ndɪ̀ti, dʒɔk-/ *n.* **1** 愉快, 陽気, 浮き立つような気持ち, 歓喜. **2** 陽気な行為[言葉]. 〖《?*a*1425》: ⇨ ↑, -ity〗

jodh·pur /dʒɑ́(ː)dpə | dʒɔ́dpə[r]/ *n.* [通例 *pl.*] **1** ジョドパーズ《乗馬ズボンの一種; 上部がゆったりしてひざからくるぶしまでがきっちりしている; jodhpur breeches ともいう》. **2** ジョドパー《わきでバックル留めになった深さが足首までの乗馬靴; jodhpur boot [shoe] ともいう; cf. chukka》. 〖《1899》《転用》↓〗

Jodh·pur /dʒɑ́(ː)dpə, -puə | dʒɔ́dpuə[r], -pɔː[r]/ *n.* ジョドプル: **1** インド北西部の旧州; Marwar ともいった. **2** インド北西部, Rajasthan 州の都市; 旧 Jodhpur 州の州都.
Jodh·pu·ri /dʒɑ́(ː)dpəri, -puri, dʒɔ́dpuri/ *adj.*

jódhpur bòot *n.* =jodhpur 2.〖1939〗

jódhpur brèeches *n. pl.* =jodhpur 1.

Jódh·pu·ri cóat n. ジョドプリコート《インドで男性が着る sherwani に似たそれより短いコート》.
jódhpur shòe n. ＝jodhpur 2.
Jo·dine /ʤoʊdíːn | ʤə(ʊ)-/ n. ジョーディン《女性名》. 〖cf. Jody, -ine[4]〗
Jód·rell Bánk /ʤɑ́(ː)drəl- | ʤɔ́drəl-/ n. ジョドレルバンク《イングランド Cheshire 州北東部の天文台所在地; 世界最大級の電波望遠鏡がある》.
Jo·dy /ʤóʊdi | ʤə́ʊdi/ n. ジョディ《女性名》. 〖(dim.) ← JUDITH〗
joe[1] /ʤóʊ | ʤə́ʊ/ n. 《スコット》＝jo[1].
joe[2] /ʤóʊ | ʤə́ʊ/ n. 《米口語》コーヒー (coffee). 〖《1941》《変形》← JAVA〗
Joe[1] /ʤóʊ | ʤə́ʊ/ n. ジョー《男性名》. 〖(dim.) ← JOSEPH〗
Joe[2], **j-** /ʤóʊ | ʤə́ʊ/ n. **1 a** 《米口語》男, 人 (fellow), やつ (guy): He's a good ～. 彼はいいやつだ. **b** 《米国の》兵隊, 兵士 (cf. GI adj. 2); 米国人. **2** [名を知らぬ人への呼び掛けに用いて] やあ, 君.
nót for Jóe 《英俗》断じて…で[し]ない, まっぴらごめんだ (by no means): "Are you going to help him?" "*Not for* ～." 「彼を助けるつもりか」「まっぴらだね」. 《1844》
〖《1846》《転用》↑〗
Joe[3] /ʤóʊ | ʤə́ʊ/ 《略》〖聖書〗Joel.
Jóe Bláke n. 《豪》**1** 〖動物〗ヘビ (snake). **2** [the ～] ＝delirium tremens. 〖1927〗
Jóe Blóggs /-blɑ́(ː)gz | -blɔ́gz/ n. 《英俗》並の人[男], 凡人 (Joe Public, Joe Soap ともいう; 《米・カナダ・豪》では Joe Blow; cf. Joe Six-Pack). 〖1969〗
Jóe Blów n. **1** 《米・カナダ・豪俗》普通の人[男]. **2** 《米俗》うぬぼれ屋, えらがり屋. 〖《c1941》← JOE[2]＋BLOW[1] (n.)〗
Jóe Cóllege n. 《米口語》《男子》大学生; 《特に》遊びまわる大学生. 〖1932〗
Jo·el /ʤóʊəl, -ɛl | ʤə́ʊ-/ n. **1** ジョエル《男性名》. **2** 〖聖書〗**a** ヨエル《紀元前 5 世紀のヘブライの預言者》. **b** 《旧約聖書の》ヨエル書. 〖□ LL *Jōēl* □ Gk *Iōēl* □ Heb. *Yō'ēl* 《原義》Yahweh is God: cf. Elijah〗
Jóe Míller n. **1** 滑稽小話集. **2** 冗談, だじゃれ; 《特に》古臭い冗談. 〖《1789》: 英国喜劇 俳優 *Joseph Miller* (1684–1738) の名が死後出版された John Mottley, *Joe Miller's Jests* (1739) の表題となったことから〗
Jóe Públic n. 《口語》一般市民, 一般的[平均的]な人, 一般大衆 (John Q. Public ともいう). 〖《1942》: ⇨ Joe[2]〗
jóe-pýe wèed, Jóe-Pýe w- /ʤóʊpáɪ- | ʤə́ʊ-/ n. 《米》〖植物〗ヒヨドリバナ; 《特に》米国産ヒヨドリバナ 2 種 (*Eupatorium maculatum, E. purpureum*). 〖《1818》← ?〗
joes /ʤóʊz | ʤə́ʊz/ n. pl. [the ～] 《豪口語》鬱病(うつびょう)の発作. 〖《1916》← ?〗
Jóe Schmó [Schmóe] n. 《米俗》あまりぱっとしない人, 凡人; どじなやつ, とんま.
Jóe Síx-pàck n. 《米俗》普通のアメリカ人[男性]《最も普通に飲む缶ビール 6 本詰めのパックから》. 〖1973〗
Jóe Sóap n. **1** 《英俗》まぬけ, とろいやつ. **2** 《NZ》普通の人, 凡人 (《英俗》では Joe Bloggs, 《米・カナダ・豪》では Joe Blow という). 〖1943〗
jo·ey[1] /ʤóʊi | ʤə́ʊi/ n. 《豪口語》**1 a** 幼獣; 《特に》カンガルーの子. **b** 幼児. **2** 半端(はんぱ)仕事の雇い人. 〖《1839》□ Austral. 《現地語》*joè*〗
jo·ey[2] /ʤóʊi | ʤə́ʊi/ n. 《英俗》ジョイ《3 ペンス貨》. 〖《1865》: *Joseph Hume* (1777–1855; この貨幣の鋳造を強力に推進したといわれる政治家) の愛称 (↓) から〗
Jo·ey[1] /ʤóʊi | ʤə́ʊi/ n. ジョーイ《男性名》. 〖(dim.) ← JOSEPH〗
Jo·ey[2] /ʤóʊi | ʤə́ʊi/ n. 《サーカスの》道化役者《顔を白く塗り, 白いひだ襟付きの白の道化服を着て, 小鈴の付いた帽子をかぶる》. 〖《1896》← *Joseph Grimaldi* (1779–1837: 英国のパントマイム役者・道化役者)〗
Jóey Hóok·er /-hʊ́kə | -kə[r]/ n. 〖植物〗＝gallant soldier.
Jof·fre /ʒɔ́(ː)fr(ə) | ʒɔ́f-; F. ʒɔfʁ/, **Joseph Jacques Césaire** n. ジョッフル (1852–1931; フランスの陸軍元帥; 第一次大戦当初の陸軍最高指揮官, のち連合国軍最高指揮官, the Marne 戦勝 (1914) の英雄).
jog[1] /ʤɑ́(ː)g, ʤɔ́(ː)g | ʤɔ́g/ v. (**jogged; jog·ging**)
— vt. **1 a** 《押したり引いたりして》〈重い物を〉揺する, 揺さぶる. **b** そっと押す[突く]; 《注意を促すために》ちょっと押す[突く] (nudge): ～ a person's elbow. **2** 〈記憶を〉促す; 〈人〉の注意を呼び起こす (remind): ～ a person's [one's] memory / ～ a person up to his duty 職務に忠実であるように人に注意する. **3** 〈機械・モーターなどを〉ちょっと動かす[回転させる]. **4** 〈馬を〉ゆるやかな早足で歩かせる. **5** 〖印刷〗〈束ねた紙を〉突きそろえる. — vi. **1** 《健康のために》ゆっくり走る, ジョギングする. **2** 上下に[あちこちに]重々しく動く, 揺れ動く, 〔…に〕揺れてぶつかる〔*against*〕. **3 a** がたがた揺れながら進む, 《馬車などに》ゆられて行く (jolt): ～ a few miles on horseback 馬上で揺られながら数マイル行く. **b** 単調に[どうやら]続けて行く; 〈物事が〉のろのろ進む 〈*along, on*〉: Matters ～*ged along* somehow. 事はどうにか運んだ. **4** 出掛ける, 行く, 進む: go ～*ging* ジョギングに行く / We must be ～*ging*. もう出掛けよう. **5** 〖馬術〗〈馬が〉ゆるやかな速度で歩く, ジョグトロット (jog trot) で進む.
— n. **1** 揺すぶり, 《軽い》揺れ. **2 a** 軽く押す[突く]こと. **b** 《思い出させるための》刺激, ヒント: His words gave my memory a ～. 彼の言葉でふと思い出した. **3** とぼとぼ[がたごと]と通って行くこと, 《馬の》徐行, 穏やかな早足; ジョギング: have [go for] a ～ ジョギングをする[に出る].
〖《1548》《擬音語》?: cf. jag[1] (v.) / 《方言》*shog* to shake〗
jog[2] /ʤɑ́(ː)g, ʤɔ́(ː)g | ʤɔ́g/ n. **1** 《米》**a** 《線または面の》でこぼこ, 出っ張り, へこみ, ふぞろい. **b** 急な方向変転. **2** 《道路・壁面などの》突出部. **3** 〖舞台〗室内セットの壁面に造られた細長い突出部《立体感を加えたり, すき間を隠すのに用いられる》. — vi. 〈直線・道路・壁面などの一部が〉突き出る[引っ込む]: The corner of the wall ～*s* to the right. 塀の隅が右側に突き出ている. 〖《1715》《変形》← JAG[1]〗
jóg·ger n. **1** ジョギングをする人. **2** 《NZ》《ゴムタイヤの》農業用荷車. **3** [*pl.*] 《ジョギング用などの》ニット[ジャージ]のズボン. 〖《a1700》← JOG[1]＋-ER[1]〗
jóg·ging n. ジョギング《健康のため, また準備運動としての軽い駆け足を加えた徒歩運動》. 〖《1565》: ⇨ jog[1], -ing[1]〗
jógging sùit n. ジョギング用のスーツ. 〖1978〗
jog·gle[1] /ʤɑ́(ː)gl | ʤɔ́gl/ vt. 揺り動かす, 揺すぶる. — vi. がたごと揺れる; 揺れながら進む 〈*on, along*〉. — n. 振動, 動揺; がたごと揺れる進行. 〖《1513》← JOG[1] (v.)＋-LE[3]〗
jog·gle[2] /ʤɑ́(ː)gl | ʤɔ́gl/ n. **1 a** 枘(ほぞ)継ぎ《2 個の木材・石材などの一方に凸部を, 他方に凹部を造って行う継ぎ合わせ》. **b** 枘穴《枘継ぎの凹部》. **c** 枘《枘継ぎの凸部》. **2** 〖石工〗＝dowel 1. — vt. 〈石材・木材などを〉枘継ぎする; ジョグルする《2 枚の板を重ねて接合するとき, 外側に段がつかないように一方の板に他方の板厚だけ段をつけて重ねる》. 〖《1703》← ? JOG[2]＋-LE[1]〗
jóggle pòst n. 〖建築〗**1** 枘(ほぞ)継ぎされた柱. **2** ＝king post.
jóg·gling plànk /-glɪŋ-, -gl-/ n. 〖海事〗段付け板《相手側の材とよくかみ合うよう鎧戸状の段を付けた厚板》.
Jo·gja·kar·ta /ʤòʊgjəkɑ́ːtə, ʤɑ̀(ː)g- | ʤə̀ʊgjəkɑ́ːtə, ʤɔ̀g-/ n. ＝Yogyakarta.
jóg·tròt n. **1** とぼとぼ歩き, てくてく歩き: at a ～. **2** 《生活などの》単調で平凡な進み方[やり方]. **3** 〖馬術〗ジョグトロット, ちょこちょこ歩き《短節の早足歩調で, 並足から早足に移るときの歩様》. — vi. とぼとぼ[てくてく]歩く. 〖1766〗
Jo·han /joʊhɑ́ːn, jóʊhɑːn | jəʊhɑ́ːn, jə́ʊhɑːn; *Swed.* jǔːhan, *Dan.* johán, *Norw.* johán/ n. ヨーハン《男性名》. 〖□ Swed. ～ 'JOHN[1]'〗
Jo·hann /joʊhɑ́ːn, ←–– | jə́ʊhæn; G. johán, jóːhan; *Swed.* jǔːhan/ n. ヨーハン《男性名》. 〖□ G ～ 'JOHN[1]'〗
Jo·han·na /ʤoʊ(h)ǽnə | ʤəʊ-; G. johána/ n. ジョハンナ《女性名》. 〖⇨ Joanna〗
jo·han·nes /ʤoʊhǽniːz | ʤəʊǽnɪs/ n. (*pl.* ～) ヨハンネス金貨《18 世紀のポルトガルの金貨》. 〖← NL ～ (↓): この金貨を 1722 年初めて鋳造させたポルトガル王 John 五世にちなむ〗
Jo·han·nes /joʊhǽnɪs | jəʊhǽn-; *Dan.* johán'əs, *Du.* johánəs, *G.* johánəs, -nɛs, *Swed.* juhǎn:es/ n. ヨハネス《男性名》. 〖□ ML *Jōhannēs*: ⇨ John[1]〗
Jo·han·nes·burg /ʤoʊhǽnɪsbə̀ːg, -hɑ́(ː)n- | ʤə(ʊ)hǽnɪsbə̀ːg, -nɪz-/ n. ヨハネスバーグ《南アフリカ共和国 Gauteng 州にある同国最大の都市; Witwatersrand 台地の南斜面に位置》. ★ 現地の英国系住民は /ʤəhɔ́nɪsbə̀ːg/ とも発音する.
Jo·han·nine /ʤoʊhǽnɪn, -naɪn | ʤəʊhǽnaɪn/ adj. 〖キリスト教〗使徒ヨハネの; ヨハネ伝の. 〖《1861》□ ML *Jōhannēs*＋-INE[1]: ⇨ Johannes〗
Jo·han·nis·berg·er /ʤoʊhǽnɪsbə̀ːgə, -hɑ́ːn- | jə(ʊ)hǽnɪsbə̀ːgə[r], -nɪz-/ n. ヨハニスベルク(ワイン)《ドイツ Rhine 地方産白ワイン》. 〖《1822》□ G ～ ← *Johannisberg* (ドイツ東プロイセンの原産地名): ⇨ -er[1]〗
Jo·han·nis·berg Ries·ling /ʤoʊhǽnɪsbə̀ːg rìːzlɪŋ, -hɑ́ːn- | jə(ʊ)hǽnɪsbə̀ːg-, -nɪz-; G. johánɪsbɛʁkríːslɪŋ/ n. ヨハニスベルグリースリング《米国 California などで産するリースリング種ブドウの白ワイン》. 〖↑〗
John[1] /ʤɑ́(ː)n | ʤɔ́n/ n. **1** ジョン《男性名; 愛称形 Jack, Johnnie, Johnny, Jon; 異形 Johann, Johannes; 《スコット》Ian, Iain; 《アイルランド》Sean, Shane; 《ウェールズ》Evan, Ifan, Sion》. **2** 〖聖書〗**a** [(Saint) ～] ヨハネ《十二使徒の一人; 兄弟ヤコブ(ゼベダイの子ヤコブ)やペテロとともに最も中心的な使徒の一人; 伝承的にはヨハネ伝・ヨハネの 3 書簡・黙示録の著者といわれる; 祝日 12 月 27 日; Saint John the Divine ともいう》. **b** 《新約聖書の》ヨハネによる福音書, ヨハネ伝 (福音書) (The Gospel according to St. John) 《四大福音書の一つ》. **c** 《新約聖書の》ヨハネの黙示録 (The Revelation of St. John) 《略 Rev.》. **d** 《新約聖書の》ヨハネの手紙, ヨハネ (The First [Second, Third] Epistle of John) 《第一・二・三の三書から成る》. **3** [(Saint) ～] 〖聖書〗《バプテスマの》ヨハネ (⇨ John the Baptist). **4** 《以上のほか, 聖書中に現れる数人の》ヨハネ. 〖ME *Johan, Iohan* □ OF *Johan* (F *Jean*) □ ML *Jōhannēs* □ Gk *Iōánnēs* □ Heb. *Yōḥānān* 《原義》Yahweh is gracious: cf. Jack〗
John[2] /ʤɑ́(ː)n | ʤɔ́n/ n. ジョン (1167?–1216; イングランドの王 (1199–1216); フランスと戦って敗れ, フランス内の領土の多くを失い, 教皇 Innocent 三世と争って interdict の処分を受けた; 1215 年に大憲章 (Magna Charta) に署名; 異名 John Lackland 「領地なしのジョン, ジョン欠地王」).
John[3] /ʤɑ́(ː)n | ʤɔ́n/ n. 《俗》**1 a** [しばしば j-] 男, やつ (guy, chap). **b** 恋人 (woman's lover). **c** [しばしば j-] 《米俗》売春婦のなじみ客の一人. **d** 《豪俗》警官, お巡(まわ)り (John Hop ともいう). **e** 《軽蔑》＝John Chinaman. **2** [j-] 《米》便所, トイレ (toilet); 《特に》男子用公衆便所 (cf. loo[2]). **3** 《英卑》＝penis. 〖《転用》← JOHN[1]〗
John I n. ジョアン一世 (1357–1433; ポルトガルの王 (1385–1433); 王子 Henry (航海王)のアフリカ探検を奨励; 通称 John the Great).
John I, Saint n. ヨハネス[ヨハネ]一世 (470?–526; 教皇 (523–26)).
John II n. **1** ジャン二世 (1319–64; フランスの王 (1350–64); ポアティエ (Poitiers) の戦に敗れて英国にとらわれの身となった; 通称 Jean le Bon (John the Good)). **2** ジョアン二世 (1455–95; ポルトガルの王 (1481–95); 通称 John the Perfect).
John III n. ヤン三世 (1624–96; ポーランドの王 (1674–96); 別名 John Sobieski).
John IV n. ジョアン四世 (1604–56; ポルトガルの王 (1640–56), Braganza 王朝の祖; 通称 John the Fortunate).
John XXII n. ヨハネス[ヨハネ]二十二世 (1244?–1334; フランスの聖職者; 教皇 (1316–34); 本名 Jacques Duèse).
John XXIII n. ヨハネス[ヨハネ]二十三世 (1881–1963; イタリアの聖職者; 教皇 (1958–63); 本名 Angelo /ándʒelo/ Giuseppe Roncalli /roŋkálli/).
John, Augustus (Edwin) n. ジョン (1878–1961; 英国の肖像画家・銅版画家).
John, Sir **Elton (Hercules)** n. ジョン (1947–　; 英国のロックシンガー・作曲家・ピアニスト; 本名 Reginald Kenneth Dwight).
Jóhn-a-dréams /-ə-/ n. 《まれ》ぼんやり夢見る人, 怠け者 (cf. Shak., *Hamlet* 2. 2. 568).
Jóhn Bárleycorn n. [通例戯言] ビール[ウイスキー]の別称《大麦の擬人化》. 〖《c1620》: ⇨ Barleycorn〗
Jóhn Bírch·er /-bə́ːtʃə | -bə́ːtʃə[r]/ n. ＝Bircher. 〖1961〗
Jóhn Bírch Socìety n. [the ～] ジョンバーチ協会《米国の狂信的な反共極右組織; 略 JBS》. 〖1961〗
jóhn·bòat n. 《棹(さお)や櫂(かい)で推進する》平底の小舟《普通奥地の川で用いられる》. 〖《1905》← JOHN[1]＋BOAT〗
Jóhn Búll /-bʊ́l/ n. ジョンブル《英国, 英国国民のあだ名; 《典型的な》英国人 (cf. Uncle Sam 2, Brother Jonathan, Fritz[2], Hans, Ivan Ivanovitch, Paddy, Sandy, Taffy)》. 〖《1712》← John Arbuthnot 作 *The History of John Bull* (1712) の主人公〗
Jóhn Búll·ish /-lɪʃ/ adj. イングランド[英国]人的な, ジョンブルらしい. **～·ness** n. 〖1802〗
Jóhn Búll·ism /-lɪzm/ n. イングランド[英国]人魂, ジョンブル気質(かたぎ). 〖1796〗
Jóhn Chínaman n. [通例軽蔑的に] 中国人; 《米国・オーストラリアに住む》中国人移民《単に John ともいう》. 〖1826〗
Jóhn Chrýsostom, Saint n. ⇨ Chrysostom.
Jóhn Cítizen n. 《口語》一般市民, 並みの人[男]. 〖1924〗
Jóhn Dáy /-déɪ/ n. [the ～] ジョンデイ(川)《米国 Oregon 州北部の川; 同州中東部に源を発し, Columbia 川に合流する (452 km)》.
Jóhn Dáy Fóssil Béds Nátional Mónument n. ジョンデイフォッスルベッド国定記念物《米国 Oregon 州北部に位置; 新世代の 5 世にわたる生物の化石が出土する》.
Jóhn Déere /-díə | -díə[r]/ n. 〖商標〗ジョンディア《米国 Deere 社製の各種農業・園芸機械; トラクター・耕運機など》.
Jóhn Dóe n. **1** 〖英法〗ジョンドウ《もと不動産回復訴訟 (ejectment) において原告を仮想的に呼んだ名; cf. Richard Roe, Jane Doe》. **2** 《取引・手続き・訴訟の》一方の仮想名. **3** 普通の[平均的な]人, 並の男性. 〖《1768》← *John Doe* (ありふれた人名で特定の個人ではない)〗
Jóhn Dóry n. (*pl.* ～**s**) 〖魚類〗ニシマトウダイ (*Zeus faber*) (dory, St. Peter's fish ともいう). 〖《1754》← JOHN[1]＋DORY[1]〗
Jóh·ne's disèase /jóʊnəz- | jə́ʊ-; G. jóːnə-/ n. 〖獣医〗ヨーネ病《パラ結核菌 (*Mycobacterium paratuberculosis*) の感染による反芻(はんすう)獣の慢性下痢症; paratuberculosis ともいう》. 〖《1907》← *Albert Johne* (1839–1910: ドイツの医師)〗
Jóhn F. Kénnedy Internátional Aírport n. ケネディー国際空港《米国 New York 州 Long Island 南西部にある; 旧名 Idlewild》.
Jóhn F. Kénnedy Spáce Cènter n. (NASA の)ケネディー宇宙センター《米国 Florida 州の Cape Canaveral にある》.
Jóhn Hán·cock /-hǽnkɑ(ː)k | -kɔk/ n. 《米口語》《自筆の》署名: Please put your ～ on it. それにご署名下さい. 〖《1846》← *John Hancock* (1737–93: 米国の政治家, 独立宣言署名者の一人): その署名が読みやすい肉太の字であったところから〗
Jóhn Hénry n. (*pl.* **-ries**) **1** 《口語》＝John Hancock. **2** 〖米伝説〗ジョンヘンリー《主に黒人のバラッドに歌われている怪力無双の黒人》. 〖《1914》← *John Henry* (ありふれた人名で特定の個人ではない)〗
Jóhn Hóp n. 《豪俗》警官, でか, おまわり. 〖1905〗
John·i·an /ʤóʊniən | ʤə́ʊ-/ adj., n. (Cambridge 大学の) St. John's College の(校友, 在学生, 出身者). 〖《1655》← *St. John*＋-IAN〗
joh·nin /jóʊnɪn | jə́ʊnɪn/ n. 〖獣医〗ヨーニン《パラ結核菌 (*Mycobacterium paratuberculosis*) の培養濾液; Johne's disease の診断液; paratuberculin ともいう》. 〖← *A. Johne* (⇨ Johne's disease)＋-IN[2]〗
Jóhn Ínnes /-ɪnɪs, -ɪnɪz/ n. 《英》ジョン イネス培養土《もとは 1939 年に John Innes Horticultural Institute で配合した鉢用培養土》.
Jóhn Jámeson n. 〖商標〗ジョンジェームソン《アイルランド John Jameson & Son 社製のウイスキー》.
Jóhn Láw n. 《米》法務官 (law officer); 警官. 〖1907〗
Jóhn Léwis n. 〖商標〗ジョンルイス (London の Oxford Street にある家庭用品・衣類で定評のある百貨店; 英国の

各地に系列店がある》.

Jóhn Lóbb /-lɑ́(:)b | -lɔ́b/ *n.* 〖商標〗ジョンロッブ《London の St. James's Sreet にある紳士靴の老舗; そのブランド》.

John·na /dʒɑ́(:)nə | dʒɔ́nə/ *n.* ジョナ《女性名》. 〖(fem.) ← JOHN¹〗

John·nie /dʒɑ́(:)ni | dʒɔ́ni/ *n.* ジョニー《男性名》.

Jóhnnie Wál·ker /-wɔ́:kə, -wɑ́:- | -wɔ́:kə(r/ *n.* 〖商標〗ジョニーウォーカー《スコットランド John Walker & Sons 社製のブレンデッドウイスキー》.

John·ny¹ /dʒɑ́(:)ni | dʒɔ́ni/ *n.* ジョニー《男性名; 異形 Johnnie》. 〖(dim.) ← JOHN¹〗

John·ny² /dʒɑ́(:)ni | dʒɔ́ni/ *n.* 《俗》 **1 a** [時に j-; 男子への親しい呼び掛けに用いて] おい, 君. **b** 《英》やつ, 野郎. **c** 《豪》巡査. **2** [j-] =John³ 2. **3** (入院患者が着る)背中で留める襟のない短いガウン. **4** [j-] 《英俗》コンドーム (condom). 〖(1673) ↑〗

Jóhnny Appleseed *n.* =Johnny APPLESEED.

Jóhnny Armstrong *n.* 《英海軍俗》 **1** 腕力. **2** 力仕事, 筋肉労働. 〖《擬人化》← *strong arm*〗

jóhnny·càke *n.* ジョニーケーキ: **a** 《米》とうもろこし粉を練って鉄板などで焼くパン. **b** 《豪》粗びきの小麦を練って焼く[揚げる]パン. 〖(1739) ← ? JOHNNY¹+CAKE // ← ? 《廃》*jonakin* □ Am.-Ind. *jonikin* griddlecake // 《変形》? ← *Shawneecake* (⇨ Shawnee)〗

Jóhnny Canúck *n.* 《カナダ》ジョニーカナック: **1** 《口語》カナダ人. **2** カナダの擬人化表現.

Jóhnny-còme-látely *n.* (*pl.* **-late·lies, Johnnies-**) 《口語》 **1** 新参者 (newcomer); 新米 (beginner). **2** 成金. **3** 流行して初めて新しいものに手を出す人; 他人が試行錯誤した後うまく後からやる人. 〖1839〗

Johnny Cra·paud /dʒɑ́(:)nikræpóu | dʒɔ́nikræpóu/ *n.* フランス人《あだ名》. 〖(1834) ← JOHNNY¹+F *crapaud* toad (料理で蛙をよく使うため?)〗

Jóhnny-júmp-ùp *n.* 《米》〖植物〗 **1** 野生のサンシキスミレ (wild pansy); 小さな花をつける園芸種のサンシキスミレの総称. **2** 北米産スミレ数種の総称. 〖(1842): 生長が早いところから〗

Jóhnny Óne-Nòte *n.* 《米口語》一つのことしか考えられない男, 考えの狭い人物, 単純男.

Jóhnny-on-the-spót *n.* 《口語》待ってましたとばかり何でもやる人; (緊急の事態に対処できる)機転屋. 〖1896〗

Jóhnny Ráw *n.* 《俗》うぶ, 新米 (greenhorn) 《初心者のあだ名》; 新兵 (raw recruit). 〖1813〗

Jóhnny Réb /-rέb/ *n.* 《米口語》(米国南北戦争当時の)南軍の兵士 (Confederate soldier). 〖1865〗

Jóhnny smókers *n.* (*pl.* ~) 〖植物〗=prairie smoke 1.

Jóhn of Aústria, Don *n.* ドン フアン デ アウストリア《1547?–78; スペインの提督・将軍; Charles 五世の庶子; Lepanto の海戦でトルコ軍を破った》.

Jóhn of Damáscus, Saint *n.* ダマスクスの聖ヨアンネス《675?–749; シリアの神学者; 聖像破壊者たちから聖像崇拝思想を擁護した; 祝日 12 月 4 日》.

Jóhn of Gáunt /-gɔ́:nt, -gɑ́:nt | -gɔ́:nt/ *n.* ジョン オブ ゴーント《1340–99; Edward 三世の第四子で Lancaster 家の始祖; 百年戦争中兄の Black Prince に従って転戦した; 称号 Duke of Lancaster》. 〖*Gaunt*: ← GHENT (その生地)〗

Jóhn of Láncaster *n.* ⇨ Duke of BEDFORD.

Jóhn of Léyden *n.* ライデンのヤン《1509?–36; オランダの再浸礼派 Anabaptists の指導者; Münster に神政を確立した(1534–35); 本名 Jan Bockelson》.

Jóhn of Sálisbury *n.* ソールズベリーのヨアンネス《1115?–1180; 英国の聖職者・スコラ哲学者; 秘書として Thomas à Becket を助けて Henry 二世と抗争した》.

Jóhn of the Cróss, Saint *n.* クルス《1542–91; スペインの神秘家・詩人・教会博士; スペイン語名 Juan de la Cruz; *Cántico Espiritual*「霊の歌」(1578?)》.

Jóhn o'Gróat's Hóuse /-əgróuts- | -əgrɔ́uts-/ *n.* ジョンオグローツ《スコットランド北東端の岬 Duncansby Head の近辺; John o'Groat's [Groat's] ともいう (cf. Land's End)》. 〖1489 年ごろスコットランドに移住したオランダ人 John o'Groat の一家が家を建てたといわれる〗

Jóhn Pául I *n.* ヨハネス パウルス[ヨハネ パウロ]一世《1912–78; イタリアの聖職者; 教皇 (1978), 在位 33 日で急死; 本名 Albino Luciani》.

Jóhn Pául II *n.* ヨハネス パウルス[ヨハネ パウロ]二世《1920– ; ポーランドの聖職者; 教皇 (1978–); 本名 Karol Wojtyła /kárəl vɔitíwa/》.

Jóhn Q. Públic *n.* 《米口語》平均的市民, 一般大衆. 〖1937〗

Johns /dʒɑ́(:)nz | dʒɔ́nz/, **Jasper** *n.* ジョーンズ《1930– ; 米国の画家; ポップアートの先駆者》.

Jóhns Hópkins Univérsity *n.* ジョンズホプキンズ大学《米国 Maryland 州 Baltimore にある私立大学; 1876 年創設》.

John·son /dʒɑ́(:)nsən, -sn | dʒɔ́n-/, **Amy** *n.* ジョンソン《1903–41; 英国の飛行家; オーストラリア, Cape Town への往復飛行など数回の飛行記録を樹立した》.

Johnson, Andrew *n.* ジョンソン《1808–75; 米国の第 17 代大統領 (1865–69); 民主党》.

Johnson, Ben *n.* ジョンソン《1961– ; ジャマイカ生まれのカナダの陸上選手; 1988 年の Seoul オリンピック 100 m 走で 1 着となったが, ドーピングが発覚して金メダルを剝奪された》.

Johnson /*Swed.* júnsɔn/, **Ey·vind** /éjvınd/ *n.* ヨンソン《1900–76; スウェーデンの小説家; 全体主義を攻撃した作品で知られる; Nobel 文学賞 (1974)》.

Johnson, Jack *n.* ジョンソン《1878–1946; 米国のボクサー; 黒人初の世界ヘビー級チャンピオン (1908–15); 本名 John Arthur Johnson》.

Johnson, James Wel·don /wέldn/ *n.* ジョンソン《1871–1938; 米国の黒人詩人・小説家; *The Autobiography of an Ex-Colored Man* (小説, 1921)》.

Johnson, (Jonathan) Eastman *n.* ジョンソン《1824–1906; 米国の風俗画家; 有名人の肖像画も数多く手掛けた》.

Johnson, Lionel (Pig·ot) /pígət/ *n.* ジョンソン《1867–1902; 英国の詩人・批評家; *Poems* (1895)》.

Johnson, Lyndon Baines /béınz/ *n.* ジョンソン《1908–73; 米国の第 36 代大統領 (1963–69); 民主党》.

Johnson, 'Magic' *n.* ジョンソン《1959– ; 米国のプロバスケットボール (NBA) のスーパースター選手; AIDS に感染していることを公表して引退 (1991); 本名 Earvin Johnson, Jr.》.

Johnson, Philip Courtelyou *n.* ジョンソン《1906– ;米国の建築家; 教会・美術館・劇場などの作品が多い》.

Johnson, Robert *n.* ジョンソン《1911?–1937; 米国のブルース歌手・ギタリスト》.

Johnson, Samuel *n.* ジョンソン《1709–84; 英国の詩人・辞書編集者・批評家; 18 世紀後半のイギリス文壇の中心人物; *The Vanity of Human Wishes* (1749); *A Dictionary of the English Language* (1755); *The Lives of the English Poets* (1779–81) (⇨ Boswell); 通称 Dr. Johnson》.

Johnson, William Eugene *n.* ジョンソン《1862–1945; 米国の禁酒運動家; 通称 Pussyfoot Johnson》.

Jóhnson & Jóhnson *n.* ジョンソンアンドジョンソン《米国の医薬品・衛生製品メーカー》.

Jóhnson Cíty *n.* ジョンソンシティ《米国 Tennessee 州北東部の都市》.

John·son·ese /dʒɑ̀(:)nsəní:z, -sn-, -ní:s | dʒɔ̀nsəní:z, -sn-ˊ/ *n.* Dr. Johnson 流の文体《ラテン系の語を多用し, 荘重・雄勁(ゆうけい)であると同時に重苦しいところのある文体》. — *adj.* 〈文体が〉Johnson 風[流]の. 〖(1843): ⇨ -ese〗

Jóhnson gràss *n.* 〖植物〗セイバンモロコシ (*Sorghum halepense*) 《地中海地域原産のイネ科の大形多年草; 飼料用に栽培; Aleppo grass ともいう》. 〖(1884) ← *William Johnson* (*d.* 1859: 米国の農業研究家)〗

John·so·ni·an /dʒɑ(:)nsóuniən | dʒɔnsóu-/ *adj.* **1** Dr. Johnson の. **2** =Johnsonese. — *n.* Dr. Johnson の模倣者[崇拝者]; Johnson 学者. 〖(1791) ← Samuel Johnson+-IAN〗

Jóhnson nóise *n.* 〖電子工学〗ジョンスン雑音 (⇨ thermal noise). 〖(1931) ← *John B. Johnson* (1887–1970: 米国の物理学者)〗

Jóhn Stíles /-stáılz/ *n.* 〖法律〗氏名不祥の訴外第三者の仮名 (cf. John Doe, Richard Roe). 〖《変形》← 《古形》*John-a-stiles* ← JOHN¹+A(T)+STILE〗

John·ston /dʒɑ́(:)nstən | dʒɔ́n-/ *n.* ジョンストン: **1** 太平洋中部, Honolulu の南西, Johnston と Sand の二つの小島から成るサンゴ島. **2** 米国 Rhode Island 州北部 Province の南西にある市.

John·ston /dʒɑ́(:)nstən, -sn | dʒɔ́n-/, **Albert Sidney** *n.* ジョンストン《1803–62; 米国南北戦争当時の南軍の将軍; 南軍きっての有能な将軍とされている》.

Johnston, Joseph Eggleston *n.* ジョンストン《1807–91; 米国南北戦争当時の南軍の将軍》.

Johnston, Mary *n.* ジョンストン《1870–1936; 米国の女流小説家; *To Have and to Hold* (1900)》.

Johns·town /dʒɑ́(:)nztaun | dʒɔ́nz-/ *n.* ジョンズタウン《米国 Pennsylvania 州南西部の都市; 1889 年の貯水池決壊の惨事で有名》. 〖← *Joseph Johns* (18 世紀末のこの地方の地主)〗

Jóhn the Báptist *n.* [(Saint) ~] 〖聖書〗バプテスマのヨハネ, 洗(礼)者ヨハネ《Zacharias の子; ヨルダン川のほとりで神の国の近いことと悔い改めのバプテスマ(洗礼)の必要を述べ, 来るべきメシアの証人となる; イエスも彼から洗礼を受ける; イエスの先駆者; 祝日 6 月 24 日; 単に John ともいう; cf. *Matt.* 3: 1; *Mark* 1: 4》.

Jóhn the Cónstant *n.* 節操のヨハン《1468–1532; ドイツザクセン侯; 新教に最も早く改宗した一人; シュマルカルデン同盟 (Schmalkaldic League) の結成を助けた; ドイツ語名 Johann der Beständige》.

Jóhn Thómas *n.* 《英俗》=penis.

Jo·hore /dʒəhɔ́ə | dʒə(u)hɔ́:(r/ *n.* ジョホール《Malay 半島南端, マレーシアの州; ゴム栽培の中心地; 州都 Johore Bahru》.

Johóre Báh·ru /-bɑ́:ru:/ *n.* ジョホールバール《Malay 半島南端の都市; Johore 州の州都》.

joie de vi·vre /ʒwɑ́:dəví:vr(ə); *F.* ʒwadvi:vʀ/ *F. n.* 生の喜び, 生きる楽しみ. 〖(1889) □ F ~ 'joy of living'〗

join /dʒɔ́ın/ *vt.* **1 a** 接合する, くっつける (fasten, attach); 〈力などを〉合わせる (combine): ~ two metal sheets (*together* [*up*]) with solder 金属板 2 枚をはんだで接合する / We ~*ed* hands in a circle. 我々は手をつないで輪を作った / She ~*ed* the skirt *with* [*to, onto*] the bodice with a band. 彼女はスカートを胴衣にひもで結わえつけた / They ~*ed* forces in the effort. 彼らは協力して事に当たった. **b** (鉄道・橋などで)連結する (link): ~ two towns by a railroad / ~ two seas by a canal / ~ an island to the mainland with a bridge 橋によって島を本土に結ぶ. **c** 〖数学〗〈2 点を〉結ぶ: ~ two points by [with] a straight line. **2** (結婚・友情・同盟などで)密接に結合させる, 連合させる (unite); 結婚させる (marry): ~ one *with* [*to*] another *in* marriage, friendship, etc. / They will soon be ~*ed*. 二人はじき結ばれるだろう. **3 a** …と一緒になる, …に会う (meet): ~ one's friends at the station 駅で友人と落ち合う / I'll wait here till you ~ me. 君が来るまでここで待っていよう. **b** …の仲間になる, …と合同する, …に参加[加盟]する; 〈クラブ・会などに〉加入する, 加わる (⇨ share¹ SYN): ~ a club [the Socialist Party] クラブ[社会党]に入会[入党]する / ~ a church 教会の信徒となる / ~ a line [queue] 行列に加わる / ~ a person in a walk [*in* taking a walk] 人と散歩を共にする / My wife ~*s* me *in* sending you kind regards. 家内からもよろしく申しております. **c** 〈軍隊〉に入る, 入隊する, 〈船〉に乗り込む; 〈所属の連帯・乗組の本船〉へ帰る: ~ the Navy, a ship, etc. / ~ the colors 入隊する, 応召する. **4 a** 〈支流・小道などが〉〈本流・大道〉と合する, 合流する: Where does this road ~ the main road? この道はどこで本街道に出ますか / The road climbed (up) to ~ the speedway. その道路は急な上り坂でその先は高速道路に合流していた. **b** 《口語》…と境を接する, 隣接する (adjoin): The U.S.A. ~*s* Canada along an immense frontier. 合衆国はカナダと広い範囲にわたって境を接している. **5** 〈戦いを〉交える: ~ battle 戦闘を開始する, 交戦する / The arms race was ~*ed* after the Russians did their first atomic test. ロシアが最初の原爆実験をやってから軍備競争が始まった.

— *vi.* **1** 一緒になる; 合する (meet), 接する: The two gardens ~ *at* the hedge. 二つの庭は生垣のところで接している / This part ~*s onto* that. この部分はあちらと接している / The two sections ~ (*together* [*up*]) here. 二つの部分がここで一緒になっている. **2 a** 〔…と〕行動を共にする 〔*with*〕: My mother ~*s with* me *in* congratulating you. 母共々お喜び申し上げます. **b** 〔…に〕参加する (take part) 〔*in*〕: If you are raising a subscription, I will ~ *in*. 寄付を募集なさるのなら私も仲間に入ります / Let me ~ *in* your conversation. お話に加わらせてください / May I ask you all to ~ *in* a toast to the bride and groom. 新郎新婦への乾杯にご唱和下さい.

jóin dúty 《インド》(休暇・ストライキのあと)仕事に戻る. *jóin hánds* ⇨ hand *n.* 成句. *jóin íssue* ⇨ issue *n.* 成句. *jóin ón* 仲間に加わる; 〈車両などを〉連結[増結]する. *jóin úp* (*vi.*) (1) (団体などに)加入する; (特に)入隊する. (2) 提携する, 合併する 〔*with*〕. (1916)

— *n.* **1** 合流, 接合. **2** 接合点[線, 面], 継ぎ目, 合わせ目. **3** (テープレコーダー用のテープの)つなぎ, スプライス (splice). **4** 〖数学〗結び, 和集合 (union) (記号 ∪).

~·a·ble /-nəbl/ *adj.*

〖(?a1300) □ (O)F *joign-* (pres.p. stem) ← *joindre* to join < L *jungere* to join, unite ← IE **yeug-* to join: cf. yoke¹〗

SYN 結合する: **join** 二つ(以上)の別個のものを結合する: I *joined* the two strings together. 二本のひもをつないだ. **conjoin** 〈別個のものを〉一つに結合する《格式ばった語》: a loosely *conjoined* nation ゆるやかに連合した国民. **unite** 別個のものを結合して統一体を構成する: the *United* Kingdom 連合王国. **connect** 連結物によって二つのものを結びつける: In 1988 the four main islands of Japan were completely *connected* by rail. 1988 年, 日本の主たる四つの島は鉄道で完全につながった. **link** (鎖の環でつなぐように)しっかりと連接する: They are *linked* together in a common cause. 共通の目的で堅く連携している. **combine** 二つ(以上)のものを融合して一つのものを作る: *combine* the factions into a party 分派を合同して党を作る. **associate** 心の中で結びつける: We *associate* Freud's name with psychoanalysis. フロイトと言えば精神分析を連想する. **relate** 二つの事実・事件の間に関係があることを示す《格式ばった語》: *relate* high wages to labor shortage 高い賃金は労働不足と関係があるとする.
ANT disjoin, part.

joi·nant /dʒɔ́ınənt/ *adj.* 〖紋章〗=conjoined. 〖((c1385)) (1828) □ F *joignant* (pres.p.) ← *joindre* 'to JOIN'〗

join·der /dʒɔ́ındə | -də(r/ *n.* **1** 連合, 接合 (conjunction, union). **2** 〖法律〗 **a** (原告同士または被告同士の)共同; 訴えの併合; 共同訴訟 (joinder of parties); 訴訟原因の併合; 犯罪の併合. **b** (自己に不利益な)争点の承認[合一] (joinder of issue). 〖(1601–2) □ (O)F *joindre* to join: ⇨ join〗

join·er /dʒɔ́ınə | -nə(r/ *n.* **1 a** 接合者, 結合者; 連合[合同]運動家. **b** 《口語》(各方面の)団体[会]に加入する(のを好む)人, クラブ(加入)マニア, 交際[社交]家. **2 a** 《英》指物(さしもの)師, 建具屋 (cf. carpenter 1). **b** (種々の)接合職人, 接合工. **c** (窓に仕上げる前に, 色ガラスを鉛ぶちにはめる)ステンドグラスの職人. **d** (服の各部を縫い合わせる)縫製職人. 〖(1322) *joinour* □ AF *joignour*=OF *joigneor* ← *joign-*: ⇨ join, -or²〗

jóiner dòor *n.* 〖造船〗(水密を必要としない隔壁に用いる)仕切り戸《普通は木製》.

jóiner wórk *n.* =joinery. 〖1562〗

join·er·y /dʒɔ́ınəri/ *n.* **1 a** 指物(さしもの)業, 建具職. **b** 指物師[建具業者]の技術[腕前, 仕事]. **2** [集合的] 建具類; 家具類 (furniture). 〖(1672): ⇨ -y³〗

jóin·ing *n.* **1** 接合, 接着, 結びつき. **2** 接合[接着]点 (juncture). 〖(c1380): ⇨ join, -ing¹〗

joint /dʒɔ́ınt/ *n.* **1 a** 接合箇所, 継ぎ目, 合わせ目, 目地(めじ): a ~ in a pipe 管の継ぎ目 / a ~ *between* two bricks れんがとれんがの間の継ぎ目. **b** 関節: the wrist ~ 手関節 / the ~ capsule 関節嚢(のう) / the ~ cavity 関節腔 / repair a dislocated knee ~ 外れたひざの関節を整復する. **2** 《英》(ロースト用骨付きの)大きな肉の塊 (cf roast): a ~ of mutton. **3 a** 《口語》(下等な)もぐり酒場, 博打宿, 安ホテル[レストラン, ナイトクラブ],

阿片窟,(悪党の)集合所,「穴」(dive): a strip ～ ストリップ小屋 / a gambling ～ 賭博場 / ⇨ clip joint 1. **b** 《戯言》家, 店, 建物, 場所: case the ～ ⇨ case² *vt.* **4** 《俗》マリファナ(紙巻き)たばこ (marijuana cigarette): smoke a ～. **5** 〘木工〙(木材の)仕口(しくち), 差し口〔*between*〕. **6** 〘電気〙接続; 継ぎ目: a cable ～ ケーブル接続 / a soldered ～ はんだ接続. **7** 〘機械〙継ぎ手, ジョイント: 継ぎ目: ⇨ toggle joint, universal joint. **8** 〘植物〙(枝または葉の)付け根, ふし (node). **9** 〘地質〙節理《岩石中の割れ目》. **10** 〘製本〙 **a** つなぎ部, 接着部《表紙を開閉するとき, ちょうつがいの役をしている部分》. **b** 溝《表紙のつなぎ部分のくぼみ; hinge ともいう》.

òut of jóint (1) 関節が外れて, 脱臼(だっきゅう)して (dislocated): put one's wrist [arm, knees] *out of* ～ 手首[腕, ひざ]の関節を外す. (2) 乱れて, 狂って (out of order): The time is *out of* ～. 今の世は調子が狂っている《しばしば The times are *out of* ～. として引用される; Shak., *Hamlet* 1.5.189》. (3) 不釣合いで, 調子が合わないで〔*with*〕. 〘(?a1387)〙 ***pùt a person's nóse òut of jóint*** ⇨ nose 成句.

― *adj.* [限定的] **1** 〈行為・事業・所有権・責任など〉合同の, 共同の, 共有の, 連合の: ～ efforts 共同の努力, 協力 / a ～ ballot 連記投票 / a ～ debtor 連帯債務者 / ～ members of a committee 共同委員 / a ～ editor 共同編集者 / ～ authorship 共著 / ⇨ joint adventure / a ～ enterprise 共同企業 / ～ development of Siberian raw materials シベリアの原料共同開発 / ～ heirs 共同相続人 / a ～ note 連帯約束手形 / our ～ researches (二人による)合同捜査 / a ～ offense 共犯 / a ～ trial (複数の被告の)合同裁判 / ～ owners 共有者 / ～ ownership 共有権 / ～ property 共有財産 / a ～ protest 共同抗議 / a ～ statement 共同声明 / ⇨ joint communiqué / the ～ declaration of the French and Italian Communist parties 仏伊両共産党の共同宣言 / ～ occupation of the city その市の共同占領 / a ～ surety 連帯保証人 / ～ responsibility 連帯責任 / during the ～ lives of …が共々に生きている間 / in our ～ names 我々の連名で. **2** 〘議会〙(二院制立法府の)双方に関係のある; 両院合同の. **3** 〘軍事〙統合の《陸・海・空軍のうち2軍以上が参加する活動・作戦・編成などに関している; cf. combined 1》: a ～ force 統合部隊 / ～ operation 統合作戦. **4** 〘社会学〙複合的な: ⇨ joint family. **5** 〘数学・統計〙同時の, 結合の《同一の母集団で定義されたいくつかの確率変数の組として得られる確率変数についていう》.

jóint and (lást) survívor annúity 連合生残年金《二人以上の被保険者のうち一人が生存する限り支払われる年金》.

Jóint Chíefs (of Stáff) [the ―] (米国陸海空軍)統合参謀本部《議長・陸軍参謀総長・海軍作戦部長および空軍参謀総長で構成する大統領・国防長官・国家安全保障会議の最高軍事諮問機関; 略 JCS; cf. CHIEF of staff》. 〘1946〙

jóint lífe and survívor annúity ＝JOINT and (last) survivor annuity.

― *vt.* **1 a** (継ぎ目で)接合する, 継ぎ合わせる. **b** …の継ぎ目を漆喰(しっくい)で塗る, 目地を塗る; 〈板を〉はぎ合わせる. **c** 継ごうとする〈板などに〉継ぎ目をつける. **2 a** 継ぎ目[節]の箇所で分ける. **b** 〈肉を大きな切り身に切る (cf. *n.* 2). **3** 《廃》結合する. ― *vi.* **1** 合体する; 接合する, 継ぎ合わさる. **2** 〘植物〙節ができる.

〘(c1300) □ OF *joint(e)* (p.p.) ← *joindre* 'to JOIN'〙

jóint accóunt *n.* 〘銀行〙共同預金口座, 銀行共同勘定《複数の加入名義人の各々が預金および引出しのできる口座; cf. private account》.

jóint áction *n.* 〘法律〙共同訴訟.

jóint advénture *n.* 〘経営〙＝joint venture.

jóint áuthor *n.* 共著者(の一人).

jóint bànk accóunt *n.* ＝joint account.

jóint bàr *n.* 〘鉄道〙継ぎ目板《レールを接続するために用いる鋼鉄製の添接(てんせつ)板》.

jóint bòx *n.* 〘電気〙接続箱《電気装置類を電気的に接続するコードの受け口をまとめた箱》. 〘1901〙

jóint commíttee *n.* 〘米議会〙(両院のそれぞれによって選任された委員で構成する)両院合同委員会.

joint communiqué /‐‐‐‐‐/ *n.* 共同コミュニケ, 共同声明.

jóint consultátion *n.* (企業での)労使協議《労働者の雇用・労働条件などについて情報や意見を交換する》.

jóint convéntion *n.* 〘米議会〙《憲法改正などを審議する両院の》合同会議.

jóint cósts *n. pl.* 〘会計〙結合原価; 連結原価《連産品が分離されるまでに共通に発生する原価》.

jóint cústody *n.* 〘法律〙(離婚した[別居中の]両親による)共同親権.

jóint deníal *n.* 〘論理〙否定連言(詞)《構成要素となる二命題がともに偽のときのみ全体が真となるような複合命題およびこのような複合命題を構成する命題結合詞; Sheffer's stroke の一つで選言の否定と等価; cf. alternative denial》. 〘1940〙

jóint dénsity fùnction *n.* 〘統計〙同時[結合]密度関数.

jóint·ed /-tɪ̀d | -tɪ̀d/ *adj.* **1** [しばしば複合語の第2構成素として] 継ぎ合わせの, 〈人形など〉関節接合の; 継ぎ目のある: a ～ fishing rod 継ぎざお / a well-[loose-] *jointed* toy 組立てのしっかりした[あまい]おもちゃ. **2** 〘植物〙節のある, 節でつながった. **～·ly** *adv.* **～·ness** *n.* 〘(1413): ⇨ -ed〙

jóint·er /-tə | -tə(r)/ *n.* **1 a** 接合工《電線などを接続する工具》. **b** 接続器. **2** 〘木工〙(板の接合面を仕上げる)長かんな, 長台, 正直(しょうじき)《桶屋(おけや)の使う長かんな; jointing plane ともいう》. **3** 〘石工〙目地鏝(めじごて). **4** 〘農業〙三角すき《すきで耕したとき残存する植物体などを埋めるためにすきの前方に付ける付属品》. 〘(1678): ⇨ -er¹〙

jóinter plàne *n.* 〘木工〙接合かんな, 長かんな《二つの木材を合わせるとき, 接合面を平らにするための 60 cm ほどのかんな》.

jóint èvil *n.* 〘獣医〙＝navel ill. 〘1669〙

jóint fámily *n.* 〘社会学〙複合家族, 合同家族《親が二人以上の子女の家族と同居する形態; cf. extended family, nuclear family》. 〘1876〙

jóint gràss *n.* 〘植物〙 **1** キシュウスズメノヒエ (*Paspalum distichum*)《イネ科の植物; 飼料および土壌浸食防止用》. **2** ＝horsetail 3. **3** ＝yellow bedstraw. 〘1790〙

jóint hónours *n. pl.* 〘英大学〙優等学位 (honours degree) を取得するために必要な組合わせ科目 (cf. single honours).

jóint ìll *n.* 〘獣医〙＝navel ill. 〘1892〙

jóint indústrial còuncil *n.* 《英》産業別労資会議 (cf. Whitley Council).

jóint·ing /-tɪŋ- | -tɪŋ-/ *n.* **1** 接合, ジョイント形成; (形成された)接合部. **2** 〘建築〙 **a** 目地(めじ)仕上げ. **b** 目地材. **3** 〘岩石〙節理形成, 節理作用[運動]. 〘1642〙

jóinting rùle *n.* 〘石工〙目地(めじ)定規《目地を引いたり石の継ぎ目を示すために用いる長い定規》.

jóint·less *adj.* 継ぎ目なしの; 無関節の. 〘(1559): ⇨ -less〙

jóint lífe annùity *n.* 連生年金《二人以上の被保険者のうち, 一人が死ねば支払いが停止される年金》.

jóint lífe insùrance *n.* 連生保険《二人以上の被保険者のうち, 最初の一人が死亡した場合にのみ保険金を支払う保険》.

jóint·ly *adv.* 共に, 共同して, 連帯的に (unitedly): The sisters owned the car～. 姉妹は共同で車を持っていた / ～ and severally [separately] liable 連帯および単独に責任を負って. 〘(?c1300): ⇨ joint, -ly¹〙

jóint méeting *n.* 〘米議会〙＝joint session.

jóint mòuse *n.* 〘病理〙関節ネズミ《骨片や軟骨片が関節腔内に遊離したもの; ひざに多い》. 〘(1886): その動きがネズミを思わせることから〙

jóint próduct *n.* 〘経営・会計〙連産品《同一工程で同一原料から不可避的に生産される主副の区別し難い2種以上の製品; cf. by-product》.

jóint resolútion *n.* 〘米議会〙(両院の)合同決議《大統領署名で法的効力発生; cf. concurrent resolution》. 〘1838〙

jóint·ress /dʒɔ́ɪntrɪ̀s | -trɪ̀s, -trɛs/ *n.* 〘法律〙寡婦給与 (jointure) 取得権を持つ女性 (cf. *Hamlet* 1. 2. 9). 〘(1600–01) (fem.) ← 《廃》*jointer* man who holds a jointure ← JOINTURE＋-ER¹: ⇨ -ess¹〙

jóint retúrn *n.* (夫婦の収入を合わせて一本にした)所得税総合申告(書).

jóint rùnner *n.* 鉛止めバンド《鉛管などの接合で溶融鉛の流れ出るのを防ぐ石綿製の器具》.

jóint séssion *n.* 〘米議会〙(両院の)合同会議《joint meeting ともいう》.

jóint snàke *n.* 〘動物〙＝glass snake.

jóint stóck *n.* 合資, 共同出資; 結合資本, 株式資本. 〘1615〙

jóint-stóck còmpany *n.* **1** 《米》株式社団《株式会社 (corporation) に似ているが, 株主は無限責任を負う》. **2** 《英》株式会社 (《米》stock company). 〘1776〙

jóint stòol *n.* ジョイントスツール《挽物(ひきもの)部材を枘(ほぞ)継ぎで組み立てた腰掛け》. 〘1434〙

jóint ténancy *n.* 〘法律〙合有不動産権《二人以上の者が, 同一の不動産に対して同一の権利を有するときに生じる不動産権; 合有者はすべてその不動産全体について占有権をもつため, 各持分の処分はできない》. 〘1613〙

jóint undertáking *n.* 〘経営〙＝joint venture.

join·ture /dʒɔ́ɪntʃə | -tʃə(r)/ *n.* **1** 〘法律〙寡婦給与《夫が自分の死後における妻の扶養のために設定した不動産(権)で, 夫の死後, 終身占有収益する権利を生じる》. **2** 《廃》夫婦の合有不動産. **3** 《まれ》結合, 接合. ― *vt.* 〘法律〙〈妻〉に寡婦給与を設定する. 〘(c1312) *join(c)ture* □ (O)F *jointure* < L *junctūram*: JUNCTURE と二重語〙

join·tur·ess /dʒɔ́ɪntʃərɪ̀s | -rɪ̀s, -rès/ *n.* 〘法律〙＝jointress. 〘*a*1693〙

jóint vénture *n.* 〘経営〙 **1** ジョイントベンチャー, 共同事業(体)《複数の人間が財産・技能・知識などを出し合って単一の有限事業を共同で営むこと; その事業体》. **2** 合弁(事業), 合弁会社《一国内で2社以上の会社が共同出資して事業を営むこと; その事業体》.

jóint·wèed *n.* 〘植物〙 **1** アメリカ産タデ科タデ属の草本 (*Polygonum articulata*); (その他)タデ属の植物数種の総称. **2** トクサ属 (*Equisetum*) の植物の総称《トクサ (*E. hyemale*), スギナ (*E. arvense*) など, 茎に節があって関節状に見えるため》. 〘1866〙

jóint·wòrm *n.* 《米》〘昆虫〙(膜翅目)カタビロコバチ科の昆虫の幼虫《小麦・竹などイネ科植物の節に寄生して大害をする; strawworm ともいう》. 〘(1851) ← JOINT (n.) 8＋WORM〙

Join·vi·le /ʒɑ̃ː(ŋ)víːl, ʒwɑːŋ-; *Braz.* ʒoĩvíli/ *n.* ジョインヴィレ《ブラジル南部の港》.

Join·ville /ʒwæ̃(ŋ)víl, ʒwæŋ-; *F.* ʒwɛ̃vil/, **Jean de** *n.* ジョワンヴィル《1224?–1317; フランスの年代記作者; *Histoire de Saint Louis*「聖王ルイ伝」(1309)》.

joist /dʒɔ́ɪst/ *n.* 根太(ねだ); 梁(はり). ― *vt.* …に梁を渡す, に根太を付ける. **～·ed** *adj.* 〘(1494)《変形》← (*a*1325) *giste* □ OF (F *gîte*) < L *jacitum* lying place (neut. p. p.) ← L *jacēre* to lie down: cf. gist〙

jo·jo·ba /hoʊhóʊbə, hə- | hə(ʊ)háʊ-; *Am.Sp.* hohóβa/ *n.* 〘植物〙ホホバ (*Simmondsia californica*)《北米南西部産のツゲ科の小木; その実は脂肪に富み食用になるが美味ではない》. 〘(1923) □ Mex.-Sp. ～〙

Jó·kai /jóʊkɔɪ | jáʊ-; *Hung.* jóːkɒi/, **Mór** /móːr/ *n.* ヨーカイ《1825–1904; ハンガリーの小説家・劇作家》.

joke /dʒóʊk | dʒə́ʊk/ *n.* **1 a** 冗談, しゃれ, おどけ (jest): as [for] a ～ 冗談のつもりで / make [crack, tell] a ～ about …について冗談を言う, しゃれを飛ばす / carry [push] a ～ too far 冗談の度を越す / This is getting beyond a ～! これは冗談の度を超えている / see a ～ 冗談がわかる / take a ～ 冗談を笑って受け入れる / I traded ～*s* with them. 彼らと冗談を交わした / have a ～ with a person 人と冗談を交わす / his idea of a ～ 彼だけがおもしろがっている冗談. **b** 笑い話, 小話 (funny story): He knows a lot of risqué[dirty] ～*s*. きわどい小話をたくさん知っている. **c** 滑稽な点, おかしいところ: What's the ～? 何がおかしいのだ / The ～ *of it* was that he believed it to the end of his life. 一番おかしいのは彼はそれを一生信じていたということだ. **d** 悪い冗談, 悪ふざけ, いたずら (practical joke, trick): Don't play a ～ on him. 彼にいたずらするのはよせ. **e** 笑いぐさ, 物笑いの種 (laughingstock): He is the standing ～ of his companions. いつも仲間の物笑いの種になっている. **2 a** [しばしば否定構文で] 笑って済ませる(ような)事, どうでもいい事: It is *no* ～. 冗談じゃない, 大変なことだ / It is *no* ～ to be[being] a popular actress. 人気女優になる[である]のは生易しいことじゃない. **b** (意外に)易しいもの, 歯ごたえのないもの: The exam was a ～ for her. その試験は彼女にはあっけないほど易しかった / They considered his work a ～. 彼の業績を子供だましぐらいに考えていた. **c** (貧弱で)お話にならないもの, ナンセンスなもの: Her dancing—oh, that's a ～. 彼女のダンスか—ありゃあナンセンスだ.

be [gó, gét] beyònd a jóke 笑い事ではない[なくなる].

The jóke is on a person 《口語》〈悪い冗談・悪ふざけが〉それを言った人の身にはね返ってくる.

― *vi.* 冗談を言う, しゃれを言う (jest)〔*about, with*〕; おどける, ふざける: *joking* apart [aside] 冗談は抜きにして / You are [must be] *joking*. ご冗談でしょう / Don't worry: I was only *joking*. 気にしなさんな. ほんの冗談だよ / We ～*d about* our funny experience. 滑稽な経験について冗談を言い合った. ― *vt.* **1** 《まれ》ひやかす (banter), (冗談を言って)〈人を〉からかう: ～ a person *on* his baldness 人のはげ頭をからかう. **2** 笑わせて〈金・物などを〉もらう: The clown ～*d* coins *out of* them. 道化師は彼らを笑わせて金をもらった.

〘(1670) □ L *jocus* ← IE *yek- to speak〙

SYN 冗談: **joke** 人を笑わすための言葉や行為: None of your *jokes*. 冗談言うな. **jest** ＝*joke*. **quip** 即妙で機知に富んだ言葉《格式ばった語》: make clever *quips* 警句を吐く. **sally** からかい・挑発のための機知に富んだ[辛辣な]言葉: I easily fended off his *sallies*. 彼のからかいにものともしなかった. **witticism** しゃれた冗談《格式ばった語》: her charming *witticism* 彼女の魅力的な警句. **wisecrack** 《口語》皮肉めいた面白い言葉[返事]: a sardnic *wisecrack* 冷笑的な軽口. **gag** 《口語》見物人を笑わせるための場当たり的な入れせりふ・所作: He is given to *gags*. ギャグを飛ばす癖がある.

jóke·bòok *n.* しゃれを書いた本, ジョークの本, 笑話集. 〘1951〙

jók·er *n.* **1** 冗談を言う人, おどけもの, 滑稽な人, ふざけ屋 (jester). **2** 《俗》男, やつ, やっこさん (fellow, chap); (特に)生意気なやつ, いや[不愉快]なやつ. **3** 《米》 **a** カムフラージュ条項《議会通過の際反対意見を招くことのないよう巧みに挿入し, 通過後はその法律の一部をあいまい[有名無実]にさせてしまうような条項》. **b** (一般に約款・定款などの明文を無効にし, あるいは変改してしまう)目くらまし条項, ぺてん条項. **4** (局面を一変させてしまうような)予期しない出来事[困ったこと]: He gave me a nice fountain pen, but *the* ～ *was that* I lost it. 上等の万年筆をもらったまではよかったが, そいつを失くしてしまった. **5** 窮余の一策; 奥の手. **6** 〘トランプ〙ジョーカー, ばば《番外の札で最高の切札または万能札 (wild card) などに用いる》.

the jóker in the páck 将来どうなるか予測のつかない人[物, こと]《トランプのジョーカーは決まった価値がなく, どのような使われ方をされるか前もってわからないことから》. 〘(1729) ← JOKE＋-ER¹〙

joke·ster /dʒóʊkstə | dʒə́ʊkstə(r)/ *n.* 冗談を言う人 (joker); (特に)悪ふざけをする人. 〘(1877): ⇨ -ster〙

jok·ey /dʒóʊki | dʒə́ʊki/ *adj.* (**more** ～, **most** ～; **jok·i·er, -i·est**) 冗談好きな, よくふざける (waggish). **jók·i·ly** /-kɪ̀li/ *adv.* **jók·i·ness** *n.* 〘(1825–80): ⇨ -y⁴〙

jók·ing *n.* 冗談, しゃれ, おどけ. ― *adj.* **1** 冗談を言う, おどけている. **2** 冗談向きの, くだらない: This is no ～ matter. これは冗談事では(すまされ)ない. 〘(1670) ← JOKE＋-ING¹·²〙

jók·ing·ly *adv.* 冗談に, しゃれて, お笑いぐさに. 〘(1700) ← JOKING *adj.*＋-LY¹〙

jóking relátionship *n.* 〘文化人類学〙冗談関係《主に無文字民族の親族間, 特に夫と妻の姉妹, 異性のいとこ同士の間などで(しばしば性的な)冗談・いたずら・悪口などを交わし合うことが制度化された間柄》. 〘1920〙

jóking rélative *n.* 〘文化人類学〙冗談関係親族《冗談関係 (joking relationship) にある親族(の人)》.

Jok·ja·kar·ta /dʒòʊkjəkáːtə, dʒɑ̀(ː)k- | dʒɔ̀ukja:ká:tə, dʒɔ̀k-/ *n.* ＝Yogyakarta.

jo·kul /jóʊkʊl | jáʊ-/ *n.* (*also* **jö·kull** /～/) (アイスランドの氷河や万年雪に覆われた)雪峰. 〘(1780) □ Icel. *jökull* icicle (dim.) ← *jaki* piece of ice: cf. icicle〕

jok·y /dʒóʊki | dʒə́ʊki/ *adj.* (**more ~, most ~; jok·i·er, -i·est**) =jokey.

Jo·kya·kar·ta /dʒòʊkjəkɑ́ətə, dʒɑ̀(ː)k- | dʒə̀ʊkjəkɑ́ː-tə, dʒɔ̀k-/ *n.* =Yogyakarta.

jole /dʒóʊl | dʒə́ʊl/ *n.* =jowl².

jo·lie laide /ʒɔ(ː)líːléd, ʒɑ(ː)- | ʒɔ-; *F.* ʒɔlilɛd/ *F. n.* (*pl.* **jolies laides** /~; *F.* ~/) おかめ美人《不美人だがどこか魅力のある人; belle laide ともいう》. 〖(1894) □F ~ ← *joli* pretty＋*laid* ugly〗

Jo·li·et¹ /dʒòʊliét, dʒɑ̀(ː)l- | dʒə̀ʊl-, dʒɔ̀l-/ *n.* ジョリエット《米国 Illinois 州北東部の都市》. 〖← *L. Jolliet*〗

Jo·liet² /ʒɔ(ː)ljéɪ | ʒəʊ-/ *n.* =Jolliet.

Jo·liot-Cu·rie /ʒóʊljoʊkjúəri, -riː, -kjurí: | ʒəʊ-ljəʊkjúəri, -ri-; *F.* ʒɔljokyʁi/, **Irène** *n.* ジョリオキュリー《1897–1956; フランスの物理学者; Marie と Pierre Curie の娘; cf. J. F. Joliot-Curie》.

Joliot-Curie, Jean Frédéric *n.* ジョリオキュリー《1900–58; フランスの物理学者; 妻 Irène Joliot-Curie と共同で Nobel 化学賞 (1935)》.

Jo·li·vet /ʒɔ̀(ː)livéɪ | ʒɔ̀li-; *F.* ʒɔlivɛ/, **André** *n.* ジョリベ《1905–74; フランスの作曲家》.

jol·li·er /dʒɑ́(ː)liə | dʒɔ́liə^(r)/ *n.* 《口語》(何かを得ようとして)おせじを言う人; からかう人; ひやかし屋. 〖(1896) ← JOLLY (v.)〗

Jol·liet /ʒɔ(ː)ljéɪ | ʒəʊ-; *F.* ʒɔljɛ/, **Louis** *n.* ジョリエ《1645–1700; カナダ生まれのフランス人探検家; Mississippi 川を探検した (1673)》.

jol·li·fi·ca·tion /dʒɑ̀(ː)ləfɪ̀kéɪʃən | dʒɔ̀lɪ̀fɪ-/ *n.* 歓楽, 宴楽, 浮かれ騒ぎ (festivity). 〖(1798) ← JOLLY＋-FI-CATION〗

jol·li·fy /dʒɑ́(ː)ləfàɪ | dʒɔ́lɪ̀-/ *vi.* 《口語》(飲み)浮かれる, 愉快になる. 〖(1824) ← JOLLY (adj.)＋-FY〗

jól·li·ly /-ləli/ *adv.* 愉快に, 楽しそうに, 陽気に. 〖(?a1300): ⇨ jolly, -ly¹〗

jol·li·ty /dʒɑ́(ː)ləti | dʒɔ́lɪ̀ti/ *n.* **1** 楽しさ, 面白さ, 歓喜, 陽気さ (merriment). **2 a** [*pl.*] どんちゃん騒ぎ (festivities). **b** 《英》宴会. 〖(?a1300): ⇨ ↓, -ty²〗

jol·ly /dʒɑ́(ː)li | dʒɔ́li/ *adj.* (**jol·li·er; -li·est**) **1 a** 陽気な, 陽気にはしゃいだ; にぎやかな, 浮かれた: ~ company 愉快な仲間 / a ~ dog about town 陽気な遊び人 / a ~ fellow (付き合って)面白いやつ, 愉快な男 / have a ~ time 陽気に過ごす. **b** ほろ酔いの, 酒でご機嫌な (tipsy): the ~ god 陽気な神さま《酒神 Bacchus のこと》/ grow ~ (酔いが回って)陽気になる / He was ~ from drink. 一杯機嫌だった. **2** 《口語》**a** すてきな, 気持ちのよい, 楽しい, 愉快な: a ~ book おもしろい本 / It was ~ of you to come and see me. 私に会いにきてくださってありがとうございました. **b** 《皮肉》おめでたい, ひどい: a ~ fool おめでたい人 / What a ~ mess I am in! いやはやひどいことになった. **3** 《英方言》**a** (見るからに)明るい, ぴちぴちした. **b** 太った, 大きい. — *adv.* 《英口語》とても, すごく (very): a ~ good fellow すごくいい男 / have a ~ bad time of it ひどくいやな目に遭う[思いをする].

jólly wéll 《英口語》(1) とても元気で: He's ~ *well.* (2) とてもよく, 十分に: I know him ~ *well.* (3) [通例, 動詞に伴って] 確かに, 本当に, きっと (certainly): I ~ *well* know it. 知っているとも.

— *n.* **1** 《英口語》浮かれ騒ぎ, お祭り騒ぎ (jollification): get one's *jollies* ⇨ 成句. **2** 《英口語》(英国)海兵隊員. **3** 〘陶磁器〙機械ろくろ《空胴のもの, たとえばコップなどを成形する》. **4** 〘海事〙=jolly boat.

gét one's jóllies 《俗》楽しい思いをする, 面白がる. (1962)

— *vt.* 《口語》**1** (何かを得ようとしてうまいことを言って)〈人〉をうれしがらせる, おだてる (flatter, cajole) 〈*along*〉. **2** からかう (banter). **3** 《口語》〈場所・雰囲気を〉明るくする, 陽気にする 〈*up*〉. — *vi.* 《口語》明るい冗談を飛ばす, ひやかす (banter).

jól·li·ness *n.* 〖(?a1300) *joli(f)* □ OF *joli(f)* gay, pretty □ ? ON *jōl* 'YULE': *jolif* の -*f* の消失は -*if* が -*i*, -*y* と混同されたため: cf. hasty, tardy〗

Jól·ly bàlance /dʒɑ́(ː)li-, jɑ́(ː)li- | dʒɔ́li-, jɔ́li-; *G.* jɔ́li-/ *n.* 〘物理〙ジョリーのばねばかり《空気中および水中での計測により鉱物などの比重を測る比重計》. 〖← *Philipp Gustav von Jolly* (1809–84; ドイツの物理学者)〗

jólly bòat *n.* 〘海事〙**1** ジョリー艇, (2 本または 4 本のオールを有し cutter より小さい)雑用艇, (艦船付属の雑役用の)小型船. **2** 小型帆船 (単に jolly ともいう)》. 小型帆船. 〖(1727–41) ← ? Dan. *jolle* // Du. *jol* a kind of small boat: *boat* は説明的に付加されたもの: cf. yawl²〗

jólly jùmper *n.* 〘海事〙ジョリージャンパー《快速帆船 (clipper) で moonsail の上に張る軽風用の帆》.

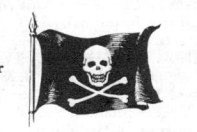

Jólly Róger *n.* [the ~] 海賊旗《頭蓋骨の下に 2 本の大腿(だい)骨を交差させ, 白く染め抜いたものが多い》. 〖(1785) ← JOLLY＋*Roger* pirate flag (← ROGER)〗

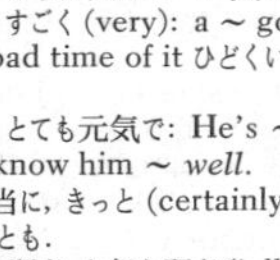

Jolly Roger

Jo·lo /hoːlóː | hɑʊlə́ʊ/ *n.* ホロ: **1** フィリピン南部, Mindanao 島の南西にある Sulu 諸島中の主島; 面積 894 km². **2** 同島の海港.

Jol·son /dʒóʊlsən, -sn̩ | dʒɔ́l-, dʒə́ʊl-/, **Al** *n.* ジョールソン《1886–1950; ロシア生まれの米国のポピュラー歌手・俳優; 本名 Asa Yoelsion /jóːlsn̩/》.

jolt /dʒóʊlt | dʒə́ʊlt/ *vt.* **1** (急激に)がたんと揺すぶる; 〈乗物が〉〈乗客などを〉揺さぶりながら進む: The bus ~*ed* us over the stony road. バスは我々をがたがた揺さぶりながら石ころ道を進んだ. **2 a** …に心理的衝撃[ショック]を与える: The news ~*ed* him. その知らせで彼はがっくりしてしまった. **b** 衝撃を与えて…の状態にする〔*into, out of*〕: He was rudely ~*ed out of* the pensive mood. 物思いにふけっているところを突然揺すぶられて考え事がめちゃくちゃになってしまった. **3** 干渉[じゃま]する. **4** (特にボクシングなどで)(強烈なパンチで)ふらふらにさせる, 失神させる (stun). — *vi.* **1** 〈乗物が〉がたがた揺れる[揺れて行く] (bump): A buggy ~*ed* down the slope. 馬車はがたがた揺れながら坂を下りて行った. **2** 体を揺らしながら進む[歩く, (馬に)乗って行く]. **3** 《俗》麻薬[ヘロイン]を注射する, 薬(やく)を打つ.

— *n.* **1** 急激な動揺. **2 a** (精神的な)衝撃, ショック, 動揺, 驚き: The news gave him a severe ~. そのニュースは彼に大変なショックを与えた. **b** 突然の[予期しない]拒絶[敗北]. **3 a** 《米》(新鮮で目の覚めるような空気・つんとにおう香りなどの)少量 (shot), ひと吸い; (強い酒の)一杯: pour out a good stiff ~ of whiskey 強いウイスキーをなみなみと注ぐ / a ~ of fresh air (はっとして目が覚めるほど)新鮮な空気のひと吸い. **b** 《俗》(麻薬の注射の) 1 回分の分量. **4** 《俗》禁固刑. **5** 〘ボクシング〙強烈なパンチ: pass a ~ 痛打する.

jólt·ing·ly *adv.* 〖(1599)《混成》? ← 《廃》*jot* to jolt ＋《廃》*jowl* to knock about〗

jólt·er /-tə | -tə^(r)/ *n.* 動揺の激しいもの, がたがた揺れる乗物. 〖(1611): ⇨ ↑, -er¹〗

jólter-hèad *n.* **1** 《英方言》ばか者, のろま (blockhead). **2** 《古》(ばかの)大頭. **~·ed** *adj.* 〖(1620)《変形》← 《廃》*jolt-head* ← JOLT〗

jólt-wàgon *n.* 《米中部》(農業用の)荷馬車. 〖1886〗

jolt·y /dʒóʊlti | dʒə́ʊlti/ *adj.* (**jolt·i·er; -i·est**) 動揺の激しい, がたがた揺れる (bumpy): a ~ car. **jólt·i·ly** /-təli, -tl̩i | -tɪ̀li, -tl̩i/ *adv.* **jólt·i·ness** *n.* 〖(1834): ⇨ -y⁴〗

Jo·lyon /dʒóʊljən, dʒɑ́(ː)l-, -liən | dʒə́ʊliən, dʒɔ́l-/ *n.* ジョリオン《男性名》. 〖← JULIAN¹〗

Jo·mon /dʒóʊmɑ(ː)n | dʒə́ʊmɔn/ *adj.* 縄文時代の (cf. Yayoi): ~ ware 縄文(式)土器. 〖(1946) □ Jpn.〗

Jon /dʒɑ́(ː)n | dʒɔ́n/ *n.* ジョン《男性名》. 〖(dim.) ← JOHN¹〗

Jon. 《略》Jonah; Jonathan.

Jona. 《略》Jonathan.

Jo·nah /dʒóʊnə | dʒə́ʊ-/ *n.* **1** ジョーナ《男性名》. **2** 〘聖書〙**a** ヨナ《ヘブライの預言者, 旧約聖書の「ヨナ書」の主人公, 海上のあらしの責任を取らされ犠牲として海に捨てられたが, 大魚にのまれ陸上に吐き出された; cf. *Jonah* 1–2》. **b** (旧約聖書の)ヨナ書. **3** (参加する仕事に凶事・不幸をもたらす)不吉な人, 縁起の悪い人. (1612) — *vt.* [しばしば j-] …に不吉[不幸]をもたらす (jinx). **Jo·nah·esque** /dʒòʊnəésk⁻/ *adj.* 〖□ LL *Jōnās* □ Gk *Iōnās* □ Heb. *Yōnāh* 《原義》dove (i.e., the moaning one). — v.: (1887) ← n.〗

Jónah cràb *n.* 〘動物〙北米北東海岸産の赤みがかったイチョウガニ科の大形食用ガニ (*Cancer borealis*). 〖1893〗

Jo·nas /dʒóʊnəs | dʒə́ʊnəs, -næs/ *n.* (Douay Bible での) Jonah のラテン語式語形.

Jon·a·than¹ /dʒɑ́(ː)nəθən | dʒɔ́n-/ *n.* **1** ジョナサン《男性名》. **2** 《古》米国人 (Brother Jonathan; cf. Uncle Sam); (特に) New England の人. (1816) **3** 〘聖書〙ヨナタン《Saul の子, David の親友; cf. 1 *Sam.* 19: 1–10》. 〖□ Heb. *Yōnāthān* 《短縮》← *Yᵉhōnāthān* 《原義》Yahweh gave〗

Jon·a·than² /dʒɑ́(ː)nəθən | dʒɔ́n-/ *n.* 紅玉《米国産リンゴの品種; 濃赤色》. 〖(1831) ← *Jonathan Hastbrouck* (*d.* 1846: 米国の法律家)〗

jones /dʒóʊnz | dʒə́ʊnz/ *n.* 《俗》**1** 麻薬中毒, (特に)ヘロイン中毒. **2** 強い興味, 熱中. 〖1968〗

Jones /dʒóʊnz | dʒə́ʊnz/ *n.* [the ~es] 隣人, 同輩(たち) (neighbors); (近所に住む)同じ生活程度の(中産階級の)人々: live up to *the ~es* 隣り近所の人たちに負けない暮らしをする / If *the ~es* install central heating, the Smiths must, or lose caste. あそこでセントラルヒーティングを取り付けたのなら, こっちも付けないと家の面子(めんつ)にかかわる. ***kèep úp with the Jóneses*** 近所の人と生活ぶりを張り合っていく, 世間に遅れをとらない《米国の漫画家 A. R. Momand が 1913 年ごろにヒットさせた連載漫画にちなむ》. (1932)

〖(1879): ⇨ John¹, -s²: もとウェールズ起源の家族名〗

Jones /dʒóʊnz | dʒə́ʊnz/, **Casey** *n.* ジョーンズ《1863–1900; 米国の鉄道機関士; 鉄道事故で殉職して民謡などに歌われた; 本名 John Luther Jones》.

Jones, Daniel *n.* ジョーンズ《1881–1967; 英国の音声学者; *An English Pronouncing Dictionary* (1917), *An Outline of English Phonetics* (1918); ⇨ Higgins ★》.

Jones, David *n.* ジョーンズ: **1** 1895–1974; 英国の詩人・小説家・画家; *In Parenthesis* (1937). **2** David Bowie の本名.

Jones, Ernest *n.* ジョーンズ《1879–1958; ウェールズ生まれの英国の精神分析学者; フロイト伝の著者》.

Jones, (Everett) Le·Roi /ləróɪ/ *n.* ⇨ BARAKA, Imamu Amiri.

Jones, Henry Arthur *n.* ジョーンズ《1851–1929; 英国の劇作家; *The Liars* (1897)》.

Jones, Howard Mumford *n.* ジョーンズ《1892–1980; 米国の教育家・著述家・文学者》.

Jones, Inigo *n.* ジョーンズ《1573–1652; 英国のルネサンス期の建築家・舞台装置家; Greenwich の Queen's House (1616–18, 1629–35), London の Whitehall の Banqueting House (1619–22)》.

Jones, James *n.* ジョーンズ《1921–77; 米国の小説家; *From Here to Eternity* (1951)》.

Jones, John Paul *n.* ジョーンズ《1747–92; 米国独立戦争の際米軍側に参加したスコットランド生まれの海軍軍人; 旧姓名 John Paul》.

Jones, Mary Harris *n.* ジョーンズ《1830–1930; アイルランド生まれの米国の労働運動指導者; Industrial Workers of the World の設立 (1905) を助けた; Mother Jones の名で知られる》.

Jones, Robert Edmond *n.* ジョーンズ《1887–1954; 米国の舞台装置家》.

Jones, Robert Tyre *n.* ジョーンズ《1902–71; 米国のプロゴルファー; 通称 Bobby Jones》.

Jones, Thomas Hudson *n.* ジョーンズ《1892–1969; 米国の彫刻家; 作品に Arlington の無名戦士の墓がある》.

Jones, Tom *n.* ジョーンズ《1940– ; 英国のポピュラーシンガー; 1970 年代以降は米国の Las Vegas で活躍; 本名 Thomas Jones Woodward》.

Jones, Sir William *n.* ジョーンズ《1746–94; 英国のインド学者・インド司法官; 印欧比較言語学の先駆者》.

Jones·i·an /dʒóʊnziən | dʒə́ʊn-/ *adj.* 〈音声表記・音素表記が〉Daniel Jones 方式の, ジョーンズ式の. — *n.* ジョーンズ式の主張者; ジョーンズ式論者. 〖(1951) ← (*Daniel*) *Jones*＋-IAN〗

jon·gleur /dʒɑ́(ː)ŋglə, ʒɔ̃ː(ŋ)glə́ː, ʒɔːŋ- | ʒɔ̃ː(ŋ)glə́ː^(r), ʒɔːŋ-; *F.* ʒɔ̃glœːʁ/ *n.* (中世のフランス・英国の)ジョングルール, 放浪[吟遊]楽人, 旅芸人《音楽の合間にしばしば軽業・道化などを余興として加えたので今日のサーカスの元といわれる》. 〖(1779) □ F ~ 'JUGGLER, 《古》minstrel'〗

Jon·kha /dʒɑ́(ː)ŋkə | dʒɔ́ŋ-/ *n.* =Dzongkha.

Jön·kö·ping /jə́ːntʃʌpɪŋ, -ʃʌ-; *Swed.* jœ̀nːɕøːpɪŋ/ *n.* ユンチューピング《スウェーデン南部, Vättern 湖南端の都市》.

jon·nick /dʒɑ́(ː)nɪ̀k | dʒɔ́nɪk/ *adj.* =jannock².

jon·nock /dʒɑ́(ː)nək | dʒɔ́n-/ 《英方言》*adj.* [通例後に置いて] 本物の, 正真正銘の. — *adv.* ほんとうに, 全く.

jon·ny·cake /dʒɑ́(ː)nikèɪk | dʒɔ́ni-/ *n.* =johnny-cake.

Jon·quière /ʒɔ̃(ː)ŋkiέə, ʒɔ̃ːŋ- | -kiέə^(r); *F.* ʒɔ̃kjɛːʁ/ *n.* ジョンキエール《カナダ Quebec 州中南部の都市》.

jon·quil /dʒɑ́(ː)ŋkwɪ̀l, dʒɑ́(ː)n- | dʒɔ́ŋ-/ *n.* **1** 〘植物〙キズイセン (*Narcissus Jonquilla*) (cf. narcissus, daffodil, polyanthus 2). **2** キズイセン色. 〖(1629) □ F *jonquille* □ Sp. *junquillo* (dim.) ← *junco* < L *juncum* rush: その葉の形にちなむ〗

Jon·son /dʒɑ́(ː)nsən, -sn̩ | dʒɔ́n-/, **Ben(jamin)** *n.* ジョンソン《1572–1637; 英国の劇作家・詩人: *Every Man in His Humour* (1598), *Volpone* (1607)》.

Jon·so·ni·an /dʒɑ(ː)nsóʊniən | dʒɔnsə́ʊ-/ *adj.* (Ben) Jonson 風の. 〖(1886): ⇨ ↑, -ian〗

jook¹ /dʒúːk/ *n.* =juke joint. 〖← Gullah *juke*: ⇨ jukebox〗

jook² /dʒúk/ 《カリブ口語》*vt.* **1** 〈肌を〉刺す, 突く (jab). **2** 《卑》性交する. — *n.* 刺し傷 (chook ともいう).

jook³ /dʒúːk/ *n.*, *v.* =jouk. 〖《異形》← JOUK〗

jóok jòint *n.* =juke joint.

Jop·lin /dʒɑ́(ː)plɪ̀n | dʒɔ́plɪn/ *n.* ジャプリン《米国 Missouri 州南西部の都市》. 〖← *Rev. Harris G. Joplin* (最初の移住者)〗

Jop·lin /dʒɑ́(ː)plɪ̀n | dʒɔ́plɪn/, **Janis** *n.* ジョプリン《1943–70; 米国のロック歌手》.

Joplin, Scott *n.* ジョプリン《1868–1917; 米国のピアニスト・作曲家; ラグタイム (ragtime) の創始者》.

Jop·pa /dʒɑ́(ː)pə | dʒɔ́pə/ *n.* 〘聖書〙ヨッパ《Jaffa の古名》.

Jor·daens /jɔ́ədɑːns | jɔ́ː-; *Flemish* jɔrdáːns/, **Jacob** *n.* ヨルダンス《1593–1678; フランドルの画家》.

jor·dan /dʒɔ́ədn̩ | dʒɔ́ː-/ *n.* 《古・方言》(寝室用)便器 (chamber pot). 〖(*c*1390) *jordan* alchemist's vessel, chamber pot □ ML *jurdanus*: 十字軍戦士や巡礼が *Jordan* 川から持ってきた水を入れた瓶の意から?〗

Jor·dan¹ /dʒɔ́ədn̩ | dʒɔ́ː-/ *n.* **1** [the ~] ヨルダン(川)《レバノン (Lebanon) 南部に発し死海に注ぐ川 (320 km); バプテスマのヨハネ (John the Baptist) がキリストに洗礼を授けた川とされる; 荒野と the Promised Land の境をなし, また古典神話の Styx のように考えられた》: cross the ~ 死ぬ. ★ 聖書・霊歌などでは無冠詞で用いられる. **2** ヨルダン《アジア南西部の王国, 第一次大戦後 Transjordan の名で英国の委任統治領であったが 1946 年独立; 面積 95,594 km², 首都 Amman; 公式名 the Hashemite Kingdom of Jordan ヨルダンハシミテ王国》.

Jor·dan² /dʒɔ́ədn̩ | dʒɔ́ː-/ *n.* ジョーダン《男性名; 今は米国の姓に多く用いられる》. 〖もと *Jordan* 川で洗礼を行ったバプテスマのヨハネと連想された〗

Jordan, David Starr *n.* ジョーダン《1851–1931; 米国の魚類学者; 日本産魚類の分類も研究した》.

Jordan, Michael (Jeffrey) *n.* ジョーダン《1963– ; 米国のプロバスケットボール選手; 並はずれたジャンプ力と滞空時間を利用した空中プレーで知られる》.

Jórdan álmond *n.* **1** 〘植物〙ヨルダン種アーモンド《スペイン産の優良種, 製菓用》. **2** 〘菓子〙種々の色の糖衣をかけたアーモンド. 〖(1440) *jardine* (□(O)F *jardin*: ⇨ garden) *almaunde* 《原義》garden (i.e., cultivated) almond: のちに通俗語源で *Jordan* 川との連想が加わった〗

Jor·dán árc /ʒɔədɑ̃ː(ŋ)-, -dɑːŋ- | ʒɔ́ː-; *F.* ʒɔrdɑ̃/ *n.* 〘数学〙ジョルダン弧《自分自身と交わらない連続曲線; simple arc ともいう》. 〖← *M. E. C. Jordan* (1838–1922: フランスの数学者)〗

Jordán cúrve /ʒɔədɑ̃ː(ŋ)-, -dɑːŋ- | ʒɔ́ː-/ *n.* 〘数学〙ジョルダン曲線《両端が一致し, しかも自分自身と交わらない連続曲線; simple closed curve ともいう》. 〖1900〗

Jordán cúrve thèorem *n.* [the ~]〘数学〙ジョルダンの曲線定理《平面上のジョルダン曲線は, 平面をその曲線の内部と外部との二つの領域に分けるという定理》. 〘1919〙

Jordan-Höl·der theorem /ˈ- hɛ́ldə ˈ-ˈ-, -hɑ́l- | -hɑ́ldə-, -hɛ́l-; *G.* -hœ́ldɐ-/ *n.* [the ~]〘数学〙ジョルダン ヘルダーの定理《組成列をもつ群の組成商群列は, 項の順序を無視すれば一定であるという定理》. 〘← *M. E. C. Jordan* (1838–1922: フランスの数学者)+*Otto Hölder* (1859–1937: ドイツの数学者)〙

Jor·da·ni·an /dʒɔədéɪniən | dʒɔː-/ *adj.* ヨルダン(人)の[と関係のある]. — *n.* ヨルダン生まれの人; ヨルダンの住民. 〘(1950) ← *Jordan*¹+-IAN〙

jor·dan·on /dʒɔ́ədənɑ̀(ː)n, -dn- | dʒɔ́ːdənɔ̀n, -dn-/ *n.*〘生物〙ジョルダン種《ジョルダンが生物分類上の単位とした種でほぼ純系に当たる》. 〘(1916) ← NL ~ ← *Alexis Jordan* (1814–97: フランスの植物学者)+Gk *-on* (neut. n. & adj. suf.: cf. -on³)〙

jor·na·da /hɔənɑ́ːdə | hɔːnɑ́ːdə; *Am.Sp.* hoɾnáða/ *n.*《米南西部》骨の折れる一日の砂漠の旅. 〘(1828) ▭ Sp. ~ 'one-day march' ▭ OProv. *jornada* ← *jorn day* < LL *diurnum*: cf. journey〙

jo·rum /dʒɔ́ːrəm | -rəm, -ræm/ *n.* **1 a** (ポンチ (punch) 用などの)大型コップ. **b** 大型コップの中身; (特に)ポンチ. **2** 大量: ~*s* of beer. 〘(1730) ← ? *Joram* (金・銀・真鍮(しんちゅう)などの杯をダビデ (David) にもたらした人: cf. *2 Sam.* 8:10)〙

Jos /dʒóʊs, dʒɑ́(ː)s | dʒáʊs, dʒɔ́s/ *n.* ジョス《ナイジェリア中部の都市; スズ鉱山の中心地》.

Jos. 《略》Joseph; Josephine;〘聖書〙Joshua; Josiah.

Jos·ce·lin /dʒɑ́(ː)s(ə)lɪ̀n, -sl- | dʒɔ́s(ə)lɪn, -sl-/ *n.* ジョスリン: **1** 男性名. **2** 女性名. 〘⇨ Jocelyn〙

Jo·sé /houzéɪ, -séɪ | hə(ʊ)-; *Port.* ʒuzɛ́, *Braz.* ʒozɛ́, *Sp.* xosé, *Am.Sp.* hosé/ *n.* ホセ《スペイン系の男性名》.
Nó wáy José! 絶対いやだ. 〘▭ Sp. ~ 'JOSEPH'〙

Jo·sef /dʒóʊzɪ̀f, -sɪ̀f, jóuzəf | dʒə́ʊz-, -əuzəf; *G.* jóːzɛf, *Swed.* jŭːsef, *Czech* józɛf/ *n.* ジョゼフ《男性名》. 〘▭ G, Swed. & Czech ~: ⇨ Joseph〙

jo·seph /dʒóʊzɪ̀f, -sɪ̀f | dʒə́ʊz-/ *n.* (18 世紀の)ケープの付いた婦人用乗馬コート. 〘(1659) ← JOSEPH 2: cf. Joseph's coat〙

Jo·seph /dʒóʊzɪ̀f, -sɪ̀f | dʒə́ʊz-; *G.* jóːzɛf, *F.* ʒozɛf/ *n.* **1** ジョセフ《男性名; 愛称形 Jo, Joe, Joey; アイルランド語形 Iosep》. **2 a**〘聖書〙ヨセフ《ヘブライの族長; Jacob の第 11 子, 母は Rachel; 父に偏愛されたため兄弟たちにねたまれ, その悪だくみによって奴隷としてエジプトに売られたが, 後エジプトの高官となる; cf. *Gen.* 30:22–24, 37》. **b** (ヨセフのように)志操堅固な男性. **c**〘聖書〙ヨセフ族《ヨセフを祖とするイスラエル十二支族の一つ》. **3**〘聖書〙(Saint ~) ヨセフ《聖母 Mary の夫であったナザレ (Nazareth) の大工; 祝日 3 月 19 日; cf. *Matt.* 1:16–25》. 〘▭ LL *Jōsēph(us)* ▭ Gk *Iōséph* ▭ Heb. *Yōsēph*《原義》may Yahweh add (children)〙

Joseph II *n.* ヨーゼフ二世 (1741–90; ドイツ王・神聖ローマ帝国皇帝 (1765–90); 啓蒙専制君主の典型).

Joseph, Chief *n.* ジョセフ (1840?–1904; 米国の Nez Percé 族の首長 In-mut-too-yah-lat-lat (「高みにとどろく雷」)の通称; 1877 年居留地への移住を迫る米国政府軍に抵抗しカナダへ逃れようとしたが降伏).

Jo·se·pha /dʒouzíːfə, -síː- | dʒə(ʊ)zíː-/ *n.* ジョジーファ《女性名》. 〘← NL ~ (fem.) ← LL *Jōsēphus* 'JOSEPH'〙

Jóseph Bónaparte Gúlf *n.* ジョゼフボナパルト湾《オーストラリア北部 Timor 海の入江》.

Jo·se·phine /dʒóʊzɪ̀fiːn, -sɪ̀- | dʒə́ʊz-; *F.* ʒozefin/ *n.* ジョゼフィーン《女性名; 愛称形 Jo, Josette, Josie; 異形 Josepha》. 〘▭ F *Joséphine* (fem.) ← JOSEPH: ⇨ -ine⁴〙

Jo·sé·phine /dʒóʊzɪ̀fiːn, -sɪ̀- | dʒə́ʊz-; *F.* ʒozefin/ *n.* ジョゼフィーヌ (1763–1814; Napoleon 一世の最初の妻; 皇后 (1804–09); Joséphine de Beauharnais).

Jo·seph·ite /dʒóʊzɪ̀fàɪt, -sɪ̀- | dʒə́ʊz-/ *n.*〘カトリック〙ヨセフ会の会員《1871 年に米国 Baltimore で黒人教育福祉事業を行う目的として設立された団体の一員; 前身は London で Herbert Alfred Vaughan によって設立された》. 〘(1846) ← *St Joseph's Society of the Sacred Heart*: ⇨ -ite¹〙

Jóseph of Ar·i·ma·thé·a /-æ̀rəməθíːə, -ær- | æ̀rɪ-/ *n.* アリマタヤ[アリマテア]のヨセフ《富裕なユダヤ人でユダヤの議会 (Sanhedrin) の議員; キリストが十字架にかけられたときその死体を受けて同家の墓に手厚く葬った; 聖杯 (Holy Grail) を英国に持ってきたとも伝えられる; cf. *Matt.* 27:57–60; ⇨ Glastonbury》.

Jóseph's cóat *n.*〘植物〙ハゲイトウ (*Amaranthus tricolor*). 〘(1866) ← *Joseph's coat of many colours* (*Gen.* 37:3)〙

Jo·seph·son /dʒóʊzɪ̀fsən, -sɪ̀f-, -sn | dʒə́ʊ-/, **Brian David** *n.* ジョゼフソン (1940–　; 英国の物理学者; Nobel 物理学賞 (1973)).

Josephson, Matthew *n.* ジョゼフソン (1899–1978; 米国の批評家・伝記作者; Zola, Rousseau, Stendhal の伝記で有名).

Jósephson effèct *n.*〘物理〙ジョセフソン効果《極めて薄い絶縁膜を隔てた二つの超伝導体の間に生じる電流と電圧とに関する効果》. 〘(1963) ← *B. D. Josephson* (1962 年にこの効果を予言した)〙

Jósephson jùnction *n.*〘物理〙ジョゼフソン接合《Josephson effect を示す二つの超電導体の接合》. 〘1965〙

Jo·se·phus /dʒousíːfəs | dʒə(ʊ)-/ *n.* ジョシーファス《男性名》. 〘▭ LL *Jōsēphus* 'JOSEPH'〙

Jo·se·phus /dʒousíːfəs | dʒə(ʊ)-/, **Flavius** *n.* ヨセフス (37?–?100; ローマ帝国下のユダヤの歴史家; アラム語 (Aramaic) とギリシャ語で著述した).

Jo·sette /dʒouzét | dʒəu-/ *n.* ジョゼット《女性名》. 〘(dim.) ← JOSEPHINE〙

josh /dʒɑ́(ː)ʃ, dʒɔ́(ː)ʃ | dʒɔ́ʃ/《米・カナダ口語》*n.* 冗談, (悪気のない)からかい (banter). — *vt., vi.* からかう.

jósh·ing·ly *adv.* **~·er** *n.* 〘(1845)《混成》? ← JOKE+BOSH¹〙

Josh /dʒɑ́(ː)ʃ, dʒɔ́(ː)ʃ | dʒɔ́ʃ/ *n.* ジョッシュ《男性名》. 〘⇨ Joshua〙

Josh. 《略》Joshua (旧約聖書の)ヨシュア記.

Josh·u·a /dʒɑ́(ː)ʃuə, dʒɔ́(ː)ʃ- | dʒɔ́ʃ-/ *n.* **1** ジョシュア《男性名; 愛称形 Josh》. **2 a**〘聖書〙ヨシュア《イスラエル民族の指導者としての Moses の後継者; cf. *Exod.* 17:9–14》. **b** (旧約聖書の)ヨシュア記 (The Book of Joshua) (略 Josh.). 〘▭ Heb. *Y*ᵉ*hōšū́a'*: ⇨ Jesus〙

Jóshua trèe *n.*〘植物〙米国南西部乾燥地に生育するユリ科イトラン属の一種 (*Yucca brevifolia*)《高さ 8 m に達し樹木のように分枝する》. 〘(1897) ↑: その長い枝が Joshua が槍をもって Ai の町の方に差し伸べた腕を思わせることから: cf. *Josh.* 8:18〙

Jóshua Trèe Nátional Mónument *n.* ジョシュアツリー国定記念物《米国 California 州南部 Salton 湖の北に位置; Joshua tree などの砂漠植物の保護地》.

Jo·si·ah /dʒousáɪə, -záɪə | dʒə(ʊ)-/ *n.* **1** ジョサイア《男性名》. **2**〘聖書〙ヨシヤ《ユダ王国の王 (640?–?609 B.C.); 宗教改革を行い, 神殿を建設した; cf. *2 Kings* 22》. 〘▭ Heb. *Yōšīyāhū*《原義》Yahweh supports〙

Jo·sie /dʒóuzi, -si | dʒə́ʊ-/ *n.* ジョージー《女性名》. 〘(dim.) ← JOSEPHINE〙

jos·kin /dʒɑ́(ː)skɪ̀n | dʒɔ́skɪn/ *n.*《英俗》=bumpkin¹. 〘(1811) ← ?《方言》*joss* to bump+-KIN ∥ JOSEPH+-KIN: cf. bumpkin¹〙

Josquin des Prés *n.* ⇨ des Prés.

joss¹ /dʒɑ́(ː)s, dʒɔ́(ː)s | dʒɔ́s/ *n.* (中国人の祭る)偶像. 〘(1711) ▭ Pidgin-English ~ ▭ Port. (廃) *deos* < L *deus* god〙

joss² /dʒɑ́(ː)s | dʒɔ́s/ *n.*《英方言》=foreman. 〘(*c*1860) ← ?〙

joss³ /dʒɑ́(ː)s | dʒɔ́s/ *vi.*《英方言》込み合う, 押し合いへし合いする. 〘《短縮》← JOSTLE〙

jos·ser /dʒɑ́(ː)sə | dʒɔ́sə⁽ʳ⁾/ *n.* **1**《豪俗》司祭, 僧, 牧師 (padre). **2**《英俗》**a** のろま, ばか (simpleton). **b** 男, やつ (fellow). 〘(1886) ← ?: cf. joss¹, -er¹〙

jóss hòuse *n.* (中国の)寺 (temple). 〘1771〙

jóss pàper *n.* (中国人が葬式の際などに燃やす)金銀紙. 〘1884〙

jóss stìck *n.* (joss 像の前に立てる)線香. 〘1845〙

jos·tle /dʒɑ́(ː)sl, dʒɔ́(ː)sl | dʒɔ́sl/ *vt.* **1 a** 押す, 突く, …に突き当たる (push). **b** 押し分ける (elbow), …と押し合う, 押し合いへし合いする (hustle): ~ each other 互いに押し合う. **c** 〈人・家などと〉隣接して居住[存在]する. **2** 〈人を〉悩ます, 〈心を〉騒がす, 乱す (disturb). **3** 〈人〉と争う[競う].
— *vi.* **1 a** 押し合う, 突き当たる, ぶつかる〔*against, with*〕: the *jostling* life of today 押し合いをしているような現代の生活. **b** 押し分けて進む〔*through, into*〕: ~ *through* a crowd 人込みの中を押し分けて進む / The crowd ~*d into* the theater. 群衆は押し合って劇場になだれ込んだ. **c** 隣接して居住[存在]する〔*in, with*〕: These plants ~ *with* each other in the flower bed. こうした植物が花壇の中で所狭しと押し合っている. **2** 争う, 競り合う, 競う (contend)〔*with, for*〕: ~ *with* a person *for* a thing 物を得ようとして人と競り合う.
— *n.* **1** 押し合い, 込み合い: get on and off without a ~ at the station 駅で押し合わずに乗り降りする. **b** 押し合い(へし合い)の状態. **2**〘競馬〙(他の馬の間への)割り込み, (他の馬の)押圧, 衝突 (interference).

jós·tler /-slə, -slə | -slə⁽ʳ⁾, -sl-/ *n.* **~·ment** *n.* 〘(?*a*1400) ← JOUST+-LE³〙

Jos·u·e /dʒɑ́(ː)ʃuèɪ | dʒɔ́sju-/ *n.* (Douay Bible での) Joshua のラテン語式語形.

jot /dʒɑ́(ː)t | dʒɔ́t/ *n.* **1** (文字の)点, ぽち, 一画 (jota). **2** [通例否定構文で] (ほんの)わずか, 微量, ちょっと (trifle, whit): I do*n't* care a ~.=It does*n't* matter a ~ to me. ちっともかまわない.
nòt a [óne] jót or títtle ほんの少しも…(し)ない. (1526)
— *vt.* (**jot·ted; jot·ting**) 簡単に[手早く]書き留める 〈*down*〉: ~ *down* notes.
〘(*a*1500) ▭ L *iōta* ▭ Gk *iôta* (i に当たるギリシャ文字名)〙

jo·ta /hóʊtə, -tɑː | háʊtə, -tɑː; *Sp.* xóta/ *n.* ホタ《カスタネットを振りながら男女で踊るスペインの ³/₄ もしくは ³/₈ 拍子の軽快なダンス》; ホタの曲[歌曲]. 〘(1846) ▭ Sp. ~ < OSp. *sota* ← *sotar* to dance < L *saltāre*〙

jót·ter /-tə | -tə⁽ʳ⁾/ *n.* **1** メモをとる人. **2** [通例 *pl.*] メモ帳. **3**《インド》ボールペン. 〘(1827) ← JOT+-ER¹〙

jót·ting /-tɪŋ | -tɪŋ/ *n.* **1** ざっと書き留めて置くこと. **2** メモ, 控え (memorandum). 〘(1808–18) ← JOT+-ING¹〙

Jo·tun /jóʊtn, -tʊn | jə́ʊ-/ *n.*〘北欧神話〙ヨートゥン, 巨人《巨人族の一人; 神々や人間を脅かす超自然的な巨大な力の擬人化; 山巨人・嵐巨人・海巨人など》. 〘(1842) ▭ ON *jötunn* ← IE **ed-* 'to EAT'': cf. OE *eoten* giant〙

Jo·tun·heim /jóʊtnhàɪm, -tʊn-, -hèɪm | jə́ʊ-/ *n.*〘北欧神話〙ヨートゥンヘイム《巨人族 (Jotuns) の住む国で北東の最果ての辺境の山々の後背地》. 〘▭ ON *jötunheimar* (pl.): cf. ↑, home〙

Jo·tun·heim·en /jóʊtnhàɪmən, -tʊn-, -hèɪm | jə́ʊ-/ *n. pl.* (*also* **Jó·tun·heim Móuntains** /-hàɪm-, -hèɪm-/) ヨートゥンハイム山地《ノルウェー中南部の山群; Glittertind などの峰がある》.

Jo·tunn /jóʊtn, -tʊn | jə́ʊ-/ *n.*〘北欧神話〙=Jotun.

Jo·tunn·heim /jóʊtʊnhèɪm | jə́ʊ-/ *n.*〘北欧神話〙= Jotunheim.

jou·al /ʒuǽɫ, -ɑ́ːɫ; *F.* ʒwal/ *n.*〘言語〙ジューアル《主として教養の低いフランス系カナダ人の間で使われているフランス語方言》. 〘(1962) ▭ Canad.-F ~《転訛》← F *cheval* horse〙

Jou·bert /ʒuːbɛ́ə | -bɛ́ə⁽ʳ⁾; *F.* ʒubɛːʁ/, **Joseph** *n.* ジュベール (1754–1824; フランスの随筆家・モラリスト; *Pensées*「随想」(1824, '42)).

Jou·bert /dʒuːbɛ́ə, dʒoʊ- | dʒuːbɛ́ə⁽ʳ⁾; *F.* ʒubɛːʁ/, **Petrus Jacobus** /pɛtʁyszakɔbys/ *n.* ヨーベルト (1834–1900; 南アフリカ共和国の軍人・政治家; ボーア戦争 (1899–1902) の総司令官; 通称 Piet Joubert).

jougs /dʒúgz/ *n. pl.*〘スコット史〙(16–18 世紀に) 罪人の首にはめた鉄輪. 〘(1596) ▭ F *joug* ∥ L *jugum* yoke〙

Jou·haux /ʒuːóʊ | -əʊ; *F.* ʒwo/, **Léon** *n.* ジュオー (1879–1954; フランスの労働運動指導者・政治家; Nobel 平和賞 (1951)).

jouk /dʒúːk/《英方言・スコット》*vt.* **1 a** 〈頭を〉ひょいと下げる (duck). **b** 〈仕事など〉から逃れる (evade). **2** だます (deceive). — *vi.* **1 a** 身をかわす (dodge). **b** 仕事を避ける. **2** へつらう (flatter, fawn). **3** だます (cheat). — *n.* ひょいと頭を下げること; さっと身をかわすこと. 〘(*c*1450) ← ?〙

joule /dʒúːɫ, dʒáʊɫ/ *n.*〘物理〙ジュール《運動またはエネルギーの単位; =10 million ergs; 記号 J; cf. erg¹》. 〘(1882) ↓〙

Joule /dʒúːɫ, dʒóʊɫ, dʒáʊɫ | dʒúːɫ, dʒə́ʊɫ, dʒáʊɫ/, **James Prescott** *n.* ジュール (1818–89; 英国の物理学者).

Jóule effèct *n.*〘物理化学〙**1** ジュール効果《ゴムを断熱的に引き伸ばすときに発熱する効果》. **2** =Joule-Thomson effect. 〘(1914): cf. *Joule's effect* (1879)〙

Jóule héat *n.*〘物理〙ジュール熱《電流が導線を流れるときに発生する熱量》. 〘cf. *Joule heating* (1929)〙

Jóule's equívalent *n.*〘物理化学〙ジュールの当量 (⇨ MECHANICAL equivalent of heat). 〘1853〙

Jóule's láw *n.*〘物理〙ジュールの法則: **a** 導線に流れる電流による発熱(ジュール熱)の量は電流の 2 乗および回路の抵抗に比例するという法則. **b** 一定量の理想気体の内部エネルギーは, 体積には関係なく温度だけの関数であるとする法則. 〘1855〙

Jóule-Thómson effèct *n.*〘物理化学〙ジュールトムソン効果《低圧の容器中に気体を断熱的に流出させるとき, 気体の温度が変化する効果; Joule-Kelvin effect ともいう》. 〘(1899) ← *J. P. Joule & Sir William Thomson*〙

jounce /dʒáʊns/ *vt.* (上下に)がたがた揺する. — *vi.* **1** がたがた揺れる. **2** がたがた揺れながら進む[動く]. — *n.* 上下揺れ, がた揺れ (jolt), 動揺. 〘(1440) ← ?: cf. jaunt〙

jounc·y /dʒáʊnsi/ *adj.* (**jounc·i·er; -est**) (上下に)揺れる, 動揺する, 動揺性の. 〘(1943): ⇨ ↑, -y⁴〙

jour. 《略》journal; journalist; journeyman.

Jour·dan /ʒʊədɑ́ː(ŋ), -dɑ́ːŋ | ʒʊə-; *F.* ʒuʁdɑ̃/, Comte **Jean Baptiste** *n.* ジュルダン (1762–1833; フランスの陸軍元帥).

journ. 《略》journalistic.

jour·nal /dʒə́ːnl̩ | dʒə́ː-/ *n.* **1 a** (日々の出来事を書いた)日誌, 日記 (cf. diary). **b** 議会日誌. **c**〘議会〙[the Journals] 議事録. **2 a** 日刊新聞, (定期刊行)雑誌: a monthly ~ 月刊雑誌. **b** (学術団体・学会・公共団体などの)機関誌. 〘▭ F ~〙 **3**〘簿記〙仕訳(しわけ)帳; 仕訳記入 (journal entry); 取引日記帳 (daybook). **4 a**〘海事〙航海日誌 (logbook). **b**〘機械〙ジャーナル《軸の首部; 軸の軸受で支えられている部分》. — *adj.*《廃》日々の (daily): your ~ course あなた方の日課 (Shak., *Cymb.* 4. 2. 10). 〘(1355–56) ▭ OF *jornal, jurnal* (F *journal*) day's work; daily < LL *diurnālem*: DIURNAL と二重語〙

jóurnal bèaring *n.*〘機械〙ジャーナル軸受, 横軸受《荷重が軸線に垂直の方向に作用する滑り軸受》. 〘1875〙

jóurnal bòx *n.*〘機械〙軸箱《車軸の軸受とその給油装置を納めた箱》. 〘1875〙

jour·nal·ese /dʒə̀ːnəlíːz, -nl- | -líːs | dʒə̀ːnəlíːz, -nl-ˈ-/ *n.*《軽蔑》新聞的文体, 新聞調, 新聞調の文章 (cf. officialese). — *adj.* 新聞調の, 新聞的な文体の. 〘(1882) ← JOURNAL+-ESE〙

jour·nal·ism /dʒə́ːnəlɪ̀zm, -nl- | dʒə́ː-/ *n.* **1 a** 新聞雑誌編集[経営](業), 新聞雑誌寄稿執筆(業), ジャーナリズム. **b** (学術論文・文学作品などと区別して)新聞雑誌的雑文. **c** (大学の)ジャーナリズム学科, ジャーナリズム研究. **2** 新聞雑誌界. **3** [集合的] 新聞雑誌. **4** (絵画・劇などでの)ジャーナリズム風の演出. 〘(1833) ▭ F *journalisme*: ⇨ journal, -ism〙

jóur·nal·ist /-nəlɪ̀st | -lɪst/ *n.* **1 a** 新聞雑誌記者, 新聞人, 新聞雑誌寄稿家, ジャーナリスト. **b** 新聞雑誌業者. **c** 大衆受けするように書く著作家. **2** (米海軍などの)部外公報係(の下士官). **3** 日誌[日記]をつける人. 〘(1665) ← JOURNAL+-IST〙

jour·nal·is·tic /dʒə̀ːnəlístɪk, -nl- | dʒə̀ː-ˈ-/ *adj.* 新聞雑誌的な, 新聞記者的な; 新聞雑誌特有の, ジャーナリスティックな: ~ conscience [ethics] ジャーナリストとしての良心[倫理観] / one's ~ friends 新聞社にいる友人.

jòur·nal·ís·ti·cal·ly *adv.* 〘(1829): ⇨ ↑, -ic¹〙

jour·nal·ize /dʒə́ːnəlàɪz, -nl- | dʒə́ː-/ *vt.* **1** 日誌に記す. **2** 日記風に書く[述べる]. **3**〘簿記〙〈取引などの〉の仕訳(しわけ)をする; 仕訳帳に記入する. — *vi.* **1** 日記をつ

ける. **2** 〘簿記〙仕訳帳に記入する. 〘(1766): ⇨ -ize〙

jóur·nal·ìz·er *n.* **1** 日記記入者. **2** 〘簿記〙仕訳する人. 〘(1837): ⇨ ↑, -er[1]〙

jour·ney /dʒə́ːni | dʒə́ː-/ *n.* **1** **a** (主に陸上の)旅, 旅行 (cf. voyage 1) (⇨ trip[1] SYN): a ~ by rail [train] =a rail [train] ~ 列車旅行 / a ~ on foot 徒歩旅行 / (a) ten days' [a ten-day] ~ 10 日の旅 / one's ~'s end 旅路の果て; 人生行路の終わり / go [start, set out, set off] on a ~ 旅に出かける / go on one's last ~ 死出の旅路につく / make [take] a ~ 旅行する / (A) pleasant ~ (to you)! 楽しいご旅行をなさるように(さよなら) (cf. Bon voyage) / I wish you a good [happy, pleasant] ~. どうぞお気をつけて(行ってらっしゃい) / a return ~ 帰り旅; 《英》往復旅行 / a sentimental ~ back to one's birthplace 故郷への感傷旅行 / break one's ~ 旅行の途中で休む[寄り道をする]. **b** 道程; 過程, 径路; 人生行路[遍歴]: the Buddha's (spiritual) ~ from his birth to Nirvana 釈迦の降誕から涅槃(ねはん)までの行路. **c** 《廃・方言》1 日の道のり (a day's travel); (単に)旅の道のり, 行程: It is about three days' ~ from here. ここから約 3 日(がかり)の道のりだ. **2** (仕事などを)進めること, 続行; (新分野への)進出, 探求; 追求: He continued his ~ through those records. そうした記録を読み続けた / a ~ *into* cybernetics サイバネティクスの研究. **3** 《廃》戦い (battle); 遠征 (expedition); 包囲戦 (siege). — *vi.* 旅をする, 旅行する; 旅路を行く: ~ through life 人生を生きる / ~ by land [air] 陸[空]路の旅をする. — *vt.* 〈国・土地などを〉旅[旅行]する. **~·er** *n.* 〘(?a1200) □ OF *jornee* (F *journée*) day, day's work or travel < VL **diurnāta(m)* ← L *diurnum* (neut.) ← *diurnus* daily: ⇨ diurnal〙

jóurney-bàted *adj.* 《Shak》長旅に疲れた. 〘(1596–97): ⇨ bate[1]〙

jóurney·man /-mən/ *n.* (*pl.* **-men** /-mən, -mèn/) **1** **a** (徒弟奉公期間を経過した)一人前の職人 (cf. apprentice 1 a, master[1] 3 c). **b** [形容詞的にも用いて] しっかりした[手堅い]腕前の人: a good ~ drummer, though not a first-rate one 第一級というほどではないがしっかりした腕前のドラマー. **2** 《古》日雇い職人[労務者]. 〘(1414) ← JOURNEY 《廃》a dany's work〙

jóurneyman clóck *n.* (天文台の)補助時計. 〘1764〙

jóurney·wòman *n.* 女性の職人 (female journeyman). 〘1732〙

jóurney·wòrk *n.* 《まれ》**1** **a** (職人のする)手間仕事. **b** 賃仕事, 雇われ仕事. **2** (決まりきった)つまらない仕事, 下(した)仕事 (hackwork). 〘1601〙

jour·no /dʒə́ːnoʊ | dʒə́ːnəʊ/ *n.* (*pl.* **~s**) 《豪俗》ジャーナリスト. 〘(1967) 《略》← JOURNALIST+-O〙

joust /dʒáʊst/ *n.* **1** **a** (中世騎士の)馬上槍試合 (⇨ tilt 挿絵). **b** [*pl.*] (中世騎士の)馬上槍試合大会 (cf. tournament 2). **2** (一人対一人の)競争, 闘争, 試合. — *vi.* **1** 馬上槍試合をする (tilt). **2** 試合をする, 試合[競技]に出る[参加する]. **~·er** *n.* 〘(c1250) *juste(n)* □ OF *juster* (F *jouter*) < VL **juxtāre* to come together ← L *juxtā* near〙

j'ouvert /ʒúːvɛət | -vɛət/ *n.* (主にカリブ) Mardi gras の前夜 (月曜日の朝から祭りが始まる).

Jou·vet /ʒuːvéɪ; *F.* ʒuvɛ/, **Louis** *n.* ジュベ (1887–1951; フランスの舞台・映画俳優・舞台演出家).

Jouý prìnt /ʒuí:-, ʒwíː-; *F.* ʒwi-/ *n.* 〘紡織〙=toile de Jouy.

Jove /dʒoʊv | dʒəʊv/ *n.* **1** 〘ローマ神話〙=Jupiter 1. **2** 《詩・古》木星 (Jupiter). ***by Jóve!*** 神かけて, 誓って; ほんとうに; いやはや(まったく)《驚き・喜び・賛成などを表す》: *By* ~, I forgot my purse! しまった, 財布を忘れた. 〘(c1380) *Jov(is)* □ L *Jovem* (acc.), *Jovis* (gen.) ← OL *Jovis*=L *Jūpiter* ← IE **dei-* to shine ∞ OE *Iob*: cf. Jupiter〙

jo·vi·al /dʒóʊviəl | dʒəʊ-/ *adj.* **1** 陽気な, 楽しい, 愉快な, 快活で面白い (merry) (cf. mercurial 1 b): a ~ expression 楽しそうな表情 / a ~ mood 明るい気分. **2** [J-] 〘ローマ神話〙ユーピテル (Jupiter, Jove) の[に関する]. **3** [J-] 〘占星〙木星の星の下に生まれた. **~·ly** *adv.* **~·ness** *n.* 〘(1590) □ F ~ < LL *joviālis* of Jupiter: ⇨ ↑, -al[1]〙

jo·vi·al·i·ty /dʒoʊviǽləti | dʒəʊviǽlɪ̀ti/ *n.* **1** 楽しさ, 愉快, 陽気, 上機嫌 (jollity). **2** [*pl.*] 陽気な言葉[行為]. 〘(1626) □ F *jovialité*〙

Jo·vi·an[1] /dʒóʊviən | dʒə́ʊ-/ *n.* ヨビアヌス (331?–364; ローマ皇帝 (363–364); ラテン語名 Flavius Claudius Jovianus /dʒoʊviéɪnəs | dʒəʊvi-/).

Jo·vi·an[2] /dʒóʊviən | dʒə́ʊ-/ *adj.* **1** **a** ユーピテル (Jove, Jupiter) の. **b** (Jove のように)威風あたりを払う, 堂々たる (majestic). **2** 木星 (Jupiter) の. **3** 木星形の惑星の (Jupiter, Saturn, Uranus, Neptune を指す). 〘(1530) ← L *Jovis* 'JOVE'+-AN[1]〙

jow /dʒáʊ/ 《スコット》*vt.* 〈鐘を〉打つ, 鳴らす. — *vi.* 鐘を打つ. — *n.* 打つこと, 鐘打ち[たたき]; 鐘の音. 〘(1516) 《変形》← 《方言》*jowl* to strike ← ? JOWL[1]〙

jow·ar /dʒaʊáə | -áː[r]/ *n.* 《インド》アズキモロコシ (durra). 〘(1800) □ Hindi *jauār*〙

Jow·ett /dʒáʊɪ̀t, dʒóʊ- | dʒáʊ-, dʒə́ʊ-/, **Benjamin** *n.* ジャウエット (1817–93; 英国のギリシャ学者; Oxford 大学教授).

jowl[1] /dʒáʊl, dʒóʊl | dʒáʊl/ *n.* **1** あご (jaw); (特に)下あご (under jaw). **2** **a** ほお (cheek). **b** (豚の)ほお肉 (骨をとったもの; ⇨ pork 挿絵). **c** [通例 *pl.*] 下あごの垂れ肉. ***chéek by jówl*** ⇨ cheek 成句. 〘(1598) (JAW[1] との連想による変形) ? ← ME *chavel*, *chawl* < OE *ċēafl* jaw < Gmc **kēfalaz* (G *Kiefer*) ← IE **geph-* jaw, mouth (Ir. *gob* beak)〙

jowl[2] /dʒáʊl/ *n.* **1** (豚・牛・鳥の)のどの垂れ肉 (dewlap). **2** (太った人の二重あごの)垂れ肉. 〘(1591) 《変形》← ME *cholle* ← ?: cf. OE *ċeole* throat〙

jowl[3] /dʒáʊl/ *n.* 魚の頭 (特にサケ・チョウザメなどの頭); 胸びれの部分で切り落とした魚の頭の料理. 〘(1371) *jol(le)* ← ?〙

jowl[4] /dʒáʊl/ *v.* 《古・方言》打ちつける, たたきつける. 〘(c1410) ← ?〙

jowl·y /dʒáʊli/ *adj.* (**more ~, most ~; jowl·i·er, -i·est**) (下あごからのどにかけての)肉[垂れ肉]の大きい. 〘(a1873) ← JOWL[2]+-Y[4]〙

joy /dʒɔ́ɪ/ *n.* **1** **a** 喜び, うれしさ, 歓喜 (⇨ ecstasy, pleasure SYN): ~*s* and sorrows (種々の)喜びと悲しみ / tears of ~ うれし涙 / weep for ~ うれし涙にくれる, うれし泣きする / *in* (one's) ~ うれしくて, うれしさのあまり, 喜んで / to one's (great) ~=to the (great) ~ of one (とても)喜んだことには / jump *for* ~ 小躍りして喜ぶ / It gives me ~ to hear ...という知らせに接し本当に喜ばしい / It's a ~ to hear them. =They are a ~ to hear. 彼らの声を聞くのは喜びだ[うれしい] / I wish you ~ (of your success). (ご成功)おめでとう (⇨ wish *vt.* 5 a) / Give [I give] you ~! おめでとう. **b** [Oh ~! として間投詞的に] うれしい. **c** [否定・疑問構文で] 《英口語》満足, 成功: with *no* ~ 不首尾で. **2** 喜びとなるもの, 喜びのもと, 楽しみ: A thing of beauty is a ~ for ever. ⇨ beauty 1. ***Àny jóy?*** 《英口語》うまくいった? (Any luck?): I've been looking for it all day.—*Any* ~? 一日中それを探していましたよ—で, うまくいったの. ***fúll of the jóys of spríng*** 快活な. ***gèt* [*hàve*] *nó jóy*** 《英口語》満足を得られない; うまくいかない. ***I wísh you jóy of it* [*him, her*].** [皮肉に] せいぜいそれをお楽しみください (相手が適当でないもの[人]を選んだときなど). **Jóy of Cóoking** 「料理の楽しみ」(米国のロングセラーの料理書). — *vi.* 喜ぶ, うれしがる (rejoice) 〔*in*〕: ~ *in* a person's success 人の成功を喜ぶ. — *vt.* **1** 《古》喜ばせる (gladden). **2** 《廃》**a** 楽しむ. **b** 喜ぶ. **c** 歓迎する; 祝う. 〘(?a1200) □ (O)F *joie* < LL *gaudia* (intensive pl.) ← L *gaudium* joy ← *gaudēre* to rejoice ← IE **gāu-* 'to REJOICE' (Gk *gēthein* to rejoice): cf. gaud, enjoy〙

Joy /dʒɔ́ɪ/ *n.* ジョイ (女性名). 〘↑〙

joy·ance /dʒɔ́ɪəns/ *n.* 《古》**1** お祭り騒ぎ. **2** 喜び, 歓喜. 〘(c1586): ⇨ -ance〙

jóy·bèlls *n. pl.* (祝祭・慶事を知らせる)教会の祝いの鐘. 〘1836〙

jóy bùzzer *n.* 《米》ジョイブザー (手のひらに隠し握手をするとブーと鳴って振動するいたずら用のおもちゃ).

Joyce /dʒɔ́ɪs/ *n.* ジョイス: **1** 女性名. **2** 男性名. 〘《変形》← 《古形》*Josse, Goce* ← Celt. *Jodoc* (ブルターニュの聖者の名) // ← 《古形》*Jocosa* (fem.) ← L *jocosus* merry ← *jocus* jest〙

Joyce /dʒɔ́ɪs/, **James** (**Augustine Aloysius**) *n.* ジョイス (1882–1941; アイルランド生まれの英国の小説家; *Dubliners* (1914), *Ulysses* (1922), *Finnegans Wake* (1939)).

Joyce, William *n.* ジョイス (1906–46; New York 市生まれの英国人; ナチスドイツから英語による宣伝放送をし, 戦後反逆罪で処刑された; 通称 Lord Haw-Haw).

Joy·ce·an /dʒɔ́ɪsiən/ *adj.* James Joyce の, James Joyce 的[風]な. — *n.* James Joyce 研究者; Joyce の愛読者; Joyce の文体[作風]をまねる人. 〘(1927): ⇨ ↑, -an[1]〙

jóy dùst *n.* 《米俗》粉末状のコカイン.

joy·ful /dʒɔ́ɪfəl, -fl/ *adj.* **1** うれしい, 楽しい. **2** 〈顔つきなど〉うれしそうな, 楽しそうな (⇨ happy SYN). **3** 〈光景など〉人の心を喜ばせる, 楽しくする (delightful): a ~ flower garden 見ていると楽しくなってくる(ような)花園. **~·ly** *adv.* **~·ness** *n.* 〘(c1250): ⇨ joy, -ful[1]〙

jóy·less *adj.* 喜び[楽しみ]のない, 面白くない, 楽しまない, わびしい (cheerless, dreary). **~·ly** *adv.* **~·ness** *n.* 〘(?c1380): ⇨ -less〙

joy·ous /dʒɔ́ɪəs/ *adj.* =joyful (⇨ happy SYN). **~·ly** *adv.* **~·ness** *n.* 〘(?a1300) □ AF ~=OF *joios* (F *joyeux*): ⇨ joy, -ous〙

jóy pàd *n.* (テレビゲーム用の)ジョイパッド.

jóy·pòp *vi.* 《俗》ときどき麻薬を使用する. **~·per** *n.* 〘(1939) ← JOY+POP[1]〙

jóy·rìde 《口語》*n.* **1** 面白半分の(猛スピードの)ドライブ; (特に, 他人の車の)無断乗り回し. **2** 奔放な[後先見ずの]行為. **3** 遊山ドライブ, 遊覧飛行. — *vi.* **1** 他人の車を無断で乗り回す. **2** 遊山ドライブ[飛行]をする. **jóy·rìder** *n.* **jóy·rìding** *n.* 〘(1908) ← JOY+RIDE〙

jóy·stìck *n.* **1** 〘航空〙操縦桿(かん) (control stick, または単に stick ともいう). **2** (前後左右に自由に動く)操縦桿, 操作レバー. **3** 〘電算〙ジョイスティック (スクリーン上のカーソルの位置を制御するレバー; ビデオゲーム用など). 〘(1910) ← ? 《英俗》*joy stick* penis: その位置が操縦者の両ひざの間にあることから〙

jp 《記号》Japan (URL ドメイン名).

JP 《略》Japan(ese) paper; 〘航空〙jet pilot; jet-propelled; jet propulsion; 〘法律〙JUSTICE of the peace.

J pàrticle /dʒéɪ-/ *n.* 〘物理〙⇨ psi particle. 〘1975〙

JPEG /dʒéɪpɛg/ *n.* 〘電算〙JPEG (ジェイペグ) (ISO と ITU-TSS による国際機関, また その制定になる静止画像データ圧縮方式; 画質とのかねあいで通例 $^1/_{10}$–$^1/_{30}$ の圧縮率で使う; cf. MPEG). 〘《頭字語》← *J(oint) P(hotographic) E(xperts) G(roup)*〙

J pén /dʒéɪ-/ *n.* ジェーペン (J の字の印のついた幅広のペン先).

Jpn, Jpn. 《略》Japan; Japanese.

Jr, jr /dʒúːnjə | -niə[r], -njə[r]/ 《略》junior.

JR 《略》*L.* Jacōbus Rex (=King James).

JRC 《略》Junior Red Cross 青少年赤十字.

JS 《略》〘英法〙Judgment Summons; 〘法律〙judicial separation.

JSD 《略》*L.* Jūrum Scientiae Doctor (=Doctor of the Science of Law, Doctor of Juristic Science) 法学博士.

JST /dʒéɪèsti:/ 《略》Japan Standard Time 日本標準時.

jt 《略》joint.

jt-ed. 《略》joint-editor 共同編集者.

JTS 《略》Job Training Scheme.

Ju 《略》June.

Ju·an /(h)wáːn | hwáːn, dʒúːən/; *Sp.* xwán, *Am.Sp.* hwán/ *n.* フアン (男性名). 〘□ Sp. ~ 'JOHN[1]'〙

Juán Cárlos *n.* フアン カルロス (1938– ; スペイン王 (1975–)).

Ju·an de Fu·ca /(h)wáːndəf(j)úːkə/ *n.* フアン デ フカ (海峡) (カナダの Vancouver 島と米国の Washington 州北西部との間の海峡; 長さ 161 km, 幅 18–27 km; Strait of Juan de Fuca ともいう).

Ju·an Fer·nán·dez /(h)wáːnfənǽndəs | -fənǽndɛz, -dɛs; *Am.Sp.* hwánfeɾnándeθ/ *n.* [the ~] フアン フェルナンデス諸島 (チリの西方約 650 km, 南太平洋にある 3 島から成る島; Robinson Crusoe のモデルといわれる Alexander Selkirk は 1704–09 年に島の一つで暮らした; Juan Fernández Islands ともいう).

Jua·ni·ta /(h)wɑːníːtə, (h)wə- | dʒùːəníːtə, hwɑː-, hwə-; *Sp.* xwaníta, *Am.Sp.* hwa-/ *n.* フアニータ (女性名). 〘□ Sp. ~ (dim.) ← *Juana* (fem.) ← *Juan* 'JOHN[1]'〙

Juan Ma·nuel /(h)wáːnmænwɛ́l, -mɑːn- | hwáːnmænwɛ́l, -mæn(j)uɛ́l; *Sp.* xwá(m)manwɛ́l/, **Don** *n.* ファン マヌエル (1282–1349; スペインの作家・政治家 *Conde Lucanor* (1335)).

Juá·rez /(h)wáːrəs; *Am.Sp.* hwáɾes/, **Benito Pablo** *n.* フアレス (1806–72; メキシコの政治家; 大統領 (1861–65, 1867–72)).

Juárez, Ciudad *n.* ⇨ Ciudad Juárez.

ju·ba /dʒúːbə/ *n.* ジューバ: **a** 米国南部の農園の黒人踊りから発達した, ひざを打ち合わせる活発なダンス. **b** アフリカ起源のハイチのダンス. 〘(1834) □ ? Zulu ~ (原義) to kick about〙

Ju·ba /dʒúːbə/ *n.* [the ~] ジューバ(川) (エチオピア南部に発しソマリアでインド洋に注ぐ川 (1,500 km)).

Ju·bal /dʒúːbəl, -bl/ *n.* **1** ジューバル (男性名). **2** 〘聖書〙ユバル (Lamech と Adah の子; 音楽の父, 楽器の発明者と伝えられる; cf. *Gen.* 4:21). 〘□ Heb. *Yūbhāl* (通俗語源) ram's horn: cf. jubilee〙

ju·bate /dʒúːbeɪt/ *adj.* 〘動物〙(たてがみのような)長い毛が垂れ下がった. 〘(1826) ← NL *jubātus* maned ← L ← *juba* mane: ⇨ -ate[2]〙

Ju·bayl /dʒuːbéɪl/ *n.* ジュバイル (レバノンの地中海沿岸の村; 古名 Byblos, 聖書では Gebal).

jub·bah /dʒʊ́bə/ *n.* (*also* **jub·ba** /~/) ジュバ (イスラム教徒 (Muslems), パルシー教徒 (Parsis) などが用いたゆったりした長袖付きの外衣). 〘(a1548) □ Arab. *júbbah*: cf. jibbah〙

Jub·bul·pore /dʒʌ̀bəlpɔ́ə | -pɔ́ː[r]/ *n.* Jabalpur の旧名.

ju·be[1] /dʒúːbi, -beɪ/ *n.* 〘建築〙**1** 内陣仕切り (キリスト教教会の聖歌隊席 (choir) と身廊 (nave) を仕切る; rood screen ともいう). **2** =rood loft. 〘(1725) □ F *jubé* □ ML *jubē* (*Domine benedīcere*) (Sir,) bid (bless me) (日課の福音書を詠誦する前に祭りの祝福を求めるときの言葉) (imper.) ← *jubēre* to bid: この場所に立って祝禱を唱えるところから〙

jube[2] /dʒúːb/ *n.* 《豪口語》ゼリー状の菓子. 〘《略》← jujube〙

ju·bi·lance /dʒúːbələns | -bɪ̀-/ *n.* 歓喜. 〘(1864) ← JUBILANT+-ANCY〙

jú·bi·lan·cy /-si/ *n.* =jubilance. 〘1894〙

ju·bi·lant /dʒúːbələnt | -bɪ̀-/ *adj.* **1** (歓声をあげて)喜ぶ, 歓喜に酔った, 歓呼している, 歓喜に輝く (triumphant). **2** 歓喜[喜悦, 喜び]を表す[表しての], 見るからにうれしげな. **~·ly** *adv.* 〘(1667) □ L *jūbilantem* (pres.p.) ← *jūbilāre*: ⇨ jubilate, -ant〙

ju·bi·lar·i·an /dʒuːbəlɛ́ᵊriən | -bɪ̀lɛ́ər-/ *n.* **1** 50 歳[年]を祝う人. **2** 〘カトリック〙司祭叙階 50 年または修道会入会以来 50 年を祝う者. 〘(1782) ← ML *jūbilāri(us)* jubilarian (← LL *jubilaeus* 'JUBILEE')+-AN[1]〙

ju·bi·late /dʒúːbəlèɪt | -bɪ̀-/ *vi.* **1** 非常に喜ぶ, 歓喜する (rejoice); 歓呼する. **2** 記念祭 (jubilee) を祝う. 〘(1604) ← L *jūbilātus* (p.p.) ← *jūbilāre* to shout for joy ← *jūbilum* cry of joy: ⇨ -ate[3]〙

Ju·bi·la·te /jùːbəláːteɪ, dʒùː- | dʒùːbɪ̀láːteɪ, jùː-, -ti/ *n.* **1** **a** (旧約聖書の)詩編第百 (英国国教会で礼拝式に用いる聖歌; カトリック聖書では「詩編第九十九」; *Jubilate Deo* (=O be joyful in the Lord) で始まる). **b** 〘音楽〙ユビラーテ (詩編第百[九十九]に付けられた楽曲). **2** 〘カトリック〙復活祭後の第三日曜日 (入祭文(にゅうさいもん)が 'Jubilate' という語で始まる; Jubilate Sunday ともいう). 〘(?a1200; 1706) □ L *jūbilāte* shout ye (pl. imper.) ← *jūbilāre* (↑)〙

Jubiláte Súnday *n.* 〘カトリック〙=Jubilate 2.

ju·bi·la·ti·o /dʒùːbəléɪʃiòʊ | -bɪ̀léɪʃiəʊ/ *n.* (*pl.* **~s** /~z/) 〘音楽〙=jubilus.

J

ju·bi·la·tion /dʒùːbəléɪʃən | -bɨ-/ *n.* **1** 歓喜, 歓呼. **2** 喜びの祝い. 〖(?c1375) □ L *jūbilātiō(n-)* ← *jūbilātus*: ⇨ jubilate, -ation〗

ju·bi·lee /dʒúːbəlìː, ⌐ ⌐ ⌐ | -bɨ-/ *n.* **1 a** (25 年・50 年・60 年・75 年などの)記念祭, 祝典 (anniversary): a golden [silver, diamond] ～ 50 [25, 60 (または 75)]周年記念祭. **b** 佳節, 祝祭, 祝典. **2** 歓喜. **3** ジュビリー《未来の幸福を歌う黒人民謡》. **4** 〘聖書〙 ヨベルの年 (year of jubilee) 《50 年ごとの贖罪(しょくざい)の日 (Yom Kippur) に角笛が吹き鳴らされて, 自由解放の「安息の年」が宣せられ, 耕作を中止し, 奴隷を解放し, 人手に渡った土地家屋を旧主またはその後嗣へ返還されるべきことを神は Moses に命じた; cf. *Lev.* 25:8–17》. **5** 〘カトリック〙 聖年, 大赦の年 《ローマ教皇の指定した特赦の年で「聖なる年」(Annus Sanctus) とも呼ばれ, この年に痛悔・善行などによって贖宥(しょくゆう) (indulgence) を受けることができるとされている; 通例 25 年に一度; Holy Year ともいう》. ― *adj.* =flambé 1. 〖(c1384) □ (O)F *jubilé* □ LL *jūbilaeus* (*annus*) (year) of jubilee □ LGk *iōbēlaîos* ← *iṓbēlos* □ Heb. *yōbhēl* ram, ram's horn: jubilee の記念祭を告げる笛として角笛が用いられたことから: LL の形は *jūbilāre* 'to JUBILATE' との連想による: cf. *Lev.* 25:9〗

ju·bi·lus /dʒúːbələs | -bɨ-/ *n.* (*pl.* **ju·bi·li** /-làɪ/) 〘音楽〙 ユビルス 《グレゴリオ聖歌の alleluia の最後の a を伸ばす唱法; jubilatio ともいう》. 〖□ ML ～ 'shout of joy' ← L *jūbilum* a wild cry: ⇨ jubilate〗

JUD 《略》 *L* juris utriusque doctor ローマ法および教会法博士 (Doctor of Canon and Civil Law).

Jud. 《略》 Judaism; Judge(s); Judgment; Judicial; Judith (聖書外典の)ユディット書.

Ju·da /dʒúːdə | -də/ *n.* (Douay Bible での) Judah のラテン語式語形.

Ju·dae·a /dʒuːdíːə | -díə, -díːə/ *n.* =Judea.

Ju·dae·an /dʒuːdíːən | -díən, -díːən/ *adj., n.* =Judean.

Ju·dae·o- /dʒuːdéɪoʊ, -díː- | -díːəʊ, -déɪ-/ =Judeo-.

Ju·dah /dʒúːdə | -də/ *n.* **1** ジューダ 《男性名》. **2** 〘聖書〙 **a** ユダ 《ヘブライの族長, Jacob の第 4 子, 母は Leah; cf. *Gen.* 29:35》. **b** ユダ族 《ユダを祖とするイスラエル十二支族の一つ》. **3** ユダ王国 《Palestine 南部の王国 (922?–586 B.C.); Judah と Benjamin の両族から成る; 首都 Jerusalem; cf. Israel² 2, *1 Kings* 12:17–21》. **4** Jordan 川西岸地区 (West Bank) の南部地方. 〖□ Heb. *Yᵉhūdhāh* 《通俗語源》 praised〗

Júdah ha-Lé·vi /-hɑːlíːvaɪ/ *n.* ユダ ハーレビ 《1075?–1141; スペイン生まれのユダヤの律法学者・詩人・哲学者; イスラム勢力下のスペインで暮らし, 活動した; *Sefer ha-Kuzari* はユダヤ教の古典とされた》.

Júdah ha-Na·sí /-hɑːnɑːsíː/ *n.* ユダ ハナシ 《135?–220; ユダヤのラビ; *Mishmah* を編纂した》.

Ju·da·ic /dʒuːdéɪɪk/ *adj.* ユダヤ人[民族]の (Jewish); ユダヤ教の; ユダヤ人風の. **Ju·dá·i·cal** /-ɪkəl, -kḷ | -ɪk-/ *adj.* **Ju·dá·i·cal·ly** *adv.* 〖(1611) □ L *Jūdaicus* □ Gk *Ioudaïkós* Jewish: ⇨ ↑, -ic¹: cf. Jew〗

Ju·da·i·ca /dʒuːdéɪɪkə | -déɪ-/ *n. pl.* ユダヤ文物集, ユダヤ(人)文献集. 〖(1923) □ L *Jūdaica* (neut. pl.) ← *Jūdaicus* (↑)〗

Ju·da·ism /dʒúːdiɪzm, -dɨ- | -deɪ-, -di-/ *n.* **1 a** ユダヤ教, ユダヤ教の教義. **b** ユダヤ教信仰. **2** ユダヤ主義, ユダヤ人気風[気質(かたぎ)]. **3** [集合的] ユダヤ人; ユダヤ人社会. 〖(a1400) □ LL *jūdaismus* □ Gk *ioudaismós* ← *Ioudaîos* 'JEW': ⇨ -ism〗

Jú·da·ist /-ɪst | -ɪst/ *n.* **1** ユダヤ教徒. **2** (初代教会時代にユダヤ的慣行や式典を固執した)ユダヤ人キリスト教徒. **Ju·da·is·tic** /dʒùːdeɪístɪk, -dɨ- | -deɪ-, -di-⌐/ *adj.* 〖(1846): ⇨ ↑, -ist〗

Ju·da·ize, j- /dʒúːdiàɪz/ *vt.* ユダヤ人風にする, ユダヤ式にする, ユダヤ教化する: ～ the region その地方をユダヤ化する. ― *vi.* ユダヤ人風になる, ユダヤ式になる, ユダヤ教徒になる. **Ju·da·i·za·tion** /dʒùːdeɪɨzéɪʃən | -deɪaɪ-, -deɪɪ-/ *n.* **Jú·da·iz·er** *n.* 〖(1582) □ LL *jūdaizāre* ← Gk *ioudaízein*: ⇨ Judah, -ize〗

ju·das /dʒúːdəs | -dəs/ *n.* (玄関のドアや独房の壁などに付けた)のぞき穴 (peephole), のぞき窓 《反対側の人には気づかれずにのぞけるもの; judas hole, judas window ともいう》. 〖(1865) ← JUDAS 1〗

Ju·das /dʒúːdəs | -dəs/ *n.* 〘聖書〙 **1 a** (イスカリオテの)ユダ (Judas Iscariot) 《十二使徒の一人でイエスを裏切り銀 30 枚で祭司長に売った後自殺した; cf. *Matt.* 26:47–48; *Mark* 3:19, 14:43–46; *Matt.* 27:3–5》. **b** (a1376) (イスカリオテのユダのような, 味方のふりをした)裏切者, 反逆者, 獅子身中の虫. **2** [(Saint) ～] ユダ 《James の子で十二使徒の一人, Judas Iscariot と区別するため Jude あるいは Thaddeus とも呼ばれる; 祝日 10 月 28 日; cf. *Luke* 6:16; *John* 14:22; *Acts* 1:13》. **3** ユダ 《James およびイエスの兄弟で, 「ユダ書」の著者とされる; cf. *Matt.* 13:55; *Mark* 6:3》. ***pláy (the) Júdas*** 裏切り(行為)をする. ― *adj.* [限定的] (他の動物をおびき寄せたり, また畜殺に送るために)おとりとして使った. 〖□ L *Jūdas* □ Gk *Ioúdās* □ Heb. *Yᵉhūdhāh* 'JUDAH'〗

Júdas-cólored *adj.* 〈毛髪が〉赤い; 赤毛の. 〖(1673): イスカリオテのユダの毛髪が赤かったという伝説から〗

júdas hóle *n.* =judas.

Júdas Iscáriot *n.* 〘聖書〙 =Judas 1 a.

Júdas kíss *n.* ユダの接吻(せっぷん) 《親切らしく見せかけた偽りのキス; cf. *Matt.* 26:48》; 罪深い裏切り行為 (cf. *the* KISS *of death*). 〖c1400〗

Júdas Maccabáeus *n.* ⇨ Maccabaeus.

Júdas trèe *n.* 〘植物〙 セイヨウハナズオウ (*Cercis siliquastrum*) 《ユーラシア産マメ科ハナズオウ属の紫色の花をつける高木; cf. redbud》; ハナズオウ属の植物の総称. 〖(1668): イスカリオテのユダがこの木に首をつって死んだという伝説から〗

júdas wíndow *n.* =judas.

Judd /dʒʌ́d/ *n.* ジャッド 《男性名》. 〖《変形》← JUDAH〗

jud·der /dʒʌ́də | -də(r)/ 《英口語》 *n.* (モーターなどの)激しい震動; 異常な振動. ― *vi.* 激しく震動する. 〖(1931) 《変形》? ← SHUDDER〗

júdder bàr *n.* 《NZ》 スピード防止帯 (sleeping policeman).

Jude /dʒúːd/ *n.* **1** ジュード 《男性名》. **2** 〘聖書〙 **a** [(Saint) ～] ユダ 《「ユダの手紙」の著者とされる; ⇨ Judas 3》. **b** (新約聖書の)ユダの手紙; ユダ書 (The General Epistle of Jude). **3** 〘聖書〙 =Judas 2. 〖《短縮》← JUDAS〗

Ju·de·a /dʒuːdíːə, -déɪə | -díə, -díːə/ *n.* ユダヤ, ユデア 《死海の西側の山地, Jerusalem, Bethlehem などの都市がある》. ★ イスラエルの民の Canaan 定着の際, ユダ族が得た地とされる.

Ju·de·an /dʒuːdíːən, -déɪən | -díən, -díːən/ *adj.* **1** ユダヤ (Judea) の. **2** ユダヤ人の[に関する]. ― *n.* **1** 古代ユダヤ (Judea) 人. **2** ユダヤ人 (Jew). 〖(1652) ← L *Jūdaeus* □ Gk *Ioudaîos* ← *Ioúdās* 'JUDAS': ⇨ -an¹〗

ju·den·rein /júːdṇràɪn; G. júːdṇʀaɪn/ *adj.* 〈地域・組織などが〉ユダヤ人のいない, ユダヤ人を排除した 《特に ナチスドイツ時代》. 〖(1942) ← G ～ 'free of Jews'〗

Ju·de·o- /dʒuːdéɪoʊ, -díː- | dʒuːdíːəʊ, -déɪ-/ 「ユダヤ人[教]の; ユダヤと…との」の意の連結形: *Judeo*-Christian. 〖← L *Jūdaeus* Jewish: ⇨ Jew〗

Judéo-Christian *adj.* ユダヤ教とキリスト教との, ユダヤ教的・キリスト教的な, ユダヤ教とキリスト教とに歴史的根源を有する. 〖1899〗

Judéo-Gérman *n.* イディッシュ (Yiddish).

Judéo-Spánish *n.* ユダヤ系スペイン語 《15 世紀にカトリック教徒によってスペインから追放され Balkan 半島から小アジア・北アフリカに移住したユダヤ人とその後裔(こうえい)の伝えるスペイン語》. 〖1851〗

Ju·dez·mo /dʒuːdɛ́zmoʊ | -məʊ/ *n.* =Ladino¹ 1.

Judg. 《略》 Judges (旧約聖書の士師(しし)記.

judge /dʒʌ́dʒ/ *n.* **1 a** 裁判官, 司法官, 判事: (as) grave as a ～ 非常に重々しい[いかめしい] / (as) sober as a ～ 全くしらふで; 非常にまじめ[厳粛]で / You can't be (both) ～ and jury in your own case! 自分の訴訟事件で判事と陪審員を兼ねることはできない. **b** [the J-] (最高絶対の審判官である)神 (God), キリスト (Christ). **2** (競技・討論などの)審判者[員], 判定者, 審査員 (umpire): the ～ of a beauty contest, etc. 日英比較 日本語では各種のコンテスト, 競争, 球技, 水泳などの判定をする人はすべて「審判」と一語で表すが, 英語では競技の種類によって名称が異なる. ⇨ SYN. **3** 鑑定家, 玄人, 目利き (connoisseur): a rather poor ～ *of* art およそ絵などのわからない人物 / He is a good ～ *of* wine. 彼はワインの鑑別がうまい / I am no ～ *of* poetry. 詩は全然わからない / He is a good ～ *of* people. 人を見る目を持っている / Who said he was any ～ *of* painting? あの男に絵(のよしあし)がわかるなんてだれが言ったんだ. **4** [時に J-] 〘聖書〙 士師(しし), 裁き人 《Joshua の死後 Samuel の時代まで, すなわち王国成立前に Israel の民を支配し指導した執権者》.

― *vt.* **1** 〈事件を〉裁判する, 裁く, 審理する (try); 〈被告を〉(審理して)判決を下す; 〈争議などを〉裁定する: The case is being ～*d* by the Supreme Court. その事件は最高裁で審理中である / The court ～*d* her guilty. 法廷は彼女に有罪の判決を下した. **2 a** …に(道徳的・知的な)判断を下す, 評価する (estimate), 批判する (criticize): If you want to ask for a raise, you've got to ～ your moment (well). 賃上げを要求したいなら, 時機を(適切に)判断しなければならない / ～ the merits of a reference book 参考書の価値を判定する / It is not for me to ～ your conduct. 君の行動にとかくの批評を下すことは私の任でない. **b** 〈審判者・審査員などが〉〈競争者・出品物などを〉審判[審査]する, 鑑定する; 〈審査員などが〉〈レース・コンクールなどの〉審判[審査, 判定]をする: ～ wrestlers, cattle, a beauty contest, etc. / The censors ～*d* the film obscene. 検閲官たちはその映画に猥褻(わいせつ)という判断を下した. **3 a** [目的語＋補語または *to* be [do] を伴って] 〈…だと〉判断する (⇨ infer SYN): He ～*d* it prudent to obey my advice. 私の忠告に従うのが賢明なことだと判断した / I ～*d* her [her age] to be about forty. 彼女は 40 ぐらいだと見当をつけた. **b** 〈…だと〉思う 〈*that*〉 (⇨ think SYN): I ～ (*that*) he was wrong. 彼は間違っていたと思う. **4** 〘聖書〙 〈士師が〉統治する.

― *vi.* **1** 裁く; 〈裁判官・審判者・審査員が〉裁判する, 裁断を下す, 判定する: *Judge between* us. 我々二人のどちらが正しいか裁いて下さい / Look at the evidence, then ～ *for* yourself. 証拠を見たうえで自分自身で判定しなさい. **2** 判断[断定]する 〔*by, from*〕: ～ *by* appearances 外見で断定する / *Judging* [As far as I could ～] *from* the way she was dressed, I should say that she was fairly rich. 彼女の服装から察してみてかなり裕福な人らしかった / It is difficult to ～ *of* a person's character. 人の人格を判断することはむずかしい. **3** 〈審査員が〉審査[判定]をする, ジャッジを務める: ～ *at* a flower show.

júdg·er *n.* **júdg·ing·ly** *adv.* **～·a·ble** /-dʒəbḷ/ *adj.* **～·less** *adj.* **～·lìke** *adj.*

〖n.: (c1303) □ (O)F *juge* < L *jūdicem*, *jūdex* judge ← *jūs* law＋*dicus* ((p.p.) ← *dīcere* to say). ― v.: (?a1200) □ OF *jugier* (F *juger*) < L *jūdicāre* to judge ← *jūdex*〗

SYN 審判: **judge** 学識・経験・権限によって判定を下す人: He is on the panel of *judges* at the beauty contest. 美人コンテストの審査員の一人だ. **arbitrator** 対立する二者から選ばれて仲裁・裁定する人: three *arbitrators* chosen by management and labor respectively 労使がそれぞれ選出した 3 人の裁定人. **arbiter** ある事柄について決定する権威を有する人: the *arbiter* of fashion ファッション界のドン. **referee** ボクシング・フットボール・バスケットボールなどの試合の審判員: a *referee* in boxing ボクシングの審判. **umpire** 野球・クリケット・テニス・バレーボールなどの試合の審判員; 意見が合わない二者間で審判になるように選ばれた人: an *umpire* in tennis テニスの審判.

júdge ádvocate *n.* 〘軍事〙 法務官, 法務課長 《司令官への法律上の助言者で, 軍の司法行政を担当する幕僚将校》. **Júdge Ádvocate of the Fléet** (英国の) 海軍法務総監. 〖1748〗

júdge ádvocate géneral *n.* (*pl.* **～s, judge ad·vocates general**) (米国の)陸[海, 空]軍法務部長, (国防省の)法務総監; (英国の)陸[空]軍法務総監. 〖1900〗

júdge-màde *adj.* 〘法律〙 裁判官の下した判決[判例]によって決まった, 裁判官の作った: the ～ law 裁判官の作った法, 裁判官制定法, 判例法 (Jeremy Bentham がコモンロー (common law) を批判するためのキャッチフレーズにした造語). 〖1824〗

judge·mat·ic /dʒʌdʒmǽtɪk | -tɪk/ *adj.* =judgmatic.

judge·mát·i·cal /-ṭɨkəl, -kḷ | -tɪ-/ *adj.* =judgmatical.

judge·ment /dʒʌ́dʒmənt/ *n.* 《英》 =judgment.

Judg·es /dʒʌ́dʒɨz/ *n. pl.* [単数扱い] (旧約聖書の)士師(しし)記 (The Book of Judges) (略 Judg.).

júdge·shìp *n.* 裁判官[審判者]の職[地位, 権限, 任期]. 〖(a1677): ⇨ -ship〗

júdge's márshal *n.* 《英》 =marshal 2 c.

Júdges' Rúles *n.* 〘英法〙 裁判官の判断基準 《警察官の作成する調書を証拠として採用しうる基準を定めたもの》. 〖1925〗

judg·mat·ic /dʒʌdʒmǽṭɪk | -tɪk/ *adj.* =judgmatical. 〖1826〗

judg·mat·i·cal /dʒʌdʒmǽṭɨkəl, -kḷ | -tɪ-/ *adj.* 《口語》 思慮分別のある, 賢明な, 明敏な (judicious, discerning). **～·ly** *adv.* 〖(1826) ← JUDGE＋-matical: DOGMATICAL などからの類推〗

judg·ment /dʒʌ́dʒmənt/ *n.* **1 a** 判決; 審判 (cf. court order, decree 2, sentence, verdict): pass [give] ～ *on* [*upon*] …に判決を下す; …を判断する / ～ by default 欠席裁判 / the ～ of God (昔の)神意裁判 《決闘によって是非を決する裁判》. **b** 判決の理由. **c** 判例集中の各裁判官の意見. **2 a** 判断, 批判 (criticism); 非難 (censure); 審査, 鑑定, 評価: *in* my ～ 私の判断[意見]では / *on* one's own ～ 自分の判断[考え]で, 独断で / form a ～ *on* a question ある問題に関して意見を立てる, 問題を判断する / make a ～ 判断する / reserve (one's) ～ 判断を差し控える / trust a person's ～ 人に判断をあずける. **b** (判断の結果得られた)結論, 意見 (decision, opinion): I regretted my hasty ～ (that she was to blame). (彼女が非難されるべきだと)あわてて決めてしまったことを後悔した. **3** 〘論理〙 判断 《肯定と否定など, 二つまたはそれ以上の項目間の関係を確立すること; そのような関係の表現》. **4** 判断力, 批判力 (discrimination, critical faculty); 思慮分別 (discretion): show[display] mature ～ 円熟した判断を示す / a man of sound [little] ～ 判断力の健全な[貧弱な]人. **5** (神の裁きとしての)災い, 天罰: It is a ～ *on* you for getting up late. それは君の朝寝坊の天罰だ. **6** 〘法律〙 判決債務 (judgment debt) 《判決によって確定した債務で弁済されていない状態のもの》; (判決債務を確定する)判決書 (cf. decree 2). **7** [通例 the J-] 〘神学〙 審判, 最後の審判, 公審判 (Last Judgment). **8** 〘聖書〙 **a** (神の定めた)律法, おきて (decree, law). **b** 《廃》 正しい審判, 正義; 公正 (equity): I the Lord love ～. 主われは公平を愛す (*Isa.* 61:8).

agàinst one's bétter júdgment 不本意ながら. ***sit in júdgment*** 〈裁判官が〉裁判する; 判断を下す, (一段高くとまって)批判する 〔*on, over, upon*〕: Who are you to *sit in ～ on* me? 私のことを批判するなんてあなたは何様なんですか. ***to the bést of one's júdgment*** できるだけ慎重に考えて; いくら考えても.

júdgment of Sólomon [the ―] ソロモンの裁き, 賢明な判決 (*1 Kings* 3:16–27).

〖(a1250) □ (O)F *jugement*: ⇨ judge, -ment〗

judg·men·tal /dʒʌdʒménṭḷ | -tḷ/ *adj.* 判断(上)の, 判断に関する. 〖(1909): ⇨ ↑, -al¹〗

Júdgment Bòok *n.* [the ～] 最後の審判書[録], 公審判録 《Last Judgment のときに開かれるという全人類の所業の記録》. 〖1660〗

júdgment càll *n.* 《米》 恣意的な判定[決定]; 〘スポーツ〙 審判判定 《疑問の余地のあるプレーに対して, 審判員が判定すること》.

júdgment crèditor *n.* 〘法律〙 判決債権者 《勝訴判決を得て, 債務者に対して強制執行をなしうる状態にある債権者》. 〖1838〗

Júdgment Dày *n.* **1** [the ～] 〘神学〙 (世の終わりの最後の)審判の日 (Day of Judgment, doomsday). **2** [j- d-] 〘法律〙 判決日. 〖1589–90〗

júdgment dèbt *n.* 〘法律〙 =judgment 6. 〖1838〗

júdgment dèbtor *n.* 〘法律〙 判決に(基づく)債務者. 〖1838〗

júdgment nísi *n.* 〘法律〙 仮判決, 条件付判決 《判決に不服の者が一定期間内にその理由を主張し証明しなければ, 絶対的な効力を生じるという条件を付して言い渡された判決).

júdgment nòte *n.* 〖商法〗認諾文書記載約束手形 (約束手形が満期に支払いがなされないときには, 手形金額の請求訴訟において, それを認諾する代理権を振出人に代わって所持人に与える趣旨の文言を約束手形に付記したもの).

júdgment sèat *n.* [しばしば J- s-] (神の行う最後の審判の日の)審判(きば)の庭. 〖1526〗

júdgment sùmmons *n.* 〖英法〗債務者拘禁のための召喚状. 〖1888〗

júdgment thròne *n.* (最後の)審判廷, 神の御座. 〖1561〗

ju·di·ca·ble /dʒúːdɪkəbl | -dɪ-/ *adj.* 裁くことのできる, 審理できる; 審理されるべき. 〖(1647) □ LL *jūdicābilis* ← L *jūdicāre* 'to JUDGE': ⇨ -able〗

ju·di·ca·tive /dʒúːdɪkèɪtɪv | -dɪkət-/ *adj.* 判断する能力のある; 判断する機能[権限]を有する: ~ faculty 批判力. 〖(1641) □ ML *jūdicātīvus* ← L *jūdicātus* (p.p.) ← *jūdicāre* 'to JUDGE': ⇨ -ive〗

ju·di·ca·tor /dʒúːdɪkèɪtə | -dɪkèɪtə(r)/ *n.* 裁判官 (judge). **ju·di·ca·to·ri·al** /dʒùːdɪkətɔ́ːriəl | -dɪ-/ *adj.* 〖(1759) □ LL *jūdicātor* ← L *jūdicātus* (↑): ⇨ -or²〗

ju·di·ca·to·ry /dʒúːdɪkətɔ̀ːri | -dɪkətəri, -tri/ *adj.* 裁判(上)の, 司法の: ~ power 裁判[司法]権. — *n.* **1** 裁判所. **2** 司法行政. 〖(*c*1575) □ ML *jūdicātōrium* court of law (neut.) ← *jūdicātōrius* of a judge: ⇨ ↑, -ory[1,2]〗

ju·di·ca·ture /dʒúːdɪkətʃə, -tʃʊ̀ə | -dɪkətʃə(r), -tjʊ̀ə(r)/ *n.* **1** 司法(権), 裁判(権): ⇨ SUPREME COURT of Judicature. **2** 裁判官の地位[職務, 権限]. **3** 司法行政. **4 a** (政府の)司法部. **b** [集合的] 裁判官 (judges); 司法当局. 〖(1530) □ (O)F ~ // ML *jūdicātūra* ← L *jūdicātus* (p.p.) ← *jūdicāre* 'to JUDGE': ⇨ -ure〗

Júdicature Àcts *n. pl.* 〖英法〗裁判所法 (英国の裁判所組織や訴訟手続き, その他司法に関する重要事項を定めた法律; 1873 年および 1875 年に制定され, その後も 1925 年をはじめ幾多の修正を受けた; 正式名 The Supreme Court of Judicature Acts, 1873–75).

ju·di·ci·a·ble /dʒuːdíʃiəbl/ *adj.* =judicable.

ju·di·cial /dʒuːdíʃəl, dʒʊ- | dʒuː-/ *adj.* **1** 司法の, 裁判の: ~ power 司法権 / the ~ system 司法制度 / a ~ precedent 判例, 先例 / ~ proceedings 訴訟手続き. **2** 裁判[判決]による, 裁判所の指示[命令]による: ⇨ judicial separation. **3** 裁判官の[に関する, に属する, にふさわしいような]: a ~ ermine 裁判官用の白てんの毛皮の襟の付いた法服 / the purity of the ~ ermine 裁判官職の潔白性. **4** 判断力のある, 批判的な (critical): a ~ mind 批判精神, 批判力. **5** 〖神学〗天[神]罰の[による]: a ~ pestilence 天罰による疫病[ペスト]. 〖(*c*1384) □ L *jūdiciālis* ← *jūdicium* judgment ← *jūdex* 'JUDGE (n.)': ⇨ -al¹〗

judícial cómbat *n.* 〖英史〗=TRIAL¹ by battle. 〖1820〗

Judícial Commíttee of the Prívy Cóuncil *n.* [the ~] 《英》枢密院司法委員会 (保護領といくつかの自治領のための最高控訴機関).

judícial cónference *n.* 〖法律〗司法審議会 (司法の改善などに関する裁判官などの会議).

judícial fáctor *n.* 《スコット》(裁判所が任命した) 管財人, (公任)収益管理人.

judícial knówledge *n.* (裁判上証明の必要のない)承知の事実; 裁判所に明らかな事実.

ju·dí·cial·ly /-ʃəli/ *adv.* **1** 司法上, 裁判上で; 裁判[司法手続き]によって. **2** 裁判官らしく. 〖(1465): ⇨ -ly¹〗

judícial múrder *n.* 法による殺人, 合法的殺人 (適法だが不当な死刑宣告). 〖1861〗

judícial políce *n.* 司法警察.

judícial revíew *n.* **a** (裁判所による立法および行政処分の)司法審査, 合憲性 (constitutionality) 審査 (cf. review *n.* 7). **b** (裁判所による)再審査. 〖1924〗

judícial separátion *n.* 〖英法〗裁判上の別居 (判決によって夫婦の同居義務を免除するもの; legal separation ともいう; cf. limited divorce). 〖1858〗

ju·di·ci·ar·y /dʒuːdíʃièri, dʒʊ-, -ʃəri | dʒuːdíʃ(ə)ri, -ʃiəri/ *adj.* 司法[裁判]の; 裁判所の; 裁判官の: ~ proceedings 裁判手続き. — *n.* [通例 the ~] **1 a** 司法組織[制度]. **b** (政府の)司法部 (judicature). **2** [集合的] 裁判官 (judges). 〖(*a*1415) □ L *jūdiciārius*: ⇨ judicial, -ary〗

ju·di·cious /dʒuːdíʃəs, dʒʊ- | dʒuː-/ *adj.* **1** 思慮分別のある (discreet, prudent). **2** 物わかりのよい, 賢明な, 明敏な (sensible) (⇨ wise¹ SYN): a ~ use of time [leisure, money] 時間[暇, 金銭]の賢い使い方. **~·ly** *adv.* **~·ness** *n.* 〖(1591) □ F *judicieux* ← L *jūdicium* judgment: ⇨ judicial, -ous〗

Ju·dith /dʒúːdɪθ | -dɪθ/ *n.* **1** ジュディス (女性名; 愛称形 Jody, Judy). **2** 〖聖書〗 **a** ユディト[ユデテ]書 (The Book of Judith) (外典 (Apocrypha) の一書; 略 Jud.). **b** ユディト, ユデテ (同書中の主要人物であるユダヤ人の寡婦; Assyria の猛将 Holofernes を色香で籠絡(ろう)してその寝首をかいて殺し国民を危難から救った). 〖□ LL *Jūdith* □ Gk *Ioudíth* □ Heb. *Yᵉhūdhīth* Jewess (fem.) ← *Yᵉhūdhāh* 'JUDAH'〗

ju·do /dʒúːdoʊ | -dəʊ/ *n.* 柔道. 〖(1889) □ Jpn.〗

jú·do·ist /-doʊɪst | -dəʊɪst/ *n.* 柔道選手, 柔道家. 〖(1950): ⇨ ↑, -ist〗

Ju·dy¹ /dʒúːdi | -di/ *n.* ジュディ (女性名). 〖(dim.) ← JUDITH〗

Ju·dy² /dʒúːdi | -di/ *n.* **1** ジュディー (人形芝居 Punch-and-Judy show の女主人公で Punch の女房). **2** [しばしば j-] 《俗》女性, 娘; 滑稽な人[女性]: Don't play a *judy* of yourself. 手形なまねはよせ. 〖(1812) ↑〗

jug¹ /dʒʌ́g/ *n.* **1 a** 《英》(取っ手とつぎ口の付いた広口の)水差し (《米》 pitcher). 日英比較 「ビールを飲む容器」を意味する日本語の「ジョッキ」は英語の *jug* がなまったものであるが, *jug* にはこの意味はなく, 英語では mug という (cf. stein, tankard). **b** 《米》(コルクのふたの付いた細首で取っ手の付いた)陶器[金属, ガラス]製水差し. **c** 《豪》水差し形の湯沸かし, ポット. **2 a** 水差し 1 杯. **b** 《俗》ウイスキーの瓶 (1 本). **c** 《英口語》グラス一杯の酒, 特にビール. **3** 〖登山〗(岩の突起など)つかまりどころ, 手掛かり. **4** 《俗》刑務所: in ~ 刑務所に入って. — *vt.* (**jugged; jug·ging**) **1** 〈うさぎ肉などを〉陶製の器に入れて煮込む: ⇨ jugged hare. **2** 水差しに入れる. **3** 《俗》刑務所に入れる (imprison). 〖(1538) ? ← *Jug* (dim.) ← JUDITH, JOAN(NA)〗

jug¹ 1 b

jug² /dʒʌ́g/ *n.* (nightingale などの)「じゃっじゃっ」という鳴き声 (jug-jug). — *vi.* (**jugged; jug·ging**)「じゃっじゃっ」と鳴く. 〖(1523) 擬音語〗

jug³ /dʒʌ́g/ *n.* ジャッグ: **1** [J-] 女性名 Joan や Joanna の愛称. **2** メイド・恋人などに呼び掛けるときの愛称 (cf. Shak., *Lear* 1. 4. 225). 〖(1569): cf. jug¹〗

juga *n.* jugum の複数形.

ju·gal /dʒúːgəl, -gl/ 〖解剖〗*adj.* 頬骨(きょう)の (malar): the ~ bone 頬骨. — *n.* (人・動物の)頬骨. 〖(1598) □ L *jugālis* of a yoke ← *jugum* 'YOKE¹': ⇨ -al¹〗

ju·gate /dʒúːgeɪt, -gət/ *adj.* **1** 連結した (conjoined); 重なり合った (overlapping). **2** 〖生物〗対になった. **3** 〖植物〗対になった小葉のある. **4** 〖昆虫〗翅垂(しい)がある. 〖(1887) □ L *jugātus* (p.p.) ← *jugāre* to join ← *jugum* (↑): cf. conjugate〗

júg bànd *n.* 《米》ジャグバンド (ハーモニカやカズー (kazoo) など, 間に合わせの楽器または器物を使ってフォークソングやジャズを演奏する小さなバンド). 〖(1933) ← JUG¹ (n.)〗

júg-èared *adj.* (水差しの取っ手のように)大きな耳の.

Ju·gend·stil /júːgəntʃtìːl; G. júːgəntʃtiːl/ *n.* 〖美術〗青春様式,「ユーゲントシュティール」(19 世紀末から 20 世紀初頭にかけてのドイツ語文化圏におけるアールヌーボー (Art Nouveau) の呼称; 幻想的な流動美を持つ建築・工芸に特色を示す). 〖(1928) □ G ~ ← *Jugend* youth＋*Stil* style〗

JUGFET /dʒʌ́gfɛt/ *n.* 〖電子工学〗接合ゲート電界効果トランジスター (cf. IGFET). 〖〘頭字語〙← *ju*(*nction*)-*g*(*ate*) *f*(*ield*)-*e*(*ffect*) *t*(*ransistor*)〗

jug·ful /dʒʌ́gfʊl/ *n.* (*pl.* **~s, jugs·ful**) **1** 水差し (jug) 1 杯(の分量). **2** 大量, 多量. ★ 次の成句で: ***nót by a júgful*** 《口語》ちっとも[全然] …でなく: He hasn't read many books yet, *not by a* ~. 本はまだたくさん読んだわけじゃない—多読家なんてもんじゃない. 〖(1834) ← JUG¹＋-FUL²〗

júgged háre *n.* 《英》(陶製の器でワイン・調味料とともに)煮込んだうさぎ肉料理. 〖(1747) ← JUG¹ (vt.)〗

Jug·ger·naut /dʒʌ́gənɔ̀ːt, -nɑ̀ːt | -gənɔ̀ːt/ *n.* **1** 〖インド神話〗ジャガノート (Vishnu の第八化身であるクリシュナ (Krishna) に対する呼び名). **2 a** クリシュナの像 (インドの Puri 市では毎年の例祭にこの偶像を巨大な山車(だし)に乗せて市中を引き回す習わしがあったが, これにひき殺されると極楽往生できるという迷信から, 進んでその車輪の下敷きになる者が多かったという). **b** クリシュナ神像の山車(だし). **c** [j-] (盲目的な服従や恐ろしい犠牲を強いる)絶対的な考え[迷信, 制度など]; 抵抗不可能なもの, 不可抗力; 巨大な威圧的破壊力のあるもの. **d** [j-] 《英口語》(他車を驚かす)巨大な自動車 (長距離輸送トラックなど). 〖(1638) □ Hindi *Jagannāth* Lord of the world ← Skt *Jagannātha* ← *jagat* world, (原義) moving＋*nātha* lord〗

jug·gins /dʒʌ́gɪnz | -gɪnz/ *n.* 《英口語》だまされやすい人, のろま, まぬけ (simpleton). 〖(1882) ← ? *Juggins* (Jug (⇨ jug³) に Tomkins, Jenkins などの姓の語尾をつけた名前から): cf. muggins, ↓〗

jug·gle /dʒʌ́gl/ *vi.* **1** (玉やナイフを巧みに操って)曲芸をする, 奇術を行う: ~ *with* four balls 四つの玉で曲芸をやる. **2** (人を欺くために)〈物事を〉弄(ろう)ぶ, 曲げる, ごまかす 〔*with*〕: ~ *with* words 言葉の魔術を使う / ~ *with* a fact 事実をごまかす. **3** 〈仕事と家庭など両立困難なことを〉両立させる; (日程などを)調整する. — *vt.* **1 a** 〈玉やナイフを〉巧みに操る: ~ six balls [clubs] at the same time 6 個のボール[棍棒(こん)]を同時に(空中で)操る. **b** 手品を使って〈物を〉〈…に〉する (conjure) 〔*into*〕: ~ a fan *into* a bird 手品で扇を鳥に変える / ~ a rabbit *away* うさぎを手品で消してしまう. **2 a** 〈仕事・時間などを〉うまくやりくりする, 〈帳簿や数字を〉ごまかす, 操作[工作]する: ~ figures. **b** 〈人を〉だまして〈金・物を〉奪う (cheat) 〔*out of*〕: ~ a person *out of* his money ごまかして人から金を巻き上げる. **3 a** 〈幾つもの品物を〉危なっかしい手つきで持つ[支える]. **b** 〖野球〗〈ボールを〉ジャッグルする. **4** 〈仕事と家庭など両立困難なことを〉両立させる; 〈日程などを〉調整する. ***júggle abóut*** [***aróund***] 〈物を〉あちこちへ移動する. — *n.* **1 a** 奇術, 曲芸; 早技. **b** (曲芸の)巧みな手業. **2** ごまかし, ぺてん. **3** 〖野球〗ジャッグル. 〖(*c*1378) *jogele*(*n*) □ OF *jogler* (F *jongler*) < L *joculārī* to jest ← *joculus* (dim.) ← *jocus* 'JOKE'〗

júg·gler /-glə, -glə | -glə(r), -gl-/ *n.* **1 a** 手品師, 奇術師 (conjurer). **b** (玉やナイフを操る)曲芸師, ジャグラー. **2** ごまかし屋, ペテン師 (trickster). 〖lateOE *iugelere* & ME *jugelour, jogeler* □ OF *joglere* (nom.), *jogleor* (acc.) < L *joculātōrem* jester ← *joculārī* (↑) ∞ OE *ġeogelere* □ L: ⇨ -er¹〗

jug·gler·y /dʒʌ́gləri/ *n.* **1** (玉やナイフを操る)曲芸, 奇術; 手品; (手先)早技 (sleight of hand). **2 a** 詐欺, ペテン. **b** (帳簿や数字の)ごまかし, 操作. 〖(*a*1325) *jogelri*(*e*) □ OF *jog*(*e*)*lerie*: ⇨ juggle, -ery〗

júg-hàndled *adj.* 一方的な (one-sided), 片手落ちの, 不公平な (partial); 不正な (unjust). 〖(1881) ← JUG¹＋HANDLED〗

júg·hèad *n.* 《米西・中部》 **1 a** ラバ (mule). **b** 言うことを聞かない馬. **2** 《俗》ばか, まぬけ. 〖(1936) ← JUG¹＋HEAD〗

júg-jùg *n.* =jug².

Ju·glan·da·ce·ae /dʒùːglændéɪsiìː, -glən-/ *n. pl.* 〖植物〗クルミ科. **jù·glan·dá·ceous** /-ʃəs⁻/ *adj.* 〖← NL ~ ← *Jugland-, Juglāns* walnut (属名: ← L)＋-ACEAE〗

Ju·go·slav /júːgoʊslɑ̀ːv, -gə-, -slæ̀v | júːgə(ʊ)slɑ̀ːv, ⌐⌐⌐/ *adj., n.* (*also* **Ju·go-Slav** /~/) =Yugoslav.

Ju·go·sla·vi·a /jùːgoʊslɑ́ːviə | -gə(ʊ)-/ *n.* =Yugoslavia.

Ju·go·sla·vi·an /jùːgoʊslɑ́ːviən | -gə(ʊ)-⁻/ *adj., n.* =Yugoslavian.

Ju·go·slav·ic /jùːgoʊslɑ́ːvɪk | -gə(ʊ)-⁻/ *adj.* = Yugoslavic.

jugula *n.* jugulum の複数形.

jug·u·lar /dʒʌ́gjʊlə | -lə(r)/ *adj.* **1** 〖解剖〗頸部(けいぶ)の; 咽喉(いんこう)部の; 頸静脈の: the ~ groove (馬の)頸部条溝. **2** 〖魚類〗 **a** のどの(位置にある): a ~ fin のどびれ. **b** のどびれのある; 〈腹びれが〉胸びれの前方にある. **3** 〈闘争など〉激烈な. — *n.* **1** 〖解剖〗頸静脈. **2** 〖魚類〗のどびれのある魚. **3** (敵・相手の)最大の弱点[弱味]. ***gó for the júgular*** 〈相手の弱点など〉急所を突く. 〖(1597) □ LL *jugulāris* ← L *jugulum* collarbone: ⇨ jugum, -ar¹: cf. jugate〗

júgular véin *n.* 〖解剖〗頸(けい)静脈: the external [inner] ~ 外[内]頸静脈. 〖1597〗

jug·u·late /dʒʌ́gjʊlèɪt/ *vt.* **1** 《まれ》…ののどを切って殺す. **2** 〖医学〗〈病症の〉進行を荒療治で抑える. **jug·u·la·tion** /dʒʌ̀gjʊléɪʃən/ *n.* 〖(1623) ← L *jugulātus* (p.p.) ← *jugulāre* to cut the throat of ← *jugulum*: ⇨ jugular, -ate³〗

jug·u·lum /dʒʌ́gjʊləm/ *n.* (*pl.* **-u·la** /-lə/) **1** 〖鳥類〗咽喉(いんこう)部 (胸に近い部分). **2** 〖昆虫〗=jugum 1. 〖(1706) ← NL ~ (dim.) ← L *jugum* (↓)〗

ju·gum /dʒúːgəm/ *n.* (*pl.* **ju·ga** /-gə/, **~s**) **1** 〖昆虫〗翅垂(しい), 繋垂 (昆虫の前翅の後縁にある指状突起; 飛ぶ際にこれが後翅の前縁に突きこまれ, 前後の翼が 1 枚の翼のように組み合わされる). **2** [*pl.*] 〖植物〗(羽状葉の)対生小葉 (一対). 〖(1857) □ L ~ 'YOKE¹'〗

Ju·gur·tha /dʒuːgə́ːθə, dʒʊ- | dʒʊgə́ː-, jʊ-/ *n.* ユグルタ (?–104 B.C.; 北アフリカの Numidia の王 (112?–104 B.C.); ユグルタ戦争を起こし, Rome で殺された).

júg wìne *n.* 《米口語》(大瓶入りで売られる)安ワイン. 〖1972〗

juice /dʒúːs/ *n.* **1 a** (植物の)汁, 液, ジュース: lemon [orange] ~ / have a glass of ~ ジュースを 1 杯飲む / ⇨ fruit juice, grape juice. 日英比較 日本語の「ジュース」は必ずしも「果汁 100%」のものだけでなく, 炭酸水などの加えられたものもいうが, 英語の *juice* は天然の果汁である「果汁 100%」のもののみを指す. なお, 炭酸水などの加わったものは英語では総称として soft drink, orange drink などという. **b** [しばしば *pl.*] (料理したときに出る)肉汁. **2 a** (動物体内の)液, 分泌液: digestive ~s 消化液 / ⇨ gastric juice. **b** [the ~s] 体液 (血液・リンパ液など体内にある各種の液; cf. humor 6). **3 a** 精髄, 本質 (essence). **b** 《口語》エネルギー, 元気, (男性的)活力, 精力 (vitality); (政治的な)引き; 影響力. **4** 《口語》ガソリン; 電流, 電気(など). **5** 《俗》 **a** 金 (特に収賄・賭博(とばく)・脅迫などによって得た金). **b** (脅迫によって取り立てる)法外な利子, 暴利. **6** [しばしば the ~] 《米俗》 **a** 酒, (特に)ウイスキー. **b** 麻薬. ***stép on the júice*** 《俗》=STEP *on the gas.* ***stéw in one's (ówn) júice*** 自業(ごう)自得に苦しむ: let a person *stew in his own* ~ (助けないで)自分でまいた種は自分で刈らせる. — *vt.* 《俗》 **1** 〈トマト・レモンなど〉のジュースを搾る. **2** 〈料理などに〉ジュースを加える[添える]. **3** 《方言》〈牛〉の乳を搾る (milk). **4** 《俗》(レース前に)〈競走馬・競走者〉に麻薬を打つ. — *vi.* 《米俗》 **1** 大酒を飲む. **2** 麻薬をうつ. ***júice úp*** (*vt.*) 《米俗》〈モーターなど〉速力を速める (speed up); 活気づける (enliven); [しばしば受身で] 酔わせる. 〖(*c*1300) □ (O)F *jus* □ L *jūs* broth, juice ← IE **yeu-* to blend, mix food〗

júice bàr *n.* **1** (搾りたてを出す)ジューススタンド. **2** ジュースバー (アルコールを出さないバー).

júice bòx *n.* (ストローの付いた)紙パックのジュース.

juiced *adj.* **1** [通例複合語の第 2 構成要素として] 汁[液, ジュース]を含む: lemon-*juiced* レモンジュース入りの. **2** 《俗》酔っ払った (drunk). **3** 《米俗》(野球のボールが)わざとよく飛ぶように作られた. 〖(1596–96): ⇨ ↑, -ed〗

júice extràctor *n.* ジュース[果汁]搾り器, ジューサー (juicer).

júice·hèad *n.* 《米俗》アル中患者, 大酒飲み, のんだくれ

れ. 〘(1955) ← JUICE (n.) 6〙

júice·less *adj.* 汁[液, ジュース]のない. 〘(1602): ⇨ -less〙

júic·er *n.* **1** ジュース搾り器, ジューサー. **2** (映画・テレビ・舞台の照明の仕事をする)電気技師, 照明係. **3** 《米俗》大酒飲み, 飲み助, のんべえ. 〘(1928) ← JUICE＋-ER[1]〙

júice sàc *n.* 〖園芸〗砂瓤(さじょう)《ミカンの袋の中にある汁を含んだ細長い袋状の組織》.

juic·y /ʤúːsi/ *adj.* (**juic·i·er**; **-i·est**) **1** 〈食べ物など〉汁の多い, 水分の多い, 汁けのたっぷりある (succulent): a ~ apple / a nice ~ steak. **2** 《口語》 **a** 〈天候が〉湿っぽい, 雨降りの. **b** 濡れた, じめじめした (wet): a ~ lane. **3** 《口語》 **a** 面白い; 〈うわさ話など〉興味津々(しんしん)の, 真に迫る, きわどい (racy): a ~ scandal, story, etc. **b** (色彩に)潤いのある: a ~ picture きれいな色彩の絵. **c** 生気に満ちた, 元気な. **d** すばらしい, すごい, 猛烈な: a ~ blow 痛撃. **e** 〈女性など〉豊満な, みずみずしい, 肉感的な (sensuous). **4** 《米》〈契約・取引など〉もうけの多い, うまみのある. **júic·i·ly** /-sɪ̥li/ *adv.* **júic·i·ness** *n.* 〘(*c*1430): ⇨ juice, -y[1]〙

Júicy Frúit *n.* 〖商標〗ジューシーフルーツ《米国 William Wrigley Jr. 社製のチューインガム》.

Júil·li·ard Schóol of Músic /ʤúːliàəd-, -ljəd- | -liɑ̀ːd-, -ljɑːd-/ *n.* [the ~] ジュリアード音楽院《米国 New York 市にある音楽学校》. 〘← A. D. Juilliard (1836–1919: 米国の実業家・音楽愛好家: その寄付により設立)〙

Juiz de Fo·ra /ʒwíːʒdəfɔ́ːrə/; *Braz.* ʒwízdʒifɔ́ɾɐ/ *n.* ジュイズ デ フォラ《ブラジル南東部, Minas Gerais 州の都市》.

ju·jit·su /ʤuːʤítsuː/ *n.* 柔術. 〘(1875) ◻ Jpn.〙

ju·ju[1] /ʤúːʤuː/ *n.* **1** **a** (アフリカ西部黒人部落で用いる)護符, お守り (charm), 呪物(じゅぶつ) (fetish). **b** (その)魔力. **2** (護符などの効力による)魔よけ, 禁止. **~·ism** /~ìzm/ *n.* **~·ist** /~ɪ̥st | ~ɪst/ *n.* 〘(1863) ◻ W-Afr. *gru-gru* ← ? ∥ F *jou-jou* toy〙

ju·ju[2] /ʤúːʤuː/ *n.* 〖音楽〗ジュジュ《ギターと, トーキングドラムの使用を特徴とするナイジェリアの音楽》. 〘(1894) ◻ W-Afr. ~ ← Yoruba *jo jo* dance〙

ju·jube /ʤúːʤuːb/ *n.* **1** 〖植物〗 **a** ナツメの実. **b** ナツメ《ナツメ属 (*Ziziphus*) の樹木の総称; ナツメ (Chinese date) など》. **2** /《米》ではまた ʤúːʤubìː/ (ナツメの実など果物の香りをつけた)キャンディー, ゼリー菓子. 〘(*a*1400) ◻ (O)F ~ ∥ ML *jujuba* ← L *zizyphum* ◻ Gk *zízuphon*〙

ju·jut·su /ʤuːʤútsuː/ *n.* ＝jujitsu.

juke[1] /ʤúːk/ *n.* **1** ＝jukebox. **2** ＝juke joint. — *vi.* 《俗》ジュークボックスの音楽に合わせて踊る. 〘1933〙

juke[2] /ʤúːk/ *vt.* 〖アメフト〗(作戦を用いて)〈相手チームの選手を〉要点からはずさせる, どかせる. 〘《変形》? ← JOUK〙

júke·bòx *n.* ジュークボックス《硬貨を入れボタンを押すと自分の選んだレコードが鳴り出す機械》. 〘(1939) ← Gullah *juke* wicked, disorderly (← W-Afr.)＋BOX[1]: cf. Gullah *juke-house* roadhouse, brothel〙

júke jòint *n.* 《俗》 **1** (jukebox の備えてある)軽食堂, ダンスホール. **2** (路傍の)飲屋 (roadhouse); 売春宿 (brothel). 〘(1946): ⇨ ↑, joint〙

Jukes /ʤúːks/ *n.* [the ~; 単数または複数扱い] ジューク家《18 世紀の後半に New York 州に実在した一家に与えられた仮名; 数代にわたって酒乱・精神薄弱・身体異常者・犯罪者・貧窮者などが続出し, 米国の社会学者 R. L. Dugdale /dʌ́gdeɪl/ (1841–83) が遺伝学的な研究対象とした; cf. Kallikak 1》.

juks·kei /jʊ́kskeɪ/ *n.* 〖南ア〗ユックスケー《地面に打ち込まれた棒に瓶形の棍棒(こんぼう)を投げて遊ぶゲーム》. 〘(1822) ◻ Afrik. ~ ← *juk* yoke＋ *skey* pin〙

Jul. 《略》 Jules; Julius; July.

ju·lep /ʤúːlɪ̥p, -lɛp/ *n.* **1** 色々な味をつけた砂糖水《飲みにくい薬を飲むのに用いる》. **2** 《米》 **a** ジューレップ《ジンやラムなどの火酒に柑橘類の風味を添えたカクテル》. **b** ＝mint julep. 〘(*a*1400) ◻ (O)F ~ ◻ Arab. *julāb* ◻ Pers. *gulāb* ← *gul* 'ROSE[2]'＋*āb* water (← IE *ap- water)〙

Jules /ʤúːlz/; *F.* ʒyl/ *n.* ジュールズ《男性名》. 〘◻ F ~ < L *Jūlius* 'JULIUS'〙

Ju·lia /ʤúːljə, -liə/ *n.* ジュリア《女性名; 愛称形 Jill, Julie, Juliet; アイルランド語形 Sile; スコットランド語形 Sileas; 7 月生まれに多い》. 〘◻ L *Jūlia* (fem.): ⇨ Julius〙

Ju·lian[1] /ʤúːljən, -liən/ *n.* ジュリアン: **1** 男性名. **2** 女性名. 〘◻ L *Jūliānus* ← *Jūlius* 'JULIUS'〙

Ju·lian[2] /ʤúːljən, -liən/ *n.* ユリアヌス (331–63; ローマ皇帝 (361–63), キリスト教より異教に改宗したため Julian the Apostate (背教者ユリアヌス)と呼ばれる; ラテン語名 Flavius Claudius Julianus /ʤuːliéɪnəs | -lɪ-/).

Ju·lian[3] /ʤúːljən, -liən/ *adj.* **1** Julius Caesar の. **2** ユリウス暦の. 〘◻ L *Jūliānus* ← *Jūlius Caesar*: ⇨ -an[1]〙

Ju·li·an·a[1] /ʤuːliǽnə, -ɑ́ːnə | -ɑ́ːnə/ *n.* ジュリアナ《女性名》. 〘◻ L *Jūliāna* (fem.): ⇨ Julian[1]〙

Ju·li·an·a[2] /ʤùːliǽnə, -ɑ́ːnə | -ɑ́ːnə; *Du.* jyliáːnaː/ *n.* ユリアナ (1909–2004; オランダの女王 (1948–80); 本名 Juliana Louise Emma Marie Wilhelmina).

Júlian Álps *n. pl.* [the ~] ジューリアアルプス《スロベニア西部とイタリア北東部にまたがる Alps 東部の山脈; 最高峰 Triglav (2, 863 m)》.

Júlian cálendar *n.* [the ~] ユリウス暦《紀元前 46 年に Julius Caesar が定めた旧太陽暦; 365 日 6 時間を 1 年とし平年は 365 日として 4 年ごとに閏年(うるうどし)を置いた; cf. Gregorian calendar》. 〘*c*1771〙

Júlian Dáy *n.* 〖天文〗ユリウス日《紀元前 4713 年 1 月 1 日暦表時 12 時から通算した経過日数で, 天文暦学上の世界共通の日付として用いられる》.

Ju·lie /ʤúːli/ *n.* ジュリー《女性名》. 〘(dim.) ← JULIA〙

ju·lienne /ʤùːliɛ́n, ʒùː-ˊ; *F.* ʒyljɛn/ *n.* 〖料理〗ジュリエンヌ《千切りにした種々の野菜を入れたスープ, 特にコンソメ》; 千切りにした野菜の付け合わせ: ⇨ à la julienne. — *adj.* 〈野菜・果物など〉千切りにした: ~ potatoes, carrots, etc. 〘(1810) ◻ F ~ ← *Julienne* 'JULIANA'〙

Ju·li·et /ʤúːljɪ̥t, -ljɛt, -lièt, ʤùːliét/ *n.* ジュリエット: **1** 女性名. **2** Shakespeare 作の悲劇 *Romeo and Juliet* の女主人公. ★ Shakespeare の作品では /ʤúːljɪ̥t, -ljɪ̥t/ と発音される. **3** 〖通信〗ジュリエット《文字 j を表す通信コード》. 〘◻ It. *Giulietta* (dim.) ← *Giulia* 'JULIA': ⇨ -et: cf. F *Juliette*〙

Júliet càp *n.* ジュリエットキャップ《メッシュ地で作った宝石をちりばめた小さな縁なしの丸い婦人帽子; 特に花嫁衣装用》. 〘1909〙

Ju·li·ett /ʤúːliɛ́t, ˊ-ˊ/ *n.* 〖通信〗ジュリエット《文字 j を表す通信コード》.

Ju·lius /ʤúːljəs, -liəs; *Dan.* júːlius/ *n.* ジュリアス, ユーリウス《男性名; 愛称形 Jules》. 〘◻ L *Jūlius* (ローマの家族名)《短縮》← ? ← *Jovilios 'descending from JUPITER'〙

Ju·lius II /ʤúːljəs-, -liəs-/ *n.* ユリウス二世 (1443–1513; ローマ教皇 (1503–13); 本名 Guiliano della Rovere).

Július Cáesar *n.* **1** ⇨ Caesar. **2** 「ジュリアス シーザー」《Shakespeare 作の史劇 (1599)》.

Jul·lun·dur /ʤʌ́ləndə | -də(r)/ *n.* ジャランドル《インド Punjab 州中部の都市》.

Ju·ly /ʤʊlái, ʤuː-/ *n.* (*pl.* **Ju·lies**, **~s**) 7 月 (略 Jul., Jy). 〘(*c*1250) *Jul(i)e* ◻ ONF *julie*＝OF *jule* (F *juillet*) ◻ L *Jūlius* (*mēnsis*) 《原義》 Julian month ∞ (*a*1121) *Julius* ◻ L: *Julius Caesar* の出生月にちなんで従来の *Quinctilis* (第 5 月)に変えたもの. (⇨ December): cf. August[1]〙

Julý Revolútion *n.* [the ~] 〖フランス史〗七月革命《1830 年 7 月の革命; Charles 十世が廃されて Louis Philippe が王位についた》.

Ju·ma·da I /ʤuːmǽdə- | -də-/ *n.* (イスラム暦の) 5 月 (⇨ Islamic calendar). 〘◻ Arab. *Jumādā*〙

Jumáda II *n.* (イスラム暦の) 6 月 (⇨ Islamic calendar).

ju·mar /ʤúːmə | -mə(r)/ *n.* 〖登山〗ユマール《ザイルを操作するとき用いる体をつり上げる器具; jumar clamp ともいう》. — *vi.* ユマールを使って登る. 〘(1966) ◻ Swiss ~〙

jum·bal /ʤʌ́mbəł, -bɫ/ *n.* ＝jumble[2].

jum·ble[1] /ʤʌ́mbɫ/ *vt.* **1** ごちゃごちゃに寄せ集める, ごた混ぜにする 〈*up, together*〉. **2** 困惑させる, 動揺させる. **3** 《古》〈馬車などが〉〈人を〉揺する, 揺さぶる (jolt). — *vi.* **1** ごたごたになる, ごっちゃに混ざる. **2** ごった返して騒ぐ, うようよ押し合う (jostle). **3** 《古》がたごと揺られて行く; ごった返して進む, よろめき[つまずき]ながら進む. — *n.* **1** ごちゃまぜ; (がらくた・雑品などの)寄せ集め (medley). **2** 《英》 **a** [集合的] 安売り[がらくた]市の商品 (《米》 rummage). **b** がらくた市 (jumble sale). **3** (ごった返しの)混乱 (disorder, muddle). **4** 《古》動揺. **júm·bler** *n.* 〘(*a*1529) 《擬音語》?: cf. ME *jumpere, jombre* to jumble together: ⇨ -le[3]〙

jum·ble[2] /ʤʌ́mbɫ/ *n.* ジャンブル《薄くて甘い輪形のクッキー; jumbal ともいう》. 〘(1615) ◻ ?: OF *jumel, gemel* twin: ⇨ gimbal〙

júmble sàle *n.* 《英》＝rummage sale. 〘1898〙

júmble·shòp *n.* 《英》廉価品販売店, よろず屋 (jumbal ともいう). 〘(1893) ← JUMBLE[1]＋SHOP〙

jum·bly /ʤʌ́mbli/ *adj.* ごちゃごちゃの, ごっちゃに混乱した. 〘(1865) ← JUMBLE[1] (n.)＋-Y[4]〙

jum·bo /ʤʌ́mbou | -bəu/ *n.* (*pl.* **~s**) **1** 《口語》超大型の物, ばかに大きく見苦しい物; 巨大漢, 巨獣. **2** [時に J-] ＝jumbo jet. **3** [J-] ジャンボ《子供の話や歌に登場する象の名前》. **4** 《米》削岩機(類)を搭載した台車, ジャンボ, ユンボ. **5** 《口語》〖海事〗ジャンボ: **a** スクーナー型のフォアステースル (forestaysail) の一種. **b** (横帆船の)逆二等辺三角形の帆 (大横帆の代わりに用いる). **c** (topsail schooner の) 逆三角形の帆. — *adj.* ずば抜けて大きい, でっかい, 超大型の, ジャンボサイズの: a ~ butterfly, doll, dynamo, potato, etc. 〘(1808) ◻ Negro Gullah *jamba* elephant ← Afr.: 19 世紀末期 London 動物園から米国に送られ, P. T. Barnum の率いるサーカスで人気を呼んだアフリカ象の名からこの語が広まった: cf. mumbo jumbo〙

jum·bo·ize /ʤʌ́mbouàɪz | -bəu-/ *vt.* 〖造船〗(タンカーなどの中心部を改造して)大型化する. 〘(1956): ⇨ ↑, -ize〙

júmbo jét *n.* 《口語》[時に J- j-] ジャンボジェット(機)《数百人の乗客を収容できる大型旅客機; 単に jumbo ともいう》. 〘1964〙

júmbo-sized *adj.* ＝jumbo.

jum·buck /ʤʌ́mbʌk/ *n.* 《豪口語》羊. 〘(1845) ← ?: jump up のピジン形からか〙

júm·by bèad /ʤʌ́mbi-/ *n.* ＝jumby bean 2. 〘1802〙

júmby bèan *n.* **1** 〖植物〗西インド諸島原産マメ科の常緑高木 (*Ormosia monosperma*) (jumby tree ともいう). **2** その種子 (首飾りなどにする). 〘1920〙

júmby trèe *n.* 〖植物〗＝jumby bean 1. 〘1928〙

Jum·na /ʤʌ́mnə; *Hindi* jəmnaː/ *n.* [the ~] ジャムナ(川)《インド北部の川; Himalaya 山脈に発し南東に流れ Allahabad で Ganges 川に合流する (1,376 km)》.

jump /ʤʌ́mp/ *vi.* **1** **a** 跳ぶ, 跳び上がる, 跳躍する (⇨ skip[1] SYN): ~ *around* 踊り回る / ~ *aside* 跳びのく / ~ *up* [*down*] 跳び上がる[下りる] / ~ (*down*) *from* [*off*] a ledge 岩棚から跳び下りる / ~*out* [*in*] 飛び出す[込む] / ~ *out* [(《米》) *out of*] the upstairs window 2 階の窓から跳び下りる / ~ out of bed ベッドから飛び起きる / ~ *over* 跳び越える / ~ for joy 小躍りして喜ぶ / ~ *to* one's feet 飛び起きる, 急に立ち上がる / ~ *on* [*onto*] a bus バスに飛び乗る / ⇨ *jump* [*go* (*and*) *jump*] *in the* LAKE[1]. **b** 急いで[勢いよく]…する: ~ *into* one's trousers 急いでズボンをはく. **c** (飛行機などから)パラシュートで降下する. **d** 〈タイプライターなどの〉活字が飛ぶ, 文字や数字が抜ける (skip). **e** 〈レコードが〉針飛びする: This record ~*s*. このレコードは針飛びを起こす.

2 ぎょっと[ぎくりと]する (jerk): His heart ~*ed at* the noise.＝The noise made him [his heart] ~. その音で心臓がどきんとした.

3 **a** (申し出などに)飛びつく, 喜んで応じる (*at*): ~ *at* a chance, a proposal, an invitation, a suggestion, etc. **b** 《口語》すぐに服従する, (言われたことを)すぐやる (hustle) (*to*): ~ *to* a person's orders 人の命令にすぐ従う / ⇨ JUMP *to it* / You must ~ whenever the bell rings. ベルが鳴ったらいつでも飛んで行かなければいけない.

4 **a** 急に飛び移る, 一足飛びに…する, 飛ばして読む: He ~*ed from* page *to* page. あちこちページを飛ばして読んだ / ~ *from* one topic *to* another 一つの話題から他の話題へ飛ぶ[どんどん移る] / ~ *to* [*at*] a conclusion [conclusions] あわてて結論を出す, 速断する. **b** (階級・身分など)一足飛びに昇進する: He ~*ed* rapidly *from* captain *to* colonel. 彼は一足飛びに大尉から大佐に昇進した / He ~*ed to* stardom. 一躍スターにのし上がった. **c** 〈意見・職業・住所・目的などが〉絶えず変わる, 転々と変わる. **d** 〈数字・物価などが〉急に増える, 飛躍する, 跳ね上がる: New car sales ~*ed* (by) 37% in mid-October. 10 月半ばには新車の売り上げが 37% の飛躍を見た / The population of the town has ~*ed from* 50,000 *to* 120,000. この町の人口は 5 万から 12 万に急増した.

5 熱心に加わる, 早速始める 〈*in*〉 / (*into*): He ~*ed into* the job the next day. 早速翌日から仕事を始めた. **6** 《俗》 **a** 〈ジャズ音楽が〉調子よく[強烈に]演奏される, スウィングする. **b** 活気にあふれる, 沸き立つ, ざわめく (bustle, be lively): The village was ~*ing* all night. 村は一晩中沸き立っていた / Her birthday party was really ~*ing*! 彼女の誕生祝いのパーティーは活気にあふれていた / The joint is ~*ing*! もぐり酒場はにぎわっている. **7** 《口語》 **a** 突然襲う, いきなり襲いかかる (pounce) (*on, upon, at*). **b** どなりつける, 非難する, 酷評する (*on, upon*): The boss ~*ed on* me for the slightest fault. 社長はちょっとした間違いでもどなりつけた. **8** 一致する, 適合する (agree) (*with*): My father's idea ~*ed with* mine. 父の考えは私の考えと同じだった / Good [Great] wits (will) ~ (*together*). 《諺》知者は(考えが)一致する (cf.「肝胆相照らす」). **9** 〖トランプ〗(ブリッジで)ジャンプビッド (jump bid) をする. **10** 〖電算〗飛び越し[ジャンプ]する《あるプログラム命令語の系列から, 別の系列に制御の流れを移す; transfer, branch ともいう》. **11** 〖映画〗(映写機の故障または編集上のミスで)〈画面が〉切れて被写体の動きが飛ぶ. **12** 〖ジャーナリズム〗〈記事が〉他のページ[欄]に続く. **13** 〖チェッカー〗飛び越え(て相手の駒を一つ取)る.

— *vt.* **1** **a** 跳び越える (clear): ~ a brook / ~ a hedge 〈馬が〉生垣を跳び越える (cf. 5 a) / ~ six feet. **b** 飛ばして進む (skip): ~ a chapter 1 章飛ばして読む / The typewriter ~*ed* a space. タイプは 1 スペース飛んだ. **c** 《口語》〈乗物〉に飛び乗る (hop): I ~*ed* a bus for Detroit. デトロイト行きのバスに飛び乗った. **d** 《口語》〈乗物〉から飛び降りる (get off): ~ a moving train 走っている列車から飛び降りる.

2 《口語》〈交通信号を〉無視する; (合図より)早く飛び出す: ~ a red light / ⇨ *jump the* GUN.

3 **a** 《口語》避ける, …から逃れる (evade): ⇨ *jump* (*one's*) BAIL[1]. **b** 《米口語》…から逃げる, ずらかる, 高飛びする; 〈店などの〉勘定を払わずに逃げる; 〈列車などに〉無賃乗車する: ~ one's hometown 故郷から逃げる[行方をくらます] / ~ town 町から逃げる ⇨ *jump* SHIP. **c** (雇用契約などを無視して)〈勤め先を〉やめる; (転職などのため)〈雇用契約を〉破る (breach). **d** 〈レールなどから急にはずれる: The cars ~*ed* the rails [(《米》) track]. 車両は脱線した.

4 **a** 《口語》…に突然襲いかかる; 襲いかかって強奪する. **b** 〈権利などを〉横領する: ~ a person's claim 人の先有地 (鉱区など)を横領する. **c** 〈人をひどくしかる 〈*out*〉: ~ a person *out* 人に大目玉を食らわす / ~ a person *into* doing 人をしかりつけて…させる.

5 **a** 跳ね上がらせる, 躍らせる; 跳び越えさせる: The noise ~*ed* me *out of* bed. その音で思わずベッドから飛び降りた / He ~*ed* the horse *over* the hurdle. 馬にその障害物を跳び越えさせた / He ~*ed* his daughter (up and down) on his knee. 彼は自分の娘をひざの上で(上下に)跳びはねさせた. **b** 〈価格などを〉大幅に上げる, つり上げる. **c** 一足飛びに昇進させる: He was ~*ed from* instructor *to* professor. 講師から一足飛びに教授に昇格した. **d** [通例 p.p. 形で] (フライパンで)〈ジャガイモなどを〉ゆすっていためる: ~*ed* potatoes いためたジャガイモ, ポテトソテー. **e** 〖狩猟〗〈ハンター・猟犬などが〉〈獲物を〉隠れ場所から飛び出させる[立たせる] (flush, start). **6** 〖ジャーナリズム〗〈新聞・雑誌の記事を〉他のページに続ける. **7** 〖トランプ〗(ブリッジで)〈自分またはパートナーのビッドを〉通常より一段階高いレベルに跳ね上げる (cf. jump bid). **8** 〖チェッカー〗〈相手の駒を〉飛び越えて取る. **9** 〖鉱山・石工〗〈岩石などを〉たがねでうがつ. **10** 《口語》〈人を〉攻撃する, 〈人に〉襲いかかる: The thugs ~*ed* him and left him for dead. 暴漢らが彼に襲いかかり死んだものとして置き去りにした. **11** 《米》(バッテリーにブースターを接続して)車のエンジンを始動させる (jump-start). **12** 《卑》〈女性〉と性交する. **13** 《Shak》危険にさらす (risk), 賭ける: We'ld ~ the life to come. 来世のことなど構うものか (*Macbeth* 1. 7. 7).

jump all over* [*on*]** *a person* 《口語》人をひどく非難する, やっつける. ***júmp dówn *a person's* ***thróat*** ⇨ throat 成句. ***júmp ín*** (1) 話に割り込む. (2) (考えなしに)すぐ始める. ***júmp ín*** [***ínto*** *something*] ***with bóth féet*** 張り切って参加する, 熱心に始める; 早速仕事に取りかかる (cf. *vi.* 5). ***júmp óff*** (*vi.*) (1) 《口語》〈歩兵部隊が〉攻撃のために(急に)出動する, (特に)〈戦闘・攻撃などが〉開始する (begin). (2) 《乗馬》障害跳越の決勝に出場する. ***júmp on the bándwagon*** ⇨ bandwagon 成句. ***júmp óut at*** *a person* 人の目をすぐに引く. ***júmp tó it*** [通例命令形で] 《口語》すぐ[早速]取りかかる: Now then ~ *to it*! さあ急げ, それかかれ. ***júmp úp*** (*vi.*) (1) 急に立ち上がる. (2) jump-up (カリブのお祭り騒ぎ)に参加する.

— *n.* **1 a** 跳び, 跳びはね, 跳躍; ジャンプ(競技) (leap, bound): the running high ~ 走り高跳び / ⇨ broad 《米》[high, long, running] jump / a ~ of three meters = a three-meter ~ 3 メートルのジャンプ / at a (single) [one] ~ 一足飛びに / make a ~ 跳ぶ. **b** ジャンプの距離[高さ]; 跳躍台. **c** ジャンプの障害物: My horse took the ~ easily. 私の馬はやすやすと障害を越えた. **d** (飛行機などからの)パラシュート降下. **2 a** (喜び・驚きなどでの)跳びはね, ぎくりとする動作 (start): I gave a ~ the moment I entered the room. 部屋に入った途端ぎょっとした / A loud noise gave me a ~. 大きな声でぎょっとした / She was all of a ~. 彼女はひどくびくびくしていた. **b** [the ~s] 《口語》(じっとしていられない)落ち着きのなさ (the fidgets): I've got *the* ~*s* today. 今日はどうも落ち着かない / The stage gives me *the* ~*s*. 舞台に出ると妙にそわそわする. **c** [通例 the ~s] 《俗》(アルコール中毒症などの)神経的な震え, 振顫譫妄(しんせんせんもう) (delirium tremens); 舞踏病 (chorea). **d** 《口語》強烈なビートのジャズ, スウィング. **3 a** (議論などの)急転, 飛躍; (系列中の)中絶 (break), 突然の脱落 (gap): a ~ from one topic to another 話題の飛躍 / Economic progress proceeds by ~*s*. 経済成長は間欠的に進行する. **b** (数字・物価などの)急増, 急騰, 奔騰: a ~ *in* the stock market 株価の暴騰 / Prices have gone up with a ~. 物価は急に上がった / a ~ in attendance 観客数の急増 / show a ~ of nearly 30% 30 パーセントに近い伸びを示す. **4 a** 《口語》(飛行機での)急ぎの小旅行, ひと飛び (hop). **b** (巡回劇団などの)一回の移動 (move): They were going farther north at each ~. 一行は一丁場ごとに北上していた. **c** 一歩: Lupin always kept [stayed] one [a] ~ *ahead* of the police. ルパンは常に警察より一歩先んじていた[役者が一枚上だった]. **d** 《米口語》(出発点での)優位. **5** 《卑》性交. **6** 《廃》危険 (hazard). **7** 《映画》同一場面内で連続すべき画面と画面の被写体の動きが連続せず飛躍すること. **8** 《電算》(プログラム系列の間の)飛び越し, ジャンプ (⇨ *vi.* 10). **9** 《ジャーナリズム》(新聞・雑誌の)記事が別のページや欄に続くこと, その続いた部分 (記事が続くことを示す断り書き (jump line) を意味することもある; cf. breakover 1). **10** 《数学》飛び (関数の飛び不連続な点における, 右極限と左極限との差): ⇨ jump discontinuity. **11** 《チェッカー》ジャンプ (飛び越えて相手の駒を取ること). **12** 《トランプ》=jump bid. **13** 《建築》(れんが積み・石工事における)段違い (基礎を作る際にしばしば使われる階段状の積み方). **14** 《軍事》(砲口の)跳起, 定起 (砲[銃]口が発射の反動で持ち上がる現象).

(***at a***) ***full júmp*** 《米》全速力で (at full speed). (1870) ***for the high júmp*** 厳罰を受けそうで, 大目玉を食いそうで. ***from the júmp*** 初めから. ***gét*** [***háve***] ***the júmp on*** *a person* 《俗》(早く始めて)〈人〉より有利な立場を得る, 〈人〉の機先を制する: He *has* (*got*) *the* ~ *on me* (in doing it). 彼にまんまと出し抜かれた. (1912) ***on the júmp*** 《口語》(1) せわしく動き[走り]回って; 精力的に仕事をして: These children keep me *on the* ~. この子供たちにはてんてこ舞いをさせられている. (1859) (2) すばやく, 大速力で (at great speed). (3) いらいらして (nervously): He's *on the* ~ this morning. ***táke a rúnning júmp*** 《英口語》[命令形で, 軽蔑的に] さっさと立ち去れ, 消えうせろ.

— *adj.* [限定的] **1** 《ジャズ》テンポの速い, 急テンポの; スウィングの[に特有な]: a ~ tune. **2** 《軍事》落下傘部隊の.

— *adv.* 《廃》正確に, まさしく (exactly): so ~ upon this bloody question まさにこの惨劇のさなかに (Shak., *Hamlet* 5. 2. 374).

~·ing·ly *adv.* 〖《v.: *a*1460; n.: 1552》《擬音語》?: cf. G *gumpen* / It. 《方言》*jumpai* to jump〗

SYN 跳ぶ: **jump** 地上をけって前方へ跳ぶ: *jump* three feet into the air 空中に 3 フィート跳び上がる. **skip** 代わる代わる片足で軽く跳んで行く: Children were *skipping* around the room. 子供たちは部屋の中を跳び回っていた. **leap** *jump* とほぼ同じ意味で用いられるが, *jump* よりももっと大きな跳び方, たとえば何かを跳び越えることを含意することが多い: *leap* across the stream 流れを跳び越える. **hop** 〈人が〉片足でぴょんと跳ぶ; 〈動物・鳥が〉全部または 2 本の足でぴょんぴょん跳ぶ: Sparrows are *hopping* about on the lawn. スズメが芝生の上をぴょんぴょん跳び回っている. **spring** すばやく(通例上方へ)跳ぶ (*jump* よりも格式ばった語): *spring* out of bed ベッドから飛び起きる. **ricochet** 〈弾丸などが〉固いものに当たって斜めに跳ね返る: The stone *ricocheted* off the wall. 石が壁に当たって跳ね返った.

jump·a·ble /dʒʌ́mpəbl/ *adj.* 跳べる, 跳び越せる. 〖《1829》: ⇨ ↑, -able〗

júmp àrea *n.* 《軍事》(落下傘隊の)降下地, 降下地域 (通例敵陣の後方).

júmp bàll *n.* 《バスケット》ジャンプボール (レフェリーが両チームの 2 選手の間にボールを投げてプレーを開始[再開]すること; そのボール). 〖1924〗

júmp bìd *n.* 《トランプ》ジャンプビッド (ブリッジで, 通常より一段高いランクの再ビッド; jump raise ともいう; cf. double jump 3).

júmp bòot *n.* (落下傘隊員の)降下靴, 降下用長靴 (ちょうか) (cf. jumpsuit 1).

júmp cùt *n.* 《映画》ジャンプカット, 切詰め (同一シーン内の中間のいくつかの画面をカットして飛びつなぎすること).

júmp-cút *vi.* 〖1948〗

júmp discontinùity *n.* 《数学》飛び不連続 (関数の不連続性の一種; ある点で有限な右極限と左極限をもつが, それらが等しくないこと).

júmped-úp *adj.* 《英口語》成り上がりの; 思い上がりの. 〖1835〗

jum·per¹ /dʒʌ́mpə | -pə(r)/ *n.* **1** ジャンパードレス[スカート] (婦人・子供用のそでなしのワンピース; ブラウスまたはセーターと共に用いる). 日英比較 日本語の「ジャンパー」に相当するのは jacket. また日本語の「ジャンパースカート」に当たるのがこの語. **2 a** (水夫・漁夫・荷揚人夫などが着る ズック布製のゆるい)上っ張り, 作業服. **b** 《米》ジャンパー (衣服の上に着るゆるいジャケット). **3** 《英・豪》(婦人・女児用)セーター. **4** [*pl.*] (子供の)ズボン付きジャンパー, ロンパース, いたずら着 (rompers). **5** (イヌイットや極地探検家などの着る)防寒用のフード付き毛皮製上着. 〖《1853》← 《廃・方言》*jump* short coat ⊏ F *juppe* (変形) ← *jupe* 'JUPE'〗

jump·er² /dʒʌ́mpə | -pə(r)/ *n.* **1 a** 跳ねる人. **b** 《スポーツ》(陸上競技・スキーなどの)ジャンプ競技の選手, 跳躍者. **c** (18 世紀におけるウェールズの)カルビン派メソジスト教徒 (礼拝中に宗教的歓喜のため手を打ち, 小躍りした). **2 a** 跳びはねる虫 (ノミなど). **b** 《魚類》=smallmouth bass. **c** 《馬術・競馬》(障害物を跳び越えるよう訓練した)障害馬, 障害競走に出走する馬. **3** 先取特権横奪者 (cf. jump *vt.* 4 b). **4** 《米》**a** 滑降用そり. **b** (子供用または商品運搬用の簡単な)そり. **5** 《米》**a** (配達トラックからの)小荷物配達係の少年. **b** =handyman. **6** 《英俗》(客車の)検札係. **7** 《鉱山・石工》**a** (上下に震動する)突きがね, 震動たがね (gad); (浮いている岩石片などを落とすのに用いる)突き棒. **b** たがね工 (たがねで作業する工員). **8** 《海事》**a** =jumper stay. **b** =jolly jumper. **9** 《バスケット》=jump shot. **10** 《電気》ジャンパー, ジャンプ線 (回路の切断部(ターミナルとターミナルの間)をつなぐ短い電線; jump wire, jumper cable [lead] ともいう). 〖《1611》← JUMP (v.)〗

júmper càbles *n. pl.* ブースターコード[ケーブル] (両端にクランプの付いた電気コード; 自動車などであがったバッテリーに接続してエンジンをかけるのに用いる; booster cables ともいう).

júmper drèss *n.* =jumper¹ 1. 〖1939〗

júmper stày *n.* 《海事》ジャンパーステー, 檣(しょう)間維持索: **a** foremast と mainmast の両項間に張る水平の維持索. **b** 荒天時に補強のためにつける臨時の後方支索 (backstay) (preventer backstay, triatic stay ともいう). 〖← JUMPER²〗

júmp hèad *n.* 《ジャーナリズム》ジャンプヘッド, 飛びページ見出し (新聞・雑誌で記事が別のページ[欄]へ移る場合, その上につける見出し).

júmp·ing *n.* 跳ぶこと, 跳躍; 降下. — *adj.* 跳んでいる, 跳躍している; 《口語》活気のある.

júmping bèan *n.* 《植物》メキシコ産トウダイグサ科 *Sebastiania* 属の数種の植物の種子 (その中の小さいガの幼虫が動くのに伴って種子が踊り動く; jumping seed ともいう). 〖1889〗

júmping càstle *n.* 《米》ジャンピングキャッスル (しばしば城の形をした, 子供が乗って上で跳ねて遊ぶおもちゃ).

júmping dèer *n.* 《動物》=mule deer. 〖1806〗

júmping géne *n.* 《口語》《生物》=transposon.

júmping hàre *n.* 《動物》トビウサギ (*Pedetes cafer*) (アフリカ南部および東部産トビウサギ科の動物; 長い房尾をもち後脚が長くカンガルーのように跳ぶ). 〖1839〗

júmping jàck *n.* **1** (糸を引くと色々な動作をする)踊り人形, ばね人形. **2** 《スポーツ》ジャンピングジャック, 挙手跳躍運動 (準備運動などで用いる徒手体操の一種目; side-straddle hop ともいう). **3** ねずみ花火. 〖1883〗

júmping mòuse *n.* 《動物》オナガネズミ, トビハツカネズミ (北米・ヨーロッパ・アジアに分布するオナガネズミ科 (*Zapodidae*) の総称; 外形はハツカネズミに似て尾が長く, 冬眠する). 〖1826〗

júmping-óff plàce [**pòint**] *n.* **1** (研究・事業・冒険などの)開始(地点); 出発点, 手始め, 手掛かり. **2 a** 《米口語》人里離れた場所; 最果ての地. **b** 《米口語・カナダ》(文明の)世界の果て. **3** 限界点, 極限. 〖1826〗

júmping pìt *n.* 軟床 (走り高[幅]跳び・棒高跳びの着地用砂場; 砂・おがくず・ゴムくずなどが敷いてある).

júmping plánt lòuse *n.* 《昆虫》キジラミ (キジラミ科 (*Psyllidae*) の昆虫の総称; 腿節が太くて跳躍に適する). 〖1901〗

júmping ròpe *n.* 《米》=jump rope.

júmping sèed *n.* 《植物》=jumping bean. 〖1876〗

júmping spìder *n.* 《動物》ハエトリグモ (ハエトリグモ科 (*Salticidae*) のクモの総称; 獲物をジャンプして捕らえる). 〖1813〗

júmp jèt *n.* ジャンプジェット機, VTOL ジェット機 (垂直に離着陸できるジェット機). 〖1964〗

júmp jòckey *n.* 《英》《競馬》障害物競馬の騎手. 〖1970〗

júmp lèads /-lìːdz/ *n. pl.* 《英》=jumper cables.

júmp lìne *n.* 《ジャーナリズム》ジャンプライン, 飛びページの断り書き (新聞・雑誌で記事が他のページや欄へ[から]続く場合, "Continued on page 3, column 4" とか "Continued from page 1, column 7" などと記す).

júmp·màster *n.* 《軍事》降下長, 降下指揮官 (落下傘降下の際その統制をする将校または下士官).

júmp-òff *n.* **1** 《米口語》**a** 降下(地点), 飛び降り(る場所). **b** (競争・攻撃・冒険などの)出発, 開始; 出発点; (落下傘による)降下開始(点). **2** 《馬術》(障害跳越競技の同点首位者)優勝決定戦, 決勝試合 (cf. runoff 1, play-off).

júmp-pàss *vi.* ジャンプパス (jump pass) する.

júmp pàss *n.* 《アメフト・バスケット》ジャンプパス (跳び上がって空中で受けたボールを足が着地する前に行うパス).

júmp ràise *n.* 《トランプ》=jump bid.

júmp·ròck *n.* 《魚類》米国南東部サッカー科 *Moxostoma* 属の数種の淡水魚の総称.

júmp ròpe *n.* 《米》縄跳び(遊び); 縄跳び(用)の縄 (jumping rope, skipping rope ともいう). 〖1834〗

júmp sèat *n.* **1** 《英》(自動車の)折りたたみ補助座席. **2** (飛行機乗務員室内の)補助座席. **3** (馬車内の)可動座席 (movable seat). 〖1864〗

júmp-shìft *n.* 《トランプ》ジャンプシフト (ブリッジでパートナーのビッドに対して, 別なスーツを通常より一段高いレベルでビッドすること; jump bid よりさらに強力な手を示す; jump switch [takeout] ともいう).

júmp shòt *n.* **1** 《バスケット》ジャンプシュート (跳躍しながら行うシュート). 日英比較 「ジャンプシュート」は和製英語. **2** 《玉突》ジャンプショット (キューボールが目標の球の上を跳び越すように打つショット). 〖1909〗

júmp spàrk *n.* 《電気》飛火 (間隙(かんげき)を飛ぶ火花): ~ ignition (エンジンの)火花点火. 〖1908〗

júmp-stàrt *vt.* 〈自動車のエンジンを〉ジャンプスタートさせる (エンジンを, ブースターケーブルを使って他車のバッテリーとつなぐことにより, または車を押したり坂道を走らせたりしながら始動させる); 〈活動を〉再開[開始]する, に活を入れる, 刺激する. — *n.* ジャンプスタート, 押しがけ. 〖1976〗

júmp·sùit *n.* **1** ジャンプスーツ (落下傘隊員の降下服; cf. jump boot). **2** ジャンプスーツ (ワンピースでパンツとブラウス[シャツ]が一緒になった服). 〖1944〗

júmp switch [**tàkeout**] *n.* 《トランプ》=jump-shift.

júmp tùrn *n.* 《スキー》跳躍回転. 〖1924〗

júmp-ùp *n.* 《カリブ》カーニバルに似たお祭り騒ぎ. 〖1955〗

júmp wèld *n.* 《金属加工》比較的大きな部分に対して別の部材を直角に溶接する突き合わせ溶接 (butt weld) の一種. 〖1864〗

júmp wìre *n.* 《電気》=jumper² 10.

jump·y /dʒʌ́mpi/ *adj.* (**jump·i·er**; **-i·est**) **1 a** 跳びはねる, 急に変動する. **b** 〈乗物が〉激しく揺れる, がたがた揺れる. **c** 〈物語など〉急激な変化に富む: a ~ narrative 目まぐるしく場面の変わる物語. **2** (病的に)びくびくする, 痙攣(けいれん)性の, 神経質な. **júmp·i·ly** /-pɪ̀li/ *adv.* **júmp·i·ness** *n.* 〖《1869》: ⇨ -y¹〗

jun /dʒʌ́n; *Korean* tʃʌn/ *n.* (*pl.* ~) **1** チョン(銭) (北朝鮮の通貨単位; $=^1/_{100}$ won). **2** 1 チョン貨. 〖《1966》⊏ Korean ~〗

Jun. (略) June; Junius.

Jun., jun. (略) junior.

Junc., junc. (略) junction.

Jun·ca·ce·ae /dʒʌŋkéɪsiìː/ *n. pl.* 《植物》イグサ科.

jun·cá·ceous /-kéɪʃəs/ *adj.* 〖← NL *Juncāceae* ← *Juncus* (↓)+-ACEAE〗

Jun·cag·i·na·ce·ae /dʒʌŋkædʒənéɪsiìː | -dʒɪ-/ *n. pl.* 《植物》シバナ科. 〖← NL *Juncāgineae* ← *Juncāgo* (属名: ← L *juncus* (↓))+-ACEAE〗

jun·co /dʒʌ́ŋkoʊ | -kəʊ/ *n.* (*pl.* ~**s**, ~**es**) 《鳥類》北米産のジュンコ属 (*Junco*) の小鳥の総称 (ユキヒメドリ (slate-colored junco) など; snowbird ともいう). 〖《1706》← NL ~ ← Sp. ~ 'rush' < L *juncum* rush: cf. jonquil, junk¹, junket〗

junc·tion /dʒʌ́ŋ(k)ʃən/ *n.* **1** 接合, 連接, 接続 (union): make a ~ with …と連結[接続]する. **2 a** 接合点, 接続点, 連接箇所: at the ~ of two parts. **b** (川の)合流点. **c** (鉄道の)連絡[接続]駅, 乗換駅 (しばしば駅名の一部として用いる). **d** 十字路, (ハイウェーなどの)交差点. 日英比較 日本語の「ジャンクション」は主として「高速道路の合流・分岐点」を意味するが, 英語の *junction* は高速道路に限らず一般の道路や鉄道の合流・分岐点を意味する. **e** (電気回路の)分岐点. **3** 《電気》= junction box. **4** 《電子工学》(異種半導体などの)接合, 接合部[点]: ⇨ junction transistor / ~ temperature 接合温度 (接合部の温度). **5** 《解剖》接合部, 連結. **6** 《文法》ジャンクション (Jespersen の用語; 例えば barking dogs のように一次語と二次語の結合から成る語群; cf. nexus 4). — *vi.* 接合する. — *vt.* 接合させる. **~·al** /-ʃnəl, -ʃənl/ *adj.* 〖《1711》⊏ L *junctiō(n-)* ← *junctus* (p.p.) ← *jungere* 'to JOIN': ⇨ -tion〗

júnction bòx *n.* 《電気》接続箱 (多心ケーブルを接続するときに用いるケーブル保護のための金属の箱; 単に junction ともいう). 〖1885〗

júnction cìrcuit *n.* 《通信》中継線[回路] (電話交換局相互間または局内交換器相互間の中継接続用電話線[回路]).

júnction lìne *n.* (鉄道の)接続線路, 分岐線.

júnction transìstor *n.* 《電子工学》接合(方式の)ト

ランジスター《MOS 形トランジスターに対して普通のものをいう》. 〘1949〙

junc·tur·al /ʤʌ́ŋ(k)tʃ(ə)rəl/ *adj.* 〖言語〗連接の[に関する]. 〘(1942) ↓〙

junc·ture /ʤʌ́ŋ(k)tʃə | -tʃə(r/ *n.* **1** (危機などをはらむ)形勢, 情況, 急場; 時点, 転機, 岐路: at this ～ こういう(重大な)時に当たって, この際 / at a crucial ～ between these two countries' relations この 2 国間の重大な危機に当たって / in the present critical ～ of things 現下の危機に際して / Forty is a critical ～ in a man's life. 40 歳という年齢は人の一生の重大な岐路である. **2 a** 接続, 連結 (joining). **b** 接合点 (junction), 縫い目 (seam); つなぎ目; 連絡箇所. **c** 連結物; 関節. **3** 〖音声〗連接《語・句・節などの境界に現れる音韻論上の特徴》: a plus ～ プラス連接 (+) / a single bar ～ 単一線連接 (|) / a double bar ～ 二重線連接 (‖) / a double cross ～ 二重十字連接 (#). 〘1941〙 〘(*c*1384) ◻ L *junctūra* a joining, joint ← *junctus* (⇨ junction): JOINTURE と二重語〙

Jun·dia·í /ʒùndjəíː; *Braz.* ʒũʤiaí/ *n.* ジュンジャイー《ブラジル南東部, São Paulo 州の工業都市》.

June[1] /ʤúːn/ *n.* 6 月 (略 Jun., Je). 〘(?*a*1300) *Ju(i)n* ◻ (O)F *juin* < L *Jūnium* (*mēnsem*) '(month) of JUNO' ∞ lateOE *Junius* ◻ L〙

June[2] /ʤúːn/ *n.* ジューン《女性名; 6 月生まれに多い》. 〘↑〙

Ju·neau /ʤúːnoʊ | ʤúːnəʊ, ʤʊnóʊ/ *n.* ジュノー《米国 Alaska 州南東部の海港で同州の州都》. 〘← *Joseph Juneau* (この地域の金鉱の発見者の一人)〙

Júne bèetle *n.* 〖昆虫〗コフキコガネ《コガネムシ科のうちコフキコガネ亜科に属する種類の総称; 主としてクロコガネ類を指す; June [May] bug, May beetle ともいう》.

J

June·ber·ry /ʤúːnbèri | -b(ə)ri/ *n.* 〖植物〗**1** バラ科ザイフリボク属 (*Amelanchier*) の植物の総称; (特に)北米産の植物 (*A. canadensis*). **2** 1 の実《紫色の小果で, 食べられる; 1, 2 とも serviceberry, shadberry ともいう》. 〘1810〙

Júne bríde *n.* 6 月の花嫁《幸福になれるといわれる》.

Júne bùg *n.* 〖昆虫〗**1** ＝June beetle. **2** ＝green June beetle. 〘1829〙

Júne dróp *n.* 〖園芸〗ジューンドロップ《結実して肥大し始めた果実が, 6 月ごろに生理的原因により落果すること》.

Júne gràss *n.* 〖植物〗**1** ＝Kentucky bluegrass. **2** ＝prairie June grass. 〘1855〙

Júne Wèek *n.* 《米》(West Point (陸軍士官学校)と Annapolis (海軍兵学校) と Air Force Academy (空軍士官学校)で種々の行事がある 6 月の)卒業週間. 〘1889〙

Jung /júŋ; *G.* jʊ́ŋ/, **Carl Gustav** *n.* ユング《1875–1961; スイスの精神医学者・心理学者》.

Jun·ger·man·ni·a·ce·ae /ʤʌ̀ŋgəmæ̀niéɪsiì: | -gə-/ *n. pl.* 〖植物〗ツボミゴケ科. **jùn·ger·màn·ni·á·ceous** /-éɪʃəs⁻/ *adj.* 〘← NL ～ ← *Jungermannia* (属名) ← *Jungermann* (*d.* 1653: ドイツの植物学者)＋-IA¹: ⇨ -aceae〙

Jung·frau /júŋfraʊ; *G.* jʊ́ŋfʁaʊ/ *n.* [the ～] ユングフラウ《スイス南部にあるアルプス山脈中の高峰 (4,158 m)》. 〘◻ G ～ 'YOUNG lady'〙

Jung·gar /ʒʊ́ŋgɑə | -gɑː(r/ *n.* ジュンガル盆地《中国西部新疆(しんきょう)ウイグル自治区北部の盆地》.

Jung·gram·ma·ti·ker /júŋgrɑːmɑ̀ːtɪkə | -tɪkə(r; *G.* jʊ́ŋgʁamàtɪkɐ/ *n. pl.* [the ～] 〖言語〗青年文法学派 (⇨ neogrammarian). 〘(1922) ◻ G ～ 'young grammarians'〙

Jung·i·an /júŋiən/ *adj.* ユング (C. G. Jung) の; ユングの学説の: ～ psychology. — *n.* ユングの学説を伝える人, ユング派の人. **～·ism** /-nìzm/ *n.* 〘(1933): ⇨ Jung, -ian〙

jun·gle /ʤʌ́ŋgl/ *n.* **1 a** (熱帯地方の)叢林(そうりん)(地), 密林(地帯), ジャングル. **b** 密叢地帯. **2 a** ごちゃまぜの山, がらくたの山 (jumble). **b** 混乱, 錯綜(さくそう), 迷宮 (maze): in the buried ～ of her consciousness 彼女の混乱した意識の奥にはり / through the red-tape ～ 複雑なお役所手続きのために. **3** 《俗》浮浪労働者のたまり場 (hobo camp). **4** 《俗》生きるための闘争の場所; 猛烈な(生存)競争の場; 食うか食われるかの場所: a concrete ～ in a large city / ⇨ asphalt jungle / the law of the ～ ジャングルのおきて[習わし]《弱肉強食》. **5** 〖音楽〗ジャングル《1990 年代に英国から広まったダンスミュージックの一種; サンプリングなどによる電子的な高速ビートと遅めのベースラインを組み合わせ, そこにメロディーなどを重ねる》.
— *vi.* **1** ジャングルで生活する. **2** 《俗》浮浪(労働)者のたまり場に住む 〈*up*〉: ～ *up with* a person.
〘(1776) ◻ Hindi *jaṅgal* desert, forest ← Skt *jāṅgala* dry (ground) ← ?〙

júngle bèar *n.* 〖動物〗＝sloth bear.

júngle càt *n.* 〖動物〗ジャングルキャット (*Felis chaus*)《エジプト・中東・小アジア・カスピ海南東部のロシア・アジア南部産の野生ネコ》. 〘1895〙

júngle còck *n.* 〖鳥類〗ヤケイ (jungle fowl) の雄.

jún·gled *adj.* 叢林(そうりん)に覆われた, 密林の. 〘(1842) ← JUNGLE＋-ED〙

júngle féver *n.* 〖病理〗密林熱, ジャングル熱《東インド諸島などのジャングル地帯の悪性マラリア》. 〘1803〙

júngle·fòwl *n.* **1** 〖鳥類〗ヤケイ(野鶏)《インド・東南アジア・マレーシアなどにすむヤケイ属 (*Gallus*) の野生の鶏の総称》; (特に)セキショクヤケイ (*G. gallus*)《普通の鶏の祖鳥と考えられる》. **2** 《豪》〖鳥類〗＝megapode. 〘1824〙

júngle gỳm *n.* ジャングルジム《鉄パイプを方形に立体的に組立てた遊戯器具》. 〘(1923) ← *Junglegym* (商標名)〙

júngle hèn *n.* 〖鳥類〗ヤケイ (jungle fowl) の雌.
〘1890〙

júngle jùice *n.* 《俗》(特に自家製の)強いアルコール飲料, 酒. 〘1945〙

júngle ròt *n.* 〖病理〗熱帯性皮膚病. 〘1944〙

júngle télegraph *n.* ＝bush telegraph.

júngle wàr [wàrfare] *n.* ジャングル戦. 〘1955〙

jun·gli /ʤʌ́ŋgli/ *n.* (インドの)ジャングル居住者. — *adj.* **1** ＝jungly 2. **2** 《インド》無作法な, 野暮くさい. 〘(1920) ← JUNGL(E)＋(HIND)I〙

jun·gly /ʤʌ́ŋgli/ *adj.* **1** ジャングル(性)の, 密林のような. **2** ジャングルに住む. 〘(1800) ← JUNGLE＋-Y¹〙

ju·nior /ʤúːnjə | -niə(r, -njə(r/ *adj.* **1 a** 年下の, 年少の (younger) (cf. senior 2 a). ★ しばしば Jr または Jun. と略して特に二人兄弟中の弟, 同名父子の息子, 同名の生徒の年少者を指す場合に用いる (cf. fils¹, young 2): John Smith *Junior* [*Jr, Jun.*] 弟[息子]のほうの John Smith. **b** 年少者向きの: a ～ novel. **c** 年少者から成る《7～11 歳の学童を指す》: a ～ class 年少組. **d** 若い (young); 〔…より〕年下の 〔*to*〕: He is two years ～ *to* me.＝He is ～ *to* me by two years. 彼は 2 歳年下だ. **2** 後進の, 後輩の, 下級の, 下位の (subordinate): a ～ clerk 下位の事務員[事務官] / a ～ partner (組合・合名会社などの)下級社員. **3** 〔…より〕あとの, 新しい 〔*to*〕: My appointment is ～ *to* yours by a year. 僕が任命されたのは君より 1 年あとだ. **4** 小型の: a ～ typhoon 小型の台風, 豆台風 / a ～ earthquake 小型の[軽い]地震. **5** 《米》(四年制大学の)三年(級)の, (三年制大学の)二年(級)の, (二年制短大の)一年(級)の; (大学・高校などの)下級の (cf. *n.* 4, senior 3 a). **6** 〖法律〗(抵当権・質権などに関して)担保の後順位の. **7** 〖証券〗請求権の順位が後の, 下位の (cf. senior 4): ～ securities 下位証券《具体的には普通株》.
— *n.* **1** [one's ～ で] **a** 年少者, 年下の者: a young man considerably her ～ 彼女よりずっと年下の青年 / He is my ～ by three years.＝He is three years my ～. 彼は私より三つ年下だ. **b** 後進者, 後輩. **2 a** [しばしば J-で固有名詞的に]《米》息子, 二世《通例, 同姓同名の父親と区別するため》. **b** (愛玩動物の)子. **3 a** 若い人, 未成年者 (18 歳未満など); (特に)若い娘 (junior miss): teens and ～*s* 十代の娘や若い女性たち. **b** 《口語》[生意気な若者などへの, いらだたしい気持ちを含む呼び掛けに用いて] お若いの, あんちゃん. **4** 《米》(四年制大学の)三年生, (三年制大学の)二年生 (cf. senior 3 a, sophomore 1, freshman 1), (二年制短大の)一年生; (日曜学校の) 9 歳から 11 歳までの生徒; 《英》小学校の学童. **5** 〖英法〗＝junior barrister. **6** 《米》〖服飾〗ジュニアサイズ (junior miss)《細腰の女性用》.
〘(1296) ◻ L *jūnior* (compar.) ← *juvenis* 'YOUNG': cf. senior〙

ju·nior·ate /ʤúːnjərèɪt, -rɪ̀t | -njə-, -niə-/ *n.* 〖カトリック〗**1** イエズス会 (Society of Jesus) の高等学院課程《2 年間の修練期 (novitiate) を終えて哲学修業期に入る前の 2 年間の古典文学勉学の期間; 現在ではほとんどない》. **2** 高等学院課程の神学校. 〘(1845): ⇨ ↑, -ate¹〙

júnior bárrister *n.* 〖英法〗ジュニアバリスター《まだ勅選バリスター (King's Counsel) の資格を持っていないバリスター; junior counsel ともいう》.

júnior cláss *n.* (米国で)(四年制大学の)三年生, (三年制大学の)二年生 (cf. senior 3 a, freshman 1).

júnior cóllege *n.* **1** (米国・カナダで)二年[一年]制カレッジ《課程履修証明書だけを与え, 学位 (degree) は与えない》; (日本の)短期大学. **2** (米国・カナダの四年制大学の)一般教養部, 2 年間の前期課程. **3** 成人教育学校 (cf. community college). 〘1899〙

júnior combinátion ròom *n.* 《英》(Cambridge 大学で) 学部低学年学生社交室 (略 JCR).

júnior cómmon ròom *n.* 〖英大学〗(学寮の)学生控室[休憩室] (略 JCR) (cf. senior common room).

júnior cóunsel *n.* 〖英法〗＝junior barrister.

júnior féatherweight *n.* (ボクシングの) ジュニアフェザー級の選手 (⇨ weight 表).

júnior flýweight *n.* (ボクシングの) ジュニアフライ級の選手 (⇨ weight 表).

júnior hígh *n.* ＝junior high school.

júnior hígh schòol *n.* (米国の)下級高等学校《7–9 学年の学校; まれには 7–8 または 8–9 学年のみの場合もある; 日本の中学校に当たる; junior high ともいう; cf. senior high school》. 〘1909〙

ju·nior·i·ty /ʤuːnjɔ́(ː)rəṭi, -njɑ́(ː)r-, ʤuːni- | ʤuːniɔ́rɪ̀ti/ *n.* **1** 年下であること, 年少, 若年の身. **2** 後進[後輩]である身分; 下級[下位]の立場[境遇]. 〘(1597): ⇨ -ity〙

Júnior Léague *n.* [the ～] 女子青年連盟《米国の若い上流婦人たちの構成する文化団体の一つ; 1901 年 New York 市に設立され, 1921 年 Association of the Junior Leagues of America, Inc. の名で発足した》.

Júnior Léaguer *n.* 女子青年連盟団員. 〘1938〙

júnior líbrary *n.* 《英》児童図書館.

júnior líghtweight *n.* (ボクシングの)ジュニアライト級の選手 (⇨ weight 表).

júnior míddleweight *n.* (ボクシングの)ジュニアミドル級の選手 (⇨ weight 表).

júnior míss *n.* **1** ジュニア(ミス), 若い娘《13–16 歳ぐらいの少女》. **2** 〖服飾〗＝junior *n.* 6. 〘1927〙

júnior mórtgage *n.* 〖法律〗二番抵当以下の後順位の抵当権 (cf. second mortgage).

júnior ófficers' quárters *n. pl.* 〖米海軍〗士官次室《英海軍の gun room に相当する》.

júnior óptime *n.* 《英》(Cambridge 大学で) 数学の学位試験における第一級優等合格者 (wranglers) 中, 第三位合格者.

júnior schòol *n.* 《英》**1** 下級学校《7–11 歳の児童を収容する義務教育の公立学校; cf. infant school》. **2** (有料)中等学校の下級 (junior) 学年部. 〘1871〙

júnior séaman *n.* 〖英海軍〗最下級の水兵.

júnior séminary *n.* 〖カトリック〗＝minor seminary.

júnior technícian *n.* 〖英空軍〗一等兵 (aircraftman (二等兵)の上の階級).

júnior vársity *n.* 《米》〖スポーツ〗(大学または高校対抗戦の)二軍チーム, ジュニアチーム《代表チームより下位のチーム; 略 JV; cf. jayvee》. 〘1949〙

júnior wélterweight *n.* (ボクシングの)ジュニアウェルター級の選手 (⇨ weight 表).

ju·ni·per /ʤúːnəpə | -nɪ̀pə(r/ *n.* **1** 〖植物〗ビャクシン属 (*Juniperus*) の常緑針葉樹の総称《イブキ (*J. chinensis*) など》; (特に)セイヨウビャクシン, ヨウシュネズ, トショウ(杜松) (common juniper): oil of ～＝juniper oil. **2** 〖聖書〗レダマの木《荒野ではしばしば唯一の日陰をつくる; retem を指すといわれる; cf. *1 Kings* 19: 4》. 〘(*c*1384) ◻ L *jūniperus* juniper tree〙

júniper bèrry *n.* 杜松実(としょうじつ)《米国産のセイヨウビャクシン (common juniper) の実》.

júniper òil *n.* 杜松油(としょうゆ)《セイヨウビャクシン (common juniper) の実から採られ, 薬剤またはジン (gin) の香味剤となる》. 〘1901〙

Ju·nius /ʤúːnjəs, -niəs/ *n.* ジュニアス《1769–72 年の間英国の高官達とその政策に対する公開非難状 (Letters of Junius) を発表した匿名人物; 今では一般に Philip Francis であろうといわれている》.

junk[1] /ʤʌ́ŋk/ *n.* **1** 《口語》**a** くず物; 古い金物類, がらくた: a ～ heap くず物の山 / a piece of ～ くず物《一つ》. **b** ばかげたこと, くだらないもの: comic books and cowboy ～ 漫画の本やくだらないカウボーイもの. **2** 《英》(物の)塊 (lump, chunk). **3** (マッコウクジラの)頭部脂肪組織《これから鯨蠟(げいろう) (spermaceti) を採る》. **4 a** 《俗》麻薬, (特に)ヘロイン (heroin). **b** 《豪口語》麻薬常用者; 麻薬密売人. **5** 〖海事〗**a** 古綱の切れ端《ほぐして種々の用にあてる》. **b** (帆船時代に水夫に支給された)固い塩漬け牛肉.
— *adj.* [限定的] くずの; がらくたの. — *vt.* 《口語》(がらくたとして)捨てる (discard); 放棄する. 〘(1338) ◻ ? Port. *junco* cordage, rush < L *juncum* rush〙

junk[2] /ʤʌ́ŋk/ *n.* ジャンク《極東水域, 特にシナ海を航行する平底帆船; 帯板製の角型の帆を使用する》. 〘(1613) ◻ Sp. & Port. *junco* ◻ Javanese *joṅ* ship〙

júnk àrt *n.* 〖美術〗廃物美術, ジャンクアート《金属・木・ガラスなどの廃物で構成された美術》. **júnk àrtist** *n.* 〘(1962) ← JUNK¹ 1 a〙

júnk bàll *n.* 《俗》〖野球〗ジャンクボール《変則投法によるゆるい変化球》.

júnk bònd *n.* 〖金融〗ジャンクボンド《高利回りだがリスクの高い社債》. 〘1974〙

júnk dèaler *n.* くず物屋, (古金物などの)がらくた物商人; 古綱商人, 古船具商人. 〘(1882) ← JUNK¹ 1 a〙

júnked úp *adj.* 《米俗》麻薬で陶酔した.

júnk·er *n.* **1** 《米俗》＝junkie 1. **2** 《米》スクラップ寸前の物, (特に)おんぼろ自動車. 〘(1922) ← JUNK¹ 4＋-ER¹〙

Jun·ker /júŋkə | -kə(r; *G.* jʊ́ŋkɐ/ *n.* **1** ドイツの若い貴族, プロイセンの土地貴族, ユンカー《特に, 身分的特権・優越性を強く主張する高慢で偏狭な保守的貴族, 第二次大戦後消滅》. **2** (偏狭な)ドイツの役人[軍人]. 〘(1554) ◻ G ～ < MHG *junc herre* ← *junc* (G *jung*) 'YOUNG' ＋*herre* lord: cf. younker〙

Jún·ker·dom /-dəm | -dəm/ *n.* **1** [集合的] ユンカーたち (Junkers). **2** プロイセン貴族の身分, ユンカーの身分. **3** [しばしば j-] ＝Junkerism. 〘(1870): ⇨ ↑, -dom〙

Jún·ker·ism, j- /-kərìzm/ *n.* ユンカー風の貴公子かたぎ, 高慢で偏狭で反動的な貴族主義. 〘(1866): ⇨ -ism〙

Jun·kers /júŋkəz, -kəs | -kəz, -kəs; *G.* jʊ́ŋkɐs/, **Hugo** *n.* ユンカース《1859–1935; ドイツの航空技術者; 最初の総金属飛行機を製作 (1915)》.

jun·ket /ʤʌ́ŋkɪ̀t | -kɪt/ *n.* **1** ジャンケット《甘い凝乳製食品; cf. curd 1》. **2** 宴会 (feast), パーティー (party). **3** 《米》**a** 旅行 (tour). **b** ピクニック, 遊山旅行 (picnic). **c** (官費の)大名旅行《視察などの口実で役人や議員などがする》: on an overseas ～ 〈議員など〉海外視察旅行に出て.
— *vi.* **1** ごちそうを食べる (feast); 宴会を開く. **2** 《米》**a** 遊山旅行をする. **b** (官費[公費]で)大名旅行をする: Half the committee is ～*ing* around the world. 委員たちの半数は世界中をお手盛り旅行して歩いている. — *vt.* 〈人を〉ごちそうに呼ぶ, もてなす (entertain). 〘(*c*1384) *jonket* basket ◻ (O)F *jonquette* rush basket ← *jonc* rush < L *juncum*: cf. junco: 昔このかごの中で凝乳製品を作った(またはこの中に入れて運んだ)ことから〙

jún·ket·er /-ṭə | -tə(r/ *n.* (*also* **jun·ke·teer** /ʤʌ̀ŋkətíə | -kɪtíə(r, -kə-/) **1** (宴会で)飲み騒ぐ人. **2** 《米》官費[公費]旅行者. 〘(1825) ⇨ ↑, -er¹〙

jún·ket·ing /-ṭɪŋ | -tɪŋ/ *n.* **1** 《米》遊山旅行. **2** 《英》饗宴(きょうえん); 祝賀, 祝宴 (celebration). 〘(1555): ⇨ junket, -ing¹〙

júnk fòod *n.* **1** ジャンクフード《ポテトチップ・ポップコーンなどカロリーは高いが栄養に欠けるスナック》; (食物代替物の入った)インスタント食品. **2** (俗うけはするが, 役に立たない)くだらないもの. 〘1971〙

júnk·hèap *n.* **1** ＝junkyard. **2** 《俗》ポンコツ車; 廃家.

junk·ie /ʤʌ́ŋki/ *n.* **1** 《口語》麻薬[ヘロイン]常習者; 麻薬密売者. **2** 熱狂的なファン, 熱中者, …狂: a camera ～ カメラマニア. **3** ＝junkman¹. 〘1923〙

júnk jèwelry *n.* 《口語》(貝殻・木片・金属・モールなど

で作った)安い装身具[アクセサリー]. 〖1939〗
júnk màil *n.* 《米》(だれかれかまわず送られてくる)広告物, ジャンクメール《宛名には "occupant", "resident" などとある》. 〖1954〗
júnk·man¹ /-mən/ *n.* (*pl.* **-men** /-mən, -mèn/) 《米》くず物屋 (junk dealer, 《英》 rag-and-bone man). 〖《1872》← JUNK¹〗
júnk·man² /-mən/ *n.* (*pl.* **-men** /-mən, -mèn/) ジャンクの船員. 〖《1862》← JUNK²〗
júnk plàyground *n.* =adventure playground. 〖1957〗
júnk rìng *n.* 〘機械〙押さえ輪《内燃機関のピストンの周辺に取り付けられた輪》. 〖《1839》← JUNK¹: もとピストンの周囲の麻の詰め物を固定するのに用いたことから〗
júnk scùlpture *n.* くず物[廃物利用]彫刻 (junk art).
júnk scùlptor *n.* 〖《1965》← JUNK¹ 1 a〗
júnk·shòp *n.* **1 a** くず物店; 中古品店, 古物屋. **b** 《軽蔑》骨董品店. **2** 古綱店, 古船具店 (marine store). 〖1800〗
junk·y /dʒʌ́ŋki/ *adj.* (**junk·i·er**; **-i·est**) がらくたの, くず物的な. — *n.* 《俗》 =junkie 1. 〖《1946》← JUNK¹+-Y⁴〗
júnk·yàrd *n.* (古金属・ほご紙・古自動車など再販可能な品の)古物置場, 古物処理場. 〖《1880》← JUNK¹+YARD²〗
Ju·no /dʒúːnou | -nəu/ *n.* **1** ジュノー《女性名》. **2 a** 〘ローマ神話〙ユーノー, ジュノー《Jupiter の妻でローマ最大の女神; 女性(特に結婚生活)の保護神; ギリシャ神話の Hera に当たる》. **b** 侵し難い気品を備えた女性 (cf. Junoesque). **3** 〘天文〙ユーノー, ジュノー《小惑星 (asteroid) 第三番の名; cf. Ceres 2, Pallas 2》. 〖□ L *Jūnō* ← ?: 《原義》? the youthful one: cf. *juvenis* 'YOUNG'〗

Juno 2 a

Ju·no·esque /dʒùːnouésk | -nəu-⁻/ *adj.* **1** 〈女性が〉(Juno のように) 威厳のある; 押出しの立派な (stately): a good-looking, ～ type of woman 美人で押出しの立派な女性. **2** 豊満な, バストのふくよかな (plump). 〖《1888》: ⇨ ↑, -esque〗
Ju·not /ʒuːnóu | -nóu; F. ʒyno/, **An·doche** /ɑ̃dɔʃ/ *n.* ジュノー (1771–1813; Napoleon 配下のフランスの陸軍元帥; 称号 Duc d'Abrantès /dabrɑ̃tɛs/).
Junr, junr 《略》 junior.
jun·ta /húntə, dʒún-, dʒʌ́n-, hʌ́n- | dʒʌ́ntə, dʒún-, hún-, *Sp.* xúnta, *Am.Sp.* húnta/ *n.* **1** (クーデター直後, 合法的な政府ができるまでの)軍事政権, 臨時政府, (それに類する)小人数の政府 (junto). **2** (スペイン・南米などの)議会, 会議, 閣議 (council). **3** =junto. 〖《1622》□ Sp. ～ < L *junctam* (fem. p.p.) ← *jungere* 'to JOIN'〗
jun·to /dʒʌ́ntou | dʒʌ́ntəu, dʒún-, hún-/ *n.* (*pl.* ～**s**) 陰謀団; (政治上の)秘密結社, 徒党, 私党《英国史上では William 三世時代の Whig 党領袖たちのそれが有名》. 〖《1623》《転訛》↑〗
Júnto Clùb *n.* [the ～] ジャントークラブ《B. Franklin が 1727 年に Philadelphia で相互向上を目的に創設したクラブ; The Junto ともいう; 後に発展して米国哲学協会 (American Philosophical Society) となる》.
jupe /dʒúːp | ʒúːp; F. ʒyp/ *n.* 《スコット・北英》 **1** ドレスのスカート[ペチコート]. **2** =bodice. **3** [*pl.*] コルセット (stays). 〖《*c*1300》□ (O)F *jupe* □ Arab. *júbbaʰ* 'JUBBAH': cf. jupon, jumper²〗
Ju·pi·ter /dʒúːpətə | dʒúːpɪ̆tə^(r)/ *n.* **1** 〘ローマ神話〙ユーピテル, ジュピター (Jove)《神々の王で天の支配者である最高の神; 雷電を武器とする; 妻は Juno; ギリシャ神話の Zeus に当たる》. **2** 〘天文〙木星《太陽系中最大の惑星; 衛星 Io, Europa, Ganymede, Callisto, Amalthea, Himalia, Elara, Pasiphae, Sinope, Lysithea, Carme, Ananke, Leda; 1979 年に 1979-J 1 を, 1980 年に Thebe, 1979-J 3 を発見》. ★ ラテン語系形容詞: Jovian.
by Júpiter! 《古》 =by JOVE!
〖《?*a*1200》□ L *Jūpiter, Juppiter* (voc.) 《原義》 O father Jove! (cf. Gk *Zeû páter* (voc.)): ⇨ Jove, pater〗

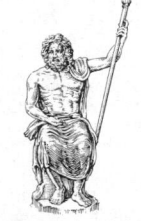

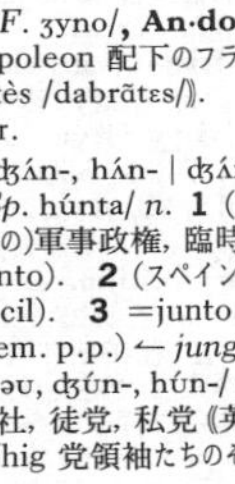

Jupiter 1

Júpiter Plú·vi·us /-plúːviəs/ *n.* **1** 〘ローマ神話〙雨神 (としての Jupiter). **2** 《戯言》雨, 降雨. 〖《1864》□ L *Jūpiter Pluvius* Jupiter who brings rain: ⇨ pluvial¹〗
ju·pon /dʒúːpɑ(ː)n, ⁻⁻ | ʒúːpɔn, dʒúː-; F. ʒypɔ̃/ *n.* **1** (14 世紀の)胴着 (doublet). **2** 〘甲冑〙(14 世紀の)綿入陣羽織《よろいの上に着た紋章入りの短い上っ張り; gipon ともいう》. 〖《1345–49》□ (O)F ～ ← JUPE: cf. Jpn.「ジュバン」〗
jura *n.* jus² の複数形.
Ju·ra¹ /dʒúᵊrə | dʒúərə; F. ʒyʀa/ *n.* **1** ジュラ《フランス東部のスイスに接する県; 面積 5,008 km², 県都 Lons-le-Saunier /lɔ̃slɛsonje/》. **2** ジュラ(州)《スイス北西部の州; 1979 年 Bern 州より分離; 面積 837 km², 州都 Delémont /dəlemɔ̃/》. **3** ジュラ島《スコットランド西岸沖 Inner Hebrides 諸島中の島》. **4** =Jura Mountains. **5** 〘天文〙月面の Mare Imbrium 北境にある山脈.
Ju·ra² /dʒúᵊrə | dʒúərə/ *n.* 〘地質〙ジュラ紀[系] (Jurassic period or system). 〖《1829》← *Jura Mountains*〗
ju·ral /dʒúᵊrəl | dʒúər-/ *adj.* **1** 法律上の[に関する]: ～ posturates 法的要請. **2** 権利・義務の[に関する]. **～·ly** *adv.* 〖《1635》← L *jūr-, jūs* law+-AL¹: ⇨ jus²〗
ju·ra·men·ta·do /dʒùᵊrəmәntɑ́ːdou | dʒùərəmentɑ́ːdəu; *Sp.* xuɾamentáðo/ *n.* (*pl.* ～**s** /～s/) フーラメンタード《キリスト教徒を殺して死ぬと誓ったフィリピンのモロ族 (Moros) の狂信的イスラム教徒》. 〖□ Sp. ～ 'bound by an oath' ← *juramento* oath < L *jūrāmentum* ← *jūrāre* to swear: cf. jury¹〗
Júra Móuntains *n. pl.* [the ～] ジュラ山脈《フランスとスイスとの間にあり Rhine 川から Rhone 川に及ぶ; 最高峰 Crêt de la Neige /kʀɛdlanjɛːʒ/ (1,722 m)》.
Ju·ras·sic /dʒurǽsɪk | dʒu(ə)r-/ 〘地質〙 *adj.* ジュラ紀[系]の: the ～ period ジュラ紀《三畳紀 (Triassic period) と白亜紀 (Cretaceous period) との間, 中生代 (Mesozoic era) の 3 区分の一つ》/ the ～ system ジュラ系《ジュラ紀にできた地層群》. — *n.* [the ～] ジュラ紀[系]. 〖《1831》□ F *jurassique*: ⇨ Jura², -ic¹〗
ju·rat /dʒúᵊræt | dʒúər-/ *n.* **1 a** (英国 Cinque Ports の)市政参与《他都市の上級議員 (alderman) に類する役》. **b** (フランスまたは Channel Islands の) 終身治安判事. **2** 〘法律〙 **a** 宣誓供述書 (affidavit) の結びの部分《宣誓の場所・日時, 宣誓者および立会官の氏名が記載してある部分》. **b** 宣誓立合官の証明書. 〖《1432》□ ML *jūrātus* sworn man (p.p.) ← L *jūrāre* to swear: ⇨ jury¹〗
ju·ra·to·ry /dʒúᵊrətɔ̀ːri | dʒúərətəri, -tri/ *adj.* 〘法律〙宣誓の, 宣誓して述べた. 〖《1553》□ LL *jūrātōrius* confirmed by oath ← *jūrātus* (↑)〗
JurD 《略》 *L.* Juris Doctor (=Doctor of Law).
ju·re di·vi·no /dʒúᵊridɪ̆váɪnou, -víː-, júᵊreɪdɪ̆víː- | dʒùəridɪváɪnəu, júəreɪdɪvíːnəu/ *L.* 神のおきてによりて. 〖□ L *jūre dīvīnō* by divine law〗
jure hu·ma·no /dʒúᵊri(h)juːméɪnou, -máː-, júᵊreɪuːmáː- | dʒúərihjuːméɪnəu, júəreɪuːmáː-/ *L.* 人のおきてによりて. 〖□ L *jūre hūmānō* by human law〗
ju·rel /hurél; *Am.Sp.* hurél/ *n.* 〘魚類〙西インド諸島などのアジの類(特にカイワリ属 (*Caranx*)) の食用魚の総称 (blue runner, jack crevalle など). 〖□ Sp. ～ ← Gk *saûros* horse mackerel, lizard: cf. saury〗
ju·rid·ic /dʒurídɪk | dʒu(ə)ríd-/ *adj.* =juridical. 〖1553〗
ju·rid·i·cal /dʒurídɪ̆kəl, -kḷ | dʒu(ə)rídɪ-/ *adj.* **1** 司法上の, 裁判上の. **2** 法律上の (legal): ～ terms 法律用語. **～·ly** *adv.* 〖《1502》← L *jūridic(us)* judicial (← *jūrem, jūs* 'JUS²'+*dīcere* to say (cf. diction))+-AL¹〗
jurídical dàys *n. pl.* 裁判日, 開廷日.
jurídical pérson *n.* 〘法律〙 =juristic person.
ju·ri·me·tri·cian /dʒù(ə)rɪ̆mətríʃən, -mɪ̆-/ *n.* 計量法学者. 〖《1970》: ⇨ ↓, -ian〗
ju·ri·met·rics /dʒùᵊrɪ̆métrɪks | dʒùər-/ *n.* 計量法学《法律問題への化学的方法の適用》. **jù·ri·mét·ri·cist** /-trəsɪ̆st | -trɪ̆sɪst/ *n.* 〖《1949》← L *jūri-, jūs* 'JUS²'+-METRIC¹+-s¹: ⇨ -ics〗
ju·ris·con·sult /dʒùᵊrɪ̆skənsʌ́lt, -kɑ́(ː)nsʌlt | dʒùərɪ̆skənsʌ́lt, -kɔ́nsʌlt/ *n.* **1** 法学者 (jurist)《特に, 国際法・公法の学者》. **2** 〘ローマ法〙法律顧問. 〖《1605》□ L *jūrisconsultus* lawyer: ⇨ jus², consult〗
ju·ris·dic·tion /dʒùᵊrɪ̆sdíkʃən | dʒùər-/ *n.* **1** 司法権, 裁判権 (⇨ power SYN): have [exercise] ～ over ... を(法的に)管轄している. **2** 権力 (power, authority), 支配権, 管轄権 (rule, control). **3 a** 権限の範囲. **b** 管轄区域, 管区, 管内: come under the ～ of ...の管轄[権限]にある[属する] / within a person's ～ 人の権限内で / It lies outside the ～ of the Committee. それは委員会の権限外だ. **c** 法廷(組織). **jù·ris·díc·tive** *adj.* 〖《17C》□ L *jūrisdictiō(n-)* ← *jūris* ((gen.) ← *jūs* 'JUS²')+*dictio* (⇨ diction) ∽ 《*a*1325》 *iuri(s)diccioun* □ (O)F *juridiction*〗
jù·ris·díc·tion·al /-ʃnəl, -ʃənḷ⁻/ *adj.* 司法[裁判]権の; 裁判管轄上の, (労組間の)管轄権に関する: a～ dispute 管轄権をめぐっての争議. **～·ly** *adj.* 〖《1644》: ⇨ ↑, -al¹〗
jurisp. 《略》 jurisprudence.
ju·ris·pru·dence /dʒùᵊrɪ̆sprúːdəns, -dṇs | dʒùərɪ̆sprúːdəns, -dṇs, ⁻⁻⁻⁻/ *n.* **1 a** 法学, 法律学; 理論法律学, 法理学. **b** 法学の一部門: medical ～ 法医学. **2** 法制, 法体系: Roman ～. **3** [集合的] 判例集, 判決録 (reports). **4** 《古》法律の知識, 法律に精通すること. 〖《1628》□ F ～ ∥ L *jūrisprūdentia* science of law: ⇨ jus², prudence〗
ju·ris·pru·dent /dʒùᵊrɪ̆sprúːdənt, -dṇt | dʒùərɪ̆sprúːdənt, -dṇt⁻/ *adj.* 法学専攻の, 法律に精通した. — *n.* 法律学者 (jurist). 〖《1628》□ F 《廃》 ～ 《逆成》↑: ⇨ -ent〗
ju·ris·pru·den·tial /dʒùᵊrɪ̆sprudénʃəl | dʒùər-⁻/ *adj.* 法学上の, 法理学上の. **～·ly** *adv.* 〖《1775》← L *jūrisprūdentia*+-AL¹〗
ju·rist /dʒúᵊrɪ̆st | dʒúərɪst/ *n.* **1 a** 法学者, (特に)ローマ法学者. **b** 法学生. **2** 裁判官; 《米》弁護士. **3** 法律[法学]書著述家. 〖《1481》□ (O)F *juriste* ∥ ML *jūrista* ← L *jūs* 'JUS²': ⇨ -ist〗
ju·ris·tic /dʒurístɪk | dʒu(ə)r-/ *adj.* **1 a** 法学者の, 法学者的な, 法律学徒の. **b** 法科の, 法学の. **2** 裁判官の; 《米》弁護士の. **3** 法律上の (legal). 〖《1831》: ⇨ ↑, -ic¹〗
jurístic áct *n.* 〘法律〙法律行為《権利の得喪変更を意図した私人の行為》.
ju·rís·ti·cal /dʒurístɪ̆kəl, -kḷ | dʒu(ə)rístɪk-/ *adj.* = juristic. **ju·rís·ti·cal·ly** *adv.* 〖1854〗
jurístic pérson *n.* 〘法律〙法人《artificial person, conventional person, juridical person ともいう; cf. natural person》.
ju·ror /dʒúᵊrə, -rɔə | dʒúərə^(r)/ *n.* **1** 陪審 (jury) の一員; 陪審員 (juryman). **2** 宣誓者 (cf. nonjuror). **3** (競技・コンテストなどの)審査員, 審判員. 〖《*a*1325》 *jurour* □ AF *jurour*=OF *jureor* (F *jureur*) < L *jūrātōrem* one who swears ← *jūrāre* to swear: ⇨ jury¹, -or²〗
Ju·ru·á /ʒùːruɑ́ː; *Braz.* ʒuɾuá/ *n.* [the ～] ジュルア(川)《ペルー東部に発しブラジル西部を北東に流れ Amazon 川に注ぐ川 (3,283 km)》.
Ju·rue·na /ʒurwéɪnə; *Braz.* ʒuɾuénɐ/ *n.* [the ～] ジュルエナ(川)《ブラジル中西部を北流しAmazonas と Pará の両州境で Teles Pires 川と合流し, Tapajós 川となる (966 km)》.
ju·ry¹ /dʒúᵊri | dʒúəri/ *n.* **1** 〘法律〙陪審《訴訟の事実問題を評決して裁判長に答申する機関で, 市民から選定された普通 12 名の陪審員で構成される; 陪審員の一人一人は juryman, jurywoman, juror という; cf. verdict 1》; [集合的] (全)陪審員: ⇨ common jury, grand jury, petty jury, special jury, trial jury / a ～ of matrons 女性陪審員《被告の妊娠の有無を評定する》. **2** [集合的] (コンクール・展示会などの)審査員(全員).
sit [sérve] on the júry (1) 陪審員となる[を務める]. (2) 審査員となる[を務める]. ***the júry is (still) óut*** 評決はまだ出ていない, 〈...については〉結論[判断結果]はまだ出ていない 〈*on*〉.
— *vt.* 〈出品作・展示品などを〉審査する, 選ぶ.
〖《1327》 *juree* □ AF *jure* one sworn=OF *jurée* oath (p.p.) ← *jurer* < L *jūrāre* to swear ← *jūr-, jūs* 'JUS²'〗
ju·ry² /dʒúᵊri | dʒúəri/ *adj.* 〘海事〙仮の, 応急の, 間に合わせの (makeshift): a ～ anchor 応急錨(いかり) / a ～ rudder 応急舵(かじ), 仮舵 / a ～ sail 仮帆. 〖《1616》《頭音消失》? ← OF *ajurie* help < L *adjūtāre* to help: cf. aid〗
júry bòx *n.* (法廷の)陪審員席. 〖1826〗
júry dùty *n.* 陪審員となる義務.
júry fìxer *n.* 《米口語》陪審員買収者. 〖1882〗
júry lìst *n.* 〘法律〙陪審員名簿. 〖1825〗
júry·man /-mən/ *n.* (*pl.* **-men** /-mən, -mèn/) 〘法律〙陪審構成員, 陪審員 (juror). 〖1579〗
júry màst *n.* 〘海事〙(マストが破損したときの)応急マスト, 仮のマスト, 仮檣(しょう). 〖《1616》← JURY²〗
júry-pàcking *n.* 〘米法〙陪審員買収. 〖1887〗
júry pròcess *n.* 〘法律〙陪審員召喚令状.
júry-rìg 〘海事〙 *n.* 応急索具[装備], 仮索具. — *vt.* 〈マストなどに〉応急索具を装着する. 〖《1788》← JURY²+RIG¹〗
júry-rìgged *adj.* 〘海事〙仮帆装の, 応急装備の. 〖1788〗
júry ròom *n.* 〘法律〙陪審員室《陪審員が答申を協議し, 評決 (verdict) をうるための部屋》. 〖*a*1832〗
júry sèrvice *n.* 《英》 =jury duty.
júry whèel *n.* 〘法律〙陪審員抽選器.
júry·wòman *n.* 〘法律〙女性陪審員. 〖1805〗
jus¹ /ʒúːs, dʒúːs; F. ʒy/ *F. n.* (*pl.* ～) 汁 (juice); 肉汁 (gravy). 〖□ F ～ 'juice'〗
jus² /dʒʌ́s, júːs/ *L. n.* (*pl.* **ju·ra** /dʒúᵊrə | dʒúərə/) 〘ローマ法〙 **1** (抽象的に)法, 法組織. **2** 法的権利[権力]. 〖□ L *jūs, jūris* (gen.) law, right < IE **yewos* law〗
jus. 《略》 justice.
jus ad rem /dʒʌ́sædrém, júːsɑːd-/ *L. n.* 〘ローマ法〙未得[未完]対物権. 〖□ ML *jūs ad rem* right towards a thing〗
jus ca·no·ni·cum /dʒʌ́skənɑ́(ː)nɪ̆kəm, júːskɑː-nóunɪkùm | dʒʌ́skənɔ́nɪkəm, júːskɑːnɔ́nɪkùm/ *L. n.* 教会法 (canon law). 〖□ ML *jūs canonicum*〗
jus ci·vi·le /dʒʌ́ssɪváɪliː, júːskɪwíːleɪ/ *L. n.* 〘ローマ法〙市民法《ローマの慣習に基づいたローマ市民に特有な法で, 万国の慣習に基づいた万民法 (jus gentium) と人間本来の権利義務の観念に基づく自然法 (jus naturale) に対立する》. 〖□ L *jūs cīvīle* civil law〗
jus cri·mi·na·le /dʒʌ́skrɪ̀mɪ̆náliː | -mɪ-/ *L. n.* 刑法. 〖□ L *jūs crīminālē* criminal law〗
jus di·vi·num /dʒʌ́sdɪ̆váɪnəm, júːsdɪwíːnʊm/ *L. n.* 神法, (帝王の)神権. 〖□ L *jūs dīvīnum* divine law〗
jus gen·ti·um /dʒʌ́sdʒénʃiəm, júːsgénti- | dʒʌ́sdʒénʃiəm, júːsgénti-/ *L. n.* **1** 〘ローマ法〙万民法《主として商取引に関して発達した法で, ローマ市民とそれ以外の諸民族とに共通に適用される法; 諸民族の法という意味で万民法と呼ばれ, 市民法 (jus civile) と対立する》. **2** 国際法. 〖《1548》□ L *jūs gentium* law of nations; cf. gens〗

J

jus in re /dʒʌ́sɪnríː, júːsɪnréɪ/ *L. n.* 〘ローマ法〙 =jus in rem. 〖□ ML *jūs in rē* right in a thing: cf. res〗

jus in rem /dʒʌ́sɪnrém, júːsɪnrém/ *L. n.* 〘ローマ法〙 既得対物権. 〖□ L *jūs in rēm* (↑)〗

jus ma·ri·ti /dʒʌ́smərάɪtaɪ, júːsmɑːríːtiː/ *L. n.* 〘ローマ法〙(妻の動産に対する)夫の権利《特に婚姻の効果として妻の動産を取得した夫の権利》. 〖□ L *jūs marītī* right of the husband〗

jús na·tú·rae /-nətʊ́ᵊriː, -tjʊ́ᵊ- | -tjʊ́ər-/ *L. n.* =jus naturale.

jús na·tu·rá·le /-nætʃʊréːliː, -réɪ-, -rάː- | -tjʊ-/ *L. n.* 〘ローマ法〙 **1** 自然法 (cf. jus civile). **2** =jus gentium. 〖□ L *jūs nātūrāle* natural law〗

jús post·li·mí·ni·i /-pòʊstləmíniàɪ | -pɒ̀stlɪmíni-/ *L. n.* 〘国際法〙(財産の)戦前回帰権《戦時中敵国に奪われていた人や物が自国の統治下に戻ったときに回復する権利》. 〖□ L *jūs postlīminii* law of postliminy〗

jús prí·mae nóc·tis /-prάɪmiːnά(ː)ktɨ̞s | -nɒ́ktɪs/ *L. n.* 〘ローマ法〙(法または慣習に基づく封建領主などの)初夜権 (droit du seigneur). 〖(1887) □ L *jūs prīmae noctis* right of first night〗

jús sán·gui·nis /-sǽŋgwɪnɨ̞s | -gwɪnɪs/ *L. n.* 〘ローマ法〙 属人主義, 血統主義《子は親の市民権を生まれながらにして受け継ぐという原則; cf. jus soli》. 〖(1902) □ L *jūs sanguinis* right of blood〗

jús scríp·tum /-skríptəm/ *L. n.* 〘ローマ法〙 成文法, 制定法. 〖□ L *jūs scriptum* written law〗

Jus·se·rand /ʒuːsrά(ŋ), -rɔ̃ː(ŋ), -rάːŋ, -rɔ́ːŋ; *F.* ʒysʀɑ̃/, **Jean** (**Adrien Antoine**) **Jules** *n.* ジュスラン《1855–1932; フランスの外交官・著述家》.

jus·sive /dʒʌ́sɪv/ 〘文法〙 *adj.* (穏やかな)命令を表す: the ~ subjunctive 命令(法)的仮定法. **—** *n.* (動詞の)命令形(構文), 命令法. 〖(1846) ← L *jussus* (p.p.) ← *jubēre* to command: ⇨ -ive〗

jús só·li /-sóʊlaɪ | -sóʊ-/ *L. n.* 〘ローマ法〙 属地主義, 出生地主義《人は当然その生まれた国の市民権を獲得し順法義務を負うという原則; cf. jus sanguinis》. 〖(1902) □ L *jūs solī* right of soil: cf. soil[1]〗

just[1] /dʒʌ́st/ *adj.* (**more** ~, **most** ~; ~·**er**, ~·**est**) **1** 正しい, 公正な, 公明正大な (⇨ fair[1], right[1] **SYN**): a ~ man [woman] 廉直な人 / be ~ *to* [*toward*] a person 人に公正である / be ~ with everyone だれにでも公正である / be ~ *in* one's dealings (人に対する)やり方が公正である / It was a ~ Providence that destroyed the villain. あの悪党が死んだのは正しい神の摂理によるものだ. **2** (法的に)正当な (lawful); 〈賞罰など〉当然の (well-deserved): a ~ claim [title] 正当な要求[権利] / a ~ reward, punishment, etc. / It is (only) ~ that we should suffer from our faults. =It is ~ (for us) to suffer from our faults. 自分の過ちのために苦しむのは当然だ. **3** 適正な, 適切な, 適当な (proper): in ~ proportions 適当な割合で, 過不足なく / in ~ measure 適当(な程度)に. **4** もっとも至極な, 十分根拠のある (well-grounded, justified); 正しい, 本当の (right, true): ~ anger 至極当然の怒り / a ~ statement [opinion] 正しい(根拠のある)陳述[意見] / My fears were ~. 私の心配は誤っていなかった / She has no ~ cause for resentment. 彼女が腹を立てるまともな理由は何もない. **5** 正確な, 精密な: a ~ scale 《古》正確な尺度. 日英比較 野球用語の「ジャストミート」は和製英語. 英語では hit the ball squarely などという. **6** 〘聖書〙(神に対して)義にかなった (righteous): be ~ with [before] God 神に対して[神の前に]正しい (cf. *Job* 9: 2).

— /(弱) dʒəs(t), dʒɪs(t), dʒəs(t); (強) dʒʌ́st/ *adv.* **1 a** 正に, まさしく, ちょうど (exactly): ~ then [there] / It is ~ six (o'clock). きっかり 6 時だ / That is ~ it. 正にそれ[そのとおり] / *Just* this happens also in Greek. これと全く同じことがギリシャ語にもある / Do ~ as I tell you. 私の言うとおりにしなさい / She arrived ~ as I was leaving. 私がちょうど出かけようとしていたとき, 彼女が着いた / be ~ about [going] to do … まさに…しようとしている. **b** [疑問詞の前で] 正確に言って[言えば] (precisely): A controversy arose as to ~ *what* was the difference between them. その二つは厳密に言えばどう違うのかということについて議論が起こった / *Just what* do you mean by that? それは一体どういう意味なのか / *Just how* many hours a child should sleep is a problem still unsettled. 子供は正確に言って何時間睡眠を取るべきかということはなお未解決の問題だ.

2 [完了形または過去形と共に用いて] …したばかり (very recently): She has ~ come [gone]. たった今来た[出掛けた]ばかりです / I ~ met her here. たった今ここで会ったところだ. ★ 過去形と共に用いるのは主に《米》だが, 最近は《英》でも見られる.

3 a [場所の前置詞・副詞に先立って] すぐ, ちょっと(離れた所に) (directly): The office is ~ *across* the road. 事務所は道路のすぐ向かい側にある / You can see the school ~ *west of* the church. 教会のすぐ西に学校が見えます. **b** [時・程度などを表す前置詞・副詞の前で] ちょっと, わずかに: ~ before / ~after(ward) / ~ over[under] (five pounds).

4 a ようやく, 危うく, やっと (barely): *only* ~ enough= enough—but *only*~? まずどうやら / He is *only* ~ of age. やっと成年に達したばかり / He ~ caught the train. やっと汽車に間に合った / ⇨ JUST *about*. **b** わずかに, 際どいところで: The arrow ~ missed the target. 矢は的をほんのわずかはずれた. **c** もう少しで(…するところで): He is ~ leaving. もうすぐ出掛けるところです / I was ~ thinking about [wondering] what to do next. 次に何をしようかと思っていたところです. **d** もしかすると, ひょっとすると (possibly, perhaps): He might ~ come. =He might ~ (possibly) come. もしかすると来るかもしれない.

5 ただ, ほんの…に過ぎない (simply, merely): He was ~ a little displeased. ちょっと機嫌が悪かった / It was ~ one of those things (that happen sometimes). それは(時々起こる)例の事態の一つであった / She is ~ an ordinary singer. ただの歌手に過ぎない / She is not ~ a singer. ただの歌手ではない《単に歌手というだけの人物ではない》/ I came ~ because you asked me to. 君が来てくれというから来ただけだ / It's too early to start: it's ~ six. 出発には早すぎる. まだ 6 時だ / it's ~ that … 単に…だけだ. **6 a** [命令法に先立って]《口語》まあちょっと (only): *Just* go, please. Go now. ちょっと行ってごらんなさい. すぐ行きなさい / *Just* look at this! ちょっとこれをごらん / *Just* fancy that! ちょっとそのことを考えてもみたまえ / (Only) ~ listen to him! まあちょっと彼の言うことを聞いてごらん《面白い[あきれた]ことを言うじゃないか》/ *Just* (you) wait (till Father gets home)! (父が家に帰るまで)まあ待っていなさい. **b** [強意語として]《口語》全く, 実に (quite, truly): The weather is ~ glorious. 全くすばらしい天気だ / I am ~ starving. ほんとに腹ぺこで死にそうだ / Time ~ flew by. 時間が全く飛ぶように過ぎた / He's ~ not experienced 彼は全く経験がない. **c** [反語的に否定疑問形と共に用いて]《俗》(…しないどころか)大いに, 全く: Did she cry then? —Didn't she, ~! その時あの子泣いたかい—泣いたの泣かないのって(大泣きさ).

be júst the thíng うってつけのものである. ***júst abóut*** 《口語》(1) ほとんど (very nearly) (⇨ almost **SYN**); まずどうやら, かろうじて (barely): I found it ~ *about* here. ここいらあたりで見つけたのです / It's ~ *about* ready. まずこれであらかた準備ができた / Is it ready (yet)?—*Jùst abóut.* もう準備ができましたか—まあほとんど / He will ~ *about* win. かろうじて勝てるというところだ. (2) [強意的] 正に, 全く (…も同然): She knew ~ *about* everything. もう何もかもわかっちゃったのです / I've had ~ *about* enough of you. 君にはもううんざりした. ***jùst a mòment*** [***mìnute, sécond***] ちょっと待って. ***jùst nów*** (1) [主として過去形と共に用いて] 今しがた, ついさっき: I arrived ~ *now*. / He was here ~ *now*. たった今ここにいた. ★ ただし, 同意表現の ~ this minute は現在完了と共に用いられる: The maid has ~ *this minute* swept the room. メードがたった今部屋を掃除したばかりだ. (2) ちょうど今: I am busy ~ *now*. (3) やがて, 間もなく, すぐ: I'll do it ~ *now*. (*1633*) ***jùst ón*** 《英》(時間・数量が)かれこれ…, ほとんど… (nearly): It was now ~ *on* ten o'clock. もうかれこれ 10 時だった / The bill came to ~ *on* twenty pounds. 勘定はほとんど 20 ポンドとなった. ***jùst quíetly*** 《豪口語》極秘だが (confidentially), 内緒だが (between you and me). ***jùst só*** (1) 全くそのとおり(です): *Just so* (cf. so[1] *adv.* 5 b). (2) 《口語》〈物事が〉きちんと(して), よく片付いて (in proper order): He will have everything done ~ *so*. 彼は何でもきちんと整理しておこうとする / She likes to keep her house ~ *so*. 彼女はいつも家の中をきちんとしておかないと気が済まない. (3) [接続詞的に] …である限り, …さえすれば (cf. so[1] *conj.* 3 ★). ***jùst the sáme*** ⇨ same 成句. ***nót jùst … but*** (***àlso***) … =*not* ONLY … *but* (*also*) ….

〖(*c*1375) □ (O)F *juste* □ L *jūstus* just, upright ← *jūs* 'JUS[2]'〗

just[2] /dʒʌ́st/ *n., vi.* =joust.

just. 《略》justice.

Jus·ta /dʒʌ́stə/ *n.* ジャスタ《女性名》. 〖⇨ Justina〗

just·au·corps /ʒúːstəkɔ̀ə | -kɔ̀ː(r; *F.* ʒystokɔːʁ/ *F. n.* (*pl.* ~ /~(z); *F.* ~/) ジュストーコール《17 世紀末–18 世紀初めに用いられた, 体にぴったりした男性用のひざ丈のコート; ウエストから下部にフレアが入っている》. 〖(1656) □ F *juste au corps* close to the body〗

jus·te mi·lieu /ʒúːstmiːljɜ́ː; *F.* ʒystemiljø/ *F. n.* (*pl.* **jus·te mi·lieux** /~(z); *F.* ~/) 中庸 (golden mean). 〖(1833) □ F ~ 'happy medium'〗

jus ter·ti·i /dʒʌ́stəːʃiàɪ, júːstəːʃiàɪ | -tɜ́ː-/ *L. n.* 〘法律〙 第三者の権利《たとえば受寄者が寄託者より訴えられた場合に, その寄託物については寄託者以外の第三者が真の権利者であると抗弁することがあるが, その場合に受寄者は第三者の権利を主張するといわれる》. 〖□ L *jūs tertii* right of the third〗

jus·tice /dʒʌ́stɨ̞s | -tɪs/ *n.* **1 a** (基本道徳の一つである)正義 (righteousness)《七主徳 (seven principal virtues) の一つ》; 正直, 方正 (integrity); 公正, 公明正大 (fairness): treat a person with ~ 人を公正に扱う / in (all) ~ (to) (…のことを)公平に評すれば / ⇨ poetic justice / It's every man's business to see ~ done. 正義が行われるようにする[行われるのを見届ける]のが万人の義務だ / *Justice* has been done [served]. 正義が実現した, 突然の判決が下された. **b** 正当, 妥当, 至当 (justness), 当否 (rightness): the ~ of the plea その弁解の正当さ / complain with ~ こぼすのも無理はない[もっとも] / I saw the ~ of his remark. 彼の言っていることが正しいとわかった. **c** 道義; 道義にかなった行為[行動] (just conduct). **d** 適法, 合法 (↔ injustice). **2 a** 裁判すること, (法に照らして)善悪を明らかにすること, (犯罪の)処罰, 裁判; 司法: a court of ~ 法廷, 裁判所 / the Department of *Justice* 《米》司法省《その長官は Attorney General》/ administer ~ 裁判を行う / bring a person to ~ 人を法に照らして処断する. **b** 司法官, 裁判官 (judge); 治安判事 (magistrate); 《英》高等法院判事: the ~*s* 司法官《全体》/ Mr. *Justice* A (英国高等法院判事・米国最高裁判所判事を呼んで) A 判事殿 / Lord *Justice* A 《英》(控訴院判事を呼んで) A 判事閣下 (cf. my Lord ⇨ lord *n.* 4) / a Supreme Court ~ 最高裁判所判事 / the Chief *Justice* of the Supreme Court 最高裁判所長官. **3** (当然の)応報. **4** 《古》正確(さ) (exactness); 正しさ (justness). **5** [J-] 正義の女神《手にはかりと剣を持ち目隠しをしている》. **6** 〘神学〙(人の世の公正を摂理するために神に備わる)正義の神徳, (神の)義.

dený a person jústice 〈人を〉公平[正当]に扱わない. ***dò jústice of*** [***on, upòn***] ***a person*** 《古》〈人を〉罰する, (特に)死刑に処する. (1400) ***dò jústice to a person*** [***thing***] = ***dò a person*** [***thing***] ***jústice*** (1) (当然認めるべきは認め)〈人・物〉に正当な取扱いをする; (真価を認めて)〈人・物を〉公平に評する: *do* (ample) ~ *to* the dinner ごちそうを十二分に食べる / To *do* him ~, we must admit that … 公平に評すれば…と認めなければならない / This photo does not *do* her ~. 彼女のこの写真は実物どおり撮れていない《実物より悪い》. (2) 《廃》乾杯する: I'll do you ~. あなたのために乾杯 (Shak., *Othello* 2. 3. 87). ***dò onesèlf jústice*** = ***dò jústice to onesèlf*** 腕前を十分に発揮する.

jústice of the péace 〘法律〙 治安判事《非法律家から任命されるパートタイムの裁判官で, 民事事件が中心であり, 刑事は正式起訴事件の予備審問に当たる; アメリカでは州によって異なる; 略 JP; cf. magistrate 1》. (1439)

jústice of the péace còurt 〘法律〙 治安判事裁判所 《magistrates' court ともいう》.

〖(?*a*1160) □ (O)F ~ □ L *jūstitia* ← *jūstus* 'JUST[1]': ⇨ -ice〗

Justice 5

Jústice Clérk *n.* =Lord Justice Clerk. 〖1424〗

jústice cóurt *n.* 〘法律〙 治安判事裁判所《治安判事 (justices of the peace) が受け持つ下級裁判所; justice's court, justices' court ともつづる; cf. magistrates' court 1》. 〖1528〗

jús·tic·er *n.* 《古》裁判官 (judge); 治安判事 (magistrate). 〖(*a*1338) □ AF ~ =OF *justicier* (⇨ justiciable) =ML *jūstitiārius* 'officer of JUSTICE, judge': ⇨ -er[1]〗

jústice·shìp *n.* 裁判官の身分[資格, 地位, 職, 任期]. 〖(1542–43): ⇨ -ship〗

jústice's wárrant *n.* 〘法律〙(治安判事などの出す)令状 (cf. bench warrant).

jus·ti·ci·a·ble /dʒʌstíʃiəbl̩, -ʃə-/ *adj.* 裁判に付せられるべき; 法律[裁判, 法廷]で解決しうる: a ~ case. **jus·ti·ci·a·bil·i·ty** /dʒʌstìʃiəbílәti, -ʃə- | -ʃiəbílɨ̞ti, -ʃə-/ *n.* 〖((1370)) (1656) □ (O)F ~ *justicier* to bring to trial □ ML *jūstitiāre* ← L *jūstitia* 'JUSTICE': ⇨ -able〗

jus·ti·ci·ar /dʒʌstíʃiə, -ʃiὰə | -ʃiὰː(r/ *n.* **1** 大司法官, 大判官《Norman 王朝および Plantagenet 王朝初期の司法行政の最高官で国王不在中はその代理をした高官》. **2** スコットランドの最高法院長 (Lord Justice General) の旧称《最高の刑事裁判官》. **~·ship** *n.* 〖((*a*1135)) (1485) □ ML *jūstitiārius* (↓)〗

jus·ti·ci·ar·y /dʒʌstíʃièri | -ʃiəri, -ʃə-/ *n.* **1** =justiciar. **2** justiciar の職務[権限]. **3** 《古》判事, 裁判官. **—** *adj.* 司法上の (judicial). 〖(1532) □ ML *jūstitiārius* judge, officer of justice ← L *jūstitia* 'JUSTICE': ⇨ -ary〗

jus·ti·fi·a·ble /dʒʌ́stəfὰɪəbl̩, ⌐—⌐—— | -tɨ̞-/ *adj.* 正当と認められる, 正当であると説明のできる, 条理の立つ (excusable): ⇨ justifiable homicide / It is hardly ~ that he should do it. 彼がそんなことをするのを正当化するわけにはいかない / It is surely ~ for him to have rejected it. 彼がそれを拒絶したのはたしかに正当だといえる. **jus·ti·fi·a·bil·i·ty** /dʒʌ̀stəfὰɪəbílәti | -tɨ̞fὰɪəbílɨ̞ti/ *n.* **~·ness** *n.* **jús·ti·fi·a·bly** *adv.* 〖(1523) □ (O)F ~: ⇨ justify, -able: cf. *justificable* (1443)〗

jústifiable hómicide *n.* 〘法律〙 正当殺人《執行官による死刑の執行, 正当防衛による殺人など》. 〖1769〗

jus·ti·fi·ca·tion /dʒʌ̀stəfɨ̞kéɪʃən | -tɨ̞fɪ-/ *n.* **1 a** (行為などの)正当化, (正当であるとする)弁明 (vindication): in ~ of [for] …を正当だと理由づけるために, を弁護して / Nothing can with reason be urged in ~ of genocide. どんなに論じても民族皆殺しを正当化することは無理だ. **b** 弁明の事由, 正当化の理由[事実]. **2** 〘神学〙(プロテスタントでは)義認, (カトリックでは)成義《人間が神・信仰によって義(ただ)とされること, 罪なしとされること》: ~ by faith 信仰釈罪. **3** 〘印刷〙 行そろえ, ジャスティフィケーション《字間などを調整して各行の両端を一直線にそろえる操作》. 〖(*c*1384) □ LL *jūstificātiō(n-)*: ⇨ justify, -ation〗

jus·ti·fi·ca·tive /dʒʌ́stəfɨ̞kèɪtɪv, dʒʌstífə- | dʒʌ́stɪfɪkèɪt-, -kət-/ *adj.* =justificatory. 〖1611〗

jus·tif·i·ca·to·ry /dʒʌstífɨ̞kətɔ̀ːri, dʒʌ́stəfɨ̞kéɪtəri | dʒʌ́stɪfɪkéɪtəri, -kət-, -tri/ *adj.* 正当化する, 正当とする[正しいとする]力のある; 弁明として役立つ[通用する] (vindicatory). 〖(1579) ← LL *jūstificātus* (p.p.) ← *jūstificāre* 'to justify': ⇨ -ory[1]〗

jus·ti·fied /dʒʌ́stəfὰɪd | -tɨ̞-/ *adj.* **1** 正当と認められる, もっともな (cf. justify). **2** 〘神学〙 義認された, 正義と認め

られた. **3** 〘印刷〙行末[余白]の整った[そろった].

jús·ti·fi·er *n.* **1** 正当化する人[もの]. **2** 〘印刷〙 **a** 整版者. **b** ジョス《クワタ (quad) より大きい中空の込め物》. **c** 《ライノタイプ・インテルタイプ用の》スペースバンド. 〘(1526): ⇨ ↓, -er[1]〙

jus·ti·fy /ʤʌ́stəfàɪ | -tɪ̀-/ *vt.* **1** 〈人の行為・陳述などを〉正しいとする, 正当だと理由づける, 正当化する (vindicate): ～ one's action 自分の行為の正しい理由を示す / ～ oneself 自分の行為[主張]を正当化する, (立派に言い開きをして)身のあかしを立てる / Is he *justified in* his protest? 彼の抗議は正当だろうか / The teacher was fully *justified in* scolding the pupils. 先生が生徒をしかったのはしごくもっともだった / I hope I am *justified in* saying that … 私は…と言ってもよろしかろう[名分が立つだろう]と思う / The benefit *justifies* the cost. 利益が上がれば費用はかまわないことになる / The end *justifies the means.* 《諺》目的さえよければ手段は選ばない, 「うそも方便」/ if the [your] need *justifies* the price quoted 〘商業〙この値段でもよいというほどこれがご入用なら《希覯(きこう)書や品薄の商品などを高値で売ろうとするときの決まり文句》/ If you trust me, you may find that I will ～ your trust. 私を信頼して下さるならそのご信頼にこたえましょう. **2** 正当だと認める, 容認する (exonerate). **3** 《古》 **a** 〘神学〙〈神が〉〈罪ある人々を〉義(ただ)とする, 罪なしとして取り扱う (absolve). **b** 裁判を行う. **4** 〘印刷〙〈テキストの〉両端をそろえる《字間を調節するなどして行の長さをそろえる》. **5** 〘活字〙《父型を打込むためにマテ (strike) がまっすぐになるように》調節する. ― *vi.* **1** 〘法律〙 **a** 《なされた行為に対して》十分な根拠[理由]を示す, 免責事由を示す. **b** 保釈保証人としての資格がある. **2** 〘印刷〙行そろえができる, 〈行が〉(規定の長さに)きちんと納まる. 〘(c1378) ☐ (O)F *justifier* < LL *jūstificāre* to justify: ⇨ just[1], -fy〙

Jus·tin /ʤʌ́stɪ̀n | -tɪn/ *n.* ジャスティン《男性名》. 〘☐ L *Jūstinus* ← *jūstus* 'JUST[1]'〙

Justin, Saint *n.* =Justin Martyr.

Jus·ti·na /ʤʌstíːnə, -táɪ-/ *n.* ジャスティーナ《女性名》. 〘☐ L *Jūstina* (fem.) ← *Jūstīnus* 'JUSTIN'〙

Jus·tine /ʤʌ́stɪ̀n | -tɪn/ *n.* ジャスティン《女性名》. 〘↑〙

Jus·tin·i·an I /ʤʌstíniən-/ *n.* ユスティニアヌス一世 《483–565; 東ローマ帝国の皇帝 (527–65); ラテン語名 Flavius Petrus Sabbatius Justinianus; 同帝国中興の英主, 通称 Justinian the Great》.

Justínian Códe *n.* [the ～] 〘東ローマ史〙ユスティニアヌス法典《東ローマ皇帝 Justinian 一世が命じて作らせた法典 (534 年完成), ローマ法大全; Corpus Juris Civilis ともいう》. 〘cf. *Justinianian code* (1826)〙

Jús·tin Mártyr /ʤʌ́stɪ̀n- | -tɪn-/, Saint *n.* 殉教者ユスティノス《100?–?165; シリア生まれのキリスト教聖人・護教家・哲学者・殉教者; Justin the Martyr ともいう》.

jùst-in-tíme *n., adj.* 〘経営〙ジャストインタイム方式(の)《余分な在庫を避け, 材料・部品などを必要最小限の量だけ納入する在庫管理方式》. 〘1977〙

jùst intonátion *n.* 〘音楽〙純正調律. 〘1850〙

jus·tle /ʤʌ́sl/ *v., n.* =jostle. 〘1611〙

júst·ly *adv.* **1** 正しく, 正当に, 公正に (rightly, fairly); 妥当に (properly). **2** 正確に (exactly). **3** 当然(に) (deservedly): be ～ punished 当然の罰を受ける. 〘(a1338): ⇨ just[1], -ly[1]〙

júst·ness *n.* **1** **a** 正しさ, 妥当 (propriety). **b** 正当, 公正 (fairness). **2** 正確 (exactness). 〘(c1430): ⇨ just[1], -ness〙

júst nóticeable dífference *n.* 〘心理〙丁度可知差異《標準刺激を変化させて, その変化に気づく最小の値; difference limen, difference threshold ともいう; 略 JND》.

júst príce *n.* **1** 〘経済〙公正価格《中世スコラ哲学によって妥当とされた財の価格》. **2** 〘商業〙適正価格《ある財の価値に関する社会の一般的評価に近似的なその財の価格》. 〘(なぞり) ← ML *jūstum pretium*〙

jùst-só stòry *n.* (ある物事の由来を語ると称する)「本当の話」(実は作り話). 〘1902〙

Jus·tus /ʤʌ́stəs; G. júːstʊs/ *n.* ジャスタス《男性名》. 〘☐ L *Jūstus* (原義) 'JUST[1]'〙

Júst Wónderful *n.* 〘商標〙ジャストワンダフル《米国 Rayette 社製のヘアスプレー》.

jut /ʤʌ́t/ *v.* (**jut·ted; jut·ting**) ― *vi.* 突出する, 突き出る, 張り出る (project, protrude) 〈*forth, out, up*〉: a little peninsula ～*ting into* the lake 湖に突き出ている小さな半島 / His lower lip ～*ted out* when he was thinking hard. 本気に考え事をしているときは下唇が突き出た. ― *vt.* 突き出す, 張り出させる. ― *n.* 突出物; 突出部, 突端 (projection). 〘(c1450) (変形) ? ← JET[2] // (逆成) ? ← JUTTY〙

jute /ʤúːt/ *n.* **1** 〘植物〙 **a** ツナソ, コウマ, ジュート (*Corchorus capsularis*)《インド原産シナノキ科ツナソ属の多年生草本》. **b** ツナソ属の植物の総称. **2** ジュート《ジュートの繊維; 帆布・ナンキン袋などの材料》. 〘(1746) ☐ Hindi & Bengali *juṭ* ← ? Skt *jūṭa* braid of hair〙

Jute /ʤúːt/ *n.* **1** [the ～s] ジュート[ユート]族《5–6 世紀に Britain 島に侵入し Kent や Hampshire 地方に定住したゲルマン民族》. **2** ジュート[ユート]族の人. 〘(a1387) *Iutes* (pl.) ← ML *Jutae, Jutī* (pl.) ∽ OE *Eotas, Iotas*: cf. ON *Iōtar* people of Jutland〙

Jút·ish /-tɪʃ | -tɪʃ/ *adj.* ジュート人[族]の. ― *n.* = Kentish. 〘1839〙

Jut·land /ʤʌ́tlənd/ *n.* ユトランド(半島)《デンマークおよびドイツ Schleswig-Holstein 州から成る半島; その沖は第一次大戦における英独海戦場 (1916); 面積 29,776 km²》. デンマーク語名 Jylland. **～·er** *n.* 〘⇨ Jute, land〙

jut·ty /ʤʌ́ti | -ti/ *n.* **1** 〘建築〙(建物の)突出部. **2** 《古》=jetty[2]. ― *v.* 《廃》=jut. 〘(c1450) (変形) ? ← JETTY[2]〙

Ju·tur·na /ʤuːtə́ːnə | -tə́ː-/ *n.* 〘ローマ神話〙ユートゥルナ《Jupiter に愛されたと伝えられる泉の精》. 〘☐ L *Jūturna*〙

juv. 《略》juvenile.

juve /ʤúːv/ 《俗》 *adj.* =juvenile. ― *n.* **1** 少年, 少女, (特に)非行少年 (juvenile delinquent); 少年院, 少年裁判所. **2** 〘芸能俗〙少年[少女]の役, 未成年者の役. 〘1935〙

ju·ve·nal /ʤúːvənl̩ | -vɪ̀-/ *adj.* 〘鳥類〙幼鳥の, 若鳥の, ひなの. ― *n.* 《古》若者. 〘(1594–5) ☐ L *juvelālis* ← *juvenis* young person: ⇨ juvenile〙

Ju·ve·nal /ʤúːvənl̩ | -vɪ̀-/ *n.* ユウェナーリス《55?–?140; ローマの諷刺詩人; ラテン語名 Decimus Junius Juvenalis》. **Ju·ve·na·li·an** /ʤùːvənéɪliən | -vɪ̀-⁻/ *adj.*

ju·ve·nes·cence /ʤùːvənésəns, -sns | -vɪ̀-/ *n.* 若さ, 若々しさ, 青春 (youth). 〘(1800): ⇨ ↓, -ence〙

ju·ve·nes·cent /ʤùːvənésənt, -snt | -vɪ̀-⁻/ *adj.* 青年期に達する; 若々しい (youthful): the ～ period. 〘(1821) ☐ L *juvenēscentem* (pres.p.) ← *juvenēscere* to grow up to youth ← *juvenis* (↓): ⇨ -escent〙

ju·ve·nile /ʤúːvənàɪl, -vənl̩ | -vɪ̀nàɪl/ *adj.* **1** 少年[少女](期)の[に関する], 年若い (⇨ young SYN); 子供らしい: She is dressed in a ～ manner. 子供らしい服装をしている / ⇨ juvenile delinquency. **2** 少年[少女]向きの: ～ books, pictures, sports, etc. / ～ literature 児童文学. **3** 子供っぽい, 幼稚な. **4** 〘地質〙〈水・ガス・マグマなど〉初生的な《地下深所から初めて地表に出てきた》: ～ water 初生水. **5** 〈動植物が〉十分生育してない, 未熟な. **6** 〘鳥類〙羽毛が生えたばかりの, まだ幼鳥の. ― *n.* **1** 児童, 少年少女 (youth): books for ～*s* 児童向きの書物. **2** 児童[少年少女]向きの書物. **3** 〘演劇〙若役を演じる俳優; 若役, 子役. **4** **a** 〘鳥類〙幼鳥, 若鳥, ひな. **b** (競馬用の) 2 歳馬. **c** 未成熟な動植物. **～·ly** *adv.* **～·ness** *n.* 〘(1594–95) ☐ L *juvenīlis* youthful ← *juvenis* young person: ⇨ young, -ile[1]〙

júvenile córt *n.* 〘法律〙少年裁判[審判]所《通例 18 歳未満の少年少女を扱う; cf. youth court》. 〘1899〙

júvenile delínquency *n.* 〘法律〙少年[未成年]犯罪[非行]. 〘1816〙

júvenile delínquent *n.* 〘法律〙少年[未成年]犯罪者, 非行少年.

júvenile hórmone *n.* **1** 〘動物〙幼若ホルモン, 幼虫ホルモン《昆虫の脳の背後にある腺から分泌される farnesol 類似のホルモン; 幼虫などの成長と繁殖を抑制する働きがある》. **2** 〘薬学・生化学〙(人工)合成幼虫ホルモン《ゴキブリなどの繁殖抑制剤》. 〘1940〙

júvenile léad /-líːd/ *n.* 〘演劇〙(重要な)青年[娘]役; その役を演じる若い俳優.

júvenile òfficer *n.* 少年補導官[補導警官]. 〘1954〙

ju·ve·nil·i·a /ʤùːvəníliə | -vɪ̀-/ *n. pl.* [時に単数扱い] **1** 《作家・詩人などの》少年[少女, 青年]時代の作品(集), 未熟な作品(集). **2** 児童[少年]文学作品, 児童[少年]映画. 〘(1622) ☐ L *juvenīlia* (neut. pl.): juvenile, -ia[2]〙

ju·ve·nil·i·ty /ʤùːvənílət̬i | -vɪ̀nílɪ̀ti/ *n.* **1** 年少, 幼少, 若年(の身); 若さ. **2** [集合的] 少年少女. **3** [*pl.*] 未熟[幼稚]な言行[考え]. 〘(1623) ← L *juvenīlitātem* youth: ⇨ juvenile, -ity〙

ju·ve·nil·ize /ʤúːvənəlàɪz, -nl̩- | -vɪ̀nɪ̀l-/ *vt.* 〘動物〙〈幼虫など〉の成長を抑制する. **ju·ve·nil·i·za·tion** /ʤùːvənəlɪ̀zéɪʃən, -nl̩- | -vɪ̀nɪ̀laɪ-, -lɪ-/ *n.*

ju·vie /ʤúːvi/ 《俗》 *n.* (*also* **ju·vey** /～/) **1** 少年, 少女, 未成年者; (特に)=juvenile delinquent. **2** **a** 少年裁判所, 少年拘置所, 少年院. **b** 少年補導警察官; (警察の)少年課. **3** 〘芸能俗〙=juve. ― *adj.* 少年[少女]の, 十代のガキのような, 子供じみた (juvenile). 〘(1941) ← JUVE＋-IE, -Y[2]〙

jux·ta- /ʤʌ́kstə/「近くにある, そばに (aside)」の意の連結形. 〘☐ F ～ ← L *juxtā* (prep. & adj.) near, according to〙

jùxta·glomérular *adj.* 〘解剖〙腎糸球体に近い, 糸球体近接の, 傍糸球体の. 〘(1935) ← JUXTA-＋GLOMERULO-＋-AR[1]〙

jux·ta·pose /ʤʌ́kstəpòʊz, ⸗⸗⸗ | ʤʌ̀kstəpə́ʊz, ⸗⸗⸗/ *vt.* 並べる, 並置[並列]する: ～ it *with* [*to*] another. 〘(1851) ☐ F *juxtaposer*: ⇨ juxta-, pose[1]〙

jux·ta·po·si·tion /ʤʌ̀kstəpəzíʃən/ *n.* 並列, 並置. **～·al** /-ʃnəl, -ʃənl̩⁻/ *adj.* 〘(1665) ☐ F ～: ⇨ juxta-, position〙

JV 《略》junior varsity (cf. jayvee).

JWB 《略》Jewish Welfare Board; joint wages board.

j.w.o. 《略》〘海上保険〙=j. & w.o.

JWV 《略》Jewish War Veterans ユダヤ人参戦者友交会.

JX 《略》*L.* Jēsus Chrīstus (=Jesus Christ).

Jy 《略》jansky; July.

Jyl·land /*Dan.* jýlanʼ/ *n.* ユラン半島《Jutland のデンマーク語名》.

K k

K, k /kéɪ/ *n.* (*pl.* **K's, Ks, k's, ks** /~z/) **1** 英語アルファベットの第 11 字. ★ 通信コードは Kilo. **2** (活字・スタンプなどの) K または k 字. **3** [K] K 字形(のもの). **4** 文字 k が表す音 《kiss, lark などの[k]》. **5** (連続したものの) 11 番目(のもの); (J を数に入れないときは)第 10 番目(のもの). **6** (中世ローマ数字の) 250. 〘OE 《まれ》 *K, k* ◻ L (Etruscan を経由) ◻ Gk *K, κ* (*káppa*) ◻ Phoenician ｿ: cf. Heb. ב (*kaph*) 《原義》 hollow of the hand: Etruscan では [*k*] を表すのに K, C, Q の 3 字が用いられた: ⇨ A[1] ★〙
k 《記号》〘数学〙 curvature; 〘数学〙 *z* 軸に平行な 1 単位の長さのベクトル.
K 《記号》 **1** 〘化学〙 potassium (← *L.* kalium). **2** 〘物理〙 kaon; kelvin(s); 〘物理・化学〙 Kelvin scale. **3** 〘チェス・トランプ〙 King. **4** 〘貨幣〙 kina(s); kip(s); kopeck(s); kwacha; kyat(s). **5** 〘天文〙 solar constant. **6** 〘野球〙 三振 (strikeout). **7** 〘米軍〙 給油機 (tanker). **8** 〘電算〙 **a** 《口語》 1000 (← kilo): 65 K=65,000. **b** (記憶装置などの分野で)1024, 2^{10}. **9** 〘国際自動車国籍〙 Cambodia.
K 〘商標〙 K 《英国 K Shoes 社製の靴》.
k. 《略》 keel; 〘冶金〙 killed; kilo(s); kilobit; 〘電算〙 kilobyte(s); kilogram(s); kilometer(s); knit; kosher; 〘海事〙 knot(s); karat.
k., K. 《略》 *L.* kalendae (=calends); kindergarten; king; kitchen; knight.
k., K. 《記号》〘気象〙 cumulus; 〘電気〙 *G.* Kapazität (=capacity); 〘電気〙 kathode (=cathode); 〘音楽〙 Köchel (number).
K1 /kéɪwʌ́n/ *n.* 単座カヤック.
K2[1] /kéɪtúː/ *n.* K2 《Kashmir にある Karakoram 山脈中の最高峰 (8,611 m), Everest に次いで世界第 2 位の高山; Godwin Austen ともいう》. 〘← *Karakoram Peak No. 2*〙
K2[2] /kéɪtúː/ *n.* 複座[二人乗り]カヤック.
K4 /kéɪfɔ́ə | -fɔ́ː(r/ *n.* 四人乗りカヤック.
ka /kɑ́ː/ *n.* 〘古エジプト宗教〙 第二霊 《第一霊とは異なり死後も人間の中に存在し続けると考えられた》. 〘《*a*1892》 ← Egypt.〙
kA 《略》〘電気〙 kiloampere(s).
KA 《略》 King of Arms.
ka. 《略》〘電気〙 kathode (=cathode).
Kaa·ba /kɑ́ːbə | kɑ́ːbə, kɑ́ːəbàː/ *n.* [the ~] カーバ(神殿) 《Mecca の大本山 (Great Mosque) 中にある方形の黒い石の建物でイスラム教徒の最も崇拝する神殿; cf. Black Stone》. 〘《1734》 ◻ Arab. *ká'ba^h* 《原義》 cubic building ← *ka'b* 'CUBE[1]'〙
kaa·ma /kɑ́ːmə/ *n.* 〘動物〙 =hartebeest. 〘《1824》 ◻ S-Afr. *ǒχamap, kamáb*〙
Kaap·land /kɑ́ːplɑːnt/ *n.* ケープ州 《⇨ Cape of Good Hope 2》.
kab /kǽb/ *n.* =cab[3].
Ka'·ba /kɑ́ːbə/ *n.* =Kaaba.
Ka·bad·di /kɑːbɑ́ːḍi | -di/ *n.* カバディ 《二組に分かれて争うインドのゲーム; 相手の陣地に入り, 敵に触れて味方の陣地に戻る; その間息をつがずに 'kabaddi, kabaddi …' と声を出し続けなければならない; 1990 年のアジア大会で正式種目に採用》. 〘《1935》 ◻ Tamil ~〙
ka·ba·ka /kəbɑ́ːkə/ *n.* カバカ 《ウガンダ南部のかつての王国 Buganda の支配者の称号》. 〘《1878》 ◻ Bantu ~〙
kab·a·la /kəbɑ́ːlə, kæ-/ *n.* =cabala.
Kab·a·lé·ga Fálls /kæ̀bəlíːgə- | kɑ̀ːbəléɪ-/ *n. pl.* [the ~] カバレガ滝 《ウガンダ西部 Albert 湖から東約 35 km の Victoria Nile 川にかかる滝; 落差 36 m》.
Ka·ba·lev·sky /kɑ̀ːbəlɛ́fski; *Russ.* kəbalʲéfskʲij/, **Dmitri** (**Bo·ri·so·vich** /barʲísəvʲitʃʲ/) *n.* カバレフスキー 《1904–87 ; ロシアの作曲家》.
ka·ba·ra·go·ya /kəbɑ̀ːrəgóʊjə | -gə́ʊ-/ *n.* 〘動物〙 ミズオオトカゲ (*Varanus salvator*) 《東南アジア産で体長 3 m まで成長する》. 〘《1681》 ← ?〙
Ka·bar·di·an /kəbɑ́əḍiən | -bɑ́ːd-/ *n.* **1** カバルダ人 《Caucasus 北西部に住むチェルケス人 (Circassian)》. **2** カバルダ語 《チェルケス語の東部方言》. — *adj.* カバルダ人[語]の. 〘《1824》 ← Russ. *Kabarda*+-IAN〙
Kab·ar·dí·no-Bal·kár Repúblic /kæ̀bədíːnoʊbɔːɫkɑ́ə-, -bæɫ- | -bədíːnə(ʊ)bǽɫkə(r-/ *n.* カバルディノバルカリア 《ロシア連邦南西部の共和国; 面積 12,500 km^2, 首都 Nalchik; Kabardino-Balkaria ともいう》.
kab·ba·la /kǽbələ, kəbɑ́ː- | kəbɑ́ː-, kæ-/ *n.* (*also* **kab·ba·lah** /~/) =cabala.
ka·bel·jou /kɑ́ːbəljàʊ, kǽb-/ *n.* (*also* **ka·bel·jau, ka·bel·jauw** /~/) 〘魚類〙 南アフリカ産のニベ科コニベ属の大型の食用海産魚 《肝臓はきわめてビタミン A に富む; salmon bass ともいう》. 〘◻ Afrik. ~ ◻ Du. *kabeljauw* cod〙
ka·bob /kəbɑ́(ː)b | -bɔ́b/ *n.* 〘料理〙 **1** [通例 *pl.*] カバブ 《角切りにした肉(主に子羊肉)を漬け汁につけて野菜と交互に串に刺す串焼き料理; cf. shish kebab》. **2** 《インド》 焼肉. 〘《1673》 ◻ Hindi & Arab. *kabā́b* ◻ Turk. *kebap* roast meat〙
ka·boo·dle /kəbúːdḷ/ *n.* =caboodle.
ka-boom /kəbúːm/ *int.* どどーん, どっかーん 《雷鳴・大爆発など》.
Ka·bu·ki, k- /kəbúːki, kɑː-, kɑ́ːbʊkìː | kəbúːki, kæ-/ *n.* 歌舞伎. 〘《1899》 ◻ Jpn.〙
Ka·bul /kɑ́ːbʊɫ, kəbʊ́ɫ, -búːɫ | kɑ́ːbḷ, kɔ́ː-, -bʊɫ, kəbʊ́ɫ/ *n.* **1** カブール 《アフガニスタン北東部にある同国の首都》. **2** [the ~] カブール(川) 《アフガニスタン北東部に発し Indus 川に合流する川 (700 km)》. **Ka·bu·li** /kɑ́ːbʊlìː, kəbʊ́li, -búːli | kɑ́ːbəlìː, kɔ́ː-, -buli, -bḷi, kəbʊ́li/ *adj.*, *n.*
Kab·we /kɑ́ːbweɪ/ *n.* カブウェ 《ザンビア中央部の古い鉱山都市; 現在は商業中心地; 旧名 Broken Hill》.
Ka·byle /kəbáɪɫ/ *n.* **1** カビール人 《北アフリカのアルジェリアとチュニジアに住むベルベル (Berber) 族の一部族の人》. **2** カビール語 《ベルベル語に属する》. 〘《1738》 ◻ F ~ ◻ Arab. *qabā́'il* (pl.) ← *qabī́lla^h* tribe〙
kach·a /kʌ́tʃə/ *adj.*, *n.* =cutcha.
ka·chang pu·teh /kǽtʃæŋpuːtéɪ/ *n.* (マレーシアの)揚げ豆, 炒り豆. 〘← Malay〙
Ka·chin /kətʃín/ *n.* (*pl.* **~s, ~**) **1 a** [the ~(s)] カチン族 (⇨ Chingpaw). **b** カチン族の人. **2** カチン語 《チベットビルマ語族に属する》.
ka·chi·na /kətʃíːnə/ *n.* (*pl.* **~s, ~**) **1** カチーナ 《ホピ族などのいわゆるプエブロインディアン (Pueblo Indians) の伝承で, 慈悲の霊》. **2** カチーナダンサー 《カチーナを体現する仮面をつけた男の踊り手》. **3** カチーナダンサーのつける仮面. **4** カチーナ人形 《カチーナを象徴する木の人形》. 〘《1888》 ◻ N-Am.-Ind. (Hopi) *qaćina* supernatural〙
kachína dòll *n.* =kachina 4.
Ḱ ácid /kéɪ-/ *n.* 〘化学〙 K 酸 ($H_2NC_{10}H_4(OH)(SO_3H)_2$) 《アゾ染料の中間体に用いる; cf. G acid》.
ka·dait·cha /kədáɪtʃə/ *n.* =kurdaitcha.
Ká·dár /kɑ́ːdɑə | -dɑː(r; *Hung.* kɑ́ːdaːr/, **János** *n.* カダル 《1912–89; ハンガリーの政治家, 首相 (1956–58, 1961–65)》.
Kad·da·fi /kədɑ́ːfi, -dǽfi/ *n.* =Gaddafi.
Kad·dish, k- /kɑ́ːdɪʃ | kǽd-/ *n.* (*pl.* **Kad·di·shim, k-** /kɑːdíʃɪ̈m, -ʃiːm | kǽdɪʃɪm, -ʃiːm/) 〘ユダヤ教〙 **1** 礼拝式の終わりに唱える頌栄(しょうえい). **2** 死亡した親や兄弟のために, 埋葬の日から 11 か月間, 毎日 3 回の礼拝の際, および年忌の折に唱える頌栄 《Mourner's Kaddish ともいう》: say ~ 頌栄する. 〘《1613》 ◻ Aram. *qaddī́š* holy, holy one: cf. kiddush〙
Ka·desh /kéɪdɛʃ/ *n.* カデシュ 《古代パレスチナ南部, 死海の南西に存在したオアシスの町; *Gen.* 14:7, 16:14; *Num.* 32:8; *Deut.* 1:46, 2:14》.
Ka·dett /kədɛ́t; *G.* kadɛ́t/ *n.* 〘商標〙 カデット 《ドイツ Adam Opel 社製の中小型乗用車》.
ka·di /kɑ́ːḍi, kéɪ- | -di; *G.* kɑ́ːdi/ *n.* =qadi.
Ka·dı·köy /kɑ́ːdíkɔɪ, -kaɪ; *Turk.* kɑdɯkøj/ *n.* カドゥキョイ 《トルコ北西部 Bosporus 海峡入口の東, Istanbul 南東部の地区; 古代名 Chalcedon; 紀元前 685 年ギリシャ人によって建設, 紀元前 133 年ローマ帝国に属する》.
Ka·di·yev·ka /kədíː(j)ɪ̈fkə | -ɪf-; *Ukr.* kadʲíjiwkə, *Russ.* kádʲijifkə/ *n.* (*also* **Ka·di·ev·ka** /~/) カディエフカ 《Stakhanov の旧称》.
Ka·du·na /kədúːnə/ *n.* **1** カドゥナ 《ナイジェリア北部の州; 旧名 North-Central State (1976 まで)》. **2** Kaduna 州の州都. **3** [the ~] カドゥナ(川) 《ナイジェリア中北部を流れる; Niger 川の支流》.
kaf /kɑ́ːf, kɔ́ːf/ *n.* =kaph.
KAF 〘生化学〙 kinase activating factor.
kafe /kéɪf/ *n.* 《英俗》 =café.
kaf·fee·klatsch, K- /kɑ́ːfiklæ̀tʃ, kɔ́(ː)-, -klɑ̀ːtʃ | kɑ́ːfɪ-, -feɪ-; *G.* káfeːklàtʃ/ *n.* コーヒーの会, 茶話会 《コーヒーを飲みながら雑談を交わすくだけた会; coffee klatch ともいう》. 〘《1888》 ◻ G ~〙
Kaf·fe·klub·ben /kɑ́ːfəklʊ̀bən, -klʌ̀b-, -bṇ/ *n.* カフェクルベン(島) 《グリーンランド北部北極海の島; 世界最北端の陸地》.
Kaf·fir /kǽfə | -fə(r/ *n.* (*pl.* **~s,** *1–3* ではまた ~) **1 a** カフィール人 《アフリカ南部の Bantu 族に属する》. **b** カフィール語 《Bantu 語族に属する》. **c** [通例軽蔑的に] アフリカ南部の黒人[住民]. **2** [通例軽蔑的に] (アフリカ南部で)非イスラム教徒, 不信心者. **3** [通例軽蔑的に] =Xhosa. **4** [k-] 〘植物〙 =Kafir 3. **5** [*pl.*] (London 証券取引所で)南アフリカの鉱山会社の株式 (cf. kangaroo 4). 〘《1778》 ◻ Arab. *kā́fir* infidel (pres.p.) ← *káfara* to deny, be skeptical〙
Káffir béer *n.* 《南ア》 カフィールビール 《カヒアモロコシ (kafir corn) などから造るビール》. 〘1837〙
kaf·fir·boom /kǽfəbòʊm, -bùːm | -fə-, -bʊ̀əm/ *n.* 《南ア》〘植物〙 マメ科デイコ属 (*Erythrina caffia*) の落葉高木 《花は大きく鮮やかな朱赤色》. 〘《1827》: ⇨ ↑, *boom* 'tree' (Du.)〙
Káffir cát *n.* 〘動物〙 リビアネコ (*Felis lybica*) 《インド・アラビア・アフリカにすみ, 耳はとがり, イエネコの祖先と考えられる; bush cat ともいう》.
Káffir líly *n.* 〘植物〙 **1** =crimson flag. **2** ウケザキクンシラン (*Clivia miniata*) 《アフリカ南部原産》. 〘1900〙
kaf·fi·yeh /kəfíː(j)ə/ *n.* カフィヤ 《アラビア人がほこりと暑さを避けるために用いる頭巾(ずきん); 綿の四角い布切れを三角に折り, ひもを巻いて頭につける》. 〘《*c*1817》 ◻ Arab. *kaffī́ya^h*: cf. coif〙
Kaf·frar·i·a /kæfrɛ́ᵊriə, kə- | -frɛ́ər-/ *n.* カフラリア 《南アフリカ共和国南部 Eastern Cape 州東部の地方; 主にカーフィル人 (Kaffirs) が住む》. **Kaf·frár·i·an** /-riən/ *adj.*, *n.*
Kaf·ir /kǽfə | -fə(r/ *n.* (*pl.* **~s,** *1, 2* ではまた ~) **1** カーフィル人 (⇨ Nuri). **2** =Kaffir 1. **3** [k-] 〘植物〙 カヒアモロコシ (*Sorghum vulgare* var. *caffrorum*) 《乾燥地帯で栽培される食料・かいば用; kaffir または kaf(f)ir corn ともいう; cf. durra》. 〘《1759》 ◻ Arab. *kā́fir*: ⇨ Kaffir〙
Kaf·i·ri /kǽfəri | -fɪri/ *n.* 〘言語〙 カーフィル語 (⇨ Nuri). 〘《1901》: ⇨ Kafir, Hindi〙
Ka·fi·ri·stan /kæ̀fərɪstǽn, -stɑ́ːn | -fɪ̈r-/ *n.* カーフィリスタン 《Nuristan の旧名》. 〘⇨ ↑, Pakistan〙
Kaf·ka /kɑ́ːfkə, kǽf- | kǽf-; *G.* káfka/, **Franz** *n.* カフカ 《1883–1924; ドイツ語で作品を書いた Prague 生まれのユダヤ人作家; *Die Verwandlung*「変身」(1915), *Das Scholβ*「城」(1926)》.
Kaf·ka·esque /kɑ̀ːfkəɛ́sk, kæ̀f- | kæ̀f-ˉ/ *adj.* カフカ (Kafka) 的な, カフカの作品のような. 〘《1946》: ⇨ ↑, -esque〙
kaf·tan /kǽftæn, -tən, kæftǽn | kǽftæn, kæftɑ́ːn/ *n.* =caftan.
Ka·fu·e /kəfúːi, -eɪ/ *n.* [the ~] カフエ(川) 《ザンビア中央部に源を発し, 途中 Zambezi 川に合流する (805 km)》.
Ka·gel /kɑːhɛ́ɫ; *Sp.* kaxél/, **Mau·ri·cio** (**Ra·úl**) /mauɾísjo raúl/ *n.* カーゲル 《1931–　; アルゼンチン生まれの作曲家; 1957 年ドイツのケルンに移住, 以後ドイツを中心に欧米で活動》.
Ka·ge·ra /kəgɛ́ᵊrə | -gɛ́ərə/ *n.* [the ~] カゲラ(川) 《アフリカ東部タンザニア北西部の川, Victoria 湖に注ぎ Nile 川の水源を成す (約 400 km)》.
Kâ·ğı·tha·ne /kɑ̀ːjɪtɑ́ːneɪ; *Turk.* kʲaːɯtaːnɛ/ *n.* キャターネ 《トルコ北西部 Istanbul 北郊の都市》.
ka·goul /kəgúːɫ, kæ-/ *n.* (*also* **ka·goule** /~/) = cagoule.
ka·gu /kɑ́ːguː/ *n.* 〘鳥類〙 カグー, カンムリサギモドキ (*Rhynochetos jubatus*) 《New Caledonia 特産ツル目カグー科の鳥》. 〘《1862》 ← Melanesian〙
ka·ha·wai /kɑ́ːhəwàɪ/ *n.* 〘魚類〙 マルスズキ科の大形の海産魚 (*Arripis trutta*) 《オーストラリア東部海岸産の回遊魚; Australian salmon ともいう》. 〘《1838》 ◻ Maori ~〙
kahi·ka·te·a /kɑ́ɪkətìːə | kɑ̀ɪkətíə/ *n.* 《NZ》 マキ科マキ属 (*Podocarpus dacrydioides*) の針葉樹 《white pine ともいう》. 〘《1823》 ◻ Maori ~〙
Kahn /kɑ́ːn/ *n.* 〘医学〙 =Kahn test.
Kahn /kɑ́ːn; *F.* kan/, **Gustave** *n.* カーン 《1859–1936; フランスの象徴派詩人》.
Kahn /kɑ́ːn/, **Herman** *n.* カーン 《1922–83; 米国の軍事評論家・未来学者》.
Káhn tèst [**reàction**] /kɑ́ːn-/ *n.* 〘医学〙 カーン試験[反応] 《梅毒血清沈降反応》. 〘← *Reuben Leon Kahn* (1887–1979: リトアニア生まれの米国の細菌学者)〙
Ka·ho·o·la·we /kɑːhòʊoʊlɑ́ːweɪ | -hə̀ʊə(ʊ)-; *Hawaii.* kahóˀoláwe/ *n.* カホーラウェ(島) 《米国 Hawaii 州 Maui 島南西部の無人島; 面積 117 km^2》.
kaht /kɑ́ːt/ *n.* =kat.
ka·hu·na /kəhúːnə; *Hawaii.* kahúna/ *n.* (ハワイの)祈禱(きとう)師, 僧侶. 〘《1886》 ◻ Hawaiian ~ 'wise man'〙
kai /kɑ́ɪ/ *n.* 《NZ》 食物. 〘(1838) 《1845》 ◻ Maori ~〙
kai·ak /kɑ́ɪæk/ *n.* =kayak.
Kai·e·téur Fálls /kɑ̀ɪətʊ́ə-, kaɪtʃʊ́ə- | kɑ́ɪətʊ̀ə-/ *n. pl.* カイエツール滝 《南米中部ガイアナ中西部にある滝; 高さ 226 m》.
kaif /kɑ́ɪf/ *n.* =kef.
Kai·feng /kɑ̀ɪfʌ́ŋ; *Chin.* kʰāɪfɤ̄ŋ/ *n.* 開封(カイフォン) 《中国北部の都市; 河南省 (Henan) の旧省都》.
kaik /kɑ́ɪk/ *n.* 《NZ 方言》 =kainga. 〘1884〙
kail /kéɪɫ/ *n.* =kale. 〘《スコット》 ~ 'KALE'〙
Kai·las /kaɪlɑ́ːs/ *n.* **1** カイラス(山脈) 《チベット南西部を Himalaya 山脈と平行に走る標高 5,500–6,000 m の山脈》. **2** カイラス(山) 《カイラス山脈の最高峰 (6,714 m); ヒンズー教・チベット仏教の聖地で登山は許されない》.
káil·yàrd *n.* 《スコット》 菜園 (kitchen garden). 〘《1725》 ← KAIL+YARD[2]〙

Káilyard schòol, k- s- *n.* [the ～] 菜園派《方言を多用しスコットランド農民の生活を描いた 19 世紀末の作家 Sir J. M. Barrie, John Watson らの一派》.
kain /kéɪn/ *n.* ＝cain. 〖1783〗
kaing·a /káɪŋə/ *n.* 《NZ》マオリ族の村[集落]. 〖《1820》□ Maori ～〗
Kain·gang /káɪŋgæŋ; *Braz.* kɐ̃ĩgɐ̃gi/ *n.* (*pl.* ～, ～s) ＝Caingang.
kái·nic ácid /káɪnɪk-/ *n.* 〚化学〛カイニン酸 ($C_{10}H_{15}NO_4$)《紅藻カイニンソウ中に存在; 回虫駆除薬とする》. 〖《1954》: *kainic* ← Jpn *kain(in-so)*＋-IC[1]〗
kai·nit /kaɪníːt/ *n.* 〚鉱物〛＝kainite.
kai·nite /káɪnaɪt, kéɪ-/ *n.* 〚鉱物〛カイナイト ($KMgSO_4Cl \cdot 3H_2O$)《岩塩層中のカリ塩; 肥料などに用いられる》. 〖《1868》□ G *Kainit* ← Gk *kainós* new: ⇨ -ite[1]〗
kài·no·génesis /kàɪnoʊ- | -nə(ʊ)-/ *n.* ＝cenogenesis.
kai·ros /kaɪrɑ́(ː)s | -rɔ́s/ *n.* (*pl.* **kai·roi** /-rɔ́ɪ/) (行動などの)好機, 潮時. 〖《1936》□ Gk *kairós* proper time〗
Kair·ouan /kɛəwɑ́ːn | kɛə-; *F.* kɛʀwɑ̃/ *n.* (*also* **Kair·wan** /kaɪəwɑ́ːn | kaɪə-/) ケルワン《アフリカ北部チュニジア北東部の都市; イスラム教の聖地》.
kai·ser /káɪzə | -zə(r; *G.* káɪzɐ/ *n.* **1** (ドイツ系の)皇帝, カイザー: **a** (1871–1918 年の)ドイツ皇帝の称号; [the K-] ＝William II 2. **b** (1804–1918 年の)オーストリア皇帝の称号. **2** 神聖ローマ帝国皇帝の称号. **3** 皇帝 (emperor). **4** 独裁者. **5** 《米》＝kaiser roll. 〖《1858》□ G ～ ∞ ME *caiser(e), keiser(e)* □ ON *keisari* □ L *Caesar* 'CAESAR[1]'〗
Kai·ser /káɪzə | -zə(r; *G.* káɪzɐ/, **Georg** *n.* カイザー《1878–1945; ドイツの表現主義の劇作家; *Von Morgens bis Mitternachts*「朝から夜中まで」(1916)》.
Kai·ser /káɪzə | -zə(r/, **Henry J(ohn)** *n.* カイザー《1882–1967; 米国の実業家》.
kái·ser·dom /-dəm/ *n.* **1** カイザーの地位; カイザーの統治. **2** カイザー統治下の地域. 〖《なぞり》← G *Kaisertum*〗
kai·ser·in /káɪzərɪ̀n | -rɪn; *G.* káɪzəʀɪn/ *n.* カイザーの妻, 皇后. 〖《*c*1888》□ G ～ (fem.) ← *Kaiser* 'KAISER'〗
kái·ser·ìsm /-zərɪzm/ *n.* (カイザーのような)皇帝独裁(主義). 〖《1914》: ⇨ -ism〗
káiser ròll *n.* カイザーロール《サンドイッチ用の大きくて皮が堅い丸いロールパン》.
káiser·shìp *n.* ＝kaiserdom 1. 〖1848〗
Kai·sers·lau·tern /kàɪzəzláʊtə̀n | kaɪzəzláʊtə(ː)n; *G.* kaɪzɐsláʊtɐn/ *n.* カイザースラウターン《ドイツ Rhineland-Palatinate 州の工業都市》.
Káiser wár *n.* [the ～] 《口語》第一次世界大戦《ドイツ皇帝 William 二世 (Kaiser Wilhelm) の起こした戦争》.
ka·jal /kɑ́dʒəl/ *n.* カージャル《インドで目のまわりを黒く縁取る化粧用の粉》. 〖□ Hindi *kājal*〗
Ka·jar /kədʒɑ́ə, kɑ́ːdʒɑə | kɑːdʒɑ́ː(r/ *n.* **1** [the ～s] カージャール王朝[王家]《イラン史におけるトルコ系王朝 (1796–1925)》. **2** カージャール王朝の人. 〖《1883》□ Pers. *kājār*〗
ka·ja·wah /kədʒɑ́ːwə/ *n.* ラクダ[ラバ]の両側に一つずつ垂れるようにした駕籠(かご)《インドやペルシャで女性が乗用》. 〖《1634》□ Hindi *kajāwa(h)* ← Pers.〗
ka·ka /kɑ́ːkə/ *n.* 〚鳥類〛カカオウム, カカ (*Nestor meridionalis*)《ニュージーランド産のオウム科の鳥》. 〖《*c*1774》□ Maori ～ 'parrot'《擬音語》〗
káka bèak [bìll] *n.* 〚植物〛＝glory pea.
ka·ka·po /kɑ̀ːkəpóʊ | kɑ̀ːkəpə̀ʊ/ *n.* (*pl.* ～**s**) 〚鳥類〛フクロウオウム (*Strigops habroptilus*)《ニュージーランド産の夜行性のオウム》. 〖《1843》□ Maori ～ 'owl parrot' ← *kaka* parrot＋*po* night〗
ka·ke·mo·no /kɑ̀ːkəmóʊnoʊ | kæ̀kɪməʊnəʊ/ *n.* (*pl.* ～**s**) 掛け物[軸] (hanging scroll). 〖《1890》□ Jpn.〗
ka·ki /kɑ́ːki/ *n.* 〚植物〛カキ(柿) (Japanese persimmon). 〖《1727》□ Jpn.〗
Ka·ki·na·da /kɑ̀ːkɪ̀nɑ́ːdə | -kɪnɑ́ːdə/ *n.* カキナダ《インド東部 Andhra Pradesh 北東部, Bengal 湾に臨む市; 綿花・米の輸出港》.
kak·is·toc·ra·cy /kæ̀kɪ̀stɑ́(ː)krəsi | -kɪstɔ́krəsi/ *n.* 最悪の市民による政治[政府], 悪人政治. 〖《1829》← Gk *kákistos* (superl.) ← *kakós* bad)＋-CRACY〗
kak·ke /kǽki, kɑ́ːkeɪ/ *n.* 〚病理〛脚気(かっけ) (beriberi ともいう). 〖《1874》□ Jpn.〗
ka·ko·to·pi·a /kæ̀koʊtóʊpiə | -kə(ʊ)tə́ʊ-/ *n.* ＝dystopia. 〖《1915》← Gk *kakós* bad＋(U)TOPIA〗
kal 《略》kalends.
KAL /kéɪèɪél/ 《略》Korean Air Lines 大韓航空《記号 KE》.
Ka·laal·lit Nu·naat /kəlɑ́ːlɪtnənɑ́ːt/ *n.* カラートリトヌナート《Greenland の Inuit 語による名称》.
ka·la a·zar /kɑ̀ːləɑːzɑ́ə, kæ̀lə- | kæ̀ləəzɑ́ː(r, kɑ̀ːlə-/ *n.* 〚病理〛カラアザール《アジア熱帯地方の原虫 (*Leishmania donovani*) による伝染病で肝脾(ひ)の肥大・不規則熱・貧血などを主徴とする; visceral leishmaniasis, Assam fever ともいう》. 〖《1882》□ Hindi *kālā āzār* ← *kālā* black＋*āzār* disease〗
Ka La·e /kɑːlɑ́ːeɪ; *Hawaii.* kaːláe/ *n.* カラエ《Hawaii 島南端の岬; South Cape ともいう》.
Ka·la·ha·ri /kɑ̀ːləhɑ́ːri, kæ̀l- | kæ̀lə-/ *n.* [the ～] カラハリ(砂漠)《アフリカ南西部のボツワナを中心とした乾燥地帯; 面積 26,000 km²; Kalahari Desert ともいう》.
ka·lam /kəlɑ́ːm/ *n.* 〚イスラム教〛カラーム《9 世紀に始まる合理主義神学の学派; 創造者たる神の存在と人間の意志の自由とを主張する》. 〖□ Arab. *kalām*《原義》word, speech〗
Kal·a·ma·zoo /kæ̀ləməzúː←/ *n.* カラマズー《米国 Michigan 州南西部の都市》. 〖□ F ～ ← N-Am.-Ind. (Ojibwa)〗
kal·an·cho·e /kæ̀lənkóʊi, kəlæ̀ŋkʊi | kæ̀lənkə́ʊi/ *n.* 〚植物〛カランコエ《ベンケイソウ科リュウキュウベンケイ[カランコエ]属 (*Kalanchoe*) の多肉植物の総称; アジア・アフリカの熱帯地方産; 観賞用に栽培される》. 〖《1830》← NL ～〗
ka·lash·ni·kov /kəlǽʃnɪkɔ̀(ː)f, -kɔ̀(ː)f | -kɔf; *Russ.* kəlɑ́ʃnʲɪkəf/ *n.* カラシニコフ《ロシア製のライフル銃兼軽機関銃 AK-47 の通称》. 〖← 設計者名 *M. T. Kalashnikov* (b. 1919) から〗
Ka·lat /kəlɑ́ːt/ *n.* カラート(州)《旧英領インド Baluchistan 地方の藩王国; 現在はパキスタンの一部》.
kal·a·thos /kǽləθɑ̀(ː)s, -θəs | -θɔ̀s, -θəs/ *n.* (*pl.* **-a·thoi** /-θɔ̀ɪ/) ＝calathos. 〖□ Gk *kálathos* vaseshaped basket: cf. L *calathus*〗
Kalb, Johann De *n.* ⇨ De Kalb.
kale /kéɪl/ *n.* **1** 〚園芸〛ケール, ハゴロモカンラン (*Brassica oleracea* var. *acephala*)《キャベツのように玉にならない; cf. Scotch kale》. **2** 《スコット》**a** キャベツ類. **b** (キャベツを主にした)野菜スープ. **c** 食べ物; 食事. **3** 《米俗》金 (paper money). ***give a person his kále through the réek*** 《スコット》ひどい目に遭わせる. 〖《*a*1325》《北部方言》*cal(e)* < OE *cāl*: cf. cole〗
ka·lei·do·scope /kəláɪdəskòʊp | -dəskə̀ʊp/ *n.* **1** 万華(まんげ)鏡, 百色眼鏡, 錦(にしき)眼鏡. **2** (変幻極まりない)万華鏡的な様相: a ～ of color and pattern / the ～ of life 人生の万華鏡, 変幻極まりない[走馬燈(そうまとう)のような]人生. 〖《1817》← Gk *kalós* beautiful (cf. calli-)＋*eîdos* form (cf. idea)＋-SCOPE: 発明者 Sir David Brewster (1781–1868) による造語〗
ka·lei·do·scop·ic /kəlàɪdəskɑ́(ː)pɪk | -dəskɔ́p-←/ *adj.* **1** 万華鏡の. **2 a** 変幻きわまりない. **b** 種々様々な, 多様な. **ka·lèi·do·scóp·i·cal** /-pɪ̀kəl, -kl̩ | -pɪ-←/ *adj.* **ka·lèi·do·scóp·i·cal·ly** *adv.* 〖《1846》: ⇨ ↑, -ic[1]〗
kal·en·dar /kǽlɪ̀ndə | -də(r/ *n.*, *vt.* ＝calendar.
kal·ends /kǽlɪ̀ndz, kéɪ-, -lɛndz/ *n. pl.* ＝calends.
kále rùnt *n.* ケールの茎.
Ka·le·va·la /kɑ̀ːləvɑ́ːlə, -lɑː- | -lɪ̀-; *Finn.* kɑ́lɛvɑlɑ/ *n.* [the ～]「カレワラ」《古詩・神話・英雄伝説などを集めたフィンランドの国民的叙事詩; E. Lönnrot が初めて体系的に採録し,「古カレワラ」(1835–36),「新カレワラ」(1849) を出版した》. 〖□ Finn. ～《原義》land of heroes ← *kaleva* heroic＋*-la* abode〗
kále·yàrd *n.* ＝kailyard. 〖1725〗
Káleyard schòol *n.* [the ～] ＝Kailyard school.
Kal·gan /kæ̀lgǽn; *Mong.* xɑ́ːlgən/ *n.* カルガン《張家口 (Chankiakow) のモンゴル語名》.
Kal·goor·lie /kælgúəli | -gʊə-/ *n.* カルグーリー《オーストラリア Western Australia 州南部の町; 1890 年初頭のゴールドラッシュの中心地; 1947 年 Boulder と合併して Kalgoorlie-Boulder となる》.
ka·li /kéɪlaɪ, kǽli/ *n.* **1** 〚植物〛＝saltwort. **2** 《廃》ソーダ灰 (soda ash). 〖《1578》← ? Arab.: cf. Arab. *qilw* alkali〗
Ka·li /kɑ́ːli/ *n.* 〚ヒンズー教〛カーリー《死と破壊の女神, Siva の配偶神; Parvati の異名》. 〖□ Skt *Kālī*《原義》the black one (fem.) ← *kālā* black〗
kal·i·an /kæ̀liɑ́ːn/ *n.* (ペルシャの)水ぎせる《calean ともいう》. 〖□ Pers. *qalyān*〗
Ka·li·da·sa /kɑ̀ːlɪdɑ́ːsə/ *n.* カーリダーサ《4–5 世紀ごろのインドの劇詩人; *Sakuntala*「シャクンタラー」の作者; 通称 Shakespeare of India》.
ka·lif /kéɪlɪ̀f, kǽl- | kǽlɪf, kéɪl-, kɑ́ːl-/ *n.* ＝caliph.
ka·lig·e·nous /kəlɪ́dʒənəs, kæ-|-dʒɪ̀-/ *adj.* 〚化学〛アルカリを生じる. 〖《1854》← NL *kali* 'ALKALI'＋-GENOUS〗
Ka·li·man·tan /kɑ̀ːləmɑ́ːntɑːn, kæ̀ləmǽntæn | kæ̀lɪmǽntən, -tæn; *Indon.* kalimántan/ *n.* カリマンタン《Borneo 島南部, 同島の約 4 分の 3 を占める部分でインドネシアの一部; もとオランダ領ボルネオ (Dutch Borneo) といった; 面積 550,041 km²; 首都 Banjermasin》.
ka·lim·ba /kəlímbə/ *n.* カリンバ《アフリカの打楽器で代表的な体鳴楽器》. 〖《1968》← Afr.: cf. marimba〗
Ka·li·nin /kəlíːnɪ̀n | -nɪn; *Russ.* kɐlʲínʲɪn/ *n.* カリーニン《Tver の旧名 (1931–91)》.
Ka·li·nin /kəlíːnɪ̀n | -nɪn/ (1875–1946; *Russ.* kɐlʲínʲɪn/, **Mikhail (Ivanovich)** *n.* カリーニン (1875–1946; ソ連の政治家, 中央執行委員会議長 (1923–38), 最高会議幹部会議長(国家元首, 1938–46)).
Ka·lin·in·grad /kəlíːnɪ̀ŋgræ̀d, -grɑ̀ːd | -nɪŋgræ̀d, -grɑ̀ːd; *Russ.* kɐlʲɪnʲɪngrát/ *n.* カリーニングラード《バルト海沿岸の, リトアニアおよびポーランドと国境を接するロシア領の飛び地(港湾都市); ドイツ領当時の旧名 Königsberg》.
kal·i·nite /kǽlənàɪt, kéɪl- | -lɪ̀-/ *n.* 〚化学〛カリナイト, カリ明礬(みょうばん). 〖《1868》← *kaline* (＝alkaline)＋-ITE[1]〗
ka·liph /kéɪlɪ̀f, kǽl-/ *n.* ＝caliph.
Ka·lisz /kɑ́ːlɪʃ; *Pol.* kál'iʃ/ *n.* カリシ《ポーランド中部の都市》.
ka·li·um /kéɪliəm/ *n.* 〚化学〛＝potassium. 〖← NL ～ ← *kali* 'ALKALI'＋-IUM〗
Ká·li Yúga /kɑ́li-/ *n.* [the ～] 〚ヒンズー教〛カリユガ, 末世, 暗黒時代 (⇨ Yuga). 〖□ Skt *kaliyuga* ← *kali* ace on a die＋*yuga* 'YUGA': dice のゲームで 1 の目が最も悪い目とされるところから〗
kal·koen·tjie /kælkúŋki/ *n.* **1** 〚植物〛南アフリカ Cape 地方産アヤメ科グラジオラス属の多年性草本 (*Gladiolus, Tritonia*). **2** 〚鳥類〛アカノドツメナガタヒバリ (*Macronyx*)《南アフリカ産; セキレイ科》. 〖《1835》□ Afrik. ～ ← *kalkoen* turkey＋*-tjie* (dim. suf.)〗
kal·li·din /kǽlədɪ̀n, -dn̩ | -lɪdɪn/ *n.* 〚生化学〛カリジン《膵臓(すいぞう)ホルモンの一つカリクレイン (kallikrein) によって血液グロブリンから形成される活性物質》. 〖《1950》□ G ～ ← KALLI(KREIN)＋*d(ekapeptid)* 'デカペプチド (10 個のアミノ酸が結合した化合物)'＋-IN[2]〗
Kal·li·kak /kǽləkæ̀k | -lɪ̀-/ *n.* **1** [the ～s; 単数または複数扱い] カリカック家《米国 New Jersey 州に実在した一農家に与えられた仮名; この一家の異腹の子孫の一方には優秀な人物を輩出し, 他方の子孫には酒乱・低能・犯罪者などが続出している事実が心理学者 H. H. Goddard により報告された; cf. Jukes》. **2** 知能の低い人, うすのろ. 〖《1912》← Gk *kalli-* 'CALLI-'＋*kak* 'CACO-': H. H. Goddard (1866–1957) の造語; 優劣両方の家系の意から〗
kal·li·kre·in /kæ̀lɪ̀kríːɪ̀n, kəlíkrɪ- | -lɪkríːɪn, kəlíkri-/ *n.* 〚生化学〛カリクレイン《尿や膵臓(すいぞう)などに含まれる酵素で血中キニンを活性化する》. 〖《1930》□ G ～ ← Gk *kallíkreas* sweetbread ← *kalli-* 'CALLI-'＋*kréas* flesh: ⇨ -in[2]〗
Kal·mar /kɑ́ːlmɑə | kǽlmɑː; *Swed.* kálmar/ *n.* カルマル《スウェーデン南東部の港市; スウェーデン・デンマーク・ノルウェーによる連合王国カルマル同盟 (1397–1523) の成立地》.
Kálmar Sóund *n.* カルマル海峡《スウェーデン本土と Öland 島との間の海峡》.
kal·mi·a /kǽlmiə/ *n.* 〚植物〛カルミア《ツツジ科カルミア属 (*Kalmia*) の植物の総称; カルミア (mountain laurel) など》. 〖《1765》← NL ～ ← *Peter Kalm* (1715–79: スウェーデンの植物学者): ⇨ -ia[1]〗
Kal·muck /kǽlmʌk, -mək; *Mong.* xálməg/ *n.* (*also* **Kal·muk** /～/, **Kal·myk** /kǽlmɪk/) **1** カルムイク人《中国西部新疆(しんきょう)ウイグル自治区とロシア連邦 Volga 川流域に住むラマ教徒の西モンゴル族の人》. **2** カルムイク語《モンゴル語に属する方言》. **3** [k-] カルムイク織《熊皮に似た粗いけばのある綿または毛織物》. 〖《1613》□ Turk. *kalmuk*《原義》that which has remained (p.p.) ← *kalmak* to remain〗
Kal·myk·i·a /kælmíkiə; *Russ.* kalmɨ́kʲijə/ *n.* カルムイキア《ロシア連邦南西部カスピ海北岸の共和国; 面積 75,900 km², 首都 Elista》.
ka·long /kɑ́ːlɔ(ː)ŋ, -lɑ(ː)ŋ | -lɔŋ/ *n.* 〚動物〛ジャワオオコウモリ (*Pteropus vampyrus*)《東南アジアに分布する最大のコウモリで果物を食べる》. 〖《1824》← Malay〗
kal·pa /kʌ́lpə/ *n.* 〚ヒンズー教・仏教〛劫(こう), 劫波《ヒンズー教・仏教の宇宙論的時間; 1 kalpa は梵天の 1 日, 1,000 yuga に相当し, 人間の 43 億 2,000 万年に相当するといわれる》. 〖《1794》□ Skt ～〗
kal·pak /kǽlpæk, –⌐/ *n.* ＝calpac. 〖1717〗
kal·pis /kǽlpɪ̀s | -pɪs/ *n.* カルピス《古代ギリシャ・ローマの取っ手のついた瓶, ヒュドリア (hydria) の一種》. 〖□ Gk *kálpis* pitcher, jar〗
kal·so·mine /kǽlsəmàɪn/ *n.*, *vt.* ＝calcimine.
Ka·lu·ga /kəlúːgə; *Russ.* kalúgə/ *n.* カルーガ《ロシア連邦, Moscow 南西部 Oka 河畔の工業都市》.
kam /kǽ(ː)m/ *adj.* 《廃》ねじれた; 〈話など〉歪んだ, まちがった. ―― *adv.* 曲がって. 〖《1579》□ Welsh & Ir. *cam* < OIr. *camm*〗
Ka·ma[1] /kɑ́ːmə/ *n.* **1** 〚インド神話〛カーマ, 迦摩天(かまてん) (愛の神). **2** [k-] 〚仏教〛愛欲, 淫欲(いんよく), 愛楽. 〖□ Skt *kāma* (the god of) love: cog. L *cārus* dear: cf. charity〗
Ka·ma[2] /kɑ́ːmə; *Russ.* kámə/ *n.* [the ～] カマ(川)《ロシア連邦 Ural 地方に発し Kazan の南部で Volga 川の本流に合流する (1,805 km)》.
ka·ma·ai·na /kɑ̀ːməàɪnə; *Hawaii.* kámaʔaːina/ *n.* ハワイに住み慣れた人. 〖《1903》□ Hawaiian *kama'āina* ← *kama* child＋*'āina* land〗
kam·a·cite /kǽməsàɪt/ *n.* 〚鉱物〛カマサイト《隕石の成分; ニッケル含有率 4–6% の鉄の合金》. 〖《1890》□ G 《廃》*Kamacit* ← Gk *kámax* pole, shaft: ⇨ -ite[1]〗
ka·ma·la /kəméɪlə, kǽmə- | kəmɑ́ː-, kǽmə-/ *n.* **1** 〚植物〛クスノハガシワ (*Mallotus philippinensis*)《アジアの熱帯に産するアカメガシワに似たトウダイグサ科の常緑樹》. **2** カマラ《クマノハガシワの果実の毛から採る赤橙色の粉末で駆虫剤および染料用》. 〖《1820–32》□ Skt ～ 'a kind of lotus'〗
Ka·ma·su·tra /kɑ̀ːməsúːtrə/ *n.* [the ～]「カーマスートラ」,「愛欲経」《古代インドのヒンズー教性典; Kama Sutra ともつづる》. 〖《1883》□ Skt ～ ← *kāma* love＋*sūtra* 'warp (of life), SUTRA': ⇨ Kama[1]〗
Kam·ba /kɑ́ːmbə/ *n.* (*pl.* ～, ～**s**) **1 a** [the ～(s)] カンバ族《ケニア中央部に住む農耕民族》. **b** カンバ族の人. **2** カンバ語《カンバ族が話すバンツー語派 (Bantu) の言語》.
Kam·chat·ka /kæmtʃǽtkə, -tʃɑ́ːt- | -tʃǽt-; *Russ.* kamtʃʲátkə/ *n.* カムチャツカ(半島)《ロシア連邦北東部, Okhotsk 海と Bering 海との間の半島; 長さ 1,200 km, 面積 370,000 km²》.
kame /kéɪm/ *n.* **1** 〚地質〛氷礫(ひょうれき)丘, ケイム《氷河の作用によって形成される砂や細石からなる長円形などの丘陵; cf. esker》. **2** 《スコット》＝comb[1]. 〖《1795》《スコット》～, *kaim* 'COMB[1]'〗
ka·meez /kəmíːz/ *n.* カミーズ《長そでのチュニック, 長い丈のシャツ; インド北部・パキスタン・バングラデシュの女性がズボンの上に着る伝統服》. 〖《1955》: cf. camise〗
Ka·me·ha·me·ha I /kəmèɪəméɪə-, -méɪhɑː-; *Hawaii.* kaméhaméha/ *n.* カメハメハ一世 (1737?–1819; Hawaii 王国初代の王 (1810–19); 通称 Kamehameha the Great).
Kamehaméha Dày *n.* カメハメハ記念日《Kamehameha 一世の誕生日で Hawaii の休日; 6 月 11 日》. 〖1925〗

K

ka·me·lau·ki·on /kàːməlɔ́ːkjɔ(ː)n, -lá-, -kiɔ̀(ː)n | -lɔ́ː, -kjɔn, -kiɔ̀n; *Mod.Gk.* kameláfco/ *n.* (*pl.* **-ki·a** /-lɔ́ːkjàː, -kiàː, -lɔ́ːkiə; *Mod.Gk.* -ca/, ~s)〘ギリシャ正教〙カミラフカ《聖職者がかぶる山が高くて縁のない平らな黒の帽子》.〘◻ MGk *kamēlaúkion*〙

Ka·me·nev /káːm(j)ənèf, kǽm- | kǽm-; *Russ.* káʲmʲinʲif/, **Lev Borisovich** /barʲísəvʲitʃ/ *n.* カメネフ《(1883–1936; ソ連の政治家・共産党の指導者, Stalin と対立して処刑された》.

Ka·mensk-U·ral·ski /káːmɛnskuráːɫski; *Russ.* kámʲinskurálʲskʲi/ *n.* カーメンスクウラルスキー《ロシア連邦西部の工業都市》.

ka·me·rad /kæ̀məráːt; *G.* kàməʁáːt/ *int.* 降参《第一次大戦でドイツ兵が投降の時に叫んだ言葉》.〘(1914) ◻ G ~ 'COMRADE, companion'〙

Ka·mer·lingh On·nes /káːməlɪŋɔ̀(ː)nəs | -mə-lɪŋɔ̀n-; *Du.* káːmərlɪŋɔ́nəs/, **Hei·ke** /háɪkə/ *n.* カーメルリング オネス《1853–1926; オランダの物理学者; 低温物理学の開拓者; Nobel 物理学賞 (1913)》.

Ka·me·run /*G.* káməʁuːn, ⌐ ─ ⌐/ *n.* カメルーン《(Cameroon のドイツ語名)》.

Ka·me·rund·stadt /*G.* káməʁuːntʃtat/ *n.* ⇨ Douala.

Ka·met /káːmeɪt, kʌ́m-/ *n.* カメート(山)《インド北部 Himalaya 山脈中の山; 高さ 7,756 m》.

ka·mi /káːmi/ *n.* (*pl.* ~)《神道の》神.〘(1616) *Camme, Cammy* ◻ Jpn.〙

ka·mi·ka·ze /kàːməkáːzi | kæ̀mɪ̀káːziˉ/ *n.* **1** (元寇の時の)神風. **2** 神風特攻機(の操縦士, 隊員). ── *adj.* [限定的] 特攻隊精神の; 無謀な, 向こう見ずな: a ~ taxi driver 神風タクシー運転手.〘(1896) ◻ Jpn.〙

Kam·loops /kǽmluːps/ *n.* カムループス《カナダ British Columbia 州南部の都市》.

K **Kam·pa·la** /kɑːmpáːlə | kæm-/ *n.* カンパラ《アフリカ中部ウガンダ南東部の同国の首都》.

kam·pong /káːmpɔ(ː)ŋ, kǽm-, -pɑ(ː)ŋ | kǽmpɔŋ/ *n.* (マレーシアやインドネシア地方の)小村落.〘(1844) ◻ Malay ~: ⇨ compound²〙

Kam·pu·che·a /kæ̀mputʃíːə/ *n.* カンプチア《Cambodia の旧名 (1976–89)》.

kam·seen /kæmsíːn/ *n.* =khamsin.

kam·sin /kæmsíːn, kǽmsɪ̀n | kǽmsɪn, kæmsíːn/ *n.* =khamsin.

Kan《略》Kansas.

Kan /káːn/ *n.* =Gan Jiang.

Ka·na·ka, k- /kənǽkə, -nǽkə; *Hawaii.* kanáka/ *n.* **1** カナカ人《Hawaii, 南洋諸島の先住民》. **2** [しばしば k-]《豪》南洋諸島の先住民《特に(かつて)オーストラリアへ連れてこられた農園労働者を指す》.〘◻ Hawaiian ~ 'man'〙

ka·na·my·cin /kæ̀nəmáɪsɪ̀n, -sn | -sɪn/ *n.*〘薬学〙カナマイシン《Streptomyces 属のカビからとる抗生物質》.〘(1957) ← NL (*Streptomyces*) *kanamyceticus*＋-IN²〙

Ka·nan·ga /kənáːŋgə | -nǽŋ-/ *n.* カナンガ《アフリカ中部コンゴ民主共和国中部の都市; 旧名 Luluabourg》.

Ka·na·ra /kənáːrə, káːnərə/ *n.* カナラ《インド西部 Karnataka 州のアラビア海に沿う地域》.

Kan·a·rese /kæ̀nəríːz, -ríːs | -ríːzˉ/ *n.* (*pl.* ~) **1** (インドの)カナラ (Kanara) 地方の人《Kannada 語を話す; Canarese ともいう》. **2** =Kannada. ── *adj.* **1** カナラ(地方, 人)の. **2** カンナダ語 (Kannada) の.〘(1847): ⇨ ↑, -ese〙

Kan·chen·jun·ga /kàːntʃəndʒúŋgə, kæn-, -dʒʌ́ŋ- | kæ̀ntʃəndʒúŋ-, -dʒʌ́ŋ-/ *n.* カンチェンジュンガ(山)《Himalaya 山脈東部, ネパールとインドの国境にある世界第 3 位の高峰 (8,598 m); Kangchenjunga, Kinchinjunga ともつづる》.

Kan·chi·pu·ram /kɑːntʃíːpərəm/ *n.* カンチプラム《インド南東部, Tamil Nadu 州の都市; "the Benares of the South" として知られるヒンズー教の聖地; 繊維工業が盛ん》.

Kan·da·har /kàːndəháə | kæ̀ndəháː⁽ʳ⁾/ *n.* カンダハル《アフガニスタン南部の都市》.

Kan·din·sky /kændínski; *Russ.* kandʲínskʲij/, **Va·si·li Va·si·lye·vich** /vasʲílʲijvasʲílʲjivʲitʃʲ/ *n.* カンディンスキー《1866–1944; ロシアに生まれフランスに帰化した画家; 抽象絵画の創始者とされる; 1911 年 Marc と「青騎士」派 (Blaue Reiter) を結成》.

Kan·dy /kǽndi/ *n.* カンディ《スリランカ中部の都市; 有名な寺院がある》.

Kane /kéɪn/ *n.* ケーン《男性名; 異形 Kain, Kayne》.〘← Ir.-Gael. *cain* tribute ∥ *cathan* little, warlike one〙

Kane /kéɪn/, **Elisha Kent** *n.* ケーン《1820–57; 米国の北極探検家》.

ka·neel·hart /kənéɪlhaət | -hɑːt/ *n.* **1**〘植物〙中・南米産クスノキ科の樹木 (*Licania cayenensis*). **2** 堅くて丈夫なその材.〘◻ Du. ~ ← *kaneel* cinnamon (◻ MF *cannelle* (⇨ canella)＋*hart* 'HEART'〙

kang /káːŋ; *Chin.* kʰɑ̀ŋ/ *n.* (中国の)炕(ｶﾝ)《石造りの暖房装置, この上に座ったり寝たりする, 朝鮮のオンドルに当たる》.〘(1770) ◻ Chin. *kang* (炕)〙

kan·ga¹ /kǽŋgə/ *n.* カンガ《東アフリカの女性が身に着ける派手なデザインの薄地綿布; khanga ともいう》.〘(1967) ◻ Swahili ~〙

kan·ga² /kǽŋgə/ *n.*〘豪口語〙**1** カンガルー. **2** 看守《押韻俗語》.〘(1917)《略》← KANGAROO〙

kan·ga·roo /kæ̀ŋgərúːˉ/ *n.* (*pl.* ~s, ~) **1**〘動物〙カンガルー《カンガルー科カンガルー属 (*Macropus*) の草食有袋類のうち大型の動物の総称; アカカンガルー (*M. rufus*), オオカンガルー (*M. gigantea*) など; cf. wallaby》. **2**《英》オーストラリア人. **3** =kangaroo closure. **4** [*pl.*]〘英俗〙(London 証券取引所で)オーストラリアの鉱山(株)など (cf. Kaffir 5). ── *vi.* **1** [通例 ~ing で] カンガルー狩りをする: go ~*ing*. **2**〘口語〙(クラッチ操作が下手で)車がガクンと出る. ── *vt.* **1**《俗》<人を>でっち上げの証拠で有罪とする. **2**〘口語〙(クラッチ操作が下手で)<車を>ガクンと出す. ***have kangaróos in the tóp páddock***〘豪口語〙気がふれている (be crazy). **~·like** *adj.*〘(1770) ◻ Austral. (Guugu Yimidhir) *gangurru* a species of kangaroo〙

kangaróo acácia *n.*〘植物〙ハリアカシア (*Acacia armata*)《オーストラリア産の垣根用低木》.

kangaróo-bàr *n.*《豪》(バンパーの上にさらに取り付けて動物との衝撃から車を守る)鉄棒のバンパー.

kángaroo clósure *n.*《英》カンガルー式(一足飛び)討論終結《議長[委員長]が議案の一部の条項だけを討議に付し, 他の条項の討論は省略する; もと議会用語》.〘1930〙

kángaroo cóurt *n.* **1** (法律を無視または曲解して行う)私的裁判, (リンチ式の)人民裁判, つるし上げ. **2** (一般に)不正規裁判. **3** (参加者・見物人を楽しませるための諷刺的な)ユーモア裁判. **4**《米俗》カンガルー裁判《交通違反に法外な罰金を科す不正な警察裁判》.〘(1853): その進行状態がカンガルーの歩行のように不規則で飛躍的であることから〙

kangaróo dòg *n.* カンガルー狩猟用の大形の猟犬.〘1806〙

kangaróo gràss *n.*〘植物〙イネ科メカルガヤ属の多年草 (*Themeda australis*)《オーストラリア全域にはびこる丈の長い草》.〘1827〙

Kán·ga·roo Ísland /kǽŋgərùː-/ *n.* カンガルー島《オーストラリア South Australia 州沖の島; 面積 4,350 km²》.

kangaróo mòuse *n.*〘動物〙跳びはねる小さいネズミ類の総称 (jumping mouse, pocket mouse など).〘1867〙

kangaróo pàw *n.*〘植物〙カンガルーポー《オーストラリア産ヒガンバナ科アニゴザンツス属 (*Anigozanthos*) の赤い花をつける草本; 花茎に赤いベルベット状の短毛がある; kangaroo's-foot ともいう》.〘1902〙

kangaróo ràt *n.*〘動物〙**1** カンガルーネズミ《北米から メキシコ中南部まで分布するカンガルーネズミ属 (*Dipodomys*) の動物の総称; 約 20 種がいる》. **2** =rat kangaroo.〘1788〙

kangaroo rat 1
(*D. deserti*)

kangaróo thòrn *n.*〘植物〙=kangaroo acacia.

kangaróo vìne *n.*〘植物〙オーストラリア産リュウキュウヤブガラシ[シッサス]属のつる植物 (*Cissus antarctica*).

Kang·chen·jun·ga /kàːŋtʃəndʒúŋgə, kæn-, -dʒʌ́ŋ- | kæ̀ntʃəndʒúŋ-, -dʒʌ́ŋ-/ *n.* =Kanchenjunga.

Kang de /kàŋdéɪ/ *n.* 康徳帝 (⇨ Pu-yi).

kang·ha /káŋhə/ *n.* カンガー《シーク教徒が伝統的に身につける櫛(ｸｼ)》.〘◻ Punjabi *Khaṅghā*〙

Kang Hsi /kàːŋʃíː/ *n.* =Kang Xi.

Ka·Ngwa·ne /kàː(ə)ŋgwáːneɪ/ *n.* カングワネ《スワジランド北部国境に隣接していた南アフリカ共和国北東部の旧黒人自治区 (homeland)》.

Kang Xi /kàːŋʃíː; *Chin.* kʰɑ̄ŋɕí/ *n.* 康熙(ｺｳｷ)帝《1654–1722; 清の第 4 代皇帝聖祖 (Shen Zu) (1661–1722)》.

Ká·nin Península /kéɪnɪ̀n- | -nɪn-; *Russ.* kánʲin-/ *n.* [the ~] カニン半島《ロシア連邦北西部, 白海とバレンツ海とを分ける半島; 面積 10,500 km²》.

Kan·na·da /káːnədə, kǽn- | -də/ *n.* カンナダ語《インド Karnataka 州とそれに隣接する南部地方のドラヴィダ語; cf. Dravidian》.〘1856〙

Ka·no /káːnoʊ | -nəʊ, kéɪ-/ *n.* **1** カーノ《アフリカ中部, ナイジェリア北部の州》. **2** Kano 州の州都.

ka·noon /kənúːn/ *n.* カーヌーン, カーノン《アラビア・トルコなどで用いられる撥弦楽器》.〘(1714) ◻ Pers. ~ ◻ Arab. *qānūn*〙

Kan·pur /káːnpuə | kɑːnpúə⁽ʳ; *Hindi* kanpwr/ *n.* カンプル《インド北部 Uttar Pradesh 州, Ganges 河畔の都市; Sepoy の反乱の時に英国軍人・ヨーロッパ人が虐殺された (1857); 旧英語名 Cawnpore》.

kans /káːns/ *n.* (*pl.* ~)〘植物〙ワセオバナ (*Saccharum spontaneum*)《熱帯・亜熱帯産のイネ科の植物; kans grass ともいう》.〘(1874) ◻ Hindi *kāns* ← Skt *kāśa*〙

Kans《略》Kansas.

Kan·sa /kǽnzə, -sə/ *n.* (*pl.* ~, ~s) **1 a** [the ~(s)] カンサ族《もと米国 Kansas 州東部に住んでいたスー語族系 (Siouan) のインディアン》. **b** カンサ族の人. **2** カンサ語《スー語族に属する言語の一つ》.〘(1722): ⇨ Kansas〙

Kan·san /kǽnzən/ *adj.* **1** (米国)カンザス (Kansas) 州(人)の. **2**〘地質〙カンザス氷期の. ── *n.* **1** Kansas 州人. **2**〘地質〙カンザス氷期《北米大陸の第四紀の第 2 氷期; cf. Mindel》.〘adj.: (1894). ─ n.: (1868): ⇨ ↓, -an¹〙

Kan·sas /kǽnzəs/ *n.* **1** カンザス《米国中部の州; ⇨ United States of America 表》. **2** [the ~] カンザス(川)《Kansas 州北東部より東流して Kansas City で Missouri 川に合流する川 (272 km)》.〘◻ F ~ ◻ N-Am.-Ind. (Siouan) *Kansa(s)*《原義》people of the south wind〙

Kánsas Cíty *n.* カンザスシティー: **1** 米国 Missouri 州西部の都市; Kansas 川と Missouri 川との合流点にある. **2** 米国 Kansas 州北東部の都市; Missouri 州の Kansas City に隣接する.

Kánsas gáy-fèather *n.*〘植物〙ユリアザミ, ヒメキリンギク (*Liatris pycnostachya*)《北米原産の紫色の穂状花序をもつキク科の多年生草本》.

Kan·su /kàːnsúː | kæn-/ *n.* =Gansu.

Kant /kǽnt, káːnt | kǽnt; *G.* kánt/, **Immanuel** *n.* カント《1724–1804; ドイツの哲学者; *Kritik der reinen Vernunft*「純粋理性批判」(1781), *Kritik der praktischen Vernunft*「実践理性批判」(1788), *Kritik der Urteilskraft*「判断力批判」(1790)》.

kan·tar /kɑːntáə | kæntáː⁽ʳ⁾/ *n.* カンタール《アラブ諸国の重量単位; ほぼ hundredweight に相当》.〘(1555) ◻ Arab. *qinṭār* ◻ L *centēnārium* one hundred (lbs.) ← *centēnārius* ← *centum* '100, CENT': cf. quintal〙

kan·te·le /káːnṭələ, kǽn-, -ṭlə | -tələ/ *n.* カンテレ《フィンランドの民族楽器; 本来は 5 弦, 現在は 20–30 弦》.〘(c1903) ◻ Finn. ~〙

kan·tha·ros /kǽnθərəs/ *n.* (*pl.* **-tha·roi** /-rɔ̀ɪ/) = cantharus.

Kant·i·an /kǽnṭiən, káːnṭ- | kǽntiən/ *adj.* カントの; カント派哲学の; カント学派の. ── *n.* カント哲学研究者, カント学派の人.〘(1796) ← *Immanuel Kant*＋-IAN〙

Kánt·i·an·ism /-nɪ̀zm/ *n.* **1** カント哲学, カントの学説 (cf. Neo-Kantianism). **2** カント哲学を継承する学説.〘(1803): ⇨ ↑, -ism〙

Kánt·ism /-tɪzm/ *n.* =Kantianism.〘1819〙

Kánt·ist /-ṭɪ̀st | -tɪst/ *n.* =Kantian.〘1839〙

Kan·tor /kǽnṭə | -tə⁽ʳ⁾/, **MacKinlay** *n.* カンター《1904–77; 米国の小説家・ジャーナリスト; *Andersonville* (1955)》.

Kan·to·ro·vich /kàːnṭərɔ́ːvɪtʃ, -rάː- | -tərɔ́ː-; *Russ.* kantórovʲitʃʲ/, **Leonid Vitalyevich** *n.* カントロビチ《1912–86; ソ連の数学者・経済学者; 線形計画法の開拓者; Nobel 経済学賞 (1975)》.

KANU /káːnuː/ *n.* =Kenya African National Union.〘1960〙

Ka·nuck /kənʌ́k/ *n.* =Canuck.

Ka·nu·ri /kənúəri | -núəri/ *n.* (*pl.* ~s, ~) **1 a** [the ~(s)] カヌリ族《アフリカ中部ナイジェリア北東部のイスラム教の黒人種族》. **b** カヌリ族の人. **2** カヌリ語.〘(1876) 現地語〙

kan·zu /kǽnzuː/ *n.* (アフリカ東部の男性が着用する)白い綿[麻]の長衣.〘(1902) ◻ Swahili ~〙

Kaoh·si·ung /kàʊʃúŋ, gàʊ-, -ʃíʊŋ; *Chin.* kāʊɕy̌ʊŋ/ *n.* (*also* **Kao-hsi·ung** /~/) 高雄(ｶｵｼｮﾝ)《台湾南西部の海港, 工業都市》.

Ka·o·lack /káːoʊlæ̀k, káʊlæk | káːəʊlæ̀k, káʊlæk/ *n.* カオラック《セネガル南西部, Saloum 川沿いの都市》.

kao·li·ang /kàʊliáːŋ, kèɪə(ʊ)liǽŋ; *Chin.* kāʊliɑ́ŋ/ *n.* **1**〘植物〙コウリャン《モロコシ (common sorghum), コウリャン (*Sorghum nervosum*) など; cf. Kafir 3》. **2** 高粱(ｺｳﾘｬﾝ)酒.〘(1904) ◻ Chin. *Gaoliang* (高粱)〙

ka·o·lin /kéɪəlɪ̀n | -lɪn; *Chin.* kāʊlín/ *n.* (*also* **ka·o·line** /~/) **1**〘鉱物〙カオリン (kaolinite やそれと近似の粘土鉱物の総称; china clay [stone] ともいう). **2**〘化学〙カオリン《含水ケイ酸アルミニウム》.〘(1727–41) ◻ F ~ ◻ Chin. Gaoling (高陵: 陶土の主産地であった江西省の山の名)〙

ka·o·lin·ic /kèɪəlínɪkˉ/ *adj.*〘鉱物・化学〙カオリン(質)の.〘(1879): ⇨ ↑, -ic¹〙

ka·o·lin·ite /kéɪəlɪ̀nàɪt | -lɪ-/ *n.*〘鉱物〙カオリナイト, 高陵土, 陶土 ($Al_2Si_2O_5(OH)_4$)《岩石中の長石が分解して生じた残留粘土; cf. kaolin, nacrite》. **ka·o·lin·it·ic** /kèɪəlɪ̀nítɪk | -lɪnít-ˉ/ *adj.*〘(1867) ← KAOLIN＋-ITE¹〙

ka·o·li·ni·za·tion /kèɪəlɪ̀nɪzéɪʃən | -lɪnaɪ-, -nɪ-/ *n.*〘地質〙カオリン化《アルミノケイ酸塩岩石の風化》.〘(1886): ⇨ ↓, -ation〙

ka·o·lin·ize /kéɪəlɪ̀nàɪz | -lɪ-/ *vt.*〘地質〙カオリン化する.〘(1874): ⇨ kaolin, -ize〙

ka·on /kéɪɑ(ː)n | -ɔn/ *n.*〘物理〙K 粒子 (⇨ K-meson).〘(1958) ← *ka* (K 字の名)＋(MES)ON²〙

ka·on·ic /keɪά(ː)nɪk | -ɔ́n-/ *adj.*〘物理〙K 粒子 (kaon) の[を含む, を作り出す] (cf. muonic).〘(1965): ⇨ ↑, -ic¹〙

ka·pa /káːpə; *Hawaii.* kápa/ *n.* (ハワイ)〘植物〙=paper mulberry.〘◻ Hawaiian ~〙

Ka·pell·meis·ter, k- /kɑːpélmàɪstə, kə- | kəplét-màɪs-, kæ-; *G.* kapélmaɪstɐ/ *n.* (*pl.* ~) **1** (ドイツ王族の礼拝堂付属の)音楽[聖歌隊]指揮者[作曲家]. **2 a** (合唱団などの)指揮者, 楽長. **b**《軽蔑》御用楽長.〘(1838) ◻ G ~ 'choir master' ← *Kapell* 'CHAPEL'＋*Meister* 'MASTER'〙

kapéllmeister mùsic, K- m- *n.*《軽蔑》楽長音楽《形式的で独創性に欠ける作曲》.〘◻ G *Kapellmeistermusik*〙

Kap·fen·berg /káːpfənbɜ̀ək | kǽpfənbɜ̀ːk; *G.* kápfn̩bɛʁk/ *n.* カプフェンベルク《オーストリア東部, Styria 州中部の工業都市》.

kaph /káːf, kɔ́ːf/ *n.* カフ《ヘブライ語アルファベット 22 字中の第 11 字: כ (ローマ字の K に当たる); ⇨ alphabet 表》.〘(c1823) ◻ Heb. ~《原義》hollow of the hand: ⇨ K, k〙

Ka·pit·za /káːpɪ̀tsə | -pɪ-; *Russ.* kapʲítsə/, **Pëtr L(e·o·ni·do·vich)** /lʲianʲídəvʲitʃʲ/ *n.* カピッツァ《1894–1984; ソ連の物理学者; 低温物理学の開拓者; Nobel 物理学賞 (1978)》.

ka·pok /kéɪpɑ(ː)k | -pɔk/ *n.* カポック《主に東南アジア諸国に産するパンヤ (kapok tree) の種子を包んでいる綿毛; 糸に紡げないのでまくら・ふとん・救命帯などの詰め綿に用いる; silk cotton ともいう; cf. bombax》.〘(1735) ◻ Malay *kāpoq* cotton tree〙

ká·pok òil *n.* カポック油《カポックの種子から得られる黄緑色の不乾性油, 食品や石鹸の製造に用いる》.

kápok trèe *n.* 〘植物〙パンヤ (⇨ silk-cotton tree).

Ka·pó·si's sarcóma /kəpóusiz-, kǽpəsiz- | kəpáuziz-, kɑ́:pəʃiz-; *Hung.* kɔ́posi/ *n.* 〘病理〙カポジ肉腫, 特発性多発性出血性肉腫《AIDS 患者によく見られる; ヒトヘルペスウイルス (HHV-8) が原因》. 〖《(1916)》: *Moritz Kaposi* (1837–1902: ハンガリー生まれの皮膚科医)〗

ka·pow /kəpáu/ *int.* 《米口語》ばーん, どかーん.

kap·pa /kǽpə/ *n.* **1** カッパ《ギリシャ語アルファベット 24 字中の第 10 字: *K*, *κ* (ローマ字の K, k に当たる); ⇨ alphabet 表》. **2** 〘生物〙カッパ粒子《原生動物, 特にゾウリムシの細胞質遺伝に関係する粒子》. 〖《(15C)》□ Gk *káppa*: cf. kaph〗

káppa méson *n.* 〘物理〙=K-meson.

Kap·ton /kǽptɑ(:)n | -tɔn/ *n.* 〘商標〙カプトン《高温にも耐えられる丈夫で軽量なプラスチック; 航空機の耐熱材などに用いる》.

ka·pu /kɑ́:pu:; *Hawaii.* Kápu/ *n.* 《ハワイ》タブー (taboo). 〖□ Hawaiian ~〗

Ka·pu·as /kɑ́:puà:s; *Indon.* kápuas/ *n.* [the ~] カプアス(川)《インドネシア Borneo 島の川; Borneo 中北部の山中に源を発し西方に流れて南シナ海に注ぐ (1,142 km)》.

ka·put /kəpút, kɑ:-, -pú:t | kəpút, kæ-; G. kapú:t/ *adj.* [叙述的] (*also* **ka·putt** /~/) 《口語》 **1** (もう)おしまいで, だめで, やられて, 死んで. **2** 使いものにならない, 壊れた; ひどく旧式[時代遅れ]で (cf. napoo). ★ この語は特に第一次·第二次大戦で流行した. 〖《(1895)》□ G *kaputt* □ F (*être*) *capot* to have lost all the tricks at piquet ← ? 《方言》*capoter* ← *chapoter* to castrate〗

kar·a /kɚ́:rə | kʌ́rə; *Punjabi* kəra:/ *n.* カラー《シーク教徒が伝統的に身に着ける鋼鉄製の腕輪; cf. five Ks》. 〖□ Punjabi *karā*〗

kar·a·bi·ner /kæ̀rəbí:nɚ, kɛ̀r- | kæ̀rəbí:nə^(r)/ *n.* 〘登山〙=carabiner.

Ka·ra-Bo·gaz Gol /kɑ́:rəbòugɑ:zgʌ́ɫ | -bəu-/ *n.* カラボガズゴル(湾)《中央アジア南西部トルクメニスタンのカスピ海中東部の湾; グラウバー塩の産地》.

Ka·ra·chai-Cher·kes·sia /kɑ́:rətʃàɪtʃɚ:kɛ́siə | kǽrətʃàɪtʃə:-/ *n.* カラチャイ チェルケシア《ロシア連邦南西部, Caucasus 山脈北斜面に位置する共和国; 首都 Cherkessk》.

Ka·ra·chi /kərɑ́:tʃi; *Hindi* kəraci/ *n.* カラチ《パキスタン南部の港市, 同国の旧首都 (1947–59); Indus 川のデルタに近い》.

Ka·ra·de·niz Bo·ğa·zı /*Turk.* kɑrádɛnìzboazɯ́/ *n.* カラデニズ海峡《Bosporus 海峡のトルコ語名》.

Ka·ra·gan·da /kɑ̀:rəgɑ́:ndə | kǽrəgǽn-/ *n.* カラガンダ《カザフスタン共和国中部の工業都市; Qaraghandy ともいう》.

Kar·a·ism /kɛ́ᵊrəìzṃ | kɛ́ər-/ *n.* (ユダヤ教の一派)カライ派の教義《Talmud をしりぞけ聖書の文字通りの解釈を基盤として 8 世紀に起こったユダヤ教派の教義》. 〖《(1882–83)》: ⇨ ↓, -ism〗

Kar·a·ite /kɛ́ᵊrəàɪt | kɛ́ərə-/ *n.* (ユダヤ教の一派)カライ派教徒. — *adj.* カライ派教徒の. 〖《(1727–41)》□ Heb. *qārā'īth* ← *qārā'* to read: ⇨ -ITE[1]〗

Kár·a·ìt·ism /-tɪzṃ/ *n.* =Karaism. 〖1727–41〗

Ka·raj /kɑ:rɑ́:dʒ | kæ-/ *n.* カラジュ《イラン北部 Tehran の西北の都市》.

Ka·ra·jan /kɑ́:rəjɑ̀:n, -jən | kǽrəjɑ̀:n; G. káʁajan, ká:ʁ-/, **Herbert von** *n.* カラヤン《1908–89; オーストリアの指揮者》.

Ka·ra·kal·pak /kæ̀rəkæɫpǽk, kɛ̀r- | kæ̀r-⁻/ *n.* (*pl.* ~, ~s) **1 a** [the ~(s)] カラカルパク族《ウズベキスタン共和国に住むモンゴル系の一族》. **b** カラカルパク族の人. **2** カラカルパク語《チュルク語群の言語》.

Karakalpák Autónomous Repúblic *n.* [the ~] カラカルパク自治共和国《ウズベキスタン共和国西部の自治共和国; 面積 165,600 km^2, 首都 Nukus /nukús/; Kara-Kalpakia, Kara-Kalpakistan ともいう》.

Ka·ra·khan /kæ̀rəkɑ́:n, -rəxɑ́:n; *Russ.* kəraxán/, **Lev Mikhailovich** *n.* カラハン《1889–1937; ソ連の政治家·外交官》.

Ka·ra·ko·ram /kɑ̀:rəkɔ́:rəm, kæ̀r-, kɛ̀r- | kæ̀r-⁻/ *n.* [the ~] **1** カラコルム(山脈)《Kashmir 高原北部の山脈; 最高峰 K2 (8,611 m); Karakoram Range ともいう》. **2** カラコルム(峠)《インドから中国新疆(しんきょう)ウイグル自治区へ通じる Karakoram 山脈横断路; Karakoram Pass ともいう》.

Ka·ra·ko·rum /kɑ̀:rəkɔ́:rəm, kæ̀r-, kɛ̀r- | kæ̀r-; *Mongol.* xárəxɔ́rəm/ *n.* **1** カラコルム(哈剌和林)《13 世紀のモンゴル帝国 (Mongol Empire) の首都; モンゴルの Orkhon /ɔ́əkɑ(:)n | ɔ́:kɔn/ 河畔にその遺跡がある》. **2** =Karakoram.

kar·a·kul /kǽrəkəɫ, kɛ́r- | kǽr-/ *n.* **1** [しばしば K-] 〘動物〙カラクル (*Ovis aries*)《ヒツジの一品種で羊毛用; ウズベキスタン共和国 Bukhara 原産; 子羊の毛は黒く, 軽くちぢれた毛皮は astrakhan として有名; cf. broadtail》. **2** カラクル毛皮《カラクル種の子羊の毛皮; アストラカン毛皮中最も珍重される》. 〖《(1853)》□ Russ. *karakul*[1] ← *Karakul* (Uzbekistan 共和国 Bokhara にある原産地名)〗

Ka·ra Kum /kæ̀rəkú:m, kɛ̀r-, kɑ̀:r-; *Russ.* kərakúmʲ/ *n.* [the ~] カラクーム(砂漠)《中央アジア, Aral 海の南の砂漠; 大部分トルクメニスタン共和国に属する; 面積約 300,000 km^2》.

Ka·ra·man·lis /kæ̀rəmænlí:s/, **Konstantinos** *n.* カラマンリス《1907–90; ギリシャの政治家; 首相 (1955–63, 1974–80); 大統領 (1980–85)》.

ka·ra·o·ke /kæ̀rióuki, kɛ̀r-, -rə- | kæ̀riə́u-/ *n.* カラオケ. 〖《(1986)》□ Jpn.〗

Ka·ras /kɑ́:rɑ:s/, **Anton** *n.* カラス《1907?–85; オーストリアのツィター奏者; 映画 *The Third Man* の音楽を担当》.

Ká·ra Séa /kɑ́:rə-/ *n.* [the ~] カラ海《ロシア連邦北部と Novaya Zemlya (2 島)との間の北極海の支海》.

kar·at /kǽrət, kɛ́r- | kǽr-/ *n.* **1** カラット《純金含有度を示す単位; 純金を 24 karats (24 金)としその $^{1}/_{24}$; 略 k., kt》: 18-*karat* gold=gold 18 ~*s* fine 18 金《金を $^{18}/_{24}$ 含む》. **2** =carat 1. 〖《(15C)》《異形》← CARAT〗

ka·ra·te /kərɑ́:ṭi | kərɑ́:ti, kæ-/ *n.* 空手, 唐手: a ~ chop. — *vt.* 空手で打つ[なぐる]. **~·ist** /-ṭəst | -ɪst/ *n.* 〖《(1955)》□ Jpn.〗

kárate stìck *n.* =nunchaku.

ka·rá·ya gùm /kəráɪə-/ *n.* 〘化学〙カラヤゴム《インド産アオギリの一種 (sterculia) から採るゴム状樹脂; 織物処理に用いられる》. 〖《(1916)》□ Hindi *karāyal* resin〗

Kar·ba·la /kɑ́əbələ | kɑ́:-/ *n.* カルバラ《イラク中部の都市; Shiah 派の聖地; Kerbela /kɚ́:bələ | kə́:-/ ともいう》.

ka·ree /kərí:/ *n.* 〘植物〙アフリカ南部産のウルシ属 (*Rhus*) の小木. 〖《(1815)》□ Afrik. ~〗

Ka·rel /kɑ́:rəɫ, -rɛɫ; *Czech.* kárɛl, *Du.* kɑ́:rəlx/ *n.* カレル《男性名》. 〖□ Du. ~ 'CHARLES[1]'〗

Ka·re·li·a /kərí:liə, -réɪ-; *Russ.* karʲélʲijə/ *n.* =Karelian Republic.

Ka·re·li·an /kərí:liən, -réɪ-/ *adj.* カレリア (Karelia) の; カレリア人[語]の. — *n.* **1** カレリア人. **2** カレリア語《Finno-Ugric 語派に属し, フィンランド語とは互いに方言関係にある》. 〖《(*adj.*: 1879; *n.*: 1855)》: ⇨ ↑, -an[1]〗

Karélian Ísthmus *n.* [the ~] カレリア地峡《Ladoga 湖と Finland 湾の間の地峡》.

Karélian Repúblic *n.* [the ~] カレリア共和国《ロシア北西部の共和国; 面積 172,400 km^2, 首都 Petrozavodsk /*Russ.* pʲitrəzavótsk/; 公式名 the Karelian Autonomous Republic》.

Kar·en[1] /kǽrən, kɛ́r- | kǽr-, kɑ́:r-; *Dan.* kɑ́:ɑn/ *n.* カレン《女性名; 異形 Karin, Karyn, Karynne》. 〖□ Dan. ~ 'CATHERINE'〗

Ka·ren[2] /kərɛ́n/ *n.* (*pl.* ~s, ~) **1 a** [the ~(s)] カレン族《ミャンマーの東部および南部に住む種族》. **b** カレン族の人. **2** カレン語. — *adj.* カレン人[語]. 〖《(1833)》□ Burmese *ka-reng* wild, dirty, low-caste man〗

ka·rez·za /kɑ:rɛ́zə/ *n.* 〘医学〙カレッザ, 保留性交《途中で動きを止めて射精を控え長時間性交を行うこと》. 〖《(1896)》□ It. *carezza* 'CARESS'〗

Ka·ri·ba /kərí:bə, kæ-/, **Lake** *n.* カリバ湖《Zambezi 川に建設された水力発電用ダム (the Kariba Dam) によってできた人造湖; ザンビアとジンバブウェの国境を成す》.

Kar·in /kǽrɪ̈n, kɛ́r-, kɑ́:r- | kǽr-, kɑ́:r-/ *n.* カリン《女性名》. 〖《変形》← KAREN[1]〗

Kar·i·ta·ne /kæ̀rətɑ́:ni | -rɪ̈-⁻/ *n.* =Karitane nurse.

Káritane hóspital *n.* 《NZ》カラタニ病院《Plunket Society の(方式を適用して)設立した乳幼児と母親のための病院》. 〖《(1913)》← *Karitane* (ニュージーランド南島の町で, Plunket Society の本部所在地)〗

Káritane núrse *n.* 《NZ》カラタニ看護婦《Plunket Society の方針に沿って訓練された乳幼児と母親のための看護婦》. 〖1947〗

Karl /kɑ́əɫ | kɑ́:ɫ; G. káʁl, F. kaʁl, *Dan.* kɑ́:'l, *Swed.* kɑ́:l, *Russ.* kárl/ *n.* カール《男性名》. 〖□ G ~ 'CHARLES[1]'〗

Karl·feldt /kɑ́əɫfɛɫt | kɑ́:ɫ-; *Swed.* kǎ:lfèlt, G. káʁlfɛlt/, **Erik Ax·el** /ě:rɪkǎksel/ *n.* カールフェルト《1864–1931; スウェーデンの詩人; Nobel 文学賞 (1931)》.

Karl-Marx-Stadt /kɑ́əɫmɑ́əksʃtɑ:t | kɑ́:ɫmɑ́:ksʃtæt; G. káʁlmáʁksʃtat/ *n.* カールマルクスシュタット《Chemnitz の旧名 (1953–90)》.

Kar·loff /kɑ́əlɔ(:)f, -lɑ(:)f | kɑ́:lɔf/, **Boris** *n.* カーロフ《1887–1969; 英国の映画俳優; *Frankenstein* (1931) の役で有名; 本名 William Henry Pratt》.

Kar·lo·vy Va·ry /kɑ́ələvivɑ́:ri | kɑ́:ləvivɑ́:ri; *Czech* kárlɔvivári/ *n.* カルロビバリ《チェコ西部の温泉地》.

Kar·lo·witz /kɑ́ələwɪts | kɑ́:-/ *n.* =Carlowitz.

Karls·bad /G. káʁlsba:t/ *n.* カルルスバート《Karlovy Vary の旧ドイツ語名》.

Kárlsbad sált *n.* 〘化学〙カルルスバート塩《下剤用》. 〖← *Karlsbad* (Bohemia の原産地名)〗

Karls·ruh·e /kɑ́əɫzrù:ə | kɑ́:ɫz-; G. káʁlsru:ə/ *n.* カールスルーエ《ドイツ南西部, Baden-Württemberg 州 Rhine 河畔の都市》.

kar·ma, K- /kɑ́əmə, kɚ́:- | kɑ́:-, kə́:-; *Hindi* kərm/ *n.* **1** 〘ヒンズー教·仏教〙 **a** カルマ, 業; 所業《受戒·懺悔(ざんげ)の作法》. **b** 業(ごう), 因業果, 業感縁起(えんぎ), 因縁(いんねん)《前世の自己の行為に対する今世での応報》. **2** 〘神学〙宿命論. **3** 宿縁, 宿命. **4** =vibration 4 b. 〖《(1827)》□ Skt *karman* deed, action〗

kar·ma·dha·ra·ya /kɚ̀:mədɑ́:riə | kə̀:-/ *n.* 〘サンスクリット文法〙同格限定複合語《複合語の一タイプを表す用語; 例: *sarva* (すべての)+*loka-* (世(の人に)), *megha* (雲のように) +*śyāma-* (黒い)》. 〖《(1846)》□ Skt *karmadhāraya* ← *karma* (↑)+*dhāraya* that maintains〗

kárma-márga *n.* 〘ヒンズー教〙行の道 (⇨ marga). 〖1877〗

Kár·men vórtex strèet /kɑ́əmən-, -mɑ:n- | kɑ́:-/ *n.* 〘流体力学〙カルマン渦列《流れの中に置かれた円柱などの下流にできる交番渦の列; Karman trail ともいう》. 〖← *Theodor von Kármán* (1881–1963: ハンガリー生まれの米国の物理学·航空工学者)〗

kar·mic, K- /kɑ́əmɪk, kɚ́:- | kɑ́:-, kə́:-/ *adj.* **1** 〘ヒンズー教·仏教〙カルマの, 業(ごう)によって定まる. **2** 宿縁の. 〖《(1883)》: ⇨ karma, -ic[1]〗

Kar·nak /kɑ́ənæk | kɑ́:-/ *n.* カルナク《エジプト南部, Nile 川上流河畔の村; 古代 Thebes の遺跡の北辺; Amen 神殿がある》.

Kar·na·ta·ka /kɑənɑ́:ṭəkə | kənɑ́:t-/ *n.* カルナタカ(州)《インド南部の州; 面積 191,757 km^2, 州都 Bangalore; 旧称 Mysore (1973 年改称); cf. Kannada》.

Kar·ná·tak músic /kənɑ́:ṭək- | kənɑ́:t-/ *n.* カルナータカ《インド南部の古典音楽》.

Kärn·ten /G. kɛ́ʁntṇ/ *n.* ケルンテン《Carinthia のドイツ語名》.

ka·ro /kɑ́:rou | -rəu/ *n.* (*pl.* ~s) 〘植物〙カーロー《ニュージーランド産トベラ属 (*Pittosporum*) の植物の総称; *P. crassifolium, P. cornifolium* の 2 種がある》. 〖《(1853)》□ Maori ~〗

Ka·rok /kərɑ́(:)k | -rɔ́k/ *n.* (*pl.* ~s, ~) **1 a** [the ~(s)] カロク族《米国 California 州 Klamath 川沿岸に住むインディアン》. **b** カロク族の人. **2** カロク語《アメリカインディアンのホカ語族に属する》. 〖□ Karok *káruk* 《原義》upstream〗

Kar·ol /kǽrəɫ, kɛ́r- | kǽr-/ *n.* キャロル《女性名; 異形 Carol, Carole》. 〖《異形》← CAROL〗

Kar·o·line /kǽrəlàɪn, kɛ́r-, -lɪ̈n | kǽrəlàɪn/ *n.* キャロライン《女性名; 異形 Caroline》. 〖《異形》← CAROLINE[1]〗

Ká·ro·lyi /kǽrəlji, kɑ́:r-; *Hung.* kɑ́:roj/, **Mi·hál·y** /míha:j/ *n.* カーロイ《1875–1955; ハンガリーの政治家, 民主共和国 (1918–19) の大統領 (1919)》.

ka·roo /kərú:/ *n.* (*pl.* ~s) =karroo.

ka·ro·shi /kæróuʃi | -rə́u-/ *n.* 過労死. 〖□ Jpn.〗

ka·ross /kərɑ́(:)s | -rɔ́s/ *n.* (アフリカ南部の先住民の用いる)毛皮製の四角いケープのような外套(がいとう)·毛布·敷物(など). 〖《(1731)》□ Afrik. *karos* (i) ? ← Khoikhoi // (ii) □ ? Du. *kuras* 'CUIRASS'〗

kar·pas /kɑ́əpɑ:s | kɑ́:-/ *n.* 〘ユダヤ教〙カルパス《春や希望のシンボルとして過ぎ越しの祝い (Passover) の食事に出されるパセリ·セロリ·レタスなどの野菜; エジプトの過ぎ越しの血とヒソプ (hyssop) を記念して, 塩水に浸される》. 〖□ Heb. *karpás* parsley〗

Kar·pov /kɑ́əpɑ(:)f, -pɔ(:)f | kɑ́:pɔf; *Russ.* kárpəf/, **Anatoly** /anatólʲij/ (**Yev·ge·ne·vich** /jivgʲenʲijvʲtʃʲ/) *n.* カルポフ《1951– ; ロシアのチェス選手; 世界チャンピオン (1975–85)》.

Kar·rer /kɑ́:rɚ | -rə^(r); G. káʁɐ/, **Paul** *n.* カラー《1889–1971; スイスの化学者; Nobel 化学賞 (1937)》.

kar·ri /kǽri, kɛ́ri | kǽri/ *n.* 〘植物〙オーストラリア産フトモモ科ユーカリ属の一種 (*Eucalyptus diversicolor*); その木材. 〖《(1870)》← Austral.《現地語》〗

kárri-trèe *n.* 〘植物〙キリ (⇨ princess tree). 〖1875〗

kar·roo /kərú:/ *n.* (*pl.* ~s) **1** カルー《アフリカ南部に多い赤土の乾燥性の台地》. **2** [the K-] 〘地質〙=Karroo system. **3** [the K-] カルー(高原)《南アフリカ共和国 Western Cape 州にある広大な乾燥性の高原; 面積 259,000 km^2, 高さ 900–1,200 m; その中央の主要部を特に the Great [Central] Karroo という》. — *adj.* カルー系の. 〖《(1789)》□ Afrik. *karo* ← ? Khoikhoi *garo* desert〗

Karróo sỳstem *n.* [the ~] 〘地質〙カルー系《古生代後期から中生代初期にかけてできたアフリカ南部の地層; 厚さ 9,150 m に達する》.

kar·ru·sel /kæ̀rəsɛ́ɫ, kɛ̀r- | kæ̀r-/ *n.* 〘時計〙カリューゼル《回転脱進機の一種; ツールビロン (tourbillion) より回転が遅い》. 〖《(1892)》□ Dan. ~ 'CARROUSEL'〗

Karsh /kɑ́əʃ | kɑ́:ʃ; F. kaʁʃ/, **You·suf** /juzuf/ *n.* カーシュ《1908– ; アルメニア生まれのカナダの写真家》.

karst /kɑ́əst | kɑ́:st; G. káʁst/ *n.* 〘地理〙カルスト地形《川や谷がなく窪地や鍾乳洞の多い石灰岩地の溶食地形の総称》. **~·ic** /kɑ́əstɪk | kɑ́:-/ *adj.* 〖《(1902)》□ G ~ ← *Karst* (スロベニア西部の石炭岩質の台地)〗

kart /kɑ́ət | kɑ́:t/ *n.* ゴーカート. 〖《(1959)》《逆成》← *go-kart* 《商標名》: cf. cart〗

Kar·tik /kɑ́əṭɪk | kɑ́:t-/ *n.* カールティク(の月)《ヒンズー暦の月名の一つで, 太陽暦の 10–11 月に当たる; cf. Hindu calendar》. 〖□ Hindi *Kārtik* < Skt *Kārttika*〗

kart·ing /kɑ́əṭɪŋ | kɑ́:t-/ *n.* ゴーカート競走 (cf. kart).

Kart·ti·ke·ya /kɑ̀əṭɪkéɪjə | kɑ̀:t-/ *n.* 〘インド神話〙カルッティケーヤ《戦いの神》. 〖□ Skt *kārtikkeya*〗

kar·y- /kǽri, kɛ́ri | kǽri/ (母音の前にくるときの) karyo- の異形.

Kar·yn /kǽrɪ̈n, kɛ́r-, kɑ́:r- | kǽr-, kɑ́:r-/ *n.* キャリン《女性名》. 〖《変形》← KAREN[1]〗

Kar·ynne /kǽrɪ̈n, kɛ́r-, kɑ́:r- | kǽr-, kɑ́:r-/ *n.* キャリン《女性名》. 〖《変形》← KAREN[1]〗

kar·y·o- /kǽriou, kɛ́r- | kǽriəu/「核 (kernel), 細胞核 (karyon)」の意の連結形. ★ 母音の前では通例 kary- になる. 〖← NL ~ ← Gk *káruon* 'KARYON'〗

kar·y·og·a·my /kæ̀riɑ́(:)gəmi, kɛ̀r- | kæ̀riɔ́g-/ *n.* 〘生物〙(細胞)核融合, カリオガミー《受精作用の場合のような核の融合; 細胞質のみ融合して核が合一しない; cf. plasmogamy》. **kar·y·o·gam·ic** /kæ̀riougǽmɪk, kɛ̀r-, -əg- | kæ̀riəg-⁻/ *adj.* 〖《(1891)》: ⇨ ↑, -gamy〗

kàryo·kinésis *n.* 〘生物〙有糸核分裂 (mitosis) (cf. cytokinesis). **kàryo·kinétic** *adj.* 〖1882〗

kar·y·o·log·ic /kæ̀riəlɑ́(:)dʒɪk, kɛ̀r- | kæ̀riə(u)lɔ́dʒ-⁻/ *adj.* 〘生物〙核学(上)の. 〖《(1935)》← KARYOLOGY+-IC[1]〗

kàr·y·o·lóg·i·cal /-dʒɪ̈kəɫ, -kḷ | -dʒɪ-⁻/ *adj.* 〘生物〙=karyologic. **~·ly** *adv.* 〖1927〗

kar·y·ol·o·gy /kæ̀riɑ́(:)lədʒi, kɛ̀r- | kæ̀riɔ́l-/ *n.* 〘生物〙核学《核の構造と機能を研究する細胞学の一分科》. 〖《(1895)》← KARYO-+-LOGY〗

kar·y·o·lymph /kǽrioulìmf, kɛ́r- | kǽriə(u)-/ *n.* 〘生物〙核液《核内の透明な原形質》. 〖《(1899)》← KARYO-+-LYMPH〗

K

kar·y·ol·y·sis /kæ̀riá(:)ləsɪ̀s, kèr- | kæ̀riɔ́lɪ̀sɪs/ *n.* 〘生物〙核溶解, 核融解《細胞が死滅する過程で, 核が融解する現象》. **kar·y·o·lyt·ic** /kæ̀riəlítɪk, kèr- | -ə(ʊ)-lít-⁻/ *adj.* 〘(1899) ← KARYO-＋-LYSIS〙

kar·y·o·mi·tome /kæ̀rioumáɪtoum, kèr- | kæ̀riə(ʊ)máɪtəʊm/ *n.* 〘生物〙細胞核網《細胞核の一部を構成する網状組織》. 〘← KARYO-＋MITO-＋-OME〙

kar·y·on /kǽriɑ̀(:)n, kér- | kǽriɔ̀n/ *n.* 〘生物〙細胞核. 〘← NL ～ ← Gk *káruon* nut, kernel〙

kar·y·o·plasm /kǽriəplæ̀zm, kér- | kǽriə(ʊ)-/ *n.* 〘生物〙核質, 核原形質. **kar·y·o·plas·mic** /kæ̀riəplǽzmɪk, kèr- | kæ̀riə(ʊ)-⁻/ *adj.* 〘(1899) ← KARYO-＋Gk *pláthma*〙

kar·y·o·some /kǽriəsòum, kér- | kǽriə(ʊ)səʊm/ *n.* 〘生物〙染色核小体, カリオソーム《核の中にある染色体の小体; cf. plasmosome》. 〘(1889) ← KARYO-＋-SOME³〙

kàryo·systemátics *n.* 〘生物〙核型を基として生物の系統を研究する分類学の一分科.

kar·y·o·tin /kǽriətɪ̀n, kér-, -tìn | kæ̀riə́ʊtɪn/ *n.* 〘生物〙 **1** 核質, カリオチン《固定した核でみられる網状を呈する物質》. **2** ＝chromatin 1. 〘□ G ～ ← KARYO-＋(CHROMA)TIN〙

kar·y·o·type /kǽriətàɪp, kér- | kǽriə(ʊ)-/ *n.* 〘生物〙核型(㋕)《ある生物の染色体の数や型の総称》. ― *vt.* 核型を決定する. **kar·y·o·typ·ic** /kæ̀riətípɪk, kèr- | kæ̀riə(ʊ)-⁻/ *adj.* **kàr·y·o·týp·i·cal** /-pɪ̀kəl, -kḷ | -pɪ-⁻/ *adj.* 〘(1929) □ ? F *caryotype* // ← karyo-, -type〙

kár·y·o·tỳp·ing *n.* 染色体[核型]分析. 〘(1963): ⇨ ↑, -ing¹〙

kar·zy /kɑ́ːzi | kɑ́ː-/ *n.* 〘英口語〙トイレ《kazi, carsey ともいう》. 〘(1961)《変形》← It. *casa* house〙

Ka·sai /kəsáɪ/ *n.* [the ～] カサイ(川)《アフリカ南部の川; Angola から Congo 川へ注ぐ (2,154 km)》.

kas·bah /kǽzbɑː, kɑ́ːz- | kǽz-/ *n.* (*also* **kas·ba** /～/) ＝casbah.

Kas·bek /kɑːzbék/ *n.* ＝Kazbek.

ka·sha /kɑ́ːʃə | kǽʃə, kɑ́ː-; *Russ.* káʃə/ *n.* **1** 〘料理〙カーシャ《ロシア料理の一つ; 粗くひいた穀物(特にそば)で作るかゆ》. **2** ひき割りした穀物, (特に)ひき割りそば. 〘(1808) □ Russ. ～〙

Kash·a /kǽʃə/ *n.* 〘商標〙カシャ《チベットヤギの毛を用いた手ざわりの柔らかい毛羽模様のある織物》. 〘1920〙

ka·sher /kɑ́ːʃə | -ʃə(r/ *vt.* ＝kosher. ― /kɑːʃéə | kɑ́ːʃə(r/ *adj.*, *n.* ＝kosher.

Kash·gar /kɑ́ːʃgɑə | kǽʃgɑː(r/ *n.* ＝Kaxgar. 〘1900〙

kásh·gar támarisk /kɑ́ʃgɑə- | -gɑː-/ *n.* 〘植物〙カスピ海東部産のギョリュウ属の低木 (*Tamarix hispida*).

Ka·shi /kɑ̀ːʃíː/ *n.* ＝Kaxgar.

kash·mir /kǽʒmɪə, kǽʃ- | kǽʃmɪə(r, ―⌐/ *n.* ＝cashmere.

Kash·mir /kǽʃmɪə, kǽʒ-, ―⌐ | kæʃmíə(r⁻/ *n.* カシミール《インド北西部の地方; ⇨ Jammu and Kashmir》.

Kash·mir /kǽʃmɪə, kǽʒ-, ―⌐ | kæʃmíə(r⁻/, **Vale of** *n.* カシミール渓谷《カシミール西部の Jhelum 川の谷》.

Káshmir góat, k- g- *n.* 〘動物〙カシミアヤギ (*Capra hircus*)《インド Kashmir 原産の一品種のヤギ; 毛は柔らかくカシミアの材料》.

Kash·mir·i /kæʃmíᵊri, kæʒ- | kæʃmíəri/ *n.* (*pl.* ～**s**, ～) **1** カシミール人 (Kashmirian). **2** カシミール語《アラビア語・ペルシャ語の混じったサンスクリット系の言語; 文学作品も多い》. ― *adj.* カシミールの. 〘(1880) □ Hindi ～ ← Skt *Kāśmīra*〙

Kash·mir·i·an /kæʃmíᵊriən-, kæʒ- | kæʃmíər-/ *adj.* カシミール (Kashmir) の; カシミール人[語, 文化]の. ― *n.* カシミール人.

Káshmir rúg *n.* カシミアじゅうたん《Kashmir 産手織りじゅうたん; けばがなく色模様の刺繍がある》. 〘1900〙

kash·ruth /kɑːʃrúːt, -rúːθ, ―⌐/ *n.* (*also* **kash·rut** /kɑːʃrúːt, ―⌐/) **1** 《ユダヤ教の》食事規則 (cf. hechsher). **2** 《ユダヤ教に照らして》使用適正 (kosher) であること, 適法. 〘(1907) □ Mish.Heb. *kašrūth*《原義》fitness ← *kāšēr* fit: cf. kosher〙

Ka·shu·bi·an /kəʃúːbiən/ *n.* カシューブ語《ポーランドの北部, Gdansk 港周辺で話される西スラブ語》. 〘(1919) ← *Kashubia* □ Pol. *Kaszuby* (Gdansk の西・北西の地域): ⇨ -an¹〙

Kas·kas·ki·a /kæskǽskiə/ *n.* [the ～] カスカスキア(川)《米国 Illinois 州南西部を南西に流れて Mississippi 川に合流する (483 km)》.

Ka·spar·ov /kəspɑ́ːrɔ(ː)f, -rɑ(ː)f | -rɔf/, **Gary** (**Weinstein**) *n.* カスパロフ (1963–　; アゼルバイジャン生まれのチェス選手; Karpov を破って最年少で世界チャンピオン (1985–93)).

Kas·sa /*Hung.* kɔʃʃɔ/ *n.* Košice のハンガリー語名.

Kas·sa·la /kɑ́sɑːlə/ *n.* カッサラ《アフリカ中部スーダン東部, エチオピア国境付近の都市》.

Kas·sel /kǽsəl, kɑ́ːs-, -sḷ | kǽs-; *G.* kásḷ/ *n.* カッセル《ドイツ中部 Hesse 州の工業都市》.

Kastl·er /kɑːstléə | -léə(r; *F* kastlεːʀ/, **Alfred** *n.* カストレル (1902–84; フランスの物理学者; Nobel 物理学賞 (1966)).

Käst·ner /késtnə | -nə(r; *G.* késtnɐ/, **Erich** *n.* ケストナー (1899–1974; ドイツの詩人・小説家; *Emil und die Detektive*「エミールと探偵たち」(1929)).

Kas·tro /kɑ́ːstrou | -trəʊ/ *n.* カーストロ《Mytilene 2 の旧名》.

Ka·strop-Raux·el /kɑ́ːstrɔ(ː)práuksəl, -sḷ | -strɔp-; *G.* kástʀɔpʀáuksḷ/ *n.* ＝Castrop-Rauxel.

kat /kɑ́ːt/ *n.* 〘植物〙アラビア原産の常緑低木 (*Catha edulis*)《アラビア人はその葉をかみまたは茶のように飲用し陶酔感を得る; kaht ともいう》. 〘(1858) □ Arab. *qat*〙

kat- /kæt/ *pref.* 《まれ》＝cat-.

kat·a- /kǽtə | -tə/ *pref.* 《まれ》＝cata-. 〘□ Gk ～ ← *katá* down: ⇨ cata-〙

ka·tab·a·sis /kətǽbəsɪ̀s | -sɪs/ *n.* (*pl.* **-a·ses** /-sìːz/) **1** (小サイラス王 (Cyrus the Younger) に従って Artaxerxes 二世の軍に向かったギリシャ軍の)海岸への撤退 (cf. anabasis 2). **2** (特に, 軍隊の)退却. **3** 〘病理〙回復期, (病勢の)衰退期. 〘(1837) □ Gk *katábasis* ← *katabaínein* to go down ← KATA-＋*baínein* to go: cf. anabasis〙

kat·a·bat·ic /kæ̀təbǽtɪk | -təbǽt-⁻/ *adj.* 〘気象〙〈風や気流が〉斜面に沿って下降する, 下降気流によって生じる (↔ anabatic). 〘(1918) □ Gk *katabatikós* descending: ⇨ ↑, -ic¹〙

kátabatic wínd *n.* 〘気象〙＝gravity wind.

ka·tab·o·lism /kətǽbəlɪzm/ *n.* 〘生物・生理〙＝catabolism. **ka·ta·bol·ic** /kæ̀təbɑ́(ː)lɪk | -təbɔ́l-⁻/ *adj.*

ka·tal·y·sis /kətǽləsɪ̀s | -lɪ̀sɪs/ *n.* (*pl.* **-y·ses** /-sìːz/) 〘化学〙＝catalysis 1.

kat·a·lyst /kǽtəlɪ̀st, -tḷ- | -təlɪst, -tḷ-/ *n.* 〘化学〙＝catalyst 3.

kat·a·lyze /kǽtəlàɪz, -tḷ- | -təl-, -tḷ-/ *vt.* 〘化学〙＝catalyze 3.

kàta·mórphosis *n.* 〘生物〙生物と環境との結びつきを単純にする進化過程.

Ka·tan·ga /kətɑ́ːŋgə | -tǽŋ-/ *n.* カタンガ《Shaba の旧名 (1972 年まで)》.

kat·a·pla·si·a /kæ̀təpléɪʒiə, -ʒə | -təpléɪziə, -ʒiə/ *n.* 〘生物〙＝cataplasia.

Ka·tar /kɑ́ːtə, kətɑ́ə | kǽtɑː(r, kɑ́t-, kætɑ́ː(r, kə-/ *n.* ＝Qatar.

Kat·ar·che·an /kæ̀tɑəkíːən | -tɑː-⁻/ 〘地質〙*adj.* 古期始生代の: the ～ era. ― *n.* [the ～] 古期始生代. 〘⇨ cata-, Archaean〙

kàta·thermómeter *n.* カタ温度計《人間の体感をもとにして暑さ寒さを測るために考えられた温度計》. 〘(1914) ← KATA-＋THERMOMETER〙

Kate /kéɪt/ *n.* ケイト《女性名》. 〘(dim.) ← KATHERINE〙

kath- /kæθ/ *pref.* 《まれ》＝cath-.

Ka·thak /kʌ́tək | -tək/ *n.* カタック《インド北部の説話的な古典舞踊》. 〘(1931) □ Hindi ～ ← Skt *kathaka* professional storyteller〙

Ka·tha·ka·li /kɑ̀ːθəkɑ́ːli, kæ̀θə-/ *n.* カタカリ《インド南部のヒンズー文学に基づく無言の舞踊劇》. 〘(1900) □ Malayalam ～ 'drama'〙

Ka·tha·re·vu·sa /kæ̀θərévusə, kɑ̀ːθə- | kæ̀θə-; *Mod. Gk.* kaθarévusa/ *n.* (*also* **Ka·tha·re·vou·sa** /～/) カタレウサ《古代ギリシャ語を範とする現代の文語ギリシャ語; ↔ Demotic》. 〘(1936) □ NGk *katharéuousa* (fem. pres.p.) ← Gk *kathareúein* to be pure ← *katharós* pure: cf. catharsis〙

Kath·a·ri·na /kæ̀θəríːnə/ *n.* **1** キャサリーナ《女性名》. **2** カタリーナ《Shakespeare 作 *Taming of the Shrew* の女主人公》. 〘《変形》← KATHERINE〙

Kath·a·rine /kǽθ(ə)rɪ̀n | -rɪn/ *n.* キャサリン《女性名》. 〘《異形》← KATHERINE〙

ka·thar·sis /kəθɑ́əsɪ̀s | kəθɑ́ː-, kæ-/ *n.* (*pl.* **ka·thar·ses** /-siːz/) ＝catharsis. **ka·thár·tic** /kəθɑ́ətɪk | kəθɑ́ːt-, kæ-/ *adj.*

Kath·er·i·na /kæ̀θəríːnə/, **Gebel** *n.* カトリーナ山《エジプト Sinai 半島の Musa 山群の最高峰 (2,637 m)》.

Kath·er·ine /kǽθ(ə)rɪ̀n | -rɪn/ *n.* キャサリン《女性名; 愛称形 Kate, Katie, Kathy, Katy, Kay, Kitty; 異形 Katharine, Kathryn, Katrina》. 〘⇨ Catherine〙

Ka·thi·a·war /kɑ̀ːtiəwɑ́ə | -tiəwɑ́ː(r/ *n.* カチアワル(半島)《インド西部の大半島》.

Kath·ie /kǽθi/ *n.* ＝Kathy.

Kath·leen /kǽθliːn, ―⌐/ *n.* キャスリーン《女性名》. ★ アイルランドに多い. 〘□ Ir. ～: ⇨ Catherine〙

Kath·man·du /kɑ̀ːtmɑːndúː, kæ̀t- | kæ̀tmæn-, kɑ̀ːt-, -mən-, -mɑːn-/ *n.* ＝Katmandu.

kath·ode /kǽθoud | -θəʊd/ *n.* 〘電気〙＝cathode.

ka·thol·i·kos /kəθɑ́(ː)ləkəs, -kɑ̀(ː)s | -θɔ́lɪkəs, -kɔs/ *n.* (*pl.* ～**·es**, **-i·koi** /-kɔɪ/) 〘キリスト教〙＝catholicos.

Kath·ryn /kǽθrɪ̀n | -rɪn/ *n.* キャスリン《女性名》. ★ 米国に多い. 〘《変形》← KATHERINE〙

Kath·y /kǽθi/ *n.* キャシー《女性名》. 〘(dim.) ← KATHERINE〙

Ka·tie /kéɪti | -ti/ *n.* ケイティー《女性名》. 〘(dim.) ← KATHERINE〙

kat·i·on /kǽtàɪən, -ɑ(ː)n | -àɪən, -ɔn/ *n.* 〘物理化学〙＝cation.

kat·i·po /kǽtɪ̀pòu | -tɪpəʊ/ *n.* (NZ) ヒメグモ科ゴケグモ属の小形の毒グモ (*Latrodectus katipo*). 〘(1843) □ Maori ～〙

Kat·mai /kǽtmaɪ/, **Mount** *n.* カトマイ山《米国 Alaska 州南西部の活火山; 高さ 2,047 m》.

Kátmai Nátional Párk *n.* カトマイ国立公園《米国 Alaska 州南西部にあり Katmai 山と Valley of Ten Thousand Smokes を含む》.

Kat·man·du /kɑ̀ːtmɑːndúː, kæ̀t-, -mən- | kæ̀tmæn-, kɑ̀ːt-, -mən-, -mɑːn-/ *n.* カトマンズ《Nepal 中部にある同国の首都》.

Ka·to·wi·ce /kæ̀təvíːtsə, -víts- | -tə(ʊ)-; *Pol.* katɔv'ítsɛ/ *n.* カトヴィツェ《ポーランド南部の都市》.

Ka·tri·na /kətríːnə/ *n.* カトリーナ《女性名; スコットランドに多い》. 〘《変形》← KATHERINE〙

Kat·rine /kǽtrɪ̀n | kǽtrɪn/, **Loch** *n.* カトリン湖《スコットランド中部 Lomond 湖の東にある湖; Walter Scott 作 *Lady of the Lake* の舞台として有名; 長さ 13 km》.

Kat·si·na /kɑ́ːtsɪnə | kætsíː-/ *n.* カツィナ《ナイジェリア北部, Kaduna 州の都市; Hausa 族の文化の中心地 (16–18 世紀)》.

kat·sup /kǽtʃəp, kǽtʃ-, kǽtsəp, -tʃʌp | kǽtsəp, kǽtʃəp, kétʃ-/ *n.* ＝ketchup.

kát·su·ra trèe /kɑ́ːtsərə-/ *n.* 〘植物〙カツラ (*Cercidiphyllum japonicum*)《日本原産》. 〘*katsura*: □ Jpn.〙

Kat·te·gat /kǽtɪ̀gæ̀t | kǽtɪgæt, ―⌐⌐; *Dan.* kǽdəgæd, *Swed.* kátagat/ *n.* [the ～] カテガット(海峡)《Jutland 半島とスウェーデンとの間の海狭; 幅 60–160 km》.

Ka·ty /kéɪti | -ti/ *n.* ケイティー《女性名》. 〘(dim.) ← KATHERINE〙

ka·ty·did /kéɪtidɪ̀d | -ti-/ *n.* 〘昆虫〙キリギリス (long-horned grasshopper); (特に)アメリカ産キリギリス科に属する緑色で大形のひげが長い昆虫の総称 (green grasshopper, meadow grasshopper ともいう). 〘(1784)《擬音語》: 雄の鳴声が Katy did, Katy she did などと聞こえるという〙

Katz /kǽts; *G.* káts/, Sir **Bernard** *n.* カッツ (1911–　; ドイツ生まれの英国の生理学者; Nobel 生理学医学賞 (1970)).

katz·en·jam·mer /kǽtsəndʒæ̀mə | -mə(r/ *n.* 《米》 **1** 二日酔い. **2** 不安, ふさぎ込み, 憂鬱(ゆう), 苦悩. **3** 大騒ぎ, 叫び声, 怒号. 〘(1849) □ G ～ ← *Katzen* ((連結形) ← *Katze* 'CAT') ＋*Jammer* discomfort〙

Kau·ai /kɑ́uaɪ, kauɑ́ːi | kauɑ́ːi; *Hawaii.* káuaːi/ *n.* カウアイ(島)《米国 Hawaii 諸島北西部の島; 面積 1,437 km²》.

kauch /kɑ́ːx/ *n.* ＝kiaugh.

Kauff·mann /káufmɑːn; *G.* káufman/, (**Maria Anna Catherina**) **An·ge·li·ca** /aŋgéːlika/ *n.* カウフマン (1741–1807; スイス生まれの画家; 新古典主義の代表者の一人).

Kauf·man /kɔ́ːfmən, kɑ́ːf- | kɔ́ːf-, káuf-/, **George S**(**imon**) *n.* コーフマン (1889–1961; 米国の劇作家(主に共作)・演出家・ジャーナリスト; *You Can't Take it with You* (1936)).

kau·kau /kɑ́ukau/ *n.* カウカウ《パプアニューギニアのサツマイモ》.

Kau·nas /kɑ́unɑːs | -nəs/ *n.* カウナス《リトアニア共和国の都市; 旧名 Kovno》.

Ka·un·da /kɑːúndə, -úːn-/, **Kenneth** (**David**) *n.* カウンダ (1924–　; ザンビアの政治家; 国を独立させ初代大統領になる (1964–91)).

Kau·nitz /káunɪ̀ts | -nɪts; *G.* káunɪts/, **Wenzel Anton von** *n.* カウニッツ (1711–94; オーストリアの政治家; Aix-la-Chapelle 条約を調整する (1748); パリ大使 (1751–53), 首相 (1753–92); Joseph 二世の教会改革を支援).

kau·ri /kɑ́uri | káu(ə)ri/ *n.* **1 a** 〘植物〙ナギモドキ《ナギモドキ属 (*Agathis*) の植物の総称; kauri pine ともいう》; (特に)ナギモドキ (*A. australis*)《高さ 40 m に達するニュージーランド産の常緑樹》. **b** ナギモドキ材. **2** 〘化学〙カウリ樹脂《ワニス, ラッカーなどの製造に用いる》. 〘(1823) □ Maori ～《原義》? iron〙

káuri-bútanol vàlue *n.* 〘化学〙カウリブタノール価《石油シンナーの溶解力を表す価》.

káuri gùm [**còpal**] *n.* 〘化学〙＝kauri 2. 〘1867〙

káuri pìne *n.* 〘植物〙＝kauri 1 a. 〘1852〙

káuri rèsin *n.* 〘化学〙＝kauri 2. 〘1858〙

kau·ry /kɑ́uri | káu(ə)ri/ *n.* ＝kauri.

Kaut·sky /káutski; *G.* káutski/, **Karl** (**Johann**) *n.* カウツキー (1854–1938; ドイツの社会主義者・歴史家・著述家).

ka·va /kɑ́ːvə/ *n.* **1** 〘植物〙カワカワ (*Piper methysticum*)《Polynesia 産コショウ科の低木》. **2** (その根から造る)カワカワ《陶酔感を与える飲料》. **3** [K-] 〘商標〙カーバ《米国 Borden 社製のインスタントコーヒー》. 〘(1777) □ Tongan *kawa*《原義》bitter〙

kàva·káva *n.* ＝kava.

Ka·vál·la /kəvǽlə; *Mod. Gk.* kavála/ *n.* カバラ《ギリシャ北東部, Macedonia 地方の海港》.

ka·vass /kəvɑ́ːs/ *n.* **1** (トルコの)武装警官. **2** (地中海東岸諸国の)領事館警備員. 〘(1819) □ Turk. *qawās* □ Arab. *qawwās* bowman ← *qaws* bow〙

Ka·ver·i /kɑ́ːvəri | kɔ́ː-/ *n.* ＝Cauvery.

Ka·vír Désert /kəvíə- | kævíə-/ *n.* ＝Dasht-e-Kavir.

ka·wa·ka·wa /kɑ́ːwəkɑ̀ːwə/ *n.* 〘植物〙カワカワ (*Macropiper excelsum*)《ニュージーランド産コショウ科の低木; 葉に芳香がある; peppertree ともいう》. 〘(1850) □ Maori ～〙

Ka·wár·tha Lákes /kəwɔ́əθə- | -wɔ́ː-/ *n.* カウォーサ湖《カナダ Ontario 州南東部の湖群》.

Ka·wa·sá·ki disèase /kɑ̀ːwəsɑ́ːki-/ *n.* 〘病理〙川崎病, 皮膚粘膜リンパ節症候群《病因不明の疾患で 2 歳以下の小児に多く発生する熱性疾患; 冠動脈瘤の合併が突然死の原因となる》. 〘(1980): 川崎富作 (b. 1924: 発見者の小児科医)〙

Kax·gar /kɑ́ːʃgɑə | kǽʃgɑː(r/ *n.* カシュガル《中国新疆ウイグル自治区南西部の商業都市; シルクロードの要地》.

kay /kíː/ *n.* ＝key² 1.

Kay /kéɪ/ *n.* ケイ: **1** 男性名. **2** 女性名. 〘1: □ Welsh *Cai* □ L *Caius.* 2: (dim.) ← KATHERINE〙

Kay /kéɪ/, Sir *n.* 〘アーサー王伝説〙ケイ《アーサー王の乳兄弟で王の家令 (seneschal), 円卓騎士中の意地悪な騎士で大ほら吹き》.

Kay, John *n.* ケイ《1704–64; 英国の発明家; 飛杼(とび) (flying shuttle) を発明 (1733)》.

kay·ak /káɪæk/ *n.* **1** カヤック《イヌイットが用いる一人乗りの小舟; 木の枠にアザラシの皮を張り中央に漕ぎ手の座る穴がある; cf. umiak》. **2** (一人乗り両舷漕ぎの)競技[スポーツ]用カヤック. 〖(1757) ◻ Inuit *qajaq*〗

kayak 1

kay·ak·er /káɪækə | -kə/ *n.* カヤックの漕ぎ手[選手].

Kay·beck·er /keɪbékə | -kə(r)/ *n.* ケイベッカー《米国で働くフランス語を話すカナダの木材切り出し人夫》.

Kaye /kéɪ/, **Danny** ケイ《1913–87; 米国の俳優・歌手; 本名 David Daniel Kominski》.

Kaye-Smith /kéɪsmíθ/, **Sheila** *n.* ケイスミス《1887–1956; 英国の小説家; *Sussex Gorse* (1916), *Joanna Godden* (1921); 通称 Mrs. Fry》.

kay·o /kèɪóʊ | kèɪə́ʊ/ *vt.* **1** 《俗》〖ボクシング〗＝KNOCK *out* (2). **2** 〖野球〗〈ピッチャーを〉ノックアウトする. — *n.* (*pl.* ~s) 《俗》〖ボクシング〗＝knockout 1 b. 〖(1920) ← K.O.: 発音綴り〗

Kay·se·ri /kéɪsəri, kàɪsəríː, -zə- | kàɪseríː; *Turk.* kájseri/ *n.* カイセリ《トルコ中部の都市》.

ka·za·chok /kàːzɑːtʃɔ́(ː)k, -tʃɔ́(ː)k | -tʃɔ́k; *Russ.* kəzatʃʲók/ *n.* (*pl.* **ka·zach·ki** /kəzɑːtʃkíː; *Russ.* kəzatʃʲkʲí/) コサックダンス《ロシアの動きの激しい民族舞踊; 男性がしゃがんだ状態で足を強く蹴り出す動作がその特徴》. 〖(1928) ◻ Russ. ~ (dim.) ← *kazak* 'COSSACK'〗

Ka·zak /kəzáːk, -zǽk | -zǽk, -záːk/ *n.* (*also* **Ka·zakh** /~/) **1 a** [the ~] カザフ族《アジア, 特に Kazakstan に住むチュルク系の民族》. **b** カザフ族の人. **2** カザフ語 (Turki). 〖(1900) ◻ Russ. ~ ◻ Turk *qāzāq* 《原義》 free person, nomad〗

Ka·zakh·stan /kəzáːkstɑːn, kɑː-, -zǽk-, -stæn | kæ̀zækstáːn, kɑ̀ː-, -zɑːk-, -stǽn/ *n.* (*also* **Ka·zak·stan** /~/) カザフスタン《カスピ海北東部の共和国; 面積 2,717,300 km², 首都 Astana; 公式名 the Republic of Kazakhstan》.

Ka·zan /kəzǽn, -záːn; *Russ.* kazánʲ/ *n.* カザニ《ロシア連邦西部の Volga 河畔の都市; Tatarstan 共和国の首都》.

Ka·zan /kəzǽn | -záːn/, **Elia** *n.* カザン《1909–2003; トルコ生まれの米国の映画監督・舞台演出家》.

Kazán Tártar *n.* **1** カザンタタール人《タタールスタン共和国の主要構成民族であるタタール人》. **2** カザンタタール語《チュルク語 (Turkic) の一つ》.

Ka·zan·tza·kis /kɑ̀ːzəntsáːkɪs; *Mod. Gk.* kazandzákis/, **Ni·kos** /níkɔs/ *n.* カザンザキス《1883?–1957; ギリシャの詩人・小説家; *Zorba the Greek* (1946)》.

ka·zat·sky /kəzáːtski; *Russ.* kazátskʲij/ *n.* (*also* **ka·zat·ski** /~/, **ka·zat·ska** /-záːtskə/) ＝kazachok. 〖◻ Russ. ~ (dim.) ← *kazak* 'COSSACK'〗

Kaz·bek /kɑːzbɛ́k/, **Mount** *n.* カズベク山《グルジア共和国北部にある Caucasus 山脈中の中心峰 (高さ 5,033 m)》.

Kaz Da·ği /*Turk.* kázdaɯ/ *n.* カーズダーギ《小アジアの Ida 山のトルコ語名》.

ka·zi /káːzi/ *n.* 《英口語》トイレ (karzy).

ka·zil·lion /kəzíljən | -ljən, -liən/ *n.*, *adj.* 《口語》厖大な数(の). 〖⇨ gazillion〗

Ka·zin /kéɪzɪn | -zɪn/, **Alfred** *n.* ケージン《1915–98; 米国の文芸批評家; *On Native Grounds* (1942)》.

ka·zoo /kəzúː/ *n.* (*pl.* ~s) カズー《木製または金属製の筒に腸線 (catgut) や紙を張ったおもちゃの笛》. 〖(1884) 擬音語 ?〗

kb 《略》kilobar(s).

KB 《略》〖電算〗kilobyte(s); King's Bench (Division); 〖チェス〗king's bishop; Knight Bachelor; Knight (of the Order) of the Bath.

K.B. 《略》kitchen and bathroom.

kbar 《略》kilobar(s).

KBE 《略》《英》Knight Commander of (the Order of) the British Empire. 〖1952〗

KBP 《略》〖チェス〗king's bishop's pawn.

Kbps 《略》〖電算〗kilobits per second.

kbyte 《略》〖電算〗kilobyte(s).

kc 《略》kilocurie(s); kilocycle(s).

KC 《略》Kansas City; Kennel Club; King's College(, London); King's Counsel; King's Cross; Knight Commander; Knight(s) of Columbus.

Kč 《記号》〖貨幣〗korun, koruna(s), koruny.

kcal 《略》kilocalorie(s); kilogram calorie(s).

Ḱ-càpture *n.* 〖物理〗K 電子捕獲《K 電子が原子核内の陽子に吸収され, neutrino を放出する過程》.

KCB 《略》《英》Knight Commander of (the Order of) the Bath. 〖1849〗

KCH 《略》King's College Hospital.

KCIA 《略》Korean Central Intelligence Agency.

KCIE 《略》Knight Commander of the (Order of the) Indian Empire.

KCL 《略》King's College, London.

KCMG 《略》《英》Knight Commander of (the Order of) St. Michael and St. George 聖マイケル・聖ジョージ上級勲爵士.

kc/s 《略》kilocycle(s) per second.

Kčs. 《略》koruna.

KCSI 《略》《英》Knight Commander of the (Order of the) Star of India.

KCVO 《略》《英》Knight Commander of the (Royal) Victorian Order. 〖1897〗

KD 《記号》〖貨幣〗Kwait dinar(s).

KD, kd 《略》kiln-dried; 〖商業〗knocked-down (cf. SU).

ke 《記号》Kenya (URL ドメイン名).

KE 《略》kinetic energy.

KE 《記号》⇨ KAL.

ke- /kə/ *pref.* ker- の異形.

ke·a /kíːə, kéɪə/ *n.* 〖鳥類〗ケアオウム, ミヤマオウム (*Nestor notabilis*)《ニュージーランド産のオウム科の鳥; 元来果実・昆虫食だったが近年は羊の腎(じん)臓の脂身を食べるために羊をついて殺す習性が生じ酪農家に損害を与える》. 〖(1862) ◻ Maori ~ 《擬音語》〗

kea

Ké·a /*Mod.Gk.* kéa/ *n.* ケア《Keos のギリシャ語名》.

Ke·a·la·ke·kú·a Báy /keɪɑ̀ːləkəkúːəː-; *Hawaii.* keálakekúa/ *n.* ケアラケクア湾《Hawaii 島西岸の湾; Captain Cook がこの地で殺害された (1779)》.

Kean /kíːn/, **Edmund** *n.* キーン《1787–1833; 英国の悲劇俳優》.

keat /kíːt/ *n.* 〖鳥類〗＝keet.

Kea·ting /kíːtɪŋ | -tɪŋ/, **Paul (John)** *n.* キーティング《1944–　; オーストラリアの政治家; 労働党; 首相 (1991–96)》.

Kea·ton /kíːtn/, **Buster** *n.* キートン《1895–1966; 米国の無声映画の喜劇俳優; 本名 Joseph Francis Keaton》.

Keats /kíːts/, **John** *n.* キーツ《1795–1821; 英国の叙情詩人; *Endymion* (1818), *Hyperion* (1818–19), *Ode to a Nightingale* (1819)》. **~·i·an** /-tsiən/ *adj.*

ke·bab /kəbǽb/ *n.* ＝kabob. 〖1690〗

keb·buck /kébək/ *n.* (*also* **keb·bock** /~/) 《スコット》(小さく切ってない大きなままの)チーズ. 〖(*c*1470) *cabok* ◻ Sc.-Gael. *ceapag* cheese〗

Ke·ble /kíːbl/, **John** *n.* キーブル《1792–1866; 英国国教会の司祭・神学者・詩人; Oxford 運動の指導者の一人; *The Christian Year* (1827)》.

ke·bob /kəbɑ́(ː)b | -bɔ́b/ *n.* ＝kabob.

Kech·ua /kétʃwɑː, -tʃwə, -tʃuə | -tʃuə, -tʃwə/ *n.* (*pl.* ~, ~s) ＝Quechua.

Kech·uan /kétʃwən, -tʃuən | -tʃuən, -tʃwən/ *adj.*, *n.* ＝Quechuan.

Kech·u·ma·ran /kètʃʊmərǽn/ *n.* ＝Quechumaran.

keck¹ /kék/ *vi.* **1** げえっと言う, 吐き気を催す, むかつく (retch) [*at*]. **2** (むかつくほど)ひどく嫌う [*at*]. **3** 〈鳥が〉げえと鳴く. — *n.* 吐き気, むかつき. 〖(1601) 《擬音語》: cf. OE *cēcil* choking〗

keck² /kék/ *n.* 〖植物〗**1** ＝cow parsnip. **2** ＝wild chervil 1. 〖*a*1624〗

keck·le¹ /kékl/ *vt.* 〖海事〗すれ止めをする《摩擦部がすり切れるのを防ぐため, 器物や大索などに古ロープなどを巻きつける》. 〖(1627) ← ?〗

keck·le² /kékl/ *v.* 《方言》＝cackle. 〖1513〗

kéck·ling /-klɪŋ, -lɪŋ/ *n.* 〖海事〗すれ止めを施すこと (⇨ keckle¹); すれ止め用の古ロープ. 〖(1753): ⇨ keckle¹, -ing¹〗

kecks /kéks/ *n. pl.* 《英方言》ズボン.

Kecs·ke·mét /kétʃkəmèɪt; *Hung.* kétʃkɛmeːt/ *n.* ケチケメート《ハンガリー中部の都市》.

ked /kéd/ *n.* 〖昆虫〗シラミバエ《双翅目シラミバエ科に属する昆虫の総称; 哺乳動物や鳥に寄生する昆虫で翅を欠く; sheep ked, louse fly ともいう》. 〖(1570) ← ?〗

Ked·ah /kédə | -də/ *n.* ケダー(州)《マレーシア北西部の州; Malay 半島西部にあり, 西は Malacca 海峡に面する; 面積 9,425 km², 州都 Alor Setar》.

Ke·dar /kíːdə | -də(r)/ *n.* 〖聖書〗ケダル《Ishmael の子でアラブの一部族の祖先; *Gen.* 25: 13》: ~'s tents (荒地のような)この世 (cf. *Ps.* 120: 5).

ked·dah /kédə, kədáː | kédə/ *n.* 捕象柵(さく)囲い《Bengal 地方などで野生の象を追い込んで捕えるために用いる囲い》. 〖◻ Hindi *khedā*〗

kedge /kédʒ/ 〖海事〗*vt.* (投げた)小錨(こいかり)の綱をたぐって〈船を〉移動させる. — *vi.* 〈人が〉小錨を使って船を移動する; 〈船が〉小錨を使って移動[回転]する. — *n.* ＝kedge anchor. 〖(1627) 《変形》? ← CADGE¹〗

kédge ànchor *n.* 〖海事〗《船を kedge する時に用いる》小錨(こいかり), ケッジアンカー《船を移動させる場合その方向にボートで運び出して投入し, その錨索を引いて船を動かす[回転する]時などに用いる小型の錨》. 〖1704〗

ked·ger·ee /kédʒəriː, ⌣⌣⌣ | ⌣⌣⌣, ⌣⌣⌣/ *n.* 〖料理〗ケジャリー《米・豆・玉ねぎ・卵・香辛料などを材料とするインドの米料理; ヨーロッパではこれにタラの燻製などを加え朝食とする》. 〖(1625) ◻ Hindi *khichṛī* ← Skt *khiccā* ← ?〗

Ke·di·ri /kɪdíəri | -díəri/ *n.* ケディリ《インドネシア, Java 島東部の都市》.

Ke·dron /kíːdrɑ(ː)n, -drən | kédrən, kíː-/ *n.* ＝Kidron.

Keds /kédz/ *n.* 〖商標〗ケッズ《米国 Keds 社製のスポーツシューズ; 特にバスケットボールシューズが有名》.

keech /kíːtʃ/ *n.* 《廃・方言》脂肪の塊; 肉屋. 〖(1598) ← ?〗

keef /kíːf/ *n.* ＝kef.

Kee·gan /kíːgən/, **Kevin** *n.* キーガン《1951–　; 英国のサッカー選手》.

keek /kíːk/ 《スコット・北英》*vi.* のぞき見する. — *n.* のぞき見: take a ~ at …をのぞいて見る. 〖(*c*1386) *kike(n)* ◻ MDu. *kiken* (Du. *kijken*)〗

kéek·er *n.* 《スコット・北英》**1** のぞき見する人; (鉱山の)見回り人, 監督 (overseer). **2** [*pl.*] 目 (eyes) (cf. peeper² 3 a). 〖(1808–18): ⇨ ↑, -er¹〗

keel¹ /kíːl/ *n.* **1** 〖海事〗竜骨, キール《船の背骨になる力材; cf. false keel, fin keel》: lay (down) a ~ 竜骨をすえる, 船を起工する. **2** 《詩》船. **3** 〖航空〗竜骨《飛行艇などの艇体下部を前後に走る強い縦梁》. **4 a** 〖植物〗(花の)舟弁(しゅうべん). **b** 〖鳥類〗(胸骨の)竜骨突起 (carina). **5** [the K-] 〖天文〗りゅうこつ(竜骨)座 (⇨ Carina¹).

on (an) éven kéel (1) 《口語》〈人・事態が〉安定して[た], 落ち着いて[た]: keep society *on an even* ~ 社会を安定させておく / He felt *on an even* ~. 落ち着いた気持ちでいた. (2) 〈船・航空機が〉(前後あるいは左右に)水平[平衡]を保って. 〖1627〗

— *vt.* **1** 〈船を〉転覆させる 〈*over, up*〉. **2** 〈船・航空機〉に竜骨を備える. — *vi.* 〈船が〉転覆する 〈*over, up*〉.

kéel óver (*vi.*) (1) ⇨ *vi.* (2) 《口語》(疲れや病気のためにあお向けに)倒れる, ひっくり返る; 《米口語》卒倒[気絶]する (faint). (3) 《米》死ぬ; 失敗する (collapse). (*vt.*) (1) ⇨ *vt.* 1. (2) ひっくり返す.

〖(1338) *kel(e)* ◻ ON *kjǫlr* (Swed. *köl* / Dan. & Norw. *kjøl* < Gmc **keluz*): ↓〗

keel² /kíːl/ *n.* 《英東部方言》**1 a** 平底船; (石炭船に石炭を積み込む)はしけ, キール船《特にイングランド Tyne 川などで用いる》. **b** はしけ一隻分の石炭. **2** キール《英国で用いる石炭の重量単位; 21¹/₅ 英トンに相当》. 〖(1319) *kele* ◻ MDu. *kiel* ship < Gmc **keulaz* (OE *ċēol* / ON *kjóll*) ← IE **gwel-* hollow space or place, round object〗

keel³ /kíːl/ *n.* サルモネラ菌 (salmonella) の感染によるアヒルの子の急性敗血症《急死することが多い》. 〖KEEL¹ (v.) の特殊用法〗

keel⁴ /kíːl/ *n.* 《方言》紅土, 代赭(たいしゃ)石《羊・木材などに印をつける; ruddle ともいう》. — *vt.* 紅土で印をつける. 〖(1480) 《北部方言》*keyle*: cf. Sc.-Gael. *cīl*〗

keel⁵ /kíːl/ 《古・方言》*vt.* さます (cool); (特に)〈煮物などを〉(ふきこぼれないように)混ぜてさます: ~ the pot なべの煮物を混ぜてさます. — *vi.* **1** 〈煮物などが〉さめる. **2** 熱意がさめる, 〈熱意などが〉さめる. 〖OE *cēlan* < Gmc **kōljan* ← IE **gel(ə)-* cold〗

keel·age /kíːlɪdʒ/ *n.* 〖海事〗(船の)入港税, 停泊税. 〖(1679) ← KEEL¹ + -AGE〗

kéel árch *n.* 〖建築〗＝ogee arch.

kéel·bàck *n.* 〖動物〗キールバック (*Amphiesma mairii*)《水辺に生息するナミヘビ科ヒバカリ属の無害なヘビ; 豪州産》. 〖うろこの竜骨状の突起から〗

kéel·blòck *n.* 〖造船〗キール[竜骨]盤木《造船または船体修理の際, ドック内で船体重量を支えるためにキールの下に並べられている木製の台木》. 〖1881〗

kéel·bòat *n.* **1** 《米》大型平底船《もと米国西部の河川で荷物運搬に用いられた》. **2** 竜骨船《センターボードでなしに竜骨のみによる方式のヨット》. 〖1695〗

kéel·dràg *vt.* ＝keelhaul.

keeled *adj.* **1** 〖海事・航空〗竜骨のある. **2 a** 〖植物〗舟弁(しゅうべん)のある. **b** 〖鳥類〗胸骨に竜骨突起のある. 〖(1787) ← KEEL¹ + -ED〗

Kee·ley /kíːli/ *n.* キーリー《女性名; 異形 Keelie, Keely》. 〖← Ir.-Gael. *cadhla* beautiful one〗

kéel·hàle *vt.* ＝keelhaul.

kéel·hàul *vt.* **1** 〖海事〗〈人を〉(綱で縛って船側から反対の船側へ・船首から船尾へ)船底をくぐらせる《昔の刑罰》. **2** ひどく責める, しかりつける, さんざん油を絞る (keelhale, keeldrag ともいう). 〖(1666) 《なぞり》← Du. *kielhalen*: ⇨ keel¹, haul〗

kee·lie /kíːli/ *n.* 《スコット》**1** 〖鳥類〗チョウゲンボウ (kestrel). **2** 都会のならずもの《特に Glasgow に住む》. 〖(1808) 擬音語〗

Kée·ling Íslands /kíːlɪŋ-/ *n. pl.* [the ~] キーリング諸島 (⇨ Cocos Islands).

kéel·less *adj.* **1** 〖海事・航空〗竜骨 (keel) のない. **2 a** 〖植物〗舟弁(しゅうべん)のない. **b** 〖鳥類〗(ダチョウ・ヒクイドリなどのように)胸骨に竜骨突起のない. 〖(1879): ⇨ keel¹, -less〗

kéel lìne *n.* 〖海事〗キール線, 船首尾線《船の中心線》. 〖1829〗

kéel·man /-mən/ *n.* (*pl.* **-men** /-mən, -mèn/) キール船 (keel) の船頭[乗組員]. 〖(1516) *kēlman*〗

keel·son /kélsən, kíːl-, -sn/ *n.* 〖造船〗キールソン, 内竜骨《単底船で竜骨に沿ってその内部に走る縦通材》. 〖(1598) ← KEEL¹ + SON¹ ∽ 《廃》*kelsine* < ME *kelswayn, kelsweyn* ◻ ? LG *kielswīn* ← *kiel* 'KEEL¹' + ? *swīn* 'SWINE' (cog. Swed. *kölsvin* / Du. *kolzwijin* / G *Kielschwein*)〗

Kee·lung /kìːlʊ́ŋ; *Chin.* tɕilúŋ/ *n.* ＝Chilung.

kee·ma /kíːmə/ *n.* 《インド》ひき肉. 〖◻ Hindi *qīma*〗

keen¹ /kíːn/ *adj.* (~·er; ~·est) **1 a** 熱心な [*about, for*]; 熱心に…したくて 〈*to do, that*〉 (⇨ eager¹ SYN): a ~ angler, student, etc. / be very ~ *about* sports ス

ポーツに大いに熱心である / be ~ *for* independence 独立を熱望している / I am ~ *to* see my old friends. 旧友に会いたくてたまらない / She is ~ *for* him *to* visit her. ＝She is ~ *that* he should visit her. 彼の訪問を切望している / (as) ~ as mustard ⇨ mustard 成句. **b** [~ on として]《口語》…に熱中して, 大好きで: be ~ *on* birds, movies, one's business, etc. / He's ~ *on* the girl. 《英》その子に夢中になっている. **2** 〈感情が〉強い, 強烈な, 〈興味など〉深い: ~ pleasure / a ~ interest. **3 a** 〈観察力・知力など〉鋭い, 鋭敏な (⇨ shrewd SYN): a ~ intellect, wit, etc. / a ~ sense of humor. **b** 抜け目のない. **4** 〈目など〉鋭い; 〈感覚が〉鋭い, 鋭敏な (⇨ sharp SYN): ~ eyes / a ~ ear / a ~ sense of smell / ~ *of* hearing 耳が鋭敏で. **5** 〈競争など〉激烈な, 厳しい: a ~ competition. **6** 《英》(同業者と競争のため)〈価格が〉格安[割引]の (cf. 5): at ~ prices 格安の値段で. **7** 〈刃・刃物・先端など〉鋭い, 鋭利な (↔ dull): a ~ knife / a knife with a ~ edge 刃の鋭いナイフ. **8 a** 〈風・寒さなど〉身にしみる, 肌を刺す (cutting); 〈音・光・においなど〉鋭い, 強烈な. **b** 〈苦痛・食欲など〉激しい. **c** 〈論法など〉鋭い, 痛烈な: ~ satire. **9** 《口語》すてきな, すばらしい.
be mád kéen 《英口語》ひどく熱中して, ひどく…したがって 〔*on*〕/ 〈*to do*〉: He is mad ~ *on* making [to make] money. 彼は金もうけに夢中だ.
〚OE *cēn(e)* bold, wise < Gmc **kōnjaz* (G *kühn* bold / Du. *koen*)〛

keen² /kíːn/ *n.* (アイルランドで人の死んだ時または葬式の時, 号泣を伴う)哀歌, 泣き悲しみ. — *vi.* **1** (死者のために号泣しながら)哀歌を唱える, (哀歌を唱えながら)泣き叫ぶ (bewail) 〔*over*〕 (cf. keener). **2** 哀歌の[泣き叫ぶ]ような音を出す. **3** 大声で泣く[不平を言う]. — *vt.* **1 a** 甲高い泣き声で言う. **b** 泣き叫んで〈悲しみなどを〉表す. **2** 《古》〈死者〉のために哀歌を唱える[泣き叫ぶ]. 〚n.: 《1830》□ Ir. *caoine* ← *caoinim* I wail. — v.: 《1811》□ Ir. *caoinim*〛

K

Kee·nan /kíːnən/ *n.* キーナン《男性名》. 〚← Ir.-Gael. *cianan* little ancient one〛

kéen·er *n.* (アイルランドで)死者のために哀歌を唱える[泣き叫ぶ]人; (特に)泣き女[男]《葬式・通夜(つや)などの時雇われて号泣しながら哀歌を唱える》. 〚《1811》← KEEN² (v.)+-ER¹〛

kéene's cemént /kíːnz-/ *n.* 〔窯業〕キーンスセメント《硬仕上げ石膏(せっこう)に属する無水石膏プラスター; Parian cement ともいう》. 〚← *Richard Wynn Keene* (1838 年にこれの製法特許を取った英国の発明家)〛

kéen-éyed *adj.* 目の鋭い. 〚1781〛

kéen·ing *n.* (アイルランドで, 人の死などを)泣き叫ぶ[悲しむ]こと, 哀歌を唱えること; 哀歌. 〚《1876》: ⇨ keen² (v.)〛

kéen·ly *adv.* **1** 鋭く; 鋭敏に; 身を切るように; 厳しく; 抜け目なく; 熱心に. **2** 《英》格安に, 割引して. 〚OE *cēnlīce*: ⇨ keen¹, -ly¹〛

kéen·ness *n.* 鋭さ; 鋭敏さ; 抜け目なさ; 熱心. 〚《1530》: ⇨ -ness〛

kéen-scénted *adj.* 嗅覚が鋭い, 鼻がよくきく. 〚1887〛

kéen-sét *adj.* 《古》＝sharp-set. 〚1863〛

keep /kíːp/ *v.* (**kept** /képt/) *vt.* **1 a** (ある位置・立場に)置いておく, 保つ: ~ one's hands *in* one's pockets ポケットに手を入れておく / ~ one's head *above* water ⇨ head *n.* 成句 / ~ a person *at* a distance [*at* arm's length] ⇨ distance *n.* 3, arm's length *n.* 成句 / ~ one's feelings *under* control 感情を抑える (cf. 成句 KEEP under) / *Keep* me *in* mind if anything comes up. 何か起きたら私のことを忘れないで下さい. **b** [目的語＋補語を伴って]〈ある状態〉にしておく (cf. leave¹ *vt.* 5 b): ~ a razor sharp かみそりをいつも切れ味よくしておく / ~ things separate 物を別々にしておく / Sorry to have *kept* you waiting so long. 長い間お待たせして失礼しました / ~ the fire burn*ing* 火を絶やさない / Cold baths ~ me *in* good health. 冷水浴のおかげで私はずっと健康だ / *Keep* me *posted* [*informed*]. 最新の情報を知らせておいてください / ⇨ *keep the* BALL¹ *rolling, keep the* POT *boiling.*
2 制する, 妨げて…させない; 〈物に〉寄せつけない 〔*from*〕: ~ a person [oneself] *from* smoking 人にたばこを吸わせない[たばこを吸わずにいる] / Urgent business *kept* me *from* com*ing* yesterday. 急用のために昨日は来られなかった / ~ a child away *from* the fire 子供を火に近寄らせない / She could not ~ the tears *from* her eyes. 彼女は涙を抑えられなかった.
3 a 〔人から〕遠ざける, 〔…に〕与えない (withhold); 〔…から〕隠す (conceal) 〔*from*〕: *Keep* the knives away *from* the children. ナイフを子供たちの手の届かない所に置きなさい / He ~*s* nothing (back) *from* me. 彼は私には何も隠さない. **b** 〈秘密などを〉隠しておく, 守る: ~ a secret 秘密を守る.
4 〈ある動作を〉続ける: ~ step 歩調を保つ / ~ watch 見張りをする / ~ silence 沈黙を守る, 黙っている (keep silent) / ~ one's job 仕事を続ける.
5 a 〔手・心に〕つかんでいる, 握っている, 保持[保有]する (hold) 〔*in*〕: ~ a stick *in* one's hand ステッキを握っている / ~ a fact *in* mind 事実を覚えている[銘記する]. **b** 保存する (preserve, retain), (捨てないで)取っておく; 預かっておく; 自分のものにする, 取得する: ~ old letters 古い手紙を保存する / ~ a seat (free) *for* a person 人のために座席をとっておく / Where do you ~ your hairpins? ヘアピンはどこにしまっておくのですか / You may [can] ~ the change. お釣りは取っておいていいですよ / ~ one's youthful figure 若々しい体形を保つ / ⇨ KEEP *to oneself* (1).
6 a 〈時間・約束・誓言・条約などを〉守る, 果たす (fulfill); 〈法律・規則などを〉守る (obey, observe): ~ a schedule 予定を実行する / ~ early [late] hours 早寝早起き[夜ふかし]する / ~ the Sabbath 安息日を守る / ~ one's word 約束を守る / ~ faith with …に対して信義を守る. **b** [~ company として] 友だち[異性]と交わる[交際する] (cf. company 2, 3): ~ rough *company* がらの悪い連中とつきあう / ~ *company with* her until marriage 結婚まで彼女とつきあう / ~ her *company* all the way home [all afternoon] 家まで[午後ずっと]彼女に同行する.
7 a (継続して)記入する, つける: ~ accounts 勘定をつける / ~ a diary 日記をつける / ~ books 簿記をつける / ~ records 記録をつける. **b** 〈時間を〉記録する: *keep* TIME / Does that clock ~ good time? その時計は時間が正確ですか.
8 a 〈家族を〉養う, 扶養する (support, provide for); 〈女中・助手などを〉雇っておく; 〈下宿人を〉置いている; 〈女・妾(めかけ)を〉囲う (cf. kept 1); 〈自家用の馬車・自動車などを〉かかえる: He has a wife and family to ~. 彼には養っていくべき妻子がある / I can't ~ you *in* furs [luxury], but I love you all the same. 毛皮を着せておくような[ぜいたくな]生活をさせられないが, それでも私は君を愛しているんだ. **b** 〈犬・猫・家畜などを〉飼う, 養う, 飼育する: ~ bees.
9 a 営む, 経営する (manage, run); 〈家事などを〉きりもりする: ~ a shop, school, hotel / ⇨ *keep* HOUSE. **b** 開催する, 催す (hold): ~ an assembly 会議を開く / ~ a court 裁判を開く / ~ a fair 市を開く.
10 引き留める, 押さえる, 留置する, 拘留する (detain): ~ a person *in* custody [prison] 人を留置する[拘置所に拘留する] / What ~*s* him here? どうして彼はここに(いつまでも)いるのか / He's late: what's ~*ing* him? 遅いな, 何でぐずぐずしているのかな / I won't ~ you long. お手間は取らせません.
11 〈商品を〉備えておく, 蓄えておく: ~ a good stock of merchandise 商品をたくさん取りそろえておく.
12 〈儀式・祭などを〉(慣例通り)行う, 挙げる, 祝う: ~ Christmas, one's birthday, etc.
13 世話する, 大切にする (look after); 〔…から〕守る, 保護する (guard, defend) 〔*against, from*〕: ~ a town *against* the enemy 敵の攻撃に対して町を守る / ~ goal (サッカーなどで)ゴールキーパーを務める / ~ wicket (クリケットで)捕手 (wicketkeeper) を務める / This garden is always *kept* well. この庭園はいつも手入れが行き届いている (cf. well-kept) / God (bless you and) ~ you! 神様があなたを守って下さるように, お大事に.
14 a 〈ある場所・家などに〉とどまっている, 閉じ込もる: ~ one's house, room, bed, etc. / Please ~ your seat. どうぞお席についたままで. **b** 〈道などを〉はずれない: ~ the center of the road 道路の中央を通り続ける.
— *vi.* **1 a** (ある位置に)とどまる: ~ indoors 家の中にいる / ~ left [right] ずっと左側[右側]を歩いて行く / ~ *at* home 在宅する. **b** [補語を伴って]〈ある状態〉にある, ずっと…である: ~ silent 黙っている / ~ fit 元気でいる / ~ cool 冷静にしている, あせらない / Let's ~ friends. 《口語》(お互いに)友だちでいよう, 仲良くしていよう / We *kept* warm with blankets. われわれは毛布で体を温めていた / The mountain *kept* in sight for a long time. 山はいつまでも見えていた / How are you ~*ing*?—I'm ~*ing* quite well. 《口語》お元気ですか—おかげさまで元気にやっています. **c** [*doing* を伴って] …し続ける, 続いて…する: ~ wait*ing* 待ち続けている / I *kept* (*on*) wonder*ing* who she was. 彼女はだれかしらと考え続けた / ~ *on* do*ing* ⇨ KEEP *on* (*vi.*) (1). ★「立ち続ける」を keep standing とするのは間違い. remain standing ならよい.
2 a 〈食べ物などが〉(腐らないで)保つ, もつ (last, endure): Milk will not ~ in such heat. この暑さでは牛乳はもつまい / I think these fish will ~ overnight. この魚は朝までもつだろう. **b** 〈仕事などが〉延ばしておける: The task will ~ *until* tomorrow. その仕事は明日でもよい.
3 a 〔…せずに〕いる, 慎しむ 〔*from*〕: ~ *from* smoking たばこを吸わずにいる / I tried to ~ *from* smil*ing*. 笑わないように努めた. **b** 遠ざかる: ~ *from* a person's house 人の家に寄りつかない / ⇨ KEEP *off* … (1).
4 《英口語》滞留する, 泊まっている; 住む: Where do you ~? 君はどこに泊まっているか.
5 《米口語》〈授業などが〉ある, やっている: School ~*s* till three o'clock. 学校は 3 時まである.
6 〔クリケット〕捕手を務める (keep wicket).
7 〔アメフト〕〈クォーターバックが〉ボールをバックスに手渡しすると見せかけそのままボールを持って走る.
it'll kéep それはまたあとで(話す[する]). ***kéep abóut*** ＝KEEP *around*. ***kèep áfter*** (1) 〈人に〉しつこく注意する[小言を言う] 〈*to do*〉. (2) 〈犯人などの跡を追い続ける. ***kéep ahéad*** 〔…より〕先行している; 進歩[成功]している 〔*of*〕. ***kèep apárt*** (*vt.*) 〈人・物を〉離しておく; 〈事を〉区別しておく 〔*from*〕. (*vi.*) 〈人が〉離れて[避けて]いる 〔*from*〕. ***kéep aróund*** 手元に置いておく. ***kéep at*** (*vi.*) (1) 〈仕事などを〉根気よく[熱心に]やる: ~ people *at* their work / *Keep at* it. 頑張れ. (2) 〈人に〉うるさくせがむ, 泣きつく: They *kept* (*on*) *at* me with their appeals for assistance [*to* help them]. 援助をしてくれとうるさくせがんだ. ***kéep … at*** — (*vt.*) (1) 〈人に〉〈仕事などを〉根気よく続けさせる. (2) 〈物を〉置いておく: *Keep* an umbrella *at* school in case it rains. 雨のときに備えて学校に傘を置いておきなさい. ***kèep awáy*** (*vt.*) (1) 〈人・物を〉近づけない, 〔…に〕使わせ[触れさせ]ない 〔*from*〕 (cf. *vt.* 2, 3). (2) 〈風邪・害虫などを〉防ぐ. — (*vi.*) (1) 〔…に〕近寄らない, 〈物を〉使わない, 避ける 〔*from*〕 (cf. *vi.* 3). ***kèep báck*** (*vt.*) (1) (与えずに)しまっておく, 〈一部を〉取っておく, 控えておく (withhold). (2) 〈人などを〉制止する, 押さえる (restrain): He *kept* his brother (*back*) *from* committing the crime. 彼は弟がその犯罪を犯さないように制止した. (3) 《米》(成績不振のため)〈生徒を〉原級に留める; 《主に英・豪》(罰として)〈生徒を〉居残らせる. (4) 〈情報などを〉隠して[知らせないで]おく 〔*from*〕 (cf. *vt.* 3 b). (5) 〈給料の一部などを〉〔…から〕天引をする 〔*from*〕: ~ *back* part of an employee's pay 雇い人の給料の一部を支払わずにおく. (6) 〈涙・感情などを〉抑える: ~ *back* a smile 微笑をこらえる. — (*vi.*) 後に下がっている, 引っ込んでいる, 離れている 〔*from*〕. ***kèep dówn*** (*vt.*) (1) 〈数量・経費などを〉抑制する, 抑える (restrict); 〈声・音などを〉小さくしている. (2) 〈反乱などを〉鎮圧する, はばむ (suppress); 従属させる; 押さえつける (restrain); 〈…の出世などを〉妨げる: You can't ~ a good man *down*. 有能な人は必ず伸びる[成功する]. (3) 〈食べた物を〉戻さないようにする. (4) 〈感情などを〉抑える, 抑えつける (overcome). (5) 〈害虫・雑草などを〉押さえる, 除く. (6) 《英》〈生徒を〉原級に留めおく. — (*vi.*) (1) 座ったままでいる, 寝たままでいる; (敵などに見つからないように)伏せている. (2) 〈風などが〉弱まっている. ***kéep from*** 慎む; …から遠ざかる (cf. *vi.* 3 a, b). ***kèep góing*** (*vt.*) やり[生き]続けさせる; 財政的に援助する. — (*vi.*) 活動を続ける, 頑張る; 体がもつ: The whiskey helped him to ~ *going*.＝The whiskey helped to ~ him *going*. ウイスキーで体がもっていた. ***kèep ín*** (*vt.*) (1) 〈感情などを〉抑える, 隠す: ~ *in* one's feelings. (2) 閉じ込める, 外出させない: The doctor *kept* me *in* for a week. 医者に言われて 1 週間家に閉じこもった. (3) 《英》(罰として放課後)〈生徒を〉留めておく, 残す: I was *kept in*. 私は残された. (4) 〈火やストーブを〉絶やさない. — (*vi.*) (1) (室内に)閉じこもる. (2) 〈火が〉燃え続けている. (3) (道路の)端を歩く, 進む. (4) 〔印刷〕間を詰めて組む (cf. KEEP *out* (3)). ***kèep … in*** — 〈…に〉〈衣食住などを〉絶えず供給する: Her prize money *kept* her *in* new clothes for a year. 彼女は賞金のおかげで一年間新しい服を着られた. ***kèep ín with*** 《口語》〈人〉と調子よくやる, 〈有力者と〉仲よくしている (cf. *in* KEEPING *with*). ***kéep it dówn*** (もっと)静かにする. ***kéep it úp*** (1) 《口語》頑張り続ける. (2) (パーティーなどを)いつまでも続ける; ＝LIVE *it up*. ***kéep óff*** (*vt.*) (1) 〈敵・災害などを〉防ぐ, 近づけない (avoid); 〈人を〉近づけない. (2) 〈減量した体重を〉維持する. — (*vi.*) 〈雨などが〉降り出さない: The rain *kept off* all day. 雨は一日中降らなかった. ***kèep óff …*** (1) …から離れている: *Keep off* the grass. ⇨ grass. (2) 〈飲み物・食べ物などを〉控える. (3) 〈話題などに〉触れない. ***kéep … òff*** — (1) 〈…を〉—に近づけない, 〈…を〉—から離しておく. (2) 〈…に〉〈飲み物・食べ物などを〉控えさせる. (3) 〈…に〉〈話題に〉触れさせないようにする. ***kèep ón*** (*vt.*) (1) (体に)着けた[着た]ままでいる: *Keep* your coat *on*, please. どうぞ外套はそのまま(お脱ぎにならないで). (2) (解雇しないで)雇っておく, 使っておく: ~ *on* one's cook / ~ a person *on* at his old job 人にもとからの仕事をさせておく. (3) 〈照明などを〉つけたままにしておく. (4) 〈部屋などを〉借り続ける. — (*vi.*) (1) 続けてやる; (困難でも)やり通す: I'm sick of my work, but I still ~ *on*. 仕事がいやになったがまだ続けている / He *kept on* talking. 彼は話し続けた. (2) 進む, 進み続ける; 話し続ける; 〈雨などが〉降り続く: *Keep on* along this street. ずっとこの通りに沿って行きなさい / I don't want you ~*ing on about* your ailments. 病気のことをくどくどと聞かせてもらいたくはない. ***kèep ón …*** (1) …に注意し続ける. (2) 〈進路を〉進み続ける. ***kéep … ón*** — (1) 〈…に〉〈進路を〉進ませる. (2) 〈…に〉薬を飲ませ続ける. ***kèep ón at*** 《英口語》〈人〉にうるさく言う[せがむ], …にがみがみ言う (nag). ***kéep onesèlf*** 自活する; 〈衣食など〉を自分でまかなう. ***kèep ón with*** …を続けてやる.
kèep óut (*vi.*) [しばしば掲示で] 中に入らない, 外にいる: *Keep out*! 中にはいるな,「立入禁止」. — (*vt.*) (1) 中に入れない, 締め出す: ~ a dog *out of* the house 犬を家に入れないようにする / thick walls to ~ the cold *out* 寒気を防ぐ厚い壁. (2) 〈…の一部分を〉取っておく (reserve): ~ *out* a part of one's pay *for* emergencies 給料の一部を非常の際の用意に取っておく. (3) 〔印刷〕間をあけて組む (cf. KEEP *in* (*vi.*) (4)). ***kèep óut of*** (1) …の中に入らない (cf. KEEP *out* (1)). (2) …に関わらない, …をしない: ~ *out of* quarrels けんかに巻き込まれないようにする / *Keep out of* this: it's none of your business! このことから手を引け, お前の関係したことではない. (3) 〈危険などを〉避け(させ)る: ~ *out of* danger. ***kéep … óut of*** — (1) …を—の中に入れない: They wanted to ~ it *out of* the papers. そのことが新聞に出ないようにしたいと思った. (2) …に〈悪い事など〉をさせない, に関係させない: ~ children *out of* mischief. ***kéep onesèlf to onesélf*** ＝KEEP *to oneself* (*vi.*). ***kèep to*** (1) 〈習慣・規則・約束などを〉固守[堅持]する; 〈道・本論など〉を離れない: *Keep to* the left [right]. [掲示]左側[右側]通行 / ~ *to* the letter of the law 法の一字一句を守る. (2) 〈家など〉に閉じこもる (remain in): ~ *to* one's bed (病気で)寝ている. ***kéep … to*** — 〈…を〉—の数量におさえておく. ***kèep togéther*** (*vt.*) 〈雑多な物を〉まとめておく; 〈人々を〉協調させる, 束ねる. — (*vi.*) (集団として)まとまっている, 協調している. ***keep to onesélf*** (*vt.*) 自分のものに取っておく, 自分だけのものにしておく; 〈情報などを〉秘密にする: ~ one's views *to oneself* 自分の考えを胸にしまっておく. — (*vi.*) 人と交際しない, 孤独でいる. ***kèep únder*** (1) 〈人を〉抑えつける, 従属させる. (2) 〈感情を〉抑える, 制する. (3) 〈火事などを〉静める, 抑える. ***kèep úp*** (*vt.*) (1) 〈活動・運動・習慣などを〉持続する; 〈能力・技術を〉保つ: ~ *up* an attack 攻撃を続ける / ~ *up* a tradition [standards] 伝統[水準]を保つ / ~ *up* one's French フランス語の勉強を続ける / ⇨ KEEP *it up*. (2) 〈体面・元気・価格などを〉維持する (preserve); 〈値段などを〉高く据えおく: ~ *up* the prices of exports 輸出品の価格を維持する / *Keep up* your spirits. 元気を出せ, 頑張れ. (3) 〈家・財産などを〉維持[補修, 管理]する (maintain): ~ *up* a large establishment 大世帯を張っ

て行く. (4) (夜分寝かさずに)起こしておく. — (*vi.*) (1) (病気・逆境などに)屈しない, 元気にやっている: In spite of the cold they *kept up* wonderfully. 寒さにもかかわらず非常に元気だった. (2) 〈人・時勢などに〉遅れない, 落後しない, 〔変化に〕対応する〔*with*〕; 〔事情に〕通じている, 連絡を取り続ける〔*on, with*〕: ⇨ *keep up with the* JONESES / He walked so fast that she could not ~ *up with* him. 彼は非常に速く歩いたので彼女はついて行けなかった / He cannot ~ *up with* his class in school. 彼は学校ではクラスについて行けない / ~ *up with* the times 時勢に遅れないでいる / ~ *up on* current events 時局に通じている. (3) 〈天候などが〉(同じ状態で)続く: The heat *kept up* all the summer. その暑さは夏中続いた. (4) 夜起きている. (5) 浮んでいる; 倒れないでいる. ***You can kéep it.*** 《口語》そんなこと[もの]に興味はないね.

— *n.* **1 a** 生活費, 生計, 扶養費, 飼育費 (⇨ livelihood[1] SYN): earn one's ~ 食い扶持(ぶち)を稼ぐ / The cow is no longer worth her ~. もうあの牛は飼っていても割に合わない. **b** (生きるのに必要な)糧(かて), 食物; (家畜の)飼料; 食と住(など). **c** (人や動物を)養うこと, 扶養, 飼育. **d** 《英》牧草(地). **2** (城の)天主閣, 本丸 (donjon); 砦(とりで), 櫓(やぐら), 城塞(じょうさい). **3** 刑務所 (prison). **4** 《古》管理, 保護; 維持. **5** [*pl.*; 単数扱い]「ほんこ」でするおはじき. **6** 『アメフト』キープ《手渡すと見せかけて, 自らボールを持って走るクォーターバック》.

for kéeps 《口語》(1) いつまでも, 永久に (forever, for good); 決定的に (finally): It's yours *for* ~*s*. これは本当に君に上げるのです / He has gone to England *for* ~*s*. 永住のために渡英した. (2) (子供の勝負などで)一度取ったものは返さないという取決めで,「ほんこ」で; 真剣に, 本気で (seriously): play marbles *for* ~*s* おはじきをほんこでする / This is not a joke, it's *for* ~*s*. これは冗談ではない, 本気だぞ. 《1861》 ***in góod* [*lów*] *kéep*** 《古》〈馬など〉体調がよく[すぐれないで]. 《1808》

Kéep América Béautiful アメリカを美しく《道路などにごみを捨てないように呼びかける米国のキャンペーン標語》.

〖lateOE *cēpan* to observe, heed, seize ← ? Gmc **kōpjan*: cf. MLG *kapen* to stare at〗

SYN 保持する: **keep** いつまでも所有[保持]している《広義で一般的な語》: She *keeps* old letters. 古い手紙を捨てずに持っている. **retain** 失わないように保持する《格式ばった語》: *retain* an old custom 古い習慣を維持する. **withhold** 与えずにおく《格式ばった語》: He *withheld* his consent. 同意を保留した. **reserve** 将来使用するため, またはしばらくの間保留する: *Reserve* some milk for the cake. ケーキを作るから牛乳を少しとっておいて.

ANT relinquish, release.

---

kéep-awày *n.* 《米》子供のボール取り(遊び)《ボールを投げ合う二人の間の子供がそのボールを横取りする》(《英》pig(gy) in the middle).

keep·er /kíːpə | -pə(r)/ *n.* **1** (店などの)経営者, 持ち主; (動物の)飼い主, 飼育係 (zoo keeper): ⇨ innkeeper, shopkeeper, storekeeper. **2** (秘密・約束などを)守る人; (人の)保護者; 番人, 看視者, 看守; (猟場の)見回り人 (gamekeeper): a ~ of promises 約束を守る人 / a lighthouse ~ 灯台守 / a lunatic ~ 精神障害者の付添人 / I am not my brother's ~. 私はそんな人の番人ではない《責任はない; cf. *Gen.* 4:9》. **3 a** 《英》(博物館・美術館の)館長; 学芸員 (《米》curator). **b** (貴重品などの)管理人, 保管者《英国では官職名に用いることが多い》. **4 a** (サッカー・アイスホッケーなどで)キーパー, 守備者: ⇨ goalkeeper. **b** 『アメフト』=keep 6. **c** 『クリケット』=wicketkeeper. **5** 保存に耐える果物[野菜(など)]: a good [bad] ~. **6** =guard ring. **7** 留め装置《車の掣子(せいし)など》, 留め金, つめ, (戸の)かんぬき穴. **8** (戸や引き出しの錠前の)受座 (strike). **9** (馬蹄形磁石の)保磁子. **10** 『釣』獲っても法に触れない大きさの魚.

Kéeper of Crówn Jéwels [the —] (英国の)王室宝器保管官 (cf. jewel-house).

Kéeper of the Exchánge and Mínt [the —] (英国の)造幣局長《大蔵大臣 (Chancellor of the Exchequer) がその地位を占める》.

Kéeper of the Kíng's Cónscience [the —] (国王の国務上の行為に対する責任者としての)大法官.

Kéeper of the Prívy Púrse [the —] (英国の)王室出納長官.

Kéeper of the Prívy Séal [the —] (英国の)王璽(じ)保管官. 《1454》

Lórd Kéeper of the Gréat Séal [the —] =Lord Keeper. 《1562–63》

〖(?*a*1300): ⇨ keep (v.), -er[1]〗

kéeper·shìp *n.* keeper の職[地位]. 〖(1530): ⇨ -ship〗

kéep fit *n.* 《英》良好な体調を保つための健康体操, フィットネス運動[体操]: a ~ class 健康体操[トレーニング]教室. **kéep-fit** *adj.* 〖(1938) (1961)〗

keep·ing /kíːpɪŋ/ *n.* **1** 維持, 保持; 保有; 保有物: Finding's ~. 《諺》拾った物は我が物. **2** (規則などを)守ること, 遵守, 遵法; (儀式などを)行うこと, 執行: the ~ *of* a wedding anniversary 結婚記念日の祝いをすること. **3 a** 保存, 貯蔵: be *in* safe [good, fine] ~ 安全に[うまく]保存してある / This stamp is worth (the) ~. この切手は保存してよい価値がある. **b** [形容詞的に]: apples with good ~ quality 長くとっておける[持ちのよい]りんご. **4** 扶養, 飼育; 食物, 飼料 (cf. keep *n.* 1). **5** 管理, 保管, 保護: have the ~ *of* a lighthouse 灯台守をしている / The papers are *in* my ~. 書類は私が保管している.

in* [*òut of*] *kéeping with …と調和して[しないで], と一致して[しないで] (cf. KEEP *in with*): His deeds are not *in* ~ [are *out of* ~] *with* his words. 彼の行為は言うことと一致していない. 《*c*1790》

〖(*a*1325): ⇨ keep (v.), -ing[1]〗

kéeping ròom *n.* 《方言》居間 (sitting room). 〖1790〗

kéep·nèt *n.* 『釣』フラシ《針金の輪の付いた網びく; 釣った魚を水中で生かしておくために用いる》. 〖1623〗

kéep·sàke *n.* **1** (小型のちょっとした)記念品, 形見 (cf. souvenir): give a thing for a ~ 形見に物を贈る. **2 a** 贈答用図書 (⇨ giftbook 1). **b** (クラブや機関が創立記念などの折に出す)記念贈答本. **—** *adj.* [限定的] **1** (贈答本の挿絵の顔のように)美しいだけが取り柄の: ~ prettiness. **2** 〈容姿・文体など〉贈答本にふさわしい(ような), にやけた: a ~ style. 〖(1790) ← KEEP (v.)+SAKE[1]: NAMESAKE の類推による造語〗

kees·hond /kéɪshɔ̀(ː)nd, -hɑ̀(ː)nd | -hɔ̀nd; *Du.* kéːshɔnt/ *n.* (*pl.* **kees·hon·den** /-hɔ̀(ː)ndən, -hɑ̀(ː)nd- | -hɔ̀nd-; *Du.* -hɔndən/) ケースホンド《北極原産のイヌ; 灰色と黒色の混ざった毛で覆われ尾を巻いている》. 〖(1926) ◻ Du. ~ ← *Kees* ((dim.) ← *Cornelis* 'CORNELIUS')+ *hond* 'HOUND'〗

kees·ter /kíːstə | -tə(r)/ *n.* =keister.

keet /kíːt/ *n.* 『鳥類』ホロホロチョウ (guinea fowl); (特に)ホロホロチョウの若鳥. 〖(1936) 擬音語〗

Kee·wa·tin /kiːwéɪtn̩ | -tɪn/ *n.* キーウェティン《カナダ Northwest Territories (現 Nunavut) の Hudson 湾西岸一帯を占めた旧行政区; 面積 590,000 km^2》. **—** *adj.* 『地質』キーワチン層の《スペリオル湖地域の先カンブリア時代の地層を指す》.

kef /kéf, kíːf, kéɪf | kéf/ *n.* **1** 夢ごこちの陶酔, 夢幻境《アラビア人がインド大麻の葉などを喫用して起こす快い睡眠状態》. **2** (大麻の葉などから製する)喫煙用麻薬 (marihuana など). 〖(1808) ◻ Arab. 《口語》*kef*=*kayf* good humor, enjoyment〗

Ke·fal·li·ní·a /*Mod. Gk.* kjèfaljinjía/ *n.* ケファリニア《Cephalonia のギリシャ語名》.

Ke·fau·ver /kíːfɔuvə | -fəuvə(r)/, **(Carey) Es·tes** /éstɪ̬s/ *n.* キーフォーバー《1903–63; 米国の政治家; 民主党; 上院議員 (1949–63); 犯罪調査委員会の指導者として活躍》.

kef·fi·yeh /kəfíː(j)ə/ *n.* =kaffiyeh. 〖*a*1817〗

ke·fir /kəfíə, kíːfə | kéfɪə(r), kíːfə(r); *Russ.* kʲifʲír/ *n.* ケフィル《Caucasia 地方で牛乳を発酵させて造る, 微アルコール性の酸味のある一種の乳酒; cf. koumiss》. 〖(1884) ◻ Russ. ~ ← Caucasian〗

Kef·la·vík /kéflɑvìk; *Iceland.* cépl̥aviːk/ *n.* ケプラヴィーク《アイスランド南西部 Reykjavík の西南西にある町; 国際空港がある; 漁業地; 第二次大戦におけるアメリカ軍基地 Meeks Field の所在地》.

kef·te·des /kɛftéðes/ *n.* 『料理』ケフテデス《ハーブとタマネギでミートボールを煮込むギリシャ料理》. 〖(1912) ◻ Gk *kephtédes* (*pl.*) ← *kephtés* meat ball〗

keg /kég/ *n.* **1** 小樽《容量通例《米》では 30,《英》では 10 ガロン入り》: a nail ~. **2** 《廃》100 ポンド《釘の重量単位》. **3** 《英》小樽入りの生ビール; ビールの輸送・貯蔵用のアルミ製容器. 〖(1632) 《変形》← 《古形》*cag* < ME *kag* ◻ ON *kaggi*〗

kég bèer [àle, bìtter] *n.* 《英》樽[ケグ]ビール.

keg·el·er /kég(ə)lə, -glə | -ə(r)/ *n.* =kegler.

keg·er·ee /kédʒəriː, ⏑–⏑ | ⏑–⏑, ⏑–⏑/ *n.* = kedgeree.

keg·ger /kégə | -gə/ *n.* 《米俗》ビールコンパ[飲み会].

keg·ler /kéglə | kéglə(r)/ *n.* 《米口語》=bowler[1] 1. 〖(1932) ◻ G *Kegler* ← *kegeln* to bowl ← *Kegel* bowling pin: ⇨ -er[1]: cf. keg〗

keg·ling /kéglɪŋ/ *n.* 《米口語》=bowling. 〖1938〗

ke·hil·lah /kəhílə, -lɑː/ *n.* (*pl.* **-hil·loth, -hil·lot** /-lout, -louθ, -lous | -ləut, -ləuθ, -ləus/) (*also* **ke·hil·la** /~/) (慈善事業や公共事業を管理するための)ユダヤ人の共同体. 〖(1882) ◻ Heb. *qᵉhillāʰ* assembly, community〗

Kéi àpple /kái-, kéɪ-/ *n.* 『植物』**1** ケイアップル《アフリカ南部原産イイギリ科の低木 (*Dovyalis caffra*); 実は食用になる》. **2** 1 の実. 〖(1859) *Kei*: ← *the Great Kei* (南アフリカ共和国にある川の名)〗

Keigh·ley /kíːθli/ *n.* キースレー《イングランド北部 Leeds の西北西にある紡績の町》. 〖ME *Chichelai, Kikeleia* ← OE *Cyhha* (? 人名)+*lēah* open place in a wood〗

keir /kíə | kíə(r)/ *n.* =kier.

Kei·rin /kíːrɪ̃n, kéɪriːn, kéːri(ː)n | kíərɪn/ *n.* (競輪の)スプリント競技《オリンピックの正式競技》. 〖◻ Jpn.〗

keis·ter /kíːstə, káɪs- | -tə(r)/ *n.* 《米俗》**1** 手さげかばん, 旅行かばん, スーツケース. **2** 金庫. **3** 尻(しり), 臀部(でんぶ). 〖(1882) ◻ ? Yid ~ ◻ MHG *kiste* box, chest < Gmc **kistā* ◻ L *cista* 'CHEST'〗

Keith /kíːθ/ *n.* キース《男性名》. 〖← Gael. 《原義》? wood: もとスコットランド系の貴族名〗

Keith /kíːθ/, **Sir Arthur** *n.* キース《1866–1955; スコットランド生まれの英国の人類学者》.

keit·lo·a /káɪtlouə, kéɪt- | -ləuə/ *n.* 『動物』=black rhinoceros. 〖(1838–47) ◻ Bantu (Tswana) *khetlwa*〗

Ke·jia /kèɪdʒjáː/ *n.* =Hakka. 〖⇨ Hakka〗

Kéj·im·ku·jik Nátional Párk /kèdʒɪmkùː-dʒɪk- | -dʒɪm-/ *n.* ケジムクージク国立公園《カナダ Nova Scotia 州南西部の国立公園》.

Kek·ko·nen /kékənən/, **Urho Kaleva** *n.* ケッコーネン《1900–86; フィンランドの政治家; 大統領 (1956–81)》.

Ke·ku·lé's fórmula /kéɪkəlèɪz- | -kju-; *G.* kéː-kule-/ *n.* 『化学』ケクレの式《ベンゼンの六角形の構造式の一つ; cf. benzene ring》. 〖↓〗

Ke·ku·lé von Stra·do·nitz /kéɪkəlèɪfɑ(ː)n-ʃtrɑ́ːdounɪts | kéɪkjulerfɔnʃtrɑ́ːdə(u)-; *G.* kéːkulefɔn-ʃtrɑ́ːdonɪts/, **Friedrich August** *n.* ケクレ(・フォン・シュトラドニッツ)《1829–96; ドイツの有機化学者》.

Ke·lan·tan /kəlǽntæn, -lɑntɑ́ːn | kəlǽntən/ *n.* ケランタン(州)《Malaysia 北部の州; 面積 14,970 km^2, 州都 Kota Bahru》.

kel·e·be /kéləbi, -bìː | -lɪbi/ *n.* ケレベ《古代ギリシャ・ローマでぶどう酒と水を混ぜるのに使った混酒器; 卵形で口が狭く, 口縁から肩にかけて二つの取っ手がある; cf. krater》. 〖(1858) ◻ Gk *kelébē* cup, jar〗

K-eléctron /kéɪ-/ *n.* 『物理』K 電子《原子核に最も近い軌道を回る電子》.

K-eléctron càpture /kéɪ-/ *n.* 『物理』=K-capture.

kel·ep /kéləp, kəlép/ *n.* 『昆虫』ハリアリの一種 (*Ectatomma tuberculatum*)《中米に生息するアリ; 昆虫を食べるのでワタミハナゾウムシ (boll weevil) 駆除のため米国にもたらされた》. 〖(1904) ◻ Guatemala 《現地語》*kelép*〗

ke·lim /kəlíːm/ *n.* ケリム《トルコ・イラン産のパイル (pile) なし編み込みじゅうたん》. 〖(1881) ◻ Turk. ◻ Pers. *kilīm*〗

Kel·ler /kélə | -lə(r); *G.* kélɐ/, **Gottfried** *n.* ケラー《1819–90; スイスの小説家・詩人; *Der grüne Heinrich*「緑のハインリッヒ」(1854–55)》.

Kel·ler /kélə | -lə(r)/, **Helen (Adams)** *n.* ケラー《1880–1968; 米国の著述家; 盲聾啞(ろうあ)の三重苦を Anne Sullivan Macy の指導により克服し, 平和運動・社会運動に活躍; *The Story of My Life* (1902)》.

kel·let /kélɪ̬t/ *n.* 『海事』増し錨《錨鎖(びょうさ)の途中に吊す小錨で, それより先の錨鎖を水平にして錨かきをよくするためのもの; sentinel ともいう》. 〖《変形》← KILLICK〗

kel·li·on /kelíːɑ(ː)n, -ɔ(ː)n | -ɔn/ *n.* (*pl.* **-li·a** /-líːə, -líːɑː/) 『東方正教会』小修道院. 〖◻ LGk *kellion* 《原義》little cell (dim.) ← Gk *kélla* 'CELL'〗

Kel·logg /kélɔ(ː)g, -lɑ(ː)g | -lɔg/, **Frank Billings** *n.* ケロッグ《1856–1937; 米国の政治家; 国務長官 (1925–29); Nobel 平和賞 (1929); cf. Kellogg-Briand Pact》.

Kéllogg-Briánd Páct *n.* [the ~] ケロッグ・ブリアン条約, ケロッグ不戦条約《1928 年 Paris で米・仏・英・独・日・伊など多くの諸国間で結ばれた戦争放棄協定; 初めフランス外相 A. Briand が米国の政治家 Frank B. Kellogg に呼びかけたもので, 自衛目的の戦争は例外とした; Kellogg (Peace) Pact ともいう》. 〖↑〗

Kel·logg's /kélɔ(ː)gz, -lɑ(ː)gz | -lɔgz/ *n.* 『商標』ケロッグ《米国 Kellogg 社製のシリアル食品; コーンフレークなど》.

Kells /kélz/ *n.* ケルズ《アイルランド共和国東部, Meath 州の町》: the Book of ~ ⇨ book *n.*

kel·ly[1], K- /kéli/ *n.* **1** 『顔料』黄みを帯びた濃緑色 (kelly green). **2** 『玉突』=Kelly pool. 〖← KELLY: この名がアイルランドに多い名であり, 緑色が昔からアイルランドの色とされていることから〗

kel·ly[2] /kéli/ *n.* (*pl.* **kel·lies, ~s**) 《米口語》ケリー《男性用の堅い帽子; 山高帽など》. 〖← KELLY〗

kel·ly[3] /kéli/ *n.* 『石油』ケリー《ロータリー式掘削で掘管の上端に付属する断面が四角または八角のロッドパイプ》.

Kel·ly /kéli/ *n.* ケリー《男性名》. 〖← Ir.-Gael. *ceallack* warrior〗

Kel·ly /kéli/, **Gene** *n.* ケリー《1912–96; 米国のダンサー・振付師・映画俳優・監督; *Singin' in the Rain* (1952); 本名 Eugene Curran Kelly》.

Kelly, Grace (Patricia) *n.* ケリー《1929–82; 米国の映画女優; モナコ大公 Rainier 三世と結婚 (1956); *High Society* (1956)》.

Kelly, Ned *n.* ケリー《1855–80; オーストラリアの Victoria 地方を荒らした家畜泥棒・山賊; 権力者に対して反抗; 本名 Edward Kelly; 絞首刑死》.

kélly gréen, K- g- *n.* 『顔料』=kelly[1] 1. 〖*c*1935〗

Kélly pòol *n.* 『玉突』ケリープール《ゲームを始める前に各プレーヤーが番号をひいて, 自分の番号のついたボールが打ちおとされたら負け; 順次プレーし, 最後に残った番号のボールのものが勝者となるゲーム》. 〖1898〗

Kelms·cott /kél(m)zkət, -skɑt, -zkɑ(ː)t, -skɑ(ː)t | kélmzkɔt/ *adj.* [限定的] ケルムスコット版の《芸術的印刷とデザインを凝らした版にいう》. 〖(1891) ← *Kelmscott Press* (William Morris が自邸にちなんでつけた印刷・出版社名)〗

ke·loid /kíːlɔɪd/ *n.* 『病理』ケロイド, 蟹足腫(かいそくしゅ)《皮膚の傷跡などに生じるかにのつめに似た堅い結合組織》. **—** *adj.* [限定的] ケロイド(状)の. 〖(1854) ◻ F *kéloïde, chéloïde* ← Gk *khēlís* stain ← *khēlḗ* claw: ⇨ -oid〗

ke·loid·al /kiːlɔ́ɪdl̩ | -lɔ́ɪdl̩/ *adj.* ケロイド(状)の. 〖(1888): ⇨ ↑, -al[1]〗

Ke·low·na /kəlóunə | -láu-/ *n.* ケロウナ《カナダ, British Columbia 州南部の都市》.

kelp /kélp/ *n.* **1** 『植物』ケルプ《コンブ・アラメの類やホンダワラの類の漂着性の大形海藻の総称》. **2** ケルプ灰《漂着海藻を焼いたもの; ヨウ素・カリウム塩などの原料; kelp ash ともいう; cf. barilla 2》. 〖(*a*1387) *culp(e)* ← ?〗

kélp bàss /-bæs/ *n.* 『魚類』ケルプバス (*Paralabrax nebulifer*)《釣りの対象魚として重要な米国 California 州沿岸のハタ科の魚》. 〖*c*1936〗

kel·pie[1] /kélpi/ *n.* ケルピー《オーストラリアの牧羊犬》. 〖(1903) ← *Kelpie* (この種の犬の一匹につけられた名)〗

kel·pie[2] /kélpi/ *n.* 『スコット伝説』ケルピー, 水魔《馬の形をした水の怪物; 旅人などを溺死させて喜ぶという》. 〖(1747) 《スコット》~ ← ? cf. Sc.-Gael. *calpa* colt〗

kel·py /kélpi/ *n.* 『スコット伝説』=kelpie[2].

K

kel·son /kélsən, -sṇ/ *n.* 〘造船〙=keelson. 〚*c*1611〛

kelt /kélt/ *n.* 《スコット》(産卵直後の)やせた鮭. 〚(*c*1340)《北部方言》~ ← ? Sc.-Gael. *cealt*〛

Kelt /kélt/ *n.* 《古》=Celt. **Kélt·ic** /kéltɪk/ *adj.*, *n.* **~·i·cìsm** /-təsɪzm | -tɪ-/ *n.*

keltch /kéltʃ/ *n.* 《米俗》=kelt.

kel·ter /kéltə | -tə(r)/ *n.* 《英》=kilter.

Kel·thane /kélθeɪn/ *n.* 〘商標〙ケルセン《農芸植物・観賞植物のダニ駆除に使う散布用農薬》.

kel·vin /kélvɪn | -vɪn/ 〘物理化学〙 *n.* ケルビン《水の三重点 (triple point) の熱力学的温度の 1/273.16 で定義される熱力学温度の SI 基本単位》. — *adj.* [K-] ケルビン目盛り (Kelvin scale) の. 〚(1968) ← Sir *William Thomson, Lord Kelvin*〛

Kel·vin /kélvɪn | -vɪn/ *n.* ケルビン《男性名》. 〚← Ir.-Gael. *caolabhuinn* from the narrow place〛

Kel·vin /kélvɪn- | -vɪn/, 1st Baron *n.* ケルビン《1824–1907; アイルランド生まれの英国の物理学者・数学者; 本名 Sir William Thomson》.

Kélvin effèct *n.* 〘電気〙ケルビン効果 (⇨ Thomson effect). 〚← Sir *William Thomson, Lord Kelvin*〛

Kélvin scàle *n.* 〘物理化学〙ケルビン(絶対温度)目盛り, 熱力学的温度目盛り《0°C は 273.15 K に当たる; 記号 K》. 〚← Sir *William Thomson, Lord Kelvin*〛

Ke·mal A·ta·türk /kəmɑ́ːlǽtətə̀ːk, -ɑ́ːtə- | kemɑ́ːl-ǽtətə̀ːk, kɪ-, -ætətə́ːk; *Turk.* kémalatatýrk/ *n.* ケマルアタチュルク《1881–1938; トルコの将軍・政治家でトルコ共和国の初代大統領 (1923–38); 本名 Mustafa Kemal》.

Kem·ble /kémbl/, **Frances Anne** *n.* ケンブル《1809–93; 英国の女優・著述家; J. P. Kemble の姪(めい); 通称 Fanny Kemble》.

Kemble, John Mitchell *n.* ケンブル《1807–57; 英国の歴史家・言語学者; J. P. Kemble の甥(おい)》.

K **Kemble, John Philip** *n.* ケンブル《1757–1823; 英国の悲劇俳優; Mrs. Sarah Siddons の弟, F. A. Kemble の伯父》.

Ke·me·ro·vo /kémərəvə, -ròʊvə, -rəvòʊ | -rəvə, -rɔ̀ʊvə, -rəvə̀ʊ; *Russ.* kʲémʲirəvə/ *n.* ケメロボ《ロシア連邦中部の都市》.

kemp[1] /kémp/ *n.* (羊毛中の)粗毛; [*pl.*] よりのけた粗毛. **kémp·y** /-pi/ *adj.* 〚(*c*1385) ▭ ON *kampr* beard, whisker of a cat, lion, etc.〛

kemp[2] /kémp/ *n.* 《英方言》**1 a** 勇士, つわもの. **b** (競技の)勝者, チャンピオン. **c** 気性の激しい若者. **2** 農業労働者間の(特に刈取りの)競争. — *vi.* 《スコット》刈取りの競争をする. **~·er** *n.* 〚OE *cempa* < (WGmc) **kampjōn*- ▭ L *campus* plain, battlefield: ⇨ camp[1]: cf. OE *camp* combat〛

Kemp /kémp/, **William** *n.* ケンプ《16 世紀末ごろの英国の喜劇俳優; 通称 Will Kemp》.

Kem·pe /kémpə; G. kɛ́mpə/, **Rudolf** *n.* ケンペ《1910–76; ドイツのオーケストラ指揮者》.

Kempis, Thomas à *n.* ⇨ Thomas à Kempis.

kempt /kém(p)t/ *adj.* 〈髪など〉くしを入れた; きちんとした. 〚OE *cemd*- (p.p.) ← *cemban* 'to COMB'〛

ken[1] /kén/ *n.* **1** 《まれ》眼界, 視界. **2** 知力[理解]の範囲. ★ 今は 1, 2 とも主に次のような成句に用いる: ***beyònd*** [***outsíde, òut of***] ***one's kén*** (1) 知識[知力]の及ばないところに: *beyond* human ~ 人知の及ばないところに. (2) 視界外に, 目の届かないところに. 《1691》 ***swím ìnto*** [***còme ín***] ***one's kén*** 〈未知の物が〉(初めて)視界に現れる, 姿を現す, 見えてくる (cf. John Keats, *On First Looking into Chapman's Homer*, 10). ***withín one's kén*** 目に見える所に (cf. Shak., *2 Hen IV* 4. 1. 149).
— *v.* (**kenned, kent** /ként/; **ken·ning**) — *vt.* **1** 《古・方言》見る; 認める. **2** 《スコット》〈人・物事を〉知る, 知っている 〈*that*〉. — *vi.* 《スコット》知る, 知っている 〔*of, about*〕.
〚n.: 《1545》《廃》kenning ← (v.). — v.: OE *cennan* to declare, make known < Gmc **kannjan* ← **kann*- 'I know, CAN[1]' (G & Du. *kennen* to know) ← IE **gen*- 'to KNOW[1]'〛

ken[2] /kén/ *n.* 《俗》(盗賊などの)巣, 隠れ家. 〚《1567》《略》? ← KENNEL[1]〛

Ken /kén/ *n.* ケン《男性名》. 〚(dim.) ← KENNETH〛

Ken /kén/, **Thomas** *n.* ケン《1637–1711; 英国の高位聖職者・賛美歌作者》.

Ken. 《略》Kensington; Kentucky; Kenya.

ken- /kiːn/ (母音の前にくるときの) keno- の異形.

ke·naf /kənǽf/ *n.* **1** 〘植物〙ケナフ, ボンベイアサ, アンバリヘンプ (*Hibiscus cannabinus*)《インド産アオイ科ムクゲ属の植物; ambari ともいう》. **2** ケナフ繊維, ボンベイ麻糸《ケナフから得られるジュート (jute) のような弱い繊維; ロープの材料となる》. 〚《1891》 ▭ Pers. ~〛

Ké·nai Península /kíːnaɪ-/ *n.* [the ~] ケナイ半島《米国 Alaska 州の南部の半島; 長さ 260 km》.

kench /kéntʃ/ *n.* 《米》(獣皮や魚を塩漬けにする)深い入れ物. 〚《1874》《変形》? ← 《英方》 *canch*〛

Ken·dal /kéndl/ *n.* **1** ケンダル《イングランド北西部 Cumbria 州の都市; 旧 Westmorland 州の事実上の州都》. **2** =Kendal green 1. 〚lateOE (*Cherkaby*) *Kendale* 《原義》'DALE of the River KENT[1]'〛

Kéndal gréen *n.* **1** ケンダル織《昔用いられた緑色の紡毛織物》. **2** 〘染色〙(昔用いられた)緑色染料《エニシダの一種から作る》. 〚《1514》 ← *Kendal* (↑): もとここに Flanders の織工たちが居住したことから〛

Ken·dall[1] /kéndəl, -dl/ *n.* ケンダル《米国 Florida 州南東沿岸の都市; Miami 郊外》.

Ken·dall[2] /kéndl/ *n.* ケンダル《男性名》. 〚← KENDAL〛

Ken·dall /kéndl/, **Edward Calvin** *n.* ケンダル《1886–1972; 米国の生化学者, 内分泌学者; Nobel 医学生理学賞 (1950)》.

Kendall, Henry Way *n.* ケンダル《1926–99; 米国の物理学者; 実験によって quark の存在を証明; Nobel 物理学賞 (1990)》.

Kéndal snéck bènt *n.* 〘釣〙スネックベンド《四角に曲がった釣針》.

ken·dir /kendíə | -díə(r)/ *n.* =kendyr.

Kén dòll *n.* 《米俗》バルビツール錠.

Ken·drew /kéndruː/, **John Cow·der·y** /káʊdəri | -dəri/ *n.* ケンドルー《1917–97; 英国の化学者; Nobel 化学賞 (1962)》.

ken·dyr /kendíə | -díə(r)/ *n.* **1** ケンディール《アドリア海域産の麻に似た丈夫な植物繊維》. **2** 〘植物〙バシクルモン (*Apocynum venetum*)《ケンディールをとる》. 〚▭ Turk. *kendir* hemp〛

Ke·neal·ly /kɪníːli, kɛ-/, **Thomas** (**Michael**) *n.* ケニーリー《1935–　; オーストラリアの小説家; *The Chant of Jimmy Blacksmith* (1972), *Schindler's Ark* (1982)》.

Ken·il·worth /kénlwə̀ːθ, -nɪl-, -wəθ | -wə̀ːθ, -wəθ/ *n.* ケニルワース《イングランド中部 Warwickshire 州の都市; 近郊に Walter Scott の同名の歴史小説の背景をなす古城の廃墟(はいきょ)がある》. 〚OE *Chinewrde* 《原義》enclosure of *Cynehild* (女性名)〛

Kénilworth ívy *n.* 〘植物〙ツタガラクサ (*Cymbalaria muralis*)《ヨーロッパ高地原産のゴマノハグサ科の耐寒性多年草; 薄い青紫の小さな花をつける》.

Ké·ni·tra /kəníːtrə; F. kenitʁa/ *n.* =Mina Hassan Tani.

Kén-L Ràtion /kénél-/ *n.* 〘商標〙ケネルレーション《米国 The Quaker Oats 社製のドッグフード》.

Kenn /kén/ *n.* ケン《男性名》. 〚← ? OWelsh *cain* clear water〛

Ken·nan /kénən/, **George F**(**rost**) *n.* ケナン《1904–　; 米国の外交官・歴史家; ソ連問題の権威》.

Ken·nard /kénəd, kənɑ́ːd | kénɑːd, kɪnɑ́ːd/ *n.* ケナード《男性名》. 〚ME *Keneward, Kyneward* ← OE *cēne* warlike, brave // *cyne*- royal＋*weard* guardian〛

Ken·ne·bec /kénəbɛ̀k, ⸗⸗⸗/ *n.* [the ~] ケネベック(川)《米国 Maine 州西部を南流して大西洋に注ぐ川 (264 km)》.

Ken·ne·dy /kénədi | -nɪdi/, **Cape** *n.* ⇨ Cape CANAVERAL. 〚← *John F. Kennedy*〛

Ken·ne·dy /kénədi | -nɪdi/, **Edward M**(**oore**) ケネディ《1932–　; 米国の政治家, 上院議員; John F. Kennedy の弟》.

Kennedy, John F(**itzgerald**) *n.* ケネディ《1917–63; 米国の政治家; 第 35 代大統領 (1961–63); 暗殺された; 略 JFK》.

Kennedy, John Pendleton *n.* ケネディ《1795–1870; 米国の小説家; *Horse-Shoe Robinson* (1835)》.

Kennedy, Joseph Patrick *n.* ケネディ《1888–1969; 米国の実業家・外交官; John F. Kennedy の父》.

Ken·ne·dy /kénədi | -nɪdi/, **Mount** *n.* ケネディ山《カナダ北西部 Yukon 準州南西部の Saint Elias 山脈にある山 (4,238 m)》.

Kennedy, Nigel *n.* ケネディ《1956–　; 英国のバイオリン奏者; クラシックだけでなくジャズでも活躍》.

Kennedy, Robert (**Francis**) *n.* ケネディ《1925–68; 米国の政治家, 上院議員; John F. Kennedy の弟; 暗殺された》.

Kénnedy Áirport *n.* ケネディ空港《John F. Kennedy International Airport の通称》.

Kénnedy Cènter *n.* [the ~] ケネディセンター《John F. Kennedy 大統領を記念して Washington, D.C. に建設された文化の殿堂; コンサート・バレエ・オペラなどが常時上演されている; 正式名 the John F. Kennedy Center for the Performing Arts》.

Ken·ne·dy·esque /kènədiésk | -nɪdi-⸗/ *adj.* ケネディのような, ケネディ流の.

Kénnedy Róund *n.* [the ~] 〘経済〙ケネディラウンド《米国の John. F. Kennedy 大統領の提唱により 1964–67 に行われたガット (GATT) の第 6 回関税交渉のことで, 関税一括引下げ交渉の一環》.

Kénnedy Spáce Cènter *n.* =John F. Kennedy Space Center.

ken·nel[1] /kénl/ *n.* **1** 犬小屋 (《米》 doghouse). ★ 《米》では 2 の意味に用いる. **2** [通例 *pl.*; 単数または複数扱い] 犬の飼育場, 犬の預かり所, 犬舎: keep a ~s 犬舎を経営する. **3** あばら屋. **4** (猟犬などの)群 (pack): a ~ of hounds, wolves, etc. **5** (キツネなどの)巣.
— *v.* (**-neled,** 《英》 **-nelled; -nel·ing,** 《英》 **-nel·ling**) — *vt.* 犬小屋に入れる[で飼う]. — *vi.* **1** 〈犬が〉犬小屋に入る[入っている]; 〈キツネなどが〉穴に隠れる. **2** 〈人が〉(むさくるしい所に)住む; 潜む. 〚《1301》 *kenel* ▭ AF **kenil*=(O)F *chenil* < VL **canīle* ← L *canis* dog: cf. canine, hound[1]〛

ken·nel[2] /kénl/ *n.* 《古》(道端の)溝, どぶ (gutter). 〚《1582》《変形》 ← 《廃》 *cannel* < ME *can(n)el* ▭ AF *canel*=OF *chanel* 'CHANNEL[1]': cf. canal〛

kénnel clùb *n.* ケンネルクラブ《畜犬の血統の証明と登録をし, 展覧会や競技の管理をしたりする非営利的な組織》. 〚1874〛

Ken·nel·ly /kénəli, -nli/, **Arthur Edwin** *n.* ケネリー《1861–1939; 米国の電気技師; Heaviside と同じころ電離層の存在を予言した》.

Kénnelly-Héaviside làyer *n.* [the ~] 〘通信・気象〙ケネリーヘビサイド層 (⇨ ionosphere 2). 〚《1925》 ← *A. E. Kennelly & Oliver Heaviside*〛

kénnel·man /-mən/ *n.* (*pl.* **-men** /-mən, -mèn/; *fem.* **kénnel·màid**) 犬のオーナー[管理者], 犬の飼育者[世話人]. 〚1828〛

Ken·ner /kénə | -nə(r)/ *n.* ケナー《米国 Louisiana 州南東部, Mississippi 川沿いの都市; New Orleans の郊外》.

Ké·ne·saw Móuntain /kénəsɔ̀ː- | -nɪ-/ *n.* ケネソー山《米国 Georgia 州中西部の山; 南北戦争の戦跡 (1864)》.

Ken·neth /kénɪθ/ *n.* ケニス《男性名; 愛称形 Ken, Kenney, Kennie》. 〚(i) ▭ Gael. *Cinaed* // (ii) Sc.-Gael. *Coinneach* 《原義》 handsome〛

Ken·neth I /kénɪθ-/ *n.* ケネス《?–*c*858; スコットランド王国の祖とされる人物; 通称 'MacAlpin(e)'》. 〚↑〛

Ken·ney /kéni/ *n.* ケニー《男性名》. 〚(dim.): ← KENNETH〛

Ken·nie /kéni/ *n.* ケニー《男性名》. 〚(dim.) ← KENNETH〛

ken·ning[1] /kénɪŋ/ *n.* 〘修辞〙ケニング, 代称《一つの名詞を複合語または語群で隠喩的に表現する技巧; 中世ゲルマン諸語(特に古期英語や古期北欧語)の詩に見られる一特徴で 18 世紀の詩でも用いられた; 例: OE *hwælweg* (=whale-way, *i.e.* sea), *woruldcandel* (=world-candle, *i.e.* sun)》. 〚《1883》 ▭ ON *kenningar* (pl.) symbols ← *kenna* to know, name: ⇨ ken[1]〛

ken·ning[2] /kénɪŋ/ *n.* **1** 《古・方言》認識, 理解. **2** 《スコット》(どうにか認められるほど)わずか, 少し (little). 〚(*a*1325): ⇨ ken[1] (v.), -ing[1]〛

Ken·ning·ton /kénɪŋtən/ *n.* ケニントン《London 南東部, Lambeth 自治区の一地区; 有名な Kennington Oval がある》. 〚OE *Chintūn* ← *cyne-tūn* royal manor〛

Kénnington Óval *n.* ケニングトンオーバル (⇨ oval *n.* 2 b).

Ken·ny /kéni/, **Elizabeth** *n.* ケニー《1886–1952; オーストラリアの看護婦, 小児麻痺(まひ)の治療法に光明を与えた; 通称 Sister Kenny》.

Kénny mèthod [**trèatment**] *n.* [the ~] ケニー療法《Elizabeth Kenny の始めた小児麻痺(まひ)の治療法で, 温熱・運動療法などを組み合わせたもの》.

ke·no /kíːnoʊ | -nəʊ/ *n.* (*pl.* **~s**) 《米》キーノウ《lotto の一種で, 1880 年代に流行し始めた賭博; 5 列各 5 区画に 1 から 90 の数字が記され, blank はない; keeno, kino, quino ともいう》. 〚《1814》《転訛》 ← F *quine* five winning numbers < OF *quines* (pl.) < L *quīnī* five each ← *quīnque* five〛

ke·no- /kíːnoʊ | -nəʊ/「空の (empty)」の意の連結形. ★ 母音の前では通例 ken- になる. 〚← Gk *kenós* empty〛

kèno·génesis *n.* 〘生物〙=cenogenesis. **kèno·genétic** *adj.* 〚1879〛

Ke·no·sha /kənóʊʃə | kɪnə́ʊ-/ *n.* ケノーシャ《米国 Wisconsin 州南東部, Michigan 湖畔の都市》. 〚▭ F *Keinouche* ▭ N-Am.-Ind. (Algonquian) *kinōzhan* 《原義》pickerel〛

ke·no·sis /kɪnóʊsɪs | kɛ-, kɪ-/ *n.* (*pl.* **-no·ses** /-siːz/) 〘神学〙**1** (キリストの Incarnation における)神性放棄, ケノーシス, 謙虚 (cf. *Phil.* 2:5–8). **2** 神性放棄に関する教義・解釈. **ke·not·ic** /kɪnɑ́(ː)tɪk | kɪnɔ́t-/ *adj.* 〚《1873》 ▭ Gk *kénōsis* an emptying ← *kenós* empty: ⇨ keno-, -osis〛

ke·not·i·cism /kɪnɑ́(ː)təsɪzm | kɪnɔ́tɪ-/ *n.* 〘神学〙(キリストの)神性放棄説, ケノーシス説《16–17 世紀のルーテル教会に始まるキリストの神性をめぐる一説》. 〚《1899》: ⇨ ↑, -ism〛

ken·o·tron /kénətrɑ̀(ː)n | -trɔ̀n/ *n.* 〘電気〙ケノトロン《高電圧整流用の真空管》. 〚《1915》 ← KENO-＋-TRON〛

Kens. 《略》Kensington.

Kén·sal Gréen /kénsəl-, -sl-/ *n.* ケンサルグリーン《London 北西部にある地区; 広い共同墓地 (Kensal Green Cemetery) がある》.

Ken·sing·ton /kénzɪŋtən/ *n.* ケンジントン《もと London 西部の自治区; 今は Kensington and Chelsea の一部》. 〚OE *Chenesitūn* 《原義》 town of *Cynesiġe's* people〛

Kénsington and Chélsea *n.* ケンジントン チェルシー《London 中央部の自治区; Kensington Gardens や重要な博物館がある; cf. Chelsea》.

Kénsington Gárdens *n. pl.* [しばしば単数扱い] ケンジントン公園《London の Hyde Park の西に隣接する大きな公園; もと Kensington Palace の庭園》.

Kénsington Pálace *n.* ケンジントン宮殿《London の Kensington Gardens の西端にあり, 一部は London 博物館となっている; 1689–1760 年まで王宮》.

ken·speck·le /kénspɛkl/ *adj.* 《スコット》それとすぐわかる, 目立つ (conspicuous). 〚《1616》 ← ?: cf. ON *kennispeki* power of recognition〛

kent /ként/ *v.* ken[1] の過去形・過去分詞.

Kent[1] /ként/ *n.* ケント: **1** イングランド南東端の州; Thames 川南方の森の多い田園地方; 面積 3,710 km², 州都 Maidstone: a man of ~ 《英》(Medway 川以東の) Kent 州の人 (cf. Kentish). **2** 〘英史〙現在の Kent 州の地方に 5 世紀にジュート人が建てた王国 (cf. heptarchy 2 b). 〚OE *Cent* ▭ L *Cantium* ← ? Celt. **canto*- (Welsh *cant*) border, white〛

Kent[2] /ként/ *n.* 〘商標〙ケント: **1** 米国 Lorillard 社製のフィルター付き紙巻きたばこ. **2** 英国 Kent Brushes 社製のブラシ.

Kent[3] /ként/ *n.* ケント《男性名》. 〚← ? OWelsh *cant* white〛

Kent /ként/, **Bruce** *n.* ケント《1929–　; 英国のカトリック司祭・平和運動家》.

Kent, James *n.* ケント《1763–1847; 米国の法律家; *Commentaries on American Law* (1826–30)》.

Kent, Rockwell *n.* ケント《1882–1971; 米国の画家》.

Kent, William *n.* ケント《1685–1748; 英国の画家・パラディオ主義 (Palladianism) の建築家》.

Ként bùgle *n.* =key bugle. 〖← ? (*Duke of*) *Kent* (1767–1820: Victoria 女王の父)〗

ken·te /kénṭi | -ti/ *n.* **1** ケンテ《派手な色のガーナの手織り布; kente cloth ともいう》. **2** ケンテで作ったトーガ (toga). 〖(1881) □ Twi ～ 'cloth'〗

kén·ti·a pàlm /kénṭiə- | -tiə-/ *n.* 〖植物〗ヒロハケンチャヤシ (*Howea forstriana*)《ヤシ科の高木; オーストラリア Lord Howe 島原産》. 〖1909〗

Kent·ish /-tɪʃ | -tɪʃ/ *adj.* (イングランド) Kent 州(人)の: a ～ man 《英》(Medway 川以西の) Kent 州の人 (cf. a man of Kent ⇨ Kent[1] 1). — *n.* (特に OE および ME で)ケント方言. 〖OE *Centisc*〗

Kéntish fíre *n.* 《英》(演説会場などでの)鳴りやまぬ拍手喝采, ごうごうたる反対の声. 〖(1834): 1828–29 年に Kent 州で行われたカトリック解放法案 (Catholic Relief Bill) 反対の集会に由来する〗

Kéntish glóry *n.* 〖昆虫〗カバガ (*Endromis versicolora*)《ヨーロッパ北部・中部に分布する大形のガ》. 〖1775〗

Kéntish·man /-mən/ *n.* (*pl.* **-men** /-mən, -mèn/) 《米》(イングランド) Kent 州の人. 〖*c*1300〗

Kéntish rág *n.* 〖岩石〗ケント石《イングランド Kent 地方産の堅い石灰石で建築材》. 〖1769〗

kent·ledge /kéntlɪdʒ/ *n.* 〖海事〗(船の竜骨上に積む)永久バラスト用銑鉄. 〖(1607) (古形) kintledge □ ? OF *quintelage* ← QUINTAL＋-AGE〗

Ken·tuck·i·an /kəntʌ́kiən | kentʌ́k-, kən-/ *adj.* (米国) Kentucky 州(人)の. — *n.* Kentucky 州人. 〖(1779): ⇨ ↓, -ian〗

Ken·tuck·y /kəntʌ́ki | ken-, kən-/ *n.* **1** ケンタッキー《米国中東部の州; ⇨ United States of America 表》. **2** [the ～] ケンタッキー(川)《同州東部から流れ Ohio 川に合流する川 (417 km)》. 〖← N-Am.-Ind. (Iroquoian): land of tomorrow または prairie の意?〗

Kentúcky báss /-bǽs/ *n.* 〖魚類〗ケンタッキーバス (*Micropterus punctulatus*)《北米淡水産サンフィッシュ科ブラックバス属の魚》.

Kentúcky blúegrass *n.* 〖植物〗ナガハグサ (*Poa pratensis*)《米国 Mississippi 川流域に特に多く, 牧草として有用; meadow grass ともいう; cf. bluegrass 1》. 〖1849〗

Kentúcky cóffee trèe *n.* 〖植物〗ケンタッキーコーヒーノキ, アメリカサイカチ (*Gymnocladus dioica*)《北米産マメ科の高木; その実 (Kentucky coffee bean) はもとコーヒーの代用品として用いられた; bonduc ともいう》. 〖1785〗

Kentúcky cólonel *n.* 《米》ケンタッキー大佐《Kentucky 州で非公式の名誉称号 Colonel をもらった人》. 〖1962〗

Kentúcky córn *n.* 《米俗》コーンウイスキー, 密造ウイスキー (moonshine).

Kentúcky Dérby *n.* [the ～] 〖競馬〗ケンタッキーダービー《3 歳馬による米国三冠レースの一つ; Kentucky 州 Louisville の Churchill Downs 競馬場で毎年 5 月の第一土曜日に行われる; 1875 年創設; 距離 1.25 miles (＝2,000 m); cf. classic races 2, triple crown 3》. 〖1875〗

Kentúcky Fríed Chícken *n.* 〖商標〗ケンタッキーフライドチキン《フライドチキンが売りもののファーストフードチェーン店; そのフライドチキン》.

Kentúcky Láke *n.* ケンタッキー湖《米国 Kentucky 州南西部および Tennessee 州西部の Tennessee 川に造られたダム湖; 面積 639 km²》.

Kentúcky rífle *n.* ケンタッキーライフル銃《18 世紀初め米国 Pennsylvania 州の Lancaster 近郊で開発された口装・火打ち石発火のライフル銃; 西部辺境で盛んに用いられた》. 〖1832〗

Kentúcky Távern *n.* 〖商標〗ケンタッキータバーン《米国 Glenmore Distilleries 社製のバーボン》.

Ken·wood /kénwʊd/ *n.* 〖商標〗ケンウッド《米国 Kenwood Electronics 社製のステレオ・カーステレオ・ビデオなど》.

Ken·worth /kénwə(ː)θ | -wə(ː)θ/ *n.* 〖商標〗ケンワース《米国 Kenworth (Motor) Truck 社製のトラック・トラクターなど》.

Ken·ya /kénjə, kíːn-/ *n.* ケニア《アフリカ東部にある英連邦内の共和国; もと英国の植民地兼保護領であったが 1963 年独立; 面積 582,644 km², 首都 Nairobi; 公式名 the Republic of Kenya ケニア共和国》.

Kénya, Mount *n.* ケニア山《アフリカ東部 Kenya 中部の火山 (5,199 m)》.

Kénya Áfrican Nátional Únion *n.* [the ～] ケニアアフリカ民族同盟《ケニアの政党; 略 KANU》.

Ken·yan /kénjən, kíːn-/ *adj.* ケニアの; ケニア人の. — *n.* ケニア人. 〖(1938) ← KENYA＋-AN[1]〗

ken·ya·pi·the·cus /kènjəpíθɪ̀kəs, kìːn- | -píθɪ-/ *n.* 〖人類学〗ケニアピテクス (*Kenyapithecus wickeri*)《1962 年ケニアで発見された *Kenyapithecus* 属の第三紀中新世ならびに鮮新世の高等霊長類の化石; 人類の先祖である可能性が強い; 約 1,400 万年前に生息》. 〖(1963) ← *Kenya*＋NL *pithicus* ← Gk *píthēkos* ape〗

Ken·yat·ta /kenjáːṭə | -jǽtə/, **Jo·mo** /dʒóʊmoʊ | dʒə́ʊməʊ/ *n.* ケニヤッタ《1893?–1978; ケニアの政治家; 首相 (1963), 大統領 (1964–78)》.

Ken·yon /kénjən/, **John Samuel** *n.* ケニヨン《1874–1959; 米国の音声学者・英語学者; *American Pronunciation* (1924), *A Pronouncing Dictionary of American English* (1944) (T. A. Knott /ná(ː)t | nɔ́t/ (1880–1945) と共編)》.

Ken·yon, Dame **Kathleen Mary** *n.* ケニヨン《1906–78; 英国の考古学者; Jerusalem の British School of Archaeology で指導 (1951–63)》.

Ké·ogh plàn /kíːoʊ- | -əʊ-/ *n.* 《米》キーオープラン《自営業者のための退職金積立てプラン; 節税効果がある》. 〖(1974) ← *E. J. Keogh* (1907–89: 米国の政治家)〗

Ke·o·kuk /kíːəkʌ̀k/ *n.* キーオカック《米国 Iowa 州南東部, Mississippi 河畔の都市; 巨大なダム (Keokuk Dam) がある》.

Ke·os /kíːɑ(ː)s | -ɔs/ *n.* **1** ケア(島)《ギリシャ南東岸沖, Cyclades 諸島中の島; ギリシャ領; ギリシャ語名 Kéa; 面積 145 km²》. **2** ケア《Keos 島中最大の都市》.

kep /kép/ *vt.* 《スコット・英北部》=catch. 〖?*a*1400〗

keph·a·lin /kéfəl̩ɪn | -lɪn/ *n.* =cephalin. 〖1878〗

Ke·phal·li·ni·a /kèfəlíːniə/ *n.* =Cephalonia.

ke·pi /kéɪpi, képi; *F.* kepi/ *n.* ケピ帽《フランスの軍帽, 筒型で頂部が扁平(前方へ傾斜している場合もある), ほぼ水平なまびさし付き; 警官なども同じ形のものをかぶる》. 〖(1861) □ F *képi* □ G (方言) *Käppi* (dim.) ← G *Kappe* 'CAP[1]'〗

Kep·ler /képlə | -lə[r]/ *n.* 〖天文〗ケプラー《月面第二象限のクレーター; 直径約 35 km》.

Kep·ler /képlə | -lə[r]; G. képlɐ/, **Johann** *or* **Johannes** *n.* ケプラー《1571–1630; ドイツの天文学者・物理学者; Kepler's laws の発見者》.

Kep·le·ri·an /keplíəriən | -líər-/ *adj.* ケプラー(の法則)の. 〖(1851): ⇨ ↑, -ian〗

Keplérian télescope *n.* ケプラー式望遠鏡. 〖1909〗

Képler's làws *n. pl.* 〖天文〗ケプラーの法則《惑星運動に関する J. Kepler の三法則》.

Ke·pone /kíːpoʊn | -pəʊn/ *n.* 〖商標〗キーポーン《殺虫剤クロルデコン (chlordecone) の商品名》. 〖1972〗

Kep·pel /képəl, -pl/, **Augustus** *n.* ケッペル《1725–86; 英国の海軍提督; 第一海軍卿 (1782)》.

kept /képt/ *v.* keep の過去形・過去分詞. — *adj.* **1** 囲いものの: a ～ mistress [woman] 妾(めかけ), 情婦, 囲い者. **2** 金銭上の援助を受けている: a ～ press 御用新聞. 〖1678〗

Ker 《略》Kerry (州).

ker- /kə | kə/ *pref.* 《口語》重い物が落ちる音や破裂の音などを表す; 主に擬音語に付けてそれを強調する: *ker*bang /kəbǽŋ | kə-/ がたーん(と), ずどーん(と) / ⇨ kerplunk, kersmash. 〖擬音語〗

Ker /kéə, kə́ː, káə | kə́ː[r], kéə[r], kə́ː[r]/, **W(illiam) P(aton)** ★ スコットランドの発音は /kɛ́ːr/. *n.* ケア《1855–1923; スコットランド生まれの英国の文学者, 中世文学研究の権威; *Epic and Romance* (1897), *English Literature: Mediaeval* (1912)》.

Ker·a·la /kérələ | kérələ, kərɑ́ːlə/ *n.* ケララ(州)《インド南端の州; 面積 38,855 km², 州都 Trivandrum》.

ke·ram·ic /kɪ̀rǽmɪk | kɪ̀-, kɛ-/ *adj., n.* =ceramic.

ke·ram·ics /kɪ̀rǽmɪks | kɪ̀-, kɛ-/ *n.* =ceramics.

ker·at- /kérət/ (母音の前にくるときの) kerato- の異形 (⇨ cerato-).

ker·a·tec·to·my /kèrətéktəmi/ *n.* 〖眼科〗角膜切除(術). 〖(1871) ← KERATO-＋-ECTOMY〗

ker·a·tin /kérəṭn̩, -tn | -tɪn/ *n.* 〖生化学〗ケラチン, 角質《角・つめ・羽・髪などに含まれる黄褐色の蛋白質; 水に不溶, 酸やアンモニアの水溶液に溶ける; cf. chitin》. 〖(1847–49) ← KERATO-＋-IN[2]〗

ker·a·tin·i·za·tion /kèrəṭn̩ɪ̀zéɪʃən, kəræ̀ṭ-, -tn̩- | kɪrætɪnaɪ-, -nɪ-/ *n.* 〖生化学〗ケラチン化, 角質化. 〖(1887): ⇨ ↓, -ation〗

ker·a·tin·ize /kérəṭn̩àɪz, kərǽṭ-, -tn̩- | kɪrǽtɪn-, kérətɪn-/ *vt., vi.* 〖生化学〗ケラチン化する, 角質化する. 〖(1896) ← Gk *kerátinos* horny＋-IZE〗

ke·ra·tin·o·cyte /kərǽtɪnəsàɪt | -nə(ʊ)-/ *n.* 〖生化学〗ケラチン生成細胞《表皮細胞にある》. 〖(1964): ⇨ keratin, -cyte〗

ker·at·i·noid /kərǽṭn̩ɔ̀ɪd, -tn̩- | kɪrǽtɪn-/ *adj.* 〖生化学〗角質様の. 〖⇨ keratin, -oid〗

ke·ra·ti·no·phil·ic /kèrəṭɪnəfílɪk, kərætn̩- | kèrətɪnə(ʊ)-, kɪræt-˝-/ *adj.* 〖細菌〗好ケラチン性の《硬蛋白質のケラチン質からなる動物の毛・皮などに好んで生じる菌類についていう》. 〖1946〗

ke·rat·i·nous /kərǽṭənəs, -tn̩- | kɪrǽtɪn-/ *adj.* 〖生化学〗ケラチン(性)の; 角(状)の, 角質の (horny). 〖(1898) □ Gk *kerátinos*: ⇨ keratin, -ous〗

ker·a·ti·tis /kèrətáɪṭɪ̀s | -tɪs/ *n.* 〖眼科〗角膜炎. 〖(1858) ← KERATO-＋-ITIS〗

ker·a·to- /kérəṭoʊ, -ṭə | -təʊ/ =cerato-. ★ 母音の前では通例 kerat- になる. 〖□ Gk *kerato-* ← *kéras* 'HORN'〗

kèrato·conjunctivítis *n.* 〖眼科〗角結膜炎 (cf. pinkeye). 〖(1887): ⇨ ↑, conjunctivitis〗

kèrato·có·nus /-kóʊnəs | -kə́ʊ-/ *n.* 〖眼科〗円錐角膜《角膜が円錐状に突出したもの》. 〖(1859) ← KERATO-＋Gk *conos* cone〗

ker·a·tode /kérətòʊd | -tə̀ʊd/ *n.* 〖動物〗=keratose. 〖1872〗

kèrato·dérma *n.* **1** 〖解剖〗角膜. **2** 〖病理〗角皮; 角皮症. 〖(1933) ← NL ～: ⇨ kerato-, -derma〗

kèra·to·dér·mi·a /-dɜ́ːmiə | -dɜ́ː-/ *n.* 〖病理〗= keratoderma 2. 〖1902〗

ker·a·tog·e·nous /kèrətɑ́(ː)dʒənəs | -tɔ́dʒɪ̀-˝-/ *adj.* 角[角質物]を生じる. 〖(1887) ← KERATO-＋-GENOUS〗

ker·a·toid /kérətɔ̀ɪd/ *adj.* 角に似た, 角質の (horny). 〖(1873) □ Gk *keratoeidēs* hornlike: ⇨ kerato-, -oid〗

Ker·a·tol /kérətɔ̀(ː)l | -tɔ̀l/ *n.* 〖商標〗ケラトール《皮に似た製本用防水布》. 〖← ? KERATO-: ⇨ -ole[2]〗

ker·a·to·ma /kèrətóʊmə | -tə́ʊ-/ *n.* (*pl.* **～s, ～·ta** /～ṭə | ～tə/) 〖病理〗角化腫. 〖(1887): ⇨ kerato-, -oma〗

ker·a·tom·e·ter /kèrətɑ́(ː)məṭə | -tɔ́mɪ̀tə[r]/ *n.* 〖医学〗角膜計《角膜の湾曲度を測定するもの》. 〖(1886) ← KERATO-＋-METER〗

ker·a·to·plas·ty /kérəṭoʊplæ̀sti | -tə(ʊ)-/ *n.* 〖眼科〗角膜形成(術), 角膜移植(術). **ker·a·to·plas·tic** /kèrəṭoʊplǽstɪk | -tə(ʊ)-˝-/ *adj.* 〖(1857) □ G *Keratoplastik*: ⇨ -plasty〗

Ker·a·to·sa /kèrətóʊsə, -zə | -tə́ʊ-/ *n. pl.* 〖動物〗角質海綿目. 〖← NL ～ ← KERATO-＋L *-ōsa* ((neut. pl.) ← *-ōsus* '-OUS')〗

ker·a·to·scope /kérəṭəskòʊp | -təskə̀ʊp/ *n.* 〖医学〗角膜鏡; 検影器. 〖(1886) ← KERATO-＋-SCOPE〗

ker·a·tose /kérətòʊs | -tə̀ʊs, -tə̀ʊz/ 〖動物〗*adj.* **1** 角質海綿目の. **2** 〈海綿類が〉角質の (horny). — *n.* (海綿類の)角質繊維. 〖(1851–59): ⇨ kerato-, -ose[1]〗

ker·a·to·sis /kèrətóʊsɪ̀s | -tə́ʊsɪs/ *n.* (*pl.* **-to·ses** /-siːz/) 〖病理〗**1** 角化症, 角皮症 (いぼ・たこなど). **2** 角化, 角皮増殖. **ker·a·tot·ic** /kèrətɑ́(ː)ṭɪk | -tɔ́t-˝-/ *adj.* 〖(1885) ← NL ～ ← KERATO-＋-OSIS〗

ker·a·tot·o·my /kèrətɑ́(ː)ṭəmi | -tɔ́tə-/ *n.* 〖眼科〗角膜切開(術). 〖(1897) ← KERATO-＋-TOMY〗

kerb /kɜ́ːb | kɜ́ːb/ 《英》*n.* =curb 3. — *vt.* =curb 3. 〖(1664) (異形) ← CURB〗

ker·ba·ya /kɛ́əbɑːjɑː | kɛ́ə-/ *n.* ケルバヤ《マレー女性の着るブラウス》.

kérb cràwling *n.* 《英》車を徐行させながら歩道にいる売春婦やセックスの相手をあさること. **kérb cràwler** *n.* 〖1949〗

kérb drill *n.* 《英》(歩行者の)道路横断訓練. 〖1948〗

Ker·be·la /kɜ́ːbələ | kɜ́ː-/ *n.* =Karbala.

kerb·ing /kɜ́ːbɪŋ | kɜ́ː-/ *n.* 《英》=curbing.

kérb màrket *n.* 《英》〖証券〗(証券取引所の外部における)街頭の証券売買市場 (kerb stonemarket ともいう). 〖1905〗

kérb sèrvice *n.* 《英》=curb service. 〖1956〗

kérb·stòne *n.* 《英》=curbstone. 〖1706〗

kérb wèight *n.* 《英》〖自動車〗装備重量《乗員[荷物]を積んでいない状態の重量》. 〖1958〗

Kerch /kɛ́ətʃ | kɛ́ətʃ; *Ukr.* kértʃ/ *n.* ケルチ: **1** ウクライナ南部, Crimea 半島の東に突きでている半島. **2** Kerch 海峡に臨む Kerch 半島東端の海港.

ker·chief /kɜ́ːtʃɪ̀f, -tʃiːf | kɜ́ː-/ *n.* **1** (*pl.* **～s,** 《米》**ker·chieves** /-tʃiːvz/) (四角な布を三角に折って主に女性が頭にかぶる)ヘッドカチーフ; (首や肩に巻く)スカーフ, ネッカチーフ. **2** (まれ) ハンカチ. 〖(*c*1300) *courchef, keuerch(i)ef* □ OF *couvrech(i)ef* ← *couvrir* 'to COVER'＋*ch(i)ef* head (⇨ chief)〗

kér·chiefed *adj.* ヘッドカチーフ[ネッカチーフ]を着けた. 〖(1600): ⇨ ↑, -ed〗

ker·choo /kətʃúː, kə- | kə-/ 《米》*n.* (*pl.* **～s**) はくしょん. — *vi.* くしゃみをする. 〖擬音語〗

Kérch Stráit *n.* [the ～] ケルチ海峡《Azov 海と黒海とを結ぶ海峡》.

Ke·ren·ski /kərénski, kérən-; *Russ.* kʲérʲinskʲij/ (*also* **Ke·ren·sky** /～/), **Aleksandr Feodorovich** *n.* ケレンスキー《1881–1970; ロシアの政治家; 社会革命党員; 臨時政府首相 (1917); Bolsheviki に敗れ海外に亡命 (1918), 1940 年以後米国に移住》.

Ke·res /kéɪrɛs/ *n.* (*pl.* ～) **1 a** [the ～] ケレス族《米国 New Mexico 州に住むプエブロインディアンの一種族》. **b** ケレス族の人. **2** ケレス語 (cf. Keresan). 〖(1893) 現地語〗

Ker·e·san /kérəsən, -sn̩ | -rɪ̀-/ *n.* (*pl.* ～) 〖言語〗ケレス語(族)《ケレス語以外の同族語不明》. 〖(1893): ⇨ ↑, -an〗

kerf /kɜ́ːf | kɜ́ːf/ *n.* **1** (斧(おの)などでの)切り目, (鋸(のこ)の)ひき目; (切り落とした木や枝の)切り口, 木口. **2** 切り取った分量 (cutting). **3** 〖製本〗溝《丁合取りして集めた折丁の背の天・地の近くにあるのこぎりによるひき目》. — *vt.* …にひき目[切り口, 手斧(ちょうな)目]をつける. 〖OE *cyrf* a cutting < Gmc **kurbiz* ← **kurb-, *kerb-* 'to CARVE' (Du. *kerf* notch / ON *kurfr* chip) < IE **gerbh-* to scratch〗

ker·fuf·fle /kəfʌ́fl | kə-/ *n.* 《英口語》騒ぎ立て, 大騒ぎ (carfuffle, kurfuffle ともいう). — *vt.* 《スコット》めちゃめちゃにする. 〖(1946) (変形) ← *curfuffle* ← *fuffle* to disorder: cf. Gael. *car* to turn about〗

Ker·gue·len /kɜ́ːgələn | kɜ́ːgɪ̀l̩n; *F.* kɛʁgelɛn/ *n.* ケルゲレン(島)《ケルゲレン諸島中の主島》.

Kérguelen Íslands *n. pl.* [the ～] ケルゲレン諸島《インド洋南部のフランス領の諸島; 面積 7,000 km²; Desolation Islands ともいう》.

Ke·rin·ci /kəríntʃi/ *n.* ケリンチ《インドネシア Sumatra 島西部の火山 (3,805 m)》.

Ke·rin·tji /kəríntʃi/ *n.* =Kerinci.

Kér·ki·ra /*Mod.Gk.* kérkirə/ *n.* ケルキラ(島)《Corfu のギリシャ語名》.

Kerk·ra·de /kɛ́əkrɑ̀ːdə | kɛ́əkrɑ̀ːdə; *Du.* kérkraːdə/ *n.* ケルクラーデ《オランダ南東部, Limburg 州の町》.

ker·ma /kɜ́ːmə | kɜ́ː-/ *n.* 〖物理〗カーマ, ケルマ《中性子, X 線のような間接電離粒子の線量測定に用いられる量》.

Ker·mád·ec Íslands /kəːmǽdək- | kɜ́ːmədèk-, kəmǽdək-/ *n. pl.* ケルマデック《ニュージーランド北東 960 km の太平洋南西部の諸島; 面積 34 km²》.

Ker·man[1] /kəmɑ́ːn, kɛə- | kə-, kɛə-/ *n.* **1** ケルマン(州)《イラン南東部の州; 面積 192,978 km²》. **2** ケルマン《Kerman 州の州都》.

Ker·man[2] /kəmɑ́ːn, kɛə- | kɛə-/ *n.* =Kirman.

K

Ker·man·shah /kɚ̀mɑːnʃɑ́ː | kèə-/ *n.* ケルマンシャー (Bakhtaran の別名).

ker·mes /kɚ́ːmiːz, -mɨ̀s | kə́ːmiːz, -mɪz/ *n.* (*pl.* ～) **1** 〘昆虫〙タマカイガラムシ (異翅目タマカイガラムシ科 *Kermes* 属の昆虫の総称). **2** ケルメス (カーミンカイガラムシ (*Kermes ilices*) の雌虫を乾燥したもの; 昔盛んに用いられた赤色の染料; 今は主にコチニール (cochineal) を用いる). **3** 〘植物〙ケルメスナラ (*Quercus coccinea*) (タマカイガラムシのすむ地中海沿岸地方産のカシノキの一種; kermes oak ともいう). **4** 〘化学・鉱物〙=kermes mineral. 〘(1598) □ F *kermès* □ Arab. *qirmiz* cochineal: cf. crimson〙

ker·mes·ite /kɚ́ːmiːzàɪt, -mɨ̀sàɪt | kə́ːmiːzàɪt, -mɪ-/ *n.* 〘鉱物〙紅安鉱 (Sb_2S_2O) (cf. kermes mineral). 〘(1843) □ F *kermésite*: ⇨ ↑, -ite[1]〙

kérmes míneral *n.* 〘化学・鉱物〙輝安鉱 (Sb_2S_3) と方安鉱 (Sb_2O_3) の粉末状集合物. 〘1753〙

kérmes óak *n.* 〘植物〙=kermes 3. 〘1858〙

ker·messe /kɚ́ːməs, kəmés | kə́ːmɛs/ *n.* ケルメス, クリテリウム (通常町中にある短距離のサーキットを周回する自転車競走). 〘(1963) ↓〙

ker·mis /kɚ́ːmɨ̀s | kə́ːmɪs/ *n.* (*also* **ker·mess** /-mɨ̀s, -mɛs | -mɛs/) **1** (オランダなどで行われる年一回の)大市(おおいち) (元来その地方の守護聖人の祝日に行われ, 戸外でにぎやかな催し物がある). **2** 〘米〙にぎやかな慈善市. 〘(1577) □ Du. *kermis*, (古) *kermisse* (転訛) ← *kerkmisse* ← *kerk* 'CHURCH'+*misse* 'MASS'〙

kern[1] /kɚ́ːn | kə́ːn/ 〘活字〙 *n.* 飾りひげ (イタリック体活字の *f* の上下端, *y* の下端に見られるような出っ張り). — *vt.* 〈活字や文字〉に飾りひげをつける: a ～*ed* letter 飾りひげ文字, カーンドレター. — *vi.* 〈活字などが〉飾りひげ付きになる. 〘(1683) □ F *carne* corner, salient angle < L *cardinem*, *cardō* hinge〙

K

kern[2] /kɚ́ːn | kə́ːn/ *n.* **1** (古) (中世アイルランドまたは時にスコットランドの)軽武装歩兵 (cf. gallowglass 2); [集合的] 軽武装歩兵隊. **2** (特にアイルランドの)農夫 (peasant); (古) 田舎者, 無骨者 (boor). 〘(1316) *kerne* □ Ir. *ceithern* < OIr. *ceitern* band of soldiers ← *cath* battle〙

kern[3] /kɚ́ːn | kə́ːn/ (英方言) *vi.* **1** 〈木や穀類に〉仁(じん)[穀粒]ができる, 実を結ぶ; 種になる; 〈果実が〉固まる, なる. **2** 〈岩塩などが〉結晶する. — *vt.* 〈肉などを〉あら塩で覆う, 塩漬けにする. — *n.* =kernel 1. 〘(c1300) *kerne*, *curne* < OE **cyrnan*: cf. corn[1]〙

kern[4] /kɚ́ːn | kə́ːn/ *n.* 〘機械〙断面の核. 〘□ G *Kern* 'core, KERNEL'〙

kern[5] /kɚ́ːn | kéən, kə́ːn/ *n.* =kirn[2].

Kern /kɚ́ːn | kə́ːn/, **Jerome** (**David**) *n.* カーン (1885–1945; 米国の作曲家; *Show Boat* (1927)).

kerne /kɚ́ːn, kéən | kə́ːn, kéən/ *n.* =kern[2].

ker·nel /kɚ́ːnḷ | kə́ː-/ *n.* **1** 〘植物〙仁(じん) (ウメ・モモなどの果実の核の中にある種子); (ムギ・トウモロコシなどの)穀粒 (grain). **2** (組織体の)中心部 (nucleus); 核心, 眼目, 要点 (core): the ～ *of* a question, story, etc. **3** 〘数学〙(積分方程式の)核; (点集合の)開核; (準同形写像の)核; (射の)核. **4** 〘物理化学〙核 (core). **5** 〘文法〙=kernel sentence. **6** 〘電算〙カーネル (operating system の中核部分; cf. shell). — *v.* (**-neled, -nelled; -nel·ing, -nel·ling**) — *vt.* 包み込む 〈*in*〉. — *vi.* (まれ) 仁を生ずる. **～·less** *adj.* 〘OE *cyrnel* (dim.) ← *corn* 'seed, CORN[1]': ⇨ -le[1]〙

kér·neled *adj.* (*also* **kér·nelled**) 仁(じん)[核]のある. 〘(1373) (1719): ⇨ ↑, -ed〙

kérnel séntence *n.* 〘文法〙核文 (能動・肯定・平叙・単文で Tom has a book. のように構造の最も簡単な文). 〘1957〙

kérnel smùt *n.* 〘植物病理〙=covered smut.

kern·ite /kɚ́ːnaɪt | kə́ː-/ *n.* 〘鉱物〙カーナイト ($Na_2B_4O_7 \cdot 4H_2O$) (水和ホウ酸塩の無色透明の結晶体; ホウ砂の原鉱). 〘(1927) ← *Kern County* (米国 California 州の一郡で, この鉱物の産出地)+-ITE[1]〙

kérn·man·tel ròpe /kɚ́ːnmæ̀ntḷ- | kə́ːnmæ̀ntḷ-/ *n.* 〘登山〙ナイロンザイルの一種.

ker·nos /kɚ́ːnɑ(ː)s | kə́ːnɒs/ *n.* (*pl.* **ker·noi** /-nɔɪ/) (古代ギリシャで用いられた)ケルノス, 子持ち壺 (多数の小さな壺を結合した形式の祭儀用土器[陶器]). 〘(1903) □ Gk *kérnos* earthen dish〙

ker·o /kérou | -rəu/ *n.* (豪) =kerosene. 〘1930〙

ker·o·gen /kérəʤən, -ʤɛn/ *n.* 〘化学〙ケロゲン, 油母(ゆぼ) (油頁(けつ)岩 (oil shale) 中に存在する有機物で, 熱分解によって頁岩油を生じる). 〘(1906) ← Gk *kērós* wax+-GEN〙

ker·o·sene /kérəsìːn, ⌐⌐⌐/ *n.* (*also* **ker·o·sine** /～/) 灯油, ケロシン (cf. paraffin oil, petroleum): a ～ lamp 石油ランプ. ★ 日常語としては (米・豪). 〘(1854) ← Gk *kērós* wax ← ?: ⇨ -ene, -ine[3]〙

Ker·ou·ac /kéruæ̀k/, **Jack** *n.* ケルアック (1922–69; カナダ生まれの米国の小説家, ビート作家の一人; *On the Road* (1957)).

ker·plunk /kəplʌ́ŋk | kə-/ *adv.* どさっと, どぼんと. — *vt.* どさっと落とす. — *vi.* どさっと落ちる. 〘(1903) (擬音語): ⇨ ker-〙

Kerr /kɚ́ː | kɑ́ː(r)/, **Sir John Robert** カー (1914–91; オーストラリアの官吏; 総督 (1974–77)).

Kérr cèll /kɚ́ː-, kɑ́ə- | kə́ː-, kɑ́ː-/ *n.* 〘光学〙カーセル (2 枚の電極間にニトロベンゼンなどを入れ, Kerr effect を利用して光の偏光状態を変える装置; カメラの高速シャッターなどに利用する). 〘(1953) ← *John Kerr* (1824–1907: スコットランドの物理学者)〙

Kérr efféct *n.* 〘光学〙 **1** カー効果 (電界を加えた物質を電界に垂直な方向に光が通過する際, 電界の 2 乗に比例する複屈折を生じる現象; electro-optical effect ともいう; cf. Faraday effect). **2** カー効果 (磁気光学効果; magneto-optical effect ともいう). 〘(1909) ← *John Kerr* (↑)〙

ker·ri·a /kériə/ *n.* 〘植物〙ヤマブキ (日本原産バラ科ヤマブキ属 (*Kerria*) の低木の総称; ヤマブキ (*K. japonica*) など). 〘(1823) ← NL ～ ← *William Kerr* (*d.* 1814: 英国の植物学者): ⇨ -ia[1]〙

ker·rie /kéri/ *n.* =knobkerrie.

Ker·ry[1] /kéri/ *n.* ケリー (アイルランド共和国南西部, Munster 地方の一州; 面積 4,700 km², 州都 Tralee /trəlíː/).

Ker·ry[2] /kéri/ *n.* **1** ケリー (アイルランド原産の小形品種の乳牛). **2** =Kerry blue terrier. 〘(1829) ↑〙

Ker·ry[3] /kéri/ *n.* ケリー: **1** 女性名. **2** 男性名. 〘← Ir.-Gael. *ciarda* dark one〙

Kérry blùe térrier *n.* ケリーブルーテリア (アイルランド Kerry 州原産中形のイヌ; 頭部が長く青みがかった毛に覆われている; 単に Kerry blue, Kerry ともいう). 〘(1922) ← *Kerry*[1]〙

Kérry Híll *n.* ケリーヒル種(の羊) (Wales や Midlands で飼育される短毛の食肉用羊).

ker·sey /kɚ́ːzi | kə́ː-/ *n.* **1** カージー織 (厚地で表面に光沢があり縮絨(しゅくじゅう)加工した紡毛織物; 主にコート地・制服地用). **2** カージー織の服. — *adj.* (Shak) 質素な, 素朴な: In russet yeas and honest ～ noes. 素朴で率直な手織りことばのイエス・ノーで (*Love's L. L.* 5. 2. 413). 〘(1376) ← ? *Kersey* (イングランド Suffolk 州の村, かつての紡織地)〙

ker·sey·mere /kɚ́ːzimɪ̀ə | kə́ːzimɪ̀ə(r)/ *n.* カージーミア (カシミヤ級の上等紡毛織物). 〘(1798) (変形) ← CASSIMERE: ↑ の影響による〙

ker·smash /kəsmǽʃ | kə-/ *adv.* がちゃんと, びしゃっと. 〘(擬音語): ⇨ ker-, smash[1] (adv.)〙

Ker·u·len /kérəlèn; *Mongol.* xérlən/ *n.* [the ～] ヘルレン (川) (モンゴル北東部の川; ヘンティー山脈 (Hentiyn Nuruu) に源を発し, 中国内蒙古自治区のフールン湖 (Hulun Nur) に注ぐ (1,046 km)).

ke·ryg·ma /kərígmə/ *n.* (*pl.* **～·ta** /～tə | ～tə/) 〘キリスト教〙(福音(ふくいん)の)宣教, ケリュグマ (宣教の内容の中心はイエスキリストについてのメッセージ; ケリュグマ(宣教)はディダケー(教え)とともに新約聖書の伝承の中心的要素であり両者は密接な関係にある; cf. Didache). **ker·yg·mat·ic** /kèrɪgmǽtɪk | -tɪk⌐/ *adj.* 〘(1889) □ Gk *kḗrugma* proclamation ← *kērússein* to proclaim ← *kḗrux* herald〙

Ke·sey /kíːzi | -si/, **Ken** (**Elton**) *n.* キージー (1935–2001; 米国の小説家; *One Flew Over the Cuckoo's Nest* (1962)).

kesh /kéɪʃ/ *n.* ケイシュ (シーク教徒のあごひげと長髪; 宗教上の忠誠を示す; cf. five Ks).

Kesp /késp/ *n.* 〘商標〙ケスプ (植物性蛋白質の繊維で作った肉の代用品).

Kes·sel·ring /késəlrɪŋ, -sḷ-; *G.* késlʁɪŋ/, **Albert** *n.* ケッセルリング (1885–1960; ナチスドイツの元帥・空軍司令官).

Kes·ter /késtə | -tə(r)/ *n.* ケスター (男性名). 〘(短縮) ← CHRISTOPHER〙

Kes·te·ven /kestíːvən, kɨ̀s-/, **Parts of** *n.* ケステヴァン (イングランド東部 Lincolnshire 州の旧行政区分).

kes·trel /késtrəl/ *n.* 〘鳥類〙チョウゲンボウ, (俗に)まぐそたか (*Falco tinnunculus*) (小形のハヤブサの類). 〘(15C) *castrell* □ OF *casserelle* ← *crécerelle* ← *crécelle* rattle: cf. crepitate〙

Kes·wick /kézɪk/ *n.* ケジック (イングランド北西部, Cumbria 州の Derwent Water 湖畔の町; Coleridge や Southey などの詩人が住んだ風光明媚(めいび)の地). 〘ME *Kesewik* ← OE *cēse* 'CHEESE[1]'+*wīc* 'WICK[3]'〙

ket- /kiːt/ (母音の前にくるときの) keto- の異形.

ke·tal /kíːtæl/ *n.* 〘化学〙ケタール (ケトン (ketones) から誘導されたアセタール (acetal) に似た化合物). 〘1924〙

ke·ta·mine /kétəmìːn | -tə-/ *n.* 〘薬学〙ケタミン ($C_{13}H_{16}ClNO$) (非バルビタール系の速効全身麻酔薬; 幻覚剤として使われることがある塩酸ケタミン (ketamine hydrochloride) として静脈注射または筋肉注射で使用する). 〘(1966) (混成) ← KET(ONE)+AMINE〙

kétamine hydrochlóride *n.* 〘化学〙塩酸ケタミン ($C_{13}H_{16}ClNO \cdot HCl$) (強力な麻酔薬; 体に大きな影響を与えないので外科で用いられる).

ketch /kétʃ/ *n.* 〘海事〙ケッチ (通例メインとミズンの 2 本のマストに縦帆を張った沿岸貿易帆船). 〘(1371–72) *cache* ← ? *cacchen* 'to CATCH'〙

Ketch·i·kan /kétʃɨ̀kæ̀n | kétʃɪ-/ *n.* ケチカン (米国 Alaska 州南東部の港市).

kétch-rìgged *adj.* 〘海事〙ケッチ型の, ケッチ帆装の. 〘1845〙

ketch·up /kétʃəp, -tʃʌp/ *n.* ケチャップ (材料をピューレ状にして調味したソース): tomato [mushroom] ～. 〘(1711) □ Malay *kĕchap* □ Chin. (広東方言) *koechiap*, *ketshiap* (茄汁) brine of pickled fish ← *kōl* minced seafood+*tsiap* brine, sauce, juice.〙

ket·em·bil·la /kèṭəmbílə | -təm-/ *n.* 〘植物〙セイロングズベリー (*Dovyalis hebecarpa*) (セイロン原産イイギリ科の小高木); その果実 (ジャムの原料になる). 〘□ Singhalese *kätämbilla*〙

ke·tene /kíːtiːn/ *n.* 〘化学〙ケテン: **1** アセトン (acetone) から得られる強い臭気のあるガス ($H_2C{=}C{=}O$) (ethonone ともいう). **2** $RHC{=}C{=}O$ および $R_2C{=}C{=}O$ の化学式をもつ化合物の総称. 〘(1907) □ G *Keten*: ⇨ keto-, -ene〙

Ke·thu·bim /kətuːbíːm/ *n.* 〘聖書〙=Ketubim. 〘1690〙

ke·to /kíːṭou | -təu/ *adj.* 〘化学〙ケトン (ketone) の[に関する], ケトンから派生する. 〘(1891) ↓〙

ke·to- /kíːṭou | -təu/ 〘化学〙「ケトン (ketone)」の意の連結形. ★ 母音の前では通例 ket- になる. 〘← KETONE〙

kéto ácid *n.* 〘化学〙ケト酸 (ケトン基を有するカルボン酸の総称). 〘1911〙

ké·to-é·nol tautómerism /kíːṭouíːnɔ(ː)l- | -tə(u)íːnɒl-/ *n.* 〘化学〙ケトエノール互変異性. 〘1927〙

kéto fòrm *n.* 〘化学〙(ケトエノール互変異性体の)ケト型. 〘1927〙

kèto·génesis *n.* 〘医学〙ケトン[アセトン]体生成. **ke·to·gen·ic** /kìːṭouʤénɪk | -tə(u)-⌐/ *adj.* 〘(1915) ← KETO-+GENESIS〙

kéto·glutàric ácid *n.* 〘生化学〙ケトグルタル酸 ($COOH \cdot (CH_2)_2COCOOH$) (グルタミン酸が脱アミノされて生じる; アミノ酸代謝に重要な役割をもつ; cf. glutaric acid). 〘(1908) ← KETO-+GLUTARIC ACID〙

kèto·héxose *n.* 〘化学〙ケトヘキソース (ケトン基のあるヘキソース; cf. hexose, sorbose). 〘(1890) ← KETO-+HEXOSE〙

ke·tol /kíːtɔ(ː)l | -tɒl/ *n.* 〘化学〙ケトール (一つの分子中にアルコール性水酸基とケトン基の両方をもつ有機化合物の総称; hydroxy ketone ともいう). 〘(1968) ← KETO-+-OL[1]〙

ke·tol·y·sis /kiːtɑ́(ː)ləsɨ̀s | -tɔ́lɨ̀sɪs/ *n.* (*pl.* **-y·ses** /-siːz/) 〘化学〙ケトン分解. **ke·to·lyt·ic** /kìːṭəlíṭɪk | -təlít-⌐/ *adj.* 〘(1937) ← KETO-+-LYSIS〙

ke·tone /kíːtoun | -təun/ *n.* 〘化学〙ケトン (アセトン (acetone) のように 2 個の炭素原子に結合しているカルボニル基をもつ化合物). 〘(1851) □ G *Keton* (変形) ← *Aketon* □ F *acétone* 'ACETONE': ドイツの化学者 Leopold Gmelin (1788–1853) の造語〙

kétone bòdy *n.* 〘生化学〙ケトン体 (脂質の代謝作用の中間階段で生じるアセト酢酸, βオキシ酪酸, およびアセトンの三つ; 糖尿病患者などの血液や尿中に多量にみられる; acetone body ともいう). 〘1915〙

kétone gròup *n.* 〘化学〙ケトン基 (2 個の炭素原子が結合しているカルボニル基 (C–CO–C)).

ke·to·ne·mi·a /kìːṭəníːmiə | -tə(u)níː-/ *n.* 〘病理〙ケトン血症, アセトン血症 (血中にアセトン等のケトン体が増加した状態). 〘(1917) ← KETO-+-AEMIA〙

ke·ton·ic /kiːtɑ́(ː)nɪk | -tɔ́n-/ *adj.* 〘化学〙ケトンの, ケトンを含む, ケトンから誘導された. 〘(1876) ← KETONE+-IC[1]〙

ke·ton·u·ri·a /kìːtounúəriə, -njúər- | -tə(u)njúər-/ *n.* 〘病理〙ケトン[アセトン]尿症. 〘(1913) ← KETON(E)+-URIA〙

ke·tose /kíːtous, -touz | -təus/ *n.* 〘化学〙ケトース (ケトン基を有する糖類). 〘(1902) ← KETO-+-OSE[2]〙

ke·to·sis /kiːtóusɨ̀s | -tə́usɪs/ *n.* (*pl.* **-to·ses** /-siːz/) 〘病理〙ケトーシス, ケトン症 (糖尿病・酸中毒などにおけるケトン体の増加). **ke·tot·ic** /kiːtɑ́(ː)ṭɪk | -tɔ́t-/ *adj.* 〘(1917) ← NL ← KETO-+-OSIS〙

kèto·stéroid *n.* 〘医学〙ケトステロイド (分子中にケトン体を含むステロイド). 〘(1939) ← KETO-+STEROID〙

ke·tox·ime /kiːtɑ́(ː)ksiːm | -tɔ́k-/ *n.* 〘化学〙ケトオキシム (ケトンがヒドロキシルアミンと縮合して生成する有機化合物). 〘1888〙

Kett /két/, **Robert** *n.* ケット (?–1549; 英国の農民指導者; 土地囲い込み (enclosure) に反抗して一揆を起こし捕えられて処刑された).

Ket·ter·ing /kéṭərɪŋ, -trɪŋ | -tər-, -trɪŋ/ *n.* ケタリング: **1** 米国 Ohio 州南西部の都市; Dayton の郊外. **2** イングランド Northamptonshire 州の工業都市. 〘OE *Cytringan*, *Keteiringan* ← *Cytringas* (もと氏族名?) ← ?〙

Ket·ter·ing /kéṭərɪŋ, -trɪŋ | -tər-, -trɪŋ/, **Charles Franklin** *n.* ケタリング (1876–1958; 米国の電気技師・発明家).

ket·tle /kéṭḷ | -tl/ *n.* **1 a** やかん, 湯沸かし, 鉄びん, 茶釜(ちゃがま) (teakettle). **b** 鍋(なべ) (pot), 釜 (caldron); (特に) =fish kettle. **2 a** (Shak) =kettledrum 1. **b** (ケトルドラムの)胴の部分. **3** 〘地質〙 **a** =pothole 2. **b** =kettle hole.

a kéttle of físh (口語) (1) [通例反語的意味の pretty, fine または nice を伴って] 困った事態[破目], 混乱, いざこざ (mess): This is *a pretty* ～ *of fish*. これは困ったことになった / There will be *a nice* ～ *of fish*. 今にとんだことになるぞ. (2) [different, another を伴って] 事柄, 問題, 代物: That's altogether *a different* ～ *of fish*. それは全く別問題だ. (Tweed 川などでの船遊びやピクニックの際, その場で料理した大鍋で煮た魚の意から転じてそのピクニックそのものを指したが, 更にその不便さを指すこととなったもの) (1742)

wáit for the kéttle to bóil 機会[時機]を待つ.

〘(*a*1300) *ketel* □ ON *ketill* ∽ ME *chetel* < OE *cetel* < Gmc **katilaz* (Du. *ketel* / G *Kessel*) □ L *catillus* (dim.) ← *catinus* bowl, container for food: cf. Gk *kotúlē* cup〙

kéttle-bòttomed *adj.* 〘海事〙ケットル型底の (中世の商船の一つの型で, 船幅よりも甲板の幅の方が狭くなっている型の喫水の浅い船体についていう). 〘1840〙

kéttle·drùm *n.* **1** ケトルドラム (真鍮(しんちゅう)または銅製の半球形の胴に革を張った太鼓; 管弦楽では音程の異なったものが 2 個(以上)用いられ timpani ともよばれる). **2** (口語) (大きな)午後のお茶の会 (teakettle を用いての茶(茶会)の意から; 19 世紀に流行した). 〘1542〙

kéttle·drùmmer *n.* ケトルドラム奏者. 〘1683〙

ket·tle·ful /kéṭḷfùl | -tḷ-/ *n.* やかん[鍋(なべ)]一杯 〔*of*〕. 〘(1862): ⇨ -ful[2]〙

kéttle-hòlder *n.* 鍋つかみ《熱したやかんやなべを手に持つための布など》. 〖1813〗

kéttle hòle *n.* 〖地質〗なべ穴《第四紀, 洪積(こうせき)世氷河の下底に流水の作用でできた井戸状の穴》. 〖1882〗

kéttle stìtch *n.* 〖製本〗からみがけ《各折丁(おりちょう)を天地の両端で前の折丁に結びつけていく手とじの一種; catch stitch, chain stitch ともいう》. 〖(1818) □ G *Kettelstich* ← *Kettle* small chain ((dim.) ← *Kette* chain)＋*Stich* 'STITCH[1]'〗

ke·tu·bah /kètuvá:, kɛ̀θu:-/ *n.* (*pl.* **-tu·both** /-vóut, -vóuθ | -váut, -váuθ/, **-tu·bot** /-vóut | -váut/, **~s**) 〖ユダヤ法〗夫婦財産契約《婚姻時に締結される正式な夫婦間契約; 夫の死後または離婚後に妻の経済生活を支えるための取決め》. 〖(1841) □ Mish. Heb. *kᵉthubbāʰ* 《原義》writing, writ ← *kāthábh* to write〗

Ke·tu·bim /kɛtu:bí:m/ *n. pl.* [the ~] 〖聖書〗諸書 (the Writings) 《旧約聖書の第三部; ⇨ Torah ★》. 〖□ Heb. *kᵉthūbhîm* 《原義》written things (pl.) ← *kāthūbh* ← *kēthábh* (↑)〗

ketubot *n.* ketubah の複数形.

ketuboth *n.* ketubah の複数形.

Ke·tur·ah /kɪ̀tjúᵊrə, kɛ- | kɛtjúərə/ *n.* 〖聖書〗ケトラ《Abraham の 2 番目の妻; cf. *Gen.* 25:1》. 〖□ Heb. *Qᵉṭūrāʰ* 《原義》incense〗

keV, KEV 《記号》〖物理〗kilo-electron volt(s).

ke·va·lin /kéɪvəlɪn | -lɪn/ *n.* 〖ジャイナ教〗独存者, 最高の英知に到達した人. 〖□ Skt ~ ← *kevala* alone, belonging exclusively to a single person〗

kev·el /kévəl, -vl/ *n.* 〖海事〗大型索留め《帆綱などを巻き留める堅固な突起物; 小型のものは cleat という》. 〖(1258) *kevil(e)* □ ONF *keville*＝(O)F *cheville* pin, peg < L *clāviculam* (dim.) ← *clāvis* key: cf. clavicle〗

Kev·in /kévɪn | -vɪn/ *n.* ケビン《男性名》. 〖□ Ir. *Caomhghin* < OIr. *Coemgen* 《原義》comely birth: アイルランドの聖者名〗

Kev·lar /kévlɑə | -lɑ:ʳ/ *n.* 〖商標〗ケブラー《ナイロンより軽く鋼鉄の 5 倍の強度をもつとされ, タイヤコード・ベルト・防弾服などに用いられる合成繊維》. 〖(1973): cf. MYLAR *n.*〗

Ke·vor·ki·an /kəvɔ́əkiən | -vɔ́:-/, **Jack** *n.* キボーキアン《1928– ; 米国の医師; 自分が開発した自殺幇助(ほうじょ)装置で 20 人の患者を安楽死させた》.

Kew /kjú:/ *n.* キュー《London 西郊外の住宅地区, Richmond upon Thames の一部》. 〖OE *cǣġ-hōh* 《原義》projecting piece of land ← *cǣġ* 'KEY[1]'＋*hōh* point of land〗

Kéw Gárdens *n. pl.* キュー国立植物園《London 西郊の Kew にある植物園; 創立 1759 年; 公式名 the Royal Botanic Gardens》.

kew·pie /kjú:pi/ *n.* キューピー《翼のある赤ん坊の姿をした善良な妖精》. 〖(1909) (dim.) ← CUPID: ⇨ -ie〗

Kew·pie /kjú:pi/ *n.* 〖商標〗キューピー《米国の Rose O'Neill (1874–1944) の絵をもとにしたセルロイドやプラスチックのあどけない裸の人形; Kewpie [kewpie] doll ともいう》. 〖(1913): ↑〗

kex /kéks/ *n.* 《英方言》《セリ科に多い節のある中空の茎をもつ植物の》干し草, 干した茎. 〖(*c*1378) *kex(e), kyx* ← ? Celt.: cf. L *cicūta* hemlock〗

key[1] /kí:/ *n.* **1 a** 鍵, キー (cf. lock[1] 1): the ~ *of* [*to*] a door / my front-door ~ 玄関の鍵 / a bunch of ~*s* 一束の鍵 / turn the ~ in the lock 錠に鍵をおろす / ⇨ latchkey, master key, skeleton key. 日英比較 日本語の「鍵」は「鍵」と「錠(前)」の両方を意味するが, 英語では前者は *key*, 後者は lock と使い分ける. **b** 《時計などのねじを巻くための》鍵: Where's the ~ for winding up the clock [toy]? 時計[おもちゃ]のねじを巻く鍵はどこ. **c** ねじ回し, ドライバー; 鍵形の缶切り: a can of sardines with its own ~ (for opening it) 《缶を開ける》缶切り付きのイワシの缶詰. **d** ＝ignition key. **e** 鍵形のもの《バッジ・装飾・紋様など》: a Phi Beta Kappa ~ ファイベータカッパ会員章.

2 a 《電信の発信に用いる》キー, 電鍵(でんけん)《手動で回路の開閉・切換えを行う装置》; 《タイプライター・モノタイプ・コンピューターなどの》キー; ＝keybutton. **b** 《オルガン・ピアノ・吹奏楽器の》キー, 鍵(けん): a natural [chromatic] ~ 《ピアノの》白[黒]鍵 / the ~*s* of a trumpet [piano].

3 a 〖音楽〗《長短の》調; 調性: a major [minor] ~ 長[短]調 / a sonata in the ~ of C (major) ハ長調奏鳴曲 / an attendant [a relative] ~ 関係調 / a related [remote] ~ 近接[遠隔]調 / ⇨ off-key 1. **b** 〖絵画〗色調: a picture painted in a low ~ 沈んだ色調の絵.

4 a 〔辞書・地図などの〕略語解, 発音解, 記号解, 凡例(など) (legend) 〔*to*〕: the ~ *to* a map [diagram] 地図[図表]の記号表. **b** 《試験問題などの》解答書[集]; 《教科書の》ひとり案内, とらの巻; 《外国書の》直訳本, 逐語訳〔*to*〕: the ~ *to* algebra. **c** 〖生物〗《種族識別の》検索表.

5 a 〔問題・事件などの解決の手がかり, 秘訣(ひけつ); 〔暗号・謎などの〕解読[解き方]の鍵, 解法〔*to*〕: *a* ~ *to* victory 勝利の秘訣 / the ~ *to* the mystery 神秘[秘密, 謎]を解く鍵. **b** ＝key letter. **c** ＝keyword.

6 《機会をつかむ》手がかり, 《物を手に入れる》手段, 方法 (access): find a ~ *to* ...の手がかりを見つける / ⇨ golden key.

7 要所, 要衝の地, 要害, 関門; 《局面などを支配する》鍵〔*to*〕: Gibraltar, the ~ *to* the Mediterranean 地中海の要衝の地ジブラルタル / hold the ~ *to* a political situation 政治情勢の鍵を握る.

8 《声の》調子, トーン; 《思想・表現などの》調子, 様式, 基調: in a minor ~ 沈んだ調子[悲しそうな語調]で / speak in a high [low] ~ 高い[低い]調子で話す, 調子を高めて[下げて]話す / all in the same ~ 全く同じ調子で, 極めて単調に / in different ~*s* 調子を色々変えて / a sudden change of ~ in her presentation 彼女の発表における語調の突然の変化.

9 《感情・行動などの》激しさ(の度合い).

10 〖写真〗《写真画像の》明暗の調子の分布: ⇨ high-key, low-key. **11** 〖広告〗《どの新聞の広告に対する反響かを知るために印刷広告中に差し入れる》符牒(ふちょう)文句, キー. **12 a** 〖建築〗鼻栓(はなせん), くさび栓, 込み栓, 車知(しゃち)栓《木材の接合部を固めるために用いられる長い栓》. **b** 〖鉄道〗木製のくさび《レールをしっかりと固定するため, レールと床の間に入れる》. **13 a** 〖石工〗《木ずりの間からはみ出した》荒塗りしっくい; 《しっくいの付着を容易にさせる》壁面のざらざら. **b** 〖建築〗《ベニヤ板の素材の膠着(こうちゃく)を容易にさせる》板面のざらざら. **14** 〖建築〗＝keystone 1. **15** 〖機械〗＝cotter pin. **16** 〖植物〗翅果(しか), 翼果 (⇨ samara). **17** 〖チェス〗(problem の)解《正解の第一手》. **18** 〖バスケットボール〗＝keyhole 3. **19** [the ~s] 〖神学・カトリック〗**a** 教皇権《天国の門を開閉する鍵の意から》. ★ 通例 the power of the keys として用いる. **b** 教権 (cf. *Matt.* 16:19). **20** 〖紋章〗鍵 (St. Peter の象徴であることから, 教区・主教職の紋章に好んで使用されるほか, 都市の紋章にも多く見られる). **21** [K-] (Man 島の)下院議員 (cf. HOUSE of Keys).

(as) cóld as a kéy 《死んで》冷たくなって, 死んで (cf. key-cold). ***háve [gét] the kéy of the stréet*** 《戯言》夜間閉め出しを食う; 宿なしになる. ***hóld the kéys of*** ...の鍵[急所]を握る, ...を牛耳る. ***in kéy*** 調子が合って, 調和して〔*with*〕: sing *in* ~ 調子を合わせて歌う. (1919) ***láy [pút] the kéy ùnder the dóor*** 《家をたたんだしるしに》ドアの下に鍵を置く; 家をたたむ. ***òut of [òff] kéy*** 調子はずれで, 不調和で〔*with*〕. (1920) ***ùnder lóck and kéy*** ⇨ lock[1] *n.* 成句.

— *adj.* [通例限定的] 主な, 主要な (pivotal): a ~ concept [point] 主要な概念[問題点] / a ~ position 枢要な地点[地位] / a ~ role 主要な役割 / ~ people 主要人物.

— *vt.* **1** ...の調子を〈ある事に〉合わせる, 〈物事を〉...に適するように調整する〔*to*〕〈*to do*〉: ~ one's talk *to* the occasion その場に調子を合わせて話す / government policies ~*ed to* a hoped-for economic recovery 期待される経済の回復に照準を合わせた政府の政策. **2** 〈楽器〉の調子を整える, 整調する〔*to*〕: ~ the strings 弦を締める / ~ down the strings 弦の調子を下げる. **3** ...に鍵をかける, 鍵で締める. **4** 栓(せん)[くさび]で締める〈*in, on*〉. **5** 〖電算〗**a** キーを操作して〈データを〉機械に与える[打ち込む]: ~ data *in* [*into*] a computer コンピューターにデータを入れる. **b** 〈キーワードが〉〈項目を〉指示する. **6** 〖絵画〗特定の調子で塗る; 特定の色調に合わせる. **7** ...に記号解[略語解, 解答表(など)]をつける. **8** 〖広告〗《どの新聞の広告に対する反響かを知るために》印刷広告にキー[符牒(ふちょう)文句]を入れる. **9** 〖生物〗検索する (cf. *n.* 4 c). **10** 〖石工〗〈壁面などを〉ざらざらにする (cf. *n.* 13 a). **11** 〖建築〗〈アーチに〉要石(かなめいし)の影響を入れる〈*in*〉.

— *vi.* **1 a** キー[電鍵]を操作する. **b** 〖電算〗暗号鍵を用いて暗号化する. **2** [通例 ~ *on* として] (1) ...に焦点をしぼる, 最重視する. (2) 〖アメフト〗相手側のプレーを分析し特定選手の動きをとらえ, 戦法を読む; その読みをもとにプレーする.

kéy into [ín with] (1) 〈物事を〉...に調和させる. (2) ...に調和する. ***kéy óut*** 〈キーパンチャーが〉〈数字などを〉(キーで)打ち出す. ***kéy úp*** (1) 鼓舞する; [通例 p.p. で] 緊張させる, 興奮させる, 神経過敏にする〔*about, over*〕: ~ *up* a person's courage 人の勇気をあおる / ~ *up* a person *to* do [*to* action] 人をあおって行動を促す / He was all ~*ed up about* his blood pressure. 血圧のことをひどく気にしていた. (2) 〈要求などの〉調子を強める: ~ *up* an offer, a demand, etc. (3) 〈楽器などの〉調子を上げる, 音(ね)締めをする.

〖OE *cǣġ(e)* ← ?: cog. OFris. *kēi, kāy*: cf. MLG *keige* spear〗

key[2] /kí:/ *n.* **1** 《西インド諸島・米国 Florida 州沖の》低い小島《砂洲(さす)・さんご礁からなり, 環礁が多い》. **2** [the Keys] ＝Florida Keys. 〖(1697) 《変形》← Sp. *cayo*: KEY[4] の影響〗

key[3] /kí:/ *n.* 《俗》1 キロの麻薬《マリファナなど》. 〖← KI(LOGRAM)〗

key[4] /kí:/ *n.* 《古》＝quay. 〖ME □ OF *Key, kai* 'CAY'〗

Key /kéɪ; *Swed.* kéj/, **El·len** /él:en/ *n.* ケイ《1849–1926; スウェーデンの女性解放論者・著述家》.

Key /kí:/, **Francis Scott** *n.* キー《1780–1843; 米国の弁護士; 米国国歌 "The Star-Spangled Banner" の作詞者》.

kéy bàr *n.* 《タイプライターの》キーバー《先端に活字の付いた腕で, キーに連動する》.

key·board /kí:bɔəd | -bɔ:d/ *n.* **1 a** 《コンピューター・タイプライターなどの》キーボード, 鍵盤: a ~ machine キーボードを備えた[で操作する]機械. **b** 《ピアノなどの》鍵盤: a ~ instrument 有鍵楽器. **c** 《ジャズやロックで使われる電子ピアノ・シンセサイザーなどの》鍵盤楽器. **2** キーボード《ホテルの受付などで客室の鍵を下げる板》. **3** ＝keyset.

— *vi.* 《機械・データを》キーボードによって操作[処理]する.

— *vt.* 〖電算〗＝key[1] 5. 〖1819〗

kéy·bòard·er /-də | -dəʳ/ *n.* 〖電算〗情報[データ]をキーボードで打ち込む人.

kéy·bòard·ist /-dɪst | -dɪst/ *n.* キーボード奏者. 〖(1955): ⇨ keyboard, -ist〗

kéy brìck *n.* 〖石工〗擬(ぎ)形れんが《アーチ形構築に使用するくさび形れんが》.

kéy bùgle *n.* 有鍵[キー]ビューグル《6 個の鍵があって半音階が奏される 19 世紀の金管楽器》. 〖1836–39〗

kéy·bùtton *n.* 《タイプライター・植字機などの》キーを操作する時にたたく[押す]キーボタン, 「キー」《表面にアルファベットや数字の目印がついている》.

kéy càrd *n.* キーカード, カードキー《ドアなどのロック開閉用の磁力 [IC] カードのついたプラスチックカード》.

kéy càse *n.* キーホルダー《革製などのケース》.

kéy chàin *n.* キーホルダー (⇨ key holder).

kéy clùb *n.* 《米》《会員各自が出入り用の鍵を持っている》会員組織のナイトクラブ[レストラン(など)]. 〖1962〗

kéy-cóld *adj.* 《古・英方言》**1** 《鍵のように》冷たい; 《死んで》冷たくなった, 死んだ (cf. *(as) cold as a* KEY[1]). **2** 冷淡な, 無関心な. 〖1529〗

kéy dràwing *n.* 〖印刷〗輪郭線, 標画《描き版で原画の輪郭を写した線; 印刷の位置を定めたり, 色分けの目安となる線》. 〖1937〗

keyed *adj.* **1** 有鍵の (cf. stringed): a ~ instrument 有鍵楽器. **2** 〖音楽〗《ある特定の》調子に合わせた. **3** 〖機械〗**a** キーを付けた, キーでとめた. **b** 《差し込む向きを決めるための》突起をもつ. **4** 〖石工〗要石(かなめいし)で締めた[かみ合わせた]: a ~ arch. **5** 適合させた (cf. key[1] *vt.* 1). 〖(1796) ← KEY[1]＋-ED〗

kéy frùit *n.* 〖植物〗＝samara.

kéy grìp *n.* 《米》キーグリップ《映画・テレビの制作でカメラや背景を移動・組み立てる技術者》.

kéy hòlder *n.* 《壁にかけるタイプの》鍵かけ; 《折りたたみケース式の》キーホルダー《鎖の先に飾りのついたタイプの日本でいうキーホルダーは key chain と呼ぶことが多い》.

key·hole /kí:hòul | -hàul/ *n.* **1** 鍵穴: look through [listen at] the ~(*s*) 鍵穴からのぞき込む[盗み聞きする] / None of your ~! 鍵穴からのぞくと承知しないぞ. **2** 栓(せん)穴. **3** 〖バスケットボール〗キーホール《フリースローを行う制限区域》. **—** *adj.* [限定的] 〈記事などの〉のぞき見的な, 内幕(暴露)の, 機微に触れた; 〈記者などの〉のぞき見趣味の, 内幕をあばきたがる. 〖*c*1592〗

kéyhole límpet *n.* 〖貝類〗スカシガイ科 (*Fissurellidae*) の各種のカサガイ《貝殻の頂上部に穴がある》. 〖1869〗

kéyhole sàw *n.* 鍵穴用先細鋸(のこ), 回しびき《板に穴をあけるのに用いる》. 〖1777〗

kéyhole súrgery *n.* 〖医学〗ファイバースコープを利用して極めて小さい切開[穿孔(せんこう)]部から細身の手術器具を差し入れて行う手術.

kéyhole úrchin *n.* 〖動物〗棘皮(きょくひ)動物門ウニ綱マドアキカシパン科 *Encope* 属の動物の総称《アメリカ沿岸, 西インド諸島産》.

kéy índustry *n.* 《一国の》基幹産業《鉄鋼業のように他の産業部門の基本となる産業》.

kéy·ing sèquence *n.* 〖電算〗文字系列を暗号化した文字[数字列].

Key Lar·go /kí:lɑ́əgou | -lɑ́:gəu/ *n.* キーラーゴ《米国 Florida 州南東部沿岸の Florida Keys 中の一島》. 〖□ Sp. *Cayo Largo* 'large KEY[2]'〗

kéy·less *adj.* **1** 鍵のない; 無鍵(むけん)の. **2** 《英》《懐中時計が》《巻き鍵のいらない》竜頭(りゅうず)巻きの (《米》stem-winding): a ~ watch 竜頭巻き時計 (《米》stem-winder). 〖(1823) ← KEY[1]＋-LESS〗

kéy létter *n.* キー文字《暗号を解読する要素となる文字》.

kéy lìght *n.* 〖写真〗キーライト《写真撮影の照明で, 主要被写体に効果を与える主光線》. 〖*c*1937〗

Kéy lìme píe /kí:-/ *n.* 〖料理〗キーライムパイ《コンデンスミルク・ライムジュース・卵などをパイ皮に入れて冷やしたカスタード風のパイ》.

kéy·màn /-mæ̀n/ *n.* (*pl.* **-men** /-mèn/) **1** 《企業などの》中心人物. **2** 《米古》電信技手. 〖1851〗

kéyman insùrance *n.* 〖保険〗企業幹部保険《企業が契約者となってその企業の幹部を被保険者とする生命保険; cf. business life insurance》.

kéy màp *n.* 輪郭地図, 白地図. 〖1872〗

kéy mòney *n.* **1** 《英》《借家人に鍵を渡す時に受け取る》保証金, 権利金. **2** 《家を優先的に借りるために家主に支払う》そでの下. 〖1898〗

kéy·mòve *n.* 〖チェス〗＝key[1] 17.

Keynes /kéɪnz/, **John Maynard** *n.* ケインズ《1883–1946; 英国の経済学者; *The Economic Journal* 誌の主筆; 称号 1st Baron Keynes of Tilton /tɪltn/》.

Keynes·i·an /kéɪnziən/ *adj.* ケインズ (J. M. Keynes) の, ケインズ学説[学派]の, ケインジアンの: ~ economics ケインズ経済学. **—** *n.* ケインズ学徒, ケインズ学説の主張者, ケインジアン. 〖(1937): ⇨ ↑, -ian〗

Kéynes·i·an·ism /-nɪzm/ *n.* ケインズ主義《失業をなくすため積極的な金融・財政政策を主張する》. 〖(1946): ⇨ ↑, -ism〗

key·note /kí:nòut | -nəut/ *n.* **1** 《演説などの》主眼, 要旨; 《行動・政策などの》基調, 基本方針: the ~ *of* a speech, a poet's work, etc. / a person's character, policy, etc. / strike [sound] the ~ of ...の基調に触れる[を探る]. **2** 〖音楽〗主音《音階の第一音》.

— *vt.* **1** 〈政党大会などで〉基調演説をする. **2** 〈ある考えなどを〉強調する. **3** 〖音楽〗...の主音を示す. 〖1762〗

kéynote addréss *n.* 基調演説《政党大会などの開会に際して重要報告, 施政方針, 問題の提起などを行う演説》. 〖*c*1908〗

kéy·nòt·er /-nòutə | -nəutəʳ/ *n.* ＝keynote speaker. 〖1926〗

kéynote spèaker *n.* 基調演説を行う人. 〖1950〗

kéynote spèech *n.* ＝keynote address.

kéy·pàd *n.* **1** 《テレビ, ビデオなどの》リモコン. **2** 《プッシュホン・電卓などの》キーパッド, テンキー. **3** 〖電算〗テン

K

キーパッド《数字や演算記号が別配置されている部分》. 〖(1967): KEYBOARD にならって〗

kéy pàttern *n.* 卍(まんじ)模様, さや形, 雷文(らいもん) (fret). 〖1876〗

kéy·phòne *n.* 《英》押しボタン式電話, プッシュホン.

kéy plàn *n.* 〘建築〙建物の主要部の配置を示す略図.

kéy plàte *n.* **1** キープレート《鍵穴の回りを保護するための金属板》. **2** 〘印刷〙捨て版《原画の輪郭線を仮に製版した描き版》. 〖1903〗

kéy prèss *n.* =keystroke.

kéy·pùnch *n.* 〘電算〙キーパンチ, 鍵盤穿孔(せんこう)機《鍵盤を手動で操作することによってカードまたは紙テープに情報を穿孔記録する装置; cf. card punch》. 〖1918〗 — *vt.* **1** 〈パンチカード・紙テープ〉にキーパンチで穿孔する. **2** 〈データを〉カード[紙テープ]に打ち込む. 〖1947〗

kéy·pùnch·er *n.* キーパンチャー《キーパンチを操作する人》. 〖1965〗

kéy rìng *n.* 鍵輪《鍵を(たくさん)通しておくリングのキーホルダー; cf. key case, key holder》. 〖1889〗

keys /kíːz/ *int.* 《スコット方言》試合の一時中断を要求する子供たちの掛け声.

kéy scàrf *n.* 〘造船〙楔(くさび)継ぎ《2 材が互いに相手方に鍵のように食い込まれ固定される形の継ぎ方》.

kéy sèat *n.* 〘機械〙キー溝《キーのはまる溝》. 〖1874〗

kéy·sèater *n.* **1** 〘機械〙=keyway 1. **2** キー溝盤を操作する人.

Key·ser·ling /káɪzəlɪŋ | -zə-; *G.* káɪzɐlɪŋ/, **Hermann Alexander von** *n.* カイザーリング《1880–1946; ロシア生まれのドイツの哲学者・著述家・旅行家; 称号 Count H. A. von Keyserling》.

kéy·sèt *n.* キーセット《タイプライター・コンピューター入出力装置などのキーの集合》. — *vi.* 《電算》写植をする. — *vt.* 《キーボードで》〈データを〉入力する.

K

kéy sìgnature *n.* 〘音楽〙《楽曲の》調号《五線譜の最初に記した ♯, ♭ の記号》. 〖1875〗

kéy·smìth *n.* 鍵屋; 合鍵製造機の操作人.

kéy stàtion *n.* 〘ラジオ・テレビ〙親局, キーステーション《ネットワークの参加局のうちで番組制作などに中心的地位を占める局》.

kéy·stòne *n.* **1** 〘建築〙《アーチの頂上にある》要石(かなめいし), 楔(くさび)石 (headstone, quoin ともいう). **2** 《組織などの》中枢; 《学説・教義などの》根本原理 〔*of*〕. **3** 《俗》〘野球〙二塁. 〖*a*1637〗

Key·stone /kíːstoun | -stəun/ *adj.* [限定的] 《サイレント映画時代の》どたばた喜劇(式)の, スラップスティックの: the ~ Kops [Cops] 《サイレント喜劇映画によく登場した》どじな警官. 〖(1913) ← *Keystone Comedy Co.*〗

kéystone cùshion *n.* 《俗》〘野球〙=keystone 3.

Kéy·stòn·er *n.* 《米口語》米国 Pennsylvania 州の人のあだ名. 〖⇨ Keystone State, -er[1]〗

kéystone sàck *n.* 《俗》〘野球〙=keystone 3.

Kéystone Stàte *n.* [the ~] 米国 Pennsylvania 州の俗称. 〖⇨ keystone 2: 独立当時の 13 州の中心部にあったことから〗

kéy·stròke *n.* 《タイプライター・キーパンチ・ライノタイプなどの》キーのひと打ち, ストローク: He can do fifty-five ~s a minute. 彼は 1 分間に 55 字打てる. — *vt.* 〘電算〙=key[1] 5. 〖*c*1910〗

kéy·wày *n.* **1** 〘機械〙キー溝《シャフトや車輪などのボス (boss) などにつけるくさびを受けるための溝》. **2** 《錠の》鍵穴, 鍵溝 (cf. keyhole 1). **3** 〘建築〙《コンクリート打ちで新しく打つコンクリートを固定するため土台や固まったコンクリートなどにつける》継ぎ溝. **4** 〘土木〙キーウェイ, 歯形キー, かかり溝《ダムなどで構造物を固定するために岩などにつける溝》. 〖*c*1864〗

Kéy Wést *n.* キーウェスト: **1** 米国 Florida 州の南端沖, Florida Keys の南西端の島. **2** Key West 島の海港; Hawaii を除く米国最南端の都市, 海軍基地がある. 〖⊏ Sp. *Cayo Hueso* 'rocky KEY[2]'〗

kéy·wòrd *n.* **1** 《句や文の意味解明・問題解決などの》鍵となる語, キーワード; 《発音表示などに用いられる》例語. **2** 暗号を解く語. **3 a** 主要語. **b** 《索引などの》主要語, キーワード: a ~ in context 文脈中のキーワード (cf. KWIC) / a ~ out of context 文脈の前に来るキーワード (cf. KWOC). 〖1854〗

Ke·zi·a /kɪ̀záɪə, kɛ-/ *n.* キザイア《女性名; 異形 Keziah》. 〖⊏ Heb. *Qᵉṣîʿāh* 《原義》'CASSIA'〗

KFC 《略》Kentucky Fried Chicken.

kg /kíləgræ̀m, -lou- | -lə(ʊ)-/ 《略》keg(s); kilogram(s); king.

kg 《記号》Kyrgyz (URL ドメイン名).

kG 《略》〘電気〙kilogauss(es).

KG 《略》《英》Knight of (the Order of) the Garter.

K.G. 《略》〘警察〙known gambler.

KGB /kéɪdʒìːbíː/ 《略》*Russ.* Komitet Gosudarstvennoi Bezopasnosti ソ連国家保安委員会 (Committee of State Security) 《1954–91; 閣僚会議に直属し課報等を担当; 米国の CIA に匹敵; cf. Cheka, GPU, GRU》.

KGC 《略》Knight Grand Commander; Knight of the Grand Cross.

KGCB 《略》Knight of the Grand Cross (of the Order) of the Bath.

kgf 《略》kilogram-force.

KGF 《略》Knight of the Golden Fleece 《オーストリアおよびスペインの》金羊毛勲爵士.

kg-m, kgm 《略》kilogram-meter(s).

kgps, kg/sec 《略》kilogram(s) per second.

Kgs 《略》〘聖書〙Kings.

kh 《記号》Cambodia (URL ドメイン名).

Kha·ba·rovsk /kəbɑ́ːrəfsk; *Russ.* xabárəfsk/ *n.* ハバロフスク: **1** ロシア連邦東シベリア東部, Amur 川から Bering 海峡に至る太平洋沿岸地方; もと極東地区 (Far Eastern Region) とよばれた; 面積 824,600 km². **2** Khabarovsk 地方南東部 Amur 河畔の同地方の首都.

Kha·cha·tu·ri·an /kɑ̀ːtʃətʊ́ᵊriən, kæ̀tʃ- | kæ̀tʃətʊ́ər-, kɑ̀ːtʃ-; *Russ.* xətʃʲiturʲján/, **A·ram** /ɑrám/ **(Ilich)** *n.* ハチャトゥリアン《1903–78; ソ連の作曲家; *Gayane*「ガイーヌ」(1942)》.

Kha·da·fy /kədɑ́ːfi, -dǽfi/ *n.* =Gaddhafi.

khad·dar /kɑ́ːdə | -dəʳ/ *n.* 《インド》手織の粗綿布, カダール織《輸入綿布を排してこれを着ることが国産品奨励運動 (Swadeshi) の重要な一手段とされた》. 〖(*c*1885) ⊏ Hindi *khādar*〗

kha·di /kɑ́ːḍi | -di/ *n.* =khaddar. 〖⊏ Hindi *khādī*〗

khaf /kɑ́ːf, kɔ́ːf/ *n.* =kaph.

kha·gan /kɑː(g)ɑ́ːn/ *n.* 可汗(かかん) (⇨ khan[1]). 〖⊏ Turkic *khāqān* king, emperor: cf. khan[1]〗

Khái·bar [Khái·ber] Páss /káɪbə- | -bə-/ *n.* [the ~] =Khyber Pass.

kha·kan /kɑː(k)ɑ́ːn/ *n.* =khagan. 〖1777〗

Kha·kas·si·a /kəkǽsiə; *Russ.* xəkásʲijə/ *n.* ハカシア《ロシア連邦南部の共和国; 首都 Abakan》.

kha·ki /kǽki, kɑ́ː- | kɑ́ː-/ *adj.* **1** カーキ色の. **2** カーキ色の布の. **3** 《口語》白人と黒人の中間の肌の色をした. — *n.* **1** カーキ色の布, カーキ色の服地; [しばしば *pl.*] カーキ色の制服[ズボン]; 《特に》カーキ色の軍服. **2** カーキ色. 〖(1857) ⊏ Hindi *khākī* dusty, dust-colored ⊏ Pers. *khāk* dust〗

kháki bùsh *n.* 《南ア》〘植物〙センジュギク (African marigold).

Kháki Cámpbell *n.* カーキキャンベル《大型の卵をよく生む, 茶色がかった英国産のアヒルの品種》.

kháki eléction *n.* **1** [the ~] カーキ選挙《1900 年 Boer 戦争中に英国政府が時の戦争熱に訴えて行った国会議員選挙》. **2** 非常時に乗じて行う選挙. 〖1913〗

Kha·lid /kɑ́ːlɪ̣d | -lɪd/, **ibn Abd al-Aziz Al Saud** *n.* ハーリド《1913–82: サウジアラビア国王 (1975–82)》.

kha·lif /kéɪlɪ̣f, kǽl-/ *n.* =caliph.

kha·li·fa /kəlíːfə | kɑː-, kə-/ *n.* =caliph. 〖1728〗

kha·li·fat /kéɪlɪ̣fæ̀t, kǽl-, -fɪ̣t | kéɪl-, kǽl-/ *n.* =caliphate.

kha·li·fate /kéɪlɪ̣fèɪt, kǽl-, -fɪ̣t | kǽl-, kéɪl-/ *n.* =caliphate.

Khal·kha /kǽłkə; *Mongol.* xálxə/ *n.* **1** ハルハ人《モンゴル人民共和国の主要構成民族の人》. **2** ハルハ方言《モンゴル語の主要方言で, モンゴル人民共和国の公用語》. 〖1873〗

Khal·ki·di·ki /*Mod. Gk.* kàlkjiðikjí/ *n.* カルキディキ《半島》(Chalcidice のギリシャ語名).

Khal·kis /*Mod. Gk.* kalkjís/ *n.* カルキス《Chalcis のギリシャ語名》.

Khal·sa /kɑ́ːlsə | kʌ́l-/ *n.* 《インド》カールサ《シーク教の第 10 代で最後のグルである Gobind Singh (1666–1708; 在位 1675–1708) が創始した教団》. 〖(1776) ⊏ Urdu ~ ← Arab. *khāliṣ*, (fem.) *khāliṣaʰ* pure, properly belonging〗

Kha·ma /kɑ́ːmə/, **Sir Seretse** *n.* カーマ《1921–80; ボツワナの政治家; 初代大統領 (1966–80)》.

Kha·me·nei /kɑːméɪneɪ/, **Ayatollah Seyed Ali** *n.* ハメネイ《1939–　; イランのイスラム教指導者・政治家; 大統領 (1981–89); 最高指導者 (1989–　)》.

kham·sin /kæmsíːn, kǽmsɪ̣n | kǽmsɪn, kæmsíːn/ *n.* 〘気象〙カムシン風《エジプトで Sahara 砂漠から吹いて来る南東の熱風; 春に顕著; cf. simoom, ghibli》. 〖(1685) ⊏ Arab. *khamsīn* ((gen.) ← *khamsūn* fifty) 《略》← *rīkh-al-khamsīn* the wind of fifty days〗

Kham·ti /kɑ́ːmti/ *n.* (*pl.* ~**s**, ~) **1 a** [the ~(s)] カムティ族《北東アッサム (Assam) とミャンマーに住むタイ系の一種族》. **b** カムティ族の人. **2** カムティ語《カムティ族の話すタイ語》.

khan[1] /kɑ́ːn, kǽn | kɑ́ːn/ *n.* 汗(かん): **a** 中央アジア地方の王族・大官などの尊称. **b** 昔のタタール族《モンゴル族・トルコ族など》の君主の称号. 〖(*c*1400) *caan, chan* ⊏ OF *chan* ⊏ ML *caanus* ⊏ Turkic *khān* lord, prince 《短縮》← *khāqān* 'KHAGAN': cf. cham〗

khan[2] /kɑ́ːn, kǽn | kɑːn/ *n.* 隊商の宿舎, 隊商宿. 〖(?*c*1400) ⊏ Arab. & Pers. *khān* inn〗

khan·ate /kɑ́ːneɪt, kǽn- | kɑ́ːn-/ *n.* **1** 汗(かん)の領土, 汗国; 汗の領民, 汗国民. **2** 汗の位. 〖(1799) ← KHAN[1] + -ATE[1]〗

khanga /kǽŋgə/ =kanga.

Kha·niá /*Mod. Gk.* xanjá/ *n.* カニア《Canea の現代ギリシャ語名》.

Khan·ka /kǽŋkə; *Russ.* xánkə/ *n.* ハンカ湖《Vladivostok の北方, 中露国境にある湖; 北部は中国, 南はロシアに属する; 中国語名は興凱湖 (Xingkai Hu)》.

Khan-Ten·gri /kɑ̀ːntéŋ(g)ri/ *n.* ハンテングリ《山》《中国とキルギス共和国との境にある天山山脈 (the Tian Shan) の山 (6,995 m)》.

khaph /kɑ́ːf, kɔ́ːf/ *n.* =kaph.

kháp·ra béetle /kǽprə-, kɑ́ːp-/ *n.* 〘昆虫〙アカマダラカツオブシムシの一種 (*Trogoderma granarium*) 《インド原産カツオブシムシ科の甲虫; 広く世界に分布し貯蔵穀物に大害を与える》. 〖(1928) *khapra* ⊏ Hindi *khaprā* 《原義》destroyer ← Skt *kṣapayati* he destroys〗

Kha·rag·pur /kǽrəgpùə | -pùəʳ/ *n.* カラグプール《インド東部, West Bengal 州南西部の都市》.

kha·rif /kəríːf/ *n.* 《インド》夏の雨期の初めにまいて秋に収穫する作物 (cf. rabi). 〖(1845) ⊏ Hindi *kharīf* ← Arab. *kharīf* autumnal〗

Khar·kov /kɑ́əkɔ(ː)f | kɑ́ːkɔf; *Ukr.* xárkʲiw, *Russ.* xárʲkəf/ *n.* ハリコフ, ハリキウ《ウクライナ共和国北東部の工業都市; もと同共和国の首都 (1934 年まで)》.

Khar·toum /kɑ̀ətúːm | kɑː-⁻; *Arab.* xɑrtˤúːm/ *n.* (*also* **Khar·tum** /~/) ハルツーム《スーダン東部の Blue Nile 川と White Nile 川との合流点にある同国の首都》.

Khartóum Nórth *n.* ハルツームノース《スーダン中部 Khartoum 郊外の市》.

Khas·ku·ra /kɑːskúᵊrə | -kúərə/ *n.* カースクラー語《インド北東部, Bihar s東部の丘陵地帯のネパール語の方言》. 〖1911〗

khat /kɑ́ːt/ *n.* 〘植物〙=kat. 〖1858〗

Kha·ta·mi /kətɑ́ːmi, xə-; *Arab.* xatamí/, **Mohammad** *n.* ハタミ《1943–　; シーア派の聖職者で, イランの宗教指導者・政治家; 大統領 (1997–　)》.

Kha·tan·ga /kətɑ́ːŋgə, -tǽŋ-; *Russ.* xátəngə/ *n.* [the ~] ハタンガ《川》《ロシア連邦北部の川; Krasnoyarsk 地区北東部に源を発し, Khatanga 湾を通って Laptev 海に注ぐ (1,287 km)》.

kha·yal /kəjɑ́ːl/ *n.* カーヤール《インドの古典歌謡》. 〖⊏ Hindi *khayāl*〗

Khayyám, Omar *n.* ⇨ Omar Khayyám.

kha·zi /kɑ́ːzi/ *n.* (*pl.* ~·**es**) 《英俗》便所, トイレ. 〖(*c*1965) 《転訛》← It. *casa* house〗

khed·a /kédə, kədɑ́ː | kédə/ *n.* =keddah.

khed·ah /kédə, kədɑ́ː | kédə/ *n.* =keddah.

khe·di·va /kɪ̣díːvə, kɛ-/ *n.* ヘディーヴ (khedive) の妻. 〖(fem.) ← KHEDIVE〗

khe·di·vate /kɪ̣díːvɪ̣t, kɛ-, -veɪt/ *n.* ヘディーヴ (khedive) の地位[政権]. 〖(1892): ⇨ ↓, -ate[1]〗

khe·dive /kɪ̣díːv, kɛ-/ *n.* ヘディーヴ, エジプト副王《1867–1914 年の間のエジプト統治者の称号; オスマン帝国政府が Ismail Pasha に初めてこの称号を与えた》. **khe·dí·vi·al** /-díːviəl/ *adj.* **khe·dí·val** /-vət, -vl̩/ *adj.* 〖(1867) ⊏ F *khédive* ⊏ Turk. *khidīv* ⊏ Pers. *khidīw* prince, lord〗

khe·di·vi·ate /kɪ̣díːviɪ̣t, kɛ-, -vieɪt/ *n.* =khedivate. 〖1880〗

Khe·lat /kəlɑ́ːt/ *n.* =Kalat.

Kher·son /kɛəsɔ́(ː)n | kɛəsɔ́n; *Ukr.* xersón/ *n.* ヘルソン《ウクライナ共和国南部, 黒海付近, Dnieper 河畔の港湾都市》.

kheth /xéɪt, xét, xéɪθ, xéθ/ *n.* =heth.

khi /káɪ/ *n.* =chi.

khil·a·fat /kɪ̀ləfǽt, kɪ̣lɑ́ːfət/ *n.* 〘イスラム教〙キラファット《トルコでの最高権威者》. 〖(1921) ⊏ Turk. *hilâfet* ⊏ Arab. *khilāfaʰ* 'CALIPHATE'〗

Khin·gán Móuntains /ʃɪŋɑ́ːn-/ *n. pl.* [the ~] 興安嶺(こうあんれい)山脈《中国東北部にあり Great [Greater] Khingan Mountains (Da Hinggan Ling) (最高 1,729 m) と Little [Lesser] Khingan Mountains (Xiao Hinggan Ling) (最高 1,423 m) の二つに分かれる》.

Khí·os /*Mod.Gk.* xíos/ *n.* キオス《Chios の現代ギリシャ語名》.

Khir·bet Qum·ran /kíəbɛtkúmrɑːn | kíə-/ *n.* (*also* **Khir·bat** /kíəbɑːt | kíə-/ **Q-**) キルベトクムラン, クムラン遺構 (⇨ Qumran).

Khi·va /kíːvə/ *n.* ヒバ《ウズベキスタン共和国 Aral 海南部, Amu Darya 河畔の都市; ヒバ汗(かん)国の中心地 (16 世紀から 1920 年まで); 古名 Chorasmia /kəræ̀zmiə/》.

Khmer /k(ə)méə | -méəʳ/ *n.* (*pl.* ~**s**, ~) **1 a** [the ~(s)] クメール族《カンボジアの先住民族; 9–14 世紀にインドシナ文化の黄金時代を築いた》: the ~ civilization. **b** クメール族の人, クメール人. **2** クメール語 (⇨ Mon-Khmer). **3** クメール (⇨ Cambodia). 〖(1876) ← Khmer〗

Khmer·i·an /k(ə)méᵊriən | -méər-/ *adj.* クメールの, クメール族[人, 語]の.

Khmér Repúblic *n.* [the ~] クメール共和国《カンボジア (Cambodia) の旧公式名 (1970–75)》.

Khmér Róuge /-rúːʒ/ *n.* クメールルージュ《カンボジアの内戦時代 (1970–75) に政権を掌握した共産主義勢力》. 〖1970〗

KHNS 《略》Honorary Nursing Sister to the King.

Kho·dzhent /koudʒént | kəu-/ *n.* =Khudzhand.

Khoi·khoi /kɔ́ɪkɔɪ/ *n.* (*also* **Khoi·khoin** /kɔ́ɪkɔɪn/) **1 a** コイコイ族《アフリカ南部の先住民》. **b** コイコイ族の人. **2** コイコイ語《コイサン語族 (Khoisan) に属する》. — *adj.* コイコイ(語)の. 〖⊏ Nama *khoikhoin* the Nama people ← *khoikhoi* to speak Nama (← *khoi* human being) + *-n* (pl. suf.)〗

Khoi·san /kɔɪsɑ́ːn, -sǽn/ *n.* **1** コイサン語を話すアフリカの種族. **2** 《アフリカ南部の》コイサン語《群》(Khoikhoi, Bushman などの言語を含む). 〖(1930) 《混成》← KHOIKHOI + SAN〗

Kho·ja /kóudʒə | kə́u-/ *n.* (*also* **kho·jah** /~/) 〘イスラム〙ホジャ《インド西部および東アフリカのイスラム教徒で, ヒンズー教からの改宗者の流れをくむ階層》. 〖((1625)) (1882) ⊏ Turk. *hoca* ∥ Pers. *khwāja*〗

Kho·mei·ni /kouméɪni, kə-, hou- | kɔ-, kə(ʊ)-, həu-/, **Ayatollah Ru·hol·lah** /ruhɑ́(ː)lə, -hɔ́(ː)lə | -hɔ́lə/ *n.* ホメイニ《師》(1901–89; イランのシーア (Shi'a) 派イスラム教徒の指導者; 1978 年の反王制運動の革命に大きな影響を与えた).

Khond /kɑ́(ː)nd | kɔ́nd/ *n.* (*pl.* ~**s**, ~) **1 a** [the ~(s)] コンド族《インド東中部の丘陵地帯に住む Dravidian 系の一部族》. **b** コンド族の人. **2** コンド語《Dravidian 語族に属する》. 〖(1852) ← Dravidian〗

khor /kɔ́ə | kɔ́ːʳ/ *n.* 水路, 峡谷. 〖(1884) ⊏ Arab. *khurr*〗

Kho·ra·na /kourɑ́ːnə | kəu-/, **Har Go·bind** /hɑ́əgóʊbḷnd | há: gə́ʊbɪnd/ *n.* コラーナ《1922–　; インド生まれの米国の化学者; Nobel 生理学医学賞 (1968)》.

Khor·ra·ma·bad /kɔːrǽməbɑ̀ːd, -bæ̀d/ *n.* ホッラマーバード《イラン西部 Lorestān 州の州都》.

Khor·ram·shahr /kɔ̀ːrəmʃɑ́ə, xɔ̀ː- | -ʃɑ́ː(r/ *n.* ホラムシャフル《イラン西部 Khuzestan 州の都市; Abadan の北北西, Shatt-al-Arab 川に臨む; 第二次大戦中, 貿易港石油精製の中心地として発展した》.

Kho·tan /kòʊtáːn | kɔ̀ʊ-/ *n.* ＝Hotan.

khoum /kúːm/ *n.* (*pl.* ～**s**) クーム《モーリタニアの通貨単位; ＝$^1/_5$ ouguiya》. 〖《1973》□ F *khoums* □ Arab. *khums* one-fifth〗

Kho·war /kóʊwɑə | kə́ʊwɑː(r/ *n.* コーワル語《パキスタン北西部の言語; インド語派の Dard 語群に属する》. 〖1882〗

Khrush·chev /krúːʃtʃɛf, -tʃɔ(ː)f, -tʃɑ(ː)f, ―́― | krʊ́stʃɔf, krʊ́ʃ-, ―́―; *Russ.* xruʃʲʃʲɔ́f/, **Ni·ki·ta** /nʲi-kʲítə/ **Ser·gee·vich** *n.* フルシチョフ《1894–1971; ソ連の政治家; 共産党第一書記 (1953–64), 首相 (1958–64); 西側諸国との平和外交を進めた》.

Khu·dzhand /kʊdʒǽnt/ *n.* クジャント《タジキスタン共和国北西部, Syr Darya 川左岸にある都市; 旧名 Leninabad (1936–91)》.

Khu·fu /kúːfuː/ *n.* クフ (⇨ Cheops).

Khul·na /kʊ́lnə | -nɑː/ *n.* クールナ《バングラデシュ南部, Ganges 川河口デルタに臨む都市》.

khur·ta /kə́ːtə | kə́ːtə/ *n.* ＝kurta.

khus·khus /kʌ́skəs | kʊ́skʊs/ *n.* 〖植物〗カスカスソウ (*Vetiveria zizanioides*)《インド産イネ科の草本; 根は芳香があり編んで室の入口にかける; これより香油をとる; vetiver(t) ともいう; cf. tatty》. 〖《1810》□ Pers. & Hindi *khaskhas*〗

Khū·ze·stān /kùːzɪstáːn, -stǽn/ *n.* フージスターン《イラン南西部の州; 肥沃な油田地帯; 州都 Ahvāz》.

Khwa·riz·mi /kwɑ́(ː)rḷzmi | -rɪz-/, **al-** /æl-/ *n.* フワーリズミー《780?–?850; アラビアの数学者》.

khy·ber /káɪbə | -bə(r/ *n.* 《英俗》尻, 臀部(でんぶ). 〖《1943》押韻俗語 (↓)〗

Khý·ber Páss /káɪbə- | -bə-/ *n.* [the ～] ハイバル[カイバー]峠《パキスタンの Peshawar 西方, アフガニスタンへ通じる山道; 長さ 53 km, 高さ 1,072 m》.

kHz 《略》kilohertz.

ki /kíː/ *n.* 〖中国哲学〗気《体にある生命活力の源; chi, qi ともいう》. 〖□ Jpn. ～ □ Chin. *qi* (気)〗

ki 《記号》Kiribati《URL ドメイン名》.

Ki 《略》〖聖書〗Kings.

KIA 《略》killed in action 戦死(者) (cf. MIA).

ki·aat /kíːɑːt/ *n.* 〖植物〗キアート, ムニンガ《アフリカ南部産のマメ科の木 (*Pterocarpus angolensis*); 家具や床材に用いられる》. 〖《1801》□ Afrik. □ Du. ← Malay *ki djati* good wood〗

ki·a·bóo·ca wòod /kàɪəbúːkə-/ *n.* ＝Amboina wood. 〖□ Malay *kayubuku* knot-wood ← *kayu* tree ＋*buku* knot, joint〗

Ki·a·mu·sze /kiáːmùːsɔ́ː/ *n.* ＝Jiamusi.

ki·ang /kiáː(ː)ŋ | -ǽŋ/ *n.* 〖動物〗キャング (*Equus kiang*)《チベットの野生のアジアロバ》. 〖《1869》□ Tibet. *(r)kyaṅ*〗

Kiang·ling /kjɑ̀ːŋlíŋ/ *n.* ＝Jiangling.

Kiang·si /kjɑ̀ːŋsíː/ *n.* ＝Jiangxi.

Kiang·su /kjɑ̀ːŋsúː/ *n.* ＝Jiangsu.

Kiao·chow /kjàʊtʃáʊ/ *n.* ＝Jiaozhou.

ki·a o·ra /kìːəɔ́ːrə/ *int.* 《豪》よう, ようこそ; ご健康を祝す《挨拶・乾杯の辞》. 〖《1896》□ Maori ～《原義》be well〗

Ki·a-O·ra /kìːəɔ́ːrə/ *n.* 〖商標〗キアオラ《英国 Cadbury-Schwepps 社製の清涼飲料》.

ki·ap /kíːæp/ *n.* 《パプアニューギニアの》白人警官[役人]. 〖《1923》現地語〗

kiaugh /kjáːx/ *n.* 《スコット》苦労, 心配. 〖《1786》□ ? Sc.-Gael. *cabhag* hurry, troubles〗

kib·be /kíbi, -bə/ *n.* (*also* **kib·beh** /～/) 〖料理〗キッベ《羊の挽(ひ)き肉に小麦粉と松の実を混ぜて作る中近東の料理》. 〖□ Arab. *kúbbah*〗

kib·ble[1] /kíbḷ/ 《英》〖鉱山〗*n.* 《鉱石やくず石などを入れて吊り上げる》吊りおけ, バケツ, キブル. ― *vt.* 〈鉱石などを〉キブルで運ぶ. 〖《1671》□ G *Kübel* bucket, tub ＜ OHG **kubil*: cf. OE *cȳfl* tub, bucket〗

kib·ble[2] /kíbḷ/ *vt.* 〈穀物などを〉粗くひく, 粗びきにする. ― *n.* 粗くひいた穀物. 〖《1790》← ?: cf. cobble[1]〗

kib·butz /kɪbʊ́ts, -búːts | -bʊ́ts/ *n.* (*pl.* **kib·but·zim** /kɪ̀buːtsíːm | kɪ̀bʊtsíːm/) キブツ《イスラエルの農業共同体; cf. moshav》. 〖《1931》□ ModHeb. *kibûṣ* ＜ Heb. *qibbûṣ* gathering: cf. kvutzah〗

kib·butz·nik /kɪbʊ́tsnɪk, -búːts- | -bʊ́ts-/ *n.* キブツの一員[住民]. 〖《1947》□ Yid. *kibutsnik*: ⇨ ↑, -nik〗

kibe /káɪb/ *n.* 《古》《かかとの》つぶれた霜焼け (chilblain), あかぎれ (chap).

gáll* [*tréad on*] *a person's kíbes 人の痛い所に触れる, 人の感情を害する (cf. Shak., *Hamlet* 5. 1. 141).

〖《*a*1387》□ ? Welsh *cibi*〗

Ki·bei, k- /kìːbéɪ/ *n.* (*pl.* ～, ～**s**) 《米》帰米二世《米国に生まれ, 日本で教育を受けた後再び帰米した二世; cf. Nisei》. 〖□ Jpn.〗

ki·bit·ka /kḷbítkə | kɪ-; *Russ.* kʲɪbʲítkə/ *n.* **1** 《カザフ族 (Kazakh) やキルギス族 (Kirghiz) の用いる》円形天幕. **2** 《ロシアの》幌車(ほろぐるま). 〖《1799》□ Russ. ～ 'tent, tilt-wagon' ← Tatar *kibits*〗

kib·itz /kíbḷts | -bɪts/ 《米口語》*vi.* **1** 《トランプなどの》ゲームを肩ごしにのぞく; 《勝負事に》横から口を出す. **2** 余計な口を出す, いらぬ世話を焼く. ― *vt.* 《トランプなどで》〈ゲームを〉肩ごしにのぞく. 〖《1927》□ Yid. cf. *kibetsn* □ G《口語》*kiebitzen* to look on (at cards) ← *Kiebitz* busybody, 《原義》lapwing〗

kíb·itz·er *n.* 《口語》**1** 《トランプ・チェスなどのゲームを》肩ごしにのぞく人, 《勝負事に》横から口出しをする人, 傍目(おかめ). **2** 余計な世話を焼く人, 口出しをする人 (meddler), 邪魔をする人. 〖《1922》□ Yid. *kibitser*: ⇨ ↑, -er[1]〗

kib·la /kíblə/ *n.* (*also* **kib·lah** /～/) 《イスラム教》＝qibla. 〖1704〗

Ki·bo /kíːboʊ | -bəʊ/ *n.* キボ(山)《アフリカ東部タンザニア北東部の Kilimanjaro 山の主峰 (5,895 m); アフリカの最高峰》.

ki·bosh /káɪbɑ(ː)ʃ, kḷbɑ́(ː)ʃ | káɪbɔʃ/ 《俗》*n.* たわごと (nonsense). ***pùt the kibosh on*** 《俗》〈物事・人〉をぺちゃんこにする, ぐうの音も出ないようにする, …にとどめを刺す. 《1836》 ― *vt.* ＝*put the* KIBOSH *on*. 〖《1836》← ? Yid.〗

kick[1] /kík/ *vt.* **1 a** 蹴(け)る, 足蹴(あしげ)にする; 蹴飛ばす; 蹴って動かす: ～ a person's shin / ～ a ball / ～ a person to death 人を蹴り殺す / ～ away a dog 犬を蹴って追い払う / ～ over a chair 椅子を蹴倒す / ～ the hind legs high in the air 〈馬などが〉後足を高く蹴上げる / ⇨ KICK *oneself*. **b** [～ one's way として] 蹴って進む: He ～*ed his way through* the crowd. 人込みの中を蹴散らすようにして通って行った. **2** 〖アメフト・ラグビー・サッカー〗〈ゴールに〉ボールを蹴り入れる; ボールをゴールに蹴って〈点を〉入れる: ～ a goal / ～ a point. **3** 〈物が〉(反動で)打つ: The rifle ～*ed* my shoulder. ライフル発射の反動が肩にきた. **4** (オートレース・競馬などで)〈車・馬〉のスピードを上げる. **5** 《米方言》〈求婚者などを〉はねつける, 断る (reject); 〈女性が〈恋人を〉捨てる, そでにする (jilt). **6** 《口語》〈悪癖などを〉きっぱりやめる: ～ the habit (特に, 麻薬常用の)習慣を断つ. **7** 《俗》〖トランプ〗(ポーカーで)〈賭けを〉つり上げる (raise). ― *vi.* **1 a** 〔…を目がけて〕蹴る〔*at*〕: ～ (out) *at* a dog. **b** 〈馬などが〉蹴る癖がある. **2 a** 〖アメフト・ラグビー・サッカー〗ボールを蹴る[蹴ってゴールに入れる]. **b** 〖クリケット〗ボールをはね上げる; [しばしば ～ *up* として] 〈ボールが〉はね上がる. **3** (発射の反動で)〈火器が〉はね返る, 反動する, 後座する (recoil): The rifle ～*ed* against my shoulder. ライフル銃が反動で私の肩にはね返った. **4** 《口語》反抗する, 反対する, 逆らう〔*against, at*〕; 不平を鳴らす (complain): ～ (*out*) *against* a decision 決定に反抗する / Tom ～*ed about* his low grades. トムは悪い点数のことで文句を言った. **5** 《俗》死ぬ, くたばる (die) (cf. KICK *in* (3), KICK *off* (5)). **6** 《口語》(車, 特にレーシングカーの)ギアを変える: ～ into third ギアを第 3 速に入れる.

alive and kicking ⇨ alive 成句. ***kick abóut*** 《米》…に抵抗[抗議]する, 文句を言う. ***kick aróund* [*abóut*]** (*vt.*) (1) 虐待[酷使]する, 粗末に扱う. (2) 《あれこれ》考えて[検討して]みる, (一応)取り上げてみる: We were just ～*ing* a few ideas *around*. ただいくつかのアイディアを検討していただけだ. ― (*vi.*) (1) 転々とする, うろつき回る: He has been ～*ing around* Europe since then. それ以来ヨーロッパを転々としている. (2) 〈物が〉ほっておかれる, 顧みられない; 入手できる, ある: Old shoes were ～*ing around* in the backyard. 古靴が裏庭にほったらかしにしてあった. ***kíck báck*** (1) (*vt., vi.*) 蹴返す; 応酬する. (2) (*vi.*) 〈エンジンが〉キックバックする (cf. kickback 1 a); 《口語》(急に)はね返ってくる, 反動する. (3) (*vt., vi.*) 《口語》(賃金などの一部を)(親方に)払う; 〈盗品を〉返す; リベート[口きき料]を払う (cf. kickback 2). ***kíck dówn*** 〖自動車〗(自動変速機付き自動車で, アクセルペダルを一杯に踏み込んで)低速ギアに入れ換える, キックダウンする (cf. kickdown). ***kíck downstáirs*** (1) 人を階段から蹴落とす; 人を追い出す. (2) 人を格下げ[左遷]する (cf. KICK *upstairs*). ***kíck a person's fáce* [*héad*] *in*** 人を蹴ってぶちのめす. ***kíck ín*** (1) 〈ドアなどを〉外側から蹴破って入る. (2) 《俗》(分担金として)〈金を〉払う; (金を)寄付する (contribute): ～ ten dollars *in* for a scholarship fund 奨学金基金への割当てとして 10 ドル払う / Someone ～*ed in with* a big sum. だれかが多額の寄付をした. (3) 《俗》死ぬ. ***kíck a person in the téeth*** 《口語》〈人〉に(思わぬ)ひどい仕打ちをする, ひどいことを言う. ***kíck ìnto tóuch*** (1) 〖ラグビー・サッカー〗ボールをタッチラインの外側に蹴り出す (cf. touch *n.* 11). (2) 《口語》問題を棚上げにする, 決断を延期する. ***kíck óff*** (1) 蹴飛ばす; 〈靴を〉蹴って脱ぐ: ～ *off* one's shoes. (2) 〖アメフト・ラグビー・サッカー〗キックオフする《試合開始や得点後の試合再開のときにボールを蹴り出す; cf. kickoff》. (3) 《口語》〈人・事が〉〈試合・会合などを〉始める, 開始する (start); 〈事が〉…の幕開けとなる; 〈試合・会合などが〉始まる, 開始される: The mayor ～*ed off* (the game) by throwing the first ball. 市長の始球式で試合が始められた / The party ～*ed off with* a toast. パーティーの始めにまず祝杯があげられた. (4) 《俗》出て行く, 去る (leave). (5) 《俗》死ぬ (die). ***kíck ón*** 《口語》(1) 〈スイッチなどを〉入れる. (2) 作動を始める. ***kíck onesèlf*** 《口語》(自分のした事を)くやしがる, 自分を責める〔*for, over*〕: He ～*ed himself for* being a damned fool. とんでもないばかな真似をしたことを残念がった / I could have ～*ed myself for* having missed that chance. そんなチャンスを逃がしたら悔しがっただろう. 《1891》 ***kíck óut*** (*vt.*) (1) 蹴って追い出す. (2) 《口語》追い出す; 解雇する (dismiss): He was ～*ed out of* the firm. 会社を首になった. ― (*vi.*) (1) 〖アメフト・ラグビー・サッカー〗ボールをサイドライン外に蹴り出す. (2) 〖サーフィン〗キックアウトする《波乗り板の後部を足で押すようにして反転して波頭を乗り越える》. (3) 《俗》死ぬ. ***kíck óver*** 《口語》〈エンジンが〉点火する, 始動する; 〈モーターを〉始動させる. ***kíck some áss*** ⇨ ass[2] 成句. ***kíck thróugh*** 《米俗》(1) ＝KICK in (3). (2) 白白する, 打ち明ける. ***kíck úp*** (*vt.*) (1) 蹴上げる; 〈ほこりなどを〉蹴立てる (raise). (2) 《口語》〈騒ぎなどを〉起こす: ～ *up* a row [fuss] 騒ぎ立てる, 騒動を起こす. (3) 《口語》〈値段などを〉つり上げる, 高める (raise). (4) 《口語》〈機械など〉の調子が悪くなる. ― (*vi.*) (1) ⇨ *vi.* 2 b. (2) 不調[不順]になる. (3) 反抗的になる[ふるまう]. ***kíck upstáirs*** 《口語》〈うるさい人を〉(空名的な高位に)祭り上げる (cf. KICK *downstairs* (2)). 《*c*1697》 ***kíck a person when a person is dówn*** 倒れた相手を蹴る; 人の弱味につけこんでひどい仕打ちをする, ひきょうな行為をする.

― *n.* **1 a** 蹴(け)ること, 足蹴(あしげ), 蹴飛ばし: give a ～ at …を一蹴する / get [take] a ～ on the shin [in the stomach] むこうずね[腹]を蹴られる. **b** 蹴る力, 《馬などの》蹴る癖. **c** (水泳の)足の蹴り, キック. **d** (競走の終わりの)力走, ひとふん張り. **2** 〖アメフト・ラグビー・サッカー〗**a** (ボールの)蹴り, キック (cf. dropkick 1, placekick). **b** 《英》蹴り手, キッカー: a splendid ～ すさまじい蹴り手. **c** 蹴ったボール. **d** 蹴ったボールの飛んだ距離. **3** (急激な)反動力, 推進力, 爆発力; (発射した時の銃砲の)反動, 後座(recoil): the ～ of a gun. **4 a** 《口語》反対, 反抗, 拒絶 (rejection); 苦情, 苦情の種; 抗議〔*against, at*〕. **b** 〖野球〗(審判の判定に対する)身ぶり入りの抗議. **5** 《口語》**a** (ウイスキーなどの)刺激性, ぐっとくる酔い (pungency, bite): Vodka has a lot of ～ in it. ウォツカは飲むとひどくこたえる. **b** 反発力; 元気, 活力 (vigor, energy): I have no ～ left. もうやる元気がない. **c** 興奮, 痛快味, おもしろみ, スリル (excitement, thrill): He used to get a ～ out of seeing such a thing. こういうものを見ると夢中になって喜んだものだ / They are gambling (just) *for* ～*s*. 彼らは(ただ)スリルを求めてギャンブルをやっている. **6 a** 《俗》一時的に凝ること, 熱中: He is *on* a stereo ～. ステレオに凝っている / They were *off* the ～. 彼らはもう熱が冷めてしまっていた. **b** [通例 the ～]《古俗》《最新》流行 (the fashion). **7 a** 《口語》(事件・物語などの)意外な展開[結末], 逆転, ひねり (twist): an ironic ～ 皮肉な展開[結末]. **b** 〖玉突〗(キューで玉を突いたとき, あるいは玉同士がぶつかったときに起こる)玉の意外な[異常な]動き. **8** [通例 the ～]《俗》解雇 (boot, sack): get *the* ～ 首になる, お払い箱になる / give a person *the* ～ 人を首にする. **9** 《米俗》値上げ (raise); 賃上げ. **10** 《英俗》6 ペンス: two and a ～ 2 シル 6 ペンス. **11** 《俗》ポケット; 財布. **12** [*pl.*] 靴 (shoes). **13 a** 〖物理〗反跳. **b** 〖通信〗キック雑音.

a kíck in one's gállop 《俗》気まぐれ, 移り気. ***a kíck in the pánts* [*téeth*]** 《口語》(思わぬ)ひどい仕打ち, 激しい非難; 失望; ひじ鉄, 拒絶: give [get] a ～ *in the pants* ひどい仕打ちをする[ひどい目に遭う]. ***gèt a kíck from*** …を楽しむ, 面白いと思う. ***gèt mòre kícks than hálfpence* [*há'pence*]** 《英》《口語》親切どころかひどい扱いを受ける, もうかる[得をする]どころかひどい目に遭う《猿回しの猿が小突き回されてただ働きをさせられることから》. 《1785》

～·a·ble /-kəbḷ/ *adj.* 〖《*c*1384》*kike(n)* ← ?: cf. ON. *kikna* to sink at the knees〗

kick[2] /kík/ *n.* **1** (瓶の)上げ底 (cf. false bottom 2). **2** 《英》れんが型. 〖《1861》KICK[1] の戯言的転用?〗

Kick·a·poo /kíkəpùː/ *n.* (*pl.* ～**s**, ～) **1 a** [the ～(s)] キカプー族《アルゴンキアン族 (Algonquian) の一部族でもと米国 Wisconsin 州に居住したが各地へ移動し, 今は Kansas, Oklahoma の 2 州や Mexico などに居住する》. **b** キカプー族の人. **2** キカプー語《アルゴンキアン語族の一つ》. 〖《1722》□ American Indian〗

kíck·àss *adj.* 《米卑》攻撃的な, 高圧的な.

kíck·bàck *n.* 《口語》**1 a** 〖機械〗キックバック, ケッチング《内燃機関始動時の逆転》. **b** (強い)反作用, 反動. **2** (得意先への)割戻金, リベート, 口きき料; 賄賂(わいろ). **3** (賃金の)上前をはねること, ぴんはね. **4** (盗品の)返却, 送り返し. 〖1920〗

kíck·bàll *n.* キックボール《野球に似た子供の球技; 大きなボールを蹴る》.

kíck·bòard *n.* 〖水泳〗キックボード, ビート板《ばた足の練習をするのに使う浮き板》. 〖1949〗

kíck·bòxing *n.* キックボクシング《タイ式ボクシングを基に日本で考案された格闘技; 体のどの部分を用いて攻撃してもよい》. **kíck·bòxer** *n.* 〖1971〗

kíck·dòwn *n.* 〖自動車〗キックダウン《アクセルペダルを一杯に踏み込んで自動変速機のギアを高速用から低速用に変えること》; キックダウン装置. 〖1909〗

kick·er /kíkə | -kə(r/ *n.* **1 a** 蹴(け)る人, 蹴り手, キッカー; 蹴るもの, (特に)蹴る癖のある馬. **b** 〖アメフト・ラグビー・サッカー〗キッカー. **2** 不平家, こぼし屋; 反対者, 反抗者; 批判家. **3 a** はね返るもの; (銃砲の)薬莢(やっきょう)送り装置. **b** 〖クリケット・テニス〗キッカー《落ちた後高くはね上がるボール》. **4** 《米・カナダ口語》〖海事〗(帆船用の)補助機関; (ボートに取り付ける低馬力の)ガソリンエンジン; 船外モーター, 船外機. **5** 《俗》刺激[スリル]を与えるもの; (カクテルなどに入れる)酒, アルコール分. **6** 《米俗》**a** ＝kick[1] 7 a. **b** 意外な難点; 思わぬ難問題. **7** 《米俗》ピストル, ガン. **8** 〖印刷・ジャーナリズム〗キッカー《普通の見出しのさらに上部に目に付くように組まれた見出し》. **9** 〖トランプ〗(ポーカーで)キッカー, おどし札《ドローするとき, ワンペアーなどとともに手元に残しておく 3 枚目の高位札; cf. draw *vt.* 16 a》. 〖《*c*1570》: ⇨ kick[1], -er[1]〗

kíck frèak *n.* 《米俗》中毒になっていない麻薬使用者.

kick·ie-wick·ie /kíkiwíki/ *n.* 《Shak》《戯言》女房 (*All's W* 2. 3. 280).

kíck·ing *adj.* 《米俗》すてきな.

kícking stràp *n.* **1** 蹴(け)り止め革《馬が蹴るのを止める》. **2** 〖海事〗帆のブーム (boom) が上がるのを防ぐ副索. 〖1861〗

kíck màn *n.* 《米俗》麻薬の売人(ばいにん).

kick·off /kíkɔ̀(ː)f, -ɑ̀(ː)f | -ɔ̀f/ *n.* **1** 〖アメフト・ラグビー・サッカー〗キックオフ《試合開始や得点後の試合再開の時に

K

placekick で蹴(ｹ)り出すこと; cf. KICK¹ *off* (2)). **2** 《口語》初め, 手始め, 発端, 着手 (beginning) 〔*of*〕.
for a kickoff まず最初に (to begin with).
〘1857〙
kick·plàte *n.* 蹴板(ｹｲﾀ) 《衝撃や摩擦に耐えるようドアの下部や階段の蹴こみなどに張る金属板》.
kick plèat *n.* 〖服飾〗キックプリーツ《すその狭いスカートの歩行を楽にするためにつけるひだ》. 〘1926〙
kick·shaw /kíkʃɔː, -ʃɑː | -ʃɔː/ *n.* **1** [通例軽蔑的] いやに凝った料理; 珍味. **2** (つまらぬ)飾り, おもちゃ, 小物 (trinket, trifle). 〘(1598) *kickshawes* (転訛) ← F *quelque chose* something, anything〙
kick·sòrter *n.* =pulse height analyzer.
kick·stànd *n.* (自転車・オートバイなどの)キックスタンド《止めておく時倒れないように支持する》. 〘1947〙
kick-stàrt *vt.* **1** (キックスターターを蹴(ｹ)り下げて)〈エンジンを〉始動させる. **2** 〈経済などを〉活性化する. ── *n.* **1 a** =kickstarter. **b** キックスターターによる始動法. **2** 活性化. 〘1928〙
kick stàrter *n.* キックスターター《オートバイなどの蹴(ｹ)り下げ式始動装置》.
kick stìck *n.* 《米俗》マリファナたばこ.
kick tùrn *n.* 〖スキー〗キックターン《片足を蹴(ｹ)り上げて反対方向に向かう方向変換》. 〘1910〙
kick·ùp *n.* **1** (足の)蹴(ｹ)り上げ. **2** 《口語》騒ぎ, 騒動, けんか (row, quarrel). **3** 〖自動車〗キックアップ《自動車用フレームの上向き湾曲部》.
kick whèel *n.* 〖窯業〗蹴ろくろ《蹴って回す陶工用ろくろ》.
kick·y /kíki/ *adj.* (**kick·i·er**; **-i·est**) 《米俗》 **1** 元気のある, はつらつとした; 刺激的な, スリルのある. **2** 素晴らしい, すてきな. 〘(1790) ← KICK¹ (v.)+-Y¹〙
kid¹ /kíd/ *n.* **1** 《口語》子供; 若者, 青年: school ~*s* 学校の生徒たち / college ~*s* 《米》大学生 / He's [She's] just a ~. ただの子供なんだから / make a ~ of …を子供扱いする / ⇨ kid stuff. **2 a** 子ヤギ. **b** レイヨウやシカなどの子. **3** 子ヤギの肉. **4** キッド革 (kid leather): a book bound in ~ キッド革表紙の本. **5** [*pl.*] キッドの手袋; キッドの靴. **6** 《米俗》[ボクサーなどの名に冠して] 新進…: *Kid* O'Flannigan. **7** 《英方言》[our ~] 弟, 妹, 年下の兄弟.
── *adj.* [限定的] **1** キッド製の: ⇨ kid glove. **2** 《口語》年下の (younger): one's ~ brother [sister] 弟[妹].
── *v.* (**kid·ded**; **kid·ding**) ── *vi.* 〈ヤギなどが〉子を産む. ── *vt.* 〈ヤギなどが〉〈子を〉産む.
kíd·dish /kídɪʃ | -dɪʃ/ *adj.* **kíd·dish·ness** *n.* **~·lìke** *adj.* 〘(?c1200) *kide* □ ON *kið* ← Gmc **kidja-* (擬音語): cog. G *Kitz(e)*〙
kid² /kíd/ 《口語》 *v.* (**kid·ded**; **kid·ding**) ── *vt.* **1** (真顔で冗談を言ったりして)からかう, かつぐ (tease) 〈*on*〉: ~ a person (on) / He ~*ded* me *about* my old bag. 古いかばんのことでよく私をからかった / You're not ~*ding* me. 冗談でしょう, まさか. **2** だます (deceive): ~ oneself 現実を無視する, 甘い考えをもつ. ── *vi.* 冗談を言う, からかう 〈*along, around, on*〉: No ~*ding*!=I ~ you not! 冗談を言っているのではない, 本当だよ / No ~*ding*? 本当かね, まさか / You've got to [You must] be ~*ding*. 冗談でしょう, うそおっしゃい.
── *n.* **1** からかい, 冗談. **2** ごまかし (humbug).
nò kíd 《口語》うそではない, 本当(ﾀﾞ) (cf. *vi.*). 〘1873〙
〘(1811) ? ← *make a kid of*: ⇨ kid¹ (n.) 1〙
kid³ /kíd/ *n.* **1** 手桶. **2** 〖海事〗(もと水夫の)配食用の手桶. 〘(1769) (変形) ? ← KIT¹〙
Kid /kíd/ *n.* =Kyd.
Kidd /kíd/, **William** *n.* キッド (1645?–1701; スコットランド生まれの英国の私掠(ｼﾘｬｸ)船船長, のちに海賊; 絞首刑に処せられた; 通称 Captain Kidd).
kid·der¹ /kídə | -də(r)/ *n.* 《口語》からかう人, 冗談を言う人; だます人. 〘(1888) ← KID²〙
kid·der² /kídə | -də(r)/ *n.* =kiddier.
Kid·der·min·ster /kídəmìnstə | -dəmìnstə(r)/ *n.* **1** キッダーミンスター《イングランド中西部 Worcester 北方の都市; じゅうたんの産地》. **2** (地染めの丈夫な)キッダーミンスター製じゅうたん (Kidderminster carpet ともいう). (1836) 〘ME *Chideminstre, Kedeleministre* (原義) 'Cydda's MINSTER'〙
kid·die /kídi | -di/ *n.* =kiddy.
kíddie càr *n.* 子供用二輪車.
kíddie còndo *n.* 《米》学生用マンション《大学生の子供に親が買い与えた分譲マンション》.
kíddie pòrn *n.* 《口語》(子供が登場する)チャイルドポルノ.
kid·di·er /kídiə | -diə(r)/ *n.* 《英方言》(野菜などの)呼び売り商人, 行商人 (huckster). 〘(1551–52) ← ?〙
kíd·ding /-dɪŋ | -dɪŋ/ *n.* からかい; だますこと.
kíd·ding·ly /-dɪŋ- | -dɪŋ-/ *adv.* からかい半分に.
kid·di·wink /kídiwìŋk | -di-/ *n.* 《口語》=kiddy.
kid·dle /kídḷ | -dḷ/ *n.* 《英古》(魚をとる)梁(ﾔﾅ). 〘ME *kydle* □ AF *quidel* (F *guideau*) □ MLG *kiedel*〙
kid·do /kídoʊ | -dəʊ/ *n.* (*pl.* **~s**, **~es**) [呼び掛けに用いて] 君(ｷﾐ), お前. 〘(1896) ← KID¹+-O〙
kid·dush /kídʊʃ, kɪdúːʃ | kídəʃ/ *n.* 〖ユダヤ教〗キッドゥーシュ《安息日または祝祭日を聖日として迎えるために, 夕食前に行う儀式; またはその時唱える祈りの言葉》. 〘(1753) □ Mish. Heb. *qiddūš* sanctification ← *quddēš* to hallow〙
kíddush ha·shém, K- H- /-həʃéɪm/ *n.* 〖ユダヤ教〗殉教, 受難. 〘⇨ ↑, HaShem〙
kid·dy /kídi | -di/ *n.* **1** 子ヤギ. **2** 《口語》子供. 〘(1579) ← KID¹+-Y²〙
kíddy càr *n.* **1** おもちゃのミニカー. **2** 乳母車, ベビーカー. 〘1918〙
kíd-glóve *adj.* [限定的] **1** (キッドの手袋をはめているように)ひどくお上品[潔癖]な (extremely dainty). **2** ごく慎重な[優しい], そつがない. 〘1888〙
kíd glóve *n.* キッドの手袋. ***with kíd glóves*** 優しく, そつなく; 用心深く, 慎重に: handle [treat] a person [thing] *with* ~*s* 人[物事]を丁寧[慎重, 大事]に扱う. (1888) 〘1832〙
kíd-glóved *adj.* **1** キッド革の手袋をはめた. **2** = kid-glove. 〘1848〙
kíd lèather *n.* (主として子ヤギの皮をなめして作った)キッド革, キッド《靴・手袋などに用いる柔らかい革; 単に kid または kidskin ともいう》. 〘1687〙
kid·nap /kídnæp/ *vt.* (**kid·napped, -naped; -napping, -nap·ing**) **1** 〈子供などを〉さらう, 連れ去る (steal). **2** (身の代金などを目当てに暴力でまたは欺いて)〈人を〉かどわかす, 誘拐(ﾕｳｶｲ)する (cf. abduct 1). 〘(1682) (逆成) ← KIDNAPPER〙
kid·nap·per /kídnæpə | -pə(r)/ *n.* (*also* **kid·nap·er** /~/) 誘拐者; 人さらい. 〘(1678) ← KID¹+(古俗) *napper* thief (← *nap* to seize ← Scand. (Swed. *nappa*))〙
kid·nàp·ping *n.* 誘拐; 〖法律〗(営利)誘拐罪. 〘(1682) ← KIDNAP+-ING¹〙
kid·ney /kídni/ *n.* **1** 〖解剖・動物〗 **a** 腎(臓). ★ラテン語系形容詞: renal. **b** (無脊椎動物の)腎臓に相当する部分. **2** (食品としての牛・羊・豚などの)腎臓: ~*s* and bacon. **3** 気質, たち, 種類: a man of that ~ そんな気質の男性 / a man of the right ~ まともな人間 / two fellows of the same ~ 同じ気質の二人. **4** =kidney potato. 〘(a1325) *kidenei* ← *kiden* (← ?)+*ey* 'EGG¹'〙
kídney bàsin *n.* 〖医学〗膿盆(ﾉｳﾎﾞﾝ).
kídney bèan *n.* 〖植物〗 **1** インゲンマメ (*Phaseolus vulgaris*). **2** 1の豆 (common bean ともいう). **3** ベニバナインゲン (*P. coccineus*). 〘1548〙
kídney còrpuscle *n.* 〖解剖〗腎小体 (Malpighian corpuscle).
kídney dìsh *n.* 〖医学〗=kidney basin.
kídney machìne *n.* 〖医学〗人工腎 (artificial kidney). 〘1966〙
kídney òre *n.* 〖鉱物〗腎臓状鉄鉱《腎臓状瘤塊として産する赤鉄鉱または褐鉄鉱》. 〘1750〙
kídney potàto *n.* 腎臓形のジャガイモ. 〘1796〙
kídney pùnch *n.* 〖ボクシング〗キドニーパンチ《背中の腎臓のところを打つ反則パンチ》.
kídney-shàped *adj.* 腎臓形の, いんげん豆形の. 〘1757〙
kídney stòne *n.* **1** 〖病理〗腎石, 腎臓結石 (renal calculus). **2** 腎臓形の小石. 〘(1861) 1946〙
kídney tàble *n.* いんげん豆形のテーブル.
kídney vètch *n.* 〖植物〗ユーラシア産マメ科の植物 (*Anthyllis vulneraria*) 《昔腎臓病の治療に用いた》. 〘1706〙
kídney wòrm *n.* 〖獣医〗腎虫; (特に)豚腎虫 (*Stephanurus dentatus*) 《豚の腎臓に寄生する》. 〘1893〙
kídney·wòrt *n.* 〖植物〗 **1** =navelwort 1. **2** = coyote brush. 〘1640〙
ki·dol·o·gy /kɪ̥dɑ́(ː)lədʒi | kɪdɔ́l-/ *n.* 《英口語》ごまかし, まやかし, おかしな[けったいな]もの. 〘(1964) ← KID²+-OLOGY〙
kíd·pòrn *n.* 《口語》キッドポルノ (kiddie porn).
Ki·dron /kíːdrɑ(ː)n, -drən | -drɔn/ *n.* キドロン, ケドロン, 〖聖書〗ケデロンの谷 (Palestine 中部, Jerusalem 東部の Jordan の峡谷; そこに発する小川 (Kidron) は東流して死海に注ぐ; cf. 2 *Sam.* 15:23, *John* 18:1).
kíd shòw *n.* (サーカスの)つけたりの出し物.
kíd·skìn *n.* **1** 子ヤギの(毛)皮. **2** =kid leather. 〘(14C) c1645〙
kíds' stùff *n.* (*also* **kíd's stùff**) =kid stuff.
kid·stakes /kídstèɪks/ 《豪口語》 *n. pl.* 見えすいた偽装, ごまかし, ばかな話. ── *int.* ばかばかしい, くだらない《不快・不同意などを表す》. 〘(1916): cf. KID²〙
kíd stùff *n.* 《口語》 **1** 幼稚な事柄, 子供っぽいふるまい. **2** ごく容易[簡単]な事柄, 何でもない事. 〘1927〙
kid·ult /kídʌlt/ 《俗》 *adj.* 〈テレビ番組などが〉子供から大人まで楽しめる, ファミリー向けの; 子供向けとも大人向けともつかない. ── *n.* 子供にも大人にも喜ばれるような娯楽(を楽しむ人), 趣味が子供とも大人ともつかない人[こと].
kid·vid /kídvìd/ *n.* 子供向けテレビ番組; 子供向けビデオ. 〘(c1975) ← *kid's video*〙
kief /kíːf/ *n.* =kef.
Kief·fer /kíːfə | -fə(r)/ *n.* 〖園芸〗キーファー《ナシの品種名; 米国で育成, 缶詰用; セイヨウナシ (pear) と Chinese pear の交雑種と推定》. 〘(1879)〙 (1880) ← *Peter Kieffer* (1812–90: フランス生まれの米国の園芸家)〙
ki·e·ki·e /kíːeɪkìːeɪ, kíːkiː, káɪkaɪ/ *n.* 〖植物〗ニュージーランド産タコノキ科のつる植物 (*Freycinetia banksii*) 《実は食用になり, 葉はかご作りに用いられる》. 〘(1847) □ Maori ~〙
Kiel /kíːl; *G.* kíːl/ *n.* キール《ドイツ北部の Schleswig-Holstein 州 Jutland 半島の海港, 同州の州都; 避暑地として有名, 大学がある; 10 世紀以来の都市でハンザ同盟 (Hanseatic League) 市の一つ; 第一次大戦当時ドイツ海軍の根拠地》.
kiel·ba·sa /kiːlbɑ́ːsə, kɪl-, -bǽsə; *Pol.* k'ɛwbása/ *n.* (*pl.* **~s**, **-ba·si**, **-ba·sy** /-si; *Pol.* k'ɛwbási/) キェウバサ《粗く刻んだ牛・豚肉で作ったニンニク風味のポーランドのソーセージ》. 〘((c1939)) (1953) □ Pol. ~ sausage〙
Kíel Canál *n.* [the ~] キール運河《ドイツ北部, 北海とバルト海を結ぶ運河; 長さ 98 km》.
Kiel·ce /kjɛ́ltseɪ, kjɛ́l-; *Pol.* k'ɛ́ltsɛ/ *n.* キェルツェ《ポーランド南部の工業都市》.
kier /kíə | kíə(r)/ *n.* 漂白槽《布地を煮て漂白する大桶》. 〘(1573) *keare, keere* ← Scand.: cf. Dan., Swed & Norw. *kar* / ON *ker* vessel, tub〙
Kie·ran /kíərən | kíər-/, **John Francis** *n.* キラン (1892–1981; 米国のジャーナリスト; *New York Sun* のコラムニスト; ラジオ番組 "Information Please" のレギュラー回答者 (1938–48)).
Kier·ke·gaard /kíəkəgɑ̀(ː)ə(d), -gɔ̀ə | kíəkəgɑ̀ːd, -gɑ̀ː(r), -gɔ̀ːd, -gɔ̀ː(r); *Dan.* kíɐ̯gəgɔːˀr/, **Sö·ren** (**Aabye**) /sœ́ːʀn ɔ́by/ *n.* キルケゴール (1813–55; デンマークの宗教的・哲学的思想家; 実存主義に影響を与えた).
Kier·ke·gaard·i·an /kìəkəgɑ́ədiən, -gɔ́ə- | kìəkəgɑ́ːdi-, -gɔ́ː-ˊ/ *adj.* キルケゴール (Kierkegaard) (流)の. ── *n.* キルケゴール信奉者. 〘(1943): ⇨ ↑, -ian〙
kie·sel·guhr /kíːzəlgʊ̀ə, -zl̩- | -gʊ̀ə(r); *G.* kíːzl̩guːɐ/ *n.* (*also* **kie·sel·gur** /~/) 〖地質〗(多孔性の)ケイ藻土 (cf. diatomite). 〘(1875) □ G ~ ← *Kiesel* flint+*Gu(h)r* 'GUHR'〙
kie·ser·ite /kíːzəràɪt/ *n.* 〖鉱物〗キーゼライト, 硫酸苦土石 ($MgSO_4H_2O$) 《天然の含水硫酸マグネシウム, 白色または黄色》. 〘(1862) □ G *Kieserit* ← *D. G. Kieser* (1779–1862: ドイツの鉱物学者): ⇨ -ite¹〙
Ki·ev /kíːɛf, -ɛv, ─ˊ; *Ukr.* kíjiw/ *n.* キエフ《ウクライナ共和国 Dnieper 河畔の都市; 同共和国の首都》. 〘← ? *Kiy* (人名)〙
kif /kíf, kíːf | kíf/ *n.* =kef.
kife /káɪf/ *vt.* 《米俗》だまし取る, 盗み取る.
Ki·ga·li /kɪ̥gɑ́ːli | kɪ-/ *n.* キガリ《アフリカ中部ルワンダ (Rwanda) 中央部にある同国の首都》.
kike /káɪk/ *n.* 《米・カナダ俗》[軽蔑的] ユダヤ人. 〘(1904) ? ← *kiki* (加重) ← *-(s)ky, -(s)ki* (東欧系ユダヤ人の名前の語尾)〙
Ki·klá·dhes /*Mod.Gk.* kikláðɛs/ *n.* キクラゼス (Cyclades の現代ギリシャ語名).
ki·koi /kíːkɔɪ/ *n.* キーコイ《アフリカ東部で着用される色縞の綿布》.
Ki·kon·go /kɪkɑ́(ː)ŋgoʊ | -kɔ́ŋgəʊ/ *n.* =Kongo² 2.
Ki·ku·yu /kɪkúːjuː/ *n.* (*pl.* **~s**, ~) **1 a** [the ~(s)] キクーユ族《東アフリカの Kenya に住む Bantu 族の一部族で農耕民族》. **b** キクーユ族の人. **2** キクーユ語 (Bantu 語派に属する). **3** 〖英国国教会〗キクーユ問題《他派の信者を聖餐式に参加させることに関する英国国教会内の論争; 1913 年 Kenya でこの問題が論議されたことから》. 〘(1894) 現地語〙
kil. 《略》kilderkin(s); kilometer(s).
Ki·lau·e·a /kìːləwéɪə, kìːlauéɪə; *Hawaii.* kíːláuéa/ *n.* キラウェア《米国 Hawaii 州, Hawaii 島の活火山 Mauna Loa 山腹の大噴火口; 幅 3.2 km, 高さ 1,250 m》.
kild. 《略》kilderkin(s).
Kild. 《略》Kildare.
Kil·dare /kɪldέə | -dέə(r)/ *n.* キルデア: **1** アイルランド共和国東部, Leinster 地方の州; 面積 1,694 km², 州都 Naas /néɪs/. **2** Kildare 州の都市.
kil·deer /kíldɪə | -dɪə(r)/ *n.* (*pl.* **~s**, ~) 〖鳥類〗= killdeer.
kil·der·kin /kíldəkɪ̥n | -dəkɪn/ *n.* (16–18 英ガロン入りの)中樽; 中樽一杯の液量 (2 firkins に当たる). 〘(1388) *kilderkyn* (変形) ← *kyn(d)erkyn* □ MDu. *kinderkin, kinnekijn* quarter tun (dim.) ← *kintal* □ ML *quintāle* 'QUINTAL': ⇨ -kin〙
ki·ley /káɪli/ *n.* 《豪》=kylie. 〘1945〙
kil·im /kɪlíːm/ *n.* キリムじゅうたん《カフカス, トルコその他近東でできる華麗なもの; kilim rug ともいう》. 〘(1881) □ Turk. ~ □ Pers. *kilīm*〙
Kil·i·man·ja·ro /kìləmændʒɑ́ːroʊ, -dʒέr- | -lɪ̥mən-dʒɑ́ːrəʊ, -mæn-/, **Mount** *n.* キリマンジャロ山《タンザニア北部の火山; 主峰 Kibo はアフリカの最高峰 (5,895 m)》.
Kil·ken·ny /kɪlkéni/ *n.* キルケニー: **1** アイルランド共和国東部, Leinster 地方の州; 面積 2,062 km². **2** Kilkenny 州の州都.
Kilkénny cáts *n. pl.* 〖アイル伝説〗キルケニーのけんか猫《双方しっぽだけになるまで激しく戦ったと伝えられる二匹の猫》: fight like ~ 双方倒れるまで戦う, 頑強に[とことんまで]戦う. 〘1822〙
kill¹ /kíl/ *vt.* **1 a** 殺す, 殺害する: ~ a man, wolf, etc. / be ~*ed* in an accident, in battle, by poison, with a knife, etc. / the ~*ed* and wounded (戦争や乱闘での)死傷者 / ⇨ KILL *oneself* (1) / The author ~*s* (off) the heroine [villain] in the last chapter. 作者は女主人公[悪人]を最後の章で死なせてしまう / ~ two birds with one stone ⇨ bird *n.* 1. 日英比較 日本語の「殺す」は次の 2 点で英語の *kill* と異なる. (1) 「殺す」は意図的であるのに対して, *kill* は意図的, 非意図的を問わず生命を絶つことをいう. たとえば, He was *killed* in a traffic accident. の *kill* は「彼は交通事故で殺された」と訳すのは適当ではなく, 「彼は交通事故で死んだ」が普通であろう. この *kill* は死因が病気などではなく, 外的原因であることを示している. 英語ではっきりと意図的殺人を意味する語は murder である. (2) 日本語の「殺す」は対象が人・動物に限られるが, 英語の *kill* は対象が人・動物のほかに植物も含まれる. したがって日本語の「枯らす」に相当する場合もある. ⇨ die 日英比較 **b** 〈霜などが〉〈植物を〉枯らす (blight): The heat ~*ed* the plants. 暑さで植物が枯れた. **c** 《口語》…に腹を立てる, …のことを怒る (get angry with): She will ~ him if he doesn't come. 彼が来なければ彼女は怒るだろう.
2 〈病気・苦労・飲酒などが〉…の死因となる, …の寿命を縮める: Pneumonia ~*ed* the old man. 老人は肺炎で死んだ.

3 a 〈家畜を〉畜殺する (butcher). **b** 畜殺して〈肉を〉取る: ～ beef, pork, etc.
4 a 〈風・病気・痛みなどの〉勢いをそぐ, 静める (still): ～ toothache with medicine 歯の痛みを薬で抑える. **b** 〈機会・計画などを〉だめにする, つぶす (ruin); 〈熱意・希望などを〉消滅させる: ～ a person's hopes 人に希望を失わせる / He has ～*ed* her affections. 彼女から愛想をつかされた / The government tried to ～ rumors of a crisis. 政府は危機のうわさを消そうと努めた. **c** …の効果を弱める; 〈色などを〉中和する (neutralize); 〈音などを〉消す (deaden): The wallpaper ～*s* the furniture. 壁紙のせいで家具がいっこうに引き立たない / The noise ～*ed* the music. 騒音のため音楽が聞こえなかった.
5 〈時間を〉つぶす (while away): ～ half an hour / I didn't know how to ～ time. どうやって時間を紛らしたらよいかわからなかった.
6 a 〈議案・提案などを〉否決する, 握りつぶす: ～ a bill in committee 委員会で議案を否決する. **b** 〈小説・劇などを〉(酷評によって)葬る; 発売[上演, 上映]禁止にする. **c** (新聞などで)〈記事〉の掲載をよす, 没にする, 削る; (劇などで)〈ある部分を〉削る, カットする: The editor ～*ed* the story before it could be published. 編集者はその話が印刷される前に没にしてしまった. **d** 《印刷》〈語・パラグラフを〉削除する; 〈不必要となった組版を〉解版する.
7 a 〈機械・エンジンなどを〉止める (stop), …の運転を止める; 〈照明などを〉消す. **b** 《電気》〈回路を〉断つ (cut off).
8 《口語》 **a** (服装・目つきなどで)悩殺する, うっとりさせる. **b** 〈人〉に腹をかかえさせる, 腹の皮をよじらせる (cf. *vi.* 4, killing *adj.* 3): The comedy nearly ～*ed* me. その喜劇を見ていたらおかしくてたまらなかった (cf. make a person die with laughter ⇨ laughter 1).
9 《口語》 **a** 〈人〉にひどい苦痛を与える: My back is ～*ing* me. 腰が痛くてしょうがない / It ～*s* me not to be able to help them. 彼らの力になってやれないのがくやしくてたまらない / It won't [wouldn't] ～ you to help me with my work. 仕事を手伝ってくれてもいいじゃない[罰は当たるまいに]. **b** へとへとに疲れさす, 消耗させる: The heat really ～*ed* us. 私たちは暑さにほとほと参った / ⇨ KILL *oneself* (2).
10 《口語》〈飲食物を〉平らげる, 飲み[食べ]尽くす: ～ a bottle of wine ワイン一本を空(から)にする. **11 a** 《球技》相手が打ち返せないような〈剛球・リターンショットを〉打つ (cf. smash[1] *vt.* 5). **b** 《アメフト・サッカー》〈ボールを〉ぴたりと止める. **c** 《アイスホッケー》(仲間が反則をしたためペナルティーを受けている間)相手チームに得点されないようにする. **12** 《金属加工》(造塊前に)〈鋼を〉脱酸する: ⇨ killed steel.
— *vi.* **1** 殺す; 人殺しをする: shoot to ～ 〈相手を〉殺すために発砲する / Thou shalt not ～. なんじ殺すなかれ《モーセの十戒の一つ; *Exod.* 20: 13; *Deut.* 5: 17》: It's a case of ～ or be ～*ed*. 殺すか殺されるかの場合だ. **2** 枯れる (be killed): These plants ～ easily. これらの植物は枯れやすい. **3** 〈牛・豚などが〉(畜殺されて)肉が取れる: The ox ～*ed* well [30 stone]. その牛は切りでがあった[30 ストーンあった]. **4** 《口語》悩殺[圧倒]する: She was dressed [got up] (fit) to ～. ひどく派手な[ほれぼれするような]身なりをしていた (⇨ *fit to* KILL (1)).
fit to kill 《口語》(1) ひどく派手に, うっとりさせるほどに (cf. *vi.* 4). (2) 大いに, ひどく: weep [laugh] *fit to* ～ 大いに泣く[笑う]. ***kill dówn*** 殺す; 枯死させる. ***kill óff*** (1) 絶滅させる, 除去する (cf. *vt.* 1 a): DDT ～*ed off* all the insects. DDT で昆虫が全滅した. (2) 〈計画などを〉打ち壊す, つぶす. (3) 〈熱意などを〉全く失わせる. ***kill or cúre*** 一か八か (cf. MAKE[1] *or break* [*mar*], SINK *or swim*): We've got to do something drastic: it's a case of ～ *or cure*. 何か根本的なことをしなければならない. 一か八かの場合なんだ. ***kill óut*** (1) =KILL *off*. (2) (変質を防止するため)〈たばこを〉完全に乾燥させる. ***kill onesélf*** (1) 自殺する: I nearly ～*ed myself* laughing. 笑いころげて死にそうだった. (2) 《口語》(無理なことをして)へとへとになる, 参りそうになる: They aren't exactly ～*ing themselves* to finish the project. 彼らはその計画を完成させるのに相当無理をしているわけではない. ***kill twó birds with óne stóne*** 一石二鳥である. ***kill a person with*** [***by***] ***kíndness*** ⇨ kindness 成句.
— *n.* **1** 殺すこと, 殺害. **2** [the ～] (狩猟で獲物を)仕留めること: The lioness made the ～. 雌のライオンが獲物を仕留めた. ⇨ *be in at the* KILL. **3** [集合的にも用いて] (狩の)獲物: a plentiful ～. **4** 撃墜, 撃沈, 撃破; (敵側の)撃破機[ミサイル], 沈没艦, 沈没船. **5** 《球技》相手が打ち返せないような剛球(など) (cf. *vt.* 11 a). **6** 《米口語》=killing 3. **7** 《NZ》そのシーズンに冷凍工場で畜殺された家畜の数.
be in at [***on***] ***the kill*** (1) 獲物が仕留められるときに居合わせる. (2) 勝利の瞬間に居合わせる, 最後を見届ける. 《1814》 ***gó*** [***móve, clóse***] ***in for the kill*** 相手にとどめをさそうと手ぐすねひく. ***on the kill*** (1) 〈動物が〉獲物を求めて[ねらって]. (2) 是が非でも目的を遂げようとして.
〖(?a1200) *kille(n), kulle(n), culle(n)* to beat, kill ← ?: cf. OE *cwellan* 'to kill, QUELL'〗

SYN 殺す: **kill** 〈人や動植物〉の生命を奪う《一般的な語》: He was *killed* by a fall from a horse. 落馬して死んだ. **slay** 《文語・米》〈人を〉暴力的に殺す: *slay* one's enemy 敵を倒す. **murder** 〈人を〉不法かつ意図的に殺す: He was *murdered* by his nephew. 彼は甥に殺害された. **assassinate** 〈重要な政治家を〉殺す: An attempt was made to *assassinate* the president. 大統領を暗殺する企てがなされた. **execute** 〈犯罪者を〉法的に処刑する: The man was *executed* for murder. 男は殺人罪で処刑された. **butcher, slaughter** 〈動物を〉食用に殺す, 〈多数の人々を〉残酷に[不必要に]殺す: All the people were *butchered* by the terrorists. すべての人はテロリストによって虐殺された. **massacre** 罪のない人々を大量に殺す: The bandits *massacred* all the women and children. 山賊は女子供を皆殺しにした. **dispatch** 《古風》〈人や動物を〉殺す: He *dispatched* the dog with one shot. 一発の弾丸で犬を処分した.

kill[2], K- /kíl/ *n.* 《米方言》水路 (channel), 小川 (stream). ★ 初めオランダ人が植民した地方で主に地名として複合語をなしている: Schuyl*kill*, Cats*kill*, etc. 〖(1669) ☐ Du. *kil* < MDu. *kille* channel〗
Kil·lan·in /kɪ̀lǽnɪ̀n | -nɪn/, **Michael** *n.* キラニン《1914–99; アイルランドのジャーナリスト・実業家; 国際オリンピック委員会会長 (1972–80); 通称 Lord Killanin》.
Kil·lar·ney /kɪ̀lɑ́ːəni | -lɑ́ː-/, **the Lakes of** *n. pl.* キラーニー湖《アイルランド南西部, Kerry 州の町 Killarney 付近にある景色のよい三つの湖》.
kill-cóurtesy *n.* 《Shak》無作法な人間, 無骨な人間: this lack-love, this ～ この薄情で無骨な男 (*Mids N D* 2. 2. 77).
kill·deer /kíldɪə | -dɪə(r)/ *n.* (*pl.* ～**s**, ～) 《鳥類》フタオビチドリ (*Charadrius vociferus*) 《北米産のチドリ; killdeer plover ともいう》. 〖(1731) 擬音語〗
kill-dèvil *n.* **1** 《方言》西インド諸島のラム(酒). **2** 質の悪い酒, 安酒. **3** 《釣》傷ついた小魚をまねて水中をくるくる回るようにできている擬似針. 〖c1590〗
killed stéel *n.* 《冶金》キルド鋼《インゴット (ingot) にする前に完全に脱酸された鋼; cf. rimmed steel》. 〖1926〗
Kil·leen /kɪ̀líːn | kɪ-/ *n.* キリーン《米国 Texas 州中央部 Austin の北の都市》.
kill·er /kílə | -lə(r)/ *n.* **1** 殺す人[動物, 物]; 殺人者 (murderer); 畜殺者; (特に)殺し屋: the ～ disease 命取りになる病気 (癌(がん)など) / ⇨ humane killer. **2** [通例 *pl.*] 《口語》畜殺用の動物. **3** 《動物》=killer whale. **4** 《俗》 **a** ものすごい威力をもったもの; ほれぼれするような(身なりの)人, 悩殺的[魅力的]な人: ⇨ lady-killer. **b** すさまじいもの; 対処しにくいもの, 難物. **5** 《俗》悪消し《切手の図案がわからないくらいに汚く押された消印》. 〖(?c1425): ⇨ kill[1], -er[1]〗
kíller applicátion *n.* 爆発的に売れるコンピューターソフト.
kíller bée *n.* 攻撃性の高い西洋蜜蜂.
kíller bòat *n.* キラーボート, キャッチャーボート《加工設備をもたないで鯨を仕留めて母船に運ぶ船》.
kíller cèll *n.* 《免疫》キラー細胞, K 細胞 (killer T cell). 〖1972〗
kill·er-dill·er /kílədílə | -lədílə(r)/ *n.* 《俗》=killer 4. 〖(1938) (加重) ← KILLER 4〗
kíller ìnstinct *n.* 闘争[殺戮(さつりく)]本能, 攻撃[凶暴]性, 突貫[攻撃]精神, (がむしゃらな)闘志. 〖1931〗
kíller operàtion *n.* 《軍事》対潜攻撃(作戦)《航空機・潜水艦・艦艇などの共同作戦による対潜水艦攻撃》.
kíller sàtellite *n.* =hunter-killer satellite. 〖1972〗
kíller stìck *n.* 《米俗》マリファナたばこ.
kíller T céll /-tíː-/ *n.* 《免疫》キラー (T) 細胞《免疫作用を果たす細胞》.
kíller whàle *n.* 《動物》シャチ, サカマタ (⇨ orca). 〖1884〗
kíll fèe *n.* (フリー記者の不採用原稿に対して支払われる)不採用原稿料.
kil·lick /kílɪk/ *n.* 石錨(いかり), 錨代用の石; 小型錨; 錨 (anchor). 〖cf. killock (1630) New England 《方言》← ?〗
Kil·lie·cran·kie /kɪ̀likrǽŋki/ *n.* [the ～] キリークランキー《スコットランド中部, グランピア山脈 (Grampians) 中の山道, 戦跡 (1689)》.
kil·li·fish /kílɪfɪʃ/ *n.* 《魚類》=topminnow. 〖(1836) ? ← KILL[2]+-I(E)+FISH[1]〗
kil·li·kin·ick /kɪ̀lɪkɪník/ *n.* =kinnikinnick.
kill·ing /kílɪŋ/ *n.* **1** 殺すこと, 殺害 (slaying), 屠殺(とさつ) (slaughtering). **2** =kill[1] 3. **3** 《口語》大もうけ: make a ～ on the stock market [in a horse race] 株[競馬]で大もうけする.
— *adj.* **1** 殺す, 致死の (fatal): a ～ frost 草木を枯らす霜 / the ～ power of nuclear weapons 核兵器の殺傷力 / Cancer is a ～ disease. **2** 〈暑さなど〉猛烈な; 骨の折れる, くたびれる (exhausting): the ～ heat 猛烈な暑さ / ～ languor たまらないほどのだるさ / ～ work ひどく骨の折れる仕事. **3** 《口語》おかしさで死にそうな, おかしくてたまらない: a perfectly ～ play. **4** 《口語》うっとりとさせる, 悩ましいほどの (very attractive): a ～ glance, hat, etc. / She looked just [simply] ～. 彼女の姿は全く悩ましいほど美しかった.
〖(?a1400): ⇨ kill[1], -ing[1]〗
kílling bòttle *n.* (殺虫剤入りの)毒びん, 殺虫管, 毒つぼ (昆虫採集用).
kílling fíelds *n. pl.* (戦場などの)大量殺人の現場.
kíll·ing·ly *adv.* 殺す[死ぬ]ほど; 《口語》悩殺的なほど. 〖((1593)) (1641): ⇨ -ly[1]〗
kílling zòne *n.* 戦死者が集中して出る戦闘地域; (弾丸[矢]などが命中すれば致命的となる)体の致命部位. 〖1970〗
kíll·jòy *n.* (宴会などで)座を白けさせる人, 陰鬱な人, 興をそぐ人[物], 興ざまし (wet blanket). 〖1776〗
kil·lock /kílək/ *n.* =killick. 〖1630〗
kíll·òut *n.* 《米俗》気分のよくなるもの.
kíll ràte *n.* (戦争・暴動などにおける)殺傷率 (敵・味方死傷者数の割合; kill ratio ともいう; cf. body count 1 a); (兵器などの)殺傷率, 威力, (対空砲火による)撃墜率 (cf. kill[1] *n.* 4).
kíll ràtio [**ràte**] *n.* (戦闘における敵味方の)死傷者比率, 殺傷者率. 〖1968〗
kíll-tìme *n., adj.* 暇つぶし[退屈しのぎ](の)(仕事, 遊び). 〖1748〗
kíll zòne *n.* =killing zone.
Kil·mar·nock /kɪlmɑ́ːnək | -mɑ́ːnək, -nɒk/ *n.* キルマーノック《スコットランド南西部, Glasgow の南西にある都市》.
Kil·mer /kílmə | -mə(r)/, (**Alfred**) **Joyce** *n.* キルマー《1886–1918; 米国の詩人; *Trees and Other Poems* (1914)》.
kiln /kíln, kíl/ ★ /kíl/ の発音は主として窯業者間で使われる. *n.* (窯業製品の焼成[煆焼(かしょう)], 焼結]に用いる)窯(かま), 炉 (furnace): a brick [lime] ～ れんが[石灰]窯.
— *vt.* 炉で乾燥[焼成]する. 〖OE *cylen* ☐ L *culīna* kitchen, cookstove ← IE **pekʷ-* 'to cook': cf. culinary〗
kíln-drìed *adj.* 窯[炉]で焼成[乾燥]した: ～ bricks. 〖1854〗
kíln-drỳ *vt.* 窯[炉]で焼成[乾燥]する: ～ wood. 〖c1540〗
Kíl·ner jàr /kílnə- | -nə-/ *n.* 《商標》キルナー瓶《密閉式のふたの付いた広口のガラス瓶; 食物, 特に果物や野菜を保存するのに用いられる》. 〖1930〗
ki·lo /kíːloʊ, kíl- | kíːləʊ/ *n.* (*pl.* ～**s**) **1** キロ《kilogram, kilometer など》. **2** [K-] 《通信》キロ《文字 k を表す通信コード》. 〖(1870) ☐ F ～ 《略》← *kilogramme*: ⇨ kilo-〗
kilo. /kíːloʊ, kíl- | kíːləʊ/ 《略》kilogram(s); kilometer(s).
ki·lo- /kíloʊ | -ləʊ/ 「1,000 (倍), 千(倍); 《電算》2^{10} (=1024)」の意の連結形 (cf. mega-, giga-, tera-): *kilo*ampere, *kilo*dyne, *kilo*gauss, *kilo*lumen, *kilo*volt. 〖☐ F ～ ← Gk *khílioi* a thousand〗
kílo·àmpere *n.* 《電気》キロアンペア《電流の単位; 1,000 アンペア; 略 kA》. 〖1901〗
kílo·bàr *n.* 《物理》キロバール《圧力の単位; 1,000 バール; 略 kbar, kb》. 〖1926〗
kílo·bàse *n.* 《遺伝》キロベース《DNA, RNA などの核酸連鎖の長さの単位; base pair 1000 個と同じ》. 〖c1975〗
kílo·bàud *n.* 《通信》キロボー《電信の通信速度の単位; 1,000 ボー》.
kílo·bìt *n.* 《電算》キロビット《記憶容量の単位; 1,000 [2^{10} =1024] bits》. 〖1961〗
kílo·bùck *n.* [*pl.*] 《米俗》大金.
kílo·bỳte *n.* 《電算》キロバイト《記憶容量の単位; 1,000 [2^{10}=1024] bytes》. 〖1970〗
kílo·càlorie *n.* 《物理化学》キロカロリー, 大カロリー《熱量の単位; 1,000 カロリー; 略 kcal》. 〖1894〗
kílo·cùrie *n.* 《物理》キロキュリー《放射能の単位; 1,000 キューリー》. 〖1946〗
kílo·cỳcle *n.* 《電気》キロサイクル《1,000 サイクル; 略 kc; 周波数の単位としては現在では kilohertz, kHz を用いる》. 〖1921〗
kílo·dỳne *n.* 《物理》キロダイン《力の単位; 1,000 ダイン》. 〖1873〗
kílo·gàuss *n.* 《電気》キロガウス《磁気誘導の単位; 1,000 ガウス; 略 kG; 工学では基本単位としては tesla (略 T) を用い, 1 T=10 kG》. 〖1895〗
kílo·gràin *n.* キログレン《1,000 グレン; 略 kgr》.
kilo·gram /kíləgræ̀m, -loʊ- | -lə(ʊ)-/ *n.* キログラム《質量の SI 単位; 1,000 グラム; 略 kg, k., kilo.》. 〖(1797) ☐ F *kilogramme*: ⇨ kilo-, gram[2]〗
kílogram càlorie *n.* 《物理化学》キログラムカロリー《熱量の単位; 1,000 カロリー》. 〖1900〗
kílogram-fórce *n.* 《物理》キログラム重, 重量キログラム《1 kg の質量に働く重力の大きさに等しい力; 略 kgf》. 〖1960〗
kilo·gramme /kíləgræ̀m, -loʊ- | -lə(ʊ)-/ *n.* 《英まれ》=kilogram.
kílogram-méter *n.* 《物理》キログラムメートル《仕事の単位; 1 キログラムの質量を 1 メートルの高さに上げる仕事の量; 略 kg-m》. 〖(1886) ☐ F *kilogrammètre*〗
kílo·hèrtz *n.* 《電気》キロヘルツ《周波数の単位; 1,000 ヘルツ; 略 kHz; cf. megahertz》. 〖1929〗
kil·ohm /kílòʊm | -əʊm/ *n.* 《電気》キロオーム《電気抵抗の単位; 1,000 オーム; 略 kΩ》.
kílo·jòule *n.* 《物理》キロジュール《エネルギーの単位; 1,000 ジュール; 略 kJ, kj》. 〖c1889〗
kilol. 《略》kiloliter(s).
kílo·lìne *n.* 《電気》キロライン《磁束の単位; =1,000 maxwells; =10^{-5} weber》.
kílo·lìter *n.* キロリットル《1,000 リットル; 略 kl, kilol》. 〖(1810) ☐ F *kilolitre*: ⇨ kilo-, liter〗
kilom. 《略》kilometer(s).
kílo·mègacycle *n.* 《電気》キロメガサイクル《1,000 メガサイクル》.
kílo·mégahertz *n.* 《電気》キロメガヘルツ《1,000 メガヘルツ》.
ki·lo·me·ter, 《英》 **ki·lo·me·tre** /kɪlɑ́(ː)mətə, kíləmìːtə | kɪlɒ́mɪtə(r), kílə(ʊ)mìːtə(r)/ *n.* キロメートル《1,000 メートル; 略 km, kil., kilo., kilom.》. ★《米》では半世紀前には /-ˊ-ˋ-/ のアクセント型が多かったが, 現在では /-ˊ--/ が圧倒的. 《英》でも最近は /-ˊ--/ 型が多数を占めるようになった. 〖(1810) ☐ F *kilomètre*: ⇨ kilo-, meter[1]〗
kil·o·met·ric /kìləmétrɪk/ *adj.* キロメートルの. 〖1881〗

K

kìl·o·mét·ri·cal /-trɪ̀kəl, -kɫ | -trɪ-ˉ/ *adj.* ＝kilometric. 〚1867〛
kílo·mòle *n.* 〖化学〗キロモル《1,000 モール; 略 kmole》.
kílo·òersted *n.* 〖電気〗キロエルステッド《磁界の強さの cgs 単位; 1,000 エルステッド; 略 kOe》.
kílo·pàrsec *n.* 〖天文〗キロパーセク《天体の距離の単位; 1,000 パーセク; 略 kpc》. 〚1922〛
kílo·pòund *n.* キロポンド《1,000 ポンド》.
kílo·ràd *n.* 〖物理〗キロラド《放射線の吸収線量の単位; 1,000 ラド》. 〚1965〛
kilos. 《略》kilograms; kilometers.
kílo·stère *n.* キロステール《1,000 立方メートル》.
kílo·tòn *n.* (*also* **kílo·tònne**) **1** キロトン《1,000 トン》. **2** キロトン《原・水爆などの TNT 火薬千トンに相当する爆破力》: a ～ bomb キロトン爆弾. 〚1950〛
kílo·vàr *n.* 〖電気〗キロバール《無効電力の単位; 1,000 バール; 略 kVAr, kVar》.
kílovar-hóur *n.* 〖電気〗キロバール時《無効電力量の実用単位》.
kílo·vòlt *n.* 〖電気〗キロボルト《電圧の単位; 1,000 ボルト; 略 kV》. 〚1861〛
kílovolt-ámpere *n.* 〖電気〗キロボルトアンペア《皮相電力の実用単位; 1,000 ボルトアンペア; 略 kVA》. 〚1909〛
kílo·wàre *n.* 〖郵趣〗キロウェア, キロもの《郵便局などで小包や料金別納用に使われた使用済の紙つきのままで分類されていない切手で, 目方単位で売られる; cf. mixture 8》.
kílo·wàtt *n.* 〖電気〗キロワット《電力の単位; 1,000 ワット; 略 kW》. 〚1884〛
kílowatt-hóur *n.* 〖電気〗キロワット時《エネルギー・電力量の実用単位; 略 kWh, KWH》. 〚1892〛
kílo·wòrd *n.* 〖電算〗キロワード《記憶容量の単位; 1,000 ワード》.
K
Kil·pat·rick /kɪlpǽtrɪk/, **Hugh Jud·son** /dʒʌ́dsən, -sn̩/ *n.* キルパトリック《1836–81; 米国南北戦争当時の北軍の将軍》.
Kil·roy /kílrɔɪ | ─ˊ, ˊ─/ *n.* **1** (外地を移動中の)米軍, 米軍人. **2** 旅行ばかりする人, 大の旅行好き. 〚(1945): 第二次大戦中以降米兵が(外地の)至る所に 'Kilroy was here' と書き残したことから; Kilroy なる人物が実在したか否かは不明〛
kilt /kílt/ *n.* **1** キルト《スコットランド高地の男性が時に着用する格子柄の縦ひだの膝丈の巻スカート》. **2** [時に *pl.*; 単数扱い] キルトスカート, キルト風の巻スカート《時に脇よりの前をピンでとめる》. ── *vt.* **1** 〈スカートなどを〉はしょる, からげる (tuck up) 〈*up*〉. **2** 〈スカートに〉縦ひだを取る (pleat): ～*d* skirts. **3** 〈人〉にキルトを着けさせる. **4** 《古》〈人を〉縛り首にする (hang). ── *vi.* 身軽に動く. 〚v.: (*c*1340) *kilte, kylte* ← ON (cf. ON *kjalta* lap, *kilting* / Dan. *kilte* to tuck up / Swed. (方言) *kilta* to swathe). — n.: (*c*1730) ← (v.)〛

kilt 1

kílt·ed *adj.* **1** キルトを着けた: a ～ regiment スコットランドの高地人連隊. **2 a** 〈スカートが〉縦ひだを取ってある, ひだのある (pleated). **b** 〈スカートなど〉からげた. 〚(1724): ⇨ ↑, -ed〛
kil·ter /kíltə | -tə^(r)/ *n.* 《米》好調 (《英》kelter). ★ 主に次の句に用いる: in ～ 好調で, 調子よく / off [out of] ～ 調子が悪く, 故障して, 元気なく / throw *out of* ～ 調子を狂わせる, 故障させる. 〚[?]〛
kilt·ie, K- /kílti/ *n.* キルトを着けた人; (キルトを着けた)スコットランド高地人連隊の兵士. 〚(1842) ← KILT (n.)＋-IE〛
kílt·ing *n.* (キルトの)縦ひだ《数本の kilt pleats からなる》. 〚(1521) ← KILT (v.)＋-ING¹〛
kílt plèat *n.* キルトプリーツ《一つ一つが前のひだを半分覆うように重なり合っている大きい縦ひだ》.
kilt·y /kílti/ *n.* ＝kiltie.
Ki·lung /kiːlúŋ/ *n.* ＝Chilung.
Kim /kím/ *n.* キム: **1** 男性名. **2** 女性名. 〚← OE *cyne* royal, kingly // (dim.) ↓〛
Kim·ball /kímbəl, -bɫ/ *n.* キンバル《男性名》. 〚← OWelsh *cymbel* warrior chief // ← OE *cyne-bold* very bold〛
Kim·ber·ley /kímbəli | -bə-/ *n.* **1** キンバリー《南アフリカ共和国 Northern Cape 州の都市; ダイヤモンド原鉱の産地》. **2** [時に the ～s] キンバリー(高原)《オーストラリア北西部の高原》.
kim·ber·lite /kímbəlàɪt | -bə-/ *n.* 〖岩石〗キンバリー岩《かんらん岩質の一種の噴出性岩石で, ダイヤモンドを含有することもある》. 〚(1887) ← *Kimber(ley)*＋-LITE〛
Kim·ber·ly /kímbəli | -bə-/ *n.* キンバリー《女性名》.
Kim·bun·du /kɪmbúnduː/ *n.* 〖言語〗北アンゴラのバンツー語. 〚*c*1895〛
kim·chi /kímtʃi; *Korean* kimtʃʰi/ *n.* (*also* **kim·chee** /～/) キムチ《野菜を主とする朝鮮の漬物の総称》. 〚(1898) □ Korean ～〛
Kim·co /kímkoʊ | -kəʊ/ *n.* 〖商標〗キムコ《米国 Kimco International 社製の冷蔵庫脱臭剤》.
Kim Dae Jung /kímdèɪdʒʊ́ŋ, -dʒʌ́ŋ; *Korean* kimdɛdʒuŋ/ *n.* 金大中(キムデジュン)《1925– ; 韓国の政治家; 1955 年に新政治国民会議を結成; 大統領 (1998–); ノーベル平和賞 (2000)》.
Kim Il Sung /kímìlsʌ́ŋ, -sʊ́ŋ, -sáŋ; *Korean* kimilsʌŋ/ *n.* 金日成(キムイルソン)《1912–94; 朝鮮民主主義人民共和国(北朝鮮)の政治家・軍人; 首相 (1948–72), 国家主席 (1972–94)》.
Kim Jong Il /kímdʒɔ̀(ː)ŋíl | -dʒɒŋ-; *Korean* kimdʒʌŋil/ *n.* 金正日(キムジョンイル)《1942–2011; 朝鮮民主主義人民共和国(北朝鮮)の政治家; 金日成の息子で後継者; 国防委員会委員長 (1993–2011); 朝鮮労働党総書記 (1997–2011)》.
Kim·mel /kímәl, -mɫ/, **Husband Edward** *n.* キンメル《1882–1968; 米国の海軍大将; 連合艦隊司令長官だったが, 日本の真珠湾攻撃後解任 (1941)》.
kim·mer /kímə | -mə^(r)/ *n.* ＝cummer.
ki·mo·no /kə̀móʊnə, -noʊ | -mə́ʊnəʊ/ *n.* (*pl.* ～**s**) (*also* **ki·mo·na** /-nə/) **1** (日本の)着物. **2** (着物風で女性・子供用の)化粧着, キモノ (dressing gown). 〚(1886) □ Jpn.〛
kimóno drèss *n.* キモノドレス《キモノスリーブ (kimono sleeve) のついたドレス》.
kimóno slèeve *n.* キモノスリーブ《日本の着物のそでに似せたもので幅が広く丈は通例短い》. 〚1919–20〛
kin /kín/ *n.* (*pl.* ～) **1** [集合的] 親族, 親類: ⇨ KITH *and kin*. **2 a** 《まれ》血族関係: of ～ (*to* …) (…と)親戚で; 同(種)類で (akin) / near of ～ 近親で / next of ～ ⇨ next *n.* **b** 《古》家系, 家柄, 生まれ (birth): of good ～ 家柄のよい. **3** (*pl.* ～**s**) 《古》一族, やから. **4** 親類 (relative(s)): He is no ～ *to* me.＝He is no ～ of mine. 彼は私の親類なんかではない. **5** 同類; 同類の人[もの].
── *adj.* [通例叙述的] **1** 血族で, 親類で〔*to*〕: He is ～ *to* us. 私たちと縁続きだ / more ～ than kind 親族だが愛情がない (cf. Shak., *Hamlet* 1. 2. 65). **2** 同質で, 同類で〔*to*〕. 〚OE *cyn(n)* kind, race, family < Gmc **kunjam* family, race (Du. *kunne* / Dan. *køn* / Swed. *kön*) ← IE **genə-* to produce (L *genus* race / Gk *génos* race): cf. akin, kind¹〛
Kin 《略》〖聖書〗Kings (旧約聖書の)列王紀.
Kin. 《略》Kinross(shire).
kin- /kɪn, kaɪn | kɪn, kaɪn/ (母音の前にくるときの) kino- の異形.
-kin /kɪ̀n | kɪn/ *suf.* 指小辞: lamb*kin* / mani*kin* (← man) / Sim*kin* (← Simon, Samuel) / Jen*kin* (← John) / Rumpelstilts*kin* ルンペルスティルツキン《ドイツの民話の主人公の名; Rumpelstilzchen の英語化》. ★ 1400 年ごろからは名に -kin を付けることは廃れていったが姓の方にはこれに -s (⇨ -s² 3) または -son を添加した形 Dickens, Jenkins, Watkins, Dickinson, Wilkinson などが残っている. 〚ME ～, *-ken* □ MDu. *-kijn, -ken*: cog. G *-chen*〛
ki·na¹ /kíːnə/ *n.* (*pl.* ～, ～**s**) **1** キナ《パプアニューギニアの通貨単位; ＝100 toeas; 記号 K》. **2** 1 キナ貨. 〚(1975) □ Papuan ～〛
ki·na² /kíːnə/ *n.* (*pl.* ～) 〖動物〗ナガウニの一種 (*Evechinus chloroticus*) 《ニュージーランド沿岸産の食用ウニ》. 〚(*c*1950) ← Maori ～〛
Kin·a·ba·lu /kɪ̀nəbəlúː, -báːluː/ *n.* キナバル(山)《マレーシアの Sabah 州北西部の山; Borneo 島の最高峰 (4,101 m)》.
kinaestheses *n.* kinaesthesis の複数形.
kin·aes·the·si·a /kɪ̀nəsθíːʒə, kàɪn- | kɪ̀niːsθíːziə, kàɪn-, -n̩s-, -ʒiə/ *n.* 〖心理〗＝kinesthesia.
kin·aes·the·sis /kɪ̀nəsθíːsəs, kàɪn- | kàɪniːsθíːsɪs, -nɪs-/ *n.* (*pl.* **-the·ses** /-siːz/) 〖心理〗＝kinesthesis. 〚1880〛
kin·aes·thet·ic /kɪ̀nəsθétɪk, kàɪn- | -iːsθét-, -n̩s-ˉ/ *adj.* 〖心理〗＝kinesthetic. 〚1880〛
ki·nase /káɪneɪs, -neɪz | -neɪz/ *n.* 〖生化学〗**1** キナーゼ《酵素原 (proenzyme *or* zymogen) を活性ある酵素に変える物質》. **2** キナーゼ《一つの物質に含まれるある基を, 他の物質に転移させる酵素の総称; phosphokinase ともいう》. 〚(1902) ← KIN(ETIC)＋-ASE〛
Kin·car·dine /kɪnkáədn̩, -dn̩ | -káːdɪn, -dn̩/ *n.* キンカーディン《スコットランド東部の旧州; 面積 989 km², 州都 Stonehaven》. 〚□ Gael. *cinn gàirdein* ? inlet, 《原義》head of the arm〛
Kin·car·dine·shire /kɪnkáədn̩ʃə, -dn̩-, -ʃɪə, kɪŋ- | -káːdɪnʃə^(r), -dn̩-, -ʃɪə^(r)/ *n.* ＝Kincardine.
kin·chin /kíntʃɪ̀n | -tʃɪn/ *n.* 〖俗〗子供, がき《もと盗賊隠語》. 〚(1561) □ G *Kindchen* ← *Kind* child＋*-chen* '-KIN'〛
Kin·chin·jun·ga /kɪ̀ntʃɪ̀ndʒʊ́ŋgə, -dʒʌ́ŋ-/ *n.* ＝Kanchenjunga.
kínchin lày *n.* 《英古俗》使い歩きの子供からの盗み (cf. lay² *n.* 2). 〚1838〛
kin·cob /kíŋkɑ(ː)b, kíŋ- | kíŋkɒb/ *n.* (金銀糸で刺繡(しゅう)した)インド錦. 〚(1712) □ Hindi *kimkh(w)āb* □ Pers. *kinkhab, kimkhāb* □ Chin. *Kimsha* (金紗)〛
kind¹ /káɪnd/ *n.* **1 a** 種類, 部類 (⇨ type SYN): There are different [many] ～*s*. いろいろな[多くの]種類がある / I like this ～. この種[手]が好きだ. ★ この意味に用いられる kind や sort, type は通例 (1) ～(*s*) of または (2) of に導かれて次のように用いられるが, (2) は大体文語的: ⇨ a KIND *of, of a* KIND (1) / this ～ *of* beer＝beer *of* this ～ / this ～ *of* book＝a book *of* this ～ この種の[こういう]本 / Books of this ～ are …＝《口語》These ～ *of* books are … / These ～*s of* books [book] are …＝Books *of* these ～*s* are …これらの種類の本は… / What ～ is this? これはどんな種類のものか / What ～ *of* book [《口語》*a* book] is this? これはどんな種類の本か / What ～ *of* (a) man is he? 彼はどんな人[人柄]ですか / What ～ of (a) man do you think I am [take me for]? 君は私をどんな人間だと思っているんだい / He is the ～ *of* man I want for this post. 私がこの地位に求めているのはああいう人だ / It takes all ～*s* (to make a world). 《諺》世の中にはいろいろな人がいるものだ / It's the largest building of its ～. その部類では最大の建物だ / He expected something *of* the ～. そういったような事を期待していた / I won't do anything *of* the ～. だれがそんなことをするものか / And did you lend him the money?—Nothing *of* the ～. で, 彼にその金を貸したのかね—冗談じゃない. **b** [the ～] 特定の種類[性質]の人 〈*to* do〉; [one's ～] 性に合った人: He is not *the* ～ *to* complain. 不平を言うような人[たち]ではない / She is not *his* ～. 彼女は彼の性に合うタイプではない. **c** 〖文学〗様式, ジャンル. **2 a** (動・植物などの)類, 族 (race), 種 (species), 属 (genus): the cat [feline] ～ ネコ属 / ⇨ humankind, mankind 1. **b** 《古》民族, 人種. **c** 《古》家柄, 血統: a gentle ～ 由緒正しい家柄 (Shak., *Pericles* 5. 1. 68). **3** 《古》**a** 自然(界): the law of ～ 自然の法則. **b** (生まれながらの)性質; (自己特有の)仕方: All men act after their ～. 人は皆自分の流儀に従って行動する. **c** 方法, やり方, 風 (way): in that ～. **4 a** 《古》本質, 本性: *in* ～ ⇨ 成句. **b** 《廃》性 (sex, gender). **5** 〖トランプ〗(ポーカーなどで)同位, 同数字(の札) (cf. suit *n.* A 2): four [three] of a ～ フォー[スリー]カード《同位札の 4 [3] 枚揃い》/ five of a ～ ファイブカード《フォーカードに万能札 (wild card) を加えた手; 最高位の出来役とされる》. **6** 〖キリスト教〗(聖体の)形色《パンまたはぶどう酒》: receive in both ～*s* 聖体を二つとも受ける.
a kind of (1) …の一種: *a* ～ *of* insect, oil, etc. / *a* ～ *of* boat [《口語》a boat] / a new ～ *of* car＝a car of a new ～ 新式の車. (2) 一種の…, (大体)…といえるもの (cf. *of a* KIND¹ (1), KIND *of*): *a* ～ *of* essay 一種の随筆, 大体エッセイといえるもの / *a* ～ *of* sympathy 一種の[漠然とした]同情心, 同情に近い気持ち / *a* ～ *of* secretary 一種の[ある意味での]秘書 (1594) / *a* ～ *of* rasping noise いわば, やすりをかけるような音. ***áll kinds of*** (1) いろいろな(種類)の: *all* ～*s* of countries, vice(s), etc. (2) 《口語》たくさんの (much, many): have *all* ～*s* of money. ***in a kind*** 《古》ある程度, 幾分 (in a way). (1646) ***in a kind of wáy*** 《口語》＝*in a* WAY (1). ***in kind*** (1) 本来の性質において, 本質的に: differ *in* ～, not in degree 程度でなく性質が違う[本質的に相違がある]. (2) (金銭でなく)物品で, 現物で (cf. *in* SPECIE¹ 2): payment *in* ～ 物納 / taxes paid *in* ～ 税金の物納. (3) (返報に)同種のもので: repay a person's insult *in* ～ 人に侮辱されて侮辱で仕返しする. (1622) ***kind of*** /kàɪndə(v), -də | -də(v)/ 《口語》[副詞的に; 形容詞・動詞に先立ちそれを修飾して] 多少, いくらか, 大体 (somewhat, rather): It was ～ *of* cold outside. 外はちょっと寒かった / I ～ *of* like it. それがまあ好きだ / Do you like it?—*Kind of*. それ好きかね—まあね. ★ 発音に応じて, kind o', kinda, kind a /káɪndə/, kinder /kàɪndə, -də | -də/ などと書かれることがある (cf. SORT *of*): It's ～ o' [*kinda*] interesting. それはちょっとおもしろい. (1849) ***kind of sòrt of*** 《方言・口語》＝KIND *of*. ***of a kind*** (1) 名ばかりの, いい加減な, 怪しげな (cf. *a* KIND¹ *of* (2)): a gentleman *of a* ～ えせ紳士 / coffee *of a* ～ (コーヒーとは名ばかりの)まずいコーヒー. (2) 同じ種類の: all *of a* ～ 皆同じ種類で, 一様で (all alike) / You are two *of a* ～. 似たもの同士だ. (1895) ***óne of a kind*** 独特な, ユニークな: There's no one like her: she's *one of a* ～. 彼女のような人はいないよ, ユニークな人だ. ***thàt kind of móney*** 《口語》そんなにたくさんの金: He doesn't have *that* ～ *of money*.
〚OE *ġecynd(e)* kind, nature, birth < Gmc **ʒakundiz* ← **ʒa-* 'Y-'＋**kunjam* 'KIN'＋**-diz* (抽象名詞語尾): 語頭の *ġe-* は ME の初期に消失〛
kind² /káɪnd/ *adj.* (～·**er**; ～·**est**) **1 a** 〈人・心が〉親切な, 思いやりのある, 情深い; 優しい (↔ cruel, unkind): a ～ mother, friend, heart, etc. / He is ～ *to* us all. 彼は私たちみんなに親切にしてくれる / *It is* very [How] ～ *of* you *to* say so. (そう言って下さって)本当にありがとう / He was ～ enough *to* carry my bag. 親切にも私のかばんを持ってくれた / Will you be *so* ～ *as* [～ enough] *to* close the window? すみませんが窓を閉めて下さい. **b** 〈言行が〉もの柔らかな, 優しい, 親切な: a ～ act, look, word, etc. / I hope the critics will be ～*er* to his next book. 評論家が彼の次作に対してもっと優しくしてくれることを希望します. **2** 心からの: with ～ regards 敬具《手紙の結び文句》/ Please give my ～ regards to your father. お父様によろしく. **3** 《古》愛情のある. **4** 《古・方言》**a** 扱いやすい, 素直な: a horse ～ *in* harness 素直に馬具をつけさせる馬 / stone ～ *for* dressing 仕上げの容易な石. **b** 柔らかい, 感じのよい: wool ～ *to* the skin 肌触りのよい羊毛. **5** 《廃》自然の; 生来の. 〚OE *ġecynde* natural, native, 《原義》according to nature < Gmc **ʒakundjaz* ← **ʒakundiz* (↑): 現行の意味は 13C から「生まれの良い」からの転義〛

SYN 親切な: **kind** 特定の行為が親切で思いやりのある: Be *kind* to animals. 動物に優しくしなさい. **kindly** (特に目下の者に)優しく親しみを示す《優しさが態度などに現れた場合をいう》: She gave me a *kindly* smile. 彼女は私に優しい笑顔を向けてくれた. **benign, benignant** 〈人や行動が特に目下の者に親切な《格式ばった語》: a *benign* master 親切な主人. **ANT** unkind.

kind·a /káɪndə/ *adv.* (*also* **kind a** /～/) ⇨ KIND¹ *of* (cf. sorta). 〚1857〛

kind·er /káɪndə, -də | -də/ *adv.* ⇨ KIND¹ *of.* 〘1834〙

kin·der·gar·ten /kíndəgàətn, -də-, -dn | -də-gà:tn; G. kíndɐgaːʁtn/ *n.* 幼稚園: attend [go to] ～. 〘(1852) □ G *Kindergarten* 《原義》children's garden ← *Kinder* ((pl.) ← *Kind* child)＋*Garten* 'GARDEN': F. Froebel の造語 (1840)〙

kin·der·gart·ner /kíndəgàətnə, -də-, -gàəd- | -dəgà:tnə^(r)/ *n.* (*also* **kin·der·gar·ten·er** /-tn-, -tn-/) **1** 幼稚園の先生, (幼稚園の)保母. **2** 幼稚園の園児. 〘(1889): ⇨ ↑, -er¹〙

kin·der, kir·che, kü·che /kíndə kíəkə kú:kə, -kíəxə-, -kú:xə | kíndə-, kíə-; G. kíndɐ kíʁçə ký:çə/ G. 子供・教会・台所《女性の活動分野を制限するドイツのスローガン》. 〘(1899) □ G *Kinder, Kirche, Küche,* children, church, kitchen〙

kínd·héarted *adj.* 心の優しい, 情け深い, 人情に富んだ, 親切心のある, 温情のある. **～·ly** *adv.* **～·ness** *n.* 〘1535〙

kin·die /kíndi/ *n.* ＝kindy.

kin·dle¹ /kíndl/ *vt.* **1** 〈火・物を〉燃やす, (たき)つける, 火をつける (set fire to), 点火する (light): ～ a flame, fire, straw, etc. **2** 照らす, 明るくする 〈*up*〉: The sun ～*d* the eastern sky. **3** 〈人・感情・熱意などを〉燃え立たせる, あおる, 煽動する: ～ anger in a person 人の心に怒りを燃え立たせる / ～ a person's emotions 人の感情をあおり立てる / ～ an audience 聴衆を煽動する / ～ a person *with* [*to*] passion 人の感情をたきつける / ～ a person *to* do something 人を煽動して事をさせる. **—** *vi.* **1** 火がつく, 燃えつく, 燃える, 燃え上がる: The paper ～*d.* / The fire is *kindling* at last. やっと火が燃えてきた. **2** 〈顔などが〉輝く, ほてる, 熱くなる; きらきらする (flash); 〈空の色などが〉燃えるように輝く: His eyes ～*d with* ardor. / The sky ～*d* at dawn. **3 a** 興奮する, かっとする: ～ *at* an insult. **b** 〈感情などが〉燃え立つ. 〘(?c1200) *kindele(n)* □ ON *kynda* to kindle: ⇨ -le³: cf. ON *kyndill* candle, torch〙

SYN 火をつける: **kindle** 薪・わら・紙などに手間をかけて火をつける: *kindle* a fire in the hearth 暖炉に火をたく. **ignite** 火花などを近づけて点火する《格式ばった語》: *ignite* gasoline ガソリンに点火する. **light** 灯火・たばこなどに火をつける: He *lit* his cigar. 葉巻に火をつけた.

---

kin·dle² /kíndl/ 《古・方言》*vt., vi.* 〈ウサギなどが〉(子を)産む. **—** *n.* (ウサギなどの)子, 一腹の子. 〘(?a1200) *cundle(n)* < ? OE *(ġe)cyndlian ← *gecynd* 'KIND¹, birth': ⇨ -le³: cf. G *Kind* child〙

kín·dler /-dlə, -dlə | -dlə^(r), -dl-/ *n.* **1** たきつける人; 点火者; 煽動者. **2** たきつけ (kindling wood). 〘(?a1439): ⇨ kindle¹, -er¹〙

kínd·less *adj.* **1** 《まれ》親切心[温情]のない, つれない (unkind). **2** 《古》自然に反する, 不自然な. **3** 《廃》非人間的な, 冷酷な (inhuman). **～·ly** *adv.* 〘((?c1200)) (1847): ⇨ kind², -less〙

kind·li·ly /káɪndləli | -ldi-/ *adv.* 親切に, ねんごろに, 優しく. 〘(1826) ← KINDLY¹＋-LY¹〙

kínd·li·ness *n.* **1** (心情の)優しさ, 親切, 温情, 懇篤; 親切な行為. **2** (気候などの)温和. 〘(?c1425): ⇨ kindly¹, -ness〙

kín·dling¹ /-dlɪŋ, -dl-/ *n.* **1** 燃やすこと, 燃えつくすこと, 点火, 発火; (感情などの)興奮. **2** たきつけ (kindling wood). 〘(?a1400): ⇨ kindle¹, -ing¹〙

kín·dling² /-dlɪŋ, -dl-/ *n.* 《方言》(ウサギなど)子を産むこと. 〘(?a1300): ⇨ kindle², -ing¹〙

kíndling tèmperature [pòint] *n.* 発火温度.

kíndling wòod *n.* たきつけ. 〘1850〙

kind·ly¹ /káɪndli/ *adj.* (**kind·li·er**; **-li·est**) **1** 親切な, 情け深い, 思いやりのある (⇨ kind² SYN): a ～ act, heart, smile, voice, letter, etc. **2** 〈気候・環境など〉快い, 快適な. **3** 〈地味など〉〔…に〕向く, 合う 〔*for*〕: ～ soil *for* crops 作物に適する土地. **4** 《古》天然の, 自然の; 生来の, 生得の: the ～ fruits of the earth 地の産物 (*Prayer Book,* 'The Litany'). **5** 《英古》土着の, はえ抜きの: a ～ Scot. **6** 《古》合法の, 正当な. 〘OE *ġecyndelīc* natural, innate: ⇨ kind², -ly²〙

kind·ly² /káɪndli/ *adv.* **1 a** 親切に, ねんごろに, 優しく; 親切にも: speak ～ to children 子供に優しい言葉をかける / He ～ helped me. 彼は親切にも助けてくれた. **b** どうぞ (please): Will you ～ show me the way to the station? すみませんが駅へ行く道を教えて下さいませんか. **2** 快く, 喜んで (agreeably): take (it) ～ 快く受ける, 善意に解する / She won't take *it* ～ that you've said no. あなたが否と言ったことを彼女はよく思わないでしょう. **3** 心から (cordially): Thank you ～. 心からお礼を申し上げます, 本当にありがとう.

lòok kindly on *a person* 人を認める, 賛成する. ***tàke kindly to*** …を(自然に)好きになる, …になじむ (cf. TAKE *to* (3)): At first he didn't *take* ～ *to* the old man. 初めはその老人になじめなかった / He *took* ～ *to* the idea. その着想が気に入った / She won't *take* ～ *to* your saying no. あなたが否と言うことは気に入らないでしょう. ***think kindly of a person*** 人を快く思う.

〘OE *(ġe)cyndelīce* naturally: ⇨ kind², -ly¹〙

kind·ness /káɪn(d)nɪ̀s/ *n.* **1** 親切, 優しさ (goodness): He did it out of ～ to you. 彼はそれをあなたへの親切心からしたのだ / He treated me with ～, and I am grateful for his ～ *to* [toward] me. 彼は私を親切に扱ってくれ, 彼の私に対する親切に対して私は感謝しております / have the ～ *to* do 親切にも…する (be so kind as to do) / I'm not doing this out of the ～ of my heart: I expect something in return. これは私の親切心からやっていることではなく, 見返りに何かを期待しています. **2** 親切な態度[ふるまい]: Thank you for your ～. ご親切ありがとう. **3** 親切な行為: Will you do me a ～? お願いしたいことがあるのですが / He has done [shown] me many ～*es.* いろいろ親切にして[世話して]くれた / It would be a great ～ to tell them the truth. 彼らに本当のことを言ってあげることが大いなる親切というものでしょう. **4** 《古》愛情, 好意, 友情: have a ～ *for* a person 人に好意を寄せる, 愛慕の情を抱く.

kill a person with [***by***] ***kindness*** 〈人〉への親切が仇(あだ)になる, 〈人〉に対してひいきの引き倒しをする (cf. Shak., *Shrew* 4. 1. 211). ***milk of húman kíndness*** ⇨ milk *n.* 成句.

〘(c1300) *kundenesse*: ⇨ kind²〙

kind o' /káɪndə/ *adv.* ⇨ KIND¹ *of.*

kin·dred /kíndrɪ̀d/ *n.* (*pl.* ～) **1 a** 血縁, 血族関係: ties of ～ 血縁のつながり. **b** 《俗用》姻戚関係. **2 a** [集合的] 親族, 親類(の人々). **b** [通例 one's ～ として] 一門, 一族, 同族: of his ～ 彼の一族で[の]. **3** (質の)近似, 類縁, 同種, 同質. **—** *adj.* **1** 血族の, 同族の: ～ races, tribes, etc. **2** 親族の, 身寄りの. **3** 同じ気質の, 気心の合った: ～ spirits 気の合った同士. **4** 同類の, 類似の: ～ languages / frost and ～ phenomena 霜および同種の現象. 〘(14C) ∽ lateOE *kinrede* ← OE *cynn* 'family, KIN'＋*-rēde* '-RED'〙

kíndred·shìp *n.* 血族[親族]関係, 類縁 (kinship). 〘(1769): ⇨ ↑, -ship〙

kin·dy /kíndi/ *n.* 《豪口語》幼稚園. 〘(1966) 《略》← KINDERGARTEN〙

kine¹ /káɪn/ *n. pl.* 《古》雌牛 (cows), 畜牛 (cattle). 〘(c1250) *kin* (pl.) ← *ki* < OE *cȳ* cows (cf. *cȳna* (gen. pl.)) ← *cū* 'cow¹': 複数形 *ki, cȳ* にさらに複数語尾 *-en* が添加した二重複数 (cf. children)〙

kin·e² /kíni/ *n.* 《テレビ》＝kinescope 1.

kine³ /káɪn/ *n.* 《言語》身ぶり言語の最小単位. 〘(1952) 《逆成》← KINESICS〙

kin·e- /kɪnɪ̀, kaɪn- | -nɪ/ kino- の異形.

kin·e·ma /kínəmə | -nɪ̀-/ *n.* 《英》＝cinema. 〘1914〙

kin·e·mat·ic /kìnəmǽtɪk, kàɪn- | -nɪ̀mǽt-ˈ/ *adj.* 運動学的な, 運動学上の (cf. dynamic *adj.* 4). 〘(1864) 《逆成》← KINEMATICS〙

kìn·e·mát·i·cal /-tɪ̀kəl, -kl | -tɪ-ˈ/ *adj.* ＝kinematic. **kìn·e·mát·i·cal·ly** *adv.* 〘1864〙

kinemátic línk *n.* 《機械》連鎖のリンク.

kínematic páir *n.* 《機械》＝pair¹ 8.

kin·e·mat·ics /kìnəmǽtɪks, kàɪn- | -nɪ̀mǽtɪks/ *n.* 《物理》運動学《物体の運動を数学的に表現する学問; cf. mechanics 1》. 〘(1840) ← Gk *kīnēmat-, kī́nēma* motion＋-ICS: cf. G *Kinematik* / F *cinématique*〙

kinemátic viscósity *n.* 《物理》動粘性率《粘性率と液体の密度との比率; 単位 cm²/s》.

kin·e·mat·o·graph /kìnəmǽtəgræ̀f, kàɪn- | -nɪ̀-mǽtə(ʊ)grà:f, -græ̀f/ *n., v.* ＝cinematograph. 〘1896〙

kin·e·scope /kínəskòʊp, káɪn- | kínɪ̀skàʊp/ *n.* **1** 《米》《テレビ》**a** キネスコープ《RCA 社製のテレビジョン受像用ブラウン管; 略称 kine; cf. picture tube, Braun tube》. **b** キネスコープ録画. **2** キネスコープ映画《キネスコープで見るように作られた映画》. **3** 《眼科》運動鏡《目の屈折を測定するためのもの》. **—** *vt.* キネスコープに録画する. 〘(1930) ← *Kinescope* (商標名) ← KINES(I)-, KINE(TO-)＋-SCOPE〙

kineses *n.* kinesis の複数形.

-kineses -kinesis の複数形.

ki·ne·si- /kɪ̀ní:sɪ̀, kaɪ-, -si/「運動」の意の連結形: *kinesi*atrics 運動療法. ★ 時に kinesio- となる. 〘← Gk *kī́nēsis* movement〙

-ki·ne·si·a /kɪ̀ní:ʒiə, kaɪ-, -ʒə | kaɪní:ziə, kɪ-, -zjə, -ʒjə, -ʒə/「運動」の意の名詞連結形: diadocho*kinesia*, para*kinesia.* 〘← NL *kinēsia*: ⇨ ↑, -ia¹〙

ki·ne·sic /kɪ̀ní:sɪk, kaɪ-, -zɪk | kɪní:s-, kaɪ-/ *adj.* 動作学の[に関する]. **kiné·si·cal·ly** *adv.* 〘(1952) ← Gk *kī́nēsis*＋-IC¹〙

ki·ne·sics /kɪ̀ní:sɪks, kaɪ-, -zɪks | kɪní:s-, kaɪ-/ *n.* 《心理・言語》動作学, キネシクス《身ぶりと思想伝達との関係についての系統的研究》. 〘(1952): ⇨ ↑, -ics〙

ki·ne·si·o- /kɪ̀ní:siou, kaɪ-, -zi- | kɪní:siəʊ, kaɪ-/ kinesi- の異形: *kinesio*logy. 〘← KINESI-＋-O-〙

ki·ne·si·ol·o·gy /kɪ̀nì:siá(:)lədʒi, kaɪ-, -zi- | kɪnì:-siɔ́l-, kaɪ-/ *n.* **1** キネシオロジー, (身体)運動学《身体運動の力学; 体育学の一分科》. **2** ＝kinesitherapy. **ki·ne·si·o·log·ic** /kɪ̀nì:siəlá(:)dʒɪk, kaɪ-, -ziə- | kɪnì:siəlɔ́dʒ-, kaɪ-ˈ/ *adj.* **ki·nè·si·o·lóg·i·cal** /-dʒɪ̀kəl, -kl | -dʒɪ-ˈ/ *adj.* 〘(1894) ← KINESIO-＋-LOGY〙

ki·ne·sis /kɪ̀ní:sɪ̀s, kaɪ- | kɪní:sɪs, kaɪ-/ *n.* (*pl.* **-ne·ses** /-si:z/) 《生物》キネシス, 動性, 無定位運動性《外部からの刺激に反応して起こした運動のうち, 刺激の方向と関係なく無定位的に行われるもの; cf. taxis 2》. 〘(1904) ← NL ～ ← Gk *kī́nēsis* movement ← *kīnein* to move〙

-ki·ne·sis /kɪ̀ní:sɪ̀s, kaɪ- | kɪní:sɪs, kaɪ-/ (*pl.* **-ne·ses** /-si:z/)「分裂」の意の名詞連結形. 〘← NL *-kinēsis*: ⇨ ↑〙

kinèsi·thérapy *n.* 運動療法. 〘(1856) ← KINESIS＋THERAPY〙

kinestheses *n.* kinesthesis の複数形.

kin·es·the·si·a /kìnəsθí:ʒə, kàɪ- | -nɪsθí:ziə, -nɪ̀s-, -ʒiə/ *n.* 《心理》(筋)運動感覚. 〘(1880) ← NL ～: ⇨ kin-, esthesia〙

kin·es·the·sis /kìnəsθí:sɪ̀s, kàɪ- | kìnɪ:sθí:sɪs, kàɪ-, -nɪs-/ *n.* (*pl.* **-the·ses** /-si:z/) 《心理》＝kinesthesia. 〘1880〙

kin·es·thet·ic /kìnəsθétɪk, kàɪ- | kìnɪ:sθét-, kàɪn-, -nɪ̀s-ˈ/ *adj.* 《心理》(筋)運動感覚の[に関する]. **kìn·es·thét·i·cal·ly** *adv.* 〘(1880): ↑〙

ki·net- /kɪ̀nét, kaɪ-, -ní:t | kɪnét-, kaɪ-/ (母音の前にくるときの) kineto- の異形.

ki·ne·the·od·o·lite /kìnəθiá(:)dəlàɪt | -ɔ́d-/ *n.* キネセオドライト《経緯儀 (theodolite) にカメラを取り付けた機器; 航空機・ミサイルの観測用》. 〘(1941) ← Gk *kíne* movement＋THEODOLITE〙

ki·net·ic /kɪ̀nétɪk, kaɪ- | kɪnét-, kaɪn-/ *adj.* **1** 《物理》運動の, 運動学上の (cf. static). **2** 動的な, 活力的な (dynamic, powerful): a man of ～ energy [force] 活動的な精力家. **3** 《美術》キネティックアート (kinetic art) の.

kinétic théory of gáses [the —]《物理》気体分子運動論, 気体運動論《気体分子の運動から気体の諸性質を論じる理論》. 〘1871〙

kinétic théory of héat [the —]《物理》熱の運動論《物質の温度が構成粒子の運動エネルギーの変化によるものであるとする理論》. 〘1864〙

ki·nét·i·cal·ly *adv.* 〘(1855) □ Gk *kinētikós* moving ← *kinein* to move: ⇨ -ic¹〙

kinétic árt *n.* 《美術》動く芸術, キネティックアート《実際の光線あるいは動きを表現の主体とした彫刻・アッサンブラージュ (assemblage) など; kineticism ともいう; cf. luminal art, energy structure, mobile 2》. **～·ist** *n.* 〘1961〙

kinétic énergy *n.* 《物理》運動エネルギー (cf. static energy, potential energy). 〘1870〙

kinétic fríction *n.* 《運動》動摩擦, 運動摩擦 (⇨ sliding friction).

ki·nét·i·cìsm /-təsɪ̀zm | -tɪ-/ *n.* 《美術》＝kinetic art. 〘1939〙

ki·nét·i·cist /-sɪ̀st | -sɪst/ *n.* **1** 動力学者. **2** ＝kinetic artist. 〘1960〙

kinétic poténtial *n.* 《物理・数学》運動ポテンシャル (⇨ Lagrangian).

ki·net·ics /kɪ̀nétɪks, kaɪ- | kɪnét-, kaɪ-/ *n.* **1** 《物理》動力学 (dynamics) (cf. statics 1, mechanics 1). **2** 《物理化学》(反応)速度論; (一般に)反応の起こる機構. 〘(c1859) ← KINETIC: ⇨ -ics〙

ki·ne·tin /káɪnətɪ̀n | -nɪ̀tɪn/ *n.* 《植物生理》カイネチン, キネチン ($C_{10}H_9N_5O$)《植物の細胞分裂を促進するホルモンの一種》. 〘(1955): ⇨ ↓, -in²〙

ki·net·o- /kɪ̀nétou, kaɪ-, -ní:t- | kɪnétəʊ, kaɪ-, -ní:t-/「動く」の意の連結形. ★ 母音の前では通例 kinet- になる. 〘← Gk *kīnētós* movable〙

ki·net·o·chore /kɪ̀nétəkòə, kaɪ-, -ní:t-, -tou- | kɪnétə(ʊ)kɔ̀:^(r), kaɪ-, -ní:t-/ *n.* 《生物》動原体 (⇨ centromere). 〘(1934) ← KINETO-＋Gk *khôros* place〙

ki·net·o·graph /kɪ̀nétəgræ̀f, kaɪ-, -ní:t-, -tou- | kɪnétə(ʊ)grà:f, kaɪ-, -ní:t-, -græ̀f/ *n.* (Edison の発明した初期の)活動写真撮影機. 〘(1891) ← KINETO-＋-GRAPH〙

ki·net·o·ne·ma /kɪ̀nètəní:mə, kaɪ-, -nì:t-, -tou- | kɪnètə(ʊ)-, kaɪ-, -nì:t-/ *n.* (*pl.* ～**·ta** /～tə | ～tə/)《生物》動原体系《染色体の螺旋(らせん)糸の延長部で動原体 (kinetochore) 内にある部分》. 〘← KINETO-＋Gk *nêma* thread〙

kinèto·núcleus *n.* 《生物》＝kinetoplast. 〘1906〙

ki·net·o·plast /kɪnétəplæ̀st, kaɪ-, -ní:t-, -tou- | kɪnétə(ʊ)-, kaɪ-, -ní:t-/ *n.* 《生物》キネトプラスト, 動原核《鞭毛や繊毛の基部にある基粒やそれと関係のある小体の総称》. **ki·net·o·plas·tic** /kɪ̀nètəplǽstɪk, kaɪ-, -nì:t- | kɪnèt-, kaɪ-, -nì:t-ˈ/ *adj.* 〘(1925): cf. F *kinétoplaste*〙

ki·net·o·scope /kɪ̀nétəskòʊp, kaɪ-, -ní:t- | kɪnétə-skàʊp, kaɪ-, -ní:t-/ *n.* キネトスコープ (Edison の発明したのぞき眼鏡式の初期の活動写真映写機). 〘(1864) ← *Kinetoscope* (商標名)〙

kin·et·o·sis /kìnətóusɪ̀s, kàɪn- | kìnɪ̀tóʊsɪs, kàɪn-/ *n.* (*pl.* **-to·ses** /-si:z/)《病理》＝motion sickness. 〘← NL ～: ⇨ kineto-, -osis〙

ki·net·o·some /kɪ̀nétəsòʊm, kaɪ-, -ní:t- | kɪnétə(ʊ)-sàʊm, kaɪ-, -ní:t-/ *n.* 《生物》＝basal body. 〘(1912) ← KINETO-＋-SOME³〙

kín·fòlk *n. pl.* (*also* **kín·fòlks**)《米口語》親族, 親類 (kinsfolk). ★ 主に米南部で用いられる. 〘1873〙

king /kíŋ/ *n.* **1** 王, 国王, 君主 (cf. queen) (↔ subject): the *King* of England イングランド王 / *King* George VI 国王ジョージ六世 / an uncrowned ～ 無冠の帝王[王者] (cf. uncrowned) / (the) ～ and country 王と祖国《王国の愛国者が唱える忠誠の対象》/ ～*s* and counsellors of the earth 地の王たちと参議たち (*Job* 3: 14) / the Book of *Kings*＝Kings / Later he became ～ (of Denmark). 彼はのちに(デンマーク)王となった / The ～ is dead, long live the ～! 国王は崩御された, 新国王万歳《もとフランスで伝令官が新国王の王位継承の布告に用いた文句の英訳; cf. Le roi est mort, vive le roi. ⇨ 巻末》/ The ～ can do no wrong. ⇨ wrong *n.* 1. ★ ラテン語系形容詞: regal, royal. **2** [the K-] 神; キリスト: the *King* of heaven [glory] 天[栄光]の主たる神[キリスト]. **3** 王になぞらえられる物 (cf. monarch¹ 2): the ～ *of* beasts 百獣の王《ライオンのこと》/ the ～ *of* birds 鳥類の王《ワシのこと》/ the ～ *of* metals 金属の王《金のこと》/ the ～ *of* day 太陽 / the ～ *of* the forest 森の王《オークのこと》/ the ～ *of* the jungle ジャングルの王《トラのこと》/ *King* Coal [Cotton] (産業界で)王座を占める石炭[綿]. **4 a** (王になぞらえられる)大勢力家, 大立者 (cf. baron 3, magnate

K

1): a coal ～ 石炭王 / an oil ～ 石油王 / a railroad ～ 鉄道王. **b** 《口語》(その道の)第一人者, 王者: the marathon ～. **5** [the K-] 《英》英国国歌 ('God Save the King') (cf. queen 6). **6** [the K-] キング《米国の歌手 Elvis Presley のニックネーム》. **7 a** 〖魚類〗＝king salmon. **b** 《米口語》＝KING-SIZE cigarette. **8 a** 〖トランプ〗キング: the ～ of hearts, spades, etc. **b** 〖チェス〗キング (記号 K). **c** 〖チェッカー〗なりごま. **9** [K-] (英国の)紋章院部長 (King of Arms の略称).
be king 全盛期にある, 人気絶頂である. ***fit for a king*** (王侯にもふさわしいほど)豪奢(ごうしゃ)な, とびきりの: a dinner *fit for a* ～ (王様にも出せるような)とびきりのごちそう / a sight *fit for a* ～ 素晴らしい眺(なが)め, 絶景. ***live like a king*** ぜいたくに暮らす. ***the king of térrors*** 恐れの王, 死 (*Job* 18:14).
Kíng of Árms [the —] (英国の)紋章院 (College of Arms) の上級紋章官 (GARTER King of Arms, CLARENCEUX King of Arms, NORROY and Ulster King of Arms の 3 名からなる). ((1449-50))
Kíng of Kíngs [the —] (1) (王の王たる)神, イエスキリスト. (2) 王者の王, 皇帝《昔しばしば東方諸国の王が用いた称号》.
Kíng of Misrúle [the —] ＝LORD of Misrule.
Kíng of Scóts 〖商標〗キングオブスコッツ《スコットランド Douglas Laing 社製のブレンデッドウイスキー》.
kíng of the cástle＝**kíng of the híll [móuntain]** [the —] **1** お山の大将(ごっこ)《山の上から突き落とし合う遊戯》. **2** 《口語》指導的立場にいる人. 〖1890〗
Kíng of the Jéws ユダヤ人の王《イエスのこと; *John* 19: 14-15, *Matt.* 2: 2》.
Kíng of Wáters [the —] 諸川の王《Amazon 川のこと》.
Kíng òver the Wáter [the —] 亡命中の王《イングランド王 James 二世がフランスに亡命後, Jacobite 派が彼とその子と孫のことを呼ぶのに用いた; cf. Old Pretender, Young Pretender》.

K

— *vt.* **1** 王にする: Then am I ～'*d* again. そこでまた王になる (Shak., *Rich II* 5. 5. 36). **2** [通例 ～ it として] 君臨する (rule); 王者のようにふるまう (play the king): ～ *it over* one's friends 友達に対して王様気取りで臨む.
— *adj.* [限定的] [通例複合語に用いて] 主な (chief), 最も重要な: ⇨ kingbolt, kingpin, etc.
〖n.: OE *cyning, cyng* < Gmc **kuniŋʒaz* (Du. *koning* / G *König*) ← **kunjam* 'KIN' + **-iŋʒ-* '-ING³'. — v.: ((*c*1412)) ← (n.)〗

SYN 王: **king** 通例世襲によって王国を統治する男性の主権者: the *king* of Spain スペイン王. **sovereign** 一国の最高権力者としての国王・女王・皇帝《格式ばった語》: the relation between the *sovereign* and the subject 君主と臣民との関係. **monarch** 《文語》世襲によって一国を統治する国王・女王・皇帝: an absolute *monarch* 絶対君主.

King /kíŋ/ *n.* キング《男性名》. 〖↑〗
King /kíŋ/, **B. B.** *n.* キング (1925-　; 米国のブルース歌手, ギター奏者; 本名 Riley B. King).
King, Billie Jean *n.* キング (1943-　; 米国の女子テニス選手; Wimbledon で優勝 (1966-68, 72-73, 75)).
King, Martin Luther, Jr. *n.* キング (1929-68; 米国バプテスト教会牧師, 黒人解放運動指導者; 暗殺された; Nobel 平和賞 (1964)).
King, Rufus *n.* キング (1755-1827; 米国の政治家).
King, (**William Lyon**) **Mackenzie** *n.* キング (1874-1950; カナダの政治家; 首相 (1921-26, 1926-30, 1935-48)).
kíng·bìrd *n.* 〖鳥類〗タイランチョウ (*Tyrannus tyrannus*)《北米産ハイイロタイランチョウ属のヒタキに似た鳥》; ハイイロタイランチョウ属の鳥類の総称. 〖1778〗
kíng·bòlt *n.* **1** 〖機械〗キングボルト《馬車・荷馬車などの前車軸と車体とをつなぐ縦ボルト; 前車軸の左右旋転の中心軸となる》. **2** 〖建築〗(小屋組の中心の)真ボルト. 〖1825〗
kíng cárp *n.* 〖魚類〗カガミゴイ(鏡鯉) (mirror carp).
Kìng Chárles's héad *n.* (どうしても頭から追い払えない)固定観念 (obsession). ((1882): Dickens 作の小説 *David Copperfield* 中の登場人物 Mr. Dick がどんな話にも '首をはねられた英国王 Charles 一世' の話題をもちだすことから〗
Kìng Chárles spániel *n.* キングチャールズスパニエル《小形のイヌ; cavalier King Charles spaniel はやや大形で長い鼻を持っている》. ((1833): これを愛玩した英国王 Charles 二世にちなむ〗
King·chow /ɡìŋdʒóu, kìŋtʃóu | ɡìŋdʒə́u, kìntʃə́u/ *n.* ＝Jiangling.
kíng clám *n.* 〖貝類〗＝geoduck.
kíng clòs·er /-klòuzə | -klə̀uzə(r)/ *n.* 〖石工〗隅切(すみきり)れんが, 隅切端物(はもの)《隅を 45 度に落としたれんが; cf. closer, queen closer》. 〖1888〗
kíng cóbra *n.* 〖動物〗キングコブラ (*Ophiophagus hannah*)《東南アジアに分布し, コブラ科に属する世界最大の毒蛇; 体長 6 m に達する; hamadryad ともいう》. 〖1894〗
kíng cónsort *n.* 女王の夫君 (prince consort) (cf. queen consort).
Kíng Cóuntry *n.* [the ～] キングカントリー《ニュージーランド North Island の中部地方》.
kíng cráb *n.* 〖動物〗**1** カブトガニ《三葉虫型の節足動物で,「生きている化石」(living fossil) として有名; 現存種は北米東岸と, 日本の瀬戸内海のカブトガニ (*Tachypleus tridentatus*) などアジアに 3 属 5 種; (特に)リムルスポリフェムス (*Limulus polyphemus*) を指す; swordtail ともいう》. **2** タラバガニ (*Paralithodes camtschaticus*)《北太平洋産, 食用資源として重要種》. 〖1698〗
kíng·cràft *n.* (王としての)治国策, 王道 (cf. statecraft); (王の)統治上の術策. 〖1643〗
kíng·cùp *n.* 〖植物〗**1** キンポウゲ (⇨ buttercup). **2** 《英》リュウキンカ (marsh marigold). 〖1538〗
kingd. 《略》kingdom.
kíng dèvil *n.* 〖植物〗ヨーロッパ原産ヤナギタンポポ(の類); (特に) *Hieracium praealtum*. 〖1898〗
king·dom /kíŋdəm/ *n.* **1 a** 王国《王(または女王)が統治する; cf. empire, queendom》: the ～ of heaven [God] 神の国, 天国. **b** 王の国土[領土], 王土, 王領 (realm). **2 a** 王の統治, 王政. **b** 《廃》王権 (kingship). **3** [しばしば K-] 〖神学〗神の国, 神政, 天国 (cf. 1 a): Thy ～ come. 御国(みくに)のきたらんことを, 御国がきますように (*Matt.* 6: 10) (cf. kingdom come). **4** 〖博物学上の〗界: ⇨ animal kingdom, mineral kingdom, plant kingdom. **5** (学問・活動などの)分野, 世界: the ～ *of* science 科学界 / come into one's ～ 権力[勢力]を得る.
Kíngdom of Éngland [the —] イングランド王国《公式名》.
Kíngdom of Scótland [the —] スコットランド王国《公式名》.
Uníted Kíngdom of Gréat Brítain and Nórthern Íreland [the —] ⇨ United Kingdom.
〖OE *cyningdōm* (cog. OS *kuningdōm* / ON *konungdōmr*): ⇨ king, -dom〗

SYN 王国: **kingdom** 王または女王の統治する国. **monarchy** 世襲的に一人の君主 (monarch) が統治している政治形態または国. **realm** 《文語》〖法律〗王または女王が統治している国.

---

kingdom cóme *n.* 《口語》**1** 来世 (the next world), 天国 (heaven): gone to ～ あの世へ行って, 死んで / send [blow] a person to ～ 人を殺す. **2** この世の終わり: until ～ 《口語》この世の終わるまで, いつまでも. **3** 無意識状態; 死. ((1785): ⇨ kingdom 3 (用例)〗
kíng·domed *adj.* 王国の特徴をもつ, 王国のような: ～ Achilles アキリーズ王国 (Shak., *Troilus* 2. 3. 175). ((1601-02): ⇨ -ed 2〗
Kíngdom Háll *n.* キングダムホール《Jehovah's Witnesses 派教会の礼拝所》.
kíng dúck *n.* 〖鳥類〗＝king eider.
Kíng Édward¹ *n.* 〖商標〗キングエドワード《米国 Jno. H. Swisher & Son 社製の葉巻》.
Kíng Édward² *n.* キングエドワード《ジャガイモの一品種; 楕円形大型で皮に赤みがかった斑点がある》. 〖1926〗
kíng éagle *n.* 〖鳥類〗＝imperial eagle.
kíng éider *n.* 〖鳥類〗アカハナケワタガモ, ケワタガモ (*Somateria spectabilis*) (king duck ともいう).
Kíng-Émperor *n.* 国王兼皇帝: **a** (インド独立前の)英国王兼インド皇帝. **b** (もと)オーストリア皇帝兼ハンガリー国王.
kíng férn *n.* 〖植物〗royal fern.
kíng·fìsh *n.* **1** 〖魚類〗ニベ科の海水魚数種の総称; (特に)北米大西洋岸産の魚 (*Menticirrhus sexatilis*). **2** 〖魚類〗米国 California 産ニベ科の食用魚 (*Genyonemus lineatus*). **3** 〖魚類〗サバ科の魚数種の総称; (特に) ＝cero. **4** 〖魚類〗アカマンボウ, マンダイ (opah). **5** 〖魚類〗オーストラリア・ニュージーランド産アジ科ブリ属の魚 (*Seriola grandis*). **6** 《米口語》(ある社会・部門の)大立て者, 巨頭. 〖1750〗
kíng·fìsher *n.* 〖鳥類〗**1** カワセミ (*Alcedo atthis*). **2** カワセミ科の鳥類の総称. ((1658) ∽ ((1440)) *kyngys fyschare* (原義) king's fisher〗
kíngfisher blúe *n.* 瑠璃(るり)色, あざやかな緑がかった青. 〖1956〗
kíngfisher dàisy *n.* 〖植物〗キク科ルリヒナギク属の一年草 (*Felicia bergeriana*)《アフリカ南部原産; 青い花をつける》.
Kìng Géorge's Wár *n.* ジョージ王戦争 (1743-48)《オーストリア継承戦争 (War of the Austrian Succession) の一環としてオーストリアと同盟した英国がフランスを相手に北米で行った戦争》.
kíng háir *n.* 〖動物〗＝guard hair.
kíng·hìt 《豪口語》*n.* (特に不当な)殴打, 不意の一撃, (不正な)ノックアウトブロー. — *vt.* 突然殴る, いきなり張り倒す. **kíng-hìtter** *n.*
kíng·hòod *n.* ＝kingship. ((*a*1375): ⇨ -hood〗
Kìng Jámes Bíble [Vérsion] *n.* [the ～] ＝Authorized Version. ★ 主に米国での呼称; King James's Bible [Version] ともいう. ((*c*1889): James 一世の命により出版されたのにちなむ〗
Kìng Jóhn *n.*「ジョン王」《Shakespeare 作の史劇 (1594-96)》.
king·klip /kíŋklɪp/ *n.* 〖魚類〗キングクリップ《南太平洋・アフリカ南部産の食用になるウナギに似たアシロ科の魚》. ((1876) ← Afrik. ← Du. *koningklipvisch*〗
Kíng Kóng /-kɔ́(ː)ŋ, -kɑ́(ː)ŋ | -kɔ́ŋ/ *n.* **1** キングコング《1933 年制作の映画 *King Kong* のゴリラに似た巨大な怪物》. **2** 大男, 巨漢. **3** 《米俗》強い安酒. 〖1946〗
King·lake /kíŋleɪk/, **Alexander William** *n.* キングレーク (1809-91; 英国の歴史家・旅行家; *Eothen* (1844), *Invasion of the Crimea* (1863-87)).
Kíng Léar /-lɪə | -lɪə(r)/ *n.* **1**「リア王」《Shakespeare 作四大悲劇の一つ (1604-06)》. **2** リア王 (*King Lear* の主人公の名).
kíng·less *adj.* 国王のない, 君主のない; 無政府状態の. ((*c*1300): ⇨ -less〗
king·let /kíŋlɪt/ *n.* **1** 《通例軽蔑》小王, 小国の王 (petty king) (cf. kingling). **2** 《米・カナダ》〖鳥類〗キクイタダキ属 (*Regulus*) の小鳥数種の総称《米国に ruby-crowned kinglet, golden-crowned kinglet の 2 種, ヨーロッパに goldcrest, firecrest の 2 種がいる》. ((1603): ⇨ -let〗
kíng·lìke *adj.* 国王[王者]のような, (威風)堂々とした (kingly). — *adv.* 《詩・まれ》王者らしく, 堂々と. ((1561): ⇨ -like〗
kíng·li·ness *n.* 王らしさ, 王者の威風[尊厳]. ((1548) ← KINGLY＋-NESS〗
king·ling /kíŋlɪŋ/ *n.* 小王, 小国の王 (cf. kinglet 1). ((1598): ⇨ -ling¹〗
Kíng Lóg *n.* 無力な王, 暗君《Aesop 物語中のカエルの国のたとえ話に出てくる「丸太の王様」から; cf. King Stork》.
kíng·ly *adj.* (**king·li·er, -li·est; more ～, most ～**) **1** 王の, 王者の (cf. royal, regal): ～ virtue, pride, etc. **2** 王者にふさわしい, 王らしい (kinglike), (威風)堂々たる (majestic): a ～ look, mien, manner, etc. **3** 王政の (monarchical). — *adv.* (**more ～, most ～; king·li·er, -li·est**) 《古・詩》王らしく, 堂々と. ((adj.: *c*1384; adv.: *a*1420): ⇨ -ly², 1〗
kíng màckerel *n.* 〖魚類〗西大西洋産サバ科サワラ属の魚 (*Scomberomorus cavalla*). 〖*c*1930〗
kíng·màker *n.* **1** 王を立てる人, 国王擁立者 (cf. Richard Neville WARWICK). **2** (要職の振り当てなどに参画する)政党実力者. 〖1599〗
Kìng Márk *n.* 〖アーサー王伝説〗マーク王《Cornwall 王で Iseult の夫; 裏切りと臆病で知られる》.
kíng-of-the-hérrings *n.* 〖魚類〗＝oarfish. 〖1836〗
kíng-of-the-sálmon *n.* (*pl.* ～) 〖魚類〗北太平洋産のフリソデウオ属の一種 (*Trachipterus altivelis*).
kíng páir *n.* 〖クリケット〗最初のボールを得点に結びつけず打者が 2 度アウトになること (cf. golden duck).
kíng párrot *n.* 〖鳥類〗キンショウジョウインコ (*Alisterus scapulatus*)《オーストラリア東南部原産の大形のインコ》.
kíng pènguin *n.* 〖鳥類〗キングペンギン, オウサマペンギン (*Aptenodytes patagonica*). 〖1885〗
Kìng Phílip *n.* キングフィリップ (?-1676; アメリカインディアン Wampanoag 族の大酋長; King Philip's War における同族の指揮者; インディアン名 Metacomet /mɛ̀təkɑ́(ː)mɪət, -mət | -təkɔ́m-/).
Kìng Phílip's Wár *n.* フィリップ王戦争《New England におけるインディアンと植民者との最大の戦い (1675-76); ⇨ King Philip》.
kíng·pìn *n.* **1** 〖ボウリング〗**a** ヘッドピン, 1 番ピン (headpin). **b** 5 番ピン. **2** 《口語》親玉, 中心人物; (物事の)主要な要素[部分]. **3** 〖機械〗**a** ＝kingbolt 1. **b** ＝knuckle joint 2. 〖1801〗
kíng plánk *n.* 〖造船〗基板《木甲板中心線上の厚板で他の板はこれにはめ込まれる》.
kíng pòst *n.* 〖建築〗真束(しんづか)《トラスの小屋組みで棟から梁を垂直に結ぶ部材; joggle post ともいう; cf. queen post》. 〖1776〗
kíng-pòst trúss *n.* 〖建築〗真束組み. 〖1886〗
kíng práwn *n.* 〖動物〗オーストラリア周辺産のクルマエビ属 (*Penaeus*) のエビ.
kíng ràil *n.* 〖鳥類〗北米産の大形のクイナの一種 (*Rallus elegans*).
kíng ròd *n.* 〖建築〗＝kingbolt 2.
kín gròup *n.* ＝kinship group.
Kings /kíŋz/ *n. pl.* [単数扱い] (旧約聖書の)列王紀(略)《プロテスタント訳では上・下二書 (The First [Second] Book of the Kings) から成る; Douay 聖書などのカトリック訳では第一・二・三・四の四書から成り, 欽定訳聖書の *1* & *2 Sam.* と *1* & *2 Kings* に当たる; 略 Kgs.》.
Kíng's Ádvocate *n.* Lord Advocate の旧名.
kíng sàlmon *n.* 〖魚類〗マスノスケ, スケ, キングサーモン (*Oncorhynchus tshawytscha*)《太平洋産サケ科の食用魚の最大種; chinook salmon, quinnat salmon ともいう》. 〖1881〗
Kíng's Bénch *n.* [the ～] **1** (英国の高等法院 (High Court of Justice) の一部門の)王座部《長官は Lord Chief Justice of England (⇨ lord); 略 K.B.; 女王治世の場合 Queen's Bench (略 QB) という》. **2** 王座裁判所《1873 年廃止; 正式名 Court of King's [Queen's] Bench; 国王が自ら臨御したのでこの名がある; 民事刑事につき一般的第一審の管轄権をもっていた; 現在の高等法院 Queen's Bench Division の前身; cf. court of common pleas, COURT of Exchequer》. ((*a*1376): 国王が昔その上院に臨御したため〗
Kíng's Bírthday *n.* **1** (英国の)国王誕生日《女王治世の場合は Queen's Birthday という》. ★ 今は実際の誕生日とは別に 6 月初旬公式祝賀日がある. **2** (米国の)キング牧師 (Martin Luther King, Jr.) 誕生記念日《1 月 15 日; 1986 年創設の法定休日》.
kíng's bíshop *n.* 〖チェス〗kingside のビショップ.
kíng's blúe *n.* **1** キング青《桔梗(ききょう)色よりやや薄く緑みの強い青》. **2** ＝smalt 2. **3** ＝cobalt blue. 〖1908〗
Kíng's bóunty *n.* [the ～] 《英国で》三つ子(またはそれ以上の子)を生んだ母親への御下賜金《女王治世の場合は Queen's bounty という》.
Kings Cányon Nátional Párk *n.* キングズキャニオン国立公園《米国 California 州中東部にあり, 山の峰・峡谷・セコイヤ (redwood) で有名; 1940 年指定; 面積 1,863 km²》.
kíng's-cháir *n.* 王様の椅子《二人腕を組んでつくる椅子》.
Kíng's Chámpion *n.* [the ～] 国王擁護者《英国

王戴冠式の際の慣習として，当日 Westminster Hall の正餐に武装して乗り込み「陛下の御即位を認めざる者あらばわれと一騎打ちの勝負をせよ」と名乗った Dymoke /dímək/ 家に伝わる世襲の名誉職であったが，この習慣は 1821 年 George 四世の即位式以後は廃止された; Champion of the King [of England]; 女王治世の場合は Queen's Champion といった》.

kíng's clóver *n.* 〘植物〙 =yellow sweet clover.

Kíng's Cóllege *n.* キングズカレッジ《Cambridge 大学の学寮の一つ; 1441 年に Henry 六世が創立》.

Kíng's Cólour, k- c- *n.* (英国の)王旗《女王治世の場合は Queen's Colour という》: **a** 王室の組合わせ文字のついた白地の儀式用軍艦旗. **b** 連隊用国旗《陸軍で連隊旗の右に掲げる英国旗》. **c** [*pl.*] 錦旗《王室の組合わせ文字のついた 1 対の絹の旗; 王の臨席を示す》.

Kíng's Cóunsel *n.* (*pl.* ～)《英》勅選弁護士《大法官 (Lord Chancellor) が推薦し，国王が任命する; 絹製の法服 (silk gown) を着用しバー (bar) の内側に着席する; 略 KC; 女王治世の場合は Queen's Counsel (略 QC) という》. 〘1689〙

Kíng's Énglish *n.* [the ～] キングズイングリッシュ，純正英語; (特に南イングランドの教養ある人々が使う)標準英語《女王治世の場合は Queen's English という; cf. President's English》: abuse [mishandle, murder] *the* ～ 純正な英語を汚す，でたらめな英語を使う. 〘(1553): cf. Shak., *Merry W* 1. 4. 5–6〙

kíng's évidence, K- e- *n.* 〘英法〙 **1** 共犯証言《犯罪人が検察官の約束を受けて起訴を免れる目的で共犯者に関して行う証言; 女王治世の場合は queen's evidence という》. **2** 共犯証人: turn ～ 共犯証人となる. ★ 米法の state's evidence に当たる.

kíng's évil, K- É- *n.* [the ～] 〘病理〙 瘰癧(るいれき) (scrofula ともいう; cf. royal touch, touchpiece). 〘(*a*1387) (なぞり) ← ML *regius morbus*: cf. OF *le mal le roy*: 王の手が触れると治ると信じられたことから〙

Kings·ford /kíŋzfəd | -fəd/ *n.* 〘商標〙 キングズフォード《英国 Kingsford 社製のバーベキュー用品; 豆炭・ステーキソースなど》.

Kings·ford-Smith /kíŋzfədsmíθ | -fəd-/, **Sir Charles (Edward)** *n.* キングズフォードスミス《1897–1935; オーストラリアの飛行家; 南太平洋初横断に成功 (1928), 北大西洋横断に成功 (1930)》.

kíng's híghway *n.* [the ～]《英》(天下の)公道，国道《女王治世の場合は queen's highway という》.

kíng·shìp *n.* **1** 王の身分[位]，王位，王権; (王の)在位期間. **2** 王の器，王の尊厳. **3** 王政. 〘(*a*1325): ⇨ -ship〙

kíng's-hòod *n.* 反芻動物の第二胃; [戯言的] (人間の)胃袋.

kíng·sìde *n.* 〘チェス〙 白から見てチェス盤右半分. 〘1941〙

kíng-sìze *adj.* **1 a** 〈たばこが〉標準より長い，ロング[キング]サイズの: a ～ cigarette ロングサイズのたばこ. **b** 特大の (oversize). **2** 〈ベッドが〉キングサイズの《横 76 インチ縦 84 インチの大きさの; cf. full-size 3》; 〈シーツなど〉キングサイズのベッドに合う. **3** 《米俗》 尋常でない，どえらい，すっげえ: a ～ thunderstorm. 〘1825〙

kíng-sìzed *adj.* =king-size. 〘1942〙

kíng's knìght *n.* 〘チェス〙 kingside のナイト.

kíng's knìght's pàwn *n.* 〘チェス〙 白から見て右から 2 番目の行のポーン.

Kings·ley /kíŋzli/ *n.* キングズリー《男性名》. 〘← KING +-s[2] 2+LEA[1]〙

Kings·ley /kíŋzli/, **Charles** *n.* キングズリー《1819–75; 英国国教会の聖職者・小説家・詩人・キリスト教社会主義者; *Westward Ho!* (1855), *The Water Babies* (1863)》.

Kingsley, Henry *n.* キングズリー《1830–76; 英国の小説家; Charles Kingsley の弟; *Geoffrey Hamlyn* (1859)》.

Kingsley, Mary Henrietta *n.* キングズリー《1862–1900; 英国の旅行家・著述家; Charles Kingsley の姪》.

Kingsley, Sidney *n.* キングズリー《1906–95; 米国の劇作家; 社会問題をテーマとした著作で知られる; 処女作 *Men in White* (1933) は Pulitzer 賞を受賞》.

Kíng's Lýnn /-lín/ *n.* キングズリン《イングランド Norfolk 州の都市，保養地; 古代から有名な港で定期市場; Lynn Regis ともいう》.

kíng's mán *n.* **1 a** 《英古》 王党員. **b** 《米古》(独立戦争の時の)英国支持者. **2** 《古》 税関吏. 〘*a*1639〙

Kings Móuntain *n.* キングス山《米国 South Carolina 州北部の山; 独立戦争当時米軍が英軍を破った所 (1780)》.

kíng·snàke *n.* 〘動物〙 キングヘビ (*Lampropeltis getulus*)《北米産ヘビ科の無毒ヘビ; ほかのヘビ類を食う》. 〘1709〙

kíng's pàwn *n.* 〘チェス〙 白から見て右から 4 番目の行のポーン.

kíng's péace *n.* 王の平和: **1** (中世初期の英国で)特定域・特定の人に与えられた王国による保護. **2** (中世の英国で)王国の名の下に行われた法による地域全体の平和. 〘1428〙

Kings Péak *n.* キングズ峰《米国 Utah 州北東部 Uinta 山脈中の山 (4,123 m); 同州の最高峰》.

Kíng's Próctor *n.* 〘英法〙 国王代訴人《高等法院 (High Court of Justice) で遺言・離婚・海事関係の訴訟事件に不正の疑いのあるとき，その訴訟に参加し仮命令 (decree nisi) が確定するのを防止する職権をもつ職員; 女王治世の場合は Queen's Proctor という》.

kíng's ránsom *n.* **1** 王の身の代金《昔，王が捕虜になったときに要求された巨額の身の代金》. **2** 巨額の金，巨万の富，莫大なる財産，大金: cost a ～ / worth a ～ 計り知れない価値のある. 〘*c*1590〙

Kíng's Regulátions *n. pl.* 〘英法〙 国王軍規《英国および英連邦の軍行動規定; 女王治世の場合は Queen's Regulations という》.

Kíng's Remémbrancer *n.* 〘英法〙 王債権徴収官《最高法院事務長の兼務で，現在は儀式的な事務だけ; 女王治世の場合は Queen's Remembrancer という》.

Kíng's Róad *n.* [the ～] キングズロード《London の西南にある Chelsea の通り; 1960 年代は若者向けの通りだったが現在は高級商店街》.

kíng's róok *n.* 〘チェス〙 kingside のルーク.

kíng's róok's pàwn *n.* 〘チェス〙 白から見て一番右の行のポーン.

Kíng's Schólar *n.* (英国の)勅定奨学金受領者，官費生《女王治世の場合は Queen's Scholar という》.

kíng's scóut *n.* 《英》 キングズスカウト《最高位のボーイスカウト (《米》 eagle scout); 女王治世の場合は queen's scout という》.

kíng's shílling *n.* [the ～] (もと英国で募兵係の将校が応募者に与えた) 1 シリング貨《これを受けると兵役の義務が生じた; 1879 年廃止; 女王治世の場合は queen's shilling といった》: take *the* ～ (応募して)兵隊となる，入隊する (enlist).

Kíng's spéech *n.* [the ～] (英国議会で)開院式の勅語《上院で読まれる; 女王治世の場合は Queen's speech という》.

Kings·ton /kíŋ(k)stən, kíŋz-/ *n.* キングストン: **1** ジャマイカの港市で同国の首都. **2** カナダ Ontario 州南東部の Ontario 湖東端の港市. **3** =Kingston upon Thames. 〘⇨ Kingston upon Thames〙

Kíngston upòn Húll *n.* キングズ アポン ハル《Hull (1) の公式名》.

Kíngston upòn Thámes *n.* キングストン アポン テムズ《London 南西部の自治区 (royal borough); もと Surrey 州の幾つかの borough から成り，同州の州庁所在地; Thames 河畔の住宅地域; Anglo-Saxon 時代の王はここで戴冠(たいかん)式を行った》. 〘*Kingston*: OE *Cyningestūn* (原義) royal manor: ⇨ -s[2] 2, -ton〙

Kíngston válve *n.* 〘海事〙 キングストン弁，海水取入弁《特に潜水艦用海水吸込弁》. 〘← ? *the F. C. Kingston Co.* (米国 Los Angeles の会社名)〙

Kíng Stórk *n.* 暴君《Aesop 物語の中のカエルの国の話に出てくる「コウノトリの王様」から; cf. King Log》.

Kings·town /kíŋztaun, kíŋstən, kíŋ(k)s-/ *n.* キングスタウン《西インド諸島, St. Vincent 島南岸にある港市; St. Vincent and the Grenadines の首都》.

kíng's wéather *n.* 《英口語》(儀式当日などの)王様日和(びより)，「日本晴れ」《女王治世の場合は queen's weather という》.

Kíng's X̀ /-éks/ *n.* たんま《鬼ごっこなどの子供の遊戯で，タイムを要求したりするときに指を交差させて言う言葉》. 〘← *king's ex(cuse)*〙

kíng's yéllow *n.* 〘顔料〙 雄黄《黄色顔料の一種; 主成分硫化第一ヒ素 (As_2S_3)》. 〘*c*1790〙

King·teh·chen /gíŋdλ́ʤə́n/ *n.* =Jingdezhen.

kíng trùss *n.* 〘建築〙 =king-post truss.

kíng vùlture *n.* 〘鳥類〙 トキイロコンドル (*Sarcoramphus papa*)《タカ目コンドル科の鳥; 中・南米の熱帯の森林にすむ》. 〘1883〙

King·wa·na /kıŋwáːnə/ *n.* キングワーナ語《アフリカのコンゴ民主共和国で共通語として用いられる，Swahili 語の一方言》.

kíng whìting *n.* 〘魚類〙 =northern kingfish.

Kìng Wílliam's Wár *n.* ウィリアム王戦争《1689–97》《アウグスブルク同盟戦争 (War of the Grand Alliance)，ファルツ継承戦争の一環として，北米において英国とフランスが戦った植民地戦争》.

kíng·wòod *n.* 〘植物〙 マメ科ツルサイカチ属の種々の樹木の総称; (特に)ブラジル産のシタンの類の樹木 (*Dalbergia cearensis*); その木材《家具製造用》. 〘1851〙

ki·nin /káının | -nın/ *n.* 〘生化学〙 **1** キニン《動物組織にある平滑筋収縮ホルモン》. **2** キニン《植物生長因子であるアデニン (adenine) に関連ある物質; その一つに kinetin がある》. 〘(1954) ← KIN(O-)+-IN[2]〙

ki·nin·o·gen /kaınínəʤən, -ʤèn/ *n.* 〘生化学〙 キニノーゲン，キニン母体《キニンの不活性体》. **ki·nin·o·gen·ic** /kaınìnəʤénık⁻/ *adj.* 〘(1963): ⇨ ↑, -o-, -gen〙

kink[1] /kíŋk/ *n.* **1 a** (糸・綱・毛などの)よじれ，縮れ; 曲がり，カーブ. **b** (背や首筋の)引きつり，凝り. **2 a** (心の)ねじけ，いこじ; 気まぐれ. **b** 《米》 妙案，奇想，アイディア. **3** (計画などの)欠陥，不備な点. **4** 《英口語》(精神の)異状; (性的)変態. ***iron óut the kinks*** 《米》 問題点などを解決する (*of*). ***táke the kinks òut of*** (1) …の凝(こ)り[縮れ]を直す. (2) …の欠陥を除く. ── *vi.* 〈綱などが〉よじれる，もつれる. ── *vt.* 〈綱などを〉よじれさせる，もつれさせる. 〘(1561) ◻ (M)LG *kinke* (Du. *kink*) a twist in a rope: cf. G *Kink*〙

kink[2] /kíŋk/ *n.* 《英方言》(笑いやせきなどの)発作. 〘(1788) ↑〙

Kin·kaid /kıŋkéıd/, **Thomas Cassin** *n.* キンケード《1888–1972; 米国の海軍大将; 太平洋艦隊の第 7 艦隊・連合艦隊司令長官として数々の戦績を残す》.

Kin·káid Àct /kıŋkéıd-/ *n.* [the ～] 〘米史〙 キンケード法《Nebraska 州西部の荒地に 5 年間定住した入植者に 640 エーカーの土地を払い下げることを定めた 1904 年の連邦法》. 〘Moses P. Kinkaid (1854–1922) 連邦下院議員による〙

Kin·káid·er /-də | -də[r]/ *n.* 〘米史〙 キンケード法で土地を与えられた開拓民，キンケーダー.

kin·ka·jou /kíŋkəʤùː/ *n.* 〘動物〙 キンカジュー (*Potos flavus*)《中・南米に生息するアライグマ科の動物; 樹上にすみ尾は物に巻きつく; honey bear, potto ともいう》. 〘(1796) ◻ (Canad.-) F *quincajou* ← N-Am.-Ind. (Algonquian): cf. carcajou〙

kinkajou

kin·kle /kíŋkļ/ *n.* **1** 縮れ，よじれ; 軽い凝り. **2** かすかな暗示 (hint). 〘(1855) ← KINK[1] (n.)+-LE[1]〙

kink·y /kíŋki/ *adj.* (**kink·i·er**; **-i·est**) **1 a** ねじれた，よれた (twisted); よれやすい: ～ thread. **b** 〈髪が〉(黒人のように)細かく縮れた，ちりちりの. **2** 《口語》 **a** 風変わりな，とっぴな. **b** (性的に)変態の; 同性愛の. **3 a** 《米俗》 不正の，不正直な，いんちきの (crooked); 盗品の，くすねた. **b** 《米方言》 元気[生き]のいい. ── *n.* 《英》 **1** 縮れっ毛の人. **2** (性的に)変態の人; 同性愛の人. **3** [*pl.*] = kinky boots. **kínk·i·ly** *adv.* **kínk·i·ness** *n.* 〘(1844) ← KINK[1] (n.)+-Y[1]〙

kínky bóot *n.* 《英》(女性用の主に)黒いブーツ《ひざまたはももまでのもの; cf. kinky *n.* 3》.

kín·less *adj.* 親類のない. 〘(1720): ⇨ -less〙

Kin·men /kìnmə́n; *Chin.* tɕīnmə́n/ *n.* 金門(きんもん)島《Quemoy の中国語名》.

kin·ni·kin·nick /kìnıkəník, ⁻⁻⁻⁻́ | -nı-/ *n.* (*also* **kin·ni·kin·nic** /～/) **1** キニキニック《ハゼ・ヤナギなどの干し葉や樹皮の混合物; もとアメリカインディアンや Ohio 川流域の開拓民たちがそのまま，またはたばこに混ぜて喫用した》. **2** 〘植物〙 キニキニックの原料にする数種の植物の総称《クマコケモモ (bearberry)，アメリカミズキ (silky cornel)，ハゼノキ (sumac) など》. 〘(1799) ◻ N-Am.-Ind. (Algonquian) ～ (原義) mixture〙

Kin·nock /kínək/, **Neil (Gordon)** *n.* キノック《1942–; 英国の政治家; 労働党党首 (1983–92)》.

ki·no /kíːnou | -nəu/ *n.* **1** 〘化学〙 キノ(樹脂)，赤膠(せっこう)《キノノキなどから採る catechu に似た暗赤褐色のゴム性樹脂; 薬剤・染料に用いる》. **2** 〘植物〙 キノノキ (*Pterocarpus marsupium*)《インドおよびセイロン島原産のマメ科シタン属の高木; 材が美しく工芸用，樹脂は薬用》. 〘(1788) ◻ W-Afr. (Mandingo) *keno*〙

kin·o- /kínou, káın- | -nəu/「運動」の意の連結形. ★ 時に kine- また母音の前では通例 kin- になる. 〘← Gk *kínēsis* motion〙

kíno gúm *n.* 〘化学〙 =kino 1.

kin·o·plasm /kínouplæ̀zm, káın- | -nə(u)-/ *n.* 〘生物〙 活動原形質，キノプラズマ (cf. germ plasm, trophoplasm). 〘(1894) ◻ G *Kinoplasma*: ⇨ -plasm〙

Kin·ross /kınrɔ́(ː)s, -ráː(ː)s | -rɔ́s/ *n.* キンロス: **1** = Kinrossshire. **2** Kinrossshire 州の州都. 〘(*c*1150) *Chinross* (原義) at the head or end of the wood ← Gael. *cinn* head+Celt. *ross* wood〙

Kin·ross·shire /kınrɔ́(ː)sʃə, -ráː(ː)s-, -ʃıə | -rɔ́sʃə[r], -ʃıə[r]/ *n.* キンロスシャー《スコットランド中東部の旧州; 面積 212 km², 州都 Kinross》.

-kins /kìnz | kınz/ -kin の異形《もと誓言で多く用いられた》: bodikins, pittikins. 〘⇨ -kin〙

kín selèction *n.* 〘生物〙 血縁選択[淘汰]《近親に対する利他的行動に有利に作用する自然淘汰の一種で，次の世代への利他者の遺伝的寄与を増大する》.

Kin·sey /kínzi/, **Alfred Charles** *n.* キンゼー《1894–1956; 米国の動物学者; 米国人の性生活に関する統計的調査 (Kinsey Report) で有名》.

kíns·fòlk *n. pl.* (*also* **kíns·fòlks**) [集合的] 親族，親類 (cf. kinfolk). 〘(1459): ⇨ kinsman, folk〙

Kin·sha·sa /kìnʃáːsə, -ʃǽsə/ *n.* キンシャサ《コンゴ民主共和国の首都; Congo 川に沿う港市; 旧名 Léopoldville》.

kín·shìp *n.* **1** 親族関係，血族関係 (consanguinity): a ～ family=extended family / a ～ term 親族名称. **2** (性質などの)類似，近似 (affinity). **3** 密接な関係; 親近感. 〘(1833) ← KIN+-SHIP〙

kínship gròup *n.* 〘人類学〙 親族集団.

kíns·man /-mən/ *n.* (*pl.* **-men** /-mən, -mèn/) **1** 血族(男子); (男子の)親類 (male relative). **2** 同一民族の者. 〘(*a*1131): ⇨ kin, -s[2] 2, man[1]〙

kíns·pèople *n.* (*pl.* ～)《米》=kinsfolk. 〘1866〙

kíns·wòman *n.* 血族(女子); (女子の)親類. 〘(*c*1330): ⇨ kinsman〙

kin·tal /kíntļ | -tļ/ *n.* =quintal.

Kin·tyre /kıntáıə | -táıə[r]/ *n.* キンタイア《スコットランド西部の半島; North 海峡に向かって南へ突出; 南端はキンタイア岬 (the Mull of Kintyre)》.

ki·osk /kíːɑ(ː)sk, kiáː(ː)sk | kíːɔsk/ *n.* キオスク: **1 a** (可動式の)軽便な建物; 街頭などの(新聞・軽食)売店，野外音楽堂. 日英比較 日本語では鉄道駅の構内にある売店のみを「キオスク」というが，英語の *kiosk* は駅前・街頭・公園・広場などにあるものをいう. **b** 《米》 広告塔. **c** 《英》 電話ボックス. **2** (トルコ・イランなどの)東屋(あずまや)風の建物. 〘(1625) ◻ F *kiosque* ◻ Turk. *kiöshk* pavilion ◻ MPers. *gōshak* corner ◻ Aves. **gaoshaka-* (dim.) ← *gaosha-* ear〙

K

Ki·o·wa /káɪəwə, -wàː, -wèɪ | kíːə-/ *n.* (*pl.* ~**s**, ~) **1 a** [the ~(s)] カイオワ族《米国の平原インディアンの一部族; 今は Oklahoma に住むが, 以前は Kansas, Colorado, New Mexico などの諸州に住んだ; アパッチ, コマンチの諸族と共に最も白人を悩ませた》. **b** カイオワ族の人. **2** カイオワ語《Uto-Aztecan 系》. — *adj.* カイオワ族[語]の. 〖(1808) □ Kiowa *Gâ-i-gwŭ, Kâ-i-gwŭ*《原義》chief people〗

Kíowa Apáche *n.* **1** カイオワアパッチ族《もとアパッチから分離しアタパスカン語 (Athapaskan) を話すカイオワ族》. **2** カイオワアパッチ族のアタパスカン語. 〖1885〗

kip[1] /kíp/ *n.* **1** 小獣皮, キップ皮《牛・羊・馬などの幼獣や小動物の皮》. **2** (一定数を束ねた)小獣皮の束. 〖(1371)《古形》*kippe* □ ? MDu. 《廃》*kip* bundle of hides〗

kip[2] /kíp/ *n.* **1** 《英俗》 **a** 安宿, どや; 下宿(の部屋); 寝床. **b** 眠り. **2** 《廃》売春宿. **3** 《アイル》仕事, 職. — *vi.* (**kipped; kip·ping**) 《英俗》 **1 a** 眠る. **b** 寝る ⟨*down*⟩. **2** 下宿する; 泊まる.
kip óut 野外で寝る, 野宿する.
〖(1766) □ ? Dan. *kippe* mean hut, alehouse〗

kip[3] /kíp/ *n.* 〖土木〗キップ (1,000 ポンドの重量単位). 〖(1914) ← KI(LO-)+P(OUND)[1]〗

kip[4] /kíp/ *n.* (*pl.* ~**s**, ~) **1** キップ《ラオスの通貨単位; = 100 at; 記号 K》. **2** キップ紙幣. 〖(1955) ← Thai〗

kip[5] /kíp/ *n.* **1** 《米》〖体操〗蹴上がり. **2** 〖水泳〗キップ《シンクロナイズドスイミング泳法の一動作》. 〖□ G *Kippe*《原義》edge, seesaw〗

kip[6] /kíp/ *n.* 《豪》キップ (two-up というばくちでコインをはじき上げるのに用いられる小さな板). 〖(1898) ← ?〗

Kip·ling /kíplɪŋ/, **(Joseph) Rud·yard** /rʌ́djəd | -djəd/ *n.* キップリング (1865–1936; インド生まれの英国の作家・詩人; Nobel 文学賞 (1907); *The Jungle Book* (1894)).

K

Kip·ling·esque /kìplɪŋésk⁻/ *adj.* **1** ⟨文体など⟩キップリングのような. **2** キップリング的な《白人としての優越感と自負心をもっている》. 〖(1894) ← *J. R. Kipling*: ⇨ -esque〗

kip·pa /kɪpáː/ *n.* 〖ユダヤ教〗キッパ《正統派ユダヤ教男性信者がかぶる小さな縁なし帽》.

Kípp apparátus /kíp-/ *n* =Kipp's apparatus.

kip·per[1] /kípə | -pə(r/ *n.* **1** 産卵期(以後の)雄サケ[マス]. **2** 干物[燻製]のニシン[マス(など)], キッパー (cf. bloater). **3** 《俗》人, 奴(ﾔﾂ), 若者, 子供: a giddy ~ 浮ついた若造 / a merry old ~ おもしろいじいさん. **4** 《豪軽蔑》英国人. — *vt.* ⟨サケ・ニシンなど⟩塩をして干物[燻製]にする. **~·er** /-pərə | -rə(r/ *n.* 〖? OE *cypera* ← ? *copor, coper* 'COPPER[1]': その雄サケ類の色から?〗

kip·per[2] /kípə | -pə(r/ *n.* 《豪》(大人の仲間入りをしたばかりの)若い男性の先住民. 〖(1841) □ Austral.《現地語》*kippa*〗

kíp·pered *adj.* ⟨ニシンなど⟩干物[燻製]にした: a ~ herring 燻製ニシン.

kípper tíe *n.* キッパータイ (1960 年代に英国で流行した幅の広いネクタイ). 〖1966〗

Kípp's apparátus /kíps-/ *n.* 〖化学〗キップの装置《加熱せずに硫化水素などのガスを発生させる装置; Kipp apparatus ともいう》.

kip·sie, kip·sy /kípsi/ *n.* 《豪口語》家, 小屋, 差掛け小屋. 〖(1916) ← KIP[2]+-SY〗

kíp·skìn *n.* =kip[1]. 〖1833〗

kir /kíə | kíə(r/ *n.* キール《辛口の白ワインとカシス (cassis) を混ぜて作る食前酒》. 〖(1966) ← *Canon Felix Kir* (1876–1968), mayor of Dijon〗

Kir·by /kə́ːbi | kə́ː-/ *n.* カービー《男性名; 異形 Kerby》. 〖《短縮》← *Kirkby* (地名) □ ON *kirkjubýr* church town〗

Kir·by /kə́ːbi | kə́ː-/, **Rol·lin** /rɑ́(ː)lɪn | rɔ́lɪn/ *n.* カービー (1875–1952; 米国の政治漫画家).

kír·by grìp /kə́ːbi- | kə́ː-/ *n.* カービーグリップ《スプリングが付いたヘアピン》. 〖(1926) ← *Kirby, Beard & Co. Ltd* (英国バーミンガムの製造会社)〗

Kirch·hoff /kíəkhɔ(ː)f, -hɑ(ː)f, kə́ːk- | kə́ːkɔf, -hɔf; *G.* kírçhɔf/, **Gustav Robert** *n.* キルヒホフ (1824–87; ドイツの物理学者).

Kírchhoff's láw *n.* 〖電気〗キルヒホフの法則《回路の分岐点での出入電流に関する第 1 法則と, 閉路についての電圧に関する第 2 法則とからなる電気回路理論の基本法則》. 〖(1869) ← *G. R. Kirchhoff*〗

Kirch·ner /kíəknə | kə́ːknə(r; *G.* kírçnɐ/, **Ernst Ludwig** *n.* キルヒナー (1880–1938; ドイツの画家).

Kir·ghiz /kɪəgíːz | kə́ːgɪz, kíə-/ *n.* (*pl.* ~, ~·**es**) (*also* **Kir·ghese** /~/, **Kir·ghis** /~/) **1 a** [the ~(es)] キルギス族《主に中央アジアのキルギス草原地方 (Kirghiz Steppe) で遊牧生活をするチュルク系の民族》. **b** キルギス族の人, キルギス人. **2** キルギス語《チュルク語に属する》. 〖(1600) □ Kirghiz *Kyrghyz* ← *kyr* desert+*gizmäk* to wander〗

Kir·ghi·zia /kɪəgíːʒə, -ʒiə | kəːgíziə, kɪə-/ *n.*⇨ Kyrgyzstan.

Kir·ghi·zian /kɪəgíːʒən, -ʒiən | kəːgíziən, kɪə-/ *adj.* キルギスの; キルギス族[人]の; キルギス語の. — *n.* = Kirghiz. 〖(1888): ⇨ ↑, -an[1]〗

Kirghíz Repúblic *n.* [the ~] =Kyrgyzstan.

Kirghíz Stéppe *n.* [the ~] キルギスステップ (Kazakhstan 共和国にある黒土の発達した大草原地帯, 今日では重要な穀倉地帯になっている; 単に the Steppes ともいう).

Kir·gi·zia /kɪəgíːʒə, -ʒiə | kəːgíziə, kɪə-/ *n.* = Kirghizia.

Ki·ri·ba·ti /kɪ̀rɪ̀bɑ́ːṭi, kɪ̀rəbǽs, ⁻⁻⁻⁻ | kɪ̀rɪ̀bɑ́ːti, -bǽs, ⁻⁻⁻/ ★ 本来の発音は /bǽs/ であるが, 実際には綴り字発音の /-bɑ́ːṭi | -ti/ のほうがよく聞かれる. *n.* キリバス《Gilbert, Phoenix, Line Islands の各諸島から成る英連邦内の共和国 (1979 年独立); 面積 861 km², 首都 Tarawa; 公式名 the Republic of Kiribati キリバス共和国》.

Ki·rik·ka·le /kɪ̀ríkələ̀ɪ; *Turk.* kurúkkɑlɛ/ *n.* クルッカレ《トルコ中央部の都市》.

ki·rin /kiːrín/ *n.* (日本の陶器などに描かれる)麒麟(ｷﾘﾝ) (cf. kylin). 〖(1727) □ Jpn.〗

Ki·rin /kiːrín/ *n.* =Jilin.

Kí·ri Te Ká·na·wa *n.* ⇨ Te Kanawa.

Ki·ri·ti·ma·ti /kɪ̀rísməs, kɪ̀rɪtɪmɑ́ːṭi | kɪrísməs, kɪ̀rɪtɪmɑ́ːti/ *n.* キリティマティ島《太平洋中部 Line 諸島中の大環礁; キリバス (Kiribati) に属す; 面積 575 km²; 旧名 Christmas Island》.

kirk /kə́ːk, kíək | kə́ːk/ *n.* **1** 《スコット・北英》教会 (church): go to ~ 教会へ行く. ★ イングランドでも戯言的に用いる. **2** [the K-] =KIRK of Scotland. **Kírk of Scótland** [the —] スコットランド教会 (the Auld Kirk ともいう; cf. CHURCH of Scotland). ★ スコットランドでは今はこの名称を用いない. 〖(?c1200)《北部方言》*kirk(e)* □ ON *kirkja* □ OE *ċir(i)ċe* 'CHURCH'〗

Kirk /kə́ːk | kə́ːk/, **Norman** *n.* カーク (1923–74; ニュージーランドの政治家; 首相 (1972–74)).

Kirk. 《略》Kirkcudbrightshire.

Kirk·by /kə́ːbi | kə́ː-/ *n.* カークビー《イングランド北西部, Liverpool の北に隣接する都市》.

Kirk·by /kə́ːbi, kə́ːk- | kə́ːbi, kə́ːk-/, **Emma** *n.* カークビー (1949– ; 英国のソプラノ歌手).

Kirk·cal·dy /kə(ː)kɔ́ːḍi, kɑ́ː-, -kɔ́ːɫdi, -kɑ́ːɫ- | kə(ː)kɔ́di, kɔ́ː-/ *n.* カーコーディー《スコットランド東部の Edinburgh の北方にある港市; Adam Smith の生地》. 〖(c1150) Welsh **Caleto-dunon*《原義》hard fort〗

Kirk·cud·bright /kə(ː)kúːbri | kə(ː)-/ *n.* カークーブリー: **1** =Kirkcudbrightshire. **2** 旧 Kirkcudbrightshire 州の州都. 〖(1291) *kirkcudbrith*《原義》'church of St. CUTHBERT': ⇨ kirk〗

Kirk·cud·bright·shire /kə(ː)kúːbriʃə, -ʃɪə | kə(ː)kúːbriʃə(r, -ʃɪə(r/ *n.* カークーブリーシャー《スコットランド南西部の旧州; 1975 年以降は Dumfries and Galloway の一部; 面積 2,320 km², 州都 Kirkcudbright》.

kirk·man /kə́ːkmən | kə́ːk-/ *n.* (*pl.* **-men** /-mən, -mèn/) **1** 《スコット》聖職者, 牧師. **2** スコットランド教会の信者. 〖(c1400)《北部方言》*kirk(e)-man*: ⇨ kirk〗

Kirk·pat·rick /kəːkpǽtrɪk | kəːk-/, **Mount** *n.* カークパトリック山《南極大陸, Victoria Land 南部の山 (4,528 m)》.

kírk sèssion *n.* (スコットランド教会や他の長老派教会の)教会会議《牧師と長老から成る最下位の宗教法廷; cf. consistory 4》. 〖1717〗

Kir·kuk /kɪəkúːk | kəːkúk/ *n.* キルクーク《イラク北東部の都市; 大油田の中心》.

Kirk·wall /kə́ːkwɔːɫ, -wɑːɫ | kə́ːkwɔːɫ/ *n.* カークウォール《スコットランド北部, Orkney 州の州都; Mainland 島の北東岸に位置》.

Kír·li·an photógraphy /kə́ːliən- | kə́ː-/ *n.* 〖写真〗キルリアン写真《生物の被写体を電場に置くことによってその物体から放射する発光をフィルムに記録する方法》. 〖(1972) 旧ソ連の発明家 S. D. Kirlian, V. K. Kirlian にちなむ〗

Kir·man /kəmɑ́ːn, kɪə- | kɪə-/ *n.* キルマンじゅうたん《イランの Kerman 州産; 柔らかい優美な色と精巧な流線模様で有名》. 〖(1876)《変形》← *Kerman*[2]〗

kir·mess /kə́ːmɪ̀s | kə́ːmɪs/ *n.* =kermis.

kirn[1] /kíən, kə́ːn | kíən/ *n.* 《スコット》**1** 収穫祭. **2** (収穫の終わりの)最後の一束[一握り]の刈り入れ. 〖(1786) ← ? Scand.: cf. ON *korn* grain〗

kirn[2] /kíən, kə́ːn | kíən/ *v.*, *n.* 《スコット》=churn. 〖(1339)《北部方言》*kirne* □ ON *kirna*: ⇨ churn〗

Ki·rov /kíːrɔ(ː)f, -rɑ(ː)f | kíərɔf, -rɔv; *Russ.* kʲírəf/ *n.* キーロフ《ロシア連邦西部, Vyatka 河畔の都市》.

Ki·rov /kíːrɔ(ː)f, -rɑ(ː)f | kíərɔv, -rɔf; *Russ.* kʲírəf/, **Sergey Mironovich** *n.* キーロフ (1886–1934; ロシアの革命家・政治家; 彼の暗殺がスターリンの大粛清の発端となった).

Ki·ro·va·bad /kiːróuvəbæ̀d, kɪ- | kɪərɔ́v-, kɪ-/ *n.* キーロババード《Gyandzha の旧名 (1935–90)》.

Ki·ro·vo·grad /kiːróuvəgræ̀d, kɪ- | -rɔ́v-; *Ukr.* kʲirovográd/ *n.* キロボグラード《ウクライナ共和国中部の都市》.

kir·pan /kɪəpɑ́ːn | kɪə-; *Punjabi* kɪrpaːn/ *n.* キルパーン《シーク教徒が信仰の証として持ち歩く短剣; cf. five Ks》. 〖(1904) □ Panjabi & Hindi *kirpān* ← Skt. *kṛpaṇa* sword〗

kirsch /kíəʃ | kíəʃ, kə́ːʃ; *G.* kírʃ/ *n.* キルシュ(バッサー), 桜桃酒《ドイツ産のブランデー》. 〖(1869) □ G ~ 《略》↓〗

kirsch·was·ser /kíəʃvàːsə | kíəʃvæ̀sə(r, -vɑ̀ːsə; *G.* kírʃvasɐ/ *n.* =kirsch. 〖(1819) □ G ~ ← *Kirsche* cherry+*Wasser* water〗

Kir·sten /kə́ːstən, kíə- | kə́ːstɪn, kíə-/ *n.* カーステン《女性名》. 〖□ Scand. ~ 'CHRISTINE'〗

Kir·sty /kə́ːsti | kə́ː-/ *n.* カースティー: **1** 女性名. **2** 男性名. 〖1: 《スコット》(dim.) ← *Kyrstyan* 'CHRISTINE'. 2: (dim.) ← CHRISTOPHER〗

kir·tle /kə́ːṭɫ | kə́ːtɫ/ *n.* 《古》**1** (女性用の身ごろとスカートのついた)ゆったりしたガウン[ドレス]. **2** (男子用の)上着 (tunic, coat). 〖OE *cyrtel* gown, tunic □ L *curtus* (cut) short: ⇨ curt, -le[1]〗

Ki·ru·na /kíːrənɑ̀ː; *Swed.* kíːrɵna/ *n.* キルナ《スウェーデン北部の町; 鉄鉱山の中心地》.

Ki·run·di /kiːrúndi/ *n.* キルンディ語 (Bantu 諸語の一つ; アフリカ中東部ブルンジの公用語).

ki·san /kíːsɑːn/ *n.* 《インド》小農, 小作人. 〖(1935) □ Hindi *kisān* ← Skt. *kṛṣāṇa* one who ploughs〗

Ki·san·ga·ni /kìːsɑːŋgɑ́ːni, kìsæŋ-/ *n.* キサンガニ《コンゴ民主共和国北部 Congo 川に臨む都市; 旧名 Stanleyville /stǽnlivɪl, -lɪ-/》.

kish /kíʃ/ *n.* 〖冶金〗キッシュ《銑鉄が凝固する際に分離される単体の黒鉛》. 〖(1812)《変形》? ← Gk *Kies* gravel〗

Kish /kíʃ/ *n.* キッシュ《現在のイラク中部, Euphrates 河畔にあった古代 Sumer の都市》.

Ki·shi·nev /kíʃɪnɛ̀f, -nɛ̀v, -nɔ̀(ː)f | -ʃɪnɔ̀f, -nɛ̀f/ *n.* キシニョフ《モルドバ共和国の首都》.

kish·ke /kíʃkə; *Russ.* kʲíʃkə/ *n.* (*also* **kish·ka** /~/)《料理》キシュク《小麦粉・油・たまねぎ・薬味などを混ぜ, 牛・鳥の腸に詰めて焼いたユダヤ料理; cf. derma²》. ***béat the kíshkes òut of ...*** 《俗》…をぶちのめす. 〖(1936) □ Yid. ~ □ ? Russ. *kishka* intestine〗

Kis·ka /kískə/ *n.* キスカ《米国 Alaska 州南西部, Aleutian 列島西端の島; 日本軍が占領していた (1942–43)》.

kis·ka·dee /kískədìː/ *n.* 〖鳥類〗キバラオオタイランチョウ (*Pitangus sulphuratus, Philohydor lictor*)《熱帯アメリカ産》. 〖(1891): その鳴き声から〗

Kis·lev /kísləf/ *n.* (ユダヤ暦の) 9 月《グレゴリオ暦の 11–12 月に当たる; ⇨ Jewish calendar》. 〖(c1384) □ Heb. *Kislēw* □ Akkad. *Kis(i)līmu*《原義》?〗

Kis·ling /kíslɪŋ; *F.* kisliŋ/, **Mo·ïse** /mɔiːz/ *n.* キスリング (1891–1953; ポーランド生まれのフランスの画家).

Kis·ma·yu /kɪsmáɪuː/ *n.* キスマユ《アフリカ東部, ソマリア南部のインド洋岸の港湾都市; 旧名 Chisimaio》.

kis·met, K- /kízmɛt, kís-, -mɪ̀t; *Turk.* kɯsmɛt/ *n.* **1** 〖イスラム教〗アラーの意志, 神意. **2** 運命, 天命, 宿命 (destiny, fate). 〖(1834) □ Turk. ~ □ Arab. *qísmaʰ* fate ← *qásama* to divide, alot〗

kiss /kís/ *n.* **1** キス, 口づけ, 接吻(ｾｯﾌﾟﾝ)《挨拶・愛情・尊敬のしるしとして相手の唇・顔・手などに唇を触れること》: a ~ of pardon 許しの接吻 / a good-night ~ お休みなさいのキス / give a (soft) ~ to a child 子供に(そっと)キスする / plant an enthusiastic ~ on a person's cheek 人のほおに熱烈なキスをする / blow [throw] a ~ to a person 人にキスを送る, 投げキスをする / Sealed With A (Loving) Kiss (愛を込めた)キスをして封をした (封筒の裏に SWALK [SWAK] と略して書いたりする) / ⇨ deep kiss, French kiss, soul kiss. 日英比較 ほお・ワイシャツなどに付いた唇形の口紅の跡や, 激しいキスによってできるあざのことを「キスマーク」というのは和製英語. 英語では前者を lipstick (mark), 後者を hickey または lovebite という. **2 a** 軽く触れること, ひと触れ; (微風が花・髪などを)揺さぶること: the ~ of a summer breeze on a person's cheek ほおをなでる夏のそよ風. **b** 〖玉突〗(球と球の)接触, キス (kiss-off). **3** 《小児語》(牛乳・茶などに浮かんだ)泡(ｱﾜ). **4 a** 卵白に砂糖を加えて作った小さな菓子 (cf. meringue): milk ~*es*. **b** (しばしばホイルなどに包んだ)小さな糖菓: a chocolate ~.
the kiss of déath (役立つように見えて実は)災いの元, 命取り《関係・行為・物事》, 死の接吻《Judas が接吻を合図にイエスを敵の手に渡したことから (*Mark* 14: 44–45): cf. Judas kiss》. (1943)
kiss of life [the —] 《英》(1) 口移し式人工呼吸(法) (cf. mouth-to-mouth). (2) 元気[活気]を取り戻す手段, 起死回生の策. ((1961): ↑のもじり)
kiss of péace [the —] 親睦(ｼﾝﾎﾞｸ)の接吻, 平和の接吻《初期キリスト教会で親和のしるしとして行われた信者同士の挨拶; 今もカトリック教会のミサなどで行われる》. (c1898)
— *vt.* **1** …にキス[接吻]する: ~ a person's forehead, cheek, mouth, hand, etc. / He ~*ed* her *on* the forehead. 彼女の額にキスした / ~ a person good night 人にお休みなさいのキスをする / ~ one's hand to a person (手で)人に投げキスをする / He ~*ed* her and realized she was ~*ing* him back. 彼女にキスをしたら, 彼女もキスを返してくるのを感じた. **2** 《詩》⟨風・波などが⟩…に軽く触れる: The sun was just ~*ing* the horizon. **3** 〖玉突〗⟨球が⟩⟨球⟩に接触する, キスする. — *vi.* **1** ⟨二人が⟩キスする: We ~*ed* and parted. 口づけをして別れた / Let's ~ and be friends [make up]. キスして(仲直りしよう. **2 a** ⟨二つの物が⟩軽く触れる: make glasses ~ 酒のグラスを軽く触れさせる. **b** 〖玉突〗⟨二つの球が⟩接触[キス]する.
(as) éasy as kiss my [your] hánd 《口語》ごく容易で, 朝飯前で. ***kiss and téll*** 以前つきあっていた人に関する(自分との情事などの)秘密を暴露する (⇨ kiss-and-tell): A gentleman doesn't ~ *and tell* (what he has done). 紳士というものはみだりに秘密(自分のしたこと)を暴いたりしない. ***kiss (a person's) áss*** 《俗》⟨人⟩に媚(ｺ)びへつらう, おべっかを使う. ***kiss awáy*** キスして取り去る: ~ *away* a baby's tears (泣いている)赤ん坊にキスして泣くのをやめさせる《機嫌(ｷｹﾞﾝ)を直させる》/ ~ *away* a person's worries 人にキスして心配事を忘れさせる. ***kiss bétter*** ⟨子供など(の傷や痛い所)⟩をキスして慰める: She ~*ed* her child [his cut] *better*. ***kiss goodbýe*** (1) ⟨人⟩に別れのキスをする, 別れる: He ~*ed* me *goodbye*. (2) 《口語》⟨損失・計画などを⟩あきらめる, 捨てる, 手離す: You can ~ that trip of yours *goodbye*. 君のあの旅行のことはあきらめたらいいよ. ***Kiss my fóot [áss, táil]!*** 《俗》ばかを言え, (そんなこと)真っ平だ, ふざけるな, ばか野郎. ***kiss óff*** (1) 《俗》キスしたために⟨相手の女性の化粧・口紅などを⟩落と[はが]してしまう: He ~*ed* her lipstick *off*. (2) 《米俗》首にする, お払い箱にする; はねつける. (3) 《米俗》⟨人を⟩殺す. ***kiss the bóok [the Bíble]*** 聖書に接吻して宣誓する. ***kiss the dúst*** (1) 屈服する, 屈従する. (2) 屈辱を受ける. (3) 殺される. ***kiss the gróund*** (1) ひれ伏す, 平身低頭する. (2) 敗北を喫する, 滅びる; 屈辱をなめる. ***kiss the ród*** ⇨

rod 2 b. ***kiss úp to*** 《米口語》…に取り入る. ***kiss wéll*** =KISS *better*.
〖v.: OE *cyssan* < Gmc **kussjan* (G *küssen*) ← **kussaz* kiss ← IE **ku(s)-* kiss (擬音語). — n.: 《*a*1400》 *kis(se)* (変形) ← *coss* < OE *coss* < Gmc **kussaz* (G *Kuss*)〗

kiss·a·ble /kísəbl/ *adj.* 〈女性など〉キスしたくなるような(魅力のある). 〖《1815》: ⇨ ↑, -able〗

kis·sa·gram /kísəgræ̀m/ *n.* キスの配達《お祝い事などの折に, 手紙や花束の代わりに人を雇ってキスを送ること》; キス付き電報《若い女性の配達人が受取り人にキスをするサービスがつく電報》. 〖《1982》 ← KISS+-O-+GRAM〗

kíss-and-crý *n., adj.* 〖フィギュアスケート〗演技後の得点待ちの(控え場所)《コーチとキスをして得点に涙することから》.

kíss-and-ríde commúter *n.* 《豪口語》パートナーに駅まで送り迎えしてもらう通勤者.

kíss-and-téll *adj.* 以前つきあっていた人に関する秘密を暴露する《特に回顧録などで相手と自分との性的関係について告白するものにいう; ⇨ KISS *and tell*》. 〖1949〗

kiss-ass /kísæ̀s/ *adj.* 媚(こ)びへつらう, よいしょの.

kiss cùrl *n.* 《英》(額やほおに掛かる)ゆるいカール, 愛嬌(あいきょう)毛.

kis·sel /kísəl, -sɪl/ *n.* キセル《果物のピューレをくず粉で固めて作るロシアのデザート》. 〖《1924》□ Russ. *kiséľ*〗

kiss·er *n.* **1** キスする人. **2** 《俗》口, 唇; 顔. 〖《1537》: ⇨ -er¹〗

kiss·ing *adj.* [限定的] キスする(ほどの): be on ~ terms with …と会えばキスするほどの親しい間柄である / ⇨ kissing cousin. ***kissing kind*** キスするほどの仲で, 親密で《★ この kissing は副詞的用法》.
〖《1595–96》: ⇨ -ing²〗

kíssing bùg *n.* 〖昆虫〗=conenose. 〖1899〗

kíssing-cómfit *n.* 《Shak》口臭を消すなめ菓子 (cf. *Merry W.* 5. 5. 20).

kíssing cóusin *n.* (会えば(軽く)キスし合うような)親しいいとこ[親類, 友人]. 〖1941〗

kíssing crùst *n.* 《口語》パンを焼く間に生地の塊が互いにくっついてできる柔らかい部分. 〖1708〗

kíssing disèase *n.* 〖病理〗=infectious mononucleosis. 〖《1962》その伝染が口の接触によると信じられているところから〗

Kis·sin·ger /kísɪnʤə, -sŋ- | -sɪnʤə(r), -sɪŋə(r)/, **Henry (Alfred)** *n.* キッシンジャー《1923– ; ドイツ生まれの米国の政治学者; ニクソン大統領の特別補佐官 (1969–73); 国務長官 (1973–77); Nobel 平和賞 (1973)》.

kíssing gàte *n.* 《英》〖建築〗(一度に一人しか通れない)小さな自在門《生垣や柵に設けられる U [V] 字形の入口をもつ木戸》. 〖1875〗

kíssing gourámi *n.* 〖魚類〗キッシンググーラミ (*Helostoma temmincki*)《東南アジア産の淡水魚; 口先を押しつけ合う習性がある》. 〖1935〗

kíssing kín *n.* (*pl.* ~) =kissing cousin.

kíss·ing·ly *adv.* やさしく; 軽く, そっと. 〖《1836》: ⇨ -ly¹〗

kíss-in-the-ríng *n.* 〖遊戯〗キスとりごっこ《野外で若い男女が輪になって行う古い田舎の遊戯; drop the handkerchief の原形》. 〖1801〗

kíss-me-òver-the-gárden-gáte *n.* 〖植物〗
1 =prince's-feather 2. **2** =achimenes.

kíss-me-quíck *n.* **1** (19 世紀後半に流行した)あみだにかぶる小さいボンネット. **2** (耳の前に垂れた)愛嬌(あいきょう)毛. 〖1852〗

kíss-òff *n.* **1** 《米俗》お払い箱, 首; 拒絶; 終わり; 死.
2 〖玉突〗=kiss 2 b.

kis·so·gram /kísəgræ̀m/ *n.* =kissagram. 〖1984〗

kíss·pròof *adj.* 〈口紅が〉キスしても取れ[落ち]ない.

kiss·y /kísi/ *adj.* 《俗》 **1** キスしたがる; 愛情を誇示する.
2 キスしたくなるような: ~ lips 吸い付きたくなるような唇.

kíssy-fàce *n.* 《俗》キス[愛撫]し合うこと.
plày kissy-face 人前で(おおっぴらに)キスをする, 抱き合う.

kist¹ /kíst/ *n.* 《北英・スコット》 **1** 箱 (box, chest); 金箱.
2 棺 (coffin). 〖《*c*1300》□ ON *kista* 'CHEST'〗

kist² /kíst/ *n.* 〖考古〗=cist¹.

Kist·na /kístnə/ *n.* [the ~] キストナ(川)《Krishna¹ の旧名》.

kist·vaen /kístvaɪn/ *n.* 〖考古〗=cist¹. 〖《1715》□ Welsh *cist faen* ← *cist* 'CHEST'+*faen* ((変形) ← *maen* stone)〗

Ki·su·mu /kɪsú:mu:/ *n.* キスム《ケニア西部, Victoria 湖東岸の都市; Nyanza 州の州都; 旧名 Port Florence》.

Kis·wa·hi·li /kì:swɑhí:li; *Swahili* kiswahíli/ *n.* 〖言語〗スワヒリ語 (Swahili). 〖《1864》□ Swahili ~ ← *ki-* (pref. designating an abstract object)+SWAHILI〗

kit¹ /kít/ *n.* **1 a** (仕事などの)道具一式, (旅行・運動などの)用具[用品]一式 (outfit, equipment): a golfing [hunting] ~ / a first-aid ~ 救急箱. **b** 道具箱[袋, 入れ], 用具入れ. **2** 《英》〖軍事〗(武器以外の)装具: a ~ inspection 装具点検. **b** (特定の場合のための)服装: in ski [tennis] ~ スキー[テニス]の服装で. **3** =kit bag.
4 (模型飛行機などの)キット, 組立て用部品一式: a ~ locomotive [plane] 組立て用模型機関車[飛行機].
5 (特定の事柄についての)説明書[パンフレット]一式.
6 [通例 the whole ~ として]《口語》(人や物の)全部, 残らず, 皆. **7** 《英方言》 **a** (木の小さな)桶(おけ), 樽(たる), 手桶.
b 籠(かご).
the whóle kit and cabóodle [***bóodle, bíling***] 《米口語》だれも彼も, 何もかも, 皆, 残らず (cf. 6).
— *vt.* (**kit·ted**; **kit·ting**) 《英》〈軍人など〉に装備を付けさせる, 支度させる (equip) 〈*out, up*〉.
〖《1362》 *kyt, kitt* □ ? MDu. *kitte* (Du. *kit*) a kind of tub, jug ← ?〗

kit² /kít/ *n.* **1** 子猫. **2** 子狐(など); その(毛)皮.
〖《1562》《略》← KITTEN〗

kit³ /kít/ *n.* (昔, ダンス教師が用いた)小型バイオリン.
〖《1519》《短縮》? ← L *cithara* 'CITHARA': cf. guitar〗

kit. 《略》kitchen.

Kit /kít/ *n.* キット: **1** 男性名. **2** 女性名. 〖1: (dim.) ← CHRISTOPHER. 2: (dim.) ← KATHERINE, KATE〗

kit·am·bil·la /kɪtəmbílə | -təm-/ *n.* 〖植物〗=ketembilla.

kít·bàg *n.* **1 a** (軍人などの)衣嚢(いのう), 雑嚢. **b** = rucksack. **2** (口が大きく帯の付いた昔の)旅行鞄(かばん).
〖《1893》: ⇨ kit¹〗

Kít Cár·son Móuntain /kítkɑ́əsən-, -sṇ- | -kɑ́:-/ *n.* キットカーソン山《米国 Colorado 州南部 Sangre de Cristo 山脈にある山 (4,320 m)》.

Kit-Cat /kítkæ̀t/ *n.* **1** キットキャットクラブ員. **2** [通例 kit-cat] 半身よりも小さい, 両手を含む肖像画 (kit-cat portrait). 〖《1704》: 英国の画家 Sir Godfrey Kneller (1636–1723) が描いて Kit-Cat Club の食堂に掲げたクラブ員の肖像画から〗

Kít-Cat Clùb *n.* [the ~] キットキャットクラブ《1703–20 年に London にあった Whig 党員や文筆家などのクラブ; Addison や Steele も会員であった》. 〖《1705》← *Kit Cat* (=Christopher Cat(ling): キットキャットクラブの最初の会合所であった食堂の主人の名)〗

kitch·en /kítʃən/ *n.* **1 a** 台所, 勝手, キッチン, 調理場.
b 調理部 (cuisine): a fine French ~ フランス料理の上手な調理場. **2** 《俗》〖音楽〗(オーケストラなどの)打楽器部. **3** 《スコット》副食物《肉, 魚, 卵, バターなど》. —
adj. [限定的] **1** 台所の, 台所用の: a ~ door 台所口, 勝手口 / a ~ knife (台所用)包丁 / a ~ match (ガスレンジなどの点火用)台所用マッチ. **2** 台所[勝手仕事]に雇われた: ⇨ kitchenmaid. **3** 〈言語が〉なまった, 混合の; 標準以下の: ⇨ kitchen Dutch. — *vi.* 台所仕事をする.
— *vt.* 《Shak》(台所で)もてなす. 〖OE *cyċene* (cf. Du. *keuken* / OHG *kuhhina* (G *küche*)) □ VL **coūna*= LL *coquīna* (fem.) ← L *coquīnus* of cooking ← *coquus* cook ← *coquere* 'to COOK'〗

kítchen càbinet *n.* **1** 台所用戸棚, キッチンキャビネット. **2** 《米》(大統領・州知事などの内々の相談相手となる)私設顧問団 (cf. brain trust). 〖1832〗

kítchen dìal *n.* 〖時計〗キッチンダイアル (⇨ dial clock).

kítchen-díner *n.* ダイニングキッチン.

kítchen Dútch *n.* (南アフリカ共和国の喜望峰地方の)混合オランダ語《オランダ語をよく知らない白人が現地の召使と話す時に使う英語とオランダ語の混合語》. 〖1894〗

kítch·en·er /-tʃənə, -tʃnə | -nə(r)/ *n.* **1** 《英》料理用レンジ (cook stove). **2** 料理人, コック, (特に修道院の)調理係. 〖《?*a*1375》: ⇨ -er¹〗

Kitch·e·ner /kítʃənə, -tʃnə | -nə(r)/ *n.* キッチナー《カナダ Ontario 州南東部の都市》. 〖← *H. H. Kitchener*〗

Kitch·e·ner /kítʃənə, -tʃnə | -nə(r)/, **(Horatio) Herbert** *n.* キッチナー《1850–1916; アイルランド生まれの英国の陸軍元帥; アフリカにおける戦争で総司令官を務めた; 陸軍大臣 (1914); 称号 1st Earl Kitchener of Khartoum and of Broome /brú:m/》.

Kítchener's Ármy *n.* 《英口語》キッチナー部隊《第一次大戦で Kitchener 元帥の要請 (1914 年 8 月)にこたえて応募した 300 万の兵士; Kitchener's Boys [mob] ともいう》.

kitch·en·ette /kìtʃənét/ *n.* (*also* **kitch·en·et** /~/) (アパートなどの)簡易台所; 簡易台所設備, キチネット: a one-room apartment with ~. 〖《1903》: ⇨ -ette〗

kítchen gàrden *n.* 家庭菜園 (cf. market garden).

kítchen gàrdener *n.* 〖1580〗

kítchen káffir *n.* 《軽蔑》=Fanagalo. 〖1862〗

kítchen Látin *n.* =dog Latin.

kítchen·màid *n.* 台所の下働き《女中》. 〖1550〗

kítchen mídden *n.* 〖考古〗貝塚《先史人類居住の跡》. 〖《1863》《なぞり》← Dan. *køkkenmødding* ← *køkken* 'KITCHEN'+*mødding* 'MIDDEN'〗

kítchen pàper *n.* ペーパータオル, キッチンペーパー《調理などに用いられる吸水性の強い紙》. 〖1846〗

kítchen políce *n.* 《米》〖軍事〗 **1** 炊事勤務, 炊事場使役《陸軍で調理手 (cook) の手助けをする勤務, 時に微罰の罰として課せられる; 略 KP》. **2** [集合的] 炊事補助員, 炊事勤務兵, 炊事場使役兵. 〖*c*1917〗

kítchen ròll *n.* 台所用ペーパータオル, キッチンペーパー.

kítchen-sìnk *adj.* [限定的] 台所調の《主に 1950 年代から 1960 年代にかけて, 労働者階級の家庭生活を極端なまでリアルに描いた英国の戯曲・絵画などについていう》: a ~ drama, dramatist / ~ painting. 〖1941〗

kítchen sínk *n.* 台所の流し(台). ***éverything but the kítchen sínk*** 《英》何でもかでも, ありとあらゆるもの.
〖1958〗〖1873〗

kítchen stóve *n.* (台所の)レンジ: everything but the ~=*everything but the* KITCHEN SINK. 〖1845〗

kítchen stúff *n.* **1** 料理の材料《野菜など》. **2** 台所の残り物. 〖1577〗

kítchen téa *n.* 《豪》キッチンティー (shower tea)《女性客が贈り物に台所用品を持ち寄る結婚式前のパーティー》.
〖1948〗

kítchen tòwel *n.* 《英》=kitchen roll.

kítchen únit *n.* キッチンユニット《ユニット式台所セットを構成する一点》. 〖1937〗

kítchen·wàre *n.* [集合的] 台所用品, 勝手道具《主に金物類》. 〖1722〗

kitch·y-kitch·y /kítʃikìtʃi/ *int.* こちょこちょ《くすぐるときの発声》. 〖《擬態語》: cf. kittle², kitty¹〗

kitch·y-koo /kítʃikù:/ *int.* =kitchy-kitchy.

kite¹ /káɪt/ *n.* **1** 凧(たこ): fly [let out] a ~ 凧を揚げる(⇨ 成句) / draw in a ~ 凧を降ろす. **2** 〖鳥類〗トビ《ワシタカ科の鳥類の総称; トビ (black kite), エンビトビ (swallow-tailed kite) など》; トビに似たタカ類の総称. **3** 《英》(トビのように)強欲な人, 詐欺師, ぺてん師. **4** 《口語》〖商業〗融通手形; 《米》空手形, なれ合い手形. **5** [*pl.*] 〖海事〗(微風の時だけ檣頭(しょうとう)に張る)軽帆 (skysail など). **6** (世論の)探り, 打診, 人気試し (ballon d'essai). **7** 《英俗》飛行機.
(as) high as a kite 《口語》(酒・麻薬などで)ひどく酔っぱらって; ひどく興奮して. ***flý*** [***sénd úp***] ***a kite*** (1) 凧を揚げる. (2) 人気試しをする, 世論を探る[打診する]. (3) 《口語》〖商業〗融通手形を振り出す (cf. kiteflying 3).
《1831》 ***flý one's ówn kite*** 《俗》私利を図る. ***gó flý a*** [***one's***] ***kite*** [通例命令法で]《米俗》うるさい, あっちへ行きなさい, 出て行け. ***higher than a kite*** 《米口語》(1) 非常に[突拍子もなく]高い[く]. (2) 夢中になって. (3) ひどく酔っぱらって. ***higher than Gilderoy's*** /gíldərɔɪz/ ***kíte*** (1) (見えないくらいに)すごく高く. (2) こっぴどく, 手ひどく. (3) 《米俗》(酒・麻薬などで)ひどく酔って. 《*Gilderoy* はスコットランドの盗賊の首領 Patrick MacGregor (?–1638) のあだ名, 重罪人として特に高くした絞首台で処刑されたことからか; kite はゲール語で「腹, 身体」の意》
— *vi.* 《口語》 **1 a** (トビのように)空を舞う; 早く走る, すらすら進む; あわてて行く (rush). **b** 〈物価が〉急に上昇する.
2 〖商業〗融通手形で金を作る. — *vt.* 《口語》 **1** 舞い上がらせる; 〈物価を〉急に上昇させる. **2** 〖商業〗〈手形を〉融通手形として使用する.
kít·er /-tə | -tə(r)/ *n.* 〖OE *cȳta* ← ? (cf. Gmc **kūtja-* (G *Kauz* a kind of owl)) 《擬音語》〗

kite² /káɪt/ *n.* =kyte.

kíte ballòon *n.* 凧(たこ)型気球《係留気球の一種で気球の形を工夫し, 凧のように風の動的な揚力も併せて利用するもの》. 〖1898〗

kíte fìghting *n.* (マレーシアの)凧合戦《相手の凧の糸を切り合う; cf. glass string》.

kíte-flỳing *n.* **1** 凧揚げ. **2** 人気[世論]打診. **3** 《口語》〖商業〗融通手形振出し (kiting ともいう). 〖1804〗

Kit-E-Kat /kítikæ̀t | kít-/ *n.* 〖商標〗キティキャット《英国 Kit-E-Kat 社製のキャットフード》.

Kite·mark /káɪtmɑ̀ək | -mɑ̀:k/ *n.* [the ~] カイトマーク《英国規格協会 (British Standards Institution) 規定の製品規格に合致していることを示す凧印(たこじるし); BS Mark の俗称》. 〖1952〗

Kitemark

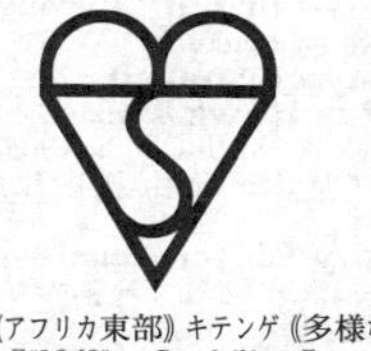

ki·ten·ge /kɪtéŋgi/ *n.* 《アフリカ東部》キテンゲ《多様な色と柄の女性服用の綿布》. 〖《1969》□ Swahili ~〗

kít fòx *n.* **1** 〖動物〗キットギツネ (*Vulpes macrotis*)《米南西部・メキシコに生息; cf. red fox》. **2** キットギツネの毛皮. 〖1805〗

kith /kíθ/ *n.* [集合的] 知人, 友人, 知己 (acquaintances). ★ 今は次の成句で:
(one's own) ***kith and kin*** (1) 知己親類 (friends and relations). (2) 親類縁者. ★ 元来 (1) の意ではあるが, 今はしばしば (2) の意に用いられる. 《*c*1230》
〖OE *cȳþ(þ)*, *cȳþþu* knowledge, acquaintance < Gmc **kunþiþō* ← **kunþaz* known (p.p.) ← **kunnan* to know: cf. can¹, uncouth〗

kith·a·ra /kíθ(ə)rə/ *n.* 〖楽器〗=cithara. 〖14C〗

kithe /káɪð/ 《スコット・北英》 *vt.* 表す, 示す (show). —
vi. 現れる (appear). 〖OE *cȳþan* to make known < Gmc **kunþjan*: ⇨ kith〗

Kí·thi·ra /kí:θərɑ̀:; *Mod.Gk.* kíθira/ *n.* キチラ(島), キュテラ(島)《ギリシャの Peloponnesus 半島南端にある島; 面積 290 km², 主都 Kithira; ⇨ Cythera》.

kít hòme *n.* プレハブ住宅用組立て部材.

Kit-Kat /kítkæ̀t/ *n.* 〖商標〗キットカット《もと英国製のチョコレートがけウエハース》.

kit·ling /kítlɪŋ/ *n.* 《英方言》子猫. 〖《*c*1384》□ ? ON *ket(t)lingr* kitten ← *kǫttr* 'CAT': ⇨ -ling¹〗

ki·tool /kɪ̥tú:l | kɪ-/ *n.* =kittul. 〖1681〗

kitsch /kítʃ/ *n.* 浅薄[通俗的]な作品, 駄作. 〖《1925》□ G *Kitsch* gaudy trash ← (方言) *kitschen* to smear〗

kitsch·y /kítʃi/ *adj.* (**kitsch·i·er**; **-i·est**) 〈文学作品など〉俗受けをねらった, 安っぽい, ちゃちな. 〖《1967》: ⇨ -y¹〗

kit·tel /kítl | -tl/ *n.* (*pl.* ~) 〖ユダヤ教〗キットゥル《特に正統派のユダヤ人が新年祭 (Rosh Hashanah) やあがないの日 (Yom Kippur) などの儀式用に着る綿・リンネルの白衣; きょうかたびら (shroud) としても用いる》. 〖《1891》□ Yid. *kitel* □ MHG *ki(e)tel* cotton outer garment □ Arab. *quṭn* 'COTTON'〗

kit·ten /kítṇ/ *n.* **1 a** 子猫. **b** (その他の)小動物の子: a ferret [hamster, rabbit] ~. **2** おてんば娘.
(as) nérvous as a kitten ひどく神経質で. ***hàve kíttens*** 《口語》ひどく興奮する[驚く, あわてる, 怒る]. 《1900》
— *vi.* 〈猫が〉子を産む: Our cat has ~*ed*. — *vt.* 〈猫が〉〈子を〉産む.
〖《*c*1378》 *kitoun, kyton* □ AF **kitoun*=OF *chitoun* (F *chaton*) kitten (dim.) ← *chat* 'CAT'〗

kítten·bàll *n.* ソフトボール (softball).
kít·ten·ish /-tṇɪʃ/ *adj.* **1** 子猫みたいな; じゃれる, ふざける (playful). **2** 〈若い女性が〉おてんばの; 〈年増の女性が〉色っぽい, あだっぽい (coquettish). **~·ly** *adv.* **~·ness** *n.* 〖(1754): ⇨ ↑, -ish¹〗
kítten mòth *n.* 〖昆虫〗シャチホコガ科 (*Notodontidae*) のガ. 〖1819〗
kit·ti·wake /kítɪwèɪk | -tɪ-/ *n.* 〖鳥類〗ミツユビカモメ (*Rissa tridactyla*) 《後趾(ごし)は小さい》. 〖(1661) 擬音語〗
kit·tle¹ /kítḷ | -tḷ/ 《スコット》 *adj.* (**kit·tler**; **-tlest**) **1 a** 〈人・物事など〉扱いにくい, 難しい, 厄介な, 微妙な (ticklish): ⇨ kittle cattle. **b** 神経質な, 気難しい; 気まぐれな. **2** 器用な. — *vt.* **1** くすぐる (tickle). **2** (お世辞などで)喜ばす. **3** (問題などで)迷わす, 当惑させる. — *n.* **1** くすぐり. **2** 心地よい刺激. 〖(*c*1475) 《北部方言》 *kytyllen* to tickle ◻ ? ON *kitla*: cf. OE kitelung: ⇨ tickle〗
kit·tle² /kítḷ | -tḷ/ *vi.* 《方言》子猫を産む (kitten). 〖(1530) 《逆成》 ? ← KITLING: cf. Norw. 《方言》 *kjetla* to kitten ← *kjetling* kitten〗
kíttle cáttle *n. pl.* [集合的] **1** 扱いにくい[気まぐれな, 厄介な]連中. **2** 扱い[使い]にくい物; 分かりにくい物事. 〖1818〗
kit·tly-bend·ers /kítlibèndəz | -dəz/ *n. pl.* 《米口語》 (川などの)薄氷; 薄氷の上を走り回ること[遊び]. 〖← *kittly* (← ? KITTLE¹) + BENDER: ⇨ -s¹〗
Kit·tredge /kítrɪʤ/, **George Ly·man** /láɪmən/ *n.* キトリッジ (1860–1941; 米国の英語・英文学者・Shakespeare 学者).
kit·tul /kɪ̀tú:l | kɪ-/ *n.* **1** 〖植物〗クジャクヤシ (*Caryota urens*) 《インド産》. **2** キトール (kittul fiber) 《クジャクヤシの葉柄から採る柔軟な繊維; ブラシ製造用》. 〖(1681) ◻ Singhalese *kitul*, *hitul* ← Skt *hintāla*〗
kit·ty¹ /kíti | -ti/ *n.* 《愛称》猫, 子猫, にゃんこ (kitten). 〖(1719) ← KIT² + -Y²〗
kit·ty² /kíti | -ti/ *n.* **1** 小壺(こつぼ) (small pot). **2** 〖トランプ〗 **a** = pot¹ 5 a. **b** 席代, ショバ代 《ポーカーなどで賭け金 (pot) の一部を一勝負ごとに積み立てて席料や飲食代にする》. **c** = widow 3. **3 a** (金品の)共同積立て, 共同積立金 (pool). **b** 《口語》予備金, 蓄え (reserves): There's little left in the ~. もう予備金は幾らも残っていない. **4** = jack¹ 10 c. 〖(1887) ← ? KIT¹ + -Y²〗
kit·ty³ /kíti | -ti/ *n.* 《英方言》刑務所 (prison), 拘置所. 〖(1825) 《変形》 ? ← 《廃》 *kidcot(e)* prison ← KID¹ + COT¹〗
Kit·ty /kíti | -ti/ *n.* キティー《女性名; 異形 Kittie》. 〖(dim.) ← KATHERINE, CATHERINE〗
kit·ty-cor·ner /kítikɔ̀ənə | kitikɔ́:nə(r)/ *adj.*, *adv.* 《米》 = catercorner.
kít·ty-còr·nered *adj.*, *adv.* 《米》 = kitty-corner.
Kit·ty Hawk /kítihɔ̀:k, -hà:k | -tihɔ̀:k/ *n.* キティーホーク 《米国 North Carolina 州北東部の村; 1903 年ここの海岸で Wright 兄弟が初飛行に成功した》. 〖← N-Am.-Ind.〗
Kit·ty Lit·ter /kítilítə | -tilítə(r)/ *n.* 〖商標〗キティーリター 《米国 Lowe's 社製のペット(特に猫)用トイレに敷く吸湿材》.
Kit·we /kítweɪ/ *n.* キトウェ 《ザンビア北部の都市; 銅鉱業の中心地; 南に銅鉱山 Nikana がある》.
Kitz·bü·hel /kítsbju:əl/; G. kítsby:əl/ *n.* キッツビューエル 《オーストリア西部 Tyrol 地方の保養地; スキーの町として知られる》.
Kiu·kiang /kjù:kjǽŋ/ *n.* = Jiujiang.
Kiung·chow /kjʊ̀ŋʧóʊ, -ʧáʊ | -ʧə́ʊ, -ʧáʊ/ *n.* = Qiongzhou.
ki·va /kí:və/ *n.* キーヴァ 《Pueblo インディアンの集会所[室]; 通例円形で一部または全部地下に造られ, 礼拝その他に用いられる》. 〖(1871) ◻ N-Am.-Ind. (Hopi) ~〗
Ki·vu /kí:vu:/, **Lake** *n.* キブ湖 《コンゴ民主共和国とルワンダの国境にある湖》.
Ki·wa·ni·an /kɪ̀wá:niən | kɪ-/ *adj.*, *n.* キワーニス (Kiwanis) の(会員).
Ki·wa·nis /kɪ̀wá:nɪs | kɪ-/ *n.* [the ~] キワーニスクラブ 《1915 年米国およびカナダのクラブを結合した民間奉仕団体; 実業界の人々の道義向上を目標とし "Service" をスローガンとする》. 〖(1921) ◻ ? N-Am.-Ind. *keewanis* to make oneself known〗
ki·wi /kí:wi:, -wi/ *n.* **1 a** 〖鳥類〗キーウィ (*Alpteryx australis*) 《ニュージーランドに生息するキーウィ属の鳥; 翼が退化して飛べない》. **b** 〖植物〗 = kiwi fruit. **2** [K-] 《口語》ニュージーランド人. **3** 《俗》〖空軍〗地上勤務兵[員]. **4** [K-] 〖商標〗キーウィ 《オーストラリア Kiwi Products 製の靴クリーム》. 〖(1835) ◻ Maori ~: 擬音語〗

kiwi 1

kíwi frùit [bèrry] *n.* (*pl.* ~) 〖植物〗キーウィーフルーツ 《単に kiwi ともいう; ⇨ Chinese gooseberry》. 〖1966〗
Kí·wi·lànd /kí:wi:-, -wi-/ *n.* 《豪》ニュージーランド.
Kíwi·spèak *n.* 《NZ》ニュージーランド英語.
Kiy·ev /kí:ɛf, -ɛv, —/ *n.* = Kiev.
ki·yi /kí:ji:/ *n.* 〖魚類〗北米五大湖にすむサケ科の魚 (*Leucichthys kiyi*). 〖?〗
Ki·zil Ir·mak /kɪ̀zílɪəmá:k | -ɪə-; *Turk.* kuzúlurmák/ *n.* [the ~] キジルイルマク(川) 《トルコ中部を北流して黒海に注ぐ川 (1,182 km)》.
Ki·zil Kum /kɪ̀zílkúm, -kúm/ *n.* [the ~] = Kyzyl Kum.
kJ, kj 《略》kilojoule(s).
KJ 《略》〖医学〗knee jerk.
KJV 《略》King James Version (of the Bible).
KKK /kéɪkèɪkéɪ/ 《略》Ku Klux Klan. 〖1872〗
KKt 《記号》〖チェス〗king's knight.
KKtP 《記号》〖チェス〗king's knight's pawn.
kl, kl. 《略》kiloliter(s).
KL 《略》Kuala Lumpur.
KL 《記号》⇨ KLM.
kla·ber·jass /klá:bəjà:s | -bə-; G. klá:bəjas/ *n.* 〖トランプ〗クラーバヤース 《6 から 2 までの札を除く 32 枚のカードを使い, 2 人がそれぞれ 6 枚ずつ持って得点を競うゲーム》. 〖(1892) ◻ G ~〗
Kla·gen·furt /klá:gənfə̀:t, -fʊ̀ət | -fə̀:t, -fʊ̀ət; G. klá:gṇfʊʁt/ *n.* クラーゲンフルト 《オーストリア南部 Carinthia 州の州都; スロベニア語名 Celovec /tsɛlóvəts/》.
Klai·pe·da /kláɪpədə | -də/ *n.* クライペダ 《リトアニア共和国西部バルト海沿岸の港市; 旧ドイツ語名 Memel》.
Klam·ath¹ /klǽməθ/ *n.* [the ~] クラマス(川) 《米国 Oregon 州南西部に発し, California 州北西部を貫流して太平洋に注ぐ川 (400 km)》.
Klam·ath² /klǽməθ/ *n.* (*pl.* ~**s**, ~) **1 a** [the ~(s)] クラマス族 《米国 Oregon 州南部に住む北米インディアン, ルツアミ族 (Lutuamian) の一部族》. **b** クラマス族の人. **2** クラマス語. 〖(1826) ◻ Chinook Fámal Klamath〗
Klámath Lákes *n. pl.* [the ~] クラマス湖 《米国 Klamath 川の水源を成す二つの湖; Upper Klamath Lake は Oregon 州南西部に, Lower Klamath Lake は California 州北部にある》.
Klámath wèed *n.* 〖植物〗ヨーロッパ原産のオトギリソウ属の雑草 (*Hypericum perforatum*). 〖(1922) ← *the Klamath*〗
Klan /klǽn/ *n.* **1** = Ku Klux Klan. **2** Ku Klux Klan の支部. **~·ism** /-nɪzm/ *n.* 〖(1867) ← (KU KLUX) KLAN〗
klang·far·be, K- /klá:ŋfà:bə | -fà:-; G. kláŋfaʁbə/ *n.* 音色. 〖cf. 'klangfarbenmelodie' (1959)〗
Klans·man /klǽnzmən/ *n.* (*pl.* **-men** /-mən, -mèn/) Ku Klux Klan の団員. 〖1905〗
Kláns·wòman *n.* クー クラックス クラン (Ku Klux Klan) の女性会員.
klatch /klǽʧ, klá:ʧ | klǽʧ/ *n.* (*also* **klatsch** /~/) 《米口語》 (コーヒーを飲みながらする)世間話, 茶飲み話; = coffee klatch. 〖(1941) ◻ G *Klatsch* gossip ← *klatschen* to gossip: 擬音語〗
Klau·sen·burg /G. kláuzṇbʊʁk/ *n.* クラウゼンブルク 《Cluj-Napoca のドイツ語名》.
klav·ern /klǽvən | -vən/ *n.* 《米》 **1** Ku Klux Klan の地方支部. **2** Ku Klux Klan の集会所. 〖(1924) 《混成》 ← KL(AN) + (C)AVERN〗
Klax·on /klǽksən, -sṇ/ *n.* 〖商標〗クラクション 《自動車用警笛》. ⇨ horn *n.* 1 [日英比較]. 〖会社名から: cf. Gk *klazein* to roar〗
klea·gle /klí:gḷ/ *n.* Ku Klux Klan の役員. 〖(1924) ← KL(AN) + EAGLE〗
Klé·ber /kleɪbέə | -béə(r); *F.* klebɛ:ʁ/, **Jean Baptiste** *n.* クレベール (1753–1800; フランスの将軍; Napoleon のあとのエジプトの指揮官 (1799); 暗殺された).
kleb·si·el·la /klɛ̀bziélə/ *n.* 〖細菌〗クレブシェラ, 莢膜(きょうまく)杆菌(かんきん) 《グラム陰性で非運動性の *Klebsiella* 属の微生物; 肺炎杆菌 (*K. pneumoniae*) など》. 〖(1928) ← NL ~ ← *Edwin Klebs* (↓) + -I- + -ELLA〗
Klébs-Löf·fler bacíllus /klébzléflə- | -flə(r)-; G. klé:pslœflɐ-/ *n.* 〖細菌〗ジフテリア杆菌(かんきん) (*Corynebacterium diphtheriae*). 〖(1895) ← *Edwin Klebs* (1834–1913: ドイツの病理学者) & *Friedrich August Johannes Löffler* (1852–1915: ドイツの細菌学者)〗
Klee /kléɪ; G. kle:/, **Paul** *n.* クレー (1879–1940; スイスの画家, 詩的想像に富む小品に優れる).
Kleen·cut /klí:nkʌt/ *n.* 〖商標〗クリーンカット 《米国 Acme United 社製のはさみ》.
Kleen·ex /klí:nɛks/ *n.* 〖商標〗クリネックス 《ティッシュペーパー (tissue) の一種》. 〖(1925) 《商標名》 ← CLEAN + -ex (cf. L *texere* to weave)〗
Klei·ber /kláɪbə | -bə(r); G. kláɪbɐ/, **Carlos** *n.* クライバー (1930– ; ドイツ生まれの指揮者; 1980 年オーストリアに帰化; Erich の息子).
Kleiber, Erich *n.* クライバー (1890–1956; オーストリア生まれの指揮者).
kleig /klí:g/ *n.* = klieg.
kléig èyes *n. pl.* 〖病理〗 = klieg eyes.
kléig lìght *n.* = klieg light.
Klein /kláɪn/, **Calvin (Richard)** *n.* クライン (1942– ; 米国の服飾デザイナー).
Klein /kláɪn; G. kláɪn/, **Felix** *n.* クライン (1849–1925; ドイツの数学者).
Klein /kláɪn; G. kláɪn/, **Melanie** *n.* クライン (1882–1960; オーストリア生まれの英国の精神分析学者).
Kléin bòttle *n.* 〖数学〗クラインの瓶[壺(つぼ)] 《先細の管の細い側を曲げて管を横断させ, 先をひろげて太い側につなぐことにより得られる曲面, 表面が一つしかなく, 面を通り抜けず一点と, 面の反対側の点とを曲線で結ぶことができる; cf. Möbius band》. 〖(1941) ← *Felix Klein*〗
Kleist /kláɪst; G. kláɪst/, **(Bernd) Heinrich Wilhelm von** *n.* クライスト (1777–1811; ドイツロマン派の代表的劇作家; *Der zerbrochene Krug*「こわれ甕(がめ)」(1812), *Prinz Friedrich von Homburg*「ホンブルクの公子」(1821)).
Kle·mens /kléɪmɛns; G. klé:mɛns/ *n.* クレーメンス (男性名). 〖◻ G ~: ⇨ Clement〗
Klem·pe·rer /klémp(ə)rə | -rə(r); G. klémpəʁɐ/, **Otto** *n.* クレンペラー (1885–1973; ドイツの指揮者).
klepht, K- /kléft/ *n.* **1** クレフト 《15 世紀にトルコ人がギリシャを征服した時, Thessaly の山中に立てこもって反抗したギリシャ人》. **2** 山賊 (brigand); ゲリラ兵 (guerrilla).
kleph·tic, K- /kléftɪk/ *adj.* 〖(1820) ◻ NGk *kléphtēs* = Gk *kléptēs* thief〗
klept- /klɛpt/ (母音の前にくるときの) klepto- の異形.
klep·to /kléptoʊ | -təʊ/ *n.* 《略》 = kleptomaniac.
klep·to- /kléptoʊ | -təʊ/「盗み」の意の連結形. ★ 母音の前では通例 klept- になる. 〖◻ Gk ~ ← *kléptēs*: ⇨ cf. *kléptein* to steal〗
klep·toc·ra·cy /klɛptá(:)krəsi | -tɔ́k-/ *n.* **1** 盗賊政治 《権力者が莫大な富を独占する腐敗した政治形態》. **2** 盗賊政治における権力者. **3** 盗賊政治に支配されている国. 〖(1819): ⇨ ↑, -cracy〗
klep·to·ma·ni·a /klɛ̀ptəʊméɪniə, -tə-, -njə | -tə(ʊ)-/ *n.* 〖精神医学〗病的盗癖, クレプトマニア. 〖(1830) ← NL ~: ⇨ ↑, -mania〗
klep·to·ma·ni·ac /klɛ̀ptəʊméɪniæ̀k, -tə- | -tə(ʊ)-/ *n.* 〖精神医学〗窃盗狂, 窃盗癖のある人. — *adj.* 窃盗癖の. 〖(1861): ⇨ ↑, -ac〗
klèpto·párasite *n.* 〖動物〗盗み寄生者 《常習的に他の種から食物を奪う鳥[昆虫, 動物]》. **-parasític** *adj.* **-pàrasitism** *n.* 〖(*c*1975) ← KLEPTO- + PARASITE〗
klet·ter·schuh·e /klétəʃù:ə | -tə-; G. klétɐʃu:ə/ *G. n. pl.* 〖登山〗(ロッククライミング専用の)登山靴. 〖(1920) ◻ G ← *Kletter-* climbing + *Schuhe* ((pl.) ← *Schuh* 'SHOE')〗
klez·mer /klézmə | -mə(r)/ *n.* (*pl.* **klez·mo·rim** /klɛ̀zmərí:m/) クレズマー: **1 a** ユダヤの民族音楽を演奏する音楽家. **b** ユダヤの婚礼や祭礼の際に音楽を演奏する旅回りの音楽家. **2** ユダヤの民族音楽. 〖(1949) ◻ Yiddish ◻ Heb. *kᵉlēy zemer* musical instruments〗
klick /klík/ *n.* 《米軍俗》1 キロメートル.
klieg /klí:g/ *n.* = klieg light. 〖1925〗
klíeg èyes *n. pl.* 〖病理〗クリーグ眼炎 《klieg light などの強力な照明による眼炎》. 〖(1923) ↓〗
klíeg lìght *n.* **1** 〖映画〗クリーグ灯 《映画撮影所で用いられた照明用の初期の強力なアーク灯》. **2** (映画・テレビ制作などで使用される電気の)強力な照明. 〖(1919) ← *John H.* (1869–1959) & *Anton T.* (1872–1927) *Kliegl*: ドイツ生まれの米国の照明専門家兄弟〗
Klimt /klímt; G. klímt/, **Gustav** *n.* クリムト (1862–1918; オーストリアの画家; アールヌーボーの影響を受け表現主義への道を開く).
Kline /kláɪn/, **Franz Josef** *n.* クライン (1910–62; 米国の抽象表現主義の画家).
K-line /kéɪ-/ *n.* 〖物理〗K 線 《原子核に最も近い軌道に電子が落ち込むときに放出する X 線; 水銀の場合ではその放出する輝線スペクトルのうち, 波長 4047 Å のもの》.
Klíne·fel·ter's sỳndrome /kláɪnfɛltəz- | -təz-/ *n.* 〖病理〗クラインフェルター症候群 《男性の性染色体異常による性器の発育不全; 矮小睾丸・女性化乳房などを伴う》. 〖(1950) ← *Harry F. Klinefelter* (1912– : 米国の医師)〗
Klíne tèst [reàction] /kláɪn-/ *n.* 〖医学〗クライン試験[反応] 《梅毒血清の載せガラス沈降法》. 〖(1929) ← *Benjamin S. Kline* (1886–1968: 米国の病理学者)〗
Kling·er /klíŋ(g)ə | -(g)ə(r); G. klíŋɐ/, **Friedrich Maximilian von** *n.* クリンガー (1752–1831; ドイツのロマン派の劇作家・小説家; *Sturm und Drang*「シュトゥルムウントドランク (疾風怒濤(しっぷうどとう))」(戯曲, 1776)).
kli·no·stat /kláɪnəstæ̀t/ *n.* 〖植物〗 = clinostat. 〖(1880) ◻ G ~〗
Klint /klínt; Dan. klén'd/, **Kaara** *n.* クリント (1888–1954; デンマークの家具デザイナー).
klip·das /klípdɑ:s/ *n.* 〖動物〗 = cape hyrax. 〖(1853) ◻ Afrik. ~ ← Du. *klip* rock + *das* badger〗
klip·fish /klípfɪʃ/ *n.* **1** 《南ア》〖魚類〗クリップフィッシュ (*Clinidae*) 《浅海や磯にすむあざやかな色をしたアサヒギンポ科の胎生魚; 食用》. **2** 開いて骨を除き塩干したタラの干物. 〖(1790) 《部分訳》 ← Du. *klipvis* ∥ Da. *klipfisk* ← *kli rock*〗
klip·pe /klípə; G. klípə/ *n.* (*pl.* **klip·pen** /-pṇ/) (*also* **klip** /klíp; G. klíp/) クリッペ 《17 世紀のドイツなどの四角[菱形]の貨幣; 金属はいろいろで緊急貨幣であることが多い》. 〖(1902) ◻ G ~ ← Swed. *klippa* to cut〗
klip·spring·er /klípsprìŋə | -ŋə(r)/ *n.* 〖動物〗クリップスプリンガー, イワトビレイヨウ (*Oreotragus oreotragus*) 《サハラ砂漠以南のアフリカの岩の多い地方にすむレイヨウ》. 〖(1785) ◻ Afrik. ~ 'cliff springer'〗
klis·ter /klístə | -tə(r)/ *n.* 〖スキー〗クリスターワックス 《雪が湿っている場合スキーに塗るタール状の蠟(ろう)》. 〖(1936) ◻ Norw. ~ 《原義》 paste: cf. clay〗
Klitz·ing /klítsɪŋ; G. klítsɪŋ/, **Klaus von** *n.* クリッチング (1943– ; ポーランド生まれのドイツの物理学者; 量子化ホール効果を発見; Nobel 物理学賞 (1985)).
KLM /kéɪèlém/ 《略》*Du.* Koninklijke Luchtvaart Maatschappij (= Royal Dutch Airlines) オランダ航空 (記号 KL). 〖1933〗
kloes·se /kléɪs(ə) | klɑ́sə; G. klǿ:sə/ *n. pl.* = klösse.
Klon·dike¹ /klá(:)ndaɪk | klɔ́n-/ *n.* **1** 富源, ドル箱. **2** [また k-] 〖トランプ〗クロンダイク 《solitaire の一種で 28 枚の場札を 7 列に並べ, 24 枚の手札と合わせて数列を作っていく一人遊び》. 〖↓〗

Klon·dike[2] /klá(ː)ndaɪk | klɔ́n-/ *n.* [the ～] **1** クロンダイク《カナダ北西部 Yukon Territory 西部の一地方; 金産地で 1897–99 年の金鉱熱 (gold rush) は有名》. **2** クロンダイク(川)《Klondike 地方を流れる Yukon 川の支流 (145 km)》. 〖(1897) ← N-Am.-Ind. (Athapascan)〗

klong /klɔ́(ː)ŋ, klá(ː)ŋ | klɔ́ŋ/ *n.* (タイの)運河 (canal). 〖(1898) □ Thai ～〗

klooch /klúːtʃ/ *n.* ＝klootchman.

kloof /klúːf/ *n.* (アフリカ南部の)深い峡谷 (ravine). 〖(1731) □ Afrik. ～ 'cleft': cf. clove[4]〗

klootch·man /klúːtʃmən/ *n.* (*pl.* **-men** /-mən, -mèn/) 《米》(北米北西部の)インディアンの女性 (squaw). 〖□ Chinook Jargon ～ 'woman, wife'〗

Klop·stock /klá(ː)pstɑ(ː)k, klɔ́(ː)pʃtɔ(ː)k | klɔ́pstɔk; *G.* klɔ́pʃtɔk/, **Friedrich Gottlieb** *n.* クロプシュトック《1724–1803; ドイツの詩人; *Der Messias*「メシア」(1748–73)》.

klös·se /kléɪs(ə) | klə́sə; *G.* klœ́sə/ *n. pl.* クレッセ《ドイツのだんご料理の総称; cf. dumpling 1》. 〖□ G *Klösse* (pl.) ← *Kloss* lump〗

Klu·á·ne Nátional Párk /kluːóːniː-, -áːniː-/ *n.* クルエーン国立公園《カナダ Yukon 準州南部, Alaska との国境沿いに位置する; 同国の最高峰 Logan 山 (6,050 m), 大氷河, 豊富な野生動物で知られる》.

Kluck·hohn /klʌ́khoun | -həun/, **Clyde** (**Kay Maben** /méɪbən/) *n.* クラックホーン《1905–60; 米国の人類学者》.

kludge /klúːdʒ, klʌ́dʒ/ *n.* 〖電算〗クラッジ《各構成要素が適合していない設計の悪いコンピューターシステム》. 〖(1962) ← ?〗

kluge /klúːdʒ/ *n.* 〖電算〗＝kludge.

klutz /klʌ́ts/ *n.* 《米・カナダ俗》 **1** 不器用な人. **2** ばか, でくのぼう (blockhead). **klutz·y** /klʌ́tsi/ *adj.* **klútz·i·ness** *n.* 〖(1960) □ Yid. *klots* □ MHG *kloz* lump: cf. clot〗

Klux·er /klʌ́ksə, klúːksə | -sə(r)/ *n.* Ku Klux Klan の団員. 〖← (Ku) Klux (Klan): ⇨ -er[1]〗

Kly·don·o·graph /klaɪdá(ː)nəgræ̀f | -dɔ́nəgrɑ̀ːf, -græ̀f/ *n.* 〖商標〗クリドノグラフ《リヒテンベルヒ像 (Lichtenberg figure) を利用して電圧を測定する装置》. 〖(1924) ← Gk *klúdōn* wave＋-o-＋-graph〗

klys·tron /kláɪstrɑ(ː)n, klís- | -trɔn/ *n.* 〖電子工学〗クライストロン(真空管), 速度変調管《超高周波の発振および増幅に使用する; 二空洞共振器から成るものでは入力側を buncher resonator (密度変調共振器), 出力側を catcher resonator (出力共振器)という》. 〖(1939) ← Gk *klustḗr* syringe＋-tron〗

km 《略》kilometer(s). 〖1892〗

km 《記号》Comoros《URL ドメイン名》.

KM 《略》Knight of Malta (⇨ knight).

K Màrt /kéɪ-/ *n.* K マート《米国の総合小売会社; ディスカウントストアが中心》.

Kmer /k(ə)méə | -méə(r)/ *n.* (*pl.* ～**s**, ～) ＝Khmer.

Ḱ-mésic /kéɪ-/ *adj.* 〖物理〗＝kaonic.

Ḱ-méson /kéɪ-/ *n.* 〖物理〗K 中間子, K 粒子《陽子のほぼ半分の質量をもち, ゼロや電子と等しい大きさの正[負]の電荷を有する中間子; kaon, K particle ともいう》. 〖1951〗

kmh 《略》kilometer(s) per hour.

kmole 《略》kilomole.

kmps, KMPS 《略》kilometer(s) per second.

kms 《略》kilometers.

km/sec 《略》kilometer(s) per second.

kn. 《略》knot(s); krona; krone.

knack[1] /næ̀k/ *n.* **1** [通例単数] **a** (練習の結果体得した)技巧, こつ: have a [the] ～ *of* [*for*] making doughnuts ドーナツ作りのこつを心得ている / get the ～ *of* it こつを覚える / There is a ～ *in* doing it. それをやるにはこつがある. **b** (人・動物の)癖, 習慣, (物の)傾向 〈*of*〉: He has a ～ *of* rubbing his chin. 彼はあごをさする癖がある. **2** (手品師などの)わざ. **3** 《古》＝knickknack. 〖(1369) *knak*(*ke*) □ ? Du. & LG *knak* sharp blow: 《擬音語》: cf. knock, knap[2]〗

knack[2] /næ̀k/ *n.* (指先を)ぱちんとはじく音 (snap). 〖(*c*1380) *knak* 《擬音語》: cf. knock〗

knack·er[1] /nǽkə | -kə(r)/ *n.* **1** たたいて音を出すのに用いる器具; [*pl.*] カスタネット(など). **2** [*pl.*] 《英卑》＝testicles. 〖(*c*1400) ↑〗

knack·er[2] /nǽkə | -kə(r)/ *n.* 《英》 **1** 廃馬畜殺業者. **2** 古家[廃船]買入れ解体業者. **3** 《方言》年を取って役に立たなくなった家畜, (特に)廃馬. ― *vt.* 《英俗》 **1** 殺す; 去勢する. **2** [主に p.p. 形で] くたくたにする (tire out). 〖(1573) 《原義》? harness maker ← ? knack[1]: ⇨ -er[1]〗

knáck·ered *adj.* [叙述的]《英口語》 **1** へとへとに疲れて. **2** 古すぎて[壊れて]使いものにならない.

kná·cker's *n.* ＝knacker's yard.

knácker's yàrd *n.* [通例単数形]《英口語》廃馬畜殺場: be fit only for the ～ 〈馬が〉(畜殺場で)つぶすよりほかに仕方がない / be ready for the ～ 古くなって使いものにならない.

knack·er·y /nǽkəri/ *n.* 《英》廃馬畜殺場 (knacker's yard). 〖(1869): ⇨ ↑, -ery〗

knack·wurst /náːkwɜ̀ːst, -wʊ̀əst | nǽkvʊ̀əst; *G.* knákvʊʁst/ *n.* ナックヴルスト《太くて短いドイツソーセージの一種》. 〖(1939) □ G ～ ← *knacken* to crack, break＋*Wurst* sausage: ⇨ knack[2]〗

knack·y /nǽki/ *adj.* (**knack·i·er; -i·est**) こつを心得ている; 手並のさえた, 巧妙な (artful, clever). 〖(1710) ← knack[1]＋-y[4]〗

knag /nǽg/ *n.* **1** 《米廃・英》 **a** (木の)ふし, こぶ. **b** (枯れ)枝の根元. **2** 《米古・英》(物を掛ける)木釘. 〖(?*c*1400) *knag*(*ge*) knot, peg: cog. G *Knagge*〗

knag·gy /nǽgi/ *adj.* (**knag·gi·er; -gi·est**) ふしこぶの多い (knotty); でこぼこの, ざらざらした. 〖(1552): ⇨ ↑, -y[4]〗

knai·del /knéɪdəɫ, -dɫ | -dəl, -dl/ *n.* (*pl.* **knai·dlach** /-dləx/) クネーデル《matzo を使った蒸し団子; スープに入れて Passover に食べるユダヤ料理; cf. dumpling 1》. 〖(1951) □ Yid. *kneydel* □ (MH)G *Knödel*〗

knap[1] /nǽp/ *vt.* (**knap·ped; knap·ping**) **1 a** 《英方言》ぴしゃり[ごつん]と打つ, ひっぱたく. **b** ぽきんと折る; (特に)〈石を〉(打ち)砕く[割る]; 〈石を〉(砕いて)仕上げる. **2** 《英方言》〈動物が〉〈草などを〉ぽりぽりかじる. **3** 《英方言》ぺちゃぺちゃしゃべる. **4** 《英俗》ひったくる, 盗む, かっぱらう. ― *n.* 《英方言》ぴしり, ぴしゃり, ごつん, かちん, ぽきん. 〖(?*a*1400) *knappe*(*n*): 《擬音語》?: cf. Du. & (L)G *knappen* to crack, bite〗

knap[2] /nǽp/ *n.* 《方言》頂上 (top); 丘, 小山 (hill, mound). 〖OE *cnæp*(*p*) top, hilltop < Gmc **knappan* ← IE **gen-*: ⇨ knead〗

knáp·per *n.* **1** 砕く人[物]; (特に)石を砕く石工. **2** 〖石工〗＝knapping hammer. 〖(1787) ← knap[1]＋-er[1]〗

knáp·ping hàmmer *n.* 〖石工〗(柄の長い)砕石槌(つち). 〖1785〗

knap·sack /nǽpsæ̀k/ *n.* ナップザック, 背嚢(はいのう), リュックサック (cf. rucksack). **～ed** *adj.* 〖(1603) □ LG *knapsack* & Du. *knapzak* ← LG & Du. *knappen* to bite, eat (cf. knap[2])＋LG *sack* & Du. *zak* 'bag, sack[1]'〗

knap·weed /nǽpwìːd/ *n.* 〖植物〗ヤグルマギク《キク科ヤグルマギク属 (*Centaurea*) の植物の総称》; (特に) *C. nigra* (hardhead, Spanish buttons ともいう). 〖(?*a*1450) *knopwed*: ⇨ knop, weed[1]〗

knar /náə | náː(r)/ *n.* (木の)ふし, こぶ (knot). 〖(*c*1250) *knarre*: cf. Du. *knar* / G *Knorren*: ⇨ knur〗

knarred /náəd | náːd/ *adj.* ＝knarry.

knar·ry /náːri/ *adj.* ふし[こぶ]のある. 〖(*c*1385): ⇨ knar, -y[4]〗

knave /néɪv/ *n.* **1** 《古》悪党, 悪人, ならず者 (rascal). **2** 《古》 **a** 男の子, 少年 (boy). **b** (若い男の)雇人, 下男. **c** 身分の低い男. **3** 〖トランプ〗 **a** 《英》＝jack[1] 2 a. **b** [*pl.*; 単数扱い] ジャック《3 人で遊ぶゲーム; ジャックを取るとマイナス点がつく》. 〖OE *cnafa* boy, servant < (WGmc) **knaƀōn* (G *Knabe*) ← ?〗

SYN 悪党: **knave** 《古》こうかつで不正直な人. **rascal** 《古風》卑劣で不正直な男《現在では, 愛情・こっけい味を帯びて「いたずらっ子」の意味で使う》. **rogue** 《古風》品性悪く不正直または犯罪的な行為をする人《現在では「悪い人間だが, 憎めない男」の意味で使うことがある》. **scoundrel** 《古風》人をだましたり欺いたりする人《現在では「ずうずうしいが憎めない男」の意味で使うことがある》. **villain** 自分の欲しいものを手に入れるために人に危害を与えたり法を破る人. **blackguard** 《古風》ろくでなしの邪悪な人. **scamp** 《口語》いたずらをするが, 憎めない子供.

---

knav·er·y /néɪvəri/ *n.* **1** 不埒(らち)(な行為) (roguery); ごまかし, 不正, 詐欺 (trickery). **2** 《廃》ちゃめっ気, いたずら. 〖(1528): ⇨ ↑, -ery〗

knav·ish /néɪvɪʃ/ *adj.* **1** 悪党[ならず者]のような; 不埒な, 不正な (dishonest), ごまかしの (tricky). **2** 《廃》ちゃめな, いたずらっぽい (mischievous). **～·ly** *adv.* **～·ness** *n.* 〖(*c*1390): ⇨ knave, -ish[1]〗

knaw·el /nɔ́ː(ə)ɫ, náː- | nɔ́ː-/ *n.* 〖植物〗ナデシコ科スクレランサス属 (*Scleranthus*) の植物, (特に)シバツメクサ. 〖(1578) □ G *knauel* knot-grass〗

knead /níːd/ *vt.* **1** 〈練り粉・土を〉こねる, 練る; 〈パン・陶器を〉こねて作る. **2** 〈筋肉などを〉もむ, マッサージする (massage). **3** 〈考えなどを〉練る; 〈人格などを〉作り上げる, 磨く. **4** 〈手などを〉こねるように動かす. ― *vi.* **1** こねる, 練る. **2** こねるような動作[仕草]をする. **～·a·ble** /-dəbɫ/ *adj.* 〖OE *cnedan* < Gmc **knudan, knedan* (G *kneten*) ← IE **gen-* to compress into a ball〗

knéad·er /-də | -də(r)/ *n.* **1** こねる人[物]; (特に)パン屋. **2** こね器. 〖(1440): ↑, -er[1]〗

knéad·ing·tròugh /-dɪŋ- | -dɪŋ-/ *n.* (粉をこねる)こね鉢, 練り鉢. 〖1339–40〗

knee /níː/ *n.* **1 a** (人間の)ひざ, ひざ頭, 膝(しつ)関節 (⇨ leg 挿絵): up to one's [the] ～*s* ひざまで没して (kneedeep) / go down on one ～ to propose 片ひざをついてプロポーズする / draw up one's ～*s* ひざを立てる / rise on one's ～*s* ひざをついて起き上がる (cf. *on one's* knees (1)) / When she was a girl, she was all ～*s* and elbows. 娘のころはひざやひじが出っぱってぎすぎすしていた. **b** (座った時の)ももの上側, ひざ: hold [bounce] a child on one's ～(*s*) 子供をひざにのせている[ひざの上で揺する]. **2** (衣服の)ひざ (cf. lap[1] 2 a). **3** (脊椎(せきつい)動物の)後肢のひざ; (ウマ・イヌなどの)手根関節; (鳥類の)跗蹠(ふしょ)骨の付け根の関節 (tarsal joint); (昆虫の)ひざ《脚の腿節と脛節の結合点》. **4** [通例 the ～] (曲げた)ひざで突くこと. **5** ひざ状の物: **a** 腕木, 持送りひじ材. **b** 〖機械〗ニー, 受けひざ《フライス盤などのひざ状になった受け台》. **c** 〖造船〗肘(ちゅう)《角度をなして交わっている二つの船材を内側から補強するために取り付ける湾曲材または三角板》. **d** 〖植物〗木の根のこぶ状の隆起. **6** 〖建築〗＝kneeler 3. **7** 〖統計〗(グラフなどに現れる)急激な変化.

acròss* [*òver*] *one's knée 〈子供などを〉うつむきにひざにのせて《尻を打つため》. ***at one's móther's knée*** 母のひざもとで; 子供の時に. ***bénd* [*bów*] *the knée to* [*befòre*]** …にひざを屈する, 屈従する; …にひざを折って嘆願する[祈る] / ⇨ *bend* [*bow*] *the knee to* Baal. 《*c*1384》 ***bríng* [*béat, fórce*] *... to one's knées*** …を屈服させる; 破綻(はたん)させる: The general strike *brought* the country *to its* ～*s*. ゼネストで国は破綻した. 《1887》 ***dróp the knée＝fáll* [*gó* (*dówn*)] *on one's knées*** ひざまずく (kneel down); ひざまずいて嘆願する; 伏し拝む, 祈る. ***give* [*óffer*] *a knée to*** (ボクシング試合などで)…にひざを貸して休ませる, …に介添えする. ***góne* [*óut*] *at the knées*** 《口語》 (1) 〈馬が〉ひざががくがくで, もうろくして. (2) 〈ズボン〉のひざがだめになって. ***knée by knée*** ひざを接して, 隣り合って: sit ～ *by* ～ *with* a person 人と隣り合わせに座る. 《1842》 ***knée to knée*** (1) ＝knee *by knee*. (2) ひざを突き合わせて, 向かい合って: sit ～ *to* ～ *with* a person 人とひざを接して座る. 《1759》 ***on bénded knée*(*s*)** ⇨ bended. ***on one's knées*** (1) (祈り・懇願・屈従などのため)ひざまずいて. (2) 懇願[嘆願]して. (3) 《口語》疲れ果てて; (経済的に)参りかけて. ***on the knées of the góds*** ⇨ god 成句. ***pút a person òver one's knée*** 〈子ども〉をひざにのせて尻をたたく. ***wéak at the knées*** 《口語》(病気・強い感情などで)腰を抜かして.

― *v.* (**kneed**) ― *vt.* **1 a** …にひざで触れる, ひざで突く[押す]: ～ a door open ドアをひざで押し開ける / ～ a person in the groin ひざで人の股間を蹴(け)り上げる. **b** 《米》(促すために)〈馬〉の横腹をひざで押す. **c** ひざをついて進む. **d** 《古》…にひざを屈する (cf. Shak., *Lear* 2. 4. 214). **2** 〈枠などを〉ひじ材で接合する, …にひじ材を当てる. **3** 《米》〈ズボンなど〉のひざを繕う. **4** 《口語》〈ズボン〉のひざをだぶだぶにする. ― *vi.* **1** 《廃》ひざまずく, ひざを屈する (kneel): ～ *to* no man だれにも頭を下げない. **2** (ひざのように)(折れ)曲がる 〈*over*〉.

〖n.: OE *cnēow* < Gmc **knewam* (Du. *knie* / G *Knie*) ← IE **genu-* knee (L *genū* / Gk *gónu* knee). ― v.: lateOE *cnēowian* ← *cnēow* (n.)〗

knée àction *n.* 〖自動車〗ひざ関節運動方式独立懸架装置, 前輪上下動装置《自動車の前輪を左右別々に垂直に上下できる装置》. 〖1868〗

knée-àction spríng *n.* 〖自動車〗前輪上下動装置に使用されているばね.

knée-àction whéel *n.* 〖自動車〗ひざ関節運動方式独立懸架車輪.

knée bènd *n.* 〖体操〗ひざ曲げ《直立の姿勢からひざを折ってしゃがみ, また元に戻るひざの屈伸運動》. 〖1941〗

knée·bòard *n.* ニーボード《ひざをついて乗る小型のサーフボード》.

knée bràce *n.* 〖建築〗方杖(ほうづえ)《柱と梁(はり)の間に使用する斜材(しゃざい)》. 〖1912〗

knee brèeches *n. pl.* ブリーチズ《ひざ丈またはひざ下丈でそのところが脚にぴったりとつくようになっているズボン》. 〖1883〗

knée·càp *n.* **1** 〖解剖〗ひざ頭, ひざのさら, 膝蓋(しつがい)骨 (patella, kneepan) (⇨ skeleton 挿絵). **2** ひざ当て, ひざ覆い. ― *vt.* (罰として)ひざを撃ち抜く《裏切り者に対するテロリストの処罰》. 〖1660〗

knée còp *n.* 〖甲冑〗ひざ当て.

knée-cróok·ing *adj.* 《Shak》ひざをかがめる; こびへつらう.

kneed /níːd/ *v.* knee の過去形・過去分詞. ― *adj.* **1** [しばしば複合語の第 2 構成素として] ひざのある, ひざが…の: a knobby-*kneed* boy (ひざが丸くなっている)だぶだぶズボンの少年. **2** ひざを曲げた形[角度]の: ～ gables. 〖(1597) ← knee＋-ed〗

knée-déep *adj.* **1** 〈水など〉ひざまでの深さの[で]: ～ mud, snow, water, etc. / a ～ flood / The water was [The snow lay] ～. **2 a** 〈地面など〉〈雪など〉にひざまでの深さに覆われて 〈*in*〉: The road is ～ *in* snow. 道路はひざまで雪が積もっている. **b** 〈人など〉ひざまで没して[入って]: sink ～ into [stand ～ in] mud / wade ～ through snow ひざまでうずまって雪の中を歩く. **c** 〈面倒な事・仕事などに〉巻き込まれて, 深くはまって, 動きがとれなくて (involved) 〈*in*〉: be ～ *in* study, debt, etc. 〖*a*1400〗

knée dròp *n.* 〖レスリング〗ニードロップ《持ち上げた相手を自分のひざの上に落とす技》.

knée-hígh *adj.* **1** ひざまでの高さの[で]: ～ boots, grass, etc. **2** ＝knee-deep 2 b. ***knée-hígh to a grásshopper*** [***dúck, fróg, mos·quí·to,*** etc.] 《口語》とても小さい, ちっちゃい(子供で). 《1851》 〖1743〗

knée·hòle *n.* **1** 両ひざを入れる余地; (特に机の両袖の間のひざを入れる)ひざ空間. **2** 両袖机. ― *adj.* 〈机が〉ひざ空間のある: a ～ desk [table] 両袖机 (cf. writing table). 〖1862〗

knée-jèrk *adj.* [限定的] **1** 膝(しつ)反射の. **2** 〈反応が〉反射的な; (言動が)型にはまった; 〈人が〉反射的な反応を示す. 〖1951〗

knée jèrk *n.* 〖医学〗膝反射, 膝蓋(腱)反射《ひざの下の腱(けん)を軽く打つと下腿がはね上がる反射; cf. ankle jerk》. 〖1876〗

knée jòint *n.* **1** 膝関節. **2** 〖機械〗ひざ継ぎ手. 〖1648〗

kneel /níːɫ/ *vi.* (**knelt** /nélt/, ～**ed**) ひざを曲げる, ひざまずく: ～ down ひざまずく; ひざを屈する, 屈服する / ～ (down) in prayer ひざまずいて祈る / ～ (down) to pray 祈るためにひざまずく / ～ up ひざをついて起き上がる / ～ to [before] …の前にひざまずく[ひざを屈する]; …を拝む. ― *n.* ひざまずくこと, ひざまずいた姿勢. 〖OE *cnēowlian* ← *cnēow* 'knee'〗

knée-léngth *adj.* [限定的] 〈服・靴下・ブーツなど〉ひざまである[の長さの]. ― *n.* ひざまである服[ブーツ(など)].

knéel·er /-lə | -lə(r)/ *n.* **1** ひざまずく人, ひざまずいて拝む人. **2** ひざつき台[クッション], ひざつき布団 (hassock). **3** 〖建築〗 **a** 踏止め石《切妻破風の両端部の石》. **b** 石

目地(ぁ゙)の方向を変える斜めの部分をもった石材. 〖(a1425): ⇨ ↑, -er¹〗

knée·pàd *n.* ひざ当て《時に服のひざにつけてある》. 〖1858〗

knée·pàn *n.* 〖解剖〗 =kneecap 1. 〖15C〗

knée·pìece *n.* 〖甲冑〗 ひざ当て《中世の鎖股引の上に用いた; poleyn ともいう》.

knée·ròom *n.* (自動車・飛行機などの席で)ひざを楽にしていられるゆとり. 〖1958〗

knee·sies /níːziz/ *n. pl.* 《口語》(テーブルの下から異性の)ひざを突ついたりすったりすること: play ~. 〖(1951) ← *knees* (pl.) ← KNEE: ⇨ -ie〗

knée-slàp·per /-slæpə | -pə(r)/ *n.* 《米口語》傑作なジョーク[せりふ, 話].

knée·sòck *n.* [通例複数形で] ニーソックス, ハイソックス《特に女の子が履くひざ下までの長さの靴下》.

knée-sprùng *adj.* 〖獣医〗〈ウマ・ラバなど〉(屈腱(くっけん)が炎症で短縮したために)ひざの前屈した. 〖1875〗

knées-ùp *n.* 《英口語》 **1** ニーズアップ《ひざを交互に上げる軽快な踊り》. **2** (特にダンスを伴う)にぎやかなパーティー. 〖1939〗

knée swèll [**stòp**] *n.* (足踏みオルガンの増音用)ひざ板《ひざで右に押して音を強めるてこ板》. 〖1876〗

knée-trèmbler *n.* 《英俗》立位での性交.

knei·del /knéɪdl̩ | -dl/ *n.* =knaidel.

knell /nél/ *n.* **1** 鐘の音, 鐘声, (特に)人の死を告げる鐘(の音), 弔いの鐘, 弔鐘: sound a ~ / ⇨ death knell. **2** (事の終わりを示す)不吉な前兆 (evil omen); (事の)終わり. **3** 悲しみに満ちた音.

sóund [***ríng, tóll***] ***the*** (***déath***) ***knéll of*** [***for***] 〈事が〉…の消滅[没落]を告げる.

— 《古》 *vi.* **1** (特に, 人の死・弔いなどの時)〈鐘が〉鳴る; 悲しい音を発する. **2** 不吉に響く (sound ominously).

— *vt.* **1** 〈弔いの鐘を〉鳴らす. **2** 鐘を鳴らして〈人を〉呼ぶ. **3** 〈凶事を〉知らせる, 告げる: ~ the downfall of an empire.

〖OE *cnyll* bell-sound & *cnyllan* to ring a bell ← Gmc **knell-, *knull-* (ON *knylla* to strike / G *knallen* to clap) ← IE **gen-*: ⇨ knead〗

Knel·ler /nélə | -lə(r); G. knélɐ/, **Sir Godfrey** *n.* ネラー《1646?–1723; ドイツ生まれの英国宮廷の肖像画家》.

knelt /nélt/ *v.* kneel の過去形・過去分詞. 〖(19C): FELT, DEALT との類推〗

Knes·set /knésɛt, k(ə)nés-, -sɪt/ *n.* (*also* **Knes·seth** /~/) [the ~] イスラエル国会《1948 年の憲法により制定された一院制で議席 120》. 〖(1949) ◻ ModHeb. *kneset* < Heb. *kᵉnéseth* assembly〗

knew /núː, njúː | njúː/ *v.* know¹ の過去形. 〖OE (*ġe*)*cnēow*〗

knick·er·bock·er /níkəbɑ̀(ː)kə, -kə- | -kəbɔ̀kə(r)/ *n.* **1** [K-] **a** New Amsterdam (今の New York 市) のオランダ移民の子孫: a *Knickerbocker* family (ニューヨークの)オランダ移民の子孫と称する家族. **b** ニューヨーク人 (New Yorker). **2** [*pl.*] ニッカーボッカーズ, ニッカーズ《ひざ下にギャザーをよせてすそをしぼりカフスをつけた半ズボン; スポーツ・カジュアルウェア用》. 〖(1809) ← *Diedrich Knickerbocker*: Washington Irving が *History of New York* (1809) を書いた時の変名. この書に英国の画家 Cruikshank が半ズボンをはいたオランダ移民を描いたのによる〗

knickerbockers

knìckerbocker glóry *n.* ニッカーボッカーグローリー《背の高いグラスにアイスクリーム, ゼリー, 生クリーム, 果物などを豪華に盛りつけたもの》. 〖1936〗

knick·ered /níkəd | -kəd/ *adj.* ニッカーズ (knickers) を着けた[はいた]. 〖(1897): ↓, -ed〗

knick·ers /níkəz | -kəz/ *n. pl.* ニッカーズ: **1** 《米》 **a** =knickerbocker 2. **b** 少年用短ズボン. **2** 《英》 パンティー, ショーツ. ***gét one's kníckers in a twist*** 《俗・戯言》困惑する, 気をもむ, 狼狽(ろうばい)する.

— *int.* 《英俗》ばかな, ちぇっ《いらだち, 軽蔑などを表す》: *Knickers* to that! そんな事はばかばかしい.

〖(1881) ← KNICKERBOCKER〗

knick·knack /níknæ̀k/ *n.* **1** おもちゃ; 小さい装身具, 小間物, アクセサリー (trinket); 珍味. **2** 骨董(こっとう)品 (bric-a-brac). 〖(1580) 〖加重〗 ← KNACK¹〗

knick·knack·er·y /níknæ̀kəri/ *n.* [しばしば集合的] =knickknack. 〖(1800) ⇨ ↑, -ery〗

kníck·pòint /ník-/ *n.* 〖地質〗 遷移点 (《米》 nickpoint) 《川や谷の縦断勾配が急に変わる地点》. 〖(1924) 〖部分訳〗 ← ◻G *knickpunkt*〗

knicks /níks/ *n. pl.* =knickers. 〖(1895) 〖短縮〗 ← KNICKERS〗

knife /náɪf/ *n.* (*pl.* **knives** /náɪvz/) **1** ナイフ, 小刀, 包丁: a table ~ / a dessert ~ / a paper ~ / a clasp ~ 折りたたみナイフ / ⇨ dinner knife, kitchen knife, pocket knife / The north wind cuts like a ~. 北風が身を切るように寒い. 日英比較 日本語では「ナイフ」と「包丁」を明確に区別するが, 英語では基本的にはいずれも *knife* で表す. **2 a** 刀(とう), 外科刀, メス. **b** [the ~] 外科手術 (surgical operation(s)): be afraid [have a horror] of *the* ~ 手術を怖がる / submit to *the* ~ 手術を受ける. **3** 刀剣; 短刀, 短剣: the assassin's ~. **4** 〖機械〗 (切断器の)刃部: the *knives* of a mowing machine.

a knífe and fórk (1) (食卓用)ナイフとフォーク; 食事: play *a* good [capital] ~ *and fork* 食欲が盛んである, たらふく食う. (2) 《英》食べる人: *a* good [poor] ~ *and fork* 大食[少食]家. ***befóre one can*** [***could***] ***sáy knífe*** 《口語》あっという間に, 突然, にわかに (cf. Jack Robinson). ***gèt*** [***hàve***] ***one's knífe ìnto*** [***in***] 〈人〉に対して恨みをもつ[示す]. 〖1890〗 ***líke a*** (***hót***) ***knífe through bútter*** いとも簡単に. ***shárpen one's knífe*** 〔…に対して〕攻撃[罰]しようと構える,「牙を研ぐ」〔*for*〕. ***the knives are óut*** 《英口語》敵意が充満している; 一触即発の状態にある〔*for*〕. ***twíst*** [***túrn***] ***the knífe*** (***in the wóund***) 傷口に塩をすり込むようなことを言う. ***ùnder the knífe*** 《口語》手術を受けて, 手術中に[で]: be [go] *under the* ~ 手術を受けている[受ける] / She died *under the* ~. 手術中に死亡した. ***you*** [***one***] ***could cút*** (***átmosphere*** [***áir***]) ***with a knífe*** 《口語》〈霧など〉とてもひどい, ものすごい, 〈大気など〉ひどく重苦しい: There was a silence that *you could cut with a* ~. ひどく重苦しい沈黙が続いた. 〖1892〗

— *vt.* **1** ナイフ[小刀]で切る, (特に)短刀で刺す[刺し殺す]. **2** 《米口語》 **a** 陰険な手段で陥れ(ようとす)る. **b** (反対党の者に投票したりして)〈自党の候補〉の不利を図る, 裏切る. **3** 〈絵の具を〉ナイフで塗る[伸ばす]. **4** 《米》〈波などを〉切り分けて進む. — *vi.* 《米》切り進む, (波などを)切り分けて進む: ~ *through* the waves.

~·lìke *adj.* **~·er** *n.* 〖lateOE *cnīf* ◻ ON *knīfr* < Gmc **knīƀaz* (Du. †*knijf* / G *Kneif*) ← ? IE **gen-* to compress into a ball: cf. knead〗

knífe-and-fórk téa *n.* 《英口語》=high tea. 〖1909〗

knífe bàr *n.* =cutter bar.

knífe blòck *n.* (木製の)包丁立て.

knífe·bòard *n.* **1** (昔の)食卓用ナイフ磨き台. **2** 《英》(もと乗合馬車の屋上に縦に置いた)背中合わせの長いベンチ. 〖1829〗

knífe bòx *n.* ナイフボックス (knife case) 《食卓用ナイフを立てるふた付きで装飾の施された箱》. 〖1848〗

knífe-bòy *n.* 《英》(昔の大家で)食卓用ナイフを磨いたりするために雇われた)下働きの少年. 〖1848〗

knífe càse *n.* =knife box. 〖1790〗

knífe-èdge *n.* **1 a** ナイフの刃. **b** (ナイフの刃のように)鋭利なもの. **2** 極めて微妙な状態. **3** 〖登山〗 鋭い[切り立った]尾根 (cf. arête). **4** 〖機械〗 ナイフエッジ《天秤・はかりなどの支点となるくさび形の刃》. **5** 〖宝石〗 =girdle¹ 6. ***on a knífe-èdge*** (1) 〈事(の成否)が〉際どい状態で. (2) 〈人が〉〈事の成行きを〉ひどく心配して, やきもきして 〔*about*〕. 〖1871〗 〖1818〗

knífe-èdged *adj.* **1** (ナイフのように)鋭い刃のある, 鋭利な; (ナイフの刃のように)細くて鋭くとがった. **2** 〈機知など〉鋭い, 鋭敏な, 的確な, 犀利(さいり)な. 〖1863–76〗

knífe grìnder *n.* ナイフ[小刀]研ぎ, 研ぎ屋. 〖1611〗

knífe lànyard *n.* =lanyard 2.

knífe·màn *n.* ナイフを武器とする犯罪者, ナイフ男.

knífe plèat *n.* 〖服飾〗 ナイフプリーツ《同方向へきっちりと折り目をつけた幅の狭いひだ》. 〖1891〗

knífe·pòint *n.* ナイフ[小刀]の切っ先: at ~ ナイフを突きつけ(られ)て. 〖*c*1911〗

knífe rèst *n.* ナイフ置き《ガラスや金属製の箸(はし)置き台に似た器具で, carving knife や carving fork を載せるために食卓の上に置く》. 〖1858〗

knífe·smìth *n.* 小刀鍛冶(かじ), ナイフ製造人. 〖1738〗

knífe swìtch *n.* 〖電気〗 ナイフスイッチ《刃物開閉器》. 〖1907〗

knight /náɪt/ *n.* **1** (中世の封建君主に仕えた)騎馬の武士, 騎士. ★ 通例貴族の子弟が封建君主に仕えて騎士の訓練を受け, page から squire を経て後 accolade の儀式でこの位に叙せられた. **2** (昔, 貴婦人に付き添った)騎士《闘士 (champion) として戦場に臨み, また馬上試合 (tournament) に出た》. **3 a** (近世英国の)ナイト爵, 勲爵士: be created [made] a ~ ナイト爵に叙せられる. ★ 王室または国家に対する功労によって叙せられ baronet のすぐ下に位する一代限りの栄爵; Sir の称号を許され, 例えば Sir John Jones, 簡単には Christian name の方に付けて Sir John と呼ばれる (cf. dame 2, lady 2 d). **b** [K-] (英国で, 勲章によって特定勲爵士団 (Orders of Knighthood) に属する)勲爵士: a *Knight* of the Bath [Garter, Thistle, St. Patrick] バス[ガーター, あざみ, 聖パトリック]勲爵士. **4** [通例 K-] **a** (Knights of … という名称の政治・社交・慈善団体または結社の)会員. **b** (ある種の団体・結社における男子会員の等級である)ナイト: a *Knight* of the Primrose League 《英》桜草連盟ナイト会員. **5** (古代ローマの)騎士《エクイテス (equites) と平民との中間に位した》; (古代ギリシャの)騎士《貴族政期 Athens の第二身分》. **6** (主義・人などの)擁護者, 支持者; (特に)女性に献身的な人. **7** 《戯言》君子, 専門家. ★ 主に商売道具や場所を表す語とともに用いられる (cf. brother *n.* 2 d): a ~ of the brush 画家 / a ~ of the cleaver 肉屋 / a ~ of the cue 玉突き家 / a ~ of the hammer 鍛冶(かじ)屋 / a ~ of the knife 巾着切り / a ~ of the needle [shears, thimble] 裁縫師, 仕立屋 / a ~ of the pen [quill] 文士 / a ~ of the pencil 馬券屋 / a ~ of the pestle (and mortar) 薬剤師 / a ~ of the spigot 酒場の給仕人; 酒場の主人 / a ~ of the stick 植字工 / a ~ of the vapor 愛煙家 / a ~ of the wheel 自転車乗り / a ~ of the whip 御者 / a ~ of St. Crispin 靴屋 (⇨ Saint CRISPIN) / a ~ of St. Nicholas 盗賊. **8** =KNIGHT of the shire. **9** 〖チェス〗 ナイト《通例馬の首が付いていて, 八方に「桂馬」の動きをする駒; 略 Kt, N》. **10** 〖海事〗 ナイト《滑らかに索を導くための頭部に通索用の心車 (sheave) がついている小型の柱 (bitt)》.

a knight in shining ármor 《戯言》輝くよろいの騎士《義俠(ぎきょう)心の強い, 特に女性に献身的な男性》. 〖1965〗

Knight of La Máncha [the —] ラマンチャの騎士《Don Quixote のこと; cf. La Mancha》.

knight of the cárpet [**chámber**] 文勲勲爵士《武勲以外の功績によって, 戦場でなくじゅうたんの上[王の居室]で dub² されて成った勲爵士; carpet knight とは異なり, 軽蔑的な意味はない》. 〖*a*1471〗

knight of the póst (昔, 英国で裁判所の回りをうろついて)偽証などを業とした者. 〖(1580) ← ? (*whipping*) *post*〗

knight of the róad 《英口語・戯言》 (1) 浮浪者. (2) 外交員. (3) トラック[タクシー]などの運転手. (4) 《廃》追いはぎ (gentleman of the road).

Knight of the Rúeful Cóuntenance [the —] 憂愁の騎士《Don Quixote のこと》. 〖1718〗

knight of the shíre 〖英史〗 (都市選出に対して)州選出議員, 州代議士《19 世紀の選挙法改正の過程で廃止; cf. burgess 2》. 〖*c*1387–95〗

Knights of Christian Chárity [the—] 傷痍(しょうい)軍人保護協会《フランス王 Henry 四世の創立》.

Knights of Colúmbus [the —] コロンブス騎士会《米国カトリック慈善会; 1882 年創立》. 〖(1882) ← (*Christopher*) *Columbus*〗

Knights of Lábor [the—] 労働騎士団《1869 年米国に組織された秘密結社; その後公然と労働運動を指導して 1917 年まで存続》. 〖1886〗

Knights of Málta [the —] マルタ騎士団《Knights Hospitalers のこと》. 〖(1632) ← *Malta* (その本部の所在地)〗

Knights of Pýthias [the —] ピシアス慈善会《1864 年米国 Washington 市に創立された秘密結社》. 〖← *Pythias*: ⇨ Damon and Pythias〗

Knights of St. Jóhn (**of Jerúsalem**) [the —] 聖ヨハネ騎士団《Knights Hospitalers の別名》. 〖← *St. John* (洗礼者ヨハネ)〗

Knights of the Hóly Sépulcher [the —] 聖地保護団《1099 年 Godefroy de Bouillon の創立》.

Knights of the Kú Klúx Klán [the —] =Ku Klux Klan b.

Knights of the Máccabees [the —] マカベ騎士団《1878 年カナダの Ontario 州に結成されたユダヤ人秘密結社; 1881 年米国に導入された; Maccabees 族の古い儀式を守った》. 〖(1922) ← *Maccabees*〗

Knights of the Róund Tàble [the —] 円卓(の)騎士団, 円卓の騎士(たち)《Arthur 王によって組織されたといわれる伝説的な騎士団; 騎士たちは王と円卓を囲んで談論・飲食したという; cf. round table 2》. 〖?*c*1350〗

Knights of the White Camèllia [the —] 白つばき団《南北戦争後, 黒人に対する白人の優位を確保するために米国南部各地に起こった秘密結社; cf. Ku Klux Klan a》.

Knights of the Wíndsor [the —] ウインザー騎士団《Military Knights of Windsor の旧名》. 〖1608〗

— *vt.* 勲爵士に列する, ナイト爵に叙する (cf. dub² 1): He was ~*ed* by the king. 彼は王によってナイト爵に叙せられた.

〖OE *cniht* boy, servant, warrior < (WGmc) **kneχtaz* (Du. *knecht* / G *Knecht*) ← ?〗

knight advénturer *n.* 《廃》=knight-errant. 〖1636〗

knight·age /náɪtɪdʒ | -tɪdʒ/ *n.* **1** [集合的] ナイト爵団. **2** ナイト爵[勲爵士]名鑑. 〖(1840): ⇨ -age〗

knight báchelor *n.* (*pl.* **knights bachelors, knights b-**) **1** (英国の, 特定の勲爵士団 (order of chivalry) に属さない)最下級の騎士, 平騎士, 下級勲爵士 (略 KB). **2** 〖英史〗 1609 年勲爵士に叙された gentleman の称号. 〖1435〗

knight bánneret *n.* (*pl.* **knights bannerets, knights b-**) バナレット勲爵士 (⇨ banneret¹ 2). 〖1435〗

knight commánder *n.* (*pl.* **knights commanders**) (英国の, バス勲位などの) 2 等勲爵士, 第 2 級勲功章受勲者: a *Knight Commander* of (the Order of) the Bath.

knight-compánion *n.* (*pl.* **knights-companions, ~s**) (ガーター勲位・あざみ勲位の)勲爵士, 等位勲爵士.

knight-érrant *n.* (*pl.* **knights-**) **1** (中世の)遍歴騎士, 武者修行者. **2** [しばしば皮肉] 義俠(ぎきょう)家, ドンキホーテ的人物. 〖(?*c*1390): ⇨ knight, errant〗

knight-érrantry *n.* 武者修行; 義俠的な行為. 〖(1654): ⇨ -RY〗

knight gránd cróss *n.* (*pl.* **knights g-**) (英国の, バス勲位などの) 1 等勲爵士, 最上級勲功章受勲者: a *Knight Grand Cross* of (the Order of) the Bath.

knight·hèad *n.* 〖海事〗 船首副肋(ろく)材, ナイトヘッド《第一斜檣(しょう) (bowsprit) を左右から固定している短い柱》. 〖(1711): 騎士の頭像が刻みこまれていたことから〗

knight·hòod *n.* **1 a** 騎士の身分. **b** 騎士かたぎ, 騎士道. **2** (英国の)ナイト爵の身分, ナイト爵位 (cf. knight 3 a): an Order of *Knighthood* 勲爵士団. **3** [集合的] **a** 騎士団. **b** ナイト爵団. 〖(?*c*1225) *kniȝthod*: cf. OE *cnihthād* boyhood: ⇨ knight, -hood〗

Knight Hóspitaler *n.* (*pl.* **Knights Hospitalers**) ホスピタル[病院]騎士団 (Knights Hospitalers) の一員[修道会士].

knight·lìke *adj.* 騎士らしい; 義俠心のある. — *adv.* =knightly. 〖1375〗

knight·ly *adj.* (**knight·li·er, -li·est**) **1** 騎士の; 勲爵士の, ナイト爵の: be of ~ rank 勲爵士の位にある. **2** 騎士の; 騎士らしい, 騎士にふさわしい; 勇武の, 義俠的な

(chivalrous). **3** 騎士[ナイト]から成る. **—** *adv.* 《詩》 騎士らしく; 義侠的に. **kníght·li·ness** *n.* 〖《*c*1384》: cf. OE *cnihtlīc* boyish: ⇨ knight, -ly²〗

kníght márshal *n.* (*pl.* **knights marshals**) **1** (もと英国の)宮内司法官《王宮から半径 12 マイルの地域内で行われた犯罪に対する裁判権をもっていた; 19 世紀中葉まで存続》. **2** 《廃》補給係将校.

Knights·bridge /náɪtsbrɪdʒ/ *n.* ナイツブリッジ《London の West End にある高級ショッピング街; Harrods がある》.

kníght sèrvice *n.* **1** 騎士奉仕, 騎士軍役義務《封建主君から封土を与えられた代償としての主君に対する従軍・金銭援助・助言の義務》; (軍務に服する事を条件として君主から与えられた)知行(ちぎょう), 領地. **2** 騎士のするような奉仕, 立派[貴重]な奉仕. 〖1436〗

kníght's fée *n.* (封建時代の)騎士の知行, 騎士の領地. 〖?*a*1387〗

Knights Hóspitalers *n. pl.* [the ~] ホスピタル[病院]騎士団《第 1 回十字軍 (1096–99) のころ十字軍従軍傷病者保護および聖地参拝者救護を目的として Jerusalem に結成された騎士修道会; 英国では 1540 年解散; 正式名 Knights of the Hospital of St. John of Jerusalem; the Knights of St. John ともいう》. 〖ME〗

kníght's móve *n.* 遠回りの動き[進み]方, 回りくどいやり方 (cf. knight 9). 〖1958〗

kníght's sérvice *n.* =knight service.

Knights Témplars *n. pl.* [the ~] テンプル騎士団, エルサレム神殿騎士団《聖地巡礼と聖墓の保護のため 1118 年 Jerusalem に結成された騎士修道会; 1312 年教皇の命令により廃止; 略 KT》. 〖《1859》: 本部が Solomon 王の神殿跡といわれる宮殿におかれたことから〗

Kníght Témplar *n.* **1** (*pl.* **Knights Templars**) テンプル騎士団員 (Templar) (⇨ Knights Templars). **2** (*pl.* **Knights T-**) ナイトテンプラー《テンプル騎士団の後継者と自称する米国のフリーメーソンの団員; 単に Templar ともいう》. 〖1610〗

K-9 /kéɪnáɪn/ 《略》警察[軍用]犬部隊《canine の発音から》: a ~ soldier 軍用犬.

knip·ho·fi·a /nɪfóufiə, naɪ- | -fə́u-, naɪ-/ *n.* 《植物》シャグマユリ《アフリカ産ユリ科シャグマユリ属 (*Kniphofia*) の赤または黄色の花をつける多年草の総称; tritoma ともいう》. 〖《1854》← NL ~ ← *Johan H. Kniphof* (1704–1763: ドイツの植物学者): ⇨ -ia¹〗

knish /kənɪ́ʃ/ *n.* 《料理》クニッシュ《肉・チーズ・ジャガイモなどをベーキングパウダー入りの生地で包んで焼いたユダヤ料理》. 〖《1916》□ Yid. ~ □ Russ. ~ 'kind of cake'〗

knit /nɪ́t/ *v.* (~, **knit·ted**; **knit·ting**) **—** *vt.* **1 a** 編む; 編んで作る: ~ wool *into* a cap 毛糸を編んで帽子を作る / ~ a cap *out of* wool 毛糸で帽子を編む / She ~ her son a sweater. 息子にセーターを編んでやった. **b** (表編みで)〈ひと目〉編む: *Knit* one, purl two. 表編みでひと目, 裏編みでふた目(編みなさい). **2** 密着させる, 接合する 〈*together*〉: ~ one's hands 両手をしっかり組み合わせる / ~ a broken bone (*together*) 折れた骨を接ぐ[接合する] / These planks are ~ *together with* bond. この板はボンドで接着してある. **3** (愛情・共通の利害などによって)結合する, 緊密な関係にする 〈*together*〉: They are ~ *together* by love of their hometown. 彼らは郷土愛で堅く結ばれている. **4** 〈額〉にしわを寄せる, 〈まゆを〉寄せる, ひそめる 〈*together*〉: ~ one's brows (*together*) 額に八の字を作る, まゆを寄せる, 顔をしかめる. **5 a** [主に p.p. 形 knit で複合語を成して] 引き締める, がっちり組み立てる: a well-*knit* frame 引き締まった体格 / a closely ~ argument 理路整然たる議論. **b** 〈論文などを〉まとめる. **6** 《古・方言》〈ひもなどを〉結ぶ, 結び付ける: ~ a knot 結び目を作る. **—** *vi.* **1** 編物をする. **2** 接合[連合]する, 密着する 〈*together*〉: The (broken) bone ~ (*together*). (折れた)骨は元通りにつながった. **3** 〈まゆなどが〉八の字になる 〈*together*〉. **4** 親密になる, (愛情などで)結び付く 〈*together*〉.
knít úp (*vt.*) (1) 編み上げる; (こぼれた目を拾って)編み繕う; 〈毛糸などを〉編んで全部使う. (2) 〈議論などを〉結ぶ, 終える (conclude). (3) 結合する, 密着させる. (*vi.*) 〈毛糸などが〉編みやすい.
— *n.* **1 a** 編むこと, 編み方; 編み模様. **b** =knit stitch. **2** 編んだ生地, ニット; 編んだ物《衣料品; cf. knitwear》. **3** (額に)しわを寄せること.

knít·ta·ble /-təbl | -tə-/ *adj.* 〖OE *cnyttan* to tie in a knot < Gmc **knuttjan* (G (方言) *knütten*) ← **knutton* 'KNOT¹'〗

knít·bòne *n.* 《植物》=comfrey. 〖骨折に効くという俗説から〗

knít gòods *n. pl.* **1** ニット地《主に機械編みの伸縮性のあるしなやかな生地》. **2** ニット製品.

knít stìtch *n.* (編み物の)表編み, 表目《メリヤス状の一般的な編み方; cf. purl stitch》. 〖*c*1885〗

knít·ted /-tɪd | -tɪd/ *adj.* **1** 編まれた, 編み物の; ニットの, メリヤスの: a ~ fabric ニット地. **2** [しばしば複合語の第 2 構成素として] …編みの: hand-*knitted* 手編みの / machine-*knitted* 機械編みの. 〖《1855》: ⇨ -ed〗

knít·ter /-tə | -tə(r)/ *n.* **1** 編む人, 編物師; メリヤス工. **2** 編機, メリヤス機械. 〖《1305》: ⇨ -er¹〗

knít·ting /-tɪŋ | -tɪŋ/ *n.* **1** 編糸細工; 編物 (knitted work), 編んで[編みかけて]いる物; ニット地, メリヤス地 (knitted fabric). **2** 編むこと. *stick to* [*ténd to, mínd*] *one's knítting* 《米口語》自分の事に専念する, いらぬおせっかいをしない. 〖《*c*1380》: ⇨ -ing¹〗

knítting bèe *n.* 《米》(近所の人などが手伝いに集まってやる)編み物の寄り合い (⇨ bee¹ 4). 〖1855〗

knítting machìne *n.* 編み機, メリヤス機械. 〖1858〗

knítting nèedle *n.* (手編み用の)編み針. 〖1598〗

knítting pìn *n.* (手編み用の)編み棒. 〖1857〗

knít·wèar *n.* ニットウェア《編まれた衣料の総称; 下着類, セーター, スーツ, 帽子など》. 〖1925–26〗

knives /náɪvz/ *n.* knife の複数形.

knob /ná(ː)b | nɔ́b/ *n.* **1** (木の幹などの)こぶ, ふし(こぶ). **2 a** (ドア・引出しなどの球状の)取っ手, 引き手, 握り, ノブ 〔*of, on*〕. **b** (旗竿などの)球飾り. **c** (テレビなどの)つまみ (button). **3** 《米》(孤立した)丸い丘[山], 円丘 (knoll); [*pl.*] (丸い丘の多い)丘陵地帯. **4** 《英》(バター・砂糖・石炭などの)丸い小さな塊 (small lump). **5 a** 《俗》=nob¹ 1. **b** 《俗》ペニス, 亀頭. **6** 《建築》握り; 球飾り; 擬宝珠(ぎぼし). **7** 《電気》ノブ《取っ手形の碍子(がいし)》. **8** 《古》にきび, 吹き出物.
with knóbs òn 《英俗・皮肉》それに輪をかけて, それどころか, もっとひどく: The same [Same] to you *with* ~*s on*. いや, そっちの方はもっとひどいぞ. 《*c*1910》
— *v.* (**knobbed**; **knob·bing**) **—** *vt.* **1** 〈戸などに〉取っ手[つまみ(など)]を付ける. **2** 《石工》〈石を〉(仕上げる前に)荒削りする. **—** *vi.* こぶができる, ふくらむ 〈*out*〉.
~·like *adj.* 〖《1373》□? MLG *knobbe* ← Gmc **knub-* ← IE **gen-* to compress into a ball: cf. Flem. *knobbe* lump of bread: ⇨ knop, nub〗

knobbed *adj.* (ふし)こぶのある; 先端がこぶ状の; 取っ手[つまみ]のある. 〖《1440》: ⇨ -ed〗

knob·ble /ná(ː)bl | nɔ́bl/ *n.* 小さいこぶ, いぼ, 小円塊. 〖《?*a*1450》: ⇨ knob, -le¹〗

knóbbled íron *n.* 錬鉄 (wrought iron).

knob·bly /ná(ː)bli, -bli | nɔ́b-/ *adj.* (**more** ~, **most** ~; **knob·bli·er**, **-bli·est**) =knobby. 〖《1859》: ⇨ knob, -ly²〗

knob·by /ná(ː)bi | nɔ́bi/ *adj.* (**knob·bi·er**, **-bi·est**; **more** ~, **most** ~) **1** (ふし)こぶの多い, こぶのついた; でこぼこの; こぶのような. **2** 《米》丸い丘[小山]の多い, 丘陵性の. **3** 〈問題など〉困難な, 複雑な; 〈事態など〉厳しい, 動かしがたい. **knób·bi·ly** /-bɪli/ *adv.* **knób·bi·ness** *n.* 〖《1543》: ⇨ knob, -y⁴〗

knob·ker·rie /ná(ː)bkèri | nɔ́b-/ *n.* 投げ棒, 棍棒(こんぼう)《頭に大きなこぶのついた棒で, アフリカの Kaffir 人が武器に用いる》. 〖《1844》□ Afrik. *knopkierie* ← Du. *knop* knob + Khoikhoi *kir(r)i* stick, club: knob の影響による変形〗

knób lòck *n.* (ドアの)ノブの自動錠. 〖1813〗

knób·stìck *n.* **1** 頭が太く丸くなったステッキ[棍棒(こんぼう)]. **2** =knobkerrie. **3** 《英古》ストライキ破り. 〖1824〗

knock /ná(ː)k | nɔ́k/ *vt.* **1 a** (強く)打つ: ~ a nail with a hammer かなづちで釘を打つ. **b** 〈戸を〉たたく, ノックする《★ *vi.* 1 の用法の方が普通》. **c** [補語を伴って] 打って…にする: ~ a person flat [to the ground, 《英口語》for six] 人を打ち倒す / ~ a person senseless [unconscious] 人を殴って気絶させる. **d** たたいて(無理やり)動かす. **2** 打って〈穴などを〉作る: ~ a hole in the fence ぶつかって塀(へい)に穴を開ける / ~ holes in an argument 議論で反駁(はんばく)して相手を破る, 論破する. **3** 打ち当てる, ぶつける, 衝突させる: ~ one's foot *against* [*on*] a stone = ~ a stone (accidentally) with one's foot (うっかり)石に足をぶつける / get ~*ed* on the head 頭をぶつける. **4** 《俗》…の悪口を言う, けなす, くさす (badmouth, criticize): Don't ~ it! けちをつけないでくれ / ⇨ knocking copy. **5** 《英俗》あっと驚かせる, びっくりさせる: What ~*s* me most is his ignorance. 私が一番驚くのは彼の無知だ. **6 a** 《俗》〈女性〉と性交する; はらませる. **b** 《卑》〈金庫などから盗む. **—** *vi.* **1** 打つ, たたく; (特に, 戸・窓などを)たたく, ノックする (⇨ strike SYN): ~ gently *on* [*at*] the door 《★ 特に《米》では on が普通》 / ~ for admittance 入れてくれと戸をたたく. 日英比較 野球で野手の守備練習のためにボールを打つことを「ノックする」というのは和製英語. 英語では fungo または hit fungoes などという. また,「ノックバット」は和製英語. 英語では fungo (bat [stick]) という. **2** 突き当たる, ぶつかる 〔*against, into*〕: ~ *against* [*into*] a person 人にぶつかる (cf. KNOCK *against* (3)) / My knees ~*ed* with fear. 恐ろしくてひざががくがくした. **3** [副詞を伴って] 〈人がばたばた動く: ⇨ KNOCK *about* (*vi.*) (2). **4** 《機械・内燃機関》 **a** (故障または爆燃 (detonation) のため)〈機械がかたかたいう: The engine is ~*ing* badly. **b** 〈内燃機関の燃料が〉爆燃[ノッキング]を起こす. **5** 《俗》悪口を言う, あら捜しをする: They are always ~*ing*. 彼らはいつも人のあら捜しばかりしている. **6** 《トランプ》(gin rummy などで) 上がる, 上がりと言う《gin に達しないうちに持札全部を場にさらして上がりを宣告すること; cf. gin⁴ 2, go¹ *down* (14 b)》.
knóck abóut [*aróund*] 《口語》(*vt.*) (1) 続けざまにたたく, こづき回す; 〈人や物を〉手荒く扱う, 虐待する: ~ crockery *about* 瀬戸物類を乱暴に扱う / He was badly ~*ed about*. こっぴどくこづき回された. (2) 〈波などが〉〈船を〉もむ, 翻弄(ほんろう)する: The boat was ~*ed about* by the waves. (3) 〈計画などを〉ざっと検討する. **—** (*vi.*) (1) ぶらつく, 放浪する, 転々とする; ぶらぶらする; だらしない生活をする: ~ *about* the world 諸国を放浪する. (2) ばたばた動き[走り]回る, せかせか働く. (3) [be ~*ing about* として] 〈物・人が(どこかに)ある, いる: Do you have any small change ~*ing about*? 小銭の持ち合わせはないかね. (4) 〔人と〕連れ立っている; 〔異性と〕関係する 〔*with*〕; [~ *about* together として] 〈二人が〉連れ立っている; 〈男女が〉関係する.
knóck agàinst (1) ⇨ *vt.* 3. (2) ⇨ *vi.* 2. (3) …に出くわす. *knóck aróund* = KNOCK *about*. *knóck báck* (1) 《口語》〈酒を〉ぐっと)飲む, あおる; 〈食べ物を〉腹一杯食べる. (2) 《英口語》〈ニュースなどが〉〈人を〉うろたえさせる, ショックを与える. (3) 《口語》〈買い物などが〉〈人〉に…の出費をさせる (cost). ★ 受動態には用いられない: How much did your new computer ~ you *back*? 君の新しいコンピューターはいくらしたかね. (4) 《豪口語》〈人・物事を〉はねつける, 拒絶する. *knóck* (*òut*) *cóld* 《口語》(1) 〈人を〉打って気絶させる. (2) 〈人を〉びっくり仰天させる. *knóck a person déad* 《口語》〈人を〉強く感動させる, 大いに驚かす: ~ an audience *dead* 観衆[聴衆]をうならせる / ~ them *dead* (特に外観で)あっと言わせる, 度肝を抜く. *knóck dówn* (*vt.*) (1) 打ち倒す, なぐり倒す: He was ~*ed down* by a car. 車にはねられた / You could [might] have ~*ed* me *down* with a feather. 私は卒倒するほど驚いた. (2) 〈敵機・猟鳥などを〉撃ち落とす, 射落とす; 〈反論などを〉くつがえす, 打ち破る. (3) (輸送・保管のため)〈機械などを〉解体する, 分解する (↔ set up). (4) 〈家などを〉取り壊す. (5) 《口語》〈値段を〉下げる, 安くする. (6) 〈売手を〉値切り倒す. (7) (競売で, つちをたたいて)せり落とす, 落札する: The vase was ~*ed down to* him. 花びんは彼の手に落ちた. (8) 《米俗》〈雇主の金などを〉着服する; 盗む. (9) 《米俗》(給料などとして)稼ぐ, とる. (10) 《米》《海軍》〈帆船を〉(立ち直れないほど)傾かせる. **—** (*vi.*) (1) 解体される: This machine ~*s down* easily. この機械はすぐ解体できる. (2) 〈風・海などが〉静まる, 凪(な)ぐ (subside).
knóck ín (1) 打ち込む, たたき込む. (2) 《英大学》門限後に門をたたいて中に入れてもらう (cf. KNOCK *out* (*vi.*)). *knóck ìnto* (1) 〈ある事を〉人[人の頭]にたたき込む, よく教え込む, 徹底させる. (2) …にばったり出会う. *knóck into one* 〈幾つかの部屋などを〉ぶち抜いて一つにする: ~ two rooms *into one*. *knóck it óff* [通例命令形で] 《俗》よす; 黙る (shut up). 《1902》 *knóck òff* (*vt.*) (1) 打ち払う, 打ち落とす, 払いのける: ~ a book *off* a shelf 棚から本を払い落とす. (2) 《口語》〈仕事などを〉辞める, 済ます, 中断する; 〈従業員などに〉仕事を辞めさせる: We ~ *off* work at noon for lunch. 昼食のため正午に仕事をやめる. (3) 《口語》〈金額を〉割り引く, 差し引く; 〈速力を〉落とす: ~ half a dollar *off* (a bill) (請求書から) 50 セント引く. *knóck óff* (*vt.*) (1) 《口語》手早く仕上げる, さっさとやってしまう; 〈飲食物を〉平らげる: ~ *off* an article in half an hour 30 分で記事を書き上げる. (2) 《俗》片付ける, 取り除く, 打ち砕く[破る]; やっつける, 殺す: ~ *off* an obstacle 障害を取り除く. (3) 《俗》…に強盗に入る, …から盗む; 盗む. (4) 《口語》〈賞を〉もらう, 〈得点を〉上げる: ~ *off* runs 《クリケット》得点を上げる. (5) 《俗》〈男性が〉…と性交する. (6) 《俗》逮捕する. **—** (*vi.*) (1) 《口語》仕事をやめる[休む]: We started work at nine and ~*ed off* at one for lunch. 9 時に仕事を始めて 1 時に休んで昼食をとった. (2) 《俗》往生する, 死ぬ. *knóck ón* (*vt.*) (1) 《ラグビー》〈ボールを〉ノックオンする《ボールを手または腕に当てて相手側のデッドボールラインの方向に進める; 通例反則》. (2) 打って[たたいて]前進させる; 《比喩》(ある事物の動きがはずみとなって)〈他の事物を〉推し進める, 駆り立てる, 促進する. *knóck on the héad* ⇨ knock in [on] the HEAD. *knóck óut* (*vt.*) (1) たたき出す; 〈パイプを〉たたいて灰を落とす. (2) 《ボクシング》ノックアウトする (knock out of time の略; cf. knockout *n.* 1 b). (3) 《口語》気絶させる, 意識を失わせる; 参らせる, へとへとにする; ひどく驚かす; 感激させる: He recevied a blow on the head and was ~*ed out*. 頭に一撃を受けて動けなくなった[気絶した] / ⇨ KNOCK *oneself out*. (4) 破壊する, 使えなくする, 痛める: The enemy tank was ~*ed out*. (5) 《口語》〈計画などを〉速成する, 急いで考える[作る]; (手早く)やってのける: ~ *out* a plan for a trip 急いで旅行の計画を立てる / I can just about ~ *out* a tune. (ピアノを弾くのではなく)曲をたたき出すことができるだけです. (6) (勝抜き方式の競技で)〈相手を〉負かす, 敗退させる (cf. knockout *adj.* 3). (7) 《野球》〈相手の投手を〉打ちまくって退かせる, ノックアウトする (knock out of the box の略). (8) 《英》(競売で)〈物件を〉談合によって安く落とす, 不正入札する (⇨ knockout *n.* 3). **—** (*vi.*) 《英大学》門限後に門をたたいて外に出してもらう (cf. KNOCK *in* (2)). *knóck óut of a person* (1) 〈人を〉たたいて(性質・特徴を)失わせる[取り除く]; I'll ~ that cheekiness *out of him* if it's the last thing I do! どんなことをしてもあいつの生意気なところをたたき直してやる. (2) 〈相手を〉…から敗退させる. *knóck óut of the bóx* ⇨ KNOCK *out* (*vt.*) (7). *knóck óut of tíme* ⇨ KNOCK *out* (*vt.*) (2). *knóck onesèlf óut* 《口語》(1) 懸命の努力をする, 力を出し切る; 疲れ果てる, へたばる; 気絶する. (2) 感激する. 《1936》 *knóck óver* (1) ひっくり返す, 張り倒す. (2) 仰天させる: We were ~*ed over* by the event. その出来事に大騒ぎをした. (3) 《口語》ひどく感動させる. (4) 《俗》…に強盗に入る (rob); …を盗む, …から盗む. *knóck sídeways* ⇨ sideways 成句. *knóck thróugh* (二つの部屋の)壁をぶち抜く. *knóck togéther* (1) 激しくぶつかる[ぶつける]: ~ their heads *together* ⇨ head 成句. (2) 急いで組み立てる, 〈食事を〉大急ぎで作る. *knóck to píeces* ⇨ piece 成句. *knóck únder* 降参する, かぶとを脱ぐ 〔*to*〕. *knóck úp* (*vt.*) (1) 打ち上げる, 突き上げる. (2) 大急ぎで[間に合わせに]建てる[作る, 用意する], 急造する: ~ *up* a shelter 雨露のしのぎ場を造り上げる. (3) 〈物を〉傷つける, 痛める; 負傷させる, けがをさせる; 〈事が〉〈人・事業などを〉だめにする, つぶす. (4) 《英口語》疲れ切らす, 参らす, 病気にする: ~ oneself *up* (無理をして)参ってしまう, 病気になる / She was ~*ed up* by nursing her child. 子供の看病で参ってしまった. (5) 《英口語》(ノックして)〈人を〉たたき起こす: *Knock* me *up* at 6 o'clock. 6 時に起こしに来て下さい. (6) 《英》(あれこれ合わせて)〈幾ら〉稼ぐ. (7) 《クリケット》球を打ちまくって〈点数を〉上げる: ~ *up* runs (cf. KNOCK *off* (*vt.*) (4)). (8) 《英》《製本》突き揃える, 〈紙〉の端を揃える. (9) 《米俗》妊娠させる, はらませる; 〈男性が〉…と性交する. **—** (*vi.*) (1) 《英》疲れ切る, へとへとになる. (2) (テニスなどで)試合開始前に練習する. *knóck úp agàinst* 偶然〈人〉に出会う; 〈不幸・困難などに

K

遭遇[直面]する. ⦅1887⦆
— *n.* **1** 打つこと, 殴打, 打撃: give a ~ *on* the head 頭をこつん[ぽかり]と打つ / get some hard ~*s* 激しく打たれる / The car got [took] a couple of nasty ~*s* in the collision. 車は衝突事故で数か所ひどくやられた. **2** こんこん[とんとん]たたくこと, ノック, (合図の)戸をたたく音 (⇨ blow² SYN): a single ~ こん[とん]と打つひとたたき / a double ~ (とんとんと)続けて 2 度たたく[ノックする]音 / the postman's ~ 郵便集配人がこんこん[とんとん]と (2 度)戸[ノッカー]をたたく音 / There is a ~ *at* the door. 戸をたたく音がする⦅玄関に来客だ⦆ / *Knock*, ~.—Who's there? こん, こん—どなたですか. **3** ⦅口語⦆ 不幸, 災難, 痛手; ひどい仕打ち: hard ~*s* 苦境, 苦難 ⇨ *the* SCHOOL *of hard knocks*. **4** ⦅俗⦆ 悪口, 揚げ足取り, 酷評: Her novel took [got] a few ~*s* from the critics. 彼女の小説は批評家たちから酷評された / Their reputation has suffered [had] a few ~*s* [a ~ or two] lately. 彼らの名声は最近多少の非難を浴びた. **5** ⦅口語⦆〘クリケット〙打撃番, 順番. **6** 〘機械〙 **a** ノッキング⦅内燃機関内の異常爆発(音); cf. antiknock⦆. **b** =detonation 2. **7** = knockup.
gét the knóck ⦅俗⦆ (1) 解雇される, お払い箱になる. (2) 〈俳優などが〉人気を落とす. ***táke the*** [***a***] ***knóck*** =***táke*** [***hàve***] ***some*** [***a féw, a lót of***] ***hárd knócks*** ⦅俗⦆ 大きな打撃を受ける, ひどい目に遭う; ⦅経済的に⦆痛手を被る.
knóck for knóck agrèement 〘保険〙ノックフォアノック協定⦅自動車保険を営む会社間の協定で, この協定のメンバー会社の引き受けている自動車間の衝突の際は, お互い相手会社への求償をしないことを定めたもの⦆.
〘lateOE *cnocian* ← Gmc **knuk-* (ON *knoka*) ← ? IE **gen-* to compress into a ball (cf. knead): または擬音語か〙

knóck·abòut *adj.* [限定的] **1** 荒っぽい; 騒々しい; 〈演劇・演技者が〉立ち回り的な, どたばたの (slapstick): a ~ performance 騒々しい演技, どたばた. **2** ⦅口語⦆ うろつき回る, 放浪的な. **3** 〈服など〉乱暴に扱える, ふだん着用の: a ~ suit. **4** だらしない; 目的のない. **—** *n.* **1** 騒々しい[荒っぽい]芝居, どたばた(喜劇, 役者). **2** ⦅米⦆ ノックアバウト, ノッカバウ⦅小型帆走ヨットの一種で第一斜檣(しゃしょう) (bowsprit) がなく 1 本マストスループ (sloop) 型の帆が特徴⦆. **3** (自動車・服など)乱暴に扱える物. **4** ⦅豪口語⦆ (農場の)雑役夫; 放浪者, 浮浪人. ⦅1876⦆
knóck-bàck *n.* **1** ⦅豪⦆ はねつけ, 拒絶 (refusal). **2** ⦅囚人俗⦆ 仮釈放が認められないこと. ⦅1898⦆
knóck·dòwn *adj.* **1 a** 打ち倒す(ほどの), 強烈な: a ~ blow 痛打. **b** 〈議論など〉圧倒的な, 強引な, 高飛車な. **c** =knock-down-and-drag-out. **2** 〈家具など〉分解できる, 組立て[折りたたみ]式の; =knocked-down: a ~ bed, boat, bookcase, etc. **3 a** (競売で)〈価格が〉最低の, 限度の (reserve): a ~ price 最低価格. **b** (一般に)〈値段が〉非常に安い, 割引の. **—** *n.* **1** 打ち倒す打撃[殴打]; 大きな打撃, 痛手. **2** =knock-down-and-drag-out. **3** 取り壊し[分解]できる品物⦅組立て式家具など⦆. **4** ⦅米・豪俗⦆ 紹介. **5** 割引き, 値引き; 減数, 減額. **6** 〘海事〙ノックダウン⦅強風による小型船の転覆⦆. ⦅1690⦆
knóck-dòwn-and-drág-oùt ⦅米口語⦆ *adj.* 〈けんか・議論など〉容赦しない, とことんまでやる, 徹底的な⦅knock-down-drag-out, knockdown, drag-out ともいう⦆. **—** *n.* 容赦のない争い[けんか], 徹底的な論争. ⦅1834⦆
knócked-dówn *adj.* 組立て部品からなる, 組立て式の⦅すぐにバラバラにできるようなパーツで組み立てられた; 略 KD⦆: a ~ building 組立て式建物. ⦅1776⦆
knóck·er *n.* **1 a** たたく人, 戸をたたく人: a ~ at the door 玄関の来客. **b** ⦅英⦆ 戸別訪問のセールスマン[選挙運動員(など)]. **2** (玄関扉に取り付けた)ノッカー⦅訪問者が取っ手を持ってかちかちと打つたたき金⦆. **3** ⦅俗⦆ けなし屋, 悪口屋. **4** ⦅英方言⦆ (鉱山に住み鉱脈のありかをたたいて知らせるという)小鬼, 地の精 (cf. kobold 2). **5** ⦅古俗⦆ =knockout 2. **6** [通例 *pl.*] ⦅卑⦆ 乳房 (breasts). 日英比較 野球でノックする人を「ノッカー」というのは和製英語. 英語では fungoer, fungo hitter などという.
on the knócker ⦅英俗⦆ (1) (セールスや選挙のため)戸別訪問をして. (2) 掛け(買い)で. (3) ⦅豪俗⦆ すぐに, ただちに. ⦅1936⦆ ***ùp to the knócker*** ⦅英俗⦆ 申し分なく, 立派に, 完全に. ⦅1844⦆
〘⦅*c*1384⦆: ⇨ -er¹〙

knockers 2

knócker-ùp *n.* ⦅英⦆ (早朝の仕事に出たりする人の)たたき起こし屋⦅昔, 家の外から寝室の窓ガラスなどをたたいて回った⦆. ⦅1861⦆
knóck-for-knóck agrèement *n.* 〘保険〙ノックフォアノック協定⦅自動車保険会社間の協定; 損害保障はそれぞれの会社が負担し, 相手側保険会社に求償しないという合意⦆.
knóck·ing *n.* **1** 戸をたたくこと[音]. **2** (内燃機関内に起こる)ノッキング, 爆燃. 〘⦅?*a*1300⦆: ⇨ -ing¹〙
knócking cópy *n.* こきおろし広告文⦅競争相手の商品を中傷する広告⦆: write ~ about the competition ライバル会社(商品)について中傷的な広告を書く. ⦅1958⦆
knócking shòp *n.* ⦅英俗⦆ 売春宿 (brothel).

〘⦅1860⦆ (ger.): ⇨ knock vt. 6 a〙
knóck knée *n.* **1** 〘病理〙 外反膝(ひざ), X 脚⦅歩行中両膝(ひざ)がぶつかるような脚の内湾曲; genu valgum ともいう⦆. **2** [*pl.*] 内わに脚. 〘⦅1827⦆ ← KNOCK (v.)+KNEE〙
knóck-knéed *adj.* **1** 〘病理〙 外反膝の (cf. bandy-legged). **2** 〈議論など〉しどろもどろの, 気の抜けた, 生気のない. **3** 不格好な, 田舎くさい. 〘⦅1774⦆: ⇨ ↑, -ed〙
knóck-knóck jòke *n.* ノックノックジョーク⦅knock knock で始まる問答式のだじゃれジョーク; 例: 'Knock, knock'—'Who's there?'—'Ken'—'Ken who?'—'Ken (=Can) I come in?'⦆.
knóck·mèter *n.* 〘計器〙 ノックメーター⦅ガソリンエンジンのシリンダー内の燃焼が異常燃焼を起こしている時その強さを測定する計器⦆. ⦅1934⦆
knóck·òff *n.* ⦅米口語⦆ (服飾品などの安い)模造品, イミテーション. ⦅1966⦆
knóck-òff *n.* **1** 仕事を打ち切ること[時間, 合図], 退庁[退社](時間). **2** 〘機械〙 **a** ノックオフ⦅機械に異常な力が作用した時, 自動的に動作を停止させ, 機械を保護するカム装置⦆. **b** 仕事終わり. ⦅1875⦆
knock-on /nὰ(ː)ká(ː)n, -ɔ́(ː)n | nɔ̀kɔ́n˝/ *n.* **1** 〘ラグビー〙ノックオン(すること) (⇨ KNOCK *on* (1)). **2** 〘物理〙 たたき出し⦅高エネルギーの粒子が原子[原子核]に衝突して粒子(素粒子, 原子核または原子)をたたき出すこと⦆.
— *adj.* **1** (間接的ではあるが必然的な結果として起こる. **2** 〘物理〙 たたき出しの. ⦅1888⦆
knóck-ón effèct *n.* ⦅英⦆ 連鎖反応; ドミノ効果.
knock·out /nɑ́(ː)kàut | nɔ́k-/ *n.* **1 a** 打ちのめすこと, 打ちのめされること; 打ちのめす一撃, 痛打. **b** 〘ボクシング〙 ノックアウト (略 KO); =technical knockout. **2** ⦅口語⦆ 素晴らしい[すてきな]人[物]. **3** ⦅英⦆ **a** (競売で)ぐるになって安く落とすこと, 談合競売, 不正入札⦅不正に安く落として利益を後で仲間で分ける⦆. **b** 談合競売一味の者. **4** 〘木工〙 (ハンマーなどでたたいて)すぐはずれるパネル(板). **5** 〘機械〙 ノックアウト⦅ダイス (die) の底を持ち上げて製品を突き出す装置⦆. **6** (スポーツ・チェスなどの)勝ち抜き式競技会[トーナメント大会]. **7** (体力と技術を要する)ばかげた競技⦅特に障害物競走⦆. **—** *adj.* **1 a** 〈打撃など〉猛烈な; ノックアウトの: a ~ blow, punch. **b** ⦅口語⦆ あっと言わせるような, 素晴らしい, すてきな. **2** ⦅英⦆ 談合競売の, 不正入札の: a ~ auction, sale. **3** 〈スポーツ・チェスなどの競技会が〉勝ち抜き方式の, トーナメント方式の: a ~ competition 勝ち抜き式競技会 / a ~ tournament トーナメント大会. ⦅1818⦆
knóckout dròps *n. pl.* ⦅俗⦆ (人を意識不明にさせる目的でひそかに)飲み物に滴下する麻酔剤⦅水溶液⦆. ⦅1895⦆
knóck·ùp *n.* 〘スポーツ〙 **1** (テニスなどで)試合開始前の練習, ウォーミングアップ. **2** ⦅米卑⦆ セックス, 一発. ⦅1884⦆
knock·wurst /nɑ́(ː)kwə̀ːst, -wùəst | nɔ́kwəːst/ *n.* = knackwurst. ⦅*c*1929⦆
knoll¹ /nóul | nə́ul/ *n.* **1** (丸い)小山, まんじゅう山, 塚 (mound). **2** ⦅英方言⦆ 丘の頂上. 〘OE *cnol(l)* < Gmc **knuðlō* (Norw. *knollr* hillock / G *Knolle(n)* lump) ← IE **gen-* to compress into a ball: cf. knot¹〙
knoll² /nóul | nə́ul/ *n.*, *v.* ⦅古・方言⦆ =knell. 〘⦅*a*1325⦆ *knolle(n)* ← *knol* bell for a church: あるいは? KNELL の擬音的変形〙
knop /nɑ́(ː)p | nɔ́p/ *n.* **1** 丸い取っ手, 握り. **2** 〘建築〙 つぼみ形装飾, 化粧ぎしら, 頂華⦅花・葉などの浮き彫りのある柱頭⦆. **3** (ゴブレット・燭台などの)丸こぶ装飾. **4** ⦅古⦆ (花の)つぼみ. **knopped** *adj.* 〘⦅*c*1333⦆ ◻? MLG & MDu. *knoppe* (Du. *knop*): cf. G *Knopf*〙
Knóp's solùtion /nɑ́(ː)ps-, knóups- | nɔ́ps-, knɔ́ups-; G. knɔ́p-/ *n.* 〘植物〙 クノープ液⦅水栽培用の培養液⦆. 〘← *J. A. L. W. Knop* (1817–1891: ドイツの化学者)〙
Knorr /nɔ́ə | nɔ́ː(r)/ *n.* 〘商標〙 クノール⦅米国 CPC International 社製の即席料理用ミックス粉; スープ・ソース・グレービーなど⦆.
Knos·si·an /nɑ́(ː)siən | knɔ́s-, knáus-, nɔ́s-/ *adj.* クノッソス (Knossos) の. 〘⦅1894⦆: ⇨ ↓, -ian〙
Knos·sos /nɑ́(ː)səs | knɔ́sɔs, knáus-, nɔ́s-, -səs/ *n.* クノッソス⦅Crete 島北岸の廃都, ミノス文明 (Minoan civilization) の中心地で, その宮殿は A. J. Evans によって発見された⦆.
knot¹ /nɑ́(ː)t | nɔ́t/ *n.* **1 a** 結び, 結び目: the ~ *of* [*in*] a necktie / make [tie] a ~ 結び目を作る / loosen [untie] a ~ 結び目をゆるめる[解く] / tie a ~ *in* a rope = tie a rope *in* a ~ ロープに結び目を作る / tie a ~ *in* a handkerchief (何かを忘れないようにするため)ハンカチに結び目を作る. **b** 〘海事〙 結索(けっさく)⦅ロープの結び方⦆: ⇨ bowknot, French knot, running knot, slipknot, etc. **c** 〘外科〙 (手術の縫合糸の)結節. **2 a** (装飾の)結びひも[リボン]; (衣服の付属品としての)ちょう結び, 花結び, (肩章などの)飾り結び; (彫刻で)節総(ふさ)飾り: ⇨ shoulder knot. **b** 〘紋章〙 結び⦅badge として使用される図形⦆. **3** (特に夫婦の)縁, きずな: the marriage [nuptial] ~ 夫婦のきずな. **4** 難事, 困難, 紛糾, 難問: cut the ~ 一刀両断の処置をとる (cf. Gordian knot) / ⇨ *tie* (*up*) *in*(*to*) KNOTS. **5** (問題の)中心点, 要点: the ~ *of* the matter. **6** (物語・劇などの)筋のもつれ, やま: a ~ *in* a play. **7 a** (筋肉などの)こぶ. **b** (胃などの)しこり; 締めつけられるような感じ. **c** 〘解剖〙 (器官・組織などの)結節, 節. **d** (草木の)節; (樹幹の)こぶ; (板・木材の)節: seek a ~ *in* a rush ⇨ rush² 成句. **e** 〘植物病理〙 樹木のこぶ病. **8** (人や物の少数の)集まり, 群れ: a ~ *of* boys, people, etc. / a little ~ *of* politicians 政治家の小団体 / *in* a ~ (小さな)群れをなして, 固まって / gather *in* ~*s* 三々五々群れをなして集まる. **9** 〘海事〙 **a** 測程線 (log line) の結節. **b** ノット (1

時間航走の海里数で示す船の速力; 1 ノットは 1 時間に約 1,852 m 走る速力): a vessel of 25 ~*s* / make [sail *at*] 15 ~*s* 15 ノット出す[で走る]. **c** ⦅俗用⦆ 1 海里 (nautical mile): sail *at* 15 ~*s* an hour. **10** ⦅英⦆ (荷物を運ぶため肩や頭に当てる)当て物, 肩当て⦅通例 porter's knot という⦆. **11** 〘ガラス製造〙 節(ふし)⦅まわりのガラスと組成を異にした小さなガラス化した含有物⦆. **12** ⦅古・方言⦆ =knotted bed.
a knót in one's stómach [***thróat***] (恐怖などで)胃[のど など]が締めつけられるような感じ. ***at a*** [***the***] ***ráte of knóts*** ⇨ rate¹ 成句. ⦅1892⦆ ***tie the knót*** (1) 〈聖職者が〉結婚式を執り行う. (2) 〈男女が〉結婚する. ⦅1828⦆ ***tie*** (***úp***) ***in*** [***into***] ***knóts*** [***a knót***] ⦅口語⦆ 〈人を〉ひどく心配[当惑]させる, 神経過敏にする: *tie* oneself [get oneself *tied*] *in* ~*s* ひどく心配[当惑]する. ⦅1860⦆
— *v.* (**knot·ted; knot·ting**) **—** *vt.* **1** 〈ひもなどを〉結ぶ, …に結び目を作る; (ひもなどで)結びつける, ゆわえる; 固く結び合わせる 〈*together*〉: ~ a parcel 小包をゆわえる / ~ (*up*) *into* a bundle 〈物を〉包んで(きちんと)縛る / ~ one's hair 髪を束ねて後頭部で結ぶ. **2 a** 緊密に結びつける, 結合させる. **b** もつれさせる, からませる. **3** 〘服飾〙 **a** 〈糸, ひもなどを〉結んで房にする. **b** 糸を結んで〈レースなどを〉作る. **4** 〈額〉にしわを寄せる, 〈まゆを〉ひそめる (knit). **5** (競技などで)〈得点を〉同点にする, タイにする (tie up). **6 a** 節[こぶ]にする, …にこぶを作る. **b** 〈心配などが〉〈胃・筋肉などを〉固くする, 締めつける: Fear ~*ted* the pit of his stomach. 恐怖で鳩尾(みぞおち)のところが締めつけられた. **7** …から節を取り去る. **8** (塗装の前に)〈板〉の節止めをする. **—** *vi.* **1 a** こぶ[節]ができる, 節[こぶ]になる. **b** (心配などで)〈胃・筋肉などが〉固くなる. **2** もつれる, からまる. **3** 〈人が〉小さなグループになる, 三々五々群れをなして集まる. **4** 〘服飾〙 (糸やひもを結んだり組んだりして柄を出し)レースや組みひも飾りなどを作る.
〘n.: OE *cnotta* ← Gmc **knūt-* (Du. *knot* / G *Knoten*) ← IE **gen-*: ⇨ knoll¹. — v.: ⦅?*a*1160⦆ ← (n.)〙
knot² /nɑ́(ː)t | nɔ́t/ *n.* (*pl.* ~, ~**s**) 〘鳥類〙 コオバシギ (*Calidris canutus*) ⦅シギ科の鳥類の一種; 北極圏で繁殖する⦆. 〘⦅1422–23⦆ ← ?〙
knót gàrden *n.* **1** ノット花壇 (knotted bed) を主体にした庭園. **2** (ノット花壇と同様な様式であるが)イチイ・ツゲなどの装飾的に刈り込んだ樹木を主に栽植した庭園 (cf. topiary). ⦅1519⦆
knót·gràss *n.* 〘植物〙 **1** ミチヤナギ (*Polygonum aviculare*). **2** (その他)茎が節くれ立っているタデ科の草本の総称; (特に) =joint grass 1. 〘⦅1538⦆: ⇨ knot¹〙
knót·hèad *n.* ⦅米・カナダ俗⦆ ばか, のろま. ⦅1961⦆
knót·hòle *n.* (木の幹・製材の)節穴. ⦅1726⦆
knót·less *adj.* 結び目のない; 結節のない, 節のない. 〘⦅*c*1385⦆: ⇨ knot¹, -less〙
knót·ròot *n.* 〘植物〙 =Chinese artichoke.
knót·ted /-tɪ̣d | -tɪ̣d/ *adj.* **1** 節のある, 節くれ立った. **2** 結んだ; 結び目のある. **3** もつれた, 入り組んだ, 困難な. ***Gèt knótted!*** ⦅英俗⦆ うるさい, ばか言うな, 行ってしまえ. ⦅1963⦆ 〘⦅?*a*1160⦆: ⇨ -ed〙
knótted béd *n.* ノット花壇⦅英国ルネサンス期に始まった様式の花壇; 通路・花壇の配置は幾何学模様を成し, 草花に代わり, 色の付いた砂なども花壇に敷かれ, 縁取りにはツゲ類・木材・れんがなどが使われた; 単に knot ともいう⦆.
knót·ter /-ṭə | -tə(r)/ *n.* **1** 結ぶ人[物, 機械]. **2** 結び目を解く人[物, 機械]. 〘⦅1712⦆: ⇨ knot¹, -er¹〙
knót·ting /-ṭɪŋ | -tɪŋ/ *n.* **1** 結節. **2** 〘服飾〙 **a** 組みひも細工⦅糸をより, 結び目をこしらえて柄を出してレース風の編物を作ること; cf. tatting⦆. **b** =knotwork. **3** (織物・パルプなどからの)節取り, 除節. **4** (塗装の)節止め. 〘⦅1611⦆: ⇨ knot¹, -ing¹〙
knot·ty /nɑ́(ː)ṭi | nɔ́ti/ *adj.* (**knot·ti·er, -ti·est; more ~, most ~**) **1** 結節の(ある), 節こぶの多い; 〈縄など〉結び目の多い: ~ timber 節だらけの木材. **2** もつれた, 紛糾した (complicated), 難しい (difficult): a ~ problem, point, etc. **3** 頑丈な, 頑健な, タフな; 不屈な. **knót·ti·ly** /-ṭəli, -ṭli | -təli, -tli/ *adv.* **knót·ti·ness** *n.* 〘⦅?*c*1200⦆: ⇨ knot¹, -y⁴〙
knótty-páted *adj.* (Shak) 愚鈍な, 石頭の.
knótty píne *n.* 〘植物〙 =lodgepole pine. ⦅*c*1898⦆
knótty rhátany *n.* 〘植物〙 =Peruvian rhatany 2.
knót·wèed *n.* 〘植物〙 =knotgrass 1. ⦅1578⦆
knót·wòrk *n.* 〘服飾〙 結び糸細工, 組糸飾り[レース]. ⦅1851⦆
knout /náut/ *n.* 皮を編んで作った鞭(むち)⦅昔のロシアの刑具⦆; [the ~] 鞭打ちの刑罰. **—** *vt.* (刑罰として)鞭で打つ. 〘⦅1716⦆ ◻ F ~ ◻ Russ. *knut* ◻ ON *knūtr* 'KNOT¹'〙
know¹ /nóu | nə́u/ *v.* (**knew** /núː, njúː | njúː/, **known** /nóun | nə́un/) **—** *vt.* **1 a** 知る, 知っている; …が分かる, 分かっている⦅日英比較 英語の *know* は「知っている」という状態を表す動詞. 日本語の「知る」に当たる英語は learn などが普通⦆: Everyone ~*s* it. / It is ~*n to* everyone. それはだれにでも知られている⦅★ *to* の代わりにまれに *by* を用いることもある; cf. 4, *be* KNOWN *to*⦆ / *Know* thyself. 己を知れ / I ~ all about him. 彼のことは何でも知っている / He is a man who ~*s* no defeat. 彼は負けが分からない人だ⦅決して負けたと言わない⦆ / He *knew* (*that*) you were right. 彼は君の言うことが正しいのを知っていた / I would have you ~ that I am the rightful heir to the throne. 私が正当な王位継承者であることを諸公に知ってもらいたい / What do you think of that play?—I don't ~ *that* I like [care for] it very much. ⦅口語⦆ あの劇をどう思いますか—さあ, あまり感心しませんがね / I don't ~ *if* [*whether*] he is coming. 彼が来るかどうか私は知らない / There is no ~*ing who* she is [*where* she lives]. 彼女が

だれなのか[どこに住んでいるのか]知りようもない / The box was full of I *knew* not [didn't ~] *what*. その箱には何か得体の知れないものが一杯はいっていた / Do you ~ *how to* drive a car? 車の運転(の仕方)を知っていますか, 車を運転できますか / I ~ *what it* is *to* live alone. 独り暮らしがどんなものか知っている / They ~ not *what* they do. 彼らはそのなすところを知らず (They do not know what they are doing.) (*Luke* 23:34) / How did you ~ him *to be* the criminal (=~ *that* he was the criminal)? 彼が犯人だとどうして分かったのですか《★ 不定詞構造を従える表現は *that*-clause を従えるものより文語的》/ We ~ him *as* [*to be*] trustworthy. 我々は彼が信頼できる男だと知っている / He was ~*n* (*among* his patients) *as* a good physician. (患者の間で)名医だという評判だった / Samuel L. Clemens is better ~*n* as Mark Twain. サミュエル L. クレメンズはマークトウェインとしてよりよく知られている / He is ~*n* *for* his originality. 独創的なことで知られている / I ~ it *for* certain [*for* a certainty]. 確かな事実として知っている / I ~ it *as* [*for*] a fact. / She ~*s* a lot. 彼女はたくさんの事を知っている / He ~*s* too much. 彼は知りすぎている(のでほっておけない) / The company has gone bankrupt. —I *knew* it (would)! あの会社は破産したよ—そうなるだろうと思っていたよ / The place will ~ him no more. その場所は再び彼を見ることがなかろう (cf. *Job* 7:10, 20:9, *Ps.* 103:16). **b** [完了形または過去形で用い, 目的語＋*to* do (または原形)を伴って] 〈…したことのあるのを〉見て[聞いて]知っている: I *have* never ~*n* that man (*to*) *smile*. あの男が笑ったのを見たことがない / I never *knew* her (*to*) *complain*. 彼女が不平を言うのを聞いたことは一度もない. ★ (1) 原形を用いるのは《英》. (2) 受身では常に *to* do が用いられる: That man has never *been* ~*n to* smile. / It has been ~*n to* happen before. 以前そういうことがあったことは分かっている.

2 a 〈人〉と知り合いである, 知っている, …と懇意である: ~ a person by sight [name] 人の顔[名声](だけ)は知っている / I ~ him to speak to. (会えば)声をかける程度に彼を知っている / I'd like to (get to) ~ him. 彼と知り合いになりたい / I ~ him of old. 《英》私は彼を昔から知っている. **b** (研究・熟練の結果)知って[通じて]いる, …をやれる, …ができる: ~ English, London, accounting, chess, etc. **c** 〈台詞(せりふ)などを〉覚え込んでいる: ~ one's lines 台詞がはいっている.

3 認める, 見て〈…だと〉分かる (recognize): I *knew* him at once. すぐ彼だということが分かった / He ~*s* a good picture when he sees one [it]. いい絵なら見てすぐ分かる人だ, 絵を見る目がある / It is a wise father that ~*s* his own child. 《諺》自分の子供が本当に自分の子であるかどうかを知っている父親は少ない (Shak., *Merch* V 2. 2. 81); 自分の子供を知り抜いている父親は少ない.

4 (区別を)知る, 見分けられる (distinguish): ~ a goat *from* a sheep やぎと羊の見分けがつく (cf. *Matt.* 25:32) / ~ black *from* white＝~ the difference between black and white 物事の見分けがつく《良否がわかる》/ ~ good *from* bad 善悪をわきまえている / The tree is ~*n by* its fruit. 木はその実によりて知らる (cf. *Matt.* 12:33).

5 〈恐怖・苦痛などを〉知る, 体験する, …の体験がある: ~ poverty, sorrow, etc. / I have seldom ~*n* such heavy snow. このようなひどい雪の経験はあまりない.

6 (性的に)知る. ★ 聖書・法律用語以外では《古》: Adam *knew* Eve his wife. アダムその妻エバを知る (*Gen.* 4:1, 25).

7 《古》〘聖書〙心にかける (regard); 守る (protect); 認める (approve): Thou hast ~*n* my soul in adversities. なんじわが魂の禍害(なやみ)を知る (*Ps.* 31:7).

— *vi.* 知る, 知っている, (確かに)承知している (be certain): those who ~ 識者 / I don't ~. [質問への答えとして] 知りません, 分かりません; [相手の意見を柔らかく打ち消して] さあどうですかねえ; [ためらい・自信のなさを表して] よく分かりませんけど; [軽いいら立ち・驚きを表して] 何と言ったらいいか / If you can come, let me ~. おいでになれるならお知らせ下さい / You are catching a cold. —I ~. 君はかぜを引きかけてるね—知ってるよ. ★《米》では I ~ it. ともいう. / How should [would] I ~?＝How am I to ~?＝How do I ~? 私が知っているはずがないじゃないか / How was I to ~?＝How did I ~? [言いわけとして] (だって)知らなかったんだもん / How do you ~? どうして分かるの, なぜそんなことが言えるの / You never ~. 物事[先のこと]は分からないものだ / You never ~ *with* women. 女というものは分からぬものだ / ⇨ KNOW *about*, KNOW *of*.

áll** one **knóws** (**hów**)* 《口語》(1) できる限りのこと, 全力: I did *all I knew*. (2) [副詞的に] できるだけ, 全力を尽くして. 《1872》 ***and you knów it ご承知のこととは思いますが, ご存じの通り. ***as fár as Í knòw*** 自分の知っている限りでは, たしか, 多分 (so far as I know): *As far as I* /áɪ/ ~, he is a businessman. たしか彼は実業家だ / *As far as I* ~, the matter was not discussed. 私の知っている限りその件は論議されなかった. ***as you*** [***we***] ***knów*** ご存じのように. ***as we knów it*** [名詞の後に用いて] 我々の知っている…. ***becòme knówn*** 知られるようになる, 分かる, 判明する. ***befòre** one **knóws whère** one **ís**＝**befòre** one **knóws it*** 《口語》あっと言う間に, たちまち, いつのまにか: The meeting will be over *before you ~ it*. 会はあっという間に終わるよ. ***be knówn to*** 〈人〉に知られている (⇨ *vt.* 1 a): He *is ~n to* the police. 彼のことは(前科などがあって)警察に知られている. ***Dòn't Í knów it?*** 《口語》知ってるよ, そうなんだよ. 《1874》 ***dòn't you knòw*** 《英古》ご承知のように, ねえ(そうじゃありませんか). ★ you know の気取った言い方で, 今は用いられない: Everything is so expensive, *don't you* ~? 物が何でもとても高いでしょう, ねえ. 《1885》 ***do you knów*** 《口語》ねえ君, いいかね: *Do you* ~, I am thinking of getting married. 《1798》 ***dòn't knów àny bétter*** しつけがなってない, 行儀を知らない. ***dòn't knów whàt hít** a person* (1) 不意にけがをする, 即死する. (2) 《口語》びっくりする, あたふたする. ***dòn't knów whére*** [***whìch wáy***] ***to lóok*** 《口語》目のやり場に困る, きまりが悪い. ***dòn't wànt to knów*** (めんどうに巻き込まれたくないので)知るのを避ける, 無視する (*about*). ***Do you knòw sómething*** [***whát***]***?*** [注意を促して] まあ聞いてよ, 実はね. ***for àll Í knòw*** 多分(…かもしれない), 恐らく(…だろう). ***Gód*** [***Héaven, Góodness, Lórd, Déar***] (***ònly***) ***knòws*** (1) [*wh*-clause を伴って] 神だけが知っている, だれも知らない: *God ~s when* he will come back. 彼がいつ戻って来るかだれも知らない / The meeting will be over *Heaven ~s when*. 会議はいつ終わるか分かったものではない. (2) [*that* clause を伴って] 神が知っている, 確かに: *God ~s* (*that*) she is an honest girl. 彼女は確かに正直な子だ. ***I dón't knòw hów*** [***whý***] [怒り・非難などを表して] (一体)どうやって[どうして]するのか. ***I dòn't knòw whèther you wànt to dó?*** [丁寧な依頼を表して] …して下さいませんか: *I don't ~ whether you want to* answer my question? 私の質問にお答え頂けますでしょうか. ***if I had knówn***＝***if I'd have knówn*** …だと知っていたら. ***if I knów** a person* 私の知っている範囲で…のことを判断すれば, …のことだから. ***If you knów whàt's góod for you*** 自分の身がかわいいと思っているなら. ***if you múst knów*** [いらだちを表して] 君がどうしても知りたいというなら言うが. ***Í knòw whát.*** 《口語》ねえ, いい考えがある, こうしたらどうだろう. ***I'll háve you knów.*** [通例文尾で] それじゃ教えてやろう《いらだちを示す》. (***I'm*** [***I'll be***]) ***dámned if I knów*** 《口語》[いらだち・絶望を表して] 知るもんか! ***I míght have knówn*** 《英》…だと分かってはいた(というのも困るなあ). ***I óught to knów.*** 当然知っているさ. ***I wànt to knów.*** 《米口語》＝*What do you* KNOW? (1). 《1833》 ***Í wouldn't knòw*** (***about thát***). 《口語》(そんなこと)私が知(って)るはずはないだろう. 《1939》 ***knów abòut*** …について知って[聞いて]いる: I ~ all *about* him. / I can't drive, but I ~ *about how* to do it. 運転はできないが運転の仕方は(間接に)知っている / Do you ~ *about* the earthquake? 地震の(あった)ことを知っていますか / I don't ~ *about* you, but I'd like one more cup. 君はどうかね, 私はもう一杯ほしいんだが / This will slow down inflation. —I don't ~ *about that*. これでインフレも緩和されるだろう. —さあ, どうかね[怪しいものだ]. ***knów apárt*** ⇨ apart *adv.* 成句. ***knów** something **as wéll as Í*** [***yóu***] ***do*** …を十分よく知っている. ***knów a thíng or twò*** 《口語》いろいろ知っている[経験している] (*about*). ***knów** something **báckwards*** …を裏の裏まで知っている. ***knów bést*** 一番よく知っている, 一番の通[権威者]だ: You ~ *best*. ***knów bétter*** (***than …***) [しばしば *to* do を伴って] (…以上に)もっと分別がある, (…するほどの)ばかなまねはしない: I ~ *better*. そんなことは分かっている, その手は食わない; そんなばかなことはしない / You ought to ~ *better*. 無分別だ, 年がいもない / I ~ *better than to* quarrel. けんかなんかするようなばかではない. 《*a*1704》 ***knów** one's **búsiness*** 《口語》物の道理を知っている, 常識[良識]がある, 物の違いが分かる. ***knów dífferent*** [***ótherwise***] 《口語》別の情報[証拠]をつかんでいる, そうでないことが分かっている. ***knówing** a pérson＝if I* KNOW *a person*. ***knówing that*** …と知って[分かって]いる[いた]ので. ***knów** something **ínside óut*** …の裏の裏まで知っている, 精通している. ***knów** something **lìke the báck*** [***pálm***] ***of** one's **hánd*** 〈場所など〉を熟知している. ***knów líttle*** [***nóthing***] ***and cáre léss*** (1) 無関心である. (2) わざと知らないふりをする. 《1814》 ***knów nò bétter*** それくらいしか知恵がない, 精々それくらいの頭だ. ***knów of*** …のある[いる]ことを知って[聞いて]いる: Do you ~ *of* any good doctor(s) near here? この近所でいい医者をご存じありませんか / This is the best method I ~ *of*. これは私の知っている限りでは最良の方法です / I don't know her personally, but I ~ *of* her contributions to science. 彼女を個人的には知りませんが, 彼女の科学に対する貢献については知っています. ***knów** one's **p's*** /píːz/ ***and q's*** /kjúːz/ 専門のことをよく知っている. ***knów what** one **is abóut*** [***dóing***] 何事も抜け目がない, 有能である. ***knów what** one **is tálking abòut*** 自分が何を言っているか分かっている, 経験から物を言う: Trust her: she ~*s what she's talking about*. 彼女を信頼しなさい, 分かって物を言っているのだから. ***knów whàt is whát***＝KNOW *one's business*. ***knów whàt it ís*** (***lìke***) …するとはどういうことか知っている (to *do*). ***màke it knówn that*** …ということを表明[明らかに]する. ***màke knówn*** (1) 〈事を〉知らせる, 発表する〔*to*〕. (2) 〈人を〉引き会わせる, 紹介する (introduce)〔*to*〕: He *made* me ~*n to* them. 私を彼らに紹介した / I *made* myself ~*n to* him. 私は彼に名を名乗った[自己紹介をした]. ***Not if I knów it!*** 《英口語》そんなことだれがするものか, もってのほかだ (Not if I can help it!). 《1865》 ***nót knów from nóthing*** 《米俗》まるっきり知らない〔*about*〕. ***nót knów óne énd of** a thing **from the óther*** 《口語》(機械や技術などについて)何も知らない: I don't ~ *one end of* a computer *from the other*. コンピューターのことはさっぱり分かりません. ***nót knów where to pút** oneself* [***one's fáce***] 《口語》身の置き場がない, きまりが悪い. ***nòt that I knów òf*** 《口語》私の知るところではそうでない (not so far as I know) (cf. not 2 a, that[2] 5): Is he on a trip?—*Not that I ~ of*. 彼は旅行でもしているのですか—さあ, そういうことは聞いていませんが. ***nót wànt to knów*** 《英口語》考慮しようとしない, 無視する: I've complained and complained, but they just do*n't want to* ~. 繰り返し不満を述べたのですが, 彼らに無視されています / ⇨ *not that I* KNOW *of*. ***so fàr as Í knòw*** ＝*as far as I* KNOW. ***Thát's àll yóu knòw*** (***abòut it***). 《口語》君は全然分かっていないよ, (それは)全くお門違いだ. 《1876》 ***Whát do you knów?*** 《口語》(1) (それは)驚いた, 本当かね, まさか (Well, I never!). (2) 何かニュース[おもしろい話]はないかね. 《1916》 ***Whát do you knów about thát?*** ＝*What do you* KNOW? (1). ***Whó knóws?*** [反語的に] だれに分かるだろうか, だれにも分からない, 何とも言えない; ひょっとするとね. ***you knòw*** 《口語》(1) ご承知のように, (何しろ)…だからね (cf. *you* SEE[1]): He's no longer a child, *you* ~. 彼はもう子供ではないからね. (2) [単に言葉のつなぎに用いて]: He was, *you* ~, a little bit crazy. 彼は—そのう—頭が少し変だったんだ. 《1712》 ***You knów sómething*** [***whát***]***?*** 《口語》[相手の注意を促して] まあ聞いてよ, 実はね.

— *n.* 知っていること, 知識, 熟知 (knowledge). ★ 主に次の成句で: ***in the knów*** 《口語》その間の消息に通じて, 内部の事情に詳しい. 《1883》

~·er *n.* 〘lateOE (*ġe*)*cnāwan* ← Gmc **knō*(*w*)-, **knē*(*w*)- ← IE **gnō-* to know (L (*g*)*nōscere* / Gk *gignṓskein* to know): cf. can[1], ken[1]〙

know[2] /nóʊ, náʊ | nə́ʊ, náʊ/ *n.* 《スコット・北英》＝knowe. 〘1513〙

know·a·ble /nóʊəbḷ | nə́ʊ-/ *adj.* **1** 知ることのできる, (人知をもって)理解できる. **2** 近づきやすい, 知りやすい. — *n.* [通例 *pl.*] 知り得る事柄: ~*s* and unknowables 分かる事と分からない事. **knòw·a·bíl·i·ty** /-bíləṭi | -bílɪ̣ti/ *n.* **~·ness** *n.* 〘《?*a*1400》: ⇨ know[1], -able〙

knów-àll *n.*, *adj.* ＝know-it-all. 〘*c*1864〙

knowe /nóʊ, náʊ | nə́ʊ, náʊ/ *n.* 《スコット・北英》＝knoll[1]. 〘1804〙

know-how /nóʊhàʊ | nə́ʊ-/ *n.* 《口語》(専門の)知識, 技術; 技術情報, ノウハウ; 能力, 手腕; 方法, 秘訣(ひけつ), こつ (cf. show-how): golfing ~ / the ~ *of* the atomic bomb 原爆製造の方法[技術]. 〘1838〙

know·ing /nóʊɪŋ | nə́ʊ-/ *n.* 知(ってい)ること; 知, 認知. — *adj.* **1 a** 知識のある; よく知っている, 物知りの (well-informed), 利口な (intelligent), 聡明な: a ~ dog 賢い犬. **b** 目のきく, 玄人らしい, 堂に入った. **2** 如才のない, 抜け目のない (shrewd) (⇨ intelligent SYN): a ~ fellow, rascal, etc. **3** 利いたふうな, 知ったかぶりの: ~ looks 物知り顔. **4** 知りながらの, 故意の (deliberate). **5** 認識の, 認知の: one's ~ faculties 認知能力, 認識力. **~·ness** *n.* 〘《?*a*1200》: ⇨ know[1], -ing[1,2]〙

know·ing·ly /nóʊɪŋli | nə́ʊ-/ *adv.* **1** 如才なく, 抜け目なく; 心得顔に. **2** 知りつつ, 承知の上で, 故意に: ~ kill 〘法律〙故殺する. 〘《*c*1384》: ⇨ ↑, -ly[1]〙

knów-it-àll 《口語》*n.* 知ったかぶりをする人, 物知り顔をする人. — *adj.* 知ったかぶりの, 物知り顔の. 〘1895〙

knowl·edg·a·ble /nɑ́(ː)lɪdʒəbḷ | nɔ́l-/ *adj.* ＝knowledgeable. 〘1607〙

knowl·edge /nɑ́(ː)lɪdʒ | nɔ́l-/ *n.* **1** (事実などを)知っていること, 知識〔*of, about*〕: scientific ~ 科学知識 / with a person's ~ 人の承知の上で / without a person's ~ 人に知られずに, 人に無断で / in the (sure and) certain ~ *that* …ということを確実に知った上で / bring [come] to a person's ~ 人の耳に入れる[入る] / deny all ~ *of* …について全く知らないという / in full ~ *of* …を十分承知の上で / It is (a matter of) common [public] ~. それは一般に知られていることだ《周知の事実だ, 常識だ》/ He had (no) ~ *of* the suspect's whereabouts. 容疑者の居所を知ってい(なかっ)た / It is within your ~ that …だということは君も知っているはずだ / *Knowledge* is power. 《諺》知識は力なり (cf. *Prov.* 24:5). **2 a** (研究・修練などによる)知識, 熟知, 通暁; 見聞; (人を)知っていること, 知り合い〔*of*〕: a ~ *of* music, Shakespeare, etc. / ~ *of* the world 世情に通じていること; 処世法 / She has some [little] ~ *of* Spanish. スペイン語を多少知っている[あまり知らない] / *Knowledge* [*A* ~] *of* swimming is useful. 水泳の心得は有用だ / have a slight ~ *of* a person 人をよく知らない《懇意でない》/ A little ~ is a dangerous thing. ⇨ learning 2 b. **b** 体験, 経験〔*of*〕: (a) ~ *of* life. **3** 認識, 理解: the ~ *of* good and evil 善悪の認識 (cf. TREE of (the) knowledge (of good and evil)). **4 a** 学識, 学殖. **b** (人類の)知識, 学問; 《古》学問分野: every branch of ~ 学問のあらゆる分野.

to** one's **knówledge (1) 自分の知っている限りでは, 聞くところによるとたしか: *To* (*the best of*) *my* ~, she is living alone. たしか彼女は一人で住んでいるようだ / No one touched the papers, *to* (*the best of*) *my* ~ (and belief). だれも書類に手を触れた者はないはずだ / not *to my* ~ 私の知る限りではそうではない. (2) 確かに, 間違いなく: I have never seen him *to my* ~. 私は一度も彼を見た覚えがありません / Has he been here?—Not *to my* ~. 彼ここに来ているかしら—来ていないことは確かだよ. 《1542》

knówledge by [**of**] **acquáintance** 〘哲学〙熟知, 直接知《特に B. Russell の用語で, 記述による間接知と対照的に対象の直接的知覚に基づく経験をいう; cf. KNOWLEDGE by description》. 《1885》

knówledge by [**about**] **descríption** 〘哲学〙記述知《B. Russell の用語で, 熟知と対照的に命題による記述に依存した対象についての知識; cf. definite description, KNOWLEDGE by acquaintance》. 《1952》

〘《*a*1121》 *knaulage, knowleche* acknowledgment, confession ＜ lateOE *cnāwlǣċ* ← *cnāwan* 'to KNOW[1]' ＋? *-lāc* play (cf. wedlock).〙

SYN 知識: **knowledge** 勉強・観察・調査などから知り得たすべての事実, さらにはそれらを体系化したもの: *Knowledge* is power. 《諺》知識は力なり / I have no *knowledge* of his whereabouts. 彼の居所は全く知らない. **learn-**

K

ing 長期にわたる正統的な研鑽によって得られた知識《格式ばった語; 人文学についていうことが多い》: He possesses great *learning*. 非常な学識の持ち主だ. **scholarship** 厳密さ·判断力·統合力などにおいて申し分のない学識: a man of great *scholarship* 碩学(せきがく). **erudition** 深遠な学識《格式ばった語》: This book displays great *erudition*. 本書は大変な学識を示している. **science** 観察と実験から得られた知識を体系化したもの: The computer is one of the wonders of modern *science*. コンピューターは現代科学の驚異の一つである. **information** 観察·他人·本などから得た知識《その量·真実性を暗示しない》: I want some more *information* about him. 彼についてもう少し知りたい. **ANT** ignorance.

---

knowl·edge·a·ble /nɑ́(ː)lɪdʒəbl | nɔ́l-/ *adj.* **1 a** 知識のある; 物知りの, 見聞の広い. **b** 〔…に〕精通している〔*about*〕; 〔事を〕知っている〔*of*〕: He is ～ *about* music.＝He is musically ～. 彼は音楽に詳しい. **2 a** 聡明な; 見識のある, 明敏な. **b** 心の広い, 偏見のない. **3** (知的に)熱心な. **4** 意識的な, 故意の.

knòwl·edge·a·bíl·i·ty /-dʒəbíləti | -ləti, -lɪ-/ *n.*

knówl·edge·a·bly *adv.* **～·ness** *n.* 〖((1607)) ((1829)): ⇨ -able〗

knówledge bàse *n.* 〖電算〗(特定の分野における)知識ベース.

knówledge-bàsed *adj.* **1** 〈産業など〉知識ベースの. **2** 〖電算〗知識ベースを使った.

knówledge-bòx *n.* 《戯言》頭 (head). 〖1796〗

knówledge engineèr *n.* 人工知能分野で働くシステムエンジニア (SE)《エキスパートシステムを構築するエンジニア》.

knówledge engineèring *n.* 知識工学《ある特定の専門知識をコンピューターで利用できるように整理·表現する人工知能の応用分野》. 〖1980〗

knówledge ìndustry *n.* [the ～] 知識産業. 〖1962〗

known /nóʊn | nə́ʊn/ *v.* know¹ の過去分詞. **— *adj.*** **1** 知られている, 知れ渡っている; 既知の; 周知の: a ～ fact 周知の事実 / ～ criminals よく知られている犯罪者たち / ⇨ known quantity. **2** [the ～; 名詞的に] 既知の物事[世界]: *the* ～ and the unknown. 〖(*c*1225)〗 **— *n.*** **1** 〖数学〗既知数を表す符号. **2** 〖化学〗既知化合物. 〖OE *cnāwen*〗

knów-nòthing *n.* **1** 何も知らない人, 無知な人 (ignoramus). **2** 《まれ》不可知論者 (agnostic). **3** [Know-Nothing] 〖米史〗(1852–55 年ごろの米国の)ノーナッシング党員《秘密結社 Order of United Americans から発展したもので米国生まれでない者およびカトリック教徒の公職就任排除を目的とした; のち American party と改称; 党のことについて人に質問されると "I know nothing." と答えた》. **4** [しばしば Know-Nothing] (20 世紀半ばの米国の)不知主義者《政治的に反理知的態度·排外的傾向などを特徴とする》. **— *adj.*** **1** 何も知らない, 無知な. **2** 不可知論的な. **3** [Know-Nothing] ノーナッシング党(員)の (cf. *n.* 3). **4** (政治的に)不知主義の, 反理知主義の, 排外主義の. 〖1827〗

knów-nòth·ing·ism /-ŋɪzm/ *n.* **1** 不可知論 (agnosticism). **2** [Know-Nothingism] 〖米史〗ノーナッシング党の(国粋)主義. **3** [しばしば Know-Nothing] (20 世紀半ばの米国の)不知主義. 〖((1854)): ⇨ ↑, -ism〗

knówn quántity *n.* **1** 〖数学〗既知数[量] (↔ unknown quantity). **2** 《比喩》よく知られた人[もの].

Knox /nɑ́(ː)ks | nɔ́ks/, **Henry** *n.* ノックス (1750–1806; 米国の独立戦争で活躍した将軍; 初代陸軍長官 (1785–94)).

Knox, John *n.* ノックス (1514?–72; スコットランドの宗教改革家; 長老派教会を創始).

Knox, Philander Chase *n.* ノックス (1853–1921; 米国の政治家·国務長官 (1909–13)).

Knox, Ronald (Arbuthnott) *n.* ノックス (1888–1957; 英国のカトリック神学者·聖書翻訳者·推理小説家).

Knox·ville /nɑ́(ː)ksvɪl, -vl | nɔ́ksvɪl/ *n.* ノックスビル《米国 Tennessee 州東部 Tennessee 河畔の都市》. 〖← *Henry Knox*〗

KNP 《略》Korea National Party 韓国国民党.

KNP 《記号》〖チェス〗king's knight's pawn.

Knt, knt 《略》〖チェス〗knight.

knub /nʌ́b/ *n.* ＝nub.

knub·bly /nʌ́bli, -bli | -bli/ *adj.* ＝nubbly.

knub·by /nʌ́bi/ *adj.* (**knub·bi·er; -bi·est**) ＝nubby. 〖1882〗

knuck·le /nʌ́kl/ *n.* **1** 〖解剖〗**a** こぶしの角(かど); 指関節, (特に)その背面《この場合の指関節は指節間関節よりも, 指のつけ根の関節すなわち中手指節関節を指すことが多い》. **b** 《廃》関節, (特に)その曲げたとき突き出る部分. **2** [通例 the ～s] (こぶしの)指関節部, げんこつ. **3 a** (四足獣の)膝(ひざ)関節突起. **b** (子牛·豚などの)膝関節部上下の肉, 膝肉(ひざにく)《スープ用など》. **4** [*pl.*; 単数または複数扱い] ＝knuckle-duster. **5** 〖機械〗**a** (ちょうつがいなどの)つぼ金, (連結の)ひじ. **b** ＝knuckle joint 2. **c** (機械の)回転支軸点. **6 a** (屋根などの接合部の)折れ角. **b** (金網の)曲げ部. **7** (椅子の)ナックル《ひじ掛けの前面に人の指に合わせて刻み込んだ縦筋》. **8** 〖造船〗ナックル《船尾の稜角, 折れ角》.

give [gét] a ráp on [òver] the knúckles ⇨ rap¹ *n.* 成句. ***néar the knúckle*** 《口語》(1) 際どい, 下がかった (risqué). (2) 〈非難など〉あまりにも露骨で. ***ráp a person's knúckles＝ráp a person on [òver] the knúckles*** ⇨ rap¹ *v.* 成句.

— *vt.* **1** げんこつで打つ, 指の関節で打つ[押す, こする]. **2** (こぶしを地につけて)〈おはじきを〉はじく. **3** 〖ゴルフ〗〈膝(ひざ)を〉内側に曲げる. **— *vi.*** (こぶしを握って)親指の関節を地面につける〈*down*〉《おはじきをする時の用意》.

knúckle dówn (1) じっくり取り掛かる, 懸命[熱心]に始める〔*to*〕: ～ *down to* work. (2) 降参する, 屈服する (submit)〔*to*〕. (3) ⇨ *vi.* 〖(*c*1864)〗 ***knúckle únder*** ＝KNUCKLE *down* (2).

〖((*c*1350)) *knokel* ◻ ? MLG *knokel* (dim.) ← *knoke* bone: cf. G *Knöchel* knuckle / *Knochen* bone〗

knúckle·bàll *n.* 〖野球〗ナックルボール《人差し指と中指(時に, さらに薬指)を曲げてボールに押し当てて投げるスローボール》. 日英比較 略して「ナックル」というのは和製英語. 〖1910〗

knúckle·bàller *n.* 〖野球〗ナックルボールを投げる投手.

knúckle·bòne *n.* **1** 〖解剖〗指の関節を作っている骨(指節, 中手骨). **2 a** (羊·子牛·豚などの)一端が丸くなった趾骨(しこつ). **b** [*pl.*; 単数扱い] (昔, 羊の趾骨などで作った玉をほうり上げて遊んだ)お手玉に似た子供の遊戯. **3** (子牛·羊などの)膝肉(ひざにく). 〖*c*1375〗

knúckle cùrve *n.* 〖野球〗ナックルカーブ《ナックルボールの握り方で投げるカーブ》.

knúckle·dùster *n.* 拳鍔(けんつば)《握って拳にはめる武器用金具; brass knuckles ともいう》. 〖1858〗

knúckle·hèad *n.* 《米口語》のろま. **～·ed** *adj.* 〖1942〗

knúckle jòint *n.* **1** 〖解剖〗(中手)指節関節《指の付け根の関節》. **2** 〖機械〗ナックル継ぎ手, ひじ継ぎ手. 〖1863–69〗

knúckle lìne *n.* 〖造船〗ナックルライン《二重底縁板の屈曲線, 船尾の稜角線》.

knúckle pìn *n.* 〖機械〗ナックルピン, ひじピン《knuckle joint に用いるピン》.

knúck·ler /-klə, -klə | -klə^r, -klə^r/ *n.* 〖野球〗＝knuckleball. 〖1928〗

knúckle sándwich *n.* 《口語》顔面[口]へのパンチ.

knúck·ly *adj.* (**more ～, most ～; knuck·li·er, -li·est**) 指の節[指骨]の大きい. 〖((1870)) ← KNUCKLE＋-Y⁴〗

Knud Rás·mus·sen Lànd /(k)núːdrǽsməsən-, -sn̩-; *Dan.* knuðʁásmusən/ *n.* クヌードラスムッセンランド《グリーンランド北西部, Baffin 湾と Lincoln 海の間の地域》.

Knúd·sen effèct /núːdsən-, -sn̩-; *Dan.* knúsən/ *n.* 〖熱力学〗クヌーセン効果《毛細管で結合された容器内の 2 気体に対する温度変化による圧力の変化》. 〖((1953)) ← *Martin Knudsen* (1871–1949: デンマークの物理学者)〗

knur /nə́ː | nə́ː^r/ *n.* **1** (木の)節, こぶ (knob); (石などの)堅い心(しん). **2** (イングランド北部で行われる一種の球戯用の)木球. 〖((*c*1250)) *knorre* ◻ ? MDu. & MLG ～ (Du. *knor*): cf. G *Knorren*〗

knurl /nə́ːl | nə́ːl/ *n.* **1** (木の幹の)節, こぶ. **2** 〖機械〗(道具の柄·六角穴つきねじの頭·硬貨の縁などの表面に滑りどめ·装飾のためにつける)刻み, ぎざぎざ. **3** 《スコット》ずんぐりした人. **— *vt.*** 節[こぶ]をつくる, (滑りどめ·装飾のために)刻み[ぎざぎざ]をつける. 〖((1608)) 《混成》? ← KNUR＋GNARL¹〗

knúrled *adj.* **1** 節のある; 節だらけの, こぶの多い. **2** 〖機械〗(六角穴つきねじの頭など)刻みをつけた. 〖((1611)): ⇨ ↑, -ed〗

knúrl·ing /-lɪŋ/ *n.* **1** 節[こぶ]を作ること; 節[こぶ]の隆起. **2** 〖機械〗ローレット切り. **3** 〖ガラス製造〗ナーリング, 梨子地模様《瓶の表面などが梨の実の表皮に似る》. 〖((1611)): ⇨ ↑, -ing¹〗

knúrl tòe *n.* 〖家具〗＝French foot.

knurl·y /nə́ːli | nə́ːli/ *adj.* (**more ～, most ～; knurl·i·er, -i·est**) 節の多い, いぼ[こぶ]だらけの. 〖((1602)): ⇨ -y⁴〗

knurr /nə́ː | nə́ː^r/ *n.* 《英》＝knur.

knut /k(ə)nʌ́t, nʌ́t | knʌ́t/ *n.* 《俗》(19 世紀終わりから第一次大戦ごろまでの)しゃれ者, おしゃれ. 〖((1911)) NUT の戯言的つづり〗

Knut¹ /k(ə)núːt, -njúːt | -njúːt/ *n.* クヌート《男性名》.

Knut² /k(ə)núːt, knjúːt | k(ə)njúːt/ *n.* ＝Canute.

Knute /k(ə)núːt, knjúːt | k(ə)njúːt/ *n.* クヌート《男性名》. 〖⇨ Canute〗

KO /kèɪóʊ | kèɪə́ʊ/ 《口語》〖ボクシング〗*n.* (*pl.* **KO's**) ＝knockout 1 b. **— *vt.*** (**KO'd; KO'ing; KO's**) ＝KNOCK *out* (2). 〖1911〗

KO 《略》〖サッカーなど〗kickoff.

k.o. 《略》keep off; keep out; kick off.

k.o., K.O. 《略》knockout. 〖1922〗

ko·a /kóʊə | kə́ʊə/ *n.* **1** 〖植物〗コア (*Acacia koa*) (Hawaii 産のアカシア属の高木). **2** コア材《赤色で木目が美しく家具用》. 〖((1850)) ◻ Hawaiian 《現地語》～〗

ko·a·la /koʊɑ́ːlə | kəʊɑ́ː-/ *n.* **1** 〖動物〗コアラ, コモリグマ, フクログマ (*Phascolarctos cinereus*)《オーストラリア南東部に分布するクスクス科の一種の有袋類; 樹上棲でユーカリの葉を常食; koala bear ともいう》. **2** コアラの毛皮. 〖((1803)) 《変形》← *koolah* ◻ Austral. 《現地語》*koola, kūl(l)a*: 擬音語?〗

ko·an /kóʊɑːn | kə́ʊæn/ *n.* (*pl.* ～, **～s**) 《禅宗の》公案. 〖((1945)) ◻ Jpn.〗

kob /kɑ́(ː)b, kóʊb | kɔ́b, kə́ʊb/ *n.* 〖動物〗コーブ (*Kobus kob*)《アフリカ中央部の草原地帯に分布するレイヨウ》. 〖((1774)) ← Senegal 《現地語》〗

Kö·ben·havn /*Dan.* købənháu'n/ *n.* ケーベンハウン《Copenhagen のデンマーク語名》.

Ko·blenz /kóʊblɛnts | kə(ʊ)blɛ́nts, kə́ʊblɛnts; *G.* kóːblɛnts/ *n.* コブレンツ《ドイツ North Rhine-Westphalia 州の都市, Rhine 川と Moselle 川の合流点にある》.

ko·bo /kóʊboʊ, kɔ́(ː)bɔː | kɔ́bəʊ/ *n.* (*pl.* ～) **1** コボ《ナイジェリアの通貨単位; ＝¹/₁₀₀ naira》. **2** 1 コボ青銅貨. 〖((1972)) 《現地語》← COPPER¹〗

ko·bold /kóʊbɑ(ː)ld, -boʊld | kɔ́bəʊld, kə́ʊb-, -bld; *G.* kóːbɔlt/ *n.* 〖ドイツ伝説〗**1** (人家に来ていたずらなどをする)小鬼, 小魔物. **2** (鉱山などの穴の中に住むといわれている)地霊, 地の精. 〖((1830)) ◻ G ～: cf. cobalt〗

Ko·búk Válley Nátional Párk /koʊbúk- | kəʊ-/ *n.* コブクバレー国立公園《米国 Alaska 州西部に位置し, Kobuk 川, Baird 山脈を含む; 重要な考古学上の発掘地》.

KOC 《略》Kuwait Oil Company.

Koch /kɔ́(ː)k, kɑ́(ː)k, kɔ́(ː)x, kɑ́(ː)x | kɔ́k, kɔ́x; *G.* kɔ́x/, **Ludwig** *n.* コッホ (1881–1974; ドイツの自然誌家; 鳥や動物の声の録音で知られる).

Koch, Ro·bert *n.* コッホ (1843–1910; ドイツの細菌学者·医学者; 結核菌·コレラ菌などを発見; Nobel 生理学医学賞 (1905)).

Kóch bacíllus *n.* 〖細菌〗＝Koch's bacillus.

Kö·chel /kɔ́ːʃəl, -kl̩, -xəl | kɔ́ː-; *G.* kœ́çl/, **Ludwig Ritter von** *n.* ケッヘル (1800–77; オーストリアの植物·鉱物学者; Köchel number を作成).

Köchel number /⌐–⌐–/ *n.* 〖音楽〗ケッヘル番号《Mozart の全作品を年代順に整理した作品番号; 略 K.》. 〖↑〗

Ko·cher /kɔ́(ː)kə, kɑ́(ː)-, -xə | kɔ́kə^r, -xə^r; *G.* kɔ́xɐ/, **Emil Theodor** *n.* コッハー (1841–1917; スイスの外科医; Nobel 医学生理学賞 (1909)).

ko·chi·a /kóʊkiə | kə́ʊ-/ *n.* 〖植物〗＝summer cypress.

Ko·chi·u /góʊdʒìːúː | gə̀ʊ-/ *n.* ＝Gejiu.

Kóch phenómenon *n.* 〖医学〗コッホ現象《結核患者にツベルクリンを皮下注射すると, 一時的な反応熱があって局所の炎症反応を起こす》. 〖← *R. Koch*〗

Kóch's bacíllus *n.* 〖細菌〗結核菌, コッホ菌 (*Mycobacterium tuberculosis*). 〖((1885)) ← *R. Koch*〗

Kóch-Wéeks bacíllus /-wíːks-/ *n.* 〖細菌〗コッホウィークス菌, 結膜炎好血菌 (*Hemophilus aegypticus*). 〖((1898)) ← *R. Koch & John E. Weeks* (1853–1949: 米国の眼科医)〗

Ko·da·chrome /kóʊdəkròʊm | kə́ʊdəkrəʊm/ *n.* 〖商標〗コダクローム《米国 Eastman Kodak 社製の 35 mm カラーリバーサルフィルム》.

Ko·da·col·or /kóʊdəkʌ̀lə | kə́ʊdəkʌ̀lə^r/ *n.* 〖商標〗コダカラー《米国 Eastman Kodak 社製のカラーネガフィルム》.

Ko·dak /kóʊdæk | kə́ʊ-/ *n.* 〖商標〗コダック《米国 Eastman Kodak 社製のカメラおよび写真材料》. 〖((1888)): 米国の George Eastman (1854–1932) の造語〗

Ko·dá·ly /kóʊdaɪ, -daːi, ⌐–⌐(–) | kə́ʊdaɪ, -daːi; *Hung.* kódaːj/, **Zol·tán** /zóltaːn/ *n.* コダーイ (1882–1967; ハンガリーの作曲家·民謡研究家·音楽教育学者).

Ko·di·ak /kóʊdiæ̀k | kə́ʊdi-/ *n.* コディアック《米国 Alaska 州南部, Alaska 半島基部に近い島, 面積 13,890 km^2》.

Kódiak bèar *n.* 〖動物〗コディアクグマ, アラスカヒグマ (*Ursus middendorffi*)《Kodiak 島産の大グマ; 大きいものは体重 1,500 ポンドにまで成長する; 単に Kodiak ともいう》. 〖1899〗

Ko·dok /kóʊdɑ(ː)k | kə́ʊdɔk/ *n.* コドク (⇨ Fashoda).

kOe 《略》〖電気〗kilo-oersted(s).

koek·sis·ter /kúksɪstə | -tə^r/ *n.* 《南ア》クックシスタ《ねじって揚げたドーナツ; 通常シロップにつけて食べる》. 〖((1904)) ◻ Afrik. ～〗

ko·el /kóʊəl, kóɪl | kə́ʊɪl, kɔ́ɪl/ *n.* 〖鳥類〗オニカッコウ (*Eudynamys scolopaceus*)《南アジア·オーストラリアなどにすむホトトギス科のカッコウの類》. 〖((1826)) ◻ Hindi *koel, koil* ← Skt *kokila*: cf. cuckoo〗

Koes·tler /késtlə | kɛ́stlə^r/, **Arthur (Otto)** *n.* ケスラー (1905–83; ハンガリー生まれの英国の小説家; *Darkness at Noon* (1941)).

K. of C. 《略》Knight(s) of Columbus.

Koff·ka /kɔ́(ː)fkə, kɑ́(ː)f- | kɔ́f-; *G.* kɔ́fka/, **Kurt** *n.* コフカ (1886–1941; ドイツ生まれの米国の心理学者).

K. of L. 《略》Knight(s) of Labor.

K. of P. 《略》Knight(s) of Pythias.

kof·ta /kɑ́(ː)ftə | kɔ́f-/ *n.* 〖料理〗コフタ《香辛料で味付けして作るインドのひき肉団子》. 〖((1888)) ◻ Hindi ～ 'pounded meat'〗

koft·gar /kɑ́(ː)ftgɑ̀ə | kɔ́ftgɑ̀ː^r/ *n.* 《インド》金象嵌(ぞうがん)師. 〖1874〗

Ko·há·la Móuntains /koʊhɑ́ːlə- | kəʊ-; *Hawaii.* kohɑ́la/ *n. pl.* [the ～] コハラ山地《米国 Hawaii 州, Hawaii 島北部の山地; 最高地点 1,676 m》.

Ko·hel·eth /koʊhélɪθ, -ləθ | kəʊhélɛθ, -lɪθ/ *n.* 〖聖書〗**1** (旧約聖書の)伝道の書 (Ecclesiastes). **2** その著者《Solomon といわれている》.

Ko·hen /koʊhén | kə-/ *n.* 〖ユダヤ教〗コーヘン《Aaron の子孫であるため一定の宗教上の特権と責務をもつユダヤ人家系の一員; Cohen ともいう》.

Ko·hi·ma /koʊhíːmə, kóʊhiːmɑ̀ː | kə́ʊhɪmɑ̀ː/ *n.* コヒマ《インド北東部の都市; Nagaland 州の州都》.

Koh-i-noor /kóʊənʊ̀ə | kə̀ʊɪnʊ́ə^r, -nɔ́ː^r, ⌐–⌐/ *n.* **1** [the ～] コーイヌール (1849 年東インド会社が Punjab 併合記念に Victoria 女王に献上, 以来英国王室御物として有名になった 106 カラットのインド産ダイヤモンド). **2** [またk-] (コーイヌールのように)大きなすばらしいダイヤモンド; (一般に)(その種類中の)絶品, 逸品〔*of*〕. 〖((1849)) ◻ Pers. *kōh-i-nūr* 《原義》mountain of light ← *kōh* mountain＋*i* of＋*nūr* light〗

kohl /kóʊl | kə́ʊl/ *n.* コール墨《通例アンチモニーの粉末で,

アラビア女性などがまぶたの縁などを黒ずませるために用いる; cf. mascara). — *vi.* 〈まぶたなどに〉コール墨を塗る.
~ed *adj.* 〘(1799) □ Arab. *kuḥl*: cf. alcohol〙

Kohl /kóʊl | kəʊl; G. kó:l/, **Hel·mut** /hélmu:t/ *n.* コール (1930–　; ドイツの政治家; 西ドイツ首相 (1982–90), 統一ドイツ首相 (1990–98)).

Köh·ler /kə́:lə, kéɪ- | kə́:lə(r; G. kǿ:lɐ/, **Wolfgang** *n.* ケーラー (1887–1967; 米国に在住したエストニア生まれのドイツの心理学者).

kohl·rab·i /kòʊlrɑ́:bi, ⌐⌐⌐ | kəʊlrɑ́:bi/ *n.* (*pl.* **~es**) 〖植物〗コールラビー (*Brassica oleracea* var. *caulorapa*) (茎部が肥大してかぶ状になっている; 食用). 〘(1807) □ G ~ (混成) ← G *Kohl* cabbage＋It. *cauli* (or *cavoli*) *rape* ((pl.) ← *cavolo rapa* cabbage turnip): cf cole, rape²〙

Ko·hou·tek /kəhóʊtɛk, -hú:- | -hú:-; *Czech* kó-hoʊtɛk/ *n.* 〖天文〗コホーテク彗星. 〘(1973) ← *Lubos Kohoutek* (チェコの天文学者)〙

ko·i /kɔ́ɪ/ *n.* 〖魚類〗コイ (carp). 〘(1727) □ Jpn.〙

ko·il /kóʊl̩, kɔ́ɪl | káʊɪl, kɔ́ɪl/ *n.* 〖鳥類〗＝koel.

Ko·il /kóʊl̩ | kɑ́ʊɪl/ *n.* コイル (インド Uttar Pradesh の都市 Aligarh の古くからの名称; Aligarh はもともと近くの城砦の名).

koil·o·nych·i·a /kɔ̀ɪlouníkiə | -lə(ʊ)-/ *n.* 〖病理〗さじ状爪, スプーン(状)爪 (spoon nail). 〘(1902) ← NL ~ ← Gk *koîlos* hollow＋*ónux* 'ONYX'＋-IA¹〙

koi·ne, K- /kɔɪnéɪ, ⌐⌐, kɔ́ɪni: | kɔ́ɪneɪ, -ni:, -ni/ *n.* **1** [the ~] コイネー (Attica 時代末期—ビザンチン期の標準ギリシャ語; Attica 方言を基礎に Ionia 方言などを混交したギリシャ語; 新約聖書はこの言語で書かれた). **2** [k-] (もと特定の地域の方言であった)共通語, 標準語. **3** [k-] 共通の文化. 〘(1909) □ Gk *koinḗ* (*diálektos*) common (dialect) (fem.) ← *koinós* common〙

koi·no·ni·a /kɔ̀ɪnəní:ə, kì:n-; *Mod.Gk.* cinonía/ *n.* **1** 〖キリスト教〗キリスト教徒の交わり; [集合的] キリスト教信者. **2** 交わりのしるし[手段], 献金. **3** (共通の責任を担うことから生じる)親密な精神的共同体. 〘(1907) □ Gk *koinōnía* communion, partnership ← *koinós* (↑)〙

Ko·jak /kóʊdʒæk | kə́ʊ-/ *n.* **1** コジャック警部 (米国テレビ警察ドラマ "Kojak" (1973–78) の主人公; Telly Savalas が演じた). **2** (米俗) 警官, デカ.

kó·jic ácid /kóʊdʒɪk- | kə́ʊ-/ *n.* 〖化学〗こうじ酸 ((HO)($C_5O_2H_2$)CH_2OH) (こうじ菌族によって各種の炭水化合物から生成される抗菌性物質). 〘(1913) ← Jpn. *kōji*＋-IC¹〙

ko·ka·ko /kóʊkəkòʊ | kə́ʊkɑ:kə̀ʊ/ *n.* (NZ) 〖鳥類〗ハシブトホオダレムクドリ (*Callaeas cinerea*) (スズメ目ホオダレムクドリ科の鳥; wattle crow ともいう). 〘(1873) □ Maori ~〙

Ko·kand /koʊkǽnd | kə(ʊ)kɑ́:nd/ *n.* コーカンド (ウズベキスタン共和国東部の都市; もと Kokand 汗国(かんこく)の首都).

ko·kan·ee /koʊkǽni | kə(ʊ)-/ *n.* (*pl.* **~s**, ~) 〖魚類〗北米北西部産ベニマスの陸封型 (*Oncorhynchus nerka*). 〘(1875) ← Interior Salish *kikenee*〙

ko·ko /kóʊkoʊ | kə́ʊkəʊ/ *n.* 〖植物〗熱帯アフリカ西部で根を食用とするため栽培されるテンナンショウ科の植物. 〘(1874) □ Fanti ~〙

ko·ko·beh /kɑ́kʌbɛ/ *adj.* 果皮がざらざらした.

Ko·ko·mo /kóʊkəmòʊ | kə́ʊkəmə̀ʊ/ *n.* ココモ (米国 Indiana 州中部の都市).

Ko·ko Nor /kóʊkounɔ́ə | kə́ʊkəʊnɔ́:(r; *Mongolian* xóxnó:r/ *n.* **1** ココノール (中国西部, 青海省 (Qinghai) のモンゴル語名). **2** ココノール(湖) (⇨ Qinghai Hu).

Ko·kosch·ka /kəkɑ́(:)ʃkə, -kɔ́(:)ʃ- | kə(ʊ)kɔ́ʃ-; G. kokɔ́ʃka/, **Oskar** *n.* ココシュカ (1886–1980; オーストリアの画家・劇作家; 表現主義の代表者).

kok-sa·ghyz /kòʊksəgí:z, kɑ̀(:)k-, -gíz | kə̀ʊk-, kɔ̀k-/ *n.* (*also* **kok-sa·gyz** /~/) 〖植物〗ゴムタンポポ (*Taraxacum koksaghyz*) (カザフスタン共和国に産するタンポポの一種; その根にある乳液は弾性ゴムの原料となる). 〘(1932) □ Russ. *kok-sagyz* ← Turk. *kok* root＋East Turk. *sagïz* rubber, gum〙

ko·la /kóʊlə | kə́ʊ-/ *n.* **1** ＝cola³ 3. **2** ＝kola nut.

Ko·la /kóʊlə | kə́ʊ-; *Russ.* kólə/ *n.* **1** [the ~] コラ(半島) (ロシア連邦北西部, 白海と Barents 海との間の半島). **2** コラ (コラ半島の Murmansk 付近の町).

kóla nùt *n.* コラノキ (kola tree) の実, コラナッツ (caffeine と theobromine を含有し, 清涼飲料に刺激剤として入れる; 単に kola ともいう; cf. cola³ 3). 〘1868〙

Ko·lár Góld Fìelds /koʊlɑ́ə- | kəʊlɑ́:-/ *n. pl.* [the ~] コラルゴールドフィールズ (インド南部, Mysore 州の都市; 金鉱地).

kóla trèe *n.* 〖植物〗コラノキ (*Cola nitida*) (アオギリ科コラ属の植物; その実は清涼飲料水の原料). 〘1937〙

kol·bas·i /kɑ(:)lbɑ́:si | kɔl-/ *n.* ＝kielbasa.

Kol·chak /kɔ(:)ltʃɑ́:k, kɑ(:)l- | kɔ́ltʃæk; *Russ.* kaltʃák/, **Aleksandr Vasilyevich** *n.* コルチャーク (1874–1920; ロシアの提督・反革命主義者; 反ボルシェビキの白ロシア軍を指揮).

Kold·ing /kɑ́lɪŋ; *Dan.* kɑ́leŋ/ *n.* コリング (デンマーク Jutland 東部の港市).

Kol·ha·pur /kóʊləpʊ̀ə | kə̀ʊlhɑ:pʊ́ə(r/ *n.* コラプル (インド西部の都市).

Ko·li·ma /kəlí:mə/ *n.* ＝Kolyma.

ko·lin·sky /kəlínski/ *n.* (*also* **ko·lin·ski** /~/) **1** 〖動物〗チョウセンイタチ (⇨ yellow weasel). **2** コリンスキー (チョウセンイタチの毛皮). 〘(1851) □ ? Russ. *kol'skiĭ* (adj.) ← *Kola* (その産地であるロシア北西部の半島および町の名)〙

kol·khoz /kɑ(:)lkɔ́(:)z, kɔ(:)l-, -kɑ́(:)z, -kɔ́(:)s, -kɑ́(:)s | kɔlkɔ́z, -kɔ́:z, -hɔ́:z; *Russ.* kalxós/ *n.* (*pl.* **kol·kho·zy** /~i; *Russ.* kalxózi/, ~**·es**) (ソ連の)コルホーズ, 集団農場 (collective farm) (cf. sovkhoz). 〘(1921) □ Russ. ~ (短縮) ← *kollektivnoe khozyaĭstvo* collective farm〙

kol·khóz·nik /-nɪk; *Russ.* kalxózn^jik/ *n.* (*pl.* **-khoz·ni·ki** /-ki; kalxózn^jiki/, ~**s**) コルホーズの構成員, 集団農場員. 〘(1944) □ Russ. ~: ⇨ ↑, -nik〙

kolkhozy *n.* kolkhoz の複数形.

kol·ler·gang /kɑ́(:)ləgæ̀ŋ | kɔ́lə-/ *n.* 〖機械〗＝edge runner. 〘(1890) □ G ~ ← *Kollern* to roll＋*Gang* action, course〙

Koll·witz /kóʊlwɪts, kɔ́:lvɪts | kɔ́l-; G. kɔ́lvɪts/, **Käthe** /kɛ́:tə/ *n.* コルウィッツ (1867–1945; ドイツの画家・版画家; 旧姓 Schmidt).

Kol·mar /G. kɔ́lmaʁ/ *n.* コルマル (Colmar のドイツ語名).

Kol·mo·go·rov /kɑlməgɔ́:rəf, -gɑ́:- | kɔlməgɔ́:rəf; *Russ.* kəlmagórəf/, **Andrey Nikolayevich** *n.* コルモゴルフ (1903–87; ロシアの数学者; 確率論に貢献).

Köln /G. kœ́ln/ *n.* ケルン (Cologne のドイツ語名).

Kol Nid·re /koʊlnídreɪ, kɔ̀:l-, -drə | kɔ̀l-/ *n.* 〖ユダヤ教〗コルニドレ (あがないの日 (Yom Kippur) に入る直前のまだ明るい時から日没にかけて会堂で歌われる祈り). 〘(1881) □ Aram. *kol nidhrê* all the vows: この祈りの冒頭の句〙

ko·lo /kóʊloʊ | kə́ʊləʊ/ *n.* (*pl.* **~s**) コーロ (ソロの踊り手をリーダーとして円になって踊るセルビアの民俗舞踊). 〘(1910) □ Serbo-Croatian ~ 'WHEEL'〙

Ko·lom·na /kəlɔ́(:)mnə, -lɑ́(:)m- | -lɔ́m-; *Russ.* kalómnə/ *n.* コロムナ (ロシア連邦 Moscow 南東部の都市; Moskva 川と Oka 川との合流点).

Ko·lozs·vár /*Hung.* kólozva:r/ *n.* コロジュバル (Cluj のハンガリー語名).

Ko·ly·ma /kəlí:mə; *Russ.* kəlimá/ *n. pl.* [the ~] コリマ(川) (ロシア連邦シベリア北東部, Kolyma 山脈に発し, 北東に流れて東シベリア海に注ぐ (2,129 km)).

Kolýma Móuntains *n. pl.* [the ~] コリマ山脈 (ロシア連邦シベリア北東部, Okhotsk 海の北をほぼ海岸線に平行に走る山脈).

Ko·man·dór·ski Íslands /kɑ̀(:)məndɔ́əski- | kɔ̀məndɔ́:-; *Russ.* kəmandórsk^ji/ *n. pl.* [the ~] コマンドル諸島 (Kamchatka 半島の東, Bering 海南西部に位置する島群).

Ko·ma·ti /kəmɑ́:ṭi, kóʊmə- | kəmɑ́:ti, kóʊmə-/ *n.* [the ~] コマティ川 (南アフリカ北東部 Drakensberg に発し, スワジランド, モザンビークを東流してインド洋に注ぐ川 (805 km)).

ko·mat·ik /koʊmǽtɪk | kə(ʊ)mǽt-/ *n.* (Labrador 半島の)イヌイットの犬ぞり. 〘(1824) □ Inuit ~〙

Ko·mi /kóʊmi | kə́ʊ-; *Russ.* kóm^ji/ *n.* (*pl.* ~, **~s**) **1** **a** [the ~(s)] コミ族 (Ural 山脈北西に住むウラル系の民族). **b** コミ族の人. **2** コミ語 (Finno-Ugric 語族の一つ). 〘(1800) 現地語〙

Kom·in·tern /kɑ́(:)mɪ̀ntə̀:n | kɔ́mɪntə̀:n, ⌐⌐⌐; *Russ.* kəm^jintérn/ *n.* ＝Comintern.

Kómi Repúblic /kóʊmi- | kə́ʊ-; *Russ.* kóm^ji-/ *n.* [the ~] コミ共和国 (ロシア連邦北西部の共和国; 面積 415,900 km², 首都 Syktyvkar).

kom·i·tad·ji /kòʊmətɑ́:dʒi, kɑ̀(:)m- | kə̀ʊmɪtɑ́:dʒi, kɔ̀m-/ *n.* (*also* **kom·i·ta·ji** /~/) (バルカン地方の)ゲリラ部隊員. 〘(1903) □ Turk. *komitaci* rebel, member of a revolutionary committee ← *komita* □ F *comité* 'COMMITTEE'〙

kom·man·da·tu·ra /kəmæ̀ndətʊ́ᵊrə | -mɑ̀:ndə-tʊ́ərə/ *n.* 軍政司令部[本部]; (特に第二次大戦後ヨーロッパ占領都市での)連合国軍政司令部. 〘(1937) □ G *Kommandantur* command post〙

Kom·mu·niz·ma /*Russ.* kəm^jun^jízmə/, **Pik** /p^jík/ *n.* ＝Communism Peak.

Ko·mo·do /kəmóʊdoʊ | -mə́ʊdəʊ/ *n.* コモド(島) (インドネシアの Sumbawa, Flores 両島の間にある小島).

Komódo drágon [lízard] *n.* 〖動物〗コモドオオトカゲ, コモドリュウ (*Varanus komodoensis*) (インドネシアの Komodo 島およびその付近にすむ世界最大のトカゲ; 3.5 m にも達する; インドネシア政府保護動物; dragon lizard ともいう). 〘(1927) ← *Komodo* (インドネシアの島の名)〙

Ko·mon·dor, k- /kɑ́(:)məndɔ̀ə, kóʊ- | kɔ́məndɔ̀:(r, kə́ʊ-/ *n.* コモンドール (ハンガリー原産の大きな白いむく毛の牧羊・牧牛用または番犬として用いられるイヌ). 〘(1931) □ Hung. ~〙

Kom·so·mol /kɑ́(:)msəmɔ̀(:)l, -mɑ̀(:)l, ⌐⌐⌐ | kɔ́msəmɔ̀l, ⌐⌐⌐; *Russ.* kəmsamól/ *n.* (ソ連の)共産青年同盟(員), コムソモール (1918 年に結成された 16–23 歳の青年を対象とした組織; cf. Octobrist 2, pioneer 6). 〘(1925) □ Russ. ~ ← *Kom*(*munisticheskiĭ*) *So*(*yuz*) *Mol*(*odezhi*) Communist Union of Youth〙

Kom·so·mólsk-on-Amúr /kɑ̀(:)msəmɔ́(:)lsk-, -mɑ́(:)lsk- | kɔ̀msəmɔ́lsk-; *Russ.* kəmsamólsk-/ *n.* コムソモリスク(ナアムール) (ロシア連邦東部, Khabarovsk 地方の Amur 河畔の都市; 単に Komsomolsk ともいう).

ko·na /kóʊnə | kə́ʊ-; *Hawaii.* kónə/ *n.* 〖気象〗コナ (Hawaii 地方で冬に吹く雨を伴った強い南西風). 〘(1864) □ Hawaiian ~〙

kóna cỳclone *n.* 〖気象〗コナサイクロン (太平洋亜熱帯地域で冬に発生するサイクロン).

Ko·na·kri /kɑ́(:)nəkri | kɔ̀nəkrí:, kɔ́nəkri; *F.* kɔnakʁi/ *n.* ＝Conakry.

kóna stòrm *n.* 〖気象〗＝kona cyclone.

kon·foor /kɑ(:)nfʊ́ə | kɔnfʊ́ə(r/ *n.* (南ア) ＝chafing dish.

kon·fyt /kənfáɪt/ *n.* (南ア) 果物の砂糖漬け. 〘(1862) □ Afrik. ~ ← Du. *konfijt* 'COMFIT'〙

Kong /kɑ́(:)ŋ | kɔ́ŋ/ *n.* (米俗) 強い安酒 (King Kong).

Kong·fu·zi /kʊ́ŋfú:tsɨ́; *Chin* kʰʊ̌ŋfútsɨ/ *n.* 孔夫子(こうふうし) (Confucius の中国語名).

Kon·go¹ /kɑ́(:)ŋgoʊ | kɔ́ŋgəʊ/ *n.* [the ~] ＝Congo 3.

Kon·go² /kɑ́(:)ŋgoʊ | kɔ́ŋgəʊ; *Kikongo* kóŋgo/ *n.* (*pl.* **~s**, ~) **1** **a** [the ~(s)] コンゴ族 (アフリカ Congo 川の下流に住む Bantu 系種族の一部族). **b** コンゴ族の人. **2** コンゴ語 (Bantu 語派に属し商用語). 〘c1902〙

kon·go·ni /kɑ(:)ŋgóʊni | kɔŋgə́ʊ-/ *n.* (*pl.* ~) 〖動物〗コンゴニハーテビースト (*Alcelaphus buselaphus cokei*) (東アフリカ産のハーテビースト属のレイヨウ; cf. hartebeest). 〘(1908) □ Swahili ~〙

Kong Xiang·xi /kɔ́(:)ŋʃiɑ̀:ŋʃí: | kɔ́n-; *Chin.* kʰʊ̌ŋ-ɕiàŋɕí/ *n.* 孔祥熙(こうしょうき) (1880–1967; 国民政府の政治家; 宋靄齢 (Song Ailing) の夫; 1948 年に米国に移住した).

Kong·zi /kʊ̀ŋzí:; *Chin.* kʰʊ́ŋtsɨ̀/ *n.* 孔子(こうし) (⇨ Confucius).

Kon·ia /kɔ:njɑ́:, kɑ:- | kɔ:-/ *n.* ＝Konya.

Kö·nig·grätz /kéɪnɪggrɛ̀ts, kə́:n- | kə́:n-; G. kǿ:nɪçgʁɛ:ts, ⌐⌐⌐/ *n.* ケーニヒグレーツ (Hradec Králové のドイツ語名).

Kö·nigs·berg /kéɪnɪgzbə̀:g, kə́:n-, kʊ́n-, -bɛ̀əg | kə́:nɪgzbə̀:g, kə́ʊn-, -bɛ̀əg; G. kǿ:nɪçsbɛʁk/ *n.* ケーニヒスベルク (Kaliningrad の旧ドイツ語名; Kant の出生地).

Kö·nigs·hüt·te /G. kǿ:nɪçshʏtə/ *n.* ケーニヒスヒュッテ (Chorzów のドイツ語名).

ko·nim·e·ter /koʊnímətə | kə(ʊ)nímɪ̀tə(r/ *n.* 塵埃(じんあい)測定器. 〘(1918) ← Gk *konía* dust＋-METER¹〙

ko·ni·ol·o·gy /kòʊniɑ́(:)lədʒi | kə̀ʊniɔ́l-/ *n.* 塵埃学 (細菌・花粉など大気中に浮遊する不純物を研究する衛生学の一分野). 〘← Gk *konía* dust＋-o-＋-LOGY〙

konk /kɑ́(:)ŋk, kɔ́(:)ŋk | kɔ́ŋk/ *n.* ＝conk².

Kon·ka·ni /kɑ́(:)ŋkəni: | kə́ʊŋ-/ *n.* 〖言語〗コーンカニー語 (インド西海岸で話される近代インドアーリア語の一つであるマラーティー語の一方言). 〘(1873) □ Marathi *Koṅkaṇī* ← *Koṅkaṇ* (インド西部の海岸地帯)〙

Kon·rad /kɑ́(:)nræd | kɔ́n-; G. kɔ́nʁa:t/ *n.* コンラッド (男性名). 〘(異形) ← CONRAD〙

Kon·stan·tin /kɑ́(:)nstəntì:n, ⌐⌐⌐ | kɔ́nstəntì:n, ⌐⌐⌐; G. kɔ́nstanti:n, ⌐⌐⌐/ *n.* コンスタンティン (男性名). 〘□ G ~ 'CONSTANTINE'〙

Kon·stan·ti·no·vich /kɑ̀(:)nstəntí:nəvɪtʃ, kɔ̀(:)n- | kɔ̀n-; *Russ.* kənstant^jínəv^jitʃ/ *n.* コンスタンティノビッチ (男性の父称). 〘□ Russ. ~ (原義) son of Konstantin (↑): ⇨ Constantine〙

Kon·stanz /G. kɔ́nstants/ *n.* コンスタンツ (Constance のドイツ語名).

kon·ta·kion /kəntɑ́:kjɔ(:)n, -kjɑ(:)n | -kjɔn; *Mod. Gk.* ko(n)dɑ́cɔ/ *n.* (*pl.* **-kia** /-kjə:; *Mod.Gk.* -ca/) 〖東方正教会〗**1** (祝日主題)摘要聖歌. **2** (司祭・輔祭の)祈禱書[折本]. 〘□ MGk ~ (原義) scroll (dim.) ? ← LGk *Kontak-, Kontax* pole＝Gk *Kontós*〙

Kon-Ti·ki /kɑ(:)ntí:ki | kɔn-/ *n.* [the ~] コンチキ号 (ノルウェーの民族学者, 探険学者 Thor Heyerdahl が, 昔南米人がポリネシア諸島に移住したことを実証しようと作ったバルサ材製のいかだ; 1947 年ペルーの Lima から 101 日間でポリネシアに漂着成功). 〘Inca の太陽神の名から〙

Kon·ya /kɔ:njɑ́:, kɑ:- | kɔ:-; *Turk.* kónja/ *n.* コニヤ (トルコ南部の都市).

Koo /kú:; *Chin.* kù/, **Vi Kyuin** /uéɪtɕy̌n/ **Wellington** *n.* 顧維鈞(こいきん) (1888–1985; 台湾の政治家・外交官).

koo·doo /kú:du:/ *n.* (*pl.* **~s**) 〖動物〗クードゥー, クーズー, ネジツノレイヨウ (*Strepsiceros strepsiceros*) (アフリカ南部および東部産の角がねじれて体に白い縞(しま)のある大形のレイヨウ). 〘(1777) □ Afrik. *Koedoe* □ Xhosa *iqudu*〙

kook /kú:k/ *n.* (米俗) **1** 変人, 変わり者, ばか. **2** [形容詞的] ＝kooky 1. 〘(1960) (転訛) ? ← CUCKOO〙

kook·a·bur·ra /kʊ́kəbə̀:rə | -bʌ̀rə/ *n.* 〖鳥類〗ワライカワセミ (*Dacelo novaeguineae*) (オーストラリア産の大形のカワセミ; laughing jackass ともいう). 〘(1885) ← Austral. (現地語)〙

kóok·ish /-ɪʃ/ *adj.* (米俗) 変わった, 変てこな.

kook·y /kú:ki/ *adj.* (*also* **kook·ie** /~/) (**kook·i·er**; **-i·est**) (米・カナダ俗) **1** 変な, 変人の, ばかな, 狂気じみた. **2** 〈服装など〉風変わりな, 先端的な. **kóok·i·ly** /-k̬ɪli/ *adv.* **kóok·i·ness** *n.* 〘(1959) ← KOOK＋-Y⁴〙

Kool /kú:l/ *n.* 〖商標〗クール (米国 Brown & Williamson Tobacco 社製のフィルター付きキングサイズの紙巻きたばこ).

Kool-Aid /kú:lèɪd/ *n.* 〖商標〗クールエード (米国 General Foods 社製の清涼飲料の粉末; 水と砂糖などを混ぜて自分で作る).

Kooning, Willem de *n.* ⇨ de Kooning.

Koop·mans /kú:pmənz/, **Tjalling** /tʃɑ́:lɪŋ/ **Charles** *n.* クープマンズ (1910–85; オランダ生まれの米国の経済学者; 線形計画法の第一人者; Nobel 経済学賞 (1975)).

koo·ra·jong /kʊ́ᵊrədʒɔ̀(:)ŋ, -dʒɑ̀(:)ŋ | kʊ́ərədʒɔ̀ŋ/ *n.* 〖植物〗＝kurrajong.

koor·bash /kʊ́əbæʃ | kʊ́ə-/ *n.*, *vt.* ＝kurbash.

koor·i /kʊ́ᵊri | kʊ́əri/ *n.* (*pl.* **-ries**) オーストラリアの先住民 (Aborigine). 〘(1834) □ Awabakal *guri* man〙

Koo·te·nay¹ /kú:ṭənèɪ, -nì:, -ṭn- | -tən-, -tn-/ *n.* (*also* **Koo·te·nai** /~/) [the ~] クートネー(川) (カナダの British Columbia 州南東部に発する川 (650 km); 米国 Montana 州北西部および Idaho 州北部を貫流, 再びカナ

K

ダに向かい最後に Columbia 川に注ぐ). 〘← ? N-Am.-Ind. (Salishan)〙

Koo·te·nay² /kúːtənèɪ, -nìː, -tn̩- | -tən-, -tn̩-/ *n.* (*also* **Koo·te·nai** /〜/) =Kutenai¹.

Kóotenay Nátional Párk *n.* クートネー国立公園 (カナダ British Columbia 州東南部, Kootenay 川上流地帯を含む; 山岳・渓谷・温泉で知られる).

kop /kɑ́(ː)p | kɔ́p/ *n.* (アフリカ南部の)丘, 小山 (hill). 〘(1835) □ Afrik. 〜 □ Du. 〜 'head': cf. cop³〙

ko·peck /kóupek | kə́up-, kɔ́p-/ *n.* (*also* **ko·pek** /〜/) **1** コペイカ (ロシアの通貨単位; =¹/₁₀₀ ruble). **2** 1 コペイカ銅貨. 〘(1698) □ Russ. *kopeika* (dim.) ← *kop'e* lance: もと馬上でやりを持った Ivan 四世の像が付いていたことから〙

Ko·per·nik /*Pol.* kɔpérɲik/, **Mi·ko·łaj** /m'ikɔ́waj/ *n.* =Copernicus.

koph /kóuf | kə́uf/ *n.* =qoph.

kop·je /kɑ́(ː)pi | kɔ́pi/ *n.* (*also* **kop·pie** /〜/) (アフリカ南部の草原の)小丘, 小山 (hillock). 〘(1881) □ Afrik. *koppie* □ Du. *kopje* (dim.) ← *kop* 'KOP'〙

Kóp·lik's spóts /kɑ́(ː)plɪks- | kɔ́p-/ *n. pl.* 〘病理〙 麻疹(はしか)口内疹, コプリック斑 (早期診断に役立つ). 〘(1899) ← *Henry Koplik* (1858–1927: アメリカの小児科医)〙

kop·pa /kɑ́(ː)pə | kɔ́pə/ *n.* コッパ (初期ギリシャ語アルファベットの文字 (ϙ, Ϙ); ラテン語の Q に当たる). 〘(1870) □ Gk *kóppa* □ Heb. *qōph*〙

kor /kɔ́ə | kɔ́ː(r)/ *n.* =homer². 〘□ Heb. *kōr* □ Akkad. *kurru* □ Sumer. *gur*〙

Kor 《略》 Korea; Korean.

ko·ra /kɔ́ːrə/ *n.* 〘音楽〙 コーラ (リュートに似た, アフリカ起源の 21 弦の楽器). 〘(1799): 現地語〙

K

ko·rad·ji /kɑ́(ː)rədʒi, kəræ̀dʒi | kɔ́rədʒi, kərǽdʒi/ *n.* 《豪》 オーストラリア先住民の呪医 (boyla). 〘(1798) □ Austral. 〜 (現地語)〙

korai *n.* kore の複数形.

ko·rait /kəráɪt/ *n.* 〘動物〙 =krait.

ko·ra·kan /kɔ́ːrəkæ̀n/ *n.* 〘植物〙 =raggee. 〘□ Tamil *kurakkan̲* □ Sinhalese *kurakkan*〙

Ko·ran /kərǽn, -rɑ́ːn, kɔ́ːræn, -rɑːn | kɔrɑ́ːn, kɔː-, kə-; *Arab.* qurʔáːn/ *n.* [the 〜] コーラン (イスラム教の経典で Muhammad に下された啓示の集大成). 〘(*c*1615) □ Arab. *qur'ā́n* reciting ← *qára'a* to recite: cf. Alcoran〙

Ko·ran·ic /kərǽnɪk, -rɑ́ːn-, kɔ́ːræn-, -rɑːn- | kɔ-rǽn-, kɔː-, kə-/ *adj.* コーランの; コーランによって定められた. 〘(1811): ⇨ ↑, -ic¹〙

ko·rat /kourɑ́ːt, kɔ́ːrɑːt | kɔ́ːræt, kɔ́ːrɑːt/ *n.* 〘動物〙 コーラート (タイ原産の短毛の飼い猫の一種). 〘(1967): タイの地名〙

kor·ban /kɔ́əbæn, -bən | kɔ́ː-/ *n.* =corban.

Korch·noi /kɔ́ətʃnɔɪ | kɔ́ːtʃ-; *Russ.* kórtʲʃnəj/, **Viktor Lvovich** *n.* コルチノイ (1931– ; ロシア出身のチェスプレーヤー).

Kor·da /kɔ́ədə | kɔ́ːdə; *Hung.* kórdɒ/, Sir **Alexander** *n.* コルダ (1893–1956; ハンガリー生まれの英国の映画監督・映画製作者; *The Third Man* (1949)).

Kor·do·fan /kɔ̀ədəfǽn, -doufɑ́ːn | kɔ̀ːdə(u)fǽn, -fɑ́ːn/ *n.* コルドファン (スーダン中部の地方; 面積 381,000 km², 首都 El Obeid /ɛ̀loubéɪd | ɛ̀ləu-/).

Kor·do·fan·i·an /kɔ̀ədəfǽniən | kɔ̀ːdə(u)féɪ-ˊ/ *n.* (アフリカ語の)コルドファニア語群. 〘← *Kordofan*〙

ko·re /kɔ́ːri, -reɪ; *Mod.Gk.* kóri/ *n.* (*pl.* **ko·rai** /-raɪ; *Mod.Gk.* -rɛ/) **1** 〘ギリシャ美術〙 (多くは紀元前 6 世紀より前に造られた)若い女性の彫像. **2** [K-] 〘ギリシャ神話〙 コレー (⇨ Persephone 1). 〘(1844) □ Gk *kórē* girl〙

Ko·re·a /kəríːə, kɔː- | kəríə, -ríːə/ *n.* **1** 朝鮮 (アジア東部の半島; 面積 220,231 km²; 1948 年以来, 北緯 38 度線付近で North Korea と South Korea とに二分されている). **2** [the 〜] =Korea Strait. 〘□ Korean *Koryo* (*Korai* (高麗)): 王朝 (A.D. 936–1392) 名, (原義) 「高い山やきらめく川の国」〙

Koréa Báy *n.* 朝鮮湾 (北朝鮮と遼東半島 (Liaotung Peninsula) との間, 黄海の入江).

Ko·re·an /kəríːən, kɔː- | kəríən, -ríːən/ *adj.* 朝鮮の; 朝鮮人の; 朝鮮語の. — *n.* **1** 朝鮮人. **2** 朝鮮語. 〘(1614): ⇨ Korea, -an¹〙

Koréan azálea *n.* 〘植物〙 チョウセンヤマツツジ (*Rhododendron yedoense* var. *poukhanense*) (半常緑の低木で紫の斑点のある赤い花をつけるツツジの類).

Koréan láwn gràss *n.* 〘植物〙 コウライシバ, チョウセンシバ, イトシバ (*Zoysia tenuifolia*) (ゴルフ場などの芝生をつくる).

Koréan Wár *n.* [the 〜] 朝鮮戦争 (1950–53).

Koréa Stráit *n.* [the 〜] 朝鮮海峡 (朝鮮半島と対馬の間の海峡).

ko·re·ro /kɔ́rəʳrou | -réərəu/ *n.* (*pl.* 〜**s**) 《NZ》 話し合い; 会議. 〘(1807) □ Maori 〜〙

korf·ball /kɔ́əfbɔ̀ːl, -bɑ̀ːl | kɔ́ːfbɔ̀ːl/ *n.* コーフボール (バスケットボールやネットボールに類似したオランダのゲーム). 〘(1915) □ Du. *Korfbal* ← *Korf* basket＋*bal* ball〙

Kó·rin·thos /*Mod.Gk.* kórinθɔs/ *n.* コリントス (Corinth 3 のギリシャ語名).

kor·ma /kɔ́əmə | kɔ́ː-/ *n.* 〘料理〙 コールマー (肉や野菜を出し汁, ヨーグルトまたはクリームなどで煮込むインド料理). 〘(1832) □ Urdu *kormā* ← Turk. *kavurma* 'cooked meat'〙

Korn·berg /kɔ́ənbəːg | kɔ́ːnbəːg/, **Arthur** *n.* コーンバーグ (1918– ; 米国の生化学者; Nobel 医学生理学賞 (1959)).

Kor·ni·lov /kɔənìːləf | kɔ́ːnɪlɔ̀f; *Russ.* karnʲíləf/, **Lavr Georgievich** *n.* コルニロフ (1870–1918; ロシアの将軍; 反革命を企てて失敗).

Ko·ro·lev /kɑ́(ː)rəlɛ̀f, kɔ́(ː)r- | kɔ́r-; *Russ.* kəraljóf/, **Sergei Pavlovich** *n.* コロリョフ (1907–66; ロシアのロケット設計者; 最初の人工衛星を成功させる (1957)).

Ko·ror /kɔ́ərɔə | kɔ́ːrɔː(r)/ *n.* コロール (ベラウ共和国の首都).

Kor·o·seal /kɔ́(ː)rəsìːł, kɑ́(ː)r- | kɔ́r-/ *n.* 〘商標〙 コロシール (塩化ビニールから作られる可塑性塩化ビニール重合体; 絶縁材, 気球外皮などに利用).

Kór·sa·koff's psychósis [sýndrome] /kɔ́əsəkɔ̀(ː)fs-, -kɔ̀(ː)fs- | kɔ́ːsəkɔfs-; *Russ.* kórsəkəf-/ *n.* 〘精神医学〙 コルサコフ精神病[症候群], 健忘症候群 (激しい精神病で, アルコール中毒と極度の栄養不足が原因). 〘(1900) ← *Sergei Korsakoff* (1854–1900: ロシアの精神病学者)〙

Kort·rijk /*Flem.* kɔ́rtrɛik/ *n.* コルトリーク (Courtrai のフラマン語名).

ko·ru·na /kɔ́(ː)rənɑ̀ː, kɑ́(ː)r- | kɔ́rə-, -nə | kɔrúːnə, kə-; *Czech* kóruna/ *n.* (*pl.* **ko·run** /-ruːn/, **ko·ru·ny** /-ni; *Czech* kóruni/, 〜**s**) **1** コルナ (チェコとスロバキアの通貨単位; =100 halers; 記号 Kč). **2** 1 コルナ硬貨. 〘(1930) □ Czech 〜 □ L *corōna* 'CROWN'〙

Kor·zyb·ski /kəzíbski, -ʒíp- | kɔː-; *Pol.* kɔʒípski/, **Alfred (Hab·dank Skar·bek** /hɑ́bdaŋk skɑ́rbɛk/**)** コジプスキ (1879–1950; ポーランド生まれの米国の自然科学者; 一般意味論 (general semantics) の創始者; *Science and Sanity* (1933)).

kos /kóus, kɑ́(ː)s | kə́us, kɔ́s/ *n.* (*pl.* 〜) コウス (インドの里程単位; 地域により 1–3 マイルで一定しない). 〘□ Hindi *kōs* ← Skt *krōśa* (原義) a call, shouting, distance〙

Kos /kɑ́(ː)s, kóus | kɔ́s/ *n.* コス(島) (トルコの南西海岸沖の Dodecanese 諸島のギリシャ領の一島; ブドウの産地; 面積 287 km²).

KOSB 《略》 King's Own Scottish Borderers.

Kos·ci·us·ko /kɑ̀(ː)siɑ́skou, -ski- | kɔ̀siʌ́skəu, -ús-/, **Mount** *n.* コシアスコ山 (オーストラリア New South Wales 州南東部にある同国最高の山; 高さ 2,230 m).

Kos·ci·us·ko /kɑ̀(ː)siɑ́skou, kɔ̀(ː)ʃtʃúʃkou | kɔ̀siʌ́s-kəu; *Pol.* kɔɕtɕúʃkɔ/, **Thaddeus** *n.* コシチューシコ (1746–1817; ポーランドの愛国者・将軍; 米国独立戦争で米国側に従軍して奮戦, ポーランド独立運動の父; ポーランド語名 Tadeusz Andrzej Bonawentura /tadéuʃ ándʒɛj bɔnavɛntúra/ Kościuszko).

ko·sher /kóuʃə | kə́uʃə(r)/ *adj.* **1** 〈食べ物, 特に肉類が〉ユダヤ教の法にかなった, 適法の, 清浄な (cf. *Levi.* 11, *Deut.* 14) (↔ tref): 〜 food 適法の[清浄な]食べ物, コーシャフード. **2** 〈料理店など〉(ユダヤ教の法にかなった)清浄な食品を売る[使う]: a 〜 shop 清浄な食べ物を売る[食べさせる]店. **3** 《口語》 純粋の, 本物の; 適当な, 正しい. — *n.* =KOSHER food; =KOSHER shop. — *vt.* 〈食べ物を〉ユダヤ教の法に従って処理する, 清浄に調理する. 〘(1851) □ Yid. 〜 □ Mish. Heb. *kāšēr* fit, proper〙

kóher cútie *n.* 《米俗》 《軽蔑》 ユダヤ女.

Ko·ši·ce /kɔ́(ː)ʃiːtsèɪ, kɑ́(ː)-, -ʃ̬ətsèɪ | kɔ́ʃitsə; *Slovak.* kɔ́ʃitsɛ/ *n.* コシツェ (スロバキア東部の都市).

Ko·sin·ski /kousínski | kə(ʊ)-/, **Jer·zy** /dʒéːzi | dʒɜ́ː-/ *n.* コジンスキー (1933–91; ポーランド生まれの米国の小説家; *The Painted Bird* (1965)).

kos·kas /kɑ́(ː)skæs | kɔ́s-/ *n.* (*pl.* **kos·kas·te** /-kæstə/) 《南ア》 食物貯蔵庫, 食物収納棚. 〘(1971) □ Afrik. *kos* food＋*cas* cupboard〙

ko·so /kóusou | kə́usəu/ *n.* (*pl.* 〜**s**) 〘薬学〙 クッソ (⇨ brayera). 〘□ ? Galla *kosso*〙

Ko·so·vo /kóusəvòu, kɑ́(ː)s-, kɔ́(ː)s- | kɔ́səvəu; *Serb.* kôsovo/ *n.* コソボ (セルビア共和国南西部の自治州; アルバニア人が州人口の約 80% を占め, 自治権拡大と独立を求めて紛争が続き, 1999 年より国連が管理; 州都 Priština).

Kos·sel /kɔ́(ː)səł, kɑ́(ː)-, -sł | kɔ́s-; *G.* kɔ́sl/, **Albrecht** *n.* コッセル (1853–1927; ドイツの生化学者; Nobel 医学生理学賞 (1910)).

Kos·suth /kɑ́(ː)suːθ | kɔ́s-; *Hung.* kóʃut/, **Fe·renc** /fέrɛnts/ *or* **Francis** *n.* コシュート (1841–1914; ハンガリーの愛国者・政治家).

Kossuth, La·jos /lɔ́jɔʃ/ *or* **Louis** *n.* コシュート (1802–94; ハンガリーの愛国者・政治家; F. Kossuth の父).

Kos·ta Bo·da /kɑ́(ː)stəbóʊdə | kɔ́stəbə́udə/ *n.* 〘商標〙 コスタボダ (スウェーデンの代表的ガラス器メーカー).

Ko·stro·ma /kɑ̀(ː)strəmɑ́ː | kɔ̀s-; *Russ.* kəstrəmá/ *n.* コストロマ (ロシア連邦, Volga 川上流の都市).

Kos·tu·ni·ca /kɑ(ː)stúːnɪkə | kɔs-; *Serb.* kɔʃtǔnitsa/, **Vo·jis·lav** *n.* コシュトゥニツァ (1944– ; ユーゴスラビアの法律家・政治家; 大統領 (2000–)).

Ko·sy·gin /kəsíːgɪn, kou-, kɑ(ː)- | kəsíːgɪn; *Russ.* kasíɡʲin/, **Aleksei (Nikolaevich)** *n.* コスイギン (1904–80; ソ連の政治家, 首相 (1964–80)).

Ko·ta /kóʊṭə | kə́utə/ *n.* コータ (インド北西部, Rajasthan 州 Delhi の南の都市).

Ko·ta Bah·ru /kóʊṭəbɑ́ːruː | kə́utə-/ *n.* コタバル (マレーシア Kelantan 州の州都).

Ko·ta·ba·ru /kòʊṭəbɑ́ːruː | kə̀utə-/ *n.* コタバル (Jayapura の旧称).

Ko·tah /kóʊṭə | kə́utə/ *n.* =Kota.

Ko·ta Kin·a·ba·lu /kóʊṭəkìnəbəlúː | kə́utə-/ *n.* コタキナバル (マレーシアの港市; 南シナ海に面した Sabah 州の州都; 旧名 Jesselton).

Ko·tex /kóuteks | kə́u-/ *n.* 〘商標〙 コーテックス (米国 Kimberly-Clark 社製の生理用ナプキン).

ko·to /kóʊṭou | kə́utəu/ *n.* (*pl.* 〜**s**) (日本の)琴. 〘(1795) □ Jpn.〙

ko·tow /koutáu, ˊ-ˊ | kəutáu/ *n., vi.* =kowtow.

ko·tu·ku /kóʊṭukùː | kə́u-/ *n.* (*pl.* 〜) 《NZ》 〘鳥類〙 ダイサギ (*Egretta alba*). 〘(1846) □ Maori 〜〙

kot·wa·lee /kóutwɑːliː | kɔ́t-/ *n.* (*also* **kot·wa·li** /〜/) 《インド》 警察署. 〘(1845) □ Hindi *kotvālī*〙

Kot·ze·bue /kɑ́(ː)tsəbùː, kɔ́(ː)tsə- | kɔ́tsə-; *G.* kɔ́tsəbuː/, **August (Friedrich Ferdinand) von** *n.* コツェブー (1761–1819; ドイツの劇作家; *Menschenhass und Reue* 「人間憎悪と悔恨」 (1789) (英訳名 *The Stranger*)).

Kót·ze·bue Sóund /kɑ́(ː)tsəbùː-, kɔ́(ː)tsə- | kɔ́tsə-/ *n.* コツェブー湾 (米国 Alaska 州北西部 Bering 海峡北東部, Chukchi 海の大きな湾).

Kóu·chi·bou·guac Nátional Párk /kúːʃɪbuːgwæ̀k-, -gwɑ̀ːk-/ *n.* クーシブーグアック国立公園 (カナダの New Brunswick の東部 Northumberland 海峡の地帯; 砂丘・塩湿地・泥炭地などがある).

kou·li·bia·ca /kòuljəbjɑ́ːkə | kə̀ulɪ-; *Russ.* kulʲɪbʲákə/ *n.* 〘料理〙 クリビヤカ (肉・魚・キャベツなどを生地に包んで焼いた細長い大型ロシア風パイ). 〘□ Russ. *kulebyaka*〙

kou·miss /kúːmɪs; *Russ.* kumís/ *n.* (*also* **kou·mis, kou·myss** /〜/) クミス, 馬乳酒 (シベリア・カフカス地方で馬やラクダの乳を発酵させたアルコール度の低い酒; 欧米で牛乳にはちみつを加えて発酵させて造るものもある; cf. kefir). 〘(1607) □ Russ. *kumys* □ Tatar *kumiz*: cf. F *koumis* / G *Kumiss*〙

kou·prey /kúːpreɪ/ *n.* 〘動物〙 コープレイ, ハイイロヤギュウ (*Novibos sauveli*) (カンボジアの森林地帯にすむウシ科の動物). 〘(1940) ← Khmer〙

kour·bash /kúəbæʃ, ˊ-ˊ | kúəbæʃ, ˊ-ˊ/ *n., vt.* =kurbash.

kou·ros /kúːrɑ(ː)s | -rɔs/ *n.* (*pl.* **-roi** /-rɔɪ/) 〘美術〙 クーロス (古代ギリシャ彫刻の直立裸身の青年像; 左脚を前に出し, 両腕をわきに下ろした正面向きの像). 〘(1932) □ Gk *koûros* (Ionic), *kóros* boy: cf. kore〙

kous·kous /kúːskuːs/ *n.* 〘料理〙 =couscous.

Kous·se·vitz·ky /kùːsəvítski; *Russ.* kusʲivʲítskʲij/, **Serge** /sέːdʒ, sέəʒ | sɑ́ːdʒ, sέəʒ/ *n.* クーセヴィツキー (1874–1951; ロシア生まれの米国の指揮者; ロシア語名 Sergei Aleksandrovich Kussevitzky).

Ko·va·lev·ska·ya /kɑ̀(ː)vəlέfskəjə, -lév-; *Russ.* kəvalʲéfskəjə/, **Sonya** *n.* コヴァレフスカヤ (1850–91; ロシアの女性数学者; ロシア語名 Sofya Vasilievna Kovalevskaya /sófʲjə vasʲílʲjivnə/).

Ko·var /kouvɑ́ə | kəuvɑ́ː(r)/ *n.* 〘商標〙 コバール (耐熱ガラスと同等の低い熱膨張係数をもつ鉄・ニッケル・コバルトの合金; ガラスと金属の封着用合金として用いられる).

Kov·no /*Russ.* kóvnə/ *n.* コブノ (Kaunas の旧名).

Ko·weit /kouwéɪt | kəu-/ *n.* =Kuwait.

kow·hai /kóuwaɪ, kóuaɪ | kə́u-/ *n.* 《NZ》 〘植物〙 ハネミエンジュ (*Sophora tetraptera*) (マメ科の常緑低木). 〘(1831) □ Maori 〜〙

Kow·loon /kàulúːnˊ; *Cant.* kéulùŋ/ *n.* 九竜: **1** 中国南東部, Hong Kong 島対岸の半島; Hong Kong 行政区の一部; 面積 8 km². **2** 同半島の海港.

kow·tow /kautáu, ˊ-ˊ | ˊ-ˊ; *Chin.* kʰòutʰóu/ *n.* (昔の中国流の)叩頭(こうとう)の礼. — *vi.* **1** 叩頭の礼を行う, 叩頭する 〔*to*〕. **2** 卑屈に追従する (fawn) 〔*to*〕. **〜·er** *n.* 〘(1804) □ Chin. *koutou* (叩頭)〙

Ko·zhi·kode /kóuʒɪkòud | kə́uʒɪkə̀ud/ *n.* コジコード (⇨ Calicut).

KP 《略》 kitchen police; Knight of (the Order of) St. Patrick; Knight(s) of Pythias.

KP 《記号》 〘チェス〙 king's pawn.

K pàrticle /kéɪ-/ *n.* 〘物理〙 K 粒子 (⇨ K-meson).

kpc 《略》 〘天文〙 kiloparsec(s).

Kpel·le /k(ə)pέlə/ *n.* (*pl.* 〜**s**, 〜) **1** [the 〜(s)] クペル族 (リベリア中央部に住む種族). **2** クペル族の人. **3** クペル族の言語 (マンデ (Mande) 語に属する).

kph 《略》 kilometer(s) per hour.

kr 《記号》 Korea (URL ドメイン名); kreu(t)zer; krona; krone.

Kr 《記号》 **1** 〘化学〙 krypton. **2** 〘貨幣〙 krona, kronor, kronur; krone(n), krone(r).

KR 《記号》 〘チェス〙 king's rook.

kra /krɑ́ː/ *n.* 〘動物〙 =crab-eating macaque. 〘(1821) □ Malay *kera*〙

Kra /krɑ́ː/, **the Isthmus of** *n.* クラ地峡 (Malay 半島の最狭部; 幅約 50 km).

kraal /krɑ́ːł/ ★ 現地の発音は一般に /krɔ́ːl/. *n.* **1 a** (アフリカ南部の先住民の)村落 (通例, 周囲に柵(さく)をめぐらし中央に家畜用の空き地がある集団生活の場); (その)村落共同体. **b** [集合的にも用いて] (アフリカ南部の粗末な)小屋. **2 a** (アフリカ南部で家畜を入れる)囲い, 檻(おり). **b** (インドなどで野生の)象の囲い. **c** (ウミガメなどを入れる)生簀(いけす). — *vt.* 〈家畜を〉囲いに入れる[入れて飼う]. 〘(1731) □ Afrik. 〜 'village, pen' □ Port. *curral* enclosure: cf. corral〙

k·rad /kéɪræ̀d/ *n.* 〘物理〙 =kilorad. 〘(短縮) ← k(ILO)RAD〙

Krae·pe·lin /kréɪpəliːn; *G.* kʁέːpəliːn/, **Emil** *n.* クレペリン (1856–1926; ドイツの精神病学者).

Krafft-E·bing /krɑ́ːftéɪbɪŋ, krǽft-; *G.* kʁáft-éːbɪŋ/, Baron **Richard von** *n.* クラフトエビング (1840–1902; ドイツの神経学者・精神病学者).

kraft /krǽft | krɑ́ːft/ *n.* 〘製紙〙 クラフト紙 (硫酸塩パルプから作る丈夫な紙; セメント袋・ショッピングバッグなどに用いる; kraft paper ともいう): the 〜 liner クラフトライナー.

〖(1906) ← Swed. *kraftpapper* // □ G *Kraft* (*papier*) 《原義》 strength-paper〗

Kraft /kræft | krá:ft/ *n.* 〘商標〙 クラフト 《米国 Kraft 社製の袋菓子・プロセスチーズ類・加工食品》.

Kra·gu·je·vac /krá:gujəvà:ts | krægú:əvæts; *Serb.* krăgujevats/ *n.* クラグエヴァツ 《ユーゴスラビア Serbia 共和国の都市; Belgrade の南東に位置》.

krait /kráɪt/ *n.* 〘動物〙 アマガサヘビ 《アジア南部に広く分布するコブラ科アマガサヘビ属 (*Bungarus*) の毒蛇の総称; キオビアマガサヘビ (*B. fasaiatus*) など》. 〖(1874) □ Hindi *karait*〗

Kra·ka·tau /krækətáu/ *n.* (*also* **Kra·ka·tao** /~/, **Kra·ka·to·a** /krækətóuə | -tə́uə/) クラカタウ(島) 《Java 島と Sumatra 島の間にある東インド諸島中の小火山島; 1883 年大噴火をしほとんど壊滅した》.

kra·ken /krá:kən | krá:-, kréɪ-/ *n.* クラーケン 《北欧の民間信仰で深海にすむ巨大な怪物; その背で多数の魚を集め豊漁となるが舟を転覆させたり返し波に巻き込む》. 〖(1755) □ Norw. 《方言》 ~ 《原義》 pole, post: *-n* は定冠詞〗

Kra·ków /krǽkau, kréɪ-, -kou | krǽkau, -kəu, -kɔf; *Pol.* krákuf/ *n.* クラクフ 《ポーランド南部, Vistula 川に臨む都市, もと同国の首都 (1320–1609); 英語名 Cracow》.

kra·me·ri·a /krəmíˀriə | -míər-/ *n.* 〘植物〙 =rhatany. 〖1855〗

Kra·nach /G. kʁá:nax/, **Lucas** *n.* =Lucas CRANACH.

kran /krá:n/ *n.* クラーン 《イランの旧銀貨; =1000 dinars》.

Kra·nj /*Sloven.* krán/ *n.* クラーニ 《Carniola のスロベニア語名》.

krantz /krǽnts/ *n.* (*also* **krans** /krǽns/) 《南ア》 (峡谷壁の)急斜面, 絶壁. 〖(1834) □ Afrik. ~ □ Du. *krans* garland, coronet〗

Krapp /krǽp/, **George Philip** *n.* クラップ 《1872–1934; 米国の英語学者; *The English Language in America* (1925)》.

Kras·no·dar /krǽsnədɑ̀ə, krɑ̀:snoudɑ́ə | krɑ̀:snə(u)dɑ́:ˀ; *Russ.* krəsnadár/ *n.* クラスノダル 《ロシア連邦西南部, Azov 海付近の都市; 旧名 Ekaterinodar》.

Kras·no·yarsk /krǽsnəjɑ́əsk, krɑ̀:snou- | krɑ̀:snə(u)jɑ́:sk; *Russ.* krəsnajársk/ *n.* クラスノヤルスク 《ロシア連邦東シベリア, Yenisei 河畔の工業都市》.

kra·ter /kréɪṭə, krɑ:téə | kréɪtəˀ, krɑ:téəˀ/ *n.* クラテール器 《古代ギリシャ・ローマでぶどう酒と水を混ぜるのに使った調合用混酒器; 口が大きく, 二つの取っ手が口の付け根につく; cf. kelebe》. 〖(*c*1736) □ Gk *krātḗr*〗

K ràtion /kéɪ-/ *n.* 〘米陸軍〙 (第二次大戦で用いられた) K 号(携行)糧食 《3 箱で 1 日分; 肉・チーズ・クラッカー・粉末コーヒー・紙巻きたばこなどが入っている非常用野戦食料セット; cf. C ration》. 〖(*c*1940) ← *Ancel Keys* (1904– : 米国の生理学者)〗

krau·ro·sis /krɔ:róusɪ̬s, krɑ:- | krɔ:rə́usɪs/ *n.* 〘病理〙 萎縮症. **krau·rot·ic** /krɔ:rɑ́(:)tɪk, krɑ:- | krɔ:rɔ́t-/ *adj.* 〖(1888) ← NL ~ ← Gk *kraûros* dry + -OSIS〗

Kraus /kráus; G. kʁáus/, **Lili** *n.* クラウス 《1908–86; ハンガリー生まれの英国のピアニスト》.

Krauss /kráus; G. kʁáus/, **Clemens** *n.* クラウス 《1893–1954; オーストリアの指揮者》.

kraut /kráut/ *n.* **1** =sauerkraut. **2** [しばしば K-] 《俗》 [軽蔑的に] **a** ドイツ兵. **b** ドイツ人. 〖(1855) ← G (*Sauer*)*kraut* pickled (sour) cabbage〗

kráut gràss *n.* 〘植物〙 ノハラガラシ (charlock).

Krebs /krébz/, **Edwin** *n.* クレブス 《1918– ; 米国の生化学者; 生体制御機構としての可逆的蛋白質燐酸化を発見; Nobel 医学生理学賞 (1992)》.

Krebs /krébz; G. kʁé:ps/, Sir **Hans Adolf** *n.* クレブス 《1900–81; ドイツ生まれの英国の生化学者; Nobel 医学生理学賞 (1953)》.

Krébs cýcle *n.* 〘生化学〙 クレブスのサイクル 《呼吸における有機物の完全酸化に大きな役割をもつ代謝回路》. 〖(1941) ← *Sir H. A. Krebs*〗

KREEP /krí:p/ *n.* クリープ 《月面で採集された黄褐色のガラス状鉱物》. 〖(1971) □ ← *K*, chem. symbol for potassium + *REE* (略 ← *rare-earth element*) + *P*, chem. symbol for phosphorus〗

Kre·feld /kréɪfelt; G. kʁé:felt/ *n.* クレフェルト 《ドイツ North Rhine-Westphalia 州の都市》.

Kreis·ler /kráɪslə | -ləˀ; G. kʁáɪslɐ/, **Fritz** *n.* クライスラー 《1875–1962; オーストリアに生まれ米国に帰化したバイオリン奏者・作曲家》.

Kre·men·chug /krèməntʃúk, -tʃú:k; *Ukr.* krementʃúʌ, *Russ.* krʲimʲinʲitʲʃúk/ *n.* クレメンチュク 《ウクライナ中部, Dnieper 川に臨む都市》.

Krem·lin /krémlɪ̬n | -lɪn/ *n.* **1** [the ~] **a** クレムリン宮殿 《Moscow にある Ivan 三世築造の市城でもとは皇居; 今はロシア政府の官庁として用いられている》. **b** ロシア政府; ロシア政府幹部. **2** [k-] (Moscow など古代ロシア都市の)城塞(じょうさい). 〖(1662) □ F ~ / G (古形) *Kremelin* (G *Kreml*) □ ORuss. *Kremlĭnŭ* seperate (adj.) ← *Kremlĭ* 《原義》 citadel ← Tatar〗

Krem·lin·ol·o·gy /krèmlɪ̬nɑ́(:)ləʤi | -lɪnɔ́l-/ *n.* クレムリノロジー 《ロシアの政治・政策などの研究; cf. Pekingology》. **Krem·li·no·log·i·cal** /krèmlɪ̬nəlɑ́(:)ʤɪ̬kəl, -kl̩ | -lɪnəlɔ́ʤɪ-ˉ/ *adj.* **Krèm·lin·ól·o·gist** /-ʤɪ̬st | -ʤɪst/ *n.* 〖(1958): ⇨ ↑, -ology〗

Krems /kréms; G. kʁéms/ *n.* クレムス 《オーストリア北東部, Danube 湖畔の都市; Lower Austria 州の州都》.

Kre·nek /kəʒének | kə-; G. kʁʃének, kʁénɛk/, **Ernst** *n.* クルシェネク 《1900–91; オーストリア生まれでチェコ系の米国の作曲家; チェコ語名 Křenek /kʁʒének/》.

kre·o·sote /krí:əsòut | -səut/ *n.* =creosote.

krep·lach /kréplək, -lək/ *n.* (*pl.* ~) (*also* **krep·lech** /~/) 〘料理〙 クレップラック 《薄くのばした小麦粉の生地に肉やチーズの詰め物をし, スープに入れたり, つけ合わせにしたりする麺料理》. 〖(1892) □ Yid. *kreplech* (pl.) ← *krepel* □ MHG 《方言》 *kreppel* (G 《方言》 *Kräppel*) (dim.) ← *krape* fritter〗

Kretsch·mer /krétʃmə | -məˀ; G. kʁétʃmɐ/, **Ernst** *n.* クレッチマー 《1888–1964; ドイツの精神病学者; 体型と性格についての学説などで有名》.

kreut·zer /krɔ́ɪtsə | -tsəˀ/ *n.* =kreuzer.

Kréut·zer Sonáta /krɔ́ɪtsə- | -tsəˀ-; F. kʁødzɛ:ʁ, G. kʁɔ́ʏtsɐ/ *n.* [the ~] 「クロイツェルソナタ」 《ドイツ系のフランスのバイオリン奏者 Rodolphe Kreutzer (1766–1831) に献呈された Beethoven 作曲のバイオリン奏鳴曲 (Op. 47) (1803)》.

kreu·zer /krɔ́ɪtsə | -tsəˀ; G. kʁɔ́ʏtsɐ/ *n.* クロイツァー 《昔ドイツ・オーストリアなどで使われた小硬貨; 初め銀貨, 後に銅貨》. 〖(1547) □ G *Kreuzer* ← *Kreuz* 'CROSS': その「十字」の模様にちなむ〗

Kreym·borg /kréɪmbɔəg | -bɔ:g/, **Alfred** *n.* クレーンボーグ 《1883–1966; 米国の詩人・編集者・劇作家; *Our Singing Strength* (1929) (米国詩史)》.

Krieg /krí:g; G. kʁí:k/ G. *n.* (*pl.* **Krie·ge** /krí:gə; G. kʁí:gə/, ~s) 戦争 (war). 〖□ G ~ < OHG *krēg* obstinacy ← ?〗

krieg·spiel /krí:gspì:l, krí:k-; G. kʁí:kʃpi:l/ *n.* **1** 兵棋, 戦争ゲーム 《将校の戦術指導に用いる盤上戦争ゲーム; war game ともいう》. **2** 《チェス》 衝立チェス 《対戦者はそれぞれ別々の盤の上で相手の手を見ずに自分の駒を動かし勝敗を競う; 駒の動きは立会人が読みあげる》. 〖(1878) □ G *Kriegsspiel* 《原義》 war's game〗

Kriem·hild /krí:mhɪlt; G. kʁí:mhɪlt/ *n.* (*also* **Kriem·hil·de** /-hɪldə/) 〘ドイツ伝説〙 クリームヒルト, クリエムヒルデ 《ニーベルンゲン物語 (*Nibelungenlied*) の女主人公; 夫 Siegfried が Brunhild にだまし討ちにされたことを知りそのあだを討つ; *Edda* などの北欧神話の Gudrun に当たる》. 〖□ G ~ < MHG *Kriemhilt* 《原義》 mask-battle〗

Kril·i·um /krílɪəm/ *n.* 〘商標〙 クリリウム (acrylonitrile から製する土壌改良剤). 〖(1952) ← (*sodium salt of hydrolized polya*)*cryl*(*onitrile*) + -IUM〗

krill /kríl/ *n.* (*pl.* ~) 〘動物〙 オキアミ科の甲殻類の総称 《ヒゲクジラ (whalebone whale) 類の餌になる》. 〖(1907) □ Norw. *kril* young fry of fish ← ?〗

Krim /*Russ.* krím/ *n.* クリム (Crimea のロシア語名).

krim·mer /krímə | -məˀ/ *n.* クリミア地方産子羊の毛皮 《しっかりした巻毛で通例灰白色または薄い青灰色》. 〖(1834) □ G *Krimmer* ← *Krim* Crimea〗

krim·sa·ghyz /krímsəgí:z, -gíz; *Russ.* krimsagís/ *n.* 〘植物〙 =krym-saghyz.

Kri·o /krí:ou | -əu/ *n.* **1** クリオ語 《西アフリカのシエラレオネで用いられている, 英語を基にした混合語》. **2** (*pl.* ~s) クリオ語を話す人. 〖(1955) 現地語〗

kris /krí:s, krís/ *n.* クリース 《刀身が波形で両刃のマラヤ・インドネシアの短剣》. 〖(1577–80) □ Malay *kĕris*〗

Krish·na[1] /kríʃnə/ *n.* 〘インド神話〙 クリシュナ 《インド人に親愛される英雄で, Vishnu の第八化身》. 〖(1864) □ Hindi ~ 'the black one' ← Skt *kṛṣṇa* black〗

Krishna[1]

Krish·na[2] /kríʃnə/ *n.* [the ~] クリシュナ(川) 《インド南部の川; Bengal 湾に注ぐ (1,300 km); 旧名 Kistna》.

Krish·na[3] /kríʃnə/ *n.* クリシュナ (男性名). 〖← Krishna[1]〗

Krísh·na·ism /-nəɪzm/ *n.* クリシュナ崇拝. 〖(1885): ⇨ ↑, -ism〗

kriss /krís/ *n.* =kris.

Kriss Krin·gle /krískrɪ́ŋgl̩/ *n.* 《米》 =Santa Claus. 〖(1830) □ G *Christkind'l* ← CHRIST + *Kindel* ((dim.) ← *Kind* child)〗

Kris·ten /krístən; *Dan.* kʁésdən/ *n.* (also **Kris·tin** /~/) クリスティン (女性名).

Kris·ti·a·ni·a /krìstʃiǽniə, -sti-, -ɑ́:n- | -tiɑ́:-; *Norw.* kristiá:nia/ *n.* クリスティアニア (Oslo の旧名).

Kris·tian·sand /krístʃənsæ̀nd, -tjən-; *Norw.* kristiansán:/ *n.* クリスチャンサン 《ノルウェー南部, Skagerrak 海峡に臨む港市; Christiansand ともつづる》.

Kris·tian·stad /krístʃənstɑ̀:d; *Swed.* krɪɦánsta/ *n.* クリスシャンスタ 《スウェーデン南部の都市》.

Krít·a Yúga /kríṭə- | -tə-/ *n.* [the ~] 〘ヒンズー教〙 クリタユガ, 黄金時代 (⇨ Yuga). 〖□ Skt *kṛtayuga* ← *kṛta* the best throw at dice + *yuga* 'YUGA'〗

Krí·ti /*Mod.Gk.* kríti/ *n.* クリーティ (Crete の現代ギリシャ語名).

Kri·voi Rog /krɪvɔ́ɪróug, -rɔ́(:)k, -rɑ́(:)k | -ráug, -rɔ́k; *Russ.* krʲivójrók/ *n.* クリボイログ 《Kryvyy Rih のロシア語名》.

Kroe·ber /króubə | krə́ubəˀ/, **A**(**lfred**) **L**(**ouis**) *n.* クローバー 《1876–1960; 米国の人類学者; 北米インディアンの研究家》.

Krogh /krɔ́:g, krɑ́(:)g | krɔ́g; *Dan.* kʁɔ́:'w/, (**Schack**) **August** (**Steen·berg**) /ʃág ɑwgɔ́sd sdé:nbæɐ'/ *n.* クローウ 《1874–1949; デンマークの生理学者; Nobel 医学生理学賞 (1920)》.

Kroll /króul | krául/, **Leon** *n.* クロール 《1884–1974; 米国の画家》.

Króm·draai ápe-man /krɑ́(:)mdraɪ- | krɔ́m-/ *n.* 〘人類学〙 クロムドライ猿人 (*Paranthropus robustus*) 《南アフリカ共和国の Kromdraai で発見; 初期洪積世に生存した人類の祖先型》. 〖← *Kromdraai* (南アフリカ共和国 Transvaal の町の名)〗

kro·mes·ki /krouméski | krə(u)m-/ *n.* (*also* **kro·mes·ky** /~/) (*pl.* ~s, ~es) 〘料理〙 クロメスキー 《ベーコンに包み, 衣をつけて揚げたロシア風のコロッケ》. 〖(1846) □ Pol. *kroméczka* little slice // Russ. *kromochki* (pl.) ← *kromochka* (dim.) ← *kroma* slice of bread ← ? IE *(*s*)*ker-* to cut〗

kro·na[1] /króunə | krə́u-; *Swed.* krŭ:na/ *n.* (*pl.* **kro·nor** /-nɔə | -nɔ:ˀ; *Swed.* krŭ:nɵr/) **1** クローナ 《スウェーデンの通貨単位; =100 öre; 記号 kr, sk, skr, SEK》. **2** 1 クローナ銀貨. 〖(1875) □ Swed. ~ 《原義》 crown: ↓〗

kro·na[2] /króunə | krə́u-/ *n.* (*pl.* **kro·nur** /-nə | -nʊə, -nəˀ/) **1** クローナ 《アイスランドの通貨単位; =100 aurar; 記号 Ikr, Kr》. **2** 1 クローナ銅貨. 〖(1886) □ Icel. *krōna* < ON *krūna*: ⇨ krone[1]〗

kro·ne[1] /króunə | krə́u-; *Dan.* kʁó:nə/ *n.* (*pl.* **kro·ner** /-nə | -nəˀ; *Dan.* kʁó:nʌ/) **1** クローネ 《デンマーク・ノルウェーの通貨単位; =100 öre; 記号 Kr》. **2** 1 クローネ銀貨. 〖(1885) □ Dan. & Norw. ~ (↓)〗

kro·ne[2] /króunə | krə́u-; G. kʁó:nə/ *n.* (*pl.* **kro·nen** /-nən; G. -nən/) **1** クローネ 《昔のドイツ金貨》. **2 a** クローネ 《1892–1925 年のオーストリアの通貨単位; =100 heller; 記号 Kr》. **b** 1 クローネ貨. 〖(1895) □ G ~ < OHG *corōna* □ L *corōna* 'CROWN'〗

Kró·neck·er délta /króunɛkə- | krə́unɛkə-; G. kʁó:nɛkɐ/ *n.* 〘数学〙 クロネッカーのデルタ 《二つの添え字 i, j をもつ δ_{ij} という形の記号; $i=j$ のとき 1, $i \neq j$ のとき 0 を表すと規約されている》. 〖(1926) ← *Leopold Kronecker* (1823–91: ドイツの数学者)〗

kronen *n.* krone[2] の複数形.

kroner *n.* krone[1] の複数形.

kronor *n.* krona[1] の複数形.

Kro·nos /króunɑ(:)s | krə́unɔs/ *n.* =Cronus.

Kron·stadt[1] /krɔ(:)nʃtá:t, ←– | krɔ́nʃtæt; *Russ.* kranʃtát/ *n.* クロンシュタット 《ロシア連邦北西部, Finland 湾内の Kotlin 島にある海港で海軍基地がある》.

Kron·stadt[2] /G. kʁó:nʃtat/ *n.* クロンシュタット (Braşov のドイツ語名).

kronur *n.* krona[2] の複数形.

Kroo /krú:/ *n.* (*pl.* ~) =Kru. — *adj.* =Kru.

Króo·bòy *n.* クルー族 (Kru) の若者, クルー人 (男子).

Króo·man /-mən/ *n.* (*pl.* **-men** /-mən, -mèn/) = Kruman.

kroon /króun | kráun; *Eston.* kró:n/ *n.* (*pl.* ~s, **kroo·ni** /-ni:; *Eston.* -ni/) クローン 《エストニアの通貨単位; =100 sents》. 〖□ Estonian *kron* □ G *Krone* 'KRONE[2]'〗

Kro·pot·kin /krəpɑ́(:)tkɪ̬n | -pɔ́tkɪn; *Russ.* krapótkʲin/, **Pëtr Alekseevich** *n.* クロポトキン 《1842–1921; ロシアの無政府主義者・地理学者・植物学者; スイス, フランスおよび英国に在住した; Prince Kropotkin とも呼ばれる》.

Krou /krú:/ *n.* (*pl.* ~) =Kru. — *adj.* =Kru.

KRP 《記号》 〘チェス〙 king's rook's pawn.

KRR 《略》 King's Royal Rifles.

KRRC 《略》 King's Royal Rifle Corps.

Kru /krú:/ *n.* (*pl.* ~s, ~) **1 a** [the ~(s)] クルー族 《西アフリカの Liberia 海岸に住む黒人種族》. **b** クルー族の人, クルー人 (Kruman). **2** クルー語 (Kwa 語に属する). — *adj.* クルー族[人, 語]の. 〖(1835) □ W-Afr. ~〗

Kru·ger /krú:gə | -gəˀ; *Afrik.* krý:xər/, **Ste·pha·nus Jo·han·nes Pau·lus** /stefá:nus johá:nəs páulus/ *n.* クリューガー 《1825–1904; Boer 人の政治家, 旧南アフリカ連邦大統領 (1883–1904); アフリカ南部における英国の支配に抵抗 (cf. Boer War); 通称 Oom Paul または Paul Kruger》.

Krú·ger Nátional Párk /krú:gə- | -gə-/ *n.* クリューガー国立公園 《南アフリカ共和国北東部 Northern 州および Mpumalanga 州東部, モザンビーク国境に接する野生動物保護区域》. 〖← *S. J. P. Kruger*〗

Kru·ger·rand /krú:gərænd, -gə- | -gə-; *Afrik.* krý:xərrànt/ *n.* クルーガーランド 《南アフリカ共和国の, 1 オンスの金を含有する地金型金貨》. 〖(1967) ⇨ ↑, rand[2]: Kruger 大統領の肖像が彫られているところから〗

Kru·gers·dorp /krú:gəzdɔ̀əp | -gəzdɔ̀:p; *Afrik.* krý:xərsdɔ̀rp/ *n.* クルーガースドルプ 《南アフリカ共和国北東部 Gauteng 州の市》.

Kruif, Paul (**Henry**) **de** *n.* ⇨ de Kruif.

Krui·sing·a /kráɪsɪŋə, kráɪ-; *Du.* krǿysɪŋxa:/, **Etsko** /étsko/ *n.* クロイシンハー 《1875–1944; オランダの英語学者; *A Grammar of Present-day English* (1909, 11, 後 *A Handbook of* … (1925–36) と改題)》.

krul·ler /krʌ́lə | -ləˀ/ *n.* =cruller.

Kru·man /krú:mən/ *n.* (*pl.* **-men** /-mən, -mèn/) クルー族 (Kru) の人, クルー人 《単に Kru, Kroo ともいう》. 〖□ Kru〗

krum·horn /krʌ́mhɔ̀ən, krʌ́m- | -hɔ̀:n/ *n.* = krummhorn.

K

krumm·holz /krúmhoults | -həults; G. krʊ́mhɔlts/ n. (pl. ～) 〖植物〗(高木限界線 (timberline) の)矮林(わいりん). 〖(1903) □ G ～ 《原義》 crooked wood〗

krumm·horn /krúmhɔ̀ən, krʌ́m- | -hɔ̀:n; G. krʊ́mhɔrn/ n. クルムホルン《管の端が上方に湾曲した 2 枚の舌のあるルネサンス時代の管楽器》. 〖(1864) □ G ～ ← krumm crooked＋Horn 'HORN'〗

Krung Thep /Thai kruŋtʰê:p/ n. クルンテプ《Bangkok のタイ語名》.

Krupp /krúp, krʌ́p; G. krʊ́p/ n. クルップ工場製の大砲. 〖↓〗

Krupp /krúp, krʌ́p; G. krʊ́p/, **Alfred** n. クルップ《1812–87; ドイツ Essen の Krupp 大製鉄工場の設立者, 大砲王とあだ名された; Friedrich の子》.

Krupp, Friedrich n. クルップ《1787–1826; ドイツの鉄鋼・軍需企業経営者の一族の祖》.

Krupp, Gustav n. クルップ《1870–1950; Alfred の息子 Friedrich Alfred ～ (1854–1902) の女婿(じょせい); 正式名 Gustav ～ von Bohlen und Halbach》.

Krup·ska·ya /krúpskəjə; Russ. krúpskəjə/, **Nadezh·da Kon·stan·ti·nov·na** /nadʲéʒdə kənstanʲtʲínəvnə/ n. クループスカヤ《1869–1939; ロシアの革命家・教育者; Lenin の妻》.

Krush·chev /krú:ʃtʃɛf, -tʃɔ(:)f, -tʃɑ(:)f, ─́─ | krúsʧɔf, krúʃ-, ─́─; Russ. xruʃʲʃʲóf/, **Nikita Sergeevich** n. ＝Nikita Sergeevich Khrushchev.

Kruš·né Ho·ry /Czech krúʃnɛ:hɔri/ n. クルシュネーホリ《Erzgebirge のチェコ語名》.

Krutch /krú:tʃ/, **Joseph Wood** n. クルーチ《1893–1970; 米国の評論家・伝記作家・自然主義者; *The Modern Temper* (1929); *The Desert Year* (1952)》.

Krym /Russ. krím/ n. クルイム《Crimea のロシア語名》.

krym-sa·ghyz /krímsəgí:z, -gíz; Russ. krimsagís/ n. 〖植物〗ゴムタンポポの一種 (*Taraxacum megalorrhizon*). 〖□ Russ. *krym-sagyz* ← *Krym* Crimea＋East Turk. *sagiz* rubber, gum〗

kry·o- /kráiou | -əu/ ＝cryo-.

kry·o·lite /kráiəlàit/ n. 〖鉱物〗氷晶石 (cryolite). 〖(1877): ⇨ ↑, -lite〗

krypt- /kript/ (母音の前にくるときの) krypto- の異形 (⇨ crypto-).

kryp·to- /kríptou | -təu/ ＝crypto-.

kryp·ton /kríptɑ(:)n | -tɔn, -tən/ n. 〖化学〗クリプトン《希ガス元素の一つ; 記号 Kr, 原子番号 36, 原子量 83.80》. 〖(1898) ← NL ～ ← Gk *kruptón* (neut.) ← *kruptós* hidden〗

Kryp·ton·ite /kríptənàit/ n. **1** 〖商標〗クリプトナイト《米国 Kryptonite Bike Lock 社製の堅牢な自転車錠》. **2** クリプトナイト《Superman の超能力を無力化する物質》.

Kryv·yy Rih /krivíːrík, -ríx; Ukr. krɪvíjrʲíx/ n. クリヴィイリク《ウクライナ中南東部の都市; ロシア語名 Krivoy Rog》.

Ks 《略》Kansas (州).

KS 《略》〖米郵便〗Kansas (州); 〖印刷〗keep (type) standing 組置き《後日, 再び使用するので, 活字組版を解版しないように》; King's Scholar.

KSC 《略》(John F.) Kennedy Space Center.

Kshat·ri·ya /kʃǽtriə/ n. クシャトリヤ, 刹帝利《婆羅門(ばらもん)に次ぐインドのカーストの第二階級に属する人; 王族, 武士; cf. caste 1》. 〖(1794) □ Skt *kṣatriya* ← *kṣatra* rule〗

Ḱ-shèll /kéi-/ n. 〖物理〗K 殻《原子核を取り巻く電子殻のうち, 主量子数 1 をもつもの; cf. L-shell, M-shell, N-shell》. 〖1970〗

KStJ 《略》Knight (of the Order) of St. John.

Ḱ-Swiss /kéi-/ n. 〖商標〗K スイス《米国 K-Swiss 社製のスポーツシューズ》.

kt 《略》karat(s); kiloton(s); knot(s).

Kt 《略》Knight.

Kt 《記号》〖チェス〗knight.

KT 《略》Knights Templars; 《英》Knight of (the Order of) the Thistle.

Kt. Bach. 《略》Knight Bachelor.

Ḱ trùss /kéi-/ n. 〖建築〗K トラス《斜材を K 形に組んだトラス》.

Ḱ-12 /kéitwélv/ adj. 《米》幼稚園から高校終了までの.

K2 /kéitú:/ n. **1** K2 (峰)《パキスタン, Karakoram 山脈にある世界第 2 の高峰 (8,611 m); Godwin Austen ともいう》. **2** 〖商標〗K ツー《米国のスキー用具メーカー》.

Ku 《記号》〖化学〗kurchatovium.

KU 《記号》Kuwait Airways (Corporation).

Kua·la Lum·pur /kwá:ləlúmpuə, -lʌ́m- | kwá:ləlúmpuə(r, kwɔ́lə-, -lʌ́m-, -pə(r/ n. クアラルンプール《Malay 半島南西部にある都市; マレーシアの首都》.

Kuang-chou /kwà:ŋtʃóu, gwà:ŋdʒóu | kwæ̀ŋtʃáu/ n. ＝Guangzhou.

Kuangh·si /kwà:ŋsí:/ n. (also **Kuang·si**) ＝Guangxi.

Kuan Yin /kwà:njín; Chin. kuānīn/ n. 〖仏教〗観音.

KUB 《略》kidney, ureter, and bladder.

Ku·ba /kú:bə/ n. (pl. ～, ～s) **1** [the ～(s)] クバ族《バンツー語を話す中央コンゴ族; Bushongo ともいう》. **2** クバ族の人.

Ku·ban /ku:bǽn; Russ. kubánʲ/ n. [the ～] クバン(川)《Caucasus 山脈北部から北西に流れ Azov 海に注ぐ川 (920 km)》.

Ku·be·lik /kú:bəlɪk; Czech kúbɛli:k/, **Je·ro·nym** /jéronim/ **Rafael** n. クーベリック《1914–96; チェコ生まれの指揮者》.

Ku·bi·tschek de O·li·vei·ra /kú:bətʃèkdeiòulivéirə | -əul-; Braz. kubiʧékidʒiolivéira/, **Jus·ce·li·no** /ʒuselínu/ n. クビチェック デ オリヴェイラ《1902–76; ブラジルの政治家; 大統領 (1956–61); 新首都 Brasília を建設した》.

Kub·lai Khan /kú:bləká:n, -blai- | kú:blə-, kúb-, -blai-; Mongolian qúbilaiqá:n/ n. フビライハン, 忽必烈汗(フビライ・ハン) (1216?–94); 元第 1 代の皇帝(世祖) (1259–94), 成吉思汗(ジンギス・ハン) (Genghis Khan) の孫》. 〖cf. khan¹〗

Ku·bla Khan /kú:bləká:n | kú:b-, kúb-/ n. 「クビライカン」《Kublai Khan とその宮殿を主題にした Coleridge 作の 54 行から成る夢幻的な未完の詩 (1816)》.

Ku·brick /kjú:brɪk/, **Stanley** n. キューブリック《1928–99; 米国の映画監督・映画製作者》.

kuc·cha /kʌ́tʃə; Punjabi kəttʃə/ n. カッチャー《シーク教徒が宗教的忠誠心のあかしとして着用する短いズボン; cf. five Ks》.

Kuch Be·har [Bi·har] /kú:tʃbɪhɑ́ə | -bɪhá:(r/ n. ＝Cooch Behar.

Ku·che·an /ku:tʃí:ən/ n. 〖言語〗クチャ語《古代中央アジアのクチ国で話されていたトカラ語 (Tocharian) の一方言》. 〖(c1934) □ F *koutchéen* ← *Kucha* (中国旧新彊省の地名): ⇨ -an¹〗

ku·chen /kú:kən, -xən; G. kú:xn/ n. (pl. ～) クーヘン《ドイツ風ケーキの総称》. 〖(1854) □ G ～ 'CAKE'〗

Ku·ching /kú:tʃɪŋ/ n. クチン《マレーシア東部, Borneo 島 Sarawak 州南西部にある海港で同州の州都》.

ku·do /kú:dou, kjú:- | kjú:dəu/ n. (pl. ～s) 《口語》栄誉; 賛辞, 謝辞 (praise): receive ～s. 〖(1941) 《逆成》↓〗

ku·dos /kú:dɑ(:)s, kjú:-, -dous, -dous | kjú:dɔs/ n. (何らかの業績による)名声, 栄光; 信望; 称賛, 感謝 (prestige): seek [get] ～. 〖(1793) □ Gk *kûdos* glory, fame: もと英大学俗語〗

ku·du /kú:du:, kjú:- | kú:-, kú-/ n. 〖動物〗＝koodoo. 〖1777〗

Ku·dus /kú:du:s/ n. クドゥス《インドネシア Central Java 州北部の町; 農業地帯の交易の中心地》.

kud·zu /kúdzu:/ n. 〖植物〗クズ (*Pueraria lobata*) 《日本原産のマメ科のつる植物; 米国南部に広く分布; 食料・飼料として用いられる; kudzu vine ともいう》. 〖(1876) □ Jpn.〗

ku·eh /kɔ́:ei/ n. [単数または複数扱い] クエ《マレーシアで食されるマレー風・中国風・インド風の焼菓子》.

Kuen·lun /kù:nlú:n/ n. [the ～] ＝Kunlun.

ku·fa /kú:fə/ n. ＝gufa.

Ku·fa /kú:fə/ n. クーファ《イラク中部 Euphrates 川西岸の都市; Al-Kufa ともいう》. 〖□ Arab. *al-Kūfaʰ*〗

Ku·fic /kú:fɪk, kjú:-/ adj. クーファ (Kufa) の; (特に)クーファ書体の. ── n. **1** (アラビア文字の)クーファ書体《Kufa で始められ, 普通の書体よりは角張っていて, 主に Koran の古写本, 貨幣, 碑文に用いられた》. **2** (アラビア文字の)角張った書体. 〖(1706): ⇨ ↑, -ic¹〗

ku·fi·yah /kufí:jə/ n. ＝kaffiyeh.

ku·gel /kú:gəl, -gl/ n. 〖料理〗クーゲル《麺類・ジャガイモ・パンなどを主体として種々の材料を加えて蒸し上げたユダヤ料理のプディング》. 〖(1846) □ Yid. ～ 《原義》ball □ MHG *kugel(e)*: cf. cudgel〗

Kuh·li·i·dae /ku:láɪədi:, -láɪi-/ n. pl. 〖魚類〗ユゴイ科. 〖← NL ～ ← *Kuhlia* (属名: ← *Heinrich Kuhl* (d. 1821: ドイツの動物学者)＋-IDAE〗

Kuhn /kú:n; G. kú:n/, **(Franz Felix) A·dal·bert** /á:dalbɛrt/ n. クーン《1812–81; ドイツの言語学者・比較神話学者》.

Kuhn, Richard n. クーン《1900–63; ドイツの化学者; Nobel 化学賞 (1938, 辞退)》.

Kuhn, Thomas Samuel n. クーン《1922–86; 米国の哲学者・科学史家; *The Structure of Scientific Revolutions* (1962)》.

Kui·by·shev /kwí:bəʃɛ̀f, -ʃɛ̀v | kwíbɪ-; Russ. kújbɨʃɨf/ n. クイビシェフ《Samara の旧名 (1935–91)》.

ku-klux, Ku-K- /kú:klʌ̀ks, kjú:-/ vt. …にリンチを加える, 殴りつける. 〖← Ku Klux Klan〗

Ku Klux /kú:klʌ̀ks, kjú:-/ n. **1** [the ～] ＝Ku Klux Klan. **2** ＝Ku Kluxer.

Ku Klux·er /kú:klʌ̀ksə, kjú:- | -klʌ̀ksə(r/ n. クークラックス クランの一員, 3 K 団団員. 〖(1880): ⇨ ↑, -er¹〗

Ku Klux·ism /kú:klʌ̀ksɪzm, kjú:-/ n. クー クラックス クラン主義[説]. 〖(1881): ⇨ -ism〗

Ku Klux Klan /kú:klʌ̀ksklǽn, kjú:-/ n. [the ～] クー クラックス クラン, 3 K 団《略 KKK》: **a** 米国で南北戦争後に黒人および北部人を威圧するために南部諸州に結成された秘密結社; 後年不法行為が多かったので 1871 年禁止された; cf. Knights of the White Camellia. **b** 1915 年に米国生まれの白人新教徒たちによって結成された秘密結社; 旧教徒・ユダヤ人・東洋人などをアメリカ文明の敵と称して排斥運動をした; 会員を knight と呼び会名を Knights of the Ku Klux Klan という. 〖(1867) 《転訛》? ← Gk *kúklos* 'circle, CYCLE'＋CLAN〗

Kú Klùx Klán·ner /-klǽnə | -nə(r/ n. ＝Ku Kluxer. 〖1923〗

kuk·ri /kúkri/ n. ククリ刀《インド・ネパールの Gurkha 人の用いる蛮刀》. 〖(1811) □ Hindi *kukri*〗

ku·ku·ku·ma /kú:kukù:mə/ n. 《NZ》〖魚類〗＝gurnard.

Ku·ku Nor /kú:ku:nɔ́ə | -nɔ́:(r/ n. ＝Koko Nor.

ku·la /kú:lə/ n. (pl. ～) (Melanesia 島民の間で儀礼的に行われる)贈り物交換. 〖(1920) ← Melanesian 《現地語》〗

ku·lak /ku:lǽk, -lá:k, ─́─ | kú:læk; Russ. kulák/ n. (pl. **～s, ku·la·ki** /-ki; Russ. kulakí/) クラーク《ロシアの革命前の悪らつな金持ち農夫, 貧農を搾取した富農; 革命後は農業集団化[コルホーズ化]に抵抗して迫害された》. 〖(1877) □ Russ. ～ 'fist, tight-fisted person' ← ? Turk.〗

ku·lan /kú:la:n/ n. 〖動物〗クーラン (*Equus hemionus* var. *hemionus*) 《モンゴル・中央アジア産の野生ロバ》. 〖□ Kirghiz ～〗

kul·cha /kúltʃə/ n. クルチャ《インドの小さな円い薄パン; 通例肉または野菜を詰めてある》. 〖□ Pers. *kulīca*〗

Kul·tur, k- /kultúə | -túə(r; G. kultú:ɐ/ n. **1** 文化 (culture); 精神文化. **2** 《軽蔑》(19 世紀末から第二次大戦までのドイツの帝国主義を基盤とした)ドイツ文化. 〖(1914) □ G ～ □ L *cultūra* 'CULTURE'〗

Kul·tur·kampf, k- /kultúəkà:m(p)f | -túəkæmf; G. kultú:ɐkampf/ n. **1** 〖ドイツ史〗文化闘争《ドイツ帝国の Bismarck 宰相 (1871–90) が反プロイセン的なカトリック教会に対して教育・宗教上の権利を制限しようとしてとった諸方策 (1872–78)》. **2** [k-] (特に教育・宗教に関する)政府と宗教界との闘争. 〖(1879) □ G ～ ← *Kultur* (↑)＋*Kampf* struggle (cf. camp¹)〗

Ku·lun /kù:lú:n; Chin. kʰùlún/ n. 庫倫(クールン) 《Ulan Bator の旧中国語名》.

Kum¹ /kú:m; Korean kú:m/ n. [the ～] 錦江(きんこう) 《韓国中部を南西に流れて黄海に注ぐ川 (398 km)》.

Kum² n. ＝Qom.

ku·ma·ra /kú:mərə/ n. 《NZ》サツマイモ (sweet potato). 〖(1773) □ Maori ～〗

Ku·ma·si /ku:má:si, -mǽsi | -mǽsi, -má:si/ n. クマシ《ガーナ中部の Ashanti 地方の主都》.

Ku·may·ri /kú:maɪri/ n. クマイリ《Gyumri の旧名》.

kum·ba·loi /kùmbəlɔ́ɪ/ n. pl. ＝worry beads.

Kŭm·gang /kúmgà:ŋ; Korean kumgaŋ/ n. 金剛山(クムガンサン) 《北朝鮮南東部の太白山脈中の最高峰 (1,638 m)》.

ku·miss /kú:mɪs; Russ. kumís/ n. (also **ku·mis** /～/) ＝koumiss.

küm·mel /kíməl, -ml | kúm-, kím-; G. kýml/ n. **1** キュンメル(酒)《キャラウェーの実 (caraway seeds) などで香りを付けたリキュール; ドイツ・オランダ・バルト海地方の名産》. **2** キュンメルチーズ《キャラウェーの実が入ったオランダチーズの一種》. 〖(1864) □ G *Kümmel* 'CUMIN, caraway seed'〗

kum·mer·bund /kʌ́məbʌ̀nd | -mə-/ n. ＝cummerbund.

kum·quat /kʌ́mkwɑ(:)t | -kwɔt, -kwæt; Cant. kɐ̄mkuɐ̄t/ n. **1** 〖植物〗キンカン《キンカン属 (*Fortunella*) の樹木の総称; ナガキンカン (*F. margarita*), キンカン (Chinese orange) など》. **2** キンカン(の実). 〖(1699) □ Chin. 《広東方言》*kam-kwat* (金橘)〗

ku·mys /kú:mɪs; Russ. kumís/ n. (also **ku·myss** /～/) ＝koumiss. 〖□ Russ. ～〗

Kun /kú:n; Hung. kún/, **Bé·la** /béːlɒ/ n. クーン《1886–1937; ハンガリーの政治家・共産党指導者》.

ku·na /kú:nə; Croat. kŭ:na/ n. (pl. **ku·ne** /kú:nə/) クナ《クロアチアの通貨単位; ＝100 lipa》.

Kuna /kú:nə/ n. ＝Cuna.

ku·nai /kú:naɪ/ n. ＝cogon. 〖(1933) □ New Guinea 《現地語》〗

kun·da·li·ni, K- /kùndəlí:ni, kʌ̀n-/ n. 〖ヒンズー教〗クンダリニー《ヨーガやタントラ教で脊柱の最下部に蛇のようにとぐろを巻いて存在する潜在的エネルギー》. 〖(1905) □ Skt *kuṇḍalinī* ← *kuṇḍala* a coil〗

ku·ne·ne /ku:néɪnə/ n. ＝Cunene.

Küng /kúŋ, kú:ŋ; G. kýŋ/, **Hans** n. キュング《1928– ; スイスのカトリックの神学者》.

Kung /kúŋ, gúŋ/, **Hsiang-Hsi** n. ＝Kong Xiangxi.

Kung, Prince n. ＝Gong.

kung fu /kʌ̀ŋfú:, kùŋ-/ n. (also **kung-fu** /～/) 功夫(カンフー), 拳法《空手に似た中国の自己防衛術》. 〖(1966) ← Chin. *gongfu* skill, art〗

Kung Fu-tzŭ /kúŋfù:tsʌ́/ n. (also **Kung Fu-tse** /～/) ＝Kongfuzi.

kun·kur /kʌ́ŋkə | -kə(r/ n. (also **kun·kar** /～/) 〖岩石〗(インド産の)粗悪な石灰石. 〖(1793) □ Hindi *kaṅkar* ← Skt *karkara-* 《原義》hard〗

Kun·lun /kù:nlú:n; Chin. kʰūnlún/ n. [the ～] 崑崙(コンロン)山脈《中国西部, チベット北方の山脈; 延長 2,500 km, 海抜 6,000 m 以上》.

Kun·ming /kùnmíŋ; Chin. kʰūnmíŋ/ n. 昆明(クンミン) 《中国雲南省 (Yunnan) の省都; 第二次大戦中は旧ビルマ公路の要衝》.

Kun·san /gúnsà:n; Korean kunsan/ n. 群山(クンサン) 《韓国全羅北道にある黄海沿岸の工業都市》.

Kunz /kúnts; G. kúnts/, **Erich** n. クンツ《1909–95; オーストリアのバスバリトン歌手》.

kunz·ite /kúntsaɪt/ n. 〖鉱物〗クンツァイト《鋰(リチウム)輝石 (spodumene) の一種; 淡紫色で磨いて宝石にする》. 〖(1903) ← *Dr. G. F. Kunz* (1856–1932: 米国の宝石学者): ⇨ -ite¹〗

Kuo·min·tang /kwòumɪntǽŋ, gwou- | kwəu-, gwəu-; Chin. kuómíntǎŋ/ n. [the ～] (中国)国民党 (⇨ Nationalist Party). 〖(1912) □ Chin. ～ (国民党)〗

Kuo Mo-jo /kwóumòudʒóu | kwə́uməudʒə́u/ n. ＝Guo Moruo.

Kuo·pi·o /kwóupiòu | kwə́upiəu; Fin. kwɔ́pjɔ/ n. クオピオ《フィンランド中南部の都市; 観光保養地》.

Kuo-yu /kwòujú: | kwəu-/ n. ＝putunghua.

Kúpf·fer céll /kúpfə- | -pfə-; G. kúpfɐ/ n. 〖解剖〗クップファー細胞《肝臓の洞様血管壁にある細網内皮細胞》. 〖(1901) ← *Karl Wilhelm von Kupffer* (1829–1902: ドイツの解剖学者)〗

Kup·rin /kúːprɪn | -rɪn; *Russ.* kuprʲín/, **Aleksandr Ivanovich** *n.* クプリン《1870–1938; ロシアの小説家; *The Duel* (1905)》.

Ku·ra /kʊ́rə; *Russ.* kurá/ *n.* [the ～] クラ(川)《トルコ北東部に発し, グルジアおよびアゼルバイジャン両共和国を南東に貫流してカスピ海に注ぐ川 (1,364 km)》.

ku·rak·kan /kʊ́rəkæ̀n/ *n.* 《植物》 =korakan. 〖1681〗

kur·bash /kʊ́əbæʃ | kʊ́ə-/ *n.* (もとトルコ・エジプトなどで刑具, または労働強制に用いた)革鞭(むち): under the ～ 鞭のもとで, 強制労働で. **—** *vt.* 革鞭で打つ. 〖(1814) □ Turk. *kirbaç* whip〗

kur·cha·to·vi·um /kɚ̀ːtʃətóʊviəm | kɜ̀ːtʃətə́ʊ-/ *n.* 《化学》クルチャトビウム (⇨ element 104). 〖(1967) □ Russ. *Kurchatoviĭ* ← *Igor Kurchatov* (1903–60: ソ連の物理学者)〗

Kurd /kʊ́əd, kɚ́ːd | kɜ́ːd, kʊ́əd/ *n.* クルド人《Kurdistan に住むイラン系のイスラム教徒の民族; 自治を求める民族運動が根強い》. 〖(1595) □ Turk. & Arab. ～〗

kur·dai·tcha /kədáɪtʃə | kə-/ *n.* 《豪》骨呪(こつじゅ)《骨を用いて人の病気や死を願う原住民の呪術》; 骨呪師. 〖(1886) 原住民語〗

Kúrd·ish /-dɪʃ | -dɪʃ/ *adj.* クルド人 (Kurd) の; クルド語の. **—** *n.* クルド語《印欧語族のイラン語派に属する》. 〖(1813): ⇨ Kurd, -ish[1]〗

Kur·di·stan /kʊ̀ədəstǽn, kɚ̀ː-, -stáːn | kɜ̀ːdɪstáːn, -stǽn/ *n.* **1** クルジスタン《トルコ南東部, イラン北西部, イラク北部にわたる一帯の高地; 住民は主にクルド人 (Kurd)》. **2** クルジスタンじゅうたん《クルド人の織る美しいじゅうたん (rug)》. (1904)

Kú·re Ísland /kʊ́ᵊri-, kjʊ́ᵊri- | kʊ́əri-, kjʊ́əri-/ *n.* クレ島《Hawaii 諸島北西端の無人島; 行政上は Hawaii 州の一部, 別名 Ocean Island》.

kur·gan /kʊəgáːn, -gǽn | kʊə-; *Russ.* kurgán/ *n.* 東欧・シベリアの墳墓. 〖(1889) □ Russ. ～ ← Turki: cf. Turk. *Kurgan* fortress〗

Kur·gan /kʊəgǽn, -gáːn | kʊə-; *Russ.* kurgán/ *n.* クルガン《ロシア連邦シベリア南西部の都市》.

ku·ri /kúːri/ *n.* (NZ)《動物》**1** 雑種犬《goorie ともいう》. **2 a** マオリ族. **b** いやなやつ. 〖(1838) □ Maori *kuri*〗

Kú·ril Íslands /kʊ́ᵊriːl-, kjʊ́ᵊriːl-, kuríːl-, kjʊ- | kʊríːl-, kjʊ-/ *n. pl.* (*also* **Kú·rile I-** /～/) [the ～] 千島列島, クリル列島《総面積 15,600 km^2; the Kurils, the Kuriles ともいう》.

Ku·ri·shes Haff /*G.* kúːrɪʃəsháf/ *n.* クリシェス湾《Courland Lagoon のドイツ語名》.

Kur·land /kʊ́ələnd, -lænd; *Russ.* kúə-/ *n.* =Courland.

Kur·nool /kənúːl | kə-/ *n.* クルヌール《インド南部 Andhra Pradesh 州西部, Hyderabad の南にある町》.

Ku·ro·pat·kin /kùᵊrəpǽtkɪn, -páːt- | kùərəpǽtkɪn; *Russ.* kurapátkʲin/, **Aleksei Nikolaevich** *n.* クロパトキン《1848–1925; ロシアの将軍; 陸相 (1898–1904), 日露戦争当時の総司令官 (1904–05)》.

Ku·ro·shi·o /kʊróʊʃiòʊ | -rə́ʊʃiə̀ʊ/ *n.* [the ～] 黒潮 (Japan Current). 〖(1885) □ Jpn.〗

kuróshio exténsion *n.* [the ～] 黒潮続流《黒潮が日本を離れ東流する部分で, 太平洋海流につながる》.

kuróshio sỳstem *n.* [the ～] 黒潮系《北赤道海流の一部分; 対馬海流・黒潮・黒潮続流の総称》.

kur·ra·jong /kɚ́ːrədʒɔ̀(ː)ŋ, -dʒɑ̀(ː)ŋ | kʌ́rədʒɒ̀ŋ/ *n.* 《植物》**1** オーストラリア先住民が繊維をとるのに用いるアオギリ科の低木の総称. **2** ゴウシュウアオギリ (*Brachychiton populneum*)《オーストラリア東部によく見られるアオギリ科の高木; 材は内装用, 葉は飢饉の時家畜の飼料とする》. 〖(1823) ← Austral. (現地語)〗

Kur·saal /kʊ́əzaːl, kɚ́ː-, -saːl | kɜ́ːzaːl, kʊ́ə-; *G.* kúːɐzaːl/ *G. n.* (*pl.* **Kur·sä·le** /kʊəzéːlə | kʊə-; *G.* kuːɐzéːlə/) (ドイツその他の海水浴場・温泉場などにあるカジノ風の)娯楽館, 娯楽室. 〖(1849) □ G ～ 'cure-hall' ← *Kur* 'CURE' + *Saal* hall〗

Kursk /kʊ́əsk | kʊ́əsk; *Russ.* kúrsk/ *n.* クルスク《ロシア連邦西南部の工業都市; 第二次大戦の激戦地の一つ》.

Kurt /kɚ́ːt | kɜ́ːt, kʊ́ət; *G.* kʊ́ʁt/ *n.* カート《男性名; 異形 Curt》. 〖(短縮) ← KONRAD, CONRAD〗

kur·ta /kɚ́ːtə | kɜ́ːtə/ *n.* 《インド》(シャツに似た)ゆるやかな長い上着; (軍装の)ゆるやかな上着. 〖(1913) □ Hindi *kurtā*〗

kur·to·sis /kətóʊsɪs | kəːtə́ʊsɪs, kə-/ *n.* 《統計》尖度(せんど), とがり《度数分布の並数を中心とするとがり方の程度を示す数値》. 〖(1905) ← NL ～ ← Gk *kúrtōsis* curvature ← *kurtós* convex〗

ku·ru /kʊ́ᵊruː | kʊ́ruː/ *n.* 《病理》クールー《ニューギニア中部の地方病で死亡率の高いウイルス性疾患》. 〖(1957) □ New Guinea (現地語) ～ (原義) trembling〗

Ku·ru·ba /kərúːbə/ *n.* (*pl.* ～, ～**s**) クルバ《インド南部 Mysore その他の地域の牧羊民》.

ku·rus /kərúːʃ | kʊrúʃ, -rúːʃ/ *n.* (*pl.* ～) **1** クルシュ《トルコの通貨単位; =$^1/_{100}$ lira; piaster ということもある》. **2** 1 クルシュアルミ貨. 〖(1882) □ Turk. *kuruş*〗

Kur·ze·me /*Latvian* kúrzɛmɛ/ *n.* クルゼメ《Courland のラトビア語名》.

Kusch /kʊ́ʃ/, **Pol·y·karp** /pɑ́(ː)lɪkàːp | pɒ́lɪkàːp/ *n.* クッシュ《1911–93; ドイツ生まれの米国の物理学者; Nobel 物理学賞 (1955)》.

Kush /kʊ́ʃ, kʌ́ʃ/ *n.* =Cush.

Kus·ko·kwim /kʌ́skəkwɪm/ *n.* [the ～] カスコクウィム(川)《米国 Alaska 州南西部の Bering 海に注ぐ川 (965 km)》. 〖□ Inuit ～: *-kwim* は stream の意〗

kus·kus[1] /kʌ́skəs | kʊ́skʊs/ *n.* 《植物》 =khuskhus.

kus·kus[2] /kúːskuːs/ *n.* 《料理》 =couscous.

Ku·ta·i·si /kùːtəíːsi | -tə-/ *n.* クタイシ《グルジア西部の都市》.

Kutch /kʌ́tʃ/ *n.* カッチ《インド西部, アラビア海に接した旧州; 現在は Gujarat 州の県》.

Gúlf of Kútch [the —] カッチ湾《インド西部 Gujarat 州西部の湾》.

Ránn of Kútch /rʌ́n-/ [the —] カッチ湿地帯《インド西部 Gujarat 州の Kutch 地方からパキスタン南部にまで広がる大塩性原野; 雨期には大沼沢地となる; 面積約 20,000 km^2》.

kutch·a /kʌ́tʃə/ *adj.*, *n.* =cutcha.

Ku·te·nai[1] /kúːtənèɪ, -nìː, -tn- | -tən-, -tn-/ *n.* (*also* **Ku·te·nay** /～/) (*pl.* ～**s**, ～) **1 a** [the ～(s)] クテナイ族《カナダの British Columbia 州, 米国の Montana, Washington, Idaho 諸州に住むインディアンの部族》. **b** クテナイ族の人. **2** クテナイ語. 〖(1801) □ *kútonâqa* (現地語)〗

Ku·te·nai[2] /kúːtənèɪ, -nìː-, -tn- | -tən-, -tn-/ *n.* (*also* **Ku·te·nay** /～/) =Kootenay[1].

ku·tu /kúːtuː/ *n.* (NZ俗)《昆虫》 =body louse. 〖1771〗

Ku·tu·zov /kʊtúːzɔ(ː)f, -zɔ(ː)v, -zɑ(ː)f, -zɑ(ː)v | -zɒf, -zɒv; *Russ.* kutúzəf/, **Mikhail I·la·ri·o·no·vich** /ɪlərʲiónəvʲɪtʃ/ *n.* クトゥーゾフ《1745–1813; ロシアの将軍; Napoleon の侵入を撃退》.

ku·vasz, K- /kúvɑːs, kúːvɑː-/ *n.* (*pl.* **ku·va·szok** /-vɑːsɔ(ː)k | -sɒk/) クバース《15 世紀にハンガリーの貴族たちがチベット原産の祖犬を改良した大形で純白のイヌ; 護衛・狩猟または牧羊・牧牛用》. 〖(1935) □ Hung. ～ □ Turk. *kavas* armed constable □ Arab. *qawwās* bowman: ⇨ kavass〗

Ku·wait /kʊwéɪt, kuː-, -wáɪt | kuːwéɪt, kjuː-, kʊ-; *Arab.* kuwéːt/ *n.* クウェート: **1** アラビア北東部のペルシャ湾に臨む王国, もと英国の保護領で 1961 年独立; 油田で有名; 面積 16,000 km^2; 公式名 the State of Kuwait クウェート国. **2** クウェート東部にある同国の首都; Al /æl/ Kuwait ともいう.

Ku·wai·ti /kʊwéɪti, kuː-, -wáɪti | kuːwéɪti, kjuː-, kʊ-/ *adj.* クウェート(人)の. **—** *n.* クウェート人. 〖(1928) □ Arab. *Kuwaytīy* (adj.) ← *Kuwáyt* Kuwait〗

Ku·weit /kʊwéɪt, kuː-, -wáɪt | kuːwéɪt, kjuː-, kʊ-/ *n.* =Kuwait.

Kuy·by·shev /kwíːbəʃèf, -ʃèv | kwíbɪ-/ *n.* =Kuibyshev.

Kuyp /káɪp, kɔ́ɪp; *Du.* kœ́yp/ *n.* =Cuyp.

Kuz·bass /kuːzbǽs, -bǽs; *Russ.* kuzbás/ *n.* (*also* **Kuz·bas** /～/) =Kuznetsk Basin.

Kuz·nets /kʌ́znɛts, kʊ́znɪts, kúːz- | kʊ́znɪts; *Russ.* kuznʲéts/, **Simon** *n.* クズネッツ《1901–85; ロシア生まれの米国の経済学者; Nobel 経済学賞 (1971)》.

Kuz·nétsk Básin /kuznétsk-; *Russ.* kuznʲétsk-/ *n.* [the ～] クズネツク盆地《ロシア, 西シベリアの Novokuznetsk から Tomsk に至る盆地; 豊富な炭田を中心として重化学工業が発達; 短縮して Kuzbass, Kuzbas ともいう》.

kV, kv 《略》 kilovolt(s).

KV /kéɪvíː; *G.* kaːvéː/ 《略》《音楽》 G. Köchel-Verzeichnis ケッヘル番号 (Köchel number).

kVA 《略》 kilovolt-ampere(s).

Kva·løy /kváːlɔɪ/ *n.* クバーロイ《ノルウェーの北方, 北極海にある 2 島; 南島 (South Kvaløy) と北島 (North Kvaløy)》.

kVAr, kVar 《略》 kilovar(s).

kvass /kváːs, kwáːs, kfáːs, kə- | kváːs, kvǽs; *Russ.* kvás/ *n.* (*also* **kvas** /～/) クワス《ロシアなどの家庭でライ麦・大麦などに麦芽を混ぜて発酵させて造る微アルコール性清涼飲料》. 〖(*c*1553) □ Russ. *kvas*: cog. cheese[1]〗

kvell /kvél/ *vi.* (米俗) 大いに楽しむ, 満悦する. 〖(1967) □ Yiddish *kveln* □ G *quellen* to gush〗

kvetch /kvétʃ, kfétʃ/ (米俗) *n.* 不平家, こぼし屋; うるさ型, やかまし屋. **—** *vi.* 不平[ぐち]ばかり言う. **～·er** *n.* 〖(*c*1952) □ Yiddish *kvetsh* □ G *Quetsche* presser〗

kvu·tzah /kvuːtsáː, ⌐⌐/ *n.* (*also* **kvu·tza** /～/) (*pl.* **kvu·tzoth** /kvuːtsóʊθ, -tsóʊt, ⌐⌐ | kvuːtsə́ʊθ, -tsə́ʊt, ⌐⌐/, **kvu·tzot** /kvuːtsóʊt, ⌐⌐ | kvuːtsə́ʊt, ⌐⌐/, ～**s**) (イスラエルの)集団農場, クブーツァー《kibbutz より小さく国有地に設けられる》. 〖(1921) □ ModHeb. *kvuṣa* < Heb. *qᵉbhūṣāh* (pl. *qᵉbhūṣōth*) group, gathering ← *qābháṣ* to gather〗

kw, kW 《略》 kilowatt(s).

kw 《記号》 Kuwait (URL ドメイン名).

KW 《略》 Knight(s) of Windsor.

Kwa /kwáː/ *n.* (*pl.* ～) **1** クワー語《Niger-Congo 語族の一つ, Ibo, Ewe, Yoruba その他西アフリカの諸語を含む》. **2** クワー語を話す原住民. **—** *adj.* クワー語の. 〖(1857) 現地語〗

KWAC /kwǽk/ *n.* 《電算・図書館》文献から抽出したキーワードを中心に作る索引 (cf KWIC, KWOC). 〖(頭字語) ← *k*(*ey*) *w*(*ord*) *a*(*nd*) *c*(*ontext*)〗

kwa·cha /kwáːtʃə, -tsɑː | -tsɑː/ *n.* (*pl.* ～) **1 a** クアチア《ザンビアの通貨単位; =100 ngwee; 記号 K》. **b** 1 クアチア紙幣. **2 a** クアチア《マラウィの通貨単位; =100 tambala; 記号 K》. **b** 1 クアチア紙幣. 〖(1966) □ Zambia (現地語) ～ (原義) dawn〗

Kwa·ja·lein /kwáːdʒəlɪn, -lèɪn | -lèɪn/ *n.* クワジャリン(島)《西太平洋 Marshall 諸島中の環状珊瑚(さんご)島》.

Kwa·ki·u·tl /kwɑ̀ːkiúːtl | -tl/ *n.* (*pl.* ～**s**, ～) **1 a** [the ～] クワキウトル族《カナダの Vancouver 島および British Columbia 州沿岸に住むアメリカインディアンの種族; ポトラッチ (potlatch) を行うので知られる》. **b** クワキウトル族の人. **2** クワキウトル語. 〖(1848) □ (現地語) ～ (原義) beach at the north end of the river〗

Kwa·Nde·be·le /kwɑ̀ːndɪbéli, -béɪli | kwɒ̀n-, kwɑ̀ːn-; *Afrik.* kwandebéːle/ *n.* クワヌデベレ《南アフリカ共和国 Transvaal 州にあった Bantustan》.

Kwan·do /kwɑ́(ː)ndoʊ | kwɒ́ndəʊ/ *n.* [the ～] クワンド(川)《アフリカ南部の川; アンゴラ中部に源を発し, アンゴラとザンビアの国境を南下, Victoria Falls 上流の Zambezi 川に流入する (966 km)》.

Kwang·chow /kwɑ̀ːŋtʃóʊ, gwɑ̀ːŋdʒóʊ | kwæ̀ŋtʃáʊ/ *n.* =Guangzhou.

Kwang·cho·wan /kwɑ́ːŋtʃòʊwɑ́ːn, gwɑ́ːŋdʒòʊ- | kwæ̀ŋtʃəʊ-;/ *n.* =Guangzhou Wan.

Kwang·ju /kwɑ̀ːŋdʒúː, gwɑ̀ːŋ- | kwæŋ-; *Korean* kwaŋdʒu/ *n.* 光州(クワンジュ)《韓国南西部の都市》.

Kwan·go /kwɑ́ːŋgoʊ | kwɑ́ːŋgəʊ, -kwǽn-/ *n.* [the ～] クワンゴ(川)《アフリカ中南部の川; アンゴラ中部に源を発し, 北流して Kasai 川に流入する (485 km)》.

Kwang·tung /kwɑ̀ːŋdʊ́ŋ, gwɑ̀ːŋ-, kwɑ̀ːŋ, -tʊ́ŋ | kwæ̀ŋtʌ́ŋ/ *n.* =Guangdong.

Kwan·tung /kwɑ̀ːntʊ́ŋ, gwɑ̀ːndʊ́ŋ | kwæ̀ntʌ́ŋ/ *n.* = Guandong.

kwan·za /kwɑ́ːnzə | kwɑ́ːn-, kwǽn-/ *n.* (*pl.* ～, ～**s**) **1** クワンザ《アンゴラの通貨単位; =100 lwei》. **2** クワンザ貨. 〖(1978) □ Bantu ～〗

Kwan·za /kwɑ́ːnzə | kwɑ́ːn-, kwǽn-/ *n.* (*also* **Kwan·zaa** /-zɑː/) クワンザ《12 月 26 日から元日までの 7 日間に行うアフリカ系アメリカ人の祝祭》. 〖(1972) ← Swahili *matunda ya kwanza* 'first fruits (of the harvest)'〗

Kwa·ra /kwɑ́ːrə/ *n.* クワーラ《ナイジェリア西部の州; 州都 Ilorin》.

kwash·i·or·kor /kwɑ̀ːʃiɔ́əkɔə, -kə, -ɔəkɔ́ə | kwæ̀ʃiɔ́ːkɔː(r, kwɒ̀ʃ-, -kə(r/ *n.* 《病理》クワシオルコル《熱帯・亜熱帯各地の乳幼児に見られる栄養不良; 不消化なトウモロコシの食事から起こるビタミン・蛋白の不足と関係があり, 水腫・腹のふくれ・皮膚の赤色化などの症状が特色》. 〖(1935) □ Ghana (現地語) ～ (原義) red boy〗

Kwa·Zu·lu /kwɑːzúːluː/ *n.* クワズールー《南アフリカ共和国東部の一群の飛び地からなっていた Bantustan》.

KwaZúlu-Natál *n.* クワズールーナタール《南アフリカ共和国東部の州; 面積 92,180 km^2, 州都 Pietermaritzburg, Ulundi》.

Kwe·dien /kwɪdíːn/ *n.* 通過儀礼 (initiation) を済ませていないアフリカ人の少年.

Kwei·chow /kwèɪtʃóʊ, gwèɪdʒóʊ | kwèɪtʃáʊ/ *n.* = Guizhou.

Kwei·hwa·ting /kwéɪhwɑ̀ːtíŋ/ =Guihua.

Kwei·lin /kwèɪlín, gwèɪ- | kwèɪ-/ *n.* =Guilin.

Kwei·sui /kwèɪswéɪ, gwèɪ- | kwèɪ-/ *n.* =Guisui.

Kwei·yang /kwèɪjɑ́(ː)ŋ, gwèɪ- | kwèɪ-/ *n.* =Guiyang.

kwe·la /kwéɪlə/ *n.* クウェラ《アフリカ南部に住む Bantu 族の間で演奏される, リズム感の強い音楽》.

kwe·la-kwe·la /kwéɪləkwèɪlə/ *n.* 《南ア口語》囚人護送車 (Black Maria).

Kwen·lun /kʊ̀nlúːn/ *n.* =Kunlun.

kWh, kwh(r), kWhr, KWH 《略》 kilowatt-hour(s).

KWIC /kwík/ *n.* 《電算・図書館》クウィック《キーワードが文脈の中にそのまま入った形式で作る索引》. 〖(1959) (頭字語) ← *k*(*ey*) *w*(*ord*) *i*(*n*) *c*(*ontext*)〗

Kwik-fit /kwíkfɪt/ *n.* 《商標》クイックフィット《英国のガソリンスタンドのチェーン店; 自動車修理・部品販売も行う》.

Kwik·save /kwíksèɪv/ *n.* 《商標》クイックセーブ《英国の食品雑貨安売りのチェーン店》.

KWOC /kwɑ́(ː)k | kwɔ́k/ *n.* 《電算・図書館》クウォック《キーワードが文脈の直前にくる形式の索引》. 〖(頭字語) ← *k*(*ey*) *w*(*ord*) *o*(*ut of*) *c*(*ontext*)〗

KWP 《略》 Korean Worker's Party.

kwt 《略》 kilowat(s).

KWT 《略》《自動車国籍表示》 Kuwait.

Ky /kíː; *Viet.* kiː/, **Ngu·yen Kao** /ŋwiə̌nkɑ̃ːw/ *n.* = Nguyen Cao Ky.

Ky 《略》 Kentucky.

KY 《略》《米郵便》 Kentucky.

ky·ack /káɪæk/ *n.* 《米西部》(荷ぐらの両側に掛ける)荷袋. 〖(1901) ← ?〗

ky·ak /káɪæk/ *n.* =kayak.

ky·a·nite /káɪənàɪt/ *n.* 《鉱物》 =cyanite. 〖1794〗

ky·a·nize /káɪənàɪz/ *vt.* (防腐のため)木材に昇汞(しょうこう)水を注入する, 〈木材を〉昇汞水で防腐する. **ky·a·ni·za·tion** /kàɪənɪzéɪʃən | -naɪ-, -nɪ-/ *n.* 〖(1837) ← *John H. Kyan* (1774–1850: その防腐法の発見者のアイルランド人): ⇨ -ize〗

kyat /tʃáːt, kjáːt | kiáːt/ *n.* **1** チャット《ミャンマーの通貨単位; 1952 年 rupee から変更; =100 pyas; 記号 K》. **2** 1 チャット白銅貨[紙幣]. 〖(1952) □ Burmese ～〗

ky·bosh /káɪbɑ(ː)ʃ, ⌐⌐, kɪbɑ́(ː)ʃ | káɪbɒʃ/ *n.*, *vt.* = kibosh.

Kyd /kíd/, **Thomas** *n.* キッド《1558–94; 英国の悲劇作家; *The Spanish Tragedy* (1592)》.

kye /káɪ/ *n. pl.* (方言) =kine[1]. 〖OE *cȳ*〗

KY jélly /kéɪwáɪ-/ *n.* 《商標》 KY ゼリー《性交時の潤滑補助などに用いる水溶性ゼリー》.

kyle /káɪl/ *n.* (スコットランド西部の)瀬戸, 水道 (sound, strait). 〖(1549) □ Sc.-Gael. *caol* (原義) narrow〗

Kyle /káɪl/ *n.* カイル: **1** 男性名. **2** 女性名. 〖↑〗

ky·lie /káɪli/ *n.* (*also* **kiley, ky·ley** /～/) 《豪》カイリー《片面が平らで片面がやや中高のブーメラン》. 〖(1839) □

Austral. 《現地語》 ～〕

kylikes *n.* kylix の複数形.

ky·lin /kì:lí:n/ *n.* 麒麟(きりん) 《中国の陶器などに描かれる想像上の動物》. 〖《1857》□ Chin. *qilin* (麒麟)〗

ky·lix /káɪlɪks, kíl- | káɪ-/ *n.* (*pl.* **ky·li·kes** /káɪlɨkì:z, kíl- | -lɪ-/) キリクス 《古代ギリシャ・ローマの浅い酒杯; 脚と二つの取っ手をもつ》. 〖《1892》□ Gk *kúlix*〗

Ky·loe /káɪloʊ | -ləʊ/ *n.* ＝West Highland. 〖《1811》← *Kyloe* (Northumbria の地名: 《原義》 cow-pasture)〗

ky·mo·gram /káɪməgræ̀m, -moʊ- | -mə(ʊ)-/ *n.* キモグラフで描かれる図. 〖《1923》: ⇨ ↓, -gram〗

ky·mo·graph /káɪməgræ̀f, -moʊ- | -mə(ʊ)grɑ̀:f, -græ̀f/ *n.* 〘医学〙 キモグラフ, 動態記録器, 動態描記器 《脈拍・鼓動・呼吸・発音などの波動曲線記録器》. **ky·mo·graph·ic** /kàɪməgrǽfɪk, -moʊ- | -mə(ʊ)-←/ *adj.* 〖《1872》□ G *Kymographion* ← Gk *kûma* wave ＋-GRAPH〗

ky·mog·ra·phy /kaɪmɑ́(:)grəfi | -mɔ́-/ *n.* 〘医学〙 キモグラフィ, 動態記録(法), 動態描記(法). 〖《1930》: ⇨ ↑, -graphy〗

Kym·ric /kímrɪk/ *adj.*, *n.* ＝Cymric.

Kym·ry /kímri/ *n. pl.* ＝Cymry.

Kyn·e·wulf /kínəwʊ̀lf | -nɨ-/ *n.* ＝Cynewulf.

kỳn·u·ren·ic ácid /kínjʊrɛ̀nɪk-, káɪn-/ *n.* 〘生化学〙 キヌレニン酸 ($C_9H_5N(OH)COOH$) 《トリプトファン代謝産物》. 〖《1872》《部分訳》← G *Kynurensäure* ← Gk *kun-*, *kúōn* dog＋oûron 'URINE': ⇨ -ic[1]〗

kyn·u·ren·ine /kìnjʊréni:n, kàɪn-, -nɨn | -ni:n, -nɪn/ *n.* 〘生化学〙 キヌレニン ($NH_2C_6H_4COCH_2CH(NH_2)COOH$) 《トリプトファン (tryptophan) から体内で作られるアミノ酸》. 〖《1931》: ⇨ ↑, -ine[3]〗

Ky·o·ga /kióʊgə | -ə́ʊ-/ *n.* キョーガ(湖) 《ウガンダ中南部の湖; Victoria 湖北端から流れ出る Victoria Nile 川が同湖を通り抜ける》.

Kyong·song /kjɔ̀(:)ŋsɔ́(:)ŋ | kjɔ̀ŋsɔ́ŋ; *Korean* kjʌŋsʌŋ/ *n.* ＝Seoul.

kype /káɪp/ *n.* サケの雄の成魚の下顎(かがく)にあるかぎ形の器官.

Ky·phos·i·dae /kaɪfɑ́(:)sədì: | -fɔ́sɪ-/ *n. pl.* 〘魚類〙 (スズキ目)イスズミ科. 〖← NL ～ ← *Kyphosus* (属名: ← Gk *kuphós* (↓)＋L *-ōsus* '-OSE[1]')＋-IDAE〗

ky·pho·sis /kaɪfóʊsɨs | -fə́ʊsɪs/ *n.* (*pl.* **-pho·ses** /-si:z/) 〘病理〙 (脊柱)後湾(症) (cf. lordosis, scoliosis). **ky·phot·ic** /kaɪfɑ́(:)ṭɪk | -fɔ́t-/ *adj.* 〖《1847》← NL ～ ← Gk *kúphōsis* hunched state ← *kuphós* hunchbacked: ⇨ -osis〗

Kyp·ri·a·nou /kìpriɑ́:nu:/, **Spy·ros** /spíᵊrəs | spíər-/ *n.* キプリアヌー 《1932–　; キプロスの政治家; 大統領 (1977–88)》.

Kyr·gyz /kɪəgí:z, kə́:gɪz | kɪəgí:z, kə́:gɪz/ *n.* キルギス 《中央アジアの共和国; 公式名 the Kyrgyz Republic; 1991 年ソ連邦解体に伴い独立, Kyrgyzstan 共和国に改名, 1993 年新憲法を採択して国名を Kyrgyz と改めた; 首都 Bishkek》.

Kyr·gyz·stan /kìəgɪstɑ́:n, -stǽn | kə̀:-/ *n.* ⇨ Kyrgyz.

Kyr·i·a·le /kíriɑ́:leɪ/ *n.* 〘キリスト教〙 (原句とミサ用音符が書いてある)典礼書, キリアーレ. 〖← NL ～ ← *Kyrie* (↓)＋ML (*miss*)*āle* 'MISSAL'〗

Ky·ri·e /kírièɪ, -rìi: | kír-, kíər-/ *n.* **1** 〘キリスト教〙 ＝Kyrie eleison 1. **2** 《古》 連禱(れんとう) (litany). 〖□ Gk *kúrie* (voc.) ← *kúrios* lord〗

Kýrie e·lé·i·son, K- E- /-ɨléɪsɑ(:)n, -ɛl-, -sən, -sn̩ | -ɪléɪsɔn, -ɛ-, -sən, -sn̩, -ɪléɪəsɔ̀n/ *n.* **1** 〘キリスト教〙 求憐誦 《通例カトリック・ギリシャ正教のミサや英国国教会の聖餐式に用いる「主よ哀れみたまえ (Lord, have mercy)」の祈りの文句》. **2** 〘音楽〙 キリエ 《求憐誦に付けた音楽》. 〖《?*a*1200》□ ML (LL) ～ □ Gk *Kúrie eléēson* Lord, have mercy (*upon us*): ↑〗

kyr·ielle /kɪriɛ́ɫ; *F.* kiʁjɛl/ *n.* (*pl.* ～) 〘詩学〙 キリエル 《通例 8 音節押韻対句からなる 4 行詩で, 折返し語句を伴う》. 〖《1887》□ F ～ < OF *kyriele* 《短縮》 ← *Kyrie eleison* (↑)〗

kyte /káɪt/ *n.* 《スコット・北英》 腹, 胃. 〖《*c*1540》□ ? LG *küt* bowel: cf. cot[1]〗

kythe /káɪð/ *v.* ＝kithe.

Ky·the·ra /kí:θɪrɑ̀: | kíθɪrə/ *n.* ＝Cythera.

ky·toon /kaɪtú:n/ *n.* 〘気象〙 係留気球 《気球に気象観測機器をつるして一定高度での観測を行う》. 〖《混成》← KITE＋(BALL)OON〗

Ky·zyl /kəzíɫ; *Russ.* kɨzɨ́l/ *n.* キジル 《ロシア連邦中部の Tuva 共和国の首都》.

Kyzýl Kum /-kʊ́m, -kú:m; *Russ.* -kúm/ *n.* [the ～] キジルクム(砂漠) 《ウズベキスタンおよびカザフスタン両共和国にわたる砂漠; 面積約 300,000 km^2》.

kz 《記号》 Kazahkstan 《URL ドメイン名》.

KZ 《略》 〘軍事〙 killing zone.

K

L 1

L¹, l /él/ *n.* (*pl.* **L's, Ls, l's, ls** /~z/) **1** 英語アルファベットの第12字. ★ 通信コードは Lima. **2** (活字・スタンプなどの) L または l 字. **3** [L] L 字形(のもの); 〘機械〙 L 字管; (建築物の) L 字形の翼, そで. **4** 文字 l が表す音 (light, heel などの /l/). **5** (連続したものの)第12番目(のもの); (J を数に入れないときは)第11番目(のもの). **6** (ローマ数字の) 50: *L* VI=56 / *LX*=60 / *CL*=150 / *L̄*=50,000.
the thrée L's /élz/ 〘海事〙 (船乗りに大事な)三エル (lead (測深), latitude (緯度測定), lookout (見張り); cf. three R's).
〖OE *L, l* ◻ L (Etruscan を経由) ◻ Gk *Λ, λ* (lámbda) ◻ Phoenician 𐤋: cf. Heb. ל (lámedh) 《原義》 ox-goad〗

L² /él/ *n.* (*pl.* **L's, Ls**) 《米口語》 高架鉄道: ride on the *L* / an *L* station 高架鉄道駅 / an *L* train 高架鉄道列車. 〖⇨ el²〗

L 《略》 ell; 〘物理〙 Lagrangian; Large; Latin; 〘劇場〙 left; 〘化学〙 lewisite; 〘軍事〙 liaison; 〘航空〙 lift; longitude; 〘気象〙 low atmospheric pressure.

L 《記号》 **1** 〘電気〙 インダクタンス (inductance). **2** 〘物理化学〙 潜熱 (latent heat). **3** 《英》 (運転練習中の自動車につける) L の記号, 練習者 (learner). **4** 〘米軍〙 連絡機 (liaison plane). **5** 〘貨幣〙 lek(s); lempira(s); leu, ley; lira(s), lire; litas, litai *or* litu. **6** 〘化学〙 アボガドロ数 (Avogadro constant). **7** 〘自動車国籍表示〙 Luxembourg.

L, l 《略》 〘光学〙 lambert; pound(s).

l. 《略》 (*pl.* **ll.** /láɪnz/) line.

l., l 《略》 large; liter(s); lost; lumen(s).

L. 《略》 Lady; Latin; Liberal; Licentiate; Linnaeus; 〘フリーメーソン〙 Lodge.

L., l. 《略》 lake; land; large; lat; latitude; law; leaf; league; left; length; live; *L.* lēx (=law); *L.* liber (=book); line; link; *L.* locus (=place); lord; low; 〘劇場〙 left.

£, L, l. /páund, páundz/ 《記号》 〘貨幣〙 pound(s) (< *L* libra). ★ £1.50 は óne pòund fífty, £75 は séventy-five póunds と読む. 〖1684〗

l- /lìːvoʊ | -vəʊ/ *pref.* [通例イタリック体で] 〘化学〙 「左旋(光)性の (levorotatory)」の意: *l*-tartaric acid; [通例スモールキャピタルで] 「特定炭素原子において旋性グリセリンアルデヒドと類似の立体配置を示す」の意: *L*-fructose. 〖← LEVO-〗

la¹ /lɑ́ː/ *n.* 〘音楽〙 **1** (階名唱法の)「ラ」(全音階的長音階の第6音; ⇨ do³ 1). **2** (固定ド唱法の)「ラ」, イ(A)音 (ハ調長音階の第6音). 〖(*a*1300) 《略》 ← L *labii* (gen.) ← *labium* lip〗

la² /lɔ́ː, lɑ́ː | lɑ́ː/ *int.* 《古・方言》 **1** 見よ, そら (look!); 本当に (indeed) (強意を表す): *La* you そらね / Indeed ~, 'tis a noble child. まあ本当に気高い子だ (Shak., *Corio* 1. 3. 67). **2** おや, まあ (lo!) (驚きを表す): *La* me! おやまあ. 〖OE *lā*: cf. lo〗

la 《記号》 Laos (URL ドメイン名).

La 《略》 lane; 〘聖書〙 Lamentations.

La 《記号》 〘化学〙 lanthanum.

La. 《略》 Louisiana.

LA 《略》 Latin America; 〘スコット法〙 Law Agent; Legislative Assembly; Library Association; Local Agent; Los Angeles.

LA 《記号》 〘米郵便〙 Louisiana (州).

laa·ger /lɑ́ːgə | -gə^(r)/ *n.* **1** 〘南ア〙 (周囲に荷馬車などを円形に配置して防壁とする)野営所, 車陣 (camp) (cf. corral). **2** 〘軍事〙 (装甲車両を周囲に配置し防壁とする)野営陣地, 車陣. — *vt.* 〈車両を〉車陣に配置する. — *vi.* 車陣を敷く; 車陣で野営する (encamp). 〖(1850) ◻ Afrik. *lager* camp: cog. G *Lager* camp: cf. lair¹〗

Laa·land /lɔ́ːlɑːn; *Dan.* lɔ̀lan'/ *n.* =Lolland.

laa·ri /lɑ́ːri/ *n.* ラーリ (モルディブの通貨単位; =¹⁄₁₀₀ rufiyaa; lari, laree ともいう).

Laâ·youne /*F.* laɑjun/ *n.* ラーユーヌ (⇨ El Aaiún).

lab /lǽb/ *n., adj.* [限定的] **1** 《口語》 =laboratory. **2** =Labrador retriever. 〖略〗

lab 《略》 labor; laboratory; laborer. 〖*c*1895〗

Lab 《略》 Labor; Laborite; Labrador (dog).

LAB 《略》 Labor Advisory Board 労働諮問委員会.

La·ban /léɪbən, -bn̩ | -bən, -bn̩, -bæn/ *n.* **1** レイバン (男性名). **2** 〘聖書〙 ラバン (ヤコブ (Jacob) の義父および叔父に当たり, リベカ (Rebecca) の兄; cf. *Gen.* 24: 29–60). 〖◻ LL ~ ◻ Heb. *lābhān* 《原義》 white〗

La·ba·no·ta·tion /lɑ̀ːbənoʊtéɪʃən, lèɪ- | -nəʊ-/ *n.* ラバノーテーション (ハンガリーのダンス理論家 Rudolf von Laban によって考案された舞踊の記譜法). 〖(1954) ← *Rudolf von Laban* (1879–1958)〗

lab·a·rum /lǽbərəm/ *n.* (*pl.* **-a·ra** /-rə/, **~s**) **1** (行列などに持ち歩く)教会の旗. **2** 後期ローマ帝国の軍旗 (Constantine 大帝が十字架の幻を見て戦争に勝った後, その旗印はギリシャ語 *XPIΣTOΣ* (Christ) の頭文字 XP を組み合わせて作られたといわれる; cf. Chi-Rho). 〖(1606) ◻ LL ~ ← ?〗

lab·da·num /lǽbdənəm/ *n.* 〘化学〙 ラブダナム (ハンニチバナ科ゴジアオイ属の植物 (*Cistus ladanum, C. creticus* など)から採った樹脂; たばこ・石鹸などの香料に用いる; cf. cistus). 〖(*a*1398) ◻ ML ~ =L *lādanum* ◻ Gk *lādanon* 'LADANUM'〗

Labe /*Czech.* lábɛ/ *n.* [the ~] ラーベ(川) (Elbe のチェコ語名).

-labe /lèɪb/ 「…(器)具 (implement)」の意の名詞連結形: astro*labe*. 〖ME ◻ OF ~ ◻ ML *-labium* ◻ lateGk *-labion* ← Gk *-labos* ← *lambánein* to take ← IE *(s)lagʷ- to seize〗

lab·e·fac·tion /lǽbəfǽkʃən | -bɪ̀-/ *n.* 《文語》 (道徳・社会秩序の)動揺, 弱体化, 衰弱; 没落 (downfall). 〖(1620) ◻ L *labefactiō(n-)* ← *labefacere* to shake ← *labī* to fall + *-facere* to make: ⇨ lapse, -faction〗

la·bel /léɪbəl, -bl̩/ *n.* **1** 札, 貼札[紙], 荷札, 付箋(ふせん), レッテル, ラベル (tag): the ~ of the bottle / put ~s on one's luggage 荷物に荷札を付ける. 日英比較 日本語の「レッテル」はオランダ語の letter から. **2 a** (人・団体・運動・派などの特色を簡単に示す)符牒(ふちょう), 標語 (epithet), レッテル. **b** (辞書などで用法・専門語などを示す)表示, レーベル (《口語》, 《古》, 〘物理〙 など). **3 a** (レコード会社などの)商標, レーベル. **b** 商標つきのレコード; その会社. **4** ゴムのり付き切手[印紙]. **5** 細長い切れ, 細片. **6** 〘物理・化学〙 標識化に用いる同位体. **7** 〘製本〙 ラベル, レーベル, 張り外題 (title piece) (本の背や表紙に貼り付ける著者・書名などの文字入れをした小片). **8** 〘紋章〙 レーベル (父の紋章に加えて長男であることを示すマーク; 昔は長男以外の紋章にも使用された; また英国王室では皇太子・王子・王女はいずれもこの label (皇太子は無模様, 他は模様付き)によって王の紋章と区別している). **9** 〘建築〙 (入口や窓の上方の)雨だれ石, 雨押さえ (dripstone). **10** 〘電算〙 ラベル (ファイル識別用の文字群). **11** 《廃》 文書につける補足状.
— *vt.* (**la·beled, -belled; -bel·ing, -bel·ling**) **1** …に札[レッテル]を付ける[張る]: ~ a package, bottle, etc. / ~ a trunk for Tokyo トランクに東京行きの札を張る[付ける]. **2** (ラベルを付けて)〈…と〉分類する (classify), 明示する; (…と)呼ぶ (designate) 〈*as*〉: The bottle was ~*ed* poison. その瓶には毒薬のレッテルが張ってあった / It is unjust to ~ him *as* a mere agitator. 彼を単なる煽動者と呼ぶのは不当だ / I do not usually ~ myself *as* dense. ふだん自分を鈍い人間だと思っていない. **3** 〘物理・化学〙 (化学反応や生物学的過程をたどるために)〈元素・原子を〉(放射性)同位体で置換して識別する; 〈化合物・分子を〉その中の原子を同位体で置換して識別する.
~·a·ble /-ləbl̩/ *adj.* 〖(?*c*1300) ◻ OF *la(m)bel* (F *lambeau* strip) ← Gmc **lappōn* ← IE **leb-* hanging loosely: cf. OHG *lappa* a rag〗

lá·bel·er /-blə, -bələ | -blə^(r), -bl̩-/ *n.* (*also* **la·bel·ler** /~/) (商品の)ラベルを付ける人. 〖(1871): ⇨ ↑, -er¹〗

la·bel·lum /ləbéləm/ *n.* (*pl.* **la·bel·la** /-lə/) **1** 〘植物〙 唇(しん)弁 (ラン科植物の花冠の最も顕著な花弁). **2** 〘昆虫〙 唇弁 (口吻の基部を覆う上唇の延長物). **la·bel·late** /ləbélɪ̀t, -leɪt/ *adj.* 〖(1826) ◻ L ~ 'little lip' (dim.) ← *labrum* lip〗

labia *n.* labium の複数形.

la·bi·al /léɪbiəl/ *adj.* **1** 〘解剖・動物〙 **a** 唇(しん)状の, 唇形の (liplike); 唇(しん)の; 唇の用をなす. **b** 陰唇 (labium) の. **2** 〘音声〙 唇音の: ~ sounds 唇音. **3** 〘音楽〙 〈フルートなどの楽器が〉唇に息を吹きつけて音を出す: a ~ instrument 唇管楽器. — *n.* **1** 〘音声〙 唇音 (唇で調音される音; [p] [b] [m] [f] [v] など). **2** 〘音楽〙 =labial pipe. 〖(1594) ◻ ML *labiālis* ← L *labium* lip ← IE **labyo-* ← **leb-* lip: ⇨ -al¹〗

lá·bi·al·ìsm /-lìzm/ *n.* 〘音声〙 唇音で発音する癖[傾向] (特に, [r], [l] の代わりに [w] を用いるような発音上の欠陥をいう). 〖(1881): ⇨ ↑, -ism〗

la·bi·al·i·ty /lèɪbiǽlət̬i | -lɪ̀ti/ *n.* 〘音声〙 唇音性. 〖(1893): ⇨ -ity〗

la·bi·al·i·za·tion /lèɪbiəlɪ̀zéɪʃən | -laɪ-, -lɪ-/ *n.* 〘音声〙 唇音化 (twin の [tʷ] などに見られるように唇のまるめ (rounding) を加えること). 〖(1867): ⇨ ↓, -ation〗

la·bi·al·ize /léɪbiəlàɪz/ *vt.* 〘音声〙 唇音化する. 〖(1867): ⇨ -ize〗

lá·bi·al·ìzed *adj.* 〘音声〙 唇音化した. 〖1867〗

lá·bi·al·ly /-biəli/ *adv.* **1** 唇で. **2** 〘音声〙 唇音的に. 〖(1798): ⇨ -ly¹〗

lábial pálp *n.* **1** 〘動物〙 口葉, 唇弁 (二枚貝の口の背腹にある1対の葉状物). **2** 〘昆虫〙 下唇鬚(かしんしゅ) (下唇から生じる小突起).

lábial pípe *n.* =flue pipe.

la·bi·a ma·jo·ra /lèɪbiəmədʒɔ́ːrə/ *n. pl.* 〘解剖〙 大陰唇(しん) (⇨ reproductive system 挿絵). 〖(1838) ◻ L *labia mājora* larger lips〗

lábia mi·nó·ra /-mɪ̀nɔ́ːrə/ *n. pl.* 〘解剖〙 小陰唇 (⇨ reproductive system 挿絵). 〖(1838) ◻ L ~ 'smaller lips'〗

la·bi·ate /léɪbiɪ̀t, -èɪt/ *adj.* **1** 唇状物のある, 唇状の, 唇形の. **2** 〘植物〙 **a** 唇形花冠の: a ~ petal (オドリコソウ・ランの花の)唇弁. **b** シソ科の. **3** 〘動物〙 (形状・機能が)唇状の, 唇状物のある. — *n.* 〘植物〙 シソ科の植物. 〖(1706) ← NL *labiātus* ← L *labium* lip: ⇨ -ate²〗

la·bi·at·ed /léɪbièɪt̬ɪ̀d | -t̬ɪd/ *adj.* =labiate.

La·biche /lɑːbíːʃ; *F.* labiʃ/, **Eugène Ma·rin** /maʁɛ̃/ *n.* ラビーシュ (1815–88; フランスの劇作家).

la·bile /léɪbaɪl, -bɪ̀l, -bl̩ | -baɪl/ *adj.* **1** 変化しやすい (changeable); 〈心など〉変わりやすい; 不安定な (unstable). **2** 〘物理・化学〙 化学変化を起こしやすい, 不安定な. **3** 〘医学〙 〈有効電流など〉(患部上を)不安定に動き回る (cf. stabile 2 b). **la·bil·i·ty** /leɪbílət̬i | -lɪ̀ti/ *n.* 〖(1447) *labyl* ◻ LL *lābilis* unsteady, wavering ← *lābī* to slip, fall, slide: cf. lapse, label〗

la·bi·o- /léɪbioʊ | -biəʊ/ 「唇 (lips); 唇の[を用いる] (labial); 唇と…との」の意の連結形. 〖← L *labium* lip: cf. labial〗

làbio·déntal 〘音声〙 *adj.* 唇(しん)歯音の. — *n.* 唇歯音 (上の歯と下唇とで調音される音; [f] [v] など). 〖1669〗

la·bi·o·gres·sion /lèɪbioʊgréʃən | -biə(ʊ)-/ *n.* 〘歯科〙 =labioversion.

làbio·násal 〘音声〙 *adj.* 唇鼻音の. — *n.* 唇鼻音 ([m]).

làbio·vélar 〘音声〙 *adj.* 唇軟口蓋(こうがい)音の. — *n.* 唇軟口蓋音 ([w]). 〖1894〗

làbio·velarizátion *n.* 〘音声〙 唇軟口蓋音化. 〖1937〗

làbio·vélarize *vt., vi.* 〘音声〙 唇軟口蓋音化する. 〖1933〗

làbio·vérsion *n.* 〘歯科〙 (前歯の)唇側転位.

la·bi·um /léɪbiəm/ *n.* (*pl.* **la·bi·a** /-biə/) **1** 唇(くちびる). **2** 〘解剖〙 (片方の)陰唇(しん) (cf. labia majora, labia minora). **3** 〘動物〙 (昆虫・甲殻類などの)下唇 (cf. labrum¹ 2). **4** 〘植物〙 (唇形花冠の)下唇弁. 〖(1597) ◻ L ~ 'lip': cf. lip〗

lab·lab /lǽblæb/ *n.* 〘植物〙 =hyacinth bean. 〖(1823) ◻ Arab. *lablāb* English ivy, (Egyptian) *liblāb* hyacinth bean〗

La Bo·hème /lɑːboʊém, læb-, -éɪm | -bəʊ-; *F.* laboɛm/ *n.* 「ラ ボエーム」 (Puccini の4幕の歌劇 (1896)).

la·bor, 《英》 **la·bour** /léɪbə | -bə^(r)/ *n.* **1** (肉体的・精神的な)労力, 骨折り, 労働 (cf. 8) (⇨ work SYN): hard labor / with ~ 骨折って. **2** [集合的] **a** (資本家・企業に対して)労働者たち, 賃金労働者; 労働者階級 (cf. capital¹ *n.* 4, management 2 b): the claims [rights] of ~ 労働者の要求[権利] / ~ and capital [management] 労働者と資本家[経営者], 労資 / the Department [Secretary] of *Labor* (米国の)労働省[長官]. **b** 筋肉労働者 (cf. white-collar). **c** 労働組合. **3** (労働力を提供してその対価として賃金を得る)労働, 勤労: the hours of ~ 労働時間 / cheap ~ 低廉な労働 / ⇨ DILUTE labor. **4** (一つの)骨折り仕事, 仕事 (task, work): the (twelve) ~s of Hercules ⇨ Hercules 2 / a Herculean ~ ⇨ Herculean 2 b / a ~ of love 愛の労苦, (報酬を望まずに)好意[好き]でする仕事, 篤志事業 (cf. *1 Thess.* 1: 3; *Heb.* 6: 10) / the ~ of one's hands 手の労苦 (人の助けを借りずに自ら行う仕事; cf. *Gen.* 31: 42) / the fruits of one's ~ ⇨ fruit *n.* 3. **5** [通例 Labour] (英国その他の国の)労働党 (Labour Party): Will *Labour* win at the next election? この次の選挙では労働党が勝つだろうか / Vote (for) *Labour* 労働党に投票せよ. **6** 労働生産物: the ~s of many years 多年の労働の成果. **7 a** 陣痛; 分娩(ぶんべん), 出産 (parturition): be *in* ~ 陣痛発作中である, 分娩中である / go into ~ 産気づく / easy [hard] ~ 安[難]産. **b** 出産時間: a 10-hour ~. **8** [*pl.*] 《文語》 (日常の)労苦, 浮世の務め: rest from one's ~s (死んで)労苦から解放される (cf. *Rev.* 14: 13); 仕事を辞める / His ~s are over. この世の務めを終えた (一生が終わった). **9** 〘海事〙 (船の)大揺れ.
lábor thèory of válue 労働価値学説 (商品の価値が投下された労働によって決まるとするマルクス経済学の学説). 〖(1904)〗
— *adj.* [限定的] **1** 労働の[に関する]: a ~ dispute 労働争議 / a ~ problem 労働問題. **2** [通例 Labour] (英国などの)労働党の: a *Labour* member 労働党議員 / the Labour leader [party] 労働党指導者[党].
— *vi.* **1** (骨折って)労働する, (精を出して)働く: ~ in the fields 畑で働く / ~ *at* a task 仕事に精を出して働く / He ~*ed over* a single line far into the night. その1行

に夜の更けるまで苦心した. **2** 〔ある目的のために〕骨を折る 〔*for, after*〕; 〈…しようと〉努力する (work hard, strive) 〈*to* do〉: ~ *for* bread [peace] 生活[平和]のために努力する / ~ *after* wealth 富を得ようと努力する / I ~*ed to* understand him. 彼の言うことを理解しようと骨折った. **3** 苦しむ, 悩む, 難儀する (suffer) 〔*under*〕: ~ *under* difficulties 窮境に陥って苦しむ / ~ *under* thrombosis 血栓症に悩む / ~ *under* a mistake [delusion] 誤解[錯覚]をしている. **4** [方向を示す副詞または前置詞を伴って] 骨折って[やっと]進む: The injured men ~*ed along*. 負傷者たちがあえぎながら歩いていった / Our car ~*ed up* (the steep hill). 我々の車は苦労して(急な丘を)登っていった / He ~*ed through* the mud. ぬかるみの中をやっと通り抜けた. **5** 産気づく, 産みの苦しみをする (travail). **6** 〘海事〙〈船が〉ひどく揺れる, 難航する. — *vt.* **1** 詳しく論じる, 詳説する (elaborate, belabor): ~ an argument, a point, etc. **2** 〈人を〉わずらわせる, 苦しめる 〔*with*〕: He always ~*s* us *with* trifles. いつも些細なことで我々をうんざりさせる. **3** 《古》苦心して作る, 念入りに作り上げる. **4** 《古・英方言》〈土地を〉耕す.
〖n.: 《c1300》□ OF *labor* (F *labeur*) □ L *labōrem* hardship, fatigue, toil ← IE **labos-* ← **leb-* hanging loosely: cf. L *labāre* to totter. — v.: 《a1376》 *laboure(n)* □ (O)F *labourer* □ L *labōrāre* to take pains〗

lab·o·ra·to·ri·al /læ̀b(ə)rətɔ́ːriəl←/ *adj.* 実験室の[を利用する, に似た]. 〖《1862》: ⇨ ↓, -al¹〗

lab·o·ra·to·ry /lǽb(ə)rətɔ̀ːri | ləbɔ́rətəri, -tri/ *n.* **1** 実験室, 試験室: a chemical ~ 化学実験室, 化学研究所 / a hygienic ~ 衛生試験所. **2** (薬品・化学製品などの)製造所; 火薬製造所. **3** (教育・社会科学などで実験・観察・実習などの設備のある)実習室, 演習室; 研究室: ⇨ language laboratory. **4** (大学の課程での)演習, 実習 (略 lab): The course comprises three lectures and one ~ a week. この課程には1週間に講義三つと実習が一つある. **5** =police laboratory.
— *adj.* [限定的] **1** 実験室の, 実験室用の: ~ animals 実験動物 / ~ equipment 実験室設備 / ~ work 実験作業. **2** 実習の, 演習の: a ~ course 実習コース. **3** 〘医学〙検査(室)の, 臨床検査による.
〖《1605》□ ML *labōrātōrium* workshop ← *labōrātus* ((p.p.) ← *labōrāre* 'to LABOR')+-*ōrium* '-ORY²'〗

láboratory schòol *n.* 実験学校《教育に関する実験をしたり, 教員志望の学生に教育実習を行わせる, 主に大学付属の学校》.

lábor bànk *n.* 労働銀行《労働組合が株主となる銀行》. 〖1832〗

lábor càmp *n.* **1** 強制労働収容所 (slave labor camp ともいう). **2** 《米》移動労働者宿泊施設. 〖1900〗

lábor cóntent *n.* 〘経済〙(ある商品の原価のうちに占める)労務費用部分, 加工[労働]価値. 〖1948〗

Lábor Dày *n.* 労働休日, 労働者の日《米国の大半の州・カナダでは9月の第1月曜日で法定休日; その他多くの国では5月1日, つまり May Day》. 〖1882〗

lá·bored *adj.* **1** 〈文体・談話などが〉骨折った跡のある, 苦心した; 無理な, こじつけの, 不自然な: a ~ joke [compliment] こじつけた冗談[わざとらしいお世辞]. **2** 〈人の動作など〉骨の折れる, 苦しい; のろくさい: ~ movements のろのろした動作. **~·ly** *adv.* **~·ness** *n.* 〖《a1438》: ⇨ -ed〗

lá·bor·er /-b(ə)rə | -rə^(r)/ *n.* **1** 労働者, 賃金労働者; 肉体労働者: the ~ worthy of his hire [share] 真に報酬を受けるに値する働き手 (*Luke* 10:7) / ~*s* in one's vineyard ⇨ vineyard 2. **2** (熟練職人の手伝いをする)未熟練労働者: a bricklayer's ~ れんが職人の助手. 〖《?c1350》 *labo(u)rer* □ OF *laboreor*: ⇨ labor, -er¹〗

lábor exchànge *n.* **1** 労働組合の事務所や集会所がある建物. **2** [L- E-] 《口語》職業紹介所. **3** (もと農夫[労働者]が生産物を物々交換した)生産物取引所. 〖1832〗

lábor fòrce *n.* 〘労働〙労働力《会社などで働く一団の労働者; 雇用[動員]可能人員; 特に, 米国では14歳以上の就労可能人口》. 〖1885〗

lá·bor·ing /-b(ə)rɪŋ/ *adj.* **1** 労働に従事する: a ~ man 労働者. **2 a** 苦しい, 骨の折れる: ~ breath 苦しい息. **b** 難航する, ひどく揺れる: a ~ ship. **3** 〈女性が〉産気づいた, 陣痛中の: a ~ woman. 〖《1377》: ⇨ -ing²〗

lá·bor·ing·ly *adv.* 骨折って, 苦しんで. 〖《1862》: ⇨ ↑, -ly¹〗

lábor-inténsive *adj.* 〘経済〙労働集約的な[型の]《生産性増加のためなどの労働強化の; cf. capital-intensive》. 〖1953〗

la·bo·ri·ous /ləbɔ́ːriəs/ *adj.* **1** 骨の折れる, 労力を要する, 困難な (⇨ hard SYN): a ~ undertaking. **2** よく働く, 勤勉な (hardworking, industrious): a ~ worker / live ~ days 艱難辛苦の日を送る (Milton, *Lycidas* 72). **3** 苦心の跡の見える, 〈文体など〉ごつごつした, ぎこちない: a ~ style, speech, etc. **4** 《英》未熟な労働に従事する. **~·ness** *n.* 〖《a1393》□ (O)F *laborieux* □ L *labōriōsus* toilsome, industrious: ⇨ labor, -ous〗

la·bó·ri·ous·ly *adv.* 骨折って, 苦心して. 〖《?a1425》: ⇨ ↑, -ly¹〗

Lá·bor·ìsm /-bərɪzm/ *n.* 労働党[労働組合]の主義[政策]; 労働者階級の政治経済支配; 労働者の権利擁護. 〖《1903》: ⇨ -ism〗

la·bor·ist /léɪbərɪ̣st | -rɪst/ *n.* 労働者の権利の擁護者; Laborism の支持者. 〖《1903》: ⇨ -ist〗

la·bor·ite /léɪbəràɪt/ *n.* 《米》**1** 労働者利益擁護団体の一員. **2** [L-] 労働党員. 〖《1889》← LABOR+-ITE¹〗

lábor làw *n.* 労働法《雇用者と被雇用者, 雇用者と労働組合との関係にかかわる法》. 〖1897〗

lábor màrket *n.* 〘労働〙労働市場《労働力の需要・供給のメカニズム》. 〖1834〗

lábor mòvement *n.* **1** 労働運動. **2** [集合的] 労働組合; 労働組合活動. 〖1870〗

lábor pàins *n. pl.* 陣痛. 〖1754–64〗

Lábor Pàrty *n.* [the ~] 《豪》(オーストラリアの)労働党. 〖1892〗

lábor relàtions *n. pl.* 労使[労資]関係, 労働関係. 〖1943〗

lábor-sàving *adj.* 人手を省く, 労働節約的な; 省力(化)の: a ~ device, method, etc. 〖1776〗

lábor·some *adj.* 《廃》=laborious 1, 2. 〖《1551》: ⇨ -some¹〗

lábor spỳ *n.* 〘労働〙組合活動をスパイする経営者側の回し者.

lábor tèmple *n.* 《米》労働組合ビル.

lábor tùrnover *n.* 〘労働〙=turnover 3.

lábor ùnion *n.* 《米》労働組合, 労組 (trade union). 〖1866〗

lábor wàrd *n.* (病院の)分娩室. 〖1933〗

labour *n., adj., v.* =labor.

Lábour and Sócialist Internátional *n.* [the ~] 社会主義労働者インターナショナル《1923年 Hamburg で組織された欧米・アジア諸国社会主義政党の連合機関; 第二次大戦中に消滅; Second International ともいう》.

Lábour Dày *n.* =Labor Day. 〖1886〗

Lábour Exchànge *n.* (英国の)職業紹介所 (employment exchange) の旧称. 〖1832〗

La·bour·ite /léɪbəràɪt/ *n.* (英国の)労働党員. 〖《1903》: ⇨ -ite¹〗

Lábour Pàrty *n.* **1** [the ~] (英国の)労働党《1900年独立労働党・フェビアン協会・社会民主連盟と労働組合によって結成された漸進的社会主義政党; 保守党 (Conservative Party) と共に現在の英国二大政党の一つ》. **2** (他の国の)労働党. 〖1886〗

La·bove /ləbóʊv | -bɔ́v, -bóʊv/, **William** ラボウヴ (1927–　; 米国の社会言語学者).

labra¹ *n.* labrum¹ の複数形.

labra² *n.* labrum² の複数形.

Lab·ra·dor /lǽbrədɔ̀ə | -dɔ̀ː^(r)/ *n.* ラブラドル: **1** カナダ東部, Hudson 湾と大西洋との間に位置する大半島; 面積 1,620,000 km². **2** この半島の東部大西洋岸地方; Newfoundland 州に属する; フィヨルドが発達し良港が多い. **3** =Labrador Sea. **4** =Labrador retriever.
〖□? Port. *lavrador* yeoman farmer〗

Lábrador Cúrrent *n.* [the ~] ラブラドル海流《Baffin 湾から南流し Labrador 地方の沿岸を通って Newfoundland 島の沖合に至る寒流》.

Lábrador dúck *n.* 〘鳥類〙カササギガモ (*Camptorhynchus labradorius*) 《北米北部産, 今は絶滅》.

Lab·ra·dor·e·an /læ̀brədɔ́ːriən←/ (*also* **Lab·ra·dor·i·an** /~/) *adj.* **1** Labrador の. **2** 〘地質〙Labrador 半島にあった第四紀洪積世の大陸氷床の. — *n.* ラブラドル人(の住民). 〖《1863》: ⇨ -ean〗

lab·ra·dor·ite /lǽbrədɔ̀ːràɪt/ *n.* 〘鉱物〙曹灰長石《斜長石の一種》. 〖《1814》← *Labrador* (その発見地): ⇨ -ite¹〗

Lábrador retríever *n.* ラブラドルレトリーバー《Newfoundland 産の, 鳥撃ちで獲物を持ってくるよう訓練される猟犬; 単に Labrador ともいう》. 〖1910〗

Lábrador Séa *n.* ラブラドル海《Greenland と Labrador 半島の間の海域》.

Lábrador téa *n.* **1** 〘植物〙ラブラドルチャ (*Ledum groenlandicum*) 《北米産ツツジ科の常緑の低木で, 日本のイソツツジと近縁種; 昔その葉を茶に代用した》. **2** 《カナダ》ラブラドルチャの葉の浸出液 (飲み物). 〖1767〗

la·bral /léɪbrəl/ *adj.* 唇 (labrum) の, 唇(状)状物のような. 〖《1877》← LABRUM¹+-AL¹〗

la·bret /léɪbrɪ̣t, -brɛt/ *n.* 唇(くちびる)飾り《Alaska, Aleutian 列島に住むアリュート族などが装飾として唇に穴をあけてはめ込む貝殻・木片・骨片など》. 〖《1857》← LABRUM¹+-ET〗

la·brid /léɪbrɪ̣d, lǽb- | -rɪd/ *adj., n.* 〘魚類〙ベラ亜目の(魚). 〖↓〗

Lab·ri·dae /lǽbrədìː | -rɪ-/ *n. pl.* 〘魚類〙(スズキ目)ベラ科. 〖← NL ~ ← L *lābrus* (↓)+-IDAE〗

lab·rish /lǽbrɪʃ/ *n.* 《カリブ》うわさ話, おしゃべり.
— *adj.* おしゃべりな; うわさ話でいっぱいの. 〖《1942》← *laba* to let out secrets+-ISH¹〗

la·broid /léɪbrɔɪd, lǽb-/ *adj., n.* 〘魚類〙ベラ亜目の(魚). 〖《1839》← L *lābrus* (魚の一種)+-OID〗

la·brum¹ /léɪbrəm, lǽb-/ *n.* (*pl.* **la·bra** /-brə/, **~s**) **1** 唇(くちびる), 唇(状)状物. **2** 〘動物〙上唇《昆虫・甲殻類などの口器の一部で, 下唇 (labium) に向かい合っている》. **3** 〘解剖〙(関節などの)唇, 上唇, 門. 〖《1816》□ L ~ 'lip': cf. labium〗

la·brum² /léɪbrəm/ *n.* (*pl.* **la·bra** /-brə/) (古代ローマの)装飾的浴槽. 〖□ L *lābrum* basin〗

la·brus·ca /ləbrʌ́skə/ *adj.* アメリカブドウ (*Vitis labrusca*) 系の (cf. fox grape). 〖《1885》□ L *lābrusca* (designating) a wild vine〗

La Bru·yère /lɑ̀ːbruːjɛ́ə, -briɛ́ə | -bruːjɛ́ə^(r), -briɛ́ə^(r); *F.* labʁyjɛːʁ/, **Jean de** *n.* ラ ブリュイエール (1645–96; フランスのモラリスト・著述家; *Les Caractères*「人さまざま」(1688)).

La·bu·an /lɑ̀ːbuɑ́ːn | ləbúːən; *Malay* labúan/ *n.* ラブアン(島)《マレーシア連邦 Sabah 州の Borneo 島北西沿岸沖にある島; 面積 98 km²》.

la·bur·num /ləbə́ːnəm | -bə́ː-/ *n.* 〘植物〙キングサリ《マメ科キングサリ属 (*Laburnum*) の植物の総称》; (特に)キングサリ, キバナフジ (*L. anagyroides*) 《ヨーロッパ産で黄色のフジのような花をつける; しばしば復活祭の装飾に用いられる; golden chain, golden rain ともいう》. 〖《1567》□ L ~ ← ?〗

laburnum
(*L. anagyroides*)

lab·y·rinth /lǽbərɪ̀nθ, -rɪ̣nθ | -bɪ̣rɪnθ/ *n.* **1 a** (入ったら出られないように造った)迷宮. **b** [the L-] 〘ギリシャ神話〙ラビュリントス《Crete 島の王 Minos が Minotaur を監禁するために Daedalus に命じて造らせたという迷宮》. **2** (庭園や遊園地などで高い垣根で仕切った)迷路. **3** 複雑に配置された街路[建物(など)]: a ~ of streets ひどく入り組んだ街路. **4** 入り組んだ事情, 複雑な関係; 錯雑, 複雑: a ~ of relationship 複雑に入り組んだ関係 / the ~ of mind 錯雑した心的状態, 千々に乱れる心. **5** 中世の教会の床に敷きつめた複雑な敷き石模様. **6** 〘解剖〙(内耳の) 迷路, 内耳 (internal ear). **7** 〘音響〙迷路《低音を良く出すためにスピーカーの箱の中に作る折れ曲がった通路; acoustical labyrinth ともいう》. 〖《c1380》 *laberynthe, laborinthus* □ L *labyrinthus* □ Gk *labúrinthos* ← ?: cf. Gk *lábrus* double axe〗

lábyrinth fìsh *n.* 〘魚類〙キノボリウオ《キノボリウオ亜目の魚の総称; えらの部分が変形して迷器を形成し, これで空気呼吸を行う; キノボリウオ (*Anobas testudineus*), タイワンキンギョ (*Macropoduds opercularis*) など》.

lab·y·rin·thi·an /læ̀bərínθiən | -bɪ̣-←/ *adj.* =labyrinthine.

lab·y·rin·thic /læ̀bərínθɪk | -bɪ̣-←/ *adj.* =labyrinthine. **làb·y·rín·thi·cal·ly** *adv.*

lab·y·rin·thine /læ̀bərínθɪ̣n, -θaɪn, -θiːn | -bɪ̣rín-θaɪn←/ *adj.* **1** 迷宮の, 迷路の, 迷宮のような. **2** 曲折した, 入り組んだ, 複雑な: a ~ bureaucracy. **3** 〘解剖〙迷路の, 内耳の: ~ deafness 迷路[内耳]性難聴 / ~ disturbance 内耳障害. 〖《1632》← LABYRINTH+-INE¹〗

lab·y·rin·thi·tis /læ̀bərɪ̣nθáɪtɪ̣s | -bɪ̣rɪnθáɪtɪs/ *n.* 〘病理〙迷路炎, 内耳炎 (otitis interna ともいう). 〖《1912》← LABYRINTH+-ITIS〗

lab·y·rin·tho·dont /læ̀bərínθədɑ̀(ː)nt | -bɪ̣rínθə-dɔ̀nt/ *n.* 〘古生物〙迷歯類の両生類《デボン紀から三畳紀に生息》. 〖1849–52〗

lac¹ /lǽk/ *n.* ラック《東南アジアで lac insect の雌が木の枝に分泌する樹脂状物質; ワニスや赤色天然染料の材料; cf. shellac 1》. 〖《1553》□ Du. *lak* // F *laque* □ Hindi *lākh* □ Skt *lākṣā, rākṣā* red dye ← IE **reg-* to dye: cf. lake²〗

lac² /lɑ́ːk, lǽk/ *n.* 《インド》=lakh.

lac³ /lǽk/ *adj.* 〘生化学〙乳糖要求性突然変異の (cf. lac operon). 〖《1947》《略》← LAC OPERON〗

LAC 《略》〘英空軍〙leading aircraftman.

La·can /ləkɑ́ːn | lækɑ́ː(ŋ), -kɑ́ːŋ; *F.* lakɑ̃/, **Jacques (-Marie)** *n.* ラカン (1901–81; フランスの精神分析学者; 広く哲学・思想・文学研究に大きな影響を与えた). **La·ca·ni·an** /ləkéɪniən | læ-/ *adj., n.*

Lác·ca·dive Íslands /lǽkədɪ̀v- | -dɪv-/ *n. pl.* [the ~] ラカディーブ諸島《インド南西岸沖約320 km のアラビア海にある島群; インドの連邦直轄地 Lakshadweep をなす》.

Láccadive, Mín·i·coy, and A·min·dí·vi Íslands /-mínɪkɔ̀ɪənʌ̀məndíːvi-/ *n. pl.* [the ~] ラカディーブミニコイアミンディビ諸島《Lakshadweep Islands の旧名》.

lac·case /lǽkeɪs/ *n.* 〘化学〙ラッカーゼ《漆などの樹液に含まれる酸化酵素の一種》. 〖《1895》← It. *lacc(a)* 'LAC¹'+-ASE〗

lac·col /lǽkɔ(ː)l | -kɔl/ *n.* 〘化学〙ラッコール ($C_{17}H_{31}C_6H_3(OH)_2$) 《漆の樹液の主成分》. 〖⇨ ↑, -ol¹〗

lac·co·lite /lǽkəlàɪt/ *n.* 〘地質〙=laccolith. **lac·co·lit·ic** /læ̀kəlítɪk | -tɪk←/ *adj.*

lac·co·lith /lǽkəlɪ̀θ/ *n.* 〘地質〙ラコリス, 餅(もち)状岩体《下から盛り上がるとき上層を押し上げて餅(もち)型になった火成岩塊; cf. lopolith》. **lac·co·lith·ic** /læ̀kəlíθɪk←/ *adj.* 〖《1879》← Gk *lákkos* pond+-LITH〗

lace /léɪs/ *n.* **1** レース《種種の模様を刺したり編み込んだりした布地で, 衣服やその一部分の装飾またはテーブル掛け・カーテンなどに用いる; cf. bobbin lace, needlepoint lace》. **2** (靴やコルセットなどにみられるような, 革または繊維製の)締めひも. **3** モール《金箔や銀箔をかぶせた糸を編み込んだブレード (braid)》: ⇨ gold lace, silver lace. **4** (飲み物に入れる)少量の酒.
— *adj.* [限定的] レースの: a ~ curtain.
— *vt.* **1 a** ひもで縛る 〈*up*〉: ~ (*up*) one's shoes 靴のひもを(しっかり)結ぶ. **b** (コルセットのひもで)〈胴を〉締める, 締めつける: ~ one's waist *in* 腰をひもで締める / She is too tight-*laced*. 胴を締め過ぎている. **2** 〈ひもなどを〉通す: ~ a cord *through* (a hole) (穴に)ひもを通す. **3 a** レースで飾る; レースのように飾る. **b** 〔金・銀モールなどで〕飾る 〔*with*〕: cloth ~*d with* gold 金モールで飾られた布. **4 a** 組み合わせる: He ~*d* her fingers in his. 彼女の指と自分の指を組み合わせた. **b** 織り混ぜる; 刺繍する 〔*with*〕: a fabric ~*d with* rayon レーヨンと混紡の生地 / a handkerchief ~*d with* a silver string 銀糸で刺繍したハンカチ. **5** 縞(しま)にする 〔*with*〕: a white petunia ~*d with* purple

紫の縞のある白ペチュニア. 6 a 〔少量のアルコール性飲料を〕…に加味する〔with〕: ～ one's tea *with* whiskey 紅茶に少しばかりウイスキーを入れる. b …に趣[面白味]を添える〔with〕: a book ～*d with* beautiful illustrations 美しい挿絵の入った本. 7 a 打つ, むち打つ: ～ one's hand 手をむち打つ. b 負かす, やっつける: ～ the opponent. — *vi.* 1 a ひもで締まる[結ぶ]: These boots ～. このブーツはひもで結ぶようになっている. b (コルセットなどのひもで)腰を締める: I can ～ *in* to sixteen inches. 私の腰は16インチに引き締められる / This corset ～*s* (*up*) at the side. このコルセットは横のところで締められるようになっている. 2 《口語》攻撃する; 非難する; しかる〔into〕: Reviewers ～*d into* his new book. 批評家たちは彼の新著を酷評した. ***láce a person's jácket* [*cóat*]** 人をむちで打つ.
lác·er *n.* **～·less** *adj.* **～·lìke** *adj.*
〖n.: (c1230) *las* □ OF *laz, las* noose, string (F *lacs*) < VL **lacium*=L *laqueus* noose, snare. — v.: (?a1200) □ OF *lacier* (F *lacer*): LASSO と二重語〗

láce·bàrk *n.* 〖植物〗 1 レースバーク (*Lagetta lintearia*) 《西インド諸島産のジンチョウゲ科の高木で, その樹皮がレースのようになり装飾用に使う》. 2 ゴウシュウアオギリ (*Sterculia acerifolia*) 《オーストラリア産のアオギリ科の常緑樹》. 3 =ribbonwood 1. 〖1756〗

láce bùg *n.* 〖昆虫〗グンバイムシ 《半翅目グンバイムシ科の小形カメムシの総称; 頭・胸・羽などにレース状の模様がある; 種々の植物の害虫》. 〖1895〗

láce-cùrtain *adj.* 中流階級にあこがれる, 成金的上流趣味の. 〖1934〗

laced *adj.* 1 ひものついた, ひもで締める[結ぶ]: ～ shoes. 2 レースで飾った, モールのついた: a ～ hat, coat, etc. 3 少量のアルコール性飲料を加味した: ～ coffee. 4 色縞のついた: a ～ flower. 〖(1533) ← LACE+-ED〗

Lac·e·dae·mon /læ̀sədíːmən | -sɪ̀-/ *n.* 1 〖ギリシャ神話〗ラケダイモン (Zeus と Taygete の子). 2 ラケダイモン 《古代 Sparta の別名》. 〖□ L ～ □ Gk *Lakedaímōn*: cf. laconic〗

Lac·e·dae·mo·ni·an /læ̀sədɪ̀móuniən | -sɪ̀dɪ̀-mə́u-⁻/ *adj.* 1 ラケダイモン (Lacedaemon) の; ラケダイモン人の. 2 〈話しぶりなど〉簡明な, 簡潔な. — *n.* ラケダイモン人, スパルタ人 (Spartan). 〖(1545) ← L *Lacedaemonius* (□ Gk *Lakedaimónios*)+-IAN: cf. laconic〗

láced mútton *n.* 《廃》(ボディスをつけた)売春婦 (prostitute). 〖(1578): cf. mutton[1] 4〗

láce fèrn *n.* 〖植物〗エビガラシダ属 (*Cheilanthes*) のシダ類の総称 (lip fern ともいう). 〖1885〗

láce flòwer *n.* 〖植物〗=wild carrot.

láce-fràme *n.* レース編機. 〖1895〗

láce glàss *n.* レース模様のあるガラス器. 〖1883〗

láce·lèaf *n.* 〖植物〗=lattice plant.

láce·màking *n.* レース作り[編み]. 〖1835–37〗

láce-man /-mən, -mæ̀n/ *n.* (*pl.* **-men** /-mən, -mèn/) レース商(人). 〖1669〗

láce pàper *n.* レース紙 《晒(さら)化学パルプから作った清潔で強靱(きょうじん)な紙; 紙ナプキン・紙レースなどに使用》. 〖1874〗

láce pìece *n.* 〖海事〗船首飾りを固定するための背面材 (lacing ともいう). 〖1874〗

láce pìllow *n.* レース編み台 《手編みレース (pillow lace) を作るとき, ひざの上に置くクッション状のもの》. 〖1793〗

lac·er·a·ble /lǽsərəbl̩/ *adj.* 引き裂くことができる, 裂けやすい. **lac·er·a·bil·i·ty** /læ̀sərəbíləti | -lɪ̀ti/ *n.* 〖(1656) □ LL *lacerābilis*: ↓〗

lac·er·ant /lǽsərənt/ *adj.* 痛ましい, 悲惨な. 〖(1888) □ L *lacerantem* (p.p.) ← *lacerāre* (↓)〗

lac·er·ate /lǽsərèɪt/ *vt.* 1 裂く, 引き裂く, 切り裂く, ずたずたに裂く (⇨ maim SYN): feet ～*d* by the thorns. 2 〈心を〉傷つける; 苦しめる, 悩ます: ～ the heart, a person's feelings, etc. — /lǽsərɪ̀t, -rèɪt/ *adj.* =lacerated. 〖(a1425) ← L *lacerātus* (p.p.) ← *lacerāre* to tear ← *lacer* torn ← IE **lakero-* ← **lek-* to tear: cog. Gk *lakízein*〗

lác·er·àt·ed /-tɪ̀d | -tɪ̀d/ *adj.* 1 裂けた, 引き裂かれた, ずたずたに裂けた: a ～ wound 裂傷. 2 傷ついた; 苦しめられた: one's ～ mind. 3 〖植物〗ぎざぎざのある, のこぎりの歯の形をした: ～ leaves. 〖(1606): ⇨ ↑, -ed〗

lac·er·a·tion /læ̀səréɪʃən/ *n.* 1 裂くこと, 切り裂くこと; 裂けていること. 2 (感情などを)傷つけること, 悩ませること. 3 裂傷; 裂口. 〖(1597) □ (O)F ～ □ L *lacerātiō(n-)*: ⇨ lacerate, -ation〗

lac·er·a·tive /lǽsərèɪtɪv, -rət- | -tɪv/ *adj.* 引き裂く; 裂こうとする; 裂傷を生じさせる, 引き裂きそうな. 〖(1666) □ L *lacerātīvus* ← *lacerāre* to LACERATE〗

La·cer·ta /ləsə́ːtə | -sə́ːtə/ *n.* 1 〖天文〗とかげ(蜥蜴)座 (Cepheus 座と Pegasus 座の間にある北天の星座; the Lizard ともいう). 2 [l-] 〖動物〗コモチカナヘビ (コモチカナヘビ属 (*Lacerta*) のヘビの総称; ミドリカナヘビ (*L. viridis*), ニワカナヘビ (sand lizard) など). 〖□ L ～ 'LIZARD'〗

la·cer·ti·an /ləsə́ːʃiən, -ʃən | -sə́ː-/ *adj., n.* 〖動物〗=lacertilian.

la·cer·tid /ləsə́ːtɪ̀d | -sə́ːtɪd/ *adj., n.* 〖動物〗コモチカナヘビ属の(トカゲ). 〖← NL *Lacertidae* (↓)〗

La·cer·ti·dae /ləsə́ːtɪ̀diː | -sə́ːtɪ-/ *n. pl.* 〖動物〗(トカゲ目)カナヘビ科. 〖← NL ～: ⇨ Lacerta 2, -idae〗

Lac·er·til·i·a /læ̀sətíliə | -sətíl-/ *n. pl.* 〖動物〗トカゲ亜目, トカゲ類. 〖← LACERTA 2+-IL+-IA[2]〗

Lac·er·til·i·an /læ̀sətíliən | -sə-⁻/ 〖動物〗*adj.* トカゲ亜目の; トカゲの. — *n.* トカゲ亜目の動物. 〖(1854): ⇨ ↑, -an[1]〗

lac·er·tine /ləsə́ːtaɪn, -tɪ̀n | -sə́ːtaɪn/ *adj.* 〖動物〗=lacertilian.

láce-shòe *n.* [通例 *pl.*] ひも付き短靴または編上げブーツ (lace-shoe boot ともいう).

la·cet /leɪsét/ *n.* ラセット 《縁飾りなどに使うブレード (braid) の一種》. 〖(1862) ← LACE+-ET〗

láce·ùp *adj.* [限定的] 〈靴が〉編上げの. — *n.* [通例 *pl.*] 編上げ靴. 〖1836〗

láce·wìng *n.* 〖昆虫〗クサカゲロウ 《脈翅目クサカゲロウ科の昆虫の総称; 羽の脈が緑色のレース状になっている; lace-wing(ed) fly ともいう》. **～ed** *adj.* 〖1854〗

láce·wòod *n.* 1 ゴウシュウアオギリの樹皮. 2 (柾目(まさめ)に挽いた) アメリカスズカケノキ材 (sycamore). 3 〖植物〗ヤマモガシ (silk oak). 〖1756〗

láce·wòrk *n.* レース(細工) (lace); レース状すかし細工. 〖1849〗

lac·ey /léɪsi/ *adj.* =lacy.

La·chaise /ləʃéɪz; F. laʃɛːz/, **Gaston** *n.* ラシェーズ (1882–1935; フランス生まれの米国の彫刻家).

La Chaise /ləʃéɪz; F. laʃɛːz/, **(Père** /pɛːʁ/**) François d'Aix de** /dɛks də/ *n.* ラシェーズ (1624–1709; フランスのイエズス会士; Louis 十四世の聴罪司祭).

lach·es /lǽtʃɪ̀z, léɪtʃ-/ *n.* (*pl.* ～) 1 義務不履行, 怠慢. 2 〖法律〗懈怠(けたい) 《権利の行使を怠るとその保護を失う旨のエクイティー (equity) 上の法則》. 〖(a1376) *lachesse* □ AF=OF *laschesse* (F *lâchesse*) ← *lasche* loose < VL **lascum*=L *laxus* 'LAX[1]': cf. lash[2] / L *laxāre* to slacken, relax〗

Lach·e·sis /lǽkəsɪ̀s | -kɪ̀sɪs/ *n.* 〖ギリシャ・ローマ神話〗ラケシス 《運命の三女神 (Fates) の一人; 人間の一生の長さや運命を決定することを役目とした; cf. fate 4》. 〖(1872) □ L ～ □ Gk *Lákhesis* (原義) lot, destiny ← *lagkhánein* to obtain by lot〗

La·chine /ləʃíːn; F. laʃin/ *n.* ラシーヌ 《カナダ Quebec 州南部の Montreal 島にある都市》.

Lach·lan[1] /lɑ́ːklən | lɔ́k-, lǽk-/ *n.* [the ～] ラクラン(川) 《オーストラリア南東部を西流して Murrumbidgee 川に合流 (1,287 km)》.

Lach·lan[2] /lɑ́ːklən | lɔ́k-, lǽk-/ *n.* ラクラン 《男性名》. ★ スコットランドに多い. 〖□ Sc.-Gael. *laochailan* warlike one〗

Lach·ry·ma Chris·ti /lǽkrəməkrísti | -rɪmə-/ *n.* (*pl.* **Lach·ry·mae C-** /-mìː-, -màɪ-/) ラクリマクリスティ 《イタリア南部の Vesuvius 山近くで栽培されたぶどうで造るワイン》. 〖(1611) □ ML *lac(h)rima Christi* Christ's tear: cf. It. *lagrima di Cristo*〗

lach·ry·mal /lǽkrəməl, -ml̩ | -rɪ̀-/ *adj.* 1 涙の; 涙もろい; 泣き出しそうな: a ～ countenance. 2 〖美術〗涙を入れる: a ～ vase 涙つぼ. 3 〖解剖〗=lacrimal 2. — *n.* 1 〖美術〗=lacrimatory. 2 〖解剖〗a =lacrimal gland. b =lacrimal bone. 〖(?a1425) □ ML *lac(h)rymālis* ← L *lac(h)rima* tear (← OL *dacruma* ← IE **dakruma* ← **dakru-* tear)+*-ālis* '-AL[1]'〗

lach·ry·ma·tion /læ̀krəméɪʃən | -rɪ̀-/ *n.* =lacrimation.

lach·ry·ma·tor /lǽkrəmèɪtə | -rɪ̀mèɪtə(r)/ *n.* 〖化学〗=lacrimator.

lach·ry·ma·to·ry /lǽkrəmətɔ̀ːri | læ̀krɪ̀méɪtəri⁻/ *adj., n.* =lacrimatory.

lach·ry·mose /lǽkrəmòus | -rɪ̀məus, -məuz/ *adj.* 1 涙ぐんだ, 涙を流す, 涙もろい. 2 涙を催させる; 悲しい, 陰気な, 哀れな. **～·ly** *adv.* **lach·ry·mos·i·ty** /læ̀krəmɑ́(ː)səti | -krɪ̀mɔ́sɪ̀ti/ *n.* 〖(1661) □ L *lacrimōsus* ← *lac(h)rima* tear: ⇨ -ose[1]〗

L ácid *n.* 〖化学〗エル酸 ($C_{10}H_6NH_2SO_3H$) 《アゾ染料の中間生成物》.

lac·ing /léɪsɪŋ/ *n.* 1 a ひもで縛る[締める]こと. b 締めひも (lace): shoe [corset] ～. 2 a レースで飾ること. b レース[組ひも]の装飾, 金[銀]モール, レースの縁飾り. 3 (花弁や羽毛などの)色縞. 4 a (コーヒーなどに入れた) 少量のアルコール性飲料: coffee with a ～ of brandy ブランデーを少量混ぜたコーヒー. b (少量で)趣を添えるもの: a show with a ～ of veteran actors ベテラン俳優を加えて彩りを添えたショー. 5 打つこと, たたくこと: give a person a thorough ～ 人を徹底的に打ちのめす. 6 〖海事〗a (帆またはオーニング (awning) の端の穴を通してついている)取付けひも. b =lace piece. 7 《英》〖石工〗=lacing course. 〖(c1385): ⇨ lace, -ing[1]〗

lácing còurse *n.* 〖石工〗レーシング層, 結合層 《壁を造る際, 積まれた粗い石や割り石の間に水平に入れられたれんがやタイルの層》. 〖1886〗

la·cin·i·ate /ləsíniɪ̀t, -nièɪt/ *adj.* 1 ぎざぎざのへりのある. 2 〖生物〗細長い裂片になった, ぎざぎざ[切込み]のある. **la·cin·i·a·tion** /ləsɪ̀niéɪʃən/ *n.* 〖(1760) ← L *lacinia* lappet (← *lacer* torn)+-ATE[2]〗

la·cin·i·at·ed /-èɪtɪ̀d | -tɪ̀d/ *adj.* =laciniate.

lác ìnsect /lǽk-/ *n.* 〖昆虫〗ラックカイガラムシ (*Laccifer lacca*) 《東南アジアで木の枝につくカイガラムシ (scale insect) の一種; ⇨ lac》.

lack /lǽk/ *n.* 1 欠乏, 不足〔of〕: *Lack of* sleep made me tired. 睡眠不足で疲れた / We have [There is] no ～ *of* food. 食糧には事欠かない / There was a great ～ *of* oil that year. その年はたいへんな石油不足だった / The flowers died *for* [*through*] ～ *of* water. 花は水が欠乏して枯れた / Analysis was delayed by (the [our]) ～ *of* adequate computer facilities. 分析は十分なコンピューター設備がないために遅滞した. 2 欠乏[不足]しているもの; (欠乏していて)必要なもの: supply the ～ ない品を補充する / Money is the chief ～. 何よりもまず金が足りない.
— *vt.* ★ 受身には用いられない. 1 a 欠いている, …に乏しい: He ～*s* intelligence [experience, time, money, confidence]. 彼には知性[経験, 時間, 金, 自信]が欠けている / What he ～*s* in ability, he makes up for in diligence. 能力の不足を勤勉で補っている / She ～*s* nothing. 彼女に欠けているものは何もない. b [～*ing* で前置詞的に] *Lacking* provisions, they could not continue their expedition. 食糧が不足して探険を続行することができなかった. 2 〔…までに〕…だけ足りない〔of〕: The vote ～*ed* five *of* being [*to* be] a majority. 投票の結果は過半数までに 5 票足りなかった. 3 《廃》…を必要とする.
— *vi.* 欠けている, 足りない; 〔…に〕乏しい〔in, for〕. ★ *vi.* としては lacking の形で叙述形容詞として用いるのが普通 (⇨ lacking).
〖n.: (?a1200) *lak* □ MDu. *lak* deficiency (cf. ON *lakr* deficient) ← ? Gmc **lak-* deficiency ← IE **leg-* to dribble. — v.: (a1300) *lakke(n)* □ MDu. *laken* to be wanting, blame〗

SYN 欠ける: **lack** あるものがほとんどあるいは全くない: He *lacked* the courage to fight. 戦う勇気がなかった. **want** 必要なものが足りない 《格式ばった語》: The book *wants* a page at the end. この本は最後の 1 ページが落ちている. **need** 欠けているので緊急に必要 としている: The book *needs* correction. この本は訂正が必要だ.
ANT have, hold, possess.

lack·a·dai·si·cal /læ̀kədéɪzɪ̀kəl, -kl̩ | -zɪ-⁻/ *adj.* (すぐ lackaday と言う人のように) 気力のない, 活力のない; 気抜けした, 物憂(ものう)げな, 怠惰な. **～·ly** *adv.* **～·ness** *n.* 〖(1768) *lack-a-day* ← *a lack a day*: ⇨ ↓, -ical〗

lack·a·dai·sy /lǽkədèɪzi/ *int.* 《古》=lackaday. 〖《変形》: ↓〗

lack·a·day /lǽkədèɪ, ⁻⁻⁻/ *int.* 《古》ああ, 悲しいかな, まあ 《悲哀・悔恨などを表す》. 〖(1695) 《頭音消失》← ALACKADAY〗

láck·bràin *n.* 《Shak》愚者. 〖1596–97〗

lack·er /lǽkə | -kə(r)/ *n., vt.* =lacquer.

lácker bánd *n.* 《豪》ゴムバンド (rubber band).

láck·er·er /-kərə | -rə(r)/ *n.* =lacquerer.

lack·ey /lǽki/ *n.* 1 (通例, 仕着せの制服を着た)下男, 従僕; 下男[従者]のように扱われる人. 2 卑屈な追従(ついしょう)者. — *vi.* 《廃》下男[従者]の勤めをする. — *vt.* 1 …にしもべとして仕える. 2 …のご機嫌を取る; …にへつらう, ぺこぺこする. 〖(1523) □ F *laquais* □ Catalan *alacay* foot soldier □ ? Arab. *al-qā'id* the leader: cf. alcayde〗

láckey mòth *n.* 〖昆虫〗オビカレハ (*Malacosoma neustria*) 《カイコガ科のガ; 幼虫は果樹の害虫; 幼虫の体色が従僕の仕着せ服の色を思わせるところから》. 〖1868〗

lack·ing /lǽkɪŋ/ *adj.* [叙述的] 1 十分にない, 足りない: Wit is ～ *in* his writings. 彼の書く物には機知が足りない / Money is ～ *for* the plan. その計画には金が足りない. 2 《物質・属性などに》欠けて, 乏しい〔in〕(⇔ rich): a diet ～ *in* protein 蛋白質に乏しい食事 / a country ～ *in* natural resources 天然資源に乏しい国 ★ 物の場合は short of が一般的. / He is not ～ *in* experience, but there is something ～ *in* his character. 彼は経験は不足はないが性格には何か欠陥がある. 3 《婉曲》知恵[頭]の足りない; 愚かな. 〖(1480): ⇨ -ing[2]〗

láck·lànd *adj.* 土地を持たない, 土地のない; 領土を失った. — *n.* 1 土地のない人; 領土を失った人. 2 [L-] 英国王 John の異名 (⇨ John[2]). 〖1594〗

láck·lìnen *adj.* 《Shak》シャツなしで (shirtless). 〖1598〗

láck·lòve *n.* 薄情者. 〖1595–96〗

lack·lus·ter /lǽklʌ̀stə | lǽklʌ̀stə(r), ⁻⁻⁻/ *adj.* 光のない, つやのない; くすんだ, どんよりした: ～ eyes 活気のない目 (cf. Shak., *As Y L* 2. 7. 21). — *n.* 光[つや]のないこと[もの]. 〖(1599) ← LACK+LUSTER[2]〗

láck·wìt *n., adj.* 脳なし(の).

La·clos /ləklóu | -kləu; F. laklo/, **Pierre Ambroise François Cho·der·los de** /ʃɔdɛʁlo də/ *n.* ラクロ (1741–1803; フランスの軍人・作家; *Les Liaisons dangereuses*「危険な関係」(1782)).

La·combe /ləkóum | -kəum/ *n.* ラコム 《カナダ原産の白色の一品種の豚》. 〖実験所名から〗

La·co·ni·a /ləkóuniə | -kəu-/ *n.* ラコニア ((1) 古代ギリシャ, Peloponnesus 南東部の地方; Sparta が支配していた (2) 現代ギリシャの同地方). 〖□ L *Lacōnia* □ Gk *Lákōn*〗

La·co·ni·an /ləkóuniən | -kəu-/ *adj.* ラコニア[スパルタ]の, ラコニア[スパルタ]人の (Spartan). — *n.* 1 ラコニア[スパルタ]人. 2 ラコニア方言. 〖(1602): ⇨ ↑, -an[1]〗

la·con·ic /ləkɑ́(ː)nɪk | -kɔ́n-/ *adj.* 1 簡潔な, 簡明な, 寸鉄的な: ～ style [expression] 簡潔な文体[表現]. 2 むだ口をきかない, 簡潔に話す, 簡明に書く: a ～ person. 3 [L-] 《古》=Spartan. — *n.* 1 簡潔な表現. 2 [*pl.*] 簡潔な文. 〖(1550) □ L *Lacōnicus* □ Gk *Lakōnikos* Laconian ← *Lákōn* a Spartan (Sparta はラコニアの首都)〗

la·cón·i·cal /-nɪ̀kəl, -kl̩ | -nɪ-/ *adj.* 《古》=laconic. **～·ly** *adv.*

la·con·i·cism /-nəsìzm | -nɪ̀-/ *n.* =laconism.

la·con·i·cum /ləkɑ́(ː)nɪ̀kəm | -kɔ́nɪ-/ *n.* (*pl.* **-i·ca**) ラコニクム 《古代ローマ浴場の蒸し風呂》. 〖(1696) □ L ～ (neut.) ← *Lacōnicus* Laconic〗

lac·o·nism /lǽkənìzm/ *n.* 《まれ》 1 簡潔な表現. 2 簡潔な話しぶり, 簡明な文章. 〖(1570) □ Gk *Lakōnismós* imitation of Lacedaemonians: ⇨ laconic, -ism: スパルタ人は簡潔な言い方を好んだので有名〗

lác óperon /lǽk-/ *n.* 〖遺伝〗乳糖オペロン 《乳酸代謝に

必要な 2 種の酵素の生産に関係する構造遺伝子の群; この遺伝子の発現機構の研究から有名なオペロン説が生まれた). 〖1961〗

La Co·ru·ña /lɑ̀ːkərúːnjə; *Sp.* lakoɾúɲa/ *n.* ラコルニャ《スペイン北西部, 大西洋岸の港湾都市; 英語名 Corunna》.

La·coste /ləkɔ́(ː)st, -kɑ́(ː)st | -kɔ́st; *F.* lakɔst/ *n.* 〖商標〗ラコステ《フランス Lacoste 社製のテニスウェア・ポロシャツなど; ワニがトレードマーク》.

lac·quer /lǽkə | -kə(r)/ *n.* **1 a** ラッカー《セルロース誘導体などを原料にした塗料で金属や木材などに塗る》. **b** (日本や中国産の)漆 (Japanese lacquer, Chinese lacquer ともいう). **2** [集合的にも用いて] 漆器 (lacquer ware): gold ～ 金蒔絵(まきえ) / sprinkled [aventurine] ～ 梨(なし)地蒔絵. **3** =lacquer tree. **4 a** ヘアスプレー. **b** =nail polish. ― *vt.* **1 a** …にラッカーを塗る. **b** …に漆を塗る, 蒔絵にする. **2** 〈欠点などを〉(巧みな言葉で)隠す, 言い紛らす 〈*over*〉. 〖(1579) *laker, leckar* ▭ F《廃》*lacre* a kind of sealing wax ▭ Sp. & Port. *lacre* ← *lacca* ▭ Hindi *lākh* 'LAC[1]'〗

lácquer dìsc *n.* ラッカー盤《ニトロセルロースラッカーを用いた昔の録音盤》.

lác·quer·er /-kərə | -rə(r)/ *n.* 漆屋, 塗物師; 蒔絵(まきえ)師. 〖(1845): ⇨ -er[1]〗

lác·quer·ing /-kərɪŋ/ *n.* ラッカー塗り; 漆塗り(方). 〖(1688): ⇨ -ing[1]〗

lácquer trèe [plànt] *n.* ラッカーや漆をとる木[植物]の総称; (特に) =Japanese varnish tree. 〖1863〗

lácquer·wàre *n.* [集合的にも用いて] 漆器. 〖1697〗

lácquer·wòrk *n.* **1** =lacquerware. **2** 漆器製造. 〖1669〗

lac·quey /lǽki/ *n., v.* =lackey.

Lac·ri·ma Chris·ti /lǽkrəməkrísti, -taɪ | -rɪmə-/ *n.* (*pl.* **Lac·ri·mae C-** /-miː-, -màɪ-/) =Lachryma Christi.

lac·ri·mal /lǽkrəməl, -mḷ | -rɪ̀-/ *adj.* **1** =lachrymal 1, 2. **2** 〖解剖〗涙(液)の, 涙の分泌に関する. ― *n.* 〖解剖〗 **1** =lacrimal gland. **2** =lacrimal bone. 〖1541〗

lácrimal bòne *n.* 〖解剖〗涙骨. 〖1855〗

lácrimal dùct *n.* 〖解剖〗涙管 (⇨ eye 挿絵). 〖1800〗

lácrimal glànd *n.* 〖解剖〗涙腺. 〖1787〗

lácrimal sàc *n.* 〖解剖〗涙嚢(のう). 〖1780〗

lac·ri·ma·tion /læ̀krəméɪʃən | -rɪ̀-/ *n.* (大量に)涙を流すこと, 流涙. 〖(1572) ▭ L *lacrimātiō(n-)* ← *lacrimātus* (p.p.) ← *lacrimāre* to weep: ⇨ lachrymal, -ation〗

lac·ri·ma·tor /lǽkrəmèɪtə | -rɪ̀mèɪtə(r)/ *n.* 〖化学〗催涙ガス (tear gas). 〖(1918) ← L *lacrimāre* ← *lacrima* tear〗

lac·ri·ma·to·ry /lǽkrəmətɔ̀ːri | lǽkrɪ̀méɪtəri˝, lǽkrɪ̀mə-, -mèɪ-, -tri/ *adj.* **1** 涙の; 涙を催させる: ～ gas [shells] 催涙ガス[弾]. **2** 〖美術〗涙を入れるための. ― *n.* 〖美術〗涙つぼ《古代ローマのガラス器の一種; 首の細い小さい瓶で哀悼者の涙を入れたと伝えられる; tear bottle ともいう》. 〖(1658) ← L *lacrimātus* ← *lacrima* tear (⇨ lacrimation)+-ORY[1]〗

la·crosse /ləkrɔ́(ː)s, -krɑ́(ː)s | ləkrɔ́s/ *n.* ラクロス《ヘルメットやグラブをつけて行われるスピーディーな球技で, 10 人ずつ(女子は 12 人ずつ)の 2 チームで得点を争う; ネットつきのスティック (crosse) で相手のゴールにシュートする; もとアメリカインディアンから起こったもので カナダ・米国・オーストラリア・英国などで行われている》. 〖(1718) ▭ Canad.-F ～ ← F *la crosse* the crook ← OF *crosse* staff < Gmc **krukjōn* crutch ← IE **ger-* crooked: ⇨ crosse〗

La Crosse /ləkrɔ́(ː)s, -krɑ́(ː)s | -krɔ́s/ *n.* ラクロス《米国 Wisconsin 州西部, Black 川と Mississippi 川の合流点にある都市; 農作物の取引地》.

lac·ry·mal /lǽkrəməl, -mḷ | -rɪ̀-/ *adj.* =lacrimal.

lac·ry·ma·tor /lǽkrəmèɪtə | -rɪ̀mèɪtə(r)/ *n.* =lacrimator.

lac·ry·ma·to·ry /lǽkrəmətɔ̀ːri | lǽkrɪ̀méɪtəri˝, lǽkrɪ̀mə-, -meɪ-/ *adj., n.* =lacrimatory.

lact- /lækt/ (母音の前にくるときの) lacto- の異形.

lact·al·bu·min /læktælbjúːmɪ̀n | -mɪn/ *n.* 〖生化学〗ラクトアルブミン《アルブミンに属する乳蛋白質の一種》. 〖(1857) ← LACTO-+ALBUMIN〗

lac·tam /lǽktæm, ―⌒/ *n.* 〖化学〗ラクタム《環式分子内アミド》. 〖(1883) ← LACT(ONE)+AM(IDE)〗

lac·ta·rene /lǽktərìːn/ *n.* 〖化学〗ラクタリーン《乾酪素または凝乳から採ったサラサの捺染(なっせん)剤》. 〖(1858) ← L *lactārius* (↓)+-ENE〗

lac·ta·ry /lǽktəri/ *adj.* (まれ) 乳の, 乳のような. 〖(1623) ▭ L *lactārius* ← *lact-, lāc* milk〗

lac·tase /lǽkteɪs, -teɪz/ *n.* 〖化学〗ラクターゼ (β-ガラクトシダーゼとして知られる乳糖分解酵素). 〖(1891) ← LACTO-+-ASE〗

lac·tate /lǽkteɪt/ *vi.* 乳を生じる, 乳を分泌する. ― *n.* 〖化学〗乳酸塩; 乳酸エステル. 〖(1794) ← L *lactātus* (p.p.) ← *lactāre* to suckle young: ⇨ lacto-, -ate[3]〗

lac·ta·tion /læktéɪʃən/ *n.* 授乳(期), 哺乳(期), 乳汁分泌. **～·al** /-ʃnəl, -ʃənḷ/ *adj.* **～·al·ly** *adv.* 〖(1668) ▭ LL *lactātiō(n-)*: ⇨ ↑, -ation〗

lac·te·al /lǽktiəl/ *adj.* **1** 乳の, 乳汁の; 乳汁のような, 乳状の. **2** 〖生理〗乳糜(にゅうび) (chyle) の[を輸送する]: the ～ vessels 乳糜管. ― *n.* 〖解剖〗乳糜管. **～·ly** *adv.* 〖(1633) ← L *lacteus* milky (← *lāc* milk)+-AL[1]〗

lácteal glànd *n.* 〖解剖〗乳腺.

lac·te·ous /lǽktiəs/ *adj.* **1** 乳の, 乳のような (lacteal). **2** (古) 乳白色の (milky white). 〖(1646) ← L *lacteus* (⇨ lacteal)+-OUS〗

lac·tes·cence /læktésəns, -sṇs/ *n.* **1** 乳(状)化. **2** 乳汁化, 乳汁色. **3** 〖植物・昆虫〗乳状液分泌. 〖(1684–85): ↓〗

lac·tes·cent /læktésənt, -sṇt/ *adj.* **1** 乳(状)化する; 乳汁状の. **2** 乳液を生じる. **3** 〖植物・昆虫〗乳状液を分泌する[生じる]. 〖(1668) ▭ L *lactēscentem* (pres.p.) ← *lactēscere* to turn to milk〗

lac·ti- /lǽktɪ̀, -ti/ lacto- の異形 (⇨ -i-).

lac·tic /lǽktɪk/ *adj.* 〖化学〗 **1** 乳の, 乳汁の; 乳汁から採る. **2** 乳酸を生成する: ～ fermentation 乳酸発酵. 〖(1790) ← L *lact-, lāc* milk+-IC[1]〗

láctic ácid *n.* 〖生化学〗乳酸 ($CH_3CH(OH)COOH$)《黄色がかったまたは透明な水飴状の有機酸で, 薬用または皮なめし, 染色などに用いる》. 〖1790〗

láctic ácid bactérium *n.* 〖細菌〗乳酸菌.

láctic dehydrógenase *n.* 〖生化学〗乳酸脱水素酵素《乳酸をピルビン酸に酸化する酵素》.

lac·tide /lǽktaɪd, -tɪ̀d | -taɪd, -tɪd/ *n.* 〖化学〗 **1** ラクチド《環状のジエステルの一般名》. **2** (乳酸の)ラクチド ($C_6H_8O_4$). 〖(1848) ← LACTO-+(ANHYDR)IDE〗

lac·tif·er·ous /læktíf(ə)rəs/ *adj.* **1** 乳汁を生じる. **2** 〖解剖〗乳汁分泌性の, 乳汁を輸送する: the ～ duct 乳管. **3** 〖植物〗乳状液を作る[生じる]. **～·ness** *n.* 〖(1673–74) ← LL *lactifer* milk-bearing+-OUS: ⇨ ↓, -ferous〗

lac·to- /lǽktou | -təu/ 次の意味を表す連結形: **1** 「乳」. **2** 〖生化学〗「乳酸 (lactic acid); ラクトーゼ (lactose)」: *lacto*bacillus. ★ 時に lacti-, また母音の前では通例 lact- になる. 〖← L *lact-, lāc* milk ← IE **g(a)lag-* milk〗

Lac·to·bac·il·la·ce·ae /læ̀ktoubæ̀səléɪsiìː | -təubæ̀sɪ-/ *n. pl.* 〖細菌〗乳酸桿菌科. 〖← NL ～ ← *Lactobacillus* (属名: ⇨ ↓)+-ACEAE〗

làcto·bacíllus *n.* (*pl.* **-cilli**) 〖細菌〗乳酸桿菌《ラクトバシラス属 (*Lactobacillus*) の微生物》. 〖(1924) ← NL ～: ⇨ lacto-, bacillus〗

Láctobacillus cá·se·i fàctor /-kéɪsiàɪ-/ *n.* 〖生化学〗乳酸菌発育因子 (⇨ folic acid). 〖*casei*: ▭ L *cāsei* (gen.) ← *cāseus* cheese〗

lac·to·fer·rin /læ̀ktouférɪ̀n | -təufèrɪn/ *n.* 〖生化学〗ラクトフェリン《乳蛋白質の一つ; 鉄分と結合する; 伝染病に対する抵抗力をつけさせる》. 〖1965〗

làcto·flávin *n.* 〖生化学〗ラクトフラビン (⇨ riboflavin). 〖(1933) ← LACTO-+FLAVIN〗

lac·to·gen /lǽktədʒən, -dʒèn | -dʒen, -dʒɪn/ *n.* =lactogenic hormone. 〖← LACTO-+-GEN〗

lac·to·gen·ic /læ̀ktədʒénɪk˝/ *adj.* 催乳性の. 〖(1933) ← LACTO-+-GENIC〗

láctogenic hórmone *n.* 〖生化学〗催乳ホルモン, 乳汁分泌ホルモン (⇨ prolactin). 〖1932〗

làcto·glóbulin *n.* 〖化学〗ラクトグロブリン《グロブリンに属する蛋白質; 乳汁から得られる》. 〖(1885) ← LACTO-+GLOBULIN〗

lac·tom·e·ter /læktɑ́(ː)mətə | -tɔ́mɪ̀tə(r)/ *n.* 乳脂計, 乳調計 (galactometer ともいう). 〖(1817) ← LACTO-+-METER[1]〗

lac·tone /lǽktoun | -təun/ *n.* 〖化学〗ラクトン《-COO を含む環状エステル; β-, γ-, δ-ラクトンなどがある》. 〖(1848) ← LACTO-+-ONE〗

lac·ton·ic /læktɑ́(ː)nɪk | -tɔ́n-/ *adj.* 〖化学〗ラクトンの. 〖(1871): ⇨ ↑, -ic[1]〗

lac·to·nize /lǽktounàɪz | -tə(u)-/ *vt., vi.* 〖化学〗ラクトン化する. 〖(1912) ← LACTONE+-IZE〗

lácto-òvo-vegetárian *n.* 乳製品・卵も食べる菜食主義者, 乳卵菜食主義者. 〖1952〗

làcto·protéin *n.* 〖生化学〗乳汁蛋白質. 〖(1864) ← LACTO-+PROTEIN〗

lac·to·rrhe·a /læ̀ktəríːə | -ríə/ *n.* 〖病理〗乳汁漏出(症). 〖← LACTO-+-RRHEA〗

lac·to·scope /lǽktəskòup | -skəup/ *n.* 検乳鏡, 乳脂鏡《乳の中のクリーム成分の割合を測定する》. 〖(1858) ← LACTO-+-SCOPE〗

lac·tose /lǽktous, -touz/ *n.* 〖生化学〗ラクトーゼ ($C_{12}H_{22}O_{11}$), 乳糖 (sugar of milk, milk sugar ともいう). 〖(1858) ← LACTO-+-OSE[2]: cf. lactase〗

lac·tos·u·ri·a /læ̀ktouʃú(ə)riə, -sjú(ə)r- | -tə(u)sjúər-, -sjɔ́ːr-/ *n.* 〖医学〗乳糖尿《尿中に乳糖を排泄すること》. 〖(1866): ⇨ ↑, -uria〗

làcto·vegetárianism *n.* 乳摂取菜食主義《チーズなどの乳製品は認める菜食主義》. **làcto·vegetárian** *n.* 〖(1940) ← LACTO-+VEGETARIANISM〗

La Cum·bre /lɑːkúːmbreɪ; *Am.Sp.* lakúmbɾe/ *n.* クンブレ(峠) (Uspallata Pass の別称).

la·cu·na /ləkjúːnə, læ-, -kúː-/ *n.* (*pl.* **la·cu·nae** /-niː, -naɪ/, **～s**) **1 a** (原稿などの)脱落, 脱文, 欠文: a ～ in a list, book, etc. **b** 欠陥, すき: a ～ in one's knowledge. **2** 〖植物〗細胞間の空隙(くうげき), 組織中の間隙. **3** 〖解剖〗陰窩(いんか), 腺窩, 凹窩, 裂孔, 裂口, 小窩, 間隙. **4** 〖建築〗格間(ごうま) (coffer). 〖(1652) ▭ L *lacūna* pit, pool, gap ← *lacus* 'LAKE[1]'〗

la·cu·nal /ləkjúːnḷ, læ-, -kúː-/ *adj.* =lacunary.

la·cu·nar /ləkjúːnə, læ-, -kúː- | -nə(r)/ *n.* 〖建築〗 **1** (*pl.* **～s**) (古代ローマ建築に起源をもつ)格(ごう)天井; 格縁(ごうぶち). **2** (*pl.* **lac·u·nar·i·a** /læ̀kjunέ(ə)riə | -nέər-/) 格天井の格間(ごうま). ― *adj.* =lacunary. 〖(1696) ▭ L *lacūnar*: ⇨ lacuna, -ar[1]〗

lac·u·nar·y /lǽkjunèri, ləkjúːnəri, -kúː- | lǽkjunəri, ləkjúːn-/ *adj.* **1** 空隙(くうげき)の, 隙窩(げきか)の, 隙窩状の. **2** 間隙のある, 小孔[くぼみ]の多い. 〖(1716) ← LACUNA+-ARY〗

la·cu·nate /ləkjúːnɪ̀t, -kúː-, -neɪt, lǽkjunèɪt | ləkjúːnɪt, læ-, lǽkjunèɪt/ *adj.* =lacunary.

la·cu·nose /ləkjúːnous, -kúː- | ləkjúːnəus, læ-/ *adj.* **1** 間隙(かんげき)のある, 隙窩(げきか)の多い. **2** 〈写本など〉脱漏の多い. 〖(1777) ▭ L *lacūnōsus*: ⇨ lacuna, -ose[1]〗

lac·u·no·sis /læ̀kjunóusɪ̀s | -náusɪs˝/ *adj.* 〖気象〗〈雲が〉蜂の巣状の《丸い穴がやや規則的にあいている》. 〖⇨ ↑, -osis〗

la·cus·tri·an /ləkʌ́striən/ *adj.* =lacustrine. 〖⇨ ↓, -an[1]〗

la·cus·trine /ləkʌ́strɪ̀n | -traɪn, -trɪ̀n/ *adj.* **1** 湖の, 湖水の: ～ dwellings 湖上住居. **2** 湖上に生活する: the ～ age [period] 湖上生活時代. **3** 〖生物〗湖水にすむ; 湖水に生じる: a lake ～ flora / ～ fishes. 〖(1830) ← F *lacustre* of a lake (← L *lacus* 'LAKE[1]': cf. *paluster* marshy ← *palus* marsh)+-INE[1]〗

LACW 《略》〖英空軍〗leading aircraftwoman.

lac·y /léɪsi/ *adj.* (**lac·i·er -i·est**) レースの(ような); レース製の. **lác·i·ly** /léɪsɪ̀li/ *adv.* **lác·i·ness** *n.* 〖(1804) ← LACE+-Y[4]〗

lad /lǽd/ *n.* **1** 若者, 青年, 少年 (cf. lass 1): the ～*s* of the village 村の青年たち. **2** [親愛を表す呼び掛けに用いて]《口語》(年齢にかかわらず)男: my ～s 諸君. **3** 威勢のいい男[若者]. **4** 《スコット》恋人: my bonnie ～ いとしの人. **5** 《英》厩務員, 調教助手. 〖(?a1300) *ladde* ← ? ON: cf. OE *Ladda* (nickname)〗

La·dakh /lədɑ́ːk | -dɑ́ːk, -dɔ́ːk/ *n.* ラダク《インド Jammu and Kashmir 州東部の州都 Leh を中心とする地域; インド・中国間で未確定地域の領有が争われている》.

La·da·khi /lədɑ́ːki | -dɑ́ːki, -dɔ́ː-/ *n.* (*also* **La·da·ki** /～/) (*pl.* **～, ～s**) ラダク人[族] (Ladakh の住民); ラダク語《チベット方言の一つ》. 〖(1893) 現地語〗

lad·a·num /lǽdṇəm, -dṇ-, -dn- | -dən-, -dṇ-, -dn-/ *n.* =labdanum. 〖▭ L *lādanum* ▭ Gk *lḗdanon, lédanon* ← *lēdon* mastic〗

Lad·brokes /lǽdbruks, -brouks | -bruks, -brəuks/ *n.* 〖商標〗ラドブルックス《英国各地に支店をもつ大手の馬券販売会社》.

lad·der /lǽdə | -də(r)/ *n.* **1** はしご (cf. aerial ladder, extension ladder, stepladder): set up a ～ はしごを掛ける / ⇨ Jacob's ladder. **2 a** はしご状のもの, はしごを思わせるもの. **b** 《英》(靴下や編物の)ほつれ, 「伝線」(run). **c** =fish ladder. **d** 〖鉄道〗=ladder track. **3** (立身出世・昇進の)道, 方法, 手段: the ～ *of* success, fame, etc. **4** (身分・地位などの)段階, 序列: the ～ of bureaucracy 官僚制の地位の序列 / He is high on the administrative ～. 彼の地位は上級管理職だ. **5 a** (消防署の)はしご車隊. **b** =ladder truck.

begin from the bóttom of the ládder 卑賤から身を起こす. ***gèt one's fóot on the ládder*** 事を始める, 着手する. ***gèt úp [móunt] the ládder*** 《俗》絞首台に登る, 絞首刑に処せられる. ***gó [móve] úp the ládder*** 昇進する, 出世する. ***kíck dówn [awáy] the ládder*** 出世の道を開いてくれた友[職(など)]を捨てる.

― *vt.* **1** …にはしごをつける[掛ける]; …にはしごを掛けて登る: ～ a wall. **2** 《英》〈靴下を〉ほつれさせる, 伝線させる.

― *vi.* **1** 《英》〈靴下が〉ほつれる, 伝線する. **2** (はしごを登るように)登っていく, 出世する.

〖OE *hlǣd(d)er* < Gmc **χlaidr(j)ō* (G *Leiter*) ← IE **klei-* to lean (Gk *klîmax* 'ladder, CLIMAX')〗

ládder-bàck *adj.* 〈椅子など〉背もたれがはしご型になった《2 本の支柱に横桟(さん)がついている》. 〖1908〗

ládder bàck *n.* 〖家具〗はしご形の背の椅子. 〖1923〗

ládder còmpany *n.* (消防署の)はしご車隊. 〖1884〗

ládder-drèdge *n.* 〖機械〗バケットドレッジャー《鎖で連結した数個のバケツを回転させて泥をさらう浚渫(しゅんせつ)機》. 〖1889〗

lád·dered *adj.* はしごの付いた.

ládder·man /-mən, -mæ̀n/ *n.* (*pl.* **-men** /-mən, -mèn/) はしご車を運転操作する消防士. 〖1889〗

ládder pòlymer *n.* 〖化学〗はしご状高分子《はしごのように 2 個の高分子が結合したもの; 耐熱性がよい》. 〖1971〗

ládder·pròof *adj.* 《英》〈靴下が〉ほつれない, 伝線しない. 〖1927〗

ládder stìtch *n.* はしご状ステッチ《刺繍に使われるステッチの一種で, faggoting に似た刺し方》. 〖1882〗

ládder tòurnament *n.* 〖スポーツ〗はしごトーナメント《参加者全員の氏名を順位をつけて表にし, 各参加者は自分のすぐ上位の 2 人の参加者のうち 1 人に挑戦する権利を与えられ, その者に勝つとその者と順位が入れ替わる, という競技方法; ladder ともいう》.

ládder tràck *n.* 〖鉄道〗はしご線, 梯形(ていけい)測線《車両の入替・留置などのため分岐した数条の平行測線群を持った線》.

ládder·tròn *n.* 〖物理〗ラダトロン《粒子加速器の一種; 金属枝をはしご状に並べてプラスチックの絶縁体で分離したもので電流ベルトを作る》. 〖(1972) ← LADDER+-TRON〗

ládder trùck *n.* はしご車. 〖1889〗

ládder·wày *n.* 〖鉱山〗(坑内で人が上り降りするための)はしご道. 〖c1850〗

lad·die /lǽdi | -di/ *n.* 《主にスコット》若者, 少年. 〖(1546) ← LAD+-IE: cf. lassie〗

lad·dish /lǽdɪʃ | -dɪʃ/ *adj.* 若者らしい; 気軽で快活な; 荒々しい, 手に負えない. **～·ness** *n.* 〖(1841) ← LAD+-ISH[1]〗

lad·du /lɑ́duː/ *n.* (*also* **lad·doo** /～/) (*pl.* **～s**) ラドゥー

《小麦粉・砂糖・ギー (ghee) などを混ぜ合わせて油で揚げてから球状に丸めたインドの菓子; ladoo ともつづる》. 〖(1868) ◻ Hindi *laḍḍū*〗

lad·dy /lǽdi | -di/ *n.* ＝laddie.

lade¹ /léɪd/ *v.* (**lad·ed; laded, lad·en** /léɪdn̩/) — *vt.* **1 a** 〈船・車〉に〔貨物・荷物を〕積む, 載せる〔*with*〕: ～ a cart [vessel] *with* cargo. **b** 〈貨物・荷物を〉〔船・車に〕積み込む, 積む〔*on*〕: ～ hay *on* a cart 車に干草を積む. **2** [主に p.p. 形で] **a** 〔責任などを〕…に負わせる; 〔悲しみなどで〕苦しめる〔*with*〕: be ～*n with* responsibilities 責任を背負い込んでいる / a heart ～*n with* regret 後悔でいっぱいの心. **b** …に豊富に特たせる, 十二分に帯びさせる〔*with*〕: a thesis ～*n with* footnotes 脚注のたくさんついた論文 / trees heavily ～*n with* fruit 枝もたわわに実っている木 / The air was ～*n with* pungent aroma. あたりの空気は鼻を刺すような芳香がただよっていた. **3** (ひしゃくなどで)汲み出す, 汲み入れる, すくう: ～ water *out of* a boat ボートから水をかい出す. — *vi.* **1** 荷を積む (load). **2** 水を汲む. 〖OE *hladan* to load, draw (water) < Gmc **χlaðan* (Du. & G *laden* to load) ← IE **klā-* to spread out flat: cf. last⁴〗

lade² /léd, léɪd/ *n.* 《スコット》水流, 水路, (特に)水車用流水. 〖(1808–80) (変形) ← LEAD¹ (n.)〗

la-de-da /làːdɪdáː | -di-⌐/ *n., adj., int.* ＝la-di-da.

lad·en¹ /léɪdn̩/ *v.* lade の過去分詞. — *adj.* **1** 荷を積んだ, 貨物を積載した: a ～ ship [mule] 荷を積んだ船[ラバ]. **2** [しばしば複合語の第 2 構成素として] **a** (…を)積んだ, 帯びた: a hay-*laden* horse 干し草を積んだ馬 / a suspense-*laden* film サスペンスのみなぎった映画 / a traffic-*laden* street 交通量の多い通り. **b** (…に)苦しんでいる: a sin-*laden* soul 罪に苦しむ心 / a misery-*laden* man 悲嘆に暮れた男 / a debt-*laden* company 負債に苦しむ会社. 〖(1595): cf. OE *ġehladen* (p.p.): ⇨ lade¹〗

lad·en² /léɪdn̩/ *vt.* ＝lade¹. 〖← LADE¹＋-EN¹〗

La·den /láːdɪn/ *n.* ＝bin Laden.

la-di-da /làːdɪdáː | -di-⌐/ 《口語》 *n.* **1** めかし屋, 気取り屋, きざな人. **2** 気取り, 上品ぶった態度, きざなふるまい. — *adj.* **1** 気取った, きざな, めかした. **2** 見栄を張る, 誇張的な. **3** 上品な; ぜいたくな. — *int.* ほうほう《気取りや上品ぶった態度などをからかうときにいう》. 〖(1861) (擬態語): 1880 年頃流行した歌の囃し言葉から一般化: cf. lardy-dardy〗

ládies cháin, L- C- *n.* レディースチェーン《lancer's quadrille に似たスクエアダンスの踊り方の一種》.

Ládies' Dày *n.* 《米》女性招待日《野球・アメリカンフットボールなどの催し物に女性が優待される日》.

ládies' fìngers *n.* 〖植物〗 **1** ＝kindney vetch. **2** ＝okra.

Ládies' Gállery *n.* (英国下院の)女性傍聴席.

Ládies' Hóme Jóurnal *n.* [the ～] 「レディーズホームジャーナル」《米国の主婦向け月刊誌; 1883 年創刊》.

ládies' màn *n.* 好んで女性と交際する男性, 女性にいんぎんな男性. 〖1784〗

Ládies' Níght *n.* 女性の夜: **1** 《米》女性が割引料金で催し物に出席できる夜. **2** 《英》女性が男性のクラブにメンバーとして出席を許される特別の夜. 〖1889〗

ládies' ròom, L- r- *n.* (ホテル・劇場などの)女性用洗面所[トイレ] (cf. men's room).

ládies' slìpper *n.* 〖植物〗＝lady's slipper.

ládies'-tobácco *n.* 〖植物〗＝pussytoe.

ládies' trèsses *n.* (*pl.* ～) 〖植物〗ネジバナ《北米産ラン科ネジバナ属 (*Spiranthes*) の植物の総称》.

la·di·fy /léɪdɪfàɪ | -dɪ-/ *vt.* **1** 貴婦人扱いにする; 〈女性を〉Lady の敬称で呼ぶ. **2** 貴婦人らしくする; 貴婦人にふさわしいようにする. 〖(1602) ← LADY＋-FY〗

La·din /lədíːn/ *n.* **1** ラディン語《北東イタリア Dolomites 地方で用いられるレトロマン(ス)語系方言; cf. Rhaeto-Romanic》. **2** ラディン語を母国語とする人. 〖(1877) ◻ Rhaeto-Romanic ～ ◻ L *Latīnus* Latin〗

lád·ing /-dɪŋ | -dɪŋ/ *n.* **1** 荷を積むこと, 積載. **2** 船荷, 船積み, 貨物 (⇨ burden¹ SYN): ⇨ BILL¹ of lading. 〖(1427): ⇨ lade, -ing¹〗

La·di·no¹ /lədíːnou | -nəu; *Sp., Am.Sp.* laðíno/ *n.* **1** ラディノ語《トルコやギリシャその他に居住するスペイン・ポルトガル系ユダヤ人 (Sephardim) によって話されるスペイン語とヘブライ語・アラビア語などとの混合方言; Judaeo- Spanish, Judezmo ともいう》. **2** 《中央アメリカで》スペイン語を話す混血白人 (mestizo). **3** 《米南西部》癖の悪い馬[雄牛]. 〖(1863) ◻ Sp. *ladino* sagacious, learned ◻ L *Latīnus* Latin〗

La·di·no², l- /lədáɪnou, -nə, -díːnou | -díːnəu/ *n.* 〖園芸〗クローバーの一変種 (*Trifolium repens* var. *giganteum*) 《Ladino clover ともいう》. 〖(1924) ◻ ? It. ～ 'LADIN': この草がこの地方に多いことから〗

Lad·is·laus I /lǽdʒɪslɔ̀ːs, -làːs | -dɪslɔ̀ːs/, **Saint** *n.* (*also* **Lad·is·las** /-lǽs, -làːs/) 聖ラースロー (1040–95; ハンガリー王 (1077–95); 祝日 6 月 27 日).

la·dle /léɪdl̩ | -dl̩/ *n.* **1** ひしゃく, しゃくし. **2** (教会で, 礼拝献金を集める柄の長い)献金箱. **3** 〖冶金〗取鍋(とりべ)《溶融した金属または鉱滓などを炉からうけて鋳型に運ぶ容器》. — *vt.* **1** (ひしゃくで)汲む, すくう: ～ soup *into* the plates 皿にスープをよそう. **2 a** (ひしゃくで)汲んで与える〈*out*〉: ～ *out* porridge おかゆをよそってやる. **b** 《口語》(ひしゃくで汲んで与えるように, ふんだんに)与える, 贈る〈*out*〉: ～ *out* honors, praise, etc. **lá·dler** /-dlə, -dlə | -dlə(r, -dl-/ *n.* 〖OE *hlædel* ← *hladan* 'to LADE' < Gmc **χlaðilaz*〗

la·dle·ful /léɪdl̩fʊ̀l | -dl̩-/ *n.* ひしゃく一杯〔*of*〕. 〖(*a*1450): ⇨ ↑, -ful²〗

Lad·o·ga /lǽdəgə, láː- | -də(ʊ)gə, lədáʊ-/, **Lake** *n.* ラドガ湖《ロシア連邦北西部, フィンランド国境近くの湖; カスピ海を除きヨーロッパで最大; 面積 18,100 km²》.

La·don /léɪdn̩/ *n.* 〖ギリシャ神話〗ラドン (Hesperides の金のりんごを守っていた竜). 〖◻ *Lādōn* ◻ Gk *Ládōn*〗

lad·oo /láduː/ *n.* ＝laddu.

la·dron /lədróun | -dráun/ *n.* 《米南西部》強盗, 追いはぎ. 〖(1626) ◻ Sp. *ladrón* < L *latrōnem* robber〗

la·drone /léɪdrən, lǽd- | lǽd-/ *n.* 《スコット》ごろつき. 〖(*a*1557) ◻ MF *ladron* thief〗

La·dróne Íslands /lədróun- | -dráun-/ *n. pl.* [the ～] ラドローン諸島 (Mariana Islands の旧名).

La·drones /lədróunz | -dráunz/ *n. pl.* [the ～] ＝Ladrone Islands.

lád's-lòve *n.* 〖植物〗＝southernwood. 〖*a*1825〗

la·dy /léɪdi | -di/ *n.* **1** 身分の高い気品のある女性, 貴婦人; 教養があり優雅で気品のある女性, 淑女, レディー (⇨ woman SYN): She is not quite a ～. とても淑女などではない / She is a real ～. ほんとうの淑女だ / I would not call her a ～. あんな人は淑女とはいわない / She is a ～ by birth. 生まれは良家の女性だ / a very sexy [talented] ～ 《口語》すごくセクシーな[才能のある]女性 / Can I speak to the young ～ who saw me yesterday? 昨日お会いしたお嬢さんと話したいのですが. **2** [L-; 称号として (cf. lord 2)] 《英》 **a** 侯爵夫人[女性侯爵] (Marchioness)・伯爵夫人[女性伯爵] (Countess)・子爵夫人[女性子爵] (Viscountess)・男爵夫人[女性男爵] (Baroness) の略式の敬称《姓または領地名に冠する》: (the Countess of Basildon or) *Lady* Basildon. **b** 公爵 (duke)・侯爵 (marquis, marquess)・伯爵 (earl) の令嬢に対する敬称《本人の名に冠する; cf. honorable 4》: *Lady* Mary. **c** Lord という敬称を名に冠する人の夫人に対する敬称《夫の名に冠する》: *Lady* William (Smith). **d** 准男爵 (baronet)・勲爵士 (knight) の夫人に対する敬称《姓に冠する; cf. sir 2, dame 2》: *Lady* Gregory, Sir Paul and *Lady* Proudfoot. ★ b, c で The Lady ... とする場合はより形式的. **3** 女領主: the ～ of the manor 荘園の女主人. **4 a** (一家の)主婦. ★ LADY of the house の用法以外は《廃》. **b** 妻; (今は, 特殊な社会的地位のある人の)夫人 (cf. lord 5 c): officers and their *ladies* 士官とその夫人たち / my ～ 私の家内 (cf. 8) / your good ～ 《古・戯言》奥様. **c** 女性, 婦人: a cleaning ～ 掃除婦, 清掃婦. **5** [通例 Our Lady として] 聖母マリア (the Virgin Mary). **6** [L-] 《古・詩》女王: Our Sovereign *Lady* 女王. **7** [通例 L-] 《古》超自然的なもの・擬人化された抽象物の名に冠する敬称: *Lady* Venus / *Lady* Luck. **8 a** [女性に対する敬称として] 婦人 (cf. gentleman 3 a, man¹ 11): (My Lords,) *Ladies* and gentlemen! [聴衆への呼び掛け] 紳士淑女諸君, 皆さん / my ～ 奥様, お嬢様《特に高貴の婦人に向かって召使が呼び掛けるときの敬称; cf. 4 b》 / young ～ [呼び掛け] お嬢さん / Think again, ～! 《口語》考え直して下さい奥さん. **b** 《英》地位・役職名に冠する敬称: *Lady* Chairman. **9 a** (中世の騎士道において愛の対象としての)貴婦人. **b** 恋人: my young ～ 私のいいなずけ. **10** [the ladies(')]; 単数扱い] 婦人用(公衆)トイレ (cf. women's room, gentleman 5). **11** 《口語》同棲する女性, 恋人, めかけ. **12** [形容詞的に] **a** 女性の; (動物の)雌の (female): a ～ clerk 女性書記 / a ～ novelist 女流小説家 / a (man's) ～ friend 女性の友だち; 情婦 / a ～ president 女性大統領 / a ～ dog [goat] 《婉曲》雌犬[山羊]. ★ 人を修飾する場合は woman のほうが好まれる. **b** 貴婦人の; 貴婦人らしい.

first lády in the lánd [the —] 《米》米国大統領夫人.
Lády in the Cháir [the —] 〖天文〗椅子の婦人 (⇨ Cassiopeia).
lády of pléasure 《古》売春婦 (prostitute). 《1948》
lády of the bédchamber 《英》(王女・女王付き)女官.
lády of the évening [níght] 夜の女, 売春婦.
lády of the hóuse [the —] 奥様, 主婦.
Lády of the Láke [the —] 〖アーサー王伝説〗⇨ Vivien².
Lády with the Lámp [the —] Florence Nightingale の異名.

〖OE *hlǣfdīġe* loaf-kneader ← *hlāf* 'LOAF¹'＋*-dīg-* to knead (cf. *dāh* 'DOUGH'): cf. lord〗

La·dy /léɪdi | -di/, **The** *n.* 「レディー」《やや古風な英国の女性雑誌; 主な読者は老人や上流階級の女性》.

Lády áltar *n.* 聖母小礼拝堂 (Lady Chapel) の祭壇.

Làdy Báltimore càke *n.* レディーバルティモアケーキ《卵白を使ったバターケーキの間に干しぶどう・干しいちじく・ナッツをはさんで層にし, 全体に白い糖衣をかぶせたもの; cf. Lord Baltimore cake》. 〖← ? *Lady Baltimore* (Lord Baltimore の夫人)〗

lády bèetle *n.* 〖昆虫〗＝ladybug.

lády·bird *n.* **1** 〖昆虫〗＝ladybug. **2** 恋人. 〖(1592) 《原義》(Our) Lady's bird: cf. Lady Day〗

La·dy·bird /léɪdibəːd | -dibɜːd/ *n.* レディーバード《英国 Ladybird Books 社刊の児童書》.

Lády Bór·den /-bɔ́ədn̩ | -bɔ́ː-/ *n.* 〖商標〗レディーボーデン《米国 Borden 社製のアイスクリーム》.

Lády Bóuntiful *n.* (*pl.* ～s, **Ladies B-**) [しばしば l- b-] 恵み深い女性, 女性慈善家. 〖Farquhar 作の喜劇 *The Beaux' Stratagem* (1707) 中の金持ちで慈悲深い女主人公〗

lády·bùg *n.* 《米》〖昆虫〗テントウムシ《テントウムシ科の各種の甲虫の総称; lady beetle, ladybird ともいう》. 〖1699〗

lády chàir *n.* 手車《負傷者などを運ぶのに 2 人の手を組み合わせて作った座》. 〖1869〗

Lády Chàpel, L- c- *n.* 聖母小礼拝堂, マリア礼拝堂《大聖堂または教会に付属し, 通例中央祭壇の東方, つまり後陣 (apse) に, また時には別棟にある, 聖母マリアに献堂された礼拝所》. 〖1426〗

Lády Chát·ter·ley's Lóver /-tʃǽtəliz- | -təl-/ *n.* 「チャタレー夫人の恋人」(D. H. Lawrence の長編小説 (1928); 大胆な性描写が問題となり発売禁止となったが, 1960 年の裁判で発売が許された).

lády cràb *n.* 〖動物〗米国大西洋岸の砂浜に生息するワタリガニ科のカニ (*Ovalipes ocellatus*)《日本産ヒラツメガニの近縁種》. 〖1882〗

Lády Dày *n.* (聖母マリアの)お告げの祝日《3 月 25 日; イングランド・ウェールズ・北アイルランドでは四季支払い日の一つ; Annunciation Day ともいう; cf. quarter day》. 〖(?*a*1200) (*oure*) *lady day*: lady は無変化所有格: cf. Lord's day〗

lády fèrn *n.* 〖植物〗ミヤマメシダ (*Athyrium filixfemina*)《葉の切れこみが繊細なことによる》. 〖1825〗

lády·fìnger *n.* **1** 《米》スポンジケーキ用の生地を指形に焼いた菓子. **2** 〖植物〗＝lady's-finger. 〖1820〗

lády·fìsh *n.* 〖魚類〗 **1** ＝bonefish. **2** ＝tenpounder 1 a.

la·dy·fy /léɪdɪfàɪ | -dɪ-/ *vt.* ＝ladify.

Làdy Godíva *n.* ⇨ Godiva.

lády-hélp *n.* 《英古》(賃金は低いが家族と同等の扱いを受ける)家事手伝い婦, 家政婦. 〖1875〗

lády·hòod *n.* **1** 貴婦人[淑女]であること, 貴婦人[淑女]の身分[品格]. **2** [集合的] 貴婦人たち, 淑女たち (ladies). 〖(1820): ⇨ -hood〗

lády-in-wáiting *n.* (*pl.* **ladies-**) (女王・王女付き)侍女. 〖1862〗

lá·dy·ish /-dɪɪʃ | -di-/ *adj.* (好ましくない貴婦人の特徴を示す)貴婦人ふうの, 淑女らしい. **～·ly** *adv.* **～·ness** *n.* 〖(1830): ⇨ -ish〗

lády·kìller *n.* 《口語》女泣かせ, 女たらし, マダムキラー《女性にとって危険なほど魅力のある男性》. 〖1810〗

lády·kìlling *n., adj.* 女泣かせ(の), 手練手管(の), 女たらし(の). 〖1825〗

la·dy·kin /léɪdɪkɪn | -dikɪn/ *n.* **1** 小貴婦人, 小淑女. **2** [愛称として] お嬢さん. 〖(1853): ⇨ -kin〗

lády·lìke *adj.* **1** 貴婦人らしい (⇨ female SYN); 上品な, 優雅な: in a ～ manner. **2** 《軽蔑》〈男が〉女々しい, 柔弱な. **～·ness** *n.* 〖1586〗

lády·lòve *n.* 《まれ》意中の女性, 恋人, 愛人. 〖1733〗

Làdy Macbéth *n.* ＝Lady MACBETH. 〖1876〗

Làdy Máyoress *n.* 《英》(市長を Lord Mayor という都市の)市長夫人. 〖1619〗

Làdy Múck /-mʌ́k/ *n.* 《口語》気取り屋の女性, 偉そうにふるまう女性 (cf. Lord Muck). 〖1957〗

lady-of-the-níght *n.* 〖植物〗アメリカバンマツリ (*Brunfelsia americana*)《西インド諸島原産のナス科バンマツリ属の低木; 花は黄白色で特に夜間芳香を放つ; 観賞用に温室で栽培》. 〖1924〗

lády órchid *n.* 〖植物〗レディーオーキッド (*Orchis purpurea*)《英国・欧州北部原産のラン; 花は紅色で上面に暗紫色の斑点がある》. 〖1933〗

lády's bèdstraw *n.* 〖植物〗キバナノカワラマツバ (⇨ yellow bedstraw)《正しくは Our-Lady's-bedstraw という》. 〖(1527) ← OUR-LADY'S-BEDSTRAW〗

lády's-còmb *n.* 〖植物〗ナガミノセリモドキ (*Scandix pectenveneris*)《venus's-comb, shephard's needle ともいう》. 〖1597〗

lády's compànion *n.* 携帯用裁縫セット.

lády's éardrop *n.* 〖植物〗フクシャ (fuchsia) やコマクサ (bleeding heart) などフクシャの花に似た花をつける数種の植物の総称; (特に)北米産タデ科の *Brunnichia cirrhosa*. 〖1829〗

lády's fìnger *n.* 〖植物〗指の形をした部分のあるさまざまな植物の総称: **a** kidney vetch や bird's-foot trefoil などのマメ科植物. **b** 《英方言》＝cuckoopint. **c** ＝okra 1. 〖1670〗

lády·shìp *n.* **1** 貴婦人の身分[品位]. **2** [しばしば L-] 《英》Lady の敬称をもつ婦人に対する敬称. ★ 皮肉にも用いる: her [your] *Ladyship* 令夫人, 奥様, 御令嬢. 〖(?*a*1200): ⇨ -ship〗

lády slìpper *n.* 〖植物〗＝lady's slipper.

lády's máid *n.* (婦人の化粧などを手伝う)小間使, 待女, 腰元. 〖1808〗

lády's màn *n.* ＝ladies' man.

lády's màntle *n.* 〖植物〗バラ科ハゴロモグサ属 (*Alchemilla*) の植物数種の総称《ハゴロモグサ (*A. vulgaris*) など》. 〖1548〗

La·dy·smith /léɪdismìθ | -di-/ *n.* レディスミス《南アフリカ共和国東部, KwaZulu-Natal 州の市; ボーア戦争時ボーア人に占領された》.

lády smòck *n.* ＝lady's-smock.

lády's ròom *n.* ＝ladies' room.

lády's slìpper *n.* 〖植物〗 **1** シプリペジウム《ラン科アツモリソウ属 (*Cypripedium*) の植物の総称; 唇弁の形がスリッパに似ている》; (特に) *C. calceolus*. **2** 《米》ホウセンカ (⇨ garden balsam). 〖1597〗

lády's smòck *n.* 〖植物〗タネツケバナ《アブラナ科タネツケバナ属 (*Cardamine*) の植物数種の総称; 白・桃色・紫色の花をつける》; (特に, ヨーロッパ産の)ハナタネツケバナ (*C. pratensis*)《米国産のものは cuckooflower という; milkmaid ともいう》. 〖1588〗

lády's-thìstle *n.* 〖植物〗オオアザミ, マリヤアザミ (*Silybum marianum*)《南欧・北アフリカ原産のキク科の草本; つやのある鋭いとげをもった葉は切り葉, 若葉はサラダに, また種子は煎って薬用とする; blessed thistle, holy thistle, milk thistle ともいう》.

lády's thùmb *n.* 《米》〖植物〗ハルタデ (*Polygonum*

persicaria)《水田・湿地に生える一年草, 葉は細長い披針(ひ)形で花はアカノマンマに似て淡紅色》. 〖1837〗

lády's trèsses *n.* (*pl.* ～)〘植物〙＝ladies' tresses.

Lády Wáshington gerànium *n.*〘植物〙＝Martha Washington geranium.

La·e /láɪ/ *n.* ラエ《New Guinea 島東岸 Huon 湾に臨む港町; パプアニューギニアに属する; 1942 年 2 月, 日本軍によって占領され, 翌年にかけてたびたび連合軍の爆撃をうけた; 木材・コーヒーなどの集積港》.

La·ën·nec /leɪnɛ́k; *F.* laenɛk, laɛ-/, **René Thé·o·phile Hya·cinthe** /teɔfil jasɛ̃:t/ *n.* ラエネク《1781–1826; フランスの医師; 聴診器を発明 (1819?)》.

Laennéc's cirrhósis *n.*〘病理〙(萎縮性)肝硬変.

lae·o·trop·ic /lìːətrɑ́(ː)pɪk | -trɔ́p-ˈ/ *adj.* 〈巻貝の渦巻きなど〉左巻きの. 〖(1883) ← Gk *laiós* left＋-TROPIC〗

La·er·tes /leɪɜ́ːtiːz, leɪɛ́ə- | leɪɜ́ː-/ *n.* **1**〘ギリシャ伝説〙ラーエルテース《Odysseus の父親》. **2** レアーティーズ《Shakespeare 作 *Hamlet* 中の人物; Polonius の息子で, Ophelia の兄》. 〖□ L *Laërtes* □ Gk *Laértēs*《原義》gatherer of the people〗

Lae·tá·re Súnday /leɪtɑ́ːriː-, -tɛ́ər-, -reɪ- | -tɑ́ːriː-, -tɛ́ər-, -reɪ-/ *n.*〘教会〙喜び[歓喜]の主日[日曜日]《四旬節 (Lent) 中の第 4 日曜日; Mid-Lent Sunday, Mothering Sunday ともいう》. 〖(*c*1870) この日の詠誦の冒頭の句 "*Laetāre Jerusalem*" (Rejoice ye with Jerusalem) (*Isa.* 66: 10) から〗

Lae·ti·tia /lətíʃə, -tíː- | lɪ̀-, liː-, -tíʃiə/ *n.* レティシア《女性名; 異形 Latitia, Letitia》. 〖← L *laetitia* joy: cf. Lettice〗

La·e·trile /léɪətrɪ̀l | -traɪl, -trɪ̀l/ *n.*〘商標〙レアトリル《アンズや桃の核から製する制癌剤; 効果が証明されないまま広く投与された; 体内で青酸化物を発生するため FDA は販売を禁止》. 〖(1949) ← *læ*(*vorotatory*)＋(NI)TRILE〗

laev- /liːv/ (母音の前にくるときの) laevo- の異形 (⇨ levo-).

lae·vo- /líːvoʊ | -vəʊ/ ＝levo-.

làevo·dópa *n.* ＝L-dopa. 〖1970〗

làevo·gýrate *adj.* ＝levorotatory. 〖*a*1856〗

làevo·rotátion *n.* ＝levorotation.

làevo·rótatory *adj.* ＝levorotatory.

laev·u·lin /lɛ́vjʊlɪ̀n | -lɪn/ *n.*〘化学〙＝levulin.

laev·u·lose /lɛ́vjʊlòʊs, -lòʊz | líːvjʊlə̀ʊz, lɛ́v-, -lə̀ʊs/ *n.*〘化学〙＝levulose.

LaF《略》Louisiana French.

La Farge /ləfɑ́əʒ, -fɑ́ədʒ | -fɑ́ːʒ, -fɑ́ːdʒ/, **John** *n.* ラファージ《1835–1910; 米国の画家》.

La Farge, Oliver (**Hazard Perry**) *n.* ラファージ《1901–63; 米国のアメリカインディアン専攻の民族学者・小説家; *Laughing Boy* (1929)》.

La·fargue /ləfɑ́əg | -fɑ́ːg; *F.* lafaʁg/, **Paul** *n.* ラファルグ《1842–1911; フランスの社会主義者》.

La·fa·yette¹ /lɑ̀ːfiɛ́t, lɑ̀ːf-, -feɪ- | lɑ̀ːfaɪ-, -feɪ-/ *n.* ラフィエット: **1** 米国 Louisiana 州南部の都市. **2** 米国 Indiana 州西部, Wabash 河畔の都市. ★《米》ではまた /lɑːféɪt, lə-/ 〖← LAFAYETTE〗

La·fa·yette² /lǽfiɛ́t, lɑ̀ːf-, -feɪ- | lɑ̀ːfaɪ-, -feɪ-; *F.* lafajɛt/ *n.* ラファイエット《男性名; 愛称形 Lafe》. 〖《転用》← F ～ (フランスの surname)〗

La·fa·yette /lǽfiɛ́t, lɑ̀ːf-, -feɪ- | lɑ̀ːfaɪ-, -feɪ-; *F.* lafajɛt/, **Marquis de** *n.* ラファイエット《1757–1834; フランスの軍人・政治家; 米国独立戦争に従軍, またフランス革命に指導的役割を果した; 本名 Marie Joseph Paul Yves Roch Gilbert du Motier》.

La Fa·yette /lǽfiɛ́t, lɑ̀ːf- | lɑ̀ːfaɪ-, -feɪ-; *F.* lafajɛt/, **Comtesse de** *n.* ラファイエット《1634–93; フランスの小説家; La Rochefoucauld の友人; *La Princesse de Clèves*「クレーブの奥方」(1678); 旧姓名 Marie-Madeleine Pioche de La Vergne》.

Láf·fer cùrve /lǽfə- | lǽfə-/ *n.*〘経済〙ラッファー曲線《税率と税収[経済活動]の相関を示す曲線; 最適税率で税収の極値を示す放物線になる》. 〖1978〗

Laf·fite /ləfíːt, lə- | læ-, lɑ̀ː-, lə-; *F.* lafit/ (*also* **La·fitte** /～/), **Jean** *n.* ラフィート《1780?–?1816; Mexico 湾沿岸で活躍したフランスの海賊》.

La Fol·lette /ləfɑ́(ː)lɪ̀t | -fɔ́l-/, **Robert Marion** *n.* ラフォレット《1855–1925; 米国の政治家; 進歩党大統領候補 (1924), 上院議員 (1906–25)》.

La·fon·taine /lɑ̀ːfɔ̃(ː)ntɛ́n, -foʊn- | lǽfɒntɛ́n, lɑ̀ː-, -téɪn; *F.* lafɔ̃tɛn/ (*also* **La Fon·taine** /～/), **Henri** *n.* ラフォンテーヌ《1854–1943; ベルギーの政治家・法律家; Nobel 平和賞 (1913)》.

La Fon·taine /lɑ̀ːfɔ̃(ː)ntɛ́n, -foʊn- | lǽfɒntɛ́n, lɑ̀ː-, -téɪn; *F.* lafɔ̃tɛn/, **Jean de** *n.* ラフォンテーヌ《1621–95; フランスの詩人・寓話作家; *Fables* (1668–94)》.

La·forgue /ləfɔ́əg | -fɔ́ːg; *F.* lafɔʁg/, **Jules** *n.* ラフォルグ《1860–87; フランスの象徴派詩人》.

LAFTA /lǽftə/《略》Latin American Free Trade Association 中南米自由貿易連合《1981 年より LAIA》.

lag¹ /lǽg/ *v.* (**lagged; lag·ging**) ― *vi.* **1 a** のろのろ歩く, ぐずぐずする. **b** のろのろ進む, ぐずつく, 進展が遅い; 遅れる〔*behind*〕(⇨ loiter SYN): Japan ～*s* far *behind* European countries in adult education. 成人教育では日本はヨーロッパ諸国よりはるかに遅れている / ～ *behind* at school 学業に遅れる. **c** (発達・価値の最大発揮に)遅れる: Business is ～*ging*. 景気が沈滞気味である. **2**《熱意・関心などがゆるむ, 弱まる, 衰える. **3**《米》(marbles や玉突きで順番を決めるために)玉を投げる[転がす]. ― *vt.* **1** …より遅い. **2**〈玉・コインを〉(目標に向かって)投げる. **3**《廃》遅れさせる. ― *n.* **1** 遅れること, 遅いこと, 遅延; 遅れるもの, 最後になるもの; (関連した現象間の)時間差, (時期の)ずれ: ⇨ cultural lag. **2** (marbles や玉突きで順番を決めるための)玉を投げること[転がすこと]. **3**〘機械〙(流れ・運動の)遅れ, 遅滞; 遅滞量: a ～ in the work. **4**〘電気〙(位相などの)遅れ《交流回路では特に電流位相の電圧位相に対する遅れを指すことが多い》.

lág of the tíde 遅潮; (潮の調和分析の際の)遅角 (cf. PRIMING of the tide).

― *adj.*《古・方言》**1** 最後の, 一番後ろの. ★ 主として次の句で用いる: the ～ end (ようやく到達する)終末 (Shak., *1 Hen IV* 5. 1. 24). **2** 遅れた, 遅くなった. 〖(1514) ← ?: cf. Norw. *lagga* to go slowly〗

lag² /lǽg/ *n.* **1** おけ板, たる板, 胴板. **2**〘機械〙《熱が逃げるのを防ぐためにボイラーなどを覆う》外套(がいとう)板, 被覆材; (紡織用の)ドビー装置用の板. ― *vt.* (**lagged; lag·ging**)〈ボイラーなどを〉外套板で覆う, 保温材で包む: ～ a boiler. 〖(1672) ← Scand.: cf. ON *lǫgg* rim of a barrel / Swed. *lagg* stave (< Gmc **lawwō* ← ? IE **leu-* to loosen)〗

lag³ /lǽg/《英俗》*vt.* (**lagged; lag·ging**) **1** 投獄する. **2** 逮捕する, 捕縛する. ― *n.* **1 a** 囚人: an old ～ 常習犯 / a good ～ 模範囚. **b** 前科者. **2** 服役期間. 〖(1573) ← ?: もと盗賊の隠語〗

lag·an /lǽgən/ *n.*〘法律〙浮標付き投荷《海難の際, 後日引き上げることのできるように浮標を付けて海中に投げ入れた貨物; lagend, ligan ともいう; cf. flotsam 1, jetsam》. 〖(1491) □ OF ～ ← ? ON *lagn-, lǫgn* dragnet ← Gmc **laʒ-*: cf. lie¹, lay²〗

Lag be·O·mer /lɑ́ːgbəóʊmə | -ə́ʊmə(r)/ *n.* (*also* **Lag ba·O·mer** /～/) ＝Lag b'Omer.

lág bòlt *n.* ラッグボルト[木ねじ] (⇨ lag screw).

Lag b'O·mer /lɑ́ːgbóʊmə | -bə́ʊmə(r)/ *n.*〘ユダヤ教〙オーメルの第 33 日祭《大麦の束(オーメル)を神殿にささげる過ぎ越しの祝いの第 2 日から「七週の祭り」までの物忌みをして生活する 49 日間の Omer のうち, 散髪・ひげそり・歌舞が許される 33 日目; Iyar 月 18 日; cf. Jewish holidays》. 〖□ Mish. Heb. ～ ← *lag* thirty-third＋*ba* in＋*'ōmer* sheaf of the wave offering: 過ぎ越しの祝いの第 2 日からペンテコステの第 1 日までの 49 日間の数え方: *Lev.* 23: 15, 16〗

la·ge·na /lədʒíːnə/ *n.* (*pl.* **la·ge·nae** /-niː/) **1** (細口の)瓶. **2**〘動物〙壺(こ)《鳥・爬虫類などの内耳の迷路の小嚢(のう)の付属器官で, 哺乳類の蝸牛殻に当たる》. 〖□ L ～ 'large flask' □ Gk *lágūnos*〗

lag·end /lǽgənd/ *n.* ＝lagan. 〖□ OF *lagand* 'LAGAN'〗

la·ge·ni·form /lədʒíːnəfɔ̀əm | -nɪ̀fɔ̀ːm/ *adj.*〘生物〙(細口で底が広い)瓶状の, フラスコ状の. 〖(1826): ⇨ lagena, -form〗

la·ger¹ /lɑ́ːgə | -gə(r)/ *n.* ラガービール《加熱殺菌して貯蔵をよくしたビール; lager beer ともいう; cf. draft beer, ale 1 a, porter³, stout 1》. 〖(1853)《略》← *lager beer*《部分訳》← G *Lagerbier* ← *Lager* storehouse＋*Bier* 'BEER': cf. lair¹〗

la·ger² /lɑ́ːgə | -gə(r)/ *n.*, *v.*《南ア》＝laager.

La·ger·kvist /lɑ́ːgəkvɪ̀st, -kwɪ̀st | -gə-; *Swed.* lɑ̌ːgerkvɪ̀st/, **Pär** (**Fa·bian**) /pɛ́ːr (fɑ́ːbjan)/ *n.* ラーゲルクビスト《1891–1974; スウェーデンの小説家・詩人・劇作家; Nobel 文学賞 (1951)》.

La·ger·löf /lɑ́ːgələ̀ːv | -gə-; *Swed.* lɑ̌ːgelø̀ːv/, **Selma** (**Ot·ti·li·a Lo·vi·sa**) /sɛ̌lma (ʊtíːlja luvǐːsa)/ *n.* ラーゲルレーブ《1858–1940; スウェーデンの作家; 女性として初の Nobel 文学賞 (1909)》.

láger lòut *n.*《英》酔っぱらいのよた者. 〖1987〗

lag·gard /lǽgəd | -gəd/ *n.* ぐずぐずする人, 遅れる人, のらくら者, のろま. ― *adj.*《まれ》遅れる, あとになる; のろい, 遅い, ぐずぐずする. **～·ness** *n.* 〖(1702) ← LAG¹＋-ARD〗

lág·gard·ly *adv.*, *adj.* ぐずぐずした[と], のろのろした[と], のらくら(の). 〖(1835): ⇨ ↑, -ly¹〗

lagged *adj.* 遅れる, 遅延した: a ～ response. 〖(1602) ← LAG¹＋-ED〗

lag·ger /lǽgə | -gə(r)/ *n.* **1** ＝laggard. **2**〘経済〙＝lagging indicator.

lág·ging¹ *adj.* 遅れる, 遅い, のろい: the ～ economic recovery of Philippine フィリピンの遅々とした経済復興. 〖(1595) ← LAG¹ (v.)〗

lág·ging² *n.* **1**〘機械〙**a** ラギング《ボイラー・管などを保温のため外套(がいとう)板で覆うこと》. **b** 外套板, (断熱の)被覆材. **2**〘建築〙型枕(かた), 迫枠(せりわく)板, 迫枠貫(ぬき)《アーチやヴォールト天井の迫枠を結ぶ材》. **3**〘鉱山・土木〙矢板, 土木《鉱山・トンネルなどで土や岩石塊の崩れるのを防ぐための板》. 〖(1794) ← LAG² (v.)〗

lág·ging³ *n.*《俗》懲役の(刑); 服役期間. 〖(1794) ← LAG³ (v.)〗

lágging ìndicator *n.*〘経済〙遅行指標(系列) (cf. coincident 2).

lág·ging·ly *adv.* 遅れて, 遅く, のろのろと. 〖(*c*1817) ← LAGGING¹＋-LY¹〗

La Gio·con·da /*It.* ladʒokónda/ *n.*「ラ ジョコンダ」(⇨ Mona Lisa).

la·gnappe /lǽnjæp, ―ˊ/ *n.* ＝lagniappe.

-lag·ni·a /lǽgniə/「欲, 色情 (lust)」の意の名詞連結形: coprolagnia. 〖← NL *-lagnia* ← Gk *lagneía* lust ← *lágnos* lustful < IE **lagno-* ← *(*s*)*lag-* 'to be SLACK'〗

la·gniappe /lǽnjæp, ―ˊ/ *n.* **1**《米南部》(商人が買物をしたお客に与える)おまけ, 景品. **2**《米》心付け, チップ. 〖(1849) □ Louisiana-F ～ ← F *la* the＋Sp. *ñapa* gratuity (□ Quechua *yapa* something added)〗

lag·o·morph /lǽgəmɔ̀əf | -mɔ̀ːf/ *n.* ウサギ《ウサギ目の動物の総称; hare, rabbit, pika など》. **lag·o·mor·phic** /læ̀gəmɔ́əfɪk | -mɔ́ː-ˈ/ *adj.* **làg·o·mór·phous** /-fəs/ *adj.* 〖(1882) ← NL *Lagomorpha* ← Gk *lagṓs* hare＋*morphḗ* '-MORPH'〗

la·goon /ləgúːn/ *n.* **1** 潟(かた), 潟湖(せきこ)《湾口などが砂洲(す)でほとんどふさがれてできた浅い水面》. **2**《米》(川・湖水などに通じる)沼, 池. **3** 礁湖《環礁 (atoll) や堡礁 (barrier reef) などで珊瑚礁に取り巻かれた水面》. **4** 酸化池, ラグーン(池(ち))《下水溜(だ)めなど浅い人工の池》.

Lagóon of Vénice [the ―] ベニス潟湖 (⇨ Venice).

～·al /-nl̩/ *adj.* 〖(1612) □ F *lagune* // It. & Sp. *laguna* fen, bog < L *lacūnam* hole, pool: ⇨ lacuna, lake¹〗

Lagóon Íslands *n. pl.* [the ～] ラグーン諸島《Ellice Islands の別名; Tuvalu》.

La·gos /léɪgɑ(ː)s | -gɒs/ ★ なじみのない米国人のなかには /lɑ́ːgoʊs/ と発音する人もいる. ― *n.* ラゴス: **1** ナイジェリア南西部, Guinea 湾に臨む海港で同国の旧首都. **2** ナイジェリア南西部の州; 州都 Ikeja.

La·grange /ləgrɑ́ː(n)ʒ, -grɑ́ːnʒ, -grɑ́ːndʒ; *F.* lagʁɑ̃ːʒ/, **Comte Joseph Louis** *n.* ラグランジュ《1736–1813; イタリア生まれのフランスの数学者・天文学者》.

Lagránge múltipliers *n. pl.*〘数学〙ラグランジュの乗数《ラグランジュの方法によって関数の条件付き極値を求めるときに用いられる未定係数》. 〖1958〗

Lagránge's méthod *n.*〘数学〙ラグランジュの方法, ラグランジュの未定係数法《Lagrange によって開発された, 関数の条件付き極値を求める方法》.

Lagránge thèorem *n.*〘数学〙ラグランジュの定理《有限群の部分群の要素の個数は, もとの有限群の要素の個数の約数であるという定理》.

La·grang·i·an /ləgrɑ́ːndʒiən, -grɑ̃́ː(n)ʒ-, -grɑ́ːnʒ-/ *n.*〘物理・数学〙ラグランジアン, ラグランジュ関数《力学系の状態を表す関数; 一般化座標と一般化速度を変数とする; ニュートン力学では運動エネルギーとポテンシャルエネルギーの差に等しい; Lagrangian function, kinetic potential ともいう; L で表す; cf. Hamiltonian²》. 〖(1858) ← *J. L. Lagrange*: ⇨ -ian〗

Lagrángian fùnction *n.*〘物理・数学〙＝Lagrangian.

Lagrángian pòint *n.*〘天文〙ラグランジュ点《共通の重心の周囲を回る 2 つの天体の軌道面にあって, 微小な第三の天体が平衡状態にある 5 つの点の一つ》.

La Gran·ja /*Sp.* laɣráŋxa/ *n.* グランハ宮殿 (⇨ San Ildefonso).

lág scrèw *n.* ラッグ木ねじ《レンチでとめる四角い頭のねじ; lag bolt, coach screw ともいう》. 〖(1873) ← LAG²: もと胴板を固定するのに用いられたことから〗

Lag·ting /lɑ́ːgtɪŋ/ *n.* (*also* **Lag·thing** /～/)《ノルウェーの国会の》上院 (cf. Odelsting, Storting). 〖(1836) □ Norw. ～ ← *lag* society (cf. ON *lǫg* (pl.) law)＋*ting* parliament〗

La Guai·ra /ləgwáɪrə; *Am.Sp.* laɣwáira/ *n.* ラ グワイラ《ベネズエラ北部の港市; Caracas の外港》.

La Guar·di·a /ləgwɑ́ədiə | -gwɑ́ːd-/, **Fio·rel·lo** /fìːərɛ́loʊ | -ləʊ/ **H**(**enry**) *n.* ラガーディア《1882–1947; 米国の法律家・政治家; New York 市長 (1934–45)》.

La·Guár·di·a Áirport /ləgwɑ́ədiə- | -gwɑ́ːd-/ *n.* ラガーディア空港《New York 市の空港》.

La Guay·ra /ləgwáɪrə/ *n.* ＝La Guaira.

La·guerre /ləgɛ́ə | -gɛ́ə(r; *F.* lagɛːʁ/, **Edmond Nicolas** *n.* ラゲール《1834–86; フランスの数学者》.

Laguérre equàtion *n.*〘数学〙ラゲールの方程式《ある種の 2 階線形常微分方程式》.

la·gu·na /ləgúːnə/ *n.* 小さな湖; 池. 〖(1612) □ Sp. ～ □ L *lacūna*: ⇨ lacuna〗

la·gune /ləgúːn/ *n.* ＝lagoon.

lah /lɑ́ː/ *n.* ＝la¹.

La Habana *n.* ⇨ Habana.

La Ha·bra /ləhɑ́ːbrə/ *n.* ラハブラ《米国 California 州南西部 Los Angeles 郊外の都市》.

la·har /lɑ́ːhɑə | -hɑː(r/ *n.*〘地質〙ラハー《火山泥流》. 〖(1929) □ Javanese ～〗

lah-di-dah /lɑ̀ːdidɑ́ː | -di-ˈ/ *n.*, *adj.*, *int.* ＝la-di-da.

Lahn·da /lɑ́ːndə/ *n.* ラーンダ語《西パンジャブのインド語派の言語》. 〖(1903) □ Punjabi ～ 'western'〗

La Hogue /ləhóʊg | -hə́ʊg; *F.* laɔg/ *n.* ラオーグ(岬)《フランス北西部 Normandy の岬; その沖合で 1692 年イギリス・オランダ対フランスの海戦があった》.

La·hore /ləhɔ́ə | ləhɔ́ː(r, lɑː-; *Urdu* laːhoːr/ *n.* **1** ラホール《パキスタン Punjab 州の州都》. **2**〘鳥類〙ラホール《黒白の羽衣の大形の観賞用家バトの一品種》.

La Hougue /ləhúːg; *F.* laug/ *n.* ＝La Hogue.

Lah·ti /lɑ́ːti | -ti/ *n.* ラハティ《フィンランド南部の都市; 家具製造の中心地》.

La·hu /lɑːhúː/ *n.* (*pl.* ～, ～**s**) **1 a** [the ～(s)] ラフ(拉祜)族《中国南部雲南省の南西部および隣接するミャンマー・タイ・ラオスに分布するチベット・ビルマ語系の少数民族》 **b** ラフ族の人. **2** ラフ語. 〖(1900) □ Lahu ～〗

lai /léɪ/ *n.* **1** 中世フランス語の短い物語詩《Marie de France などを代表的作者とする 1 行 8 音節のもの》. **2** ＝lay⁴. 〖(1774) □ F ～: cf. lay⁴〗

LAIA《略》Latin American Integration Association 中南米総合連合《LAFTA のあとを受けて 1981 年発足》.

Lai·bach /*G.* láɪbax/ *n.* ライバッハ《Ljubljana のドイツ語名》.

la·ic /léɪɪk/ *n.*《まれ》俗人, 平信徒. ― *adj.* ＝laical. 〖(1491) □ LL *lāicus* □ Gk *lāikós* (⇨ lay³): LAY³ と二重語〗

la·i·cal /léɪɪkəl, -kl̩ | léɪɪ-/ *adj.* (聖職者に対して)俗人

の, (平)信徒の[に関する] (lay); 世俗の, 現世の (secular). **～·ly** *adv.* 〘(1563–87): ⇨ ↑, -al¹〙

la·i·cism /léɪəsɪ̀zm | léɪ-/ *n.* 世俗主義, 非聖職権主義 《政治・社会的支配勢力としての聖職権関係のものを一切排除して, 非聖職者の支配下におこうとする思想; cf. clericalism》. 〘(1796) ← LAIC＋-ISM〙

la·ic·i·ty /leɪísəṭi | leɪísɪti/ *n.* 俗人 (laity) による支配[影響]. 〘(1909) ← LAIC＋-ITY〙

la·i·cize /léɪəsàɪz | léɪ-/ *vt.* **1** 還俗(げんぞく)させる; 俗的にする, 俗化させる. **2** 俗人に任せる: ～ education 教育を(聖職者の手から)俗人の手に移す. **3** 〈公職などを〉俗人に開放する. **4** 〘カトリック〙〈司祭を〉平信者にする (cf. secularize 3). **la·i·ci·za·tion** /lèɪəsɪzéɪʃən | lèɪɪsaɪ-, -sɪ-/ *n.* 〘(1870) ← LAIC＋-IZE: cf. F *laiciser*〙

laid¹ /léɪd/ *v.* lay² の過去形・過去分詞. 〘OE *legde* (pret.) & *legd* (p.p.)〙

laid² /léɪd/ *n.* ＝laid paper.

laid-back /léɪdbǽk⁻/ *adj.* **1** 《口語》(ロックの演奏などで)リラックスした(スタイルの); 〈人や態度が〉悠々とした, 急がない. **2** 《俗》無感動の, 冷淡な, 冷たい: She is a ～ chick. 冷たい女だ. 〘1908〙

láid déck *n.* 〘造船〙 湾曲式木甲板 《船の舷側の湾曲に沿わせて湾曲されて張った木甲板; swept deck ともいう; cf. straight deck》.

láid páper *n.* 簀(す)の目紙 《簀の目線のすき入れられた紙; cf. wove paper, cream laid》. 〘1839〙

laigh /léɪk, léɪx/ 《スコット》 *adj., adv.* 低い[低く] (low). — *n.* 窪地; 小さな谷. 〘(1375) *laich(e), lawch* 《スコット》: ⇨ low¹〙

laik /léɪk/ *vi.* 《北イングランド》 ゲームなどをする; 休暇をとる, 休む; 失業中である.

lain /léɪn/ *v.* lie¹ の過去分詞. 〘OE *legen*〙

Laing /lǽŋ/, **R(onald) D(avid)** *n.* レイン 《1927–89; スコットランド生まれの英国の精神科医; 反精神医学の代表的提唱者》.

lair¹ /léə | léə^(r)/ *n.* **1 a** (野獣の)ねぐら, 穴, 巣. **b** 《口語》隠れ場, 隠れ家: a robbers' ～. **2** 《英》 **a** 《方言》(人の)休み場所; 寝床. **b** (移送中の)牛の休む囲い[小屋]. **3** 《スコット》(墓地の)墓, 墓所. — *vi.* 〈獣などが〉穴[ねぐら]に行く; 寝る. — *vt.* **1** 〈獣〉に穴[ねぐら]を与える; 〈獣を〉穴[ねぐら]に入れる. **2** …の寝所[穴]の用をする. 〘OE *leġer* bed, resting place ← Gmc **leȝraz* (Du. *leger* bed / G *Lager* storehouse) ← IE **legh-* to lie: ⇨ lie¹〙

lair² /léə | léə^(r)/ 《スコット》 *n.* 泥; 泥沼, ぬかるみ. — *vt.* 泥の中に沈める, 泥まみれにする. — *vi.* 泥の中に沈む, 泥まみれになる. 〘(*a*1325) *leir, lair* clay ◻ ON *leir*: cf. loam〙

lair³ /léə | léə^(r)/ *n.* 《豪・軽蔑》派手に着飾った男. 〘(1935) 《逆成》 ← LAIRY〙

lair·age /lé^(ə)rɪdʒ | léər-/ *n.* 移送中の家畜を途中で休ませること[小屋, 囲い]. 〘(1881) ← LAIR¹＋-AGE〙

laird /léəd | léəd/ *n.* 《スコット》(富裕な)地主. **～·ly** *adj.* 〘(*c*1450) *laverde*: ⇨ lord〙

láird·shìp *n.* 地主[領主]の資格[身分]. 〘(1854): ⇨ ↑, -ship〙

lair·y /lé^(ə)ri | léəri/ *adj.* **1** 《英俗》ずるい, 抜け目のない. **2** 《豪俗》めかしこんだ, 派手な. 〘(1846) 《変形》 ← LEERY〙

lais·ser-al·ler /lèseɪæléɪ, leɪ- | lèseɪæléɪ, lès-; *F.* leseale/ *F. n.* 無拘束, 放縦. 〘(1818) ◻ F ～ 《原義》 let (persons) go (as they please)〙

lais·ser-faire /lèseɪféə, leɪ- | lèseɪféə^(r), lès-⁻; *F.* lesefɛ:ʁ/ *n., adj.* ＝laissez-faire. 〘◻ F ～ 《原義》 let (people) do (what they like)〙

lais·sez-al·ler /lèseɪzæléɪ, leɪ- | lèseɪzæléɪ, lès-; *F.* lesezale/ *n.* ＝laisser-aller.

lais·sez-faire /lèseɪféə, leɪ- | lèseɪféə^(r), lès-⁻; *F.* lesefɛ:ʁ/ *n.* 無干渉主義[政策], 自由放任[競争]主義 《政府の商工業政策などについていう》. — *adj.* 無干渉主義の, 自由放任の. **～·ism** /-fé^(ə)rɪzm | -féər-/ *n.* 〘(1825) ◻ F ～ (原義) let (people) do (what they like)〙

lais·sez-pas·ser /lèseɪpæséɪ, leɪ-, -pɑ:s- | lèseɪ-, lès-; *F.* lesepase/ *F. n.* (*pl.* **～s**, ～) 許可証; (特に, 旅券代用の)通行許可券, 通過証 (pass). 〘(1914) ◻ F ～ 《原義》 let (someone) pass〙

lais·sez vi·brer /lèseɪvi:bréɪ | lèseɪví:breɪ, lès-; *F.* lesevibʁe/ *n.* 〘音楽〙 レセビブレ 《楽器の振動を制することなく, 自然に弱まっていくのにまかせよという指示》. 〘◻ F ～ 《原義》 allow to vibrate〙

lai·tance /léɪtəns, -tns | -təns, -tṇs/ *n.* 〘土木〙 レイタンス, 乳皮 《混入する水が多すぎたり, 過度の震動を与えたために塗り立てのセメント[コンクリート]の表面に生じる乳白色の堆積物》. 〘(*c*1902) ◻ F ～ ← *lait* milk＋-ANCE〙

la·i·ty /léɪəṭi | -ɪti/ *n.* [the ～; 集合的] **1** (平)信徒 (laymen), (聖職者に対して)俗人; 信徒の身分 (↔ clergy, priest): ～ formation 平信者の養成[訓育]. **2** (専門家に対して)素人, 門外漢. 〘(*a*1415) ← LAY³＋-ITY〙

Lai·us /léɪəs, láɪ-/ *n.* 〘ギリシャ伝説〙 ラーイオス 《Thebes の王; 過って息子 Oedipus に殺された》. 〘◻ L *Lāius* ◻ Gk *Láïos*〙

LÁK cèll /lǽk-/ *n.* 〘免疫〙 LAK 細胞 《リンパ球をインターロイキン 2 (interleukin-2) と共に培養して得られる抗腫瘍治性を発現した細胞》.

lake¹ /léɪk/ *n.* **1** 湖, 湖水: Lake Ontario オンタリオ湖 the *Lakes*＝the Lake District / ⇨ Great Lakes. ★ ラテン語系形容詞: lacustrine. **2 a** 湖水状のもの. **b** (公園などの)泉水, 池. **c** (溶岩・石油などの)たまり. **3** (液状の) 余剰農産物: a wine ～. ***júmp* [*gó* (*and*) *júmp*] *in the* [*a*] *láke*** [命令形で] 《口語》黙りなさい, 出て行け. 〘1912〙 〘(*a*1121) *lake, lac* (i) ◻ (O)F *lac* stream ◻ L *lacus* basin, lake ← IE **laku-* lake // (ii) < OE *lacu* stream ◻ L *lacus*: cf. loch / Gk *lákkos* pond, ditch〙

lake² /léɪk/ *n.* **1** レーキ 《元来は lac に金属化合物を加えて作った深紅色の絵の具; 今は各種染料の不溶性金属塩で作った有機顔料》. **2** 深紅色. 〘(1598) ◻ F *laque* ◻ Pers. *lāk*: ⇨ lac¹〙

lake³ /léɪk/ *vi., vt.* 〘病理〙 溶血する[させる]. 〘↑〙

lake⁴ /léɪk/ *vi.* 《英方言》 **1** 遊ぶ, ふざける 〔*with*〕. **2** 競技[試合]をする, プレーする. 〘OE *lācan* < Gmc **laikan* (ON *leika*)〙

Lake /léɪk/, **Simon** *n.* レーク 《1866–1945; 米国の海軍造船技師; 潜水艦の改良家》.

Làke Chárles *n.* レークチャールズ 《米国 Louisiana 州南西部の都市; 石油化学工業の中心地》.

láke chúb sùcker *n.* 〘魚類〙 ＝chub sucker.

Làke Clárk Nátional Párk *n.* レーククラーク国立公園 《米国 Alaska 州 Anchorage 南西の Cook 入江一帯; 魚や野生動物が豊富; 1980 年指定》.

láke cópper *n.* 〘冶金〙 米国 Superior 湖付近で採れる純度のよい自然銅.

Láke Dìstrict [Còuntry] *n.* [the ～] 湖水地方 《イングランド北西部, Cumbria 州の景色のよい湖に富む山岳地方; the Lakes, Lakeland ともいう; ⇨ Lake Poets》. 〘1835〙

Láke Dìstrict Nátional Párk *n.* レイクディストリクト国立公園 《イングランド北西部の Lake District よりなる; 1951 年指定; 面積 2,240 km²》.

láke dwèller *n.* (有史以前の)湖上生活者.

láke dwèlling *n.* (有史以前の)湖上家屋. 〘1863〙

láke·frònt *n.* 湖岸, 湖畔: hotels on the ～ 湖畔のホテル. 〘1880〙

láke hèrring *n.* 〘魚類〙 **1** 北米産サケ科コクチマス属のシスコ (cisco) の類の魚 (*Coregonus artedii*) 《五大湖や東部の小さい氷河湖に多く産する》. **2** ＝gwyniad. 〘1842〙

láke·lànd /-lənd, -lǽnd/ *n.* 湖水地方. 〘1829〙

Lake·land /léɪklənd/ *n.* **1** レークランド 《米国 Florida 州中西部の都市; 保養地》. **2** ＝Lake District.

Lákeland térrier *n.* レークランドテリア 《英国 Lake District 産の作業犬》. 〘1928〙

lake·let /léɪklɪ̀t/ *n.* 小湖水. 〘(1796) ← LAKE¹＋-LET〙

Láke of the Wóods *n.* ウッズ湖 《米国 Michigan 州とカナダの Ontario 州と Manitoba 州にはさまれた湖; 観光地; 長さ 110 km, 面積 3,846 km²》.

Láke Plác·id /-plǽsɪ̀d | -sɪd/ *n.* レークプラシッド 《米国 New York 州北東部, Adirondack Mountain 中の保養地》.

Láke Pòets *n. pl.* [the ～] 湖畔詩人 《19 世紀初頭英国の Lake District に住んでいた Wordsworth, Coleridge, Southey などの詩人たち; cf. Lake school》. 〘1816〙

lák·er *n.* **1** 湖畔の住人[遊覧者など]. **2** [the Lakers] 湖畔詩人 (⇨ Lake Poets). **3** 湖産魚; (特に) ＝lake trout 1. **4** 湖(特に五大湖)航行用船. 〘(1798) ← LAKE¹＋-ER¹〙

Láke schòol *n.* [the ～] 湖畔詩人派 《Lake Poets の流派, またその詩風》. 〘1816〙

láke·shòre *n.* 湖水沿いの土地; (特に)湖岸. 〘1798〙

láke·sìde *n.* 湖畔. 〘1560〙

Láke Stàte *n.* [the ～] 米国 Michigan 州の俗称.

Láke Succéss *n.* レークサクセス 《米国 New York 州南東部, Long Island 西部の村; 国連安全保障理事会本部があった (1946–51)》.

láke tròut *n.* 〘魚類〙 **1** レイク トラウト (*Salvelinus namaycush*) 《北米・カナダの主として湖に産するサケ科イワナ属の魚; namaycush, salmon trout ともいう》. **2** ヨーロッパの湖沼型の brown trout. 〘1668〙

láke·vìew *adj.* [限定的] 《米》 湖の見える.

láke whitefish [whìting] *n.* 〘魚類〙 米国五大湖地方産のサケ科の食用魚 (*Coregonus clupeaformis*).

Làke Wó·be·gon /-wóubɪgɑ̀(:)n, -gɑ̀(:)n | -wə́ubɪgɒ̀n/ *n.* レークウォビゴン 《米国の作家 Garrison Keillor の小説 *Lake Wobegone Days* (1985) 中の Minnesota 州の架空の町》.

Lake·wood /léɪkwʊd/ *n.* レークウッド: **1** 米国 Ohio 州北東部, Cleveland 郊外の Erie 湖畔の都市. **2** 米国 Colorado 州北部, Denver 郊外の都市. **3** 米国 California 州南西部, Los Angeles 郊外の都市.

lakh /lɑ́:k, lǽk/ 《インド》 *n.* **1** 10 万, (特に) 10 万ルピー: a ～ of rupees. **2** きわめて多数: ～*s* of human beings 何百万もの人類. — *adj.* 10 万の: 10 ～ rupees 100 万ルピー. 〘(1599) ◻ Hindi *lākh* ◻ Skt *lakṣā* mark, hundred thousand〙

la·kin /léɪkɪn/ *n.* 《Shak》 ＝ladykin.

La·ko·ta /ləkóutə | -kə́utə/ *n.* (*pl.* ～, **～s**) ラコタ族[語] 《Teton の別名》. 〘(1927) ◻ Lakota *lakhóta*: cf. Dakota〙

lak·sa /lɑ́:ksə | lǽk-; *Malay* láksa/ *n.* 《カレーなどの辛いスープにビーフンを入れたマレーシア料理》. ラクサ

Lak·shád·weep Íslands /lækʃǽdwi:p-/ *n. pl.* [the ～] ラクシャドウィープ諸島 《インド南西岸沖のサンゴ礁島群で 1956 年よりインド政府直轄地; 旧名 Laccadive, Minicoy, and Amindivi Islands (1973 まで)》.

Lak·smi /lʌ́kʃmi/ *n.* (*also* **Lak·shmi** /～/) 〘インド神話〙 ラクシュミー 《ヴィシヌの妻で幸運と美の女神; 吉祥天女》. 〘(1788) ◻ Skt. *lakṣmī* wealth, beauty〙

lak·y¹ /léɪki/ *adj.* (**lak·i·er**; **-i·est**) **1** 湖の, 湖から発する; 湖状の. **2** 湖の多い. 〘(*c*1450): ⇨ lake¹, -y⁴〙

lak·y² /léɪki/ *adj.* (**lak·i·er**; **-i·est**) **1** 深紅色の. **2** 〈血液が〉(溶血して)薄紅色の. 〘(1879) ← LAKE²〙

La·la /léɪlə/ *n.* レイラ (女性名). 〘?〙

La La·gu·na /lɑ̀:ləgú:nə; *Sp.* lalaɣúna/ *n.* ララグーナ 《スペイン領カナリア諸島, Tenerife 島の都市》.

Lá-la Lànd /lɑ́:lɑ:-/ *n.* 《米口語》 **1** 夢の国 (land of dream). **2** カリフォルニア.

la·lang /lɑ́:lɑ:ŋ/ *n.* 〘植物〙 チガヤ (⇨ cogon). 〘(1779) ◻ Malay〙

la·la·pa·loo·za /lɑ̀:ləpəlú:zə/ *n.* 《米俗》 非常に目立つ物, すばらしい物. 〘(1904) ?〙

lal·dy /lǽłdi/ *n.* 《スコット口語》 打つこと, たたくこと. ***give it láldy*** 精力的に[熱心に]行う. 〘(1889) ? 擬音語: cf. OE *lǣl* whip, weal〙

-la·li·a /léɪliə/ 「(発声上の)言語障害」の意の名詞連結形: rhino*lalia*. 〘← NL ～ ← Gk *laliá* chat, talking ← IE **la-* (擬音語)〙

La Lí·ne·a /lɑ:lí:niə; *Sp.* lalínea/ *n.* ラリネア 《スペイン南西部の Gibraltar 湾に臨む町; 公式名 La Linea de la Concepcion》.

La·lique /lɑ:lí:k, lə- | læ-, lə-; *F.* lalik/ *n.* 〘商標〙 ラリック 《アールヌーボー様式による高級ガラス工芸店》. 〘(1902) ↓〙

La·lique /lɑ:lí:k, lə- | læ-, lə-; *F.* lalik/, **René** *n.* ラリック 《1860–1945; フランスのガラス工芸家; アールヌーボー様式を発展させた》.

Lal·lan /lǽlən/ *adj.* 《スコット》 スコットランド低地 (Lowlands) の. — *n.* [しばしば *pl.*; 単数扱い] スコットランド低地方言. 〘(1785) 《スコット》 ～ 'LOWLAND'〙

lal·la·pa·loo·za /lɑ̀:ləpəlú:zə/ *n.* 《米俗》 ＝lalapalooza.

lal·la·tion /læléɪʃən/ *n.* 〘音声〙 /l/ を不完全に発音すること[癖]; 他の音 (/r/ など)の代わりに [l] のような音を用いること[癖] 《小児などに見られる; cf. rhotacism 1》. 〘(1647) ← L *lallāre* to sing lullaby＋-ATION〙

L'Al·le·gro /lɑ:léɪgrou, læ-, -lég-; *It.* allé:gro/ *n.* 「快活なる人」 《Milton の詩 (1632) の題名; cf. Il Penseroso》. 〘◻ It. ～ ← *allegro* cheerful〙 L

Lal·ly /lǽli/ *n.* 〘商標〙 ラリー 《コンクリートを詰めた円筒鋼鉄の柱》.

lal·ly·gag /lɑ́:ligæ̀g/ *vi.* (**-ly·gagged**; **-gag·ging**) 《米俗》 **1** 何もしないでぼんやり過ごす, ぶらぶら[のらくら]過ごす. **2** (人前で)キスや愛撫(あいぶ)をしていちゃつく, 首に抱きつく. 〘(1862) ?〙

La·lo /lɑ́:lou | -ləu; *F.* lalo/, **(Victor Antoine) Édouard** *n.* ラロ 《1823–92; フランスの作曲家; *Symphonie Espagnole* 「スペイン交響曲」 (1875)》.

la·lo- /lǽlou | -ləu/ 「言語 (speech), 言語器官 (speech organs)」の意の連結形. 〘← NL ～ ← Gk *lálos* talkative: cf. -lalia〙

la·lop·a·thy /lælɑ́(:)pəθi | -lɒ́p-/ *n.* 〘病理〙 言語障害. 〘⇨ ↑, -pathy〙

lal·o·pho·bi·a /læ̀ləfóubiə | -fə́u-/ *n.* 〘精神医学〙 発語恐怖症. 〘← LALO-＋-PHOBIA〙

lal·o·ple·gi·a /læ̀ləplí:dʒiə, -dʒə/ *n.* 〘病理〙 発語筋麻痺. 〘← LALO-＋-PLEGIA〙

lam¹ /lǽm/ *v.* (**lammed**; **lam·ming**) 《俗》 — *vt.* (つえなどで)打つ, 強く打つ, 殴る, むち打つ: ～ a person *on* the head 人の頭を殴る. — *vi.* 打つ, たたく, むち打つ 〈*out*〉; 〔人を〕やっつける 〔*into*〕: ～ *out at* a person 人をたたく / ～ *into* one's opponent 相手をやっつける. 〘(1595) ← ON: cf. lame / ON *lamði* (pret.) ← *lemja* to beat〙

lam² /lǽm/ 《米俗》 *vi.* (**lammed**; **lam·ming**) 走る, 一目散に逃げる: Let's ～ out of here. ここから急いでずらかろう. — *n.* 一目散に逃げること, 逃走. ★ 次の成句で: ***on the lám*** 逃走中で. ***táke it on the lám*** 一目散に逃げ出す. 〘(1886) ← ? LAM¹〙

lam. 《略》 laminated.

Lam. 《略》 Lamentations (旧約聖書の)エレミヤ哀歌.

la·ma¹ /lɑ́:mə/ *n.* ラマ教の僧, ラマ僧: ⇨ Dalai Lama, Panchen Lama. 〘(1654) ◻ Tibetan *blama* (*b-* は黙字) chief, high priest〙

la·ma² /lɑ́:mə/ *n.* 〘動物〙 ＝llama 1. 〘Sp. *llama* の誤記〙

La·ma·ism /lɑ́:məɪzm/ *n.* ラマ教 《チベットおよびモンゴルにおける仏教の総称》. 〘(1817): ⇨ -ism〙

Lá·ma·ist /-ɪst | -ɪst/ *n.* ラマ教徒, ラマ教信者. 〘(1889): ⇨ -ist〙

La·ma·is·tic /lɑ̀:məístɪk⁻/ *adj.* ラマ教(徒)の. 〘(1852): ⇨ -istic〙

La Man·cha /ləmɑ́:ntʃə, -mǽn-; *Sp.* lamántʃa/ *n.* ラ マンチャ 《スペイン中部の不毛の高原地方; Cervantes の *Don Quixote* の舞台》.

La Manche /*F.* lamɑ̃:ʃ/ *n.* イギリス海峡 (English Channel) のフランス語名.

La·man·ite /léɪmənàɪt/ *n.* 〘モルモン教〙 レーマン人 《Laman を先祖とする民; 南北アメリカ大陸の原住民》. 〘← *Laman* (紀元前 600 年頃の Jerusalem 出身の預言者 Lehi の息子)＋-ITE¹〙

La·marck /ləmɑ́ək, læ-, lɑ:- | -mɑ́:k; *F.* lamaʁk/, **Chevalier de** *n.* ラマルク 《1744–1829; フランスの博物学者で進化論の先駆者; 本名 Jean Baptiste Pierre Antoine de Monet》.

La·marck·i·an /ləmɑ́əkiən, læ-, lɑ:- | -mɑ́:k-/ *adj.* ラマルク (Lamarck) 説の, ラマルクの進化説を奉じる. — *n.* ラマルクの学説を奉じる人. 〘(1846): ⇨ ↑, -ian〙

La·márck·ism /-kɪzm/ *n.* 〘生物〙 ラマルク説, 用不用説 《種は環境が個体におよぼす影響の遺伝により進化するという説; use and disuse theory ともいう; cf. Lysenkoism,

Neo-Lamarckism). 〖(1884): ⇨ -ism〗

La Marseillaise *n.* ⇨ Marseillaise.

La·mar·tine /lɑ̀ːmɑəʁtíːn | -mɑː-; *F.* lamaʁtin/, **Alphonse Marie Louis de** (**Prat de** /pʀa d/) *n.* ラマルティーヌ《1790–1869; フランスの詩人·政治家》.

Lamas, Carlos Saavedra *n.* ⇨ Saavedra Lamas.

la·ma·ser·y /lɑ́ːməsèri | -səri, lǽmə-/ *n.* ラマ教の僧院, ラマ寺. 〖(1849) ◻ F *lamaserie*: ⇨ lama¹〗

La Máu·ri·cie Nátional Párk /lǽmɔ́ːrəsìː-, -mɑ́ː- | -mɔ́ː-/ *n.* ラ モーリシー国立公園《カナダ Quebec 州南部 Laurentian 丘陵にある; 多くの湖がありキャンプやカヌーが楽しめる》.

La·maze /ləmɑ́ːz; *F.* lamaːz/ *adj.* 〘医学〙ラマーズ(法)の. 〖↓〗

Lamáze mèthod *n.* 〘医学〙ラマーズ法《心理学や独特の呼吸法などを応用した自然無痛分娩法の一種》. 〖(1965) ← *Fernand Lamaze* (1890–1957: 1950 年代にこの出産法を開発したフランスの産科医)〗

lamb /lǽm/ *n.* **1 a** 子羊 (young sheep)《特に, 1 歳以下または永久歯の生えていない羊をいう》: like a ~ (子羊のように)おとなしく, 柔順に / ⇨ *a* WOLF *in a lamb's skin* / One may as well be hanged for a sheep as a ~. ⇨ sheep 1. **b** (レイヨウなどの)子. **2** [the L-] 神の子羊, キリスト (Christ) (the Lamb of God の略; cf. *John* 1:29, *Rev.* 5:6, etc.; cf. Agnus Dei). **3 a** 子羊肉, ラム (cf. mutton¹ 1). **b** =lambskin. **4 a** (子羊のような)無邪気な人[子供], 柔和な人[子供]. **b** 親愛な者, かわいい人 (dear, pet): my [sweet] ~ [親愛の意を表して] よい子, 坊や. **5** だまされやすい人; 素人投機家.
like a lámb to the sláughter 屠場にひかれる子羊のように, 柔順に, 何も知らずに (cf. *like* [*as*] *a* SHEEP (*led*) *to the slaughter*; cf. *Isa.* 53:7, *Acts* 8:32) *in lámb* 〈雌羊が〉はらんで.
— *vt.* **1** [p.p. 形で]〈羊が〉〈子を〉産む: This ram was ~*ed* yesterday. この雄羊はきのう生まれた. **2** 〈産期の雌羊〉の世話をする. — *vi.* 〈羊が〉子を産む 〈*down*〉.
lámb dówn (1) 《豪口語》〈金を使ってしまう, 浪費する; 有り金をすっかり使わせる. (2) ⇨ *vi.*
〖OE ~ < Gmc **lambaz* (G *Lamm* / Du. *lam*) ← ? IE **el-* brown: cf. elk〗

L

Lamb /lǽm/, **Charles** *n.* ラム《1775–1834; 英国の随筆家·批評家; *Essays of Elia* (1823, 1833); 筆名 Elia》.

Lamb, Mary Ann *n.* ラム《1764–1847; 英国の作家; 弟 Charles と共同で *Tales from Shakespeare* (1807) を執筆》.

Lamb, Sydney M. *n.* ラム《1929– ; 米国の言語学者; *Outline of Stratificational Grammar* (1966) によって成層文法理論を提唱した》.

Lamb, William *n.* ⇨ 2nd Viscount MELBOURNE.

Lamb, Willis Eugene *n.* ラム《1913– ; 米国の物理学者; Nobel 物理学賞 (1955)》.

lam·ba·da /lɑːmbɑ́ːḍə | læmbɑ́ːdə; *Braz.* lə̃mbádɐ/ *n.* ランバダ《男女が密着して官能的な姿勢と動きで踊るテンポの速いダンス, またその曲; ブラジルで生まれ 1989–90 年に欧米で流行》. 〖(1988) ◻ Port. ~ 'beating' ← *lambar* to beat〗

Lam·ba·ré·né /lɑ̀ːmbəríːni | læ̀m-; *F.* lɑ̃baʀene/ *n.* ランバレネ《ガボン西部の町; A. Schweitzer が建てた医療隣保施設がある》.

lam·baste /læmbéɪst, -bǽst | -béɪst/ *vt.* (*also* **lam·bast** /-béɪst, -bǽst | -bǽst/) 《口語》 **1** (杖(つえ)などで)打つ, むち打つ. **2** 激しく叱責する, 激しく非難する. 〖(1637) ← LAM¹+BASTE³〗

lamb·da /lǽmdə/ *n.* **1** ラムダ《ギリシャ語アルファベット 24 字中の第 11 字: Λ, λ (ローマ字の L, l に当たる); ⇨ alphabet 表》. **2** $^1/_{1000}$ 立方センチ. **3** 〘物理〙 =lambda particle. 〖(*c*1400) ~ ◻ Gk *lá(m)bda*〗

lámbda cálculus *n.* 〘論理·電算〙ラムダ計算式《関数の表し方, 組み合わせ法の形式化》.

lamb·da·cism /lǽmdəsìzm/ *n.* **1** 1 字[音]使用過多. **2** /r/ を [l] のように発音すること[癖] (lallation). 〖(1658) ◻ LL *lambdacismus* ◻ Gk *lambdakismós*: ⇨ lambda, -ism〗

lámbda hýperon *n.* 〘物理〙ラムダハイペロン (⇨ lambda particle).

lámbda pàrticle *n.* 〘物理〙ラムダ粒子《荷電をもたない重粒子の一種; 電子の 2183 倍の質量をもち, 平均寿命 2.6×10^{-10} sec. で, 主として核子と π 中間子に自然崩壊する; 通例 Λ-particle と書く; 記号 Λ》.

lámbda pòint *n.* 〘物理化学〙ラムダ点《物質の比熱が温度変化に対してギリシャ文字 λ に似た形の変化をする場合の移転温度をいう》. 〖1932〗

lamb·doid /lǽmdɔɪd/ *adj.* **1** ギリシャ文字ラムダ (Λ) 形の, 三角形の. **2** 〘解剖〙(頭頂骨·後頭骨間の)ラムダ(状)縫合の: a ~ suture ラムダ(状)縫合. 〖(1597) ◻ F *lambdaoïde* ← NL *lambdoidēs* ← Gk *lambdoeidḗs*: ⇨ lambda, -oid〗

lamb·doi·dal /læmdɔ́ɪdḷ | -dḷ/ *adj.* =lambdoid.

lam·ben·cy /lǽmbənsi, -bṇ-/ *n.* **1** (炎·光などが)静かに光ること, ちらちらする光のゆらめき. **2** (空·目などの)柔らかな光, 優しい輝き; 柔らかに光るもの. **3** (機知などの)軽妙さ. 〖(1817): ⇨ ↓, -ency〗

lam·bent /lǽmbənt, -bṇt/ *adj.* **1** 〈炎·光など〉静かにゆれている, ちらちらゆらめく. **2** 〈空など〉柔らかに光る, 優しく輝く: a cloudless and ~ sky 雲一つなくさわやかに晴れ渡る空. **3** 〈機知など〉軽妙な: ~ wit, humor, etc. **~·ly** *adv.* 〖(1647) ◻ L *lambentem* (pres. p.) ← *lambere* to lick ← IE **lab-* to lick〗

lamb·er /lǽmə | -mə^(r)/ *n.* **1** 産期の雌羊の世話をする人. **2** 産期の雌羊. 〖(1809): ⇨ -er¹〗

lam·bert /lǽmbət | -bət; *G.* lámbɛʁt/ *n.* 〘光学〙ランベルト《輝度の cgs 単位; 1 cm² の面積から 1 ルーメンの光束を発散[反射]するとき, これを 1 ランベルトとする》. 〖(1879) ← *Johann H. Lambert* (1728–77: ドイツの物理学者)〗

Lam·bert /lǽmbət | -bət/ *n.* ランバート《男性名》. 〖◻ F ~ ◻ G ~ < OHG *Lambreht, Landberht* ← *lant* 'LAND'+*beraht* 'BRIGHT'〗

Lambert, John *n.* ランバート《1619–83; イングランドの軍人; ピューリタン革命時の議会軍の指導者だったが, のちに Cromwell と疎遠になり失脚; 王政復古後獄死》.

Lam·bert /lǽmbɛːt | -bəːt/, **(Leonard) Constant** *n.* ランバート《1905–51; 英国の作曲家; 指揮者》.

Lámbert confórmal cónic projèction *n.* 〘地図〙ランベルト正角円錐図法 (Lambert conformal projection ともいう).

lámbert's blúe *n.* =azurite blue.

Lam·beth /lǽmbəθ/ *n.* **1** ランベス《London 中南部の自治区》. **2** =Lambeth Palace. **3** Canterbury 大主教の座. 〖OE *Lāmb(e)hȳð(e)* (原義) harbor where lambs were shipped ← LAMB+*hȳð* landing place〗

Lámbeth Cónference, L- c- *n.* [the ~] ランベス会議《1867 年以来ほぼ 10 年ごとに Lambeth Palace で開かれる全世界の英国国教会派の主教の会議》.

Lámbeth degrée *n.* (Oxford, Cambridge 両大学で) Canterbury 大主教によって授与される名誉学位.

Lámbeth Pálace *n.* ランベス宮(殿)《London 南部 Thames 川付近にある Canterbury 大主教の住居》.

Lámbeth Quadriláteral *n.* ランベス四綱領《1888 年のランベス会議において承認された教会再一致のための基礎としての四綱領; 聖書, 信徒信条とニカイヤ信条, 洗礼と聖餐の秘跡, 歴史的主教職》. 〖1902〗

Lámbeth wálk *n.* ランベスウォーク《1930 年代後期に英国ではやったダンスの一種》. 〖1937〗

lamb·ing /-mɪŋ/ *n.* 羊の出産; 産期の雌羊の世話: the ~ season [time] 羊の産期. 〖(1573): ⇨ -ing¹〗

lámb·kìll *n.* 〘植物〙 =sheep laurel. 〖(1790) 羊に有害であることにちなむ〗

lamb·kin /lǽmkɪ̣n | -kɪn/ *n.* **1** 小さい子羊. **2** [愛称として] かわいい[小さい]子. 〖(1579) ← LAMB+-KIN〗

lámb·lìke *adj.* 子羊のような; (子羊のように)おとなしい, やさしい; 無邪気な. 〖1599〗

Lam·bor·ghi·ni /lɑ̀ːmbɔəgíːni, læ̀m-, -bə- | læ̀mbɔː-, -bə-; *It.* lamborgíːni/ *n.* 〘商標〙ランボルギーニ《イタリア Nuova Automobili Ferruccio Lamborghini 社製のスポーツカー》.

lam·bre·quin /lǽmbəkɪ̣n, -brɪk- | -brɪkɪn/ *n.* **1** 《米》(戸·窓·寝台柱·炉棚などの上部に垂らす)垂れ布. **2** (陶磁器などの)垂れ飾り風の縁模様. **3** 〘甲冑〙(日や湿気をよけるために 15 世紀の騎士たちが用いた)かぶと飾り被い. **4** 〘紋章〙 =mantling 1. 〖(1725) ◻ F ~ ◻ MDu. **lamperkijn* (dim.) ← *lamper* veil: cf. -kin〗

lam·brus·co /læmbrúːskou, lɑːm-, -brʊ́s- | læmbrʊ́skəu; *It.* lambrúsko/ *n.* [しばしば l-] ランブルスコ《イタリア中部の Emilia-Romagna 州で生産される発泡性赤ワイン》. 〖(1934) ◻ It. 'grape of the wild vine ← *lambruscare* to allow (a vine) to grow wild〗

lámb's èars *n.* (*pl.* ~) 〘植物〙ワタチョロギ (*Stachys olympica*)《コーカサス原産のシソ科イヌゴマ属の多年草; アメリカにも帰化, 葉が綿毛に覆われている; woolly hedge nettle lamb's tongue, 《スコット》lamb's lugs ともいう》. 〖1930〗

lámb's frỳ *n.* **1** 《英》(フライ·揚げ物にする)子羊の睾丸[臓物]. **2** 《豪》子羊のレバー《食用》. 〖1822〗

lámb·skìn *n.* **1** 子羊の毛皮《装飾用》. **2** 子羊の皮: ~ gloves. **3** 上等の羊皮紙 (parchment). **4** 起毛した綿織物·毛織物. 〖*a*1400〗

lámb's lèttuce *n.* 〘植物〙 =corn salad. 〖1597〗

lámb's quàrters *n.* (*pl.* ~) 〘植物〙シロザ (*Chenopodium album*)《アカザ属の植物; 若葉は食用》. 〖1773〗

lámb's tàils *n. pl.* 〘植物〙(垂れ下がった)ハシバミの花穂. 〖1882〗

lámb's tòngue *n.* 〘建築〙羊舌形《羊の舌のように曲がった形の階段手すりの端》. 〖1578〗

lámb's·wòol *n.* **1 a** 子羊の毛《7,8 か月の子羊から刈り取られたきわめて柔軟な高級羊毛》. **b** 子羊の毛で織った羊毛地. **2** ラムズウール《焼きりんごをつぶして砂糖·香料を入れて温めたビールを混ぜた飲料》. 〖1429〗

LAMDA /lǽmdə/ 《略》 London Academy of Music and Dramatic Art.

lame¹ /léɪm/ *adj.* (**lam·er, -est; more ~, most ~**) **1 a** 足の悪い; 足を引きずる: a ~ old man / be ~ *in* [*of*] a leg (片)足が悪い / go [walk] ~ 足を引きずる[引きずって歩く]. **b** 凝って痛い: a ~ back 痛む背中. **2 a** 〈議論·説明·弁解など〉不完全な, 不十分な (insufficient), なっていない, つじつまの合わない (unconvincing): a ~ excuse つじつまの合わない弁解 / a ~ and impotent conclusion 腰くだけで気の抜けた結び[結論] (Shak., *Othello* 2. 1. 161). **b** 〈詩など〉調子の合わない, 韻律の整わない (halting): a ~ verse (韻律の整わない)悪詩. **3** 《米俗》時代遅れの, 野暮な, 退屈な.
hélp a láme dóg òver a stíle 困っている人を助けてやる.
— *n.* 《米俗》時代遅れの人, 堅物(かたぶつ).
— *vt.* **1** …の足を悪くする[痛める]. **2** 〈物事を〉無力にする, だめにする (disable).
~·ness *n.* 〖OE *lama* < Gmc **lamaz* (原義) broken (Du. *lam* / G *lahm*) ← IE **lem-* to break〗

lame² /léɪm, lǽm/ *n.* 〘甲冑〙(よろいなどを作るときつづり合わせる)薄い金属板. 〖(*a*1586) ◻ F ~ < L *lāminam* thin piece or plate〗

la·mé /lɑːméɪ, læ- | ∸∸; *F* lame/ *n.* (*pl.* **~s** /~z; *F.* ~/) 金銀線などを織り込んだ一種の金襴(きんらん), ラメ《婦人夜会服·聖職服·古式儀礼服などに用いる》. — *adj.* [限定的] ラメの. 〖(1922) ◻ F ~ 'laminated' ← *lame* (↑)〗

láme·bràin *n.* 《口語》愚か者. 〖1944〗

láme-bráined *adj.* 《口語》愚かな, 鈍い.

La·mech /léɪmɛk, -mɪ̣k | léɪmɛk, lɑ́ː-, lɑ́ːmɛx/ *n.* 〘聖書〙レメク《Cain の子孫, Jubal の父; cf. *Gen.* 4:18》. 〖◻ L *Lamech* ◻ Gk *Lámekh* ◻ Heb. *Lémek* (原義)? strong youth〗

lamed /léɪmd/ *adj.* 《米俗》鈍い, ばかな.

la·medh /lɑ́ːməd/ *n.* (*also* **la·med** /~/) ラーメド《ヘブライ語アルファベット 22 字中の第 12 字: ל (ローマ字の L に当たる); ⇨ alphabet 表》. 〖◻ Heb. *lắmedh* (原義) oxgoat〗

láme dúck *n.* 《口語》 **1** (人の助けを受ける)能なし; だめになったもの《人, 物, 事業など》. **2** 《米》(再選に落ちて最後の任期を務めている)落選議員[知事《など》]. ★ 国会ではもと 11 月改選後 12 月から 翌年 3 月まで開かれた議会 (lame duck session) の時期で, その時間の短縮のため 1933 年米国憲法修正第 20 条 (Lame Duck Amendment) で新議会は 1 月 3 日開会, 新大統領就任は 1 月 20 日と改められた. **3 a** 債務を履行できない投資家. **b** 〘証券〙債務不履行のため除名された会員. 〖1761〗

Láme Dúck Amèndment *n.* 《米》憲法修正第 20 条《大統領·連邦議会議員の就任月をそれまでの 3 月から 1 月に早めた修正条項》. 〖1925〗

la·mel·l- /ləmɛ́l/ (母音の前にくるときの) lamelli- の異形.

la·mel·la /ləmɛ́lə/ *n.* (*pl.* **-mel·lae** /-liː, -laɪ | -liː/, **~s**) **1** 薄板, 薄片, 薄葉, 薄層. **2** 〘動物〙鰓葉(さいよう)《エビ·カニなどのえらを形成する薄片》. **3** 〘植物〙(キノコのかさの裏の)ひだ, 菌褶(きんしゅう) (gill); 中層, 中葉《相接する細胞を接着している薄い層; middle lamella ともいう》; 葉緑体内にある層状構造. **4** 〘解剖〙ラメラ, 層板, 薄膜, 薄板. **5** 〘眼科〙ラメル《眼瞼下に挿入するゼラチンとグリセリンで作る薄板》. **6** 〘建築〙ラメラ《十字形をした鉄筋コンクリート, 金属または木製の部材で, これを連続して組み, アーチやヴォールトの天井を作る》. 〖(1678) ◻ L *lāmella* (dim.) ← *lāmina* thin plate: cf. lamina〗

la·mel·lar /ləmɛ́lə | -lə^(r)/ *adj.* **1** 薄板の, 薄片の. **2** =lamellate. **3** 〘動物〙鰓葉(さいよう)の. **4** 〘植物〙菌褶(きんしゅう)の; (葉緑体の)層状構造の. **5** 〘甲冑〙〈よろいが〉金属の薄板つづりでできた. **~·ly** *adv.* 〖(1794): ⇨ ↑, -ar¹〗

la·mel·late /ləmɛ́lɪ̣t, -leɪt, lǽməlèɪt/ *adj.* **1** 薄片[薄層]から成る. **2** 平らな, 平板状の. **~·ly** *adv.* 〖(1826) ← NL *lāmellātus*: ⇨ lamella, -ate²〗

la·mel·lat·ed /lǽməlèɪṭɪ̣d, ləmɛ́l- | -tɪ̣d/ *adj.* = lamellate.

lam·el·la·tion /læ̀məléɪʃən/ *n.* **1** 薄片化[形成]. **2** =lamella.

la·mel·li- /ləmɛ́lɪ̣, -li/「薄片 (lamella)」の意の連結形. ★ 母音の前では通例 lamell- になる. 〖← NL ~ ← L *lāmella*: ⇨ lamella〗

la·mel·li·branch /ləmɛ́ləbræ̀ŋk | -lɪ-/ *adj., n.* 弁鰓(べんさい)綱の(貝). 〖(1855) ← NL *Lāmellibranchia* (pl.): ⇨ ↑, branchia〗

la·mel·li·bran·chi·ate /ləmɛ̀ləbrǽŋkiɪ̣t, -eɪt | -lɪ-/ *adj., n.* 弁鰓(べんさい)綱の(貝). 〖(1842) ← NL *lāmellibranchiātus*: ⇨ -ate^(1,2)〗

la·mel·li·corn /ləmɛ́ləkɔ̀ən | -lɪkɔ̀ːn/ *n.* 腮角(さいかく)群[類]の昆虫. — *adj.* 腮角群[類]の; 〈触角が〉腮角状の. 〖(1835) ← NL *lāmellicornis*: ⇨ lamelli-, cornu〗

La·mel·li·cor·ni·a /ləmɛ̀ləkɔ́əniə | -lɪkɔ́ː-/ *n. pl.* 〘昆虫〙腮角(さいかく)群, 腮角類《甲虫の一群で, コガネムシ科, クワガタムシ科などを含み, 触角の先端数節が腮状または葉片状を呈するもの》. 〖← NL ~: ⇨ ↑, -ar¹〗

la·mel·li·form /ləmɛ́ləfɔ̀əm | -lɪ̣fɔːm/ *adj.* 薄片形の; 平板状の. 〖(1819) ← LAMELLI-+-FORM〗

lamèlli·róstral 〘鳥類〙 *adj.* (ガン·カモ·アヒルのように)くちばしの内側に歯状の横みぞのある, 扁嘴(へんし)[板嘴]類. — *n.* 扁嘴[板嘴]類の鳥. 〖(1835–36) ← LAMELLI-+ROSTRAL〗

lamèlli·róstrate *adj.* =lamellirostral.

La·mel·li·ros·tres /ləmɛ̀lərɑ́(ː)striːz | -lɪrɔ́s-/ *n. pl.* 〘鳥類〙扁嘴(へんし)類, 板嘴類《ガン·カモ·フラミンゴなど》. 〖← NL ~: ⇨ lamelli-, rostrum〗

la·mel·lose /ləmɛ́lous, lǽmə- | -ləus/ *adj.* =lamellate. **lam·el·los·i·ty** /læ̀məlɑ́(ː)səti | -lɔ́sɪ̣ti/ *n.*

láme·ly *adv.* 足を引きずって, 足を引きずるように. 〖(1594): ⇨ -ly¹〗

la·ment /ləmɛ́nt/ *vi.* 悲しむ, 嘆く, 嘆き悲しむ 〔*over, for, at*〕 (⇨ deplore SYN): ~ *for* [*over*] a person's death 人の死を嘆く. — *vt.* **1** 悲しむ, 嘆く: ~ the death of …の死を悼(いた)む. **2** (深く)後悔する: ~ one's folly 愚行を後悔する. **3** [~ *oneself* で] 《古》悲嘆に暮れる. — *n.* **1** 悲嘆, 悲しみ, 悔み. **2** 哀悼の詩, 悲歌, 哀歌, 悲曲: David's ~ *over* Saul and Jonathan サウルとヨナタンを悼(いた)むダビデの歌 (cf. *2 Sam.* 1:17). **3** 不平, 不満. **~·er** /-ṭə | -tə^(r)/ *n.* 〖n.: (1590) ◻ L *lāmentum* a wailing // ← (v.). — v.: (*a*1450) ◻ F *lamenter* ◻ L *lāmentārī* to wail, weep ← *lāmentum* ← IE **la-* (擬音語)〗

la·men·ta·ble /ləmɛ́nṭəbḷ, lǽmən- | lǽmɪ̣ntəbḷ, ləmɛ́n-/ *adj.* **1 a** 悲しい, 悲しむべき, 痛ましい; 遺憾な, 嘆かわしい. **b** 非難されるべき; 品質の悪い. **2** 《古》悲しげな, 哀れっぽい: a ~ cry. **la·mén·ta·bly** *adv.* **~·ness** *n.* 〖(*a*1420) ◻ F ~ ◻ L *lāmentābilis*: ⇨ ↑, -able〗

lam·en·ta·tion /læ̀məntéɪʃən | -mɛn-, -mɪ̣n-/ *n.* **1**

嘆き, 悲しみ, 悔み. **2** 悲嘆の声; 哀悼歌: set up a great ~ 悲嘆の声をあげる. **3** [Lamentations; 単数扱い]《旧約聖書の》哀歌, エレミヤ哀歌 (The Lamentations of Jeremiah) (略 Lam.). **4** 〘音楽〙ラメンタツィオ《エレミヤ哀歌の朗唱》. 〚(1375) □ (O)F ~ // L *lāmentātiō(n-)*: ⇨ lament, -ation〛

la·mént·ed /-tɪ̀d | -tɪ̀d/ *adj.* 哀悼される, 惜しまれる《死者に対して慣習的に用いる》: the late ~ 故人, 《特に》亡夫. **~·ly** *adv.* 〚(1611): ⇨ -ed〛

la·mént·ing /-tɪŋ | -tɪŋ/ *adj.* 悲しんでいる, 悲しげな; 泣いて訴えるような. **~·ly** *adv.* 〚(1581): ⇨ -ing²〛

La Me·sa /lɑːméɪsə/ *n.* ラメーサ《米国 California 州南西部, San Diego 郊外の住宅都市》.

La Met·trie /lɑːmɛtríː; *F.* lametʁi/, **Julien Of·froy de** /ɔfʁwɑ d/ *n.* ラメトリ《1709–51; フランスの医師・哲学者; *L'homme-machine*「人間機械論」(1747)》.

la·mi·a /léɪmiə | lɑ́ː-, léɪ-/ *n.* (*pl.* **~s, -mi·ae** /-miìː/) **1** 〘ギリシャ·ローマ神話〙ラミア《上半身が人間で下半身が蛇である女の怪物; 人を食い子供の血を吸うという》. **2** 妖婦, 魔女 (witch). 〚(*c*1384) □ L ~ □ Gk *lámia* vampire, bogey ← IE **lamja-* ← **lem-* noctunal spirit〛

la·mi·a·ceous /lèɪmiéɪʃəs⁻/ *adj.* 〘植物〙シソ科の. 〚← NL *Lāmium* (属名: ← L *lāmium* dead nettle)+-ACEOUS〛

lamiae *n.* lamia の複数形.

lam·in- /lǽmən | -mɪ̀n/ (母音の前にくるときの) lamino- の異形.

lam·i·na /lǽmənə | -mɪ̀-/ *n.* (*pl.* **-i·nae** /-nìː, -nàɪ | -nìː/, **~s**) **1** 《金属·骨·動植物組織·岩石などの》薄板, 薄片, 薄層, 薄膜. **2** 〘動物〙《馬の蹄壁(ていへき)の》葉状層, 蹄葉. **3** 〘植物〙葉片, 葉身. **4** 〘解剖〙板, 層. 〚(1656) □ L *lāmina* thin piece of metal or wood, layer, leaf ← IE *(*s*)*tlāmena-* ← **stel(ə)* to extend: cf. lamella〛

lam·i·na·ble /lǽmənəbl̩ | -mɪ̀-/ *adj.* 薄板[薄片]にすることができる. 〚(1796) ← LAMINATE+-ABLE〛

laminae *n.* lamina の複数形.

lam·i·nal /lǽmənl̩ | -mɪ̀-/ *adj.* =laminar. — *n.* 〘音声〙舌端音《舌端で調音される音; 例: [ʃ], [ʒ], [ʧ], [ʤ], [j] など》. 〚(1825) ← LAMINA+-AL¹〛

lámina pró·pri·a /-próʊpriə | -práʊ-/ *n.* (*pl.* **laminae pro·priae** /-priìː, -priàɪ/) 〘解剖〙固有層. 〚(1937) ← NL ~ 《原義》one's own lamina〛

lam·i·nar /lǽmənə | -mɪ̀nə^(r)/ *adj.* **1** 薄板[薄片]から成る, 薄層をなす; 鱗片(りんぺん)[薄片]状の. **2** 〘物理〙流線流の, 無変流の. 〚(1811) ← LAMINA+-AR¹〛

láminar flów *n.* 〘流体力学·航空〙層流《きれいな層になって流れる乱れのない流れ; streamline flow の一種; cf. turbulent flow》. 〚1935〛

lam·i·nar·i·a /læ̀mənɛ́^əriə | -mɪ̀nɛ́ər-/ *n.* **1** 〘植物〙コンブ《コンブ属 (*Laminaria*) の海藻の総称; マコンブ (*L. japonica*) など》. **2** 〘医学〙ラミナリア杆(かん), コンブ杆《子宮頸管拡張用》. 〚(1848) ← NL ~: ⇨ lamina, -aria¹〛

la·mi·nar·i·an /læ̀mənɛ́^əriən | -mɪ̀nɛ́ər-/ *n.* = laminaria.

lam·i·nar·in /læ̀mənɛ́^ərɪ̀n | -mɪ̀nɛ́ərɪn/ *n.* 〘化学〙ラミナリン, ラミナラン《褐藻類(特に, コンブ)に含まれるグルコースからなる多糖類の一種》. 〚(*c*1931): ⇨ laminaria, -in²〛

lam·i·nar·y /lǽmənèri | -mɪ̀nəri/ *adj.* =laminar.

lam·i·nate /lǽmənèɪt | -mɪ̀-/ *v.* — *vt.* **1** 〈金属などを〉打って[ロールにかけて]薄板にする, 箔(はく)にする. **2** 薄層[薄葉]に裂く, 薄片に切る. **3** …に薄板をかぶせる. **4** 薄片を重ね合わせて作る. — *vi.* 薄片[薄層]に裂ける; 箔[薄片]になる. — /lǽmənɪ̀t, -nèɪt | -mɪ̀-/ *adj.* **1** 薄片から成る[を有する] (laminated). **2** 薄板をかぶせた. — /-nɪ̀t, -nèɪt/ *n.* **1** 積層物. **2** =laminated plastic. **lám·i·nà·tor** /-tə | -tə^(r)/ *n.* 〚(1668) ← LAMINA+-ATE³〛

lám·i·nàt·ed /-tɪ̀d | -tɪ̀d/ *adj.* **1** 薄板[薄片]状の; 薄層から成る. **2** 薄片[薄膜]をもつ. **3** 〘電気〙積層構造の, 薄板を積み重ねた. **4** 〘紋章〙**a** 〈魚がうろこを付けた. **b** 〈bend などの図形がうろこ模様の. 〚(1665): ⇨ ↑, -ed〛

láminated córe *n.* 〘電気〙成層鉄心, 積層鉄心《薄い鉄心を積み重ねて造った変圧器用などの鉄心》.

láminated gláss *n.* 合わせガラス《有機質膜を中間にはさんだ板ガラスで, 安全ガラスの一種; sandwich glass ともいう》. 〚1930〛

láminated plástic *n.* 〘化学〙積層プラスチック《紙・木材・布などの層を重ね加熱して造ったプラスチック》. 〚1933〛

láminated spríng *n.* 〘機械〙=leaf spring.

láminated wóod *n.* 積層木材, 合材《単板を繊維方向に多数重ね, 接着剤を塗布して加圧した合成木材》. 〚1931〛

lam·i·na·tion /læ̀mənéɪʃən | -mɪ̀-/ *n.* **1** 薄板[薄片]にする[なる]こと, 成層. **2** 薄片[層]状(のもの), 層状組織[構造]. **3** =lamina. **4** 〘電気〙(電動子用)軟鉄板. 〚(1676) ← LAMINATE+-ATION〛

la·min·board /lǽmənbɔ̀əd | -mɪ̀nbɔ̀ːd/ *n.* ラミンボード《薄板を重ね合わせて作る合板の一種》. 〚(1927) ← *lamin(ated) board*〛

lam·i·nec·to·my /læ̀mənɛ́ktəmi | -mɪ̀-/ *n.* 〘外科〙ラミネクトミー, 椎弓切除(術) (rachiotomy ともいう). 〚(1892) ← LAMINO-+-ECTOMY〛

lam·ing·ton /lǽmɪŋtən/ *n.* 〘豪〙〘菓子〙ラミントン《チョコレートに浸しココナツをまぶした四角いスポンジケーキ》. 〚(1929) ← Lord *Lamington* Governor of Queensland (1895–1901)〛

lam·i·ni- /lǽmənɪ̀, -ni | -mɪ̀-/ lamino- の異形 (⇨ -i-).

lam·i·nif·er·ous /læ̀mənɪ́f(ə)rəs | -mɪ̀-⁻/ *adj.* 薄板[薄片]をもつ, 薄層[薄膜]から成る. 〚(1851): ⇨ ↑, -ferous〛

lam·i·ni·tis /læ̀mənáɪtɪ̀s | -mɪ̀náɪtɪs/ *n.* 〘獣医〙蹄葉(ていよう)炎《過労·過食が原因で起こる馬蹄の葉状層の炎症; founder ともいう》. 〚(1843) ← NL ~: ⇨ lamina, -itis〛

lam·i·no- /lǽmənoʊ | -mɪ̀nəʊ/「薄片 (lamina)」の意の連結形. ★ 時に lamini-, また母音の前では通例 lamin- になる. 〚← LAMINA〛

lam·i·nose /lǽmənòʊs | -mɪ̀nə̀ʊs/ *adj.* =laminate.

lam·i·nous /lǽmənəs | -mɪ̀-/ *adj.* =laminate.

La Mi·ra·da /lɑ̀ːmərɑ́ːdə | -mɪ̀rɑ́ːdə/ *n.* ラミラーダ《米国 California 州南西部の都市》.

lam·ish /lέɪmɪʃ/ *adj.* 足が悪い, 足を引いて歩く. 〚(1592) ← LAME+-ISH¹〛

lam·is·ter /lǽmɪ̀stə | -mɪstə^(r)/ *n.* =lamster.

Lá·mí's théorem /lǽmìːz-; *F.* lami/ *n.* 〘物理〙ラミの定理《三つの力が平衡状態にあるとき, その中の一つの力の大きさと他の 2 力からなる角の正弦値との比は一定になるという定理》. 〚← *Lami* 物理学者〛

Lam·mas /lǽməs/ *n.* **1** 収穫(感謝)祭, ラマス《英国ではもと新麦の粉で作ったパンを神にささげて祝った 8 月 1 日の収穫祭; スコットランドでは四季支払日の一つ; カトリックでは聖ペテロの投獄とその奇跡的脱出 (cf. *Acts* 12: 4–10) の記念日; Lammas Day ともいう; cf. latter Lammas, quarter day》. **2** 収穫祭の季節《8 月 1 日前後; Lammastide ともいう》. 〚OE *hlāmmæsse, hlāfmæsse* loaf mass: ⇨ loaf¹, -mas〛

Lámmas lànds [mèadows] *n. pl.* 〘英法律〙《昔の》定期共用地《8 月 1 日の収穫祭まで所有者個人が所有し, 以後 Lady Day (3 月 25 日)まで一般人に使用させた耕地または牧場》. 〚1787〛

Lámmas·tìde *n.* 〘古〙収穫祭[ラマス] (Lammas) の季節. 〚*a*1338〛

lam·mer·gei·er /lǽməgàɪə | -məgàɪə^(r); *G.* lámɐgàɪɐ/ *n.* (*also* **lam·mer·gey·er** /~/, **lam·mer·geir** /~/) 〘鳥類〙ヒゲワシ (*Gypaetus barbatus*)《ヨーロッパ南部から中国までの山地にすむ; bearded vulture ともいう》. 〚(1817) □ G *Lämmergeier* ← *Lämmer* ((gen. pl.) ← *Lamm* lamb)+*Geier* vulture: 子羊をえじきとするところから〛

Lám·mer·muir Hílls /lǽməmjʊ̀ə-, -mə- | -məmjʊ̀ə^(r)-, -mjɔ̀ː^(r)-/ *n. pl.* [the ~] ラマーミュア丘陵《スコットランド東部 Edinburgh から東南方向の丘陵地; 最高地点 Lammer Law (528 m)》.

Lam·ming /lǽmɪŋ/, **George Eric** *n.* ラミング《1927– ; バルバドス出身の作家; 詩人》.

La Motte-Fouqué *n.*=Fouqué.

L'A·mour /lɑːmɔ́ə, -mʊ́ə | -mɔ́ː^(r), -mʊ́ə^(r)/, **Louis Dear·born** /díəbɔən | díəbɔːn/ *n.* ラムーア《1908–88; 米国の西部小説作家; *Hondo* (1953)》.

lamp /lǽmp/ *n.* **1 a** 《ガス·灯油·電気などによる》照明器具, 灯火, 明かり, ランプ, スタンド; 《加熱用》ランプ; 《医療用などの》電灯: a bedside [table] ~ ⇨ electric lamp, safety lamp; spirit lamp; sun lamp. 日英比較 日本語の「ランプ」は旧式の油を燃やして灯すものを指すが, 英語の *lamp* は現代の照明器具一般を指す. **b** 《英》電球. **2** 知識の光, 精神的光明: Thy word is a ~ unto my feet. なんじの聖言(みことば)はわが足の燈火(ともしび)なり (*Ps.* 119: 105). **3** 《詩》たいまつ (torch). **4** 《古·詩》《太陽·月·星など光を出す》天体: the ~*s* of heaven / the ~ of Phoebus 太陽. **5** 《古·俗》[*pl.*] 目 (eyes): my wasting ~*s* 私の衰えてきた目. ***hand on the lámp*** =hand on the TORCH¹. ***of the lámp*** 苦心の研究の, 苦労的; 自然さ[霊感]のない: a theory born *of the* ~ 苦心の末生まれた理論. ***sméll of the lámp*** ⇨ smell *v.* 成句.
— *vt.* **1** 《明かりで》照らす, 明るくする. **2** 《詩》…に明かりをつける. **3** 《米俗》見る. — *vi.* 光る, 輝く.
〚(*c*1200) *la(u)mpe* □ (O)F *lampe* < LL *lampada*=L *lampas* □ Gk *lampás* torch, light, lamp ← *lámpein* to shine ← IE **lāp-* to light, burn: cf. lantern〛

lam·pas¹ /lǽmpəs/ *n.* **1** 《もと中国で産出した》花絹《縦, 横の色糸でその交錯により 2 色以上の模様を出した織物》. **2** 《廃》光沢のあるちりめんの一種. 〚1: (1851) □ F ~ ← ?: cf. LL *lampas* brilliance. 2: (1390) □ ? MDu. *lampers* (Du. *lamfer*)〛

lam·pas² /lǽmpəz, -pəs | -pəz/ *n.* 〘獣医〙《幼駒のいわゆる》ガマ腫(しゅ), 《馬の》口蓋(こうがい)腫. 〚(1523) □ (O)F ~ ← ? 《方言》*lampá* throat または *lampé* gums ← Gmc **lap-* to lap〛

lámp·blàck *n.* **1** ランプブラック, 油煙《黒色印刷インキ原料; cf. carbon black》. **2** 黒色絵の具. 〚1598〛

lámpbrush chròmosome *n.* 〘生物〙ランプブラシ染色体《卵黄の多い卵母細胞でみられる巨大染色体; 細い軸の周囲に無数のブラシ状の突起がある》. 〚1911〛

lámp-bùrner *n.* ランプの口金, 灯口. 〚1851〛

lámp càge *n.* 〘海事〙ランプケージ《信号灯を保護する金属かご》.

lámp-chìmney *n.* ランプのほや. 〚1847〛

Lam·pe·du·sa /læ̀mpədúːsə, -zə | -pɪdjúːzə; *It.* lampedúːza/ *n.* ランペドゥーサ(島)《地中海 Tunisia と Malta 島との間のイタリア領の小島》.

Lam·pe·du·sa /læ̀mpədúːzə, -sə | -pɪ̀djúːzə, -dúː-; *It.* lampedúːza/, **Giuseppe To·ma·si di** /tomáːzi di/ *n.* ランペドゥーサ《1896–1957; イタリアの小説家; *The Leopard* (1958)》.

lám·per èel /lǽmpə- | -pə(r)-/ *n.* **1** 〘魚類〙=lamprey. **2** 〘動物〙=congo snake. 〚1824〛

lam·pern /lǽmpən | -pən/ *n.* 〘魚類〙河川に産卵する欧州産のヤツメウナギ (*Lampetra fluviatilis*) 《river lamprey ともいう》. 〚(1324–25) □ OF *lampreyon* (dim.) ← *lampreie* LAMPREY〛

lam·pers /lǽmpəz | -pəz/ *n.* 〘獣医〙=lampas².

lámp hòlder *n.* 《電灯の》ソケット. 〚1885〛

lámp·hòle *n.* 〘土木〙灯孔《下水管を点検するため地表から灯火をつり下げる孔で, マンホールとマンホールの間にある》. 〚1884〛

lámp·hòuse *n.* 〘写真〙ランプハウス《映写機·写真引伸ばし機などのランプを包むための小さい金属カバー》. 〚1912〛

lam·pi·on /lǽmpiən/ *n.* 《もと照明に用いられた色ガラスの》小ランプ. 〚(1848) □ F ~ □ It. *lampione* carriage or street lamp ← *lampa* lamp〛

lámp·lìght *n.* ランプの明かり, 灯光, 灯火. 〚*c*1380〛

lámp·lìghter *n.* **1** 《街灯の》点灯夫《昔街路上のガス灯を点火して歩いた》: run like a ~ 迅速に走る. **2** 《米》点灯用具《つけ木など》. 〚1750〛

lámp·lìt *adj.* [限定的] ランプの明かりがついた.

lámp òil *n.* 灯油. 〚15C〛

lam·poon /læmpúːn/ *n.* 《通例個人に向けられる悪意のある》諷刺文[詩], 落首 (⇨ caricature **SYN**). — *vt.* 《諷刺文や詩で》諷刺する. 〚(1645) □ F *lampon* drinking song ← *lampons* let us drink ← *lamper* to guzzle 《変形》← *laper* to lap³〛

lam·póon·er *n.* 諷刺文[落首]を書く人, 諷刺作家. 〚(1693): ⇨ ↑, -er¹〛

lam·poon·er·y /læmpúːn(ə)ri/ *n.* **1** 諷刺文を書くこと. **2** 諷刺(的精神). 〚(1715): ⇨ -ery〛

lam·póon·ist /-nɪ̀st | -nɪst/ *n.* =lampooner.

lámp·pòst *n.* 街灯柱, 灯柱. 〚1790〛

lam·prey /lǽmpri/ *n.* 〘魚類〙ヤツメウナギ《降海性と深水性とがあるヤツメウナギ類の総称; 口は円形で両顎を欠き, 吸盤がある; lamprey eel ともいう; cf. sea lamprey》. 〚(*c*1300) *laumprey* □ OF *lampreie* (F *lamproie*) < ML *lamprēdam*=(i) ? LL *lampetra* (*lambere* to lick +*petra* rock): 岩などにかじりついているところから // (ii) ? LL *nauprēde* mud-lamprey: LIMPETT と二重語〛

lam·pro·phyre /lǽmprəfàɪə | -fàɪə^(r)/ *n.* 〘岩石〙ランプロファイアー, 煌斑岩《塩基性火成岩の一種》. 〚(1890) ← NL ~ ← Gk *lamprós* bright+-PHYRE〛

lámp·shàde *n.* ランプのかさ. 〚1850〛

lámp shèll *n.* 〘貝類〙ホウズキチョウチン《腕足動物綱 *Terebratula* 属の貝類の総称; *T. vitrea* など》. 〚1854〛

lámp·stànd *n.* ランプ台.

lámp stàndard *n.* 街灯柱 (lamppost). 〚1908〛

lámp·wìck *n.* ランプのしん, 灯しん: ~ scissors 灯しん切りばさみ. 〚1845〛

lámp·wòrking *n.* 〘ガラス製造〙ガラス細工, 吹きづくり《ガスバーナーを用いてガラス細工を行うこと》.

lam·py·rid /lǽmpərɪ̀d | -pɪrɪd/ *adj., n.* 〘昆虫〙ホタル科の(甲虫). 〚(1895) ← NL *Lampȳridae* (科名) □ L *lampȳris* glowworm □ Gk *lampurís* ← *lámpein* to shine: ⇨ -id²〛

Lam·pyr·i·dae /læmpírədìː | -rɪ-/ *n. pl.* 〘昆虫〙(鞘翅目)ホタル科. 〚← NL ~ (↑)〛

lam·ster /lǽmstə | -stə^(r)/ *n.* 《俗》法律からの逃亡者, 逃走者 (fugitive). 〚(1904) ← LAM²+-STER〛

La·mus /léɪməːs/ *n.* 〘ギリシャ伝説〙ラモス: **a** Hercules と Omphale の子. **b** 放浪中の Odysseus の船団を襲った蕃族の王. 〚□ L ~ □ Gk *Lámos*〛

La·my /lɑːmíː; *G.* lamíː/ *n.* 〘商標〙ラミー《ドイツ Lamy 社製の万年筆·ボールペン》.

lan- /læn/ (母音の前にくるときの) lano- の異形.

LAN /lǽn/ ★ local area network と読むこともある. *n.* 〘電算〙ラン (⇨ local area network). 〚(1981) (頭字語)〛

Lan·a /lǽnə, lɑ́ː- | lɑ́ː-/ *n.* ラナ《女性名》. 〚(dim.) ← HELEN〛

la·na·i /lənáɪ | lɑː-; *Hawaii.* láːnai/ *n.* ラナイ《ハワイで居間に使用する明け放しのベランダ》. 〚(1823) □ Hawaiian ~ 《変形》← *nanai* a swelling〛

La·na·i /lǽnaɪ | lənáɪ, lɑː-; *Hawaii.* láːnaʔi/ *n.* ラナイ(島)《ハワイ諸島中部の島; 面積 363 km²》.

Lan·ark /lǽnək | -nək/ *n.* ラナーク: **1** スコットランド中南部 Glasgow の南東にある Clyde 河畔の町で旧 Lanarkshire 州の州都. **2** =Lanarkshire. 〚□ ? Welsh *llanerch* forest glade〛

Lan·ark·shire /lǽnəkʃə, -ʃɪə | -nəkʃə^(r), -ʃɪə^(r)/ *n.* ラナークシャー《スコットランド南西部の旧州; 面積 2,323 km², 州都 Lanark》.

la·nate /léɪneɪt/ *adj.* **1** 羊毛状の. **2** 羊毛[柔らかい毛]で覆われた. 〚(1760) □ L *lānātus* woolly ← *lāna* wool, soft hair: ⇨ -ate²〛

lá·nat·ed /-tɪ̀d | -tɪ̀d/ *adj.* =lanate.

Lán·by bùoy /lǽnbi-/ *n.* ランビーブイ《灯台船に代わる, 航行船舶用の大型ブイ》.

Lan·cang Jiang /lɑ̀ːntsɑːŋʤiɑ́ŋ, -ʤɑ́ːŋ | -ʤǽŋ; *Chin.* lántsʰɑ̃ŋtɕiɑ̃ŋ/ *n.* 瀾滄江(ランツァンチアン)《Mekong 川上流の中国領内の名》.

Lan·ca·shire /lǽŋkəʃə, -ʃɪə | -kəʃə^(r), -ʃɪə^(r)/ *n.* **1** ランカシャー《イングランド北西部の州; 世界的な綿工業地帯だったところ; 中心都市は Lancaster (旧州都); 現在の州都 Preston》. **2** ランカシャーチーズ《白色でもろいチーズ; 熟成するにつれて風味が増す》. 〚ME *Lancastreshire*: ⇨ Lancaster¹, -shire〛

Láncashire chàir *n.* ランカシャーチェア《英国 18 世紀初期の藺草(いぐさ)張りの座と数本の背棒からなる背もたれつきの田舎風の椅子》.

Láncashire hòtpot *n.* 〘料理〙ランカシャー風ホットポット《羊[子羊]の肉とジャガイモのシチュー》.

Lan·cas·ter¹ /lǽŋkəstə, -kæs- | -tə^(r)/ *n.* ランカスター: **1** 米国 Pennsylvania 州南東部の都市. **2** イングランド

L

Lancashire 州の中心都市·旧州都. **3** =Lancashire: the Duchy of ～ ⇨ duchy. **4** 米国 Ohio 州中部の都市. **5** 米国 California 州南西部, Los Angeles 郊外の都市. 〚OE *Loncastre* ← *Lon* the River Lune (← OIr. *slān* healthy)+*castre* Roman fort: ⇨ -chester〛

Lan·cas·ter² /lǽŋkəstə, -kæs- | -tə^(r)/ *n.* ランカスター家《Duke of Lancaster を祖とし, Henry 四世, 同五世, 同六世の三代続いた英国の王家 (1399–1461)》.

Lancaster, Duke of *n.* ⇨ John of Gaunt.

Lan·cas·ter /lǽŋkəstə, -kæs- | -tə^(r)/, **Burt** *n.* ランカスター《1913–94; 米国の映画俳優; *Gunfight at O. K. Corral*「OK 牧場の決闘」(1957); *Elmer Gantry*「エルマー ガントリー」(1960) でアカデミー主演男優賞; 本名 Burton Stephen Lancaster》.

Lan·cas·tri·an /læŋkǽstriən/ *adj.* **1** Lancashire 州の; Lancaster¹ の. **2** 《英》 **a** ランカスター家(出身)の. **b** (ばら戦争 (Wars of the Roses) 中 Lancaster 家を助けた) 赤ばら党の, ランカスター党の. **—** *n.* **1** Lancashire 州の人; Lancaster¹ の人. **2** 《英》 **a** ランカスター家の人. **b** 赤ばら党員, ランカスター党員 (cf. Yorkist). 〚(1548) ← LANCASTER^(1, 2)+-IAN〛

lance¹ /lǽns | lɑ́ːns/ *n.* **1** (近代の)騎兵, 中世の騎士の)槍(やり). **2** 槍(やり)騎兵. **3** (魚·鯨の急所を突くのに用いる)やす. **4** 〘外科·建築〙 =lancet. **5** 〘機械〙 =oxygen lance. ***bréak a lánce with*** …と試合をする, 競う; …と議論を戦わせる. (1589–90)

— *vt.* **1** 槍[やす]で突く[刺す]. **2** 《古·詩》 投げる, 放つ: ～ a dart. **3** 〘外科〙 ランセットで切開する: ～ a boil.

— *vi.* すばやく前進する, 突進する.

〚n.: (?*a*1300) *launce* ▫ (O)F *lance* < L *lanceam* light spear ← ? Celt. — v.: (?*c*1300) *launce(n)* ▫ OF *lancier* (F *lancer*) to pierce with a lance〛

lance² /lǽns | lɑ́ːns/ *n.* 〘魚類〙 =launce. 〚↑の転用〛

Lance /lǽns | lɑ́ːns/ *n.* ランス《男性名》. 〚▫ OF ～ ▫ OHG *Lanzo* ← *landa* land〛

L

lánce bombardíer *n.* (英国砲兵隊の)上等兵, 上等砲兵《bombardier の下位》. 〚1935〛

lánce còrporal *n.* **1** 〘英軍〙 伍(ご)長代理, 伍長勤務上等兵. **2** 〘米海兵隊〙 上等兵. 〚1786〛

lánce-fish *n.* 〘魚類〙 =sand launce.

lánce·jàck *n.* (英軍俗) =lance corporal 1. 〚1912〛

lance·let /lǽnslɪ̀t | lɑ́ːns-/ *n.* 〘動物〙 ナメクジウオ《脊索(せきさく)動物門ナメクジウオ属 (*Branchiostoma*) の体長 5 cm ほどの魚のような動物; 総称 amphioxus ともいう》. 〚(1836) ← LANCE¹+-LET〛

Lan·ce·lot¹ /lǽnsəlɑ̀(ː)t, lɑ́ːn-, -s(ə)lət | lɑ́ːnsəlɔ̀t/ *n.* ランスロット《男性名》《異形 Launcelot》. 〚▫ OF ～ (double dim.) ← LANCE: *-el, -ot* は dim. suf.〛

Lan·ce·lot² /lǽnsəlɑ̀(ː)t, lɑ́ːn-, -s(ə)lət | lɑ́ːnsəlɔ̀t, -s(ə)lət/ *n.* 〘アーサー王伝説〙 ランスロット《Arthur 王の円卓騎士中第一の勇士; Guinevere と道ならぬ恋に落ち, 円卓の崩壊を招いた; Lancelot of the Lake ともいう》.

lan·ce·o·lar /lǽnsiələ | lɑ́ːnsiələ^(r)/ *adj.* =lanceolate.

lan·ce·o·late /lǽnsiəlèɪt, -lɪ̀t | lɑ́ːn-/ *adj.* **1** 槍先形の. **2** 〘植物〙 〈葉など〉披(ひ)針形の. **～·ly** *adv.* 〚(1760) ▫ L *lanceolātus* ← *lanceola* small lance〛

lánce·pòd *n.* 〘植物〙 アフリカ·南米·オーストラリアに産するマメ科 *Lonchocarpus* 属の植物; (特に) =bloody bark. 〚← LANCE¹+POD¹〛

lanc·er /lǽnsə | lɑ́ːnsə^(r)/ *n.* **1** 槍(やり)騎兵, 槍騎兵連隊員: a ～ regiment 槍騎兵連隊. **2** [*pl.*; 単数扱い] =lancer's quadrille. 〚(1590) ▫ F *lancier* man armed with a lance: ⇨ lance¹ (n.)〛

lánce rèst *n.* 〘甲冑〙 槍(やり)支え《馬上にて槍を構えるためによろいの胸当てあるいは鞍につけたもの; ⇨ armor 挿絵》.

láncer's quadrílle /lǽnsəz- | lɑ́ːnsəz-/ *n.* **1** ランサーズカドリール《19 世紀初頭の英国の舞踊; 8 [16] 組のカップルによるスクエアダンス; cf. quadrille² 1》. **2** ランサーズカドリールの曲.

lánce sèrgeant *n.* 〘英軍〙 軍曹代理, 軍曹勤務伍(ご)長.

lánce snàke *n.* 〘動物〙 =fer-de-lance.

lan·cet /lǽnsɪ̀t | lɑ́ːn-/ *n.* **1** 〘外科〙 ランセット, 槍状刀, 披(ひ)針, 刃針, 刺胳(しらく)針. **2** 〘建築〙 **a** =lancet arch. **b** =lancet window. 〚(1392) *launcet, lawnset* ▫ (O)F *lancette* (dim.) ← *lance* 'LANCE¹'〛

Lan·cet /lǽnsɪ̀t | lɑ́ːn-/ *n.* [the ～]「ランセット」《英国の医学専門週刊誌; 1823 年に創刊》.

láncet àrch *n.* 〘建築〙 尖頭(せんとう)アーチ《二つの円弧の組合せからなるとがったアーチ; acute arch, Gothic arch, pointed arch, ogive ともいう; cf. lancet window》. 〚1823〛

lán·cet·ed /-tɪ̀d | -tɪ̀d/ *adj.* **1** 披(ひ)針形の. **2** 〘建築〙 〈窓·アーチなど〉尖頭(せんとう)のある. 〚(1855): ⇨ -ed〛

láncet·fìsh *n.* 〘魚類〙 ミズウオ《ミズウオ属 (*Alepisaurus*) の短剣のような歯をもつ大きな深海魚の総称; *A. ferox* など; handsaw fish ともいう》.

láncet wíndow *n.* 〘建築〙 尖頭(せんとう)窓 (cf. lancet arch). 〚1781〛

lánce·wòod *n.* 〘植物〙 西インド·熱帯アメリカ産バンレイシ科の高木 (*Oxandra lanceolata*); その木材《材質は屈曲性があって強く, 槍の柄·車軸·弓·釣りざおなどに使用》. 〚1697〛

Lan·chou /lɑ̀ːndʒóu, -tʃóu | -tʃáu/ *n.* =Lanzhou.

Lan·chow /lɑ̀ːndʒóu, -tʃóu | -tʃáu/ *n.* =Lanzhou.

Lan·cia /lɑ́ːnsiə, lǽn- | lɑ́ːn-; *It.* lántʃa/ *n.* 〘商標〙 ランチャ《イタリア Lancia 社製の乗用車》.

lan·ci·form /lǽnsəfɔ̀əm | lɑ́ːnsɪ̀fɔ̀ːm/ *adj.* 槍(やり)の形をした, 槍状の. 〚(1855) ← LANCE¹+-I-+-FORM〛

lan·ci·nate /lǽnsənèɪt | lǽnsɪ̀-, lɑ́ːn-/ *vt.* 裂く, かき裂く (tear); 刺す, 突き通す (pierce): be ～*d with* pain 刺すような痛みを感じる. ★ 医学用語以外は《まれ》. 〚(1603) ← L *lancinātus* (p.p.) ← *lancināre* to tear to pieces: cf. lacerate〛

lán·ci·nàt·ing /-tɪŋ | -tɪŋ/ *adj.* 〈苦痛など〉刺すような (piercing), 鋭い (acute). 〚(1762): ⇨ ↑, -ing²〛

lan·ci·na·tion /lænsənéɪʃən | lǽnsɪ̀-, lɑ́ːn-/ *n.* **1** 裂くこと, 刺すこと. **2** 刺すような痛み, 激痛. 〚(1630) ← LANCINATE+-ATION〛

Lan·côme /lɑ̃ː(ŋ)kóum, lɑːŋ- | lɑ̃ː(ŋ)kəum, lɑ́ːŋ-; *F.* lɑ̃kɔm/ *n.* 〘商標〙 ランコム《フランス Paris にあるヨーロッパ最大の化粧品メーカー; そのブランド; 米国 L'Oreal 傘下》.

Lancs, Lancs. /lǽŋks/ 《略》 Lancashire.

land¹ /lǽnd/ *n.* **1 a** (有用性のある, 特に地味·耕作の適否から見た)土地, 土壌(どじょう); (…の)地: agricultural ～ 農地 / arable ～ 適耕地 / barren ～ 不毛の地 / wet ～ 湿地 / forest ～ 森林地帯 / waste ～ 荒地 / a man on the ～ 農夫 / work [be, go] on the ～ 農業に携わる / live off the ～ その土地のものを食べてやっていく. **b** [*pl.*] 《南ア》 耕(作)地. **2** [しばしば *pl.*] 所有地; 地所: own ～ 土地を所有する / divide ～(*s*) among heirs 相続人の中で土地を分ける / houses and ～(*s*) 土地家屋. **3** (海に対して)陸, 陸地; (月など, 天体の)陸地: dry ～ 陸, 岸 / learning to swim on dry ～ 畳の上の水練 / travel by ～ 陸路を行く (cf. *by* SEA, *by* WATER) / clear the ～ 〈船が〉岸の危険物を避けて沖に出る / close with the ～ 陸に接近する / lay [shut in] the ～ 〘海事〙 出発した港が途中の岬に隠れて見えなくなる / make (the) ～ =sight (the) ～ 〘海事〙 陸を認める, 陸地の見える所へ来る / set (the) ～ 《廃》 〘海事〙 陸地の方位を計る / *Land* ho! 〘海事〙 陸が見えるぞ. **4 a** 国, 国土, 国家 (country): one's adopted [native] ～ 帰化国[故国] / foreign ～*s* 外国 / English-speaking ～*s* 英語国 / home ～ 本国 / throughout the ～ = through (out) the length and breadth of the ～ 全国至る所, 津々浦々 (cf. *Gen.* 13:17). **b** 国民 (nation): The (whole) ～ will rise in rebellion. 国民は蜂起するだろう. **c** [土地名として] Scotland, England, Wonderland, Disneyland. **5** 領域, (…の)世界: the ～ *of* dreams 夢の国, 理想郷 / in the ～ *of* the living (現世に)生きて (*Job* 28:13). **6 a** 領土, 地方: ⇨ LAND of milk and honey. **b** [the ～] (都会に対して)田園; 田園生活: Back to the ～. 田園に帰れ. **7 a** (旋条銃や石うすなどの)溝と溝との間の平面部. **b** 溝と溝の間の耕されていない部分. **8** 《スコット》 (入口が一つの)共同住宅, アパート (tenement). **9** 〘法律〙 不動産(権). **10** 〘経済〙 (生産の要因としての)天然資源. **11** 〘造船〙 =landing 4 a.

★ ラテン語系形容詞: praedial.

hów* [*the wáy*] *the lánd lìes 形勢, 事態 (cf. lie¹ *vi.* 5): see [find out] *how the* ～ *lies* with them 彼らの形勢を調べる / Can you tell me *how the* ～ *lies* (with them)? 彼らはどうしているかわかりませんか. ***spý òut the lánd*** 情勢を探る, 内偵する (cf. *Num.* 13:16).

Lánd o' [of] Cákes, l- of c- [the —] スコットランドの異名《普通からす麦の菓子 (oatcakes) を食べるところから》.

Lánd of Béulah [the —] ベウラの地 (⇨ Beulah¹ 1).

lánd of Enchántment [the —] 米国 New Mexico 州の俗称.

Lánd of Líncoln [the —] 米国 Illinois 州の俗称.

lánd of mílk and hóney=L- of M- and H- [the —] 乳と蜜との流れる地, 肥沃豊穣(ほうじょう)の地; イスラエル, カナン (Canaan) の地; 天の恵み (cf. *Exod.* 3:8, *Num.* 16:13).

Lánd of My Fáthers「我が父祖の国」《ウェールズの国歌》.

Lánd of Nód [the —] (1) ノドの地《Cain が移住したといわれる Eden の東方の地; cf. *Gen.* 4:16》. (2) 眠りの国; 睡眠. 〚(1731–38): Nod と nod をかけたしゃれ〛

Lánd of Opportúnity [the —] 米国 Arkansas 州の俗称.

Lánd of Prómise [of the Cóvenant] [the —] ⇨ Promised Land. 〚1535〛

Lánd of the Léal [the —] 《スコット》 天国 (Heaven).

Lánd of the Mídnight Sún [the —] (1) 白夜の国《北極圏の国で, 夏には太陽が没しない》; (特に) Norway, Lapland の異名. (2) 米国 Alaska 州の俗称.

Lánd of the Rísing Sún [the —] 日出づる国, 旭日(きょくじつ)の国, 日本.

Lánd of the Róse [Shámrock, Thístle] [the —] イングランド[アイルランド, スコットランド]の異名.

— *vi.* **1** 〈人が〉陸に上がる[降りる], 上陸する; 〈船が〉陸[岸]に着く, …に寄港する: ～ *at* Dover / ～ *in* Egypt / ～ *on* an island. **2 a** 〈航空機·宇宙船が〉着陸[着水]する: ～ *in* a field / ～ *on* a lake, the moon, (the) water, etc. / ～ *at* Haneda. **b** 降りる, 下車する: ～ *from* a bus [train]. **3** 到着する 〈*up*〉 〔*at, in, on*〕: ～ (《英》 up) *at* an inn [*in* Tokyo]. **4** 飛び降りる; 地面に着く[落ちる]: ～ *on* the opposite bank 対岸に飛び越える / ～ *on* one's head (逆さに落ちて)頭を地面にぶつける / ～ *on* one's feet ⇨ 成句. **5** 〔困った状態に〕立ち至る, 陥る 〈*up*〉 〔*in*〕: ～ (*up*) *in* difficulties. 困難にぶつかる.

— *vt.* **1 a** 〈航空機·宇宙船を〉着陸させる: ～ an airplane. **b** 〈乗物が〉(ある場所へ運んで)〈人を〉降ろす, 下車[下船]させる: He was ～*ed* at the hotel. 彼はホテルで降ろされた / be ～*ed* on a lonely island 孤島に降ろされる / be unhorsed and ～*ed* in the mud 馬から落とされて泥の中にはまる. **2** 〈船客·船荷を〉上陸させる, 陸揚げする: ～ troops *in* France 軍隊をフランスに上陸させる / ～ goods *from* a vessel 船から荷物を陸揚げする. **3 a** 〈人を〉〔困った状態に〕立ち至らせる, 陥らせる 〔*in*〕: The problem ～*ed* me *in* great difficulties. その問題で私は非常に困った羽目に陥った / be nicely ～*ed* 《反語》 難局に陥っている. **b** [p.p. 形で] 〔面倒なことで〕〈人を〉悩ませる, 困らせる 〔*with*〕: be [get] ～*ed with* hard work つらい仕事に苦しむ. **4** 《口語》 得る, 物にする, 獲得する, 捕える: ～ a person's support, a prize, a job, etc. / ～ several big deals 幾つかの大きな契約を結ぶ / The detective ～*ed* the thief after a long chase. 刑事は長いこと追跡してやっと泥棒を逮捕した. **5** 〘釣〙 〈魚を〉釣り上げる, (網や手鉤(てかぎ)にかけて)取り込む: ～ a big fish / ⇨ *land one's* FISH. **6** 《口語》 〈打撃などを〉…に加える, 与える: ～ a person a blow on the nose 人の鼻っつらに一撃を食わす. **7** 〈ボールなどを〉(ある特定の場所に)送る: ～ a ball *near* the goal ボールをゴールの近くへ落とす.

lánd like a cát=***lánd on*** *one's* ***féet*** =drop on one's feet (⇨ foot 成句). ***lánd on*** 《米口語》 …を厳しくしかる[とがめる] (scold severely): His father ～*ed on* him for being lazy. 彼の父親は怠けているといって彼をしかった.

lánd úp (1) 〈水路などを〉土でふさぐ: The canal was almost ～*ed up*. その運河は泥でほとんどふさがれていた. (2) (ある場所·状態に) 落ち着く, 立ち至る.

〚OE ～, *lond* < Gmc **landam* (Du. *land* / G *Land*) ← IE **lendh-* open land〛

land² /lǽnd/ *n.* 《米婉曲》 [間投詞的に用いて] =lord *n.* 2. ★ 軽いののしりや驚きなどに婉曲的に用いられて: my ～! まあ, おや, ほんとうに. ***(for) lánd('s) sàke(s)=for the lánd's sàke*** 後生だから; ほんとうに, まあ. 〚(1825) 《婉曲的変形》 ← LORD: 初めは *land of liberty* などの句で用いられた〛

Land /lɑ́ːnd, lɑ́ːnt; *G.* lánt/ *n.* (*pl.* **Län·der** /léndə | -də^(r); *G.* lɛ́ndɐ/) (ドイツ·オーストリアの)州.

Land /lǽnd/, **Edwin Herbert** *n.* ランド《1909–91; 米国の発明家; Polaroid Land カメラを発明 (1947)》.

-land /lænd, lənd/「土地, 区域, 領地」の意の複合語の構成要素: grass*land*, high*land*, dream*land*.

lánd àgency *n.* **1** 《米》 土地売買周旋所, 不動産業. **2** 《英》 地所差配(所), 土地管理(所). 〚1868〛

lánd àgent *n.* **1** 《米》 土地売買周旋業者, 不動産者. **2** 《英》 地所差配人, 土地管理人. 〚1846〛

lan·dam·mann, L- /lǽndəmən; G. lándaman/ *n.* (スイスのいくつかの州の)評議会議長, 州知事. 〚(1796) ▫ Swiss G.〛

lan·dau /lǽndau, -dɔː, -dɑː | -dɔː, -dau/ *n.* **1** ランドー型馬車《幌(ほろ)の前半部と後半部が別々に開閉し, 向き合った座席を持つ四輪馬車; この項の挿絵の他に ⇨ equipage 挿絵》. **2** 《古》 ランドー型自動車. 〚(1743) ← *Landau* (ドイツ Bavaria の町)〛

Lan·dau /lɑːndáu/; *Russ.* landáu/, **Lev (Da·vi·do·vich** /davídəvʲitʃ/) *n.* ランダウ《1908–68; ロシアの理論物理学者; Nobel 物理学賞 (1962)》.

lan·dau·let /lændɔːlét, -dɑːl-, -dl- | -dɔːl-/ *n.* (*also* **lan·dau·lette** /～/) **1** 小型ランドー型馬車. **2** 《米》 小型ランドー型自動車《後部座席にだけ折りたたみ式の幌(ほろ)がある》. 〚(1771) ← LANDAU+-LET〛

lánd bànk *n.* 土地[不動産]抵当銀行. 〚1696〛

lánd-bàsed *adj.* [通例限定的] **1** 〈ミサイルなど〉地上基地発進の. **2** 〈動物が〉陸にすむ.

lánd bòard *n.* 《米》 〘海事〙 ランドボード《荷役中に木甲板を保護するための敷板》. 〚1790〛

lánd brèeze *n.* 〘気象〙 陸風《通例夜に急速に冷えた, 陸地から海へ吹く風; cf. sea breeze》. 〚1667〛

lánd bridge *n.* 〘地理〙 陸橋《2 つの大陸をつなぐ陸地; ここを通って動物が大陸間を移動した》. 〚1897〛

lánd bròker *n.* 《英》 =land agent 1.

lánd-càrriage *n.* 陸運, 陸上運搬. 〚1613〛

lánd còntract *n.* 〘法律〙 土地売買契約.

lánd cràb *n.* 〘動物〙 オカガニ《オカガニ科のカニの総称; 繁殖のときだけ水に入り通常は陸にすむ》. 〚1638〛

lánd dràin *n.* ランドドレーン《小孔の多いパイプでできた排水管で, 砂利を詰めた溝の中に埋設し下層土の排水用とする》. 〚1767: 初出例は動詞として〛

land·drost /lǽn(d)drɔ̀(ː)st, -drɑ̀(ː)st | -drɒst/ *n.* (南アフリカ連邦設立以前の南アフリカの)地方行政長, 地方長官. 〚(1731) ▫ Afrik. ～ ← LAND¹+*drost* bailiff〛

lánd·ed *adj.* **1** 土地を所有する: the ～ classes 地主階級 / the ～ gentry 地主階級 / a ～ proprietor 土地所有者, 地主 / the ～ interest 土地所有者たち, 地主たち (cf. moneyed interest 2). **2** 地所の, 地所から成る: a ～ estate [property] 地所, 所有地, 不動産. **3** 陸揚げをした: newly ～ fish. 〚lateOE *gelandod*: ⇨ -ed〛

lánded ímmigrant *n.* 《カナダ》 永住許可移民《カナダに永住権を与えられた外国からの移住者》. 〚1910〛

lánd·er *n.* **1** 上陸者; 陸揚げ人. **2** (月·惑星などの)着陸船. **3** 〘鉱山〙 たて坑口荷卸し人夫. 〚(1847) ← LAND¹+-ER¹〛

Länder *n.* Land の複数形.

Lan·ders /lǽndəs | -dəs/, **Ann** *n.* ランダーズ《1918– ; 米国のジャーナリスト; 新聞の人生相談回答者; 本名 Esther Pauline Lederer, 旧姓 Friedman》.

Landes /lɑ́ː(n)d, lɑ́ːnd; *F.* lɑ̃ːd/ *n.* ラーンド: **1** フランス南西部の Biscay 湾に臨む県; 面積 9,364 km², 県都 Mont-de-Marsan /mɔ̃dmaʀsɑ̃/. **2** フランス南西部 Biscay 湾に臨む地方; 面積 14,000 km².

Lan·des·haupt·mann /lɑ́ːndɪ̀shàuptmən; G. lándəshàuptman/ *n.* (オーストリアの)州知事.

lánd·fàll *n.* 〘海事·航空〙 **1 a** 陸地初認《長い航海[飛行]後初めて陸地を見ること》: make a good [bad] ～ 予測通りに[予測と違って]陸地が見つかる. **b** 初認陸地. **2** (船などによる)到着; (飛行機などの)着陸. **3** =landslide. 〚1627〛

lándfall màrk *n.* 〘海事〙陸地進入標識《海から港域または河口区域へ進入したことを示すための遠距離から見えるようにしてある顕著な標識》.
lánd fàst *n.* 〘海事〙陸上の係船柱. 〘1703〙
lánd·fìll *n.* **1** (低地を徐々に埋めていく)埋め立て式ごみ処理(法)《sanitary landfill ともいう》. **2** (埋め立て式の)ごみ処理地域. **3** 埋め立て用のごみ. 〘1942〙
lánd-fìsh *n.* 《廃》**1** 淡水魚. **2** 陸上に住む魚; 変なやつ. 〘1419〙
lánd fòrce *n.* [しばしば *pl.*] 陸上部隊, 陸軍(部隊). 〘1614〙
lánd·fòrm *n.* 地形. 〘1893〙
lánd frèeze *n.* (政府による)土地売買制限, 土地凍結.
lánd gìrl *n.* 《英》婦人農耕部隊 (Women's Land Army) 隊員. 〘1918〙
lánd·gràb *n.* 土地横領.
lánd-gràbber *n.* **1** 土地横領者; 公地不法占有者. **2** 《アイル》小作人を追いたててその土地を買収する[借り受ける]人. 〘1872〙
lánd grànt *n.* 《米》(学校・鉄道建設などに対する政府による)土地供与; その供与地. 〘1862〙
lánd-grànt còllege [univèrsity] *n.* 《米》農科・工科の設置を条件に連邦政府から州に国有地を賦与され, その費用で設立された大学. 〘1889〙
land·grave /lǽn(d)greɪv/ *n.* ラントグラーフ《12 世紀以降 1806 年までのドイツの官職で, 帝国直轄の領地ラントグラーフシャフトを治める; 1806 年以降はドイツの君主諸侯の称号》. 〘(1516) ◻ MLG ~ (G *Landgraf*) ← LAND[1] + *Grave* count, earl〙
land·gra·vi·ate /læn(d)gréɪviɪ̀t, -viə̀t/ *n.* landgrave の位[職権, 所領]. 〘(1656) ◻ F *landgraviat* ◻ ML *landgraviātus*: ↑〙
land·gra·vine /lǽn(d)grəviːn/ *n.* **1** landgrave 夫人. **2** 女性の landgrave. 〘(1682) ◻ G *Landgräfin* (fem.) ← *Landgraf*: cf. landgrave〙
lánd·hòlder *n.* **1** 土地所有者, 地主. **2** 借地人. 〘1414〙
lánd·hòlding *n.* 土地の所有[借用]. — *adj.* 土地を所有[借用]している. 〘1876〙
lánd-hùnger *n.* 土地所有欲, 地所熱, 領土拡張熱. 〘1862〙
lánd-húngry *adj.* 土地所有欲の盛んな, 地所[領土拡張]熱に浮かされた. 〘1889〙
land·ing /lǽndɪŋ/ *n.* **1 a** 上陸; 着陸, 着水: make [effect] a ~ 上陸[着陸]する / a moon ~ 月(面)着陸 / ⇨ forced landing, hard landing, soft landing. **b** (旅客の)下船, 下車. **c** (ジャンプなどで)着地. **d** 陸揚げ. **2** 上陸場, 荷揚げ場, 波止場. **3** 階段の頂上[底部]の床面, 踊り場, (階段の途中の)中休み段 (⇨ flight[1] 挿絵). **4** 〘造船〙**a** 鎧(よろい)張りの外板等で板の継ぎ目の二重になる所. **b** 板にリベットを打つ場合のリベット中心から板の端までの距離. 〘(*a*1420): ⇨ land[1], -ing[1]〙
lánding àngle *n.* 〘航空〙接地時迎角《三点接地時における主翼の迎角》.
lánding àrea *n.* **1** (飛行機の)発着区域. **2** (ジャンプなどの)着地区域. 〘1910〙
lánding bèacon *n.* 〘航空〙着陸誘導用電波発信機.
lánding bèam *n.* 〘航空〙着陸援助用電波《地上から航空機に高度および正しい径路を知らせる信号電波》. 〘1929〙
lánding càrd *n.* 〘海事〙**1** 上陸船客証明書《船から上陸する船客に対して発行される証明書》. **2** 上陸許可証《上陸する船員に特定される証明書》. 〘1932〙
lánding chàrges *n. pl.* 陸揚げ料, 荷揚げ料.
lánding cràft *n.* 〘米海軍〙上陸用舟艇, 揚陸艇《全長 200 フィート(約 61 m) 以下で, 兵員・需品・器材を上陸させる沿岸航行用の舟艇; 略 LC; LC の次の文字で種類を示す (⇨ LCC, LCI, LCM, LCP, LCVP); cf. landing ship》. 〘1940〙
lánding èdge *n.* 〘造船〙縦継ぎ手《船体外板や甲板の板の縦継ぎ目で二重に重なって見える部分; 隔壁の場合では板の背後に補強材のある部分》.
lánding fìeld *n.* 〘航空〙着陸場. 〘*c*1920〙
lánding flàp *n.* 〘航空〙(飛行機の)着陸用フラップ《主翼の前・後縁にあって着陸などの際に揚力や抗力を増す下げ翼》. 〘1936〙
lánding fòrce *n.* 〘海軍〙(敵前の)上陸部隊《上陸作戦のため一つの指揮系統内に編成されたもの》; 陸戦隊.
lánding gèar *n.* 〘航空〙降着装置, (陸上機の)着陸装置 (⇨ airplane 挿絵), (水上機の)着水用フロート[浮舟]. 〘1911〙
lánding-gròund *n.* 〘航空〙=landing field.
lánding lìght *n.* **1** 〘航空〙(航空機の)着陸灯. **2** [通例 *pl.*] (滑走路の)着陸灯.
lánding màt *n.* (飛行機の)離着陸場に使用する網状鋼製マット《幅 12 フィート長さ 3 フィートのマットでこれを何枚も継ぎ合わせて使用する》.
lánding nèt *n.* 〘釣〙(針にかかった魚を取り込む)手網(たも). 〘1653〙
lánding pàd *n.* (ヘリコプターの)着陸スポット.
lánding pàrty *n.* 〘軍事〙上陸戦闘部隊《上陸作戦で直接戦闘を行う部隊》; 陸戦隊.
lánding-plàce *n.* **1** 上陸場, 陸揚げ場, 波止場. **2** 着陸場; 到着地, 停泊地. 〘1512〙
lánding ràtes *n. pl.* =landing charges.
lánding rìght *n.* [通例 *pl.*] (空港への)着陸権.
lánding shìp *n.* 〘海軍〙大型上陸用舟艇, 上陸用船舶, 揚陸艦《全長 200 フィート以上で, 外洋航行の可能なもの; 略 LS; LS の次の文字で種類を示す (⇨ LSD, LSM, LST, LSV); cf. landing craft》. 〘1943〙
lánding spèed *n.* 〘航空〙着陸速度《安全着陸のために必要な最低飛行速度》. 〘1911〙
lánding stàge *n.* (乗客や船荷用の)(浮き)桟橋, 荷揚げ場. 〘1861〙
lánding stràke *n.* 〘造船〙ランディングストレーキ《無甲板船の上部から 2 番目(ガンネルの下)の外板》.
lánding strìp *n.* 〘航空〙(飛行場の)滑走路. 〘1930〙
lánding survèyor *n.* 《英》(税関の荷揚げ監視人 (landwaiter) を監督する)荷揚げ監督官. 〘1812〙
lánding T [tèe] *n.* 〘航空〙=wind tee.
lánding wàiter *n.* =landwaiter.
Lan·dí·ni cádence /lɑːndíːni-; *It.* landíːni-/ *n.* 〘音楽〙ランディーニ終止《14–15 世紀のヨーロッパ音楽, 特に Landini の作品に多くみられる終止法; 主音から導音, 下中音 (submediant) を経て主音にかえる》. 〘*Landini*: ← *Francesco Landini* (1325?–97: イタリアのオルガン奏者・作曲家)〙
Lan·dis /lǽndɪ̀s | -dɪs/, **Ken·e·saw** /kénəsɔ̀ː, -sɑ̀ː | -nɪ̀sɔ̀ː/ **Mountain** *n.* ランディス《1866–1944; 米国の法律家; 大リーグ初代コミッショナー (1921)》.
lánd-jòbber *n.* 土地投機師, 地所仲買人.
land·lady /lǽn(d)lèɪdi | -di/ *n.* **1** (下宿屋・旅館・パブなどの)女主人, おかみ. **2** 女家主. **3** 女地主. 〘*a*1536〙
lánd làne *n.* 〘海事〙(浮氷原の)接岸水路《岸にまで船で行けるだけ続いている氷の割れ目; land lead ともいう》.
lánd làw *n.* [通例 *pl.*] 土地所有法, 土地法. 〘*c*1000〙
lánd lèad /-lìːd/ *n.* 〘海事〙=land lane.
lánd léague *n.* 地積リーグ《3 法定マイルに相当》.
Lánd Lèague *n.* (アイルランドの)小作人組合, 農民同盟《小作料の値下げ・土地法の改革などを目的として 1879 年 C. S. Parnell によって The Irish National Land League の名で組織されたもの; 1881 年禁止された; cf. moonlighter 1 a》. 〘1880〙
Lánd-lèaguer *n.* 小作人組合 (Land League) 加盟者. 〘1880〙
länd·ler /léntlə | -lə(r); *G.* léntlɐ/ *n.* (*pl.* ~, ~s) **1** レントラー (3/4 拍子または 3/8 拍子のゆっくりしたリズムをもつオーストリアのワルツに似た田舎風の舞踏). **2** レントラーの舞踏曲. 〘(1876) ◻ G ~ ← (方言) *Landl* (この舞踏の発祥地) + -ER[1]〙
lánd·less *adj.* **1** 地所のない, 土地を持たない. **2** 陸地のない: ~ seas. **~·ness** *n.* 〘lateOE *landlēas*〙
lánd·lìne *n.* **1** 〘通信〙陸線《海底を主体とする通信線路(海底ケーブル)のうち陸上の部分》. **2** 陸と水面[空]との境界線, 陸地線. 〘1865〙
lánd·lòcked *adj.* **1** 〈港・国など〉陸地に囲まれた, 陸に包まれた: a ~ bay. **2** 〈魚が〉陸封された, 陸封の《海から断たれた》; 淡水にすむ: ~ fish. 〘1622〙
lándlocked fórm *n.* 〘魚類〙陸封型《サケ・マスの類のように川の上流で産卵・孵化(ふか)し川を下り海に入って成長する種類の魚が, 自然の障害や人工のダムなどのため陸封されて成長したもの》.
lándlocked sálmon *n.* 〘魚類〙**1** 北米北東部湖水産の陸封型のタイセイヨウサケ (*Salmo salar*)《時に亜種 (*S. salar sebago*) または別種 (*S. sebago*) とみなされる》. **2** =lake trout.
land·lop·er /lǽn(d)lòʊpə | -lə̀ʊpə(r)/ *n.* 《スコット》浮浪人, 宿なし. 〘(16C) ◻ MDu. *landlooper* ← LAND[1] + Du. *loopen* to run + -ER[1]: cf. leap interloper〙
land·lord /lǽn(d)lɔ̀əd | -lɔ̀ːd/ *n.* **1** (下宿屋・旅館・パブ等の)主人, 亭主. **2** 家主, 地主, 大家. **3** 《英古》領主. 〘lateOE *landhlāford*: ⇨ land[1], lord〙
lánd·lord·ism /-lɔədìzm | -lɔːd-/ *n.* **1** 地主であること; 地主かたぎ. **2** 地主制度. 〘(1844): ⇨ ↑, -ism〙
lánd·lòrd·ly *adj.* 地主の, 地主特有の: ~ rights and duties 地主の権利と義務 / a ~ manner 地主らしい態度. 〘(1853): ⇨ -ly[2]〙
land·loup·er /lǽn(d)làʊpə, -lùː- | -pə(r)/ *n.* =landloper.
lánd·lùbber *n.* 〘海事〙陸者(おかもの), しゃば人; 未熟水夫 (cf. lubber 2). **~·ly** *adj.* 〘*a*1700〙
land·man /lǽn(d)mən, -mæ̀n/ *n.* (*pl.* **-men** /-mən, -mèn/) **1** 陸に住む人, 陸上勤務者, 陸者(おかもの) (cf. seaman 1). **2** =leaseman 1. **3** 《古》田舎者, 百姓. **4** 《廃》地主. 〘lateOE *landmann*: ⇨ land[1], man[1]: cf. landsman[1]〙
land·mark /lǽn(d)mɑ̀ək | -mɑ̀ːk/ *n.* **1** 陸標《航路標識の昼標の一つ, または旅行者の目印となる陸上の目標》. **2 a** (歴史などにおける)顕著な事件, 画期的な出来事: a historical ~. **b** (公的に保存指定された)文化財[史跡]保存建造物. **3** (土地の)境界標 (boundary mark). **4** 〘解剖〙標識点《他の器官や組織の位置の指標となる解剖学的構造物》. **5** 〘言語〙ランドマーク《Langacker の用語; 参与者間の関係において, トラジェクターの基点として機能するもの; The lamp is above the table. では the table がランドマークで The lamp がトラジェクター》. 〘OE *landmearc*: ⇨ land[1], mark[1]〙
lánd·màss *n.* 広大な陸地; (特に)大陸. 〘(1856): ⇨ mass[1]〙
lánd mèasure *n.* **1** (土地測量に用いる)平方計量法. **2** 土地測量単位 (acre など). 〘1611〙
lánd mìle *n.* (海里と対比して)陸上マイル《約 1.6 km》.
lánd·mìne *n.* 〘軍事〙**1** 地雷. **2** =aerial mine 2. **3** 地雷敷設用立て坑《敵の防御施設の下に掘った坑道》. 〘1890〙
land·oc·ra·cy /lændɑ́(ː)krəsi | -dɔ́k-/ *n.* 《戯言》土地所有者達, 大地主階級. 〘(1848) ← LAND[1] + -o- + -CRACY〙
land·o·crat /lǽndəkræ̀t/ *n.* 《戯言》地主階級の人. 〘(1893) ← LAND[1] + -o- + -CRAT〙
lánd òffice *n.* 《米・カナダ》国有地管理局. 〘1681〙
lánd-òffice búsiness *n.* 《米口語》にわか景気の仕事: do a ~ 非常にはやる, 大繁盛する. 〘(1839) 19 世紀に合衆国西部の土地管理局が土地を民間に払い下げたとき申込者が殺到したことから〙
Lan·dor /lǽndɔə, -də | -dɔː(r), -də(r)/, **Walter Savage** *n.* ランドー《1775–1864; 英国の詩人・随筆家; *Imaginary Conversations* (1824–29)》.
land·own·er /lǽndòʊnə | -ə̀ʊnə(r)/ *n.* 土地所有者, 地主. 〘*a*1733〙
lándowner·shìp *n.* 地主であること, 地主の身分. 〘(1867): ⇨ ↑, -ship〙
lánd·òwning *n.* 土地所有. — *adj.* **1** 地所持ちの, 地主の: the ~ classes 地主階級. **2** 土地所有上の, 地主としての: ~ worries 地主の悩み. 〘1845〙
Lan·dow·ska /lændɑ́(ː)fskə, -dɔ́(ː)v- | -dɔ́f-; *Pol.* landɔ́fska/, **Wan·da** /vɑ́ndə/ *n.* ランドフスカ《1877–1959; ポーランドの女性ハープシコード奏者・ピアニスト》.
lánd pàtent *n.* 《米》(公有地所有許可の)土地(下付)証書.
lánd·plàne *n.* (水上機に対して)陸上機. 〘1923〙
lánd plàster *n.* 粉末石膏(せっこう)《肥料用》. 〘1889–91〙
lánd-pòor *adj.* (高税や低産出で)多くの土地を持ちながら金のない, 土地倒れの. 〘1873〙
lánd pòwer *n.* **1** (大)陸軍国. **2** 陸軍[地上]兵力 (cf. sea power).
land·race /lɑ́ːn(d)rèɪs, -rɑ̀ːsə | -rèɪs/ *n.* ランドレース《デンマークで改良された加工用型の一品種の豚》. 〘◻ Dan. ~: ⇨ land[1], race[2]〙
lánd·ràil *n.* 〘鳥類〙ハタクイナ (⇨ corncrake). 〘1766〙
lánd refòrm *n.* 土地改革. 〘1846〙
Lánd Règistry *n.* 不動産[土地]登記庁; 不動産[土地]登記所. 〘1862〙
land·rost /lǽndrɔ̀(ː)st, -drɑ̀(ː)st | -drɔ̀st/ *n.* =landdrost.
Lánd Ròver *n.* 〘商標〙ランドローバー《ジープに似た英国製の汎用性のある商用・軍用自動車》.
Lan·dry /lǽndri/, **Tom** *n.* ランドリー《1924–2000; 米国のプロフットボールコーチ; 本名 Thomas Wade Landry》.
lánd·sàiling *n.* 砂上ヨットレース.
Land·sat /lǽn(d)sæ̀t/ *n.* ランドサット《米国の地球資源探査衛星》. 〘(1975) ← *Land sat(ellite)*〙
land·scape /lǽn(d)skèɪp/ *n.* **1** (田舎風景など, 一目で見渡せる)景色, 風景: a picturesque ~. **2** 状況, 環境. **3 a** 風景画, 山水画. **b** 風景[山水]画法. **4** 地表, 地形. **5** 《廃》見晴らし, ながめ. — *vt.* …の景色をよくする; (造園術を施して)美化する. — *vi.* 庭師[造園技師]をする. — *adj.* 〘印刷〙(印刷内容に対して)〈紙面が〉横置きの, ランドスケープの (cf. portrait) 〘(1598) *landskip, landscap* ◻ Du. *landschap* ← LAND[1] + *-schap* '-SHIP': cog. OE *landsċeap, landsċipe* district, region / G *Landschaft*〙
lándscape àrchitect *n.* 景観建築家, 造園家, 造園技師, 風致的都市計画技師. 〘1863〙
lándscape àrchitecture *n.* (街路・建物など, 景観全体を計画する)景観設計, 造園学, 風致的都市計画術. 〘1840〙
lándscape enginèer *n.* 造園技師.
lándscape gàrden *n.* 〘造園〙風景式庭園《18 世紀英国で流行した自然そのままの趣を再現しようとした庭園; cf. formal garden》. 〘1806〙
lándscape gàrdener *n.* (風景式)造園技師. 〘*a*1763〙
lándscape gàrdening *n.* (風景式)造園術[法]. 〘*a*1763〙
lándscape màrble *n.* 〘石工〙樹木状の斑紋(はんもん)のある粒子の細かい大理石. 〘1816〙
lándscape mòde *n.* 横長の紙[絵, 写真].
lándscape pàinter *n.* 風景画家, 山水画家. 〘*a*1763〙
lándscape pàinting *n.* 風景画(法), 山水画(法). 〘1706〙
lánd·scàp·er *n.* =landscape gardener.
lánd·scàp·ist /-pɪ̀st | -pɪst/ *n.* =landscape-painter.
Land·se·er /lǽn(d)siːə, -sɪə | -sɪə(r), -siːə(r)/, **Sir Edwin Henry** *n.* ランドシア《1802–73; 英国の画家; 特に動物画で有名》.
Land's End /lǽndzénd/ *n.* (*also* **Lands End** /~/) ランズエンド《イングランド Cornwall 州の岬でイングランドの南西端; cf. John o'Groats House》.
from Lánd's Énd to Jóhn o'Gróats (Hóuse)* = *from Jóhn o'Gróats [Gróat's] (Hóuse) to Lánd's Énd 英本国の果てから果てまで, 全英国くまなく.
〘ME *the Londis end* 《なぞり》← ? Cornish *Pen an Wlas* end of the land〙
lánd-sèrvice *n.* 〘陸軍〙(海軍に対して)陸軍兵役; 陸上勤務. 〘*a*1586〙
lánd shàrk *n.* (*also* **lánd-shàrk, lánd·shàrk**) **1** (上陸した水夫を食い物にする)波止場詐欺師; 水夫専門の盗人. **2** 《口語》土地取引で不当利益を得る人. 〘1769〙
Lands·hut /lǽntshuːt, lɑ́ːnts-; *G.* lántshuːt/ *n.* ランツフート《ドイツ南東部 Bavaria 州の都市》.
lánd·sìck *adj.* 〘海事〙〈船など〉陸に近づき過ぎて思うように動けない. 〘1846〙
lánd·sìde *n.* 〘農業〙犂(すき)の地側板《犂が倒れるのを防ぐ

ために犂板の下部後方につけたV字型の鉄板または回転円板). 〖*a*1533〗
land·skip /lǽn(d)skìp/ *n.* 《古》 =landscape.
lands·knecht /lɑ́ːntsk(ə)nɛkt, -k(ə)nɛxt; G. lántsknɛçt/ *n.* =lansquenet. 〖□ G ~ ← *Lands* of the land+*Knecht* servant (⇨ knight)〗
landsleit *n.* landsman² の複数形. 〖□ Yid. *landslayt* compatriots □ MHG *lantluste* ← *lant* land+*liute* people〗
land·slide /lǽn(d)slàɪd/ *n.* **1** 山崩れ, 地滑り; 崩壊した土砂. **2** (選挙における)地滑り的[圧倒的]大勝利: a Democratic ~ 民主党の大勝利 / in a ~ *for* the Republican party 共和党の圧倒的大勝利で / win (an election) by a ~. — *vi.* (**land·slid; -slid,** 《古》 **-slid·den**) **1** 地滑り[山崩れ]を生じる. **2** (選挙において)圧倒的大勝利を収める. 〖1838〗
lánd·slìp *n.* 《英》 =landslide 1. 〖(1679): ⇨ slip¹〗
Lands·mål, l- /lɑ́ːntsmɔːl; *Norw.* lánsmɔːl/ *n.* (*also* **Lands·maal** /~/) 〘言語〙ランスモール (⇨ Nynorsk). 〖(1886) □ Norw. ~ ← *land* country+*mål* speech〗
lánds·man¹ /-mən, -mæ̀n/ *n.* (*pl.* **-men** /-mən, -mèn/) **1** 同国人. **2** 陸の人, 陸上生活者 (cf. seaman 1). **3** 〘海事〙未熟水夫, 見習船員 (cf. lubber 2). 〖lateOE: ⇨ land¹, -s², man¹: cf. craftsman, etc.〗
lands·man² /lɑ́ːntsmən, -mæ̀n/ *n.* (*pl.* **lands·leit** /lɑ́ːntslàɪt/, **-men** /-mən, -mèn/) 同じ出身地[宗教]の人[ユダヤ人]; (ユダヤの)同国人. 〖□ Yid. ~〗
lánd stàtion *n.* 〘無線〙地上無線局, 陸上局 《地上にあって, 移動する無線局と通信する; cf. aeronautical station, aircraft station》.
Land·stein·er /lǽn(d)staɪnə, lɑ́ːntʃtaɪ- | -nə(r); G. lántʃtaɪnɐ/, **Karl** *n.* ラントシュタイナー 《1868–1943; オーストリア生まれの米国の病理学者; 血液型を発見; Nobel 医学生理学賞 (1930)》.
lánd stèward *n.* 地所管理人, 土地差配人. 〖1535〗

L

Lands·ting /lɑ́ːnstɪŋ; *Dan.* lánsteŋ/ *n.* (*also* **Lands·thing** /~/) [the ~] (もとのデンマーク議会の)上院 (cf. Rigsdag, Folketing). 〖□ Dan. ~ ← *lands* land's+*t(h)ing* parliament〗
Land·sturm, l- /lɑ́ːntʃtʊ̀əm | -ʃtʊ̀əm; G. lántʃtʊʁm/ *n.* **1** (ドイツ・スイスなどの)国民軍召集, 国家総動員. **2** 国民軍 《現役・予備役以外で武器を取りうる国民のすべてから成る》. 〖(1814) □ G ~ 'land storm'〗
lánd-swèll *n.* (海岸に近い)波のうねり. 〖1812〗
Land·tag /lɑ́ːnttɑ̀ːk; G. lántta:k/ *n.* **1** (ドイツ・オーストリアの)州議会. **2** (中世および近代ドイツの)公領. **3** (プロイセンの)邦議会. 〖(1591) □ G ~ 'land-day'〗
lánd tàx *n.* 地租. 〖1689〗
lánd·tìe *n.* 〘土木〙(壁などを土中の支柱に連結する)控え. 〖1715〗
lánd-to-lánd *adj.* 〈ミサイル・攻撃など〉地対地の (cf. surface-to-surface).
lánd tòrtoise [tùrtle] *n.* 〘動物〙リクガメ 《陸地に生息するリクガメ科のカメの総称》. 〖1774〗
lánd·wàiter *n.* 《英》(税関の)荷揚げ監視人 (cf. landing surveyor). 〖1711〗
land·ward /lǽndwəd | -wəd/ *adv.* 陸の方に[へ], 陸に向かって (cf. seaward). — *adj.* **1** 陸の方にある, 陸地の近くの; 陸に面した; 陸の方に向かう: a ~ wind. **2** 《スコット》地方の, 田舎の. 〖1424〗
lánd·wards /-wədz | -wədz/ *adv.* =landward. 〖1574〗
lánd·wàsh *n.* **1** (海浜の)高潮(こうちょう)線. **2** (海浜への)海の打寄せ. 〖1557〗
Land·wehr, l- /lɑ́ːntvèə | lǽndvèə(r); G. lántve:ɐ/ *n.* (もとドイツ・スイス・オーストリアなどの)後備軍. 〖(1815) □ G ~ 'land defense' < OHG *landweri* army for protection of the country: cf. OHG *werian* to protect〗
lánd wìnd *n.* =land breeze.
lánd yàcht *n.* =sand yacht. 〖1928〗
lane¹ /léɪn/ *n.* **1** (垣根・土手・家などを両側にもつ)小道, 細道 (cf. path 1); 抜け道, 横道 (byway): a blind ~ 行きどまり, 袋小路 / It is a long ~ that has no turning. 《諺》曲がりのない道はない (cf.「待てば海路の日和あり」) / ⇨ red lane. **2 a** 車線 《自動車が一列になって進むように白線で画した道路の一部》: a two-*lane* [four-*lane*] road 複線[四車線]道路. **b** 〘海事〙大洋航路 (lane route ともいう). **c** 〘航空〙=air lane. **d** 氷原中の狭い可航水路. **3** (競争・競泳の)コース. **4** 〘ボウリング〙レーン; [*pl.*] ボウリング場. **5** 〘バスケット〙=free throw lane. **6** (人の列の間などの)狭い通路: a ~ between lines of men. 〖OE ~ (← ? IE **la-* to drive): cog. Du. *laan* alley〗
lane² /léɪn/ *adj.* 《スコット》=lone.
Lane /léɪn/, **Sir Allen** *n.* レーン 《1902–70; 英国の出版者; Penguin Books 社を創業 (1935)》.
Lane, Edward William *n.* レーン 《1801–76; 英国のオリエント学者;「千一夜物語」を最初に英訳 (1838–40)》.
láne ròute *n.* 〘海事〙大洋航路 (lane). 〖1895〗
láne·wày *n.* 《カナダ》レーンウェイ 《住宅の背後の小道で今は主に駐車用》. 〖1882〗
La·ney /léɪni/, **Lucy Craft** /krǽft | krɑ́ːft/ *n.* レーニー 《1854–1933; 米国の教育家; Georgia 州 Augusta に最初期の黒人のための私立学校を創立 (1886)》.
Lan·franc /lǽnfræŋk/ *n.* ランフランク 《1005?–1089; Canterbury 大司教; イタリア生まれの初期スコラ哲学者; Anselm の師》.
lang /lǽŋ/ *adj., adv., n.* 《スコット・北英》=long¹. 〖《スコット》~ ← LONG¹〗
Lang /lǽŋ/, **Andrew** *n.* ラング 《1844–1912; スコットランド生まれの英国の民俗学者・詩人・翻訳家》.
Lang, Cosmo Gordon *n.* ラング 《1864–1945; 英国の聖職者; Canterbury 大主教 (1928–42)》.
Lang, Fritz *n.* ラング 《1890–1976; オーストリア生まれの米国の映画監督》.
Lang, Jack (John Thomas) *n.* ラング 《1876–1975; オーストラリアの政治家; New South Wales 州知事 (1925–27, 1930–32)》.
lang. 《略》language.
lang·bein·ite /lǽŋbaɪnàɪt/ *n.* 〘鉱物〙ラングバイン石 ($K_2Mg_2(SO_4)_3$) 《カリウム・マグネシウムの硫酸塩鉱物》. 〖(1897) □ G *Langbeinit* ← *A. Langbein* (19 世紀のドイツの化学者): ⇨ -ite¹〗
Láng·dale Píkes /lǽŋdeɪl-/ *n.* ラングデール パイクス 《イングランド北西部, Cumbria 州の Lake District にある Harrison Stickle (732 m) と Pile o'-Stickle (708 m) の二つの山》.
Lang·e /lɑ́ːŋə | lǽŋə; *Norw.* lɑ́ŋːə/, **Christian Louis** *n.* ランゲ 《1869–1938; ノルウェーの外交官・平和運動家; Nobel 平和賞 (1921)》.
Lang·e /lɑ́(ː)ŋi | lɔ́ŋi/, **David Russel** *n.* ロンギ 《1942– ; ニュージーランドの政治家; 首相 (1984–89)》.
Lang·er /lǽŋə | lǽŋə(r); G. láŋɐ/, **Bernhard** *n.* ランガー 《1957– ; ドイツのプロゴルファー》.
Lang·er /lǽŋə | -ŋə(r)/, **Susanne K(nauth)** /knáʊt/ *n.* ランガー 《1895–1985; 米国の女性哲学者》.
Lang·er·hans /lɑ́ːŋəhɑ̀ːnz, lǽŋə-, -hɑ̀ːns | lǽŋəhæ̀nz, -hæ̀ns; G. láŋɐhans/, **Paul** *n.* ランゲルハンス 《1847–88; ドイツの病理学者》.
íslets of Lángerhans [the —] 〘生理・解剖〙ランゲルハンス島 《インシュリンを分泌する膵(すい)の細胞群; the islands of Langerhans ともいう; cf. insular 6》. 〖1896〗
Lángerhans íslet [ísland] *n.* =islets of LANGERHANS.
Lange·vin /lɑ̃ː(n)ʒvǽ(ŋ), lɑːnʒvǽŋ; F. lɑ̃ʒvɛ̃/, **Paul** *n.* ランジュヴァン 《1872–1946; フランスの物理学者》.
Lang·land /lǽŋlənd/, **William** *n.* ラングランド 《1332?–?1400; 英国の詩人; *Piers Plowman* の作者とされる》.
lang·lauf /lɑ́ːŋlaʊf; G. láŋlaʊf/ *n.* 〘スキー〙長距離(スキー)レース. 〖(1927) □ G ~ ← *lang* long+*Lauf* run, race〗
lang·läu·fer /lɑ́ːŋlɔɪfə | -fə(r); G. láŋlɔʏfɐ/ *n.* (*pl.* ~, ~s) 〘スキー〙=geländeläufer. 〖⇨ ↑, -er¹〗
láng láy /lǽŋ-/ *n.* ラングより, 共より 《鋼索のより方が子なわのより方と同方向のもの》. 〖(1887) *lang*: (変形) ? ← *along*〗
lang·ley /lǽŋli/ *n.* 〘物理〙ラングレー 《太陽輻射の単位; 1 cm² につき 1 g-cal.》. 〖(1947) ← *S. P. Langley*〗
Lang·ley /lǽŋli/ *n.* ラングリー 《カナダ British Columbia 州南西部, Vancouver 郊外の都市》.
Lang·ley /lǽŋli/, **Batty** *n.* ラングリー 《1696–1751; 英国の建築理論家》.
Langley, Edmund of *n.* ⇨ 1st Duke of YORK.
Langley, Mount *n.* ラングリー山 《米国 California 州南部 Sierra Nevada 山脈中の山 (4,228 m)》.
Langley, Samuel Pier·pont /píəpɑ(ː)nt | píəpɒnt/ *n.* ラングリー 《1834–1906; 米国の天文学者・物理学者; 航空学の開拓者》.
Langley, William *n.* =William LANGLAND.
Lang·muir /lǽŋmjʊə | -mjʊə(r)/, **Irving** *n.* ラングミュア 《1881–1957; 米国の物理化学者; Nobel 化学賞 (1932)》.
Lan·go·bard /lǽŋgəbɑ̀əd | -bɑ̀ːd/ *n.* ランゴバルド人, ロンバルド人 (⇨ Lombard 1). 〖(1788) □ L *Langobardī* (pl.): ⇨ Lombard〗
Lan·go·bar·dic /læ̀ŋgəbɑ́ədɪk | -gə(ʊ)bɑ́ːd-/ *adj.* ランゴバルド人の, ロンバルド人の. — *n.* ランゴバルド語 《高地ドイツ語の一方言》. **Lan·go·bar·di·an** /læ̀ŋgəbɑ́ədiən | -gə(ʊ)bɑ́ːd-/ *adj.* 〖(1724) □ LL *Langobardicus* ← *Langobardi* (↑)〗
lan·goor /lɑːŋgúə, lʌŋ- | læŋgúə(r), lʌ́ŋ-, -guə(r)/ *n.* 〘動物〙=langur.
lan·gouste /lɑ̃ː(ŋ)gúːst, lɑːŋ-; F. lɑ̃gust/ *n.* 〘動物〙=spiny lobster. 〖(1832) □ F ~ □ OProv. *langosta* < VL **lacusta(n)*〗
lan·gous·tine /lɑ̀ː(ŋ)guːstíːn, læ̀ŋgəs- | lɒ̀ŋ-; F. lɑ̃gustin/ *n.* 〘動物〙ヨーロッパアカザエビ 《北大西洋産の食用エビ》. 〖(1946) □ F〗
lan·grage /lǽŋgrɪdʒ/ *n.* くず弾 《人馬や船の帆などをねらうため鉄片や石片を詰めた一種の砲弾; langrel ともいう》. 〖(1769) ← ?: cf. Sc. *langrel* lanky〗
lan·grel /lǽŋgrəl/ *n.* =langrage.
Lángres Platéau /lɑ́ː(ŋ)gr(ə)-, lɑ́ːŋ-; F. lɑ̃gʁ-/ *n.* ラングル高地 《フランス東部, Dijon の北にあり, 地中海に注ぐ河川とイギリス海峡に注ぐ河川の分水嶺をなす》.
lan·gridge /lǽŋgrɪdʒ/ *n.* =langrage.
lang·sat /lɑ́ːŋsɑːt/ *n.* (*also* **lang·set** /-sɛt/) 〘植物〙 **1** ランサット (*Lansium domesticum*) 《マレーシア・インドシナなど東南アジア原産のセンダン科の小高木の果樹》. **2** ランサット(の実) 《黄褐色で多肉・芳香があり生食する》. 〖(1783) □ Malay ~〗
Lang·shan /lǽŋʃæn; *Chin.* lɑ́ŋʂɑ́n/ *n.* 狼山(ランシャン) 《単冠で黒白の羽毛をもつ中国原産の肉用鶏》. 〖(1871) 中国江蘇省 (Jiangsu) の地名〗
lang syne /lǽŋzáɪn, -sáɪn | -sáɪn, -záɪn/ 《スコット》 *adv.* 昔. — *n.* その昔: ⇨ auld lang syne. 〖(1500–20) ← Sc. *lang* 'LONG¹'+*syne* 'SINCE'〗
Lang·ton /lǽŋtən/, **Stephen** *n.* ラングトン 《?1150–1228; 英国の神学者・歴史家・詩人・枢機卿; Canterbury の大司教》.
Lang·try /lǽŋtri/, **Lil·lie** /líli/ *n.* ラングトリー 《1853–1929; 英国の女優; 旧姓 Emily Charlotte Le Breton /brétən, -tn | -tən, -tn/; 通称 the Jersey Lily》.
lan·guage /lǽŋgwɪdʒ/ *n.* **1** (一国・一民族の)言語, 国語, …語: the English [Japanese] ~ 英語[日本語] / the native [home, vernacular] ~ 母語, 現地語 / ⇨ dead language, living language / the ~*s* of Europe ヨーロッパ諸国語 / the Indo-European ~*s* インドヨーロッパ[印欧]諸言語 / learn a foreign ~ 外国語を学ぶ / an artificial ~ (エスペラントなどのような)人工(国際)語 / ⇨ international language. **2 a** (音声・文字により思想・感情などを伝える)言語, 言葉: long ~ (符号・暗号などに対して)普通につづった言葉 / spoken [written] ~ 話し[書き]言葉 / *Language* is the peculiar possession of man. 言語は人間に固有なものである / the use of language 言語の使用. **b** 〘言語〙(具体的な言語活動に対して抽象的な)言語[記号]体系, ラング (langue) (cf. speech 4 a). **3 a** 術語, 専門語, 用語, 通語: the ~ of the law [science] 法律[科学]用語 / medical [technical] ~ 医学[専門]用語 / sailor's ~ 船乗り言葉. **b** 語法, 文体, 言葉遣い, 言い回し: the ~ of a writer / the ~ of poetry / in his own ~ 彼自身の言い方によれば / in strong ~ 激しい言葉遣いで / bad [vulgar] ~ 下品[野卑]な言葉 / fine ~ 美しく飾った言い回し, 華やかな文体 / use bad ~ to a person 人を口汚くののしる. **4** 下品な言葉, 悪口: He used ~ to her. 彼女をののしった / Watch your ~! 言葉遣いに気をつけなさい. **5 a** (普通の音声・文字を用いないで思想・感情などを伝える)言葉, 語: the ~ of flowers 花言葉 《例えば, ユリは純潔, オリーブは平和を象徴するなど》 / the ~ of the eyes 目言葉 《目で心を表す》 / gesture ~ =sign language / ⇨ finger language. **b** (記号論理学 (symbolic logic) などで用いる)記号言語. **c** 〘電算〙言語 《計算機のプログラムを書くための言語》. **d** (鳥獣などの)鳴き声. **6** (学科としての)語学; 言語学: a genius for ~*s* 語学の天才. **7** 《古》 **a** 言語能力, (特に)外国語の運用力. **b** 同一言語を用いる国民.
spéak* [*tálk*] *a person's* [*the sáme*] *lánguage 人と[互いに]同じ考え方[物の言い方]をする, 人と[互いに]同じ見解[趣味(など)]をもっている, 馬が合う.
〖(*c*1280) □ (O)F *langage* < VL **linguāticum* ← L *lingua* tongue, speech ← IE **dn̥ghū-* 'TONGUE': ⇨ lingual, -age〗

SYN 言語: **language** この意味では最も一般的な語で, 人間の言葉または特定の民族の言語: *language* acquisition 言語習得 / the English *language* 英語. **tongue** 文語的な表現で *language* と同意に用いられる: mother *tongue* 母語. **speech** 特に話し言葉: *speech* therapy 言語矯正. **idiom** 文語的な表現で, ある民族・国の固有の言語: the English *idiom* 英語.

---

lánguage árts *n. pl.* 《米》国語技能科目 《初・中等学校で英語の運用力を養うために行う読解・作文・話し方などの教科》. 〖1948〗
lánguage engineèring *n.* 言語工学 《言語認識・言語合成・機械翻訳などでコンピューターで言語を扱う部門; 略 LE》. 〖1953〗
lánguage làboratory [làb] *n.* 語学演習室, LL 教室, (ランゲージ)ラボ(ラトリー). 日英比較 L.L. は和製の略語. 〖1931〗
lánguage-màster *n.* 語学教師. 〖1712〗
lánguage schòol *n.* 語学学校.
lánguage sìgn *n.* 〘言語〙言語記号.
langue /lɑ́ː(ŋ)g, lɑ́ːŋg; F. lɑ̃ːg/ *n.* 〘言語〙ラング, 知識言語 《ある言語社会の成員によって共有される抽象的な言語体系; F. de Saussure の用語; cf. parole 7》. 〖(1924) □ F ~〗
langued /lǽŋd/ *adj.* 〘紋章〙〈ライオンなど〉舌が体の色と異なる: a lion armed and ~ gules 爪と舌が赤いライオン. 〖(1572): ⇨ ↑, -ed 2〗
langue de chat /lɑ́ː(n)dəʃɑ́ː, lɑ́ːn-; F. lɑ̃dʃa/ *n.* ラングドシャ 《平たい指の形をしたクッキー[チョコレート]》. 〖(1907) □ F ~ 'cat's tongue'〗
Langue·doc /lɑ̀ːŋgədɑ́(ː)k, -dɔ́(ː)k | lɑ̀ː(ŋ)gədɔ́k, lɑ̀ːŋ-; F. lɑ̃gdɔk/ *n.* ラングドック: **1** フランス南部, Pyrenees 山麓と Rhône 川の間の地方. **2** この地方で製造されるワイン.
langue d'oc /lɑ̀ːŋgədɑ́(ː)k, -dɔ́(ː)k | lɑ̀ː(ŋ)gədɔ́k, lɑ̀ːŋ-; F. lɑ̃gdɔk/ *n.* **1** オック語 《中世フランスの南部地方で話されたロマンス語; cf. langue d'oïl 1, Romance language》. **2** (現代)プロバンス語 (modern Provençal). 〖(1703) □ F ~ 'language of *oc* (□ Prov. *oc* yes < L *hoc* this thing)': yes (F *oui*) のことを *oc* という方言の意: cf. langue d'oïl〗
Langue·dóc-Rous·sil·lón /-ruːsijɔ́ːŋ, -jɔ́ːn; F. -ʁusijɔ̃/ *n.* ラングドックルシヨン 《フランス南部 Lions 湾に臨む地方; Lozère, Gard, Hérault, Aude, Pyrénées Orientales の5県から成る》.
langue d'oïl /lɑ̀ː(ŋ)gdɔɪ́l, lɑ̀ːŋ(g)-, -dɔ́ɪ, ←−−, ←−−; F. lɑ̃gdɔil, -dɔj/ *n.* [the ~] **1** オイル語 《中世フランスの北部地方で話されたロマンス語で, 現代フランス語のもと; cf. langue d'oc 1》. **2** 現代フランス語. 〖(1703) □ F ~ 'language of *oïl* (□ OF *oïl* (F *oui* yes) < L *hoc illud* that's it)': cf. langue d'oc〗
lan·guet /lǽŋgwɛt/ *n.* (*also* **lan·guette** /~/) **1** (サーベルの)柄舌(つばした) 《剣をさやの中に固定させるため柄についた舌形の部分》. **2** ラングット: **a** (パイプオルガンの)フルーパイプ

の口に(舌として)付けてある薄い金属板. **b** (ハープシコードの)ジャックの舌 (tongue). **c** (管楽器の管側孔を操作するための)鍵. 〘(1378) ◻ (O)F *languette* (dim.) ← *langue* < L *linguam* tongue: cf. language〙

lan·guid /lǽŋgwɨd | -gwɪd/ *adj.* **1** 活気[元気]のない, 生気[気力]のない, 力のない: a ~ competition, market, style, etc. **2** ものうい, だらけた, 不活発な, のろい: ~ movements. **3** 無感動な, 無神経な: ~ attempts 気乗りのしない試み. **~·ly** *adv.* **~·ness** *n.* 〘(1597) ◻ (O)F *languide* / L *languidus* faint, dull ← *languēre* to be faint, weary: cf. lax[1]〙

lan·guish /lǽŋgwɪʃ/ *vi.* **1 a** だるくなる, 元気がなくなる, 弱る, 衰える: ~ *from* hunger 空腹でぐったりする. **b** 〈活動などが〉だれる, 不活発になる: Trade has ~*ed* since then. あの時以来商売は振るわない. **c** 〈草木が〉しぼむ, しおれる: The plants are ~*ing from* lack of water. 植物が水分が欠乏してしおれかけている. **2** 楽しくない[苦しい]生活を送る, 悩み暮らす: ~ *under* depressing conditions 気の滅入るような境遇で憂鬱(ゆううつ)な生活を送る / ~ in prison 獄舎で長く苦しむ[呻吟(しんぎん)する] / They are ~*ing* in slums. 貧民街で哀れな生活をしている. **3** 〈契約・議案などが〉無視される, 棚上げされる: The bill has ~*ed* in the Diet for the past ten months. その法案は国会で 10 か月も棚上げされている. **4** 思い悩む, あこがれる (pine) 〔*for*〕: He ~*es for* her in secret. 彼女をひそかに思い焦がれている. **5** 物思わしげな様子をする, センチメンタルな表情をする[で見る] 〔*at*〕: ~ *at* a person 物思わしげなまなざしで人を見る. — *n.* 〘古〙 **1** 元気のない[しおれた, がっかりした]状態; 悩み. **2** 物思わしげな様子[表情]. **~·er** *n.* 〘(*a*1325) *languishe(n)* ◻ (O)F *languiss-*, *languir* < VL **languīre* = L *languēre* (↑)〙

lán·guish·ing *adj.* **1** 弱ってゆく, 次第に衰える: ~ spirits 弱まりゆく気力. **2** 〈表情・様子など〉思いに悩む, 感傷的な: ~ eyes [looks] 悩ましげな目[表情] / heave a ~ sigh 物思わしげな吐息をつく. **3** 〈病気など〉ぐずぐずした, 遅々たる, 長引く: a ~ illness いつまでもはっきりしない病気 / a ~ death 長わずらいの後の死. **~·ly** *adv.* 〘(?1348): ⇨ ↑, -ing[2]〙

lán·guish·ment *n.* 〘古〙 **1 a** 衰弱 (weakness), やつれ(ていくこと). **b** 無気力 (inertness); 倦怠(けんたい) (languor). **2 a** 難儀, 苦悩, 悲嘆 (trouble, grief). **b** 恋の悩み (pining); 思い悩む様子. 〘(*a*1541): ⇨ -ment〙

lan·guor /lǽŋgə | -gə(r)/ *n.* **1** だるさ, 倦怠(けんたい), 疲労: the delicious ~ of a sun bath 日光浴の快いけだるさ. **2** 衰弱. **3** 気抜け, 無気力 (⇨ lethargy SYN). **4** 重苦しさ, うっとうしさ; 物憂い静寂: the ~ of the sky うっとうしい空模様. **5** 思い悩み, 思い煩い, 物思い. 〘(?*a*1300) *langour* ◻ OF (F *langueur*) ◻ L *languōrem* ← *languēre* to languish: ⇨ languid〙

lan·guor·ous /lǽŋgərəs/ *adj.* **1** だるい, 物憂い, 疲れた, 気の抜けた. **2** 飽き飽きする, 退屈な, うっとうしい, 気の滅入りそうな. **~·ly** *adv.* **~·ness** *n.* 〘(*c*1475): ⇨ ↑, -ous〙

lan·gur /lɑːŋgʊ́ə, lʌŋ- | lǽŋgə(r), lʌ́ŋ-, -gʊə(r)/ *n.* 〘動物〙 ラングールヤセザル, コノハザル《アジアに生息するオナガザル科ヤセザル属 (*Presbytis*) のサルの総称; 木の葉などを食べ, 尾を高く上げて歩く》. 〘(*a*1826) ◻ Hindi *lāgūr*: cf. Skt *lāṅgūlin* having a tail〙

lan·i- /lǽnɨ, -ni/ lano- の異形 (⇨ -i-).

lan·iard /lǽnjəd, -njɑəd | -njəd, -njɑːd/ *n.* =lanyard.

lan·i·ar·y /léɪnièri, lǽn- | -əri/ 〘解剖〙 *adj.* 〈歯が〉裂くに適する, 裂く用をする: ~ teeth. — *n.* 犬歯. 〘(1826) ◻ L *laniārius* of a butcher ← *lanius* butcher: ⇨ -ary〙

Lan·ier /lǽnjə, lənɪ́ə | lənɪ́ə(r)/, **Sidney** *n.* ラニエ (1842–81; 米国の詩人・学者; *The Marshes of Glynn* (1878)).

la·nif·er·ous /lənɪ́f(ə)rəs/ *adj.* 羊毛のある, 羊毛を生じる. 〘(1656) ← L *lānifer* wool-bearing (← *lāna* wool + *ferre* to bear) + -OUS〙

la·nig·er·ous /lənɪ́dʒərəs/ *adj.* =laniferous.

La Ni·ña /lɑːníːnjə | lə-, lɑː-; *Am.Sp.* laníɲa/ *n.* 〘気象〙 ラニーニャ, 反エルニーニョ現象《南米ペルー・エクアドルの沿岸沖で, 海面水温が平年より低下する現象; cf. El Niño》. 〘◻ (Am.)Sp. ~ 《略》← Sp. *La Niña de Navidad* the Christmas daughter [girl]: El Niño にちなむ命名〙

la·nis·ta /lənístə/ *n.* (古代ローマの)剣闘士の養成家. 〘(1834) ◻ L ~ 'fencing master'〙

Lan·i·tal /lǽnətæ̀l | -nɪ-/ *n.* 〘商標〙 ラニタル《カゼインから作られる羊毛に似た合成繊維》. 〘← It. *lana* wool + *Ital(ia)* Italy〙

lank /lǽŋk/ *adj.* (~·er; ~·est) **1** やせた, ほっそりした; 細長い, ひょろ長い. **2** 〈植物など〉長くてたるんだ, ぐにゃぐにゃの, ひょろひょろした: ~ grass. **3** 〈毛髪が〉長くて柔らかい, まっすぐで縮れない: ~ hair 縮れていない毛髪. **4** 〘廃〙 〈かばん・財布など〉ふくらんでいない, ぺしゃんこの. — *vi., vt.* 〘廃〙 細る, 縮める. **~·ly** *adv.* **~·ness** *n.* 〘OE *hlanc* flexible ← Gmc **χlaŋkaz* ← IE **kleng-* to bend, turn〙

Lan·kes·ter /lǽŋkɨstə | -tə(r)/, Sir **Edwin Ray** *n.* ランケスター (1847–1929; 英国の動物学者).

lank·y /lǽŋki/ *adj.* (**lank·i·er; -i·est**) やせ気味の, やせてひょろ長い (⇨ lean[2] SYN): ~ limbs, persons, etc. / *lanky*-legged 足のひょろ長い. **lánk·i·ly** /-kɨli/ *adv.* **lánk·i·ness** *n.* 〘(1637) ← LANK + -Y[4]〙

lan·ner /lǽnə | -nə(r)/ *n.* **1** 〘鳥類〙 ラナーハヤブサ (*Falco biarmicus*) 《南ヨーロッパ産》. **2** 〘鷹狩〙 ハヤブサの雌 (cf. lanneret). 〘(?*a*1300) *lanere* ◻ (O)F (*faucon*) *lanier* cowardly (falcon) ← *lanier* woolworker, coward < L *lānārium* ← *lāna* wool〙

lan·ner·et /lǽnərét/ *n.* 〘鷹狩〙 ハヤブサの雄《雌 (lanner) より小さい》. 〘(1432–50): ⇨ ↑, -et〙

lan·o- /lǽnoʊ- | -nəʊ/ 「羊毛 (wool)」の意の連結形. ★時に lani-, また母音の前では通例 lan- になる. 〘← L *lāna* wool〙

lan·o·lin /lǽnəlɪn, -nl- | -nəlɪn, -nl-/ *n.* (*also* **lan·o·line** /lǽnəlɪn, -liːn, -nl- | -liːn, -lɪn, -nl-/) 〘化学〙 ラノリン, 羊毛脂《羊毛から取る脂肪質を溶剤で分離精製し, 水分を加えたもので, 軟膏(なんこう)基材・化粧品に用いられる; wool fat ともいう》. **lán·o·làt·ed** /-lèɪtɪd | -tɪd/ *adj.* 〘(1882) ◻ G ~ ← L *lāna* wool: ⇨ lanate, -ol[2], -in[2]〙

la·nose /léɪnoʊs | -nəʊs/ *adj.* =lanate. 〘◻ L *lānōsus*: ⇨ lano-, -ose[1]〙

la·nos·ter·ol /lənɑ́(ː)stərɔ̀(ː)l | -nɔ́stərɔ̀l/ *n.* 〘化学〙 ラノステリン ($C_{30}H_{49}OH$) 《羊毛脂の中に含まれるステリンの一つ》. 〘(1929) ← LANO- + STEROL〙

lan·seh /lǽnsə/ *n.* =langsat. 〘← Indonesian〙

Lan·sing /lǽnsɪŋ | lɑ́ːn-/ *n.* ランシング《米国 Michigan 州南部にある工業都市で同州の州都》. 〘← *John Lansing* (1751–1829: 米国の裁判官)〙

Lan·sing /lǽnsɪŋ | lɑ́ːn-/, **Robert** *n.* ランシング (1864–1928; 米国の法律家・政治家; 国務長官 (1915–20)).

Láns·ker lìne /lǽnskə- | -kə-/ *n.* ランスカー線《ウェールズ南西部のウェールズ語を話す北部と英語を話す南部との言語的・民族的境界線》.

lans·que·net /lǽnskənèt | lɑ́ːn-; *F.* lɑ̃skənɛ/ *n.* **1** (15–17 世紀頃のドイツの)傭(よう)兵. **2** 〘トランプ〙 15 世紀頃よりヨーロッパ中部で始まった faro に似たゲーム. 〘(1607) ◻ F ~ ◻ G *Landsknecht* ← *Lands* land's + *Knecht* manservant〙

lan·ta·na /læntɑ́ːnə/ *n.* 〘植物〙 ランタナ《クマツヅラ科ランタナ属 (*Lantana*) の蔓性の低木の総称; ランタナ (red sage) など》. 〘(1791) ← NL ~ 《変形》← *lentana* 《原義》 pliant plant ← L *lentus* flexible〙

Lan·tao /lɑ̀ːntáʊ | lǽn-/ *n.* (*also* **Lan·tau** /~/) 大嶼(たいしょ)山《中国南東部香港島の西にある島》.

lan·tern /lǽntən, lǽnən | -tən/ *n.* **1** ランタン, 角灯, カンテラ, ちょうちん; 灯ろう《通例箱型の携帯用の灯で, わが国や中国の紙張りのものは珍しい》: a paper ~ ちょうちん / ⇨ Chinese lantern, dark lantern, FEAST of Lanterns, parish lantern. **2** 幻灯機 (magic lantern). **3** (灯台の)灯室. **4** 〘建築〙 (通風・明かり取りに屋上に設けた)越し屋根, ランタン; (ドーム・丸屋根の上に設けた)頂塔 (⇨ dome 挿絵). **5** 〘機械〙 =lantern wheel. 〘(*c*1250) *lanterne* ◻ (O)F < L *lanternam* 《混成》← Gk *lamptḗr* torch, light (← *lámpein* to shine ← ? IE **lāp-* to light): cf. L *lūcerna* lamp (← IE **leuk-* light)〙

lántern clòck *n.* 〘時計〙 ランタンクロック《英国で 17 世紀に用いられたランタン型をした真鍮のケースに入った置時計; birdcage clock ともいう》. 〘1913〙

lántern·fìsh *n.* 〘魚類〙 ハダカイワシ《ハダカイワシ科の海魚の総称; 体側に数個の発光器をもつ》. 〘1753〙

lántern flỳ *n.* 〘昆虫〙 ビワハゴロモ《半翅目ビワハゴロモ科の昆虫の総称; 以前頭頂が突出した一部の種類の突出部の先端が発光すると考えられていた》. 〘1753〙

lántern jàw *n.* **1** 下に突き出たあご. **2** [*pl.*] (ほおがこけて)やせ細ったあご. 〘(*a*1376) ほおがこけた顔がカンテラに似ているところから〙

lántern-jáwed *adj.* ほおがこけてあごの突き出た. 〘*a*1700〙

lántern kèg *n.* 〘海事〙 (捕鯨船で昔使った)ボート積込用の食料入れ小樽《母船から長時間離れる時のためのもの》.

lántern pìnion *n.* 〘機械〙 =lantern wheel.

lántern rìng *n.* 〘機械〙 パッキンリングの一種.

lántern slìde *n.* 幻灯機用のスライド. 〘1871〙

lántern trèe *n.* 〘植物〙 チリ原産ホルトノキ科のつぼ型の深紅色の花が咲く高木 (*Crinodendron hookerianum*).

lántern whèel *n.* 〘機械〙 ピン歯車. 〘1792〙

lan·tha·nide /lǽnθənàɪd/ *n.* 〘化学〙 ランタニド《58 番元素セリウムから 71 番元素ルテチウムまでの元素の総称; 57 番ランタンを含むこともある; rare earth, rare-earth element ともいう》. 〘(1926) ← LANTHAN(UM) + -IDE[2]〙

lánthanide sèries *n.* [the ~] 〘化学〙 ランタン系列《57 番元素ランタンから 71 番元素ルテチウムまでの元素をいう; 国際純正および応用化学連合により lanthanoids と呼ぶように統一された; cf. actinide series》. 〘1945〙

lan·tha·noid /lǽnθənɔ̀ɪd/ *n.* 〘化学〙 ランタノイド (⇨ lanthanide series). 〘(1953) ← LANTHAN(UM) + -OID〙

lan·tha·non /lǽnθənɑ̀(ː)n | -nɔ̀n/ *n.* =lanthanide.

lan·tha·num /lǽnθənəm/ *n.* 〘化学〙 ランタン《金属元素の一つ; 記号 La, 原子番号 57, 原子量 138.9055》. 〘(1841) ← NL ~ ← Gk *lanthánein* to lie hid, to escape ← IE **lādh-* hidden: cf. latent〙

lant·horn /lǽntən, lǽnthɔən | lǽnthɔːn, lǽntən/ *n.* 〘英〙 =lantern. 〘(1587) 《変形》← LANTERN: *-horn* はもと角灯の材料に角(つの)を用いたのにちなむ〙

Lán·tian màn /lǽntjæn-/ *n.* (*also* **Lán·tien màn** /-tjɛn-/) 〘人類学〙 藍田(らんでん)原人《中国, 陝西省藍田で発見された化石人類; 中期洪積世に属し, 北京原人よりやや古い》. 〘◻ Chin. *Lantian* (藍田: これが発見された地名)〙

Lan·tsang Jiang /lɑ̀ːntsɑːŋdʒiɑ́ːŋ, -dʒɑ́ːŋ | -dʒǽŋ/ *n.* =Lancang Jiang.

la·nu·gi·nose /lənúːdʒənòʊs, -njúː- | -njúːdʒɪnəʊs/ *adj.* =lanuginous.

la·nu·gi·nous /lənúːdʒənəs, -njúː- | -njúːdʒɪ-/ *adj.* (生まれたての赤ん坊のように)柔らかい産毛で覆われた, 産毛の生えた. **~·ness** *n.* 〘(1575) ◻ L *lānūginōsus* woolly ← *lānūgō* (↓): ⇨ -ous〙

la·nu·go /lənúːgoʊ, -njúː- | -njúːgəʊ/ *n.* (*pl.* ~s) 〘動物〙 胎児[生児]の産毛. 〘(1677) ◻ L *lānūgō* down ← *lāna* wool〙

La·nús /lənúːs; *Am.Sp.* lanús/ *n.* ラヌス《アルゼンチン東部, Buenos Aires 南の郊外都市》.

Lan·vin /lɑ̃ː(ŋ)vǽ(ŋ), lɑːŋvǽŋ; *F.* lɑ̃vɛ̃/, **Jeanne** *n.* ランバン (1867–1946; フランスのファッションデザイナー; 没後は後継者がブランドを引き継ぎ, ファッション商品・香水・化粧品などを出している).

lan·yard /lǽnjəd, -njɑəd | -njəd, -njɑːd/ *n.* **1** 〘海事〙 (三つ目滑車を船側に締め付けている)締め綱, ラニヤード. **2** (水兵・ボーイスカウトがナイフ・笛などをつるす)首紐 (knife lanyard ともいう). **3** 〘軍事〙 (大砲発射用の)引き綱, 拉縄(らじょう). **4** 〘米軍〙 **a** 飾り紐(ひも)《感状または勲章を受けた部隊の栄誉を示すため隊員が左肩につける着色した紐》. **b** 銃紐《首や肩から吊してピストルの床尾につける白い紐》. 〘(*c*1330) *lanyer* ◻ (O)F *lanière* rope, line ← *lasne* rope ← **nasle* ← **nastila* ← Gmc. **natst-* ← IE **ned-* to bind: 現在の語尾は YARD[1] との類推: cf. lanate〙

Lan·zhou /lɑ̀ːndʒóʊ | lændʒə́ʊ; *Chin.* lántʂōu/ *n.* 蘭州(らんしゅう) (中国北部, 黄河に臨む甘粛省 (Gansu) の省都; 中国北西部の交通・産業の中心地).

Lao /láʊ/ *n.* (*pl.* ~, ~s) **1 a** [the ~(s)] ラオ族《タイ族に属し Mekong 川流域およびタイに居住する》. **b** ラオ族の人, ラオ人. **2** ラオ語《ラオスの公用語であるタイ語》. — *adj.* =Laotian. 〘(1808) 《現地名》〙

LAO 〘自動車国籍表示〙 Laos.

La·oag /lɑːwɑ́ːg, lə-; *Tagalog* laoág/ *n.* ラオアグ《フィリピン北部, Luzon 島北西部の港市; 農産物売買の中心地》.

La·oc·o·on /leɪɑ́(ː)koʊɑ̀(ː)n | -ɔ́kəʊɔ̀n, -kəʊən/ *n.* (*also* **La·oc·o·ön** /~/) **1** 〘ギリシャ神話〙 ラオコーン《Troy の Apollo 神殿の神官; トロイ戦争の際ギリシャ軍の木馬の計略を見破りこれを市民に警告したため, 罰として Athena から送られた二匹の海蛇により二人の息子たちとともに絞め殺された》. **2** (Vatican 宮殿にある) ラオコーンの群像. 〘(1601) ◻ L *Lāocoōn* ◻ Gk *Laokóōn* ← *lāós* people + *koéō* I mark, perceive〙

La·od·a·mi·a /leɪɑ̀(ː)dəmáɪə | -ɔ̀(ʊ)dəmáɪə, -míːə/ *n.* 〘ギリシャ伝説〙 ラオダメイア《トロイ戦争で Hector のために殺された Protesilaus の妻; 亡夫の霊が現われたとき別れるに忍びず黄泉(よみ)の国に同行した》. 〘◻ L *Lāodamia* ◻ Gk *Laodámeia*〙

La·od·i·ce·a /lèɪɑ̀dəsíːə, leɪɑ̀(ː)d- | lèɪɔ̀(ʊ)dɪ-/ *n.* ラオディケア, ラオデキア《Latakia の古代名》.

La·od·i·ce·an /leɪɑ̀(ː)dəsíːən | lèɪɔ̀(ʊ)dɪ-/ *adj.* **1** ラオデキアの. **2** (昔のラオデキア人のように)熱のない, 冷淡な (cf. *Rev.* 3:14–16). — *n.* **1** ラオデキア人. **2** (宗教・政治などに)熱のない人, 無頓(とん)着な人. 〘(1611) ← L *Lāodicēa* (↑) + -AN[1]〙

La·òd·i·cé·an·ism /-nìzm/ *n.* (宗教・政治などに対する)不熱心, 無関心, 冷淡. 〘(1774): ⇨ ↑, -ism〙

lao·gai /làʊgáɪ; *Chin.* láukǎi/ *n.* [the ~] (中国の)労働改造《犯罪者に対し, 労働を通じて再教育を行う強制収容所システム》. 〘◻ Chin. abbr. *laodong gaizao* (労働改造) 'reform through labor'〙

Laoighis /líːʃ/ *n.* =Laois.

Laois /líːʃ; *Irish* líːʃ/ *n.* リーシュ《アイルランド共和国 Leinster 地方の県; 面積 1,720 km², 県都 Portlaoise; 旧名 Queen's County》.

La·om·e·don /leɪɑ́(ː)mədɑ̀(ː)n | -ɔ́mɪdən, -dn/ *n.* 〘ギリシャ伝説〙 ラオメドン《Priam の父親; Troy の建設者でその王》. 〘◻ L *Lāomedōn* ◻ Gk *Laomédōn*〙

Laos /láʊs, lɑ́ːɑ(ː)s, léɪɑs | láʊs, láʊz, lɑ́ːɔs; *F.* laɔs/ *n.* ラオス《インドシナ半島北西部の共和国; もとはフランス領インドシナ (French Indochina) の一部であったが, 1953 年完全独立, 王政を経て 1976 年共和制となる; 面積 236,800 km², 首都 Vientiane, 旧王都 Luang Prabang; 公式名 Lao People's Democratic Republic ラオス人民民主共和国》.

La·o·tian /leɪóʊʃən, láʊʃən | láʊʃən, láʊʃiən/ *adj.* ラオスの; ラオス人の; ラオ族の; ラオ語の. — *n.* =Lao. 〘(1847): ⇨ ↑, -ian〙

Lao-tzu /làʊtsúː, -dzúː/ *n.* (*also* **Lao-tse, Lao-tsze** /làʊtséɪ/) =Laozi.

Lao·zi /làʊtséɪ, -dzúː | làʊtséɪ, -tsíː, -tsúː; *Chin.* láutsɨ̀/ *n.* **1** 老子(ろうし) (604?–531 B.C.; 中国の思想家; 道教 (Taoism) の祖とされる). **2** 「老子」(老子の著;「道徳経」(*Daode Jing*) ともいう).

lap[1] /lǽp/ *n.* **1** ひざ《座った時に腰からひざ頭までの部分で, 子供・物などを載せたりする所》: hold a child *in* [*on*] one's ~ 子をひざに載せる / sit *on* [*in*] a person's ~ 人のひざに乗る. 日英比較 日本語の「ひざ」は「ひざがしら」すなわち「ひざ関節の部」という意味と, 座ったり腰かけたりしたときの腰からひざがしらまでの部分で,「子供を座らせたり物をのせたりする部分」の二つの意味に用いられるが, 英語では前者は knee, 後者は *lap* として区別する. **2 a** (スカートなどの)ひざ, ラップ: in the ~ of one's dress ドレスのひざに入れて[に包んで]. **b** 〘古〙 (衣服・鞍(くら)などの)たれ(た部分), へり. **c** ラップ一杯分の分量 (lapful). **3 a** 〘競技〙 ラップ, (トラック競走で, 競走距離が一周より長い場合の)一周, (競泳で)直線距離, 一往復 (cf. lap time). **b** (長期間にわたる計画・旅行などの)一部分: the last ~ 最後の部分. **c** (糸・ひもなどの)一巻き(分の長さ). **4** [通例複合語の第 2 構成素として] ぶら下がった突出部: ⇨ earlap, dewlap. **5 a** (物を入れる[受ける]所として)「ひざ」,「ふところ」,「手」; 育てる所: Everything falls *into* his ~. なんでも彼の思う通りになる, 万事とんとん拍子に行く. **b** 管理, 監督. **6** 〘紡織〙 (製綿工程の)むしろ綿, ラップ. **7** (山あいのひざ状の)窪地, 窪んだ所, ふところ; 表, 面: the ~ of a fertile valley / the ~ of a book. **8 a** (二つの物が)互いに重なっている部分(の長さ), 重なり, 余面. **b** 〘建築〙重ね, 羽掛(はがか): the ~ of a shingle 屋根板[こけら板]の重ね. ***dróp* [*dúmp, lánd*] *in a person's láp*** 人に任せる, 人の責任になる (cf. 5 b). ***dróp* [*fáll*] *in* [*ínto*] *a person's láp*** 〈幸運などが〉人にころがり込む. ***in the láp of fórtune*** 好運に恵まれて. ***in the láp of lúxury*** 贅沢のしほうだいをして, 何不足なく. 〘(1802)〙 ***in the láp of the góds*** ⇨ god 成句. ***láp of hónor*** 《英》〘競技〙ウイニングラン, ビクトリーラン.

— *v.* (**lapped; lap·ping**) — *vt.* **1** 〘競技〙 **a** 〈相手を〉一回り[一コース](以上)抜く[リードする]. **b** 〈トラックなどを〉一周する. **2 a** 巻く, 巻きつける; 着せる〔*around, round, over*〕: ~ a bandage *around* the head 頭に包帯を巻きつける. **b** 包む, くるむ (wrap)〔*in*〕: ~ the head *in* a bandage 頭を包帯でくるむ / be ~*ped in* a blanket 毛布にくるまる. **3 a** [通例 p.p. 形で] (包むようにして)囲む, 取り巻く〔*in*〕: a house ~*ped in* woods 林に取り囲まれた家 / be ~*ped in* luxury ぜいたくに暮らしている. **b** 抱く, 抱いてかわいがる, (ひざに抱くように)大切にする. **4 a** 重ねかける, 一部分覆う: ~ weatherboards 下見板を重ねかける / ~ a slate *over* another (屋根ふき)スレートをもう一枚のスレートの上に重ねかける. **b** 折り重ねる. **5** 〘紡織〙〈綿・羊毛などを〉むしろ綿[ラップ]にする. **6** 〘木工〙重ね継ぎをする. — *vi.* **1** 〘競技〙一周する. **2** 折れ重なる, たたまる; 折れ返る, まくれる. **3** (部分的に)重なり合う, かぶさる (overlap)〈*over*〉: The tiles on the roof ~ *over* beautifully. 屋根瓦が美しく重なり合っている. **4** 〈場所などが〉(境界を越えて)広がる; 〈会・時間などが〉(定時を過ぎて)延びる〈*over*〉: The session ~*ped over into* lunchtime. 会が長引いて昼食時に食い込んだ.

~·per *n.* 〖n.: ME *lappe* < OE *læppa* tag, skirt ← Gmc **lap-p(i)a-* (Du. *lap* / G *Lappen*) ← IE **leb-* hanging loosely. — v.: (*a*1300) *lappe(n)*, *bilappe(n)* ← *bi-* 'BE-'+*lappe* (n.): 名詞の中 7–8 は動詞からの転用〗

lap[2] /lǽp/ *v.* (**lapped; lap·ping**) — *vt.* **1** 〈波などが〉〈岸を〉洗う, 打つ: the waves ~*ping* the shore. **2 a** 〈犬・猫などが〉ぴちゃぴちゃ食べる[飲む]〈*up*〉: ~ (*up*) milk ミルクを(きれいに)なめる. **b** 《口語》がぶがぶ飲む, がつがつ食べる〈*up, down*〉: ~ whiskey out of the bottle ウイスキーをらっぱ飲みする. **3** 《口語》〈お世辞・話などを〉喜んで聞く, 受け入れる〈*up*〉: ~ *up* flattery お世辞を真に受ける. — *vi.* **1** 〈波が〉(なめるように)洗う, 打つ: waves ~*ping against* the shore ひたひたと岸に打ち寄せる波 / I hear lake water ~*ping* with low sounds by the shore. 湖水が岸辺に低い音を立てて打ち寄せるのを聞く (W. B. Yeats, *The Lake Isle of Innisfree*). **2** 〈犬・猫などが〉(舌先で)ぴちゃぴちゃ食べる[飲む]. — *n.* **1** (波の)打寄せ; (岸を打つ)小波の音. **2** なめること; 一なめ分; ぴちゃぴちゃ食べる[飲む]音. **3 a** (犬に与える)流動食物. **b** 《俗》水っぽい飲料. **~·per** *n.* 〖lateOE *lapian* to drink, lap ← Gmc **lap-* (G *Löffel* spoon) ← IE **lab-* lapping; to lick (L *lambere* / Gk *láptein* to lick, lap): cf. F *laper* to lap〗

lap[3] /lǽp/ *n.* **1** 〘機械〙(宝石などを磨く)ラップ盤, 磨き具. **2** 〘冶金〙かぶり傷《圧延金属の表面に生じる傷》. — *vt.* (**lapped; lap·ping**) (ラップ盤で)〈宝石などを〉磨く, …にラップ仕上げをする. 〘(1812–16) ← lap[1]〙

la·pac·tic /ləpǽktɪk/ *adj.* 〘医学〙便通を促す, 下痢を起こさせる, 緩下剤の. 〘(1753) □ Gk *lapaktikós* ← *lapássein* to evacuate〙

La Pal·ma /ləpáːlmə; *Sp.* lapálma/ *n.* ラ パルマ《アフリカ北西部, 大西洋 Canary 諸島の島; 面積 728 km²》.

lap·ar- /lǽpər/ (母音の前にくるときの) laparo- の異形.

lap·a·ro- /lǽpəroʊ | -rəʊ/ 〘解剖・外科〙「腹部, わき腹, 横腹 (flank)」の意の連結形. ★ 母音の前では通例 lapar- になる. 〘(1802–19) ← Gk *lapárā* flanks ← *laparós* soft, hollow ← IE **lep-* to peel〙

lap·a·ro·scope /lǽpərəskòʊp | -skòʊp/ *n.* 〘医学〙腹腔鏡. **lap·a·ro·scop·ic** /lǽpərəská(ː)pɪk | -skɔ́p-ˈ/ *adj.* 〘(1855): ⇨ ↑, -scope〙

lap·a·ros·co·py /lǽpərá(ː)skəpi | -rɔ́s-/ *n.* 〘医学〙腹腔鏡検査(法), ラパロスコピー. 〘(1855) ← LAPARO-+-SCOPY〙

lap·a·rot·o·my /lǽpərá(ː)təmi | -rɔ́t-/ *n.* 〘外科〙開腹(術)《特に, 試験開腹術 (exploratory laparotomy) を指すことが多い》. 〘(1878) ← LAPARO-+-TOMY〙

La Paz /ləpáːz, lɑː-, -pǽz, -páːs | læpǽz, læ-; *Am. Sp.* lapás/ *n.* ラパス: **1** 南米中部ボリビア西部の都市, 海抜約 3,600 m; 政府所在地《憲法上の首都は Sucre》. **2** メキシコ北西部の港市; Baja California Sur 州の州都. 〘□ Sp. ~ 'the peace'〙

láp bèlt *n.* (腰で締める)シートベルト. 〘1952〙

láp·bòard *n.* ひざ板《裁縫師などがひざの上に載せたり肘(ひじ)掛け椅子の肘に載せてテーブルの代わりに用いる板》. 〘1804〙

láp-chàrt *n.* 〘自転車レース〙ラップチャート《レースで各車のラップタイムを記録し, レース全体での順位を示した図表》.

láp dànce *n.* ラップダンス《ヌードダンサーが客の面前で, また客のひざまりこんだりして踊るエロチックなダンス》.

láp-dànce *vi.* **láp dàncing** *n.*

láp dissòlve *n.* 〘映画・テレビ〙ラップディゾルブ《消えて行く一つの画面の上に, 次の画面が徐々に重なって現れる二重写しの手法; ⇨ dissolve 8; cf. overlap 2》.

láp·dòg *n.* **1** (ひざに載せてかわいがる)小さな愛玩(がん)犬, 抱き犬. **2** 《口語》腰巾着, 心酔者. 〘1645〙

la·pel /ləpél/ *n.* [通例 *pl.*] ラペル《襟や袖口など身返しがついて折り返っている部分; 特にジャケットやドレスなどの襟に続く下襟[折り襟]》. 〘(1789) ← LAP[1]+-EL[1]〙

la·pélled *adj.* 折り襟の付いている; 襟が折れている. 〘(1751): ⇨ ↑, -ed〙

lapél mìcrophone *n.* ラペルマイクロホン《上着の折り襟・ポケットなどに留めて使う小型マイク》. 〘1940〙

lapél mìke *n.* =lapel microphone.

La Pé·rouse /làːpəruːz, -pə-; *F.* lapeʀuːz/, **Comte de** *n.* ラペルーズ (1741–88; フランスの海軍士官, 太平洋を探検; 本名 Jean-François de Galaup /galo/; cf. La Pérouse Strait).

La Pérouse Strait /⸺⸺/ *n.* ラペルーズ海峡《宗谷海峡の別名》. 〘← *La Pérouse* (↑)〙

lap·ful /lǽpfʊ̀l/ *n.* (スカートなどの)ひざいっぱい. 〘(1611) ← LAP[1]+-FUL[2]〙

láp·hèld *adj.* 〈パソコンなど〉ひざの上で操作できるほど小型の; 携帯用の. 〘1985〙

lap·i·cide /lǽpəsàɪd | -pɪ-/ *n.* 石工《特に, 石に文字を彫る人》. 〘(1656) □ L *lapicida*=*lapidicida* ← *lapis* stone: ⇨ -cide〙

lap·i·dar·i·an /lǽpədέəriən | -pɪdέər-ˈ/ *adj.* = lapidary.

lap·i·da·rist /lǽpədərɪst, -dèr- | -pɪdərɪst/ *n.* = lapidary 3. 〘(1607): ⇨ ↓, -ist〙

lap·i·dar·y /lǽpədèri | -pɪdəri, -dri/ *adj.* **1** 玉磨きの, 宝石彫り[細工]の: ~ work 玉細工品 / the ~ art 宝石細工術. **2** 石に刻んだ[彫った]: ~ inscriptions 碑文. **3** 碑文の, 碑銘に適する; きちっと整った: a neat ~ style 整った碑文体. — *n.* **1** (ダイヤ以外の)宝石細工人. **2** 宝石細工術. **3** 宝石商, 宝石鑑定家. 〘(*c*1375) *lapidarie* □ L *lapidārius* (adj.) of stone(s), (n.) worker in stone ← *lapid-*, *lapis* stone: ⇨ -ary〙

lápidary bée *n.* 〘昆虫〙北米産の石壁のすき間に巣を造るマルハナバチ属の一種 (*Bombus lapidarius*). 〘1854〙

lápidary míll [**whéel**] *n.* 宝石磨き用旋盤. 〘1839〙

lap·i·date /lǽpədèɪt | -pɪ-/ *vt.* 《古・文語》…に石を投げつける; 石で打ち殺す, 石を投げつけて殺す. **lap·i·da·tion** /lǽpədéɪʃən | -pɪ-/ *n.* 〘(1623) ← L *lapidātus* (p.p.) ← *lapidāre* to pelt with stones ← *lapid-*, *lapis* stone: ⇨ -ate[3]〙

lapides *n.* lapis の複数形.

la·pid·i·fy /ləpídəfàɪ | -dɪ-/ *vt.* 《古》石に変える, 石化させる. **la·pid·i·fi·ca·tion** /ləpìdəfɪkéɪʃən | -dɪfɪ-/ *n.* 〘(1657) □ F *lapidifier* // ML *lapidificāre* ← L *lapid-*, *lapis* stone+*facere* to make: ⇨ -fy〙

lap·i·dist /lǽpədɪst | -pɪdɪst/ *n.* 宝石細工人; 宝石通. 〘(1647) ← L *lapid-*, *lapis*+-IST〙

la·pil·lus /ləpíləs/ *n.* (*pl.* **la·pil·li** /-laɪ/) [通例 *pl.*] 〘地質〙ラピリ, 火山礫(れき). 〘(1747) □ L ~ (dim.) ← *lapis* stone〙

lap·in /lǽpɪn | -pɪn; *F.* lapɛ̃/ *n.* (*pl.* **~s** /~z; *F.* ~/) **1** ウサギ; (特に)去勢したウサギ. **2** ウサギの毛皮. 〘(1905) □ F ~: cf. Port. *lapim*, *laparo*〙

lap·is /lǽpɪs | -pɪs/ *L. n.* (*pl.* **lap·i·des** /lǽpədìːz | -pɪ-/) **1** 石. ★ 鉱物・宝石のラテン語名に用いる. **2** = lapis lazuli. 〘(*a*1393) □ L ~ 'stone'〙

lap·is la·zu·li /lǽpɪslǽzəli, léɪ-, -lǽʒʊ-, -làɪ | lǽp-ɪslǽzjʊli, -làɪ/ *n.* **1** 〘鉱物〙ラピスラズリ, 青金石, るり《群青色の準宝石; アフガニスタン東北部に産し, 古代メソポタミア文明で多く用いられた》. **2** るり色, 群青色 (lapis lazuli blue). 〘(*c*1400) □ ML *lapis lāzulī* ← L *lapis* (↑)+ ML *lāzulī* ((gen.) ← *lāzulum* □ Arab. *lāzawárd* 'AZURE')〙

Lap·ith /lǽpɪθ | -pɪθ/ *n.* (*pl.* **Lap·i·thae** /lǽpəθìː | -pɪ-/, **~s**) 〘ギリシャ神話〙 **1** [the Lapithae, the Lapiths] ラピテース族《Thessaly の山岳地方に住んでいた一氏族; その王 Pirithoüs の婚礼で, centaurs 族が狼藉(ろうぜき)を働いたので, 争いの末これを放逐した》. **2** ラピテース族の人. 〘(1607) □ L *Lapithae* (pl.) □ Gk *Lapíthai*〙

láp-jòint *vt.* 〘建築〙重ね継ぎする. 〘1874〙

láp jòint *n.* 〘建築〙重ね継ぎ《lapped joint ともいう; cf. butt joint》. **láp-jòinted** *adj.* 〘1823〙

La·place /ləpláːs, læ-, lɑː-, -plǽs; *F.* laplas/, **Pierre Simon de** *n.* ラプラス (1749–1827; フランスの天文学者・数学者; 称号 Marquis de Laplace).

La·pláce's equàtion *n.* 〘数学〙ラプラスの方程式《各独立変数に関する二階偏導関数の総和を 0 に等しいとおいた偏微分方程式》. 〘(1845) ← *Marquis de Laplace* (↑)〙

Laplàce trànsform *n.* 〘数学〙ラプラス変換. 〘(1942) ↑〙

La·plac·i·an /ləpláːsiən, lɑː-, -lǽs-, -léɪʃən | -siən/ *n.* 〘数学〙ラプラシアン, ラプラスの演算子[作用素] (Laplacian operator ともいう). 〘(1836) ← *Laplace* (↑)+-IAN〙

Lap·land /lǽplænd, -lənd/ *n.* ラップランド《ノルウェー・スウェーデン・フィンランドの北部, およびロシア領 Kola 半島を含む地域; 大部分が北極圏内でラップ族 (Lapps) が住んでいる》. 〘(*c*1590) □ Swed. *Lappland*: ⇨ Lapp, land[1]〙

Láp·lànd·er *n.* ラップランド人 (Lapp). 〘(1637): ⇨ ↑, -er[1]〙

La Pla·ta /ləpláːtə | -tə; *Am.Sp.* lapláta/ *n.* **1** ラプラタ《アルゼンチン東部, Río de la Plata 河口の港市》. **2** ラプラタ(川) (⇨ PLATA).

La Pláta Péak *n.* ラプラタ山《米国 Colorado 州中央部, Sawatch 山脈中の山 (4,370 m)》.

láp mìcrophone *n.* =lapel microphone.

Lapp /lǽp/ *n.* **1 a** [the ~s] ラップ族 (⇨ Lapland). **b** ラップ族の人, ラップランド人 (Laplander). **2** ラップ[ラップランド]語 (Lappish)《Finno-Ugric 語派に属する》. — *adj.* **1** ラップ族の, ラップランド人の. **2** ラップ語の. 〘(1846) □ Swed. ~: もとは軽蔑的呼称か: cf. MHG *lappe* simpleton〙

lap·pa /lǽpə/ *n.* 《アフリカ西部》身体に巻きつけて着るくるぶしまでのスカート. 〘(1954) □ Hausa ~〙

lap·page /lǽpɪdʒ/ *n.* 〘法律〙土地について所有権の抵触する部分. 〘← LAP[1]+-AGE〙

lápped séam *n.* =lap seam.

lap·pet /lǽpɪt | -pɪt/ *n.* **1 a** (衣服・かぶり物などの)垂れ, 垂れひだ. **b** 垂れ飾り. **2** 折り襟 (lapel). **3** (肉・膜などの)垂れ《牛の喉袋 (dewlap) など》; (七面鳥などの)肉垂(にくすい); 耳たぶ. **4** 〘紡織〙ラペット《刺繍のような紋様を織出すために織機に取付けた針ざお》. 〘(?*c*1425) *lappette* 《廃》lobe of the liver or the lung (dim.): ⇨ lap[1], -et〙

lappet 1 b

láp·pet·ed /-tɪd | -tɪd/ *adj.* 〈かぶり物など〉垂れ (lappet) の付いている. 〘(1797–1805): ⇨ ↑, -ed〙

láppet lòom *n.* ラペット織機. 〘1863〙

láppet mòth *n.* 〘昆虫〙カレハガ科 (*Gastropacha quercifolia*) のガ数種の総称《幼虫は体の両側面に小突起がある》. 〘1816〙

láppet wèaving *n.* ラペットを用いた機械刺繍. 〘1863〙

Lap·pic /lǽpɪk/ *adj.* ラップランド(人)の.

lap·pie /lǽpi/ *n.* 《南ア口語》布の切れっぱし, ぼろきれ (rag). 〘(1892) □ Afrik. ~〙

Lapp·ish /lǽpɪʃ/ *adj.* =Lappic. — *n.* =Lapp *n.* 2.

láp pòol *n.* 《米》長い競泳用のプール.

láp ròbe *n.* 《米》ひざ掛け《自動車・馬車などに乗るとき用いる毛皮・毛布など》. 〘*c*1866〙

laps·a·ble /lǽpsəbl/ *adj.* **1** 変わりやすい: be ~ *into* …に変わりやすい. **2** 誤りやすい. **3** 〘法律〙〈権利・特権など〉無効となるべき, 失効[消滅]すべき, (遺産相続人を欠くため)〈遺産などが〉他人の所有に帰すべき. 〘(1678) ← L *lapsābilis* ← *lapsāre* LAPSE: ⇨ -able〙

Lap·sang sou·chong /láːpsɑːŋsúːtʃɔ(ː)ŋ, lǽp-sæŋ-, -ʃɔ(ː)ŋ | lǽpsæŋʃuːʃɔ́ŋ, -tʃɔ́ŋ; *Cant.* -ʃiúŋ/ *n.* ラプサンスーチョン《中国産の上等な紅茶; いぶした風味が特徴》. 〘(1878) ← *Lapsang* (紅茶の市場名): ⇨ souchong〙

lapse /lǽps/ *n.* **1** (うっかりして陥る)ちょっとした間違い, ふとした過失[失敗]: a ~ *of* memory 思い違い / a momentary ~ *of* attention ちょっとの間の不注意 / a ~ *of* the pen 筆の誤り, 書違い / a ~ *of* the tongue 言い違い [損ない]. **2 a** (時の)経過, 推移: the ~ *of* centuries 数世紀の経過 / a long ~ *of* time 時の長い流れ[経過] / the rapid ~ *of* time 時の速い経過 / with the ~ *of* time 時の経つにつれて / after a ~ *of* three months 3か月経ってから. **b** 《古》(水などの)静かな流れ, 緩流: the ~ *of* a stream. **3 a** (正道から)一時的にそれること; (罪悪・邪教などに)陥ること, 堕落; 背教: a moral ~ 堕落 / a ~ *from* virtue [faith] 背徳[教]. **b** 《まれ》(ある状態に)陥ること〔*into*〕: a ~ *into* crime [sin] 罪を犯すこと / a ~ *into* barbarism [heresy] 野蛮状態[邪信仰]への堕落. **4 a** (信仰・信念などの)喪失, 衰退: a ~ *of* confidence 自信喪失. **b** (慣習などの)衰退, 廃止, 廃滅. **5** 〘法律〙(権利・特権の)消滅, 喪失, 失効; (保険料不払いによる契約の)失効; (受遺者の死亡による)遺贈の失効[喪失]. **6** 〘気象〙(温度・圧力などの)低下 (cf. lapse rate).

— *vi.* **1 a** (ずるずると)〈罪・悪徳などに〉陥る, 堕落する; 〔ある状態に〕陥る〔*into*〕: ~ *into* laziness なまけ癖に陥る / ~ *into* decay 衰退する / ~ *back into* savagery 野蛮状態に逆戻りする / ~ *into* unconsciousness [silence] 無意識状態[沈黙]に陥る. **b** 〔正道から〕逸脱する〔*from*〕: ~ *from* good manners だんだん行儀が悪くなる. **2 a** 〈時が〉(知らない間に)過ぎ去る, (徐々に)推移する, 経過する〈*away*〉. **b** 〈流れが〉静かに流れる, 流過する: *lapsing* waves. **3** なくなる, 消える, 終わる: The custom ~*d* many years ago. その風習は何年も前にすたれている. **4** 〘法律〙(条件または相続人などを欠くために)〈権利・財産・官職などが〉無効になる, 失効する; 人手に渡る〔*to*〕: The tenure of the office has ~*d*. 任期が切れた. — *vt.* **1** (基準に合わないことによって)無効にする, 失効させる: ~ the membership. **2** 《廃》失う. **3** 《Shak》〈犯人などを〉捕まえる.

láps·er *n.* 〖n.: (1440) □ L *lapsus* a slipping, falling (p.p.) ← *lābī* glide ← IE **leb-*. — v.: (?*a*1425) □ L *lapsāre* to slide〗

láp sèam *n.* 靴の甲革の重ね縫い. 〘1905〙

lapsed *adj.* **1** 消え去った, 過ぎ去った; 〈慣習など〉廃された: a ~ custom すたれた風習. **2 a** 罪に落ちた, 堕落した, 信仰を失った: the ~ society. **b** [the ~; 名詞的に; 複数扱い] 背教者, 脱落者《迫害のために信仰を捨てた初期のキリスト教徒たち》. **3** 〘法律〙〈権利・財産・官職など〉無効となった, 失効した, 人手に渡った: a ~ fief 失効した封土. 〘(?*a*1425): ⇨ lapse, -ed〙

lápse ràte *n.* 〘気象〙気温逓減率《高度に比例して気温の下がる率, 普通高度 100 m につき 0.6°C 位; cf. temperature gradient》. 〘1918〙

lap·si·ble /lǽpsəbl | -sɪ-/ *adj.* =lapsable.

láp·stòne *n.* (靴屋の)ひざ石《ひざに載せそこで革を打つ》.〘1778〙

láp·stràke *adj.* 〈ボートなど〉よろい張りの (clinker-built). — *n.* よろい張りのボート. 〘(1771): cf. lap¹〙

láp·strèak *adj., n.* =lapstrake.

lap·sus /lǽpsəs/ *L. n.* (*pl.* 〜) 失策, 間違い, 誤り. 〘(1667)□L 〜 'a slip': cf. lapse〙

lap·sus cal·a·mi /lɑ́ːpsʊskɑ́ːlɑːmìː, lǽpsəskǽləmàɪ/ *L. n.* 筆の誤り, 書き損ない. 〘(1893)□L *lapsus calamī* slip of the pen〙

lap·sus lin·guae /lǽpsəslíŋgwiː, -gwaɪ, lɑ́ːpsʊslíŋgwaɪ | lǽpsəslíŋgwaɪ, -gwiː/ *L. n.* 言い違い, 言い損ない, 失言. 〘(1667)□L 〜 'slip of the tongue'〙

lápsus me·mó·ri·ae /-mɛmɔ́ːriìː, -riàɪ/ *L. n.* 覚え違い, 思い違い. 〘□L 〜 'slip of MEMORY'〙

Láp·tev Séa /lǽptɛf-, -tɛv-/ *n.* [the 〜] ラプテフ海《ロシア連邦 Taimyr 半島と New Siberian Islands との間にある北極海の一部; 旧名 Nordenskjöld Sea》. 〘← *Laptev* /lɑ́ptʲif/ (ロシアの探検家)〙

láp tìme *n.* 〘競技〙ラップタイム《ある区間に要する時間; cf. lap¹ 3 a》. 日英比較 日本語では略して「ラップ」ということがあるが英語の lap にはこの意味はない. 〘1909〙

láp·tòp *n.* ラップトップ[ひざ載せ]型コンピューター《laptop computer ともいう》. — *adj.* 〈コンピューターが〉ラップトップ[ひざ載せ]型の. 〘1984〙

La·pu·ta /ləpjúːṭə | -tə/ *n.* ラピュータ島《Swift の小説 *Gulliver's Travels* に出てくる飛行する浮島; その住民は数学と音楽に熱中し, 自分の職業を顧みず, 空想的計画に夢中になっている》. 〘Swift の造語〙

La·pu·tan /ləpjúːtn/ *adj.* **1** (*Gulliver's Travels* に出てくる) Laputa 島の. **2** (ラピュータ島の住民のように)空想的な, 非実際的な; 雲をつかむような, 途方もない. — *n.* **1** ラピュータ島の住民. **2** 空想家. 〘(1726) ← LAPUTA +-AN¹〙

láp-wèld *vt.* 重ね合わせて溶接する.

láp wèld *n.* 〘金属加工〙重ね溶接. 〘1875〙

láp wìnd·ing /-wàɪndɪŋ/ *n.* 〘電気〙重ね巻《直流電動機などの巻線法の一種; cf. wave winding》. 〘1892〙

lap·wing /lǽpwɪ̀ŋ/ *n.* 〘鳥類〙タゲリ (*Vanellus vanellus*) 《チドリ科の大きな鳥》; pewit, green plover ともいう). 〘lateOE *hlēapewince* ← *hlēapan* 'to LEAP' +-*wince*, *wincian* 'to WINK¹': 現在の語形は通俗語源 (LAP¹ + WING) による〙

lapwing

la·que·us /léɪkwiəs, lǽk-/ *n.* (*pl.* **la·que·i** /-kwiàɪ, -kwiː/) 〘解剖〙=lemniscus. 〘□L 〜 'noose, snare'〙

L'A·qui·la /lǽkwələ | -kwɪ-; *It.* lɑ́ːkwila/ *n.* = Aquila².

lar /lɑ́ə | lɑ́ː^(r)/ *n.* **1** (*pl.* **la·res** /lέ^əriːz, léɪriːz, lɑ́ːreɪs | lέəriːz, lɑ́ːreɪz/, 〜**s**) [しばしば L-] [*pl.*] 〘ローマ神話〙⇨ lares. **2** (*pl.* 〜**s**) 〘動物〙シロテテナガザル (*Hylobates lar*) 《Malay 半島地方産の霊長類》. 〘(1586)□L *lār*〙

LAR 〘自動車国籍表示〙Libya.

La·raine /ləréɪn/ *n.* ラレイン《女性名; 異形 Larine, Larina》. 〘← L *larus* gull〙

Lar·a·mie /lǽrəmi, lέr- | lǽr-/ *n.* ララミー《米国 Wyoming 州南東部の都市》. 〘← *Jacques Laramie* (*d.* 1821: 米国の探検家)〙

lar·board /lɑ́əbəd, -bɔəd | lɑ́ːbəd, -bɔ̀ːd/ 《古》〘海事〙 *n.* 左舷(さげん). ★ starboard (右舷)と紛らわしいため, 今は port² という. — *adj.* 左舷の. 〘(?c1380) *laddeborde* ← ? LADE (< OE *hladan* to lade)+OE *bord* 'BOARD, ship's side': STARBOARD からの類推〙

lar·ce·ner /lɑ́əs(ə)nə, -snə | lɑ́ːs^ɪnə^(r), -sn-/ *n.* = larcenist.

lár·ce·nist /-s(ə)nɪst, -sn- | -s^ɪnɪst, -sn-/ *n.* 窃盗, 窃盗犯人. 〘(c1635) ← LARCENY +-IST〙

lar·ce·nous /lɑ́əs(ə)nəs, -sn- | lɑ́ːs^ɪnəs, -sn-/ *adj.* **1** 窃盗の, 窃盗に類する: a 〜 act 窃盗行為. **2** 盗みをする, 手癖の悪い: a 〜 person. **〜·ly** *adv.* 〘(1742): ⇨ ↓, -ous〙

lar·ce·ny /lɑ́əs(ə)ni, -sni | lɑ́ːs^ɪni, -sni/ *n.* **1** 盗み. **2** 《古》〘法律〙窃盗罪《コモンローでは 1968 年に廃止され今は theft を用いる》(⇨ theft SYN): ⇨ grand larceny, petty larceny 1. 〘(c1460)□AF *larcenie=(O)F *larcin* < L *latrōcinium* highway robbery ← *latrō* highway robber □ Gk *latrōn mercenary ← IE *le- to get〙

larch /lɑ́ətʃ | lɑ́ːtʃ/ *n.* **1** 〘植物〙カラマツ《カラマツ属 (*Larix*) の針葉樹の総称; cf. tamarack》. **2** カラマツ材. 〘(1548)□G *Lärche*□*Laric-, larix*〙

lárch sáwfly *n.* 〘昆虫〙カラマツハラアカハバチ (*Pristiphora erichsonii*) 《北米・ヨーロッパ産のハバチ科の害虫; 幼虫はカラマツの葉を食べる》.

lard /lɑ́əd | lɑ́ːd/ *n.* **1** ラード《豚の脂肉・内臓脂肪を原料にして精製した固形油脂》. **2** 《口語》(人体の)余分な脂肪. **3** 《古》豚の脂身(あぶらみ). — *vt.* **1** 《まれ》**a** …にラードを塗る[混ぜる]. **b** 脂で覆う[汚す]. **2** 〈脂身の少ない赤身肉〉に(調理する時に前もって)細長く切った豚の背脂やベーコンを差し込む (cf. lardoon): 〜 lean meat, poultry, etc. **3** (興味深くするために)〈比喩・術語などで〉〈話・文章などを〉飾る, 潤色する, …にあやをつける 〔*with*〕: 〜 one's conversation *with* Latin words 会話にラテン語を交える. **4** 《廃》豊かにする, 飾る 〔*with*〕: 〜*ed with* sweet flowers 美しい花で飾られて (cf. Shak., *Hamlet* 4. 5. 38). **5** 《廃》太らせる (fatten); 豊かにする. **〜·lìke** *adj.* 〘(1231)□(O)F *larde* fat of pork, bacon < L *lār(i)dum* fat of pork ← ? IE *layos bacon: ? cog. Gk *lārinós* fat〙

lar·da·ceous /lɑədéɪʃəs | lɑː-/ *adj.* **1** ラードのような, ラード状の: a 〜 mass. **2** 〘病理〙類澱粉(るいでんぷん)質を含む (amyloidal): 〜 degeneration 澱粉様変性. 〘(1822): ⇨ ↑, -aceous〙

lárd·àss *n.* 《米卑》でぶ.

lar·der /lɑ́ədə | lɑ́ːdə^(r)/ *n.* **1** 肉部屋, (未加工の)食料貯蔵室[戸棚] (cf. pantry). **2** 貯蔵食糧 (provisions). 〘(c1300)□AF 〜=OF *lardier* ← *larde* 'LARD'〙

lárder bèetle *n.* 〘昆虫〙オビカツオブシムシ (*Dermestes lardarius*) 《世界各地に分布するカツオブシムシ科の黒または暗褐色の甲虫; 幼虫は乾いた動物質を食害する》. 〘1895〙

lár·der·er /-dərə | -dərə^(r)/ *n.* 《古》肉部屋番人, 食料室係. 〘(1483): ⇨ -er¹〙

lárder fridge *n.* 冷凍庫のない冷蔵庫.

lárd·hèad *n.* 《米俗》うすのろ, とんま.

Lard·ner /lɑ́ədnə | lɑ́ːdnə^(r)/, **Ring(gold Wilmer)** /ríŋgoʊld wílmə | -gəʊld wílmə^(r)/ *n.* ラードナー (1885–1933; 米国のユーモア小説家・ジャーナリスト; *You Know Me, Al* (1916)).

lárd òil ラード油《ラードから採った油で機械用または灯火用》. 〘1843〙

lar·doon /lɑədúːn | lɑː-/ *n.* (*also* **lar·don** /lɑ́ədɑ(ː)n | lɑ́ːdn/) (脂身の少ない赤身肉を調理する時に前もって差し込むための)細長く切った豚の背脂やベーコン (cf. lard *vt.* 2). 〘(c1450)□(O)F: ⇨ lard, -oon〙

lárd pìg *n.* 脂肪用豚《脂肪をとる目的で飼育する大形の豚》.

lárd tỳpe *n.* 脂肪用種《脂肪の蓄積の早いタイプの豚; cf. meat type》.

lard·y /lɑ́ədi | lɑ́ːdi/ *adj.* (**lard·i·er**; **-i·est**) **1** ラードの; ラード様の, ラード質の: a white 〜 skin. **2** ラードに富む; 脂肪の多い, 太った: a 〜 hog. 〘(1879): ⇨ -y⁴〙

lárdy càke *n.* 《英》ラード菓子《ラード・ドライフルーツなどを入れたこってりした甘い菓子》.

lar·dy-dar·dy /lɑ́ədidɑ́ədi | lɑ́ːdidɑ́ːdi/ *adj.* 《俗》きざな, 気取った, にやけた. 〘(1861): cf. la-di-da〙

La·re·do /ləréɪdoʊ | -dəʊ/ *n.* ラレード《米国 Texas 州南部, Rio Grande 河畔の都市》. 〘□Sp. 〜 (スペインの都市名)〙

la·ree /lɑ́ːri/ *n.* =laari.

la·res /lέ^əriːz, lɑ́ːr- | lέəriːz, lɑ́ːreɪz/ *n. pl.* (*sing.* **lar** /lɑ́ə | lɑ́ː^(r)/) [しばしば L-] 〘ローマ神話〙ラーレース《家庭の守護神; cf. penates》.

láres and penátes (1) 家庭の守護神 (household deities); その神像. (2) (大切な)家財, 家宝 (household effects).

〘(1600)□L *larēs* (pl.) ← *lār*: cf. lar〙

lar·ga /lɑ́əgə, -gɑː | lɑ́ː-; *It.* lárga/ *n.* 〘音楽〙=maxima². 〘□L 〜 (fem.) ← *largus* 'LARGE'〙

Lar·gac·til /lɑəgǽktɪl, -tl | lɑː-/ *n.* 〘商標〙ラーガクティル《chlorpromazine 製剤で抗鬱薬》. 〘1953〙

lar·gan·do /lɑəgɑ́ːndoʊ | lɑːgǽndəʊ; *It.* largándo/ *adv.* 〘音楽〙次第に遅く大きく《allargando ともいう》. 〘(1893)□It.〜: cf. largo〙

large /lɑ́ədʒ | lɑ́ːdʒ/ *adj.* (**larg·er**; **-est**) **1** 〈形など〉(普通より)大きい (big), 割合に大きい (comparatively big): a 〜 dog, book, pin, building, eye, mouth, slice etc. / This coat is a trifle 〜 *for* me. この上着は私には少し大きい / Which one do you want, Small, Medium, or *Large*? どれがお望みですか. 小ですか中ですか大ですか / ⇨ *as large as* LIFE. **2** (面積・容量など)大きい, 広い, 広々とした (spacious): a 〜 pond, field, room, house, etc. **3** 〈数・量・額など〉大きい; 多くの, かなりの (considerable); 多数の, 大勢の, 多額の: a 〜 income [property] 大きな収入[財産] / a 〜 population [congregation] 多数の人口[会衆] / a 〜 amount of money 多額の金 / a 〜 number of people 多くの人々 / several hundred dollars in 〜 bills 高額紙幣で数百ドル / serve 〜 meals [portions] 多量の食事を供する. **4** 〈範囲・規模・能力など〉大きい, 遠大な, 広大な, 大規模な (extensive), 包括的な (comprehensive): a 〜 farmer 大農 / 〜 ideas 雄大な思想 / 〜 views 博大な見識 / 〜 powers 広大な権能 / 〜 insight 達観, 卓見 / in 〜 measure 大いに / on a 〜 scale 大規模に / to a 〜 extent 広範囲にわたって. **5** 《まれ》大げさな (pompous), 誇張した (exaggerated): talk in a 〜 way 大げさに話す. **6** 《古》**a** 度量の大きい, 寛大な (generous); 豊富な (abundant): a 〜 heart. **b** 〈作風・手法など〉自由な, 豪放な. **c** 《廃》〈言葉など〉節度のない, 下品な, みだらな. **7** 〘海事〙順風で, 〈風など〉帆走に好都合の方向から吹く.

áll vèry fíne and lárge ⇨ fine¹ *adj.* 成句. ***in lárge párt*** ⇨ part *n.* 成句.

— *n.* **1** 〘音楽〙=maxima². **2** 無拘束, 自由. ★ 次の成句に用いる以外は《廃》: ***at lárge*** (1) 全体として, 一般に, あまねく (as a whole): the public *at* 〜 社会全般 / Baseball is now popular with the nation *at* 〜. 野球は今日国民一般に人気がある. (2) 〈犯人など〉捕まらないで, 逃走中で; 拘束されないで, 自由に: The culprit is still *at* 〜. 犯人はまだ逮捕されない / The animals are allowed to roam *at* 〜. 動物は自由に動き回っている. (3) 詳細に, 十分に (at (full) length): He discoursed on the subject *at* 〜. その問題を詳細に論じた. (4) でまかせに, でたらめに (at random): He scatters imputations *at* 〜. でたらめに悪口を言いふらす, むやみに非難を浴びせかける. (5) 特定の任務のない: a gentleman *at* 〜 決まった任務のない宮廷付きの官吏; 定職のない人, 無職者 / an ambassador *at* 〜 《米》無任所大使. (6) 《米》(分割された選挙区からでなく)全州[郡]から選出される: a representative *at* 〜 全州選出議員. ★ -at-large ともつづる: a congressman-*at-large*. (7) 《古》未定で[に] (unsettled): leave the matter *at* 〜 問題を未決定のままにしておく. ***in (the) lárge*** (1) 大規模に, 大じかけに (on a large scale); (縮小しない)大きいままで[の] (cf. *in* LITTLE). (2) 概して, 一般に (in general).

— *adv.* **1** 大きく: write 〜 大きな字を書く / writ 〜 ⇨ write *v.* 成句. **2** 誇大に, 自慢して: talk 〜 誇大にしゃべる, 大言壮語する. **3** 重大に, 重要に: loom [bulk] 〜 重要に思われる. **4** 〘海事〙順風を受けて: go [sail] 〜. **5** 《廃》大々的に; 豊富に; 詳細に.

bý and lárge ⇨ by *adv.* 成句.

〘lateOE 'munificent, bountiful' □(O)F < L *largam* (fem.) ← *largus* abundant, liberal: cf. lard〙

SYN 大きい: **large** *big* とともにサイズ・量が大きいことを示す一般的な語; *big* に比べると客観的に大きいという感じを表す: a *large* house 大きな家 / a *large* number [amount, quantity] たくさんの数[量]《この場合は *big* は使えない》. **big** *large* よりも口語的で, 感覚的に大きいという感じを示す: a *big* car 大きな車. **huge** やや誇張して「とても大きい」の意味: a *huge* plane 大きな飛行機.
ANT small, little.

Lárge Bláck *n.* 〘畜産〙ラージブラック《耳がたれた大形の黒豚; 異種交配に用いる》.

lárge cálorie *n.* 〘物理化学〙大カロリー (cf. calorie 1 b). 〘*c*1909〙

lárge cránberry *n.* =American cranberry.

lárge-éyed *adj.* 目の大きい; (興味・好奇心・驚きなどで)目を大きく開けた. 〘1818〙

lárge-hánded *adj.* **1** 手の大きい. **2** 物惜しみしない, 気前のよい. **3** 《廃》強欲な. **〜·ness** *n.* 〘1607〙

lárge-héarted *adj.* **1** 心の大きい, 度量の大きな, 寛大な. **2** 慈善心の深い, 情深い, 博愛の. **〜·ness** *n.* 〘1640〙

lárge intéstine *n.* 〘解剖〙大腸 (⇨ digestive 挿絵). 〘1823〙

lárge·ish /-dʒɪʃ/ *adj.* =largish.

lárge-lèaved magnólia *n.* 〘植物〙オオバタイサンボク (*Magnolia macrophylla*) 《米国南部産のモクレン科の落葉高木, 葉は長楕円形, 花は白で中心は紫》.

lárge-leaved máple *n.* 〘植物〙=paper bark maple.

large·ly /lɑ́ədʒli | lɑ́ːdʒ-/ *adv.* **1** 主として, 大部分(は): His failure is (if not entirely) 〜 due to [the result of] timidity. 彼の失敗は(全くではないにしても)主に臆病のせいだ / The region is 〜 mountainous. そこは大部分が山岳地帯だ. **2** 豊富に, 惜しみなく, 気前よく (abundantly, generously): give 〜. **3** 大きく, 広く, 大規模に (extensively): build 〜. **4** 《廃》詳細に, 十分に. 〘(?a1200): ⇨ -ly¹〙

lárge-mínded *adj.* 度量の大きい, 考えが偏狭でない; 寛大な, 寛容な. **〜·ly** *adv.* **〜·ness** *n.* 〘1725〙

lárge·mòuth báss /-bǽs/ *n.* 〘魚類〙オオクチバス, (俗に)ブラックバス (*Micropterus salmoides*) 《暖かい緩やかな流れに生息する北米原産サンフィッシュ科の貪食な淡水魚で釣りの対象魚として珍重される; 単に largemouth, また largemouth black bass ともいう; cf. smallmouth bass》. 〘1884〙

lárgemouth bláck báss *n.* 〘魚類〙=largemouth bass.

larg·en /lɑ́ədʒən | lɑ́ːdʒ-/ 《古・詩》*vi.* 大きくなる. — *vt.* 大きくする (enlarge). 〘ME〙

lárge·ness *n.* **1** 大きいこと, 大きさ, 広大, 多大. **2** (思想・見識などの)雄大さ; (人物・事業などの)偉大さ. **3** 尊大, 横柄. **4** 《廃》度量の大きさ, 寛大. 〘(*c*1303): ⇨ -ness〙

lárge páper edìtion *n.* 〘製本〙大判紙版, 大形判, 大判特製本《普及版用の組版をそのまま使って, 大判の紙に印刷・製本した版[本]》.

lárge périwinkle *n.* 〘植物〙ツルニチニチソウ (*Vinca major*) 《キョウチクトウ科ニチニチソウ属の植物》.

lárge-prìnt *adj.* 〘印刷〙(14 アメリカンポイント以上の)大活字(組み, 印刷)の: 〜 books (弱視者用)大型活字本. 〘1968〙

Lárger Béar *n.* [the 〜] 〘天文〙おおぐま(大熊)座 (⇨ Ursa Major).

Lárger Dóg *n.* [the 〜] 〘天文〙おおいぬ(大犬)座 (⇨ Canis Major).

lárger-than-lífe *adj.* 〈外観など〉非常に印象的な, 堂々たる記憶に残る. 〘1950〙

large-scale /lɑ́ədʒskéɪl | lɑ́ːdʒ-ˊ/ *adj.* **1** 大規模の (cf. small-scale 1): 〜 public works 大規模の公共事業. **2** 〈地図が〉比率の大きい, 大縮尺の: a 〜 map 大縮尺地図. 〘1887〙

lárge-scàle integrátion *n.* 〘電子工学〙大規模集積化《半導体小片上に数百個以上の素子を集積化すること; 略 LSI》. 〘1966〙

lárge-sízed *adj.* 大形の. 〘*a*1678〙

lar·gess /lɑəʒés, -dʒés, lɑ́ədʒes | lɑːʒés, -dʒés, ˊˊ, lɑ́ːdʒɪs/ *n.* (*also* **lar·gesse** /〜/) **1** 気前のよい贈与[援助]. **2** 惜しげなく与える金品, 多額の贈与, 多分の祝儀 (⇨ present² SYN): cry 〜 祝儀を求める. **3** (精神の)高

L

潔さ, 気高さ (nobility): a writer of imaginative ～ 高尚(こう)な想像力に富む作家. **4** 《廃》気前のよさ, 鷹揚(おう), 慈善心, 思いやり; 自由. 〖(?a1200) *larges* ▫ (O)F *largesse* liberality: ⇨ large, -ess[2]〗

lárge-týpe *adj.* 〘印刷〙 =large-print.

lárge whíte *n.* **1** 〘昆虫〙 オオモンシロチョウ (⇨ cabbage butterfly 2). **2** [L-W-] ラージホワイト《英国産の大形の白豚の一品種; cf. small white 2》.

lar·ghet·to /lɑəgétou | lɑ:gétəu/; *It.* largétto/ 〘音楽〙 *adj.*, *adv.* やや遅い[遅く], ラルゴよりやや速い[く]. ― *n.* (*pl.* ～s) やや遅い曲[楽章, 楽節], やや遅い速さ (cf. largo). 〖(1724) ▫ It. ～ (dim.) ← LARGO〗

lárg·ish /-dʒɪʃ/ *adj.* やや大きい, やや広い, いくらかゆるやかな (rather large). 〖(1754) ← LARGE＋-ISH[1]〗

lar·go /lɑ́əgou | lɑ́:gəu/; *It.* lárgo/ 〘音楽〙 *adj.*, *adv.* ラルゴの[で], きわめて遅い[く]. ― *n.* (*pl.* ～s) きわめて遅いゆったりとしたテンポの曲[楽章, 楽節] (cf. larghetto). 〖(1683) ▫ It. ～ < L *largum* 'LARGE'〗

Lar·go /lɑ́əgou | lɑ́:gəu/ *n.* ラーゴ《米国 Florida 州中西部, Clearwater の南にある市》.

la·ri /lɑ́:ri/ *n.* =laari. 〖(1978) ▫ Pers. *lārī*〗

La·ri *n. pl.* 〘鳥類〙 カモメ亜目. 〖← NL ～ (pl.) ← LL *larus* gull ▫ Gk *láros*〗

lar·i·at /lǽriət, lér- | lǽr-/ *n.* 《米》 **1** 《野獣を捕まえるのに用いる》輪縄, 投げ縄. **2** つなぎ縄《草を食べるあいだ馬などをくいにつなぐ縄》. ― *vt.* 《米西部》 **1** 輪縄[投げ縄]で捕まえる. **2** 縄でつなぐ. 〖(1832) ← Sp. *la reata* 'the RIATA'〗

lar·id /lǽrɪ̈d, lér- | lǽrɪd/ *adj.*, *n.* カモメ科の(鳥). 〖(1877) ↓〗

Lar·i·dae /lǽrədi:, lér- | lǽrɪ-/ *n. pl.* 〘鳥類〙 (チドリ目)カモメ科. 〖← NL ～ ← *Larus* (属名: ⇨ Lari)＋-IDAE〗

lar·ine /lǽᵊraɪn, -rɪ̈n | lǽəraɪn, -rɪn/ *adj.* **1** 〘鳥類〙 カモメ科の. **2** カモメのような. 〖← NL *Larinae* (← LL *larus*: ⇨ Lari)＋-INE[1]〗

L

La Ri·ó·ja /lɑ̀:rióuhɑ: | -riɔ́u-/; *Sp.* laɾióha/ *n.* ラリオハ《スペイン北西部 Ebro 川上流域の自治州; 歴史的地域; 州都 Logrono; the Rioja ともいう》.

La·ris·a /lərísə/ *n.* =Larissa[2].

La·ris·sa[1] /lərísə/ *n.* ラリサ《女性名》. 〖← ? Gk *lārós* pleasant, sweet: cf. Gk *lárisa* citadel〗

La·ris·sa[2] /lərísə; *Mod.Gk.* lárisa/ *n.* ラリサ《ギリシャ, Thessaly 東部の都市》.

la·rith·mics /lərɪ́ðmɪks, -rɪ́θ-/ *n.* 人口集団学《人口の量的面の科学的研究》. 〖← Gk *lāos* people＋*arithmós* number＋-ICS〗

lark[1] /lɑ́ək | lɑ́:k/ *n.* **1** 〘鳥類〙 **a** (ヨーロッパ·アジア·北アフリカ産の)ヒバリ《ヒバリ科の鳴鳥の総称》; (特に)=skylark 1: (as) happy as a ～ 非常に楽しい / rise [be up, get up] with the ～ 朝早く起きる / If the sky fall [falls], we shall catch ～s. 《諺》もしも空が落ちて来たらヒバリを捕まえよう (cf.「棚からぼたもちは落ちて来ない」). **b** [通例複合語をなして] ヒバリ科以外のヒバリに似た鳴鳥の総称: ⇨ meadowlark, titlark. **c** [しばしば L-] ラーク《細身だが強くて丈夫な観賞用ハトの一種》. **2 a** 詩人. **b** 歌手. ― *vi.* ひばりを捕まえる: ～ with birdlime. 〖ME *larke, laverke* < OE *lāferce, lǣwerce* < (WGmc) **lǣw(a)rikōn* (G *Lerche* / Du. *leeuwerik*) ← **laiwaz-* ← ?〗

lark[2] /lɑ́ək | lɑ́:k/ *n.* 《口語》 **1** 浮かれ, ふざけ, 戯れ; 冗談; 愉快なこと: for a ～ 冗談に / be up to one's ～ いたずらをしている / have ～s [a ～] with …をからかう, …にふざける / What a ～! これは面白い. **2** 《英》 ある活動[行為]. ***Blów* [*Sód*] *that for a lárk!*** 《英》 うんざりだ.
― *vi.* **1** 戯れる, ふざける, 浮かれる. **2** 〘狩猟〙〈騎手が〉馬にいたずらに(垣などを)飛び越えさせる. ― *vt.* からかう (tease).
～·er *n.* 〖(1802) 《変形》← ? 《方言》 *lake* < ME *laike(n)* to play ▫ ON *leika* < Gmc **laikan* to play ← IE **leig-* to leap〗

Lark /lɑ́ək | lɑ́:k/ *n.* 〘商標〙 ラーク: **1** 米国 Liggett Group 社製のチャコールフィルター付き紙巻きたばこ. **2** 米国 Lark Luggage 社製のバッグ·スーツケースなど.

lárk búnting *n.* 〘鳥類〙 ハジロクロヒメドリ (*Calamospiza melanocorys*). 〖1869〗

Lar·kin /lɑ́əkɪ̈n | lɑ́:kɪn/, **Philip** (**Arthur**) *n.* ラーキン《1922–85; 英国の詩人·小説家; 平明な文体で知られる; *The Whitsun Weddings* (1964)》.

lárk·ish /-kɪʃ/ *adj.* ふざけたがる, 茶目っ気のある (mischievous): in a ～ mood なにかいたずらをしたい気分で.
～·ly *adv.* **～·ness** *n.* 〖(1823) ← LARK[2]＋-ISH[1]〗

lark·some /lɑ́əksəm | lɑ́:k-/ *adj.* ふざけたがる, 浮かれた (sportive). 〖(1871) ← LARK[2]＋-SOME[1]〗

lárk spárrow *n.* 〘鳥類〙 北米産ホオジロ科の鳥の一種 (*Chondestes grammacus*).

lark·spur /lɑ́əkspə̀:, -spə | lɑ́:kspə̀:ʳ, -spəʳ/ *n.* 〘植物〙 ヒエンソウ《キンポウゲ科ヒエンソウ属 (*Delphinium*) の植物の総称》; (特に)ヒエンソウ (*D. ajacis*) (cf. delphinium). 〖(1578): ⇨ lark[1], spur〗

lark·y /lɑ́əki | lɑ́:ki/ *adj.* (**lark·i·er**; **-i·est**) 戯れる, ふざける, 浮かれる; 冗談好きな. 〖(1841) ← LARK[2]＋-Y[4]〗

Lár·mor precèssion /lɑ́əmə-, -mɔə- | lɑ́:mə-, -mɔ:-/ *n.* 〘物理〙 [the ～] ラーモア歳差運動《磁気モーメントをもった粒子に静磁場が加えられると, その磁気モーメントまたは角運動の方向が静磁場方向を軸として回転する現象》. 〖(1926) ← *Sir Joseph Larmor* (1857–1942: 英国の数学者)〗

Lármor's thèorem *n.* 〘物理〙 ラーモアの定理《磁界中での電子などの荷電粒子のふるまいに関する基礎定理》. 〖(1923) ↑〗

lar·moy·ant /lɑəmɔ́ɪənt | lɑ:-; *F.* laʁmwajɑ̃/ *adj.* 涙もろい (lachrymose). 〖(1813) ▫ F ～ (pres.p.) ← *larmoyer* to be tearful ← *larme* < L *lacrima(m)* tear〗

larn /lɑ́ən | lɑ́:n/ *vi.* 《戯言》わかる, 思い知る. ― *vt.* 〈教訓などを〉思い知らせる, わからせる《非標準的な語》. 〖(1790) 《方言》← LEARN〗

lar·nax /lɑ́ənæks | lɑ́:-/ *n.* 〘考古〙 古代ギリシャのテラコッタ製の棺. 〖(1870) ▫ Gk *lárnax* chest〗

La Roche·fou·cauld /lɑ:rɔ̀(:)ʃfu:kóu, -ròuʃ- | -rɔ̀ʃfu:kə́u; *F.* laʁɔʃfuko/, **François de** *n.* ラ ロシュフーコー《1613–80; フランスの著述家·モラリスト; 称号 Duc de La Rochefoucauld; *Réflexions, ou sentences et maximes morales*「箴(しん)言集」(1665)》.

La Ro·chelle /lɑ̀:rəʃél, -rou- | -rə(u)-; *F.* laʁɔʃɛl/ *n.* ラ ロシェル《フランス西部の Charente-Maritime 県の県都, Biscay 湾に臨む港市; ユグノー (Huguenot) の本拠として包囲を受けた (1627–28)》.

La·rousse /lərú:s, lɑ:- | læ-, lə-; *F.* laʁus/, **Pierre A·tha·nase** /atana:z/ *n.* ラルース《1817–75; フランスの文法学者·辞書編集者》.

lar·ri·gan /lǽrɪ̈gən, lér- | lǽrɪ-/ *n.* 《米·カナダ》ラリガン《木材伐出し人夫などのはくかかとのないひざまでの長靴》. 〖(1886) ← ? Canad.〗

lar·ri·kin /lǽrɪ̈kɪ̈n, lér- | lǽrɪ̈kɪn/ 《豪俗》 *n.* 暴漢, ごろつき, 無頼漢, 不良少年 (hooligan); 腕白小僧, いたずらっ子 (urchin). ― *adj.* 粗暴な, 無頼の (rowdy). 〖(1868) 《アイルランド発音による変形》← *larking* // LARRY＋-KIN〗

lár·ri·kin·ìsm /-nɪ̀zṃ/ *n.* 《豪》 **1** 乱暴, 無頼生活. **2** 威勢はいいが不適切なユーモア. 〖(1870): ⇨ ↑, -ism〗

lar·rup /lǽrəp, lér- | lǽr-/ 《方言》 *vt.* **1** 打つ, むち打つ (beat, whip). **2** 徹底的にやっつける, (思い切り)打ちのめす (trounce). ― *vi.* だらしなく動く. ― *n.* 打つこと, むち打ち (blow); (むちなど)打つ道具. **～·er** *n.* 〖(1823) ← ? : cf. Du. *larpen* to thrash〗

Lar·ry /lǽri, léri | lǽri/ *n.* ラリー《男性名》. (***as***) ***háppy as Lárry*** 《英·豪》とても嬉しい[楽しい, 幸福な]. 〖(dim.) ← LAWRENCE[2], LAURENCE〗

Lars /lɑ́əz | lɑ́:z/ *n.* ラーズ《男性名》. 〖▫ L ～ ← Etruscan: もとは古代エトルリアの貴族の長子の敬称 (Lord に当たる); または LAURENCE の異形〗

l-ar·te·re·nol /ɛ́lɑ̀ətərí:nɔ(:)l | -ɑ̀:tɪrí:nɔl/ *n.* 〘生化学〙 =levarterenol. 〖*l*: 《略》← LEVO-〗

Lar·tet /lɑətéɪ | lɑ:-; *F.* laʁtɛ/, **Édouard-Armand-Isidore-Hippolyte** *n.* ラルテ《1801–71; フランスの考古学者; 古生物学の基礎を築いた; 後期旧石器の時期を確定》.

La Rue /lɑ:rú:; *F.* laʁy/, **Pierre de** *n.* ラリュー《1460?–1518; オランダのフランドル楽派の作曲家》.

lar·um /lǽrəm, lér-, lɑ́:r- | lǽr-, lɑ́:r-, léər-/ *n.* 《古》 = alarum. 〖(a1533) 《頭音消失》← ALARUM〗

lar·va /lɑ́əvə | lɑ́:-/ *n.* (*pl.* **lar·vae** /-vi:, -vaɪ/, ～**s**) **1** 〘昆虫〙 幼虫《変態を行う昆虫の幼体; cf. adult 2, grub *n.* 1, maggot 1, caterpillar 1》: The caterpillar is the ～ of the butterfly. 毛虫は蝶の幼虫である. **2** 〘生物〙 幼生《発生初期においてその形態が著しく親と異なるもの; オタマジャクシなど》. **3** 《廃》 幽霊, お化け.
lárva of De·sór /dɪ̈zɔ́ə | -zɔ́:ʳ; *F.* dezɔ:ʁ/ 〘動物〙 デゾル幼生《紐形動物の間接発生するものの浮遊しないで卵殻内で変態が完了する幼生型; ピリディウム (pilidium) の一特殊型; Desor's larva, Desor larva ともいう》. (← *Édouard Desor* (1811–82: フランスの地質学者·考古学者))
〖(1651) ▫ L *lārva* specter, mask: ⇨ lar〗

larvae *n.* larva の複数形.

lar·val /lɑ́əvəl, -vḷ | lɑ́:-/ *adj.* **1** 〘昆虫·生物〙 幼虫の, 幼生期の: be in the ～ stage 幼虫[幼生]である / ～ organs 幼生器官《オタマジャクシの尾など》. **2** 〘病理〙 (病気について)仮性の, 仮面性の, 潜在(性)の. **3** 《廃》 幽霊の, お化けの. 〖(1656) ← LARVA＋-AL[1]〗

lárva mí·grans /-máɪgrænz/ *n.* (*pl.* **larvae mi·gran·tes** /-maɪgrǽnti:z/) 〘病理〙 幼虫移住症 (⇨ creeping eruption). 〖← NL ～: ⇨ larva, migrant〗

lar·vi- /lɑ́əvɪ̈, -vi | lɑ́:-/ larva, larval の意の連結形. 〖← NL ～: ⇨ larva〗

lar·vi·cide /lɑ́əvəsàɪd | lɑ́:vɪ̈-/ *n.* (幼虫の)殺虫剤 (cf. adulticide). ― *vt.* 殺虫剤で処理する. **lar·vi·ci·dal** /lɑ̀əvəsáɪdḷ | lɑ̀:vɪ̈sáɪdḷ/ *adj.* 〖(1888): ⇨ ↑, -cide〗

lar·vip·a·rous /lɑəvípərəs | lɑ:-/ *adj.* 〘動物〙〈特殊なハエ·ある種の軟体動物など〉幼生生殖の. 〖(1815) ← LARVI-＋-PAROUS〗

Lar·wood /lɑ́əwʊd | lɑ́:-/, **Harold** *n.* ラーウッド《1904–95; 英国のクリケット選手; 速球投手としてならし 1926–32 年, 全英代表として 21 回出場》.

la·ryng- /lərɪ́ŋ | lə-, læ-/ (母音の前にくるときの) laryngo- の異形.

la·ryn·gal /lərɪ́ŋgəl, -gḷ | lə-, læ-/ 〘音声〙 *adj.* = laryngeal 3. ― *n.* =laryngeal 2.

la·ryn·gal·i·za·tion /lərɪ̀ŋgəlɪ̈zéɪʃən | lərɪ̀ŋgəlaɪ-, læ-, -lɪ-/ *n.* 〘音声〙 =laryngealization.

la·ryn·gal·ize /lərɪ́ŋgəlàɪz | lə-, læ-/ *vt.* 〘音声〙 = laryngealize.

lar·yn·ge·al /lərɪ́ndʒiəl, -dʒəl, -dʒḷ, lǽrɪ̈ndʒí:əl | lərɪ́ndʒiəl, -dʒəl, -dʒḷ, lǽrɪndʒí:əl⁻/ *adj.* **1** 喉(こう)頭の[にある]. **2 a** 〈病気など〉喉頭を冒す. **b** 〈器具が〉喉頭治療[検査]用の. **3** 〘音声〙 喉頭音の. ― *n.* **1** 喉頭部. **2** 〘音声〙 喉頭音. **3** 〘言語〙 ラリンガル, 基語喉音《印欧語比較文法で印欧共通基語の音韻として存在したと想定される喉音で, 印欧諸言語の母音組織にその影響が認められ, ヒッタイト語では ḫ (H) となって時に残存すると考えられている》. **～·ly** *adv.* 〖(1795) ← NL *laryngeus* (← *larynges* (pl.) ← LARYNX)＋-AL[1]〗

lar·yn·ge·al·i·za·tion /lərɪ̀ndʒiəlɪ̈zéɪʃən, -dʒəl-, lǽrɪ̈ndʒì:əlɪ̈-, lèr- | lərɪ̀ndʒiəlaɪ-, -dʒəl-, -lɪ-, lǽrɪndʒì:-əl-/ *n.* 〘音声〙 喉頭(音)化. 〖(1943): ⇨ ↓, -ation〗

lar·yn·ge·al·ize /lərɪ́ndʒiəlàɪz, -dʒəl-, lǽrɪndʒí:-əl-, lér- | lərɪ́ndʒiəl-, -dʒəl-, lǽrɪndʒí:əl-/ *vt.* 〘音声〙 喉頭(音)化する. 〖(1968) ← LARYNGEAL＋-IZE〗

lar·yn·gec·to·mee /lǽrɪ̈ndʒèktəmí:, lèr- | lǽrɪ̈n-dʒèktəmì:, ⁻⁻⁻⁻⁻/ *n.* 喉頭切除手術を受けた人. 〖(1956): ⇨ ↓, -ee[1]〗

lar·yn·gec·to·my /lǽrɪ̈ndʒéktəmi, lèr- | lǽr-/ *n.* 〘外科〙 喉頭切除(術). 〖(1888) ← LARYNGO-＋-EC-TOMY〗

larynges *n.* larynx の複数形.

la·ryn·gic /lərɪ́ndʒɪk/ *adj.* 〘音声〙 =laryngeal 3.

lar·yn·git·ic /lǽrɪ̈ndʒɪ́tɪk, lèr- | lǽrɪ̈ndʒɪ́t-⁻/ *adj.* 〘病理〙 喉頭炎の.

lar·yn·gi·tis /lǽrɪ̈ndʒáɪtɪ̈s, lèr- | lǽrɪ̈ndʒáɪtɪs/ *n.* (*pl.* **-git·i·des** /-dʒɪ́tədi:z | -tɪ-/) 〘病理〙 喉頭炎. 〖(1822–34) ← NL ～: ⇨ ↓, -itis〗

la·ryn·go- /lərɪ́ŋgou | -gəu/「喉頭 (larynx); 喉頭と…との」の意の連結形. ★ 母音の前では通例 laryng- になる. 〖▫ Gk *larungo-, lárugx*: ⇨ larynx〗

lar·yn·gol·o·gy /lǽrɪ̈ŋgɑ́(:)lədʒi, lèr- | lǽrɪ̈ŋgɔ́l-/ *n.* 咽喉(こう)科学. **la·ryn·go·log·ic** /lərɪ̀ŋgəlɑ́(:)dʒɪk | -lɔ́dʒ-⁻/ *adj.* **la·ryn·go·lóg·i·cal** /-dʒɪ̈kəl, -kḷ | -dʒɪ-⁻/ *adj.* **la·ryn·go·lóg·i·cal·ly** *adv.* **lar·yn·gól·o·gist** /-dʒɪ̈st | -dʒɪst/ *n.* 〖(1842): ⇨ ↑, -logy〗

larỳngo·pharýngeal *adj.* 〘解剖〙 咽喉頭の. 〖1872〗

larỳngo·phárynx *n.* 〘解剖〙 咽喉頭. 〖1893〗

la·ryn·go·phone /lərɪ́ŋgəfòun | lərɪ́ŋgəfəun, læ-/ *n.* のど当て送話器. 〖1927〗

la·ryn·go·scope /lərɪ́ŋgəskòup, -rɪ́ndʒə- | lərɪ́ŋ-gəskəup, læ-/ *n.* 〘医学·音声〙 喉頭鏡. **la·ryn·go·scop·ic** /lərɪ̀ŋgəskɑ́(:)pɪk, -rɪ̀ndʒə- | lərɪ̀ŋgəskɔ́p-, læ-⁻/ *adj.* **la·ryn·go·scóp·i·cal** /-pɪ̈kəl, -kḷ | -pɪ-⁻/ *adj.* **la·ryn·go·scóp·i·cal·ly** *adv.* 〖(1860) ← LARYNGO-＋-SCOPE〗

lar·yn·gos·co·py /lǽrɪ̈ŋgɑ́(:)skəpi, lèr- | lǽrɪ̈ŋgɔ́s-/ *n.* 〘医学〙 喉頭鏡検査(法). **la·ryn·go·sco·pist** /-pɪ̈st | -pɪst/ *n.* 〖(1861) ← LARYNGO-＋-SCOPY〗

lar·yn·got·o·my /lǽrɪ̈ŋgɑ́(:)ṭəmi, lèr- | lǽrɪŋgɔ́t-/ *n.* 〘外科〙 喉頭切開(術). 〖(1661) ← LARYNGO-＋-TOMY〗

larỳngo·trácheal *adj.* 〘解剖〙 喉頭(と)気管の. 〖1880〗

larỳngo·tracheítis *n.* 〘病理〙 喉頭気管炎 (cf. infectious laryngotracheitis). 〖1932〗

lar·ynx /lǽrɪŋ(k)s, lér- | lǽr-/ *n.* (*pl.* **la·ryn·ges** /lərɪ́ndʒi:z | læ-, lə-/, ～·**es**) 〘解剖〙 喉頭 (⇨ throat 挿絵; cf. pharynx, epiglottis). 〖(1578) ← NL ～ ← Gk *lárugx* throat ← ? (cf. *phárugx* throat)〗

la·sa·gna /ləzɑ́:njə, -sɑ́:n- | -zǽn-, -sǽn-, -zɑ́:n-, -sɑ́:n-; *It.* lazáɲɲa/ *n.* (*pl.* **la·sa·gne** /ləzɑ́:njə, lɑ:-, -zǽn-, -njeɪ; *It.* lazáɲɲe/) ラザニア: **a** イタリア料理で用いる幅広の平たいパスタ. **b** ラザニアを肉·チーズ·トマトソースなどと重ね焼きにした料理. 〖(1740) ▫ It. ～ < VL **lasania*=L *lasanum* cooking-pot ▫ Gk *lásanon*〗

La·Salle /ləsǽl; *F.* lasal/ *n.* ラサル《カナダ Quebec 州南部の Montreal 島にある都市》.

la Salle *n.* ⇨ Jean Baptiste de La Salle.

La Salle /ləsǽl; *F.* lasal/, (**René**) **Robert Cavelier de** *n.* ラ サール《1643–87; フランスの冒険家, Illinoi 川, Mississippi 川を探検, Louisiana を建設 (1682); 称号 Sieur de La Salle》.

La Sca·la /lɑskɑ́:lə; *It.* laská:la/ *n.* スカラ座《イタリアの Milan 市にあるオペラ劇場; 1778 年開場》.

las·car /lǽskə | -kəʳ/ *n.* **1** (外国船に雇われている)インド人水夫 (cf. serang). **2** 《インド》(英国軍の)インド人砲兵. 〖(1615) ▫ Hindi *lashkar* ▫ Pers. army, camp ▫ Arab. *al-ʿáskar* the army〗

Las Ca·sas /lɑ:skɑ́:səs; *Sp.* laskásas/, **Bartolomé de** *n.* ラス カサス《1474–1566; アメリカインディアンに伝道したスペインのドミニコ会宣教師》.

Las·cáux Cáve /læskóu- | lǽskəu-, ⁻⁻⁻; *F.* lasko/ *n.* ラスコー洞窟《フランス Dordogne 地方の Lascaux にあるほら穴; 後期旧石器時代の壁画が残存している》.

las·civ·i·ous /ləsíviəs/ *adj.* **1** 淫(みだ)ら, 好色な (lustful): a ～ glance 色目. **2** 猥褻(わいせつ)な, 挑発的な, 煽情的な (salacious): a ～ picture. **～·ly** *adv.* **～·ness** *n.* 〖(c1425) ▫ LL *lasciviōsus* ← L *lascīvus* wanton: ⇨ lust ← IE **las-* to be eager〗

Las Cru·ces /lɑ:skrú:seɪs/ *n.* ラス クルーセス《米国 New Mexico 州南部, Rio Grande 川に臨む都市》.

lase /léɪz/ 〘光学〙 *vi.* レーザー (laser) の働きをする; 誘導放出により可干渉性の光を増幅[放出]する (cf. mase). ― *vt.* …にレーザー光を放射する[かける]. 〖(1962) 《逆成》← *laser*〗

láse pèn [**pòinter**] *n.* レーザーポインター《発表などの際大画面上に遠くからレーザー光線をあてる道具》.

la·ser /léɪzə | -zəʳ/ *n.* 〘電子工学〙 **1** レーザー《誘導放出を利用し光の増幅·発振を行い, 指向性および干渉性の良い強い単色光を作る装置; optical maser ともいう》: ～ beams. **2** 電磁放射光線発生装置《赤外線やマイクロ波放射など》. 〖(1960) 《頭字語》← *l*(*ight*) *a*(*mplification by*) *s*(*timulated*) *e*(*mission of*) *r*(*adiation*)〗

láser càrd *n.* 〘電算〙 レーザーカード《クレジットカード大の

記憶媒体; 表面に数ミクロンの穴をあけ大量のデータを記憶させる; データの読み取りはレーザー光を走査させて行う; cf. smart card). 〘1981〙

láser dìsk [dìsc] *n.* レーザーディスク, 光ディスク (optical disk). 〘1980〙

láser gỳro *n.* 〘航空〙 レーザージャイロ《閉回路の中でレーザー光の周波数のずれを測定することにより, 機体の回転を感知する装置》. 〘1975〙

Láser·Jèt *n.* 〘商標〙 レーザージェット《Hewlett-Packard 社製のレーザープリンター》.

láser prìnter *n.* 〘電算〙 レーザープリンター《レーザー光を用いて印字する, コンピューターに接続した高速度プリンター》. 〘1979〙

láser shòw *n.* レーザーショー《色とりどりのレーザー光線を用いたショー》.

la·ser·trip·sy /léɪzətrɪ̀psi | -zə-/ *n.* 〘外科〙 レーザー砕石術《膀胱・腎臓などの結石に一定の波長のレーザーパルスをあてて破砕・除去する治療法》.

Láser·Vìsion *n.* 〘商標〙 レーザーヴィジョン《オランダ Philips 社のレーザーディスクによるオーディオヴィジュアルシステム》.

lash[1] /lǽʃ/ *n.* **1** まつ毛 (eyelash). **2** むちのしなやかな部分, むちひも; むち (whip). **3 a** (むちの)一打ち: receive twelve ~*es* 12 回むち打たれる. **b** [the ~] むち打ちの刑: under *the* ~ むち打ちの刑を受けて. **4** (むち打ちのように)急激な一打ち; (馬・犬などが)尾を振ること: I received a ~ of his hand on my cheek. ほおに平手打ちを食らった. **5** (風・雨など)強く打ち当たること: the ~ of wintry storm 冬のあらしの吹付け / the ~ of waves against the rock 岩を打つ波. **6** 当てこすり, 諷刺; 痛烈な非難: under the ~*es* 痛烈な非難を受けて. **7** 〘紡織〙 首糸《ジャカード織で模様を織るために堅針の下に付ける麻糸または針金の輪》. **8** 〘機械〙 ラッシ, すき間《互いに接触して運動する機械部品の間に発生するすき間》. ***hàve a lásh (at)*** 〘豪口語〙 (…を)ためしてみる, (…に)加わる.
— *vt.* **1** むち(のようなもの)で打つ, 打つ, 打ちすえる: ~ a person *on* the back [*across* the face] 人の背[顔]を打つ / The wind ~*ed* his hair around the forehead. 風に吹かれて髪の毛が額のあたりを打った. **2** (怒って)急に激しく動かす; 振り上げる[飛ばす]: The lion ~*ed* its angry tail. ライオンは怒って尾を激しく振った / The horse ~*ed up* its heels. 馬があと足を蹴上げた. **3** 〈雨・波などが〉…に打ち当たる, 打ち寄せる: The rain ~*ed* the window glass. 雨が窓ガラスを叩いた / The waves are ~*ing* the shore. 波が岸辺に打ち寄せている. **4** ののしる; …に皮肉を浴びせる (satirize); 痛烈に非難する, 激しく責める (rebuke) 〔*with*〕: ~ a person *with* one's tongue [pen] 人を口頭[ペン]で皮肉る. **5** 〈人を〉刺激して〔ある状態に〕する (provoke), 〔ある行為に〕駆り立てる (drive) 〔*into*〕: ~ a person *into* fury [*into* murder] 人を激怒させる[人に殺人を犯させる] / He ~*ed* himself *into* a raging temper. かっと激怒した. **6** 〘英口語〙 〈金を〉無鉄砲に使う: ~ the money *around*.
— *vi.* **1** (むちなどで)激しく打つ: ~ *at* a person with a stick 棒で人を激しく打つ. **2** 痛烈に非難する, 激しく責める; 突然なぐりかかる 〈*out*〉 〔*at, against*〕: ~ *at* a person / ~ *out against* [*at*] the government 政府を痛烈に攻撃する. **3** 〈風・波などが〉激しく打ち当たる (beat); 〈雨などが〉激しく降る (pour) 〈*down*〉 〔*against*〕: The waves ~*ed against* the shore. 波が岸に激しく打ち寄せた / The rain was ~*ing down against* the window. 雨が激しく窓を打っていた. **4 a** さっと動く; 激しく動き回る 〈*about*〉; 突進する 〈*out*〉 〔*at*〕: The snake ~*ed* and coiled. へびはさっと動くととぐろをまいた / He ~*ed about* in pain. 彼は痛くて七転八倒した / He ~*ed out at* the burglar. 彼は強盗に突進した. **b** 〈馬が〉ける (kick) 〔*at*〕: The horse ~*ed out at* the driver. 馬は御者をけとばした. **5** 〘英口語〙 金を無鉄砲に使う, 散財する 〈*out*〉 〔*on*〕: ~*ed out* £1,000 *on* a fur coat. 毛皮のコートに1,000 ポンドも使った. 〘(?a1300) lassh, lashe (擬音語) ?〙

lash[2] /lǽʃ/ *vt.* 〔綱・ひもなどで〕縛る, くくり[縛り]つける (fasten) 〔*with*〕: ~ *down* しっかり縛りつける / ~ a person's hands *with* cord 両手をひもで縛る. ***lásh a hámmock*** ⇨ hammock[1]. ***lásh and cárry*** 〘海事〙 飛び起きて片付け当直の用意をする《目が覚めると同時に飛び起きて, ハンモックを片付け, 当直に備える動作》. 〘(?a1200) ▭ OF *lachier* (変形) ← *lacier* 'to LACE'〙

lashed *adj.* [主に複合語の第 2 構成素として] (…の)まつ毛のある: a dark-*lashed* girl 黒いまつ毛の少女 / her long-*lashed* hazel eyes まつ毛の長い薄茶色の目. 〘(1776) ← LASH[1]+-ED〙

lásh·er[1] *n.* **1** むち打つ人; 非難者. **2** 〘英〙 堰(せき); 堰を流れ落ちる水; 堰の下の水たまり. 〘(1602) ← LASH[1]+-ER[1]〙

lásh·er[2] *n.* 締め綱《材木などの貨物を甲板へ縛り付けたりする時などの綱》.

lásh·ing[1] *n.* **1** むち打ち (flogging). **2** 痛烈な非難.
— *adj.* **1** 〈雨など〉激しく降る. **2** 〈非難など〉痛烈な.
~·ly *adv.* 〘(c1400): ⇨ lash[1], -ing[1]〙

lásh·ing[2] *n.* **1** (綱・ひもなどで)結ぶこと, 縛ること. **2** ひも, なわ (cord, rope), 針金 (wire), 鎖 (chain). 〘(c1385): ⇨ lash[2]+-ing[1]〙

lash·ings /lǽʃɪŋz/ *n. pl.* (*also* **lash·ins** /-ʃɪ̀nz | -ʃɪnz/) 〘英俗〙 たくさん, 多量《飲食物に用いることが多い》: cornflakes with ~ of milk 牛乳をたくさんかけたコーンフレーク. 〘(1829): ⇨ lashing[1]〙

La·shio /lάːʃiòu | lǽʃiəu/ *n.* ラシオ《ミャンマー北東部の町; 重慶へ通じる旧ビルマルートの起点》.

lash·kar /lǽʃkə, lʌ́ʃ- | -kə(r)/ *n.* =lascar.

Lash·kar /lǽʃkə, lʌ́ʃ- | -kə(r)/ *n.* ラシュカル《インド北部の都市》.

lásh·less *adj.* まつ毛のない. 〘(1812) ← LASH[1]+-LESS〙

lásh ràil *n.* 〘海事〙 綱取りレール《ブルワーク (bulwark) に固定取付けのレールで, ロープなどを縛り付けるのに使う》.

lásh-ùp *n.* **1** 〘口語〙 (実験・非常の措置などのための)装置の間に合わせの物; 大急ぎの間に合わせ物, 即席の考案(など) (makeshift) 《hook-up ともいう》. **2** 装備 (outfit). **3** 〘俗〙 失敗 (failure). 〘(1898) ← *lash up* (⇨ lash[2])〙

Las·ker /lǽskə | -kə(r); *G.* láskɐ/, **Emanuel** *n.* ラスカー《(1868–1941; ドイツのチェス選手・数学者; 世界チャンピオン (1894–1921))》.

las·ket /lǽskɪ̀t | -kɪt/ *n.* 〘海事〙 =latching. 〘(1704) (変形) ← ? LATCHET: GASKET の類推〙

Las·ki /lǽski/, **Harold (Joseph)** *n.* ラスキ《(1893–1950; 英国の政治学者・社会主義者)》.

LASL /lǽsəl, -sl/ 《略》 Los Alamos Scientific Laboratory.

Las Pal·mas /lɑːspάːlməs, -mɑːs | læspǽl-, -pάːl-; *Sp.* laspálmas/ *n.* ラスパルマス《Canary 諸島の Gran Canary 島の港市》.

L-as·pa·rag·i·nase /èlæspərǽdʒənèɪs, -nèɪz | -dʒɪ-/ *n.* 〘生化学〙 L アスパラギナーゼ《L アスパラギンを加水分解する酵素; 白血病の治療に用いる》. 〘(1962) L: 《略》 ← LEVO-〙

La Spe·zia /lɑːspétsiə; *It.* laspéttsja/ *n.* ラスペツィア《イタリア北西部の港市で, 海軍基地》.

lasque /lǽsk | lάːsk/ *n.* 〘鉱物〙 薄い不整形なダイヤモンド《宝石に用いる》. 〘(1678) ▭ ? Pers. *lashk* bit, piece〙

lass /lǽs/ *n.* **1** 若い女, 娘っ子, 少女 (cf. lad 1). **2** 恋人《女性》. **3** 〘スコット〙 女中. 〘(c1300) *lasse, lasce* ▭ ? ON **laskwa* (fem.) ← **laskwar* unmarried〙

Las·sa /lάːsə, lǽsə/ *n.* =Lhasa.

Lás·sa fèver /lάːsə-/ *n.* 〘病理〙 ラッサ熱《死亡率の高いウイルス性の急性熱性伝染病》. 〘(1970) *Lassa*: 最初にこの伝染病が確認されたナイジェリア西部の部落名〙

Las·salle /ləsǽl; *G.* lasál/, **Ferdinand (Gottlieb)** *n.* ラッサール《(1825–64; ドイツの社会主義者・著述家)》.

Lás·sen Péak /lǽsən-, -sn-/ *n.* ラッセンピーク《米国 California 州北部, Cascade 山脈の南にある活火山 (3,187 m)》.

Lás·sen Volcánic Nátional Párk /lǽsən-, -sn-/ *n.* ラッセン火山国立公園《米国 California 州北部の Cascade 山脈の南部を占める国立公園; Lassen Peak がある; 面積 433 km²》.

las·si /lǽsi; *Hindi* ləsi/ *n.* 《インド》 ラッシー《発酵させたバターミルク; 砂糖や香料などを加え, 冷やして飲む》. 〘(1894) ▭ Hindi *lassī*〙

las·sie /lǽsi/ *n.* 小娘, 少女 (little lass). 〘(1725) ← LASS+-IE: cf; laddie〙

Las·sie[1] /lǽsi/ *n.* ラッシー《女性名; 異形 Lasse》. ★ スコットランドに多い. 〘↑〙

Las·sie[2] /lǽsi/ *n.* (名犬)ラッシー《英国生まれの米国の小説家 Eric Knight (1897–1943) の小説 *Lassie Come Home* (1940) の主人公であるコリー; 映画・テレビでも活躍》.

las·si·tude /lǽsətùːd, -tjùːd | -sɪ̀tjùːd/ *n.* **1** だるいこと, 疲労, 倦(けん)怠 (⇨ lethargy SYN). **2** 気の進まないこと, 気乗りのしないこと. 〘(?a1425) ▭ F ∼ ▭ L *lassitūdō* weariness ← *lassus* weary **ladtos* ← **lad-* to leave ← IE **lē-* to let go〙

láss·lòrn *adj.* 恋する女 (lass) に捨てられて. 〘(1611): ⇨ lorn〙

las·so /lǽsou, læsúː, ⌐⌐ | læsúː, lə-, lǽsəu/ *n.* (*pl.* **~s, ~es**) 輪縄, 投げ縄《引結びの輪 (running noose) のある獣皮製の長い綱; 野生馬などを捕えるのに用いる》.
— *vt.* 輪縄[投げ縄]で捕える. **~·er** *n.* 〘(1768) ▭ Sp. *lazo* < VL **lacium*=L *laqueus* noose, snare: LACE と二重語〙

Las·so /lάːsou | -səu; *It.* lásso/, **Orlando di** *n.* ラッソ《(1532?–94; フランドル楽派の作曲家; ラテン語名 Orlandus Lassus)》.

lásso cèll *n.* 〘動物〙 =adhesive cell.

Las·sus /lǽsəs; *Du.* lάsʏs/, **Roland de** *n.* ラッスス《(1532?–94; フランドルの作曲家; 教会音楽および世俗音楽の作曲で有名; イタリア語名 Orlando di Lasso)》.

last[1] /lǽst | lάːst/ *adj.* [元来は late の最上級; ⇨ latest] **1 a** すぐ[この]前の, 昨…, 先…, 去る… (cf. this 2, next 1): ~ evening [night] 昨晩[夜] (cf. yesterday *n.* 1 b) / ~ month [week] 先月[週] / ~ Wednesday=on Wednesday ~ この前の[先週の]水曜日に / on Wednesday (of) ~ week 先週の水曜日に / ~ May 去る 5 月に / ~ spring 過ぐる春に《去年の春に; 今年の終わった春に》 / ~ year 去年 (cf. the year before (その)前年に) / What were you doing this time ~ year? 去年の今ごろは何をしていましたか / ~ time この前(の時) 《★ 以上はしばしば前置詞なしに, 副詞句として用いられる》 / in [for, during] the [these] ~ few days ここ数日間 / in [for, during] *the* ~ couple of weeks この 2 週間に / in [during] *the* ~ century 前世紀に / I haven't seen him for *the* ~ month or so. ここ 1 か月ばかり彼と会っていない 《★ この場合の the last … は the past … と同意》 / *The* ~ time I saw him was Saturday. この前彼に会ったのは土曜日だった / He looked very worried (*the*) ~ time I saw him. この前会った時にはとても心配そうにしていた. **b** [通例 the ~, one's ~] 最近の (most recent) (cf. *n.* 1 a): as I said in *my* ~ letter 前便で申し上げたように / *The* ~ news I heard was that … 最近の消息では…だった / *the* ~ issue of *Time*「タイム」の最新号 《★ 前の 2 例では latest を用いた方がよいとされる》. **c** [the ~] 最新(流行)の (latest): *the* ~ thing in skirts [fashion] 最新流行のスカート[ファッション] / ⇨ last cry, last word 3.

2 a [the ~として] (順序が)最後の, 一番あとの (↔ first): *the* ~ page of a book / *the* ~ two [three] days 最後の 2 日 [3 日] / the next-to-the-*last* paragraph=the paragraph next to the ~ 最後から 2 番目のパラグラフ / *the* ~ … but one [two]=*the* ~ but one [two] … 終わりから 2 番目 [3 番目]の… / in *the* ~ place (列挙などで)最後に / to *the* ~ man 最後の一人まで, 全滅するまで / ⇨ last ditch / I wouldn't marry you if you were *the* ~ man on earth! たとえあなたが地球上の最後の人でも私はあなたと結婚しない.

> 語法 (1) 数詞が少ない数を表す場合には last [first, next] を数詞の前に置いても後に置いてもよいが, 現在は前に置く方が普通; 数詞が多い数を表す場合には, last [first, next] は数詞の前に置く: *the* ~ [first, next] ten pages. (2) 数詞が序数の場合は, last は常に序数の後に置く: *the* second [third] ~ paragraph 〘英〙 最後から 2 番目 [3 番目] のパラグラフ.

b [通例 the ~, one's ~ として] (時間が)最後の, 最終の (↔ first); 生涯の終わりの, 臨終の; 死別の, 告別の; (世界の)終わりの, 末の: *the* ~ day of the year 大みそか / *the* ~ Sunday in August 8 月の最後の日曜日 / see something for *the* ~ time ある物の見納めをする / hear from a person for *the* ~ time それを最後に人から消息がない / I think about you first thing in the morning and ~ thing at night. 目が覚めるとまずあなたのことを考え眠りにつく直前まであなたのことを考えます / pay *one's* ~ respects to …に告別する / in *one's* ~ hours [moments] 死のまぎわに, 死に臨んで / *one's* ~ days (人の)晩年 / ⇨ four last things, last rites, last word 3.
3 a 最後に残った: down to one's ~ penny [crust] 最後の一ペニー[パンのひと切れ]まで / one's ~ hope [chance] 最後の望み[機会] / the ~ stronghold [survivor] 最後の砦[生存者]. **b** 〈行為が〉最後の, 最終の: the ~ spurt 最後の努力 / Let's make one's ~ effort [stand]. 最後の努力[抵抗]をしよう / put the ~ touch [〘廃〙 hand] to …を仕上げる[完成する] / She cast a ~ look at him. 彼女は最後に彼をちらりと見やった.
4 a [the ~; *to* do または関係詞節を伴って] 決して…しそうもない, まさか…しまいと思われる (most unlikely, most undesirable): be the ~ thing on a person's mind 全く…の念頭にはない / You should be *the* ~ person *to* wish it. それを決して願ってはいけない / That is *the* ~ things *to* try. それはやってみるほどの物ではない / Teachers are *the* ~ people on earth *who* can believe that all men are born equal. 教師とは, 人間はだれでも生まれながらに平等であるということを到底信じることのできない人種である / This is about *the* ~ place *where* anyone would look for you. まさかこんな所に君がいようとはだれも思うまい. **b** [the ~] 最も不適当な, 最も不相応な (most unsuitable) 〔*for*〕: She was *the* ~ wife in the world *for* a farmer. およそ農家の主婦には向かぬ女性だった.
5 [the ~] **a** 〘古〙 最上の, 至極の (supreme, utmost): a matter of *the* ~ importance 最も重要な事柄 / be exposed to the ~ term of contempt 最大の侮辱を受ける. **b** 一番下位の, 最低の, どんじりの (lowest, worst): *the* ~ prize 最下位の賞 / *the* ~ boy in the class クラスのびり. **6** 〘古〙 最終的な, 決定的な, 究極の (conclusive, final): give the ~ explanation 最終的な解釈を示す / There is no ~ answer *to* …に対しては決定的な答えは出ない / ⇨ last word 2. **7** [強意語として] 個々の, たった 1 個の: ⇨ EVERY *last*.
on one's lást pins [légs] ⇨ pin *n.* 5, leg 成句.
— *adv.* [元来は late の最上級; ⇨ latest] **1** この前, 前回に, 最近 (most recently): When did you ~ go abroad [go abroad ~]? この前外国へ行かれたのはいつですか / I ~ met him in Oxford.=I met him ~ in Oxford. 最近はオックスフォードで彼に会った. **2 a** (順序・時間など)最後に, 一番終わりに (↔ first): ~ of all [強意的] 一番最後に / come ~ and leave first 最後に来て最初に帰る / She was ~ seen going to work. 仕事に出かけるところを見られたのが最後だった / He ranks ~ in his class and came ~ in the exam. クラスでは彼が一番劣っていて試験はびりだった. **b** (いろいろ述べて)終わりに当たって; (列挙して)最後に (finally) (cf. lastly): *Last,* I'd like to say a few words on the educational aspect. 最後にひとこと教育的な側面について述べてみたい. ★ 一連の動作の「最後に」という意味では, last は文尾に, lastly は文頭に置く: She added the milk ~.=*Lastly* she added the milk. 彼女は最後に牛乳を加えた. **c** [複合語の第 1 構成素として] 最後に: *last*-born 最後に産まれた / *last*-mentioned 最後に挙げた[言った] / *last*-named 最後に名を挙げた.
first and lást ⇨ first *adv.* 成句. ***lást but nòt léast*** 最後に述べるが決して軽んずべきではない(もの[こと]であるが), 順序は最後だが重要な(もの[こと]だが), 大事なことを一つ言い残したが (cf. Shak., *Caesar* 3. 1. 189). 〘1599〙
— *n.* **1 a** 最後[最近]の物[人] (cf. *adj.* 1 b); 最後に挙げた人[物]: the [this] ~ この最後の物[人] / These ~ were given honorary degrees. この最後に名を挙げた人々は名誉学位を授与された / the ~ (news) I received from him 彼からもらった最後[最近]の報道 / He was still unconscious the ~ I heard. 最後に聞いたところでは, 彼はまだ意識がなかった / Have you heard Lord Quirk's ~ (joke)? クワーク卿の最近のジョークを聞いたかい. ★ *adj.* としての last の次に名詞が省略されたもの. **b** [(…before ~ の形で] 一昨…, 先々… (cf. *adj.* 1 a): the night *before* ~ 一昨夜 / the month *before* ~ 先々月 / the year *before* ~ 一昨年, おととし. **2 a** [通例 the ~; 単数または複数扱い] (…のうちの)最後の物[人] (↔ first):

the ~ *of* the tests 一番最後の試験 / *the* ~ *of* the Stuarts スチュアート家の最後の王 / He was *the* ~ *to* volunteer. 彼が一番最後に志願した(人だった) (cf. He volunteered *last*. (⇨ *adv.* 2 a)) / This is our ~. これがうちの末っ子です / from first to ~ 初めから終わりまで / This is the next to the ~ [the ~ but one, 《英》 the second ~] これが最後から 2 番目だ. **b** [the ~] 終わり, 結末 (end, conclusion): I haven't heard *the* ~ *of* the story. 話の結末は聞かずじまいだった. **c** [the ~, one's ~] 臨終, 末期, 死 (death): He was faithful to his principles *to* [*till*] *the* ~. 死ぬまで主義を守り抜いた. **3** 《文語》 最後の動作 《呼吸など》: breathe one's ~ 息を引き取る, 死ぬ (cf. Shak., *3 Hen VI* 5. 2. 40) / look one's ~ (on ...) (...の)見納めをする. ★ これらの例では *adj.* としての last のあとにそれぞれ breath, look が略されているものと解され, one's last は一種の同族目的語と見られる. **4** [the ~] 《口語》 (週・月などの)末 (↔ first): *the* ~ *of* the week [month] 週[月]末 / We went there *the* ~ *of* July. 7 月の終わりにそこへ行った.

at lást 終わりに, ついに (finally): The vacation came *at* ~. ついに休暇になった. 《1490》 ***at lóng lást*** (長い期間がたったあとで)やっとのことで, ようやく, ついに: *At long* ~ he paid the money back. ようやく金を返してくれた. 《1864》 ***héar the lást of*** ...の聞き納めになる: We will never *hear the* ~ *of* it. いつになってもその話はやまない[人のうわさになっている]だろう. ***sée the lást of*** ...の見納めになる: That was *the* ~ I *saw of* my father. それが父の見納めとなった.

〚(?*a*1200) *last(e), latst* 《中音消失》 ← *latest* < OE *latost, lætest* (< Gmc **latast-*, **latist-*: Du. *laatst* / G *letzt*) (superl.) ← *læt* 'LATE'〛

SYN 最後の: **last** 順序の終わりで, 連続の終わりにくる: He was the *last* one to leave the room. 彼が部屋を出た最後の人でした. **final** 〈決定など〉最終的で, 仕上げとしての最後の: the *final* chapter 最終章 / the *final* answer 最終的な答え. **latest** 最も現在に近い: his *latest* book 彼の最近の本. **terminal** 範囲・期限のあるものについての終わりを示す: the *terminal* station 終着駅. **concluding** 講演・章・プログラムなどの終わりを示す: the *concluding* speech 結びのあいさつ. **ultimate** ある過程の終わりに生じる 《格式ばった語》: my *ultimate* objective 私の究極の目的. **ANT** first.

last² /lǽst | lάːst/ *vi.* **1** (時間的に)続く, 継続する (continue): The sermon ~*ed* (*for*) an hour. 説教は 1 時間続いた / How long will the performance ~? 芝居[演奏]はどの位かかりますか / All this is too good to ~. これが長く続いて欲しい. **2 a** 持続する, 持ちこたえる (endure); 〈人が〉命を持ちこたえる: as long as life ~*s* 命の続く限り / He can't ~ *till* morning [*through* another bad hemorrhage]. 朝まで[今度またひどく出血したら]持つまい. **b** 持ちがよい, 長持ちする: This cloth will not ~ long. この布地は長持ちしないだろう / These shoes are made to ~. この靴は長持ちする. **3** 〈力・精力などが〉損なわれない, 衰えない, 持つ: His strength ~*ed* to the end of the journey. 旅行の最後まで力が衰えなかった / If my health ~*s*, I will finish my work. もし健康が持つならこの仕事をやってしまおう. **4** 足りる, 間に合う (suffice): We have enough food to ~ (*for*) a week. 1 週間分の食料がある / You must make your money ~ *till* you get home. 家に帰るまでその金で間に合わせなければならない.

— *vt.* ★ 受身には用いられない. **1** 〈ある期間〉だけ〈人〉に(とって)間に合う, 十分である, 足りる (be enough for): money to ~ them a month 彼らに 1 か月もつお金 / A pound of tobacco only ~*s* me a fortnight. 1 ポンドのたばこは私には 2 週間しか持たない. ★ この用法は今日では間接目的語(人)と直接目的語(期間)を伴う *vt.* 用法と解されるが, 歴史的には時間規定の副詞的目的格を伴う *vi.* の用法 (cf. *vi.* 1, 4) に人を指す与格が添えられたもの; なお, 次のように前置詞付きの句を伴うこともある: We have enough food to ~ us *for* a month. 1 か月十分にもつ食料がある / He gave me enough files to ~ me *for* a month. 彼は私にひと月分の[目を通すだけでもひと月はかかる]ファイルをくれた. **2** ...の終わりまで生きながらえる (survive), ...の間持ちこたえる (endure) 〈*out*〉: They ~*ed* (*out*) the famine. 彼らは飢饉(ききん)を生き延びた / He won't ~ *out* the week. 彼は 1 週間持つまい / Our supply of oil will hardly ~ *out* the winter. 石油の貯えは冬中はとても持つまい.

— *n.* 持続力, 耐久力, 根気 (stamina).

〚OE *lǣstan* to carry out, continue, follow < Gmc **laistjan* (G *leisten* to perform) ← **laist-* 'LAST³'〛

last³ /lǽst | lάːst/ *n.* (木・プラスチック・金属製の)靴型. ***gó beyònd one's lást*** 自己の本分を越える, 自分の領域外のことに口を出す. (cf. *stick to one's* LAST) ***stick to one's lást*** 自己の本分を守る, 自分の仕事だけをする, わからない事に口出しをしない. (《1927》 'Let the COBBLER¹ stick to his last.' という諺から) — *vt.* 〈靴を〉つり込む 《靴の甲部を引っ張って靴型に合わせる》. — *vi.* つり込む.

〚lateOE *lǣste* ← *lāst* footstep, track < Gmc **laist-* (Du. *leest* / G *Leisten*) ← IE **leis-* track, furrow〛

last⁴ /lǽst | lάːst/ *n.* **1** ラスト 《重量の単位; 通例 4,000 ポンド, 地方によって不同》: a ~ of wool 羊毛 1 ラスト (12 sacks すなわち 4,368 ポンド). **2** ラスト 《英国の穀量の単位; =10 quarters, 80 bushels》: a ~ of malt [corn] 麦芽[麦] 1 ラスト. 〚OE *hlæst* burden ← (WGmc) **hlatsta-* (Du. *last* / G *Last*) ← **hlab-* 'to LADE'〛

last⁵ /lǽst | lάːst/ *n.* =miter 6.

lást accóunt *n.* [the ~] =Last Judgment.

Lást Assíze *n.* [the ~] =Last Judgment.

lást-bórn *adj., n.* 最後に生まれた(子), 末っ子(の).

lást cáll *n.* 《米》 =last orders.

lást crý *n.* =dernier cri.

lást-cýclic *adj.* 〘生成文法〙 最終循環の (cf. cyclic 5, post-cyclic).

lást dáy, L- D- *n.* [the ~] 最後の審判の日 (Judgment Day). 〚*a*1325〛

last-ditch /lǽs(t)dítʃ | lάːs(t)-ˊ-/ *adj.* **1** [限定的] 絶体絶命の, のっぴきならない: a ~ attempt to prevent war 戦争を防ぐための最後の必死の試み / the 'income policy' as a ~ measure to curb inflation インフレ抑止のための絶体絶命の処置としての所得政策. **2** 最後まで戦われる, 死力を尽くしての: a ~ fight. 〚1937〛

lást dítch *n.* [the ~] 窮地, どたん場: be driven *to the* ~ どたん場に追い詰められる / fight *to the* ~ とことん戦う / die *in the* ~ 最後まで防戦して死ぬ. 〚1715〛

lást-dítch·er *n.* 最後まで頑張る人. 〚1909〛

lást·er¹ *n.* 持続する物; 耐久力のある物[人]. 〚(1719): ⇨ last²〛

lást·er² *n.* つり込み作業者[機]. 〚(1878): ⇨ last³〛

Las·tex /lǽstɛks/ *n.* 〘商標〙 ラステックス 《ゴム乳状液を細いゴム糸に作り, これに綿糸などをからみ付けて作った糸》. 〚(1934) ← (E)LAS(TIC)+TEX(TILE)〛

Lást Frontíer *n.* [the ~] 米国 Alaska 州の俗称.

lást-gásp *adj.* 最後になされる, どたん場に行われる.

Lást Góspel *n.* 〘キリスト教〙 (カトリックで)終わりの聖福音; 最終福音(書) 《カトリック教会のミサ聖祭や多くの英国国教会派の教会の聖餐式の終わりに読まれる福音書; 通例ヨハネ福音書 1: 1–14》.

lást hurráh *n.* 最後の努力[試み].

lást-ín, fírst-óut *n.* 〘会計〙 後入れ先出し法 《仕入単価の異なる同じ種類の商品を出庫する時, 一番最後に仕入れた口の商品が, 一番先に出庫したものとして, その払出価格を計算する方法; 頭文字をとって LIFO, Lifo ともいい, また, last-in, first-out method ともいう; cf. first-in, first-out; next-in, first-out》. 〚1940〛

last·ing /lǽstɪŋ | lάːst-/ *adj.* (長く)続く, 永続する (durable), 長持ちする, 耐久力のある (enduring), 永久(不変)の (permanent): ~ comfort, sorrow, etc. / a ~ friendship, peace, etc. — *n.* **1** ラスティング 《持ちのよい一種のラシャ; 婦人靴や包みボタンなどに用いる》. **2** 《古》 持続; 耐久性; 長命. **~·ly** *adv.* **~·ness** *n.* 〚(?*a*1200): ⇨ last², -ing¹·²; cf. OE *lestende*〛

Lást Júdgment *n.* [the ~] (世の終わりに神が行う)最後の審判 (Last Assize) (the Last Day, Dooms-day, Judgement Day ともいう). 〚*a*1400〛

last·ly /lǽstli | lάːst-/ *adv.* (いろいろ述べて)最後に, 終わりに(当たって), (列挙して)最後に: *Lastly*, I ask you to drink to ... 最後に...のために皆様と乾杯をいたしたく思います. 〚(*c*1375) 《スコット》 *lestely*: ⇨ -ly¹〛

lást-méntioned *adj.* [限定的] [the ~] 一番最後に挙げた; [代名詞的に用いて] 一番最後に挙げたもの (the first, the second などに対する; cf. latter 1 ★). 〚1863〛

lást míle *n.* 死刑囚が独房から刑場まで歩いて行く距離.

lást-mínute *adj.* [限定的] 最後の瞬間の, どたん場での: ~ amendments / a ~ appeal.

lást mínute *n.* 最後の瞬間, どたん場: at the ~ どたん場になって, いよいよという時になって. 〚1920〛

lást móment *n.* [the ~] =last minute.

lást nàme *n.* ラストネーム (⇨ name 1; ⇨ first name 日英比較). 〚1897〛

lást-námed *adj.* [限定的] =last-mentioned.

Lást Níght of the Próms /-prά(ː)mz | -prɔ́mz/ *n.* [the ~] プロムス最後の夜 《毎年 London の Royal Albert Hall で開かれる夏のプロムナードコンサート最終日の夜; 愛国歌を歌い, 国旗を振り, 聴衆も参加する》.

lást númber redíal [recáll] *n.* ⇨ redial *n.* 〚1982〛

lást óffices *n. pl.* [the ~] 葬式, 葬儀.

lást órders *n. pl.* 《英》 (パブ閉店前の)最後のアルコール類の注文.

lást póst *n.* 消灯らっぱ; 帰営らっぱ; 軍葬におけるらっぱ吹奏. 〚1900〛

lást quárter *n.* 〘天文〙 **1** 下弦 《満月の約 1 週間後に月面の半分が輝いてみえる月; cf. first quarter》. **2** 〈月が〉下弦の時期.

lást rítes *n. pl.* **1** 死者に対する告別の儀式および祈禱(きとう). **2** 臨終の人に施される秘跡. 〚1922〛

lást sácrament *n.* 〘カトリック〙 終油の秘跡.

lást stráw *n.* **1** [the ~] 限界すれすれのもの 《final straw ともいう》: It is *the* ~ that breaks the camel's back. 《諺》 たとえわずかでも限度を超せば大事となる. **2** (そのために急に負担が耐えられなくなる)最後のわずかな付加, 重荷に小付(こづけ): as a ~ 不幸続きの挙句の果てに. 〚1848〛

Lást Súpper *n.* [the ~] **1** 最後の晩餐(ばんさん) 《キリストがはりつけになる前夜に使徒たちと共にした晩餐》. **2** 「最後の晩餐」 《キリスト最後の晩餐を描いた絵画; Leonardo da Vinci の壁画など》. 〚14C〛

lást survívor annùity *n.* 〘保険〙 最終生残(せいざん)者年金 《二人以上の被保険者のうち, 最後の生残者に与えられる年金》.

lást thíng *adv.* 最後に, (特に)寝る前に.

Lást Thíngs *n. pl.* 〘キリスト教〙 最後のもの 《世の終わりのしるしである全人類の復活や最後の審判の出来事; 終末論的出来事》. 〚(1479) 《なぞり》 ← ML *Novissima*〛

lást trúmp [trúmpet] *n.* [the ~] 〘キリスト教〙 最後の審判のらっぱの音 《死者をよび起こし審判に服させる》.

lást váriable *n.* 〘数学〙 最終変数.

lást wórd *n.* [the ~] **1** 決定的な言葉; 決定的判断; 決定権: She always tries to say [have] *the* ~ in disputes. 争い事にはいつも人をやり込めようとする. **2** 《口語》 最新流行品[発明品], 最優秀品, 極致 (cf. dernier cri); 最高権威者 〔*in*〕: *the* ~ *in* science 科学の最新の発明[発達] / His residence was absolutely *the* ~ *in* luxury. 彼の邸宅は全く贅美(ぜいび)を尽くしたものだった / He is *the* ~ *in* modern architecture. 近代建築の最高権威だ. **3** [*pl.*] 臨終[最後]の言葉; 遺言.

fámous lást wórds (1) 臨終の名言(集). (2) 〘戯言・皮肉に用いて〙 そんなばかなこと(あるものか), どうだかね 《相手の予想などに対する不信を表す》. 〚1563〛

Las Ve·gas /lɑːsvéɪgəs | lǽs-, lάːs-/ *n.* ラスベガス 《米国 Nevada 州南東部の都市; 歓楽・賭博(とばく)地として有名》.

lat¹ /lάːt | lǽt/ *n.* (*pl.* **~s, la·ti** /-ṭi | -ti/) **1** ラット 《ラトビアの通貨単位 (1918–40); =100 santimi》. **2** 1 ラット銀貨. 〚(1923) 《略》 ← *Latvija* Latvia〛

lat² /lάːt/ *n.* 〘建築〙 (インドである種の寺院の)大石柱 《碑文や宗教的な表象を刻んだりした柱》. 〚(1800) ▭ Hindi *lāṭ(h)* 《変形》 ← Skt *yaṣṭi* pillar〛

lat³ /lǽt/ *n.* [通例 *pl.*] 《口語》 広背筋 (latissimus dorsi). 〚(1939) 《略》〛

lat 《略》 〘地理・天文〙 latitude.

lat. 《略》 latent; lateral.

Lat 《略》 Latin; Latvia; Latvian.

Lat·a·ki·a /lǽṭəkíːə, lɑ̀ːṭ- | lǽtə-/ *n.* **1 a** ラタキア 《シリア北西部の港市》. **b** ラタキア地方 《地中海に面するシリア北西部の沿岸地方》. **2** [l-] ラタキアたばこ 《トルコ産の上等なたばこ》. 〚1833〛

latch /lǽtʃ/ *n.* **1** (ドア・門などに付ける)掛け金, かんぬき (cf. night latch). **2** ドアロック 《外から鍵で開けるばねの付いた錠前》. **3** (窓などの) 留め金. **4** 〘電子工学〙 ラッチ 《ある入力に対する出力状態を次の信号能力があるまで保持する論理回路; latch circuit ともいう》.

òff the látch 〈戸が〉掛け金をはずして. ***on the látch*** 〈戸が〉(錠をおろさずに)掛け金だけかけて.

— *vt.* **1** ...に掛け金をおろす[かける]: ~ a door, window, etc. **2** 《英方言》 捕まえる (catch), 得る (get), 受け取る (receive). — *vi.* 〈戸・窓などが〉掛け金で締まる.

látch ónto [***ón to***] 《口語》 (1) ...の仲間[一員]になる; ...と親しく付き合う; つきまとう: ~ *onto* a rich widow 金持ちの未亡人と親しくする. (2) ...から離れない. (3) ...を理解する, のみ込む (understand): He just hasn't ~*ed on to* what we are doing. 我々のやっていることなど彼にはわかっちゃいない. (4) 《米》 ...を手に入れる (acquire): ~ *on to* [*onto*] 100,000 shares 10 万株を手に入れる. (5) ...をつかむ, しっかり握る (grasp): ~ *onto* the wheel ハンドルをしっかり握る.

〚(?*a*1200) *lacche* a fastening ← *lacchen* to seize < OE *læċċan* to take hold of, catch, take < Gmc **lakkjan* ← IE *(*s*)*lagʷ-* to seize〛

látch bòlt *n.* から締めボルト.

latch·et /lǽtʃɪt/ *n.* 《古》 靴ひも. 〚(*c*1350) ▭ OF *lachet* thong 《変形》 ← *lacet* (dim.) ← *laz* 'LACE': cf. lasket〛

látch·ing *n.* [通例 *pl.*] 〘海事〙 縄輪 《bonnet という追加帆布を取付けるために帆裾につけてある; lasket ともいう》. 〚(1362) 《廃》 fastening a door〛

látch·kèy *n.* **1** (表戸の)掛け金の鍵; 玄関の鍵 (passkey ともいう). **2** (制限からの)自由[解放]の象徴.

— *vt.* **1** 〈戸〉の掛け金の鍵をあける: ~ the door. **2** [~ *oneself* で] 玄関の鍵をあけて入る: ~ *oneself into* the house. 〚1825〛

látchkey chìld [kìd] *n.* 鍵っ子. 〚1944〛

látch nèedle *n.* 〘紡織〙 べら針, 舌針, 杓子針 《メリヤス編みに使う編み針の一種; 先端に上下に開閉する舌がある》. 〚1875〛

látch·strìng *n.* 掛け金[かんぬき]のひも 《外からそれを引っ張って掛け金をはずす》. ***the látchstring is*** [***hángs***] ***óut*** 〈訪問者を〉歓迎する, 温かく迎える. 〚1791〛

latd 《略》 latitude.

lat. dol. 《略》〘処方〙 *L.* laterī dolentī 痛みのある側に (on the side which is painful).

late /léɪt/ *adj.* (**lat·er**; **lat·est**) (cf. latter, last¹) **1 a** (ある時刻に)遅れた, 遅刻して; 遅い (↔ early): a ~ arrival 遅刻者 (cf. latecomer 1) / The mail is ~ today. 今日は郵便が遅い / It is never too ~ to mend. 《諺》 改めるに遅過ぎることはない, 「過ちては改むるにはばかることなかれ」 / I was (half an hour) ~ *for* school [*for* work, *at* the office]. 学校に[仕事に, 役所に] (30 分)遅れた / He was too ~ *for* the train. 列車に乗り遅れた / We were ~ *in* arriving. 到着するのが遅れた (★ この表現法の in は 《口語》 ではしばしば省かれる; cf. long¹ *adj.* 2 c) / I was ~ *having* (my) breakfast this morning. =I was ~ *with* breakfast this morning. 今朝は朝食をとるのが遅くなった. 日英比較 日本語では時刻, 時期が遅いことも, スピードが遅いことも「遅い」の一語で表すが, 英語では前者は *late*, 後者は slow と区別する. **b** (通常より)遅い; 時候[時節]遅れの (↔ early) (⇨ tardy **SYN**): (a) ~ marriage 晩婚 / ~ frosts 晩霜 / ~ fruits [crops] おくての果物[作物] / The crops are ~ this year. 今年は作物のできが遅い. **c** (時刻が)遅い; 日暮れに近い; (夜が)ふけた, 夜になってからの, 夜遅い: a ~ party 時刻の遅いパーティー / ~ dinner 夜の正餐(せいさん) (cf. midday *adj.*) / ~ revels 夜ふけの宴 / in the ~ afternoon 午後遅く / the ~ edition of a newspaper 新聞の遅版 / get ~ 遅くなる / There's a special ~ train [delivery] to night. 今夜は特別に遅い電車[配達]がある / keep ~ hours ⇨ hour 成句 / It is too ~ to go out. 外出するには遅すぎる / Three o'clock is too ~ in the day for lunch. 3 時では昼食には遅すぎる (cf. LATE *in the day*). **d** 遅れた者に与えられる: ~ marks 《英》 遅刻点 /

a ～ penalty 遅刻の罰(金). **2 a** (時期の)終わりに近い, 末期の, 後期の (↔ early): (the) ～ spring 晩春 / the ～ eighteenth century 18 世紀末 / the ～ Roman Empire ローマ帝国の末期 / the ～ period of one's life 晩年 / in the ～ 1970's 1970 年代の末期に / in one's ～ teens [fifties] ハイティーン [50 代の終わり]で. **b** (言語史で)後期の (↔ early): ⇨ Late Greek, Late Latin. **c** 〖医学〗後発の; 晩期の; 後遺の: ～ effects 後遺症, 後遺作用 / ～ gestation 妊娠後期. **3 a** 近頃の, 最近の, この頃の (recent) (⇨ latest *adj.* 1): the ～ floods, war, etc. / a ～ news bulletin 最近のニュース公報. **b** 先の, 前の, 前…, 元… (former, ex-) (cf. present[1] 1): the ～ allies, Government, etc. / one's ～ residence 前の住居, 旧居 / the ～ prime minister 前[元]首相 (★ 人を修飾する場合 c の意味と紛らわしい時には避けた方がよい). **c** (最近)死んだ, 物故した, 故… (recently dead) (★ 死後 20 年か 30 年ごろまでが限度; ⇨ dead SYN): my ～ husband / the ～ king / the ～ Dr. Palmer 故パーマー博士.

láte in the dáy 遅すぎて, 遅まきで, 手遅れで, 機を失して (cf. 1 c): It's rather ～ *in the day* to report it. 今になって届け出てもちょっと手遅れですね. *of láte yéars* 近年, この数年: I have not seen much of her *of* ～ *years*. ここ数年彼女にあまり会っていない.

— *adv.* (**lat·er; lat·est**) (cf. last[1]) **1** 遅刻して, 遅れて, 間に合わないで: come (to work) (half an hour) ～ (仕事に)(30 分)遅刻する / He arrived (too) ～ *for* the train. 列車が出てしまってから到着した (間に合わなかった) / Better ～ than never. (諺) 遅くともしないよりはよい. **2 a** (時刻が)遅く, 夜ふけて; 遅くまで, 夜ふけまで (↔ early): ～ in the morning [at night] 朝[夜]遅く / stay ～ (at night) (夜)遅くまで起きている / get up ～ / go to bed ～ / sit up ～ =stay up ～ 遅くまで起きている, 夜ふかしする (cf. *till* LATE) / They talked [worked] ～ into the night. 夜遅くまでしゃべった[仕事をした] / work ～ (at the office) (会社で)遅くまで働く. **b** (時期が)遅く, 遅くまで: He married ～ in life. 彼は晩婚だった / The roses flowered ～ this year. ばらは今年は遅く咲いた / These trees keep their blossoms ～ in warm climates. この種の木は温暖な風土では花を遅くまでつけている. **c** (時期の)終わりに近い頃: I met him ～ in March [1960]. 3 月 [1960 年]も終わりに近い頃彼に会った. **3** 最近, 近ごろ (lately, recently): (until) *as* ～ *as* yesterday [last week] ついきのう[先週](まで) / These traces remained *as* ～ *as* the Victorian times. この痕(ᵋ)跡は近くはヴィクトリア朝時代まで残っていた. ★ 以上のような用法以外は (詩): He had a fever ～. 最近熱を出した (Keats, *The Eve of St. Agnes*). **4** もとは, 以前(は), 前に (formerly, recently): his own study, ～ his father's (古) 今まで父のであった彼の書斎. ★ しばしば以前の住所また勤務先を示す / *of*-phrase を伴って用いられる: my friend, ～ *of* London and now of New York 以前ロンドンにいて今はニューヨークに住んでいる友人 / Mr. Hoover, ～ *of* the FBI 先ごろまで連邦捜査局勤務であったフーバー氏.

— *n.* ★ 次の成句で: *of láte* このごろ, 近ごろ, 最近: I haven't seen him *of* ～. (*c*1470) *till láte* 遅くまで (cf. *adv.* 2 a): sit [stay] up *till*～ 遅くまで起きている, 夜ふかしする / Winter holds *till* ～ in England. イングランドでは冬が遅くまで続く / The disco goes from eight *till* ～. ディスコは 8 時から深夜まで続く.

〖OE *læt* behindhand, slow < Gmc **lataz* slow (Du. *laat* late / G *lass* slothful) ← IE **lē(i)*- to let go, slacken (L *lassus* exhausted / Gk *lēdein* to be tired)〗

late- /léɪt/「遅い」の意の複合語の構成要素: *late*-night / *late*-spring snowstorm 晩春の雪嵐.

láte blíght *n.* 〖植物病理〗(発育時の終わりごろ現れる) 斑点病: **a** ジャガイモ疫病菌 (*Phytophthora infestans*) の寄生によってジャガイモ・トマトなどが葉に斑点を生じ, 葉・茎・イモなどが腐る病気 (cf. early blight). **b** 葉枯病菌 (*Septoria apii*) によってセロリの葉に斑点の生じる病気. 〖1900〗

láte blóomer *n.* 晩成型の人.

láte-blóoming *adj.* 晩成の, 晩熟の, 遅咲きの.

láte bóoking *n.* (英) 出発間際の旅行への申込み.

láte bóttled, L- B- *adj.* 〈ポートワインが〉ビンテージワインに似た (瓶ではなく樽で熟成させる).

láte-brèaking *adj.* (ニュースなどが)放送[印刷]間際の.

láte·còmer *n.* **1** 遅参者, 遅刻者. **2** 最近到来した者[物], 新参者. 〖1869〗

láte cút *n.* 〖クリケット〗レイトカット (ボールがウィケット (wicket) の近くに来てから行うカット).

lat·ed /léɪtɪd | -tɪd/ *adj.* (詩) =belated.

la·teen /lətíːn, læ- | lə-/ 〖海事〗 *adj.* 大三角帆の.
— *n.* **1** 大三角帆, ラテンセール. **2** (*also* **la·teen·er** /-tíːnə | -nə[r]/) 大三角帆船. 〖(1727–41) □ F (*voile*) *latine* Latin sail (fem.) ← LATIN (地中海で用いられたことにちなむ)〗

latéen-rigged *adj.* 〖海事〗大三角帆[ラテンセール]を装備した. 〖1880〗

latéen sàil *n.* 〖海事〗大三角帆, ラテンセール (cf. dhow). 〖1727–41〗

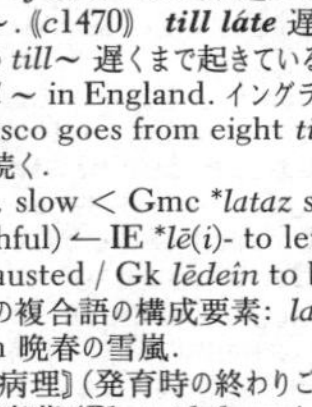

lateen sail

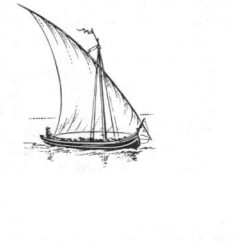

láte fée *n.* (英) 時間外特別郵送料. 〖1864〗

Láte Gréek *n.* 後期ギリシャ語 (⇨ Greek 3). 〖1889〗

Láte Látin *n.* 後期ラテン語 (⇨ Latin 1). 〖1888〗

late·ly /léɪtli/ *adv.* このごろ, 近ごろ, 最近 (recently): Things haven't become any better ～. このところ事態が一向に好転していない / Have your studies been improving ～? ご研究は近ごろ進んでいますか / I saw her *only* ～ [*as* ～ *as* last Saturday]. つい最近[先週の土曜]彼女に会ったばかりです / She's very hostile to me ～. 彼女は私に最近とても敵意を示している. ★ 特に (英) では lately を only ～, as ～ as … という連語で用いる以外は否定・疑問構文に用い, 肯定構文には recently, a few days ago などを用いる傾向がある.
látely of =late of ⇨ late *adv.* 4. *till látely* 最近まで. 〖ME *latli* < lateOE *lætlīċe*〗

láte módel *n.* (自動車などの)新型. **láte-módel** *adj.*

Láte Módern Énglish *n.* 後期近代英語 (1700 年以降; cf. English *n.* 1 a).

lat·en /léɪtn/ *vt.* 遅くする, 遅れさせる. — *vi.* 遅くなる, 遅れる. 〖(*a*1400): ⇨ late, -en[1]〗

la·ten·cy /léɪtənsi, -tn- | -tən-, -tn-/ *n.* **1** 隠れていること, 見えないこと; 潜伏, 潜在. **2** 〖精神分析〗潜伏(期) (4–5 歳から思春期までの, 性的発達の休止する時期; latency period ともいう). **3** 〖医学〗潜伏. **4** 〖生理〗=latent period 2. **5** 〖電算〗待ち時間 (制御装置が記憶装置に対して情報転送の要求を出してから転送が始まるまでの時間). 〖(*a*1638): ⇨ latent, -ency〗

La Tène /lɑːtén, -téɪn; *F.* latɛn/ *adj.* 〖考古〗ラテーヌ(文化)期の (紀元前 5 世紀から紀元前後頃のヨーロッパに盛んであった鉄器文化の後期で, Hallstatt 期に次ぐ時代にいう). 〖(1866) ← *La Tène* (鉄器時代の典型的遺物の出したスイスの Neuchâtel 湖東岸の地名)〗

láte·ness *n.* 遅いこと, 遅れること, 遅刻. 〖ME *latnesse* < lateOE *lætnes*〗

láte-nìght *adj.* 深夜の, 深夜営業の: a ～ show (テレビの)深夜番組. 〖1513〗

láte-night shópping *n.* (英) (閉店時間延長中の) 夜のショッピング.

la·ten·si·fi·ca·tion /lèɪtènsəfɪkéɪʃən | -sɪfɪ-/ *n.* 〖写真〗潜像補力 (現像後の補力でなく現像前の潜像を弱い光に当てたり水銀の蒸気などに触れさせて増感すること). 〖(1940) 〈混成〉← LAT(ENT)+(IN)TENSIFICATION〗

la·ten·si·fy /leɪténsəfàɪ | -sɪ-/ *vt.* 〖写真〗潜像補力をする, …の潜像を増感する. 〖(逆成) ↑, -ication〗

la·tent /léɪtənt, -tnt | -tənt, -tnt/ *adj.* **1 a** 存在しているが表には見えない, 隠れている, 潜在的な (hidden, potential): ～ qualities, defects, etc. **b** 〈指紋が〉かすれているが採取しうる. **2** 〖病理〗潜伏している, 潜伏性[期]の (dormant) (↔ manifest): a ～ disease / ⇨ latent period 1. **3** 〖心理〗潜在している, 潜在の: a ～ homosexual 潜在性同性愛者. **4** 〖植物〗潜伏の. — *n.* (犯罪場面などで)かすれているが採取しうる指紋. **～·ly** *adv.* 〖(1459) □ L *latentem* (pres.p.) ← *latēre* to lie hidden ← IE **lādh*- hidden〗

SYN 潜在的な: **latent** 内に隠されていて表面に現れていない: one's *latent* ability 潜在能力. **dormant** かつては活動的であったが, いまは休止している: a *dormant* volcano 休火山. **potential** 未発達の状態にあるが, 将来発達する可能性のある: a *potential* winner 優勝する見込みのある人. **ANT** patent.

---

látent ambigúity *n.* 〖法律〗潜在的意味不明瞭 (書面上の文言は明確であるが, 書面以外の事情(証拠)によって明らかにされる意味不明瞭, 例えば書面で指名されている名前を有するものが複数いるような場合; cf. patent ambiguity). 〖1848〗

látent búd *n.* 〖植物〗潜芽, 潜伏芽.

látent cóntent *n.* 〖精神分析〗潜在内容 (夢に見られた内容(顕在)の基底にある無意識の願望で, 分析によって明らかにされるもの; cf. manifest content).

látent fúnction *n.* 〖社会学〗潜在的機能 (制度などが果たしている, しばしば気づかれない機能).

látent héat *n.* 〖物理化学〗潜熱 (温度変化に関係なく, 物質の状態変化のためにのみ費やされる熱量; cf. sensible heat). 〖1757〗

látent ímage *n.* 〖写真〗潜像 (感光材料に露光してできた肉眼では見えない像).

látent léarning *n.* 〖心理〗潜在学習 (行動の変容が遂行に現れないで潜在的である学習). 〖1929〗

látent mosáic *n.* 〖植物病理〗=latent virus disease.

látent pèriod *n.* **1** 〖病理〗潜伏期 (incubation period). **2** 〖生理〗刺激と反応の間の時間, 反応時間. 〖1837〗

látent róot *n.* 〖数学〗(行列の)固有値 (eigenvalue, characteristic root ともいう). 〖1883〗

látent strabísmus *n.* 〖眼科〗潜伏斜視.

látent time *n.* 〖心理〗反応時間 (刺激から反応までの時間; latency, reaction time ともいう).

látent vírus disèase *n.* 〖植物病理〗(ジャガイモの) 潜伏性ウイルス病 (healthy potato disease ともいう).

lat·er /léɪtə | -tə[r]/ [late の比較級; cf. latter] *adv.* 後で, 追って, 後ほど (subsequently, afterward): ～ on 後で, もっと先へ行って / sooner or ～ 遅かれ早かれ, いつかは; 必然的に / three years ～ それから 3 年後に / no [not] ～ than (遅くとも)…までに; 早くも[すでに]…に, つい…に / See [I'll see] you ～! (口語) =(米口語) *Later!* さようなら, じゃあ(また)ね / *Later*, Miss Jones! I'm busy now. ジョーンズさん後にして下さい. 今は忙しい / He handed in his resignation, and ～ regretted his hasty action. 彼は辞表を提出したが後になって軽率な行為を悔やんだ / Be here no ～ than tomorrow morning! 明日の午前中までにはここに来て下さい. — *adj.* **1** もっと遅い, もっと後の (↔ earlier): ～ news その後のニュース / in ～ years 後年に / in one's ～ years 晩年に / It got ～ and ～. ますます遅くなった / It was ～ than I had expected. 思ったより遅くなっていた. **2** 比較的に末期[後期]の (cf. late *adj.* 2 a): the ～ Middle Ages 中世の末ごろ. 〖(1450): cf. ME *later*: ⇨ latter〗

lat·er- /lǽtər | lǽt-/ (母音の前にくるときの) latero- の異形.

-la·ter /⌐lətə | -tə[r]/「崇拝者」の意の名詞連結形: bibliolater, idolater. 〖← Gk *látris* worshipper: cf. -latry〗

lat·er·ad /lǽtəræ̀d | -tə-/ *adv.* 〖解剖〗外方[側方]へ, 外側(の方向)へ. 〖(1803) ← LATERO-+-AD[3]〗

lat·er·al /lǽtərəl, -trəl | -tərəl, -trəl/ *adj.* **1** 横の, 横の方への, 横からの (cf. longitudinal 3): a ～ branch (of a family) (親族の)傍系. **2** 側面の, 側部の, 側の (cf. longitudinal): a ～ view 側面図, 側面観 / the ～ face 側面 / ～ pressure 側面圧力, 側圧 / ～ motion 横運動. **3** 〖植物〗〈花・芽が〉側生の (cf. terminal 6): a ～ bud [branch, root] 側生芽[枝, 根]. **4** 〖解剖〗体の正中線から外れた, 外側の, 側方の, 側位の. **5** 〖音声〗側音の, 側面音の: a ～ consonant 側(面)音. **6** 〖航空〗横の, 横および方向の (cf. longitudinal 5): ～ stability 横(および方向の)安定 / ～ axis ⇨ axis[1] 7. **7** 〖歯科〗側方の, 側面の: a ～ incisor 側切歯. — *n.* **1** 側部, 側面部. **2** 側部にあるもの, 側面から生じるもの. **3** 〖植物〗側生芽[枝, 根] (⇨ *adj.* 3). **4** 〖音声〗側音, 側面音 (舌によって口腔の中心線を閉鎖し, その両側または片側から呼気を通して調音する音; /l/ など). **5** 〖アメフト〗=lateral pass. **6** 〖鉱山〗主坑道から枝分かれした小坑道, 支線坑道. **7** 側溝, 脇水路. **8** (馬などの四つ足動物の)片側の 2 本脚.
— *vi.* 〖アメフト〗ラテラルパス (lateral pass) を投げる.
～·ly *adv.* 〖(?*a*1425) □ L *laterāl-is* ← *later-*, *latus* side: ⇨ -al[1]〗

L

láteral canál *n.* **1** (航行が不便な[不可能な]河川に平行して流れる)側部運河. **2** (本運河から水を配る支流の)用水路.

láteral físsure *n.* 〖解剖〗(大脳半球の)外側溝 (sylvian fissure ともいう).

láteral frícative *n.* 〖音声〗側面摩擦音 (摩擦の音を伴う側(面)音; ウェールズ方言の [ɬ] やモンゴル語の [ɮ]).

lat·er·al·i·ty /læ̀tərǽləti | -tərǽlɪti/ *n.* **1** 〖医学〗左右差; 一側だけの著明な発育[発達]や利(ᵊ)き腕(など) (cf. handedness 2). **2** 〖音声〗側音性. 〖(1646): ⇨ -ity〗

lat·er·al·ize /lǽtərəlàɪz, -trə- | -tərə-, -trə-/ *vt.* 横の方へ向ける, 横向けにする. 〖(1903): ⇨ -ize〗

láteral líne *n.* 〖動物〗**1** 側線 (魚類・両生類の幼生の体の両側に並んだ感覚器官; ⇨ fish[1] 挿絵). **2** 側線器 (貧毛類(ミミズ類)の体側に並んだ感覚器官). 〖1870〗

láteral magnificátion *n.* 〖光学〗横倍率 (光軸に垂直な小線分の大きさに対する共役な像の大きさの比; transverse magnification ともいう).

láteral méristem *n.* 〖植物〗側生分裂組織 (cf. apical meristem).

láteral páss *n.* 〖アメフト〗ラテラルパス (ゴールの線にほとんど真横[後方]への短いバックへのパス). 〖1934〗

láteral pláne *n.* **1** 〖植物〗横截(ᵋᵗ)面 (地表に平行に引いた花の切面). **2** 〖造船〗船体水線下縦断面 (船首から船尾まで船体中央部で垂直面で切った水線下の断面図; 横方向の抵抗などを知るために利用される).

láteral plósion [reléase] *n.* 〖音声〗側面破裂 (atlas, badly の /t/, /d/ におけるように破裂が舌先で行われず, 舌の両側または片側で行われること).

láteral resístance *n.* 〖造船〗横抵抗 (船体水面下の形・竜骨・センターボード・リーボードなどによって得られる横方向に対する抵抗で, 風によって船が横流れするのに抵抗するもの).

láteral sýstem *n.* 〖海事〗(航路標識の)側面標示方式 (標識の形・色・数字などで安全水路をその両側を示すことによって側面から標示する方式; 立標式・浮標式によらないものもある; cf. cardinal system).

láteral thínking *n.* (問題に種々の角度から接近する) 水平思考. 〖1966〗

láteral véntricle *n.* 〖解剖〗側脳室 (各大脳半球にある第一脳室と第二脳室). 〖1722〗

Lat·er·an /lǽtərən | -tə-/ *n.* [the ～] **1** ラテラノ聖堂 (the Church of St. John Lateran) (ローマ司教としての教皇の大聖堂). **2** =Lateral Palace. **3** =Lateran Council. 〖(*c*1300) □ L *Laterāna* ← *Laterānus*: 古代ローマの Plautii Laterani という家族の名から〗

Láteran Council *n.* 〖カトリック〗ラテラノ公会議 (西暦 1123 年, 1139 年, 1179 年, 1215 年, 1512–17 年の 5 回, ラテラノ宮殿で開かれた全キリスト教会議). 〖1692〗

Láteran Pálace *n.* [the ～] ラテラノ宮殿 (ラテラノ聖堂に隣接する; 1309 年までローマ教皇の宮殿で 16 世紀に改築され, 現在は博物館).

Láteran Tréaty *n.* [the ～] 〖西洋史〗ラテラノ条約 (1929 年イタリアとローマ教会聖座との間になった政教和約; バチカン市国を独立国として発足させ, また 聖座はイタリアを国家として, Rome を其の首都として承認した).

latera recta *n.* latus rectum の複数形.

láter-bòrn *adj., n.* 長子より後に生まれた(子).

láter-dáy *adj.* [限定的] =latter-day.

lat·er·i- /lǽtərɪ, -ri | -tə-/ latero- の異形 (⇨ -i-).

lat·er·ite /lǽtəràɪt | -tə-/ *n.* 〘地質〙ラテライト, 紅土《鉄礬(ばん)土の水酸化物》. 〖《1807》← L *later* brick＋-ITE¹〗

lat·er·it·ic /læ̀tərítɪk | -tərít-⁻/ *adj.* 〘地質〙ラテライト状の. 〖《1847》: ⇨ -ic¹〗

lat·er·i·za·tion /læ̀tərɪ̀zéɪʃən | -təraɪ-, -rɪ-/ *n.* 〘地質〙ラテライト化. **lat·er·ize** /lǽtəràɪz | -tə-/ *vt.* 〖《1882》← LATERITE＋-IZATION〗

lat·er·o- /lǽtəroʊ | -tərəʊ/「側 (side), 側面の (lateral)」の意の連結形. ★ 時に lateri-, また母音の前では通例 later- になる. 〖← L *later-*: ⇨ lateral〗

lat·e·ro·ver·sion /læ̀təroʊvə́ːʒən, -ʃən | -tərə(ʊ)vɜ́ːʃən, -ʒən/ *n.* 〘医学〙(身体器官, 特に子宮の)側反, 側転. 〖《1869》: ⇨ ↑, version〗

la·tes·cent /lətésənt, -snt/ *adj.* 隠れる, 見えなくなる. **la·tés·cence** /-səns, -sns/ *n.* 〖《1836–37》□ L *latēscentem* (pres. p.)← *latēscere* to be concealed, hide oneself ← *latēre*: ⇨ latent〗

láte shópping *n.* ＝late-night shopping.

lat·est /léɪtɪ̀st | -tɪ̀st/ [late の最上級; cf. last¹] *adj.* **1** [限定的] 最新の, 最近の (↔ earliest) (⇨ last¹ SYN): the ～ news / the ～ fashion / the ～ thing 新奇な[目新しい]物, 最新の発明品 / I hope his ～ book will not be his last. 著者の最近作が最終作にならないことを希望します. **2 a** 一番遅い (cf. last¹ 2 a): the ～ arrival 一番の遅参者 / the ～ train 一番遅い(時刻に発車する)列車 / the ～ date for mailing before Christmas クリスマス前の投函最終日. **b** 《古》最後の.
at the látest 遅くとも: We must be at the station by ten *at the* (very) ～. 遅くとも 10 時までには駅へ行っていなければならない.
— *adv.* 一番遅く: He arrived (the) ～. 最後に着いた.
— *n.* [the ～]《口語》**1** 最新流行品[発明品]: the very ～ *in* ladies' wear 最新流行型の婦人服. **2** 最新の消息: *the* ～ about the Carters カーター家の最新のニュース. **3** 期限: What's [When's] *the* ～ I can finish? 完成の期限はいつですか.
〖《(?a1200)》《1594–95》: cf. ME *latest*: ⇨ last¹〗

L

Láte Súmmer Hóliday *n.* 《英》＝August Bank Holiday.

láte téa *n.* 《英》夕食 (supper).

láte·wòod *n.* 〘林業〙晩材, 秋材《一年輪のうち, 夏から秋にかけて形成された木部; summerwood ともいう; cf. earlywood》. 〖1933〗

la·tex /léɪteks/ *n.* (*pl.* **lat·i·ces** /léɪtəsìːz, lǽt- | lǽtɪ-/, ～·**es**) **1** 〘植物〙(オオトウワタ (milkweed), トウダイグサ (spurge) などの)乳液, 乳樹脂, ラテックス. **2** 〘化学〙(合成ゴム・プラスチックの)乳濁液. 〖《1662》□ L ～ 'liquid' ← IE **lat-* wet: cf. Gk *látax* drop of wine〗

La·TeX, La·TEX /léɪtɛk/ *n.* 〘電算〙レイテック《TEX の初級者用マクロセット》.

lath /lǽθ, lǽð | lǽθ, lɑ́ːθ/ *n.* (*pl.* ～**s**, ～**s** /lǽθs, lǽðz | lǽθs, lǽðz, lɑ́ːθs, lɑ́ːðz/) **1** [集合的にも用いて] 木ずり, 木舞(こまい)《塗壁の下地を構成するために細い木片などを打ちつけたもの》: a *lath*-and-plaster shed 掘っ立て小屋 / (as) thin as a ～〈人が〉非常にやせている / built of ～ and plaster 木ずりと漆喰(しっくい)とで作った. **2** 木ずり作り, 木舞張り (lathing). **3** 木ずり類似のもの, ラス《wire lath や expanded metal など》. **4 a** 木ずり状のもの. **b** 薄い木片《よろい戸などの材料》. **c** やせた[きゃしゃな]人[物]: He is a ～ painted to look like iron. 虚勢を張っているが根は臆(おく)病者. **5** 《古》飾り物の剣の材料となる木片; なまくら刀. — *vt.* …に木ずりを打ちつける, 木舞をつける: ～ a wall, ceiling, etc. **～·like** *adj.* 〖《13C》*la(p)pe* ← OE **læþþ*- (cog. G. *Latte*) ∞ ME *latt* < OE *lætt* < ? Gmc **lappō*〗

lathe¹ /léɪð/ *n.* **1** 〘機械〙旋盤. **2** ＝batten². — *vt.* 旋盤にかける. 〖《1310》□ ? ODan. *lad* supporting framework ∥ ? ON *hlaða* ← *hlaða* to lade ← IE **klā-* to spread out flat〗

lathe² /léɪð/ *n.* (昔の)イングランド Kent 州の行政区. 〖lateOE *læþ* landed estate: cog. ON *lāð* landed possession〗

láthe-dòg *n.* 〘機械〙(旋盤の)回し金.

la·thee /lɑ́ːtiː/ *n.* ＝lathi.

lath·er¹ /lǽðə | lɑ́ːðə^(r), lǽð-/ *n.* **1** (石鹸の)泡 (⇨ bubble SYN). **2** (馬の)泡汗. **3** 《口語》興奮[動揺]状態.
in [*into*] *a láther* 《口語》興奮して; 焦って, いらいらして; 狼狽して: She is *in a* ～ to get famous. 有名になろうと焦っている. 《1839》
— *vt.* **1** (ひげをそるために)…に石鹸の泡を塗る: ～ the face. **2** 《口語》ひどく打つ, ぶんなぐる. **3** 《口語》興奮させる, 動揺させる 〈*up*〉. — *vi.* **1** 〈石鹸が〉泡を生じる, 泡立つ. **2** 〈馬が〉泡汗だらけになる.
～·er /-ðərə | -rə^(r)/ *n.* 〖OE *lēaþor* washing soda, foam < Gmc **lauþram* (ON *lauðr*) ← IE **leu(ə)-* to wash (Gk *loutrón* bath / L *lavāre* to wash)〗

lath·er² /lǽθə, lǽðə | lǽθə^(r), lɑ́ːð-/ *n.* 木ずり[木舞(こまい)]を打つ職人. 〖《1578》: ⇨ -er¹〗

lath·er·y /lǽð(ə)ri | lɑ́ːðəri, lǽð-/ *adj.* 泡だらけの, 泡立つ. 〖《1803》← LATHER¹＋-Y¹〗

láth·hòuse *n.* 〘園芸〙ラスハウス, 遮(しゃ)光育苗室《屋根や周囲をすのこ状の板で作り光を制限した育苗室》. 〖1882〗

la·thi /lɑ́ːṭi | lǽti/ *n.* 《インド》ラーティー《竹や木の棒に鉄のたがをはめ込んだ棍棒で, インドの警官が武器として用いる》. 〖《1850》□ Hindi *lāṭhī*〗

lath·ing /lǽθɪŋ, lǽð- | lǽθ-, lɑ́ːθ-/ *n.* **1** 木ずりを打つこと; 木ずり作り[張り], (木ずりの)壁下地. **2** [集合的] 木ずり (laths). 〖《1486》: ⇨ -ing¹〗

láth·wòrk *n.* ＝lathing 1.

lath·y /lǽθi, lǽði | lǽθi, lɑ́ːθi/ *adj.* (**lath·i·er; -i·est**) 木ずりのような; ひょろ長い, やせた. 〖《1672》: ⇨ -y¹〗

lath·y·rism /lǽθərɪ̀zm | -θɪ̀-/ *n.* 〘獣医〙エジプトマメ中毒症《ある種の豆類, 特に *Lathyrus sativas* の採食により後肢麻痺を呈する家畜, 特に馬の中毒症》. 〖《1888》← *lathyr-* (← NL *Lathyrus* ← Gk *láthuros* a kind of pulse)＋-ISM〗

lath·y·rit·ic /læ̀θərítɪk | -θɪ̀rít-⁻/ *adj.* 〘獣医〙エジプト豆中毒症の. 〖《1960》: ⇨ ↑, -ic¹〗

lati *n.* lat¹ の複数形.

lat·i- /lǽtɪ̀, -ti | lǽt-/「広い (wide)」の意の連結形. 〖□ L *lāti-*, *lātus* broad〗

latices *n.* latex の複数形.

lat·ic·i·fer /leɪtísəfə | -sɪfə^(r)/ *n.* 〘植物〙乳管・乳液を含む細胞. 〖《1928》← L *latici-* (← L *latex*: ⇨ latex)＋-FER〗

lat·i·cif·er·ous /læ̀təsíf(ə)rəs | -tɪ-⁻/ *adj.* 〘植物〙乳液を含む[出す]. 〖《1835》← L *latici-* (↑)＋-FEROUS〗

la·ti·clave /lǽtɪ̀klèɪv | -tɪ̀-/ *n.* (古代ローマの)紫じま《元老院議員など高官の服章で tunic の前部に付けた; 一条の幅広い紫の縦じまがあった》. 〖《1658》□ LL *lāticlāvium* ← LATI-＋*clāvus* purple stripe〗

latifundia *n.* latifundium の複数形.

la·ti·fun·dio /lɑ̀ːtəfúːndiòʊ, -fʌ́n- | -tɪ̀fúːndiəʊ, -fʌ́n-; *Am.Sp.* latifúndjo/ *n.* (*pl.* ～**s** /～z; *Am.Sp.* ～s/) (南米などでの)広大な所有地. 〖《1630》□ Sp. ～: ⇨ latifundium〗

lat·i·fun·dism /lǽtəfʌ́ndɪzm | -tɪ̀-/ *n.* 広大な土地所有. 〖□ Am.-Sp. *latifundismo*: ⇨ latifundium〗

làt·i·fún·dist /-dɪ̀st | -dɪst/ *n.* 広大な土地所有者. 〖《1970》: ⇨ ↑, -ist〗

lat·i·fun·di·um /læ̀təfʌ́ndiəm | -tɪ̀-/ *n.* (*pl.* **-di·a** /-diə/) (大地主が主として奴隷を使役して経営した)広大な所有地. 〖《1630》□ L *lātifundium* ← LATI-＋*fundus* farm, estate＋-IUM〗

lat·i·go /lǽtɪ̀gòʊ, lɑ́ːt- | -tɪgəʊ; *Sp.* látiɣo/ *n.* (*pl.* ～**s** /～z; *Sp.* ～s/, ～**es**) 《米西部》(腹帯を締める)鞍(くら)ひも. 〖《1873》□ Sp. *látigo*〗

látigo léather *n.* 牛皮を明礬(みょうばん)とガムビア (gambier) でなめした紙革《馬具・軍装用》.

Lat·i·mer /lǽtəmə | -tɪ̀mə^(r)/, **Hugh** *n.* ラティマー《1485?–1555; 英国宗教改革を指導した主教・説教家; 異端者として火刑に処せられた》.

lat·i·mer·i·a /læ̀təmí(ə)riə | -tɪ̀mɪ́ər-/ *n.* 〘魚類〙ラチメリア (*Latimeria chalumnae*)《総鰭(き)類シーラカンス目に属する魚; 中生代に絶滅したと信じられていたが, 1938 年南アフリカ沖で発見された, いわゆる「生きている化石」(living fossil) の一つ; cf. coelacanth》. 〖《1940》← *Marjorie E. D. Courtenay-Latimer* (1907–2004: 発見当時の East London Museum の館長): ⇨ -ia²〗

Lat·in /lǽtn̩, -tɪ̀n | -tɪn/ *n.* **1** ラテン語: Classical ～ 古典ラテン語《紀元前 75 年頃から紀元後 175 年頃まで》/ monks' ～＝dog Latin / Late ～ 後期ラテン語《175–600 年》/ Low ～《まれ》非古典ラテン語《Late Latin, Vulgar Latin, Medieval Latin を含む》/ Medieval ～ 中世ラテン語《600–1500 年の間ヨーロッパで広く用いられた》/ New ～ [Neo-*Latin*] 近代ラテン語《1500 年以後, 特に科学・学術文献で用いられた》/ Old ～ 古代ラテン語《紀元前 75 年以前》/ Vulgar ～ 俗ラテン語《ローマの民衆が話し言葉で用いたラテン語で, 近代ロマンス諸語の基礎となった》/ thieves' ～ 盗賊同士の合言葉, 盗賊隠語. **2** (古代ラティウムに住んだ)ラテン人, 古代ローマ人. **3** ラテン民族の人, ラテン語系の人; (特に)ラテンアメリカ人. **4** (東方正教会教徒と区別して)ローマカトリック教徒. **5** ＝Latin alphabet.
— *adj.* **1** 古代ラティウム (Latium) の, ラティウム[ラテン]人の; (ラティウム人の用いた)ラテン語の, ラテン語で書いた. **2 a** (言語・文化を古代ラティウムから継承した)ラテン系の; ラテン語系の, ラテン人系の; (特に)ラテンアメリカの: the ～ peoples [races] ラテン民族《フランス・スペイン・ポルトガル・イタリア・ルーマニアなどの諸民族》/ in the ～ part of Europe ヨーロッパのラテン系の地方で. **b** ラテン民族特有の. **c** ロマンス諸語の. **3** (東方正教会と区別して)ローマカトリック教会の. **4** ラテンアルファベット[字母]の.
〖《?c1200》□ (O)F ～ ∥ L *Latīnus* of Latium ← *Latium* 'LATIUM': cf. OE *læden* Latin, language〗

La·ti·na¹ /lætíːnə; *It.* latíːna/ *n.* ラティーナ《イタリア中西部 Lazio 州の都市; 旧名は Littoria (1945 まで)》.

La·ti·na² /lətíːnə, læ-; *Am.Sp.* latína/ *n.* (米国に住む)ラテンアメリカ人の女性.

Látin álphabet *n.* [the ～] ローマ字《元来古代ローマ人がラテン語を表記するのに用いたアルファベットで, その源は西ギリシャ系アルファベット; Roman alphabet ともいう》. 〖1823〗

Látin América *n.* ラテンアメリカ《スペイン語・ポルトガル語・フランス語などラテン系言語を公用語とする中南米地方の総称; cf. Spanish America》. 〖1912〗

Látin-Américan *adj.* ラテンアメリカ(人)の.

Látin Américan *n.* ラテンアメリカ人.

Látin Américanist *n.* ラテンアメリカ研究者.

Látin Américan Repúblics *n. pl.* [the ～] ラテンアメリカ諸国《Latin America にある 20 の共和国; Argentina, Bolivia, Brazil, Chile, Colombia, Costa Rica, Cuba, Dominican Republic, Ecuador, El Salvador, Guatemala, Haiti, Honduras, Mexico, Nicaragua, Panama Paraguay, Peru, Uruguay および Venezuela》.

Lat·in·a·te, l- /lǽtənèɪt, -tn̩- | -tɪn-/ *adj.* ラテン語の, ラテン語に似た, ラテン語に由来する. 〖《1904》: ⇨ -ate²〗

Látin Chúrch *n.* [the ～] 〘キリスト教〙ラテン式典礼の教会, ラテン教会, ローマカトリック教会 (Roman Catholic Church), 西方教会 (Western Church). 〖1560〗

Látin cróss *n.* ラテン十字架《最も普通の十字架》. 〖1797〗

La·ti·ne /lætáɪniː, lə-/ *L. adv.* ラテン語では, ラテン語で言えば (in Latin) (cf. Anglice 1). 〖□ L *Latīnē*〗

Látin grámmar schòol *n.* ラテン語学校《ラテン語とギリシャ語を主眼に教える中等学校; cf. grammar school》. 〖1959〗

La·tin·i·an /lætíniən, lə-/ *n.* 〘言語〙インドヨーロッパ語族に属するイタリック語派のうち, ラテン語を含む一分派.

La·tin·ic /lætínɪk, lə-/ *adj.* **1** ラテン語の; 古代ラテン語を話す民族の. **2** ラテン民族の. 〖《1875》: ⇨ -ic¹〗

Lat·in·ism /lǽtənɪ̀zm, -tn̩- | -tɪn-/ *n.* **1** 他の言語に見られるラテン語的な表現, ラテン語風, ラテン語法 (cf. Saxonism). **2** ラテン的特質[性格], ラテン的思想. 〖《1570》□ ML *Latinismus*〗

Lát·in·ist /-tənɪ̀st, -tn̩- | -tɪnɪst/ *n.* ラテン語学者. 〖《1538》□ ML *Latinista*: ⇨ Latin, -ist〗

Lat·i·nis·tic /læ̀tənístɪk, -tn̩- | -tɪn-⁻/ *adj.* ラテン語風の. 〖《1804》: ⇨ ↑, -ic¹〗

La·tin·i·ty /lətínəti, læ- | -nɪ̀ti, læ-/ *n.* **1** ラテン語使用, ラテン語の知識: His ～ is pure. 彼の書く[使う]ラテン語は純正だ. **2** ラテン語風, ラテン語法 (Latinism). **3** ＝Latinism 2. 〖《1619》□ L *Latīnitātem*: ⇨ Latin, -ity〗

Lat·in·ize, l- /lǽtənàɪz, -tn̩- | -tɪn-/ *vt.* **1 a** ラテン語風にする, ラテン語化する. **b** ローマ字化する (Romanize). **c** 《廃》ラテン語に訳す. **2** 〈思想・生活様式などを〉古代ローマ[ラテン]風にさせる, ラテン化する: ～ a people. **3** ローマカトリックの慣行に従わせる, 〈信条・教義などを〉ローマカトリック化する. — *vi.* **1** ラテン語[語法]を用いる. **2** 古代ローマ[ローマカトリック]の影響を見せる. **Lat·in·i·za·tion, l-** /læ̀tənɪ̀zéɪʃən, -tn̩- | -tɪnaɪ-, -nɪ-/ *n.* **Lát·in·iz·er** *n.* 〖《1589》□ LL *Latinizāre*: ⇨ Latin, -ize〗

Látin lóver *n.* ラテンの色男《ヨーロッパ南部出身の口説き上手な男》.

La·ti·no, l- /lətíːnoʊ, læ- | -nəʊ; *Am.Sp.* latíno/ *n.* (*pl.* ～**s** /～z; *Am.Sp.* ～s/) 《米》(米国在住の)ラテンアメリカ人. — *adj.* ラテンアメリカ系住民(特有)の. 〖《1946》□ Am.-Sp. ～ □ Sp. ～ 'LATIN'〗

Látin Quàrter *n.* [the ～] カルチェラタン《Paris の Seine 川の南岸の地区; 大学など多くの文化施設があり, 古来学生・芸術家たちが多く住む; フランス語名 Quartier Latin》. 〖《1869》《なぞり》← F *Quartier Latin*〗

Látin ríte *n.* [the ～] **1** ラテン式典礼《ラテン語を用いるカトリックの儀式ならびに挙式法で, ローマ式典礼 (Roman rite) はその典型的なもの; cf. Greek rite》. **2** ラテン式典礼を使用するローマカトリック教会.

Látin róck *n.* 〘音楽〙ラテンロック《ボサノバ (bossa nova) のリズムを取り入れたロック音楽》.

Látin schòol *n.* ＝Latin grammar school.

Látin squàre *n.* 〘数学〙ラテン方陣[方格]《いくつかの数字またはローマ字を正方形に並べて, どの数字または文字も縦・横とも 1 回ずつ現われるようにしたもの; 統計分析に用いられる》. 〖1890〗

lat·ish /léɪtɪʃ | -tɪʃ/ *adj.* 少し遅い, やや遅れた. — *adv.* やや遅れて: get up ～. 〖《1611》← LATE＋-ISH¹〗

la·tis·si·mus dor·si /lətísəməsdɔ́əsaɪ | -sɪməsdɔ́ː-/ *n.* (*pl.* **-si·mi d-** /-màɪ-/) 〘解剖〙広背筋. 〖← NL ～ 'broadest of the back': ⇨ ↓, dorsi-〗

lat·i·tude /lǽtətùːd, -tjùːd | -tɪ̀tjùːd/ *n.* **1** 〘地理〙**a** 緯度 (略 lat; cf. longitude 1): ⇨ terrestrial latitude / 50 degrees [minutes] of ～ 緯度 50 度[分] / the north [south] ～ 北[南]緯 / sail as far north as *Latitude* 80 degrees 北緯 80 度まで航海する. **b** [通例 *pl.*] ある緯度の所; (緯度から見た)地帯, 地方: at about 80° S *Lat.* 南緯 80 度位の所に / in ～ 40° N 北緯 40 度の所に / The orange does not bear fruit in these ～*s*. オレンジはこの緯度の土地では実を結ばない / cold ～*s* 寒帯地方 / high ～*s* 高緯度地方《南極・北極に近い》/ low ～*s* 低緯度地方《赤道に近い》. **c** 〘天文〙緯度《天球座標系で, 地球の緯度のような縦方向の座標; 略 lat, cf. longitude 2》: celestial ～ 天球緯度 / ⇨ astronomical latitude. **2** (思想・行動・選択の許される)自由: ～ in political belief 政治的信条の自由 / Some ～ must be allowed him. ある程度の自由が彼に許されなければならない. **3** 《古》**a** (活動などの)範囲. **b** 幅, 広さ. **4** 〘写真〙露出寛容度《適正な写真を生じるために許容しうる露出の範囲》; ラチチュード《D-log E 曲線の直線部の露光範囲》; 寛容度《露光量・現像時間などの許容範囲》. **5** 〘測量〙緯距《ある測線の子午線への投影距離》.
òut of látitude 自分の本領外で, 柄になく.
〖《c1390》□ L *lātitūdō* breadth ← *lātus* broad OL **slātos* ← IE **stel(ə)-* to extend: ⇨ -tude〗

látitude effèct *n.* 〘地球物理〙緯度効果.

lat·i·tu·di·nal /læ̀tətúːdənl̩, -tjúː-, -nəl | -tɪ̀tjúːdənl̩, -nəl⁻/ *adj.* 緯度の, 緯度の方向の. 〖《1392》← L *lātitūdin-*, *lātitūdō* 'LATITUDE'＋-AL¹〗

làt·i·tú·di·nal·ly /-dənəli, -dn̩li | -dənəli, -dn̩li/ *adv.* 緯度から言って[見て]. 〖《1853》: ⇨ ↑, -ly¹〗

lat·i·tu·di·nar·i·an /læ̀tətùːdənéᵊriən, -tjùː-, -dn̩- | -tɪ̀tjùːdɪnéər-⁻/ *adj.* **1** 〈行動・思想・信仰など〉窮屈でない, 自由主義的な: ～ opinions, doctrines, etc. **2** [しばしば L-]〘英国国教会〙広教会派の. — *n.* **1** 自由主義者, (宗教的)自由思想家. **2** [しばしば L-]〘英国国教会〙(英国国教会内の)自由主義者, 広教会派の人 (Broad Churchman)《教会政治・礼拝形式・信条などに対して自由な立場を採る; 軽蔑的に用いられることが多い》. 〖《1662》← L *lātitūdin-* (⇨ latitudinal)＋-ARIAN〗

làt·i·tù·di·nár·i·an·ìsm /-nìzṃ/ *n.* (宗教上の)自由主義. 〘(1676): ⇨ ↑, -ism〙

lat·i·tu·di·nous /læ̀tətúːdənəs, -tjúː-, -dn- | -tɪ̀tjúːdɪn-ˉ/ *adj.* 〈思想・解釈など〉幅のある, 偏狭でない. 〘(1838) ← LATITUDE＋-OUS〙

La·ti·um /léɪʃiəm, -ʃəm | léɪʃiəm, læ̀ti-/ *n.* ラティウム: **1** ティレニア海 (Tyrrhenian Sea) に臨むイタリア中部の州; 面積 17,203 km², 州都 Rome. **2** イタリアの今の Rome の南東にあった古代の部族国家群; ローマとともにラテン同盟を結んだが, 紀元前 5 世紀頃ローマに吸収された. 〘◻L ～ 《原義》? flat land ← ? IE *stel- to extend: cf. L *lātus* broad〙

lat·ke /láːtkə/ *n.* (*pl.* ～s) 〖料理〗ラートカ 《おろしたジャガイモ・たまねぎに卵・小麦粉などを混ぜ込んで焼いたユダヤ料理》. 〘(1927) ◻Yid. ～ ◻Russ. *latka* patch〙

La·to·na /lətóunə | -tə́u-/ *n.* 〖ローマ神話〗ラートーナ (⇨ Leto). 〘◻L *Lātōna* ◻Gk *Lētṓ*〙

lat·o·sol /læ̀təsɔ̀(ː)l | -tɔsɔ̀l/ *n.* 〖土壌〗ラトゾル 《熱帯で生成される土壌で通例赤色を呈する》. **lat·o·sol·ic** /læ̀təsɔ́(ː)lɪk | -tɔsɔ́l-ˉ/ *adj.* 〘(1949) ← *lato-* (← L *later* brick)＋(POD)SOL〙

La Tour /lətúə | -túə^(r); *F.* latuːʁ/, **Georges de** *n.* ラ トゥール 《1593–1652; フランスの画家》.

La Tour, Maurice Quentin de *n.* ラ トゥール 《1704–88; フランスのパステル画家》.

La Trappe /lətræ̀p; *F.* latʁap/ *n.* ラ トラップ 《フランス Normandy にある修道院; Trappist 修道会の創立されたところ》.

la·tri·a /lətráɪə/ *n.* 〖カトリック〗ラトリア 《天主に捧げる最高礼拝; cf. dulia》. 〘(1395) ◻LL *latrīa* ◻Gk *latreía* service, worship ← *latreúein* to serve ← IE *le(i)- to grant〙

la·trine /lətríːn/ *n.* **1 a** (野営地などで, 穴を掘っただけの)便所. **b** 便器. **2** (俗に)便所 (toilet). 〘(1642) ◻F ～ ◻L *latrīna* 《短縮》← *lavātrīna* bath ← *lavāre* to wash: cf. lavatory, lave[1]〙

látrine lips *n., pl.* 〖単数扱い〗口ぎたないやつ.

La·trobe /lətróub | -tráub/, **Benjamin Henry** *n.* ラトローブ 《1764–1820; 英国生まれの米国の建築家》.

-la·try /-́lətri/ 「礼拝, 崇拝」の意の名詞連結形: angelolatry, idolatry, Mariolatry, lordolatry. 〘◻Gk *-latría* ← *latreía*: ⇨ latria〙

lat·te /láːteɪ, læ̀t-; *It.* látte/ *n.* ラッテ 《ホットミルクを入れたホットのエスプレッソ》. 〘⇨ caffè latte〙

lat·ten /læ̀tn/ *n.* **1** ラッテン (真鍮(しんちゅう)のもとになった古い合金; この薄板で昔教会用の器が作られた). **2 a** ブリキ (tin plate). **b** 薄い金属板: gold ～. 〘(?a1300) *lato(u)n* ◻OF *laton* (F *laiton*) ◻Arab. *lāṭūn* copper (*l-* は定冠詞: cf. al-²)〙

lat·ter /læ̀tə | -tə^(r)/ *adj.* 〖限定的〗〖元来は late の比較級; cf. later〗 **1** 〖the ～ として; 単数または複数扱い〗(前者に対する)後者の; 〖代名詞的に用いて〗後者 (cf. former[1] 4): I prefer *the* ～ expression to the former. 前の表現よりも後の表現の方がよいと思う / Of pork and beef *the* ～ is more expensive (than the former). 豚肉と牛肉では後者が(前者よりも)高い / Of socks and shoes the ～ are more expensive. 靴下と靴では後者の方が高い. ★ 三つ以上のものについて the latter を用いるのは《俗用》で, この場合は the last, the last mentioned, the last-named などを用いた方がよい. **2** (時間・時代の)後の方の, 終わりの, 後半の (second) (↔ first): the ～ half あとの半分, 後半 / the ～ part of the week 週の後半 (木・金・土) / the ～ days of summer 夏の終わりごろ / the ～ years of Queen Victoria's reign ヴィクトリア朝の後期 / during the ～ half of the eighteenth century 18 世紀の後半に. **3 a** (期間・経過の中で)その後の (later): the ～ stages of the process その経過の後の段階. **b** 近ごろの, 昨今の (recent), 現在の (present): in these ～ days 近来は, 当今は / ⇨ latter-day. **c** 《古・詩》(人生・この世の)最後の, 末期(ご)の (last): one's ～ end 最期, 死 (*Deut.* 32: 29) / in one's ～ years 晩年に. 〘OE *lætra* later (compar.) ← *læt* 'LATE'〙

látter-bòrn *adj.* 《Shak》次男[次女]で (younger). 〘1592–94〙

lat·ter-day /læ̀tədéɪ | -tə-ˉ/ *adj.* 〖限定的〗 **1** 近代の, 近来の (modern): the ～ problems 近代の問題. **2** 後の, 次期の: the ～ leaders. **3** 世界の終末の. 〘1842〙

Látter-dày Sáint *n.* 末日聖徒 《モルモン教徒 (Mormon) の正式な呼称; 略 LDS; cf. Mormon Church》. 〘1834〙

látter énd *n.* 《英口語》《婉曲》尻, ヒップ.

látter Lámmas *n.* 決してこない日 《Lammas は年に 1 度しかないことから; cf. Lammas 1》. 〘1567〙

lát·ter·ly *adv.* **1** その後, 後に (later); 後期に. **2** 最近, 近頃 (lately). 〘(1734): ⇨ -ly[1]〙

látter·mòst *adj.* 〖限定的〗《まれ》最後の (last). 〘1821〙

Látter Próphets *n. pl.* **1** 〖the ～〗(旧約聖書の)後預言書 (Major Prophets と Minor Phophets の二つ; すなわち Isaiah 以下の 16 書; cf. prophet 4). **2** 〖the ～, the l- p-〗後預言書の作者.

lat·tice /læ̀tɪs | -tɪs/ *n.* **1 a** ラチス, 格子, 格子作り. **b** 格子窓 (lattice window); 格子門. **c** 格子状のもの〖デザイン〗. **d** 《古》(居酒屋の看板に用いられた赤色の)格子 (red lattice). **2** 〖紋章〗格子形紋章 (trellis). **3** 〖結晶・物理・化学〗空間格子 (space lattice). **4** 〖原子力〗(非均質型原子炉の)格子. **5** 〖数学〗束(そく) 《どの有限部分集合も常に上限および下限をもつような順序集合》. **—** *vt.* …に格子をつける; 格子にする. **～·lìke** *adj.* 〘(1304) *latis* ◻OF *lattis* ← *latte* 'LATH'＋*-is* '-ICE'〙

lattices 1 a

láttice bàr *n.* 〖建築〗ラチスバー, 綾片 《斜めの帯板》. 〘1885〙

láttice bèam *n.* 〖建築〗＝lattice girder.

láttice bridge *n.* 〖土木〗ラチス橋 《格子形骨組で支えた橋》. 〘1838〙

láttice cònstant *n.* 〖結晶〗格子定数. 〘1923〙

lát·ticed *adj.* **1** 格子作りの, 格子をつけた: a ～ door, window, etc. **2** 〈葉など〉格子状の: a ～ leaf. 〘(1565) ← LATTICE＋-ED〙

láttice ènergy *n.* 〖物理〗格子エネルギー 《結晶の凝集エネルギー; 絶対零度で, 結晶からそれを構成するイオンをとり出すのに必要なエネルギー》. 〘1924〙

láttice fràme *n.* 〖建築〗＝lattice girder.

láttice gìrder *n.* 〖建築〗ラチス梁(ばり), 格子梁 《側面を斜めの格子に組んで構成した梁》. 〘1852〙

láttice·lèaf *n.* 〖植物〗＝lattice plant.

láttice plànt *n.* 〖植物〗レースソウ (*Aponogeton fenestralis*) 《マダガスカル産の水草; 葉は葉肉が無く葉脈だけが格子状になってレースのようになる; laceleaf ともいう》. 〘1877〙

láttice trùss *n.* 〖土木〗ラチストラス (格子形骨組). 〘1942〙

láttice wìndow *n.* 格子窓. 〘1515–16〙

láttice·wòrk *n.* **1** 格子作り, 格子細工 (trelliswork). **2** 格子 (lattice). 〘1487〙

lát·tic·ing *n.* 格子作り, 格子組, 格子細工. 〘(1885) ← LATTICE＋-ING[1]〙

lat·ti·ci·nio /læ̀təʧíːnjou | lɑːtɪʧíːnjəu; *It.* lattiʧíːnjo/ *n.* (*pl.* **-ci·ni** /-ʧíniː; *It.* -ʧíni/) 〖ガラス製造〗ラティチーニオ 《装飾意匠に用いる不透明白色ガラス》. 〘(1855) ◻It. ～ 'dairy product' ← L *lact-, lac* milk〙

Lat·ti·more /læ̀təmɔə | -tɪ̀mɔː^(r)/, **Owen** *n.* ラティモア (1900–89; 米国の東洋学者; 中国問題の権威).

Lattimore, Richmond (Alexander) *n.* ラティモア (1906–84; 米国の古典学者・翻訳家・詩人).

lat·tin /læ̀tn/ *n.* ＝latten.

la·tus rec·tum /læ̀təsréktəm, lɑ́ːt-, léɪt- | -təs-/ *n.* (*pl.* **la·ter·a rec·ta** /-tərəréktə | -tə-/) 〖数学〗(2 次曲線の)通径. 〘(1702) ◻L *latus rēctum* right side〙

Latv 《略》Latvia; Latvian.

Lat·vi·a /læ̀tviə/ *n.* ラトビア 《バルト海沿岸の国; 1940 年に旧ソ連に併合されたが 1991 年に独立; 面積 63,700 km², 首都 Riga; 公式名 the Republic of Latvia ラトビア共和国; ラトビア語名 Latvija》.

Lat·vi·an /læ̀tviən/ *adj.* ラトビアの, ラトビア人[語]の. **—** *n.* **1** ラトビア人. **2** ラトビア語 《バルト語派 (Baltic) の一つ; レット語 (Lettish) ともいう》. 〘(1920): ⇨ ↑, -an[1]〙

lau·an /lúːɑːn, -́-́, lauɑ́ːn/ *n.* ラワン 《フィリピン産フタバガキ科 *Shorea* 属・*Parashorea* 属の大高木の材; 建築・家具用》. 〘(1894) ◻Tagalog *lawaan*〙

Lau·bach /láubɑːk/, **Frank Charles** *n.* ラウバック (1884–1970; 米国の宣教師; 成人基礎教育の開拓者).

laud /lɔ́ːd, lɑ́ːd | lɔ́ːd/ *vt.* (言葉や歌で)ほめたたえる, 賛美する, 称揚する (⇨ praise SYN): ～ a person to the skies 人をほめちぎる, 言葉を尽くして人を賞賛する. **—** *n.* **1** 賞賛, 賛美; (特に)賛歌, 賛美歌. **2** 〖しばしば Lauds; 単数または複数扱い〗〖カトリック〗(聖務日課の)賛課 《通例 matins とともに暁に行われる; cf. canonical hour 1》. **～·er** /-də | -də^(r)/ *n.* 〘*v.*: (*c*1378) ◻L *laudāre* to praise ← L *laud-, laus* praise ← IE *lēu- (擬音語). — *n.*: (1340) ◻OF *laude, laudes* (pl.) ◻L *laudēs* (pl.) ← *laus*: cf. G *Lied* song〙

Laud /lɔ́ːd, lɑ́ːd | lɔ́ːd/, **William** *n.* ロード (1573–1645; 英国の聖職者; Canterbury の大主教で, 清教主義 (Puritanism) の反対者; 国事犯人として処刑された).

Lau·da /láudə | -də; *G.* láuda/, **Ni·ki** /níːki/ *n.* ラウダ (1949–　; オーストリアの自動車レーサー; F 1 チャンピオン (1975, 77, 84)).

laud·a·bil·i·ty /lɔ̀ːdəbíləṭi, lɑ̀ːd- | lɔ̀ːdəbílɪ̀ti/ *n.* 賞賛するに足ること, 称揚すべきこと. 〘(*c*1426) ◻*laudābilitātem* (↓)〙

laud·a·ble /lɔ́ːdəbḷ, lɑ́ːd- | lɔ́ːd-/ *adj.* **1** 賞賛するに足る, 称揚すべき, ほめるべき, 見上げた (praiseworthy): a ～ speech. **2** 《古》〖医学〗〈膿の分泌作用が〉健全な: laudable pus. **láud·a·bly** *adv.* **～·ness** *n.* 〘(?a1425) ◻L *laudābilis*: ⇨ laud, -able〙

láudable pús *n.* 〖医学〗健全な膿(う) 《悪臭のないクリーム状の膿; たちがよいと考えられこう呼ばれた》. 〘1794–6〙

lau·da·num /lɔ́ːdnəm, lɑ́ːd-, -dən-, -dn- | lɔ́ːdn-, lɔ́d-, -dən-/ *n.* 〖薬学〗 **1** アヘンチンキ (tincture of opium). **2** 《廃》アヘン剤. 〘(1602–03) ← NL ～ 《変形》← ? *lādanum* 'LABDANUM'〙

lau·da·tion /lɔːdéɪʃən, lɑː- | lɔː-/ *n.* 賞賛, 賛美; 賛辞. 〘(?a1425) *laudacioun* ◻L *laudātiō(n-)* ← *laudātus* (p.p.) ← *laudāre* to praise: ⇨ laud, -ation〙

lau·da·tive /lɔ́ːdəṭɪv, lɑ́ː- | lɔ́ːdət-/ *adj.* ＝laudatory. 〘(*c*1443) ◻L *laudātivus* (↑)〙

lau·da·to·ry /lɔ́ːdəṭɔ̀ːri, lɑ́ː- | lɔ́ːdətəri, -tri/ *adj.* 賞賛する, 賛美の: a ～ speech. **lau·da·to·ri·ly** /lɔ̀ːdətɔ́ːrəli, lɑ̀ːd- , -́-́-̀-̀ | lɔ́ːdətərɪ̀li, -trɪ̀-/ *adv.* 〘(1555) ← L *laudāt-* (⇨ laudation)＋-ORY[1]〙

Lau·der /lɔ́ːdə, lɑ́ː- | lɔ́ːdə^(r)/, **Es·tée** /ɛstéɪ/ *n.* ローダー (1908–2004; 米国の女性実業家; 化粧品会社 Estée Lauder 社を創業 (1946), 経営).

Lauder, Sir Harry *n.* ローダー (1870–1950; スコットランドのバラード歌手・コメディアン; 本名 Hugh MacLennan).

Lau·di·an /lɔ́ːdiən, lɑ́ː- | lɔ́ːd-/ *adj.* 〖英国国教会〗ロード主義の 《カンタベリー大主教 Laud が確立した高教会派の教義や儀式についていう》. 〘(1691) ← *William Laud*＋-IAN〙

Laud·i·an·ism /lɔ́ːdiənìzṃ, lɑ́ːd- | lɔ́ːd-/ *n.* ロード主義 (⇨ Laudian). 〘(1872) ↑〙

Lau·e /láuə; *G.* láuə/, **Max (Theodor Felix) von** *n.* ラウエ (1879–1960; ドイツの物理学者; Nobel 物理学賞 (1914)).

Lau·en·burg /láuənbə̀ːg | -bə̀ːg; *G.* láuənbùʁk/ *n.* ラウエンブルク 《ドイツ Schleswig-Holstein 州南東部の地方; もと公国》.

Láue pàttern [phòtograph] *n.* 〖結晶・物理〗ラウエ模様, ラウエ図形 《連続 X 線を静止結晶に当てた時, 結晶の前方または後方においたフィルムに記録される斑点状の回折模様; cf. diffraction pattern》. 〘(1940) ← *Max von Laue*〙

Láue spòt *n.* 〖結晶・物理〗ラウエ斑点. 〘(1915) ↑〙

laugh /læ̀f | lɑ́ːf/ *vi.* **1 a** (声を立てて)笑う (cf. smile 1); 笑いさざめく: burst out ～*ing* あははと笑い出す, 吹き出す / ～ out loud 声を出して笑う (cf. out LOUD) / ～ silently 声を出さないで(心の中で)笑う / ～ to oneself ひとり笑いをする / ～ like a hyena 狂おしく[ヒステリックに]笑う / ～ till [until] one cries 笑いすぎて涙が出る / I like him because he makes me ～. 私を笑わせるので彼が好きだ / Don't make me ～. 《口語》笑わすな 《ばかげている》 / *Laugh* and grow fat. 《諺》笑って太れ, 「笑う門には福来たる」/ He ～*s* best who ～*s* last.＝He who ～*s* last ～*s* longest [best]. 《諺》最後に笑う者が最もよく笑う, 「余り気早に喜んでは後悔する」/ He was ～*ing away* to himself all the time. そのあいだ中ひとりで笑い続けていた / We ～*ed about* [*at, over*] him. 彼のことで大笑いした / It is not a matter to ～ *about*. 笑い事ではない. **b** 〈目や顔が〉笑いの表情を見せる: His eyes were ～*ing*. 彼の目は笑っていた. **2 a** 〈鳥・動物などが〉人間の笑い声に似た声を出す: A crow ～*ed* on the tree. からすが木の上で笑うような声で鳴いた. **b** 《文語・詩》(自然界の(風物)が)〈動き・光・音などによって〉なごやかに[生き生きした]趣を見せる: a stream ～*ing* in the sun 陽光を浴びてさらさら[軽やかに]流れる小川.

— *vt.* **1** 〖同族目的語を伴って〗〈…の笑い方を〉する: ～ a hearty [sad] laugh 腹からの[悲しい]笑い方をする, からからと[悲しそうに]笑う. **2** 〈同意・不同意などを〉笑って示す: ～ a reply 笑って答える / He ～*ed* his assent [dissent]. 笑って同意した[不同意の意を示した]. **3** 〖副詞・前置詞付きの句・形容詞などを目的補語として〗 **a** 〈人を〉笑って〈ある状態に〉至らせる: The audience ～*ed* the speaker *down*. 聴衆は弁士を笑い倒した / They ～*ed* him *out of* (the) town. 彼を笑い者にして町から追放した / ～ a person *out of* his foolish habits [beliefs] 人のばかげた習慣[考え]をあざ笑ってやめさせる / ～ a person *out of* countenance ⇨ *out of* COUNTENANCE / ～ … out of court ⇨ *out of* COURT (2) / ～ a bad singer *off* the stage 下手な歌い手をあざ笑って舞台から退場させる. **b** 〖～ *oneself* で〗笑いこけて〈ある状態に〉なる: We ～*ed ourselves into* convulsion.＝We ～*ed ourselves* inside out. 我々は腹の皮がよじれるほど笑った / I ～*ed myself* hoarse [breathless]. 笑いすぎて声をからした[息も止まるほどだった] / She ～*ed herself* helpless [silly, sick]. 彼女は笑いこけてどうにもしようがなくなった.

be láughing 《口語》有利な立場にいる. ***be láughing áll the wáy to the bánk*** 《口語》もうかりすぎて笑いが止まらない. ***dòn't knów whèther to láugh or crý*** (動転・困惑して)笑っていいのやら泣いていいのやらわからない.

láugh at (1) …を面白がる, あざける: ～ *at* one's own clumsiness 自分自身の無器用さがおかしくなる / I'm afraid of being ～*ed at*. 笑い者にされるのがこわい. (2) …を見て[聞いて]笑う: ～ *at* the sight, a joke, etc. / Everybody ～*ed* loudly *at* the clown's trick. 道化師のいたずらを見てみんなげらげら笑った. (3) …を一笑に付する, 無視する, 物ともしない (disregard): ～ *at* threats, the danger, etc. ***láugh awáy*** (*vi.*) ⇨ *vi.* 1 a. (*vt.*) (1) 笑って過ごす: ～ *away* one's days. (2) 笑い飛ばす, 一笑に付する: ～ *away* a person's fears [doubts] 人の不安[疑念]を一笑に付する. ***láugh dówn*** 笑って聞こえなくする, 笑い消す; 笑って黙らせる (cf. *vt.* 3 a): ～ *down* a speech 笑って演説を妨害する. ***láugh in a person's fáce*** 面と向かって嘲笑する, あからさまに軽蔑[無視]する. ***láugh in*** [***up***] ***one's sléeve***＝***láugh in one's béard*** (人をうまくやり込めたりして)ひそかにほくそえむ. ***láugh like a dráin*** 《口語》⇨ drain. ***láugh óff*** (1) 笑って退ける, 一笑に付する: ～ *off* the accusation (*as* nonsense) 告発を(たわごとだと言って)一笑に付する: accusations too serious to ～ *off* [to be ～*ed off*] 一笑に付すにはあまりにも重大すぎる告発. (2) 〈間の悪さなどを〉笑ってそらす: ～ *off* an embarrassing remark [situation] 笑って間の悪い言葉[間の悪さ]をそらす. ***láugh on the wróng*** [***óther***] ***side of one's móuth*** [***fáce***] ⇨ side 成句. ***láugh óut*** (おかしくて)吹き出す, からからと笑う. ***láugh óver*** 笑いながら読む[話しをする]. ***láugh** a person **to scórn*** 〈人を〉あざけり笑う, 冷笑する (ridicule) (cf. *Ps.* 22: 7).

— *n.* **1** (ひと)笑い (cf. smile 1); 笑い声; 笑い方: a loud ～ 大きな笑い声 / with a ～ 笑って / give a short [mournful, hysterical] ～ 短い[悲しげな, ヒステリックな]笑い声を立てる / laugh a sad ～ ⇨ *vt.* 1 / raise[get] a ～ 人を笑わせる / burst [break (out)] into a ～ わっと笑い出す

L

/ join in the ～ 〈からかわれた人などが〉皆と一緒になって笑う / have a good [hearty] ～ *at* a joke 冗談に[を聞いて]大笑いする / We had a good many ～*s over* his foolishness. 彼の馬鹿さ加減には何度も笑った / The ～ was turned against him. あべこべに彼が笑われた. **2** 《口語》物笑いの種, 笑い草, 笑い事: You're going to swim the channel? That's a ～. イギリス海峡を泳いで渡るだって. これはお笑いだ. **3** [*pl.*]《口語》気晴らし (diversion), 遊び (sport): do for ～*s* [a ～] 冗談[戯れ]に…する / play golf just *for* ～*s* 単なる気晴らしにゴルフをやる. **4** (喜び・あざけりなどの表情としての)笑い(顔).
be a láugh a mínute 《口語》[時に皮肉] 大変面白おかしい. ***hàve the lást láugh* (*on*)** (…を)最後に笑い返してやる; (…に対して)形勢を逆転して最後の勝利を納める.
hàve* [*gèt*] *the láugh of* [*on, òver*]** *a person*＝hàve* [*gèt*] *the láugh on*** *óne's* ***sìde*** (かえって)〈相手〉を負かす; 笑いものにする, …の鼻をあかす. 《1937》
〖OE (Anglian) *hlæhhan,* (WS) *hliehhan* < Gmc **χlaχjan* (G & Du. *lachen* / Goth. *hlahjan*) ← IE **kleg-* to cry, sound 《擬音語》〗

SYN 笑い: **laugh** [可算名詞] 幸福・おかしさ・軽蔑などを示して声を出して笑うこと, またはその声: She gave a hysteric *laugh*. ヒステリックに笑った. **laughter** [不可算名詞] 特に幸福・おかしさのために笑うこと, またはその声: I heard *laughter* from the next room. 隣の部屋から笑い声が聞こえた. **chuckle** 喜び・満足で静かに笑うこと: give a *chuckle* くすくす笑う. **giggle** 特に女の子のくすくす笑い: She answered with a *giggle*. 彼女はくすくす笑いながら答えた. **titter** そわそわして, またはばかみたいにくすくす笑うこと: She gave a nervous *titter*. 神経質にくすくす笑った. **snicker,** 《英》**snigger** (他人の不幸などを見て)意地悪く無礼に忍び笑いすること: a subdued *snigger* 押さえつけた忍び笑い. **guffaw** (通例男性の)大声のばか笑い: He gave a loud *guffaw* at her joke. 彼女の冗談を聞いて大声でばか笑いをした. ⇨ smile.

L

laugh·a·ble /lǽfəbl | lɑ́ːf-/ *adj.* 笑うべき, おかしい, 面白い, ばからしい (ridiculous) (⇨ funny¹ **SYN**): make ～ mistakes ばかばかしい間違いをする / Modern audiences do not find Shylock a ～ character. 現代の観客はシャイロックを笑うべき人物だとは思わない. **láugh·a·bly** *adv.* **～·ness** *n.* 〖《1596–97》: ⇨ -able〗
láugh·er *n.* **1** 笑う人, 笑い上戸. **2** あざける人 (scoffer). **3** 家鳩 (pigeon) の一種. 〖《*a*1410》: ⇨ -er¹〗
láugh·ing *n.* 笑うこと, 笑い (laughter): hold one's ～ おかしさをこらえる, 笑いを忍ぶ. **—** *adj.* **1 a** 笑っている, うれしそうな (merry): a ～ girl / a ～ countenance 笑っている[うれしそうな]顔つき / in a ～ mood うれしい気分で / die ～*ing* 《口語》死ぬほど笑う. **b** 〈自然界など〉笑っているような, なごやかな: the ～ face of nature のどかな景色 / ～ wavelets さらさら岸打つさざ波. **2** 笑うべき, おかしい (laughable): It is no ～ matter. 笑いごとじゃない. 〖《*c*1300》: ⇨ -ing¹·²〗
láughing gàs *n.* 《化学》笑気 (⇨ nitrous oxide). 〖1842〗
láughing gúll *n.* 《鳥類》 **1** ユリカモメ (*Larus ridibundus*) (black-headed gull ともいう). **2** ワライカモメ (*Larus atricilla*) (北米産の小型のカモメ, かん高い鳴き声は笑い声に似ている). 〖1789〗
láughing hyéna *n.* 《動物》ワライハイエナ (⇨ spotted hyena).
láughing jáckass *n.* 《鳥類》ワライカワセミ (⇨ kookaburra). 〖1798〗
láugh·ing·ly *adv.* 笑って, 笑いながら; あざけるように. 〖《1530》: ⇨ -ly¹〗
láughing múscle *n.* 《解剖》笑筋 (顔面筋の一つ).
Láughing Philósopher *n.* [the ～] Democritus の異名 (cf. Weeping Philosopher).
láughing·stòck *n.* 笑いの種, 物笑い, 笑い草: make a ～ of oneself 人の物笑いになる. 〖1519〗
láugh lìne *n.* 目尻のしわ, 笑いじわ (笑いでできると思われていることから).
laugh·ter /lǽftə | lɑ́ːftə(r)/ *n.* **1** 笑い, 大笑い (cf. smile 1); 笑い声 (⇨ laugh **SYN**): peals [roars, gales] of ～ 大笑い / ⇨ Homeric laughter / be convulsed with ～ 腹を抱えて笑う / break out [burst, dissolve] into ～ [fits of ～] あはははと笑い出す / make a person die with ～ 人をおかしくて死ぬほど笑わせる (腹の皮をよじらせる). **2** おかしさ; おかしがること: inward ～ 内心の笑(え)み. **3** 笑い顔, 笑いの表情: There was ～ in his face. **4** 《古》おかしなこと[物], 笑いの種, 物笑い. ★ ラテン語系形容詞: risible. 〖OE *hleahtor* < Gmc **χlaχtraz* (G *Gelächter*): ⇨ laugh〗
Laugh·ton /lɔ́ːtn, lɑ́ː- | lɔ́ː-/, **Charles** *n.* ロートン (1899–1962; 英国生まれの米国の俳優; *Mutiny on the Bounty* (1935)).
láugh tràck *n.* (テレビの喜劇番組などにあとで入れる)録音された笑い声. 〖1962〗
LAUK (略) Library Association of the United Kingdom 英国図書館協会.
lau·mont·ite /loumɑ́(ː)ntaɪt | ləumɔ́n-/ *n.* (*also* **lau·mon·ite** /-mɑ́(ː)naɪt | -mɔ́n-/) 《鉱物》濁沸石 ($CaAl_2Si_4O_{12}·4H_2O$) (沸石の一種). 〖《1805》← *F. P. N. G. de Laumont* (1747–1834: フランスの鉱物学者): ⇨ -ite¹〗
launce /lǽns, lɔ́ːns, lɑ́ːns | lɑ́ːns/ *n.* 《魚類》＝sand launce. 〖《1623》(異形) ← LANCE²〗
Launce·lot /lǽnslɑ(ː)t, lɔ́ːns-, lɑ́ːns-, -lət | lɑ́ːnslɔt, lɔ́ːns-, -lət/ *n.* **1** ランスロット (男性名). **2** 《アーサー王伝説》＝Lancelot. 〖(異形) ← LANCELOT²〗
Laun·ces·ton /lɔ́ːnsəstən, lɑ́ːn-, -tn | lɔ́ːn-/ ★ 現地の発音は /lɑ́(ː)n- | lɔ́n-/. *n.* ローンセストン (オーストラリア, Tasmania 島北部の市; 乳製品・羊毛・小麦粉の輸出港).
launch¹ /lɔ́ːntʃ, lɑ́ːntʃ | lɔ́ːntʃ/ *vt.* **1 a** 〈魚雷・ミサイル・ロケットなどを〉発射する, 発進する, 打ち上げる (send off, release); 〈矢・槍(やり)などを〉放つ, 投げつける (hurl): ～ a satellite 人工衛星を打ち上げる / Airplanes were ～*ed from* the aircraft carrier. 航空母艦から飛行機が飛び立った / A spacecraft was ～*ed into* outer space. 宇宙へ向けて宇宙船が発進された / ～ a spear 槍を投げる.
b 〈攻撃などを〉開始する (commence), 〈打撃などを〉加える; 〈軍隊を〉進撃させる: ～ a counterattack 反撃を開始する / They ～*ed* a preemptive strike *against* the enemy. 彼らは敵に先制攻撃をかけた. **c** 〈非難・攻撃などを〉放つ, 浴びせる (direct) 〔*against, at, on*〕: ～ invectives *against* another 相手を非難する / ～ threats *at* an opponent 敵方を脅迫する / ～ an attack *on* his criticism.
2 a 〈船を〉進水させる; 水面に[降ろして]浮かべる: ～ a new passenger liner 新しい旅客船を進水させる / ～ a lifeboat 救助艇を降ろす. **b** 〈人を〉〔世の中などに〕送り出す, 〈人を〉〔事業などに〕乗り出させる (send off) 〔*in, into*〕: ～ (*out*) one's son *in* the world 息子を世の中に送り出す / ～ an actress *in* a star role 女優をスターとして売り出す / ～ (*forth*) one's daughter *into* society 娘を華々しく社交界に出す / His friends ～*ed* him *into* business. 友人たちは彼に商売を始めさせた. **c** [～ *oneself* または p.p. 形で]〔事業などに〕乗り出す (embark) 〔*on, upon*〕: He ～*ed himself on* a business [political] career. 彼は実業界[政界]に乗り出した / Our company now *is* ～*ed on* a new program. わが社は今事業の新計画に着手している. **3** 〈企業などを〉始める, 起こす; 〈運動などを〉展開する; 〈新製品などを〉送り出す: ～ a new enterprise 新しい事業に乗り出す / ～ a fund drive 基金募集運動を始める / The police ～*ed* an investigation. 警察は捜査を開始した / They ～*ed* a campaign to dissolve the Diet. 彼らは国会解散運動を始めた.
— *vi.* **1** 〔事業などに〕乗り出す; 〔生産・実験などに〕着手する (commence) 〈*out, forth*〉〔*into, on, upon*〕: ～ *into* business 商売を始める / ～ *out into* a series of experiments 次々と色々な実験に着手する / ～ (*out*) *into* dissipation 放蕩(とう)を始める / The plant has ～*ed upon* the production of new cars. その工場は新型自動車の生産に着手した. **2** 〔議論・説明などを〕やり出す; 〔暴言などを〕吐き始める 〈*forth, out*〉〔*into*〕; 激しく非難する, まくし立てる (lash) 〈*out*〉: ～ *into* an argument [a tearful diatribe against …] 勢いよく議論をやり出す[涙ながらに…へのうらみつらみを述べ始める] / ～ *forth into* a colorful description of one's journey 色彩豊かに旅の話を長々と始める / She began to ～ *out* after hearing what he had to say. 彼の言い分を聞き終わると今度は彼女がまくし立て始めた. **3** (海へ)乗り出す 〈*out, forth*〉; 飛び立つ. **4** 《口語》威勢よく大金を使う 〈*out*〉.
— *n.* **1** (ミサイル・ロケット・人工衛星・宇宙船などの)発射, 発進, 打ち上げ; (船の)進水. **2** 進水台.
— *adj.* (宇宙船・ミサイルなどの)発射[打ち上げ]の.
〖《*a*1300》□ AF *launcher* & ONF *lancher*＝OF *lancier* (F *lancer*): ⇨ lance¹ (v.)〗
launch² /lɔ́ːntʃ, lɑ́ːntʃ | lɔ́ːntʃ/ *n.* **1** ランチ, 汽艇, 機動艇 (港湾・沿岸用・遊覧用): a pleasure ～ / a motor ～. **2** ランチ (艦載の大型ボート). 〖《1697》□ Sp. & Port. *lancha* □ Malay *lancharan* a kind of boat〗
láunch còmplex *n.* (宇宙船・人工衛星・ロケットなどの)発射[組み立て]施設.
láunch·er *n.* 《軍事》 **1** 発射筒, 発射機, 発射装置, ランチャー: ⇨ grenade launcher, rocket launcher. **2** 艦載機発射機, カタパルト. 〖《1824》← LAUNCH¹＋-ER¹〗
láunch·ing *n.* **1** (ミサイル・ロケット・人工衛星・宇宙船などの)発射, 発進, 打ち上げ; (船の)進水, 進水式.
2 a (事業・制度などの)着手, 開始, 創設. **b** (新製品などの)発表; (書籍などの)発刊. 〖《1592》← LAUNCH¹＋-ING¹〗
láunching pàd *n.* **1** 《宇宙》(ミサイル・ロケット・人工衛星・宇宙船などの)発射台, 発射点 (コンクリート製).
2 出発点. 〖1951〗
láunching shòe *n.* (機体に取り付けるミサイルの)発射架.
láunching sìte *n.* 《宇宙》(ミサイル・ロケット・人工衛星・宇宙船などの)発射場. 〖1944〗
láunching vèhicle *n.* ＝launch vehicle.
láunching wàys *n. pl.* [単数または複数扱い] ＝way¹ 19.
láunch pàd *n.* 《宇宙》＝launching pad.
láunch shòe *n.* ＝launching shoe.
láunch vèhicle *n.* 《宇宙》 **1** (ミサイル・人工衛星・宇宙船などの)打ち上げ用ロケット. **2** 多段式ロケットの第一段目 (booster). 〖*c*1960〗
láunch wìndow *n.* 《宇宙》(ロケット・宇宙船などの)打ち上げ可能時間帯. 〖1962〗
laund /lɔ́ːnd, lɑ́ːnd | lɔ́ːnd/ *n.* (*also* **lawnd**) 《古・方言》林間の空地 (glade). 〖《1340》 OF *launde* (F *lande*) wooded district, heath: ⇨ LAWN¹〗
laun·der /lɔ́ːndə, lɑ́ːn- | lɔ́ːndə(r)/ *vt.* **1 a** 〈衣類を〉洗う, 洗濯(たく)する. **b** [通例 p.p. 形で] 洗濯してアイロンをかける: freshly ～*ed* underwear さっぱりと洗濯のできた下着. **2 a** …からよごれを取る, きれいにする (cleanse). **b** …の欠点を除く (purify). **3** 《政治》〈不法な金を〉(出所を擬装したりして)合法的にみせる. **—** *vi.* **1** 洗濯をする, 洗濯をしてアイロンをかける; 洗濯屋を営む. **2** 洗える, 洗濯がきく: This cloth ～*s* well. この布地はきれいに洗える.
— *n.* **1** 《鉱山》樋(とい) (選鉱のため水力で石炭および鉱石を運搬するもの). **2** 《土木》樋 (土木工事中くみ上げた水を流すもの). **3** 《冶金》樋 (とけた金属を炉から流し出す道). **～·ing** *n.* 〖《?*c*1375》《1667》← ME *lander* washer (中音消失) ← 《*c*1325》 *lavender* □ (O)F *lavandier* < VL **lavandārium* ← L *lavanda* things to be washed (gerundive) ← *lavāre* to wash: ⇨ lave¹.
— v.: 《1609》← (n.).〗
láun·der·er /-dərə | -rə(r)/ *n.* 洗濯(たく)人; 洗濯屋. 〖《*c*1450》: ⇨ ↑, -er¹〗
laun·der·ette /lɔ̀ːndərέt, lɑ̀ːn-, lɔːndrέt, lɑːn- | lɔ̀ːndərέt, lɔːndrέt/ *n.* コインランドリー (コインを入れて動かすセルフサービスの洗濯機や乾燥器などが置いてあるクリーニング屋; cf. Laundromat 2). 〖《*c*1948》← LAUNDER＋-ETTE: もと営業標識〗
laun·der·mat /lɔ́ːndəmæ̀t, lɑ́ːn- | lɔ́ːndə-/ *n.* ＝launderette. 〖1951〗
laun·dress /lɔ́ːndrɪs, lɑ́ːn- | lɔ́ːndrεs, -drɪs/ *n.* 洗濯女. 〖《1550》← LAUNDER＋-ESS¹〗
laun·drette /lɔːndrέt, lɑːn- | lɔːn-/ *n.* ＝launderette. 〖1955〗
Laun·dro·mat /lɔ́ːndrəmæ̀t, lɑ́ːn- | lɔ́ːn-/ *n.* **1** 《米・NZ》《商標》ローンドロマット (コインを入れて動かす自動洗濯機の一種). **2** [l-] コインランドリー (その機械を用いるセルフサービスのクリーニング屋; cf. launderette). 〖《1943》(商標) ← LAUNDR(Y)＋(AUT)OMAT(IC)〗
laun·dry /lɔ́ːndri, lɑ́ːn- | lɔ́ːn-/ *n.* **1** [集合的] 洗濯物. **2** 洗濯屋, クリーニング屋; 洗濯場. 日英比較 日本語の「コインランドリー」は英語では普通《米》laundromat, 《英》laund(e)rette; self-service *laundry* あるいは coin-wash という. またその洗濯機は coin(-operated) washer. **3** 《廃》洗濯. **4** 不正に得た金を合法的に見せるために擬装する場. 〖《*c*1378》(変形) ← ME *lavendrie* □ (O)F *lavanderie*: ⇨ launder, -ery〗
láundry bàsket *n.* 洗濯物入れのバスケット.
láundry detèrgent *n.* 《米》洗濯用洗剤.
láundry lìst *n.* **1** (ホテルなどの)洗濯物記入表.
2 《口語》細部にわたった長い表[リスト]. 〖1958〗
láundry·man /-mən, -mæ̀n/ *n.* (*pl.* **-men** /-mən, -mὲn/) 洗濯屋; 洗濯屋の御用聞き. 〖1708〗
láundry·wòman *n.* ＝laundress.
Laur. (略) Laurence.
lau·ra /lɑ́ːvrə/ *n.* **1** ラウラ, 散居修道院 (初代教会における独住修士 (anchorite) の集団). **2** ラウラ (今日の東方正教会におけるある特権を有する大修道院). 〖《1727–52》□ Gk *laúra* lane, passage〗
Lau·ra /lɔ́ːrə/ *n.* ローラ (女性名; 愛称形 Lauretta; 異形 Laurel, Laurene, Laurie, Lolly, Lora). 〖(fem. dim.) ← ? LAWRENCE〗
Láura Ásh·ley /-ǽʃli/ *n.* 《商標》ローラアシュレイ (英国のデザイナー Laura Ashley および息子たちがデザインした衣料品・生地など).
Lau·ra·ce·ae /lɔːréɪsiìː/ *n. pl.* 《植物》クスノキ科.
lau·rá·ceous /-ʃəs/ *adj.* 〖← NL ～ ← L *laurus* 'LAUREL'＋-ACEAE〗
Laur·a·sia /lɔːréɪʒə, -ʃə | -ʃə, -ʒə, -ʒiə/ *n.* 《地質》ローレシア (古生代の終わりころに北半球にあったと推定される大陸塊; 分かれて北米大陸・ユーラシア大陸となった; cf. Gondwana). 〖《1931》← LAUR(ENTIAN)＋(EUR)ASIA〗
lau·rate /lɔ́ːreɪt, lɑ́(ː)r- | lɔ́r-/ *n.* 《化学》ラウリン酸塩[エステル]. 〖《1873》← L *laurus* 'LAUREL'＋-ATE¹〗
lau·re·ate /lɔ́(ː)riɪt, lɑ́(ː)r- | lɔ́ːr-/ *adj.* **1** 《文語》(栄誉のしるしとしての)月桂(けい)冠[桂冠]をいただいた. **2** [← ML *laureāre* to crown with laurels] [しばしば名詞の後に置いて] 〈詩人が〉桂冠を受ける価値のある, 桂冠の: ⇨ poet laureate. **3** (ある分野で)名高い (distinguished), 秀でた (prominent). **4** 《古》〈冠・花輪が〉月桂樹から成る.
— *n.* **1** (ある分野で卓越した業績をあげて)栄冠を得た人, 受賞者: a Nobel ～ *in* literature ノーベル文学賞受賞者. **2** 桂冠詩人. **—** /lɔ́(ː)rièɪt, lɑ́(ː)r- | lɔ́ːr-, lɔ́r-/ *vt.* 《古》 **1** 月桂冠で飾る; …に栄冠を授与する. **2** 桂冠詩人に任命する. 〖《*c*1375》 *laureat* □ L *laureātus* ← *laureus* (adj.) ← *laurus* 'LAUREL'〗
láureate·shìp *n.* 桂冠詩人の地位[職務]. 〖《1785》: ⇨ ↑, -ship〗
lau·re·a·tion /lɔ̀(ː)riéɪʃən, lɑ̀(ː)r- | lɔ̀ːr-, lɔ̀r-/ *n.* **1** 桂(けい)冠授与; 桂冠詩人 (poet laureate) の任命. **2** 《古》(大学での)学位授与. 〖《1637–50》□ ML *laureātiō(n-)*: ⇨ laureate, -ation〗
lau·rel /lɔ́(ː)rəl, lɑ́(ː)r- | lɔ́r-/ *n.* **1** 《植物》 **a** ゲッケイジュ(月桂樹) (*Laurus nobilis*) (南ヨーロッパ産クスノキ科の高木; 芳香があり葉を乾かして香料とする; 古代ギリシャ人はピシア競技 (Pythian games) の勝利者にこの木の葉を冠せた; 類似の木から区別するために true laurel ともいう; また bay, bay laurel, bay tree, sweet bay とも呼ばれる). **b** ゲッケイジュに似た各種の低木の総称 (カリフォルニアゲッケイジュ (mountain laurel), セイヨウバクチノキ (cherry laurel) など). **2** [通例 *pl.*] (勝利・栄誉のしるしとしての)月桂樹の葉または枝; 月桂冠. **3** [通例 *pl.*] 光栄, 名誉 (honor); 覇権(けん), 選手権 (championship); 勝利 (victory); 名声 (reputation): look to one's ～*s* 名誉を失わないように心がける / rest [sit] on one's ～*s* 既に得た名誉に甘んじる, 栄光にあぐらをかいている / win [gain, reap] ～*s* 名誉を得る, 賞賛を博する. **—** *vt.* (**lau·reled, -relled; -rel·ing, -rel·ling**) **1** …に桂冠を授ける. **2** …に栄誉をになわせる. **—** *adj.* 月桂樹の. 〖《*a*1325》 *lorel* (異化) ← *lorer* □ OF *lorier* (F *laurier*) ← *laur* < L *laurum* laurus: 地中海起源?〗
Lau·rel /lɔ́(ː)rəl, lɑ́(ː)r- | lɔ́r-/ *n.* ローレル (女性名; 愛称

形 Lauretta, Laurette). 〖↑〗

Lau·rel /lɔ́(:)rəl, lɑ́(:)r- | lɔ́r-/, **Stan** *n.* ローレル《1890–1965; 英国生まれの米国の喜劇映画俳優; 1926 年 Oliver Hardy とコンビを結成》.

Láurel and Hárdy *n.* ローレルとハーディー《米国の喜劇映画俳優; やせた Stan Laurel と太った Oliver Hardy の二人組》.

láu·reled *adj.* 桂(けい)冠をいただいた; 栄冠を得た, 栄誉をになった (honored). 〖(1682): ⇨ -ed〗

láurel òak *n.*〘植物〙**1** ローレルガシ (*Quercus laurifolia*)《米国南東部産のブナ科の常緑高木》. **2** =shingle oak. 〖1810〗

láurel-wàter *n.* ローレル水, 桂(けい)葉水《月桂樹の葉を蒸して採る液; 鎮痛剤などに用いる》. 〖1731〗

láurel wrèath *n.* 月桂冠.

Lau·ren /lɔ́:rən, lɑ́:r- | lɔ́:r-, lɔ́r-/, **Ralph** *n.* ローレン《1939– ; 米国のファッションデザイナー; カジュアルな服のデザインで知られる》.

Lau·rence /lɔ́(:)rəns, lɑ́(:)r- | lɔ́r-/ *n.* ローレンス《男性名; 愛称形 Larry, Lars, Laurie, Lowrie; 異形 Lawrence; cf. Laura》. 〖□ OF *Lorenz* (F *Laurent*) □ L *Laurentius* ← *Laurentum* (Latium の町の名) ← ? *laurus* 'LAUREL'〗

Lau·rence /lɔ́(:)rəns, lɑ́(:)r- | lɔ́r-/, **(Jean) Margaret** *n.* ローレンス《1926–87; カナダの小説家; 1962 年に英国に移る; *Heart of a Stranger* (1977)》.

Lau·ren·cin /lɔ̀:rɑ̃:(n)sǽ(ŋ), -rɑ:nsǽŋ; *F.* lɔʁɑ̃sɛ̃/, **Marie** *n.* ローランサン《1885–1956; フランスの画家》.

Lau·rens /lɔ́(:)rəns, lɑ́(:)r- | lɔ́r-/, **Henry** *n.* ローレンス《1724–92; 米国の政治家; 大陸会議議長 (1777–78)》.

Lau·ren·tian /lɔ:rénʃən, lɑ(:)r- | lɔr-, lɔ:r-/ *adj.* **1** カナダの St. Lawrence 川の. **2**〘地質〙ローレンシア系の. **3** =Lawrentian. 〖(1863) ← L *Laurentius* 'LAURENCE'＋-IAN〗

Laurèntian Móuntains *n. pl.* [the ～] ローレンシア山脈《カナダ東部 Quebec 州, St. Lawrence 川と Hudson 湾の間の低い山脈》.

Laurèntian Platéau [Híghlands, Shíeld] *n.* [the ～] ローレンシア台地 (⇨ Canadian Shield).

Láu·ren·tides Párk /lɔ́(:)rəntàɪdz-, lɑ́(:)r- | lɔ́r-, lɔ́:r-; *F.* lɔʁɑ̃tid/ *n.* ローレンタイズ公園《カナダ Quebec 州, St. Lawrence 川と St. John 湖との間の州立公園》.

Lau·rént's ácid /lɔ(:)rénts-, lə- | lɔ:rɑ́:(ŋ)z-, -rɑ́:ŋz-/ *n.*〘化学〙ローレント酸 ($H_2NC_{10}H_6SO_3H$)《1-ナフチルアミン-5-スルホン酸の通称; アゾ染料の中間体》. 〖← *Auguste Laurent* (1807–53: フランスの化学者)〗

Laurént sèries /lɔ(:)rént-, lə- | lɔ:rɑ́:(ŋ)-, -rɑ́:ŋ-/ *n.*〘数学〙ローラン級数《負の累乗の項が現れるような冪(べき)級数》. 〖← *Hermann Laurent* (1841–1908: フランスの数学者)〗

Laurént's théorem *n.*〘数学〙ローランの定理《二つの同心円で囲まれた領域で正則な関数は, それらの円の中心のまわりのローラン級数 (Laurent series) で表されるという定理》. 〖↑〗

lau·res·ti·nus /lɔ̀(:)rəstáɪnəs, lɑ̀(:)r-, -tí:- | lɔ̀r-, lɔ̀:r-/ *n.*〘植物〙=laurustine.

Lau·ret·ta /lərétə, lɔ:r- | -tə/ *n.* ローレッタ《女性名; 異形 Laurette》. 〖(dim.) ← LAURA〗

lau·ric /lɔ́(:)rɪk, lɑ́(:)r- | lɔ́r-/ *adj.*〘化学〙ラウリン酸の. 〖(1857) ← L *laurus* 'LAUREL'＋-IC[1]〗

láuric ácid *n.*〘化学〙ラウリン酸 ($CH_3(CH_2)_{10}COOH$)《グリセリンエステルとしてココナツ油・やし油などに存在する脂肪酸; 金属石鹸・ラウリルアルコールなどの原料; dodecanoic acid ともいう》. 〖1873〗

láuric áldehyde *n.*〘化学〙ラウリンアルデヒド ($CH_3(CH_2)_{10}CHO$)《無色の液体; 香水の原料》. 〖1876〗

Lau·rie /lɔ́(:)ri, lɑ́(:)ri | lɔ́ri/ *n.* ローリー: **1** 男性名. ★ スコットランドに多い. **2** 女性名. 〖1: (dim.) ← LAURENCE 2: (dim.) ← LAURA〗

Lau·ri·er /lɔ́(:)rièɪ, lɑ́(:)r- | lɔ́r-; *F.* lɔʁje/, **Sir Wilfrid** /wɪ́lfrɪ̣d | -frɪd; *F.* wilfʁid/ *n.* ロリエ《1841–1919; カナダの政治家; 首相 (1896–1911)》.

lau·rite /lɔ́(:)raɪt, lɑ́(:)r- | lɔ́r-/ *n.*〘鉱物〙ローライト (RuS_2)《しばしば少量のオスミウムを含む鉄黒色不透明な鉱物; 微結晶または粒状で産する》. 〖(1866) □ G *Laurit* ← *Laura Joy* (これを発見した 19 世紀のドイツの化学者 F. Wöhler が友人の夫人の名 Laura にちなんで命名したもの): ⇨ -ite[1]〗

lau·ro·yl /lɔ́(:)rouɪ̀l, lɑ́(:)r- | lɔ́rəu-/ *n.*〘化学〙ラウロイル《ラウリン酸から誘導される 1 価の酸基 ($CH_3(CH_2)_{10}CO$–); lauryl ともいうことがあるが, 正しくは lauryl は $C_{12}H_{25}$ の基》. 〖← *lauro-* (⇨ lauric)＋-YL〗

láuroyl gròup [ràdical] *n.*〘化学〙ラウロイル基.

lau·rus·tine /lɔ́(:)rəstàɪn, lɑ́(:)r-, -tì:n | lɔ́rəstàɪn, lɔ́:r-/ *n.*〘植物〙南欧産スイカズラ科ガマズミ属 (*Viburnum*) の常緑低木の総称《arrowwood ともいう》; 特に *V. tinus*《芳香のある花と緑葉のために広く栽培される》. 〖(1683–84)《変形》↓〗

lau·rus·ti·nus /lɔ̀(:)rəstáɪnəs, lɑ̀(:)r-, -tí:- | lɔ̀r-, lɔ̀:r-/ *n.*〘植物〙=laurustine. 〖(1664) ← NL ～ ← L *laurus* 'LAUREL'＋*tinus* plant of the laurel tribe〗

lau·ryl /lɔ́(:)rɪ̣l, lɑ́(:)r- | lɔ́r-, lɔ́:r-/ *n.*〘化学〙ラウリル ($C_{12}H_{25}$ のアルキル基; 古くは lauroyl のことを lauryl と呼んだこともあった). 〖(1915) ← LAUR(IC)＋-YL〗

láuryl álcohol *n.*〘化学〙ラウリルアルコール ($CH_3(CH_2)_{10}CH_2OH$)《洗剤・表面活性剤の原料》. 〖1922〗

Lau·sanne /louzǽn, -zǽn | ləuzǽn; *F.* lozan, lo-/ *n.* ローザンヌ《スイス西部 Geneva 湖北岸の都市; ローザンヌ大学がある》.

laus De·o /lɔ́:sdí:ou, lɑ́:s-, láusdéɪ- | lɔ́:sdí:əu, láusdéɪ-/ *L.* 神をほめまつれ, 神を賛えよ. 〖□ L *laus Deō* praise God〗

Láu·sitz·er Néisse /láuzɪtsə- | -tsə-; *G.* láuzɪtsɐ-/ *n.* ラオジッツァーナイセ《Neisse のドイツ語名》.

láu·ter tùb [tùn] /láutə- | -tə-; *G.* láutɐ/ *n.*〘醸造〙麦芽汁濾過(ろか)機《ビール醸造のとき, 麦芽汁をこしとるために使う網目の層のついた大型タンク》. 〖*lauter*: □ G ～ 'clear'〗

Lau·tré·a·mont /lòutreɪəmɔ̃́:(ŋ), -mɔ́:ŋ | lɔ̀u-; *F.* lotʁeamɔ̃/, **le Comte de** /kɔ̃:t də/ *n.* ロートレアモン《1846–70; ウルグアイ生まれのフランスの詩人; 超現実派の先駆者; 本名 Isidore (Lucien) Ducasse /dykas/; *Les Chants de Maldoror*「マルドロールの歌」(1868, 90)》.

Lautrec *n.* =Toulouse-Lautrec.

LAUTRO /lɔ́:tro:/《略》Life Assurance and Unit Trust Regulatory Organization.

lau·wine /lɔ́:wɪ̣n, lɑ́:- | lɔ́:wɪn; *G.* lauví:nə/ *n.* =lawine.

lav /lǽv/ *n.*《英口語》=lavatory. 〖略〗

LAV《略》lymphadenopathy-associated virus《専門的には HIV を使う》.

la·va /lɑ́:və, lǽvə | lɑ́:və/ *n.*〘地質〙**1** (流動状の)溶岩 (cf. magma 1): a ～ cave [tube] 溶岩洞. **2** (凝固した)溶岩, 火山岩, 焼石. **～·lìke** *adj.* **lá·val** /-vəl, -vɫ/ *adj.* 〖(1750) □ It.《方言》～ 'stream' ← ? *lavare* to wash < L *lavāre*〗

láva bèd *n.*〘地質〙溶岩層. 〖1891〗

Láva Bèds Nátional Mónument *n.* ラーバベッド国定記念物《米国 California 州北東部の地域; 溶岩・大きな割れ目・噴石丘などがある; 原住民 Modoc 族との激戦地 (1873)》.

la·va·bo[1] /ləvɑ́:bou, -véɪ- | ləvɑ́:bəu, læ-, -véɪ-/ *n.* (*pl.* ～**es**, ～**s**) **1** [時に L-]〘キリスト教〙洗手式《ミサ聖祭で奉献の後司祭が手を洗う式》. **2** 洗手式の際に唱える詩編 (*Ps.* 26: 6–12; 1969 年以後は *Ps.* 51: 4). **3** 洗手式に用いる手ぬぐい (lavabo towel); 手洗い鉢(ばち) (lavabo basin [bowl, dish]). **4** (中世の修道院で洗浄に用いられた多くの蛇口のある石製の)水槽(すいそう). **—** /ləvɑ́:bou, -véɪ- | lævəbàu/ (*pl.* ～**es**, ～**s**) *n.* **1** (壁に取り付けられた)上部に水槽の付いた洗面器. **2** (壁に取り付けられた)装飾的水盤《そこに花を生ける場合もある》. 〖(1740) □ L *lavābō* I will wash ← *lavāre* to wash: cf. *Ps.* 26: 6: ⇨ lave[1]〗

láva flòw *n.*〘地質〙溶岩流《流動状の溶岩の流れ, またはその凝固したもの》. 〖1888〗

la·vage /ləvɑ́:ʒ, lǽvɪdʒ | lævɑ́:ʒ, lə-, lǽvɪdʒ, -vɑ́:dʒ; *F.* lava:ʒ/ *n.* **1** 洗うこと. **2**〘医学〙洗浄; 胃洗浄 (gastric lavage). **—** *vt.*〘医学〙洗浄する. 〖(1895) □ F ～ ← *laver* 'to LAVE[1]': ⇨ -age〗

La·val /ləvǽl/ *n.* ラバル《カナダ南東部, Quebec 州の Montreal 市郊外の都市》.

La·val /ləvǽl; *F.* laval/, **Pierre** *n.* ラバル《1883–1945; フランスの政治家; 首相 (1931–32, 1935–36); フランス Vichy 政府首班 (1942–44); 国事犯として処刑された》.

la·va·la·va /lɑ̀:vəlɑ́:və/ *n.* ラバラバ《Samoa 島および南洋諸島の先住民がつける更紗(さらさ)の腰布; cf. sulu》. 〖(1891) □ Samoan ～ 'clothing'〗

la·va·liere /lævəlíə, lɑ̀:v- | ləvæliéə[r]; *F.* lavaljɛ:ʁ/ *n.* (*also* **la·va·lier** /～/, **la·val·liere** /～/) 宝石をちりばめた鎖の首飾り[ペンダント]. 〖(1873) ← *Duchesse de La Vallière* (1644–1710: フランス王 Louis 十四世の愛妾(あいしょう))〗

lav·a·te·ra /lævətíᵊrə | -tíərə/ *n.*〘植物〙アオイ科ハナアオイ属 (*Lavatera*) の植物の総称《観賞用に栽培される》. 〖(1731) ← NL ～〗

la·va·tion /leɪvéɪʃən/ *n.* 洗うこと, 洗浄 (washing). **～·al** /-ʃnəl, -ʃənɫ/ *adj.* 〖(1627) □ L *lavātiō(n-)* a washing ← *lavātus* (p.p.) ← *lavāre* to wash: ⇨ lave[1], -ation〗

lav·a·tor·i·al /lævətɔ́:riəl⁻/ *adj.* **1**〈飾りなど〉公衆トイレに独特の. **2** トイレ[糞便]に関する, 尾籠(びろう)な; 卑俗[卑猥]な. 〖(1839) □ L *lavātōrius* ← *lavāre* to wash＋-AL[1]〗

lav·a·to·ry /lǽvətɔ:ri | -təri, -tri/ *n.* **1**《米》**a** (学校・ホテルなどの)洗面所, 手洗所, 化粧室《通例便所がある; toilet, water closet, WC ともいう》. **b**《まれ》(据え付けの)洗面台. **2** (修道院などの)洗い場. **3**《英》水洗便器 (toilet bowl). 〖(*c*1384) *lavatorie* □ LL *lavātōrium* ← L *lavātus* (⇨ lavation): ⇨ -ory[2]〗

lávatory pàper *n.*《英》トイレットペーパー. 〖1926–27〗

lave[1] /léɪv/ *vt.* **1**《詩》洗う;〈波などが〉〈岸を〉洗う. **2**《詩・廃》ひしゃくでくみ出す[注ぐ]. **—** *vi.*《古》水を浴びる. 〖(?*a*1200) □ (O)F *laver* < L *lavāre* to wash, bathe ← IE **leu(ə)-* (Gk *loúein*): cf. OE *lafian*〗

lave[2] /léɪv/ *n.*《スコット・方言》残り, 残余 (remainder). 〖OE *lāf* < Gmc **laibō*: cf. leave[1]〗

la·veer /ləvíə | -víə[r]/ *vi.*《古》〘海事〙風に逆らって間切る (tack). 〖(1598) □ Du. *laveeren* <《古形》*loveren* □ MF *loveer* (F *louvoyer*) ← *lof* windward: cf. luff〗

lav·en·der /lǽvəndə | -də[r]/ *n.* **1**〘植物〙ラベンダー (*Lavandula officinalis*)《南ヨーロッパ原産のシソ科の植物; 干してたんすに入れたり香水の原料にする》: oil of ～=lavender oil. **2** 乾燥させたラベンダーの花[茎]《虫除けにまたは香をつけるため衣類の間に入れる》. **3** ラベンダー色 (薄紫色・藤色). **4** =lavender water. ***láy (úp) in lávender*** (あとで使うために)大切に取っておく. **—** *adj.* [限定的] **1** ラベンダー(の花)の. **2** ラベンダー色[藤色]の. **—** *vt.*〈衣類〉の間にラベンダーを入れる; …にラベンダー水をふりかける. 〖(*a*1300) (1373) □ AF *lavendre* □ ML *lavendula, livendula* ← ?L *lavāre* to wash (⇨ lave[1]): 浴用香水に用いたところから?〗

lavender 1

lávender bàg *n.* ラベンダー香り袋《乾燥したラベンダーの花を入れた袋で衣類の香りづけに用いる》. 〖1865〗

lávender còtton *n.*〘植物〙ワタスギギク (*Santolina chamaecyparissus*)《ヨーロッパ南部原産のキク科の常緑叢生低木; 花を駆虫剤や水虫の薬に使う》. 〖1530〗

lávender òil *n.*〘化学〙ラベンダー油《ラベンダーから採った無色[帯黄色]の芳香性精油; 香料に使用》.

lávender wàter *n.* ラベンダー水[香水]. 〖1563〗

la·ver[1] /léɪvə | -və[r]/ *n.* **1**《古》(ユダヤ人の神殿にあった)洗盤, たらい《祭司が手足や犠牲(いけにえ)を洗った》. **2**《古》**a** 洗盤, 水盤. **b** 清めの水[液体]. **3**《古》**a** 心を清めるもの[力]. **b**〘教会〙洗礼盤. 〖(1340) *lavour* □ OF *laveoir* (F *lavoir*) □ LL *lavātōrium* 'LAVATORY'〗

la·ver[2] /léɪvə, lɑ:- | lɑ́:və[r]/ *n.*〘植物〙アマノリ《アマノリ属 (*Porphyra*) の食用のりの総称; マルバアマノリ, アサクサノリなど》. 〖lateOE *laber* water plant □ L *laver* ← *lavāre* to wash: ⇨ lave[1]〗

La·ver /léɪvə | -və[r]/, **Rod(ney George)** *n.* レーバー《1938– ; オーストラリアのテニス選手; グランドスラムを 2 度達成 (1962, 1969); ウィンブルドン男子シングルスで 4 度優勝 (1961, 1962, 1968, 1969)》.

La·ve·ran /lævərɑ́:(ŋ), -rɑ́:ŋ; *F.* lavʁɑ̃/, **Charles Louis Alphonse** *n.* ラブラン《1845–1922; フランスの医学者; マラリア原虫を発見 (1880); Nobel 医学生理学賞 (1907)》.

láver·brèad *n.* ラーバーブレッド《乾燥したアマノリ (laver) から作るパン状の食物; 英国西部, 特にウェールズ地方で食べる》. 〖1701〗

La Vé·ren·drye /lɑ:vèrəndrí:, -vérəndràɪ | -vèrəndrí:; *F.* laveʁɑ̃dʁi/, **Sieur de** *n.* ラ ベランドリ《1685–1749; 北米を探検したフランス系カナダ人; 本名 Pierre Gaultier de Varennes /pjɛ:ʁ gotje d varɛn/》.

la·ver·ock /léɪv(ə)rək, lǽv-/ *n.*《スコット・北英方言》〘鳥類〙=skylark. 〖《変形》← ME *laveroc, laverke* 'LARK[1]'〗

La·ver·y /léɪv(ə)ri, lǽv-/, **Sir John** *n.* レーヴァリー《1856–1941; 英国の肖像画家》.

La·vin·i·a /ləvíniə/ *n.* ラビニア《女性名; 愛称形 Vinny》. ★ ジプシーに多い名. 〖□ L *Lāvīnia* (Virgil の *Aeneid* に出てくる王女の名)〗

lav·ish /lǽvɪʃ/ *adj.* **1** 気前のよい, おおまかな (generous, free);〔…を〕惜しまない〔*of*〕: one's ～ uncle 気前のいいおじさん / be ～ *of* praise やたらに人をほめる / be ～ *with* money 金を惜しまない / be ～ *in* giving presents 気前よく贈り物をする. **2** 豊富な, たくさんの, 十分な (ample); 多過ぎる, むやみな (superabundant): ～ hospitality 親切すぎる歓待 / ～ expenditure 浪費 / a ～ supply of food 十分な食糧の供給. **3** 浪費癖のある, 贅沢な: He's rather too ～. ちょっと浪費癖があり過ぎる. **4**《廃》わがままな, 放縦な, 手に負えない. **—** *vt.* **1**〔…に〕気前よく恵んでやる, 惜しまずに与える (bestow generously)〔*on, upon*〕(⇨ profuse SYN): ～ money on the poor / ～ care *upon* one's children 子供を大事に世話する / ～ praises on a person 人をほめちぎる / ～ them *with* wine ワインを彼らにうんと飲ませる. **2**〔…に〕浪費する (squander)〔*on, upon*〕: ～ one's money *on* one's pleasures 快楽に金を浪費する. **～·er** *n.* **～·ment** *n.* **～·ness** *n.* 〖(1469) *laves* extravagant ← OF *lavasse, lavache* deluge of rain ← *laver* to wash: ⇨ lave[1]〗

láv·ish·ly *adv.* 惜しみなく, 気前よく: The book is ～ illustrated. その本はふんだんに挿絵が入っている. 〖(1571): ⇨ ↑, -ly[1]〗

La·voi·sier /ləvwɑ́:zièɪ, lævwɑ:zjéɪ | ləvwɑ́:zièɪ, læ-, -vwǽz-; *F.* lavwazje/, **Antoine Lau·rent** /loʁɑ̃/ *n.* ラボアジェ《1743–94; フランスの化学者で近代化学の祖》.

la·vol·ta /ləvóuɫtə, -vɑ́(:)ɫ- | -vɔ́uɫ-, -vɔ́ɫ-; *It.* lavɔ́lta/ *n.*〘音楽〙=volta 1. 〖(1580) □ It. *la volta* the turn〗

La·von·gai /ləvɔ́:ŋgàɪ/ *n.* ラバンガル (=New Hanover).

Lav·o·ris /lævɔ́:rɪ̣s, læ- | -rɪs/ *n.*〘商標〙ラボリス《米国 Jeffrey Martin 社製の口腔洗浄液・口臭防止スプレーなど》.

lav·rock /lǽvrək/ *n.*《スコット》〘鳥類〙=laverock.

La·vrov /lɑ:vrɔ́(:)f, -vrɑ́(:)f | -vrɔ́f; *Russ.* lavróf/, **Pëtr La·vro·vich** /lávrəvʲɪtʃ/ *n.* ラヴロフ《1823–1900; ロシアの革命家・哲学者》.

lav·vie /lǽvi/ *n.* (*also* **lav·vy** /～/)《英婉曲》トイレ (toilet).

law[1] /lɔ́:, lɑ́: | lɔ́:/ *n.* **1 a** (社会生活維持のため国会など国権の最高機関の規定する)法; (個々の)法律; (法律全体としての)法, 国法 (cf. act 3 a, bylaw, code): the ～(*s*) of the land 国法 / the rule of ～ / (the) Federal ～《米》(州法に対して)合衆国連邦法 / ⇨ common law, constitutional law, private law, public law, Roman law, statutory law, unwritten law / against the ～ 法に反し

L

て / above the ～ 法を超えて / under the ～ 法により[の下に] / keep[stay] within the～ 法を守る / obey [break] the ～ 法を守る[破る] / by ～ 法(律)により / in the eyes of the ～ 法的観点からいうと / be good [bad] ～ (意見・判決などが)法律にかなう[かなわない] / keep on the right [wrong] side of the ～ 《口語》 法律を守って[破って]いる / There's no law against … …を禁じる法律なんてない, …してもかまわない / You may not like it, but it's the ～. 気に入らないかも知れぬが, それが法律だ / How does a bill become (a) ～? 法案はどのようにして法律になるのか / pass a ～ 法案を通過させる / Everybody is equal before the ～. 法の前では万人が平等である / I have the ～ on my side 私には法という味方がある / Necessity has [knows] no ～. 《諺》 必要に法律はない,「背に腹は代えられず」/ Our leader's word is ～. リーダーの言うことは絶対だ **b** 法律に適合しているもの; 法律で強制できるもの. **c** (適用範囲またはその特殊性によって分立されている)法体系, …法: the ～ of contract 契約法 / the ～ of evidence 証拠法 / military ～ 軍律 / martial ～ 軍律; 戒厳令 / ⇨ civil law l, criminal law, forest law, international law. **d** 〘法律〙 =common law.

2 a 法の統制力, 法の支配: maintain ～ and order 治安を維持する. **b** 権威, 支配: The child submits to no ～. 子供は権威に服従しない.

3 法的手段[手続], 訴訟, 起訴 (litigation): be at ～ 訴訟[裁判]中である / contend at ～ 法廷で争う, 訴訟する / resort to ～ 法に訴える, 訴訟する / go to ～ with [against] …=《口語》 have the ～ on …を告訴[起訴]する / court of ～=lawcourt.

4 a [しばしば *pl.*] (遵奉(じゅんぽう)すべき)おきて, きまり, 規定. **b** (道徳・慣習上の)ならわし, 慣例, 慣習 (usages): ～*s* of honor 礼儀作法; 決闘の作法 / moral ～ 道徳律 / the ～ of arms 武士道 / a ～ of courtesy 礼儀作法. **c** (技術・芸術上の)原則, 法 (principle): the ～*s* of perspective 遠近法 / the ～*s* of painting 画法 / the ～*s* of meter [harmoney] 韻律[和声]法. **d** (運動競技の)規則, 規定: the ～*s* of golf [the chase] ゴルフ[狩猟]規定.

5 (科学・哲学・自然上の)法則, 理法, 原則, 定律 (principle) (⇨ theory SYN): the ～ of gravity 重力の法則 / the ～ of mortality 生者必滅の定則 / the ～ of self-preservation 自己保存の法則[本能] / Where they saw chance, we see ～. 昔の人が偶然と思った事が今では自然の理法となっている / ⇨ Engel's law, Gresham's law, Grimm's law, Kepler's laws, Mendel's laws, Verner's law, etc.

6 [通例 the ～] **a** 法律的職業, 法律家階級 (legal profession); 法的職業に従事する人々, 法曹(そう)界: be bred to *the* ～ 弁護士となるための教育を受ける / follow *the* ～ 弁護士になる / practise ～ 弁護士を開業している / *The* ～ and the clergy supported the measure. 法律家と宗教家はその案を支持した. **b** 法律の施行機関; 警官, 警察: the (long) arm of *the* ～ 警察力, 法の力 / an officer of *the* ～ 警官.

7 法律学, 法学; 法の知識: a Doctor of *Laws* 法学博士 (略 LLD) / be learned in the ～ 法律に通じている / read [study, go in for, do] ～ 法律を研究する.

8 a (宗教上の)法律, 戒律, おきて; 神の教え, 啓示: the ～(*s*) of God 神のおきて[律法] / the new [old] ～ 〘聖書〙 新約[旧約]. **b** [the L-] 〘ユダヤ教〙 =Torah (cf. Oral Law, written law). **c** =Mosaic Law.

9 《英》 (狩猟で猟犬が放たれる前に獲物に与える, または競技で弱い相手にハンディキャップとして与える)先発時間, 先進距離 (allowance): a ～ of five seconds, three meters, etc. **10** 《廃》 猶予, 余裕.

be a láw ùnto onesélf (他人の意見を無視して)自分の思う通りにする, 慣習を無視する (cf. *Rom.* 2:14). ***give the láw to*** …を意に従わせる, …に指図する. ***lày dówn the láw*** (1) 独断的なことを言う, 命令的に[権威ぶって]言い渡す. (2) 〔…を〕叱りつける 〔*to*〕. 《1762》 ***réading (of) the Láw*** 〘ユダヤ教〙 安息日や祝日, 月曜日, 木曜日の朝の礼拝で行われる Torah の朗読. ***táke the láw ìnto one's ówn hánds*** (不正を正すのに)司直の手を借りないで, 自分(たち)で勝手に制裁を加える. 《1875》

láw of áverages [the ―] 〘統計〙 平均の法則 (⇨ Bernoulli's theorem). 《*c*1929》

láw of causátion [causálity] [the ―] 〘哲学〙 因果律.

láw of continúity [the ―] 〘哲学〙 連続の法則 《自然の全変化を連続的と見て突発性を認めない立場》.

láw of contradíction [the ―] 〘論理〙 矛盾律.

láw of correspónding státes [the ―] 〘物理・化学〙 対応状態の原理 《物質の状態をその臨界定数に対する相対値で表した時, その値の等しい時, すべての物質が同じ状態にあるという法則》.

láw of définite propórtions [composítion] [the ―] 〘化学〙 定比例の法則. 《*c*1909》

láw of dimínishing márginal utílity [the ―] 〘経済〙 限界効用逓減の法則 《消費量が増えるにしたがって単位当たり効用が減少するという法則》.

láw of dimínishing retúrns [the ―] 〘経済〙 収穫逓減の法則 《特定の生産要素の投入を増加する時, その単位当たり生産物が減少するという法則》.

láw of dóminance [the ―] 〘生物〙 優[劣]性の法則 (⇨ Mendel's law c).

láw of exclúded míddle [the ―] 〘論理〙 排中律.

láw of expónents [the ―] 〘数学〙 指数法則 《累乗に関する次の三つの法則の総称; $a^m a^n = a^{m+n}$, $(a^m)_n = a^{mn}$, $a^m b^m = (ab)^m$》.

láw of gáseous reáction [the ―] 〘化学〙 気体反応の法則.

láw of gravitátion [the ―] 〘物理〙 引力の法則.

láw of idéntity [the ―] 〘論理〙 同一律, 自同律.

láw of indepéndent assórtment [the ―] 〘生物〙 独立の法則 (⇨ Mendel's law b). 《1943》

láw of inértia [the ―] 〘物理〙 =LAW of motion (1).

láw of lárge númbers [the ―] 〘統計〙 大数の法則 (⇨ Bernoulli's theorem). 《1911》

láw of máss áction [the ―] 〘化学〙 質量作用の法則.

Láw of Móses [the ―] 〘聖書〙 =Mosaic Law.

láw of mótion [the ―] 〘物理〙 運動の三法則の一つ 《Newton's law of motion ともいう》: (1) 慣性の法則. (2) 運動方程式. (3) 作用反作用の法則.

láw of múltiple propórtion [the ―] 〘化学〙 倍数比例の法則.

láw of nátions [the ―] 〘法律〙 (1) =jus gentium 1. (2) =international law. 〖《*c*1548》 《なぞり》 ← L *jūs gentium*〗

láw(s) of náture [the ―] (1) 〘哲学〙 自然法則, 自然の理法 《自然の事象間に見られる普遍的・客観的な法則性》. (2) 〘法律〙 =natural law 1. 《15C》

láw of pársimony [the ―] 〘哲学〙 倹約[節倹]律: (1) 理論の基本になる概念・法則などを最少限にすべきだという格率 (cf. Occam's razor). (2) 快楽や利益を得るのに最少限の労苦をもってすべきだとする格率. 《1837》

láw of refléction [the ―] 〘光学〙 反射の法則.

láw of refráction [the ―] 〘光学〙 屈折の法則 (Snell's law).

láw of segregátion [the ―] 〘生物〙 分離の法則 (⇨ Mendel's law a). 《*c*1909》

láw of supplý and demánd [the ―] 〘経済〙 需要供給の法則.

láw of the júngle [the ―] ジャングルのおきて[ならわし] 《弱肉強食》.

láw of the méan [the ―] 〘数学〙 =mean value theorem.

Láw of the Médes and (the) Pérsians [the ―] 変えがたい制度[慣習] (cf. *Dan.* 6:12).

láw of thermodynámics [the ―] 〘物理・化学〙 (1) 熱力学第一法則 《巨視的現象に適用されたエネルギー保存の法則; first law of thermodynamics, Nernst heat theorem ともいう》. (2) 熱力学第二法則 《巨視的現象が一般に不可逆変化であることを主張する法則; second law of thermodynamics ともいう》. (3) 熱力学第三法則 《絶対零度におけるエントロピーに関する法則; third law of thermodynamics, Nernst heat theorem ともいう》. (4) 熱力学第零法則 《A, B, C という三つの物体について, A と B, B と C が熱平衡であれば, A と C も熱平衡であるという法則; zeroth law of thermodynamics ともいう》.

láw of trichótomy [the ―] 〘数学〙 三分法則 《整数は 0, 正, 負のいずれかであるという法則》.

láw of wár [the ―] 〘国際法〙 戦争法規 《特に, 戦時の捕虜・スパイ・私有財産などの取扱いに関する法規》. 《1947》

láws of thóught [the ―] 〘論理〙 思考法則: (1) 真もしくは妥当な任意の論理法則または推理規則. (2) (伝統的には, 特に)=LAW of contradiction, LAW of excluded middle, LAW of identity.

― *vt.* **1** 《口語・方言》 告訴する. **2** 《英・廃》 (鹿を追えないように, 特に)(犬)のつめや前足の肉趾(し)を切り取る.

― *vi.* 告訴する.

〖OE *lagu* ◻ ON **lagu* (pl.) (OIcel. *log*) law, 《原義》 something laid ← *lag* layer < Gmc **lazam* < IE **loghom* ← **legh-* to lie, lay: ⇨ lay², lie²〗

SYN 法: **law** (総称的に)法(律) 《最も一般的な語》: obey the *law* 法に従う. **statute** 議会が制定し *law* として施行される法令: the private *statute* 私法. **ordinance** 地方自治体, 特に市が定める条令: the *ordinances* of the City Council 市条令. **decree** 国家の最高権力者などによる命令の形式による法令, 政令: Government here is conducted by executive *decrees*. ここでの政治は行政命令にもとづいて行われる. **rule** 特定の状況・ゲームで守るべき規則: the *rules* of baseball 野球のルール. **regulation** [通例 *pl.*] 特に組織体を運営するための決まり: factory *regulations* 就業規則. **canon** 教会のおきて; 一般に, 倫理・社会・芸術の基準: the *canons* of art 芸術の基準.

---

law² /lɔ́ː, láː | lɔ́ː/ *int.* 《方言》 大変, おや 《驚きを表す; cf. lawk-a-mussy》. 〖《1594–95》: cf. lo, la², lor〗

law³ /lɔ́ː, láː | lɔ́ː/ *n.* 《スコット》 丘, 円丘. 〖《*a*1325》 《北方方言》: ⇨ OE *hláw* LOW¹ (*n.*)〗

law⁴ /lɔ́ː, láː | lɔ́ː/ *n.* 《スコット》 =low¹.

Law /lɔ́ː, láː | lɔ́ː/, **(Andrew) Bonar** *n.* ロー 《1858–1923; カナダ生まれの英国保守党の政治家; 首相 (1922–23)》.

Law, John *n.* ロー 《1671–1729; スコットランド出身の財政家; 18 世紀初めフランスで大きな財政的発言権を持ったが, 紙幣濫発により経済恐慌を引き起こし, 亡命した; Law of Lauriston /lɔ́ːrɪstn̩, -rəs- | lɔ́rɪs-/ とも呼ばれた》.

Law, William *n.* ロー 《1686–1761; 英国の神秘主義的宗教家, 忠誠拒誓者 (Nonjuror)》.

law-abiding /lɔ́ːəbàɪdɪŋ, láː- | lɔ́ːəbàɪd-/ *adj.* 法律に従う, 法律を守る: a ～ citizen 法律をよく守る市民, 良民. **～·ness** *n.* 〖1834〗

láw àgent *n.* 〘スコット法〙 =solicitor 3.

láw-and-órder *adj.* 法と秩序を重視する, 取締り[防犯]強化の. 〖1846〗

láw·bòok *n.* 法律書, 法学書. 〖?*c*1200〗

láw·brèaker *n.* **1** 法律を破る人, 違法者. **2** 《口語》 法律[規]に適合しないもの. 〖OE *lahbreka*〗

láw·brèaking *adj.* 法律を破る, 違法の. ― *n.* 違法行為. 〖1767〗

láw càlf *n.* 〘製本〙 法典用カーフ, 律書用カーフ 《染めてない, 生地のままの小牛革》. 〖法律書の製本に多く用いられたことから〗

láw cèntre *n.* 《英》 無料法律相談所. 〖1970〗

láw clèrk *n.* 法律学生, 弁護士・判事などの助手.

láw·còurt *n.* 法廷.

láw enfòrcement *n.* [しばしば形容詞的に] 法の執行: a *law-enforcement* agency 法執行機関 《警察などの犯罪発見と犯罪者逮捕の任に当たる機関》. 〖1936〗

láw enfòrcement òfficer [àgent] *n.* 《米》 警察官.

Lawes /lɔ́ːz, láːz | lɔ́ːz/, **Henry** *n.* ローズ 《1596–1662; 英国の作曲家》.

Lawes, Sir **John Bennet** *n.* ローズ 《1814–1900; 英国の農業改良家; 過燐酸肥料を開発した化学肥料産業の祖》.

Lawes, Lewis Edward *n.* ローズ 《1883–1947; 米国の刑務所管理学専門家; 囚人の福利をはかり更生を助けた》.

Lawes, William *n.* ローズ 《1602–45; 英国の作曲家; Henry Lawes の弟》.

láw fìrm *n.* 《米》 (会社組織の)法律事務所.

láw Frènch *n.* 法律用フランス語 《William 一世の時から Edward 三世の頃まで英国の法廷で用いられた Anglo-Norman; 今もその名残がある; 例: arson, feme, treasure, trove》.

law·ful /lɔ́ːfəɫ, láː-, -fɫ | lɔ́ː-/ *adj.* **1** 法律の許す, 合法の, 適法の (legitimate): a ～ act 合法的行為 / a ～ reason 適法の理由. **2** 法律の認める[定める], 法定の (legal), 法律上適格[正当]の, 法律上有効な (valid): a ～ possessor 法律上正当な所有者 / a ～ child 嫡出子 / a ～ king 法律上資格の正しい国王 / a ～ marriage (正当の手続きを経た)合法的な結婚 / a ～ day 裁判所開廷日; (法律に規定された)営業日 / ⇨ lawful age, lawful money. **3** 法律に従う, 法律を守る (law-abiding): ～ citizens. **～·ness** *n.* 〖《*c*1300》: ⇨ law¹, -ful¹〗

SYN 合法的な: **lawful** 法律に従って存在している: a *lawful* marriage 合法的な結婚. **legal** 法律で許されている: It's not *legal* for people under 18 to buy alcohol. 18 歳以下の人がアルコールを買うのは違法である. **legitimate** 法律や習慣・伝統・適切な権威・論理から見て権利・資格などが正当と認められる: a *legitimate* claim 正当な権利. **ANT** unlawful, illegal, illegitimate.

---

láwful áge *n.* 適法年齢, 成年. 〖*a*1548〗

láw·ful·ly *adv.* 合法的に, 正しく. 〖《*a*1325》: ⇨ -ly¹〗

láwful móney *n.* 〘経済〙 法定貨幣 (cf. legal tender). 〖1763〗

láw·gìver *n.* 立法者, 法律制定者 (legislator). 〖*c*1384〗

láw·gìving *n.* 立法, 法律制定. ― *adj.* 立法の, 法律制定の. 〖?*c*1451〗

láw-hànd *n.* 法律文書体, 公文書体 《英国の古い法律文書に用いられた手書き書体; cf. engross 1》. 〖1731〗

la·wine /lɔ́ːwɪ̀n, láː- | lɔ́ːwɪn; G. laːvíːnə/ *n.* (*pl.* **la·wi·nen** /-nən; G. -nən/) なだれ (avalanche). 〖《1818》 ◻ G *Lawine* ◻ VL **lāvīna*=LL *lābīna*: cf. -nən; L *labāre* to be ready to fall〗

law·ing /lɔ́ːɪŋ, láː- | lɔ́ː-/ *n.* (*also* **law·in** /-ɨn | -ɪn/) 《スコット》 (居酒屋などの)勘定書; つけ. 〖《1535》 ← 《スコット・廃》 *law* bill (< ME 《北部方言》 *lagh* ◻ ON *lag* price, tax)+-ING¹: ⇨ law¹〗

lawk /lɔ́ːk, láːk | lɔ́ːk/ *int.* 《英卑》 おや, 大変 《驚きを表す》. 〖《1768–74》 《転訛》 ← LORD〗

lawk-a-mus·sy /lɔ́ːkəmʌ̀si, láːk- | lɔ́ːk-/ *int.* 《英卑》 おや, まあ 《驚きを表す》. 〖《1893》 《転訛》 ← *Lord have mercy!*〗

lawks /lɔ́ːks, láːks | lɔ́ːks/ *int.* =lawk.

láw Làtin *n.* 法律用ラテン語 《Low Latin の一種でラテン語化した英語や古代フランス語などを混ぜたもの; 英国で法律・法律書類に用いる》. 〖*a*1613〗

law·less /lɔ́ːlɨ̀s, láː- | lɔ́ː-/ *adj.* **1** 無法な, 始末におえない (unruly); 放縦な (licentious): a ～ man 無法者 / ～ passions 抑えがたき激情. **2** 法律を守らない; 法律に合わない, 非合法的な, 不法の (illegal): ～ activity. **3** 法律のない: a ～ city 無法都市 / ～ tribes 法律を持たない種族. **～·ly** *adv.* **～·ness** *n.* 〖《?*c*1175》: ⇨ -less〗

Láw Lòrd *n.* 〘英法〙 常任上訴裁判官, 法律貴族 《最高裁判所としての貴族院で裁判に当たるために特に任命される英国の貴族院議員; 貴族院議員の資格を得るために一代貴族 (life peer) に叙せられる, 定員 11 名; 正式の職名は Lord of Appeal in Ordinary; cf. lay lord》. 〖1773〗

láw·màker /lɔ́ːmèɪkə, láː- | lɔ́ːmèɪkə(r)/ *n.* 立法者 (legislator, lawgiver). 〖*c*1380〗

láw·màking *n.* 立法. ― *adj.* 立法の.

láw·man /-mən/ *n.* (*pl.* **-men** /-mən, -mèn/) 《米》 法執行官 (marshal, sheriff, policeman など). 〖OE *lahman*〗

Law·man /lɔ́ːmən, láː- | lɔ́ː-/ *n.* =Layamon.

láw mèrchant *n.* (*pl.* **laws m-**) 〘法律〙 **1** 商慣習法 《オレロン海法その他のヨーロッパに流通した商事の慣習法体系; cf. mercantile law》. **2** 《英》 商法. 〖《1442》 *laue marchaunt* 《なぞり》 ← ML *lex mercatōria*〗

lawn¹ /lɔ́ːn, láːn | lɔ́ːn/ *n.* **1** (公園・家の周囲などにある, きれいに刈り込んだ)芝生, 芝原, 芝地 (cf. grass 1 a, 2): a tennis ～ テニス用芝生コート (cf. lawn tennis 2). **2** 《古・方言》 林間の空地 (glade). 〖《?*a*1300》 *laune* ← ME *laund* ◻ OF *la(u)nde* (F *lande*) heath, wooded ground ← Celt. (cf. Welsh *llan* clear open space)〗

lawn² /lɔ́ːn, lάːn | lɔ́ːn/ *n.* **1** ローン《きわめて薄地の上等綿またはリンネル布; 英国国教会で主教 (bishop) の法衣の袖を作る》. **2** 英国国教会の主教の職[地位]: a man of ~ 主教. (cf. lawn sleeves) **3** =lawn sieve. 〘(1416) *laun(e), laund(e)* (*lynen*) lawn (linen) ← ? *Laon* (北フランスのリンネルの産地)〙

láwn bòwling *n.* ローンボウリング《偏重の木球 (bowl) を芝生の上に転がして的球 (jack) になるべく近づけようとする遊び; 英国や米国・カナダの一部で行われる; bowls ともいう》. 〘*c*1929〙

láwn chàir *n.* 《米》芝生用いす, ローンチェア.

lawned /lɔ́ːnd, lάːnd | lɔ́ːnd/ *n.* =laund.

láwn·mòwer *n.* 芝刈器. 〘1869〙

láwn pàrty *n.* 《米》園遊会 (garden party). 〘1852〙

láwn sàle *n.* 中古[不要]品セール《自宅の庭で行う》.

láwn sìeve *n.* 絹製のふるい. 〘1806〙

láwn sìgn *n.* 《米》(選挙前に)自宅の前に標示する支持候補者名[政党].

láwn sléeves *n. pl.* **1** (英国国教会の主教 (bishop) の法衣の)ローン製の袖. **2** [単数または複数扱い] **a** bishop の職[地位]. **b** =bishop(s). ***a páir of láwn sléeves*** 主教. 〘*c*1640〙

láwn-sprìnkler *n.* 芝生水まき器. 〘1884〙

láwn tènnis *n.* **1** ローンテニス《court tennis と区別していう》. **2** テニス《芝生・土・アスファルト・木の床のコートで, 戸内・外でするテニスすべてをいう》. 〘1874〙

lawn tennis court

a backcourt
b right service court
c left service court
d alley
e post
f net
g center service line
h service line
i service sideline
j sideline
k baseline
l center mark

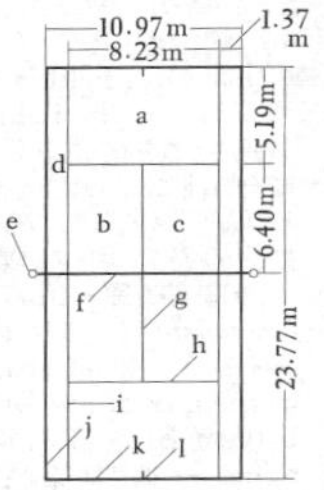

lawn·y¹ /lɔ́ːni, lάːni | lɔ́ːni/ *adj.* 芝生の, 芝生のような. 〘(1613–16) ← LAWN¹+-Y¹〙

lawn·y² /lɔ́ːni, lάːni | lɔ́ːni/ *adj.* **1** ローン (lawn) のような, ローンで作った. **2** 英国国教会の主教の. 〘(1598) ← LAWN²+-Y¹〙

láw òffice *n.* 弁護士[法律]事務所 (lawyer's office). 〘1873〙

láw òfficer *n.* 法務官《英国では特に Attorney-General, Solicitor-General, Lord Advocate をいい, law officer of the Crown ともいう》. 〘1781〙

Law·rence¹ /lɔ́(ː)rəns, lάː(ː)r- | lɔ́r-/ *n.* ローレンス: **1** 米国 Massachusetts 州の北東部, Merrimack 河畔の都市. **2** 米国 Kansas 州北東部, Kansas 河畔の都市. 〘1: ← *Abbott Lawrence* (1792–1855: 米国の商人・政治家). 2: ← *A. A. Lawrence* (1814–86: 米国の商人・慈善家)〙

Law·rence² /lɔ́(ː)rəns, lάː(ː)r- | lɔ́r-/ *n.* ローレンス《男性名》. 〘《異形》← LAURENCE〙

Law·rence /lɔ́(ː)rəns, lάː(ː)r- | lɔ́r-/, **Saint** *n.* 聖ラウレンティウス《?–258; ローマのキリスト教殉教者》.

Lawrence, D(avid) H(erbert) *n.* ローレンス《1885–1930; 英国の小説家・詩人; *Sons and Lovers* (1913), *Lady Chatterley's Lover* (1928)》.

Lawrence, E(rnest) O(rlando) *n.* ローレンス《1901–58; 米国の物理学者; サイクロトロン (cyclotron) を発明; Nobel 物理学賞 (1939)》.

Lawrence, Gertrude *n.* ローレンス《1898–1952; 英国の女優; 喜劇・ミュージカルで活躍》.

Lawrence, Sir Thomas *n.* ローレンス《1769–1830; 英国の肖像画家》.

Lawrence, T(homas) E(dward) *n.* ローレンス《1888–1935; 英国の軍人・考古学者・著述家; 1927 年 Thomas Edward Shaw と改名; アラブ独立運動の指導者として "Lawrence of Arabia" と呼ばれる; *The Seven Pillars of Wisdom* (1926)》.

law·ren·ci·um /lɔ(ː)rénsiəm, lɑ(ː)- | lə-, lɔː-, lɔ-/ *n.* 〘化学〙ローレンシウム《放射性元素; 記号 Lr, 原子番号 103》. 〘(1961) ← *E. O. Lawrence*: ⇨ -IUM〙

Law·ren·tian /lɔ(ː)rénʃən, lɑ(ː)r-, -ʃiən | lɔr-/ *adj.* D. H. Lawrence の. 〘(1930) ← *D. H. Lawrence*+-IAN〙

láw repòrt *n.* 裁判所の審査報告書.

laws /lɔ́ːz, lάːz | lɔ́ːz/ *int.* =law².

láw schòol *n.* 《米》法科大学院, ロースクール《法学部を卒業し, 法律家を志望する者を対象とする》. 〘1818〙

Láw Socìety *n.* [the ~] ローソサエティー《1825 年創設のイングランド・スコットランドの事務弁護士会; 事務弁護士 (solicitor) の登録を委託されており, 会員の行動に強い規制権限を有している》. 〘1821〙

Law·son /lɔ́ːsən, lάː-, -sn̩ | lɔ́ː-/ *adj.* ローソン様式の《米国の財界人 T. W. Lawson (1857–1925) のためにデザインしたソファーやイスについていう》.

Law·son /lɔ́ːsən, lάː-, -sn̩ | lɔ́ː-/, **Henry Archibald** *n.* ローソン《1867–1922; オーストラリアの詩人・短編小説家》.

Lawson, John Howard *n.* ローソン《1895–1977; 米国の劇作家; *Success Story* (1932)》.

Lawson, Nigel *n.* ローソン《1932– ; 英国の保守党政治家; 大蔵大臣 (1983–89)》.

láw stàtioner *n.* **1** 法律家用書類商. **2** (英国・アイルランドの)法律書類代書人.

láw·sùit /lɔ́ːsùːt, lάː- | lɔ́ːsùːt, -sjùːt/ *n.* 訴訟(事件), 争訟《action, suit ともいう》: enter [bring in] a ~ against ...に対して訴訟を起こす. 〘1624〙

láw tèrm *n.* **1** 法律用語. **2** 〘法律〙裁判所の開廷期. 〘1693〙

Law·ton /lɔ́ːtn̩, lάː- | lɔ́ː-/ *n.* ロートン《米国 Oklahoma 州南西部, Oklahoma City の南西にある市; 近くに Wichita 国有林・鳥獣保護区がある》.

law·yer /lɔ́ːjə, lάː-, lɔ́ɪə | lɔ́ːjə(r, lɔ́ɪə(r/ *n.* **1** 法律家; 弁護士《attorney, solicitor, barrister, counselor, advocate などの総称》: a corporation ~ 会社の顧問弁護士 / a good [poor] ~ 法律に明るい[暗い]人 / He is no ~. 彼には法律がわからない. **2** 〘聖書〙律法学者《モーセ律法の解釈家; cf. *Matt.* 22:35, *Luke* 14:3》. **3** 〘魚類〙=burbot. **4** 《NZ》〘植物〙=bush lawyer. — *vi.* 弁護士として働く. 〘(*c*1378) *lauier(e)*: ⇨ law¹, -ier¹〙

SYN 弁護士: **lawyer**「弁護士」を表す一般的な語で, 以下の語の代わりとして用いられる. **counselor** 《米》「法廷弁護士」で上級裁判所などで弁護する資格を有する者. **barrister** 《英》米国の *counselor* に相当. **attorney** 《米》「事務弁護士」で法律問題で依頼人の代理や仲介などをする弁護士. **solicitor** 《英》米国の *attorney* に相当.

---

láwyer càne *n.* 《豪》〘植物〙熱帯産のヤシ科トウ属 (*Calamus*) およびトウツルモドキ科トウツルモドキ属 (*Flagellaria*) のつる植物《鋭いとげがある》.

law·yer·ing /lɔ́ːjərɪŋ, lάː-, lɔ́ɪər- | lɔ́ːjə-, lɔ́ɪə-/ *n.* [しばしば軽蔑的に] 法律を業とすること, 弁護士稼業. 〘(1676): ⇨ -ing¹〙

láwyer·lìke *adj.* 法律家のような[にふさわしい]. 〘1575〙

láw·yer·ly *adj.* =lawyerlike.

láwyer pàlm *n.* =lawyer cane.

láwyer rèference *n.* (依頼者に対し弁護士会の行う)弁護士の紹介.

láwyer's wíg *n.* 〘植物〙ササクレヒトヨタケ(⇨ shaggymane). 〘1950〙

láwyer vìne *n.* =lawyer cane.

lax¹ /lǽks/ *adj.* (~·er; ~·est) **1 a** 〈規律など〉手ぬるい, 厳しくない (↔ strict): ~ discipline, laws, etc. **b** 〈行為など〉だらしない, 締まりのない (careless) (⇨ negligent SYN): ~ behavior / He is ~ in his morals. 素行がだらしない. **2** 正確でない, あいまいな, はっきりしない (vague): ~ ideas / The terms of the contract are far too ~. その契約書の言葉は極めてあいまいだ. **3 a** 〈綱など〉ゆるい, ゆるんだ (loose, slack) (↔ tense): a ~ rope. **b** 〈織物など〉目のつんでない, きめの粗い: ~ texture. **c** 力の弱い, ぐったりした (relaxed): a ~ handshake 軽い握手. **4 a** 〈腸が〉ゆるんでいる, 下痢する (loose). **b** 〈人が〉下痢している. **5** 〘植物〙散開する: a ~ panicle 散開円錐(すい)花. **6** 〘音声〙弛緩した, 筋肉の張りのない (cf. tense¹ 2 b): ~ vowels 弛緩母音《英語の /ɪ/ /ʊ/ など》. — *n.* **1** 〘音声〙弛緩母音. **2** 《方言》下痢. **~·ly** *adv.* **~·ness** *n.* 〘(1373) □ L *laxus* slack ← IE *(s)lēg- to be slack: cf. slack¹〙

lax² /lάːks/ 《略》〘魚類〙タイセイヨウサケ (Atlantic salmon) の Iceland と Sweden での呼称. 〘OE *leax* ← Gmc **laχsaz* (G *Lachs* / Swed. & Dan. *lax*) ← IE **laks-* salmon: cog. Russ. *losos'* salmon〙

LAX /èlèɪéks/ 《略》Los Angeles International Airport ロサンゼルス国際空港.

lax·a·tion /læksέɪʃən/ *n.* **1** ゆるみ; 放縦; 緩慢. **2** 便通 (bowel movement); 排便 (defecation). 〘(*a*1398) □ L *laxātiō(n-)* a widening ∽ ME *laxacion* □ OF: ⇨ lax¹, -ation〙

lax·a·tive /lǽksəṭɪv | -tɪv/ *adj.* 便通を促進する, 瀉下(しゃ)作用のある. — *n.* 〘薬学〙緩下剤, 通じ薬 (⇨ physic SYN). **~·ly** *adv.* **~·ness** *n.* 〘(1373) □ (O)F *laxatif* □ L *laxātīvus* loosening ← *laxāre* to open, relax ← *laxus* 'LAX¹'〙

lax·i·ty /lǽksəṭi | -sɪ̣ti/ *n.* **1** (握り・規律・腸などの)ゆるいこと, 弛緩(しかん); (織物などの)きめの粗いこと (looseness): a ~ in discipline 規律の厳しくないこと / a ~ of bowels 下痢. **2** (素行などの)だらしなさ, 締まりのなさ (carelessness): the ~ of one's morals 素行のだらしなさ / ~ in one's work だらだらした仕事ぶり. **3** (話し振り・文体などの)不正確さ, あいまいさ (inexactness). 〘(1440) □ F *laxité* ∥ L *laxitātem*: ⇨ lax¹, -ity〙

Lax·ness /lάːksnəs/; *Icel.* láxsnes/, **Hall·dór Kil·jan** /háldour kjíljan/ *n.* ラクスネス《1902–98; アイスランドの作家; Nobel 文学賞 (1955)》.

lay¹ *v.* lie¹ の過去形. 〘OE *læg*〙

lay² /léɪ/ *v.* (**laid** /léɪd/) — *vt.* **1 a** (そっと)置く, 横たえる (place, put) (cf. lie¹ *vi.* 1 a): ~ a pen [a book, one's hat] *on* the table / ~ a wreath *on* a tomb 墓に花輪を供える / ~ one's hand (*up*)*on* a person's shoulder 人の肩に手をかける / ~ one's head *on* a pillow [*against* a person's shoulder] 頭を枕につける[人の肩に載せかける] / ~ oneself *down* (*on* the bed) (ベッドに)横になる / ~ one's baby *in* a crib 赤ん坊をベビーベッドに寝かせる / He *laid* the materials *back in* the cupboard. 資料を戸棚に戻した. **b** 葬る, 埋める: ~ one's bones ⇨ bone¹ *n.* 2 b / ~ a person *to* rest [sleep] 人を葬る, 埋葬する (cf. 13) / Mr. Medley is *laid in* a cemetery at Chiswick. メドレー先生はチズィックの墓地に埋葬されている. **2 a** 〈食卓・食事の席などを〉用意する, 整える (prepare, set): ~ the table [cloth, plates] *for* breakfast 朝食のため食卓[テーブル掛け, 食器]の用意をする / Places were *laid for* five people. 5 人分の食事の席が設けられていた. **b** (まきを積んだりして)〈火〉の用意をする: ~ a fire (*in* the fireplace) (暖炉に)火をたく用意をする. **c** 〘印刷〙〈新しい活字を〉入れ換える, 〈新しい活字を〉〈活字ケースに〉入れる 〔*in*〕.

3 a 〔...に〕かぶせる, 塗る, 置く (spread) 〔*on*〕: ~ a carpet *on* the floor カーペットを床に敷く / ~ paint *on* the wall 壁にペンキを塗る / ~ embroidery *on* a piece of cloth 切れ地に刺繍をする. **b** 〔...で〕覆う, 塗る (cover), 〔...を〕...にまき散らす (strew) 〔*with*〕: ~ the floor *with* a carpet 床にカーペットを敷く / The ground was neatly *laid with* sand. 地面にはきれいに砂が敷きつめられていた. **c** 〔...を〕...にはめ込む (inlay) 〔*in*〕: The floors are *laid in* mosaic stones. 床にはモザイク模様の石が敷きつめられている.

4 a 敷く, 積む (dispose); 敷設する, 建造する (construct): ~ turf 芝生を敷く / ~ bricks れんがを積む / ~ a pavement 舗道を敷く / ~ an underwater cable 海底ケーブルを敷設する / ~ (a) railroad track 鉄道を敷設する / ~ mines on the roads 道路に地雷を敷設する. **b** 〈基礎などを〉据える (deposit): ~ a foundation stone 礎石を据える / ~ the foundation(s) of ...の基礎を置く; ...を創設する. **c** 〈わななどを〉しかける (set): ~ a snare [trap] *for* ...を取ろうとわなをかける; ...を陥れようとする / ⇨ *lay* SIEGE *to*.

5 〈卵を〉産む: a goose that ~*s* golden eggs 金の卵を産むガチョウ / a new-*laid* egg 産みたての卵.

6 〈案などを〉準備する, 案出[工夫]する (devise): ~ one's plans 計画を立てる, 手はずを決める / a deep-*laid* plot 深くめぐらされた陰謀 / Even the best-*laid* plans don't always work out. 練りに練った計画でもうまくいかないことがある.

7 a 〈信頼・希望・強勢などを〉〔...に〕置く (place) 〔*on, upon*〕: ~ trust *upon* a person 人に信頼を置く / ~ one's hopes *on* a person 人に希望を託す / ~ great store *on* tradition 伝統を大いに重んじる / ~ great stress [emphasis, weight] *on* ...を大いに強調する. **b** 〈重荷・義務・税・罰などを〉〔...に〕負わせる, 課する (impose) 〔*on, upon*〕: ~ duty [punishment, a burden, responsibilities] (*up*)*on* a person / Heavy taxes are *laid on* land. 土地には重税が課せられている. **c** 〈罪・過失などを〉〔...に〕帰する, 嫁する, 塗りつける (ascribe) 〔*on, upon, to*〕: ~ the blame (*up*)*on* a person *for* a mistake 間違いの責めを人に負わせる / ~ a fault *to* a person's charge [*at* a person's door] 過失を人の罪に帰する[人のせいにする].

8 a 〈権利の主張・告発などを〉〔...に対して〕行う (allege) 〔*to, against*〕: He *laid* claim *to* the property. 彼はその財産に対する権利を主張した / They *laid* a complaint *against* the manufacturer for selling defective cars. 欠陥車を販売したかどで製造会社を告発した. **b** 〈考え・質問・問題などを〉〔...に〕提示[提出]する (present) 〔*before*〕: ~ one's problem [troubles] *before* a person 人に問題[苦衷]を打ち明ける / ~ one's case *before* a commission 委員会に事件を持ち出す / I'll ~ the matter [facts] clearly *before* you. 事態[事実]をはっきり知ってもらおう.

9 a 〈金などを〉〔...に〕賭(か)ける (bet) 〔*on*〕: ~ ten dollars *on* the favorite 本命馬に 10 ドル賭ける / I'll ~ (you) (odds of) six to one *on* that horse. 6 対 1 でその馬に賭けよう. **b** ...に賭ける (bet on). **c** [時に二重目的語+*that*-clause を伴って] 〈...であると〉賭ける, ...に断言する (bet): I'll ~ (you) $10 *that* he won't come. (君に) 10 ドル賭けてもいいが, 彼は絶対に来ない.

10 打ち倒す, 打ちのめす (strike down): ~ a person in the dust with a single blow 一撃で人を地面に倒す / The wind [rain] *laid* the crops (flat). 風[雨]で作物が倒れた (cf. 13).

11 a 〈ほこりなどを〉しずめる, 押さえる (calm): spray water on the street to ~ the dust ほこりを押さえるために街路に水をまく. **b** 〈心配などを〉しずめる (allay): ~ a person's fears [doubts] 人の心配[疑念]をしずめる / ~ a rumor to rest うわさをしずめる. **c** 〈幽霊などを〉〈墓[霊界]に戻らせる (cf. raise *vt.* 9 a): The rooster's crow *laid* the ghost. 雄鶏が鳴いて亡霊が退散した.

12 [通例 p.p. 形で] 〈物語などの場面を〉〈ある場所に〉置く (locate) 〔*in*〕: The scene is *laid in* Wessex. その場面はウェセックスに置かれている.

13 [形容詞・前置詞付きの句などを目的語として] 〈ある状態に〉する, おく: ~ a person *to* sleep [*to* rest] 人を眠らせる[休ませる] (cf. 1 b) / ~ the land fallow [dry, idle, *under* water] 土地を休閑させる[乾かしておく, 遊ばせておく, 水浸しにしておく] / ~ the crops flat ⇨ 10 / ~ a person *under* restraint [contribution] 人を束縛する[人に寄付を強要する] / His failure in business *laid* him *under* the necessity of selling his house. 彼は事業に失敗して家を売らなければならなくなった.

14 a 〈物を〉〔...に〕当てる (apply) 〔*to*〕: ~ an ear *to* the door ドアに耳を当てる / ~ pen *to* paper ペンを取って書いてみる. **b** 〘軍事〙〈野砲・機関銃などの〉照準を合わせる, 照準する, 射向を付与する (aim): ~ a fieldpiece, machine gun, etc. **c** 〈打撃・むちなどを〉加える (inflict); 〈斧(おの)などを〉打ち下ろす: ~ a blow *on* a person's jaw 人のあごに一撃を食らわす / ~ an ax *to* the tree 木に斧を打ち下ろす. **d** 《廃》付け加える, 付き添える (annex) 〔*to*〕: ~ field *to* field 田畑に田畑を増し加える《所有地[財産]をどんどん殖やす》(*Isa.* 5:8)《★ *The New English Bible* ではこの箇所は *join* field to field となっている》.

15 〈伏兵などを〉配置する (place); 〈犬を〉臭跡に〉つかせる 〔*on*〕: ~ an ambush 伏兵を置く / ~ hounds *on* the scent 猟犬を臭跡につかせる.

L

16 a 〈糸などを〉縒(よ)る, なう (twist): ～ strands [yarn] 縒り糸を縒る. **b** 〈ロープなどを〉縒って作る (make) 〈*up*〉: ～ a rope.
17 〈ラシャのけばなどを〉押さえる, 寝かす (↔ raise): ～ the nap by brushing ブラシをかけてけばを寝かす.
18 《卑》〈女〉と性交する, 寝る (cf. lie[1] *vi.* 7): ～ a woman.
19 〖園芸〗…に取木法を施す, …の取木をする (layer).
20 〖海事〗 **a** 〈船を〉(ある位置・方向に)すえる, 横づけにする: Our ship was *laid alongside* the pier. 我々の船は桟橋に横づけにされた. **b** (船が沖へ行くに従って)陸が水平線下に没して行く (↔ raise): We had *laid* the land by noon. 正午までには陸が見えなくなるほど沖に出ていた.
— *vi.* 1 卵を産む (lay eggs): The hens haven't been ～*ing* very well lately. このところ鶏があまりよく卵を産んでいない. **2** 勢いよく取りかかる 〔*to*〕: The crew *laid to* their oars. 乗組員たちは勢いよくオールを手に取った. **3** 《方言》準備する (prepare), 計画を立てる (plan) 〔*for*〕: ～ *for* a chance to escape 逃亡の機会をねらって計画する. **4** 《米中部》〈風が〉静まる, 和らぐ (subside). **5** ＝lie[1] 《非標準的な語》. **6** 〖海事〗〈船が〉(ある方向に)かじを取る 〔*to*〕; [副詞を伴って] 〈船員が〉(船上である位置に)就(つ)く, 行く (go), 来る (come): The ship *laid* close *to* the wind. 船は針路を風上に取った[詰開きで帆走した] / *Lay ashore*! 陸へ / *Lay aft*! (船尾へ)後退 / *Lay forward*! (船首へ)前進 / *Lay aloft*! 上方へ, マストへ.
gèt láid 《俗》〈男[女]が〉性交する, 寝る.
láy abóard ⇨ aboard 成句.
láy abóut (1) 《文語》…の前後左右を打ちまくる; …を激しく攻撃[非難]する: He *laid about* him with his free arm. 使える方の腕をふるって打ちまくった / He *laid about* them with a stick. ステッキを武器に彼らに猛然と襲いかかった. (2) [～ *about* one として] 大奮闘する, 必死になって努める, 全力を尽くす.
láy asíde (1) (一時)わき[下]へ置く; 〈…を〉ちょっと中断する: ～ a book *aside* to watch television 本を置いてテレビを見る. (2) 取っておく, 貯える (save); 〈店が〉〈客に〉〈品物を〉取っておく 〔*for*〕: ～ *aside* every Sunday *for* golf 毎日曜日をゴルフに取っておく / ～ some money *aside* every month 毎月少しずつ貯金をする. (3) 〈計画・習慣・責任・感情・希望などを〉捨てる, やめる: You'd better ～ such prejudices *aside*. そんな偏見は捨てたほうがよい.
láy at 《方言》…を目がけて打ちかかる, 攻撃する.
láy awáy 《米》(1) 取っておく, 貯える (save, lay aside): ～ *away* money *for* a time of need 必要な時に備えてお金を貯蓄しておく. (2) 〖商業〗〈商品を〉残額完済まで取っておく (cf. layaway): I'll ～ *away* a summer suit. 夏服を予約して取っておいてもらおう. (3) [通例受身で] [bury の代りに婉曲的に] 埋める, 葬る: My father was *laid away* in this cemetery. 父はこの墓地に葬られた.
láy báck (1) 元へ戻す (cf. *vt.* 1 a). (2) 後ろへ向ける (turn back): The dog [horse] *laid* its ears *back*. 犬[馬]は耳を後ろへ向けた.
láy báre ⇨ bare[1] *adj.* 成句.
láy befóre ⇨ *vt.* 8 b.
láy bý (1) 取っておく, 貯える (save): ～ money *by for* a rainy day まさかの時の用意にお金を貯えておく. (2) 〈仕事・習慣などを〉やめる (discard): ～ *by* all formalities 形式ばったことはいっさいやめる. (3) 《米南部・中部》〈農作物の〉最後の手入れをする; 刈り入れ後貯蔵する. (4) 〖海事〗＝LAY *to* (3).
láy dówn (*vt.*) (1) 下に置く, 降ろす (put down); 寝かせる (cf. *vt.* 1 a): ～ *down* a pen ペンを置く / ～ a baby *down* gently 赤ん坊をそっと寝かせる. (2) 〈規則・原則などを〉規定する (prescribe); 〈…と〉主張する, 断言する (assert) 〈*that*〉: ～ *down* codes [conditions, policies] 規則[条件, 政策]を規定する / ⇨ *lay down the* LAW[1] / ～ (it) *down as* an axiom *that* …次の事を自明の理とする[として主張する] / The Act ～*s* (it) *down that* … ＝It is *laid down in* the Act *that* …とその条例に規定されている. (3) 〈武器・命などを〉捨てる; 〈職などを〉辞める (abandon, give up); 《文語》〈要求・態度などを〉捨てる: ～ *down* one's arms 武器を捨てる, 降伏する / ～ *down* one's office 辞任する, 勇退する / ～ *down* one's life 一命をなげうつ. (4) 〈道路・鉄道・船・海底電線などを〉造る, 建設する, 建造する, 敷設する (construct); 〈基礎などを〉築く; 〈習慣などを〉身につける: ～ *down* a railway, cable, etc. / A concrete causeway was being *laid down* from the mainland to the island. 本土と島との間にコンクリートの高架道路が建設中であった. (5) 〈ワインなどを〉貯蔵する (store): ～ *down* sauerkraut 塩づけキャベツを(発酵させるために)貯蔵する / He has *laid down* some excellent vintages. 彼は(地下室に)すばらしい銘柄のワインを貯蔵している. (6) 〈作物を〉植える; 〈牧草を〉〈畑などに〉作る 〔*to*〕: ～ *down* melons メロンを植える / ～ *down* a field *to* grass 畑に牧草を作る, 畑をつぶして牧草地にする. (7) [通例受身で] 〈地層・脂肪の層などを〉形成する. (8) 《米》〈商品を〉配達[配送]する. (9) 〖造船〗＝LAY *off* (*vt.*) (5). (10) 〈砲火などを〉浴びせかける. (11) 〖野球〗低く打つ, 流し打ちする. (12) 〈賭(か)け金を〉賭ける; 支払う. (13) 《口語》スタジオで録音する. (14) (テーブルに持ち札を置いて見せる: ～ *down* a full house フルハウスを置いて見せる. ― (*vi.*) ＝LIE[1] *down* 《非標準的な用法》.
láy for 《米口語》…を待ち伏せする: A policeman was ～*ing for* him. 警官が彼を待ち伏せていた.
láy ín (1) 貯える, 貯蔵する (store up): ～ *in* oil *for* the winter 冬の用意に石油を買い込んでおく / ～ *in* provisions *against* a shortage 品不足に備えて食料品を買いだめしておく. (2) 〖園芸〗間に合わせに浅く植える (heel in); 〈枝などを〉好みの形に仕立てる (train): ～ *in* a tree by the heels (本植えの前に)根元に土盛りして木を仮に植える. (3) 〈絵の具をカンバスに塗る; 〈絵を〉おおざっぱに描いておく. (4) 《英》〈炭鉱を〉閉鎖する (shut down). (5) 〖海事〗〈オールを〉ボート内にしまう.
láy ínto 《口語》(1) …を激しく打つ, 攻撃する (attack): The mob *laid into* the police. 暴徒が警官隊に襲いかかった. (2) …をひどく非難する, しかりつける, けなす: They *laid into* each other fiercely. 彼らはお互いに激しく非難し合った. (3) 〈食べ物〉をもりもり食べる.
láy it ón 《口語》(1) 大げさに言う (exaggerate); べたほめする, やたらにお世辞を言う (cf. PILE[1] *it on*): I wish he would not ～ *it on* so. (彼は大げさなんだ)あんなにお世辞を言ってもらいたくないよ. (2) やたらにとがめる, ひどくしかる. (3) 法外な値を吹っかける《「こってり塗る」の意から: cf. LAY *on* (*vt.*) (1)》.
láy it ón thíck(ly) ＝LAY *it on* (1).
láy lów ⇨ low *adj.* 成句.
láy óff (*vt.*) (1) 〈従業員を〉(不況などのため一時)解雇する, 帰休させる, 首にする (cf. layoff) 〔*from*〕; 〈工場〉の操業を一時停止させる: The factory *laid off* 200 workers because of the drop in sales. その工場は売れ行き不振で200人の従業員を帰休させた. (2) 〈区域などの〉境界を定める, 区画(整理)する (mark off); 〈土地を〉〈…に〉転用する 〔*into*〕: ～ *off* a parking lot 駐車場を区画する / ～ *off* an estate *in* building lots 地所を建築用地に区分する. (3) 《主に米》〈衣類などを〉しまって[取って]おく. (4) 〖サッカー〗〈ボールを〉さらにパスする, 中継する. (5) 〖造船〗〈造船諸用材の現寸図を現図場 (mold loft) の床上に描く. (6) 〖海事〗〈船〉のかじを岸[桟橋, 他船]から離れるように取る. (7) 《俗》〖競馬〗〈賭け屋が〉(危険を減らすために)〈賭け金(の一部)を〉ほかの賭け屋に移す, 両賭けする; 〈リスクを〉分散する. (8) 《米中部》〈…する〉計画を立てる 〈*to do*〉: I ～ *off to* go to the races tomorrow. あす競馬へ行くつもりだ. (9) 〖トランプ〗(ラミーで)〈自分の札を〉〈相手がメルドした札に〉つける.
― (*vi.*) (1) 《口語》仕事をやめる 〔*from*; 仕事[活動]をやめて休息する: I'd like to ～ *off* a few days. 2, 3 日仕事をやめて休みたいものだ. (2) 《口語》悩ませる[うるさくする]のをやめる 〔*of*〕: I wish you would ～ *off*! (迷惑だから)やめてもらいたいね. (3) 《口語》〈酒などを〉やめる. (4) 〈ハンターなどが〉獲物[標的]の脇などを狙って撃つ (銃弾に対する風の影響や獲物の移動を考慮に入れて). (5) 〖海事〗〈船が〉岸[桟橋, 他船]から少し離れている.
láy óff … 《口語》(1) …をやめる; …を悩ますのをやめる: Just ～ *off* me, will you! ちょっとうるさくしないで[ほっといて]くれないか / *Lay off* that [your teasing]. そんな事[からかうの]はよしてくれ. (2) 〈酒・タバコ・麻薬など〉をやめる: The doctor told me to ～ *off* smoking.
láy … óff ― 〈従業員を〉〈仕事〉から(一時)解雇する.
láy ón (*vt.*) (1) 〈ペンキ・ニスなどを〉塗る: ～ *on* paint, plaster, etc. / ⇨ LAY *it on*. (2) 《英口語》〈催し・料理・車などを〉用意する, 提供する (provide) 〔*for*〕; 賃借りする: ～ *on* a car 車の手配をする / In case it rains, we ought to ～ *on* some indoor entertainment. 雨天の場合を考えて屋内での催し物を準備しておかなければならない. (3) 《英》〈ガス・水道などを〉引く, 敷設する (supply): ～ *on* gas [water, electricity] / I rent a 2-room flat with gas and hot water *laid on*. ガス付きでお湯の出る 2 部屋のフラットを借りた. (4) 〈税・罰などを〉課する, 賦課する (impose): The government has *laid on* a new tax. 政府は新しい税を設けた. (5) 〈家畜が〉〈肉を〉つける (gain). (6) 〈悲しみ・喜び・感謝などを〉誇張する. (7) 〖印刷〗(印刷機に)〈紙を〉差す; (版盤に)〈組版を〉載せる, 置く, 固定する. ― (*vi.*) なぐりつける (beat); 攻撃する (attack).
láy ópen ⇨ open *adj.* 成句.
láy óut (*vt.*) (1) 広げる (spread out), 並べる, 陳列する (display): ～ *out* one's evening clothes 夜会服を出して広げる / On the table the things were *laid out for* tea. テーブルの上にはお茶のために茶器が並べられていた. (2) …の計画を綿密に立てる (map out); 〈考えなど〉詳しく説明する 〔*for*〕: ～ *out* an election campaign, the work for tomorrow, one's reasons, etc. (3) 〈土地などを〉地取りする (plot); [しばしば受身で] 〈庭・市街などの配置計画をする, 全体計画を設計する (design); 縄張りをする, 測量をする: ～ *out* a garden 庭を設計する / The streets are *laid out* according to a plan. 市街は計画に基づいて設計されている. (4) 〈遺体を〉(納棺のために)整える: ～ *out* a corpse. (5) 《口語》〈大金を〉出す, 使う (spend); 投資する (invest): I *laid out* a thousand dollars *on* repairs to my house. 家の修理に大枚 1000 ドル使った. (6) 《口語》打ち倒す[のめす], 打って気絶させる (knock out): Ali *laid out* Frazier in the first round. アリはフレイジャーを第 1 ラウンドで打ちのめしてしまった / She was *laid out* by the intense heat. ひどい暑さで彼女は倒れてしまった. (7) 〖印刷〗割付ける, レイアウトする (cf. layout 2 a, b); (丁合いがしやすいように順番に)〈折丁を〉並べる: ～ *out* a printed page 紙面を割り付ける. (8) 《俗》しかる (scold), なじる (censure). (9) 《米中部》〈…しようと〉計画する, 〈…する〉つもりである (plan, intend) 〈*to do*〉: I'm ～*ing out to* move into a new apartment. 新しいアパートへ移るつもりでいる. (10) 《口語》〈…しようと〉精いっぱい努力する. (11) 〈…を〉疲れさせる. ― (*vi.*) (1) 《米》日光浴する. (2) 《米南部・中部》〈学校などを〉無断で休む 〔*from*〕: ～ *out from* school.
láy óver (*vi.*) 《米》(スケジュールの都合で)途中下車する (stay over) 〔*at, in*〕: We *laid over at* Seattle on our way to Washington. 我々はワシントンへ向かう途中シアトルでしばらく飛行機を降りた. (*vt.*) (1) 《米》延期する (postpone): The meeting was *laid over* for a week. 会は 1 週間延期された. (2) 《米方言》…にまさる (excel): He ～*s over* all of us *in* tennis. テニスでは彼が我々のだれよりも上手だ. (3) [通例受身で] 〈…を〉装飾する 〔*with*〕.
láy onesèlf óut 《口語》(…しようと)努力する, 骨折る (try hard), 最善を尽くす (do one's best) 〈*to do*〉: They *laid themselves out to* make the party successful. パーティーを成功させようと大いに努力した.
láy tó (*vi.*) (1) 努力する, 精を出す: He *laid to* with the others. 彼は他の連中と一緒になって頑張った. (2) なぐる, 打つ: Mr. Hyde *laid to* right and left with his stick. ハイド氏はステッキであたりを打ちまくった. (3) 〖海事〗〈船が〉(船首を風上に立てて一時)停船する: The ship *laid to* off the coast. 船は沖で停船した. (*vt.*) 〖海事〗〈船を〉(船首を風上に立てて一時)停船させる.
láy úp (*vt.*) (1) [通例受身で] 〔病気やけがで〕〈人を〉働けなくする, 引きこもらせる (disable, confine) 〔*with*〕: He has been *laid up with* the flu. 彼は流感で床についている / I got *laid up with* a bad cold. 悪性の風邪で伏せってしまった. (2) 使わずにおく, 蓄える, ためる (store up): ～ *up* large supplies of food 食料を大量に買いためする / ～ *up* a fortune 一財産ためる / He's just ～*ing up* trouble *for* himself. まったくあとで困るようなことを自分でしでかしている (cf. *Matt.* 6:19). (3) 〖海事〗〈船を〉係船する, (修理・格納のため)しまう; 《英》〈自動車を〉ガレージに入れる: The ship has been *laid up* for repairs. その船は修理のためにドックに入れられている / My car has been *laid up* for a week. 車は1週間ほどガレージに入ったままです. (4) [しばしば進行形で] 〈問題などの〉種をつくる 〔*for*〕. (5) 〈石・れんがなどを〉積む; 〈塀などを〉(石・れんがなどを積んで)構築する. (6) 〈畑を〉保存しておく (reserve), 〈畑を〉〈ある状態に〉しておく (leave): a field *laid up for* pasture 牧草地用に保存された畑 / ～ the field *up* dry [in ridges] 畑を乾かしておく[畑のうねを立てておく]. (7) 〈ベニヤ・心材などを〉(プレス・接合の前ににかわなどを塗って)組み合わせる. (8) 〈ロープなどを〉縒(よ)って作る, なう (cf. *vt.* 16 b). ― (*vi.*) (1) 〈人・動物が〉姿をくらます, 隠れる. (2) 〖海事〗〔…へ向かって〕(船の)針路を取る 〔*for*〕.
láy wáste ⇨ waste *adj.* 成句.
— *n.* 1 (物の置かれた)位置, 状態; 地形, 地勢; 方向: ⇨ *the* LAY *of the land*. **2** 《俗》 **a** 行動方針, 計画. **b** (いかがわしい)職業, 商売, 仕事: He gave up the gambling ～. 彼は博徒をやめた. **3** (縄・綱の)縒(よ)り目, 縒り方: a hard ～ かたい縒り(方) / a left ～ 左縒り. **4** 《米口語》 **a** 販売[雇用]条件. **b** 代価, 値: sell a thing at a good ～ 物をよい値で売る. **5** (捕鯨[漁業]隊員が給料の代わりに受ける一航海についての)利益の配当, 漁獲配当高. **6** (動物の)隠れ場, 巣, 穴. **7** 産卵: *in* ～ 〈鶏が〉産卵期で / hens just coming *into* ～ ちょうど産卵期に入ってきた鶏. **8** 《卑》性交; 性交の相手の女性. **9** 《廃》賭け(金) (wager).
the láy of the lánd 《米》＝《英》***the líe of the lánd*** (1) 地勢, 地形. (2) 事態, 形勢.
〖ME *leye(n)*, *legge(n)* (pret. *leide*, p.p. *leid*) < OE *leċġan* (pret. *leġde*, p.p. *ġeleġd*) < Gmc **lazjan* to place (Du. *leggen* / G *legen* / ON *leggja* / Goth. *lagjan*) 《変形》 ← **lezjan* 'to LIE[1]': cf. law[1], fellow〗

lay[3] /léɪ/ *adj.* [限定的] **1 a** (聖職者に対して)俗人の, 平信徒の (nonclerical) (↔ ecclesiastical). **b** 〖カトリック〗助修士の, 助修道女の《聖職者ではないが修道院で宗教生活をしながら一般労働に従事する》: ⇨ lay brother, lay sister. **2** (専門家に対して)素人の, 門外漢の, 本職でない: a ～ opinion 素人の意見 / a legal handbook for ～ readers 素人向け法律便覧 / ～ witness 一般の証人 (cf. expert 2). **3** 〖トランプ〗切札でない, 平札の: a ～ card 平札《切札でないもの》/ a ～ suit 切札以外の同種札のそろい. 〖《c1303》 *lai* ☐ (O)F *lai* < LL *lāicum* ☐ Gk *lāikós* of the people ← *lāós* people ← ?: cf. laic〗

lay[4] /léɪ/ *n.* **1** 歌《特に, 単純な短い叙情詩や短い物語詩); 民謡 (ballad). **2** 《古・詩》(歌う)歌; 鳥のさえずり. 〖《a1250》 ☐ (O)F *lai* ← ? Celt. (cf. OIr. *lōid* poem): cf. OE *lāc* play / G *Leich* song〗

lay[5] /léɪ/ *n.* 〖紡織〗筬框(おさかまち)《織機の筬, 杼箱(ひばこ)などを含んだ部分名》. 〖《変形》 ← LATHE[1]〗

láy·abòut *n.* 《英口語》のらくら者, なまけ者. 〖1932〗

Lay·a·mon /léɪəmən, láɪ- | léɪəmən, -mɔ̀n/ *n.* ラヤモン《13 世紀の英国の詩人; *Brut* (1205) の作者; Lawman とも呼ばれる》.

láy ánalyst *n.* 医師の資格のない精神分析学者, 素人精神分析医. 〖1928〗

Lay·ard /léɪɑəd, léəd | léɪɑːd, léəd/, **Sir Austen Henry** *n.* レヤード《1817–94; 英国の考古学者・外交官; Nimrud と Nineveh の発掘で有名》.

láy·awày *n.* 〖商業〗layaway plan で購入した商品. 〖1944〗

láyaway plàn *n.* 〖商業〗商品予約購入法《手付け金 (deposit) を支払って予約し, 割賦方式で残額完済後に届けてもらう商品の購入法》.

láy·bàck *n.* 〖登山〗レイバック《クラック (crack) を登る技術の一つ; クラックの片方のへりに両手をかけ, 他の壁面に両足を押しつけながら登る》. 〖1925〗

láy báptism *n.* 〖教会〗平信徒の施す洗礼式, 平信徒洗礼《緊急時に司祭を待たずに信徒が行う洗礼》. 〖1726〗

láy bòard *n.* 〖造船〗＝hog piece.

láy bòat *n.* 〖海事〗目標[標的]船《射撃練習とかレースの目標のために海上に係留されている船》.

láy bròther *n.* 〖カトリック〗助修士, 平修士, 労働修士《聖職者ではないが修道院で修道士と同じ宗教生活をしながら一般労働に従事する修道者; cf. brother *n.* 5, lay sister》. 〖*c*1450〗

láy-bỳ *n.* **1** 《英》(道路の)待避所《交通を妨げないで停車できるように広げられた所》. **2** (川または運河の)一時停船所《船が停泊したりすれ違えるように広げられた所》. **3** 《英》

L

〘鉄道〙鉄道の待避線. **4** 《米》〘農業〙農作物栽培の最後の作業. **5** 《豪》=layaway. 〖(1879) ← *lay by* (⇨ lay^2 成句)〗

láy clérk *n.* 〘英国国教会〙(礼拝式などで司祭の手助けをする)教会(庶務)役員, 教区書記 (parish clerk). 〖1811〗

láy commúnion *n.* **1** 俗人として教会員であること. **2** 平信徒の聖餐(せいさん)式. 〖1680〗

láy dày *n.* **1** 〘商業〙船積み[停泊]期間 (この期間を超すと demurrage を支払わされる; cf. demurrage). **2** 〘海事〙(出港予定日より)遅れた日数. 〖(1845): ⇨ lay^2 (n.)〗

láy·dòwn *n.* 《口語》〘トランプ〙(ブリッジで)見下ろしの手 (勝つことが明白なため, 開いて見せて必要なトリック数を相手に要求できるような手; cf. claim 6).

lay·er /léɪə, léə | léɪə(r, léə(r/ *n.* **1** 層, 積み, 重ね, 塗り (stratum); 地層 (bed); (組織などの)階層: ～s of bricks, clay, society, etc. **2** 置く人, 積む人, 敷く人: a brick*layer* れんが工. **3** 〘競馬〙私設馬券業者; 賭け屋, 賭け元 (bookmaker) (cf. backer 2). **4** 産卵鶏: a good [bad] ～ よく卵を産む[産まない]鶏. **5** 〘園芸〙取り木法で繁殖させている[させた]植物. **6** 縄ない機. **7** 〘生態〙(植物群落を垂直的にみた)階層 (高木層 (tree layer), 低木層 (shrub layer), 草本層 (field [herb] layer), コケ層 (ground [moss] layer) などに区分される). **8** 〘電算〙レイヤー, 階層 (複数の要素を重ねて構成される画像の個々の部分, ひと組のプロトコルのおのおのなど). **9** 《まれ》〘天文〙地平. — *vt.* **1** 層にする. **2** 〘園芸〙取り木法で〈植物を〉繁殖させる, 取り木にする. **3** 〈髪を〉レイヤー(カット)にする (段をつけてカットする). **4** 〈衣服を〉重ね着する. — *vi.* **1** 層になる. **2** 〘園芸〙地面に接した枝の部分から発根する. 〖((1282)) (1615) *leyer, legger*〗

lay·er·age /léɪərɪdʒ, léər- | léɪər-, léər-/ *n.* 〘園芸〙取り木, 取り木技術. 〖(1902): ⇨ ↑, -age〗

láyer càke *n.* レイヤーケーキ (クリーム・ジャムなどを間にはさみ層にしたスポンジケーキ). 〖1881〗

láy·ered /léɪəd, léəd | léɪəd, léəd/ *adj.* **1** 層をなした, 層のある. **2** 〘服飾〙重ね着の. 〖(1852): ⇨ -ed〗

láy·er·ing /léɪərɪŋ, léər- | léɪər-, léər-/ *n.* **1** 〘園芸〙取り木, 取り木をすること. **2** 〘地図〙(地形の)段彩式表示法. 〖(1922): ⇨ -ing^1〗

láyer-ón *n.* (*pl.* **layers-on**) 《英》〘印刷〙紙差し工 (印刷機に1枚ずつ紙を差す人).

láyer-óut *n.* (*pl.* **layers-out**) 〘造船〙罫描家(けがき) (工作物に罫線を書き入れる作業の担当者).

lay·ette /leɪét; *F.* lejet/ *n.* 新生児用品一式 (産着・おむつ・ふとん類). 〖(1839) ◻ F ～ (dim.) ← OF *laie* box ◻ Flem. *laeye*: cog. G *Lade* drawer: ⇨ -ette〗

láy fìgure *n.* **1** (美術家がモデル代わりに衣服を掛けるのに用いる)人体模型; (衣装品店で衣装を陳列するために用いる)人台(じんだい), マネキン人形. **2 a** 名は出ているが何もしない人, 単なる飾り物的存在; 何の個性もない人物 (puppet, dummy). **b** (小説などの)非現実的人物 (nonentity). 〖(1795) ← 《廃》*lay(man)* ◻ Du. *le(d)eman* 《原義》joint-man: 宗教的な意味での「俗人」(cf. layman) との混同を避けるため figure が man に代わった〗

láy·ing *n.* **1** 置くこと; 積むこと, 敷くこと. **2** (ガス・水道などの)敷設. **3** (漆喰(しっくい)の)下塗り. **4** (糸や綱の)より方, ない方. **5** ひとかえし分の卵. **6** 〘砲術〙照準, 射向付与.

láying ón of hánds 按手(あんしゅ) (聖職任命式[信仰療法]で祝福を受ける人の頭[体]に聖職者が手を置くこと). (15C) 〖(*a*1398): ⇨ lay^2, -ing^1〗

láy intermédiary *n.* 〘法律〙弁護士と依頼者の接触を妨げるために介入する素人.

láy lòrd *n.* 〘英法〙(上院議員中の)非法官議員 (cf. Law Lord).

lay·man /léɪmən/ *n.* (*pl.* **-men** /-mən/) **1** (専門家 (expert) に対して)素人, 門外漢: in ～'s terms 素人にもわかることばで(言うと) / They were *laymen in* economics. 経済学に関しては素人だった. **2** (聖職者 (ecclesiastic) に対して)信者, 平信者, 俗人. 〖(*?a*1425): ⇨ lay^3, man^1〗

lay·off /léɪɔ̀(ː)f, -ɑ̀(ː)f | -ɔ̀f/ *n.* **1 a** (不況などによる)一時的強制休業, (一時的)解雇[休職], 一時帰休制, レイオフ: the ～ rate 一時的解雇率 (⇨ quit rate). **b** (工場などの)操業休止 (shutdown). **2** 一時的解雇[休職]期間; (選手などの)試合[活動]中止期間. 〖(1886) ← *lay off* (⇨ lay^2 成句)〗

lay·out /léɪàʊt/ *n.* **1 a** (庭園・建物などの)配置, 設計, 地取り, 間取り, レイアウト (arrangement): the ～ of classrooms 教室の配置. **b** 配置[地取り]図, 設計図. **2 a** (書籍・新聞・広告などの)割付け, レイアウト (各ページに入れる内容の配列や取り合わせ). **b** 割付け[レイアウト]作業. **c** 〘ジャーナリズム〙=spread 7 a. **3 a** 広げられたもの. **b** (食卓の)配膳, 配置: a fine ～ すばらしいごちそう. **c** 《口語》(大きくて入り組んだ)構え (setup), 邸宅, 工場(など). **d** (ルーレットの)賭け盤. **4** 道具一式; 一そろいの用具. **5** (米南部・西部)仲間, 一団, 一味 (gang). **6** 〘トランプ〙置き札 (一人遊び(占い)などで指定の形に並べられ, それをもとにゲームを進める最初の札の集まり). **7** 〘スポーツ〙(ダイビング・水泳・体操で)体型, 姿勢 (cf. pike^8, tuck^1 6 a). 〖(1852) ← *lay out* (⇨ lay^2 成句)〗

láy·òver *n.* 《米》途中下車; (乗り継ぎの)時間待ち. 〖(1873) ← *lay over* (⇨ lay^2 成句)〗

láy·pèrson *n.* (専門家に対して)素人, 門外漢; (聖職者に対して)平信者, 俗人. 〖1972〗

láy rèader *n.* 〘英国国教会・米国聖公会〙平(信徒)読師, 信徒奉持者 (罪の許し・祈禱などを除いて礼拝式を行うことを許されている平信徒; 説教には牧師の原稿を読むことが許される). 〖1751〗

láy rèctor *n.* 〘英国国教会〙俗人教区長 (rector の領収する tithes を受けている平信者).

láy sèrmon *n.* (司祭でない)信徒の説教.

láy·shàft *n.* 〘機械〙副軸, 添え軸. 〖← ? LAY^2〗

láy sìster *n.* 〘カトリック〙助修女, 平修女, 労働修女 (修道院で修道女と同じ宗教的生活をしながら一般労働に従事する修道女; cf. sister *n.* 4 a, lay brother). 〖1709〗

láy·stàll *n.* 《英》ごみ捨て場.

láy-ùp *n.* **1** 休み, 休むこと. **2** (プレスのためのベニヤ・心材の)組合わせ, 合板作業. **3** (強化プラスチックの金型の中に入れる)補強材. **4** 〘海事〙(船の)休航. **5** 〘バスケットボール〙レイアップ (ゴール下からジャンプして片手でバックボードからのボールのはね返りを利用して行うシュート). 〖(1927) ← *lay up* (⇨ lay^2 成句)〗

láy vícar *n.* 〘英国国教会〙=clerk vicar.

láy·wòman *n.* (*pl.* **-women**) (修道女 (nun) でない)(女性)信徒, 女性の平信徒. 〖1529〗

Laz. 《略》Lazarus.

la·zar /lǽzə, léɪzə | lǽzə(r/ *n.* 《古》不潔な病気にかかっている人; (特に)=leper 1. 〖(?c1300) ◻ ML *lazarus* (LL *Lazarus* の特殊用法): cf. *Luke* 16: 20〗

laz·a·ret /læ̀zərét/ *n.* (*also* **laz·a·rette** /～/) **1** 〘海事〙(商船の船尾にある)食料貯蔵室. **2** =lazaretto 2. 〖(1611) ◻ F ～ ◻ It. *lazzaretto* (↓)〗

laz·a·ret·to /læ̀zərétoʊ | -təʊ/ *n.* (*pl.* ～s) **1** 隔離病院, (特に)ハンセン病院 (lazar house). **2** 検疫所, 検疫船 (lazaret, lazarette ともいう). **3** 〘海事〙=lazaret 1. 〖(1549) ◻ It. *lazzaretto* 《変形》← Venetian *lazareto* 《混成》← *nazareto* (《短縮》← *Santa Maria di Nazaret* (Venice にあるハンセン病院名)) + *lazaro* lazar, leper〗

lázar hòuse *n.* =lazaretto 1.

Laz·a·rist /lǽzərɪst | -rɪst/ *n.* 〘カトリック〙ラザリスト (⇨ Vincentian). 〖(1747) ◻ F *Lazariste* ← *Lazare* (↓): ⇨ -ist〗

laz·a·roid /lǽzərɔ̀ɪd/ *n.* 〘薬学〙ラザロイド (輸血障害による神経細胞への損傷を防ぐステロイド系の薬品).

Laz·a·rus /lǽz(ə)rəs/ *n.* **1** ラザルス (男性名). ★ ユダヤ人に多い. **2** 〘聖書〙ラザロ: **a** ベタニアのマリアとマルタ (Mary and Martha of Bethany) の弟でイエスの友人; イエスの奇跡によって死からよみがえった; Lazarus of Bethany と呼ばれる (cf. *John* 11: 1–44, 12: 1–18). **b** 聖書に腫物(しゅもつ)がはれただれていた (full of sores) とある物乞い (cf. *Luke* 16: 19–31; cf. Dives 1). **3** [時に l-] (病気の)物乞い (beggar); (特に)=leper 1: ～ and Dives 貧者と富者. 〖(1508) ◻ LL ～ ◻ Gk *Lázaros* ◻ Heb. *El'āzār* 'ELEAZAR'〗

Laz·a·rus /lǽz(ə)rəs/, **Emma** *n.* ラザルス (1849–87; 米国の詩人).

laze /léɪz/ 《口語》*vi.* なまける, のらくらする (idle). — *vt.* なまけて過ごす (idle away) 〈*away*〉: ～ *away* one's life 一生をなまけて暮らす. — *n.* **1** なまけること. **2** のらくらして過ごす時間; くつろぎ (relaxation). 〖(*a*1592) 《逆成》← LAZY〗

lá·zi·ly /-zəli/ *adv.* **1** なまけて, のらくらして, ぶらぶらして. **2** 不活発に, 物憂げに. 〖(1587) ← LAZY + -LY^1〗

lá·zi·ness *n.* **1** なまけ, 怠惰. **2** ものぐさ, 不精. 〖(1580) ← LAZY + -NESS〗

La·zio /*It.* láttsjo/ *n.* ラツィオ (Latium のイタリア語名).

lazuli *n.* =lapis lazuli.

laz·u·line /lǽzəlìːn, -ʒʊ-, -làɪn | -zjʊ-/ *adj.* るり (lapis lazuli) 色の. 〖(1877) ← (LAPIS) LAZULI + -INE^1〗

laz·u·lite /lǽzəlàɪt, -ʒʊ- | -zjʊ-/ *n.* 〘鉱物〙天藍(てんらん)石, 青リン鉱 ($(Fe, Mg)Al_2P_2O_8(OH)_2$). **la·zu·lit·ic** /læ̀zəlítɪk, -ʒʊ- | -zjʊlít-/ *adj.* 〖(1807) ← ML *lāzulum* 'LAPIS LAZULI' + -ITE^1〗

laz·u·rite /lǽzəràɪt, -ʒʊ- | -zjʊ-/ *n.* 〘鉱物〙青金石 ($Na_5Al_3Si_3O_{12}S_3$) (lapis lazuli の主要素; 濃青色の鉱石で装飾用). 〖(1892) ← ML *lāzur* azure + -ITE^1〗

la·zy /léɪzi/ *adj.* (**la·zi·er; la·zi·est**) **1** 怠惰な, 不精な, ものぐさな, 楽をする (indolent) (↔ diligent): a ～ fellow. **2** 倦怠感[眠気]を誘う, だるい: a ～ afternoon in late spring 晩春の日のけだるい午後. **3** 動きのおそい, 緩慢な (sluggish), ゆったりした: a ～ stream / moved with (a) ～ grace. **4** 〘畜産〙〈焼印が〉横に押された: a ～ brand 横に押された焼印 / a ～ E=ш. 〖(1549) *laysy* ◻ ? MLG *lasich* feeble: cf. G *lässig*〗

lázy·bàck *n.* (乗り物のいすの)寄りかかり. 〖1887〗

lázy béd *n.* 〘農業〙簡易床(とこ), レイジーベッド (約 1 m 幅の畑地の中央にジャガイモなどを植え, その両側に 1 m 幅の溝を掘り, その土を上からかぶせた床). 〖1743〗

lázy·bònes *n. pl.* [単数または複数扱い] 《口語》なまけ者, 不精者. 〖(1592) ← LAZY + BONE^1 + -s^1 1〗

lázy dáisy stìtch *n.* 〘服飾〙レージーデージーステッチ (細長い輪の先を小さなステッチで留めた花弁形のステッチ). 〖1923〗

lázy éight *n.* 〘航空〙8の字飛行 (飛行機の操縦訓練の基本操作の一つで, 空中に8の字を描く).

lázy éye *n.* 弱視 (amblyopia). 〖1939〗

lázy gúy *n.* 〘海事〙レージーガイ (縦帆のブームの揺れを止める張り綱).

lázy hályard *n.* 〘海事〙代用ハリヤード (正規のハリヤード(揚帆索, 揚げ綱)を休ませておいて, 入港中などに旗や帆を揚げるのに使う力の弱いロープを使ったハリヤード).

lá·zy·ish /-ziɪʃ/ *adj.* やや怠ける, なまけ気味の. 〖(1892): ⇨ -ish^1〗

lázy jàck *n.* 〘機械〙屈伸ジャッキ.

lázy páinter *n.* 〘海事〙(ボートの)小もやい綱 (正規のもやい綱の代わりとして使う).

lázy-pínion *n.* 〘機械〙中立ち小歯車, 遊び小歯車.

lázy Súsan *n.* 《米》回転盆 (食卓に置いて調味料・香辛料などを載せるもの; 仕切りがあることが多い). 〖1917〗

lázy táck *n.* 〘海事〙**1** 代用タック (大帆の下端隅を留める正規のタックを滑車装置で取り付ける作業の間など, 一時的に帆を留めておくためのもの). **2** ゆるみ綱 (支索をかわして縦帆のタックを換えるようなとき, 帆がばたつかないように一時的に使用するタックで, 普通はゆるんでいる).

lázy tòngs *n. pl.* [時に単数扱い] 無精ばさみ (伸縮して少し離れた所にある物をはさんで取るために用いる). 〖1836〗

laz·za·ro·ne /læ̀zəróʊneɪ | -rə́ʊ-; *It.* laddzaróːne/ *n.* (*pl.* **-ro·ni** /-niː; *It.* -ni/) (イタリアの Naples の)宿なし, こじき. 〖(1792) ◻ It. ～ (aug.) ← *lazzaro* lazar: ⇨ -oon〗

lb 《略》〘クリケット〙leg bye(s); 〘アメフト〙linebacker.

lb 《記号》Lebanon (URL ドメイン名).

LB 《略》landing barge 上陸用はしけ; *L.* Lēctor benevolō (=to the kind reader); letter box; 〘自動車国籍表示〙Liberia; 〘軍事〙light bomber; *L.* Lit(t)erārum Baccalaureus (=Bachelor of Letters *or* Literature); Local Board 地方委員会.

lb. /páund, páundz/ 《略》*L.* lībra(e) (=pound(s)) (cf. £).

L-bànd *n.* 〘通信〙L 周波帯 (390–1550 メガヘルツの超高周波帯; cf. S-band).

lb. ap. 《略》〘処方〙(apothecaries') pound.

lb. av. 《略》avoirdupois pound.

LBC 《略》London Broadcasting Company.

LBdr, L Bdr, LBDR 《略》Lance Bombardier.

lbf 《略》〘物理〙pound-force.

LBJ 《略》Lyndon Baines Johnson.

LBL 《略》Lawrence Berkeley Laboratory.

LBO 《略》〘法律〙Law of Belligerent Occupation 軍事占領地区関係国際法; leveraged buyout.

LBP 《略》〘海事〙length between perpendiculars.

lbs. /páundz/ 《略》pounds (lb. の複数形).

lb. t. 《略》troy pound.

LBV 《略》Late Bottled Vintage (6年間樽で熟成した後, 飲用に供せられるポートワイン).

lbw 《略》〘クリケット〙leg before wicket.

lc 《略》〘劇場〙left center (舞台の向かって)右中央; loco citato.

LC 《略》Lance Corporal; 〘米海軍〙Landing Craft; Library of Congress; Lord Chamberlain; Lord Chancellor; Lower Canada.

L/C, l/c, l.c. 《略》〘金融・商業〙letter of credit.

l.c. 《略》〘印刷〙lower case (cf. u.c.).

L. cásei fàctor 《略》Lactobacillus casei factor.

LCC 《略》〘米海軍〙Landing Craft, Control 揚陸指揮艇 (上陸戦闘部隊指揮のための特別な通信器材をもつ); London City [County] Council.

LCD /élsìːdíː/ 《略》〘電子工学〙liquid crystal display.

LCD, l.c.d. /élsìːdíː/ 《略》〘数学〙least [lowest] common denominator.

LCDR 《略》〘海軍〙lieutenant commander.

l'cha·im /ləxáːjɪm/ *int., n.* (*also* **l'chai·im** /～/) 〘ユダヤ教〙乾杯! (の1杯) 〖◻ Mod Heb. *lḥayīm* to life (乾杯の掛け声)〗

LCI 《略》〘米海軍〙Landing Craft, Infantry 歩兵上陸用舟艇, 歩兵揚陸艇.

LCJ 《略》Lord Chief Justice (英国)首席裁判官 (高等法院王座長官).

LCL, lcl 《略》〘商業〙less than carload lot (荷物など)一車貸切量未満, 車扱い量未満, 小口貨物.

LCM 《略》〘米海軍〙Landing Craft, Mechanized 機械化部隊上陸用舟艇[揚陸艇].

LCM, l.c.m. /élsìːém/ 《略》〘数学〙least [lowest] common multiple.

LCP 《略》〘米海軍〙Landing Craft, Personnel 兵員上陸用舟艇[揚陸艇].

L/Cpl 《略》Lance Corporal.

LCR 《略》〘米海軍〙Landing Craft, Rubber ゴム製上陸用舟艇[揚陸艇].

LCS 《略》〘米海軍〙Landing Craft, Support 上陸用舟艇支援艇, 揚陸支援艇 (水陸両用上陸作戦で, 揚陸艇の行動に火力支援を行う).

LCT 《略》〘米海軍〙Landing Craft, Tank 戦車上陸用舟艇, 戦車揚陸艇; local civil time 地方常用時.

LCVP 《略》〘米海軍〙Landing Craft, Vehicle, Personnel 車両兵員[人員]上陸用舟艇[揚陸艇].

LD 《略》Lady Day; *L.* Laus Deō 神を褒めまつれ (praise be to God); learning disability 学習障害; 〘劇場〙left door; lethal dose; *L.* Litterārum Doctor (=Doctor of Letters); long distance; Low Dutch.

LD 《記号》〘貨幣〙Libia dinar(s).

ld. 《略》〘印刷〙lead^2.

Ld. 《略》Limited; Lord.

'ld /d/ 《まれ》would の縮約形 (cf. 'd): you'*ld*.

LDC 《略》less developed countries.

L-D convérter *n.* L-D 転炉 (製鋼用上吹き転炉). 〖*L-D*: オーストリアの工業都市 Linz と Donawitz にある会社の共同研究によることにちなむ頭文字から〗

ldg. 《略》landing; leading; loading.

LDH 《略》〘生化学〙lactic dehydrogenase.

LDL 《略》〘生化学〙low-density lipoprotein.

L-Do·pa, L-DOPA /èldóʊpə | -dəʊ-/ *n.* 〘薬学〙レボドパ (パーキンソン病治療薬, 降圧剤; levodopa ともいう). 〖(1939) ← L (《略》← LEVO-) + *dopa* (《短縮》← *d(ihy-dr)o(xy) p(henyl) a(lanine)*)〗

L-drìver *n.* 《英》(自動車の)運転練習中の人 (教官が同乗し, 自動車の前と後ろに L のプレートをつける; ⇨ L 《記号》3). 〖《略》← LEARNER-DRIVER〗

LDS 《略》Latter-Day Saints; *L.* laus Deō semper (= praise be to God for ever); Licentiate in Dental Surgery.
LDV 《略》Local Defence Volunteers (⇨ home guard 2). 〚1940〛
Le 《略》〖聖書〗Leviticus.
Le 《記号》〖貨幣〗leone(s).
LE 《略》language engineering; 〖病理〗lupus erythematosus.
£E 《記号》〖貨幣〗Egyptian pound(s).
l.e. 《略》〖アメフト〗leading edge; left end.
-le¹ /l̩/ *suf.* **1** 指小辞: icic*le*, knuck*le*. **2** 行為者・道具を表す: bead*le*, gird*le*, hand*le*. 〚OE *-el, -ela, -ol, -ul*: cog. Du. & G *-el*〛
-le² /l̩/ *suf.* 「…する傾向のある」などの意の形容詞語尾: brit*tle*, fick*le*, nimb*le*. 〚OE *-el, -ol, -ul*: cog. OHG *-al, -il* / L *-ulus*〛
-le³ /l̩/ *suf.* 動作の反復などを表す動詞語尾《擬音語起源の語に多い》: dazz*le*, fond*le*, jing*le*, twink*le*. 〚OE *-lian*: cog. Du. *-len* & G *-ln*〛
lea¹ /líː, léɪ | líː/ *n.* **1** 《詩・古》草原, 草地 (grassland), 牧草地 (meadow): The lowing herd wind slowly o'er the ～. ⇨ wind² *vi.* 1. **2** =ley¹ 1. — *adj.* 耕作されていない, 未開墾の (fallow). 〚ME *lei(e)* < OE *lēa(h)* < Gmc **lauχaz* 《原義》place where light shines (OHG *lōh* (cf. *Hohenlohe* (人名)) 《原義》high leas) ← IE **leuk-* light, brightness (L *lūcus* grove)〛
lea² /líː/ *n.* **1** 綛(かせ)《繊糸の長さの単位; 通例毛糸では 80, 綿糸・絹糸では 120, 麻糸では 300 ヤード; 土地によって多少異なる》. **2** リー《単位重量当たりの長さで表した繊糸の量; 通例1ポンド当たりの綛数》. 〚(1391–92) *le* (逆成)? ← *les(e)* □ OF *laisse* leash, cord〛
Lea /líː, líːə | líː/ *n.* リーア《女性名》. 〚《変形》← LEAH〛
LEA /èliːéɪ/ 《略》《英》Local Education Authority 地方教育当局. 〚*a*1912〛
lea. 《略》league; leather.
Lea and Per·rins /líːənpérɪnz | -rɪnz/ *n.* 〖商標〗リーアンドペリンズ《英国 Lea and Perrins 社製のウスターソース (Worcester sauce)》.
leach¹ /líːtʃ/ *vt.* **1** 〈水などを〉濾(こ)す. **2** 〈鉱石・木皮などを〉濾し水に浸す. **3** (濾し水に浸して)〈可溶物を〉濾し取る, 浸出する 〈*out*〉: ～ (*out*) alkali *from* ashes 灰からアルカリを濾し取る. **4** 《比喩》(濾すように)取り出す, 取り除く. — *vi.* 濾せる, 濾(こ)過によって分離する. — *n.* **1** 濾すこと. **2** 濾過器, 濾しがめ, 濾しおけ. **3** 濾した液体, 濾過液, 濾し灰. **～·er** *n.* 〚((OE)) (1796) 《変形》← 《廃》*letch* (v.) (cf. 《方言》*letch* (n.) bog < ? OE *leċċan* to water, lave, moisten (cf. OE *lacu* stream): ⇨ leak: cf. lack〛
leach² *n.* 〖海事〗=leech².
Leach /líːtʃ/, **Bernard (Howell)** *n.* リーチ (1887–1979; 香港生まれの英国の陶芸家).
leach·a·ble /líːtʃəbl̩/ *adj.* 濾すことのできる.
lèach·a·bíl·i·ty /-tʃəbíləṭi | -lɪ̀ti/ *n.* 〚(1944) ← LEACH¹+-ABLE〛
leach·ate /líːtʃeɪt/ *n.* 浸出物[溶液]. 〚(1952) ← LEACH¹+-ATE¹〛
léach·ing *n.* 〖化学〗浸出《分離操作の一つ》; 浸出物. 〚(1877) ← LEACH¹+-ING¹〛
leach·y /líːtʃi/ *adj.* (**leach·i·er**; **-i·est**) 〈岩石など〉水を通す, 多孔質の (porous). 〚(1879) ← LEACH¹+-Y⁴〛
Lea·cock /líːkɑ(ː)k, léɪ- | -kɒk/, **Stephen (Butler)** *n.* リーコック (1869–1944; 英国生まれのカナダのユーモア作家・経済学者; *Nonsense Novels* (1911)).
lead¹ /líːd/ *v.* (**led** /léd/) — *vt.* **1 a** …の先に立っていく, 先導する: ⇨ *lead the* WAY¹ / Baton twirlers *led* the parade. バトンガールたちが行進の先頭に立って行った / The scout *led* the troops *over* the mountains. 斥候が先導してその一隊は山を越えた / an export-*led* boom 輸出に支えられた景気 / a consumer-*led* boom 消費者主導の景気 / designer-*led* fashions デザイナーがリードするファッション. **b** 〈社会運動などの〉先頭に立つ, 首唱する: ～ the fashion 流行の先駆けをする / ～ a campaign to combat crime 犯罪防止運動の先頭に立つ / ～ a peace movement 平和運動を首唱する. **c** 指揮する, 指導する, 率いる (direct); …の先に立って行う, …のために音頭を取る: ～ an army [an Antarctic expedition, a band, 《米》an orchestra] 軍隊[南極探検隊, バンド, オーケストラ]を指揮する / ～ the conversation around to the topic 会話をその話題へもっていく / He *led* the Conservatives to victory in 1970. 1970 年, 彼が保守党を勝利に導いた / The priest *led* the audience *in* prayers. 司祭に続いて会衆は祈禱をした.
2 a [方向を示す副詞または前置詞を伴って] 導く, 案内する (conduct, guide): He *led* me *in* [*out, up, down*]. 私を中まで[外まで, 上まで, 下まで]案内してくれた / The guide *led* us *to* the Tower of London. ガイドは我々をロンドン塔へ案内してくれた / He *led* me *through* the living room and *into* his study beyond it. 彼は居間を通ってその向こうにある彼の書斎へ私を案内した. **b** 〔手などを取って〕連れて行く, 手引きする 〔*by*〕: ～ a blind man *by* the hand 盲人の手を引いてやる / ～ a horse *by* the bridle 手綱(たづな)を取って馬を引いて行く / She *led* her little child *across* the street. 彼女は子供の手を取って通りを渡った / If the blind ～ the blind, both shall fall into the ditch. 盲人(めしい)もし盲人を手引せば, 二人とも穴に落ちん (*Matt.* 15: 14). **c** 〈犯人・捕虜などを〉連行する: The policeman *led* him *to* the station. 警官はその男を警察へ連行した.
3 a 〈道路などが〉〈人を〉〈ある場所に〉導く, 連れて行く (bring) 〔*to*〕: This path will ～ you *to* the house. この小道をたどればその家に行きます / The light *led* us *to* the shore. その明かりに導かれ我々は海岸へ着いた / Chance *led* him *to* London. ふとしたことから彼はロンドンに来た. **b** 〈事・人が〉〈人を〉〈ある行為・状態に〉導く; 誘惑する (allure) 〔*into, to*〕: ～ a person astray 人を迷わせる[邪道に陥れる] / This *led* me *into* error. これが原因で間違えた / That road will ～ you *to* destruction. そんな道を踏めば君は破滅する / I'll ～ her *back to* the right way. 彼女を正道に立ち返らせてやろう / I was *led to* the conclusion that … 私は…という結論に到達した / This ～*s* me *to* … このことに関連して…について申し上げておきます. **c** [目的語+to do を伴って] 〈事・人が〉〈人を〉〈…する〉気にならせる (induce), 〈人〉に…させる (cause): Curiosity *led* him *to* peep through a keyhole. 好奇心に駆られて彼は鍵穴から覗いてみた / Teachers must ～ pupils *to* think for themselves. 教師は生徒が自分の頭で思考できるように導かなければならない / I am *led to* believe that … 私は…と信じる気持ちになっている. ★《米口語》では *to* do の代わりに *to doing* も用いられる: This *led* him *to* believing. このことがあって彼は信じる気になった.
4 a …の首位を占める, …で一番である: He ～*s* the class [the field, the world] *in* mathematics. 数学では彼がクラス[その分野, 世界]で一番だ / Our team *led* the league. わがチームがリーグの首位を占めた. **b** 〔…だけ〕…にまさる, しのぐ, (スポーツで)リードする 〔*by*〕: Our crew *led* the opponent *by* two lengths. わがクルーは 2 艇身の差で相手を押えた / The Boston Red Sox *are* now ～*ing* the New York Yankees *by* three runs. =Boston *is* now ～*ing* New York *by* three runs. ボストンレッドソックスは目下ニューヨークヤンキーズを 3 点リードしている.
5 a 〈…の生活を〉過ごす, 送る, 暮らす (spend): ～ a quiet [busy, miserable, dog's] life 平和な[多忙な, 不幸な, みじめな]生活を送る / He *led* a Jekyll and Hyde existence. その男はジキルとハイドのような(二重人格的)生活をした. **b** [二重目的語を伴って] 〈…の生活を〉…に送らせる: She *led* him a miserable life. 彼女のために彼はみじめな生活をしなければならなかった.
6 〈人〉の心を動かす[左右する] (influence); 〈人を〉説得する (persuade): I am easily *led* by my friends. 私はすぐ友人の言葉に乗ってしまう / He is easier *led* than driven. 彼は無理強いするよりも説得したほうが早い.
7 〈水などを〉引く, 通じる, 運ぶ (convey); 〈綱などを〉通す (pass): ～ a stream *through* a field 畑に水を引く / ～ a rope *through* a pulley 滑車に綱を通す / Gutters ～ the water *into* the ditch [*away from* the roof]. 樋(とい)で水が溝に流れ出る[屋根の水が吐き出される].
8 〖法律〗**a** 〈証人〉に誘導尋問を浴びせる: ～ a witness. **b** 〈事件〉の主任弁護人 (leader) となる: ～ the cause 訴訟事件の主任弁護人となる.
9 〖トランプ〗〈札を〉打ち出す《ある一巡で最初に場に出す》: ～ trumps [the ace] 切札のスーツ[エース]を打ち出す / The double-five was *led*. (ドミノで) 5 ぞろいが最初の手だった.
10 a 〈動く標的〉の前方を狙って撃つ《銃弾が標的に届く時間を考慮に入れて》: ～ a duck [an airplane] かも[飛行機]の前方を狙って撃つ. **b** 〖アメフト〗…にリードパスする《走っているレシーバーの前方にボールを投げる》.
— *vi.* **1 a** 先に立って行く, 案内する, 先導する: He *led* and we followed. 彼が先に立って案内し我々が後に続いた / I like to ～ when I dance. ダンスをするときには自分がリードしたい. **b** 〈馬などが〉引かれて行く: This horse ～*s* easily. この馬は引きやすい.
2 a 〈道路などが〉〈ある場所に〉通じる, 達する, 至る (run, extend) 〔*to, into*〕: This road ～*s* (*down*) *to* the river. この道を(下って)行くと川へ出ます / Broad is the way that ～*eth to* destruction. 滅(ほろび)にいたる路(みち)は広し (*Matt.* 7: 13) / All roads ～ *to* Rome. 《諺》すべての道はローマに通じる《方法はいろいろあっても結局は同じ所[目的]に到達する》/ The short driveway *led up to* a fine mansion. 短い車道を走って行くと立派な邸宅の前に着いた / the door ～*ing into* the living room [*to* the stairs] 居間[階段]に通じるドア / The little lane *led into* the main street. その小径は大通りに通じていた. **b** 〈事が〉〈ある状態に〉通じる, 帰着する (eventuate, conduce) 〔*to*〕: The information *led to* the solution of the case. その情報がもととなって事件が解決した / She took a course of study ～*ing to* a license as an English teacher. 彼女は英語の教師の免許状の取れる課程を履修した / The incident *led to* his quitting his job. その事件が原因で彼は職を辞した / Your work won't ～ anywhere. 君の仕事は徒労に帰するだろう / one thing *led to* another… いろいろな事があって(結局)….
3 指揮する, 率いる; 指揮者となる; 真っ先にする, 首唱する: ～ in prayer (祈禱会などで)真っ先に祈る / Who's going to ～? だれが指揮をとるのか.
4 a 首位に立つ, 一番である (excel): In English [As a runner] she ～*s* in the class. 英語では[走者としては]彼女はクラスで一番だ. **b** 〔…だけ〕まさる, 優勢である, (スポーツで)リードする 〔*by*〕: The Republican candidate appeared to ～ from the first. 共和党の候補者が最初から優勢に見えた / Oxford *led by* two lengths. オックスフォードは 2 艇身リードした.
5 〖法律〗主任弁護人 (leader) となる 〔*for*〕: ～ *for* the prosecution [defense] 起訴者[被告]側の主任弁護を務める.
6 〖野球〗〈走者が〉リードをとる 〈*away*〉.
7 〖ジャーナリズム〗〈新聞・雑誌で〉〔…を〕トップ記事にする 〔*with*〕: Every paper ～*s with* the Queen's visit to Japan. 各紙が(エリザベス)女王の日本訪問をトップ記事にしている.
8 〖ボクシング〗(初めに相手に一撃を加えて)攻勢を取る: He *led with* a left jab. 左ジャブを浴びせて攻勢を取った.
9 〖トランプ〗打ち出す, 打出しとなる《ある一巡で最初に札を出す番になる》: Who ～*s* in this rubber? 今度はだれの打出しですか.
10 〖音楽〗**a** 《英》(オーケストラの)第一バイオリン奏者を務める. **b** 〈楽器・声部が〉重要な入り(entry)を受け持つ.
léad awáy (1) 引っ張って行く, 連れ去る; 運び去る (cf. *vt.* 7): ～ *away* prisoners 捕虜を連行する. (2) 逸脱させる, そらす: His argument *led* us *away from* the topic. 彼が議論を始めて皆が論題からそれてしまった. (3) [通例 p.p. 形で] すぐ熱中[熱狂]する; うそでもすぐ信用する: Helen is easily *led away*. ヘレンはすぐ熱中する[人にかつがれる]質(たち)だ / I am apt to be *led away* by my enthusiasm. つい熱中して我を忘れてしまう. (4) 〖野球〗⇨ *vi.* 6.
léad awáy from 〖トランプ〗〈エースなどの〉下から打ち出す《損になることが多い; cf. underlead *n.*》. **léad báck** 〖トランプ〗打ち返す《味方が最初に出した札と同じスーツの札を打つ》. **léad ín** (1) 演説[演奏(など)]を始める (cf. lead-in 1 a): The chairman *led in with* some references to the speaker's record. 司会者は挨拶(あいさつ)の始めに講師の経歴についてひとこと述べた. (2) 〖電気〗導線[リード線]が引かれている; 導線[電流]を引き込む: This wire ～*s* the current *in*. この電線から電気が引かれている. **léad ínto** …を導入する. **léad óff** (1) (手始めに)始める, 開始する (begin): He *led off by* making an apology. まずわびを言ってから話を始めた / The singer *led off with* a well-known lied. その歌い手は有名なドイツ歌曲から始めた. (2) 〖野球〗(打順の)一番打者になる; (各イニングの)先頭打者になる: Johnson *led off* at bat (*with* a single). ジョンソンが一番手として打席について(一塁打を打った). **léad ón** (1) [通例命令形で] 先に立って行く, 先導する: *Lead on!* We'll follow. 先導してくれ, 我々も続くから. (2) (偽って・口車に乗せて)誘う, つり込む (entice); (だまして)〈…する〉ように)仕向ける (induce) 〈*to do*〉: She was *led on* by her lover. 彼女は恋人にだまされた / She *led* him *on to* [*into*] bad ways. 彼女のために彼は悪習に染まってしまった / He *led* them *on to* think that he did it. 彼は彼らをだまして自分がやったのだと思いこませた. (3) 《口語》じらす (tease): Stop ～*ing* us *on* and tell us the truth. じらすのはやめて早く真相を話してくれ. **léad óut** (*vt.*) (1) ⇨ *vt.* 2 a. (2) 〈女性を〉(ダンスに)席から誘う: I *led* her *out* for the tango and we danced it. 彼女をタンゴに誘って一緒に踊った (*vi.*) 一番先に外へ出る. **léad thróugh** 〖トランプ〗(ホイスト・ブリッジで)〈自分の左にいる人の手を〉通す《自分の左手にある高位札などを絞り出す目的で打出しをする》.
léad towárd 〖トランプ〗(ホイスト・ブリッジで)〈自分の右にいる人の(通常弱い)手〉に向かって打ち出す (cf. LEAD through). **léad úp to …** (1) 次第に…へ導く, (予備段階として)積み重なって…となる: These events *led up to* the war. これらの事件が重なってその戦争となった. (2) 段々と…に話を向ける: ～ *up to* a subject [favorite story] 徐々に話題を問題[得意の話]の方へもって行く / What are you [is this] ～*ing up to*? 話をどこにもっていこうというのですか. (3) 〖トランプ〗(ホイスト・ブリッジで)〈自分の右手にいる敵の強い手〉に打ち込む《ある札を打ち出し, 結果として敵方の高位札に取られる場合; cf. LEAD toward》.
— *n.* **1 a** 指図 (directions), 提言 (suggestion): He gave me a ～ in this matter. この件で彼の指図を受けた. **b** 手本, 模範 (example): follow the ～ of …の手本に従う, …の例に習う.
2 a [the ～] 首位, 1 番, 優位: ⇨ *take the* LEAD (3) / gain [go into, lose] *the* ～ in a race 競走で先頭に出る[首位を奪われる] / The horse had [was in] *the* ～ at the half-way point by a head. その馬は途中から首ひとつ先頭に躍り出た. **b** [a ～] (スポーツでの)勝ち越し(た差), リードした距離[時間], リード: *a* two-run ～ 2 点のリード / *a* four-game ～ 4 試合のリード / have *a* ～ of a second [meter, boat's length] 1 秒[1 メートル, 1 艇身]リードする / Cambridge gained *a* long [narrow] ～ *over* Oxford. ケンブリッジ大学クルーはオックスフォードをはるか[わずか]にリードした / The San Francisco Giants [San Francisco] took *a* commanding 8–0 ～. サンフランシスコジャイアンツは 8 対 0 の圧倒的なリードを得た / widen [increase] a ～ リードをひろげる.
3 a 率先, イニシアチブ (initiative): ⇨ *take the* LEAD (2). **b** 指揮, 指導; 指導的地位; 指揮力, 統率力 (leadership): look to a person for a ～ 人に指揮[指導]を求める. **c** 先頭(の位置) (van): A brass band was in the ～. ブラスバンドが先頭に立っていた / ⇨ *take the* LEAD (1).
4 (問題解決の)糸口, 手がかり (clue): a good ～ *for* a job 職を見つけるよい手がかり / The fingerprints were a ～ *in solving* the crime. 指紋がその犯罪を解く糸口となった / There are no firm ～*s* about his murder. 彼の殺害に確かな手掛りがない.
5 〖演劇〗立役, 主役; 立役者, 主演俳優: play [sing] the ～ 主役を務める / Hamlet with Laurence Olivier in the ～ ローレンス オリビエ主演のハムレット / the female [juvenile, male] ～ 主演の女優[若い役者, 男優].
6 《英》(馬・犬などの)引きひも (《米》leash): keep [walk] a dog *on a* ～ 犬をひもに繋いでおく[歩かせる].
7 《英》〖電気〗導線, リード線; アンテナの引込み線 (《米》cord, wire).
8 a 〖新聞〗(記事・論説などの概要を書いた)主要導入部, 書き出し, リード. **b** 〖新聞〗トップ記事. **c** 〖ラジオ・テレビ〗主要なニュース, トップニュース.
9 〖野球〗リード《投手が投球動作にはいるとき走者が盗塁・走塁に備えてベースを離れること》: take a (long [short]) ～ *off* third base 三塁から(大きく[少し])リードする.
10 〖トランプ〗打出し《ある一巡で最初に札を出すこと, その権利, また打ち出された札》: return the ～ 打出しを返す

《ブリッジなどで前回パートナーが打ち出した札と同じスーツの札を打ち返す》/ Whose ～ is it? だれの打出しか.
11 〘ボクシング〙相手に一撃を加えて攻勢に出ること; (一方または双方が加える)最初の一撃.
12 〘機械〙リード, 進み《ねじや歯車が1回転して軸方向に進む距離》; 先開き《往復蒸気機関などでピストンの行程より弁の行程が進んでいること》.
13 〘音楽〙 **a** (後続声部に模倣される主題の)提示. **b** (カノンで後続声部の入りを示す)記号.
14 〘射撃〙(動く標的に命中させるため)標的の前方に狙いをつけること; (その際の)狙いをつけた地点から標的までの距離.
15 〘馬術〙キャンター (canter)・ギャロップ (gallop) で前足のいずれかを常に真っ先に地面に降ろす駆け方; 常に真っ先に地面を蹴るほうの足.
16 〘生理〙誘導, 導出: chest [limb] ～*s* (心電図の)胸部[四肢]誘導.
17 〘土木〙運搬距離, 搬程.
18 〘鉄道〙駅構内の搬程《轍叉(てっさ)器から轍叉までの軌道距離》.
19 〘海事〙動索の(端から端までの)道筋[通り具合].
20 **a** (水車へ水を引く)溝, 導水溝. **b** 氷原中の水路.
21 〘鉱山〙 **a** 鉱脈 (lode). **b** 古い河床の砂金を含む砂礫(されき)層.
give a person a léad (1) 〈人〉に手本を示す, 範を示して〈人を〉励ます. (2) 〈人を〉指図[指導]する (cf. *n.* 1 a). (3) 〈人〉に手がかりを与え(て思いつかせ)る: Well, let me *give you a* ～. 君にひとつヒントを与えよう. ***táke the léad*** (1) 先頭に立つ, 先導する: He *took the* ～ on the dark path. 暗い小道を先に立って行った. (2) 範を示す, 率先する: The president *took the* ～ *in* subscribing $100. 会長が率先して100ドルを寄付した. (3) (競走などで)先頭に出る, リードを奪う.
— *adj.* [限定的] **1** 先導する, 真っ先を行く (leading): the ～ horse 先導馬 / the ～ car 先導車 / the ～ runner 〘野球〙先頭の走者. **2** 最も重要な, 主要な, リーダー株の; 目立つ: ⇨ lead story, lead singer.
〖v.: ME *lede(n)* < OE *lǣdan* to lead, guide, convey < Gmc **laiðjan* (Du. *leiden* / G *leiten*) ← **laiðō* 'LOAD'. — n.: (*a*1325) ← (v.): cf. lode〗

lead[2] /léd/ *n.* **1** 〘化学〙鉛《金属元素の一つ; 記号 Pb, 原子番号 82, 原子量 207.21》: ⇨ red lead 1, white lead 1 / heavy as ～ 鉛のように重い, どっしり重い. **2** 《口語》[集合的] 弾丸 (bullets): fill [pump] a person full of ～ 人にたくさんの弾丸を撃ち込む[浴びせる]. **3** (鉛筆の材料としての)黒鉛 (black lead); 鉛筆のしん. **4** **a** 鉛製のもの. **b** 測鉛 (plummet): cast [heave] the ～ (測鉛を投じて)水深を計る / arm the ～ (海底の砂泥の見本を付着させるために)測鉛の底部のくぼみに獣脂を詰める. **c** [*pl.*] 《英》屋根ふき用鉛板, 鉛ぶきの屋根. **d** [*pl.*] (窓ガラスの)鉛枠. **e** 《英方言》鉛製の容器《なべ・かま・湯沸かしなど》. **5** 〘印刷〙インテル, レッズ《活字組版の行間をあけるための薄い金属[木]片; leading ともいう; cf. reglet 2》. **6** 〘化学〙 **a** ＝white lead. **b** ＝tetraethyl lead.
gét the léad óut 《米俗》急ぐ. ***léad in one's péncil*** 《卑》(男性の, 特に性的)精力: Garlic is supposed to put ～ *in your pencil.* にんにくは精力剤だとされている. 《1941》 ***swing the léad*** 《英》(特に仮病や口実を使って)役目[仕事]を怠ける (idle, malinger, skive off). 《1917》
— *adj.* [限定的] 鉛製の (cf. leaden).
— *vt.* **1** [通例 p.p. 形で] 鉛で覆う; 〈屋根を〉鉛板でふく. **2** 〈窓〉に鉛枠をつける. **3** …に鉛を詰める; …に鉛で重りをつける. **4** …に鉛[鉛化合物]を入れる, 鉛[鉛化合物]で処理する: ～*ed* gasoline ⇨ leaded 1. **5** 〘印刷〙〈行間〉にインテルを入れる[挿入する]; 〈行間を〉あける.
〖OE *lēad* < (WGmc) **laudan* (Du. *lood* / G *Lot* plummet) ← ? Celt. (cf. Gael. *luaidh*)〗

lead·a·ble /líːdəbl̩ | -də-/ *adj.* 導きうる, 指揮しうる. 〖(1836): ⇨ lead[1], -able〗

léad ácetate /léd-/ *n.* 〘化学〙酢酸鉛 ($Pb(C_2H_3O_2)_2$) 《sugar of lead ともいう》. 〖1885〗

léad àngle /líːd-/ *n.* 〘機械〙リード角, 進み角《つる巻線と軸直角平面とのなす角》.

léad ársenate /léd-/ *n.* 〘化学〙砒(ひ)酸鉛 ($Pb_3(AsO_4)_2$) 《殺虫剤》. 〖*c*1903〗

léad ázide /léd-/ *n.* 〘化学〙アジ化鉛 ($Pb(N_3)_2$) 《起爆薬》. 〖1918〗

léad ballóon /léd-/ *n.* 《口語》失敗(した企て). ***gò óver [dówn] like a léad ballóon*** 少しの効果もない, 全く無効である. 〖1960〗

Lead·bel·ly /lédbèli/ *n.* レッドベリー《1888–1949; 米国のブルース歌手・ギタリスト; 本名 Huddie Ledbetter》.

léad blóck /líːd-/ *n.* 〘海事〙導滑車《力のかかるロープの走行方向を変えるための滑車》.

léad cárbonate /léd-/ *n.* 〘化学〙炭酸鉛 ($PbCO_3$). 〖1873〗

léad chlóride /léd-/ *n.* 〘化学〙塩化鉛 ($PbCl_2$). 〖1873〗

léad chrómate /léd-/ *n.* 〘化学〙クロム酸鉛 ($PbCrO_4$). 〖*c*1885〗

léad cólic /léd-/ *n.* 〘病理〙鉛疝(せん)痛《painter's colic ともいう》. 〖1866〗

léad crýstal /léd-/ *n.* 鉛クリスタル(ガラス) (lead glass) 《lead crystal glass ともいう》. 〖1902〗

léad cúrve /líːd-/ *n.* 〘鉄道〙リードカーブ, リード曲線《一つの線路から他の線路を分岐する場合の分岐部分の曲線》.

léad dióxide /léd-/ *n.* 〘化学〙二酸化鉛 (PbO_2). 〖1885〗

lead·ed /lédɪ̀d | -dɪd/ *adj.* **1** 鉛を加えた, 加鉛の: ～ gas(oline) [《英》petrol] 加鉛ガソリン《四エチル鉛などの添加による》. **2** 鉛で枠囲いした: ～ lights [windows] 《英》(色付きの)鉛枠小窓《大窓の一部をなす》. **3** 〘印刷〙インテル入りの; (インテルを入れたため, 行間に)あきのある (⇨ double-leaded; cf. solid 11). 〖(?*a*1200) (p.p.) ← LEAD[2] (vt.)〗

lead·en /lédn̩/ *adj.* **1** 鉛色の, 薄墨色の; 鈍い灰色の: a ～ sky. **2** 重苦しい (heavy); 鈍い; だるい (dull): ～ eyes どんよりした目つき / a ～ silence 重苦しい沈黙 / ～ limbs だるい手足 / ～ monotony 物憂い単調 / a ～ rule 厄介な規則 / a ～ sword なまくら刀 / ～ slumber 重苦しい眠り. **3** 活気のない, 無気力な (inert); のろのろした (sluggish): at a ～ pace のろのろした足取りで / a ～ heart, mind, etc. **4** 価値のない, つまらない: a ～ age さえない時代. **5** [限定的] 鉛の, 鉛製の: a ～ ball / a ～ pipe 鉛管. **—** *vt.* 鉛のようにさせる; 鈍らせる, …の気力[活気]を失わせる. **～·ly** *adv.* **～·ness** *n.* 〖OE *lēaden*: ⇨ lead[2], -en[2]〗

léaden-éyed *adj.* 眠そうな目をした, どんよりした目の. 〖1820〗

léaden-fóoted *adj.* 足の重い; まだるっこしい, なかなか経過しない: ～ hours. 〖1596〗

Léad·en·hall Márket /lédn̩hɔ̀ːl-, -hɑ̀ːl- | -hɔ̀ːl-/ *n.* レドンホール市場《London の City にある Leadenhall Street のそばにある鳥獣肉類市場》. 〖1587〗

léaden·héarted *adj.* **1** 無慈悲な. **2** 無気力な, 活気のない. 〖1596〗

léaden séal *n.* 封鉛《物を縛った針金の端を留める刻印した鉛片》.

lead·er /líːdə | -də[r]/ *n.* **1** **a** 統率者, 指揮者, 指導者; (軍隊・政治組織などの)首領, 党首, 主将 (chief): the ～ of the House (of Commons) (与党の)院内総務 / party ～*s* 党首 / a union ～ 労組の指導者 / a natural [born] ～ 生まれつきの指導者 / the league ～*s* 連盟の指導者 / ⇨ follow-the-leader. **b** 職長, 親方 (foreman). **c** 《英法》主任弁護人《勅選弁護士 (Queen's Counsel) が当たる》; (巡回裁判の)首席弁護士 (senior counsel). **d** 〘音楽〙《米》(オーケストラの)指揮者 (conductor); 《英》＝concertmaster; リーダー《吹奏楽団の第一コルネット奏者または合唱団の第一ソプラノ歌手など》; パートリーダー《合唱団の各パートの首席唱者》. **e** 全体主義体制における幹部. **f** 〘音楽〙バンドリーダー. **2** **a** 先導する人[物]; [競技・競争などで] 首位の人[物]; (他より)優位に立つ人[物]. **b** (四頭立ての馬車の)先頭の馬 (front horse) (cf. wheel horse 1, pole horse). **c** 〘登山〙リーダー《ザイルの先頭の登山者》. **3** 《英》(新聞の)社説, 論説 (leading article) (cf. editorial 1). **4** **a** 《米》〘商業〙目玉商品 (cf. loss leader); 《古》(商店の)主要商品. **b** 水道管; 《米》＝downspout. **c** (セントラルヒーティングにおいて)建物の各所に温風を送る導管. **d** (花火などの)導火線. **e** 腱(けん) (tendon). **f** 魚を定置網などに導くために水中に設ける垣網. **5** 〘経済〙＝leading indicator. **6** [*pl.*] 〘印刷〙リーダー, 引出線《目次・表・索引などで空白面の行を示す点線または破線》. **7** 〘映画・テレビ〙リーダー《映写機・テープレコーダーなどの機械に差し込むフィルム・テープの先端の引き出し部分; cf. trailer 3》. **8** 〘機械〙主輪, 主動部. **9** 〘海事〙索導器, 索(さく)道 (fairleader). **10** 《米》〘釣〙鉤素(はりす)《道糸の下端に用いる透明な細糸で, それに釣針を結びつける》. **11** 〘鉱山〙導脈《大鉱脈に導く支脈》. **12** 〘植物〙樹幹の頂芽の伸びた若枝.
Léader of the Hóuse [the —] 〘英議会〙(下院[上院]院内総務《議会運営をつかさどる政府委員》. 〖1835〗
Léader of the Opposítion [the —] 〘英議会〙野党第一党党首. 〖1771〗
〖ME *ledere* < lateOE *lǣdere*: ⇨ lead[1], -er[1]〗

léader·bòard *n.* 〘ゴルフ〙スコアボード《上位選手の成績を表示するボード》.

léader cáble *n.* 〘海事〙誘導電纜(でんらん), リーダーケーブル《電流を通じた海底電纜で, その発信で船舶を誘導する》.

lead·er·ene /lìːdəríːn | -də-/ *n.* 《口語》[戯言的] (独裁者のような)女性リーダー, 女性指導者. 〖(1980) ← LEADER＋-ENE〗

léader·less *adj.* 先導者[指揮者]のない. 〖(1870): ⇨ -less〗

lead·er·ship /líːdəʃɪ̀p | -də-/ *n.* **1** [集合的] (一集団の)指導者達, 指導者集団, 指導部: The ～ is [《英》are] against it, but the membership is [《英》are] in favor (of it). 指導部はそれに反対だが, 会員は賛成だ. **2** 指揮者[首領]の地位[任務]: take [take over, assume] the ～ of …を指揮する, 司会する. **3** リーダーシップ, 統率力, 指揮[指導]者としての手腕[資質]: She has great capacity for ～. 彼女には統率能力が大いにある / firm [weak, strong] ～ 確固たる[弱い, 強い]リーダーシップ. **4** 指導, 指揮, 統御, 統率 (direction): be under the ～ of a person [a person's ～] …の指揮を受ける / It happened during her ～ of the party. それは彼女が党首であった時期に起こった. **5** (競争での)優位, 先頭. **—** *adj.* [限定的] 指導[統率]の[に関する]: ～ capacity [potential, qualities] 統率能力[に関する素質, の資質] / ～ courses [training] 指導部のための講習会[訓練]. 〖(1821): ⇨ -ship〗

léader wrìter *n.* 《英》(新聞の)論説委員.

léad-fóoted /léd-/ *adj.* 《米口語》のろまな, ぐずの; (ドライバーが)やたらに飛ばす.

léad-frée /léd-/ *adj.* 〈ガソリンなどが〉鉛を含まない, 無鉛の.

léad glànce /léd-/ *n.* ＝galena. 〖(なぞり) ← G *Bleiglanz*〗

léad glàss /léd-/ *n.* 鉛ガラス《酸化鉛の含有率が高くて屈折率が比較的大きい; lead crystal (glass) ともいう》; フリントガラス. 〖1856〗

léad glàze /léd-/ *n.* 〘窯業〙鉛釉(なまりぐすり)《酸化鉛を含む釉》.

lead-in /líːdɪ̀n/ *n.* **1** **a** (読者・聴衆の注意を引くための)導入部, 前奏. **b** 〘ラジオ・テレビ〙(放送者の話・番組の)コマーシャルへの導入部分 (introduction). **2** 〘電気〙引込み線《空中線を受信機に連結する線; lead-in wire ともいう; 英国では通例 down-lead という》. **3** ＝lead-in groove. **—** *adj.* [限定的] 引込みの. 〖1913〗

lead·ing[1] /líːdɪŋ | -dɪŋ/ *n.* **1** (ある場所から他の場所へ)導くこと; 誘導: the ～ *of* the water to arid lands 乾燥した土地へ水を導くこと. **2** **a** 指導, 先導, 指揮, 統率 (direction, guidance). **b** 指導[指揮]者としての手腕, 統率力 (leadership). **3** **a** 《古》権威, 威信 (authority). **b** 啓蒙(力) (enlightenment): men of light and ～ 啓蒙家たち, (世の)指導者たち (Edmund Burke, *Reflections on the Revolution in France*).
— *adj.* [限定的] **1** 第一流の, 第一位の, 抜群の, 卓越した (foremost, preeminent): a ～ singer, writer, etc. / ～ stocks 一流株, 主導株 / a ～ figure in economic circles 経済界の重鎮 / the ～ summer resort in this area この地域での第一級の避暑地. 日英比較 日本語では野球の首位打者のことを「リーディングヒッター」または「リーディングバッター」というが, 英語の *leading* batter [hitter] はシーズン中のある時点での首位打者を指す. シーズン終了時の首位打者は batting champion といって区別する. **2** **a** 主要な, おもな (chief, principal): a ～ factor おもな要因 / the ～ topics of the hour 目下の主要な話題 / play a ～ part [role] in … で指導的役割を演じる. **b** 〘演劇〙主役(シテ)の, 主役を務める: play the ～ part [role] 主役を務める. **3** 勢力のある, 有力な (influential): a ～ member of the party 有力党員. **4** **a** 先頭の, 先導する, 導く: the ～ car 先導車. **b** 指導する, 指揮する (directing, guiding) (⇨ chief SYN): a ～ spirit 主導者 / a ～ thought 指導的な思想. **5** 《英》〘軍事〙下士官 (petty officer または noncommissioned officer) のすぐ下の位の: a ～ seaman 一等水兵 / a ～ signalman 一等信号兵. **6** 〘数学〙〈一元多項式の係数が〉最高次の項にかかる.
～·ly *adv.* 〖(*a*1250): ⇨ lead[1], -ing[1,2]〗

lead·ing[2] /lédɪŋ | -dɪŋ/ *n.* **1** 鉛細工 (lead work); 鉛の覆い, 鉛の枠. **2** [集合的] 《英》(屋根ふき用)鉛板 (leads). **3** 〘印刷〙＝lead[2] 5. 〖(1440): ⇨ lead[2], -ing[1]〗

léad·ing áircraftman /líːdɪŋ- | -dɪŋ-/ *n.* 〘英空軍〙二等兵.

léading árticle *n.* **1** 《英》(新聞の)論説, 社説 (leader). **2** (新聞雑誌の)トップ記事. **3** 《英古》〘商業〙＝leader 4 a. 〖1807〗

léading blóck *n.* 〘海事〙導滑車 (lead block).

léading-bùsiness *n.* (芝居の)立役, 主役.

léading càse *n.* 〘法律〙指導的判例. 〖1655〗

léading coeffícient *n.* 〘数学〙(多項式または代数方程式の)最高次の係数.

léading cóunsel *n.* 《英》主席弁護士; 王室弁護士. 〖1855〗

léading cúrrent *n.* 〘電気〙進み電流, 進相電流《電圧の位相よりも進んだ位相の電流; 容量性負荷のとる電流》.

léading diágonal *n.* 〘数学〙＝principal diagonal.

léading dóg *n.* (羊の群れの)先導犬. 〖1897〗

léading-édge *adj.* [限定的] 〈技術などが〉最先端の, 最も進んだ.

léading édge *n.* **1** 〘航空〙(翼[プロペラ]の)前縁 (cf. trailing edge 1). **2** (車の)最前部. **3** 〘海事〙(曲線の)立ち上がり先端《オシログラフの曲線などで山形の立ち上がりの部分; ↔ trailing edge; cf. following edge》. **4** (文化・技術の)最先端. 〖1877〗

léading índicator *n.* 〘経済〙先行指標(系列) (cf. coincident 2).

léading-ìn wíre *n.* 〘電気〙(電球などの)導入線《ガラスなどの中と外とを結ぶ導線》.

léading lády *n.* (演劇・映画の)主演女優. 〖1874〗

léading líght *n.* **1** 〘海事〙(船の出入港の際などに目標となる)導灯 (range light). **2** (特定分野で)指導的立場にある人, 重鎮 〔*in, of*〕. 〖1875〗

léading lóad *n.* 〘電気〙進相負荷 (⇨ capacitive load).

léading mán *n.* (演劇・映画の)主演男優. 〖1701〗

léading màrk *n.* 〘海事〙(船の出入港の際などに目標となる)導標.

léading mótive *n.* **1** 指導動機. **2** 〘音楽〙指導[示導]動機, ライトモチーフ《特定の対象・観念と結びつけられた音楽上の動機; Richard Wagner の楽劇に多用されている; leitmotiv ともいう》. 〖(なぞり) ← G *Leitmotiv*〗

léading nóte *n.* 〘音楽〙＝leading tone. 〖1811〗

léading quéstion *n.* (希望する答え・適正な答えを暗示するように尋ねる)誘導尋問. 〖1824〗

léading rèin *n.* **1** (馬その他の動物などの)引き綱, 引き手綱. **2** [*pl.*] ＝leading strings 1. 〖1483〗

léad-ìn gróove /líːd-/ *n.* リードイン《音溝(おんこう)の出発点の音を吹き込んでいない, また音溝の間隔も大きくなっているレコードの溝》.

léading remárk *n.* ＝leading question.

léading séaman *n.* 〘英海軍〙一等水兵.

léading stàff *n.* 牛の鼻輪につけた棒.

léading strings *n. pl.* **1** (元来は歩き始めた幼児を導き支えるのに用いた)手引きひも. **2** (人を拘束するような)導き, 指導. ★ 主に次の成句で: ***be in (one's) léading strings*** まだ一本立ちができない, 人に頼り過ぎる, 人にあやつられる. 〖1677〗

léading tóne *n.* 《米》〘音楽〙導音 (subtonic) 《長・短

L

音階の第7度の音; 主音へ解決する性質をもつ; leading note ともいう). 〖c1889〗

lèading trúck *n.* 〔機械〕先台車《機関車の先頭につけて, その曲線転向に自由を与える台車》.

lèading whéel *n.* 〔機械〕導輪.

lèading wínd *n.* 〔海事〕順風, 追風.

lèad-ìn wíre *n.* 〔電気〕=lead-in 2.

lead·less /lɛ́d-/ *adj.* **1** 鉛のない, 無鉛化の: ～ gasoline. **2** 〔印刷〕インテルなしの; (写植のように)インテルを使わない. 〖(1809) ← LEAD²+-LESS〗

léad lìne /lɛ́d-/ *n.* 〔海事〕測鉛線 (sounding line). 〖(1485): ⇨ lead²〗

léad lòss /lɛ́d-/ *n.* 〔電気〕鉛被損《鉛被ケーブルの鉛被中に誘導により流れる電流で生じる損失; sheath loss ともいう》.

lead·man /líːdmən, -mæ̀n/ *n.* (*pl.* **-men** /-mən, -mɛ̀n/) 労働者の頭, 親方 (foreman). 〖1939〗

léad-mànager /líːd-/ *n.* **1** 〔証券〕(引受)主幹事《証券発行の引受シンジケート団の取りまとめを行う証券会社》. **2** 〔金融〕幹事銀行; 主幹事行《複数の銀行により組織される協調融資団の幹事銀行》.

lead monóxide /lɛ́d-/ *n.* 〔化学〕一酸化鉛 (PbO) (⇨ litharge). 〖c1909〗

lead nítrate /lɛ́d-/ *n.* 〔化学〕硝酸鉛 ($Pb(NO_3)_2$).

léad·òff /líːd-/ *n.* **1** 開始, 着手 (start, beginning); 最初の一手. **2** 〔ボクシング〕先制の一撃. **3** 〔野球〕一番打者, リードオフマン, トップバッター; (各イニングの)先頭打者. 日英比較 「トップバッター」は和製英語. 〖(1886) ← *lead off* (⇨ lead¹ (v.) 成句)〗

léad-òff *adj.* [限定的] 初めの; 一番目の: the ～ essay 巻頭エッセイ[論文] / a ～ man [batter] 〔野球〕一番[先頭]打者, リードオフマン.

léad-òut gróove /líːdàut-/ *n.* リードアウト《ピックアップの針先を導き出すレコードの最後の溝》.

lead óxide /lɛ́d-/ *n.* 〔化学〕酸化鉛《鉛酸化物の総称》. 〖c1926〗

L

lead péncil /lɛ́d-/ *n.* 鉛筆. 〖1688〗

lead peróxide /lɛ́d-/ *n.* 〔化学〕=lead dioxide.

lead-pipe /lɛ́d-/ *n.* 〔米俗〕**1** ごく簡単にできる事, 朝飯前の仕事: It's a ～ to find him. やつを見つけ出すのはいとも簡単. **2** 間違いなしの事, 確かな事: That's a ～. そいつは間違いないことだ. 〖(1898) ← (1422) *lede pype*: 鉛のパイプが曲がりやすいことから?: ⇨ lead², pipe〗

léad-pipe cínch *n.* =lead-pipe.

lead·plant /lɛ́d-/ *n.* 〔植物〕北米中部の乾燥地に生えるマメ科クロバナエンジュ属の低木 (*Amorpha canescens*)《その枝葉が鉛色をしている》. 〖c1833〗

lead pòisoning /lɛ́d-/ *n.* **1** 〔病理〕鉛中毒, 鉛毒症 (plumbism, saturnism ともいう). **2** 〔米俗〕弾丸による死亡[負傷]. 〖c1842〗

lead scréw /líːd-/ *n.* 〔機械〕(旋盤の)親ねじ (cf. feed screw). 〖c1889〗

lead shèet /líːd-/ *n.* 〔音楽〕(歌の旋律, 時には歌詞と和声の骨格が示されている)楽譜.

lead sínger /líːd-/ *n.* リードシンガー, リードボーカル《ポップグループの中心となる歌手》.

leads·man /lɛ́dzmən/ *n.* (*pl.* **-men** /-mən, -mɛ̀n/) 〔海事〕測鉛手, 投鉛手《測鉛を投じて測深する水夫》. 〖(1857) ← LEAD²+-s² 2+MAN¹〗

lead stòry /líːd-/ *n.* 〔新聞〕トップ記事.

lead subácetate /lɛ́d-/ *n.* 〔化学〕次酢酸鉛 ($Pb_2O(C_2H_3O_2)_2$).

lead súlfate /lɛ́d-/ *n.* 〔化学〕硫酸鉛 ($PbSO_4$).

lead·swìnging /lɛ́d-/ *n.* 〔英俗〕仮病を使うこと, 役目を怠けること (cf. *swing the* LEAD²).

lead tetraéthyl /lɛ́d-/ *n.* 〔化学〕=tetraethyl lead.

lead tìme /líːd-/ *n.* **1** 製品の立案から実際の製造までの期間. **2** 発注から配達に至るまでの期間. 〖1944〗

lead tràck /líːd-/ *n.* 〔鉄道〕引上線《入換えのため車両を引き上げるための側線》.

lead trèe /lɛ́d-/ *n.* **1** 〔化学〕鉛樹《酢酸鉛水溶液中に浸した亜鉛棒上に鉛が析出して樹状になること》. **2** 〔植物〕ギンネム (*Leucaena glauca*)《熱帯地方に分布するマメ科の常緑低木; 垣根・緑陰樹などに用い, 種子で工芸品を作る》. 〖1844〗

léad-ùp /líːd-/ *n.* 〔ある結果に至る〕道程, 道ならし, 前段階 〔*to*〕. 〖(1942) ← *lead up* (*to*) (⇨ lead¹ (v.) 成句)〗

lead whíte /lɛ́d-/ *n.* 〔化学〕=white lead.

lead wóol /lɛ́d-/ *n.* 鉛ウール《パイプを接合する目止めに用いる繊維状の鉛》.

lead·wòrk /lɛ́d-/ *n.* 鉛細工; 鉛細工業. 〖1641〗

lead·wòrt /lɛ́d-/ *n.* 〔植物〕**1** イソマツ科イソマツ属 (*Plumbago*) の植物の総称; (特に)ルリマツリ (*P. europaea*)《地中海地方産の小低木で根を歯科の薬用に用いる》. **2** =leadplant. 〖1727〗

lead·y /lɛ́di | -di/ *adj.* (**lead·i·er; -i·est**) 鉛のような, 鉛色の. 〖(a1398): ⇨ lead², -y⁴〗

leaf /líːf/ *n.* (*pl.* **leaves** /líːvz/) **1 a** 葉: shed *leaves* 落葉する / ⇨ compound leaf, foliage leaf, simple leaf. ★ ラテン語系形容詞: foliar. **b** =floral leaf. **c** 花弁 (petal): a rose ～ ばらの花びら. **2** [集合的] **a** 葉, 群葉 (foliage): *in* ～ 葉が出て, 青葉になって / come *into* ～ 葉が出る, 葉が開き始める / ⇨ *the* FALL *of the leaf*. **b** (商品としての)葉; たばこの葉, 茶の葉: choice tobacco ～ 良質のたばこの葉. **3 a** 葉状のもの. **b** (書物などの)一枚, 一葉《2ページ分》; ページ (page): turn over the *leaves* (本の)ページをめくる / cut the *leaves* ページを切る (cf. uncut 5). **c** ちょうつがいで接合されている物の一片; (折戸の)とびら; (びょうぶの)一枚; (ちょうつがいの)一片; (テーブルを広げるための)たれ板 (cf. drop leaf); (事務机の)ふた; (はね橋 (bascule bridge) の可動部 (など). **d** [集合的にも用いて] 金属の薄片, 箔(はく) (foil より薄い): ⇨ gold leaf, silver leaf. **e** (石・つの・ひづめなどの薄くはがれる)薄層. **f** (板ばね (leaf spring) の)一片. **g** 〔米方言〕=leaf fat. **h** 〔英方言〕帽子のへり. **4** 〔俗〕マリファナ; 〔米俗〕[the ～] =cocaine. **5** 〔建築〕葉形飾り. **6** 〔機械〕小歯車 (pinion) の歯. **7** 〔紡織〕=shaft 8. **8** 〔電算〕リーフ《データのツリー構造をなす階層構造で終端の項目》.

sháke like a léaf (不安・恐怖・寒さで)ぶるぶるふるえる. ***táke a léaf òut of [from] a person's bóok*** 人の例に習う, 人(の行動)をまねる. 〖(1809)〗 ***túrn óver a néw léaf*** 心を入れ換える, 素行を改める, 生活を一新する. 〖1581〗

— *vi.* **1** 葉が出る 〈*out*〉. **2** (さっと目を通すため)ページをぱらぱらめくる 〔*through*〕: ～ *through* a catalogue カタログのページをぱらぱらめくる. — *vt.* 〔米〕〈書物などを〉1ページ1ページめくる.

〖ME *lēf* < OE *lēaf* < Gmc **laubaz, -am* (Du. *loof* / G *Laub*) ← IE **leup-* to peel off (Russ. *lupit'*)〗

leaf·age /líːfɪdʒ/ *n.* [集合的] 葉; 葉形飾り. 〖(1599): ⇨ ↑, -age〗

léaf bèet *n.* 〔植物〕=chard. 〖1842〗

léaf bèetle *n.* 〔昆虫〕ハムシ《ハムシ科の甲虫の総称》. 〖1852〗

léaf·bìrd *n.* 〔鳥類〕コノハドリ《南アジア産 *Chloropsis* 属の緑色の小鳥の総称》.

léaf blàde *n.* 〔植物〕葉片, 葉身.

léaf blìght *n.* 〔植物病理〕葉枯病, 葉焼病(など)《葉が総体的に淡茶色になって枯死し, 脱落する》. 〖1850〗

léaf blòtch *n.* 〔植物病理〕汚葉病, 葉枯病, 雲形病(など)《葉に不規則な枯死部や変色部を生じさせる; leaf spot と異なり輪郭が不明確》. 〖1906〗

léaf blòwer *n.* (枯れ葉集めなどに使う大型の)送風機.

léaf-brìdge *n.* はね橋 (bascule bridge). 〖1841〗

léaf bùd *n.* 〔植物〕葉芽 (cf. bud¹ 1 a). 〖1664〗

léaf bùtterfly *n.* 〔昆虫〕コノハチョウ《タテハチョウ科 *Kallima* 属のチョウの総称; 翅(はね)を合わせると枯葉そっくりで保護色の好例とされる》. 〖1882〗

léaf-clìmber *n.* 〔植物〕葉柄や葉の変態した巻きひげで巻きつく攀縁(はんえん)植物. 〖1880〗

léaf còral *n.* 〔植物〕北米太平洋岸産の紅藻類の一種 (*Bossea orbigniana*)《関節のある茎が, 平扁石灰質を帯びる》.

léaf cùrl *n.* 〔植物病理〕植物の縮葉病; (特に)桃の縮葉病 (peach leaf curl). 〖1899〗

léaf-cùshion *n.* 〔植物〕まくら, 葉枕(ようちん), 葉褥(ようじょく).

léaf cùtter *n.* 〔昆虫〕=leaf-cutting ant [bee].

léaf-cùtting [léaf-cùtter] ànt *n.* 〔昆虫〕ハキリアリ《熱帯アメリカ産 Atta 属のアリ; 植物の葉を切って持ち去り, これをかみ, 唾液で練ったものに菌を培養して食う》.

léaf-cùtting [léaf-cùtter] bèe *n.* 〔昆虫〕ハキリバチ《ハキリバチ科のハチの総称; 葉の縁から切り取った丸い小片で巣を作る》.

leafed /líːft←/ *adj.* [通例複合語の第2構成素として] (…の)葉がある: a broad-*leafed* tree 広葉樹 / a four-*leafed* clover 四つ葉のクローバー. 〖(1552): ⇨ -ed〗

léaf fàll *n.* **1** 落葉 (defoliation). **2** [集合的] 落ち葉. 〖1840〗

léaf fàt *n.* 豚の腎臓の周辺の脂肪層 (cf. leaf lard). 〖c1725〗

léaf fìsh *n.* 〔魚類〕リーフフィッシュ (*Monocirrhus polyacanthus*)《南米熱帯地方産のナンダス科の小形淡水魚; 水中では枯葉に似て見える》.

léaf gàp *n.* 〔植物〕葉隙. 〖1884〗

léaf gòld *n.* =gold leaf.

léaf grèen *n.* **1** 葉緑素 (chlorophyll). **2** リーフグリーン《にぶい黄緑色》.

léaf·hòpper *n.* 〔昆虫〕ヨコバイ《ヨコバイ科, オオヨコバイ科などに属する昆虫の総称; 農作物に被害を与えるものが多い》. 〖1852〗

léaf ìnsect *n.* 〔昆虫〕コノハムシ《羽の色と形が木の葉に似たナナフシ科の昆虫の総称; 南アジア産の *Phyllium* 属など; walking leaf ともいう》. 〖1861〗

léaf làrd *n.* 〔米〕leaf fat から製造した上質のラード. 〖c1847〗

léaf·less *adj.* 葉のない: a ～ tree. **～·ness** *n.* 〖(1590): ⇨ -less〗

leaf·let /líːflɪt/ *n.* **1** ちらし広告, 引き札ビラ; 一枚刷りの印刷物, 折りたたみ印刷物, リーフレット. **2** 小さい葉, 若葉. **3** 〔植物〕小葉《複葉の一片》. **4 a** 葉のような部分. **b** 〔解剖〕(心臓・血管などの弁の)尖頭. — *vt., vi.* リーフレット[ちらし広告]を配る. **～·er** *n.* 〖(1787) ← LEAF+-LET〗

leaf·let·eer /lìːflɪ̀tíə | -tíə(r)/ *n.* ちらしの筆者, ビラ書き; ビラ配り《人》.

léaf lèttuce *n.* 〔植物〕サニーレタス, チリメンチシャ.

léaf mìner *n.* 〔昆虫〕潜葉虫, ハモグリムシ《幼虫が葉肉内に潜入する昆虫の幼虫の総称; 小蛾類, 小甲虫類, 小形双翅類などの幼虫がこれに属する》. 〖1830〗

léaf mòld *n.* **1** 腐葉土 (cf. HUMUS soil). **2** 葉に生じるカビ. 〖1845〗

léaf mònkey *n.* 〔動物〕=langur. 〖1888〗

léaf mùstard *n.* 〔植物〕カラシナ (*Brassica juncea*)《アジア産のカラシナで日本のからしの原料植物; Indian mustard ともいう; cf. black mustard》.

léaf-nòsed bát *n.* 〔動物〕ヘラコウモリ科・カグラコウモリ科の鼻の膜が木の葉状のコウモリの総称.

léaf-nòsed snáke *n.* 〔動物〕吻(ふん)端板[鼻先の鱗]が木の葉状に変形したヘビの総称《米国南西部にいる *Phyllorhynchus decurtatus*, アフリカ北部にいるマダラスナヘビ属 (*Lytorhynchus*) のヘビなど》.

léaf ròll *n.* 〔植物病理〕葉捲病《ジャガイモのウイルス病; 葉が巻き上がって, 株が萎縮する》. 〖1916〗

léaf ròller *n.* 〔昆虫〕ハマキガ, ハマキムシ《植物の葉を巻いて巣を作るハマキガ科の昆虫の幼虫の総称》. 〖1830〗

léaf rùst *n.* 〔植物病理〕穀草の葉を冒すさび病. 〖1865〗

léaf scàld *n.* 〔植物病理〕(バクテリア・菌類のために)葉に不規則な脱色部や落葉が生じる病気. 〖1899〗

léaf shèath *n.* 〔植物〕=ocrea 1. 〖1830〗

léaf shùtter *n.* (カメラの)リーフシャッター《通常薄い鋼鉄製の羽根5枚が開閉する》. 〖1962〗

léaf sìght *n.* ライフル銃の折りたたみ式後部照尺. 〖1875〗

léaf sòil *n.* 腐葉土 (leaf mold). 〖1872〗

léaf spìne *n.* 〔植物〕葉針《葉の変化でできたとげ》. 〖1882〗

léaf spòt *n.* 〔植物病理〕斑点病・葉斑病(など)《寄生生物などによって葉に円形の変色部を生じさせる; cf. leaf blotch》. 〖c1895〗

léaf sprìng *n.* 〔機械〕板ばね, 重ね板ばね. 〖c1893〗

léaf·stàlk *n.* 〔植物〕葉柄 (petiole). 〖c1776〗

léaf strìpe *n.* 〔植物病理〕葉がストライプ状に変色する病害.

léaf tràce *n.* 〔植物〕葉跡《茎から分かれて葉に入る維管束; cf. branch trace》. 〖1875〗

léaf wàrbler *n.* 〔鳥類〕ムシクイ《旧世界産ムシクイ属 (*Phylloscopus*) の小鳥の総称; 木の葉の虫を捕食》. 〖1926〗

leaf·y /líːfi/ *adj.* (**leaf·i·er; -i·est**) **1 a** 葉の多い, 葉の茂っている: the ～ month of June 葉の茂れる緑の6月. **b** 広葉の: a ～ plant. **2** 葉から成る, 葉の作る: a ～ shade 緑陰, 木陰. **3** 葉状の, 葉状器官のある (foliaceous); 薄層状の (laminate): a ～ layer. **léaf·i·ness** *n.* 〖(?a1440) ← LEAF+-Y⁴〗

léafy líverwort *n.* 〔植物〕ウロコゴケ目のコケ《配偶体の茎の腹面に1列, 背面に2列の鱗状の葉をつける; scale moss ともいう》. 〖1922〗

léafy spúrge *n.* 〔植物〕北米とカナダに分布するトウダイグサ属の草丈の高い多年草 (*Euphorbia esula*). 〖c1889〗

league¹ /líːg/ *n.* **1** (共通目的を持ったものの)盟約, 同盟, 連盟 (⇨ alliance SYN): enter in a ～ 同盟[連盟]する. **2** [the L-] **a** =Holy League. **b** =SOLEMN League and Covenant. **c** =LEAGUE of Nations. **3** (野球・フットボール・クリケットなどの)リーグ, 競技連盟 (⇨ major league, minor league). **4** [集合的] 連盟加盟者[団体, 国] (leaguers). **5** 〔口語〕(特定の種類[水準]の人または物事の)グループ, 仲間, 組, 部類 (class, category) (cf. big league): In that respect I'm in a different ～ from [not in the same ～ with [as]] you. その点ではとても君に及ばない. ***in léague*** (共通の目的のために)結束[団結]して, 同盟して; (特に)結託[共謀]して: He was *in* ～ *with* a scoundrel. 悪党と結託していた. 〖1565〗

Léague Agàinst Crúel Spórts *n.* [the ―] 〔英〕残虐スポーツ反対同盟《狩猟など動物を殺すスポーツに反対する運動を展開している団体; 1924年設立》.

Léague of Árab Státes [the ―] ⇨ Arab League.

Léague of Nátions [the ―] 国際連盟《Versailles 平和条約によって1920年結成され, 1946年4月解散し国際連合に引きつがれた; 本部は Geneva にあった》.

Léague of Wómen Vóters [the ―] 〔米〕女性投票者連盟《女性有権者の投票を促し, 女性に関する法律や政策の公正を図る無党派組織; 略 LWV》.

— *vt.* 同盟[連盟]させる, …に盟約を結ばせる, 団結[連合]させる: The two countries were ～*d together* [*with* each other] *against* their common enemy. 二国は共同の敵に対して同盟を結んでいた. — *vi.* 同盟[連盟]する, 団結[連合]する.

〖(1418) ▭ (O)F *ligue* ▭ It. *liga, lega* ← *legare* < L *ligāre* to bind〗

league² /líːg/ *n.* **1** リーグ《距離の単位; 時と所によって一定しないが, 2.4-4.6 法定マイル; 英米ではほぼ3マイル》. **2** 平方リーグ《California 州, Texas 州など旧メキシコ領で用いられていた面積の単位; ほぼ 4,440 acres》. 〖(a1387) *lege* ▭ OF *legue* (F *lieue*) ∥ LL *leuga, leuca* ← ? Celt.: cf. OE *lēowe* ← Celt.〗

Léague fóotball *n.* 〔豪〕リーグフットボール: **a** New South Wales 州および Queensland 州では13名で行う Rugby League をいう. **b** Australian Rules の行われている州では Australian National Football Council に加盟している団体(の試合)をいう. **c** Melbourne では VFL を指す.

léague-léading *adj.* 〔スポーツ〕リーグ一の.

léague màtch *n.* 〔スポーツ〕リーグ戦《連盟加盟団体間で行う総当たり戦》. 〖1909〗

leagu·er¹ /líːgə | -gə(r)/ *n.* [通例特定の連盟を示す限定詞を伴って] 連盟の加盟員[団体, 国]; 〔野球〕連盟の選手: ⇨ major-leaguer.

lea·guer² /líːgə | -gə(r)/ 〔古〕*n.* **1** 包囲陣, 包囲軍. **2** 包囲, 攻囲. — *vt.* 包囲する. 〖(1577) ▭ Du. *leger* bed, camp=OE *leger* 'LAIR': cf. beleaguer, laager〗

léague tàble *n.* 〔英〕**1** (スポーツの)連盟参加団体成績順一覧表. **2** (一般に)成績[実績]対比一覧表. 〖1912〗

Le·ah /líːə | líːə, líə/ *n.* **1** リーア《女性名; 異形 Lea》. **2** 〔聖書〕レア《Laban の姉娘で, Jacob の最初の妻; cf. *Gen.* 29: 16-30》. 〖▭ Heb. *Lē'āh* 《原義》gazelle or wildcow〗

Lea·hy /léɪhi | líːhi/, **William Daniel** *n.* レーヒー (1875-1959; 米国の海軍元帥・外交官).

leak /líːk/ *vi.* **1** 漏る, 漏口がある: The boat [kettle] is ～*ing*. ボート[やかん]が漏っている. **2** 〈蒸気・ガスなどが〉漏れる, しみ出る 〈*out*〉, しみ込む 〈*in*〉: Gas is ～*ing from* [*out of*] the stove. ガスがストーブから漏れている. **3** 〈秘密・情報などが〉漏れる, 発覚する, 露見する (transpire) 〈*out*〉: The news [secret] has ～*ed out*. ニュース[秘密]が漏洩(ろうえい)した. **4** 《俗》小便をする (urinate). — *vt.* **1** 〈水・空気・光などを〉漏らす: This roof ～*s* rain. この屋根は雨が漏る. **2** 〈秘密・情報などを〉漏らす, リークする: ～*ed* information / He ～*ed* the news (*out*) *to* the press. 彼は記者たちにそのニュースをこっそり漏らした.
— *n.* **1** 漏口, 漏孔; 漏れ, 漏出: a ～ of gas ガス漏れ / a ～ *in* a boiler, ship, etc. / stop [plug] a ～ 漏口をふさぐ, 漏れを止める / spring [start] a ～ 漏口ができる, 漏り始める. **2** (秘密・情報などの)漏洩, 暴露 (disclosure), リーク《国家公務員などが一見不用意に行ったかに見えて実は意図的に行ったもの; news leak ともいう》: a ～ of information. **3** 《電気》リーク, 漏洩, 漏電. **4** [a ～] 《俗》小便をすること, 放尿: take [《英》have] a ～ 小便をする.
～·er *n.* 〖(*a*1398) *leke*(*n*) □ ON *leka* to drip < Gmc **lekan* 'LACK': cf. OE *leċċan* to moisten / Du. *lekken* to leak: cf. leach〗

leak·age /líːkɪdʒ/ *n.* **1** 漏り, 漏出; 漏出[漏入]物; (秘密・電話の談話などの)漏洩(ろうえい), 露見: the ～ of a secret. **2** 漏り高, 漏出量. **3** 《電気》 **a** リーク, 漏洩: an electric ～ 漏電. **b** 漏れ磁束《磁路の外に出た磁束; leakage flux ともいう》. **4** 《商業》漏損《(半)液体その他の商品の中身が容器から漏出することによる損害》. 〖(1490): ⇨ ↑, -age〗

léakage cùrrent *n.* 《電気》漏れ電流. 〖1880〗

léakage flùx *n.* 《電気》=leakage 3 b. 〖1896〗

léakage indùctance *n.* 《電気》漏れインダクタンス《漏れ磁束によるインダクタンス》.

léakage reàctance *n.* 《電気》漏れリアクタンス《漏れ磁束に基づくリアクタンス》.

Lea·key /líːki/, **L**(**ouis**) **S**(**eymour**) **B**(**az·ett**) /bǽzɪ̀t/ *n.* リーキー《(1903–72; ケニア生まれの英国の考古学者・人類学者; zinjanthropus の発見者》.

léak·pròof *adj.* 〈容器・パイプなどが〉漏れない. 〖1926〗

leak·y /líːki/ *adj.* (**leak·i·er; -i·est**) **1** 漏孔のある, 漏れやすい, 漏りがちな: a ～ roof, boat, cask, faucet, etc. **2 a** 〈人が〉秘密を守れない, おしゃべりな: a ～ person. **b** 〈記憶が〉あてにならない: a ～ memory. **3** 小便のしまりがない. **4** 《生物》漏出性の《蛋白質及びそれが決定する酵素の構造を変化させ, その生物学的活動の一部を喪失させてしまうような性質を備えた突然変異遺伝子・蛋白質についていう》. **léak·i·ly** /-kɪ̀li/ *adv.* **léak·i·ness** *n.* 〖(1606–07): ⇨ -y[4]〗

léaky coáxial cáble *n.* 《電気》漏洩(ろうえい)同軸ケーブル《周囲に電磁波を漏らすように作られた同軸ケーブルで, 移動体無線用の導体兼アンテナとして用いる》.

léaky géne *n.* 《生物》漏出遺伝子, 低次形態遺伝子, ハイポモルフ (⇨ hypomorph).

leal /líːl/ *adj.* 《スコット》忠実な, 誠実な, 真実な (faithful): the land of the ～ 天国. **～·ly** /líː(l)li/ *adv.* **le·al·ty** /líːlti/ *n.* 〖(?*a*1300) □ AF *le*(*i*)*al*=OF *leel* □ L *lēgālem* 'LEGAL': LOYAL と二重語〗

Léam·ing·ton Spá /lémɪŋtən-/ *n.* レミントンスパー《イングランド Warwickshire 州の都市; 鉱泉がある; 公式名 Royal Leamington Spa》. 〖OE *Lunintone* ← *Leomena* the River *Leam* (← Celt. 《原義》elm: cf. OIr. *lem* (Ir. *leamh*))+-*tone* '-TON'〗

lean[1] /líːn/ *v.* (～**ed** /líːnd | líːnd, lént/, 《英》ではまた **leant** /lént/) — *vi.* **1** (まっすぐな姿勢から)上体を曲げる, かがむ, 反り返る; 体を乗り出す: ～ *back* and relax 反り返ってリラックスする / ～ *forward* 前かがみになる / Please don't ～ *out* (*of* the window). (窓から)顔を[体を乗り]出さないで下さい / She ～*ed over* the railing. 彼女は手すりの上から身を乗り出した / She ～*ed over* [*down*] to pick it up. 身を乗り出して[前かがみになって]それを拾った. **2** もたれる, もたれかかる, 寄りかかる: The ladder is ～*ing against* the wall. はしごは壁に立てかけてある / ～ *on* a person's arm 人の腕に寄りかかる. **3** 〔…に〕頼る, すがる (rely, depend) 〔*on, upon*〕: ～ (heavily) *on* the help of a friend 友人の援助に(しっかり)頼る. **4 a** 傾斜する; 〔…に〕傾く (incline) 〔*to, toward*〕: The tower ～*s* somewhat (*to* the north). 塔は少し(北に)傾いている / The tree ～*s toward* the house. その木は家の方に傾いている. **b** 〈人が〉(意見・趣味などで)〔…に〕傾く, 気が向く, 〔…の〕方を好む 〔*to, toward*〕: I rather ～ *to* your view. 私は大体君の意見に賛成だ / He ～*s toward* staying here. 彼はここに泊まる気がある / He ～*s toward* fatalism. 彼は宿命論に傾いている / ⇨ left-leaning.
— *vt.* **1** もたせかける, 立てかける (rest): ～ a ladder *against* a wall はしごを壁に立てかける / *Lean* your head *on* my shoulder, darling. 頭を僕の肩に乗せていいよ. **2** 傾かせる, かたよらせる, 曲げる: He ～*ed* his head *forward* [*back*]. 彼は頭を前に曲げた[後ろに反らせた].
léan on (1) ⇨ *vi.* 3. (2) 《口語》…を脅す, 脅迫する, 恐喝する: They're ～*ing on* him (*to* do what they want [*for* money]). (自分たちの言うことを聞け[金をよこせ]と)彼を脅した. ***léan óver báckward*** ⇨ backward 成句. ***léan upon*** 《軍事》(陣地・配備などの)側面を…で防護される, …を側面援護にする.
— *n.* 傾き, 傾斜 (inclination, slope); かたより, 曲がり (deviation): a wall with a slight ～ (to it) 少し(それに向かって)傾いている壁.
〖ME *lenen* < OE *hleonian, hlinian* < Gmc **χlinōjan* (G *lehnen* / Du *leunen*) ← IE **klei-* to lean (L *-clīnāre* / Gk *klī́nein* to incline)〗

lean[2] /líːn/ *adj.* (～**·er**; ～**·est**) **1** やせている, 肉の落ちた (↔ fat, plump): a ～ person, animal, face, etc. / ～ and muscular 細身で筋肉質の. **2** 〈肉が〉脂肪のない, 赤身の (↔ fat). **3** 〈会社など〉(経費・従業員数などの点で)むだのない, 経営効果のよい, スリム化した. **4 a** 乏しい, 貧弱な, 収穫の少ない, 不作の: ～ crops, years, times, etc. **b** 栄養分のない, 滋養にならない (not nutritious): a ～ diet. **5 a** 〈コンクリート・モルタルが〉セメントの割合の低い. **b** 〈鉱石が〉金属の含有量の乏しい. **c** 〈粘土が〉可塑性に乏しい. **d** 〈内燃機関内の混合気が〉可燃成分の少ない, (理論混合比よりも)薄い (cf. rich 9). **e** 〈ペンキ・絵の具などが〉油分の少ない. **6** 〈文体・表現が〉簡潔な: a ～ spare style 簡潔で控え目な文体. **7** 《印刷》 **a** 組みにくい, 組むのに骨の折れる; 割に合わない, 引き合わない. **b** 〈字面・筆線が〉細い (thin): a ～ face. **8** 《海事》〈船首が〉鋭い.
— *n.* **1** 脂肪のない肉, 赤身 (cf. fat[1] *n.* 1 a). **2** やせ細ったもの[部分]. **3** 《印刷》組みにくい原稿, (空白部分がないので)植字に手間のかかる原稿 (cf. fat[1] *n.* 8). — *vt.* **1** やせさせる, ほっそりさせる 〈*out*〉: He was ～*ed out* by his sickness. 病気でやせ細った. **2** 〈鯨の脂肪〉から赤身をとる. **～·ly** *adv.* **～·ness** *n.* 〖ME *lene* < OE *hlǣne* < Gmc **χlainjaz* ← ?〗

SYN やせた: **lean** 生来ぜい肉が少なく体がしまっている意味; 好ましいという感じで用いられる: a *lean* horse やせた馬. **thin** 肉が少なくやせていることを示す最も一般的な語; 体調が悪いことを意味することが多い: He looked *thin* after his illness. 病気をしてからやせていた. **lanky** 不格好にひょろ長い: a *lanky* youth 不格好にひょろ長い若者. **skinny** 《口語》けなす意味で, 骨と皮のようにやせた: *skinny* children やせっぽちの子供たち. **scrawny** けなす意味で, やせて骨ばってしわの寄った: a *scrawny* neck やせてしわの寄った首筋. **gaunt** 病気などでやつれてやせこけた: a *gaunt* old man やせこけた老人. **rawboned** やせて骨の見える《不格好で大柄な人について用いる》: a tall *rawboned* youth 背の高いやせこけた若者. ⇨ thin. **ANT** fleshy.

Lean /líːn/, Sir **David** *n.* リーン《(1908–91; 英国の映画監督; *The Bridge on the River Kwai* (1957), *Lawrence of Arabia* (1962)》.

léan-bùrn *adj.* (エンジンの)燃費がよい《混合ガスにおける燃料の対空気比率が小さい》. 〖1975〗

Léan Cuisíne *n.* 《商標》リーンクイジーン《米国 Stouffer Foods 社製のダイエット用冷凍食品》.

Le·an·der /liǽndə | -də(r)/ *n.* **1** 《ギリシャ神話》レアンドロス (⇨ Hero 2). **2** レアンダー《男性名》. 〖□ L *Lēander* □ Gk *Léandros* ← *léōn* lion+*andrós, anḗr* man〗

léan·er *n.* **1** もたれかかる人[物]. **2** (蹄鉄投げ遊びで)くいにもたれかかった蹄鉄. 〖(*a*1536) ← LEAN[1]+-ER[1]〗

lean·ing /líːnɪŋ/ *n.* **1** 傾き, 傾斜. **2** 傾向, 性向 (⇨ inclination SYN), 好み (liking) 〔*toward*〕: literary ～*s* 文学趣味 / a man with a marked ～ *toward* Marxism 著しくマルキシズムに傾いている人 / He has a (strong) ～ *toward* engineering. 彼には(非常に)工学に向いたところがある. 〖lateOE *hlinung*: ⇨ -ing[1]〗

léaning tówer *n.* 斜塔.
Léaning Tówer of Písa [the ～] ピサの斜塔《イタリアの Pisa にある高さ約 55 m の鐘楼で, 垂直線から約 5 m 近く傾いている; 1174 年着工, 1350 年竣工; Gallieo が重力の実験をした》.

leant /lént/ *v.* 《英》lean[1] の過去形・過去分詞.

léan-tò /-tùː/ *adj.* 差掛けの: a ～ roof [shed] 差掛け屋根[小屋]. — *n.* (*pl.* ～**s**) **1** 差掛け小屋, 下屋(げや). **2** 差掛け屋根, 片流れ屋根. 〖1453–54〗

lean-to 1

leap /líːp/ *v.* (～**ed** /líːpt | lépt, líːpt/, **leapt** /líːpt, lépt | lépt, líːpt/) — *vi.* **1 a** 跳ぶ, はねる, 跳躍する (⇨ jump SYN): ～ *aside* [*down, up, around*] 跳びのく[降りる, 上がる, 回る] / ～ *over* a brook [fence] 小川[柵(さく)]を跳び越える / ～ high *into* the air 空中へ高く跳躍する / ～*ing* flames 燃え上がる炎 / ～ *out of* bed ベッドからはね起きる / ～ *to* one's feet (驚いて)跳び上がる, さっと立ち上がる / ～ out at …の目に飛び込む, 目につく / He ～*ed on* [*off*] a moving bus. 彼は動いているバスに跳び乗った[から跳び降りた] / The message fairly ～*ed* from the page: Act Now! 行動するのは今だ, というメッセージがそのページからはっきりと目に飛び込んできた / ～ *for* joy 小躍りして喜ぶ / ～ *around with* [*in*] excitement 興奮のあまりあちこち跳び回る / My heart ～*t into* my mouth. びっくりした / Look before you ～. 《諺》跳ぶ前に見よ, 実行する前に熟慮せよ, 「転ばぬ先の杖」. **b** 〈心・胸が〉踊る, 躍動する (bound): My heart ～*s up* when I behold a rainbow in the sky. 空に虹を見る時私の心は踊る (Wordsworth, *My Heart Leaps Up When I Behold*). **2 a** [方向を示す副詞・前置詞を伴って] 飛ぶように行く[急ぐ]: ～ *to* the door 玄関へ飛んで出る / ～ *to* action [attention] さっと行動に移る[たちまち注目を集める] / We ～*ed to* his assistance. 急いで彼の援助に駆けつけた / He ～*ed into* the conversation. 急に話の中へ割り込んだ. **b** 急に〈ある状態・話題に〉推移する[変わる] 〔*into, to*〕: ～ *into* public favor 一躍人気者となる / ～ *from* one topic *to* another 転々と話題を変えて話す / Don't ～ to conclusions. そんなにあせって結論を出すな / He has ～*ed from rags to* riches. 彼はあっと言う間に裸一貫から一代の富をなした. **3** 飛びつくように〔…に〕応じる 〔*at*〕: ～ *at* a chance 機会に飛びつく / ～ *at* an offer 待ってましたと申し出に応じる. **4** 〈費用・物価などが〉急にかさむ, はね上がる: Retail prices have ～*ed* (*up*) at an annual rate of 13 per cent. 小売物価が年 13 パーセントの割ではね上がった. — *vt.* **1 a** 跳び越える: ～ a brook, ditch, wall, etc. **b** 跳ぶように越える[渡る]: Then he ～*ed* the Pacific by jet. それからジェット機で太平洋をひと飛びした. **c** 跳ばせる, 跳び越えさせる: ～ a horse *across* a ditch [*over* an obstacle] 馬に溝[障害物]を跳び越えさせる. **2** 〈動物の雄が〉〈雌〉と交尾する (cover).
— *n.* **1 a** 跳ぶこと, 跳び, 跳躍 (jump): take [make] a ～ (*at* [*for*] …) (…を目がけて[求めて])飛び上がる / at a ～ 一跳びで / with a ～ 一足飛びに. **b** 跳躍の高さ[距離]. **c** 跳び越えるべきもの[所]; 跳ぶ所, 踏み切る箇所. **2 a** 飛躍的な変化[推移]; 飛躍, 躍進: one [a] giant ～ for mankind 人類にとって一つの巨大な躍進 / The physical sciences have made a great ～ forward. 自然科学は飛躍的進歩を遂げた / make a ～ of faith 盲信する. **b** 急激な上昇[増加]: a ～ *in* population [profits] 人口[利益]の急上昇. **3 a** 交尾. **b** 《廃》性交. **4** 《地質》= fault 8. **5** 《音楽》跳躍進行 (skip).
a léap in the dárk ⇨ *in the* DARK. (1698) ***by*** [***in***] ***léaps and bóunds*** ずんずん, 急激に, うなぎ登りに, とんとん拍子に: Prices are going up *by* ～*s and bounds*. 物価は急激に高騰している. (1720)
〖v.: ME *lepen* < OE *hlēapan* to leap, run < Gmc **χlaupan* (Du *loopen* / G *laufen* to run) ← ? IE **klou-* to bend. — n.: OE *hlēp, hlȳp* < Gmc **χlaupiz*: cf. *lope*〗

léap dày *n.* うるう日《2 月 29 日》. 〖1600〗

léap·er *n.* 跳ぶ人, はねる人; (サーカスで)アクロバットジャンプをする人. 〖lateOE *hlēapere*: ⇨ -er[1]〗

L

léap·fròg *n.* **1** 馬跳び《交互にかがんだ人の背を跳び越える遊戯》. **2** 《軍事》交互躍進, 超越交代, 超越前進《各部隊が交戦中に他の部隊の前進を支援射撃によって援護しながら進撃する法》. — *v.* (**leap·frogged; -frog·ging**) — *vi.* **1 a** 馬跳びをする. **b** (ある場所から他の場所へと)次々に移動する: ～ *from* town *to* town 町から町へと飛び歩く. **2** 抜きつ抜かれつして進む. **3** 階級[段階]を跳ばして進む, 特別進級する 〔*to, into*〕; 〔人・事業などに〕先んじる, 勝る 〔*over*〕: ～ *over* this model この機種に勝る / He ～*ed into* this post past us. 彼は我々を跳び越えてこの地位についた. — *vt.* **1** 抜きつ抜かれつする: ～ each other 交互に抜きつ抜かれつする. **2** 〈階級・障害物を〉跳び越える; 〈人・事業など〉先んじる, 勝る: ～ two ranks 2 階級特進する / ～ the team of researchers その研究者チームの先を越す. **3** 《軍事》〈各部隊を〉交互前進[超越交代]させる. 〖1599〗

leapfrog 1

léaping-hòuse *n.* 《Shak》売春宿 (brothel). 〖1596–97〗

léaping tìme *n.* 《まれ》活動の時期, 青春期 (youth). 〖*c*1450〗

léap sècond *n.* (UTC 調整用に挿入する) うるう秒. 〖1971〗

leapt /lépt, líːpt | lépt, líːpt/ *v.* leap の過去形・過去分詞.

léap-yéar *adj.* [限定的] うるう年の: a ～ day=leap day / a ～ proposal 《戯言》女性からのプロポーズ《うるう年にだけ許されるとされている》.

léap yèar *n.* **1** (グレゴリオ暦で)うるう年《2 月が 29 日の年; 西暦年号が 4 で割り切れる年; ただし 400 で割り切れない 100 の年を除く; cf. CIVIL year》: in (a) ～. **2** (他の暦で)日数が平年より 1 日多い年 (intercalary year). 〖*a*1387〗

lear /lɪə | lɪə(r)/ *adj.* 《英方言》**1** 空の (empty). **2** 空腹の; 空腹で目まいがする. 〖(*c*1250) ← ?〗

Lear /lɪə | lɪə(r)/, **Edward** *n.* リア《(1812–88; 英国の詩人・画家: *The Book of Nonsense* (1846)》.

Lear, King *n.* ⇨ King Lear.

Lear, Norman (**Milton**) *n.* リア《(1922– ; 米国のテレビ番組製作者・コメディー番組作家; *All in the Family* (1971), *Maude* (1972)》.

lea rig /líːrɪ̀g, léɪ- | líː-/ *n.* 《スコット》**1** (畑の中の耕されていない)あぜ, うね. **2** 畑の境界を示す草で覆われたあぜ. 〖OE *lǣghryċġ* ← **lǣg* fallow (← Gmc **laz-* 'to LAY[2]')+*hryċġ* 'RIDGE'〗

learn /lɜ́ːn | lɜ́ːn/ *v.* (～**ed** /lɜ́ːnd, lɜ́ːnt | lɜ́ːnd, lɜ́ːnt/, 《英》**learnt** /lɜ́ːnt | lɜ́ːnt/) — *vt.* **1 a** 学ぶ, 習う, 教わる; けいこする, 勉強する: ～ a lot / ～ a foreign language 外国語を学ぶ / ～ music [painting] 音楽[絵]を習う / ～ a trade 商売を教わる / ～ the piano ピアノのけいこをする / ～ French *from* an excellent teacher 立派な先生からフランス語を習う / ～ (*how*) *to* ride a horse 乗馬を習う / ～ at one's mother's knee 母のひざで[幼いとき

に]覚える / He has never ~ed even to read and write. 彼は読み書きさえ習ったことがない (cf. vt. 1 c) / We have ~ed (《口語》 up) all we can about the subject. 我々はその問題についてできるだけのことを学習した. 日英比較 日本語では「習う」という表現を用いるが, 英語の learn は「習っている結果として, 何かを身につける, 覚える」という意であるのに対して, study は, 単に「習っている」意しか含まれず, 習った結果身についたかつかなかったかは問題にされない. **b** (経験などを通して)身につける, 習得する (acquire); 自覚する, 悟る (realize) ⟨that⟩: ~ one's lesson (経験などから)教訓を学ぶ / ~ ... the hard way 苦い経験を積んで…を学ぶ, 思い知る; 苦労して学ぶ / You must ~ patience. 君は忍耐(の徳)を学ばなければならない / He ~ed that honesty is the best policy. 正直はやっぱり最上の策だということを悟った. **c** (訓練・努力・経験により)⟨…する[できる]⟩ようになる ⟨to do⟩: At last I ~ed to swim. ようやく泳げるようになった / You must ~ to be more patient. もっと辛抱ができるようにならなければいけない. **2** 記憶する, 覚える (memorize): ~ one's part 自分の役[せりふ]を覚える / ~ a poem off=~ a poem (off) by heart [rote] 詩をそらで覚える[暗記する]. **3** (聞き)知る, 聞く (hear), 突き止める (ascertain) ⟨that, whether, why, etc.⟩: ~ something from a person 人からあることを聞く / I am sorry to have ~ed (from him) that they have had an accident. 彼らが事故にあったということを(彼から)聞いて気の毒に思う / I have not yet ~ed whether they arrived safely. 彼らが無事着いたかどうかまだ聞いていない / I have yet [still] to ~ the truth [why that is so]. (通例不信の意を含んで)私にはその真相[なぜそうなるのか]がまだわからない (cf. vi. 2). **4 a** 《古》教える (teach) 《非標準的な語》: I'll [That'll] ~ you to tell a lie! うそをつくとどんなことになるか教えてやる《しかるときの言葉》. **b** 《廃》…に知らせる (inform).

— vi. **1** 学ぶ, 習う, 教わる, 覚える: ~ by [from] experience 経験によって学ぶ / ~ on the job (学校からでなく)仕事によって実地に学ぶ / ~ about the importance of peace 平和の重要性について学ぶ / Modern man can ~ from the mistakes of his ancestors. 現代人は先祖の誤りから学ぶことができる / He ~s very fast [slowly]. 彼は物覚えがとても早い[遅い] / It's never too late to ~. 《諺》学ぶに遅過ぎることは決してない. / You'll ~ soon enough! 君もすぐにわかるさ / I used to trust everybody, but I've ~ed better now. 以前は誰でも信用したものだが, 今はもっと賢くなった. **2** (聞き)知る, 聞く〔of, about〕: I ~ed of your illness from your friend. 君が病気であることを君の友人から聞い(て知っ)た / They have ~ed about the project. 彼らはその計画については知っている / I have yet [still] to ~. (通例不信の意を含んで)私はまだ聞いていない[知らない] (cf. vt. 3).

〖OE leornian < Gmc *liznōjan (G lernen) ← *laisjan (cf. lore¹) ← IE *leis- track, furrow: cf. OE (ġe)lǣran (G lehren) to teach〗

learn·a·ble /lə́ːnəbl̩ | lɜ́ːn-/ adj. 学びうる, 学ばれる. 〖(1629): ⇨ ↑, -able〗

learn·ed /lə́ːnɪ̀d | lɜ́ːn-/ adj. **1 a** 学問[学識]のある, 博学な (erudite): a ~ man 学者 / the ~ 学者たち / a ~ doctor 学識の深い医者 / my ~ friend [brother] 《英》博学なる友《下院・法廷などで弁護士が他の弁護士を指すのに用いる敬称》/ He looks very ~. 彼はいかにも学者らしい風貌(ふう)をしている. **b** 〔…の〕造詣が深い, 〔…に〕通じた〔in〕: He is ~ in the law. 彼は法律に通じている[明るい]. **c** 学問的な, 学究的な; 学者の書いた, 学者間で用いられる: ~ activities 学究的活動, 研究活動 / a ~ book [journal, treatise] 学術書[雑誌, 論文] / a ~ society 学会 / ~ words 学者の用いる(難しい)言葉, 学者語 / such ~ languages as Latin and Greek ラテン語・ギリシャ語のような学者が用いる言語. **2** /lə́ːnd | lɜ́ːnd, lɜ́ːnt/ 学問[経験(など)]によって会得した: ~ skills 熟練 / a ~ response 習熟した応答[反応]. **~·ness** n. 〖(?c1300): ⇨ -ed〗

léarned hélplessness /lə́ːnd- | lɜ́ːnd-, lɜ́ːnt-/ n. 〖心理〗学習性無力感.

learn·ed·ly /lə́ːnɪ̀dli | lɜ́ːn-/ adv. 学者らしく, 物知りらしく; 蘊蓄(うんちく)を傾けて. 〖(1549): ⇨ learned, -ly¹〗

léarn·ed proféssion /lə́ːnɪ̀d- | lɜ́ːn-/ n. 学問的職業《神学・法学・医学の 3 職業のうちの一つ》; (一般に学問的素養の必要な)知的職業.

learn·er /lə́ːnə | lɜ́ːnə(r)/ n. **1 a** [通例修飾語を伴って] 学習者, 修学者 (student): a fast [slow] ~ 物覚えの早い[遅い]人 / an advanced [adult] ~ 上級[成人]の学習者 / a foreign ~ of English 外国人の英語学習者. **b** 初学者, 初心者 (beginner): a ~'s permit (自動車運転の)仮免許証. **c** =learner driver. **2** 徒弟, 弟子 (apprentice). 〖OE leornere: ⇨ learn, -er¹〗

léarner dríver n. (自動車の)運転練習中の人. ★ 通例 L-driver と略して用いられる.

léarner's cháin n. 《NZ》(食肉冷凍工場で働く)見習屠畜作業員チーム.

learn·ing /lə́ːnɪŋ | lɜ́ːn-/ n. **1 a** 学ぶこと, 習うこと, 覚えること, けいこ, 学習: the ~ of English as a foreign language 外国語としての英語学習. **b** 〖心理〗学習《経験や練習による行動の永続的な変容》. **2 a** 学問, 体系的知識 (⇨ knowledge SYN): the ~ of all ages and countries 古今東西の学問 / ⇨ New Learning. **b** 学問のあること, 学識, 博識 (erudition): a man of ~ 学者 / A little ~ is a dangerous thing. 少しばかりの学識[学問]は危険なものだ, 「生兵法(なまびょうほう)は大怪我のもと」(Pope, Essay on Criticism). ★ しばしば learning の代わりに knowledge が用いられる. **3** 《方言》正式な教育. 〖OE leornung: ⇨ learn, -ing¹〗

léarning cùrve n. 〖心理〗学習曲線《学習の進行過程を量的に示す曲線》. 〖1922〗

léarning dìfficulties n. pl. 〖精神医学〗=learning disability.

léarning disabìlity n. 〖精神医学〗学習不能(症), 学習障害《読み書きや計算などの技術習得の阻害; 神経組織の機能障害と関係づけられている; 略 LD》. 〖1960〗

léarning-disàbled adj. 学習障害を持っている. 〖1973〗

learnt /lə́ːnt | lɜ́ːnt/ v. learn の過去形・過去分詞.

lear·y /lí(ə)ri | líəri/ adj. 《口語》=leery. 〖1676〗

leas·a·ble /líːsəbl̩/ adj. ⟨土地が⟩賃貸[借]できる. 〖(1611) ← LEASE¹+-ABLE〗

lease¹ /líːs/ n. **1** 借地[借家]契約, 賃貸借契約; 借地[借家]証書, 賃貸借契約書: hold [take] ... by [on] ~ …を賃借りする / put ... out to ~ …を賃貸しする. **2** 借地権; 賃貸借期間; 賃貸借される地所[物財]: I have a long ~ of this house. 長期契約でこの家を借りている / a two-year ~ 2 年の賃貸[借]期間. **3** (生命などの)期間: a ~ of life 寿命. ***a new léase of* [《米》on] *life*** 寿命が延びること, 立ち直る[元気になる]こと; より[再び]幸せな生活が送れるようになること: take (on) a new ~ of [on] life (病気が全快して)命拾いをする; ⟨物が⟩より長持ちする[再び使える]ようになる. 《1853》

— vt. **1** ⟨土地・家屋を⟩賃貸しする (⇨ hire SYN): He ~d his house (out) to Mr. X for the summer. 夏の間家をXさんに賃貸しした. **2** ⟨土地・家屋を⟩賃借りする, 租借する: He ~d the land from the owner. 土地を所有者から賃借りした. — vi. 賃貸[借り]される.

leas·er n. 〖n.: (c1384) ◻ AF les a letting=OF lais (F legs legacy) ← laissier (F laisser) to leave, transmit < L laxāre to make wide, relax ← laxus wide, loose: cf. lax¹. — v.: (a1475) ◻ AF lesser=OF laissier〗

lease² /líːs/ n. 〖紡織〗**1** 機(はた)の縦糸が交差する所. **2** 綾(あや)《縦糸を綜絖(そうこう)に引き入れるときの順序》. 〖(変形) ← LEASH〗

lease³ /líːz/ n. 《方言》共有地, 共同放牧場. 〖OE lǣs〗

léase·bàck n. 〖金融〗リース, 設備賃付《不動産の買主が当該物件をその売主に長期契約で貸付けること; sale-and-leaseback ともいう》. 〖1947〗

léase·hòld n. 《英》〖法律〗**1** 土地賃借権; (土地の)定期賃借権 (cf. freehold). **2** 借地. — adj. 賃借りした. 〖1720〗

léase·hòld·er n. 《英》借地人, 賃借人. 〖1858〗

léase-lénd n., vt. =lend-lease.

léase·man /-mən/ (pl. -men /-mən, -mèn/) **1** 土地を賃借りしてその土地の使用権を持っている人; (特に)石油採掘権を獲得する人《landman ともいう》. **2** 広告板を立てる目的で土地を賃借りする人.

léase ròd n. 〖紡織〗綾竹(あやだけ). 〖⇨ lease²〗

leash /líːʃ/ n. **1** (猟犬や鷹(たか)などを縛っておく)革ひも, 綱 (lead). **2** 束縛, 抑制 (control, check): slip the ~ 拘束を脱する. **3 a** 〖狩猟〗(犬・鹿・きつね・うさぎなどの)ひとつがい半, 3 匹, 3 頭: a ~ of dogs 犬 3 匹. **b** 《戯言》3 (個): a ~ of days 3 日(間). **4** 〖紡織〗綜絖(そうこう)を形成している糸.

hóld* [*háve, kéep*] *in léash (1) ⟨犬などを⟩革ひもでつないでおく. (2) 束縛[統御]する: keep floods in ~ 洪水を抑制する. ***on* [*in*] (*the* [*a*]) *léash*** ⟨犬など⟩革ひもにつないで[だ]: dogs on (the) ~. ***stráin at the léash*** (1) ⟨犬が⟩革ひもを引っぱる. (2) 自由を得たいともがく, (自由の日を待って)もどかしがる. 《1825》

— vt. **1** ⟨犬などを⟩革ひも[綱]でつなぐ: ~ (up) a dog. **2** 抑制する, 抑える (restrain): ~ one's anger.

〖(?a1300) les(se) ◻ OF lesse (F laisse) ← laissier to let (a dog) run on a slack lead: ⇨ lease¹〗

leas·ing /líːzɪŋ, -zɪŋ | -zɪn, -zɪn/ n. 《廃・スコット》うそ, 虚言 (cf. Ps. 4:2; 5:6). 〖OE lēasung ← lēasian to tell lies ← lēas false < Gmc *lausaz (Du. & G los) ← IE *leu- to loosen: cf. lose, -less〗

least /líːst/ adj. [little の最上級] **1** [通例 the ~; 不可算名詞を修飾して; cf. few¹] 最も小さい, 最も少ない; 最少の(…でさえも): the ~ amount [sum, money] 最少量[額, 金額] / without the ~ shame 少しも恥じることなく / The ~ (little) kindness will please him. ほんのちょっとした親切でも彼は喜ぶだろう / the country that received (the) ~ assistance 最も援助を受けなかった国 / make the ~ possible effort [noise]=make the ~ effort [noise] possible 最小限の努力をする[音が出来るだけ出ないようにする] / Tell me if you are the ~ bit worried. 少しでも心配なら, 言ってくれ. **2** (重要性・価値・地位の)最も小さい[低い]. **3** (動植物の)小形種の. **4** 《俗》くだらない, つまらない, 遅れている, お堅い. **5** 《方言》⟨子供が⟩一番小さい, 一番下の. ★ 通例 the ~ one, the ~ un の形で用いる.

nòt the léast (1) 少しの…もない (not ... at all, not the slightest): There isn't the ~ wind today. 今日はちっとも風がない / He hasn't got the ~ knowledge of good and evil. 善悪の判断がちっともない. (2) [not を強調して] 少なからぬ, 多大な (great): There's not the ~ danger before us. 我々の前には少なからぬ危険がある.

— adv. [時に the ~] 最も…でない; 最も少なく, 一番少なく (↔ most): work hardest and get ~ 一番よく働いて一番少ない報酬をもらう / She came when we ~ expected her. 彼女は全然思いもかけない時にやって来た / He writes (the) ~ clearly of all the students. 全学生の中で彼が一番はっきりしない書き方をする / If you cared in the ~, you would help. 少しでも気にかけてくれるなら, 助かるんだが / The ~ said the best. 言わぬが花 / Least said soonest mended. ⇨ mend vt. 4. 《1841》

léast of áll (1) 最も[特に]…でない: I like that (the) ~ of all. それが一番きらいだ. (2) [否定の陳述に続けて] とりわけ: Nobody can complain, John ~ of all=Least of all can John complain. だれも不平は言えない, とりわけジョンはそうだ. 《1883》 ***nòt léast*** 少なからず, 一つには (partly); 特に (especially): He excelled in many ways, not ~ in his reasoning. 彼は多くの点, 特に推理力で優れていた. ***nòt the léast*** 少しも…しない (cf. not in the LEAST ⇨ n. 成句): I am not the ~ (bit [little bit]) worried. ちっとも心配してない.

— n. **1** [通例 the ~] 最小, 最少; 最少量, 最小限度: Why do you always do the ~ you can? 君はいつもできることの最低限のことしかしないのはなぜだ / The ~ you could do is (to) apologize to her. 君にできるせめてものことは彼女に謝罪することだ / Thank you.—Don't mention it. It was the ~ I could do after all your help! ありがとう—どういたしまして. 君があれだけやってくれたんだから, 僕がやったことなどほんのわずかだよ. **2** 最も価値の少ない[つまらない]もの: I am the ~ of the apostles. われは使徒のうちいと小さきものなり (1 Cor. 15:9) / That's the ~ of our problems [worries]! それなど我々の問題[心配]の中では本当に些細なものだ.

at* (*the*) *léast (1) 少なくとも (at the mininum) (cf. at (the) MOST): It will cost at (the very) ~ 1,000 dollars [1,000 dollars at (the very) ~]. 少なくとも 1,000 ドルはするでしょう / She knows at ~ as much as you do. 彼女は少なくとも君と同じくらいは知っている. (2) せめて (at any rate): You must [might, could] at ~ be polite. とにかく丁寧にしていなければならない[いられるだろうに] / She's not here—at ~ I don't think she is. 彼女はここにはいないよ—とにかくいないと思うんだ. 《12C》 ***nót in the léast*** 少しも…しない, ちっとも…しない (not at all): I am not in the ~ afraid of it [not afraid of it in the ~]. そんな物ちっとも怖くない / It doesn't matter in the ~. そんなことはちっとも構わない / Do you mind if I smoke?—Not in the ~. たばこを吸ってもいいですか—ええ, どうぞどうぞ. ***to sáy the léast* (*of it*)** 控え目に言っても, 少なくとも. 《1809》

〖OE lǣst, lǣsest (superl.) < Gmc *laisistaz ← *laisiz 'LESS'〗

léast áction n. 〖物理〗最小作用.

principle of léast action [the —] 〖物理〗最小作用の原理《作用量と呼ばれる力学系の量が実際に起こる運動においては極小になるという原理》.

léast cómmon denóminator n. [the ~] 〖数学〗最小公分母《略 LCD, l.c.d.》. 〖1875〗

léast cómmon múltiple n. [the ~] 〖数学〗最小公倍数《略 LCM, l.c.m.》. 〖1823〗

léast flýcatcher n. 〖鳥類〗米国東部産タイランチョウ科の小鳥 (Empidonax minimus).

léast kíllifish n. 〖魚類〗米国南東部沿岸地方の沼地に生息するカダヤシ科の魚 (Heterandria formosa).

léast sándpiper n. 〖鳥類〗アメリカヒメヒバリシギ (Calidris minutilla) 《北米産》.

léast shréw n. 〖動物〗ヒメコミミトガリネズミ (Cryptotis parva) 《米国東部の草原地帯に生息する食虫類トガリネズミ科のネズミの一種》.

léast signíficant bít n. 〖電算〗最下位のビット《略 LSB》.

léast signíficant dígit n. 〖電算〗**1** 最下位の数字《位取り記数法において, 基数の最も小さい冪(べき)の係数となる数字; 略 LSD; cf. most significant digit 1》. **2** 最下位のビット《least significant bit ともいう》.

léast squáres n. pl. 〖統計〗最小自乗法《観測値との差の 2 乗の和が最小になるようにして, 必要な値を決める方法; least squares method ともいう》. 〖1825〗

léast úpper bóund n. [the ~] 〖数学〗最小上界, 上限, 上端《略 lub; supremum ともいう; cf. bound⁴ n. 4》.

léast·wàys adv. 《方言》=leastwise. 〖(c1385) leste wei〗

léast wéasel n. 〖動物〗アメリカイイズナ (Mustela rixosa) 《米国西部産の小形のイタチ》.

léast·wise adv. 《口語》少なくとも, せめて, とにかく (at least). 〖(?1425) leste wise〗

léast-wórst adj. 不本意ながらも他よりましな.

leat /líːt/ n. 《英》(水車場などへ水を引く)水路, 溝. 〖OE ġelǣt aqueduct ← ġe- 'Y-'+lǣtan 'to leave, LET¹'〗

leath·er /léðə | -ðə(r)/ n. **1** 革, なめし革 (⇨ skin SYN): ⇨ American leather, MOROCCO leather, patent leather. **2 a** 革製品. 日英比較 日本語の合成皮革を指す「レザー」は英語では artificial leather という. **b** 革ひも (strap). **c** あぶみ革 (stirrup leather). **d** 《俗》(野球・クリケット・フットボールなどの)球 (cf. pigskin): kicking the ~. **e** (玉突きの)キューの先端. **f** (ガラス・金属を磨くのに用いる)軟らかい革. **3** [pl.] 《英》ライダーの革製の服; (革製の)乗馬用半ズボン, (革製の)脚絆(きゃはん) (leather clothes). **4** 《俗》(犬の)垂れ耳.

(as) tóugh as léather ⟨ステーキなどが⟩革のように堅い. ***héll for léather*** 《英口語》大急ぎで. ***léather and* [*or*] *prunélla*** 衣服の上だけの違い, どうでもよい事 (cf. Pope, Essay on Man iv. 203). 《1734》 ***Nóthing* [*There is nóthing*] *like léather.*** 自分の物ほど重宝なものはない, 自分の物に及ぶものはない《市の防衛は革製の城壁に限ると革屋が言ったとの話から》.

— adj. [限定的] 《俗》男役のレズ[ホモ]の: ~ bars.

— vt. **1** …に革をつける[当てる, 張る]. **2** なめし革にする; 革状にする. **3** 《口語》革ひも[むち]で打つ.

— adj. 革の, 革製の, 革に似た (cf. leathern): This is a (genuine) ~ jacket. =This jacket is (genuine) ~ これは(本)革のジャケットだ / a pair of ~ gloves [shoes] 一対の革手袋[靴].

~·lìke *adj.* 〘(?*a*1200) *lether* < OE *leþer-* < Gmc **leþram* (Du. *leder* / G *Leder*) ← IE **letro-* leather (OIr. *lethar*)〙

léather·bàck *n.* 〖動物〗オサガメ (*Dermochelys coriacea*) (leatherback turtle ともいう). 〘1855〙

léather bàr *n.* レザーバー (革服を着たゲイや SM プレーヤーがよく訪れるバー). 〘1982〙

léather bèetle *n.* 〖昆虫〗=dermestid.

léather·bòard *n.* レザーボード (合成樹脂等を粘着材として皮革繊維を板状に成型したもの; 建材用).

léather-bòund *adj.* 〖製本〗〈本が〉革製の, 革装本の. 〘1894〙

léather càrp *n.* 〖魚類〗皮鯉 (鱗のない品種のコイ).

léather·clòth *n.* 革布, レザークロス (布の表面に塗料を塗って作った皮まがいの防水布). 〘1857〙

léather-còat *n.* 皮の固い赤リンゴ (russet apple). 〘1598〙

leath·er·ette /lèðərét/ *n.* 合成皮革. 〘(*c*1879) ← *Leatherette* (商標名) ← LEATHER+-ETTE〙

léather·flòwer *n.* 〖植物〗米国南東部産のテッセンの一種 (*Clematis versicolor*) (花は赤紫色で花弁状の萼(がく)片が皮のような質感をもつ). 〘1866〙

léather·hèad *n.* **1** 〖俗〗ばか, とんま, 間抜け (blockhead). **2** 〖豪〗〖鳥類〗=friarbird. 〘*a*1700〙

Leath·er·head /léðəhèd | léðə-/ *n.* レザーヘッド (イングランド南部, Surrey 州の町).

léather·héaded *adj.* ばかな, 間抜けな (stupid). 〘*a*1668〙

léather-hùnting *n.* 〖英口語〗〖クリケット〗外野守備 (fielding) (cf. leather *n.* 2 d). 〘1865〙

léather·jàcket *n.* **1** 〖魚類〗 **a** カワハギ類の魚類の総称 (cf. filefish). **b** アジ科の魚 (*Oligoplites saurus*). **2** 〖英〗〖昆虫〗ガガンボ (crane-fly) の幼虫. **3** 〖豪〗粗挽き小麦をねって焼くか油で揚げたパン. 〘1770〙

léather·lèaf *n.* 〖植物〗ヤチツツジ, ホロムイツツジ (北温帯のツツジ科ヤチツツジ属 (*Chamaedaphne*) の常緑低木の総称); (特に)ヤチツツジ (*C. calyculata*) (沼地に生え, 葉は革質で小さい白い花をつける). 〘*c*1818〙

léather-lúnged /-lʌ́ŋd/ *adj.* 〖口語〗とてつもない大声でしゃべる. 〘1846〙

leath·ern /léðən | -ðən/ *adj.* 〖古〗 **1** 革の, 革製の: a ~ belt, purse, etc. **2** 革のような, 革状の (leatherlike). 〘lateOE *leþer(e)n*: ⇨ leather, -en²〙

léather·nèck, L- *n.* 〖米俗〗(米国の)海兵隊員 (marine). 〘(*c*1914): 19 世紀の中ごろ着用された革の襟の制服にちなむ〙

Leath·er·oid /léðərɔ̀ɪd/ *n.* 〖商標〗レザーロイド (かばん類の製造に用いる模造革). 〘⇨ -oid〙

léather stàr *n.* 〖動物〗北米太平洋沿岸産の表皮が革質のヒトデの一種 (*Dermasterias imbricata*).

léather wédding *n.* 革婚式 (結婚 4 周年の記念式[日]; ⇨ wedding 4).

léather·wòod *n.* 〖植物〗 **1** カワノキ (*Dirca palustris*) (米国産ジンチョウゲ科の低木; 樹皮は皮のように強く黄色いミツマタに似た小花をつける; moosewood, wicopy ともいう). **2** 北米南部の海岸地方に野生するキリラ科の低木 (*Cyrilla racemiflora*). **3** (室内装飾用の)革状仕上げのハードボード. 〘1743〙

léather·wòrk *n.* **1** 革細工. **2** [集合的にも用いて] 革製品. 〘1856〙

léather·wòrker *n.* 革職人. 〘1891〙

leath·er·y /léð(ə)ri/ *adj.* **1** 革のような; 革色の. **2** 〈肉など〉革のように硬い (tough). **léath·er·i·ness** *n.* 〘(1552): ⇨ -y¹〙

leave¹ /líːv/ *v.* (**left** /léft/) **— *vt.*** **1 a** 〈場所を〉離れる, 去る, 立つ (⇨ go¹ SYN); …から出発する: ~ one's house, country, etc. / ~ port [the station] on time 定刻に港[駅]を出発する / ~ one's hometown and live in the city 故郷を出て都会で暮らす / ~ home *for* school [the office] at eight 8 時に家を出て学校[会社]へ行く / ~ the room angrily 怒って部屋を出て行く / ~ the table feeling full おなかがいっぱいになって食卓を離れる / We ~ here tomorrow. 明日ここを出発します / The train *left* London *for* Paris. 列車はパリに向かってロンドンを出た / ~ the track [road] 脱線する[道から外れる]. **b** 〈病気・興味などが〉〈人など〉から去る: The fever didn't ~ me for days. 熱が何日も下がらなかった / His zest for golf will soon ~ him. 彼のゴルフ熱もすぐさめてしまうだろう / The anger had *left* his voice. 怒りの気配も彼の声から消えうせていた. **c** 〈道が〉…からそれる[離れる]: The road now ~*s* the city and enters the country. 道はここで町から離れて田舎へ入る. **d** (一定の方向に進みながら)通り過ぎる (pass): I *left* the post office on my left. 郵便局を左手に見て通り過ぎた.

2 a 〈仕事・会社・学校などを〉辞める; 〈会などを〉脱退する; 〈雇い主〉から暇を取る; 〈軍隊を〉離れる; 〈学業などを〉よす: ~ one's job / ~ the company [club, society] / ~ school 学校を卒業する; 退学する / ~ the army 除隊する / His secretary has *left* him without notice. 彼の秘書が予告もなしにやめた / He *left* medicine *for* literature [to study literature]. 文学の[を学ぶ]ために医学を捨てた. **b** …の使用[習慣]などをよす, やめる (give up, stop): ~ (*off*) drinking [smoking] for good 金輪際(こんりんざい)酒[たばこ]をやめる. **c** 〖古〗〈…するのを〉やめる, よす (cease) 〈*doing*〉: *Leave* talk*ing* and begin doing. 議論はやめて実行だ.

3 a (持って[連れて]行かないで)置いて行く, 置き忘れる, 置き去りにする: ~ one's family *in* the country 家族を田舎に置いて行く / ~ the book *on* the table 本をテーブルの上に置いて行く[置き忘れる] / ~ one's umbrella *on* [*in*] the train かさを列車の中に置き忘れる / John! You've *left* your briefcase! ジョン, 書類かばんを置き忘れたよ / They have *left* a lot of litter (lying) *around* [*around* the room]. たくさんのごみをそこらじゅうに[部屋じゅうに]置き去りにして行った / The poor girl always gets *left at* home. かわいそうにあの子はいつも家に置いていかれる / Always ~ things *where* you can easily find them again. 何でもあとですぐ見つかる所にいつも置いておきなさい / To be *left* till called for. 〖郵便〗局留め (cf. poste restante) / ⇨ LEAVE *behind* (1). **b** 〈人・物を〉捨てる, 見捨てる (⇨ abandon¹ SYN): ~ one's old friend 旧友を見捨てる / ~ a person *for* dead 人を死んだものと見捨てる[諦める] / He *left* his wife *for* another woman. 妻を捨てて別の女と一緒になった / We have *left* all, and have followed thee. われらは一切を捨ててなんじに従いたり (*Mark* 10: 28). **c** 〈仕事・問題などを〉放置する, ほったらかす (neglect): Don't ~ your work (*over*) till tomorrow. 仕事を明日まで放っておいてはいけない / *Leave* that matter *aside* for a moment. その問題からちょっと離れよう.

4 a 置いて行く (put), 配達して行く (deliver): ~ one's card *on* a person 〖古〗(訪問のしるしに)人に名刺を置いて帰る / ~ one's bags *at* the baggage check-room 手荷物預り所にかばんを預ける / The mailman has *left* this package *for* you. =The mailman has *left* you this package. 郵便屋さんがあなたあてにこの小包を置いて行った. **b** 〈人に〉残して[預けて]行く (deposit) 〔*with*〕 (cf. *vt.* 9 a): He *left* a message *with* the receptionist. 受付係に伝言を残して行った / She *left* her dog *with* us while on her trip. 旅行中うちに犬を預けて行った / The children were *left in* the care of the housemaid. 子供たちは家政婦に預けられた.

5 a (同じ場所・状態に)残しておく, そのまま[もとのまま]にしておく: Don't pick all the apples, but ~ some. りんごを全部取らないで少しは残しておきなさい / *Leave* blank spaces [wide margins] on both sides. 両側に白紙の部分[広い余白]を残しておきなさい / There was a lot of work *left*. たくさんの仕事が手もつけられずに残っていた. / What's [Who's] *left*? 何が[誰が]残っているのか / How much is [How many are] (there) *left*? どれくらいの量[数]が残っているのか. ★ 時に目的語+*doing* などを伴っても用いられる: I *left* him *gazing* at the picture. 絵に見入っている彼をあとにして立ち去った (cf. 5 b). **b** [目的語+補語, 副詞または前置詞付きの句を伴って] 〈ある状態・場所に〉おいておく, しておく, 放置する (⇨ let SYN): ~ the door *open* 戸を開けておく / ~ the door *locked* ドアにかぎをかけておく / ~ nothing *undone* 何事もせずにはおかない, 何でも必ずする / ~ one's meal *uneaten* 食事を食べずに残しておく / ~ a person *stranded* 人の困っているのを放っておく[見捨てる] / ~ no stone *unturned* ⇨ stone *n.* 成句 / Better ~ it *unsaid*. 言わぬが花 / Don't ~ the water *running*. 水を出しっぱなしにしておいてはいけない / I *left* him *gazing* at the picture. 彼を絵に見入るままにしておいた (cf. 5 a ★) / In mathematics she ~*s* everyone else *standing*. 数学で彼女は群を抜いている / You can ~ the notice *up* for another day. 掲示はもう 1 日出しておいてよい / *Leave* all switches *down*. スイッチを皆下げた[切った]ままにしておきなさい / ~ all the lights *off* [*on*] 電気を全部切って[つけたままにして]おく / ~ the dishes *in* the sink 皿を流しにつけておく / ~ a person *in* the dark 人に知らせずにおく / The plan was *left in* the air. 計画はどうなることか未定の状態だった / ~ a person *in* the lurch ⇨ lurch¹ 成句 / I *left* him *to* his work. 干渉しないで仕事をさせておいた / *Leave* him in peace *to* his foolish dreams. 彼にはのんびりとたわいのない夢を見させておくのがいい / That will ~ you *at* the mercy of burglars. そんなふうならいつ泥棒に入られるかわからないだろう / *Leave* the study *as* [how] it is. 書斎を(片付けないで)そのままにしておきなさい / Just ~ it, will you? そのままにしておいてくれ.

6 a [しばしば間接目的語を伴って] (使用後・支払後などに, 余りとして)残す: ~ bones *for* a dog=~ a dog some bones 犬に骨を残してやる / There was little oil *left*. 石油はほとんど残っていなかった / Five from [minus] twelve ~*s* seven. 12 から 5 を引くと 7 が残る / We've invited Karl and Karen. That ~*s* Max and Mabel. カールとカレンは招待した. 残るはマックスとメイベルだ / The payment of my debts *left* me (*with*) nothing to live on. 借金を返したら食っていけなくなった / ⇨ LEAVE *over* (1). **b** 〈物を〉〈人〉に残す 〔*with*〕: The payment *left* me *with* only a single one-dollar bill. 支払をしたら 1 ドル紙幣が 1 枚しか残らなかった / Latecomers were *left with* nothing to eat. 遅く来た者には食べる物が何も残されていなかった / After all my sacrifices, what was I *left with*? あらゆる犠牲を払って自分には何が残ったというのだろう. **c** (遺憾な点として)残す. ★ 通例次の句で用いられる: ~ something [nothing] to be desired 遺憾な点が少しある[申し分がない] / Her singing ~*s* much [a lot] to be desired. 彼女の歌い方には至らぬところが少なくない.

7 a 〈痕跡・しみ・傷跡・感情などを〉残す: The wound *left* a scar. その傷は跡になって残った / There was an ink-stain *left on* the carpet. 敷物にインクのしみが残っていた / It has *left* a soreness *behind*. そのためあとまで気まずい思いが残った / He went slowly out, *leaving behind* a haze of cigar smoke. 彼はもうもうとした葉巻の煙をあとにゆっくりと立ち去った / If you don't hurry up, you're going to be [get] *left behind*. 急がないと取り残されてしまうよ. **b** [通例受身で] 〔感情などを〕〈人〉にあとまで抱かせる, 〔負担・不幸などを〕抱え込ませる 〔*with*〕: I *was left with* a feeling of relief. そのあとほっとした気分に浸った / She *was left with* the child to look after. 結局彼女はその子を世話しなければならなくなった / The measles *left* hundreds of children *with* brain damage. はしかで数百の児童が脳障害を起こした / The incident *left* me *with* a bad taste in my mouth. その事件は後味が悪かった. **c** [目的語+補語を伴って] (結果として)〈ある状態に〉留まらせる, 至らせる: The insult *left* me speechless. この侮辱を受けて私は物も言えなかった / Her manner *left* me cold. 彼女の態度にはぞっとした / The flood *left* them homeless. 洪水のため彼らは家を失った / Only a few were *left* alive. 生き残った者はほんの数人に過ぎなかった / The serious illness *left* him a permanent invalid. その重病で彼は生涯廃人同様となってしまった / The battle *left* the streets littered with bodies. その戦闘の結果市街に死体が散乱した.

8 a 〈物・事を〉〈人に〉託する, 預ける (entrust) 〔*with*〕 (cf. *vt.* 4 b): ~ word [the matter] *with* a person 伝言[問題]を人に託す / ~ a person *with* no choice [option] 人に選択の余地を与えない / I *left* word (*with* Paul) for John to see Mary [that John should see Mary]. ジョンがメアリーに会うようにとの伝言を(ポールに)託した / ~ one's trunk *with* a porter トランクをポーターに託す. **b** 〈物事を〉〈人・人の判断・運命などに〉任せる, ゆだねる (commit) 〔*to*〕; 〈重要な決定などを〉〈人に〉任せる 〔*up to*〕: I'll ~ the decision *to* you. =I'll ~ it *to* you to decide. 決定は君に任せる / I('ll) ~ it [that] *to* you, sir. お任せいたします (What's the fare [price]? のような質問に対する答え) / I ~ that *to* your judgment. それは君の判断に任せる / The rest may be *left to* the reader's imagination. あとは読者の想像に任せよう / He ~*s* everything *to* chance. 彼は何をするにも運任せだ / I'll ~ that entirely *up to* you. その事は全部君にお任せする / Just ~ it [everything] *to* me! それは[万事]私に任せてくれ / We decided to ~ the result *in* the hands of God. 成行きは神のみ心に任せることとした / We can't just ~ the students *to* their own resources. 学生自身の裁量に任せてはおけない. **c** [通例目的語+*to* do を伴って] 〈…することを〉〈人〉に任せる, …させておく: I have *left* him *to* choose his occupation. 職業の選択は自分でするように彼に任せてある / You'd better ~ them *to* do as they like [*to* get on with their lives]. 連中は好きなようにさせておいた[連中の生活は連中に任せた]ほうがよい / They were *left to* get back on their own. 自力で帰るように放り出された. **d** [しばしば目的語+原形不定詞を伴って] 〖米口語〗…に…させる (let): *Leave* him be. そっとしておけ.

9 a [しばしば間接目的語を伴って] 〈妻子・財産などを〉残して死ぬ, 残す; 遺言で譲る (bequeath): ~ a great name *behind* one あとに名を残して死ぬ / He died, *leaving* a widow and three children (*behind*) [*leaving* the wife with three children]. 妻と 3 人の子供を[3 人の子供を抱えた妻を]残して死んだ / ~ one's wife a large fortune= ~ a large fortune *to* one's wife 妻に多額の財産を残す / He was *left* a large fortune by his uncle. =A large fortune was *left* (*to*) him by his uncle. おじが亡くなって多額の財産を受け継いだ. **b** [目的補語として形容詞または副詞を伴って] 〈ある状態に〉残して死ぬ: He *left* his children poor. =His children were *left* poor. 彼が亡くなると子供たちは貧困にさらされた / He *left* his family well [badly] off. 彼が死んで遺族は生活に困らずに済んだ[困った] / She was comfortably *left*. 〖古〗彼女は遺族として裕福に暮らせた.

— *vi.* **1** 去る, 辞する (go away); 立つ, 出発する (depart): It's time (for me) to ~. =It's time I was *leaving*. もう帰らなければならない時間です / Mrs. Jones has just *left*. ジョーンズ夫人はたった今帰りました / The plane to Rome will be *leaving* in ten minutes. ローマ行きの飛行機はあと 10 分で出ます / I am *leaving for* London tomorrow. 明日ロンドンへ立ちます / Which track [Where] does the Denver train ~ *from*? デンバー行きの列車は何番線[どこ]から出ますか / The train *left from* London *for* Paris. 列車はロンドンからパリへ向けて発車した. **2** 退職する, 退会する, 退学[卒業]する: My typist *left* yesterday. うちのタイピストは昨日辞めた.

be nicely léft 〖古〗〖口語〗だまされる, 一杯食わされる.

gèt léft 〖口語〗 (1) ⇨ *vt.* 3 a. (2) (競争などで)遅れを取る, 負かされる. (3) 見捨てられる; 当てがはずれる, ばかを見る: I *got left* with nothing to eat. (パーティーなどで)食べる物もなく取り残された (冷遇された).

léave alóne (1) 一人にしておく: ~ a child *alone* in the house 子供を家に一人ぼっちにしておく. (2) そっとしておく, 触れない: *Leave* the dog *alone*. その犬には触るな / Let's ~ the cake *alone* today. 今日はそのケーキをとって置くことにしよう. (3) うっちゃっておく, 干渉しない: You'd better ~ that question *alone*. その問題には干渉しないほうがよい / *Leave* him *alone to* do as he likes. 彼が何をしようと好きなようにさせておけ.

léave asíde (1) 〈事実・考えなどを〉ひとまずおいておく, 無視する; 除く. (2) 取っておく.

léave behínd (1) 置き去りにする, 置き忘れる; (退却の時などに)あとに捨てて[見捨てて]行く: He *left behind* a pair of glasses and this book. 眼鏡とこの本を忘れていった / You'd better not ~ your raincoat *behind*. レインコートを置き忘れないように / All of them ran away, *leaving* their wounded friend *behind*. 彼らは皆傷ついた友を置き去りにして逃げ去った. (2) 〈痕跡・影響・名声などを〉あとに残す (cf. *vt.* 7 a, 9 a); 〈事が〉〈…を〉生じさせる. (3) 通り過ぎる (pass): ~ a village *behind*. (4) [しばしば受身で] (学業・仕事・経済力などで)〈…を〉追い越す, …にまさる (outstrip): In mathematics, she ~*s* everyone else way [far] *behind*. 数学では彼女はみんなをはるかに引き離している / ~ all the other runners (far) *behind* 他の走者を(はるかに)引き離す. (5) 〈考え・態度・習慣などを〉捨てる.

léave … behínd — (1) 〈痕跡・影響・名声などを〉—のあとに残す. (2) 〈考え・態度・習慣などを〉—の過去として捨てる.

léave gó 〖口語〗手を放す (let go): Don't ~ *go*

L

until I tell you. 私が言うまで手を放すな. ***léave hóld*** [《口語》 ***gó***] ***of*** …から手を離す: ～ *hold of* the rope. ***léave ín*** (1) 中に入れたままにしておく (cf. *vt.* 5 b); 〈字句などを〉(省かないで)そのままにしておく, 残す (cf. LEAVE *out* (3)): I have *left* these words *in* after all. この文句は結局残しておいた. (2) 〈火などを〉つけたままにしておく. (3) 《トランプ》(ブリッジで)〈味方または相手のビッドやダブルを〉あえてパスする, そのまま通す. ***léave it at thát*** (批評・行為などを)そのくらいにしておく, それ以上は言わない[しない]でおく. ***léave óff*** (*vi.*) 《口語》(話・読書などを)途中でやめる, よす; やむ, 終わる: Just ～ *off*, will you? やめてくれよ / The rain has *left off*. 雨が降りやんだ / Where did we ～ *off* last time? この前はどこで終わりましたか. ― (*vt.*) (1) やめる, よす, 終わる: ～ *off* crying [a bad habit] 泣くのを[悪い習慣を]やめる / *Leave off* work now and have some tea. さあ仕事をやめてお茶にしよう / It's *left off* raining. 雨がやんだ. (2) 〈衣服・薬などの〉着用[服用]をやめる, 脱ぐ, 用いないことにする: It was so warm that I *left* my overcoat *off*. とても暖かかったのでオーバーを脱いだ. (3) 〈名前などを〉載せないでおく. ***léave … óff*** ―〈名前などを〉(リストなど)から外す. ***léave ón*** 着た[つけた, 掛けた]ままにしておく: ～ one's hat *on* 帽子をかぶったままでいる / Don't ～ the light *on* when you go to bed. 寝るときは電気をつけたままにしておかないように / *Leave* the cover *on*. (テーブルに)カバーを掛けたままにしておきなさい. ***léave óut*** (1) (外に)出したままにしておく: ～ one's bicycle *out* overnight 一晩中自転車を外に出したままにしておく / be *left out* in the cold ⇨ *(out) in the* COLD. (2) (使える[食べられる]ように)出しておく: I'll ～ the key [some food] *out for* you. 鍵[食べる物]を出しておきます. (3) (うっかりして)落とす, 抜かす, 〈一部を〉飛ばす (omit) 〔*of*〕 (cf. LEAVE *in* (1)): ～ *out* a letter 1 字抜かす / I *left* this part of the speech *out*. 演説のこの部分を落としてしまった. (4) 考慮しない, (故意に)省く, 除外する (exclude): See that these people are not *left out* from the invitations. この人たちが招待状から外れないように気をつけなさい / You can ～ my name *out of* the list. 私の名前はリストから省いてくれてもよい / Do you ever feel *left out* (of things [of everything])? (何につけ)仲間に入れてもらえないと感じることがありますか / *Leaving out* the post office, there was no telephone in the neighborhood. 郵便局以外には近くに電話がなかった. ― (*vi.*) (1) 《米南部・中部》出発する (set out). (2) 《方言》〈授業などが〉終わる (end). ***léave it óut*** 《英口語》やめる, よす: Just ～ *it out*, Sharon, will you! シャロン, よせったら. ***léave óver*** 《英》(1) [しばしば受身で] 〈食べ物・材料などの一部を〉残す, 余す; 〈習慣などを〉残す: ～ the cake *over* for tomorrow ケーキを明日まで残しておく / He was too hungry to ～ anything *over*. とても空腹だったので何も残さなかった / What is [Who is, How much is, How many are] *left over*? 何が[誰が, どれくらい, 幾つくらい]残っているのか. (2) しばらく放っておく; 繰り延べる, 延期する (postpone): ～ the meeting [work] *over* until next week 会合[仕事]を来週まで延期する. ***léave … stánding*** 《口語》(早く走りはじめて)…を大きく引き離す; …よりはるかに勝る. ***léave a person tó it*** 《口語》〈人〉に一人で事を処理させておく, 〈人を〉放っておく. 《1943》 ***léave a person to himsélf*** (忠告・援助などを与えずに)〈人を〉好きなようにさせておく, 放任する. ***léave wéll alóne*** 《英》=《米》 ***léave wéll enòugh alóne*** = LET[1] *well (enough) alone*. 《*a*1865》
〘ME *leve(n)* < OE *lǣfan* (vt.) to bequeath, (vi.) to remain < Gmc **laibjan* to remain, continue (cf. G *bleiben*) ← **laibo* remainder (OE *lāf* remainder) ← IE **leip-* to stick, adhere: cf. life, live[1]〙

leave[2] /líːv/ *n.* **1 a** (特に官公吏・軍人の)賜暇(しか), 休暇 (cf. liberty 7): ask for ～ 賜暇を願い出る / have [get, go on] ～ 休暇を取る / ⇨ *on* LEAVE / a ticket of ～ 《英古》⇨ ticket *n.* 9 c. **b** 賜暇[休暇]期間: three days' [six months'] ～ 3 日間[6 か月]の休暇 / spend one's ～ in Switzerland スイスで休暇を過ごす / leave for the South of France for [on] a month's ～ 1 か月の休暇を過ごすために南仏に立つ. **2** 許し, 許可 (⇨ permission SYN): by [with] your ～ ご免をこうむって, 失礼ですが / without ～ (*to do* …) 許可なく, みだりに, 無断で / neither with your ～ nor by your ～ 君の気に入ろうが入るまいが, 君が何と言おうと / without so much as a by your ～ 許可も得ずに, 断りもしないで, 無断で / ask [beg, get, give, refuse] ～ *to* do …する許可を求める[願う, 得る, 与える, 拒む] / I beg ～ *to* inform you of it. ご通知申し上げます《格式ばった手紙の文句》. **3** [通例 take (*one's*) ～ として] いとまごい, 告別 (departure): He *took his* ～ [*took* courteous ～] of us. 彼は我々に別れを告げた[丁重にいとまごいをした] / ⇨ *take* LEAVE *of one's senses* / ⇨ French leave.
gét one's léave 《スコット》免職になる. ***give a person his léave*** 《スコット》〈人を〉免職にする. ***on léave*** 賜暇で, 休暇で: He was *on* ～ *from* the army. 賜暇で隊にいなかった / She is at home *on* (sick [maternity]) ～. (病気療養の)休暇[産休]で帰省している / I've sent him *on* three months' ～. 彼に 3 か月の休暇を与えて帰省させた / a professor *on* sabbatical ～ サバティカル休暇で休んでいる教授 (cf. sabbatical year). ***tàke léave of one's sénses*** 気が狂う[狂ったようにふるまう].
léave of ábsence 請暇, 賜暇; 休暇(期間): be granted a two-month [two months'] ～ *of absence* from the university 大学から 2 か月の休暇を与えられる. 《1771》
〘OE *lēaf* permission, license < (WGmc) **lauƀa* (原義) pleasure, approval (G *Urlaub* permission, *erlauben* to permit) ← IE **leubh-* to desire, love (L *libīdō* 'LIBIDO'): cf. love, lief〙

leave[3] /líːv/ *vi.* 〈植物が〉葉を出す, 葉が出る (leaf) 〈*out*〉. 〘《*c*1300》 *leve* ← *lef* 'LEAF'〙

leave[4] /líːv/ *n.* **1** 《玉突》(前に突いた者の)突き残した球の位置. **2** 《ボウリング》(第 1 投のあとの)残りピン. 〘《1896》 ← LEAVE[1]〙

leaved /líːvd⁻/ *adj.* **1** 葉のある. **2** [通例複合語の第 2 構成素として] **a** 葉が…な, …葉の: red-*leaved* 紅葉した / opposite-*leaved* 対生の / a broad-*leaved* tree 広葉樹 / a four-*leaved* clover 四つ葉のクローバー. **b** 〈扉など〉…枚付きの: a two-*leaved* screen [door] 二枚びょうぶ[戸]. **3** 《紋章》〈木が〉幹の色と異なる葉のある. 〘《*c*1250》: ⇨ leave[3], -ed〙

Léave it to Béaver *n.* 「ビーバーちゃん」《米国で 1950 年代に人気のあったテレビホームドラマ》.

leav·en /lévən/ *n.* **1 a** パン生地・液体などの発酵を起こさせるもの, 酵素 (ferment); (特に)パン種 (sourdough, yeast): The kingdom of heaven is like unto ～. 天国はパン種のごとし (*Matt.* 13:33). **b** ベーキングパウダー, ふくらし粉. **2** (内部から徐々に)感化[影響, 活気, 刺激]を与える物, 一大変化をかもし出す力. **3** (全体にある特色を与える)要素 (element), 気味, 色合 (tinge): He has a ～ *of* vanity in him. 彼にはどことなく見えを張るところがある.
the óld léaven 古きパン種, 革新されない旧習の痕(こん)跡 (cf. *1 Cor.* 5:7).
― *vt.* **1** …に影響をおよぼす, 感化する (influence); …に変化を与える. **2** …にパン種を入れる; 発酵を起こさせる. **3** …に〔…の〕気味を与える, しみ込ませる 〔*with*〕: His friendship is ～*ed with* inconstancy. 彼の友情にはどうも不実の気味がある.
～·less *adj.* 〘《1340》 *levain* □ (O)F < VL **levā-men* = L *levāmen* 《原義》 alleviation, something that raises ← *levāre* to raise, lighten: ⇨ lever〙

léav·en·ing /-v(ə)nɪŋ/ *n.* **1** (パンなどを)発酵・膨張させるもの《ベーキングパウダーやイーストなど; leavening agent ともいう》. **2** = leaven *n.* 2. 〘《1601–02》: ⇨ ↑, -ing[1]〙

Leav·en·worth /lévənwəθ, -wə̀ːθ | -wəθ, -wə̀ːθ/ *n.* レヴンワース《米国 Kansas 州北東部, Missouri 河畔の都市; 連邦刑務所がある》. 〘← *Henry Leavenworth* (1783–1834: この地に宿営を設定した米国陸軍大佐)〙

léav·er *n.* 去る人, 捨てる人: ⇨ school leaver. 〘《1443》: ⇨ leave[1], -er[1]〙

leaves /líːvz/ *n.* leaf の複数形.

Léaves of Gráss *n.* 「草の葉」《Walt Whitman の詩集 (初版 1855, 9 版 1891–92)》.

léave-tàking *n.* いとまごい, 告別 (farewell). 〘1375〙

léav·ing *n.* [通例 *pl.*] 残った物; 残り物, 余り物 (remnants); くず, かす (refuse): I want none of your ～*s*. 君の残した物なんかご免だ. 〘《1340》: ⇨ leave[1], -ing[1]〙

léaving certìficate *n.* 《英》= school certificate.

Leav·is /líːvɪ̀s/, **F**(**rank**) **R**(**aymond**) *n.* リーヴィス《1895–1978; 英国の文芸批評家; *New Bearings in English Poetry* (1932), *The Great Tradition* (1948)》.

Léa·vi·sìte /-sàɪt/ *adj., n.*

leav·y /líːvi/ *adj.* (**leav·i·er; -i·est**) 《古》 = leafy. 〘《?*a*1440》〙

Leb. 《略》 Lebanese; Lebanon.

Leb·a·nese /lèbəníːz, -níːs | -níːz⁻/ *adj.* レバノン(人)の. ― *n.* (*pl.* ～) レバノン人. 〘《1920》: ⇨ ↓, -ese〙

Leb·a·non /lébənà(ː)n, -nən | -nən, -nɒn/ *n.* レバノン: **1** アジア南西部, 地中海の東岸にある共和国; 面積 10,400 km², 首都 Beirut; 公式名 the Republic of Lebanon レバノン共和国. **2** 米国 Pennsylvania 州南東部の都市. **3** = Lebanon Mountains. 〘□ Heb. *Lᵉbhānōn* the white mountain ← *lābhān* white〙

Lébanon cédar *n.* 《植物》 = CEDAR of Lebanon.

Lébanon Móuntains *n. pl.* [the ～] レバノン山脈《レバノン共和国中央部を南北に貫く山脈; アラビア語名 Jebel Liban.》.

leb·bek /lébɛk/ *n.* **1** 《植物》ビルマネムノキ, ビルマゴウカン, オオバネム (*Albizzia lebbeck*) 《熱帯アジア原産のネムノキに似たマメ科の落葉高木; koko, siris, woman's tongue tree, East Indian walnut ともいう》. **2** ビルマゴウカン材. 〘《1766》 ← Arab. *labak*〙

leb·en /lébən, -bn̩/ *n.* (*also* **leb·an** /～/) レバン《中近東・北アフリカ地方の凝乳から作られる酸味のある飲み物》. 〘□ Syr.-Arab. *léban* = Arab. *lában* milk〙

Le·bens·raum, l- /léɪbənzràʊm, -bəns-, -bn̩z-, -bn̩s-; G. léːbn̩sʁaʊm/ G.*n.* **1** (ナチスの理念だった)生活圏(領土) (cf. geopolitics 1). **2** (共同体・組織・個人などの)生活圏. **3** = living space 1. 〘《1905》 □ G ～ 'room for living'〙

Le·bésgue íntegral /ləbég-; F. ləbɛg-/ *n.* 《数学》ルベーグ積分. 〘← *Henri Leon Lebesgue* (1875–1941: フランスの数学者)〙

leb·ku·chen /léɪpkùːkən, -xən; G. léːpkuːxn̩/ *n.* (*pl.* ～) レープクーヘン《小麦粉・蜂蜜または砂糖・オレンジやレモンの皮・香辛料で作るドイツの伝統的なクリスマスクッキー》. 〘□ G *Lebkuchen*: ⇨ loaf[1], cake〙

Le·blanc /ləblɑ́ː(ŋ), -ɑ́ːŋ; F. ləblɑ̃/, **Maurice** *n.* ルブラン《1864–1941; フランスの推理小説家; ルパン (Lupin) の登場する推理小説を書いた; cf. Lupin》.

Leblanc, Nicolas *n.* ルブラン《1742?–1806; フランスの化学者; 食塩からソーダを製する方法を発明》.

Le Bon /ləbɔ́(ː)n, -bɔ̃́ːn | -bɔ́n; F. ləbɔ̃/, **Gustave** *n.* ルボン《1841–1931; フランスの群集心理学者》.

Le Bour·get /ləbʊəʒéɪ | -bʊə-; F. ləbuʁʒɛ/ *n.* ルブールジェ《フランス Paris の北東方郊外の地区; 国際空港所在地; cf. Only》.

Le·bow·a /ləbóʊə | -báʊə/ *n.* レボワ《南アフリカ共和国旧 Transvaal 州北部の一群の飛び地からなっていた Bantustan》.

Le·brun /ləbrə́ː(ŋ), -brə́ːŋ; F. ləbʁœ̃/, **Albert** *n.* ルブラン《1871–1950; フランスの政治家; 大統領 (1932–40)》.

Lebrun, Charles *n.* ルブラン《1619–90; Louis 十四世の宮廷で活躍したフランスの歴史画家; Le Brun ともつづる》.

Lebrun, Mme. **Vigée-** *n.* ⇨ Vigée-Lebrun.

Lec /lék/ *n.* 《商標》レック《英国製の冷蔵庫》. 〘← *L(ongford) E(ngineering) C(o.)* (旧社名)〙

le Carré /ləkɑːréɪ | -kǽreɪ/, **John** *n.* ル カレ《1931– ; 英国の小説家; 本名 David John Moore Cornwell; *The Spy Who Came in from the Cold* (1963)》.

Le Ca·teau /ləkætóʊ | -tə́ʊ; F. ləkato/ *n.* ル カトー《フランス北東部, Nord 県の町》.

Lec·ce /léttʃeɪ; It. léttʃe/ *n.* レッチェ《イタリア南東部, Apulia 州南部の都市; ギリシャ・ローマの遺跡がある》.

lec·cy /léki/ *n.* 《英口語》電気 (electricity). 〘《短縮》 ← ELECTRICITY: ⇨ -y[2]〙

lech /létʃ/ 《俗》 *n.* **1** 好色, 淫(いん)乱; 性的欲望. **2** 好色な人, 淫乱者. ― *vi.* 好色漢のようなふるまいをする; 求めてやまない, 渇望する 〔*for, after*〕. 〘《1796》《逆成》 ← LECHER〙

Lech /lék, léx; G. léç, Pol. léx/ *n.* [the ～] レヒ(川)《オーストリア南西部からドイツ南部を通って Danube 川に合流する》.

le·cha·te·lier·ite /ləʃɑ̀ːtəlíᵊraɪt | -təlíər-/ *n.* 《鉱物》ルシャトリエライト《隕石の一種テクタイト中の等方性粒子》. 〘《1916》 □ F *lechateliérite* ← *Le Châtelier* (↓): ⇨ -ite[1]〙

Le Châ·te·lier's prìnciple /ləʃɑ́ːtəljèɪ- | -tə-; F. ləʃɑtəlje-/ *n.* 《物理・化学》ルシャトリエの法則, 平衡移動の法則《平衡状態にある物質系に, 外部からその状態を乱すような影響を与えると, その影響を打消す方向に平衡が移動し始めるというもの》. 〘← *Henry-Louis Le Châtelier* (1850–1936: フランスの化学者)〙

le·cha·yim /ləxɑ́ːjɪ̀m/ *int., n.* = l'chaim.

lech·e·gui·lla /lètʃəgíː(j)ə/ *n.* 《植物》 = lechuguilla.

lech·er /létʃə | -tʃəʳ/ *n.* 好色家, 淫乱な人. ― *vi.* 好色に耽る. 〘? lateOE *lech(o)ur* □ OF *lecheor* (F *lécher*) libertine ← *lechier* to live in debauchery (F *lécher* to lick) □ Frank. **likkōn* < Gmc **likkōjan* 'to LICK'〙

lech·er·ous /létʃ(ə)rəs/ *adj.* **1** 好色な, 淫乱な. **2** 色情を催させる, 煽情的な, 挑発的な. **～·ly** *adv.* **～·ness** *n.* 〘《*c*1300》 □ OF *lecheros*: ⇨ ↑, -ous〙

léch·er wìres, L- w- /lékə-, -xə- | -kə-, -xə-; G. léçɐ-/ *n. pl.* 《電子工学》レッヘル線《針金 2 本を並行に並べた伝送線で, 超短波の波長測定などに用いる》. 〘← *Ernst Lecher* (1856–1926: オーストリアの物理学者)〙

lech·er·y /létʃ(ə)ri/ *n.* 色欲, 肉欲 (lust); 好色, 淫乱. 〘《?*a*1200》 □ OF *lecherie*: ⇨ lecher, -y[1]〙

léch·o·sos òpal /lékəsòʊs- | -sɒus-/ *n.* 《鉱物》レコソス蛋白石. 〘*lechosos*: □ Sp. *lechoso* milky ← *leche* milk + *-oso* -OUS〙

lech·u·gui·lla /lètʃəgíː(j)ə/; *Am.Sp.* letʃuɣíja/ *n.* 《植物》レチュギヤ (*Agove heteracanthe*) 《メキシコ産のリュウゼツランの一種, 葉から採れる繊維でブラシなどを作る》. 〘□ Sp. ～ (dim.) ← *lechuga* < L *lactūcam* 'LETTUCE'〙

le·chwe /líːtʃwi/ *n.* 《動物》リーチュエ (*Kobus leche*) 《アフリカ産のレイヨウの一種で比較的長い角は後方に伸び, 体の色は赤茶色》. 〘《1857》 ← Bantu〙

lec·i·thal /lésəθəl, -θl̩ | -sɪ̀-/ *adj.* [しばしば複合語の第 2 構成素として] 《生物》卵黄がある: homolecithal. 〘⇨ ↓, -al[1]〙

lec·i·thin /lésəθɪ̀n | -sɪ̀-/ *n.* 《生化学》 **1** レシチン《動物の脳および神経組織・卵黄・植物種子などの中にある燐(りん)脂質》. **2** (商品化された)レシチン《大豆・卵黄などが原料で, 食品・化粧品・塗料の材料》. 〘《1861》 ← Gk *lékithos* yolk of an egg + -IN[2]〙

lec·i·thin·ase /lésəθɪ̀nèɪs, -nèɪz | -sɪ̀θɪnèɪs/ *n.* 《生化学》レシチナーゼ《レシチンを分解する酵素; 分解する程度で A, C, D に分けられる; A は蛇毒に含まれ, レシチンから一つの脂肪酸を加水分解する》. 〘《1910》: ⇨ ↑, -ase〙

Leck·y /léki/, **William Edward Hart·pole** /hɑ́ːətpoʊl | hɑ́ːtpəʊl/ *n.* レッキー《1838–1903; Dublin 生まれの英国の歴史家・評論家; *Leaders of Public Opinion in Ireland* (1861), *History of England in the 18th Century* (1878–90)》.

Le·clair /ləkléə | -kléəʳ; F. ləklɛːʁ/, **Jean-Marie** *n.* ルクレール《1697–1764; フランスのバイオリン奏者, 作曲家》.

Le·clan·ché cell /ləklɑ̃ː(n)ʃéɪ-⁻, -lɑːn-; F. ləklɑ̃ʃe-/ *n.* 《電気》ルクランシェ電池《現在の乾電池の原型》. 〘← *Georges Leclanché* (1839–82: フランスの化学者)〙

Le·conte de Lisle /ləkɔ̃ː(n)tdəlíːl, -kɔ́ːnt-; F. ləkɔ̃tdəlil/, **Charles Marie** (**René**) *n.* ルコント ド リール《1818–94; フランスの高踏派 (Parnassian) の詩人; *Poèmes antiques* (1852)》.

Le Cor·bu·sier /ləkɔ̀əbuːzjéɪ, -ziéɪ, -buːs- | -kɔː-búːzièɪ, -bjúːz-; F. ləkɔʁbyzje/ *n.* ルコルビュジエ《1887–1965; スイス生まれのフランスの建築家; 都市計画, 集合住宅等に新理論を展開した; 本名 Charles Édouard Jeanneret /ʒanʁɛ/》.

Le Creu·sot /ləkruːzóʊ | -zə́ʊ; F. ləkʁøzo/ *n.* ルクルーゾ《フランス中東部の都市; 金属・機械・軍需産業》.

lect. 《略》 lectern; lecture; lecturer.

-lect /lèkt/ 言語の変種を表す名詞連結形: acro*lect* / socio*lect*. 〘1965〙

lec·tern /léktən, -təːn | -tən, -təːn/ *n.* **1** 《教会》聖書(朗読)台, 読書台《教会の礼拝の際に典礼書を載せる書見

L

台; 通例, 木や金属で作られた移動式のもので, しばしば両翼を広げた鷲(わし)やペリカンの形をしている). **2** 書見台.
〖(c1440) *lecturn* □ LL *lectrum* reading desk ← L *lectus* (p.p.) ← *legere* to read ∞ (c1325) *lettrun* □ OF〗

lectern 1

lec·tin /léktɪ̩n | -tɪn/ *n.* 〘生化学〙レクチン《糖結合性蛋白質の総称》. 〖(1954) ← L *lectus* (← *legere* to pick) +-IN²〗

lec·tion /lékʃən/ *n.* **1** (特定の版本でのある章句の)異文. **2** 〘教会〙(礼拝式で読む)聖句; 日課, 読踊. 〖(1540) □ L *lectiō(n-)* ← *lectus* (p.p.) ← *legere* to read〗

lec·tion·ar·y /lékʃənèri | -ʃ(ə)nəri/ *n.* 〘教会〙日課表, 読踊集, 聖句集《礼拝式の中で読まれる新・旧約聖書の章句の一覧表》. 〖(1780) □ ML *lectionārium* ← L *lectiōn-* (↑): ⇨ -ary〗

lec·tor /léktɔə, -tə | -tɔː(r)/ *n.* **1** 〘カトリック〙読師, レクター, 朗読者《下級聖職階 (minor orders) の一つ; 祭式の際に日課を朗読する; 修道院で食事の時に大声で朗読する役を指すこともある; reader ともいう》. **2** (特に, ヨーロッパの大学で)講師 (lecturer). **~·ate** /léktərɪ̩t, -rèɪt/ *n.* **~·ship** *n.* 〖(a1387) □ L *lector* ← *lectus* (p.p.) ← *legere* to read〗

lec·to·type /léktətàɪp/ *n.* 〘生物〙選定基準標本《植物の種の基準として, 発表者が数個の標本を引用した時, 後の研究者がその中から最も適正であると選定した標本》. 〖(c1905) ← Gk *lectós* picked +-TYPE〗

lec·ture /léktʃə | -tʃə(r)/ *n.* **1 a** 講義; 講演, 講話: a ~ *on* morals 倫理講話 / attend a ~ 講義[講演]を聞く / deliver [give] a ~ *on* [*about*] ...について講義[講演]をする. **b** [形容詞的に] 講義(用)の, 講演の(ための): ~ notes 講義用メモ / a ~ room 講義室 / a ~ hall 講堂 / go on a ~ tour 講演旅行をする. **c** 講義[講演]の原稿. **2** 説諭, 訓戒, 小言 (admonition, reprimand): read [give] a person a ~ 人にお説教をする, 叱る / have a ~ from ...から説教される / ⇨ curtain lecture. **3** 《古》閲読, 音読; 閲読[音読]する物.
— *vi.* 講義をする, 講演をする: She's lectur*ing* now. / ~ *on* English literature *to* a class [students] クラス[学生]に英文学の講義をする / ~ *in* [*on*] mathematics *at* Harvard ハーバード大学で数学の講義をする. — *vt.* 説法する, 訓戒する, 叱る (reprove): I was severely ~*d for* being late. 遅れたのをひどく叱られた.
〖((?a1300)) (1536) □ (O)F ~ // ML *lectūra* ← L *lectus* (p.p.) ← *legere* to read (← IE **leg-* to collect, speak) +*-ūra* '-URE'〗

lec·tur·er /léktʃ(ə)rə | -rə(r)/ *n.* **1** 講演者, 講話者. **2** (大学の)講師: a ~ *in* English *at* Harvard University ハーバード大学英語講師. ★ 英国の大学で教授 (professor) の下の等級で, 通例 assistant [junior] lecturer から始まり senior lecturer, そして professor となる; ただし, 上位の senior lecturer に reader というタイトルを与える大学が多い; 一方, 米国の大学では, 助教授 (assistant professor) の下に位して, 非常勤の講師 (cf. instructor).
〖(1570): ⇨ ↑, -er¹〗

lécture·shìp *n.* **1** lecturer の職[地位]. **2** 講座(を維持する基金). 〖(1634): ⇨ -ship〗

lécture thèater *n.* (階段席のある)講堂, 階段教室.

lecythi *n.* lecythus の複数形.

lec·y·this /lésəθɪ̩s | -sɪ̩θɪs/ *adj.* 〘植物〙サガリバナ科パラダイスナットノキ属の《大部分は南米熱帯産; ブラジルナットノキ・パラダイスナットノキなどがある》.

lec·y·thus /lésəθəs | -sɪ-/ *n.* (*pl.* **-y·thi** /-θàɪ/) (ギリシャ・ローマ古物の)レキュトス《首が細くて取っ手が一つ付いた細身の陶器の瓶; 油や軟膏(こう)を入れるのに用いた; cf. alabastrum, aryballos, askos》. 〖□ LL ~ □ Gk *lḗkuthos*〗

led /léd/ *v.* lead¹ の過去形・過去分詞. — *adj.* **1** 指導[支配]される; 引かれる: a ~ horse 引き馬, 乗替え馬, 予備馬. **2** [複合語の第 2 構成素として] ...に率いられた. 〖(1570): ⇨ OE *lǣde* (pret.), *lǣd(ed)* (p.p.)〗

LED /èlìːdíː/ *n.* 〘電子工学〙発光ダイオード《電卓や電子ウォッチの表示などに用いられる半導体の発光素子》. 〖(1968) (頭字語) ← *l(ight)-e(mitting) d(iode)*〗

Le·da /líːdə | -də/ *n.* **1** リーダ《女性名》. **2** 〘ギリシャ神話〙レダ《Zeus が白鳥の姿で言い寄って妻とした女性; Helen, Clytemnestra, Castor, および Pollux の母》. **3** 〘天文〙レダ《木星 (Jupiter) の第 13 衛星》. 〖□ L *Lēda* □ Gk *Lḗdā* □ ? Lycian *Lada* wife, woman〗

Led·bet·ter /lédbɛ̀tə | -bɛ̀tə(r)/, **Hud·die** /hʌ́di | -di/ *n.* レッドベター《1888–1949; 米国の黒人ブルース歌手; 通称 Leadbelly》.

léd càptain *n.* へつらう人, 腰巾着(ぎんちゃく) (toady).

LÉD displày /èlìːdíː-/ *n.* 〘電子工学〙発光ダイオードディスプレー《デジタル時計・電卓・コンピューターなどの表示部》.

Le·der·berg /léɪdəbə̀ːg | -dəbəːg/, **Joshua** *n.* レーダーバーグ《1925– ; 米国の遺伝学者; Nobel 医学生理学賞 (1958)》.

le·der·ho·sen /léɪdəhòuzən, -zn̩ | -dəhəʊ-; *G.* léːdɐhoːzn/ *n. pl.* (ドイツ Bavaria 地方で男性がサスペンダーを使ってはく)短い革のズボン. 〖(1937) □ G *Lederhosen* (pl.) ← MHG *lederhose*: ⇨ leather, hose〗

ledge /lédʒ/ *n.* **1** (壁面から突き出ている)棚; 棚状の突起; 出っ張り, (盆などの)縁: the ~ of a blackboard. **2** (岩壁の側方の)岩棚, レッジ. **3** 〘海事〙岩棚《海岸に大体並行して水中に連なる一列の岩石》. **4** 〘鉱山〙鉱脈. **5** 〘建築〙(太い)横桟; (入口の)戸当たり. **6** [*pl.*] 〘造船〙(船の)副梁(りょう)材. — *vt.* ...に ledge をつける. — *vi.* ledge をなす. **~·less** *adj.* 〖(1272–73) *legge* support, bar ← ? *legge* (n.) 'to LAY¹'〗

ledged *adj.* **1** 出っ張りのある: a ~ cliff 岩棚のある絶壁. **2** 〘建築〙太い横桟を打った: a ~ door ぬき打ち戸. 〖(1538): ⇨ ↑, -ed〗

ledge·ment /lédʒmənt/ *n.* =ledgment.

led·ger /lédʒə | -dʒə(r)/ *n.* **1** 〘会計〙元帳: ⇨ general ledger. **2** 〘釣〙**a** =ledger line 1. **b** =ledger bait. **c** =ledger tackle. **3** (墓の上に置く)平石 (slab). **4** 〘建築〙(足場の)布丸太. — *vi.* 〘釣〙ぶっ込み(仕掛け)で釣る. — *vt.* 〘釣〙ぶっ込みの際に釣針・えさを用いる. 〖(1350) *legger* ← (方言) *legge(n)* to lay〗

lédger bàit *n.* 〘釣〙(ぶっ込み釣りの)固定えさ《水底に固定される; cf. walking bait》.

lédger bàlance *n.* 〘会計〙元帳残高.

lédger bòard *n.* **1** 柵(さく)の立て杭に打った平らな横木. **2** 〘木工〙=ribbon 6.

lédger hòok *n.* 〘釣〙ぶっ込み釣りの釣針. 〖1653〗

lédger lìne *n.* **1** 〘釣〙ぶっ込み釣りの釣糸. **2** 〘音楽〙(五線譜の)加線 (leger line ともいう). 〖1700〗

lédger plàte *n.* **1** 〘機械〙固定刃《芝刈機などで運動している刃と一対になって芝などを刈る》. **2** 〘木工〙=ledger strip.

lédger strìp *n.* 〘木工〙根太掛け《根太の端を支える横木》.

lédger tàckle *n.* 〘釣〙ぶっ込み釣り仕掛け. 〖1867〗

ledg·ment /lédʒmənt/ *n.* 〘建築〙蛇(じゃ)腹繰形《れんがや石の装飾的な胴蛇腹; cf. stringcourse》. 〖(1425–26): ⇨ ledge, -ment〗

ledg·y /lédʒi/ *adj.* (**ledg·i·er**; **-i·est**) 棚のある, 出っ張りの多い. 〖(1779) ← LEDGE+-Y⁴〗

Le·doux /lədúː; *F.* lədu/, **Claude-Nicolas** *n.* ルドゥー《1736–1806; フランスの抽象的な新古典主義の建築家》.

Le Duc Tho /léɪdàktóu | -tə́u/ *n.* レドクト《1911–90; ベトナム人民共和国の政治家, 労働党政治局員; Nobel 平和賞 (1973; 辞退)》.

lee¹ /líː/ *n.* [通例 the ~] **1** (風下の)物陰, 陰 (shelter); (風を防ぐ物陰の)風の当たらない所: under *the* ~ of the hill 丘の陰に(風を避けて). **2** 〘海事〙風下, 風下側 (↔ windward): on [under] (*the*) ~ 風下に[の] / be in *the* ~ 風下にある. ***by the lée*** (順走中の帆船の)船首が大きく風下に落ちて裏帆を打つばかりに.
— *adj.* [限定的] **1** 〘海事〙風下の (↔ weather, windward): the ~ side 風下側 (↔ weather side) / ⇨ lee tide. **2** 〘地質〙氷河が動き出す側面にある.
〖OE *hlēo(w)* shelter < Gmc **xlēw(j)am* (Du. *lij* / Dan. *læ*) ← ? IE **kelə-* warm (L *calēre* to be warm)〗

lee² /líː/ *n.* [通例 *pl.*] **1** (酒類の)澱(おり), 滓(かす) (sediment): The best wine has its ~*s.* 《諺》最上の酒にも澱がある (cf.「玉にきず」). **2** くず, 廃物 (refuse): the ~*s* of life つまらない余生. ***drink*** [***dráin***] ***to the lées*** 飲み干す; 苦労をし尽くす, 辛酸をなめ尽くす. 〖(c1380) *lie* □ (O)F □ ML *liæ* (pl.) ← Celt.〗

Lee /líː/ *n.* リー: **1** 男性名. **2** 女性名. 〖(異形) ← LEAH, LEIGH² // (短縮) ← LEROY〗

Lee /líː/, **Ann** *n.* リー《1736–84; 英国の神秘論者; 米国のシェーカー派 (Shakers) の創始者 (cf. shaker 3 a)》.

Lee, Bruce *n.* リー《1940–73; 米国生まれの香港系の俳優; 中国名李小龍(リーシャオロン); *Enter the Dragon*「燃えよドラゴン」(1973)》.

Lee, Charles *n.* リー《1731–82; 独立戦争当時の英国生まれの米国の将軍》.

Lee, Christopher *n.* リー《1922– ; 英国の映画俳優; Dracula の役で知られる》.

Lee, Gypsy Rose *n.* リー《1914–70; 米国のストリッパー・女優; 本名 Rose Louise Hovick》.

Lee, Henry *n.* リー《1756–1818; 独立戦争当時の米国の将軍; Robert E. Lee の父; 通称 Light-Horse Harry》.

Lee, Laurie *n.* リー《1914–97; 英国の作家・詩人; *Cider with Rosie* (1959)》.

Lee, (Nelle) Harper *n.* リー《1926– ; 米国の小説家; *To Kill a Mockingbird* (1960)》.

Lee, Richard Henry *n.* リー《1732–94; 米国の独立戦争当時の政治家》.

Lee, Robert E(dward) *n.* リー《1807–70; 米国の将軍・教育家; 南北戦争における南軍の総指揮官》.

Lee, Sir Sidney *n.* リー《1859–1926; 英国の伝記作者・批評家; *The Dictionary of National Biography* (1882–1917) の編者の 1 人; *A Life of William Shakespeare* (1898)》.

Lee, Spike *n.* リー《1957– ; 米国の映画監督; 黒人; 本名 Shelton Jackson Lee; *Do the Right Thing* (1989)》.

Lee, Vernon *n.* リー《1856–1935; フランス生まれでイタリアに住んだ英国の批評家・小説家; Violet Paget の筆名》.

Lee /líː/, **Yu·an Tseh** /júːəntséɪ, juːáːn-/ *n.* リー《1936– ; 台湾出身の米国の化学者; 化学反応を動力的に解明; 中国名李遠哲 /*Chin.* lǐyɛ̌n-tʂɤ́/ (ユアンチョー); Nobel 化学賞 (1986)》.

lée·bòard *n.* 〘海事〙リーボード, せかせ《帆船が風下に押し流されないように平底船の風下舷(げん)に取り付けた板》. 〖1691〗

leech¹ /líːtʃ/ *n.* **1** 〘動物〙ヒル《環形動物ヒル綱の水生または陸生の虫の総称; 吸血性または肉食性》: stick [cling] like a ~ 固着する, 吸いついて離れない. **2** 他人の膏血(こうけつ)をしぼる人, 人から利益を搾取する人, 吸血鬼 (bloodsucker), 高利貸 (usurer) (⇨ parasite SYN). **3** 〘医学〙人口放血器, 吸いふくべ, 吸い玉. — *vt.* **1** ...にひるをつける. ひるをつけて血を採る. **2** ひるのように吸いついて〈他のものの血・財産などを〉吸い尽くす[しぼり取る]. — *vi.* ひるのように吸いつく〔*on*, *to*〕. 〖OE *lǣċe* leech (cf. MDu. *leke*): LEECH³ と別語源だが, 蛭を外科治療に使ったことから混同された〗

leech² /líːtʃ/ *n.* 〘海事〙(横帆の)縦縁(たてべり); (縦帆の)後縁. 〖(1485) *lek, leche* □ ? MLG *līk* leech line: cf. G (方言) *Leik* / Du *lijk* leech rope〗

leech³ /líːtʃ/ *n.* **1** 《古》医者, 外科医. **2** 《英方言》獣医. — *vt.* 《古》治療する. 〖OE *lǣċe* < Gmc **lēkjaz* (原義) enchanter ← IE **leg-* to collect, speak (L *lēx* law): ↑〗

Leech /líːtʃ/, **John** *n.* リーチ《1817–64; 英国の諷刺画家; *Punch* 誌に描いた》.

léech·cràft *n.* 《古》医術. 〖OE *lǣċecræft*: ⇨ leech³, craft〗

léech lìne *n.* 〘海事〙リーチライン. 〖1426〗

léech ròpe *n.* 〘海事〙リーチロープ《帆の縦ふちに沿ってつけたロープ》. 〖1769〗

Leeds /líːdz/ *n.* リーズ《イングランド中北部の都市; 衣料産業の中心地; 大学がある》. 〖OE *Ledes* (原義) ? the folk living round the river *Lāta* (原義) the violent one ← Celt.)〗

Lee-En·field /líːénfiːld/ *n.* 〘英軍〙リーエンフィールド銃《弾倉式銃剣付きライフル銃; 英陸軍で第一次, 二次大戦で使用》. 〖(1902) ← *J. P. Lee* (1831–1904: 米国のボルトアクション式ライフル銃の設計者)+*Enfield* (兵器製造所の所在地である Greater London の町)〗

L

lée·fàng *n.* (*also* **lée·fànge**) 《英》=traveler 5 b.

lée gàuge *n.* 〘海事〙(帆船において他船の)風下にある位置関係 (cf. weather gauge): have [keep] the ~ of (他船の)風下にいる; ...より不利な地位を占める. 〖⇨ gauge (n.) 9 b〗

lée hèlm *n.* 〘海事〙[号令] 舵柄風下へ《昔の言い方で, 舵柄を風下に取ること; 従って舵面は風上に行き, 船首は風上に曲がる; 1930 年頃にこの言葉は世界的に廃止され, 現在は weather wheel という》. 〖1883〗

leek /líːk/ *n.* 〘植物〙リーキ, ニラネギ, セイヨウネギ (*Allium porrum*)《地中海沿岸のユリ科の二年草; タマネギに似るが, 葉は料理用; scallion ともいう; ウェールズの国章; cf. daffodil, rose² 7, thistle 1, shamrock 1 a》. ***éat the léek*** 侮辱を忍ぶ, 屈従する (cf. Shak., *Henry V* 5. 1. 10). ***nòt wórth a léek*** 全くなんの値打ちもない.
〖OE *lēac* < Gmc **laukaz* (原義) ? the bent one (その葉が外側にまくれることから) (Du. *look* / G *Lauch*) ← IE **leug-* to bend, wind: cf. lock²〗

léek-gréen *adj.* 青みを帯びた緑色の. 〖1662〗

Lee Kuan Yew /líːkwàːnjúː/ *n.* リークアンユー《1923– ; シンガポールの政治家; 首相 (1959–90)》.

leer¹ /líə | líə(r)/ *n.* **1** 横目, 流し目; 意地悪い目つき. **2** 《廃》頬(ほお), 顔つき. — *vi.* 横目を使う, 流し目で[意地悪そうに]見る: ~ *at* the girls. — *vt.* **1** 〈目を〉横に向けて見る: ~ one's eye *at* ...を横目で見る. **2** 横目[流し目]を使って〈人を〉誘う. 〖(1530) (転用) ← ? (廃) *leer* cheek < OE *hlēor*〗

leer² /líə | líə(r)/ *n.* =lehr.

leer³ /líə | líə(r)/ *adj.* 《英方言》=lear.

leer·ing /líᵊrɪŋ | líər-/ *adj.* 横目を使う; 意地悪そうな目つきの: a ~ ruffian. 〖(1546) ← LEER¹+-ING²〗

léer·ing·ly *adv.* 横目[流し目]で見ながら. 〖(1702): ⇨ ↑, -ly¹〗

leer·y /líᵊri | líəri/ *adj.* (**leer·i·er**; **-i·est**) **1** 《口語》疑い深い; 〔...を〕用心する〔*of*〕: a ~ look / be ~ *of* a proposal うっかり提案に乗らない. **2** 《古》狡猾(こうかつ)な, 抜け目のない: a ~ old bird 狡猾な男, 食えないやつ.

leer·i·ly /líᵊrəli | líərɪ̩li/ *adv.* **léer·i·ness** *n.* 〖(1718) ← (廃) *leer* (adj.) looking askance+-y⁴〗

Lée's Bírthday *n.* リー将軍 (Robert E. Lee) 誕生記念日 (1 月 19 日; 米国南部諸州の法定休日).

leese /líːz/ *vt.* 《廃》=lose. 〖OE *lēosan*: ⇨ lose〗

lée shòre *n.* **1** 風下に海岸のある態勢, 風下浜 (↔ weather shore). **2** 危険の源, 破滅の原因《船の風下にある海岸は嵐の際, 船にとって危険なものであるところから》. ***on a leé shòre*** 危険に瀕して, 困って, 背水の陣に立って. 〖1579–80〗

leet¹ /líːt/ *n.* 《英》**1** (昔の)領主刑事裁判所 (court leet). **2** (昔の)領主裁判所の管轄区. 〖(1388) *lete* □ AF ← ? Gmc: cf. OE *lǣþ* estate〗

leet² /líːt/ *n.* 《スコット》官職候補者表. 〖(1441) *lite* □ ? OF *lit(te)* (変形) ← *liste* 'LIST¹'〗

lée tìde *n.* 〘海事〙=leeward tide. 〖1726〗

Lee Tsung-Dao /líːdzʊ̀ŋdáu, -tsʊn-; *Chin.* lǐ-tsʊ̀ŋtàu/ *n.* 李政道(リーチョンタオ) (1926– ; 中国生まれの米国の物理学者; Nobel 物理学賞 (1957)).

Leeu·war·den /léɪvaədn̩ | -vaː-; *Du.* léːwardə/ *n.* レーワルデン《オランダ北部 Friesland 州の州都》.

Leeu·wen·hoek /léɪvənhùk; *Du.* léːwənhuːk/, **Anton van** *n.* レーウェンフック《1632–1723; オランダの博物学者; 手製の顕微鏡で微生物・赤血球などを観察》.

lee·ward /líːwəd | -wəd/ ★ 海事関係者の発音は /lúːəd | lúːəd, ljúː-/ *adj.* 風下の, 風下にある. — *adv.*

風下に, 風下の方へ. ― *n.* 風下, 風下側, 風下の方向 (cf. windward): on the ～ of …の風下の側に / to ～ 風下に当たって. 〘1549〙

Lée·ward Íslands /líːwəd- | -wəd-/ *n. pl.* [the ～] リーワード諸島: **1** 西インド諸島, 小アンチル諸島 (Lesser Antilles) 中の北部を占める諸島; フランス領の Guadeloupe, かつての英領植民地 Anguilla, Antigua Barbuda, Montserrat, St. Kitts-Nevis などから成る. **2** 上記のもと英領の諸島. **3** 南太平洋, フランス領 Polynesia の Society 諸島西部の群島; Huahiné, Raiatéa, Tahaa, Bora-Bora, Maupiti などを含む; フランス語名 Îles sous le Vent.

lée·ward·ly *adj.* 〈船が〉風下に落とされがちな (cf. weatherly). 〘(1683): ⇨ -ly²〙

léeward·mòst /-mòʊst | -màʊst, -məst/ *adj.* 《古》一番風下にある, 最も風下の. 〘1693〙

léeward tíde *n.* 〘海事〙順風潮 《風下に向かって流れる潮流; lee tide, leeward tidal current ともいう; cf. weather tide》. 〘1696〙

lée wàve *n.* 〘気象〙風下波.

lee·way /líːwèɪ/ *n.* **1** (空間・時間・金・行動などの)余地, 余裕; 許容差: ask a little ～ *for* the payment 支払いに対してしばらくの猶予を願う / You have an hour's ～ *to* catch the train. 列車にはまだ 1 時間余裕がある. **2** 〘海事〙 **a** 風圧量 《航進中の船が風下に押し流される横距離》. **b** 風圧差 《風圧によって船首の方向と船の進む方向とに生じる角度》: have ～ 風下に余地がある, 風下が広い; 〈船が〉風下へ流される. **3** 〘航空〙偏流角 (⇨ drift angle 2). **4** 《英》(時間の)損失; 基準[目標]に対する遅れ. ***màke úp léeway*** 《英》遅れを取り返す; 苦境を切り抜けようとする: have much [a great deal of] ～ to *make up* 遅れを取り返すのに骨が折れる; 脱し難い逆境に陥る. 〘1827〙〘1669〙

lée whéel *n.* 〘海事〙 **1** [号令] 舵輪を風下へ (cf. weather helm). **2** 2 人以上で舵輪について舵を取っている時の風下側につく操舵員 《下級者で操舵補助員》.

L **Le Fan·u** /léfənùː, -njùː, ləfáːnuː | léfənjùː, -nùː, ləfáːnuː/, **(Joseph) Sheridan** *n.* レファニュ 《1814–73; アイルランドの小説家; *Uncle Silas* (1864)》.

left¹ *v.* leave¹ の過去形・過去分詞.

left² /léft/ *adj.* [限定的] (↔ right) **1** 左の, 左方の, 左側の, 左にある; 〘野球〙左翼の: a person's ～ hand, shoulder, leg, etc. / the ～ bank of a river (下流に向かって)川の左岸 / ⇨ left field, left fielder / the ～ flank [wing] (隊の)左翼 / the ～ hand 左手; 左側, 左方 / on the ～ hand of …の左方に / a ～ [*left*-hand] jab [hook, uppercut] 左[左手]のジャブ[フック, アッパーカット] / a straight ～ to the solar plexus みぞおちへの左ストレート. **2** [しばしば L-] (政治上の)左派の, 左翼の (cf. *n.* 2 b): ⇨ left wing 1. **3** 〘数学〙左の, 左側の 《集合や元に左側から作用することに関していう; ↔ right》: a ～ inverse 左逆元 / a ～ module 左加群.

― *adv.* 左に, 左方に, 左側に, 左側に当たって: turn [go, bear] ～ 左に曲がる / *Left!* 《米》〘海事〙取りかじ (⇨ port² 1) / Eyes ～! [号令] かしら左 / *Left* turn [face]! [号令] 左向け左 / *Left* wheel! [号令] 左に向きを変え進め / Keep ～. [標識] 左側通行.

léft and right ⇨ RIGHT *and left.*

― *n.* **1** [the ～, *a person's* ～] 左, 左方, 左側, 左手: drive on *the* ～ 左側を運転する / turn to *the* ～ / Go through the door on *your* [*the*] ～. ドアを通り抜けるときは左側を通ってください / sit on *a person's* ～ 人の左側に座る / keep to *the* ～ (of the river) 川の左側を通る / Keep to *the* ～. [標識] 左側通行 / a bit more to *the* ～ もう少し左側へ. **2** [通例 the L-] **a** (議会の)左側の席. **b** [集合的] (議会の)左側(の席)を占める議員たち; 左翼, 左派, 急進党 (cf. right *n.* B 2 b, center 6): Politically he is a bit *to the* ～. 政治的には彼は少々左寄りだ / Politically, he's on *the* ～. 政治的には彼は左寄りだ. 《ヨーロッパ諸国の議会では, 急進派の席を議長席からみて左側に置く慣習があったことから》 **3** 〘軍事〙左翼. **4 a** 〘スポーツ〙左方の位置; 左方に位置する選手. **b** 〘野球〙左翼; 左翼手. **5** 〘ボクシング〙レフト, 左手打ち: give a person a straight ～ 左のストレートを食らわす. **6** 〘劇場〙=left stage. ***òver the léft*** 《俗》その反対だ, 逆に言えばだがね: He's a very clever fellow―*over the* ～. すごく賢い奴だ, 逆さまに[反語を使って]言えば. 《《略》← *over the left shoulder*: 右の親指で左肩越しに指して, 前言に対する否定・不信を表すジェスチャーから》 ***to the léft*** (方法・主義において)急進的な.

〘(?a1200) ～, *luft, lift* < OE **lyft* weak (cf. *lyftādl* paralysis, 《原義》left-disease) ←?: cf. MDu. & MLG *lucht* weak, useless〙

léft atrioventrícular válve *n.* 〘解剖〙左房室弁 (mitral valve).

léft bàck *n.* 〘サッカー・ホッケーなど〙レフトバック 《レフトのフルバック》.

Léft Bánk *n.* [the ～] (Paris の Seine 川の)左岸[南岸] (地区), リーブ ゴーシュ 《画家・作家などが多く集まる; cf. Right Bank》. 〘《なぞり》← F *Rive Gauche*〙

léft bówer *n.* 〘トランプ〙=bower³.

left-bráin *adj.*

left bráin *n.* 左脳 《大脳の左半球は身体の右半分と論理的・分析的思考を支配する》.

léft-èyed flóunder *n.* 〘魚類〙ヒラメ 《両目が頭の左側にあるヒラメ科の魚の総称》.

léft-fíeld *adj.* ちょっと奇妙な, やや変わった.

left field *n.* **1** 〘野球〙左翼; 左翼手の守備位置. **2** 《米》主流[大勢]からかけ離れたところ. ***òut of [from] léft field*** 《米口語》(1) 思いがけないところから, 不意に. (2) 一風変わった, 異常な, 下品な. ***(wáy) óut in léft field*** 《米口語》(1) すっかり間違って. (2) 筋の通らない, 気が狂って. 〘1857〙

léft fíelder *n.* 〘野球〙左翼手, レフト. 〘1867〙

léft-fóoted *adj.* 左足が利き足の; ぶざまな, 不器用な.

léft-fóoter *n.* 《アイル口語》ローマカトリック教徒. 〘1944〙

left-hand /léfthǽnd⁻/ *adj.* **1** 左手の, 左側の, 左の: the ～ side of the street / the ～ man 左側にいる人 / a ～ drive 〘自動車〙(右側通行に適する)左ハンドル(の車) (cf. drive *n.* 12 b). **2** 左手でする: a ～ blow [stroke] 左手の強打[ストローク]. **3** 左方向きの, 左回しの, 左巻きの. **4** =left-laid. **5** 〈錠が〉ドアの左側に設けられた; 〈鍵が〉左回しに開く: a ～ door 左手にちょうつがいがつき, 向こう側に開くドア / a ～ reverse door 左手にちょうつがいがつき, 手前に開くドア. 〘1413〙

léft-hànd búoy *n.* 〘海事〙左舷浮標 《水源に向かって水路の左側を示す浮標》.

left-handed /léfthǽndɪ̀d⁻/ *adj.* **1** 左利きの, ぎっちょの (southpaw): a ～ pitcher / a ～ bowler 〘クリケット〙左利き投手. **2** 左手でする, 左手に適した: a ～ tool 左手用道具 / a ～ blow レフトブロー. **3** 〈なわ・ロープなど〉右撚(ᵉ)りの (left-laid). **4 a** 〘機械〙左回りの, 左回転の: a ～ screw 左ねじ / a ～ engine 左回転発動機. **b** = left-hand 5. **5** 不器用な, へまな, 下手な (awkward). **6** 疑わしい, あいまいな, 両様に解される (ambiguous); 実意のない, 不誠実な (insincere); 陰険な, 腹黒い (malicious): a ～ compliment (裏でけなすような)うわべの賞賛. **7 a** 〈結婚が〉身分違いの (morganatic): ⇨ left-handed marriage 1. **b** 〈結婚が〉不法な. **8** 〈巻貝など〉左巻きの (sinistral). **9** 《古》不吉な, 凶兆の (sinister) (cf. dexter 3). ― *adv.* **1** 左手で. **2** 左手へ; 左回りに. **～·ly** *adv.* **～·ness** *n.* 〘a1398〙

léft-hànded márriage *n.* **1** 身分違いの結婚 《この種の結婚式で男が左手を差し出したドイツの風習にちなむ; なおこの種の結婚によれば妻は夫の遺産相続権がなく, 子は嫡出としての権利がない; morganatic marriage ともいう; cf. *marry with the left* HAND》. **2** にせの結婚, 合法的でない結婚.

léft-handed rópe *n.* 右撚(ᵉ)り綱, S 撚り綱 (backhanded rope ともいう; cf. RIGHT-HANDED rope).

left-hand·er /léfthǽndə | -də^(r)/ *n.* **1 a** 左利きの人. **b** 〘野球〙左腕投手, サウスポー (southpaw); 〘クリケット〙左利きのプレーヤー. **2** 〘ボクシング〙左手の打撃, レフトブロー. 〘(1861): ⇨ -er¹〙

léft-hànd rópe *n.* =left-handed rope.

léft-hànd rúle *n.* [the ～] 〘電気〙左手の法則 (⇨ Fleming's rules).

léft-hànd stóne *n.* 〘時計〙=exit pallet.

léft héart *n.* [the ～] 〘解剖〙左心 《左心房と左心室》.

left·ie /léfti/ *n., adj., adv.* =lefty.

left·ish /-tɪʃ/ *adj.* 《口語》左派の, 左翼的な. 〘(1934): ⇨ -ish¹〙

left·ism /-tɪzm/ *n.* [時に L-] **1** 左翼主義 《政治上の革新的な思想・行動など》. **2** 左翼主義[政党]支持. 〘(1920): ⇨ -ism〙

left·ist /léftɪ̀st | -tɪst/ *n.* **1** [しばしば L-] 左翼政党[急進党]議員, 左翼政党支持者, 左派の人 (cf. rightist); 急進主義者, 社会主義者. **2** 《米》左利きの人. ― *adj.* [しばしば L-] 急進的政治意見をいだいている, 左派の; 左翼的な, 左翼思想の. 〘(1924): ⇨ -ist〙

léft-làid *adj.* 〈綱・ロープなど〉左撚(ᵉ)りの.

léft-lèaning *adj.* (政治的に)左傾の.

léft lúggage *n.* 《英》預けた手荷物. 〘1861〙

léft-lúggage òffice *n.* 《英》(駅などの)手荷物一時預り所 (《米》checkroom). ★ 標示では Left Luggage と書いてある. 〘⇨ left¹〙

léft·mòst *adj.* 一番左の, 極左の. 〘1863〙

léft-of-cénter *adj.* 〘政治〙左寄りの.

léft-óff *adj.* 捨てた, やめた, 脱ぎ捨てた, 不用の: ～ clothes. 〘← *leave off* (⇨ leave¹ 成句)〙

left·over /léftòʊvə | -əʊvə^(r)/ *adj.* 残りの, 余りの, 食べ残しの. ― *n.* **1** [しばしば *pl.*] 残り物; (特に)食べ残し. **2** 時代錯誤の生き残り; 痕跡. 〘(1891) ← *leave over* (⇨ leave¹ 成句)〙

léft shóulder àrms *n.* 〘軍事〙換え銃(⁾) 《右肩に担(ᵏ)っていた銃を左肩に換え, 床尾を左手で握らせるための号令またはその姿勢》.

léft stáge *n.* 〘劇場〙舞台右方, 上手(ᵏᵃᵐⁱ) 《観客に向かって舞台中央から左側; cf. right stage》.

left·ward /léftwəd | -wəd/ *adj.* 左の方の, 左の方にある; 左の方へ向かった. ― *adv.* 左の方に[へ], 左手に[へ]. **～·ly** *adv.* 〘1483〙

left·wards /-wədz | -wədz/ *adj., adv.* =leftward. 〘1863〙

left-wing /léftwíŋ⁻/ *adj.* **1** (政治上の)左翼の, 左派の, 左翼的な: a ～ intellectual 左翼インテリ. **2** (スポーツで)左翼の.

left wing /léftwíŋ⁻/ *n.* **1** [the ～] **a** [しばしば L-W-] (政治上の)左翼, 左派, 急進派 (cf. right wing). **b** [集合的] 左翼の人々; 左翼政党. **2** (スポーツで)レフトウィング, 左翼(のポジション), 左翼手. **3** 〘軍事〙左翼. 〘1535〙

left-wing·er /léftwíŋə | -ŋə^(r)/ *n.* **1** 左翼[左派]の人; 急進主義的な人. **2** 左翼手. 〘(1891): ⇨ -er¹〙

léft-wíng·ism /-ŋìzm/ *n.* 左翼主義[思想]. 〘(1923): ⇨ -ism〙

left·y /léfti/ 《口語》*n.* **1** 《米口語》 **a** 左利きの人. **b** 〘野球〙左腕投手 (left-hander). **2** 《英口語》左派の人, 急進主義者 (↔ righty). ― *adj.* 左利きの. ― *adv.* 左手で. 〘(1886): ⇨ -y²〙

leg /lég/ *n.* **1** (人間・動物の)足, 脚(ᵃˢʰⁱ), 下肢 《ももの付け根から下, 特に足首までの部分》; (特に)すね 《ひざから足首までの部分》: as far [fast] as my ～s will carry me 歩いていける所まで[できる限り速く] / stand on one ～ 片足で立つ / She's got very good ～s. とてもいい脚をしている / measure a person's inside ～ for trousers ズボンのために股下を測る / cross one's ～s 脚を組む / with one's ～s crossed 脚を組んで / an artificial ～ 義足 / a wooden ～ 木の義足 / ⇨ cork leg / a ～ of the law 《俗》=a limb of the law (⇨ limb¹ *n.* 4). ★ ラテン語系形容詞: crural.

日英比較 日本語の「あし」は人・動物の足全体を意味する. 漢字では足, 脚の二つがあるが, その間に際立った違いはなく, ただ「足」がもっとも一般的で, 「脚」は複合語や「机の脚」などの比喩的意味の場合に多く使われる. それに対して英語では足の部分によって言葉が分かれており, *leg* は人・動物の足の太ももから下の部分全部を指すのに対して, foot は足のくるぶしから下の部分のみを指す語である. ただし, 《米》ではまた, ひざから足のくるぶしまでの部分を *leg* とよぶ場合がある. 日本語の「足」がどの部分を指すかは前後関係によるが, 「長い足」「すらりとした足」などの場合は英語では *leg*, 「足に豆ができる」「足に合わない靴」などの場合は英語では foot である.

legs 1

1 buttocks	8 instep
2 thigh	9 toe
3 knee	10 ankle
4 leg	11 heel
5 shin	12 foot
6 shank	13 arch
7 calf	14 sole

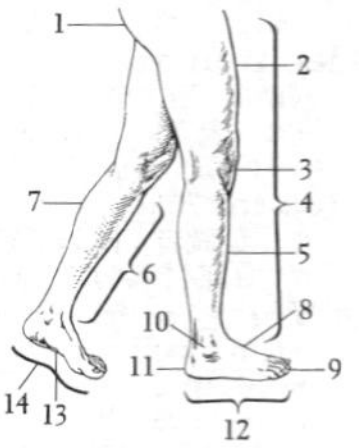

2 〘服飾〙(ズボン・ブーツなどの)脚部[すね]の入る部分: the ～ of a stocking / a trouser [pant] ～. **3** (食用動物の)足, 脚肉 (⇨ beef, lamb, mutton¹, veal, pork, poultry 挿絵). **4 a** (机・コンパスなどの)脚: the ～s of a chair, table, bed, etc. **b** (機械などの)支柱, つっぱり, あし (support). **5 a** (旅行の)一区切り, (全行程中の)一行程 (stage); (リレー競技の)一区間: the last ～ of a journey 旅行の最後の行程 / Each contestant swims each of the ～s of the race. 各競泳者はレース中, 一区切りずつを泳ぐ. **b** 《口語》(長距離飛行の)一行程, ひと飛び. **c** 〘海事〙(帆船の)一区切りの区間[距離]: a long [short] ～. **6** 〘スポーツ〙 **a** (2 ゲームで 1 試合となる場合の)1 ゲーム. **b** (2–3 回目に勝負の決まる場合の)先勝. **7** 〘クリケット〙打者の左後方の所(にいる外野手): hit to～ 打者の左後方に球を打つ / ⇨ long leg, short leg. **8** 〘数学〙三角形の底辺[斜辺]以外の辺. **9** 〘通信〙足 《ネットワークを組んでいる放送局間の通信路》. **10** 〘電気〙 **a** 脚(ᵏʸᵃᵏᵘ) (変圧器のコイルの巻かれている部分の鉄心). **b** 枝 《回路の部分》. **11** 《古》(片足を後ろに引いてする)会釈: make a ～. **12** [*pl.*] 《俗》(映画などの)長期間興行. **13** 《豪》累積した賭け金を賭ける二つのレースのうちの一つ.

be áll légs (1) 背ばかり(ひょろひょろ)伸びている. (2) 〘海事〙マストがばかに高過ぎる 《ヤードが長過ぎる》. ***bréak a lég*** [通例命令形で] 演技で成功する, うまく行く. ***find [féel] one's légs*** 〈子供・病後の人などが〉歩ける[立てる]ようになる. ***gèt a lég ìn*** 《俗》…の信用を得る, …に取り入る. ***gét a [one's] lég òver [acròss]*** 《英俗》〈男性が〉セックスする, 乗る. ***give a person a lég úp*** 《口語》(1) 〈人を〉助けて馬に乗せる. (2) 〈人を〉助けて障害[困難]を切り抜けさせる. ***hàve a bóne in one's lég*** ⇨ bone¹ 成句. ***hàve légs*** 《米口語》〈ニュース・人物などが〉興味を持たれる. ***kéep one's légs*** 倒れない; 歩き[立ち]続ける. ***lég befòre wícket*** 〘クリケット〙打者が投球者の投げた球を体(主として脚)に当て, 審判により, もし当てなかったら三柱門に当たると判断されてアウトを宣告されること(略 lbw). ***líft a lég*** 〈犬が〉足を上げて小便する. ***nót hàve a lég to stánd òn*** 《口語》弁解[弁明, 自説支持]の根拠がない. 〘1594〙 ***on one's hínd légs*** 《口語》(1) 〈馬が〉後脚で立って; 〈人が〉立ち上がって: get (up) *on one's hind* ～s 立ち上がる. (2) 攻撃[好戦]的になって, 憤然として, 怒って: get up *on one's hind* ～s and [to] protest 攻撃的になる, 怒って抗議する. ***on one's lást légs*** 《口語》死にかけて; 参りかけて; つぶれかけて; これかけて: The old man was *on his last* ～s. 老人は死にかけていた / The business is *on its last* ～s. 商売はつぶれかけている. 〘1599〙 ***on one's légs*** (1) (演説をするため)立ち上がって. (2) (病気が回復して)歩けるようになって; (経済上)立ち直って: set a person *on his* ～s 人を立ち直らせる; 人を健康に復させる. (3) 立っていて, 待たされて. ***púll a person's lég*** 《口語》(1) 人をからかう[ばかにする]. (2) 人をだます, 人に一杯食わせる (cf. legpulling). 〘1881〙 ***sháke a lég*** 《俗》(1) 踊る (dance). (2) 急ぐ (hurry). 〘1881〙 ***sháke légs*** 《シンガポール・マレーシア》怠ける, ぶらぶらすごす. ***shów a lég*** 《俗》(1) 現れる. (2) 起きる, 起床する; 出発する. ***strétch one's légs*** (長い間座っていたあとなどに)足を伸ばす, 足をほぐす; 散歩する (walk). 〘1607〙 ***stánd on one's ówn (twó) légs*** 自立している, 自主的にものを考える[行動する]. ***táke to one's légs*** 逃げ出す, 逃走する (run away). ***tálk a person's lég óff*** ⇨ talk 成句. ***tálk the hínd lég òff a dónkey*** ⇨ talk 成句. ***tíe a person by the lég*** 〈人を〉束縛する, 〈人〉に「足かせ」をはめる. ***wálk one's légs óff*** ⇨ walk 成句. ***wálk a person's óff his légs*** ⇨ walk 成句. ***withòut a lég to stánd òn*** 《口語》弁解[弁明]の根拠もなく (cf. *not have a* LEG *to stand on*).

― *v.* (**legged; leg·ging**) ― *vt.* **1** [～ it として]

《口語》(速く)歩く (walk fast), 走る (run). **2** (運河のトンネルの天井や壁を蹴るなどして)足で〈船を〉進める.
— *adj.* 〘クリケット〙**1** 〈投げたボールが〉オフサイドの方向にそれる. **2** レッグサイドのフィールドの.
~·lìke *adj.* 〘《?a1300》□ ON *leggr* leg, limb < Gmc **lazjaz* ← ? IE **lek-* to bend: cf. L *lacertus* muscle〙

leg. 《略》legal; legate; 〘音楽〙 legato; legend; legislation; legislative; legislature.

leg·a·cy /légəsi/ *n.* **1** (特に, 金銭・動産の)遺贈; 遺産: come into a ~ 遺産を相続する. **2 a** (物資的・精神的な)祖先の遺物, 遺産; 過去から受け継いだ物: a ~ of hatred [ill will] 祖先伝来の恨み. **b** 〘電算〙[しばしば形容詞的に] 過去のデータ[ソフトウェア, システム]の蓄積. **3** 《廃》ローマ教皇の遺外使節 (legate) の職務[任務]. 〘《c1384》□ OF *legacie* office of legate, legateship □ ML *lēgātia* ← L *lēgātus*: ⇨ legate², -cy〙

légacy dùty *n.* 《英》遺産相続税. 〘1810〙

légacy hùnter *n.* 遺産を狙って人の機嫌を取る人. 〘1693〙

le·gal /líːgəl, -gḷ/ *adj.* **1 a** 法律の[に関する], 法律上の, 法的な: the ~ profession 法律家階級, 法曹 / a ~ adviser 法律顧問 / take ~ advice 法律家の意見を求める / a ~ offense 法律上の罪 / ~ action 訴訟 / ~ relations 法律関係 / ~ documents 法律文書. **b** (エクイティー (equity) と区別して)コモンロー (common law) 上の (cf. equitable 2). **2** 法律によって定められた, 法定の, 法律の要求[指定]する (statutory): the ~ heir to a house 法定(家督)相続人 / the ~ limit (自動車)法定制限速度. **3** 法律の認める, 合法の, 適法の, 正当な (⇨ lawful SYN): It is perfectly ~ to fish on Sunday(s). 日曜日に魚釣りをしてもちっとも差しつかえない. **4** 法律家の[に適する]: ~ ethics. **5** 〘神学〙**a** モーセの律法による. **b** 神の恩寵よりも善行による救済を説く. **—** *n.* **1** 法律要件. **2** 〘法律〙適法投資《貯蓄銀行・信用組合などが合法的に認められている投資物件》. 〘《1447》□ (O)F *légal* // L *lēgālis* ← *lēg-*, *lēx* law: cf. L *legere* to pick out: LOYAL と二重語〙

légal áge *n.* 法定年齢, 成年 (lawful age). 〘*c*1904〙

légal áid *n.* 〘法律〙司法扶助《貧困者に対する弁護料および訴訟費用の援助》. 〘1890〙

légal áid socìety [assocìation] *n.* 司法扶助を行う団体.

légal ássets *n. pl.* 〘法律〙遺産《common law 上の債務弁済の引き当て財産; 死者の遺産を指すことが多い; cf. equitable assets》.

légal béagle *n.* =legal eagle.

légal cáp *n.* 《米》法律用紙《弁護士用の幅 8½ インチ長さ 13–14 インチの白地の罫(ケイ)紙》. 〘*a*1877〙

légal chémistry *n.* 〘法律〙法化学 (⇨ forensic chemistry).

légal clínic *n.* 《米》(法律扶助による)法律相談所.

légal éagle *n.* 《俗》すご腕[やり手]の弁護士. 〘1949〙

le·gal·ese /lìːgəlíːz, -líːs, -gḷ- | -gəlíːz, -gḷ-/ *n.* (冗漫で複雑な, しばしば素人には難解な)法律家[文書]独特の言い回し. 〘《1914》: ⇨ -ese〙

légal fíction *n.* 〘法律〙 =fiction 4. 〘1861〙

légal fráud *n.* 〘法律〙(間接的に認定できる)法定詐欺.

légal hóliday *n.* 《米》法定休日 (cf. bank holiday 2, national holiday; ⇨ holiday 表). 〘1867〙

légal intromíssion *n.* 〘スコット法〙正当な遺産(動産)干渉 (cf. vicious intromission).

légal invéstment *n.* 〘法律〙 =legal 2.

lé·gal·ìsm /-lìzm/ *n.* **1** (法の精神より条文を尊重する形式主義, 法律尊重主義, お役所式形式主義 (red-tapism). **2** (実用価値のない)法律用語[規則]. **3** 〘神学〙律法主義《福音よりも律法を重んじる主義, 神の恩寵よりも善行によって救済されるとする説》. **4** [L-] 〘哲学〙(中国古代の)法家の説《法治主義を重んじる思想》. 〘《1838》: ⇨ -ism〙

lé·gal·ist /-lɪ̣st | -lɪst/ *n.* **1** 法律尊重主義者. **2** 〘神学〙律法主義者. **le·gal·ís·tic** /lìːgəlístɪk/ *adj.* **lè·gal·ís·ti·cal·ly** *adv.* 〘《1646》: ⇨ -ist〙

le·gal·i·ty /liːgǽləṭi, lɪ̣- | liːgǽlɪ̣ti, lɪ-/ *n.* **1** 適法, 合法(性) (lawfulness). **2** 法律厳守, 遵法. **3** [*pl.*] 法律によって課される義務. **4** 〘神学〙律法尊重. 〘《1459》□ (O)F *légalité* // ML *lēgālitātem* ← L *lēgālis* 'LEGAL': ⇨ -ity〙

le·gal·ize /líːgəlàɪz, -gḷ-/ *vt.* **1** 法律上正当と認める, 公認する (authorize). **2** …に正当の手続きを踏ませる, 適法にする, 法律[法制]化する. **le·gal·i·za·tion** /lìːgəlɪ̣zéɪʃən, -gḷ- | -laɪ-, -lɪ-, -gḷ-/ *n.* 〘《a1716》: ⇨ -ize〙

Le Gal·lienne /ləgǽljən, -gæljén/, **Eva** *n.* ルガリヤン《1899–1991; 英国生まれの米国の女優・演出家; R. Le Gallienne の娘》.

Le Gallienne, Richard *n.* ルガリヤン《1866–1947; 英国の詩人・批評家》.

légal líst *n.* 〘法律〙(貯蓄銀行などに許されている)投資.

le·gal·ly /líːgəli, -gḷi/ *adv.* 法律的に; 合法的に. 〘1561〙

légal mán *n.* 〘法律〙法人. 〘《1660》《なぞり》← ML *lēgālis homo*〙

légal médicine *n.* =forensic medicine.

légal náme *n.* 《契約などに用いる》(正式)氏名.

légal pád *n.* 法律用箋, リーガルパッド《8½×14 インチ大の黄色罫紙つづり》. 〘1967〙

légal pérson *n.* 〘法律〙 =legal man. 〘1689〙

légal pósitivism *n.* 〘法律〙法実証主義《法学の対象をもっぱら実定法に限り, 法を形式論理的にとらえようとする立場》. 〘1961〙

légal procéedings *n. pl.* 訴訟手続き.

légal represéntative *n.* 〘法律〙法律上の代表者《遺言執行者および遺産管理人を元来意味したが, 最近親者・相続人・破産管財人・後見人などを意味する》.

légal resérve *n.* 〘法律〙(銀行・生命保険会社に義務づけられる)法定準備金. 〘*c*1902〙

légal ríght *n.* 〘法律〙**1** 法的権利 (cf. natural right). **2** (equity と区別して) common law 上の権利.

légal separátion *n.* 《俗用》 =judicial separation.

légal-sìze *adj.* (*also* **légal-sìzed**) 〈用紙が〉法定サイズ[規格]の; 法律文書に用られる大きさの《8½×14 インチ》.

légal ténder *n.* 〘経済〙法貨, 法定通貨《強制通用力のある貨幣; cf. lawful money》. 〘1739〙

Le·ga·nés /lègɑːnés; *Sp.* leγanés/ *n.* レガネス《スペイン中央部, Madrid 郊外の市》.

lég àrt *n.* 《俗》 =cheesecake 2.

Le·gas·pi /ləgǽspi, lɪ-/ *n.* レガスピ《フィリピン Luzon 島南東部, Albay 湾に臨む港市》.

leg·ate¹ /légɪ̣t | -gɪt, -geɪt/ *n.* **1** ローマ教皇の遺外使節 (cf. nuncio 1): a ~ a latere /-ɑːlɑ́ːṭərèɪ | -lǽt-, -lɑ́ːt-/ ローマ教皇の全権使節. **2** 遺外使節, 国使 (envoy). **3 a** (古代ローマの)将軍や総督の代官. **b** (古代ローマの帝政時代の)属州総督. 〘《a1121》□ (O)F *légat* □ L *lēgātus* ambassador, envoy (p.p.) ← *lēgāre* to send as ambassador, depute ← *lēg-*, *lēx* law, contract: ⇨ legal〙

le·gate² /lɪ̣géɪt | lɪ-, lɛ-/ *vt.* 〘法律〙遺産として譲る, 遺贈する. ***give and legáte*** ⇨ give *vt.* 1 a. 〘《1546》← L *lēgātus* (p.p.) ← *lēgāre* to bequeath by will: ↑〙

leg·a·tee /lègətíː/ *n.* 〘法律〙遺産受取人, 被遺贈者, 受遺者: a universal ~ 全遺産受取人. 〘《1679–88》: ⇨ ↑, -ee¹〙

légate·shìp *n.* legate¹ の職[地位, 任期]. 〘《1556》← LEGATE¹＋-SHIP〙

leg·a·tine /légəṭìːn, -tàɪn, -tḷn | -tàɪn/ *adj.* 教皇使節の (cf. legate¹ 1). 〘《15C》□ ML *lēgātīnus* ← L *lēgātus* 'LEGATE¹': ⇨ -ine¹〙

le·ga·tion /lɪ̣géɪʃən | lɪ̣-, lɛ-/ *n.* **1** 使節派遣; 使節団. **2** [集合的] 公使一行, 公使館員. **3** 公使館 (cf. embassy 2). **4** =legateship. **~·àr·y** /-ʃənèri | -ʃ(ə)nəri/ *adj.* 〘《a1400》□ OF *legacion* // L *lēgātiō(n-)* embassy: ⇨ legate¹, -ation〙

le·ga·to /lɪ̣gɑ́ːṭou, lɛ- | lɪ̣gɑ́ːtəu, lɛ-; *It.* legáːto/ 〘音楽〙*adj.*, *adv.* レガートの[で], (音を切らず)なめらかな[に] (cf. staccato 1). **—** *n.* レガート奏法; レガートで演奏される楽句[楽節, 楽章]. 〘《1811》□ It. ~ (p.p.) ← *legare* to tie together < L *ligāre* to bind〙

le·ga·tor /lɪ̣géɪṭə | lɪgéɪtɔ́ː(r), lɛ-/ *n.* **1** 遺産の譲与者, 遺贈者. **2** 遺言人. **leg·a·to·ri·al** /lègətɔ́ːriəl⁻/ *adj.* 〘《1651》□ L *lēgātor*: ⇨ legate², -or²〙

lég báil *n.* 《戯言》逃亡, 脱走 (flight). ***give* [*táke*] *lég báil*** 逃亡する (escape). 〘1774〙

lég-bìter *n.* 《米俗》赤んぼ, 幼児, ちび.

lég bréak *n.* 〘クリケット〙(投手の投げた球が)打者の左側 (on side) から右側 (off side) に切れてバウンドする球.

lég býe *n.* 〘クリケット〙球が打者の(手以外の)体をかすって得た点.

lég-cùtter *n.* 〘クリケット〙速球のレッグブレーク (leg-break). 〘1956〙

lég dròp *n.* 〘劇場〙細長いフラット《木の幹や柱などを表すのに用いる; cf. flat¹ *n.* 10》.

leg·end /léʤənd/ *n.* **1 a** 伝説, 言い伝え (cf. myth) (⇨ story SYN): *Legend* has it that … 伝説によれば…ということである. **b** [集合的] (特定の民族に関する)伝説, 伝承物語: famous in American ~. **c** 伝説的な物語. **2 a** (その偉業が人々の語りぐさとなる)話題の人: a ~ in one's own lifetime =a living ~ (生存中の)伝説的人物. **b** [集合的] (そのような人の)偉業を伝える話. **3 a** (メダル・貨幣面・絵・記念碑などの)題銘, 題語, 銘. **b** (図表・地図などの)凡例. **c** (挿絵の)説明文. **4** 《廃》聖人物語, 聖人伝; 偉人伝: ⇨ Golden Legend. 〘《?a1325》□ (O)F *légende* □ ML *legenda* things to be read (neut. pl. gerundive) ← L *legere* to read: ⇨ lecture〙

Le·gen·da Au·re·a /ləʤéndəɔ́ːriə/ *n.* Golden Legend のラテン語名.

leg·end·ar·y /léʤəndèri | -ʤəndəri, -dri/ *adj.* **1** 伝説の, 言い伝えの, 伝説にだけ残っている. **2** 伝説的な, 信じ難い, 途方もない (fabulous). **3** 伝説に残るような, 非常に有名な: the ~ resolution of Nelson Mandela. **—** *n.* **1** [集合的] 伝説書, 伝説集, 古伝集. **2** 伝説作者. **leg·end·ar·i·ly** /lèʤəndérəli | léʤəndərɪ̣li/ *adv.* 〘《1513》□ ML *legendārius*: ⇨ legend, -ary〙

lég·end·ist /-dɪ̣st | -dɪst/ *n.* 伝説作者, 伝説編集者. 〘《1664》: ⇨ -ist〙

leg·end·ize /léʤəndàɪz | -ʤənd-/ *vt.* 伝説化する, 伝説にする, 伝説的に[として]扱う. 〘《1889》: ⇨ -ize〙

Le·gen·dre /ləʒɑ́ː(n)dr(ə), -ʒɑ́ːn-; *F.* ləʒɑ̃ːdʀ/, **Adrien Marie** *n.* ルジャンドル《1752–1833; フランスの数学者; 最小2 乗法 (least squares) を創出》.

Legéndre equàtion *n.* 〘数学〙ルジャンドルの方程式《ある種の 2 階線形常微分方程式》.

Legéndre polynómial *n.* 〘数学〙ルジャンドルの多項式《Legendre equation の解になっているようなある種の多項式》.

leg·end·ry /léʤəndri | -ʤən-/ *n.* [集合的] 伝説類 (legends). 〘1849〙

leg·er /léʤə | -ʤə(r)/ *n.* 〘釣〙 =ledger 4.

Lé·ger /leɪʒéɪ; *F.* leʒe/, **Alexis Saint-Léger** /sɛ̃-/ *n.* レジェ《1887–1975; フランスの外交官・詩人; Nobel 文学賞 (1960); *Anabase*「アナバシス」(1924); 筆名 Saint-John Perse》.

Léger, Fer·nand /fɛʀnɑ̃/ *n.* レジェ《1881–1955; フランスの立体派画家》.

leg·er·de·main /lèʤəḍəméɪn | -ʤədə-/ *n.* **1** 手品. **2** 手先の早業, 巧妙なトリック. **3** ごまかし, 虚偽; こじつけ. 〘《?c1430》□ F *léger de main* 《原義》light(-ness) of hand〙

le·ger·i·ty /lɪ̣ʤérəṭi, lɛ- | lɪʤérɪ̣ti, lɛ-/ *n.* 機敏, 敏捷. 〘《1561》□ F *légèreté*〙

léger lìne *n.* =ledger line 2. 〘《c1775》《変形》← *ledger line*〙

leges *n.* lex の複数形.

legg. 《略》〘音楽〙 leggiero.

leg·ged /légɪ̣d, légd/ *adj.* **1** 足のある; 〈椅子・机など〉脚の付いた: a ~ desk 脚の付いた机. **2** 〘紋章〙 =membered 3. 〘《1470》: ⇨ LEG, -ED〙

-leg·ged /légɪ̣d, légd⁺/ [複合語の第 2 構成素として] 足の…, …足の: long-*legged* / a four-*legged* animal / bow*legged* がにまたの / thick-*legged* 足の太い.

leg·ger /légə | -gə(r)/ *n.* **1** =legman. **2** =bootlegger. **3** 運河のトンネルを抜けるのに舟を足で進める人.

leg·gie·ro /lèʤéˀrou, -ʤíˀr- | -ʤéərəu; *It.* leddʒɛ́ːro/ *adv.* 〘音楽〙軽快に. 〘《1880》□ It. ~ 'light and rapid' □ OF *legier* light in weight〙

leg·ging /légɪ̣n | légɪn/ *n.* (*also* **leg·gin** /légɪ̣n | légɪn/) **1** [通例 *pl.*] (小児の用いる)レギンス. **2** (兵士・労働者がつける)ゲートル (gaiter)《通例革または布製の, 脚を保護するため用いるもの》. **~ed** *adj.* 〘《1751》← LEG＋-ING¹〙

leg·go /légou | -gəu/ *int.* 《英口語》 =let go!

lég guàrd *n.* (野球・フットボールなどで)レガーズ, すね当て.

日英比較 日本語の「レガーズ」は *leg guards* がなまったもの. 英語ではこの語よりは shin guards のほうが一般的.

leg·gy /légi/ *adj.* (**leg·gi·er**; **-gi·est**) **1** 〈子供・子馬・子犬など〉やせ足の, 足のひょろ長い. **2** 《口語》長い魅力的な足をもつ: a ~ chorus girl. **3** 足をあらわに見せる: ~ photography. **4** 〘植物〙茎[軸, 幹]の長い: ~ trees. **—** *n.* 《口語》〘クリケット〙**1** =leg break. **2** leg break を投げる投手. **lég·gi·ness** *n.* 〘《1787》← LEG＋-Y⁴〙

L

lég-hàrness *n.* 〘甲冑〙足甲(すねあて)《cuisse, poleyn, greave, sabbaton を含む》.

lég hìt *n.* 〘クリケット〙打者の左後方への打球.

lég·hòld tràp *n.* 足かせわな《動物の脚をはさむ金属製のわな》.

leg·horn /léghɔən, -gən | léghɔːn, lɛgɔ́ːn, lɪ̣-/ *n.* **1** (イタリア Tuscany 地方産)一種の麦わらさなだ. **2** 同上製の帽子《leghorn hat ともいう》. 〘《1740》: Leghorn²〙

Leg·horn¹ /léghɔən, -gən | lɛgɔ́ːn, lèghɔ́ːn, ⏑⏑/ *n.* レグホン《卵用ニワトリの一品種》: ⇨ White Leghorn. 〘《1869》↓〙

Leg·horn² /léghɔən, ⏑⏑ | léghɔːn, ⏑⏑/ *n.* リボルノ《イタリア西部 Tuscany 地方の港市; イタリア語名 Livorno》.

leg·i·bil·i·ty /lèʤəbíləṭi | -ʤɪ̣bílɪ̣ti/ *n.* (文字が)読みやすいこと, 読みやすさ, 可読程度[性]. 〘《1679》: ⇨ ↓, -ity〙

leg·i·ble /léʤəbḷ | -ʤɪ̣-/ *adj.* **1** 〈筆跡・印刷の文字が〉容易に読める, 読みやすい (cf. readable). **2** 看取される, 識別可能な. **~·ness** *n.* **lég·i·bly** *adv.* 〘《c1375》□ LL *legibilis* ← L *legere* to read: ⇨ lecture, -ible〙

le·gion /líːʤən/ *n.* **1** (古代ローマの)レギオン, 軍団《300–700 の騎兵の付属する最初 3,000 のち 5,000–6,000 の兵員から成る歩兵軍団; cf. cohort 2 b》. **2 a** 軍隊, 軍団; 軍人団: ⇨ foreign legion. **b** (退役軍人の) 在郷軍人会. **3** [the L-] **a** =American Legion. **b** =British Legion. **4 a** 多数, 無数, 多勢: ~*s of* jobless workers / My name is *Legion*: for we are many. わが名はレギオン, われら多きが故なり (*Mark* 5:9). **b** [形容詞的に] 多数の, 無数の: My foes [anxieties] are ~. 私の敵[心配]は限りない.

Légion of Hónor [the —] レジョンドヌール勲位[勲章]《1802 年 Napoleon 一世が制定; 今もフランス国家に対して文武の功労のある者に授けられる; 5 階級がある》. 《なぞり》← F *Légion d'honneur*〙

Légion of Mérit [the —] 〘米軍〙勲功章《戦功のあった米国および外国の軍人に与えられる; 1942 年創設》. 〘《?a1200》□ OF *legiun* (F *légion*) □ L *legiō(n-)* ← *legere* to pick out, collect (↑)〙

le·gion·ar·y /líːʤənèri | -ʤ(ə)nəri/ *adj.* **1** (古代ローマの)軍団の, 軍団から成る, 軍団を構成する. **2** 多数の, 無数の, 数えられないほどの. **—** *n.* **1** (古代ローマの)軍団兵. **2** 《英》British Legion の会員 (cf. legionnaire 1). 〘《1577–87》□ L *legiōnārius*: ⇨ ↑, -ary〙

légionary ànt *n.* 〘昆虫〙グンタイアリ《特に, 熱帯アメリカ産 *Eciton* 属の数種の食肉アリの総称; cf. army ant》.

lé·gioned *adj.* 《詩》軍団になった, 隊を組んだ: ~ soldiers. 〘《1818》: ⇨ -ed〙

Le·gion·el·la /lìːʤənélə/ *n.* (*pl.* **-lae** /-liː/, **~s**) 〘医学〙レジオネラ属《グラム陰性の好気性球菌または桿菌の一属》; [l-] レジオネラ菌《特に在郷軍人病 (legionnaires' disease) を引き起こす種 (*L. pneumophila*)》. 〘《1979》← NL ~ ← LEGION＋-ELLA〙

le·gion·naire /lìːʤənéə | -néə(r)/ *n.* **1** [しばしば L-] American [British, Foreign] Legion の会員 (cf. legionary 2). **2** =legionary 1. 〘《1818》□ F *légion-*

naire: ⇨ legionary〗
legionnáire's [legionnáires'] disèase *n.* 〖病理〗在郷軍人病《レジオネラ菌 (legionella) による急性感染症; 急に高熱を発し, しばしば肺炎を起こす; 死亡率が高い》. 〖《1976》↑: 米在郷軍人大会での発生が最初に確認されたことから〗
lég ìrons *n. pl.* 囚人用足かせ.
legis. 《略》legislation; legislative; legislature.
leg·is·late /lédʒəslèɪt/ *vi.* 法律を制定する, 立法する. — *vt.* 立法化する; 立法によって〈ある地位・状態に〉する〔*into, out of*〕: ～ a person *into* [*out of*] office 立法によって人を任[廃]官する. ***législate agàinst*** 〈事が〉…を妨げる(傾向がある). ***législate for*** (1)〈議会が〉〈国のため〉に立法する. (2) …を考慮する. 〖《1719》《逆成》← LEGISLATION // LEGISLATOR〗
leg·is·la·tion /lèdʒəsléɪʃən/ *n.* **1** 法律制定, 立法. **2** [集合的にも用いて] (制定された)法律, 制定法. **3** 立法府が検討中の法律. 〖《*a*1655》□ LL *lēgislātiō(n-)* ← L *lēgis* ((gen.) ← *lēx* law)+*lātio* bringing (forward)〗
leg·is·la·tive /lédʒəslèɪtɪv, -lət- | -dʒɪslət-, -lèɪt-/ *adj.* **1** 法律を制定すべき, 立法権のある; 法律制定の, 立法の, 立法上の, 立法に関する (cf. administrative, judicial 1, executive 1): the ～ body 立法府(議会・国会) / ～ power 立法権 / ～ proceedings 立法手続き. **2** 立法府の; 立法府によって作られた: a ～ clerk / a ～ recess 立法府の休会期間. — *n.* **1** 立法府 (legislative body). **2** 《廃》立法権. **～·ly** *adv.* 〖《*c*1641》← LEGISLAT(OR)+-IVE〗
législative assémbly *n.* **1** [時に L- A-] **a** (二院制議会の)立法府. **b** 下院. **2** (カナダのほとんどの州の)一院制の立法府. **3** (英連邦の二院制立法府の)下院. **4** [the L- A-] (フランスの革命期の)立法議会. 〖1836〗
législative cóuncil, L- C- *n.* **1 a** (植民地・属国における)一院制立法府. **b** (インド・オーストラリアなどの州における)二院制立法府の上院. **2** 〖政治〗(米州の)立法委員会《州の両院議員から選出され(行政職員が加わることもある), 会期外に州の諸問題を検討し立法計画をたてる》. 〖1787〗

L

législative véto *n.* 《米》議会拒否権.
leg·is·là·tor /lédʒəslèɪtə | -tə^(r)/ *n.* **1** 法律制定者, 立法者. **2** 立法府[議会, 国会]議員. **～·shìp** *n.* 〖《1603》□ (O)F *législateur* // L *lēgis lātor* bringer of a law: cf. legislation〗
leg·is·la·to·ri·al /lèdʒəslətɔ́:riəl⁻/ *adj.* 立法の; 立法者の. 〖《1774-75》← *legislatory*+-AL¹〗
leg·is·la·tress /lèdʒəsléɪtrəs, ⁻⁻⁻⁻ | lédʒɪslèɪtrəs, -trɛs/ *n.* 女性の legislator. 〖《1711》← LEGISLATOR+-ESS〗
leg·is·la·trix /lèdʒəsléɪtrɪks/ *n.* (*pl.* ～·es, **-la·tri·ces** /lèdʒəsléɪtrəsì:z | -trɪ-/) =legislatress. 〖1677〗
leg·is·la·ture /lédʒəslèɪtʃə^(r), -lèɪtʃə^(r), -lətjùə^(r), -tʃùə^(r)/ *n.* **1** 立法部, 立法府 (議会・国会). **2** 《米》州議会. 〖《*a*1676》← LEGISLATE+-URE〗
le·gist /lí:dʒɪst | -dʒɪst/ *n.* **1** 法律学者; (時に)ローマ法または大陸法の専門家. **2** 中世の法学徒. 〖《?*c*1425》□ (O)F *légiste* // ML *legista* ← L *lēg-, lēx* law+-IST〗
le·git /lədʒít/ 《口語》*adj.* =legitimate. — *n.* =legitimate drama. 〖《1897》《略》← *legitimate drama*〗
leg·i·tim /lédʒətɪm | -dʒɪ-/ *n.* 〖法律〗(古代ローマ・スコットランドなどの)父の死に際して遺族の受けるべき遺産. 〖《(?*a*1387)》《*a*1768》□ (O)F *légitime* // ML *lēgitima (pars)* lawful (part): ⇨ legitimate〗
le·git·i·ma·cy /lədʒítəməsi | -tɪ-/ *n.* **1** 合法[適法]であること, 正当なこと: the ～ of a conclusion, of a government, etc. **2** 嫡出, 嫡流, 正統, 正系 (lawfulness of birth) (cf. bastardy 1, illegitimacy 2). 〖《1691》: ⇨ ↓, -acy〗
le·git·i·mate /lədʒítəmət | -tɪ-/ *adj.* **1 a** 合法の, 適法の, 正当な (⇨ lawful SYN); 順法的な: a ～ claim, purpose, etc. **b** 相続権の原則に基づいた, 正系の, 正統の: a ～ king, monarch, etc. **2** 道理にかなった, 筋道の通った: a ～ argument, inference, result, etc. / That is a perfectly ～ question. 少しも不自然な質問ではない. **3** 本物, 本格的な, 真正の. **4** 嫡出の (cf. bastard 1, illegitimate 2): a ～ child 嫡出子. **5** 〖演劇〗正劇の: ⇨ legitimate drama.
— *n.* **1** 嫡出の者. **2** [the ～] =legitimate drama.
— /lədʒítəmèɪt | -tɪ-/ *vt.* **1** (法令・証拠などによって)合法[適法]と認める[宣言する]. **2** 合法[正当]化する. **3** 〈非嫡出子を〉嫡出の者と認める, 準正の手続きをとる.
～·ly *adv.* **～·ness** *n.* **le·git·i·ma·tion** /lədʒìtəméɪʃən | -tɪ-/ *n.* 〖《*a*1460》□ ML *lēgitimātus* (p.p.) ← *lēgitimāre* to make lawful ← L *lēgitimus* lawful ← *lēg-, lēx* law: ⇨ -ate²³〗
legítimate dráma *n.* 〖演劇〗**1** (バーレスク・ボードビル・パントマイムなどに対して)正劇《普通の悲劇や喜劇》. **2** (映画に対して)舞台劇, 芝居.
le·git·i·ma·tize /lədʒítəmətàɪz | -tɪ-/ *vt.* =legitimate. 〖1791〗
le·git·i·mism /lədʒítəmìzm | -tɪ-/ *n.* [しばしば L-] 正統主義; (特に)王位継承正統主義, 王統主義 (⇨ legitimist). 〖《1877》□ F *légitimisme* ← *légitime* 'LEGITIMATE': ⇨ -ism〗
le·gít·i·mist /-məst | -mɪst/ *n.* **1** [しばしば L-] 正統主義者; (王位継承の)正統[正系]主義者, (特に)フランスで Louis 十四世の正系である Bourbon 家を擁護した人. **2** 正当的権威の支持者. **le·git·i·mis·tic** /lədʒìtəmístɪk | -tɪ-⁻/ *adj.* 〖《1841》□ F *légitimiste* ← *légitime* (↑): ⇨ -ist〗
le·git·i·mize /lədʒítəmàɪz | -tɪ-/ *vt.* =legitimate. **le·git·i·mi·za·tion** /lədʒìtəməzéɪʃən | -tɪmaɪ-, -mɪ-/ *n.* **le·gít·i·mìz·er** *n.* 〖1848〗
lég·less *adj.* **1** 足のない, 足を持たない. **2** 《英口語》酔っ払った. 〖《1597》: ⇨ -less〗
lég·màn /-mæ̀n/ *n.* (*pl.* **-men** /-mɛ̀n/) **1** (人のために情報を集めたり使い走りをする)下働き, 取材係助手 (cf. legwork 1). **2** 〖新聞〗取材記者, 情報収集者《取材や現場からの通報だけを担当し, 記事は書かない》. 〖1923〗
Leg·ni·ca /lɛgní:tsə; *Pol.* lɛgɲítsa/ *n.* レグニーツァ《ポーランド南西部の都市》.
Le·go /légou | -əu; *Dan.* lé:go/ *n.* 〖商標〗レゴ《デンマーク Lego 社製のプラスチック製組立てブロック玩具》. 〖《1957》□ Dan. ～ ← *leg godt* 'play well'〗
lég-of-mútton *adj.* (*also* **lég-o'-mútton**) 〈婦人服のそでが〉羊脚形の, 三角形の《肩の所がふっくらして手首の方へ次第に細くなっていく》: a ～ sleeve. 〖1840〗
lég-of-mútton sàil *n.* 〖海事〗レグオブマトンセール, (ヨットやボートの)長三角帆.
le·gong /ləgɔ́(:)ŋ, -gɑ́(:)ŋ | -gɔ́ŋ/ *n.* [しばしば L-] レゴン《Bali 島の最も有名な伝統的な舞踊で, レゴン劇の中の美しい女性の踊り》. 〖《1926》← Balinese〗
Le·gouis /ləgwí:; *F.* ləgwi/, **Émile** *n.* ルグイ《1861-1937; フランスの英文学者; L. Cazamian と共著の *Histoire de la littérature anglaise* (1924); *A Short History of English Literature* (1934)》.
lég·òver *n.* 《英俗》性交. 〖1975〗
lég·pùll *n.* 《口語》からかい, 悪ふざけ (cf. *pull a person's* LEG). **～·er** *n.* 〖1915〗
lég·pùlling *n.* 《口語》一杯食わせること, 悪ふざけをすること.
Legree, Simon *n.* ⇨ Simon Legree.
lég rèst *n.* (病人用の)足掛け.
lég·ròom *n.* (自動車・劇場などの座席の, 座った際に)足をおく余地, 足元の広さ. 〖1926〗
lég·ròpe *vt.* (家畜の)後足にロープをかける. 〖1878〗
lég ròpe *n.* 《豪》家畜の後足をしっかり留める綱.
lég shòw *n.* 《口語》踊り子たちの足を見せるレビュー. 〖1882〗
lég sìde *n.* 〖クリケット〗=on side. 〖1818〗
lég slìp *n.* 〖クリケット〗レッグスリップ《打者のすぐ後ろのレッグサイドの守備位置》.
lég spìn *n.* 〖クリケット〗レッグスピン《ボールがバウンド後に左サイドからオフサイドへ向きを変えるようにスピンをかけた投球》. 〖1888〗
lég spìnner 〖クリケット〗レッグスピンを投げる投手. 〖1927〗
lég stùmp *n.* 〖クリケット〗レッグスタンプ《投球を受けている打者の守っているウィケットの内, オンサイド (on side) にある柱; cf. middle stump, off stump》. 〖1833〗
lég tràp *n.* 〖クリケット〗レッグトラップ《ウィケット (wicket) の leg 側に集まった守備野手》.
leg·uan /légjuən, léguà:n/ *n.* 《南ア》=iguana. 〖1790〗
leg·ume /légju:m, ləgjú:m/ *n.* **1** 〖植物〗マメ科の植物《特に, 食用・飼料・肥料になるもの》. **2** さや (pod)《マメ科植物の果実; cf. fruit 1 b》. **3** (野菜としての)豆類. 〖《1676》□ F *légume* vegetable □ L *legūmen* pea, 《原義》something gathered ← *legere* to collect: ⇨ lecture〗
légume fàmily *n.* 〖植物〗マメ科 (Leguminosae).
le·gu·men /ləgjú:mən/ *n.* (*pl.* **le·gu·mi·na** /ləgjú:mənə | lɪgjú:mɪ-, lɛ-/, ～s) =legume. 〖*a*1398〗
le·gu·min /ləgjú:mən | -gju:mín/ *n.* 〖生化学〗レグミン《エンドウなど豆類の蛋白質》. 〖《1838》□ F *légumine*: ⇨ legume, -in²〗
Le·gu·mi·no·sae /ləgjù:mənóusi:, lɛ- | lɪgjù:mɪnóu-/ *n. pl.* 〖植物〗マメ科 (Fabaceae). 〖← NL ～ (fem. pl.) ← *leguminosus* (↓)〗
le·gu·mi·nous /ləgjú:mənəs, lɛ- | -mɪ-/ *adj.* **1** 豆のなる. **2** 〖植物〗マメ科の (fabaceous): ～ plants マメ科の植物. 〖《1656》← NL *leguminosus* ← L *legūmin-, legūmen* (⇨ legume)+-OUS〗
lég·ùp *n.* 《口語》**1** (馬などに乗るための)補助器具. **2** 手助け, 援助. 〖1837〗
lég wàrmers *n. pl.* レッグウォーマー《足首からふとももまでを覆うニット製防寒具》. 〖1974〗
lég·wòrk *n.* 《口語》**1** 歩き回る仕事 (cf. legman 1); (新聞記者などが仕事として)歩き回ること, 外回り. **2** (刑事の)聞きこみ捜査. 〖1891〗
Leh /léɪ/ *n.* レー《インド北部 Jammu and Kashmir 州の町で, Ladakh 地方の行政の中心地; Srinagar の東方に位置; 領有をめぐって 1948 年インドパキスタン間の紛争が起きた》.
Le·hár /léɪhɑə | lɛɪhɑ́:^(r), lɪ-, léɪhɑ:^(r); *Hung.* lέhα:r/, **Franz** *n.* レハール《1870-1948; ハンガリーのオペレッタ作曲家; *The Merry Widow* (1905)》.
Le Ha·vre /ləhɑ́:vrə, -və | -(h)ɑ́:vrə, -və^(r); *F.* ləɑ:vʁ/ *n.* ルアーブル《フランス北部 Seine 河口の海港; 単に Havre ともいう》.
le·ha·yim /ləxɑ́:jɪm/ *int., n.* =l'chaim.
Le·high /lí:haɪ/ *n.* [the ～] リーハイ(川)《米国 Pennsylvania 州東部を流れ, Delaware 川へ注ぐ (193 km)》.
Leh·man /lí:mən, léɪ-/, **Herbert H(enry)** *n.* リーマン《1878-1963; 米国の銀行家・政治家》.
Leh·mann /léɪmən/, **John** *n.* レーマン《1907-87; 英国の詩人・作家; *New Writing* (1936-46), *Penguin New Writing* (1946-50) の編集者》.
Leh·mann /léɪmən; *G* lé:man/, **Lilli** *n.* レーマン《1848-1929; ドイツのソプラノ歌手》.
Lehmann, Lotte *n.* レーマン《1888-1976; ドイツ生まれの米国のソプラノ歌手》.
Lehmann, Rosamond *n.* レーマン《1904?-90; 英国の小説家; John Lehmann の姉; *Dusty Answer* (1927)》.
Lehm·bruck /léɪmbrʊk; *G.* lé:mbʁʊk/, **Wilhelm** *n.* レームブルック《1881-1919; ドイツの彫刻家・グラフィックアーティスト》.
Lehn /léɪn; *F.* lɛn/, **Jean-Marie** *n.* レーン《1939- ; フランスの化学者; Nobel 化学賞 (1987)》.
lehr /lɪə, léə | lɪə^(r), léə^(r)/ *n.* 〖ガラス製造〗レア, 徐冷がま. 〖□ G *Lehr, Leer* pattern〗
le·hu·a /leɪhú:ə; *Hawaii.* lehúa/ *n.* 〖植物〗レフア (*Metrosideros villosa*)《太平洋諸島産; フトモモ属の常緑樹で赤い花を散房状に開き木質は堅い》. 〖《1888》← Hawaiian〗

lehua

le·i¹ /léɪi:, léɪ; *Hawaii.* léi/ *n.* レイ《花や葉や貝で作った輪で, ハワイ諸島で首や頭にかける》. 〖《1843》← Hawaiian〗
lei² *n.* leu の複数形.
Léib·nitz Móuntains /láɪbnɪts-, lí:b-/ *n. pl.* [the ～] ライプニッツ山脈《月の南極付近にある月面最高峰の連山 (10,000 m)》.
Leib·niz /láɪbnɪts, lí:b-; *G.* láɪbnɪts/ (*also* **Leibnitz** /～/), Baron **Gottfried Wilhelm von** *n.* ライプニッツ《1646-1716; ドイツの哲学者・数学者》.
Leib·niz·i·an /laɪbnítsiən, li:b-/ (*also* **Leib·nitz·i·an** /～/) *adj.* ライプニッツ哲学説の[に基づいた]. — *n.* ライプニッツ学派の人[研究者]. **～·ism** /-nìzm/ *n.* 〖《1754》: ⇨ ↑, -ian〗
Lei·bo·vitz /lí:bouvɪts | -bə(u)-/, **Annie** *n.* レーボビッツ《1949- ; 米国の写真家; 有名人のポートレートで知られる》.
Leic. 《略》Leicestershire.
Lei·ca /láɪkə; *G.* láɪka/ *n.* 〖商標〗ライカ《ドイツ製の 35 ミリカメラ》. 〖← *(Ernst) Lei(tz)* (製作者の名)+CA(MERA)〗
Leices·ter¹ /léstə | -tə^(r)/ *n.* **1** レスター《イングランド中部の都市; もと Leicestershire の州都で, 現在も州政府があるが, 行政上は州から独立した自治体 (unitary authority) を成す》. **2** =Leicestershire. **3** レスター《長毛で肉用の一品種の羊》. **4** レスターチーズ《濃い黄色の硬質チーズ》. 〖OE *Ligora ċeaster* 《原義》city of the dwellers on the river *Legra* (← Celt.): ⇨ -chester〗
Leices·ter² /léstə | -tə^(r)/, 1st Earl of *n.* ⇨ Robert DUDLEY.
Leices·ter·shire /léstəʃə, -ʃɪə | -təʃə^(r), -ʃɪə^(r)/ *n.* レスターシャー《イングランド中部の州; 面積 2,150km², 州都 Leicester》. 〖⇨ Leicester¹, -shire〗
Léicester Squáre *n.* レスタースクエア《London の Soho にある広場; 周囲に映画館・劇場・レストランなどが多く, 観光客や若者に人気がある》.
Leich·hardt /láɪkhɑət | -hɑ:t; *G.* láɪçhaʁt/, **(Friedrich Wilhelm) Ludwig** ライヒャルト《1813-48; プロシア生まれのオーストラリアの探検家; オーストラリア大陸を横断中に行方不明となる》.
Leics. 《略》Leicestershire.
Léi Dày *n.* レイデー《米国 Hawaii 州の May Day》.
Lei·den /láɪdn | láɪ-, léɪ-; *Du.* léidə(n)/ *n.* ライデン《オランダ西部の都市》.
Leif /lí:f, léɪf | lí:f/ *n.* リーフ, レイフ《男性名》. 〖ME *(le) Lef* (家族名) ← OE *lēof* dear: ⇨ lief〗
Léif Éricsson *n.* ⇨ Ericsson.
Leigh¹ /lí:/ *n.* リー《イングランド中西部 Manchester 西方の工業都市》. 〖OE *leaġe* (dat.) ← *lēa(h)* 'LEA¹'〗
Leigh² /lí:/ *n.* リー《男性名; 女性名; 異形 Lee》. 〖↑: 地名に由来する家族名から〗
Leigh /lí:/, **Janet** *n.* リー《1927- ; 米国の映画女優; *Psycho* (1960)》.
Leigh, Vivien *n.* リー《1913-67; 英国の舞台および映画女優; 本名 Vivian Mary Hartley》.
Leigh·ton /léɪtn/, **Frederick** *n.* レイトン《1830-96; 英国の新古典主義の画家・彫刻家; 称号 1st Baron Leighton of Stretton》.
Lei·la /lí:lə, léɪ-/ *n.* リーラ, レイラ《女性名; 異形 Lila》. ★ ブルネットの髪の女性に多い. 〖□ Pers. ～《原義》darkness, night〗
Leins·dorf /láɪnzdɔəf, láɪns- | -dɔ:f; *G.* láɪnsdɔʁf/, **Erich** *n.* ラインスドルフ《1912-93; オーストリア生まれの米国の指揮者; Boston 交響楽団音楽監督 (1962-69)》.
Lein·ster /lénstə | -stə^(r)/ *n.* レンスター《アイルランド共和国東南部の地方; Carlow, Dublin, Kildare, Kilkenny, Laoighis [Leix], Longford, Louth, Meath, Offaly, Westmeath, Wexford, Wicklow の諸州から成る; 面積 19,632 km²》. 〖← *Laigin* (古代ケルトの部族名)+-STER〗
lei·o·my·o·ma /làɪoumaɪóumə | -ə(u)maɪə́u-/ *n.* (*pl.* ～s, ～·ta /～tə | ～tə/) 〖病理〗平滑筋腫(しゅ) (cf. rhabdomyoma). 〖← NL ～ ← Gk *leio-, leîos* smooth+MYOMA〗
Leip·zig /láɪpsɪg, -sɪk; *G.* láɪptsɪç/ *n.* ライプチヒ《ドイツ中東部, Saxony 州の都市; かつての出版業の大中心地》.

Lei·ri·a /leɪríːə; *Port.* ləiríɐ/ *n.* レイリア《ポルトガル中西部の都市; ポルトガルで最初 (1466 年)の印刷所がある》.

leish·man·i·a /liːʃménɪə, -méɪn- | -méɪn-/ *n.* 〖細菌〗リーシュマニア属 (*Leishmania*) の原虫《住血鞭毛(べんもう)虫類で kala azar などの病原体》. **leish·ma·ni·al** /liːʃméniəl, -méɪn- | -méɪn-/ *adj.* **leish·man·ic** /liːʃmǽnɪk/ *adj.* 〘(1914) ← NL ~ ← *Sir W. B. Leishman* (1865–1926: スコットランドの細菌学者): ⇨ -ia²〙

leish·man·i·a·sis /liːʃmənáɪəsɪs, -sɪs/ *n.* 〖病理〗リーシュマニア症《leishmania の感染による疾患》. 〘(1912) ← NL ~: ⇨ ↑, -iasis〙

leish·man·i·o·sis /liːʃmæ̀nióusɪs, -mèɪ- | -mæ̀niə́usɪs, -mèɪ-/ *n.* =leishmaniasis.

leis·ter /líːstə | -tə^(r)/ *n.* (魚, 特に鮭を突く)やす.
— *vt.* 〈魚を〉やすで突く. 〘(1533–34) ◻ ON *ljóstr* ← *ljósta* to strike〙

lei·sur·a·ble /líːʒərəbl, léʒ- | léʒ-/ *adj.* ゆっくりした; 急ぐ必要のない. 〘(1581): ⇨ ↓, -able〙

lei·sure /líːʒə, léʒə, léɪʒə | léʒə^(r)/ *n.* **1 a** 暇な時間, 余暇 (spare time): wait one's ~ 都合ができるまで待つ / have no ~ *for* reading [*to* read] ゆっくり本を読む暇がない. 日英比較 日本語の「レジャー」は余暇に行う娯楽, レクリエーションの意だが, 英語の *leisure* は単に「働いていない暇な時間」「余暇」の意で, 娯楽の意はない. しかし, 余暇があれば人々はそれを何かに使うわけで, 余暇によって潤う産業という意味で, *leisure* industry (レジャー産業), 人々が余暇に利用する施設ということで *leisure* facilities (レジャー施設) などは日本語と一致する. ただし, 日本語の「レジャーセンター」「レジャーランド」などは英語ではそれぞれ recreation center, amusement park ということが多い (⇨ leisure centre). **b** 仕事からの解放, 暇, レジャー: a life of ~ 暇のある生活 / a gentleman [woman, lady] of ~ (決まった仕事をもたない)有閑紳士[女性]. **2** ゆったりしていること, 安逸 (ease): with ~ ゆったりと, 気楽に. ***at léisure*** (1) 暇で, 用がなくて. (2) ゆっくり, 急がずに, 時間を構わずに. (3) 仕事がなく, 失業して. 《1444》 ***at one's léisure*** 暇な時に; 折があれば; 都合のよい折に. 《1481》
— *adj.* [限定的] **1** 暇な, 手すきの, 用事のない, レジャーの: ~ hunting / in one's ~ hours 暇な時間に. **2** 暇の多い, 有閑の: the ~ class(es) 有閑階級. **3** 〈衣服が〉ふだん着(向き)の, 略装の: ⇨ leisure suit.
~·ness *n.* 〘(?a1300) *leiser(e)* ◻ OF *leisir* (F *loisir*) leisure; to be permitted < L *licēre* to be lawful, be allowed: ⇨ license〙

léisure cèntre *n.* 《英》余暇活用センター《さまざまな娯楽・スポーツ施設・図書館・集会室・レストランなどを備えている; 通例地方自治体が経営》. 日英比較 日本語の「レジャーセンター」は, 和製英語の「レジャーランド」(amusement park) と同じように, 私設企業の経営する遊園地などを意味することが多い. 〘1980s〙

léi·sured *adj.* **1** 暇のある, 有閑の, 遊んでいられる: the ~ class(es) 有閑階級. **2** =leisurely. 〘(1631): ⇨ -ed〙

léi·sure·less *adj.* 暇のない, 多忙な. 〘(1536): ⇨ -less〙

lei·sure·ly /líːʒəli, léʒ- | léʒə-/ *adj.* ゆったりした; 気の長い, 悠長(ゆうちょう)な, 落ち着き払った: in a ~ manner ゆっくりと. — *adv.* ゆっくり, ゆったりして; 気長に, 悠長に, 落ち着き払って. **léi·sure·li·ness** *n.* 〘(1486): ⇨ -ly^(1,2)〙

léisure sùit *n.* レジャースーツ《シャツジャケットとスラックスからなるカジュアルなスーツ》. 〘1975〙

léisure-tìme *adj.* 余暇の.

léisure·wèar *n.* 遊び着, (スポーツ用などの)カジュアルな服. 〘1969〙

Leit. 《略》Leitrim.

Leith /líːθ/ *n.* リース《スコットランド東南部, Firth of Forth に臨む海港; 現在は Edinburgh の一部》. 〘← ? Welsh *lleithio* to moisten, overflow: cf. Gael. *lighe* flood〙

leit·mo·tiv /láɪtmoutìːf | -mə(ʊ)tìːf, -tɪv; *G.* láɪtmotìːf/ *n.* (*also* **leit·mo·tif** /~/) **1** 〖音楽〗=leading motive 2. **2** (行為などに一貫して見られる)主動機, 中心思想. 〘(1876) ◻ G *Leitmotiv* ← *Leit-* (← *leiten* to lead)+*Motiv* motive〙

Lei·trim /líːtrɪm | -trɪm/ *n.* リートリム《アイルランド共和国 Connacht 地方の県; 面積 1,526 km², 県都 Carrick on Shannon /kǽrɪk-/》.

Leix /léɪʃ, líːʃ | líːʃ/ *n.* =Laoighis.

Lei·zhou /lèɪʒóu | -ʒə́u; *Chin.* léɪtʂōu/ *n.* 雷州(レイジョウ)《中国東南部, 広東省 (Guangdong) 西南部の半島; 長さ約 145 km; 海南 (Hainan) 海峡をはさんで海南島と向き合う》.

lek¹ /lék/ *n.* (*pl.* **~s, le·ke** /lékə/) **1** レク《アルバニアの通貨単位; =100 qintar; 記号 L》. **2** 1 レクアルミ貨[紙幣]. 〘(1927) ◻ Alb. ~〙

lek² /lék/ *n.* **1** 〖動物〗レック《ライチョウなどの雄がディスプレイを行うために集まる一定の踊り場》. **2** そのように群がる行為, 習慣. 〘(1871) ? ◻ Swed. ~ 'play, game' < ON *leikr*〙

lek·a·ne /lékənìː/ *n.* (*pl.* **-a·nai** /-nàɪ/) (ギリシャ・ローマ古物の)レカーネ《ふた付きの深鉢の一種》. 〘(1905) ◻ Gk *lekánē* ← *lékos* dish, pot〙

leke *n.* lek¹ の複数形.

lek·ker /lékə | -kə^(r)/ *adj.* 《南ア俗》心地よい, 気持ちいい. 〘(1900) ◻ Afrik. ~ ◻ Du.〙

lek·var /lékvaə | -vɑː^(r)/ *n.* 煮つめたプラムやプルーンの甘いピューレ《主にパイに入れる》. 〘(c1958) ◻ Hung. *lekvár* jam〙

lek·y·thos /líːkəθɑ̀(ː)s | -kɪθɒ̀s/ *n.* (*also* **lek·y·thus** /-θəs/) (*pl.* **-y·thoi** /-θɔ̀ɪ/) =lecythus. 〘(1851) (変形) ← LECYTHUS〙

Le·land /líːlənd/ *n.* リーランド《男性名》. 〘← OE *leahland* meadow land〙

Le·land /líːlənd/, **John** *n.* リーランド《1506?–52; 英国の考古学者》.

Le·loir /leɪlwáə | -lwɑ́ː^(r); *F.* lelwaːʁ, *Am.Sp.* lelwár/, **Luis Federico** *n.* レルワール《1906–87; フランス生まれのアルゼンチンの生化学者; Nobel 化学賞 (1970)》.

Le·ly /líːli | líːli, líli; *Du.* léːliː/, **Sir Peter** *n.* レーリー《1618–80; 英国に住んだオランダの肖像画家; 旧名 Pieter Van der Faes /vɑn dər fáːs/》.

LEM, Lem /lém/ 《略》lunar excursion module. 〘(1963) 頭字語〙

Le·maî·tre /ləmétr(ə); *F.* ləmɛtʁ/, **(François Élie) Jules** *n.* ルメートル《1853–1914; フランスの批評家・作家; *Lex Contemporains*「同時代人」(8 vols., 1886–1918)》.

lem·an /lémən, líːm-/ *n.* **1** 《古》(男女いずれにも用いて)恋人 (sweetheart). **2** 《古》情婦 (mistress). 〘ME *lemman, lemmon* (変形) ← *leofmon* ← OE *lēof* dear +*man, mon* man: ⇨ lief, man¹〙

Le·man /líːmən, lém-, ləmǽn | lémən, líː-, lɪmǽn, lə-; *F.* lemɑ̃/, **Lake** *n.* レマン湖 (⇨ Lake GENEVA).

Le Mans /ləmɑ́ː(ŋ), -mɑ́ːŋ; *F.* ləmɑ̃/ *n.* ル マン《フランス北西部の都市, Sarthe 県の県都; 毎年行われる 24 時間耐久自動車レースで有名》.

Lem·berg /*G.* lémbɛʁk/ *n.* レンベルク (Lvov のドイツ語名).

lem·ma¹ /lémə/ *n.* (*pl.* **~s, ~·ta** /~tə | -tə/) **1** (論証・証明に用いる)補助定理, 副命題. **2** (文章・議論などの)主題, 題目, テーマ. **3** (注解・語彙集などの)見出し語. 〘(1570) ◻ L *lēmma* ◻ Gk *lêmma* something received, premise ← *lambánein* to take〙

lem·ma² /lémə/ *n.* 〖植物〗(イネ科の小穂の)花穎(かえい). 〘(1906) ◻ Gk *lémma* shell, husk ← *lépein* to peel: ⇨ leper〙

lemmata *n.* lemma¹ の複数形.

lem·ma·tize /lémətàɪz/ *vt.* 〖言語〗単一見出しの下に屈折形・派生形をまとめる. 〘(1967) ← LEMMA¹+-IZE〙

lem·me /lémi/ 《口語》=let me. 〘(短縮) ← *let me*〙

lem·ming /lémɪŋ/ *n.* 〖動物〗**1** レミング, タビネズミ《極地付近にすむハタネズミ亜科の *Lemmus, Dicrostonyx, Synaptomys, Myopus* 属などの総称; 時に大群で移動する; またその繁殖が極に達した場合, 海に向かって大移動を起こし, 多数が海中で溺死することでも有名, 俗に「レミングの集団自殺」という》. **2** 《比喩》無分別な方針を選んで壊滅的事態に至る集団・組織の一員. **~·lìke** *adj.* 〘(1713) ◻ Norw. ~: cf. Sami *luomek*〙

lemming 1
(*L. lemmus*)

Lem·min·käi·nen /lémɪnkàɪnen/ *n.* 〖フィンランド伝説〗レミンカイネン《*Kalevala* の若く陽気な英雄; ⇨ Sampo》. 〘◻ Finn. ~〙

Lem·ni·an /lémniən/ *adj.* レムノス島 (Lemnos) の.
— *n.* レムノス人.

Lémnian smíth *n.* Lemnos 島の火と鍛冶(かじ)仕事の神 (Hephaestus, Vulcan のこと).

lem·nis·cate /lemnískɪt/ *n.* 〖数学〗レムニスケート曲線. 〘(c1781) ← NL *lemniscata* ← L *lemniscātus* with hanging ribbons: ↓〙

lem·nis·cus /lemnískəs/ *n.* (*pl.* **-nis·ci** /-nís(k)aɪ, -nís(k)iː/) 〖解剖〗毛帯, 絨帯《特に, 中枢神経系の白色の神経線維束; fillet, laqueus ともいう》. 〘(c1905) ← NL ~ ← L *lēmniscus* pendent ribbon ◻ Gk *lēmnískos* ribbon〙

Lem·nos /lémnɑ(ː)s, -nous | -nɒs/ *n.* レムノス(島)《エーゲ海北東部にあるギリシャ領の島; 面積 476 km², 主都 Kastro; 現代ギリシャ語名 Limnos》.

lem·on /lémən/ *n.* **1** 〖植物〗**a** レモン(の実). **b** レモン (*Citrus limon*). **c** レモン味に似せて作ったタルト香味. **2** レモン飲料. **3** レモン色, 淡黄色. **4** 《口語》**a** 不快なもの[こと]; つまらない物[人], うんざりすること[人]; できそこない, 欠陥品. 日英比較 日本語では「レモン」はさわやかな味と香りということでよいイメージがあり, 比喩でもよい意味で使われることが多いが, 英語の *lemon* は「酸っぱい味」ということから悪いイメージがあり, 比喩的にもマイナスの評価のものに使われる. **b** 《英》とろいやつ, ばか者. **c** 魅力のない女 (cf. peach²). ***hánd a person a lémon*** 《俗》(取引で)〈人を〉だます, ぺてんにかける. ***The ánswer's a lémon.*** 《俗》(そんな愚問に)返事は不要.
— *adj.* **1** レモン入りの, レモンで香りをつけた, レモンの風味の: ~ tea. 日英比較 英語の *lemon* tea はレモン風味の紅茶を指す. 日本でいう薄い輪切りのレモンを入れた「レモンティー」は tea with *lemon*. **2** レモン色[淡黄色]の.
~·ish *adj.* 〘(c1400) *lymon* ◻ (O)F *limon* ◻ Turk. ◻ Pers. *līmūn*: cf. lime³〙

lem·on·ade /lèmənéɪd⁻/ *n.* レモネード《レモンの果汁に砂糖と水かソーダ水を加えた飲み物》. 〘(1604) ← LEMON +-ADE ∽ F *limonade*〙

lémonade bérry *n.* 〖植物〗米国 California 州南部原産ウルシ属の常緑低木 (*Rhus integrifolia*)《芳香のある果実を清涼飲料に加える; sourberry ともいう》.

lémonade búsh [súmac] *n.* 〖植物〗=fragrant sumac.

lémon bàlm *n.* 〖植物〗セイヨウヤマハッカ, コウスイハッカ, メリッサソウ (*Melissa officinalis*)《ヨーロッパ南部から小アジアに産するシソ科の芳香のある多年草; 料理の香味料とするほか, 湯に浮かべて飲料とする; garden balm, sweet balm ともいう》. 〘c1888〙

lémon bèe bàlm *n.* 〖植物〗=lemon mint.

lémon bùtter *n.* レモンバター: **1** レモンの香りをつけたバター. **2** 溶かしたバター, レモン汁, 調味料から作るソースで, 魚・野菜にかける; lemon butter sauce ともいう.

lémon chèese *n.* レモンチーズ《レモン・砂糖・卵・バターで作るジャム状のもの; パンに塗ったりパイに入れる》.

lémon chróme yéllow *n.* =light chrome yellow.

lémon-còlored *adj.* 淡黄色の, レモン色の.

lémon cùrd *n.* =lemon cheese.

lémon dáy lìly *n.* 〖植物〗チョウセンキスゲ, ホソバキスゲ (*Hemerocallis flava*)《アジア東部産のユリ科の草本; 花は淡黄色》.

Le Monde /ləmɔ̃́ː(n)d, -mɔ́ːnd; *F.* ləmɔ̃ːd/ *n.* 「ル モンド」《フランスの中道系の夕刊紙, 1944 年創刊》. 〘◻ F ~ 'The World'〙

lémon·dròp *n.* レモンで味をつけたドロップ, レモンドロップ. 〘1807〙

lémon físh *n.* 《米南部》〖魚類〗=cobia.

lémon geràníum *n.* 〖植物〗レモンゼラニウム (*Pelargonium limoneum*)《ゼラニウムの一種で, その葉はレモンのような香りがする》.

lémon·gràss *n.* 〖植物〗レモングラス (*Cymbopogon citratus*)《カルカヤの類のイネ科の植物で, アジア南方産; レモンに似た芳香があり, 香料の原料となる; cf. grass oil》. 〘1801〙

lémongrass òil *n.* レモングラス油《レモングラスの葉から採る淡黄色[淡褐色]の油で, 香水に使用》.

lémon jùice *n.* レモンの果汁, レモンジュース. 〘1617〙

lémon káli *n.* 《英》レモンカリ《重炭酸ソーダと酒石酸で作った発泡性の飲み物》. 〘1858〙

lémon làw *n.* 1[時に the ~]《米口語》レモン法《商品[特に, 自動車]に欠陥があった場合, 新品との交換, 修理もしくは返金を業者に義務づけた法律; cf. lemon 4 a》.

lémon·lìke *adj.* レモン状の, レモンを思わせる.

lémon líme *n.* 《米》レモンライム《甘酸っぱい炭酸飲料の一種》.

lémon merìngue píe *n.* レモンメレンゲパイ《レモンの風味のついた中身の上に泡立てた卵白を載せて焼いたパイ》.

lémon mínt *n.* 〖植物〗米国中南部産のシソ科ヤグルマハッカ属の一年草 (*Monarda citriodora*).

lémon óil *n.* 〖化学〗レモン油《レモンの果皮から採る精油; 食品香料として用いる》. 〘1896〙

lémon pèel *n.* レモンピール《レモン皮の砂糖づけ》. 〘1672〙

lémon-plànt *n.* 〖植物〗=lemon verbena. 〘1862〙

lémon-scénted *adj.* レモンの香りをつけた.

lémon sóda *n.* 《米》レモンソーダ《レモンの味がする炭酸飲料》.

lémon sóle *n.* 〖魚類〗**1** ババガレイ (*Microstomus kitt*)《大西洋産》. **2** 大西洋産カレイの一種 (*Pseudopleuronectes americanus*). 〘1876〙

lémon squásh *n.* 《英》レモンスカッシュ《レモンの果汁に砂糖とソーダ水を加えた飲み物》. 〘1876〙

lémon squèezer *n.* **1** レモン搾り器. **2** (NZ口語) 陸軍の儀式用とんがり帽子. 〘1781〙

lémon súmac *n.* 〖植物〗=fragrant sumac.

lémon thýme *n.* 〖植物〗ヨウシュイブキジャコウソウ (*Thyme serpyllum*)《シソ科イブキジャコウソウ属の矮性低木; 葉はレモンの香りがする》. 〘1629〙

lémon verbéna *n.* 〖植物〗ボウシュウボク, コウスイボク (*Lippia citriodora*)《南米産のクマツヅラ科イワダレソウ属の低木; その葉はレモンの香りがする》. 〘1869〙

lémon·wòod *n.* 〖植物〗ニュージーランド産のトベラ科トベラ属の小高木 (*Pittosporum eugenioides*)《白い樹皮, レモン香の花で知られる》. 〘1879〙

lem·on·y /léməni/ *adj.* **1** レモンの味[香り]のする. **2** 《豪俗》怒った, いらついた. 〘(1859): ⇨ -y⁴〙

lémon yéllow *n.* レモン色, 淡黄色. 〘1807〙

lem·pi·ra /lempíᵊrə | -píərə; *Am.Sp.* lempíra/ *n.* **1** レンピーラ《ホンジュラスの通貨単位; =100 centavos; 記号 L》. **2** 1 レンピーラ硬貨[紙幣]. 〘(c1934) ◻ Am.Sp. ~ ← *Lempira* (スペイン人に抵抗した南米インディアンの酋長(しゅう)の名)〙

Lem·sip /lémsɪp/ *n.* 〖商標〗レムシップ《熱湯に溶かして服用する粉末状かぜ薬》.

Lem·u·el /lémjuəl/ *n.* レミュエル《男性名; 愛称形 Lemmy》. 〘◻ Heb. *lemū'ēl* (原義) belonging to God〙

le·mur /líːmə | -mə^(r)/ *n.* 〖動物〗**1** キツネザル《Madagascar 島特産のキツネザル属 (*Lemur*) の下等な霊長類; 姿はサルに, 鼻はキツネに似ている; ワオキツネザル (*L. catta*) など》. **2** キツネザルに似た動物 (loris, indri など).
~·lìke *adj.* 〘(c1580) ◻ L *lemurēs* ghosts, spirits of the dead (夜活動するところから): ↓〙

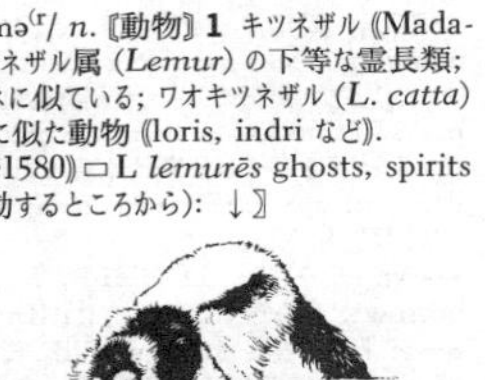

lemur 1
エリマキキツネザル
(Ruffed lemur)

lem·u·res /lémjurèɪs | -rìːz/ *n. pl.* レムレース《古代ロー

L

マの民間で信じられていた死者の霊). 〘(1555) ◻ L *lemurēs* (pl.): cf. lamia〙

Le·mu·ri·a /lɪ̀mjʊ́ᵊriə | lɪmjʊ́ər-/ *n.* **1** レムリア (昔存在したと考えられた仮想の大陸; 今のインド洋を占めていたという). **2** 〘古代ローマ〙死霊祭 (5月の 9, 11, 13 日; 死霊がさまよう日とされ, 神殿は閉ざされ, 各家では厄神ばらいの儀式が行われた). 〘(1864) ← NL ~ ← LEMUR＋-IA²: 英国の動物学者 P. L. Sclater (1829–1913) の命名〙

lem·u·rine /lémjʊràɪn, líːmər-/ *adj.* ＝lemuroid. 〘(1864) ← LEMUR＋-INE¹〙

lem·u·roid /lémjʊrɔ̀ɪd/ *adj.* キツネザルに似た. — *n.* ＝lemur. 〘(1873) ← NL *Lemuroidea*: ⇨ lemur, -oid〙

Len /lén/ *n.* レン (男性名). 〘(dim.) ← LEONARD〙

Le·na¹ /líːnə, léɪ- | léɪ-, líː-; *Russ.* lʲénə/ *n.* [the ~] レナ(川) (シベリアの Baikal 湖付近から発して Laptev 海に注ぐ川 (4,300 km)).

Le·na² /líːnə/ *n.* リーナ (女性名). 〘(dim.) ← HELENA² & MAGDALENE²〙

Le·na·pe /lənáːpi, lénəpi/ *n.* (*pl.* ~, ~s) ＝Delaware² 1, 2. 〘(1728) (略) ← Am.-Ind. (Delaware) *Leni-lenape* ← *len* real＋*lenape* man〙

Le·nard /léɪnɑət | -nɑːt; *G.* léːnaʁt/, **Philipp** *n.* レーナルト (1862–1947; ドイツの物理学者; Nobel 物理学賞 (1905)).

Lénard ràys *n. pl.* 〘電子工学〙レナード線 (陰極線管からの電子流の一種). 〘↑〙

Lénard tùbe *n.* 〘電子工学〙レナード管 (電子流を得る陰極線管の一種). 〘← *Philipp Lenard*〙

Len·clos /lɑ̃ː(ŋ)klóʊ, laːŋ- | -klə́ʊ; *F.* lɑ̃klo/, **Anne** *n.* ランクロ (1620–1705; 美貌で知られたフランス社交界の貴婦人; そのサロンには多くの知名人が集まった; 通称 Ninon de Lenclos).

lend /lénd/ *vt.* (**lent** /lént/) **1** [しばしば二重目的語を伴って] **a** 〈人〉に〈物を〉貸す, 貸与する, 用立てる (cf. borrow 1, loan): ~ an umbrella / *Lend* me your pen, will you?＝*Lend* your pen *to* me, will you? ★受動態では I *was lent* the pen. よりも The pen *was lent* (*to*) me. のほうが普通 / I don't ~ my books *to* anybody. 本はだれにも貸しません / He ~*s* cars *out to* businessmen. 彼は車を実業家たちに貸している. **b** 〈人〉に〈金を〉貸し出す, 貸し付ける: ~ (a person) money at interest [on security] 利子[担保]を取って(人に)金を貸す / ~ *out* money (at interest) (利子つきで)金を貸し出す / *Lend* your money and lose your friend. (諺) 金の貸借は友情の破綻(はたん). 日英比較 (1) 日本語では, 備え付けで移動できないものでも「貸す」と言うが, この場合英語では「使わせる」の意で let (a person) use… を用いる. (2) 日本語では「貸す」は有料・無料のいずれにも使う. しかし, 英語では有料・無料を厳密に区別し, 移動可能なものを無料で貸す場合, 最も一般的なのは *lend* で (米) では loan も用いられる.

	貸 す	
	(米)	(英)
無料で	lend, loan	lend
有料で	rent (out) hire out	hire out
(部屋・家) (土地など)	rent (out) lease	let lease
金銭	lend, loan	lend, loan

2 a [時に二重目的語を伴って] 〈手・耳・助力などを〉貸す, 提供する: ~ a (helping) hand *with* … [*in* doing …] …に手を貸す[…するのを手伝う] / ~ (one's) assistance [aid, support] *to* …に力を貸す, …を援助する / ~ an ear [one's ears] *to* …に耳を傾ける, …を傾聴する / Friends, Romans, countrymen, ~ me your ears. 友よ, ローマ市民よ, 同胞諸君, 私に耳を貸して頂きたい (Shak., *Caesar* 3. 2. 73). **b** [~ oneself で] 〈人が〉〔…に〕身を入れる, 力を尽くす〔*to*〕: He never ~*s himself to* anything dishonorable. 彼は決して卑劣なことはしない.
3 〔…に〕〈気品・魅力などを〉与える, 添える, 加える (impart) 〔*to*〕: The florid red in her cheeks *lent* vividness *to* her face. 両ほおが桜色に赤らんでいて彼女の顔は生き生きとしていた / The situation *lent* new weight *to* his optimism. その情勢が彼の楽天的観測に新たな重みを加えた / Distance ~*s* enchantment. 遠くから見ると魅力を増す, 「夜目遠目笠の内」(cf. Thomas Campbell, *Pleasures of Hope* 1. 7) / These facts ~ credibility *to* your hypothesis. こういった事実があるので君の仮説も信憑性を増す.
4 [~ oneself で] 〈物事が〉〔…の〕役に立つ; 〔…に〕適している; 〔乱用・誤用など〕されやすい, 〔…に〕陥りやすい〔*to*〕: The newspaper *lent itself to* a leisurely perusal. その新聞はゆったりとした気分でじっくりと読むのによかった / Many parks in London ~ *themselves to* rest and recreation. ロンドンにある多くの公園は休息と気晴らしの場にふさわしい / Free enterprise often ~*s itself to* abuses. 自由企業はしばしば悪用される.
— *vi.* (金を)貸す (cf. borrow 1): He neither ~*s* nor borrows. 金を貸すこともしなければ借りることもしない.
— *n.* (英口語) 貸すこと, 貸出, 貸与: Can I have a ~ of your book? 君の本を貸してくれないか.
〘ME *lende*(*n*) ∞ ME *lene*(*n*) < OE *lǣnan* ← *lǣn* 'LOAN¹': ME *lende*(*n*) は元来は *lene*(*n*) の過去形〙

lend·a·ble /léndəbl̩/ *adj.* 貸せる, 用立てられる. 〘(1611): ⇨ ↑, -able〙

lend·er /léndə | -də(r)/ *n.* **1** 貸す人, 貸主, 貸方: Neither a borrower nor a ~ be. 借り手にも貸し手にもなるな (Shak., *Hamlet* 1. 3. 75). **2** 金貸し, 高利貸し. 〘OE *lǣner*: ⇨ -er¹〙

lend·ing /léndɪŋ/ *n.* **1** 貸出, 貸与. **2** 貸与された物. 〘(1340): ⇨ -ing¹〙

lénding lìbrary *n.* **1** 貸出文庫, 貸本屋. **2** (英) 公共図書館の貸出部[係]; 公共図書館. 〘1708〙

lénding ràte *n.* (借りた人が支払う)ローンの利率.

Len·dl /léndl̩/, **Ivan** *n.* レンドル (1960–　; チェコ出身の米国のテニス選手).

lénd-léase *n.* 武器貸与 (武器貸与法 (Lend-Lease Act) に基づく軍需品などの貸与). 〘1941〙 — *vt.* 武器貸与法により〈軍需品などを〉貸与する. 〘1941〙

Lénd-Léase Àct *n.* [the ~] 武器貸与法 (1941 年 3 月制定の米国の法律; 同盟国に対して軍需品・食料・人的援助などを提供する権限を大統領に与えた; 1945 年廃止).

Lénd-Léase Administràtion *n.* 武器貸与局 (1941 年 10 月米国に設けられた Lend-Lease Act の実施機関).

lenes *n.* lenis の複数形.

L'En·fant /lɑ́ː(ŋ)fɑ̃ː(ŋ), láːŋfaːŋ; *F.* lɑ̃fɑ̃/, **Pierre Charles** *n.* ランファン (1754–1825; フランス生まれの米国の軍人・技師・建築家; Washington, D.C. の建設計画者).

Len·glen /lɑ̃ː(ŋ)glɑ̃ː(ŋ), laːŋgláːŋ; *F.* lɑ̃glɛ̃/, **Suzanne** *n.* ラングラン (1899–1938; フランスの女子テニス選手; ウィンブルドンのチャンピオン (1919–23, 1925)).

length /léŋ(k)θ/ *n.* **1 a** (端から端までの)長さ, (縦横の)縦 (cf. breadth, width): the ~ of a line, rod, road, river, etc. / *over* [*through*, *throughout*] the ~ and breadth of … 全体に渡って, …をあまねく, 津々浦々 / a rope 6 feet *in* ~ 長さ 6 フィートのロープ / a room 6 meters *in* ~ and 4 in breadth [width] 縦 6 メートル横 4 メートルの部屋 / What ~ is it?＝What is its ~? 長さはどのくらいですか / She walked the (whole [entire]) ~ of the hall to the front door. 彼女はホールの端から端まで歩いて玄関のドアまで行った. **b** (初めから終わりまでの)長さ: the ~ of a sentence, paragraph, chapter, list, etc. / a story of some /sʌ́m/ ~ かなり長い物語 / a dictionary 2,400 pages *in* ~ 厚さ 2,400 ページの辞書. **c** [所有格の名詞を伴って] (…だけの)長さ, 距離: ships a *cable*('*s*) ~ apart (互いに) 1 ケーブル分 (100 尋(ひろ)＝約 185 m)の隔たりを置いた船 / She stood only an *arm's* ~ away from me. 彼女はほんの手を伸ばせば届くくらいのところに立っていた / ⇨ *at* ARM'S LENGTH. **d** [one's ~ として] (人の)全身長: He stretched *his* ~ on the lawn. 彼は芝生の上にぐいと体を伸ばした / ⇨ *measure one's* (*own*) LENGTH. **2 a** (時間の)長さ, 期間, 期限: the ~ of a speech, life, journey, vacation, etc. / the ~ of the primary-school term 小学校の年限 / one's ~ of days 長命, 長寿 / for a ~ of time (相当)長い期間 / I can't stay for any (great) ~ of time. これ以上とどまるわけにはいかない. **b** 〘音楽・詩学〙(音・音声などの)長さ: the ~ of a vowel [syllable, musical note] 母音[音節, 音符]の長さ / The *a* in *save* has greater [more] ~ than the *a* in *safe*. save の a は safe の a より長い / put a ~ mark on the vowel 母音の上に長音の印をつける. **3 a** 長い距離[広がり]: He drove down a ~ *of* highway. 長い高速道路をドライブして行った / There were large ~*s of* sea between them. 彼らの間を隔てて広い海が横たわっていた **b** 特定[標準]の長さのもの: a ~ *of* rope 一定の長さの綱 / a ~ *of* cloth 1 反の布 / a short ~ *of* chain 1 本の短い鎖 / two (three-foot) ~*s of* iron pipe (3 フィートの長さに切った) 2 本の鉄パイプ. **4** (時間・距離などの)長いこと: I was sick and tired of the ~ of the meeting. 会議の長いのにはほとほとうんざりした / The ~ of the climb discouraged us. 登りの長いのには一同閉口した. **5** [go に伴って; しばしば *pl.*] (行動・意見などの)極端, 限度, 範囲: *go to* great [any, unprecedented] ~*s* (*to* do…) どんなことでもする, どんなにでも骨折る / He is willing to *go* (to) any ~(*s*) *to* win. 勝つためにはどんな労も惜しまないだろう / Would you *go* to such [those] ~*s to* win? 勝つためにはそこまでやりますか / I will not *go to* the ~ *of saying* such things. まさかそんなことまで言う気はない. **6 a** 〘競馬〙一馬身; 〘ボートレース〙一艇身: The horse [boat] won *by* three ~*s*. その馬[ボート]は 3 馬身[艇身]の差で勝った. **b** (プールの)縦の長さ: get tired after swimming 10 ~*s* of the pool プールを 5 往復泳いでくたびれる. **7** 〘クリケット〙球程 (三柱門と投げた球の落ちた点との距離); 〘アーチェリー〙射程 (射手と標的との間の距離): a (good) ~ ball 球程を誤らない球 / keep (a) good ~ 球程を誤らない / Her serves lack ~. 彼女のサーブは距離が足りない. **8** 〘トランプ〙長さ (ブリッジなどの手で, あるスーツ (suit) の札が 5 枚以上に及んでいること). **9** 〘服飾〙**a** 丈(たけ), 長さ (cf. -length): What skirt ~? スカート丈は / What sleeve ~? 袖丈は / What dress ~? ドレス丈は / skirts *in* short and long ~*s* 丈の短いのと長いスカート. **b** 布地の長さ. **10** (古) 〘劇場〙42 行からなるせりふの一節.
at árm's length ⇨ arm's length 成句. ***at fúll léngth*** (1) 体を思いきり伸ばして, 大の字に: lie *at full* ~ in the grass 芝生の上に長々と寝そべる. (2) 長ったらしく, くどくどと. (3) 十分に, 詳しく. (1667) ***at gréat léngth*** ＝*at full* LENGTH (2), (3): Tomorrow she will speak *at* even *greater* ~. 明日, 彼女はもっと詳しく話してくれる. ***at léngth*** (1) ついに, ようやく, やっと (at last): He came *at* ~. (2) 長ったらしく: speak *at* ~ 長々としゃべる. (3) 十分に, 詳細に: He treated his subject *at* ~. 演題を詳細に論じた. (*c*1500) ***at sóme léngth*** 相当長く; かなり詳しく. ***méasure*** *one's* (***ówn***) ***léngth*** 大の字になり倒れる. (1595–96)
léngth betwèen perpendículars 〘海事〙垂線間の長さ (船の長さを示す一つ; 船首垂線部から船尾垂線部までの長さで全長よりは短い; 略 LBP).
léngth over áll 〘海事〙全長 (船の最先端から最後端までの水平距離; 略 LOA).
〘OE *lengþu* < Gmc **laŋgiþō* ← **laŋgaz* 'LONG¹': ⇨ -th²〙

-length /-lèŋ(k)θ/ 「…の長さの, 丈(たけ)が…の」の意の形容詞連結形: knee-*length* pants ひざまでの長さのズボン / an ankle-*length* greatcoat くるぶしまで届く長さの外套 / a floor-*length* gown 床まで届く長いガウン / a boy with shoulder-*length* hair 肩までくる長い髪の少年. 〘↑〙

length·en /léŋ(k)θən/ *vt.* **1** 長くする, 延ばす, 延長する (⇨ extend SYN); 〈接音を〉長く延ばす: ~ one's stride 歩幅を大きくする / a ~*ed* stay 長逗留(ながとうりゅう) / He ~*ed out* his speech. 話を引き延ばした. **2** 〈酒などを〉薄めて増やす. — *vi.* 長くなる, 延びる: The shadows ~. 夕闇が迫る; だんだん年老いてくる, 死期が近づく / His face ~*ed*. 彼は浮かぬ顔をした (cf. long face) / Spring ~*ed* (*out*) *into* summer. 春がたけて夏となった. **~·er** *n.* 〘(*a*1375) ← LENGTH＋-EN¹〙

léngth·màn /-mæ̀n/ *n.* (*pl.* **-men** /-mèn/) (英) 軌道係, 保線要員; 道路工夫[補修工]. 〘1921〙

léngth·wàys *adv.* ＝lengthwise. 〘1599〙

léngth·wise *adv.* 長く, 縦に (lengthways). — *adj.* 縦に[長く]置かれた[動く]; 縦の, 長い (longitudinal). 〘(*c*1580): ⇨ -wise〙

length·y /léŋ(k)θi/ *adj.* (**length·i·er**; **-i·est**) **1 a** 〈演説・書き物・文体など〉長い, 長ったらしい, 冗長な (⇨ wordy SYN): a ~ sermon, speech, etc. **b** 〈旅行など〉いやになるほど長い: a ~ voyage. **2** 〈人が〉口数の多い, くどくどしい: a ~ person, speaker, etc. **léngth·i·ly** /-θɪ̀li/ *adv.* **léngth·i·ness** *n.* 〘(1689) ← LENGTH＋-Y⁴〙

le·ni·ence /líːniəns/ *n.* ＝leniency. 〘1796〙

le·ni·en·cy /líːniənsi/ *n.* 寛大さ, 寛仁; 哀れみ, 慈悲(深さ). 〘(1780): ⇨ ↓, -cy〙

le·ni·ent /líːniənt/ *adj.* **1** 寛容な, ゆるやかな (tolerant), 情深い, 慈悲深い (merciful); 寛大な, 軽い (mild): a ~ person, disposition, judge, sentence, punishment, etc. / be ~ *toward* [*to*] one's students 学生に対してやさしい. **2** (古) 〈薬など〉(苦痛や緊張を)和らげる, 緩和する, 鎮める (alleviative). **~·ly** *adv.* 〘(1652) ◻ L *lēnientem* (pres.p.) ← *lēnīre* to soothe ← *lēnis* gentle: ⇨ lenis, -ent〙

len·i·fy /lénəfàɪ, líːn- | -nɪ̀-/ *vt.* (古) 楽にする, 和らげる, 緩和する (alleviate). 〘(1568) ◻ F *lénifier* ∥ LL *lēnificāre* ← L *lēnis* (↑): ⇨ -fy〙

Len·i-Le·na·pe /lènilənáːpi/ *n.* ＝Delaware² 1. 〘(*c*1782) ◻ Am.-Ind. (Delaware) ~ ← *leni* real＋*lenape* person, Indian〙

Le·nin /lénɪn | -nɪn; *Russ.* lʲénʲin/, **Nikolai** *n.* レーニン (1870–1924; ロシアの革命指導者・著述家; 1917 年の十月革命の指導者; ソ連人民委員会議長 (1917–24); 本名 Vladimir Ilich Ulyanov).

Le·ni·na·bad /lɪ̀níːnəbɑ̀ːd | lɪ-/ *n.* レニナバード (Khodzhent の旧名).

Le·ni·na·kan /lɪ̀nìːnəkáːn | lɪ-/ *n.* レニナカン (Kumayri の旧名).

Len·in·grad /lénɪ̀ngræ̀d | -nɪngræ̀d, -grɑ̀ːd; *Russ.* lʲinʲingrát/ *n.* レニングラード (⇨ St. Petersburg). 〘◻ Russ. ~ (原義) Lenin's city〙

Lé·nin·ism /-nɪ̀zm/ *n.* **1** レーニン主義 (プロレタリアの独裁を主張する共産主義理論). **2** ＝Marxism-Leninism. 〘(1918) ← *Nikolai Lenin*＋-ISM〙

Lé·nin·ist /-nɪ̀st | -nɪst/ *n.* レーニン主義者. — *adj.* レーニン主義(者)の. 〘(1917): ⇨ -ist〙

Le·nin·ite /lénɪ̀nàɪt | -nɪ-/ *n.*, *adj.* ＝Leninist. 〘1917〙

Lénin Péak *n.* レーニン山 (ロシア南部, キルギス共和国とタジキスタン共和国との国境にある山 (7,134 m)).

Lénin prìze *n.* レーニン賞 (ソ連で学術・技術・文学・芸術の優れた業績に与えられた賞; 1925 年制定; 1956 年 Stalin prize と改称).

le·nis /líːnɪ̀s, léɪ- | -nɪs/ 〘音声〙 *n.* (*pl.* **le·nes** /líːniːz, léɪ- | líːniːz, léɪ-, -neɪz/) 軟音, 弱子音 (硬音 (fortis) に比べて閉鎖や狭めを作る力が弱く, 呼気圧も低いため弱く調音される閉鎖音や摩擦音; 英語の母音間の閉鎖音や摩擦音は通例 lenis である). — *adj.* 軟音の. 〘(*c*1897) ← NL ~ ← L *lēnis* gentle ← IE **lē*(*i*)- to let go, slacken: cf. let¹〙

le·ni·tion /lɪ̀níʃən/ *n.* (ケルト語における) 緩音化 (soft mutation) (破裂音の [t] [k] [p] が摩擦音の [θ] [x] [f] に変化するのはその例). 〘(1912): ⇨ ↑, -tion: cf. G *Lenierung*〙

len·i·tive /lénətɪv | -nɪ̀t-/ *adj.* 鎮痛性の, 緩和力のある, 和らげる. — *n.* (古) **1** 〘医学〙鎮痛剤, 緩和剤; 緩下剤. **2** 和らげるもの, 慰めるもの. **~·ly** *adv.* 〘(?*a*1425) ◻ OF *lenitif* ◻ ML *lēnītīvus*: ↑〙

len·i·ty /lénəti | lénɪ̀ti, líːn-/ *n.* **1** 情深さ, 慈悲深さ. **2** 寛大な[情深い]処置, 慈悲, 哀れみ (⇨ mercy SYN). 〘(?*a*1425) ◻ OF *lenite* ◻ L *lēnitātem* mildness ← *lēnis* gentle: ⇨ lenis, -ity〙

Len·nie /léni/ *n.* レニー (男性名). 〘(dim.) ← LEONARD〙

Len·ni-Le·na·pe /lènilənáːpi/ *n.* ＝Leni-Lenape.

Len·non /lénən/ *n.* 〘商標〙レノン (米国 Lennon Wallpaper 社製の壁紙).

Len·non /lénən/, **John** *n.* レノン (1940–80; 英国のロックギタリスト・歌手・作曲者; the Beatles のメンバーとして活

躍 (1962–70); New York で射殺される).

Len·nox /lénəks/ *n.* レノックス《男性名》. 〖もとスコットランドの地名: ← Gael. *leamhanach* abounding in elms〗

le·no /líːnou | -nəu/ *n.* (*pl.* ~**s**) 絽(ろ), もじり織《leno weave ともいう》; レノ《窓掛け・ベールなどに用いる一種のガーゼ織物》. — *adj.* 絽織の. 〖(1804) □ F *linon* lawn ← *lin* flax: cf. linen〗

Le·nore /lənɔ́ə | lɪ̀nɔ́ː(r/ *n.* レノア《女性名》. 〖□ G ~: ⇨ Leonora〗

Le Nô·tre /lənóutr(ə), -nɔ́ː- | -nə́u-; *F.* lənoːtʀ/, **An·dré** *n.* ルノートル (1613–1700; フランスの建築家・造園家; 代表作は Versailles 宮殿の庭園).

léno wèave *n.* =leno.

Len·ox /lénəks/ *n.* 〖商標〗レノックス《米国 Lenox 社製の陶磁器》.

lens /lénz/ *n.* **1** (*also* **lense** /~/) レンズ (⇨ glasses 挿絵); (カメラの)組み合わせレンズ: a burning ~ =burning glass / a concave [convex] ~ 凹[凸]レンズ / a magnifying ~ 拡大レンズ, 虫眼鏡. **2** レンズ《超短波・電子・音波などを焦点に集める装置》: ⇨ electron lens. **3** (*also* **lense** /~/) 〖解剖〗(目の)水晶体 (crystalline lens) (⇨ eye 挿絵). **4** 両面が凸レンズ状の物. ★ ラテン語系形容詞: lenticular. — *vt.* 撮影する, …の写真[映画]を撮る. **lensed** *adj.* 〖(1693) ← NL *lēns*, (L) 'LENTIL': 形の類似から〗

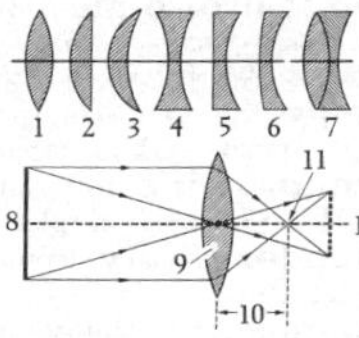

lenses 1
1 convexo-convex 2 plano-convex 3 convexo-concave 4 concavo-concave 5 plano-concave 6 concavo-convex 7 achromatic 8 object 9 convex lens 10 focal length 11 focus 12 real image

léns hòod *n.* 〖写真〗レンズフード (⇨ hood¹ 2 l). 〖1891〗

léns·less *adj.* レンズのない. 〖(1899): ⇨ ↑, -less〗

léns·lìke *adj.* レンズのような, レンズ状の.

léns·man /-mən/ *n.* (*pl.* **-men** /-mən, -mèn/) 《米口語》写真師, 写真家 (photographer). 〖1938〗

léns tùrret *n.* 〖写真〗レンズ ターレット《いくつかのレンズを迅速に切り替えて使えるようにカメラの前方に取り付けた回転式レンズ固定用円板》. 〖1951〗

lent /lént/ *v.* lend の過去形・過去分詞.

Lent /lént/ *n.* **1** 〖キリスト教〗四旬節, 大斎(たいさい)節, 受難節, レント《Ash Wednesday から Easter Eve までの日曜日(主日)を除く 40 日間; 荒野のキリストを記念するために断食や贖罪(しょくざい)を行う; cf. *Matt.* 4:2》. **2** (中世において) Martinmas (11 月 11 日)から Christmas までの期間《正式には St. Martin's Lent》. **3** [*pl.*] 《英》(Cambridge 大学の)春季ボートレース (Lent-term boat races) (cf. Lent term). 〖(?*a*1200) *le(i)nte* (短縮) ← OE *len(c)ten*: ⇨ LENTEN〗

-lent /lənt/ *suf.* 「…の傾向のある; …に満ちている」の意を表すラテン語系形容詞語尾: corpu*lent*, opu*lent*. 〖□ F ~ □ L *-lentus* // *-lent-*, *-lēns*〗

len·ta·men·te /lènṭəméntei | -tə-; *It.* lentaménte/ *adv.* 〖音楽〗遅く. 〖(1724) □ It. ~ ← *lento* slowly + *-mente* (← L *mente*, *mēns* mind): cf. lentando〗

len·tan·do /lentáːndou | -dəu; *It.* lentándo/ *adv.* 〖音楽〗次第に遅く. 〖(*c*1847) □ It. ~ (ger.) ← *lentare* to slacken ← L *lentus* slow〗

Lent·en, l- /léntn, -tən | -tən, -tn/ *adj.* **1** 四旬節 (Lent) の, 大斎(たいさい)節の, 四旬節に行われる: the ~ season / the ~ fast services 四旬節の断食礼拝. **2 a** (四旬節の料理のように)肉抜きの (meatless), 乏しい, 不十分な (meager): ~ fare 精進料理. **b** 《古》〈着物など〉地味な, 質素な (plain): ~ clothing. **c** 《古》〈顔つきなど〉陰気な, 浮かない (dismal): ~ looks. 〖OE *len(c)ten*, *lengten* spring, Lent < (WGmc) **laŋgitinaz* (Du. *lente* / G *Lenz*) ← **laŋgaz* 'LONG¹': 春になると日が長くなることから〗

Lénten píe *n.* レント パイ《四旬節 (Lent) に食べる肉抜きのパイ》. 〖1595–96〗

Lénten róse *n.* 〖植物〗小アジア原産のキンポウゲ科のクリスマスローズの一種 (*Helleborus orientalis*). 〖1884〗

len·tic /léntɪk | -tɪk/ *adj.* 〖生態〗〈湖・池など〉静止した水の; 静水にすむ (cf. lotic). 〖(1935) ← L *lentus* slow, motionless + -IC¹〗

len·ti·cel /léntəsèl | -tɪ-/ *n.* 〖植物〗皮目《樹皮面にあるレンズ状の斑点(はんてん), 気孔の働きをする》. **len·ti·cel·late** /lèntəsélɪt | -tɪ-ˊ/ *adj.* 〖(*c*1864) ← NL *lenticella* (dim.) ← L *lēns* 'LENTIL'〗

len·ti·cle /léntɪkl | -tɪ-/ *n.* 〖時計〗振り子の動きが見えるように時計ケースにあけられた窓. 〖(1898) □ L *lenticula* little lentil (dim.) ← *lēns* (↑)〗

len·tic·u·lar /lentíkjulə | -lə(r/ *adj.* **1** レンズ豆 (lentil) 状の; 両凸の (convexo-convex): a ~ bed 〖地質〗レンズ状地層や岩塊 / a ~ cloud 〖気象〗レンズ雲. **2** レンズの, レンズに関する. **3** 〖解剖〗(目の)水晶体の. **4** 〖写真〗〈フィルム表面が〉微小凸レンズ状の (cf. lenticulated film). 〖(*c*1425) □ L *lenticulāris* lentil-shaped ← *lenticula* (↑)〗

lentícular fílm *n.* 〖写真〗=lenticulated film. 〖1934〗

len·tic·u·lar·is /lèntìkjuléərɪs | -léərɪs/ *adj.* 〖気象〗〈雲が〉レンズ状の. 〖□ L *lenticulāris* 'LENTICULAR'〗

lentícular núcleus *n.* 〖解剖〗レンズ核《大脳核の一つで尾状核・視床の外側にある両凸レンズ状の灰白質; cf. basal ganglia》. 〖1899〗

lentícular pròcess *n.* 〖写真〗lenticulated film を用いるカラー[立体]写真法.

len·tic·u·late /lentíkjulèɪt/ *vt.* 〈フィルム〉の表面に微小凸レンズ (lenticule) を型押しする. **len·tic·u·la·tion** /lentìkjuléɪʃən/ *n.*

len·tíc·u·làt·ed fílm /-tɪd- | -tɪd-/ *n.* 〖写真〗微小凸レンズ (lenticules) を規則正しく表面に配列したフィルム.

len·ti·cule /léntəkjùːl | -tɪ-/ *n.* 〖光学〗微小凸レンズ《カラー[立体]写真用にフィルム表面に型押ししたかまぼこ型凸レンズ》. 〖(1884) □ L *lenticula* 'LENTIL'〗

len·ti·form /léntəfɔ̀əm | -tɪfɔ̀ːm/ *adj.* =lenticular. 〖(1706) ← L *lent-*, *lēns* 'LENTIL' + -I- + -FORM〗

lentigines *n.* lentigo の複数形.

len·tig·i·nous /lentídʒənəs | -dʒɪ-/ *adj.* (*also* **len·tig·i·nose** /-nòus | -nəus/) **1** 〖医学〗ほくろの; あざの. **2** 〖生物〗しみ[ぶち]のある, 小さな点がある. 〖(1597) □ L *lentiginōsus* (↓)〗

len·ti·go /lentáɪgou | -gəu/ *n.* (*pl.* **-tig·i·nes** /-tídʒəniːz | -dʒɪ-/) 〖医学〗(小さい)ほくろ, 黒子; あざ (cf. freckle 1). 〖(*a*1400) □ L *lentīgō* ← *lent-*, *lēns* (↓)〗

len·til /léntḷ | -tɪl, -tl/ *n.* 〖植物〗ヒラマメ, レンズマメ (*Ervum lens*)《地中海地方原産; 薄い両凸レンズ状の豆を食用とする》; その種子. 〖(*c*1250) □ (O)F *lentille* < VL **lenticula(m)* = L *lenticula* (dim.) ← *lent-*, *lēns* lentil: cf. OE *lent*〗

léntil cùt *n.* 〖宝石〗レンチルカット《カボション型 (cabochon) で上下の丸みが同形のもの》.

len·tisc /léntɪsk/ *n.* (*also* **len·tisk** /~/) **1** 〖植物〗コショウボク (⇨ peppertree 1). **2** 〖化学〗=mastic 1 a. 〖(*c*1420) □ L *lentiscus* ← *lentus* flexible〗

len·tis·si·mo /lentísəmòu | -sɪməu; *It.* lentíssimo/ *adj.*, *adv.* 〖音楽〗きわめて遅い[く]. 〖(*c*1903) □ It. ~ (superl.) ← LENTO〗

len·ti·tude /léntətùːd, -tjùːd | -tɪtjùːd/ *n.* 《古》遅鈍, 不活発. 〖(1623) □ L *lentitūdō* slowness, sluggishness ← *lentus* slow〗

len·ti·vi·rus /léntɪvàɪrəs | -tɪvàɪ(ə)r-/ *n.* 〖医学〗レンチウイルス《レトロウイルス科の一属; 羊などの脳に遅発性の炎症性病変を起こす》. 〖(1979) ← L *lentus* slow + -I- + VIRUS〗

Lént lìly *n.* 〖植物〗**1** 《英》=daffodil. **2** =Madonna lily. 〖1826–27〗

len·to /léntou | -təu; *It.* lénto/ *adv.* 〖音楽〗レントで, 遅く. — *adj.* **1** 〖音楽〗レントの, 遅い. **2** 〖音声〗緩徐調の. — *n.* 〖音声〗緩徐調《発音の速度の遅いこと; cf. allegro 2》. 〖(1724) □ It. ~ < L *lentum* slow〗

len·toid /léntɔɪd/ *adj.* レンズ状の: a ~ gem. — *n.* レンズ状の物体. 〖(1879) ← L *lent-*, *lēns* 'LENTIL' + -OID〗

Lént tèrm *n.* 〖英大学〗春学期, 第二学期《(Cambridge その他の大学で)クリスマス休暇後から始まって Easter に終わる; cf. Lent 3, Hilary term 2》. 〖1861〗

len·voi /lénvɔɪ, lɑ́ːn-; *F.* lɑ̃vwa/ *n.* (*also* **l'en·voy** /~/) =envoi. 〖(?*a*1439) □ F *l'envoi* the sending: ⇨ envoi〗

Len·ya /lénjə, lém-; *G.* lénja/, **Lotte** *n.* レーニャ (1898–1981; オーストリアの歌手・女優; 本名 Karoline Blamauer).

Lénz's láw /léntsɪ̀z-; *G.* lénts-/ *n.* 〖物理〗レンツの法則《電磁誘導は電磁気的状態の変化を妨げるように起こるという法則》. 〖← *H. F. E. Lenz* (1804–65: ドイツの物理学者)〗

Le·o¹ /líːou | líːəu/ *n.* **1** 〖天文〗しし(獅子)座《北天の星座; その中に鎌形星群 (Sickle) を含みその柄の端に一等星 Regulus がある; the Lion ともいう》. **2** 〖占星〗**a** しし座, 獅子宮《黄道 12 宮の第 5 宮; the Lion ともいう; cf. zodiac》. **b** しし座生まれの人. — *adj.* 〖占星〗しし座生まれの. 〖(*a*1000) □ L *leō* 'LION'〗

Le·o² /líːou | líːəu; *It.* lέːo, *F.* leo/ *n.* レオ《男性名; ユダヤ人に多い》. 〖↑〗

Le·o I /líːou- | líːəu-/, Saint *n.* レオ一世 (390?–461; イタリアの聖職者; 教皇 (440–61); 西方正統キリスト論を確立; 祝日 4 月 11 日; 通称 Leo the Great).

Leo III, Saint *n.* レオ三世 (750?–816; ローマ教皇 (795–816); 祝日 6 月 12 日).

Leo X *n.* レオ十世 (1475–1521; イタリアの聖職者; 教皇 (1513–21); 学問芸術の保護者; Luther を破門した (1521); 本名 Giovanni de' Medici).

Leo XIII *n.* レオ十三世 (1810–1903; イタリアの聖職者; 教皇 (1878–1903); 外交に尽力, 多くの有名な回勅を出す; 本名 Vincenzo Gioacchino Pecci /vintʃéntso dʒoakkíːno péttʃi/).

Le·o·ben /leɪóubən, -bn | -ə́u-; *G.* leóːbn/ *n.* レオーベン《オーストリア中東部, Styria 州の Mur 川沿いの都市》.

Léo Mínor *n.* 〖天文〗こじし(小獅子)座《しし座と大熊座の間の北天の星座; the Smaller Lion ともいう》. 〖1797〗

Le·on /líːɑ(ː)n, -ən | líːɔn, léɪ-, -ən; *Russ.* lʲión/ *n.* レオン《男性名; ユダヤ人に多い》. 〖(変形) ← LEO² // □ Russ. ~ (↓)〗

Le·ón /leɪóun | -ɔ́n; *Sp.* león/ *n.* レオン: **1** スペイン北西部の地方; もと王国; 面積 15,468 km². **2** スペイン北西部の都市. **3** メキシコ中部, Guanajuato 州の都市. **4** ニカラグア西部の都市; もと首都.

Lé·on /leɪɔ́ːŋ, -ɔ́ːŋ; *F.* leɔ̃/ *n.* レオン《男性名》. 〖□ F ~: ⇨ lion〗

Leon·ard /lénəd | -nəd/ *n.* レナード《男性名; 愛称形 Len, Lennie, Lenny》. 〖ME □ (O)F *Léonard* □ OHG **Lewenhart* (原義) strong as a lion ← *lewo* (□ L *leō* lion) + *hart* strong, hard〗

Leonard, William Ellery *n.* レナード (1876–1944; 米国の教育家・詩人).

Le·o·nar·desque /lìːənaədésk, lèɪ- | -ə(ʊ)nɑː-ˊ/ *adj.* Leonardo da Vinci 風の(手法で描いた). 〖(1864) ← LEONARDO da Vinci + -ESQUE〗

Le·o·nar·do /lìːənáədou, lèɪ- | -ə(ʊ)nɑ́ːdəu; *It.* leonárdo/ *n.* レオナルド《男性名》. 〖□ It. ~: ⇨ Leonard〗

Leonardo da Vinci *n.* ⇨ da Vinci.

Le·on·berg /líːənbə̀ːg | -bə̀ːg; *G.* léːɔnbɛʀk/ *n.* (*also* **Le·on·ber·ger** /-gə | -gə(r/) 〖犬〗レオンバーグ《Saint Bernard と Newfoundland との交配種》. 〖(1907) ← G ~ (ドイツ南西部の町の名)〗

Le·on·ca·val·lo /lèɪounkəvɑ́ːlou | -əunkəvɑ́ːləu; *It.* leoŋkavállo/, **Rug·gie·ro** /ruddʒέːro/ *n.* レオンカバルロ (1857–1919; イタリアのオペラ作曲家; *I Pagliacci*「パリアッチ(道化師)」(1892)).

le·one /lióun | liə́un, -ni/ *n.* (*pl.* ~**s**, ~) **1** レオーネ《シエラレオーネの通貨単位; =100 cents; 記号 Le》. **2** 1 レオーネ紙幣. 〖(1964): ⇨ Sierra Leone〗

Le·o·ne /lióuni | -ə́u-; *It.* leóːne/, **Mon·te** /monte/ *n.* レオーネ山《スイスとイタリアの間にある Lepontine Alps の最高峰 (3,553 m); Simplon 峠の南西側に位置する》.

Le·o·ne /lióuni | -ə́u-; *It.* leóːne/, **Ser·gio** /sérdʒo/ *n.* レオーネ (1929–89; イタリアの映画監督; マカロニウェスタンの代表的存在; *A Fistful of Dollars* (1964)).

Le·o·nid¹ /líːənɪ̀d, léɪ- | -ə(ʊ)nɪd; *Russ.* lʲianʲít/ *n.* レオニード《男性名》. 〖□ Russ. ~〗

Le·o·nid² /líːənɪ̀d, léɪ- | -ə(ʊ)nɪd/ *n.* (*pl.* ~**s**, **Le·on·i·des** /liɑ́(ː)nədiːz | liɔ́nɪ-/) [通例 *pl.*] 〖天文〗しし座流星群《11 月半ばごろしし座から流れ出るように見える流星群》. 〖(1876) ← NL *Leōnidēs* (pl.) ← L *leōn-*, *leō* 'LION': ⇨ -id¹〗

L

Le·on·i·das /liɑ́(ː)nədəs | liɔ́nɪdæ̀s/ *n.* レオニダス (?–480 B.C.; スパルタの王 (490?–480 B.C.); Thermopylae の戦いで戦死).

Leonides *n.* Leonid² の複数形.

Le·o·nie /líːəni/ *n.* リーオニー《女性名》. 〖□ F ~ (fem.) ← LEON〗

le·o·nine /líːənàɪn, -nɪ̀n | líːə(ʊ)nàɪn/ *adj.* **1** ライオンの(ような): a ~ type of face. **2** ライオンを思わせる, 堂々とした, 威風ある; たけだけしい, 勇猛な. 〖(*c*1375) □ (O)F *léonin* // L *leōnīnus* ← *leōn-*, *leō* 'LION': ⇨ -ine¹〗

Le·o·nine /líːənàɪn, -nɪ̀n | líːə(ʊ)nàɪn/ *adj.* (教皇) Leo の, Leo の作った[始めた]; (特に)教皇 Leo 四世[十三世]の. — *n.* [*pl.*] 〖詩学〗=leonine verse. 〖(1870) □ L *leōnīnus* ← *Leōn-*, *LEO* proper name: ⇨ -ine〗

Léonine Cíty *n.* [the ~] レオの街《教皇 Leo 四世がサラセン人防御のため 850 年ごろ城壁をめぐらした Vatican 宮殿を中心とするローマ市の一部》. 〖1870〗

léonine vérse *n.* 〖詩学〗レオ詩体《本来 6 詩脚または 5, 6 詩脚からなり, 各行の中間と終わりの語[音節]が押韻する; 例: Daemon *languebat*, monachus tunc esse *volebat* (=The devil was sick, then wished to be a monk.). 英語では一般に 1 行の中間の音節と末尾の音節とが押韻する詩型をいう; cf. internal rhyme》. 〖(1658) ← (O)F *léonin* ← *Léon* (12 世紀のフランスの修道士でこの詩体の創始者: ラテン名は Leoninus)〗

Le·o·no·ra /lìːənɔ́ːrə/ *n.* レオノーラ《女性名; 異形 Lenora, Lenore, Leonore》. 〖□ It. ~ ← ? ELEANOR〗

Le·o·nore /líːənɔ̀ə | -nɔ̀ː(r/ *n.* レオノア《女性名》. 〖□ F ~ 'LEONORA'〗

Le·o·nov /leɪóunɔ(ː)f, -nɑ(ː)f | -ə́unɔf; *Russ.* lʲiónəf/, **Leonid Ma·ksi·mo·vich** /maksʲímavʲitʃ/ *n.* レオーノフ (1899–1994; ロシアの小説家; *The Thief* (1927)).

le·on·ti·a·sis /lìːəntáɪəsɪ̀s | -sɪs/ *n.* 〖病理〗=lionism 2. 〖(1753) ← NL ~ ← Gk *leontíasis* early stage of elephantiasis ← *leont-*, *leōn* 'LION' + -IASIS〗

Le·on·ti·ef /leɪɑ́(ː)ntièf, -tɪ̀f | -ɔ́nti-; *Russ.* lʲiónt ʲif/, **Wassily** *n.* レオンチェフ (1906–99; ロシア生まれの米国の経済学者; Nobel 経済学賞 (1973)).

le·on·to·po·di·um /liɑ̀(ː)ntəpóudiəm | -ɔ̀ntəpə́u-di-/ *n.* 〖植物〗=edelweiss.

leop·ard /lépəd | -pəd/ *n.* **1** 〖動物〗ヒョウ (*Panthera pardus*)《ヒョウ属の大形で獰猛(どうもう)な動物》; ヒョウと同類の動物: ⇨ American leopard, black leopard, clouded leopard, hunting leopard, snow leopard / Can the ~ change his spots? 豹(ひょう)そのまだらを変ええるか《性格はなかなか変わらないものだ; cf. *Jer.* 13:23》. **2** ヒョウの毛皮 [生皮]. **3** 〖紋章〗**a** 紋章図形のヒョウ. **b** (紋章図形の)ライオン《古い紋章記録ではライオンとヒョウが混同され, 現在ではライオンとされている紋章も 1200 年代にはヒョウであったものが多い; イングランド王の紋章の 3 頭のライオンも往時はヒョウであったが, これを正式にライオンとしたのは Henry 七世の時代である》. 〖(?*a*1300) □ (O)F *léopard*, OF *leupard* (F *léopard*) □ LL *leopardus* □ late Gk *leópardos*: ⇨ lion, pard¹〗

léopard càt *n.* 〖動物〗=ocelot 1. 〖1773〗

leop·ard·ess /lépədɪ̀s | -pədès, -dɪs/ *n.* 〖動物〗ヒョウの雌. 〖(1567) ← LEOPARD + -ESS¹〗

léopard flòwer *n.* 〖植物〗=blackberry lily.

léopard fròg *n.* 〖動物〗ヒョウガエル (*Rana pipiens*)《北米で最も普通に見られるカエルで, 背に白縁の黒斑がある》. 〖1839〗

Le·o·par·di /lìːəpɑ́ədi, lèɪə- | -ə(ʊ)pɑ́ːdi; *It.* leopárdi/, Conte **Giacomo** *n.* レオパルディ (1798–1837; イタリアの詩人・批評家).

leop·ard·ine /lépədìːn | -pə-/ *n.* レパディーン《ウサギの毛皮を加工してヒョウの毛皮に似せたもの》.

léopard lìly *n.* 〖植物〗 **1** 米国 California 州産のユリの一種 (*Lilium pardalinum*)《花は紫斑(はん)のあるオレンジ色》. **2** 米国南東部産のユリの一種 (*Lilium catesbaei*)《湿地に生え, 花は赤い》. 〖1902〗

léopard lìzard *n.* 〖動物〗 ヒョウモントカゲ (*Crotaphytus* [*Gambelia*] *wislizenii*)《メキシコ・米国西部産のタテガミトカゲ科の大トカゲ》.

léopard mòth *n.* 〖昆虫〗 ゴマフボクトウ (*Zeuzera pyrina*)《白い羽に多くの黒い斑点があるボクトウガ科の昆虫; その幼虫は立木の材部に食い入る害虫》. 〖1819〗

léopard's-bàne *n.* 〖植物〗 **1** 西ヨーロッパ産の黄色い花をつけるキク科の多年草 (*Doronicum pardalianches*)《根は薬用, サソリの毒に有効という; panther strangler ともいう》. **2** 北米東部産のウサギギク属の一種 (*Arnica acaulis*)《砂地に生え, 花は黄色》.

léopard sèal *n.* 〖動物〗 ヒョウアザラシ (*Hydrurga leptonyx*)《南極産で頭が大きく気が荒いアザラシ; sea leopard ともいう》. 〖1893〗

léopard squìrrel *n.* 〖動物〗 =thirteen-lined ground squirrel.

Le·o·pold /líːəpòuld, léɪə- | -pàuld; *G.* léːopɔlt, *Serb.* léːopolt/ *n.* レオポルド《男性名》. 〖□ F *Léopold* ∥ G *Leopold* < OHG *Liutbald* ← *liut* people+*balt* bold〗

Leopold I *n.* レーオポルト一世: **1** (1640–1705) 神聖ローマ帝国皇帝 (1658–1705). **2** (1790–1865) ベルギー国王 (1831–65).

Leopold II *n.* レーオポルト二世: **1** (1747–92) 神聖ローマ帝国皇帝 (1790–92). **2** (1835–1909) ベルギー国王 (1865–1909).

Leopold III *n.* レーオポルト三世 (1901–83; ベルギー国王(1934–51)).

Lé·o·pold·ville /líːəpouldvìl, léɪ- | -pəuld-; *F.* leɔpɔldvil/ *n.* レオポルドビル《Kinshasa の旧名 (1966 年まで)》.

L

le·o·tard /líːətàəd, léɪ- | -tàːd/ *n.* [しばしば *pl.*] レオタード《体操や軽業用またはバレエの練習時に着用する衣類》. 〖(1886) ← *Jules Léotard* (1830–70: フランスの空中曲芸師)〗

Le·pan·to /lɪ̈pǽntou | -təu/ *n.* レパント《ギリシャの西部, Lepanto 海峡に臨む港市》.

Lepanto, the Gulf of *n.* レパント湾 (⇨ Gulf of CORINTH).

Lepanto, the Strait of *n.* レパント海峡《ギリシャ西部の海峡; 1571 年ここでの海戦でトルコの海軍は全滅した》.

Le·pa·ya /líːpɑːjə | lɪpáː-/ *n.* =Liepāja.

Lep·cha /léptʃə/ *n.* (*pl.* ~, ~s) **1 a** [the ~(s)] レプチャ族 (Himalayas 山脈の Sikkim に住む Mongoloid 人種の民族). **b** レプチャ族の人. **2** レプチャ語. — *adj.* Lepcha 族の, Lepcha 語の. 〖(1819) 現地名〗

lep·er /lépə | -pə^(r)/ *n.* **1** ハンセン病[癩(らい)病]患者. ★ この語は差別語とされる. **2** 忌避[排斥]される人, 世間からつまはじきされる人. 〖(*a*1398) *lepre* □ (O)F *lèpre* leprosy □ L *leprae*, *lepra* □ Gk *léprā* ← *leprós* scaly ← *lepís* scale & *lépein* to peel: cf. lepra〗

léper hòuse *n.* ハンセン[癩]病院. 〖1855〗

lep·id /lépɪ̈d | -pɪd/ *adj.* 《古》 機知に富む, 面白い. 〖(1619) □ L *lepidus*〗

lep·id- /lépəd | -pɪ̈d/ (母音の前にくるときの) lepido- の異形.

lep·i·do- /lépədou | -pɪ̈dəu/ 「うろこ (scale)」の意の連結形: *Lepidoptera*. ★ 母音の前では通例 lepid- になる. 〖← Gk *lepid-*, *lepís* scale: cf. leper〗

le·pid·o·lite /lɪpídəlàɪt, lépədou- | lɪpídə-, lépɪ̈də(u)-/ *n.* 〖鉱物〗 リシア雲母(うんも), うろこ雲母 (lithia mica). 〖(1796): ⇨ ↑, -lite〗

Lep·i·dop·ter·a /lèpədɑ́(ː)ptərə | -pɪ̈dɔ́p-/ *n. pl.* **1** 〖昆虫〗 蝶蛾類鱗翅(りんし)目《翅が鱗粉で覆われている昆虫》. **2** [l-] lepidopteron の複数形. 〖(1773) ← NL ~ (pl.): ⇨ lepido-, -ptera〗

lep·i·dop·ter·al /lèpədɑ́(ː)ptərəl | -pɪ̈dɔ́p-⁻/ *adj.* = lepidopterous. 〖1828〗

lep·i·dop·ter·an /lèpədɑ́(ː)ptərən | -pɪ̈dɔ́p-⁻/ *adj.* 〖昆虫〗 鱗翅(りんし)目の. — *n.* 鱗翅目の昆虫. 〖(1855) ← LEPIDOPTERA+-AN¹〗

lep·i·dop·ter·ist /lèpədɑ́(ː)ptərɪ̈st | -pɪ̈dɔ́ptərɪst/ *n.* 鱗翅(りんし)目研究者. 〖(1826) ← LEPIDOPTERA+-IST〗

lep·i·dop·ter·ol·o·gy /lèpədɑ̀(ː)ptərɑ́(ː)lədʒi | -pɪ̈dɔ̀ptərɔ́l-/ *n.* 〖昆虫〗 鱗翅(りんし)学, 蝶蛾学. **lep·i·dop·ter·o·log·i·cal** /lèpədɑ̀(ː)ptərəlɑ́(ː)dʒɪ̈kəl, -kl | -pɪ̈dɔ̀ptərəlɔ́dʒɪ-⁻/ *adj.* **lèp·i·dòp·ter·ól·o·gist** /-dʒɪ̈st | -dʒɪst/ *n.* 〖(1898) ← LEPIDOPTERA+-OLOGY〗

lep·i·dop·ter·on /lèpədɑ́(ː)ptərən, -tərɑ̀(ː)n | -pɪ̈dɔ́ptərən, -rɔ̀n/ *n.* (*pl.* **-ter·a** /-rə/) 〖昆虫〗 鱗翅(りんし)目の昆虫.

lep·i·dop·ter·ous /lèpədɑ́(ː)ptərəs | -pɪ̈dɔ́p-⁻/ *adj.* 〖昆虫〗 鱗翅(りんし)目の. 〖(1797) ← LEPIDOPTERA+-OUS〗

lep·i·do·si·ren /lèpədousáɪrən | -pɪ̈də(u)sáɪ(ə)r-/ *n.* 〖魚類〗 南米 Amazon 川に産する肺魚類の一種 (*Lepidosiren paradoxa*). 〖(1854) ← NL ~: ⇨ lepido-, siren〗

lep·i·do·sis /lèpədóusɪ̈s | -pɪ̈dóusɪs/ *n.* (*pl.* **-ses** /-siːz/) (蛇などの)うろこ[鱗]の配列[特徴].

lep·i·dote /lépədòut | -pɪ̈dəut/ *adj.* 〖生物〗 鱗片(りんぺん)で覆われた. 〖(1836) □ Gk *lepidōtós* scaly ← *lepid-*, *lepís* scale〗

Lep·i·dus /lépədəs | -pɪ̈dəs/, **Marcus Ae·mil·i·us** /iːmíliəs, ɪm-/ *n.* レピドゥス (?–13 B.C.; ローマの政治家; Antony, Octavian とともに第 2 回三頭政治 (triumvirate) の執政となった).

-le·pis /⁻ləpɪ̈s | -lɪ̈pɪs/ 「うろこ (scale)」の意の名詞連結形. 〖← NL ~ ← Gk *lepís* scale: cf. lepido-〗

Le Play /ləpléɪ; *F.* ləplɛ/, **Fréderic** *n.* ルプレー (1806–82; フランスの社会学者・人口学者).

lep·o- /lépou | -pəu/ 「殻 (husk), うろこ (scale)」の意の連結形. 〖← ? NL ~ ← Gk *lépos* husk〗

Le·pon·tic /lɪ̈pɑ́(ː)ntɪk | -pɔ́nt-/ *n.* レポント語《イタリア北東部からスイス南部にかけて使われたインドヨーロッパ語族に属する古代の言語; 紀元前 3 世紀の碑文によって知られる》.

Le·pón·tine Álps /lɪ̈pɑ́(ː)ntaɪn-, -tɪ̈n-, lépəntàɪn- | lɪ̈pɔ́ntaɪn-/ *n. pl.* [the ~] レポンティン アルプス《スイス南部・イタリア北部に連なるアルプスの中央山脈; 最高峰 Mt. Leone (3,553 m)》.

lep·o·rid /lépərɪ̈d | -rɪd/ *adj.*, *n.* 〖動物〗 ウサギ科の(哺乳動物). 〖↓〗

Le·por·i·dae /ləpɔ́(ː)rədìː | lɪ̈pɔ́rɪ-/ *n. pl.* 〖動物〗 ウサギ科. 〖← NL ~ ← L *lepor-*, *lepus* hare+-IDAE〗

lep·o·ride /lépərɪ̈d, -rɪ̈d, -ràɪd | -pərɪd, -ràɪd/ *n.* 〖動物〗 =Belgian hare. 〖(1880) □ F *léporide* ← L *lepor-* (↑)〗

lep·o·rine /lépəràɪn, -rɪ̈n | -pəràɪn/ *adj.* うさぎ (hare) の, うさぎのような. 〖(1656) □ L *leporīnus* ← *lepor-*, *lepus* hare+-INE¹〗

lep·per /lépə | -pə^(r)/ *n.* (ジャンプのうまい)障害馬. 〖(1907) (方言・変形) ← LEAPER〗

lep·ra /léprə/ *n.* 〖病理〗 ハンセン[癩(らい)]病. 〖(*c*1250) *lepre*, ~ □ OF *l(i)epre* ∥ LL ~ □ Gk *lépra*: ⇨ leper〗

LEPRA /léprə/ *n.* 救癩協会. 〖(頭字語) ← *Le*(*p*(*rosy*) *R*(*elief*) *A*(*ssociation*)〗

lep·re·chaun /léprəkɔ̀ːn, -kɑ̀ːn | -rɪ̈kɔ̀ːn, -hɔ̀ːn/ *n.* 《アイル伝説》 レプレコン《いつも靴の片方だけを作っており, 捕まえると宝のありかを教えてくれるという小さな老人の姿の妖精; cf. fairy 1》. 〖(1604) □ Ir. *lupracān* (音位転換) ← MIr. *luchrupān* a very little body ← OIr. *luchorpān* having a small body ← *lu* small+*corpān* ((dim.) ← *corp* body □ L *corpus*)〗

lep·ról·o·gist /-dʒɪ̈st | -dʒɪst/ *n.* ハンセン[癩(らい)]病専門家, ハンセン[癩]病学者. 〖(1900) ← LEPRA+-(O)LOGIST〗

lep·rol·o·gy /lɛprɑ́(ː)lədʒi | -rɔ́l-/ *n.* 〖医学〗 ハンセン[癩]病学.

lep·ro·ma /lɛpróumə | -rəu-/ *n.* (*pl.* ~s, **-ma·ta** /-mətə/) 癩腫《癩菌が存在する肉芽腫性結節》. 〖← NL ~ (← Gk *lépra* leprosy+-OMA)〗

le·pro·ma·tous /lɛpróumətəs | -róumətəs/ *adj.* 〖医学〗 癩腫 (leproma) の(みられる). 〖(1898): ⇨ ↓, -ous〗

lep·ro·min /lɛpróumɪ̈n | -rəumɪn/ *n.* 〖医学〗 レプロミン《ハンセン病組織や浮遊液から得られる物質で, 皮内反応に用いる》. 〖(1932) ← LEPROMA+-IN²〗

leprómin tèst *n.* 〖医学〗 レプロミン[光田]反応《皮内反応によるハンセン病の補助診断法; 光田健輔の発見》. 〖1940〗

lep·ro·sar·i·um /lèprəsé^(ə)riəm | -séər-/ *n.* (*pl.* ~s, **-i·a** /-riə/) ハンセン病院, ハンセン[癩(らい)]病療養所. 〖(1846) □ ML *leprosārium* ← LL *leprōsus*+-ARIUM〗

lep·rose /léprous | -rəus/ *adj.* 〖生物〗 =leprous 3.

lep·ro·ser·y /léprəsèri | -səri/ *n.* =leprosarium. 〖(1884) □ F *léproserie* ← L *leprosus* leprous+F *-erie* '-ERY'〗

lep·ro·sy /léprəsi/ *n.* **1** 〖病理〗 ハンセン病, 癩(らい)病 (Hansen's disease). **2** 健全な道義を退廃させると思われる影響力: moral ~ (他人に感染しやすい)道徳的腐敗, 堕落. 〖(1535) ← LL *leprōsus* (⇨ leprous)+-Y¹〗

lep·rot·ic /lɛprɑ́(ː)tɪk | -rɔ́t-/ *adj.* ハンセン病の[による, にかかっている].

lep·rous /léprəs/ *adj.* **1** ハンセン[癩]病にかかっている, ハンセン[癩]病やみの. **2** ハンセン[癩]病の, ハンセン病状の. **3** 〖生物〗 うろこ状の, 鱗片(りんぺん)で覆われた, ふけ状の. **~·ly** *adv.* **~·ness** *n.* 〖(?*a*1200) □ OF *lepro(u)s* □ LL *leprōsus* ← L *lepra* leprosy: ⇨ leper, -ous〗

-lep·si·a /lépsiə/ =-lepsy.

-lep·sy /lépsi/ 「発作 (seizure)」の意の名詞連結形: cata*lepsy*, epi*lepsy*. 〖← NL *-lepsia* seizure ← Gk *-lēpsia* ← *lambánein* to take〗

lept- /lɛpt/ (母音の前にくるときの) lepto- の異形.

lepta *n.* lepton¹ の複数形. 〖□ Gk *leptá* (pl.)〗

lep·tin /léptɪ̈n | -tɪn/ *n.* 〖生化学〗 レプチン《脂肪組織が作る蛋白質; 体脂肪の蓄積を調節すると考えられている》. 〖(*c*1995) ← Gk *leptós* fine, thin+-IN¹: ⇨ lepto-〗

lep·to- /lɛptou | -təu/ 「小さい, 細かい, 薄い」などの意の連結形. ★ 動物・植物学用語に多く用いる; 母音の前では通例 lept- になる. 〖← Gk *leptós* thin ← *lépein* to peel〗

lèpto·cephálic *adj.* レプトセファルスの; 頭の異常に細い, 狭い頭蓋(とうがい)の. 〖(1886) ← LEPTO-+CEPHALIC〗

lèpto·céphalous *adj.* =leptocephalic.

lep·to·ceph·a·lus /lèptəséfələs | -tə(u)séf-, -kéf-/ *n.* (*pl.* **-a·li** /-làɪ/) 〖魚類〗 葉型幼生《ウナギ目やカライワシ目の魚類が幼期に経過する一時期; 体は側扁して透明》. 〖(1769) ← NL ~: ⇨ lepto-, -cephalous〗

lèpto·dáctylous *adj.* 《鳥など》趾(あし)の細長い. 〖(1855) ← LEPTO-+-DACTYLOUS〗

lep·to·kur·tic /lèptoukə́ːtɪk | -tə(u)kə́ːt-⁻/ *adj.* 〖統計〗 急尖である: **a** 《度数分布が》対応する正規分布に比べ, 平均値の回りにより集中している. **b** 《度数分布曲線が》並み数の近くで高く細い峰を作っている. 〖(1905) ← LEPTO-+Gk *kurtós* bulging+-IC¹〗

lep·to·kur·to·sis /lèptoukəːtóusɪ̈s | -tə(u)kəːtóusɪs/ *n.* 〖統計〗 急尖度: **a** 度数分布が対応する正規分布に比べ, 平均値の回りにより集中していること; その度合い. **b** 度数分布曲線が並み数の近くで高く細い峰を作っていること; その度合い. 〖(1907): ⇨ ↑, -osis〗

lep·ton¹ /léptɑ(ː)n | -tɔn, -tən/ *n.* (*pl.* **lep·ta** /-tə/, ~s) **1** レプトン (Euro 流通前のギリシャの通貨単位; = 1/100 drachma). **2** レプトン《古代ギリシャの小銅貨》. 〖(1727–41) □ Gk *leptón* (*nómisma*) small (coin) ← *leptós* thin, small〗

lep·ton² /léptɑ(ː)n | -tɔn/ *n.* 〖物理〗 軽粒子《電子, μ 粒子, τ 粒子, 3 種類の中性微子 (neutrino) の総称; これらはスピン 1/2 のフェルミ粒子で, 強い相互作用をしない; ↔ baryon》. 〖(1929) ← LEPTO-+-ON²〗

lep·to·ne·ma /lèptəníːmə/ *n.* 〖生物〗 レプトネマ《細糸期 (leptotene) の染色体; cf. pachynema》. 〖← NL ~: ⇨ lepto-, nema-〗

lep·ton·ic /lɛptɑ́(ː)nɪk | -tɔ́n-/ *adj.* 〖物理〗 軽粒子 (lepton) の. 〖(1957) ← LEPTON²+-IC¹〗

lépton nùmber *n.* 〖物理〗 軽粒子数《素粒子の系に対して軽粒子の数から反軽粒子の数を引いたものに等しく, すべての素粒子反応のときに保存される数》. 〖1958〗

lep·to·phos /léptəfɑ̀(ː)s | -fɔ̀s/ *n.* 〖化学〗 レプトホス ($C_{13}H_{10}BrCl_2O_2PS$)《農作物や芝生の非浸透性殺虫剤》.

lep·to·phyl·lous /lèpto(u)fíləs | -tə(u)-⁻/ *adj.* 〖植物〗 細長い葉のある, 狭葉の. 〖← LEPTO-+-PHYLLOUS〗

lep·to·pro·so·pic /lèptəprəsóupɪk, -sɑ́(ː)p- | -tə(u)-prəsə́up-, -sɔ́p-⁻/ *adj.* 〖人類学〗 狭顔型の《顔示数が生体で 88–93, 骨で 90–95 のものにいう》. **lep·to·pros·o·py** /lèptəprɑ́(ː)səpi, -prəsóu- | -prɔ́sə-, -prəsə́u-/ *n.* 〖← LEPTO-+Gk *prósōpon* face+-IC¹〗

lep·tor·rhine /léptəràɪn/ 〖人類学〗 *adj.* 狭鼻型の《鼻示数が 55.0–69.9; cf. platyrrhine》. — *n.* 狭鼻の人. **lep·tor·rhi·ny** /léptəràɪni/ *n.* 〖← LEPTO-+-RRHINE〗

lep·to·some /léptəsòum | -sàum/ *n.* 虚弱者, 細身型[細長型]の人. — *adj.* 虚弱な, 細身の. **lep·to·so·mic** /lèptəsóumɪk | -səu-⁻/ *adj.* **lep·to·so·mat·ic** /lèptousəmǽtɪk | -tə(u)səmǽt-⁻/ *adj.* 〖(1931) ← LEPTO-+-SOME³〗

lep·to·spi·ra /lèptəspáɪrə | -tə(u)spáɪ(ə)rə/ *n.* 〖細菌〗 レプトスピラ《好気性レプトスピラ属 (*Leptospira*) ラセン菌》. 〖(1918) ← NL ~ ← LEPTO-+L *spīra* coil (⇨ spire²)〗

lep·to·spi·ral /lèptəspáɪrəl | -tə(u)spáɪ(ə)r-⁻/ *adj.* 〖細菌〗 レプトスピラ(属)の[による]. 〖(1924): ⇨ ↑, -al¹〗

lep·to·spire /léptəspàɪə | -tə(u)spàɪə^(r)/ *n.* 〖細菌〗 レプトスピラ属の細菌. 〖(1952): ⇨ leptospira〗

lep·to·spi·ro·sis /lèptəspaɪróusɪ̈s | -tə(u)spaɪ(ə)-rə́usɪs/ *n.* (*pl.* ~**·es** /-iːz/) 〖病理・獣医〗 レプトスピラ症《レプトスピラの感染による人獣共通伝染病; 発熱・貧血・血色素尿・黄疸・流産などを主徴とする; cf. canine leptospirosis》. 〖(1926) ← NL ~: ⇨ leptospira, -osis〗

lep·to·tene /léptətìːn/ *n.* 〖生物〗 細糸期, レプトテン期《減数分裂前期の最初の時期で, 染色糸に細長い糸の形をとって現れる; 時期は次のように移行する: leptotene—zygotene—pachytene—diplotene》. 〖(1912) ← LEPTO-+-TENE〗

Le·pus /líːpəs, lép-/ *n.* 〖天文〗 うさぎ(兎)座《オリオン星座の南にある星座の一つ; the Hare ともいう》. 〖□ L ~ 'hare'〗

le·quear /ləkwíə | -kwíə^(r)/ *n.* =lacunar 1.

Le Queux /ləkjúː/, **William** (**Tuf·nell**) /tʌ́fnl/ *n.* ルキュー (1864–1927; 英国の怪奇・推理小説家).

ler·gy /lə́ːgi | lɜ́ː-/ *n.* =lurgy.

Le·ri·da /leɪríːdɑː; *Sp.* lériða/ *n.* レリダ《スペイン北東部, Catalonia 地方の都市》.

Ler·mon·tov /lέəmɑ(ː)ntɔ̀(ː)f, -mɔ(ː)n-, -tɔ̀(ː)v | lέəmɒntɔ̀f, -mən-, -təf; *Russ.* lʲérməntəf/, **Mikhail Yu·rie·vich** /júrʲivʲitʃ/ *n.* レールモントフ (1814–41; ロシアの詩人・小説家; *A Hero of Our Time* (1840)).

Ler·ner /lə́ːnə | lɜ́ːnə^(r)/, **Alan Jay** /dʒéɪ/ *n.* ラーナー (1918–86; 米国の作詞家・脚本家; *My Fair Lady* (1956)).

Lerner, Max *n.* ラーナー (1902–92; ロシア生まれの米国の編集者・著述家・評論家).

Le·roux /ləruː; *F.* ləʁu/, **Gaston** *n.* ルルー (1868–1927; フランスのジャーナリスト・小説家).

Leroux, Pierre *n.* ルルー (1797–1871; フランスの哲学者・ジャーナリスト・政治家).

Le·roy /lərɔ́ɪ, líːrɔɪ/ *n.* ルロイ《男性名》. 〖← OF *le roy* the king〗

Ler·wick /lə́ːwɪk | lɜ́ː-/ *n.* ラーウィック《スコットランド北部, Shetland 諸島の Mainland 島にある町; Shetland 州の州都》.

les /léz/ *n.*, *adj.* [しばしば L-] 《俗》 レズ(の) (lesbian). 〖1929〗

Le·sage /ləsɑ́ːʒ; *F.* ləsaːʒ/, **Alain René** *n.* ルサージュ (1668–1747; フランスの小説家・劇作家; *L'Histoire de Gil Blas de Santillane*「ジルブラース」(1715–35)).

Les·bi·a /lézbiə/ *n.* レズビア《女性名; アイルランドに多い》. 〖□ L ~ 《原義》 'girl of LESBOS'〗

Les·bi·an, l- /lézbiən/ *adj.* **1** [l-] (女性の)同性愛の; 官能的な《Lesbos 島に住んでいた女流詩人 Sappho がその弟子たちと同性愛にふけったという伝説から》: ~ love [vice] 女性の同性愛, レズビアンラブ. ⇨ homosexual; gay 日英比較. **2** Lesbos 島の. — *n.* **1** [通例 l-] 同性愛の女性, レズビアン. **2** レスボス島民, レスボス人. **3** レスボス島で話された古代ギリシャ語のアイオリス方言. 〖(1591) ← L *Lesbius* (□ Gk *Lésbios* ← *Lésbos* (↑))+-AN¹〗

Lésbian cýma *n.* 〖建築〗 レスビアンシーマ, 反シーマ

(⇨ cyma reversa).

lés·bi·an·ism /-nìzm/ *n.* 女性の同性愛. 〖((1870)): ⇨ -ism〗

Lésbian léaf *n.* 〖植物〗 =waterleaf 1.

Lésbian óde *n.* 〖詩学〗 =Horatian ode. 〖Lesbos 島生まれのギリシャ詩人 Sappho などがこの詩型を愛用したことから〗

les·bo /lézboʊ | -bəʊ/ *n.* ((俗)) 〖軽蔑的〗 女性同性愛者, レズ (lesbian). 〖((1940)) ((短縮)) ← LESBIAN〗

Les·bos /lézbɑ(ː)s, -boʊs | -bɒs; *Mod.Gk.* lézvos/ *n.* レスボス(島) ((エーゲ海北東部, 小アジア沖にあるギリシャの島; Mytilene の古代および近代名)). 〖▭ Gk *Lésbos*〗

Les Cayes /leɪkéɪ; *F.* lekaj/ *n.* レカイエ ((ハイチ南西部, Tiburon 半島の港市; Aux Cayes; Cayes ともいう; 旧名 Aux Cayes; 別称 Cayes)).

Le·sche·tiz·ky /lèʃətítski/, **The·o·dor** /θíːədɔ̀ə | -dɔ̀ː(r)/ *n.* レシェティツキ ((1830–1915; ポーランドのピアニスト・作曲家; ポーランド名 Teodor Leszetycki /tɛódɔr lɛʃɛtítsk'i/)).

Lésch-Nýhan sỳndrome /léʃnáɪən-/ *n.* [the ~] 〖病理〗 レシュナイハン症候群 ((酵素欠乏による男児の遺伝病; 精神薄弱・不随意運動・腎臓障害などを伴う)). 〖((1966)) ← *Michael Lesch* (1939–) & *William L. Nyhan* (1929–): 共に米国の医者〗

lèse ma·jes·té /lìːzmæʒɛstéɪ, -mǽdʒɪsti | léɪz-mǽdʒɪsteɪ, líːz-, -ti; *F.* lezmaʒeste/ *F. n.* =lese majesty.

lése májesty /líːz-/ *n.* **1** 〖法律〗 不敬罪, 大逆罪 (high treason) ((国王に対する反逆罪; cf. petit treason)). **2** 不敬行為, 冒瀆(ぼうとく); 侮辱, 無礼. 〖((1536)) ▭ F *lèse-majesté* ▭ L *laesa mājestās* injured majesty〗

le·sion /líːʒən/ *n.* **1** 傷害, 損害 (injury, damage); 精神的傷害[打撃]. **2** 〖病理〗 外傷; (組織・機能の)障害; 病変. **3** 〖ローマ法・スコット法〗 相手方の契約不履行から生じる損害, 損失. — *vt.* …に傷害を与える. 〖((?a1425)) ▭ (O)F *lésion* < L *laesiōnem* injury, attack ← *laesus* (p.p.) ← *laedere* to injure〗

Les·kien /lɛskíːn; *G.* lɛskíːn/, **August** *n.* レスキーン ((1840–1916; ドイツのスラブ語学者; cf. neogrammarian)).

Les·ley /lézli, léz- | léz-/ *n.* レスリー, レズリー: **1** 女性名. **2** ((まれ)) 男性名. 〖((異形)) ↓〗

Les·lie /lésli, léz- | léz-/ *n.* レスリー, レズリー: **1** 男性名. **2** 女性名 ((愛称形 Les)). 〖▭ ? Gael. ((原義)) garden of hollies: Aberdeenshire の Leslie にちなむ Scotland の家族名から〗

Le·so·tho /ləsóuṭoʊ, -súːtuː | lɪ̀súːtuː, -sóʊtəʊ; *Sotho* lɪsúːtʰʊ/ *n.* レソト ((南アフリカ共和国に囲まれた内陸国; もと Basutoland といったが, 1966 年独立; 面積 30,344 km², 首都 Maseru; 公式名 the Kingdom of Lesotho レソト王国)).

les·pe·de·za /lèspədíːzə | -pɪ-/ *n.* 〖植物〗 ハギ ((ハギ属 (*Lespedeza*) の植物の総称)). 〖((1891)) ← NL ~ ← V. M. *de Zespedez* (18 世紀 Florida 州のスペイン総督): Z を L と誤読したことから〗

less /lés/ *adj.* [little の比較級] **1** [不可算の名詞を修飾して] (量・程度が)もっと[一層]少ない, …より少ない (↔ more): of ~ duration もっと短期間の / of ~ importance それほど重要でない / eat (even) ~ meat (一層)食べる肉の量を減らす / find ~ difficulty それほど困難を感じない / *Less* noise, please! もう少し静かにして下さい / (The) More haste, (the) ~ speed. ((諺)) 急がば回れ / He spends ~ time at work *than* at play. 仕事よりも遊びに多くの時間を費やす / There is (much) ~ milk in the bottle *than* I thought. 瓶にはミルクが思ったより(ずっと)少ししか入っていない / Nearly 20% ~ gas was delivered that winter. その年の冬にはおよそ 20 パーセントガスの産出量が減少した / The height of the tree is ~ *than* that of the tower. あの木の高さはあの塔の高さに及ばない. **2** [集合名詞や複数名詞を修飾して] ((口語)) (数が)より少ない (fewer): *Less* people go to church *than* to theaters nowadays. 今日では教会へ行く人は劇場へ行く人より少ない / There were ~ road accidents this Christmas *than* last. 今年のクリスマスは去年より交通事故が少なかった / We want more action and ~ words. 我々は議論より行動を望む. **3** (大きさが)もっと小さな, …より小さい (↔ greater). ★ この意味では今日では smaller のほうが普通: to [in] a ~(*er*) degree=to a ~(*er*) extent 一層少ない程度に / Scotland has ~ area *than* England. スコットランドの面積はイングランドよりも狭い / May your shadow never grow [be] ~! ⇨ shadow 成句. **4** (身分・重要性が)より劣っている. ★ no ~ a person [thing] than … の構文で用いられる: She was *no* ~ *a person than* the Queen. ほかならぬ女王その人であった.

nòthing léss than (1) …にほかならない (quite as much as): It is *nothing* ~ *than* fraud [criminal]. それはまさしく詐欺[犯罪]だ. (2) 全然…しない: We expected *nothing* ~ *than* an attack. 攻撃など少しも予期していなかった. ((1548)) (3) =*no* LESS *than* (1): He'll take [accept] *nothing* ~ *than* $10,000 (for it). (それの代価として) 10,000 ドルも取る[受け取る]だろう. ***nòthing móre or léss than*** =nothing LESS *than* (1). ***sòmething léss than*** 決して…ない: His remark was *something* ~ *than* polite. 彼の言葉は丁寧どころではなかった.

— *adv.* [little の比較級] **1** [形容詞・副詞などを修飾して] もっと少なく, …より少なく, …ほどでなく: Try to be ~ troublesome. そんなに厄介をかけるものではない / They work ~ carefully *than* before. 彼らの仕事ぶりは以前よりも雑だ / The heat has grown ~ intense. 暑さが前ほどひどくはなくなった / The presence of his friends made him feel ~ isolated. 友人たちがそばにいてくれたのでさほど心細い気持ちにならずにすんだ / England is ~ mountainous *than* Scotland. イングランドはスコットランドより山が少ない / He is ~ fat *than* he was. 以前ほど太ってはいない / I'm ~ angry *than* disappointed. 怒っているというよりもむしろ失望している / It's ~ a matter of time *than* of money. 時間というよりもむしろお金の問題だ / It's ~ (of) a danger *than* an opportunity. 危険というより好機である. ★ ((口語)) では一般に, less (…than) の構文より not (…) as (… so) の構文のほうが好まれる: Try *not* to be *so* troublesome. / England is *not as* [*so*] mountainous *as* Scotland. **2** [動詞を修飾して] より少なく: Speak ~ and listen more. 口数を少なくして人の言うことにもっと耳を傾けよ / He is ~ talked of *than* before. 以前ほど評判にならない. ★ 次のような構文では前に the (⇨ the *adv.*) を伴って用いられる: *The more* he flatters me, *the* ~ I like him. へつらえばへつらうほど彼が嫌いになる / *The* ~ you study, *the* ~ you('ll) learn. 勉強が少なければ学ぶことも少ない / Nobody thought (*any*) *the* ~ of him *for* his uncouth appearance. ふうさいが無骨だからといって彼を偉いと思う気持ちを変えるような者はだれもいなかった / I don't think (*any*) *the* ~ of her *because* she is young. 若いからといって彼女を重んじる気持ちには少しも変わりがない / I was *the* ~ surprised *as* I had been told what he was. 彼の人となりを知らされていたからそれほど驚かなかった / They will think *all the* ~ of you for your remarks. 君の発言を聞いて彼らは君への評価をますます下げるだろう.

in léss than nó tìme ⇨ *in no* TIME. ***léss and léss*** (大きさ・程度が)次第に減少して: Our speed grew ~ *and* ~. スピードが次第に減少した. ***léss sò*** [前の形容詞や副詞を受けて] いっそう…でない: Bill is not popular and Tom is even ~ *so*. ビルは人気がないしトムはなおさらだ. ***léss than*** (1) …未満, …以下 (cf. MORE[1] *than*): It's (20 feet) ~ *than* a mile. 1 マイルに (20 フィート)満たない / He appeared to be ~ *than* fifty years old. 見たところ 50 歳以下のようだった / *Less* [*Fewer*] *than* twenty people were invited. 20 人足らずの人が招かれていた / My repeated assurance availed ~ *than* nothing. 私がいくら保証してやっても全然役に立たなかった / He refused to take ~ *than* $10,000. 1 万ドル未満の金は受け取ろうとしなかった / In ~ *than* (half) a week I took everything for granted. 1 (半)週間もたたぬうちに私はすべての事が当たり前と思うようになった. ★ 上の後の 2 例における less は統語上 *pron.* とも解される. 日英比較 日本語では, たとえば「3 以下」は 3 を含むのに対して, 英語の *less than* three は「3 未満」の意である. 「3 以下」に正確に対応する英語は not exceeding three または three or *less* である. (2) 決して…でない: Your work is (rather) ~ *than* perfect. 君の仕事は完全どころではない. ***little léss than*** …とほとんど同じほど: It is *little* ~ *than* robbery. それは強奪も同然だ. ***móre or léss*** ⇨ more[1] *adv.* 成句. ***mùch*** [***still***] ***léss*** [否定的語句の後で] まして[なおさら]…でない (cf. *much* [*still*] MORE[1]): I do *not* suspect him of equivocation, *much* [*still*] ~ of lying. 彼が言葉じりを濁しているとは思われない, ましてうそを言っているとは考えられない. ***nò léss*** (1) 同様に…: It is *no* ~ good (for being cheap). (安い割にはそれも同様に立派だ / She has *no* ~ talent *than* (she has) experience. 経験と同様, 才能もある. (2) [強意のため付加的に用いて] それほど多く, 実にそれほども (cf. *no* LESS *than* (1)): He won $500, *nò léss*, at the races. 競馬で実に 500 ドルももうけた / I shook hands with the president, *nò léss*. 社長と握手したんだよ, 本当に. ***nò léss than*** (1) …ほども(多く) (cf. *no* MORE[1] *than*, *no* FEWER *than*): He won *no* ~ *than* $600 at the races. 競馬で 600 ドルももうけた / I have *no* ~ [*fewer*] *than* three thousand books. 蔵書は 3000 冊ほどもある. (2) …にほかならない, 紛れもなく… (⇨ *adj.* 4). (3) …に劣らず, …と同じほど: You are *no* ~ guilty *than* he is. 彼に劣らず君も同罪だ. ***nòne the léss*** (1) それでもなお, それにもかかわらず: Though poor, he is *none the* ~ happy. 貧しいが, それにもかかわらず幸せだ / I think *none the* ~ of her because she is young. 若いからといって彼女を軽くみるつもりはない. (2) =nonetheless. ***nòt léss than*** (1) …にまさるとも劣らず (as … as, more … than): She is *not* ~ beautiful *than* her elder sister. 器量は姉にまさるとも劣らない (cf. *not* MORE[1] *than*). (2) 少なくとも…: He has *not* ~ *than* 100 dollars. 少なくとも 100 ドルは持っている. ***sòmewhat léss than*** =*something* LESS *than* ⇨ *adj.* 成句. ***still léss*** =*much* LESS. ***think léss of*** …をより低く見る.

— *pron.* **1** より少ない数[量, 額], もっと少量[少額, 少数]: *Less* [*Fewer*] *than* 20 *of* them remain. 彼[それ]らの中で残っているのは 20 人[個]もない / I finished ~ *of* the work *than* I'd hoped. 思うほど仕事がはかどらなかった / I know ~ about it *than* you. それに関しては君ほどは知らない / They're seeing ~ of each other (*than* before). (以前ほど)頻繁に会っているわけではない / He was ~ *of* a fool *than* he looked. 見かけほどのばかではなかった / I had ~ to eat *than* I needed. 食べたいと思うだけ食べ物がなかった / We cannot take ~. それ以上おまけできません / charge [pay, spend] ~ 少ない金額を請求する[支払う, 使う] / ⇨ LESS *than* (*adv.* 成句). **2** [~ *of* … の形式の命令形をなして] ((口語)) (…を)控えよ, 慎め: *Less* of your [that] nonsense! ばかも休み休み言いなさい / *Less* of your lip! 口が過ぎるぞ, 口を慎め / (*Let's have*) *Less* of that! やめろ. **3** より重要でない人[物]: The ~ is blessed of the better. 小なる者は大なる者に祝福せらるる (*Heb.* 7:7).

— /lɛ̀s/ *prep.* …を減じた, を欠いた; …だけ足りない, を差し引いて, を控除して (minus): Five ~ three is [leaves] two (5−3=2). / a year ~ three days 1 年に 3 日足りない / five pounds ~ five pence 5 ポンドに 5 ペンス足りない / $30,000 a year ~ taxes 税抜き 30,000 ドルの年俸.

〖ME *les* (adv.) & *lesse, lasse* (adj.) < OE *lǣs* (adv.) less & *lǣssa* (adj.) smaller < Gmc **laisizōn* (OFris. *lēs*(*sa*) less) ← **laisiz* (adv.) (compar.) ← **laisa-* little: cf. Gk *loîsthos* last: 本来の原級を欠く(最上級は least): cf. OE *lȳtel* little〗

-less /lɪs/ ★ 歌では /lɛs/ と発音されるのが普通. *suf.* 次の意味を表す形容詞を造る: **1** 名詞に付いて「…のない, …を持たない, …を欠く」の意: end*less*, home*less*. **2** 動詞に付いて「…できない, …し難い」の意: count*less*, resist*less*. 〖OE *-lēas* ← *lēas* devoid of, free from, vain < Gmc **lausaz* loose: cog. ON *lauss* free, loose / OHG *lōs* free from: cf. loose, lose〗

les·see /lɛsíː/ *n.* 〖法律〗 賃借人; 借地人, 借家人 (tenant) (cf. lessor). 〖((1495)) ▭ AF ~ =OF *lessé* (p.p.) ← *lesser* (F *laisser*) to leave: ⇨ lease[1], -ee[1]〗

lessée·shìp *n.* 借地[借家]人であること. 〖((1812)): ⇨ ↑, -ship〗

less·en /lésən, -sn̩/ *vt.* **1** 少なくする, 小さくする, 減らす, 軽減する (diminish) (⇨ relieve SYN): ~ the danger, importance, etc. / ~ working hours 就労時間を減らす. **2** ((古)) 軽んじる, けなす, くさす (belittle): ~ the services he has rendered 彼のせっかくの尽力を見くびる. — *vi.* 〈形・数量・程度などが〉小さくなる, 少なくなる, 減る, 弱くなる (⇨ decrease SYN): The noise ~*ed*. 騒音は小さくなった. 〖((?c1200)): ⇨ less, -en[1]〗

Les·seps /lésəps | lésəps, -sɛps, lɛséps; *F.* lɛsɛps/, Vicomte **Ferdinand Marie de** *n.* レセップス ((1805–94; フランスの外交官; Suez 運河建設功労者)).

less·er /lésə | -sə(r)/ *adj.* **1** もっと小さい[少ない], 小さい[少ない]方の, より劣った (↔ greater). ★ less と同意に用いられることもある (例: the ~ of two evils=the ~ evil 二つの悪のうちのひどくないほう)が, 主に「価値・重要性などがより劣った」という意味で絶対比較級として限定用法にのみ用い, than は伴わない: a ~ nation [power] 弱小国 / ~ poets 二流詩人 / ~ posts より[よほど]重要でない職. **2** **a** [動植物名で] (同類のものより)小形の. **b** [L-; 地名で] 小… (cf. Greater). — *adv.* [通例複合語の第 1 構成素として] より少なく: works of *lesser*-known writers あまり有名でない作家たちの作品. 〖((c1225)): ⇨ less, -er[2]: cf. worser〗

Lésser Antílles *n. pl.* [the ~] 小アンティル諸島 ((西インド諸島中 Puerto Rico の南東に連なる列島; Virgin 諸島, Leeward 諸島, Windward 諸島, Tobago, Trinidad, Netherlands Antilles などから成る; Caribees ともいう; cf. Greater Antilles)).

Lésser Bairám *n.* 〖イスラム教〗 小バイラム祭 (⇨ Bairam).

Lésser Béar *n.* [the ~] 〖天文〗 こぐま(小熊)座 (⇨ Ursa Minor).

lésser bláck-bàcked gúll *n.* 〖鳥類〗 ニシセグロカモメ (*Larus fuscus*) ((ヨーロッパ主産のカモメ科の鳥)).

lésser célandine *n.* 〖植物〗 ヨーロッパ産のキンポウゲの一種 (*Ranunculus ficaria*) ((花は黄色, 北米では雑草となっている; pile wort ともいう)). 〖*c*1890〗

lésser circulátion *n.* 〖生理〗 小循環, 肺循環 (cf. greater circulation).

lésser córnstalk bòrer *n.* 〖昆虫〗 北米産メイガの一種 (*Elasmopalpus lignosellus*) ((幼虫はイネ科植物, 特にトウモロコシの茎に穿孔(せんこう)する害虫)). 〖*c*1925〗

lésser cúrvature *n.* 〖解剖〗 (胃の)小湾 (cf. greater curvature).

Lésser Dóg *n.* [the ~] 〖天文〗 こいぬ(小犬)座 (⇨ Canis Minor).

lésser gráin bòrer *n.* 〖昆虫〗 コナナガシンクイ (*Rhizopertha dominica*) ((ナガシンクイムシ科の甲虫; 体長 3 mm くらいで貯蔵穀物の害虫)).

Lésser Khingán Móuntains *n. pl.* [the ~] 小シアンアンリン山脈 (⇨ Khingan Mountains).

lésser oméntum *n.* 〖解剖〗 小網 ((胃の小湾から肝門に至る腹膜の一部; cf. greater omentum)).

lésser pánda *n.* 〖動物〗 レッサーパンダ (⇨ panda 1 a).

lésser péach trèe bòrer *n.* 〖昆虫〗 北米産のスカシバガ科に属するガの一種 (*Synanthedon pictipes*) ((幼虫はモモ・スモモ・ナシなどの幹に穿孔する害虫)). 〖*c*1924〗

lésser púrple émperor *n.* 〖昆虫〗 コムラサキ (*Apatura ilia*) ((ヨーロッパから日本まで分布するチョウ)).

lésser scáup *n.* 〖鳥類〗 コスズガモ (*Aythya affinis*) ((北米産ガンカモ科ハジロ属のカモ; lesser scaup duck ともいう)).

Lésser Sláve Láke *n.* レッサースレーブ湖 ((カナダ Alberta 州中部の湖; Lesser Slave 川 (Athabaska 川の支流)が流出する)).

lésser spótted wóodpecker *n.* 〖鳥類〗 コアカゲラ (*Dendrocopos minor*) ((欧州産のキツツキ科の鳥)).

Lésser Súnda Íslands *n. pl.* [the ~] 小スンダ列島 ((Sunda 諸島中の列島で Bali 島以東 Timor までの島々から成る; 面積 76,822 km²; cf. Greater Sunda Islands)).

lésser wíntergreen *n.* 〖植物〗 北米産のイチヤクソウ科の常緑多年草 (*Pyrola elliptica*).

lésser yéllowlegs *n.* (*pl.* ~) 〖鳥類〗 コキアシシギ (*Tringa flavipes*) ((北米産のシギの一種で頭・首・胸・背などに茶灰色の筋があり, 腹が白い; cf. greater yellowlegs)). 〖*c*1903〗

Les·sing /lésɪŋ/, **Doris** (**May**) *n.* レッシング ((1919– ; ローデシア出身の英国の小説家・劇作家; *Children of Violence* (1952–69))).

Les·sing /lésɪŋ; *G.* lésɪŋ/, **Gotthold Ephraim** *n.* レッシング ((1729–81; ドイツの批評家・劇作家; *Laokoon*

L

「ラオコーン」(1766), *Nathan der Weise* (1779)》.

les·son /lésən, -sn̩/ *n.* **1 a** 学課, 教課, 課業. **b** [しばしば *pl.*] 授業, けいこ, レッスン: have music ～*s* 音楽のけいこを受ける / give a ～ [～*s*] *in* music 音楽を教授する / take [have] ～*s in* Latin ラテン語を習う / private ～*s* 個人レッスン / prepare ～ plans 授業計画を練り上げる.
日英比較 (1) 日本語では「個人レッスン」というが, 英語の *lesson* は個人単位の授業で, 多人数の教室での授業は class という. (2) ゴルフなどを指導する専門家のことを「レッスンプロ」と呼ぶのは和製英語. **2** (教科書中の)課: *Lesson* Three [The Third *Lesson*] 第3課. **3 a** 教訓 (example): Let her fate [that] be a ～ to you. 彼女の運命[それ]を見て教訓としなさい. **b** 訓戒, 譴責(けんせき), 見せしめ (rebuke, reproof): read [give, teach] a person a ～ 人を訓戒する[しかる] / He has had a severe ～. ひどくしかられた. **4** 〚英国国教会〛日課《朝夕の祈禱(きとう)のときに読む聖書中の一部分で祈禱書の中に示されている》: the first [second] ～ 第1[2]日課《旧約[新約]聖書の指定日課》/ Here endeth the ～. これで日課は終わり. **— *vt.*** 《まれ》**1** 訓練する, 訓育する (discipline). **2** 訓戒する, 譴責(けんせき)する (admonish, rebuke). 〘《?*a*1200》*lessoun* ◻ OF *leçon* (F *leçon*) < L *lectiō-nem* a reading ← *lectus* (p.p.) ← *legere* to read: ⇨ lection, lecture〙

les·sor /lésɔə, ─́─ | lesɔ́ː(r, ─́─/ *n.* 〚法律〛賃貸人, 貸主, 貸地[貸家]人 (landlord) (cf. lessee). 〘《*c*1384》◻ AF *lesso(u)r*: ⇨ lease¹, -or²〙

lest /lést/ *conj.* ★ lest は《文語》で, 日常会話には用いない; lest のあとには通例仮定法現在形(主に《米》), should (主に《英》)を, 時に直接法(現在・過去)などを用いる. **1** …しないように (in order that … not), …するといけないから, …しはすまいかと心配して, …するの恐れて (for fear that …, in case): *Lest* the wall (*should*) collapse, they evacuated the building. 壁がくずれるのを恐れて建物から避難した / She took her umbrella ～ it (*should, might*) rain. 雨が降るといけないので傘を持って行った. **2** [危惧(きぐ)・不安を表す動詞・形容詞・名詞などに続いて] …しはすまいかと(いう) (that): I fear [am anxious] ～ he (*should*) be taken ill. 彼が病気になりはしないか心配だ / There was danger ～ he (*should*) be murdered. 彼が殺されはしないかという危険があった. 〘lateOE *þe lǣste* < OE *þȳ lǣs þe* (*þȳ* は定冠詞の助格, *lǣs* 'LESS', *þe* は関係詞) by the less that, whereby less that: ME で *the leste* の *the* が消失した〙

Les·ter /léstə | -tə(r/ *n.* レスター《男性名》. 〘(i) 《変形》← LEICESTER¹ // (ii) ←《廃》*litster* dyer ← ME *lite(n)* to dye (◻ ON *lita*)+-STER: もと家族名〙

Les·toil /léstɔɪl/ *n.* 〚商標〛レストイル《米国 Noxell 社製の家庭用汎用液体クリーナー》.

Lés·vos /*Mod.Gk.* lézvɔs/ *n.* =Lesbos.

let¹ /lét/ *v.* (～; **let·ting**) **— *vt.*** **1** [使役] …させる (make). ★ この場合目的格補語としての原形不定詞は通例 know, hear に限られる: I'll ～ you *know* [*hear*] what has happened. 起こった事をお知らせします / *Let* it *be known*. それを知らせよ / She ～ it *be known* that she would agree. 彼女は自分が同意することを知らせた.
2 [容認] …させてやる (allow): We ～ them go. 我々は彼らを放免した / He ～ her continue. 彼女に言葉を続けさせた / I'll ～ you come with me. 一緒に来てもいいよ / He won't ～ anyone enter his study. だれも書斎へ入れようとしない / You must not ～ the fire go out. 火を消してはいけない / Will you ～ me go to the dance, Mom? お母さんダンスパーティーへ行ってもいい / Never ～ it be said that she's a fool. 彼女がばかだなどと, ゆめゆめ言うなかれ / Just ～ yourself relax. くつろいで下さい.

語法 (1) 受身では不定詞に to を添えることもある: The grass was ～ (*to*) grow. 草は伸びるに任せてあった. ただしこの言い方は《まれ》で, be allowed to を代用するのが普通. (2) 文脈から自明の場合には原形不定詞はしばしば省略される: He wanted to go, but his wife would not ～ him. 彼は行きたがったが彼の妻が行かせようとしなかった. (3) *let* go, *let* fall, *let* fly, *let* loose, *let* rip などのように, 慣用的で一つの他動詞的意味単位をなすものはしばしば, 動詞＋原形不定詞＋目的語の語順で用いられる (⇨ 成句).

---

3 /lèt/ [一人称・三人称の目的語を伴う命令法に用いて, 提案・勧誘・命令・仮定・許可・おどし・思案などの意を表して]: *Let* me help. 手伝わせて下さい / *Let* me have a look. ちょっと見せて下さい / *Let* us eat and drink; for tomorrow we die. われらいざ飲食(のみくい)せん, 明日死なべければなり (*1 Cor.* 15:32) / *Let* me [us] say [*Let's* say] … 例えば…; そうですね… / *Let* me [us] see [*Let's* see]. [疑い・思案などを示して] はてな, ええと, そうね, 待てよ / *Let* me tell you something. 言っておきますが, いいですか《大事な話や注意を始めるときなど》/ *Let* me think. ちょっと考えさせて, ええと / *Let* her go at once. 彼女をすぐに行かせなさい / *Let* each man decide for himself. 各自に自分で決心させよう / *Let* no one be in any doubt about it. それについてはだれにも疑念を抱かせることがあってはならない / *Let* the revels commence! 祝宴の余興を始めよう / *Let* that be a lesson [warning] to you! それを自分への教訓[警告]として受け止めなさい. / *Let* it be done at once. それをすぐするように / Don't ～ me disturb you! 君のじゃまはしたくないんだ / *Let* AB be equal to CD. AB は CD に等しいと仮定せよ / *Let* him do his worst. やつめどんなひどいことでもやれるならやってみろ / Just ～ him try. まあやれるならやってみるがいい(できるものか) / ⇨ LET *'em all come!* / *Let* there be no more of this. もうこんなことは二度としないように / Don't ～ there be any noise.＝*Let* there not be any noise. 音を立てないように / I'm pretty tired, ～ me tell you! 本当のところを言わせてもらうと, 私はかなり疲れているんです / (Just you) *Let* me see you here one more time and you'll be sorry! もう一度ここで会うようなことになれば, 君は後悔することになるぞ.

語法 (1) 勧誘の意を表す *Let* us は《口語》では *Let's* /lèts/ となる: *Let's* go. さあ出かけよう (cf. *Let* us /létəs | lét-/ go. 我々を行かせて[放して]下さい) / *Let's* have something to eat. 何か食べよう (cf. *Let* us /létəs | lét-/ have something to eat. 我々に何か食べるものを下さい) / *Let's* have the light on. さあ電気をつけよう; 《婉曲》だれか電気をつけてくれないかな / *Let's* climb in through the window.—No, we'd better not. 窓から中へはいろう—いや, そんなことはしないほうがいい / Do *let's* have a party. ぜひパーティーを開きましょう / *Let's hope* …であることを願おう. (2) let us, let's の否定形は let us not, let's not: *Let us* [*Let's*] *not* waste any more time discussing this. この事を議論して時間を無駄にするのはもうよそう. ただし《口語》では don't let's, また《米口語》では let's don't も用いられる: *Don't let's* start yet! まだ出かけるのはよそう / Let's stay right here and *let's don't* ever go anywhere. ここに留まってもうどこにも行くのはよそう. (3) 勧誘の let us, let's の文の付加疑問は shall we? となる: *Let us* [*Let's*] have a rest, *shall we*? 一休みしましょうか (cf. Shall we sit here?—Yes, *let's*. ここに座りましょうか—ええ, そうしましょう). (4) くだけた《口語》で let me の代わりに let's が用いられることがある: *Let's* give you a hand. 手伝わせて下さい. (5) *Let's us* go. という言い方は *Let's* go. と *Let us* go. が混交して生じた表現で《米口語》. (6) 《アイル》では二人称の命令文でも強調的に let が用いられることがある: *Let you* go along with her. ぜひ彼女と一緒に行ってやりなさい.

---

4 [目的語＋方向の副詞語句を伴って] (ある場所へ)行か[来さ]せる, 通す, (ある方向へ)動かす: ～ the cat *in* [*out*] 猫を中へ入れて[外へ出して]やる / ～ oneself *in* (ドアの鍵をあけて)中へ入る / ～ *in* air, light, rain, etc. / ～ the shade *down* [*up*] ブラインドを下ろす[上げる] / ～ a person *through* the gate 人に門を通らせる / He ～ me *into* his study. 彼は私を書斎へ通した / He ～ himself quietly *out* (*of* the house). ひそかに(家から)外へ出た / The nurse ～ him *up out of* bed. 看護婦は彼をベッドから起き上がらせた / *Let* me *up*, please. 起こして[上に上げて]ください / They ～ him *down* on a rope. ロープを伝って彼を下に降ろした / Please ～ me *past* [*by*]. 通して下さい.
5 [目的補語を伴って] 〈ある状態に〉させる, しておく: *Let* my things alone. 私の物はほっておいてくれ / *Let* him alone to do it. 彼に任せてそれをさせておきなさい / Don't ～ that dog loose. その犬を放すな.
6 [通例 ～ *off*, ～ *out* として] 〈液体・空気・声などを〉出す, 流す, 漏らす (release): ⇨ *let* BLOOD, LET *off* (*vt.*) (5) (6), LET *out* (*vt.*) (1) (2).
7 《英》〈家・部屋・土地などを〉貸す, 賃貸する (⇨ hire SYN): ～ one's land [a farm] 土地[農場]を貸す / ～ one's house for the winter 冬の間家を貸す / He ～ me the rooms.＝He ～ the rooms *to* me. 彼は私に部屋を貸してくれた / House [Room] to ～. [広告] 貸家[貸間]あり / ⇨ LET *off* (*vt.*) (9), LET *out* (*vt.*) (7).
8 〈仕事を〉出す (give out) 〔*to*〕; 〈契約を〉(特に入札後に)請け負わせる: ～ some work *to* a carpenter 大工に仕事を請け負わせる / ⇨ LET *out* (*vt.*) (8).
9 《アイル口語》〈叫びなどを〉発する: to ～ a cry.
— *vi.* **1** 《英》貸される, 借手がある: The flat ～*s for* 20 pounds a week. そのフラットは週20ポンドで貸される / The room ～*s* easily. その部屋は借手がすぐつく. **2** 〈仕事などが〉請け負わされる. **3** 〚航空〛〈飛行機が〉(着陸などのため)降下する.

lèt alóne (1) [しばしば命令文で] うっちゃっておく, 構わない, 放任する (cf. *vt.* 5): ⇨ LET *well* (*enough*) *alone*. (2) [命令文で] …は言うまでもなく (not to mention); [特に否定文のあとに用いて] まして(…でない) (much less): I cannot speak French, ～ *alone* write it. フランス語は話すこともできない, まして書くなどとんでもない / She isn't even pretty, ～ *alone* beautiful. きれいでさえない, 美しいなんてとてもじゃない. (3) 《廃》任せる: *Let* me *alone* for that. それはおれに任せろ. 《1812》

lèt bé (1) うっちゃっておく, 構わない (let alone): *Let* me [it] *be*. 私を[それは]構わないで下さい / You'd better ～ things *be* for a moment. 事態はしばらく放っておいたほうがよい. (2) 《古》やめる: *Let be* your anger. 怒るのはよしなさい. 《?lateOE》

lèt blóod ⇨ blood 成句.

lèt bý (1) 〈人を〉通す: ～ a person *by*. (2) 大目に見る; 見過ごす.

***lèt cóme whàt wíll* [*máy*]** どんなことがあっても.

lèt dówn (*vt.*) (1) ⇨ *vt.* 4. (2) (支え切れず)落とす: This chair might ～ you *down*. この椅子は(座ると)壊れるかもしれない. (3) 《口語》(必要なときに)助けてくれない, 支えてくれない; 見捨てる, 裏切る (forsake, betray): Don't ～ me *down*. 私を見捨てないでくれ / ～ the side *down* ⇨ side 成句. (4) 《口語》…の期待を裏切る, 落胆[がっかり]させる (disappoint): I was ～ *down* a little when I saw it. それを見て少しがっかりした / The ending will ～ you *down*. その結末には君も失望するだろう. (5) …の威信を落とす, …の名声を傷つける[辱める] (humiliate): ～ *down* one's business 自分の商売の名[信用]を落とす. (6) 〈スカート・すそなどを〉長くする: ～ one's dress *down* one foot ドレスの丈(たけ)を1フィート延ばす. (7) 〈髪を〉解く (undo): ～ one's hair *down* ⇨ hair 1. (8) …の空気を抜いて平らにする (flatten): ～ a tire [balloon] *down* タイヤ[風船]の空気を抜く. **— (*vi.*)** (1) 努力[緊張]をゆるめる, たるむ (slacken): Don't ～ *down* in your efforts. 努力をゆるめるな. (2) 〈飛行機が〉降下する; 〈パイロットが〉飛行機を降下させる. (3) 〈売上げなどが〉減少[低下]する: Sales are ～*ting down* instead of increasing. 売上げは伸びないで低下している.

***lèt a person dówn géntly* [*sóftly, éasily, éasy, líghtly*]** 《口語》〈人〉の自尊心を傷つけぬよう配慮を加える: ～ the applicant *down gently* 志願者の自尊心を傷つけないようにする《体(てい)よく断る》. 《1754》

lèt dríve 〔…に〕激しく打ちかかる, 〔…を〕強くねらい打つ 〔*at*〕: He ～ *drive* (*at* me) with a club. 彼は棍棒で(私に)激しく打ちかかってきた.

lèt dróp (1) 落とす, こぼす: ～ a ball *drop* (受けた)ボールを落とす. (2) うっかり[わざと]しゃべる: ～ a hint *drop* うっかりヒントをしゃべる. (3) ＝LET *rest*.

Lét'em* [*them*] *àll cóme! 《口語》(相手方の挑戦を受けて)矢でも鉄砲でも持ってこい.

lèt fáll (1) 落とす, 倒す, 下ろす, こぼす: ～ a curtain *fall* カーテンを下ろす / Don't ～ the baby *fall*. 赤ちゃんを落とさないように. (2) うっかりしゃべる[漏らす], 何げなしに言う: ～ *fall* a hint さりげなくヒントを言う / ～ *fall* a significant remark うっかり意味深長な言葉を漏らす. 《1586》 (3) 〚数学〛〈垂線・垂線などを〉引く, 降ろす (drop): ～ a perpendicular *fall* (*up*)*on* [*to*] a line 直線に垂線を降ろす. 《1774》

lèt flý (1) 〈弾丸・石などを〉発射する, ぶっ放す (shoot); 〈悪口などを〉激しく放つ: ～ *fly* (an arrow) *at* an enemy target 敵の標的に向かって(矢を)放つ / ～ *fly* a torrent of abuse *at* a person 人に向かって悪口雑言を放つ. (2) 〔…を〕ののしる, 〔…に〕食ってかかる; 〔…に〕激しい態度をとる 〔*at, against*〕: ～ *fly at* a person 人に食ってかかる / ～ *fly against* an injustice 不正に対して断固たる態度をとる. (3) 思い切り感情を発散させる: ～ *fly with* one's observations 自分の思うところを述べて気分を発散させる.

lèt gó (1) 〈握っていた物を〉手放す (release): Don't ～ *go* (the rope) till I tell you. 私が言うまで(ロープから)手を放さないように. ★ この意味の let go が *vt.* 用法の場合, take [get] hold *of* からの類推によって of を伴うこともある: *Let go of* me [my arm]. 私[私の腕]を放してくれ. (2) 解放[放免]する, 自由にする: ～ a prisoner *go* 囚人を放免する / *Let* me *go*! 私を自由にしてくれ. (3) 思い切る (discard), 忘れる (forget) (cf. LET *it go at that*): Do only what is imperative and ～ the rest *go*. 絶対に必要なことだけをやってあとのことは思い切りなさい. (4) 解雇する, 首にする (dismiss): He ～ his secretary *go*. 秘書を解雇した. (5) ＝LET *oneself go*. (6) 〔叫び声などを〕上げる 〔*with*〕: She ～ *go with* a sudden scream. 突然金切声を張り上げた. (7) 〚海事〛錨を下ろす, 投錨する. (8) 《口語》値段をまけて売る. (9) 大目に見る, 見過ごす. 《*a*1325》

lèt a person háve it 《口語》〈人を〉激しくしかる, 〈人〉に激しい打撃[銃撃]を食らわす: *Let* him *have it*! やっちまえ, やっつけろ《暴徒などが叫ぶ文句》.

lèt ín (*vt.*) (1) ⇨ *vt.* 4. (2) 〈弊害などを〉招く, 生ずる: This will ～ *in* all sorts of evils. あらゆる弊害がこれから生じるだろう. (3) 差し込む, はめ込む (insert): ～ *in* a plaque on the wall 壁に飾り板をはめ込む. (4) 《口語》だます, ぺてんにかける (deceive): I was badly ～ *in* over that business. あの取引ではひどい目に遭った. (5) 《口語》〔損失・困難などに〕陥れる, 巻き込む 〔*for*〕: If I'd known what you were ～*ting* me *in for*, I would never have come. 私をどんなことに巻き込もうとしているか知っていたら来はしなかったのに / I ～ myself *in for* a lot of trouble [work]. 大変面倒な目に遭った[仕事をどっさりする羽目になった] / That's another fine mess you've ～ me *in for*! (私が大変な目に遭うようなことを)またやってくれたね. (6) 《口語》〔秘密・計画などを〕〈人〉に知らせる 〔*on*〕: Do ～ me *in on* your secret [plan, deal]. 君の秘密[計画, 取引]をぜひ教えてくれ. (7) 〈衣服などを〉短くする, 詰める (tighten) (cf. LET *out* (*vt.*) (6)): This dress needs ～*ting in* at the waist. このドレスはウエストを詰めなければだめだ. (8) 〈クラッチを〉つなぐ: ～ *in* the clutch. **— (*vi.*)** 〈靴が〉漏れる: My shoes ～ *in* badly. 私の靴はひどく漏る.

lèt ínto (*vt.*) (1) ⇨ *vt.* 4. (2) …に〈棚・管などを〉差し込む, はめ込む: have a large window ～ *into* the wall of the study 書斎の壁に大きな窓をはめ込んでもらう. (3) 〈秘密などを〉…に告げる, 教える: He was ～ *into* the secret. 彼にはその秘密が知らされていた. **— (*vi.*)** 《口語》…を撃つ, なぐる; …をののしる: ～ *into* a person.

lèt it gó at thát それはそういうことにしておく, もうあとは言わ[考え]ない (cf. LET *go* (3)): The explanation doesn't satisfy me, but I'll ～ *it go at that*. 説明を聞いても納得がいかないが, その事はもう考えないことにしよう.

lèt lóose ⇨ loose *adj.* 成句.

lèt óff (*vt.*) (1) 義務[仕事]から免除する; 〔義務などから〕免除する 〔*from*〕: ～ a person *off* for half a day 半日仕事を免除する / ～ a person *off from* an engagement 約束から解除してやる. (2) [off は *prep.*] 《口語》〈刑罰・仕事など〉から免除する: ～ a person *off* a penalty [his homework, what he owes, doing the dishes, work, school] 人の刑罰[宿題, 借金, 皿洗い, 仕事, 学校]を免除する / ～ *off* the hook ⇨ *off* the HOOK. (3) 降ろす (cf. LET *on* (4)); [off は *prep.*] 〈乗り物〉から降ろす: *Let* me *off* here, please. ここで降ろして下さい / ～ passengers *off* a bus バスから乗客を降ろす. (4) 撃つ, 放つ, 打ち上げる (fire off): ～ *off* a gun, fireworks, etc. (5) 〈蒸気などを〉排出する (release): ～ *off* a fart 《俗》おならをする. ⇨ *let off* STEAM. (6) 言い放つ, 言う (utter): ～ *off* a joke 冗談を言う / ～ *off* a curse ののしる. (7) 放免する; 〔軽い罰で〕免じる (excuse) 〔*with*〕: ～ a person *off* lightly [*with* a light penalty] 人を軽い罪で許す / I'll ～ you *off* this time—but never do it again! 今回は見逃してやるが, 二度とするなよ. (8) 〈相手を〉負かす機会を失う, …から得点を得る機会を逃す. (9) 《英》〈家などを〉分割して貸す; 〈土地などの〉一部を貸す: ～ *off* a house (*in* [*as*] flats) 家を(フラットに)分割して貸す.

lèt ón (1) 《口語》告げ口する, 漏らす, あばく (tell, reveal): Don't ～ *on* (*to* him) *that* you know me. 君が私の知り合いだということを(彼に)漏らしてはいけない / He knew the truth but he never ～ *on* (*about* it). 彼はその真相を知っていたが決して(その事を)人には言わなかった. (2) 《口語》ふりをする (pretend): ～ *on to* be annoyed いらいらしているようなふりをする / He ～ *on that* [*like*] he was sick. 病気のふりをした. (3) 認める (admit): He knew more than he ～ *on*. 自分で認めた以上のことを知っていた. (4) 乗せる (cf. LET *off* (3)): ～ a person *on*.

lèt óut (*vt.*) (1) 外に出す, 流れ出させる, こぼす (cf. *vt.* 4): ～ air *out* (*of* a tire) (タイヤの)空気を抜く / ～ *out* the water from the bathtub＝～ the water *out of* the bathtub ふろから水を出す. (2) 〈声などを〉上げる (give out): ～ *out* a scream [a loud groan] 金切声[大きなうめき声]を上げる / The dog ～ *out* a yelp. 犬がほえ立てた. (3) 自由にしてやる, 解放[放免]する (release); 《口語》〈人を〉不愉快な義務から解放する, …にいやな事をしないで済むようにさせる: *Let* me *out*! 勘弁してくれよ / ～ a person *out* (*of* prison) *on* bail 人を(刑務所から)保釈出獄させる / ～ a country *out of* paying reparations 国に賠償の支払いを免除する / That ～ me *out* nicely. 《口語》それでうまくいやな仕事をしなくて済んだ. (4) 解雇する, 首にする (fire): Many workers were ～ *out*. 多くの労働者が解雇された. (5) (うっかり)口外する, 漏らす (reveal): ～ *out* a secret (*to* the press) (新聞に)秘密を漏らす / Who ～ that story *out*? だれがその話をばらしたのか / He ～ (*it*) *out that* his father was retiring. 彼は父が辞任しようとしているということを口外した. (6) 〈衣類などを〉広げる, ゆるめる, 伸ばす (loosen, enlarge); 〈縫い目・状や縫いを〉少なくして衣服を伸ばす (cf. LET *in* (*vt.*) (7)); 〈毛皮を〉(縫い合わせるために)帯状に切る: The trousers must be ～ *out* at the waist. ズボンは腰のあたりを広げなければならない. (7) 貸す, 賃貸しする (hire out) (⇨ hire SYN): ～ *out* carriages and horses by the day 1 日いくらで馬車を貸す / ～ rooms *out* (*to* students) (学生に)部屋を貸す. (8) 〈仕事を〉請け負いに出す; 〈契約を〉入札者に請け負わせる〔*to*〕: They ～ work *out* to be done at home. 仕事を請け負わせて家庭での内職にさせている. (9) 〈車〉の速度をあげる: He ～ his car *out* a bit. 車のスピードを少し出した. (10) 〈クラッチを〉切る: ～ *out* the clutch. — (*vi.*) (1) 〔…を〕激しくねらい打つ, ひどくののしる〔*at*〕: Don't ～ *out at* him. 彼を打つのは[ののしるのは]やめてくれ. (2) 《米》〈学校などが〉終わる: The meeting has ～ *out*. 集会が済んだ / School ～ *out* for Christmas. 学校はクリスマス休暇になった.

lèt onesèlf gó (1) 〔問題などに〕熱中[熱狂]する〔*on*〕; 羽目をはずす: He ～*s himself go* now and then. 彼は時々羽目をはずす. (2) 身なりなどに構わない, 自堕落になる: I don't want to ～ *myself* go. 自堕落になりたくない.

lèt onesèlf ín for ⇨ LET *in* (5).

lèt páss 見逃す, 容赦する (overlook, forgive): ～ a mistake *pass* 間違いを不問に付す / I'll ～ it *pass*. それはよいとしよう.

lèt rést 打ち切る, やめる.

lèt ríde 《口語》そのままにしておく: She was dissatisfied but she ～ it *ride*. 不満だったが彼女は放っておいた.

lèt ríp with 《口語》〈怒りなどを〉ぶちまける, 爆発させる; ののしる: She ～ *rip with* a volley of curses. さんざんののしった.

lèt slíde うっちゃっておく; 〈仕事などを〉いい加減にやる, さぼる: ～ things *slide* 事態を成り行きに任せる / ～ one's studies *slide* 勉強をさぼる.

lèt slíp (1) …の綱を解いてやる, 自由にしてやる: *Let slip* the dogs of war. ⇨ dog 成句. (2) 逃がす, 失う, 逸する (miss): ～ an opportunity *slip* 好機を逸する. (3) うっかり口外する[漏らす]: He ～ *slip* the truth. うっかり真相を漏らした / He ～ (*it*) *slip out* that he was there. うっかりそこに居たことを漏らしてしまった. (4) ＝LET *slide*. 〘(1526)〙

lèt thróugh (1) 見逃す, 見過ごす: ～ *through* a few misprints in the proofs 校正刷りで 2, 3 のミスプリントを見逃す. (2) (…を)通過させる: *Let* him *through*. 彼を通してやれ / I was ～ *through* the customs without an inspection. 検査なしで税関を通してもらった.

lèt úp (*vt.*) ⇨ *vt.* 4. — (*vi.*) 《口語》(1) ゆるむ, 静まる (slacken), (次第に)やむ (stop); 〈仕事など(の量)が〉減る, 楽になる; 一段落する (cf. letup): The rain is ～*ting up*. 雨がやんできた / This wind will ～ *up* by tomorrow morning. この風も明朝までにはやむだろう. (2) 努力をゆるめる, くつろぐ (relax, stop): He never ～*s up* for a moment. ひとときも手を休めない. (3) ⇨ LET *up on*.

lèt úp on 《口語》…を寛大に扱う, …に対する厳しさをゆるめる, …を和らげる: He never ～ *up on* his son. 息子に対しては決して甘くしなかった / ～ *up on* the instruction 教える手をゆるめる / ～ *up on* current expenditure 経常費の支出制限を緩和する.

lèt wéll alóne 《英》＝《米》***lèt wéll enòugh alóne*** 余計な干渉をしない, そのままにしておく, 現状に満足する: Why can't you ～ *well* (*enough*) *alone*? どうして余計なおせっかいをするのか / *Let well* (*enough*) *alone*. 《諺》よいことはそのままにしておけ, やぶをつついて蛇を出すな.

néver lèt gó bý withòut dóing …しないで過ごすことはない: She *never* ～ a day *go by without going* to the counselor. 彼女は毎日必ずカウンセラーのところへ行く.

To Lét＝To Be Lét 《英》[掲示] 貸家, 貸室 (《米》For Rent).

— /lét/ *n.* 《英》 **1 a** 貸すこと, 貸付け, 賃貸 (lease): on a long [short] ～ 長期[短期]貸付で. **b** 貸家, 貸間(など). **2** 《口語》借り手.

〘OE *lǣtan*, *lētan* to leave behind, bequeath, leave, permit, lease (land) < Gmc **lētan* (Du. *laten* / G *lassen*) ← IE **lē-* to let go, slacken (L *lassus* weary / Gk *lēdeîn* to be weary): cf. late〙

SYN 勝手にさせる: **let** 反対や禁止・邪魔をしないで[放置して]させておく《最も口語的》: He *let* his wife work. 妻を働かせておいた. **allow** 禁止しないの意味で let とほぼ同じで相手のすることを認めるという感じ: Can I be *allowed* to see it? それを拝見できましょうか. **permit** 権限をもって積極的にさせておく《格式ばった語》: *Permit* me to ask you a question. ひとつ質問をさせてください. **leave** 干渉しないでさせておく: I *left* the meat to cook for a while. しばらく肉が煮えるままにしておいた.

---

let² /lét/ *vt.* (**let·ted**, ～) 《古》妨害する, じゃまする: ～ and hinder 妨害する, じゃまする / I purposed to come unto you, but was ～ hitherto. しばしばなんじらに行かんとしたれど今に至りてなお妨げられる (*Rom.* 1:13). — *n.* **1** 妨害, じゃま. ★ 主に次の法律用句に用いられる: without ～ or hindrance 何の障害もなく. **2** 〖テニス〗レット《無効のための再試合; サーブしたときの球がネットに触れて相手のサービスコート内に入った場合など; cf. net¹ 5 b, net ball》. 〘OE *lettan* < Gmc **latjan* (ON *letja* / Du. *letten*) ← **lata-* 'slow, LATE': cf. let¹〙

-let /lɪ̀t/ *suf.* **1** 名詞に付ける指小辞: book*let*, ring*let*, stream*let*. **2** 「…に付けるもの」の意を表す: arm*let*, wrist*let*. 〘ME *-(e)let*, *-lette* ◻ (O)F *-elet* ← *-el* (dim. suf.)＋-ET〙

lét-alòne *n.* 放任; 許可. 〘(1604–05) ← *let alone* (let¹ 成句)〙

letch /létʃ/ *n.*, *vi.* ＝lech. 〘(1796)《逆成》← (廃) *letcher* (変形) ← LECHER〙

Letch·worth /létʃwə(ː)θ | -wəθ/ *n.* レッチワース《イングランド南東部, Hertfordshire 北部の英国最初の田園都市 (1903)》.

lét·dòwn *n.* **1** (速度・努力・分量などの)減少, 減退, ゆるみ, たるみ, スランプ (slump): a ～ in sales [circulation] 売上げ[発行部数]の減少. **2** 失望, 落胆 (disappointment). **3** 〖航空〗(航空機の着陸に先立つ)高度低下.
— *adj.* [限定的] **1** 失望した, 元気のない, 意気消沈の (dejected): the ～ feeling. **2** 〖航空〗(航空機が)降下する, 降下の: the next ～ point 次の降下点. 〘(1768) ← *let down* (⇨ let¹ 成句)〙

le·thal /líːθəl, -θl/ *adj.* **1** 死の, 死を招く; 〈毒物・遺伝子など〉致命的な, 致死の (⇨ fatal SYN): ⇨ lethal chamber / a ～ dose of poison 致死量の毒薬. **2** 破壊的な: a ～ attack. **3** 《戯言》(アルコール分の)とても強い.
— *n.* **1** 致死剤. **2** 〖生物〗＝lethal gene. **～·ly** *adv.* 〘(1583) ◻ L *lēt(h)ālis* ← *lēt(h)um* death: *-h-* の混入は Gk *lḗthē* oblivion との連想〙

léthal chámber *n.* **1** (犬・猫などの)無痛屠殺(とさつ)室. **2** (ガスなどによる)処刑室 (cf. gas chamber). 〘1884〙

léthal géne [fáctor] *n.* 〖生物〗致死遺伝子, 致死因子《生物の発育のある時期に, その生物に死を引き起こす働きをもつ遺伝子》. 〘(1939)《なぞり》? ← F *gène* [*facteur*] *létal*〙

léthal injéction *n.* (死刑や安楽死などにおいて人を殺すための)注射.

le·thal·i·ty /liːθǽləṭi | -lɪ̀ti/ *n.* 致死率, 致死性, 致命的なこと. 〘(1656): ⇨ -ity〙

léthal mutátion *n.* 〖生物〗致死突然変異.

le·thar·gic /lɪ̀θɑ́ədʒɪk, lɛ- | -θɑ́ː-/ *adj.* **1** 無感動な, 無神経な, 鈍感な; 不活発な, 生気のない, ぼんやりした. **2** 嗜眠(しみん)性の, 眠い; 昏睡(こんすい)の, 昏睡状態の. **3** 昏睡を生ぜしめる, 催眠性の: ～ music. **le·thár·gi·cal** *adj.* **le·thár·gi·cal·ly** *adv.* 〘(*a*1398) *litargik* ◻ OF *litargique* ◻ L *lēthārgicus* ◻ Gk *lēthārgikós*: ⇨ lethargy, -ic¹〙

lethárgic encephalítis *n.* 〖病理〗＝encephalitis lethargica.

leth·ar·gize /léθədʒàɪz | -θə-/ *vt.* 《古》 **1** 無気力[無感覚]にする (benumb). **2** 昏睡(こんすい)病にかからせる, 昏睡状態に陥らせる. 〘(1614): ⇨ ↓, -ize〙

leth·ar·gy /léθədʒi | -θə-/ *n.* **1** 無気力, 不活発, 無感覚; 気抜け, 惰気. **2** 嗜眠(しみん); 昏睡(こんすい), 昏睡病, 昏睡状態. 〘(1593) ◻ LL *lēthārgia* ◻ Gk *lēthargíā* forgetfulness ← *lḗthargos* forgetful ← *lḗthē* (↓)＋*ārgós* idle ∽ (1373) *litargie* ◻ ML *litargia*〙

SYN 脱力感: **lethargy** 病気・過労・不摂生などによる興味や活気のない状態を表す. **languor** 怠惰な生活, 暑さなどによる活気のない状態を表す; 快い夢心地を意味する事もある《格式ばった語》. **lassitude** 過労・不健康などのためにだらけて気分がすぐれない状態を表す《格式ばった語》. **exhaustion** 極度の疲労などで体力を消耗した状態を表す. **torpor** 冬眠中の動物のように, 非常にのろのろして不活発な状態を表す《格式ばった語》. **ANT** vigor.

Leth·bridge /léθbrɪdʒ/ *n.* レスブリッジ《カナダ Alberta 州南部の都市; 石炭産業》.

Le·the /líːθi, -θiː/ *n.* **1** 〖ギリシャ・ローマ神話〗忘却の川, レーテ《黄泉(よみ)の国 (Hades) にあり亡霊がその水を飲むと自己の過去を一切忘れるという》. **2** [しばしば l-] 物忘れ, 忘却 (oblivion); 死. 〘(1561) ◻ L *Lēthē* ◻ Gk *lḗthē* forgetfulness〙

Le·the·an /lɪ̀θíːən, líːθiən | lɪ̀θíːən, líːθiən/ *adj.* **1** 忘却の川 (Lethe) の. **2** 過去を忘却させる. 〘(c1645) ← L *Lēthēus* ◻ Gk *Lēthaîos* 'of LETHE': ⇨ -an¹〙

le·thif·er·ous /liːθíf(ə)rəs/ *adj.* 《古》＝lethal. 〘1651〙

Le·ti·cia /lɪ̀tíːʃə, -ʃiə | -siə, -ʃiə; *Am.Sp.* letíθja/ *n.* レティシア《コロンビア南東部 Amazon 川沿いの町; ペルーとコロンビアの間で帰属が争われたが, 1934 年に国際連盟の仲介によって決着をみた》.

Le·ti·tia /lɪ̀tíʃə, -tíː-, -ʃiə/ *n.* リティシャ《女性名; 愛称形 Letty; 異形 Laetitia, Latitia》. 〘◻ L *Laetitia* 《原義》gladness ← *laetus* glad〙

Le·to /líːtoʊ | -təʊ/ *n.* 〖ギリシャ神話〗レートー《Zeus に愛され Apollo と Artemis の母となった女神; ローマ神話 Latona に当たる》. 〘◻ Gk *Lētṓ*〙

lét-òff *n.* **1** (いやなことを)免れること, (当然受けるべき)罰を免れること; 免除, 免罪. **2** 〖クリケット〗先方が受けうる球を受けないこと, 敵の失策によってアウトにならないこと.

let-out /⌐⌐/ *adj.* 〈皮革が〉レットアウトの《毛皮を造るとき色やきめのよさを強く出すために生皮を細長く幾枚にも切り, さらにこれを継いで長くしたものにいう》.
— /⌐⌐/ *n.* 出口, 逃げ道. 〘1935〙

lét-óut clàuse *n.* 《口語》(合意条件があてはまらない場合を明記した)除外条項.

Let·ra·set /létrəsèt/ *n.* 〖商標〗レトラセット《英国 Esselte Letraset 社製のインスタントレタリング》.

let's /lèts/ 《口語》let us の縮約形 (⇨ let¹ *vt.* 3).

Lett /lét/ *n.* **1 a** [the ～(s)] レット族《バルト海の東岸地方, 特に Latvia に住んでいる種族》. **b** レット族の人. **2** レット語 (Lettish). 〘◻ G *Lette* ◻ Lettish *Latvi*〙

let·ta·ble /létəbl̩ | -tə-/ *adj.* 《英》貸すことのできる. 〘(1611) ← LET¹＋-ABLE〙

let·ter¹ /létə | -tə(r)/ *n.* **1 a** 字, 文字: the ～ A / the ～*s* of the alphabet アルファベットの 26 文字 / a capital [small] ～ 大[小]文字 / an initial ～ (姓名などの)頭文字. **b** [*pl.*] アルファベット: teach a child his ～*s* 子供に ABC を教える. **2 a** 手紙, 書状, 書簡 (cf. missive 1, epistle): a sealed ～ 封書 / a love ～ / a ～ of introduction 紹介状 / *by* ～ 書面で, 手紙で / The *Letters* of C. G. Jung and Sigmund Freud ユングとフロイトの書簡集 / a *letter*-opener (＝《英》a paper-knife) ペーパーナイフ / mail [post, stamp, seal] a ～ 手紙を出す[を投函する, に切手を張る, に封をする] / ⇨ day letter, night letter. **b** [通例 *pl.*] (証書・認可状・免許状・委任状などの)公式書状, 認可状, 証書: ⇨ LETTER of credit, license, etc.; LETTERS of administration, etc. **3** [*pl.*; 単数または複数扱い] 文学; 学識, 学問; 文筆[著述]業: art and ～*s* 文学芸術 / a man of ～*s* 文学者, 文人, 著述家, 学者 / the profession of ～*s* 著述業, 学問 / the world of ～*s* 文学界 / ⇨ the REPUBLIC of letters. **4** [the ～] (内容・精神に対して)字句, 字義, 文字通りの意味 (cf. spirit 5): *the* ～ of the law 法律条文 / in ～ and in spirit 形式精神共に / For *the* ～ killeth, but the spirit giveth life. それは儀文は殺し霊は活かせばなり (2 *Cor.* 3:6). **5** 《米》(通例運動選手が賞として受けシャツに付ける)学校のイニシャルマーク: win one's ～ 選手になる (cf. win one's cap ⇨ cap¹ 2 e). **6 a** 字体, 体 (style, type): a cursive ～ 筆記[草書]体 / Roman ～*s* ローマン体 / italic ～*s* イタリック体 / ⇨ black letter, block letter. **b** 〖印刷〗活字; ＝font².

to the létter 文字通りに, 遺漏なく, 厳密に: The commands were obeyed *to the* ～. 命令は忠実に実行された. 〘(1526)〙

létter of advíce 〖商業〗荷送り通知状; 手形振出し通知状.

létter of attórney 〖法律〗委任状 (power of attorney).

létter of cómfort ＝comfort letter.

létter of crédence (大公使に与えられる)信任状 (letters of credence ともいう; cf. credential 1 b). 〘14C〙

létter of crédit 〖商業〗(銀行の発行する)信用状 (略 L/C). 〘1645〙

létter of intént (売買などの)同意書, 仮取決め.

létter of lícense 〖法律〗支払い期日延期書面(契約); 債務履行猶予契約(書).

létter of márque (1) [しばしば Letters of Marque として] 私掠(しりゃく)免許状[証], 敵船捕獲認可状《敵国船舶の拿捕(だほ)を個人に認許した政府発行の免許状; 本状所有者は海賊とみなされることを免れたが, その発行は 1856 年 Paris の国際会議で禁止された; letter(s) of marque and reprisal ともいう》. (2) (私掠免許状を与えられた)私掠船 (privateer). 〘15C〙

létters of administrátion 〖法律〗遺産管理状. 〘15C〙

létters of búsiness 〖英国国教会〗(国王の発する)聖職議会[会議]召集状.

létters of hórning 《スコット》(債務者に対する)逮捕執行命令状.

létters of órders (bishop の発する)聖職就任証.

létters of reprísal 〖法律〗報復的拿捕認可状.

— *vt.* **1** …に文字を印する[入れる]; …に表題を入れる: ～ a book cover. **2** …に文字を付す, 文字を打って分類する. — *vi.* **1** 《米口語》〈運動選手が〉(賞として)学校のイニシャルマークをもらう: ～ in football. **2** 印刷字体で書く.
— *adj.* 《米》＝letter-size.

〘(?c1150) ◻ (O)F *lettre* < L *litteram*, *literam* letter of the alphabet, handwriting, (*pl.*) *litterae* epistle, document, literature ← ?〙

L

let·ter² /létə | -tə^(r)/ *n.* 《英》貸手, 貸主, 賃貸人. 〖(*a*1400): ⇨ let¹〗
létter-bàlance *n.* (郵便料金を知るために用いる)手紙秤(ばかり). 〖1880〗
létter bòmb *n.* (テロリストなどの用いる)手紙爆弾. 〖1948〗
létter bòok *n.* 信書控え帳《発送する手紙の控え帳》. 〖1776〗
létter-bòund *adj.* (法律などの)字句[字義]にとらわれた. 〖1643〗
létter·bòx *n.* 《英》 **1** 郵便受け[入れ] (《米》 mailbox). **2** 郵便(差出し)箱, ポスト (postbox, 《米》 mailbox). 〖1812〗
létter·càrd *n.* 《英》封緘(ふうかん)はがき, 簡易書簡. 〖(1892)《なぞり》? ← F *carte-lettre*〗
létter càrrier *n.* 郵便集配人 (postman). 〖*c*1552〗
létter càse *n.* 懐中書簡入れ. 〖1672〗
létter dròp *n.* 郵便差入れ口.
lét·tered *adj.* **1 a** 学問[教養]のある, 博学な (learned, educated). **b** 文学の素養がある. **2 a** 文字入りの, 文字の模様のある: a book ~ in gold 金文字入りの本《表題などが金文字になっている》. **b** 文字から成る: ~ cipher 文字の暗号. 〖(*a*1375): ⇨ -ed〗
léttered díal *n.* 〘電話〙文字入りダイヤル《数字以外にアルファベットも記入されているダイヤル》.
lét·ter·er /-tərə | -tərə^(r)/ *n.* 文字を印する[入れる]人, レタリングをする人; 碑銘を彫る人.
létter fìle *n.* 書状ばさみ.
létter·fòrm *n.* **1** (図案としての)アルファベットの字形. **2** 便箋(せん). 〖1908〗
létter fòunder *n.* ＝typefounder. 〖1683〗
létter gràde *n.* 《米》得点でなく A, B のようにアルファベットでつけた成績.
let·ter·gram /létəgræm | -tə-/ *n.* 〘郵便〙レターグラム《通常の電報配達の合間に配達されるという条件の安い料金の電報; cf. day letter, night letter》. 〖(1911) ← LETTER¹＋(TELE)GRAM〗
létter·hèad *n.* **1** レターヘッド《書簡紙頭部の印刷文字; 発信人・会社の宛先・氏名などを刷り込んだもの》. **2** レターヘッド刷込みの書簡用紙 (cf. notehead, billhead). 〖*a*1887〗
létter·hèading *n.* ＝letterhead. 〖1871〗
létter-hígh *adj.* 〘印刷〙＝type-high. 〖1683〗
lét·ter·ing /-tərɪŋ | -tər-/ *n.* **1 a** 文字を書き入れる[刷り込む, 刻む]こと. **b** 書いた[刷り込んだ, 刻んだ]文字; 印刷文字, 刻字, 銘: read the ~ on the grave 墓の銘を読む. **2** (書いたり刻んだりした)文字の配置[体裁], 文字によるデザイン, レタリング; 字体. 〖(*c*1645): ⇨ -ing¹〗
léttering pèn *n.* レタリング用ペン先《太字用・細字用などペンの先が特殊な作りになっている》.
létter·less *adj.* **1** 文字の(書いて)ない. **2** 手紙のない. **3** 《古》文字を知らない, 無学の. 〖(*a*1618): ⇨ -less〗
létter-lòck *n.* 文字合わせ錠 (combination lock の一種). 〖1850〗
létter·màn /-mæn, -mən/ *n.* (*pl.* **-men** /-mèn, -mən/) 《米口語》学校のイニシャルマークを獲得した運動選手 (cf. letter¹ 5). 〖1926〗
Let·ter·man /létəmən | -tə-/, **David** *n.* レターマン (1947– ; 米国のコメディアン・テレビの司会者).
létter míssive *n.* (*pl.* **letters m-**) (高位の者から特定の人または集団に発する)命令書, 勧告書, 推薦書, 許可書. 〖ME〗
létter òpener *n.* 《米》＝paper knife. 〖1898〗
létter pàd *n.* (はぎ取り式の)便箋(せん).
létter pàper *n.* 書簡用紙, 便箋(せん), レターペーパー.
日英比較 日本語では「レターペーパー」というが, 英語ではこの語の他に writing paper, note paper も用いられる. また, 1 枚ずつではなく, 便箋の一つづりを意味するときは letter [writing] pad という. 〖1837〗
létter-pérfect *adj.* **1** 自分のせりふ[学科]をよく暗記している (《英》 word-perfect), 丸暗記の. **2** 〈文書・校正刷など〉一語一語正確な, 完全な, 逐語的な. 〖1845〗
létter·prèss *n.* **1** 〘印刷〙 **a** 凸版[活版]印刷 (relief printing). **b** 凸版[活版]印刷物. **c** 凸版[活版]印刷機. **2** 《英》(挿絵に対して)本文: The illustrations are worthy of the ~. 挿絵は本文に劣らず立派だ. 〖1758–65〗
létter-quálity *adj.* 〈プリンターの印字が〉タイプライターで印字したように高品質の. 〖1977〗
létter scàle [scàles] *n.* ＝letter-balance. 〖1895〗
létters credéntial *n. pl.* ＝LETTER¹ of credence. 〖《なぞり》← ML *litterae crēdentiālēs*〗
létter·sèt *n.* 〘印刷〙レターセット《凸版とオフセットを併用した印刷》. 〖(1963) ← LETTER(PRESS)＋(OFF)SET〗
létter shèet *n.* 簡易書簡. 〖1851〗
létter-sìze *adj.* 《米》レター[便箋(せん)]サイズの《約 22×28 cm》.
létters óvert *n. pl.* 〘英法〙＝letters patent.
létter·spàce *vt.* 〘印刷〙〈字間を〉調節する; 〈活字を〉字間をあけて組む《例: L E T T E R》.
létters pát·ent /-pǽtənt, -tnt | -pǽtənt, -tnt/ *n. pl.* 〘英法〙開封勅許状《国王・政府から種々の権利・特権を与える目的で発せられる公的書面で, 開封のまま交付される; 貴族の叙任の場合にも用いられる; 以前は発明に対する特許権を与えるために用いられたが, 現在は廃止》. 〖(*a*1387)《なぞり》← AF *lettres patentes*《なぞり》← ML *litterae patentēs*〗
létters rógatory *n. pl.* 〘法律〙(他裁判所に対する)証人調査依頼状, (外国裁判所に対する)証拠調査依頼状.
létter-stàmp *n.* (手紙の)消印.
létters testaméntary *n. pl.* 〘法律〙遺言執行状.
létter stòck *n.* 〘証券〙私募[非登録]株式, レターストック《登録届出をしていない株式; 公開市場で売買することはできない》.
létter télegram *n.* 書信電報《普通語または暗号を用いる国際電報; 通常電報より後回しになるが, 料金は約半分となる; 略 LT》.
létter·wèight *n.* 文鎮. 〖1880〗
létter wrìter *n.* **1** 手紙を書く人; (特に, 職業的な)手紙の代書人: I am not much of a ~. ＝I am a poor ~. 筆不精だ. **2** 手紙の書き方(の本), 書簡文範. 〖1710〗
létter wrìting *n.* 手紙を書くこと; 手紙の書き方.
Let·tic /létɪk | -tɪk/ *adj.* ＝Lettish.
Let·tice /létɪs | -tɪs/ *n.* レティス《女性名》. 〖《異形》← LETITIA〗
let·ting /létɪŋ | -tɪŋ/ *n.* 《英》貸し家[アパート].
Let·tish /létɪʃ | -tɪʃ/ *adj.* **1** レット人 (Lett) の, レット族の. **2** レット語の. — *n.* レット語 (⇨ Latvian 2). 〖(1831) □ G *lettisch*: ⇨ Lett, -ish¹〗
let·tre bâ·tarde /létr(ə)bɑtɑ́əd | -tɑ́:d; *F.* lɛtʀəbɑtaʀd/ *F. n.* (*pl.* **let·tres bâ·tardes** /~/) 〘活字〙 **1** 草書風ゴシック体《角のとれたゴシック体》. **2** ＝bâtarde. 〖(1887) □ F ~ 《原義》bastard letter〗
léttre de ca·chét /-dəkæʃéɪ | -də-; *F.* -dəkaʃɛ/ *F. n.* (*pl.* **lettres de c-** /~/) 拘禁令状, 逮捕状《昔フランス王が捕縛するとき出した封印令状》. 〖(1718) □ F ~ 《原義》sealed letter〗
léttre de chánge /-dəʃɑ́:(n)ʒ, -ʃɑ́:nʒ | -də-; *F.* -dʃɑ̃:ʒ/ *F.n.* (*pl.* **lettres de c-** /~/) 為替手形. 〖□ F ~ 'letter of exchange'〗
lettre de cré·ance /lɛ̀trədəkreɪɑ́:(n)s, -ɑ́:ns | -də-; *F.* -dəkʀeɑ̃:s/ *F. n.* (*pl.* **lettres de c-** /~/) 信用状. 〖□ F ~ 'letter of credence'《なぞり》← ML *litterae crēdentiae*〗
let·tuce /létəs | -təs/ *n.* **1** 〘植物〙 **a** チシャ, レタス (*Lactuca sativa*)《食用; cf. cos lettuce》: use ~ in a salad. **b** アキノノゲシ《キク科アキノノゲシ属 (*Lactuca*) の植物の総称; milk weed ともいう》. **2** 《米俗》紙幣, 札.《裏が緑色をしていることから》 〖(*c*1300) *letuse* □ OF *laitues* (pl.), *laitue* < L *lactūcam* lettuce ← *lact-* milk (ミルク状の液が出ることから): cf. lacteal〗
Let·ty /léti | -ti/ *n.* レティ《女性名; 異形 Lettie》. 〖(dim.) ← LETITIA, LETTICE〗
lét·ùp *n.* 《口語》終わる[やむ]こと, 終止 (stopping); ゆるむこと, 緩慢 (slacking); 減少, 小やみ, 休止 (pause); (仕事などの)一段落 (cf. LET¹ *up* (*vi.*) (1)): It rained without ~. 雨が絶え間もなく降りしきった / There was no ~ *in* the applause. 喝采(かっさい)は休みなく続いた. 〖1837〗
Let·ze·bur·gesch /létsəbùəgɪʃ | -bɜ̀ə-; *G.* létsəbʊʀgəʃ/ *n.* ルクセンブルク語《ルクセンブルクで話されるドイツ語方言》. 〖(1921) □ G 《方言》~〗
le·u /léu: ; *Rum.* léu/ *n.* (*pl.* **lei** /léɪ; *Rum.* léi/) **1** レウ《ルーマニア・モルドバの通貨単位; ＝100 bani; 記号 L》. **2** 1 レウ硬貨[紙幣]. 〖(1879) □ Rum. ~ ← L *leō* lion: cf. lev〗
leuc- /lu:k | lu:k, lju:k/ (母音の前にくるときの) leuco- の異形.
Leu·cas /lú:kəs | lú:-, ljú:-/ *n.* ルーカス(島) (⇨ Levkás).
leu·ce·mi·a /lu:sí:miə | lu:-, lju:-/ *n.* 〘病理〙＝leukemia.
leu·cine /lú:si:n, -sɪn, -sn̩ | lú:si:n, ljú:-, -saɪn/ *n.* 〘化学〙ロイシン ($(CH_3)_2CHCH_2CH(NH_2)COOH$)《アミノ酸の一種》. 〖(1826) ← LEUCO-＋-INE³〗
Leu·cip·pus /lu:sípəs | lu:-, lju:-/ *n.* レウキッポス《紀元前 5 世紀のギリシャ哲学者; 原子論の創始者; 弟子の Democritus がこれを発展させた》.
leu·cis·tic /lu:sístɪk | lu:-, lju:-/ *adj.* 〘動物〙先天性色素欠如(症)の. 〖⇨ leuco-, -istic〗
leu·cite /lú:saɪt | lú:-, ljú:-/ *n.* 〘鉱物〙白榴(はくりゅう)石 ($KAlSi_2O_6$). **leu·cit·ic** /lu:sítɪk | lu:sít-, lju:-/ *adj.* 〖(1799) □ G 《廃》*Leucit*: ⇨ ↓, -ite¹〗
leu·co- /lú:kou | lú:kəu, ljú:-/「白; 白血球; 脳の白質」の意の連結形. ★ 母音の前では通例 leuc- になる. 〖← Gk *leukós* white, shining〗
léu·co bàse /lú:kou- | lú:kəu-, ljú:-/ *n.* 〘化学〙ロイコ塩基, 無色塩基《染料を還元して得られた無色に近い化合物で, その酸化によって染料を生成できる》. 〖(1886)〗 ↑〗
leu·co·ci·din /lù:kəsáɪdn̩, -dn | lù:kəsáɪdɪn, ljù:-/ *n.* 〘細菌〙＝leukocidin. 〖1894〗
leu·co·crat·ic /lù:kəkrǽtɪk | lù:kəkrǽt-, ljù:-⁻/ *adj.* 〘地質〙〈火成岩が〉優白質の (cf. melanocratic). 〖(1909) ← G *leukokrat* (⇨ leuco-, -crat)＋-IC¹〗
leu·co·cyte /lú:kousàɪt, -kə- | lú:kə(u)-, ljú:-/ *n.* 〘解剖〙＝leukocyte. 〖(1870) ← LEUCO-＋-CYTE〗
leu·co·cy·the·mi·a /lù:kousaɪθí:miə | lù:kə(u)-, ljù:-/ *n.* 〘病理〙＝leukemia. 〖1852〗
leu·co·cy·to·sis /lù:kousaɪtóusɪs, -kə- | lù:kə(u)saɪtəusɪs, ljù:-/ *n.* 〘病理〙＝leukocytosis. 〖1866〗
leu·co·der·ma /lù:kədə́:mə | lù:kə(u)də́:-, ljù:-/ *n.* 〘病理〙＝leukoderma. **lèu·co·dér·mal** /-məl, -ml⁻/ *adj.* **lèu·co·dér·mic** *adj.* 〖1884〗
leu·co·line /lú:kəli:n, -lɪn | lú:kəli:n, ljú:-, -lɪn/ *n.* 〘化学〙ルーカリン (⇨ quinoline). 〖1852〗
leu·co·lyt·ic /lù:kəlítɪk | lù:kə(u)lít-, ljù:-⁻/ *adj.* ＝leukolytic.
leu·co·ma /lu:kóumə | lu:kə́u-, lju:-/ *n.* 〘眼科〙(角膜)白斑(はくはん), 目ぼし. 〖(1706) □ LL *leucōma* □ Gk *leukōma* anything whitened: ⇨ leuco-, -oma〗
leu·co·maine /lú:kəmèɪn | lú:-, ljú:-/ *n.* 〘生化学〙ロイコマイン《動物体において, 蛋白質の分解によって生じる塩基性物質の一種》. 〖← LEUCO-＋(PTO)MAINE〗
leu·con /lú:kɑ(:)n | lú:kɔn, ljú:-/ *n.* 〘動物〙リューコン型《石灰海綿の一型; 厚い体壁の間を多数の複雑な管が通り, 外界と胃腔(いこう)を連絡している型; cf. ascon, sycon》. 〖← NL ~ ← Gk *leukón* ← *leukós* white〗
leu·co·noid /lú:kənɔ̀ɪd | lú:-, ljú:-/ *adj.* 〘動物〙リューコン型 (leucon) の.
leu·co·nos·toc /lu:kənɑ́(:)stɑ(:)k | lù:kənɔ́stɔk, ljù:-/ *n.* 〘細菌〙乳酸菌《ロイコノストック属 (*Leuconostoc*) の微生物》. 〖← NL ~: ⇨ leuco-, nostoc〗
leu·cop·a·thy /lu:kɑ́(:)pəθi | lu:kɔ́p-, lju:-/ *n.* 〘病理〙(皮膚の)白皮症 (albinism); 白斑(はくはん) (leukoderma). 〖(1841) ← LEUCO-＋-PATHY〗
leu·co·pe·ni·a /lù:kəpí:niə | lù:kə(u)-, ljù:-/ *n.* 〘病理〙＝leukopenia. **lèu·co·pé·nic** /-nɪk⁻/ *adj.*
leu·co·pla·ki·a /lù:kouplérkiə, -plǽk- | lù:kə(u)-, ljù:-/ *n.* 〘病理〙＝leukoplakia. **lèu·co·plá·kic** /-kɪk⁻/ *adj.* 〖1885–88〗
leu·co·plast /lú:kouplæ̀st | lú:kə(u)-, ljú:-/ *n.* 〘植物〙白色体 (cf. chromatophore 2). 〖(1886) ← LEUCO-＋-PLAST〗
leu·co·plas·tid /lù:kouplǽstɪd | lù:kə(u)plǽstɪd, ljù:-/ *n.* 〘植物〙＝leucoplast. 〖1885〗
leu·co·poi·e·sis /lù:koupɔɪí:sɪs, -kə- | lù:kə(u)pɔɪí:sɪs, ljù:-/ *n.* 〘生理〙＝leukopoiesis. **leu·co·poi·et·ic** /lù:kəpɔɪétɪk | lù:kəpɔɪét-, ljù:-⁻/ *adj.*
leu·cor·rhe·a /lu:kərí:ə | lù:kəríə, ljù:-, -rí:ə/ *n.* 〘病理〙＝leukorrhea. 〖1797〗
leu·co·rrhoe·a /lu:kərí:ə | lù:kəríə, ljù:, -rí:ə-/ *n.* 〘病理〙＝leukorrhoea.
leu·co·sis /lu:kóusɪs | lu:kə́usɪs, lju:-/ *n.* 〘病理・獣医〙＝leukosis. 〖1706〗
leu·co·stic·te /lù:kəstíkti | lù:kə(u)-, ljù:-/ *n.* 〘鳥類〙ハギマシコ属 (*Leucosticte*) の小鳥の総称. 〖← NL ~ ← LEUCO-＋Gk *stiktós* pricked〗
leu·co·tax·ine /lù:kətǽksi:n, -sɪn, -sn̩ | lù:kə(u)tǽksi:n, ljù:-, -sɪn/ *n.* 〘生化学〙＝leukotaxine. 〖1937〗
Leu·coth·e·a /lu:kɑ́(:)θiə | lu:kɔ́θ-, lju:-/ *n.* 〘ギリシャ神話〙レウコテアー《海の女神; もとテーベ (Thebes) の王 Athamas の妻で, Ino と呼ばれた》. 〖□ Gk *Leukothéa* ← *leukós* white＋*theá* goddess〗
leu·cot·o·my /lu:kɑ́(:)təmi | lu:kɔ́t-, lju:-/ *n.* 〘外科〙＝leukotomy. 〖1937〗
Leuc·tra /lú:ktrə | lú:-, ljú:-/ *n.* レウクトラ《古代ギリシャの Boeotia の都市; ここでテーベ (Thebes) 軍がスパルタ軍を破り, ギリシャの覇権を握った (371 B.C.)》.
leuk- /lu:k | lu:k, lju:k/ (母音の前にくるときの) leuko- の異形 (⇨ leuco-).
leu·ka·phe·re·sis /lù:kəfərí:sɪs | lù:kəfərí:sɪs, ljù:-/ *n.* 白血球搬出(法), 白血球除去輸血.
Leu·kas /lú:kəs | lú:-, ljú:-/ *n.* ルーカス(島) (⇨ Levkás).
leu·ke·mi·a /lu:kí:miə | lu:-, lju:-/ *n.* (*also* **leu·kae·mi·a** /~/) 〘病理〙白血病《白血球系細胞の腫瘍性増殖》. 〖(1855) □ G *leukämie* ← Gk *leukós* white＋*haima* blood: ⇨ leuco-, -emia〗
leu·ke·mic /lu:kí:mɪk | lu:-, lju:-/ *adj.* 白血病(性)の; 白血病による. — *n.* 白血病患者. 〖(1876): ⇨ ↑, -ic¹〗
leu·ke·mo·gen·e·sis, -kae- /lu:kì:məʤénəsɪs | lu:kì:mə(u)ʤénəsɪs, lju:-/ *n.* 〘医学〙白血病誘発[発生]. **leu·kè·mo·gén·ic** /-ʤénɪk⁻/ *adj.* 〖(*c*1950): ⇨ leukemia, -genesis〗
leu·ke·moid /lu:kí:mɔɪd | lu:-, lju:-/ *adj.* 〘病理〙類白血病(性)の, 白血病様の. 〖(1926) ← LEUKEM(IA)＋-OID〗
leu·ko- /lú:kou | lú:kəu, ljú:-/ ＝leuco-.
leu·ko·ci·din /lù:kəsáɪdn̩, -dn | lù:kəsáɪdɪn, ljù:-/ *n.* 〘細菌〙ロイコシジン《白血球を破壊する物質》. 〖(1894) ← LEUCO-＋-CIDE＋-IN²〗
leu·ko·cyte /lú:kousàɪt, -kə- | lú:kə(u)-, ljú:-/ *n.* 〘解剖〙白血球. **leu·ko·cyt·ic** /lù:kousítɪk, -kə- | lù:kə(u)sít-, ljù:-⁻/ *adj.* **leu·ko·cy·toid** /lù:kousáɪtɔɪd, -kə- | lù:kə(u)-, ljù:-⁻/ *adj.* 〖(1870) ← LEUCO-＋-CYTE〗
leu·ko·cy·to·blast /lù:kousáɪtoublæ̀st | lù:kə(u)sáɪtə(u)-, ljù:-/ *n.* 〘解剖〙白血球芽細胞. **lèu·ko·cỳ·to·blás·tic** /-sàɪtoublǽstɪk | -tə(u)-⁻/ *adj.*
leu·ko·cy·to·pe·ni·a /lù:kousàɪtəpí:niə | lù:kə(u)sàɪt-, ljù:-/ *n.* 〘病理〙＝leukopenia.
leu·ko·cy·to·sis /lù:kousaɪtóusɪs, -kə- | lù:kə(u)saɪtə́usɪs, ljù:-/ *n.* 〘病理〙白血球増加[増多](症) (cf. leukopenia). **leu·ko·cy·tot·ic** /lù:kousaɪtɑ́(:)tɪk, -kə- | lù:kə(u)saɪtɔ́t-, ljù:-⁻/ *adj.* 〖(1866) ← NL ~: ⇨ leukocyte, -osis〗
leu·ko·der·ma /lù:kədə́:mə | lù:kə(u)də́:-, ljù:-/ *n.* 〘病理〙白斑(はくはん), 白皮, 白なまず (vitiligo). **lèu·ko·dér·mal** /-məl, -ml⁻/ *adj.* **lèu·ko·dér·mic** /-mɪk⁻/ *adj.* 〖(1884) ← NL ~: ⇨ leuco-, -derma〗
lèuko·dýstrophy *n.* 〘病理〙(脳の)白質萎縮症. 〖(1962) ← LEUKO-＋DYSTROPHY〗
leu·ko·lyt·ic /lù:kəlítɪk | lù:kə(u)lít-, ljù:-⁻/ *adj.* 〘医学〙〈薬など〉白血球溶解性の. 〖← LEUCO-＋-LYTIC〗
leu·ko·ma /lu:kóumə | lu:kə́u-, lju:-/ *n.* 〘眼科〙＝leucoma.

L

leu·kon /lúːkɑ(ː)n | lúːkɔn, ljúː-/ *n.* 〘解剖〙 ロイコン, 白血球系(細胞). 〘← NL ~: ⇨ leucon〙

leu·ko·pe·ni·a /lùːkəpíːniə | lùːkə(ʊ)-, ljùː-/ *n.* 〘病理〙 白血球減少(症) (cf. leukocytosis). **lèu·ko·pé·nic** /-píːnɪk⁻/ *adj.* 〘(1898) ← NL ~: ⇨ leuco-, -penia〙

leu·ko·pla·ki·a /lùːkoupléɪkiə, -plǽk- | lùːkə(ʊ)-, ljùː-/ *n.* 〘病理〙 白斑(はん)症, ロイコプラキー. **lèu·ko·plá·kic** /-kɪk⁻/ *adj.* 〘(c1888) ← NL ~ ← LEUCO- + Gk *plak-*, *plax* flat surface + -IA¹〙

leu·ko·poi·e·sis /lùːkoupɔɪíːsɪ̀s, -kə- | lùːkə(ʊ)-pɔɪíːsɪs, ljùː-/ *n.* 〘生理〙 白血球生成[産生] (leucopoiesis ともいう). **leu·ko·poi·et·ic** /lùːkoupɔɪétɪk, -kə- | lùːkə(ʊ)pɔɪét-, ljùː-⁻/ *adj.* 〘(c1913) ← NL ~ ← LEUCO- + Gk *poíēsis* a making, shaping〙

leu·kor·rhe·a /lùːkəríːə | lùːkəríə, ljùː-, -ríːə/ *n.* 〘病理〙 (白)帯下, こしけ (whites). **lèu·kor·rhé·al** /-ríːəl | -ríəl, -ríːəl⁻/ *adj.* 〘(c1797) ← NL ~: ⇨ leuco-, -rrhea〙

leu·ko·sis /luːkóusɪ̀s | luːkóusɪs, ljuː-/ *n.* **1** 〘病理〙 =leukemia. **2** 〘獣医〙 鶏白血病 (leucosis, avian leukosis complex ともいう). **leu·kot·ic** /luːkɑ́(ː)tɪk | luːkɔ́t-, ljuː-/ *adj.* 〘(1922) ← NL ~: ⇨ leuco-, -sis〙

leu·ko·tax·ine /lùːkətǽksiːn, -sɪ̀n, -sn̩ | lùːkə(ʊ)-tǽksiːn, ljùː-, -sɪn/ *n.* 〘生化学〙 ロイコタキシン (炎症滲出液に含まれるポリペプチド; 毛細血管から白血球を出させる). 〘(1937) ← LEUCO- + -TAX(IS) + -INE³〙

Leu·koth·e·a /luːkɑ́(ː)θiə | luːkɔ́θ-, ljuː-/ *n.* 〘ギリシャ神話〙 =Leucothea.

leu·kot·o·my /luːkɑ́(ː)təmi | luːkɔ́t-, ljuː-/ *n.* 〘外科〙 白質切断(術), ロイコトミー, ロボトミー (lobotomy). 〘(1937) □ F *leucotomie*: ⇨ LEUCO- + -TOMY〙

leu·ko·tri·ene /lùːkoutráɪiːn | lùːkə(ʊ)-, ljùː-/ *n.* 〘生化学〙 ロイコトリエン (アラキドン酸から動物組織で合成される一群の生理活性物質; 気管支および肺末梢気道の収縮活性をもつ). 〘(1979) ← LEUKO- + TRIENE〙

Leut·ze /lɔ́ɪtsə; *G.* lɔ́ʏtsə/, **Emanuel Gottlieb** *n.* ロイツェ (1816-68; ドイツ生まれの米国の歴史画家).

Leu·ven /*Flem.* lǿːvən/ *n.* ルーベン (Louvain のフラマン語名).

lev /léf/ *n.* (*pl.* **le·va** /lévə/) **1** レフ (ブルガリアの通貨単位; =100 stotinki; 記号 Lv). **2** 1 レフ硬貨[紙幣]. 〘(1902) □ Bulg. ~ 'lion': ⇨ leu〙

Lev /lév; *Russ.* lʲéf/ *n.* レフ (男性名). 〘□ Russ. ~ (原義) lion〙

Lev. (略) Levant; Leviticus (旧約聖書の)レビ記.

lev- /liːv/ (母音の前にくるときの) levo- の異形.

leva *n.* lev の複数形.

le·vade /ləvɑ́ːd/ *n.* 〘馬術〙 ルバード (昔馬術の地上運動の一つで, 後躯に低く立ち, 前肢を抱え込むようにする; 馬体が地面と 45 度の角度に保つ). 〘(1944) □ G *Levade* ← F *lever* to raise: ⇨ -ade〙

Le·val·lois /ləvælwɑ́ː | ləvǽlwɑː; *F.* ləvalwa/ *adj.* =Levalloisian. 〘1921〙

Le·val·loi·si·an /lèvəlɔ́ɪziən, -ʒən | -ziən⁻/ *adj.* 〘考古〙 **1** ルバロワ(ジアン)期の (ヨーロッパを中心とする地域における旧石器時代中期から後期にかけての一時期にいう). **2** ルバロワ文化の; ルバロワ技法の (ルバロワ期を中心としてアフリカ・ユーラシアに広く行われた剝片剝離技法についていう). 〘(1932) ← *Le Vallois-Perret* (フランス北部, Seine 河畔の都市, ここから出土したことによる)〙

lev·al·lor·phan /lèvəlɔ́ːfæn, -fən | -lɔ́ː-/ *n.* 〘薬学〙 レバロルファン (モルヒネの拮抗薬). 〘← LEV(O)- + AL-L(YL) + (M)ORPH(INE) + -AN²〙

le·vam·i·sole /lɪvǽmɪsòul | -sə̀ʊl/ *n.* 〘薬学〙 レバミソール (駆虫剤; 細胞媒介性免疫を高める作用のあることから癌や感染症の治療効果が期待されている). 〘(1969) ← LEVO- + (*tetra*)*misole* (駆虫剤)〙

le·vant¹ /lɪ̀vǽnt/ *vi.* (英古) (賭けなどに借金などを払わないで)逃亡する. **~·er** /-tə | -tə^(r)/ *n.* 〘(1760) ← ? Sp. *levantar* (*el campo*) to break up the camp ← L *levāre* to lift up: cf. decamp〙

le·vant² /lɪ̀vǽnt/ *n.* **1** 〘気象〙 =levanter 2. **2** 〘通例 L-〙 〘皮革〙 =Levant morocco.

Le·vant /lɪ̀vǽnt/ *n.* [the ~] レバント (ギリシャからエジプトまでの地中海東部沿岸諸国地方). 〘(1497) (廃) rising □ (O)F ~ ← *lever* to raise < L *levāre*: cf. lever〙

Levánt dóllar *n.* レバントドル (昔オーストリアで東方諸国貿易用に造った銀貨; 特に Maria Theresa dollar を指し, 時に Prussia の Frederick William 二世の造ったもの (1766-67) を指す).

le·vánt·er /-tə | -tə^(r)/ *n.* **1** [L-] レバント人. **2** 〘気象〙 (地中海特有の)強い東風. 〘(1668) ← LEVANT + -ER¹〙

Lev·an·tine /lévəntìːn, -tàɪn, lɪ̀vǽntiːn, -taɪn | lévəntàɪn, -tìːn/ *adj.* レバント (Levant) の; レバント貿易に従事する, レバント通いの: a ~ ship. — *n.* **1** レバント人. **2** [l-] レバンティン (一種の丈夫なあや織絹布; 主に裏地に用いる). 〘(1649) ← LEVANT + -INE¹: cf. F *levantin*〙

Levánt morócco *n.* レバントモロッコ (もとレバント地方に産した, やぎ・羊・あざらしなどの革から作った製本用の高級モロッコ革; Levant ともいう); レバントモロッコに似せて作った革. 〘1879〙

Levánt stórax *n.* =storax 2 b. 〘1937〙

Levánt wórmseed *n.* 〘植物〙 シナヨモギ (*Artemisia cina*) (santonica ともいう); シナヨモギの頭花 (駆虫薬とする).

lev·ar·te·re·nol /lèvɑətərìːnɔ(ː)l | -vɑːtərìːnɔl/ *n.* 〘生化学〙 レバルテレノール (⇨ norepinephrine). 〘← LEVO- + ARTERENOL〙

le·va·tor /lɪ̀véɪtə, -tɔə | -tə^(r), -tɔː^(r)/ *n.* (*pl.* **lev·a·to·res** /lèvətɔ́ːriːz/, **~s**) **1** 〘解剖〙 挙筋. **2** 〘外科〙 起子, 挺子(てこ) (頭蓋(がい)骨の陥没した部分を持ち上げる手術用具). 〘(1615) ← NL ~ ← ML *levātor* (原義) one who lifts ← L *levātus* (p.p.) ← *levāre* to raise: ⇨ -or²〙

Le Vau /ləvóu | -vóu; *F.* ləvo/, **Louis** *n.* ルヴォー (1612-70; フランスのバロック建築家; Versailles 建設 (1661-1756) に参画).

le·ve·che /levéɪtʃeɪ; *Sp.* leβétʃe/ *n.* スペイン南東部に吹く熱く乾いた南風. 〘(1887) □ Sp. ~〙

le·vee¹ /lévi, lɪ̀víː, -véɪ | lévi, -veɪ; *F.* ləve/ *n.* **1** 〘英史〙 (君主またはその代理者が男子だけに行う昼過ぎの)謁見の儀, 朝見(ちょうけん)の式 (cf. drawing room 2). **2** (大統領や高官などが特定の人に敬意を表するために催す)接見会, レセプション (reception): a presidential ~. **3** (昔の君主の)起床直後の引見; (昔の君主の催した)朝の集会 (cf. couchee). 〘(1672) □ F *levé* (変形) ← *lever* a rising: cf. lever, Levant〙

lev·ee² /lévi/ *n.* **1** 〘地理〙 沖積(ちゅうせき)堤, 自然堤防 (natural levee) (平野を流れる河川の両岸に土や砂が堆積してできる堤防状の高まり). **2 a** (川の)堤防, 土手. **b** (川の)波止場 (quay). **3** (用水路の)土手; (水田の)あぜ. — *vt.* (河川に)堤防[土手]を築く. 〘(1719) □ F *levée* (fem. p.p.) ← *lever* to raise: cf. lever〙

le·vée /lévi, lɛví: | lévi, -veɪ; *F.* ləve/ *n.* パートナーがダンサーを高く掲げる所作.

lev·el /lévəl, -vɫ/ *n.* **1** 水平; 水平面, 平面: out of the ~ 平らでない, 起伏のある / bring a surface to a ~ ある面を水平にする / ⇨ *find one's* LEVEL. **2** 平地, 平原, 起伏のない地方; (川・運河などの)水面: a dead ~ 全く高低のない水平面, 平地 / We reached pretty high speeds on *the* ~[when we got to *the* ~]. 平地では[平地に入ると]かなりの高速に達した. **3** 〘測量〙 (水平面の)高さ, 高度; 標高: 500 meters above the ~ of the sea 海抜 500 メートル (⇨ sea level 2) / the ~ of the plateaus 高原の高さ / *at* the ~ of one's eyes 目の高さに / The water rose *to* a ~ of thirty feet. 水は 30 フィートの高さに達した. **4** (地位・階級・品質・程度・能力などの)段階, 水準; 階級, 段階: ~*s* of speech=speech ~*s* スピーチレベル, 談話の位相 (言葉遣いの変異の段階) / a ~ of usage (言語の)用法段階, 位相 / a conference *at* foreign minister ~=a conference *on* [*at*] the ~ of foreign ministers 外相級の会談 / students *at* college ~ 大学程度の学生 / people *on* various ~*s* of culture 文化の水準を異にした人たち / knowledge *on* (the) college ~ 大学程度の知識 / *on* an international ~ 国際的水準[レベル]で / rise *to* a higher ~ (文化などの)水準が高くなる[進む] / Don't descend to their (low) ~! 彼らの(低い)レベルまで下がることはない / We're about on the same~. 我々はほぼ同じレベルだ. **5** (廃) (目標に正しく合わせた)照準(線); 狙いをつけること: the ~ of a gun / the ~ of vision 視線. **6** 〘鉱山〙 水平坑道, レベル坑道 (cf. adit 2). **7 a** 〘機械〙 レベル, 水準器 (spirit level); (測量用)レベル, 水準儀 (surveyor's level). **b** レベルを用いての測量: take a ~ 高低測量をする. **8** 〘通信〙 レベル (ある基準値に対する信号の大きさ; decibel で表す). **9** 〘医学〙 ある物質の血液などの体液内での濃度, 血球などの粒子の一定容量中での数.

find* [*séek*] *one's* [*its*] (*ówn*) *lével それ相当の[自然の]地位[場所]に落ち着く[こうとする], 所を得る: He finally *found his* own ~. 彼はやっと落ち着くところに落ち着いた / Water *finds* [*seeks*] *its* (*own*) ~. 水は低きにつく. (1799)

on a lével with … (1) …と同一水平面上に, と同じ高さで: This window is *on a* ~ *with* that one. この窓はあの窓と同じ高さだ. (2) …と同格[同等]で: She is *on a* ~ *with* him in social status. 彼女は彼と社会的地位において同等だ. ***on the lével*** (口語) (1) 〈人・情報・取引など〉公平な, 正直な, 本当な: I am [It is] *on the* ~. 私はうそは言っていない[それは本当だ]. (2) 公平に, 正直に, 率直に: *On the* ~, I don't like him. 率直に言って彼が好きじゃない. (1872)

lével of signíficance 〘物理・統計〙 危険率, 有意水準 (統計的仮説検定で仮説が正しいにもかかわらずこれを捨ててしまう確率; significance level ともいう). (1925)

— *adj.* **1** 平らな; 水平の (↔ rough): a ~ teaspoonful 茶さじですり切り 1 杯分 / make a surface ~ 面を平らにする[なくす] / The table is ~. テーブルは水平になっている[傾いていない]. **2** 同じ高さ[程度]の, 一様の, 同等[同位]の; 互角の: The two brothers were almost ~ *in* intelligence. 二人の兄弟の知能は似たり寄ったりだった / The stream is ~ *with* its banks. 河水は岸と同じ高さである / a ~ race 互角の競走 / He drew ~ *with* the other runners. 彼はほかの走者と五分五分に走った / We want to compete on a ~ playing field (with our rivals). 同じ土俵で(相手と)競争したいものだ. **3** [複合語の第 2 構成素として] (能力・品質・階級など)(…の)水準の[にふさわしい]: at street [ground, roof] ~ 道路[地表, 屋根]で / a high-*level* talk 高い水準の話 / a low-*level* functionary 低レベルの役人 / a college-*level* institute 大学水準の専門学校 / a top-*level* conference 頂上[首脳]会談 / a Cabinet-*level* committee 閣僚レベルの委員会 / a foreign-ministerial-*level* conference 外相級会談. **4** 釣合いのよく取れた, 穏健な; 平静な, 穏やかな; 公平な, 正当な: have [keep] a ~ head in a crisis 危機に臨んで冷静でいる / ⇨ level-headed. **5** 〈音・声など〉高低[強弱]の一様な, 平板調の: a ~ pitch, stress, etc. / in a ~ voice [tone] 淡々とした声[調子]で.

dò one's lével bést ⇨ best *n.* 2. ***dráw lével with*** … の横に並ぶ, (競技などで)追いつく. ***gèt lével with*** (口語) …に復讐する, 報復する. ***hàve a lével héad*** 分別がある. ***kéep a lével héad*** 正気でいる.

— *adv.* (廃) 水平に, 平らに.

— *v.* (**lev·eled** (米), **-elled**; **-el·ing** (米), **-el·ling**) — *vt.* **1** 水平にする, 平らにする, 平らにならす: ~ a garden, lawn, etc. **2** 平等にする, 一様にする, 水準化する; 〈差別を〉廃する (equalize) 〈*out*〉: ~ (*out*) all social distinction あらゆる社会的差別を廃する / Death ~*s* the monarch *with* the clown. 死は帝王を道化役者と平等にする. **3** 一様の高さ[標準]にする 〈*up, down*〉; 〔…の〕高さ[標準]にする 〔*to, with*〕: ~ incomes [standards] *up* [*down*] 所得[標準]を上げて[下げて]均一にする / ~ a discourse *up* [*down*] *to* the capacity of the audience 講演の調子を聴衆のレベルに合わせて上げる[下げる] / ~ a picture *with* a window 絵を窓と同じ高さにする. **4** 〈建物などを〉倒す, 覆す; 〈人を〉打ち倒す, はり倒す, 山倒す: ~ a building *to* the ground 建物を倒す / His blow ~*ed* his opponent. 相手を打ちのめした. **5 a** 〈銃・槍(やり)などを〉水平に構える. **b** 〈銃などを〉〔…に〕向ける, ねらいをつける; 〈非難・諷刺などを〉〔…に〕向ける, 浴びせる (direct) 〔*at, against*〕: ~ one's rifle *at* a target ライフルを的に向けてねらいをつける / ~ a satire [charges, a punch] *at* a person 人に皮肉[非難, パンチ]を浴びせる. **c** (古) 〈目を〉〔…に〕向ける 〔*on*〕: ~ one's eyes *on* a person 人に目を注ぐ. **6** 〘染色〙 〈色などを〉一様[むらのないよう]にする. **7** 〘音声〙 単音化する. **8** 〘言語〙 単純化する. **9** 〘測量〙 …の高低を計る, 水準測量をする 〈*over, up*〉.

— *vi.* **1** 水平になる, 平らになる 〈*up, down*〉. 日英比較 日本語の「レベルアップ」「レベルダウン」は単に水準を上げ下げする意であるが, 英語の *level* up [down] は水準を上下させて一様の高さにすること. 日本語の「レベルアップ」「レベルダウン」に相当する英語はそれぞれ *vt.* なら raise [lift] the *level*, lower the *level*, *vi.* なら improve, decrease などである. **2** 武器のねらいを定める, 照準する 〔*at, against*〕. **3** (口語) 率直にふるまう[話す] 〔*with*〕: *Level with* me *about* your plan. 君の計画について正直に話してくれ. **4** 〘染色〙 〈染料などが〉一様に[むらなく]染まる. **5** 〘音声〙 単音化する. **6** 〘言語〙 単純化する (⇨ leveling 4). **7** 〘測量〙 高低測量をする, 水準儀を用いる.

lével óff (*vt.*) 平らにならす, 水準化する, 安定させる. (*vi.*) (1) 安定する, 横ばい状態になる: Her popularity is now ~*ing off*. 彼女の人気は今横ばい状態だ. (2) = LEVEL *out* (1). ***lével óut*** (1) 〈航空機が〉(上昇[降下]の後)水平飛行に移る (★ 上昇に続く場合は off, 降下に続く場合は out を用いる傾向がある). (2) 〈価格・賃金などが〉(変動の後)安定する.

〘(1340) ~, *livel* □ OF *livel*, *level* (F *niveau*) < VL **libellum*=L *libella* level, plummet line (dim.) ← *libra* level measure of liquids ← ?: ⇨ libra¹〙

SYN 平坦な: **level** 物の表面が地平線と平行している: *level* ground 平らな土地. **flat** 水平とは無関係で, 物の表面にくぼみ・隆起がない: a *flat* roof 平屋根. **horizontal** 垂直に対して水平であることを強調して「平坦な」の意味. **plane** 専門用語に用いられることが多く, 「面が幾何学的に平ら」の意: a *plane* surface 平面. **even** 面や線がでこぼこがない: an *even* surface 平らな表面. **smooth** 表面が触ってみて滑らかででこぼこや突起がない: a *smooth* lawn 平坦な芝生. **flush** 別々のものが同一平面・同一の高さになって平らに見える: The river's surface is now *flush* with that of its banks. 川の水面は今や堤防の面と同一平面にある.

lével cróssing *n.* (英) (道路と鉄道または鉄道と鉄道の)平面交差; 踏切り ((米) grade crossing). 〘1841〙

lév·el·er /-v(ə)lə | -lə^(r)/ *n.* **1** 水平[平等]にする人; (高低を)ならす物, 地ならし機. **2** 平等主義者, 平等論者. **3** 差別をなくすもの. 〘(1598): ⇨ -er¹〙

lével flíght *n.* 〘航空〙 水平飛行.

lével-héaded *adj.* 穏健な, 分別のある; 冷静な. **~·ly** *adv.* **~·ness** *n.* 〘1879〙

lev·el·ing /lév(ə)lɪŋ, -vl̩-/ *n.* (*also* **lev·el·ling** /~/) **1** 平らにすること, ならすこと, 地ならし. **2** 平等化[階級打破]運動. **3** 〘測量〙 水準測量, 高低測量. **4** 〘言語〙 (語形変化の)単純化, 水平化 (例えば ME では sing の過去形は単数では sang, 複数では sungen だったが近代英語ではともに sang となったことなど). **5** 〘音声〙 単音化, 一様化 (例えば ME の [eː] (e.g. hē) と [ɛː] (e.g. tēchen) が近代英語ではともに [iː] となったことや, アメリカ英語で ladder /lǽdə/ と latter /lǽtə/ がしばしば [lǽɾə] のように同一に発音されたりすることなど). 〘(1580): ⇨ -ing¹〙

léveling instrument *n.* 〘測量〙 レベル, 水準儀. 〘1690〙

léveling ròd [**pòle**] *n.* 〘測量〙 水準測桿(かん), 準尺, 箱尺, 標尺. 〘*c*1889〙

léveling scréw *n.* 〘測量〙 整準ねじ. 〘1849〙

léveling stàff *n.* 〘測量〙 函尺, 箱尺, 準尺. 〘1727-41〙

lével ìnstrument *n.* 〘測量〙 ハンドレベル (簡単な水準測量用器具).

lév·el·ler /-v(ə)lə | -lə^(r)/ *n.* **1** =leveler. **2** [L-] 〘英史〙 レヴェラー, 平等主義派の人 (17 世紀中頃, 王権に反対し, 信教の完全な自由と社会的平等を唱えた一派の人; Cromwell によって鎮圧された). 〘(1598) ← LEVEL + -ER¹〙

lév·el·ly /-və(ɫ)li, -vɫi/ *adv.* 平らに, 平等に; 一様に, むらなく. 〘(1610): ⇨ -ly¹〙

lével méasure *n.* 斗かき (strickle) をかけてならした升目[量] (struck measure).

lév·el·ness *n.* 水平(であること); 同等(であること). 〘(1634): ⇨ -ness〙

L

lével-òff *n.* 〖航空〗水平飛行に復帰する操作.

lével-pégging 《口語》 *n.* (競争者などの) 互角の状態, 実力伯仲. — *adj.* 互角で, 伯仲して 〔*with, between*〕: It is nearly ~ *between* them. 彼らはほとんど甲乙をつけられない.

Le·ven /líːvən/, **Loch** *n.* **1** リーヴェン湖《スコットランド東部の湖; Mary, Queen of Scots が幽閉された (1567–68) 城の廃墟(はいきょ)がある》. **2** リーヴェン湾《スコットランド西部, Loch Linnhe から東へ 14 km に延びる》. 〖← ? Gael. *lean* meadow〗

lev·er /lévə, líːvə | líːvə^(r)/ *n.* **1** 〖機械〗てこ, レバー: a control ~ 〖航空〗操縦桿(かん) / a foot ~ 〖航空〗フットレバー《方向舵(だ)を動かすため足で踏むてこ》/ ⇨ compound lever / a ~ of the first order 一元てこ《支点が働く力と重りとの中間にあるもの》/ a ~ of the second order 二元てこ《重りが支点と働く力との中間にあるもの》/ a ~ of the third order 三元てこ《働く力が支点と重りとの中間にあるもの》. **2** (目的を達するために用いる)手段, てこ: as a political ~ 政治的てこ入れとして. **3** 〖時計〗レバー, アンクル《レバー脱進機の一部品; cf. lever escapement》. — *vt.* **1** …にてこを入れる, てこで動かす, こじあける. **2** てこに使う. **3** 〈人を〉無理やり解任する 〈*out*〉. — *vi.* てこを使う. **~·lìke** *adj.* 〖(*c*1300) *levour* □ OF *leveor* (F *levier*) raiser ← *lever* to lift < L *levāre* to raise ← *levis* 'LIGHT²': cf. Levant〗

Le·ver /líːvə | -və^(r)/, **Charles James** *n.* リーヴァー《(1806–72; アイルランドの小説家; *Harry Lorrequer* (1839)》.

léver-àction *adj.* 〈ライフルが〉レバーアクション式の.

lev·er·age /lév(ə)rɪdʒ, líːv- | líːv-/ *n.* **1 a** てこの作用. **b** てこ装置. **2** (目的遂行の)手段; 力, 勢力, 影響力 (power, influence): lose one's political ~ 政治力を失う. **3** 〖機械〗てこ比. **4** 〖経営・経済〗てこ作用《ある変量(例えば利潤)の動きが, 他の変量(例えば配当)の一層大きな変動に転化することをいう》. — *vt.* 〖経営・経済〗〈会社〉にてこ入れする《利益を見越して資金を借入れ利用する》. — *vi.* 〖経営・経済〗(利益を見越して)資金の借入れ利用を行う, てこ入れする. 〖(1724) ← LEVER＋-AGE〗

léveraged búyout *n.* 〖経営〗レバレッジドバイアウト《借入金をてこにした企業買収; 被買収企業の資産を担保にした借入金による; 略 LBO》. 〖1976〗

léver àrm *n.* 〖建築〗応力中心距離《断面に生じる引張力の合力と圧縮力の合力との間の距離》.

le·ver de ri·deau /ləvéɪdəriːdóʊ | -dəriːdə́ʊ; *F.* ləvedʀido/ *F. n.* 〖演劇〗幕あけ芝居, 開幕劇. 〖(1860) □ F ~ 'curtain raising'〗

léver escàpement *n.* 〖時計〗レバー脱進機《がんぎ車とてんぷとの間にレバー(アンクル)を介在させる一種の分離式脱進機 (detached escapement)》. 〖1838〗

lev·er·et /lév(ə)rɪ̀t/ *n.* 当歳のうさぎ, 子うさぎ. 〖(*a*1425) □ AF ~＝OF *levrete* (F *levrette*) (dim.) ← *levre* (F *lièvre*) hare < L *leporem, lepus*〗

Le·ver·hulme /líːvəhjùːm | -və-/, 1st Viscount **William Hes·keth** /héskɪ̀θ/ *n.* リーヴァヒューム《(1851–1925; 英国の石鹸製造業者・慈善家; 従業員のためにモデル産業都市 Port Sunlight を創設 (1881)》.

Le·ver·ku·sen /léɪvəkùːzən, -zn̩ | -və-; *G.* léːvɐkuːzn̩/ *n.* レーヴァクーゼン《ドイツ西部, North Rhine-Westphalia 州の Rhine 川に臨む都市》.

léver·man /-mən/ *n.* (*pl.* **-men** /-mən, -mèn/) てこ[レバー]を動かす人. 〖1901〗

Le·ver·ri·er /ləvérièɪ; *F.* ləveʀje/, **Ur·bain** /yʀbɛ̃/ **Jean Joseph** *n.* ルベリエ《(1811–77; フランスの天文学者; 海王星の位置を算出してその存在を予言 (1846)》.

léver shèars *n. pl.* 〖機械〗レバーシャー, 押切り《上刃物をレバーで押下げて切る剪断(せんだん)機; 形がワニの口に似ているので alligator shears, crocodile shears ともいう》.

Le·ver·tov /lévətɔ̀(ː)f, -tɑ̀(ː)f | -vətɔ̀f/, **Denise** *n.* レヴァトフ《(1923– ; 英国生まれの米国の詩人》.

léver wàtch *n.* レバー脱進機を用いた時計.

Le·vi /líːvaɪ/ *n.* **1** 《米》ではまた líːvi/ リーバイ, リーヴィ《男性名; 異形 Levy》. **2** 〖聖書〗レビ《Jacob の第 3 子, 母は Leah; レビ人 (Levites) の祖; cf. *Gen.* 29: 34》. **3** レビ族《レビを祖とするイスラエル十二支族の一つ; 祭儀をつかさどる》. **4** ＝Levite. **5** 〖聖書〗＝Matthew². 〖□ Heb. *Lēwī* 《原義》? joining〗

Le·vi /lévi; *It.* lèːvi/, **Pri·mo** /príːmo/ *n.* レーヴィ《(1919–87; イタリア生まれのユダヤ人の作家; 強制収容所から生還, その体験を描いた》.

lev·i·a·ble /léviəbl/ *adj.* **1** 〈税など〉課税しうる, 徴収できる. **2** 〈貨物など〉税金を課しうる, 課税すべき. 〖(1484): ⇨ levy, -able〗

le·vi·a·than /lɪ̀váɪəθən/ *n.* **1** [しばしば L-] 〖聖書〗レビヤタン《水にすむ巨大な怪物で, ワニと考えられる; 時に悪の象徴; cf. *Job* 41: 1–34; *Ps.* 104: 26》. **2 a** 巨大な海魚; (特に)鯨. **b** 巨大なもの; (特に)巨船. **c** 《古》富裕[有力]な人. **3** [L-] 「リバイアサン」《Thomas Hobbes の政治哲学論(1651 年出版)》. **4** 政治国家; (特に)全体主義国家《Leviathan State ともいう》. — *adj.* 巨大な, 膨大な. 〖(*c*1384) □ LL ~ □ Heb. *liwyāthān*: cf. Arab. *lāwā* to twist〗

lev·i·er /léviə | -viə^(r)/ *n.* 課税者, 徴税者. 〖(1494): ⇨ levy, -er¹〗

lev·i·gate /lévəgèɪt | -vɪ̀-/ *vt.* **1** (うすなどに入れて)粉にする; 練る, むらのない糊にする. **2** 《古》磨く, する, 滑らかにする. **3** 〖化学〗洗い分ける, 水簸(すいひ)する (cf. levigation 2). — /-gɪ̀t, -gèɪt/ *adj.* 〖植物〗無毛の, 滑らかな.

lév·i·gà·tor /-gèɪtə | -tə^(r)/ *n.* 〖(1612) ← L *lēvigātus* (p.p.) ← *lēvigāre* to make smooth ← *lēvis* smooth〗

lev·i·ga·tion /lèvəgéɪʃən | -vɪ̀-/ *n.* **1** 粉にすること, 練ること, むらのない糊にすること. **2** 〖化学〗水簸(すいひ)《粉末になったものを水に入れて比重によって沈澱したものを取り出すこと》. **3** 〖鉱山〗＝elutriation 2. 〖(1471) □ L *lēvigātiō(n-)*: ⇨ ↑, -ation〗

Le·vi-Mon·tal·ci·ni /léɪvimɑ̀(ː)ntɑːltʃíːni | -mɔn-; *It.* lèːvimontaltʃíːni/, **Rita** *n.* レビモンタルチーニ《(1909–2012; イタリア生まれの米国の神経学者; Nobel 医学生理学賞 (1986)》.

lev·in /lévɪ̀n | -vɪn/ *n.* 《古・詩》電光. 〖(*c*1250) *leven(e)* lightning ← ? ON: cf. ON *lyvna* lightning〗

Lev·in /lévɪ̀n | -vɪn/, **Meyer** *n.* レヴィン《(1905–81; 米国の小説家》.

lev·i·rate /lévərɪ̀t, líːv-, -rèɪt | líːvɪ̀-, lév-/ *n.* **1** 逆縁のおきて[習わし]《夫が死んで子がないとき, その寡婦を亡夫の兄弟か最近親者が妻にする義務があるとするユダヤの習慣; cf. *Deut.* 25: 5–10》. **2** 〖社会学〗逆縁婚《夫が死亡した際, 妻が夫の兄弟と優先的に結婚すること; cf. sororate》.

lev·i·rat·ic /lèvərǽtɪk, lìːv- | lìːvɪrǽt-, lèv-⁻/ *adj.*

lèv·i·rát·i·cal *adj.* 〖(1725) ← L *lēvir* husband's brother＋-ATE¹〗

Le·vi's /líːvaɪz/ *n.* 〖商標〗リーバイズ《米国 Levi Strauss 製のジーンズ》. 〖(1926) ← *Levi Strauss* (1829?–1902: 米国の衣類製造業者)〗

Lé·vi-Strauss /léɪvistráʊs, lévi- | lévi-; *F.* levistʀoːs/, **Claude** *n.* レヴィストロース《(1908– ; ベルギー生まれのフランスの人類学者; 構造主義 (structurism) の主導者》.

Levit. 《略》 Leviticus.

lev·i·tate /lévətèɪt | -vɪ̀-/ *vi.* (超能力で)空中浮揚する. — *vt.* (超能力で)空中浮揚させる. **lév·i·tà·tor** /-tə | -tə^(r)/ *n.* 〖(1673) ← LEVIT(Y)＋-ATE³: cf. gravitate〗

lev·i·ta·tion /lèvətéɪʃən | -vɪ̀-/ *n.* **1** 空中に浮かぶこと, 浮遊. **2** 空中浮揚《空気より重い物体が超能力で空中に浮くこと》. **~·al** /-ʃnəl, -ʃənl⁻/ *adj.* 〖(1668): ⇨ ↑, -ation〗

Le·vite /líːvaɪt/ *n.* 〖聖書〗レビ (Levi) の子孫, レビ族の人, レビ人《特にユダヤの神殿で祭司を補佐した者》. 〖(*a*1325) □ L *lēvita, lēvītes* □ Gk *leuítēs* ← *Leuí* Levi: ⇨ -ite¹〗

Le·vit·ic /lɪ̀vítɪk | -tɪk/ *adj.* ＝Levitical. 〖(1632) □ LL *leviticus* □ Gk *levitikós* ← *levítes* Levite (↑)〗

Le·vit·i·cal /lɪ̀vítɪ̀kəl, -kl̩ | -tɪ-/ *adj.* **1** レビ人 (Levite) の, レビ族の. **2** 〖聖書〗レビ記 (Leviticus) の; レビ記中の律法の[に定められた]. **~·ly** *adv.* 〖(1535): ⇨ ↑, -al¹〗

Le·vít·i·cìsm /-təsìzm | -tɪ̀-/ *n.* レビ族の信仰・教義・儀式. 〖(1888): ⇨ -ism〗

Le·vit·i·cus /lɪ̀vítɪ̀kəs | -tɪ-/ *n.* (旧約聖書の)レビ記《モーセ五書 (Pentateuch) の第三書; 略 Lev.》. 〖(*c*1384) □ LL *Lēvīticus* □ Gk *Leuitikós* ← *Leuítēs* 'LEVITE'〗

Lev·it·town /lévɪ̀ttaʊn | -vɪt-/ *n.* レビットタウン: **1** 米国 New York 州南東部, Long Island の住宅地. **2** 米国 Pennsylvania 州南東部, Philadelphia 市北東の住宅地.

lev·i·ty /lévəti | -vɪ̀ti/ *n.* **1** 軽率さ, 軽はずみ (thoughtlessness); 軽率な行為, はしゃぎ, 浮かれ気分 (trifling gaiety). **2** 移り気, 気まぐれ; (特に, 女性の)はしたなさ, はしたない行為. **3** 《古》軽いこと, 軽さ. 〖(1564) □ OF *levité* □ L *levitātem* ← *levis* 'LIGHT²'〗

Lev·kás /lɛfkáːs/ *n.* レフカース(島)《ギリシャ西方, Ionian Islands 中の島; 面積 300 km²; Leucas, Leukas ともいう》.

le·vo /líːvoʊ | -vəʊ/ *adj.* ＝levorotatory.

le·vo- /líːvoʊ | -vəʊ/ 次の意味を表す連結形 (↔ dextro-). **1** 左(側)の; 左方へ(偏する): *levo*version. **2** [通例イタリック体で] 〖化学〗左旋回の《記号 (-)-》: *levo*-glucose. ★ 母音の前では通例 lev- になる. 〖← L *laevus* left: cf. Gk *laiós* / Russ. *levo*〗

lèvo·dópa /lìːvoʊ-, lèv- | -və(ʊ)-/ *n.* 〖薬学〗＝L-Dopa. 〖1969〗

lèvo·glúcosan *n.* 〖生化学〗レボグルコサン《グルコースより誘導されるアンヒドロ糖の一つ; *β*-glucosan ともいう; cf. glucosan》.

lèvo·glúcose *n.* 〖化学〗左旋性グルコース (⇨ glucose).

lèvo·gýrate *adj.* ＝levorotatory. 〖(*a*1856) ← LEVO-＋GYRATE〗

lèvo·gý·rous /-dʒáɪrəs | -dʒáɪ(ə)r-/ *adj.* ＝levorotatory.

le·vo·nor·ges·trel /lìːvoʊnɔədʒéstrəl | -vəʊnɔː-/ *n.* 〖薬学〗レボノルゲストレル《経口避妊薬皮下埋め込み式避妊薬として用いられる合成黄体ホルモン》. 〖(1980) ← LEVO-＋*norgestrel* (黄体ホルモン)〗

lèvo·rótary *adj.* ＝levorotatory. 〖(1873) ← LEVO-＋ROTARY〗

lèvo·rotátion *n.* 〖光学・結晶・化学〗左旋(光)性 (↔ dextrorotation). 〖(1882) ← LEVO-＋ROTATION〗

lèvo·rótatory *adj.* 〖光学・結晶・化学〗左旋(光)性の (↔ dextrorotatory).

lev·u·lin /lévjʊlɪ̀n | -lɪn/ *n.* 〖化学〗レビュリン ($C_6H_{10}O_5$)《ヒマワリの塊茎から採れる澱粉に似た無定形化合物》. 〖(1888) ← LEVO-＋-UL(E)＋-IN²〗

lév·u·lin·ic ácid /lèvjʊlínɪk-/ *n.* 〖化学〗レビュリン酸 ($CH_3CO(CH_2)_2COOH$)《吸湿性の酸の一種で, バクテリアの感染から保護するため牛乳缶などの清掃に使う》.

lev·u·lose /lévjʊlòʊs, -lòʊz | -ləʊs/ *n.* 〖化学〗レヴロース, 左旋糖, 果糖《蜜(みつ)・果実などの中にある左旋性の糖分; cf. dextrose》. 〖(1871) ← LEVO-＋-UL(E)＋-OSE²〗

lev·y /lévi/ *n.* **1 a** (税金・罰金などの)徴収, 徴税, (寄付金などの)強制割当て: a capital ~ 資本課税 / a ~ in kind 物品徴税《税金の代わりに物品を徴収するもの》/ *levies on* gasoline ガソリン税 / impose a ~ on …に課税する. **b** (税などの)徴収額, 取立高. **2** 〖軍事〗**a** 召集, 募集, 徴募; 徴募兵数: the ~ in mass＝levy en masse 1. **b** [the levies] 召集軍隊. **c** (下士官兵の)賦課, 賦課下士官兵《必要に応じて, 陸軍の諸部隊からある特技・等級・資格を有する下士官兵を徴集するため, 強制的にその所属を変更すること》.

— *vt.* **1** 〈税などを〉課する, 割り当てる (impose), 徴収する, 取り立てる (collect): ~ contributions 寄付金を割り当てる / ~ tolls 通行税を徴収する / ~ taxes *on* goods 商品に税を課する. **2** 〈兵隊を〉召集する, 募集する, 徴募する (enrol): ~ soldiers, an army, etc. **3** 〈戦争を〉始める (wage): ~ war *upon* [*against*] …に対して兵を挙げる, …と戦争をする. **4** 〖法律〗差し押さえる, 押収する (seize).

— *vi.* **1** 徴税する, 課税する, 金銭を取り立てる. **2** 〖法律〗財産を押収する, 差押えをする: ~ *on* [*upon*] …を差し押さえる.

〖(1227) □ (O)F *levée* ← (fem. p.p.) ← *lever* to raise < L *levāre* ← *levis* 'LIGHT²': cf. levee², lever〗

Lé·vy-Bruhl /léɪvibrúːl; *F.* levibʀyl/, **Lucien** *n.* レヴィブリュール《(1857–1939; フランスの社会学者; 未開社会の神話や精神構造を研究した》.

lévy [levée] en másse *n.* (*pl.* **levies en m-** /~/) **1** 人民武装隊の蜂起《敵軍の侵入に対し, 正規の軍隊に属さない地域住民が自衛のため武器を取って立つこと; levy in mass ともいう》. **2** 国民軍召集, 充員召集. 〖□ F *levée en masse* 'LEVY in MASS¹'〗

Lew /lúː | lúː, ljúː/ *n.* ルー《男性名》. 〖(dim.) ← LEWIS²〗

lewd /lúːd | lúːd, ljúːd/ *adj.* **1** みだらな, 下卑た, 猥褻(わいせつ)な: ~ persons, songs, conduct, language, etc. **2** 《廃》**a** 下劣な, 卑劣な, 劣等な. **b** 無知な, 無学な. **~·ly** *adv.* **~·ness** *n.* 〖ME *leud* vile, ignorant, lay < OE *lǣw(e)de* laical (adj.) ← ?〗

Lew·es /lúːɪ̀s | lúːɪs/ *n.* ルイス《イングランド East Sussex 州の州都; 戦跡 (1264)》. 〖OE *Lǣwe, Lǣwes* (pl.) ← *hlǣw* hill, burial mounds〗

Lew·es /lúːɪ̀s | lúːɪs/, **George Henry** *n.* ルイス《(1817–78; 英国の哲学者・文芸批評家; George Eliot と同棲したことがある》.

lew·is /lúːɪ̀s | lúːɪs/ *n.* 〖石工〗ルイス, くさびボルト, つりくさび《蟻枘(ありほぞ)形の断面をもち, 石材に切った枘と組合わせ大きな石をつり上げる道具》. 〖(1743) ← LEWIS¹ (発明者の名か)〗

Lew·is¹ /lúːɪ̀s | lúːɪs/ *n.* ルイス《男性名; 愛称形 Lew; 異形 Louis》. 〖ME ~ □ OF *Loöïs* 'LOUIS¹'〗

Lewis² *n.* ⇨ Lewis with Harris.

Lewis, Carl *n.* ルイス《(1961– ; 米国の陸上競技の選手(短距離・走り幅跳び)》.

Lewis, C(ecil) Day *n.* ⇨ Day Lewis.

Lewis, C(live) S(ta·ples) /stéɪplz/ *n.* ルイス《(1898–1963; 英国の英文学者・キリスト教作家・童話作家; *Allegory of Love* (1936), *The Screwtape Letters* (1942)》.

Lewis, Edward *n.* ルイス《(1918–2004; 米国の生物学者; Nobel 医学生理学賞 (1995)》.

Lewis, Gilbert Newton *n.* ルイス《(1875–1946; 米国の化学者》.

Lewis, (Harry) Sinclair *n.* ルイス《(1885–1951; 米国の小説家; Nobel 文学賞 (1930); *Main Street* (1920), *Babbitt* (1922)》.

Lewis, Jerry *n.* ルイス《(1926– ; 米国の喜劇俳優》.

Lewis, Jerry Lee *n.* ルイス《(1935– ; 米国のロック歌手・ピアニスト》.

Lewis, John L(lewellyn) *n.* ルイス《(1880–1969; 米国の労働運動指導者》.

Lewis, Matthew Gregory *n.* ルイス《(1775–1818; 英国の小説家・劇作家; 通称 Monk Lewis; *The Monk* (1796)》.

Lewis, Mer·i·weth·er /mérəwèðə | -rɪ̀wèðə^(r)/ *n.* ルイス《(1774–1809; 米国の探検家; W. Clark との西部探検 (1804–06) で有名》.

Lewis, (Percy) Wyn·dham /wíndəm/ *n.* ルイス《(1884–1957; 米国生まれの英国の画家・批評家・小説家; *Tarr* (1918)》.

Léwis ácid *n.* 〖化学〗ルイス酸《ルイスの定義による酸; すなわち結合する相手から電子対を受けて共有結合を作るもの》. 〖(1944) ← *G. N. Lewis*〗

Léwis and Clárk Cáverns *n. pl.* ルイスアンドクラーク洞《米国 Montana 州中部, Bozeman の西南西にある鍾乳洞; 旧名 Morrison Cave》.

Léwis and Clárk Láke *n.* ルイスアンドクラーク湖《米国 South Dakota 州南東部と Nebraska 州北東部の州境にある湖; Gavins Point Dam によって形成された》.

Léwis and Hárris *n.* ＝Lewis with Harris.

Léwis automátic *n.* ＝Lewis gun.

Léwis báse *n.* 〖化学〗ルイス塩基 (Lewis acid). 〖1961〗

léwis bòlt *n.* 〖建築〗くさびボルト, 鬼ボルト《lewis の形をしたボルト》.

Léwis gùn *n.* ルイス式軽機関銃《第一次大戦で最初に使われた空冷式, 回転弾倉つき機銃; Lewis automatic, Lewis machine gun ともいう》. 〖← *Colonel I. N. Lewis* (1858–1931: その発明者)〗

Lew·i·sham /lúːɪ̀ʃəm | lúːɪ-/ *n.* ルイシャム《London の自治区, 中流住宅地》. 〖OE *Lēofsa's hām* ← *Lēofsa* 《短縮》← *Lēofsige* (人名))＋'s¹＋HOME〗

lew·is·ite /lúːɪ̀sàɪt | lúːɪ-/ *n.* 〖化学〗ルイサイト (C_2H_2-

AsCl₃)《糜爛(ﾋﾞﾗﾝ)性毒ガス; 兵器として使われた》. 〖(1919) ← W. Lee Lewis (1878–1943: 米国の化学者)＋-ITE[1]〗

Léwis-Lángmuir thèory *n.* 〔物理・化学〕ルイスラングミュアの理論《原子価の電子を立方体の八隅に配置した原子価理論; cf. octet 4》. 〖← G. N. Lewis & Irwing Langmuir (d. 1957): 共に米国の化学者〗

Léwis machíne gùn *n.* ＝Lewis gun.

Lew·i·sohn /lúːᵻsən, -sn̩, -zən, -zn̩ | lúːɪ-/, **Ludwig** *n.* ルーイソン《(1882–1955; ドイツ生まれの米国の小説家・文芸批評家)》.

lew·is·son /lúːɪsn̩, lúːə- | lúːɪ-, lúɪ-, ljúːɪ-, ljúɪ-/ *n.* ＝lewis. 〖(1842–59) 変形〗

Lew·is·ton /lúːᵻstən | -ɪs-/ *n.* ルーイストン: **1** 米国 Idaho 州西部, Clearwater 川と Snake 川の合流点にある都市. **2** 米国 Maine 州南西部, Portland の北にある商工業都市.

Léwis with Hárris *n.* ルイスウィズハリス《スコットランド北西方, Outer Hebrides 諸島最北端の島; Hebrides 諸島中最大; 面積 2,146 km²; 単に Lewis ともいう》.

lex /léks/ *L. n.* (*pl.* **le·ges** /líːdʒiːz, léɪgeɪs/) 法, 法律. 〖(*c*1775) ▭ L *lēx*〗

lex. 《略》 lexical; lexicon.

Lex·an /léksæn/ *n.* 〔商標〕レキサン《固くて割れにくいポリカーボネート樹脂; ガラス・金属に代わる樹脂として防弾ガラスなどに用いられる》. 〖1956〗

lex·eme /léksiːm/ *n.* 〔言語〕語彙(ｲ)項目, 語彙素《文や句の一部として考えられた単語[形態素]ではなく, これらから抽象され, 語彙目録 (lexicon) の一項目として考えられた単語[形態素]》. **lex·em·ic** /leksíːmɪk/ *adj.* 〖(1940) ← LEX(ICON)＋-EME〗

lexes *n.* lexis の複数形.

lexica *n.* lexicon の複数形.

lex·i·cal /léksᵻkəl, -kl̩ | -sɪ-/ *adj.* **1** (特定の著者または国語の)語彙(ｲ)の. **2** 辞書の, 辞典の, 辞書的な; 辞書編集の. **3** 〔文法〕(文法的, 統語的とは区別された意味での)辞書的な (cf. grammatical): a ～ category 語彙範疇 / a ～ item 辞書項目《文法構造の一要素としてではなく語彙目録 (lexicon) の一項目として見た場合の単語》. **～·ly** *adv.* **lex·i·cal·i·ty** /lèksᵻkǽləti | -sᵻkǽlᵻti/ *n.* 〖(1836) ← LEXIC(ON)＋-AL[1]〗

léxical decísion tàsk *n.* 〔心理〕単語決定課題《一連の文字を単語かどうかを瞬時に判断する実験》.

léxical insértion *n.* 〔生成文法〕語彙(ｲ)挿入《文の派生において句構造標識に実際の形態素を挿入すること》.

léxical méaning *n.* 〔言語〕辞書的意味《文法的形式や変化にかかわりない語そのものの本質的意味; 例えば go, goes, went, gone, going に共通な基本的意味; cf. grammatical meaning, class meaning, linguistic meaning》. 〖1933〗

léxical órder *n.* 辞書式順序《辞書の見出しなどの項目を並べる際の順序》.

léxical pronunciátion *n.* 〔音声〕辞書的発音《会話の場合のように数語連続して発音されるのでなく, 一語だけ切り離した発音》.

lex·i·co- /léksəkoʊ | -sɪkəʊ/「辞書語彙(ｲ) (lexicon)」の意の連結形. 〖← LEXICON〗

lexicog. 《略》 lexicographical; lexicography.

lex·i·cog·ra·pher /lèksᵻkɑ́(ː)grəfə | -kɔ́grəfə(r)/ *n.* 辞書編集者. 〖(1658) ← F *lexicographe* lexicographer ▭ LGk *lexikográphos* (⇨ lexicon, -graph)＋-ER[1]〗

lex·i·co·graph·ic /lèksᵻkoʊgrǽfɪk, -kə- | -kə(ʊ)-⁻/ *adj.* ＝lexicographical. 〖1716〗

lex·i·co·graph·i·cal /lèksᵻkoʊgrǽfᵻkəl, -kl̩ | -kə(ʊ)grǽfɪ-⁻/ *adj.* 辞書編集(上)の. **～·ly** *adv.* 〖(1791): ⇨ ↑, -al[1]〗

lèx·i·cóg·ra·phist /-fᵻst | -fɪst/ *n.* ＝lexicographer. 〖1834–43〗

lex·i·cog·ra·phy /lèksᵻkɑ́(ː)grəfi | -kɔ́g-/ *n.* **1** 辞書編集. **2** 辞書編纂[集]法; 辞書学. 〖(1680) ← LEXICO-＋-GRAPHY〗

lèx·i·cól·o·gist /-dʒᵻst | -dʒɪst/ *n.* 語彙(ｲ)研究者, 語義学者. 〖(1882): ⇨ ↓, -ist〗

lex·i·col·o·gy /lèksᵻkɑ́(ː)lədʒi | -kɔ́l-/ *n.* 語彙(ｲ)目録論, 語彙[語義]論《言語学の一部門; 語形・語義およびその歴史を取り扱う》. **lex·i·co·log·i·cal** /lèksᵻkoʊlɑ́(ː)dʒᵻkəl, -kə-, -kl̩ | -kə(ʊ)lɔ́dʒɪ-⁻/ *adj.* **lèx·i·co·lóg·i·cal·ly** *adv.* 〖(1828) ▭ F *lexicologie*: ⇨ lexico-, -logy〗

lex·i·con /léksəkɑ̀(ː)n, -sᵻkən | -sᵻkən, -kɔ̀n/ *n.* (*pl.* **-i·ca** /-kə/, ～s) **1** (ギリシャ語・ヘブライ語・ラテン語などの古典語の)辞書, 辞典 (⇨ glossary SYN). **2** (特定の題目・分野の)語彙(ｲ); 語集: a ～ of painting. **3** 目録, 記録. **4** 〔言語〕(一言語の)語彙[形態素]目録. 〖(1603) ← NL ～ ← Gk *lexikón* (neut.) ← *lexikós* of or for words ← *léxis* speech, diction ← *légein* to speak: ⇨ lecture〗

lèxico·statístics *n.* 〔言語〕語彙(ｲ)統計学 (cf. glottochronology). 〖(1956) ← LEXICO-＋STATISTICS〗

lex·i·gram /léksᵻgræ̀m | -sɪ-/ *n.* レクシグラム, 単語文字《単一語(の意味)を表す図形[記号]》. 〖(1973) ← Gk *lexis* word＋-GRAM〗

lex·ig·ra·phy /lɛksígrəfi/ *n.* (漢字のような)一字一語法. 〖(1828–32) ← Gk *léxis* (⇨ lexicon)＋-GRAPHY〗

Lex·ing·ton /léksɪŋtən/ *n.* レキシントン: **1** 米国 Massachusetts 州東部, Boston の北西方の都市; 独立戦争の最初の戦闘が Concord とここで行われた (1775 年 4 月 19 日). **2** 米国 Kentucky 州北部の都市. 〖← Robert Sutton, 2nd Baron of Lexington (1661–1723)〗

lex·is /léksᵻs | -sɪs/ *n.* (*pl.* **lex·es** /-siːz/) 〔言語〕 **1** 〔英〕(ある言語・分野などの)語彙(ｲ) (cf. lexicon 4). **2** レクシス, 語彙論. 〖(1950): ⇨ lexicon〗

léx lóci /léks-/ *L.n.* その地方の法律; 〔法律〕場所の法; 契約地法. 〖(1832) ▭ L *lēx locī* local law, the law of a place: ⇨ locus〗

léx mer·ca·tó·ri·a /-mə̀ːkətɔ́ːriə | -mɜ̀ː-/ *L. n.* 〔法律〕商法, 商慣習法. 〖▭ L *lēx mercātōria* law of merchants: ⇨ merchant〗

léx non scríp·ta /-nɑ(ː)nskríptə, -noʊn- | -nɒn-/ *L. n.* 〔法律〕不文律, 不文法, 慣習法. 〖▭ L *lēx nōn scrīpta* law not written〗

léx scríp·ta /-skríptə/ *L. n.* 〔法律〕成文律, 成文法. 〖▭ L *lēx scrīpta* written law: ⇨ script〗

léx ta·li·ó·nis /-tæ̀lióʊnᵻs | -óʊnɪs/ *L. n.* 〔法律〕(目には目を, 歯には歯をという)同害復讐(ﾌｸｼｭｳ)法, 同罪刑法《talion ともいう》. 〖(1597) ▭ L *lēx tāliōnis*: ⇨ lex, -talion〗

Lex·us /léksəs/ *n.* 〔商標〕レクサス《トヨタの高級車; 日本名ウィンダム》.

ley[1] /léɪ, líː/ *n.* **1** (耕地で栽培された)牧草の収穫(高). **2** 《詩・古》＝lea[1]. **3** レイライン《先史時代の遺跡を結ぶとされている道; ley line ともいう》. 〖(1922) 《変形》← LEA[1]〗

ley[2] /léɪ/ *n.* ＝leu 1.

Ley·den /láɪdn̩/ *n.* **1** ＝Leiden. **2** ライデン(チーズ)《オランダ産の Edam に似たチーズで, しばしば caraway, clove などの香料を入れる》.

Leyden, Lucas van *n.* ⇨ Lucas van Leyden.

Léyden jár [víal] *n.* 〔電気〕ライデン瓶《1745 年ごろオランダの Leiden 大学で発明された蓄電器の一種》. 〖1825〗

Léy·dig cèll /láɪdɪg-; *G.* láɪdɪç/ *n.* 〔解剖〕ライディヒ細胞《睾丸(ｺｳｶﾞﾝ)の間質細胞; 男性ホルモンを分泌》. 〖(1904) ← Franz von Leydig (1821–1908: ドイツの解剖学者)〗

léy fàrming *n.* (穀草類と牧草を交互に輪作する)穀草式輪作農法.

Ley·land /léɪlənd/ *n.* レイランド《英国中西部 Lancashire 州 Preston の南方にある町》.

Léyland cỳpress *n.* 〔植物〕レイランドヒノキ (*Cupressocyparis leylandii*)《生長の速い交配種のヒノキ; 生垣公園樹として広く植栽される》. 〖(1926) ← Christopher J. Leyland (1849–1926: 英国の園芸家)〗

ley·lan·di·i /leɪdǽndiàɪ/ *n.* (*pl.* ～) 〔植物〕レイランディー (Leyland cypress の別名). 〖↑〗

léy lìne *n.* ＝ley[1] 3. 〖1972〗

Ley·te /léɪṭi | -ti/ *n.* レイテ(島)《フィリピン諸島中央部の島; 面積 7,213 km²》.

Léyte Gúlf /léɪteɪ-/ *n.* レイテ湾《フィリピン東部, Leyte 島の東にある, 太平洋戦争末期 (1944) の日米激戦の地》.

Ley·ton /léɪtn̩/ *n.* レイトン《イングランド Greater London の一部》. 〖OE *Lygetūn* 《原義》 village on the river *Lea* (《原義》? the river of the god Lugus): ⇨ -ton〗

lez /léz/ *n.* 《俗・軽蔑》女性の同性愛者, レズ《lezzie, lezzy ともいう》. 〖(1972) 《変形》← *les* 《短縮》← *lesbian*〗

léze májesty /líːz-/ *n.* 〔法律〕＝lese majesty 1. 〖1536〗

lf 《略》〔活字〕lightface.

lf, l.f. 《略》〔野球〕left field(er); left forward.

l.f. 《略》 leaf; leaflet; ledger folio.

LF 《略》〔電気〕low frequency (cf. HF). 〖1922〗

Ĺ-fòrm /él-/ *n.* 〔菌類〕L 型《特に劣悪な環境下に現れる, マイコプラズマ (mycoplasma) に似たバクテリアの一形態》. 〖1973〗

lg, l.g. 《略》〔アメフト〕left guard センター左側位置ラインマンの名称.

LG 《略》 Life Guards; Low German.

lg. 《略》 large; long.

lge 《略》 large; lounge.

LGer 《略》 Low German; Low Germanic.

LGk 《略》 Late Greek.

l-glùcose /él-/ *n.* 〔化学〕＝levoglucose. 〖← L(EVOROTATORY)〗

LGr 《略》 Late Greek.

lgth 《略》 length.

LGV 《略》〔英〕 large goods vehicle 大型貨物自動車.

lh, l.h. 《略》〔アメフト〕left halfback レフトハーフバック (FB の左側位置バックの名称).

LH 《略》 Lufthansa German Airlines.

LH, l.h. 《略》〔音楽〕left hand 左手(使用) (cf. RH).

LH 《記号》 lighthouse; lower half; 〔生化学〕luteinizing hormone.

LHA 《略》 Local Health Authority.

Lha·sa /lɑ́ːsə, lǽsə/ *n.* ラサ《中国チベット自治区中部にある同区の区都; かつてラマ教の聖都; 標高 3,660 m》. 〖(1904) ▭ Tibetan ～〗

Lhása ápso, L- A- /-ǽpsoʊ, -ɑ́ːp- | -ǽpsəʊ/ *n.* ラサアプソ《チベット原産のライオンのようなたてがみ状の長毛をもつ小さなイヌ; 番犬》. 〖(1935) *apso*: ▭ Tibetan ～ 'terrier'〗

lhb 《略》〔アメフト〕left halfback.

LHD 《略》 *L.* Litterārum Humāniōrum Doctor *or* In Litteris Humāniōribus Doctor (＝Doctor of Humanities; Doctor of Human Letters).

l.h.d. 《略》 left-hand drive.

LHeb 《略》 Late Hebrew.

Ĺ-hèad èngine *n.* 〔機械〕L 頭機関《L 形シリンダーを有する機関》.

L'Hos·pi·tál's rúle /lòʊpətǽlz- | lɒ̀ʊpᵻ̀-; *F.* lɔpital, lo-/ *n.* 〔数学〕ロピタルの法則《$f(x)$ も $g(x)$ も 0 (あるいは ∞) に近づくとき, $f(x)/g(x)$ の極限は $f'(x)/g'(x)$ の極限に等しいという法則》. 〖← Guillaume F. A. de L'Hospital (1661–1704: フランスの数学者)〗

Lho·tse /lòʊtséɪ | lǽʊtsi/ *n.* ローツェ(山)《チベットとネパールにまたがる世界第 4 位の山 (8,511 m)》.

LHRH 《略》 luteinizing hormone-releasing hormone. 〖1971〗

LHT 《略》〔英古〕Lord High Treasurer 大蔵大臣.

li /líː; *Chin.* lǐ/ *n.* (*pl.* ～, ～s) 里(ﾘｰ)《中国の距離の単位, 約 500 メートル》. 〖(1588) ▭ Chin. ～ (里)〗

li 《略》〔測量〕link(s); lira, lire.

li 《記号》 Liechtenstein (URL ドメイン名).

Li 《記号》〔化学〕lithium.

LI 《略》〔英〕〔軍事〕Light Infantry; Long Island.

l.i. 《略》 letter of introduction; longitudinal interval.

li·a·bil·i·ty /làɪəbíləṭi | -lᵻti/ *n.* **1** 責任のあること, 責を負うべきこと; 責任, 責, 負担, 義務: limited [unlimited] ～ 〔英〕有[無]限責任 / a limited ～ company 〔英〕＝limited company / ～ for damages 損害賠償の責任 / ～ *to* pay taxes 納税の義務. **2** 支払うべき金額, 責任額, 負担額; [*pl.*] 負債, 借金, 債務 (cf. asset 2): assets and *liabilities* 資産と負債. **3** 〔…の〕傾向があること, 〔…に〕かかり[陥り]やすいこと〔*to*〕: ～ *to* disease 病気になりやすいこと / one's ～ *to* error 誤りやすいこと. **4** 不利(な点) (cf. asset 1): Poor handwriting is a ～ in getting a job. 字が下手なのは就職するのに不利だ. 〖(1794–1809) ← LIABLE＋-ITY〗

liabílity insùrance *n.* 〔保険〕責任保険《被保険者が損害賠償責任を負担することによってこうむる損害を填補(ﾃﾝﾎﾟ)する保険》.

liabílity lìmit *n.* 〔保険〕《保険者が負担する》損害填補(ﾃﾝﾎﾟ)責任の限度.

li·a·ble /láɪəbl̩/ *adj.* [叙述的] **1 a** 〔…に対して〕(法律上)責を負うべき, 責任ある〔*for*〕; 〈…する〉責任[債務]のある〈*to* do〉: You are ～ *for* his debts [*to* pay his debts]. あなたは彼の借財を払う義務がある / The surety is ～ *for* the debt of his principal. 保証人は本人の負債を返済する義務がある / The Post Office Department is not ～ *for* this damage. 郵政省はこの損害に対しては賠償の義務を負わない. **b** 充当される, 差し押さえられる: His estate will be ～ *to* pay his debts. 彼の不動産はすべて負債の返済に充当されるだろう. **2 a** 〔…に〕(法律上)服すべき, 処せられるべき, 〔…を〕受けるべき〔*to*〕: Citizens are ～ *to* jury duty [military service]. 国民は陪審[兵役]の義務に服すべきである / If you disobey this law, you will make yourself ～ *to* arrest [a heavy fine]. この法律を犯すと逮捕される[重い罰金を課される]ことになる. **b** 〔病気などを〕免れない, 〔批判などを〕受けやすい〔*to*〕: We are all ～ *to* diseases. 我々はだれでも病気を免れない / He is ～ *to* contempt [severe criticism]. 彼は人から軽蔑され[批判を受け]やすい. **3** 《米》ではまた láɪbl̩/ [*to* do を伴って] **a** …しがちで, とかく…しやすい (⇨ apt SYN): I am ～ *to* catch (a) cold. 私は風邪をひきやすい / An angry man is ～ *to* say more than he means. だれでも腹を立てると言わなくてもいいことまで言ってしまうものだ / Difficulties are ～ *to* occur. 面倒なことは起こりがちだ. **b** 《米口語》…しそうな: At this rate we are ～ *to* win the award. この調子でいくと賞をもらえそうだ / I am ～ *to* go to the ball game tomorrow. あしたは野球の試合に行けそうだ. **4** 《廃》〔…に〕ふさわしい (suitable). **～·ness** *n.* 〖(1450) ▭ AF *liable ← (O)F *lier* to bind < L *ligāre* (⇨ ligature): ⇨ -able〗

L

li·aise /liéɪz/ *vi.* 〔英口語〕 **1** 〔…と〕連絡をつける[保つ]〔*with*〕: ～ closely *with* the head office 本社と密接に連絡を取る. **2** 連絡将校 (liaison officer) を務める. 〖(1928) 《逆成》← *liaison* (*officer*)〗

li·ai·son /líːəzɑ̀(ː)n, liéɪzɑ(ː)n, -zən, -zn̩ | liéɪzən, -zn̩, -zɔn, -zɔ̃ː(ŋ), -zɔːŋ; *F.* ljɛzɔ̃/ ★ 軍隊では常に /liéɪzɑ(ː)n, -zən, -zn̩ | -zən, -zn̩/ と発音される. *n.* **1 a** 〔軍事〕(各部隊・兵種・同盟軍間の)連絡. **b** (各部門・組織間の)連絡; (特に不正な組織などの)連絡係[員]. **2** (男女間の)私通, 密通: have a ～ *with* a woman 女性と密通する. **3** 〔音声〕リエゾン, 連結, 連声(ﾚﾝｼﾞｮｳ)《特に, フランス語で語尾が黙子音で終わり次の語が母音または無音の h で始まるときに, その子音と母音とを連結して発音すること; 英語で r 音を次の語の語頭の母音と結合すること; cf. sandhi, linking r》. **4** 〔料理〕つなぎ《スープ・ソースなどに濃度をつけるもの; 例えば卵黄・小麦粉・コーンスターチ・バターなど》. 〖(*a*1648) ▭ F ～ ← *lier* (⇨ liable)＋-*aison* '-ATION'〗

liáison òfficer *n.* **1** 〔軍事〕連絡将校《他の部隊や機関などに派遣されて連絡の任に当たる》. **2** 《NZ》(大学の)資格認可制度の担当者. 〖1915〗

Liá·kou·ra /*Mod.Gk.* ljákura/ *n.* リアクラ(山)《Parnassus の現代ギリシャ語名》.

Li·am /líːəm/ *n.* リアム《男性名》. 〖《アイル》～ 'William'〗

li·a·na /liɑ́ːnə, -ǽnə | -ɑ́ːnə/ *n.* (*also* **li·ane** /-ɑ́ːn, -ǽn | -ɑ́ːn/) 〔植物〕つる植物, 蔓(ﾂﾙ)生植物 (cf. guild 3). **li·a·noid** /liɑ́ːnɔɪd, -ǽn- | -ɑ́ːn-/ *adj.* 〖(1833) ▭ F *liane* ← (i) ? *lier* to bind < L *ligāre* ∥ (ii) 《変形》← ? *viorne* < L VIBURNUM〗

liang /liɑ́ːŋ, liǽŋ | liǽŋ; *Chin.* liǎŋ/ *n.* (*pl.* ～, ～s) 両(ﾘｬﾝ)《中国の重量単位; 1/16 斤 (catty); 現在は 1/10 斤 (＝50g)》. 〖(1827) ▭ Chin. ～ (両)〗

Liang /liɑ́ːŋ; *Chin.* liáŋ/ *n.* 梁(ﾘｬﾝ)《中国の二つの王朝; 南北朝時代の南朝の一つ (502–557) と後梁 (907–923)》.

Lian·yun·gang /liɛ́njùːŋgǽŋ; *Chin.* liɛ́nýnkǎŋ/ *n.* 連雲港(ﾚﾝｳﾝｺｳ)《中国江蘇省 (Jiangsu) 北部の港市》.

Liao /liáʊ; *Chin.* liáu/ *n.* **1** 遼(ﾘｮｳ)《中国王朝 (916–1125)》. **2** =Liao He.

Liao·dong /lìaʊdúŋ; *Chin.* liáutūŋ/ *n.* 遼東(ﾘｮｳﾄｳ)(半島)《中国北東部の半島で, 黄海に突き出る; この半島の西側が Gulf of Liaodong (遼東湾)》.

Liao He /lìaʊhóʊ | -hə́ʊ; *Chin.* liáuxɤ́/ *n.* [the ～] 遼河(ﾘｮｳｶﾞ)《中国北東部の川; 遼東湾に注ぐ; 1,430 km》.

Liao·ning /lìaʊníŋ; *Chin.* liáuníŋ/ *n.* 遼寧(ﾘｮｳﾈｲ)省《中国北東部の黄海と渤海に臨む省; 面積 230,000 km²; 省都瀋陽 (Shenyang)》.

Liao·tung /lìaʊdúŋ, -túŋ/ *n.* =Liaodong.

Liao·yang /lìaʊjáːŋ; *Chin.* liáuiáŋ/ *n.* 遼陽(ﾘｮｳﾖｳ)《中国遼寧省 (Liaoning) 中部の都市》.

Liao·yuan /lìaʊjuáːn; *Chin.* liáuyɛ́n/ *n.* 遼源(ﾘｮｳｹﾞﾝ)《中国吉林省 (Jilin) 西部の工業都市; 遼河 (Liao He) に臨む》.

li·ar /láɪə | láɪə(r)/ *n.* うそつき: You're a ～. うそを言え(そんなことがあるか) / Show me a ～, and I will show you a thief. 《諺》うそつきを示せば泥棒がだれだか教えよう (cf. 「うそつきは泥棒の始まり」). 日英比較 英語の *liar* や lie には極めて激しい非難や侮蔑の感情が含まれている. 日本語の軽い「うそ」や「うそつき」に当たるのは fib あるいは fibber. また相手に「うそでしょう」などというときの英語は You're kidding! 〖ME *lier* < OE *lēogere*: ⇨ lie², -ar²〗

li·ard /liáə | -áːd; *F.* ljaːʀ/ *n.* リヤール《旧硬貨; フランスをはじめヨーロッパ諸国で使われた》. 〖(1542) □ F; *liard* adj. 'grey' の名詞用法〗

Li·ard /líːɑəd, liáəd | líːɑːd, liáːd/ *n.* [the ～] リアード(川)《カナダ西部の川; Yukon 州南東部に発し, Mackenzie 川に注ぐ (885 km)》.

líar díce *n.* ライアーダイス《強気を見せるため, 相手にさいころを見せずに投げるポーカーダイス (poker dice) の一種》. 〖1946〗

líar pàradox *n.* 〖論理〗うそつきの逆説《この陳述はうそであるという陳述自体に含まれる逆説; 陳述が真実であればうそ, またもしうそであれば真実ということになる》. 〖1959〗

L **líar's díce** *n.* =liar dice.

Li·as /láɪəs/ *n.* **1** 〖地質〗ライアス統, 黒ジュラ統《ジュラ系の最下層》. **2** [l-] 〖鉱物〗(英国南西部地方産の)青色石灰岩 (blue limestone). — *adj.* 〖地質〗ライアス[黒ジュラ]統の. **Li·as·sic** /laɪǽsɪk/ *adj.* 〖(1404) □ OF *liois* (F *liais*) hard limestone ← ? *lie* 'LEE²'〗

li·at·ris /laɪǽtrɪ̨s | -trɪs/ *n.* 〖植物〗リアトリス《リアトリス属 (*Liatris*) の多年草の総称; 北米原産キク科》. 〖(1811) ← NL ～ ← ?〗

lib /líb/ *n.* 《口語》(女性などの)解放運動 (liberation): women's ～ ウーマンリブ. 〖1970〗

lib. 《略》*L.* liber (=book); liberation; liberty; librarian; library; libretto.

Lib. 《略》Liberal (Party); Liberia; Libya.

Li Bai /*Chin.* lǐpái/ *n.* 李白(ﾘﾊｸ)《701?–762; 中国唐代の詩人; 字は太白 (Taibai, Taibo)》.

li·ba·tion /laɪbéɪʃən | laɪ-, lɪ-/ *n.* **1** 献酒《神にささげるときには器からぶどう酒を地面または いけにえに注ぐ》; 神酒; 祝い酒を飲むこと. **2** 《戯言》おみき, 酒; 飲酒. **～·al** *adj.* **～·ar·y** /-ʃənèri | -ʃ(ə)nəri/ *adj.* 〖(*c*1384) □ L *libātiō(n-)* drink-offering ← *libātus* (p.p.) ← *libāre* to pour out〗

Li·bau /*G.* líːbaʊ/ *n.* リーバウ《Liepāja のドイツ語名》.

Li·ba·va /*Russ.* lʲibávə/ *n.* リバヴァ《Liepāja のロシア語名》.

lib·ber /líbə | -bə(r)/ *n.* 《口語》男女同権論者: a women's ～ ウーマンリブの人. 〖(1971) 《短縮》← LIBERATIONIST〗

Lib·by /líbi/ *n.* リビー《女性名》. 〖(dim.) ← ELIZABETH²〗

Lib·by /líbi/, **W**(**illard**) **F**(**rank**) *n.* リビー《1908–80; 米国の化学者; Nobel 化学賞 (1960)》.

lib. cat. 《略》library catalogue.

Lib Dem /líbdém/ *n.* 《英》=Liberal Democrat.

Lib Dems /líbdémz/ *n. pl.* 《英》=Liberal Democrats.

li·bec·ci·o /lɪ̨bétʃiòʊ, -tʃoʊ | lɪbétʃiəʊ; *It.* libéttʃo/ *It. n.* (*also* **li·bec·chio** /-békioʊ | -kiəʊ; It. -békkjo/) (*pl.* ～s) (イタリア, 特に Corsica 北部で吹く)南西風. 〖(1667) □ It. ～ ← L *libs* the southwest wind □ Gk *líps*〗

li·bel /láɪbəl, -bl/ *n.* **1** 〖法律〗文書名誉棄損《文字・絵画などによる侮辱》; (文書による)名誉棄損罪 (cf. slander 3): sue a magazine for ～ 文書名誉棄損(罪)で雑誌を訴える. **2** 名誉を棄損する文書, 中傷文: publish a ～ *against* …に対する名誉を棄損する文を公にする. **3** 〔…の〕侮辱[不名誉]となるもの, 侮辱〔*on*〕: This book [play] is a ～ *on* human nature. この書物[劇]は人間性を侮辱するものだ / This photograph is a ～ *on* her. この写真では彼女が泣く. **4** 〖海法・教会法〗(海事裁判所・教会裁判所における)原告の申し立て; 原告による正式な申立書.
— *v.* (**li·beled, -belled; -bel·ing, -bel·ling** /-b(ə)lɪŋ/) — *vt.* **1** …の名誉を棄損する, そしる, 中傷する; …の名誉を棄損する文書を公にする. **2** 〈人の品性・能力・容貌(ﾖｳﾎﾞｳ)などを〉十分に表現していない, ひどく不正確に表現する. **3** 〖法律〗〈教会裁判所・海事裁判所〉へ訴えを申し立てる. — *vi.* 中傷する〔*against, on*〕.
〖(*c*1300) □ OF ～ (F *libelle*) // L *libellus* little book, document, libel (dim.) ← *liber* book: ⇨ library〗

li·bel·ant /láɪbələnt, -bl-/ *n.* 〖法律〗**1** (教会裁判所・海事裁判所における)出訴人, 告訴人, 原告. **2** =libeler. 〖(1726): ⇨ ↑, -ant〗

li·bel·ee /làɪbəlíː, -bl-/ *n.* 〖法律〗(教会・裁判所・海事裁判所における)被告 (defendant), 被申立人. 〖← LIBEL + -EE¹〗

lí·bel·er /-b(ə)lə, -blə | -b(ə)lə(r), -bl-/ *n.* 〖法律〗他人の名誉を棄損する者, 中傷者.

lí·bel·ist /-b(ə)lɪ̨st, -bl- | -b(ə)lɪst, -bl-/ *n.* =libeler.

li·bel·lant /láɪbələnt, -bl-/ *n.* =libelant.

li·bel·lee /làɪbəlíː, -bl-/ *n.* =libelee. 〖1856〗

lí·bel·ler /-b(ə)lə, -blə | -b(ə)lə(r), -bl-/ *n.* =libeler. 〖1589〗

lí·bel·list /-b(ə)lɪ̨st, -bl- | -b(ə)lɪst, -bl-/ *n.* =libelist. 〖1794〗

li·bel·lous /láɪb(ə)ləs, -bl-/ *adj.* =libelous. 〖1619〗

li·bel·ous /láɪb(ə)ləs, -bl-/ *adj.* **1** 〈陳述など〉名誉棄損の, 中傷的な: a ～ pen 毒筆. **2** 〈人が〉好んで人を中傷する. **～·ly** *adv.* 〖(1619) ← LIBEL + -OUS〗

li·ber¹ /láɪbə | -bə(r)/ *n.* (*pl.* **li·bri** /láɪbri, líb-/, ～s) 〖植物〗靱皮(ｼﾞﾝﾋﾟ)部 (phloem).

li·ber² *n.* /láɪbə, líbeə | láɪbə(r)/ 書物; (特に, 証書遺言状などの)公文書. 〖□ L ～: ⇨ library〗

Li·be·ra /líːbərà:/ *n.* 〖カトリック〗リベラ《死者ミサ・埋葬式に唱えられる》. 〖(*c*1903) □ L *liberā* (応答聖歌の冒頭の語) (imper.) ← *liberāre* to set free: ↓〗

Lib·er·a·ce /lìbəráːtʃi/, **Wla·dziu** /wláːdzjuː/ **Valentino** *n.* リベラーチェ《1919–87; 米国のピアニスト・エンタテイナー》.

lib·er·al /líb(ə)rəl/ *adj.* **1** 寛大な, 度量の大きい, 鷹揚(ｵｳﾖｳ)な, 偏見にとらわれない, 凝り固まっていない; 慣習に縛られない: a ～ attitude toward religion 宗教に対する寛大な態度 / a person of ～ views 偏見にとらわれない考えの広い人 / be ～ *in* one's outlook 物の見方が偏狭でない. **2 a** 厳格でない, 厳しくない: a ～ attitude toward one's children 子供に対しての甘い態度. **b** 字義にとらわれない, 自由な (free) (↔ literal): a ～ translation 自由訳. **3 a** 〈教育が〉紳士たるに適当な, 一般教育の (cf. technical 2): ⇨ liberal arts, liberal education. **b** 自由人の, 自由人にふさわしい. **4 a** 自由主義の《教会や国家などの伝統的権威に対し個人の自由を尊重する主義, 政治上では特に君主制・貴族制に対し民主的代議制を主張する主義にいう; cf. conservative 1 a》. ★ 古くは「自由市場支持(派)の」を意味したが最近では「中道左派の, 進歩的な」の意: Try not to use the L-word [=liberal] during the campaign. 選挙期間中は中道左派の言葉を用いないようにせよ. **b** [通例 L-] (英国・カナダの)自由党の (cf. conservative 1 b, labor 2). **5 a** 気前よく与える, 気前のよい, 大まかな; 〔…を〕惜しまない, けちけちしない〔*with, in*〕: a ～ giver 気前よく人に物をやる人 / be ～ *with* one's money 金離れがいい / be ～ praise [tips, tipping] よく人をほめる[チップをはずむ] / be ～ *in* one's bestowal of praise [compliments] 賞賛[賛辞]を惜しまない. **b** 気前よく与えられた, たくさんの, たっぷりある, 豊富な: a ～ donation 気前のよい[たくさんの]寄贈 / a ～ flow [supply] of water 洋々たる水の流れ[たっぷりの給水]. **c** 大きな, ふっくらした. **6** 《廃》身持ちの悪い, 放縦な.
— *n.* **1 a** [通例 L-] (カナダの)自由党員. **b** (政治・宗教上の)自由主義者 (⇨ liberalist 日英比較): economic ～s 経済上の自由主義者《古》/ political ～s 政治上の自由主義者 / Will the *Liberal* Democrats win (in) Brighton? 自民党がブライトンで勝つだろうか. **2** 慣習[伝統]に縛られない人, 偏見にとらわれない人.
～·ness *n.* 〖(?*a*1350) □ (O)F *libéral* □ L *liberālis* pertaining to a free man ← *liber* free < IE **leudheros* (Gk *eleútheros*) ← **leudh-* to grow; people〗

líberal árts *n. pl.* **1** 〖教育〗自由七科, 教養七学科《中世における教育の主要な学科で, 文法・論理・修辞の三科 (trivium) と算術・幾何・音楽・天文学の四科 (quadrivium) の総称》. **2 a** =humanity 3 b. **b** (近代以降の大学の)一般教育科目《専門科目に対して一般的知識を与え, 広く知的能力を発展させる目的の語学・自然科学・哲学・歴史・芸術・社会科学などを指す》. 〖(*a*1398)《なぞり》← L *artēs liberālēs* arts of freemen: ローマ時代に *liberi* 「自由民」だけが習得を許された学芸〗

Líberal Consérvative *n.* 〖政治〗自由主義的保守党員《自由主義に傾いている保守党員》.

Líberal Démocrat *n.* 《英》自由民主党員 (略 Lib Dem). — *adj.* 自由民主党の. 〖1989〗

Líberal Démocrats *n. pl.* [the ～] 《英》自由民主党《Social and Liberal Party の通称; 略 Lib Dems》.

líberal educátion *n.* 一般教養教育, 自由教育, 高等普通教育《専門的教育または職業教育に対して人格教育に重きを置く; cf. general education》.

lib·er·al·ism /líb(ə)rəlìzm/ *n.* **1** (行動・態度など)寛大であること, 鷹揚(ｵｳﾖｳ)であること; 厳しくないこと: treat one's children with ～ 子供を甘く扱う. **2 a** (政治思想上の)自由主義《個人の自由権と議会主義の擁護と進展を唱える立場; cf. totalitarianism 1 a》. **b** (経済上の)自由主義《個人の経済活動の自由, 特に政府統制からの自由, 自由貿易を唱える立場》. **c** [しばしば L-] (キリスト教の)自由主義運動《キリスト教の精神的・倫理的内容と知的自由を強調するプロテスタント内の運動》. **3** [L-] (英国・カナダの)自由党の政策. 〖(1819): ⇨ -ism〗

lib·er·al·ist /-lɪ̨st | -lɪst/ *n.* (政治・宗教上の)自由主義者 (liberal). 日英比較 日本語の「リベラリスト」に当たる英語は liberal が普通. *liberalist* の使用頻度は低い.
— *adj.* 自由主義的な. 〖(1802–12): ⇨ -ist〗

lib·er·al·is·tic /lìb(ə)rəlístɪk←/ *adj.* 自由主義的な. 〖(1836): ⇨ ↑, -ic¹〗

lib·er·al·i·ty /lìbərǽləṭi | -lɪ̨ti/ *n.* **1** 心[度量]の大きいこと, 寛大 (broad-mindedness); 公正〔*of*〕: ～ *of* outlook 物を見る目のおおらかさ. **2** 気前のよさ, 物惜しみしないこと, 金離れのよさ (generosity)〔*with, in, to*〕: ～ *with* one's money 金離れのよさ / ～ *to* one's friend 友人に対する気前よさ. **3** 寛大な施し(物), 贈り物 (gift). **4** (体が)大きいこと, 豊満. **5** =liberalism. 〖(?*c*1350) □ (O)F *libéralité*: ⇨ liberal, -ity〗

lib·er·al·ize /líb(ə)rəlàɪz/ *vt.* **1** 自由主義化する. **2** 〈心を〉大きくさせる, 寛大にならせる: ～ the mind. **3** 〈規則・法令などを〉ゆるやかにする, 緩和する; …の統制を解除する, 自由化する (decontrol): ～ divorce and abortion laws 離婚法と堕胎法を緩和する / ～ foreign trade 外国貿易を自由化する. — *vi.* 自由主義になる; 寛大になる.

lib·er·al·i·za·tion /lìb(ə)rəlɪ̨zéɪʃən | -laɪ-, -lɪ-/ *n.*

líb·er·al·ì·zer *n.* 〖(1774): ⇨ -ize〗

Líberal Júdaism *n.* 改革派ユダヤ教 (⇨ Reform Judaism).

líb·er·al·ly /-rəli/ *adv.* 気前よく; 寛大に. 〖(*a*1387): ⇨ -ly¹〗

líberal-mínded *adj.* 心の大きい, 寛大な. 〖1756〗

Líberal Párty *n.* [the ～] **1** (英国の)自由党《1832 年の Reform Bill 以後 Whig 党と急進派 (Radicals) が合同してできた政党; 19 世紀には Gladstone らを輩出し, 保守党 (Conservative Party) と並ぶ二大政党の一つであったが, 第一次大戦後は第三党》. **2** 《豪》自由党《Labor Party に対する豪保守党》. **3** 《カナダ》自由党《政策的には Progressive Conservative Party と New Democratic Party との中間をいく》. **4** (一般に)自由主義的政策を掲げる政党; 自由主義政党.

líberal stúdies *n. pl.* 〖英大学〗[単数または複数扱い] 一般教養課程.

Líberal Únionist *n.* (英国の)自由統一党員《1886 年 Gladstone のアイルランド自治法案に反対して自由党を脱退した者; 後年保守党に参加した》. **Líberal Únionism** *n.*

lib·er·ate /líbərèɪt/ *vt.* **1 a** 自由にする, 解放する (⇨ free SYN); 釈放する, 放免する; (特に)〈占領国を〉解放する: ～ a slave / ～ a person *from* prison [a task] 人を獄舎から釈放する[仕事から解放する]. **b** (男女差別の偏見や制限から)解放する: ～ all-male bars 女人禁制バーを解放する. **2** 《米俗》分捕る; 失敬する, 盗む. **3** 〖化学〗〈ガスなどを〉遊離させる. 〖(1623) ← L *liberātus* (p.p.) ← *liberāre* ← *liber* free: ⇨ liberal, -ate³〗

líb·er·àt·ed /-ṭɪ̨d | -tɪ̨d/ *adj.* 釈放された; 解放された《特にウーマンリブで女性が性的・社会的差別から解放された》. 〖(1794): ⇨ ↑, -ed〗

lib·er·a·tion /lìbəréɪʃən/ *n.* **1 a** 〔奴隷・囚人などの〕放免, 釈放, 解放; 〔占領国の〕解放〔*of*〕. **b** 社会的慣習からの解放; 男女同権運動 (《口語》lib): the ～ *of* women 女性解放 / ⇨ women's liberation. **2** 〖化学〗遊離. 〖(?*a*1425) □ (O)F *libération* // L *liberātiō(n-)*: ⇨ liberate, -ation〗

lìb·er·á·tion·ìsm /-ʃənìzm/ *n.* 《英》国教廃止論.
〖(1881): ⇨ ↑, -ism〗

lìb·er·á·tion·ist /-ʃ(ə)nɪ̨st | -nɪst/ *n.* **1** 解放論者; 男女同権論者 (《口語》libber). **2** 《英》国教廃止論者.
— *adj.* **1** (女性)解放運動の. **2** 《英》国教廃止論者の. 〖(1869): ⇨ -ist〗

liberátion theólogy *n.* 解放の神学《中南米の貧困の現実を見て起こってきた神学》. 〖1972〗

líb·er·à·tor /-ṭə | -tə(r)/ *n.* **1** 解放者, 釈放者; (特に)民族解放者《自国を他の支配または圧制から解放しようとする人》. **2** [L-] リベレーター《第二次大戦で使用された B-24 爆撃機の愛称》. 〖(1650) ← LIBERATE + -OR²〗

lib·er·a·tress /líbərèɪtrɪ̨s | -trɪ̨s, -trɛs/ *n.* 女性の liberator. 〖(1798): ⇨ ↑, -ess〗

Li·be·rec /líbərèts, líː-; *Czech* líbɛrɛts/ *n.* リベレツ《チェコ北西部の Neisse 川に臨む都市》.

Líber Éxtra /láɪbə- | -bə(r)-/ *n.* 〖カトリック〗教皇教令集 (Decretals) の中で, 特にグレゴリウス九世 (1234) の編纂(ﾍﾝｻﾝ)した教令集.

Li·be·ri·a /laɪbíᵊriə | -bíər-/ *n.* リベリア《アフリカ西部の共和国; 1847 年アメリカの解放された奴隷たちによって建国; 面積 111,400 km², 首都 Monrovia; 公式名 the Republic of Liberia リベリア共和国》. 〖← L *liber* free〗

Li·be·ri·an /laɪbíᵊriən | -bíər-/ *adj.* リベリアの.
— *n.* リベリア人. 〖(1854): ⇨ ↑, -ian〗

li·be·ro /líːbəròʊ | -rəʊ/ *n.* (*pl.* ～s) **1** 〖サッカー〗=sweeper. **2** 〖バレーボール〗リベロ《事前に登録された 攻撃に参加しない守備専門の選手》. 〖(*c*1965) □ It. ～ 《略》← *battitore libero* 'free defender'〗

lib·er·tar·i·an /lìbətéᵊriən | -bətéər-←/ *adj.* **1** 〖哲学〗自由意志の存在を主張する, 自由意志論の (cf. necessitarian). **2** (思想・行動の)自由を主張する, 自由論の.
— *n.* 自由意志論者; 自由論者. 〖(1789) ← LIBERT(Y) + -ARIAN〗

lìb·er·tár·i·an·ìsm /-nìzm/ *n.* 自由意志論; 自由主義. 〖(1830): ⇨ ↑, -ism〗

li·ber·té, é·ga·li·té, fra·ter·ni·té /*F.* libɛʀte egalite fʀatɛʀnite/ *F.* 自由・平等・友愛《1789 年の第一革命以来フランス共和国の標語で, 国旗の三色はこれを象徴する》. 〖□ F ～ 'liberty, equality, fraternity'〗

li·ber·ti·cid·al /lɪ̨bə̀ːṭəsáɪdl | -bə̀ːtɪ̨sáɪdl←/ *adj.* = liberticide. 〖1794〗

li·ber·ti·cide /lɪ̨bə́ːṭəsàɪd | -bə́ːt-/ *n.* 《文語》自由破壊; 自由破壊者. — *adj.* 自由を破壊する, 自由を踏みにじる. 〖(1793) □ F ～: ⇨ liberty, -cide〗

lib·er·tin·age /líbəṭiːnɪdʒ, -tɪ̨n- | -bətiːn-, -tɑɪn-/ *n.* =libertinism. 〖(1611): ⇨ ↓, -age〗

lib·er·tine /líbəṭiːn, -tɪ̨n | -bətiːn, -tɑɪn/ *n.* **1** 不身持ちな人, 放蕩(ﾎｳﾄｳ)者, 道楽者: a charter'd ～ 天下御免のわがまま者 (cf. Shak., *Henry V* 1. 1. 48). **2** 〖□ F *libertin*〗[通例軽蔑的に用いて] (宗教上の)自由思想家, 懐疑論者, 不可知論者. **3** リベルテン《古代ローマの奴隷の身分から解放された人; cf. *Acts* 6: 9》. — *adj.* **1** 放

蕩な, 道楽な (dissolute). **2** [通例軽蔑的に用いて] 自由思想の (freethinking); 道徳律廃棄論の (antinomian). **3** ((古)) 抑制のない, 自由な. 〖((c1384)) ◻ L *lībertīnus* freedman ← *lībertus* manumitted slave (← *liber* free) ＋-*īnus* '-INE¹'〗

lib·er·tin·ism /líbətìːnɪzm, -tɪ̆-｜-bətìːn-, -tàɪn-/ *n.* **1** 放蕩(ほうとう), 道楽, 不品行 (licentiousness). **2** (宗教上の, 通例非難すべき)自由思想 (freethinking). 〖((1611)): ⇨ ↑, -ism〗

lib·er·ty /líbəti｜-bəti/ *n.* **1** (幽閉・束縛・従属・圧制的支配などからの)自由, 解放, 釈放, 放免 (cf. bondage, serfdom, slavery¹) (⇨ freedom SYN): a land of ～ 自由の国 / Give me ～, or give me death! われに自由を与えよ, しからずんば死を与えよ (米国の愛国者 Patrick Henry の言葉). **2** (社会的・政治的・経済的に国民が共に持つ, または自分で選べる権利としての)自由: ～ of speech [the press] 言論[出版]の自由 / ～ of conscience＝religious ～ 信教の自由 / ⇨ civil liberty, natural liberty, personal liberty, political liberty. **3** (出入りするまたは行動する)自由, 随意, 権利; 許可: ～ of action [choice] 行動[選択]の自由 / The dog has the ～ of the yard. その犬は庭に放し飼いにされている. **4** 度を越した自由, 勝手, 気まま, 無礼, なれなれしさ ⟨*of doing*⟩: That's a bloody ～! なれなれしいにも程がある / What a ～! 何て身勝手な[厚かましい](ことをするんだろう) / Don't take *liberties*, young man! あまりなれなれしくするなよ / take the ～ *of doing* … 失礼を顧みず[勝手ながら]…する / I hope you will forgive the ～ I take in writing to you. お手紙を差し上げますことをお許しください (手紙の書出し) / take *liberties* with ⇨ 成句. **5** [*pl.*] **a** 特権, 特典 (privileges) (自治権・選挙権・参政権など). **b** (英) 特別行政区, 特権地区 (1850 年以前の英国においてある種の行政的特権が許容された地区; palatinate としては Durham, Lancaster, Chester など, 都市では London, Dublin など): within the *liberties* of the City of London. **c** (ある種の行動が特許されている)特別区域: the *liberties* of a prison 刑務所外の特別区域 (そこまでは出入りその他の自由が許される). **6** (硬貨などの)自由を擬人化した女神像. **7** 〖海事〗 (短期の)上陸許可 (長期のものは leave という); (米海軍) 水兵に与えられる 48 時間以内の上陸許可: ⇨ liberty day, libertyman. **8** 〖哲学〗 選択の自由, 意志の自由 (cf. necessity 1 c).

at liberty (1) 自由で, 束縛されずに: set a person *at* ～ 人を自由にしてやる[解放する]. ((1526)) (2) 勝手[随意]に…できる, …しても構わない ⟨*to do*⟩: You are *at* ～ to use this room in any way you please. この部屋は君が好きなように使ってよい / You are not *at* ～ to violate the law. 勝手に法律を破っていいというわけではない. ((1585)) (3) ⟨人が⟩用がなく, 暇で; 失業して. (4) ⟨人・物が⟩使用されていない, あいて: When will she be *at* ～ to see me? 彼女はいつ私に会う時間ができるのだろうか. ***take liberties with*** (1) …にあまりなれなれしくする, …に無礼なことをする: You must not *take liberties with* older people. 年上の人に失礼なことをしてはいけない. (2) …を勝手に変える, 歪曲する: *take liberties with* a text 本文を歪曲する. (3) …を無思慮に扱う, …に無謀なことをする: *take liberties with* one's health 健康を省みずむちゃなことをする.

líberty of the súbject [the ―] 臣民の自由 (法律の範囲内での自由).

〖((c1375)) *libert(i)e* ◻ (O)F *liberté* ◻ L *lībertātem* civil freedom, condition of freedmen ← *liber* free: ⇨ liberal〗

Líberty Bèll *n.* [the ～] 自由の鐘 (1776 年 7 月 8 日, 米国独立宣言の際鳴らしたと言い伝えられる有名な鐘; 今は Philadelphia の Independence Hall の北にある Liberty Bell Pavilion にある).

líberty bòat *n.* (英) 〖海事〗 上陸員 (libertymen) を運ぶ船. 〖1837〗

líberty bòdice *n.* 厚手の綿のそでなし肌着 (以前幼児が着た). 〖1916〗

Líberty bònd *n.* (米) 自由公債 (第一次大戦中募集した戦時公債). 〖1918〗

líberty càbbage *n.* ザウアークラウト (sauerkraut).

líberty càp *n.* **1** リバティーキャップ (円錐形でクラウンが垂れ下がる柔らかい帽子; もとローマの奴隷が解放されたときにかぶった; フランス革命の時に自由の象徴として取り入れられた; cf. Phrygian cap). **2** 〖植物〗 モエギタケ科のキノコ (毒性で, 幻覚を誘発する). 〖1803〗

líberty dày *n.* 〖海事〗 上陸 (許可)日 (cf. liberty 7). 〖1840〗

Líberty Enlíghtening the Wórld *n.* 自由の女神像 (Statue of Liberty) の正式名称.

Líberty Háll, l- h- *n.* 客が好き勝手にふるまえる家, 無礼講の家. 〖1773〗

líberty hòrse *n.* (サーカスで) 騎手なしで芸をする馬. 〖1930〗

Líberty Ísland *n.* リバティー島 (米国 New York 州南東部 New York 湾内にある小島; Statue of Liberty があるのでこう呼ばれる; 旧名 Bedloe's Island).

líberty·màn /-mæ̀n/ *n.* (*pl.* **-men** /-mèn/) (英) 〖海事〗 上陸を許可された船員, 上陸員 (cf. liberty 7). 〖1758〗

Líberty pàrty *n.* (米) 自由党 (1839 年に組織された奴隷制度反対を掲げた米国最初の政党; 1848 年に自由土地党 (Free-Soil party) と合併). 〖1843〗

líberty pòle *n.* 〖フランス史〗 自由の柱 (自由の象徴として立て, liberty cap または共和国旗をつける). 〖1770〗

Lib·er·ty's /líbətiz｜-bətiz/ *n.* 〖商標〗 リバティー (London にある高級百貨店).

Líberty shìp *n.* (米) リバティー船 (第二次大戦中に米国が大量に建造した約 1 万積載重量トン, 11 ノット程度の規格貨物船). 〖1941〗

li·beth·en·ite /lɪbéθənàɪt/ *n.* 〖鉱物〗 リベテン石, リン銅鉱 ($Cu_2(PO_4)(OH)$). 〖((1832)) ◻ G *Libethenit* ← *Libethen* (Czechoslovakia の地名): ⇨ -ite¹〗

Li·bia /*It.* líːbja/ *n.* リビア (Libya のイタリア語名).

li·bid·i·nal /lɪ̆bídənḷ, -dnəl｜-dɪ̆nḷ, -dnəl/ *adj.* 〖精神分析〗 リビドー (libido) の. **～·ly** *adv.* 〖((1922)) ← L *libīdin-*, *libīdo* lust＋-AL¹〗

li·bid·i·nize /lɪbídənàɪz｜-dɪ̆-/ *vt.* ⟨器官などを⟩性的満足を与えるものとみなす.

li·bid·i·nous /lɪ̆bídənəs, -dn-｜-dɪ̆n-, -dn-/ *adj.* **1** 好色な, 肉欲的な (lustful); 煽情的な, みだらな (lascivious). **2** 〖精神分析〗 リビドー (libido) の. **～·ly** *adv.* **～·ness** *n.* 〖((1447)) ◻ OF *libidineus* (F *libidineux*) // L *libīdinōsus* lustful ← *libīdin-*, *libīdō* (↓)＋-OUS〗

li·bi·do /lɪ̆bíːdoʊ, líbədòʊ｜lɪ̆bíːdoʊ, líbɪ̆dəʊ; *G.* libíːdo, líːbido/ *n.* (*pl.* **～s**) **1** 〖精神分析〗 リビドー (Freud の概念では性本能のエネルギー; Jung では心的エネルギーの総体). **2** 性的衝動, 性欲, 愛欲. 〖((1909)) ← NL *libīdō* ← L *libīdō* pleasure, longing, lust ← *libet* it pleases: cog. OE *lufu* 'LOVE' & *lēof* dear (⇨ lief)〗

Lib-Lab /líblæ̀b/ *n.*, *adj.* (*also* **lib·lab, lib-lab** /～/) **1** (19 世紀後半の英国で)労働組合運動を支持した自由党員(の). **2** 労働組合運動に賛成する自由主義者(の). **3** (英国で)自由党と労働党の提携派(の). 〖((1903)) ← *Lib(eral)-Lab(our)*〗

Li Bo /lìːbóʊ｜-bə́ʊ; *Chin.* lǐpó/ *n.* 李白 (Li Bai) の古い読み方.

LIBOR /láɪbɔə｜-bɔː⁽ʳ⁾/ *n.* 〖金融〗 リボレート, ロンドン銀行間取引金利 (国際金融市場の重要な指標金利). 〖((頭字語)) ← *L(ondon) I(nter)b(ank) O(ffered) R(ate)*〗

li·bra¹ /líːbrə, láɪ-｜líː-/ *n.* (*pl.* **li·brae** /-briː, -breɪ, -braɪ/) **1** 通貨ポンド (記号 £; ⇨ pound¹ 2). **2** 重量ポンド(略 lb; ⇨ pound¹1). **3** リーブラ (古代ローマの重量単位; ＝5,053 grains). 〖((a1398)) ◻ L *libra* pound, balance, level: cf. Gk *lítra*〗

li·bra² /líːbrə; *Am.Sp.* líβra/ *n.* (*pl.* **～s** /～z; *Am.Sp.* ～s/) **1** リブラ (ペルーの旧通貨単位 (1898–1930); 今は sol を用いる); 1 リブラ金貨. **2** リブラ (スペイン・ポルトガル・中南米諸国の重量単位; 略 lb). 〖◻ Sp. ～ ＜ L *libram* (↑)〗

Li·bra /líːbrə, láɪb-｜líːb-, líb-, láɪb-/ *n.* **1** 〖天文〗 てんびん(天秤)座 (南天の星座; the Balance, the Scales ともいう). **2** 〖占星〗 **a** てんびん座, 天秤宮 (黄道 12 宮の第 7 宮; the Balance ともいう; cf. zodiac). **b** てんびん座生まれの人 (Libran ともいう). ― *adj.* 〖占星〗 てんびん座生まれの. 〖((c1390)) ◻ L *libra*: ↑〗

librae *n.* libra¹ の複数形.

Li·bran /líːbrən, láɪb-｜líːb-, líb-, láɪb-/ *n.* ＝Libra 2 b. ― *adj.* ＝Libra.

li·brar·i·an /laɪbrέ(ə)riən｜-bréər-/ *n.* **1 a** 司書, 図書館員, 図書館専門職員. **b** (図書館の)館長. **2** (楽譜などの)資料管理者. 〖((1670)) ← L *librārius* transcriber of a book, copyist, secretary (← *liber* book)＋-AN¹〗

librárian·shìp *n.* **1** 司書職, 図書館員の職[地位], 図書館職. **2** (英) 図書館学 ((米) library science). 〖((1818)): ⇨ ↑, -ship〗

li·brar·y /láɪbrèri, -br(ə)ri｜-brəri, -b(ə)ri/ ★ (米) でも /láɪb(ə)ri, -beri/ という発音はかなり聞かれるが, 標準的とは見なされない. *n.* **1 a** 図書館, 図書室: a college [school] ～ 大学[学校]図書館 / ⇨ free library, lending library, public library, reference library 1, traveling library. **b** (個人の)書庫; (書庫兼用の)書斎, 読書室. **c** 図書館を思わせる人[物]; 物知り, 知識の泉: a walking ～ 物知り / He is a ～ for neighborhood gossip. 彼は近所のうわさのことは何でも知っている. **2 a** (図書館や個人の)蔵書, 文庫, コレクション: a private ～ 個人の蔵書. **b** (フィルム・レコードなどの)コレクション: a ～ of Mozart recordings モーツァルトのレコードコレクション. **3** (営利的に経営される)貸本屋 (lending library, (米) rental library). **4 a** (出版社が同じスタイルで出版する)双書, 文庫, シリーズ, ライブラリー (series of books): Everyman's *Library*. **b** 〖文学〗 ＝canon¹ 3 c. **5** ＝morgue¹ 2. **6** (英) (劇場などの)入場券取扱所[店]. **7** 〖電算〗 ライブラリー (独立して利用できる形態になった種々のプログラムの集合).

Líbrary of Cóngress [the ―] (米国)議会図書館 (Washington, D.C. にあり, 蔵書数では世界最大の図書館の一つ; 略 LC).

Líbrary of Cóngress classificàtion [the ―] (米国)議会図書館分類表 (ローマ字と自然数とを組み合わせて作った同館の分類表).

〖((c1380)) *librarie* ◻ (O)F *librairie* ＜ VL **librāria(m)* ＝L *librāria* bookseller's shop ← L *librārius* pertaining to books ← *liber* book, (原義) the inner bark of a tree ← ? IE **leup-* to peel off (⇨ leaf)〗

líbrary bìnding *n.* 〖製本〗 図書館製本 (耐久性のあるクロス材を使って, 図書館での利用に耐えられるようにした製本; cf. edition binding); この製本による造本, 堅牢造本. 〖1903〗

líbrary càrd *n.* 帯出券 (図書館資料の貸出しカード; borrower's card ともいう). 〖1966〗

líbrary edìtion *n.* 〖製本〗 **1** 図書館版 (図書館での頻繁な利用を考慮して, 特に頑丈に製本されたもの; cf. text edition, trade edition). **2** (通例同一作家の全作品を同じスタイルで出した)全集版. 〖1869〗

líbrary pàste *n.* 図書館のり (板紙用の濃い澱粉のり). 〖1953〗

líbrary pìctures *n. pl.* (英) (ニュース番組などで流す)資料映像.

líbrary schòol *n.* 図書館学校 (図書館学を専門に教える学校).

líbrary scíence *n.* (米) 図書館学. 〖c1904〗

líbrary stèps *n. pl.* (図書館の高い棚用の通例折り畳み式の)脚立(きゃたつ). 〖c1762〗

li·brate /láɪbreɪt/ *vi.* **1** (てんびんのさおのように)震える, 震動する (oscillate, quiver). **2** 均衡を保つ, 釣り合う (balance). ― *vt.* ((古)) 釣り合わせる, …の重さを量る (weigh). 〖((1623)) ← L *librātus* (p.p.) ← *librāre* to weigh ← *libra* balance, pair of scales: ⇨ -ate³〗

li·bra·tion /laɪbréɪʃən/ *n.* **1** 均衡, 釣合い (poising). **2** 振動 (oscillation). **3** 〖天文〗 秤動(ひょうどう) (月の首振り運動など天体が釣合いの位置や姿勢から小さく動くこと; またその動き): the ～ of the moon / ～ in latitude [longitude] 緯度[経度]秤動. **～·al** /-ʃnəl, -ʃ(ə)nḷ/ *adj.* 〖((1603)) ◻ L *librātiō(n-)*: ⇨ ↑, -ation〗

li·bra·to·ry /láɪbrətɔ̀ːri｜-təri/ *adj.* **1** (てんびんのさおのように)揺れる, 振動する (oscillatory). **2** (てんびんのように)釣り合う. 〖((1668)) ← LIBRATE＋-ORY¹〗

libretti *n.* libretto の複数形.

li·brét·tist /-tɪ̆st｜-tɪst/ *n.* (歌劇・オラトリオなどの)台本作者. 〖((1862)): ⇨ ↓, -ist〗

li·bret·to /lɪ̆brétoʊ｜-təʊ; *It.* librétto/ *n.* (*pl.* **～s, li·bret·ti** /-tiː｜-ti, -tiː; *It.* -ti/) 〖音楽〗 (歌劇やオラトリオなどの)台本, 歌詞, リブレット. 〖((1742)) ◻ It. ～ (dim.) ← *libro* book ＜ L *librum*: cf. library〗

Li·bre·ville /líːbrəvìl, -viːl; *F.* libʀəvil/ *n.* リーブルビル (アフリカ西部ガボン西部の海港で同国の首都).

libri *n.* liber¹ の複数形.

li·bri·form /láɪbrəfɔ̀əm｜-brɪ̆fɔ̀ːm/ *adj.* 〖植物〗 靱皮(じんぴ)状の. 〖((1877)) ← LIBER¹＋-I-＋-FORM〗

Lib·ri·um /líbriəm/ *n.* 〖商標〗 リブリウム (鎮静剤 chlordiazepoxide の商品名). 〖((1960)) ← F *libre* free (⇨ liberty)＋-IUM〗

Lib·y·a /líbiə/ *n.* **1** リビア (アフリカ北部, 地中海に臨む共和国; もとイタリア領であったが, 1951 年王国として独立, 1969 年共和制になる; 面積 1,759,540 km²; 首都 Tripoli; 公式名 the Socialist People's Libyan Arab Jamahiriya 社会主義人民リビアアラブ国). **2** (古代)リビア (エジプト以西のアフリカ北部の古名).

Lib·y·an /líbiən/ *adj.* Libya の; リビア人の. ― *n.* **1** リビア人; ベルベル人 (Berber). **2** リビア語; ベルベル語 (Berber). 〖((1590)): ⇨ ↑, -an¹〗

Líbyan Désert *n.* [the ～] リビア砂漠 (Sahara 砂漠の一部分で, リビア東部, エジプト西部, スーダンの北西部にわたる).

LIC ((略)) low-intensity conflict.

lice /láɪs/ *n.* louse の複数形.

li·cence /láɪsəns, -sn̩s, -sənts, -sn̩ts/ *n.*, *vt.* ＝license.

li·cenced /láɪsənst, -sn̩st, -səntst, -sn̩tst/ *adj.* ＝licensed.

li·cen·cee /làɪsənsíː, -sn-/ *n.* ＝licensee.

li·cense /láɪsəns, -sn̩s, -sənts, -sn̩ts/ (*also* (英) **licence**) *n.* **1 a** (法による公式の)認可, 許可, 官許, 免許; 出版認可[許諾]; (ブランド品の)製造ライセンス, 〖電算〗 (ソフトウェア製品の)使用許諾[ライセンス]: a ～ *to* fish, hunt, shoot, sell tobacco, etc. / a ～ *to* practice medicine 医師開業免許 / Have you got a ～ for that gun? その銃の許可証を持っているのか / obtain a ～ *for* the sale of alcoholic drinks 酒類販売の認可[許可]を得る / under ～ (from the manufacturer) (メーカーからの)許可[認可]を受けて. **b** 認可書, 許可証, 免(許)状, 鑑札: a fishing [hunting] ～ 魚釣[銃猟]鑑札 / an import [export] ～ 輸入[輸出]許可証 / a dog ～ 犬の鑑札 / a ～ fee 免許交付[鑑札下付]料 / Let me see your ～. 免許証を拝見します / lose one's ～ 免許証をなくす / take a person's ～ away 人の免許証を没収する / ⇨ LETTER of license, driver's license, marriage license, special license. **c** 承諾, 許し. **2** 過度の自由 (⇨ freedom SYN); 放縦, 放埒(ほうらつ), 気まま, 乱行: The invading troops displayed the most unbridled ～. 侵略軍は勝手気ままな乱暴を働いた. **3** 破格, 型破り (詩文・音楽・美術などで表現効果を上げるために伝統的な規則や形式などに拘束されず自由に表現すること): ⇨ poetic license. **4** 〖海事〗 船舶免許状 (5 トン以上 20 トン未満の米国船で, はしけ以外の漁船・商船・ヨットに対して発行される船舶の資格証書). ***a license to print money*** ⇨ print *v.* 成句.

― *vt.* **1** 認可する, …に免許[官許]を与える (⇨ authorize SYN): ～ the letting of lodgings 下宿業を許可する / ～ a person *to* practice as a doctor 人に医師の開業を認可する / be ～*d to* sell liquor 酒類の販売を認可される. **2 a** …の出版[興行]を認可[許諾]する: ～ a book, play, etc. **b** ⟨ブランド品⟩の製造を許諾[ライセンス]する; 〖電算〗 ⟨ソフトウェア製品⟩の使用を許諾[ライセンス]する. **3** …に⟨…することを⟩許す, 承諾する ⟨*to do*⟩: ～ a person *to* do / ～ a thing *to* be done. **4** 〖海事〗 ⟨船⟩に船舶免許状を交付する. ★ 英国では名詞の場合 licence とつづることもあるが, 動詞の場合は区別して license とするほうが普通 (cf. practise, prophesy, advise); 米国では名詞・動詞共に license, license 双方用いる.

lí·cens·a·ble /-səbḷ/ *adj.* 〖n.: ((a1376)) *licence* ◻ (O)F ◻ L *licentia* freedom, leave to do as one pleases ← *licentem* (pres.p.) ← *licēre* to be lawful. ― v.: ((?a1400)) *lycence(n)* ◻ (O)F *licencier* ← (n.): ⇨ -ence〗

li·censed /láɪsənst, -sn̩st, -səntst, -sn̩tst/ *adj.* **1** 認可された, 免許を受けた, 官許された, 鑑札を受けている: a

L

～ house 酒類販売免許の店《飲食店・ホテルなど》/ ～ prostitution 公娼制 / the ～ quarters (公娼制のある国の)遊郭 / ⇨ licensed victualler. **2** 世間の認める, 天下御免の: a ～ jester (主君側近の)直言御免の道化人 / a ～ libertine [satirist] 天下御免の道楽者[皮肉屋]. 〖(1593): ⇨ ↑, -ed〗

lícensed áircraft engineèr *n.* ⇨ ground engineer.

lícensed práctical núrse *n.* 《米》有資格実地看護婦[士], 准看護婦[士]《公認の看護学校を卒業して正式免許をもつ; 医師または登録看護婦[士]の監督下で看護を行う; 略 LPN》.

lícensed prémises *n. pl.* [単数または複数扱い]《英》酒類[たばこ類]販売免許店. 〖1868〗

lícensed víctualler *n.* 《英》酒類販売免許所有者《飲食店・旅館・酒場などの主人》.

lícensed vocátional núrse *n.* 《米国 California 州, Texas 州の》免許修得准看護婦[士] (licensed practial nurse) (略 LVN).

li·cens·ee /làɪsənsíː, -sn̩- / *n.* 免許[官許]された人, 特許権使用権者, 免許所有者. 〖(c1864) ← LICENSE＋-EE[1]〗

lícense nùmber *n.* 《米》(自動車の)登録番号 (《英》registration number) (⇨ car 挿絵).

lícense plàte *n.* (自動車・飼い犬などの通例金属板の)認可番号札, 鑑札, ナンバープレート (⇨ car 挿絵). 日英比較 日本語の「ナンバープレート」に当たる. ただし《英》では numberplate という. 〖1926〗

li·cens·er /láɪsənsə, -sn̩- | -sə(r)/ *n.* 免許を与える人, 許可者, 認可者: a ～ of plays [the press] 演劇興行[出版]認可官. 〖(1644) ← LICENSE＋-ER[1]〗

Lí·cens·ing Àcts *n. pl.* [the ～]〖英法〗事前許可制法《事前に許可を受けることを要求する法律; 特に出版の検閲や酒類販売の免許を定めるものをいう》.

lícensing hòurs *n. pl.* 《英》事前許可営業時間《パブ[酒場]が酒類を出すことのできる時間》.

L

lícensing làws *n. pl.* 《英》事前許可制法《酒類販売の時間・場所を定めた法律》.

li·cen·sor /láɪsənsə, -sn̩-, làɪsənsɔ́ə, -sn̩- | láɪsənsə(r), -sn̩-, làɪsənsɔ́ː(r), -sn̩-/ *n.* 〖法律〗＝licenser.

li·cen·sure /láɪsənʃə, -sn̩-, -ʃʊə | -ʃə(r), -ʃʊə(r)/ *n.* **1** (専門職業を開業するための)認可[免許]を与えること, 開業[営業]許可. **2** (専門職業開業などのための)認可[免許]制度. 〖(1846) ← LICENSE (v.)＋-URE〗

li·cen·ti·ate /laɪsénʃiɪ̀t, -ʃièɪt/ *n.* **1** 開業免許所有者, (特に, 大学や学術協会などによって認可された)開業有資格者: a ～ *in* medicine [dental surgery] 医師[歯科医師]開業有資格者 / a ～ of the Society of Apothecaries 薬剤士会公認薬剤士. **2** (ヨーロッパの一部の大学で認可される) bachelor と doctor の中間の学位(取得者). **3** (長老教会の)未就任の有資格牧師. **li·cen·ti·a·tion** /laɪsènʃiéɪʃən/ *n.* 〖(c1387–95) ← ML *licentiātus* (p.p.) ← *licentiāre* to allow ← *licentia*: ⇨ license, -ate[1]〗

li·cen·tious /laɪsénʃəs/ *adj.* **1** 不身持な, 放蕩(ほうとう)な (dissolute); 猥褻(わいせつ)な (lewd). **2** 《まれ》放縦な, 放埓(ほうらつ)な, 規則を無視した, 不道徳な (immoral). **3** 〈文法・文体など〉規則を無視した, 破格の. **～·ly** *adv.* **～·ness** *n.* 〖(c1425) □ L *licentiōsus* ← *licentia*: ⇨ license, -ous〗

li·cet /láɪset, líːkɛt/ *L. adj.* 許される; 法的である. 〖□ L ～ 'It is allowed or legal'〗

lich /lítʃ/ *n.* [通例複合語の第 1 構成素として]《スコット・英方言》体; 死体: *lich*-house. 〖OE *līc* body < Gmc **līkam* (Du. *lijk* / G *Leiche*): ⇨ like[1]〗

li·chee /líːtʃiː, láɪ- | laɪtʃíː, ←, líːtʃiː/ *n.* ＝litchi.

li·chen /láɪkən | láɪkɪn, lítʃɪn/ *n.* **1** 〖植物〗地衣類 (Lichenes) の植物, 地衣. **2** 〖病理〗苔癬(たいせん). ― *vt.* 地衣で覆う. **～·like** *adj.* 〖(1601) □ L *līchēn* □ Gk *leikhḗn* ← *leikhein* to lick〗

lí·chened *adj.* 地衣の生えた[に覆われた]. 〖(1823): ⇨ ↑, -ed〗

Li·che·nes /laɪkíːniːz/ *n. pl.* 地衣類《藻類とカビとの共同生活体であるが, 固定して独立の植物体とみなされているもの》. 〖← NL ～: ⇨ lichen〗

li·chén·ic ácid /laɪkénɪk-/ *n.* 〖化学〗地衣酸《地衣類植物が生産する有機酸の総称》. 〖(1836–41): ⇨ lichen, -ic[1]〗

li·chen·i·fi·ca·tion /laɪkènəfɪkéɪʃən | -nɪfɪ-/ *n.* 〖病理〗苔癬(たいせん)化《湿疹によって苔癬様の外観を呈すること》; 苔癬化によって硬化した皮膚部分. 〖(1892) ← LICHEN＋-I-＋-FICATION〗

li·chen·in /láɪkənɪn | -nɪn/ *n.* 〖化学〗リケニン ($C_6H_{10}O_5$) 《ある種の地衣類から得られる多糖類の一種》. 〖(1836–41) ← LICHEN＋-IN[2]〗

li·chen·oid /láɪkənɔ̀ɪd | -kɪ-/ *adj.* **1** 地衣状の. **2** 〖病理〗苔癬(たいせん)様の. 〖(1830) ← LICHEN＋-OID〗

li·chen·ól·o·gist /-dʒɪst | -dʒɪst/ *n.* 地衣類学者.

li·chen·ol·o·gy /làɪkənɑ́(ː)lədʒi | -kɪnɔ́l-/ *n.* 〖生物〗地衣類学. **li·chen·o·log·ic** /làɪkənoulɑ́(ː)dʒɪk | -kɪnə(ʊ)lɔ́dʒ-/ *adj.* **li·chen·o·log·i·cal** /làɪkəno(ʊ)lɑ́(ː)dʒɪkəl, -kɪ | -kɪnə(ʊ)lɔ́dʒɪ-/ *adj.* 〖(1855) ← LICHEN＋-(O)LOGY〗

li·chen·ose /láɪkənòus | láɪkɪnəus, lítʃɪn-/ *adj.* ＝lichenous. 〖1855〗

li·chen·ous /láɪkənəs | láɪkɪ-, lítʃɪ-/ *adj.* **1** 地衣の(ような), 地衣質の; 地衣の多い, 地衣に覆われた. **2** 〖病理〗苔癬(たいせん)の; 苔癬にかかった. 〖(1843): ⇨ -ous〗

Lich·field /lítʃfiːld/ *n.* リッチフィールド《イングランド中部 Staffordshire 州南東部の都市; 古い大聖堂がある; Samuel Johnson の誕生地》. 〖OE *Licċidfeld* ← *Licċid* (□ Celt. *Lētocēton* gray wood)＋*feld* 'open land, FIELD'〗

lích·gàte *n.* 《英》屋根付墓地門《教会や墓地の入口の屋根付きの門; 埋葬の前に柩(ひつぎ)を一時ここに置く》. 〖1462–63〗

lichgate

lích·hòuse *n.* 死体仮置場. 〖?a1200〗

li·chi /líːtʃiː, láɪ- | laɪtʃíː, ←, líːtʃiː/ *n.* ＝litchi.

lích stòne *n.* (墓地門 (lich-gate) にある)棺を置く石台. 〖1862〗

licht /líkt, líçt/ *adj., n., v.* 《スコット》＝light[1].

Lícht·en·berg figure /líktənbə̀ːg- | -bɜ̀ːg-; *G.* líçtn̩bɛʀk-/ *n.* 〖電気〗リヒテンベルク図形《絶縁板上に現れる放電図形》. 〖← *Christoph Lichtenberg* (1742–99: ドイツの物理学者)〗

Lich·ten·stein /líktənstàɪn, -stìːn/, **Roy** *n.* リクテンスタイン (1923–97; 米国の画家; ポップアーティスト).

Li·cin·i·us /laɪsíniəs/ *n.* リキニウス (270?–325; ローマ帝国皇帝 (308–324)).

lic·it /lísɪt | -sɪt/ *adj.* 合法[適法]の, 正当の (cf. illicit). **～·ly** *adv.* **～·ness** *n.* 〖(1483) □ L *licitus* permitted, lawful ← *licēre* to be permitted: ⇨ license〗

lick /lík/ *vt.* **1 a** なめる; (舌で)口の中に入れる ⟨*up*⟩: ～ ice cream / The dog was ～*ing* his master's hand. 犬は主人の手をなめていた / ⇨ LICK *one's chops* [*lips*]. **b** [目的補語として副詞・前置詞付きの句・形容詞を伴って] なめて⟨ある状態に⟩する: The child ～*ed* the jam *off* (his fingers). その子はジャムを(指から)なめて取った / He ～*ed* the plate clean. 皿をきれいになめた / ⇨ LICK *into shape*. **2** ⟨波・炎などが⟩…の上を軽く動く, かすめる; ⟨炎が⟩なめ尽くす, なくす ⟨*up*⟩: The flames ～*ed up* the hotel. 炎はホテルをなめ尽くした. **3** 《口語》 **a** (罰として)打つ, なぐる: The man deserves to be well ～*ed*. その男はうんと打たれるのが当然だ / ～ a fault *out of* a person 人の欠点をたたき直す. **b** 負かす, …に打ちかつ; …にまさる: ～ creation [everything] どんな物にもまさる, 比類がない. **c** 《英》⟨事が⟩…に理解できない: This ～*s* me. これには参った《何のことか全くわからない》. ― *vi.* **1** なめるように動く; すばやく動く[広がる]: The waves were ～*ing* about my feet. 波が足元でなめるように寄せていた. **2** 《口語》速力を出す, 急ぐ: He rode away as hard as he could ～. 一目散に馬を飛ばして去った. **3** なめる ⟨*at*⟩: The dog ～*ed at* my hand. 犬は私の手をぺろぺろなめた.

hàve a person lícked 《口語》人を参らせる. ***líck a person's bóots*** [***shóes***, 《古》***spíttle***, ***áss***] 人におべっかを使う, 追従する, へつらう (cf. lickspittle, bootlick). ***líck one's chóps*** [***líps***] 《俗》(1) 舌なめずりする, 舌鼓を打つ (relish): ～ *one's lips* over the soup スープに舌鼓を打つ. (2) 喜んで待つ, 期待する, 待ち望む ⟨*over*⟩. ***líck one's wóunds*** ⇨ wound 成句. ***líck into shápe*** 《口語》…を相当の物に仕上げる, 見苦しくないものにする, …に目鼻をつける (cf. unlicked 1): A year in the army will ～ him *into shape*. 1 年も兵隊に行けば一人前になるさ《熊は生んだ子をなめてその形を作ると言われることから》. ***líck the dúst*** (1) ひれ伏す; 屈服する, はいつくばる (cf. *Mic.* 7:17). (2) 敗北する; 殺される (cf. *Ps.* 72:9). ***líck the gróund*** ＝LICK *the dust* (1). ***líck úp*** (1) なめ尽くす, すっかりなめる. (2) ⟨炎が⟩焼き尽くす (cf. *vt.* 2).

― *n.* **1** なめること, ひとなめ: have a ～. **2** ひとなめ分; 少量 (small quantity): a ～ *of* flour, butter, etc. **3** (ペンキなどの)一塗り, 一塗り分: put on a ～ of paint ペンキを一塗りする. **4** ＝salt lick. **5** 《口語》 **a** 強打, 一打ち: give a ～ on the ear 横つらをぶんなぐる. **b** 速力, 速さ: *at* a great [tremendous, hell of a] ～ すさまじい速力で / (*at*) full ～ 全速力で. **c** 一骨折り, 一仕事: big ～*s* 骨折り仕事 / do an occasional ～ *of* work 時々仕事をやる. **6** 《俗》〖ジャズ〗(ジャズにはさんだ)装飾楽節. **7** [しばしば *pl.*] 《俗》チャンス, 出番.

gèt one's líck in 《口語》努力する, 闘う. ***give a líck and a prómise*** 《口語》(1) (手や顔を)ぞんざいに洗う. (2) ⟨仕事などを⟩いい加減にする; 《英》掃除[洗濯]をぞんざいにする: *give* one's job *a* ～ *and a promise* 仕事をおざなりにやる. (1860)

～·er *n.* 〖OE *liccian* < Gmc **likkōjan* (Du. *likken* / G *lecken*) ← IE **leigh-* to lick (L *lingere* / Gk *leikhein*)〗

lick·er·ish /líkərɪʃ/ *adj.* 《古》**1** 美食を好む, うまいものを食べたがる. **2** がつがつした (greedy); 欲しがる. **3** 肉欲にふける, 好色な. **～·ly** *adv.* **～·ness** *n.* 〖(?a1500) (変形) ← 《廃》*lickerous* (< ME *likerous* □ AF **likerous*＝OF *lecheros* 'LECHEROUS')＋-ISH[1]〗

lick·e·ty-brin·dle /líkətibrɪ́ndl̩ | -kɪti-/ *adv.* ＝lickety-split. 〖⇨ lickety-split〗

lickety-cút *adv.* ＝lickety-split. 〖(1831) ↓〗

lickety-splít *adv.* 《米口語》全速力で (at full speed), 大急ぎで (full lick). 〖(1859) *lickety*: ← ? LICK (n.) 5 b〗

líck·ing *n.* **1** なめること; ひとなめ. **2** 《口語》 **a** 打つ[なぐりつける]こと: get a good [sound] ～ さんざん打たれる / give a person a good ～ 人をさんざんに打つ. **b** (さんざんに)負けること, 惨敗: take one's [the] ～ 惨敗する.

― *adv.* 《方言》非常に, とびきり: a ～ good pie ほっぺたが落ちそうなほどおいしいパイ. 〖(a1387): ⇨ -ing[1]〗

Lick·ing /líkɪŋ/ *n.* [the ～] リッキング(川)《米国 Kentucky 州北東部を北西に流れ, Ohio 川に合流する (563 km)》.

líck·lòg *n.* 《米》牛がなめる塩を入れた穴をいくつも作った丸太. ***stánd* (*úp*) *to one's líck-lòg*** 《米口語》堂々と勇敢に立ち向かう《不愉快な義務などのときにいう》. (1834)

Líck Obsérvatory /lík-/ *n.* リック天文台《米国 California 州 Hamilton 山頂の天文台; 実業家 James Lick (1796–1876) が California 大学に寄付したもの》.

líck·pènny *n.* 《古》小銭までなめ尽くしてしまうもの[人], 金のかかるもの[人]. 〖?a1500〗

líck·spit *n.* ＝lickspittle.

líck·spittle *n.* おべっか使い (toady). ― *vt.* …におべっかを使う. ― *vi.* おべっかを使う. 〖(1629)) (1825) ← *lick a person's spittle* (⇨ lick (v.) 成句)〗

lic·o·rice /lík(ə)rɪʃ, -rɪs | -rɪs, -rɪʃ/ *n.* **1** 〖植物〗カンゾウ(甘草) (*Glycyrrhiza glabra*)《中国産のマメ科の薬草》. **2 a** 乾燥したカンゾウの根またはそのエキス《賦形剤などの薬用; また菓子・たばこなどの香味料》. **b** カンゾウ入りの菓子[あめ]. 〖(?a1200) *licoris* □ AF *lycorys*＝OF *licoresse* □ LL *liquiritia* □ L *glycyrrhiza* □ Gk *glukúrrhiza* ← *glukús* sweet＋*rhíza* root: L *liquor* 'LIQUOR' の影響を受けた〗

lícorice whìp *n.* 《米》長いカンゾウ入りキャンディー.

lic·tor /líktə | -tə(r), -tɔː(r)/ *n.* リクトル《古代ローマで束桿(そっかん) (fasces) を持って執政官の先駆となることを職務としていた下級官吏》. 〖(c1384) *littour* □ L *lictor* ← ? *ligāre* to bind〗

lid /líd/ *n.* **1** (箱・ピアノ・トランクなどの)ふた: the ～ of a kettle, teapot, pan, jar, chest, trunk, piano, etc. **2** まぶた. **3** 《方言》(書物の)表紙, 裏表紙. **4** 《俗》**a** 帽子. **b** 安全[保安]帽[ヘルメット]; 緩衝ヘルメット: ⇨ skidlid. **5** 《口語》取締り, 統制; 抑制: put [clamp, clap] a ～ *on* one's feelings 感情を抑える / tighten the ～ *on* drugs 麻薬の取締りを強化する. **6** 《米俗》マリファナ 1 オンス(の包み). **7** 〖植物・動物〗＝operculum. **8** 〖鉱山〗**a** 楔(くさび). **b** ＝cap[1] 14.

blów one's líd ⇨ blow[1] 成句. ***blów the líd òff*** 《口語》⟨醜聞・内幕などを⟩暴露する: *blow the* ～ *off* corruption 汚職を暴く. ***díp one's líd*** 《豪口語》(挨拶に)帽子を上げる. ***flíp one's líd*** ⇨ flip[1] 成句. ***kéep a* [*the*] *líd on*** 《口語》…を隠しておく; …を抑制する. ***líft the líd òff* [*òn*]** ＝*blow the* LID *off*. ***pùt the* [*a*] *líd on*** 《口語》…を取締る, 統制する, 抑える (cf. *n.* 5). ***pùt the* [*a*] (《米》*tin*) *líd on*** 《口語》(1) ⟨事が⟩(計画などを)だめにする, 台なしにする, 終わらせる: That will *put the* ～ *on* (their schemes). それで(彼らの企みは)つぶれるだろう. (2) (最後の出来事[原因]となって)ついに(すべてを)我慢できなくする; (破局などの)決め手になる: And, to *put the* ～ *on*, her husband hit her. そして夫は彼女をなぐったのでもう我慢ができなくなった. (1909) ***sít on the líd*** 《米口語》不穏な情勢[動き]を押さえる[取り締まる]. ***táke the líd òff*** 《口語》(1) ＝*blow the* LID *off*. (2) …の取締り[統制]をやめる (cf. *n.* 5). ***with the líd òff*** 内幕[欠点, いやな点]をさらけ出して.

― *vt.* (**lid·ded**; **lid·ding**) …にふたをする.

〖OE *hlid* < Gmc **χliđam* (Du. *lid* / G *Lid*) ← **χliđ-* to cover (OE *behlīdan* to cover) ← IE **klei-* 'to LEAN[1]'〗

li·dar /láɪdɑə | -dɑː(r)/ *n.* 〖通信〗ライダー《マイクロ波の代わりにレーザー光を用いて, レーダーと同原理で目的を標定する装置》. 〖(1963) ← LI(GHT)[1]＋(RA)DAR〗

lid·ded /lídɪd | -dɪd/ *adj.* **1** ふた[覆い]のある: a ～ mug ふた付きのジョッキ. **2** [通例複合語の第 2 構成素として] (…の)まぶたをした: one's blue-*lidded* eyes まぶたに青いアイシャドーを塗った目 / give a person a ～ look まぶたを閉じた目を人に向ける. 〖OE *gehlidod*〗

Lid·dell Hart /lídḷhɑ́ət | lídḷhɑ́ːt/, **Sir Basil Henry** *n.* リデルハート (1895–1970; 英国の戦略家・歴史家).

Lid·die /lídi | -di/ *n.* リディー《女性名》. 〖(dim.) ← LYDIA[2]〗

Li·di·ce /líːdətsèɪ, lídɪtsi | -də-, -dɪ-; *Czech.* lídʲɪtsɛ/ *n.* リディツェ《チェコ, Bohemia 中西部の炭鉱村; 1942 年, ナチス高官暗殺に対する報復として全村が抹殺された》.

líd·less *adj.* **1** ふたのない: a ～ container. **2** まぶたのない(ような). **3** 《古》まんじりともしない, 警戒している: a ～ watcher. 〖(1522) ← LID＋-LESS〗

li·do /líːdou | -dəu/ *n.* (*pl.* **～s**) 《英》**1** (上流階級の人の行く)海水浴場, (一流の)海浜保養地. **2** (設備の行き届いた)屋外水泳プール. 〖↓〗

Li·do /líːdou | -dəu; *It.* líːdo/ *n.* [the ～] リード《イタリア北東部 Lagoon of Venice と Venice 湾を隔てる砂州島の一つ; 高級保養地として有名; 海水浴場》. 〖(1611) □ It. ～ 'shore, beach'〗

li·do·caine /láɪdəkèɪn | -də-/ *n.* 〖薬学〗リドカイン ($(CH_3)_2C_6H_3NHCOCH_2N(C_2H_5)_2$) 《局所麻酔薬; 《英》lignocaine》. 〖(1949) ← (ACETANI)LID(E)＋-O-＋-CAINE〗

lie[1] /láɪ/ *v.* (**lay** /léɪ/; **lain** /léɪn/; **ly·ing**) ― *vi.* **1 a** ⟨人・動物が⟩横たわる, 横になる (cf. lay[2] *vt.* 1 a): Let sleeping dogs ～. ⇨ dog 1 / ～ *on* one's back [side] あおむけに[横向きに]寝る / He *lay* (*happily*) *on* the grass enjoying the sunshine. 芝生に寝転がって日光浴を楽しんでいた / She *lay down on* the bed (for half an hour). (30 分ばかり)ベッドに横になった / *Lie down*, Rover! ローバー, ふせ. ★ しばしば補語として形容詞を伴う: He *lay* asleep [awake, motionless, dead]. 眠って[目を覚ましたまま, 身

動きせず, 死んだように]横になっていた / I found her *lying* ill in bed. 行って見ると彼女は病気で寝ていた. **b** 葬ってある, 地下に眠る: the churchyard where my mother ～*s*. **c** じっとしている: ～ *in* ambush [wait] (for ...) じっと(...を)待ち伏せする.
2 [しばしば補語を伴って] 〈物が〉横たわっている, ある: a big dictionary *lying* (open) *on* the desk 机の上に(開いたまま)置いてある辞書 / Smog ～*s over* the town. スモッグが町を覆っている / Leaves ～ thick *on* the lane. 小道には落葉が厚く積もっている / The snow *lay* about a foot deep *on* the street. 通りには雪が 1 フィートほど積もっていた / We can't go skiing if the snow won't ～. 雪が積もらなければスキーに行けない / The whole town *lay* spread out before them. 町全体が眼前に展開していた (cf. 4).
3 a [形容詞・p.p. 形・*doing* などを補語として] 〈人・物が〉〈ある状態に〉置かれている, ある, いる (remain): ～ helpless 手も足も出ない / ～ still 静かである / The field was *lying* fallow. その畑は休閑中だった / The machine has *lain* idle many years. 機械は何年も使われないままになっている / The goods *lay* rotting [covered with dust, gathering dust] in the warehouse. 商品は腐敗するのにまかせて[ほこりをかぶったまま, ほこりがたまったまま]倉庫に入れられていた / ～ *in* prison 獄につながれている / ～ *in* ruins 〈建物などが〉廃墟となっている; 〈政策・計画などが〉瓦解(がかい)している, 無残に砕け散っている / ～ *at* the mercy of ...の思うままになっている (cf. *at the* MERCY *of*) / ⇨ LIE *under*. **b** 〈物が〉眠っている, 遊んでいる; ほったらかしてある: money *lying in* the bank 銀行に蓄えられている金 / unsold goods *lying on* the shelf=goods *lying* unsold *on* the shelf たなざらしになっている売れ残りの商品 / Don't leave your toys and books *lying about* [*around*]. おもちゃや本をそこら中にほったらかしておいてはいけない / Let it ～. それはそのままにして[放って]おきなさい.
4 〈地形・前途などが〉展開している, 広がっている, 〈道が〉通じている: the landscape *lying before* us 我々の眼前に展開している景色 / Life [The world, A glittering future] ～*s before* you. 人生[世の中, 輝く未来]が諸君を待っている / Whatever may ～ *ahead*, don't give up. 何が待ち受けていようとあきらめるな / The path ～*s along* the coast [*through* the woods]. 道は海岸に沿って[森を通って]延びている / The valley ～*s at* our feet. 谷合いが我々の足もとに広がっている / There are many problems [obstacles] *lying in* our way [path]. 我々の行く手には数多くの問題[障害]が待ち構えている.
5 [位置を表す副詞的語句を伴って] **a** (ある場所に)位置する, ある (cf. stand *vi.* 2 b): Ireland ～*s* (*to* the) west of England. アイルランドはイングランドの西にある / The town ～*s across* the river. 町は川の向こう側にある / ⇨ *how the* LAND[1] *lies*. **b** 〈利益・困難・選択の道などが〉存在する, 見出される: He knows *where* his interest ～*s* [*interests* ～]. 利益はいずれにあるか彼は知っている《抜け目がない》/ A curse has *lain on* my family for generations. 私の家系は何代にもわたって呪われている / The difficulty ～*s here*. 困難はここにある / Hard weeks of bloody fighting *lay ahead*. 血生臭い激戦の数週間が前途に控えていた / His real motive ～*s deeper*. 彼の本当の動機はもっと深いところにある / The trouble ～*s in* the engine. 故障はエンジンだ / The choice ～*s between* death and dishonor. 死ぬか生きて恥をさらすか二つに一つを選ばなければならない / O, that way madness ～*s*. そう考えると気が狂いそうだ (Shak., *Lear* 3. 4. 21). **c** 〈物事が〉(...の上に)(軽く[重く])のしかかる, 〈食べ物が〉(...の)負担となる 〔*on, upon*〕: The problem *lay* heavily *upon* his conscience. その問題は彼の良心を苦しめた / Time ～*s* heavy *on* his hands. 彼は時間を持て余している (cf. *on one's* HANDS) / This food ～*s* heavy *on* the stomach. この食べ物は胃にもたれる.
6 a 〈軍隊が〉野営する, 宿営する 〔*at, in*〕. **b** 《古》(しばらく)滞在する (sojourn); 宿泊する (lodge).
7 《古》〈異性と〉寝る, 同衾(どうきん)する 〔*with*〕 (cf. lay[2] *vt.* 18).
8 〖海事〗〈船が〉停泊する: ～ *at* anchor 停泊している / ships *lying in* the harbor 港に停泊中の船 / ⇨ LIE *to*.
9 〖狩猟〗〈猟鳥が〉うずくまっている, すくんでいる (not rise) 〔*to*〕: ～ *to* the gun [a point] 銃[銃口]を向けられてすくむ / ～ *to* the dogs 猟犬が近づいて来てもうずくまっている.
10 〖法律〗〈訴権・控訴権などが〉ある, 成立する, 支持できる, 理由が立つ (be sustainable): The appeal [objection] does not ～ in this case. この事件では控訴が成立しない[異議の理由がない].
— *vt.* 《方言》=lay[2].
lie abóut (1) そこら中にちらかって[ほったらかしになって, 使われないで]いる (cf. *vi.* 3 b). (2) のらくらしている: ～ *about* all day. ***lie alóng*** (1) 〖海事〗〈船が〉(横風を受けて)片舷(かたげん)に傾く. (2) 《古》大の字に[長々と]横たわる. ***lie aróund*** =LIE *about*. ***lie báck*** (1) 後ろにもたれる: ～ *back in* an armchair ひじ掛け椅子にもたれて座る. (2) くつろぐ, のんびりする: Just ～ *back* and enjoy yourself. まあくつろいでお楽しみ下さい. ***lie behínd*** (1) ...の背後にある. (2) ...の(隠れた)理由[原因]となっている. ***lie bý*** (1) (...の手もとに)使われずにある, 片づけてある, のけてある: He has the manuscript *lying by* (him). 彼は原稿を手もとに保管している. (2) 仕事(など)の手を休める, 休む (rest): You'd better ～ *by* during the heat of the day. 日盛りの間は仕事を休んだほうがよい. (3) 〖海事〗 =LIE *to*. ***lie dówn*** (1) 横になる, 横になって休む (cf. *vi.* 1 a); 昼寝をする. (2) 《口語》〈圧制・侮辱などに〉屈服する, 服従する (submit) 〔*under*〕: I won't just ～ *down* and take your insults. 黙って屈服して貴様の侮辱を受けているわけにはいかん / We have no intention of *lying down under* such an injustice. このような不当な処置を甘んじて受けようなどという気はない / take *lying* down ⇨ 成句. (3) 《口語》〈仕事を〉故意に怠ける, いい加減にやる 〔*on*〕: ～ *down on* the job. ***lie in*** (1) 〈力・原因・根拠・本質などが〉...にある, に存する (consist in) (cf. *vi.* 5 b): His greatness ～*s in* his character. 彼の偉大なところはその人格にある / The remedy ～*s in* education. それを救済する道は教育にある / I felt that my future *lay in* the theater. 自分の将来が演劇にあると感じた / The case ～*s in* a nutshell. この事件は一言にして尽きる (cf. *lie in a* NUTSHELL) / He'll do as much as ～*s in* [*within*] his power. 力の及ぶ限りするだろう / as [so] far as in me ～*s* 私の力の及ぶ限り. (2) ...に集まる, にかかる: All their hopes ～ *in* me. 彼らの望みは全く私にかかっている / The lives of those people *lay in* his hands. それらの人々の生命が彼の手ひとつにかかっていた. ***lie ín*** (1) お産の床についている, 産褥(さんじょく)にある (cf. lying-in). (2) 《英口語》いつもより遅くまで寝ている, 朝寝する (cf. lie-in 1). ***lie lów*** ⇨ low[1] *adj.* 成句. ***lie óff*** (1) しばらく仕事を休む, 骨休めする. (2) 〖海事〗〈船が〉(陸地または他船から)少し離れている. (3) (レースの初めに)力をセーブしておく (hold back). ***lie on*** [***upòn***] (1) ⇨ *vi.* 5 c. (2) 《古》...の義務[責任]である: It ～*s upon* you *to* prove him innocent. 彼の無罪を証明するのは君の責任だ. (3) 《古》...による, ...次第である (depend on): His life ～*s on* the result. 彼の命はその結果いかんにかかっている. ***lie óver*** (1) 延期になる, 保留される: Let the decision ～ *over* until the next meeting. 決定は次の会合まで保留しておこう / There is a job *lying over* from last month. 先月から保留にしている仕事がある. (2) 〈手形などが〉(期限が過ぎても)支払われないでいる. (3) 〖海事〗=LIE *along* (1). ***lie to*** [to は *prep.*] 〖狩猟〗 ⇨ *vi.* 9. ***lie tó*** 〖海事〗漂蹰(ひょうちゅう)する《船首を風上に向けて洋上でほとんど停船する》. ***lie ùnder*** ...を受けて[こうむって]いる, ...に陥っている: ～ *under* suspicion [*under* the same delusion] 嫌疑を受けて[同じ思い違いをして]いる. 《1598–99》 ***lie úp*** (1) (病気で)寝ている[引きこもる]; 休養する; 〈動物が〉穴[すみか]に入っている: The doctor told me to ～ *up* for a few days. 医者は私に 2, 3 日寝ている[休養する]ように言った. (2) 〈犯人などが〉隠れている. (3) 〈自動車などが〉使用されないでいる; 〖海事〗〈船が〉保留されて(ている), ドックにつながれ(ている). ***lie with*** (1) ...の役目[義務]である: It ～*s with* you to decide. 決定するのは君の役目だ. (2) 〈責任・決定権などが〉...にある: The responsibility [decision, blame] ～*s with* you. 責任[決定権, 罪]は君にある. (3) ⇨ *vi.* 7. ***táke lýing dówn*** 《口語》〈罰・不当な処置などを〉抵抗せずに受け入れる: I won't *take* such an insult *lying down*. そんな侮辱をおめおめと受けはせんぞ (cf. LIE *down* (2)).
— *n.* **1 a** 位置, 方向, 向き (direction). **b** 《英》地形, 地勢; 事態, 事情, 形勢 (cf. lay[2] *n.* 1): the ～ of the land 地勢; 形勢, 情勢. **2** (鳥・獣・魚類の)すみか, 巣, 穴 (covert): a fine trout ～. **3** 《英》(ベッドで)横になる[休む]こと, 就寝: take a ～. **4** 〖ゴルフ〗 **a** ライ《クラブの頭部と柄との角度》: a flat ～ / an upright ～. **b** ライ《fairway または rough にあるボールの(打ちやすいか否かという)位置[状態]》: a favorable [an unfavorable, an unplayable] ～.
〖OE *licgan* < Gmc *ligjan (Du. *liggen* / G *liegen*) ← IE *legh- to lie (L *lectus* couch, bed / Gk *lékhos, lókhos* lair): cf. lay[2]〗

lie[2] /láɪ/ *n.* **1** うそ, 虚言 (fib, untruth) (↔ truth) (⇨ liar 日英比較): tell a ～ [～*s*] うそをつく / act a ～ (口でなく)行為でうそをつく, 欺く / live a ～ うその生活を送る / ⇨ black lie; white lie / a pack of ～*s* ⇨ pack[1] *n.* 11 / a tissue of ～*s* ⇨ tissue *n.* 4 / That's a ～, you scoundrel! それはうそだ, 下劣な奴め. **2** 偽り, 詐欺: His promise was (all) a big ～. 彼の約束は(すべて)大うそだった. **3** [the ～] 《古》うそをついたという非難: He would not take *the* ～. うそを言ったという非難をそのまま受け取らなかった / give a person *the* ～ うそをついたと言って人を非難する (cf. *give the* LIE (*direct*) *to* (1)).
give the líe* (*diréct*) *to (1) うそを言ったと言って〈人〉を責める (cf. Shak., *As Y L* 5. 4. 101). (2) 〈事実・行為などが〉...の偽りであることを示す: That *gives the* ～ *to* his claims. それで彼の主張がうそだということがわかる. 《1593》 ***give a person the líe in his thróat*** 〈人〉のうその皮をひんむく. ***(I) téll a líe*** 《口語》[発言を訂正して] 今のは間違い. ***náil a líe to the cóunter*** [***bár dòor***] 証拠を突きつけて虚偽を暴く《店主が偽金を帳場に釘付けにして戒めた昔の習慣から; cf. NAIL *to the counter*》.
— *v.* (**lied; ly·ing**) — *vi.* **1** うそを言う: ～ like the truth まことしやかなうそをつく: You're *lying* (to me). お前は(私に)うそを[ついている]. **2** 〈物が〉人を欺く, 目をくらます, まちがった印象を与える: Her face hadn't ～*d about* her age. 彼女は顔から想像していたとおりの年だった.
— *vt.* **1** 〈人を〉欺いて〔...を〕させる 〔*into*〕; 〈人を〉偽って〔...を〕奪う 〔*out of*〕: ～ a person *into* signing a paper 人を欺いて書類に署名させる / ～ a person *out of* his money 偽って人から金を巻き上げる / He ～*d* himself [his way] *out of* the penalty. うそを言って罰から逃れた. **2** うそをついて〈名声などを〉なくさせる 〈*away*〉: He ～*d* their character [reputation] *away*. 彼はうそを言って彼らの人格[評判]を落とさせた. ***lie in one's thróat*** = ***lie in*** [***through***] ***one's báck téeth*** 白々しい[真っ赤な, ひどい]うそをつく.
〖n.: OE *lyge* ← (v.): cog. Du. *leugen* / G *Lüge* / ON *lygi*. — v.: OE *lēogan* < Gmc *leuʒan (Du. *liegen* / G *lügen*) ← IE *leugh- to tell a lie (OChSlav. *lŭgati*)〗

SYN うそ: **lie** 人をだますための偽りの発言で, 強い非難の感じを持つ: You're telling *lies*. そんなのうそだ. **untruth** 事実ではなく間違った陳述の意味で, 客観的な表現《しばしば *lie* の婉曲語》: I'm afraid you are telling an *untruth*. どうも君の言っていることは真実ではないようだ. **falsehood**: 人を欺くために事実を曲げたり隠したりした陳述《格式ばった語》: He told a *falsehood* about his ancestry. 家系についてうそを言った. **fib** 実害がなくささいなうそ《しばしば自分または他人の顔を立てるためのもの》: a polite *fib* 儀礼上ついた軽いうそ.
ANT truth.

Lie /líː; *Norw.* líː/, **Jonas** *n.* リー《1880–1940; ノルウェー生まれの米国の画家》.
Lie, Jonas (**Lauritz Idemil**) *n.* リー《1833–1908; ノルウェーの小説家; 画家 Lie の伯父》.
Lie, Tryg·ve (**Halv·dan**) /trýgvə hálvdɑn/ *n.* リー《1896–1968; ノルウェーの政治家; 初代国連事務総長 (1946–53)》.
líe-abèd *n.* 朝寝坊の人 (late riser).
Líe álgebra /líː-/ *n.* 〖数学〗リー代数《加法と特殊な乗法とが定義されている代数系》. 〖← *M. S. Lie* (1842–99: ノルウェーの数学者)〗
Lie·ber·mann /líːbəmən | -bə-; G. líːbɐman/, **Karl** *n.* リーバーマン《1842–1914; ドイツの化学者》.
Lieb·frau·milch /líːbfraʊmɪlk, líːp- | líːbfraʊmɪlk, -mɪlç, -mɪlʃ; G. líːpfʁaʊmɪlç/ *n.* リープフラウミルヒ(ワイン)《ドイツの Rheinhessen 地方産の白ワイン》. 〖《1833》□ G ～ ← *Liebfrau*(*enstift*) (Worms にある修道院)+*Milch* milk〗
Lie·big /líːbɪg; G. líːbɪç/, Baron **Justus von** *n.* リービヒ《1803–73; ドイツの化学者》.
Líebig condénser *n.* 〖化学〗リービヒコンデンサー, リービヒ冷却器具《蒸溜の際に用いる》. 〖《1861》 ↑〗
Lieb·knecht /líːb(k)nɛkt, líːpknɛçt | líːb-; G. líːpknɛçt/, **Karl** *n.* リープクネヒト《1871–1919; W. Liebknecht の子; ドイツの革命家; 第一次大戦中, 反戦運動の先頭に立つ; ドイツ革命の際, Rosa Luxemburg と共に虐殺された》.
Liebknecht, Wilhelm *n.* リープクネヒト《1826–1900; K. Liebknecht の父でドイツのジャーナリスト・政治家・マルクス主義者; ドイツ社会民主労働党の創立者の一人》.
líe-bỳ *n.* 《英》 **1** 〖鉄道〗待避線, 側線. **2** (自動車の緊急修理用に造られた)ハイウェーのわきの舗装部分.
Liech·ten·stein /líktənstàɪn, líçtənʃtaɪn; G. líçtn̩ʃtaɪn/ *n.* リヒテンシュタイン《ヨーロッパ中部, オーストリアとスイスにはさまれた, Rhine 川上流沿いの公国; 面積 160 km^2, 首都 Vaduz; 公式名 the Principality of Liechtenstein リヒテンシュタイン大公国》.
lied /líːt, líːd | líːd, líːt; G. líːt/ *n.* (*pl.* **lie·der** /líːdə | -də^r; G. líːdɐ/) 〖音楽〗リート, 歌曲《今日の意味では主として Schubert, Mendelssohn, Schumann, Brahms, Wolf などドイツ・オーストリアの作曲家の作品によって盛んになった芸術歌曲を指す》. 〖《1852》□ G ～ 'song' < OHG *liod*: cog. OE *lēoð*〗
Lie·der·kranz /líːdəkrɑ̀ːnts, -krɑ̀ːnts | -də-; G. líːdɐkʁants/ *n.* **1** 〖商標〗リーダクランツ《カマンベール (Camembert) チーズに似て強い香味をもっている柔らかいチーズ》. **2** リーダクランツ《ドイツの男声合唱団》. 〖□ G ～ 'garland of songs': ↑〗
líe detèctor *n.* うそ発見器《応答の真偽を確かめるため血圧・脈拍・呼吸・発汗等の変化を記録する器械》. 〖1909〗
líe-dòwn *n.* 《口語》 **1** 横になること; うたた寝, まどろみ (nap). **2** =lie-in 2.
lief /líːf/ 《古》 *adv.* (～·**er**; ～·**est**) 喜んで, 快く, 心から進んで (gladly, willingly). ★ 通例次の成句で: ***would*** [***had***] ***as lief ... as ...*** =***would*** [***had***] ***líefer ... than*** ... ...よりも[くらいなら]...した方がよい[ましだ]: I *would as* ～ go there as anywhere else. 他のどこよりもそこへ行った方がよい[行きたい] / I *had* ～*er* cut my throat *than* do it. それをするくらいなら喉(のど)をかっ切って死んだ方がました. 《*c*1300》 — *adj.* (～·**er**; ～·**est**) **1** 愛する, いとしい (dear). **2** 喜んで...する (willing) 〈*to do*〉. 〖《*c*1180》 *lef* < OE *lēof* dear < Gmc *leubaz (Du. *lief* / G *lieb*) ← IE *leubh- 'to LOVE'〗
liege /líːdʒ, líːʒ/ *adj.* **1** (封建制度での)臣従を受けるべき, 君主たる: a ～ lord 君主, 王侯. **2** (封建制度での)臣従の義務のある, 君主に忠実な; 臣下としての, 臣従の: ～ service 臣下として仕えること, 臣事 / ～ homage 臣従の礼 / a ～ subject 臣下 / ⇨ liegeman. **3** 忠実な, 忠義な: be ～ to the leader 指導者に忠実である. — *n.* **1** (封建制度の)君主 (liege lord), 王侯 (sovereign): My ～! わが君, 殿(との). **2** (封建制度の)臣下, 家来, 家臣: His Majesty's ～*s* 陛下の臣下. 〖《*c*1300》 *lege, lige* □ OF *l(i)ege* (F *lige*) free, exempt □ ML *lēticus*, *līticus* ← LL *lētus, litus* serf ← ? Gmc: cf. OHG *liut* people / G *ledig* free〗
Li·ège /liéɪʒ, liéʒ; F. ljɛːʒ/ *n.* リエージュ: **1** ベルギー東部, Meuse 河畔の都市. **2** ベルギー東部の州.
líege·màn *n.* **1** (臣従を誓った)臣下. **2** 忠実な従者[部下]. 〖《*a*1375》〗
Lieg·nitz /G. líːgnɪts/ *n.* リーグニッツ《Legnica のドイツ語名》.
Líe gròup /líː-/ *n.* 〖数学〗リー群《各要素の近くに座標系が定められているような群》. 〖《1939》: ⇨ Lie algebra〗
líe-ín *n.* **1** 《英口語》朝寝: have a (nice) ～ (気持ちよく)朝寝をする. **2** 《口語》座りこみ《抗議またはデモのため, 公共の場に大勢が座りこむこと》. 〖1867〗
lien[1] /líːn, líːən | líːən, líːn/ *n.* 〖法律〗 **1** 留置権, 先取特権: have a prior ～ *on* ...に対し優先権[先取特権]を有する. **2** 担保権. 〖《1531》□ F ～ < L *ligāmen* band, tie: ⇨ ligament〗

li·en² /láɪən, -ɛn/ *n.* 〖解剖〗脾(ᵖ)(臟). 〘(1651)□ L *liēn*〙

li·e·nal /láɪənḷ/ *adj.* 脾(ᵖ)(臟)の[に関する] (splenic). 〘(1879): ⇨ ↑, -al¹〙

li·en·ee /lìːəníː, liːníː/ *n.* 〖法律〗債務を支払うまで財産を留置される債務者. 〘← LIEN¹+-EE¹〙

líen·hòlder *n.* 〖法律〗留置権者, 先取特権者.

li·en·i·tis /làɪənáɪṭɪs | -tɪs/ *n.* 〖病理〗脾(ᵖ)(臟)炎. 〘(1845): ⇨ lien², -itis〙

lien·or /líː(ə)nə, lìːənɔ́ə, liːnɔ́ə | líː(ə)nə^(r, lìːənɔ́ː^(r/ *n.* =lienholder.

li·en·ter·y /láɪəntèri | -təri/ *n.* 〖病理〗完穀下痢 《食物が未消化のまま出る下痢》. **li·en·ter·ic** /làɪəntérɪk⁻/ *adj.* 〘(1547)□(O)F *lientérie* // ML *lienteria* □ Gk *leienteria* ← *leîos* smooth+*éntera* bowels〙

Lie·pā·ja /líːəpɑ̀ːjə, liépə- | lɪpáː-; *Latv.* líɛpaːja/ *n.* リエパヤ 《ラトビア共和国西部, バルト海に臨む港市》.

lí·er *n.* (待伏せなどして)横になっている人[もの]. 〘(1596): ⇨ lie¹ (v.), -er¹〙

li·erne /liə́ːn, liéən | liə́ːn; *F.* ljɛʁn/ *n.* 〖建築〗(ヴォールト天井の装飾的な)つなぎ骨, 枝肋(ろく). 〘(1466)□F ～ ← *lier* < L *ligāre* to bind: cf. liana〙

Lies·tal /líːstaːl; *G.* líːstaːl/ *n.* リースタール 《スイス北西部 Basel-Land 準州の州都》.

Lie·tu·va /*Lith.* lɪetʊvá/ *n.* リエトゥバ 《Lithuania のリトアニア語名》.

lieu /lúː | lúː, ljúː/ *n.* ★ 次の成句で: ***in lieu*** 代わりに (instead). ***in lieu of*** ...の代わりに (instead of). 〘(*c*1300) *liue* □(O)F *lieu* < L *locum* place〙

Lieut 《略》 Lieutenant.

Lieut Col 《略》〖米陸空軍・海兵隊・英陸軍〗Lieutenant Colonel.

Lieut Comdr 《略》〖海軍〗Lieutenant Commander.

lieu·ten·an·cy /luːténənsi | lɛftén-, ləf-/ *n.* **1** lieutenant の職[位, 任期]. **2** [集合的] =lieutenants. 〘(1437)□OF *lieutenancie*: ⇨ ↓, -ancy〙

L

lieu·ten·ant /luːténənt | lɛftén-, ləf-/ *n.* **1** 上官代理, 代官 (deputy); 補佐役: ⇨ DEPUTY lieutenant, Lord Lieutenant. **2** 〖米陸空軍・海兵隊・英陸軍〗中尉: ⇨ first lieutenant, second lieutenant. **3** 〖英・米海軍〗大尉: ⇨ sublieutenant, lieutenant junior grade. ★ 以前は英海軍では /lətɛ́nənt, lɛt-, luːt-/ という発音も行われていた. **4** 〖英空軍〗大尉: a flight ～. **5** 《米》 **a** 警部補 (⇨ police 1 ★). **b** (消防署の)隊長補佐.

Lieutenant of the Tówer 《英》ロンドン塔 (Tower of London) の副長官.

〘(*c*1378) ～, *luftenand, lutenand* □(O)F ～ ← LIEU+*tenant* holder (⇨ tenant)〙

lieuténant cólonel *n.* 〖米陸空軍・海兵隊・英陸軍〗中佐. 〘1598〙

lieuténant commánder *n.* 〖海軍〗少佐 《略 LCDR》. 〘1878〙

lieuténant géneral *n.* 〖米陸空軍・海兵隊・英陸軍〗中将. 〘*c*1489〙

lieuténant góvernor *n.* **1** 《米》(州の)副知事. **2** 《英》(植民地の)副総督, 総督代理. **3** 《カナダ》(州の)副総督. **～·shìp** *n.* 〘1595〙

lieuténant júnior gráde *n.* (*pl.* **lieutenants j- g-**) 〖米海軍〗中尉.

lieu·tén·ant·ry /-nəntri/ *n.* 《廃》=lieutenancy. 〘(1604): ⇨ -ery〙

Lieut Gen 《略》〖米陸空軍・海兵隊・英陸軍〗Lieutenant General.

Lieut Gov 《略》Lieutenant Governor.

lieve /líːv/ *adv.*, *adj.* 《方言》=lief.

Li·far /líːfɑə, lɪ̯fáə | líːfɑː^(r, lɪfáː^(r; *F.* lifaːʁ/, **Serge** /sɛʁʒ/ *n.* リファール 《1905–86; ロシアの舞踏家・振付師; 1923 年以降 Paris で活躍》.

life /láɪf/ *n.* (*pl.* **lives** /láɪvz/) **1 a** 命, 生命, 人命; 生存, 存命 (cf. death): the origin of ～ 生命の起源 / a matter [case] of ～ and [or] death 生死[死活]に関する重大問題 (cf. life-and-death) / hover between ～ and death 生死の境をさまよう / Is there ～ after death? 死後も生命はあるのだろうか / the struggle for ～ 生存競争 / at (a) great sacrifice of ～ 多数の人命を犠牲にして / in ～ 存命中, 生前 (cf. 6) / escape with bare ～ 命からがら逃げる / They had no regard for human ～. 彼らには人命を尊ぶ気持ちがなかった / While there is ～, there is hope. 《諺》命のある限りは希望がある. **b** (個人の)生命: attempt [seek] the ～ of ...の生命をねらう, ...の暗殺を企てる / choke the ～ out of ...を窒息させて殺す / pester the ～ out of ...をひどく苦しめる[悩ます] / lose one's ～ 一命を失う / considerable [great] loss of ～ 相当な[多大な]人命の損失 / lay down one's ～ 命を捨てる, 一命を犠牲にする (cf. *John* 15: 13) / save a person's ～ 人の命を救う / sell one's ～ dear(ly) 敵に大きな痛手[損害]を与えて死ぬ / take a person's [one's (own)] ～ 人を殺す[自殺する] / give one's ～ (国などのために)命をささげる 《戦死するなど》/ A cat has nine *lives*. ⇨ cat *n.* 1. **c** (命のように)貴重な[いとしい]人, ★ 通例親愛の意を表す呼び掛けに用いて: My (dear) ～!

2 (生命のある)人 (living person): the *lives* lost in war(s) 戦争で失われた人命.

3 [集合的] 生き物, 生物 (living things): animal [vegetable] ～ 動[植]物 / forest [marine] ～ 森[海]の生物 / insect [bird, plant] ～ 昆虫[鳥類, 草木] / minute forms of ～ 微生物 / There seems to be no ～ on the moon. 月には生物がいないらしい.

4 a (ある時までのまたは死ぬまでの)生涯, 一生, 寿命, 一代: a long [short] ～ 長い[短い]生涯, 長[短]命 / *Life* begins at 40. 人生は 40 歳から始まる / a lease for three *lives* 三代満期借地権 / all one's ～ (through)=throughout the whole course of one's ～=through ～ 一生涯, 終生 / in early [later] ～=early[later] in ～ 若いころ[晩年]に / That was the game of his ～. それは彼の人生で最高の試合だった / Is he up to it at his time of ～? あの年で彼はそれに適任だろうか / for the rest of one's ～ ⇨ rest¹ 1 a / ⇨ *for* LIFE (1) / insure one's ～ 生命保険をかける / She began ～ as a reporter. 記者としての人生が始まった / He spent his ～ (in) doing good. 一生涯を善行に費やした / Her ～ is drawing to a [its] close. 彼女の人生も終焉を迎えつつある / Our little ～ is rounded with a sleep. 我々のささやかな一生は眠りに終わる (Shak., *Tempest* 4. 1. 157–8). 日英比較 「ライフステージ」は和製英語. 英語では stage of *life*. **b** (政府・機械・道路などの)寿命, 耐用期間: the present government's ～ 現政府の寿命 / the ～ of a battery [car, road] 電池[自動車, 道路]の耐用年限. **c** (包装食品・法律などの)有効期間. **d** 〖物理〗(素粒子・原子核や原子・分子などの)寿命 (cf. half-life 1).

5 a 生活(状態), 暮らし(方); ...生活: the (bare) necessities of ～ (最低の)生活必需品 / single [married] ～ 独身[結婚]生活 / high [low] ～ 上流[下層]生活 / street ～ 路上生活 / city [country, rural] ～ 都会[田園, 田舎]生活 / adult ～ 大人の生活 / army ～ 軍隊生活 / one's private [social, spiritual, sex(ual)] ～ 私[社会, 精神, 性]生活 / one's business ～ 実業家としての生活 / student ～ at Oxford オックスフォードでの学生生活 / ～ below stairs 召使の生活 / I want a ～ of my own [I can call my own]. 自分の[自分のものだと言える]生活をしたい / lead [live] a good [happy, miserable, monotonous, saintly] ～ 幸福な[楽しい, 悲惨な, 単調な, 清らかな]生活を送る / live a simple [quiet] ～ 質素[静か]な生活をする (cf. live¹ *vt.* 1 a) / the simple [good]～ 簡素な[まあまあの]生活 / How's ～? 暮らしはどうだい / That's what makes ～ worth living! それでこそ生きがいのある人生だ / ⇨ *the* LIFE *of Riley* / the American way of ～ アメリカ式生活 / I don't like his way [mode] of～. 彼の暮らしぶりは気に入らない (cf. life style). **b** 生活費, 生計 (livelihood): The village drew its ～ from farming. 村民は農業によって生計を立てていた.

6 人生, 人事, 実生活; 世間, この世: *in* ～ この世で (cf. 1 a) / get on *in* ～ 立身出世する / anything *in* ～ 何でも / nothing *in* ～ 皆無 / with all the pleasure(s) *in* ～ この上なく楽しんで / this ～ この世, 現世 / She departed this ～ at an advanced age. 彼女は高齢であの世へ旅立った / the ～ of the world to come=the other [future, next] ～ あの世, 来世 / enter upon ～ 実社会に出る / see (something of) ～ 世間を見る, 人生経験を積む / true to ～ ⇨ true *adj.* 3 a / He has seen nothing of ～. 全く世間知らずだ / Such is [That's] ～.=*Life* is like that. これが人生だ, (どうなろうと)仕方がない 《軽い諦めを表す》/ *Life* is but an empty dream. 人生はむなしい夢にすぎない (Longfellow, *A Psalm of Life*).

7 伝記, 一代記, 言行録 (biography): Boswell's '*Life of Johnson*' ボズウェルの「ジョンソン伝」/ *The Lives of the English Poets* 「英国詩人伝」(Johnson 著).

8 実物, 本物; 原形, 実物大(の形): It's him to the ～! 彼に生き写しだ / draw [imitate] from ～ 実物そっくりに描く[まねる] / a portrait drawn from ～ 生き写しの肖像画 / draw from ～ 実物をそのまま写す, 写生する / drawn from ～ 写生した ⇨ (*as*) *large as* LIFE (1) / ⇨ still life.

9 a 元気, 精力, 活気, 生気 (energy, liveliness): full of ～ 活気に満ちた, 元気一杯の; (町など)にぎやかで / give [bring] ～ to ...を活気づける, ...に生彩を添える / put ～ into one's work 仕事に身を入れる / infuse new ～ into ...に新しい生気を注入する / show ～ 活気を呈する / stir the dying fire *into* ～ 消えかかっている火をかき起こす / The capital is stirring back *into* ～. 首都は再び活況を呈しだしている / There was little ～ stirring in the town. 町には活気がほとんどなかった / Sing with more ～. もっと元気に歌いなさい / There's ～ in me yet! 私にはまだ元気がある. **b** 《口語》活気[生気]を与えるもの[人], 中心になるもの[人]: the ～ of a movement 運動の中心(人物) / She is the ～ (and soul) of the party. 一座の花形だ; 《反語》あれが一座のスターだって(聞いてあきれる). **c** 活力[生命]の源泉: The ～ of democracy depends upon freedom of speech. 民主主義の生命は言論の自由にかかっている.

10 弾力, 弾性; 伸縮性: lose ～ 弾力がなくなる.

11 (ワインなどの)泡立ち (sparkle).

12 (物の)生きのよさ, 新鮮な香気.

13 終身刑 (life sentence): get [be given] ～ 終身刑に処せられる / do ～ 終身刑に服する / sentence a person to ～ 人に終身刑を言い渡す.

14 〖野球・クリケット〗命拾い 《例えば野球で打者がファウルをとられないでバッティングを続けられる[攻撃のチャンスがある]時など》.

15 〖玉突〗やり直しの機会, やり直しのできる定められた回数の 1 回: A pool player has three *lives*. プール遊び(かけ玉突き)では 3 回までやり直しができる.

16 〖キリスト教〗霊的生(命); 死後の救い[生命], 新生, 再生: eternal [everlasting, immortal] ～ 永遠[不滅]の生(命).

17 [L-] 〖クリスチャンサイエンス〗生命 《神のこと》.

18 〖保険〗被保険者: a good [bad] ～ 平均余命に達する見込みのある[ない]人.

19 [the ～, the L-] 《米俗》売春 (prostitution).

20 [L-] 〖商標〗「ライフ」《米国のグラフ誌; 1936 年週刊で創刊, 1972 年休刊; 1978 年月刊誌として復刊》.

a life for a life 命には命, 殺しには殺しを 《殺人は殺害者またはその一族の者を殺すことによって復讐(ふくしゅう)するということ; cf. *Exod.* 21: 23; cf. vendetta 1》. 《*a*1325》 ***as I have life*** 確かに. (***as***) ***lárge*** [***bíg***] ***as life*** (1) 実物大で[の], 等身大で[の]. (2) 実物そのものが, 当の本人が: There he was *as large as* ～. ところがそのご本人がいたのだ. (3) 実際に, 本当に. 《1762–71》 ***bét one's life*** =BET *one's boots* (2). ***bring to life*** (1) 生き返らせる; 正気づかせる. (2) ...に生気を帯びさせる, 活気づかせる. ***còme to life*** (1) 生き返る; 正気づく. (2) 生気を帯びる, 活気づく; 《物語などが》おもしろくなる: Her face was *coming to* ～ again. 彼女の顔にようやく生気がよみがえってきた. (3) 本領[真価]を発揮する. (4) 生きているように[真に迫って]見える. 《1672》 ***for life*** (1) (ある時から死ぬまでの)一生(の), 終身(の): mark a person *for* ～ 人を傷つけて[痛めつけて]一生残るほどの(肉体的・精神的な)傷跡を与える / He was maimed *for* ～ in the accident. その事故で彼は生涯の障害者となった / a job *for* ～ 一生涯の仕事 / imprisonment *for* ～ 無期懲役 / an official appointed *for* ～ 終身官 / A puppy is *for* ～—not just for Christmas! (クリスマスプレゼントの)子犬は死ぬまで面倒をみなくては—クリスマスの時だけではないよ. (2) =*for one's* LIFE. 《1576》 ***for one's life***=***for déar*** [***véry***] ***life*** 命がけで, 必死になって: fight *for one's* ～ 必死に戦う / go [be] on trial *for one's* ～ 必死で裁判に臨む[を受けている] / The dam has burst: Run *for your lives*! ダムが決壊した, 一目散で逃げろ / run *for dear* ～ 必死になって逃げる / The soldiers fled *for their lives*. 兵士たちは一目散に逃げ去った. ***for the*** (***véry***) ***life of*** one [否定構文で] 《口語》どうしても(...しない): *For the* ～ *of me* I can't recall his name. どうしても彼の名前が思い出せない. ★ 文頭ばかりでなく文中または文尾にも用いる. ***frighten*** [***scáre***] *a person* ***out of*** *a person's* ***life*** =*frighten a person out of a person's* WITS. ***gét a life*** 《口語》[しばしば命令形で] もっと生活を充実させる, 生き方を変える. ***gó for your life*** 《豪口語》[命令形で] 頑張れ. ***in one's life*** 一生のうちで; [否定文で] 生まれてから(このかた): *Never in* (all) *my* ～ have I seen such a beautiful scene. 生まれてからまだこんな美しい景色を見たことがない. ***màke life éasy*** 問題[状況]を楽にする. ***lárger*** [《英》 ***bígger***] ***than life*** 実物より大きい, 大げさな. ***life and límb*** 生命と身体, 五体: escape with ～ *and limb* 大した損害[傷害]を受けずに逃れる. 《*a*1400》 ***nót on your*** (***swéet***) ***life*** 《口語》 (1) 決して...しない (by no means, no way): *Not on your* ～ will I pay the money. 絶対にそんな金は出さん. (2) [強い拒絶を表して] とんでもない: Will I agree to such a preposterous suggestion? *Not on your* ～. そんな途方もない提案に賛成するかって, とんでもない. 《1896》 ***on my life*** =*upon my* LIFE. ***on your life*** 必ず, ぜひとも (by all means): Finish it *on your* ～. ぜひともそれを終わらせなさい. ***táke one's life in one's*** (***ówn***) ***hánds*** (危険と知りながら)命がけでやる, 命がけの冒険をする (cf. *Judges* 12: 3). 《1890》 ***Thát's the stóry of my life!*** 《口語》それがわが運命だ: All work and no play: *That's been the story of my* ～ so far! 働きどおしで楽しい事などなかった, それがわが運命というわけだ. ***the life and sóul*** ⇨ *n.* 9 b. ***the life of Ríley*** [***Réilly***] 《口語》(ぜいたくで)安楽[のん気]な生活 《鉱脈を掘り当てた成金を歌った 1880 年代の米国の流行歌 "Is that Mr. Reilly" からか; 異説もある》: live *the* ～ *of Riley*. ***the mán*** [***wóman***] ***in*** *a person's* ***life*** 人の彼氏[恋人, 愛する人, 彼女, 情婦]. ***the tíme of*** *one's* ***life*** (忘れられないほどの)楽しい時. ***This is the life.*** これでよし 《満足を表す》. 《1917》 ***to sáve one's life*** [否定構文で] 《口語》どうしても(...しない): He couldn't tell the truth *to save his* ～. どうしても本当のことが言えなかった. ***trúe to life*** 現実的な, 現実に合った. ***upón*** [**'*pón*] *my life*** (1) 命にかけて, 誓って; 必ず. (2) [間投詞的に] これは驚いた. ***Whát a life!*** なんてことだ 《不満を表す》. 《1930》 ***within an inch of*** *a person's* ***life*** ⇨ inch 成句.

— *adj.* [限定的] **1** 一生の, 生涯の, 終身の (lifelong): ⇨ life imprisonment, life member, life sentence. **2** 生命の: ～ processes 生命の作用. **3** 実物をモデルに使う: a ～ class 実物をモデルに使う美術の授業 / a ～ study 実物モデルを使ったスケッチ. **4** 生命保険の: a ～ policy 生命保険証券. **5** 人生[生活]の: a person's ～ story 人の人生談 / *life*-enhancing[-changing] experiences 生活を高める[人生を変える]ような経験.

〘OE *līf* < Gmc **lībam* 《原義》continuance (Du. *lijf* body / G *Leib* body) ← IE **leip-* to stick, adhere: cf. live¹〙

life-and-déath *adj.* 死活にかかわる, のるかそるかの, きわめて重大な (vitally important): a ～ struggle. 〘1822〙

life annùity *n.* 〖保険〗生命年金, 終身年金.

life àrrow *n.* 〖海事〗救命矢 《難破船にロープを渡すために救命銃から発射する長いロープの付いた矢》.

life assùrance *n.* 《英》〖保険〗生命保険. 〘1830〙

life·bèlt *n.* **1** 安全ベルト. **2** 〖海事〗救命(浮)帯. 〘1858〙

life·blòod *n.* **1** 生命に必要な血液, 生き血: a gaping wound issuing ～ 生き血を流している大きな傷口 (cf. Shak., *Merch V* 3. 2. 269). **2** 活力[元気]のもと, 生命力: the ～ of industry 勤労の活力源. **3** (まぶたなどの)痙攣(けいれん). 〘1590〙

life·boat /láɪfbòut | -bə̀ut/ *n.* 〖海事〗 **1** 救命艇[ボート]; (海岸に基地をもつ)救助艇. **2** 〖金融〗共済基金 《大会社が倒産したとき, 小口投資家や従業員を救済するための基金》. 〘1801〙

lífeboat·man /-mən, -mæ̀n/ *n.* (*pl.* **-men** /-mən, -mɛ̀n/) 〖海事〗救命艇担当員. 〘1860〙

life brèath *n.* 生命を支える呼吸; 霊感を与える力, 精神の糧(ﾃ). 〘1597〙
life·bùoy *n.* 救命浮標[浮輪, 浮環, ブイ]. 〘1801〙
Life·buoy /láɪfbuːi, -bɔɪ | -bɔɪ/ *n.* 〘商標〙 ライフブイ《米国および英国の Lever Brothers 社製の石鹸》.
life càr *n.* 〘海事〙 救命水密コンテナ《海が荒れて遭難船へ救命艇が横付けできない時, 綱を渡してそれに下げ, 滑らせて連絡し人命を助けるのに使う; ark, safety car ともいう》.
life-càre *adj.* (老齢居住者に対して)基礎的介護を提供する: a ~ facility.
life càst *n.* =life mask.
life cỳcle *n.* **1 a** (個人・集団・文化などの)生活過程, ライフサイクル《個人の場合, 幼児・児童・青年・成人・老年を経て死に至るまでの一連の発展段階を含む》. **b** (製品などの)ライフサイクル, 寿命《市場導入から廃棄までのサイクル》. **2** 〘生物〙 ライフサイクル, 生活環: **a** 発生から死に至るまでの生物の一生を, 次の代と生殖細胞のところで結んで環状にした表現法. **b** =life history 2. 〘1873〙
life estàte *n.* 〘法律〙 生涯[終身]財産(権)《一代限りで世襲でないもの; cf. life tenant》.
life expèctancy *n.* 平均余命《死亡数統計に基づいて算出したある年齢の人の今後生存すると予想される平均年数》. 〘1935〙
life flòat *n.* 〘海事〙 救命浮器.
life fòrce *n.* **1** 生命力. **2** 〘哲学〙 =élan vital. 〘1896〙
life fòrm *n.* **1** 〘生態〙 生活形, 生活型《生物が自然環境の変化に応じて示す形態》. **2** 生物. **3** (SF 小説で)異星人, 宇宙人, エイリアン (alien). 〘1899〙
life·ful /láɪffəl, -fl/ *adj.* 《古》 活気[生命力]に満ちた, 元気いっぱいの. 〘(?*c*1200): ⇨ -ful¹〙
life-gìver *n.* 生命[生気, 元気, 活気]を与える人[物]. 〘1598〙
life-gìving *adj.* 生命[生気]を与える; 元気をつける, 活気づける. 〘1561〙
life·guàrd *n.* **1** 《米》 (海水浴場・プールの)見張人[救護人], 水難監視人[救助員] (《英》 lifesaver). **2** 護衛, 親衛兵 (bodyguard). — *vt.* 〈人の〉護衛をする. — *vi.* 見張人[護衛]を務める. 〘(1648) 《なぞり》? ← Du. 《廃》 *lijfgarde* ∥ G *Leibgarde*〙
Life Guàrds *n. pl.* [the ~] (英国の)近衛(ﾉｴ)騎兵第一第二連隊 (cf. Household Cavalry).
Life Guàrdsman *n.* (*pl.* **-men**) (英国の)近衛騎兵. 〘1840〙
life hístory *n.* **1** (個人や集団の全生涯に影響を与えた環境的要因と内的要因を詳細に究明する)事例史研究. **2** 〘生物〙 **a** 生活史《発生から死に至るまでの生活過程》. **b** 生活史における変化過程. 〘1870〙
life impríSonment *n.* 終身(懲役)刑.
life instinct *n.* 〘精神分析〙 生の本能《種族保存本能と自己保存本能; cf. death instinct》.
life insùrance *n.* 〘保険〙 生命保険 (cf. insurance): whole [straight] ~ 終身(生命)保険. 〘1809〙
Life Insùrance Màrketing and Reséarch Assocìation *n.* [the ~] 〘保険〙 (米国の)生命保険外務経営協会《略 LIMRA; cf. Life Office Management Association》.
life ínterest *n.* 〘法律〙 =life estate. 〘1849〙
life jàcket *n.* 〘海事〙 救命胴衣, ライフジャケット (life vest) (cf. life belt 2, Mae West 1). 〘1883〙
life·less /láɪflɪ̀s/ *adj.* **1** 生命のない (cf. animate 1); 死んだ (⇨ dead SYN). **2** 生物の住んでいない. **3** 気絶した: fall ~ 気絶する. **4** 活気[元気]のない, 精彩を欠いた, 気の抜けた (dull): a ~ story, wine, etc. **~·ly** *adv.* **~·ness** *n.* 〘OE *līflēas*: ⇨ life, -less〙
life·lìke *adj.* 生きている[実物の]ような; 真に迫っている, 生き写しの: a ~ portrait. **~·ness** *n.* 〘1613〙
life·line /láɪflàɪn/ *n.* **1 a** 命綱, 救命索《救命浮標[ブイ]や救命艇周囲に付いている索, 荒天の際甲板に張ったつかまり綱, 難破船に渡して連絡を図る綱など》. **b** (消防用の)救難綱. **c** 命綱《潜水夫の揚げ降ろし用, または遊泳者につかまらせる》. **d** 〘ヨット〙 甲板より上部に柱を立てて張りめぐらした安全用ワイヤーの手すり. **2** 生命線, 補給路線《遠隔地間を結ぶ経済・軍事的に不可欠の輸送[通信]経路》. **3** (破産・損失などを免れるための)頼みの綱. **4** [通例 L-] 〘手相〙 生命線 (line of Life). 〘1700〙
life lìst *n.* (バードウォッチャーによる)野鳥観察記録.
life·long /láɪflɔ̀(ː)ŋ, -lɑ̀(ː)ŋ | -lɔ̀ŋ/ *adj.* **1** 一生の, 終生の: ~ friends, friendship, love, etc. **2** 長年の. 〘1757〙
life·man /-mən/ *n.* (*pl.* **~·men** /-mən/) lifemanship を用いる人. 〘(1959) ↓〙
lifeman·shìp *n.* 相手より偉い[うわてだ]と思わせる術[腕前], はったり, こけおどし. 〘(1949) ← LIFE+-MANSHIP〙
life màsk *n.* ライフマスク《石膏などで生きている人の顔からとった面; cf. death mask》.
life mémber *n.* 終身会員. 〘1972〙
life mémbership *n.* 終身会員の身分; 終身会員数; 全終身会員. 〘1859〙
life nèt *n.* (消防用の)救命網. 〘1902〙
life òffice *n.* 生命保険会社(事務所). 〘1879〙
Life Òffice Mánagement Assocìation *n.* [the ~] 〘保険〙 (米国の生命保険内務経営協会《略 LOMA; cf. Life Insurance Marketing and Research Association》.
life-or-déath *adj.* =life-and-death. 〘1897〙
life péer *n.* (英国の)一代貴族[華族]《law lord および 1958 年の Life Peerages Act により授爵された者(女性も含まれる)》. 〘1869〙
life péerage *n.* (英国の)一代貴族[華族]の爵位. 〘1863〙
life péeress *n.* (英国の)女性一代貴族. 〘1958〙
life plànt *n.* 〘植物〙 =air plant 2. 〘1851〙
life preserver *n.* **1** 《米》 救命具 (life belt, life jacket, life buoy など). **2** 《英》 (護身用)仕込み杖 (blackjack). 〘(1638) 1804〙
lif·er /láɪfə | -fə(r)/ *n.* 《俗》 **1** 終身懲役者; 終身懲役の宣告. **2** 《米軍》 職業軍人. 〘(1830) ← LIFE+-ER¹〙
lifer jùice *n.* 《俗》 コーヒー (coffee).
life ràft *n.* 〘海事〙 (甲板上に備えてある)救命いかだ. 〘1819〙
life-rèndering *adj.* 《古》 命を犠牲にする, 自己犠牲の (cf. Shak., *Hamlet* 4. 5. 147): a ~ pelican. 〘1600–01〙
life·rènt *n.* 《スコット》 生涯権《遺産を所有・活用できる法的権利》. 〘1491〙
life rìng *n.* =life buoy.
life ròcket *n.* 〘海事〙 (救命索を引いて飛ぶ)救難[救命]ロケット.
life·sàver *n.* **1 a** 人命救助者; 命の恩人, 救い主. **b** (救命用の)浮輪. **2 a** 《米口語》 水難救助隊 (Lifesaving Service) 員. **b** 《英・豪》 =lifeguard 1. **3** 《口語》 (苦境などから)救ってくれる人[物]. 〘1883〙
Life Sà·vers /-sèɪvəz | -vəz/ *n.* 〘商標〙 ライフセイバーズ《米国 Life Savers 社製のハッカ菓子・ドロップ; 中央に穴があり浮き袋の形をしている》.
life·sàving *adj.* 救命(用)の, 救難(用)の; 《米》 水難救助の. — *n.* 人命救助(法); 《米》 水難救助(法). 〘1858〙
Lifesaving Sèrvice *n.* 水難救助隊《米国の政府機関で沿岸各地に配置されている》.
life scìence *n.* [通例 *pl.*] ライフサイエンス, 生命科学《生物有機体と生命過程を扱う科学で, 生物学・生化学・医学・心理学・人類学・社会学などを含む総合科学》. 〘1941〙
life scíentist *n.* 生命科学者.
life scòut *n.* ライフスカウト (⇨ boy scout 1).
life séntence *n.* 〘法律〙 終身刑, 無期懲役.
life-sìze *adj.* 実物大の, 等身(大)の: a ~ portrait, statue, torso, etc. 〘1841〙
life sìze *n.* 実物大, 等身大.
life-sízed *adj.* =life-size. 〘1847〙
life skìlls *n. pl.* (特に社会生活の基本となる)生活技術[能力].
life spàce 〘心理〙 生活空間《人間の行動を支配する諸要因から成る心理学的な場》.
life·spàn *n.* (生物体の)命の長さ, 寿命; (人間個人の)寿命 (lifetime); (道具・器械などの)寿命. 〘1918〙
life sprìng *n.* 命の泉, 生命の源. 〘1794〙
life strìngs *n. pl.* 玉の緒(ｵ), 命の綱: His ~ were cut [broken]. 命の綱が切れた《死んだ》. 〘*c*1522〙
life·stỳle *n.* (個人の)生き方, 生活様式, ライフスタイル. 〘1929〙
life-stỳle drúg *n.* 生活改善薬《バイアグラや養毛剤など》.
life-suppòrt *adj.* 生命維持のための, 生命維持装置を備えた. 〘1959〙
life suppòrt *n.* 生命維持装置; 延命処置. 〘1959〙
life-suppòrt sỳstem *n.* 〘宇宙〙 生命維持装置《人命や健康を維持するのに必要な酸素・食物・水・温度・気圧などを供給するシステム》. 〘1959〙
life tàble *n.* 〘保険〙 生命表, 死亡表 (cf. experience table, mortality table). 〘*c*1859〙
life ténant *n.* 〘法律〙 生涯権者; 生涯不動産権者 (cf. life estate). 〘1837〙
life-thrèatening *adj.* 生命をおびやかす, (病気などが)命を失う危険がある.
life·time /láɪftàɪm/ *n.* **1** 一生, 生涯, 終生: during [in] one's ~ / the chance [experience] of a ~ 絶好の[生涯にまたとない]機会[経験]. **2 a** (物の)寿命, 存続期間, 耐用期間. **b** 〘物理・化学〙 (イオン・原子の)寿命. **3** 非常に長い時間[期間]. ***áll in a*** [***one's***] ***lifetime*** 何事も運命だ, 諦めるだけだ《諦めの言葉》. (1849)
— *adj.* 一生の, 終生の, 終身の: a ~ job / ~ employment 終身雇用.
〘(*c*1220) *liftime* ∞ ? OE *lives tima*〙
life vèst *n.* 〘海事〙 =life jacket. 〘1939〙
life·wày *n.* 生活様式. 〘1948〙
life-wéary *adj.* 《Shak》 人生に疲れた. 〘1595–96〙
life·wòrk *n.* ライフワーク, 一生の仕事[事業], 畢生(ﾋｯｾｲ)の仕事. 〘1871〙
life zòne *n.* 〘生物地理〙 生活帯, 生物分布帯. 〘1901〙
LIFFE 《略》 London International Financial Futures Exchange. 〘1982〙
Lif·fey /lífi/ *n.* [the ~] リフィー川《アイルランド東部の Dublin 湾に注ぐ川 (80 km)》.
Lif·ford /lífəd | -fəd/ *n.* リフォード《アイルランド北西部 Ulster 地方の町; Donegal 県の県都》.
LIFO, lifo /láɪfoʊ | -fəʊ/ *n.* 〘会計〙 =last-in, first-out.
lift¹ /líft/ *vt.* **1 a** 持ち上げる 〈*up*〉; (持ち上げてから)下ろす 〈*down*〉 (cf. raise): ~ (*up*) a table, large stone, heavy trunk, etc. / something too heavy (for a person) to ~ (…にとって)重すぎて持ち上げられないもの / ~ logs *onto* a truck トラックに丸太を積み込む / ~ logs *out of* [*off*] a truck トラックから丸太を下ろす / ~ a lid *off* a teapot ティーポットのふたを取る / ~ the phone *to* one's ear 受話器をはずして耳に当てる / ~ a glass *to* one's lips グラスを持ち上げて自分の唇につける / ~ one's hat *to* …に対して(挨拶するために)帽子をちょっと上げる / ~ books *down from* a shelf 棚から本を下ろす. **b** 〈目・顔・手足などを〉上げる 〈*up*〉: ~ (*up*) one's eyes (*to* …) (…を)見上げる / He ~*ed* his face *to* hers. 彼は顔を上げて彼女のほうを見た / ~ one's head *from* one's book 本から顔を上げる / ~ one's hand in a salute 手を上げて挨拶する. **c** 〈旗を〉高く掲げる: ~ a flag. **d** 〈尖塔・山頂などを〉そびえさせる: The church ~*s* its spire proudly. 教会の尖塔が堂々とそびえている / The mountains ~ their peaks into the sky. 山々の峰が空高くそびえている.
2 〈人の地位[境遇]を高める, 向上させる; 〈元気を〉引き立てる 〈*up*〉; 〈談話などの〉品位を高める: ~ a person *from* obscurity 無名の人を世に出す / ~ a conversation *out of* the commonplace 話を平凡なものから高尚なものへ引き上げる / By hard work he ~*ed* himself *out of* poverty. 懸命に働いて貧困から脱した / The book ~*ed* her *to* world-wide recognition. その書物によって彼女は世界的に認められた / *Lift up* your hearts! 元気を出せ / The new dress will ~ (*up*) your spirits. その新調の服を着れば気分も晴れるでしょう.
3 〈価格・税率などを〉上げる (raise, increase): ~ commodity prices 物価を上げる / ~ a tariff 関税率を上げる.
4 〈声を〉高める, 〈叫び声を〉上げる 〈*up*〉: ~ *up* a cry [shout] 叫び声を上げる / ~ (*up*) one's voice 声を張り上げる, 叫ぶ / ~ (*up*) one's voice (*against* …) (…に)抗議する, 苦情を言う.
5 a 〈テントなどを〉取りはずす, 取り去る (remove): ~ a tent. **b** 〈封鎖・包囲などを〉解く: ~ the siege of a city 市の包囲を解く. **c** 〈禁止令などを〉解く, 撤回する (revoke): ~ a blockade 封鎖を解除する / ~ the ban on the book 書物の発禁を解除する / ~ the embargo on the shipment of oil 石油の出港停止を解く / The President ~*ed* the moratorium on new sales to the country. 大統領はその国への新規売付け禁止令を解除した. **6** 〈根菜作物を〉掘り上げる, (移植のために)〈苗などを〉掘り出す: ~ potatoes, seedlings, etc. **7** 《米》 〈抵当・約束手形などを〉請け出す, 〈負債を〉弁済する (pay off): ~ a mortgage [promissory note] 抵当[約束手形]を請け戻す. **8** 《口語》 **a** 〈人の物を〉取る, 盗む, 万引する (cf. shoplifting) (⇨ steal SYN): ~ books in a bookstore / She had her purse ~*ed*. ハンドバッグを盗まれた. **b** 〈文章などを〉〔他人から〕盗む, 剽窃(ﾋｮｳｾﾂ)する (plagiarize) 〔*from*〕: ~ a passage *from* another author 一節を他の作者から無断で抜く. **c** 〈文脈中などから〉引き抜く, 切り取って引用する 〔*out of, from*〕: The author seems to have ~*ed* this sentence *out of* context. 著者はこの文を文脈から切り離して引用しているようである. **9** (整形手術で)〈顔〉のたるみやしわを取る, 〈顔〉の美顔整形手術をする (face-lift) (cf. face-lifting): have one's face ~*ed* 顔の若返り手術をしてもらう. **10 a** 輸送する. **b** 空輸する. **11** 〈指紋を〉取る: ~ a fingerprint *from* a glass コップから指紋を取る. **12** 《方言》 〈金を〉取り立てる, 集める. **13** 〘ゴルフ〙 〈球を〉拾い上げる; 〘ゴルフ・クリケット〙 〈球を〉高く打ち上げる. **14** 〘軍事〙 **a** 〈射撃〉(の目標, 方向)を変える, (通例, 射撃方向は変えず目標をさらに遠くへ延ばす意で)射程延伸する. **b** 〈射撃を〉中止する. **15** 〘狩猟〙 〈猟犬を〉呼び戻す. **16** 《俗》 逮捕する.
— *vi.* **1 a** (持ち)上がる, 開く (cf. rise): The window will not ~. 窓が上がらない. **b** 〈飛行機・ロケットなどが〉離陸する, 〈ロケットなどが〉発射する 〈*off*〉; 〈鳥が〉飛び立つ: The rocket will ~ *off from* Cape Canaveral tomorrow morning. ロケットが明朝ケープカナベラルから打ち上げられる. **2** ぐいと持ち上げる, (力をこめて)上げようとする: He ~*ed* and ~*ed*, but the rock wouldn't budge. 何度も持ち上げようとしたが, 石はびくともしなかった. **3 a** 〈雲・霧・闇などが〉消散する, 晴れる; 〈表情・気分が〉晴れる: The fog soon ~*ed*. 霧は間もなく晴れた / Her worried expression ~*ed* slightly. 心配そうな彼女の表情がちょっと明るくなった. **b** 〈雨が〉一時やむ[上がる]: Let's wait till the rain ~*s*. 雨が上がるまで待ちましょう. **4 a** 〈尖塔・山などが〉そびえる: The church spire ~*s above* the field. 教会の尖塔(ｾﾝﾄｳ)が野原を見下ろすようにそびえている. **b** 〘海事〙 (航海して行くうちに)〈陸地が〉水平線上に見えて来る. **5** 〈床がふくれ上がる, そる.
— *n.* **1 a** 持ち上げる[持ち上がる]こと: give a person a ~ up 人を持ち上げる / give a stone a ~ 石を持ち上げる / the proud ~ *of* her head 彼女の高慢な顔の上げよう / with a faint ~ *of* the eyebrows かすかにまゆを上げて / There was so much ~ *of* sea. 波がとても高かった. **b** 〘ダンス〙 パートナーの身体を軽く持ち上げること. **c** (水門の水などの)上昇度, 持ち上がり, 上昇距離: a ~ of ten feet 10 フィートの持ち上がり. **d** (一回に持ち上げる[上がる])重量(物), 荷: a ~ of sheet steel 一回に持ち上げる鉄板(の重量). **2 a** (精神の)高揚, 意気軒昂(ｹﾝｺｳ), (感情の)高潮: an ennobling ~ *of* a person's society 人と同席して感じる精神の高まり / Her new dress gave her a tremendous ~. 新しいドレスを着ると実に晴れやかな気分になった. **b** (身分の)向上, 立身, 出世; 昇進, 昇級: a ~ *in* one's career 身分の向上, 出世. **c** (物価などの)上昇: a ~ *in* prices [fares] 物価[運賃]の上昇 / The resurgence *of* the textile industry gave a ~ to the economy. 繊維産業が復興して景気が上昇した. **3 a** (歩行者を)車などに乗せてやること, 車などに乗せてもらうこと: get [hitch, thumb] a ~ (途中で) [ヒッチハイクをして, 親指を立てて合図して] 車に乗せてもらう / Can you give me a ~ to the station? 駅まで同乗させてもらえませんか. **b** (車などに乗るとき)手を貸してやること; 手助け, 手伝い (help): give a person a ~ into the saddle 人に手を貸して鞍(ｸﾗ)に乗せてやる / give a person a ~ with his job 人の仕事に手を貸してやる. **4**

a 人·物などを上げ下げする装置. b 《英》エレベーター, 昇降機 (《米》 elevator); (小型の)貨物エレベーター (dumb-waiter, service lift). c 起重機. d (自動車を修理または駐車するときに用いる)リフト. e (スキー場などの)リフト (ski lift, chairlift ともいう). 5 (引上げ戸を上げ下げする)取っ手. 6 a (人員·物資の)輸送: a food ~ 食糧の輸送 / in a single ~ 1回の輸送で. b 空輸 (airlift). 7 《口語》(通例ちょっとした)盗み, 窃盗. 8 (土地の)隆起, 盛り上がり, 小山 (rise). 9 (靴の)かかと革の一枚. 10 【航空】揚力: a high ~ device 高揚力装置 / running ~ 滑走揚力. 11 【鉱山】 a (1回で掘り出される)鉱物の量. b 坑内用揚水ポンプ. c (炭坑の坑内の)床の盛り上がり, 盤ぶくれ. 12 【海事】(帆桁(ほげた)の)つり綱, 揚桁索(ようこうさく): ⇨ SQUARE by the lifts and braces. 13 【建築】リフト (1回に打設できるコンクリートの量). 14 【印刷】 a リフト (1度に取り扱える[持上げられる]量の紙). b =fat n. 8. 15 【時計】リフト (がんぎ車の回転によるアンクルの角度変位). 16 美容整形術 (face-lift).
on the lift 《米南部·中部》(病気·飢えなどで)弱って; 支えなしでは立ち上がれない[立っていられない].
~·a·ble /-təbl/ adj. 〖v.: (?c1200) lifte(n), lyfte(n) ◻ ON lypta < Gmc *luftjan (Du. lichten / G lüften) ← luftuz sky. — n.: (1470–85) ← (v.): ↓〗

SYN 持ち上げる: **lift** 〈持ち運べるものを〉より高い位置に持ち上げる (最も一般的な語): *lift* a suitcase スーツケースを持ち上げる. **raise** 特に垂直の方向に持ち上げる: *raise* a flag 旗を掲げる. **rear** 特に〈頭を〉上げる: The lion *reared* its head. ライオンは頭を上げた. **elevate** より高い位置·階級に上げる (格式ばった語): *elevate* a gun 砲口を上げる / *elevate* the status of teachers 教師の地位を高める. **boost** 下から押し上げる: I *boosted* him into the tree. 彼を押し上げて木に登らせた. **heave** 非常に努力して持ち上げて引っ張る: I *heaved* him to his feet. 彼をどっこいしょと抱き起こして立ち上がらせた. **ANT** lower.

L

lift² /líft/ n. [the ~] 1 《スコット·詩》空, 天空. 2 [pl.] (古代·中世における天文観で)七層の天 (the (seven) heavens). 〖OE lyft < Gmc *luftuz air, sky (Du. lucht / G Luft / ON lopt (cf. loft)) ← IE *leup- to peel off: ⇨ leaf〗
líft bòlt n. 【海事】リフトボルト (topping lift などを結びつけるため, 桁の先端に取付けたりする eyebolt).
líft bòy n. 《英》エレベーターボーイ (cf. liftman). 〖1904〗
líft brìdge n. 昇開橋 (船舶の通航時水平のままつり上げる式のもの; cf. bascule bridge). 〖1850〗
líft-drág ràtio n. 【航空】揚抗比 (飛行機または翼の揚力と抗力との比). 〖1919〗
líft·er n. 1 持ち上げる人[物]. 2 泥棒, 万引する人 (cf. shoplifter). 〖1535〗
líft·ing bòdy n. 【宇宙】リフティングボディ (ロケット推進の無翼機; 大気圏から再突入し着陸できる). 〖1964〗
lífting bòlt n. 【機械】つり上げボルト.
lífting gèar n. 【機械】つり上げ装置. 〖1887〗
lífting scrèw n. 【機械】ねじジャッキ (screw jack). 〖1885〗
líft·màn /-mæ̀n/ n. (pl. **-men** /-mèn/) 《英》エレベーター係 (《米》 elevator operator). 〖1883〗
líft-off /líftɔ̀(ː)f, -ɑ̀(ː)f | -ɔ̀f/ n. 【航空·宇宙】 1 離昇, 発進 (ヘリコプター·ロケット·ミサイルなどが発射台などから離れて上昇すること). 2 離昇時点. 〖1956〗
líft pùmp n. 吸上げポンプ (cf. force pump). 〖1858〗
líft-slàb adj. 【建築】リフトスラブ工法の[による] (床や屋根のスラブを地上で作って, ジャッキで上げる工法). 〖1951〗
líft tìcket n. (スキー場の)リフト券.
líft trùck n. 起重機貨車. 〖1963〗
líft vàlve n. 【機械】リフトバルブ, 持上げ弁. 〖1887〗
lig /líg/ vi. 《英口語》 1 のらくらして暮らす (loaf). 2 〈飲食·遊興費などを〉たかる, 勝手にただで飲食する. 〖(1960) 《方言》 ← LIE¹〗
lig·a·ment /lígəmənt/ n. 1 【解剖】 a 靭帯(じんたい), 索. b 間膜. c ひだ. 2 【動物】(二枚貝のちょうつがいの部分にある)靭帯; (下等動物の)靭帯状物. 3 《古》ひも, 帯; 結びつけるもの, きずな: the great ~ of mankind. **lig·a·men·tal** /lìgəméntl | -tl⁻/ adj. **lig·a·men·ta·ry** /lìgəméntəri | -təri⁻/ adj. **lig·a·men·tous** /lìgəméntəs | -təs⁻/ adj. 〖(1392) ◻ L ligāmentum a tie, band ← ligāre to bind〗
lig·a·men·tum /lìgəméntəm | -təm/ n. (pl. **-men·ta** /-tə | -tə/) 【解剖】=ligament 1. 〖(1713) ↑〗
li·gan /láɪgən/ n. =lagan.
lig·and /lígənd, láɪ-/ n. 【化学】リガンド, 配位子 (錯化合物中で中心金属原子に配位している原子または基). 〖(c1949) ◻ L ligandum (ger.) ← ligāre to bind: cf. ligament〗
li·gase /láɪgeɪs, -geɪz/ n. 【生化学】リガーゼ (ATP からピロ燐酸を解離する反応と共軛(きょうやく)して C と C, O, S や N を結合させる酵素; synthetase ともいう). 〖(1961) ← L ligāre to bind + -ASE〗
li·gate /láɪgeɪt/ vt. 【外科】結ぶ, くくる, 結紮(けっさつ)する (bandage, tie up). **lig·a·tive** /lígətɪv | -tɪv/ adj. 〖(1599) ← L ligātus (p.p.) ← ligāre to bind: cf. ligament〗
li·ga·tion /laɪgéɪʃən/ n. 1 【外科】(血管などの)結紮. 2 =ligature 1 a. 〖(1597) ◻ LL ligātiō(n-): ⇨ ↑, -ation〗
lig·a·ture /lígətʃə, -tʃùə, -tjùə | -tʃə(r), -tjùə(r), -tjùə(r)/ n. 1 a ひも, 帯 (band, cord). b 【外科】(血管などの)結紮(法); 結紮糸, ひも, 針金. 2 くくること, 縛ること; きずな. 3 【活字】合字, 抱き字, リガチュア (2字(以上)の欧文活字を連結して1文字[1活字]に鋳造したもの; œ, fi, ffl など; double letter ともいう; cf. digraph, logotype 2); 連結符[線] (連結音の指示をした記号; ⌒, ‿). 4 【音楽】 a リガトゥラ (中世記譜法における連結符). b =slur 4. c クラリネットのリードを固定する金属のバンド. — vt. 縛る, くくる (bind): ~ the blood vessels 血管を結紮する. 〖(a1400) ◻ LL ligātūra (fem.): ⇨ ligate, -ure〗
li·geance /láɪdʒəns, líː-/ n. 1 《英》【法律】領土, 領地. 2 《古》忠誠, 忠節 (allegiance). 〖(c1380) ◻ OF lig(e)ance ← lige 'LIEGE' + -ANCE〗
li·gen /láɪgən/ n. =lagan.
li·ger /láɪgə | -gə(r)/ n. 【動物】ライガー (ライオンの雄とトラの雌との交配による合いの子; cf. tigon). 〖(1938) 《混成》 ← LI(ON) + (TI)GER〗
Li·ge·ti /lígəti | -ti; Hung. lígɛti/, **Györ·gy** /ɟørɟ/ **Sándor** n. リゲティ (1923– ; ハンガリー生まれの作曲家; 長くオーストリアに住み, 実験的な手法で知られる).
lig·ger /lígə | -gə(r)/ n. 《俗》(芸能·マスコミ界を食いものにしている)取り巻き連, 押しかけ客. 〖(1977) ← LIG + -ER¹〗
light¹ /láɪt/ n. 1 a (視覚を可能にする)光, 明かり (↔ darkness): the ~ of the sun, the moon, a candle, etc. / Fire gives ~ and heat. 火は光と熱を発する / God said, "Let there be ~"; and there was ~. 神光あれと言いたまいければ光ありき (Gen. 1:3) / be as different as ~ and darkness 夜と昼との(大変な)違いである / in (the) ~ 光を受けて, 照らされて / by the ~ of the moon 月明かりの下で / view a picture in various ~s 光をいろいろに当てて絵を見る / read with one's back to the ~ 明かりに背を向けて読む / The ~ is bad. 明かりが不十分だ / Light! more ~! 光を, もっと光を (Goethe の臨終の言葉の一部分) / There was a ~ under the door. ドアの下から光が漏れていた. b (視覚がとらえる)光; 光輝; (表情などの)明るさ, 明るい所: in a good [bad] ~ よく見える[見えない]所に (cf. 7) / The ~ died out in [on] her face. 彼女の顔から明るさ[生きいきした表情]が消えた. c 【光学】光, (狭義には)可視光線 (電磁波の一種で人に視覚を起こさせるもの; 波長約4,000–7,700 Å (angstrom)をいう); (赤外線·紫外線·X線等の)不可視光線.
2 a [通例 the ~] 日の光 (daylight); 日中, 昼, 白昼 (day): *the* ~ of day 日中(の光) / Things will look different in the cold ~ of day [in the harsh ~ of reality]. 朝になって冷静に思い返すと[厳しい現実を目にすると]物事は違って思えるだろう / Let's leave before *the* ~ fails. 日の暮れないうちに出かけよう. b 夜明け (dawn, daybreak): when ~ appears in the east 東の空が白むころ / ⇨ first light.
3 a 発光体, 光源 (shining body). b 天体 (heavenly body): the greater ~ to rule the day, and the lesser ~ to rule the night 昼をつかさどる大いなる光(太陽)と夜をつかさどる小さき光(月) (Gen. 1:16). c 明かり, 灯火, 電灯: Bring me a ~. 明かりを持って来て下さい / put on [out] the ~ 明かりをつける[消す] / We see ~s all along the shore. 海岸一帯に灯火が見える / have one's ~s on when driving at night 夜運転する時ライトをつけておく / Lights out! 消灯.
4 a (信号としての)光(源). b のろし; 灯台. c (船·鉄道などの)明滅光. d 交通信号 (traffic light): a red [green] ~.
5 [pl.] a (舞台の)脚光 (footlights): before the ~s 舞台に出て, 脚光を浴びて. b (劇場·映画館の入口のイルミネーションのついたひさし (marquee) に)スター名が掲げられること: She dreamed of seeing her name in ~s. スターになるのを夢見た.
6 (発火を助ける)火花, 炎; 点火物 (マッチ·ろうそく·付け木など); (たばこの)火: strike a ~ (マッチなどで)火をつける / ⇨ *Strike a* LIGHT! / put a ~ to the fire [lamp] 火[ランプ]をともす / set ~ [fire] to the wood 木に火をつける / May I trouble you for a ~? たばこの火をいただきたいのですが / Will you give me a ~? たばこ(など)の火を貸して下さい / Do you have a ~? 火をお持ちですか / get a ~ 火をもらう.
7 (見方によって生じる事物の)様相; 見方, 観点, 見解: put [place] a matter in a good [favorable] ~ 物事の長所[有利な点]を目立つようにする (cf. 1 b) / see a thing in a bad ~ 物の悪い面(だけ)を見る / see things in a new [certain] ~ 新しい[ある]観点で物事を見る / in the ~ of these facts [past events] これらの事実[過去の事件]に照らして見れば[かんがみて] / consider policies in the ~ of their environmental impact 環境に与える影響という観点で政策を見直す / Circumstances put him in a false ~. いろいろの事情で彼は誤解された / Do you regard him in that ~? 君には彼がそう見えるか / view a person's conduct in the ~ of his crime 人の行為を犯罪の観点から見る.
8 a 精神的[霊的]な光; 啓蒙(けいもう)(の光) (enlightenment). b [L-] (特にクエーカー教義で)内なる光, (心を照らす)霊光 (inner light); 真理: ⇨ Inner Light / a man of ~ and leading (光となって世を指導する)識者, 権威者 (Edmund Burke の言葉). c (問題などの)解明の光[新事実]: give ~ on [upon] …を明らかにする, …を明白にする / some new ~ (up)on a question ある問題を解明する新事実 / throw [shed, cast] (a) new ~ (up)on 〈物事〉に新しい解明の光を投げかける, …解明の新事実を提供する. d 《英》(クロスワードパズル·アクロスティックなどの)答え.
9 [pl.] a 精神的能力[才能] (mental powers), 知識 (information). b 基準; 信念, 主義 (principles): do one's best according to one's (own) ~s 自分なりに全力を尽くす.
10 (目の)きらめき, 輝き; 目つき: with a fiery ~ burning in one's eyes 目に燃えるような輝きを見せて. 11 指導的な人物, 大家, 権威者, 師表 (luminary, model): shining ~s 名声の高い大家[権威者]たち / literary ~s of the day 当代の文豪たち / the *Light* of the World 世の光 (キリストのこと; cf. *John* 8:12). 12 【絵画·写真】(絵などの)光を受けている部分, (陰に対して)光; 光の効果 (↔ shade): ~ and shade 光と陰 (⇨ shade 3) / ⇨ highlight 2. 13 窓, 明かり取り; 天窓 (skylight); (仕切りの付いた窓の)一区切り; (窓にはめた)窓ガラス; (温室の)ガラス壁, ガラス屋根: ⇨ fanlight, sidelight 4, skylight 1, transom light / a room with ~s on three sides 三方に窓のある部屋 / a window containing three ~s 三つの仕切りのある窓.
14 a 《詩·古》視覚, 視力 (eyesight). b [pl.] 《俗》目 (eyes). 15 【法律】日照権, 採光権 (窓·戸口などから入る光線を隣人の建物などでさえぎられることなしに享有する権利): ⇨ ancient lights 1. 16 【印刷】=lightface.
bring to light 明るみに出す, 暴露する. (1549) *by the light of náture* 直感的に, 特別に教えられずに, 自然に. *cóme to líght* 明るみに出る, 暴露する. (1535) *cóme to líght with* 《豪口語》見つける, 示す, 出す. (1535) *gèt in [óut of] a person's líght* 人の明かり先に立つ[立たない]; 邪魔になる[ならないようにする]. *híde one's líght ùnder a búshel* ⇨ bushel¹ 成句. *júmp a líght [the líghts]* 信号無視をする. *líght at the énd of the [a] túnnel* 《口語》光明, 成功の見込み: After weeks of negotiations, we hoped we could see the ~ *at the end of the tunnel*. 数週間にわたる交渉の末, 前途に光明が見えるようにと願った. *óut like a líght* 《口語》すぐに寝ついて; (急に)意識を失って, 気絶して: be [go] *out like a* ~. (1934) *sée the líght* (1) 〈本などが〉公にされる, 出る; 〈物が〉日の目を見る; 〈人が〉生まれ(出)る. (2) (非を)悟る, 納得する. (3) (キリスト教に)入信する. *sée the líght of dáy* =see the light (1). (a1687) *shíne with reflécted líght* 他のもののめざましさ[威勢]のおかげで人目を引く. *shóot the líghts* =*jump a* LIGHT. *stánd [bé] in a person's líght* 人の明かり先に立つ; 人の(幸福·好機などの)邪魔になる, 邪魔をする. *stánd in one's ówn líght* (愚かな行為などによって)自らを陥れる, 自己の向上を妨げる. (1390) *Stríke a líght!* 《英口語》いやはや, これはこれは. *the líght of a person's cóuntenance* [しばしば皮肉的] 人の寵愛(ちょうあい), 愛顧, 恩恵, 好意; 好意[支持]のための出席 (cf. *Ps.* 4:6): in *the* ~ *of a person's countenance* 人の恩恵に浴して, 好意を受けて. (1890) *the líght of a person's life* 最愛の人, 大事な物: The child was *the* ~ *of* its parents' *life*. その子は親の目の中に入れても痛くない子だった. (lateOE)
— adj. (~·er, ~·est) 1 明るい (↔ dark): It's getting ~(er). 明るくなってきた / a ~ room 明るい部屋 / a ~ evening まだ日のある夕方 / a ~ color 明色. 2 〈色が〉白色がかった, 白っぽい (whitish); 淡色の, 薄い (pale) (↔ dark): ~ brown 淡褐色 / a *light*-blue [-red] ribbon 淡青[薄赤]色のリボン. 3 〈コーヒーが〉ミルク[クリーム]入りの (↔ black).
— adv. 淡く, 淡い色で.
— v. (~·ed, lit /lít/; adj. [限定的] としては通例 ~·ed) — vt. 1 a …に火をつける, 点火する, ともす 〈up〉 (⇨ kindle¹ SYN): ~ a candle, lamp, cigarette, match, etc. / ~ *up* a cigar 葉巻に火をつける / a *lit* cigar [cigarette] 火のついた葉巻[たばこ] / a *lighted* match 火のついたマッチ棒 / a brightly *lit* [~*ed*] corridor 明るい照明の廊下. b 〈火を〉たき付ける, 燃やす (kindle): ~ a fire / ~ the gas. 2 (灯火をつけて)明るくする, 照らす, 照明する (illuminate) 〈up〉: ~ *up* a room, street, etc. / A glimmer of dawn was beginning to ~ the sky. 夜明けの微光が空を明るくし始めてきた. 3 〈顔·目などを〉輝かす, 元気そうに見せる (brighten) 〈up〉: ~ *up* one's eyes, face, etc. / A charming smile *lit up* his features. にっこり笑って彼の顔が明るくなった. 4 灯火をつけて道案内する: She [Her torch] ~*ed* people *through* the dark streets. 彼女は明かりをつけて[彼女の明かりで]暗い通りを案内した. — vi. 1 a 火がつく: The match does not ~ easily. そのマッチはすぐ火がつかない. b (たばこ·パイプの)火をつける 〈up〉. c 《俗》マリファナたばこを吸う 〈up〉 (cf. LIT¹ up). 2 a 明るくなる, 輝く, 照る: The room suddenly *lit up*. 部屋に突然明かりがついた. b 〈顔·目が〉輝く, 生き生きする, 晴れ晴れする 〈up〉: His face *lit* [~*ed*] up with pleasure when he heard the news. その知らせを聞いたとき彼の顔は喜びで輝いた.
light a shúck [rág] 《米南部·中部》急いで去る, 走り去る. *líght óut* 《米俗》逃げ出す; 急に出かける.
〖n.: OE lēoht < (WGmc) *leuχtam (Du. licht / G Licht: cf. ON ljōs / Goth. liuhaþ) ← IE *leuk- brightness (L lūcēre to shine & lūx light / Gk leukós white, bright). — v.: OE līhtan < Gmc *liuhtjan ← (n.)〗
light² /láɪt/ adj. (~·er, ~·est) 1 a 軽い; 普通の重さ以下の (↔ heavy): a ~ load, overcoat, etc. / (as) ~ as a feather [as air] 羽[空気]のように軽い / *Light* gains make heavy purses [a heavy purse]. 《諺》ちりも積もれば山となる. b 軽荷用の, 軽便な, 軽…, 軽装備の: a ~ truck [lorry] 軽トラック / a ~ plane =lightplane / ⇨ light bomber, light engine. c 〈船·鉄道などが〉積荷の軽い, 積荷のない: the ~ waterline 軽喫水線 (cf. waterline 1) / a ~ ship 空(から)荷船. d (容積に対して)重さの軽い, 比重の小さい: ⇨ light metal. e 〈貨幣·分銅など〉法定重量に足りない; 量目不足の: a ~ coin (摩滅して規定重量以下になった)軽量貨幣 / give ~ weight 目方をごまかす / use ~ weights in trade (軽い分銅を使って)商売で目方をごまかす.
2 a 〈量·程度·強度·力など〉普通以下の: The traffic is ~ today. 今日は交通量が少ない. b 〈眠りが〉浅い; 浅い眠りの: a ~ sleep 浅い眠り, まどろみ / a ~ sleeper 眠りの浅い人. **c** 量の少ない (scanty): (a) ～ rain 小雨 / (a) ～ snow 小雪. **d** (程度の)軽い, 軽微な: a ～ attack of measles 軽いはしか / a ～ offense 軽犯罪, 微罪. **e** 力の弱い, 軽い (gentle): give [have] a ～ touch 軽くそっとさわる. **f** 〈風が〉弱い, 軽風の: a ～ wind そよ風 / ⇨ light air, light breeze. **g** かすかな, はっきりしない: a ～ stroke of the pen [brush] かすかな筆遣い. **h** 〈声・音が〉穏やかではっきりした (↔ dark).

3 a 〈職務・仕事など〉楽にできる; 容易な: ～ work, duties, etc. **b** 〈罰・規則など〉楽な, 厳しくない, ゆるやかな, 寛大な: ～ taxes 軽い税 / a ～ sentence, punishment, fine, etc.

4 つまらない, ちょっとした (trivial): These discrepancies are no ～ matter! これらの食い違いはゆゆしき問題だ / a person's ～*est* word 全く何の意味もないような言葉 / be held in ～ esteem 軽視されている / ⇨ *make* LIGHT² *of*.

5 〈読み物など〉肩の凝らない, 娯楽的な (↔ serious): a ～ novel [writer] 娯楽小説[作家] / ～ literature [music] 娯楽文学[軽音楽] / ～ reading 軽い読み物. **6** 〈建物が〉重々しくない, 優美な; すらりとした: ～ spires, arches, etc. **7** (挙動の)軽快な, 軽やかな, 敏活な, すばしこい: ～ movements / be ～ *of* foot 足が軽い / ～ on one's feet 足が軽快な / have a ～ hand 手先が器用である, 手際がよい; 手腕がある / with ～ steps 軽い足取りで. **8** (気も軽々と)楽しげな, 屈託のなさそうな; 快活な, 浮き浮きした (buoyant), 苦労のない: a ～ jest 軽口 / ～ laughter 屈託のなさそうな笑い / with a ～ heart 浮き浮きと, いそいそと / be ～ *of* heart 苦労[心配]がない, 呑気[快活]である. **9** 軽率な, 浮わついている, 落着きのない, 移り気の (fickle, inconstant); 浮気な, 身持ちの悪い: a person of ～ character 人柄が浮薄な人 / a ～ woman. **10 a** 〈食べ物が〉消化のよい, もたれない, あっさりした: a ～ soup あっさりしたスープ / ～ food 軽食 / ～ ale さっぱり味のエール. **b** 〈パンが〉十分パン種の入った, 十分に発酵した (↔ soggy): ～ bread. **c** 〈菓子など〉ふわっとした, ふわふわの (fluffy): a ～ soufflé, omelet, etc. / pastry with a ～ crust 皮のふわっとした菓子パン. **11 a** 〈酒などが〉アルコール分の少ない, 弱い, 低カロリーの: ～ beer / ～ salad dressing 低カロリーのサラダドレッシング / ⇨ light wine. **b** 風味[味, 香り]の弱い. **12** 〈軍人など〉軽装備の: ～ cavalry [infantry] 軽騎兵[歩兵]. **13** 〈土壌が〉砕けやすい, ぼろぼろの; 多孔性の (porous): ～ soil. **14** 〈産業が〉軽い (↔ heavy): ⇨ light industry. **15** 頭がふらふらする, 目まいがする: ～ in the head 気が変な; 目まいがする; ばかな (cf. light-headed). **16 a** 《口語》人手の足らない, 手不足の. **b** 金がない. **17** 〘音声〙 **a** 〈音節がアクセントを受けない (unaccented), 強勢の弱い (unstressed) (↔ heavy): (a) ～ stress 弱強勢 / a ～ syllable 弱音節. **b** 弱音の (unemphatic), 強勢のない (unstressed) (cf. heavy¹ 17). **c** 〈l 音が〉前母音に似た, 明るい (↔ dark): French "l" is much ～*er* than that of English. フランス語の l は英語の l よりもずっと明るい. **18** 〘トランプ〙 **a** (ポーカーでチップや金を場に)借りている: He is three chips ～. 3 チップ借りている. **b** 〈プレーヤーが〉コントラクトを達成し損なった. **19** 〘物理〙〈素粒子・原子核・原子・イオンなど〉質量が小さい. **20** 〈色・印刷など〉薄い, かすかな (faint).

light on 《口語》…が必要量に達していない. ***màke líght of*** …を軽視する, 軽んじる.

— *adv.* (～·**er**; ～·**est**) **1** 軽く; 軽快に, 敏活に (nimbly). **2** (眠りが)さめやすく, 浅く: sleep ～. **3** 容易に (easily), やすやすと, 簡単に: get off ～ 大した罰も受けずに済む (⇨ lightly 4) / *Light* come, ～ go. =Lightly come, lightly go (⇨ lightly 8). **4** 荷物を持たずに, 軽装で: fly ～ 〈船・航空機が〉空荷で走る / travel ～ (荷物など持たずに)身軽に旅行する / The ship returned ～. 船は空荷で帰って来た.

〖OE *līht*, *lēoht* < Gmc **liŋχt(j)az* (Du. *light* / G *leicht*) ← IE **legwh-* (L *levis* light & *levāre* to lighten / Gk *elakhús*)〗

light³ /láɪt/ *v.* (～·**ed**, **lit** /lít/) — *vi.* **1** 〈鳥などが〉〈木などに〉降りる, 止まる (alight) 〔*on, upon*〕. **2** 〈視線などが〉〈…に〉落ちる, 止まる 〔*on, upon*〕: His eyes ～*ed on* her face. 彼の目は彼女の顔に止まった. **3** 〈打撃・運命などが〉〈…の頭上に〉不意にふりかかる 〔*on, upon*〕: Nemesis *lit on* him. 天罰が彼にふってきた. **4** 〈…に〉偶然出くわす 〔*on, upon*〕; 〈…を〉偶然手に入れる 〔*on, upon*〕: ～ *on* a clue 手がかりを偶然手に入れる. **5** 《古・方言》〈馬・車・馬車などから〉降りる (dismount) 〈*down*〉〔*from*〕: ～ *down from* a horse. **6** 《英方言》起こる (happen): How does it ～ that you are here? 君がここにいるのはどうしたことだ. — *vt.* 〘海事〙〈綱・帆などを〉引く (haul), 動かす.

light into 《米口語》(1) …をしかる (scold). (2) …を攻撃する. ***light on one's féet* [*légs*]** (1) (落ちた時など倒れないで)両足で立つ. (2) 幸運である, 成功する. 〔1642〕 ***light óut*** 《米口語》(あわてて)立ち去る: *lit out* for home 急いで家に帰った.

〖OE *lihtan* to alight, 《原義》make light, disburden < Gmc **liχtjan*, **liŋχtjan* (↑)〗

light adaptàtion *n.* 〘生理〙明順応 《明るいところに入ると次第に目が馴れて網膜の光感受性が減退すること; cf. dark adaptation》. 〔1900〕

light-adàpted *adj.* 〈目が〉明順応した. 〔1900〕

light áir *n.* 〘気象〙至軽風 (⇨ wind scale). 〔1805〕

light áircraft *n.* (特に自家用プロペラ式の)軽飛行機.

light áirplane *n.* =lightplane.

light ále *n.* 《英》ライトエール 《アルコール分の少ないビールの一種; pale ale ともいう》. 〔1903〕

light álloy *n.* 〘冶金〙軽合金.

light-ármed *adj.* (軽い武器だけを持って)軽装備の. 〔1618〕

light artíllery *n.* 〘軍事〙 **1** [集合的] 軽砲 《小口径の大砲, 米国では口径 105 mm 以下のカノン砲[榴弾(ﾘｭｳﾀﾞﾝ)砲]; cf. heavy artillery, medium artillery》. **2** [集合的] 軽砲兵(部隊).

light·bòat *n.* 〘海事〙=lightship. 〔1858〕

light bómber *n.* 〘軍事〙軽爆撃機 《全備重量 10 万ポンド (約 45,360 kg) 未満の高速爆撃機; cf. heavy bomber, medium bomber》.

light bòx *n.* 〘写真〙ライトボックス 《強さの一様な光で照らされたガラス面を有し, フィルムなど透明物を当てて検査する箱》. 〔1849〕

light brèad *n.* 《俗》イースト入りの小麦粉パン. 〔1821〕

light bréeze *n.* 〘気象〙軽風 (⇨ wind scale). 〔1805〕

light bùlb *n.* 白熱電球 (incandescent lamp). ***have a líght bùlb gó ón*** 《口語》〈アイディアなどが〉ひらめく. 〔1884〕

light bùoy *n.* 〘海事〙ライトブイ, 灯浮標. 〔1894〕

light chàin *n.* 〘化学〙短鎖 《分子量の少ないペプチッド鎖; 免疫グロブリンなどで使用; cf. heavy chain》. 〔1964〕

light chróme yéllow *n.* 明るい鬱金(ｳｺﾝ)色.

light-cólored *adj.* 薄い色の, 色の薄い.

light cómedy *n.* 軽喜劇, ライトコメディー.

light créam *n.* ライトクリーム 《乳脂肪含有量が少ない 18–30% の生クリーム; cf. heavy cream》.

light crúiser *n.* 〘海軍〙軽巡洋艦 《通例主砲として 6 インチ砲を装備; cf. heavy cruiser》.

light cùrve *n.* 〘天文〙光度曲線. 〔1890〕

light displácement *n.* 〘海事〙軽荷排水量.

light dùe [dùty] *n.* 灯台税 《灯台維持のためにある海域の船に課する税》. 〔1839〕

light-emìtting díode *n.* 〘電子工学〙発光ダイオード (⇨ LED). 〔1968〕

light·en¹ /láɪtn̩/ *vt.* **1** 明るくする; 照らす (illuminate). **2** 〈顔を〉晴れやかにする, 〈目を〉輝かす. **3** 〈絵画などの〉色調を明るくする, 影を薄くする. **4** 《古》 **a** 明白にする, 明らかにする, 分かりやすくする, …に光明を与える. **b** 啓発する (enlighten). **5** 《古》きらめかす, 光らせる. — *vi.* **1** 明るくなる: The day ～*s*. 日が明るくなる, 夜が明ける. **2** [しばしば it を主語として] 稲妻が光る: *It* thundered and ～*ed*. 雷が鳴り稲妻が光った. **3** 〈顔・目などが〉明るく[晴れやかに]なる. **4** 《古》光る, 輝く. **～·er** /-tnə, -tnə | -tnə^(r), -tnə^(r)/ *n.* 〖(*a*1338) *lightne(n)*, *lihtne(n)*: ⇨ light¹ (adj.), -en¹: cf. OE *līhtan* 'to LIGHT¹'〗

light·en² /láɪtn̩/ *vt.* **1 a** 〈船などの〉荷を軽くする: ～ a ship 船荷を軽くする. **b** 〈荷を軽くする; 〈重さを〉軽くする: ～ the burden, load, etc. **c** 〈船などから〉〈荷を〉減らす 〔*of*〕: ～ a ship *of* her cargo 船の積荷を減らす. **2** 〈税・苦痛・悲しみなどを〉軽減する, 緩和する, 和らげる (⇨ relieve SYN): ～ penalties [taxes] 罰[税]を軽減する / ～ the cares of life 人生の苦労を軽くする. **3** (心の重荷を軽くして)元気づける, 喜ばせる, 慰める: ～ the heart, mind, etc. — *vi.* **1** 〈船・積荷などが〉軽くなる, 軽減する. **2** 〈心が〉軽くなる, 安んじる; 楽しくなる, 元気になる.

lighten úp 《口語》態度を和らげる, 気楽に構える.

～·er /-tnə, -tnə | -tnə^(r), -tnə^(r)/ *n.* 〖(*c*1340) *lightne(n)*, *lihtne(n)*: ⇨ light² (adj.), -en¹〗

light éngine *n.* (車両を連結しない)単行機関車. 〔1881〕

light·en·ing /láɪtnɪŋ, -tn-| -tn-, -tn-/ *n.* 〘医学〙下降感, 軽減感 《子宮の骨盤腔への下降による腹部伸張感の軽減; 分娩の 2–3 週間前に起こる》.

lightening hòle *n.* 〘建築・造船〙軽目穴(ｶﾙﾒｱﾅ), 軽量孔 《鉄板を軽くするためにあける穴》.

light·er¹ /-tə | -tə^(r)/ *n.* **1** 点灯器, ガス点火器; (たばこに火をつける)ライター. **2** 点灯夫. 〖(1553): ⇨ light¹, -er¹〗

ligh·ter² /-tə | -tə^(r)/ *n.* はしけ, 運貨船. — *vt.* 〈貨物を〉はしけで運搬する. 〖(1372–74) ← ME *lighten* to unload (⇨ light²) + -ER¹ // ▭ Du. *lichter* ← *lichte* to lighten², unload〗

ligh·ter·age /láɪtərɪdʒ | -tə-/ *n.* **1** はしけ運搬. **2** はしけ賃. **3** [集合的] はしけ運搬用の船. 〖(1481–90): ⇨ ↑, -age〗

lighter flùid *n.* ライター用オイル.

lighter·man /-mən/ *n.* (*pl.* **-men** /-mən/) はしけの船頭. 〖(1558): ⇨ lighter²〗

lighter-than-áir *adj.* 〘航空〙 **1** 〈飛行船・気球など〉(機体の排除する)空気よりも軽い (cf. heavier-than-air): a ～ craft 軽航空機 《飛行船・気球などのように, 空気より軽い気体の静浮力を利用して空中に浮揚する航空機》. **2** 軽航空機の. 〔1887〕

light·fàce 〘活字〙 *n.* ライトフェース 《肉細の活字書体; cf. weight 11; cf. boldface》. — *adj.* =lightfaced. 〔1871〕

light·fàced *adj.* 〘印刷〙〈活字書体が〉ライトフェースの, 肉細の; ライトフェース組みの (cf. bold-faced). 〖(1898) ↑〗

light·fàst *adj.* 耐光性の; (特に)耐日光性の, 光[日光]にさらしても変色しない (colorfast). **～·ness** *n.* 〔1950〕

light fìlter *n.* 〘光学・写真〙光フィルター 《入射光の強度・分光分布・偏光面などを変化させる光学素子; 色フィルター・中性フィルター・偏光フィルターなどがある; cf. color filter》. 〔1901〕

light-fíngered *adj.* **1** 手先の器用な, 手際よい. **2** 〈すりが〉手の早い; 手癖の悪い (thievish): the ～ gentry 手先の速い連中, すりたち. **～·ness** *n.* 〔1547〕

light flùx *n.* 〘光学〙光束 (luminous flux), 放射束 (radiant flux).

light flýweight *n.* (ボクシング・レスリングの)ライトフライ級の選手 (⇨ weight 表).

light-fòot *adj.* 《詩》=light-footed. 〖(?*a*1300): ⇨ light², foot〗

light-fóoted *adj.* 足の速い; 敏速な (nimble). **～·ly** *adv.* **～·ness** *n.* 〖(*a*1425) *liht fotyd*〗

light-gréy *adj.* 〈馬の毛色が〉ライトグレーの, 白馬に近い.

light guìde *n.* 光ファイバー, 光導波路 (cf. optical fiber). 〔1951〕

light gùn *n.* 〘電算〙ライトガン 《旧式で大きめの light pen; 最近ではゲーム機でプレーヤーが画面を '撃つ' (射撃信号を入力する)ための銃形の機器》.

light-hánded *adj.* **1** 手先の器用な, 手際のよい (dexterous). **2** 〈船・工場など〉手不足な. **3** 《古》手に持物が少ない, 手ぶらの; (特に)獲物がない: come home ～. **～·ly** *adv.* **～·ness** *n.* 〔1440〕

light-héaded *adj.* **1** 目まいがする, 頭がくらくらする (giddy). **2** 気の変わりやすい (fickle); 軽率な, 考えの足りない (thoughtless). **～·ly** *adv.* **～·ness** *n.* 〔?1537〕

light·hearted /láɪthɑ́ːtɪd | -hɑ́ːt-⁻/ *adj.* **1** 心配[苦労]のない; 気楽な (carefree); 快活な (cheerful) (↔ heavyhearted): be in a ～ mood. **2** (過度に)楽天的な, 行きあたりばったりの (casual). **3** 肩のこらない: a ～ comedy. **～·ly** *adv.* **～·ness** *n.* 〖(?*a*1400)〗

light héavyweight *n.* (ボクシング・重量挙げ・レスリングの)ライトヘビー級の選手, 軽重量級の選手 (⇨ weight 表). — *adj.* ライトヘビー級の. 〔1903〕

light-héeled *adj.* 《古》 **1** 足の軽い; 敏活な (nimble). **2** 尻の軽い, 不貞な, みだらな (wanton). 〔1595–96〕

light hórse *n.* 軽騎兵(部隊). 〔1532〕

light-hòrseman *n.* (*pl.* **-men**) 軽騎兵. 〔1548〕

light·house /láɪthàʊs/ *n.* **1** 灯台. **2** 〘海事〙(船の)舷灯塔 《船, 特に帆船で前甲板の左右に取付ける高さ 1.5 m 位の塔で, その中に航海灯としての舷灯をつける; light tower, sidelight castle [tower] ともいう》. 〔1662–63〕

lighthouse kèeper *n.* 灯台守. 〔1738〕

light hóusekeeping *n.* **1** (掃除器による掃除など)手軽にできる家事労働. **2** (アパートなどの)限られた調理設備による家事. **3** 《米俗》同棲(生活). 〔1904〕

lighthouse·man /-mən/ *n.* (*pl.* **-men** /-mən/) 灯台看手, 灯台守. 〔1889〕

lighthouse tùbe *n.* 〘電子工学〙灯台管 《外形が灯台に似て, 比較的大電力で使える高周波用の真空管; megatron ともいう》.

light índustry *n.* 軽工業 《主として消費財を生産する繊維衣服・食品工業など; cf. heavy industry》. 〔1921〕

light ínfantry *n.* 《英》軽(装)歩兵隊 (略 L.I., Lt. Inf.).

light·ing /láɪtɪŋ | -tɪŋ/ *n.* **1** 点火 (ignition); 点灯, 照明: the ～ *of* the candles ろうそくの点火 / the ～ *of* the Christmas tree クリスマスツリーの照明. **2 a** 照明法; 〘劇場・テレビ〙舞台照明(技術), 照明効果: ⇨ direct lighting, indirect lighting. **b** [集合的] ステージライト. **3** (絵画などで顔や物に当たる)光線, 光の配置, 明暗. 〖OE *lihtinge*〗

lighting-úp tìme *n.* (車の)法定点灯時刻[時間]. 〔1900〕

light·ish¹ /-tɪʃ | -tɪʃ/ *adj.* やや明るい, 幾分明るい. 〖(1656): ⇨ light¹, -ish¹〗

light·ish² /-tɪʃ | -tɪʃ/ *adj.* やや重量不足の; やや積載貨物の少ない.

light Ĺ /-él/ *n.* 〘音声〙明るい 'l.' ★ 巻頭の「発音解説」参照.

light-légged *adj.* 足の速い, 快足の. 〔*a*1586〕

light·less *adj.* **1** 光のない, 暗い. **2** 〈星など〉発光しない. **～·ness** *n.* 〖OE *lēohtlēas*: ⇨ light¹, -less〗

light lìne *n.* 〘海事〙軽荷喫水線 《貨物を全然積まない状態の船の喫水線》.

light·ly /láɪtli/ *adv.* **1** 軽く, そっと, 静かに; 軽やかに: press ～ on a buzzer ブザーを軽く押す / float ～ 軽く浮く / dance ～ to the music 音楽に合わせて軽やかに踊る / laugh ～ 軽く笑う / "It doesn't matter," she said ～. 「何でもないのよ」と彼女はそっと言った. **2** 少しばかり, ちょっと, あっさり: eat and drink ～ 少しばかり飲んだり食べたりする / ～ cooked あっさり料理した / ～ boiled eggs 半熟卵 / ～ salted food 塩味の薄い[甘塩の]食べ物. **3** 敏速に, すばしこく: leap over the fence ～ 垣根を軽く飛び越す. **4** (厳しくなく)柔らかに, 温和に, 軽く: punish ～ / let a person off ～ やすやすと人を許す / get off [escape] ～ 大した罰を受けずに済む ⇨ light² *adv.* 3. **5** 軽率に; 軽はずみに: behave ～ 軽率に行動する. **6** 軽んじて, 軽視して; 無関心に: speak ～ of …をけなす / think ～ of a person's achievements 人の業績を軽視する / a man not to be treated ～ 軽々しく取り扱えない人. **7** 陽気に, 快活に; 平気で: take bad news ～ 悪い知らせを平然と受ける. **8** 《古》たやすく, 大した努力もせずに: *Lightly* come, ～ go. 《諺》得やすければ失いやすし, 「悪銭身につかず」 (Light come, light go. ともいう). **9** [しばしば否定構文で] 強い理由もなく: a request *not* to be refused ～ わけもなく断れない要求. **10** 軽く: ～ clothed 軽装で. 〖OE *lēohtlīċe*〗

light machíne gùn *n.* 〘軍事〙軽機関銃 《口径 0.30 インチ (約 0.76 cm) 以下で空冷式》. 〔*c*1925〕

light márching òrder *n.* 〘軍事〙軽装, 軽軍装 《武器・弾薬のほかは, ナイフ・フォーク・スプーンなどの携帯組食器と背囊しか持たない》: in ～ 軽軍装で. 〔1825〕

light mèat *n.* 白身肉 (white meat) 《鶏・七面鳥などのささみや子牛肉のように色の薄い肉; cf. dark meat 2, red meat》.

L

light métal *n.* 軽金属《通例比重 4.0 以下; cf. heavy metal 1》.

light mèter *n.* 〘写真〙 =exposure meter. 〖1921〗

light míddleweight *n.* 《ボクシングの》ライトミドル級の選手 (⇨ weight 表).

light-mínded *adj.* 軽率な, 無分別な, 軽薄な. **~·ly** *adv.* **~·ness** *n.* 〖1611〗

light mìneral *n.* 〘鉱物〙 軽鉱物《比重が 2.8 より小さい鉱物の総称; ↔ heavy mineral》.

light músic *n.* 軽音楽.

light·ness[1] *n.* **1** 明るいこと; 明るさ. **2** 《色などの》薄い[淡い]こと, 薄白さ. **3** 明度《黒色から白色[透明]に至る種々の色の物体が反射する光の相対量》. 〖OE *lihtnes*〗

light·ness[2] *n.* **1** 軽いこと; 軽さ: a feathery ~ of touch. **2** 敏速, 機敏. **3** 手際のよさ, 手練. **4** 軽率 (levity); ふまじめ; 浮気, 不身持ち. **5** 《態度・話しぶり・文体などの》陽気さ, 屈託のなさ: a charming ~ of speech. **6** 優雅さ (gracefulness): the ~ of her figure. **7** 弱々しさ (delicacy). 〖? lateOE *lihtness(e)*〗

light·ning /láɪtnɪŋ/ *n.* **1 a** 電光, 稲妻, 稲光: a flash of ~ 電光 / forked ~ 折電 / globular ~ 球電 / zigzag ~ 折曲電, 折電 / ⇨ ball lightning, chain lightning, sheet lightning, summer lightning, heat lightning / (as) quick [fast] as ~ =like (《口語》 greased) ~ =like a streak of ~ 電光石火に, たちまち / The ~ struck a tree. その雷は木に落ちた / The house was struck by ~. その家に落雷した. **b** [形容詞的に] 電光の: a ~ strike 落雷 (cf. *adj.* 2). **2** 《米口語》思いがけない幸運; 《特に》政治的要職への指名[選出]. **3** 《米俗》品質の悪い安ウイスキー.
— *adj.* **1** 電光石火の, きわめて急速な: a ~ calculator 暗算の名人 / with [at] ~ speed 電光石火の速さで, またたく間に. **2** 電撃的な: a ~ strike (直前に通告して行う) 抜き打ちスト (cf. *n.* 1 b) / ⇨ lightning war.
— *vi.* [しばしば it を主語として] 電光[稲妻]を発する, 稲光りする: Then *it* ~*ed* terribly. その時ものすごい稲光りがした.
〖(*c*1280) *lightning(e)* 《変形》 ← *lightening*〗

L

lightning arrèster *n.* 〘電気〙 《電気器具に取り付ける》避雷器. 〖1860〗

lightning bàll *n.* = Saint Elmo's fire.

lightning bùg *n.* 《米》〘昆虫〙 ホタル (firefly). 〖1778〗

lightning chèss *n.* 早指しのチェス (《米》 rapid transit chess). 〖1951〗

lightning condúctor *n.* 避雷針; 《避雷針設備の》引下導線.

lightning pàins *n. pl.* 〘医学〙 電撃痛.

lightning ròd *n.* **1** 《米》避雷針. **2** 代わりに攻撃の矢面に立たされる人[物]. 〖1789〗

lightning stòrm *n.* =thunderstorm.

lightning strìke *n.* 抜き打ち的なストライキ, 電撃スト. 〖1920〗

lightning wàr *n.* 〘軍事〙 電撃戦 (cf. blitzkrieg 1). 〖《なぞり》 ← G *Blitzkrieg*〗

light óil *n.* 〘化学〙 軽油《原油蒸溜の際に 200–300°C で溜出する溜分》. 〖1867〗

light-o'-love /láɪtəláv | -təl-/ *n.* **1** 浮気女; 売春婦 (prostitute). **2** 恋人, 情人 (paramour). 〖1579〗

light ópera *n.* =operetta. 〖1882〗

light pèn *n.* 〘電算〙 **1** ライトペン《ペンのような形をしており, 表示スクリーンの上に特定の点を指定するコンピューターの入力装置》. **2** バーコード読み取り装置. 〖1958〗

light pèncil *n.* =light pen 1.

light·pláne *n.* 《自家用の》軽飛行機《翼面荷重の小さい小型機; light airplane ともいう》. 〖1923〗

light plòt *n.* 《演劇・オペラなどの》舞台照明用の台本.

light pollùtion *n.* 光害《天体観測などに支障をきたす都市などの夜光》.

light prèssure *n.* 〘物理〙 光圧, 光の圧力《輻射が物体面に当たった時, 面に及ぼす圧力》. 〖1903〗

light-pròof *adj.* 光線を通さない, 耐光性の. 〖1923〗

light quántum *n.* 〘物理〙 光量子 (⇨ photon). 〖1925〗

light ràil *n.* 《米》軽便鉄道, 軽快電車《トロリー式などの電車による市街鉄道網》.

light-ráil trànsit *n.* 軽鉄道輸送機関《路面電車など; 略 LRT》.

light ráilway *n.* 《英》 =light rail. 〖1868〗

light reàction *n.* 〘植物〙 明反応《光のエネルギーがクロロフィルにより吸収されることにより生じる光合成の第一過程; cf. dark reaction》.

light réd *n.* 薄赤色. 〖1803〗

light relíef *n.* 緊張をゆるめるもの, 息抜き.

lights /láɪts/ *n. pl.* 《方言》《羊・豚・牛などの》肺臓《犬・猫などの食べ物》. 〖(*a*1200) *lightes, liht*: ⇨ light²: 他の内臓より軽いところから (cf. lung)〗

light-sénsitive *adj.* 〘物理〙 光電性の. 〖1936〗

light·shìp *n.* 〘海事〙 灯船《灯台を建設できない箇所で, 航海上の危険な岩礁や洲の上に係留され, マスト上に灯を設備して灯台の代わりをする船》. 〖1837〗

light shòw *n.* ライトショー《色光線・スライド・エンドレステープなどを使って幻覚剤と同じ効果を狙ったサイケデリックショー》. 〖1966〗

light-skirts *n. pl.* [単数扱い] 尻軽女, 浮気女. 〖1597–98〗

light·some[1] /láɪtsəm/ *adj.* 《古・詩》 **1** 光る, 輝く. **2** 明るく照らされた, 明るい. **3** 明白な. **4** 《色が》薄い. 〖(*a*1382): ⇨ light¹, -some¹〗

light·some[2] /láɪtsəm/ *adj.* 《古・詩》 **1** 軽快な, 敏活な (nimble). **2** 《容姿の》上品な, 優美な (elegant). **3** 快活な, 陽気な (merry). **4** 軽薄な (frivolous). **~·ly** *adv.* **~·ness** *n.* 〖(?*a*1400): ⇨ light², -some¹〗

lights-óut *n.* (*pl.* ~) **1** 〘軍事〙 消灯命令[らっぱ, 信号]. **2** 就寝時間, 消灯時間 (bedtime). 〖1868〗

light-spèed *n.* 光速; [形容詞的に] 光速の, とても速い.

light-strùck *adj.* 〘写真〙 〈フィルムなど〉感光した, 光に当たってだめになった: a ~ film. 〖1890〗

light stùff *n.* 《俗》《マリファナなど》軽い麻薬.

light tàble *n.* ライトテーブル《半透明な上板を下から均一に照明して用いるテーブル; スライド検査用・透写用》.

light-tìght *adj.* =lightproof. 〖1884〗

light tòwer *n.* 〘海事〙 =lighthouse 2.

light tràcer *n.* 〘軍事〙 曳光(えいこう)弾.

light tràp *n.* **1** 誘蛾(ゆうが)灯. **2** 〘写真〙 遮光装置, 《暗室への》遮光通路. 〖1906〗

light vàlve *n.* 〘電子工学〙 光弁《偏光・吸収などを利用して光の透過・遮断を制御する電子的なシャッターのようなもの》. 〖1928〗

light vérse *n.* 戯詩《内容の深さよりも軽妙優雅な表現で人を楽しませることを目的とした詩》.

light vèssel *n.* 〘海事〙 =lightship.

light-wáter *adj.* 〘化学〙 軽水の[を用いる]: a ~ reactor.

light wáter *n.* 〘化学〙 軽水《重水 (heavy water) と区別して普通の水》. 〖1933〗

light·wáve *adj.* 光ファイバーを使った《通信システムや機器についていう》. 〖1871〗

light wàve *n.* 〘光学〙 光波. 〖1871〗

light·wèight *n.* **1** 標準重量以下の人[動物]. **2** 《ボクシング・重量挙げ・レスリングの》ライト級の選手 (⇨ weight 表). **3** 《口語》コンマ以下の人間, 足りない[つまらない]人間. — *adj.* **1** 標準重量以下の; 軽い: a ~ sweater. **2** まじめでない, 深刻でない, つまらぬ: ~ fiction. **3** 〈馬・特に猟馬が〉165 ポンドまで運ぶことができる. **4** ライト級の: a ~ bout. 〖1773〗

light wéight *n.* 〘海事〙 =light displacement.

lightweight ággregate *n.* 〘建築〙 軽量骨材.

light wèll *n.* 〘建築〙 《建物内[間]に光を導く》光井(こうせい), 光庭(こうてい), ライトウェル. 〖1900〗

light wélterweight *n.* 《ボクシングの》ライトウェルター級の選手 (⇨ weight 表).

light whískey *n.* ライトウイスキー《従来のウイスキーより味・におい・色・こくともに軽く造られたアメリカ産のウイスキー》.

light wíne *n.* ライトワイン《軽いぶどう酒で, 主に食事用; ⇨ table wine》.

light·wòod *n.* 《米南部》たきつけ用の木, 燃えやすい木; 《特に》やにの多い松材. 〖1685〗

light year /láɪtjɪə | -jɪə^(r), -jəː^(r)/ *n.* 〘天文〙 光年《光が 1 年間に達する距離; 約 9,460,000,000,000 km》. 〖1888〗

lign- /lɪgn/ 《母音の前にくるときの》 ligno- の異形: *ligniform*.

lign·al·oe /laɪnǽloʊ, lɪgnǽl- | -ləʊ/ *n.* =agalloch. 〖(*c*1385) *ligne aloes* ◻ OF *lijnaloe(s)* // LL *lignum aloēs* 'wood of the ALOE'〗

ligne /líːn; *F.* liɲ/ *n.* **1** 〘時計〙 リーニュ《時計のムーブメントの大きさを表すのに用いられる古いフランス式長さの単位; 2,256 mm》. **2** =line¹ 20 b. 〖◻F ~ < L *lineam*: ⇨ line¹〗

lig·ne·ous /lígniəs/ *adj.* 〘植物〙 〈草が〉木のような, 木質の (woody) (cf. herbaceous 1). 〖(1626) ← L *ligneus* woody, wooden (← *lignum* wood) +-EOUS〗

lig·ni- /lígnə, -ni | -nɪ̀, -ni/ ligno- の異形 (⇨ -i-).

lig·nic·ol·ous /lɪgníkələs/ *adj.* (*also* **lig·ni·cole** /lígnɪ̀kòʊl | -nɪkəʊl/) 森林に生育する, 木に生える.

lig·nif·er·ous /lɪgníf(ə)rəs/ *adj.* 木性の; 木性を生じる. 〖⇨ ↑, -ferous〗

lig·ni·form /lígnəfɔ̀ːm | -nɪ̀fɔːm/ *adj.* 〈石綿など〉木質に似た, 材木状の. 〖← LIGNO- + -FORM〗

lig·ni·fy /lígnəfàɪ | -nɪ̀-/ *vt.*, *vi.* 木質化する. **lig·ni·fi·ca·tion** /lìgnəfɪ̀kéɪʃən | -nɪ̀fɪ-/ *n.* 〖(1828) ◻F *lignifier*: ⇨ ligno-, -fy〗

lig·nin /lígnɪ̀n | -nɪn/ *n.* 〘化学〙 リグニン《木材の中にセルロースに伴って存在するフェニルプロパンを骨格とする網状高分子物質》. 〖(1822) ← LIGNO- + -IN²〗

lígnin·sulfònic ácid *n.* 〘化学〙 リグニンスルフォン酸《皮なめし用の分散剤・バニリン (vanillin) 製造に用いる》.

lig·nite /lígnaɪt/ *n.* 〘地質〙 亜炭; 褐炭 (brown coal). **lig·nit·ic** /lɪgnítɪk | -tɪk/ *adj.* 〖(1808) ◻F ~: ⇨ ligno-, -ite¹〗

lig·ni·tif·er·ous /lìgnətíf(ə)rəs | -nɪ̀-⁻/ *adj.* 褐炭を含む. 〖(1859): ⇨ ↑, -ferous〗

lig·no- /lígnoʊ | -nə(ʊ)/ 次の意味を表す連結形: **1** 「木 (wood)」. **2** 〘化学〙 「リグニン (lignin)」. ★ 時に ligni-, また母音の前では通例 lign- になる. 〖← L *lignum* wood〗

lig·no·caine /lígnəkèɪn/ *n.* 〘化学〙 リグノカイン ($(CH_3)_2C_6H_3NH{\cdot}CO{\cdot}CH_2{\cdot}N(C_2H_5)_2$) 《白色結晶, 局部麻酔剤》. 〖(1954): ⇨ ↑, -caine〗

lìgno·céllulose *n.* 〘化学・生物〙 リグノセルロース《リグニンを伴うセルロース》. **lìgno·cellulósic** *adj.* 〖(1900): ⇨ ligno-〗

lig·no·cer·ic ácid /lìgnəsèrɪk-/ *n.* 〘化学〙 リグノセリン酸 ($CH_3(CH_2)_{22}COOH$) 《一塩基性脂肪酸で, グリセリドとして落花生油中に存在》. 〖(1888) ← LIGNO- + -CERIC〗

lig·nose /lígnoʊs, -noʊz | -nəʊs/ *n.* 〘化学〙 リグノーズ《lignin の一成分》. 〖(1878) ◻ L *lignōsus* woody ← *lignum* wood〗

lìgno·súlfonate *n.* 〘化学〙 リグノスルフォン酸塩《パルプ製造の際の廃液から得られる, 分散剤などの原料》. 〖(1908): ⇨ ligno-〗

lìgno·túber *n.* 〘植物〙 木瘤: **1** =burl[1,2]. **2** ユーカリ類などの樹幹の地下または地表部にある木質のこぶ; 休眠芽や養分を含み, 火災などで上部が失われると, そこから発芽する. 〖← LIGNO- + tuber¹〗

lig·num /lígnəm/ *n.* 《豪》 =polygonum. 〖1880〗

lig·num vi·tae /lígnəmváɪti | -ti/ *n.* **1** 〘植物〙 ユソウボク, グアヤックジュ (*Guaiacum sanctum*) 《熱帯アメリカ産のハマビシ科の高木》. **2** ユソウボク材《堅いので滑車・定規などに用いられる》. 〖(1597) ← NL ~ ← L *lignum vitae* wood of life〗

lig·ro·in /lígroʊɪ̀n | -rəʊɪn/ *n.* (*also* **lig·ro·ine** /~/) 〘化学〙 リグロイン《石油エーテルの一種》. 〖(1881) ← ?〗

lig·ul- /lígjʊl/ liguli- の異形.

lig·u·la /lígjʊlə/ *n.* (*pl.* **-u·lae** /-lìː, -làɪ/, **~s**) **1** 〘植物〙 =ligule. **2** 〘昆虫〙 唇舌, 陰茎鞘. **líg·u·lar** /-lə | -lə^(r)/ *adj.* **líg·u·lòid** /-lɔ̀ɪd/ *adj.* 〖(1760) ← NL ~ ← L *ligula* spoon, little tongue, strap 《変形》 ← *lingula* (dim.) ← *lingua* tongue ← *lingere* to lick〗

lig·u·late /lígjʊlɪ̀t, -lèɪt/ *adj.* 〘植物〙 **1** 舌状の: the ~ corolla 舌状花冠. **2** 《キク科の頭状花に見られるような》舌状花冠の. 〖(1760): ⇨ ↑, -ate²〗

lig·ule /lígjuːl/ *n.* 〘植物〙 **1** 小舌, 舌状片《イネ科植物の葉身の基部になる小片》. **2** 舌状花冠《キク科植物の舌状の花弁》. 〖(*c*1847) ◻ L *ligula*: ⇨ ligula〗

lig·u·li- /lígjʊlɪ̀, -li/ 〘植物〙 「小舌 (ligule)」の意の連結形: *liguliform* 小舌形. 〖← L *ligula*: ⇨ ligula〗

lig·ure /lígjʊə, -gjə | -gjʊə^(r), -gjə^(r)/ *n.* 〘聖書〙 ユダヤの祭司長の胸当てを飾る十二宝石の一つ《風信子鉱 (hyacinth) と推定されている; cf. *Exod.* 28: 19》. 〖(*a*1300) ◻ LL *ligūrius* ◻ Gk *ligúrion* 《なぞり》 ← Heb. *léšem*〗

Li·gur·i·a /lɪ̀gjʊ́ᵊriə | lɪgúər-; *It.* ligúːrja/ *n.* リグーリア《イタリア北西部の州; 面積 5,413 km², 州都 Genoa》.

Li·gur·i·an /lɪ̀gjʊ́ᵊriən | lɪgúər-/ *adj.*, *n.*

Ligúrian béllflower *n.* 〘植物〙 イタリア原産のツリガネソウの一種 (*Campanula isophylla*).

Ligúrian Séa *n.* [the ~] リグリア海《Corsica 島とイタリア北西岸との間の地中海海域》.

li·gus·trum /lɪgʌ́strəm/ *n.* 〘植物〙 イボタノキ属 (*Ligustrum*) の各種の低木[高木] (privet) 《モクセイ科》. 〖(1664) ◻ L ~〗

Li Hong·zhang /líːhʊ̀ŋtʃáːŋ | -tʃǽŋ; *Chin.* lìxúŋtʂàŋ/ *n.* 李鴻章(リーホンチャン) (1823–1901; 中国清朝末期の政治家・外交家・将軍).

lik·a·ble /láɪkəbl/ *adj.* 気に入った, 好ましい, 好きな: a ~ man. **~·ness** *n.* **lìk·a·bíl·i·ty** /-kəbíləti | -lɪ̀ti/ *n.* 〖(1730) ← LIKE² + -ABLE〗

Li·ka·si /lɪ̀káːsi | lɪ-; *F.* likasi/ *n.* リカシ《コンゴ民主共和国南東部 Shaba 州南東の市; 旧名 Jadotville》.

like[1] /láɪk/ *adj.* (**more ~, most ~**; 《古》 **lik·er, -est**) ★ 目的格(古くは与格)の名詞・代名詞を伴い, また(特に比較級の場合には)前置詞 to を伴うことがある; 目的(格の)語をとる時は, 今では前置詞とも解される (cf. unlike 2).
1 [限定的] **a** 《外見・性格・量など》同様な (similar), 類似の, 等しい (equal): a ~ instance 類似の例 / a ~ sum 同額 / in ~ manner 同様に / on this and ~ subjects この題目および他の類似の題目について / *Like* master, ~ man. 《諺》似た者同士の主人と家僕, この主にしてこの臣あり / *Like* father [mother], ~ son[daughter]. 《諺》この父[母]にしてこの(息)子[娘]あり / of ~ mind 同意見で. **b** 〘数学〙 等しい: ~ quantities 等量 / ~ terms 同類項 / ~ figures 相似形 / ~ charges [signs] 同符号. **2 a** 《まれ》〈二つ(以上)のものが〉似ている (alike): The two rings are very ~. その二つの指輪はよく似ている / No two things are more ~. この二つの物ほどよく似たものはない / The two sisters are (as) ~ as two peas (in a pod). その二人の姉妹は実によく似ている, うりふたつだ. **b** 〈写真など〉(実物に)よく似ている: This picture is not at all ~ (you). この写真はちっとも(君に)似ていない. **3** …のような, …と比較すべき: a critic ~ you 君のような批評家 / eyes ~ stars 星のようにつぶらなひとみ / people ~ everyone else みんなと同じような人 / a thing ~ that そのような物 / She is (very) much ~ a bird. 彼女は全く鳥のようだ / She is more ~ 25 than 15. 15 というより 25 に見える / There is nothing [none] ~ …のように良いものはない / ⇨ NOTHING *like* [*near*] *as* [*so*] … *as* / What is he [it] ~? 彼[それ]はどんな人[物]か / What is he ~ at home? お宅ではどうですか / What is her latest novel ~? 彼女の最新の小説はどうですか / What is it ~ being a celebrity? 有名人になるのはどんな気分ですか / This is ~ when we were at school. これは私たちが学校に行っていた時みたいだ / X is ~ unto Y. 《古》 X は Y に似ている. **4** …の特徴を表している; …らしい: Such behavior is ~ him. こんなふるまいはいかにも彼らしい / It was just ~ him to think of himself first. 自分のことを第一番に考えたのは彼らしい. **5** [叙述的] 《古》多分ありそうな (probable, likely): For then 'tis ~ I should forget myself. そうすれば私は自分を忘れることができるでしょう (Shak., *John* 3. 4. 49). **6** [*to do* を伴って] 《米方言・英古》ほとんど…しそうで (likely) (cf. *vi.*): The wall was [had] ~ *to* have fallen on me. 壁がもう少しで私の上に崩れ落ちて来るところだった / He was ~ *to* break the door down. 彼はもう少しで戸をたたき壊すところだった.
ánything like ⇨ anything *pron.*, *adv.* 成句. ***féel like*** ⇨ feel 成句. ***like anóther*** ⇨ another *pron.* 成句. ***like as we líe*** 〘ゴルフ〙 ストロークが同数の (cf. *n.* 3) 《ゴルフのメダルプレー (medal play) で両者が同じストローク数で進んでいる場合; cf. lie¹ *n.* 4 b》. ***like héll*** ⇨ hell 成句. ***like nóthing on éarth*** ⇨ nothing *pron.* 成句.

like thát (1) そんな[あんな]風に: Don't talk to her ~ *that*. 彼女にあんな口のきき方をするものじゃない. (2) [just ~ that として]《口語》わけなく, 容易に (easily): He did the job *just* ~ *that*. わけなくその仕事をやってのけた. (3)《口語》(通例 2 本の指をぴったりとくっつけて見せて)こんな風に親密で〔*with*〕: We're just ~ *that*—always together. 我々はこんな風に仲良しなの—いつも一緒で. (4) ***like that*** 〈人・物事が〉そういう性質で: He seldom speaks in company. He is ~ *that*. 彼はめったに人前ではしゃべらない. そういう人間なのさ.《1872》 ***like … with*** [***to***]《古》…に似た (similar to): He held a ~ opinion *with* me. 私と似たような意見を持っていた / You are ~*r to* God than man. あなたは人よりもむしろ神に近い. ***lóok like*** ⇨ look 成句. ***nóthing like*** ⇨ nothing *pron., adv.* 成句. ***sómething like*** ⇨ something *pron., adv.* 成句. ***Thát's mòre líke it!***《口語》その方がよい[ありがたい, 当たっている]: *That's* a bit *more* ~ *it!* その方が少しましだ.《1888》

— *adv.* **1** [今は通例 ~ enough または very ~ として]《口語》多分, 恐らく. **2**《口語》いわば, あたかも, さながら; ある程度, まあ《★ ほとんど意味のない場合もある》: He seemed so friendly ~. いかにも親切らしく見えた / I stumbled ~. 私は転びそうになった / I was all of a tremble ~. まるで総身がぞっとする思いだった / by way of practice, ~ いわば[まあ]練習として / I was ~ hot.《米》=《英》I was hot, ~. ちょっと暑かった / That little lake, ~, there. あそこの, まあ小さな湖みたいな所さ. **3** [形容詞・副詞を修飾して]《古》同様に: a ~ difficult task 同様に難しい仕事. **4** 約…: ~ 10 percent.

(as) lìke as nót《口語》恐らく, 多分: *Like as not*, he'll change his mind. 多分彼も気が変わるだろう.《1897》 ***like ánything*** ⇨ anything *pron.* 成句. ***lìke as (if)***《古・方言》あたかも…のごとく (just as): ~ *as* a father pitieth his children 父がその子を哀れむごとく (*Ps.* 103: 13).

— /làɪk/ *prep.* **1** …のように, …と同様に: speak ~ a fool ばかみたいな物の言い方をする / *Like* the fool I am, I forgot to do it. ばかみたいに, それをするのを忘れた / I'll do it ~ a bird. (小鳥のように)喜んでそれをします / Do it [Swing your bat] ~ me. 私のようにする[バットを振る]んだ. **2** (例えば)…のような (such as): fruit, ~ pears and peaches, for dessert 例えばなしや桃のようなデザート用の果物. **3** …しそうで, …らしく見える: It looks ~ rain [snow]. 雨[雪]になりそうだ. **4** [強調して]: ran ~ anything [crazy] ものすごい勢いで走った.

like só《口語》こんな風に (in this manner).

— /làɪk/ *conj.* **1**《口語》…のように, …するように (as, the way): I cannot do it ~ you do. 君のするようにはできない / Now swing your bat ~ I do [I've told you to]. さあバットを私がする[教えた]ように振りなさい / Tell it ~ it is. あるがままに話せ, 事実を話せ / *Like* I said, he isn't here. 私が言ったように, 彼はここにいませんよ / Snow is falling ~ in January. 雪が 1 月のように降っている / I need that ~ (I need) a hole in the [my] head.《口語・戯言》それなんか全く不要だ. **2**《米》まるで…のように (as if): He acts ~ I was a worm. 彼は私が虫けらででもあるかのようにふるまう / It looks ~ it's going to rain [snow]. 雨[雪]が降りそうだ. ★ *conj.* としての用法は《英》の書き言葉では避けられる.

— /láɪk/ *n.* **1 a** [the ~] 似た人[物], 同様な人[物]: and *the* ~=and such ~ その他同種類のもの《★ and so forth [on] などよりも形式ばった言い方》/ or *the* ~ またはその他同種のもの / Did you ever hear *the* ~*(s) of* it? 君はそのようなことを聞いたことがあるか / I'll never do *the* ~ again. このようなことは二度としません. **b** [主に諺に用いて]《古》似たもの: *Like* cures ~.《諺》毒を以て毒を制す / *Like* draws to ~.《諺》同気相求む / *Like* for ~.《諺》恩には恩, 恨みには恨み / *Like* attracts ~.《諺》類は友を呼ぶ / *Like* begets ~.《諺》瓜のつるになすびはならぬ. **2** [通例 one's ~ として] 対応する人[物] (counterpart), 匹敵する人[物], 同類の人[物] (analogue): We shall not look upon *his* ~ again. 彼のような人はまたとないだろう (cf. Shak., *Hamlet* 1. 2. 188). **3** [the ~]〖ゴルフ〗お互いにストロークの数を同じにするストローク.

the líkes of …のような者[物]: Such luxury isn't for *the* ~*s of* me. そんなぜいたくは私風情の手の届くものではありません / He admires the ~*s* of Hitler and Stalin. ヒットラーやスターリンのような輩(ᵏᵉ)を高く評価している / *the* ~ *of* you《口語》あなた(方)のような立派な人.《1637》

— *vi.*《方言》[~(d) to have+p.p. 形で] もう少しで…するところだった《非標準的な語; cf. *adj.* 6》: She ~ *to (have)* fainted. 今にも気を失いそうになった. **—** *vt.*《廃》…と比較する(liken).

〖ME *lik, lyk*《頭音消失》← OE *ġelīc* similar, equal < Gmc **ʒalikaz* (Du. *gelijk* / G *gleich* / ON *(g)líkr* / Goth. *galeiks* like, of the same body) ← **ʒa-* 'Y-'+ **līkam* form, body (⇨ lich): cf. OE *ġelīċe* in the same way ← *ġelīc*: cf. like²〗

SYN 似ている: **like** 外観・性質がよく似ている《すべての特徴において, またはただ一つの特徴において似ている》: They are as *like* as two peas. 彼らはうり二つだ. **alike** [叙述的にのみ] 外見上きわめてよく似ている: They look exactly *alike*. 寸分違わぬくらいよく似ている. **similar** 性質・外観がほとんどそっくりで: My opinion is *similar* to his. 私の意見は彼のに似ている. **comparable** 比較できる程に規模や種類が似通った: in *comparable* situations to this これと似たような状況で. **analogous** 本質的なところがいくつかの点で似ている《格式ばった語》: Death is *analogous* to sleep. 死は眠りに似たところがある. **akin** 性質が似ている: Pity is *akin* to love. 哀れみは愛に似ている[近い].

ANT unlike.

like² /láɪk/ *vt.* **1 a** 好む, 好く; [*doing*, *to* do を伴って]〈…することが〉好きである (enjoy) (↔ dislike): I ~ apples better than pears. 私はなしよりもりんごが好きです / Do you ~ him? / This plant doesn't ~ too much sunlight. この植物はあまり日光を好まない / be well ~*d* とても好かれている / I ~ that.《口語》[反語的に] (あきれた時などに)こいつはいいや; よくもそんなこと言えるね; そんなこと真っ平だ / I ~ your impudence.《反語》その生意気な所が気に入ったね / Do what(ever) you ~. 好きにしなさい / ~ it or not=~ it or lump it=whether you ~ it or not 好むと好まざるとにかかわらず / I don't ~ John's [his] com*ing* here. ジョン[彼]にここに来てもらいたくはない《★ *vt.* 1 b の型で用いる方が口語的: I don't ~ *John* [*him*] com*ing* here.》/ He ~*s to* see [see*ing*] them now and then. 時折り彼らに会うのを楽しみにしている / I don't ~ troubl*ing* [to trouble] others. 他人に迷惑をかけるのは嫌いだ《★ like の目的語として動名詞も to 不定詞も区別なく用いられる》/ I ~ *it that* you didn't tell a lie then. あの時うそを言わなかったのが気に入っている / I ~ it when you don't tell lies. 君がうそをつかなければいいのだが. **b** [目的語+*to* do, do*ing* を伴って]〈…が〉〈…であることを〉好む, 〈…が〉〈…することを〉望む: Patients ~ a doctor *to* be cheerful. 患者は医者が陽気であってくれるのを望むものである / I don't ~ the students [~ them] read*ing*[*to* read] comics. 学生[彼ら]に漫画ばかり読んでもらいたくない. ★ 不定詞構造の場合 *to* do に先立つ(代)名詞の前に for を用いるのは《米口語》: I don't ~ *for* you *to* think so. 君にそう考えてもらいたくない. **c** [目的補語を伴って]〈…が〉〈…であるのを〉好む, 望む, 欲する: How do you ~ your tea?—I ~ it strong. お茶はどう入れましょうか—濃いのがいいですね. **d** [目的語+p.p. 形を伴って]〈…が〉〈…されることを〉好む, 望む: I don't ~ such subjects (to be) discuss*ed*. こうした問題が討論されるのは好きでない.

2 [should, would に伴って] **a** 望む, 欲する (want); [*to* do を伴って] (できたら)…したいと思う (wish): I *would* [《英》*should*] ~ a drink. 一杯やりたいのだ / *Would* you ~ another cup of tea? お茶をもう一杯いかがですか《人に丁寧に物をすすめるのに用いる》/ He *would* ~ *to* live in a city. 都会に住みたがっている / I *would* [*should*] ~ *to* know [see] … [しばしば反語的] (できたら)…を知りたい[見たい]ものだ(がだめだろう) / I *would have* ~*d to* see [*would* ~ *to have seen, would have* ~*d to have seen*] her. 彼女に会いたかったのだが(会えなかった) / I'*d* [*would*] ~ *to* believe [think] (that) … (多分)…だと思いたい《希望的な考え・推測などを表す; (多分)…だと思います《控えめで遠慮した表現》. **b** [目的語+*to* do を伴って] …に〈…して〉ほしいと望む (wish), 〈…が〉〈…であることを〉好む, 欲する (prefer): I *would* [*should*] ~ (《米口語》*for*) you *to* know it. 君にそれを知ってもらいたい / Would you ~ (《米口語》*for*) me to stay? 私が残ったほうがいいですか. **c** [目的語+p.p. 形を伴って]〈…が〉〈…されることを〉望む: He *would* ~ his money (to be) return*ed* soon. 金を早く返してもらいたがっている.

3 [how に始まる疑問文[節]に用いて] (どう)思う (regard): How would you ~ another cup of tea [to live in Tokyo, living in Tokyo]? お茶をもう一杯[東京に住むのは]いかがですか / *How* would you ~ *to* fail the exam? 君は試験に落ちたらどう思う(いやだろう) / *How* do you ~ your new study?—I like it very much. 新しい書斎はいかがですか—おおいに気に入ってます / *How* do you ~ that? (感想は)どうですか.

4 [通例否定構文で]〈食べ物・土地が〉…の健康に適する (suit);〈色・服装などが〉…に似合う (become): I like wine [that city, pink] but it does*n't* ~ me. ワイン[その都市, ピンク]は好きだが私には合わない.

5《口語》勝つと予測する.

6 [非人称構文で]《古・方言》〈人〉の気に入る (please): *It* ~*s* me not. それは私の気に入らない / if *it* ~*s* you もしよかったら.

— *vi.* **1** 好む, 望む: You may do it as [how] you ~. 随意にして結構です / You may go where(ver) you ~. 好きな所へ行ってよろしい / You can protest as much as you ~—it won't do any good. 抗議は好きなだけしてもよいが—効果はないだろう. **2** 好意を抱く, 好感をもつ. **3**《方言》〔…に〕賛成する (approve)〔*of, with*〕: He wouldn't ~ *of* [*with*] it. それには賛成しないでしょう.

if you like (1) よろしかったら: Come *if you* ~. よかったら来たまえ. (2) そう言いたければ: I am shy *if you* ~. [shy に強勢を置いて] 内気だと言うのならそれでもいいが《臆病は当たらない, など》; [I に強勢を置いて] 私なら内気だと言われてもよいが《そうでないのがそこらにいる, など》/ It was, if you ~, an error of judgment. そう言いたければ言ってもいいが, 判断ミスだったようだ.《1592–94》

— *n.* [通例 *pl.*] 好み, 嗜好(ˢʰⁱᵏᵒᵘ) (liking); 好きなもの: ~*s* and dislikes /dɪ́slàɪks/ 好き嫌い.

lík·er *n.* 〖OE *līcian* to be pleasing to < Gmc **līkǣjan*, **līkōjan* (Du. *lijken* / Goth. *leikan*) ← **līkam* appearance, form: ⇨ like¹, lich〗

-like /làɪk/ *suf.* **1** 大部分の名詞に自由に付いて「…のような, …らしい」の意を表す形容詞を造る: god*like*, lily*like*, snake*like*. ★ 臨時語や -ll で終わる語ではハイフンを付ける: bell-*like*. **2** 同様に副詞を造ることもあるが, 多くは古語的で, 近代の用法では通例形容詞と解される: He, coward*like*, refused. 〖← LIKE¹〗

like·a·ble /láɪkəbl/ *adj.* =likable.

like·li·hood /láɪklihʊ̀d/ *n.* **1** ありそうなこと; 見込み, 公算, 可能性 (probability): in all ~ 多分, 十中八九 / The ~ of a strike is slim. ストライキの可能性は薄い / There is no [little] ~ *of* finding a job. 職の見つかりそうな見込みはない[少ない] / There is a strong ~ *that* the war will soon come to an end. 戦争の早期終結の可能性が強い / The ~ is *that* he is wrong. 恐らく彼は間違っているだろう. **2**《英》有望さ, 将来性 (promise): a young man of great ~ 前途有望な青年. **3**〖統計〗(人口推定などにおける)尤度(ゆうど) (cf. maximum likelihood expectation). 〖(*a*1390) *liklihod*: ⇨ likely, -hood〗

líkelihood fùnction *n.* 〖統計〗尤度(ゆうど)関数《標本値を固定して母数を変数とする関数》. 〖1932〗

líke·li·ness *n.*《まれ》=likelihood. 〖?*c*1370〗

like·ly /láɪkli/ *adj.* (**like·li·er, -li·est; more ~, most ~**) **1 a** ありそうな (⇨ probable SYN); 本当らしい, もっともらしい (plausible); 期待できそうな: the *likeliest* reason 最もありそうな理由 / his *most* ~ hiding place 彼がきっと隠れそうな場所 / a ~ time *to* find him at home 彼が家にいそうな時間 / That's a ~ story! [しばしば反語] いかにももっともらしい話だ《まさか, そんなことあるものか》/ I called at every ~ house. 心当たりの家は皆訪ねた / Do you think that ~? そんなことがありそうに思うか / It's hardly ~. それはありそうもないことだ / It is a very ~ supposition that she is already dead. 彼女がすでに死んでいるということは大いに考えられることだ / Is he here?—Very ~. 彼はここにいるのか—可能性は大いにあるね. **b** [叙述的] …しそうな, …らしい〈*to* do〉(⇨ apt SYN): a scandal ~ *to* lead to the [a] resignation of the Cabinet 内閣を辞職に追い込みそうな醜聞 / It is ~ *to* rain. 雨になりそうだ / He is not ~ *to* come.=It is not ~ (*that*) he will come. 彼は来そうもない. **2** 適当な, あつらえ向きの: a ~ person *for* the job その仕事にあつらえ向きの人 / the *likeliest* place *to* picnic ピクニックをするにはもってこいの場所. **3** 見込みのある, 有望な, 頼もしい: a ~ young man [《英》lad] 頼もしい青年 / the *most* ~ candidate 一番有望な候補者. **4**《米方言》感じのよい, 人を引きつける.

— *adv.* [通例 very, most, quite などに修飾されて] 多分, 恐らく: I will *very* ~ see you again. またお目にかかるでしょう / The plane was *most* ~ delayed by fog. 飛行機は多分霧で遅れたのだろう. ★《米》では単独でも用いる: The two will ~ never meet again. 二人は二度と会うことはなさそうだ.

(as) líkely as nót あるいは…かも知れない, 恐らく, 多分: He'll resign *as* ~ *as not*. 彼は恐らく辞職するだろう. ***mòre líkely than nót*** どちらかと言えば, 恐らく. ***Nót líkely!***《口語》決してそんなことはない, (そんなこと)とんでもない.《1893》

〖(*a*1325) □ ON *líkligr* ← *líkr* 'LIKE¹' (adj.)+-*ligr* '-LY²': cf. OE *ġelīclīċ*〗

líkely-lóoking *adj.* 見込みのありそうな.

like-minded /láɪkmáɪndɪ̀d⁻/ *adj.* 同じ心の, 志を同じくする, 同じ意見を持っている, 同趣味の. **~·ly** *adv.* **~·ness** *n.* 〖1526〗

lik·en /láɪkən/ *vt.* 〔…にたとえる, 擬する, なぞらえる, 見立てる〔*to*〕: Life is often ~*ed to* a voyage. 人生はよく航海にたとえられる. 〖(?*c*1425) *liknen*: ⇨ like¹, -en¹〗

like·ness /láɪknɪ̀s/ *n.* **1 a** 似ていること; 似寄り, 類似 (resemblance): catch a ~ 似顔(など)を写し取る / bear a striking ~ *to* …にとてもよく似ている / I see no ~ whatever *between* him and his brother. あの兄弟には全く似た所がない. **b** 似通ったもの; 類似点: the ~*es* they have in common 彼らが共有している類似点. **2 a** 画像, 似顔, 肖像, 写真, 複写: a good [bad, flattering] ~ よく似た[似ていない, 実際以上によい]写真[肖像画] / take a person's ~ 人の写真を撮る[肖像を描く] / have one's ~ taken 写真を撮らせる, 肖像を描かせる. **b** 酷似した人[物] (counterpart): a living ~ 生き写し. **3** 外観, 見せかけ (semblance), 姿 (shape): an enemy *in the* ~ *of* a friend 味方と見せかけた敵 / take on the ~ *of* a wintry sky 冬の空の様相を呈する. 〖OE *ġelīcnes*〗

like·wise /láɪkwàɪz/ *adv.* **1** 同じく, 同様に (cf. in like WISE²): do ~ 同じようにする. **2** なおまた, なおその上: a professor who is ~ my tutor 私の個別指導教官でもある教授. **3** [相手の陳述に対する同意を表して]《口語》(私も)同様です: Glad to see you.—*Likewise*, I'm sure. お目にかかれてうれしいです—本当に私も. 〖(*c*1443)《略》← *in like wise*: ⇨ like¹, -wise〗

li·kin /lìːkíːn/ *n.* (もと中国の)釐(ʳⁱ)金税《省内通過の商品に課した国内関税; 1931 年廃止》. 〖(1876) □ Chin. lijin (釐金)〗

lik·ing /láɪkɪŋ/ *n.* **1** 〔…に対する〕好み, 愛好 (fancy); 趣味 (taste)〔*for, to*〕: have a ~ *for* …を好む, …に趣味をもつ / take a ~ *for* [*to*] …が気に入る / Is the wine *to* your ~? そのワインは気に入りましたか / Everything is much *to* my ~. 何もかもがとても気に入った. **2**《古》(体の)状態, 健康: Their young ones are in good ~. その子らは強くなれり (*Job* 39: 4).

on líking《古》試した上で, 気に入れば…するという条件で (on approval): hold a position *on* ~ 気に入ればとどまるという条件である地位につく / engage a girl *on* ~ 女の子を試みに雇う.

〖OE *līcung* ← *līcian* 'to please, LIKE²'+-*ung* '-ING¹'〗

Li·kud /lɪkúːd | -kúd, -kúːd; *Heb.* likúd/ *n.* [the ~] リクード《イスラエルの右翼連合政党》. 〖(1973) □ Mod-Heb. *likúd* consolidation, unity〗

li·ku·ta /lɪ̀kúːtə | liːkúːtɑː/ *n.* (*pl.* **ma·ku·ta** /mɑːkúːtə | -tɑː/) **1** リクータ《コンゴ民主共和国の通貨単位; =$^{1}/_{100}$ zaire》. **2** 1 リクータアルミ貨. 〖← Afr.《現地語》〗

Lil /lɪ́l/ *n.* リル《女性名》. 〖(dim.) ← LILLIAN〗

Li·la /láɪlə/ *n.* ライラ《女性名》. 〖《異形》← LEILA〗

L

li·lac /láɪlək, -læk, -lɑ(ː)k | -lək/ *n.* **1** 〘植物〙ライラック, リラ, ムラサキハシドイ (*Syringa vulgaris*)《syringa ともいう》. ★ 米国 New Hampshire 州の州花. **2** = French lilac《goat's-rue 2 の別称》. **3** ライラック色《赤みがかった薄紫色》. — *adj.* ライラック色の. 〚(1625) □ F《廃》~ (F *lilas*) □ Sp. ~ □ Arab. *līlak* □ Pers.《変形》← *nīlak* bluish ← *nīl* blue, indigo □ Skt *nīla* dark blue: cf. anil〛

lilac 1

li·la·ceous /laɪléɪʃəs/ *adj.* ライラック色の[に近い], 藤色の[に近い]. 〚(1855): ⇨ ↑, -eous〛

li·lan·ge·ni /lìːlɑːŋgéɪni/ *n.* (*pl.* **em·a·lan·ge·ni** /ɪmàːlɑːŋgéɪni/) リランジェニ《スワジランドの通貨単位; = 100 cents; 1974 年 rand から変更》. 〚(1974) □ Swazi ~ 'member of Swazi royal family'〛

Lil·burne /lílbəːn | -bəːn/, **John** *n.* リルバーン《1614?–57; 英国の清教徒; 水平派 (Levellers) の指導者》.

Lil·i /líli/ *n.* リリー《女性名》. 〚□ G ~ 'Lɪʟʏ'〛

Lil·i·a·ce·ae /lìliéɪsiìː/ *n. pl.* 〘植物〙ユリ科. 〚← NL ~ ← L *lilium* (属名: ⇨ lily) + -ᴀᴄᴇᴀᴇ〛

lil·i·a·ceous /lìliéɪʃəs⁻/ *adj.* 〘植物〙 **1** ユリの, ユリの類の, ユリのような. **2** ユリ科の. 〚(1731): ⇨ ↑, -aceous〛

Lil·i·an /líliən/ *n.* リリアン《女性名》. 〚《異形》← Lil·lian〛

Lil·i·bel /líləbèl | -lɪ̀-/ *n.* リリベル《女性名》. 〚← Lɪʟʏ + (Isa)ʙᴇʟ〛

Lil·i·bet /líləbɪ̀t | -lɪ̀-/ *n.* リリベット《女性名; Elizabeth 二世は幼時この愛称で呼ばれた》. ★ Cornwall に多い名. 〚(dim.) ← Eʟɪᴢᴀʙᴇᴛʜ²〛

L

líl·ied *adj.* **1** ゆりで飾った, ゆりの多い. **2**〈紋章が〉fleur-de-lis のついた: the ~ banner of France. **3**《古》〈白さ・清純さが〉ゆりのような. 〚(1614): ⇨ lily, -ed 2〛

Lil·i·en·thal /líliənθɔ̀ːl, -θɑ̀ːl | -θɔ̀ːl/, **David E(li)** *n.* リリエンソール《1899–1981; 米国の政治家・弁護士; TVA 理事長 (1941–46), 米国原子力委員会委員長 (1946–50)》.

Lil·i·en·thal /líliəntàːl, líː-, -θɔ̀ːl, -θɑ̀ːl | -tàːl, -θɔ̀ːl; *G.* líːliəntaːl/, **Otto** *n.* リリエンタール《1848–96; ドイツの航空研究家; 弟 Gustav (1849–1933) と共にグライダーを製作した》.

Lil·ith /lílɪ̀θ/ *n.* リリス: **1** 女性名. **2 a**〘セム族伝説〙荒野に住み子供を襲う魔女. **b**〘ユダヤ伝説〙Eve のつくられる以前の Adam の最初の妻で, 魔物の母といわれる. **c** (中世の悪魔学で)悪名高い魔女. 〚□ Heb. *Lilīth* □ Akkad. *Lilītu* wicked demon〛

Li·li·u·o·ka·la·ni /lɪlìːuoukəlɑ́ːni | -uə(u)-; *Hawaii.* lili²ʊkəláni/, **Lydia Ka·ma·ke·a·ha** /kamakaehá/ *n.* リリウォカラニ《1838–1917; ハワイ王国最後の女王 (1891–93); ⇨ Aloha oe.》.

Lille /líːl; *F.* lil/ *n.* リール《フランスの北部の商工業都市, Nord 県の県都; 旧名 Lisle》.

Lille Bælt /*Dan.* líləbèl'd/ *n.* リレ海峡 (Little Belt のデンマーク語名).

Lil·lee /líli/, **Dennis** (**Keith**) *n.* リリー《1949– ; オーストラリアのクリケット選手; 速球投手》.

Lil·li /líli; *G.* líli/ *n.* リリー《女性名》. 〚《異形》← Lɪʟʏ〛

Lil·li·an /líliən/ *n.* リリアン《女性名; 愛称形 Lil, Lili, Lilli, Lilly, Lily; 異形 Lilian, スコットランド語形 Lilias, Lilyan》. 〚(dim.) ← Lɪʟʏ〛

Lil·li·bul·le·ro /lìlɪ̀bəlíˀrou | -lɪbəléərəu/ *n.* (*also* **Lil·li·bur·le·ro** /-bə- | -bə-/) リリバレロ《名誉革命当時のはやり歌で, James 二世を支持したアイルランドのカトリック教徒をあざけったもの; BBC 国際放送で, ニュースの始まる前の音楽として使われている》.

Lil·lie /líli/, **Beatrice** *n.* リリー《1898–1989; カナダ生まれの英国の女優, コメディアン》.

Lil·li·put /lílɪ̀pʌ̀t, -pət, -pʊ̀t/ *n.* **1** リリパット(島)《Swift 作 *Gulliver's Travels* 第 1 部の小人国の名称; cf. Brobdingnag》. **2** [時に l-] = lilliputian 2, 3. 〚(1726): Swift の造語〛

lílliput edítion *n.* ミニチュア本, 超小型本.

lil·li·pu·tian /lìlɪ̀pjúːʃən | -ʃən, -ʃiən⁻/ *adj.* [しばしば L-] **1** Lilliput の. **2** 非常に小さい. **3** 狭量な, けちな. — *n.* **1** [しばしば L-] リリパット (Lilliput) 人. **2** 小人, ちび. **3** 狭量な[けちな]人. 〚(1726): ⇨ ↑, -ian〛

Lil·ly /líli/ *n.* リリー《女性名》. 〚《異形》← Lɪʟʏ〛

lil·ly-pil·ly /lílipɪ̀li/ *n.* 〘植物〙豪州産フトモモ属の木 (*Eugenia smithii*). 〚1860〛

Li·lo, Li-Lo /láɪlou | -ləu/ *n.* (*pl.* ~**s**)《英》〘商標〙空気[エア]マットレス《海水浴やキャンプなどで用いる》. 〚(1936) ← *to lie low*〛

LILO《略》last in last out.

Li·long·we /lɪ̀lɔ́(ː)ŋweɪ, -lɑ́(ː)ŋ- | -lɔ́ŋ-/ *n.* リロングウェ《アフリカ東部, マラウイの首都》.

lilt /lílt/ *vt.* **1** (飛び跳ねるような)軽快なリズムで歌う, 陽気な調子で歌う: a ~*ing* tune 軽快な調子の歌曲. **2** 歌い[演奏し]始める〈*up*〉: ~ *up* one's pipes. — *vi.* **1** 軽快に歌う[しゃべる]. **2** 軽快に動く. — *n.* **1** (飛び跳ねるような)陽気で快活な調子: with a ~ in one's voice. **2** 陽気で軽快な調子の歌[曲]. **3** 浮き浮きした軽快な動作. 〚(?c1380) *lilte*(*n*), *lulte*(*n*) to sound (an alarum) ← ?: cf. Du. *lul* pipe / 《スコット・廃》*liltpipe* bagpipe?〛

lílt·ing *adj.* 浮き浮きした, 軽快な (buoyant); 〈音が〉リズミカルで調子のよい. ~·**ly** *adv.* ~·**ness** *n.* 〚(1800): ⇨ ↑, -ing²〛

lil·y /líli/ *n.* **1** 〘植物〙ユリ《ユリ科ユリ属 (*Lilium*) の植物の総称》; ユリの花: ⇨ Bermuda lily, Easter lily, Madonna lily, tiger lily / (as) fair [pure] as a ~ ゆりのように白い[純潔な]. **2** 〘植物〙ユリに似たユリ科または他科の各種の植物[花]: **a** = water lily. **b** = calla. **3** ゆりの花のように美しい[白い]人[物]: a most unspotted ~ 最も汚れなき処女 (cf. Shak., *Hen VIII* 5. 5. 62). **4** [通例 *pl.*] = fleur-de-lis 2. **5**《俗》〘ボウリング〙リリー《5–7–10 番のピンが残るスプリット》. ***gild* [*páint*] *the lily*** (1) すでに完璧なものに余計な手を加える (cf. Shak., *John* 4. 2. 11). (2) 過度にほめる. 〚1594〛

lily of the válley 〘植物〙ユリ科スズラン属 (*Convallaria*) の植物の総称; (特に)ドイツスズラン (*C. majalis*). 〚(1563)《なぞり》← L *lilium convallium*《なぞり》← Heb. *šōšannath hā'amāqīm*: cf. *Cant.* 2: 1〛

— *adj.* [限定的] **1** ユリの. **2 a** (白くて純潔な)ユリの花のような; 純粋な, 汚れのない (pure): my lady's ~ hand. **b** 青白い (pallid); もろい (fragile), 弱い.

~·**lìke** *adj.* 〚OE *lilie* □ L *lilium* □ ? Egypt. *ḥrrt* (Coptic *hlēli*): cf. Gk *leírion*〛

Lil·y /líli; *F.* lili/ *n.* リリー《女性名》. 〚(dim.) ← ? Eʟɪᴢᴀʙᴇᴛʜ²: のちには花の名 (↑) と連想〛

Lil·yan /líljən/ *n.* リリヤン《女性名》. 〚《異形》← Lɪʟʟɪᴀɴ〛

líly ìron *n.* (メカジキ漁で用いる)穂先が取りはずしできる一種のもり (harpoon). 〚1852〛

líly lèek *n.* 〘植物〙キバナノギョウジャニンニク (*Allium moly*)《南欧産のユリ科ネギ属の植物; 観賞用》. 〚1597〛

líly-lívered *adj.* 臆病な. 〚(1606): 中世の医学では, 怒りっぽい気質は体内の黄色の胆汁に原因すると考えられていたこととユリの花が白いことから: cf. Shak., *Macbeth* 5. 3. 15〛

líly pàd *n.* 水に浮かんだ大きなスイレンの葉. 〚1843〛

líly-tròtter *n.* 〘鳥類〙= jacana. 〚1920〛

líly-white *adj.* **1** ゆりのように白い. **2** 純潔な, うぶな; 汚れ[傷]のない. **3**《米口語》**a** (政界からの)黒人排斥を主張する. **b** 人種差別を受ける. — *n.*《米》黒人排斥運動党員《特に公職や党大会などから黒人有権者を閉め出そうとする南部の共和党の一派; cf. ʙʟᴀᴄᴋ and tan (1)》. 〚c1325〛

Lim.《略》Limerick.

LIM /lím/《略》〘電気〙linear-induction motor.

Li·ma /líːmə; *Am.Sp.* líma/ *n.* **1** リマ《ペルー中西部にある同国の首都》. **2** ライマ《米国 Ohio 州北西部の都市》. **3**〘通信〙リマ《文字 l を表す通信コード》.

lí·ma bèan /láɪmə- | líːmə-, láɪ-/ *n.* **1** 〘植物〙アオイマメ・ゴモンマメの類の植物, (特に)アオイマメ (*Phaseolus lunatus*)《白いんげんに似た豆で北米で栽培される重要食料》. **2** アオイマメの豆. 〚(1756) ← Lɪᴍᴀ〛

li·mac·i·form /laɪmǽsəfɔ̀ːm | -sɪ̀fɔ̀ːm/ *adj.* 〈昆虫の幼虫が〉ナメクジ状の, ナメクジに似た. 〚(1826) ← L *līmāc-* (↓) + -ɪ- + -ғᴏʀᴍ〛

lim·a·cine /líməsàɪn, láɪ-, -sɪ̀n | -sàɪn, -sɪn/ *adj.* 〘動物〙(コウラ)ナメクジ (*Limax* 属) の[に似た], ナメクジ形をした. 〚(1888) ← NL *līmācīnus* ← L *līmāc-* (↓) + -ɪɴᴇ¹〛

li·ma·çon /líməsɔ̀(ː)n | -sɔ̀n; *F.* limasɔ̃/ *n.* 〘数学〙リマソン, 蝸牛形《与えられた点から与えられた円の接線に下ろした垂線の足の軌跡として得られる曲線》. 〚(1581) (1874) □ F ~《原義》snail ← OF (dim.) ← *limaz* < L *līmāc-*, *līmāx* slug〛

li·man /lɪmáːn, -mǽn; *Russ.* lʲimán/ *n.* (河口の)潟, 入江 (lagoon). 〚(1858) □ Russ. ~ □ Turk. ~ 'harbor': cf. Gk *limēn* harbor〛

Li·mas·sol /líməsɔ̀(ː)l, -sɑ̀(ː)l | -sɔ̀l/ *n.* リマソル《キプロス南部の港市; 貿易中心地; 古代名 Lemessus /ləmésəs/》.

limb¹ /lím/ *n.* **1 a** (動物の胴体・頭部から)突出している部分《腕・脚・ひれ・翼・側脚など; cf. trunk 6 a》. **b** (人間の)肢(し), 手足 (extremities): tremble in every ~ 手足ががたがた震える / ⇨ ʟɪғᴇ *and limb*. **2** (木の)大枝 (⇨ branch **SYN**): the knotty ~*s* of an enormous oak 巨大なかしの木のふしくれた大枝. **3** (物の)突出した部分: the ~*s* of a cross 十字架の(四本の)手 / a ~ *of* a river 川の支流 / a ~ *of* the sea 入江. **4**〘主に戯言〙(…の)手先, 子分; 活発なメンバー (*of*): a ~ *of* the devil [*of* Satan] 悪魔の手先; いたずら者, わんぱく小僧 / a ~ *of* the law 法律の手先《警官・法律家など》/ a ~ *of* the bar 弁護士. **5**《英口語》がき, わんぱく小僧: a regular ~ 全くのわんぱく小僧. 〚(1625)《略》← limb of the devil〛 **6**〘アーチェリー〙(握り手から弓先までの)上[下]半分 (⇨ bow³ 挿絵).

limb from límb ばらばらに: tear [rip] a person ~ *from* ~ 人をばらばらに引き裂く, 八つ裂きにする. 〚1599〛 ***out on a límb*** (1)《口語》(1) のっぴきならない羽目になって, 危険にさらされて: go *out on a* ~ for a friend 友人のために危ない橋を渡る. (2) (意見などの上で)孤立して, 不利な立場にあって; 《英》(不評などのため)孤立した. 〚1897〛

— *vt.*《まれ》…の手足を断つ; (特に)〈切り倒した木〉の枝を払う.

〚OE *lim* ← ?: cog. ON *limr*〛

limb² /lím/ *n.* **1** 〘天文〙(太陽・月などの)へり, 緑辺: the eastern [lower] ~ 東[下]縁. **2** 〘機械〙(分度盤などの)目盛りぶち, 分度弧. **3** 〘植物〙**a** (花弁の)拡大部. **b** 葉身, 葉片. **c** 縁辺, 葉辺. 〚(c1392) □ (O)F *limbe* // L *limbus* border, edge: ⇨ limbus, limbo¹〛

lim·ba /límbə/ *n.* 〘植物〙アフリカ西部産イクンシ科モモタマナ属の高木 (*Terminalia superba*)《幹は白っぽく木目がまっすぐで美しい》; その材. 〚(1902) ← 《現地語》〛

Lim·ba /límbə/ *n.* (*pl.* ~, ~**s**) **1 a** [the ~(s)] リンバ族《西アフリカのシエラレオネとギニアに住む民族》. **b** リンバ族の人. **2** リンバ語 (Niger-Congo 語族の一).

lim·bate /límbeɪt/ *adj.* **1** 〘植物〙(別の色のへりを有する花のように)へりのある: a ~ leaf. **2** 〘動物〙〈縁が〉縁取られた. 〚(1826) □ LL *limbātus* ← L *limbus*: ⇨ limb², ate³〛

lim·beck /límbɛk/ *n.* = alembic. 〚(c1385)《頭音消失》← ᴀʟᴇᴍʙɪᴄ〛

limbed /límd/ *adj.* [通例複合語の第 2 構成素として] (…の)肢(し)[枝, 翼]のある: short- [strong-]*limbed* 短い[丈夫な]手足[枝]を持つ / ⇨ long-limbed. 〚(c1320): ⇨ limb¹, -ed 2〛

lim·ber¹ /límbə | -bə^r/ *vi.* 体をしなやかにする, 準備運動をする〈*up*〉(cf. limber-up, ᴡᴀʀᴍ *up* (6)). — *vt.* しなやかにする, 柔軟にする〈*up*〉. — *adj.* (**more** ~, **most** ~; ~·**er**, ~·**est**) **1**〈筋肉などが〉しなやかな, 柔軟な (flexible). **2** 軽快な, 敏活な. **3**《方言》弱い, 軟弱な (weak). ~·**ly** *adv.* ~·**ness** *n.* 〚(1565) ← ? ʟɪᴍʙᴇʀ³: 前車の前後に動くことから〛

lim·ber² /límbə | -bə^r/ *n.* [通例 *pl.*] 〘海事〙リンバー, (船底内部の)汚水路《keelson の両側にある溝で, 淦水(あか)[汚水, あか水]がたまる所》. 〚(1626) □ ? (O)F *lumière* light, opening < VL **lūmināria*(*m*) ← L *lūmināre* light, lamp〛

lim·ber³ /límbə | -bə^r/〘陸軍〙*n.* (砲車の)前車《その後ろに砲や弾薬箱を付けた 2 輪の車》. — *vt.* 〈砲架〉に前車を連結する[つなぐ]. — *vi.* (進発に当たって)砲と前車を連結する[つなぐ]〈*up*〉. 〚(1430) *limour* □ ? F *limonière* shafts and framework of a vehicle ← *limon* shaft // ? ML *limōnārius* of a shaft ← *limō* shaft ← ? Celt.〛

límber bòard *n.* 〘海事〙リンバーボード, 汚水ぶた《船底の汚水溝の上のふた》. 〚1711〛

límber hòle *n.* 〘海事〙淦水(あか)[汚水]孔, リンバホール《あか水が流れるように肋材の付け根にあけた孔》. 〚1626〛

límber·nèck *n.* 〘獣医〙首の筋肉麻痺によって食べ物を飲み下せなくなる家禽の病気. 〚(1910): ⇨ limber¹〛

límber pìne *n.* 〘植物〙ロッキーマツ (*Pinus flexilis*)《北米太平洋岸に産するマツの一種; Rocky Mountain white pine ともいう》.

límber-ùp *n.* 準備体操[運動]. 〚cf. 'limbering up' (1921)〛

limbi *n.* limbus の複数形.

lim·bic /límbɪk/ *adj.* **1** 〘生物〙へり (limbus) の, ふちの, 周辺の. **2** 〘解剖〙(大脳)辺縁系 (limbic system) の. 〚(1882) □ F *limbique* ← *limbe* 'ʟɪᴍʙ²': ⇨ -ic¹〛

límbic sỳstem *n.* 〘解剖〙(大脳)辺縁系《嗅覚・自律神経機能・情緒・行動などに関与する》. 〚1952〛

límb·less *adj.* 肢[手足, 翼, 枝]のない. 〚(1594) ← ʟɪᴍʙ¹ + -ʟᴇss〛

límb·mèal *adv.*《古・方言》(手足を)ばらばらに (limb from limb). 〚lateOE *limmǣlum*: ⇨ -meal〛

lim·bo¹ /límbou | -bəu/ *n.* (*pl.* ~**s**) **1** [しばしば L-] 〘カトリック〙リンボ, 古聖所《地獄と天国との間にありキリスト教に接する機会のなかった人や洗礼を受けない小児・異教徒・白痴などの霊魂の住む所》: the ~ infantum /ɪnfǽntəm, ən- | ɪnfǽnt-/ = the ~ of infants 幼児リンボ界, 孩所(がいしょ)《未洗礼の小児が死後行く所》/ the ~ patrum /péɪtrəm/ = the ~ of fathers 父祖リンボ界《キリスト降誕前の善人が死後にいる所》. **2** (二つのものの)中間の位置[状態], 過渡的状態: occupy the ~between competition and monopoly 競争と独占の中間的地位を占める. **3** 忘却, 無視: sink [pass] into the ~ of oblivion [of forgotten things] 忘却の淵(ふち)に沈む, 世に忘れられる. **4**《古》拘留所, 監獄. ***in*** (***a state of***) ***límbo*** どっちつかずで; 無視されて.

〚(c1378) □ L *limbō* (abl.) ← *limbus* 'ʟɪᴍʙ², (ML) limbo'〛

lim·bo² /límbou | -bəu/ *n.* (*pl.* ~**s**) リンボー《西インド諸島起源の曲芸ダンスで, 踊りながら体を反らしすり足で 1 回ごとに下がっていく横木の下をくぐる》. — *vi.* **1** リンボーを踊る. **2** あるレベル以下に下がる. 〚(1949) ← W-Ind.《現地語》? //《転訛》? ← ʟɪᴍʙᴇʀ¹〛

Lim·bourg /*F.* lɛ̃buːʁ/ *n.* ランブール (⇨ Limburg 3).

Lim·burg /límbəːg | -bəːg; *Du.* límbʏrx/ *n.* リンブルフ: **1** 中世ヨーロッパ西部の公国, 現在はオランダとベルギーに分かれる. **2** オランダ南東部の州; 州都 Maastricht. **3** ベルギー北東部の州; 州都 Hasselt; Limbourg ともいう.

Límburg chèese *n.* = Limburger. 〚1817〛

Lim·burg·er /límbəːgə | -bəːgə^r/ *n.* リンブルガー(チーズ)《ベルギーの Limbourg 産の香りと味の強い表面熟成チーズ; Limburger cheese ともいう》. 〚(1817) □ Flem. ~ ← *Limburg*: ⇨ -er¹〛

lim·bus /límbəs/ *n.* (*pl.* ~·**es**, **lim·bi** /-baɪ/) **1** = limbo¹. **2** 〘生物〙(他の部分と色または構造の異なった)へり, ふち, 辺, 周辺, 辺縁 (border, edge). **3** 〘解剖〙縁, 辺縁, 角膜縁. 〚(c1440) □ L ~〛

limb·y /lími/ *adj.* (**limb·i·er**; **-i·est**) 枝の多い.

lime¹ /láɪm/ *n.* **1** 〘植物〙ライム (*Citrus aurantifolia*)《アジアの熱帯地方に産するミカン科の低木》. **2** ライムの実《レモンに似るが, 小さくて球形, 酸味が強い; 清涼飲料・カクテルなどに利用》. **3** ライムの果汁で作った清涼飲料. **4** 黄緑色. — *adj.* **1** ライムの香りのする. **2** 黄緑色の. 〚(1638) □ F ~ □ Prov. *limo* □ Arab. *līm*: ʟᴇᴍᴏɴ と二重語〛

lime² /láɪm/ *n.* **1** 〘化学〙**a** 石灰《普通は生石灰 (quicklime) (CaO) をいうが, 消石灰 (slaked lime) (Ca-

(OH)₂) を意味することもある). **b** =calcium. **2** 鳥もち (birdlime). **— *vt.* 1 a** …に石灰を散布する, 石灰で消毒する: ~ the lawn. **b** 〈生皮などを〉石灰水に浸す. **c** …に石灰水を塗る (whitewash). **2 a** 〈小枝〉に鳥もちを塗る. **b** 〈鳥を〉鳥もちで捕える; わなにかける. **3** 《古》接合する (cement). **— *adj.* 石灰の; 石灰岩 (limestone) の[を含んだ]. 〘OE *līm* < Gmc **līmaz* (Du. *lijm* / G *Leim*) 《変形》← IE **(s)lei-* slimy (L *līmus* mud, slime)〙

lime[3] /láɪm/ *n.* 〘植物〙 =linden 1. 〘(1625) 《変形》← 《廃》 *line* 《変形》← OE *lind*: cf. linden〙

lime[4] /láɪm/ *n.* 《口語》 =limelight. 〘(1892) 《略》← LIMELIGHT〙

lime[5] /láɪm/ *vi.* 《カリブ俗》 うろつく, たむろする. 〘(1973) ← ?〙

lime·ade /laɪméɪd/ *n.* ライムエード 《ライムの果汁に砂糖と水またはソーダ水を加えた飲物》. 〘(1892) ← LIME[1] + -ADE 3〙

líme blúe *n.* =azurite blue.

líme·bùrner *n.* 石灰焼き(人); 石灰製造者. 〘1311–12〙

líme glàss *n.* 石灰ガラス. 〘*c*1909〙

líme gréen *n.*, *adj.* ライムグリーン(の), 黄緑色(の). 〘1890〙

Lime·house /láɪmhaʊs/ *n.* ライムハウス 《London 東部, Thames 川に臨む地区; もと中国人居住区》.

líme·jùice *n.* ライムジュース. ⇨ juice 日英比較. 〘(1704): ⇨ lime[1]〙

líme·jùic·er /-dʒùːsə | -sə[(r)]/ *n.* **1** 《米俗》 **a** 英国水兵. **b** 英国船. **c** 英国人. **2** 《豪》 オーストラリアに来たばかりの英国人. 〘(1859): 英国海軍で壊血病予防のためライムジュースを飲用させたことから〙

líme·kìln *n.* 石灰(焼き)がま. 〘1296〙

líme·less *adj.* 石灰のない, 石灰を含まない. 〘(1729): ⇨ lime[2], -less〙

líme·light /láɪmlàɪt/ *n.* **1 a** 石灰光; ライムライト, 灰光灯 《酸水素炎を石灰に吹き付けて出す強い白色光; 昔多く舞台照明, 特に主要人物の集中照射に用いた; cf. calcium light》. **b** (舞台の)ライムライトに照らされる場所. **c** 《英》 スポットライト (spotlight). **2** [the ~] 衆目を集める立場, 注目の的: be fond of *the* ~ 人前に出るのが好きである / come [get] into *the* ~ 脚光を浴びる, 世間の注目を集める / steal *the* ~ 人気をさらう. ***in the limelight*** (1) (舞台で)集中照明を受けて. (2) 世間の注目を受けて, 目立って, 人目を引いて, 公然と. 〘(1922)〙 **— *vt.*** (**~·ed** /-tɪ̬d | -tɪ̬d/, **lime·lit**) …にスポットライトを当てる; …が脚光[注目]を浴びるようにする. **~·er** /-tə | -tə[(r)]/ *n.* 〘1826〙

líme mòrtar *n.* 〘建築〙 石灰モルタル 《消石灰・砂・水を混ぜたモルタル》. 〘1839〙

li·men /láɪmən | -mɛn, -mən/ *n.* (*pl.* **~s, lim·i·na** /límənə | -mɪ̬nə/) 〘心理・生理〙 閾(いき) 《意識の限界》, 識閾, 刺激閾 《感覚を起こすに要する神経刺激の最小限; cf. threshold 4》. 〘(1895) □ L *limen* threshold: G *Schwelle* に対する訳語〙

líme nítrogen *n.* 石灰窒素 《主に商業用名称》.

líme·pìt *n.* **1** 石灰坑. **2** 石灰(焼き)がま. **3** (獣皮を浸して毛を取り去る)石灰漬槽. 〘1440〙

lime·quat /láɪmkwɑ̀(ː)t | -kwɒ̀t/ *n.* **1** 〘植物〙 ライムクワット 《柑橘類の一種で, ライムとキンカンの交配種》. **2** 1 の実. 〘← LIME[1] + (KUM)QUAT〙

lim·er·ick /lím(ə)rɪk/ *n.* 〘詩学〙 リメリック, 五行俗謡 (Edward Lear がその詩集 *The Book of Nonsense* (1846) の中で用い一般化した; 通例, 弱弱強調の 5 行からなり, 1, 2, 5 行は 3 詩脚で互いに押韻し, 3, 4 行は 2 詩脚で互いに押韻する, 韻律形式には変形もある; 例: There was an old man of Khartoum / Who kept two tame sheep in his room: / "For," he said, "they remind me / Of one left behind me, / But I cannot remember of whom."). 〘(1896): アイルランドの町の名 Limerick (↓) にちなむとも, 宴席で作られた即興詩の Will you come up to Limerick? という折返し文句によるともいわれるが不詳〙

Lim·er·ick /lím(ə)rɪk/ *n.* リメリック: **1** アイルランド共和国の南西部, Munster 地方の一州; 面積 2,686 km². **2** Limerick 州の州都, Shannon 河口の港市. **3** 〘釣〙 釣針の一種.

li·mes /láɪmiːz/ *n.* **1** (*pl.* **lim·i·tes** /límɪtiːz | -mɪ-/) 境界 (boundary); 《特に, 古代ローマが外民族の侵入を防ぐために造ったローマ帝国の》国境の長城. **2** [L-] =Siegfried Line. 〘(1538) □ L *līmes* boundary: cf. limit〙

líme·scàle *n.* 水あか, 湯あか 《水に含まれ水道管やポットの内部に白く付着する不純物》.

lime·stone /láɪmstòʊn | -stəʊn/ *n.* 〘岩石〙 石灰岩, 石灰石. 〘(1523): ⇨ lime[2]〙

límestone cáve [cávern] *n.* 石灰洞; 鍾乳洞 (stalactite cave).

líme sùlfur *n.* 〘化学〙 石灰硫黄(いおう)合剤 《酸化カルシウム・硫黄粉末・水の混合物を加熱して得られる多硫化カルシウムが主成分; 除虫・かび止め剤》. 〘1907〙

líme trèe *n.* 〘植物〙 =linden 1. 〘1625〙

líme-twìg *n.* **1** 鳥もちを塗りつけた小枝. **2** わな. **— *vt.*** 《古》 わなにかける. 〘(?*a*1410): ⇨ lime[2]〙

líme·wàsh *n.* 〘建築〙 のろ 《消石灰を水に溶かしたもの; しっくい塗材料》. **— *vt.*** …にのろを塗る. 〘1823〙

líme·wàter *n.* 〘化学〙 **1** 石灰水 《水酸化カルシウムの水溶液; 二酸化炭素を吸収する; cf. MILK of lime》. **2** カルシウム炭酸塩を含む自然水. 〘1677〙

líme·wòod *n.* リンデン (linden) 材. 〘(1731): ⇨ lime[3]〙

lim·ey /láɪmi/ 《米俗》《軽蔑》 *n.* [しばしば L-] **1** 英国水兵[水夫]. **2** 英国人 (Englishman). **— *adj.*** 英国(人)の (British). 〘(1888) ← LIME(-JUICER) + -Y[2]〙

Lím Fjòrd /líːm-, lím-; *Dan.* líːm-/ *n.* リームフィヨルド 《デンマークのユトランド半島 (Jutland) 北部を横切るフィヨルド》.

Li·mic·o·lae /laɪmíkəliː/ *n. pl.* 〘鳥類〙 シギ目. 〘(1930) ← NL ~ (pl.) ← LL *līmicola* mud-dweller ← L *līmus* mud + *-cola* inhabitant: ⇨ lime[1], -colous〙

li·mic·o·line /laɪmíkəlàɪn, -lɪ̬n | -làɪn, -lɪn/ *adj.* **1** 〈鳥が〉海岸にすむ. **2** シギ目 (Limicolae) の. 〘(1874): ⇨ ↑, -ine[1]〙

li·mic·o·lous /laɪmíkələs/ *adj.* 泥中にすむ. 〘(1888): ⇨ ↑, -ous〙

limina *n.* limen の複数形.

lim·i·nal /límənl̩, láɪ- | límɪ-/ *adj.* **1** 〘心理〙 識閾(しきいき) (limen) の (cf. subliminal 2 a, supraliminal). **2** 識閾にある; かろうじて意識できる. 〘(1884) ← L *līmin-*, *līmen* threshold + -AL[1]〙

lim·it /límɪ̬t | -mɪt/ *n.* **1** [しばしば *pl.*] (地理的または政治的)境界; [*pl.*] (境界内の)区域, 範囲 (bounds): outside [within] the city ~*s* 市外[内]に / pass beyond the village ~*s* 村境を越える / ⇨ off limits, on limits, three-mile limit. **2 a** 極限(点), 限度, 限界(線); 制限: the ~ of vision 視力の限界 / the lower [upper] ~ (許容・信用などの)最小[大]限, (日限の)下[上]限 / out of all ~*s* 法外に / to the ~ 十分[極端]に, 限度まで / to the utmost ~ 極限まで / go to any ~ どんなことでもする / He was at the outer [upper] ~*s* of his self-control. 自制心を保ち得るぎりぎりの限界に来ていた 《もう少しで怒りが爆発しそうなところだった》 / within the ~*s* of …の範囲内に[で] / within ~*s* 適度[ほどほど]に / without ~ 限り[際限]なく / set a ~ [~*s*] *to* [*on*] …に制限を置く, …を制限する / There are ~*s to* my patience. 私の辛抱にもほどがある / There seemed no ~ *to* his demands. 彼の要求にはきりがないように思われた / She has reached the ~ of her endurance. 彼女の忍耐も尽き果てた / Her patience knows no ~*s*. 彼女はどこまでも我慢する / It has no ~*s* in [to] its applicability. それは無限に応用できる / He's [It's] over the ~. 彼[それ]は限度を越えている / There's no official weight ~ on hand luggage. 手荷物には正式な重量制限がない / The sky's the ~. 《口語》 (なんでも注文したまえ)制限なしだ; (人間出世しようと思えば)限度はない; (賭けで)いくらでもかけるぞ / ⇨ age limit, speed limit. **b** [the ~] (運転を許される)血液中のアルコール量限度. **3 a** (一定期間内に漁獲[捕獲]できる)最大量: catch the ~ of a day 1 日分の最大漁獲[捕獲]量を収める. **b** (賭けで一時にかけうる)最大額. **4** [the ~] 《口語》 **a** (我慢・容認などの)限界すれすれのもの[人] (the last straw): That's [He's] *the* ~. これ[やつ]にはもう我慢がならん / He cheated me before, but this is *the* ~. 以前も騙されたことがあったが, 今度こそもう我慢できない. **b** とても面白い, 最高の: I love his anecdotes: he's *the* ~! あいつの奇談は気に入っている, やつは最高だよ. **5** [the ~] (野球・ボクシングなどで)最終回までの期間: go to *the* ~ 〈投手が〉最終回まで投げる; 〈ボクサーが〉最後のラウンドまで闘う. **6** 〘数学〙 **a** 極限 《独立変数がある値に近づくとき, もしくは無限大[小]になるときに従属変数が近づいて行く値; 数列の項が近づいて行く値》. **b** 端(たん) 《定積分を考える区間の両端; 左のものを下端, 右のものを上端という》. **7** 〘商業〙 指値(さしね): buy [sell] at (one's) ~(*s*) 指値で買う[売る]. **8** 《まれ》 限られた時間[期間].

gó the límit (1) 徹底的に[とことんまで]やる; 行くところまで行く. (2) 〈女性[男女]が〉最後の一線を越える.

límit of liabílity 〘保険〙 (保険会社の)最高責任額.

límit of resolútion 〘光学〙 分解能 (resolving power) 《望遠鏡・顕微鏡・分光器・肉眼等の光学系で作られる極めて近接した二点または二線の像が分離して見える極限》.

— *vt.* 1 〔…に〕限る, 限定する (restrict) 〔*to*〕: Labor conflict is by no means ~*ed to* Japan. 労働争議は何も日本に限られたことではない / There extreme left-wing activity was largely ~*ed to* students and intellectuals. そこでは極左活動は大体学生や知識人に限られていた / You must ~ yourself *to* three cups of coffee a day. コーヒーは 1 日 3 杯に制限しなければならない. **2** 〈出費などを〉制限する, 削減する (curtail): We must ~ expenditures. 経費を切り詰めなければならない. **3** 〘法律〙 …に限界を設定する, 規制する. **4** 《まれ》 〈約束の時間などを〉決める. 〘n.: (?1384) □ (O)F *limite* □ L *limit-*, *limes* boundary (cf. *līmus* aslant). — v.: (*c*1390) *limite(n)* □ (O)F *limiter* ∥ L *limitāre* ← *līmes*: cf. limb[2]〙

SYN 制限する: **limit** 空間・時間的に限界をきめて制限する 《最も一般的な語》: *Limit* your composition to 1,000 words. 作文は 1,000 語以内にとどめよ. **restrict** 人の活動・行動を禁止・制約し, 一定の限界にとどめる 《やや格式ばった語で, 意味が強い》: *restrict* one's diet 食事を制限する. **confine** 範囲をきめて厳しく制限する: *confine* a talk to ten minutes 話を 10 分に制限する. **circumscribe** 狭い範囲に制限する 《格式ばった語》: The right is clearly *circumscribed* by law. その権利は法によって明確に制限されている. ⇨ restrain. **ANT** widen.

lim·it·a·ble /límɪ̬təbl̩ | -mɪtə-/ *adj.* 限度を設けられる, 制限できる. **~·ness** *n.* 〘(1581): ⇨ ↑, -able〙

lim·i·tar·i·an /lìmətɛ́ᵊriən | -mɪtɛ́ər-˙/ *n.* **1** 制限する人. **2** 〘神学〙 制限(説)論者 《選ばれた人々のみ救われると説く; cf. universalist 2》. **— *adj.*** 〘神学〙 制限説の. 〘(1844) ← LIMIT + -ARIAN〙

lim·i·tar·y /límətèri | -mɪtəri/ *adj.* **1 a** 制限する, 制限的な (restrictive). **b** 境界の. **2** 《古》 限られた, 有限の, 限界のある (limited). 〘(1620): ⇨ -ary〙

lim·i·ta·tion /lìmətéɪʃən | -mɪ̬-/ *n.* **1** 限ること, 限定; 制限 (restriction): without ~ 際限なく, 無制限に / a ~ *on* imports [exports] 輸入[出]制限. **2** 制限するもの (qualification); (活動範囲を限る)不利な条件, 弱み, 不利なこと: Poor sight is a ~ in this job. 目が悪いことはこの仕事では不利だ. **3** (知能・能力・行動などの)限界, 限度, 極限: know one's ~*s* 自分の力の限界[分限]を知っている / We have our ~*s*. 我々の能力には限界がある / Within these ~*s* you are free to do whatever you like. この限度を越えなければ好きなことをしてよい. **4** 〘法律〙 不動産権の内容の指定; 提訴時効. 〘(*c*1395) *limitacioun* □ OF *limitacion* ∥ L *līmitātiō(n-)* ← *līmitāre* 'to LIMIT': ⇨ -ation〙

lìm·i·tá·tion·al /-ʃnəl, -ʃənl̩˙/ *adj.* 制限的な, 限定的な: a ~ factor 〘経済〙 限定要因 《制限的生産要因》.

lim·i·ta·tive /límətèɪtɪv, -tət- | -mɪ̬tət-, -tèɪt-/ *adj.* 制限的な, 限定的な. 〘(1530) □ ML *līmitātīvus* ← L *līmitātus* (p.p.) ← *līmitāre*: ⇨ limit, -ative〙

lim·it·ed /límɪ̬tɪ̬d | -mɪt-/ *adj.* **1** 有限の, 限られた, 制限のある (restricted): ~ means [resources] 乏しい資力[資源] / a speech ~ *for* time 時間を限られた演説 / books ~ *in* number 数を限って発行された本 (cf. limited edition) / The accommodation of the theater is very ~. その劇場は収容能力がきわめて小さい. **2** 《米》 〈列車・バスなど急行の: a ~ train 特別急行列車, 特急 《一定の限られた駅にしか停車しない》 / a ~ express train 特別快速列車, 特快. **3** 《英》 〈会社が〉有限責任の (略 Ltd., Ld.) (cf. incorporated 2): ⇨ limited company. **4** 〈考えが狭い, 創意に欠ける: ~ ideas 偏狭な考え / He's a bit ~. ちょっと考えが狭い. **5** 〘政治〙 (憲法によって)制限された, 立憲制の (cf. absolute 7): ~ (democratic) government 立憲(民主)政治 / ⇨ limited monarchy. **— *n.*** 《米》 急行列車[バス], 特急: take a ~ 特急に乗る. **~·ly** *adv.* **~·ness** *n.* 〘(*a*1425): ⇨ -ed〙

límited-áccess hìghway *n.* 高速道路 (expressway). 〘1944〙

límited cómpany *n.* 《英》 有限(責任)会社 《社名の後に Limited または略字 Ltd., Ld. を付記する; limited liability company ともいう; cf. incorporated 2》. 〘1855〙

límited divórce *n.* 〘法律〙 制限的離婚 《食卓とベッドからの離婚; 完全な離婚ではなく, 再婚は禁止される; cf. judicial separation, DIVORCE a mensa et thoro》.

límited edítion *n.* (本などの)限定版; (収集家用の)限定販売品. 〘1903〙

límited liabílity *n.* 《英》 有限責任. 〘1855〙

límited liabílity cómpany *n.* 《英》 有限責任会社 (⇨ limited company).

límited máil *n.* 《英》 特別郵便列車 《乗客の数に制限がある》. 〘1866〙

límited mónarchy *n.* 立憲君主政体 (cf. absolute monarchy). 〘1648〙

límited pártner *n.* 〘法律〙 有限責任社員 (cf. general partner). 〘1907〙

límited pártnership *n.* 〘法律〙 合資会社 《無限責任社員 (general partner) と有限責任社員 (limited partner) とから構成される partnership; special partnership ともいう; cf. general partnership》. 〘1907〙

límited páyment insúrance *n.* 〘保険〙 有限払い込み(生命)保険 《保険期間の満了前に保険料の払い込みが終了する保険》.

límited pólicy *n.* 〘保険〙 限定支払保険証書 《ある種の損害に対しては填補しないことを記載してある; cf. unlimited policy》.

límited wár *n.* **1** 制限戦(争), 限定戦争 《二つまたはそれ以上の国家間の公然たる交戦ではあるが, 相手国の軍隊の完敗を目的とするまでには至らない武力闘争》. **2** 局地戦. 〘1948〙

lím·it·er /-tə | -tə[(r)]/ *n.* **1** 制限をする人[物]. **2** 〘電子工学〙 振幅制限器, リミタ 《clipper ともいう》. 〘(*c*1378) *limitour*: ⇨ -er[1]〙

limites *n.* limes 1 の複数形.

límit gàge *n.* 〘機械〙 限界ゲージ 《機械部品の寸法が規定の寸法にできているかどうかを検査するための金属製のゲージ; go gage と nogo gage との総称》.

lím·it·ing /-tɪŋ | -tɪŋ/ *adj.* **1** 制限する, 限定する, 限定的な (restrictive). **2** 〘文法〙 制限的な (cf. descriptive): ⇨ limiting adjective. 〘(1849): ⇨ -ing[2]〙

límiting àdjective *n.* 〘文法〙 制限形容詞 《描写形容をしないで, 名詞の適応範囲を制限するだけの my, this, some, certain のような形容詞; また限定語 (determiner) と区別して, these *few* red apples の few だけを指すこともある; cf. descriptive adjective》. 〘1864〙

límiting fàctor *n.* (有機体の成長[活動]や人口の増大を制限する)限定要因, 限定因子.

lim·it·less /límɪ̬tlɪ̬s | -mɪt-/ *adj.* 無限の (boundless); 無制限の; 広大な (vast). **~·ly** *adv.* **~·ness** *n.* 〘(1581): ⇨ -less〙

límit màn *n.* 〘スポーツ〙 最高のハンディキャップを持つ競走者 (cf. scratch *n.* 7 a).

límit pòint *n.* 〘数学〙 **1** 極限点. **2** =accumulation point. 〘1905〙

lim·i·trophe /límətròʊf, -trɒ̀(ː)f | -mɪtrəʊf/ *adj.* **1** 国境地方の[にある]. **2** 隣接する, 近隣の (adjacent). 〘(1589) 《廃》 border-land □ F ~ □ LL *limitrophus* ← L *limit-*: ⇨ limit, -trophe: 「辺境の軍隊に給食するために割り当てた土地の」が原義〙

límit swìtch *n.* (機械などがある限界点を越えて運転しないように自動的に働く)制御スイッチ. 〘1930〙

li·miv·o·rous /laɪmív(ə)rəs/ adj. 〘動物〙〈ミミズなど〉(泥中の有機物を摂取するために)泥を食う. 〖← L *limus* mud (⇨ lime[2])＋-I-＋-VOROUS〗

lim·mer /límə | -mə(r)/ n. 《スコット》 **1 a** 身持ちの悪い女, 売春婦. **b** おてんば, でしゃばり娘. **2** 《廃》悪党. 〖《1456》← ? LIMB[1] 4〗

limn /lím/ vt. (~·ing /límɪŋ, límnɪŋ/) **1** 素描する, (絵に)描く (draw, paint). **2** 《古》(言葉で)描写する, 記述する (describe). **3** 《廃》＝illuminate. 〖《c1420》 *limne(n), lymne(n)* 《変形》← ME *luminen* to illuminate ▭ OF *luminer* ▭ L *lūmināre* ← *lūmen* light〗

limn- /lɪmn/ (母音の前にくるときの) limno- の異形.

lim·ner /límnə, límə | límnə(r), límə(r)/ n. 画工, (特に)肖像画家. 〖《c1320》 *limnour* 《変形》← *luminour* ← *luminen* (↑)〗

lim·net·ic /lɪmnétɪk | -tɪk/ adj. 〘生態〙淡水の, 淡水にすむ, 沖帯の[にすむ]: ~ worms. 〖《1899》← Gk *limnḗtēs* living in marshes (← *límnē* marsh, lake)＋-IC[1]〗

lim·ni- /límnɪ, -ni/ limno- の異形 (⇨ -i-).

lim·nic /límnɪk/ adj. ＝limnetic.

lim·no- /límnoʊ | -nəʊ/ 「淡水湖, 池 (pond)」の意の連結形. ★ 時に limni-, また母音の前では通例 limn- になる. 〖← Gk *límnē* marsh〗

lim·nól·o·gist /-dʒɪst | -dʒɪst/ n. 陸水学者.

lim·nol·o·gy /lɪmnɑ́(ː)lədʒi | -nɔ́l-/ n. 陸水学 (湖沼·河川·地下水など水圏の物理的·化学的·気象学的·生物学的研究をする学問); (古くは)湖沼学. **lim·no·log·ic** /lìmnəlɑ́(ː)dʒɪk | -lɔ́dʒ-/ adj. **lìm·no·lóg·i·cal** adj. **lìm·no·lóg·i·cal·ly** adv. 〖《1895》: ⇨ limno-, -logy〗

Lím·nos /*Mod.Gk.* límnos/ n. リムノス (Lemnos の現代ギリシャ語名).

lim·o /límoʊ | -məʊ/ n. (pl. ~s) 《口語》＝limousine. 〖《1968》《略》← LIMOUSINE〗

Li·moges /lɪmóʊʒ | -mə́ʊʒ; F. limɔːʒ/ n. **1** リモージュ (フランス中部の都市; Haute-Vienne 県の県都). **2** ＝Limoges ware.

Limóges wàre n. Limoges 産陶磁器, リモージュ焼き. 〖1844〗

Li·món /lɪmɑ́(ː)n | lɪmɔ́n; *Am.Sp.* limón/ n. リモン (コスタリカ中東部の都市; 同国一の港町; バナナ·コーヒーの輸出港; Puerto Limón ともいう).

Li·món /limóʊn, -mɔ́ːn | -mə́ʊn, -mɔ́ːn; *Am.Sp.* limón/, **José Ar·ca·dio** /arkáðjo/ n. リモーン (1908–72; メキシコ生まれの米国の舞踊家·振付師).

lim·o·nene /límənìːn, láɪ-/ n. 〘化学〙リモネン ($C_{10}H_{16}$) (種々の精油中に含まれるテルペンの一つ; レモンの芳香がある). 〖《1845》← NL *limonum* lemon＋-ENE〗

li·mo·nite /láɪmənàɪt/ n. 〘鉱物〙(褐鉄鉱 ($2Fe_2O_3 \cdot 3H_2O$) (鉄鉱石の一種). **li·mo·nit·ic** /làɪmənítɪk | -tɪk-/ adj. 〖《1823》▭ G *Limonit* ← Gk *leimṓn* moist place, meadow: ⇨ -ite[1]〗

Li·mou·sin /lìːmuːzǽː(ŋ), -zǽŋ; F. limuzɛ̃/ n. **1** リムザン (フランス中部の旧州, 高原地方; 州都 Limoges). **2** 〘畜産〙リムザン種(の牛) (フランスで作出された頑健な肉用牛).

lim·ou·sine /líməzìːn, -mu-, ˌ--ˊ | ˌ--ˊ, ˌ--ˊ/ n. リムジン: **a** 3–5 人乗りの箱型自動車; 元来運転席は客席の外側にあり, 屋根だけで覆われていた; 後に運転席も車室に含まれるようになったが, 開閉式ガラス仕切板で客室と隔てられた (cf. sedan 1 a). **b** おかかえ運転手つきの大型の豪華な自動車. **c** 《米》空港·駅などの送迎用小型バス[大型セダン]: an airport ~. 日英比較 日本語では空港とホテルやターミナル駅間のバスを「リムジンバス」というが, 英語では単に bus を用いるか, この語を用いる. 〖《1902》▭ F ~ 《転義》← *limousine*: Limousin 地方の人々が着たケープつきのマント〗

límousine líberal n. 《米》富裕な自由主義者. 〖1969〗

limp[1] /límp/ vi. **1 a** 足を引きずる. **b** 足を引きずって歩く, よたよた進む, よろめき歩く. **2 a** (故障·損傷などで)〈船·飛行機などが〉のろのろ進む, 難航する. **b** 〈仕事·景気などが〉進まない, ほとんど進展しない, もたつく: Business is ~*ing* toward a standstill. 仕事は進展を見せず停滞状態に向かっている. **3** 〈詩が〉韻律[抑揚]が乱れる. — n. **1** 足を引きずること: walk with a ~ 足を引きずって歩く. **2** (詩の)韻律の乱れ. **~·er** n. **~·ing** adj., n. 〖《1570》← ? 《廃》*limphalt* < OE *lempheallt* lame ← Gmc *lemp- (< IE *lemp(h)- ← *leb- hanging loosely)＋OE *healt* 'HALT[2]' ∥ ? OE *limpan* to happen〗

limp[2] /límp/ adj. (~·er, ~·est; more ~, most ~) **1** 〈物質·体格などしっかりした形のない, ぐにゃぐにゃの (flabby, flaccid); 柔軟な (soft): a ~ body, curtain, etc. / Her hair hung ~ about her shoulders. 彼女の髪の毛が肩のあたりにだらっと垂れていた. **2** 力のない, 弱い (weak); 元気のない, 気の抜けた (spiritless); 疲れて: be ~ *with* fatigue 疲れてぐったりする / (as) ~ as a doll [rag] 疲れ果てて, くたくたになって. **3** 〘製本〙 **a** 柔擬(じゅうぎ)表紙の, 薄表紙の: a ~ cover. **b** 〈本の表紙が〉薄芯の, 薄芯入りの. **~·ly** adv. **~·ness** n. 〖《1706》← ? Scand.: cf. G *lampen* to hang limp / ON *límpa* limpness〗

SYN ぐにゃぐにゃした: **limp** 固さを失ってぐにゃぐにゃしている: *limp* lettuce (歯ごたえがなくなった)しおれたレタス. **floppy** だらりと垂れている: The dog has *floppy* ears. その犬の耳はだらりと垂れている. **soft** 適用範囲が広く, 一般に物が軟らかいの意味: The ground is *soft* after the rain. 雨あがりで地面がぐにゃぐにゃです. **flabby** 《軽蔑》柔らかくてたるんでいる: *flabby* breasts たるんだ乳房. **squashy** 水分が多く, つぶれやすく, ぐにゃぐにゃしている: a *squashy* tomato ぐにゃぐにゃしたトマト. **flaccid** 〈筋肉·茎など〉力なくたるんでいる: *flaccid* muscles たるんだ筋肉. **sleazy** 〈織物·服など〉薄っぺらで軽い: *sleazy* cloth ぺらぺらの布.

límp díshrag n. 《米俗》いくじなし, 役立たず.

limp·en /límpən/ vi. だらっとなる, 柔軟になる; 力がなくなる. 〖⇨ ↑, -en[1]〗

lim·pet /límpɪt | -pɪt/ n. **1** 〘貝類〙 **a** カサガイ (ツタノハガイ科, ユキノカサガイ科の笠形貝類の総称 (true limpet)). **b** カラマツガイ科の笠形貝類の総称 (false limpet). **2** 地位にかじりついている役人. **3** (船底に密着する)吸着機雷 (limpet bomb [mine] ともいう). ***hóld ón*** [***háng ón, clíng, stíck***] ***like a límpet*** (***to***) (岩の上の limpet のように)(…に)固くくっつく. 〖OE *lempedu* ▭ ML *lamprēdam* 'limpet, LAMPREY'〗

lim·pid /límpɪd | -pɪd/ adj. **1** 〈水晶·水·大気など〉澄んだ, 透明な (↔ thick): a ~ glance 澄んだまなざし / a ~ stream 清冽(せいれつ)な流れ. **2** 〈文体など〉明晰な, 明快な (lucid): ~ language, style, etc. **3** 平静な, 静穏な, 悩みのない: a ~ childhood. **lim·pid·i·ty** /lɪmpídəti | -dɪti/ n. **~·ly** adv. **~·ness** n. 〖《1613》▭ F *limpide* ∥ L *limpidus*: cf. lymph〗

límp·ing·ly adv. (痛めた)足を引きずりながら[引きずるようにして]; もたもたと, たどたどしく. 〖《1579》← LIMP[1]＋-ING[2]＋-LY[1]〗

limp·kin /lím(p)kɪn | -kɪn/ n. 〘鳥類〙米国南東部·中南米にすむツルモドキ科ツルモドキ属の鳥 (*Aramus pictus*) (cf. courlan). 〖《1885》← LIMP[1]＋-KIN: その歩き方から〗

Lim·po·po /lɪmpóʊpoʊ | -pə́ʊpəʊ/ n. [the ~] リンポポ(川) (南アフリカ共和国北部国境からモザンビーク南部を経てインド洋に注ぐ川 (1,700 km); Crocodile River ともいう).

limp·sy /lím(p)si/ adj. (also **limp·sey** /~/) 《方言》 **1** 力のない, 弱い. **2** だるそうな, 元気のない, ぐにゃぐにゃの. 〖《a1825》← LIMP[2]＋-sy (dim. suf.: cf. tipsy)〗

límp-wòrt n. 《英》〘植物〙＝brooklime. 〖1666〗

límp-wrísted adj. めめしい, ホモの.

LIMRA /límrə/ 《略》 Life Insurance Marketing and Research Association.

lim·sy /límsi/ adj. ＝limpsy.

limuli n. limulus の複数形.

lim·u·loid /límjʊlɔ̀ɪd/ 〘動物〙 adj. カブトガニ属 (*Limulus*) の, カブトガニに似た. — n. カブトガニ (⇨ king crab 1). 〖《1859》: ⇨ ↓, -oid〗

lim·u·lus /límjʊləs/ n. (pl. **-u·li** /-làɪ, -lìː/, ~) 〘動物〙カブトガニ (⇨ king crab 1). 〖《1837》← NL ~ 'somewhat askew' (dim.) ← L *līmus* aslant, sidelong〗

lim·y[1] /láɪmi/ adj. (**lim·i·er, -i·est; more ~, most ~**) **1** 石灰を含んだ: a ~ soil. **2** 石灰状の, 石灰質の. **3** 鳥もちを塗った; ねばねばする. **lím·i·ness** n. 〖《1552》← LIME[2]＋-Y[1]〗

lim·y[2] /láɪmi/ adj. ライムの(風味の).

lin /lín/ n. ＝linn.

lin. 《略》 lineal; linear; line(s); 〘薬剤〙 liniment.

Lin /lín/ n. リン (女性名; 異形 Lynn, Lynne). 〖(dim.) ← (i) CAROLINE[1] ∥ (ii) LINDA〗

Li·na /líːnə/ n. リーナ (女性名). 〖(dim.) ← CAROLINE[1]〗

lin·a·ble /láɪnəbl/ adj. 一列に並べられる[並んでいる]. 〖《1698》: ⇨ line[1] (v.)〗

lin·ac /línæk/ n. ＝linear accelerator. 〖《1950》短縮〗

Lin·a·cre /línəkə, -nɪ- | -nəkə(r)/, **Thomas** n. リナカー (1460?–1524; 英国の人文主義学者·医者; Henry 八世の侍医を務める一方, 王女のためにラテン語文法を著した).

lin·age /láɪnɪdʒ/ n. **1** (印刷物·原稿などの)行数. **2** (原稿料の)行数払い, 行数当たりの稿料. **3** 《古》一列整列[整頓(せいとん)], 一直線にする[なる]こと (alignment). 〖《1883》← LINE[1]＋-AGE〗

lin·al·o·ol /lɪnǽloʊɔ̀(ː)l, lìnəlúːl | lɪnǽləʊɔ̀l, línəlùːl/ n. (also **lin·a·lol** /línəlɔ̀(ː)l, -lòʊl | -lɔ̀l/) 〘化学〙リナロール ($C_{10}H_{17}OH$) (一種のテルペン; スズランに似た香気を有する無色の液体; 香料として用いる). 〖《1891》← Mex.-Sp. *lináloe* fragrant Mexican wood (← ML *lignum* aloes)＋-OL[2]〗

lín·a·lyl ácetate /línəlɪl-, -lìːl-/ n. 〘化学〙酢酸リナリル ($CH_3COOC_{10}H_{17}$) (芳香性の無色の液体; 香料に用いる). 〖《1900》 *linalyl*: ⇨ ↑, -yl〗

li·nar /láɪnɑə | -nɑː(r)/ n. 〘天文〙ライナー (数種の化合物に特有な線スペクトルの波長の電磁波のみを放射する点状の電波源). 〖《1970》← LIN(E)＋(ST)AR〗

Li·na·res /lɪnɑ́ːrəs; Sp. linárés/ n. リナレス (スペイン南部の都市; 鉛鉱山; Scipio Africanus がカルタゴ軍を破った地 (208 B.C.)).

li·nar·i·a /laɪnέ(ə)riə | -nέər-/ n. 〘植物〙＝toadflax.

li·na·rite /láɪnəràɪt/ n. 〘鉱物〙青鉛鉱 ($PbCu(SO_4)(OH)_2$). 〖《1844》▭ G *Linarit* ← *Linares* (これが発見されたスペインの都市)＋-ITE[1]〗

Lin Biao /lìnbiáʊ; Chin. línpiāu/ n. 林彪(りんぴょう) (1908–71; 中国の軍人·共産党指導者; 反毛沢東クーデターに失敗, ソ連亡命中に墜落死).

Linc /líŋk/ n. リンク (男性名). 〖(dim.) ← LINCOLN[3]〗

Linc. 《略》 Lincolnshire.

linch /líntʃ/ n. ＝lynch[2].

linch·pin /líntʃpɪn/ n. **1** 割りくさび, 輪止めピン. **2** (物事の)要(かなめ)をなすもの; 〈組織·計画などの〉中心人物, 要をなす人 〔*of*〕. 〖《1289–90》 *lin(s)pin* ▭ OE *lynis* axletree, linchpin (cog. Du. *luns* / G *Lünse*)＋PIN〗

Lin·coln[1] /líŋkən/ n. リンカーン (米国 Nebraska 州南東部にある同州の州都). 〖← *Abraham Lincoln*〗

Lin·coln[2] /líŋkən/ n. **1** リンカーン (イングランド東部 Lincolnshire 州の州都). **2** ＝Lincolnshire. **3** リンカン (長毛で肉用の品種の羊). 〖OE *Lindcolne* ← Celt. *lindo-* pool＋L *colōnia* 'COLONY'〗

Lin·coln[3] /líŋkən/ n. リンカーン (男性名). 〖↑〗

Lin·coln[4] /líŋkən/ n. 〘商標〙リンカーン (米国製の大型高級乗用車; 現在は Ford Motor 社の一部門で製造).

Lin·coln /líŋkən/, **Abraham** n. リンカーン (1809–65; 米国第 16 代の大統領 (1861–65); 南北戦争で国家の統一を達成し, 奴隷解放宣言を発した (1863); 暗殺された).

Lincoln, Benjamin n. リンカーン (1733–1810; 米国の独立戦争当時の将軍).

Lin·coln /líŋkən/, **Mount** n. リンカーン山 (米国 Colorado 州中部, Park 山脈の最高峰 (4,357 m)).

Líncoln Cénter n. [the ~] リンカーンセンター (米国 New York 市 Manhattan にある総合芸術センター, 1966 年完成; 公式名 the Lincoln Center for the Performing Arts).

Lin·coln·esque /lìŋkənésk-/ adj. Abraham Lincoln 風の[のような]: a ~ pose. 〖《1910》: ⇨ -esque〗

Líncoln gréen n. **1** リンカングリーン (昔イングランドの Lincoln で織った鮮緑色のラシャ; Sherwood に住んだ義賊 Robin Hood の一党がこれを着た). **2** 黄緑色 (olive green). 〖《c1510》← LINCOLN[2] (原産地名)〗

Lin·coln·i·an /lɪŋkóʊniən | -kə́ʊn-/ adj. Abraham Lincoln (流)の.

Lin·coln·i·a·na /lɪŋkòʊniǽnə, lìŋkə-, -ɑ́ːnə | lɪŋkə̀ʊniɑ́ːnə, lìŋkə-/ n. pl. Abraham Lincoln 資料 (所持物·書きもの·逸話など). 〖《1921》: ⇨ -iana〗

Líncoln Memórial n. [the ~] リンカーンメモリアル (米国 Washington, D.C. の Mall の一端にある Abraham Lincoln にささげられた大理石の記念堂; 1922 年建立).

Líncoln Párk n. リンカーンパーク (米国 Michigan 州南東部の住宅都市).

Líncoln Réd n. 〘畜産〙リンカンレッド (イングランド Lincolnshire の在来牛にショートホーンを交配させた赤色の乳肉兼用種).

Líncoln's Bírthday n. リンカーン (Abraham Lincoln) 誕生記念日 (2 月 12 日; 米国の多くの州で法定休日; 2 月の第一月曜日とする州もある).

Lin·coln·shire /líŋkənʃə, -ʃɪə | -ʃə(r), -ʃɪə(r)/ n. リンカンシャー (イングランド東部, 北海に臨む州; 1974 年まで行政的には the Parts of Lindsey, the Parts of Kesteven, the Parts of Holland に分かれていた; また同年に北部は Humberside 州の一部となった; 面積 5,884 km^2; 単に Lincoln ともいう).

Líncoln's Ínn n. ⇨ INNS of Court.

Líncoln's spárrow n. 〘鳥類〙北米産のホオジロ科の小鳥 (*Melospiza lincolnii*). 〖米国の鳥類学者 J. J. Audubon が友人の Thomas Lincoln (1812–83) にちなんで命名したもの〗

Líncoln Túnnel n. [the ~] リンカーントンネル (米国 New York 市 Manhattan 島から Hudson 川をくぐりぬけ New Jersey 州 Weehawken に通じるトンネル道路 (2,504 m)).

lin·co·my·cin /lìŋkəmáɪsɪn, -sn | -sɪn/ n. 〘生化学〙リンコマイシン (ペニシリン抵抗菌にも働く抗生物質). 〖《1963》← *linco-* (← *Streptomyces lincolnensis* a streptomyces)＋-MYCIN〗

lin·crus·ta /lɪnkrʌ́stə/ n. リンクラスタ (装飾図柄をプリントした厚手の壁紙). 〖《1882》← L *līnum* flax＋*crusta* rind, bark〗

Lincs /líŋks/ 《略》 Lincolnshire.

linc·tus /líŋ(k)təs/ n. (のどが痛い時の)なめ薬, 舐剤(しざい). 〖《1681》▭ L ~ 'a licking' ← (p.p.) ← *lingere* to lick〗

Lind /línd; Swed. lind/, **Jenny** /jéniː/ n. リンド (1820–87; スウェーデンのソプラノ歌手; 本名 Johanna Maria Lind; Mrs. Otto Goldschmidt /G. gɔ́ltʃmɪt/; the Swedish Nightingale と呼ばれた).

Lin·da /líndə/ n. リンダ (女性名; 異形 Lynda; 愛称形 Lindy). 〖← G ~ 《原義》 smoke ∥ 《略》← BELINDA, MELINDA〗

lin·dane /líndeɪn/ n. 〘化学〙リンデン ($C_6H_6Cl_6$) (特に農作物につく害虫退治用の殺虫剤; 純度 99% のベンゼンヘキサクロリド (BHC)). 〖← *T. van der Linden* (20 世紀のオランダの化学者)＋-ANE[2]〗

Lind·bergh /lín(d)bəːg | -bəːg/, **Anne Spencer** n. リンドバーグ (1906–2001; 米国の飛行家·著述家; C. A. Lindbergh の妻; 旧姓 Morrow).

Lindbergh, Charles A(ugustus) n. リンドバーグ (1902–74; 米国の飛行家; 1927 年 Spirit of St. Louis 号でニューヨーク-パリ間無着陸単独飛行に初めて成功).

Líndbergh Àct n. [the ~] 《米法》リンドバーグ法, 州外誘拐犯処罰法 (誘拐された者が無事に帰って来ない場合は通例死刑). 〖← *C. A. Lindbergh*: その息子が 1932 年 3 月誘拐·殺害されたことにちなむ〗

lin·den /líndən/ n. **1** 〘植物〙シナノキ (ボダイジュの類のシナノキ属 (*Tilia*) の落葉高木の総称; 花は香気高く, 蜂蜜の原料花; 街路樹にする). **2** リンデン材; (特に)アメリカシナノキ材 (柔らかく軽い白色の木材で, 家具や建築の材料). 〖《1577》《転用》← OE *linden* of a lime tree ← *lind* lime tree: cog. G *Linde*: ⇨ -en[2]: cf. lime[3]〗

Lind·es·nes /líndɪsnèɪs, -nəs; Norw. lìndəsnéːs/ n. リンデスネス(岬) (北海に突き出たノルウェー南端の岬; The Naze ともいう).

Lin·dis·farne /líndɪsfɑ̀ən | -fɑ̀ːn/ n. リンディスファーン (⇨ Holy Island).

Lind·ley /lín(d)li/ n. リンドリー: **1** 男性名. **2** 女性

L

名. 〖←? OE *lind-lēah* (← *lind* 'LINDEN'+*lēah* meadow) // ←? OE *līn-lēah* (← *līn* flax)〗

Lind·ley /lín(d)li/, **John** *n.* リンドリー《1799–1865; 英国の植物学者・園芸家; 新しい植物分類法を開発した》.

Lind·say /lín(d)zi/, **Howard** *n.* リンジー《1889–1968; 米国の劇作家・俳優》.

Lindsay, John V(liet) *n.* リンジー《1921–2000; 米国の政治家; New York 市長 (1965–74)》.

Lindsay, (Nicholas) Vachel *n.* リンジー《1879–1931; 米国の詩人》.

Lindsay, Norman (Alfred William) *n.* リンジー《1879–1969; オーストラリアの画家・作家》.

Lind·sey /líndzi/ *n.* **1** 男性名. **2** 女性名. 〖← *Lindsey* (英国 Lincolnshire にある地名) ← OE *Lindon* (⇨ Lincoln²)+*ēg* island〗

Lind·sey /líndzi/, the **Parts of** *n.* リンジー《イングランド東部の一地域で, もと Lincolnshire 行政区画の一部》.

Lind·sey, Ben(jamin Barr /báə | bá:(r)/) *n.* リンジー《1869–1943; 米国の法学者; 青少年保護法の制定に貢献した》.

lin·dy /líndi/ *n.* リンディ《1930 年代米国の Harlem に発し各地に流行した男女一組で踊る激しいダンス; lindy hop ともいう》. — *vi.* リンディを踊る. 〖《(1959)← (1931) *Lindy Hop* ← *Lindy* (C. A. Lindbergh のあだ名)〗

Lin·dy /líndi/ *n.* リンディー《女性名》. 〖(dim.) ← LINDA〗

line¹ /láɪn/ *n.* **1 a** 線, (特に)直線: a curved [straight, undulating] ~ 曲[直, 波]線 / a broken ~ 破線《- -》/ parallel ~*s* 平行線 / You can't park on the double yellow ~*s*. 黄色の二本線上では駐車できません / ruled ~*s* 罫(けい)線 / ⇨ dotted line / (as) straight as a ~ 一直線で[に] / draw [make] a ~ 線を引く. **b** 〘数学〙(点の)軌跡.

2 a (細くて強い)糸, ひも, 細綱: a hemp ~ 麻ひも. **b** くもの糸. **c** (犬などをつなぐ)革ひも. **d** (曳航用の)綱, 縄: ⇨ towline. **e** 物干し綱: hang the clothes on the ~ 衣類を物干し綱につるす / a washing ~ 物干し綱. **f** (捕鯨用のもりについている)もり綱. **g** [通例 *pl.*]《米》手綱(たづな). **h** (測量手・大工などの)測線: ⇨ plumb line, sounding line.

3 釣り糸: with rod and ~ 釣り糸のついた釣りざおを持って / throw a good ~ 釣りがうまい / wet one's ~ 釣り糸を垂れる.

4 (水・ガス・電気・石油などを運ぶ)導管, 管, パイプ, ホース: a steam ~ スチーム管 / an air ~ 通風管 / power ~*s* 電線, 送電線.

5 電線, 電信[電話]線: an aerial ~ 架空線 / a telegraph [telephone] ~ 電信[電話]線 / a distribution [transmission] ~ 配電[送電]線 / a local [toll, party] ~ (電話の)市内[長距離, 共同加入]線 / a main [branch] ~ (電話などの)本[支]線 / on the direct ~ 直通電話で / I've got her on the ~ now, sir. 今彼女に電話が通じました / Hold the ~, please. (電話で)少々お待ち下さい / The ~ is busy [《英》engaged]. (電話で)話し中 / The ~ is bad. 電話線の状態が悪い《よく聞きとれない》/ The ~ went dead. 通話が切れた / He's on another ~. 別の電話に出ております.

6 a (あぜ溝・色帯・岩の割れ目などの)線, 筋, 縞(しま); 縫い目: ~*s* of color in stratified rock 成層岩の色筋 / gray ~*s* across the clouds 雲を横切る灰色の縞 / the ~ of a ridge 稜線(りょうせん). **b** (顔・首などの)しわ, 筋: a face seamed with ~*s* しわだらけの顔 / There were ~*s* of sleeplessness round his eyes. 目の回りに不眠のしわが出ていた / the ~*s* on a person's palm 手のひらの線. **c** 〘物理〙線: infrared ~*s* 赤外線.

7 a (連続した物の)線, 連続, 列 (row, column); 《米》(順番を待つ)人の列 (queue): a ~ of trees 並木 / a ~ of houses 一列に並んだ家, 家並 / a ~ of hills 連丘 / a long ~ of refugees 難民の長い列 / ⇨ *in* LINE (1). **b** 一致[同調]の状態: get them into ~ 同調させる.

8 a (進行しているものの)方向, 進路, 道筋, 道順, 道: a ~ of travel 旅行の道筋 / the ~ of flight of a bullet 銃弾の飛ぶ方向. **b** 《英》(鉄道の)線, 線路, 軌道: a loop ~ (鉄道の)ループ線 / the up [down] ~ 《英》(列車の)上り[下り]線 / an overhead [underground] ~ 架空[地下](電)線路 / the Tokaido *Line* 東海道線 / The ~ is blocked [open]. 線路が不通だ[通れる]. **c** 《NZ》(田舎の)道・道路.

9 a (定期)路線, 航路, 航空路; その全車両[船舶, 飛行機]: the European ~ ヨーロッパ航路 / a steamship ~ 航路. **b** それを運営する会社, 航空会社, 運輸会社: the Great Northern *Line* (米国の)グレートノーザン鉄道会社 / the Cunard *Line* (英国の)キュナード汽船会社 / Japan Air *Lines* 日本航空.

10 a (商品の生産・包装・船積みなどを行うための)流れ作業列. **b** [集合的] 流れ作業に働く人たち.

11 a (文字の)行: a page of twenty ~*s* 20 行からなる 1 ページ / ⇨ *between the* LINES / get 100 ~*s* (to do) as punishment 罰として100 行を書く. **b** (詩の)一行, 詩句 (verse); [*pl.*] 詩 (piece of poetry): a 4-*line* poem 4 行詩 / What a lovely ~! 何と美しい詩なんでしょう. **c** 一くだり, 一筆, 短信 (short letter, note): drop [send] a person a ~ [a few ~*s*] 人に一筆書き送る / Just a ~ to tell you that ... 一筆お知らせ申し上げます. **d** [通例 *pl.*] (役者の)台詞(せりふ): forget [fluff] one's ~*s* 台詞を忘れる, とちる / ⇨ *blow one's* LINES (2) / blow up in one's ~*s* ⇨ BLOW¹ *up* (vi.) (2) / go up in [on] one's ~*s* ⇨ GO¹ *up* (9). **e** [*pl.*]《英》罰課《罰として生徒に筆写[暗唱]させるギリシャまたはラテン詩》. **f** 《英口語》結婚認可証 (marriage lines).

12 a 家系, 歴代, 血統, 家柄: a long ~ of kings 歴代の王 / in the male [female] ~ 男[女]系で / the direct ~ 直系 / come of a noble ~ 貴族の出である / He perished with all his ~. 一族もろとも滅びた. **b** (動物の)種族, 血統: a ~ of beef cattle 肉牛の種類. **c** 系列, 系統: the ~ of command = CHAIN of command.

13 a (行為・政策などの)方針; 方向, 傾向: a ~ of conduct 行動の方針 / a ~ of policy 政策の方針 / a ~ of research [investigation] 研究[調査]の方針 / a mistaken ~ 誤った方針 / ⇨ hard line 1 / *on* this ~ [these ~*s*] この方針で / *on* conservative ~*s* 保守的なやり方で / *on* [*along*] the same ~*s* 同様の方針[方式]で / go *on* the wrong [right] ~*s* 誤った[正しい]方法を取る / take [keep to] one's own ~ 我が道を行く, 自分自身の道を守る / take a strong [firm, tough] ~ 断固とした態度[強硬措置]を取る. **b** 《口語》(人を巧みにまるめこむ)口達者な話し方, 弁舌. **c** (コメディアンなどの)お決まりのジョーク.

14 a (知的・芸術的・仕事上の)個人の活動分野, 好きな道, 専攻, 専門, 好み, 趣味, 得手: in [out of] one's ~ 〈事が〉性に合って[合わないで], 好き[嫌い]で, 得意[苦手]で / It is not in my ~ to interfere. 干渉するのは私の柄ではない / Cards are not in my ~. 私はトランプは得意でない / Geology is his particular ~. 地質学は彼の専攻です. **b** 商売, 職業: His ~ is stockbroking [groceries]. 彼の商売は株屋[食料雑貨商]だ / What's his ~? 彼の職業は何ですか / What ~ (of business) are you *in*? どんな方面の仕事をおやりですか / I am *in* the grocery [banking, teaching] ~. 食料雑貨商[銀行業, 教員]をやっています.

15 《口語》**a** 〔…についての〕情報, 特別[内部]の消息〔*on*〕: get [give a person] a ~ *on* …に関する情報を得る[人に伝える], …を知る[人に知らせる] / have a ~ *on* …について情報を持っている, …を知っている. **b** もっともらしいが誤った話, 作り話: Don't give[hand] me that ~! そんなもっともらしい作り話をするな.

16 a (区画または位置を示す)線, 境界線; [通例 *pl.*] 境界 (border, boundary); 限界, 限度 (limit): go over the ~ 限度を越える / draw a ~ between right and wrong 善悪の間にはっきり一線を画する, 善悪をはっきり区別する / ⇨ *draw the* [*a*] LINE (*at* ...) / cross the state [county] ~ 《米》州[郡]の境界線を越える. **b** 《米俗》赤線区域, 花柳界 (red-light district): ⇨ *on the* LINE (6).

17 a [しばしば *pl.*] 輪郭, 外形 (contour): the graceful ~*s* of her face [features, car] 彼女の顔[容貌, 車]の優美な輪郭[外形]. **b** [通例 *pl.*] (計画・政策などの)概略: explain the ~*s* of his foreign policy 彼の海外政策の概略を説明する. **c** [*pl.*] (船首から船尾までの)船体形状を示す線図. **d** [しばしば *pl.*] (衣服の)スタイル, 外郭線: a dress cut on the princess ~ プリンセスラインのワンピース.

18 (ペン・鉛筆・毛筆等で描いた)線, 描線, 輪郭線; 描線図: ~ and color (絵画の要素としての)線と色 / transfer life into ~ and color 実物を線と色で描写する.

19 《古》[*pl.*] (置かれた)境遇, 運, 運命 (fortune, lot) (cf. *Ps.* 16: 6): ⇨ hard line 2.

20 〖《なぞり》← F *ligne*〗**a** ライン《長さの単位; =$^1/_{12}$ inch; 現在用いられない》. **b** ライン《ボタンの直径を測る単位; =$^1/_{40}$ inch》. **c** =ligne 1.

21 〘地理〙**a** (経線・緯線などの)線: the meridian ~ 子午線. **b** [the ~] 赤道 (equator): cross *the* ~ 赤道を横切る / under *the* ~ 赤道直下に.

22 〘商業〙**a** 持荷, 在庫商品, 商品種類, 仕入(品); その手のもの: a cheap ~ *in* [*of*] hats 帽子の安口 / carry [sell] a full ~ *of* winter war 冬物一式を携行する[売る]. **b** =LINE of credit.

23 〘トランプ〙(ブリッジのスコア表で)中央横線《獲得したトリックによる得点とプレミアムの得点とを区別する線で, 前者を下欄に, 後者を上欄に記入する; ゲームの勝敗を決するのは下欄の点だけ》.

24 〘音楽〙**a** (五線譜の)線 (cf. space 8): ⇨ ledger line 2. **b** 一連の音符, メロディー. **c** 旋律線. **d** (複音楽で)ブラケットやブレースでくくられる五線符の組.

25 a 《米》〘球技〙=goal line: ⇨ *hit the* LINE (1). **b** 〘アメフト〙スクリメージライン (line of scrimmage) (cf. secondary 2); (試合開始時に)スクリメージラインに並んだ競技者, ラインマン (linemen). **c** 〘ゴルフ〙ライン《球をホールに向かって打ち進める方向》. **d** 〘野球〙=line drive 1. **e** 〘ホッケー〙両ウイングとセンター. **f** 〘クリケット〙投球ライン《投げた球がバウンドするまで》. **g** [place と対照的に第 2 構成素として]〘スポーツ〙ライン: ⇨ goal line, sideline 2.

26 〘ボウリング〙10 frames の 1 ゲーム《string ともいう》.

27 a 〘海軍〙戦列, 陣形; 横陣; [集合的] 戦列艦 (line of battle): ~ abreast 横陣 / ⇨ line ahead. **b** 〘陸軍〙横隊 (cf. column 6); (中隊の各小隊を一線に並列した)二横隊陣: form ~ 横隊を作る / *in* ~ 横隊に / draw up *in* ~ 横隊に整列させる / wheel *into* ~ 向きを変えて横隊になる. **c** 〘空軍〙(飛行場に整列した航空機の)列線.

28 〘軍事〙**a** [通例 *pl.*] 前線, 戦線, 防御線; [*pl.*] (広大な戦線を構成する)布陣: ⇨ front line 1 / behind the ~ 銃後の[で] / ⇨ *all along the* LINE (1) / go into the ~ 戦列に加わる. **b** 《廃》塹壕(ざんごう) (trench), 塁壁 (rampart); [*pl.*] 堡塁(ほうるい) (fieldworks); 要塞線: ⇨ Maginot Line, Siegfried Line. **c** [*pl.*]《英》宿営(区域); 野営用のテントや小屋の列.

29 [the ~]〘軍事〙**a** 《英》(近衛(このえ)兵・臨時軍と区別して)正規軍 (regular army). **b** 《米》(参謀部・兵站(へいたん)部隊と区別して)戦闘部隊. **c** 〘海軍〙(正規の)海軍力; 〘米陸軍〙(戦闘部隊付きの)兵科将校; 〘米海軍〙(参謀将校と違い, 上官に事故があるとき指揮権を継承する)戦列将校.

30 〘テレビ〙走査線 (scanning line).

31 〘保険〙ライン: **a** 保険の種目. **b** 保険者の引受額.

32 〘フェンシング〙剣士の身体のライン《攻撃・防御が行われる上下左右の四つの部分の一つ》.

33 〘紡織〙ライン: **a** 麻の長い繊維 (10 インチ以上). **b** 長織. **c** 細目のロープ.

34 〘狐狩〙狐の残した臭跡.

35 〘活字〙**a** 並び線《a, c, x のような欧文小文字の下端の仮想線; ↔ mean line》. **b** 《英》ライン《活字の大きさを表す単位; 1 ラインは 12 ポイント; 24-line type は 228 ポイント活字》. **c** ライン《網版 (halftone) の濃度を表す単位; 網目の 1 インチに対する線の数で表す》.

36 〘電気〙=maxwell.

37 《NZ》(同一種の)羊毛の梱包(こんぽう)の一山.

38 《俗》(鼻から吸い込むため)小さな鏡の上などに細かい筋状に置かれたコカイン(の一服量).

abòve* [*belòw*] *the líne (1) 一定の標準以上[以下]の. (2) 〘トランプ〙(ブリッジで)上[下]欄の, ゲームの成立に直結しない[する] (cf. *n.* 23). 《(1905)》 ***áll alòng the líne*** (1) (戦線などの)全体にわたって, 全線で. (2) 至る所で, どこでも. (3) いつでも, しょっちゅう. (4) すべての点で, すっかり, 全く. 《(1877)》 ***alòng the línes of*** ⇨ on the LINES of ***betwèen the línes*** (1) 行間に: read *between the* ~*s* 言外の意味を読みとる, 眼光紙背に徹する. (2) それとなく, ほのめかして: He made it clear, *between the* ~*s*, that he would accept the offer. それとなくその申し出を受けることを明らかにした. 《(1856)》 ***blów one's línes*** (1) 予定の方針からはずれる; 首尾一貫しなくなる. (2) 台詞(せりふ)を忘れる, とちる (cf. 11 d). ***bríng ìnto líne*** (1) 整列させる, 一列にそろえる. (2) 〈人を〉一定の方針[基準]に添わせる, 同調させる, 一致させる. ***by líne*** =by RULE *and line*. ***còme* [*gèt*] *ìnto líne*** 一列に並ぶ; 同意[協力]する. ***dò a líne*** 《アイル・豪口語》異性とつき合う, 交際する〔*with*〕. ***dòwn the líne*** (1) 《米》町の中心地へ (downtown). (2) 《米》完全に, 十分に: go *down the* ~ 全面的に支持する / follow a person's orders (all) *down the* ~ 人の命令をことごとく守る. (3) (テニスなどネットゲームで)〈ショットが〉(サイドラインに沿って)ストレートに (cf. crosscourt). (4) 《米》将来に. ***dráw the* [*a*] *líne* (*at* ...)** (1) 行動の限界をおく, (…まで[以上は])やらない (cf. 16 a): know when [where] to *draw the* ~ 越えてはならない一線を知っている, 度を越した行いをしない / We *draw the* ~ *at* using violence. 暴力に訴えるということまではしないことにしている / One must *draw the* ~ somewhere. 我慢にもほどがある, どこまでも忍べるものではない. 《(1793)》 ***fáll ìnto líne*** (1) 〔…と〕一列に並ぶ〔*with*〕. (2) 〔…と〕歩調を合わせる, 同調する, 行動を共にする〔*with*〕. ***féed a líne*** (うまいことを言って)〈人を〉だます. ***gìve líne*** 〘測量〙測線の方向を測量手に示す. ***gìve a person líne enòugh*** (釣針にかかった魚に糸を繰り出すように)〈人を〉一時勝手にさせておく, 泳がせておく; 〈人を〉しばらく自由にさせ[言わせ]ておく, あめをしゃぶらせておく. ***hàve* [*gèt*] *one's línes cróssed*** 《口語》(お互いに)相手の意向(など)を取り違えている, 「混線している」. ***hít the líne*** (1) 〘アメフト〙ボールを持ってラインの突破を試みる. (2) しっかりと[勇敢に]事を試みる. ***hóld the líne*** (1) 戦線[戦列]を維持する. (2) 立場[方針]を守る, あとへ引かぬ. (3) ⇨ 5. (4) 〘アメフト〙相手のボールの前進を阻む. ***in líne*** (1) 一直線に, 列をなして〔*with*〕: stand *in* ~ (順番を待って)列を作る, 列に並ぶ / wait *in* ~ for tickets 切符を求めて列を作って待つ. (2) 一致して, 同意して〔*with*〕: act *in* ~ *with* government policy 政府の政策に従って行動する. (3) 抑えて, 制御して, 統制して: keep one's emotions *in* ~ 感情を抑える. (4) ⇨ 27 b. ***in líne for*** 〈地位など〉を得る順番で, …の見込みで: *in* ~ *for* (a) promotion 昇進の見込みで / He is first *in* ~ *for* the (next) managership. 彼が(次の)支配人の第一候補だ. ***in the líne of dúty*** 職務中, 職務[公用]で. ***in the líne of fíre*** ⇨ LINE of fire. ***láy it on the líne*** 《口語》(1) 金を支払う, 皆済する (pay up). (2) 率直に[歯に衣を着せずに]話す. (3) ⇨ *on the* LINE (3). 《(1929)》 ***líne upòn líne*** 着々と (cf. *Isa.* 28: 10). 《(1611)》 ***on a líne*** (1) 同等の水準で; 同等の[に]〔*with*〕. (2) 〘野球〙〈当たりが〉ライナー性の[になって]. ***on líne*** (1) 〘測量〙測線上に[の]. (2) 〈機械が〉作動している, 〈人が〉活動している. (3) 〘電算〙〈周辺機器が〉(接続されて)使用可能状態の. ⇨ on-line. ***on the líne*** (1) 境界線上に; どっちつかずで. (2) 〈絵など〉目の高さに《最も有利な高さ》: pictures hung *on the* ~ (展覧会などで)観覧人の目の高さに掛けられた絵. (3) (名誉・将来・仕事などを)危険にさらして, 賭けて (at hazard): put [lay, place] one's future *on the* ~ 自分の将来を賭ける. (4) 即座に (cf. *lay it on the* LINE (1)): pay cash *on the* ~ 現金を即座に支払う. (5) 電話に出て: Mr. Mendel came *on the* ~. メンデル氏が電話に出た / Get his office *on the* ~. 彼の事務所に電話をつないでくれ. ⇨ *n.* 4. (6) 《米俗》売春婦で: go *on the* ~ 売春婦になる. ***on the línes of*** …と類似した, …に似た (like). ***óut of líne*** (1) 一列にならないで, 列を乱して〔*with*〕. (2) 一致しないで, 調和しないで〔*with*〕: Prices and wages are badly *out of* ~. 物価と賃金がひどく釣り合ってない. (3) 抑えられないで; 統制を破って; 法外で: step [get] *out of* ~ 度外れた[失礼な, 差し出がましい]ことをする / His claim is *out of* ~. 彼の要求は法外だ. (4) 礼を失して: He was *out of* ~ at the party. 彼はパーティーで無作法だった. ***ówn the líne*** 《英》〈猟犬が〉キツネの遺臭をかぎつける. ***pút* [*plàce*] *it on the líne*** =*lay it on the* LINE. ***ríde the líne*** (迷い牛を駆り集めるために)牛の群れの外側を乗り回る. ***shóot* [*spín*] *a líne*** 《俗》自慢する; ほらを吹く (boast). 《(1941)》 ***tàke líne*** 〘測量〙(測量手の指示により)測線を表示するためにポール等を置く. ***the énd of the líne*** =the END¹ *of the road*. ***the líne of léast resístance*** 最少抵抗線《事をなす最も安易な方法》: take [choose, follow] *the* ~ *of least resistance* 最も安易な方法をとる. ***tóe the líne*** ⇨ toe *v.* 成句.

L

líne of áction (1) 行動の方針; 作業系統. (2) 〘物理〙作用線.
líne of Affèction 〘手相〙愛情線.
líne of Apóllo 〘手相〙＝LINE of (the) Sun.
líne of ápsides 〘天文〙(天体の軌道の)長軸.
líne of báttle 〘軍事〙(1) 戦列; [集合的] 戦列艦, 戦列部隊. (2) 戦線, 前線 (battle line). (1695)
líne of béauty 〘美術〙＝Hogarth's line.
líne of brílliancy 〘手相〙＝LINE of (the) Sun.
línes of communicátion(s) 〘軍事〙(基地との)後方連絡線, 交通線, 兵站(へいたん)線 《作戦部隊と作戦基地を結び, 補給および増援の経路となる陸・水・空の連絡線》. (*a*1666)
líne of crédit 〘商業〙掛売り[貸付け, 信用]限度額 《客が掛けで買うことを許された額; credit line, 単に line ともいう》. (1917)
líne of defénse 防御線: fix [establish] a ～ *of defense* 防御線を設定する / Public co-operation is our first ～ *of defense* against crime. 大衆の協力は犯罪に対する我々の第一の防御線だ.
líne of discontinúity 〘気象〙不連続線.
líne of Fáte 〘手相〙運命線.
líne of fíre 〘軍事〙(1) 射線方向, 主線(方向) 《弾丸の発射準備時の火身軸の延線》. (2) 砲列線 《火砲の布置してある線; firing line ともいう》: in the ～ (敵対する)両陣営の砲火のさなかにいて, 攻撃[非難]の目標になって.
líne of flów (1) 〘数学〙流線. (2) 〘物理〙流線 (flux-line).
líne of fórce 〘物理〙力線, 指力線. (1873)
líne of fórtune 〘手相〙＝LINE of (the) Sun.
líne of Héad 〘手相〙頭脳線.
líne of Héalth 〘手相〙健康線.
líne of Héart 〘手相〙感情線.
líne of indúction 〘物理〙磁力線.
líne of Lífe 〘手相〙生命線 (lifeline).
líne of márch 〘軍事〙(1) 進路 《行進の経路または方向》. (2) 行進隊形 《行進のための部隊の規則的配列》. (1819)
líne of Márriage 〘手相〙(1) 結婚線. (2) ＝LINE of Affection.
líne of Márs 〘手相〙副生命線.
líne of partítion 〘紋章〙＝partition line.
líne of posítion (1) 〘陸軍〙＝LINE of site. (2) 〘海事・航空〙位置線 《ある船[飛行機]がそれに沿って航行しているはずの線; 2本以上の位置線の交点が船[飛行機]の位置になる》.
líne of scrímmage 〘アメフト〙スクリメージライン(scrimmage line) 《攻撃・守備がニュートラルゾーンをはさんで対峙する仮想の線; それぞれ近い方を自軍のスクリメージラインとする》. (1909)
líne of síght (1) 〘軍事〙照準線 《照準器や眼鏡などの視軸》. (2) 〘眼科〙＝LINE of vision. (3) 〘通信〙レーダー視示界線. (1559)
líne of síte 〘陸軍〙高低線 《銃口と目標を通じる直線》.
líne of succéss 〘手相〙＝LINE of (the) Sun.
líne of supplý 〘陸軍〙補給線, 兵站(へいたん)線.
líne of (the) Sún 〘手相〙成功線.
líne of vísion 〘眼科〙注視線, 視軸 《着目する物体と目の黄斑中心窩とを結ぶ直線》.
— *vt.* **1** …に線を引く, 罫(けい)を引く 〈*out*〉; …に筋をつける: ～ paper [a book] 紙[帳簿]に罫を引く. **2** 〈顔〉にしわをつける[刻む]〔*with*〕: a face ～*d with* pain 痛みのためにしかめた顔 / Age ～*d* his face. 年をとったので顔にしわが寄った. **3** 線で描く, …の輪郭を取る: ⇨ LINE *off*. **4** 一列にする, 一線に並べる 〈*up*〉: ～ *up* troops along a road 道路に沿って兵隊を並べる / We were ～*d up* in a row. 一列に並んだ. **5 a** 〈物・人を〉〈壁・街路などに沿って並べる〔*with*〕: ～ a street *with* trees 街路に並木を植える / The main street was ～*d with* police. 大通りは警官隊が並んだ. **b** 〈物・人が〉…に沿って並ぶ: Cars ～*d* the curb. 車が歩道の縁に沿って並んでいた. **6** 《古》**a** 細綱で〈長さ・距離・深さなどを〉計る. **b** 細綱で縛る. **7** 〘野球〙〈投げられたボールを〉ライナーで打ち返す; 〈ボールをまっすぐ[水平]に投げる. **—** *vi.* **1** 一列に並ぶ; 整列する 〈*up*〉 (cf. lineup): ～ *up for* inspection 視察を受けるために整列する / ⇨ LINE *up*. **2** 〈場所などが〉〔…に〕接する〔*on*〕: ～ *on* the street 通りに接している. **3** 〘野球〙ライナーを打つ. **4** 〘釣〙釣り糸で魚を釣る.
líne óff 線で仕切る: ～ *off* streets on a plan 計画に基づいて街路を仕切る. ***líne óut*** (*vt.*) (1) 〈設計図などの大体を写す, 輪郭を描く. (2) (あとをつけて歌わせるために) 〈賛美歌などの歌詞を〉行を追って読む. (3) 元気よく歌う, 演奏する: ～ *out* a song. (4) 〈苗木を〉並べて植える. (5) 列に並べる: ～ the cattle *out* along the trail. (6) 《方言》叱る, 罰する. (*vi.*) (1) (ある方向に)急いで行く: ～ *out* for home 家へ急行する. (2) 〘野球〙ライナーを野手の正面に打ってアウトになる. (3) 〘ラグビー〙ラインアウトする 《ボールがタッチに入った後にボールを投げ入れること》. ***line thróugh*** 線を引いて消す. ***líne úp*** (*vi.*) (1) (順番を待って)一列に並ぶ (cf. *vi.* 1): ～ *up for* a bus バス並んでバスを待つ / ～ *up* to buy tickets チケットを買うために並ぶ. (2) 〘アメフト・野球〙(試合開始前に)勢揃いする. (*vt.*) (1) ⇨ *vt.* 4. (2) 〈機械を〉調整する. (3) 結集させる: ～ *up* support for a candidate 候補者の支持を結束させる / ～ *up* popular entertainers 人気のある芸能人を勢揃いさせる. (4) 確保する, 手に入れる: ～ *up* a lot of evidence against him 彼に不利な証拠をたくさん手に入れる. ***líne úp alongsíde*** [***with***] 《口語》…と提携する. ***líne úp behínd*** 《口語》…の下に結集する[させる]: ～ *up behind* a new leader. ***líne úp for*** [***agáinst***] 結集して…に賛成[反対]する.
〘(i) OE *līne* line, row, rule ＜ Gmc **līnjōn* (Du. *lijn* / G *Leine* cord line) ← **līnam*: ⇨ line³ // (ii) ME ～, *ligne* ▭ (O)F *ligne* ＜ L *līnea* ← *līneus* of linen ← *līnum*〙

SYN 列: **line** 横または縦の行列: form a *line* 列を作る. **queue** 《英》順番待ちなどの人・車などの列: a *queue* for the bus バス待ちの列. **row** 縦横を問わず一列または何本かの平行した列のうちの一つ: in three *rows* 三列に. **rank** 特に横に並んだ兵士の列: the front *rank* 前列. **file** 特に縦に並んだ兵士の列: march in single *file* 一列縦隊で行進する. **procession** 行進の列, 行列を指す: march in (a) *procession* 列を作って行進する.

line² /láɪn/ *vt.* **1 a** 〈衣服などに〉〔…の〕裏を付ける; 〔…で〕裏打ち[内張り]する〔*with*〕(cf. lining¹ 1 a): ～ a coat *with* fur コートに毛皮の裏をつける / ～ a box [drawer] *with* tin [paper] 箱[引出し]にブリキ[紙]の内張りをする / a wall ～*d with* bookcases ずらりと本棚の並んだ壁 / ⇨ lined² 1. **b** 〈靴〉に裏を付ける. **2** 〈布などが〉…の裏地[覆い]になる: Tapestries ～*d* the walls. タペストリーが壁を覆っていた. **3** 〈ポケット・胃などに〉〔…を〕詰め込む〔*with*〕: ～ one's purse [pocket(s)] *with* questionable profits いかがわしい利得でふところを肥やす / ⇨ lined² 2. **4** 〘製本〙〈本〉の背固めをする 〈*up*〉. **—** *n.* (合板を構成する板を張り合わせている)接着剤の層. 〘(*c*1387–95) *lyne*(*n*) ← LINE³: 裏打ちの材料に linen を用いたことから〙
line³ /láɪn/ *n.* **1** 亜麻 (flax); リンネル. **2** 《廃》亜麻糸, リンネル糸(linen thread). 〘OE *līn* ＜ Gmc **līnam* ▭ L *līnum* flax, linen〙
line⁴ /láɪn/ *vt.* 〈イヌ科の動物の雄が〉〈雌〉と交尾する (cover). 〘(*a*1398) *lyne*(*n*) ▭ OF *ligner*: ⇨ align〙
-line /làɪn/ *suf.* 「…電話」の意の名詞を造る: child*line* 子供電話(相談).
line·a·ble /láɪnəbl/ *adj.* ＝linable.
lin·e·age¹ /líniɪdʒ/ *n.* **1** 血統, 血筋, 家柄; 由来, 背景: a man of ancient [lofty, illustrious] ～ 旧家[高い家柄, 名門]の人 / a person of unknown ～ どこの馬の骨だかわからぬ人. **2** (共通の祖先から出た)種族, 部族. 〘(?*a*1300) ▭ (O)F *lignage* ← *ligne* 'LINE¹': ⇨ -age〙
line·age² /láɪnɪdʒ/ *n.* ＝linage.
líne ahéad *n.* 《英》〘海軍〙縦陣, 縦隊 (column) (cf. line abreast ⇨ line¹ 27 a): single ～ 単縦陣.
lin·e·al /líniəl/ *adj.* **1** 直系の, 正統の (cf. collateral 1): a ～ ascendant [descendant] 直系尊[卑]属. **2** 先祖伝来の (hereditary): a ～ right, feud, etc. **3** (同一)血統の, 家柄の; 種族の: ～ relatives. **4 a** 線の, 線状の; 線で測った (linear). **b** 線から成る, 線で作られた: a ～ design 線模様. **～·ly** *adv.* **lin·e·al·i·ty** /lìniǽləti | -lɪ̀ti/ *n.* 〘(*a*1398) ▭ (O)F *linéal* ▭ LL *lineālis* ← L *līnea* 'LINE¹'〙
líneal méasure *n.* ＝linear measure.
lin·e·a·ment /líniəmənt/ *n.* **1** [通例 *pl.*] **a** 目鼻立ち, 人相, 容貌; (体の)外形, 輪郭. **b** 特徴: the ～*s* of Christian life キリスト教徒の生活の特徴. **2** (断層など直線状の)地形上の特徴. **3** 《古》少量, わずか. **lin·e·a·men·tal** /lìniəméntl | -tl̩⁻/ *adj.* 〘(?*a*1425) ▭ L *līneāmentum* stroke made with a pen, feature ← *līnea* 'LINE¹'〙
lin·e·ar /líniə | -niə(r)/ *adj.* **1** 線の, 直線の; 線形の, 線を使った, 線から成る: a ～ design 線模様. **2** 長さだけの, 長さに関する. **3** 〘数学〙一次の, 線型[線形]の: ⇨ linear equation, linear function 1. **4 a** 〘生物〙糸状の, 線状の, 細長い: a ～ leaf. **b** 〘心理〙＝ectomorphic. **5** 〘音楽〙線的な 《多声音楽で和声より各声部の自由な進行に重きを置いていること》: ～ counterpoint 線的対位法 (Ernst Kurth (1886–1946) の造語). **6** 〘美術〙**a** 線的な: ～ art. **b** 主に単純な線のみで描かれた. **7** 〈考えなど〉直線的な, 前後しか見ない, 硬直的な: a ～ thinking. **8** 〘電子工学〙直線性の, 線型の. **9** 〘物理〙〈効果が〉(原因に)比例する, 線形の, 〈分子など〉線状の, 細長い. **～·ly** *adv.* 〘(1642) ▭ L *līneāris* ← *līnea* 'LINE¹': ⇨ -ar¹〙
Línear Á *n.* 線文字 A 《Crete 島及び付近のギリシャの島から出土した粘土板に刻まれた紀元前 18–15 世紀の音節文字; まだ解読されていない; cf. Linear B》. 〘1909〙
línear accélerator *n.* 〘物理〙線形加速器 《極超短波電圧を用いて荷電粒子を一直線に走らせて加速する装置》. 〘1945〙
línear álgebra *n.* 〘数学〙線形代数(学). 〘1891〙
línear álkylate súlfonate *n.* 〘化学〙鎖状アルキルスルホン酸エステル.
Línear B̀ *n.* 線文字 B 《主に Crete 島の Knossos およびギリシャ本土の Pylos で出土した粘土板の刻文をもとに解読された紀元前 15–12 世紀の音節文字; 1952 年に Michael Ventris らが解読; cf. Linear A》. 〘1909〙
línear combinátion *n.* 〘数学〙一次[線形]結合 《与えられた幾つかのベクトルに任意のスカラーを掛けたものの和》. 〘1960〙
línear depéndence *n.* 〘数学〙一次従属性 《一次独立 (linear independence) でないこと》. 〘1955〙
línear differéntial equátion *n.* 〘数学〙線型常微分方程式. 〘1890〙
línear equátion *n.* 〘数学〙一次方程式. 〘(1816) 《なぞり》? ← F *équation linéaire*〙
línear fráctional transformátion *n.* 〘数学〙一次分数変換 《一次分数式で与えられる複素数平面上の変換; Möbius transformation ともいう》.
línear fúnction *n.* 〘数学〙**1** 一次関数. **2** ＝linear transformation. 〘*c*1889〙
línear fúnctional *n.* 〘数学〙線形汎関数.
línear gráph *n.* 〘数学〙線形[線分]グラフ.
línear hypóthesis *n.* 〘統計〙線型仮説 《線型(一次)方程式で示されるような null-hypothesis》.
línear indepéndence *n.* 〘数学〙一次独立性 (一次独立 (linearly independent) であること). 〘1967〙
línear-indúction mòtor *n.* 〘電気〙リニア誘導機 《誘導電動機の原理によるリニアモーター; 略 LIM, lim》: a single-sided [double-sided] ～ 片側[両側]式誘導機.
lin·e·ar·i·ty /lìniǽrəti, -ɛ́r- | -ǽrɪ̀ti/ *n.* **1** 線状[形]であること. **2** 〘電子工学〙直線性 《出力が入力に正比例する性質》. **3** 〘テレビ〙直線性, 無歪(ひずみ)性. **4** 〘物理〙線形性, 一次性 《効果が原因に比例すること》. 〘(1748): ⇨ -ity〙
lin·e·ar·ize /líniəràɪz/ *vt.* **1** 線状[形]にする. **2** 線形に投影する. **lin·e·ar·iz·a·ble** /-zəbl/ *adj.* **lin·e·ar·i·za·tion** /lìniərɪ̀zéɪʃən | -raɪ-, -rɪ-/ *n.* 〘(1895): ⇨ -ize〙
línearly depéndent *adj.* 〘数学〙一次従属な 《一次独立 (linearly independent) でないときにいう》.
línearly indepéndent *adj.* 〘数学〙一次独立な 《ベクトルの集合が, その要素のどの一次結合も, 掛けたスカラー[数量] (scalar) が 0 でない限り 0 にならないという性質をもつときにいう; cf. linearly dependent》.
línearly órdered sét *n.* 〘数学〙線形順序集合 (⇨ totally ordered set).
línear mánifold *n.* 〘数学〙線型空間, 線形多様体.
línear méasure *n.* 長さの単位; 尺度法 《inch, foot, yard, meter, mile などのような長さの単位; またメートル法, ヤードポンド法などにおける面積の単位系; long measure ともいう》. 〘*c*1890〙
línear moméntum *n.* 〘物理〙線運動量.
línear mótor *n.* 〘電気〙リニアモーター 《回転形ではなく直線形の動きをするモーター; 浮上式鉄道などに用いられる; ⇨ linear-induction motor, linear synchronous motor, hovertrain》. 〘1957〙
línear óperator *n.* 〘数学〙線形作用素.
línear perspéctive *n.* 〘数学〙直線遠近図法 (⇨ perspective 5). 〘1656〙
línear polarizátion *n.* 〘光学〙直線偏光 《光あるいは電磁波の電気ベクトル[磁気ベクトル]の振動が進行方向を含む一つの面内に限られている状態をいう》.
línear prógramming *n.* 〘数学〙線型計画(法) 《経済・技術・軍事などの計画について一次式を利用して, ある量の最大または最小の条件を導き出す計算(法)》. 〘1949〙
línear regréssion *n.* 〘統計〙線形回帰.
línear spáce *n.* 〘数学〙線型[線形]空間 (⇨ vector space). 〘*c*1895〙
línear strúcture *n.* 〘地質〙線構造.
línear sýnchronous mótor *n.* 〘電気〙リニア同期機 《同期電動機の原理によるリニアモーター; 略 LSM, lsm》.
línear transformátion *n.* 〘数学〙一次変換, 線形変換. 〘*c*1890〙
lin·e·ate /líniɪ̀t, -nièɪt/ *adj.* (多く平行した)線のある, 線条のある. 〘(1558) ▭ ML *lineātus* (p.p.) ← *lineāre* to make into a straight line ← *līnea* 'LINE¹'〙
lin·e·at·ed /líniètɪ̀d | -tɪ̀d/ *adj.* ＝lineate. 〘1677〙
lin·e·a·tion /lìniéɪʃən/ *n.* **1** 直線を引くこと, 線で仕切ること; (線による)仕切り. **2** 輪郭を描くこと; 輪郭 (outline). **3 a** 線の配列. **b** [集合的] 線 (lines). **4** (詩などの)行の配列. **5** 〘地質〙リニエーション, 線構造 (cf. planar structure). 〘(*a*1398) *lineacioun* ▭ L *lineātiō*(*n*-): ⇨ lineate, -ation〙
líne·bàcker *n.* 〘アメフト〙ラインバッカー 《ディフェンスのラインのすぐあとを守るプレーヤー》. 〘1949〙
líne·bàcking *n.* 〘アメフト〙ラインバッカーが守備する動作. 〘1953〙
líne blòck *n.* 〘印刷〙＝linecut. 〘1896〙
líne brèaker *n.* 〘電気〙断流器 《電源と負荷との間に入れるスイッチの一種》.
líne·brèd *adj.* 〘畜産〙同種異系繁殖された.
líne·brèed *vi.* 同種異系繁殖する. **—** *vt.* 〈動物〉に同種異系繁殖させる. 〘《逆成》↓〙
líne·brèeding *n.* 〘生物〙同種異系繁殖 (cf. inbreeding). 〘*c*1879〙
líne càll *n.* 〘テニス〙ラインコール 《ボールがラインの内側に落ちたか外側に落ちたかの審判の判定》.
líne·càster *n.* 〘印刷〙ラインキャスター, 行鋳植機. 〘1964〙
líne·càsting *n.* 〘印刷〙行鋳植 《1 行分を一塊として鋳造すること; その鋳植方法; slugcasting ともいう》. 〘1913〙
líne chíef *n.* 〘米空軍〙(下士官の)整備班長. 〘*c*1944〙
líne còpy *n.* 〘印刷〙線画原稿 《図形などを白黒の 2 色で仕上げた原稿》.
líne·cùt *n.* 〘印刷〙線画凸版; 線画凸版画 (line block, line engraving, line plate ともいう). 〘*c*1902〙
lined¹ *adj.* **1** 線[罫(けい)]を引いた, 線[罫]のある: ～ paper 罫紙. **2** [しばしば複合語の第 2 構成素として] **a** (…の)しわのある: one's deep-*lined* brow 深いしわの刻まれた額. **b** (…の)一列に並んだ, (…の)並木のある: an oak-*lined* avenue. 〘(1776): ⇨ line¹〙
lined² *adj.* [通例複合語の第 2 構成素として] **1** (…で)裏打ちした, 裏付きの: fur-*lined* gloves 毛皮の裏のついた手袋. **2** 〈ポケットなど〉中身がふくれ上がった, 充満した: well-[richly-]*lined* pockets たんまり金の入っているポケット. 〘(1440): ⇨ line²〙
líne dàncing [**dànce**] *n.* ラインダンス 《横一列に並

んだ踊り手たちが音楽に合わせて一斉に, 振付けられたステップのパターンに従って踊る). **líne-dànce** *vi.* **líne dàncer** *n.*

líne dràwing *n.* (ペンまたは鉛筆の)線画. 〚1891〛

líne drìve *n.* **1** 〘野球〙ラインドライブ, ライナー《水平に飛ぶ打球; liner ともいう》. **2** 〘ゴルフ〙「ごろ」打ち. 〚1912〛

líne dròp *n.* 〘電気〙線路電圧降下. 〚1894〛

líne engràving *n.* 〘印刷〙 **1** 直刻凹版, 線彫り; 直刻凹版画. **2** 線画凸版術[法]; 線画凸版. **líne engràver** *n.* 〚1802〛

líne ètching *n.* 〘印刷〙=linecut.

líne·fèed *n.* 〘電算〙ラインフィード, 行送り《プリンターの出力やディスプレー上で改行させること》.

líne frèquency *n.* 〘テレビ〙線周波数《1 秒間に描かれる走査線数; cf. frame frequency》. 〚1936〛

líne gàuge *n.* 〘印刷〙倍数尺, 倍尺, 倍指し《組版の大きさを測るものさし》. 〚*c*1923〛

líne gràph *n.* 〘数学〙(折れ)線グラフ. 〚*c*1924〛

líne-gròve *n.* 《Shak》シナノキの木立ち (linden grove). 〚(1611): ⇨ lime³〛

líne-hàul *n.* ターミナル間の貨物[乗客]の輸送. 〚*c*1923〛

líne ìntegral *n.* 〘数学〙線積分《関数の曲線に沿う積分》. 〚1873〛

Líne Íslands *n. pl.* [the ~] ライン諸島《太平洋中央部にある一群のさんご島; Christmas 島などを含む; 米領の一部を除きキリバスに属する》.

líne jùdge *n.* **a** 〘アメフト〙ラインジャッジ. **b** 〘テニス・野球〙線審 (linesman). 〚1970〛

Lin·e·ker /línəkə | -nᵻkə^(r)/, **Gary** (**Winston**) *n.* リネカー (1960– ; 英国のサッカー選手).

líne·lìke *adj.* 線のような.

líne lòss *n.* 〘電気〙線路損. 〚1894〛

líne·man /-mən/ *n.* (*pl.* **-men** /-mən, -mèn/) **1** 《米》(電信・電話の)架線[保線]工夫; 鉄道工夫. **2** 《米》〘測量〙測線手. **3** 〘アメフト〙ラインマン《センター・ガード・タックル・エンドの計 7 名のプレーヤーの一人》. **4** 《豪》水難救助隊員《ロープを操って救助する》. 〚1858〛

líne mànagement *n.* 〘経営〙ライン管理. 〚1967〛

líne mànager *n.* **1** ライン管理者. **2** 直属の上司.

líne mèasure *n.* 〘印刷〙=line gauge.

línemen's clìmber *n.* 《米》昇柱器《架線[保線]工夫が電柱などに登りやすいよう靴の裏につける, または足に帯で結びつけるスパイク[かぎ]状の器具》.

lin·en /línᵻn | -nɪn/ *n.* **1 a** 亜麻布, リネン, リンネル. **b** 亜麻糸. **2** [しばしば *pl.*] リネン[リンネル]類 (linen goods); [集合的] リンネル製品, (その代用として)キャラコ製品《特に敷布・シャツ・下着・テーブルクロスなど》: change one's ~ every day 毎日シャツを取り替える / send dirty ~ to the laundry 汚れたリンネル類を洗濯に出す / ⇨ bed linen, table linen. **3** 〘製紙〙=linen paper. ***wásh one's dírty línen at hóme*** [***in públic***] ⇨ dirty linen.

— *adj.* [限定的] 亜麻(製)の, リンネルの(ような): ~ cloth, thread, etc.

〚OE *linnen, līnen* (adj.) made of flax < (WGmc) **līnin* (Du. *linnen* / G *leinen* (adj.)) ← Gmc **līnam* 'LINE¹': ⇨ -en²〛

línen bàsket *n.* 《英》=laundry basket. 〚1907〛

línen cùpboard [**clòset**] *n.* リネン類入れの戸棚[納戸]《シーツ・タオル・テーブルクロスなどを入れる戸棚[納戸]》. 〚1873〛

línen-dràper *n.* 《英》切れ地[生地]商(人)《リンネル・キャラコ・その他婦人服地などを売る》.

lin·en·ette /lìnᵻnét | -nɪ-/ *n.* 綿リンネル. 〚(1894): ⇨ -ette〛

línen·fòld *n.* 〘建築〙リネンフォールド, リンネルひだ彫り[飾り]《チューダー朝の室内にしばしば用いられるナプキンの折り目のようなひだ模様彫りで, 腰羽目などの装飾に用いる》. 〚1891〛

línen pàper *n.* 〘製紙〙 **1** リネン紙, リネンペーパー《亜麻を原料とする紙》. **2** リネン表面紙《リネン仕上げの紙》. 〚1727–52〛

línen pàttern [**scròll**] *n.* =linenfold. 〚1850〛

línen wèdding *n.* 亜麻婚式《結婚 12 周年の記念式[日]; ⇨ wedding 4》.

líne-of-báttle shìp *n.* =SHIP of the line.

líne òfficer *n.* 〘軍事〙兵科将校, 戦闘兵種将校, 戦列将校《歩兵・砲兵・工兵など, 戦闘を主要任務とする兵種に属する将校; cf. staff officer 1》. 〚1850〛

lin·e·o·late /líniəlèɪt/ *adj.* 〘生物〙細い線のある. 〚(1852) ← NL *lineolatus* ← L *līnela* (dim.) ← *linea* 'LINE¹': ⇨ -ate²〛

lin·e·o·lat·ed /líniəlèɪtᵻd | -tᵻd/ *adj.* =lineolate. 〚(1819) ↑〛

líne-òut *n.* 〘ラグビー〙ラインアウト《ボールがタッチライン外に出た後, 両チームのフォワードがそのタッチラインと直角平行に並び, 相手の競技者がその間にボールを投入して競技を続行するプレー》. 〚1889〛

líne plàte *n.* 〘印刷〙=linecut.

líne prìnter *n.* 〘電算〙ラインプリンター, 行印字機, 作表機《文字を 1 字ごとに印刷するのではなく, 1 行ずつまとめて印刷することができる高速印字装置; cf. chain printer》. 〚1955〛

líne prìnting *n.* 〘電算〙1 行単位の印字.

lin·er¹ /láɪnə | -nə^(r)/ *n.* **1** (大洋航路などの)定期船 (ocean liner); 定期航空[旅客]機 (airliner). **2 a** 線を引く道具; 絵筆. **b** アイライナー (eyeliner)《目の周囲に線を描く鉛筆状の顔料》. **3** 〘野球〙ライナー. **4 a** 線を引く人. **b** 1 行いくらで書く作家, 三文文士 (penny-a-liner). **5** 〘園芸〙温室内で列状に植え替える前の小さな苗(木), 芽接ぎ予定の台木苗. **6** 《古》=SHIP of the line. 〚(15C) (1819): ⇨ line¹〛

lin·er² /láɪnə | -nə^(r)/ *n.* **1** 裏を付ける人. **2 a** 裏に付ける[当てる]物; 裏地. **b** ライナー《コートなどの裏につける取りはずしのできる暖かい裏地》. **c** ライナー《おむつの内側にあてる使い捨てのシート; nappy liner ともいう》. **3** (機械・銃砲などの摩滅を防ぐための)きせ金(ᵏⁱˢᵉ), 敷き金. **4** 《通例録音されている音楽や演奏家の解説が印刷してあるレコードなどの》ジャケット; その説明文, ライナー (liner notes ともいう). **5** 〘製紙〙ライナー《段ボールなどの表裏に使う板紙》. **~·less** *adj.* 〚(1611): ⇨ line²〛

líner·bòard *n.* 外装用ライナー《段ボールの表裏などに用いる板紙》. 〚1961〛

líne règister *n.* 〘通信〙加入者度数計.

líner nòtes *n. pl.* 《米》ライナーノート《レコード・カセットテープ・CD のジャケットに書かれている解説; 《英》sleeve note》. 〚1955〛

líne scòre *n.* 〘野球〙ラインスコア《対戦した両チームの獲得点数・ヒット数・失策数のみを記した得点表; cf. box score 1》. 〚1946〛

líne sègment *n.* 〘数学〙線分.

líne-sequéntial sỳstem *n.* 〘テレビ〙線順次方式 (⇨ sequential system). 〚1949〛

lines·man /láɪnzmən/ *n.* (*pl.* **-men** /-mən, -mèn/) **1** (テニス・アメリカンフットボール・野球などの)ラインズマン, 線審. **2** =lineman 1. **3** 〘軍事〙兵科の軍人, 戦闘兵種の軍人, 戦列兵士《歩兵・砲兵・工兵など戦闘を主要任務とする連隊に属する軍人》. 〚(1856) ← LINE¹+-s² 2+MAN¹: cf. craftsman, etc.〛

líne spàce *n.* (タイプする場合の)行間(の余白). 〚1951〛

líne spàce léver *n.* (タイプライターなどの)行間レバー (line spacer ともいう). 〚1951〛

líne spèctrum *n.* 〘光学〙線スペクトル《原子・分子や原子核などが放出する光の振動数でそれぞれの系に特有のもの; cf. continuous spectrum》. 〚1873〛

línes plàn *n.* 〘造船〙船体線図《側面・半幅・正面の各線図に, 寸法や水線位置などが入れてある一組の設計図》.

líne squàll *n.* 〘気象〙線上に並んだスコール[雷雨]. 〚1887〛

líne stòrm *n.* 《米》〘気象〙=equinoctial storm. 〚1850〛

líne synchronizàtion *n.* 〘電気〙線同期, 電源同期.

líne-thròwing gún *n.* =Lyle gun.

Li·net·te /lᵻnétə | lɪnétə/ *n.* リネッタ《女性名; 異形 Linetta, Linnet, Lynette》. 〚□ OF ~ □ Welsh *Eiluned, Luned*《原義》idol〛

line·up /láɪnʌ̀p/ *n.* **1 a** 集合した人々の顔ぶれ, 構成, 陣容. **b** (メーカーなどの)製品[サービス]一覧表. **2 a** (警察で行う)面通し(の列): Three suspects were included in the (police) ~. 警察の面通しの列の中に 3 人の容疑者が含まれていた. **b** (共通の目的で集合した)人々の列 (queue); 整列. **3** (続いて起こる)一連の出来事; (ラジオ・テレビなどの)番組(構成). **4** 〘アメフト〙(試合開始の際の)整列. **5** 〘スポーツ〙選手の配置(表), ラインアップ; 出場メンバー. 〚(1889): ⇨ line¹〛

líne vèctor *n.* 〘数学〙=sliding vector.

líne vòltage *n.* 〘電気〙線間電圧.

líne wòrk *n.* (ペンまたは鉛筆の)線画.

lin·ey /láɪni/ *adj.* (**lin·i·er**; **-i·est**) =liny.

ling¹ /lɪŋ/ *n.* 〘植物〙ギョリュウモドキ, ナツザキエリカ (*Calluna vulgaris*)《荒地に生えるツツジ科の低木で, ヨーロッパ産の最も普通のヒース (heather)》. 〚(1287) □ ON *lyng*〛

ling² /lɪŋ/ *n.* (*pl.* ~, ~s) 〘魚類〙 **1** 北大西洋産タラ科の体の長い食用魚《メルルーサ (hake), カワメンタイ (burbot) など》. **2** =lingcod. 〚(1228) *ling, lenge* ← ? LG (cf. Du. *leng*): cf. long¹〛

ling. 《略》linguistics.

-ling¹ /lɪŋ/ *suf.* **1** 名詞に付ける指小辞《しばしば軽蔑的な意味を伴う》: duck*ling*, gos*ling*, prince*ling*. **2** 名詞・形容詞・副詞などに付いて「…に属する[関係のある]人[物]」の意を表す名詞を造る: hire*ling*, sap*ling*, dar*ling*, under*ling*, shave*ling*. 〚OE ~ < Gmc **-linʒaz*: ⇨ -le¹, -ing³〛

-ling² /lɪŋ/ *suf.* 状態を表す副詞・形容詞を造る《今は通例古語か方言に限られ, 一般には -long が用いられる》: dark*ling*, flat*ling*, side*ling*. 〚OE ~, *-lang* < Gmc **-liŋg-*, **laŋg-*〛

lin·ga /lɪ́ŋgə/ *n.* =lingam.

Lin·ga·la /lɪŋgáːlə/ *n.* リンガラ語《コンゴ民主共和国で公用語および商用語として用いられる Bantu 語の一種》. 〚(1903)《現地語》~, *Ngala*〛

lin·gam /lɪ́ŋgəm/ *n.* **1 a** 男根像《インドで Siva 神の表象として礼拝する; cf. phallus 1, yoni》. **b** 男根, リンガ. **2** 〘サンスクリット文法〙性 (gender). 〚(1719) □ Skt *liṅga(m)* symbol, penis ← ?〛

Lin·ga·yat /lɪŋgáːjət/ *n.* 〘ヒンズー教〙シヴァ教の一宗派の信者. 〚□ Kanarese *liṅgāyata* ← Skt *liṅga* (↑): 男根像 (lingam) を崇拝しひもで首にかけていたことから〛

Lín·ga·yen Gúlf /lɪ̀ŋgəjén-; *Sp.* liŋgajén/ *n.* リンガエン湾《フィリピンの Luzon 島北西岸に面している湾》.

líng·còd *n.* (*pl.* ~, ~s) 〘魚類〙北太平洋産アイナメ科の食用魚 (*Ophiodon elongatus*) (cultus, cultus cod ともいう). 〚(*c*1888): ⇨ ling², cod¹〛

lin·ger /lɪ́ŋgə | -gə^(r)/ *vi.* **1 a** 〈音・雪・疑念・習慣などが〉なかなか消え去らない[なくならない]: Her voice still ~s on my ears. 彼女の声は今でも耳から離れない. **b** 〈病気・戦争などがだらだら長引く (drag on). **c** 〈病人がか細く生きながらえる, 死なずに生きながらえる. **2** 長居する, (去りかねて)ぐずぐずする 〈*on*〉 (cf. lingering 1) (⇨ stay¹ SYN): He ~*ed* (*on*) after all had gone. みんなが去った後までぐずぐずしていた. **3** (さっさと行かないで)ぶらぶらする, ぶらつく (loiter): ~ on the way 途中をぶらぶらする / ~ home ぶらぶら家へ帰る. **4** (ぐずぐずして)手間どる, いつまでもだらだらしている: ~ *over* one's work だらだらと仕事をする / ~ *over* [*on*, *upon*] a problem だらだらと問題を考える. — *vt.* **1** 〈時を〉だらだら過ごす 〈*away, out*〉: ~ *out* one's life だらだらと生きて行く[生き延びる]. **2** 《廃》長引かせる. **~·er** /-gərə | -rə^(r)/ *n.* 〚(*a*1325) *lengere(n)* (freq.) ← *lenge(n)* < OE *lenġan* to lengthen, delay < Gmc **laŋgjan* (Du. *lengen* / G *längen*) ← **laŋg-* 'LONG¹'〛

lin·ge·rie /lɑ̀ːnʒəréɪ, læ̀n-, -dʒə-, -ríː | lǽ(n)ʒəri, lǽn-, -dʒə-, -riː; *F.* lɛ̃ʒʁi/ *n.* **1** [集合的] ランジェリー《レース飾りのある婦人用下着・寝間着類》. **2** 《古》リンネル製品 (linen goods). — *adj.* [限定的] (ランジェリーのように)レース飾りのついた: a white ~ blouse. 〚(1835) □ F ~ ← *linge* linen < L *līneus* of flax〛

lin·ger·ing /-g(ə)rɪŋ/ *adj.* **1** 長引く (protracted, long), ぐずぐずする: a ~ disease 長患い / ~ snow 消えやらぬ雪. **2** ためらう, 名残惜しそうな: cast a ~ look behind 去りかねて振り返って見る. **~·ly** *adv.* 〚(*a*1547): ⇨ -ing²〛

lin·go /lɪ́ŋgoʊ | -gəʊ/ *n.* (*pl.* ~**es**) [通例軽蔑または戯言的に] **1** 奇異で耳慣れない言語, ちんぷんかんぷん. **2 a** 外国語. **b** (専門分野の)学術語, 専門語 (⇨ dialect SYN). **c** 個人特有の言葉. 〚(1660) □ Prov. *lingo, lengo* language < L *linguam*: ⇨ lingua〛

lin·goe /lɪ́ŋgoʊ | -gəʊ/ *n.* (ジャカード織機の)矢金(ʸᵃᵍᵃⁿᵉ).

ling·on·ber·ry /lɪ́ŋənbèri | -b(ə)ri/ *n.* 〘植物〙コケモモの実; コケモモ (mountain cranberry). 〚(1955) ← Swed. *lingon* mountain cranberry+BERRY: cf. ling²〛

-lings /lɪŋz/ *suf.* =-ling²: dark*lings*, side*lings*. 〚ME *-linges* ← -LING²+-es (gen. suf.)〛

lin·gu- /lɪŋgw/ (母音の前にくるときの) linguo- の異形.

lin·gua /lɪ́ŋgwə/ *n.* (*pl.* **lin·guae** /-gwiː, -gwaɪ/) 舌 (tongue); (動物の)舌状器官. 〚(1675) (1826) □ L ~ 'tongue'〛

lin·gua- /lɪ́ŋgwə/ linguo- の異形.

língua frán·ca /-fræ̃ŋkə/ *n.* (*pl.* ~**s**, **linguae fran·cae** /-frǽnkiː/) **1** リングワフランカ《イタリア語・フランス語・ギリシャ語・スペイン語・アラビア語の混成語で, 地中海沿岸 Levant 地方で用いられた》. **2** (商人などが商用語として用いる)混成国際語 (pidgin English など). **3** 共通語の機能を持つもの, 共通語に類似するもの. 〚(1678) □ It. ~ 'Frankish language'〛

língua ge·rál /-ʒəráːl/ *n.* リングワジェラール《南米の Amazon 川流域で話される Tupi 語を主体にした混成語》. 〚(1856) □ Port. ~ 'general language'〛

lin·gual /lɪ́ŋgwəl/ ★《米》《英》ともに /lɪ́ŋgjuəl/ という発音もあるが必ずしも標準的と認められていない. *adj.* **1 a** 舌の; 舌に似た. **b** 〘歯科〙舌側の (cf. buccal 2). **2** (まれ)言葉の, 言語の, 国語の (linguistic): ~ studies 言語研究. **3** 〘音声〙舌先で出す, 舌音の: ~ sounds 舌音. — *n.* 〘音声〙舌音, 舌音字 (t, d, th, s, n, l, r). **~·ly** /-gwəli/ *adv.* 〚(*a*1400) □ ML *linguālis* ← L *lingua* tongue, language: ⇨ -al¹〛

Lin·gua·phone /lɪ́ŋgwəfòʊn | -fəʊn/ *n.* 〘商標〙リンガフォン《語学録音教材》. 〚(1908) ← LINGUA+-PHONE〛

lin·gui- /lɪ́ŋgwᵻ, -gwi/ linguo- の異形 (⇨ -i-).

lin·gui·form /lɪ́ŋgwəfɔ̀əm | -gwᵻfɔ̀ːm/ *adj.* 舌状の (tongue-shaped). 〚(1753): ⇨ linguo-, -form〛

lin·gui·ne /lɪŋgwíːni; *It.* liŋgwíːne/ *n.* (*pl.* **lin·gui·ni** /-ni; *It.* -ni/) リングイーネ《イタリア料理で用いる, 平たく細長いパスタ》. 〚(1948) □ It. ~ (pl.) ← *linguina* (dim.) ← LINGUA〛

lin·guist /lɪ́ŋgwᵻst | -gwɪst/ *n.* **1** 諸外国語に通じた人, 外国語通: a good [bad] ~ 語学の達者[不得手]な人. **2** 言語学者; 語学者. **3** 《アフリカ西部》(特にガーナで)首長の代弁者. 〚(1593) ← L *lingua* language+-IST〛

lin·guis·tic /lɪŋgwístɪk/ *adj.* **1** 言葉の, 言語の[に関する]. **2** 言語学の, 語学上の: ~ studies [problems] 言語研究[問題]. 〚(1856) ← LINGUIST+-IC¹〛

lin·guís·ti·cal /-tᵻkəl, -kl̩ | -tɪ-/ *adj.* =linguistic. **~·ly** *adv.* 〚(1823) ↑〛

linguístic análysis *n.* **1** 〘言語〙言語分析《言語を音素・形態素・直接構成要素などの基本単位に分析し, 言語の構造を明らかにする》. **2** 〘哲学〙言語分析 (cf. philosophical analysis). 〚1932〛

linguístic átlas *n.* 〘言語〙言語地図《各地の発音・語彙(ᵍᵒⁱ)・慣用法などの分布を記録した一組の地図; dialect atlas ともいう》. 〚1923〛

linguístic bórrowing *n.* 〘言語〙=loanword.

linguístic fórm *n.* 〘言語〙言語形式《意味をになった構造上の単位; 文・句・語・接尾[頭]辞など》. 〚1921〛

linguístic geógrapher *n.* 言語地理学者. 〚1952〛

linguístic geógraphy *n.* 〘言語〙言語地理学 (dialect geography ともいう). 〚1926〛

lin·guis·ti·cian /lɪ̀ŋgwəstíʃən | -gwɪs-/ *n.* 《まれ》言語学者 (linguist). 〚(1897) ← LINGUISTIC+-IAN〛

linguístic méaning *n.* 〘言語〙言語的意味 (C. C. Fries の用語; lexical meaning, structural meaning とに下位区分される; ↔ social-cultural meaning).

linguístic philósophy *n.* ⇨ ordinary-language philosophy. 〚1957〛

linguístic phonétics *n.* 言語学的音声学《ある言語の音声的資料を基礎とし, 素性 (feature) を設定したり音韻規則をたてるなどして体系的な記述を行う音声学の部門; systematic phonetics ともいう》.

lin·guis·tics /lɪŋgwístɪks/ *n.* 言語学, 語学 (cf. philology 2): contrastive [descriptive, historical, structural] ~ 対照[記述, 歴史, 構造]言語学. 〘(1847): ⇨ -ics〙

linguístic stóck *n.* **1** 〘言語〙語系《祖語とそのすべての派生言語・方言を含む》. **2** ある語系の言語を話す民族[部族]. 〘1921〙

lin·gu·late /líŋgjʊlɪ̀t, -lèɪt/ *adj.* 舌状の (tongue-shaped). 〘(1849) ← L *lingulātus* ← *lingula* (dim.) ← *lingua* tongue: ⇨ -ate²〙

lin·gu·lat·ed /líŋgjʊlèɪtɪ̀d | -tɪ̀d/ *adj.* =lingulate. 〘(1797) ↑〙

lin·guo- /líŋgwoʊ | -gwəʊ/ 次の意味を表す連結形: **1**「言語 (language)」. **2**「舌 (tongue)」. ★ 時に lingua-, lingui-, また母音の前では通例 lingu- になる. 〘(17 C) ← L *lingua*〙

ling·y /líŋi/ *adj.* (**ling·i·er; -i·est**) ヒースの生えた[茂った] (heathy). 〘(1649) ← LING¹+-Y⁴〙

lin·hay /líni/ *n.* 〘英方言〙(通例, 差掛け屋根の前の開いた)農場小屋. 〘(1695) ← ? LEAN¹+*hay* (方言) fence〙

Lin·hof /línhɑ(:)f, -hɔ(:)f | -hɒf; G. línhɔf/ *n.* 〘商標〙リンホフ《ドイツのカメラメーカー, そのブランド》.

linim. 《略》〘薬剤〙liniment.

lin·i·ment /línəmənt | -nɪ̀-/ *n.* 〘薬学〙リニメント剤, (通例油を交えた)糊膏(こう) (embrocation). 〘(?a1425) ☐ LL *linimentum* ← L *linīre* to smear〙

li·nin /láɪnɪ̀n | -nɪn/ *n.* 〘生物〙核糸《細胞核内で染色粒を結合している》. 〘(1852) ← L *lin(um)* flax+-IN²〙

lin·ing¹ /láɪnɪŋ/ *n.* **1 a** (衣服などの)裏, 裏地: an overcoat with a fur ~ 毛皮裏の外套(がいとう) / Every cloud has a silver ~. 《諺》すべての雲の裏は銀色に光っている《どんな悪いことにも何かよい所がある; cf.「苦あれば楽あり」》. **b** (箱などの)内張り. **c** (布・革などの)靴の裏地, 靴の甲部につける裏. **2** 裏を付けること; 裏打ち. **3 a** (帆の)当て布 (lining cloth ともいう). **b** (家の外壁の)羽目. **c** (鋼の)裏付け. **d** (トンネルの)覆工. **4** 《古》(財布・ポケット・胃などの)中身. **5** [*pl.*] 《英方言》下着; (特に)ズボン下. **6** 〘製本〙(本の背固めに使う)背張り材; 効き紙 (pastedown). **7** 〘機械〙(シリンダー・軸受け・炉などの)内張り, 裏張り, ライニング; (汽罐(かん)の)汽筒. 〘(1378): ⇨ line², -ing¹〙

lín·ing² *n.* **1** 整列(させること) (alignment). **2** 線を引くこと; 線で印[模様]を付けること. **3** 線の模様, 線飾り. **4** [しばしば複合語の第 2 構成素として] (…で)魚を釣ること: hand-*lining* 手釣り《さおを用いず釣り糸を直接手で持って釣ること》. **5** 〘印刷〙並び線そろえ《並び線 (line) が一直線になるように活字を意匠する方法》. 〘(1574): ⇨ line¹, -ing¹〙

líning-óut *n.* (会衆に先立って牧師などが)賛美歌を行を追って音読すること. 〘(1894) ← *line out* (⇨ line¹ 成句)〙

link¹ /líŋk/ *n.* **1** (連鎖をなすもの)構成要素; きずな, 連結; 関連, 因果関係: Johnson was a ~ *between* the age of Pope and that of Cowper. ジョンソンはポープの時代とクーパーの時代とをつなぐ / The song was a ~ *with* [*to*] his past. その歌は彼の過去を思い起こさせるきずなであった / There are no ~*s between* the two events. 二つの出来事の間にはつながりはない / a ~ *between* smoking and cancer 喫煙とがんの関係を探る / ⇨ missing link. **2 a** (二つの主要道路を結ぶ)連絡路, 接続路. **b** (物語・話などの)挿入部, つなぎ. **3 a** (鎖を構成する)輪, 環: a ~ in the chain 鎖の輪 / The chain is no stronger than its weakest ~. 《諺》弱い環があれば全体の鎖が弱い《一つの弱点は議論全体を破壊する》. **b** (編物の)目. **c** =cuff link. **4 a** (鎖状ソーセージなどの)一節: a ~ of sausage. **b** [*pl.*] 鎖状のソーセージ. **5** [*pl.*] 《方言》(川の)湾曲部 (bend). **6** 〘化学〙結合 (bond). **7** 〘測量〙リンク《測量上の長さの単位; 標準的測鎖の 1 リンクの長さで 7.92 インチ》. **8** 〘電気〙=fuse link. **9** 〘機械〙リンク, (機構の)節 (cf. linkage 3); (リンク装置の)連接棒, 滑動棒 (cf. link motion). **10** 〘通信〙リンク《特定局間で音声や画像を無線伝送すること》. **11** 〘印刷〙つなぎ《g の上部と下部の円形をつなぐ線》. **12** 〘電算〙リンク: **a** テキスト中のある箇所から別な箇所・別ファイルへの関連づけで, 相手先をすぐに呼び出して参照できるようにしてある (cf. hyperlink, hotlink). **b** サブルーチンから主プログラムへの分岐命令; そのアドレス部. ***lèt óut the línks*** 馬力[元気]を出してやる, 頑張る. 《1839》

— *vt.* **1** 連合する, 連接する, つなぐ, 結合する ⟨*up*⟩ (⇨ join SYN): This bridge ~*s* the island *to* [*with*, and] the mainland. この橋は島と本土を結んでいる / The Channel Tunnel ~*s* London *with* Paris and Brussels. 海峡トンネルはロンドンをパリやブリュッセルと結んでいる / These events were all subtly ~*ed together*. これらの事件は相互に微妙に関連していた / See how trade is ~*ed up with* the economy. 貿易がいかに経済と結びついているか見たまえ / new evidence ~*ing* him *with* the crime 彼を犯罪と結びつける新しい証拠. **2** 《英方言》⟨手を⟩握る; (付添いとして)⟨腕を⟩組み合わせる: ~ hands, arms, etc. / ~ one's arm *in* [*through*] another's 腕を組み合わせる. **3** (放送番組などの)(総合)司会をする. **4** 〘電算〙 **a** リンクさせる, 関連づける (cf. *n.* 12). **b** リンクする (cf. linkage 8). — *vi.* 連結する, つながる, 組み合う; 合併する ⟨*up*⟩: The spacecraft ~*ed up with* the space station. 宇宙船は宇宙ステーションと連結した.

~·a·ble /-kəbl/ *adj.* 〘(a1415) ☐ ON **hlenkr* < Gmc **χlankjaz*: cog. OE *hlence* corselet〙

link² /líŋk/ *n.* **1** たいまつ. **2** =linkboy. **3** 《廃》トウ (tow) に松やにを塗ったたいまつ; これを燃やしてできる黒い塗料. 〘(1526) ☐ ? ML *linchinus* wick ☐ Gk *lúkhnos* lamp〙

link³ /líŋk/ *vi.* 《スコット》軽快に歩く, 軽快にスキップして行く. 〘(1715) ← ?〙

Link¹ /líŋk/ *n.* リンク《男性名》. 〘← OE *hlinċ* 'LYNCH²'〙

Link² /líŋk/ *n.* 《英》リンク《特製のプラスチックカード (Link card) を引出し機に入れて銀行預金を引き出せるシステム》.

link·age /líŋkɪdʒ/ *n.* **1** 結合, 連合, 接合. **2** (政治的交渉などでの)連関外交, リンケージ. **3** 連鎖. **4** 〘機械〙連動, つながり, リンク仕掛け. **5** 〘電気〙鎖交. **6** 〘生物〙連鎖, 連関, リンケージ: ⇨ linkage group. **7** 〘化学〙(原子の)結合. **8** 〘電算〙リンク《コンパイルされたモジュールをつないで実行できるプログラムをつくること》. 〘(1874) ← LINK¹+-AGE〙

línkage gròup *n.* 〘生物〙連鎖[連関]群, リンケージ群《同一染色体上にある遺伝子群》. 〘1921〙

línk·bòy *n.* (昔, 雇われてたいまつを持ってやみ路を行く人を案内した)たいまつ持ち. 〘(1660): ⇨ link²〙

linked *adj.* **1** 鎖でつながれた(ような) (⇨ related SYN). **2** 〘生物〙⟨遺伝子群が⟩連鎖した, 連鎖性の. 〘(a1450): ⇨ link¹, -ed 2〙

línked rhýme *n.* 〘詩学〙連鎖韻《ある行の脚韻音が次行の最初の音と合体して次行の末尾音と押韻すること》.

línked vérse *n.* 〘詩学〙=renga.

línk·er *n.* **1** link¹ する人. **2** 〘電算〙リンカー《linkage を行うプログラム》. 〘(1856) ← LINK¹+-ER¹〙

línking ŕ *n.* 〘音声〙つなぎの r《標準イギリス英語のように母音の後の *r* を発音しない方言で, far /fɑ́:/ など綴り字が *r* で終わる語の直後に母音で始まる語が続くときに, far away /fɑ́:rəwéɪ/ のように母音と母音の間に現れる [r] 音; この現象を r-linking という》. 〘1950〙

línking vèrb *n.* 〘文法〙=link verb. 〘1923〙

Link·la·ter /líŋkleɪtə, -lə- | -tə^(r)/, **Eric** *n.* リンクレーター (1889–1974; スコットランドの小説家; *Juan in America* (1931)).

línk·màn¹ /-mæ̀n/ *n.* (*pl.* **-men** /-mɛ̀n/) 《英》**1** 〘テレビ・ラジオ〙ニュース番組などの(総合)司会者 (moderator) (cf. anchorman 2 b). **2** 仲裁者, 調停者 (intermediary). **3** 〘サッカー・ラグビー・ホッケー〙リンクマン《中衛, つまり前衛と後衛のつなぎ役をする選手》. 〘1909〙

línk·man² /-mən/ *n.* (*pl.* **-men** /-mən/) =linkboy. 〘1716〙

línk mòtion *n.* 〘機械〙リンク装置, 連動装置. 〘1849–50〙

Lin·kö·ping /línʃə:pɪŋ; *Swed.* lɪ̌nɕø̀:pɪŋ/ *n.* リンチェーピング《スウェーデン南東部の都市》.

links /líŋks/ *n. pl.* **1** 《スコット》**a** (起伏のある海辺の)砂丘. **b** (河川の)曲がりくねった所. **2** [単数または複数扱い] ゴルフ場 (golf course). 〘(1327) < OE *hlincas* (pl.) ← *hlinċ* ridge, slope, hill ← *hlinian* 'to LEAN¹, recline'〙

línks·lànd /-lænd, -lənd/ *n.* =links 1 a. 〘1926〙

línks·man /-mən/ *n.* (*pl.* **-men** /-mən, -mɛ̀n/) = golfer. 〘(1937) ↑〙

Línk tráiner /líŋk-/ *n.* 〘航空〙リンクトレーナー《地上での飛行機の操縦・操作訓練用の初期の訓練装置; cf. flight simulator》. 〘(1937) ← *Edward Link* (米国の創案者)〙

link·up /líŋkʌ̀p/ *n.* **1** 結合, 連合; (会社などの)合併; 提携; (宇宙船の)ランデブー. **2** 接合[連結]するもの; 結合して一つの機能を果たすもの. **3** 〘テレビ・ラジオ〙(中継局・系列局などを結んで行う)多元放送. 〘1945〙

línk vèrb *n.* 〘文法〙連結動詞, 繋(けい)合詞 (copula)《例: be, appear, seem など》. 〘1892〙

línk·wòrk *n.* **1** (鎖など)環で作った物, 鎖細工. **2** 〘機械〙リンク仕掛け. 〘1530〙

Lin·lith·gow /lɪnlíθgoʊ | -gəʊ/ *n.* リンリスゴウ: **1** スコットランドの旧 West Lothian 州の旧名 (⇨ Lothian). **2** スコットランド南東部 Edinburgh 西方の町; West Lothian の旧州都. 〘ME *Lenlithgow*, *Linlidcu* 《原義》dear broad lake ← Welsh *llyn* pool, loch+*lled* broad+*cu* dear〙

linn /lín/ *n.* 《スコット》**1** 滝; 滝つぼ. **2** 絶壁; 峡谷. 〘(OE) *hlynn* ☐ Sc.-Gael. *linne*: cf. Welsh *llyn* (↑) / Ir. *linn*〙

Linn. 《略》Linnaean, Linnaeus.

Lin·nae·an /lɪ̀ní:ən, -néɪ- | lɪ-, -néɪ-/ *adj.* リンネ (Linnaeus) の; リンネ式(分類法)の. — *n.* リンネ式分類法に従う人. 〘(1753): ⇨ Linnaeus, -an¹〙

Linnáean spécies *n.* 〘生物〙リンネ種《リンネが創始した, 形態的差異によって分類する種》.

Lin·nae·us /lɪ̀ní:əs, -néɪ- | lɪ-/, **Car·o·lus** /kǽrələs, kɛ́r- | kǽr-/ *n.* リンネ, リネー (1707–78; スウェーデンの植物学者; 植物分類法の創始者; *Systema Naturae* (1735), *Species Plantarum* (1753); スウェーデン語名 Carl von Linné のラテン語名).

Lin·né /*Swed.* lɪné:/, **Carl von** /kɑ́:l fɔ́n:/ *n.* リネー (Linnaeus のスウェーデン語名).

Lin·ne·an /lɪ̀ní:ən, -néɪ- | lɪ-/ *adj., n.* =Linnaean.

lin·net /línɪ̀t | -nɪt/ *n.* 〘鳥類〙**1** ムネアカヒワ (*Acanthis cannabina*)《アトリ科ベニヒワ属の小鳥; ヨーロッパ産》: ⇨ green linnet. **2** =house finch. 〘(c1530) ☐ OF *linette* (F *linot(te)*) ← *lin* flax: cf. linen: ムネアカヒワがその種子を食べることから〙

Lin·nhe /líni/, **Loch** *n.* リニー湖《スコットランド西部, Great Glen の南西部にある海水湖》.

li·no /láɪnoʊ | -nəʊ/ *n.* (*pl.* **~s**) 《英口語》**1** =linoleum. **2** =Linotype. 〘1907〙

li·no·cut /láɪnoʊkʌ̀t | -nəʊ-/ *n.* **1** リノ(リウム)版《リノリウムブロックに彫った版》. **2** リノ(リウム)版画. 〘(1907) ← LINO(LEUM)+CUT〙

li·no·le·ate /lɪ̀nóʊlièɪt | lɪnə́ʊ-/ *n.* 〘化学〙リノール酸の塩[エステル]. 〘(1865) ← LINOLE(ICACID)+-ATE¹〙

lín·o·le·ic ácid /línəlì:ɪk, -lèɪ- | -nə(ʊ)-/ *n.* 〘化学〙リノール酸 ($C_{17}H_{31}COOH$)《石鹸・食品などに用いられ, 動物の栄養に不可欠なものとされている》. 〘(1857) *linoleic*: ← L *līnum* flax+OLEIC〙

lin·o·le·nate /línəlì:neɪt, -léɪn-/ *n.* 〘化学〙リノレン酸の塩[エステル]. 〘(1909) ← LINOLEN(IC ACID)+-ATE¹〙

lín·o·le·nic ácid /línəlì:nɪk-, -lèɪ- | -nə(ʊ)-/ *n.* 〘化学〙リノレン酸 ($C_{17}H_{29}COOH$)《グリセリドとして乾性油中に存在する不飽和脂肪酸》. 〘(1887) *linolenic*: ← LINOL(EIC ACID)+-ENE+-IC¹〙

li·no·le·um /lɪ̀nóʊliəm | -nə́ʊ-/ *n.* リノリウム《床の仕上げ材》. 〘(1878) ← L *līnum* flax+*oleum* oil〙

linóleum blòck *n.* 〘版画〙リノリウムブロック《版材として用いるリノリウムの厚板》.

li·nó·le·umed *adj.* リノリウムを敷いた.

li·nó·lic ácid /lɪ̀nóʊlɪk- | lɪnə́ʊ-/ *n.* 〘化学〙=linoleic acid. 〘(変形) ← LINOLEIC ACID〙

líno tìle *n.* リノリウムタイル《床敷き材料》.

Li·no·type /láɪnətàɪp | -nə(ʊ)-/ *n.* 〘商標〙**1** ライノタイプ《行単位に活字を鋳植する機械; cf. Monotype》. **2** ライノタイプ[行鋳植]組版; その印刷. — *vi.* [l-] ライノタイプを動かす[操作する]. — *vt.* [l-] ライノタイプで組む.

lí·no·tỳp·er *n.* **lí·no·tỳp·ist** /-pɪ̀st | -pɪst/ *n.* 〘(1888) ← *line o'* (=of) *type*〙

Lin Pi·ao /línpjáʊ/ *n.* =Lin Biao.

lin·sang /línsæŋ/ *n.* 〘動物〙リンサン《東南アジア・アフリカ産の尾が長く体に美しい斑紋があるジャコウネコ科アフリカリンサン属 (*Poiana*) の動物の総称》. 〘(1821) ← NL ~ ← Malay〙

lin·seed /línsì:d/ *n.* 〘植物〙亜麻の種子, 亜麻仁(あまに). 〘OE *līnsǣd* ← *līn* flax+*sǣd* seed: ⇨ line³, seed〙

línseed càke *n.* 亜麻仁(あまに)かす《家畜の飼料》. 〘1813〙

línseed mèal *n.* 亜麻仁(あまに)かす粉. 〘1599〙

línseed òil *n.* 亜麻仁油(あまにゆ)《亜麻の種子を搾って造る乾性油; 塗料・ワニス・ラック・リノリウム・印刷インキなどに用いる》. 〘1548〙

lin·sey /línzi/ *n.* =linsey-woolsey.

lin·sey-wool·sey /línziwʊ́lzi/ *n.* **1** 綿[リンネル]と毛の交織物. **2** 《廃》不調和な混ぜ物, ごた混ぜ物 (jumble); 訳のわからぬ言葉 (gibberish). 〘(?c1475) *lynsy wolsye* ← *lynsy* (← ? *Lindsey*: 英国 Suffolk 州の村, この織物の原産地)+*wolsye* (← OE *wull* 'WOOL'+ME -*sey* (無意味の suf.))〙

lin·stock /línstɑ̀(:)k | -stɒk/ *n.* 〘銃砲〙道火桿(どうかかん)《旧式砲の火口に点火する火縄のさお》. 〘(1575) *lyntstock* (LINT と連想) ☐ Du. *lontstok* ← *lont* match+*stok* stick (⇨ lunt, stock¹)〙

lint /línt/ *n.* **1 a** (綿花の)長繊維 (cf. linters). **b** (繰り綿した)綿花, 繰り綿. **2** 《米》リント布《リンネルや綿布等を起毛加工した柔らかい切れ地で, もと包帯に用いた》. **3 a** (繰り綿のあとに出る)綿くず. **b** (布等のほつれた)糸くず. **4** 《スコット》亜麻. — *vi.* 綿くず[糸くず]が出る.

~·less *adj.* 〘(1392) *lin(e)t* flax ☐ (O)F *linette* ← *lin* flax // L *linteum* linen cloth ← *līnum* flax: ⇨ -ette: cf. linen〙

lin·tel /líntḷ | -tl/ *n.* 〘建築〙楣(まぐさ)《入口・窓・暖炉などの上の横木; ⇨ jamb》; 楣石. 〘(1315) ☐ OF *lintel*, *linter* (F *linteau*) < VL **limitāre(m)* (L *līmes* 'LIMIT' と連想) ← L *līminaris* (adj.) ← *līmen* threshold〙

lín·teled *adj.* (*also* **lín·telled**) 楣(まぐさ) (lintel) のある. 〘(1827): ⇨ ↑, -ed〙

lint·er /líntə | -tə^(r)/ *n.* 《米》**1** [*pl.*] リンター《繰り綿して長繊維 (lint) を採った後に残る綿くず; 人造繊維・セルロイド・綿火薬などの原料》. **2 a** リンター採取機《lint を採った後に種子に付着している linters を除去する機械》. **b** その機械を操作する人. 〘(1903) ← *lint*+-*er*¹〙

lin·tie /línti | -ti/ *n.* 《スコット》=linnet 1. 〘1795〙

lin·tol /líntḷ | -tl/ *n.* 《英》〘建築〙=lintel.

Lin·ton /líntən | -tən/ *n.* リントン《男性名》. 〘OE *Lindtūn* 《原義》limetree village: ⇨ linden, -ton: 地名に由来〙

lint·white /línt(h)wàɪt/ *n.* 《古・詩》《スコット》〘鳥類〙= linnet 1. 〘(OE) (LINT との連想による変形) ← ME *linkwhitte* (⇨ links, white) 《通俗語源》∽ OE *līnetwige* linnet ← *līn* flax+-*twige* plucker〙

lint·y /línti | -ti/ *adj.* (**lint·i·er; -i·est**) **1** 繰り綿 (lint) でいっぱいの, (繰り)綿で覆われた; 綿くずの付いた. **2** 繰り綿のような. 〘(1607) ← LINT+-Y⁴〙

li·num /láɪnəm/ *n.* 〘植物〙アマ属 (*Linum*) の植物の総称. 〘(1867) ☐ L *līnum*: ⇨ line³〙

lin·u·ron /línjʊrɑ̀(:)n | -rɒn/ *n.* リニュロン《除草剤の一種》. 〘← *lin-* (← ?)+UR(EA)+-ON¹〙

Li·nus /láɪnəs/ *n.* **1** ライナス《男性名》. **2** 〘ギリシャ神話〙リノス《Muse の子; Apollo と音楽を競って殺されたとも, Hercules に誤って殺されたとも伝えられる》. **3** 哀歌, 悲歌 (Linus song). **4** ライナス《漫画 *Peanuts* に登場する少年; いつも毛布を持ち歩いている; そこにあるだけで安心するものを Linus blanket という》. 〘☐ L ~ ☐ Gk *Línos* 《原義》flaxen-haired: cf. linum〙

Lin·ux /línəks, láɪn-/ *n.* 〘電算〙リナックス《パソコン用の Unix 互換の OS; Windows, MacOS に次ぐ新しい OS; フィンランドの Linus B. Torvalds が開発し 1991 年に公開》.

lin·y /láɪni/ *adj.* (**lin·i·er; -i·est**) **1** 線を引いた. **2** 線[しわ]の多い. **3** 線のような. 〘(1807) ← LINE¹+-Y⁴〙

Lin Yu·tang /línjúːtáːŋ; *Chin.* línýtʰáŋ/ *n.* 林語堂(リンユータン)(1895–1976; 中国生まれの文学者; 1928 年以後主として米国に在住; *My Country and My People* (1935)).

Linz /líntʃ; *G.* línts/ *n.* リンツ《オーストリア北部 Danube 河畔の都市》.

Linz·er torte /líntsərtɔ̀ət, -tɔ̀ətə | -tsətɔ̀ːt, -tɔ̀ːt; *G.* líntsɐtɔʁtə/ *n.* 〖菓子〗リンツァートルテ《ナッツ・香辛料などを混ぜ込んだ生地を型に入れ, ジャムを詰めた上に同じ生地を格子模様にのせて焼き上げるオーストリアの菓子》. 〘(1906) □ G ~ 'Linz torte'〙

Liod /ljáː(ː)d, ljɔ́(ː)d | liɔ́d/ *n.* 〖北欧伝説〗リョード《*Volsunga Saga* で Volsung の妻, Sigmund と Signy の母》.

li·on /láɪən/ *n.* (*pl.* **~s, ~**) **1 a** 〖動物〗ライオン, 獅子(し) (*Panthera leo*) (cf. lioness): ⇨ lion's provider, lion's share / ⇨ *an* ASS¹ *in a lion's skin*. **b** ネコ属 (*Felis*) の猛獣の総称, (特に)アメリカライオン, クーガー (cougar). **2** ライオンのような(力の強い, 勇猛な)人. **3** 流行児, 人気者, 名士: the ~ of the day 現代の花形, 名士 / make a ~ of a person 人を大騒ぎして持てはやす, 人に大騒ぎをする. **4** [*pl.*] 〖英〗名所, 名物, 呼び物 (cf. lionize *vt.*, *vi.* 2) 《もと London 見物には必ずロンドン塔のライオンを見に行った習慣から》: see the ~s 名所見物をする / show a person the ~s 名所に人を連れて行く. **5** ライオンの模様のついた貨幣. **6** [L-] Lions Club の会員. **7** [the L-] **a** 〖天文〗しし(獅子)座 (⇨ Leo¹ 1). **b** 〖占星〗獅子座[宮] (⇨ Leo¹ 2). **8** 〖紋章〗 **a** [L-] 英国の象徴としての獅子: the *Lions* of England 英国の獅子の紋章 / the (old) British *Lion* 英国の紋章である獅子; 大英国; 英国民. **b** 競い獅子 (lion rampant): ~ and unicorn 獅子と一角獣《英国王家紋章を奉持する動物》.
a líon in the wáy [páth] (怠け者が作り出す想像上の)前途に横たわる危険 (cf. *Prov.* 26:13). ⦅(1641)⦆ ***béard the líon in his dén*** (穴の中のライオンのひげをつかむように)捨て身で怖い人に立ち向かう[要求などをぶつける], 相手の得意の領域[土俵]に踏み込んで反抗する. ***in the líon's dén*** *adv.* 危険な場所にいて. ***pút [pláce] one's héad in(to) the líon's móuth*** 自ら大きな危険を招く, 虎穴に入る (⇨ lion's mouth). ⦅(1601)⦆ put one's finger into ~) ***thrów [féed, tóss] a person to the líons*** 〈部下・友人などを〉犠牲にする; 裏切る. ***twist the líon's táil*** 英国の気に障ることを言う[書く]; (特に米国の新聞記者などが)反英的記事を書く. 《獅子は英国王室の紋章であることから》
~·ly *adj.* 〘(?a1200) *lio(u)n, leoun* □ (O)F *lion* □ L *leō(n-)* □ Gk *léōn* ⇐ OE *lēa, lēo* □ L: cf. Leo¹〙

Li·on /láɪən; *G.* líːɔn/ *n.* ライオン《男性名》. 〘□ G ~〙

li·on·cel /láɪənsèl/ *n.* 〖紋章〗小さく描かれたライオン《3 頭以上が盾に描かれたときのライオンをいう》. 〘(1610) □ OF ~ (F *lionceau*) (dim.) ← *lion*: ⇨ lion, -el¹〙

Li·o·nel /láɪənl̩/ *n.* ライオネル《男性名》. 〘□ OF ~ 《原義》young lion: ⇨ Leon, -el¹〙

li·on·esque /làɪənésk⁻/ *adj.* ライオン[獅子(し)]の特徴を持った, ライオンらしい. 〘(1882): ⇨ -esque〙

li·on·ess /láɪənɪ̀s | láɪənès, -nɪ̀s, làɪənés/ *n.* **1** ライオンの雌, 雌獅子(し). **2** 女性の有名人. 〘(?c1300) □ OF *lionesse* (F *lionne*): ⇨ lion, -ess¹〙

li·on·et /láɪənèt/ *n.* ライオンの子, 子獅子(し). 〘(a1586) □ OF ~: ⇨ lion, -et〙

líon·fìsh *n.* 〖魚類〗 **1** ミノカサゴ《太平洋熱帯海域に生息するミノカサゴ属 (*Pterois*) の魚類の総称; 猛毒がある》; (特に)ハナミノカサゴ (*P. volitans*). **2** フサカサゴ (*Scorpaena grandicornis*) 《大西洋産》. 〘c1907〙

líon·hèart *n.* **1** 勇猛[豪胆]な人. **2** [L-] 英国王 Richard 一世の異名《Coeur de Lion と呼ばれた》. 〘1665〙

líon·hèarted *adj.* (ライオンのように)勇猛な, 豪胆な (cf. pigeonhearted). **~·ly** *adv.* **~·ness** *n.* 〘1708〙

líon·hòod *n.* 流行児[有名人]であること (lionship). 〘1833〙

líon-hùnter *n.* **1** ライオン猟者. **2** 流行児[有名人]を追い回す人《有名人を招待して宴会などを開く人》.

li·on·ism /-nɪzm/ *n.* **1** 花形[流行児]を持てはやすこと; 花形[流行児]が持てはやされること. **2** 〖病理〗(ハンセン病や梅毒などによる)獅子(し)顔. 〘(1835): ⇨ -ism〙

li·on·i·za·tion /làɪənɪ̀zéɪʃən | -naɪ-, -nɪ-/ *n.* 名士扱い, 持てはやし.

li·on·ize /láɪənàɪz/ *vt.* **1** 〈人を〉持てはやす, かつぎ上げる, 名士扱いする. **2** 〖英〗…の名所を見物[案内]する (cf. lion 3): ~ a place. — *vi.* **1** 名士につきまとう, 名士との交際を求める. **2** 〖古〗名所を見物する. **li·on·iz·er** *n.* 〘(1809): ⇨ -ize〙

líon·like *adj.* ライオンに似た[のような]. 〘1556〙

li·onne /liá(ː)n, -ɔ́(ː)n | -ɔ́n/ *adj.* 〖紋章〗〈leopard (豹)が〉rampant の姿勢をとった. 〘□ F ~ (fem.) ← *lion* 'LION'〙

Li·ons /láɪənz/, **the Gulf of** *n.* リヨン湾《フランス南岸の広大な湾》.

Líons Clùb *n.* ライオンズクラブ《Lions International の支部》.

líon·shìp *n.* = lionhood.

Líons Internátional *n.* [the ~] ライオンズクラブ国際協会《実業家および専門職業人から成る国際的社会奉仕団体; 1917 年米国 Chicago 市で創設; 正式名 the International Association of Lions Clubs》. 〘*Lions*: 《頭字語》← *L(iberty), I(ntelligence and) O(ur) N(ation's) S(afety)*〙

líon's móuth *n.* [the ~] 非常に危険な所 (cf. *Ps.* 22:21; 2 *Tim.* 4:17): run into *the* ~ とても危険な所へ飛びこむ / ⇨ *put one's head in(to) the* LION'*s mouth*. 〘a1225〙

líon's pàw *n.* 〖貝類〗コブナデシコガイ (*Chlamys nodosus*) 《イタヤガイ科; 分厚い赤みをおびた扇形の貝殻をもつカリブ海産の大型二枚貝》.

líon's províder *n.* 〖古〗〖動物〗ジャッカル (jackal) の俗称. 〘(1774): ライオンが獲物をあさる時, 手伝いをするといわれたことから〙

líon's shàre *n.* [the ~] (分け前などの)最上[最大]の部分, うまい汁. 〘(1790): イソップ物語から〙

líon tàmarin *n.* 〖動物〗ライオンタマリン (*Leontopithecus rosalia* ほか) 《黄金色または黒と黄金色の毛皮をもち, 直立したたてがみのあるタマリン; ブラジルだけに生息する》.

líon tàmer *n.* ライオン使い.

Li·o·tard /lìːoutáːə | -ə(ʊ)táː(r; *F.* ljɔtaːʁ/, **Jean-Étienne** *n.* リオタール (1702–89; スイスの画家).

Liou·ville's théorem /ljuːvíːlz-; *F.* ljuvil-/ *n.* 〖数学〗リュービルの定理《複素平面上で定義された有界正則関数は定数に等しいという定理》. 〘← *Joseph Liouville* (1809–82: フランスの数学者)〙

lip /líp/ *n.* **1** 唇, 口唇(こうしん): an upper ~ 上唇 / the hair on the upper ~ 鼻の下の毛, 口ひげ / an under [a lower] ~ 下唇 / a curl of the ~(s) (軽蔑を表す)ゆがめ口 / with a smile on one's ~s 口元に笑みを浮かべて / give one's ~s 接吻を許す / put a glass to one's ~ 酒を味わう / part with dry ~s キスしないで別れる / No food passed his ~s. 何も食べなかった. ★ ラテン語系形容詞: labial. 日英比較 日本語の唇より範囲が広く, 鼻の下を含めて口の上下の柔らかい肉部全体を指すことがある. **2** [通例 *pl.*] (発音器官としての)唇, 口 (cf. jaw¹ 1 b): A word escaped [passed] his ~s. うっかり言葉を漏らした / She never opened her ~s. 彼女は一言も言わなかった / put [lay] one's finger to one's ~s 唇に指を当てる《沈黙せよという合図》/ My ~s are sealed. 口止めされている. **3 a** 唇状のもの. **b** (杯・わん・穴・くぼみなどの)縁, へり: the ~ of a jug, cup, bell, etc. **c** 突出した部分; (水差しなどの)注ぎ口: the ~ of a pitcher. **4** 《俗》おしゃべり, 出過ぎた言葉 (saucy talk): None of your ~! 生意気言うな / give a person ~ 人に生意気なことを言う / have a person's ~ 人から生意気なことを言われる. **5** (木工きり・ドリルなどの先端の)鋭い刃の部分. **6** 〖外科〗傷口のへり. **7** 〖解剖〗陰唇 (labium). **8** 〖音楽〗= embouchure 3, 4. **9** 〖生物〗唇(しん)状物[部]; 唇形花片, 唇弁 (labellum); (昆虫の)唇片.
be on éveryone's líps 皆の話題にのぼっている. ***be stéeped [immérsed] to the líps (in …)*** (悪徳・罪などが)すっかり身にしみ込んでいる. ⦅(1604)⦆ ***bíte one's líp(s)*** (立腹を隠すため, 笑いを殺すため, または感情を抑えるために)唇をかむ. ⦅(c1378)⦆ ***bútton (úp) one's líp*** ⇨ button *vt.* 2. ***cárry [kéep, hàve] a stíff úpper líp*** 《口語》強情である, 人の意に従わない; 元気を落とさない, しっかりしている. ⦅(1833)⦆ ***cúrl the [one's] líp(s)*** (軽蔑して)口をゆがめる; 口をへの字にする[曲げる]. ***háng on a person's líps*** 人の言うことを一心に聞く. ***háng the [one's] líp*** (屈辱を受けて, またはむっつりして)下唇を下げる; べそをかく. ⦅(1568)⦆ ***lick [smáck] one's líps*** ⇨ lick 成句. ***máke a líp*** 《廃》口を突き出してみせる. ***púrse (úp) one's líps*** 口をきゅっと結ぶ《憂慮・沈鬱(ちんうつ)・緊張・不信感・侮蔑などの表情》. ***Réad my líps.*** 《口語》よーく聞け, いいか. ***shóot óut the [one's] líp*** (軽蔑して)唇をとがらす (*Ps.* 22:7); 軽蔑する.
— *v.* (**lipped; lip·ping**) — *vt.* **1 a** …に唇を触れる. **b** 〈管楽器を〉の正しい位置に唇を置く. **c** 《古》…にキスする. **2 a** 《まれ》ささやく. **b** 《俗》歌う. **3** 〈水・波が〉〈岸を〉洗う (lap). **4** 〖ゴルフ〗(パットで)球を〈カップ〉の縁に当ててしまう《球は中に入らない》. — *vi.* **1** (管楽器を奏するとき)唇を使う, 唇を正しく歌口に当てる 〈*up*〉. **2 a** 〈水が〉ざぶざぶ音を立てる. **b** 〈水・波が〉(…を)洗う〔*over*〕.
— *adj.* [限定的] **1** 唇の, 唇用の: ~ pomade, rouge, etc. **2** 口先だけの (insincere): a ~ Christian 口先だけのキリスト教信者 / ~ comfort [praise, professions] うわべだけの慰め[賞賛, 告白] / ~ devotion [worship] 口先だけの信心 / ⇨ lip server, lip service. **3** 〖音声〗唇(音)の (labial).
~·like *adj.* 〘OE *lippa* < Gmc **lepjōn* (Du. *lip* / G *Lippe*) ← IE **leb-* lip (L *labium, labrum* lip)〙

LIP 《略》life insurance policy 生命保険証券[証書].

lip- /lɪp, laɪp/ (母音の前にくるときの) lipo-¹ の異形.

li·pa /líːpa; *Croat.* lìpa/ *n.* (*pl.* **~, ~s**) リパ《クロアチアの通貨単位; =¹⁄₁₀₀ kuna》.

li·pae·mi·a /lɪpíːmiə, laɪ- | lɪ-/ *n.* 〖病理〗= lipemia.

Líp·a·ri Íslands /lípəri-, líːpæri; *It.* líːpari-/ *n. pl.* [the ~] リパリ諸島《Sicily 島北方にある火山諸島; イタリア領; Aeolian Islands ともいう; イタリア語名 Isole Eolie; 面積 114 km²》.

lip·a·rite /lípəràɪt/ *n.* = rhyolite. 〘(1865) □ G *Liparit* ← *Lipari Islands* (↑) (cf. Gk *liparós* shining): ⇨ -ite¹〙

li·pase /láɪpeɪs, líp-, -peɪz/ *n.* 〖生化学〗リパーゼ, 脂肪分解酵素. 〘(1897) ← LIPO-¹ + -ASE〙

líp·brùsh *n.* (口紅をつけるための)紅筆. 〘1947〙

líp cèll *n.* 〖植物〗シダ類の胞子嚢の一部の薄膜の細胞《ここで裂開が行われる》.

Lip·chitz /lípʃɪts/ (*also* **Lip·schitz** /~/), **Jacques** *n.* リプシッツ (1891–1973; リトアニア生まれの米国の彫刻家; 旧名 Chaim Jacob Lipchitz).

líp-déep *adj.* 口先ばかりの, うわべだけの. 〘1802〙

li·pec·to·my /lɪpéktəmi | lɪ-/ *n.* 〖外科〗(腹壁などの)脂肪除去(術). 〘← LIPO-¹ + -ECTOMY〙

li·pe·mi·a /lɪpíːmiə, laɪ- | lɪ-/ *n.* 〖病理〗脂(肪)血症; 高脂(肪)血症. 〘← NL ~: ⇨ lipo-¹, -emia〙

Li Peng /lìːpáŋ, -péŋ; *Chin.* lǐpʰə́ŋ/ *n.* 李鵬(リーポン) (1928– ; 中国の政治家; 国務院総理 (1988–98), 全国人民代表大会常務委員会委員長 (1998–)).

Li·petsk /líːpetsk; *Russ.* lʲípʲɪtsk/ *n.* リペツク《ロシア連邦, Voronezh の北方にある工業都市》.

líp fèrn *n.* 〖植物〗エビガラシダ属 (*Cheilanthes*) の植物の総称. 〘(1890): 唇状の包膜をしているところから〙

líp·glòss *n.* リップグロス《唇につやを与える化粧品》. 〘1939–40〙

líp-hòmage *n.* (心の伴わない)形ばかりの敬意, 空(から)世辞 (cf. lip service; *Isa.* 29:13).

lip·id /lípɪd, láɪ- | -pɪd/ *n.* 〖生化学〗脂質《生体構成物質の一つで, 脂肪酸・脂肪・ろう・テルペン類などを含めた物質の総称; lipide ともいう》. **li·pid·ic** /lɪpídɪk, laɪ- | -dɪk/ *adj.* 〘(1912): ⇨ ↓, -id⁵〙

lip·ide /lípɪd, láɪ- | -pɪd/ *n.* 〖生化学〗= lipid. 〘← LIPO-¹ + -IDE²〙

lip·i·do·sis /lìpədóusɪs | -dáusɪs/ *n.* 〖病理〗リピドーシス, 脂質蓄積症. 〘(1941) ← NL ~: ⇨ lipid, -osis〙

Lip·iz·zan·er /lɪpətsáːnə | -pɪtsáːnə(r; *G.* lɪpɪtsáːnɐ/ *n.* = Lippizaner.

líp-làbor *n.* 〖古〗(祈りなどでわけもわからないまま)口を動かすこと. 〘1538〙

líp-lànguage *n.* 視話, 読唇言語《聾唖(ろうあ)者などが唇の運動によって行う通話》.

líp·less *adj.* 唇のない; (器に)注ぎ口[縁]のない. 〘(c1400): ⇨ -less〙

líp·lìne *n.* 唇の輪郭, リップライン.

líp·lìner *n.* リップライナー《ペンシル型の口紅》.

Lip·mann /lípmən; *G.* lípman/, **Fritz Albert** *n.* リップマン (1899–1986; ドイツ生まれの米国の生化学者; Nobel 医学生理学賞 (1953)).

líp mìcrophone *n.* リップマイクロフォン: **a** 雑音混入防止式の街頭[ロケ]用マイクロフォン; 口先に近づけて話す. **b** 水中録音などの場合に唇に接触させて使用するマイクロフォン. 〘1941〙

líp mòlding *n.* 〖家具〗(引き出し表面の周囲などにつける)凸状繰形.

Li Po /lìːpóu | -páu/ *n.* = Li Bo.

li·po-¹ /lípoʊ, láɪp- | -pəʊ/ 「脂肪 (fat)」の意の連結形. ★ 母音の前では通例 lip- となる. 〘← Gk *lípos* fat〙

li·po-² /láɪpoʊ, líp- | -pəʊ/ 「欠けた, 不足した (lacking)」の意の連結形: *lipo*graphy. 〘□ F ~ □ LL *lipo-* □ Gk *lipo-* ← *leípein* to leave〙

li·po·ca·ic /lìpəkéɪɪk, làɪp- | -pə(ʊ)-⁻/ *n.* 〖生化学〗リポカイック《膵臓(すいぞう)に含まれ, 脂肪消費を促し肝臓の脂肪沈着を抑制する作用のある物質》. 〘(1936) ← LIPO-¹ + Gk *kaíen* to burn + -IC¹〙

li·po·chrome /lípəkròum, láɪp- | -pə(ʊ)krəum/ *n.* 〖生化学〗リポクローム《動植物に含まれる脂肪様色素; カロチノイドなど》. 〘(1887) ← LIPO-¹ + CHROME〙

li·po·fus·cin /lìpoufʌ́sɪn, làɪ-, -sn̩ | -pəufʌ́sɪn/ *n.* 〖生化学〗脂褐素, リポフスシン《疲労時などに心臓のまわりなどにみられる褐色色素》. 〘(1923) ← LIPO-¹ + FUSCIN〙

lìpo·génesis *n.* 〖生物〗脂肪形成. 〘(1882) ← NL ~: ⇨ lipo-¹, -genesis〙

lip·o·gram /lípəgræ̀m, láɪp- | lípə(ʊ)-/ *n.* 〖文学〗字忌みの文[詩]《ある文字を含む語を全く用いない文・詩》. 〘(1711) ← MGk *lipográmmatos* wanting a letter: ⇨ lipo-², -gram〙

li·pog·ra·phy /lɪpá(ː)grəfi, laɪ- | lɪpɔ́g-, laɪ-/ *n.* (筆記の時の)不注意な脱字[音節脱落] (cf. haplography). 〘(1888): ⇨ lipo-², -graphy〙

li·pó·ic ácid /lɪpóuɪk-, laɪ- | lɪpə́u-, laɪ-/ *n.* 〖生化学〗リポ酸, リポイン酸 ($C_8H_{14}O_2S_2$) 《硫黄を含む脂肪酸, ビタミン B 複合体の一つ; α ケト酸の酸化的脱炭酸反応を触媒する》. 〘(1951) *lipoic*: ← LIPO-¹ + -IC¹〙

lip·oid /lípɔɪd, láɪp-/ 〖生化学〗 *adj.* 脂肪性の, 脂肪類似の (fatlike). — *n.* リポイド, 類脂質[体]. **li·poi·dal** /lɪpɔ́ɪdl̩, laɪ- | lɪpɔ́ɪdl̩, laɪ-/ *adj.* 〘(1876) ← LIPO-¹ + -OID〙

lip·oid·o·sis /lìpɔɪdóusɪs | -dáu-/ *n.* (*pl.* **-ses** /-siːz/) 〖医学〗類脂症, リポイド代謝異常.

li·pol·y·sis /lɪpá(ː)ləsɪs, laɪ- | lɪpɔ́ləsɪs, laɪ-/ *n.* 〖化学〗脂肪分解. **lip·o·lyt·ic** /lìpəlítɪk, làɪp- | -tɪk⁻/ *adj.* 〘(1903) ← NL ~: ⇨ lipo-¹, -lysis〙

li·po·ma /lɪpóumə, laɪ- | -pə́u-/ *n.* (*pl.* **~s, ~·ta** /~tə | ~tə/) 〖病理〗脂肪腫(しゅ). **li·pó·ma·tous** /-təs | -təs/ *adj.* 〘(1830) ← NL ~: ⇨ lipo-¹, -oma〙

lip·o·pex·i·a /lìpəpéksiə, làɪp-/ *n.* 〖生化学〗脂肪固定《組織に脂肪が沈着する》. 〘← NL ~: ⇨ lipo-¹, -pexy〙

lip·o·phil·ic /lìpəfílɪk, làɪp-⁻/ *adj.* 〖物理・化学〗親脂性の, 脂質に対し親和性の強い; 脂質の可溶性・吸収性を強める (cf. oleophilic). 〘← LIPO-¹ + -PHILIC〙

lìpo·polysáccharide *n.* 〖生化学〗リポ多糖(類)《脂質と多糖類との複合体; 主として細菌の細胞膜成分として存在する》. 〘(1950): ⇨ lipo-¹, polysaccharide〙

lìpo·prótein *n.* 〖生化学〗脂(し)蛋白質《複合蛋白質の一種で, 脂質と蛋白質との結合したもの》. 〘(1909) ← LIPO-¹ + PROTEIN〙

lip·o·some /lípəsòum, láɪp- | -pə(ʊ)sə̀um/ *n.* 〖生化学〗リポソーム《燐脂質の懸濁液に超音波振動を加えてできる微細な被膜粒子》. 〘(1910) ← LIPO-¹ + -SOME³〙

lípo·sùction *n.* 〖美容〗脂肪吸引《強力な真空吸引器による皮下脂肪の除去》. 〘(1983) ← LIPO-¹ + SUCTION〙

li·po·trop·ic /lìpətróupɪk, làɪ-, -trá(ː)p- | -trɔ́p-, -trə́up-⁻/ *adj.* 〖生化学〗脂肪親和性の, 肝臓脂肪の沈着を阻止する(作用のある). **li·pot·ro·pism** /laɪpá(ː)trəpɪzm, lɪ- | lɪpɔ́trə-, laɪ-/ *n.* 〘(1935) ← LIPO-¹ + -TROPIC〙

L

lip·o·tro·pin /lɪ̀pətróupɪn, làɪp- | -tróupɪn/ *n.* 〘生化学〙リポトロピン《脳下垂体前葉ホルモンの一つ; 脂肪の移動に関与する》. 〖(1964): ⇨ ↑, -in²〗

Lip·pe /lípə; *G.* lípə/ *n.* **1** リッペ《ドイツ北西部の旧州; 現在は North Rhine-Westphalia 州の一部》. **2** [the ~] リッペ(川)《ドイツ北部を流れ, 西部で Rhine 川に合流する川 (240 km)》.

lipped *adj.* **1 a** 唇のある; 注ぎ口[縁]のある: a ~ jug. **b** [通例複合語の第 2 構成素として] 唇[縁]が…の: thick-[thin-, red-]*lipped* 唇の厚い[薄い, 赤い]. **2** 〘植物〙唇(しん)状の, 唇形の. 〖(1377): ⇨ -ed 2〗

lip·pen /lípən, -pn̩/ 《スコット》 *vt.* **1** 信頼する. **2** 〈物を〉〈人に〉託する. — *vi.* 〔…を〕信用する, 信頼する 〈*to*〉. 〖(*a*1225) *lipne(n)*〗

lip·per /lípə | -pə^(r)/ *n.* 〘海事〙 **1** 海面の小波紋. **2** 小波のしぶき. 〖(1513) (freq.) ? ← LAP³: ⇨ -er⁴〗

Líp·pes lóop /lípəs-, líps-/ *n.* 〘産科〙リップスリング《X 線写真に写る物質を混ぜたポリエチレン製の女性体内用避妊具; cf. IUD》. 〖(1964) ← *Jack Lippes* (20 世紀の米国の医師)〗

Lip·pi /lípi; *It.* líppi/, **Filippino** *n.* リッピ (1457?–?1504; イタリアルネサンスの画家).

Lippi, Fra **Fi·lip·po** *or* **Lip·po** /líppou | -pəu; *It.* líppo/ *n.* リッピ (1406?–69; イタリアの初期ルネサンスの画家; Filippino Lippi の父).

lip·pie /lípi/ *n.* 《豪口語》(棒状の)口紅, 棒紅 (lipstick). 〖(1955) ← lip(stick)＋-Y²〗

Lip·pin·cott /lípɪŋkɑ̀(ː)t, -kət | -kət, -kɔ̀t/, **Joshua Ballinger** *n.* リッピンコット (1813–86; 米国の出版業者).

líp·ping *n.* **1** 〘病理〙リッピング《軟骨内腫の X 線像に見られる楔(くさ)状の陰影, また関節炎の時の舌状の骨性増殖物》. **2** 〘音楽〙＝embouchure 3, 4. **3** 洋弓のひび割れ部をくりぬいて埋め込んだ木片. 〖(1894) ← LIP＋-ING¹〗

Lip·pi·zan·er /lɪ́ptsɑ̀ːnə | -pɪ̀tsɑ́ːnə^(r); *G.* lɪpitsáːnɐ/ *n.* (*also* **Lip·piz·zan·er** /~/, **Lip·pi·za·na** /-nə; *G.* -na/) リピッツァ馬《オーストリア帝室馬匹(ひつ)院で育種された形の整った灰色種の馬で, 通例調馬展覧に使う》. 〖□ G ~ ← *Lippiza* (Yugoslavia の北西部にある馬の飼育場; かつてのオーストリア帝室馬匹院)〗

Lipp·mann /liːpmáːn, -mǽn; *F.* lipmɑ̃/, **Gabriel** *n.* リップマン (1845–1921; フランスの物理学者; Nobel 物理学賞 (1908)).

Lipp·mann /lípmən/, **Walter** *n.* リップマン (1889–1974; 米国の評論家・ジャーナリスト; *A Preface to Morals* (1929), *The Cold War* (1947)).

líp prìnt *n.* 唇紋 (cf. fingerprint 1).

lip·py /lípi/ *adj.* (**lip·pi·er**, **-pi·est**; **more** ~, **most** ~) **1** 唇の出た. **2** 《俗》 **a** 生意気な, こしゃくな口をきく (saucy). **b** おしゃべりな (talkative). **líp·pi·ness** *n.* 〖(1875) ← LIP＋-Y⁴〗

lip-rèad /-rìːd/ *v.* (**-read** /-rɛ̀d/) — *vt.* 読唇(どくしん)術で解する. — *vi.* 読唇する. 〖1892〗

líp-rèader *n.* 読唇(どくしん)術の巧みな人. 〖1912〗

líp-rèading *n.* 読唇(どくしん)術, 視話法《聾啞(ろうあ)者が唇の動きで話の意味を知ること; speech-reading ともいう; cf. oral method 1》. 〖1874〗

líp-ròunding *n.* 〘音声〙([o], [u], [y], [w], [ɥ] などの発音において)唇を円めること, 円唇(えんしん).

líp·sàlve *n.* **1** (リップクリームのように使う)唇用軟膏(こう). **2** おべっか (flattery). 〖1591〗

Líp·schitz condìtion /lípʃɪts-; *G.* lípʃɪts-/ *n.* 〘数学〙リプシッツの条件《2 点における関数値の差が 2 点間の距離の定数倍を超えないという条件》. 〖← *Rudolf Lipschitz* (1832–1903: ドイツの数学者)〗

Lips·comb /lípskəm/, **William Nunn** /nʌ́n/, **Jr.** *n.* リップスカム (1919– ; 米国の化学者; Nobel 化学賞 (1976)).

líp sèrver *n.* 口先だけの忠義者[親切者, 信心者]. 〖1860〗

líp sèrvice *n.* 口先だけの好意[愛情, 忠誠(など)], 空(から)世辞; 口先だけの信心 (cf. *Isa.* 29:13, *Matt.* 15:8): pay [give] ~ to …に口先だけいい返事をする[うまいことを言う]. 〖1644〗

lip·stick /lípstɪ̀k/ *n.* リップスティック, (棒型の)口紅. — *vt.* **1** …に口紅をつける. **2** 口紅を使って…の形を作る. — *vi.* 口紅をつける. **~ed** *adj.* 〖1880〗

líp-sỳnc[-sỳnch] 〘映画・テレビ〙 *adj.* 音声同期の. — *vt.* 音声同期にする, …に口を合わせる. — *vi.* 音声同期になる, 口が合う. 〖1961〗

líp sỳnc *n.* 〘映画・テレビ〙音声同期《画面内の動きと音声が一致して再現される状態》. 〖(1949) *sync*: ← SYNC(HRONIZATION)〗

líp synchronizàtion *n.* 〘映画・テレビ〙＝lip sync. 〖1959〗

Lip·tau·er /líptaʊə | -ə^(r)/ *n.* リプトアー: **1** ハンガリーの軟質チーズ. **2** 1 に香味料を加えたチーズスプレッド; クリームチーズなどで造るその類似品. 〖(1902) □ G ← *Liptau* place name in Hungary〗

líp-téeth *adj.* 〘音声〙＝labiodental. 〖1886〗

Lip·ton /líptən/, Sir **Thomas John·stone** /dʒɑ́(ː)nstən, -sən, -sn̩ | dʒɔ́n-/ *n.* リプトン (1850–1931; アイルランド系の英国の実業家・紅茶商).

liq 《略》 liquid; liquor.

li·quate /láɪkweɪt | lákweɪt, lɪkwéɪt/ 〘冶金〙 *vt.* 溶出[溶離]させる; 絞り吹きで〈一成分を〉分離[析出]する 〈*out*〉. — *vi.* 溶離する 〈*out*〉. 〖((1669)) (1864) ← L *liquātus* (p.p.) ← *liquāre* to melt: cf. liquid〗

li·qua·tion /laɪkwéɪʃən, lɪ̀-, -ʒən | laɪkwéɪʃən, lɪ-/ *n.* 〘冶金〙溶出, 溶離, 絞り吹き. 〖(1471) □ LL *liquātiō(n-)*: ⇨ ↑, -ation〗

liq·ue·fa·cient /lìkwɪ̀féɪʃənt/ *n.* 溶解性物質; 〘医学〙(水銀・ヨードなどの)液化剤, 融解剤. — *adj.* 液化の, 融解させる. 〖(1853) □ L *liquefacientem* (pres.p.) ← *liquefacere* (↓)〗

liq·ue·fac·tion /lìkwɪ̀fǽkʃən/ *n.* 液化, 融解: ~ of coal 石炭液化. 〖(*c*1425) □ (O)F *liquéfaction* // LL *liquefactiō(n-)* ← L *liquefactus* (p.p.) ← *liquefacere* 'to LIQUEFY': ⇨ -faction〗

liq·ue·fac·tive /lìkwɪ̀fǽktɪv⁻/ *adj.* 液化の, 溶解性の, 液化しやすい. 〖(?*a*1425) □ ML *liquefactīvus* ← L *liquefactus* (↑): ⇨ -ive〗

líq·ue·fìed petróleum gàs *n.* 液化石油ガス, LP ガス《プロパン・ブタンなどの成分の炭化水素を液化したもの; 石油系と天然ガス系があって燃料・化学合成原料に使う; bottled gas, LP gas, compressed petroleum gas ともいう; 略 LPG》. 〖*c*1925〗

liq·ue·fy /líkwɪ̀fàɪ/ *vt.* 〈固体・気体を〉液体に変える, 液化する (⇨ melt SYN). — *vi.* 液化する. **líq·ue·fi·a·ble** /-əbl̩/ *adj.* **lìq·ue·fi·a·bíl·i·ty** /-fàɪəbíləti | -lɪ̀ti/ *n.* **líq·ue·fi·er** *n.* 〖(?*a*1425) □ (O)F *liquéfier* □ L *liquefacere* to make liquid: ⇨ liquid, -fy〗

li·quesce /lɪkwés/ *v.* ＝liquefy. 〖1831〗

li·ques·cence /lɪkwésəns, -sns/ *n.* 液化性[状態]. 〖(1875): ⇨ ↓, -ence〗

li·ques·cent /lɪkwésənt, -snt/ *adj.* 液化する, 液化しやすい, 液化性の. **li·qués·cen·cy** *n.* 〖(1727) □ L *liquescentem* (pres. p.) ← *liquescere* 'to become LIQUID': ⇨ -escent〗

li·queur /lɪ̀kə́ː, -kjʊ́ə, -kʊ́ə | -kjʊ́ə^(r), -kjɔ́ː^(r), -kjɔ́ː^(r); *F.* likœːʁ/ *n.* **1** リキュール《甘味・香料などを加えたアルコール分の強い混成酒; chartreuse, curaçao など; 元来強壮飲料 (cordial) であったが, 今は主に食前酒または食後酒として小さな liqueur glass で飲む》. **2** リキュール入りチョコレート[ボンボン]. — *vt.* …にリキュールで味をつける[を混ぜる]. 〖(1742) □ F ~ 'LIQUOR'〗

liquéur brándy *n.* リキュールブランデー《リキュールとして少量飲む良質のブランデー》. 〖1882〗

liquéur glàss *n.* リキュール用の小型のグラス. 〖1850〗

liq·uid /líkwɪ̀d | -kwɪd/ *n.* **1** 液体 (cf. solid 1 a, gas¹ 1); 流動体 (fluid). **2** 〘音声〙流音《側音の [l] や無摩擦継続音 [ɹ] のように摩擦の音を伴わずに継続できる音》. — *adj.* **1 a** 液体の (cf. solid 1 a, gaseous 1): ~ mercury. **b** (水のように)流動する, 液状の, 流動体の; 水のような (cf. concrete, dry): ~ mud [cement] どろどろした泥[セメント] / ~ food 流動食 / ~ fuel 液体燃料 / ⇨ liquid diet. **c** 〈目が〉涙であふれた (cf. 3): His eyes grew ~. 彼の目に涙があふれた. **2** 〈財産・担保など〉現金になっている, 容易に換金できる: ⇨ liquid assets / ~ capital 流動資本. **3** 透明な, 清澄な: the ~ air [sky] 澄んだ空気[空] / ~ eyes 澄んだ[涼しい]目 (cf. 1 c). **4** 〈音・詩の調子・身のこなしなど〉流れるような, よどみない, 滑らかな, 流麗な: in his ~ Italian 流暢(りゅうちょう)なイタリア語で / the ~ grace of a ballerina バレリーナの流れるような優美さ / the ~ notes of a robin コマドリの流れるような鳴き声. **5** 動きやすい, 不安定な, 浮動する: ~ principles [convictions, opinions] (一定しないで)ぐらぐらする主義[信念, 意見]. **6** 〘音声〙流音の: a ~ consonant [sound] 流音. **~·ly** *adv.* **~·ness** *n.* 〖(*a*1384) □ (O)F *liquide* // L *liquidus* ← *liquēre* to be fluid ← IE **wleik-* to flow (L *lixa* water, lye)〗

líquid áir *n.* 液体空気. 〖1899〗

liq·uid·am·bar /lìkwɪ̀dǽmbə, ⁻⁻⁻⁻ | -bə^(r)/ *n.* **1** 〘植物〙フウ《東アジアと北米に見られるマンサク科フウ属 (*Liquidambar*) の植物の総称》; (特に)モミジバフウ (*L. styraciflua*)《北米産; 日本でも街路樹に植える》. **2** フウの樹液《香料・薬用》. 〖(1598) ← NL ~ ← L *liquidus* 'LIQUID'＋ML *ambar* 'AMBER'〗

líquid ammónia *n.* 〘化学〙液体アンモニア.

líquid ássets *n. pl.* **1** 〘金融〙流動金融資産《現金および容易に現金に換えることのできる流動性の高い金融資産》. **2** 〘会計〙当座資産 (⇨ quick assets).

liq·ui·date /líkwɪ̀dèɪt/ *vt.* **1** (会社・商会などの解散に際して)清算する (wind up). **2** 〈損害・負債額など〉を清算する, 支払う, 弁済する, 決済する (pay, settle); 〈負債〉の額を決定する. **3** 〈証券などを〉現金に換える. **4 a** (ひそかに)殺す, 「消す」; (特に, 組織的に)殺害する, 粛清する. **b** 廃止する, 一掃する (wipe out), 打破する (destroy). **5** 《古》明瞭にする, はっきりさせる. — *vi.* **1** 〈会社などが〉破産する. **2** 清算[決済]する. 〖(*c*1575) ← ML *liquidātus* (p.p.) ← L *liquidus* 'LIQUID'〗

liq·ui·da·tion /lìkwɪ̀déɪʃən/ *n.* **1** (会社・商会など解散の際の)清算, (破産)整理. **2** (負債の)弁済, 償却. **3** (債券などの)換金. **4** 一掃, 打破; 殺害, 根絶, 粛清. ***gò into liquidátion*** 〈会社などが〉(解散のため)清算をする, (清算して)解散する; 破産する. (1874) 〖(*c*1575): ⇨ ↑, -ation〗

liquidátion vàlue *n.* 〘会計〙清算価値《企業が解散する場合の, 資産の売却処分価額; cf. going concern value》.

liq·ui·da·tor /líkwɪ̀dèɪtə | -tə^(r)/ *n.* 〘法律〙清算人. 〖(1858) ← LIQUIDATE＋-OR²〗

líquid chromatógraphy *n.* 〘化学〙液体クロマトグラフィー.

líquid còmpass *n.* 〘海事・航空〙＝wet compass. 〖1865〗

líquid-còoled *adj.* 〘航空〙(エンジンが)液冷式の: a ~ engine.

líquid crýstal *n.* 〘物理・結晶〙液状結晶, 液晶, 異方性溶液[液体] (anisotropic liquid). 〖1891〗

líquid crýstal displày *n.* 〘電子工学〙液晶表示装置[ディスプレー] (略 LCD). 〖1968〗

líquid cóurage *n.* 《米戯言》空(から)元気 (Dutch courage).

líquid díet *n.* 流動食《カスタード・ゼラチンなどの半固形食物を含めていう場合もある》.

líquid fíre *n.* 〘軍事〙液火, 可燃性液体《火炎放射機で敵陣に放つ燃える液体》. 〖1604〗

líquid gláss *n.* 〘化学〙水ガラス (water glass).

líquid góld *n.* 〘窯業〙水金, 光沢金《植物油中に硫黄に溶かした塩化金を加えてつくったもの; 主に陶磁器に金彩飾をするのに用いられる》.

li·quid·i·ty /lɪkwídəti | lɪ̀kwídɪ̀ti/ *n.* **1** 〘商業〙(資産の)流動性; (現金およびそれに準ずる換金性の高い)金融資産: high [low] ~. **2** 流動性. **3** (音の)清音. 〖(1620) □ F *liquidité* // ML *liquiditātem* ← L *liquidus*〗

liquídity prèference *n.* 〘経済〙流動性選好《ケインズ経済学における貨幣需要のこと》.

liquídity ràtio *n.* 〘商業〙流動性比率《銀行の流動資産の総預金額に占める比率; liquid assets ratio ともいう》. 〖1940〗

liq·uid·ize /líkwɪ̀dàɪz/ *vt.* **1** 液体[流動体]にする, 液化する. **2** 〈果物・野菜を〉液状にする, ミキサーにかける. 〖(1837): ⇨ -ize〗

líq·uid·ìz·er *n.* 《英》ミキサー (《米》 blender). 〖(1950): ⇨ ↑, -er¹〗

líquid lúnch *n.* 《俗》昼食代わりの酒, 流動食ランチ.

líquid méasure *n.* 液量(単位)《液体の体積の計量単位(系); cf. dry measure》. 〖*c*1855〗

líquid óxygen *n.* 〘化学〙液体酸素, 液化酸素, 液酸《酸素を圧縮して得られる淡青色の液体; 液酸爆薬・ロケット燃料の酸化剤などに用いる; lox ともいう》. 〖1878〗

líquid-óxygen explósive *n.* 〘化学〙液体酸素爆薬, 液酸爆薬《炭素分に富む吸収剤を使用直前に液体酸素に浸して爆破させる液体爆薬の一種》.

Líquid Páper *n.* 〘商標〙リキッドペーパー《米国 Liquid Paper 社製の誤字修正液》. 〖1968〗

líquid petrolátum [páraffin] *n.* 〘化学〙流動パラフィン《無色透明の油状液体; 化粧品原料・潤滑油・下剤に用いる; mineral oil (米) ともいう》. 〖1884〗

líquid propéllant *n.* 〘航空・宇宙〙液体推(進)薬 (cf. solid fuel).

líquid stórax *n.* ＝storax 2 b.

liq·ui·dus /líkwɪ̀dəs | -kwɪd-/ *n.* 〘物理化学〙液相線《平衡状態図で液相から固相を晶出し始める温度を示す線; cf. solidus 4》. 〖(1901) □ L ~: ⇨ liquid〗

liq·ui·fy /líkwɪ̀fàɪ/ *v.* ＝liquefy.

li·quor /líkə | -kə^(r)/ *n.* **1** アルコール飲料; (特に, 発酵酒に対して, 蒸留によるアルコール分の強い)蒸留酒, 火酒(かしゅ) (brandy, whiskey, rum など): beer, wines, and ~s ビール・ワインと蒸留酒 / an intoxicating ~ 酒 / spirituous ~s 蒸留酒類 / vinous ~s ワイン類 / in ~ 酒に酔って / the worse for ~ ⇨ worse 成句 / under the influence of ~ (少し)酒に酔って; 酒の勢いで. **2** (食品を煮たあとの)汁, 煮汁, 肉汁. **3 a** 液状のもの, 液; (工業用の)溶液. **b** 醸造水《麦芽に加える温水》. **c** (貝類の)分泌液. **4** [a ~] 《俗》一杯ひっかけること: have [take, enjoy] *a* ~. **5** 〘薬学〙液; 溶液, (特に)水溶液; 溶剤. ★ 医学・薬学関係者の発音ではまた /láɪk-, -wɔə | -láɪk-, -wɔː^(r)/. **6** 〘解剖〙髄液. — *vt.* **1** 〈麦芽・薬草などを〉溶液に浸す; 〈革・靴など〉に油を塗る. **2** 《口語》…に(火)酒をしきりに飲ませる 〈*up*〉. — *vi.* 《口語》強い酒をうんと飲む, 大酒を飲む 〈*up*〉. 〖(1583) □ L ~ 'liquid (state)' ∽ (?*a*1200) *licur, licour* □ OF < L *liquōrem*: LIQUEUR と二重語: ⇨ liquid〗

li·quo·rice¹ /lík(ə)rɪʃ, -rɪ̀s | -rɪs, -rɪʃ/ *n.* 《英》＝licorice. 〖?*a*1200〗

li·quo·rice² /lík(ə)rɪ̀s | -kərɪs/ *adj.* 《古》＝lickerish.

li·quor·ish /-kərɪʃ/ *adj.* **1** ＝lickerish. **2** 酒好きな. **3** アルコールの入った: a ~ drink. **~·ly** *adv.* **~·ness** *n.* 〖(1894): ⇨ -ish¹〗

líquor stòre *n.* 《米・カナダ》酒類小売店 (cf. package store). 〖1845〗

Lir /líə | líə^(r)/ *n.* 〘ケルト伝説〙リア《アイルランド・ウェールズの伝説に現れる神話的英雄; King Lear の原型といわれる; ウェールズ伝説では Llyr /líə | líə^(r); *Welsh* ɬɨ́r/》.

li·ra *n.* **1** /líᵊrə | líərə; *It.* líːra/ (*pl.* **li·re** /-reɪ | -rə, -reɪ, -ri; *It.* -re/, **~s**) **a** リラ《Euro 流通前のイタリア・サンマリノ・バチカン市国の通貨単位; ＝100 centesimi; 記号 L, Lit》. **b** 1 リラアルミ貨. **2** /líᵊrə | líərə/ (*pl.* **~s**, **li·re** /-reɪ/) **a** リラ, トルコポンド《トルコの通貨単位; ＝100 kurus [piasters]; 記号 £T, LT, TL》. (1871) **b** 1 リラステンレススチール貨. **3** リラ《マルタの通貨単位; ＝100 cents》. 〖(1617) □ It. ~ 《変形》← *lib(b)ra* < L *libram* pound: ⇨ libra²〗

li·rel·la /lɪ̀rélə, laɪ- | lɪ-, laɪ-/ *n.* 〘植物〙ある地衣類に見られる細長く伸びた裸子器. 〖(1839) ← NL ~ (dim.) ← L *līra* a ridge, furrow〗

lir·i·o·den·dron /lɪ̀riədéndrən | -riə(ʊ)-/ *n.* (*pl.* **~s**, **-den·dra** /-drə/) 〘植物〙ユリノキ《北米東部産のモクレン科ユリノキ属 (*Liriodendron*) の植物; cf. tulip tree》. 〖(1753) ← NL ~ ← Gk *leírion* lily＋-DENDRON〗

lir·i·pipe /lírəpàɪp | -rɪ̀-/ *n.* リリパイプ《中世に宗教家や学者などの用いた頭巾(ずきん)に付いた長い布片》. 〖(1350–70) □ ML *liripipium* ← ?〗

lir·i·poop /lírəpùːp | -rɪ̀-/ *n.* ＝liripipe.

lis /lís/ *n.* 〘法律〙訴訟, 係争事件.

Li·sa /líːsə, -zə, láɪzə/ *n.* リーサ, リーザ《女性名; 異形

Liza). 〖(dim.) ← ELIZABETH^{2}〗

Lis·beth /lízbəθ, -bɛθ/ *n.* リズベス《女性名; 異形 Lisabeth, Lisbet》. 〖(頭音消失) ← ELIZABETH^{2}〗

Lis·bo·a /*Port.* liʒbóɐ/ *n.* リジボア《Lisbon のポルトガル語名》.

Lis·bon /lízbən/ *n.* リスボン《ポルトガルの Tagus 河口の港市で同国の首都; ポルトガル語名 Lisboa》.

Lis·burn /lízbəːn | -bəːn/ *n.* リズバーン《北アイルランド Belfast の南西部, Legan 川に臨む町》.

Li·se /líːzə, -sə; *G.* líːzə, *F.* liːz/ *n.* リーザ《女性名》. 〖⇨ G ～ 'LISA'〗

lisente *n.* sente の複数形.

Li·sette /liːzét, -sét; *F.* lizɛt/ *n.* リーゼット《女性名》. 〖(dim.) ← ELIZABETH^{2}〗

Li Shih-min /líːʃìəmín; *Chin.* lìʂìmín/ *n.* = Tang Tai Zong.

Li·sieux /liːzjə́ː, -zjúː; *F.* lizjø/*n.* リジュー《フランス北西部の町; 聖 Thérèse を祭る聖堂があり, ローマカトリック教徒巡礼地》.

lisle /láɪl/ *n.* **1** ライル糸, レース糸《堅撚(ﾖﾘ)りの木綿糸; lisle thread ともいう》. **2** レース糸編物類《手袋・靴下など》. ── *adj.* ライル糸製の. 〖← *Lisle* (↓)(その原産地)〗

Lisle /líːl, láɪl/ *n.* リール《Lille の旧名》.

Lisle, de *n.* ⇨ Leconte de Lisle; Rouget de Lisle.

lísle thréad *n.* =lisle 1.

Lis·more /lízmɔə | -mɔː$^{(r)}$/ *n.* リズモア《オーストラリア東部, New South Wales 州の Brisbane の南, Richmond 川に臨む港町》.

lisp /lísp/ *vi.* **1** 舌足らずに[もつれ舌で]発音する《[s], [ʃ], [z] などを [θ], [ð] のように》. **2** 回らない舌で言う, 片言で話す 〈*out*〉. ── *vt.* 〈子供などが〉舌足らずに話す, たどたどしい口調で話す. ── *n.* **1**〘音声〙舌足らず[舌もつれ]の発音: speak with a ～. **2**（木の葉・波などの)さらさらいう音. **～·er** *n.* 〖OE *wlisp* (n.) & **wlispian* (v.): 擬音語?〗

LISP /lísp/ *n.*〘電算〙リスプ《記号ストリング操作用の高水準言語; 人工知能の研究で重視されている》. 〖(1959) ← *lis(t) p(rocessor)*〗

lis pen·dens /lìspéndenz/ *n.*〘法律〙**1**（事件一覧表に記載された)係争中の訴訟. **2** 係争中の財産を譲渡しても訴訟に影響を与えないという法則. 〖⇨ L *līs pendens* pending suit〗

lísp·ing *n.* **1** 舌足らず[舌もつれ]の発音; (子供の)片言: childish ～*s*. **2** =lisp 2. ── *adj.* 舌足らずの. **～·ly** *adv.* 〖(1440): ⇨ -ing^{1,2}〗

liss- /lɪs/ (母音の前にくるときの) lisso- の異形.

Lís·sa·jous figure /líːsəʒùː-, lís-, ━ ━ ━; *F.* lisaʒu/ *n.*〘電気〙リサジューの図形《ブラウン管オシロスコープの縦軸と横軸とのそれぞれに信号を加えて描かれる図形》. 〖← J. A. *Lissajous* (1822–80: フランスの物理学者)〗

lis·so- /lísoʊ | -səʊ/「しなやかな (smooth)」の意の連結形. ★ 母音の前では通例 liss- になる. 〖← NL ～ ← Gk *lissós, líspos* smooth〗

lis·some /lísəm/ *adj.* (*also* **lis·som** /～/) **1**〈体が〉しなやかな, 柔軟な (supple, lithe). **2** すばしこい, きびきびした, 敏活な (agile, nimble). **～·ly** *adv.* **～·ness** *n.* 〖(*a*1800)《転訛》← LITHESOME〗

lis·sot·ri·chous /lɪsɑ́(ː)trəkəs | -sɔ́tr$_{ɪ}$-/ *adj.*〘人類学〙髪の毛がまっすぐな. 〖(1880) ← NL *lissotrichus*: ⇨ lisso-, -trichous〗

list^{1} /líst/ *n.* **1** 一覧表, 表, リスト; 目録 (catalog); 名簿, 名列 (roll); 価格表 (inventory): a ～ of books, applicants, voters, stolen articles, etc. / a price ～ 価格表 / ⇨ active list, blacklist, civil list, danger list, free list, reserved list, retired list, short list, sick list / close the ～ 募集を締め切る / draw up [make] a ～ 表[目録, 名簿]を作成する / lead [head] the ～ 首位にある / at the top [bottom] of the ～ 首席[末席]で[に] / make a ～ of ...を表に作る / His name stands [is] first *on* [*in*] the ～. 彼は一番だ. **2**〘商業〙表示価格 (list price). **3**〘経済〙上場株式名簿. **4**〘電算〙リスト《順序づけられたデータ項目の集まり》.

── *vt.* **1** ...の一覧表を作る, 列挙する: ～ all the books necessary for one's work 研究に必要な一切の書物をリストにする. 日英比較 日本語の「リストアップ」は和製英語. 英語では listing といい,「リストアップする」は make a *list* of または *list* という. **2** 一覧表[目録]に記入する, 名簿[リスト, 価格表]に載せる; (他のものと同列に)記録[記載]する (cf. listing^{1} 1 b): names [words, goods] ～*ed* here ここに記載された人々[言葉, 物品] / ～ property for taxation 課税の目的で財産を納税表に載せる / Loismagic was not ～*ed* in the phone book. ロイスマジックという名は電話帳に載っていなかった. **3**〈証券を〉取引所の公式相場表に載せる, 上場する. **4** [～ *oneself* で] 自分を[...であると]考える, 自ら〔*as*〕に]任ずる: I ～ *myself as* a liberalist. 自分を自由主義者だと思っている. **5**《英》指定建築物と認定する. **6**《古》兵籍に入れる, 兵隊に取る. ── *vi.* **1** 売物として価格表に載る: This camera ～*s at* [*for*] $100. このカメラは百ドルの値がついている. **2**《古》兵籍に入る, 軍人になる.

〖n.: (1600) ⇨ F *liste* ⇨ Frank. **līsta* < Gmc **līstōn*: ⇨ list^{3} ─ v.: (1614) ← (n.)〗

SYN 表: list 名前・数・値段などを書き付けた一覧表《最も意味の広い語》: price *list* 価格表 / mailing *list* 郵送先名簿. **table** 項目を平行した欄に記入して見やすくした表: I set out the results in a *table*. 私はその結果を表にした. **catalog** 全項目を順序だてて列挙した表: a library *catalog* 図書館の目録. **schedule** 価格などを書いた一覧表, 《米》飛行機・列車・バスの時刻表: a *schedule* of postal charges 郵便料金表 / a bus [train] *schedule* バス[列車]の時刻表. **chart** 情報を図・グラフなどで一見できる表にしたもの: a sales *chart* 売り上げ表. **register** 公的な記録または一覧表(を含む本): a hotel *register* ホテルの宿泊者名簿. **roll** あるグループに属する人々の名前を記した(特に公的な)名簿: a class *roll* クラス名簿. **inventory** ある場所にある商品・財産などの明細目録: an *inventory* of household furniture 家財の明細目録.

list^{2} /líst/ *vi.* 〈船・建物などが〉傾く, かしぐ. ── *vt.* 〈船などを〉傾ける, かしげる. ── *n.* 傾く[かしぐ]こと, 傾き, 傾斜: That ship has a ～ *to* port [a port ～] of 3 degrees. 船は左舷(ｻｹﾞﾝ)に 3 度傾いている. 〖(1626) ← ? LIST^{5}〗

list^{3} /líst/ *n.* **1 a** 薄い細長い切れ (strip, band). **b** (物の)縁, へり. **c**《英》織りべり, 耳 (selvage); [集合的] へり地 (selvages)《織りべりを切り取ったものでスリッパなどの材料に用いる》: ～ slippers へり地製のスリッパ / line the edges of a door with ～ (すき間風を防ぐために)戸の縁にへり地切れを張る. **d**〘建築〙=listel. **2** (動物の体, 特に馬の)色じま. **3**《米》(綿・ビート・根菜類などを植えるために土を盛り上げた)うね, あぜ. **4** 分けた髪[あごひげ]《片方》. **5** [*pl.*; 単数または複数扱い] **a** (中世騎士の槍試合の試合場の周囲に作った)矢来(ﾔﾗｲ) (palisades). **b** 試合場; 競争[論争]場裡(ﾘ): enter the ～*s* (against ...) (...と)試合[論戦]をする; (...に)挑戦する, (...の)挑戦に応じる.《この意味は OF *lisse* (F *lice*) の影響による》 **6**〘冶金〙溶融スズめっき等の際に鉄板のへりにたまった金属. **7**《廃》境界, 囲い: Confine yourself but in a patient ～. しばらくご辛抱ください (Shak., *Othello* 4. 1. 75).

── *vt.* (～·**ed**, ～) **1**〈板などの〉耳[へり]を切り取る. **2**《米》...にうねを立ててまき溝を作る (cf. listing^{2} 3). **3**《廃》...に縁を付ける, へり地を付ける. **4**〘冶金〙〈鉄板〉からへりにたまった金属を取り除く. ── *vi.* うね立て機 (lister) で耕す.

〖OE *līste* hem, border < Gmc **līstōn* (Du. *lijst* / G *Leiste*) ← IE **leizd-* border〗

list^{4} /líst/ *v.* (～·**ed**, ～)《古》── *vi.* 聞く (listen). ── *vt.* ...に耳を傾ける, 傾聴する (listen to). 〖OE *hlystan* ← *hlyst* a hearing < Gmc **χlustiz* ← IE **kleu-* to hear: ⇨ listen〗

list^{5} /líst/《古》*v.* (～·**ed**, ～; 三人称単数現在 ～, ～·**eth** /-$_{ɪ}$θ/) ── *vt.* **1** ...の気に入る (please). **2** 望む, 欲する (desire). ── *vi.* 望む, 欲する (wish): The wind bloweth where it ～*eth*. 風はおのが好むところに吹く (*John* 3:8). ── *n.* 強い欲求, 意向. 〖OE *lystan* < Gmc **lustjan* (G *lüsten* / ON *lysta*) ← **lust-* 'LUST'〗

líst bòx *n.*〘電算〙リストボックス《GUI 環境で, テキストボックスからプルダウン式に表示される入力候補リスト》.

líst·ed^{1} *adj.* **1** 表[名簿]に記載された: ⇨ listed building. **2**〈証券が〉取引所の公式相場表に載せられた, 上場された: ～ securities 上場有価証券. **3** 電話帳に記載されている: ～ telephone numbers. 〖(1649): ⇨ list^{1}〗

líst·ed^{2} *adj.* **1**〈動物が〉色じまのある: a ～ pig. **2**〈穀物が〉種まき機でまかれた;〈土地が〉うね立て機で種まき準備された. **3**〈板が〉(端を切られて)細い. 〖(1671): ⇨ list^{3}〗

lísted búilding *n.*《英》(重要文化財として登録された)指定建築物. 〖1968〗

lis·tel /lístl/ *n.*〘建築〙平縁(ﾋﾗﾌﾞﾁ), 平条(ﾋﾗｼﾞｮｳ) (fillet). 〖(1598) ⇨ F ～ ⇨ It. *listello* (dim.) ← *lista* 'LIST^{1}'〗

lis·ten /lísən, -sn/ *vi.* **1** 聞こうと努める; 〔...を〕傾聴する, 〔...に〕耳を傾ける〔*to*〕(⇨ hear **SYN**): *Listen* carefully: I'll say this only once. よく聞きなさい. 一度しか言いませんから / I still ～*ed* but heard nothing. なおも耳を澄ましてみたが何も聞こえなかった / ～ *to* him [a sermon, music, what is said] 彼の言葉[説教, 音楽, 人の言うこと]を傾聴する / Sorry, I was only half-*listening* (to you)! ごめんなさい, (あなたが言うことを)いい加減に聞いていました / ～ *to* the radio [a baseball game] ラジオ[野球の放送]を聞く / ～ *at* a keyhole 鍵穴に耳を寄せて聞く / ～ *with* a stethoscope 聴診器で聞く / Stop shouting and ～ (《口語》*up*). 大声でどなるのをやめて, 聞きなさい.

語法 (1) *listen* は相手の注意を促すために間投詞的に用いられることがある (cf. look *vi.* 1 語法 (1)): *Listen!* What do you think he said? まあ聞いてくださいよ, あの人が何と言ったと思いますか. (2) *listen to* は hear に準じて目的語＋*doing* または原形不定詞を伴って用いられることがある (cf. look *vi.* 1 語法 (2)): We ～*ed to* the orchestra play*ing* [play]. そのオーケストラが演奏している[演奏する]のを聞いた. (3) *listen to* ...の代わりに *listen at* ...を用いるのは《方言》.

2 〔...を〕予期して聞き耳を立てる〔*for*〕: She ～*ed for* some footsteps at a distance. 遠くに足音でも聞こえて来ないかと耳を澄ました / I stood ～*ing* eagerly *for* the first rumble of the approaching train. 近づいて来る列車の最初のごーという音が聞こえはしまいかと耳をそば立てながら立っていた. **3** 言うことを聞く; 〔...に〕耳を貸す, 従う〔*to*〕: You'll never succeed if you don't ～. 言うことを聞かないと成功しませんよ / He never ～*s to* a word she says! 彼は彼女が言うことを一言も聞かない / ～ *to* grievances [a request] 苦情[願い]を聞いてやる / ～ *to* reason [one's parents] 道理[親]に従う / ～ *to* temptation [threats] 誘惑[おどし]に負ける. **4** [補語を伴って]《米口語》〈...のように〉聞こえる, 〈...と〉思われる: The story ～*s* absurd [reasonable] (*to* me). その話は(私には)ばからしく[もっともらしく]聞こえる / How does it ～ *to* you? (それを聞いて)君はどう思う. ── *vt.*《古》...に耳を傾ける.

lísten ín (1) (ほかの人たちの話を)そばで[黙って]聞いている; 盗み[立ち]聞きする (eavesdrop). (2) ラジオを聞く (cf. listen-in); 〔...を〕ラジオで聞く〔*to*〕: ～ *in* late at night 夜遅くまでラジオを聞く / ～ *in to* a concert [the news, the Prime Minister] コンサート[ニュース, 首相談話]をラジオで聞く. ★ この言い方はやや古風で listen to a concert のように表現したほうがよい (cf. *vi.* 1). (3) 波長を合わせる; 傍受する, (電話で)盗聴する〔*to, on*〕: ～ *in to* a foreign (broadcasting) station 外国の放送局に波長を合わせる / ～ *in on* a telephone conversation 電話の話を盗聴する / He suspected that someone was ～*ing in*. だれかが盗聴しているのではないかと思った. (1905)

lísten óut for《英口語》...に注意して耳を傾ける[澄ます].

── *n.*《口語》傾聴(すること), 聞くこと: have a ～ 耳を傾ける, 傾聴する.

〖ME *listne(n)* ← OE *hlysnan* < Gmc **χlusinōjan* ← **χlus-* ← IE **kleu-* to hear (OIr. *cluas* ear / Skt *śroṣati* he hears): ME の *-t-* は LIST^{4} の影響〗

lis·ten·a·ble /lís(ə)nəbl̩, -sn-/ *adj.* 聞いて気持ちのよい: ～ music 聞きやすい音楽. **lis·ten·a·bil·i·ty** /lìs(ə)nəbíləṭi | -l$_{ɪ}$ti/ *n.* 〖(1920): ⇨ ↑, -able〗

lis·ten·er /lís(ə)nə, -snə | -s(ə)nə$^{(r)}$, -sn-/ *n.* **1** 聞く人, 傾聴者: a good ～ 興味を持って[同情して]聞く人, 聞き上手 / *Listeners* hear no good of themselves.《諺》立聞きすればしゃくの種. **2 a** (ラジオの)聴取者. **b**《米》(大学の)聴講生 (auditor). **3** [The L-]「リスナー」《英国 BBC 発行の週刊誌; 1991 年終刊》. 〖(1611): ⇨ -er^{1}〗

lístener-ín *n.* (*pl.* **listeners-**) **1** ラジオ聴取者. **2** 盗み[立ち]聞きする人 (eavesdropper); 盗聴者. 〖1922〗

lístener resèarch *n.*〘ラジオ〙聴取者実態調査, 人気番組調査.

lísten-ín *n.* ラジオ聴取 (cf. LISTEN *in* (2)): have a ～ ラジオを聞く.

lís·ten·ing /-s(ə)n-, -sn-/ *n.* **1** 傾聴, 聴取; 盗み聞き. **2** [形容詞的に] 聴取用の, 聞くための: a ～ booth (レコード店などの)試聴室 / a ～ button (イヤホーン式)補聴器 / a ～ gallery〘築城〙聴取段《glacis の前方に設けた段で, ここで包囲軍の行動を聴取探索する》. 日英比較 日本語では語学(授業)の聞きとり試験を「ヒアリングテスト」というが, 英語では *listening* comprehension test という. ⇨ hearing 日英比較. 〖(*a*1275): ⇨ -ing^{1}〗

lístening device *n.* 盗聴機.

lístening pòst *n.* **1**〘軍事〙聴音哨(ｼｮｳ), 聴取哨《視度不良の時, 防御線の前方に隠れて, 物音によって敵の動静を探る》. **2** 情報聞き込み場所, 情報収集源. 〖1916〗

líst·er^{1} *n.* **1** (名簿などの)表[リスト]作成者, 作表者. **2** (財産・収入などの)査定[評定]者. **3** 材料費・工賃などを査定する木工業の従業員. **4** 洗濯物の品目分けをする人. 〖(1678): ⇨ list^{1}〗

líst·er^{2} *n.*《米》〘農業〙**1** うね立て機, あぜ作り機《lister plough, middlebreaker, middlebuster ともいう》. **2** 種まき装置付き二段すき. 〖(1887): ⇨ list^{3}〗

Lis·ter /lístə | -tə$^{(r)}$/, **Joseph** *n.* リスター (1827–1912; 英国の外科医; 消毒殺菌法の完成者; 称号 1st Baron Lister of Lyme Regis /láɪm ríːdʒɪs/).

lis·ter·el·lo·sis /lìstərəlóʊs$_{ɪ}$s | -láʊsɪs/ *n.* (*pl.* **-lo·ses** /-siːz/)〘獣医〙=listeriosis. 〖← NL ～ ← *Listerella* (⇨ ↓, -ella)＋-OSIS〗

lis·te·ri·a /lɪstí^{ə}riə | -tíər-/ *n.*〘細菌〙リステリア菌《リステリア属 (*Listeria*) のグラム陽性の好気性短杆(ｶﾝ)菌の総称; 気道・リンパ腺・結膜などを侵し, また脳膜炎の病原となる》. 〖(1940) ← NL *Listeria* ← *J. Lister*: ⇨ -ia^{2}〗

lis·te·ri·a·sis /lìstəráɪəs$_{ɪ}$s | -ríːəsɪs/ *n.* (*pl.* **-a·ses** /-siːz/)〘獣医〙=listeriosis. 〖← NL ～: ⇨ ↑, -asis〗

Lis·ter·ine /lìstəríːn, ━ ━ ━ | lístəriːn/ *n.*〘商標〙リステリン《米国 Warner Lambert 社製の口腔洗浄液》. 〖(1889) ← *J. Lister*: ⇨ -ine〗

lis·te·ri·o·sis /lɪstì^{ə}rióʊs$_{ɪ}$s | -t$_{ɪ}$riə́ʊsɪs/ *n.* (*pl.* **-o·ses** /-siːz/)〘獣医〙リステリア病《リステリア菌による脳の炎症; これにかかった羊はぐるぐるとよろめき回って死に至るので circling disease (回旋病)ともいう》. 〖(1941) ← NL ～: ⇨ listeria, -osis〗

Lis·ter·ism /lístərìzm/ *n.*〘医学〙リスター消毒法《石炭酸による防腐法》. 〖(1880) ← *J. Lister*: ⇨ -ism〗

l'i·stes·so tem·po /liːstésoʊtémpoʊ | -stésəʊtémpəʊ; *It.* listessotémpo/ *adv.*〘音楽〙リステッソテンポ, 同じテンポで《拍子が変わっても速度は同じに》. 〖⇨ It.《古》～ (=It. *lo stesso tempo*) 'in the same tempo'〗

list·ing^{1} /lístɪŋ/ *n.* **1 a** 作表《一覧表 (list) を作ること》. **b** 一覧表[リスト, 名簿, 目録など]に載せること (cf. list^{1} *vt.* 2). **2** 一覧表, リスト, 名簿, 目録: make a ～ of ...の一覧表を作る. **3**〘電算〙リスティング《コンピューター内部のデータをプリンターで印字したもの》. **4 a** (取引所への)上場. **b** (不動産業者の)認可; 不動産物件簿(に記載された物件). **5**《古》兵籍編入 (enlistment). 〖(1641): ⇨ list^{1}, -ing^{1}〗

líst·ing^{2} *n.* **1**《英》(織物の)耳 (list). **2** (板から切りとられる細い)端材, 板切れ. **3**《米》まき溝を作ること; うね立てて種まき法 (cf. list^{3} *vt.* 2). 〖(1295): ⇨ list^{3}, -ing^{1}〗

líst·less /lís(t)l$_{ɪ}$s/ *adj.* 気乗りのしない, 気のない; 物憂げな, 大儀そうな (sluggish, languid). **～·ly** *adv.* **～·ness** *n.* 〖(1440): ⇨ list^{5}, -less〗

Lis·ton /lístən/, **Sonny** *n.* リストン (1917?–70/71; 米国のプロボクサー; 世界ヘビー級チャンピオン; 本名 Charles Liston).

líst price *n.*〘商業〙表示価格, カタログ記載値段《多くの場合メーカー指定価格を指す》. 〖1871〗

LISTSERV /lístsəːv | -səːv/ *n.*〘電算〙リストサーブ《メーリングリストマネージャーの一つ; 元来は BITNET 用》.

líst sỳstem *n.* (比例代表制選挙の)名簿式.

Liszt /líst; *Hung.* líst/, **Franz** *n.* リスト (1811–86; ハン

ガリーの作曲家・ピアニスト; 交響詩を確立). **Líszt·i·an** /-tiən/ *adj.*

lit[1] /lít/ *v.* light[1] の過去形・過去分詞. ― *adj.* **1** 〈部屋など〉明かりのついた; 〈ろうそくなど〉火がつけられた: a brightly ~ hall あかあかと照明を施したホール / ~ candles 点火したろうそく. **2** ＝LIT[1] *up.* **lít úp** 《俗》(酒[麻薬]に)酔った: get ~ *up* (酒[麻薬]に)酔う. 《1914》 〖1820〗

lit[2] /lít/ *v.* light[3] の過去形・過去分詞.

lit[3] /lít/ *n.* ＝litas.

Lit 《記号》〖貨幣〗 *It.* Lire italiane (＝Italian lire).

lit. 《略》 literal; literally; literary; literature; liter(s).

Li·ta /líːtə | -tə/ *n.* リータ《女性名》. 〖(dim.) ← CARMELITA: cf. Carmel[1]〗

litai *n.* litas の複数形.

Li Tai Po /líːtàɪpóu, -bóu | -póu; *Chin.* lǐ tʻàɪpó/ *n.* 李太白 (⇨ Li Po).

lit·a·ny /lítəni, -tni, -tni | -təni, -tni/ *n.* **1** (同じことを何度も繰り返す)単調で長たらしい説明[叙述]: in the long ~ of English history 長くてくだくだしい英国史において. **2** 〖キリスト教〗 連禱(れんとう) 《司祭の唱える祈願に対して会衆が短い文句で一つ一つ唱和する形式のもの》: the *Litany* of the Saints 諸聖人の連禱. **3** [the L-] 〖英国国教会〗 (祈禱書中の)嘆願《司式者が一定の短い祈りを唱え, 会衆が「主よ, 救いたまえ」,「主よ, ききたまえ」などの言葉で唱和する連禱》. **4** 連禱のための(合唱)音楽, 連禱に似た反復的詠唱. 〖(1548–49) □ LL *litania* □ Gk *litaneía* entreaty, litany ← *litḗ* prayer ∞ (?*a*1200) *letanie* □ OF (F *litanie*)〗

lítany-dèsk [-stòol] *n.* 〖英国国教会〗 嘆願[連禱(れんとう)]台《牧師が Litany を唱える時に用いる移動性の小机; faldstool ともいう》. 〖1725〗

li·tas /líːtɑːs/ *n.* (*pl.* **li·tai** /-teɪ/, **li·tu** /-tuː/) リータス《リトアニアの通貨単位; ＝100 centai》; 1 リータス銀貨. 〖□ Lith. ~〗

LitB 《略》＝LittB.

li·tchi /líːtʃiː, lάɪ- | laɪtʃíː, ―́―, líːtʃíː/ *n.* **1** 〖植物〗 レイシ, ライチ (*Litchi chinensis*)《中国原産のムクロジ科のリュウガンの類の常緑小高木, 果樹》. **2** (乾燥した)レイシの果実《リュウガンの実 (longan) と同じく殻の内側の肉質部を食用または薬用にする; litchi nut ともいう》. 〖(1588) □ Chin. *lizhi* (荔枝(れいし))〗

lit crit /lítkrìt/ *n.* 《口語》 文芸批評 (literary criticism). 〖短縮〗

LitD /lítdíː/ 《略》＝LittD.

lit de jus·tice /líːdəʒustíːs; *F.* lidʒystis/ *F. n.* **1** (フランス革命以前の)フランスの高等法院王座. **2** (フランス革命以前の, 国王臨席の)フランスの高等法院. 〖□ F ~ (原義) bed of justice〗

lite /lάɪt/ *adj.* 《口語》 カロリー[アルコール分, ニコチンなど]の少ない (light); 《米口語》 軽い, 本格的でない: ~ beer ライトビール. ― *n.* アルコール分[ニコチンなど]の少ない製品《ビール・たばこなど》(light).

-lite /―̀lὰɪt/「石 (stone), 鉱物 (mineral), 化石 (fossil)」の意の名詞連結形《通例連結辞 -o- を伴う; cf. -lith》: chryso*lite*, dendro*lite*. 〖□ F ~ ← Gk *líthos* stone: cf. G *-lit(h)*〗

Lite /lάɪt/ *n.* 〖商標〗 ライト《米国 Miller Brewing 社製の低カロリービール》.

li·te pen·den·te /lάɪtiːpendénti:/ *L. n.* 〖法律〗 審理中, 裁判係属中. 〖□ L *lite pendente* pending the suit (ablat. absolute) ← *līs* suit＋*pendēre* to be suspended〗

li·ter, 《英》 **li·tre** /líːtə | -tə[r]/ *n.* リットル《メートル法で容量の単位; ＝1,000 cc; 略 l., lit.》. 〖(1810) □ F *litre* ← LL *lītra* □ Gk *lítrā* pound〗

lit·er·a·cy /lítərəsi, -trə- | -tərə-, -trə-/ *n.* **1** 読み書きの能力(のあること) (↔ illiteracy) (cf. numeracy). **2** 学問[教育]のあること. 〖(1883) ← LITERATE＋-CY〗

líteracy tèst *n.* (投票・兵役などの資格を調べる)読み書きの能力[学力]の検査.

lit·er·ae hu·ma·ni·o·res /lítərì·hjuːmæ̀niɔ́ːriːz | -təri-:-/ *L. n. pl.* 人文学《Oxford 大学において BA の称号を得る古典研究課程の名称; 略 lit. hum.》. 〖(1747) □ L *literae hūmāniōrēs* humane or polite literature〗

lit·er·al /lítərəl, -trəl | -tərəl, -trəl/ *adj.* **1 a** 文字通りの; 字義にとらわれた, 字義通りの: a ~ meaning [interpretation] 文字通りの意味[解釈]. **b** 言葉本来の意味の; 語源的な: The ~ meaning of *school* is leisure.「学校」のもともとの意味は「ひま」である. **2** 一語一語の, 逐語的な (cf. free 10): a ~ translation 逐語訳, 直訳. **3** (字句にこだわって)融通のきかない, 想像力の働かない (literal-minded); 平凡な, 味のない: a ~ person, mind, etc. **4** (飾り気も誇張もなく)事実に忠実な, 正確な, 厳密な; 《口語》(文字通りに)全くの, 実際の: a ~ account of an event 事件の正確な記事 / the ~ truth 正真正銘の事実, 偽りのない真実 / in the ~ sense of the word 文字通りの意味で, 本当に, 全く / The gale has made a ~ desert of my garden. 大風は庭を文字通り荒地にした. **5** 文字の[に関する], 文字上の; 文字で表された (cf. numerical 1): a ~ error 文字の誤り / ~ notation (代数のような)文字記数法 / ~ marking ABC の文字による採点. **6** 〖数学〗 文字係数を使う (cf. numerical 1). ― *n.* 〖印刷〗 (フォント (font) 違いなどから起こる)誤字, 誤植《literal error ともいう》. **~·ness** *n.* 〖(*a*1398) □ (O)F *littéral* ∥ LL *litterālis* ← *littera*, *lītera* 'LETTER[2]'〗

lit·er·al·ism /-tərəlɪzm, -trə- | -tərə-, -trə-/ *n.* **1** 文字通りに解すること; 直解[直訳]主義; 直訳調. **2** (文学・美術などの)直写主義《表面の文字につきすぎる傾向》.

lit·er·al·is·tic /lìtərəlístɪk, -trə- | -tərə-, -trə-―́/ *adj.* **lìt·er·al·ís·ti·cal·ly** *adv.* 〖(1644): ⇨ -ism〗

lít·er·al·ist /-lɪst | -lɪst/ *n.* 直解[直訳]主義者. 〖(1644): ⇨ -ist〗

lit·er·al·i·ty /lìtərǽləti | -tərǽlɪti/ *n.* **1** 文字[字義]通りであること; 字句にこだわること. **2** 直解; 文字通りの意味. 〖(1646) ← LITERAL＋-ITY〗

lit·er·al·ize /lítərəlàɪz, -trə- | -tərə-, -trə-/ *vt.* 文字通りに解釈する, 直訳する (cf. spiritualize 2). **lit·er·al·i·zá·tion** /-zéɪʃən/ *n.* 〖(1826): ⇨ -ize〗

lit·er·al·ly /lítərəli, -trə-, -təli | -tərə-, -trə-/ *adv.* **1** 文字[字義]通りに (cf. figuratively); 逐語的に: He interpreted the order ~. 彼は命令を文字通りに解釈した / translate a passage ~ 章節を直訳する. **2** 誇張なしに, 正真に (exactly); 実際, 全く (virtually): He was ~ worn to a shadow. 全く幽霊のようにやせ衰えてしまった / It ~ rained cats and dogs. 正真正銘車軸を流すような大雨だった / She doesn't know ~ how to cook. 彼女はまるで料理の方法も知らない. **3** 言葉本来の意味で, 厳密な意味で. 〖(*a*1500): ⇨ -ly[1]〗

líteral-mìnded *adj.* 散文的な頭の, 想像力の欠けた.

li·te·rar·um doc·tor /lìtəréərəmdά(ː)ktə | -təréərəmdɔ́ktə[r]/ *L. n.* 文学博士《略 LitD, LittD, DLit, DLitt》. 〖□ L *literārum doctor* 'doctor of literature'〗

lit·er·ar·y /lítərèri | -tərə-, -trə-/ *adj.* **1** 文学の, 文学上の, 文筆の, 文芸の: ~ columns 文芸欄 / ~ fame [labors, studies] 文学的名声[労作, 研究] / a ~ history 文学史 / a ~ prize 文学賞 / ~ works [writings] 文学作品[著作物] / ~ pursuits 文筆業 / a man of ~ renown 文学的に名声の高い人, 有名な作家. **2 a** 文学に通じた, 文筆のたしなみの深い: quite a ~ person なかなかの文学通. **b** 著述を業とする: a ~ man 文学者, 学者, 著作家 / the ~ world 文士社会, 文壇. **3** 文学的な, 堅苦しい, てらいのある; 〈語法が〉文語的な (cf. colloquial 2, spoken 2): a formal, ~ expression 形式張った固い表現 / ~ language 文語 / ~ style 文語体. **lit·er·ar·i·ly** /lìtərérəli, ―̀―――― | lítərərɪli-, -trə-/ *adv.* **lít·er·àr·i·ness** *n.* 〖(1646) □ L *literārius* ← *littera*, *lītera* 'LETTER[2], learning': ⇨ -ary〗

líterary àgent *n.* 著作権代理人[業者]. 〖1857〗

líterary àgency *n.* 著作権代理業.

líterary críticism *n.* 文芸批評[評論].

líterary exécutor *n.* 文芸著作権代理人《死亡した著者の書類や未発表の作品の管理を依頼されている人》. 〖1868〗

lít·er·àr·y·ism /-riìzm/ *n.* 文語主義[趣味]《著しく文語的な語法・文体を用いること》. 〖(1879): ⇨ -ism〗

líterary próperty *n.* 文書財産権, 著作権, 版権.

lit·er·ate /lítərɪt, -trɪt | -tərɪt, -trɪt/ *adj.* **1 a** 読み書きのできる (↔ illiterate) (cf. numerate). **b** 学問[教育]のある. **2** 学問(上)の; 文学(上)の. **3 a** 文学に通じた. **b** 文学を扱う. **4** 洗練された, 明晰(めいせき)な. ― *n.* **1 a** 読み書きのできる人. **b** 学問[教育]のある人, 学者, 文学者. **2** 〖英国国教会〗 大学卒業の学位なしで牧師になることを許された人. **~·ly** *adv.* **~·ness** *n.* 〖(?*a*1425) *litterate* ← L *litterātus*, *literātus* lettered ← *littera*, *lītera*: ⇨ literary, -ate[2]〗

lit·e·ra·ti /lìtərά:ti: | -tə-/ *n. pl.* **1** 文学者たち. **2** 学者社会, 知識人階級. 〖(1621) □ L *litterātī* (pl.) ← *litterātus* (↑)〗

lit·e·ra·tim /lìtəréɪtɪm, -rάː- | lìtərάːtɪm, -réɪ-/ *adv.* 一字一字, 逐字的に, 文字通りに. 〖(1643) □ ML *litterātim* ← L *littera* 'LETTER[2]'〗

lit·er·a·tion /lìtəréɪʃən | -tə-/ *n.* (音声・言葉の)文字化. 〖(1918) ← L *littera* 'LETTER[2]'＋-ATION〗

lit·er·a·tor /lítərèɪtə, lɪtərάːtəə | lítərèɪtə[r]/ *n.* 文士, 文学者, 学者, 著作家 (literary man). 〖(1635) □ L *litterātor* ← *littera* 'LETTER[2]': ⇨ -or[2]〗

lit·er·a·ture /lítərətʃə, lítrə-, -tətʃə, -tə-, -tʃùə | lítrɪtʃə[r], -tərɪ-, -tjuə[r]/ *n.* **1** 文学, 文芸; 純文学 (belles lettres); 文芸作品: English [Japanese] ~ 英[日本]文学 / Elizabethan ~ エリザベス朝文学 / study comparative ~ 比較文学を研究する / light ~ 軽文学 / polite ~ 純文学 / yellow-covered ~ 黄表紙文学, 俗文学 / be fond of ~ 文学が好きだ / Some of his writings reach [attain] the dignity of ~. 彼の書いたものの中には文学といえるほどの気品の高いものもある / This is very cleverly written, but it is not ~. 非常に気のきいた作品ではあるが文学というほどのものではない. **2** 文学研究; 著述, 文筆業: devote oneself to ~ 文学に身を投じる. **3 a** (ある特定の学術分野における)著作全体, 文献: philological [mathematical] ~ 言語学[数学]文献 / the medical ~ 医学文献 / the ~ *on* gems 宝石関係文献 / an [the] extensive ~ *on* linguistics＝the extensive linguistics ~ 言語学に関する広範な文献 / She tries to keep abreast of the (latest) ~ in her subject. 彼女は自分の研究題目に関する(最新の)文献に精通しようとしている. **b** [集合的] 〖音楽〗 作品: the ~ for two pianos 2 台のピアノのための作品(全部). **4** [集合的] 《口語》 (広告・ちらしなどの)印刷物 (printed matter): campaign ~ 選挙用文書[ちらし] / advertising ~ 宣伝用パンフ[ちらし] / Take some (free) ~ to read at home. 家で読む(無料の)パンフレットをお持ち下さい / distribute (free) ~ (無料の)ちらしを配布する. **5** 《古》 学問, 学識: a person of infinite ~ 非常に博識の人. 〖(*c*1375) □ (O)F *littérature* ∥ L *litterātūra* a writing, learning, grammar ← *litterātus* 'LITERATE': ⇨ -ure〗

líterature sèarch *n.* (科学技術の)文献調査.

lit·e·ra·tus /lìtərάːtəs, -réɪ- | -tərάːtəs/ *n.* **1** 文学者. **2** 知識人. 〖(1704) □ L *litterātus* ← *litera* 'LETTER[2]'〗

lith. 《略》〖印刷〗 lithograph(ic); 〖印刷〗 lithography.

Lith. 《略》 Lithuania; Lithuanian.

lith- /líθ/ (母音の前にくるときの) litho- の異形.

-lith /―̀lìθ/ 次の意味を表す名詞連結形: **1**「石で作ったもの」: mega*lith*, eo*lith*. **2**「結石 (calculus)」: gastro*lith*, uro*lith*. **3** ＝-lite. 〖⇨ litho-〗

li·thae·mi·a /lɪθíːmiə | lɪ-/ *n.* ＝lithemia.

lith·arge /líθɑəʤ, ―́― | líθɑːʤ/ *n.* 〖化学〗 リサージ, 密陀僧(みつだそう)《一酸化鉛 (lead monoxide) のことで顔料・ガラス・塗料乾燥剤・陶器の上薬などに用いる》. 〖(*c*1387–95) *litarge* □ OF (F *litharge*) □ L *lithargyrus* □ Gk *lithárguros* spume of silver ← *líthos* stone＋*árguros* silver〗

lithe /lάɪð, lάɪθ | lάɪð/ *adj.* (**lith·er; lith·est**) **1** しなやかな, 柔軟な: one's ~ body / a ~ dancer. **2** 曲がりやすい, たわみやすい: ~ steel. **~·ly** *adv.* **~·ness** *n.* 〖OE *līþe* < Gmc **lenþjaz* (G *lind* mild) ← IE **lento-* flexible (L *lentus*)〗

li·the·mi·a /lɪθíːmiə | lɪ-/ *n.* 〖病理〗 尿酸血症《代謝異常による血中尿酸の過剰状態》. 〖(1874) ← NL ~: ⇨ litho-, -aemia〗

lith·er /líðə | -ðə/ *adj.* 《古・方言》 柔軟な, 従順な.

lithe·some /lάɪðsəm, lάɪθ- | lάɪð-/ *adj.* ＝lithe. 〖(1768) ← LITHE＋-SOME[1]〗

lith·i·a /líθiə/ *n.* **1** 〖病理〗 ＝lithiasis. **2** 〖化学〗 酸化リチウム (Li_2O). 〖(1818) 1: ← NL ~: ⇨ lithium, -ia[1]. 2: ← NL ~ 《変形》 ← *lithion* ← Gk *litheíon* of stone ← *líthos* stone: *soda* や NL *potassa* などからの類推〗

líthia míca *n.* 〖鉱物〗 リシア雲母(うんも), うろこ雲母 (lepidolite).

li·thi·a·sis /lɪθάɪəsɪs | lɪθάɪəsɪs/ *n.* (*pl.* **-a·ses** /-siːz/) [通例複合語の第 2 構成素として] 〖病理〗 結石症, (特に)膀胱(ぼうこう)結石症: nephro*lithiasis*. 〖(1657) ← NL ~ ← Gk *lithíasis* ← *líthos* stone: ⇨ -iasis〗

líthia wàter *n.* 〖化学〗 酸化リチウム水《躁鬱(そううつ)病治療薬》. 〖1878〗

lith·ic /líθɪk/ *adj.* **1** 石の. **2** 〖病理〗 結石の; (特に)膀胱(ぼうこう)結石の. **3** 〖化学〗 石質の. ― *n.* 〖化学〗 岩片質《岩石の砕片の多いこと》. **líth·i·cal·ly** *adv.* 〖(1797) □ Gk *lithikós* ← *líthos* stone: ⇨ -ic[1]〗

-lith·ic /―̀― líθɪk―́/ 〖考古〗「石の (lithic)」の意の形容詞連結形: Paleo*lithic*. 〖↑〗

líthic ácid *n.* 〖生化学〗 ＝uric acid.

lith·i·fi·ca·tion /lìθəfɪkéɪʃən | -θɪfɪ-/ *n.* 〖地質〗 石化作用《堆積物や石炭の組成が岩石に変化すること》. 〖(1872) ← LITHIFY＋-FICATION〗

lith·i·fy /líθəfàɪ | -θɪ-/ *vt., vi.* 石化する.

lith·i·um /líθiəm/ *n.* 〖化学〗 **1** リチウム《アルカリ金属元素の一つ, 金属中最も軽い; 記号 Li, 原子番号 3, 原子量 6.941》. **2** リチウム塩(剤)《躁鬱病薬》. 〖(1818) ← NL ~: ⇨ litho-, -ium〗

líthium alúminum hýdride *n.* 〖化学〗 水素化アルミニウムリチウム ($LiAlH_4$)《白色の粉末; 還元剤として用いる》.

líthium bòmb *n.* 〖軍事〗 リチウム爆弾《三重水素を用いず水素・重水素および lithium で周囲を囲んだ水素爆弾》.

líthium cárbonate *n.* 〖化学〗 炭酸リチウム (Li_2CO_3)《白色の結晶; ガラス工業に用いる》. 〖1873〗

líthium chlóride *n.* 〖化学〗 塩化リチウム ($LiCl$)《白色結晶; 金属リチウムの製造, 空気調節等に使用》.

líthium flúoride *n.* 〖化学〗 フッ化リチウム (LiF)《無色の結晶; 光学プリズムに用いる》. 〖*c*1944〗

líthium óxide *n.* 〖化学〗 酸化リチウム (Li_2O)《強アルカリ性の白色粉末》.

líthium stéarate *n.* 〖化学〗 ステアリン酸リチウム ($CH_3(CH_2)_{16}COOLi$)《白色の粉末; 化粧品に用いる》.

li·tho /lάɪθou, líθ- | -θəu/ 《口語》〖印刷〗 *n.* (*pl.* **~s**) ＝lithography; lithograph. ― *adj.* ＝lithographic. ― *vt.* ＝lithograph. 〖(1890) 《短縮》 ← LITHOGRAPH〗

lith·o- /líθou | -θəu/ 次の意味を表す連結形: **1**「石 (stone)」: *litho*graph. **2**「結石 (calculus)」: *litho*logy. **3** 〖化学〗「岩石(の)」. ★ 母音の前では通例 lith- になる. 〖← Gk *líthos* stone〗

li·thog·e·nous /lɪθά(ː)ʤənəs | lɪθɔ́ʤɪ-/ *adj.* 〖医学〗 結石生成[形成]性の. 〖(1832) ← LITHO- (↑)＋Gk *-genḗs* (⇨ -gen)＋-OUS〗

lith·o·graph /líθəgræ̀f | -ə(ʊ)grὰːf, -græ̀f/ ★《英》 では印刷業者の間では /lάɪθ-/. 以下の 3 語でも同じ. 〖印刷〗 *n.* **1** リトグラフ, 石版画, 石版刷. **2** 平板刷. ― *vt.* **1** 石版[平板]で印刷する, 石版刷にする. **2** 石[陶器]に記す[書く]: ~ a picture. 〖(1825): ⇨ litho-, -graph〗

li·thog·ra·pher /lɪθά(ː)grəfə | lɪθɔ́grəfə[r]/ *n.* 石版[平版]工, 石版師. 〖(1685) ← LITHO-＋-GRAPHER〗

lith·o·graph·ic /lìθəgrǽfɪk | -θə(ʊ)-―́/ *adj.* 石版術の, 石版刷の; リトグラフの, 石版の: ~ paper 石版用紙 / a ~ pen 石版(用)筆 / a ~ slate [stone] 石版石. **lìth·o·gráph·i·cal** *adj.* **lìth·o·gráph·i·cal·ly** *adv.* 〖(1813): ⇨ ↓, -ic[1]〗

li·thog·ra·phy /lɪθά(ː)grəfi | lɪθɔ́g-/ *n.* 〖印刷〗 **1** リトグラフィー, 石版印刷《亜鉛板によるものを含む》. **2** 平版印刷 (planography) (cf. offset 6 a). 〖(1708) □ G *Lithographie* ∥ F *lithographie*: ⇨ litho-, -graphy〗

lith·oid /líθɔɪd/ *adj.* 石状の, 石質の. 〖(1841) □ Gk *lithoeidḗs*: ⇨ litho-, -oid〗

lith·oi·dal /lɪθɔ́ɪdl | lɪθɔ́ɪdl/ *adj.* ＝lithoid. 〖(1833) ↑〗

lithol. 《略》 lithology.

lith·ol·a·pax·y /lɪθά(ː)ləpæ̀ksi | lɪθɔ́l-/ *n.* 〖外科〗 (膀胱)抽石(術). 〖(1878) ← LITHO-＋Gk *lápaxis* evacuation (← *lapássein* to empty: ⇨ -sis)+-Y¹〛

li·thól·o·gist /-dʒɪ̈st | -dʒɪst/ *n.* **1** 岩石学者. **2**〘医学〙結石学者. 〖(1746): ⇨ ↓, -ist〗

li·thol·o·gy /lɪ̈θɑ́(ː)lədʒi | lɪθɔ́l-/ *n.* **1** 岩石学《通例肉眼ないしは倍率の低い拡大鏡を用いて行うものをいう; 今はあまり用いない; cf. petrography, petrology》. **2** 岩層の構造および成分. **3**〘医学〙結石学. **lith·o·log·ic** /lɪ̀θəlɑ́(ː)dʒɪk | -lɔ́dʒ-ˈ/ *adj.* **lith·o·lóg·i·cal** *adj.* **lìth·o·lóg·i·cal·ly** *adv.* 〖(1716) ← LITHO-+-LOGY〗

li·thol·y·sis /lɪ̈θɑ́(ː)ləsɪ̈s | lɪθɔ́lɪ̈sɪs/ *n.*〘外科〙結石溶解法《膀胱(ぼうこう)結石などを溶かすこと》. 〖(1856) ← LITHO-+-LYSIS〗

lith·o·marge /líθəmàːədʒ | -mɑ̀ːdʒ/ *n.*〘土壌〙石髄《長石に富む岩石が風化してできた白色または淡色の緻密な土》. 〖(1753) ← NL *lithomarga* ← LITHO-+L *marga* marl〗

lìtho·météor *n.*〘気象〙大気塵象, リソメテオル《大気中に浮遊する乾燥した砂・塵のような固体粒子》.

lith·o·phane /líθəfèɪn/ *n.* 透かし彫り磁器《光を当てると模様が透けて見える磁器》. 〖(*c*1890) ← LITHO-+-PHANE〗

lith·o·phile /líθəfàɪl/ *adj.*〘地質〙**1** 地球表層部のケイ酸塩殻層に濃集しやすい. **2**〈地中の化学的成分が〉親石性の《ケイ酸と化合しやすい; cf. chalcophile》.

líthophile èlement *n.* 親石元素. 〖1923〗

lith·o·phyte /líθəfàɪt/ *n.* **1**〘植物〙岩生植物, 岩石植物. **2**〘動物〙石灰質生物《サンゴやサンゴチュウのように, 石灰質から成る骨格をもつ動物》. **lith·o·phyt·ic** /lìθəfítɪk | -tɪk-ˈ/ *adj.* 〖(1774) ⊏ F ～: ⇨ litho-, -phyte〗

lith·o·pone /líθəpòʊn | -pəʊn/ *n.*〘化学〙リトポン《硫化亜鉛 (ZnS) と硫酸バリウム ($BaSO_4$) との混合物からなる; 白色顔料; ゴムの硬化などに用いる》. 〖(*a*1884) ← LITHO-+Gk *pónos* a work〗

lith·o·print /líθəprɪ̀nt | -θə(ʊ)-/ *vt.* (写真オフセットのような)平版で印刷する. — *n.* 平版画, 平版印刷物.

lítho·prìnting *n.* 写真オフセット印刷.

lith·ops /líθɑ(ː)ps | -θɔps/ *n.* (*pl.* ～)〘植物〙リトープス《アフリカ南部原産ツルナ科リトープス属 (*Lithops*) の多肉植物の総称; 外観が小石に似る; living stone ともいう》.

lith·o·sere /líθəsɪ̀ə | -sɪ̀ə(r)/ *n.*〘生態〙岩石遷移系列. 〖← LITHO-+SERE³〗

lith·o·sol /líθəsɑ̀(ː)l | -sɔ̀l/ *n.*〘地質〙岩屑(がんせつ)土. 〖(1939) ← LITHO-+L *solum* ground〗

lith·o·sphere /líθəsfɪ̀ə | -θə(ʊ)sfɪ̀ə(r)/ *n.* [the ～]〘地球物理〙岩石圏, 岩圏, リソスフェア (cf. atmosphere 1 b, barysphere, hydrosphere 2). **lith·o·spher·ic** /lìθəsférɪk, -sfíᵊr- | -sfér-ˈ/ *adj.* 〖(1887) ← LITHO-+-SPHERE〗

li·thot·o·my /lɪ̈θɑ́(ː)ṭəmi | lɪθɔ́t-/ *n.*〘外科〙(膀胱(ぼうこう))結石の切石術, 砕石術. **lith·o·tom·ic** /lìθətɑ́(ː)mɪk | -tɔ́m-ˈ/ *adj.* **lith·o·tóm·i·cal** *adj.* **li·thót·o·mist** /-mɪ̈st | -mɪst/ *n.* 〖(1721) ⊏ LL *lithotomia* ⊏ Gk *lithotomía*: ⇨ litho-, -tomy〗

lithótomy stírrups *n. pl.*〘医学〙=stirrup.

lith·o·trip·sy /líθətrɪ̀psi | -θə(ʊ)-/ *n.*〘外科〙砕石[切石]術《泌尿器系の結石を衝撃波あるいは機械的手段で砕砕すること》. 〖(1834) ← LITHO-+Gk *trîpsis* rubbing〗

lith·o·trip·ter /líθətrɪ̀ptə | -θə(ʊ)trɪ̀ptə(r)/ *n.*〘外科〙(特に衝撃波による)砕石[切石]器. 〖(1972) (1982): ⇨ ↑, -er¹〗

lith·o·trite /líθətràɪt/ *n.*〘外科〙(膀胱(ぼうこう))結石の)切石吸出器, 切石器, 砕石器, 結石摘出器. 〖(1839) (逆成) ↓〗

li·thot·ri·ty /lɪ̈θɑ́(ː)trəṭi | lɪθɔ́trəti, -trɪ-/ *n.*〘外科〙(膀胱(ぼうこう))結石の)切石術, 砕石術. 〖(1830) ← LITHO-+L *trītus* ((p.p.) ← *terere* to crush, rub)+-Y¹〗

Lith·u·a·ni·a /lìθuéɪniə, -θju- | lɪ̀θjuéɪniə, -θu-/ *n.* リトアニア《バルト海に臨む共和国; 1940 年ソ連に併合されたが 1991 年 9月に独立; 面積 65,200 km²; 首都 Vilnius; 公式名 the Republic of Lithuania リトアニア共和国》. 〖⊏ Lith. *Lietuvà* (原義)? shoreland (cf. L *litus* shore)〗

Lith·u·a·ni·an /lìθuéɪniən, -θju- | -θju-, -θu-ˈ/ *adj.* **1** リトアニアの. **2** リトアニア人[語]の. — *n.* **1** リトアニア人. **2** リトアニア語《バルト (Baltic) 語派に属す》. 〖(1607): ⇨ ↑, -an¹〗

lit. hum., Lit. Hum. /líthʌ́m/《略》literae humaniores.

lith·u·re·sis /lìθərí:sɪ̈s | -θjurí:sɪs/ *n.*〘病理〙尿砂排泄(はいせつ). 〖← NL ～ ← LITHO-+Gk *oúrēsis* urination (← *oureîn* to urinate)〗

lith·y /láɪði, -θi | -ði/ *adj.* (**lith·i·er; -i·est**)《古・英方言》=lithe.

lit·i·ga·ble /líṭɪ̈gəbl | -tɪ̈-/ *adj.* 訴訟できる. 〖(1764–67): ⇨ litigate, -able〗

lit·i·gant /líṭɪ̈gənt | -tɪ̈-/ *adj.*《まれ》訴訟している, 係争中の: the parties ～ 訴訟当事者. — *n.* 訴訟当事者《原告または被告》. 〖(1638) ⊏ F ～ ⊏ L *lītigantem* (pres.p.) ← *lītigāre* (↓)〗

lit·i·gate /líṭɪ̈gèɪt | -tɪ̈-/ *vi.* 訴えを起こす. — *vt.* **1**〈問題を〉法廷に持ち出す, 法廷で争う. **2**《古》論争する (dispute). 〖(1615) ← L *lītigātus* (p.p.) ← *lītigāre* to dispute ← *līt-, līs* dispute, strife〗

lit·i·ga·tion /lìṭɪ̈géɪʃən | -tɪ̈-/ *n.* **1**〘法律〙訴訟; 訴訟追行: ～ over damages 損害賠償に関する訴訟. **2**《古》論争. 〖(1567) ⊏ L *lītigātiō(n-)*: ⇨ ↑, -ation〗

lít·i·gà·tor /-ṭə | -tə(r)/ *n.* 訴訟当事者 (litigant).

li·ti·gious /lɪ̈tídʒəs/ *adj.* **1** 訴訟できる, 訴訟すべき. **2** 訴訟(上)の, 訴訟に関する: ～ right 訴訟権. **3** 訴訟好きな: a ～ person. **4**《まれ》論争好きな (quarrelsome). **5**《廃》問題となる (questionable). **～·ly** *adv.* **～·ness** *n.* 〖(*c*1384) ⊏ (O)F *litigieux* // L *lītigiōsus* quarrelsome, disputatious ← *lītigium* dispute: ⇨ litigate, -ous〗

lit·mus /lítməs/ *n.*〘化学〙リトマス《リトマスゴケ (*Roccella tinctoria*) などの地衣類から採る紫色の色素》. 〖(1502) ← NL ～ ← ON *litmosi* lichen used for dyeing ← *litr* color, dye+*mosi* moss: cf. Du. *lakmoes* litmus〗

lítmus pàper *n.*〘化学〙リトマス試験紙《酸性かアルカリ性か中性かを試験するのに用いる》. 〖1803〗

lítmus tèst *n.* **1**〘化学〙リトマス試験. **2**《比喩》〈真意・効果などが試される場, 試金石〔*of, for*〕: Economic recovery is the ～ of the government's policy. 経済復興が政府の政策の試金石だ. 〖1952〗

lit·o·ral /líṭərəl, lìṭəræ̀l, -rɑ̀ːl | lítərəl/ *adj., n.* = littoral.

li·to·tes /láɪṭəṭì:z, líṭ-, laɪtóʊṭi:z | laɪtə́ʊti:z, láɪtə(ʊ)tì:z/ *n.* (*pl.* ～)〘修辞〙緩叙法《控え目な言い方をしてかえって強い意味を表す修辞法で, 一般的には understatement という; 例えば, little を not の意に, rather を very much indeed の意に使用するなど; 特に, 反対語の否定を用いて肯定を表す言い方, 例えば, great の代わりに no small を, very good の代わりに not bad を用いたり, I shall be very glad. の代わりに I shan't be sorry. と言うもので, イギリス英語に多い; meiosis ともいう; ↔ hyperbole》.

li·tot·ic /laɪtɑ́(ː)tɪk | -tɔ́t-/ *adj.* 〖(1657) ⊏ Gk *litótēs* plainness ← *litós* plain〗

li·tre /lí:ṭə | -tə(r)/ *n.* =liter.

LittB /lítbí:/《略》*L.* Lit(t)erārum Baccalaureus (= Bachelor of Letters [Literature]).

LittD /lítdí:/《略》*L.* Lit(t)erārum Doctor (=Doctor of Letters [Literature]).

lit·ten /lítn/ *adj.*《古》[しばしば複合語の第 2 構成素として] (…の)明かりのついた (lighted): a dim-*litten* cloud 薄明るく光る雲 / gray-*litten*, red-*litten*, etc. 〖(*a*1849) ← LIT¹+-EN³〗

lit·ter /líṭə | -tə(r)/ *n.* **1** 散らかったごみ, くず, がらくた (odds and ends): clean up the roadside ～ 道端の散らかったごみを片付ける. **2** 乱雑, 乱脈: *in* a (state of) ～ (部屋などが)散らかって. **3** [集合的] (犬・豚などの)一腹の子, 同産児, 同腹子 (cf. brood 1 a): a ～ *of* pigs. **4** ネコの排泄物用の箱に敷く吸湿粘土. **5 a** (動物の)寝わら. **b** (猫の)室内トイレ用の砂 (cat litter). **c** (植物の)敷きわら. **6** (病人運搬用の)つり台, 担架 (stretcher). **7** 担(にな)いかご《通例屋根・カーテン付きで, 1 人が寝た姿勢で運ばれる輿(こし)》. **8**〘土壌〙リター《森林土壌の腐植の形態区分の一つで, 堆積(たいせき)した落葉・落枝などが分解して黒色状になったもので, 泥炭の最上層に見られる; cf. duff¹ 4》.
— *vt.* **1 a**〈物を〉散らかす: ～ things *about* a room 部屋中に物を散らかす. **b**〈部屋などを〉〈物で〉取り散らかす〔*with*〕: The study was ～*ed* (*up*) *with* books and magazines. 書斎には書物や雑誌類が散らかっていた. **2**〈犬・豚などが〉〈子を〉産む. **3 a**〈うまや・床などに〉わらを敷く: ～ a stall *down* うまやにわらを敷く. **b**〈動物〉に寝わらを敷く;〈植物〉に敷きわらをする. — *vi.* **1** 物[ごみ]を散らかす: Don't ～. ごみを散らかすな. **2**〈犬・豚などが〉子を産む. 〖(?*a*1300) *litere* ⊏ AF *lit(t)ere* ⊏ (O)F *litière* < ML *lectāriam* ← L *lectus* bed〗

lit·te·rae hu·ma·ni·o·res /lìṭəri:hju:mæ̀nió:ri:z | -tərì:-/ *n. pl.* =literae humaniores.

lit·ter·a·teur /lìṭərəṭə́:, -trə-, -tʊ́ə | -tərətə́:(r), -trə-; *F.* liteʀatœːʀ/ *n.* (*pl.* ～**s** /～z; *F.* ～/) 文学者, 文士, 職業作家. 〖(1806) ⊏ F ～ ⊏ L *litterātor* literary man〗

lítter·bàg *n.* (自動車内などで使う)くず物入れ, ごみ袋. 〖*c*1955〗

lítter·bàsket *n.*《英》=litterbin. 〖1958〗

lítter·bìn *n.*《英》(公共の場所に置く)くず物入れ. 〖1947〗

lítter·bùg *n.*《米》(公園・街路など)所かまわずごみ・廃物・残物などを捨てる人. 〖1947〗

lít·ter·er /-ṭərə | -tərə(r)/ *n.* =litterbug. 〖(1928): ⇨ -er¹〗

lítter·lòut *n.* =litterbug. 〖1927〗

lítter·màte *n.* (犬・豚などの)同腹の子. 〖1921〗

lítter·pìck *n.* (生徒の一団などによる特定地域の)協調的清掃活動.

lit·ter·y /líṭəri | -tə-/ *adj.* **1** 寝わら[敷きわら]だらけの. **2** 散らばった, 乱雑な, むさ苦しい (untidy). **lít·ter·i·ness** *n.* 〖(1805) ← LITTER+-Y⁴〗

lit·tle /líṭl | -tl/ *adj.* **A** [可算の名詞を修飾して]

語法 (1) 比較は(形状を表す場合には)通例 smaller, smallest を代用する; littler, littlest は特に《口語》で親愛の情を込めていうときだけ用いられる. (2) 習慣上反意の対句は great and *little*, big and *little*, great and small, large and small で, large and *little*, big and small とは言わない. (3) 6 以外では, 単独な形容詞としては通例限定的に用いる.

---

1 a (形状の)小さい (↔ big, large) (⇨ small SYN); 若い, 年少の, 幼い (young): a ～ bird, boy, box, girl, house, hill, etc. / a ～ tiny [tiny ～] mouse ちっぽけなかわいいネズミ / a ～ drop of brandy ほんの一滴のブランデー / a pompous ～ man もったいぶった小男 / the ～ Browns ブラウン(家)の子供たち / a ～ family 少人数の家庭 / ～ John ジョン少年 / The ～ things in life can be important, too. 人生で小さな事が大切なこともある / my ～ brother [sister] 弟[妹] / a ～ rabbit ウサギの子 / ⇨ little one, little people / my ～ man [woman] [呼び掛け] 坊や[お嬢ちゃん] (cf. little woman 2) / the ～ [hour] hand of a watch 腕時計の短針 / Being too ～, the girl stood on tiptoe to kiss him. とても小さかったのでその子はつま先で立って彼に接吻した. ★ (1) little は small と異なりしばしば「愛情」「同情」または「非難」「軽侮」(cf. 6) などの感情的含みを込めて用いられる. その場合これらの感情を明示する形容詞を伴うことも多い: a ～ rascal かわいいいたずらっ子 / He's enjoying his ～ tricks again. また例の子供だましの策略をたくらんでいる / Bless your ～ heart! まあかわいそうに / my *dear* ～ mother 私の愛する母 / a *nice* ～ thing [しばしば軽蔑的にも] かわいい女の子 / That *poor* ～ boy! あのかわいそうな子 / What a *pretty* ～ garden! なんてきれいな庭だこと. (2) この感情的に用いられる little のアクセントはしばしば /lìṭl | -tl/ となる. **b** (同種のものの中で)小さい方の, 小…: ⇨ Little Bear, little finger, little toe, etc.

2〈団体・村など〉小さい;〈事業など〉小規模の (↔ big, large): a ～ discussion group (小人数の)討論グループ / a ～ village [town] (住民の少ない)小村[小さい町] / a ～ herd of cattle 家畜の小さな群れ / a ～ farmer 小農 / ～ businesses 小企業.

3〈時間・距離など〉短い (↔ long): I'll go a ～ way with you. 少しお供しましょう / That will go but a ～ way toward the goal. それだけでは目標までなかなか行くまい《とても足りない》/ He'll be back in a ～ while. すぐ戻ってくるでしょう / There's only a ～ time left. 残った時間はほんのわずかしかない.

4〈声など〉力のない, 弱々しい: a ～ voice か細い声.

5 a 地位の低い, 偉くない (↔ great): a ～ magistrate 下っぱの治安判事 / the rights of the ～ man [people] 小市民の権利. **b** [the ～; 名詞的に] 重要でない[権力のない]人々 (↔ the great).

6 ささいな, つまらない; ちっぽけな, けちな, 卑劣な (cf. 1 a ★): a ～ mind [soul] 狭量(な人) / *mean* ～ accusations 卑劣な言いがかり / his *filthy* ～ tricks やつの汚いたくらみ / my *poor* ～ efforts 私の至らぬ努力 / He has his ～ faults. 彼にもささいな欠点はあるさ / We know all about his ～ ways. やつのけちなやり口はみんなわかってる / So that is your ～ game. その手でごまかそうというのだな / *Little* things amuse [please] ～ minds.《諺》小人はつまらないことに興ずる / *It is* ～ *of* him *to* notice such things. そんなことを気にするなんて彼も料簡(りょうけん)が狭い.

B (↔ much) (**less** /lés/, **less·er** /lésə | -sə(r)/; **least** /lí:st/) [不可算の名詞を修飾して] **1** [否定的] (程度・量の)ほんの少しの (not much), 少しの(…しかない), ほとんどない (cf. few¹ 1): know ～ music [Danish] 音楽[デンマーク語]はほとんどわからない / I gained ～ advantage from it. それからは利益をほとんど得なかった / There is ～ hope [time] left. 望み[時間]はほとんどない / I had ～ sleep last night. 昨夜はほとんど眠れなかった / He had very ～ knowledge of the subject. その問題についてはほとんど知らなかった / He takes very ～ trouble about [over, with] his work. 仕事にちっとも精を出さない / You'd better drink *less* alcohol. 酒の量を少し控えた方がいい / However ～ exercise you get, there's bound to be some improvement. たとえ少ししか運動をしなくても, いくらかは良くなりますよ.

2 [a ～ として; 肯定的] 少しは(ある), 多少の, いくらかの (cf. few¹ 2): know *a* ～ music [Danish] 音楽[デンマーク語]は少しわかる / There is *a* ～ water [money, hope] left. 多少の水[金, 望み]は残っている / *A* ～ care would have prevented it. 少し気をつければそんなことは防げたろう / You must expect *a* ～ trouble. 少しぐらいの困難は覚悟しなくてはならない / It is *a* ～ distance from here. ここからじきです. ★ 儀礼的口語表現として some に代わって用いられることがある: May I have *a* ～ coffee, please? コーヒーを少々いただけませんか / Let me give you *a* ～ beef. (食卓で肉を切り分けながら)牛肉を少しあげましょう / Would you like *a* ～ cake? ケーキを少しいかがですか (cf. Would you like *a small* cake? (大きくない)小さなケーキがいいのですか).

3 [the ～, what ～ として] なけなしの, あるだけの: I gave him *the* ～ money (that) I had.=I gave him *what* ～ money I had. なけなしの金を彼にやった.

a vèry líttle ごくわずかの: I had only *a very* ～ pain after the operation. 手術後にごくわずかだが痛みを感じた.

bùt líttle《文語》=*only a* LITTLE: with but ～ effort ほんの少しの努力で / Unfortunately I have *but* ～ money. あいにくお金がほんの少ししかない.

líttle …, if ány=***líttle if ány*** (…が)あったとしてもほんの少しの, ほとんどない: I have ～ hope, *if any.* 見込みはまずない / They get ～ *if any* salary. ほんのわずかの俸給しかもらっていない.

líttle or nó=LITTLE …, *if any*: There is ～ *or no* hope. まず望みはない.

nò líttle =*not a* LITTLE: I took *no* ～ pains [trouble] over [with] it. それには少なからず骨を折った.

nòt a líttle 少なからぬ, 実に多くの (cf. *adv.* 成句, *pron.* 成句): It has given me *not a* ～ trouble. それにはだいぶ手こずった.

ònly a líttle ほんの少しの, ほんの少ししか(…ない) (little) (cf. *pron.* 成句): I've got *only a* ～ money with me. 金はほんの少ししか持ち合わせていない.

quite a líttle《口語》かなりの, 相当な (cf. *pron.* 成句): It gives us *quite a* ～ pleasure. それは相当に楽しいです.

some líttle 少しの, 多少の (a little): It was *some* ～ time [while] before he heard of it. ちょっと時間がたってからそのことを耳にした.

Líttle Sísters of the Póor [the —]〘カトリック〙貧民救護修道女会《1840 年 Paris に創立されたカトリックの女子修道会》.

líttle súmmer of St. Lúke [the —] 《英》小春日和 (⇨ St. Luke's summer).

— *adv.* (**less** /lés/; **least** /líːst/) **1** [否定的] **a** ほとんど…しない (cf. *adj.* B 1): ～ known writers 余り世に知られていない作家たち / He is ～ richer than he was. 昔よりちっとも金持ちになってない, 昔同様貧乏だ (cf. *little* MORE[1] *than*) / He likes me very ～. 私をあまり好いてない / I slept ～ last night. 昨夜はほとんど眠れなかった / Do you see him?—Very ～. 彼に会いますか—めったに会いません. **b** [know, imagine, dream, think, guess, suspect, realize などに前置して] 少しも[全く]…しない: He ～ *knows* or *cares* what awaits him. 何が彼を待ちうけているか少しも知らないし全然気にもかけていない / I ～ *thought* that he would turn up. 彼が現れるなんて考えてもいなかった / *Little did* I *dream* that I should [would] never see him again. 彼に二度と会えなくなるとは夢にも思っていなかった. **2** [a ～ として; 肯定的] **a** 少し, 少しは(…する) (cf. *adj.* B 2): I was *a* ～ flustered. ちょっとあわてました / This coat is *a* ～ too large for me. / He is *a* ～ better today. 今日は少しは具合がよい / A ～ more [*less*] sugar, please. 砂糖をもう少し[減らして]ください / His wife was *a* ～ older than himself [him, he]. / You'd better sleep *a* ～. ちょっと眠ったほうがいい. **b** (時間・距離が)少しの間, しばらく: I waited for her *a* ～. 少し彼女を待った / It's *a* ～ past [《米》after] seven. いま 7 時ちょっと過ぎです / The house is *a* ～ down the street. その家は通りを少し行ったところにある.

little bétter than … ⇨ better[1] *adj.* 成句. ***little léss than*** … ⇨ less *adv.* 成句. ***little móre than*** … ⇨ more[1] *adv.* 成句. ***móre than a líttle＝nòt a little*** 少なからず, 大いに (cf. *adj.* 成句, *pron.* 成句): He was *not a* ～ surprised. 少なからず驚いた.

— *pron.*(, *n.*) (**less** /lés/; **least** /líːst/) **1** [否定的] (程度・量が)少し, わずか(しか…ない) (cf. *adj.* B 1): They knew ～ and said *less*. ほとんど知らなかったし, 口数も少なかった / He is happy with ～. 少しのものだけで満足している / *Little* remains to be said.＝There is ～ that remains to be said. 言うことはもうほとんどない / The uproar did ～ to alter his views. その騒ぎもほとんど彼の見解に影響を与えはしなかった / He gives me ～ *of* his company. ろくにつき合ってくれない[訪ねて来ない] / He has seen ～ *of* life. 世間知らずだ. ★ *adj.* 用法に準じて very, rather, precious, so, as, too, how などの副詞に修飾されることがある: *Very* [*Precious*] ～ is known about Nessie. ネッシーについてはほとんど知られていない / I got *so* [*too*] ～ out of him. 彼からはわずかそれぐらいしか得るところがなかった / For *as* ～ *as* $10 more you could get something a lot better. あとほんの 10 ドルあればずっとよい物が手に入るでしょう. **2** [a ～ として; 肯定的] **a** (程度・量が)少し(はある) (cf. *adj.* B 2): make *a* ～ go a long way 少しのものを長持ちさせる, 倹約する / Give me *a* ～, please. 少しください / He knows *a* ～ about everything. 彼は何でも少しはかじっている / Every ～ [《米》bit] helps. 《諺》ごく少しずつが助けになる,「ちりも積もれば山となる」. **b** (時間が)少しの間, しばらく. ★ 次のような前置詞付きの句をなして用いられる: *After a* ～ he began to talk. ちょっとしてから話し出した / She was out in the garden *for a* ～. 彼女はしばらく庭に出ていた / I'll finish it *in a* ～. じきに終わります. **3** [the ～, what ～ として] なけなしのもの, あるだけのもの (cf. *adj.* B 3): He did *the* ～ (that) he could. 微力ながら全力を尽くした / We must keep *what* ～ we have. わずかでもあるだけのものは大事にしなければならない.

(by) little and little＝little by little 少しずつ, 段段, 徐々に: *Little by* ～ he spoke with greater ease. 少しずつ落ち着いた調子で話すようになった. (*c*1384) ***in little*** 小規模に[の], 縮小して[した]; 細密画で[の] (cf. *in (the)* LARGE). ***little or nóthing＝little if ánything*** ほとんど…(ない) (hardly anything): He ate ～ *or nothing* [～ *if anything*]. 彼はほとんど食べなかった. (?*a*1200) ***màke little of*** (1) …を軽んじる, 軽視する, 侮る. (2) …がほとんど理解[解釈]できない. ***nòt a little*** 少なからずのもの, かなり多くのもの (cf. *adj.* 成句, *adv.* 成句): I lost *not a* ～ at [playing] cards. トランプでだいぶすった. ***ònly a little*** ほんの少し[わずか] (little) (cf. *adj.* 成句): Won't [Will] you have some more sugar?—Well, *only a* ～, please. もう少しお砂糖を入れますか—じゃあ, ほんの少し. ***quite a little*** 《口語》かなりたくさん(のもの), 相当多くのもの (cf. *adj.* 成句): He knows *quite a* ～ about it. そのことについてはかなりいろいろなことを知っている.

〘OE *lȳtel* < (WGmc) **luttilaz* (Du. *luttel* / G 《方言》*lützel*) ← IE **leud-* small (MIr. *lūta* little finger)〙

Líttle Ábaco *n.* ⇨ Abaco.

Líttle América *n.* リトルアメリカ(基地) 《南極の Ross 氷棚(ひょうほう)北東部の, Richard E. Byrd 少将によって設置された米国の南極探検隊基地 (1929–59)》.

Líttle Assémbly *n.* 《口語》国連小委員会《国連総会の休会中も継続して会議を行う》.

líttle áuk *n.* 〖鳥類〗ヒメウミスズメ (⇨ dovekie).

Líttle Béar *n.* [the ～] 〖天文〗こぐま(小熊)座 (⇨ Ursa Minor).

Líttle Bélt *n.* [the ～] 小ベルト海峡《デンマーク本土と Fyn 島との間の海峡で, 北海の Kattegat 海峡とバルト海を結ぶ海峡の一つ; 長さ 48 km; cf. Great Belt》.

Líttle Béthel *n.* ⇨ bethel 2.

Líttle Bíghorn *n.* (*also* **Líttle Bíg Hòrn**) [the ～] リトルビッグホーン《米国 Wyoming 州北部に源を発し, 北流して Montana 州南部で Bighorn 川に注ぐ川 (約 145 km); Montana 州南部流域で, Custer 将軍の率いる騎兵隊が Sitting Bull の率いる Sioux 族と Cheyenne 族の連合軍と戦い全滅した (1876)》.

Líttle Bíghorn Báttlefield Nátional Mònument *n.* リトルビッグホーンバトルフィールド国定記念物《米国 Montana 州南部 Little Bighorn 川に臨む古戦場; 旧名 Custer Battlefield National Monument》.

líttle bítty *adj.* ちっちゃい (tiny). 〘*c*1904〙

líttle bláck ánt *n.* 〖昆虫〗イエヒメアリ (*Monomorium minimum*) 《しばしば家の中の甘い物にたかる小形のアリ》; その近似種.

líttle bláck bòok *n.* 《口語》女友達の住所録.

líttle bláck drèss *n.* (*also* **líttle bláck nùmber**) 《口語》肩ひもが細く絹のような素材でできた黒いドレス《カクテルパーティーで着る》. 〘1951〙

líttle blúe héron *n.* 〖鳥類〗ヒメアカクロサギ (*Florida caerulea*).

líttle blúestem *n.* 〖植物〗北米中央部の大草原に生じるイネ科ウシクサ属の多年草 (*Andropogon scoparius*) 《牧草に用いる》.

líttle bróther *n.* 〖海事〗副熱帯低気圧, 副旋風《大型ハリケーンに伴って生じる小型のハリケーン》.

líttle casíno *n.* 〖トランプ〗リトルカジノ《カジノでスペードの 2; それを取った人に 1 点加算される》.

Líttle Colorádo *n.* [the ～] リトルコロラド(川) 《米国 Arizona 州北東部の川; 北西に流れ Colorado 川に流れ込む (483 km)》.

Líttle Córporal *n.* [the ～] 小伍長《Napoleon Bonaparte のあだ名》.

Líttle Dáedala *n.* 〖ギリシャ史〗小ダイダラ (⇨ Daedala).

Líttle Díomede *n.* ⇨ Diomede Islands.

Líttle Dípper *n.* [the ～] 《米》〖天文〗小北斗七星 (⇨ dipper 5 b). 〘1842〙

Líttle Dóg *n.* [the ～] 〖天文〗こいぬ(小犬)座 (⇨ Canis Minor).

líttle-èase *n.* (監房やさらし台など)狭くて窮屈な場所.

líttle énd *n.* 《英》〖機械〗(連結棒の)小端 (small [top] end ともいう; cf. big end).

Líttle-énd·i·an /-ɛ́ndiən/ *n.* **1** 小端派の人《Swift 作 *Gulliver's Travels* 中の Lilliput 国で卵は大きい方の端から割るべきであると主張する党派 (Big-endians) に対して小さい方の端を主張する一派の人》. **2** [通例軽蔑的に用いて] 小事を争う人. 〘1832〙

Líttle Énglander *n.* 小英国主義者《19 世紀に, 英本国 (England) の利益は英帝国 (British Empire) の領土的拡張よりも貿易の促進にあり, 従って植民地は放棄して貿易の維持だけを図ればよいとして, 帝国の膨張に反対した人たち; cf. imperialist 2》. 〘1895〙

Líttle Én·gland·ism /-dìzm/ *n.* 小英国主義 (cf. Little Englander). 〘1899〙

Líttle Éntrance *n.* 〖東方正教会〗小聖入, 小入堂《礼拝式の聖書朗読のために福音書を聖壇に携え運ぶ荘厳な入堂行進; cf. Great Entrance》.

líttle fínger *n.* (手の)小指 (⇨ hand 挿絵). ***lift [thrów, túrn úp] the little finger*** 《俗》大酒を飲む《酒杯を持ちつつ小指を少し上げる習慣から》. ***twist** a person **ròund** one's **little finger*** ⇨ finger 成句. 〘*c*1300〙

Líttle Fóx *n.* [the ～] 〖天文〗こぎつね(小狐)座 (⇨ Vulpecula).

líttle-gò *n.* (*also* **little go**) [the ～] 《英古》(Cambridge, Oxford 大学で) B. A. 学位取得第一次試験 (cf. great *n.* 3). 〘1820〙

líttle grébe *n.* 〖鳥類〗カイツブリ (*Podiceps* [*Tachybaptus*] *ruficollis*).

líttle gréen mán *n.* 小さな緑色人, 宇宙人, 異星人.

líttle gúll *n.* 〖鳥類〗ヒメカモメ (*Larus minutus*) 《ヨーロッパ産の頭の黒い最も小さいカモメ》.

Líttle Hóurs, l- h- *n. pl.* 〖カトリック〗日中の聖務日課《7 回の聖務日課のうち prime, sext, nones; 時には vespers と compline を含む; cf. canonical hour 1》. 〘*c*1872〙

líttle hòuse *n.* [the ～] 《豪・NZ口語》トイレ (toilet).

Líttle Hóuse on the Práirie *n.*「大草原の小さな家」《米国のテレビドラマ; 原作は Laura Ingalls Wilder の同名の児童小説 (1935)》.

Líttle Jóhn *n.* リトルジョン《Robin Hood の配下の一人; 大男で, 弓の名人》.

Líttle Khingán Móuntains *n. pl.* [the ～] 小興安嶺(こうあんれい), 小シンアンリン山脈 (⇨ Khingan Mountains).

líttle léaf *n.* 〖植物病理〗小葉病, 萎葉病《種々の原因により葉が変色・萎縮する; little-leaf disease ともいう》. 〘1916〙

Líttle Lèague *n.* [the ～] 《米》リトルリーグ《8–12 歳の少年野球連盟; cf. Boy's Baseball》. **Líttle Lèa·guer** *n.* 〘*c*1952〙

Líttle Lòrd Fáuntleroy *n.*「小公子」《F. H. Burnett 作の小説 (1886)》.

líttle magazíne *n.* (実験的な作品や, 俗受けのしない純文学作品などを載せる, 版型の小さい)高級文芸雑誌, 同人(雑)誌, リトルマガジン (cf. little review). 〘1900〙

líttle màn *n.* **1** 取るに足らない男. **2** 《英》細々とやっている商人[職人]. 〘1811〙

líttle Máry, l- m- *n.* 《英口語》腹, おなか (stomach). 〘(1903) 《幼児語》: cf. J. M. Barrie, *Little Mary*〙

Líttle Másters *n. pl.* 《英》クラインマイスター《小さい木版[銅版]画で知られる 16 世紀ドイツの版画家たち》.

Líttle Mérmaid *n.* [The ～]「人魚姫」《Andersen 作の童話》.

Líttle Mínch *n.* ⇨ Minch.

Líttle Missóuri *n.* [the ～] リトルミズーリ(川) 《米国北西部, Wyoming 州北東から Dakota 州北の Missouri 川に合流する川 (901 km)》.

líttle·nèck *n.* 〖貝類〗ヌノメアサリ類 (littleneck clam ともいう). 〘(*c*1883): Long Island の Little Neck で多く採れたことから〙

lít·tle·ness *n.* **1** 小さいこと, 短小. **2** 少し, 僅少. **3** 狭量, 浅ましさ: the ～ of human nature 人間性の浅ましさ / It shows ～ to notice such things. そんなことを気にするようでは了見が狭い. **4** ささいな行為; けち[狭量]な行為. 〘OE *lȳtelnes*〙

líttle óffice *n.* [しばしば L- O-] 〖カトリック〗(聖母マリアの)小聖務日課. 〘*c*1872〙

líttle òne *n.* 子供: How are the ～*s*? 子供たちは元気かい.

líttle ówl *n.* 〖鳥類〗コキンメフクロウ (*Athene noctua*).

líttle pèople [fòlk] *n. pl.* **1** 〖民間伝承〗小妖精たち (fairies, elves, pixies, leprechauns など). **2** (無名の)小市民, 庶民. **3** 子供たち (children). **4** 小人たち (midgets). 〘1726〙

líttle réd bòok *n.* [the ～, しばしば the L- R- B-]「毛沢東語録」(⇨ The THOUGHTS of Chairman Mao; 赤い表紙の小型本の体裁で全中国に普及したことによる通称).

Líttle Réd Ríding Hòod *n.* 赤ずきん(ちゃん) 《Perrault および Grimm の童話に登場する女の子》.

líttle revíew *n.* (批評・紹介などを特徴とする, 版型の小さい)文芸雑誌 (cf. little magazine). 〘1914〙

Líttle Rhód·y /-róudi | -rɔ́udi/ *n.* 米国 Rhode Island 州の俗称《米国で最小の州であるため》. 〘⇨ -y[2]〙

Líttle Ròck *n.* リトルロック《米国 Arkansas 州の州都, 同州中央部, Arkansas 河畔にある》. 〘Arkansas 川の岩の突出部にちなむ〙

Líttle Rússia *n.* 小ロシア《主にウクライナ地方またはその隣接諸地方》.

Líttle Rússian *n.* ウクライナ人の旧称.

líttle slám *n.* 〖トランプ〗＝small slam.

líttle spótted cát *n.* 〖動物〗タイガーキャット (*Felis tigrina*) 《熱帯アメリカ産の小形のヤマネコ》.

líttle spótted skúnk *n.* 〖動物〗マダラスカンク (*Spilogale putorius*) 《米国南西部とメキシコに生息するイタチ科の動物》.

Líttle St. Bernárd *n.* [the ～] 小サンベルナール峠《フランス南東部とイタリア北西部との間, Mont Blanc の南の山道; Little St. Bernard Pass ともいう; 高さ 2,188 m》.

líttle térn *n.* 〖鳥類〗コアジサシ (*Sterna albifrons*).

líttle théater *n.* **1** 小劇場《大劇場のような営利を直接目的としない実験劇場》. **2** 《米》**a** 小劇場向きの(演)劇. **b** [集合的] 素人[アマチュア]演劇. 〘1771〙

líttle tóe *n.* (足の)小指. 〘15C〙

Líttle Véhicle *n.* [the ～] 〖仏教〗＝Hinayana.

líttle wóman *n.* **1** 女の子; 小娘; 大人になりかかった娘. **2** [the ～] 《口語》家内, 女房 (wife) (cf. little *adj.* A 1 a). 〘1624〙

Líttle Wómen *n.*「若草物語」《Louisa May Alcott 作の少女小説 (1868–69)》.

Lit·tle·wood /lít̬lwùd | -tl-/, **Joan** (**Maud**) *n.* リトルウッド (1914–　; 英国の演出家・女優; Theatre Workshop の設立者 (1945)).

lit·tlish /lítlɪʃ/ *adj.* ちょっと少ない, やや小さい. 〘(1860) ← LITTLE＋-ISH[1]〙

lit·to·ral /lítərəl, lìtərǽl, -rɑ́ːl | lítərəl/ *adj.* **1** 沿岸の; 海岸の, 沿海の: the ～ extent of Italy イタリアの海岸地方. **2** 〖生態〗海岸[沿岸]にすむ[生える]: ～ fauna 沿岸動物相. **—** *n.* **1** 沿岸地方: the Mediterranean ～ 地中海沿岸地方. **2** 〖生態〗潮間帯. 〘*adj.*: (1656) □ L *littorālis, litorālis* ← *litus* shore. — n.: (1828) □ It. *littorale* & F *littoral* ← (adj.)〙

líttoral cúrrent *n.* 〖海洋〗沿岸潮流.

Lit·to·ria /lɪtɔ́ːriə; *It.* littɔ́ːrja/ *n.* リットリア (Latina の旧名 (1947 年まで)).

Lit·tré /lɪtréɪ; *F.* litʀe/, **Maximilien Paul Émile** *n.* リトレ (1801–81; フランスの言語学者・辞書編集者・哲学者; *Dictionnaire de la langue française* (4 巻; 1863–73)).

litu *n.* litas の複数形.

litui *n.* lituus の複数形.

li·tur·gic /lɪ̣tə́ːdʒɪk | -tə́ː-/ *adj.* ＝liturgical.

li·tur·gi·cal /lɪ̣tə́ːdʒɪ̣kəl, -kl | -tə́ː-dʒɪ-/ *adj.* **1** 礼拝式 (liturgy) の, 典礼の[に関する]. **2** 礼拝式[典礼]に用いられる; 礼拝式[典礼]を行う[好む]: a ～ church. 〘(1641) ← LL *litūrgicus* □ Gk *leitourgikós* ministering: ⇨ liturgy, -ical〙

litúrgical éast *n.* 〖教会〗礼拝上[教会]の東(部) 《教会内の祭壇が位置する方角で, 実際の方位とは必ずしも一致しない》.

Litúrgical Látin *n.* 典礼用ラテン語.

li·túr·gi·cal·ly /-k(ə)li/ *adv.* 礼拝法によって, 祈禱(きとう)書に従って, 典礼法[書]に従って.

litúrgical nórth *n.* 〖教会〗礼拝上[教会]の北(部) 《教会の祭壇に向かって左の方角》.

litúrgical sóuth *n.* 〖教会〗礼拝上[教会]の南(部) 《教会の祭壇に向かって右の方角》.

litúrgical wést *n.* 〖教会〗礼拝上[教会]の西(部) 《祭壇のある方角(東)と反対の方角》.

li·tur·gics /lɪ̣tə́ːdʒɪks | -tə́ː-/ *n.* 〖カトリック〗礼拝学, 典礼学, 典礼論《教会の礼拝・儀式などの原理や方法に関する学問》. 〘((*a*1677)) (1855) ← LITURGY＋-ICS〙

li·tur·gi·ol·o·gy /lɪ̣tə̀ːdʒiɑ́(ː)lədʒi | -tə̀ːdʒiɔ́l-/ *n.* ＝liturgics. **li·tur·gi·o·log·i·cal** /lɪ̣tə̀ːdʒiəlɑ́(ː)dʒɪkəl, -kl | -tɑːdʒiəlɔ́dʒɪ-˘/ *adj.* **li·tùr·gi·ól·o·gist** /-dʒɪst | -dʒɪst/ *n.* 〖(1863) ← LITURGY＋-LOGY〗

lit·ur·gist /lítədʒɪst | -tədʒɪst/ *n.* **1** 礼拝学者, 典礼学者; 儀式文編集者. **2** 礼拝式形式厳守者, 典礼主義者. **3** 礼拝式司祭[司会牧師]. **lít·ur·gìsm** /-dʒɪzm/ *n.* **lit·ur·gis·tic** /lìtədʒístɪk | -tə-˘/ *adj.* 〖(1649): ⇨ ↓, -ist〗

lit·ur·gy /lítədʒi | -tədʒi, -tɜː-/ *n.* **1 a** 典礼, 礼拝(式), 教会儀式 (⇨ ceremony SYN). **b** [集合的にも用いて](礼拝式に用いる)典礼文, 礼拝式文. **2** [the L-]〘英国国教会〙祈禱(きとう)書 (the Book of Common Prayer). **3** [the L-] 聖餐(せいさん)式 (the Eucharist),〘東方正教会〙聖体礼儀 (Divine Liturgy ともいう; カトリックでは (Holy) Mass ともいう).

Líturgy of the Hóurs [the —]〘カトリック〙定時課の典礼《聖務日課 (Divine Office) の改定 (1970)》.

〖(1560) □ F *liturgie* // LL *litūrgia* □ Gk *leitourgía* public service, divine service ← *leitos* of the people (← *leṓs* people)＋*érgon* work, business〗

lit·u·us /lítjuəs/ *n.* (*pl.* **lit·u·i** /-tjuàɪ/) **1**〘数学〙リチュウス《極座標で表した時, 動径の平方と偏角との積が一定であるような曲線》. **2** (古代ローマで占官が用いた)曲がり杖. 〖(1611) □ L ～ 'crooked staff, crosier'〗

Lit·vak /lítvæk/ *n.* リトアニア系ユダヤ人.

Lit·vi·nov /lɪtvíːnɔ(ː)f, -nɑ(ː)f | -nɔf; *Russ.* lʲɪtvʲí-nəf/, **Maksim** (**Ma·ksi·mo·vich** /maksʲíməvʲɪtʃ/) *n.* リトヴィーノフ《1876–1951; 旧ソ連の外交官; 外務人民委員 (1930–39)》.

lítz wìre /líts-/ *n.*〘電気〙リッツ線《絶縁した細い素線を束にした高周波用の電線》. 〖(1927)《部分訳》← G *Litzendraht* ← *Litze* braid＋*Draht* wire〗

Liu·cho /liùːdʒóu | -dʒə́u/ *n.* (*also* **Liu-chow** /～/) ＝Liuzhou.

Liu Shao·chi /ljúːʃàutʃíː/ *n.* ＝Liu Shaoqi.

Liu Shao·qi /ljúːʃàutʃíː; *Chin.* liǔʂàutɕʰí/ *n.* 劉少奇(リウシャオチー)《1898–1969; 中国の政治家; 国家主席 (1959–68)》.

Liu·zhou /liùːdʒóu | -dʒə́u; *Chin.* liǒuʈʂōu/ *n.* 柳州(リウチョウ)《中国広西チワン族自治区中部の工業都市》.

Liv. 《略》Liverpool; Livy; pound.

liv·a·bil·i·ty /lìvəbíləti | -lɪ̀ti/ *n.* **1** (家畜の)生存能力. **2** (家・環境などの)人間生活の適合性. 〖(1914): ⇨ ↓, -ity〗

liv·a·ble /lívəbl/ *adj.* **1** 〈人生が〉生きがいのある; 耐えることのできる: make life ～ 人生を生きがいあるものにする. **2** 〈家・部屋・気候など〉住むのに適する, 住みよい, 生活できる (habitable): a ～ house, room, etc. **3** 〈人が〉一緒に住める, つき合いやすい. **4** 〈家畜など〉生存能力のある. **～·ness** *n.* 〖((1611)) (1814): ⇨ ↓, -able〗

live¹ /lív/ *vi.* **1** [場所を表す副詞または副詞句を伴って] 住む, 居住する; 生息する: ～ abroad, next door, *at* [*by*] the seaside, *by* the park, *in* the country, *in* New York, *in* England, etc. / Where does Mr. Holmes ～? —He ～s *at* No. 221B Baker Street. ホームズ氏はどちらにお住まいですか—ベイカー街の 221B 番地に住んでいます / These animals ～ *in* the forest. この動物たちは森に生息している / They ～ *on* [《英》*in*] Portland Avenue. 彼らはポートランド通りに住んでいる. ★ 進行形は特に現在を主観的感情を込めて述べる場合や, 継続の意を明示する場合に用いられる: We *are* now *living* in a very pleasant home. 今実に快適な家に住んでいます / They *have been living* [have ～*d*] in the U.S. for ten years. 彼らは 10 年前から合衆国に住んでいる. ★ 完了形では進行形と単純形は意味の差がない.

2 a 〔…と〕同居する, 〔…に〕寄宿する〔*with*〕; 〔…から離れて〕住む 〈*away*〉〔*from*〕: He ～s *with* his parents [*with* the Browns]. 両親と一緒に暮らして[ブラウン家に寄宿して]いる / In those days we ～*d together* [under the same roof]. 当時われわれは同居していた[同じ屋根の下に住んでいた] / Some girls ～*d away from* their families. 家族から離れて住んでいる少女もいた. **b** 〔…と〕同棲する (cohabit)〔*with*〕: He's *living with* Helen. ヘレンと同棲している / They have been *living together* five years. 二人は 5 年間同棲している.

3 a [副詞(句)または補語を伴って] (ある)生き方をする, (どう)暮らしていく: ～ carefully つましく暮らす; 節制ある生活をする / ～ quietly ひっそり暮らす / ～ close つましく暮らす / ～ well 裕福に暮らす / ～ fast ⇨ fast¹ *adv.* 5 / ～ rough つましく暮らす, 苦しい生活をする / ～ high [*in* luxury] ぜいたくに暮らす / ～ *within* one's means [income] 収入に相応の生活をする / ～ *in* hopes 期待に生きる / ～ *in* a small way 質素に暮らす / ～ *in* the past 昔のことばかり考えて暮らす, 過去の夢を追う / ～ *in* the present 現状を受け入れて暮らす, 現実を直視して生きる / ～ single 独身生活をする / ～ free from care 苦労のない生活をする / He ～*d* a saint [～*d like* a saint]. 聖者として生きた[聖者のような生活をした]. **b** 〘聖書〙永遠に生きる: He that believeth in me, though he were dead, yet shall he ～. 我を信ずる者は死ぬとも生きん (*John* 11:25).

4 〈動植物が〉(死なずに)生きている, 枯れないでいる: Plants cannot ～ without moisture. 水分がなければ植物は生きられない / Dickens ～*d* in the nineteenth century. ディケンズは 19 世紀の人です / as long as one ～s 生きている限り, 死ぬまで / (as sure) as I ～ (and breathe) (私が生きているように)極めて確かに. ★ 人が主語の場合, 単純現在形で用いるのは, 上の最後の 2 例のような慣用法以外では《まれ》; 従って He still ～s. よりも He is still *alive*. または He *is* still *living*. のようにいうほうが普通.

5 a 長生きする, 生き延びる; 〈…するまで〉生き長らえる 〈*to* do〉: ～ long [*to* a ripe old age, *to* be old] 長生きする / He ～*d to* see his great-grandson. 彼は長生きしてひまごの顔を見た / His family ～*d on* after that. 彼の家族はその後も生き延びた (cf. 8) / Long ～ the Queen! 女王陛下万歳 / *Live* and learn. 《諺》長生きすれば色々のことを見聞きする,「長生きはするもの」/ *Live* and let ～. 《諺》おのれも生きよ他も生かせ《世の中は持ちつ持たれつ; 他人には寛容に》. **b** 〔…を〕生き抜く, 切り抜ける〔*through*〕; 〈船・飛行機などが〉〈嵐などに〉耐え抜く, 無事で通す〔*through*, *in*〕: They had ～*d through* the political crisis. 彼らは政治的危機を切り抜けた / No ship could ～ *through* such a storm. どんな船でもこれほどのしけに耐えられるものはあるまい. **c** 〔…のために〕一生を過ごす, 生涯を生きる〔*for*〕: ～ *for* today [the moment] 今日[瞬間]のために生きる / ～ *for* money [one's work] 金[仕事]のために生きる / ～ *for* one's family [oneself, others] 家族[自分, 他人]のために生きる / He had nothing (left) to ～ *for*. 彼には生きがいが(残ってい)なかった.

6 a 〔…を〕食べて生きている (feed, subsist, survive)〔*on*, *upon*, *off*〕: We cannot ～ *on* air. かすみを食っては生きていけない / He ～*d only on* tea and bread and butter. お茶とバター付きのパンだけで済ましていた / We sometimes ～*d off* mush and milk. 時にはおかゆと牛乳でしのぐこともあった. **b** 〔…をもとにして〕生きて[食べて]行く, 生活していく〔*on*, *upon*, *off*, *by*〕: He ～*s on* (the rent from) his estates in the country. 彼は田舎の地所(の賃貸料)をもとでに生活している / Can you ～ *on* such a salary? こんな給料で食べていけますか / He ～*d on* his reputation. 過去の名声で生きていた / He is still *living on* [*off*] his father. まだおやじのすねをかじって生きている / ～ *off* the country [land] 〈旅行者・軍隊などが〉現地の食物に依存する / ～ *by* one's pen 文筆で食べる / She had to ～ *by* sewing. 裁縫をして生計を立てなければならなかった.

7 人生を楽しむ, 面白く暮らす; 充実した生き方をする: I have (really) ～*d* today. 今日は本当に愉快だった / Let us ～ (a little) while we may. 生きてる間は面白くやろうじゃないか / He really knows how to ～. 本当に人生の楽しみ方を知っている.

8 〈思い出などが〉(もとのまま)残る (survive)〈*on*〉; 〈出来事などが〉〔人(の記憶)に〕残る (remain)〔*in*〕; 〈精神などが〉生き生きしている: His memory ～*s*. 彼の思い出は今なお生きている / Elvis ～*s*! エルビスが心の中で生きている / This tradition will ～ *on* forever. この伝統はいつまでも続くだろう (cf. 4 a) / The incident still ～*s in* my memory. その事件は今も私の記憶に残っている / The characters ～ *in* this novel. この小説では人物が息づいて[活写されて]いる.

— *vt.* ★ 一般に *vt.* 用法は文語的. **1** [同族目的語として life を伴って] **a** 〈…の生活を〉する, 送る: He ～*d* a happy *life* [an idle *life*, a *life* of ease, the *life* of a Christian]. 幸福な[怠惰な, 安逸な, クリスチャンとしての]生活を送った / Their family *life* was ～*d* in front of the fireplace. 彼らの家庭の団欒(だんらん)は炉の前で営まれた. **b** 〈人生が〉(存分に)生きる: Is *life* worth *living*? 人生は生きるに値するか. **2** (自分の生活の中で)示す, 実行する: ～ one's beliefs [faith, philosophy, religion] 自分の信念[信条, 哲学, 宗教]を実践する / ～ a lie 虚偽の生活をする / He ～*s* what he teaches. 彼は自分の教えるところを実践している. **3** (自分のこととして)体験する, 楽しむ: The children ～*d* every second of the film. 子供たちはその映画の一刻一刻をわがことのように楽しんだ. **4** 〈俳優が〉〈役を〉熱演する, 感情を込めて演じる: ～ a role in a play 芝居で役柄を熱演する.

live apárt 〈夫婦が〉別居する; 〈夫婦の一方が〉〈他と〉別居する〔*from*〕: Betty has been *living apart from* her husband.＝Betty and her husband have been *living apart*. ベティは夫と別居中です. ***live dówn*** (1) 〈不名誉・過失などを〉後の行為で償う: At last he ～*d down* the scandal. 立派な生き方をしてついに汚名をそそいだ. (2) 忘れ去れるようになる: He had quite ～*d down* that earlier fancy. 月日のたつうちにあの若いころの情熱的な思いもすっかり忘れ去っていた. ***live from dáy to dáy***＝***live from hánd to móuth*** その日暮らしをする. ***live hígh òff the hóg*** ⇨ hog 成句. ***live ín*** (1) 〈雇い人が〉住み込みで勤務する, 〈学生などが〉寮に住む (cf. LIVE¹ *out* (1)): Does your housemaid ～ *in* or out? おたくのお手伝いさんは住み込みですか通いですか. (2) 〈部屋などに〉ふだん住む, …を平生使う (cf. *vi.* 1). ★ この意味では live in が一つの *vt.* に相当し, しばしば p.p. 形をなして受動構造に用いられる (cf. lived-in): The room does not seem to be ～*d in*. この部屋はふだん人がいないらしい. ***live in a wórld of*** one's ***ówn*** 《口語》自分の世界に閉じこもる. ***live in*** [***within***] ***onesélf*** 孤独に生きる[暮らす]; 自分自身に閉じこもる. ***live in*** one's ***trúnks*** [***bóxes***]《古》＝LIVE *out of a suitcase*. ***live it úp*** 《口語》人生を楽しむ, 面白おかしく暮らす; 豪遊する, ほうらつな生活を送る; 〈パーティーなどで〉にぎやかに楽しむ. 《1951》 ***live on*** one's ***nérves*** ⇨ nerve *n.* 3. ***live on*** one's ***ówn*** 〈老人・未亡人などが〉一人で暮らす. ***live or díe by*** …を生活の指針[たより]とする (live by). ***live óut*** (1) 〈一生を〉生き通す; 〈病人が〉〈ある時期を〉持ちこたえる; 〈暴風などを〉切り抜ける: He ～*d out* his life [days] in the same town. 彼はその同じ町で一生を終えた / We had to ～ *out* the winter in that ugly neighborhood. 我々はその汚らしい界隈(かいわい)でその冬をしのがなければならなかった. (2) 〈考え・夢などを〉実行にうつす, 実際に行う. (3) 〈雇い人が〉通いで勤める; 〈学生などが〉寮に住んでいない (cf. LIVE *in* (1)). ***live óut of a súitcase*** [***trúnk***, ***bóx***] (旅行などをしていて)旅行かばんの中の身の回り品で暮らす; 旅装を解かずにいる; (各地を)転々とする: I've been *living out of a suitcase*. いつも転々としてきた. ***live óut of tíns*** [***cáns***]《口語》缶詰ばかり食べている: They are just *living out of cans*. 彼らは缶詰ばかりの食生活を続けている. ***líve óver agàin*** 〈人生を〉再び生きる, 生き直す; 〈経験などを〉もう一度思い起こす, 〈過去〉の追想にふける(relive): I ～*d* the period *over again* in my recollection. 心の中でその時のことをもう一度思い起こしてみた / Hearing them talk he was *living over again* the good old days. 彼らの話を聞きながら彼は懐かしい昔を思い起こしていた / What would you do if you had your life to ～ *over again*? 人生をもう一度やり直せたらどうしますか. ***live to fight*** [***sée***] ***anóther dáy*** 困難にめげず生きのびる, 日の目を見るまでがんばる. ***live to regrét it*** …を後悔する(ことになる). ***live to onesélf*** 孤独に暮らす; 利己的な生活をする. ***live ùnder*** …の治下に生きる; …の店子(たなご)[小作]である. ***live úp to*** (1) 〈主義など〉に従って[に恥じない]行動をする; 〈理想など〉を実行する; 〈物が〉〈評判など〉に背かない, …通りである: ～ *up to* one's ideals 自分の理想を実行する / ～ *up to* one's [its] reputation 評判を落とさないように行動する / He could not ～ *up to* his famous wife. 妻が有名で彼はとても及ばなかった / Floating rates did not ～ *up to* (our) expectations. 変動相場制は期待通りには実施されなかった. (2) 〈財産などを〉限度[ぎりぎり]まで使う: ～ *up to* one's fortune 財産を蕩尽(とうじん)する. 《1694》 ***live with*** (1) ⇨ *vi.* 2. (2) …を耐え忍ぶ, 我慢して受け入れる: ～ *with* one's sorrow 悲しみに耐えて生きる / You must (learn to) ～ *with* this situation. 君はこの現状に耐え(ることを知ら)ねばならない. ***live with onesélf*** 自尊心を保つ[捨てない]. 《1962》 ***whère one líves*** 《口語》急所を[に]: Her words hit [got] me (right) *where I* ～. 彼女の言葉は私の急所を突いた. ***who*** [***that***] ***éver líved*** [最上級とともに] 今まででいちばんの…: He is the great*est* singer *that* [*who*] *ever* ～*d*. 彼は史上最大の歌手だ.

〖OE *lifian*, *libban* < Gmc **liƀēn* to remain, continue (Du. *leven* / G *leben*) ← IE **leip-* to stick, adhere; fat: ⇨ life: cf. leave¹〗

SYN 住む: **live**「住む」を表す一般語: He *lives* in Chicago. シカゴに住んでいる. **dwell** 《文語》特定の場所に住む: The poet *dwelt* beside the lake. 詩人は湖畔に住んでいた. **reside** *live* と同義であるが, 格式ばった語: He *resides* in this parish. 彼はこの教区に住んでいる.

L

live² /láɪv/ *adj.* **1** [限定的] **a** 〈動物・植物が〉生きている, 生きた (⇨ living SYN); 生きたままの, 生きているうちの, 生体の (↔ dead): a ～ tree, bird, etc. / a ～ fence 生垣 / a ～ arch 樹門 / ～ bait (釣りの)生き餌(え) / the ～ weight of an animal 動物の生体の重量 / ⇨ live well. **b** [通例 real ～ として]《戯言》(にせもの・絵・おもちゃなどでなく)本物の, 生きた (actual): a *real* ～ queen [movie star] 本物の女王さま[映画俳優].

2 a (録音・録画などでなく)生(なま)の (↔ canned, recorded): a ～ program [recording] 生放送番組[録音] / a ～ transmission 生送信 / We watched the ceremony via a ～ satellite telecast. 儀式の模様を生の衛星中継で見た / This is coming to you ～ from Los Angeles. これはロサンジェルスからの生放送です. **b** 〘ラジオ・テレビ〙生の; 〈視聴者が〉実際にスタジオにいて反応を示す: performance before a ～ audience 聴衆[観衆]の前の実演. **c** (映画などでなく)実演の (cf. living *adj.* 6): a ～ performance 実演. 日英比較 (1)「ライブ」を音楽の生演奏の意味の名詞として用いるのは和製英語. 英語では *live* performance という. (2)「ライブハウス」は和製英語. 英語では *live*-music club などという.

3 a 〈電線など〉電気[電流]が通じている, 帯電した: a ～ rail 送電軌条 / ⇨ live wire 1. **b** 〈機械など〉動いて[働いて]いる, 運動を伝える: a ～ machine 動力のかかっている[運転中の]機械.

4 a 〈弾丸が〉装塡(そうてん)された (loaded); まだ爆発していない (unexploded): ～ ammunition [ammo] 炸薬填実弾《火薬・爆薬などの入った爆発の危険のある弾薬》/ a ～ bomb 実爆弾 / a ～ cartridge 実包, 実弾 / a ～ shell 実砲弾, 実弾, 榴弾実包, 不発榴弾《地面に落ちてもなお爆発しないもの》. **b** 核分裂物質の入った.

5 生物(虫など)がたくさんいる, 生物の気配のする: the ～ murmurs of a summer's day 夏の日の虫の音.

6 a 活気のある, 生き生きした (vital, vivid, lively, vivacious); 〈人が〉活動的な, 威勢のよい (energetic): a ～ person 活発な人 / with ～ eyes 生き生きしたまなざしで. **b** 《口語》時勢に遅れない; 抜け目のない (wide-awake).

7 [通例限定的]《口語》〈問題など〉当面の, 盛んに論議中の; 未解決の (unsettled): a ～ topic 時の話題 / a ～ problem 当面の問題 / make a question a ～ issue ある問題を時の重要論題にする.

8 a 〈燃焼物など〉火のついている, (まだ)燃えている; 〈火山など〉活動中の: a ～ cigarette 火のついているたばこ / ～ coal(s) 燃えている石炭 / ～ embers 起こっている燠(おき) / a ～ volcano 活火山. **b** 〈怒りなど〉激しい (ardent): a ～ hatred 激しい憎しみ. **c** 〈水が〉流れてやまない: a ～ fountain 水の吹き出している噴水.

9 〈空気が〉新鮮な (fresh).

10 〈色彩が〉鮮明な, 鮮やかな (bright): a ～ color.

11 〈ゴムが〉弾力(性)のある (resilient, bouncy): a ～ rubber ball 弾力のあるゴムまり.

12 〈部屋など〉反射性で残響が長い, よく反響する, よく響く (cf. dead 11).

13 〘球技〙〈ボールが〉インプレーの (in play): a ～ ball インプレーの[生きた]ボール (cf. dead 6).

14 〈岩石など〉天然のままの, まだ切り出さない: ～ rocks.

15 〘会計〙〈勘定・口座が〉出入りの多い; まだ十分市場性のある: ～ assets 収益資産 / ⇨ live account.

16 〘印刷〙 a まだ印刷されていない, 組置きの. b 〈原稿など〉活字に組んでない. c 未校正の.
17 〘トランプ〙 =*in* PLAY (3).
— *adv.* 〘ラジオ・テレビ〙 生(なま)で, 実況で: broadcast [telecast] an event ~ 事件を生放送[テレビ放映]する / They watched the gunfight ~ and in color on television. その銃撃戦をカラーの生中継で見た.
〘(1542)《頭音消失》← ALIVE〙

live·a·bil·i·ty /lɪ̀vəbíləṭi | -lɪ̀ti/ *n.* =livability.
live·a·ble /lívəbl/ *adj.* =livable.
live accóunt /láɪv-/ *n.* 〘会計〙 活動勘定《現在記入の行われている勘定》.
líve áction /láɪv-/ *n.* 〘映画〙 ライブアクション, 実写, 実演.
líve-alòne *n.* ひとり暮らしの人, 単身生活者.
live áxle /láɪv-/ *n.* 〘自動車〙 活軸, 回転車軸 (cf. dead axle).
líve·bàit /láɪv-/ *n.* (釣りの)生き餌(え). 〘1616〙
líve·bèarer /láɪv-/ *n.* 〘魚類〙 カダヤシ科の卵胎生の魚《観賞魚》. 〘1934〙
líve-bèaring /láɪv-/ *adj.* 胎生の (viviparous).
live bìrth /láɪv-/ *n.* 生児出生, 生産 (cf. stillbirth 1). 〘1889〙
líve-bòrn /láɪv-/ *adj.* 〘生物〙 生きて生まれた (cf. stillborn 1). 〘1797〙
líve-bòx /láɪv-/ *adj.* (魚類を生かしておくため水中につるす)いけす. 〘1862〙
live cènter /láɪv-/ *n.* 〘機械〙 《旋盤の主軸の》回り[活]センター (cf. dead center).
lived /láɪvd, lívd | lívd/ *adj.* [通例複合語の第 2 構成素として] (…の)生命のある: long-[short-]*lived* 長[短]命の / tough-*lived* 強い生命力のある. 〘(1589): ⇨ live¹, -ed 2〙
lived-in /lívdìn←/ *adj.* [限定的] 人の住んでいる(ような), 人の住みついた(ような) (cf. LIVE¹ *in* (2)): The house had no ~ appearance. その家には人が住んでいるような気配がなかった. 〘1873〙
live énd /láɪv-/ *n.* 〘ラジオ・テレビ〙 スタジオ内で音響反射材が施してある(音の反響がある)部分 (cf. dead end 3).
líve-forèver /lív-/ 〘植物〙 1 ムラサキベンケイソウ (*Sedum purpureum*) 《北米産のベンケイソウ科の植物; 観賞用》. 2 =pearly everlasting.
live-in /lívɪ̀n←/ *adj.* [限定的] 1 一緒に住んでいる: her ~ lover 彼女と一緒に住んでいる恋人. 2 住み込みの (cf. live-out): a ~ maid 住み込みのお手伝い. 〘1955〙
live·li·hood¹ /láɪvlihʊ̀d/ *n.* 暮らし(の手段), 生計: make [earn, gain, get] a [one's] ~ 生計を立てる / earn an honest ~ まじめに働いて生活する / pick up a scanty ~ やっと生活をする / deprive a person of his ~ 人から生活の道を奪う. 〘(?a1200) *livelode, liflode* < OE *lif(ġe)lād* life support, course of life (⇨ life, lode, load): 今の形は↓の影響による〙

SYN 生活費: **livelihood** 生計を立てていく手段: Teaching is my *livelihood*. 教師が私の生業です. **living** 衣食住に必要な金; この意味では最も普通の語: earn one's *living* 生計を立てる. **support** 生活維持あるいは家族の扶養に要する金というニュアンスをもつ: means of *support* 生活費. **keep** 口語的な表現で, 食費と住居費: pay for one's *keep* 食い扶持を払う.

live·li·hood² /láɪvlihʊ̀d/ *n.* 《廃》活気, 生気 (liveliness). 〘(1566) ← LIVELY+-HOOD〙
live·li·ly /-lɪli/ *adv.* 1 元気よく, 勢いよく (vigorously). 2 陽気に, にぎやかに (gaily). 3 生き生きと; 鮮やかに. 〘(1558) ← LIVELY+-LY¹〙
líve·li·ness *n.* 1 元気, 活気 (activity, vigor). 2 陽気, 快活. 3 生気, 生彩; 鮮明. 〘(a1398) *liflinesse*: ⇨ lively, -ness〙
live lóad /láɪv-/ *n.* 〘工学〙 活荷重, 動荷重, 積載荷重《鉄橋を通過する列車の重量のように構造物自体の重量にさらに加えられる荷重, または車両の乗客や貨物の荷重; superload ともいう; cf. dead load》. 〘1866〙
líve·lòng /lív-, láɪv-/ *adj.* [限定的] 〘主に詩〙 《倦怠(けんたい)・退屈または喜びを含意して》〈時間が〉長々しい; まる…, …中 (whole): the ~ night 夜通し / walk (all) *the* ~ day 1 日中歩き続ける. — *n.* 〘植物〙 =orpine. 〘1578〙 〘(c1400) *leve longe* dear long: この *leve* を LIVE¹·² と混同したもの: ⇨ lief, long¹〙
live·ly /láɪvli/ *adj.* (**live·li·er, -li·est; more ~, most ~**) 1 元気のよい, 活発な (spirited, brisk) (⇨ active SYN): ~ steps [pace] 元気な足取り[歩調] / a ~ youth 元気のよい青年 / a ~ discussion [conversation] 活発な議論[会話]. 2 陽気な, にぎやかな, 面白い, 活気にあふれる: a ~ tune, dance, tone of voice, etc. / The town is ~ *with* tourists. 町は観光客で活況を呈している. 3 〈感情・関心など〉強い, 熱烈な; 〈知力など〉鋭敏な, 鋭い (acute): ~ faith 熱烈な信仰 / a ~ sense of gratitude 強い感謝の念 / a ~ hope 生ける望み, 強い希望 (*1 Pet.* 1: 3) / a ~ imagination 活発な想像力 / ~ intellect 鋭敏な知力 / in ~ curiosity 強い好奇心に駆られて / take a ~ interest in …に強い興味を持つ. 4 〈大気など〉爽快な, 心地よい (brisk): a ~ breeze さわやかな微風. 5 〈色彩・印象など〉鮮明な, 鮮やかな: a ~ recollection 生き生きした思い出 / give a ~ description [account, idea] of …を如実に描写する[伝える]. 6 〘戯言・婉曲〙 人をはらはらさせる, 活劇的な (exciting, striking, hot); 〈人をはらはらさせるほど〉厄介な, 面倒な: have a ~ time of it はらはらする / make things [it] ~ for a person 人をはらはら[きりきり舞い]させる. 7 〈ワインなど〉泡立つ. 8 a 〈ゴムの球が〉よく弾む (resilient, bouncy). b 〘野球〙 〈球が〉打つとよく飛ぶ. 9 〘海事〙 〈船が〉傾いてもすぐ起きる, 復元力のある, 軽く波の上を躍る《重心がごく低い所にある船の特徴》. 10 《廃》生きている. **lóok lívely** ⇨ look 成句.
— *adv.* (**live·li·er, -li·est; more ~, most ~**) 元気よく, 活発に, 威勢よく; 生き生きと, はっきりと: Step ~! 元気よく歩け.
〘(?a1200) *liuelich* < OE *liflic*〙

SYN 活発な: **lively** 元気がよく生気に満ちて活発な: *lively* talk 活発な話し合い. **animated** 人や物がにぎやかで生気に満ちて面白い: an *animated* discussion 活発な討論. **active** 物事に積極的で活動的な: The group is now very *active*. そのグループは活発に活動している. **brisk** 人やその態度が機敏できびきびして活発な: a *brisk* pace 活発な足取り. **vivacious** (特に女性が)生き生きして明るい: a *vivacious* girl 明朗な少女. **ANT** dull.

liv·en /láɪvən/ *vt.* 陽気[快活]にする 〈*up*〉. — *vi.* 陽気[快活]になる, 浮き立つ 〈*up*〉. **~·er** *n.* 〘(1884) ← LIVE²+-EN¹〙
live óak /láɪv-/ *n.* 〘植物〙 1 北米南部から西インド諸島の砂地に生じるカシの一種 (*Quercus virginiana*) 《常緑樹; 堅固な木材は造船用に使用された》. 2 =encina 1. 〘1610〙
live òne /láɪv-/ *n.* 《口語》かも, だまされやすい人; 熱狂する人, 夢中になる人.
live-out /lívàʊt←/ *adj.* [限定的] 住み込みでない, 通いの (cf. live-in).
live párking /láɪv-/ *n.* 運転手が乗ったままの駐車.
liv·er¹ /lívə | -və(r)/ *n.* 1 〘解剖〙 肝, 肝臓 (⇨ digestive 挿絵). ★ 昔は愛・勇気などの感情の本源と考えられていた: a hot ~ 熱情, 多情 / a cold ~ 冷淡, 無情 / a white [lily] ~ 臆病(おくびょう). ★ ギリシャ語系形容詞: hepatic. 2 (子牛・豚・鶏などの)肝臓, レバー《食用》: ~ paste レバーペースト. 3 肝臓病; (特に)胆汁症 (biliousness): have a ~ 《口語》肝臓が悪い; 怒りっぽい, 不機嫌だ. 4 肝臓色, 茶褐色 (liver brown, liver maroon, hepar ともいう). 5 (ペンキ・印刷インクなどの)凝結.
líver of súlfur =sulfurated potash.
— *adj.* [限定的] 〈馬・犬など〉肝臓色の, 茶褐色の.
— *vi.* 〈ペンキ・印刷インクなどが〉凝結する.
~·less *adj.* 〘OE *lifer* < Gmc *librō (Du. *lever* / G *Leber* / ON *lifr*) ← IE *leip- to stick: ⇨ live¹〙
liv·er² /lívə | -və(r)/ *n.* 1 [修飾語を伴って] (…の)生活をする人, …生活者: a clean ~ 清廉潔白の人 / a fast [loose, evil] ~ 放蕩(ほうとう)[道楽]者 / a good ~ 有徳者; 美食家 / a hearty ~ 大食家. 2 住人, 居住者 (dweller): a ~ in a town 都会生活者. 〘(c1378): ⇨ live¹, -er¹〙
líver·bèr·ry /-bèri | -b(ə)ri/ *n.* 1 〘植物〙 レバーベリー (*Streptopus amplexifolius*) 《ユリ科タケシマラン属の多年草, 北半球温帯に分布; cf. twisted-stalk》. 2 レバーベリーの実.
liver chèstnut *n.* 栃栗毛の馬《黒っぽい栗毛》.
liver cirrhósis *n.* 〘病理〙 肝硬変(症).
líver-còlored *adj.* 肝臓色, 茶褐色の. 〘1663〙
liv·ered *adj.* [通例複合語の第 2 構成素として] (…の)肝臓がある (cf. liver¹ *n.* 1): white-[lily-]*livered* 臆病な. 〘(c1300) 《廃》clotted: ⇨ liver¹, -ed 2〙
liver èxtract *n.* 肝エキス《貧血治療薬》. 〘1910〙
líver flùke *n.* 〘動物〙 肝吸虫 (*Fasciola hepatica*) 《牛・羊などやまれに豚・馬・人の胆管に寄生するジストマの一種》. 〘c1790〙
líver flùke disèase *n.* 〘獣医〙 =liver rot.
lív·er·ied *adj.* 仕着せを着た, そろいの服を着た. 〘(1634) ← LIVERY²+-ED〙
lív·er·ish /-vərɪʃ/ *adj.* 1 〈色が〉肝臓に似た, 茶褐色の. 2 《口語》 a 肝臓病の[にかかった]. b 気難しい (cross). **~·ness** *n.* 〘(1740) ← LIVER¹+-ISH¹〙
líver·lèaf *n.* 〘植物〙 =hepatica 1. 〘1851〙
Liv·er·more /lívəmɔ̀ə | -vəmɔ̀:(r)/ *n.* リバーモア《米国 California 州西部, San Francisco 東の都市; ワイン醸造が行われている》.
liver òil *n.* 肝油 (cf. cod-liver oil). 〘1875〙
liver òpal *n.* リバーオパール (menilite).
Liv·er·pool /lívəpù:l | -və-/ *n.* リバプール《イングランド北西部 Mersey 河口にある海港; 貿易の中心地》. 〘ME *Liverpul* ← ? OE *lifrig* liver-colored, peaty+*pōl* 'pond, POOL¹'〙
Liv·er·pool /lívəpù:l | -və-/, 2nd Earl of *n.* リバプール (1770–1828; 英国の Tory 党の政治家; 首相 (1812–27); 本名 Robert Banks Jenkinson).
Líverpool hòuse *n.* 〘海事〙 リバプール型船楼《帆船で船橋甲板をもつために, 船側から反対の船側まで続くように造られた甲板上構造物》.
liver púdding *n.* =liver sausage. 〘1716〙
Liv·er·pud·li·an /lìvəpʌ́dliən | -və-←/ *adj.* Liverpool の. — *n.* Liverpool の市民; 《口語》Liverpool の方言. 〘(1833) ← LIVERPOOL: *-pool* を *puddle* に換えて造った戯語: ⇨ -ian〙
liver ròt *n.* 〘獣医〙 肝蛭(かんてつ)症 (fascioliasis). 〘1837〙
liver sàlts *n. pl.* 胃弱・胆汁症用のミネラル塩剤.
liver sàusage *n.* レバーソーセージ《主に肝臓で作ったソーセージ; liver pudding ともいう》. 〘1855〙
liver spòts *n. pl.* 〘医学〙 しみ, 肝斑 (⇨ chloasma). 〘1883〙
líver·wòrt *n.* 〘植物〙 苔類全般の総称; (特に)ゼニゴケ (*Marchantia polymorpha*) など葉状苔類 (cf. hepatica, moss 1 a). 〘OE *liferwyrt* 《なぞり》← ML *Hepatica* ← L *hēpaticus* of liver: 肝臓の形をした部分があったり, 肝臓の病気に用いたことから〙
liv·er·wurst /lívəwə̀:st, -və-, -wʊ̀əst | -vəwə̀:st/ *n.* 《米》=liver sausage. 〘(1869) 《部分訳》← G *Leberwurst* ← *Leber* liver¹+*Wurst* sausage〙
liv·er·y¹ /lív(ə)ri/ *n.* 1 a (封建時代に領主がその臣下に与えた)そろいの仕着せ, そろい服, 制服《特に, 中世末期に有力貴族が自らの retainer に着用させ, 家臣団とした; 戦場などでの目印用に目立つ色のものをつけた; cf. livery color 1》; (領主が臣下に与えた)記章. b (従僕・下男に当てがわれる)仕着せ, (そろいの)制服: in [out of] ~ 仕着せ[平服]を着て(いる). c (同業組合員・特定の職業人・慈善学校生徒などの)制服, 定服, 組合服: take up one's ~ (London 市の)同業組合員になる. d 《英》同業組合 (livery company). 2 (特徴ある)装い, 外見: the ~ of spring 春の装い / the somber *liveries* of crows からすの黒い装い / the ~ of grief [woe] 喪服 / the ~ of other men's opinion 他人の説の借着. 3 《米》 a (乗り物の)レンタル業[会社]: an automobile ~ レンタカー業[会社] / a bicycle ~ 貸自転車屋. b 貸ボート屋. 4 《英》 [所有格に続けて] (会社などの)シンボルマーク. 5 [集合的] 《古》 a 仕着せを着た下男, 従者, 家来. b 《英》同業組合員. 6 《古》(召使に与えた)扶持(ふち), 衣食. 7 a 《廃》(馬に当てがわれる)定食糧: ~ and bait 馬の定食糧. b 飼料を受けて馬を飼養すること; (馬預かり人が)飼養料を取って馬を預かること; (貸馬・貸馬車屋の)馬の飼養: *at* ~ 〈馬が〉飼料を受けて飼養されて / keep a horse *at* ~ 飼料を受けて馬を飼養する; 飼料を払って馬を預けて置く; 貸馬をする. c 《米》=livery stable. 8 〘法律〙 a (土地の)占有引渡し. b 《英》(被後見人が成年に達しない時の)土地占有引渡し(請求令状): sue (for) one's ~ (成年に達した被後見人として)土地の占有の引渡しを法廷に訴え出る. 〘(c1300) *livere, levere* ◻ AF *liveré*=(O)F *livrée* (p.p.) ← *livrer* to deliver < L *līberāre* 'to release, LIBERATE'〙
liv·er·y² /lív(ə)ri/ *adj.* 1 肝臓に似た, 肝臓のような. 2 肝臓病の. 〘(1778) ← LIVER¹+-Y⁴〙
livery còlor *n.* 1 (領主がその臣下に与えた)揃いの仕着せの色 (cf. livery¹ 1 a). 2 [*pl.*] 〘紋章〙 ある特定の紋章に使用されている代表的な色《王あるいは国の紋章の採色が数色である時, その中で特に目立つ金属色(金あるいは銀)と原色の 2 色を指し, 旗などをこの 2 色でデザインする基準とされる》. 〘1473〙
livery còmpany *n.* 《英》(London 市にたくさんあった)同業組合 (guild) 《組合員は業種別に特殊な制服を着た; cf. trade guild》. 〘1766〙
livery·man /-mən/ *n.* (*pl.* **-men** /-mən, -mèn/) 1 《英》同業組合員, London の自由市民[正市民]《自分の所属する livery company の制服を着用し, 彼らだけが市政に参加した》. 2 貸馬車屋; レンタル業者. 3 《古》=livery servant. 〘1682〙
livery sèrvant *n.* 仕着せを着た下男, (大家の)従僕, 下男. 〘1702〙
livery stàble [yàrd] *n.* 貸馬車[乗物]屋, 馬[乗物]預かり所. 〘1705〙
lives /láɪvz/ *n.* life の複数形.
live stéam /láɪv-/ *n.* 生(なま)蒸気《ボイラーから発生したばかりの高圧の蒸気; 一度何らかの目的で使用した廃気に対比される》. 〘c1875〙
live·stock /láɪvstɑ̀(ː)k | -stɔ̀k/ *n.* [集合的; 単数または複数扱い] 1 家畜類《馬・牛・羊など; cf. dead stock 2》: ~ farming 牧畜. 2 《英・戯言》(ノミ・シラミなどの)小さな害虫. 〘1742〙
líve·tràp /láɪv-/ *vt.* 〈動物を〉生け捕りにする. 〘1944〙
live tràp /láɪv-/ *n.* 動物を生け捕りにするわな. 〘c1875〙
live váccine /láɪv-/ *n.* 〘医学〙 生(なま)ワクチン, 生菌ワクチン.
líve·wàre /láɪv-/ *n.* 〘電算〙 ライブウェア《コンピューターに関係する人員; cf. hardware, software》. 〘1966〙
live wèll /láɪv-/ *n.* 1 (漁船で魚を生かしておく)いけす. 2 =live-box. 〘1893〙
live wíre /láɪv-/*n.* 1 電気の通っている電線, 活線. 2 《口語》活動家, 精力家. 〘1903〙
live·yere /lívjə | -jə(r)/ *n.* 《カナダ》(漁期だけにやってくる漁師に対して)定住者. 〘(1863) ← *live here*〙
Liv·i·a /líviə/ *n.* リビア《女性名》. 〘(dim.) ← OLIVIA〙
liv·id /lívɪd | -vɪd/ *adj.* 1 《口語》ものすごく怒った, 激怒した: He was ~ *at* his son's disobedience. 息子の親不孝に激怒した. 2 (打撲・傷・怒り・寒さなどのため)〈皮膚・つめなど〉鉛色の, 土色の; (あざのように)青黒い (black-and-blue): ~ bruises 青黒いあざ / His face turned ~ *with* fear. 恐怖で彼の顔が土色になった. 3 青白い (pallid, pale). 4 赤みがかった (reddish). **~·ly** *adv.* **~·ness** *n.* 〘(a1425) ◻ (O)F *livide* // L *lividus* ← *livēre* to be livid: ⇨ -id⁴〙
li·vid·i·ty /lɪvídəṭi | lɪvídɪti/ *n.* 鉛色, 土色; 青黒さ. 〘(a1425) ◻ (O)F *lividité* // LL *lividitātem*: ⇨ ↑, -ity〙
liv·ing /lívɪŋ/ *n.* 1 生計, 生活の資(し) (⇨ livelihood¹ SYN): work for one's [a] ~ 生計を得るために働く / earn [get] a [one's own] ~ 自分で生活費を稼ぐ, 自活する / make a ~ out of gambling 賭博で生計を立てる / She made her ~ by taking in lodgers [roomers]. 下宿人を置いて生計を立てていた. 2 暮らし方, 暮らし向き: the art [cost] of ~ 生活術[費] / high [holy, loose] ~ 贅沢な[聖者のような, だらしのない]生活 / the standard of ~ in Japan 日本の生活水準 / the cost of ~ in Japan 日本の生活費 / plain ~ and high thinking 質素な生活と高尚な思索, 暮らしは低く思いは高く (Wordsworth, *National Independence and Liberty* Pt. 1, No. 13). 3 a 生存; 生活, 住居: a passion for ~ 生への情熱 / *Living* is

expensive in Tokyo. 東京では暮らしていくのに金がかかる. **b** [形容詞的に] 生活[住居]の, 住居のための[に適した]: ~ quarters [accomodations] 居所, 宿所, 居住区[宿泊設備] / the ~ area (家の中の)くつろぎの場所, 居間 / ~ conditions 生活状態[条件] / ~ expenses 生活費 / ⇨ living room, living space, living standard, living wage. 日英比較 「リビングキッチン」は和製英語. 英語では *living* room with a kitchenet(te) などという. **4** 《英》〘キリスト教〙聖職禄(ろく), 寺禄: a poor [good, rich] ~ 乏しい[豊かな]聖職禄. **5** 《古》財産, 地所.
— adj. **1 a** 生きている, 生命のある (↔ dead): all ~ things 生きとし生けるもの / a ~ body 生体 / a ~ soul 生きている人, 人間 (*Gen.* 2:7) / a ~ corpse 生けるしかばね / a ~ hell 生き地獄 / a ~ example 生きた手本 / The forest is a ~ museum of natural history. 森は博物学の生きた博物館である / a ~ history museum 生きた歴史博物館 《特定の時代の衣装を着た人々が説明をしてくれる博物館》 / The suffix *-er* remains ~ in present-day English. 接尾辞 -er は現代英語でも生きている. **b** [the ~; 名詞的に; 複数扱い] 生きている人々, 現存者たち: The ~ sometimes envy the dead. 生きている人々は時には死者をうらやむ / in the land of *the* ~ ⇨ land¹ 5. **c** 現存の, 当代の, 現代の: the greatest ~ poet 現代最大の詩人 / ~ history 現代の歴史 / ~ English 現用英語, 生きた英語 / ⇨ living language / a ~ institution 現行制度 / within [in] ~ memory 現在の人々に記憶されている / No one ~ could do better. それ以上にできる人は当代にはいない. **2** 活発な, 活気ある; 強い: make English a ~ subject 英語を活気のある(面白い)科目にする / a ~ faith 強い信仰. **3 a** 〈肖像など〉生き写しの, よく似ている: a ~ likeness 生き写し / The child is the ~ image of his father. その子は父に生き写しだ. **b** 〈色彩·芸術品など〉生き生きした: televise the program in ~ color 番組を目のさめるような色彩で放映する. **4 a** 〈水など〉流れてやまない: ~ water 流水 / a ~ stream さらさらと流れる水. **b** 〈炭·石炭など〉燃えている: ~ coal 赤く燃える石炭. **5** 〈岩など〉自然のままの: carved [hewn] out of the ~ rock 天然の岩石から刻ま[切り取ら]れた. **6** (映画·テレビなどでない)実演の (cf. live² *adj.* 6 a): a ~ performance 実演, ライブ / the ~ theater 実演劇場 《映画館·テレビ劇場などに対していう》. **7** 《口語》[強意語として] 全くの, 真の: ⇨ *scare* [*knock, frighten*] *the living* DAYLIGHTS *out of*. ***the living énd*** 《俗》最高のもの: That gig was *the* ~ *end*, man! 君, あのジャズの演奏は最高だったぜ.
~·ness *n.* 〘OE *lifgende*: ⇨ live¹, -ing¹·²〙

SYN 生きている: **living** 有機体が生命を有している (↔ dead): all *living* things 生きとし生けるもの. **alive** [叙述的] =*living*: Is he still *alive*? 彼はまだ生きているのか. **live** [限定的] =*living*: a *live* snake 生きているヘビ. **animate** 死んだ有機体や無生物に対して, 生命のある (↔ inanimate): *animate* objects (無生物と対比して)生物. **vital** 見るからに元気で活力に満ちた状態で生きている; よい意味で比喩的に用いられる: a *vital* man 活気溢れる男 / a *vital* style 活々した文体.
ANT dead, inanimate, lifeless.

líving accóunt *n.* 〘会計〙 =live account.
Líving Búddha *n.* (ラマ教の)活仏(かつぶつ).
líving déath *n.* 生けるしかばね (living corpse) のような生活, 死も同然の生活, 悲惨な生活. 〘1671〙
líving fóssil *n.* 生きた化石, 生きている化石 《カブトガニ (king crab) やシーラカンス (latimeria) など》. 〘1922〙
líving lánguage *n.* 現用語 (↔ dead language).
lív·ing·ly *adv.* 生き生きと, 写実的に. 〘*a*1470): ⇨ -ly¹〙
líving métaphor *n.* 〘修辞〙生きている隠喩 《比喩としての機能·暗示力をもっている隠喩; cf. dead metaphor》.
líving pícture *n.* =tableau vivant.
líving ròom *n.* **1** 居間 (cf. parlor 4). 日英比較 居間のことを「リビング」というのは和製英語. **2** =living space. 〘1857〙
líving spàce *n.* **1** 生活空間, (住宅の中の)居住部分. **2** 生活圏. 〘1939〙
líving stàndard *n.* 生活水準. 〘1944〙
Liv·ing·ston /lívɪŋstən/, **Robert R.** *n.* リビングストン (1746–1813; 米国の政治家; 独立宣言の起草者の一人).
líving stóne *n.* 〘植物〙 =lithops.
Liv·ing·stone /lívɪŋstən/ *n.* リビングストン 《ザンビア南西部の Victoria Falls に近い Zambezi 河畔の小市; もと Northern Rhodesia の首都 (1911–35)》. 〘↓〙
Liv·ing·stone /lívɪŋstən/, **David** *n.* リビングストン (1813–73; スコットランドの宣教師·医師·アフリカ探検家; ⇨ H. M. Stanley).
Lívingstone dáisy *n.* 〘植物〙リビングストンデイジー (*Mesembryanthemum criniflorum*) 《南アフリカ Cape 地方原産》. 〘1934〙
Lívingstone Fálls *n. pl.* [the ~] リビングストン滝 《コンゴ民主共和国の西部, Matadi と Kinshasa 間の Congo 川下流に位置する 32 の急流群; 全長 352 km, 落差約 273 m》.
líving ùnit *n.* 生活単位 《一家族が使用する家または部屋》. 〘*c*1937〙
líving wáge *n.* (最低生活ができるだけの)生活賃金.
líving wíll *n.* 生前遺言 《不治の病気にかかった場合, 人工的延命をせず安楽死させてくれるように書き残す文書》. 〘1969〙
Li·vo·ni·a¹ /lɪ̬vóuniə | lɪvə́ʊn-/ *n.* リボニア 《バルト海に面した地方; もとロシアの一州, 今はラトビア共和国とエストニア共和国の一部》.
Li·vo·ni·a² /lɪ̬vóuniə | lɪvə́ʊ-/ *n.* リボニア 《米国 Michigan 州南東部, Detroit 市の近郊の都市》.
Li·vo·ni·an /lɪ̬vóuniən | lɪvə́ʊ-/ *n.* **1** リボニア (Livonia) 人[住民]. **2** リボニア語 《リボニア人が話す Finno-Ugric 語派のバルト地方方言》. **— *adj.*** **1** リボニア(人)の. **2** リボニア語の. 〘(1652): ⇨ Livonia¹, -an¹〙
li·vor mor·tis /láɪvɔəmɔ́ətɪ̬s, -və- | -vɔ:mɔ́:tɪs, -və-/ *n.* 〘法医学〙死斑. 〘□ L *livor mortis*〙
Li·vor·no /*It.* livórno/ *n.* リボルノ 《Leghorn のイタリア語名》.
li·vrai·son /lì:vreɪzɔ́:(ŋ), -zɔ́:ŋ; *F.* livʀɛzɔ̃/ *n.* 分冊. 〘(1816) □ F ~ delivery < L *līberātiō(n-)* setting free: ⇨ liberation〙
li·vre /lí:vr(ə); *F.* li:vʀ/ *n.* (*pl.* ~**s** /~z; *F.* ~/) **1** リーブル 《昔のフランスの通貨単位; 1803 年廃止; =20 sous》. **2** 1 リーブル銀貨. 〘(1553) □ F ~ < L *libram* pound: ⇨ libra¹〙
Liv·y /lívi/ *n.* リウィウス (59 B.C.–A.D. 17; ローマの歴史家; Augustus 帝の愛顧を得た; ラテン語名 Titus Livius /lívias/; その著といわれる建国以来紀元前 9 年までの *History of Rome* 「ローマ史」全 142 巻のうち 35 巻が現存).
lixivia *n.* lixivium の複数形.
lix·iv·i·ate /lɪksívièɪt/ *vt.* 〘化学〙(水洗い·浸出によって)〈固体混合物〉から可溶物質を抽出する; こす, 浸出する. 〘(1646) ← L *lixīvius* (⇨ lixivium)+-ATE³〙
lix·iv·i·a·tion /lɪksìviéɪʃən/ *n.* 〘化学〙浸出. 〘(1788): ⇨ ↑, -tion〙
lix·iv·i·um /lɪksíviəm/ *n.* (*pl.* **lix·iv·i·a** /-viə/, ~**s** /~z/) 《古》 **1** 灰汁, あく. **2** 浸出液. **lix·iv·i·al** /-viəl/ *adj.* 〘(1612) □ LL *lixīvium* (neut.) ← L *lixīvius* made into lye ← *lix* ashes, lye〙
Liz /líz/ *n.* リズ 《女性名》. 〘(dim.) ← ELIZABETH²〙
Li·za /láɪzə | láɪ-, lí:-/ *n.* ライザ 《女性名》. 〘(dim.) ← ELIZABETH²〙
liz·ard /lízəd | -zəd/ *n.* **1** 〘動物〙 **a** トカゲ 《トカゲ·ヤモリ·カナヘビなどトカゲ亜目に属する動物の総称》. **b** トカゲに似た動物 《ワニ·恐竜などの爬虫(はちゅう)類やイモリ·サンショウウオなどの両生類》. **2** トカゲの皮[皮革]. **3** =lounge lizard. **4** 〘印刷〙やもり (⇨ river¹ 4). **5** [the L-] 〘天文〙とかげ(蜥蜴)座 (⇨ Lacerta 1). **6** 〘海事〙リザード 《端にはめ輪や滑車を付けたロープで動索の先導になる》. 〘(*c*1378) *lesard(e)* □ OF *lesard* (F *lézard*) □ L *lacertus* ← ?〙
Liz·ard /lízəd | -zəd/, **The** *n.* リザード(半島) 《イングランド南西部, Cornwall 州南部の半島; cf. Lizard Point》. 〘lateOE *Lisart, Lusart* 《原義》 high court ← Cornish *lis* court, hall+*ard* high〙
lízard·fìsh *n.* 〘魚類〙 **1** トカゲのような頭をした細長いエソ科の魚の総称. **2** オキエソ (snakefish). 〘1753〙
lízard òrchid *n.* 〘植物〙ヒマントグロッスム ヒルキヌム (*Himantoglossum hircinum*) 《ヨーロッパ大陸産のラン科の多年草; 花弁の先が長く伸びてよじれる》.
Lízard Póint [Héad] *n.* リザード岬 《イングランド Cornwall 州の Lizard 半島南端の岬; Great Britain 島最南端の地点》. 〘トカゲに似た形をしているところから〙
lízard's-tàil *n.* 〘植物〙アメリカハンゲショウ (*Saururus cernuus*) 《北米原産のドクダミ科の白色の花をつける多年草; breastweed, swamp lily ともいう》. 〘1753〙
Liz·beth /lízbɛθ, -bɪ̬θ/ *n.* リズベス 《女性名; 異形 Lizabeth》. 〘(dim.) ← ELIZABETH²〙
Li·ze /lí:zə; *G.* lí:zə/ *n.* リーズ 《女性名》. 〘《変形》← LIZA〙
liz·zie /lízi/ *n.* 《俗》安自動車, おんぼろ自動車. 〘(1913) 略 ← *tin lizzie*〙
Liz·zie /lízi/ *n.* リジー 《女性名》. 〘(dim.) ← ELIZABETH²〙
Liz·zy /lízi/ *n.* リジー 《女性名》. 〘(dim.) ← ELIZABETH²〙
LJ 《略》Lord Justice.
LJJ 《略》Lord Justices.
Ljod /ljá(:)d, ljɔ́(:)d | ljɔ́d/ *n.* =Liod.
Lju·blja·na /lù:bljá:nə | lù̀bliá:-, lju:bljá:-; *Sln.* lʲublʲa:na/ *n.* リュブリャーナ 《スロベニア中部にある都市で同国の首都; ドイツ語名 Laibach》.
Lk 《略》Lake; Luke (新約聖書の)ルカ伝.
LK 〘ISO コード〙Sri Lanca.
lkg. & bkg. 《略》〘商業〙leakage and breakage 漏損および破損.
ll 《略》〘工学〙live load; *L.* *locō laudātō* (=in the place quoted); loose-leaf; lower left; lower limit.
LL 《略》Late Latin; Law List; lending library; Lend-Lease; limited liability; Lord Lieutenant; lower limb; Low Latin.
£L, LL 《記号》〘貨幣〙Lebanese pound(s).
ll. 《略》leaves; /láɪnz/ lines.
'll¹ /l, ɫ/ *auxil. v.* 《口語》will [shall] の縮約形: I'*ll* / he'*ll* / that'*ll*.
'll² /ɫ/ *conj.* 《口語》till¹ の略: Wait'*ll* he comes.
lla·ma /lá:mə, já:- | lá:-; *Am.Sp.* jáma/ *n.* (*pl.* ~**s**, ~) **1** 〘動物〙ラマ, アメリカラクダ 《南米産の役用に飼われるラクダ科の家畜》. **2** ラマの毛; ラマの毛で織ったラシャ. **3** ラマ属の各種の動物 (alpaca, guanaco など). 〘(1600) □ Sp. ~ □ S-Am.-Ind. (Kechua) ~〙

llama 1

Llan·daff /lǽndá:f | lǽndəf, θlǽn-; *Welsh* ɬandá:v/ *n.* (*also* **Llan·daf** /~/) ランダフ 《ウェールズの主都 Cardiff の北西にある町; 6 世紀に修道院が建てられた》.
Llan·drin·dod Wells /lændrɪ́ndɑ(:)dwélz, θlæn- | -dɔd-; *Welsh* ɬandríndod-/ *n.* ランドリンドッドウェルズ 《ウェールズ Powys 州中部にある同州の州都》.
Llan·dud·no /lændídnou, -dʌ́d- | lændídnəu, θlæn-; *Welsh* ɬandídno, -díd-/ *n.* ランディドノ 《ウェールズ北西部, Irish 海に臨む町; 保養地》.
Lla·nel·li /lənéθli, læ-, θlə-, θlæ-; *Welsh* ɬanéɬi/ *n.* (*also* **Lla·ne·lly** /~/) ラネリー 《ウェールズ南西部 Bristol Channel に臨む港市》.
lla·ne·ro /lɑ:néᵊrou, lə- | lɑ:néərəu; *Am.Sp.* janéɾo/ *n.* 南米のカウボーイ[牧夫]. 〘□ Sp. ~: ↓〙
Llan·fair·pwll /lǽnfɛəpúɬ | lǽnfɛə-, θlǽn-; *Welsh* ɬánvairpuɬ/ *n.* ランヴァイルプル 《ウェールズ北西部の村; 省略しない場合, 英国で最も長い地名とされる; 全名 Llanfairpwllgwyngyllgogerychwyrndrobwllllantysiliogogogoch》.
Llan·gol·len /læŋgɑ́(:)lən | læŋgɔ́θlən, θlæn-, læŋ-, θlæŋ-, -lɛn; *Welsh* ɬangóɬen/ *n.* ランゴレン 《ウェールズ北東部, Dee 川沿いの町》.
lla·no /lá:nou, lǽn-, já:n | lá:nəu; *Am.Sp.* jáno/ *n.* (*pl.* ~**s** /~z; *Am.Sp.* ~s/) リャノ(ス) 《南米 Orinoco 川流域低地の乾燥した大草原》; (米国南西部の樹木のまばらな)大草原. 〘(1613) □ Sp. ~ '(n.) plain, (adj.) flat, level' < L *plānum* plain: ⇨ plain¹〙
Lla·no Es·ta·ca·do /lǽnouɛ̀stəká:dou, lá:nou- | lá:nəuɛ̀stəká:dəu; *Am.Sp.* jánoestakáðo/ *n.* [the ~] ラーノエスタカードー 《米国の Great Plains の南部地帯で, Texas 州西部および New Mexico 州南東部にわたる牧畜地帯; 英訳して Staked Plain ともいう》.
LLat 《略》Late Latin; Low Latin.
LLB 《略》*NL* Lēgum Baccalaureus (=Bachelor of Laws).
L. L. Bean /ɛ̀lèɫbí:n/ *n.* L.L.ビーン 《米国のアウトドアライフ用品メーカー》.
LLD 《略》*NL* Lēgum Doctor (=Doctor of Laws).
Llew /lú:/ *n.* ルー 《男性名》. 〘(dim.) ↓〙
Lle·wel·lyn /ləwélɪ̬n, lu:-, θlə-, θlu:- | -lɪn; *Welsh* ɬəwélin, -lin/ *n.* ルエリン 《男性名; 愛称形 Llew, Lyn /lín/》. ★ ウェールズで一般的. 〘□ Welsh ~ ← *llew* 'LION'+*eilum* likeness: cf. *llyw* leader〙
Llew·el·lyn /lu:élɪn | lu:él-, ləwél-; *Welsh* ɬəwélin, -lin/, **Richard** *n.* ルエリン (1906–83; ウェールズの小説家; *How Green Was My Valley* (1939); 本名 Richard David Vivian Llewellyn Lloyd).
Lléyn Península /lí:n-, léɪn- | lí:n-, θlí:n-, léɪn-, θléɪn-; *Welsh* ɬí:n/ *n.* リーン半島 《ウェールズ北西部, Cardigan 湾と Caernarvon 湾の間にある半島》.
L-line *n.* 〘物理〙L 線 《原子の発するスペクトル線のうち電子が L 殻 (L-shell) に遷移した時に放射されるもの》.
LLM 《略》*NL* Lēgum Magister (=Master of Laws).
Lloyd /lɔ́ɪd/ *n.* ロイド 《男性名》. 〘□ Welsh *Llwyd* 《原義》 brown or grey〙
Lloyd /lɔ́ɪd/, **Harold (Clayton)** *n.* ロイド (1893–1971; 無声映画時代の米国の喜劇俳優).
Lloyd, Marie *n.* ロイド (1870–1922; 英国の女性コメディアン; 本名 Matilda Alice Victoria Wood).
Lloyd George /lɔ̀ɪdʤɔ́əʤ | -ʤɔ́:ʤ/, **David** *n.* ロイドジョージ (1863–1945; 英国の政治家; 自由党首領; 首相 (1916–22); 称号 1st Earl of Dwyfor /dú:vɔə | -vɔ:⁽ʳ⁾/).
Lloyd's /lɔ́ɪdz/ *n.* **1** 〘保険〙ロイズ 《London にある世界最大の保険市場》. **2** =Lloyd's Register. 〘← *Lloyd's Coffee House* (17 世紀末ごろの海上保険業者達のたまり場だった London のコーヒー店の名; その最初の主人が *Edward Lloyd*)〙
Llóyd's Bánk *n.* ロイズ銀行 《英国四大銀行の一つ》.
Llóyd's Líst *n.* 「ロイズリスト」《ロイズ (⇨ Lloyd's 1) の発行する船舶の発着·事故その他海事に関する報道をのせた日刊新聞》.
Llóyd's Régister *n.* **1** (英国の)船級協会 《船舶の検査·登録その他を営む; 正式には Lloyd's Register of Shipping》. **2** (ロイズ船級協会の発行する)ロイズ船名録 (Register of Ships): A 1 at ~ ロイズ船級協会 A 第 1 級(船) (cf. veritas 2); 最上, 無類.
Llóyd's únderwriter *n.* 〘保険〙ロイズ保険者 《ロイズ (⇨ Lloyd's 1) の会員である保険引受人》.
Llóyd Wéb·ber /-wɛ́bə | -bə⁽ʳ⁾/, **Sir Andrew** *n.* ロイドウェバー (1948– ; 英国の作曲家; Tim Rice の作詞によるミュージカルで有名; *Jesus Christ Superstar* (1970), *Evita* (1978), *Cats* (1981), *The Phantom of the Opera* (1986)).
Llu·llai·lla·co /jù:jaɪjá:kou | -kəu/ *n.* ユーヤイヤコ 《チリとアルゼンチン国境の北部にある Andes 山脈の火山 (6,723 m)》.
Llyr /líə | líə⁽ʳ⁾/ *n.* ⇨ Lir.
Lly·wel·lyn /ləwélɪ̬n, lu:-, θlə-, θlu:- | -lɪn/ *n.* = Llewelyn.
lm 《略》〘光学〙lumen(s).
LM 《略》〘米軍〙Legion of Merit; Licentiate in Medicine; Licentiate in Midwifery; Licentiate in Music; London Museum; 〘詩学〙long meter [measure]; Lord Mayor; 〘宇宙〙lunar module.
LME 《略》London Metal Exchange. 〘1957〙
lm/ft² 《略》〘光学〙lumens per square foot ルーメン毎平方フィート 《英米における照度の単位; 1 lm/ft²=1 foot candle=10.76 lux》.
LMG 《略》light machine gun.
lm/m² 《略》〘光学〙lumens per square meter ルーメン毎

L

平方メートル《照度の国際単位系における単位; 単位名 lux》.

LMRA 《略》Labor Management Relations Act 1947 労使関係法 《通例 Taft-Hartley Act とよばれる》.

LMS 《略》《英》local management of schools (1988 年の教育改革法による)学校自主管理《公立学校の財政および行政上の管理を各学校に委ねるもの》; London Missionary Society.

LMT 《略》local mean time 地方平(均)時.

LMVD 《略》《NZ》Licensed Motor Vehicle Dealer.

ln 《記号》〘数学〙natural logarithm.

£N 《記号》Nigerian pound(s).

Ln. 《略》Lane.

LNB 《略》low noise blocker (衛星放送用パラボラアンテナの突起部にある) 低騒音除去装置.

lndg 《略》landing.

LNG 《略》liquefied natural gas 液化天然ガス.

Lnrk. 《略》Lanark.

lo /lóʊ | lə́ʊ/ *int.* 《古》見よ, そら. ★ 主に次の成句で用いる: ***ló and behóld!*** こりゃどうしたことだ《驚いたときのおどけた表現》. 〖ME *lo* < OE *lā* (int.) ∥ ME *lo* (短縮) ← *loke* (imper.) 'LOOK'〗

Lo /lóʊ | lə́ʊ/ *n.* (*pl.* ~**s**) 《米・戯言》アメリカインディアン: Mr. [Mrs.] *Lo*. 〖Pope の詩句 "Lo, the poor Indian!" (*An Essay on Man* I. 99) から〗

lo·a /lóʊə | lə́ʊə/ *n.* (*pl.* ~, ~**s**) ロア《ハイチの voodoo 教における神》.

LOA 《略》〘海事〙length over all.

loach /lóʊtʃ | lə́ʊtʃ/ *n.* 〘魚類〙ドジョウ《ドジョウ科の魚の総称》. 〖(1357) *loch* ◻ (O)F *loche* ← ? Celt〗

load /lóʊd | lə́ʊd/ *vt.* **1 a** 〈運搬物・輸送物などを〉積む, 載せる; 〈運搬物・乗客などを〉〈車などに〉積む, 載せる 〔*into, onto*〕: ~ cargo, goods, etc. / ~ stuff *into* [*onto*] a truck = ~ a truck *with* stuff 物をトラックに積み込む / ~ one's family *into* a car 車に家族を乗せる. **b** 〈車・船・人などに〉運搬物[荷物]を積む; 〔運搬物・乗客などを〕〈車などに〉積む 〈*down*〉 / 〔*with*〕: ~ (up) a cart, ship, etc. / a truck fully ~*ed up* 荷物を山のように積んだトラック / ~ a plane *with* cargo and passengers 飛行機に貨物と乗客を載せる / ~ a person (*down*) *with* parcels and packages 人に(どっさり)荷物を持たせる.
2 〈…を〉〈テーブルに〉どっさり載せる; 〈本などに〉どっさり掲載する[入れる]; 〈木などに〉たわわにならせる; 〈胃などに〉詰め込む 〈*down*〉 / 〔*with*〕: a table ~*ed with* food 食物をいっぱいに載せた食卓 / arms ~*ed with* packages 包みをいっぱい抱えた腕 / a book ~*ed with* pictures 絵のたくさん入った本 / vines ~*ed down with* grapes 実がたわわになったぶどうの木 / ~ one's stomach *with* food 腹にたらふく食物を詰め込む / His speech is ~*ed with* Yiddishisms. 彼の言葉にはイディッシュ語法がふんだんに用いられている.
3 a 〈銃などに〉弾丸を込める, 装塡(そうてん)する: ~ a gun, firearm, etc. / I am ~*ed*. 弾丸を込めた銃を持っている, 持っている銃に弾丸が込めてある / The gun was ~*ed with* four bullets. その銃には弾丸が 4 発込められていた. **b** 〈カメラ〉にフィルムを入れる; 〈フィルムを〉〈カメラに〉入れる 〔*in*〕: ~ a camera (*with* film) / ~ film *in* a camera. **c** 〈パイプ〉に煙草を詰める: ~ a pipe. **d** 〈つえ〉に重い詰め物をする《武器用に先端部に鉛を詰めた仕込みつえなどにいう》: ~ a cane. **e** (特定の目が出るように)〈さいころ〉に鉛を詰める (cf. loaded 2 c): ~ dice / ⇨ *load the* DICE. **f** 〈新聞・雑誌〉に埋め草を入れる.
4 a 〔賛辞・侮辱などを〕…にむやみに与える 〔*with*〕; 〔悲しみ・苦悩・責任などで〕悩ます, 苦しませる 〈*down*〉 / 〔*with*〕: ~ a person *with* compliments [honors] 人に賛辞[名誉]をふんだんに与える / ~ a person *with* reproaches [insults] 人をうんと叱責(しっせき)[侮辱]する / ~ a person *with* debts [work] 借金[仕事]で人を苦しめる / ~ a person *with* responsibilities 人に責任を負わせる / a heart ~*ed down with* sorrow [cares] 悲しみ[苦労]でいっぱいの心. **b** (義務として)〈仕事などを〉〈人に〉負わせる 〔*on*〕: ~ more work *on* [(英) *on to*] him 彼にもっと仕事を課する.
5 a …に重みをかける: ~ the springs to the limit ぎりぎりまでばねに重量をかける. **b** 〈質問・陳述・制限などを〉一方に偏らせる, 偏向させる (cf. loaded 1 a): ~ a question, statement, system, etc. **c** 〈語・表現など〉に感情的意味合いを持たせる (cf. loaded 1 b): the romantic emotion that ~*s* such words as nature 自然などという言葉に特別な意味合いを持たせてしまうロマンチックな感情.
6 a 〈酒など〉に混ぜ物をする: This wine has been ~*ed*. このワインは混ぜ物が入っている. **b** (濃度・こくなどを与えるために)〈添加物を〉加える.
7 a 〘電算〙〈プログラム・データを〉補助記憶装置から主記憶装置に入れる, 書き込む, ロードする. **b** 〈ディスクなどの媒体を〉〈ドライブに〉入れる, ロードする, マウントする.
8 〘野球〙〈塁を〉満塁にする: This ~*s* the bases. これで満塁だ / a bases-*loaded* homer = a homer *with* the bases ~*ed* 満塁ホーマー.
9 a 〘保険〙〈純保険料〉に付加する (cf. loading 8). **b** 〘商業〙…に付加料を加える.
10 〘電気〙電気回路に〈負荷となるものを〉加える.
11 〘美術〙〈画筆〉に一度に多量の顔料をつける; 〈キャンバス〉に絵の具を厚塗りにする.
— *vi.* **1 a** 〈車・船などが〉運搬物を積む, 乗客を乗せる; 〈人が〉荷物を積み込む: The bus is ~*ing*. バスが客を乗せている. **b** 〈車・船などが〉〔運搬物を〕積む, 〔乗客を〕乗せる 〔*with*〕: The train is ~*ing with* coal. 列車は石炭を積んでいる / The bus ~*ed up with* all the people kept waiting. バスは待たされていた人をみんな乗せた. **2** 〈人が〉〔…に〕乗り込む (pile) 〔*into*〕: We ~*ed into* the bus. バスに乗り込んだ. **3 a** 弾丸を込める, 銃に装塡する. **b** カメラにフィルムを入れる. **c** 〈銃・かみそりの刃などが〉装塡される: a gun that ~*s* at the breech [muzzle] 銃尾[銃口]から装塡する銃.
lóad úp on …を詰め込む: 《口語》I ~*ed up on* all the free food at the party. パーティーでそこにあったただの料理を全部平らげた.
— *n.* **1** [集合的にも用いて] (人間・動物・船・車・航空機などで)運搬[輸送]されるもの, 荷, 積荷 (pack, cargo) 《貨物・乗客など》 (⇨ burden¹ **SYN**): a heavy [light] ~ 重い[軽い]荷 / bear [carry] a ~ on one's shoulders 荷をになう / deliver one's ~ 荷物を配達する.
2 a (荷の)積載量, 積み高; 一荷, 一車, 一かつぎ: a ~ *of* hay 干し草の一荷 / I must make three ~*s out of* it. それを三つ[三台]の荷にしなければならない. **b** [通例複合語の第 2 構成素として] …分の量: a boat*load of* tourists 船いっぱいの旅行客 / ⇨ carload 1, cartload 1, shipload 1, truckload.
3 [通例 *pl.*; ~*s of* ..., *a* ~ *of* ... として] 《口語》 **a** たくさん, どっさり (plenty, lots) (cf. dead load 3): ~*s of* money, care, fun, people, etc. **b** [副詞的に] 大いに, ずいぶん: Thanks ~*s*. ほんとにありがとう / That's helped ~*s*. それでたいへん助かりました / That's *a* ~ *of* nonsense [rubbish, crap]. それはひどくばかげた[くだらない]ことだ.
4 負担; (精神上の)重荷, 苦労, 心配; 重い責任: a ~ of cares [grief, anxiety] 苦労[悲しみ, 心配]の重荷 / a ~ of debt(s) [responsibility] 借金[責任]の重荷 / a teaching ~ of twenty hours a week 1 週 20 時間の授業負担 / take a ~ off a person's mind 心の重荷を除く, ほっと安心させる / That's a ~ off my mind! それで安心した.
5 a (個人・団体・工場などに割り当てられる)仕事量; (機械などの)一度に入れる量: a washing-machine that takes a 10 pound ~ 10 ポンドの量の洗濯物が入る洗濯機 / assign a worker his daily work ~ 労働者に 1 日の仕事量を割り当てる. **b** 弾薬, (火薬の)装塡(そうてん), 装薬, 装弾.
6 (ある物にかかる[支えられた])重み, 重さ: branches bent low by their ~ of fruit 果実の重みでたわわな枝 / The roof gave way under a heavy ~ of snow. 雪の重さで屋根が落ちた.
7 《米・カナダ俗》 **a** 十分に酔う程度の酒[麻薬]の量; 酔い: have a ~ on 酔っている / He came with a ~ on. 酔ってやって来た. **b** 麻薬.
8 〘工学〙荷重《物体に作用する外力》, 負荷; 積み荷: ⇨ dead load 1, live load.
9 〘電気〙 **a** 負荷. **b** 負荷装置.
10 a 《米》(発電所の)出力. **b** 電力を出す装置.
11 〘商業〙付加料.
12 〘生物〙荷重: genetic ~ 遺伝的荷重 / mutational ~ 突然変異荷重.
gèt a lóad of 《口語》 (1) …を見る, …を注視する (look at). (2) …を(関心をもって)聞く (listen to). 《1929》
shóot one's lóad 《卑》射精する.
〖OE *lād* way, journey, act of carrying goods < Gmc **laidō* (G《方言》*Leite*) ← IE **leit-* to go forth; 現在の意味は LADE to load の影響を受けたもの: cf. lead¹, lode〗

lóad dispàtcher *n.* (電気・ガス・水道など公益事業の)供給指令員.

lóad displàcement *n.* 〘海事〙満載排水量[トン数]. 〖1884〗

lóad dràft *n.* 〘海事〙満載喫水.

load·ed /lóʊdɪ̀d | lə́ʊd-/ *adj.* **1 a** 〈質問・陳述など〉偏った, 底意のある: a ~ question (言質(げんち)を取る)含みのある質問, (だまそうとする)誘導的な質問. **b** 〈語・表現など〉感情的含みの多い. **2 a** 荷を(いっぱい)積んだ; いっぱいに詰め込んだ (full): a ~ trunk ぎっしり詰め込まれたトランク / a ~ bus 満員のバス / a ~ stomach たらふく食べた腹, 満腹. **b** (弾薬・フィルムなどを)装塡(そうてん)した (charged): a ~ rifle 弾丸を込めたライフル銃 / a ~ camera フィルムを装塡したカメラ. **c** (鉛などを)詰めた: a ~ cane (武器として使えるように先頭に鉛を詰めて重くした)仕込み杖 / ~ dice (鉛を詰めて, ある特定の目が出るようにした)いかさまさいころ. **3** 〈酒など〉混ぜ物をして(てこくのあるように見せかけ)た: ~ wine. **4** 《米・カナダ俗》酔った (drunk), 麻薬を飲んだ: get ~ on wine ワインで酔う. **5** 《俗》金がたんまりある.
lóaded for béar 《米俗》(非難・攻撃などのため)十分用意ができて, 準備万端整って, てぐすねを引いて. ***the dice* [*ódds*] *are lóaded agàinst*** 不利な立場におかれる. 《(1661): ⇨ -ed 2》

lóad·er /-dəʳ | -dəʳ/ *n.* **1 a** 荷を積む人, 積載者. **b** 積込機, 荷積機, ローダー《石炭・砂利などの大量のばら積材料を積み込む機械装置》. **2 a** (銃の)装塡手[者], (特に, 狩猟者に従う)装塡係. **b** 装弾器. **3** [通例複合語の第 2 構成素として] …装塡式の銃[砲]: a breech-*loader* 後装銃[砲] / a muzzle-*loader* 前装銃[砲] / ⇨ single-loader. **4** 〘電算〙ローダー《外部媒体からプログラムなどを主記憶にロードするための(常駐の)ルーチン》. 〖(1476): ⇨ -er¹〗

lóad fàctor *n.* **1** 〘電気〙負荷率《ある期間中における平均需要電力と最大需要電力との比; cf. capacity factor》. **2** 〘航空〙荷重倍数《機体に加わる荷重と飛行重量との比》; 座席利用率《座席数に対する乗客数の比》. 〖1891〗

lóad·ing /-dɪŋ | -dɪŋ/ *n.* **1** 荷積み, 積込み, 船積み; 荷役. **2 a** 荷物, 載貨, 船荷. **b** [通例 *pl.*] 積載量, 船積量. **3** (荷積みの際に用いる) (陶土・陶砂などの)詰め物, 充填(じゅうてん)物. **4** 装薬; 装塡. **5** 〘電気〙装荷. **6** 〘航空〙荷量: ⇨ wing loading, span loading. **7** 〘心理〙因子負荷《特性値などの因子とテストによる因子得点との相関》. **8** 〘保険〙(純保険料に対して)付加保険料 (loading charge ともいう). **9** 《豪》特別手当, 地域手当, 特殊技能手当. 〖(1427): ⇨ -ing¹〗

lóading brìdge *n.* ローディングブリッジ《空港ビルから航空機までをつなぐ蛇腹状のブリッジ》.

lóading chàrge *n.* 〘保険〙= loading 8.

lóading còil *n.* 〘電気〙装荷線輪, 装荷コイル. 〖1901〗

lóading dòck *n.* 《米》店の裏の荷物の積み降ろし場.

lóading gàuge *n.* (貨車の)貨物積載限界[ゲージ]. 〖1883〗

lóad lìmit *n.* (車の)重量制限.

lóad lìne *n.* 〘海事〙 **1** 満載喫水線. **2** 満載喫水線標 (⇨ Plimsoll mark). 〖1859〗

lóad-line dìsk *n.* 〘海事〙満載喫水線円標.

lóad-line màrk *n.* 〘海事〙= load line 2.

lóad·màster *n.* (輸送機の)荷物の責任をもつ搭乗員. 〖1961〗

lóad shèdding *n.* 〘電気〙電力平均分配(法)《各工場の電力使用時間を規制して負荷を平均化すること》.

lóad·stàr /lóʊd- | lə́ʊd-/ *n.* = lodestar.

lóad·stòne /lóʊd- | lə́ʊd-/ *n.* = lodestone. 〖1515〗

lóad wàterline *n.* 〘海事〙= load line 1. 〖1769〗

loaf¹ /lóʊf | lə́ʊf/ *n.* (*pl.* **loaves** /lóʊvz | lə́ʊvz/) **1** (型に入れるか一まとめにして焼いた)パンの一塊 (cf. roll B 11 a): three *loaves of* bread / a brown [white] ~ 黒[白]パンの一塊 / ⇨ cottage loaf / The ~ has [*loaves* have] risen in price. パンの値段が上がった / Half a ~ is better than no bread [none]. 《諺》半分でもないよりはましだ. **2** 一定の形にした塊, (通例)長方形の塊: **a** 円錐形に固めた砂糖 (cf. loaf sugar): ⇨ sugarloaf 1. **b** 《英》(キャベツ・レタスなどの)玉. **3** 《俗》頭 (head); 頭脳, 心 (loaf of bread ともいう): Use your ~! 頭を使え, 常識を働かせろ. **4** 〘料理〙ローフ: **a** パン皮の中にカキなどを詰めた料理: (an) oyster ~. **b** ミンチ状にした肉や魚・野菜などを調味して長方体の型に入れて蒸し焼きした料理: (a) meat [salmon] ~.
lóaves and físhes ご利益(りやく), 一身の利益, 私利, (金銭・官職のような)現世的利得. (cf. *John* 6: 9-27)
〖ME *lof* < OE *hlāf* loaf, bread < Gmc **χlaiƀaz* (G *Laib*)〗

loaf² /lóʊf | lə́ʊf/ *vi.* **1** のらくらして暮らす, 遊んで日を送る; ぶらつく (laze) 〈*about, around*〉: ~ *through* one's life のらくらして一生を過ごす. **2** のらくら[のろのろ]働く: He ~*s on* the job. だらだらと仕事をやる. — *vt.* **1** 〈時を〉遊んで過ごす, 〈人生を〉ぶらぶらして暮らす 〈*away*〉: Don't ~ your time [life] *away*. のらくらと時[人生]を過ごすな. **2** [~ one's way として] ぶらぶら[のらくら]進む. — *n.* 《口語》遊び暮らすこと; ぶらつくこと, ぶらついている時間: *on the* ~ ぶらついて / have a ~ ちょっとぶらつく. 〖(1835) 《逆成》? ← LOAFER: cf. G *laufen* to run〗

lóaf càke *n.* ローフケーキ《長方体の型に入れて焼いた棒ケーキ; pound cake など》. 〖1828〗

lóaf·er *n.* **1** 怠け者 (idler), のらくら者 (lounger); 浮浪人 (vagrant, tramp). **2** Loafer に似た靴. 〖(1830) 《略》← *landloafer* 《変形》← G *Landläufer* vagabond, tramp ← *Land* 'LAND' + *Läufer* walker (← *laufen* to run)〗

Loa·fer /lóʊfəʳ | lə́ʊfəʳ/ *n.* 〘商標〙ローファー《つっかけタイプの浅い靴》. 〖(1939) ↑〗

lóaf pàn *n.* (ケーキ・パン・ミートローフなどを焼くための)方形の金属[ガラス]製容器.

lóaf sùgar *n.* 角砂糖《直[立]方体に固めた精製糖で cube 状や loaf 状のものも含む; cf. sugarloaf 1》.

lo·a·i·a·sis /lòʊəáɪəsɪ̀s | lə̀ʊəáɪəsɪs/ *n.* 〘病理〙ロア糸状虫症. 〖(1913) ← NL ~ ← *Loa* (← Afr.: cf. Kongo *lowa, loba* eye worm) + -IASIS〗

loam /lóʊm | lə́ʊm/ *n.* **1** 〘土壌〙ローム, 壌土《粒子の大きさによる土壌の分類名の一つ; 砂と粘土が適度に混ざり合った柔らかく砕けやすい土で植物の成長に適する》. **2** ローム, へな土, 真土(まね)《砂・泥・おがくず・わらなどの混合物; 鋳型・壁土・しっくいなどを作る》. **3** 《古》土, 土壌.
— *vt.* ロームで覆う, …にロームを塗りつける.
〖OE *lām* clay < (WGmc) **laimaz* (Du. *leem* / G *Lehm* loam, clay) ← **lai-*, **li-* to be sticky ← IE *(*s*)*lei-* slimy: ⇨ lime²〗

lóam bòard *n.* 〘機械〙引型板《断面形状が一定の鋳型を作るとき, 引き回して砂をかき取って砂型に必要断面を与えるその断面と同一形状の板》. 〖1888〗

lóam mòld *n.* 〘金属加工〙真土型(まねがた)《真土 (loam) を用いて作った鋳型; 鋳肌を美しくするのに用いる》. 〖1839〗

loam·y /lóʊmi | lə́ʊmi/ *adj.* (**loam·i·er**, **-i·est**; **more** ~, **most** ~) 〈土が〉ローム状[質]の, ロームのような.

lóam·i·ness *n.* 〖(?c1200): ⇨ loam, -y¹〗

loan¹ /lóʊn | lə́ʊn/ *n.* **1 a** (利子のついた)貸付け金; 公債; 融資; 借款: a domestic [foreign] ~ 内国[外国]債 / a public ~ 公債 / a war ~ 軍事公債 / raise a ~ 公債を募集する. **b** 貸借物. **2** 貸付け, 貸出し: ask for the ~ of ... …を貸してくれと頼む / give a person the ~ of ... 人に…を貸し付ける / I have these books out *on* ~ from the library. 図書館からこれらの本を借り出している / May I have the ~ of this book? この本お借りできませんでしょうか. **3** (他の職場での一定期間内の)臨時任務, 出向.
4 〘言語〙 **a** 語の借用. **b** = loanword.
on lóan (1) 借りて[た]; 貸して[た]: I have his typewriter *on* ~. 彼のタイプライターを借りている / The Mona Lisa was *on* ~ from the Louvre to the Metropolitan Museum of Art. モナリザの肖像画がルーブル美術館からメトロポリタン美術館に貸し出されていた. (2) 〈社員など〉〈…へ〉出向して 〔*to*〕: be *on* ~ *to* an affiliated company 系列会社に出向している.
— *vt.* 《米》[しばしば二重目的語を伴って] ★ lend よりも形式ばった語. **1** 貸す (lend): She ~*ed* me her dress. 私にドレスを貸してくれた. **2** (利子を取って)〈金を〉貸し付

ける，融資する：～ a person $100 *at* 6% 人に 6% の利息で 100 ドル貸し付ける．
— *vi.* (利子をとって)金を貸し付ける，融資する．〘lateOE *lon*(*e*) ◻ ON *lán* ← Gmc **laiχwniz-* (Du. *leen* / G *Leh*(*e*)*n* fief) ← IE **leikʷ-* to leave (L *linquere* to leave)〙

loan² /lóun | lə́un/ *n.* 《スコット・英方言》 **1** 小道 (lane). **2** (牛の)乳搾り場．〘ME *lone*: ⇨ lane¹〙

loan·a·ble /lóunəbl | lə́un-/ *adj.* (特に，利子をつけて一定期間)貸し付けうる，貸される：～ funds. 〘(1848) ← LOAN¹＋-ABLE〙

lóan·blènd *n.* 〚言語〛混種語《本来語の要素と外国語の要素が混じり合ってできた語; hybrid の一種》．〘1722〙

lóan càpital *n.* 借入資本．

lóan collèction *n.* (展覧会などのために)貸し出されるコレクション．〘1895〙

Lo·an·da /louǽndə | ləu-/ *n.* ＝Luanda.

loan·ee /louníː | ləu-/ *n.* 借受人，債務者．〘(1832) ← LOAN¹＋-EE¹〙

lóan·er *n.* **1** 貸付け人，債権者． **2** (修理品の代わりなどに顧客に)貸される品，代替貸与品《代車など》．〘(1884) ← LOAN¹＋-ER¹〙

lóan·hòlder *n.* 債権者，抵当権者 (mortgagee). 〘1823〙

lóan·ing *n.* ＝loan². 〘ME: ⇨ loan², -ing¹〙

lóan òffice *n.* **1** 貸金[金融]事務所． **2** 質屋． **3** 《米古》公債応募取扱所．〘1720〙

lóan-shàrk *vi.* 《口語》高利で金を貸す．

lóan shàrk *n.* 《口語》高利貸し．〘1905〙

lóan·shàrking *n.* 《米口語》高利貸し業．〘1914〙

lóan·shìft *n.* **1** 〚言語〛借用代用《外国語の影響による語義変化; 元は「足」の意しかもたなかったイタリア語 *piede* が，英語の *foot* の影響で「12 インチ」という長さの単位の意にも用いられるようになったことなど》． **2** 外国語によって語義変化を受けた単語．〘1950〙

lóan translàtion *n.* 〚言語〛翻訳借用(語句)，なぞり《外国語を翻訳して自国語にしたもので，特に借用語句の統語構造はそのままで，形態素が自国語のそれに取り替えられているもの; 例えばドイツ語の Übermensch を訳した superman，英語 put a period to を訳した日本語「…に終止符を打つ」など; calque ともいう》．〘1933〙

lóan vàlue *n.* 〚保険〛貸付け価額《生命保険の契約者が保険会社から受けることのできる契約者貸付の最高限度》．

lóan·wòrd *n.* 〚言語〛外来語，借用語《例えばラテン語から OE にはいった wine，ドイツ語から近代英語にはいった blitz など; 単に loan ともいう》．〘(1861)《なぞり》← G *Lehnwort*〙

loath /lóuθ, lóuð | lə́uθ/ *adj.* [叙述的]《文語》いやで，嫌いで ⟨*to* do⟩ (⇨ reluctant SYN): They were ～ *to* part. 彼らは別れるのをいやがった / She was ～ *for* him *to* go. 彼女は彼が行くのを嫌った． ***nòthing lóath*** いやどころか，むしろ喜んで: When he proposed a change of plan, I was *nothing* ～. 彼が計画変更を提案したとき，私はいやどころでなく喜んだ． **～·ness** *n.* 〘ME *loth* < OE *lāþ* hateful, hostile (cf. *mē is lāþ* it is hateful to me＝I am reluctant) < Gmc **laiþaz* (Du. *leed* / G *Leid* sorrow) ← IE **leit-* to detest〙

loathe¹ /lóuð | lə́uð/ *vt.* **1** ひどく嫌う，いやでならない ⟨*doing, to* do⟩ (⇨ hate SYN); …がいやで胸が悪くなる: He ～*s* watch*ing* [*to* watch] television. テレビを見るのが大嫌いだ / ～ the sight of food 食べ物を見ただけで胸が悪くなる． **2** 好かない，いやだ: I ～ fish for breakfast. 朝飯に魚はご免だ． **lóath·er** *n.* 〘OE *lāþian* to be hateful < Gmc **laiþōjan* ← **laiþaz* (↑)〙

loathe² /lóuð, lóuθ | lə́uθ/ *pred. adj.* ＝loath.

loath·ful /lóuðfəl, -fl | lə́uð-/ *adj.* **1** 《スコット》嫌いで，いやで (reluctant). **2** 《まれ》いまいましい，いやな: a ～ sight. 〘(?a1425): ⇨ loath, -ful¹〙

loath·ing /lóuðɪŋ | lə́uð-/ *n.* 強い嫌悪(感)，大嫌い (⇨ aversion SYN): be filled with ～ いやでたまらない．〘(c1390): ⇨ loathe¹, -ing¹〙

lóath·ing·ly *adv.* 憎しみを込めて，いやでいやで．〘(1606): ⇨ ↑, -ly¹〙

loath·ly¹ /lóuθli, lóuð- | lə́uð-/ *adv.* 《古》いやいやながら (unwillingly). 〘OE *lāþlīċe*: ⇨ loath, -ly¹〙

loath·ly² /lóuðli, lóuθ- | lə́uð-/ *adj.* 《古》＝loathsome.

lóath·li·ness *n.* 〘OE *lāþlīċ*: ⇨ loath, -ly²〙

loath·some /lóuðsəm, lóuθ- | lə́uð-, lə́uθ-/ *adj.* いやらしい，忌まわしい，いやでたまらない (detestable)，胸の悪くなるような (nauseating): a ～ sight / It was ～ *to* him. 彼にとっていやでたまらぬものだった． **～·ly** *adv.* **～·ness** *n.* 〘(a1325): ⇨ loath, -some¹〙

lóath-to-depàrt *n.* 《古》別れの曲．〘1584〙

loaves /lóuvz | lə́uvz/ *n.* loaf¹ の複数形．

lob¹ /lɑ́(ː)b | lɔ́b/ *n.* **1** 〚テニス〛ロブ，ロビングボール《相手の頭の上高く弧状に打ち上げられた緩球》; ロブ，ロビング《そのように打つこと》． **2** 〚クリケット〛下手投げの緩球: a ～ merchant 《俗》(下手投げの)緩球投手． **3** 《英方言》不器用者，鈍重な人 (lout).
— *v.* (**lobbed; lob·bing**) — *vt.* **1** 〚テニス〛 **a** ⟨ボールを⟩ロブ[ロビング]する． **b** ⟨相手⟩にロブを送る，ロビングで攻める． **2** 〚クリケット〛下手投げで[ゆるく]投げる． **3** 《口語》⟨物を⟩(弧を描くように)緩やかに投げる． **4** 〚軍事〛⟨ミサイルを⟩(地上高く放物線状の軌道を描いて標的に落下するように)高角発射する，曲射する． **5** 《まれ》重々しく垂らす，うなだれる (droop): ～ one's head. — *vi.* **1** 〚テニス〛ロブをする[打つ]，ロビングする，ロブを上げる． **2 a** のろのろ[のその]歩く[走る，動く] ⟨*along*⟩. **b** 弧を描いて進む． **3** 《豪》到着する (arrive) ⟨*in*⟩: ～ in town.
～·ber *n.* 〘(1321) ← ? LG (cf. LG *lubbe* awkward person / Flem. *lobbe* fool): cf. lubber〙

lob² /lɑ́(ː)b | lɔ́b/ *n.* 〚動物〛＝lugworm. 〘(略) ← *lobworm* ← *lob* (廃) lump (↑)＋WORM〙

LOB /éɫòubíː | -ə̀u-/ 《略》〚野球〛left on base 残塁．

lob- /loub | ləub/ (母音の前にくるときの) lobo- の異形．

Lo·ba·chev·ski /lòubətʃéfski, lɑ̀(ː)b-, -tʃév- | lə̀ub-, lɔ̀b-; *Russ.* ləbatʲˈʃefskʲij/, **Nikolai Ivanovich** *n.* ロバチェフスキー (1792–1856; ロシアの数学者; ロバチェフスキーの幾何学 (Lobachevski's geometry) の発見者の一人; ⇨ hyperbolic geometry).

lo·bar /lóubə, -bɑə | lə́ubə^(r), -bɑː^(r)/ *adj.* **1** 〚植物〛(葉の)裂片の． **2** 〚医学〛(肺)葉性の，大葉(性)の．〘(1856) ← NL *lobāris* ← LL *lobus* 'LOBE'〙

lóbar pneumónia *n.* 〚病理〛大葉(性)肺炎，(やや古くは)クループ性肺炎 (cf. lobular pneumonia). 〘1876〙

lo·bate /lóubeɪt | lə́u-/ *adj.* **1** 〚植物〛裂片のある，裂片状の: a ～ leaf 浅裂葉． **2** 〚鳥類〛指に葉状の膜のある: a ～ foot (クイナなどの)弁足． **～·ly** *adv.* 〘(1760) ← NL *lobātus* ← LL *lobus* lobe: ⇨ lobe, -ate²〙

lo·bat·ed /lóubeɪtɪ̀d | -tɪ̀d/ *adj.* ＝lobate.

lo·ba·tion /loubéɪʃən | lə(ʊ)-/ *n.* **1** 裂片(があること)． **2** 〚植物〛(葉の)裂刻，切れ込み． **3** 〚解剖〛 **a** ＝lobe 2. **b** ＝lobule 1. 〘(1840) ← LOBATE＋-ATION〙

lob·by /lɑ́(ː)bi | lɔ́bi/ *n.* **1 a** ロビー《公共建築物の入口ホールや廊下などで休憩室・応接間などとして用いられる》． **b** 《米》(ホテル・劇場などの)休憩室 (foyer): a hotel ～. **2 a** (常に議会の lobby に出入りして議員に陳情・嘆願などをする)院外団，圧力団体． **b** [集合的] 院外団の人たち，ロビイストたち． **3 a** (特に，英議院での)ロビー，控えの間《議員が院外者との会見に用いる; cf. cloakroom 4》． **b** (英国下院で議案採決の際に賛否に分かれる)投票者控廊下《division lobby ともいう》． **4** 《古》小部屋; 小囲い．
— *vi.* **1** (ロビイストとして)議員に運動する: ～ *for* [*against*] the proposal. **2** 議会のロビーに出入りする．
— *vt.* **1** (ロビイストとして)⟨議員⟩に圧力をかける[運動する]． **2** ⟨議案⟩の通過運動をする: ～ a bill *through* Congress 運動して議会で議案を通過させる．〘(1553) ◻ ML *lobium, lobia, laubia* portico, covered way ◻ Frank. **laubja* (⇨ lodge): 修道院の用語から〙

lóbby correspòndent *n.* 《英》議会詰め記者，政治記者．〘1886〙

lób·by·er *n.* ＝lobbyist.

lóbby·gòw /-gàu/ *n.* 《俗》使い走り．〘(1906) ?〙

lób·by·ing *n.* ＝lobbyism.

lób·by·ìsm /-bìɪzm/ *n.* 院外運動，議案通過[陳情]運動，ロビーイング．〘(1883): ⇨ -ism〙

lob·by·ist /lɑ́(ː)biɪ̀st | lɔ́biɪst/ *n.* 議案通過運動者，陳情者，ロビイスト．〘(1863): ⇨ -ist〙

lobe /lóub | lə́ub/ *n.* **1 a** 丸い突出部; 耳たぶ: the ～ of the ear 耳たぶ． **b** 建物の丸い突出部，丸屋根． **2** 〚解剖〛葉(よう): a ～ of the liver 肝葉 / ～*s* of the lungs 肺葉 / a frontal ～ 前頭葉． **3** 〚植物〛(主に葉の)裂片: a ～ of a leaf. **4** (カムなどの)突出，出っ張り部． **5** (係留気球の尾部にあって尾翼の働きをする)出っ張った袋． **6** 〚電気〛ローブ《空中線(アンテナ)の指向性の突出部》．

lóbe·less *adj.* 〘(?a1425) ◻ F ～ // ML *lobus* ◻ Gk *lobós* lobe of the ear, seed pod〙

lo·bec·to·my /loubéktəmi | ləu-/ *n.* 〚外科〛ロベクトミー，葉摘(出術)，肺葉切除(術)，肺切．〘(1911): ⇨ ↑, -ectomy〙

lobed /lóubd | lə́ubd/ *adj.* **1** 裂片のある，分裂した． **2** 〚植物〛＝lobate 1. 〘(1787) ← LOBE＋-ED〙

lóbe-fìn *n.* 〚魚類〛＝crossopterygian. **lóbe-fìnned** *adj.* 〘1941〙

lóbe-fìnned fìsh *n.* 〚魚類〛＝lobe-fin.

lobe·let /lóublɪ̀t | lə́ub-/ *n.* 〚植物〛小裂片; 〚解剖〛小葉．〘(1835): ⇨ -let〙

lo·be·li·a /loubíːliə | lə(ʊ)-/ *n.* **1** 〚植物〛キキョウ科ロベリア属 (*Lobelia*) の植物の総称《ロベリア・ミゾカクシ・サワギキョウなど》． **2** 〚薬学〛ロベリアソウ (*Lobelia inflata*) の葉の頂芽《米国の民間薬，喘息(ぜんそく)・百日咳(せき)に用いた; cf. Indian tobacco 1》．〘(1739) ← NL ～ ← *Matthias de Lobel* (1538–1616: 英国王 James 一世付きのフランダースの植物学者兼侍医): ⇨ -ia¹〙

Lo·be·li·a /loubíːliə, -ljə | lə(ʊ)-/ *n.* ロベリア《女性名》．〘↑〙

Lo·be·li·a·ce·ae /loubìːliéɪsiìː | lə(ʊ)-/ *n. pl.* 〚植物〛(キキョウ目)ミゾカクシ科． **lo·bè·li·á·ceous** /-ʃəs⁻/ *adj.* 〘← NL ～: ⇨ ↑, -aceae〙

lo·be·line /lóubəlìːn, -lɪn | lə́ubəlìːn, -lɪn/ *n.* 〚薬学〛ロベリン ($C_{22}H_{27}NO_2$)《ロベリアアルカロイドの一つで，サワギキョウ (lobelia) から抽出される有毒結晶体; 呼吸興奮剤》．〘(1836): ⇨ lobelia, -ine³〙

Lo·ben·gu·la /lòubəŋgúːlə, -gjúː- | lə̀u-/ *n.* ロベングラ (1836?–94; 南アフリカ Matabele 族の最後の王 (1870–93)).

lobi *n.* lobus の複数形．

Lo·bi·to /loubíːtou | ləubíːtəu; *Port.* luβítu/ *n.* ロビト《アフリカのアンゴラ西部の港市; モザンビークまでの鉄道のターミナル》．

lob·lol·ly /lɑ́(ː)blɑ̀(ː)li | lɔ́blɔ̀li/ *n.* **1 a** 《方言》濃いかゆ (porridge). **b** 《米方言》ぬかるみ，泥穴． **2** 《方言》田舎者． **3** 〚植物〛＝loblolly pine. 〘(1597) ← ? 《方言》*lob* to bubble in boiling＋《方言》*lolly* broth, soup〙

lóblolly báy *n.* 〚植物〛米国南部産のツバキ科の常緑低木または小高木 (*Gordonia lasianthus*)《樹皮からタンニンを採る》．〘1760〙

lóblolly bòy [màn] *n.* 《古》〚英海事〛船医の助手[看護手]．〘1748〙

lóblolly píne *n.* **1** 〚植物〛タエダマツ (*Pinus taeda*)《米国南部地方に産する巨大なマツの一種; slash pine ともいう》． **2** タエダマツ材．〘1760〙

lo·bo /lóubou | lə́ubəu/ *n.* (*pl.* **～s**) 《米西部》〚動物〛＝timber wolf. 〘(1839) ◻ Sp. ～ < L *lupum* wolf〙

lo·bo- /lóubou | lə́ubəu/ 「葉 (lobe)」の意の連結形． ★ 母音の前では通例 lob- になる: lobotomy. 〘← Gk *lobós*: ⇨ lobe〙

lo·bo·la /ləbóulə | -bə́u-; *Banta* lobola/ *n.* (*also* **-lo** /-ləu; *Bantu* -lo/) (*pl.* **～s**) (アフリカ南部の，Bantu 語族諸集団で行われる)婚資 (bride price).

lo·bo·pod /lóubəpɑ̀(ː)d | lə́ubəpɔ̀d/ *n.* ＝lobopodium.

lo·bo·po·di·um /lòuboupóudiəm | lə̀ubə(ʊ)pə́ud-/ *n.* (*pl.* **-di·a** /-diə | -diə/) 〚動物〛(有爪(ゆうそう)動物の疣足(いぼあし)状の)葉足，葉脚; (アメーバの)葉状仮足． **lò·bo·pó·di·al** /-diəl | -diəl⁻/ *adj.*

lo·bose /lóubous | lə́ubəus/ *adj.* 〚動物〛⟨ある原生動物の仮足が⟩葉状の．〘(1885) ← LOB(E)＋-OSE¹〙

lo·bot·o·mize /loubɑ́(ː)təmàɪz, lə- | lə(ʊ)bɔ́t-/ *vt.* ⟨人⟩にロボトミーを施す．〘(1943) ← LOBOTOM(Y)＋-IZE〙

lo·bót·o·mìzed *adj.* **1** ロボトミーを受けた． **2** 鈍重な，不活発な，のろい (sluggish). 〘(1943): ⇨ ↑, -ed〙

lo·bot·o·my /loubɑ́(ː)təmi, lə- | lə(ʊ)bɔ́t-/ *n.* 〚外科〛(大脳の)ロボトミー，葉切断術《prefrontal leucotomy ともいう》．〘(1936) ← LOBO-＋-TOMY〙

lob·scourse /lɑ́(ː)bskɔəs | lɔ́bskɔːs/ *n.* 〚海事〛＝lobscouse.

lob·scouse /lɑ́(ː)bskaus | lɔ́b-/ *n.* 〚海事〛船員用料理の一つで，タマネギや肉を混ぜたシチューの一種《scouse ともいう》．〘(1706) ← ? *lob* (⇨ loblolly)＋《方言》*scouse* stew: cf. Du. *lapskous* / G *Lapskaus*〙

lob·ster /lɑ́(ː)bstə | lɔ́bstə^(r)/ *n.* (*pl.* **～s, ～**) **1** 〚動物〛 **a** ロブスター，ウミザリガニ《ウミザリガニ科のザリガニに似た大形の海産甲殻類の総称; アメリカ西海岸には *Homarus americanus*，ヨーロッパには *H. vulgaris*，アフリカ南部には *H. capensis* が生息する》: (as) red as a ～ エビのように真っ赤な《顔など》． **b** イセエビ (spiny lobster). **c** 《豪》淡水に生息するザリガニ (crayfish) 類の甲殻類． **2** ロブスター[イセエビ]の身． **3** 《米俗》まぬけ． **4** 《古》英国兵士《17 世紀に身につけた lobster-tail というよろいおよび赤い上着にちなむ》． — *vi.* ロブスターを捕る．〘OE *loppestre, lopustre* (変形) ← L *locusta* 'LOCUST': OE *loppe* spider の影響による変形: ⇨ lop¹, -ster〙

lobster 1 a
(*H. americanus*)

lóbster-éyed *adj.* 目の突き出た，出目の．

lób·ster·ing /-stərɪŋ/ *n.* ロブスター[イセエビ]捕獲(法)．〘(1881): ⇨ -ing¹〙

lóbster jòint *n.* (パイプなどの)自在接合部．〘1880〙

lóbster·man /-mən/ *n.* (*pl.* **-men** /-mən, -mèn/) エビ捕り(専門の)漁師．〘1881〙

lóbster mòth *n.* 〚昆虫〛シャチホコガ (*Stauropus fagi*). 〘1819〙

lóbster Néwburg, l- n- *n.* ニューバーグ風エビ料理《筒切りにした lobster を炒(いた)めてから卵黄・シェリーなどの入ったクリームソースで煮込んだもの》．〘1914〙

lóbster pòt [tràp] *n.* 筌(うえ)，筌(どう)《エビ捕りかご》．〘1764〙

lóbster ròll *n.* 《米》ロブスターロール《ロブスターのマヨネーズサラダをホットドッグ用パンなどにはさんだもの》．

lóbster shìft *n.* 《米口語》(新聞記者の)夜勤《夜半から早朝まで》．〘1933〙

lóbster tàil *n.* ウミザリガニ[ロブスター]の尾(の肉)．〘1869〙

lóbster-tàil hèlmet *n.* 〚甲冑〛17 世紀の騎兵用兜(かぶと)《その錣(しころ)がエビの尾に似ている》．

lóbster thérmidor *n.* (*pl.* **lobsters t-**) テルミドール風エビ料理《火を通し，さいの目切りにした lobster を濃いクリームソースであえて殻にもどし，焼き色をつけたもの》．〘(1930): Napoleon の命名，最初にこの料理の出された月にちなむという: ⇨ Thermidor〙

lóbster tràp *n.* ＝lobster pot.

lóbster trìck *n.* ＝lobster shift.

lob·u·lar /lɑ́(ː)bjulə | lɔ́bjulə^(r)/ *adj.* lobule の[に似た]． **～·ly** *adv.* 〘(1822–34) ← LOBULE＋-AR¹〙

lóbular pneumónia *n.* 〚病理〛小葉性肺炎，気管支肺炎 (bronchopneumonia) (cf. lobar pneumonia). 〘1834〙

lob·u·late /lɑ́(ː)bjulèɪt, -lɪ̀t | lɔ́b-/ *adj.* 小裂片[小葉，耳たぶ] (lobule) でできた[を備えた]; 細弁状の． **lob·u·la·tion** /lɑ̀(ː)bjuléɪʃən | lɔ̀b-/ *n.* **lob·u·lat·ed** /lɑ́(ː)bjulèɪtɪ̀d | lɔ́bjulèɪt-/ *adj.* ＝lobulate. 〘(1838): ⇨ ↓, -ate²〙

lob·ule /lɑ́(ː)bjuːl | lɔ́b-/ *n.* **1** 〚解剖〛小葉． **2** 耳たぶ． **lob·u·lose** /lɑ́(ː)bjulòus | lɔ́bjuləus/ *adj.* 〘(1682) ← NL *lobulus* (dim.) ← LL *lobus* 'LOBE': ⇨ -ule〙

lob·u·lus /lɑ́(ː)bjuləs | lɔ́b-/ *n.* (*pl.* **-u·li** /-làɪ/) 〚解剖〛 **1** ＝lobe 2. **2** ＝lobule 1. 〘1731〙

lo·bus /lóubəs | lə́u-/ *n.* (*pl.* **lo·bi** /-baɪ/) 〚解剖〛＝lobe 2. 〘◻ LL ～〙

-lo·bus /⌐-ləbəs/ 「lobe を持つもの」の意の名詞連結形．〘← LL *lobus* 'LOBE'〙

L

lób·wòrm *n.* 〘動物〙=lugworm. 〚(1651): ⇨ lob²〛
LOC 《略》〘軍事〙lines of communication(s).
loc. 《略》local; location; 〘文法〙locative.
loca *n.* locus の複数形.
lo·cal¹ /lóʊkəɫ, -kl̩ | lə́ʊ-/ *adj.* **1 a** 特定の場所の[に限られた], その地方の, その地方特有の, 地方的な, 地元の (regional, ↔ national) (cf. imperial 3 b): a ~ custom 地元の慣習 / ⇨ local Derby / a ~ dialect 地方なまり, お国言葉 / one's ~ police 地元の警察 / a ~ station (テレビ・ラジオの)地方支局 / a ~ lawyer 地元の弁護士 / a ~ name of [for] …の地方的呼び名 / ~ news (新聞の)地方記事, それぞれの地域に関するニュース / My job is ~, so I can walk to work. 私の仕事は地元ですので, 歩いて通えます / The bird is quite ~. この鳥は全く特定の場所にだけいる. 日英比較 日本語の「ローカル」は,「地方の」「田舎の」の意味で用いられるが, その意味では英語では provincial, rural, regional を用いる. 英語の *local* は general に対する語で,「全国の」に対して「ある特定の土地の」の意. **b** 特定の地方にのみ適用する: ~ taxes 地方税. **c** 特定の地方向けの (cf. 3): a ~ line 地方鉄道, ローカル線. **2 a** (郵便物の封筒の表示として)区内[市内]配達の. **b** 〈電話が〉特定地域内の, 市内の: a ~ call 市内通話. **3** 〈交通機関が〉各駅停車の, 鈍行の (cf. 1 c) (↔ express): ~ service 区間運転 / a ~ train 各駅停車列車, 鈍行列車. **4** 〘生理・病理〙〈病気など〉局部の, 局部[局所]的な (cf. systemic 1): a ~ disease [infection, inflammation] 局所性疾患[感染, 炎症] / a ~ remedy [treatment] 局所療法 / give a patient a ~ anesthetic 患者に局所麻酔をする / a ~ pain 局所的な痛み. **5** 場所の[に関する], 土地の; 場所を占める: a ~ name 地名 / a ~ adverb 〘文法〙場所の副詞 (here, there, where など) / a ~ situation 位置 / give to airy nothing a ~ habitation 空虚なものにもその場所を与える (Shak., *Mids N D* 5. 1. 17). **6** 〈物の考え方・見解など〉狭い, 偏狭な: a ~ point of view 狭い見方. **7** 〘数学〙軌跡 (locus) の, 局所的な (点の十分小さな近傍における; cf. global 4). **8** 〘物理〙局所的な. **9** 〘電算〙〈機器が〉手もとにある, ローカルな (cf. remote).
lócal stándard of rést 〘天文〙局所静止系.
— *n.* **1 a** [しばしば *pl.*] 地方住民; 地方説教者 (local preacher), 地元開業医, 地元弁護士. **b** 《口語》特定の地方の人[もの], 地元の人[もの]. **c** 《米・カナダ》(新聞の)地方記事, 地方種, 市内雑報. **d** 《米・カナダ》(ラジオ・テレビなどの)地方[ローカル]番組. **e** (各駅停車の)列車[バス・地下鉄]: Take a ~ to 59th (Street) and then the express to 125th (Street). 59 番街まで普通に乗って, それから急行で 125 番街まで行きなさい. **2** 《英口語》近くの居酒屋, 地元の飲み屋: He likes a pint of bitter at his ~. 飲み屋で一杯やる. **3 a** 《米・カナダ》(労働組合・友愛組合などの)支部: The ~ meets every week. 組合の地方支部は毎週集会をもっている. **b** [通例 *pl.*] 地方野球チーム. **4** 《カナダ》(電話の)内線. **5** [*pl.*] 《英》=local examination. **6** 〘郵趣〙(一地方だけに通用する)地方郵便切手 (local stamp ともいう). **7** 〘医学〙=local anesthesia.
~·ness *n.* 〚(1392) □ (O)F ~ // LL *locālis* ← L *locus* place: ⇨ locus〛
lo·cal² /loʊkǽl | lə(ʊ)kɑ́ːl/ *n.* =locale.
lo-cal /lóʊkæl | lə́ʊ-/ *adj.* (*also* **lo cal**) =low-cal.
local. 《略》localism.
lócal anesthésia *n.* 〘医学〙局所麻酔(法), 局麻 (cf. general anesthesia).
lócal anesthétic *n.* 〘医学〙局所麻酔薬, 局麻薬.
lócal área nétwork *n.* 〘電算〙ローカルエリアネットワーク, 構内ネットワーク (一建物内や一ブロック内など比較的狭い地域に限定されたコンピューターネットワーク; 略 LAN). 〚1977〛
lócal authórity *n.* 《英・NZ》地方自治体, 市町村当局 (《米》local government). 〚1861〛
lócal bús *n.* 〘電算〙ローカルバス (汎用バスを介さずに CPU と直結した高速データ線路).
lócal cólor *n.* **1** (文学などに描かれる)地方色, 郷土色. **2** 〘美術〙固有色 (反射・影などに影響されない物本来の色). 〚1706〛
lócal defénse *n.* 局地防御; 局地防空 (cf. general defense).
lócal Dérby *n.* **1** 同じ地区に代表する二つのチームによるコンテスト. **2** ローカルダービー (ダービー以外のそれに類似の競馬).
lo·cale /loʊkǽl | lə(ʊ)kɑ́ːl/ *n.* **1** (行動(作戦)・出来事などの)現場, 場所 (place). **2** (劇・小説・映画などの)場面, 舞台 (scene, setting). 〚(1772) □ F *local* locality ← (adj.): ⇨ local¹ (adj.)〛
Lócal Educátion Authòrity *n.* [単数または複数扱い] 《英》地方教育(行政)当局.
lócal examinátion *n.* 《英》地方試験 (大学監督の下に地方中等学校生徒について行い及第者には証書を与える). 〚1858〛
lócal góvernment *n.* **1 a** 地方政治 (中央政府に対して, city, county, town などの地方自治). **b** 地方自治体 (local self-government ともいう). **2** [集合的] 地方自治体職員. **3** 地方自治論. 〚1844〛
Lócal Gróup *n.* 〘天文〙局部銀河群 (我々の銀河系を含む約 20 個の銀河から成る). 〚1918〛
ló·cal·ìsm /-kəlɪzm/ *n.* **1** 地方愛着, 地方主義, 郷党主義, 地方第一主義. **2** 地方的偏狭. **3** 地方風, 地方なまり, お国言葉. **4** 地方的慣習. **ló·cal·ist** *n.* **lo·cal·is·tic** /lòʊkəlístɪk | lə̀ʊ-ˊ-/ *adj.* 〚(1823): ⇨ -ism〛
lo·cal·ite /lóʊkəlàɪt | lə́ʊ-/ *n.* =local¹ 1 b. 〚(1951) ← LOCAL¹+-ITE¹〛

lo·cal·i·ty /loʊkǽləṭi | lə(ʊ)kǽlɪ̀ti/ *n.* **1 a** (ある人や物事に関係のある)土地, 地方, 所, 現場, 付近: the ~ of a crime 犯罪の現場 / The delicacies of a ~ 土地[地方]の名物. **b** (ある特徴のある)場所, 地方: a ~ of heavy snowfall 豪雪地帯. **c** (鉱物・植物などの)産地: a ~ rich in hot springs 温泉の豊富な場所. **2** (一般の)場所に対する感覚, 方向観念. **3** (空間的または時間的に)位置すること, 存在. **4** 《古》局所限定.
sénse of locálity 土地勘: have *a good sense of* ~ 土地勘がいい (cf. bump¹ *n.* 3 b). 〚1888〛
〚(1628) □ F *localité* □ LL *locālitātem*: ⇨ local¹, -ity〛
lo·cal·iz·a·ble /lóʊkəlàɪzəbl̩ | lə́ʊ-/ *adj.* 地方化できる; 一局部に限られる. 〚(1855) ← LOCALIZE+-ABLE〛
lo·cal·i·za·tion /lòʊkəlɪ̀zéɪʃən | lə̀ʊkəlaɪ-, -lɪ-/ *n.* **1** 局所限定, 局限. **2** 地方化, 局部化. 〚(1816): ⇨ ↓, -ation〛
lo·cal·ize /lóʊkəlàɪz | lə́ʊ-/ *vt.* **1** …の場所を突きとめる, 〈伝説・伝統などの〉起源を確認する: ~ the legend. **2** 特定の地方に局限[限定]する; 〈病気などを〉局部にとどめる: ~ infection [a disturbance] 伝染[動乱]を局部的に食い止める. **3** …に地方的特色を与える, 地方化する: ~ the story その物語に地方色をつける. — *vi.* 一つの場所[一局部]に集まる[集積する]: Anger ~*d on* the scandal. その不正事件に怒りが集中した. 〚(1600) ← LOCAL¹+-IZE〛
ló·cal·ìz·er *n.* 〘航空〙ローカライザー (計器着陸援助方式 (ILS) の一部で, 滑走路の中心線を含む鉛直面を示す電波信号; またはその発信機; cf. glide path 1). 〚(1872): ⇨ ↑, -er¹〛
ló·cal·ly /-kəli/ *adv.* **1** 場所[土地]の上から, 位置上. **2** 特定の場所で, ある地方では, 地元では; 地方的に; 局地[部]的に: It is common ~. ある地方では普通のことである. **3** このあたりで, 近くで (nearby): Much tea is grown ~. この[その]あたりでは茶が多く作られる. **4** 原産地で: a spice used ~ to flavor vermouth ベルモットの味つけに原産地で使われる香辛料. 〚(*c*1450): ⇨ local¹, -ly¹〛
lócally cómpact spáce *n.* 〘数学〙局所コンパクト空間 (各点がコンパクトな近傍をもつような位相空間).
lócally Euclídean spáce *n.* 〘数学〙局所ユークリッド空間 (各点が一定の次元のユークリッド空間と同相な近傍をもつ位相空間).
lócally fínite sét *n.* 〘数学〙局所有限集合 (位相空間の部分集合の集合で, 空間のどの点も有限個の要素としか交わらないような近傍をもつもの).
lócal máximum *n.* 〘数学〙=relative maximum a.
lócal mínimum *n.* 〘数学〙=relative minimum a.
lócal óption *n.* 地方選択権 (酒類販売など問題になっている法の適用についてそれを認めるか否かを住民の投票によって決する選択権). 〚1878〛
lócal óscillator *n.* 〘電子工学〙局部発振器. 〚1919〛
lócal préacher *n.* 《英》〘メソジスト教会〙地方説教師 (メソジスト教会で特定の地方に限り説教することを許された平信者). 〚1772〛
lócal rádio *n.* (ラジオの)地方放送, ローカル放送.
lócal rág *n.* 《英口語》地元紙.
lócal sélf-góvernment *n.* =local government 1 b.
lócal tìme *n.* 地方時, 現地時間 (cf. standard time 1). 〚1833〛
lócal válue *n.* 〘数学〙位価 (たとえば 1530 における 5 の local value は 100 である). 〚1853〛
lócal véto *n.* 地方拒否権 (酒類販売に地方住民の持つ拒否権).
lócal wínd /-wínd/ *n.* 〘気象〙局地風.
Lo·car·no /loʊkɑ́ənoʊ | lə(ʊ)kɑ́ːnəʊ, lɒk-; *It.* lokárno/ *n.* **1** ロカルノ (スイス南東部, Maggiore 湖畔の小市; ロカルノ条約 (Locarno Pact) 締結地). **2 a** =Locarno Pact. **b** (*pl.* ~**s**) (ロカルノ条約的)安全保障条約: the spirit of ~ ロカルノ精神 (特に, 独仏間における宿怨(しゅくえん)の放棄にいう) / an Eastern ~ 東欧諸国間の安全保障条件.
Locárno Pàct [Trèaty] *n.* [the ~] ロカルノ条約 (1925 年 Locarno で英国・フランス・ドイツ・ベルギー・ポーランド・チェコスロバキアの七か国が仮調印した安全保障条約; 正式調印は London でなされた; Treaties of Locarno ともいう).
lo·cate /lóʊkeɪt, −ˊ− | lə(ʊ)kéɪt/ *vt.* **1** 〈物〉の出所・場所・原因など〉を突き止める, 捜し出す: ~ the source of a pain [a leak in a tank] 痛みの原因[タンクの漏り場所]を突き止める / He tried to ~ the homeland of the Indo-European peoples in Anatolia. アナトリアにインドヨーロッパ語を話す民族の出所を捜し出そうと試みた / ~ Hawaii *on* the map 地図でハワイを見つける / ~ the enemy's camp 敵の陣地を捜し出す / ~ a lost object 遺失物を捜し出す / The beam of the flashlight ~*d* a bell button. 懐中電灯を向けると呼鈴の場所がわかった. **2** 〈建物などを〉〔特定の場所に〕置く 〔*on, in*〕: ~ a business downtown [*in* Paris] 店を商業地区[パリ]で開く / His office *is* ~*d on* the third floor of this building. 彼の事務所はこの建物の 3 階[《英》4 階]にある. **3** [~ *oneself* または受身で] 〔…に〕住居を定める, 落ち着く; 位置する 〔*in*〕: ~ *oneself* [*be* ~*d*] in …に居を構える / He ~*d himself near* the door [*behind* the screen]. ドアのそばに立った[ついたての後ろに隠れた]. **4** 〈土地・鉱区など〉の場所[境界]を定める: ~ (the lines of) the property 地所の境界線を定める. **5** 《米》〈土地〉の権利を主張する, 〈土地を〉占拠する. **6** 《まれ》〘法律〙〈家屋・車・労務などを〉賃貸する.
— *vi.* **1** 《米・カナダ口語》居住する, 落ち着く; (ある場所で)開業する: The business ~*d* in California. 会社はカリフォルニアで開業した. **2** 〘メソジスト教会〙〈牧師が〉聖職から引退する. **lo·cat·a·ble** /-ṭəbl̩ | -tə-/ *adj.* **lo·cat·er** /-ṭə | -tə⁽ʳ⁾/ *n.* 〚(1652) ← L *locātus* (p.p.) ← *locāre* to place, put ← *locus* place: ⇨ locus〛
lo·ca·tion /loʊkéɪʃən | lə(ʊ)-/ *n.* **1** (建物などの占めている)位置, 所在, 立地; (特定の)場所: on that ~ その場所で / a good [desirable] ~ for …に好適の場所 / a house in a fine ~ すばらしい場所にある家 / find out the ~ of the hiding house 隠れ家の所在を見つけ出す. **2** 〘映画〙野外撮影場, ロケ地. ★ 主に次の句で用いる: *on* ~ 野外撮影[ロケ]で. 日英比較 映画などの撮影所以外での屋外撮影のことを「ロケーション」, 略して「ロケ」というのは和製英語. 英語の *location* は屋外撮影の場所やセットのことで, ロケ地での撮影は location shooting, 特に野外撮影は outdoor shooting [filming] という. **3 a** (ある場所に)置くこと; 位置選定; 定住. **b** 捜し出すこと, 探索 〔*of*〕: the ~ *of* the missing wallet 紛失した財布を捜し出すこと. **c** (土地の)区画, 測量; (道路の)測量設計. **4 a** (鉱区などの)指定地区: a mining ~. **b** 《豪》農場, 牧場. **5** 《南ア》(都市の中にある)原住民の住む隔離[被差別]地域; (特に East Cape Province の)隔離地域. **6** 《まれ》〘法律〙(家屋・車・労務などの)賃貸し, 賃貸借契約. **7** 〘電算〙記憶場所[位置], ロケーション. **~·al** /-ʃnəl, -ʃənl̩/ *adj.* **~·al·ly** *adv.* 〚(1592) □ L *locātiō(n-)*: ⇨ ↑, -ation〛
loc·a·tive /lɑ́(ː)kəṭɪv | lɔ́kət-/ 〘文法〙*adj.* 位置を示す: the ~ case 位置格, 所格. — *n.* 位置格, 所格 (locative case) (印欧語にあった位置を示す格で, その名残りは OE *hām* (=at home) に見られる); 位置格語, 所格語. 〚(1804) ← L *locātus* (⇨ locate)+-IVE: VOCATIVE にならった造語〛
lo·ca·tor /lóʊkeɪṭə, loʊkéɪ- | lə(ʊ)kéɪtə⁽ʳ⁾/ *n.* **1** 《米》土地[鉱区]境界設定者. **2** 音などの位置を探知する装置, 探知機. **3** 《まれ》〘法律〙賃貸人. 〚(1607) □ L *locātor*: ⇨ locate, -or²〛
loc. cit. /lɑ́(ː)ksɪ́t | lɔ́k-/ 《略》loco citato. 〚1854〛
lo·cel·lus /loʊséləs | lə(ʊ)-/ *n.* (*pl.* **-cel·li** /-laɪ/) 〘植物〙亜室 (隔壁の不完全な室). 〚(1862) ← NL ~ ← LL ~ 'compartment' (dim.) ← L *locus* place〛
loch /lɑ́(ː)k, lɑ́(ː)x | lɔ́k, lɔ́x; *Sc.* lɔ́x/ *n.* 《スコット》**1** 湖 (lake): *Loch* Katrine, Lomond, Ness. etc. **2** 細長い入江. 〚(?*a*1300) *lough* □ Gael. *loch* 'LAKE¹'〛
Loch·á·ber áx /lɑ(ː)kɑ́ːbə-, -kǽb-, -xɑ́ː b-, -xǽb- | lɔkɑ́ːbə(r)-, -kǽb-, -xɑ́ː b-, -xǽb-/ *n.* (16 世紀スコットランドの)鉤斧(かぎおの). 〚(1618): スコットランドの地方名 Lochaber にちなむ〛
loch·an /lɑ́(ː)kən, -xən | lɔ́k-, lɔ́x-/ *n.* 《スコット》小湖, 池. 〚(1789) □ Gael. ~ (dim.) ← *loch*〛
lo·chi·a /lóʊkiə, lɑ́(ː)k- | lə́ʊk-, lɔ́k-/ *n.* (*pl.* ~) 〘医学〙悪露(おろ), 産褥(さんじょく)排泄(はいせつ)物. **ló·chi·al** /-kiəl/ *adj.* 〚(1685) ← NL ~ ← Gk *lókhia* (neut.pl.) ← *lókhios* pertaining to childbirth ← *lókhos* a lying-in ← IE **legh-* to lie〛
Loch·in·var /lɑ̀(ː)kɪnvɑ̀ə, -xɪn- | lɔ̀kɪnvɑ̀ː⁽ʳ⁾, -xɪn-/ *n.* ロッキンバー (Sir Walter Scott の物語詩 *Marmion* (1808) 中のバラッド (ballad) の主人公). 〚1879〛
Lóch Nèss mónster *n.* [the ~] =Nessie².
loci *n.* locus の複数形.
lo·ci·a·tion /lòʊsiéɪʃən | lə̀ʊ-/ *n.* 〘生態〙ロシエーション (ファシエーションの下の単位で, 優占種の多少により他の lociation と区別する; cf. faciation). 〚← LOC(AL)+(FAC)IATION〛
lock¹ /lɑ́(ː)k | lɔ́k/ *n.* **1** (戸・箱・引出しなどの)錠, 錠前 (cf. key¹ 1 a): on [off] the ~ 錠を掛けて[掛けないで] / fasten [set] a ~ 錠を掛ける / turn [open] a ~ 錠をあける / pick a ~ 錠前をこじ開ける / ⇨ combination lock, cylinder lock, electric lock, mortise lock, time lock, Yale lock. **2 a** (運河の)閘門(こうもん) (水位を調節するために作られた門扉などの装置). **b** 〘機械〙(管内の流体を空気を入れて閉じる)空気封じ, 気閘(きこう) (air lock). **3** (車の)輪止め, ロック. **4 a** [通例複合語の第 2 構成素として] (銃の)発射装置, 銃機: ⇨ flintlock 1, gunlock, matchlock / ⇨ LOCK, *stock, and barrel*. **b** 安全装置 (safety lock ともいう). **5 a** 固定させるもの, 締めつけるもの, 身動きできなくさせるもの. **b** (交通の)身動きもできない状態; (車などの)雑踏 (jam): a ~ of carriages 車の混雑. **c** 〘レスリング〙固め, ロック: an arm ~ 腕固め, アームロック / ⇨ hammerlock, headlock. **6** =oarlock, rowlock. **7** =lock hospital. **8** 〘ラグビー〙=lock forward. **9** 〘時計〙停止, ロック (脱進機でがんぎ車の回転がアンクルのつめによって止められている状態). **10** 《英》〘自動車〙操舵時の前輪[ハンドル]の転向[回転] (限度), 小回り性能: a car with a good ~ 小回りのよくきく車. **11** 〘金属加工〙鍛造型のダル面用の小さい溝[突起].
hàve a lóck on …を確実(なもの)にする. ***lóck, stóck, and bárrel*** 《口語》全部, どれもこれも. (銃の各部全部から) ***ùnder lóck and kéy*** 錠をおろし(鍵を掛けて), 厳重に保管[保存]されて; 投獄されて.
— *vt.* **1 a** 〈戸・箱などに〉錠をおろす[掛ける] 〈*up*〉: ~ *up* a door, drawer, box, etc. / ~ *up* the house double 家に二重に錠をおろす / ~ the stable door after the horse has bolted 馬が飛び出したあとに馬屋の戸締まりをする,「盗人捕えて縄をなう」/ *Lock* the stable door before the steed is stolen. 《諺》盗難の前に戸締まりをせよ,「転ばぬ先の杖(つえ)」. **b** 〈家などを〉(錠をおろして)締める, 閉じる 〈*up*〉: ~ the house *up* =~ *up* the house 家の戸締まりをする. **2** 〈物を〉しまい込む; 〈人を〉閉じ込める, 押し込める, 監禁する, 拘留する 〈*up*〉: ~ *up* [*away*] one's papers 書類をしまい込む / ~ *up* [*away*] the prisoners 囚人を監禁する / ~

a person *in* [*into*] a room (外から錠をおろして)人を部屋に押し込める / ~ oneself *up in* one's room 部屋に閉じこもる / get ~*ed in* one's room 部屋に閉じ込められる / get ~*ed into* a rigid ideology 窮屈なイデオロギーにのめり込んでしまう. **3 a** 〈腕などを〉しっかりと組み合わせる: ~ fingers [arms] *together* 指[腕]を組み合わせる / sit with one's ankles ~*ed* 足首を組み合わせて座る. **b** (部分を組み合わせて)動かなくする: A half turn ~*s* a light bulb *in* the socket. 電球は半分回せばソケットにはまる. **4** (錠をかけて)動けなくする; …に輪止めをつける; 固定する (fix): jaws tightly ~*ed* 固く閉じたあご / ~ a wheel 車を輪止めする[動かなくする] / a ship ~*ed in* ice 氷に閉じ込められて動けなくなった船. **5** 〈秘密などを〉〔…に〕固く秘める 〈*up*〉〔*in*〕: knowledge [secrets] safely ~*ed in* one's mind 心に秘めた知識[秘密] / facts ~*ed up in* hieroglyphics 象形文字の中に秘められた事実. **6 a** (腕などで)抱き締める: ~ a child *in* one's arms 子供を腕に抱き締める / He was ~*ed in* a hostile embrace. 敵にぐっと抱え込まれた / armies ~*ed* in battle 合戦でがっぷり組み合った両軍. **b** …に組み付く; つかむ, 捕える. **7** [通例受身で]〈陸・丘などが〉囲む (cf. landlocked): The land *is* ~*ed behind* hills. その土地は丘の背後に閉じ込められた所である. **8 a** 閘門(こう)を操作して〈船を〉通過させる: ~ a boat *up* [*down*] 閘門を開いてボートを川上[川下]へ通す. **b** 〈川・運河などに〉閘門を設ける. **c** 〈水路・運河などの部分を〉閘門で区画する 〈*off*〉. **9** 〔市場性の少ない証券などに〕〈資金を〉固定させる 〈*up*〉〔*in*〕: ~ *up* one's money / capital ~*ed up in* land 土地に固定させた資本. **10** 〔印刷〕〈組版面を〉締め付ける 〈*up*〉; 〈丸版を〉版胴に巻きつける, 固定する.

— *vi.* **1** 〈戸などが〉錠がおりる; 閉ざされる: The door ~*s* automatically [*on* the inside]. このドアは自動的に[内側で]錠がおりる / The door won't ~. このドアはなかなか錠がおりない. **2** 〈ギアなどが〉固着する, 締まる, はまり込む, からまる, 組み合う, 動かなくなる: The parts ~ *into* each other. 各部分が互いに組み合うようになっている. **3** (車輪の)回転が止まる, 固着する. **4 a** (運河・水路などに)閘門を作る. **b** 〈船が〉閘門を通過する; 〈運河が〉閘門で通じる. **5** (前後の)列間を縮めて進む (cf. lockstep *n.* 1). **6** 戸締まりをする 〈*up*〉: Have you ~*ed up* for the night? 夜の戸締まりをしましたか.

lóck ón* [*ónto*]** 〔航空〕(レーダーなどで)〈目標を〉自動的に追尾する, ロックオンする (cf. lock-on). ***lóck óut (1) 締め出す: I've ~*ed* my*self out* (of the house) (うっかり鍵を忘れなどして)(家に)入れなくなった. (2) 〈雇用者側が〉(争議の対策として工場などから)〈労働者を〉締め出す (cf. lockout 1). ***lóck úp*** (1) ⇨ *vt.* 1, 2, *vi.* 6. (2) 成功を確実なものにする: have an election *locked up*. 当選間違いなしにする.

~·a·ble /-kəbl/ *adj.* 〖n.: OE *loc* lock, bolt, enclosure, prison < Gmc *lokam, *lukam (G *Loch* opening) ← OE *lūcan* to shut / ON *lúka* / Goth. *(ga)lūkan*) ← IE *leug- (↓). — v.: 《c1300》 *lokke(n)* ← (n.)〗

lock² /lá(ː)k | lɔ́k/ *n.* **1 a** (生えている, または切り取った)髪の房, (一房の)巻毛, たれ髪. **b** 《廃》 =lovelock. **2** [*pl.*] 《詩》 (頭に生えている)髪の毛, 頭髪. **3 a** (羊毛・綿花などの)一房, 一塊. **b** [*pl.*] ロックス《脚などから取った品質の悪い毛足の短い羊毛》. **4** (干し草・わらなどの)少量: a ~ *of* hay, straw, etc. 〖OE *loc(c)* < Gmc *lokkaz, *lukkaz (Du. *lok* / G *Locke*) ← IE *leug- to bend, turn, wind (Gk *lúgos* pliant twig)〗

lock·age /lá(ː)kɪdʒ | lɔ́k-/ *n.* **1** ロッケージ, 閘程(こう)《川・運河などで閘門の操作による上下両水面の水位差》. **2 a** 閘門の通過. **b** 閘門を通過するもの[量]. **3** 閘門通過税[料金]. **4** 閘門構築(用資材). 〖《1677》: ⇨ ↑, -age〗

lóck·bòx *n.* **1** 錠つきの箱《金庫・郵便局の私書箱など》. **2** 〔テレビ〕ロックボックス《ケーブルテレビの画像復元用電子装置がはいった, 通例鍵付きの箱; 子供などがやたらに見ないようにする》. 〖1872〗

lóck-chàin *n.* (車輪に付けた)輪止め鎖. 〖1859〗

lóck·dòwn *n.* 《米》(囚人の監房内への)厳重な監禁.

Locke /lá(ː)k | lɔ́k/ *n.* ロック: **1** 男性名. **2** 女性名. 〖← OE *loc(c)* 'LOCK²' // OE *loc(a)* (dweller by the) enclosure〗

Locke, David Ross *n.* =Petroleum V. NASBY.

Locke, John *n.* ロック《1632–1704; 英国の哲学者; *An Essay Concerning Human Understanding* (1690)》.

Locke, Matthew *n.* ロック《1630?–77; 英国の作曲家; 舞台音楽の草分けの一人》.

Lock·e·an /lá(ː)kiən | lɔ́k-/ *adj.* John Locke (哲学)の. — *n.* ロック派の哲学者. 〖《1858》: ⇨ ↑, -an¹〗

locked¹ *adj.* 錠がおりた; はめ込みの, 組み合わせた: a ~ bookcase 鍵の掛かった本箱. 〖《1470》: ⇨ lock¹, -ed〗

locked² *adj.* [通例複合語の第2構成素として] (…の)房[頭髪]のある: curly-*locked* (髪が)カールした. 〖《1871》← LOCK²+-ED〗

lócked-ín *adj.* **1** 固定した. **2** 〈証券が売れないでいる〉《買い値より値上がりしたので税金回避のため, または買い値より値下がりしたので売買損失を出したくないため》. 〖1952〗

lócked-róom *adj.* [限定的] 〈事件・小説などが〉密室に関係のある: a ~ murder 密室殺人(事件). 〖1942〗

Locke·i·an /lá(ː)kiən | lɔ́k-/ *adj., n.* =Lockean.

lock·er /lá(ː)kə | lɔ́kə^(r)/ *n.* **1** 錠前付きの仕切り小戸棚, ロッカー: gym ~*s* 体育館のロッカー. **2** (倉庫などの)錠をおろす人[物]. **3** 〔海事〕(衣服・食料・弾薬などを入れる)箱, 室, 倉庫, 格納所: a shot ~ 弾薬庫 / ⇨ chain locker, Davy Jones's locker. **4** 《米・カナダ》急速冷凍食物貯蔵庫《絶縁され温度が常にカ氏零度(セ氏 −32 度)またはそれ以下, 湿度は 80%; cf. locker plant》.

a shót in the lócker ⇨ shot¹ 成句.

〖《1313》← LDu. (cf. Flem. *loker*): ⇨ lock¹, -er¹〗

Lock·er·bie /lá(ː)kəbi | lɔ́kə-/ *n.* ロッカビー《スコットランド南西部の町; 1988 年 12 月爆破された Pan Am 機が当地に墜落, 270 人の死者を出した》.

lócker pàper *n.* ロッカーペーパー《急速冷凍にする食品の包み紙》.

lócker plànt *n.* 急速冷凍貯蔵所《急速冷凍装置と冷凍食物貯蔵庫を装備し, その設備は一般家庭にも賃貸する; cf. quick-freeze, locker 4》.

lócker ròom *n.* 《米》(体育館・クラブなどの)ロッカールーム, 更衣室. 〖1895〗

lócker-room lánguage *n.* (更衣室で用いるような)卑猥な言葉.

lock·et /lá(ː)kɪt | lɔ́kɪt/ *n.* **1** ロケット《小型写真・毛髪・形見の品などを入れる金銀製の小箱で, 通例首飾りの鎖に下げる》. **2** (刀剣の)さやのベルト留めの部分. 〖《1354–55》□ (O)F *loquet* latch, catch (dim.) ← *loc* 'LOCK¹, LATCH' ← Gmc: ⇨ -ET〗

Lock·ett /lá(ː)kɪt | lɔ́kɪt/ *n.* ロケット《女性名》. 〖(dim.) ← LOCKE〗

lóck·fàst *adj.* 《スコット》厳重に錠をおろした, 堅く締めた, 堅く閉ざした. 〖《1453》: ⇨ lock¹ (n., v.), fast¹〗

lóck fórward *n.* 〔ラグビー〕ロックフォワード《スクラムを組むときの第 2 列目の選手》. 〖1956〗

lóck gáte *n.* 水門, 閘(こう). 〖1677〗

Lock·hart /lá(ː)kət, lákhaət | lɔ́kət, lɔ́khaːt/, **John Gibson** *n.* ロックハート《1794–1854; スコットランドの著述家; *Memoirs of the Life of Sir Walter Scott* (1837–38)》.

Lóck·heed Mártin /lá(ː)khiːd- | lɔ́k-/ *n.* ロッキードマーチン(社)《米国の軍需会社; 航空機・ミサイル・宇宙・エレクトロニクスが主力》.

lóck hóspital *n.* 《英》性病病院. 〖《1755》← LOCK¹ (患者を隔離したことから): はじめハンセン病院でのち性病院となった London の古い病院の名から〗

Lock·i·an /lá(ː)kiən | lɔ́k-/ *adj., n.* =Lockean.

Lock·ie /lá(ː)ki | lɔ́ki/ *n.* ロッキー: **1** 男性名. **2** 女性名 (異形 Locky). 〖(dim.) ← LOCKE〗

lóck-ìn *n.* 《米》ロックイン《デモ隊が建物・事務所などの中に閉じこもって抗議するデモ》. 〖1920〗

lóck·ing pìece *n.* 〔時計〕数取カマ《時打装置で数取歯車と係合し時打の働きを制御する部品》. 〖1816〗

lócking plàte *n.* 〔時計〕**1** 数取歯車《数取式時打装置に使われている歯車》. **2** 数取カム《ラック式時打装置に使われているカム》. 〖1879〗

lóck·jàw *n.* 〔病理〕**1** 破傷風 (tetanus). **2** (破傷風などによる)開口障害, 牙関(がん)緊急 (trismus). 〖1803〗

lóck·kèeper *n.* 閘門(こう)管理人. 〖1794〗

lóck·less *adj.* **1** 錠のない; 閉鎖しない. **2** 閘門(こう)のない. 〖《1591》← LOCK¹+-LESS〗

lóck·màker *n.* =locksmith. **lóck·màking** *n.* 〖1797〗

lóck·man /-mən/ *n.* (*pl.* **-men** /-mən, -mèn/) 閘門(こう)番. 〖*c*1470〗

lóck·màster *n.* 閘門(こう)管理人.

lóck·nùt *n.* (*also* **lóck nùt**) 〔機械〕ロックナット, 止めナット. 〖*a*1864〗

lóck·òn *n.* 〔航空〕レーダーによる目標の自動追尾 (⇨ LOCK¹ *on*). 〖1960〗

lóck·òut *n.* **1** (労働争議における)労働者締出し, 工場閉鎖, ロックアウト. **2** (教師[生徒]の)授業[受講]拒否, 締出し. 〖《1854》← *lock out* (⇨ lock¹ 成句)〗

lóck ràil *n.* 〔建築〕横桟, 腰桟《錠穴と同じ高さに渡された扉の横木》. 〖1825〗

lock·ram /lá(ː)krəm | lɔ́k-/ *n.* 英国で昔用いられた粗い手織の麻布. 〖《*c*1300》*lokerham* □ F *locrenam* ← *Locronan* (それが初めて織られた Brittany の村)〗

lóck·smìth *n.* 錠前屋, 錠前かじ. **~·er·y** *n.* 〖1440〗

lóck·smìthing *n.* 錠前製造[業]. 〖1909〗

lóck sprìng *n.* (懐中時計のふたに付いているような)止めばね, ばね止め. 〖1884〗

lóck·stèp *n.* **1** (前の人との距離を縮めて進む)密集行進法. **2** 堅苦しい[融通のきかない]型[配置]. — *adj.* [限定的] 堅苦しい, 融通のきかない (rigid). 〖1802〗

lóck stìle *n.* 〔建築〕錠縦框(たてがまち)《扉の縦方向の枠のうち蝶番(ちょうつがい)から離れた錠穴のある側の枠》.

lóck·stìtch *n.* **1** ロックステッチ《上糸と下糸をからませて裁ち目をかがるミシンステッチ》. **2** 〔製靴〕出縫(だし)い《上下二本の麻毛で靴の底を縫うこと》. — *vt.* …にロックステッチをかける. — *vi.* ロックステッチをする. 〖1859〗

lóck·ùp *n.* **1** (学校などで夜間の)閉鎖(時刻). **2** 監禁; 留置場; 刑務所. **3** 《英》 **a** 貸ロッカー[ガレージ]. **b** 住居とは別の所にある店. **4** 〔印刷〕 **a** (版面の)締付け; 締付け作業. **b** チェース (chase) で締め付けた版面. — *adj.* [限定的] 《英》 **1** 錠のかかる; 錠がおりている, 戸締まりされた, 閉じている: a ~ stable. **2 a** (錠のかかる)賃貸しの: a ~ garage. **b** 住居とは別の所にある: a ~ shop. 〖1767〗

lóck wàsher *n.* 〔機械〕止め座金, ロックワッシャー《ナットのゆるみ止めに用いる座金》.

Lock·y /lá(ː)ki | lɔ́ki/ *n.* ロッキー: **1** 男性名. **2** 女性名. 〖(dim.) ← LOCKE〗

Lock·yer /lá(ː)kjə | lɔ́kjə^(r)/, **Sir (Joseph) Norman** *n.* ロッキャー《1836–1920; 英国の天文学者・著述家》.

lo·co¹ /lóʊkoʊ | ləʊkəʊ/ 《米》 *n.* (*pl.* **~es, ~s**) **1** 《俗》狂人. **2** 〔植物〕=locoweed. **3** 〔獣医〕=locoism. — *vt.* **1** locoweed で中毒させる. **2** [通例 p.p. 形で] 《俗》…の気を狂わせる: be ~*ed* 気が狂っている. — *adj.* 《俗》気が狂った, 狂気の (crazy). 〖《1840》Mex.-Sp. □ Sp. ~ 'insane, crazy' ← ?〗

lo·co² /lóʊkoʊ | ləʊkəʊ/ *n.* (*pl.* **~s**) 《口語》機関車 (locomotive engine). 〖《1833》《略》← LOCOMOTIVE〗

lo·co³ /lóʊkoʊ | ləʊkəʊ/ *adj.* 〔商業〕現場渡しの. 〖□ L *locō* 'at the place': ⇨ loco-〗

lo·co⁴ /lóʊkoʊ | ləʊkəʊ/ *adv.* 〔音楽〕元の位置で記譜されたとおりに (cf. ottava). 〖《1801》□ It. *(al)loco* at the passage〗

lo·co- /lóʊkoʊ | ləʊkəʊ/ 「ところどころに」の意の連結形: *loco*motion. 〖← L *locō* (abl.) ← *locus* place〗

lo·co ci·ta·to /lóʊkoʊsaɪtéɪtoʊ, lá(ː)koʊsɪtáː- | lɔ̀kəʊsɪtáːtəʊ, lə̀ʊkəʊsɪtéɪ-/ *L. adv.* 上記引用文中に(略 l.c., loc. cit.). 〖□ L *locō citātō* in the place cited〗

lóco disèase *n.* 《米》〔獣医〕=locoism.

Lo·co·fo·co /lòʊkəfóʊkoʊ, -koʊ- | lə̀ʊkə(ʊ)fə́ʊkəʊ/ *n.* (*pl.* **~s**) **1 a** 《米》ロコフォコ派の人《1835 年ごろの New York の民主党急進派の人》. **b** 《米国》民主党員 (Democrat). **2** [l-] **a** (19 世紀に発明された, 粗い表面でこすると点火する)摩擦マッチ (friction match). **b** 摩擦マッチつき葉巻. 〖《1834》← 《廃》*locofoco* friction match ← *locofoco cigar* (1834 年に発明されたマッチつき葉巻): ← ? *loco-* self-moving (LOCOMOTIVE の連想から)+It. *f(u)oco* fire (< L *focum* hearth): 1835 年の民主党急進派のある会合が保守派の干渉でガス灯を消され, ろうそくとマッチ (locofoco) を使って続けられたにちなむ〗

lo·co·ism /lóʊkoʊìzm | lə́ʊkəʊ-/ *n.* 〔獣医〕ロコ病, ロコ草中毒《家畜がロコ草 (locoweed) を食ってかかる神経の病気; loco, loco disease ともいう》. 〖《1900》: ⇨ loco¹〗

lo·co·man /lóʊkoʊmən | lə́ʊkəʊ-/ *n.* (*pl.* **-men** /-mən, -mèn/) 《英口語》機関士, 鉄道員. 〖《1941》← LOCO²+MAN〗

lo·co·mo·bile /lòʊkəmóʊbiːl, ⌐⌐⌐⌐ | lə̀ʊkəmə́ʊ-, ⌐⌐⌐⌐/ 《まれ》 *adj.* 自動推進の (self-propelling): a ~ crane. — *n.* 自動推進車[機関]; (昔の)蒸気自動車, ロコモービル. 〖《1889》□ F ~: ⇨ locomotion, mobile〗

lo·co·mote /lóʊkəmòʊt, ⌐⌐⌐ | lə́ʊkəmə̀ʊt, ⌐⌐⌐/ *vi.* 移動する. 〖《1834》《逆成》↓〗

lo·co·mo·tion /lòʊkəmóʊʃən | lə̀ʊkəmə́ʊ-/ *n.* **1** 移行, 移動, 転位: capacity for [power of] ~ 歩行[運動]能力. **2** 移行力, 移動力, 運転力. **3** 旅行 (travel). 〖《1646》← LOCO-+MOTION〗

lo·co·mo·tive /lòʊkəmóʊtɪv | lə̀ʊkəmə́ʊtɪv, ⌐⌐⌐⌐/ *n.* **1** 機関車 (cf. electromotive). **2 a** ロコモーティブ《学校のスポーツ試合に用いられる応援で, 最初ゆっくりで次第に速度を増していく機関車式声援法》. **b** 《米俗》声援 (cheer). **3** 《比喩》(特に経済発展をリードする)推進力[経済大国]. **4** 《英古》=locomobile.

— /lòʊkəmóʊtɪv | lə̀ʊkəmə́ʊtɪv⌐/ *adj.* **1 a** 移動[移行]する, 動いて行く (traveling): ~ movement 移行[全体]運動 / ~ faculty [power] 移動力, 移行力. **b** 運動[運転]力のある, 静止していない: ~ animals. **c** 運動を起こす: the ~ organs 移動器官《脚など》. **2** 《戯言》 **a** 旅行の: a ~ mania 旅行狂. **b** よく旅行する, しょっちゅう旅をしている: a ~ existence 旅行の多い生活.

~·ly *adv.* **~·ness** *n.* 〖《1612》← NL *locōmōtīvus*: ⇨ loco-, motive (adj.)〗

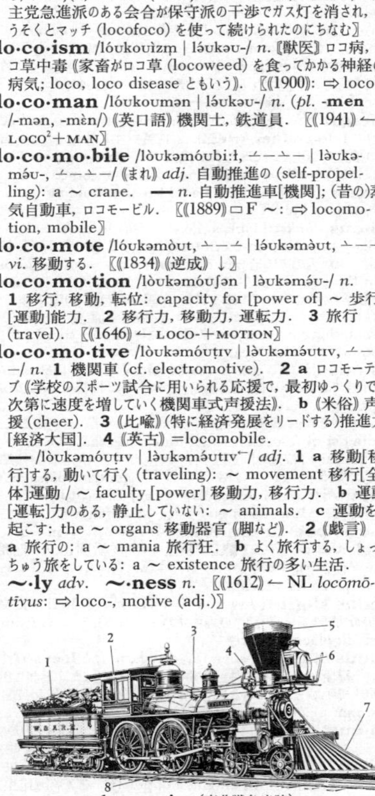

locomotive (南北戦争当時)
1 tender 2 cab 3 boiler 4 bell 5 smokestack 6 headlight 7 cawcatcher 8 driving wheel

locomótive èngine *n.* 機関車. 〖1815〗

locomótive engineèr *n.* (機関車の)機関士. 〖1889〗

locomótive wòrks *n.* (*pl.* ~) 機関車工場. 〖1848〗

lo·co·mo·tiv·i·ty /lòʊkəmoʊtívəṭi | lə̀ʊkəmə(ʊ)tívɪti/ *n.* 移行力, 移動力. 〖《1792》□ F *locomotivité* ← *locomotif*: ⇨ locomotive, -ity〗

lo·co·mo·tor /lòʊkəmóʊṭə | lə̀ʊkəmə́ʊtə^(r)⌐/ *n.* **1** 運動[移動]力のあるもの[人]. **2** 機関車. — *adj.* = locomotory. 〖《1822》□ F *locomoteur*: ⇨ loco-, motor〗

locomótor atáxia *n.* 〔病理〕歩行性運動失調症, 脊髄癆(せきずいろう) (⇨ tabes dorsalis). 〖1878〗

lo·co·mo·to·ry /lòʊkəmóʊṭəri | lə̀ʊkəmə́ʊt-⌐/ *adj.* 移行する, 移動の; (体の)運動器官の. 〖1835〗

lóco pòisoning *n.* 《米》〔獣医〕=locoism.

lo·co pri·mo ci·ta·to /lóʊkoʊpraɪmoʊsaɪtéɪṭoʊ, lá(ː)koʊpríːmoʊ-, -sɪtáː- | lɔ̀kəʊpríːməʊsɪtáːtəʊ, lə̀ʊkəʊpraɪməʊsɪtéɪ-/ *L. adv.* 第一引用文中に(略 loc. primo cit.). 〖□ L *locō prīmō citātō* 'in the place first cited': cf. loco citato〗

lóco·wèed *n.* 〔植物〕ロコ草《米国南西部に多い家畜に有毒なマメ科レンゲソウ属 (*Astragalus*)・オヤマノエンドウ属 (*Oxytropis*) などの植物の総称; 特に, *O. lambertii*; ロコ病 (locoism) の原因となるため crazyweed ともいう》.

〖(1879): ⇨ loco¹, weed¹〗
loc. primo cit. 〖略〗 loco primo citato.
Lo·cris /lóukrɪs, lá(ː)k- | lóuk-, lɔ́k-/ *n.* ロクリス《古代ギリシャ中部の地方; 東西に分かれていた》. **Ló·cri·an** /-kriən/ *adj.*
loc·u·lar /lá(ː)kjulə | lɔ́kjulə(r/ *adj.* **1** 〖生物〗房室 (loculus) の, 房室のある. **2** 〖解剖〗小房の, 小胞の. 〖(1784) ← LOCUL(US)+-AR¹〗
loc·u·late /lá(ː)kjulɪ̀t, -lèɪt | lɔ́k-/ *adj.* 〖植物〗(一つまたは多数の)房室 (loculus or loculi) のある. 〖(1866): ⇨ loculus, -ate²〗
loc·u·lat·ed /lá(ː)kjulèɪtɪ̀d | lɔ́kjulèɪt-/ *adj.* 〖植物〗 =loculate. 〖1801〗
loc·u·la·tion /là(ː)kjuléɪʃən | lɔ̀k-/ *n.* 〖植物〗房形成. 〖(1819) ← L *loculātus*: ⇨ -ation〗
loc·ule /lá(ː)kjuːl | lɔ́k-/ *n.* 〖植物〗房室 (loculus); (特に)葯(やく)または子房の中の空所. **~d** *adj.* 〖(1888) □ F ~ □ L *loculus*〗
loculi *n.* loculus の複数形. 〖□ L *loculī*〗
loc·u·li·ci·dal /là(ː)kjuləsáɪdl̩ | lɔ̀kjulɪ̀sáɪdl̩⁻/ *adj.* 〖植物〗胞背裂開の. **~·ly** *adv.* 〖(1819): ⇨ loculus, -cidal〗
loc·u·lus /lá(ː)kjuləs | lɔ́k-/ *n.* (*pl.* **-u·li** /-làɪ/) **1** 〖生物〗房室, 小室, 胞室, 小房. **2** 〖解剖〗房, 小房, 小胞, 小腔. **3** 〖考古〗(カタコンベ (catacomb) や墓の中の)死体を置く凹壁; 壁龕(へきがん). 〖(1858) ← NL ~ ← L ~ 'little place, box' (dim.) ← *locus* place〗
lo·cum /lóukəm | lóu-/ *n.* 〖英口語〗 **1** =locum tenens. **2** =locum-tenency. 〖(1901)〖略〗〗
lócum-té·nen·cy /-tíːnənsi, -tén-/ *n.* 〖英〗(主に牧師・医者の)代理であること, 代理資格. 〖(1844): ⇨ ↓, -cy〗
lócum té·nens /-tíːnenz, -tén- | -ténenz, -tíː-/ *n.* (*pl.* **l- te·nen·tes** /-tɪ̀nénti:z/) 〖英〗(主に牧師または医者の)臨時代理人; 代理牧師, 代診 (cf. warming pan 2). 〖(1463) □ ML ~ 〖原義〗 one holding an office ← L *locum* ((acc.) ← *locus* place)+*tenēns* holding (← *tenēre* to hold)〗

L

lo·cus /lóukəs | lə́ukəs, lɔ́k-/ *n.* (*pl.* **lo·ci** /lóusaɪ, -kaɪ, -kiː | lə́u-/, **lo·ca** /lóukə | lə́u-/) **1 a** 所, 場所, 位置. **b** 活動の中心: In democracy the ~ of power is in the people. 民主主義では力の中心は人民にある. **2** 〖数学〗軌跡. **3** 〖生物〗遺伝子座, (染色体の)因子座. 〖(1715) □ L ~ 'place' < OL *stolcus* 〖原義〗 where something is placed ← ? IE **stel-* to put, stand (⇨ stall¹): cf. lieu, local¹〗
lo·cus ci·tat·us /lóukəssaɪtéɪtəs, -sɪ̀tá:- | lɔ́kəssaɪtá:t-, lə́ukəssɪtéɪt-/ *L. n.* 引用句. 〖□ L *locus citātus* passage quoted〗
lócus clás·si·cus /-klǽsɪ̀kəs | -sɪ-/ *L. n.* (*pl.* **loci clas·si·ci** /lóusaɪklǽsəsàɪ, lóukaɪklǽsəkàɪ | lə́usaɪklǽsɪsàɪ/) (特定の問題などについてしばしば引用される)標準的な文字 [一節]. 〖(1853) □ L ~ 'standard passage'〗
lócus in quó /-ɪnkwóu | -kwə́u/ *L. n.* 現場. 〖(1717) □ L *locus in quō* place in which〗
lócus poe·ni·tén·ti·ae /-pènəténʃiiː | -nɪ-/ *n.* (*pl.* **loci p-**) 〖法律〗翻意の機会《契約を撤回したり, 犯罪の実行を中止する機会; cf. *Heb.* 12:17》. 〖(*a*1768) □ L ~ 'place for repentance'〗
lócus si·gíl·li /-sədʒílaɪ | -sɪ-/ *L. n.* (*pl.* **loci s-**) (文書の)捺印場所, 「印」の場所 (略 l.s., LS). 〖□ L *locus sigilli* place for seal〗
lócus stán·di /-stǽndiː, -daɪ/ *L. n.* (*pl.* **loci s-**) 〖法律〗提訴権, 告訴権《特定の問題につき法廷または議会に出頭して手続きを行いうる地位・権利》. 〖(1835) □ L *locus standī* place of standing〗
lo·cust /lóukəst | lə́u-/ *n.* **1** 〖昆虫〗イナゴ, バッタ《広くバッタ科の昆虫をいうが, 特に群集して農作物に大害をなす「ダイミョウバッタ (migratory locust)」の類を指す; 地方によっては食用にされる; cf. grasshopper 1》. **2** 〖米〗〖昆虫〗セミ (cicada) 《ジュウシチネンゼミ (seventeen-year locust) など》. **3** 〖植物〗 **a** マメ科ニセアカシア属 (*Robinia*) の樹木の総称《ニセアカシア (black locust, yellow locust)・モモイロニセアカシア (clammy locust) など; locust tree ともいう》; その樹木の材木. **b** イナゴマメ (*Ceratonia siliqua*) (locust bean, carob ともいう). **~·like** *adj.* 〖(*a*1325) □ (O)F *locuste* // L *locusta* 'grasshopper, locust, LOBSTER'〗
lócust bèan *n.* イナゴマメ (carob) のさや[豆]. 〖1847〗
lócust bìrd *n.* 〖鳥類〗ツバメチドリ; (特に)ハグロツバメチドリ (*Glareola nordmanni*). 〖1776〗
lo·cus·tid /loukʌ́stɪ̀d | ləukʌ́stɪd/ *n.* 〖昆虫〗バッタ《バッタ科の昆虫の総称》. 〖(1893) ← NL *Locustidae* ← *Locusta*: ⇨ -id〗
lócust trèe *n.* 〖植物〗 =locust 3 a. 〖1623〗
lócust yèars *n. pl.* 欠乏と苦難の年, 窮乏の歳月 (*Joel* 2:25).
lo·cu·tion /loukjúːʃən | lə(u)-, lɔ-/ *n.* **1** 話し方, 話し振り, 言い方; 言葉遣い, 言い回し (phraseology). **2** (ある特定の地方・集団・宗教などの)特有な語法, 慣用語法 (idiom). 〖(?*a*1425) □ (O)F ~ // L *locūtiō(n-)* ← *loquī* to speak ← IE **tolkʷ-* (音位転換) ← **tolkʷ-* to speak〗
lo·cu·tio·nar·y /loukjúːʃənèri | lə(u)kjúːʃ(ə)nəri, lɔ-/ *adj.* 〖哲学・言語〗発語に関する, 発語的な (cf. illocutionary, perlocutionary): a ~ act 表現的行為, 発語行為 《J. L. Austin の用語; 何かを言う発語行為を指す; 例: He said to me, "Shoot her!"》. 〖(1955): ⇨ ↑, -ary〗
loc·u·to·ry /lá(ː)kjutɔ̀ːri | lɔ́kjutəri, -tri/ *n.* **1** (観想修道院などの)談話室. **2** (観想修道院で訪問者と面会する)格子窓 (grille). 〖(1450) □ ML *locūtōrium*: ⇨ ↑, -ory²〗
Lod /lóud | lə́ud/ *n.* ロド《イスラエル中部の古都; Lydda ともいう; cf. *1 Chron.* 8:12》.
lode /lóud | lə́ud/ *n.* **1** 〖鉱山〗鉱脈《岩石の割れ目を満たすもの; cf. placer² 1》. **2** 鉱脈を思わせるもの, 豊庫, 源泉: a rich ~ of knowledge. **3** 〖英方言〗 **a** 道, 路 (road). **b** 水路; 排水溝. 〖ME *lod(e)* (変形) ← OE *lād* way, course, carrying (⇨ load): cf. lead¹〗
lo·den /lóudn̩ | lə́u-/ *n.* **1** ローデン《防寒・防水用の厚手の縮充ラシャ地; Tyrol 原産》. **2** くすんだグレーがかった緑色. 〖(1911) □ G *Loden* < OHG *lodo* coarse cloth: cog. OE *loþa* cloak〗
lode·star /lóudstɑ̀ə | lə́udstɑ̀ː(r/ *n.* **1** 道しるべとなる星; (特に)北極星 (Polaris). **2** 人の心を引き付けるもの, 希望の的; 指導原理. 〖(*c*1385) *lode-sterre*〗
lode·stone /lóudstòun | lə́udstəun/ *n.* **1** 〖鉱物〗天然磁石《強い磁性のある天然鉱物; 磁鉄鉱・ニッケル鉱など; natural magnet ともいう》. **2** 吸引力のある物; 人を引き付けるもの. 〖(*c*1515) 〖原義〗 way-stone: 船乗りが航行に磁石を用いたことから〗
lodge /lá(ː)dʒ | lɔ́dʒ/ *n.* **1 a** (狩猟期その他の特別のシーズンに一時的に使用する)小屋, 狩猟小屋: a fishing ~ 釣り小屋 / a hunting ~ 狩猟小屋. **b** 〖米〗夏季用の別荘, ロッジ (summer cottage). **c** [しばしば L-] (行楽地の)旅館, (観光)ホテル, モーテル. **d** 〖米・カナダ〗(キャンプ・行楽地などの)中心の保養施設. **e** 〖方言〗(木の枝・荒板・獣皮などで造った粗末な)小屋. **2** 〖英〗(大邸宅・猟園などの)番小屋, 門衛[園丁]住宅. **3 a** (共済組合・友愛組合・秘密結社などの)支部(集会所); 支部集会 (cf. Masonic 1 a): the master of a ~ 支部長 / ⇨ grand lodge. **b** [集合的] 支部会員たち. **4** 〖英〗(Cambridge 大学の)学寮長公舎 (cf. lodging 3 c). **5** 〖米〗 **a** (アメリカインディアンのテント小屋 (wigwam) (cf. hogan, tepee, wickiup 1). **b** [集合的] lodge に住むインディアン; その家族. **6** [the L-] (Canberra にある)オーストラリア首相公邸. **7** (ビーバーなど群居動物の)巣 (den). **8** 〖方言〗一時的滞在の場所: Earth is our ~ and heaven our home. この世は仮の宿, 天国こそわが住まい. ***at lódge*** 〖紋章〗 = lodged.
— *vi.* **1 a** (一時的に)泊まる, 宿泊する; 一晩泊まる, 寝る: ~ *at* a hotel ホテルに泊まる / ~ *on* the cot 簡易寝台で寝る. **b** 下宿[寄宿]する (cf. lodger 1): ~ *at* Mrs. Murray [*with* an American family] マレー夫人の所に[アメリカ人の家庭に]下宿する. **c** 住む. **2** 止まる, 〈弾丸などが〉はいる, 〈矢などが〉突き立つ 〔*in*〕: The bullet ~*d in* his brain. 弾丸が頭の中で止まった / ~ *in* one's memory 記憶にとどまる / A fishbone ~*d in* my throat. 魚の骨がのどに刺さった. **3** 〈干草・作物などが〉(風で)倒れる (go down). **4** 〈獲物が〉逃げ込む. **5** 〖古〗存する, ある 〈*in*〉.
— *vt.* **1** 〈告訴・報告などを〉提出する, 差し出す; 〈反対・苦情などを〉申し出る (lay): ~ an accusation 告訴を提起する / ~ a protest *with* the government 政府に抗議を申し出る / ~ a complaint *against* a person *with* the police 人のことで警察に訴える. **2 a** (一時的に)泊まらせる, 宿泊させる: We can ~ you for the night. 今晩お泊めできます. **b** 〈人を〉寄宿[下宿]させる: ~ him for the winter 冬の間下宿させる. **c** 〈人の〉宿舎[避難所]となる [として役立つ]: His house will ~ the guest. 彼の家がその客の宿舎になる. **d** [well, ill などの副詞を伴い p.p. 形で] 〈ホテル・下宿などが〉設備がよい[悪い]: The hotel is *well* [*ill*] ~*d*. あのホテルは設備がよい[悪い]. **3** 〈弾丸などを〉撃ち込む, 〈矢を〉突き立てる, 〈魚の骨などを〉引っかける 〔*in*〕: ~ a bullet *in* a person's head 人の頭に弾丸を撃ち込む / ~ an arrow *in* the bull's-eye 矢を的の真ん中に射込む. **4** [通例 ~ *oneself* で] 〔…に〕位置を占める 〔*in*〕: The troops ~*d themselves in* the village. 部隊はその村に陣取った. **5** …の入れ物として役立つ, 含む, 内蔵する: a sinus which ~*s* the nerve 神経を内蔵している洞. **6 a** 〈金などを〉〔銀行などに〕預ける 〔*in*〕; 〔人に〕預ける 〔*with*〕: ~ money *in* the bank / ~ valuables *with* him 貴重品を彼に預ける. **b** 〈人を〉監禁する. **7** 〈権能などを〉〔…に〕ゆだねる, 付託する 〔*with, in*〕: ~ powers *in* [*with*] a committee 権能を委員会に付託する. **8** 〈風・雨が〉〈作物などを〉倒す: Though bladed corn be ~*d* 葉の出た穀物が倒されても (Shak., *Macbeth* 4. 1. 55). **9** 〈獲物を〉(巣まで)跡をつける, 追い込む: ~ a stag.
~·a·ble /-dʒəbl̩/ *adj.* 〖(1290) *lo(g)ge* □ (O)F *loge* hut, 〖原義〗 leafy shelter < ML *laubiam* □ Frank. **laubja* (cf. G *Laube* arbor): LOBBY と二重語〗
Lodge /lá(ː)dʒ | lɔ́dʒ/, **David (John)** *n.* ロッジ (1935– ; 英国の小説家; *Changing Places* (1975)).
Lodge, Henry Cabot *n.* ロッジ (1850–1924; 米国の政治家; 上院議員 (1893–1924)).
Lodge, Sir Oliver (Joseph) *n.* ロッジ (1851–1940; 英国の物理学者・著述家・心霊学者・予言者).
Lodge, Thomas *n.* ロッジ (1558?–1625; 英国の劇作家・詩人・著述家; *Rosalynde* (1590)).
lodged *adj.* 〖紋章〗〈鹿など〉腹ばいになった (at lodge ともいう). 〖(1580) ← LODGE+-ED〗
lodge·ment /lá(ː)dʒmənt | lɔ́dʒ-/ *n.* =lodgment. 〖1598〗
lódge·pòle píne *n.* 〖植物〗ロッジポールマツ (*Pinus contorta*) 《北米西岸に生えるマツで, 海岸に生える低木と, やや内陸性の高木の2変種がある》. 〖1859〗
lodg·er /lá(ː)dʒə | lɔ́dʒə(r/ *n.* **1** 宿泊人, 止宿人; 下宿人, 同居者, 間借人: take in ~*s* 下宿人を置く. **2** (ある場所に)撃ち込まれたもの《弾丸や矢など》. **3** 〖古〗 **a** 居住者, 住人 (inhabitant). **b** (宿屋などの)泊まり客. 〖(*a*1325): ⇨ -lodge, -er¹〗
lódger frànchise *n.* 〖英〗〖法律〗(1918 年選挙権拡張前の)下宿人投票権. 〖1867〗
lodg·ing /lá(ː)dʒɪŋ | lɔ́dʒ-/ *n.* **1** 宿泊(設備), 止宿: board and ~ 賄(まかな)い付きの下宿 / ⇨ dry lodging. **2** (一時的な)宿泊所, 宿: ask for a night's ~ 一夜の宿を頼む. **3** [*pl.*] **a** 貸間, 下宿: let (furnished) ~*s* (家具付きの)部屋を貸す / live in ~*s* 間借りしている / take (up) one's ~*s* 下宿する. **b** 〖英〗(大学のキャンパス外にある)学生宿舎. **c** 〖英〗(Oxford 大学の)学寮長公舎 (cf. lodge *n.* 4). 〖(*a*1325): ⇨ lodge, -ing¹〗
lódging hòuse *n.* 下宿屋, 素人下宿 (cf. inn 1, hotel 1): a common ~ 〖英〗(食事なしの)簡易宿泊所. 〖1765〗
lódging knèe *n.* 〖造船〗横ニー《木船で梁 (beam) の両脚に水平に取り付ける湾曲肘材(ちゅうざい)》.
lódging tùrn *n.* 〖鉄道〗(乗務員が到着駅で泊まる)外泊勤務期間. 〖1952〗
lodg·ment /lá(ː)dʒmənt | lɔ́dʒ-/ *n.* **1 a** 宿泊. **b** 預けること, 位置すること, 引っかかること: the ~ of the balloon in the tree 風船が木に引っかかること. **2** 宿所, 下宿屋; 宿泊設備. **3** 堆積(物), 沈澱(物) (deposit). **4** 〖軍事〗占領, 占拠; (占領地点に応急的に設けた)拠点, 足場; (その拠点に設けた)壕(ごう), 陣地: effect [make] a ~ on the enemy's coast 敵海岸に拠点を構築する. **5** 〖法律〗(金・担保などの)供託; 預金. 〖(1598) □ F *logement*: ⇨ lodge, -ment〗
Lo·di /lóudi | lə́udaɪ; *It.* lɔ́ːdi/ *n.* ローディ《イタリア北部 Lombardy 州の町; Napoleon がオーストリア軍に勝利した地 (1796)》.
lod·i·cule /lá(ː)dəkjùːl | lɔ́dɪ-/ *n.* 〖植物〗鱗被(りんぴ)《イネなどの子房の基部にある鱗苞(りんぽう)》. 〖(1864) □ L *lōdī-cula* (dim.) ← *lōdix* coverlet: ⇨ -cule〗
Lod·o·wick /lá(ː)dəwɪk | lɔ́d-/ *n.* ロードウィック《男性名》. ★ スコットランドに多い. 〖cf. Ludovic〗
Łódź /lúːdʒ, lá(ː)dz | wúdʒ, wúːdʒ; *Pol.* wútɕ/ *n.* (*also* **Lodz** /~/) ウッチ《ポーランド中部にある同国第2の都市; 繊維産業の中心地》.
loe /lúː/ 〖スコット〗 *n.* 愛 (love). — *vt., vi.* 愛する (love). 〖〖スコット〗 ← LOVE〗
Loeb /lóub | lə́ub, lɔ́ːb; *G.* lǿːp/, **Jacques** *n.* ローブ (1859–1924; ドイツ生まれの米国の生理学者・生物学者).
Loeb /lóub | lə́ub, lɔ́ːb/, **James** *n.* ローブ (1867–1933; 米国の銀行家; 1912 年からギリシャ・ラテンの古典対訳文庫 (Loeb Classical Library) の出版を計画・援助).
loel·ling·ite /lélɪŋàɪt/ *n.* 〖鉱物〗レーリンジャイト, ヒ鉄鉱, ヒ毒砂 ($FeAs_2$). 〖(1849) □ G *Löllinglit* ← *Lölling* (発見地の近くのオーストリアの町): ⇨ -ite¹〗
loe·rie /lúːəri | lúəri/ *n.* 〖南ア〗〖鳥類〗 =touraco. 〖1798〗
loess /lés, lʌ́s, lóuəs | lə́uɪs, -ɪ̀s, lɔ́ːs; *G.* lœs/ *n.* 〖地質〗レス, 黄土(おうど)《細砂・粘土などからなる淡黄色・灰黄色の風成層; 中国北部・Rhine 川・Mississippi 川流域などによく発達している》. **~·i·al** /-siəl/ *adj.* **~·al** /-səl, -sl̩/ *adj.* 〖(1833) □ G *Löss* (変形) ← 〖方言〗 *lösch loose* ← *lösen* to loose < Gmc **lausjan* < **lausz* loose〗
Loewe /lóu | lə́ui; *Sp.* loéβe/ *n.* 〖商標〗ロエベ《スペインの革製品メーカー》.
Loe·we /lɔ́ːvə, léɪ- | lɔ́ː-; *G.* lǿːvə/ (*also* **Lö·we** /~/), **(Johann) Karl (Gottfried)** *n.* レーベ (1796–1869; ドイツの作曲家).
Loe·wi /lóui | lə́ui; *G.* lǿːvi/, **Otto** *n.* レーウィ (1873–1961; ドイツ生まれの米国の薬学者; Nobel 医学生理学賞 (1936)).
Loe·wy /lóui | lə́ui; *F.* lɔevi/, **Raymond (Fernand)** *n.* ロエヴィ (1893–1986; フランス生まれの米国の工業デザイナー).
L of C 〖略〗 Library of Congress; lines of communication.
Löff·ler /léflə | lɔ́ːflə(r; *G.* lœ́flɐ/, **Friedrich August Johannes** *n.* レフラー (1852–1915; ドイツの細菌学者).
lo-fi /lóufáɪ | lə́u-⁻/ *adj.* 〈録音再生が〉ハイファイ (hi-fi) でない, 忠実度の低い. — *n.* (録音再生の)低忠実度, ローファイ. 〖(1958) (短縮) ← *low-fidelity*〗
Ló·fo·ten Íslands /lóufoutn̩- | lə(u)fə́utn̩-, lə́u-fəu-; *Norw.* lúː(f)uː(t)n/ *n. pl.* [the ~] ロフォーテン諸島《ノルウェー北西方にある同国領諸島; タラ漁場; 面積 1,425 km^2》.
loft /lɔ́(ː)ft, lá(ː)ft | lɔ́ft/ *n.* **1** (通例仕切りのない)屋根裏(部屋) (⇨ garret¹ SYN): move into a student ~ 学生用の屋根裏部屋に引っ越す. **2 a** (納屋・馬屋などの)二階《わら・干し草などを蓄えておく》. **b** (教会・会館・講堂などの)上階, 高間, さじき (gallery): ⇨ choir loft, rood loft. **c** 〖米〗(倉庫・工場などの)上階. **3** 〖米〗(工場・倉庫などの)一つ上の階, 上の階の部屋. **4 a** ハト小屋. **b** [集合的] ハトの群れ. **5** 〖ゴルフ〗 **a** ロフト《クラブフェースの傾斜》; 上げ打ち, ロフト. **b** (打ち上げた)打球の高さ. **6** (羊毛の)弾性. **7 a** 〖古〗空, 上空: in the ~ of the morning 朝の空に. **b** 〖廃〗(部屋の)天井.
— *vt.* **1** 〖ゴルフ〗 **a** 〈球を〉高く打ち上げる; 〈障害物を〉飛び越えさせて球を打つ. **b** 〈クラブフェース〉に傾斜をつける. **2** 屋根裏[納屋の二階]に蓄える. **3** 〈ハトを〉ハト小屋に入れる[飼う]. **4** 宇宙に打ち上げる: ~ communications satellites *into* space 宇宙に通信衛星を打ち上げる. **5** 〖造船〗現図を描く, 現図場床上に船体各部の図を原寸大に描く. **6** 〖廃〗…に屋根裏部屋をつける. — *vi.* **1** 高くそびえる: a skyscraper ~*ing* into the sky 空に向かって高くそびえる摩天楼. **2** 〖ゴルフ〗球を高く打ち上げる. 〖lateOE ~ □ ON *lopt* sky, air, upper room: cf. lift[1,2]〗

lóft apàrtment *n.* ロフトアパート《倉庫などの最上階や屋根裏をアパートにしたもの》.
lóft bèd *n.* ロフト《居住部分の上に張り出して造られた寝棚》.
lóft convèrsion *n.* 屋根裏の居住用への改造; 改造した屋根裏部屋.
lóft·er *n.*〔ゴルフ〕ロフター《球を打ち上げるのに用いるアイアン; lofting iron ともいう》. 〖(1892): ⇨ loft, -er[1]〗
Loft·ing /lɔ́(ː)ftɪŋ, lɑ́(ː)f- | lɔ́f-/, **Hugh (John)** *n.* ロフティング《1886–1947; 英国生まれの米国の児童文学者; Dr. Dolittle 物で有名》.
lóft·ing ìron *n.*〔ゴルフ〕=lofter.
lófts·man /-mən/ *n.* (*pl.* **-men** /-mən, -mèn/)〔造船〕現図工《現図場で現図を描く担当者》.
loft·y /lɔ́(ː)fti, lɑ́(ː)f- | lɔ́fti/ *adj.* (**loft·i·er; -i·est**) **1** 高位の, 高貴な; 高尚な, 高潔な, 高遠な: ~ principles [aims] 高尚な主義[目的] / a ~ style [diction] 高雅な文体[言葉遣い] / a ~ station 高位 / the high and ~ One いと高くいと上なるもの《神; *Isa.* 57:15》. **2** 非常に高い, そびえ立つ (⇨ high SYN): a ~ mountain, spire, tree, etc. **3** 高慢な, 傲慢(ごう)な: ~ contempt [disdain] 人を人とも思わぬ傲慢さ / ~ good humor 見えを切っての上機嫌 / in a ~ manner 高慢な態度で. **4** 現実離れした, 実用価値のない: a ~ abstraction 現実離れした抽象論. **5**〔海事〕《帆船が》特に高いマストをもった. **lóft·i·ly** /-təli, -tḷi | -tɨ̀li, -tḷi/ *adv.* **lóft·i·ness** *n.* 〖(*c*1426): ⇨ loft, -y[4]〗
log[1] /lɔ́(ː)g, lɑ́(ː)g | lɔ́g/ *n.* **1 a** 素材《製材前の生木材, 通例長さ 6 フィート以上のものをいう》; 丸太, 丸木: ⇨ King Log / in the ~ 丸太のままで / float [lie, fall] like a ~ (動けないで[無力で])丸太のように浮いている[横たわる, 倒れる] / be as easy as rolling [falling] off a ~ (丸太を転がす[切り倒す]ように)きわめて容易である, 造作ない. **b** 《暖炉にくべるための通例 2–3 フィートの長さの》まき. **c** 重くて活動力のない物; (のっそりした)鈍重な人: sleep like a ~ ぐっすり(前後不覚に)眠る. **d** [*pl.*]《豪俗》《粗雑な作りの》監獄. **2 a** 航海[航空]日誌 (logbook): a rough [smooth] ~ 航海[飛行]下書き[清書]日誌. **b** 旅行日誌. **c** 《エンジン・ボイラー・井戸掘りなどの》工程日誌, 労働時間表. **d** 《機械の》運転記録. **e**〔英教育〕《公立小学校の校長が管理する》教育日誌 (logbook). **f**〔映画〕撮影記録, 撮影日誌. **g**〔ラジオ・テレビ〕放送実施記録. **3**〔海事〕測程器《航海中の船の速力を測る》: heave [throw, stream] the ~ 測程器の扇形板を投入する, 船の速力を測る / sail by the ~ 測程器を頼りに航海する / ⇨ log chip, log line, chip log, taffrail log. **4**〔電算〕ログ《コンピューターの利用・データの更新などを記録したもの; ユーザーの利用の履歴・サーバーの通信記録・ファイルの変更履歴など》. **5**《豪》《労働組合の》賃金・労働条件の改善要求.
a búmp on a lóg《口語》怠け者: ⇨ *like a* BUMP[1] *on a log.* ***róll lógs for*** (仲間)のために骨折る, …を仲間ぼめする (cf. logrolling 3). ***Róll my lóg and I'll ròll yóurs.*** 君が力になってくれればこちらも手を貸そう. ★ 特に作家たちが仲間をほめ合ったり, 政治家が結託して助け合う場合にいう (cf. logrolling 3).
lóg of wóod《NZ》⇨ Ranfurly Shield.
— *adj.* [限定的] 丸太で作った: a ~ fence 丸太を組んで作った柵 / ⇨ log cabin.
— *v.* (**logged; log·ging**) — *vt.* **1** (正式に)記録する, 〈コンピューターの利用などを〉ログに記録する. **2**〔海事〕航海日誌に〈船の航程・行動・日課・その他を〉記入する. **3 a** 〈丸太にするため〉〈立木を〉切り倒す; 〈木を〉切って丸太にする. **b** 〈土地の〉木材を伐採する: ~ *off* most of the area その地域の大部分の木を伐採する. **4 a**〔海事・航空〕〈船が〉〈幾ノット〉出す; 〈船・飛行機が〉〈ある距離・時間を〉航行[飛行]する: Our ship ~*ged* 30 knots [110 miles] that day. 我々の船はその日 30 ノット出した [110 海里航行した]. **b** (車などで)〈ある距離・時間を〉走る: I've ~*ged* (*up*) a thousand miles in my car since the last service. この前整備してもらってからこの車で 1000 マイルも走った. **c** …の記録を出す[達成する]: He ~*ged* record speed in the race. 彼はレースで記録的なスピードを出した. — *vi.* 木材を伐採する.
***lóg ín* [*ón*]**〔電算〕ログイン[オン]する《コンピューターの使用を開始する》, ネットワークに接続する〔*to*〕. ***lóg óff* [*óut*]**〔電算〕ログオフ[アウト]する《コンピューターの使用を終了する》, ネットワークから抜ける.
〖(*a*1333) *log*(*ge*) □ ? ON *lāg* (Dan. *laag*) felled tree ← *liggja* 'to LIE[1]'〗
log[2] /lɔ́(ː)g, lɑ́(ː)g | lɔ́g/ *n.* =logarithm. 〖1631〗
log. (略)〔数学〕logarithm; logic; logical; logistic(s).
log- /lə(ː)g, lɑ(ː)g | lɔg/ (母音の前にくるときの) logo- の異形.
-log /⌐—lɔ̀(ː)g, -lɑ̀(ː)g | -lɔ̀g/《米》=-logue.
lo·gan[1] /lóugən | lə́u-/ *n.*〔植物〕=loganberry.
lo·gan[2] /lɑ́(ː)gən, lóug- | lɔ́g-, lə́ug/ *n.*〔地質〕=logan stone.
Lo·gan /lóugən | lə́u-/ *n.* ローガン《男性名》. 〖← Gael. *lagan* little hollow〗
Lo·gan /lóugən | lə́u-/, **Mount** *n.* ローガン(山)《カナダ西部, Yukon Territory 南西部の山; カナダの最高峰 (6,050 m)》.
lo·gan·ber·ry /lóugənbèri | lə́ugənb(ə)ri, -bèri/ *n.* **1**〔植物〕ローガンベリー (*Rubus loganobaccus*)《キイチゴの一種で, raspberry と blackberry の雑種》. **2** ローガンベリーの甘酸っぱい果実. 〖(1893) ← *J. H. Logan* (1841–1928: 1881 年にこれを栽培した米国 California 州の裁判官)〗
Lo·ga·ni·a·ce·ae /lougèiniéisiː | lə(u)-/ *n. pl.*〔植物〕(フジウツギ目)フジウツギ科. **lo·gà·ni·á·ceous** /-ʃəs⁻/ *adj.* 〖← NL ~ ← *Logania* (属名: ← *James Logan* (18 世紀のアイルランドの植物学者)) + -ACEAE〗
lóg·an stòne /lɑ́(ː)gən-, lóug- | lɔ́g-, lə́ug-/ *n.*〔地質〕揺るぎ岩 (⇨ rocking stone)《単に logan ともいう》. 〖(1759) *logan*: (変形) ← ? *logging* ← 《方言》*log* to rock〗
Ló·gan tènt /lóugən- | lə́u-/ *n.* ローガンテント《幅・高さ 7 フィートほどのピラミッド形のテントで, 背部に 2 フィートほどの垂直壁がある》. 〖← *Sir William Edmond Logan* (1798–1875: カナダの地質学者)〗
log·a·oe·dic /lɑ̀(ː)gəíːdɪk | lɔ̀gəiːd-⁻/〔古典詩学〕*adj.* 散文詩体の《dactyl (—◡◡) と trochee (—◡), または anapaest (◡◡—) と iambus (◡—) とからなる散文的な韻律をもつ》. — *n.* 散文詩体の詩. 〖(1844) □ LL *logaoedicus* □ Gk *logaoidikós* combining prose and poetry ← *lógos* discourse, speech + *aoidḗ* song〗
log·a·rithm /lɔ́(ː)gərɪðm, lɑ́(ː)g- | lɔ́gərɪðm, -θm/ *n.*〔数学〕対数, ロガリズム, ログ (略 log): common ~*s* 常用対数 (10 を底(てい)とする対数) / general ~*s* 一般対数 / a table of ~*s* 対数表 / The ~ of 100 to the base 10 is 2. 10 を底とする 100 の対数は 2. 〖(1615–16) ← NL *logarithmus* ← Gk *lógos* word, ratio + *arithmós* number〗
log·a·rith·mic /lɔ̀(ː)gəríðmɪk, lɑ̀(ː)g- | lɔ̀gəríð-, -ríθ-⁻/ *adj.*〔数学〕対数の, 対数関数的な: the ~ table 対数表. 〖(1698): ⇨ ↑, -ic[1]〗
lòg·a·ríth·mi·cal /-mɨ̀kəl, -kḷ | -mɪ-⁻/ *adj.*〔数学〕=logarithmic. **~·ly** *adv.* 〖1621〗
lógarithmic décrement *n.*〔数学〕対数減衰率《量の大きさの対数の減少率》.
lógarithmic fúnction *n.*〔数学〕対数関数《独立変数の対数を値としてとる関数》. 〖1927〗
lógarithmic scále *n.*〔数学〕対数目盛.
lógarithmic séries *n.*〔数学〕対数級数《対数関数を展開して得られる冪(べき)級数》.
lógarithmic spíral *n.*〔数学〕対数らせん (⇨ equiangular spiral). 〖1706〗
lóg·bòok *n.* **1** =log[1] 2 a, e. **2**《英》(もとの)自動車の登録・製造・所有者を明記した文書 (cf. registration document). 〖(1679) ← log[1] (n.) 3〗
lóg cábin *n.* 丸太小屋, 掘っ建て小屋. 〖1770〗
lóg chìp *n.*〔海事〕扇形板《手用測程器 (chip log) において測程線の先端に取り付け, 水に対する抵抗を得るための扇形板; log ship ともいう》; ⇨ chip log 挿絵》. 〖1846〗
loge /lóuʒ | lə́uʒ; *F.* lɔːʒ/ *n.* **1 a** 小さい仕切り[区画], 小間 (booth). **b** (部屋などで)柵などによって広い部分から仕切られている)狭い部分. **2 a** (劇場の)二階桟敷 (balcony) または中二階 (mezzanine) の(通路などで他と区別された)前の部分. **b** (劇場の)仕切席, 特別席 (box). 〖(1749) □ F ~: ⇨ lodge〗
lóg·gan stòne /lɑ́(ː)gən- | lɔ́g-/ *n.*〔地質〕=logan stone.
log·gat /lɔ́gət/ *n.* [*pl.*]《廃》ロガッツ《的の杭に太い棒を投げる遊戯》. 〖(1541) ← log[1]〗
logged /lɔ́(ː)gd, lɑ́(ː)gd | lɔ́gd/ *adj.* **1 a** 〈材木・船など〉水に浸って重くなった (cf. waterlogged 1, 2). **b** 〈足が〉重くてだるい: My feet feel ~. 足が重くてだるい. **2** 〈土地が木が伐採されて切り開かれた: the ~ area. **3**《米》丸太で造られた: a large ~ cabin. 〖(*c*1820) ← LOG[1] + -ED〗
log·ger /lɔ́(ː)gə, lɑ́(ː)gə | lɔ́gə^(r)/ *n.* **1**《米》伐木者, きこり. **2** (山で使う)丸太積込み機械; (山で使う)丸太運搬トラクター. **3** 自動記録装置, (特に, 気温・気圧・湿度を測る)自記計. 〖(1732) ← LOG[1] + -ER[1]〗
lóg·ger·hèad /lɔ́(ː)gə-, lɑ́(ː)gə- | lɔ́gə-/ *n.* **1 a**《古・方言》まぬけ, とんま, ばか. **b**《口語》頭 (head), (特に)大頭. **2** 鉄球棒《熱してタールなどを溶かしたり, 液を温めるのに使用する》. **3** (捕鯨船の船尾の)もり綱柱《もり綱の走出を制するために一巻きして置く》. **4**〔動物〕**a** =loggerhead turtle. **b** =alligator snapper 1. **5**〔鳥類〕=loggerhead shrike.
at lóggerheads* (*with* ...)** (…と)仲たがいして, けんかして: She's alway *at* ~ *with* her neighbors. 近所の人といつもけんかばかりしている. (1831) ***fáll* [*gét, gó*] *to lóggerheads《古》殴り合いを始める. (1680)
~·ed *adj.* 〖(1588) ← 《方言》*logger* heavy block of wood (← LOG[1]) + HEAD〗
lóggerhead shríke *n.*〔鳥類〕北米産のモズの一種 (*Lanius ludovicianus*).
lóggerhead túrtle *n.*〔動物〕アカウミガメ (*Caretta caretta*) (cf. sea turtle). 〖1657〗
log·gi·a /lɑ́(ː)dʒə, lóudʒə, -dʒiə | lə́udʒə, lɔ́dʒ-; *It.* lɔ́ddʒa/ *n.* (*pl.* **~s, log·gie** /lɑ́(ː)dʒeɪ | lɔ́dʒ-; *It.* lɔ́ddʒe/) **1**〔建築〕ロッジャ《イタリア建築に特有な片側に壁のない柱廊で, 二階が上に載る場合もある; veranda に比べると, もっと家の本質的一部をなしている》. **2** 劇場のオープンバルコニー. 〖(1742) □ It. ~ □ F *loge* 'LODGE'〗

loggia 1

lóg·ging *n.* **1** 木材の切出し[伐採搬出]; 木材伐採搬出業; 木材伐採量. **2** (航海日誌に記載される, 処罰金などの)船員の給料からの差引き. 〖(1706) ← LOG[1] + -ING[1]〗
lóg glàss *n.*〔海事〕(手用測程器用)砂時計《手用測程器を用いて船の速力を測るときに使用する小型の砂時計》. 〖*a*1814〗
log·gy /lɔ́(ː)gi, lɑ́(ː)gi | lɔ́gi/ *adj.* =logy.
lóg·hòuse *n.* 丸太小屋. 〖1662〗
logia *n.* logion の複数形.
log·ic /lɑ́(ː)dʒɪk | lɔ́dʒ-/ *n.* **1 a** 論理(学); 論理学書: Bradley's *Logic* ブラッドレーの論理学(書) / deductive [inductive] ~ 演繹(えき)[帰納]論理(学) / formal [pure] ~ 形式[純粋]論理(学) / ⇨ material logic, mathematical logic, symbolic logic. **b** 記号論 (semiotics); (特に)構文論 (syntactics). **2 a** (言論・行動などの)論理, 条理, 正しい判断: That is not ~. それでは論理が通らない / argue with great learning and ~ 博識と論理の両押しで論じる / He is not governed by ~. 彼の言うことは筋が通っていない. **b** 妥当性, 関連性. **3** (正・不正を問わず)理論, 論法, 推理[推論]法, 論証: His ~ is unsound [shaky]. 彼の論法は不正確だ[ぐらぐらだ]. **4** 威力, 理詰め, 否応(いやおう)なしの圧迫[強制(力)]: the irresistible ~ of facts 否応なしの事実の威力[論理] / the ~ of events [necessity, war] 事件[必要, 戦争]という否応言わせぬ力 / The ~ of the situation makes surrender inevitable. 形勢から推して降伏もやむをえない. **5**〔電算〕論理, ロジック《演算を実行するための論理回路の相互接続法》.
chóp lógic 理屈をこねる, 奇弁を弄(ろう)する.
〖? OE *logik* □ (O)F *logique* □ L *logica* □ Gk *logikḗ* (*tékhnē*) logic art, the art of speaking reason (fem.) ← *logikós* of reason ← *lógos* reason: ⇨ logos〗
log·i·cal /lɑ́(ː)dʒɪkəl, -kḷ | lɔ́dʒɪ-/ *adj.* **1** 論理学(上)の, 論理(上)の (cf. aesthetic, ethical 1): ~ terms 論理学上の術語 / ~ actuality 論理的現実[実在]. **2** 論理にかなった, 論理的な, 筋道の通った, 矛盾のない (⇨ valid SYN): a ~ argument [inference] 論理的な議論[推理] / ~ conduct 筋道の通った行為 / a ~ conclusion 正しい論法による結論 / His answer was very ~. 彼の答えは実に理路整然としていた. **3** (論理上)必然の: the ~ result of an act 行為の必然的結果. **4** (頭など)論理的な: a ~ thinker, mind, etc. **5** (事実・経験に基づかず)形式的な, 分析的な: a ~ expression. **6**〔電算〕論理(回路)の.
~·ness *n.* 〖(?*a*1425) □ ML *logicālis*: ⇨ ↑, -al[1]〗
-log·i·cal /lɑ́(ː)dʒɪkəl, -kḷ | lɔ́dʒɪ-/「…学[主義, 理論]に関する」を表す形容詞連結形. 〖← *logikós* ← *logos*〗
lógical átomism *n.*〔哲学〕論理的原子論《すべての命題は独立した単一の要素に分析できるとする》. 〖1914〗
lógical cónsequence *n.*〔論理〕論理的帰結.
lógical cónstant *n.*〔論理〕論理定数《ある形式論理体系の連結詞; 特に命題計算の not, and, or; if ... then ... など》. 〖1903〗
lógical empíricism *n.*〔哲学〕=logical positivism. 〖1936〗
lógical fórm *n.*〔論理〕論理形式《文または命題のもつ論理的な構造もしくは形式》. 〖1840〗
log·i·cal·i·ty /lɑ̀(ː)dʒəkǽləṭi | lɔ̀dʒɪkǽlɨ̀ti/ *n.* 論理にかなっていること, 論理性; 論法[推理]の正確さ. 〖(1847): ⇨ -ity〗
lóg·i·cal·ly *adv.* 論理上; 論理的に; 論理[論法]にかなって. 〖(1620): ⇨ -ly[1]〗
lógically póssible *adj.* 論理的に可能な《純理論的に自己矛盾なく説明できる》.
lógical necéssity *n.* 論理的必然(性).
lógical operátion *n.*〔電算〕論理演算. 〖1885〗
lógical pósitivism *n.*〔哲学〕論理実証主義 (M. Schlick, R. Carnap らを唱導者として 1930 年代の Vienna に興り, 先天的・分析的な形式科学(論理・数学など)と後天的・総合的な経験科学の命題だけを有意味と考え, 形而上学を否定する立場・運動; logical empiricism ともいう; cf. scientific empiricism). **lógical pósitivist** *n.* 〖1931〗
lógical súbject *n.*〔言語〕論理(的)主語《例えば Mutton does not keep in this weather. における論理上の主語は「人間」である; psychological subject ともいう; cf. grammatical subject》.
lógical súm *n.*〔論理〕論理集合, 和集合《二つ以上の集合のどれかに属している元(げん)の集合; 記号 U; union, disjunction ともいう》. 〖1868〗
lógical sýntax *n.*〔論理〕=syntax 2.
lógical trúth *n.*〔論理〕恒真論理式 (tantology)《要素命題の変更にかかわらず常に真となる論理式》. 〖1818–19〗
lógic bòmb *n.*〔電算〕ロジックボム, 論理爆弾《一定の条件が満たされたときに実行されるコンピューターウイルス》. 〖1978〗
lógic-chòpping *n.* 理屈をこねること. **lógic-chòpper** *n.*
lógic cìrcuit *n.*〔電算〕論理回路. 〖1953〗
lógic gàte *n.*〔電子工学〕論理ゲート《二つ以上の入力が一定条件を満たすときにのみ一つの出力を得る回路》. 〖1961〗
lo·gi·cian /loudʒíʃən | lə(u)-, lɔ-/ *n.* 論理学者, 論法家. 〖(*a*1382) *logicien* □ (O)F ← *logique* 'LOGIC': ⇨ -ian〗
log·i·cism /lɑ́(ː)dʒəsìzm | lɔ́dʒɪ-/ *n.* **1**〔論理〕論理主義《G. Frege, B. Russell のように, 数学の論理への還元を主張する数学基礎論, 論理の立場》. **2**〔哲学・論理〕論理主義《論理(学)の心理的解釈を拒否して, その独自性を主張する立場 (cf. psychologism); 哲学的方法・活動として論理を重視する立場》. **lóg·i·cist** /-sɨ̀st | -sɪst/ *n.* 〖(1937): ⇨ -ism〗
log·i·cize /lɑ́(ː)dʒəsàiz | lɔ́dʒɪ-/ *vt.* 論理的にする, 筋道の通ったものにする: ~ the argument 議論の筋を通す.

── *vi.* 論理の筋を通す, 論理的に考える (reason). 〘(1835): ⇨ -ize〙

log·i·co- /lɑ́(ː)dʒɪkoʊ | lɔ́dʒɪkəʊ/「論理学(上)の; 論理学と…との」の意の連結形.

lo·gie /lóʊgi | ləʊ-/ *n.* (芝居で使う)にせ宝石. 〘(1860) ← *David Logie* (19 世紀の英国の発明家)〙

lóg·ìn *n.* 〖電算〗ログイン《ネットワークに接続してデータなどのやりとりができる状態にすること; logon ともいう; cf. LOG[1] *in*》.

lo·gi·on /lóʊgiɑ̀(ː)n, lóʊdʒ-, lɑ́(ː)g- | lɔ́giɔ̀n, lɔ́ʊg-/ *n.* (*pl.* **lo·gi·a** /-giə, -dʒiə | -giə/, ~s) **1** (大宗教家の)訓言, 言説. **2 a** 現行の福音書のもととなったと考えられるキリストの語録. **b** 福音書外のイエスの語録 (agrapha) の一つ. 〘(1875) □ Gk *lógion* oracle ← *lógos* word: ⇨ logos〙

-lo·gist /←lədʒɪ̈st | -dʒɪst/「…学 (-logy) に通暁した人」または「…の研究者」の意の名詞連結形: bio*logist*, geo*logist*, philo*logist*. 〘← -LOG(Y) + -IST〙

lo·gis·tic[1] /loʊdʒístɪk, lə- | ləʊ-, lə-/ *adj.* 兵站(へいたん)(学)の, 後方業務の. 〘(逆成) ← LOGISTICS〙

lo·gis·tic[2] /loʊdʒístɪk, lə- | ləʊ-, lə-/ *n.* **1** 数学的[記号]論理学; 論理計算. **2** 《まれ》算術. **3** 〖統計〗=logistic curve. ── *adj.* **1** 論理学[論理主義]の. **2** 数学的[記号]論理学の. **3** 〖統計〗算定曲線の. **4** 《まれ》計算の, 計算に熟達した. 〘(1628) □ F *logistique* □ ML *logisticus* □ Gk *logistikós* skilled in calculation ← *logizesthai* to calculate ← *lógos*: ⇨ logos〙

lo·gis·ti·cal /loʊdʒístɪ̈kəl, lə-, -kl̩ | lədʒístɪ-, lə-/ *adj.* =logistic[1,2]. **~·ly** *adv.* 〘1570〙

logístic cúrve *n.* 〖統計〗算定曲線, ロジスティック曲線《人口増加の理論値を表す曲線》. 〘1903〙

lo·gis·ti·cian[1] /lòʊdʒəstíʃən | lɔ̀dʒɪs-, lɔ̀dʒ-/ *n.* 兵站(へいたん)学者. 〘(1932) ← LOGISTIC[1] + -IAN〙

lo·gis·ti·cian[2] /lòʊdʒəstíʃən | lɔ̀dʒɪs-, lɔ̀dʒ-/ *n.* 記号論理学者.

lo·gis·tics /loʊdʒístɪks, lə- | lə-, lɔ-/ *n.* **1** ロジスティクス, 物流《資材の調達から, 生産・運用などを体系的に効率よく管理すること; business logistics ともいう》: work out the ~ ロジスティクスを実施する. **2** 〖軍事〗[the ~; 複数扱い] 兵站(へいたん)(業務), 後方(業務), 後方補給, 物資輸送. **3** 〖軍事〗兵站学《平時・戦時を通じて, 軍事力を建設・増強・維持するために必要な人員・資材・施設の準備と提供に関する軍事学の一部門》; cf. strategy 2, tactics 1). **4** (業務の)詳細な計画 [調整, 実施]. 〘(*c*1861) ← F *logistique* (← *loger* to quarter, lodge) + -s[1] (pl. suf.): ⇨ lodge, -ics〙

lóg·jàm *n.* 《米・カナダ》**1** (川に流されて一箇所に集まった)丸太の渋滞. **2** 渋滞, 停滞. 〘(1885) ← LOG[1] + JAM[1]〙

lóg lìne *n.* 〖海事〗測程線[索].

lóg-lóg *n.* 〖数学〗対数の対数.

lóg·nórmal *adj.* 〖数学・統計〗対数正規の《対数が正規分布をする》. **lóg·normálity** *n.* **~·ly** *adv.* 〘(1945) ← LOG(ARITHM) + NORMAL〙

log·o /lóʊgoʊ | lɔ́gəʊ, lɔ́g-/ *n.* (*pl.* ~s) 《口語》**1** ロゴ《社名・商品名などの標識図案》. **2** =logogram. **3** 〖活字〗=logotype. **4** モットー, 合い言葉. 〘(1937)《略》〙

LO·GO /lóʊgoʊ | lɔ́ʊgəʊ, lɔ́g-/ *n.* 〖電算〗ロゴ《子供のために開発されたプログラミング言語; タートルと呼ばれる三角形のカーソルを動かして作画できる; 主に教育・人工知能研究に利用されている》. 〘1972〙

log·o- /lɔ́(ː)goʊ, lɑ́(ː)g- | lɔ́gəʊ/「言葉 (word); 言語 (speech)」の意の連結形: *logo*graph. ★ 母音の前では通例 log- になる. 〘← Gk *lógos* word, speech〙

lògo·céntric *adj.* 〖哲学〗《特に従来の西洋形而上学に対して批判的に》ロゴス中心主義の, 言語中心主義の.

lògo·céntrism *n.* 〘(1939): ⇨ logos, -centric〙

lóg·òff *n.* 〖電算〗ログオフ (cf. LOG[1] *off*).

log·o·gram /lɔ́(ː)gəgræ̀m, lɑ́(ː)g- | lɔ́gə(ʊ)-/ *n.* ロゴグラム, 語標, 略符《1 字[記号]で示す略字, 符号; 例えば dollar を $ で示すなど; cf. grammalog》. **log·o·gram·mat·ic** /lɔ̀(ː)gəgrəmǽtɪk, lɑ̀(ː)g- | lɔ̀gə(ʊ)grəmǽt-←/ *adj.* **lòg·o·gram·mát·i·cal·ly** *adv.* 〘(1820): ⇨ logo-, -gram〙

log·o·graph /lɔ́(ː)gəgræ̀f, lɑ́(ː)g- | lɔ́gə(ʊ)grɑ̀ːf, -græ̀f/ *n.* =logogram. 〘1797〙

lo·gog·ra·pher /loʊgɑ́(ː)grəfə | lɔgɔ́grəfə(r)/ *n.* ヘロドトス (Herodotus) 以前の古代ギリシャの散文史家. 〘(1656) ← LL *logographus* + -ER[1]〙

log·o·graph·ic /lɔ̀(ː)gəgræ̀fɪk, lɑ̀(ː)g- | lɔ̀g-←/ *adj.* **1** 語標[略符]の[を用いた]: ~ writing. **2** ロゴタイプ使用の. **3** 分担連続筆記の. **lòg·o·gráph·i·cal** *adj.* **lòg·o·gráph·i·cal·ly** *adv.* 〘(1784): ⇨ ↓, -ic[1]〙

lo·gog·ra·phy /loʊgɑ́(ː)grəfi | lɔgɔ́g-/ *n.* **1** 分担連続筆記《演説や談話を筆記するのに数人の筆記者が数語ずつ分担する方法》. **2** 〖印刷〗ロゴタイプ[連字]印刷《ロゴタイプを使った印刷》. 〘(1783) □ Gk *logographía* a writing of speeches: ⇨ logo-, -graphy〙

log·o·griph /lɔ́(ː)gəgrɪ̀f, lɑ́(ː)g- | lɔ́g-/ *n.* (一種の)文字なぞ; 語句のつづり換え (anagram). **log·o·griph·ic** /lɔ̀(ː)gəgrífɪk, lɑ̀(ː)g- | lɔ̀g-←/ *adj.* 〘(1597) □ F *logogriphe* ← LOGO- + Gk *grîphos* fishing net, riddle〙

logoi *n.* logos の複数形.

lo·gom·a·chy /loʊgɑ́(ː)məki | lɔgɔ́m-/ *n.* **1** 《文語》言葉についての論争, 言葉じりをとらえ合うつまらぬ言い争い. **2** 《米》文字の組合わせ遊戯. **lo·góm·a·chist** /-kɪ̈st | -kɪst/ *n.* 〘(1569) □ Gk *logomakhía*: ⇨ logo-, -machy〙

log·o·ma·ni·a /lɔ̀(ː)gəméɪniə, lɑ̀(ː)g-, -njə | lɔ̀gə(ʊ)-/ *n.* 〖精神医学〗=logorrhea. 〘← NL ~: ⇨ logo-, -mania〙

lóg·òn *n.* 〖電算〗=login.

log·o·pe·di·a /lɔ̀(ː)gəpíːdiə, lɑ̀(ː)g- | lɔ̀gə(ʊ)píːdiə/ *n.* =logopedics. 〘← NL ~: ⇨ logo-, orthopedic, -ia[1]〙

log·o·pe·dics /lɔ̀(ː)gəpíːdɪks, lɑ̀(ː)g- | lɔ̀gə(ʊ)píː-d-/ *n.* 言語障害研究[治療(法)]. **lòg·o·pé·dic** *adj.* 〘⇨ ↑, -ics〙

log·o·phile /lɔ́(ː)gəfàɪl, lɑ́(ː)g- | lɔ́gə(ʊ)-/ *n.* ことば[語]を愛する人, 言語愛好家, 単語の虫, ことばおたく. 〘(1959): ⇨ logo-, -phile: cf. F *logophile* (1890)〙

log·or·rhe·a /lɔ̀(ː)gəríːə, lɑ̀(ː)g- | lɔ̀gəríə, -ríːə/ *n.* 〖精神医学〗《過度でしばしば支離滅裂な》饒舌(じょうぜつ), 言語漏れ, 病的多弁症, 冗漫. **log·or·rhe·ic** /lɔ̀(ː)g-əríːɪk, lɑ̀(ː)g- | lɔ̀g-←/ *adj.* 〘(1892) ← NL ~: ⇨ logo-, -rrhea〙

lo·gos /lóʊgɑ(ː)s, lɑ́(ː)g-, lóʊgous | lɔ́gɔs, lɔ́ʊ-/ *n.* (*pl.* **lo·goi** /-gɔɪ/) **1** [通例 L-] 〖神学〗**a** ロゴス (⇨ word 8 a). **b** =word 8 c. **2** [しばしば L-] 〖哲学〗ロゴス《宇宙構成または宇宙秩序の根本原理としての理法・理性・法等; cf. pathos 2 b》. 〘(1587) □ Gk *lógos* word, proportion ← IE **leg-* to collect, speak (Gk *légein* to pick out, say / L *legere* to gather): 日本語の「理(ことわり)」および「ことば」における「こと」を比較〙

log·o·type /lɔ́(ː)gətàɪp, lɑ́(ː)g- | lɔ́gə(ʊ)-/ *n.* **1** =logo 1. **2** 〖活字〗ロゴタイプ, 連字, 連続活字 (in, an, the, and のように一語を一まとめに鋳造した活字; logo ともいう; cf. ligature 3). 〘(*a*1816) ← LOGO- + -TYPE〙

lóg·òut *n.* 〖電算〗ログアウト (cf. LOG[1] *out*).

lóg pèrch *n.* 〖魚類〗米国およびカナダの東部に広く分布するスズキ目パーチ科の淡水魚の一種 (*Percina caprodes*)《吻(ふん)が豚の鼻に似ている》.

lóg rèel *n.* 〖海事〗手用測程線の糸巻車.

lóg·ròll *vt.* **1** 助け合って〈議案などを〉通過させる, なれ合いで通過させる: ~ a bill *through*. **2** 〈作家たちが〉〈仲間(の作品)を〉ほめ合う. ── *vi.* **1** 〈議員が〉相互援助をやる. **2** 〈作家たちが〉仲間ぼめをする. 〘(1835)《逆成》← LOG-ROLLING〙

lóg·ròller *n.* **1** (議案を通過させるために)助け合う人. **2** (互いの作品を)仲間ぼめをする人. 〘(1864) ← LOG[1] + ROLLER〙

lóg·ròlling *n.* **1 a** 丸太転がし《土地を切り開くために伐採した木を燃やす場所まで転がしていくこと》. **b** (隣人や友人たちの)丸太転がしの集い. **2** 丸太乗り(競争)《米》birling). **3** 《米》(議員などの議案通過のための)相互援助, なれ合い, 結託; (作家仲間などが有利な立場を得ようとする)仲間ぼめ. 〘(1823) ← LOG[1] + ROLLING〙

Lo·gro·ño /ləgróʊnjoʊ | -gráʊnjəʊ; *Sp.* loɣróɲo/ *n.* ログローニョ《スペイン北部, Ebro 川上流の都市; ワイン生産で知られる》.

lóg rùnner *n.* 〖鳥類〗オチバドリ《チメドリ属 (*Orthonyx*) の 2 種の鳥; オーストラリア産》. 〘1898〙

lóg shìp *n.* 〖海事〗=log chip.

-logue /←lɔ̀(ː)g, -lɑ̀(ː)g | -lɔ̀g/ 次の意味を表す名詞連結形: **1**「談話, 論話」: mono*logue*. **2**「学者, 研究者」: Sino*logue*. 〘□ F ~ □ L *-logus* □ Gk *-logos* ← *lógos* word: ⇨ logos〙

lóg·wày *n.* 木材の切り出しに用いられる通路.

lóg·wòod *n.* **1 a** 〖植物〗ログウッド (*Haematoxylon campechianum*)《中米・西インド諸島に産するマメ科の小高木; 枝にはとげがあり, 小さな黄色の花が咲く》. **b** ログウッドの心材《重要な染料 hematoxylin の原料》. **2** ログウッド《同上の心材から作られた植物染料; 主成分は hematoxylin》. 〘(1581) 丸太のままで輸入されるのにちなむ〙

lo·gy /lóʊgi | lóʊgi/ *adj.* (**lo·gi·er**, **-gi·est**; **more** ~, **most** ~) 《米口語》**1** 〈挙動や頭が〉鈍い, のろい, 鈍重な. **2** 弾力性のない. **ló·gi·ness** *n.* 〘(1848) ← ? Du. *log* heavy, dull + -Y[1]〙

-lo·gy /←lədʒi/ 次の意味を表す名詞連結形 (cf. -ology): **1**「言うこと, 言葉, 談話」: brachy*logy*, eu*logy*, tauto*logy*, tri*logy*. **2**「学問, 学科; …論, …学」: astro*logy*, philo*logy*, theo*logy*. 〘ME □ (O)F *-logie* □ L *-logia* // Gk *-logia* ← *lógos* discourse, word (⇨ logic, -y[1]): cf. G *-logie*〙

lo·han /loʊhɑ́ːn | ləʊ-; *Chin.* luóxàn/ *n.* [しばしば L-] 〖仏教〗羅漢(らかん), 阿羅漢 (arhat). 〘(1878) □ Chin. *luohanr* (羅漢)〙

Lo·hen·grin /lóʊəngrɪ̀n, -grɪ̀ːn | lɔ́ʊɪŋgrɪn; *G.* lóːəngʁiːn/ *n.* 〖ゲルマン伝説〗ローエングリーン《ドイツ聖杯伝説の騎士; Wagner 作の楽劇(初演 1850) で有名》.

LOI /élòʊáɪ | -əʊ-/ 《略》lunar orbit insertion 月軌道投入.

loin /lɔ́ɪn/ *n.* **1** [通例 *pl.*] 腰, 腰部. ★ ラテン語系形容詞: lumbar. **2** (食用動物の)腰肉 (⇨ beef, veal, mutton[1], lamb 挿絵): ~ of mutton. **3** [*pl.*] 《婉曲》(体力や生殖力の生じる場として衣類をまとう)腰の部分; 生殖器官, 陰部; 子宮: a fruit [child] of one's ~*s* 自分の子供 / be sprung from a person's ~*s* ある人の子として生まれる (cf. *Gen.* 35: 11).

gird* (*úp*) *one's lóins 《古・戯言》ふんどしを締めてかかる, (気を引き締めて)待ち構える (cf. *1 Kings* 18: 46, *2 Kings* 4: 29; cf. *pull up one's* SOCKS): Stand therefore, having *your* ~*s girt* about with truth. されば誠を帯として腰に結びて立て (*Eph.* 6: 14).

〘(*a*1325) *loyne* □ 《方言》OF *lo(i)gne* (F *longe*) < VL **lumbia* (fem.) ← **lumbeus* 'LUMBAR' ← L *lumbus* loin ← **londhwos* ← IE **lendh-* loin〙

lóin·clòth *n.* 腰布《原始的な衣類で腰の回りに巻きつける布; breechclout ともいう》. 〘1859〙

loir /lɔ́ɪə, lwɑ́ə | lɔ́ɪə(r), lwɑ́ː(r); *F.* lwaːʁ/ *n.* 〖動物〗オオヤマネ (*Glis glis*)《ヨーロッパ産ネズミ亜目ヤマネ科の動物; 夜行性で動作が敏捷; 完全冬眠をする》. 〘(1774) □ F ~ < L *glīrem*, *glīs* dormouse〙

Loire /lwɑ́ə | lwɑ́ː(r); *F.* lwaːʁ/ *n.* **1** ロワール(県)《フランス中東部の県; 面積 4,799 km², 県都 St.-Étienne》. **2** [the ~] ロワール(川)《フランス南部に発して Biscay 湾に注ぐフランス最長の川 (1,020 km)》.

Loire-At·lan·tique /lwɑ̀ːrɑːtlɑ̃ː(n)tíːk, -ræt-, -lɑ́ːn-; *F.* lwaʁatlɑ̃tik/ *n.* ロワールアトランティーク(県)《フランス西部の Biscay 湾に臨む県; 面積 6,980 km², 県都 Nantes》.

Loi·ret /lwɑːréɪ; *F.* lwaʁɛ/ *n.* ロワレ(県)《フランス中西部の県; 面積 6,812 km², 県都 Orléans》.

Loir-et-Cher /lwɑ̀ːreɪʃéə | -ʃéə(r); *F.* lwaʁeʃɛːʁ/ *n.* ロワールエシェール(県)《フランス中北部の県; 面積 6,422 km², 県都 Blois》.

Lo·is /lóʊɪ̈s | lóʊɪs/ *n.* ロイス《女性名; 異形 Loïs》. 〘□ Gk *Lōís* (Timothy の祖母の名: cf. *2 Tim.* 1: 5): cf. Heloïse〙

Loi·sy /lwɑːzíː; *F.* lwazi/, **Alfred Fir·min** /fiʁmɛ̃/ *n.* ロワジ (1857–1940; フランスのカトリック聖職者; 現代主義者 (Modernist) として破門された).

loi·ter /lɔ́ɪtə | -tə(r)/ *vi.* **1** ぶらつく, 寄り道をする (linger, loaf): ~ *about* [*around*] その辺をぶらぶらする / ~ on the way home 帰り道に道草を食う. **2** 手間取る, ぐずぐずする (delay, dally): ~ *over* [*on*] the job 仕事を怠ける. **3** 当てもなく過ごす, 遊んで暮らす. ── *vt.* 遊んで過ごす 〈*away, out*〉: He ~*ed away* the whole day. 1 日中をぶらぶらと当てもなく過ごした. **lóitering** 《米》=《英》**lóitering with intént** 〖法律〗故意徘徊(罪)《犯罪を犯すつもりでうろつくこと》. 〘(*c*1425) *lotere(n)* □ MDu. *loteren* to wag about (Du. *leuteren* to shake, dawdle)〙

SYN 遅れる: **loiter** 通例歩行中に, 時に仕事中にのろのろして遅れる: *loiter* over a work 仕事をのらくらやる. **delay** わざとぐずぐずする: He *delayed* on the work. 仕事をのろのろやった. **dawdle** くだけた表現で, 特にのろのろして時間を浪費する: He *dawdled* over a cup of tea. 一杯の茶をのろのろと飲んだ. **lag** あまりのろのろして遅れる: He *lagged* far behind in the race. 競走でみんなからはるかに遅れた. **tarry** 文語的な表現で, 手間取って遅れる: Why did she *tarry* so long? どうしてあんなにぐずぐずして遅くなったんだ. ⇨ delay. **ANT** hasten, hurry.

---

lói·ter·er /-tərə | -tərə(r)/ *n.* ぶらぶらする人; 遊んで暮らす人. 〘(1530) □ Du. *leuterer*: ⇨ ↑, -er[1]〙

lói·ter·ing·ly /-tərɪŋli, -trɪŋ- | -tərɪŋ-, -trɪŋ-/ *adv.* ぶらぶら[ぐずぐず]して. 〘(1547) ← LOITER + -ING[2] + -LY[1]〙

Loki /lóʊki | lóʊ-/ *n.* 〖北欧神話〗ロキ《Aesir の一員だが巨人族の出身でずるがしこく邪悪な火の神; Balder の死を画策した罰で洞窟につながれ, Ragnarok の際に Heimdall と相打ちで死ぬ; cf. Angerboda》. 〘□ ON ~〙

Lok Sab·ha /lóʊksəbɑ́ː | lóʊk-; *Hind.* loksəbhaː/ *n.* (インド国会の)下院 (cf. Rajya Sabha). 〘(1954) □ Skt *lok* people + *sabhā* assembly, council〙

lok·shen /lɔ́(ː)kʃən | lɔ́k-/ *n. pl.* [単数または複数扱い] (ユダヤ人の食べる)ヌードル (noodles). 〘□ Yid. ~ (pl.) ← *loksh* noodle〙

LOL /èlòʊél | -əʊ-/ 《略》〖電子メール〗laughing out loud.

Lo·la /lóʊlə | lóʊ-/ *n.* ローラ《女性名》. 〘□ Sp. ~ (dim.) ← DOLORES & *Cralota* 'CHARLOTTE[2]'〙

Lo·li·ta /loʊlíːtə | lɔlíːtə, lə(ʊ)-/ *n.* **1** ロリータ《女性名》. **2** ロリータ《Vladimir Nabokov の小説 *Lolita* (1955) の登場人物名で, 性的に早熟な少女》; 性的魅力のある若い娘. 〘(1959) (dim.) ↑〙

loll /lɑ́(ː)l | lɔ́l/ *vi.* **1** だらりと垂れる (droop): the ~*ing* stalk of a flower だらりと垂れた花の茎. **2** だらりと寄りかかる, だらしなく横になる (recline, lounge); のらくらする: ~ (*back*) in a chair / ~ *against* a wall / ~ *on* a sofa / ~ *about* doing nothing 何もしないでぶらぶらする. **3** 〈動物が〉(暑さなどのために)舌をだらりと垂らす. ── *vt.* 〈舌などを〉だらりと垂らす 〈*out*〉; 〈頭・手足などを〉だらりともたれさせる. ── *n.* 《古》**1** だらりと寄りかかること; (動物が)舌をだらりと垂らすこと; のらくらすること. **2** のらくらする人. **~·er** /-lə | -lə(r)/ *n.* 〘(*a*1376) *lolle(n)*, *lulle(n)* 《擬音語》: cf. MDu. *lollen* to sleep / ON *lolla* to act lazily〙

Lol·land /lɑ́(ː)lənd | lɔ́lənd; *Dan.* lɔ́lan'/ *n.* ロラン(島)《デンマーク南東部, Sjælland 島南方の島; 面積 1,240 km²》.

lol·la·pa·loo·sa /lɑ̀(ː)ləpəlúːzə | lɔ̀l-/ *n.* =lalapalooza.

Lol·lard /lɑ́(ː)ləd | lɔ́ləd, -lɑːd/ *n.* ロラード派の人《14–15 世紀に英国とスコットランドで John Wycliffe の教説を信奉し諸方を遊説(ゆうぜい)した一派の人; 異端として迫害を受けた; cf. Wycliffite》. 〘(1395) □ MDu. *lollaerd* mumbler ← *lollen* to mumble (cf. loll): 街頭で詩編や祈りの文句を口ごもるように述べたところからつけられたあだ名; また一説には L *lolium* tares から〙

Lól·lard·ism /-dɪzm/ *n.* =Lollardy. 〘1823〙

Lol·lard·y /lɑ́(ː)lədi | lɔ́lədi, -lɑː-/ *n.* ロラード主義《Wycliffe の説いた教会に対する革新的批判的思想》. 〘(*a*1393): ⇨ -y[3]〙

löl·ling·ite /lélɪŋàɪt/ *n.* =loellingite.

lóll·ing·ly /-lɪŋli/ *adv.* のらりくらりと, だらりと; くつろいで. 〘(1832) ← LOLL + -ING[2] + -LY[1]〙

lol·li·pop /lɑ́(ː)lipɑ̀(ː)p | lɔ́lipɔ̀p/ *n.* **1 a** ロリポップ, 棒つきキャンディー. **b** 《英》=ice lolly. **2** 《英口語》「止まれ」の交通標識《通学児童が横断歩道を渡るとき, 交通係

(lollipop man [woman]) が車を一時停止させるために使うロリポップ型の標識). **3** (特にアンコールで演奏する)クラシックの小品. 〖(1784) ← ? (方言) *lolly* the tongue (← ? LOLL)＋POP[1]: (原義) pop it in your mouth〗

lóllipop màn [làdy, wòman] *n.* (英口語) 学童道路横断監視員, 交通安全指導員,「緑のおばさん」.

Lol·lo·bri·gi·da /lɑ̀(ː)ləbrídʒɪdə | lɔ̀ləbrídʒɪdə; *It.* lɔllobrídʒida/, **Gina** *n.* ロロブリジダ (1927–　; イタリアの映画女優).

lol·lop /lɑ́(ː)ləp | lɔ́l-/ *vi.* **1** (英) だらしのない姿勢をする; よたよた歩く. **2** はねながら行く, はずみながら進む. **3** ＝lounge (about). 〖(1745) ← LOLL: GALLOP などからの連想〗

lol·lo ros·so /lɑ́(ː)louróːsou | lɔ̀ləurɔ́səu; *It.* lɔ̀llo-rósso/ *n.* ロロロッソ (イタリア原産のレタスの一種; やや苦味があり, 葉の先は赤い).

lol·ly /lɑ́(ː)li | lɔ́li/ *n.* **1** (口語) **a** ＝lollipop 1. **b** 固いキャンディー. **2** (英・豪俗) 金銭 (money). **3** (豪口語) 砂糖菓子. ***dò the [one's] lólly*** (豪口語) かんしゃくを起こす. 〖(1854) (略)〗

Lol·ly /lɑ́(ː)li | lɔ́li/ *n.* ローリー (女性名). 〖(dim.) ← LAURA〗

lol·ly·gag /lɑ́(ː)ligæ̀g | lɔ́li-/ *vi.* (口語) ＝lallygag. 〖1868〗

lol·ly·pop /lɑ́(ː)lipɑ̀(ː)p | lɔ́lipɔ̀p/ *n.* ＝lollipop.

lólly wàter *n.* (豪口語) (着色)清涼飲料. 〖1905〗

LOMA /lóumə | lə́u-/ (略) Life Office Management Association.

Lo·ma·mi /loumɑ́ːmi | ləu-/ *n.* [the ～] ロマミ(川) (コンゴ民主共和国中北部の川; 北流して Congo 川に合流する (1,448 km)).

Lo·mas /lóumɑːs | lə́u-; *Am.Sp.* lómas/ *n.* ロマス (アルゼンチン東部 Buenos Aires 郊外の都市).

Lo·max /lóumæks | lə́umæks, -məks/, **Alan** *n.* ローマックス (1915–　; 米国の民俗学者; 父 John A(very) (1867–1948) とともにアメリカ民謡を収集).

Lom·bard /lɑ́(ː)mbɑəd, lʌ́m-, -bəd | lɔ́mbəd, lʌ́m-, -bɑːd/ *n.* **1** ランゴバルド人 (Langobard) (イタリア北部に紀元 568 年定着した古代ゲルマン民族). **2** (イタリア北部の)ロンバルディア (Lombardy) 人. **3 a** 金貸し (money-lender); 銀行家 (Lombardy 地方には金融業者が多かったことから). **b** 銀行; 質屋. — *adj.* ＝Lombardic.

Lom·bar·di·an /lɑ(ː)mbɑ́ədiən, lʌm- | lɔmbɑ́ː-di-, lʌm-/ *adj.* 〖(?c1300) □ (O)F *lombard* □ It. *lombardo* < LL *Longobardum*＝L *Langobardus* (← *longus* long＋*Bardi* 'ゲルマンの部族名') ← Gmc **Laŋgobarðaz* (OE *Langbeardas* (pl.) / ON *Langbarðar*): 通俗語源では LONG[1]＋BEARD〗

Lom·bard /lɑ́(ː)mbɑəd, lʌ́m-, -bəd | lɔ́mbəd, lʌ́m-, -bɑːd/, **Peter** *n.* ロンバルドゥス (1100?–60 (または 64); イタリアのスコラ哲学者; パリの司教; ラテン語名 Petrus Lombardus /pétrəs lambɑ́ədəs | lɔmbɑ́ːd-/).

Lom·bard·esque /lɑ̀(ː)mbɑədésk, lʌ̀m-, -bə- | lɔ̀mbə-, lʌ̀m-, -bɑː-/ *adj.* **1** (ルネサンス期イタリア北部の Milan を中心とする)ロンバルディア派の. **2** 〈中世建築など〉ロンバルディア風の. 〖(1901): ⇨ Lombard, -esque〗

Lom·bar·dic /lɑ(ː)mbɑ́ədɪk, lʌm- | lɔmbɑ́ːd-, lʌm-/ *adj.* **1** ロンバルディア (Lombardy) の, ロンバルディア人の. **2** ＝Lombardesque 2. **3** 〈文字が〉ロンバルド書体の. 〖(1697) □ ML *lombardicus*: ⇨ -ic[1]〗

Lómbard Strèet *n.* **1** ロンバード街 (London の街名; 金融の中心地として有名). **2 a** London の金融界 (cf. Throgmorton Street, Wall Street). **b** 金融市場 (money market); 金融界 (financial world). ***(áll) Lómbard Strèet to a Chína órange [an éggshell]*** 確実な事, 十中八九間違いない事. (みかん[卵の殻]ほどのつまらないものに対して Lombard Street の富をかけてもよいほど, の意から) 〖1598〗

Lom·bar·dy /lɑ́(ː)mbɑədi, lʌ́m-, -bə- | lɔ́mbədi, lʌ́m-/ *n.* **1** ロンバルディア (イタリア北部の州; 昔は王国; 面積 23,830 km², 州都 Milan; イタリア語名 Lombardia /lombardíːa/). **2** (植物) ＝Lombardy poplar.

Lómbardy póplar *n.* (植物) ポプラ, セイヨウハコヤナギ (*Populus nigra* var. *italica*) (black poplar の変種で最も普通に栽培されるポプラ). 〖1766〗

Lom·bok /lɑ́(ː)mbɑ(ː)k, ─ ⌐ | lɔ́mbɔk/ *n.* ロンボク(島) (インドネシア, Bali 島東方にある島; 面積 4,730 km²).

Lom·bro·si·an /lɑ(ː)mbróuʒən, -ziən | lɔmbrə́u-ziən/ *adj.* ロンブローゾ (Lombroso) の, ロンブローゾの理論・方法を支持する: the ～ School ロンブローゾ派 (犯罪学者の一派).

Lom·bro·so /lɑ(ː)mbróuzou, lɑ(ː)m- | lɔmbrə́uzəu; *It.* lombróːzo/, **Ce·sa·re** /tʃéːzare/ *n.* ロンブローゾ (1836–1909; イタリアの医師で精神病理学・法医学・犯罪学者).

Lo·mé /louméɪ | ləuméɪ; *F.* lɔme/ *n.* ロメ (アフリカ西部トーゴ共和国南部にある海港で同国の首都).

Lomé Convention /─ ⌐ ─ ⌐ ─/ *n.* [the ～] ロメ協定 (1975 年 Lomé で締結された EEC と ACP 諸国との間の経済発展援助協定; EEC の ACP 産品に対する優遇措置を骨子とする).

lo mein /lòuméɪn | lə̀u-/ *n.* (料理) 撈麵(ろうめん) (ゆで麺をいため煮して調理した具をのせた中国料理). 〖(1970) □ Chin. *lòu-mihn* stirred noodles〗

lo·ment /lóumɛnt, -mənt | lə́u-/ *n.* (植物) 節莢(せっきょう), 節莢果, 節莢(さや)果 (マメ科の果実で, 種と種との間に関節のあるもの). 〖(?1440) □ L *lōmentum* bean meal, (原義) wash made of bean-meal ← *lavāre* to wash〗

lomenta *n.* lomentum の複数形.

lo·men·ta·ceous /lòuməntéɪʃəs | lə̀umɛn-⌐/ *adj.* (植物) 節莢(さや)果(状)の. 〖⇨ loment, -aceous〗

lo·men·tum /louméntəm | ləumént-/ *n.* (*pl.* **-men·ta** /-tə | -tə/) (植物) ＝loment. 〖(1836) □ L *lōmentum*: ⇨ loment〗

Lo·mond /lóumənd | lə́u-/, **Loch** *n.* ローモンド湖 (スコットランド中西部の湖; 南北に長さ 39 km, 面積 70 km² で Great Britain 島最大). 〖← Gael. *loman* shield, banner: *-d* は非語源的添加〗

lo·mon·ite /loumɑ́(ː)naɪt | ləumɔ́n-/ *n.* (鉱物) ＝laumontite.

Lo·mo·no·sov /lòumənóusɔ(ː)f, -sɑ(ː)f | lɔ̀mə-nə́usɔf; *Russ.* ləmanósəf/, **Mikhail Vasilievich** *n.* ロモノソフ (1711–65; ロシアの自然科学者・文学者).

Lo·mo·til /lóumətɪl | lə́u-/ *n.* (商標) ロモティル (米国 G. D. Searle 社製の胃腸薬・下痢止め). 〖1969〗

Lon /lɑ́(ː)n | lɔ́n/ *n.* ロン (男性名). 〖(dim.) ← ALONZO〗

lon. (略) longitude.

Lo·na /lóunə | lə́u-/ *n.* ローナ (女性名). 〖← ?: cf. lone〗

Lond. (略) London; Londonderry.

Londin. (略) *L.* Londinium (＝of London) (cf. London.).

Lon·don /lʌ́ndən/ *n.* ロンドン: **1** イングランド南東部, Thames 河畔の大都市でイングランドおよび英国の首都; 旧市内の the City と 32 の自治区 (borough) から成る; cf. city 2 a, Greater London. **2** カナダ南東部, Ontario 州南部の都市.

City of Lóndon [the ―] ⇨ city 2 a.

Pórt of Lóndon [the ―] ロンドン港 (河口から 111 km にわたる Thames 川の流域; Port of London Authority によって経営される世界最大の港の一つ).

〖OE *Lundenne, Lundenburg* □ L *Londinium* ← ? Celt. *Londinos* (人名または部族名), (原義) the bold one ← **londos* wild, bold (cf. OIr. *londo*)〗

Lon·don /lʌ́ndən/, **Jack** *n.* ロンドン (1876–1916; 米国の小説家; *The Call of the Wild* (1903); 本名 John Griffith London).

London. (略) *ML.* Londoniēnsis (＝of London) (Bishop of London が署名に用いる; cf. Londin.; ⇨ Cantuar. 2).

Lóndon Blítz *n.* [the ～] ロンドン大空襲 (第二次大戦中のドイツ軍による London に対する激しい空襲; 特に 1940 年のものをいう).

Lóndon Brídge *n.* **1** ロンドンブリッジ (London の実業の中心地である the City と Thames 川南岸の Southwark とを結ぶ重要な橋; 中世以来 18 世紀まで London の唯一の橋であった; 1973 年に再建され, 1831 年に造られたそれ以前の橋は米国 Arizona 州 Lake Havasu City に移された). **2** 「ロンドン橋」(日本の「通りゃんせ」に似た遊びを伴う英国の伝承童謡).

Lóndon bróil *n.* (米) (料理) 牛の脇腹肉のステーキ (斜め薄切りにする). 〖1946〗

Lóndon cláy *n.* (地質) ロンドン粘土 (イングランド南東部に見られる第三紀始新統下部の地層).

Lóndon Coliséum *n.* [the ～] ロンドンコリーシアム劇場 (London 最大級の劇場; English National Opera の本拠地).

Lon·don·der·ry /lʌ́ndəndèri, ─ ⌐ ─ ⌐ ─/ *n.* ロンドンデリー: **1** 北アイルランド北西部の行政区. **2** 1 の中心の港市; Derry ともいう. **3** 北アイルランド北西部の旧州; 面積 2,082 km².

Lóndon Económic Cónference *n.* [the ～] ロンドン経済会議 (各国通貨を安定させて世界的経済危機を改善するため 1933 年 6 月 London で開かれた).

Lón·don·er *n.* ロンドン人, ロンドン市民, ロンドン子. 〖(*a*1387): ⇨ -er[1]〗

Lon·don·ese /lʌ̀ndəníːz, -níːs | -níːs/ *n.* ロンドンなまり (Cockney).

Lon·don·esque /lʌ̀ndənésk⌐/ *adj.* **1** ロンドン風の[的な]. **2** Jack London 風の[的な]. 〖(1862): ⇨ -esque〗

Lóndon fórces *n. pl.* (物理・化学) ロンドンの力[分散力] (分子と分子の間に働く引力). 〖← F. W. *London* (1900–54; ドイツ生まれの米国の物理学者)〗

Lóndon gín *n.* ロンドンジン (辛口のジン).

Lón·don·ish /-nɪʃ/ *adj.* ロンドンの, ロンドン的な. 〖(1838): ⇨ -ish[1]〗

Lóndon ívy *n.* (古) ロンドンの濃霧[煙].

lon·don·ize, L- /lʌ́ndənàɪz/ *vt.* **1** ロンドン化する, ロンドン風にする, ロンドン市民[子]のようにする. **2** ロンドンの流行に合わせる[をまねさせる]. 〖(1778): ⇨ -ize〗

Lóndon Nával Cónference *n.* [the ～] ロンドン軍縮会議 (軍艦の建造を制限するため日・米・英・仏・伊の代表により 1930 年 London で開かれた).

Lóndon partícular *n.* (古) ロンドン特有の濃霧 (cf. pea soup). 〖1852〗

Lóndon pláne *n.* (植物) モミジバスズカケノキ, カエデバスズカケノキ (*Platanus* × *hispanica*) (スズカケノキ科の植物; 生長がはやく煙害に強い; 街路樹). 〖1860〗

Lóndon príde *n.* (植物) ヒカゲユキノシタ (⇨ nancy-pretty). 〖1629〗

Lóndon rócket *n.* (植物) ヨーロッパ原産アブラナ科カキネガラシ属の草本 (*Sisymbrium irio*) (1666 年のロンドン大火の瓦礫跡に次々に生えてきたことから).

lóndon smóke, L- s- *n.* 赤黄色 (reddish yellow). 〖1883〗

Lóndon Univérsity *n.* ロンドン大学 (英国で 3 番目に古い大学; 40 余の教育・研究機関から成る; The University of London ともいう).

Lon·don·y /lʌ́ndəni/ *adj.* ロンドン風の, ロンドンを思わせる. 〖(1884): ⇨ -y[4]〗

Lon·dri·na /lɑ(ː)ndríːnə | lɔn-; *Braz.* lõdrínɐ/ *n.* ロンドリナ (ブラジル南部 Paraná 州の市; コーヒー生産の中心地).

lone /lóun | lə́un/ *adj.* [限定的] (文語) **1 a** 独りの, 連れのない, 孤独な: a ～ traveler / a ～ flight 単独飛行 / play a ～ game 単独で行動する, 独りでやる. **b** (英) 片親の: a ～ parent. **c** 〈女性が〉独身の (unmarried), 夫に死なれた: a ～ woman. **d** 孤独を好む: ⇨ lone wolf. **2** ただ一つの, 唯一の: the ～ school of the town その町の唯一の学校 / ⇨ Lone Star State. **3** 孤立した, 離れて立っている (isolated): a ～ tree on the hill 丘にぽつんと一本立っている木. **4** 寂しい, 心細い. **5** (詩) 人の住まない, 人跡まれな: a ～ land, waste, isle, etc. — *n.* ★ 次の成句で: ***(by [on]) one's lóne*** その人[物]だけで, 単独で; ただ独りで: I cannot live here *my* ～. ここに一人暮らしはできない. **～·ness** *n.* 〖(*c*1378) (頭音消失) ← ALONE〗

lóne hánd *n.* **1** 独りでこと[仕事]をする人. **2** (友人・仲間などのそれとは異なった)独自の(行動)方針, 単独行動: play a ～ 独りでやる, 孤軍奮闘する. **3** (トランプ) **a** パートナーの持札の助けを借りず単独でプレーできるほど強力な手. **b** その手の持主. 〖1799〗

lone·li·ness /lóunlinɪ̀s | lə́un-/ *n.* 孤独; 寂しさ: live in ～ 孤独な生活を送る, 独り寂しく住む / suffer from ～ 寂しくてたまらない. 〖(*a*1586): ⇨ ↓, -ness〗

lone·ly /lóunli | lə́un-/ *adj.* (**lone·li·er, -li·est; more ～, most ～**) **1** 連れのない, 孤独の, 孤立の, 独りぼっちの (isolated) (⇨ alone SYN): a ～ fisherman / a ～ heart 孤独な人, 独り者 (cf. lonely hearts) / Only the ～ know the meaning of despair. 孤独な者だけが絶望の意味がわかっている. **2** 孤独感を生む, 寂しさをそそる, 寂しい, 心細い (lonesome): a ～ life 寂しい生活 / feel ～ 心細い / I was ～ *for* my family. 家族を恋しく思った / "It's ～ at the top," my boss admitted. 「トップにいるのは寂しいものだよ」と上司は打ち明けた. **3** 人里離れた, 人のあまり訪れない, 人跡まれな (unfrequented) (⇨ desolate SYN): a ～ house, moor, woods, etc. **lóne·li·ly** /-lɪ̀li/ *adv.* 〖(1607–8) ← LONE＋-LY[2]〗

lónely énd *n.* (アメフト) ロンリーエンド (一人サイドライン側に離れた位置にいるエンドに意表を突いたパスをする選手).

lónely hèarts *adj.* (仲間・配偶者を求めている)独り者の: a ～ column (新聞の)独り者のための欄. 〖1931〗

lóne páir *n.* (化学) 孤立電子対, 非共有電子対. 〖1923〗

lon·er /lóunə | lə́unə(r)/ *n.* (口語) **1** (他人と交わらないで)独りで行動[生活]する人, 孤独な人, 一匹狼: a ～ with no friends. **2** 単独で行動する動物. 〖(1947) ← LONE＋-ER[1]〗

Lóne Ránger *n.* [the ～] ローンレンジャー (米国のテレビ・漫画などに登場する西部劇の主人公; 白馬 Silver に乗り, インディアンの相棒 Tonto を連れて活躍; 1950 年代に人気があった). 〖1969〗

lone·some /lóunsəm | lə́un-/ *adj.* **1** 〈場所が〉人里離れた, 人跡まれな (⇨ desolate SYN); (あたりが)寂しい: a ～ road, valley, etc. **2 a** (米) 〈人が〉独りぼっちで心細い, (寂しく)〔…が〕恋しい 〔*for*〕 (⇨ alone SYN): feel ～ 寂しい, 心細い / I was ～ *for* you. 君がいなくて心細かった. **b** 寂しさをそそる: a ～ trip 寂しい旅. — *n.* (口語) 自分一人, 孤独. ***by [(英) on] one's lónesome (self)*** 孤独で, ただ独りで: He lived *by his* ～ in the cottage. 小屋で彼独りだけで暮らした. **～·ly** *adv.* **～·ness** *n.* 〖(1647) ← LONE＋-SOME[1]〗

Lóne Stár Stàte *n.* [the ～] 米国 Texas 州の俗称. (州旗の一つ星にちなむ)

lóne wólf *n.* **1** 一匹で行動する狼. **2** (口語) (仲間を避けて)一人で生活[仕事]する人, 孤立者, 一匹狼. 〖1909〗

long[1] /lɔ́(ː)ŋ, lɑ́(ː)ŋ | lɔ́ŋ/ *adj.* (**long·er** /lɔ́(ː)ŋgə, lɑ́(ː)ŋgə | lɔ́ŋgə(r)/; **long·est** /lɔ́(ː)ŋgɪst, lɑ́(ː)ŋg- | lɔ́ŋg-/) **1 a** 〈物・距離など長い, 細長い (elongated) (↔ short): a ～ leg, tail, train, etc. / a ～ road, river, distance, journey, etc. / ～ ears 長い耳 (cf. long-eared; cf. 5 a) / a ～ head (前部から後部までが)長い頭 (cf. long head) / a ～ rectangle 長方形 / a ～ boat 細長いボート (cf. longboat) / ⇨ long-clothes, long face, long johns, long robe / at ～ range 遠距離から (発砲するなど; cf. long-range) / have a ～ reach リーチが長い / have a ～ tongue よくしゃべる (cf. long-tongued) / make a ～ neck 首をぐっと伸ばす / ⇨ *make a* LONG ARM, *make a long* NOSE *at* / to make [cut] a ～ story short ⇨ story[1] *n.* 成句 / We have a ～ way to go. 長い道のりを行かねばならない / He wears his hair ～. 髪を長くしている / He's old enough to be in ～ pants [trousers]. 大きくなったのだから長ズボンをはいていいころだ. **b** 丈(たけ)の高い (tall, high): a ～ tree, man, French window, etc. / *Long John* (戯言) のっぽのジョン.

2 a (時間・過程・行為など)長い, 長期にわたる: a ～ life, visit, war, winter, etc. / work ～ hours 長時間働く / take a ～ weekend off 長い週末の休暇をとる / a ～ liver 長寿者 (cf. long-lived) / ⇨ long run / a ～ friendship [acquaintance] 長年の友情[知己] / a ～ farewell 長(なが)の別れ / a ～ memory (いつまでも覚えている)よい記憶 / ～ years of suffering 多年の苦悩 / a teacher of ～ experience 長年の経験ある教師 / an institution [a custom] of ～ standing 長い間続いている制度[慣習] (cf. long-standing) / take [have] a ～ look at …をしげしげと眺める / have a ～ wind (長く走り続けても)息切れがしない; だらだらといつまでもものを言う[書く] (cf. long-winded) / I had a ～ wait for the bus. バスに乗るのに長い間待った / It is a ～ (～) time since I saw you last. この前会ってからずいぶ

L

んたちましたね, 久しぶりですね / He [Spring] was a ～ time (*in*) com*ing*. 彼[春]はなかなか来なかった (cf. 2 c) / It will not be ～ before we know the truth. 真相は間もなくわかるだろう. **b** 〈過程・行為など〉長く感じる, 長たらしい; 退屈な: a ～ explanation, lecture, speech, talk, etc. / ～ hours of waiting 待つ身の長い時間 / The days never seemed ～. 長いと[退屈だと]感じた日はちっともなかった / It was a ～ job, but worth it. 長たらしい仕事だったが, それだけの価値はある. **c** [叙述的に用い, しばしば (in) do*ing* を伴って] 〈人・物事が〉長いことかかって, ぐずぐずして 〔*about, over*〕: He is too ～ *about* [*over*] his work. 仕事に時間がかかりすぎる / Don't be ～! ぐずぐずするな, さっさとやりなさい; 早く帰ってきてね / Now we won't be ～! さあもうすぐだ; さあもうすぐ終わる / I won't be ～ gett*ing* over it. すぐ終わります / I am not ～ *for* this world. 私も先が長くない, 余命いくばくもない / The chance was ～ (*in*) com*ing*. 機会はなかなか来なかった.

語法 (1) この用法の long はまた *adv.* とも解される. (2) この構造で do*ing* の前に *in* を用いるのは形式ばった表現法.

3 [通例数量を示す名詞語群に伴って] (長さ・距離・時間など)(…の)長さの, 長さが(…の) (in length); …の厚さの, 厚さが(…の) (cf. wide 2): a table five feet ～ 5 フィートの長さのテーブル / a dictionary 2000 pages ～ 厚さ 2000 ページの辞書 / This is ten feet ～*er* [～*er* by ten feet] than that. これはあれより 10 フィート(だけ)長い / Our vacation is two months ～. 休暇は 2 か月だ / The play is five acts ～. その劇は五幕(物)だ / How ～ is the Mississippi? ミシシッピー川はどれくらいの長さか.
4 a 〈数量の単位が〉標準より長い[大きい]: ⇨ long bowls, long dozen, long hundred, long hundredweight, long tom, long ton. **b** 〈長さ・距離・時間など〉(長く感じられて)たっぷりの, …以上: a ～ mile たっぷり 1 マイル, 1 マイル以上 / a ～ fifteen minutes たっぷり 15 分間, 長々と 15 分間 / We had to walk ten ～ miles. たっぷり[はるばる] 10 マイルも歩かなければならなかった. **c** 〈物・事が〉長すぎる: This coat is ～ *on* me. このコートは私には長すぎる / Her second serve was ～. (テニスなどで) 2 度目のサーブは長すぎた.
5 a 〈視力・声・見識・投球など遠くまで届く: ～ ears 早耳 (cf. pitcher[2] 1; cf. 1 a) / a ～ fly 〘野球〙大飛球 / a ～ hit [drive] 〘野球〙長打, ロングヒット / a ～ right job 〘ボクシング〙リーチの長い右からのジャブ / the ～ howls [howling] of the wolves 狼の遠吠え / ～ thought 未来を見通す考え / long hop, long sight. **b** 〈推測など〉現実離れした, 当てずっぽうの: a ～ guess 当てずっぽう, 憶測 / make a ～ inference おおまかな推測をする.
6 〈リスト・勘定書など〉(記載事項が多くて)長い; 〈家族・価格など〉(含まれる人数・額などが多くて)大きい; 〈供給が〉(需要に合うだけ)たっぷりな: a ～ list 長いリスト / a ～ family (子供の多い)大家族 / a ～ figure [price] 多額の費用, 高価 / ⇨ long bill 1, long purse / be in ～ supply 〈品が〉十分である.
7 [叙述的]〘口語〙(…を)十分に備えている 〔*on*〕: She is ～ *on* brains [looks]. なかなか才能がある[美貌である] / He is ～ *on* excuses. なかなか言い訳が上手だ / He is ～ *on* physical strength, but short on mental ability. 体力は十分あるが頭の働きが欠けている.
8 長期の: a ～ date ずっと先の日付, 長期 / a ～ note 長期手形 / ⇨ long bill 2.
9 a 〈賭け率が〉圧倒的に差のある: the ～ odds of 50 to 1 50 対 1 という一方的な賭け率 / by ～ odds ⇨ odds 成句. **b** (賭の)歩のよい方の: take the ～ end of a bet 賭けの歩のよい方で勝つ. **c** 〈成算が〉歩が悪い, 見込みの薄い, おぼつかない (unlikely): take a ～ chance on …に対して成算はないがやってみる.
10 a 〈ジュース・ビールなど〉深いコップについで出される, いっぱいにはいった: a ～ (cold [cool]) drink コップにいっぱいの(冷たい)飲み物 / have a ～ drink [pull] of …をぐっと飲む. **b** 〈アルコール飲料が〉ソーダ水などで割った (cf. short 6): a ～ drink.
11 〘音声〙〈音が〉長い, 長音の (普通は [ː] で表す; ↔ short): ～ vowels 長母音 (/iː/, /ɑː/, /ɔː/, /uː/ など).
12 〈英語の母音字が〉長母音を示す (cake, equal, bite, hope, cute の a, e, i, o, u; しばしば ā, ē, ī, ō, ū のように表す; cf. macron; ↔ short).
13 〘古典詩学〙〈音節が〉長音の (↔ short); 〈詩脚が〉強勢をもつ.
14 〘証券・商業〙(値上がりを予想して)〔証券・商品を〕買いに出ている, 買って持っている, 強気の 〔*on, of*〕 (cf. *adv.* 4): be [go] on the ～ side of the market 強気である[強気買いに出る] / The market is ～. 市場は強気だ / They are ～ *on* steel. 彼らは鉄鋼(株)の強気買いをしている.
15 〘窯業〙〈粘土が〉質のよい, 可塑性に富む (fat).
16 〘英〙〘クリケット〙〈守備位置が〉境界線に近い.
as bróad as (it is) lóng* = *as lóng as (it is) bróad ⇨ broad *adj.* 成句. ***at lóng lást*** ⇨ last *n.* 成句. ***at (the) lóngest*** いくら長くかかっても, 遅くとも, せいぜい. ***by a lóng wày*** ⇨ way[1] 成句. ***Hòw lóng is a pìece of strìng?*** 知るもんか, さあねえ (答えがまったくわからないときユーモラスに言う表現). ***in the lóng rùn*** ⇨ long run 成句. ***lóng in the tóoth*** ⇨ tooth 成句.
— *adv.* (**long·er; long·est** /lɔ́(ː)ŋgɪ̀st, lɑ́(ː)ŋg- | lɔ́ŋg-/) **1 a** 長く, 久しく, 長い間, 長らく: Have you been waiting ～? 長いことお待ちになりました / How ～ did he live? いくつまでお元気でしたか / He has been ～ dead. = He is ～ since dead [dead ～ since]. 彼が死んでから久しい / I have ～ thought that it is so. 以前からそうじゃないかなと思っていた. ★ ⇨ *adj.* 2 c. **b** [時を表す副詞または接続詞に先立って] (ある時点より)ずっと(前または後に): ～ *ago* ずっと昔 / ～ *since* ずっと前に[から] / I came ～ *before* you did. 君よりずっと前に来た / His will was found ～ *after* his death. 彼の遺言は彼が亡くなってからだいぶたって発見された. **c** [比較級で] (ある時点・期間より)以上長く: I could not wait much ～*er*. それ以上あまり長く待てなかった / She stayed ～*er than* 9 hours. 9 時間以上滞在した / The conference lasted ～*er than* a week. 会議は 1 週間以上続いた / Haydn lived ～*er* than Mozart. ハイドンはモーツァルトより長生きした / ⇨ *no* LONG*er* = *not … any* LONG*er*. **2** [期間を表す名詞に伴って] …中ずっと: all day [night] ～ 終日[終夜], 一日[一晩]中 / all one's life ～ 一生涯 / I have been in Switzerland all summer ～. 夏中ずっとスイスに行っていました. **3** 遠くへ, 遠くまで: *long*-traveled 遠くまで旅行をした(ことのある) / throw a ball ～ ボールを遠くまで投げる.
4 〘証券・商業〙強気に (cf. *adj.* 14).
as lóng as …する間は[限りは] (while); …しさえすれば (if only); …であるからには (since) (cf. *so* LONG *as*) …もの長い間: The war may last *as* ～ *as* 10 years. その戦争は 10 年も続くかもしれない / I'll remember it *as* ～ *as* I live. 生きている間は忘れません / Stay *as* ～ *as* you like [*as* (is) necessary, *as* (is) possible]. いつまでも好きな[必要な, できる]だけいて下さい / *As* ～ *as* you're going, I'll go too. 君が行く以上はぼくも行く. ***nò lónger* = *not … àny lónger*** もはや…ない[しない]: A visit to the moon is *no* ～*er* impossible. 月への旅行ももはや不可能ではない / I can*not* wait [put it off] *any* ～*er*. もうこれ以上待てない. ***So lóng!*** ⇨ so long. ***so lóng as*** = *as* LONG *as*. ★ 特に「…する限りは」「…しさえすれば」という条件を示す意味の場合に多く用いられる: You may stay here *so* ～ *as* you keep quiet. 静かにしていさえすればここにいてもよろしい.
— *n.* 1 a 長い間, 長期間: it will not take ～ 長くはかかるまい / before [〘古〙 ere] ～ 間もなく / for ～ 長い間, 長らく / He didn't work for ～. 長く働かなかった (すぐに仕事を辞めた). ★ この用法の long は形容詞に由来するものであるため, very, so, how, too などの副詞に修飾されることもある: He won't be away *for so* ～. そんなに長くは行ってないでしょう. **b** [the ～] 〘英口語〙 = long vacation. **2** (モールス信号の)長い方の信号, 長符号. **3 a** [*pl.*] 長ズボン (long pants). **b** (紳士コート・ズボンなど長身者用の)ロングサイズ (regular, short に対する). **4** [*pl.*] 長期公債[債券] (longterm bonds). **5** 〘音声・古典詩学〙長音 (long sound), 長音節 (long syllable) (↔ short) **6** 〘音楽〙 = longa. **7 a** 〘米〙〘証券・商業〙強気筋, 買方 (cf. bull[1] *n.* 7). **b** 〘財政〙長期債券 (long-term bonds).
the lóng and (the) shórt (of it) = 〘古〙 ***the shórt and the lóng (of it)*** (物事の)要点: *The* ～ *and the short of it* is that … かいつまんで言えば[結局, つまり]…だ.
lóngs and shórts (1) 〘古典詩学〙音量詩形 (長音節と短音節との配合を韻律の基礎とするもの; quantitative verse ともいう). (2) 〘建築・石工〙 = long-and-short work.
～·ness *n.* 〖adj.: OE *long, lang* < Gmc **laŋgaz* (Du. & G *lang*) < IE **dlongho* ← **del-* long (L *longus* / Gk *dolikhós*). — adv.: OE *longe, lange* ← (adj.)〗

long[2] /lɔ́(ː)ŋ, lɑ́(ː)ŋ | lɔ́ŋ/ *vi.* 〔…を〕思いこがれる, 〔…に〕あこがれる 〔*for*〕 (cf. longed-for); 〈…したいと〉熱望[切望]する (desire strongly) 〈*to do*〉: He ～*ed for* her [peace, a sight of the fields] with all his heart. 彼は心から彼女を思いこがれた[平和を待ちこがれた, その田園を一目見たいと思った] / I ～*ed to* go home as soon as possible. 一刻でも早く家に帰りたくてたまらなかった / He ～*ed for* her *to* dance with him. 彼女が一緒に踊ってくれることを切に願った. **～·er** /lɔ́(ː)ŋə, lɑ́(ː)ŋə | lɔ́ŋə(r)/ *n.* 〖OE *langian* to lengthen (cf. *me longeth* to me it seems long), yearn < Gmc **laŋgōjan, *laŋgējan* ← **laŋgāz* (↑)〗

long[3] /lɔ́(ː)ŋ, lɑ́(ː)ŋ | lɔ́ŋ/ *vi.* **1** 〘古・詩〙〔…に〕適当[適切]である, 適する 〔*to*〕. **2** 〘廃〙〔…の〕ものである, …の所有である 〔*to, unto*〕. 〖(?c1225) *longe(n)* ← *long* attributable to (頭音消失) ← OE *ġelang* at hand: cf. along〗

long[4] /lɔ́(ː)ŋ, lɑ́(ː)ŋ | lɔ́ŋ/ *adj.* 〘古・方言〙[～ of の形で] …のための (cf. Shak., *Love's L L* 2. 1. 118). 〖(?c1200) (頭音消失) ← ALONG[1]〗

Long /lɔ́(ː)ŋ, lɑ́(ː)ŋ | lɔ́ŋ/, **Crawford Williamson** *n.* ロング (1815–78; 米国の外科医; エーテルを麻酔剤に初めて使用).

Long, Huey Pierce *n.* ロング (1893–1935; 米国の政治家・法律家; Louisiana 州知事 (1928–31); 暗殺された).

long. (略) longitude.

Long. (略) Longford.

long- /lɔ́(ː)ŋ, lɑ́(ː)ŋ | lɔ́ŋ/ 「長い, 長期にわたる」の意の複合語の構成要素: *long*-needed [-desired, -overdue] changes / *long*-remembered [-forgotten] words. 〖⇨ long[1] *adj.*〗

-long /lɔ́(ː)ŋ, lɑ̀(ː)ŋ | lɔ̀ŋ/ *suf.* 「…の方の[に]」の意の副詞を造る: end*long*, head*long*, side*long*. 〖ME ◻ ON *-langr*: cf. -ling[2]〗

lon·ga /lɑ́(ː)ŋgə | lɔ́ŋ-/ *n.* 〘音楽〙ロンガ (中世・ルネサンス期の定量記譜法による音符[休符]; 本来「長い価の音符」の意をもっていた; brevis 2 個または 3 個の長さに相当する; long ともいう). 〖← ML ～ (fem.) ← L *longus* 'LONG[1]'〗

lóng accóunt *n.* 〘金融〙 **1** 買方勘定 (証券・商品の信用取引での買方顧客の勘定). **2** 買い建て玉(ぎょく) (取引で買い建てしたまま未決済になっている株や商品).

lóng-agò *adj.* [限定的] 昔の, 往時の: a ～ dress 昔のドレス. 〖(1834) ← *long ago* (⇨ long[1] (adv. 1 b))〗

lóng agó *n.* [the ～] 往時, 昔: the event of *the* ～ 昔の出来事. 〖1851〗

lon·gan /lɔ́(ː)ŋ(g)ən, lɑ́(ː)ŋ- | lɔ́ŋ-/ *n.* **1** 〘植物〙リュウガン (*Euphoria longana*) (中国産ムクロジ科の高木, 果樹として栽培). **2** 竜眼肉 (リュウガンの果実; 乾いた殻の内側の軟肉を食用とする; cf. litchi 2). 〖(1732) ← NL *longanum* ← Chin. *longyan* (竜眼)〗

lóng-and-shórt wòrk *n.* 〘建築・石工〙長短積み (粗石積みの外壁の隅石を縦, 横交互に積む手法).

lon·ga·nim·i·ty /lɔ̀(ː)ŋgənímәṭi, lɑ̀(ː)ŋ- | lɔ̀ŋgəním-ɪ̀ti/ *n.* 〘古〙我慢強さ, 忍耐 (forbearance). **lon·gan·i·mous** /lɔ(ː)ŋgǽnəməs, lɑ(ː)ŋ- | lɔŋgǽnɪ̀-/ *adj.* 〖(a1400) ◻ LL *longanimitātem* (L *longus* 'LONG[1]' + *animus* spirit) + -ITY〗

lóng àrm *n.* **1** (腕の届かない高所に物を運んだり木の枝を切ったりするための)かぎやはさみの付いた長い棒. **2** 〘口語〙遠い所まで及ぶ腕[力]: the ～ of the law 法[警察]の遠くまで及ぶ力 (cf. law[1] 6 b) / have a ～ 勢力を遠くまで及ぼす. ***máke a lóng árm*** 〘口語〙(物を取ろうとして)腕をぐっと伸ばす 〔*for*〕. ***the lóng àrm of coíncidence*** 事件の意外な巡り合わせ, 奇妙な暗合.

long-await·ed /lɔ̀(ː)ŋəwéɪṭɪ̀d, lɑ̀(ː)ŋ- | lɔ̀ŋəwéɪtɪ̀d⁻/ *adj.* [限定的] 長い間待った: a ～ pay raise 待ちに待った賃上げ. 〖1914〗

Lóng Bèach *n.* ロングビーチ: **1** 米国 California 州南西部, Los Angeles 南方の都市; 海水浴場. **2** 米国 New York 州南東部, Long Island 島南西部の都市; 海浜保養地.

lóng·bèard *n.* = bellarmine.

Long·ben·ton /lɔ(ː)ŋbéntən, lɑ(ː)ŋ- | lɔŋ-/ *n.* ロングベントン (イングランド北西部, Newcastle の北東にある市).

lóng·bìll *n.* 〘鳥類〙くちばしの長い鳥, (特に)シギ (snipe).

lóng bíll *n.* **1** 長いつけ, たくさんたまった勘定. **2** 〘商業〙長期為替手形 (30 日以上, 時に 60 日以上有効であるもの; cf. short bill).

lóng·bòard *n.* ロングボード (長いサーフボード).

lóng·bòat *n.* **1** 〘海事〙長艇 (帆船が積んでいた長いボート). **2** = longship. 〖1421〗

lóng bóne *n.* 〘解剖〙長骨 (細長い骨のこと). 〖1860〗

lóng·bòw /-bòu | -bəu/ *n.* **1** (木製の)弓 (cf. crossbow, flight arrow). **2** 長弓 (14 世紀に英国で用いられた 6 フィート以上の長い弓). ***dráw [púll] the [a] lóngbow*** 大ぼらを吹く. 〖1386〗

lóng bòwls *n. pl.* [単数扱い]〘遊戯〙九柱戯 (ninepins) の一種. ***at lóng bòwls*** 〘海事〙〈砲撃中の軍艦が〉遠距離で.

lóng·bòw·man /-mən/ *n.* (*pl.* **-men** /-mən, -mèn/) 大弓[長弓]を張る人. 〖1925〗

lóng bréad *n.* 〘米俗〙現ナマ, 大金.

lóng-bréathed /-bréθt/ *adj.* 息の長い (long-winded). 〖1568〗

lóng-càse clóck *n.* 長枠時計 (6 フィート以上もある背の高い振り子時計で, 床の上に立てて使用する; 後に grandfather clock と呼ばれるようになった). 〖1892〗

lóng-chàin *adj.* 〘化学〙長鎖の (長い原子連鎖を含む分子についていう). 〖1930〗

lóng clám *n.* 〘貝類〙 **1** = soft-shell clam. **2** = razor clam.

lóng·clòth *n.* **1** 薄くて軽い上質綿布 (下着や子供服地). **2** 〘米〙上質のモスリン. 〖1545〗

lóng-clòthes *n. pl.* 産着(うぶぎ).

lóng cóats *n. pl.* = long-clothes. 〖1603〗

lóng cólumn *n.* 〘建築〙長柱(ちょうちゅう) (長さが直径の 20–30 倍ある材で, 軸方向に座屈するおそれのある柱). 〖1591〗

lóng cróss *n.* = Latin cross.

lóng-dáted *adj.* 〘英〙〘金融〙 **1** 〈手形などが〉長期の, 3 か月以上の支払期日の. **2** 〈国債などが〉償還期限 15 年以上の (cf. medium-dated, short-dated). 〖1678〗

lóng-dáy *adj.* [限定的] 〘植物〙〈植物が〉長日性の (長い日照時間で開花する; cf. day neutral, short-day). 〖1920〗

long-distance /lɔ́(ː)ŋdístəns, lɑ́(ː)ŋ-, -tənts, -tn̩s, -tn̩ts | lɔ́ŋ-/ *adj.* [限定的] **1 a** 長距離の: a ～ cruise 遠洋航海 / a ～ race 長距離競走 / a ～ flight 長距離飛行. **b** 遠く離れたところにいる[ある]: a ～ friend. **c** 遠隔地でも聞こえる: ～ listening devices. **2** 〈電話が〉長距離の (cf. local[1] 2 b): a ～ call 長距離(電話)呼出し[通話] / a ～ telephone 長距離電話. **3** 〘英〙〈天気予報が〉数日先の, 長期の: a ～ weather forecast 長期天気予報. **— *adv.*** 長距離電話で: call him (up) ～. **— *vt.*** …に長距離電話をかける; 長距離電話で〔…に〕連絡する 〔*to*〕. 〖1884〗

lóng dístance *n.* **1** 〘米〙長距離電話: by [on] ～. **2** 長距離電話の交換手; 長距離電話局. 〖1904〗

lóng divísion *n.* 〘数学〙長除法 (cf. short division). 〖1827〗

lóng dózen *n.* 13 (thirteen).

lóng-dráwn *adj.* = long-drawn-out. 〖1646〗

lóng-dráwn-óut *adj.* 長く引いた, 長く引き延ばした (protracted): a ～ speech 長たらしい演説. 〖1632〗

longe /lʌ́ndʒ, lɔ́ː(n)ʒ, lɔ́ːnʒ, lɔ́ːndʒ; *F.* lɔ̃ːʒ/ *n.* **1 a** (馬を円形に駆けさせるための)調馬索. **b** 調馬索の使用. **2** (円形の)調馬場. **— *vt.*** (**longed; ～·ing, longing**) (調馬索[場]で)〈馬〉を調教する. 〖(1607) ◻ F *longe* (変形) ← OF *loigne* strap for leading a horse, halter: ⇨ lune[2]〗

lóng-éared *adj.* **1** 耳の長い; 長い房のついた. **2** ろば の(ような); ばかな, 愚鈍な (stupid). 〖1593〗

lóng-èared ówl *n.* 〘鳥類〙トラフズク (*Asio otus*).

Lòng Éa·ton /-íːtn̩/ *n.* ロングイートン (イングランド中部, Derbyshire 州南東部の町).

lónged-fòr *adj.* [限定的] 切望する, 待望の: At last

L

the (much) ~ day has arrived. ついに待望の日がやってきた. 〖1526〗

lon·ge·ron /lá(ː)ndʒərɑ̀(ː)n, -rən | lɔ́ndʒərən/ *n.* 〘航空〙(飛行機の胴体の)縦通(じゅう)材, 縦梁(りょう). 〘(1912) □ F ~ ← *allonge* extension ← *allonger* < LL *ēlongāre*: ⇨ elongate〙

lóng éss *n.* =long s.

lóng-estáblished *adj.* 長い伝統のある, 根をおろした, 古い.

lon·ge·val /lɑ(ː)ndʒíːvəl, -vl̩ | lɔn-/ *adj.* 《古》長く続く; 長命の. 〘(1597) ← LONGEVOUS+-AL[1]〙

lon·gev·i·ty /lɑ(ː)ndʒévəṭi, lɔ(ː)n- | lɔndʒévɪ̣ti/ *n.* **1** 長命, 長寿, 長生き. **2** 寿命, 生命: the average ~ of human beings 人間の平均寿命. **3** (在職期間・保有期間などの)長いこと, 長続き; 年上, 古参 (seniority). 〘(1615) □ LL *longaevitātem* ← *longaevus* aged (↓): ⇨ -ity〙

lon·ge·vous /lɑ(ː)ndʒíːvəs, lɔ(ː)n- | lɔn-/ *adj.* 《まれ》長命の, 長寿の (long-lived). 〘(1680) □ L *longaevus* aged (← *longus* 'LONG[1]'+*aevum* age)+-OUS〙

lóng fáce *n.* **1** 長い顔 (cf. horseface). **2** (通例気取ったまたは大げさな)悲しそうな[陰気な]顔(つき): with a ~ 浮かぬ顔をして / pull [make, wear, put on] a ~ 浮かぬ[陰気な]顔をする. 〘1786〙

lóng-fáced *adj.* **1** 顔の長い. **2** 悲しそうな, 陰気な, 浮かぬ顔の.

lóng fáke *n.* 〘海事〙ロングフェイク《ロープがからまらずに楽に走り出せるように甲板上に並べる方法の一つ; cf. French fake》.

Long·fel·low /lɔ́(ː)ŋfèlou, lá(ː)ŋ- | lɔ́ŋfèləu/, **Henry Wads·worth** /wá(ː)dzwə(ː)θ | wɔ́dzwə(ː)θ/ *n.* ロングフェロー《1807–82; 米国の詩人; *Evangeline* (1847), *The Song of Hiawatha* (1855)》.

lóng fíeld *n.* 〘クリケット〙投手に左または右後方の野手(の位置)《deep field ともいう; cf. long off, long on》.

lóng-fírm *n.* 《英》詐欺会社《品物をどしどし掛買いして金を払わずに逃げるいんちき会社》.

Long·ford /lɔ́(ː)ŋfəd, lá(ː)ŋ- | lɔ́ŋfəd/ *n.* ロングフォード: **1** アイルランド共和国 Leinster 地方の一州; 面積 1,044 km². **2** 同州の州都.

lóng gàme *n.* **1** 〘ゴルフ〙ロングゲーム《飛距離で争う部分[場面]; cf. short game 1》. **2** 〘トランプ〙全部の札を配ってから始めるゲーム (cf. short game 2).

lóng gréen *n.* 《米俗》紙幣, 札 (cf. greenback 1 a). 〘1891〙

lóng·hàir 《口語》*n.* **1** 髪を長くした人; (特に)ヒッピー (hippie). **2 a** 髪を長くした芸術家; (特に)古典音楽の作曲家[演奏家, 愛好家]. **b** (世事にうとい俗離れした)知識人, インテリ; 学者. — *adj.* =long-haired. 〘(1920) 《逆成》↓〙

lóng-hàired *adj.* 《口語》**1** 長髪の. **2** (実社会から離れて)抽象的思索に没頭している, 俗離れした, 空論的な: ~ thinkers and socialists. **3** 知識階級の[に属する], インテリ特有の, インテリ向きの: ~ scepticism, fiction, etc. **4** 古典音楽を愛好する: She is definitely ~ *in* the choice of music. 音楽の好みは断然クラシックだ. 〘1552〙

lóng·hànd *n.* (速記法と違って文字通りに書く)普通筆記法 (↔ shorthand): write in ~. — *adj.* 普通筆記法 (longhand) を用いた[で書いた]: write ~.

lóng hándle *n.* 〘クリケット〙左右に楽々と打球すること. 〘1666〙

lóng-hándled *adj.* 柄の長い, 長柄の.

lóng-hàul *adj.* **1** 長距離輸送の; 長距離の: a ~ call (電話の)長距離通話. **2** 長時間の. 〘1936〙

lóng hául *n.* **1** 長距離; (特に, 長距離の)貨物輸送. **2** [the ~] 長期間: for *the* ~. ***òver* [*in*] *the lóng hául*** =in [over] the LONG RUN.

lóng·hèad *n.* 〘人類学〙**1** 長頭の人 (dolichocephalic person). **2** 長頭《頭骨示数が 75 以下の頭》. 〘1650〙

lóng héad *n.* **1** =longhead. **2** 先見の明; 利発.

lóng·héaded *adj.* **1** 〘人類学〙長頭の (dolichocephalic) (cf. longhead; ↔ short-headed). **2** 知力のすぐれた, 先見の明のある, 利発な, 賢い (shrewd, sensible). **~·ly** *adv.* **~·ness** *n.* 〘*a*1700〙

lóng hòp *n.* 〘クリケット〙はね返って遠く飛ぶ球.

lóng·hòrn *n.* **1** 角の長い動物. **2 a** [L-] ロングホーン《英国産の長い角をした肉用品種の牛; 今はほとんど飼育されない》. **b** 米国南西部にいたがほとんど絶滅した長い角をした牛《Texas longhorn ともいう》. **3** 〘昆虫〙=longhorned beetle. **4** 円筒状をしたチェダーチーズ (Cheddar)《重さ約 12 ポンド; longhorn cheese ともいう》. 〘1834〙

lóng-hòrned béetle *n.* 〘昆虫〙カミキリムシ《カミキリムシ科の各種の昆虫の総称》. 〘1840〙

lóng-hòrned grásshopper *n.* 〘昆虫〙キリギリス《キリギリス科の各種の昆虫の総称; 長い糸状の触角をもつ; cf. short-horned grasshopper》. 〘1893〙

lóng hórse *n.* 〘体操〙**1** 跳馬 (cf. side horse). **2** [the ~] 跳馬競技. 〘1934〙

lóng hóurs *n. pl.* [the ~] 夜中の 11 時・12 時(など)《時計が長く打つ時間; cf. small hours》.

lóng·hòuse *n.* **1** (太平洋諸島や北米のイロクォイ族 (Iroquois) などの)共同長屋. **2** (ボルネオなどの)長い家屋. **3** [the L-] 《米史》=Five Nations. 〘1643〙

lóng húndred *n.* 120 (great hundred).

lóng húndredweight *n.* =hundredweight b.

lon·gi- /lɑ́(ː)ndʒɪ̣, -dʒi | lɔ́n-/「長い」の意の連結形: *longi*pennate 長い翼のある / *longi*rostral 長いくちばしのある. 〘□ L ~ ← *longus* long〙

lon·gi·corn /lá(ː)ndʒəkɔ̀ən | lɔ́ndʒɪkɔ̀ːn/ 〘昆虫〙*adj.* **1** 触角の長い, 長角の. **2** カミキリムシの. — *n.* = long-horned beetle. 〘(1848) ← NL *longicornis*: ⇨ ↑, -corn〙

long·ies /lɔ́(ː)ŋiz, lá(ː)ŋ- | lɔ́ŋ-/ *n. pl.* 《米口語》**1** 長い下着. **2** 男児用長ズボン. 〘← LONG[1]+-IE+-S[1]〙

Lon·gines /lɑ(ː)ndʒíːn | lɔ́ndʒiːn, ―⌐; *F.* lɔ̃ʒin/ *n.* 〘商標〙ロンジン《スイス Longines 社製の時計》.

long·ing /lɔ́(ː)ŋɪŋ, lá(ː)ŋ- | lɔ́ŋ-/ *n.* 切望, 熱望, あこがれ 〔*for*〕; 〈…したい〉強い願望 (yearning) 〈*to do*〉: our ~ *for* peace 我々の平和を願う強い気持ち / (a) ~ *for* ancient Rome 古代ローマに対するあこがれ / have a strong ~ *for* beefsteak ステーキが食べたくてたまらない / His ~ *to* see his dear old mother became stronger. なつかしい年老いた母に会いたいという彼の願いはますます強まった. — *adj.* 切望する, あこがれる, 慕う: with ~ eyes あこがれのまなざしで. **~·ly** *adv.* **~·ness** *n.* 〘OE *langung*: ⇨ long², -ing[1,2]〙

Lon·gi·nus /lɑ(ː)ndʒáɪnəs | lɔndʒáɪ-, lɔŋgíː-/, **Dionysius** *n.* ロンギノス《ギリシャの 1 世紀初めの修辞学者・批評家; 文芸批評についての書 *On the Sublime*「崇高について」の著者とされる》. **Lon·gín·e·an** /-niən/ *adj.*

Longinus, Diony·sius Cassius *n.* ロンギノス (213?–73; ギリシャの新プラトン派の哲学者・修辞学者).

lóng ìron *n.* 〘ゴルフ〙**1** ロングアイアン《アイアンのクラブのうち長く距離を出せるもので, 通例 1, 2, 3 番アイアン; cf. short iron 1》. **2** ロングアイアンのショット.

lon·gi·sec·tion /lɑ̀(ː)ndʒəsékʃən | lɔ̀ndʒɪ-/ *n.* 〘生物〙縦断面 (cf. transection). 〘← LONGI-+SECTION〙

lóng·ish /lɔ́(ː)ŋɪʃ, lá(ː)ŋ- | lɔ́ŋ-/ *adj.* やや長い. 〘(1611): ⇨ -ish[1]〙

Lòng Ísland *n.* ロングアイランド《米国 New York 州南東部の島; 西端に New York 市の Brooklyn, Queens の二区がある; 長さ 190 km, 幅 19–37 km, 面積 4,463 km²》.

Lòng Ísland Sóund *n.* ロングアイランド海峡《米国 Connecticut 州と Long Island とにはさまれた大西洋の海峡部; 長さ約 145 km》.

lon·gi·tude /lɑ́(ː)ndʒətùːd, -tjùːd | lɔ́ŋgɪ̣tjùːd, lɔ́ndʒɪ̣-/ ★《英》では /lɔ́ndʒ-/ と発音する人は減少している. *n.* **1** 〘地理〙経度, 経線 (略 long.; cf. latitude 1 a): forty degrees five minutes of east ~ 東経 40 度 5 分 / The ~ of New York is 74 degrees 56 minutes west of Greenwich. ニューヨークの経度はグリニッジ西[西経] 74 度 56 分である. **2** 〘天文〙経度《天球座標系で, 地球の経度のような横方向の座標; 略 lon.; cf. latitude 1 c》: ⇨ celestial longitude, galactic longitude. **3** 〘測量〙横距. **4 a** 《戯言》長さ. **b** 《古》長期間.

lóngitude by accóunt [déad réckoning] 〘海事〙推測経度.

〘(1391) □ L *longitūdō* length ← *longus* 'LONG[1]': ⇨ -tude〙

lon·gi·tu·di·nal /lɑ̀(ː)ndʒətúːdənl̩, -tjúː-, -nəl | lɔ̀ŋgɪ̣tjúːdɪnl̩, lɔ̀ndʒɪ̣-, -nəl⁻/ *adj.* **1** 経度の, 経線の. **2** 長さの. **3** 縦の, 縦に沿った (↔ transverse): yellow ~ stripes 黄色の縦じま. **4** ある期間にわたる; (特に)ある期間にわたって個人[集団]の発達や変化を扱った: a ~ study of juvenile delinquents over a five-year period 5 年間にわたる非行少年たちの長期研究. **5** 〘航空〙縦の, 対称面内の (cf. lateral 6): ~ stability 縦安定 / ~ axis ⇨ axis[1] 7. — *n.* **1** 〘海事〙縦通(じゅう)材, 縦材, (俗に)ロンジ. **2** 〘鉄道〙縦まくら木《ドイツの鉄道で多く用いる; longitudinal sleeper ともいう》. **3** 〘航空〙=longeron. 〘(1392) ← L *longitūdin-* (← *longitūdō* (↑))+-AL[1]〙

lóngitudinal búlkhead *n.* 〘海事〙縦隔壁《船体縦方向に配置された隔壁》.

longitúdinal coefficient *n.* 〘造船〙柱形係数, 柱形肥瘠(ひせき)係数《排水容積を V, 中央断面積を A, 垂線間長(船の長さ)を L としたとき V/A·L; prismatic coefficient ともいう》.

longitúdinal fráming *n.* 〘造船〙縦フレーム式 (⇨ Isherwood system).

lòn·gi·tú·di·nal·ly /-dənəli, -dnli | -dənəli, -dnli/ *adv.* 縦に; 長さにおいて; 経度は. 〘(1724): ⇨ -ly[1]〙

longitúdinal magnificátion *n.* 〘光学〙縦倍率《光軸上においた小線分の大きさに対する共役な像の大きさの比》.

lóngitudinal métacenter *n.* 〘造船〙縦メタセンター《船をわずか縦傾斜させたときの浮心からの浮力作用線と, 水平時の浮心からの浮力作用線との交点; 船の縦方向の安定を考えるとき必要》.

longitúdinal sýstem *n.* 〘造船〙縦式《船体構造において縦方向の強力に主眼をおいた方式》.

longitúdinal wáve *n.* 〘物理〙縦波(たてなみ)《音波のように振動方向と進行方向とが一致するような波; cf. transverse wave》. 〘1931〙

lóng jénny *n.* 〘玉突〙ロングジェニー《クッション近くの的玉に当てて手玉をコーナーポケットに入れる突き方; cf. jenny, short jenny》.

Long·jiang /lʊ̀ŋkjáːŋ; *Chin.* lúŋtɕiāŋ/ *n.* 竜江(ロンチャン)《中国東北部, 黒竜江省 (Heilongjiang) チチハル (Qiqihar) 西部の県名》.

Lóng Jóhn *n.* 〘商標〙ロングジョン《スコットランド Long John International 社製のブレンデッドウイスキー》.

lóng jòhns *n. pl.* 《口語》長い(毛の)ズボン下《スキーなど冬のスポーツに用いる防寒用下着》. 〘1943〙

Lóng Jòhn Sílver *n.* ロングジョンシルバー《R. L. Stevenson の *Treasure Island* (1883) に登場する海賊; 片足がなく, いつもオウムを連れている》.

lóng jùmp *n.* 《英》〘陸上競技〙幅跳び(競技)《《米》broad jump》. **~·er** *n.* **~·ing** *n.* 〘1882〙

long-lasting /lɔ́(ː)ŋlǽstɪŋ, lá(ː)ŋ- | lɔ́ŋláːst-⁻/ *adj.* 長く続く, 長持ちする, 長時間効果のある: a ~ friendship 長く続いている友情. 〘1530〙

lóng·lèaf píne *n.* **1** 〘植物〙ダイオウマツ, ダイオウショウ (*Pinus palustris*)《米国南部産のマツの一種で, テレビン油が採れ, 木材としても重要; 単に longleaf とも, また broom pine, Georgia pine ともいう》. **2** その木材. 〘1796〙

lóng léase *n.* 〘英法〙長期不動産賃貸借権《賃借期間が 21 年を超え, 入居者が主たる居住地としているもの》.

lóng-lèaved píne *n.* 〘植物〙=longleaf pine. 〘1765〙

lóng lèg *n.* 〘クリケット〙ロングレグ《捕手の斜め後方の on 側の深い守備位置(の野手); cf. short leg》.

lóng-légged *adj.* **1** 脚[足]の長い. **2** 《口語》足の速い. 〘1592〙

lóng·lègs *n.* (*pl.* ~) **1** 〘鳥類〙=stilt 5. **2** 〘動物〙=daddy longlegs 1. **3** 〘昆虫〙=daddy longlegs 2.

lóng léns *n.* 〘光学〙長焦点(距離)レンズ.

lóng létter *n.* 〘印刷〙長音符文字《長音符付きの文字》; ロングレター《アセンダー (ascender) やデセンダー (descender) のある欧文文字》.

lóng-lífe *adj.* 〈電池などが〉長時間使用可能な, 長くもつ; 〈食品の〉賞味期限が長い: ~ milk. 〘1928–29〙

Lóng Lífe *n.* 〘商標〙ロングライフ《英国 Allied-Lyons 社製のラガービール》.

lóng-límbed *adj.* 手足が長くてほっそりした: a ~ girl.

lóng·lìne *n.* 〘漁業〙延縄(はえなわ): fish with a ~ 延縄で魚をとる. 〘1755〙

lóng-lìner *n.* 延縄漁船. 〘1909〙

lóng-lìning *n.* 延縄漁業. 〘1877〙

lóng-líved /-lívd, -láɪvd | -lívd⁻/ *adj.* **1** 長命の, 長寿の, 長生きの: a ~ family. **2** 永続する (lasting): ~ happiness. **~·ness** *n.* 〘*a*1400〙

lóng-lóst *adj.* 長い間(行方)不明だった.

lóng·ly *adv.* 《古・スコット》長い間; 遠くまで. 〘(*c*1330): ⇨ long[1] (adj.), -ly[1]〙 L

Lóng Márch *n.* [the ~] 長征《1934 年中国共産党が江西省 (Jiangxi) 瑞金 (Ruijin) の根拠地を放棄してから翌年陝西省 (Shanxi) 延安 (Yan'an) に至るまでの 9,600 km にわたる大行軍》. 〘1937〙

lóng márk *n.* 〘音声〙長音記号 (macron).

lóng méasure *n.* **1** 尺度 (linear measure). **2** 〘詩学〙=long meter. 〘1709〙

lóng méter *n.* 〘詩学〙長韻律連《通例弱強格 8 音節 4 行からなる賛美歌調; 略 LM; cf. short meter》. 〘1718〙

Long·mont /lɔ́(ː)ŋmɑ(ː)nt, lá(ː)ŋ- | lɔ́ŋmɔnt/ *n.* ロングモント《米国 コロラド州北部中央の市》.

lóng móss *n.* 〘植物〙=Spanish moss.

lóng·nèck *n.* 《米俗》首の長いビール瓶.

lóng·nòse gár *n.* 〘魚類〙ロングノーズガー (*Lepisosteus osseus*)《北米・中央アメリカの湖に生息するガーパイク属の吻(ふん)が長くカワカマスに近似の淡水魚》.

Lon·go·bard /lá(ː)ŋgəbàəd, lá(ː)ŋ- | lɔ́ŋgə(ʊ)bàːd/ *n.* (*pl.* ~s, **-go·bar·di** /lɔ̀(ː)ŋgəbáədi, lɑ̀(ː)ŋ- | lɔ̀ŋgəbáːdi/) =Lombard 1. **Lon·go·bar·di·an** /lɔ̀(ː)ŋgəbáədiən, lɑ̀(ː)ŋ- | lɔ̀ŋgəbáːd-⁻/ *adj.* **Lon·go·bar·dic** /lɔ̀(ː)ŋgəbáədɪk, lɑ̀(ː)ŋ- | lɔ̀ŋgəbáːdɪk⁻/ *adj.* 〘1598〙

lóng óff *n.* 〘クリケット〙ロングオフ《投手側の後方の off 側の守備位置(の野手); cf. long on, long field》.

lóng ón *n.* 〘クリケット〙ロングオン《投手側の後方の on 側の守備位置(の野手); cf. long off, long field》.

Lóng Párliament *n.* [the ~] 《英》長期議会: **1** 1640 年秋 Charles 一世の召集した議会; そのまま清教徒革命にはいり, 1653 年いったん解散され, 1660 年完全に解散; cf. Short Parliament. **2** 1661–79 年に開かれた王党議会 (cf. CAVALIER Parliament). **3** Henry 四世統治下の 1406 年 3 月 1 日–12 月 22 日まで開かれた議会.

lóng píg *n.* (マオリおよびポリネシア食人種の)人間の犠牲者, 人肉.

lóng plày *n.* LP レコード(盤) (long-playing record). 〘1952〙

lóng-plàyer *n.* =long play.

lóng-pláying *adj.* 〈レコードが〉長時間演奏の, LP (盤)の (cf. LP): a ~ record. 〘1912〙

lóng póoper *n.* 〘海事〙長船尾楼甲板船《船尾楼甲板が船橋まで延びていて露天甲板となっている船》.

lóng prím·er /-prímə | -mə^(r)/ *n.* 〘活字〙ロングプライマー《活字の大きさの古い呼称, 10 アメリカンポイント相当; ⇨ type[1] 3 ★》.

lóng púll *n.* =long run 1.

lóng púrse *n.* 《口語》多額の金(の入った財布). 〘(1809) 1910〙

long-range /lɔ́(ː)ŋréɪndʒ, lá(ː)ŋ- | lɔ́ŋ-⁻/ *adj.* [限定的] **1 a** 長距離用の: a ~ gun [missile] 長距離砲[ミサイル]. **b** 長距離の: ~ travel. **2** 遠大な, 長期の[にわたる]: a ~ study, plan, etc. 〘1854〙

lóng réam *n.* 〘製紙〙長連《500 枚の用紙; cf. ream[1] 1》.

lóng róbe *n.* [the ~] (法律家の着る)長衣; 法律家(の職業): gentlemen of *the* ~ 法律家. 〘1601〙

lóng-rún *adj.* [限定的] **1** 長期間の[にわたる]; 長期的に[長い目で]見た. **2** 長期興行の: a ~ film.

lóng rùn *n.* **1** 長期間. **2** 長期興行; 長期興行の劇[映画](など): The play had a ~. その劇はロングランを続けた. ***in* [《米》*òver*] *the lóng rùn*** 長期的には, 長い目で見れば, 結局は: *In the* ~ it will come to the same

thing. 長い目で見れば同じことになろう.〖1627〗
long-running /lɔ́(ː)ŋrʌ́nɪŋ, lɑ́(ː)ŋ- | lɔ́ŋ-ˊ/ *adj.* [限定的]長期の, 長時間にわたる: a ～ war 長く続く戦争.〖1956〗
lóng ś /-ɛ́s/ *n.* (中世写本以来 18 世紀ごろまでの印刷や筆記で広く用いられた)長形の s (印刷では ſ, 筆記では ʃ; 通例語頭・語中で用いる; long ess ともいう).
lóng-sérving *adj.* [限定的] 永年勤続の.
lóng·shànks *n.* (*pl.* ～)〘鳥類〙=stilt 5.〖1817〗
lóng·shìp *n.* (中世にノルマン人が使用した) galley に似た細長い船 (通称バイキング船).〖OE〗
lóng·shòre /lɔ́(ː)ŋ-, lɑ́(ː)ŋ- | lɔ́ŋ-/ *adj.* [限定的] 海岸の, 沿岸の, 海岸で働く: ～ fishery 沿岸漁業. — *adv.* 沿岸で.〖(1822)《頭音消失》← *along shore*〗
lóngshore cúrrent *n.*〘海洋〙沿岸潮流 (littoral current).
lóngshore drìft *n.*〘地学〙沿岸漂移 [漂流] (海岸線に沿って堆積物が沿岸を移動する現象).
lóngshore·man /-mən/ *n.* (*pl.* **-men** /-mən, -mɛ̀n/) **1** (米) 港湾労働者, 荷揚げ人足 ((英) docker; cf. stevedore). **2** (英) (貝類などを採る)浜辺の漁師.〖1811〗
lóng·shòr·ing /-ʃɔ̀ːrɪŋ/ *n.* 港湾労働をすること; 港湾労働業.〖(1926) ← LONGSHORE+-ING¹〗
lóng-shórt stòry *n.* 長めの短編(小説), 中編小説.
lóng shòt *n.* **1**〘写真・映画・テレビ〙遠景, ロングショット (cf. close shot, medium shot). **2** (口語) **a** 勝ちめのなさそうな賭け: not (...) by a ～ ⇨ shot¹ 成句. **b** (競馬で)勝ちめのなさそうな馬 (勝てば大穴); (競技で)勝ちめのなさそうな選手. **c** 一か八かの冒険; 見込みのなさそうな企て [計画]. **d** 当てずっぽう.〖1791〗
lóng síght *n.* **1** 遠見のきくこと; 遠視 (hyperopia). **2** 先見の明, 卓識, 洞察力 (penetration).〖1844〗
lóng-síght·ed *adj.* **1** 遠見のきく; 遠視(眼)の. **2** 先見の明のある, 卓見のある. **～·ly** *adv.* **～·ness** *n.*〖c1790〗
lóng-sléeved *adj.* 長袖の.
lóng-sléev·er *n.* (豪俗) **1** 丈の高いグラス. **2** = tall drink. **3** たっぷりと量の多い飲み物, (特に)ビール.〖1879〗
long·some /lɔ́(ː)ŋsəm, lɑ́(ː)ŋ- | lɔ́ŋ-/ *adj.* (古・方言) 長ったらしい. **～·ly** *adv.* **～·ness** *n.*〖OE *langsum*: cog. G *langsam*: ⇨ long¹, -some¹〗
Lóngs Péak /lɔ́(ː)ŋz-, lɑ́(ː)ŋz- | lɔ́ŋz-/ *n.* ロングズピーク (米国 Colorado 州北部 Rocky Mountain 国立公園の最高峰 (4,345 m)).
lóng splíce *n.* ロングスプライス, よりつなぎ (綱が滑車の溝を通れるように, 外回りを太くしない組み継ぎ法; cf. short splice).
lóng-spún *adj.* **1** 長く引いた. **2** 長々しい, 退屈な (tedious).
lóng·spùr *n.*〘鳥類〙ツメナガホオジロ (ツンドラ地帯や草原地帯に生息するツメナガホオジロ属 (*Calcarius*) の小鳥の総称; 足に長い後爪がある).〖1831〗
long-standing /lɔ́(ː)ŋstǽndɪŋ, lɑ́(ː)ŋ- | lɔ́ŋ-ˊ/ *adj.* [限定的] (*also* **long·standing**) **1** 積年の, 長年の: a ～ conflict, debt, etc. **2** 長期間存続できる.〖1601〗
lóng-stáy *adj.* 長期滞在[入院]の.
lóng-stémmed *adj.* **1** 茎[幹]の長い: a ～ tree 幹の長い木. **2** ほっそりと背の高い: a ～ girl.
lóng·stòp *n.* **1**〘クリケット〙ロングストップ (捕手の後方の深い守備位置(の野手); cf. shortstop). **2** 〈好ましくないものを〉最後に阻止する人[もの].
Long·street /lɔ́(ː)ŋstriːt, lɑ́(ː)ŋ- | lɔ́ŋ-/, **Augustus Bald·win** *n.* ロングストリート (1790–1870; 米国の牧師・作家; *Georgia Scenes* (1835)).
Longstreet, James *n.* ロングストリート (1821–1904; 米国南北戦争当時の南軍の将軍).
lóng-sújfferance *n.* (古) =long-suffering.
long-suffering /lɔ́(ː)ŋsʌ́f(ə)rɪŋ, lɑ́(ː)ŋ- | lɔ́ŋ-ˊ/ *adj.* 辛抱強い, 我慢強い (cf. *Rom.* 2:4; *Gal.* 5:22). — *n.* 辛抱強さ, 我慢強さ; 長い忍耐. **～·ly** *adv.*〖(1526): Tyndale および Coverdale の用語〗
lóng súit *n.* **1** (口語) 得手, 長所: Cooking is her ～. 料理は彼女の得意とするところ. **2**〘トランプ〙(ブリッジなどで) 4 枚以上の同種札から成るスーツ.〖1876〗
lóng swéetening *n.* (米南部・中部) 液状の甘味料 (maple syrup や molasses など; cf. short sweetening).
lóng-tàiled dúck *n.*〘鳥類〙=old-squaw.〖1766〗
lóng-tàiled tít *n.*〘鳥類〙エナガ (*Aegithalos caudatus*) (シジュウカラ科の小鳥; 欧州・アジア北部産).
long-term /lɔ́(ː)ŋtə́ːm, lɑ́(ː)ŋ- | lɔ́ŋtə́ːmˊ/ *adj.* [限定的] **1** 長期の (↔ short-term): a ～ credit [loan] 長期貸付け. **2** 長期満期の: a ～ bond 長期債[債券].〖1904〗
lóng-térm·ism /-mɪzm/ *n.* (特に政治や金融において)目先の必要性よりも長期の計画に力を入れる傾向 (cf. short-termism). **lóng-térm·ist** /-mɪ̀st | -mɪst/ *n.* 長期主義.
lóng-tèrm mémory *n.*〘心理〙長期(間)記憶 (長く持続する半永久的な記憶; cf. short-term memory).〖1970〗
long·time /lɔ́(ː)ŋtáɪm, lɑ́(ː)ŋ- | lɔ́ŋ-ˊ/ *adj.* [限定的] 長い間の, 長年の: a ～ resident of Moscow 長い間モスクワに住んでいる人 / a ～ seller ロングセラー.〖1584〗
lóng·tímer *n.* **1** 古参者. **2** 長期刑の囚人.
lóng tín *n.* (英) 長い食パン.
lóng tóm, L- T- *n.* **1** (昔軍艦に用いた旋回式の)長身砲. **2** (陸軍俗) 長距離砲, ロングトム (通例 155 ミリ砲). **3**〘鉱山〙金を含む土砂を洗い流して砂金を採るための樋(とい).〖1832〗
lóng tón *n.* 英トン, 大トン (⇨ ton¹ 1 b).〖1829〗
Long·ton /lɔ́(ː)ŋtən, lɑ́(ː)ŋ- | lɔ́ŋ-/ *n.* ⇨ Five Towns.
lóng-tóngued *adj.* **1** 舌の長い. **2** おしゃべりな.〖1553〗
lòng topgállant màst *n.*〘海事〙長ゲルンマスト (トップマストの上につながる 1 本の長い円材でできているマスト; トゲルンマストやロイヤルマストの帆などが掛けられる; pole topgallant mast ともいう).
longue ha·leine /lɔ̃ː(ŋ)gæléɪn, lɔ́ːŋg-; *F.* lɔ̃galɛn/ *F. n.* 長い時日: a work of ～ 久しい苦心の作品, 労作.〖□ F ～ (原義) long breath〗
lon·guette /lɔ̃ː(ŋ)gɛ́t, lɔːŋ-; *F.* lɔ̃gɛt/ *n.*〘服飾〙= midi.〖□ F ～ 'longish': ⇨ long¹, -ette〗
Lon·gueuil /lɔ(ː)ŋgéɪl, lɑ(ː)ŋ- | lɔŋ-; *F.* lɔ̃gœj/ *n.* ロンゲール (カナダ Quebec 州南部, Montreal 郊外の都市).
lon·gueur /lɔ̃ː(ŋ)gə́ː, lɔːŋ- | -gɜ́ː(r; *F.* lɔ̃gœːʁ/ *F. n.* (*pl.* **～s** /～(z); *F.* ～/) [通例 *pl.*] (書物・映画・脚本などの)退屈な箇所, だれ場: the ～s of a novel 小説の冗漫な箇所.〖(1791) □ F ～ (原義) length, slowness〗
Lon·gus /lɔ́(ː)ŋgəs, lɑ́(ː)ŋ- | lɔ́ŋ-/ *n.* ロンゴス (3 世紀ごろのギリシャの作家; ⇨ Daphnis and Chloë).
lóng vacátion *n.* (英) (法廷・大学などの)夏期休暇 (cf. Easter vacation).〖1693〗
Long·view /lɔ́(ː)ŋvjuː, lɑ́(ː)ŋ- | lɔ́ŋ-/ *n.* ロングビュー (米国 Texas 州北東部の都市).
lóng víew *n.* 長期的展望, 長期的視野に立つ考察.〖1912〗
lóng wáist *n.* (衣服の)低いウエスト(ライン).
lóng-wáisted *adj.* **1** 胴の長い. **2** (衣服の)ウエストラインを自然の位置より低くつけた (cf. short-waisted).〖1647〗
lóng·wàll *adj.*〘鉱山〙長壁法の (採掘面を長く大きくとって連続的に採掘する採掘法).
lóng wàve *n.* **1**〘通信〙長波 (周波数範囲 10–30 kHz, 波長 30,000 m 以上の電波; cf. shortwave 1, medium wave). **2**〘地震〙長波 (⇨ L wave).〖1839〗
lóng·wàys *adv.* (英) **1** 縦に, 長く (lengthwise). **2**〘ダンス〙長く 2 列になって. — *adj.* 縦の, 長い.〖1588〗
lóng-wéaring *adj.* (米) 〈靴・衣服・素材が〉丈夫な, 長もちする (hard-wearing).
lóng wéekend *n.* 長い週末 (土日を含めて 3 連休以上の休日).〖1927〗
lóng-wínded /-wɪ́ndɪ̀d/ *adj.* **1** 息の長い, 息が長く続く. **2** 長ったらしい, 長広舌の, くどい; 退屈な, 冗漫な. **～·ly** *adv.* **～·ness** *n.*〖1589〗
lóng-wìre anténna [áerial] *n.*〘通信〙長導波アンテナ[空中線] (波長の数倍の長さを有する).
lóng·wìse *adv.* (米) =longways 1.〖(1544): ⇨ -wise〗
lóng·wòol *n.* 長毛の羊.
lóng-wóol *adj.* 〈羊が〉長毛の: a ～ sheep.
lóng-wóoled *adj.* =long-wool.
Long·xi /lʊ̀ŋkíː; *Chin.* lʊ́ŋɕī/ *n.* 竜渓(りゅうけい) (中国福建省 (Fujian) 漳州 (Zhangzhou) を中心とする地域).
Long Xuy·en /làʊŋswíːən; *Vietnam.* lɔ̃ːŋmswiēn/ *n.* ロンスエン (ベトナム南西端 Mekong デルタの南側にある都市).
Long·year·by·en /lɔ́(ː)ŋjɪəbjùːən, lɑ́(ː)ŋ-, -jəː-, -bùː- | lɔ́ŋjɪə-, -jəː-; *Norw.* lɔ̀ŋjiːrbyːən/ *n.* ロングイールビュアン (北極海のノルウェー領 Svalbard 群島の中心の町).
lon·ic·er·a /lounísərə, lɑ̀(ː)nɪsíərə | lɔnísərə, lə-/ *n.*〘植物〙スイカズラ (スイカズラ属 (*Lonicera*) の植物の総称; ⇨ honeysuckle 1).〖1863〗
Lonk /lɑ́(ː)ŋk | lɔ́ŋk/ *n.* ロンク (顔面が黒く毛の粗い英国の肉用品種の羊).〖《短縮》← LANCASHIRE〗
Lönn·rot /lɔ́ːnrɑ(ː)t, lʌ́n-, -ruːt | -rɔt; *Finn.* lǿnruːt/, **Elias** *n.* リョンルート (1802–84; フィンランドの言語学者; 国民的叙事詩 *Kalevara* を再録出版した).
Lons·dale /lɑ́(ː)nzdeɪl | lɔ́nz-/, **Frederick** *n.* ロンズデール (1881–1954; 英国の劇作家).
Lóns·dale Bélt /lɑ́(ː)nzdeɪl- | lɔ́nz-/ *n.* ロンズデールベルト (英国プロボクシングのチャンピオンベルト; 同一階級で 3 回これを受けると自分のものになる).
Lons-le-Sau·nier /lɔ̃(n)ləsɔːnjéɪ, lɔ́ːn-; *F.* lɔ̃lsonje/ *n.* ロンルソニエ (フランス東部の温泉町; 発泡ワインの産地).
loo¹ /lúː/ *n.* (*pl.* **～s**) (英口語) 便所, トイレ: a public ～ 公衆便所.〖(1940) ← ? F *l'eau* the water // *lieux (d'aisance)* toilet, (原義) places of conveniences〗
loo² /lúː/ *n.* (*pl.* **～s**) **1**〘トランプ〙ルー (5–9 人が 3–5 枚の手札をもって競技する古い賭博ゲーム; 負けた者が罰として次の回の賭金 (pot) を積む). **2** ルー遊びの賭け金. — *vt.* (ルー遊びで)...に罰金を積ませる.〖(1675)《略》← (廃) *lanterloo* □ F *lanturelu*: 17 世紀の流行歌の無意味な折返し文句〗
loo³ /lúː/ *vt., vi.* (スコット) =love.
loo·by /lúːbi/ *n.* (英方言) とんま, まぬけ.〖(1321): cf. lob¹, lubber / Flem. *lobbe* simpleton〗
Loo·choo·an /luːtʃúːən/ *adj.* 琉球(りゅうきゅう)の. — *n.* 琉球人. ★ 19 世紀末まではこの語が使われていたが, 現在は Ryukyuan が一般的.〖⇨ ↓, -an¹〗
Lóo·choo Íslands /lúːtʃuː-/ *n. pl.* [the ～] 琉球(りゅうきゅう)諸島 (Ryukyu Islands の別称).
loo·ey /lúːi/ *n.* (米軍俗) =looie.
loof /lúːf/ *n.* (*pl.* **～s**) (スコット) 手のひら (palm).〖(?a1300) *lofe* □ ON *lōfi*〗
loo·fah /lúːfə/ *n.* (*also* **loo·fa** /～/)〘植物〙=luffa.〖1887〗
loo·ie /lúːi/ *n.* (米軍俗) 中[少]尉.〖← LIEU(TENANT) +-IE〗
look /lʊ́k/ *vi.* **1** (注意して)見る, 眺める, 注視する (gaze) 〔*at*〕; (驚いて)目を見張る (stare); 捜す (cf. LOOK *for* (1)): ～ *about* [*away, back, up, down, in, out, behind*] あたり[向こう, 後ろ, 上, 下, 中, 外, 後ろ]を見る / ～ this way and that あっちこっちと見る, 左右に気をつける / *Look* both ways before you cross the street. 通りを横断する前に左右を見なさい / What are you ～*ing at*? 何を見ているのですか / The museum is not much to ～ *at*. その博物館はあまり見栄えがしない / Just ～ *at* how you're dressed! 自分の身なりを見てごらんなさい / You'll see I'm right if you just ～ *at* the facts. 事実を見てくれれば私が正しいことがわかるでしょう / ～ *off* one's book 本から目を離す / She ～*ed away* from me in embarrassment. 彼女はきまり悪そうに私から目をそらした / ～ *through* a telescope 望遠鏡で見る / ～ *out (of)* the window 窓から外を見る (★ of を省くのは (米)) / You must ～ *beyond* your present hardships *to* future happiness. 現在の苦難を乗り越え未来の幸福に目をやらなければならない / I ～*ed* to see what it was. それが何であるか見てみた / They just stood there ～*ing*. ただそこに立ってぽかんと見ていた[目を見張るばかりだった] / I ～*ed* everywhere, but couldn't find it. あちこち捜してみたが見つからなかった / You should have ～*ed* further [harder]. なおいっそう捜してみるべきだった / *Look at* that! (口語) まあ見てごらん (嫌悪・感心などを表す) / *Look* before you leap. ⇨ leap *vi.* 1 a.

語法 (1) look は相手の注意を促すために間投詞的に用いられることがある (cf. listen *vi.* 1 語法 (1)): *Look*, there he is! ほら, あそこにいるよ / He's there ～! (英) = (米口語) He's there, see! / *Look* here! おい, これ, ねえ, いいかね / *Look* you! (古) いいかい, 気をつけなさい / *Look* (here), I don't want any trouble. おいおい, 私はトラブルは嫌だよ. (2) look at が see に準じて, 目的語+do*ing* または原形不定詞を伴って用いられることがある (cf. listen *vi.* 1 語法 (2)): We ～*ed at* the train going past. 列車が走って行くのを眺めた / *Look at* my dog run. ぼくの犬が走るのをごらん.

---

2 注意する, 気をつける〔*at, to*〕: When you ～ deeper, you will notice the difference between the two. もっと注意すれば両者の違いに気がつくはずだ / Let's ～ *at* this point more carefully. この点をもっと注意してみよう.
3 a [補語を伴って] 目つき[顔つき, 様子]が...だ; 〈...に〉見える, 〈...と〉思われる, ...のようだ (appear): He ～*s* happy [angry, cross, blank]. 幸福そうな[怒ったような, 意地の悪そうな, ぼんやりした]顔をしている / How does he [it] ～ (to you)? 彼[それ]はどんな様子ですか / He ～*ed pleased* [*disappointed, puzzled*]. 満足げな[失望したような, とまどった]様子をしていた / Everything ～*s* promising. 万事見込みがありそうだ / He ～*s* every inch a [the] gentleman. どこからどこまで紳士らしい人だ / He ～*s* his usual [old] self. いつもとちっとも変わった様子がない / She ～*s* her best in that dress. あのドレスを着ると最高に見える / He was amazed, and he ～*ed* it. 彼はびっくり仰天したがはた目にもそう見えた / He does not ～ his age. 年ほどに見えない / The actor ～*s* his part to perfection. その俳優は彼の役柄にぴったりのようだ / I don't like it when you ～ that way. 君がそんな格好をしているのは好きでない (★ 前の 2 例の look は *vt.* とも解される) / He ～*s as if* [*like*] he had seen a ghost. まるで幽霊でも見たような顔をしている. ★ seem や appear と同様に, to 不定詞を伴うこともある: She ～*s to* be in her twenties. 20 代らしい. **b** [It を主語とし like, as if, as though を伴って] ...になるらしい, ...のように見える, ...と思われる (⇨ seem SYN): ⇨ LOOK *like* (2) / *It* ～*s as though* [*like*] we're going to have a storm. あらしでも来そうな様子だ / It ～*s* (*to* me) *as if* [*like*] we won't be in time for the train. 列車に間に合いそうには思えない.
4 a 〈家などが〉...に面している, 向いている (face): My house ～*s* (*to* [*toward*] the) south. 私の家は南向きだ / The window ～*s on* [*upon, onto*] the sea. 窓は海に面している. **b** 〈事実・情勢・政策などが〉〔...に〕傾く, 〔...を〕指す, 目指す (tend, point)〔*toward, to*〕: This policy ～*s toward* the reduction of taxes. この政策は減税を目的としている / a project ～*ing to* interplanetary travel 惑星間の旅行を目指す計画.
— *vt.* **1** (注意して)見る, 熟視する: ～ a person straight *in the eye* 人の顔[目]をまともにじっと見つめる / ～ a person *through and through* ⇨ THROUGH *and through* / ～ a person [a thing] *in the face* ⇨ *in the* FACE / ～ a gift horse *in the mouth* ⇨ gift horse.
2 a [*wh*-clause を伴って] (目で)確かめる, 調べてみる: Why don't you ～ *where* you're going! なんで先をよく見ないんだ / Just ～ *how much* you've done! どれくらいやったか確かめなさい / Just ～ *what* you've made me do! 私にさせたことを見てくれ / I will ～ *if* [*whether*] the mailman has come yet. 郵便屋さんがもう来たかどうか見てみよう. **b** [*that*-clause を伴って] 〈...であるように〉確かめる, 注意する (make sure, see, ensure) (cf. LOOK *to* (3)): *Look* (*to it*) that the work is done properly. 仕事がきちんとされるようにして下さい. **3** 目つき[顔つき]をする, ...を目つき[態度]で表す: ～ unutterable things [one's thanks] 口では尽くせない気持ち[感謝の気持ち]を目で表す / ～ death 殺すぞと(顔つきで)脅す / He ～*ed* a query at me. いぶかしげな様子を目に浮かべて私を見た / ～ daggers at ⇨ dagger 成句. **4** [*to do* を伴って] 〈...することを〉予期する, 期待する (expect): I am not ～*ing to* be promoted. 昇進なんか期待していない. **5** [結果を表す前置詞付きの句を伴って] (古) 見つめて[にらんで]...させる: ～

a person *to* shame 人をにらみつけて恥じ入らせる / ～ a person *into* silence 人をにらんで黙らせる / ～ a person *out of* countenance 人をじろじろ見てきまり悪がらせる.

Dón't lóok nów. 見るな, 目を合わせるな《会いたくない者が見えたとき》.

lóok abóut ＝LOOK *around*.

lóok abóut ... …の周囲に気を配る, …のことを慎重に考慮する: I am too busy to ～ *about* me. 忙しすぎて身の回りをゆっくり顧みる[身辺の事をあれこれ考える]暇もない.

lòok áfter (1) …に気をつける, 注意する, …の世話をする; …を監督[監視]する: ～ *after* oneself 自分で自分の面倒をみる / ～ *after* number one ⇨ number one 2 / ～ *after* children 子供たちの世話をする / ～ *after* one's own interests 自分の利益を守る / ～ *after* the store 店番をする / ～ *after* a car properly 車をきちんと手入れする / I'll ～ *after* the bill. 勘定は私がする / *Look after* yourself! 《英》(お大事に)さようなら! (2) 〈利益など〉を求める. (3) 《主に米口語》…を殺す. (4) …を振り返って見る; …のあとを見送る: We ～*ed after* the plane as it took off. 離陸する飛行機を見送った.

lóok ahéad (1) 未来を考える, 将来に備える〔*to*〕: ～ *ahead* ten years 10 年先のことを考える / ～ far *ahead into* the future ずっと先を見越す. (2) 前方を見る. (3) [特に命令法で] (ボートのこぎ手に対して)前方を振り返って見よ.

lóok alíve [***lívely, shárp***] 《口語》急ぐ, てきぱきする: *Look alive* (there)! ぐずぐずするな.

lóok aróund [***róund***] (1) あたりを見回す; あちこち見て回る (tour): May I help you, sir?—No, I'm just ～*ing around*. 何を差し上げましょうか—いや, ただ見ているだけです / ～ *around* before lunch 昼食前にあちこち見物する. (2) 調べて回る〔*at*〕. (3) (…を)あちこちと捜す (seek): ～ *around for* a book [job, person] 本[職, 人]をあちこち捜す. (4) (事に当たる前に)あれこれ考える, よく調べる: You'd better ～ *around* before making a decision. 決心する前によく考えたほうがいい. (5) 振り返る: He ～*ed around for* her. 振り返って彼女を見た.

lóok aróund [***róund***] ***...*** (1) …を見回す; あちこち見て回る. (2) …を視察する (inspect): ～ *around* the factory 工場を査察する. (3) …をあちこち捜す: He ～*ed around* the crowded theater to find an empty seat. 込んだ劇場を見回して空席を捜した.

lóok at (1) ⇨ *vi.* 1 (⇨ see[1] **SYN**). (2) ⇨ *vi.* 2. (3) …を検査する, 調べる; …を考察する (consider); 調査検討する: The dentist ～*ed at* his teeth. 歯医者は彼の歯を調べた / We'll get an expert to ～ *at* this picture. 専門家にこの絵を鑑定してもらおう / ～ *at* the problem from all sides あらゆる面から問題を考察する / a person's way of ～*ing at* things 物の見方. (4) …にさっと目を通す. (5) …を[…と]考える, みなす (regard)〔*as*〕: They are ～*ed at as* competitors. 彼らは競争相手とみなされている. (6) [won't, wouldn't を伴って] …を顧みない, 相手にしない: I *won't* ～ *at* it at that price. その値段ではお話しにもならない / He *wouldn't* ～ *at* my suggestion. 私の提案には一顧も与えてくれなかった. (7) 《口語》[命令文で] (例証として)…を考える, 見てみる.

lóok báck (1) ⇨ *vi.* 1. (2) 〔…を〕回顧する, 追想する〔*on, upon, over, to*〕: *Looking back*, I can see that .... 今にして思えば…だったことがわかる / He ～*ed back on* [*upon, over, to*] his school days. 学生時代を追想した. (3) [否定構文で] 《口語》〈人・商売などが〉うまくいかなくなる, おとろえる気配を見せる: The actress *never* ～*ed back* after her first appearance. その女優はデビュー以来人気が下がったことは一度もなかった / Since then his business has *never* ～*ed back*. その時以来彼の商売は決して後退したことがない. (4) [否定構文で] しりごみする: We *can't* ～ *back* at this stage. ここまできてあとに引くわけにはいかない. (5) 《英》引き返して来る[訪ねる]: I'll ～ *back* later. あとでまた寄ります.

lóok dówn (*vi.*) (1) ⇨ *vi.* 1. (2) 見下ろす: ～ *down* into the well 井戸の中を見下ろす. (3) 〈物価などが〉下向きになる. —(*vt.*) にらみ伏せる: ～ a person *down* 人をにらみ伏せる.

lóok dówn *one's* ***nóse*** (***at***) ⇨ nose *n.* 成句.

lóok dówn on [***upòn***] (1) 〈人が〉…を眼下に見る; 〈窓・高地などが〉…を見下ろす位置にある (cf. *vi.* 4 a): He ～*ed down on* me. 彼は見下ろすように私を見た / The Golan Heights ～ *down on* Syria's Damascus plain. ゴラン高原はシリアのダマスカス平野を見下ろしている. (2) 《口語》…を見下げる, 軽蔑する (despise); …をつまらないと思う: ～ *down on* women [one's father, the work] 女性[父親, その仕事]を軽蔑する / Everyone ～*ed down upon* him *as* a snob. 皆は彼を俗物だとさげすんだ.

lóok for (1) …を捜す, 尋ねる, 求める; [進行形で] 求人をする: ～ (all over, everywhere) *for* a job, a house, an assistant, help, etc. / ～ *for* trouble 災難を招くようなことをする. ★ この意味では about, around などの副詞を伴うことが多い (cf. LOOK *about ...*, LOOK *around* (3)). (2) …を期待する, 待ち受ける〈*to do*〉: ～ *for* rain [a decent profit] 雨[かなりの利益]を期待する / *Look for* me about three o'clock. 3 時ごろ来ると思っていて下さい / The principal ～*s for* politeness *from* all the students. 校長は全学生に礼儀正しくふるまってほしいと期待している / The long *looked-for* day has finally arrived. 長いこと待ち受けていた日がとうとう来た.

lóok fórth 見渡す, 眺める (look out).

lóok fórward to …を期待する, 楽しみにして待つ: Mother ～*s forward to* your letters. 母はあなたからのお便りを楽しみにしています / We are all ～*ing forward to* meet*ing* you. みんなお目にかかれる日を楽しみにしています.

lóok ín (1) (…を)ちょっとのぞいて見る (cf. *vi.* 1): ～ *in at* the door [gate] 戸[門]からちょっとのぞく / She ～*ed in on* her sleeping baby. 眠っている赤ん坊をちょっとのぞいて見た. (2) 〔場所に〕ちょっと立ち寄る〔*at*〕, 〔人を〕ちょっと訪ねる〔*on, upon*〕: Please ～ *in* (*on* me *at* my office) tomorrow. 明日(事務所に私を)訪ねて下さい / I ～*ed in* there the other day. 先日そこを訪ねてみた / He ～*ed in* for chat [a cup of tea]. ちょっと寄ってしゃべって[一杯お茶を飲んで]いった. (3) 《口語》テレビを見る.

lóok into …の中を見る, のぞく: He would wander around town, ～*ing* vacantly *into* store windows. ショーウィンドーをぼんやりのぞき込みながら町をうろつき回ったものだった / He ～*ed into* my face [eyes]. 私の顔[目]をのぞき込んだ.

lóok ínto (1) …を調査[吟味]する, 調べる (inspect, examine, investigate): ～ deep *into* the cause of … …の原因を丹念に調べる / The matter [question, possibility, complaint] must be ～*ed into*. その問題[可能性, 苦情]は調査する必要がある. (2) 〈本など〉をざっと調べてみる (dip into): ～ *into* one's notebook ノートにざっと目を通す / ～ *into* a dictionary 辞書を(引いて)みる. (3) 《口語》…にちょっと立ち寄る (look in): ～ *into* a bookstore on one's way home 帰りにちょっと本屋に寄る.

lóok lìke (1) …に似ている (resemble); …らしく見える: What does he [it] ～ like? どんな人[どのような物]ですか / He ～*s* (very [very much]) *like* his father. (とても)父親に似た顔をしている / She ～*s like* a boy. (まるで)男の子みたいだ / This ～*s* (*to* me) *like* the place. ここがその場所のようだ. (2) 《英》…と思われる, …のようだ; …になるらしい; [*doing* を伴って] 〈…する〉見込みがある, 〈…し〉そうだ: It ～*s like* rain. ＝It's going to rain. 雨になりそうだ / It ～*s like* it's going to go on raining all day. ＝The rain ～*s like* going on all day. 一日中雨が降り続きそうだ / He ～*s like* fail*ing* his exam. 彼は試験に落ちそうだ / The next year ～*s like* be*ing* harder than this. 来年は今年より厳しくなりそうだ. (3) 《俗》＝look as if (⇨ *vi.* 3 a, b).

lóok (***lìke***) ***oneséĺf*** いつものように元気そうである: She ～*s herself* again. 彼女はまた元気になったようだ / You are not ～*ing* quite *yourself*. どうもいつもの君のようじゃないね《具合でも悪いのか, 心配事でもあるのかなどの意を込めて》.

lóok lívely ＝LOOK *alive*.

lóok ón (1) 傍観する, 見物する (cf. looker-on, onlooker)〔*in*〕: He merely ～*ed on* and did nothing. ただ傍観[見物]するだけで何もしなかった. (2) 前を見る: ～ *on* ahead 先を見る, 前途に目を注ぐ. (3) 《米》〔…と〕一緒に(一冊の本などを)見る〔*with*〕: You can ～ *on with* me. 一緒に見てもいいですよ.

lóok on [***upòn***] ***...*** (1) [特にある感情を込めてまたは比喩的に] …を見る, ながめる: ～ *upon* a person *with* disfavor [distrust, suspicion] 人を冷たい[不信の, 疑いの]目で見る / ～ *on* the bright [dark] side of things 物事の明るい[暗い]面を見る; 物の見方が楽観[悲観]的である / ～ favorably *on* a person's request 人の要望を好意的に考える. (2) …を〔…と〕みなす, 考える (regard)〔*as*〕: We have always ～*ed on* you *as* one of us. 私たちはいつもお前を家族の一人とみなしてきた / Some people ～ *upon* books *as* furniture. 書物を家具だと思っている人がいる / He was thrilled to be ～*ed upon as* a child of the rich. 彼は金持ちの子とみなされて胸をわくわくさせた. (3) ⇨ *vi.* 4 a.

lóok óne wày and rów anóther ⇨ way[1] *n.* 成句.

lóok óut (*vi.*) (1) 外を見る (cf. *vi.* 1); 外を見渡す: ～ *out at* the window 窓から外を見る / ～ *out at* the view 外の景色を見る / ～ *out on* a garden 外の庭を見る / ～ *out over* the desert 砂漠を見渡す. (2) 〈窓・部屋・建物などが〉〔…の方に〕向く〔*on, upon, over, to*〕: The windows ～ *out on* a cluster of old lilac bushes. その窓からは古いライラックの茂みが臨まれる / The dining room ～*ed out over* the garden. 食堂は庭に面していた. (3) [通例命令法で] 注意する, 用心する, 警戒する: *Look out!* 気をつけろ / ⇨ LOOK *out for* (1). (4) 《廃》現れる (appear). —(*vt.*) (1) 《英》〈しまってある物などを〉捜し出す; 捜して選ぶ; 〈語を〉(辞典で)調べる (look up): She ～*ed out* some old books for the school bazaar. 学校のバザーのために古い本を何冊か選んだ / I ～*ed out* the word *in* this dictionary. その単語をこの辞書で調べてみた. (2) [*that*-clause を伴って] 〈…するように〉気をつける, 注意する (take care): *Look out* (*that*) you aren't run over. 車にひかれないように注意しなさい.

lóok óut for (1) …に気をつける, 用心する, …を見張る, 警戒する: *Look out for* falling rocks. 落石に注意. (2) …を捜す: We must ～ *out for* a new house. 新しい家を見つけなければならない / She ～*ed out for* Tom at the station. 駅でトムを捜した. (3) …の世話をする, 面倒を見る: ～ *out for* oneself [number one] 自分のこと[利益]だけを考える / I ～*ed out for* my brother while mother went abroad. 母が海外に行っている間弟の面倒を見ていた.

lóok óver (*vi.*) 向こう側を見る. —(*vt.*) (1) (詳しく)調べる, 点検する: Will you ～ it *over* with me? 一緒に調べてみてくれませんか. ★ look over ... (1) の場合, look over it の語順となる. (2) (ざっと)見物する: ～ the town *over* ＝look *over* the town 町を一わたり見物する.

lóok óver ... (1) …に(ざっと)目を通す, …を(ざっと)調べる: ～ *over* the headlines [contract] 見出し[契約書]に(ざっと)目を通す. (2) 〈場所〉を視察[査察]する (inspect): ～ *over* a factory 工場を査察する / ～ *over* a school 学校を視察する. (3) …越しに見る: ～ *over* the wall / ～ *over* one's shoulder 振り返って見る / ～ *over* a person's shoulder 人の肩越しに見る / I don't like you ～*ing over* my shoulder. 君に後ろから肩越しに見られたくない. (4) 《古》…を見逃す, 大目に見る (ignore): ～ *over* a fault. ★ この意味では今は overlook を用いる.

lóok róund 《英》＝LOOK *around*.

lóok shárp [***smárt***] [命令形で] 急ぐ (⇨ LOOK *alive*).

lóok the óther wày ⇨ way[1] *n.* 成句.

lóok thróugh (*vi.*) (…越しに)中を見る. (*vt.*) 十分に調べる, 次々に点検する: ～ the bills *through* [～ *through* the bills] before paying them 支払う前に請求書をよく調べる.

lóok through ... (*vi.*) …を通して見る (*vi.* 1): ～ *through* the window *at* the garden 窓から庭を見る.

lóok thróugh ... (1) 〈部屋・箱・引き出しなど〉を一通り調べる; 〈書類など〉をさっと調べる: ～ *through* a book 本を初めから終わりまでざっと調べる / ～ *through* several newspapers 幾つかの新聞に一通り目を通す. (2) 〈人を〉見て見ない振りをする, 傲然と無視する: When we meet outside he always just ～*s through me*. 外で会うといつも見て見ない振りをする. (3) …を見抜く, 見破る: ～ *through* a person's tricks 人の計略を見破る[見抜く] / ～ *through* a person 人(の思惑)を見抜く. (4) 《廃》…を通して見える: And that (＝if) our drift ～ *through* our bad performance, やり損ねて事が露見するなら (Shak., *Hamlet* 4. 7. 151).

lóok to (1) …を当てにする, 頼りにする, …に頼る: ～ *to* a person *for* help 人の援助を当てにする / He ～*s to* me *to* make the arrangement. 彼は私がその取決めをすることを当てにしている / The mayors were told to ～ *to* their own municipal resources. 市長たちは自分たちの都市財源を頼りにするようにといわれた《援助を断られた》. (2) 〈人が〉…に目[関心]を向ける, …の方へ向く; 〈家などが〉…に面する (cf. *vi.* 4 a): ～ *to* the east *for* the rising sun 東へ向いて日の出を見る. (3) …に気をつける, (よくしようと)注意する; …の見張りをする: *Look to* your manners. 行儀に気をつけなさい / *Lóok tó* it *that* this doesn't happen again. こんなことが二度と起こらぬように注意しなさい (cf. *vi.* 2) / ～ *to* one's laurels ⇨ laurel *n.* 3. (4) …を期待して待つ (look forward to): ～ *to* a happy life / ～ *to* the day when …する日を楽しみに待つ. ★ 今日ではこの意味では LOOK *forward to* を用いるほうが好まれる. (5) ⇨ *vi.* 4 b. (6) 《英古》…の世話をする, 面倒を見る (take care of): ～ *to* the children [baby].

L

lóok towàrd(s) (1) 〈人が〉…の方を見る. (2) ⇨ *vi.* 4 a. (3) ⇨ *vi.* 4 b. (4) 《口語》…のために乾杯する. (5) 〈将来など〉を考える.

lóok úp (*vi.*) (1) ⇨ *vi.* 1. (2) 《口語》〈事態・景気・天気などが〉上向きになる, よくなる; 〈物価が〉上がる, 騰貴する: Business is already ～*ing up*. 商売はすでに好転している / Things must be ～*ing up for* [*with*] him. 彼のところはきっと景気がいいに違いない. —(*vt.*) (1) 〈辞書・参考書など〉を調べる; 〔辞書・参考書などで〕〈語句などを〉調べる〔*in*〕: ～ *up* a dictionary [directory, timetable] 辞書[人名録, 時刻表]を調べる / ～ *up* a word *in* a dictionary 辞書で単語を調べる / ～ a name *up in* a directory 人名録で名前を捜す / Please ～ (me) *up* an express train to London. ロンドン行きの急行列車を調べて下さい. (2) 《口語》〈人を〉捜し出して(久しぶりに)訪問する (call on): *Look* me *up* when you are in town. ご上京の折はお寄り下さい. (3) 捜す (search for): ～ *up* a person [a book] 人[本]を捜す.

lóok a person úp and dówn 《口語》〈人を〉子細に[じろじろ, 意味ありげに]見る, 軽蔑[感嘆]するように見る: The girl ～*ed* him *up and down*. 少女は彼をじろじろと見やった.

lóok upon ⇨ LOOK *on*.

lóok úp to (1) …を仰いで見る, 見上げる: ～ *up to* the sky. (2) …を尊敬[賞賛]する (respect): Children don't ～ *up to* their parents any more. 子供たちはもう親を尊敬しなくなった / We all ～ *up to* her *as* a great scientist. 皆彼女を偉大な科学者として尊敬している.

lóok wéll (1) 健康そうに見える; 〈事が〉うまく行きそうだ. (2) 〈身に着けている物などが〉〔…に〕よく似合う, 魅力的に見える〔*on*〕; 〈人が〉〔…を身に着けていると〕魅力的に見える〔*in*〕: The hat ～*s well on* him. その帽子は彼によく似合う / Navy blue will ～ *well on* you with your hair. あなたのような髪のお方には濃紺がお似合いになりますよ / You ～ *well in* that dress. そのドレスを着ていると君は魅力的だ.

to lóok at …の様子から(判断)すると: *To* ～ *at* her you wouldn't guess she was an actress. 彼女を見ただけでは女優とは思えないだろう. ★ この構文では通例述語動詞に仮想を示す過去形の助動詞を用いる.

— *n.* **1 a** 見ること〔*at*〕; 一目, 一見 (glance): cast [give] a ～ (*at* …) (…を)ちらりと見る / steal a ～ *at* a person 人を盗み見る / give a person a quick ～ 人を素早くちらりと見る / have [take] a ～ *at* the paper 新聞に目を通す / take one ～ 一目見る / Yesterday I took a ～ *at* him at the station. 昨日駅で彼をちょっと見掛けた.

b 調べる[捜す]こと〔*at, for*〕: take a brief [closer] ～ *at* American history アメリカの歴史をざっと[もっと詳しく]調べてみる / Let's have a ～ *for* it, shall we? ひとつ一緒に捜しましょう / Let's take a ～ *around* [*inside*]. 周り[中]を調べてみましょう / Do you want a ～ *through* [*down*] my microscope? 私の顕微鏡をのぞいてみたいですか. **2 a** [限定詞を伴って] 目つき, 目色; 表情, 顔つき (⇨ face **SYN**): an ugly ～ in a person's eye(s) [on a person's face] 怒った目[顔つき] / She gave a queer ～. 妙な顔をした / He shot me an angry [nasty] ～. 彼は怒った[意地の悪い]目で私をにらんだ / A ～ of disappointment [recognition] passed over his face. 失望の色[相手がだれだかわかったといった気配]が顔に浮かんだ / Her face wore a ～ of disapproval. 彼女の顔には不賛成の色が見えた.

b 《口語》[通例 *pl.*] 顔つき, 容貌(ようぼう), (特に) 美貌: have (good) ～*s* and intelligence 美貌と知性を備えている /

lose [keep] one's ~*s* 容色が衰える[えない] / Do not judge a man [Don't go] by his ~*s*. 顔つき[見かけ]で人を判断してはならない / He has his father's ~*s*. 顔は父親似だ / She was a pretty girl with the ~ of her mother. 彼女は母親に似たかわいらしい少女であった / I don't like the ~ of him. 彼の顔つきが気に食わない. **3** 《口語》(人・物事の)様子, 外観, 見かけ (⇨ appearance SYN): a ~ of age 古色, (時代の)さび / from the ~ of the sky 空模様からすると / have the ~ of …に外観が似ている, 様子が…だ / give a thing a new ~ 装いを新たにする / His long coat gave him the ~ of a clergyman. 長い上着を着ているので牧師に見えた / His life took on a brighter ~. 彼の人生はこれまでよりも明るいものとなった / They are rich by the ~ of them. 見かけからすると金持ちらしい / We are going to have rain, by the ~(*s*) of it. どうも雨になりそうな気配がする / I don't like the ~(*s*) of this. どうも形勢がよくない. **4** 《流行などの》型, 装い, 意匠, デザイン: a military ~ / a new ~ in women's fashions 女性ファッションの先端をいく型 / The natural [outdoor] ~ is in. 自然[アウトドア]派のデザインがはやりだ.
〘v: OE *lōcian* < (WGmc) **lōkōjan*=**lōkjan* (G《方言》*luogen* to look out, spy (OHG *luogēn* to spy out)) ← ?. — n.: lateOE *lok(e)* ← (v.)〙

lóok-ahèad *n.*, *adj.* 〖電算〗先取り(の), ルックアヘッド(の)《複数の可能性などについてあらかじめ演算を行うこと[能力]》.

lóok·alìke *n.* (他に)よく似た人[物], うり二つ. 〘(1947)〙

lóok-and-sáy mèthod *n.* =look-say method.

lóok·dòwn *n.* 〖製紙〗(紙の)外見《光を反射させて見た場合の紙の外観; cf. look-through》.

lóok·dòwn fìsh *n.* 〖魚類〗アジ科イトヒキアジに類する截形(せっけい)の頭部の上の方に目がついている魚 (*Selene vomer*)《米国沿海産で, 体は側扁(へん); 単に lookdown ともいう》. 〘(1882) ← *look down* (⇨ look 成句)〙

looked *adj.* [通例複合語の第 2 構成素として]《廃》= looking: a lean-*looked* person 顔形のやせた人. 〘(1593): ⇨ -ed〙

L

look·ee /lúki/ *int.* ほら, おい, これ (look here)《注意を引くのに用いる》. 〘(*a*1814)《変形》← *look ye* (imp.)〙

lóok·er *n.* **1 a** 見る人, 見る者: a ~ on TV テレビの視聴者. **b** [通例複合語の第 2 構成素として]《英》検査官 (inspector): a cloth ~ 服地検査官. **2 a** [限定詞を伴って] (…の)風采(ふうさい)の人: a good ~ 美男[女]. **b** 《口語》美人, 器量のよい女性 (beauty). 〘(?*a*1300): ⇨ -er¹〙

lóoker-ón *n.* (*pl.* **lookers-**) 傍観者, 見物人 (spectator): *Lookers-on* see most of the game. 《諺》傍観者にゲームはよく見える,「岡[傍]目八目」. 〘(1539) ← *look on* (⇨ look 成句): -er¹〙

lóok-ìn *n.* 《英口語》**1** ひとのぞき. **2** 短い訪問. **3** 成功の見込み: have [get] a ~ うまくいきそうだ. **4** 〖アメフト〗ルックイン《フィールドのセンターに向かって斜めに走って来る味方にボールをパスすること》. 〘(1847) ← *look in* (⇨ look 成句)〙

lóok·ing *adj.* [しばしば複合語の第 2 構成素として] …の顔をした, …に見える: good-[ill-]*looking* 器量のよい[悪い] / old-[young-]*looking* 年寄りめいた[若そうな] / angry-*looking* 怒ったような顔つきの / French-*looking* フランス人らしい / a disagreeable-*looking* character つきあいにくそうな顔をした人. 〘(1592–94): ⇨ -ing²〙

lóoking-glàss *adj.* 《口語》逆さまの[引っ繰り返し, あべこべ]の: a ~ world 逆さまの世界. 〘(1963)〙

lóoking glàss *n.* **1** 鏡, 姿見 (mirror). **2** 鏡ガラス. **3** 鏡状のもの《よく磨かれた金属板・水面など》. 〘(1526)〙

lóok·it /lʊ́kɪt | -kɪt/ *vt.* [命令形で]《米口語》見る: *Lookit* that bird swimming in the lake! あの鳥が湖を泳いでいるのを見ろよ. 〘(1917) ← LOOK: *it* は恣意的添加〙

lóok-òff *n.* 《米》展望台.

lóok·out /lʊ́kàʊt/ *n.* **1 a** 見張所, 檣上(しょうじょう)見張座 (crow's nest). **b** 山火事見張り所《primary lookout ともいう》. **c** 眺望所, 見晴らし台 (belvedere). **d** 見張人, 見張番. **2** 見張り, 用心, 警戒, 注意 (watch) 〔*for*〕: keep a sharp [keen] ~ *for* traffic 交通によく気をつける / ⇨ *on the* LOOKOUT. **3** 眺望, 見晴らし (view): a house with a fine ~ 見晴らしのいい家. **4** 《英口語》前途見込み: It's a bad [poor] ~ for him. 彼の前途が心配だ, 先が案じられる. **5** [one's ~]《口語》(自分の)仕事 (business, concern): That is *my* ~. それは私が自分で始末する, お世話は無用だ / That's not *your* ~. お前の知ったことではない. **6** 〖建築〗《建物の側面に突出して屋根の突出した部分を支える》腕木, 垂木(など).
on the lóokout 〔…を〕見張りして, 注目して, 警戒して〔*for*〕; 〔…を手に入れようと〕気をつけて, 心がけて (watching) 〔*for*〕: be *on the* ~ *for* traffic 交通に注意する / I'm *on the* ~ *for* a good used car. いい中古車がないかと心がけている. 《*c*1760》
〘(1699) ← *look out* (⇨ look 成句)〙

Look·out /lʊ́kaʊt/, **Cape** *n.* ルックアウト岬《米国 North Carolina 州東部, Hatteras 岬の南西にある岬; 大西洋に臨む》.

Lóokout Móuntain *n.* [the ~] ルックアウト山《米国東部, Tennessee 州南東から Georgia, Alabama 両州に至る山稜 (最高峰 648 m); Tennessee 州の Chattanooga 付近は南北戦争の古戦場》.

lóok-òver *n.* さっと目を通すこと: give a thing a ~ さっと目を通す[調べる]. 〘(1909)〙

lóok-sáy mèthod *n.* ルックセイメソッド; 一目(ひとめ)読み方式《語学初級者への読み方教授法の一つ; 文字と音を関連させるよりも語全体を認識させて暗誦させるやり方; look-and-say method ともいう; cf. phonics》.

lóok-sée *n.* 《俗》(簡単な)検分, 調査; 視察: have [take] a ~ 点検する, 視察する. 〘(1883) pidgin English:「監視」のなぞり〙

lóok-thròugh *n.* 〖製紙〗透かし地合い《光にかざしたときに透けて見える紙の組織[構成]の様子; cf. look-down》.

lóok·ùp *n.* **1** 上向き, 好転. **2** 〖電算〗ルックアップ《あるデータとコンピューター中に記憶された表の内容とを順次に比較して一致するものを探索すること》. 〘(1936)〙

look·y /lʊ́ki/ *int.* =lookee.

loom¹ /lúːm/ *vi.* **1** [しばしば補語として形容詞を伴って] **a** (突然脅かすように)姿を現す ‹*up*›: The gaunt shape of a windmill ~*ed up* upon the farther bank of the drain. 無気味な風車の姿がかなたの排水渠(きょ)の土手の上にぼうっと現れた / The skyscrapers below Fifty-ninth Street ~*ed* black. 59 番街の行く手に摩天楼が黒々と立ちはだかっていた / Ahead of us the great bulk of the church ~*ed* dark and gigantic. 我々の行く手に教会堂の大きな建物がその黒ずんだ巨体を現していた. **b** ‹船・陸地などがぼんやり現れる, (薄気味悪く)ぼうっと見える: A ship [The land] ~*ed* (*up*) through the fog. 船[目指す陸地]が霧の中からぼうっと現れた. **2** [しばしば補語として large を伴って] ‹物事が›実際よりは重大に思われる; ‹危険・心配事などが›気味悪く(目前に)迫る: Trifles ~ *large to* an anxious mind. 取るに足らぬことでも心配する人の心には大事(おおごと)のように思われる / There were anxieties ~*ing* ahead. 前途に不安が迫っていた / The shadow of inflation ~*s* heavily over the entire nation. インフレの影が国民全体に色濃く差している. **3** 《廃》‹海が›うねる; ‹船が›ゆっくりと上下に揺れる.
— *n.* (霧や闇(やみ)の中あるいは水平[地平]線上に)ぼんやり現れ出ること; (そうして現れた)ぼんやりしたした物の姿[影]: make out the ~ of the island through fog [in the darkness] 霧[闇]を通して目指す島影を認める.
〘(1452) ← ? LG: cf. East Fris. *lōmen* / Swed.《方言》*loma* to move slowly〙

loom² /lúːm/ *n.* **1** 織機, はた: a hand ~ 手ばた / a power ~ 力織機 / weave at the ~ 織機で織る. **2** 織機法, 機業. **3** 《スコット》道具 (tool); 容器 (receptacle). **4** 〘← Scand.: cf. ON *hlummr* handle of an oar〙オールの柄《水かきと握りの中間部》. — *vt.* (織機で)織る, 織機にかける (weave): ~ the web 織機に縦糸をかける. 〘?*a*1200 *lome* < OE (*ge*)*lōma* tool, utensil ← *ge-* 'Y-'+**loma* (← ?): cf. heirloom〙

loom³ /lúːm/ *n.* 《英方言・古》〖鳥類〗**1** =loon¹. **2** = guillemot. **3** =auk. 〘□ ON *lōmr*: ⇨ loon¹〙

LOOM 《略》Loyal Order of Moose (cf. moose 4).

lóo màsk /lúː-/ *n.* =loup². 〘(1690)〙

lóom·ing *adj.* ぼんやり現れる, ぼうっと見える; 不気味に迫りくる, 空恐ろしい (menacing): a ~ shortage of natural gas 差し迫る天然ガス不足. — *n.* (地平線下の物の像がゆがんで見える)蜃気楼(しんきろう). 〘(1627): ⇨ loom¹ (v.)〙

lóom-státe *adj.* ‹綿織物が›機(はた)おろしのままの, まだ染めてない. 〘(1961)〙

loon¹ /lúːn/ *n.* 《米》〖鳥類〗アビ《水に潜るアビ属 (*Gavia*) のアビ, オオハム, ハシグロアビ (common loon) などの鳥類の総称; cf. diver 4 b》. 〘(1634)《変形》← LOOM³〙

loon² /lúːn/ *n.* **1** 《スコット・古》怠け者 (idler); ろくでなし, やくざ者 (rogue). **2 a** 《口語》まぬけ, ばか (fool). **b** 狂人. **3** 《古》身分の低い人. **4 a** 《スコット》若者 (lad). **b** 売春婦. 〘(?*c*1450)《スコット》*lown, lowen, loun* □ ? MDu. (cf. Du. *len* stupid person)〙

loon³ /lúːn/ *vi.* はしゃぐ, ふざける, ばかをやる ‹*about, out*›. 〘(1966) ← ?〙

loons /lúːnz/ *n. pl.* 《英口語》ルーンパンツ (loon pants)《ひざから下が広がったふだん着のズボン》. 〘(1971): ⇨ ↑, ∥ panta*loon*〙

loo·ny /lúːni/ (*also* **loo·ney** /~/) 《俗》*n.* 狂人 (lunatic). — *adj.* (**loo·ni·er**; **-ni·est**) **1** 狂気の (crazy). **2** まぬけの, ばかな (silly). **lóo·ni·ness** *n.* 〘(1872) ← LUN(ATIC)+-Y²〙

lóony bìn *n.* 《俗》精神病院; 精神病棟. 〘*c*1890〙

lóony tùne *n.* 《米》=loony.

loop¹ /lúːp/ *n.* **1 a** ループ《ひも・リボン・ブレードなどで作った輪》. **b** 輪, 輪穴; 輪なわ, 引き結び (noose). **c** (制服などの飾りに用いる)輪飾り, ループ: ~*s* for a belt (ズボンの)ベルト通し / ⇨ shoulder loop. 日英比較「ループタイ」は和製英語. 英語では string tie という. **d** 環状の留め具, 取っ手, ループ. **e** 反復映写用フィルム[再生用テープ]. **f** 〖海事〗=loop knot. **2 a** 輪状のもの. **b** (くるくると紙に書いた, 筆記体の ℓ, 𝒽 の字のような, 渦巻き運動などの)輪: the ~ of the letter "𝒽" (筆記体の) 𝒽 文字の輪 / in a ~ 輪になって / make a ~ 一周する. **c** (川などの)著しい湾曲部: the ~ of a river. **d** 《英》(路線・電線などの)環状線; (鉄道の終点で車両の方向転換をするための)ループ線 (loop line). **e** 迂回路の道; クローバー形立体交差路の環状部[曲線道路]. **f** (水たまりを取り囲むような形になった)曲線状の砂洲. **g** 流れ型の指紋 (⇨ fingerprint 1 挿絵). **3** 《米》[the L-] ループ《米国 Chicago の環状線に囲まれた商業中心地区》. **b** (都市の)商業中心地区. **4** (競技の)連盟, リーグ (league). **5** 〖スケート〗ループ《フィギュアスケートの片側のエッジで作った曲線》. **6** 〖物理〗**a** 波腹 (antinode). **b** 腹の中心点. **7** 〖電気〗閉回路; ループ型システム《結果が入力に影響を及ぼす連続フィードバック式システム》. **8** 〖数学〗自閉(じへい)線 (⇨ looped curve). **9** 〖解剖〗係蹄(けいてい)《環状・ひも状のものが急カーブした部分》. **10** 〖航空〗宙返り (inside loop ともいう; cf. outside loop): ⇨ LOOP *the loop* (1). **11** 〖医学〗白金耳《細菌培養に植えるときなどに使う白金[ニクロム]線の小さな輪》. **12** [the ~]〖医学〗避妊リング (cf. Lippes loop). **13** 〖電算〗ループ《一連の命令を繰り返して実行するプログラムの中の一部》. **14** 〖通信〗=loop antenna.
in the lóop 《米口語》(決定などに)関与して. ***knóck* [*thrów*] *for a lóop*** 《米俗》(1) 打ちのめす, ノックアウトする. (2) ひどく驚かす, 唖然(あぜん)とさせる; 混乱させる. (3) ‹人・物事を›(突然に)窮地に追い込む, だめにする. (4) …に強烈な印象を与える, 圧倒する. ***lóop the lóop*** (1) (飛行機で)宙返りをする. (2) ループザループ (loop-the-loop) で宙返りをする. ***on the lóop*** 〖電気〗並列運転されて. ***òut of the lóop*** 《米口語》(決定などに)関与しないで.
lóop of Hén·le /-hénli, -lə | -lɪ, -lə; G. -hɛ́nlə/ 〖解剖〗尿細管係蹄(けいてい), ヘンレ係蹄《腎臓の細尿管の一部で U 字形に曲がった部分》. 〘← *Friedrich G. J. Henle* (1809–85: ドイツの病理学者)〙
— *vt.* **1 a** (輪で)締める, くくる ‹*up, back*›; 輪で結ぶ ‹*together*›: ~ the curtains *up* [*back*] カーテンを開けて輪で留める / ~ letters *together* 手紙を輪で束ねる. **b** 〔…を〕…に巻く〔*with*〕; 〔…に〕巻きつける〔*around*〕: ~ one's finger *with* string ひもを指に巻く / ~ a rope *around* the tree 木にロープを巻きつける. **2 a** ‹糸・ひも・リボンなどを›輪にする; 輪で囲む; …で輪を作る. **b** 輪のように囲む: The road ~*s* the lake. 道は湖をぐるっと一周している. **3** ‹飛行機を›宙返りさせる (cf. *loop the* LOOP¹ (1)). **4** ‹ミサイル・ロケットなどを›輪状の軌道を描いて飛ばせる: ~ the grenade into the enemy camp 敵陣に手榴(しゅりゅう)弾を弧を描いて投げる. **5** 〖電気〗ループ化する. **6** 〖映画〗映画フィルムにダビングする. — *vi.* **1** 輪を作る, 環状になる; 円を描くように進む: The road ~*s around* the lake. 道路は湖の周りをめぐっている. **2** (シャクトリムシのように)体で輪を作りながら進む. **3** (空中を)輪を描いて飛ぶ. **4** (飛行機で)宙返りをする. **5** 〖服飾〗(編物で)二つのループを一つにする.
lóop in 〖電気〗‹ケーブルなどを›回路に接続する.
〘(?*c*1390) *loupe*: ← ? Celt. (Ir. & Gael. *lūb* to bend, loop)〙

loop² /lúːp/ *n.* 《古》=loophole. 〘(1292) *loupe* □ ML *lōbia, lūpa* ← MDu. *lūpen* to peer〙

loop³ /lúːp/ *n.* 〖金属加工〗熱間圧延や熱間鍛造されている軟らかい鋼片. 〘(*c*1400) □ (O)F *loupe* wen, knob ← Gmc (cf. loupe)〙

lóop anténna [《英》**áerial**] *n.* 〖通信〗ループアンテナ, 枠形空中線 (cf. coil antenna). 〘(1906)〙

lóop diurétic *n.* 〖薬学〗係蹄(けいてい)[ループ]利尿薬《ヘンレ係蹄 (loop of Henle) のナトリウム再吸収を抑制する作用をもつ利尿薬》.

lóoped *adj.* **1** 輪になった, 輪状の. **2** 《米俗》酒に酔った. **3** 小さな穴のたくさんあいた (cf. loop²). 〘(1513) ← LOOP¹+-ED〙

lóoped cúrve *n.* 〖数学〗自閉線《その一部が環状になっている曲線》.

lóop·er *n.* **1 a** 輪を作る人, 輪をつける人. **b** (ミシンなどで)糸の輪を作る仕掛け, ルーパー; (じゅうたん製造用)編み継ぎ機. **2** 〖昆虫〗シャクトリムシ《シャクトリガ (geometrid) の幼虫の総称; measuring worm, inchworm, spanworm ともいう》. **3** 〖野球〗=blooper 3 a. 〘(1731) ← LOOP¹+-ER¹〙

loop·ey /lúːpi/ *adj.* =loopy.

loop·hole /lúːphòʊl | -hàʊl/ *n.* **1** 逃げ道, (法律・規定などの)抜け穴: a ~ in the law 法の抜け穴. **2** 開き口, すき間 (opening). **3** 〖築城〗狭間(はざま), 銃眼, 小窓《城の石壁などに設けた明かり取り・通風または弓や鉄砲を放つための穴》. — *vt.* ‹壁などに›狭間[銃眼]を作る. 〘(1591) ← LOOP²+HOLE (n.)〙

lóop·ing mill *n.* 〖金属加工〗線材圧延機.

lóop knòt *n.* 〖海事〗ロープの輪ができる形の各種結索法 (bowline など). 〘(1795)〙

lóop lìne *n.* =loop¹ 2 d.

lóop stitch *n.* 〖服飾〗ループステッチ《刺繍ステッチの一種で, 輪状に刺してゆく; cf. chain stitch 1 a》. 〘(1857)〙

lóop-the-lóop *n.* **1** (飛行機の)宙返り. **2** ループザループ《軌道が途中で宙に縦の環を描いている遊園地の宙返りジェットコースター》. 〘(1903)〙

loop·y /lúːpi/ *adj.* (**loop·i·er**; **-i·est**) **1** 輪の多い, 輪になった. **2** 《俗》**a** 気がふれている, 気が変な (crazy). **b** (軽く酩酊して)ぼうっとしている, ふらふらする. **3** 《スコット》ずるい, こすい (sly). 〘(1824) ← LOOP¹+-Y¹〙

loose /lúːs/ *adj.* (**loos·er**; **-est**) **1 a** ‹窓・戸・歯・釘・機械の部分など›堅くはまっていない, がたがたの, ぐらぐらの, ゆるい (↔ fast, tight): a ~ tooth ぐらぐらの歯 / ~ bricks ぐらぐらしたレンガ造り / a ~ connection (電気の)接触不良 / a ~ wheel しっかりはまっていない車輪 / a ~ knot がたがたする(板の)ふし, 死にぶし / ⇨ *a* SCREW *loose*. **b** (詰め方が悪くて)‹中身が›ごろつく, 動く: eggs ~ in a box 箱の中でごろごろする卵. **c** ‹衣服など›だぶだぶの, ゆったりした: ~ coats, pants, clothing, etc.
2 a 結びつけてない, 結んでない, 解けた, 離れている (↔ tight): *Loose* ribbons were fluttering from her hat. 結んでいないリボンが帽子からひらひらしていた / come [get, work] ~ ‹結びなどが›ゆるむ, 抜けてくる / ⇨ loose end. **b** ‹髪・書類・花など›束ねてない, 綴じてない: ~ leaves [pages] of a book 本のばらばらのページ / ~ flowers 束ねてない花 / a ~ leaf 綴じてないばらの紙, ルーズリーフ用の紙 / a ~ index 別刷の索引. **c** 入れ物にはいっていない, 包装してない, ばらの: ~ coins [cash] 小銭, ばら銭 / keep money ~ in one's pocket ポケットに金をばらで入れている / ~ coffee ばら(売り)[量り売り]のコーヒー / ⇨ loose milk, loose change. **d** 《古》とりとめのない, 脈絡のない (disconnected): ~ information.
3 a 〔束縛・拘束から〕解き放たれた, 解放された〔*of, from*〕; 自由な (free, unbound); 逃亡している: a horse ~ *of*

[*from*] his tether つなぎ綱を離れた馬 / be ~ *from* public affairs 公務を離れる / The pigs were [got] ~ in the garden. 豚が庭に放されていた / get ~ (*from* ...) (...から)逃げる, 逃亡する / go ~ やたらに動き回る / set a horse ~ 馬を放す / The convict is ~. 囚人が逃亡中である. **b** 特別の用事[用途]のない, 自由に使える: ~ hours ひまな時間 / ~ funds 遊休資金. **c** 《米口語》落ち着いた, くつろいだ, 余裕のある.
4 a 〈ひも・手綱など〉ぴんと張っていない, 締まりのない, ゆるんだ, 〈結び目など〉ゆるい (slack) (↔ tense, tight): a ~ belt [button] ゆるいベルト[ボタン] / a ~ package [knot] ゆるい小包[結び目] / with a ~ rein 手綱をゆるめて; 自由に任せて, 甘やかして. **b** 〈動きが〉ゆったりした (relaxed): with a ~ stride ゆったりした足取りで.
5 (構造・配置など)密でない (↔ dense): **a** 〈織物など〉目の粗い: cloth of ~ texture [weave] 目の粗い布. **b** 〈隊形など〉すき間のある, 散開した (unserried): ⇨ loose order / in ~ array 散開隊列で. **c** 〈筆跡が〉締まりのない: ~ handwriting. **d** 〈土など〉ぼろぼろの: ~ sand, soil, earth.
6 a (肉体的に)締まりのない, 〈骨格など〉がっちりしていない; 〈筋肉など〉ぐにゃぐにゃの, たるんだ (flabby): a man of ~ build 体の作りのがっしりしていない人 / a ~ frame 締まりのない体格 / ~ cheeks たるんだ頬(ほお) / ~ lips 締まりのない唇. **b** 抑制力を欠いた, 節度のない: a ~ tongue 締まりのない舌; おしゃべり / He is like a mad man when his temper gets ~. きれると狂人のようになる. **c** 〈腸が〉ゆるんだ (lax), 下痢の: ~ bowels 下痢.
7 (精神的に)締まりのない, 〈性質・行為(者)など〉厳密でない, 注意力の散漫な; 〈言葉・考えなど〉不正確な, 〈文体など〉散漫な, ずさんな (↔ strict): a ~ style 締まりのない[散漫な]文体 / a ~ translation [interpretation] 不正確な[ぞんざいな]翻訳[解釈] / a ~ mind [thinker] 散漫な思考[思考の散漫な人] / ~ reasoning ずさんな推論 / in a ~ sense 厳密でない[漠然(ばく)とした]意味で / ~ play だらけた[緩慢な]プレー (cf. 13 b).
8 a 〈協約など〉解釈の自由が許されている, 厳しくない (↔ rigid). **b** 〈同盟など〉行動の自由が許されている, 堅くない: a ~ federation / There is a ~ connection between them. 彼らの間には自由なつながりがある.
9 (道徳的に)締まりのない, 〈人・行動など〉だらしのない; ふしだらな, 不身持ちな (dissolute, wanton): a ~ woman 身持ちの悪い女 / a ~ fish 《口語》だらしのないやつ, 道楽者 / a ~ chick 《米俗》性的にだらしない[尻軽な]娘 / ~ morals 不品行 / lead a ~ life 不品行な生活をする. 日英比較 日本語の「ルーズ」は生活態度がだらしがないなどの意味だが, 英語の loose は人に用いると道徳的に不品行なことを意味するのが普通.
10 〈色が〉変色しやすい, すぐはげる (↔ fast): a ~ color, dye, etc.
11 〈畜舎が〉家畜が自由に動ける: ⇨ loose box.
12 〘文法〙〈統語要素が〉意味[構造]上不可欠でない, 遊離した: a ~ adjunct 遊離付加詞.
13 a 〘アメフト〙〈フォーメーションが〉すき間の多い (cf. tight 17). **b** 〘フットボール〙〈ゲーム・プレーが〉プレーヤーがスクラムを組まない: the ~ play スクラムを組まないプレー (cf. 7). **c** 〘ラグビー〙〈スクラムが〉レフリーの指示によらない.
14 〘ラグビー・ホッケー〙〈ボール・パックなど〉選手の手から離れている, だれ[どちらのチーム]にもキープされていない.
15 〘クリケット〙すき[欠点]のある: ~ fielding もたもたした外野守備 / ~ pitching 不正確な投球.
16 〘化学〙遊離した (uncombined).
17 〘医学〙 **a** 疎性の; 動揺性の. **b** 痰(たん)が楽に出る: a ~ cough 痰の切れる咳.
bréak lóose 束縛から脱する, 自由の身になる; 脱走する, 逃げ出す 〔*from*〕: The dog *broke* ~. 犬が逃げ出した / He *broke* ~ *from* prison. 脱獄した. ***cást lóose*** (1) 解き放つ, ほうり出す 〔*from*〕: I was *cast* ~ to make my own way in the world. 世間にほうり出されて一人立ちして行くことになった. (2) 〈船などを〉解き放す, はずす. ***cút lóose*** (1) (束縛などから)解放する, 自由の身にする; 逃れる, 自由の身になる, 関係を絶つ 〔*from*〕: *cut* a trapped person ~ 閉じ込められていた人を自由の身にする / *cut* (oneself) ~ *from* one's family 家族と縁を切る. (2) 〈船などを〉切り放す: *cut* a boat ~ *from* a ship. (3) 《口語》思う存分にやり始める; 頑張り始める: I *cut* ~ and let him have it. 思い切って彼をとっちめてやった. (4) 《口語》破目をはずす, 浮かれ騒ぐ. (5) 《口語》攻撃を始める, 襲いかかる, 投げつける. ***háng*** [***stáy***] ***lóose*** 《米口語》くつろぐ, のんびり構える. ***hóld lóose*** 冷淡に構える. ***lèt lóose*** (1) 〈人に〉自由に任せる 〔*on*〕: *let* a trainee teacher ~ *on* a difficult class 教育実習生に扱いにくいクラスを任せる. (2) 〈怒り・笑いなどを〉爆発させる (release): *let* ~ one's anger かんしゃく玉を破裂させる. (3) 〈事を〉引き起こす. (4) (束縛などから)解放する, 自由にする 〔*with*〕. (5) 〈人・銃砲が〉発砲する, 火ぶたを切る 〔*at*〕. (6) 〈空などが〉大雨を降らせる. (7) 《口語》思い切ってしたいことをする, 破目をはずす. (8) 《口語》(思うことを)存分に言う, 〔人に〕ずけずけ言う 〔*at*〕. (9) 《口語》〔人に〕襲いかかる, 殴りつける 〔*on*〕. (10) 《口語》〈物が〉つぶれる, 壊れる. ***sít lóose*** (1) 無頓着(むとんちゃく)である; 〔...に〕とらわれない 〔*to*〕: He *sits* ~ *to* his responsibilities. 自分の責任などどうでもよいと思っている. (2) 〈物事が〉〔...に〕こたえない 〔*on, upon*〕: It *sits* ~ *on* his conscience. いっこう彼の良心にこたえない. ***stáy lóose*** ＝*hang* LOOSE. ***téar lóose*** 無理やり逃げ出す. ***túrn lóose*** (1) (束縛などから)解き放つ, 放してやる, 解放する: He *turned* his livestock ~ to fend for themselves. 家畜を放し飼いにして自由にさせた. (2) (銃・弾丸を)発射[発砲]する, 火ぶたを切る (open fire) 〔*on*〕. (3) 〔人に〕攻撃[非難]を浴びせる, まくし立てる 〔*on*〕.

— *adv.* ゆるく, 遊んで: work ~ 〈ねじなどが〉ゆるむ, がたがたする, 遊んでいる (cf. come LOOSE ⇨ *adj.* 2 a).
pláy fást and lóose ⇨ fast[1] 成句.
— *vt.* **1** 〈矢・鉄砲などを〉放つ, 撃つ (open fire) 〈*off*〉: He ~*d off* his gun [arrow] *at* the bear. 熊に向かって銃を発射した[矢を放った] / ~ *off* a string of curses *at* a person 人に立て続けて悪口を浴びせる. **2** 放す, 解く (free, release, loosen): ~ one's hold (of ...) (...から)手をゆるめる / Wine ~*d* his tongue. 酒が回ってしゃべり出した / ~ a watchdog *on* [*upon*] a burglar 番犬を強盗に向けて解き放す. **3** 〈結び目などを〉解く, ほどく (unfasten, untie): ~ a knot, the fastening of a window, etc. **4** (ほどいて)放つ (detach, loosen): ~ a boat *from* its moorings ボートを係留から解き放す. **5** ...の罪を許す; 赦免する. **6** 〘海事〙〈帆を〉(ほどいて)広げる: ~ sail.
— *vi.* **1** 矢を放つ, 鉄砲を撃つ 〈*off*〉: ~ *off at* a lion ライオンに発砲する. **2** 《英方言》〈仕事などが〉終わる. **3** 〘海事〙錨を揚げる, 抜錨(ばつびょう)する (weigh anchor); 出帆[出港]する.
— *n.* **1** 放任, 放縦. ★ 次の成句における以外は《廃》: ⇨ *on the* LOOSE, *give* (*a*) LOOSE *to*. **2** [しばしば the ~] 《英》〘ラグビー〙フォワードの展開するオープンプレー (cf. tight 2): in *the* ~ オープンプレーで. **3** 〘アーチェリー〙発射, 矢離れ.
give (***a***) ***lóose to*** 〈感情・空想〉の走るままに任せる: *give* ~ *to* one's imagination 想像をたくましくする / *give* ~ *to* gaiety 陽気に騒ぐ. ***on the lóose*** (1) 束縛[拘束]されないで, 自由で, うろつきまわって; 放免[放任]されて. (2) 《口語》ふしだらな生活をして, 放蕩(ほうとう)して (dissolute): a woman *on the* ~ 身持ちの悪い女. (3) 《口語》浮かれ騒いで, 飲み騒いで.
〖(?*a*1200) *lous, los* ▭ ON *lauss* loose ＜ Gmc **lausaz* (Du. & G *los* loose, free) ← IE **leu-* to loosen: ⇨ lose, -less〗

lóose-bódied *adj.* 〈衣服など〉ゆるい; (特に, コルセットのない)だぶだぶした (cf. strait-bodied). 〖1593〗
lóose bòx *n.* 《英》放し飼いうまや (box stall) 《馬をつながずに自由にしておくうまや》. 〖1849〗
lóose cánnon *n.* 《口語》(勝手なことを言ったりしたりして)周囲に混乱を起こす者, 何を言い出すか[しでかすか]分からんやつ; ほら吹き: Tory Euro-skeptics may prove to be ~*s* on the back benches. 保守党の EU に懐疑的な連中は下院の後方座席にいて何を言い出すかわかったもんじゃない. 〖1977〗
lóose chánge *n.* (ポケットの中などの)小銭, ばら銭. 〖1827〗
lóose constrúctionist *n.* 《米》法の自由な解釈を主張する者 《とりわけ合衆国憲法の自由な解釈を主張することによって連邦政府の権限の拡大を意図する者; cf. strict constructionist》.
lóose cóupling *n.* 〘電気〙疎結合 《2 つのコイル間の電磁誘導による結合が少ないこと》.
lóose cóver *n.* 《英》＝slipcover 1.
lóose énd *n.* [通例 *pl.*] **1** (仕事などの)未解決のままになっているもの, 懸案: tie up ~*s* (争議・論争などの)解決をつける; すっかり仕上げる. **2** (ひも・綱の)くくり付けてない一端: cut the ~*s* of a rope 綱の余りのところを切る.
at a lóose énd ＝《米》***at lóose énds*** (1) (仕事がなくて)ぶらぶらして: Being *at a* ~ he went to the movies. 何もすることがなくて映画を見に行った. (2) 途方に暮れて, 混乱して (at a loss); 無秩序で (in disorder). (3) 未解決で (unsettled): leave a matter *at* ~*s* 問題を未解決のままにしておく. 〖1546〗
lóose fít *n.* 〘機械〙すき間ばめ, 遊びばめ, 動きばめ 《軸の寸法が穴の寸法より小さくて, 軸と穴との間にすき間のある嵌合(かんごう); cf. tight fit》.
lóose-fítting *adj.* 〈服が〉ゆったりした, 体形にぴったり合っていない. 〖1881〗
lóose fít-up *n.* 〘機械〙＝loose fit.
lóose-fóoted *adj.* 〘海事〙〈縦帆の下端が〉ブームに取り付けていない. 〖1717〗
lóose héad *n.* 〘ラグビー〙ルースヘッド 《スクラム最前列のフッカー (hooker) の左側のプロップ (prop); cf. tight head》.
lóose-jòint bùtt *n.* 〘建築〙上げはずし蝶番(ちょうつがい).
lóose-jóinted *adj.* **1** 関節[継ぎ目]のゆるい. **2** 自由に動く, しなやかな (limber): the ~ grace of an athlete 運動選手の動きのしなやかな優雅さ. **3 a** 体に締まりのない, ぶざまな. **b** 〈文章など〉構成に締まりがない. **~·ly** *adv.* **~·ness** *n.* 〖1859〗
lóose-jòinted hínge *n.* 〘建築〙＝loose-joint butt.
lóose knót *n.* 〘木工〙抜け節(ぶし).
lóose-léaf *adj.* (帳簿などの用紙が自由にはめはずしできる)ルーズリーフ式[とじ]の: a ~ notebook [binder]. 日英比較 日本語の「ルーズリーフ」は名詞だが, 英語では形容詞. したがって日本語の「ルーズリーフ」は英語では *loose-leaf* notebook [binder] という. — *n.* 加除式出版物. 〖1902〗
lóose-límbed *adj.* 手足の柔軟な[しなやかな]: a ~ acrobat. 〖1823〗
lóose·ly *adv.* **1** ゆるく, だらりと: Her long hair hung ~ about her shoulders. 彼女の長い髪の毛が肩のあたりにだらりと垂れていた. **2** ばらばらに, 離れて; 粗く. **3** 締まりなく, だらしなく; 放縦に. **4** 〈考え・表現など〉散漫に, 不正確に, 漠然(ばく)と. 〖(*c*1378): ⇨ -ly[1]〗
lóose mául *n.* 〘ラグビー〙＝maul 3.
lóose mílk *n.* (瓶詰めでない)量り売りの牛乳.
loos·en /lúːsən, -sn/ *vt.* **1** ...の抑制[束縛, 厳しさ]をゆるめる, ゆるやかにする, 緩和する: ~ discipline [the tension] 規律[緊張]を緩和する / By degrees her tongue was ~*ed*. だんだん彼女はしゃべり始めた / ~ one's grip [hold] 規制をゆるめる (cf. 2) / Alcohol ~*ed* his tongue. 彼は酔って冗舌になった. **2** ゆるめる: ~ one's collar, necktie, etc. / ~ one's grasp of ...＝~ one's hold on ...をつかんだ手をゆるめる (cf. 1). **3** 〈束縛・結び目などを〉解く, 離す, 放つ (undo, unfasten). **4** 〈固定したものを〉はずす, 離す (detach): ~ a yacht from its mooring ヨットを係留から離す. **5** 〈土などを〉ほぐす: ~ hard-packed earth 固い土をほぐす. **6 a** (通じをつけて)〈腹を〉ゆるめる, ...に通じをつける: ~ the bowels 通じをつける. **b** 〈咳を〉緩和する: ~ a cough (湿布などして)咳を鎮める. **7** 《構造・配置などの》密度を粗くする, まばらにする: ~ the weave 織り目を粗くする. — *vi.* ゆるくなる, ゆるむ, たるむ, だぶだぶになる; ばらばらになる.
lóosen úp 《口語》 (*vi.*) (1) 打ち解けて話す (talk freely). (2) くつろぐ (relax); 体をほぐす. (3) 財布のひもをゆるめる, けちけちしないで金を出す, 張り込む. (*vt.*) (1) [~ one*self up* で] 体をほぐす. (2) 緩和する: ~ *up* the economy.
~·er *n.* 〖(?*a*1200) *lose(n), losne(n)*: ⇨ loose, -en[1]〗
lóose·ness *n.* **1** ゆるいこと, ゆるみ, ぐらぐら(すること); たるみ; (機械の部分などの)遊び, がた. **2** 散漫, 不正確; 不身持ち, 不行跡; 手ぬるさ; ずぼら. **3** 下痢. 〖(*a*1400): ⇨ -ness〗
lóose órder *n.* 〘軍事〙散開隊形: in ~.
lóose-príncipled *adj.* 無節操な, だらしない. 〖1858〗
lóose scrúm *n.* 〘ラグビー〙＝ruck[1] 3. 〖1952〗
lóose séntence *n.* 〘修辞〙散列文 《文尾に至る前に一応文章が完成し, あとは打ち切っても文意に妨げのない語句が次々に付け足される文; 日常の話し言葉や物語・日記・手紙などの談話体に多い; cf. periodic sentence》. 〖1890〗
lóose smút *n.* 〘植物病理〙裸(はだか)黒穂病 《穀草類の病気で穂が胞子の粉塊に変化する; cf. covered smut》. 〖1890〗
lóose-strìfe *n.* 〘植物〙 **1** サクラソウ科オカトラノオ属 (*Lysimachia*) の草本の総称; (特に)ヒロハクサレダマ (*L. vulgaris*). **2** ミソハギ科ミソハギ属 (*Lythrum*) の草本の総称; (特に)エゾミソハギ (purple loosestrife) 《willow herb ともいう》. 〖(1548): L *lysimachia* (← Gk *Lusímakhos* (固有名)) を Gk *lúein* to loose＋*mákhē* battle, strife (⇨ -machy) と誤解したもの〗
lóose-tóngued *adj.* 口の軽い, おしゃべりな. 〖1647〗
loos·ey-goos·ey /lúːsigúːsi/ *adj.* 《米口語》とても落ちついた, くつろいだ.
loo·sing /lúːsɪŋ, -zɪŋ, lɔ́ɪ-/ *n.* 《ヨークシャー方言》21 歳の誕生祝い.
loot /lúːt/ *vt.* **1 a** (戦争で)〈物品を〉分捕る: ~ a person's treasures 人の財宝を戦利品として持ち去る. **b** 〈都市・家などから略奪する (⇨ ravage SYN): ~ a bank 銀行から略奪する. **2** 盗む (rob); 不正取得する, 横領する. — *vi.* 略奪を行う; 盗む; 不正取得をする, 横領する. — *n.* **1** [集合的] 戦利品, 分捕り品, 略奪品 (⇨ spoil SYN). **2 a** 盗品. **b** (公務員などの)不正取得, 横領. **c** 《米俗》金 (money). **d** 《俗》高価な品物[もらい物]. **3** 略奪 〔*of*〕: the ~ *of* a village, bank, etc. 〖(*c*1788) ▭ Hindi *lūṭ* ＜? Skt *loptra-* booty ← *lup-*＝*rup-* to break ← IE **reup-* to snatch: cf. Skt *luṇt-* to rob〗
lóo tàble *n.* ルーテーブル 《ルー用の円卓》.
loot·er /lúːṭə | -tə[r]/ *n.* 略奪者, 強奪者 (plunderer); 盗賊; 不正取得者, 横領者: *Looters* gutted the village. 略奪者たちはその村を残らず略奪した. 〖(1858–59): ⇨ loot, -er[1]〗
Lo/O·vral /lòʊ óʊvrəl | lə̀ʊ ə́ʊ-/ *n.* 〘商標〙ロウオブラル 《米国 Wyeth-Ayerst Laboratories 製の経口避妊薬》.
lop[1] /lɑ́(ː)p | lɔ́p/ *v.* (**lopped; lop·ping**) — *vt.* **1 a** 〈枝を〉切り取る, おろす (chop, hew) 〈*off*〉: ~ the branches *off* 小枝を払う. **b** 〈木を〉刈り込む, 剪定(せんてい)する (trim): ~ a tree. **2 a** 〈首・腕・足などを〉切り取る, 切る 〈*off*〉. **b** 〈あるものの部分を〉切る 〈*off*〉: ~ the dog's tail 犬のしっぽを切る. **c** 削減する, カットする: ~ $90 billion off the budget 予算から 900 億ドルを削減する. **d** 《古》〈人〉の首[手足]を切り取る. **3** ...の余分な部分を除去する; 不要なものとして除去する 〈*off*〉.
— *vi.* 枝を刈り込む, 剪定する; 切り捨てる.
— *n.* **1** 刈込みの部分. **2** [集合的] 切枝, 小枝.
〖(1355–56) *loppe* twigs ← *loppe(n)* to cut off ＜? OE **loppian*: または《廃》*lop* spider (＜ OE *loppe*) と同一語? (どちらも突出部が多いことから)〗
lop[2] /lɑ́(ː)p | lɔ́p/ *v.* (**lopped; lop·ping**) — *vi.* **1** 〈特に動物の耳が〉(だらりと)垂れる, ぶら下がる (hang limply). **2** ぶらぶらする, ぶらつく 〈*about, around*〉. **3** 〈ウサギなどが〉ぴょんぴょん跳ぶ[走る]. — *vt.* 垂らす, ぶら下げる: ~ one's arms. ***lóp dówn*** 《米口語》腰かける; 横たわる.
— *adj.* (だらりと)垂れ下がった: ~ ears 垂れ耳.
— *n.* ロップイアー 《耳が垂れ下がった一品種の飼いウサギ》.
〖(1578) 《擬音語》?: cf. lob[1]〗
lop[3] /lɑ́(ː)p | lɔ́p/ *vi.* (**lopped; lop·ping**) 〈海が〉さざ波が立つ. — *n.* さざ波. 〖(1829) 《擬音語》〗
lop[4] /lɑ́(ː)p | lɔ́p/ *n.* 《北英方言》ノミ (flea). 〖(*c*1460) ▭ ON **hloppa* (弱形) ← *hlaupa* to leap〗
lope /lóʊp | lə́ʊp/ *vi.* **1** 〈ウサギなどが〉ぴょんぴょん走る, 走り去る 〈*away*〉. **2** 〈馬などを〉ゆるく駆ける. **3** 〈人が〉大またで走る. — *vt.* 〈馬などを〉ゆるく駆けさせる. — *n.* **1** (馬などの)ゆる駆け (cf. canter[2]). **2** ゆったりした大股の駆足. 〖(*c*1300) *lo(u)pe(n)* ▭ ON *hlaupa*: cf. leap〗
lóp-éared *adj.* 〈ウサギなど〉耳の垂れている, 垂れ耳の. 〖1687〗

L

Lope de Vega ⇨ Vega.

lóp·er /-pə | -pə(r)/ *n.* **1** 自然でゆるやかに駆ける馬. **2** 〖家具〗ローパー《引き出し[前蓋]を支持するための引き出し腕木; draw runner, draw slip ともいう》. 〖((1483)) ((1833)): ⇨ lope, -er¹〗

lo·per·a·mide /loupérəmàɪd | ləʊ-/ *n.* 〖薬学〗ロペラミド《止瀉薬として用いる》. 〖((1971)) ← ? (CH)LO(RO)-+(PI)PER(IDINE)+AMIDE〗

Ló·pez Por·til·lo /lóupɛzpɔətíːlou | lə́upɛzpɔːtíːləʊ; *Am.Sp.* lópespoɾtíjo/, **José** *n.* ロペスポルティーヨ《1920–2004; メキシコの法律家・政治家; 大統領 (1976–82)》.

loph- /lɑ(ː)f, louf | lɔf, ləuf/ (母音の前にくるときの) lopho- の異形.

loph·o- /lɑ́(ː)fou, lóuf- | lɔ́fəu, lə́uf-/「冠 (crest), 櫛 (comb), 房 (tuft)」の意の連結形. ★ 母音の前では通例 loph- になる. 〖← NL ～ ← Gk *lóphos* crest〗

loph·o·branch /lɑ́(ː)fəbræ̀ŋk, lóuf- | lɔ́fə(ʊ)-, lə́uf-/ *n., adj.* 〖魚類〗=lophobranchiate. 〖((1859–62)) ← NL *Lophobranchii* ← Gk *lóphos* (↑)+*brágkhia* gills〗

lòpho·bránchiate *adj., n.* 〖魚類〗総鰓類の(魚). 〖1834〗

Loph·o·bran·chi·i /lɑ̀(ː)fəbræ̀ŋkiàɪ, lòuf- | lɔ̀f-ə(ʊ)-, lə̀uf-/ *n. pl.* 〖魚類〗総鰓類《タツノオトシゴ (sea horse), ヨウジウオ (pipefish) などを含む》. 〖⇨ lophobranch〗

loph·o·dont /lɑ́(ː)fədɑ̀(ː)nt, lóuf- | lɔ́fə(ʊ)dɔ̀nt, lə́uf-/ *adj.* 皺襞歯(ひだ)しの《ウシ・ゾウなどの臼歯の咬合面に皺(ひだ)のある状態にいう; cf. bunodont》. 〖((1887)) ← LOPHO-+-ODONT〗

lopho·phor·ate /ləfɑ́(ː)fərèɪt, lɑ̀(ː)fəfɔ́ːreɪt, lòuf- | ləfɔ́fərèɪt, lɔ̀fə(ʊ)-, lə̀uf-/ *adj., n.* 〖動物〗ふさかつぎ[触手冠]の; 触手冠動物. 〖((1959)): ⇨ ↓, -ATE²〗

loph·o·phore /lɑ́(ː)fəfɔ̀ə, lóuf- | lɔ́fəfɔ̀ː(r), lə́uf-/ *n.* 〖動物〗ふさかつぎ, 総担(そうたん)《コケムシ類・腕足類などの口を取り囲む触手の一環の支持部》. 〖((1850)) ← LOPHO-+-PHORE〗

Lo·pid /lóupɪ̀d | lə́upɪd/ *n.* 〖商標〗ロービッド《米国 Parke-Davis 社製の抗高脂血症薬》.

Lop Nur /lɔ́(ː)pnúə, lɑ́(ː)p-, lóup- | lɔ̀pnúə(r)/ *n.* (*also* **Lop Nor** /～/) ロプノール(湖)《中国新疆(しんきょう)ウイグル自治区 Tarim 盆地にあった塩湖》.

lop·o·lith /lɑ́(ː)pəlɪθ | lɔ́p-/ *n.* 〖地質〗ロポリス, 盆状岩体《地層の間に調和的に貫入した盆状の大形火成岩体; cf. laccolith》. 〖← Gk *lopós* shell+-LITH〗

lóp·per *n.* **1** (木の)刈込みをする人, 枝おろし人. **2** 刈込み器具, 刈込みばさみ. 〖((1538)) ← LOP¹+-ER¹〗

lóp·ping *n.* [通例 *pl.*] 切り取ったもの; (特に)切り枝. 〖((1480)): ⇨ lop¹, -ing¹〗

lópping shèars *n. pl.* 刈込みばさみ.

lop·py /lɑ́(ː)pi | lɔ́pi/ *adj.* (**lop·pi·er; -pi·est**) 垂れている (limp). 〖((1855)) ← LOP²+-Y⁴〗

lóp·sèed *n.* 〖植物〗ハエドクソウ (*Phryma leptostachya*)《アジアと北米に産するハエドクソウ科の多年草; 根をハエ殺しに使う》. 〖((1850)): ⇨ lop² (adj.)〗

lóp·síded *adj.* **1** 〈船・建物など〉一方に傾いた. **2** 片方が重い[高い, 大きい], 左右の釣合いの取れていない; 不均斉の: ～ trade 片貿易 / a ～ vote of 400 to 10 400 票対 10 票の一方的な票決. **～·ly** *adv.* **～·ness** *n.* 〖((1711)): ⇨ lop² (adj.)〗

loq. 《略》〖演劇〗loquitur.

lo·qua·cious /loukwéɪʃəs | lə(ʊ)-, lɔ-/ *adj.* **1 a** おしゃべりな, 大いに弁じ立てる, 多弁な (⇨ talkative SYN): a ～ lady. **b** 言葉の多い, くどい, 冗漫な: the long and ～ scene 長くて冗漫な場. **2** 〈鳥などが〉やかましい, 騒々しい; 〈水が〉さらさら音を立てる. **～·ly** *adv.* **～·ness** *n.* 〖((1667)) ← L *loquāci-*, *loquāx* talkative (← *loqui* to talk ← ?)+-OUS〗

lo·quac·i·ty /loukwǽsəṭi | lə(ʊ)kwǽsɪ̀ti, lɔ-/ *n.* おしゃべり, 多弁, 饒舌(じょうぜつ). 〖((1596)) ▭ F *loquacité* ▭ L *loquācitātem*: ⇨ ↑, -ity〗

lo·quat /lóukwɑ(ː)t, -kwæt | lə́ukwɔt/ *n.* **1** 〖植物〗ビワ (*Eriobotrya japonica*). **2** ビワの実. 〖((1814)) ▭ Chin.《広東音》*lō kwat* (櫨橘)〗

lo·qui·tur /lɑ́(ː)kwəṭə | lɔ́kwɪtə(r)/ *L. vi.* 〖演劇〗〈…が〉話す, 言う《loq. と略し話者の名を添えてト書きとする》. 〖▭ L ～ 'he or she speaks' ← *loqui* to speak〗

lor /lɔ́ə | lɔ́ː(r)/ *int.* (*also* **lor'** /～/) おや, これは《非標準的な語》: O *Lor!* 〖((1835–36))《略》← LORD〗

Lo·ra /lɔ́ːrə/ *n.* ローラ《女性名》. 〖▭ Prov. ～: ⇨ LAURA〗

Lo·rain /ləréɪn, lɔː-/ *n.* ロレーン《米国 Ohio 州北部, Erie 湖に臨む港市; 造船・鉄鋼の町》.

Lo·raine /ləréɪn, lɔːr- | lər-, lɔr-/ *n.* ロレーン《女性名》. 〖⇨ LORRAINE²〗

lo·ral /lɔ́ːrəl/ *adj.* 〖動物〗目先 (lore) の. 〖((1874)) ← LORE²+-AL¹〗

lo·ran /lɔ́ːræn, -rən | -rən/ *n.* 〖海事・航空〗**1** ロラン, 自位置測定装置《大洋上など地上局から遠く離れた船や航空機が, 電波の到着時刻差から局までの距離を求め, 二つの局からの距離により自分の位置を知る装置; cf. shoran》. **2** (この装置を用いる)ロラン航法. 〖((1932)) ← *lo(ng) ra(nge) n(avigation)*〗

lo·rate /lɔ́ːreɪt, -rɪ̀t/ *adj.* 〖植物〗ひも形の, 舌状の, 細長い. 〖((1836)) ▭ L *lōrātus* ← *lōrum* strap〗

Lor·ca /lɔ́əkə | lɔ́ː-; *Sp.* lórka/ *n.* ロルカ《スペイン南東部 Murcia の南西にある町》.

Lorca, Federico García *n.* ⇨ García Lorca.

lor·cha /lɔ́ətʃə | lɔ́ː-/ *n.* 〖海事〗ロルシャ《船体は西洋式, 帆装は中国式の快速帆船; 極東水域に多い》. 〖((1653)) ▭ Port. ～ ← ?〗

lord /lɔ́əd | lɔ́ːd/ *n.* **1 a** (Lord の敬称を持つ) 英国の貴族, 華族 (peer). **b** 男爵 (baron). **c** 侯爵 (marquis)・伯爵 (earl)・子爵 (viscount) の世襲貴族. **d** 公爵 (duke)・侯爵の子息または伯爵の長子. **2** [L-; 称号として (cf. lady 2)]《英》卿(きょう): **a** 侯・伯・子爵に対するやや略式の称号, または上級の貴族の長子に対する敬称 (courtesy title)《洗礼名には冠さない》: *Lord* Hartington (正式には The Marquis of Hartington) / *Lord* Derby (The Earl of Derby) / *Lord* Palmerston (Viscount Palmerston). **b** 男爵に対する通常の称号: *Lord* Tennyson《洗礼名を加えるときは最初に入れる: Alfred, *Lord* Tennyson》. **c** 公・侯爵の次男以下の子息に対する敬称《洗礼名と姓に冠するが, 姓を略すこともある》: *Lord* Randolph (Churchill). **d** archbishop, bishop に対する敬称: *Lord* Bishop of Durham ダラム主教. **e** 高位の官職名につける称号: the *Lord* Chancellor / the *Lord* Mayor of London. **3** [my Lord /mɪ̀lɔ́əd | mɪlɔ́ːd/; 呼び掛けとして] 閣下《侯爵以下の貴族, bishop, Lord Mayor, 高等法院判事に対する敬称; 今は bishop および法廷において高等法院判事に対する以外は儀式ばった場合にだけ用いる; cf. justice 2 b》. ★ 英国では法廷において弁護士が裁判官に対して /mɪlʌ́d/ と呼び掛けることがある. **4** [the Lords]《英》上院議員 (cf. senator 1); 上院: ⇨ HOUSE of Lords, lord spiritual, lord temporal. **5 a** 領主: the ～ of the manor 荘園領主. **b** (職業・業界での)大立物, 大家, 巨頭, …王: a cotton ～ 綿花王 / the ～ of surgery 外科の大家. **c** (世襲権または高位による)首長, 支配者, 主人: ～*s* of (the) creation 万物の霊長, 人間;《戯言》男ども / the *Lord* of all (things) 万物の主, 神. **d** 他者に権力と権威を持つ人. **e** 《詩・文語》(土地・家の)所有者 (cf. landlord): the ～ of a mansion 大邸宅の所有主[主人] / a ～ of few acres 小地主. **f** 《詩・戯言》夫 (husband) (cf. lady 4 a). **g** 《廃》召使の頭, 主人. **6** [L-; しばしば神への呼び掛け・誓言に用いて] 主(しゅ) (God); キリスト (Christ): Our *Lord* わが主《救世主, キリスト》/ *Lord*, have mercy upon us. 主よわれらをあわれみたまえ / We beseech Thee to hear us, good *Lord*. 主よわれらの願いを聞きたまえ / in the year of our *Lord* 2010 西暦 2010 年に (cf. YEAR of grace, anno Domini) / *Lord* knows who [how, where, when, why, etc.] …《口語》だれが[いかに, どこに, いつ, なぜ, …]…かは神のみぞ知る《だれにもわからない》/ *Lord* bless me [us, you, my soul]!=*Lord* have mercy (on us)! おやおや, これはこれは《驚きを表す》. **7** 祝宴の司会者: ⇨ LORD of Misrule. **8** 《英》背骨が湾曲している人. **9** 〖占星〗優勢な星, 司星 (dominant planet).

(as) drúnk as a lórd ひどく酔って. ((1651)) ***líve like a lórd*** ぜいたくに暮らす. ***one's lórd and máster*** 《戯言》支配者. ***Lórd wílling*** できることなら, 事情が許せば. ***swéar like a lórd*** むやみにののしる. ((1531)) ***thánks to the Lórd*** ありがたいことには. ***tréat a person like a lórd*** 〈人を〉歓待する, 〈人に〉大盤ぶるまいをする. ((1809))

Lórd of the Tréasury [the —] =LORD COMMISSIONER of the Treasury.

Lórd of Appéal in Órdinary [the —] ⇨ Law Lord.

Lórd of hósts [the —] 万軍の主《旧約聖書でエホバ (Jehova) の呼称; cf. *Ps.* 24:10》.

Lórd of Lórds [the —] 諸主の主, 万王の王, キリスト (King of Kings) (cf. *Rev.* 19:16).

Lórd of Misrúle (中世後期および Tudor 王朝英国の宮廷・貴族の邸宅・大学などで選ばれた)クリスマスの饗宴・余興の司会者《King [Abbot, Master] of Misrule ともいう》. (15–16C)

lórd of the bédchamber =lord-in-waiting.

Lórd of the Flíes =Beelzebub.

— *vt.* **1** [～ it として]〔…に対して〕威張る〔*over*〕(cf. king 2, queen 3): He ～*s it over* his fellows. 仲間に大きな顔をする[威張りちらす]. **2 a** 《まれ》…に授爵する, 貴族にする. **b** Lord の敬称で呼び掛ける. **3** …に殿様のようにふるまう, 圧制する (cf. master¹ *vt.* 3).

lórd óver [通例 p.p. 形で] …に対して威張る[殿様顔をする]: I will not be ～*ed over*. お前さんにふんぞり返られるのはごめんだ.

— *int.* [通例 L-] おお, おやおや, いやいや《驚き・感嘆・いらだちなどを表す》: Good *Lord!* おお / *Lord*, how we laughed! まあどんなに笑ったことか.

～·like *adj.* 〖ME *loverd*, *lord* < OE *hlāford* ← *hlāf* 'LOAF, bread'+*weard* guardian, keeper (⇨ ward): cf. lady〗

Lòrd Ádvocate *n.* (スコットランドの)検事総長, 法務長官《イングランドの Attorney General に当たる》.

Lòrd Báltimore càke *n.* ロードバルティモアケーキ《卵黄を使ったバターケーキの間にマカロン (macaroon)・ナッツ・さくらんぼなどをはさんで層にし, 全体に白い糖衣をかぶせたもの; cf. Lady Baltimore cake》. 〖← *George Calvert, Lord Baltimore* (*d.* 1632: 17 世紀の英国貴族・アメリカの大地主)〗

Lòrd Bíshop *n.* 主教《正式の呼び方》.

Lòrd Chámberlain *n.* [the ～]《英》宮内長官 (Lord Chamberlain of the Household)《閣僚で, 宮廷関係の人事権と共に劇場や戯曲の監督権も持つ》.

Lòrd Cháncellor *n.* (*pl.* **Lords C-**) [the ～]《英》大法官《上院議長で国璽(こくじ)を保管し, 裁判官としてもいわば最高裁判所長官に当たる英国最高の官職; Lord High Chancellor (of Great Britain), Chancellor of England ともいう》.

Lòrd Chief Jústice *n.* [the ～] 英国首席裁判官《高等法院の王座部 (King's [Queen's] Bench Division) の長官; 正式には Lord Chief Justice of England》.

Lòrd Clérk Régister *n.* [the ～]《古》〖スコット法〗公文書保管人.

Lòrd Commíssioner *n.* **1** 《英》(海軍省・大蔵省などの)最高執行委員. **2** (スコットランド教会総会での)英国(女)王代理.

Lórd Commíssioner of the Ádmiralty [the —]《英》海軍本部委員《1964 年廃止》.

Lord (Commíssioner) of the Tréasury [the —]《英》国家財政委員 (⇨ Treasury Board).

〖1642〗

Lòrd Gréat Chámberlain *n.* 《英》式部長官《現在は戴冠式の式部官を務めるのが主な職務; 正式には Lord Great Chamberlain of England》.

Lòrd Hìgh Ádmiral *n.* **1** 《英》(昔の)海軍大臣《海軍および海事司法権を掌握した高官の称号; cf. admiral 2 a》. **2** 海軍総司令官《1964 年より英国(女)王の称号の一つ; 正式には Lord High Admiral of the United Kingdom》.

Lòrd Hígh Álmoner of Éngland *n.* [the ～]《英》施物官, 御下賜金係《御下賜金の配分を司る王室役人で聖職関係者》.

Lòrd Hìgh Cháncellor *n.* =Lord Chancellor.

Lòrd Hìgh Commíssioner *n.* =Lord Commissioner.

Lòrd Hówe Ísland *n.* ロードハウ島《オーストラリア南東, Tasman 海にある火山島; New South Wales 州に属す; 植物特別保護区; 面積 17 km²》.

lord·ing /lɔ́ədɪŋ | lɔ́ːd-/ *n.* **1** 《古》[*pl.*] [呼び掛けに用いて] 諸公, 紳士諸君 (lords, sirs, gentlemen). **2** 《廃》=lordling.

lórd-in-wáiting *n.* (*pl.* **lords-**) (英国王・皇太子の)侍従.

Lòrd Jústice *n.* (*pl.* **Lords Justices**) 英国控訴院 (Court of Appeal) の裁判官《正式名 Lord Justice of Appeal; 略 LJ》.

Lòrd Jústice Clérk *n.* (スコットランドの)最高法院 (Court of Justiciary) 次長《Outer House の首席法官を兼ねる》.

Lòrd Jústice Géneral *n.* (*pl.* **L- Justices G-**) (スコットランドの)最高法院 (Court of Justiciary) 長《民事控訴院の長官 (Lord President) が兼任》.

Lòrd Kéeper *n.* 《英》国璽(こくじ)尚書《16 世紀以来大法官 (Lord Chancellor) がこの地位に就く; 正式には Lord Keeper of the Great Seal》.

Lórd Kéeper of the Prívy Séal [the —] =Lord Privy Seal.

lórd·less *adj.* 主君[主人, 首長]のない[いない]. 〖OE *hlāfordlēas*: ⇨ -less〗

Lòrd Lieuténancy *n.* 《英》Lord Lieutenant の職[任期]. 〖1876〗

Lòrd Lieuténant *n.* (*pl.* **Lords L-, ～s**) **1** 《英》州統監《16 世紀に州の軍事力統轄を主任務として任命されたが, 現在は名誉職で実際の政治に関与しない; cf. DEPUTY lieutenant》. **2** アイルランド総督《正式には Lord Lieutenant of Ireland; 1922 年まで》. 〖1453〗

lórd·li·ly /-lɪ̀li/ *adv.* 君主らしく, 堂々と. 〖((1611)) ← LORDLY+-LY¹〗

lórd·li·ness *n.* [しばしば軽蔑的] 君主のような態度; 横柄さ, 尊大; 《文語》威厳.

lord·ling /lɔ́ədlɪŋ | lɔ́ːd-/ *n.* 《まれ》小君主; 小貴族. 〖((?a1200)): ⇨ -ling¹〗

lord·ly /lɔ́ədli | lɔ́ːd-/ *adj.* (**lord·li·er, -li·est; more ～, most ～**) **1** 横柄な, 偉ぶった, 尊大な: a ～ nation. **2 a** 君主[貴族]の[によって支配された]: ～ monarchy 君主政体. **b** 君主[貴族]にふさわしい; 威厳のある, 立派な, 堂々たる: a ～ mansion, gift, banquet, etc. — *adv.* 《古》君主[貴族]らしく, 堂々と, 横柄に, 尊大に. 〖OE *hlāfordlīc*〗

Lòrd Lýon *n.* ⇨ Lyon².

Lòrd Máyor *n.* [the ～] (London, York, Liverpool, Manchester, Belfast など英国の大都市の) 市長; (特に)ロンドン市長《シティー (City of London) の市長 (the Lord Mayor of London) であって, 大ロンドン (Greater London) の行政首長 (Lord Lieutenant) ではない》: ～*'s* Day ロンドン市長就任式日《11 月の第 2 土曜日》/ the ～*'s* Banquet ロンドン市長晩餐会《ロンドンの Guildhall で毎年新市長の選出後に行われる晩餐会》/ the ～*'s* Show ロンドン市長就任披露(ひろう)行列《市長就任式日に行われるロンドンの年中行事の一つ》. 〖1554〗

Lòrd Múck *n.* 《英口語》(貴族ではないのに)貴族ぶる人, 偉そうにふるまう男, 高慢ちき (cf. Lady Muck). 〖1937〗

lord·ol·a·try /lɔədɑ́(ː)lətri | lɔːdɔ́l-/ *n.* 貴族崇拝. 〖((1846)) ← LORD+-OLATRY〗

Lòrd Órdinary *n.* (*pl.* **Lords O-**) (スコットランドの)常任裁判官《民事控訴院 (Court of Session) の Outer House を構成する 11 人の裁判官の 1 人》.

lor·do·sis /lɔədóusɪ̀s | lɔːdə́usɪs/ *n.* (*pl* **-do·ses** /-siːz/) **1** 〖病理〗脊椎前湾(症) (cf. kyphosis, scoliosis). **2** 〖動物〗ロードシス《哺乳類の雌の交尾時における前湾姿勢》. **lor·dot·ic** /lɔədɑ́(ː)tɪk | lɔːdɔ́t-/ *adj.* 〖((1704)) ← NL ～ ← Gk *lórdōsis* ← *lordós* bent backward+-OSIS〗

Lòrd Présìdent *n.* **1** [the ～]《英》枢密院議長《Privy Council の長; 正式には Lord President of the Council》. **2** (スコットランドの)民事控訴院 (Court of Session) の長官 (cf. Lord Justice General).

Lòrd Prívy Séal *n.* [the ～]《英》王璽(おうじ)尚書《正式には Lord Keeper of the Privy Seal》.

Lòrd Protéctor *n.* [the ～]《英》護国卿, 護民官

《共和政時代の Oliver Cromwell とその子 Richard Cromwell の称号; 正式には Lord Protector of the Commonwealth》. 〘1653〙

Lòrd Próvost *n.* (Edinburgh, Glasgow などスコットランドの大都市の)市長《主席行政官》.

Lòrd Réctor *n.* (スコットランドの)大学名誉総長《3 年ごとに選挙される; cf. chancellor 4 a》.

Lord's /lɔ́ədz | lɔ́ːdz/ *n.* ローズ《Lord's Cricket Ground の略称》. 〘1799〙

lórds-and-ládies *n.* (*pl.* ～)〘植物〙=cuckoopint. 〘1760〙

Lórd's Anóinted *n.* [the ～] **1** キリスト, メシア. **2** 主が油を注がれた者《神授の権利をもった(ユダヤの)王; cf. *1 Sam.* 26:9》.

Lórd's Crícket Gròund *n.* ローズクリケット競技場《London の Marylebone にあるクリケット競技場; Marylebone Cricket Club の本部; 単に Lord's ともいう》. 〘← *Thomas Lord* (1755–1832: その経営者)〙

Lórd's dày, L- D- *n.* [the ～]〘キリスト教〙主日, 日曜日 (Sunday). 〘? OE *lauerdes dei* (なぞり) ← L *dominica diēs* (なぞり) ← Gk *kuriakḗ hēméra*〙

lórd·shìp *n.* **1** [しばしば L-]《英》公爵を除いた貴族および裁判官に対して用いる敬称: his [your] *Lordship* 閣下《lord に言及しまたは呼び掛けるときの敬称; ふざけて普通の人にも用いる》. **2 a** 封建貴族[領主, 君主]の身分[地位]. **b** (領主の)統治権, 主権 (sovereignty); 支配力, 抑制力: have the ～ *over* land and sea 陸海を支配する. **c** (封建貴族の)領地, 領分.
Lórdship of the Ísles スコットランドの the Western Isles およびその近隣諸島の領主権《現在は英国君主の長男が持つ》.
〘OE *hlāfordscipe*: ⇨ -ship〙

lórds ordáiners *n. pl.*〘英史〙国政改革委員会《Edward 二世が 1310 年任命した 21 人の貴族と高位の聖職者とから成る委員会》.

lòrd spíritual *n.* (*pl.* **lords s-**) (英国の)聖職貴族, 聖職上院議員《上院に籍を置く bishop または archbishop; cf. lord temporal》. 〘1399〙

Lórd's Práyer *n.* [the ～]〘キリスト教〙主の祈り, 主禱(とう)文《Our Father who art in heaven, …で始まる祈り; cf. *Matt.* 6:9–13, *Luke* 11:2–4》. 〘(1548–49) (なぞり) ← L *dominica ōrātiō*〙

Lórd's Súpper *n.* [the ～]〘キリスト教〙聖餐(さん)(式) (Eucharist, Holy Communion);〘聖書〙主の晩餐 (cf. *1 Cor.* 11:20). 〘(c1384) *lordis sopere* (なぞり) ← L *dominica cēna* (なぞり) ← Gk *kūriakón deîpnon*〙

Lórd's táble *n.* [the ～]〘教会〙祭壇 (altar), 聖餐(さん)台, 聖卓 (Communion table) (cf. *1 Cor.* 10:21). 〘1535〙

Lórd Stéward *n.* [the ～]《英》王室家政長官《privy councillor で, Green Cloth 王室会計局を監督し王室の厨房や食品倉庫等を管理する; 正式には Lord Steward of the Household》.

lòrd témporal *n.* (*pl.* **lords t-**) (英国の)世俗貴族, 世俗[聖職以外の]上院議員 (cf. lord spiritual). 〘1399〙

lord·y /lɔ́ədi | lɔ́ːdi/ *int.* 《米・カナダ》ああ, おお, これはこれは《驚き・狼狽などを表す》. 〘(1853)《変形》← LORD〙

lore¹ /lɔ́ə | lɔ́ː(r)/ *n.* **1** [集合的] (特定の人々・ある職業または特定の題目や分野の)知識, 学問; (特に, 特定の人・集団・土地に関する民間伝承的で非科学的な)伝承, 伝説, 言い伝え: the ～ of the Egyptians 古代エジプト人の知識 / doctors' ～ 伝承医学 / philological ～ 伝承言語学 / herbal ～ 本草の知識, 本草学 / bird [animal] ～ 鳥[動物]の知識 / fairy [ghost] ～ 妖精[幽霊]に関する伝承的知識 / a master of Oriental [classical] ～ 東洋学[古典学]の大家 / ⇨ folklore. **2** 《古》(学問・経験による)知識, 博学. **3** 《古》**a** 教授 (teaching, instruction). **b** 教課 (lesson), 教義. 〘OE *lār* doctrine, teaching < (WGmc) **laiza*=Gmc **laizō* (Du. *leer* / G *Lehre*) ← **laisjan* 'to LEARN'〙

lore² /lɔ́ə | lɔ́ː(r)/ *n.*〘動物〙目先《鳥の目とくちばしの間の面; また蛇・魚の目と鼻孔との間の面》. **lo·re·al** /lɔ́ːriəl/ *adj.* 〘(1621) □ L *lōrum* thong, strap〙

L'O·ré·al /lɔ̀ːriǽl, -ɑ́ːl | lɔ̀riǽl; *F.* lɔʀeal/ *n.* ロレアル(社)《フランスの化粧品・ヘアケア用品メーカー》.

Lo·re·lei /lɔ́ːrəlàɪ; *G.* lóːʀəlaɪ/ *n.* **1** ローレライ《女性名》. **2**〘ゲルマン伝説〙ローレライ《Rhine 川右岸の岩頭に出没してその美しさと歌によって船人を誘惑して破船させたという水の精 (nixie); Heine の詩で広く知られる》. 〘(1878) □ G ～《変形》(C. Brentano による) ← *Lurlei* (Rhine 川の崖の名)《原義》ambush cliff ← MHG *luren* to watch (⇨ lower¹)+*lei* cliff, rock〙

Lo·ren /lɔ́ːrən | lɔ́ːrən, -rən, lɔːrén; *It.* lɔ́ːren/ *n.* ローレン《男性名》. 〘《変形》← LAURENCE²〙

Lo·ren /lɔ́ːrən | lɔ́ːrɛn, -ən, lɔːrén, lə-; *It.* lɔ́ːren/, **Sophia** *n.* ローレン (1934–　; イタリアの映画女優; 本名 Sofia Scicolone).

Lo·re·na /lɔːríːnə/ *n.* ロリーナ《女性名》. 〘《変形》← LORNA〙

Lo·rence /lɔ́ːrəns | lɔ́r-/ *n.* ローレンス《男性名》. 〘⇨ LAURENCE²〙

Lo·rentz /lɔ́ːrents | lɔ́r-, lɔ́ːr-; *Du.* lóːrənts/, **Hendrik An·toon** /ántoːn/ *n.* ローレンツ (1853–1928; オランダの物理学者; Nobel 物理学賞 (1902)).

Lórentz-Fitzgérald contràction *n.* [the ～]〘物理〙=Fitzgerald contraction.

Lórentz fòrce *n.*〘物理〙ローレンツ力《磁界中を運動する電荷に作用する力》. 〘← *H. A. Lorentz*〙

Lórentz transformàtion *n.*〘物理〙ローレンツ変換《特殊相対性理論で慣性運動をする二つの座標系の間の座標変換; cf. Galilean transformation》. 〘(1908) ← *H. A. Lorentz*〙

Lo·renz /lɔ́ːrents | lɔ́r-, lɔ́ːr-; *G.* lóːʀɛnts/, **Konrad (Zacharias)** *n.* ローレンツ (1903–89; オーストリアの動物行動学者; Nobel 医学生理学賞 (1973)).

Lo·ren·zet·ti /lɔ̀ːrəntséti | -tséti; *It.* lorentsétti/, **Am·bro·gio** /ambrɔ́ːdʒo/ *n.* ロレンツェッティ (1285?–?48; イタリアの壁画家).

Lorenzetti, Pietro *n.* ロレンツェッティ (1280?–?1348; イタリアの壁画家; Ambrogio の兄で師).

Lo·ren·zi·ni /*It.* lorentsíːni/, **Carlo** *n.* ロレンツィーニ《Carlo Collodi の本名》.

Lo·ren·zo /lərénzou, lɔːr- | lərénzəu, lɔr-; *It.* loréntso/ *n.* ロレンゾ《男性名》. 〘□ It. ～ 'LAURENCE²'〙

Lorénzo Mó·na·co /-móunəkòu | -mɔ́unəkəu; *It.* -mɔ́ːnako/ *n.* ロレンツォモナコ (1370?–1423?; イタリアの修道僧で, シエナ派の壁画・祭壇画家).

lo·res /lóuréz | lə́u-/ *adj.*《口語》〈画像が〉低解像度の. 〘(c1975)《短縮》← *low-resolution*〙

Lo·ret·ta /lərétə, lɔːr- | lərétə, lɔr-/ *n.* ロレッタ《女性名》. 〘← (*Our Lady of*) *Loreto* 'ロレトの聖母マリア' (*Loreto* はイタリアの有名な巡礼地): cf. Lauretta〙

lor·gnette /lɔənjét | lɔː-; *F.* lɔʀɲɛt/ *n.* (*pl.* ～**s** /～s; *F.* ～/) 柄(え)付きめがね; 柄付きオペラグラス (opera glass). 〘(1776) □ F ～ ← *lorgner* to look sidelong at, eye ← OF *lorgne* a squinting: ⇨ -ette〙

lorgnette

lor·gnon /lɔənjɔ̃ː(ŋ), -njɔ́ːŋ | lɔː-; *F.* lɔʀɲɔ̃/ *n.* (*pl.* ～**s** /～z, *F.* ～/) **1** 単眼鏡 (monocle); 鼻めがね (pince-nez). **2** =lorgnette. 〘(1846) □ F ～ ← *lorgner* (↑)〙

Lo·ri /lɔ́ːri/ *n.* ローリ《女性名》. 〘(dim.) ← LAURA〙

lo·ri·ca /ləráɪkə, lɔːr- | lər-, lɔr-/ *n.* (*pl.* **lo·ri·cae** /-ráɪsiː, -ráɪkiː/) **1** (古代ローマで用いられた革または金属製の)胴甲(どうよろい). **2**〘動物〙(ワムシ類 (rotifer) などの)堅い殻, 鎧(よろい). **3**〘植物〙(珪藻の殻などの)細胞を包む硬い膜. 〘(1706) □ L *lōrica* 'leather breastplate, corselet' ← *lōrum* thong, strap: cf. lore²〙

lor·i·cate /lɔ́(ː)rɪ̀kɪ̀t, lɑ́(ː)r-, -kèɪt | lɔ́rɪ-/〘動物〙*adj.* 堅い殻[鎧]をもった[で覆われた]. ― *n.* 堅い殻[鎧]をもった[で覆われた]ワニ目の動物の総称 (alligator, crocodile など). **lór·i·càt·ed** /-kèɪtɪ̀d | -tɪ̀d/ *adj.* 〘(1826) □ L *lōrīcātus* (p.p.) ← *lōrīcāre* to clothe in mail: ⇨ lorica〙

Lo·rient /lɔːriɑ́ː(ŋ), -ɑ́ːŋ | lɔːr-; *F.* lɔʀjɑ̃/ *n.* ロリアン《Biscay 湾に臨むフランス西部の港市》.

lor·i·keet /lɔ́(ː)rɪ̀kìːt, lɑ́(ː)r- | lɔ́rɪ̀-/ *n.*〘鳥類〙小形のインコ類の総称《セイガイインコ属 (*Trichoglossus*), サトウチョウ属 (*Loriculus*) など》. 〘(1770) ← LORY+(PARA)KEET〙

lor·i·mer /lɔ́(ː)rəmə, lɑ́(ː)r- | lɔ́rɪ̀mə(r)/ *n.*《英・古》馬具金物師. ★ 現在 London の同業者組合の名称にのみ用いる. 〘(?a1200) □ OF *loremier* ← *lorain* bridle ← L *lōrum* strap〙

Lo·rin·da /lɔːríndə, lə-/ *n.* ローリンダ《女性名》(cf. Laura).

lor·i·ner /lɔ́(ː)rənə, lɑ́(ː)r- | lɔ́rɪ̀nə(r)/ *n.*《古》=lorimer.

lor·i·ot /lɔ́(ː)riət, lɑ́(ː)r-, -riòu | lɔ́riət, -riə̀u/ *n.*〘鳥類〙=golden oriole. 〘(1601) □ F ～ ← *l'* (=*le*) the+*oriot*《変形》← ORIOLE〙

lo·ris /lɔ́ːrɪ̀s | -rɪs/ *n.* (*pl.* ～)〘動物〙ノロマザル, ケッカイ獣, ロリス《アジア南部産ロリス科に属する動作がのろい下等な霊長類; 夜行性で樹上生活をする》: **a** ホソロリス (*Loris tardigradus*) (slender loris ともいう). **b** スローロリス (*Nycticebus coucang*) (slow loris ともいう). **lo·ris·i·form** /lɔːrísəfɔ̀əm, lər- | -sɪ̀fɔ̀ːm/ *adj.* 〘(1774) □ (廃) Du. *loeris* booby〙

lorn /lɔ́ən | lɔ́ːn/ *adj.* **1** 《古・詩》見捨てられた, 寄るべのない; 孤独な, わびしい: a lone, ～ widow 寄るべのない寡婦. **2** 《廃》破滅した, 滅びた. **～·ness** *n.* 〘OE *loren* (p.p.) ← *-lēosan* 'to LOSE'〙

-lorn /lɔ̀ən | lɔ̀ːn/「奪われた」の意の複合語の第 2 要素: love*lorn*, parent*lorn*. 〘↑〙

Lor·na /lɔ́ənə | lɔ́ː-/ *n.* ローナ《女性名》. 〘← ? (*Marquesses of*) *Lorne* (LORN とも連想): R. D. Blackmore の造語; 彼の特に有名な小説 *Lorna Doone* (1869) の女主人公名〙

Lorrain, Claude *n.* ⇨ Claude Lorrian.

Lor·raine¹ /ləréɪn, lɔː- | lər-, lɔr-; *F.* lɔʀɛn/ *n.* **1** ロレーヌ(王国)《フランスの北東境, Meuse, Moselle, Saar Rhine の流域の中世の王国 (the Kingdom of Lorraine); ドイツ語名 Lothringen; ⇨ Alsace-Lorraine》. **2** ロレーヌ公国《フランス北東部の旧公国; もとロレーヌ王国の南半分を占めていた》. 〘1830〙

Lor·raine² /ləréɪn, lɔː- | lɔr-, lər-; *F.* lɔʀɛn/ *n.* ロレイン《女性名; 異形 Loraine》. 〘□ F ～ □ OHG *Lotharingen* place of Lothar (神聖ローマ帝国皇帝 Lothair 一世の子): cf. Lorraine¹〙

Lorráine cróss *n.* ロレーヌ十字架《横木が 2 本で上下に離れている十字架; cf. patriarchal cross》. 〘(1830) ← *le duc de Lorraine* (フランスの公爵家, その紋章から)〙

Lor·rie /lɔ́(ː)ri, lɑ́(ː)ri | lɔ́ri/ *n.* ローリー《女性名》. 〘(dim.) ← LAURA〙

lor·ry /lɔ́(ː)ri, lɑ́(ː)ri | lɔ́ri/ *n.* **1 a** 《英》トラック, 貨物自動車 (《米》truck, motortruck) (cf. van¹ 2 a): a long-distance ～ 長距離トラック. 日英比較 日本語のトラックは《米》では truck, 《英》では *lorry* である. ただし, 現在では《英》でも次第に truck も使われるようになりつつある. ⇨ tank truck 日英比較. **b** (重い荷を運ぶために用いる)車体が低く長い四輪の荷馬車. **2** (鉱山・工場などで軌道に用いる)トロッコ, 貨車. ***fáll óff the báck of a lórry*** 《英口語》盗まれる, 荷抜きをされる. 〘(1838) ← ?: cf. 《方言》*lurry* to pull, drag, lug〙

lórry-hòp 《英》*vi.* (トラック (lorry) などを利用して)ヒッチハイクをする (hitchhike). ― *vt.* [～ it として]ヒッチハイクをする. 〘1933〙

lórry pàrk *n.* 《英》トラックの駐車場.

lo·ry /lɔ́ːri/ *n.*〘鳥類〙ヒインコ《オーストラリア・ニューギニア地方などに産するヒインコ科の羽毛の美しい各種の小形インコの総称; 花蜜や果汁が吸える先端がブラシ状の舌をもっている》. 〘(1682) □ Malay *lūri*〙

LOS /élòuès | -əu-/《略》〘アメフト〙line of scrimmage; line of sight; loss of signal.

los·a·ble /lúːzəbl/ *adj.* 失われる, 失われやすい, 失いやすい. **～·ness** *n.* 〘(1611) ← LOSE+-ABLE〙

Los Al·a·mos /lɔ(ː)sǽləmòus, lɑ́(ː)s- | lɔsǽləmɔ̀s, -mɔ̀us/ *n.* ロスアラモス《米国 New Mexico 州北部の町; 最初に原爆を製造した原子力研究所の所在地》. 〘□ Sp. ～《原義》the poplars〙

Los An·ge·les /lɔ(ː)sǽndʒələs, lɑ(ː)s-, -ǽŋgə-, -lìːz | lɔsǽndʒɪ̀lìːz, -lɪz, -lɪs/ *n.* ロサンゼルス《米国 California 州南西部の港市, 工業都市; Hollywood を含む; 略称 LA》. 日英比較「ロス」という略称は英語では用いない.
〘□ Sp. ～《原義》the angels《略》← *Nuestra Señora de los Angeles de la Porciúncula* Our Lady of the Angels of the Little Portion〙

Lósch·midt nùmber /lɔ́(ː)ʃmɪt-, lɑ́(ː)ʃ- | lɔ́ʃ-; *G.* lóʃmɪt-/ *n.* [the ～]〘物理・化学〙ローシュミット数 (0°C 1 気圧の気体 1 cm³ に含まれる分子数 2.6870×10¹⁹ をいう). 〘← *Joseph Loschmidt* (1821–95; オーストリアの物理学者)〙

lose /lúːz/ *v.* (**lost** /lɔ́(ː)st, lɑ́(ː)st | lɔ́st/) ― *vt.* **1** 〈戦争・勝負事などに〉負ける, 敗れる (↔ win): ～ a battle [lawsuit] 戦(いくさ)[訴訟]に負ける / ～ a game *to* a person 人に勝負で負ける / ～ a bet 賭に負ける / The motion was *lost* by two votes. その動議は 2 票の差で敗れた[否決された].
2 a (うっかりして一時的に)失う, なくす, 見つけ出せない; 紛失する, 置き忘れる (mislay): ～ a purse, key, watch, book, etc. **b** (不慮の事故などで回復不可能な状態で)なくす, 失う; (勝負事・取引などで)失う, 損する (↔ gain): ～ a leg in an accident 事故で片脚を失う / ～ one's life 命を失う; 殺される / ～ one's job 失職する / Lots of jobs were *lost* when the factory closed. 工場が閉鎖してたくさんの職がなくなった / ～ one's shirt ⇨ shirt 成句 / Grasp all, ～ all. ⇨ grasp *vt.* 1 / ～ a fortune at the races [on the deal] 競馬[その取引]で大金を失う / Thus I *lost* a friend in A. Smith. こうして私は A. Smith という友人を失った / You will ～ nothing [You have nothing to ～] *by* asking. 聞いた[ねだった]からといって損をすることはあるまい《何事も聞いて[ねだって]みるもの; cf. *vi.* 2 b》/ He has a lot [too much] to ～. 失うものが多すぎる.
3 (維持できなくてまたは衰えて)失う: ～ one's balance 平衡を失う / ～ color 青ざめる, (顔)色を失う / ～ consciousness 意識を失う / ～ one's health 健康を損なう, 病気になる / ～ heart 落胆する / ～ one's looks [figure] 容色が衰える[スタイルが悪くなる] / ～one's grasp of …を握った手を離す; …が理解できなくなる / ～ ground ⇨ ground *n.* 成句 / ～ one's original motivation [enthusiasm] 当初の動機[熱意]を忘れる / ～ patience (*with* …) (…に)我慢しきれなくなる / ～ one's reason [senses] 理性を失う, 発狂する / ～ one's sense of direction 方向感覚を失う / ～ one's sight 視力を失う, 盲目になる (cf. lose SIGHT of) / ～ speed スピードを落とす / ～ one's temper かんしゃくを起こす / ～ control 抑えきれなくなる / ～ one's tongue (恥ずかしさなどで)口がきけなくなる / ～ the use of one's hands (寒さなどで)手がきかなくなる / ～ interest [trust, confidence] in …に対する興味[信用, 自信]を失う / The lecturer *lost* his voice because of a sore throat. 講師はのどを痛めて声が出なくなった.
4 a …に死なれる, 死別する, 失う: ～ one's eldest daughter *to* cancer 長女に癌(がん)で死なれる / ～ a son in the war 戦争で息子を失う / ～ one's husband (by death) 夫を失う, 夫に死なれる / ～ many sheep from [through] disease 病気で多くの羊を失う / Many soldiers [lives] were *lost* in the battle. その戦いで多くの兵士[人々]が戦死した. **b** (別離・不人気・移民などで)失う: ～ one's wife by divorce 離婚して妻と別れる / The politician *lost* popular support [most of his supporters in the election]. その政治家は民衆の支持を[選挙で支持者を大部分]失った / These days small towns are *losing* their young people. 近ごろは若者が小さな町から離れる傾向にある. **c** 〈医者が〉〈患者を〉助けられない, 死なせる: The doctor *lost* his patient. 医者はその患者を死なせた. **d** 〈妊婦が〉〈赤ん坊を〉流産[死産]する.
5 [通例受身に用いて] **a** 滅ぼす, 破壊する (ruin, destroy): 25% of the country's crops *were lost to* in-

L

sects. 国の農作物の25パーセントが害虫の被害にあった / The ship *was lost* with all hands in the storm. その船は乗組員もろとも嵐で沈没した / be *lost* at sea 海の藻くずと消える. **b** 破滅させる (ruin): We *are lost!* もうだめだ, 万事休す.

6 a 〈時間・努力などを〉浪費する, むだにする (waste): There is not a moment [minute, second] *to* ～ [*to* be *lost*]. 一刻もぐずぐずしてはいられない / No time should be *lost* in looking into the problem. 今すぐその問題の調査に取りかかるべきである; その問題を調査して時間をむだにすべきではない / I *lost* valuable time wait*ing* for a bus. バスを待っていて貴重な時間をむだにした / There is no love *lost* between them. 互いに何の愛情ももたない, 互いに憎み合っている; 《原義》 互いに愛し合っている. **b** [受身で; ⇨ lost *adj.* 4 b] 〈忠告・親切・しゃれなどが〉〈人に〉ききめがない, 通じない, むだである 〔*on, upon*〕: All my kindness [advice] was *lost on* him. 私の親切[忠告]は彼には全くむだだった《効果がなかった》/ Hints [Jokes] are *lost upon* her. 彼女には謎をかけても[しゃれを言っても](わからないから)むだだ / Reggae is totally *lost on* them. レゲエは彼らには全く理解されない / The implications are not *lost on* me. その言葉の含みが私にわからないわけではない.

7 a 〈機会を〉逃がす, 逸する: ～ the chance of going abroad 海外旅行の機会を逃がす. **b** 《口語》〈列車などに〉乗り遅れる, 間に合わない (miss) (cf. catch *vt.* 5 a): ～ one's train [bus] 列車[バス]に乗り遅れる / ～ the post [a sale] 郵便[大売り出し]に間に合わない. **c** 〈賞品などを〉逃がす, 取り損なう (↔ get); (狩りで)〈獲物を〉捕らえ損なう (↔ catch): ～ a prize 賞をもらい損ねる / ～ a fox きつねを逃がす.

8 a 〈道を〉見失う, 迷う; 〈方向・位置・脈絡などが〉わからなくなる: ～ one's [the] way 道を見失う, 道に迷う / ～ one's bearings [moorings] 方向感覚[心のよりどころ]を失う / ～ one's footing 足を踏み外す / ～ one's place in a book 本のどの辺を読んでいたかわからなくなる / ～ the thread of a narrative [an argument] 物語[議論]の筋道がわからなくなる. **b** [受身または ～ *oneself* で] 道に迷う, 迷子になる (cf. lost 1 a): I *got lost* [*lost myself*] *in* the maze of narrow alleys. 迷路のような路地に入り込んで道がわからなくなった.

9 [受身または ～ *oneself* で] **a** 自分を見失う, 途方に暮れる (cf. lost 1 b): I *was lost* without my glasses. 眼鏡がなくて当惑した / With so many eyes turned to her, she *lost herself*. 多くの人々の目が自分に注がれて彼女は戸惑ってしまった. **b** 〔…に〕没頭する, 夢中になる 〔*in*〕 (cf. lost 1 c): I *was lost in* reminiscence [admiration]. 我を忘れて回想にふけった[感嘆した] / They followed the path, each *lost in* his thoughts. 彼らはそれぞれ思い思いの考えにふけりながら小道をたどって行った / The boy immediately *lost himself in* the comic book. 少年はすぐその漫画本に夢中になってしまった.

10 a 見失う; 聞き損なう, 聞き落とす (miss): The detective *lost* the pickpocket in the crowd. 刑事はそのすりを人込みの中で見失った / The last words of his speech were *lost* in the applause. 演説の最後の言葉は拍手の音にかき消されて聞き取れなかった / I tried not to ～ a word of the lecture. その講義の一語も聞き落とすまいと努めた. **b** 〈人を〉途方に暮れさせる, 〈人に〉話をわからなくさせる: I'm afraid you've *lost* me there: would you mind putting it more clearly? すみませんが, そこがわからなくなりました. もっとわかりやすく言ってもらえませんか. **c** [受身または ～ *oneself* で] 見えなくなる, (…の存在が)気づかれなくなる: The plane *was* soon *lost to* sight [view]. 飛行機はじき視界から消えた / The child *was lost in* the crowd. 子供は人込みに紛れて見えなくなった / Its origins are *lost* in antiquity. その起源は太古の時の霞に埋もれてしまっている. **d** [～ *itself* で] 〈川が〉伏流(ふくりゅう)する (cf. lost river): The river ～*s itself* in the swamp. その流れは沼地に姿を没している.

11 [しばしば間接目的語を伴って] 〈事態が〉…に失わせる (cost): Our impatience *lost* the game for us. 焦ったために我々は試合に負けた / Illness *lost* him his job. 彼は病気で失職した / His insolence *lost* him his job. 傲慢(ごうまん)のために彼は職を失った.

12 (競走で)〈相手を〉引き離す, 振り切る (outstrip); 〈追跡者を〉まく: The runner *lost* all his competitors. そのランナーは競争者を全部大きく引き離した / The thief *lost* his pursuers. 泥棒は追手たちをまいた.

13 a 〈病気・恐怖などを〉脱する, 免れる, 逃れる (get rid of): I have *lost* my cold. かぜが治った / She has *lost* that frightened look. 彼女の顔からその恐怖の色が去った / He had never *lost* his southern accent. 彼は一生南部なまりから抜け出ることがなかった. **b** 〈体重を〉減らす: She has *lost* weight on a diet. 食事療法で体重を減らした[が減った].

14 〈時計が〉〈何分〉遅れる (↔ gain) (cf. *vi.* 4): My watch ～*s* three minutes a week. 私の時計は一週間に3分遅れる.

15 《俗》《自動車》(カーブなどで)〈車の〉コントロールを失う.

— *vi.* 1 負ける, 敗れる (↔ win): Our team *lost* 5–3. わがチームは5–3で敗れた / I always ～ at cards [in an argument]. トランプ[議論]をするといつも負ける / He didn't want to ～ *to* me. 彼は私に負けたがらなかった.

2 a 損害を受ける, 損をする: Both armies *lost* heavily. 両軍共に大損害を受けた / He didn't ～ on the deal. その取引で損をしなかった / He *lost* heavily in [by] playing the market. 株に手を出して大金をすった. **b** [通例否定・疑問構文で] 〔…のために〕損害を受ける 〔*by*〕: I don't want you to ～ *by* [*on*] it. そのことで君に損をさせたくない / Will the company ～ *by* (signing) this contract? この契約(を結ぶこと)によって会社は損をするだろうか.

3 (真価・効果などが)減じる, 失われる: Most literary works ～ in translation. たいていの文学作品は翻訳されると原作の味が損なわれる / A story does not ～ in the telling. 《諺》 話にはとかく尾ひれがつくものだ.

4 〈時計が〉遅れる (↔ gain) (cf. *vt.* 14): This clock is *losing*. この時計は遅れている.

lóse a* [*one's*] *méal* [*dínner*]** 《米・豪俗》 食べたばかりのものを吐く, もどす. ***lóse fáce ⇨ face *n.* 成句. ***lóse it*** (1) 気が狂う. (2) (笑いなどを)こらえられない: When I saw him dancing, I just *lost it*. 彼がダンスをしているのを見て私は吹き出してしまった. (3) 昔の面影を失う. ***lóse óut*** (1) 《口語》 〔…に〕負ける, 失敗する (fail) 〔*to*〕: ～ *out* in the finals 決勝戦で負ける / ～ *out to* competitors 競争相手に負ける (cf. WIN[1] *out*) / Trust me: you won't ～ *out!* 私を信用しなさい. あなたは負けませんよ. (2) 《米口語》〈利益などを〉失う; 損をする 〔*on*〕 (cf. MISS[1] *out*): ～ *out on* a good deal 良い取引で損をする / ～ *out on* defective goods 欠陥商品で損をする. (3) 《英口語》〔…に〕負けて取って代わられる 〔*to*〕: Cinema is *losing out to* television. 映画はテレビに侵食されている.

〖ME *lose*(*n*), *lese*(*n*) < OE *lōsian* to be lost, escape (← *los* 'LOSS') & OE *-leōsan, -lēosan* to lose, destroy < Gmc **lieusan* (Du. (*ver*)*liezen* / G (*ver*)*lieren*) ← IE **leu-* to loosen, cut apart (Gk *lúein* to loosen / Skt *lunāti* he cuts off)〗

lose·a·ble /lúːzəbl/ *adj.* ＝losable.

lo·sel /lóuzəl, -zl | lóu-/ 《古・方言》 *n.* ろくでなし, 放蕩(ほうとう)者 (profligate, rake). **— *adj.*** 価値のない (worthless), 無益な (useless). 〖(*a*1376) 《原義》 one who is lost ← *losen* (p.p.) ← *lesen* 'to LOSE': ⇨ -el[1]〗

lóse-lóse *adj.* 両方にとって都合の悪い (↔ win-win): a ～ situation どちらにも不利な状況.

los·er /lúːzə | -zə(r)/ *n.* **1** (競技で)負けとなる人[側], (競馬で)負け馬; 敗(北)者; 《口語》(勝負に)決まったように負ける人, 負けぐせのついた人, 「出ると負け」: a good [bad] ～ 負けて悪びれない[ぐずぐず言う]人 / A ～ takes all. 負けた者が全部とる, 「負けるが勝ち」/ *Losers* are always in the wrong. 《諺》 勝てば官軍負ければ賊軍. **2** 失う人, 損をする人, 失敗者, 損失者, 遺失者: You shall not be a ～ by it. そのために君に損はさせない. **3** 《俗》 前科者: a three-time ～ 前科3犯の者. **4** 《俗》 全くつまらないもの[人], 粗悪品, 全く下手な人: That film is a real ～. あの映画は全くひどいしろものだ. **5** 《玉突》 ＝losing hazard. **6** 《トランプ》(ブリッジで)トリック (trick) を取れそうにない札. 〖(*c*1340) *losere* 《廃》 destroyer: ⇨ lose, -er[1]〗

Lo·sey /lóuzi | lóu-/, **Joseph** *n.* ロージー 《1909–84; 米国の映画監督; 1952年以降英国で制作》.

los·ing /lúːzɪŋ/ *adj.* 負けそうな, 損をしそうな; 敗北をもたらす: a ～ battle 負け戦 / a ～ pitcher 負け投手 / I cannot play a ～ game. 負けるのを承知でやり続ける気力はない. **— *n.* 1** 失敗, 敗北. **2** [*pl.*] (ばくちなどでの)損失 (losses). **～·ly** *adv.* 〖(?*c*1380): ⇨ lose, -ing[1,2]〗

lósing házard *n.* 《玉突》 ＝hazard 5.

loss /lɔ́(ː)s, lɑ́(ː)s | lɔ́s/ *n.* **1** 失うこと; 喪失, 紛失, 遺失: the ～ *of* a hand, a vessel, one's sight, one's life, the money, etc. / ～ *of* memory 記憶喪失 / the ～ *of* one's health 健康を害すること / discover the ～ *of* a book 本の紛失に気づく / suffer the ～ *of* a child 子供を失う[に死なれる]. **2** 損失, 損, 損害 (↔ gain); 損失物; 損失額[高] (↔ profit): considerable [big] ～*es* かなりの損失[大損] / ⇨ dead loss 1 / profit and ～ 収益と損失 / a ～ of fifty pounds 50ポンドの損 / suffer heavy ～*es* in business 商売で大損をする / His absence from the party was not a [no] great ～. 彼が一行に加わらなかったことは大した痛手ではなかった / That [It] is my ～ (and your gain). 損害を被るのは私(, あなたが得をする) / His death is a serious [great] ～ *to* his country. 彼の死は国家にとって重大な損失である / Our hearts go out to you in your great ～. ばくだいな損失があったそうでご同情いたします. **3** (量・程度などの)低下; 減損, 減り (↔ gain): ～ of water through a leak 水の漏り減り / ～ of blood 出血 / ～ in [of] weight＝weight ～ 目方の減り. **4** (機会などを)逸すること; (列車などに)乗り遅れること: the ～ *of* opportunities 機会を逸すること / the ～ *of* a train 《口語》. **5** 敗北, 失敗, 取り損ない: the ～ *of* a race, a prize, an election, etc. / our party's ～*es* in recent by-elections 最近の補欠選挙におけるわが党の敗北. **6** (時間・労力などの)浪費, むだ遣い: ～ of time, one's labor, etc. / without ～ *of* time 時を移さずに, すぐに. 日英比較 サッカーやラグビーなどでいう「ロスタイム」は和製英語. 英語では injury time という. **7** 《軍事》 **a** (死傷・捕虜などによる兵員の)損害, 損耗. **b** [*pl.*] 損害数, 死傷者数 (casualties); (艦船・飛行機などの)損害: Our ～*es* were heavy. 我が方の損害は甚大だった. **8** 《電気》 損失 《器械または回路において無効に消失される電力》: ⇨ copper loss, core loss, iron loss. **9** 《保険》 **a** 死亡 (death), 損害: ⇨ partial loss, total loss 1. **b** 損失額. **10** 《廃》 欠如: in the ～ of question 問題がなければ.

at a lóss (1) 損をして: sell *at a* ～ 損をして売る. (2) 〈人が〉当惑して, 困って, 途方に暮れて (puzzled): He is never *at a* ～ *for* an answer [*for* words]. 返答に窮する[ことばが出ない]ようなことはない / She is *at a* ～ (*to* know) *what* to do. どうしてよいのか途方に暮れている. 〖(1592) *at loss* 《原義》〈猟犬が〉臭跡を失って〗 ***cút one's lósses*** [***a lóss***] (投機や事業をしかけた会社などから)損失の少ないうちに手を引く (cf. *throw* GOOD MONEY *after bad*). 《(1912)》 ***for a lóss*** 困った状態に, 疲れ果てて, 意気消沈して: This threw me *for a* ～. このために私はがっかり[げんなり]した.

〖(?*a*1200) *losse, l*(*e*)*ose* (逆成) ← *lost*(*e*) (p.p.) ← *losen* to lose: cf. OE *los* destruction: ⇨ lose〗

löss /lɛ́s, lʌ́s, lɜ́ːs; G. lœs/ *n.* 《地質》 ＝loess.

lóss adjùster *n.* 《保険》 損害査定人.

lóss fàctor *n.* 《電気》 損率 《配電線の損失計算用の数値で, ある期間の平均損失と最大損失との比》.

lóss lèader *n.* 《商業》 おとり商品, 目玉(商品) 《客を引くために損をして販売する廉価品; cf. leader 4 a》. 〖1917〗

lóss·less *adj.* **1** 《電気》 無損失の 《電気[電磁]エネルギーを散逸させない》. **2** 《電算》〈画像[音声]データの圧縮が〉損失のない, 可逆な. 〖(1587) 1952〗

lóss·màker *n.* 《英》 損失[赤字]続きの店[産業]. 〖1971〗

lóss·màking *adj.* 《英》 損失[赤字]続きの. 〖1971〗

lóss ràtio *n.* 《保険》 損害率 《ある期間内における支払保険金の収入保険料に対する割合》. 〖1926〗

loss·y /lɔ́(ː)si, lɑ́(ː)si | lɔ́si/ *adj.* **1** 《電気》〈伝送線路など〉損失のある, 減衰のある. **2** 《電算》〈画像[音声]データの圧縮が〉損失のある, 不可逆な. 〖(1946): ⇨ -y[4]〗

lost /lɔ́(ː)st, lɑ́(ː)st | lɔ́st/ *v.* lose の過去形・過去分詞.

— *adj.* 1 a 道に迷った (cf. lose *vt.* 8 b): a ～ child 迷子 (cf. 5 b) / ～ sheep うせたる羊, 迷える羊《正道を踏みはずした人; *Matt.* 10: 6》. **b** 当惑した, 途方に暮れた, どうしようもない (cf. lose *vt.* 9 a): I would feel ～ *without* whisky [my friends]. ウイスキーなしでは[友人がいないと]困るだろうな《人生が楽しくないだろう》/ He felt (completely [utterly, totally]) ～ during his first few days in New York. ニューヨークに着いた当座は(まったく)当惑し通しだった / wear a ～ look 途方に暮れた顔つきをしている. **c** 《叙述的》〔…に〕夢中になった (absorbed) 〔*in*〕 (cf. lose *vt.* 9 b): a person ～ *in* thought 深く物思いにふけっている人 / He seemed completely ～ *in* a comic book. 漫画本に夢中になってしまっているようだった. **2 a** 失った, 遺失した; 行方(ゆくえ)不明の (missing): a ～ dog 行方不明の犬 / ～ memory 喪失した記憶 / ～ reputation 失墜した名声 / a ～ article 紛失品, 遺失物 / We gave her [it] up for ～. 死んだもの[行方不明]とあきらめた. **b** 《叙述的》〈物事が〉〔…に〕再び来ない, 〔…から〕消え去った 〔*to*〕: Hope was never ～ *to* him. 彼は失望したことがなかった / Pompeii was ～ *to* the world after A.D. 79. ポンペイは紀元79年を境にこの世から消えてしまった / Woe is me! All is ～. 悲しいかな, すべてなくなってしまった. **3** 負けた; 取り損なった, 逸した: a ～ battle 負け軍(いくさ) / a ～ race 負けた競走 / a ～ prize 逸した賞 / a ～ opportunity 取り逃がした好機. **4 a** 浪費された: a ～ day / ～ labor むだ骨折り / make up (for) ～ time むだにした時間を取り返す. **b** 《叙述的》〈人に〉ききめがない, きかない 〔*on, upon*〕 (cf. lose *vt.* 6 b). **5 a** 死滅[破滅]した, 滅びた: a ～ art [city] 滅びた芸術[都市] / a ～ ship 難破船 / a man ～ of wits たわいもなくなった[もうろくした]人. **b** 《文語》 精神的に荒れすさんだ, 堕落した, 地獄に落ちた: ～ souls (救われないで)永遠に地獄に落ちた霊魂 / a ～ woman 身を持ちくずした女 / a ～ child 非行児 (cf. 1 a). **c** 《文語》〈態度・言葉などが〉取り乱した, 捨てばちの (desperate): She cried out some terrible, ～ words. 彼女は何やら恐ろしい捨てばちな言葉を口走った. **6** 《叙述的》《文語》〈人が〉〈…の〉影響を受けない, 〔…を〕感じない 〔*to*〕: a person ～ *to* pity 情け知らずの人 / He is ～ *to* all sense of decency [shame]. 彼には上品さというものが全然ない[全くの恥知らずだ] / He's ～ *to* the world when he's reading his comic books. 漫画本を読んでいる時はこの世のことを忘れている.

áll is nòt lóst 全く望みがないわけではない. ***be lóst for wórds*** 驚いて[困惑して]ことばが出ない, 絶句する. ***gèt lóst*** (1) 道に迷う, 迷子になる, 行方不明になる (cf. 1 a, 2 a, lose *vt.* 8 b); 途方に暮れた (cf. 1 b). (2) [命令形で用いて] 《俗》 消えうせろ, 行ってしまえ (Go away!). 《(1947)》

lóst and fóund (òffice) [the —] 《米》 遺失物取扱所 (《英》 lost property office).

lósts and fóunds (新聞などの)遺失物と拾得物(欄).

～·ness *n.*

〖ME (*y*)*-lost* (p.p.) ← *lose*(*n*) 'to LOSE'〗

lóst báll *n.* 《ゴルフ》 ロストボール 《打ったボールの行方が5分間捜しても見つからない場合; 1打の罰則》.

lóst cáuse *n.* 失敗に終わった主義[目的]; 成功の見込みのない運動[望み]. 〖1865〗

Lóst Generátion *n.* [the ～] **1** 失われた世代 《第一次大戦の「戦争の世代」; この時代に成年に達し, 戦争体験や社会混乱ゆえに幻滅し, 人生の方向を見失った世代; 最初 Gertrude Stein がこの句を用い, Hemingway, Fitzgerald, Dos Passos などがその作品にこの世代の特質を扱った; cf. beat generation》. **2** [集合的] 失われた世代の米国の作家たち. **3** 第一次大戦で戦没した有能な素質をもった若者たち. 〖1926〗

lóst mótion *n.* (機械の)から動き.

Lóst Pléiad *n.* [the ～] 《ギリシャ神話》 ⇨ Pleiades 1.

lóst próperty *n.* 《英》 [集合的] 遺失物: a ～ office 遺失物取扱所. 〖1844〗

lóst ríver *n.* 《米》 《地質》 末無(すえなし)川 《流れの途中で一時地下に没してまた地上に現われるなど伏流(ふくりゅう)する川; cf. lose *vt.* 10 a》. 〖1843〗

lóst tríbes *n. pl.* [the ～] 《聖書》 失われた部族 《Assyria のとりことなったままついに帰らなかったと信じられる Israel の10支族 (Ten Lost Tribes of Israel); cf. 2 *Kings* 17: 6》.

lóst wáx *n.* 《金属加工》 ロストワックス法, 蠟(ろう)型法 (⇨ cire perdue). 〖(1947) *lost-wax*: (なぞり) ← F *cire perdue*〗

lot /lɑ́(ː)t | lɔ́t/ *n.* **1** [a ～; しばしば ～s] 《口語》 たくさん, 多数, 多量 (↔ a few, a little): *a* ～ *of* [～*s of*] people, houses, food, money, etc. / have *a* ～ going on＝《英》

L

have *a* ~ on《口語》(短時間にやるべきことが多すぎて)多忙である / There is *a* ~ [There's ~*s*] here. ここにたくさんある / I want *a* ~ [want ~*s*]. / She has quite *a* ~ *of* friends. 彼女にはたくさん友だちがいる / There is *a* (*whole*) ~ *of* milk in the fridge. 冷蔵庫にはミルクがたくさんある / He has had ~*s and* ~*s* [an awful ~] *of* trouble. 彼はさんざん苦労した / What *a* ~ *of* time you waste! ずいぶん時間を無駄にしているね / I'd give *a* ~ to see her again. 彼女に再び会えるなら何でもあげる.

語法 (1) lots (of …) は a lot (of …) よりもいっそう口語的. これらは肯定文・否定文・疑問文に用いられる. (2) a lot (または lots) は副詞的にも用いられる (↔ a little): *a* (whole) ~ [~*s*] better [worse, more] はるかに上等[下等, 多い] / I like him quite *a* ~. あの人が大好きです / He used to make me laugh *a* ~. 彼にはずい分笑わせられたものだ / She cares ~*s* [*a* ~] about it. その事ではとても心配している / *A* ~ you care!《皮肉》ずいぶんご心配なさいますね《何も気にかけないくせに》.

---

2 a (商品・競売品などの)一組, 一山, 一口, ロット: receive a new ~ *of* shoes [stationery] 新しい靴[文房具]が一口入荷する / sell goods *by* [*in*] ~*s* [*by the* ~] 商品を幾口かに分けて売る / *Lot* 31 fetched £1000. 31 番目の口は 1000 ポンドで落札された. **b** [the ~] 全部, なにもかも (cf. 3 a): That's *the* ~.《口語》それで全部だ / Take *the* whole ~ [all *the* ~]; I don't want any. 洗いざらい持っていってくれ, なにもいらないから.
3 [通例修飾語を伴って] **a** (人の)群, 仲間 (crew, set): a heartless ~ 薄情な連中 / that ~ *of* recruits あの新入りの連中 / receive a new ~ *of* trainees 新しい研修生の一団を受け入れる / I hate the ~ *of* them.《口語》あの連中はみんな嫌いだ (cf. 2 b) / There's not a brave man in the ~. その仲間には勇敢な人間は 1 人もいない / Come on, you ~.《英口語》おまえら, さあ来い《米口語では you guys》. **b** [a ~; 集合的にも用いて]《口語》やつ, しろもの (person, sort): a bad ~ 悪党, やくざ; 身持ちの悪い人 / You're *a* nice ~, you are. おまえさんは本当にいいやつだ / Collectors are *a* queer [*an* odd] ~. 収集家というのはおかしなしろものだ.
4 運命, 巡り合わせ (⇨ fate SYN): submit to one's ~ 自己の運命に従う / be a person's ~ それが…の運命[巡り合わせ]だ / His ~ (in life) has been a hard one. 彼の運命は辛かった / It is the common ~ *of* women. それはすべての女性の共通の宿命である / It fell to (him as) his ~ [The ~ fell to him] to deliver an address of welcome. たまたま彼が歓迎の辞を述べる巡り合わせになった.
5 a (土地の)一区画;《米》[通例修飾語を伴って] (建築用などの)用地, 敷地, 画地: a person's house and ~ 家屋敷 / award a ~ to each settler 開拓者のおのおのに土地を与える / an empty [a vacant] ~ 空き地 / a pasture [circus] ~ 牧畜[サーカス]用地 / a house [burial] ~ 宅地[埋葬地] / a refuse ~ ごみ捨て場 / ⇨ building lot, parking lot. **b**《米》映画撮影所, スタジオ《周辺の土地を含む》. **c**《米北部》小さな(放)牧場. **d**《米南部・中部》牛の囲い. **6** くじ; 当たりくじ; くじ引き, 抽選: by ~ くじで / cast ~*s* (事を決するために)さい(など)を投げる / draw ~*s* for turns 順番を決めるためにくじを引く / The ~ fell (up)on [came to] me. =It fell [came] to me by ~. くじが私に当たった / The ~ is cast. さいは既に投げられた (cf. die² 成句). **7** くじに当たって得たもの; 分け前, 割り当て: receive one's ~ 分け前を受け取る / ⇨ *have neither* [*no*] PART *nor lot in*. **8**《英》課税 (tax, duty): ⇨ scot and lot. **9**《英口語》軽い試練.
(a)cròss lóts《米口語》近道をして (⇨ cross-lots). ***cást* [*thrów*] *in one's lót with*** …と運命を共にする[縁組みする]; …と運命を共にする (cf. *Prov.* 1:14).《1535》 ***a fát lót*** ⇨ fat¹ *adj.* 成句. ***lóts to blánks***《廃》まずは確実 (cf. Shak., *Corio* 5. 2. 10).
— *v.* (**lot·ted**; **lot·ting**) — *vt.* **1** 〈土地を〉区分する (divide); 〈物を〉品分けする, 区分する 〈*out*〉: ~ (*out*) land 土地を区分する / ~ *out* goods in batches for sale 商品を販売用にいくつかの束に分ける. **2** 割り当てる (allot). **3**《廃》…のくじを引く, くじで決める; くじ引きで分ける. — *vi.* **1** くじ引きをする. **2**《方言》(…を)当てにする (count), 待ち設ける (*on, upon*).
〖OE *hlot* allotment, share (cf. OE *hlēotan* to cast lots) ← Gmc **χlut*- (G *Los* / Goth. *hlaut*) ← IE **klēu*- hook: ⇨ close¹〗
Lot¹ /lá(ː)t | lɔ́t/ *n.*〖聖書〗ロト《Haran の子で Abraham の甥(おい); その妻は Sodom から逃げ出す途中後ろを振り返ったため塩の柱 (pillar of salt) にされた; cf. *Gen.* 13: 1–12; 19: 1–26》.〖⊏ Heb. *Lōṭ* ← ?〗
Lot² /lá(ː)t, lɔ́(ː)t | lɔ́t; *F.* lɔt/ *n.* **1** ロト(県)《フランス南部の県; 面積 5,226 km², 県都 Cahors /kaɔːr/》. **2** [the ~] ロト(川)《フランス南部の川; Garonne 川に注ぐ支流 (483 km)》.
lo·ta /lóʊṭə | lə́ʊtə/ *n.* (*also* **lo·tah** /~/) ロータ《インドで用いられる真鍮(しんちゅう)の球形水つぼ》.〖《1809》⊏ Hindi *loṭā*〗
LOTE《略》language other than English.
Lot-et-Ga·ronne /lá(ː)teɪgærɔ́(ː)n, lɔ́(ː)t- | lɔ́teɪgærɔ́n; *F.* lɔtegaʀɔn/ *n.* ロトエガロンヌ(県)《フランス南西部の県; 面積 5,385 km², 県都 Agen /aʒɛ̃/》.
loth /lóʊθ, lóʊð | lə́ʊθ/ *adj.* =loath.
Lo·thair /loʊθéə, -téə | lə(ʊ)θéə(r/ *n.* ローセア《男性名》.〖⇨ Luther〗
Lothair I /loʊθéə, -téə | -θéə(r; *G.* lóːtaɪʀ/ *n.* ロタール一世《795?–855; フランク王 (840–43), 神聖ローマ帝国皇帝 (840–55)》.
Lothair II *n.* ロタール二世《1075?–1137; ドイツ王 (1125–37), 神聖ローマ帝国皇帝 (1133–37); Lothair III または the Saxon とも呼ばれた》.
Lo·tha·ri·o /loʊθέəriòʊ, -θáːr- | lə(ʊ)θáːriəʊ, lɔ-, -θέər-/ *n.* (*pl.* ~**s**) [しばしば l-] 女たらし, 色魔; 道楽者, 放蕩(ほうとう)者 (libertine, rake): a gay ~.〖《1756》: 英国の劇作家 Nicholas Rowe の劇 *The Fair Penitent* (1703) に現れる女たらしの若者にちなむ〗
Lo·thi·an /lóʊðiən | lə́ʊ-/ *n.* ロジアン《スコットランド東部の旧州 (1975–96); East Lothian, Midlothian, West Lothian の総称としてロジアン諸州 (The Lothians) とも呼ばれた地域; 面積 1,813 km²》.〖OE *Loðene* ← ? *leōd* prince // ? *leōde* people: cf. Gael. *lāb(h)an, làthach* mire, clay〗
Lo·thring·en /G. lóːtʀɪŋən/ *n.* ロートリンゲン《Lorraine¹ のドイツ語名》.
lo·ti /lóʊti | lə́ʊti/ *n.* (*pl.* **ma·lo·ti** /məlóʊti, maː- | -lə́ʊti/) ロティ《レソト (Lesotho) の通貨単位: =100 lisente》.〖《1980》⊏ Sesotho〗
Lo·ti /loʊtíː, lɔ(ː)- | ləʊ-, lɔ-; *F.* lɔti/, **Pierre** *n.* ロティ《1850–1923; フランスの小説家・海軍士官; *Madame Chrysanthème*「お菊さん」(1888); 本名 Julien Viaud /vjo/》.
lo·tic /lóʊṭɪk | lə́ʊt-/ *adj.*〖生態〗〈川・潮流・波など〉流水の[にすむ] (cf. lentic).〖《1916》← L *lōtus* (↓)+-IC¹〗
lo·tion /lóʊʃən | lə́ʊ-/ *n.* **1** (顔・手につける)化粧水, ローション: after-shave ~ ひげそり後用ローション. **2** (皮膚病・眼病用の水性の)ローション剤, 外用水薬, 洗い薬 (wash): eye ~ 目薬. **3**《俗》酒.〖《a1400》⊏ (O)F ~ // L *lōtiō(n-)* a washing ← L *lōtus* (p.p.) ← *lavāre* to wash: ⇨ lave¹, -tion〗
lót lìne *n.*〖建築〗境界線《土地の一区画の境界》.
lot·o /lá(ː)ṭoʊ | lɔ́təʊ/ *n.* =lotto.
lo·toph·a·gi /lətá(ː)fədʒàɪ, loʊ- | lə(ʊ)tɔ́f-/ *n. pl.* [時に L-]〖ギリシャ伝説〗ロートパゴイ《lotus の実を食べて浮世の憂さを忘れ逸楽にふけった人々》; ⇨ lotus-eater; cf. Homer, *Odyssey* ix. 82–104; Tennyson, *The Lotos-Eaters*》.〖《1601》⊏ L ~ ⊏ Gk *Lōtophágoi* ← *lōtós* 'LOTUS'+*phageîn* to eat〗
lo·tos /lóʊṭəs | lə́ʊt-/ *n.* =lotus.〖⊏ Gk *lōtós* (↑)〗
Lo·tos /lóʊṭɑ(ː)s, -tɔ(ː)s | lə́ʊtɔs; *G.* lóːtɔs/ *n.*〖商標〗ロートス《ドイツ Doppenschmitt 社製の眼鏡フレーム》.
lótos-èater *n.* =lotus-eater.
lot·sa /lá(ː)tsə | lɔ́tsə/ *adj.*《俗》=lots of (cf. lot *n.*).
lot·ta /lá(ː)ṭə | lɔ́tə/ *adj.*《俗》=(a) lot of (cf. lot *n.*).〖1906〗
Lot·ta /lá(ː)ṭə | lɔ́tə/ *n.* ロッタ《女性名》.〖(dim) ← CHARLOTTE²〗
lotte /lá(ː)t | lɔ́t; *F.* lɔt/ *n.*〖魚類〗チョウチンアンコウ (angler) のフランス語名.
Lot·te /lá(ː)ṭə | lɔ́tə; *G.* lɔ́tə/ *n.* ロッテ《女性名》.〖(dim) ← CHARLOTTE²〗
lot·ter·y /lá(ː)ṭəri, -tri | lɔ́təri, -tri/ *n.* **1** 富くじ, 宝くじ (cf. raffle¹ 1): a ~ ticket 富くじ札. **2** (物の分配などに行う)くじ引き, 抽選. **3** 運(次第のもの), 巡り合わせ: Marriage is a ~.《諺》結婚は富くじ.〖《1567》⊏ (O)F *loterie* // MDu. *loterije*: ⇨ lot, -ery〗
lóttery whèel *n.* 輪形抽選器《富くじ番号を入れた太鼓形の箱で, これを回転させてくじを混ぜる》.〖《1819》〗
Lot·tie /lá(ː)ṭi | lɔ́ti/ *n.* ロッティー《女性名》.〖(dim.) ← CHARLOTTE²〗
lot·ting /lá(ː)ṭɪŋ | lɔ́t-/ *n.* (区画単位でなく)広大な土地を売却すること.〖《c1449》: ⇨ lot, -ing¹〗
lot·to /lá(ː)ṭoʊ | lɔ́təʊ/ *n.* (*pl.* ~**s**) ロット《各列 9 区画に 1 から 90 までの数字が 5 区画だけ記されている数字板を各自が持ち, 親が袋または箱から数字を記した小円盤を取り出して読み上げ, その数字を消し, 1 列の 5 区画を早く消した者が勝つ賭博(とばく)遊戯; cf. bingo, keno》.〖《1778》⊏ It. ~ 'LOT'〗
Lot·to /lá(ː)ṭoʊ, lɔ́(ː)ṭ- | lɔ́təʊ; *It.* lɔ́tto/, **Lorenzo** *n.* ロット《1480?–?1556; イタリアのベネチア派の宗教画・肖像画家》.
Lot·ty /lá(ː)ṭi | lɔ́ti/ *n.* ロッティー《女性名》.〖(dim.) ← CHARLOTTE²〗
lo·tus /lóʊṭəs | lə́ʊt-/ *n.* **1**〖植物〗(アジア・アフリカ産の)ハス, スイレン《スイレン科ハス属 (*Nelumbo*) またはヒツジグサ属 (*Nymphaea*) の総称で, 宗教的象徴としてまた古代エジプト・ヒンズー芸術の中に用いられた; cf. Indian lotus, Egyptian lotus 1》. **2**〖ギリシャ伝説〗ロートス, ロートスの実《その実を食べると夢心地になって一切の浮世の苦しみを忘れることができたという想像の植物; 北アフリカ産ナツメの一種 (*Zizyphus lotus*) を指すともいわれる; cf. lotophagi, lotus-eater 1》. **3**〖考古・建築〗蓮華(れんげ)[ロータス]模様《エジプトの柱頭の装飾などに用いたスイレンの模様》. **4**〖植物〗ミヤコグサ《マメ科ミヤコグサ属 (*Lotus*) の植物の総称》.〖《1540–41》⊏ L *lōtus* ⊏ Gk *lōtós* ⊏ Heb. *lōṭ* myrrh〗
Lo·tus /lóʊṭəs | lə́ʊt-/ *n.*〖商標〗ロータス《英国 Lotus Cars 社製のスポーツカー》.
Lótus 1-2-3 /-wʌ́ntùːθríː/ *n.*〖商標〗ロータス 1-2-3《米国 Lotus Development 社製の表計算ソフト》.
lótus-èater *n.* **1**〖ギリシャ伝説〗ロートス (lotus) の実を食べてすべての憂さを忘れ安逸に世を送ったという人《lotophagi の一人; cf. lotus land》. **2** (実生活から遊離した)安逸にふける人, 快楽主義者.〖《1832》(なぞり) ← Gk *Lōtophágoi*: cf. lotophagi〗
lótus-èating *n.* 逸楽 (cf. lotus-eater). — *adj.* 逸楽にふける.〖1861〗
lótus lànd *n.* **1** 逸楽の国 (cf. lotus-eater). **2** [時に Lotusland]《俗》ハリウッドとその映画産業《現実世界と異なり, 華麗で魅惑的と考えられていることから》.〖1842〗
lótus posìtion [**pòsture**] *n.* (ヨーガの)蓮華(れんげ)座《坐法の一種》.〖1953〗
Lot·ze /lá(ː)tsə | lɔ́tsə; *G.* lɔ́tsə/, **Rudolf Hermann** *n.* ロッツェ《1817–81; ドイツの哲学者》.
lou /lúː/ *v.*《スコット》=love.
Lou /lúː/ *n.* ルー: **1** 男性名. **2** 女性名.〖1: (dim.) ← LOUIS¹. 2: (dim.) ← LOUISE〗
Lou.《略》Louth.
Lou·bet /luːbéɪ; *F.* lubɛ/, **Émile** *n.* ルベ《1838–1929; フランスの政治家; 大統領 (1899–1906)》.
louche /lúːʃ; *F.* luʃ/ *F. adj.* 正道をはずれた (devious), 斜めの (oblique); いかがわしい (disreputable), 疑わしい.〖《1819》⊏ F ~ 'cross-eyed' ← L *luscus* one-eyed〗
loud /láʊd/ *adj.* (~·**er**; ~·**est**) **1 a** 〈声・音が〉大きい (↔ soft): a ~ sound, noise, voice, laugh, cough, etc. / a ~ whisper よく聞こえるささやき声 / Their noise was ~ enough to wake the dead. 連中の騒々しさときたら死んでいる人間も生き返るほどだった / Outside the wind grew ~*er* (and ~*er*). 外では風の音がますます大きくなった / The radio is too ~: please turn it down. ラジオの音が大きすぎます. 音を小さくしてください. **b** 大きな声[音]を出す: a ~ speaker 高声で話す人 (cf. loudspeaker) / a ~ bell [trumpet] 大きな音を出すベル[トランペット]. **2** 騒々しい, やかましい: a ~ party 騒々しいパーティー / a street ~ *with* traffic 人や車の往来で騒々しい街路. **3** 熱心な, うるさい: ~ applause [cheers] 盛んな拍手[声援] / ~ praises 口を極めた賞賛 / be ~ *in* one's demands [one's objections, denouncing it] うるさく要求[反対, それを非難]する. **4**《口語》**a** 〈衣類・模様・色など〉派手な, けばけばしい: a ~ dress, necktie, etc. / ~ colors / a ~ dresser 好んで派手な服装をする人 / a woman ~ *with* cheap jewelry 安物の宝石類でけばけばしく飾り立てた女性. **b** 〈行儀など〉下卑た, 無遠慮な: ~ manners. **5**《方言》〈臭気など〉ひどい, 嫌な: a ~ fish smell.
— *adv.* (~·**er**; ~·**est**) **1** 大声[大きな音]を出して, 大声で, 声高に (cf. aloud): roar [say, shout, sing, etc.] ~ / laugh ~ and long 大いに笑う / Speak ~*er*! = *Louder!* もっと大きな声で言え / Don't talk [laugh] so ~. そんなに大声でしゃべるな[笑うな] / You play that note too ~. その音を大きく出し過ぎる《★ 形式張った用法ではしばしば loudly のほうが用いられる》. **2** 派手に, けばけばしく; 無遠慮に. **3** ひどく: smell ~.
òut lóud 声に出して[立てて] (aloud): laugh [read, sing] *out* ~ / think *out* ~ ⇨ think *vi.* 1 / ⇨ *for* CRY*ing out loud*. ***lóud and cléar***《口語》(間違いようのないくらいに)非常に明瞭に: The message came through [across] ~ *and clear*. 伝言は非常にはっきりと伝わった.
〖OE *hlūd* loud & *hlūde* loudly < (WGmc) **χlūðaz*《原義》heard (Du. *luid* / G *laut*) ← IE **kleu*- to hear (Gk *klutós* heard of, celebrate / L *inclutus* famous)〗

SYN 大声の: **loud** 声が大きくて遠くまで響く《最も一般的な語》: He gave a *loud* laugh. 高笑いをした. **vociferous** 人に聞いてもらおうとして大声で騒々しく話す《格式ばった語》: a *vociferous* crowd やかましく叫ぶ群衆. **earsplitting** 〈音・声が〉耳がさけるほど大きな: an *earsplitting* scream 耳がさけるような金切り声. **stentorian** 文語的な語で, 声が大きく力強い: a *stentorian* voice 大音声. ⇨ noisy.

---

loud·en /láʊdn̩/ *vi.* 声高くなる, 騒々しくなる. — *vt.* 声高くする, 騒々しくする.〖《1848》← LOUD (adj.)+-EN¹〗
lóud·háiler *n.*《英》(相当の距離の所でも聞こえるようにした手で持てる)強力拡声器[メガホン] (《米・カナダ》bullhorn).〖1941〗
lóud·ish /-dɪʃ | -dɪʃ/ *adj.* やや声高い; やや騒々しい; ややかましい.〖《1860》: ⇨ -ish¹〗
loud·ly /láʊdli/ *adv.* **1 a** やかましく, 騒々しく (noisily): knock ~ at the door やかましくドアをたたく. **b** 声高に, 大声で (cf. loud *adv.*). **c** 熱心に, うるさく: boast [brag] ~ うるさく自慢する / claim ~ for …をやかましく請求する / demand [insist, proclaim] ~ that …と強く要求[主張, 宣言]する. **2** 派手に, けばけばしく: be ~ dressed 派手な服装をしている.〖《a1500》: ⇨ -ly¹〗
lóud·mòuth *n.*《口語》大声のおしゃべり屋; ほら吹き; 言わなくてもいいようなことを平気でしゃべる人.〖《1934》←《逆成》↓〗
lóud·móuthed /-máʊðd, -máʊθt⁻/ *adj.* 大声の; 騒々しい, やかましい, うるさい (blatant).〖1628〗
loud·ness /láʊdnɪ̀s/ *n.* **1** 声の大きいこと; 騒々しさ; けばけばしさ. **2**〖音声〗(音の)大きさ. **3** 音量: ~ control 音量調節.〖lateOE *hlūdnis*〗
lóud pèdal *n.* (ピアノの)ラウドペダル (⇨ damper pedal). ***gèt one's fóot on the lóud pèdal*** 大声でがなり立てる. ***stép on the lóud pèdal***《口語》調子を高める, 語気を強める; いきり立つ, 騒ぎ立てる (cf. *step on the* SOFT PEDAL).
loud·speak·er /láʊdspìːkə | làʊdspíːkə(r, ⌐ー⌐ー/ *n.*〖電気〗(拡声装置・ラジオ・テレビ受像機などの)拡声器 (reproducer, 単に speaker ともいう).〖1884〗
lóudspeaker vàn *n.*《英》(拡声器を備えた)宣伝カー, 広報車, 街宣[街頭宣伝]車 (《米》sound truck).〖1945〗
lóud-spóken *adj.* 声の大きい.〖1882〗
Lou·el·la /luːélə/ *n.* ルーエラ《女性名》. ★ 米国に多い.〖《異形》← LUELLA〗
Lóu Géhrig's disèase *n.*〖医学〗ルーゲーリック病 (amyotrophic lateral sclerosis)《筋萎縮性側索硬化

(症); Lou Gehrig がこの病気で死んだ). 〖1941〗

lough /lɑ́(ː)k, lɑ́(ː)x | lɔ́k, lɔ́x/ *n.* 《アイル》 **1** 湖 (lake). **2** 入江. 〖《?*a*1300》 *lowe, loughe* ◻ Ir. *loch*: cf. loch〗

Lough·bor·ough /lʌ́fbə̀ːroʊ | -b(ə)rə/ *n.* ラフバラ《イングランド中部, Leicestershire 州北部の町》.

Lou·hi /lóʊhi | lə́ʊ-/ *n.* 〖フィンランド伝説〗 ロウヒ《*Kalevala* に出る Pohyola の女支配者, Finns の敵; Väinämöinen と対立し, 結局負ける》.

lou·ie /lúːi/ *n.* 《米軍俗》 =looie.

Lou·ie /lúːi/ *n.* ルイ《Louis, Louisa, Louise の愛称》.

Lou·is[1] /lúːɪ̵s, lúːi | lúːi, lúːɪs; *F.* lwi, *G.* lúːi, *Du.* lúːɪs, *Dan.* lúi/ *n.* ルイス, ルイ《男性名; 愛称形 Lew, Lou, Louie》. 〖◻ F ~ < OF *Loeis* ◻ OHG *Hluodowig* 《原義》 famous in war ← (WGmc) **χlūðaz* 'heard, famed, LOUD'+**wīʒa-* war: cf. G *Ludwig*〗

Lou·is[2] /lúːi; *F.* lwi/ *n.* (*pl.* ~ /~z; *F.* ~/) [時に l-] =louis d'or. 〖◻ F ~ ← *Louis XIII*〗

Lou·is I /lúːi, lúːɪ̵s, lúːɪs; *F.* lwi/ *n.* ルイ一世《(778–840; Charlemagne の子; フランク王·西ローマ皇帝 (814–40); 通称 le Débonnaire または the Pious (敬虔王)》.

Louis II *n.* ルートヴィヒ二世《(804?–76; Verdun 条約 (843) により東フランク王; 通称 Louis the German; ドイツ語名 Ludwig II》.

Louis II de Bourbon *n.* ブルボン家のルイ二世 (⇨ Condé).

Louis IV *n.* ルートヴィヒ四世《(1287?–1347; ドイツ王 (1314–47)·神聖ローマ帝国皇帝 (1328–47); 通称 the Bavarian》.

Louis V *n.* ルイ五世《(967?–87; 西フランク王 (986–87); カロリング家最後の王; 通称 le Fainéant》.

Louis IX *n.* ルイ九世《(1214–70; フランス王 (1226–70); 第 6 回·第 7 回十字軍を起こす; 聖人に列せられた (1297); Saint Louis として知られる》.

Louis XI *n.* ルイ十一世《(1423–83; フランス王 (1461–83)》.

Louis XII *n.* ルイ十二世《(1462–1515; フランス王 (1498–1515); 通称 the Father of the People》.

Louis XIII *n.* ルイ十三世《(1601–43; フランス王 (1610–43)》.

Louis XIV *n.* ルイ十四世《(1638–1715; フランス王 (1643–1715); ブルボン王朝の全盛時代を築いた; 「朕(ちん)は国家なり」("L'état, c'est moi.") と豪語したとされるが, 事実ではない; 通称 le Grand Monarque, le Roi Soleil (太陽王), the Great》.

Louis XV *n.* ルイ十五世《(1710–74; フランス王 (1715–74); カナダを英国に譲与した》.

Louis XVI *n.* ルイ十六世《(1754–93; フランス革命当時のフランス王 (1774–92); Marie Antoinette の夫; 断頭台にかけられた》.

Louis XVII *n.* ルイ十七世《(1785–95; Louis 十六世の子; 王位についたことはないが, 君主制主義者たちは王と呼んだ (1793–95)》.

Louis XVIII *n.* ルイ十八世《(1755–1824; フランス王 (1814–24); Napoleon 一世没落後即位した》.

Lou·is /lúːɪ̵s | lúːɪs/, **Joe** *n.* ルイス《(1914–81; 米国のボクサー; ヘビー級世界選手権保持者 (1937–49); 本名 Joseph Louis Barrow》.

Lou·i·sa /luíːzə/ *n.* ルイーザ《女性名》. 〖《異形》 ← LOUISE〗

Lou·is·burg /lúːɪ̵sbə̀ːg | lúːɪsbə̀ːg/ *n.* (*also* **Louisbourg** /~/) ルイスバーグ《カナダ南東部 Nova Scotia 半島北方の Cape Breton 島の小港市; ここのフランスの要塞(ようさい)は英軍に占拠された (1745, 1758)》.

lou·is d'or /lùːidɔ́ə | -dɔ́ː(r); *F.* lwidɔːʁ/ *n.* (*pl.* ~) ルイ金貨《フランスで 1640 年から革命まで通用していた》. 〖《1665》 ◻ F ~ 'gold louis': ⇨ Louis[2]〗

Lou·ise /luíːz; *F.* lwiːz/ *n.* ルイーズ《女性名; 愛称形 Lou, Louie, Louisette; 異形 Louisa》. 〖◻ F ~ (fem.) ← LOUIS[1]〗

Lou·ise /luíːz/, **Lake** *n.* ルイーズ湖《カナダの Banff 国立公園にある氷河湖; 海抜 1,728 m》.

Lou·i·sette /lùːɪ̵zét | lùːɪ-/ *n.* ルーイゼット《女性名》. 〖《異形》 ← LOUISE: ⇨ -ette〗

Lóuis héel /lúːi-/ *n.* まくりヒール《付け根が太く先端が細いヒール; Louis 十五世時代に流行した》. 〖《1872》 ← *Louis XV*〗

Lou·i·si·an·a /luìːziǽnə, lùːɪ̵zi-, lùːzi- | luːìːziǽnə, luːɪzi-, -ɑ́ːnə⁻/ *n.* ルイジアナ《米国南部の州; ⇨ United States of America 表》. 〖◻ F *Louisianne*: フランス王 Louis 十四世にちなむ〗

Louísiana Frénch *n.* ルイジアナフレンチ《米国 Louisiana 州で話されるフランス語》.

Louísiana héron *n.* 〖鳥類〗 サンショクサギ (*Hydranassa tricolor*) 《米国産》.

Lou·i·si·an·an /luìːziǽnən, lùːɪ̵zi-, lùːzi- | luːìːziǽn-, -ɑ́ːn-⁻/ *adj., n.* =Louisianian.

Louísiana Púrchase *n.* [the ~] ルイジアナ購入地《米国が 1803 年フランスから 1,500 万ドルで買収した; 東西は Mississippi 川から Rocky 山脈まで, 南北は Mexico 湾からカナダに至る地域》.

Lou·i·si·an·i·an /luìːziǽniən, lùːɪ̵zi-, lùːzi- | luːìːziǽn-, -ɑ́ːn-⁻/ *adj.* (米国) Louisiana 州(人)の. ― *n.* Louisiana 州人. 〖《1775》 ← LOUISIAN(A)+-IAN〗

Lóuis Napóleon *n.* ⇨ Napoleon III.

Lóuis Philíppe *n.* ルイフィリップ《(1773–1850; フランス王 (1830–48)》.

Lóuis Qua·tórze /-kətɔ́əz | -tɔ́ːz; *F.* -katɔʁz/ *adj.* **1** 《フランスの》 Louis 十四世時代 (1643–1715) の. **2** 〈建築·装飾様式など〉 Louis 十四世時代風の《建築は前時代よりも一層古典的で豪華であることを特色とする; 装飾芸術では曲線や象眼を用いた華麗な傾向が著しい》. 〖《1842》 ◻ F ~ 'Louis Fourteenth'〗

Lóuis Quínze /-kǽ(n)z, -kǽnz; *F.* -kɛ̃ːz/ *adj.* **1** Louis 十五世(時代) (1715–74) の. **2** 〈建築·装飾様式など〉 Louis 十五世時代風の《ロココ (rococo) 様式を特色とする》. 〖《1855》 ◻ F ~ 'Louis Fifteenth'〗

Lóuis Séize /-séɪz, -séz; *F.* -sɛːz/ *adj.* **1** Louis 十六世時代 (1774–93) の. **2** 〈建築·装飾様式など〉 Louis 十六世時代風の《ロココ (rococo) 様式の反動として直線的な古典主義への過渡期を示す》. 〖《1882》 ◻ F ~ 'Louis Sixteenth'〗

Lóuis Tréize /-tréɪz, -tréz; *F.* -tʁɛːz/ *adj.* **1** Louis 十三世時代 (1610–43) の. **2** 〈建築·装飾様式など〉 Louis 十三世時代風の《建築はルネサンス初期のものより重厚で気品があり, 家具·室内装飾にはしばしば幾何学的意匠を用いた》. 〖《1883》 ◻ F ~ 'Louis Thirteenth'〗

Lou·is·ville /lúːivɪ̀l, lúːi-, -vḷ | -ɪvɪl/ *n.* ルイビル《米国 Kentucky 州北部の都市; Ohio 川に臨む港市; Kentucky Derby で有名; 巻きたばこの製造地》. 〖◻ F ~: フランス王 Louis 十六世にちなむ〗

Lóuisville Slúgger *n.* 〖商標〗 ルイビルスラッガー《米国 Hillerich & Bradsby 社製の野球バット》.

Louis Vuit·ton /lùːivjùːətɑ̀(ː)n | -vjúːɪtɔ̃n, -tŋ, -vwíːtɔ̃ː(ŋ), -tɔːŋ; *F.* lwivɥitɔ̃/ *n.* 〖商標〗 ルイヴィトン《フランスの旅行かばん·バッグ·革小物などのメーカー, およびそのブランド商品》. 〖1975〗

lounge /láʊndʒ/ *n.* **1 a** 《英》 社交や談話に適した場所, 居間. **b** 《米·カナダ》 《ホテル·クラブなどで安楽いすなどを備え付けた》社交室, 休憩室, ラウンジ. **c** 《列車·船·飛行機内の》社交[休憩, 談話]室. **d** 《劇場などの化粧室が隣りに付いた》休憩[談話]室. **e** =cocktail lounge. **2** 寝いす, 長いす, 安楽いす. **3** =lounge [saloon] bar. **4** =lounge suit. **5** ぶらぶらして暮らす[過ごす]こと[時間]. **6** 《古》 ぶらぶら歩き, 散歩 (stroll). ― *vi.* **1** もたれかかる, ぐったり横になる (recline, loll): ~ *over* a table [*on* a sofa] テーブルにもたれかかる[ソファーに横になる]. **2** ぶらぶら歩く, ぶらつく (saunter): ~ *about* the streets 街(まち)をぶらつく / ~ *around* at home 家の中でぶらぶらする. **3** のらくらして暮らす, ぶらぶら時を過ごす: ~ *through* a day ぶらぶらして 1 日を過ごす. ― *vt.* [通例 ~ *away* として] のらくらして過ごす (idle): ~ *away* one's time, life, etc. 〖《1508》 ←? 《廃》 *lungis* laggard ◻ OF *longis* < L *Longīnum* (十字架のイエスの脇腹を槍で突いたと伝えられる兵士の名). ― n.: 《1775》 ← (v.)〗

lóunge bàr *n.* 《英》 (パブ (pub) の中の)高級バー. 〖1937〗

lóunge càr *n.* 《米》 ラウンジカー《乗客が安楽いすに座ってくつろぎ, 軽い飲食物をとることができる車両; cf. day coach, parlor car》. 〖1947〗

lóunge chàir *n.* 安楽椅子.

lóunge lìzard *n.* 《口語》 **1** (ホテルなどのラウンジをうろついて)金持ちの女性を物色する男; にやけ男, めかし男. **2** ろくでなし. 〖1918〗

lóung·er *n.* **1** ぶらぶら歩きをする人; のらくら者. **2** のんびりとくつろぐ時に用いるもの《部屋着·寝椅子など》. 〖1508〗

lóunge·ròom *n.* 《豪》 =lounge. 〖1917〗

lóunge sùit *n.* 《英》 ラウンジスーツ (⇨ business suit). 〖1901〗

lóunge·wèar *n.* ラウンジウェア, くつろぎ着. 〖1957〗

lóung·ing *n.* **1** ぶらぶら歩き, ぶらつき; のらりくらり, のらくら. **2** [形容詞的に] 〈衣服が〉ふだん用[着]の: a ~ robe. ― *adj.* ぶらぶらした, のらりくらりした; くつろいだ (relaxed). **~·ly** *adv.* 〖《1674》 ← LOUNGE+-ING[1,2]〗

loup[1] /láʊp, lóʊp | láʊp, lúːp/ 《スコット》 *vi.* 跳(と)ぶ (leap); 走る, 逃げる (run, flee). ― *n.* 跳ぶこと, 跳躍 (leap). 〖v.: 《*c*1300》 *lo(u)pe(n)* ◻ ON *hlaupa*. ― n.: 《*a*1393》 ◻ ON *hlaup*: cf. leap〗

loup[2] /lúː; *F.* lu/ *n.* 半仮面 (loo mask) 《顔の鼻先までを覆う絹などの仮面; 仮面舞踏会などで用いられる》. 〖《1834》 ◻ F ~ 《原義》 wolf < L *lupum*〗

loup[3] /lúː; *F.* lu/ *n.* 〖魚類〗 (ヨーロッパ産の)スズキ (*Dicentrarchus labrax*) (loup de mer ともいう). 〖《1766》 ◻ F ~ 'WOLF'〗

Loup /lúːp/ *n.* [the ~] ループ(川)《米国 Nebraska 州中東部を流れる川; 東流して Platte 川に流入する (467 km)》.

loupe /lúːp/ *n.* ルーペ《宝石の鑑定や時計の修理に使う小型の拡大鏡》. 〖《1775》 ◻ F ~ < OF 'imperfect gem' ←? Gmc: cf. lob[1]〗

loup-ga·rou /lùːgərúː; *F.* lugaʁu/ *F. n.* (*pl.* **loups-ga·rous** /~z; *F.* ~/) =werewolf. 〖《1579–80》 ◻ F ~ < OF *leu garoul* ← *leu* wolf (< L *lupum*: ⇨ loup[2])+*garulf* 'WEREWOLF' (← Gmc)〗

lóup·ing ìll /láʊpɪŋ-, lóʊp- | láʊp-, lə́ʊp-/ *n.* 〖獣医〗 跳躍病《英国北部·アイルランドに発生する羊のウイルス性脳炎[伝染性脳脊髄炎]》. 〖《1816》 ← 《スコット》 *loup* 'to leap, LOUP[1]'〗

lour /láʊə | láʊə(r)/ *vi., n.* =lower[3].

Lourdes /lúəd, lúədz | lúəd, lúədz, lɔ́ːdz; *F.* luʁd/ *n.* ルルド《フランス南西部 Pyrenees 山脈のふもとにある町; 1858 年に少女 Bernadette に Virgin Mary が現れたことから有名になった; ほら穴の中に有名なマリアの聖堂がある》.

Lou·ren·ço Mar·ques /lərénsoʊmɑ́əkés, lɔːr-, -mɑ́ək(s) | lərénsəumɑ́ːk; *Port.* loɾẽsumáɾkɨʃ/ *n.* ロレンソマルケス《1976 年までの Maputo の旧名》.

lou·rie /láʊri/ *n.* 《南ア》 〖鳥類〗 =touraco. 〖1798〗

lour·ing /láʊ(ə)rɪŋ | láʊər-/ *adj.* =lowering[2]. **~·ly** *adv.* 〖《?*a*1300》〗

lour·y /láʊ(ə)ri | láʊəri/ *adj.* =lowery.

louse /láʊs/ *n.* (*pl.* **lice** /láɪs/) **1** 〖昆虫〗 **a** シラミ《シラミ目の昆虫の総称; キモノジラミ (body louse), ケジラミ (crab louse), アタマジラミ (head louse) など》. **b** ハジラミ (bird louse). **2** [通例複合語の第 2 構成素として] **a** (魚·植物などの)寄生虫: ⇨ fish louse, plant louse. **b** 寄生性のない数種の節足動物の総称: ⇨ book louse. **3** (*pl.* **lous·es**) 《俗》 下劣なやつ, いやなやつ, 鼻つまみ者. ― /láʊs, láʊz | láʊz, láʊs/ *vt.* 《まれ》 …からシラミを駆除する. ***lóuse úp*** 《俗》 (*vt.*) やり損なう, 台なしにする, だめにする. (*vi.*) だめになる, 混乱に陥る, めちゃくちゃになる. 〖OE *lūs* (pl. *lȳs*) ← Gmc **lūs-* (Du. *luis* / G *Laus*) ← IE **lus-* louse〗

lóuse flỳ *n.* 〖昆虫〗 シラミバエ (ked).

lous·er /láʊzə | -zə(r)/ *n.* 《アイル俗》 下品で嫌な人, 下劣なやつ. 〖《1575》 ← LOUSE+-ER[1]〗

lóuse·wòrt *n.* 〖植物〗 シオガマギク《ゴマノハグサ科シオガマギク属 (*Pedicularis*) の草の総称; wood betony ともいう》. 〖《1578》 ← LOUSE+WORT[2]: 昔英国で羊に「シラミ」をわかすと信じられた〗

lous·y /láʊzi/ *adj.* (**lous·i·er**; **-i·est**) **1** シラミだらけの, シラミのたかっている. **2 a** 汚い; 卑劣な, さもしい (mean); 役に立たない, 劣った. **b** 鼻持ちならない; とても嫌な[ひどい]; みじめな; 気分が悪い: a ~ book 下劣な本 / a ~ day みじめな 1 日. **c** 〈物が〉思ったより少ない. **3** 《俗》 〔…が〕たくさんある 〔*with*〕: be ~ *with* money 金がうじゃうじゃある. **4** 〈絹布が〉(糸がほぐれて)あちこち斑点(はんてん)のついた. **lóus·i·ly** /-zɪ̵li/ *adv.* **lóus·i·ness** *n.* 〖《?*c*1350》: ⇨ louse, -y[4]〗

lout[1] /láʊt/ *n.* 無骨者, 粗野な男, 田舎者 (bumpkin). ― *vt.* 《廃》 侮辱する, あざける (flout). 〖《1530》 ←? ON *lútr* bent down ← *lúta* to bend down, 《原義》 make small: cf. lout[2]〗

lout[2] /láʊt/ *vi.* 《古·方言》 お辞儀をする, 腰をかがめる (bow); 屈服する (yield). 〖OE *lūtan* ← Gmc **lūt-* (ON *lúta* (↑)) ← IE **leud-* small〗

Louth /láʊð/ ★イングランド人はしばしば /láʊθ/ と発音する. *n.* ラウズ《アイルランド共和国北東部 Leinster 地方の一州, 英国の北アイルランドに接する; 面積 821 km², 州都 Dundalk》.

lóut·ish /-tɪʃ | -tɪʃ/ *adj.* 無骨な, 粗野な. **~·ly** *adv.* **~·ness** *n.* 〖《1542》: ⇨ -ish[1]〗

lou·troph·o·ros /luːtrɑ́(ː)fərɑ̀(ː)s | -trɔ́fərɔ̀s/ *n.* (*pl.* **-o·roi** /-rɔ̀ɪ/) 〖美術〗 ルートロフォロス《古代アテネで婚礼·葬儀に使われた首の長い瓶》. 〖《1896》 ◻ Gk *loutrophóros* 《原義》 bringing water for a bath ← *loutrón* bath+*-phoros* '-PHOROUS'〗

Lou·vain /luːvǽ(ŋ), -vǽŋ | lúːvæ̃(ŋ), -væŋ, -veɪn; *F.* luvɛ̃/ *n.* ルーヴァン《ベルギー中部, Brussels 付近の都市; フラマン語名 Leuven》.

lou·var /lúːvɑə | -vɑː(r)/ *n.* 〖魚類〗 アマシイラ (*Luvarus imperialis*) 《暖海産のアマシイラ科の大魚》. 〖◻ It. 《方言》 *lùvaru* ←? L *ruber* red〗

lou·ver /lúːvə | -və(r)/ *n.* **1** 〖建築〗 (中世の建物に多い)越し屋根, 頂塔 (lantern). **2** 〖建築〗 **a** (採光·通風のためのよろい窓の)がらり(板), 羽板(はいた), ルーバー. **b** [*pl.*] =louver boards. **c** =louver-window. **3** 〖自動車〗 (車体前部の)放熱孔. 〖《*a*1325》 *lover* ◻ OF *lovier* ← Gmc (MDu. *loive* gallery / G *Laube*): cf. lobby, lodge〗

lóuver bòards *n. pl.* 〖建築〗 (よろい窓などに張った)羽板(はいた), ルーバー. 〖1448–49〗

lóuver-dòor *n.* よろい[がらり]戸. 〖1953〗

lóu·vered *adj.* 〖建築〗 よろい張りした. 〖《1846》: ⇨ -ed〗

L'Ouverture, Toussaint *n.* ⇨ Toussaint L'Ouverture.

lóuver-wíndow *n.* 〖建築〗 よろい窓, 錣(しころ)窓.

lou·vre /lúːvə | -və(r)/ *n.* 《英》 =louver.

Lou·vre /lúːvr(ə), -və, lúːv | lúːvr(ə), -və(r), lúːv; *F.* luːvʁ/ *n.* [the ~] ルーブル《Paris にある旧王宮; 1793 年より国立美術館》. 〖◻ F ~ ◻? ML *lupara* hut for wolf hunter: もと地名?〗

Louÿs /luí:, lwí:; *F.* lwi/, **Pierre** *n.* ルイ《(1870–1925; フランスの詩人·作家; 本名 Pierre Louis》.

lov·a·ble /lʌ́vəbḷ/ *adj.* 愛らしい, 愛嬌(あいきょう)のある, 人好きのする (amiable): a ~ smile, child, etc. **~·ness** *n.* **lóv·a·bly** *adv.* **lòv·a·bíl·i·ty** /-vəbíləṭi | -lɪ̵ti/ *n.* 〖《*a*1400》: ⇨ love, -able〗

lov·age /lʌ́vɪdʒ/ *n.* 〖植物〗 **1** セリ科レビスチカム属の薬草 (*Levisticum officinale*). **2** セリ科のトウキの類の薬草 (*Ligusticum scoticum*). 〖《1373》 *loveache* ◻ OF *levesche* (F *livèche*) < LL *levisticum, ligusticum* 'of LIGURIA (原産地名?)'〗

lov·at /lʌ́vət/ *n.* (ツイードなどの織物の特色をなす)緑色を主体としてそれに青色や灰色などの種々の色合いを混ぜた雑色, くすんだ緑色. 〖《1907》 ← *Lovat* (スコットランドの地名) (◻ (Gael. *luibhāite* herb-place)〗

love /lʌ́v/ *vt.* **1 a** 恋する, 愛する, ほれ(ている): Hero and Leander ~*d* each other (dearly). ヘーローとレアンドロスは互いに(深く)愛し合った / *Love* me(,) ~ my dog. 《諺》 坊主憎けりゃ袈裟(けさ)まで憎い / He ~*s* his love with all the letters of the alphabet. 彼は心底恋人を愛している《I love my love with an A because she is amiable, with a B because she is beautiful, …と唱える一種の罰金遊戯の文句から》 / She ~*s* me, she ~*s* me not … 彼女は私を愛している, 愛していない…《花弁をちぎりながらする恋占いの文句》. **b** 〈異性を〉愛撫する, …と性交する. **2**

a 愛する, かわいがる, 大事にする: ～ one's mother, spouse, children, family, neighbors, country, etc. / Lord ～ you! おやまあ《他人の間違いなどに対する驚きを表す》. **b** 敬愛[崇敬]する: ～ God 神を愛する. **3 a** 好む, 愛好する, 愛する: ～ one's work, music, reading, life, the country, baseball, ice cream, etc. **b** [*to* do または *doing* を伴って]〈…するのが〉大好きである: He dearly ～*s to* play jokes on people. 人をからかうのが本当に大好きだ / Will you join us for a cup of coffee?—I would [《英》should] ～ *to*. 一緒にコーヒーでもいかがですか—喜んでいただきます / She ～*s going* [*to* go] to the theater. 芝居見物が大好きです. **c** [目的語＋*to* do を伴って]〈…が〉〈…するのを〉好む[賛美する]: I ～ the children *to* play outside in the sunshine. 子供たちが表の日向(ひなた)で遊ぶのは実によい. ★ for を用いるのは主に《米口語》: She'd ～ *for* me *to* go along with you. 彼女は私があなたと一緒に行けば喜ぶでしょう. **4**《小児語》かわいがる, なでなでする. **5**〈動植物が好む, 必要とする: The rose ～*s* sunlight. バラは日向を好む. **6**(むしろ)選ぶ, 好む〈*to* do〉: I'd ～ (*to* have) some brandy. — *vi.* 愛する, (特に)恋する: 'Tis better to have ～*d* and lost than never to have ～*d* at all. 人を愛して失うことは愛した経験がないことにまさる (Tennyson, *In Memoriam*).
I am gòing to lóve it. それが気に入るだろう, 面白く思えるだろう; [ふざけて] できればしたくないな. ***I lóve it.*** すばらしい, すてき; (人の不幸・失敗などを見て)ゆかいだね, 面白いじゃないか. ***I must*** [***I'll***] ***lóve you and léave you.*** [ふざけて] (もっといたいけれど)おいとまします. ***lóve úp***《俗》＝*vt.* 1 b.
— *n.* **1 a** (異性に対する)愛, 恋, 恋愛, 恋慕: one's first ～ 初恋 / ～ in a cottage 貧しいながらも楽しい結婚生活 / ～ at first sight 一目ぼれ / out of ～ 愛の心から, 好きで / ⇨ free love, *fall in* LOVE (*with*), *for* LOVE (1), *in* LOVE, Platonic love / There is no [little, not much] ～ lost between them. ⇨ lose *vt.* 6 a / *Love* is blind.《諺》恋は盲目 / *Love* needs no teaching [learning].《諺》恋に指南はいらぬ, 「恋に師匠なし」/ All's fair in ～ and war.《諺》恋愛と戦争では手段を選ばない / *Love* is stronger than death. 愛は死よりも強し (cf. *Song of Sol.* 8:6). **b** 恋愛事件, 情事. **c** 色情, 性欲. **d** 情交, 性交: ⇨ *make* LOVE (1). **2 a** (家族・友人・祖国などに対する)愛, 愛情; (隣人などに対する)好意: true ～ 真の愛 / ～ and hate 愛と憎しみ, 愛憎 / the ～ between husband and wife 夫婦の愛情 / a mother's ～ *for* [*of*] her children 子供たちに対する母の愛 / brotherly ～ 兄弟愛 / ～ *of* (one's) country 祖国愛, 愛国心 / feel great [no] ～ *for* …に対して強い愛情を持つ[愛を感じない] / show ～ *to* [*toward*] one's neighbors 近所の人たちに親しみを示す. **b** (親愛な人に対する)よろしくというあいさつ: Give my ～ to Ann.＝Give Ann my ～. アンによろしく言って下さい / Mother sends her ～ to you [you her ～]. 母もよろしくと申しております. **3 a**〔物・事に対する〕好み, 愛好(心), 愛着〔*of, for*〕: a labor of ～ ⇨ labor 2 / a person's ～ *of* learning [truth] 好学心[真理愛] / The Japanese have a deep [great, strong] ～ *of* [*for*] nature. 日本人は自然に対して深い愛情を持っている. **b** 好きな物[事]: Steam locomotives were his great ～. SL が彼の一番好きな物だった. **4** (神の)愛, 慈悲; (人の神に対する)愛, 敬愛, 崇敬: God's ～ *of* [*for*] us 神の私たちに対する慈愛 / the ～ of God *by* us＝our ～ of God 神を愛する私たちの心[敬愛]. **5** (他人への)思いやり, いつくしみ; (他人への)兄弟のような心配り. **6 a** 恋人, 愛人《通例女性; cf. flame 5, lover 1 a》: She was an old ～ of mine. ぼくの昔の恋人だ / She was my first ～ [the (great) ～ of my life]. 彼女は私の初恋[生涯最愛]の人だった. **b** [恋人同士や夫婦間, または子供に対する呼び掛けに用いて] 愛する者, いとしい者: Would you like some coffee, (my) ～? あなたコーヒー召し上がる. **c** [一般に呼び掛けに用いて]《英口語》ねえ, あなた, おい, 君: Hello ～! やあ今日は. **7** [L-] 恋の神, 愛の神, キューピッド (Cupid, Eros);《まれ》ビーナス (Venus). **8**《口語》愉快な人; きれいな物[人], かわいい物[人]; すばらしいこと: He is an old ～. 愉快な老人だ / Isn't she a ～? とてもかわいいじゃないか / What a ～ of a dog [child]! なんてかわいい犬[子]だろう. **9**〖テニス〗ラブ《零点, 得点なし; cf. fifteen 5》: ～ all 0 対 0. **10**《廃》親切.
at lóve〖テニス〗ラブゲームで《相手プレーヤーに点を与えずに》: win a game *at* ～ ラブゲームで勝つ / ⇨ love game. ***be a lóve and*** ＝*there's a* LOVE. ***fáll in lóve*** (***with*** …) (…を)恋する, (…が)好きになる (cf. *in* LOVE): He *fell in* ～ *with* the girl.《1568》 ***for lóve*** (1) 好きで: marry *for* ～ / just *for* ～ 純粋に好意から. (2) (勝負事など)賭けをしないで, ただ楽しみで (cf. *for* MONEY (1)): play (cards) *for* ～. (3) 無報酬で: head a fund-raising campaign *for* ～ 無報酬で資金調達運動の先頭に立つ. ***for lóve or*** [***nor***] ***móney*** [否定構文で] 義理ずくでも金ずくでも, どうしても (by any means): It can't be had *for* ～ *or money*. それはどうしても手に入らない / I wouldn't do it *for* ～ *or money*. 絶対にそんなことはしない.《1590》 ***for the lóve of*** …のために, のゆえに: learn English *for the* ～ *of* it 英語が好きだから英語を学ぶ / volunteer *for the* ～ *of* adventure 冒険が好きで志願する. ***for the lóve of Héaven*** [***Gód, Míke, Péte, mércy, etc.***] 後生だから, お願いだから.《c1200》 ***in lóve*** (1)〔…を〕恋して,〔…に〕ほれて〔*with*〕: They are *in* ～. 恋し合っている / I'm *in* ～ *with* you. 君を恋している / ⇨ *fall in* LOVE *with*. (2)〔…が〕大好きで〔*with*〕: She's *in* ～ *with* steak. ステーキが大好きだ / They fell *in* ～ *with* the apartment at once. すぐにそのアパートが気に入ってしまった. ***màke lóve*** (***to*** …) (1) (…と)情交する, (…と)性行為を行う (cf. love-making).《1580》 (2) (…を)抱擁する, (…に)接吻する. (3)《古》(…に)求愛する, 言い寄る, (…を)口説く. ***of áll lóve(s)***《廃》後生だからぜひとも. ***òut of lóve*** (***with***)《口語》…が大嫌いで, …に愛想が尽きて: I'm *out of* ～ *with* fish these days. このごろ魚が口に合わなくなった / He seems *out of* ～ *with* life [her]. 人生[彼女]がいやになったみたいだ / They have fallen *out of* ～. 彼らは熱がさめてしまった.《1581》 ***thére's a lóve***《英》[特に家族や子供に対して用いて] お願いだから…: Now stop crying—*there's a* ～. 泣くのはおやめ, いい子だから. ***With lóve,*** ＝***Lóve,*** ＝***Lóts of lóve,*** ＝***Áll my lóve,*** さようなら, ではまた《親しい者同士の手紙の結びの文句》.
〖n.: OE *lufu* ← (WGmc) **leub-*, **laub-*, **lub-* (OHG *luba* (G *Liebe*)) ← IE **leubh-* to care for, desire, love (L *lubēre* to please, *libīdō* pleasure, desire (⇨ libido) / Skt *lubhyati* he desires). — v.: OE *lufian* ← *lufu* love (n.): cog. G *lieben*〗

SYN 愛: **love** 自分に喜びを与える人や物を心から好む感情《最も一般的な語》: a mother's *love* for her children わが子に対する母性愛. **attachment** 人や無生物に対する強い愛着心: He has a strong *attachment* to the old piano. 古いピアノに強い愛着を感じている. **affection** 温かく優しく落着いて, 長続きする愛情: She married without *affection*. 愛のない結婚をした. **adoration** 尊敬と感嘆の気持ちから生じる愛: a deep *adoration* for the teacher その先生に対する深い敬愛の気持ち. **devotion** 人や物に対する献身的な強い愛: her *devotion* to her husband 夫に対する献身的な愛.
ANT aversion.

Love /lʌ́v/ *n.* ラブ《女性名》. 〖↑〗
love·a·ble /lʌ́vəbl/ *adj.* ＝lovable.
lóve affàir *n.* **1** 恋愛事件, 情事, ロマンス: have a ～ with a married man 既婚男性と関係をもつ. **2** 熱中, 熱望, 執心〔*with*〕: have a ～ *with* golf [mountaineering] ゴルフ[登山]に熱中する. 〖1591〗
lóve àpple *n.*〖植物〗**1** サンゴナス, トゲハリナスビ (*Solanum aculeatissimum*)《熱帯産のナス科の一年草; 葉にとげがあり花は白; 橙黄色の実が美しいので観賞用》. **2**《古》トマト. 〖《1578》《なぞり》← ? F *pomme d'amour* ▭ It. *pomo d'amore*《変形》← *pomo de' Mori* apple of the Moors (⇨ pome): cf. G *Liebesapfel*〗
lóve àrrow *n.*〖動物〗交尾矢 (⇨ dart 3 b).
lóve àrrows *n. pl.*〖鉱物〗ラブアロー, 網状金紅石《石英中に含まれ網目状をなす針状金紅石 (TiO_2); cf. sagenite》.
lóve bèads *n. pl.* (愛と平和の象徴としてつける)ビーズのネックレス. 〖1968〗
lóve-begótten *adj.* 私生の. 〖1771〗
lóve·bìrd *n.* **1**〖鳥類〗ボタンインコ《アフリカ産ボタンインコ属 (*Agapornis*) の小鳥の総称; 雌雄ほとんど離れることがない》. **2** セキセイインコ (budgerigar). **3** [*pl.*]《口語》恋人同士, 相思相愛の夫婦, おしどり夫婦. 〖1595〗
lóve·bìte *n.* キスマーク, 愛咬(あいこう). 〖1749〗
lóve·brò̀ker *n.*《Shak》恋の取り持ち役. 〖1601–02〗
lóve·bùg *n.*〖昆虫〗ケバエの一種 (*Plecia nearctica*)《米国南東部に見られ, 5 月と 9 月には群翔し自動車の運転の障害となる》. 〖1966〗
lóve chìld *n.* 私生児 (bastard). 〖1805〗
love·day /lʌ́vdeɪ/ *n.* **1**《廃》和解に定められた日. **2** [L-] ラブデイ《この日に生まれた女児につけられた名前》. ★ 中世に一般的であったが今では男児にもつけられた. 現在も Cornwall に見られる名. 〖《c1300》《なぞり》← L *diēs amōris*〗
lóved òne *n.* **1** 最愛の人, 恋人; [*pl.*] 家族, 親類: with best wishes to all your ～*s* 御家族の皆様によろしく. **2** [しばしば L- O-] 亡くなった家族[親類]の者, 「仏(ほとけ)」. 〖1862〗
lóve drùg *n.*《口語》催淫剤, 媚薬《特に methaqualone を指す》. 〖1959〗
lóve-entàngle *n.*〖植物〗**1** ＝love-in-a-mist 1. **2** ＝stonecrop. 〖1847〗
lóve fèast *n.*〖キリスト教〗**1** 愛餐(あいさん) (agape)《初期キリスト教徒間で友愛を表すために行った共食》. **2** (これを模倣してメソジスト教徒などが行う)愛餐会. **3** 懇親会. 〖1580〗
lóve gàme *n.*〖テニス〗ラブゲーム《相手に 1 ポイントも与えないゲーム; cf. love set》.
lóve gràss *n.*〖植物〗カゼクサ《イネ科カゼクサ属 (*Eragrostis*) の草本の総称; 家畜の飼料になる weeping love grass など》. 〖1702〗
lóve hàndles *n. pl.*《米俗》お腹のまわりのぜい肉《性交のときにつかむことができることから》.
lóve-hàte *adj.* [限定的] 愛憎の: a ～ complex, relationship, etc. 〖1937〗
lóve-ìn *n.* ラブイン《集団恋愛のための若者, 特にヒッピーたちの集まり》. 〖1967〗
lóve-in-a-míst *n.*〖植物〗**1** クロタネソウ, ニゲラ (*Nigella damascena*)《キンポウゲ科の植物, 観賞用に栽培; devil-in-a-bush ともいう》. **2** 南米熱帯地方産トケイソウ科の多年性のつる草 (*Passiflora foetida*). 〖1760〗
lóve-in-ídleness *n.*〖植物〗＝wild pansy. 〖1578〗
lóve ìnterest *n.* (小説・映画などで)恋愛(中心)のテーマ; 恋愛の対象, 思いをよせる人物.
Love·joy /lʌ́vdʒɔɪ/, **A**(**rthur**) **O**(**ncken**) /ɑ́(ː)ŋkən | ɔ́ŋ-/ *n.* ラブジョイ《1873–1962; 米国の哲学者・思想史家; 「概念の歴史」(History of Ideas) の創始者; *The Great Chain of Being* (1936)》.
lóve jùice *n.*《俗》愛液; 精液.
lóve knòt *n.* 恋結び《リボンなどの飾り結びで, 昔は恋人達が愛のあかしとして身につけた; lover's knot ともいう》. 〖*c*1387–95〗
Lov·el /lʌ́vəl, -vl̩/ *n.* ラベル《男性名》. 〖《変形》← LOVELL〗
Love·lace /lʌ́vleɪs/ *n.* 道楽者, 色魔 (libertine, rake). 〖《1751》Samuel Richardson の小説 *Clarissa Harlowe* (1747–48) 中の人物から〗
Love·lace /lʌ́vleɪs/, Countess of *n.* ラブレース《1815–52; 英国の数学者; 詩人 Lord Byron の実の娘で, コンピュータープログラムを初めて書いた; 本名 Augusta Ada Byron King》.
Lovelace, Richard *n.* ラブレース《1618–58; 英国の詩人》.
lóve·less *adj.* **1** 愛のない: a ～ union, marriage, etc. **2** 愛情のない, つれない (unloving). **3** 愛されない, 人好きのしない, かわいげのない (unloved). **～·ly** *adv.* **～·ness** *n.* 〖《?1311》: ⇨ -less〗
lóve lètter *n.* **1** 愛の手紙, 恋文, ラブレター. **2** (マレーシアで)卵と米の粉で作った筒状のビスケット. 〖*a*1240〗
lóve-lìes-bléeding *n.*〖植物〗ヒモゲイトウ (*Amaranthus caudatus*). 〖*c*1610〗
lóve lìfe *n.* 愛の生活, (特に)性生活.
lóve·li·ness *n.* 愛らしさ, かわいらしさ; 美しさ; 魅力;《口語》すばらしさ.
Lov·ell /lʌ́vəl, -vl̩/ *n.* ラベル《男性名; 異形 Lovel (犬に用いられる), Lowell》. 〖▭ AF *lovel* (dim.) ← *love* wolf (⇨ loup²) // (dim.) ← LOVE: ⇨ -el²〗
Lovell, Sir (**Alfred Charles**) **Bernard** *n.* ラヴェル《(1913–　; 英国の天文学者》.
lóve·lòck *n.* **1** (女性の)愛嬌(あいきょう)毛《額やほおに作った巻き毛》. **2** (英国で 17–18 世紀に上流の男子が顔の両側に垂らしてリボンで結んだ)垂れ髪. 〖1592〗
lóve·lòrn *adj.* 恋人に捨てられた, 失恋した; 恋に泣く. **～·ness** *n.* 〖1634〗
love·ly /lʌ́vli/ *adj.* (**love·li·er, -li·est; more ～, most ～**) **1** (美・調和・優雅さがあって)心の引かれる, 美しい, うるわしい, かわいらしい, 魅力的な (⇨ beautiful SYN): a ～ flower, hat, smile, face, woman, melody, etc. **2**《口語》[主に女性が用いる] すばらしい, 愉快な, 楽しい, すてきな, 快い: a ～ taste すばらしくいい味 / ～ weather すばらしい天気 / lots of ～ money 大金 / have a perfectly ～ time とても楽しい時を過ごす / It's been just ～ being [to be] with you! あなたとご一緒で本当にすてきでした / Thank you for a ～ evening. すてきな夕べを過ごせました, ありがとう / Put it over there. That's ～. それ向こうに置いてちょうだい. それでいいわ[ありがとう] / It's ～ of you to come. 来てくださってありがとうございます. **3**《米》(道徳的・精神的に)立派な, 高潔な: a ～ character 立派な人格. **4**《廃》愛情のこもった (loving). ***lóvely and*** **…**《口語》[主に女性が用いる] すばらしく, 気持ちよく (nice and, delightfully): It was ～ *and* warm. ぽかぽかと温かかった.《1614》
— *adv.*《口語》非常によく (very well), すばらしく.
— *n.* **1**《口語》(ショーなどに出演する)美しい魅力的な女性, 美人, 美女: Farewell, my ～! 美しい人よ, さようなら / a bevy of Hollywood *lovelies* ハリウッド美女の一団. **2** 美しい物. **3** 美 (beauty).
lóve·li·ly /-l̩li/ *adv.* 〖OE *luflīc* amiable: ⇨ -ly²〗
lóve·màking *n.* **1** 性的行為, 性交. **2**《古》言い寄り, 口説き, 求婚 (courtship). 〖?*c*1450〗
lóve màtch *n.* (財産や地位目当てではない)結婚; 恋愛結婚.
lóve nèst *n.* 愛の巣. 〖1919〗
lóve-phìlter *n.* ほれ薬, 媚薬(びやく) (philter). 〖1834〗
lóve-pòtion *n.* ＝love-philter. 〖1647〗
lov·er /lʌ́vər | -vəʳ/ *n.* **1 a** (特に, 性的関係にある)愛人, 恋人. ★ 今は通例男性の愛人に用いる (cf. love 6 a, sweetheart 2): She has a ～ [has had many ～*s*]. **b** [*pl.*] 恋人同士: two [a pair of] happy ～*s* 二人の幸福な恋人たち / guilty ～*s* 不義の愛人たち. **c** 求愛者《男性》. **2** [しばしば複合語の第 2 構成素として] 愛する人; 賞美者, 愛好者[家]: a cat [dog] ～ 愛猫[犬]家 / a ～ of books, music, art, etc. **3**《まれ》友人. 〖《*c*1250》: ⇨ love, -er¹〗
Lov·er /lʌ́vər | -vəʳ/, **Samuel** *n.* ラバー《1797–1868; アイルランドの歌謡作者・小説家・肖像画家》.
lóv·ered *adj.*《まれ》恋人がいて. 〖《1609》: ⇨ -ed 2〗
lóv·er·ly *adj.* 恋人のような[にふさわしい]. — *adv.* 恋人のように. 〖《1875》: ⇨ -ly²〗
lóver's knòt *n.* ＝love knot. 〖1592〗
lóvers' láne *n.* (公園などの)恋人たちが二人だけになれる道, 恋の散歩道. 〖1881〗
lóver's léap *n.* **1** 恋人たちが投身自殺の場所に選ぶ断崖[高所]. **2**〖遊戯〗(バックギャモンで) 6–5 のさいの目が出て, 最初のポイントから 12 番目のポイントまで一挙にこまが進むこと. 〖1831〗
lóve scène *n.* (芝居や小説の)愛の場面, 濡(ぬ)れ場, ラブシーン. 〖1639〗
lóve sèat *n.* **1** 二人掛けの椅子, ロマンスシート. **2** (二人用) S 字型ソファー (tête-à-tête). 〖1904〗

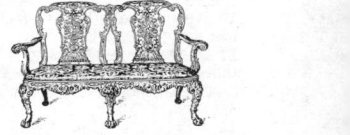

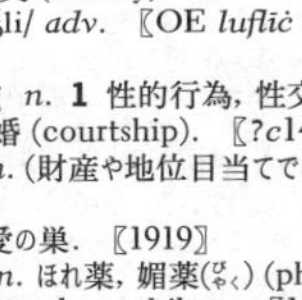

love seat 1

lóve sèt *n.*〖テニス〗ラブセット《相手に 1 ゲームも与えないセット; cf. love game》.

L

lóve·sìck *adj.* **1** 恋わずらいの, 恋に悩む. **2** 恋の悩みを表す: a ~ song. 〘*a*1450〙

lóve·sìckness *n.* 恋わずらい. 〘1707〙

Lóve's Lábour's Lóst *n.*「恋の骨折り損」《Shakespeare 作の喜劇 (1594–95)》.

love·some /lʌ́vsəm/ *adj.*《文語・方言》**1** 美しい, かわいらしい (lovely, charming). **2** 情愛の深い; 恋している, ほれこんでいる. 〘OE *lufsum*: ⇨ love, -some¹〙

lóve sòng *n.* 恋歌, 愛の歌. 〘*c*1325〙

lóve spòon *n.* 愛のスプーン《ウェールズ地方で, 婚約した男性がフィアンセに贈る木製の二またスプーン》. 〘1918〙

lóve stòry *n.* 恋物語, 恋愛小説. 〘1623〙

lóve-strùck *adj.* 恋にのぼせた[冒された].

lóve-tòken *n.* 愛のしるし(の贈物). 〘OE *luf tacen*〙

lóve trìangle *n.* (恋愛の)三角関係.

lóve vìne *n.*〘植物〙ネナシカズラ (dodder).

Lóve wàve /lʌ́v-/ *n.*〘物理〙ラブ波《表面の平らな半無限媒質上に性質の異なる表面層がある時の横波の表面波》. 〘← *A. E. H. Love* (1863–1940: 英国の地球物理学者)〙

lóve wèed *n.*《米俗》マリファナ (marijuana).

lóve·wòrthy *adj.* 愛するに足る. 〘*c*1225〙

lov·ey /lʌ́vi/ *n.*《英口語》=love 6 b, c. 〘(1731) ← LOVE+-Y²〙

lov·ey-dov·ey /lʌ́vidʌ́vi⁻/ *n.*《英口語》=lovey. — *adj.*《俗》情にもろい, 感傷的な; 甘ったるい, 女々しい. 〘(1819) ← LOVE+-Y⁴+DOVE¹+-Y⁴〙

Lov·ie /lʌ́vi/ *n.* ラビー《女性名》. 〘(dim.) ← LOVE〙

lov·ing /lʌ́vɪŋ/ *adj.* **1 a** 愛情のある, 慈愛に満ちた, 優しい: ~ hearts, words, glances, etc. / Your ~ mother 愛する母より《手紙の結句》. **b** [しばしば複合語の第 2 構成素として] 愛する: money-[pleasure-]*loving* 金[遊び]の好きな / home-[peace-]*loving* 家庭[平和]を愛する. **2** 細部にまで注意の行き届いた, 労を惜しまない: ~ attention 細心の注意 / the ~ protection of freedom of speech 言論の自由の不休の擁護. **3** 忠実な, 忠誠な: our ~ subjects わが忠愛なる臣民《詔勅の形式語》. **~·ness** *n.* 〘OE *lufiende*: ⇨ love, -ing²〙

lóving cùp *n.* **1** 親愛の杯《2 個以上の取っ手の付いた銀製の大杯で, 通例宴会の最後などに客の間を順次回して飲む》. **2** (優勝・親愛・名誉などのしるしに与えられる)トロフィー (trophy). 〘(1808) 1812〙

lóving kíndness *n.* **1** (神の)慈悲, 哀れみ (cf. *Ps.* 89:33). **2** 親愛, 情. 〘(1535): Coverdale の用語〙

lóv·ing·ly *adv.* **1** 愛情を込めて, 優しく: look ~ at ... を優しいまなざしで見る / Yours ~, 愛を込めて《子供から親への手紙の結句》. **2** 丹精に, 入念に. 〘(1398): ⇨ -ly¹〙

low¹ /lóʊ | lə́ʊ/ *adj.* (~·er; ~·est) **1 a** (高さが)低い (↔ high, tall): a ~ house, wall, shelf, roof, flame, etc. / a man of ~ stature 背の低い人 / a ~ brow [forehead] 狭い額 (⇨ lowbrow). ⇨ high 日英比較. **b** (地上・床から)遠く離れていない, 高くない所にある, 低い: a ~ sky 雲の低く垂れた空 / ~ clouds 低く垂れこめた雲 / a ~ flight path 低空飛行経路. **c** 〈太陽・月など〉地平[水平]線に近く: The sun is ~ at 4 o'clock in winter. 冬は 4 時には太陽が西に傾く.
2 a 〈土地など〉低い所にある: ⇨ low ground. **b** 低地の; 海岸に近い: ⇨ Low Countries.
3 (緯度の)低い, 赤道に近い: ~ latitudes 低緯度(地方) / in the ~ northern latitudes 赤道近くの北半球に.
4 〈水位・液量が〉減じて, 浅い (shallow); 〈潮が〉引いて, 低潮の, 干潮の: ⇨ low tide, low water / The water (level) is ~. 減水している / The barometer is ~. 水銀柱[晴雨計]が下がっている / The well is ~. 井戸の水が減った.
5 a えりぐりが大きい[深い] (décolleté): a ~ dress えりぐりの深い服 / ⇨ low-neck, low-necked. **b** 〈靴が〉ローカットの《靴の上皮が足首以下のもの》: ⇨ low shoe.
6 a 〈お辞儀など〉低くかがむ, 腰の低い: a ~ bow [obeisance] 腰の低いお辞儀. **b** 下方に向かう, ぐっと下に曲がる: a ~ swoop 急降下.
7 a (価値・数量・程度など)標準以下の, 低い, 少ない, 〈価格が〉安い: a ~ mark [grade, average] 悪い点[成績, 平均値] / ~ prices 低物価 / ~ wages [income] 低賃金, 薄給 / ~ tension〘電圧〙低圧 / ~ temperature 低温 / a ~ fever 微熱 / ~ pressure 低圧 / ~ rates 低率 / a ~ number 若い数 / a person of ~ intelligence 知性の低い人 / food ~ in fat(s) 脂肪分の少ない食品 / a diet ~ in fat(s)=a *low*-fat diet 低脂肪分の規定食. **b** (評価が)低い, 見くびった, さげすんだ (disparaging): have a ~ opinion of ...を低く評価する, ...をばかにする, ...に重きを置かない.
8 社会的地位の低い, 下層の, 卑しい: a person of ~ birth [origin] 生まれ[素姓]の卑しい人 / ⇨ low life.
9 a 育ちのよくない, 粗野な, 下等な; 卑劣な (⇨ base² SYN); 文化程度の低い: a man of ~ manners ふるまいの粗野な男 / a ~ fellow 不作法な男. **b** 低級な, 劣等な; 下品な, 猥褻(わいせつ)な: ~ tastes [ideals] 低級な趣味[理想] / ~ conduct 下等な行為 / a ~ talk 下品な話 / ~ passions 劣情 / meet in some ~ dive どこか低級なもぐり酒場で会う / Such people are the ~*est* of the ~. そういう連中は最低なやつらだ / ⇨ low comedy.
10 最低の, どん底の (lowest): the ~ point of his career 生涯のどん底時代.
11 〈生き物が〉未発達の, 単純な, 下等な, 未開の: ~*er* tribes [races] 未開種族[人種] / ~*er* animals [creation] (人間以外の)下等動物 / ~ organisms [forms of life] (構造の単純な)下等生物.
12 a 活力のない, 虚弱な, 弱い: a ~ pulse 弱い脈搏(みゃくはく) / a ~ state of health 弱い健康状態. **b** 沈んだ, 元気のない, ふさぎ込んだ (depressed, despondent): ~ spirits 無気力, 意気消沈 / be ~ *in* spirits 元気がない, 沈んでいる / be feeling [feel] ~ 元気がない, 憂鬱(ゆううつ)だ / a man made ~ by sickness 病気で元気のなくなった人.
13 栄養価の低い, 粗末な: a ~ diet 栄養価の低い食事 / ~ nutrition 栄養不良 / ⇨ low tea.
14 a ほとんど尽きた, 乏しい: The stock [supply] of coal is ~. 石炭の貯蔵[供給量]が少なくなった / be ~ *on* ammunition 弾薬が底をつきそうだ / ⇨ *run* LOW. **b** 《口語》金がない, 現金が不足して: a ~ purse さびしい懐 / be ~ *in* (one's) pocket 懐が乏しい.
15 a 〈音・声が〉鋭くない, 低い調子の, 低い: a ~ whisper, murmur, groan, etc. / in a ~ voice 低い声で / The radio is too ~. ラジオの音が小さすぎる. **b**〘音楽〙〈音が〉低い, 低音の: a *low*-voiced singer 低音の歌手. **c**〘音声〙〈母音が〉舌の位置が低い, 低母音の (cf. high 14, mid¹ 2): ~ vowels 低母音 (/a/, /ɑ/, /ɒ/ など).
16 《古》もっと近年の: relics of ~ antiquity 近古代の遺物 / an event of a ~*er* date それよりもっと近年の出来事.
17 《古》[叙述的] 倒れて; 死んで, 埋葬されて: The great man is ~. その偉人は亡くなった. ★ 通例 *bring* LOW, *lay* LOW, *lie* LOW という成句で用いる.
18 [通例 L-]《英》低教会派 (Low Church) の, 低教会風の: ⇨ Low Church.
19 〘気象〙低気圧の: ⇨ low area.
20 〘自動車〙低速力を出す: ⇨ low gear.
21 〘ボクシング〙相手の選手のベルトより下を打つ: ⇨ low blow.
22 〘野球〙〈投手の投球が〉低めの, ロー(ボール)の《打者のひざより下を通る》.
23 〘トランプ〙低い, 低位の, 小さな番号の: ~ cards [spades, clubs, etc.] 小さい数のトランプ札[スペード, クラブなど]
24 〘化学〙低級の: ~ hydrocarbon 低級炭化水素.
25 〘冶金〙含有量の少ない: ~ carbon steel 低炭素鋼 / ~ grade ore 低品位鉱.
at the [*one's, its*] ***lówest*** 最も低く[安く]ても, 少なくとも. ***blów hígh, blów lów*** ⇨ blow¹ *v.* 成句. ***bring lów*** (1) 衰えさせる, 減じる, 落ちぶれさせる. (2) はずかしめる (humble). (3) 倒す.《1387》 ***fáll lów*** 落ちぶれる, 堕落する. ***hígh and lów*** ⇨ high *adj.* 成句. ***láy lów*** (1) 打ち倒す, 切り倒す: He has been *laid* ~ by influenza. インフルエンザにかかって床に就いている / The tree was *laid* ~ with a single blow. 木は一撃で倒された. (2) 殺す; 埋める; 滅ぼす. (3) はずかしめる (humble). (4)《俗》= *lie* LOW. ***líe lów*** (1) ひれ伏す, うずくまる (crouch). (2) 敗残のふちにある; 屈伏させられて[屈辱を受けて]いる; 参って[死んで]いる. (3) 隠れている, 人目につかないようにしている. (4) じっとして時機を待つ, 満を持す.《*c*1250》 ***rùn lów*** 〈資力などが〉尽きる: The sands are *running* ~. (砂時計の)砂が尽きそうだ, もうすぐ時間が切れる; 余命いくばくもない / The supplies are *running* ~. 在庫が切れそうだ.
— *adv.* (~·er; ~·est) **1** 低く, 低い所へ[に]; 地面[床]に近く: hang, bow, shoot, aim, etc. ~ / The candles are burning ~. ろうそくが燃え尽きるところだ. **2** 低い声[調子]で, 声をひそめて: talk [sing] ~ 小声で話す[歌う] / I cannot get (down) so ~. そんなに低い声は出ない. **3** 安く: buy [sell] things ~ 物を安く買う[売る]. **4** 質素に; 粗食をして: live ~. **5** 卑しく, さもしく, 卑劣に. **6** 少額の賭金(かけきん)で: ⇨ *play* LOW. **7** 《古》〈年代が〉現代に近く (late): I find it as ~ as the 18th century. 近く 18 世紀においてもそれを見る.
flý lów ⇨ fly¹ *v.* 成句. ***hígh and lów*** ⇨ high *adv.* 成句. ***lów dówn*** (1) ずっと低く[下に]. (2) 卑劣に (cf. low-down 2). ***pláy it lów dówn on*** [*upon*] *a person* 〈人〉にひどい仕打ちをする, ...を冷遇する. ***pláy lów*** 少しの金で賭(か)をする (↔ play high).
— *n.* **1 a** 低いもの. **b** 低地. **c** 最下点, 最低の得点. **d** 最低水準[記録, 数字] (↔ high): drop to [reach] a new [an all-time] ~ 記録的な低水準に落ちる / be in a bit of a ~ ちょっとばかり最低の状態にある. **e** (株・物価の)最低価格 (cf. high *n.* 2): hit a new ~ 新安値[最低記録]に達する. **2** 〘気象〙低圧域 (low area). **3** 〘自動車〙=low gear, low speed: put it in ~ ギヤをローに入れる. **4** 〘トランプ〙 **a** 最低位の切り札. **b** (1 ゲーム中の)最低得点. **c** (1 ゲーム中の)最低得点者. **5** 〘電子工学〙(論理回路において)論理上ゼロに対応する電圧 (↔ high).
~·ness *n.* 〘(*c*1175) *low*(*e*), *louch*, *lah* ◻ ON *lágr* < Gmc **lēȝaz* (Du. *laag* / G《方言》*läg*) ← IE **legh-* to lie: cf. lie¹, lay²〙

low² /lóʊ | lə́ʊ/ *vi.* **1** 〈牛が〉もーと鳴く (moo). **2** 牛の鳴き声のような声を出す. — *vt.* うなるように言う (bellow). — *n.* もー《牛の鳴き声》. 〘OE *hlōwan* < Gmc **χlō-* (Du. *loeien*) ← IE **klā-*, **kelə-* to shout (L *clāmāre* to shout)〙

low³ /lóʊ | lə́ʊ/《スコット・英方言》*n.* 炎, 強い輝き. — *vi.* 燃え立つ, 赤々と輝く. 〘(?*c*1200) *lou*(*e*) ◻ ON *logi* < Gmc **loȝon*, **luȝon* ← IE **leuk-* light: cf. light¹〙

Low /lóʊ | lə́ʊ/, Sir **David** (**Alexander Cecil**) *n.* ロウ《1891–1963; ニュージーランド生まれの英国の政治漫画家》.

Low, Juliette *n.* ロウ《1860–1927; 米国の Girl Scouts の創始者; 旧姓 Gordon》.

low·an /lóʊən | lə́ʊ-/ *n.*《豪》〘鳥類〙=mallee fowl.

Lów Archipélago /lóʊ- | lə́ʊ-/ *n.* [the ~] ロウ諸島 (⇨ Tuamotu Archipelago).

lów àrea *n.*〘気象〙低圧域, 低圧部.

lów atmospheric préssure *n.*〘気象〙低気圧 (↔ high atmospheric pressure) (略 L, Lo).

lów·bàll *n.* **1** 〘トランプ〙あべこべポーカー《低い手ほど勝ちになる方式のポーカー》. **2** 《米》故意に安い見積もりを出すこと. — *vt.*《米》〈顧客〉にいんちきの安値の見積もりを出す. 〘1961〙

lów béam *n.*〘自動車〙ロービーム《低く[近距離を]照らす下向きのヘッドライト光線; cf. high beam》: be on ~ (自動車のヘッドライトが)下向き[ロービーム]になっている. 〘1952〙

lów bírch *n.*〘植物〙=swamp birch.

lów blóod prèssure *n.*〘病理〙低血圧(症) (cf. high blood pressure). 〘1924〙

lów blów *n.* **1** 〘ボクシング〙ローブロー《相手選手のベルトより下を打つことで, 反則とされる》. **2** (スポーツマンらしくない)不正[卑劣]な行為[攻撃], 汚いやり方. 〘1952〙

lów·bórn *adj.* 素姓[生まれ]の卑しい. 〘?*a*1200〙

lów·bòy *n.*《米》脚付きの低いたんす[引き出し付き(サイド)テーブル] (cf. highboy). 〘1899〙

lowboy

lów·bréd *adj.* 育ち[しつけ]の悪い, 粗野な (ill-bred, rude). 〘1757〙

lów·brów 《口語》*n.* 知性の低い人, 低級な人 (cf. highbrow, middlebrow). — *adj.* 教養の低い人(向き)の, 低級な, 非知性的な: ~ amusements, tastes, etc. **~·ism** *n.* 〘1906〙

lów-brówed *adj.* **1** 額の狭い. **2** 〈岩が〉突き出た (beetling). **3** 〈建物が〉入口の低い; 暗い (dark), 陰鬱(いんうつ)な (gloomy). **4** =lowbrow. 〘1632〙

lów-búdget *adj.* 金をかけていない; 安上がりの.

lów bùnt *n.*〘海事〙ローバント《畳んでヤードに結び付けた帆の中央部のややふくらんだ所; rolling bunt ともいう; ↔ high bunt》.

lów·bush blúeberry *n.*〘植物〙北米産ツツジ科コケモモ属の低木 (*Vaccinium angustifolium*)《青みがかった黒い実をつける; 食用》. 〘1969〙

lów-cál /-kǽl⁻/ *adj.*《米口語》低カロリーの.

lów cámp *n.* (芸術的に低い)露骨で俗悪なわざとらしさ(を見せた演技[芸, 作品]) (cf. camp² 3 a; ↔ high camp).

lów celebrátion *n.*〘カトリック〙=Low Mass. 〘1867〙

Lów Chúrch *n.* [the ~] 低教会派, ローチャーチ《英国国教会内の一傾向に対する 18 世紀以降の俗称で, 聖職の権威や聖奠(せいてん)などをあまり重視しない福音主義的な一派; cf. High Church》. — *adj.* 低教会派の. 〘1702〙

Lów Chúrchman *n.* 低教会派の人. 〘1702〙

low-cláss *adj.* =lower-class.

lów comédian *n.* どたばた[低俗]喜劇役者.

lów cómedy *n.* どたばた喜劇, 茶番劇 (cf. high comedy). 〘1608〙

low-cóst *adj.* 安価な, 値の安い. 〘1934〙

Lów Còuntries *n. pl.* [the ~] 北海沿岸の低地帯《今のオランダ・ベルギー・ルクセンブルグ地方に相当》. 〘*a*1548〙

low-cút *adj.* **1** 〈衣服が〉えりぐりの深い. **2** 〈靴が〉ローカットの (⇨ low¹ *adj.* 5 b). 〘1897〙

lów-dénsity lipoprotéin *n.*〘生化学〙低密度リポ蛋白質《血液中のリポ蛋白質の一つ; コレステロールの主要な運搬役; 動脈硬化症との関連で悪玉とされる; 略 LDL》. 〘1951〙

low-dòwn *adj.*《口語》**1** 非常に低い. **2** 〈身分など〉卑しい (humble); 卑劣な, 下等な (mean): ~ people. **3** (特に, 道徳的・社会的に)堕落した (degraded). **4** 意気消沈した, 憂鬱(ゆううつ)な, 気落ちした. **5** 〘ジャズ〙〈ブルースなどが〉非常に情緒的な: ~ blues. — *n.* (*also* **lów-dòwn**) [the ~]《俗》実情, 内幕: give (a person) *the* ~ on ...の内幕を(人に)語る. 〘1548〙

Lów Dútch *n.* =Low German.

lowe /lóʊ | lə́ʊ/ *n.*, *vi.* =low³.

Lowe /lóʊ | lə́ʊ/, **Arthur** *n.* ロウ《1914–82; 英国の舞台・映画俳優》.

Lö·we /lə́ːvə, léɪ- | lə́ː-; *G.* lǿːvə/ *n.* ⇨ Karl LOEWE.

Low·ell¹ /lóʊəl | lə́ʊ-/ *n.* ローウェル《米国 Massachusetts 州北東部, Merrimack 河畔の都市》. 〘← *Francis C. Lowell* (1775–1817: 米国の綿花栽培の創始者)〙

Low·ell² /lóʊəl | lə́ʊ-/ *n.* ローウェル《男性名》. 〘《変形》← LOVELL〙

Lowell, Abbott Lawrence *n.* ローウェル《1856–1943; 米国の政治学者; Harvard 大学総長 (1909–33)》.

Lowell, Amy (**Lawrence**) *n.* ローウェル《1874–1925; 米国の詩人・批評家; Abbott L. Lowell の妹》.

Lowell, James Russell *n.* ローウェル《1819–91; 米国の詩人・文芸批評家・外交官; *Biglow Papers* (1848, 1862–67)》.

Lowell, Percival *n.* ローウェル《1855–1916; 米国の天文学者; Abbott L. Lowell の兄》.

Lowell, Robert (**Traill Spence**) *n.* ローウェル《1917–77; 米国の詩人; *Life Studies* (1959)》.

Lö·wen·bräu /lóʊənbràʊ | lə́ʊ-; *G.* lǿːvnbrɔʏ/ *n.*〘商標〙レーベンブロイ《ドイツ Löwenbräu AG 製のドラフトビール》.

low-ènd *adj.* 低価格帯の, 格安の (↔ high-end).

low·er¹ /lóʊə | lə́ʊə(r)/ *adj.* [low¹ の比較級; cf. upper] **1 a** (場所・位置など)比較的下にある, 下部の, 低い方の: a ~ berth 下の方の寝棚. **b** (対または組になっているもの

の中で)下の方の: the ~ lip 下唇. c (地上に対して)地表下の: the ~ world 地下世界. 2 a (官位・地位・身分など)下位の, 下級の, 下層の. b 〈生物が〉下等の: the ~ animals 下等動物. c (二院制の)下院の (↔ upper): ⇨ lower house. d 《英》(教育制度で)低学年の: a ~ boy 下級生, 低学年生 《lower school の生徒》/ a ~ form 下級 《lower school の学級》/ ⇨ lower school 1. 3 a 下手の, 下流の, より海岸[河口]に近い: the ~ Mississippi. b 《米》より南方の, 南部の: ~ Manhattan. 4 〘数学〙〈限度[限界]が〉1 または他の数[変数]以下の. 5 [通例 L-] 〘地質〙初期の (↔ Upper): ⇨ Lower Cretaceous. 6 〘歯科〙下方の, 下顎(がく)の. — n. 《米口語》1 (Pullman car などの) 下段の寝台. 2 下顎, 下顎義歯. 〘(?c1200) *lahre, louer* (compar.): ⇨ low[1], -er[2]〙

low·er[2] /lóuə | lə́uə(r)/ vt. 1 a 〈高さを〉低くする, 下げる; 〈ボートなどを〉降ろす (let down): ~ a boat, sail, etc. / ~ the blood pressure 血圧を下げる / ~ one's eyes 目を伏せる / ⇨ *lower one's* COLORS / He ~*ed* himself into a chair. 椅子に腰を下ろした. b …の高さを低くする: ~ a wall. 2 〈狙い・希望などを〉一段と下げる: ~ the aim 狙いを下げる / ~ one's ambition 野心を一段低い所へおく. 3 a (価値・単位・程度などを)落とす: That remark ~*ed* him *in* my opinion. あんなことを言うので私の目には彼の評価が下がった. b 〈物価を〉下げる, 安くする: ~ the price. c 〈体力・抵抗力などを〉減じる, 消耗する: ~ the system 体力を減じる, 弱らす. 4 押さえる, くじく, へこます (humble): ~ a person's pride 人の誇りを傷つける / ~ oneself 身を屈する, 品格を落とす. 5 〈音・声などを〉下げる: ~ one's voice 声をひそめる / ~ one's voice to a murmur 声を低くしてささやき声になる. 6 〘音声〙〈舌を〉下げる (↔ raise). — vi. 1 下がる, 下る, 低くなる (sink, descend). 2 減る (decrease); 〈価格などが〉下落する. 3 〘海事〙ボート[帆, 帆桁(ほげた)]を降ろす 〈*away*〉. **~·a·ble** /lóuərəbl | lə́u-/ adj. 〘(1606-67) 《転用》↑〙

low·er[3] /láuə | láuə(r)/ vi. 1 (…に)顔をしかめる (frown, scowl) (*at, on, upon*): ~ *at* [*on*] him. 2 〈空模様が〉険悪になる; 〈雷・雲などが〉来そうである (menace). — n. 1 しかめつら (scowl). 2 (空などの)険悪な模様. 〘(?a1300) *loure(n)* to frown, lurk: cf. G *lauern* to lurk / Du. *loeren* to frown〙

Lówer Áustria n. ニーダーエステライヒ 《オーストリア北東部の州; ドイツ語名 Niederösterreich》.

lówer bóund n. 〘数学〙(順序集合の)下界(かかい) (cf. upper bound, bound[4] 4).

lówer brídge n. 〘海事〙下部船橋 (cf. upper bridge).

Lówer Búrma n. 下(しも)ビルマ 《ミャンマー南西部, Bengal 湾の沿岸地方》.

Lówer Califórnia n. 1 (バハ)カリフォルニア(半島) 《California 湾と太平洋とにはさまれたメキシコ北西部の細長い半島; 面積 72,466 km^2; スペイン語名 Baja California》. 2 (バハ)カリフォルニア(州) 《メキシコ北西部の州》.

Lówer Cánada n. ロワーカナダ 《カナダ Quebec 州の旧名 (1791-1841)》.

lówer·cáse 〘活字〙 adj. 1 ロアーケースの, 小文字の (略 l.c.; cf. capital[1] 2). 2 ロアーケース組み[印刷, 書き]の. — n. ロアーケース; 小文字 (略 l.c.; cf. uppercase). — vt. ロアーケース[小文字]で印刷する[組む]; ロアーケース[小文字]に直す (略 l.c.). 〘1683〙

lówer cáse n. 〘印刷〙ロアーケース 《小文字を入れてある下段のケース》.

lówer·càse álphabet n. 〘活字〙ロアーケース文字 《所定の長さのベタ組み小文字; 自動植字に際し, 組版の長さを調節する物差しとして使う》.

lówer chámber n. =lower house.

lówer-cláss adj. 1 下層階級の. 2 低級の, 下級の. 〘1892〙

lówer cláss n. [しばしば the ~(es); 集合的] 下層階級 (cf. middle class). 〘1772〙

lówer·cláss·man /-mən | -mæ̀n, -mən/ n. (pl. **-men** /-mən, -mèn | -mèn, -mən/) =underclassman. 〘← *lower class* freshman class＋MAN〙

lówer cóurt n. 下級裁判所.

Lówer Cretáceous n. 〘地質〙初期白亜紀[系] 《今は Comanchean という》.

lówer críticism n. 〘聖書〙下部批評, 本文批評 (textual criticism) 《聖書の原典を復元し, 字句の解釈などを行う本文研究; cf. higher criticism》. 〘(1889): higher criticism に対して基礎的な批評であることから〙

lówer déck n. 1 〘海事〙下甲板. 2 《英》 a 水兵部屋. b [the ~; 集合的] 水兵 (crew) (cf. quarterdeck 2). 3 〘新聞〙(トップ見出しの次の)副見出し. 〘1709〙

Lówer Égypt n. 下(しも)エジプト 《エジプト北部, Nile 川河口のデルタ地域; cf. Upper Egypt》.

lówer fórty-éight n. アラスカを除く米国大陸[本土] 48 州 《主に Alaska で用いる; 通例 lower 48 と書く》. 〘1976〙

lówer fúngus n. 〘植物〙下等菌類 《キノコなど高等菌類に対し, 単細胞の菌や子実体を欠くカビ類を指す俗称; cf. higher fungus》. 〘1900〙

lówer hóld n. 〘海事〙最下船倉.

lówer hóuse n. [the ~; 通例 L- H-] (二院制の)下院 (cf. upper house). 〘1579〙

Lówer Hútt /-hʌ́t/ n. ロワーハット 《ニュージーランド North Island 南岸の都市》.

low·er·ing[1] /lóu(ə)rɪŋ | lə́uər-/ adj. 1 低くする; 卑しくする, 堕落させる, 下劣な: ~ influences. 2 体力を弱める: a ~ diet. — n. 低下, 低減: the ~ of currency restrictions 通貨(持ち出し)制限の緩和. 〘(1669) ← LOWER[2]＋-ING[1]〙

low·er·ing[2] /láu(ə)rɪŋ | láuər-/ adj. 1 (空模様が)暗く曇った, 険悪な, 〈嵐などが〉今にも来そうな (threatening): the ~ sky, clouds, etc. 2 不機嫌な: ~ looks 不機嫌な顔つき. 〘(?a1300) ← ME *lourend, louring*: ⇨ lower[3]〙

low·er·ing·ly /láu(ə)rɪŋli | láuər-/ adv. 1 不機嫌な[嫌な]顔をして. 2 険悪な空になって; 険悪になって.

lówer mánagement n. 〘経営〙(企業の)下級管理[職能]; 下級管理者, 下級管理層 《中間管理層の次に位する; 係長・工長など; cf. top management, middle management》.

lówer mást n. 〘海事〙ロワーマスト, 下檣(かしょう) 《継ぎ足しマストにおいて最下のもの》.

lówer mórdent n. 〘音楽〙=mordent.

lówer·mòst adj. 最低の, 最下の, どん底の (lowest). 〘1547〙

lówer órders n. pl. =lower class.

lówer régions n. pl. =lower world 1.

Lówer Sáxony n. ニーダーザクセン(州) 《ドイツ北部の州; 面積 47,407 km^2, 州都 Hanover; ドイツ語名 Niedersachsen》.

lówer schòol n. 1 《英》(中等学校の)五年級 (fifth form) 以下の学級 (cf. sixth form). 2 《米》(上級学校への)予備学校.

lówer semicontínuous fúnction n. 〘数学〙下半連続関数 (cf. upper semicontinuous function).

lówer síde bànd n. 〘通信〙下側波帯.

Lówer Silúrian n. 〘地質〙初期シルリア紀[系].

lówer síxth, L- S- n. [時に複数扱い] 《英》シックスフォーム (sixth form) の第 1 下級[学年] (cf. upper sixth).

lówer wórld n. 1 [the ~] あの世, 黄泉(よみ)の国 (Hades); 地獄 (hell). 2 [the ~, this ~] (天界に対して)下界, この世 (the earth). 〘1595〙

low·er·y /láu(ə)ri | láuəri/ adj. 《米》〈空が〉荒れ模様の, 陰気な. 〘(1648) ← LOWER[3]＋-Y[1]〙

lówer yárd n. 〘海事〙下檣(かしょう)の大帆を取り付ける帆桁(ほげた).

Lowes /lóuz | lə́uz/, **John Livingston** n. ローズ 《1867-1945; 米国の英文学者; *The Road to Xanadu* (1927)》.

lówest cómmon denóminator n. [the ~] 1 〘数学〙最小公分母 (略 LCD, lcd). 2 最大多数の人々に受け入れられ[理解され, 価値を認められ]ているもの, 「最小共通項」. 〘1924〙

lówest cómmon múltiple n. [the ~] 〘数学〙最小公倍数 (略 LCM, lcm). 〘1924〙

Lowes·toft /lóustɑ(ː)ft, lóuɪ̀stɔ̀(ː)ft | lə́ustɔft, lə́uɪ̀stɔft/ ★ 現地の発音は /lə́ustəf/. n. ローストフト 《イングランド Suffolk 州北東部の港市; 18 世紀には陶磁器で有名》. 〘OE *Lothu Wistoft* 'TOFT of *Hloðvér* (ON の人名)'〙

lówest térms n. pl. 〘数学〙互いに素な項[数]: reduce a fraction to ~ 約分して既約分数にする. 〘1806〙

lów explósive n. (弱)火薬 (黒色火薬など).

low-fi /lóufáɪ | lə́u-/ n. 《口語》=lo-fi.

lów-flýing adj. 低空飛行の. 〘1963〙

lów fréquency n. 〘電気〙低周波; 〘通信〙長波 (30-300 キロヘルツ) 《1947 年の国際電気条約による分類; 略 LF》. 〘1868〙

lów gállonage spráyer n. 低ガロン噴霧機 (concentrate sprayer).

lów géar n. (自動車などの)ローギヤ, ファーストギヤ, 最低速ギヤ[伝動装置], 第一速かみ合い (《英》bottom gear) (cf. high gear 1). ***in lów géar*** (1) 〈車が〉低速で. (2) 〈人・物事が〉低調で, 調子が悪く.

Lów-Gérman adj. 低地ドイツ語の. 〘1845〙

Lów Gérman n. 1 低地ドイツ語 (⇨ German[2] 2). 2 (北ドイツの)低地ドイツ方言 (Plattdeutsch). 〘(1838) 《なぞり》← G *Niederdeutsch*〙

lów-gráde adj. 1 低級[下級]な: ~ materials. 2 程度の低い: a ~ fever 微熱. 〘1878〙

lów gróund n. [しばしば pl.] 《米南部》=bottom 10.

lów-hèat cemént n. 〘土木〙低熱セメント 《水和熱のきわめて低いセメント》.

lów húrdles n. pl. [the ~; 単数または複数扱い] 〘陸上競技〙ローハードル, 低障害物競走 《2 フィート 6 インチ (76.2 cm) の高さのハードル 10 個を跳び越える 220 ヤード (200 m) の競走; cf. high hurdles》.

lów-ímpact adj. 1 〈運動など〉身体にストレスをかけない, 身体にやさしい. 2 〈産業・製品など〉環境にやさしい.

lów-íncome adj. 低収入の, 低所得者向けの.

lów-íncome hòusing n. 《米》低所得者用[公営]住宅 (《英》council flat [house]).

low·ing /lóuɪŋ | lə́u-/ adj. もーと鳴く. — n. (もーという)牛の鳴き声. 〘(a1225) ← LOW[2]〙

lów-inténsity adj. 〈戦争など〉あまり激しくない, 小規模な, 局所的な.

lów-inténsity cónflict n. 低水準紛争 《通常の戦争に比べて戦闘規模や程度の低い戦争; ゲリラ戦・国際テロ対策など; 略 LIC》.

low·ish /lóuɪʃ | lə́u-/ adj. やや低い; ちょっと安い; 小声の. 〘(1689) ← LOW[1]＋-ISH[1]〙

low-key /lóukíː | lə́u-/ adj. 1 調子の低い; 抑制された, 控え目な (restrained), 〈行事など〉地味な: a ~ speech. 2 〘写真〙ローキーの 《写真画面の大部分が暗部と中間調部からなる調子にいう; cf. high-key》. 〘1895〙

lów-kéyed adj. =low-key.

low·land /lóulənd | lə́u-/ n. 1 [しばしば pl.] 低地 (cf. highland 1). 2 [the Lowlands] スコットランド低地地方 《スコットランドの南東部; ⇨ highland 2》. — adj. 1 低地の. 2 [L-] スコットランド低地地方の. 〘1508〙

lów·lànd·er n. 1 低地人. 2 [L-] スコットランド低地人 (cf. highlander 2). 〘(1692): ⇨ ↑, -er[1]〙

lówland fír n. 〘植物〙北米西部産のモミの一種 (*Abies grandis*) 《lowland white fir, grand fir ともいう》.

lówland gorílla n. 〘動物〙ローランドゴリラ (*Gorilla gorilla gorilla*) 《低地生のゴリラ; cf. gorilla》.

Lówland Scóts [Scótch] n. スコットランド低地方言.

Lów Látin n. 低ラテン語 (⇨ Latin 1). 〘1872〙

lów-lével adj. 1 下級の, 下層(部)の: ~ officials 下級官吏. 2 下級職員の[による]. 3 低い高さで起こる[なされる], 低空の: ~ bombing 低空爆撃. 4 〘電算〙低水準(言語)の. 〘1881〙

lów-lèvel lánguage n. 〘電算〙低水準言語, 低級言語 《人間の言語よりは機械言語に近いプログラム言語; cf. high-level language》.

lów·life n. (pl. **~s, -lives**) 《口語》1 下層階級の人. 2 下等[下劣]な人間, ろくでなし, 堕落した人間, げす, けしからぬやつ. — adj. [限定的] 《口語》1 (社会的に)下層の, 下層階級の. 2 俗悪な, 下等[下劣]な, ろくでなしの. 〘1794〙

lów lífe n. 下層社会の生活, 貧しい[みすぼらしい]生活 (cf. high life 1).

lów·lìght n. 《口語》1 ひどくつまらないこと[演技], ばかばかしいこと[もの] (↔ highlight). 2 [pl.] (明るい色の)髪の一部に入れる暗い色すじ(の部分). 〘1926〙

low·li·head /lóulihèd | lə́u-/ n. 《古》低い地位[身分]. 〘(?a1405): ⇨ lowly, -head〙

lów·li·ness n. 1 地位が低いこと, 身分が卑しいこと. 2 腰の低いこと, 謙遜(けんそん). 〘a1413〙

lów-líved /-láɪvd/ adj. 1 卑しい生活をする, 下層生活の. 2 卑しい, さもしい: ~ dishonesty. 〘1760〙

lów-lòader n. 低荷台トラック 《荷物の積み込みが容易》. 〘1927〙

low·ly /lóuli | lə́u-/ adj. (**low·li·er; -li·est**) 1 a 身分の卑しい, 社会的地位の低い: a man of ~ birth 生まれの卑しい人. b 地位の低い, 下級の: a ~ priest. 2 (生物的・文化的に)進化[発達]の遅い: a ~ society 文化程度の低い社会. 3 並みの, 平凡な (commonplace). 4 腰の低い, 謙遜(けんそん)な (⇨ humble SYN). — adv. 1 卑しく; みすぼらしく. 2 低く; 謙遜して, へり下って. 3 低い声で. **lów·li·ly** /-ləli/ adv. 〘(?c1300): ⇨ -ly[1,2]〙

lów-lýing adj. 低い, 低地の; 低くたなびく: ~ hills 低い丘陵 / ~ clouds 低くたなびく雲. 〘1691〙

lów-máintenance adj. 〈機械など〉手入れが簡単な; 〈人が〉扱いやすい.

Lów Máss, l- m- n. 〘カトリック〙読誦[唱]ミサ 《聖歌隊の合唱や音楽の伴わない最も普通のミサ聖祭; cf. High Mass》. 〘1568〙

lów-mínded adj. 心の汚い, けちな, さもしい, 浅ましい (mean, base). **~·ly** adv. **~·ness** n. 〘1736-46〙

lów móor n. 低層湿原 《カルシウムやカリウムの多いヨシ・スゲなどの茂った湿原》.

lown /láun/ adj., n., vt., vi. 《米中南部方言》=calm. 〘ME 《スコット》*lowne* ← Scand. (OSwed. *lughn* calm / Norw. *logn*)〙

lów-nèck n. ローネックのドレス. — adj. =low-necked. 〘1866〙

lów-nécked adj. 〈婦人服が〉えりぐりの大きい[深い], ローネックの (décolleté) (cf. high-necked).

lów-páid adj. 低賃金の, 給料の安い: the ~ 低賃金の労働者たち. 〘1964〙

lów-pàss filter n. 〘電気〙低域濾波器[フィルター] 《低周波数成分を通過させる濾波器》. 〘1964〙

lów pítch n. 〘音楽〙=diapason normal.

lów-pítched adj. 1 調子の低い, 音の低い: a ~ voice. 2 〈屋根など〉傾斜のゆるい, 〈部屋が〉天井の低い: a ~ roof. 3 抑制された, 控え目な (subdued, restrained). 〘1622〙

lów póst n. [しばしば the ~] 〘バスケット〙ローポスト 《ゴール下》; [形容詞的に] ローポストでの.

lów-pówered adj. [限定的] 〈エンジンなど〉低出力の, 馬力のない.

lów-préssure adj. 1 a 低圧の, 低気圧の: a ~ storm 低気圧による暴風. b 低圧を用いる: a ~ burner 低圧バーナー. 2 活力のない, 力のない; のんきな. 〘1827〙

lów-príced adj. 廉価の. 〘1722〙

lów-prófile adj. 1 高さの低い, 偏平な. 2 目立たない (cf. high-profile). 〘1967〙

lów prófile n. 目立たない態度[やり方]; 低姿勢(の人) (cf. high profile): adopt [keep, maintain] a ~ 低姿勢をとる, 目立たないようにふるまう. 〘1964〙

lów-próof adj. アルコール含有量が少ない.

lów-ràte vt. 《米南部・中部》低く評価する, 見くびる: Don't ~ me too much. おれをあまり甘く見るな.

lów relíef n. 〘美術〙低浮彫り, 低肉彫り, 浅[薄]浮き彫り 《high relief に対するもので, bas-relief, basso-relievo ともいう》. 〘(1711) 《なぞり》← F *bas-relief*〙

lów-rés /-réz/ adj. 《口語》=lo-res.

Low·rey /láuri | láu(ə)ri/ n. 〘商標〙ラウリー 《米国 Lowrey 社製の電子オルガン・キーボードなど》.

lów ríder n. 《米口語》1 車高を低く改造した車[シャコタン](に乗る人). 2 ロウライダー 《ハンドルバーを高くして低く乗っているように見せるオートバイ乗り》.

lów-ríse adj. 〈建物, 特にアパートなど〉低層の, 1・2 階しかない (↔ high-rise). — n. 低層建築. 〘1957〙

lów-rísk adj. リスクの少ない, 安全な.

Low·ry /láuri | láu(ə)ri/ n. ラウリー 《男性名》. 〘(dim.) ← LAURENCE〙

Lowry, (Clarence) Malcom n. ラウリー 《1909-57;

英国の作家; *Under the Volcano* (1947)》.

Lowry, L(awrence) S(tephen) *n.* ラウリー《1887–1976; 英国の画家; 荒涼たる北部工業都市の風景を描いた》.

lów-sàlt díet *n.* 〘医学〙 =low-sodium diet.

lów sèason *n.* [the ~] (行楽地などの)閑散期, シーズンオフ (cf. high season).

lów shóe *n.* [通例 *pl.*] 《米》 短靴; (特に) =Oxford 5.

lów silhouétte *n.* =low profile. 〖1968〗

lów-slúng *adj.* 〈建物など〉比較的低めの, (特に)〈車など〉車台の低い: a ~ car. 〖1943〗

lów-sòdium díet *n.* 〘医学〙 低塩食.

lów spéed *n.* (自動車などの)低速; (多段変速機付き自動車の)最低速.

lów-spírited *adj.* 元気のない, 憂鬱(ゆう)な, 意気消沈した (dejected). **~·ly** *adv.* **~·ness** *n.* 〖1594–95〗

Lów Súnday *n.* 低日曜日《復活祭 (Easter) 後の第 1 日曜日; 荘厳な復活祭と比較しての呼称; またこの日は「白衣の主日」ともいう》. 〖1431〗

lów swéet blúeberry *n.* =lowbush blueberry.

lów téa *n.* 《米》 =plain tea (cf. high tea).

lów-téch *n.* **1** =low technology. **2** 低度の技術によるデザイン[様式]. — *adj.* 低度の技術を用いた, ローテクの (↔ high-tech). 〖1979〗

lów technólogy *n.* (日用品生産に利用されるような)低度の工業技術, 従来の一般的な[手工業的]技術, ローテク (↔ high technology). 〖1973〗

lów-témperature *adj.* 低温の: ~ refrigeration 低温冷蔵. 〖1909〗

lów-ténsion *adj.* 〘電気〙 **1** 低電圧の, 低圧の. **2** 低圧用の. 〖1898〗

lów ténsion *n.* 〘電気〙 低電圧 (略 LT).

lów-tést *adj.* 〈ガソリンが〉沸点の高い, 揮発度の低い.

lów tíde *n.* **1** 干潮, 低潮; 干潮時 (↔ high tide). **2** (衰退・低下の)最低(点), どん底(状態). 〖1843〗

low·veld /lóufelt, -velt | láu-/ *n.* =bushveld. 〖1878〗

lów-velócity zòne [làyer] *n.* 〘地震〙 低速度層《地震波の伝わりが遅い; asthenosphere のこと》.

lów vóltage *n.* 〘電気〙 低電圧《国によって異なるが一般家庭で使用する電圧》. **lów-vóltage** *adj.*

lów vówel *n.* 〘音声〙 低母音 (open vowel).

lów wáter *n.* **1 a** (川・湖などの)低水位. **b** =low tide 1. **2** [通例 in ~ として] 不振[窮迫]状態; 意気消沈: He was *in* ~ financially. 金に困っていた. 〖*c*1437〗

lów-wáter màrk *n.* **1** (川・湖などの)低水位界. **2** 低潮界; 干潮標, 低潮水位標. **3** (不振・窮迫などの)どん底: They were *at* ~. 〖1526〗

Lów Wéek *n.* 復活祭週間 (Easter week) の次の週《Low Sunday に始まる一週間》.

lów wíne *n.* [しばしば *pl.*] 〘醸造〙 ローワイン《ウイスキーなどの 1 回目の蒸留で得られるアルコール分の弱い蒸留液[酒]; cf. high wine, feints》. 〖1641〗

lox[1] /lá(:)ks | lɔ́ks/ *n.* (*pl.* ~, ~·es) 《米》 サケの燻製 (smoked salmon). 〖《1941》 □ Yid. *laks* □ G *Lachs*: cog. OE *leax* 'LAX[2]'〗

lox[2], **LOX** /lá(:)ks | lɔ́ks/ *n.* 〘化学〙 液体酸素 (⇨ liquid oxygen). — *vt.* 〈ロケット〉に液体酸素を補給する. 〖《1923》 ← *l(iquid) ox(ygen)*〗

lox- /la(:)ks | lɔks/ (母音の前にくるときの) loxo- の異形.

lox·o- /lá(:)ksou | lɔ́ksəu/ 「斜めの (oblique)」の意の連結形. ★ 母音の前では通例 lox- になる. 〖← NL ~ ← Gk *loxós* oblique〗

lox·o·drome /lá(:)ksədròum | lɔ́ksədrəum/ *n.* 〘海事〙 =rhumb line. 〖《1880》: ⇨ ↑, -drome〗

lox·o·drom·ic /là(:)ksədrá(:)mɪk | lɔ̀ksədrɔ́m-⁻/ *adj.* **1** 〘海事〙 航程線の. **2** 〘地図〙 (メルカトル図法のような)等角航路が直線で示される投影図法の. **lòx·o·dróm·i·cal·ly** *adv.* 〖《*a*1679》 □ F *loxodromique*: ⇨ ↑, -ic[1]〗

lox·o·drom·ics /là(:)ksədrá(:)mɪks | lɔ̀ksədrɔ́m-/ *n.* 〘海事〙 航程線航法. 〖《*a*1679》: ⇨, -ics〗

lox·y·gen /lá(:)ksɪdʒən, -dʒèn | lɔ́ks-/ *n.* 〘化学〙 = lox[2]. 〖《頭字語》 ← *l(iquid) oxygen*〗

loy /lɔ́ɪ/ *n.* 《アイル》 ロイ《細長い鋤(すき)》. 〖《1763》 □ Irish *laighe*〗

loy·al /lɔ́ɪəl/ *adj.* **1 a** 〔夫・妻・友人・雇い主などに〕誠実な, 義理堅い〔*to*〕: a ~ husband, friend, etc. / be ~ *to* his master 主人に誠実である. **b** 〔政府・帝王・主君・国家などに〕忠義な, 忠節な〔*to*〕 (⇨ faithful SYN): a ~ subject, citizen, etc. / be ~ *to* Queen 女王に忠節である. **c** 〔主義・理想・習慣などに〕忠実な〔*to*〕: a ~ supporter of liberty 忠実な自由の支持者 / be ~ *to* a cause 主義に忠実である. **2** 誠実さの表れた; 正直な, 実直な, 高潔な: ~ conduct. **3** 《廃》〈子が〉正嫡の (legitimate), 嫡出子の. — *n.* [通例 *pl.*] 忠臣, 愛国者. **~·ness** *n.* 〖《1531》 □ F ~ < L *lēgālem* 'LEGAL' (と二重語)'〗

loy·al·ism /lɔ́ɪəlɪ̀zm/ *n.* 忠義心, 忠節, 忠君, (特に, 内乱時の)勤王主義. 〖《1837》: ⇨ ↑, -ism〗

lóy·al·ist /-lɪ̀st | -lɪst/ *n.* **1** 忠臣, 忠君愛国者, 勤王家. **2 a** (内乱時などの)国王支持者, 王党員, 体制支持者. **b** (米国独立戦争当時の)英国党員, 反独立派, 王党派. **c** [L-] (スペイン内乱時の)共和制支持者 (1936–39). **3** 北アイルランドで英国との結合を保持しようとする新教徒. 〖《1647》: ⇨ -ist〗

loy·al·ly /lɔ́ɪəli/ *adv.* 忠義を尽くして, 忠誠に; 誠実に. 〖《1572》: ⇨ -ly[1]〗

loy·al·ty /lɔ́ɪəlti/ *n.* **1** 忠義, 忠誠, 忠節 (⇨ allegiance SYN); 勤王; 愛国心 〔*to, for*〕: one's ~ *to* [*for*] the Queen [party] 女王[党]に対する忠誠(心). **2** 〔義務などへの〕誠実, 忠実 (fidelity) 〔*to*〕: one's ~ *to* the cause その主義に対する忠実さ. **3** 忠義な行為, 忠誠的行為. 〖《?*a*1400》 □ OF *loialté* (F *loyauté*): ⇨ loyal, -ty[2]〗

lóyalty càrd *n.* ご愛顧カード, ポイントカード《自動読取り式磁気カードなどで同一店での購入額に応じて記録・累積された点数を将来の購入代金に充当したり割引の基礎にしたりするもの》. 〖1993〗

Lóy·al·ty Íslands /lɔ́ɪəlti-/ *n. pl.* [the ~] ローヤルティー諸島《太平洋南西部, New Caledonia 島の東にあるフランス領のサンゴ礁諸島群》.

Lo·yang /lòujá:ŋ | ləu-/ *n.* =Luoyang.

Loy·o·la /lɔɪóulə | lɔɪə́u-, lɔɪə(u)-; *Sp.* lojóla/, Saint **Ig·na·ti·us** /ɪgnéɪʃiəs, -ʃəs/ (**of**) *n.* ロヨラの聖イグナチオ, 聖イグナティウスデロヨラ《1491–1556; スペインの軍人・カトリックの聖職者; イエズス会 (Society of Jesus) の創設者; 聖人に列せられた (1622); 本名 Iñigo López de Recalde /iɲiyo lópeθ de rekálde/》.

lo·zel /lóuzəl, -zɪ | ləu-/ *n.* 《古・方言》 =losel.

loz·enge /lá(:)zɪndʒ, -zndʒ | lɔ́z-/ *n.* **1** 菱(ひし)形 (diamond). **2 a** 菱形のもの. **b** 薬用ドロップ《もとは菱形であった》, 甘味入り錠剤 (pastille, troche ともいう》. **c** (宝石の)菱形面. **d** 菱形窓ガラス. **3** 〘数学〙 菱面体 (rhombus). **4** 〘紋章〙 菱形紋章図形; (婦人用の)菱形の盾. — *adj.* =lozenged. 〖《1320》 *losenge* □ OF (F *losange*) ← ? Frank. **lausinc* ← **lausa* stone slab ← IE **lēu-* stone〗

lóz·enged *adj.* 菱形の. 〖《1523》: ⇨ ↑, -ed〗

lózenge-shàped *adj.* =lozenged.

loz·eng·y /lá(:)zɪndʒi, -zn- | lɔ́z-/ *adj.* 〘紋章〙 〈盾が〉菱(ひし)形に等分割された: ~ argent and gules 銀と赤の菱模様. 〖《1562》 □ OF *losangié* ← *losange* LOZENGE〗

Lo·zère /louzέə | ləuzέə(r; *F.* lɔzɛ:ʁ/ *n.* ロゼール(県)《フランス南部の県; 面積 5,170 km[2], 県都 Mende /mɑ̃:d/》.

Lo·zi /lóuzi | lə́u-/ *n.* **1** ロージー族 (Barotse)《ザンビアに住む Bantu 族の一つ》. **2** ロージー語《Niger-Congo 語族の Bantu 語派に属する言語》. 〖《1948》《現地語》〗

LP /élpí:/ *n.* 〘商標〙 エルピー(盤)《1 分間 $33^1/_3$ 回転のレコード; cf. EP》. 〖《1948》《頭字語》 ← *l(ong) p(laying)*〗

LP 《略》 Labor Party; 〘化学〙 liquid petroleum; Lord Provost.

LP 《記号》 〘貨幣〙 Palestine pound(s).

L/P 《略》 〘印刷〙 letterpress.

l.p. 《略》 large paper; 〘数学〙 linear programming; 〘電算〙 lineprinter; 〘活字〙 long primer; low pressure.

LPG /élpì:dʒí:/ 《略》 liquefied petroleum gas.

LṔ gás *n.* =liquefied petroleum gas.

Ĺ-plàte /él-/ *n.* 《英》 (仮免許運転者の) L 字プレート《赤い L 字を書いた白いプレートで, 車の前後に付ける》. 〖← *L(earner) Plate*〗

lpm, LPM 《略》 lines per minute. 〖1966〗

LPN 《略》 Licensed Practical Nurse.

LPO 《略》 London Philharmonic Orchestra. 〖1932〗

L'pool 《略》 Liverpool.

LPS 《略》 Lord Privy Seal.

LPT, lpt 《略》 line printer.

lpw. 《略》 〘光学〙 lumen(s) per watt ルーメン毎ワット.

lr 《記号》 Liberia (URL ドメイン名).

Lr 《記号》 〘化学〙 lawrencium.

LR 《略》 Law Reports 判例集; living room; 〘保険〙 Lloyd's Register; long run; lower right.

Ĺ-radiàtion *n.* 〘物理〙 =L-line.

LRAM 《略》 Licentiate of the Royal Academy of Music.

LRBM 《略》 long-range ballistic missile.

LRL 《略》 Lunar Receiving Laboratory 月面上の電波受信所.

LRSC 《略》 Licentiate of the Royal Society of Chemistry.

LRV 《略》 light rail vehicle 軽快路面電車; 〘宇宙〙 lunar roving vehicle 月面車.

ls 《記号》 Lesotho (URL ドメイン名).

LS 《略》 〘米海軍〙 Landing Ship; Law Society; leading seaman; 〘自動車国籍表示〙 Lesotho; library science; licensed surveyor; Licentiate in Surgery; Linnaean Society; locus sigilli; long shot; loudspeaker.

l.s. 《略》 land-service; left side; 〘天文〙 local sunset; locus sigilli; long sight; lump sum.

L.s. 《略》 Letter signed.

LS 《略》

£S, LS 《記号》 〘貨幣〙 Syrian pound(s).

£S, LSd 《記号》 〘貨幣〙 Sudanese pound(s).

LSA 《略》 Linguistic Society of America.

LSAT 《略》 Law School Admission Test.

LSB 《略》 〘電算〙 least significant bit.

l.s.c. 《略》 *L.* *locō suprā citātō* 上記引用文中に (in the place cited above).

LSD /élèsdí:/ *n.* 〘薬学〙 エルエスディー (⇨ lysergic acid diethylamide). 〖《1950》 □ G *LSD* (頭字語) ← *L(y-serg)-s(äure)-d(iäthylamid)* lysergic acid diethylamide〗

LSD 《略》 〘米海軍〙 Landing Ship, Dock 上陸用舟艇母艦, ドック型揚陸艦《揚陸艦の最大のもの; 浮きドックを備え, これで揚陸艦 (LC) を輸送し, 修理もする; 目的地でドックに水を張って揚陸艇を発進させる》; 〘電算〙 least significant digit; Lightermen, Stevedores and Dockers.

£.s.d., l.s.d., L.S.D. /élèsdí:/ *n.* **1** (旧英国貨幣制度の)ポンド・シリング・ペンス. **2** 《英口語》 金銭 (money); 富 (riches): a worshipper of £.*s.d.* 拝金家 / It is only a matter of £.*s.d.* ただ金の問題だ. 〖《1835》 ← L *l(ībrae), s(olidī), d(ēnāriī)* pounds, shillings, pence〗

LSD 25 *n.* 〘薬学〙 エルエスディー 25 (⇨ lysergic acid diethylamide).

LSE /élèsí:/ 《略》 London School of Economics. 〖1896〗

Ĺ-sèries *n.* 〘物理〙 =L-line.

Ĺ-shèll *n.* 〘物理〙 L 殻《原子核を取り巻く電子殻のうち主量子数 2 をもつもの; cf. K-shell》.

LSI /élèsáɪ/ 《略》 〘電子工学〙 large-scale integration (cf. MSI).

Ĺ sìll *n.* 〘木工〙 L 字形の土台.

LSM /élèsém/ 《略》 〘米海軍〙 Landing Ship, Medium 中型揚陸艦《全長 200 フィート (約 61 m) より少し大で, 戦闘部隊を上陸させる》.

LSM, lsm /élèsém/ 《略》 〘電気〙 linear synchronous motor.

LSO /élèsóu | -ə́u/ 《略》 London Symphony Orchestra.

Ĺ squàre *n.* (大工の使う) L 型定規, 差し金.

LSS 《略》 Lifesaving Service; Lifesaving Station; 〘宇宙〙 life support system.

LST 《略》 〘米海軍〙 Landing Ship, Tank 戦車揚陸艦.

l.s.t., LST 《略》 local standard time 地方標準時.

LSV 《略》 〘米海軍〙 Landing Ship, Vehicle 車両揚陸艦; 〘宇宙〙 lunar surface vehicle 月面車.

LSWR 《略》 London and South-Western Railway.

£SY 《記号》 〘貨幣〙 South Yemen dinar(s).

LSZ 《略》 (NZ) limited speed zone (時速 50 km 以下の)速度制限区域.

lt 《記号》 Lithuania (URL ドメイン名).

LT 《略》 letter telegram; London Transport; 〘電気〙 lowtension.

£T, LT 《記号》 〘貨幣〙 Turkish pound(s).

lt 《略》 light; 〘アメフト〙 left tackle; 《米》 local time; long ton.

Lt 《略》 Lieutenant.

l.t. 《略》 〘海事〙 landed terms 陸揚費込値段; 〘軍事〙 landing team 上陸戦闘団; local time; 〘電気〙 low-tension.

l.t., l.tn. 《略》 long ton.

'lt /lt/ wilt の縮約形.

LTA 《略》 Lawn Tennis Association; lighter than air; London Teachers' Association.

LTC 《略》 〘軍事〙 Lieutenant Colonel.

Lt Col 《略》 〘軍事〙 Lieutenant Colonel.

Lt Comdr, Lt Cdr 《略》 〘海事〙 Lieutenant Commander.

Ltd, ltd /lɪ́mɪtɪ̀d | -tɪd/ 《略》 limited 有限責任の, 株式組織の. 〖1900〗

LTG 《略》 〘軍事〙 Lieutenant General.

ltge. 《略》 lighterage.

Lt Gen 《略》 〘軍事〙 Lieutenant General.

Lt Gov 《略》 Lieutenant Governor.

L.Th. 《略》 Licentiate in Theology 補教師, 聖職見習者[生].

Lt. Inf. 《略》 〘軍事〙 light infantry.

LTJG 《略》 Lieutenant, junior grade.

LTL 《略》 less-than-truckload (lot).

LTOM 《略》 London Traded Options Market.

LTP 《略》 〘生化学〙 long-term potentiation (シナプス伝達の)長期増強.

ltr. 《略》 letter; lighter.

LTS 《略》 launch telemetry station; launch tracking system.

LTTE 《略》 Liberation Tigers of Tamil Eelam (⇨ Tamil Tigers).

lt-yr 《略》 〘天文〙 light-year(s).

lu 《記号》 Luxembourg (URL ドメイン名).

Lu 《記号》 〘化学〙 lutetium; 〘聖書〙 Luke.

LU 《略》 〘物理〙 loudness unit 音量の単位.

lu·ach /lú:ɑ:x/ *n.* 〘ユダヤ教〙 祝祭日(と安息日の開始と終了の時刻)を示した暦.

Lu·a·la·ba /lù:əlá:bə/ *n.* [the ~] ルアラバ(川)《コンゴ民主共和国南東部の川; Congo 川の源流の一つ》.

Lu·an·da /luǽndə, -á:n- | -ǽn-; *Port.* luɐ̃́də/ *n.* ルアンダ《アンゴラの海港で同国の首都; São Paul de Loanda ともいう》.

Lu·ang Pra·bang /luá:ŋprəbá:ŋ/ *n.* ルアンプラバン《Mekong 川に臨むラオスの旧王宮所在の都市》.

lu·au /lú:au, —⁻; *Hawaii.* lú:ʔau/ *n.* (*pl.* ~, ~s) 《米》 **1** (通例余興を伴った)ハワイ料理の宴会. **2** ルアウ《タロイモの葉・鶏肉・魚などにココナツミルクを加えたハワイ料理》. 〖《1843》 □ Hawaiian *lu'au*〗

lub. 《略》 lubricant; lubricate; lubrication.

Lu·ba /lú:bə/ *n.* (*pl.* ~, ~s) **1 a** [the ~(s)] ルーバ族《アフリカ中部コンゴ民主共和国南部の農耕民族》. **b** ルーバ族の人. **2** ルーバ語《Bantu 語族に属する; cf. Tshiluba》.

Lu·báng Íslands /lu:bá:ŋ-/ *n. pl.* [the ~] ルバング諸島《Philippine 諸島の Mindoro 島北西方の諸島; 面積 246 km[2]》.

lub·bard /lʌ́bəd | -bəd/ *n.* =lubber 1.

lub·ber /lʌ́bə | -bə(r/ *n.* **1** (ずうたいの大きい)無骨者, のろま, 不器用者 (lout); (特に)役立たずのなまけ者. **2** 〘海事〙 未熟水夫, おかっぽう(陸人) (cf. landlubber, landsman[1] 3). — *adj.* **1** 無骨な, へまな, 不器用な (clumsy). **2** 〈唇が〉厚ぼったい. — *vi.* (特に, ボートを扱う際に)へまをやる, 不器用に扱う. 〖《*a*1376》 *lobre* □ ? OF *lobeor* swindler ← *lober* to deceive: cf. lob[1]〗

lúbber gràsshopper *n.* 〖昆虫〗北米産の翅の短い大形バッタの類で次の 2 種を指す: **a** 米国南東部産の *Romalea microptera*. **b** 米国南西部からメキシコにかけて生息する *Brachystola magna*. 〖1877〗

lúbber lìne *n.* 〖海事〗方位基線[点]《羅針(じん)盤の内側に付けた黒線で, 船首の方向を示す》. 〖1858〗

lúb·ber·ly *adj.* **1** 無骨な, へまな, 不器用な (awkward). **2** 〖海事〗未熟水夫向きの, 陸者(おか)向きな. **3** 《船が》下手に扱われた. **4** 不整頓な. — *adv.* 無骨に, へまに, 不器用に. **lúb·ber·li·ness** *n.* 〖《1573》: ⇨ -ly[2]〗

lúbber màrk *n.* 〖海事〗=lubber line.

lúbber's hòle *n.* 〖海事〗檣楼(しょう)昇降口《マストの中途にある檣楼 (top) にある小開口》. 〖1772〗

lúbber's knòt *n.* 〖海事〗縦結び.

lúbber's lìne [pòint] *n.* 〖海事〗=lubber line.

Lub·bock /lʌ́bək/ *n.* ラボック《米国 Texas 州北西部の工業都市; 綿花の市場》.

Lub·bock /lʌ́bək/, **Sir John** *n.* ラボック《1834–1913; 英国の銀行家・政治家・通俗科学書などの著述家; 称号 1st Baron Avebury; *The Use of Life* (1894)》.

Lubbock, Percy *n.* ラボック《1879–1965; 英国の批評家・随筆家・伝記作家; *The Craft of Fiction* (1921)》.

lube /lúːb/ **1** 潤滑油 (lube oil ともいう). **2** 《口語》潤滑油注入. 〖《1926》(略) ← *lubricating oil*〗

Lü·beck /lúːbɛk | lúː-, ljúː-; *G.* lýːbɛk/ *n.* リューベック《ドイツ北部 Schleswig-Holstein 州の港市; 中世のハンザ同盟の盟主》.

Lu·bitsch /lúːbɪtʃ; *G.* lúːbɪtʃ/, **Ernst** *n.* ルービッチ《1892–1947; ドイツの映画監督》.

Lüb·ke /lúpkə, líp-; *G.* lýpkə/, **Heinrich** *n.* リュプケ《1894–1972; ドイツの政治家; 西ドイツ大統領 (1959–69)》.

Lu·blin /lúːblɪn, -bliːn | -blɪn; *Pol.* lúbl'in/ *n.* ルブリン《ポーランド東部の都市》.

lu·bra /lúːbrə/ *n.* 《豪》(オーストラリアの)原住民の女性[娘]. 〖《1847》□ Tasmanian *loubra* ← ? *loo, lowa* woman+*proi* big〗

lu·bric /lúːbrɪk | lúː-, ljúː-/ *adj.* 《古》=lubricous. 〖《1490》□ (O)F *lubrique* // L *lūbricus*: lubricate〗

lubric. (略) lubricate; lubrication.

lú·bri·cal /-brɪkəl, -kl | -brɪ-/ *adj.* 《古》=lubric. 〖1601〗

lu·bri·cant /lúːbrɪkənt | lúː-, ljúː-/ *n.* **1** 滑らかにする物. **2** 潤滑剤, 滑剤, 潤滑油. **3** 摩擦[困難]を減らす[防ぐ]もの, 円滑にするもの. — *adj.* 滑らかにする, すべっこくする. 〖《1822–34》□ L *lūbricantem* (pres.p.) (↓)〗

lu·bri·cate /lúːbrəkèɪt | lúːbrɪ-, ljúː-/ *vt.* **1** 〈機械などに油を差す[塗る]: ~ a machine, wheel, etc. **2** 《クリームなどで》滑らかにする; すべすべさせる 〔*with*〕: ~ one's hands *with* hand cream ハンドクリームを塗って手(の皮膚)を滑らかにする. **3** 〈物事を〉円滑に運ぶように仕向ける. **4** 《俗》**a** 〔酒を〕〈人〉に勧める 〔*with*〕: ~ a person *with* whiskey 人にウイスキーを勧める. **b** 〈人〉に賄賂(わいろ)を使う, 買収する: ~ a high official 高官を買収する. **5 a** 〖写真〗〈印画紙〉に光沢[つや出し]をかける. **b** 〖映画〗(ワックス類を塗布して)〈映画フィルム〉の滑りをよくする. — *vi.* **1** 潤滑剤の用をする. **2** 《俗》酒を飲む; 酔っ払う. ***lúbricate a person's pálm*** 人を買収する, 金をつかませる. ***lúbricate a person's tóngue*** (酒を飲ませたり金をつかませたりして)人に秘密をしゃべらせる. 〖《1623》← L *lūbricātus* (p.p.) ← *lūbricāre* to make slippery ← *lūbricus* slippery ← IE **sleub(h)-* to slide: cf. sleeve〗

lú·bri·càt·ing òil /-tɪŋ- | -tɪŋ-/ *n.* 潤滑油. 〖1867〗

lu·bri·ca·tion /lùːbrəkéɪʃən | lùːbrɪ-, ljùː-/ *n.* **1** 滑らかにすること; 潤滑; 減摩, 注油(法). **2** 滑らかなこと, すべすべすること. **~·al** *adj.* 〖《1802》← LUBRICATE+-ATION〗

lu·bri·ca·tive /lúːbrəkèɪtɪv | lúːbrɪkèɪt-, ljúː-/ *adj.* 滑らかにする, 潤滑性の. 〖《a1881》← LUBRICATE+-IVE〗

lú·bri·cà·tor /-tə | -tə[r]/ *n.* **1** 滑らかにする人[物]; 潤滑剤 (lubricant). **2** 潤滑装置, 油差し(器), 注油器. **3 a** 〖写真〗つや出し(器). **b** 〖映画〗映写のときフィルムの滑りをよくするためワックス類を塗る装置. 〖《1756》← LUBRICATE+-ATOR〗

lu·bri·cious /luːbríʃəs | luː-, ljuː-/ *adj.* =lubricous. **~·ly** *adv.* 〖《1535》← L *lūbricus* slippery+-IOUS〗

lu·bric·i·ty /luːbrísəti | luːbrísɪti, ljuː-/ *n.* **1** 《まれ》滑らかさ, 平滑; 滑らかにする性質[働き]. **2** (精神的)不安定, 動揺; 捕らえ難いこと. **3** 《文語》淫(いん)ら; 猥褻(わいせつ)物, (特に)ポルノグラフィー. 〖《1491》□ L *lūbricitātem* slipperiness ← *lūbricus* slippery: ⇨ lubric, -ity〗

lu·bri·cous /lúːbrɪkəs | lúː-, ljúː-/ *adj.* **1** すべすべした, 平滑な (slippery, smooth). **2** 不確かな, 不安定な; とらえどころのない. **3** 淫(いん)らな; 好色な, 猥褻(わいせつ)な. 〖《1535》← L *lūbricus* (⇨ lubricate)+-OUS〗

lu·bri·to·ri·um /lùːbrətɔ́ːriəm | lùːbrɪ-, ljùː-/ *n.* 《米》(ガソリンスタンドなどで)車の潤滑油を交換する所. 〖《1930》← LUBRI(CATE)+-*torium* (⇨ sanatorium)〗

Lu·bum·ba·shi /lùːbuːmbáːʃi, lubúmbaːʃi | lùːbumbǽʃi/ *n.* ルブンバシ《コンゴ民主共和国南東部, ザンビアとの国境近くの都市で Shaba 州の州都; 旧名 Elisabethville》.

Lu·can[1] /lúːkən | lúː-, ljúː-/ *adj.* ルカ (St. Luke) の; ルカ伝の, ルカによる福音書の. 〖《1876》← L *Lūcās*+-AN[1]〗

Lu·can[2] /lúːkən | ljúː-/ *n.* ルカーヌス《39–65; スペイン生まれのローマの詩人; 叙事詩 *Pharsalia*「ファルサリア」; ラテン語名 Marcus Annaeus Lucanus》.

Lu·ca·ni·a /luːkéɪniə | luː-, ljuː-/ *n.* ルカニア《イタリア南部, Taranto 湾北西部の古代の地方; 現在の Basilicata》.

Lu·ca·ni·a /luːkéɪniə | luː-, ljuː-/, **Mount** *n.* ルカニア山《カナダ北西部, Yukon 準州南西部, St. Elias 山脈中の高峰 (5,227 m)》.

lu·carne /luːkáən | luːkáːn, ljuː-/ *n.* =dormer. 〖《a1548》□ F ~ 《変形》← OF *lucanne* □ Prov. *lucana* ← Gmc: 意味の上で OF *luiserne* lamp (< L *lucerna* lamp) の影響を受けた〗

Lu·cas /lúːkəs; *G.* lúːkas/ *n.* ルーカス《男性名》. 〖□ L *Lūcās*: ⇨ Luke〗

Lucas, George *n.* ルーカス《1944– ; 米国の映画監督; *Star Wars* (1977)》.

Lu·cas·ta /luːkǽstə/ *n.* ルカスタ《女性名》. 〖Richard Lovelace の造語: 詩の題 "To Lucasta" より〗

Lu·cas van Ley·den /lúːkəsvɑnláɪdn; *Du.* lýːkɑsvɑnléidə/ *n.* ルーカス バン ライデン《1494?–1533; オランダの画家・版画家; 本名 Lucas Hugensz /hýːɣəns/》.

Lu·ca·yo /luːkáɪoʊ | -káɪəʊ; *Am.Sp.* lukájo/ *n.* (*pl.* ~, ~s) **1 a** [the ~(s)] ルカヨ族《Bahamas 諸島にかつて住んでいた, 現在は絶滅している》. **b** ルカヨ族の人. **2** ルカヨ語. 〖《1929》← Am.-Sp. ~ ← Arawak〗

Luc·ca /lúːkə; *It.* lúkka/ *n.* ルッカ《イタリア北西部 Florence の西にある古都; オリーブ油の産地・音楽祭で有名》.

luce /lúːs/ *n.* **1** 〖魚類〗(成魚の)カワカマス (*Esox lucius*) (⇨ pike[1] 1). **2** 〖紋章〗カワカマスの図形 (Lucy 家が姓と同綴・同音であるところから, これを同家の紋章の紋 (charge) としたことで有名; cf. canting arms). 〖《1381》□ OF *lu(i)s* □ LL *lūcium* pike〗

Luce /lúːs/, **Clare** *n.* ルース《1903–87; 米国の劇作家・政治家・外交官; H. R. Luce の妻; 旧姓 Boothe》.

Luce, Henry Robinson *n.* ルース《1898–1967; 米国の出版業者・編集者; *Time, Life* などの雑誌を創始した》.

lu·cen·cy /lúːsənsi, -sn̩- | -/ *n.* 光輝 (luminosity); 透明. 〖《1656》: ⇨ ↓, -ency〗

lu·cent /lúːsənt, -sn̩t/ *adj.* **1** 光る, 輝く (luminous, bright). **2** 透明の (transparent); 半透明の (translucent). **~·ly** *adv.* 〖《1449》□ L *lūcentem* (pres.p.) ← *lūcēre* to shine ← *lūx* 'LIGHT[1]'〗

lu·cerne /luːsə́ːn | luːsə́ːn, ljuː-, ⌐⌐/ *n.* (*also* **lucern** /~/) 《英》〖植物〗=alfalfa. 〖《1626》□ F *luzerne* □ Prov. *luzerno* lucerne, 《原義》glowworm (その種子が光ることから) ← L *lucerna* lamp〗

Lu·cerne /luːsə́ːn | luːsə́ːn, ljuː-; *F.* lysɛʀn/ *n.* ルツェルン, リュセルヌ《ドイツ語名 Luzern》: **1** スイス中部の州; 面積 1,494 km². **2** Lucerne 湖畔の同州の州都.

Lucerne, the Lake of *n.* ルツェルン[リュセルヌ]湖《スイス中部の湖; 長さ 39 km, 面積 114 km²; ドイツ語名 Vierwaldstätter See》.

luces *n.* lux の複数形.

Lu·chou /luːtʃóʊ | -tʃəʊ/ *n.* (*also* **Lu·chow** /~/) = Luzhou.

lu·ci- /lúːsɪ, -si | lúː-, ljúː-/「光 (light)」の意の連結形. 〖□ L *lūc-*, *lūx* 'LIGHT[1]'〗

Lu·ci·a /lúːʃiə, -ʃə, -siə | -siə, -ʃiə, -ʃə/ *n.* ルーシア《女性名》. ★ イタリア風の名前ならば /luːtʃíːə/; *It.* lutʃíːa/. 〖□ L *Lūcia* (fem.): ⇨ Lucius〗

Lu·cian[1] /lúːʃən | -siən, -ʃiən, -ʃən/ *n.* ルーシアン《男性名》. 〖□ L *Lūciānus* □ Gk *Loukianós*: 東洋起源?〗

Lucian[2] *n.* ルキアノス《120?–?80; シリア生まれのギリシャの諷刺散文作家》.

Lu·ci·an·ic /luːʃiǽnɪk⁻/ *adj.* ルキアノス (Lucian) 風の. 〖《1820》: ⇨ ↑, -ic[1]〗

Lu·ci·anne /lùːsiǽn, -ʃi- | -si-/ *n.* ルーシアン《女性名》. 〖(dim.) ← LUCIA, LUCY〗

lu·cid /lúːsɪd | lúːsɪd, ljúː-/ *adj.* **1** 明快な, 鮮明な, わかりやすい (clear): a ~ style, explanation, argument, speaker, etc. **2** 〈病人が〉知覚の正常な, 正気の: a ~ patient (狂人でない)知覚の正常な[正気な]患者 / ⇨ lucid interval. **3** 〈頭脳など〉澄んだ, 明晰(めいせき)な; 理性的な (rational): a ~ mind, thinker, etc. **4** 《古・詩》**a** 澄んでいる, 透明な (clear, transparent): ~ streams. **b** 輝く, 明るい. **~·ly** *adv.* **~·ness** *n.* 〖《1591》□ F *lucide* & It. *lucido* < L *lūcidus* clear, bright ← *lūcēre* to shine ← IE **leuk-* light: ⇨ light[1]〗

lu·ci·da /lúːsədə | lúːsɪdə, ljúː-/ *n.* (*pl.* **lu·ci·dae** /-dìː/) 〖天文〗(一星座中の)最も明るい星. 〖《1727–51》□ L *lūcida (stella)* bright (star) (fem.) ← *lūcidus* (↑)〗

lúcid ínterval *n.* **1** 〖精神医学〗**a** 平静期《精神病症状寛解期; cf. lucidity 2》. **b** (硬膜外血腫の)意識清明期. **2** (混乱・騒動などの間の)平穏期, 平静時[期]. 〖《c1645》(なぞり) ← ML *lucida intervalla* (pl.)〗

lu·cid·i·ty /luːsídəti | luːsídɪti, ljuː-/ *n.* **1** 明晰(めいせき); 明快, 鮮明. **2** (精神病者の)平静, 正気 (cf. lucid interval 1 a). **3** 清澄, 透明. **4** 《詩》光輝, 明るさ, 光明. 〖《1656》□ F *lucidité* // L *lūciditātem*: ⇨ lucid, -ity〗

Lu·cien /lúːʃən | -siən, -ʃiən; *F.* lysjɛ̃/ *n.* ルーシアン《男性名》. 〖□ F ~: ⇨ Lucian〗

Lu·ci·fer /lúːsəfə | lúːsɪfə[r], ljúː-/ *n.* **1** 明けの明星 (⇨ Venus 2) (cf. Phosphor 2). **2** 反逆天使, 魔王, サタン (Satan) (*Isa.* 14: 12 の誤解から): (as) proud as ~ 魔王のように傲慢な. **3** [l-] =lucifer match. 〖OE ~ □ L *Lūcifer* 'light-bearing' (← *lūx* 'LIGHT[1]'+*ferre* to bring) (なぞり)? ← Gk *phōsphóros*〗

lu·cif·er·ase /luːsífərèɪs, -rèɪz | luːsífərèɪs, ljuː-/ *n.* 〖生化学〗ルシフェラーゼ《ホタルなどの発光体内にあるルシフェリン (luciferin) を酸化し発光させるもの》. 〖《1888》← L *lūcifer* light-bringing (↑)+-ASE〗

lu·cif·er·in /luːsífərɪn | luːsífərɪn, ljuː-/ *n.* 〖生化学〗ルシフェリン《ホタルなどの体内にある発光物質》. 〖《1888》: ⇨ Lucifer, -in[2]〗

lúcifer màtch *n.* 初期の黄燐マッチの一種. 〖《1831》: ⇨ Lucifer〗

lu·cif·er·ous /luːsíf(ə)rəs | luː-, ljuː-/ *adj.* 《古》**1** 光を発する, 光る. **2** 啓発する, 明らかにする (illuminating). 〖《c1554》: ⇨ Lucifer, -ous〗

lu·cif·u·gous /luːsífjugəs | luː-, ljuː-/ *adj.* 〖生物〗日光を避ける, 背日性の. 〖《1654》□ L *lūcifugus* ← *lūx* light[1]+*fugere* to flee: ⇨ -ous〗

lu·ci·gen /lúːsədʒən | lúːsɪ-, ljúː-/ *n.* 光の強い油灯[ランプ]. 〖《1887》← LUCI-+-GEN〗

Lu·cil·i·us /luːsíliəs | luː-, ljuː-/, **Gaius** *n.* ルキリウス《180?–102 B.C.; ローマの詩人・諷刺家; 諷刺詩の創始者》.

Lu·cil·la /luːsílə | luː-, ljuː-/ *n.* ルーシラ《女性名》. 〖□ L ~ (dim.): ⇨ Lucius〗

Lu·cille /luːsíːl | luː-, ljuː-; *F.* lysil/ *n.* ルーシール《女性名; 異形 Lucilla, Lucile》. 〖□ F ~ 'LUCILLA (↑)'〗

Lu·ci·na /luːsáɪnə, -síː- | luːsíː-, -sáɪ-, luːtʃíː-/ *n.* **1** 〖ローマ神話〗ルーキーナ《出産をつかさどる女神; Juno の分身の一つ》. **2** 《古》産婆 (midwife). 〖《c1385》□ L *Lūcīna* 《原義》she who brings to the light (fem.) ← *lūcīnus* ← *lūx* 'LIGHT[1]'〗

Lu·cin·da /luːsíndə | luː-, ljuː-/ *n.* ルーシンダ《女性名; 愛称形 Cindy》. 〖⇨ Lucia, Lucy〗

Lu·cite /lúːsaɪt | lúː-, ljúː-/ *n.* 〖商標〗ルーサイト《polymethyl methacrylate の商品名》. 〖《1937》← L *lūc-*, *lūx* 'LIGHT[1]'+-ITE[3]〗

Lu·cius /lúːʃəs | lúːsiəs, -ʃəs, -ʃiəs/ *n.* ルーシアス《男性名; 特に, 明け方生まれの子につけられる名》. 〖□ L *Lūcius* ← *lūx* (↑)〗

luck /lʌ́k/ *n.* **1** 運, 運勢, めぐり合わせ: good ~ 幸運 / It's good ~ to keep a rabbit's foot. ウサギの足を持っていると縁起がよい / bad [ill] ~ 不運 / It's bad ~ to spill salt. 塩をこぼすのは縁起が悪い / Bad ~ to you [him]! この[あの]ばち当たりめ / by (good [《口語》dumb]) ~ 幸運にも / have hard ~ 運が悪い / Bad [Hard, 《米》Tough] ~! お気の毒に, 残念でしたね / Better ~ next time! 次はうまく行きますように / ⇨ *have the luck of the* DEVIL / (The) ~ is in my favor [on my side]. 私に運が向いて来た / *Luck* is turning against me. 運が悪くなって来た / My ~'s in [out]. ついているぞ[ついてないな] / Just [It's just] my ~ (to have arrived late [that I arrived late]). 《口語》えい, (遅刻するなんて)全くついていないなあ《事がうまく行かないときの皮肉な嘆声》/ It was hard [tough] ~ that you met an accident. 事故に遭ったとは運が悪かったですね. **2** 幸運 (good fortune); 成功 (success): a piece [bit, stroke] of ~ / a run [streak] of ~ 幸運続き / (just) for ~ 縁起を祈って / have no ~ 運が悪い / with (any) ~ 運がよければ, うまくいけば / He *had the* ~ *to* find [of finding] a good job. 幸いにいい仕事が見つかった / I wish you [Here's wishing you] (the best of) ~. ご幸運を祈ります / What ~ (to find you here)! (ここで会えるなんて)何と幸運なんでしょう. **3** 幸運をもたらす物, 縁起物, お守り (charm).

as lúck would háve it (1) 運よく. (2) 運悪く. ★ (1) では good を, (2) では ill を添え, as (good [ill]) luck would have it とすることもある (cf. Shak., *Merry W* 3. 5. 83). (1597) ***chánce one's lúck*** 《英》=*try one's* LUCK. ***dówn on one's lúck*** (1) 運が悪くなって; 金[生活]に困って. (2) 不運にがっかりして. (1849) ***Góod lúck (to you)!*** =***I wish you góod lúck!*** (1) 幸運をお祈りします, 頑張って: Good ~ (on [in, with] your exams)! (試験での)幸運をお祈りします. (2) お元気で《旅立つ人や別れる人などへの言葉》. ***háve the lúck of the Írish*** 大変ついている. ***in lúck*** 運が向いて (cf. *out of* LUCK). ***in lúck's wáy*** 運が向いてきて. ***móre by lúck than júdgement*** 判断[腕]がよかったというより運がよくて, 実力より運[まぐれ]で. ***Nó sùch (góod) lúck!*** 《口語》あいにくだめだ(った); そうは問屋がおろさない. ***óut of lúck*** 運が悪く (cf. *in* LUCK). ***púsh [préss, crówd] one's lúck*** 《口語》さらに運を当て込む, 図にのる: Don't *push your* ~ (too far). (あまり)図にのるのはよしなさい, ほどほどにしなさい / Don't *push your* ~ with me, my boy! おい君, 私に向かって調子にのるなよ. (1911) ***the lúck of the dráw*** くじ運, 偶然; 運任せ. ***trúst ... to lúck*** …を運任せにする. ***trý one's lúck*** 運をためす, のるかそるかやって見る. ***wórse lúck*** [挿入句に用いて] あいにく, 運悪く, 困ったことには.

— *vi.* 《口語》**1** [しばしば ~ *out* として] 運よく〔…に〕成功する, 幸運にも〔…を〕探し当てる 〔*on, onto, into*〕: I've really ~*ed out* this time! 今度は本当に運がよかった / ~ *out on* [*in*] the exam 運よく試験に成功する / ~ *onto* a vein of gold 運よく金脈にぶつかる. **2** 運に任せて行動する 〈*through, out*〉. — *vt.* [しばしば ~ it で]《口語》運に任せてやる 〈*out, through*〉: He ~*ed it out*. 運を天に任せてやった.

〖《c1430》□ MDu. *luc* // LG *luk* (頭音消失) ← *geluk* fate, happiness (cog. G *Glück* happiness) ← ? IE **leug-* to bend (cf. leek, lock[2]): 賭博用語から〗

luck·i·ly /lʌ́kɪli/ *adv.* 幸せにも, 幸い, 運よく (fortunately): *Luckily* (enough) I was at home when he came. いいあんばいに彼が来たときに私はうちにいた / *Luckily* for him(,) the gun was not loaded. 彼にとって幸いなことには銃には弾がはいっていなかった. 〖《1482》: ⇨ lucky, -ly[1]〗

lúck·i·ness *n.* 運のよいこと, 好運. 〖《1561》← LUCKY+-NESS〗

lúck·less *adj.* 不幸な, 不運な, 運の悪い, ついてない.

~·ly adv. ~·ness n. 〖(1563): ⇨ -less〗
lúck mòney n. =luckpenny.
Luck·now /lʌ́knaʊ | ⸗⸗, ⸗⸗; Hind. lək^{h}nəw/ n. ラックナウ《インド北部の都市; Uttar Pradesh 州の州都; Sepoy の反乱のとき, 英軍が包囲された所 (1857)》.
lúck·pènny n. 《英》縁起銭《縁起のため所持している金銭, または家畜などの売買の際, 売り手が縁起のために買い手に返す金》. 〖1788〗
luck·y /lʌ́ki/ adj. (**more ~, most ~; luck·i·er, -i·est**) **1** 運のよい, 幸運な (fortunate): a ~ person, event, number, charm, streak, etc. / a ~ guess [hit, shot] まぐれ当たり, 図星 / by a ~ chance 幸運にも, 運よく / a ~ beggar 運のいいやつ / You're a ~ dog. 君は果報者だ《特に, 婚約のできた男性に対する祝いの文句》/ *Lucky* you [her]! 君[彼女]ついているね / You ~ devil! あなたって幸運な人ね / How ~ you are (to have survived)! (生き残れたなんて)君はなんて運がいいんだろう / She was ~ enough to arrive first. 運よく一番に到着した / You should [shall] be so ~! 《口語・戯言》(そんなこと期待してるとは)おめでたいね, いやいやその心配はご無用, おあいにくさま. **2** 幸運をもたらす, 幸運の; 縁起のよい, めでたい: a ~ penny [sixpence] 幸運のペニー[6ペンス]《穴をあけて時計の鎖などに付けてお守りにする》/ the ~ seventh 〖野球〗ラッキーセブン《ホームゲームで, 7 回の裏に得点チャンスが訪れることが多いとされたことから; 「ラッキーセブン」は和製英語》/ First [Second, Third, etc.] time ~! 一度[二度目, 三度目]でうまくいった / be born under a ~ star ⇨ star n. 5 b / That [It] was my ~ day. その日はついていた. — n. **1 a** 幸運なもの. **b** 幸運をもたらすもの. **2** 《英俗》逃亡 (escape): cut [make] one's ~ 逃げ出す. 〖(c1450): ⇨ luck, -y[1]〗

SYN 幸運な: **lucky** 何の因果関係もなく, 全くの幸運に恵まれた: a *lucky* shot まぐれ当たり. **fortunate** 神の加護があったのかと思わせるくらい運がよい: I am *fortunate* in my son. いい息子がいて幸せだ. **happy** *lucky* と同意《格式ばった語》: I met him by a *happy* chance. 運よく彼に会えた. **providential** 神助によるかのように幸運な《格式ばった語》: It is *providential* that I did not die. 死ななかったのは全く幸運だった. **ANT** unlucky.

L

Luck·y /lʌ́ki/ n. ラッキー《女性名》. ★ 米国で一般的. 〖(dim.) ← LUCIA, LUCY〗
lúcky bág n. **1** =grab bag 1. **2** 〖海事〗(軍艦などの)遺失物入れ. 〖1825〗
lúcky díp n. **1** 《英》=grab bag 1. **2** 《口語》当たりはずれのあるもの, やってみなければわからないこと. 〖1925〗
Lúcky Stríke n. 〖商標〗ラッキーストライク《米国 American Tobacco 社製のたばこ》.
lúcky túb n. =lucky dip.
Lu·co·zade /lúːkəzèɪd | lúːkə(ʊ)-, ljúː-/ n. 〖商標〗ルコゼード《英国 Beecham Group 社製のブドウ糖入り強壮炭酸飲料》.
Lucr. 《略》Lucretius.
lu·cra·tive /lúːkrəṭɪv | lúːkrət-, ljúː-/ adj. **1** 有利な, もうかる, 金になる (profitable): a ~ job. **2** 軍事目標として価値のある: a ~ target for bombing 爆撃に絶好の目標. **3** 《古》利欲のある, 強欲の. **~·ly** adv. **~·ness** n. 〖(c1412) ◻ L *lucrātīvus* ← *lucrātus* (p.p.) ← *lucrārī* to gain ← *lucrum* (↓): ⇨ -ative〗
lu·cre /lúːkə | lúːkə(r), ljúː-/ n. [通例, 軽蔑的に] 利益, もうけ (profit); 金銭, 富 (cf. filthy lucre). 〖(c1390) ◻ (O)F ~ // L *lucrum* gain, profit〗
Lu·crece /luːkríːs | luː-, ljuː-/ n. **1** ルークリース《女性名》. **2** 〖ローマ伝説〗⇨ Lucretia. 〖◻ F *Lucrèce* ◻ L *Lucrētia* (↓)〗
Lu·cre·tia /luːkríːʃə, -ʃiə | luː-, ljuː-/ n. **1** ルークリーシア《女性名》. **2** 〖ローマ伝説〗ルクレチア《ローマの賢婦人; Tarquinius Superbus (Tarquin the Proud) の子 Tarquinius Sextus に暴行され, 夫と父にその報復を願った後, 自殺した (510 B.C.); そのため Tarquin 家はローマを追われ王政が廃止され, 共和制が樹立された; cf. Tarquin; 英語名 Lucrece》. **3** 貞操の鑑(かがみ). 〖◻ L *Lucrētia* (fem.) ← *Lucretius*〗
Lu·cre·ti·us /luːkríːʃəs, -ʃiəs | luː-, ljuː-/ n. ルクレチウス (96?–?55 B.C.; ローマの哲学者・詩人; *De Rerum Natura*「事物の本性について」; 本名 Titus Lucretius Carus). **Lu·cré·tian** /-ʃən, -ʃiən/ adj. 〖◻ L *Lucrētius* (ローマの家族名) ← ? *lucrum* (⇨ lucre)〗
lu·cu·brate /lúːkjʊbrèɪt | lúː-, ljúː-/ vi. **1** (灯下で[夜間に])勉強する, 著作する. **2** 刻苦して著作する. 〖(1623) ← L *lūcubrātus* (p.p.) ← *lūcubrāre* to work by lamplight ← *lūc-*, *lūx* 'LIGHT[1]'〗
lu·cu·bra·tion /lùːkjʊbréɪʃən | lùː-, -ljùː-/ n. **1** 灯下[夜間]の勉強, 夜間の黙想, 灯下の著作. **2** 学究的作品, 苦心の作品, 労作. **3** [しばしば pl.] 《戯言》(衒学(げんがく)的な)文学作品, 論文. 〖(1595) ◻ L *lūcubrātiō(n-)*: ⇨ ↑, -ation〗
lú·cu·brà·tor /-ṭə | -tə(r)/ n. 灯下で勉学[著作]する人; 刻苦して著作する人. 〖(1775) ← LUCUBRATE + -OR[2]〗
lu·cu·lent /lúːkjʊlənt | lúː-, ljúː-/ adj. **1** 〈説明・解釈など〉明快な, 鮮明な (clear, lucid). **2** 《古》輝く (shining); きらびやかな (brilliant). **~·ly** adv. 〖(1420) ◻ L *lūculentus* full of light ← *lūc-*, *lūx* 'LIGHT[1]'〗
Lu·cul·lan /luːkʌ́lən | luː-, ljuː-/ adj. **1** ルクルス (Lucullus) の(ような). **2** 〈食事など〉贅沢(ぜいたく)な: a ~ treat 豪華なごちそう. 〖(1857) ◻ L *lucull(i)ānus*: ⇨ Lucullus〗
Lu·cul·li·an /luːkʌ́liən | luːkʌ́liən, ljuː-/ adj. (also **Lu·cul·le·an** /~/) =Lucullan.
Lu·cul·lus /luːkʌ́ləs | luːkʌ́l-, ljuː-, -sʌ́l-/, **Lucius Li·cin·i·us** /lɪ̵sɪ́niəs | laɪsɪ́niəs, lɪ-/ n. ルクルス (110?–?57 B.C.; ローマの執政官・将軍; 大富豪で贅沢(ぜいたく)な生活をした).
lu·cus a non lu·cen·do /lúːkəseɪnɑ(ː)nluːséndoʊ | -nɔnluːséndəʊ, -ljuː-/ L. n. 矛盾している語源説 (absurd derivation); 途方もない臆説(おくせつ), 逆説的な説明, 筋の通らない説. 〖(1711) ◻ L *lūcus ā nōn lūcendō*: 「森」(*lūcus*) は「明るくない」(*ā nōn lūcendō*) ことから, つまり日光の「もらぬ」所だから「もり」という, の類; 実は *lūcus* は「光の射さない所」でなくて「光のさしこむ所, 森の中の切り開いた地」の意〗
lu·cy /lúːsi/ n. 〖紋章〗=luce 2.
Lu·cy /lúːsi/ n. ルーシー《女性名; 愛称形 Lou, Luce, Luciana, Lucilla, Lucille》. 〖◻ F *Lucie* ◻ L *Lūcia* ← *lūc-* light: ⇨ Lucia〗
Lucy, Saint n. 聖ルチア (?–303?; Syracuse で Diocletian の迫害で殉教した聖女; 祝日 12 月 13 日).
Lúcy Stón·er /-stóʊnə | -stə́ʊnə(r)/ n. 女性の女権擁護者, (特に)女性は結婚後もその姓を用いるべきだと主張する人. 〖← *Lucy Stone* (1818–93: 米国の社会改良家・婦人参政権論者) + -ER[1]〗
lud /lʌ́d/ n. 《英》lord の変形: my *Lud*; m'*lud* /məlʌ́d/ =my Lord (⇨ lord 3 ★). — int. 《古》ああ!《驚き・落胆を表す》. 〖1725〗
Lud /lʌ́d/ n. 〖ウェールズ伝説〗ルッド《古代ブリトンの神話的な王; London を取り巻く城壁を作り, そのため London の名が生まれたという》. 〖◻ Welsh *Llūd*〗
Lü·da /lùːdɑ́ː; Chin. lỳtà/ n. 旅大(りょだい)《大連 (Dalian) の旧称》.
Ludd·ism /lʌ́dɪzm/ n. =Ludditism.
Ludd·ite /lʌ́daɪt/ n. **1** ラッダイト《産業革命期の 1811–17 年ごろ, 機械が失業の原因だと誤信して機械破壊の暴動を起こした労働者》. **2** [l-] 機械化・自動化・進歩に強く反対する人. **Lúdd·it·ish, l-** /-tɪʃ | -tɪʃ/ adj. 〖(1811) ← ? *Ned Ludd* (ラッダイト運動の指導者とされる伝説的人物): ⇨ -ite[1]〗
Ludd·it·ism /lʌ́daɪtɪzm/ n. ラッダイト主義; 反機械化自動化主義. 〖(1830): ⇨ ↑, -ism〗
Lu·den·dorff /lúːdndɔəf | -dɔːf; G. lúːdn̩dɔʁf/, **Erich (Friedrich Wilhelm) von** n. ルーデンドルフ (1865–1937; 第一次大戦のドイツの将軍, 軍事独裁者).
Lü·den·scheid /lúːdn̩ʃàɪt, ljúː-, líː-; G. lýːdn̩ʃaɪt/ n. リューデンシャイト《ドイツ北西部 North Rhine-Westphalia 州の工業都市》.
lu·der·ick /lúːdərɪk | lúː-, ljúː-/ n. 〖魚類〗オーストラリア産メジナ属の魚 (*Girella tricuspidata*). 〖(1898) 《現地語》〗
Lü·de·ritz /lúːdərɪ̵ts | lúːdərɪts, ljúː-; G. lýːdəʁɪts/ n. リューデリッツ《ナミビア南西部の港町; ダイヤモンド採掘の中心地》.
Lü·ders' líne /lúːdəz-, ljúː-, líː- | -dəz-; G. lýːdɐ-/ n. 〖機械〗リューダース線《表面をよく磨いた低炭素鋼の試験片を引っ張る時, 降伏点に達すると試験片表面に現れる線》. 〖← W. *Lüders* (ドイツの工学者, 1854 年発見)〗
Lu·dhi·a·na /lùːdiɑ́ːnə | lùːdi-, ljùː-/ n. ルディアナ《インド北部, Punjab 州中部の都市》.
lu·dic /lúːdɪk | lúːd, ljúː-/ adj. 遊びの, 遊戯(的)の (playful) 〖(1940) ◻ F *ludique* ← L *lūdere* to play〗
lu·di·crous /lúːdəkrəs | lúːdɪ̵-, ljúː-/ adj. **1** (ばかげているため)笑いを誘う; ばかばかしい, 滑稽な, おかしい. **2** 《古》娯楽向きの, ふまじめな. **~·ly** adv. **~·ness** n. 〖(1619) ◻ L *lūdicrus* sportive ← *lūdus* game (cf. L *lūdere* to play / Gk *lízein*) ← ? IE **loid-* ← **leid-* to play: ⇨ -ous〗
Lud·low[1] /lʌ́dloʊ | -ləʊ/ n. 〖商標〗ラドロー《米国の Ludlow Typograph 社製の活字鋳造機; 特に大型の文字や古い字体を作るのに用いられる》.
Lud·low[2] /lʌ́dloʊ | -ləʊ/ n. ラドロー: **1** 米国 Massachusetts 州南西部 Springfield の北東にある町. **2** イングランド中西部 Shropshire 州の町.
lu·do /lúːdoʊ | lúːdəʊ/ n. (pl. ~s) 《英》ルードー《さいころと数取りと盤面を用いてする遊び; cf. pachisi》. 〖(1898) ◻ L *lūdō* I play (↑)〗
Lu·do·vic /lúːdəvɪk | -də-; F. lydɔvik/ n. ルードビク《男性名》. 〖◻ F ~ < L *Ludovicus*: ⇨ Lewis[2]〗
Lud·wig /lʌ́dwɪg, lúdvɪg, -wɪg | lʌ́dvɪg, lúːd-; G. lúːtvɪç, Swed. lʉ̀dvɪg, Norw. lʉ̀dvɪk/ n. ラドウィグ, ルートビッヒ《男性名》. 〖◻ G ~: ⇨ Ludovic〗
Lud·wig II /G. lúːtvɪç/ n. ルートヴィヒ二世《Louis II のドイツ語名》.
Lud·wigs·burg /lúːdvɪgzbɜ̀ːg | -bɜ̀ːg; G. lúːtvɪçsbʊʁk/ n. ルートヴィヒスブルグ《ドイツ南西部, Baden-Württemberg 州の都市》.
Lud·wigs·ha·fen /lùːdvɪgzhɑ́ːfən, lùːt-, -vɪxs-; G. lúːtvɪçshaːfn̩/ n. ルートヴィヒスハーフェン《ドイツ中西部, Rhineland-Palatinate 州の Rhine 河畔の都市; Manheim の対岸》.
Lu·el·la /luːélə | luː-, ljuː-/ n. ルーエラ《女性名; 異形 Louella; 米国に多い》. 〖? OE *Hlūdælf*《原義》famous elf // ← LOU + ELLA〗
lu·es /lúːiːz | lúː-, ljúː-/ n. (pl. ~) 《まれ》疫病 (pestilence), (特に)梅毒. 〖(1634) ◻ L *luēs* plague, pestilence ← *luere* to loose ← IE **leu-* to loosen〗
lu·et·ic /luːéṭɪk | luːét-, ljuː-/ adj. 梅毒の[にかかった] (syphilitic). **lu·ét·cal·ly** adv. 〖← LUES: HERBETIC, etc. からの類推〗
luf·ber·y /lʌ́fbɛri | -bəri/ vi. 〖空軍〗ラフベリー隊形 (Lufbery circle) を組む; ラフベリー隊形になる[で飛ぶ]. 〖↓〗
Lúf·bery círcle /lʌ́fbɛri- | -b(ə)ri-/ n. 〖空軍〗(Lufbery 式)円形飛行編隊, ラフベリー隊形《空中戦において 2 機以上の飛行機が円形または上昇らせん形を描いて飛び, 各機がそれぞれ前方の味方機を援護する守勢の戦術行動》: go into [fly in] a ~ ラフベリー隊形になる[で飛ぶ]. 〖← *Raoul G. V. Lufbery* (1885–1918: 第一次大戦で活躍したフランス生まれの飛行家・空軍将校)〗
luff /lʌ́f/ 〖海事〗n. **1** ラフ《縦帆の前ぶち》. **2** さらに風上に詰めて走らせること. **3** 《英》船首の湾曲部.
lúff upon lúff 一つのラフテークル (luff tackle) の引き手にもう一つのラフテークルを付けた滑車装置. 《1840》
— vi. **1** 船の船首をさらに風上に向ける; 〈船が〉さらに風上に詰めて走る 〈*up*〉; 〈帆が〉両側から風を受けてはためく. **2** 起重機のジブ (jib) を上げる[下げる]. — vt. **1** (ヨット競走で)〈相手〉の風上に出る. **2** 〈起重機のジブを〉上げる[下げる]. ***Lúff alée!*** リーヘルム[下手舵柄]一杯《船首を急いで風上に向ける時の旧号令》. 《1769》 ***Lúff her!*** = *Luff the* HELM[1]!
〖(?a1200) *lo(o)f* ◻ (O)F *lof* contrivance for altering a ship's course: cf. Du. *loef* (n.) & *loeven* (v.)〗
luf·fa /lúːfə, lʌ́fə | lʌ́fə/ n. **1** 〖植物〗ヘチマ (⇨ dishcloth gourd). **2** ヘチマの果実. **3** ヘチマの果実の繊維, (俗に)ヘチマの皮《入浴時のあかすり・皿洗いに用いる; vegetable sponge ともいう》. 〖(1887) ← NL ~ ← Arab. *lūfa*^{h}〗
lúff tàckle n. 〖海事〗ラフテークル《単滑車と複滑車 1 個ずつの組み合わせによる滑車装置で, 通索の固定部が単滑車に結ばれている》. 〖1698〗
Luft·han·sa /lúfthɑ̀ːnzə | -hænzə, -sə; G. lʊ́fthanza/ n. ルフトハンザドイツ航空 (Deutsche Lufthansa)《ドイツの航空会社; 記号 LH》.
luft·mensch /lúftmɛnʃ; G. lʊ́ftmɛnʃ/ G. n. (pl. **-mensch·en** /-ʃən; G. -ʃn̩/) (現実の生活に身を入れることができない)非実際的な人間, 夢想家 (dreamer). 〖(1907) ◻ Yid. *luftmensch* ← G *Luft* (↓) + *Mensch* 'person, MAN'〗
Luft·waf·fe /lúftvɑ̀ːfə | -wæfə, -væfə; G. lʊ́ftvafə/ G. n. (特に, ナチ時代の)ルフトヴァッフェ, ドイツ空軍. 〖(1935) ◻ G ~ ← *Luft* air + *Waffe* arms〗
lug[1] /lʌ́g/ v. (**lugged; lug·ging**) — vt. **1** 力まかせに[力を入れて]引く, 無理に連れて行く (drag): ~ a heavy handcart *along* 重い手車をぐいと引っぱって行く / ~ a person *in* [*out of*] the room 人を無理やり部屋へ入れる[から出す]. **2** 苦労して運ぶ, やっとの思いで運ぶ: ~ a trunk *in* [*out, upstairs, to* the station] トランクをやっとこさと中へ[外へ, 2 階へ, 駅まで]運ぶ. **3** 〈話などを〉(…に)無理に持ち込む, 持ち出す (*into*): ~ business matters *into* conversation 談話の中に商売上の事を取ってつけたように持ち出す. **4** 《方言》〈耳・毛を〉引っ張る; 耳や毛をつかんで引っ張る. — vi. **1 a** 引っ張る, ひどく引く (pull) (*at*): ~ *at* the rope 綱を引っ張る. **b** 〈馬が〉〈はみを〉重々しく圧しつける (*on*): ~ *on* the bit. **2** 重そうに動く: The car ~*ged* on the hill. 車は坂を重そうに上った. **3** 《古》**a** 刀を抜く. **b** 財布[金]を取り出す. **4** 〖競馬〗〈馬が〉進路からそれて内埒(らち)側[外側]へよれる. — n. **1** [pl.] 《米》気取り, もったいぶり (affectations): put on ~*s* 気取る, もったいぶる. **2** (果物・野菜の運搬用の)底の浅い木箱[かご]. **3** 《米俗》政治献金の強要[強制的取立て]: put the ~ on …から政治献金[寄付金]を強要する. **4** 《古》(力を込めた)引きずり, 引っ張り (haul). **5** 〖海事〗=lugsail. 〖(?c1380) *lugge(n)* ← ? ON: cf. Swed. *lugga* to pull by the hair ← *lugg* (↓)〗
lug[2] /lʌ́g/ n. **1 a** 《英口語・スコット》耳 (ear). **b** 《スコット》帽子の耳覆い (earflap). **2 a** 耳のような突起, 突出部, 突端 (projection). **b** 取っ手, 柄, つまみ, つる耳. **c** (馬具の)ながえ通し. **d** 〖電気〗(電線を接続するための)耳状端子. **3** 《俗》**a** 不器用なのろま, でくのぼう, ばか者. **b** 並の人間, 凡人. **4** 〖機械〗ラグナット, 耳付きナット《ボルトの端にかぶさる大型ナット; 自動車の車輪の取り付けに使う; lug nut ともいう》. **5** 〖石工〗(窓幅より外に出た)窓台の両端. **6** 〖木工〗(上げ下げ窓の上窓の)縦枠が下に突出した部分. **7** 〖造船〗=clip[1] 4. **8** (たばこの)土葉(どは)《茎の下部から採る下級品》. 〖(1495) ← ? ME *lugge(n)* (↑): cf. Swed. *lugg* forelock〗
lug[3] /lʌ́g/ n. 〖動物〗=lugworm. 〖(1602) ← ? Celt.〗
Lu·gan·da /luːgǽndə, -gɑ́ːn-/ n. ガンダ語 (Ganda)《アフリカの Uganda の言語; Bantu 語派に属する》. 〖1889〗
Lu·ga·no /luːgɑ́ːnoʊ | luːgɑ́ːnəʊ, lə-; It. lugáːno/ n. **1** ルガノ《スイス南部の国際金融・観光都市; Lugano 湖に面する》. **2** [Lake ~] ルガノ湖《スイスとイタリアの国境にある; 面積 50 km^2》.
Lu·gansk /luːgɑ́ːnsk; Russ. lugánsk/ n. ルガンスク《Luhansk のロシア語名》.
lúg bòlt n. 〖機械〗耳付きボルト (strap bolt). 〖1889〗
luge /lúːʒ; F. lyːʒ/ n. リュージュ《スイス起源の一人または二人乗りの競技用そり; cf. toboggan 1》. — vi. リュージュで滑る. 〖(1905) ◻ F ~ ← Swiss -F《方言》◻ ML *sludia* ← ? Gaul.: cf. slide〗
Lu·ger /lúːgə | -gə(r); G. lúːgɐ/ n. 〖商標〗ルガー《ドイツ製の自動拳銃; 口径 9 mm》.
lúg fóresail n. 〖海事〗ラグ式前帆《帆桁を付けない縦帆式のフォースル》. 〖← ? LUG[1,2]〗
lug·ga·ble /lʌ́gəbl̩/ 〖電算〗adj., n. ラガブル(な)《一体型の小型コンピューター; 移動は容易だが重く, 携帯には適さない》. 〖(1978) ← LUG[2] + -ABLE〗
lug·gage /lʌ́gɪdʒ/ n. [集合的] 旅行荷物, 旅客手荷物; 旅行用かばん類 (⇨ baggage SYN): a piece of ~ / matching ~ 組になっている旅行荷物. 〖(1596) ← LUG[1] + -AGE: もとは苦労して運ぶ重い荷物 (lug[1]) の意〗

lúggage ràck *n.* (列車・バスの)網棚. 〘1905〙
lúggage vàn *n.* 《英》手荷物車(《米・カナダ》baggage car). 〘1876〙
lug·ger /lʌ́gə | -gə(r/ *n.* 〖海事〗ラガー《何枚かの lugsail を有する小帆船で, 2本マストか3本マストの漁船[商船]》. 〘(1757) ← LUGSAIL: cf. Du. *logger*: ⇨ -er¹〙

lugger

lúgger tópsail *n.* 〖海事〗ラガートップスル《小帆船のラガーに付けたトップスル》.
lug·gie /lʌ́gi/ *n.* 《スコット》(柄付きの)木製手おけ[木皿]. 〘(1725) ← LUG²+-IE〙
lúg·hòle *n.* 《英方言・口語》耳の穴; 耳. 〘1895〙
lúg nùt *n.* 〖機械〗=lug² 4.
Lu·go /lúːgoʊ | -gəʊ; *Sp.* lúγo/ *n.* ルーゴ《スペイン北西部の都市; ローマ時代の城壁がある》.
Lú·gol's solùtion /lúːgɑ(ː)lz- | -gɔlz-/ *n.* 〖薬学〗ルゴール液《ヨウ素・ヨウ化カリウム・液状フェノール・ハッカ油・グリセリンを蒸留水に溶解した液; 咽喉塗布剤用》. 〘(1880) ← *J. G. S. Lugol* (1786–1851: フランスの医師)〙
lúg-rígged /-rígd⁻/ *adj.* 〖海事〗ラガー式帆装の, ラグスル (lugsail) 艤装(ぎそう)の. 〘1801〙
lug·sail /lʌ́gsèɪl, (海) -səl, -sl/ *n.* 〖海事〗ラグスル《前ぶちよりも後ぶちの長い四角な縦帆で, 1枚帆の小型ボートに多く使われる; 単に lug ともいう》. 〘(1677) ← LUG² ∥ LUG¹+SAIL〙
lúg scrèw *n.* 小型の無頭ねじ.
lúg sìll *n.* 〖石工〗(窓幅より外に出て)両側の抱きまで幅のある窓台 (cf. slip sill).
lu·gu·bri·ous /luːgúːbriəs, lə-, -gjúː- | luː-, ljuː-, lə-/ *adj.* 悲しげな, 哀れな, いたましい (doleful, mournful); 陰気な, 憂鬱(ゆううつ)な: a ～ look, voice, etc. **～·ly** *adv.* **～·ness** *n.* 〘(1601) ← L *lūgūbris* mournful (← *lūgēre* to mourn)+-IOUS〙
lúg·wòrm *n.* 〖動物〗タマシキゴカイ, クロムシ《環形動物タマシキゴカイ属 (*Arenicola*) の虫の総称; 魚釣りのえさにする》. 〘(1802) ← LUG³〙
lúg wrènch *n.* 〖機械〗ラグレンチ《lug nut 用のレンチ》.
Lu·hansk /luːhάːnsk, -hǽnsk; *Ukr.* luɦánsʲk/ *n.* ルハンシク《ウクライナ東部 Donets 盆地にある都市; 旧名 Voroshilovgrad (1935–58, 70–89), ロシア語名 Lugansk》.
Lu Hsün /lùːʃúːn/ *n.* = Lu Xun.
Lui·chow /lèɪtʃóʊ | -tʃəʊ; *Cant.* lɵytʃàu/ *n.* =Leizhou.
Lu·i·gi /luːíːdʒi; *It.* luíːdʒi/ *n.* ルイージ《男性名》. 〘□ It. ～: ⇨ Lewis²〙
Luik /*Flemsh* lœik/ *n.* ルイク《Liège のフラマン語名》.
Lu·is /lúːɪs | lúːɪs; *Sp.* lwís, *Port.* luíʃ/ *n.* ルイース《男性名》. 〘□ Sp. ～: ⇨ Lewis〙
Lu Jiang /*Chin.* lùtɕiāŋ/ *n.* 潞江(ルーチャン) (Nu Jiang の別名).
Lu·kács /lúːkɑːtʃ | -kætʃ; *Hung.* lúkaːtʃ/, **György** [**Georg**] /ɟørɟ/ *n.* ルカーチ《(1885–1971; ハンガリーのマルクス主義哲学者・文芸批評家》.
Lu·kan /lúːkən | lúː-, ljúː-/ *adj.* =Lucan¹.
Luke /lúːk/ *n.* **1** ルーク《男性名》. **2** 〖聖書〗**a** [Saint ～] ルカ《第3福音書(ルカ伝福音書)および使徒行伝の著者と伝えられる; 医師でパウロ (St. Paul) の協力者》. **b** (新約聖書の)ルカによる福音書, ルカ伝(福音書) (The Gospel according to St. Luke). 〘□ L *Lūcas* □ Gk *Loukâs* (原義) man of Lucania〙
luke·warm /lúːkwɔ̀ːm, ⁻⁻⁻ | lùːkwɔ́ːm⁻, ⁻⁻⁻/ *adj.* **1** 微温の, なまぬるい: ～ water. **2** 微温的な, 気のない, 不熱心な, いい加減な: ～ support [agreement, friendship] 熱のない支持[同意, 友情] / with ～ interest 大して興味なさそうに. **～·ly** *adv.* **～·ness** *n.* 〘(1373) *l(e)ukewarme* ← *luke, leuk* tepid (← *lew* tepid < OE *-hlēow*)+*warme* 'WARM'〙
Lu·le·å /lúːliòː; *Swed.* lúːleoː/ *n.* リューレオ《スウェーデン北部, Bothnia 湾に臨む港市; 工業・造船の中心地》.
lull /lʌ́l/ *n.* **1** 落ち着いた状態: put a person in a ～ 人を落ち着かせる. **2** (暴風雨などの)小やみ, なぎ; (病気・苦痛などの)小康, 小休み; 景気の一時的後退: a ～ in the storm あらしの小やみ / a ～ in the traffic [conversation] 交通[対話]のとだえ[とぎれ]. **3** 《古》=lullaby. ― *vt.* **1** 〈人・心を〉だます; 〈人を〉だまして(ある状態に)させる (cajole) 〔*into*〕: ～ a person *with* false hopes 間違った希望を与えて人をだます / ～ a person *into* a false sense of security 人をだまして安心させる. **2** 〈小児を〉なだめる, あやす, すかす (soothe); 寝かしつける: ～ a baby *to* sleep 赤ん坊をあやして寝かしつける. **3** [通例 p.p. 形で] 〈波・暴風雨などを〉鎮める, 和らげる (mitigate): The storm was ～*ed*. あらしが鎮まった. **4** 〈疑いなどを〉もみ消す, 〈痛みなどを〉静める, 和らげる: ～ a person's fears [suspicion] 人の不安[疑い]を消す. ― *vi.* 〈騒ぎ・暴風雨などが〉鎮まる, 和らぐ, なぐ. 〘(*a*1325) *lulle(n)* (擬音語): cf. Swed. *lulla* / G *lullen* / L *lallāre* to sing a lullaby〙
lul·la·by /lʌ́ləbàɪ/ *n.* **1** 子守歌 (cradlesong). **2** 《廃》おやすみ, さよなら. ― *vt.* 子守歌を歌って〈子供を〉寝かしつける[落ち着かせる]. 〘(1542) ← (廃) *lulla* (幼児を寝かしつけるときのあやし言葉) (< ME *lullai* ← *lullen* 'to LULL')+*by* (cf. bye-bye²)〙
lúll·ing /-lɪŋ/ *adj.* なだめるような, すかすような. **～·ly** *adv.* 〘(1440): ⇨ -ing²〙
Lul·ly /luːlíː; *F.* lyli/, **Jean Baptiste** *n.* リュリ《(1632–87; イタリア生まれのフランスの作曲家》.
Lul·ly /lʌ́li/, **Raymond** *n.* ルルス《(1235?–1316; カタロニアの神秘思想家・宣教師; カタロニア名 Ramón Lull /lúl/, ラテン語名 Raimundus Lullus》.
lu·lu¹ /lúːluː/ *n.* [反語的に用いて]《俗》大したもの[人, 事]; 美人. 〘(1886) ← ? LULU〙
lu·lu² /lúːluː/ *n.* 《米俗》(政治家などに贈られる)無税の手当. 〘(転用)? ↑〙
Lu·lu /lúːluː/ *n.* ルールー《女性名》. 〘(dim.) ← LOUISE〙
Lu·lua·bourg /luːlúːəbùə | -bùə(r; *F.* lulwabuːʁ/ *n.* ルルアブール《Kananga の旧名》.
lum /lʌ́m/ *n.* 《スコット・北英》煙突 (chimney). 〘(1507–08) ?〙
lu·ma /lúːmɑː, -mə/ *n.* (*pl.* ～, ～s) ルーマ《アルメニアの通貨単位: =¹/₁₀₀ dram》.
lumb- /lʌmb/ (母音の前にくるときの) lumbo- の異形.
lum·ba·go /lʌmbéɪgoʊ | -gəʊ/ *n.* (*pl.* ～s) 〖病理〗腰痛. **lum·bá·gi·nous** /-béɪdʒənəs | -dʒɪ-/ *adj.* 〘(1693) □ LL ～ ← L *lumbus* loin〙
lum·bar /lʌ́mbə, -bɑə | -bə(r, -bɑː(r/ 〖解剖〗*adj.* 腰の, 腰部の; 腰椎(ようつい)の; 腰髄の: ～ anesthesia 腰椎麻酔 / the ～ region 腰部. ― *n.* 腰動脈[静脈]; 腰神経; 腰椎. 〘(1656) ← NL *lumbāris* ← L *lumbus* (↑)〙
lúmbar ártery *n.* 〖解剖〗腰動脈.
lúmbar nérve *n.* 〖解剖〗腰神経.
lúmbar púncture *n.* 〖医学〗腰椎穿刺(せんし).
lúmbar vértebra *n.* (*pl.* **l- vertebrae**) 〖解剖〗腰椎(ようつい).
lum·ber¹ /lʌ́mbə | -bə(r/ *n.* **1** 《米・カナダ》製材, 用材, 挽材(ひきざい)(《英》timber)《特に, 角材 (beam), 板材 (plank, board) にしたものをいう》. **2** 《英》**a** (家具などの場所をとる)がらくた(物); (一般に)無用のもの, くず. **b** 《口語》荷厄介な人[物]. **3** (特に, 犬の)ぜい肉.
― *adj.* [限定的] **1** 材木の; 製材の; 製材を商う.
2 《英》不用の家具の, がらくた物の: ⇨ lumber room.
― *vt.* **1 a** 〈部屋・場所などを〉ふさぐ (cumber, obstruct). **b** 〔がらくた物を〕…に詰め込む 〈*up*〉〔*with*〕: The room was ～*ed* (*up*) *with* useless things. 部屋はがらくたで一杯だった / ～ one's mind (*up*) *with* useless facts くだらない事実を頭に(一杯)詰め込む. **2** 《英口語》〔いやな人・仕事などを〕…に押しつける〔*with*〕: Why do you ～ me *with* all this work? どうして私のところへ仕事をみんな押しつけるのか. **3** 乱雑に積み上げる. **4** 《米・カナダ》**a** 〈材木を〉切り出す. **b** 〈森林などの〉木を木材にする: ～ a million acres. **5** 《豪》逮捕する, 収監する. ― *vi.* **1** 山の木を切り出す; (市場向けに)製材する. **2** 役に立たなくなる, がらくたとしてしまい込まれる.
〘(1552) (変形) ← ? (↓) ∥ ← ? LOMBARD: pawnbroker's shop が原義(質屋はよくロンバルディア人が経営し, がらくたを集めていることから)〙
lum·ber² /lʌ́mbə | -bə(r/ *vi.* どしんどしんと歩く, 重々しく動く; がたがたと音を立てて動く: The tanks ～*ed along* [*by, past*]. 戦車がごうごうと通り過ぎて行った. 〘(?*c*1380) *lomere(n)*: cf. Swed. (方言) *lomra* to resound & *loma* to walk heavily: cf. lame¹〙
lúmber-càrrier *n.* 木材運搬船. 〘1700〙
lúm·ber·er /-bərə | -rə(r/ *n.* 材木切出し人, 木材伐採人. 〘(1809) ← LUMBER¹+-ER¹〙
lúm·ber·ing¹ /-b(ə)rɪŋ/ *n.* 《米・カナダ》材木伐採業, 製材業. 〘(1775) ← LUMBER¹+-ING¹〙
lúm·ber·ing² /-b(ə)rɪŋ/ *adj.* **1** がたがた音がする, がたぴし進む; 重そうに動く: a ～ cart. **2 a** 重々しくて見苦しい, ぶざまな (clumsy, awkward): a ～ table, building, etc. **b** 〈文章など〉雅致[趣]のない, ぎくしゃくした: ～ sentences. **3** 〈頭が〉鈍い (dull): a ～ brain. **～·ly** *adv.* **～·ness** *n.* 〘(1593) ← LUMBER²+-ING²〙
lúmber·jàck *n.* **1** 《米・カナダ》材木切出し人夫. **2** =lumberjacket. **3** 《カナダ》=Canada jay. 〘1831〙
lúmber·jàcket *n.* ランバージャケット《木こりの仕事着を真似たもので, 腰丈のシングルジャケット》. 〘1939〙
lúmber·man /-mən/ *n.* (*pl.* **-men** /-mən, -mèn/) 《米・カナダ》木材切出し人監督; 製材業者; 《まれ》きこり (logger). 〘*a*1817〙
lúmber·mill *n.* =sawmill 1.
lúmber ròom *n.* 《英》物置部屋 (cf. lumber¹ 2 a). 〘1741〙
lum·ber·some /lʌ́mbəsəm | -bə-/ *adj.* 始末の悪い, 厄介な (clumsy). 〘(1834) ← LUMBER²+-SOME¹〙
lúmber·yàrd *n.* 《米・カナダ》木材置場, 木場 (《英》timberyard) (cf. yard² 2). 〘1786〙
lum·bo- /lʌ́mboʊ | -bəʊ/「腰 (loin); 腰椎(ようつい)と…との」の意の連結形: *lumbo*sacral. ★ 母音の前では通例 lumb- になる. 〘← L *lumbus* loin: cf. lumbar〙
lùmbo·sácral *adj.* 〖解剖〗腰仙(骨)の. 〘(1840): ⇨ ↑, sacral¹〙
lum·bri·cal /lʌ́mbrɪkəl, -kl | -brɪ-/ 〖解剖〗*adj.* 虫様筋の: ～ muscles 虫様筋. ― *n.* =lumbricalis. 〘(1694) ← NL *lumbricālis* ← L *lumbrīcus* earthworm: ⇨ -al¹〙
lum·bri·ca·lis /lʌ̀mbrəkéɪlɪs | -brɪkéɪlɪs/ *n.* (*pl.* **-ca·les** /-liːz/) 〖解剖〗虫様筋《手のひらや足裏に四つある》. 〘(1706) ← NL ～ (↑)〙
lum·bri·coid /lʌ́mbrəkɔ̀ɪd | -brɪ-/ 〖動物〗*adj.* ミミズ状の, ミミズに似た. ― *n.* ミミズに似た動物《回虫 (ascarid) など》. 〘(1849–52) ← NL *lumbricoides* ← L *lumbrīcus* earthworm+-OID〙
lu·men /lúːmən | lúːmɪn, ljúː-, -mɛn/ *n.* (*pl.* **lu·mi·na** /-mənə | -mɪ-/, ～s) **1** 〖光学〗ルーメン《光束 (luminous flux) の単位; 1カンデラ (candela) の一様な光度の点光源が1ステラジアン (steradian) 内に発する光束; 略 lm》. **2** 〖解剖〗(管状器官の)内腔(ないこう). **3** 〖植物〗(細胞壁で囲まれた)内腔. **4** (注射針・導尿管などの)穴. **～·al** /-nḷ/ *adj.* 〘(1873) □ F □ L *lūmen* light, window ← IE **leuk-* 'LIGHT¹'〙
lúmen-hòur *n.* 〖光学〗ルーメン時《光量の単位; 1ルーメンの光源が1時間に出す光量》. 〘1925〙
lúm hát *n.* 《スコット》=top hat.
Lu·mière /luːmiéə | lùːmiɛ̀ə(r, ⁻⁻⁻; *F.* lymjɛːʁ/, **Auguste Marie Louis Nicolas** *n.* リュミエール《(1862–1954; フランスの化学者, 現在の映画技術の発明者; L. J. Lumière の兄》.
Lumière, Louis Jean *n.* リュミエール《(1864–1948; フランスの化学者, 現在の映画技術の発明者; A. M. L. N. Lumière の弟》.
lu·min- /lúːmən | lúːmɪn, ljúː-/ (母音の前にくるときの) lumino- の異形.
lumina *n.* lumen の複数形.
lu·mi·naire /lùːmənéə | lùːmɪnéə(r, ljùː-; *F.* lyminɛːʁ/ *n.* (ランプ・反射鏡などがついた)投光照明設備一式. 〘(1921) □ F ～: ⇨ luminary〙
lu·mi·nal /lúːmənḷ | lúːmɪ-, ljúː-/ *adj.* lumen の[に関する]. 〘(1897) ← LUMEN+-AL¹〙
Lu·mi·nal /lúːmənæ̀l | lúːmɪ-, ljúː-/ *n.* 〖商標〗ルミナール《phenobarbital, phenobarbitone の商品名; 鎮静・催眠剤》. 〘(1912): ⇨ ↑, -al³〙
lúminal árt *n.* 光線芸術, ルミナールアート《色光の変化を表現効果に利用した構成作品; cf. kinetic art》.
lu·mi·nance /lúːmənəns | lúːmɪ-, ljúː-/ *n.* **1** 光, 輝き. **2** 〖光学〗輝度《広がりをもつ光源のある方向への光度 (luminous intensity) をその方向への正射影面積で割った値; すなわちその方向からみた見かけの単位面積当たりの光度; cf. nit⁴》. 〘(1880): ⇨ ↓, -ance〙
lu·mi·nant /lúːmənənt | lúːmɪ-, ljúː-/ *adj.* 光る, 輝く, 光を発する. ― *n.* 発光体 (illuminant). 〘(1884) □ L *lūminantem* (pres.p.) ← *lūmināre* to shine: ⇨ -ant〙
lu·mi·nar·i·a /lùːmənéᵊriə | -mɪnéər-; *Am.Sp.* lumináɾja/ *n.* ルミナリア《メキシコ・米南西部のクリスマスの飾り; 砂を入れた紙袋にろうそくを立て, 戸外にともす》.
lu·mi·nar·y /lúːmənèri | lúːmɪnəri, ljúː-/ *n.* **1 a** (知的・道徳的・精神的な)指導者, 先覚者; (特定分野の)泰斗, 権威. **b** 有名人, 名士. **2** 発光体; 天体, (特に)太陽, 月. ― *adj.* 光の, 光に関する. 〘(*a*1449) □ OF *luminarie* (F *luminaire*) □ LL *lūmināriūm* light¹, candle, torch ← *lūmen* 'LIGHT¹': ⇨ -ary〙
lu·mi·nesce /lùːmənés | lùːmɪ-, ljùː-/ *vi.* 冷光を発する. 〘(1896) (逆成) ↓〙
lu·mi·nes·cence /lùːmənésəns, -sns | lùːmɪ-, ljùː-/ *n.* 〖物理・化学〗ルミネッセンス, 冷光《物質が光・X線・陰極線・熱・摩擦・化学変化などの刺激を受けて高熱を伴わずに発光する現象, またはその光; cf. fluorescence 2, phosphorescence 2》. 〘(1889): ⇨ ↓, -ence〙
lu·mi·nes·cent /lùːmənésnt | lùːmɪ-, ljùː-⁻/ *adj.* 冷光を発する. 〘(1889) ← LUMINO-+-ESCENT〙
lu·mi·ni- /lúːmənɪ, -ni | lúːmɪ-, ljúː-/ lumino- の異形 (⇨ -i-).
lu·mi·nif·er·ous /lùːmənɪ́f(ə)rəs | lùːmɪ-, ljùː-⁻/ *adj.* 光を発する, 発光性の. 〘(1801) ← LUMINO-+-(I)FEROUS〙
lu·mi·nist /lúːmənɪst | lúːmɪnɪst, ljúː-/ *n.* 〖美術〗光の効果に重点を置いて描く画家. 〘(1901) □ F *luministe*: ⇨ ↓, -ist〙
lu·mi·no- /lúːmənoʊ | lúːmɪnəʊ, ljúː-/「光」の意の連結形. ★ 時に lumini-, また母音の前では通例 lumin- になる. 〘← L *lūmen* 'LIGHT¹'〙
lu·mi·nol /lúːmənɔ̀(ː)l | lúːmɪnɒl, ljúː-/ *n.* 〖化学〗ルミノール ($C_8H_7N_3O_2$) 《白色の固体で水に不溶; アルカリ性溶液で酸化すると青白い蛍光を発する; 血痕の鑑識試薬に用いられる》: a ～ test ルミノール(化学発光)試験. 〘(1934) ← ↑+-OL¹〙
lu·mi·no·phor /lúːmənəfɔ̀ə | lúːmɪnəfɔ̀ː(r, ljúː-/ *n.* (*also* **lu·mi·no·phore** /～/) 〖物理・化学〗発光団. 〘(1907): ⇨ lumino-, -phor〙
lu·mi·nos·i·ty /lùːmənɑ́(ː)səti | lùːmɪnɔ́sɪti, ljùː-/ *n.* **1** 光輝; 光度. **2** 発光物[体]. **3** 聡明[明敏]さ (brightness). **4** 〖天文〗光度《等級(明るさ)でない物理的な発光量を指す》. **5** 〖物理〗ルミノシティー, 衝突強度《衝突型加速器において粒子線同士の衝突を起こさせる能率》. 〘(1634): ⇨ luminous, -ity〙
luminósity cùrve *n.* 〖光学〗視感度曲線《視感度を波長の関数として表した曲線》. 〘1886〙
lu·mi·nous /lúːmənəs | lúːmɪ-, ljúː-/ *adj.* **1 a** 光を発する; 光る, 輝く (⇨ bright SYN): a ～ body 発光体 / a ～ organ 発光器官. **b** 〈塗料など〉夜光(性)の: a ～ dial (時計の)夜光文字盤 / a ～ watch 夜光時計 / ～ paint 発光塗料, 夜光塗料《リン光体を含む塗料》. **2** 明るい, 照明のよい, 照明された (well-lighted): a park ― *with* sunlight 陽光の明るい公園. **3** 理知的な, 聡明(そうめい)な (intelligent). **4** 鮮明な, 明白な, はっきりした (clear, intelligible): a ～ remark, discourse, exposition, etc. **～·ly** *adv.* **～·ness** *n.* 〘(?*a*1425) *luminose* □ (O)F *lumineux* ∥ L *lūminōsus*: ⇨ lumino-, -ous〙
lúminous efficacy *n.* **1** 〖光学〗視感度《放射束 (radiant flux) に対する光束 (luminous flux) の比; 記号 K; 単位 lm/W》. **2** 〖電気〗(光源の)発光効率《消費電力に対する放出される光束の比; 記号 ηv, Φv; 単位 lm/W; 照明業界の用語》.
lúminous efficiency *n.* 〖電気〗発光効率 (luminous efficacy); 〖光学〗視感度《放射束が肉眼に生じる明

るさの感覚を放射束の値で除したもの; 記号 V; cf. spectral luminous efficiency).

lúminous emíttance *n.* 〘光学〙光束発散度 (⇨ luminous exitance).

lúminous énergy *n.* 〘物理〙視感エネルギー. 〖1931〗

lúminous éxitance *n.* 〘光学〙光束発散度 (光源における単位面積当たりの光束の量; 記号 *Mv*; 単位 lm/m²; かつては luminous emittance といった).

lúminous flúx *n.* 〘光学〙光束 (単位時間に通過する放射エネルギー, すなわち放射束 (radiant flux) を国際的に定められた標準比視感度をもつ観測者に生じる明るさの感覚で評価したもの; 単位はルーメン (lumen); 以前は光線束 (pencil of rays, bundle of rays) の意にも用いた). 〖1925〗

lúminous flúx dènsity *n.* 〘光学〙光束密度 (単位面積を通過する光束).

lúminous inténsity *n.* 〘光学〙光度 (点光源からある方向の単位立体角内に放射される光束 (luminous flux) をその光源のその方向の光度という; 単位はカンデラ (candela); 記号 *Iv*).

lúminous ránge *n.* 〘海事〙光学的光達距離 (眼高に関係なく光力のみによって見える最大距離).

lu·mis·ter·ol /luːmístərɔ̀(ː)l | luːmístərɔ̀l, ljuː-/ *n.* 〘生化学〙ルミステロール, ルミステリン ($C_{28}H_{44}O$) (エルゴステロール (ergosterol) の紫外線照射によって生じる非水溶性の結晶). 〖(1932) ← LUMI(NO)- + STEROL〗

lum·me /lʌ́mi/ *int.* 〘英口語〙おや, ああ, おお (語勢を強めたり, または驚きを表す). 〖(1898) 《短縮・転訛》 ← (*Lord*) *love me!*〗

lum·mox /lʌ́məks, -mɪks | -məks/ *n.* 〘口語〙まぬけ, のろま, でくのぼう (lump). 〖(*a*1825)?〗

lum·my /lʌ́mi/ *int.* =lumme.

lump¹ /lʌ́mp/ *n.* **1 a** (不定形の)塊, (粘土・練り粉などの)塊 (hunk): a ~ of coal 石炭の塊 / a ~ *of* clay [earth] 一塊の粘土[土] / There are still ~*s* in the sauce: it's not smooth enough. まだソースの中にだまがある. 十分なめらかになっていない / He is a ~ *of* selfishness. 利己心の塊だ. **b** 角砂糖 1 個: a ~ of sugar 角砂糖 (1 個) / One ~ or two (in your coffee)? (コーヒーに)角砂糖 1 個にしますか, 2 個ですか. **2** こぶ, 腫(は)れ物 (protuberance, swelling, bump); 打撲傷: a ~ on a person's forehead 額のこぶ / a ~ in a person's breast 胸のしこり. **3** 〘俗〙たくさん, どっさり (lot, heap): a ~ *of* money たくさんの金 / a great ~ *of* applicants 大勢の応募者. **4** 〘口語〙ずんぐりと太った人; 頭の鈍い人: Go to hell, you big fat ~ *of a* man! くたばっちまえ, このでぶのうすのろ野郎め. **5** [*pl.*] 〘米口語〙激しい殴打; 当然の報い, 罰, 叱責: get [take] one's ~*s* ひどく殴られる, ひどい罰[叱責]を受ける / give a person his ~*s* ひどく罰する[しかる]. **6** [the ~; 集合的] 〘英口語〙(建築業などの)臨時雇い[作業員]たち (一括即金払いで雇われるため, 税や国民保険逃れに用いられる). **7** 〘廃〙ひとまとめ, 一塊 (aggregate).

áll of a lúmp (1) ひっくるめて, 一塊になって (in a heap). (2) 一面に腫れ上がって(いる). ***a lúmp in the*** [*one's*] ***thróat*** (感動して)のどが詰まるような感じ, 胸が一杯: She had [felt] *a ~ in her throat.* 彼女は胸に熱いものが込み上げてきた. (1803) ***bring a lúmp to a person's thróat*** (物事が)...の胸を(感激や悲しみで)いっぱいにする. ***in a*** [*óne*] ***lúmp*** ひとまとめに, 一括して, 一度に. ***in*** [*by*] ***the lúmp*** ひっくるめて, 総括して, 全体で: Considered [Taken] *in the* ~, they're not too bad. 全体的に考えれば, まあ悪くはない.

— *adj.* [限定的] **1** 塊になった, 固形の: ⇨ lump sugar. **2** ひとまとめの: ~ donation [payment] 全額一回渡しの寄付[支払] / ⇨ lump sum.

— *vt.* **1** 一塊[ひとまとめ]にする, 一括する 〈*together*〉: ~ the expenses *together* 経費をひとまとめにする / Don't ~ me (*in* [*together*] *with* the others.=Don't ~ me and the others *together*. 私を他の連中といっしょくたにしないでくれ. **2** 塊に盛り上げる. **3** 一括して取り上げる, 全体として考える. **4** 重たそうに動かす; 〈荷を〉積む. — *vi.* **1** 一塊になる, 膨れて塊になる. **2** どしんどしんと進む 〈*along*〉; どしんと腰を下ろす 〈*down*〉.

〖(*a*1325) *lumpe, lomp(e)* □ ? LG: cf. LG *lump* coarse / Dan. *lump* lump / Du. *lomp* rag〗

lump² /lʌ́mp/ *vt.* [通例 ~ it として] 〘口語〙いやいやながら[気に入らないが]我慢する, あきらめる (endure). ★ 通例 like と対にして用いる: If you don't *like* it, you can [you'll (just) have to] ~ *it.* いやでも我慢するさ; 好きでも嫌いでもかまわんさ / *like* it or ~ *it* いや応なしに. 〖(1577) ↑ ?: cf. grump, dump²〗

lúmp cóal *n.* 塊炭. 〖1877〗

lump·ec·to·my /lʌmpéktəmi/ *n.* 〘医学〙乳腺腫瘤(しゅりゅう)摘出(術). 〖(1972) ← LUMP¹ + -ECTOMY〗

lum·pen /lʌ́mpən, lúm-; G. lúmpn/ *adj.* **1** (何の意欲も持たない)最下層民の. **2** 〘口語〙愚かな. — *n.* (*pl.* ~, ~s) 最下層民, ルンペン. 〖(1936) □ G *Lumpen* (*-proletarier*) ← *Lump* scamp & *Lumpen* rag: cf. lump¹〗

lúmpen·proletáriat *n.* ルンペンプロレタリアート (階級意識に乏しく, 組織化できない浮浪(労働者)層). 〖(1924) □ G ~ ← *lumpen* rag + *proletariat*〗

lump·er /lʌ́mpə | -pə(r)/ *n.* **1** 〘米〙港湾労働者 (stevedore). **2** 〘生物〙併合派学者 (分類群を大きくまとめようとする分類学者; cf. splitter 3). 〖(1781): ⇨ lump¹〗

lúmp·fish *n.* 〘魚類〙ランプサッカー (*Cyclopterus lumpus*) (ダンゴウオ科の不活発な魚, 北大西洋の海底にすむ); ダンゴウオ科の魚の総称. 〖(1620) *lump*: □ MLG *lumpen* & MDu. *lumpe*: cf. lump¹, lumpen〗

lúmp·ing *adj.* 〘口語〙たくさんの, かさばった, 重い (bulky, heavy): ~ weight たっぷりした目方の量 / a ~ great helping of pudding (つけ合わせの)プディングの大盛り. 〖(*c*1390)) (1705): ⇨ lump¹, -ing²〗

lúmp·ing·ly *adv.* 重たげに, ぎごちなく (clumsily). 〖(1847): ⇨ ↑, -ly¹〗

lúmp·ish /-pɪʃ/ *adj.* **1** 〈言葉・行動が〉のろまな, 重々しい; うすのろの, 気のきかない. **2** ずんぐりした, ぶざまな (awkward). **3** 塊のような, ごろごろして重い. **4 a** 〈音が〉重苦しい. **b** 〈文体など〉(長ったらしくて)退屈な; むらのある, 生硬な. **5** 〘廃〙元気のない, 悄然(しょうぜん)とした (spiritless). **~·ly** *adv.* **~·ness** *n.* 〖(1528) ← LUMP¹ + -ISH¹〗

lúmp·sùck·er /lʌ́mp-/ *n.* 〘魚類〙**1** ダンゴウオ科の魚の総称. **2** =lumpfish. 〖← LUMP(FISH) + SUCKER〗

lúmp sùgar *n.* 固形砂糖, 角砂糖. 〖1623〗

lúmp súm *n.* 一括払いの総額, 比較的高額の即金払いの金額. **lúmp-súm** *adj.* 〖1867〗

lump·y /lʌ́mpi/ *adj.* (**lump·i·er; -i·est**) **1** 塊の, 塊だらけの; こぶだらけの: ~ bread / a ~ surface ごろごろした表面. **2** 〈宝石が〉(カット不良で)肉が厚い. **3** 〈波が〉荒立っている, 波の多い (choppy): a ~ sea. **4** ずんぐりしてのろのろした. **5** 〈文体など〉ぎごちない, 生硬な. **lúmp·i·ly** /-pᵻli/ *adv.* **lúmp·i·ness** *n.* 〖(1707) ← LUMP¹ + -Y⁴〗

lúmpy jáw *n.* 〘病理・獣医〙顎放線菌症 (actinomycosis); (特に)牛の放線菌病. 〖1890〗

Lu·mum·ba /ləmúmbə, lʊ-; *Bantu* lumúmba/, **Patrice** *n.* ルムンバ (1925–61; コンゴ民主共和国の初代首相 (1960); 暗殺された).

Lu·na¹ /lúːnə | lúː-, ljúː-/ *n.* **1** 〘ローマ神話〙ルナ (月の女神; 月を擬人化したもの; cf. Selene 1, Diana 2, Artemis). **2** 〘廃〙〘錬金術〙銀 (silver) (cf. lunar *adj.* 4). **3** [l-] 〘教会〙三日月形聖体納器 (顕示台のなかに聖体が正面から仰ぎ見えるようにするため; lunette ともいう). **4** [l-] 〘昆虫〙=luna moth. 〖(1392) □ L *Lūna*: *lūna* moon (⇨ lune¹) の擬人化〗

Lu·na² /lúːnə | lúː-, ljúː-; *Russ.* luná/ *n.* ルナ (旧ソ連の一連の月探査機; ルナ 9 号が 1966 年初めて月面軟着陸; 1976 年終結; ⇨ Lunik).

lu·na·base /lúːnəbèɪs | lúː-, ljúː-/ *n.* **1** 月の低地 (地球から見ると暗く見える海の部分). **2** 月の海の岩石. — *adj.* 月の海[低地]に関する[を示す] (cf. lunarite). 〖(1944) ← L *lūna* moon + BASE¹〗

lu·na·cy /lúːnəsi | lúː-, ljúː-/ *n.* **1** 大ばか, 愚かさ; 愚行 (⇨ insanity SYN): It is sheer ~ to try to do it. それをやろうなんて全くばかげている. **2 a** (昔, 月の影響によって生じると信じられた)間欠性精神病 (intermittent insanity). **b** 精神異常 (insanity). **3** 〘法律〙心神喪失, 心神喪失決定手続 (申立てを受けて大法官または裁判所が審問命令を出し, 特別陪審 (6 名)を付して審問を行って決定される). 〖(1541) ← L *lūna* moon + -ACY: 精神異常は月から霊気が流入することによるものとみなされたことから (cf. influence)〗

lú·na mòth, L- m- /lúːnə- | lúː-, ljúː-/ *n.* 〘昆虫〙アメリカオオミズアオ (*Tropaea luna*) (ヤママユガの一種; 日本のオオミズアオに似る; 単に luna ともいう). 〖1869〗

lu·na·naut /lúːnənɔ̀ːt, -nɑ̀ːt | lúːnənɔ̀ːt, ljúː-/ *n.* 〘宇宙〙=lunarnaut. 〖(1965) ← LUNA + (ASTRO)NAUT〗

lu·nar /lúːnə | lúːnə(r, ljúː-/ *adj.* **1** 月の, 月に関する; 月の表面に似た: the ~ orbit 月の軌道. **2** 月の運行で測った, 太陰の: ⇨ lunar calendar, lunar day, lunar month. **3 a** 月に似た. **b** 円形の (orbed); 三日月形の, 半月状の (lunate). **c** 〈光など〉青ざめた, 微弱な (pale, feeble). **4** 銀の, 銀を含む (⇨ Luna¹ 2). — *n.* 〘海事〙=lunar observation. 〖(?*a*1425) □ L *lūnāris* of the moon, crescent ← *lūna* moon: ⇨ lune¹〗

lúnar cálendar *n.* [the ~] 太陰暦, 陰暦, 旧暦 (cf. Julian calendar).

lúnar cáustic *n.* 〘化学〙=silver nitrate. 〖1771〗

lúnar cýcle *n.* [the ~] 〘天文〙太陰周期, メトン周期 (⇨ Metonic cycle; cf. solar cycle). 〖1704〗

lúnar dáy *n.* 〘天文〙太陰日(じつ) (月が子午線を通過して次に再び同じ子午線を通過する時間; 約 24 時間 50 分; cf. solar day 1). 〖1686〗

lúnar dístance *n.* 〘海事〙月距 (太陽または惑星などから月までの角距離; これを測定して経度を算出する). 〖1830〗

lúnar eclípse *n.* 〘天文〙月食 (cf. solar eclipse). 〖1737〗

lúnar excúrsion mòdule *n.* 〘宇宙〙(米国のアポロ計画での)月着陸船 (lunar module ともいう; 略 LEM). 〖1962〗

lúnar híghlands *n. pl.* 月の陸地[高地].

lu·nar·i·an /luːnέ(ə)riən | luːnέər-, ljuː-/ *n.* **1** 月世界に住む(と想像されていた)人. **2** 月の研究家, 太陰学者 (selenographer). 〖(1708): ⇨ -ian〗

lu·na·rite /lúːnəràɪt | lúː-, ljúː-/ *n.* **1** 月の高地 (地球から見ると明るく見える陸地状の部分). **2** 月の陸地の岩石. — *adj.* 月の陸地[高地]に関する[を示す] (cf. lunabase). 〖(1944) ← L *lūna* moon + (LIPA)RITE〗

lúnar mária *n. pl.* 月の海 (平坦部).

lúnar módule *n.* 〘宇宙〙=lunar excursion module. 〖1967〗

lúnar mónth *n.* 〘天文〙**1** =sidereal month. **2** =synodic month. 〖1594〗

lu·nar·naut /lúːnənɔ̀ːt, -nɑ̀ːt | lúːnənɔ̀ːt, ljúː-/ *n.* 〘宇宙〙月の宇宙飛行士. 〖(1965) ← LUNAR + (ASTRO)NAUT〗

lúnar nódes *n. pl.* 〘天文〙月の交点 (黄道と白道との交点). 〖1715〗

lúnar observátion *n.* 〘海事〙太陰観測 (lunar distance による経度の測定). 〖1840〗

lúnar ráinbow *n.* 月夜の虹 (moonbow). 〖1711〗

lúnar róver [**róving vèhicle**] *n.* 〘宇宙〙月面(探査[走行])車 (略 LRV).

lu·nar·scape /lúːnəskèɪp | lúːnə-, ljúː-/ *n.* 月の(表面の)景色; 荒涼とした風景. 〖← LUNAR + (LAND)SCAPE〗

lúnar yéar *n.* 太陰年 (12 太陰月で太陽年より約 11 日短い; cf. solar year). 〖1594〗

lu·nate /lúːneɪt, -nᵻt | lúː-, ljúː-/ *adj.* 三日月状の (crescent-shaped). — *n.* 〘考古〙リュネート, 三日月状石器. **~·ly** *adv.* 〖(1777) □ L *lūnātus* (p.p.) ← *lunāre* to bend in a crescent: ⇨ lune¹, -ate²〗

lu·nat·ed /lúːneɪtᵻd | lúːneɪt-, ljúː-/ *adj.* =lunate. 〖1673〗

lu·na·tic /lúːnətɪk/ *n.* **1** 精神異常者, 発狂者, 狂人; 変人, 愚人. **2** 途方もなく狂ったような人. **3** 〘法律〙心神喪失者. ★ 誇張した表現以外には今日ではあまり用いられない. — *adj.* **1** 〈行動など〉狂ったような, 狂暴な (frantic). **2** 常軌を逸した, ばからしい (eccentric, foolish): a ~ policy, person, etc. **3** 〘古〙精神に異常のある, 発狂した, 狂気の (insane) (cf. moonstruck 1 a). **4** 精神病患者を治療するための: ⇨ lunatic asylum. **5** 〘獣医〙〈馬が〉月盲症にかかった (moon-blind). 〖(*c*1300) *lunatik* □ (O)F *lunatique* □ LL *lūnāticus* affected by the moon, temporarily insane ← L *lūna* moon: ⇨ lune¹, -atic〗

lu·nat·i·cal /luːnǽtɪkəl, -kḷ | -tɪ-/ *adj.* 〘まれ〙**1** 発狂した, 狂気の. **2** 狂暴な. **3** 狂ったような, ばからしい. **~·ly** *adv.* 〖(1599): ⇨ ↑, -al¹〗

lúnatic asýlum *n.* 精神病院. ★ 現在は通例 mental hospital [home, institution] という.

lúnatic frínge *n.* (政治・社会・宗教運動などの)一部熱狂的分子, 狂信的異端分子, 少数過激派. 〖1913〗

lu·na·tion /luːnéɪʃən | luː-, ljuː-/ *n.* 〘天文〙月期(げっき), 朔望(さくぼう)月 (synodic month). 〖(*a*1398) □ ML *lūnātiō* (*n*-): ⇨ lune¹, -ation〗

lunch /lʌ́ntʃ/ *n.* **1** (夕食を dinner とする場合の) 昼食, ランチ (midday meal, luncheon): be at ~ 昼食中である / a hot ~ できたての昼食 / school ~*es* 学校で食べる昼食 / a light ~ 軽い昼食 / working ~ =business lunch / three-martini ~ (マティーニを 3 杯も飲むくらい)ぜいたくなビジネスランチ (交際費として控除される) / ⇨ free lunch / have [eat, take, 〘米口語〙do] ~ 昼食をとる / What's for ~, mom? お母さんお昼は何 / have a person over for ~ 人を呼んで昼食をもてなす / give a person ~ 〘英〙人に昼食をおごる. **2** 軽食, スナック (light meal, snack) (時刻を問わず軽い簡単な食事): midnight ~. **3** 弁当: a picnic ~. **4** 軽食堂, 簡易食堂 (lunchroom). **5** 〘カリブ〙午後のお茶 (年配者がとる昼半ば過ぎの軽食). **6** 〘古〙食物の一片.

òut to lúnch (1) 昼食で外出中で (out for lunch). (2) 〘俗〙正気でない; 非常識な; 時流に遅れた.

— *vi.* 昼食[軽食, ランチ]を食べる: ~ in 家[職場, 滞在中のホテルなど]で昼食をとる / ~ *out* 外[よそ]で昼食をとる / She's ~*ing* with the CEO on sandwiches. 彼女は社長とサンドイッチの昼食をとっている. — *vt.* ...に昼食[軽食]を供する: ~ a friend at one's club.

~·er *n.* 〖(1591) 《短縮》 ← LUNCHEON: cf. Sp. *lonja* slice of ham〗

lúnch bòx *n.* 弁当(箱), ランチボックス. 〖1864〗

lúnch brèak *n.* 昼休み. 〖1960〗

lúnch-bùcket *adj.* 〘米〙労働者階級の (lunch-pail).

lúnch bùcket *n.* 〘米〙弁当(箱) (lunch box).

lúnch còunter *n.* **1** (料理店の)ランチ用のカウンター. **2** =luncheonette. 〖1869〗

lun·cheon /lʌ́ntʃən/ *n.* **1** 午餐(ごさん)会, 昼食会. **2** 〘文語〙午餐, 昼食. **3** 〘米〙軽い食事, 軽食. **4** 〘古〙食物の一片 (chunk). — *vi.* 昼食を食べる. 〖(1580) 《変形》? ← NUNCHEON〗

lúncheon bàr *n.* 〘英〙軽食堂, スナックバー (snack bar). 〖1891〗

lúncheon bàsket *n.* 弁当を入れるかご (ナイフ・フォークなどを一緒に入れることもできる). 〖1859〗

lúncheon clùb *n.* **1** 〘英〙昼食クラブ (福祉施設などで高齢者に低料金で昼食を提供する制度・組織). **2** (定期的な)昼食会.

lun·cheon·ette /lʌ̀ntʃənét/ *n.* 〘米・カナダ〙軽食堂, ランチ食堂. 〖1924〗

lúncheon mèat *n.* ランチョンミート (包装した軽食用加工肉; ハム・ソーセージなど). 〖1945〗

lúncheon tìcket *n.* 〘英俗〙=meal ticket 2.

lúncheon vòucher *n.* 〘英〙昼食(補助)券 (〘米〙meal ticket) (雇い主が従業員に支給する; 略 LV). 〖1955〗

lúnch hòur *n.* (1 時間の)昼食時間, 昼休み時間. 〖1888〗

lúnch-pàil *n.* 〘米〙弁当(箱) (lunch box).

lúnch-pàil *adj.* 労働者階級の (弁当箱を携えて会社に来る).

lúnch·ròom *n.* **1** 〘カナダ〙(学校などの)食堂 (買った昼食や弁当などを食べる). **2** =luncheonette. 〖1830〗

lúnch·tìme *n.* 昼食時, ランチタイム. 〖1859〗

lúnch vòucher *n.* =luncheon voucher.

lúnch wàgon *n.* =diner 4. 〖1894〗

Lund /lúnd; *Swed.* lœnd/ *n.* ルンド (スウェーデン南東部の都市; デーン人の王 Canute が建設; 中世には全スカンジナビアの大司教管区所在地).

Lun·da /lúndə, lúːn-/ *n.* (*pl.* ~, ~s) ルンダ族 (コンゴ

L

民主共和国南東部, アンゴラ東部, ザンビア北部に居住する Bantu 系民族); ルンダ語 (Bantu 系). — *adj.* ルンダの ((17-19 世紀に現在のアンゴラ北東部, コンゴ民主共和国西部の Kasai 川上流地域にあった王国・その王朝について)). 〖(1857) ☐ Bantu ～〗

lun·dy /lʌ́ndi/ *n.* 〘北アイル〙 裏切り者.

Lun·dy /lʌ́ndi/ *n.* ランディー(島) ((イングランド南西部 Devon 州 Bristol 海峡入口の島; 野鳥保護地域; 面積 5 km²)).

Lún·dy's Láne /lʌ́ndiz-/ *n.* ランディーズレーン ((カナダ Ontario 州, Niagara の滝付近の道路; 英軍と米軍の古戦場 (1814))).

lune[1] /lúːn | lúːn, ljúːn/ *n.* **1** 〘数学〙 弓形, 弓月形. **2** 半[新]月形の物. **3** 〘教会〙 =Luna[1] 3. 〖(1704) ☐ F ～ < L *lūnam* moon < IE **leuk-sna-* ← **leuk-* 'LIGHT[1]'〗

lune[2] /lúːn | lúːn, ljúːn/ *n.* 〘鷹狩〙 鷹をつなぐひも. 〖(?a1400) *lune* (変形) ← *loine* ☐ OF *loigne* < LL *longiam* ← L *longus* 'LONG[1]'〗

Lü·ne·burg /lúːnəbɜ̀ːg | -bɜ̀ːg; G. lýːnəbʊʁk/ *n.* リューネブルク ((ドイツ北部 Lower Saxony 州の都市; 中世のハンザ都市; 塩水泉がある)).

Lü·nen /lúːnən; G. lýːnən/ *n.* リューネン ((ドイツ中西部 North Rhine-Westphalia 州, Ruhr 地方の工業都市)).

lunes /lúːnz | lúːnz, ljúːnz/ *n. pl.* 〘古〙 狂気の発作 (fits of lunacy). 〖(1610-11) ☐ F ～ (pl.) ← *lune* caprice ☐ ML *lūna* fit of lunacy, (L) moon: ⇨ lune[1]〗

Lu·net·ta /luːnétə | luːnétə, ljuː-/ *n.* ルーネッタ ((女性名)). 〖☐ It ～ (原義) little moon (↓)〗

lu·nette /luːnét | luː-, ljuː-/ *n.* **1 a** 三日月形の物; 半円形の物. **b** ギロチンの首穴. **c** リュネット ((時計のガラスぶた)). **d** [*pl.*] めがね. **e** 三日月形の飾り. **2 a** 〘建築〙 円[半円]形明かり取り. **b** 〘建築〙 (アーチやヴォールト天井が壁に接触する所にできる)半円形の壁 ((多くは窓を設けたり絵画などで飾る)). **c** (半円壁間を飾る)半円壁画. **3** 〘馬具〙 半蹄鉄(てい). **4** 〘教会〙 =Luna[1] 3. **5** 〘軍事〙 ルーネット, 尾環 ((前車 (limber) につなぐための砲車などの車尾の環)). **6** 〘築城〙 眼鏡堡 ((城壁の外側に築かれる V [U] 字形の防備堡)). 〖(1580) ☐ F ～ (dim.) ← *lune* moon: ⇨ lune[1], -ette〗

Lu·né·ville /lúːnəvɪ̀l | -nɪ̀-; F. lynevil/ *n.* リュネビル ((フランス北東部の都市; フランス・オーストリア間の平和条約締結地 (1801))).

lung /lʌ́ŋ/ *n.* **1** 肺, 肺臓 (⇨ respiratory system 挿絵): the ～*s* 両肺 / the right [left] ～ 右[左]肺. ★ ラテン語系形容詞: pulmonary. **2** 肺嚢(のう) ((無脊椎動物の呼吸器官; lung sac ともいう)). **3** 〘英〙 (都市内外の)空き地, 息抜き場 ((市内または付近の公園や広場)): the ～*s* of London. **4** 人工呼吸装置 (respirator), 人工肺 (artificial lung): ⇨ iron lung. **5** 〘海事〙 潜水艦脱出装置 ((潜水中の潜水艦に事故があったとき, その中から人だけが脱出できるようにした装置)).
at the tóp of one's lúngs 声を張り上げて, 声を限りに. ***hàve góod lúngs*** 強い声をもっている, 声が大きい. ***trý one's lúngs*** 声を試す, 声を限りに叫ぶ.
〖OE *lungen* lungs, (原義) light (organ) ← Gmc **luŋʷ-* (G *Lunge*) ← IE **le(n)gʷh-* having little weight: cf. light[2] / lights〗

lun·gan /lʌ́ŋgən/ *n.* 〘植物〙 =longan.

lúng bòok *n.* 〘動物〙 =book lung. 〖1881〗

lúng càncer *n.* 〘病理〙 肺癌(がん).

Lung·chi /lʊ̀ŋkíː/ *n.* =Longxi.

lunge[1] /lʌ́ndʒ/ *vi.* **1** 突く 〔*at*〕. **2** 〔…に向かって〕突出する, 突進する 〈*out*〉 / 〔*at*〕: ～ *at* one's adversary 敵に向かって突っ込む / ～ *against* the door ドアに体当たりする. **3** 〘ボクシング〙 ストレートで撃つ 〔*at, on*〕. — *vt.* **1** 〈刀などを〉突き出す, 押し出す. **2** 〘古〙 〈押し・蹴りなどを〉急にする 〈*out*〉: ～ *out* a kick 急に蹴る. — *n.* **1 a** (刀などの)急な突き刺し. **b** 〘フェンシング〙 ファーント ((前足を踏み出して行う突きの基本的動作)). **2** 突き込み, 突進 (rush, plunge): make a ～ *at* …に向かって突進する. **3** 〘体操〙 片足を伸ばして前へ出し, 立足[軸足]のひざを沈むように深く曲げていく動作 ((体操の技の一つ)). 〖(1735) (頭音消失) ← (廃) *allonge* ☐ F *allonger* to lengthen, extend ← *à* AD- + *long* long[1] (< L *longum*)〗

lunge[2] /lʌ́ndʒ/ *n., vt.* =longe.

lunge[3] /lʌ́ndʒ/ *n.* 〘口語〙 〘魚類〙 =muskellunge. 〖(1851) (略) ← MUSKELLUNGE〗

lunged /lʌ́ŋd/ *adj.* **1** 肺がある. **2** [通例複合語の第 2 構成素として] (…の)肺がある, 肺が…の: weak-*lunged* 肺が弱い / one-*lunged* 片肺の. 〖(1693): ⇨ -ed〗

lun·gee /lʊ́ŋgi, lʊ́ndʒi | lʊ́ŋgiː/ *n.* =lungi.

lung·er[1] /lʌ́ndʒə | -dʒə^r/ *n.* 突く人[もの], 突進する人[もの]. 〖(1842): ⇨ lunge[1], -er[1]〗

lung·er[2] /lʌ́ŋə | -ŋə^r/ *n.* 〘俗〙 肺病患者. 〖(1893): ⇨ lung, -er[1]〗

lúng·fìsh *n.* 〘魚類〙 肺魚 (dipnoan) ((浮袋が変形して肺となり空気呼吸を行う, 現生種はオーストラリア(一種), 南米(一種), アフリカ(数種)に分布)). 〖1883〗

lúng flùke *n.* 〘獣医〙 肺吸虫 ((人および他の哺乳類の肺臓に寄生する吸虫; *Paragonimus westermanii, P. kellicotti* など)). 〖1900〗

lung·ful /lʌ́ŋfʊ̀l/ *n.* (*pl.* ～, ～*s*) 胸一杯: draw in a ～ of the night air of Paris パリの夜風を胸一杯吸い込む. 〖(1860): ⇨ -ful[2]〗

lun·gi /lʊ́ŋgi, lʊ́ndʒi | lʊ́ŋgi, -giː/ *n.* **1** ルンギー ((インド・パキスタン・ミャンマーなどでサロン (sarong) やターバン (turban) にする綿布)). **2** ルンギー ((南インドで男性が腰布として用いる通例長さ約 2.25 m の綿布)). 〖(1616) ☐ Hindi & Pers. *luṅgī*〗

Lung·ki /lʊ̀ŋkíː/ *n.* =Longxi.

Lung·kiang /lʊ̀ŋkjáːŋ/ *n.* =Longjiang.

lúng-pòwer *n.* 発声力, 肺力. 〖1900〗

lúng sàc *n.* 〘動物〙 =lung 2.

lúng·wòrm *n.* 〘獣医〙 肺虫 ((哺乳類の肺臓に寄生する線虫類 (Nematoda) の寄生虫)). 〖1882〗

lúng·wòrt *n.* 〘植物〙 **1** 肺結核に効能があるといわれる地衣の一種 (*Sticta pulmonacea*). **2** ムラサキ科の若干の植物 ((ヨーロッパではチシマルリソウの類 (*Pulmonaria officinalis*), アメリカでは *Mertensia virginica, M. maritima* などハマベンケイの類)). 〖OE *lungenwyht* ← *lungen* lung + wyr + wort〗

lun·gyi /lʊ́ŋgi, lʊ́ŋdʒi | lʊ́ŋgi/ *n.* =lungi.

lu·ni- /lúːnɪ̀, -ni | lúː-, ljúː-/ 「月 (moon); 月と…との (of the moon and …)」の意の連結形. 〖← L *lūna* moon: ⇨ lune[1]〗

lu·ni·form /lúːnəfɔ̀ːm | lúːnɪ̀fɔ̀ːm, ljúː-/ *adj.* 月状の, 半月状の. 〖(1826): ⇨ ↑, -form〗

Lu·nik, l- /lúːnɪk | lúː-, ljúː-; *Russ.* lúnʲik/ *n.* ルーニック ((ソ連が打ち上げた一連の月観測用ロケットの一つ; 第 1 号は 1959 年打上げ, 4 号以降は Luna と改称; cf. Luna, Sputnik 1)). 〖(1959) ☐ Russ. *lunnik* ← *luna* moon + *-ik* (dim. suf.)〗

lùni·sólar *adj.* 月と太陽との, 太陰太陽の. 〖(1691) ← LUNI- + SOLAR[2]〗

lunisólar périod *n.* 〘天文〙 太陰太陽周期 ((太陽暦と太陰暦が全く一致する周期で 532 年間)). 〖1735〗

lunisólar precéssion *n.* 〘天文〙 日月歳差.

lunisólar yéar *n.* 〘天文〙 太陰太陽年 ((太陰太陽暦で用いる年; 例えば日本の旧暦)). 〖1691〗

lùni·tídal *adj.* 太陰潮の. 〖(1851-59) ← L *lūna* moon + TIDAL〗

lunitídal ínterval *n.* 〘天文〙 月潮間隙(かんげき), 太陰潮間隙 ((ある地点において月が子午線を通過したときから次の高潮までの時間)). 〖1851-59〗

lunk /lʌ́ŋk/ *n.* =lunkhead.

lun·ker /lʌ́ŋkə | -kə^r/ *n.* 〘口語〙 同一種のうち大形の生き物; (特に) 〘釣〙 大物. 〖(1912)?〗

lúnk·hèad *n.* 〘口語〙 ばか, のろま (blockhead).
lúnk·hèaded *adj.* 〖(1852) *lunk*: (変形)? ← LUMP[1]〗

lunt /lʌ́nt/ 〘スコット〙 *n.* **1** 燃えの遅いマッチ; たいまつ (torch). **2** 煙. — *vt.* **1** 〈パイプ〉に火をつける, くゆらす. **2** 燃やす, 点火する (kindle). — *vi.* **1** 煙る; 喫煙する (smoke). **2** 燃える. 〖(1550) ☐ Du. *lont* match〗

Lunt /lʌ́nt/, **Alfred** *n.* ラント (1892-1977; 米国の俳優).

lu·nu·la /lúːnjʊlə | lúː-, ljúː-/ *n.* (*pl.* **lu·nu·lae** /-lìː/) **1** 新月状の遺物[模様] ((青銅器時代初期の遺跡で発見される)). **2** 〘数学〙 弓形. **3** 〘解剖〙 (爪の)半月 ((爪の根の白色部; lunule ともいう)). 〖(1571) ☐ L *lūnula* (dim.) ← *lūna* moon〗

lu·nu·lar /lúːnjʊlə | lúːnjʊlə^r, ljúː-/ *adj.* 新月形の (crescent-shaped). 〖(1727-51): ⇨ ↑, -ar[1]〗

lu·nu·late /lúːnjʊlèɪt, -lɪ̀t | lúː-, ljúː-/ *adj.* 新月状の斑紋(はんもん)のある; 新月形の (crescent-shaped). 〖(1760) ← NL *lūnulātus*: ⇨ lunula, -ate[2]〗

lu·nu·lat·ed /lúːnjʊlèɪtɪ̀d | lúːnjʊlèɪt-, ljúː-/ *adj.* =lunulate. 〖1705〗

lu·nule /lúːnjuːl | lúː-, ljúː-/ *n.* 〘解剖〙 =lunula 3. 〖(1737) ☐ F ～: ⇨ lunula〗

lu·ny /lúːni/ *n., adj.* (**lu·ni·er; -ni·est**) =loony.

Lu·o /lúːoʊ | lúːəʊ, ləwɔ́ʊ/ *n.* (*pl.* ～, ～*s*) **1** ルオ族 ((ケニアの Victoria 湖東岸の飼畜民族)). **2** ルオ語 (Nilo-Saharan 語族 Nilotic 語群の一つ). 〖1911〗

Luo·yang /ləwòujáːŋ | -wəʊ-; *Chin.* luòiáŋ/ *n.* 洛陽(らくよう) ((中国北部, 河南省 (Henan) 北部の黄河に近い都市)).

lu·pa·nar /luːpéɪnə, -páː- | luːpéɪnə^r, ljuː-, -páː-/ *n.* 売春宿 (brothel). 〖(1864) ☐ L ～ ← *lupa* prostitute, she-wolf (fem.) ← *lupus* wolf〗

lu·pa·ra /lupáːrə; *It.* lupáːra/ *n.* 銃身を短く切った散弾銃. 〖(a1950) ☐ It ～ (俗) ← *lupa* she-wolf〗

Lupe /lúːp | lúːp, ljúːp/ *n.* ループ ((女性名)). 〖(略) ← Sp.-Mex. *Santa Maria de Guadalupe* 'St. Mary of Guadalupe'〗

Lu·per·ca·li·a /lùːpəkéɪliə, -ljə | lùːpə(ː)-, ljùː-/ *n.* (*pl.* ～, ～*s*) 〘古代ローマ〙 ルペルカリア祭 ((牧神 Lupercus のために毎年 2 月 15 日に行われた祭典; この日神官 (Luperci) はやぎの皮衣を着て市街を回り, 出会う女性を多産と安産のまじないにやぎの皮ひもで打った; Lupercal ともいう)).
Lù·per·cá·li·an /-liən, -ljən^←/ *adj.* 〖(1513) ☐ L *Lupercālia* (pl.) ← *Lupercāl* ← *lupercālis* of Lupercus ← LUPERCUS〗

Lu·per·ci /lúːpəsaɪ | lúːpɜ́ː-, ljúː-/ *n. pl.* (古代ローマの)ファウヌス (Faunus) の祭式の神官 (cf. Lupercalia). 〖☐ L *Luperci* ← ? *lupus* (↓)〗

Lu·per·cus /luːpɜ́ːkəs | luːpɜ́ː-, ljuː-/ *n.* (古代ローマの)ルペルクス (豊穣(ほうじょう)の神で, しばしば Faunus または Pan と同一視される; cf. Lupercalia). 〖☐ L ～ ← ? *lupus* wolf〗

lu·pin /lúːpɪ̀n | -pɪn/ *n.* =lupine[1].

Lu·pin /luːpǽ(ŋ), -pǽŋ; *F.* lypɛ̃/, **Arsène** *n.* ルパン ((フランスの小説家 Maurice Leblanc の推理小説の主人公で怪盗兼探偵)).

lu·pine[1] /lúːpɪ̀n | lúːpɪn, ljúː-/ *n.* 〘植物〙 **1** ハウチワマメ, ノボリフジ, ルピナス ((マメ科ウチワマメ属 (*Lupinus*) の植物の総称; 南北アメリカ産で観賞用)). **2** ヨーロッパ産シロバナルピナス (*L. albus*) (white lupine) の種子 ((食用豆)). 〖(1373) ☐ L *lūpīnum* (↓): 昔, この植物が土壌を損なうと信じられたことから〗

lu·pine[2] /lúːpaɪn | lúː-, ljúː-/ *adj.* **1** 狼の[に関する, に似た]. **2** (狼のように)獰猛(どうもう)な, 野蛮な, がつがつした (savage, ravenous). 〖(1660) ☐ L *lūpīnus* of wolf ← *lupus* 'WOLF'〗

lu·po·ma /luːpóʊmə | luːpə́ʊ-, ljuː-/ *n.* 〘病理〙 狼瘡(ろうそう)結節 ((主に顔面の皮膚結核)). 〖← NL ～: ⇨ lupus, -oma〗

lu·pous /lúːpəs | lúː-, ljúː-/ *adj.* 〘病理〙 狼瘡(ろうそう)様[性]の. 〖(1840) ← LUP(US) + -OUS〗

lu·pu·lin /lúːpjʊlɪ̀n | lúːpjʊlɪn, ljúː-/ *n.* 〘植物〙 ループリン ((ホップ (hop) の苞(ほう)に生じる腺体で薬用)). 〖(1826) ← NL (*Humulus*) *lupulus* hop plant ((dim.) ← L *lupus* hop, wolf) + -IN[2]〗

lu·pus /lúːpəs | lúː-, ljúː-/ *n.* 〘病理〙 狼瘡(ろうそう) ((皮膚結核)); (特に) =lupus vulgaris. 〖(1392) ☐ L *lupus* 'WOLF'〗

Lu·pus /lúːpəs | lúː-, ljúː-/ *n.* 〘天文〙 おおかみ(狼)座 ((天の川の近くにある南天の星座; the Wolf ともいう)). 〖↑〗

lúpus er·y·the·ma·tó·sus /-ɛ̀rəθìːmətóʊsəs, -θèm- | -ɛ̀rɪθìːmətə́ʊ-, -θèm-/ *n.* 〘病理〙 紅斑性狼瘡(ろうそう) ((膠原(こうげん)病の一種)). 〖(1860) ← NL ～ 'erythematous lupus'〗

lúpus vul·gá·ris /-vʌlgɛ́ə^rɪ̀s | -gɛ́ərɪs/ *n.* 〘病理〙 尋常性狼瘡(ろうそう) ((代表的な皮膚結核症)). 〖(1947) ← NL ～ 'vulgar (i.e., common) lupus'〗

lur /lʊ́ə | lʊ́ə^r, lɜ́ː^r; *Dan.* luːˀɐ/ *n.* (*pl.* ～**s**, **lur·es** /lʊ́ə^rɪz | lʊ́ər-/) 〘音楽〙 ルール ((北欧の青銅器時代のホルン; デンマークの泥炭湿地で発見された)). 〖(1876) ☐ Dan., Norw., & Swed.〗

lurch[1] /lɜ́ːtʃ | lɜ́ːtʃ/ *vi.* **1** 不意に傾く, 急にかしぐ. **2** よろめく (stagger); よろめきながら進む: ～ *against* a post よろめいて柱に寄りかかる / ～ to one's feet よろめきながら立ち上がる. — *n.* **1** (船やよろめく人の)不意の傾斜, 傾き; よろめき (stagger): give a ～ 急に傾く. **2** 傾向, 性向, 癖 (inclination, tendency). **～·ing** *adj.* 〖(1819) ← *lee-lurch* (変形) ← ? *lee-latch* drifting to leeward ← LEE[1] + (廃) *latch*? leeway (← F *lâcher* to let go): もと海事用語〗

lurch[2] /lɜ́ːtʃ | lɜ́ːtʃ/ *n.* **1** (勝負の)大敗, 大負け. **2** 〘廃〙 不利な立場 (disadvantage), 当惑 (embarrassment). **3** 〘トランプ〙 ラーチ ((cribbage などで, 規定点の半分にも達しないで負けること; cf. Rubicon 3)).
léave a person in the lúrch 人を窮地に置き去りにする, 困っている人を見捨てる, 人を見殺しにする. (1596)
— *vt.* **1** (勝負で)大敗させる. **2** 〘古〙 〈人を〉窮地に置き去りにする. **3** 〘トランプ〙 〈相手を〉ラーチに抑えて勝つ.
〖(c1450) ☐ F (廃) *lourche* (n.) game like backgammon, (adj.) discomfited ← ? Gmc: cf. MHG *lurz* left (hand), wrong / G (方言) *lurz werden* to fail in a game〗

lurch[3] /lɜ́ːtʃ | lɜ́ːtʃ/ *vi.* **1** 〘英方言〙 こそこそうろつく, 潜む (prowl, lurk). **2** 〘廃〙 盗む (steal); だます (cheat). — *vt.* **1** 〘古〙 だまし取る, かたる (defraud, cheat). **2** 〘廃〙 不正な手段で手に入れる, 盗む (filch, steal). — *n.* 〘古〙 (盗みの機会を狙って)うろつくこと, 潜伏.
lie at [on] (the) lúrch 〘古〙 待ち伏せする. (1578)
〖(c1420) (変形) ? LURK〗

lúrch·er *n.* **1** 〘古〙 うろうろするうさんくさいやつ; 待ち伏せする悪漢, スパイ (spy). **2** 〘古〙 小盗人 (petty thief); 詐欺師 (swindler); 密猟者 (poacher). **3** 〘英〙 (密猟者がうさぎ捕りに用いる)雑種の猟犬. **4** 〘豪〙 街のやくざ, ごろつき (hoodlum). 〖(1528): ⇨ ↑, -er[1]〗

lur·dane /lɜ́ːdṇ | lɜ́ː-/ (*also* **lur·dan** /～/) 〘古〙 *n.* 怠け者; うすのろ. — *adj.* のらくらしている, 怠け者の (idle, dull). 〖(a1325) ☐ OF *lurdin* dullard ← (O)F *lourd* heavy (cf. *lort* foolish) < L *lūridum* 'LURID'〗

lure[1] /lʊ́ə | lʊ́ə^r, ljʊ́ə^r, ljɔ́ː^r/ *vt.* **1** 誘惑する, つり込む, おびき寄せる (entice): He was ～*d on to* bankruptcy. 誘惑に乗ってついに破産した / ～ a person *away from* his study 人を誘惑して勉強させない. **2** 〈産業・工場などを〉誘致する: ～ a nuclear power station *to* …に原子力発電所を誘致する. **3** (おとりで)〈鷹を〉呼び戻す.
— *n.* **1** (鳥や動物ををおびき寄せて捕えるための)おとり (decoy); (特に, 魚釣り用の)擬似餌, ルアー (artificial bait). **2** 人を引き付ける物, 誘惑物; 魅惑, 魅力 (allurement, charm): the ～ of Paris パリの魅力 / a ～ to sightseeing 魅力のある観光の呼び物. **3** 〘魚類〙 (アンコウなどの頭上のふさ ((背鰭(せびれ)の第一棘が触手状に突出したもので, 発光するものもあり, これで小魚を誘い寄せて食べたりする)). **4** 〘鷹狩〙 呼び返しおとり ((鷹を呼び戻すために用いる)). **5** 〘紋章〙 呼び返しおとりの図形.
in lúre 〘紋章〙 紋章図形の翼が一対になり先端が下を向いた ((n. 3 との形の類似から)). (1572)

lur·er /lʊ́ərə | lʊ́ərə^r, ljʊ́ər-, ljɔ́ːr-/ *n.* 〖(c1300) ☐ OF *loire, luere* (F *leurre*) ← Gmc **lōþran*: cf. G *Luder* bait〗

SYN 誘惑する: **lure** 邪悪なまたは好ましい強い力でおびき寄せる: They are *luring* you into trouble. あなたをごたごたに誘い込んでいるのだ. **tempt** 悪事に誘い込む: The sight of food *tempted* him to steal. 食べ物を見てふと魔が差して盗んでしまった. **seduce** 誘い込んで愚かなまたは誤った行為をさせる ((格式ばった語)): *seduce* a person from his duty 人を誘惑して義務に反することをさせる. **entice** 希望や欲望をかきたてて巧妙に誘い込む: She *enticed* me to stay away from school. 彼女は私をそそのかして学校を休ませた. **decoy** おとりなどでおびき寄せる: *decoy* ducks into a net カモを(おとりを使って)網の中におびき寄せる. **inveigle** 策略や時には欺瞞・お世辞を使って誘う ((格式ばった語)): The salesman *inveigled* the girl into buying

L

the ring. 店員は娘を言いくるめてその指輪を買わせた. **ANT** revolt, repel.

---

lure² /lúə | lúə(r, ló:(r, ló:(r/ *n.* =lur. 〘1840〙

lúre·ment *n.* =allurement.

Lu·rex /lúərɛks | ljúər-, lúər-, ljó:r-/ *n.* **1** 〖商標〗ルレックス《プラスチックを着せたアルミニウムの細線, ラメ用金属糸の商品名》. **2** [l-] ルレックスを織り込んだ布; ルレックス様のラメ用金属糸. — *adj.* [通例 l-] Lurex の糸の[を使用した]. 〘1945〙

lur·gy /lá:gi | lá:-/ *n.* (英口語) 病気, 軽い感染症: be down with the dreaded ~ ひどい病気にやられる. 〘1954〙

Lu·ri·a /lúəriə | lúər-; *Russ.* lúrʲijə/, **Alexandr Ro·ma·no·vich** /*Russ.* ramánəvʲitʃʲ/ *n.* ルリヤ (1902–77; ソ連の神経心理学者; 現代神経心理学の先駆者).

Lu·ria /lú:rja:/, **Isaac** (**ben Solomon**) *n.* ルリヤ (1534–72; エジプトとパレスチナに住んだユダヤ人の神秘主義者, カバラ (cabala) 研究家).

Lu·ri·a /lúəriə | lúəriə; *It.* lú:rja/, **Salvador Ed·ward** *n.* ルリヤ (1912–91; イタリア生まれの米国の生物学者; Nobel 医学生理学賞 (1969)).

lu·rid /lúərɪd | lúərɪd, ljúər-, ljó:r-/ *adj.* **1** 〈事件・場面など〉恐怖を催すような, 恐ろしい, ものすごい (hideous) (⇨ ghastly **SYN**); 悲劇的な; 〈記事など〉煽情的な: the ~ glance of an angry eye 怒りに燃える恐ろしい目つき / The event casts a ~ light on the case. この出来事で事件は一段ともののすごくなって来る / a ~ career 数奇な生涯 / a ~ scene 悲劇的な場面 / ~ newspaper reports of the crime 犯罪の煽情的な新聞報道. **2** **a** 〈色など〉けばけばしい, 毒々しい (garish, extravagant). **b** あくどいほど煽情的な. **3** (煙・雲などを通して見た)赤い炎で輝いた, ぎらぎら[赤く]輝く: the ~ sunset [sky] 燃えるような赤い夕焼け[空] / the ~ reflection of a great fire 大火のぎらぎら輝く照り返し. **4** 《まれ》〈顔色など〉青ざめた (wan, sallow). **~·ly** *adv.* **~·ness** *n.* 〘(1656) □ L *lūridus* pale yellow, wan ← *lūror* wan: ⇨ -id⁴〙

L

Lu·rie /lúəri | lúəri, ló:ri/, **Alison** *n.* ルリー (1926– ; 米国の小説家).

lurk /lá:k | lá:k/ *vi.* **1** (特に, 悪事を働くために)待ち伏せする: Thieves were ~*ing in* the forest. 盗賊は森の中で待ち伏せていた. **2** 隠れる, 人目を忍ぶ: The thief was ~*ing in* the cellar. 泥棒は地下室に隠れていた. **3** 潜在する, 潜む, 人目につかない: A strange beauty ~*s in* the autumn woodland. 秋の森には不思議な美しさが潜んでいる / the motives ~*ing below* consciousness 意識下に潜在する動機. **4** こそこそ歩く (⇨ prowl **SYN**) 〈*about, around, along, away*〉. — *n.* **1** 密行: on the ~ こそこそかぎ回って. **2** 潜伏所. **3** 《英俗》詐欺, ぺてん (fraud). **4** 《豪俗》策略, 計略, 戦術. **~·er** *n.* 〘(*c*1300) *lurke*(*n*), *lorke*(*n*) (freq.) ← *louren* 'to LOWER¹': cf. Norw. *lurka* to sneak away / LG *lurken* to shuffle along〙

lúrk·ing *adj.* **1** 隠れている, 潜んでいる, 人目につかない (concealed, latent): ~ danger 見えない危険 / a ~ suspicion ひそかな疑念 / a ~ camera 隠しカメラ. **2** なかなかなくならない[消えない] (persistent, lingering): ~ regrets なかなか消えない悔恨の情. **~·ly** *adv.* 〘(?*a*1400): ⇨ ↑, -ing²〙

lúrking plàce *n.* 隠れ場所, 潜伏所. 〘1571〙

Lur·line /lá:li:n, -laɪn | lá:-/ *n.* ラーリン《女性名》. 〘□ G *Lurlei* (原義) siren: cf. Lorelei〙

Lu·sa·ka /lu:sá:kə | lu:sá:-, -zá:-/ *n.* ルサカ《ザンビアの首都》.

Lu·sa·ti·a /lu:séɪʃə, -ʃiə/ *n.* ラウジッツ《Oder 川と Elbe 川の間の地方; ドイツ東部とポーランド南西部を含む; ドイツ語名 Lausitz /láuzɪts/》.

Lu·sa·tian /lu:séɪʃən, -ʃiən/ *n.* **1** ラウジッツ人[の住民]. **2** ラウジッツ語《西スラブ語系に属し Lusatia を中心に用いられる; Sorbian, Wendish ともいう》. — *adj.* ラウジッツの, ラウジッツ人[語]の. 〘(1555): ⇨ ↑, -an¹〙

lus·cious /lʌ́ʃəs/ *adj.* **1** 肉欲をそそる, 官能[魅惑]的な (voluptuous, seductive) (⇨ delicious **SYN**). **2** うまい, おいしい, 香り[味]がよい, 甘美な (delicious, aromatic). **3** **a** 〈味・香り・音楽・文体・色彩など〉快適な, うっとりさせる. **b** しつこい, あくどい, けばけばしい (florid). **4** 《古》甘ったるい (cloying). **~·ly** *adv.* **~·ness** *n.* 〘(*a*1400) *lucius, licius* (頭音消失による変形)? ← DELICIOUS: cf. lush¹〙

lush¹ /lʌ́ʃ/ *adj.* (~·er; ~·est) **1** **a** 〈草など〉青々とした, みずみずしく[青々と]茂った (succulent): ~ grass. **b** 青草の多い[茂った]: ~ pastures / mountains ~ *with* fresh verdure 新緑がしたたるばかりの山. **2** **a** 豪華な, 豪勢な (luxurious). **b** 豊富な (abundant, plentiful). **c** もうかる, 利益のでる (profitable). **d** 繁盛する (thriving). **3** 香り[味]のよい, おいしい (luscious). **4** 〈紋章など〉凝り過ぎた (excessively ornate). **~·ly** *adv.* **~·ness** *n.* 〘(1440) *lusch* loose (変形) ← ? 《廃》 *lache, lashe* slow, loose □ OF *lasche*: cf. 《方言》 *lash* soft and watery〙

lush² /lʌ́ʃ/ 《俗》 *n.* **1** 酒 (liquor). **2** 酔っ払い, 酔漢; アルコール中毒患者, アル中 (alcoholic). — *vt.* **1** 〈酒を〉飲む 〈*up*〉. **2** 〈人〉に飲ませる 〈*up*〉. **3** 《米》〈酒を〉過度に飲む. — *vi.* **1** 酒を飲む 〈*up*〉. **2** 《米》大酒を飲む, 深酒する. 〘(1790) ← ?: cf. lush¹ 3〙

Lu·shai /lu:ʃáɪ/ *n.* ⇨ Mizo.

Lü·shun /lù:ʃún; *Chin.* lỳʃùn/ *n.* 旅順(りょじゅん)《中国東北部, 遼寧省 (Liaoning) の港市; 現在大連 (Dalian) 市の一部; 旧英語名 Port Arthur》.

lúsh wòrker *n.* 《俗》酔っ払いから盗む泥棒. 〘1930〙

lush·y¹ /lʌ́ʃi/ *adj.* (**lush·i·er; -i·est**) =lush¹.

lush·y² /lʌ́ʃi/ *adj.* (**lush·i·er; -i·est**) 《俗》酔っ払った (drunk). 〘(1811) ← LUSH²+-Y⁴〙

Lu·si·ta·ni·a /lù:sətéɪniə | lù:sɪ̀-, ljù:-/ *n.* **1** ルシタニア《イベリア半島の地方で古代のローマ領; 今日のポルトガルの大部分とスペイン西部の一部に当たる》. **2** [the ~] ルシタニア号《1915 年 5 月 7 日北大西洋でドイツ潜水艦に撃沈された英国汽船 (Cunarder); 1,198 人の死者のうち米国人 128 人が含まれていたことからこの事件は米国の第一次大戦参加 (1917) を促した》.

Lu·si·ta·ni·an /lù:sətéɪniən | lù:sɪ̀-, ljù:-/ *adj.* **1** 《詩》ルシタニアの, ポルトガルの. **2** 〖生物〗ルシタニア相の《ポルトガル, スペイン, フランス西岸およびイギリス, アイルランド南西岸の温暖多湿地域特有の動植物相についていう》. 〘(1720): ⇨ ↑, -an¹〙

Lu·so- /lú:soʊ | lú:səʊ, ljú:-/「ポルトガルの (of Portugal); ポルトガルと…との (Portuguese and …)」の意の連結形. 〘← Port. ~ ← *lusitano* Portuguese □ L *lūsitānus* Lusitanian〙

lu·so·phone /lú:soʊfòʊn, -sə- | lú:sə(ʊ)fəʊn, ljú:-/ *adj.* ポルトガル語を話す. 〘(1974) ← LUSO-+-PHONE〙

lust /lʌ́st/ *n.* **1** 性欲, 肉欲, 色欲, 色情 (carnal desire). **2** **a** 抑え難い欲望, 切望, 渇望 (craving): a ~ *of* accumulation 蓄積欲 / a ~ *of* battle [conquest] 戦争[征服]欲 / a ~ *for* power [gold] 権勢[黄金]欲 / a ~ *to* dominate 支配欲. **b** 熱中, 熱狂 (eagerness, enthusiasm) 〔*for*〕: a ~ *for* iconoclasm 偶像破壊熱. **3** 〖聖書〗欲, 煩悩(ぼんのう): the ~ of the flesh and the ~ of the eyes 肉の欲と目(まなこ)の欲; 肉体的欲望 (cf. *1 John* 2:16). **4** 《廃》 **a** 楽しみ, 喜び (pleasure, delight). **b** 好み (inclination). **c** 活力, 生産力 (fertility). — *vi.* 〔名声・富などを〕熱望[渇望]する; 〔…に〕色情を起こす, 煩悩に身を焦がす〔*after, for*〕: ~ *after* [*for*] fame, gold, power, etc. / ~ *after* a woman 欲情する. 〘OE ~ < Gmc **lustuz* (Du. *lust* / G *Lust* pleasure, desire) ← IE **las-* to be eager, wanton (L *lascivus* 'LASCIVIOUS')〙

lúst-brèathed *adj.* 《Shak》欲につき動かされた.

lúst-dìeted *adj.* 《Shak》欲望が満たされた, 飽食の.

lus·ter¹, 《英》 **lus·tre** /lʌ́stə | -tə(r/ *n.* **1** **a** (鉱物などの)表面光沢, つや (gloss, sheen): a metallic [pearly] ~ 金属[真珠]光沢. **b** つや出し材料, 光沢剤, 光沢絵具. **2** (内から輝き出る)光, 輝き (luminosity); 光彩, 光輝 (radiance); 輝くばかりの美しさ. **3** 光栄, 栄光, 栄誉 (glory, distinction): add ~ to …に光彩を加える[添える] / throw [shed] ~ on …に光輝を与える. **4** **a** (燭台(しょくだい)・シャンデリアの装飾用)ガラス製垂れ飾り, カットグラス. **b** (カットグラスで飾った)シャンデリア, 燭台, 花瓶. **5** **a** 《英》光沢のある織物. **b** つやつき羊毛. **6** 〖窯業〗 **a** 陶磁器・ガラスに施された金属性の光彩をもつ装飾の一形式. **b** =lusterware.
— *vt.* **1** 〈布・陶器など〉に光沢をつける. **2** …に栄光[栄誉]を加える[添える]: novelists that have ~*ed* English literature 英文学に光彩を放った小説家たち. — *vi.* つやがある[出る], 輝く.
〘(*c*1522) □ F *lustre* □ It. *lustro* ← *lustrare* to shine < L *lūstrāre* to illumine ← *lūx* 'LIGHT¹'〙

lúst·er² *n.* 渇望者; 好色者. 〘(1591): ⇨ lust, -er¹〙

lus·ter³ /lʌ́stə | -tə(r/ *n.* =lustrum 2.

lús·tered *adj.* 光沢のある. 〘(1858) ← LUSTER¹+-ED〙

lúster glàss *n.* ラスターガラス《ガラスの表面に一種の光彩の構造を与えたガラス》.

lúster·less *adj.* 光沢[つや, 光輝]のない; 〈目など〉どんよりした; 活気のない (dull). 〘(1810) ← LUSTER²+-LESS〙

lúster·wàre *n.* 〖窯業〗ラスターウェア《一種の金属性の光彩を有する施釉(せゆう)陶磁器》. 〘1825〙

lust·ful /lʌ́stfəl, -fl/ *adj.* **1** 煩悩(ぼんのう)に身を焦がす; 肉欲的な, 好色の (sensual, lascivious). **2** 欲望の強い, 貪欲な: with ~ eyes 貪欲な目で / be ~ *of* power 権力を欲する. **3** 《古》強壮な, 元気な (lusty). **~·ly** *adv.* **~·ness** *n.* 〘OE *lustfull*〙

lúst·ick *adj., adv.* 《廃》陽気な[に]. 〘(1602–03) □ Du. *lustig*: ⇨ lust, -ic〙

lust·i·hood /lʌ́stihʊ̀d/ *n.* 《古》 **1** 強健, 丈夫 (robustness). **2** 性的能力[傾向]. 〘(1598–99) ← LUSTY+-HOOD〙

lust·i·ly /lʌ́stəli, -tli | -tɪ̀li, -tli/ *adv.* 元気よく, 活発に.

lúst·i·ness *n.* 元気, 活発.

lustra *n.* lustrum の複数形.

lus·tral /lʌ́strəl/ *adj.* **1** 清めの, 清めに用いる, 不浄払いの: a ~ day / ~ water. **2** 《古》lustrum の; 5 年ごとの, 5 年に 1 度の (quinquennial). 〘(1533) □ L *lūstrālis* expiatory: ⇨ lustrum, -al¹〙

lus·trate /lʌ́streɪt/ *vt.* (清め式などで)清める, 清浄にする. 〘(1623) ← L *lūstrātus* (p.p.) ← *lūstrāre* to purify〙

lus·tra·tion /lʌstréɪʃən/ *n.* 清め(式), 大祓(おおはらい); 禊(みそぎ), 祓(はらい), 垢離(こり). 〘(1614) □ L *lūstrātiō*(*n*-): ⇨ ↑, -ation〙

lus·tra·tive /lʌ́strətɪv | -tɪv/ *adj.* 清める, 清浄にする (purifying); 《戯言》洗う (washing): a ~ rite 清めの式. 〘(1875) ← LUSTRA+-IVE〙

lus·tre¹ /lʌ́stə | -tə(r/ *n.*, *v.* =luster¹.

lus·tre² /lʌ́stə | -tə(r/ *n.* =lustrum 2.

lús·tred *adj.* =lustered.

lus·trine /lʌ́stri:n, -trɪn | -tri:n, -trɪn/ *n.* =lutestring². 〘《異形》⇨ lustring²〙

lus·tring¹ /lʌ́stərɪŋ, -trɪŋ/ *n.* ラストリング《糸や織物にカレンダー (calender) 等を使い光沢を出す仕上げ法》. 〘(1875) ← LUSTER¹+-ING¹〙

lus·tring² /lʌ́strɪŋ/ *n.* =lutestring². 〘(1697) □ F *lustrine* // It. *lustrino* ← *lustrino* 'LUSTER¹': cf. lutestring²〙

lus·trous /lʌ́strəs/ *adj.* **1** 〈絹・宝石など〉光沢[つや]のある (⇨ bright **SYN**); 〈目など〉輝いた. **2** 輝かしい, すばらしい (brilliant); 著名な (illustrious). **~·ly** *adv.* **~·ness** *n.* 〘(1602–03) ← LUSTER¹+-OUS〙

lus·trum /lʌ́strəm/ *n.* (*pl.* ~**s**, **lus·tra** /-trə/) **1** (古代ローマで 5 年ごとに行われた)清め(式), 大祓(おおはらい). **2** 5 年間 (quinquennium). 〘(1590) □ L *lūstrum* ← ? IE **leuk-* to shine〙

lust·y /lʌ́sti/ *adj.* (**lust·i·er; -i·est**) **1** 丈夫な, 頑丈(がんじょう)な, 強壮な (robust); 元気な, 活発な, 活力に満ちた (vigorous, lively). **2** 《古》〈人が〉大柄な, 太った (stout, fat). **3** 《古》〈食事が〉たっぷりの, 腹一杯の (hearty). **4** 《古・方言》〈火・酒・病などが〉強い, 強力な (powerful): a ~ shock. **5** 《廃》好色の, みだらな (lustful): ~ passion 欲情. **6** 《古・方言》楽しい, 陽気な (merry). 〘(?*c*1200) *lusti*: ⇨ lust, -y⁴〙

lu·sus na·tu·rae /lú:səsnətúəri:, -tjúər-, -túəraɪ | lú:səsnətjúəri:, ljú:-, -túəraɪ, -tó:r-/ *L. n.* 造化の戯れ; 異形, 奇形物 (monstrosity). 〘(*a*1661) □ L *lūsus nātūrae* freak of nature〙

Lü·ta /lù:tá:/ *n.* =Lüda.

lu·ta·nist /lú:tənɪst, -tn-, -tn- | lú:tənɪst, ljú:-, -tn-/ *n.* リュート奏者 (lute player). 〘(1600) □ ML *lūtānista* ← *lūtāna* (⇨ lute¹)〙

Lút Désert /lú:t-/ *n.* [the ~] =Dasht-e-Lut.

lute¹ /lú:t | lú:t, ljú:t/ *n.* リュート《16 世紀にとりわけ愛好されたギター (guitar) に似た楽器; 普通 11 弦 6 コースをもつ; cf. oud》. ***a* (*little*) *rift* (*with*)*in the lúte*** ⇨ rift¹ 成句. — *vi.* リュートを弾(ひ)く. — *vt.* 〈曲を〉リュートで演奏する, 〈感情・気分などを〉リュートで表現する. 〘(1295) □ OF *leut, lut* (F *luth*) □ Prov. *laüt* □ Arab. *al-'ūd* ← *al* the+*'ūd* wood, lute¹〙

lute¹

lute² /lú:t | lú:t, ljú:t/ *n.* **1** 〖建築〗 **a** 封泥(ふうでい)《粘土または粘性物質で, 空気や液体の漏れるのを防ぐため管の継目などに塗る》. **b** ルート《コンクリートの面を平らにそろえるためのかきならし板》. **2** (瓶詰めなどの)ゴムのパッキング.
— *vt.* 〖建築〗封泥で封じる, …に封泥を塗る. 〘(*a*1400) □ (O)F *lut* // L *lutum* mud, clay < IE **luto-* ← **leu-* dirt〙

lu·te- /lú:ti | lú:ti, ljú:-/ (母音の前にくるときの) luteo- の異形.

lu·te·al /lú:tiəl | lú:t-, ljú:-/ *adj.* 〖解剖〗黄体 (corpus luteum) の: the ~ hormone 黄体ホルモン. 〘(1920): ⇨ luteo-, -al¹〙

lu·te·ci·um /lu:tí:ʃiəm, -ʃəm | lu:-, lju:-/ *n.* 〖化学〗 =lutetium.

lu·te·in /lú:tiɪn, -tɪn, -ti:n | lú:tiɪn, ljú:-/ *n.* **1** 〖生化学〗ルテイン ($C_{40}H_{54}(OH)_2$)《カロチノイドの一種で, 緑葉・卵黄などに含まれる黄色素; xanthophyll ともいう》. **2** 〖生理〗黄体 (corpus luteum). 〘(1869) ← LUTEO-+-IN²〙

lu·te·in·i·za·tion /lù:tiənɪ̀zéɪʃən, -ti:n- | lù:tiənaɪ-, ljù:-, -nɪ-/ *n.* 〖生化学〗黄体形成. 〘(1929): ⇨ ↑, -ization〙

lu·te·in·ize /lú:tiənaɪz, -ti:n- | lú:tiən-, ljú:-/ *vt.* 〖生化学〗…の中に黄体を形成する. — *vi.* 黄体に変化する. 〘(1929): ⇨ -ize〙

lú·te·in·iz·ing hòrmone *n.* 〖生化学〗間質細胞刺激ホルモン, 黄体形成ホルモン (interstitial-cell-stimulating hormone, ICSH ともいう; 略 LH). 〘1931〙

lúteinizing hòrmone-relèasing hórmone *n.* 〖生化学〗黄体形成ホルモン放出ホルモン, LH 放出ホルモン (略 LH-RH). 〘1970〙

lu·te·nist /lú:tənɪst, -tn-, -tn- | lú:tənɪst, ljú:-, -tn-/ *n.* =lutanist.

lu·te·o- /lú:tioʊ | lú:tiəʊ, ljú:-/ 次の意味を表す連結形: **1**「黄色の (yellowish)」. **2** 〖化学〗「ヘキサアンミンコバルト (III) ハロゲン化物 ($[Co(NH_3)_6]X_3$) 型の錯塩」. ★ 母音の前では通例 lute- になる. 〘← L *lūteus*: ⇨ luteous〙

lùteo·fúlvous *adj.* (灰色がかった)橙黄(とうおう)色の. 〘(1871): ⇨ luteo-, fulvous〙

lu·te·o·lin /lú:tiəlɪn | lú:tiəlɪn, ljú:-/ *n.* 〖化学〗ルテオリン ($C_{15}H_{10}O_6$)《モクセイソウの類の雑草 (*Reseda luteola*) から採る黄色色素》. 〘(1839) ← NL *luteola* ((fem.) ← L *lūteolus* yellowish ← *lūteus* (⇨ luteous))+-IN²〙

lùteo·lýsin *n.* 〖生化学〗ルテオリシン《黄体を分解破壊する化学物質; 通称ピルとして知られる経口避妊薬》. 〘← LUTEO-+LYSIN〙

lu·te·o·tro·phic /lù:tiətróʊfɪk, -trá(:)f- | lù:tiə(ʊ)tróʊf-, ljù:-, -tróf-/ *adj.* 〖生化学〗黄体刺激性の. 〘(1941) ← LUTEO-+-TROPHIC〙

lúteotrophic hórmone *n.* 〖生化学〗黄体刺激ホルモン (⇨ prolactin). 〘1949〙

lu·te·o·tro·phin /lù:tiətróʊfɪn, -trá(:)f- | lù:tiətróʊfɪn, -tróf-/ *n.* 〖生化学〗ルテオトロピン, 黄体刺激ホルモン (⇨ lactogenic hormone). 〘(1941) ← LUTEO-+-TROPHIC+-IN²〙

lu·te·o·trop·ic /lù:tiətrá(:)pɪk, -tróʊp- | lù:tiətróp-,

lju:-⌐/ *adj.* 〖生化学〗 =luteotrophic. 〖1941〗
lúteotropic hórmone *n.* 〖生化学〗 =luteotrophic hormone. 〖1949〗
lu·te·o·tro·pin /lùːṭiətróupɪ̀n, -trá(ː)p- | -tiə(u)tráupɪn/ *n.* 〖生化学〗 =luteotrophin. 〖1941〗
lu·te·ous /lúːṭiəs | lúːt-, ljúː-/ *adj.* 橙黄(とうこう)色の. 〖(1657) ◻ L *lūteus* goldenyellow: ⇨ -ous〗
lúte stérn *n.* 〖海事〗 角型船尾 《追波を防ぐように造った小型船の角型の船尾》.
lúte·string¹ *n.* lute¹ の弦. 〖(1530) ← LUTE¹＋STRING〗
lute·string² /lúːtstrɪŋ/ *n.* ルートストリング 《昔, 婦人服やリボンに用いられた光沢のある絹; lustrine, lustring ともいう》. 〖(1471) 《変形》 ← LUSTRING¹〗
Lu·te·tia /luːtíːʃə, -ʃiə/ *n.* ルテシア 《Paris のラテン語古名; Lutetia Parisiorum ともいう》.
Lu·te·ti·an /luːtíːʃiən, -ʃən | luː-, ljuː-/ *adj.* 〖地質〗 ルテシア階の 《Paris 盆地始新世中部層にいう》. 〖(1740) ← L *Lūtētia* (*Parīsiōrum*) (今の Paris の位置にあった古都の名)＋-AN¹〗
lu·te·tium /luːtíːʃəm, -ʃiəm | luː-, ljuː-/ *n.* 〖化学〗 ルテチウム 《金属元素の一つ; 記号 Lu, 原子番号 71, 原子量 174.967》. 〖(1907) ← NL ～ ← L *Lūtētia* (↑)＋-IUM: 本元素の発見者 Georges Urbain (1872–1938: フランスの化学者)が Paris 出身であるのにちなむ〗
Luth. 《略》 Lutheran.
Lu·ther /lúːθə | -θə^(r)/ *n.* ルーサー 《男性名; 異形 Lothair》. 〖◻ G ～ < OHG *Chlothar, Hludher* ← **hluda-* famous (⇨ loud)＋*hari* army ∥ 《変形》 ← LUTHIER〗
Lu·ther /lúːθə | -θə^(r); G. lútɐ/, **Martin** *n.* ルター, ルーテル 《1483–1546; ドイツの宗教改革者; プロテスタント派の祖; 聖書のドイツ語訳者》.
Lu·ther·an /lúːθ(ə)rən/ *adj.* ルターの, ルター派の: the ～ Church ルター教会 《スウェーデン・ドイツ・米国などに多いプロテスタントの一派》. — *n.* ルター派の信者. 〖(1521): ⇨ ↑, -an¹〗
Lú·ther·an·ìsm /-nìzm/ *n.* ルター主義 《Luther の説いたまたはルター教会の唱える教義》. 〖(1560): ⇨ ↑, -ism〗
lu·thern /lúːθən | -θən/ *n.* =dormer. 〖(1669) 《変形》 ← ? LUCARNE〗
lu·thi·er /lúːṭiə | lúːtiə^(r), ljúː-/ *n.* **1** リュート製作者. **2** (バイオリンなどの)弦楽器製作者. 〖(1879) ◻ F ～ ← *luth* 'LUTE¹'＋*-ier* '-ER¹'〗
Lu·thu·li /luːtúːli, -tjúː- | -túː-/, **Albert John** *n.* ルツリ 《1898–1967; 南アフリカ共和国の黒人解放運動家・Zulu 族の酋長(しゅう), アフリカ民族会議総裁 (1952–60); Nobel 平和賞 (1960); Lutuli ともつづる》.
lu·ti·dine /lúːṭədìːn, -dṇ | -tɪdìːn, -dɪn/ *n.* 〖化学〗 ルチジン ($C_5H_3(CH_3)_2N$) 《コールタール中に存在するピリジン同族体》. 〖(1851) 《綴り変え》 ← TOLUIDINE〗
Lú·tine béll /lúːtiːn-/ *n.* [the ～] ルーティン号の鐘 《1799 年に沈没した英国フリゲート艦 Lutine 号から引き揚げられた鐘; ロンドンの Lloyd's に置かれ, 難船などの重要発表の前に打鐘される》.
lut·ing /lúːṭɪŋ | lúːt-, ljúːt-/ *n.* **1** 封泥(ふう)(lute) を塗ること. **2** 封泥, 封塗料 (lute). 〖(1608) ← LUTE²〗
lu·ti·no /luːtíːnou | -nəu/ *n.* 〖生物〗 黄化個体, ルチノー 《セキセイインコなどかごに飼う鳥で, 羽毛の黄色がその種の標準よりも多いものをいう; cf. albino》. 〖(1919) ← L *luteus* yellow＋(ALB)INO〗
lút·ist /-ṭɪst | -tɪst/ *n.* **1** 《米・カナダ》 =lutanist. **2** リュート製作者. 〖(*a*1440): ⇨ lute¹, -ist〗
lu·tite /lúːtaɪt/ *n.* 〖岩石〗 =pelite. 〖1904〗
Lu·ton /lúːtn̩/ *n.* ルートン 《イングランド南東部 London の北方にある工業都市》. 〖OE *Lygetun* 《原義》 village on the river *Lea* (< OE *Lyġe* ← Gael. **lug-* 'LIGHT¹': cf. Welsh *goleu* light & *lleuad* moon): ⇨ -ton〗
Lúton Hóo /-húː/ *n.* ルートンフー 《Luton 近郊のもと Bute 伯爵の大邸宅; タペストリー・陶磁器・絵画のコレクションを所蔵している》.
Lu·to·sław·ski /lùːṭəswáːfski | -tə-; Pol. lutosˈwáfskʲi/, **Witold** *n.* ルトスワフスキ 《1913–94; ポーランドの作曲家》.
Lu·tu·am·i·an /lùːṭuǽmiən | -tu-/ *n.* (*pl.* ～, ～s) **1** **a** [the ～(s)] ルツアミ族 《Oregon 州および北 California 州のアメリカインディアンの一部族; cf. Modoc》. **b** ルツアミ族の人. **2** ルツアミ語 《Klamath および Modoc を含む Oregon 現地語》.
Lu·tu·li /luːtúːli, -tjúː-/ *n.* ⇨ Luthuli.
Lut·yens /lʌ́tjənz, -tʃənz/, **(Agnes) Elisabeth** *n.* ラチェンズ 《1906–83; 英国の作曲家; Edwin Lutyens の娘》.
Lutyens, Sir **Edwin** (**Landseer**) *n.* ラチェンズ 《1869–1944; 英国の建築家; New Delhi 計画 (1913–30) などを担当》.
Lutz /lʊ́ts, lúːts/ *n.* [しばしば l-] 〖スケート〗 ルッツ 《一方のアウターエッジから跳び上がり空中で 1 回転して他方のスケートのアウターエッジで着氷する》. 〖(1938) ← *Gustave Lussi* (1898– : スイスのスケーターで, 案出者)〗
Lüt·zen /lýtsən, -tsn̩; G. lʏ́tsn̩/ *n.* リュッツェン 《ドイツ東部 Leipzig 近くの都市; 三十年戦争で Wallenstein の皇帝軍が Gustavus Adolphus のスウェーデン軍に敗れた戦場 (1632)》.
Lüt·zow-Holm Báy /lʊ́tsouhóum- | -tsəuhə́um-/ *n.* リュツォーホルム湾 《南極大陸 Enderby Land と Queen Maud Land の間にあるインド洋の入江》.
luv /lʌ́v/ *n.* 〖英口語〗 [呼び掛けに用いて] おまえ, あんた, ねえ 《親しい間柄で用いる; cf. love 6 b, c》. 〖(1898) 《変形》 ← LOVE〗
Lu·vi·an /lúːviən/ *n., adj.* =Luwian.
luv·vie /lʌ́vi/ *n.* (*also* **luv·vy** /～/) 〖英口語〗 **1** = lovey. **2** (感情を表に出す[気取った])俳優. 〖(1968) 《変形》 ← LOVEY〗
Lu·wi /lúːwi/ *n.* (*pl.* ～, ～s) **1** [the ～(s)] ルーウィ族 《小アジア南海岸に住んでいた古代人》. **2** ルーウィ族の人.
Lu·wi·an /lúːwiən/ *n.* 古代ルーウィ語 《アナトリア語派に属する; Hittite 語に近い関係にある》. — *adj.* ルーウィ人[語]の. 〖(1924): ⇨ ↑, -an¹〗
lux /lʌ́ks/ *n.* (*pl.* ～, ～·es, **lu·ces** /lúːsiːz | lúː-, ljúː-/) 〖光学〗 ルクス 《照度 (illumination) の国際単位; 1 ルーメン (lumen) の光束 (luminous flux) が 1 m^2 の面に一様に入射した時の照度; 略 lx》. 〖(1889) ◻ L *lūx* 'LIGHT¹'〗
Lux. 《略》 Luxembourg.
lux·ate /lʌ́kseɪt/ *vt.* …の関節をはずす, 脱臼(だっきゅう)させる (dislocate). 〖(1623) ← L *luxātus* (p.p.) ← *luxāre* to dislocate ← IE **leug-* to bend: cf. luxury〗
lux·a·tion /lʌkséɪʃən/ *n.* 脱臼(だっきゅう). 〖(1552) ◻ LL *luxātiō(n-)*: ⇨ ↑, -ation〗
luxe /lʌ́ks, lʊ́ks, lúːks; F. lyks/ *n.* 上等, 華美, ぜいたく (luxury, sumptuousness): ⇨ deluxe. 〖(1558) ◻ F ～ ◻ L *luxus*: ⇨ luxury〗
Lux·em·bourg /lʌ́ksəmbə̀ːg, -sm̩- | -bə̀ːg; F. lyksɑ̃buːʁ/ *n.* **1** ルクセンブルク 《ドイツ・フランス・ベルギーにはさまれた大公国; 面積 2,586 km^2; 公式名 the Grand Duchy of Luxembourg ルクセンブルク大公国》. **2** ルクセンブルク 《同国の首都》. **3** ルクセンブルク(州) 《ベルギー南東部の州; もとルクセンブルク(大公国)の一部; 面積 4,418 km^2, 州都 Arlon /arlɔ̃/》. 〖◻ F ～ & G *Luxemburg* ← 《廃》 *Lützelburg* 《原義》 little castle〗
Lúx·em·bòurg·er *n.* ルクセンブルク(大公国)人[の住民]. 〖(1913): ⇨ ↑, -er¹〗
Lux·em·bourg·i·an /lʌ̀ksəmbə́ːgiən, -sm̩- | -bə́ː-⌐/ *adj.* ルクセンブルク(大公国)の; ルクセンブルク人の. — *n.* =Luxemburgisch.
Lúxembourg Pálace *n.* [the ～] リュクサンブール宮 《Paris のもと宮殿; 現在はフランス上院の議場》.
Lux·em·burg /lʌ́ksəmbə̀ːg, -sm̩- | -bə̀ːg; G. lʊ́ksm̩bʊʁk/ *n.* =Luxembourg.
Lux·em·burg /lʌ́ksəmbə̀ːg, lʊ́ksəmbʊ̀ək, -sm̩- | lʌ́ksəmbə̀ːg, -sm̩-; G. lʊ́ksm̩bʊʁk/, **Rosa** *n.* ルクセンブルク 《1871–1919; ポーランド生まれのドイツの女性革命家; ドイツ共産党の創立者の一人; スパルタクス団 (Spartacus League) を組織し革命運動を推進したが, Karl Liebknecht と共に虐殺された》.
Lúx·em·bùrg·er *n.* =Luxembourger.
Lux·em·burg·i·an /lʌ̀ksəmbə́ːgiən, -sm̩- | -bə́ː-⌐/ *adj., n.* =Luxembourgian.
Lux·em·burg·isch /lʌ́ksəmbə̀ːgɪʃ, lʊ́ksəmbʊ̀əg- | lʌ́ksəmbə̀ːg-; G. lʊ́ksm̩bʊʁgɪʃ/ *n.* ルクセンブルク語 《もとドイツ語の方言; フランス語などのロマンス語の影響を受けている》. 〖(1957) ◻ G ～: cf. Luxemburgisch *Letzeburges(c)h*〗
lúx·mèter *n.* ルクス計, 照度計.
lux mun·di /lʌ̀ksmʌ́ndaɪ/ *L. n.* **1** 世の光 《キリストのこと》. **2** [L- M-] 「ルクスムンディ」 《1889 年に出版された受肉の信仰に関する論文集; オックスフォードの神学者たちによる編纂》. 〖◻ L *lūx mundī* light of the world〗
Lux·or /lʌ́ksɔə | -sɔː^(r)/ *n.* ルクソール 《エジプト南部, Nile 河畔の町; 付近に古代テーベ (Thebes) の遺跡・王家の谷 (Valley of the Tombs of the Kings) などがある》.
lux·ul·ia·nite /lʌksúːljənàɪt/ *n.* (*also* **lux·ul·lia·nite** /～/) 〖鉱石〗 電気石花崗岩 《電気石 (tourmaline) を多く含む花崗岩》. 〖(1878) ← *Luxullian* (a place-name in Cornwall)＋-ITE¹〗
Lu Xun /lùːʃúːn; Chin. lǔɕỳn/ *n.* 魯迅(ろじん) 《1881–1936; 中国の作家・思想家; 『吶喊』 (1923); 本名は周樹人 (Zhou Shuren)》.
lux·u·ri·ance /lʌgʒʊ́ᵊriəns, ləg-, lʌkʃʊ́ᵊr-, lək- | lʌgʒʊ́ər-, ləg-, -zjʊ́ər-, lʌskjʊ́ər-, lək-, -ʒɔ́ːr-, -ʃɔ́ːr-/ *n.* **1** 繁茂 (exuberance); 豊富 (abundance). **2** (文体などの)華麗 (floridity). 〖(1728–46): ⇨ luxuriant, -ance〗
lux·u·ri·an·cy /lʌgʒʊ́ᵊriənsi, ləg-, lʌkʃʊ́ᵊr-, lək- | lʌgʒʊ́r-, ləg-, -zjʊ́ər-, lʌksjʊ́ər-, lək-, -ʒɔ́ːr-, -ʃɔ́ːr-/ *n.* 《古》 =luxuriance. 〖1648〗
lux·u·ri·ant /lʌgʒʊ́ᵊriənt, ləg-, lʌkʃʊ́ᵊr-, lək- | lʌgʒʊ́ər-, ləg-, -zjʊ́ər-, lʌksjʊ́ər-, lək-, -ʒɔ́ːr-, -ʃɔ́ːr-/ *adj.* **1** **a** 〈樹木など〉繁茂した, こんもりとした (rank): the ～ growth of trees 樹木の繁茂 / ～ foliage 茂った木の葉. **b** 〈髪など〉ふさふさした, 豊かな (abundant): a ～ beard, ～ hair, etc. **2** 〈土地など〉肥えた, 肥沃な, 豊饒(ほうじょう)な (fertile): ～ soil. **3** 豊かな, 豊富な, あふれるばかりの (copious, profuse): a ～ imagination 豊かな想像力. **4** 〈文体・美術品など〉華麗な, 華やかな (florid, flowery); 装飾過多の: a ～ metaphor / ～ prose, style, etc. **5** ぜいたくな, 豪華な (luxurious). **～·ness** *n.* **～·ly** *adv.* 〖(*c*1540) ◻ L *luxuriantem* (pres.p.) ← *luxuriāre* to grow rank ← *luxuria* 'LUXURY'〗
lux·u·ri·ate /lʌgʒʊ́ᵊrièɪt, ləg-, lʌkʃʊ́ᵊr-, lək- | lʌgʒʊ́ər-, ləg-, -zjʊ́ər-, lʌksjʊ́ər-, lək-, -ʒɔ́ːr-, -ʃɔ́ːr-/ *vi.* **1** ふける, 楽しむ (revel) 〈*in*〉: ～ *in* sunshine [dreams] 日光浴[夢]を楽しむ / ～ *in* a good cigar [a hot bath] 上等な葉巻[熱い風呂]を楽しむ. ★ 時に on も用いられる: ～ *on* choice wines より抜きのワインを楽しむ. **2** ぜいたくに暮らす, おごる (live luxuriously): ～ in opulence 豪華な生活をする, 大盤ぶるまいをする. **3** 茂る, はびこる (grow exuberantly). **4** はなはだしく拡大する, 急増する (proliferate). **lux·u·ri·a·tion** /lʌgʒʊ̀ᵊriéɪʃən, ləg-, lʌkʃʊ̀ᵊr-, lək- | lʌgʒʊ̀ər-, ləg-, -zjʊ̀ər-, lʌksjʊ̀r-, lək-, -ʒɔ́ːr-, -ʃɔ́ːr-/ *n.* 〖(1621) ← L *luxuriātus* (p.p.) ← *luxuriāre* (↑)〗
lux·u·ri·ous /lʌgʒʊ́ᵊriəs, ləg-, lʌkʃʊ́ᵊr-, lək- | lʌgʒʊ́ər-, ləg-, -zjʊ́ər-, lʌsksjʊ́ər-, lək-, -ʒɔ́ːr-, -ʃɔ́ːr-/ *adj.* **1** ぜいたく好みの, おごりにふける; ぜいたくな, 豪華な, 一流の (splendid): ～ people / a ～ life ぜいたくな[おごった]生活 / a ～ table [hotel] ぜいたくな食事[ホテル]. ⇨ gorgeous 日英比較. **2** 官能[肉欲]にふける, 淫乱(いんらん)な (voluptuous, lecherous). **3** 〈文体など〉華麗な, 凝りに凝った (florid). **4** 繁茂した, 豊富な (luxuriant). **～·ly** *adv.* **～·ness** *n.* 〖(?*a*1300) ◻ OF *luxurius* ◻ L *luxuriōsus* ← *luxuria* (↓): ⇨-ous〗
lux·u·ry /lʌ́kʃ(ə)ri, lʌ́gʒ(ə)- | lʌ́kʃ(ə)ri/ *n.* **1** ぜいたく, 豪華, おごり: a life of ～ / live in ～ ぜいたくな[おごった]生活をする. **2** ぜいたく品[物], 奢侈(しゃし)品: necessaries before *luxuries* ぜいたく品より必要品 / I can afford a few small *luxuries*. わずかばかりの小さなぜいたくができる. **3** 愉快, 快楽, 満足 (pleasure, enjoyment); わがまま (self-indulgence): the ～ of good book 面白い本を読みふける楽しみ / indulge in the ～ *of* being alone 独りでいることのありがたさをしみじみ味わう / A hot bath after a tiring work is his only ～. 骨の折れる仕事の後で一風呂浴びるのが彼の唯一のぜいたく[楽しみ]だ. **4** 《古》 淫(いん)ら, 好色, 淫乱(いんらん) (lechery, lasciviousness).
— *adj.* [限定的] ぜいたくな, 豪華な, おごった (sumptuous): ～ goods ぜいたく品 / a ～ hotel 豪華なホテル.
〖(1340) (1633) *luxurie* lust ◻ OF (F *luxure*) ◻ L *luxuria* ← *luxus* abundance ← IE **leug-* to bend〗
lúxury tàx [**dùty**] *n.* 奢侈(しゃし)税. 〖1904〗
Lu·zern /G. lutsέʁn/ *n.* ルツェルン 《Lucerne のドイツ語名》.
Lu·zhou /lùːdʒóu | -dʒə́u; Chin. lúʈʂōu/ *n.* 瀘州(ろしゅう) 《中国中南部, 四川省 (Sichuan) の長江に臨む都市》.
Lu·zon /luːzá(ː)n | -zɔ́n; Sp. luθón, -són/ *n.* ルソン(島) 《フィリピン北部, Philippine 諸島中最大の島; 面積 104,688 km^2》.
lv 《記号》 Latvia 《URL ドメイン名》.
Lv 《略》 〖聖書〗 Leviticus.
Lv 《記号》 〖貨幣〗 lev, leva.
LV 《略》 largest vessel; licensed victualler; low velocity; luncheon voucher.
lv. 《略》 leave(s); livre(s).
l.v. 《略》 〖電気〗 low voltage.
LVA 《略》 《英》 Licensed Victuallers' Association 酒類販売免許を持つ飲食店主組合.
Lviv /ləvíːu, -víːf; *Ukr.* lʲvʲíw, *Russ.* lʲvóf/ *n.* リビウ 《ウクライナ共和国西部の都市; ポーランド領 (1340–1772); 1918 年までオーストリア領; ポーランド語名 Lwów; ロシア語名 Lvov》.
LVN 《略》 licensed vocational nurse.
LVO 《略》 《英》 Lieutenant of the Royal Victorian Order ロイヤルビクトリア勲章叙勲中尉.
Lvov /l(ə)vɔ́(ː)f, lvá(ː)v | l(ə)vɔ́f; *Russ.* lʲvóf/ *n.* リボフ (Lviv の旧名).
LVT 《略》 〖軍事〗 Landing Vehicle, Tracked 水陸両用装軌車.
LVTA 《略》 〖軍事〗 Landing Vehicle, Tracked Armored 水陸両用装甲装軌車.
Lw 《記号》 〖化学〗 lawrencium 《現在は Lr を用いる》.
LW 《略》 left wing; lightweight; long wave; low water.
L̄ wàve *n.* 〖地震〗 L 波 《地球の表面を伝わる地震波; 周期が長いので long wave ともいう; cf. P wave, S wave》.
LWB, lwb 《略》 long wheelbase.
lwei /ləwéɪ/ *n.* (*pl.* ～, ～s) ルウェイ 《アンゴラの通貨単位; $=^1/_{100}$ kwanza》. 〖(1977) 《現地語》〗
LWM, lwm 《略》 low-water mark.
Lwoff /lwɔ́(ː)f | lwɔ́f; F. lwɔf/, **André Michel** *n.* ルウォフ 《1902–94; フランスの微生物学者; Nobel 医学生理学賞 (1965)》.
Lwów /*Pol.* lvúf/ *n.* ルブフ 《Lviv のポーランド語名》.
LWR 《略》 〖原子力〗 light water reactor 軽水炉.
LWT 《略》 《英》 London Weekend Television.
LWV 《略》 League of Women Voters.
lx 《略》 〖光学〗 lux.
LXX 《記号》 Septuagint. 〖1662〗
ly 《記号》 Libya 《URL ドメイン名》.
-ly¹ /li/ *suf.* 形容詞・分詞に付いて副詞を造る: bold*ly*, smiling*ly*. ★ (1) -le に終わるものは -lely とせず -ly とする; その際には /ḷ/ → /ḷi/ または /li/ のように変化する: gent*ly* /dʒéntli/. cf. wholly /hóuḷli, hóuli | hə́uḷli, hə́uli/. (2) -tal /tḷ, tḷ | tḷ/, -dal /dḷ, dḷ | tḷ/, -nal /nḷ/ で終わる形容詞に -ly が付いて副詞になると /ṭəli, təli, tḷi, tḷi/, /ḍəli, dəli, dḷi, dḷi | dəli, dḷi/, /-nəli, -nḷi/ となる(それぞれ本文の見出し語参照). (3) -y /i/ で終わる形容詞に -ly が付いたときには y が i に変わり, 母音も /ɪ, ə/ に変わる: happy /hǽpi/ → happ*i*ly /hǽpɪ̀li/. (4) まれに名詞に付くことがある: name*ly*, part*ly*. (5) 比較変化はもとは屈折変化 (-lier, -liest) が用いられたが, 今では通例 more, most による. 〖ME *-lie, -liche* < OE *-līċe* ← *-līċ* (↓)〗
-ly² /li/ *suf.* **1** 「…に似ている, …の性質を有する」の意の形容詞を造る: king*ly*, man*ly*, rascal*ly*, scholar*ly*, soldier*ly*, woman*ly*. **2** 時間的繰返しを表す形容詞を造る: hour*ly*, dai*ly*, month*ly*, year*ly*. ★ (1) これらは副詞としても用いられる. (cf. -ly¹ ★ (2)). (2) 発音については ⇨ -ly¹ ★ (1). 〖ME *-li, -lich, -lik* < OE *-līċ* ← Gmc **līka* body ← **līkam* body, form: cf. like¹, lich〗
Ly·all·pur /láɪəlpʊə, lìaːlpʊ́ə | láɪəlpʊə^(r)/ *n.* ⇨ Faisalabad.
ly·am /láɪəm/ *n.* 《古》 **1** 犬をつなぐ革ひも. **2** =lyam-

hound. 〖((?a1400)) ◻ OF *liem* < L *ligāmen*: cf. lien[1]〗

lýam-hòund *n.* ((古)) =bloodhound 1. 〖1527〗

ly·art /láɪət | -ət/ *adj.* (*also* **ly·ard** /-əd | -əd/) ((英方言・スコット)) 灰色の (gray); 灰色のしまのある. 〖((1265)) ◻ OF *liart* ← ?〗

ly·ase /láɪeɪs, -eɪz | -eɪz, -eɪs/ *n.* 〘生化学〙 リアーゼ ((脱水素して二重結合を作る反応に関与する酵素)). 〖((1965)) ← Gk *lúein* to loosen + -ASE〗

Ly·au·tey /lìoutéɪ | -liəu-; *F.* ljotɛ/, **Louis Hubert Gon·zalve** /gɔ̃zalv/ *n.* リョテ ((1854–1934; フランスの軍人・植民地行政官; モロッコ駐在将官 (1912–25))).

lyc- /laɪk/ (母音の前にくるときの) lyco- の異形.

ly·can·thrope /láɪkənθròup, laɪkǽnθroup | láɪkənθrəup, laɪkǽnθrəup/ *n.* **1** 〘精神医学〙 狼つき, 狼になったと信じている精神異常者. **2** 狼男 (werewolf). 〖((1621)) ← NL *lycanthrop-us* ← Gk *lukánthrōpos* wolf-man (↓)〗

ly·can·thro·py /laɪkǽnθrəpi/ *n.* **1** 〘民間伝承〙 (魔術によってなると信じられていた)狼への変身; 狼に変形する魔術 (cf. werewolf 1). **2** 〘精神医学〙 狼狂(ろうきょう) ((自分は狼などの獣であると信じてその動作をする精神病)).
ly·can·throp·ic /làɪkənθrɑ́(ː)pɪk | -θrɔ́p-/ *adj.* 〖((1584)) ← NL *lycanthropia* ← Gk *lukanthrōpía* ← *lúkos* 'WOLF' + *ánthrōpos* man: ⇨ -y[1]〗

Ly·ca·on /laɪkéɪɑ(ː)n | -ɔn/ *n.* **1** 〘ギリシャ神話〙 リュカーオーン ((Zeus の神性を試すため人肉を勧めて Zeus の怒りに触れ, 罰として狼に変えられたアルカディアの王)). **2** [l-] 〘動物〙 リカオン属 ((イヌ科シモキオン亜科の一属; アフリカに生息するリカオン (African hunting dog) を含む)). 〖((1827)) ◻ L ~ ◻ Gk *Lukáōn* ((原義)) werewolf ← *lúkos* 'WOLF'〗

Lyc·a·o·ni·a /lìkeɪóuniə, làɪ- | -ə́uniə/ *n.* リカオニア ((小アジア南部の古代の一地方; のちローマ領)).

ly·cée /liːséɪ | ⌐—; *F.* lise/ *n.* (*pl.* **~s** /~z; *F.* ~/) リセ ((フランスの国立中等学校; 大学進学校)). 〖((1865)) ◻ F ~ ◻ L *Lycēum* (↓)〗

Ly·ce·um /laɪsíːəm/ *n.* **1** [the ~] リュケイオン ((Aristotle が設立した (*c* 336 B.C.) アテネ郊外の学園; 彼はその庭園の中をそぞろ歩きしながら門下に哲学を説いた; cf. Peripatetic 1)). **2** アリストテレス派の哲学 (cf. academy 3 a, garden 6, porch 3). **3** [l-] ((米)) (講義・読書指導・討論・娯楽などによって一般文化の向上を図る)文化運動[団体]. **4** [l-] (文化講演・討論会・研究指導の会合などを催しまた図書館を経営する)文化会館. **5** [l-] =lycée. 〖((1579–80)) ◻ L *Lycēum* ◻ Gk *Lúkeion* the Lyceum at Athens (neut.) ← *Lúkeios* wolf-slaying (epithet of Apollo) ← *lúkos* 'WOLF': この学園の近くにアポロ神殿があったのにちなむ〗

lych /lítʃ/ *n.* =lich.

ly·chee /líːtʃiː, láɪ- | laɪtʃíː, ⌐—, líːtʃiː/ *n.* 〘植物〙 =litchi.

lých·gàte *n.* ((英)) =lichgate. 〖((1462)): ⇨ lich〗

lych·nis /líknɪ̈s | -nɪs/ *n.* 〘植物〙 センノウ ((ナデシコ科センノウ属 (*Lychnis*) の植物の総称; アメリカセンノウ (scarlet lychnis) など)). 〖((1601)) ← NL ~ ← Gk *lukhnís* red flower ← *lúkhnos* lamp〗

Ly·ci·a /líʃiə, -ʃə | lísiə, -ʃiə/ *n.* リュキア ((小アジア南西部の古代の一地方; のちローマ領)). 〖◻ L ~ ◻ Gk *Lukía*〗

Ly·ci·an /líʃiən, -ʃən | lísiən, -ʃiən/ *adj.* リュキア (Lycia) の; リュキア人[語]の. — *n.* **1** リュキア人. **2** 古代リュキア語 ((アナトリア語派に属する; Hittite 語と近い関係にある)). 〖((1598)) ← L *Lycius* (◻ Gk *Lúkios*) + -AN[1]〗

ly·cine /láɪsiːn/ *n.* 〘化学〙 リシン (⇨ betaine). 〖((1865)) ← Gk *lúkion* boxthorn + -INE[3]〗

ly·co- /láɪkou | -kəu/ 「狼 (wolf)」の意の連結形: *lycopodium*. ★ 母音の前では通例 lyc- になる. 〖← NL ~ ← Gk *luko-*, *lúkos* 'WOLF'〗

ly·co·pene /láɪkəpìːn/ *n.* 〘化学〙 リコピン ($C_{40}H_{56}$) ((トマトに含まれる赤色のカロチノイド色素の一種)). 〖((1929)) ← *lycop-* (← NL *Lycopersicon* ← Gk *lukopérsion* an Egyptian plant) + -ENE〗

ly·co·pod /láɪkəpɑ̀(ː)d | -pɔ̀d/ *n.* 〘植物〙 =lycopodium. 〖((1846)): ⇨ lycopodium〗

Ly·co·po·di·a·ce·ae /làɪkəpòudiéɪsiìː | -pə̀ud-/ *n. pl.* 〘植物〙 ヒカゲノカズラ科. 〖← NL ~: ⇨ lycopodium, -aceae〗

ly·co·po·di·um /làɪkəpóudiəm | -pə́ud-/ *n.* **1** 〘植物〙 シダ植物のヒカゲノカズラ属 (*Lycopodium*) の植物の総称 ((特に, ヒカゲノカズラ (*L. clavatum*) (buck grass), マンネンスギ (*L. obscurum*) (bunch evergreen), アラスカスギ (*L. complanatum*) など; clubmoss, ground pine [cedar], staghorn などと呼び, ひも状の植物全体を干してモール状のクリスマスの飾りに用いる; 胞子は薬用)). **2** 〘薬学〙 =lycopodium powder. 〖((1706)) ← NL ~: ⇨ lyco-, podium〗

lycopódium pòwder *n.* 〘薬学〙 石松子(せきしょうし), ヒカゲノカズラ (lycopodium) 類の胞子 ((非常に燃えやすいので花火の製造に用いる; 昔は舞台でこれを燃やして稲妻の効果を出した)). 〖1836〗

ly·co·sid /laɪkóusɪ̈d | -kə́usɪd/ *adj.*, *n.* 〘動物〙 ドクグモ科の(クモ). 〖↓〗

Ly·co·si·dae /laɪkóusədìː, -kɑ́(ː)s- | -kə́usɪ-, -kɔ́s-/ *n. pl.* 〘動物〙 ドクグモ科. 〖← NL ~ ← *Lycosa* (属名: ← L *lycos* spider ← Gk *lúkos* wolf) + -IDAE〗

Ly·cra /láɪkrə/ *n.* 〘商標〙 ライクラ ((米国 Du Pont 社製のスパンデックス (spandex) 生地[繊維]; 下着・水着・運動着用)). 〖1958〗

Ly·cur·gus /laɪkə́ːgəs | -kə́ː-/ *n.* リュクルゴス: **1** 紀元前 9 世紀ごろのスパルタの政治家でスパルタ憲法の制定者. **2** 〘ギリシャ伝説〙 Dryas の父; Dionysus の祭祀を迫害したために, 神から罰せられ盲目となって死んだという.

Ly·cus /láɪkəs/ *n.* 〘ギリシャ神話〙 リュコス ((テーベの王; 初めに Antiope を, 後には Dirce を妻とした)). 〖◻ L ~ ◻ Gk *Lúkos*〗

Lyd·da /lídə | -də/ *n.* =Lod.

lydd·ite /lídaɪt/ *n.* 〘化学〙 リダイト ((ピクリン酸を主成分とする高性能爆薬)). 〖((1888)) ← *Lydd* (イングランド Kent 州の最初の実験地名): ⇨ -ite[1]〗

Lyd·gate /lídgeɪt, -gɪ̈t/, **John** *n.* リドゲイト ((1370?–?1451; 英国の詩人・聖職者; *Troy Book* (1412–20))).

Lyd·i·a[1] /lídiə | -diə/ *n.* リュディア ((小アジア西部の古王国; Croesus 王時代には小アジアの大部分を占めたがやがてペルシャに滅ぼされた; 首都 Sardis)).

Lyd·i·a[2] /lídiə | -diə/ *n.* リディア ((女性名; 愛称形 Liddie, Lidie)). 〖◻ Gk *Lūdía* ((原義)) woman of Lydia〗

Lyd·i·an /lídiən | -di-/ *adj.* **1** リュディア (Lydia) の; リュディア人[語]の. **2** 〈音楽・旋律が〉リディア旋法の特徴をもつ; 柔和で甘美な; 肉感的な, なまめかしい (voluptuous, sensuous): ~ airs 哀調を帯びた曲. — *n.* **1** リュディア人. **2** リュディア語. 〖((1545)) ← L *Lydius* Lydia (◻ Gk *Lū́dios*) + -AN[1]〗

Lýdian móde *n.* 〘音楽〙 リディア旋法 ((中世・ルネサンス期には第 5 旋法とも呼ばれた; ⇨ mode[1] 4 a)). 〖((1807)) ((なぞり)) ← Gk *Harmonía Lūdía*〗

Lýdian stóne *n.* 〘鉱物〙 =touchstone 1. 〖((1720)) ((なぞり)) ← L *Lapis Lydius* ((なぞり)) ← Gk *Ludía líthos*〗

lye /láɪ/ *n.* 〘化学〙 **1** (木灰をこして作った)アルカリ液, 灰汁(あく) ((洗濯(せんたく)用)). **2** 固形カセイアルカリ. 〖OE *lēah*, *lēaġ* hot bath < Gmc **lauʒō* (Du. *loog* / G *Lauge*) ← IE **lau-* < **leu(ə)-* to wash (L *lavere* to wash)〗

Ly·ell /láɪəł/, Sir **Charles** *n.* ライエル ((1797–1875; 英国の地質学者; *The Principles of Geology* (1830–33))).

ly·gae·id /laɪdʒíːɪ̈d | -dʒíːɪd/ 〘昆虫〙 *adj.* ナガカメムシ(科)の(昆虫). — *n.* ナガカメムシ ((ナガカメムシ科の昆虫の総称)). 〖↓〗

Ly·gae·i·dae /laɪdʒíːədìː | -dʒíːɪ-/ *n. pl.* 〘昆虫〙 (半翅目)ナガカメムシ科. 〖← NL ~ ← *Lygaeus* (属名: ← Gk *lūgaíos* shadowy) + -IDAE〗

lygáeid bùg *n.* 〘昆虫〙 ナガカメムシ ((ナガカメムシ科の昆虫の総称; 幼虫・成虫とも植物の汁を吸う害虫)).

lý·gus bùg /láɪgəs-/ *n.* 〘昆虫〙 メクラカメムシ ((メクラカメムシ科 *Lygus* 属の昆虫の総称; ミドリメクラガメ (tarnished plant bug) など; 栽培植物の害虫)). 〖((1940)) ← NL *lygus*〗

ly·ing[1] /láɪɪŋ/ *n.* **1** 横たわること. **2** [修飾語を伴って] 横たわる場所, 寝所: a dry [soft, warm] ~ 乾燥した[やんわりした, 暖かい]寝所. — *adj.* 横たわっている, 伏している: low-*lying* land 低地. 〖OE *liċġende*: ⇨ lie[1], -ing[1, 2]〗

ly·ing[2] /láɪɪŋ/ *n.* うそをつくこと; 虚偽, 偽り (untruthfulness). — *adj.* **1** うそをつく, うそつきの (⇨ dishonest SYN): a ~ witness 虚偽の申し立てをする証人. **2** 偽りの, うその (deceitful, false): a ~ rumor [story] 根も葉もないうわさ[うその話] / ~ advertisements 虚偽の広告. **~·ly** *adv.* 〖((?c1200)): ⇨ lie[2], -ing[1, 2]〗

lýing-ín *n.* (*pl.* **lyings-, ~s**) お産の床に就くこと; お産, 分娩(ぶんべん) (confinement, childbirth). — *adj.* [限定的] お産の, 産科の: a ~ hospital 産科病院. 〖((1440)) ← *lie in* (⇨ lie[1] 成句)〗

lýing-in-státe *n.* (公的人物の)遺体の正装安置(期間) ((献花を受けるため)). 〖1923〗

lýke·wàke /láɪk-/ *n.* ((英)) お通夜. 〖((c1385)) ◻ ? ON **likavaka*: ⇨ lich, wake[1]〗

Ly·ko·me·des /làɪkəmíːdiːz/ *n.* 〘ギリシャ神話〙 リュコメーデース ((Skyros 島の王, Deidamia の父)).

Lyle /láɪł/ *n.* ライル ((男性名; 異形 Lisle)). 〖← AF *del isle* (dweller) in the isle: もと 家族名〗

Lyle, Sandy *n.* ライル ((1958– ; スコットランドのプロゴルファー; 全英オープン (1985), 全米マスターズ (1988) 優勝; 本名 Alexander Walter Barr Lyle)).

Lýle gùn *n.* ライルガン ((海上の救難作業で, 遭難船に救命索を発射する砲; 海上または陸上の救難作業で, 分銅つきの綱を発射する砲; line-throwing gun ともいう)). 〖((1880)) ← *David A. Lyle* (*d.* 1937: 米国の軍人でその発明者)〗

Lyl·y /líli/, **John** *n.* リリー ((1554?–1606; 英国の小説家・劇作家; *Euphues and his England* (1578–80); cf. euphuism 1)).

lym /lím/ *n.* ((古)) =lyam.

Ly·man /láɪmən/, **Theodore** *n.* ライマン ((1874–1954; 米国の物理学者)).

Lýme disèase /láɪm-/ *n.* 〘病理〙 ライム病 ((スピロヘータ (*Borrelia burghdorferi*) による炎症性疾患; ダニが媒介; 発疹・発熱・頭痛の初期症状から関節炎, 心臓・神経系の障害に至る; Lyme arthritis ともいう)). 〖1979〗

lýme gràss /láɪm-/ *n.* 〘植物〙 ハマムギ・エゾムギの類 ((イネ科エゾムギ属 (*Elymus*) の植物; 砂地に植えて砂の移動を防ぐ; wild rye ともいう)). 〖((1776))? ← ((廃)) *lyme* birdlime (< ME *lim* birdlime)〗

lýme-hòund /láɪm-/ *n.* ((古)) =lyam-hound.

Lyme Re·gis /láɪmríːdʒɪ̈s | -dʒɪs/ *n.* ライムリージス ((英国南部 Dorset 州のイギリス海峡に面したリゾート地; 先史時代の化石の発見で有名)).

Lymes·wold /láɪmzwould | -wəuld/ *n.* 〘商標〙 ライムズウォルド ((英国産の軟らかくマイルドな味のブルーチーズ)). 〖((1981)) ((造語)): cf. *Wymeswold*, a town in Leicestershire〗

Lym·ing·ton /límiŋtən/ *n.* リミントン ((イングランド南部 Hampshire 州南西部 Solent 海峡に面した市場町; ヨットで有名なリゾート地)).

lymph /límf/ *n.* **1** 〘解剖・生理〙 リンパ, リンパ液. **2** ((古・詩)) **a** 清水 (pure water). **b** (植物の)樹液 (sap). 〖((a1630)) ◻ L *lympha* pure spring water ((変形)) ← *limpa*, *lumpa* ((異化)) ? ← Gk *númphē* 'NYMPH'〗

lymph- /lɪmf/ (母音の前にくるときの) lympho- の異形.

lym·phad /límfæd/ *n.* **1** ((古)) 一本マストのガレー船. **2** 〘紋章〙 オールでこいだ図形の一本マストの古代船. 〖((1536)) ◻ Gael. *longfhada* ← *long* ship + *fhada* long〗

lymph·ad·e·ni·tis /lɪmfæ̀dənáɪtɪ̈s, lìmfæ-, -dn- | -dɪ̈náɪtɪs, -dn-/ *n.* 〘病理〙 リンパ腺[節]炎. 〖((1860)) ← NL ~: ⇨ lympho-, adeno-, -itis〗

lymph·ad·e·no·ma /lɪmfæ̀dənóumə, lìmfæ-, -dn- | -dɪ̈nə́u-, -dn-/ *n.* (*pl.* **~·ta** /~tə | ~tə/, **~s**) 〘病理〙 **1** =lymphoma. **2** =Hodgkin's disease. 〖((1873)) ← NL ~: ⇨ lympho-, adeno-, -oma〗

lymph·ade·nop·a·thy /lɪmfæ̀dənɑ́(ː)pəθi, lìmfæ-, -dn- | -dɪ̈nɔ́p-, -dn-/ *n.* 〘病理〙 リンパ節障害[疾患], リンパ節症. 〖((1920)) ← LYMPH + ADENOPATHY〗

lymphadenópathy-assòciated vírus *n.* 〘病理〙 リンパ節腫(しゅ)関連ウイルス ((略 LAV; ⇨ AIDS virus)).

lym·phan·gi- /lɪmfǽndʒɪ̈, -dʒi/ 「リンパ管 (lymphatic vessels)」の意の連結形. 〖← NL ~ ← *lymphangion*: ⇨ lympho-, angio-〗

lym·phan·gi·al /lɪmfǽndʒiəł/ *adj.* 〘解剖〙 リンパ管の.

lym·phan·gi·o·gram /lɪmfǽndʒiəgræ̀m/ *n.* 〘医学〙 リンパ管造影図. 〖⇨ lymphangi-, -o-, -gram〗

lym·phan·gi·og·ra·phy /lɪmfæ̀ndʒiɑ́(ː)grəfi | -dʒiɔ́g-/ *n.* 〘医学〙 =lymphography. 〖((1920)): ⇨ lympangi-, -o-, -graphy〗

lymph·an·gi·o·ma /lɪmfæ̀ndʒióumə | -dʒiə́u-/ *n.* (*pl.* **~s, ~·ta** /~tə | ~tə/) 〘病理〙 リンパ管腫(しゅ) (cf. angioma). 〖((1876)) ← NL ~: ⇨ lymphangi-, -oma〗

lym·phan·gi·tis /lìmfændʒáɪtɪ̈s | -tɪs/ *n.* (*pl.* **-phan·git·i·des** /-dʒítədìːz | -tɪ-/) 〘病理〙 リンパ管炎.
lỳm·phan·gít·ic /-dʒítɪk | -tɪk/ *adj.* 〖((1842)) ← NL ~: ⇨ lymphangi-, -itis〗

lym·phat·ic /lɪmfǽtɪk | -tɪk/ *adj.* **1** リンパの, リンパ性の, リンパ系の, リンパを含む, リンパを通じる, リンパを分泌する: a ~ gland=lymph gland / ~ leukemia リンパ性白血病 / ~ vessels リンパ管. **2** 〈人が〉リンパ体質の ((筋肉は薄弱, 顔色は青白く, 活動不活発で精神遅鈍であることが特色; 昔リンパ液過剰のためと想像された)); 〈性質が〉遅鈍な (sluggish): a ~ temperament リンパ質. **3** ((古)) 狂気の (frenzied). — *n.* **1** 〘解剖〙 リンパ管. **2** ((古)) 狂人 (lunatic). 〖((1649)) ◻ *lymphāticus* frantic ← L *lympha* 'LYMPH': cf. Gk *numpholēptós* frenzied, caught by nymphs〗

lym·phát·i·cal /-tɪ̈kəł, -kł | -tɪ-/ ((古)) *adj.* =lymphatic 3. — *n.* =lymphatic 2.

lym·phát·i·cal·ly *adv.* **1** リンパとして; リンパを含んで. **2** 不活発に.

lymphátic sỳstem *n.* 〘解剖〙 リンパ系, リンパ組織体系. 〖1830〗

lymphátic tíssue *n.* 〘解剖〙 リンパ系組織 ((リンパ節, 扁桃(へんとう)腺, 脾臓, 胸腺など; lymphoid tissue ともいう)).

lýmph cèll *n.* 〘解剖〙 リンパ球 (lymphocyte). 〖1873〗

lýmph fòllicle *n.* 〘解剖〙 **1** =lymph node. **2** =lymph nodule. 〖1873〗

lýmph glànd *n.* 〘解剖〙 リンパ腺 (⇨ lymph node). 〖1856–58〗

lýmph hèart *n.* 〘動物〙 リンパ心臓 ((魚類・両生類・爬虫類などでポンプ作用でリンパ液を循環させる器官)). 〖1875〗

lýmph nòde *n.* 〘解剖〙 リンパ節[腺]. ★ やや古い呼び方で lymph gland ともいう. 〖1892〗

lýmph nòdule *n.* 〘解剖〙 リンパ小節.

lym·pho- /límfou | -fəu/ 「リンパ (lymph); リンパ組織; リンパ球 (lymphocytes)」の意の連結形. ★ 母音の前では通例 lymph- になる. 〖← L *lympha* 'LYMPH'〗

lym·pho·blast /límfəblæ̀st/ *n.* 〘解剖〙 リンパ芽球 ((リンパ球に発育する母細胞; cf. myeloblast)). **lym·pho·blas·tic** /lìmfəblǽstɪk/ *adj.* 〖((1909)): ⇨ ↑, -blast〗

lym·pho·cyte /límfəsàɪt/ *n.* 〘解剖〙 リンパ球.
lym·pho·cyt·ic /lìmfəsítɪk | -tɪk/ *adj.* 〖((1890)) ← LYMPHO- + -CYTE〗

lỳmpho·cytopénia *n.* 〘病理〙 リンパ球減少(症) ((lymphopenia ともいう)).

lym·pho·cy·to·sis /lìmfəsaɪtóusɪ̈s | -fə(u)saɪtə́usɪs/ *n.* 〘病理〙 リンパ球増加(症) (cf. lymphopenia).
lym·pho·cy·tot·ic /lìmfəsaɪtɑ́(ː)tɪk | -tɔ́t-/ *adj.* 〖((1896)) ← NL ~: ⇨ lymphocyte, -osis〗

lỳmpho·granulóma *n.* (*pl.* **~s, ~ta**) 〘病理〙 **1** リンパ肉芽腫(しゅ) (Hodgkin's disease). **2** 鼠径[性病性]リンパ肉芽腫, 第四性病. **~·tous** /~təs | ~təs/ *adj.* 〖((1924)) ← NL ~: ⇨ lympho-, granuloma〗

lymphogranulóma in·gui·ná·le /-ìŋgwənáːli | -gwɪ-/ *n.* 〘病理〙 =lymphogranuloma 2. 〖((1932)) ← NL ~ 'inguinal lymphogranuloma'〗

lỳmpho·granulomatósis *n.* 〘病理〙 リンパ肉芽腫. 〖((1911)) ← NL ~ ← *lymphogranulomat-* (↑) + -OSIS〗

lymphogranulóma ve·né·re·um /-vɪ̈níəriəm | -níər-/ *n.* 〘病理〙 =lymphogranuloma 2. 〖((1938)) ← NL ~ 'venereal lymphogranuloma'〗

lym·phog·ra·phy /lɪmfɑ́(ː)grəfi | -fɔ́g-/ *n.* 〖医学〗リンパ管撮影(法). **lym·pho·graph·ic** /lìmfəgrǽfɪk˝/ *adj.* 〘(1828)← LYMPHO-＋-GRAPHY〙

lymph·oid /límfɔɪd/ *adj.* 〖解剖〗リンパの, リンパ球様の, リンパ性の, リンパ系の; リンパ節状組織の. 〘(1867)← LYMPHO-＋-OID〙

lýmphoid cèll *n.* 〖解剖〗リンパ球様細胞. 〘1874〙

lýmphoid tíssue *n.* 〖解剖〗=lymphatic tissue.

lym·pho·kine /límfəkàɪn | -fə(ʊ)-/ *n.* 〖免疫〗リンフォカイン《抗原により感作されたリンパ球 (T 細胞)が放出する可溶性蛋白伝達物質の総称; 細胞媒介免疫などに関与する》. 〘(1969): ⇨ lympho-, kine〙

lym·pho·ma /lɪmfóʊmə | -fə́ʊ-/ *n.* (*pl.* ~s, ~·ta /~tə | ~tə/) 〖病理〗リンパ腫(しゅ). **~·toid** /~tɔ̀ɪd/ *adj.* **~·tous** /~təs | ~təs/ *adj.* 〘(1873)← NL ~: ⇨ lympho-, -oma〙

lym·pho·ma·to·sis /lɪmfòʊmətóʊsɪ̀s | -fə̀ʊmətə́ʊsɪs/ *n.* 〖獣医〗(鶏の)リンパ腫(しゅ)症 (cf. fowl paralysis). 〘(1900)← NL ~: ⇨ ↑, -osis〙

lym·pho·pe·ni·a /lìmfəpíːniə | -fə(ʊ)-/ *n.* 〖病理〗(血液中の)リンパ球減少(症) (lymphocytopenia) (cf. lymphocytosis). 〘(1909)← NL ~: ⇨ lympho-, -penia〙

lỳmpho·poiésis *n.* 〖医学〗リンパ球生成[新生]. **lỳmpho·poiétic** *adj.* 〘(1918): ⇨ lympho-, poiesis〙

lympho·reticular *adj.* 〖解剖〗リンパ網内性[系]の (reticuloendothelial). 〘(1942): ⇨ lympho-, reticular〙

lỳmpho·sarcóma *n.* 〖病理〗リンパ肉腫(しゅ). **~·tous** /~təs | ~təs˝/ *adj.* 〘(1874)← NL ~: ⇨ lympho-, sarcoma〙

lymph·ous /límfəs/ *adj.* リンパの, リンパを含む. 〘(1672–73): ⇨ -ous〙

lýmph vèssel *n.* 〖解剖〗リンパ管 (lymphatic).

lyn·ce·an /lɪnsíːən/ *adj.* **1** オオヤマネコ (lynx) の, オオヤマネコのような. **2** 《まれ》(オオヤマネコのように)目の鋭い. 〘(1622)← L *lyncēus* (□ Gk *lúgkeios* ← *lúgx* 'LYNX')＋-AN[1]〙

lynch[1] /líntʃ/ *vt.* **1 a** 私刑[リンチ]によって殺す[絞首刑にする]. **b** 《古》(集団で)…に制裁[リンチ]を加える. [日英比較] 集団による暴力的な私的制裁の意味で用いられる「リンチ」は和製英語. 英語の *lynch* は裁判抜きで私刑によって人を絞首刑にする意. 名詞は *lynch* law. **2** 激しく中傷する. **~·er** *n.* 〘(1835): ⇨ lynch law〙

lynch[2] /líntʃ/ *n.* 《英》(古代の耕作の跡である)丘陵地の段地; 2 枚の畑の境界をなす耕していない細長い土地[うね]. 〘OE *hlinc* ridge: ⇨ links〙

Lynch /líntʃ/, **John** *n.* リンチ《1917–99; アイルランドの政治家; 首相 (1966–73, 1977–79); 通称 Jack Lynch》.

Lynch·burg /líntʃbəːg | -bəːg/ *n.* リンチバーグ《米国 Virginia 州中部の都市》. 〘← *John Lynch* (この町の建設者といわれる人物)〙

lyn·chet /líntʃɪ̀t | -tʃɪt/ *n.* 《英》=lynch[2]. 〘(1674)← LYNCH[2]＋-ET〙

lýnch·ing *n.* リンチ, 私刑. 〘(1836)← LYNCH[1]＋-ING[1]〙

lýnch làw *n.* 私刑, リンチ《犯人または被疑者に対して正式の法的手続き[裁判]を経ずに民衆が勝手に行う処罰で, 通例は死刑[絞首刑]; ⇨ lynch[1] [日英比較]》. ★ 擬人化して Judge Lynch ともいう. 〘((1782)) (1811) *Lynch's law* ← *Captain William Lynch* (1742–1820: 米国 Virginia 州の治安判事)〙

lýnch mòb *n.* [a ~] 私刑をするために集まった群衆[暴民].

lynch·pin /líntʃpìn/ *n.* =linchpin.

Lynd /línd/, **Robert Staugh·ton** /stɔ́ːtn̩, stɑ́ː- | stɔ́ː-/ *n.* リンド《1892–1970; 米国の社会学者; Helen 夫人と共著で *Middletown* (1929)》.

Lynd, Robert (Wilson) *n.* リンド《1879–1949; アイルランド生まれの英国の随筆家・批評家》.

Lyn·da /líndə/ *n.* リンダ《女性名》. 〘《異形》← LINDA〙

Lyn·don /líndən/ *n.* リンドン《男性名; 異形 Lindon》. 〘ME *Lindon(e)* 《原義》linden hill: ⇨ down[3]: もと地名・家名〙

Lynd·say /líndzi/, **Sir David** *n.* リンゼー《1486–1554; スコットランドの詩人・廷臣》.

Ly·nen /líːnən, lúː-; ljúː-; *G.* lýːnən/, **Feodor** *n.* リューネン《1911–79; ドイツの生化学者; Nobel 医学生理学賞 (1964)》.

Lynn[1] /lín/ *n.* **1** リン《米国 Massachusetts 州東部, Massachusetts 湾に臨む港市, Boston の郊外》. **2** = King's Lynn. 〘← Celt. 《原義》lake (cf. Welsh *llyn* lake): cf. linn〙

Lynn[2] /lín/ *n.* リン: **1** 男性名《異形 Lin》. **2** 女性名《異形 Lin, Lynne》. 〘1: (dim.) ← LINCOLN[3], LINTON. 2: (dim.) ← CAROLINE[2]〙

Lynn, Dame Vera *n.* リン《1917–　; 英国の歌手; 第二次大戦中 "the forces' sweetheart" として人気があった; 本名 Vera Margarete Lewis》.

Lynn Re·gis /línríːdʒɪ̀s | -dʒɪs/ *n.* =King's Lynn.

Lyn·wood /línwʊd/ *n.* リンウッド《米国 California 州南西部の都市》.

lynx /líŋ(k)s/ *n.* **1** (*pl.* ~, ~·es) 〖動物〗 **a** オオヤマネコ《アフリカ・ユーラシア・北米産のオオヤマネコ属 (*Lynx*) の動物の総称; 肢が長くて, 尾が短い; オオヤマネコ (*L. lynx*), ボブキャット (bay lynx), カナダオオヤマネコ (Canada lynx), カラカル (desert lynx) など》. **b** オオヤマネコの毛皮. **2** 〖鳥類〗ヤマネコバト《ポーランド産のハトの珍種; スパンコールやレース状の斑紋を有する; Polish lynx ともいう》. **3** [(the) L-] 〖天文〗やまねこ(山猫)座《北天の星座》. **~·lìke** *adj.* 〘(1340) □ L ~ □ Gk *lúgx* ← ? IE **leuk-* 'LIGHT[1]' (その目の鋭さから)〙

lynx 1 a
(*L. lynx*)

lýnx-éyed *adj.* (lynx のように) 目の鋭い. 〘1597〙

ly·o- /láɪoʊ | láɪəʊ/「欠けた (lacking); 分散 (dispersion)」の意の連結形. 〘← Gk *lúein* to loosen, dissolve〙

ly·o·crat·ic /làɪəkrǽtɪk | -tɪk˝/ *adj.* 〖物理化学〗〈コロイドが〉親液性の, 親溶媒性の (cf. electrocratic). 〘⇨ ↑, -cratic〙

ly·ol·y·sis /laɪɑ́(ː)ləsɪ̀s | -ɔ́lɪsɪs/ *n.* 〖化学〗=solvolysis.

Lyon[1] /*F.* ljɔ̃/ *n.* リヨン (Lyons[1] のフランス語名).

Ly·on[2] /láɪən/ *n.* ★ 次の句で: **Lýon Kíng of Árms** [the —] スコットランド紋章院 (Court of the Lord Lyon) 長《イングランドの King of Arms 同等官とする説が多いが, その権限は College of Arms の総裁である Earl Marshal に匹敵する; Lord Lyon ともいう》. 〘(1381) 《変形》← LION〙

Ly·on /láɪən/, **Mary** *n.* ライオン《1797–1849; 米国の女子教育家; Mount Holyoke College の創立者》.

Lý·on bèan /láɪən-/ *n.* 〖植物〗ライオンビーン (*Stizolobium niveum*) 《熱帯アジア原産のマメ科の一年生つる草; 緑化用に植え, インドでは豆は食用》. 〘← *William S. Lyon* (d 1916: 米国の植物学者)〙

Lýon Còurt *n.* スコットランド紋章院 (Court of the Lord Lyon).

Lyon·nais /lìːənéɪ; *F.* ljɔnɛ/ *n.* リヨネ《フランス中東部の旧州》.

lyon·naise /làɪənéɪz | lìːə-, làɪə-˝; *F.* ljɔnɛːz/ *adj.* 〖料理〗(細く)切って炒(いた)めたタマネギと一緒に料理した (cf. à la lyonnaise): ~ potatoes. 〘(1846) □ F (*à la*) *lyonnaise* (in the manner) of Lyons[1] (fem.) ← *lyonais* of Lyons[1]〙

Ly·on·nesse /làɪənés/ *n.* 〖アーサー王伝説〗ライオネス《Sir Tristram の生まれた伝説的な地方; イングランド南西部 Cornwall の Lond's End の沖にあったが, 海底に没したといわれる》. 〘□ OF *Leonois* ← ? LOTHIAN＋-s[1]〙

Lý·on Òffice /láɪən-/ *n.* スコットランド紋章院 (Court of the Lord Lyon) (cf. LYON[2] King of Arms).

Ly·ons[1] /liɔ̃ː(ŋ), -ɔ́ːŋ, -ɔ́(ː)n, láɪənz | líːɔ̃ː(ŋ), -ɔːŋ, láɪənz; *F.* ljɔ̃/ *n.* リヨン《フランス東部, Rhone 川と Saône 川の合流点にある都市; Rhône 県の県都; 絹織物の産地; フランス語名 Lyon》. 〘(1765) □ F *Lyon* < L *Lugdūnum* 《原義》hill of Lug (鎮守の神の名)〙

Ly·ons[2] /láɪənz/ *n.* ライオンズ《London の簡易食堂チェーンの名》. 〘← *J. Lyon* (その経営者)〙

Ly·ons /láɪənz/, **Joseph Aloysius** *n.* ライオンズ《1879–1939; オーストラリアの政治家; 首相 (1931–39)》.

ly·o·phile /láɪəfàɪl/ *adj.* **1** 〖化学〗=lyophilic. **2** 〖医学〗凍結乾燥 (lyophilization) の[に関する]; 凍結乾燥によって得られた. 〘(1915) □ G *lyophil*〙

ly·o·phil·ic /làɪəfílɪk | làɪə(ʊ)-˝/ *adj.* 〖化学〗親液の《膠質(こう)と液体との親和性の強い; cf. lyophobic》: ~ colloid 親液コロイド. 〘(1911)← LYO-＋-PHILIC〙

ly·oph·i·li·za·tion /laɪɑ̀(ː)fəlɪ̀zéɪʃən | -ɔ̀fɪlaɪ-, -lɪ-/ *n.* 〖医学〗凍結乾燥 (freeze-drying). 〘(1938)← LYOPHIL(E)＋-IZATION〙

ly·oph·i·lize /laɪɑ́(ː)fəlàɪz | -ɔ́fɪ-/ *vt.* 〖医学〗〈血液・血清・細菌・酵素などを〉(貯蔵するために)凍結乾燥する (freeze-dry). **ly·óph·i·lìz·er** *n.* 〘(1938)← LYOPHIL(E)＋-IZE〙

ly·o·pho·bic /làɪəfóʊbɪk, -fɑ́(ː)b- | làɪə(ʊ)fə́ʊb-, -fɔ́b-˝/ *adj.* 〖化学〗疎液の《膠質(こう)と液体との親和性を欠いた; cf. lyophilic》: ~ colloid 疎液コロイド. 〘(1911)← LYO-＋-PHOBIC〙

ly·o·sorp·tion /làɪəsɔ́əpʃən | -ə(ʊ)sɔ́ːp-/ *n.* 〖化学〗溶媒吸着[吸収]《溶液から溶媒だけを吸着すること》.

ly·o·trop·ic /làɪətrɑ́(ː)pɪk, -tróʊ- | làɪə(ʊ)trɔ́p-˝/ *adj.* 〖物理化学〗離液性の. 〘(1924)← LYO-＋-TROPIC〙

lýotropic séries *n.* 〖化学〗離液系列, 離液順列 (⇨ Hofmeister series). 〘1925〙

lyr. 《略》lyric; lyrical.

Ly·ra /láɪrə | láɪ(ə)rə/ *n.* **1** ライラ《女性名》. **2** 〖天文〗こと(琴)座《北天の星座で一等星 Vega を含む; the Lyre ともいう》. 〘(*a*1586) □ L ~ 'LYRE'〙

Ly·ra·id /láɪreɪɪ̀d | láɪ(ə)reɪɪd/ *n.* [通例 *pl.*] 〖天文〗琴座流星群《4 月下旬に現れる》. 〘(1883): ⇨ ↑, -id[1]〙

ly·rate /láɪreɪt, -rɪ̀t | láɪ(ə)r-/ *adj.* **1** 〖植物〗(タネツケバナ (lady's smock) の葉のように末端が大きく下片の小さい)羽状の葉のある. **2** 〖動物〗〈鳥の尾が〉リラ状の (lyre-shaped). **~·ly** *adv.* 〘(1760)← LYRE＋-ATE[2]〙

ly·rat·ed /láɪreɪtɪ̀d | láɪ(ə)reɪt-/ *adj.* =lyrate. 〘1753〙

lýra víol *n.* =viola bastarda. 〘1669〙

lyre /láɪə | láɪə^r/ *n.* **1 a** リラ《古代ギリシャの七弦の竪琴》. **b** (一般に)古代の竪琴. **c** 中世のバイオリンに似た弦楽器. **2** [the L-] 〖天文〗こと(琴)座 (⇨ Lyra). **3** 〖音楽〗譜架《奏楽行進の吹奏楽隊が楽器に付けるリラ形の楽譜支え》. 〘(?*a*1200) *lire* □ OF (F *lyre*) □ L *lyra* □ Gk *lúra* ← ?〙

lyre 1 a

lyrebird
(*M. superba*)

lýre·bìrd *n.* 〖鳥類〗コトドリ《オーストラリア産コトドリ属 (*Menura*) の鳥類の総称; コトドリ (*M. superba*) など; 雄の尾は立てると lyre の形に似る》. 〘1834〙

lýre·flòwer *n.* 〖植〗=bleeding heart.

lýre snàke *n.* 〖動物〗北米南西部の砂漠地方に生息する毒蛇 (*Trimorphodon lambda*). 〘頭部にリラ (lyre) 状の模様があるのにちなむ〙

lyr·ic /lírɪk/ *adj.* **1** 叙情の, 叙情詩の, 叙情詩的な (cf. epic 1): a ~ poet 叙情詩人 / ~ poetry 叙情詩. **2** 〈態度・文体など〉感情豊かな, 熱狂的な; 大げさな (rhapsodic, effusive) (cf. lyrical 2). **3** 〖音楽〗リリック, 叙情的な《音域は広くないが軽快な柔らかい声をもった; (cf. dramatic 3)》: a ~ soprano [tenor] リリックソプラノ[テナー]. **4** リラに合わせて歌うのに適した; 歌うのに適した, メロディーの美しい (melodic). **5** リラ (lyre) の. — *n.* **1** [通例 *pl.*] (流行歌などの)歌詞. **2** 叙情詩, リリック (lyric poem). **3 a** [(the) ~] 叙情詩 (lyric poetry). **b** [the ~] 叙情詩体[調]. **4** 《古》叙情詩人. 〘(1581) □ (O)F *lyrique* // L *lyricus* □ Gk *lurikós* of a lyre, singing to the lyre, lyric poet ← *lúra* lyre〙

lýr·i·cal /-rɪ̀kəl, -kl̩ | -rɪ-/ *adj.* **1** 叙情詩風[調]の (lyric 1). **2** 〔…に〕熱中[感激]して, 大喜びで, 〔…を〕大いに[やたらに]称賛して〔*about, over*〕(cf. lyric 2): become [wax] ~ *about* …に夢中になる; …をべたぼめする / a ~ account of her trip 夢中になってしゃべる彼女の旅行話. **~·ly** *adv.* **~·ness** *n.* 〘(1581): ↑, -al[1]〙

lýric dráma *n.* [(the) ~] 歌劇 (opera). 〘1842〙

lyr·i·cism /lírəsìzm | -rɪ̀-/ *n.* **1** 叙情味, 叙情詩調, 叙情詩風, リリシズム (cf. epicism). **2** 情緒の発露, 熱情, 感傷. 〘(1760): ⇨ -ism〙

lýr·i·cist /-sɪ̀st | -sɪst/ *n.* **1** (歌・歌劇などの)作詞家: the ~s of a song. **2** 叙情詩人 (lyrist). 〘(1881): ⇨ -ist〙

lyr·i·cize /lírəsàɪz | -rɪ̀-/ *vi.* **1** 叙情詩を書く. **2** 歌詞を歌にする[歌う]. **3** 叙情詩風[的]に書く. — *vt.* 叙情詩化する. 〘(1832): ⇨ -ize〙

Lyr·i·con /lírɪ̀kɑ̀(ː)n | -rɪkɔ̀n/ *n.* 〖商標〗リリコン《米国製のクラリネットに似た電子楽器》.

lýric stáge *n.* [the ~] 歌劇(の舞台). 〘1825〙

lýric théater *n.* **1** オペラ劇場. **2** [the ~] オペラ.

Lyr·id /lírɪ̀d | -rɪd/ *n.* 〖天文〗=Lyraid.

ly·ri·form /láɪrəfɔ̀əm | -rɪ̀fɔ̀ːm/ *adj.* 竪琴[リラ]の形をした. 〘(1856)← LYRE＋-FORM〙

lyr·ism[1] /láɪ^ərɪzm | láɪ(ə)r-/ *n.* リラ (lyre) の演奏, リラに合わせて歌を歌うこと. 〘(1859) □ F *lyrisme* // Gk *lurismós*: ⇨ lyre, -ism〙

lyr·ism[2] /lírɪzm/ *n.* =lyricism.

lyr·ist[1] /láɪ^ərɪ̀st | láɪ(ə)rɪst/ *n.* リラ (lyre) の奏者. 〘(1656) □ L *lyrista* □ Gk *luristḗs*: ⇨ lyre, -ist〙

lyr·ist[2] /lírɪ̀st | -rɪst/ *n.* 叙情詩人 (lyric poet); (流行歌などの)作詩家 (lyricist). 〘(1813)← LYRIC＋-IST〙

Lys /líːs; *F.* lis/ *n.* [the ~] リース(川)《フランス北部から流れベルギーの Ghent で Scheldt 川に注ぐ川 (220 km)》.

lys- /laɪs/ (母音の前にくるときの) lyso- 1 の異形.

Ly·san·der /laɪsǽndə | -də^r/ *n.* リサンドロス《?–395 B.C.; スパルタの海将で政治家; cf. Aegospotami》.

Ly·san·dra /laɪsǽndrə/ *n.* ライサンドラ《女性名》. 〘(fem.) ← Gk *Lúsandros* 《原義》liberator of men ← *lúein* to loose, release〙

ly·sate /láɪseɪt/ *n.* 〖免疫・生化学〗(細菌や細胞の)溶解物. 〘(1922)← LYS(IS)＋-ATE[1]〙

lyse /láɪs, láɪz/ 〖免疫・生化学〗*vt.* 溶解させる. — *vi.* 溶解する. 〘(1922) 《逆成》← LYSIS〙

-lyse =-lyze.

Ly·sen·ko /lɪ̀séŋkoʊ | -kəʊ; *Russ.* lisʲénkə/, **Trofim De·ni·so·vich** /trafʲím dʲinʲísəvʲitʃ/ *n.* ルイセンコ《1898–1976; ロシアの生物学者・農業学者; Lysenkoism の提唱者》.

Ly·sen·ko·ism /lɪ̀séŋkoʊìzm | -kəʊ-/ *n.* 〖生物〗ルイセンコ学説《T. D. Lysenko が提唱し, 一時期学界の国際的対立を惹起した新遺伝学説; 従来の Mendel や T. H. Morgan の唱える染色体上の遺伝子 (gene) により遺伝が決定されるという説に反対して, 環境の影響などにより体細胞に生じた変化が次代に遺伝するという説; cf. Mendelism, Lamarckism, Neo-Lamarckism》. 〘(1948): ⇨ ↑, -ism〙

ly·sér·gic ácid /laɪsə́ːdʒɪk-, lɪ̀-| -sə́ː-/ *n.* 〖化学〗リセルグ酸 ($C_{16}H_{16}N_2O_2$) 《麦角アルカロイドの構成成分; これから合成したものが lysergic acid diethylamide》. 〘(1934)← LYSO-＋ERG(OT)＋-IC[1]〙

lysérgic ácid diethylámide *n.* 〖薬学〗リセルグ酸ジエチルアミド ($C_{20}H_{25}N_3O$) 《幻覚または精神分裂症状を起こす結晶体化合物; LSD, LSD 25, また《俗》で単に acid ともいう》. 〘1944〙

lyses *n.* lysis の複数形.

-lyses -lysis の複数形.

ly·si- /láɪsɪ̀, -si/ liso- 1 の異形 (⇨ -i-).

L

Lys·i·as /lísiəs | -siæ̀s/ *n.* リシアス《450?–?380 B.C.; アテネの雄弁家》.

ly·sig·e·nous /laɪsídʒənəs | -dʒ$\frac{1}{ə}$-/ *adj.* 〘植物〙破生の《細胞の破壊・消失によって生じたすき間にいう; cf. schizogenous 2》. **~·ly** *adv.* 〚《1881》← LYSO-+-GENOUS〛

Ly·sim·a·chus /laɪsímәkəs/ *n.* リシマコス《360?–281 B.C.; Alexander 大王部下の将軍で, その死後 Thrace の王 (323–281 B.C.)》.

ly·sim·e·ter /laɪsímәṭə | -m$\frac{1}{ə}$tə^(r)/ *n.* 浸漏計《土壌中の水溶性物質の量を測定する計器》. **ly·si·met·ric** /làɪsәmétrɪk | -sɪ-⁻/ *adj.* 〚《1879》← LYSO-+-METER[1]〛

ly·sin /láɪs$\frac{1}{ə}$n, -sn̩ | -sɪn/ *n.* **1** 〘免疫・生化学〙リシン, 溶解素《細胞や繊維素を溶解させるもの》. **2** 〘生化学〙=lysine. 〚《1900》← LYSO-+-IN[2]〛

ly·sine /láɪsiːn/ *n.* 〘生化学〙リジン ($C_6H_{14}N_2O_2$)《アミノ酸の一種》. 〚《1892》: ⇨ ↑, -ine[3]〛

Ly·sip·pus /laɪsípəs/ *n.* リュシッポス《360?–?316 B.C.; ギリシャの彫刻家》.

ly·sis /láɪs$\frac{1}{ə}$s | -sɪs/ *n.* (*pl.* **ly·ses** /-siːz/) **1** 〘医学〙(熱や疾患の)消散, 渙散(かんさん) (cf. crisis 4 a). **2** 〘免疫・生化学〙(リシン (lysin) による)(細胞)溶解, リーシス. 〚《1543》← NL ~ ← Gk *lúsis* dissolution ← *lúein* to loose〛

-ly·sis /⁻ ləs$\frac{1}{ə}$s | -l$\frac{1}{ə}$sɪs/ (*pl.* **-ly·ses** /-sìːz/)「分解 (decomposition), 溶解 (dissolution), 分離 (detachment), 破壊 (destruction)」の意の名詞連結形: bio*lysis*, cata*lysis*, electro*lysis*, neuro*lysis*. 〚↑〛

Ly·sith·e·a /laɪsíθiə/ *n.* 〘天文〙リュシテア《木星の第 11 衛星》.

ly·so- /láɪsoʊ | -səʊ/ 次の意味を表す連結形: **1**「溶解 (dissolution)」. ★ 時に lysi-, また母音の前では通例 lys- になる. **2**「リシン (lysin)」. 〚← NL ~ ← Gk *lúsis*: ⇨ lysis〛

ly·so·cline /láɪsəklìːn, -kl$\frac{1}{ə}$n | -sə(ʊ)klìːn, -klɪn/ *n.* 化学物質が溶解する海の水層. 〚← LYSO-+-CLINE〛

ly·so·gen /láɪsədʒ$\frac{1}{ə}$n, -dʒɛn/ *n.* 〘生物〙溶原菌. 〚《1934》← LYSO-+-GEN〛

ly·so·gen·ic /làɪsədʒénɪk⁻/ *adj.* 〘生物〙〈細菌など〉溶原性の. **ly·so·ge·nic·i·ty** /làɪsədʒənísəṭi | -dʒ$\frac{1}{ə}$nís$\frac{1}{ə}$ti/ *n.* 〚《1899》: ⇨ ↑, -ic[1]〛

ly·sog·e·nize /laɪsá(ː)dʒənàɪz | -sɔ́dʒ$\frac{1}{ə}$-/ *vt.* 〘生物〙溶原化する. **ly·sog·e·ni·za·tion** /laɪsà(ː)dʒən$\frac{1}{ə}$zéɪʃən | -sɔ̀dʒ$\frac{1}{ə}$naɪ-, -nɪ-/ *n.* 〚《1953》: ⇨ ↓, -ize〛

ly·sog·e·ny /laɪsá(ː)dʒəni | -sɔ́dʒ$\frac{1}{ə}$-/ *n.* 溶原性《プロファージをもつ細菌である条件下で溶菌してファージ (phage) を出す性質》. 〚《1956》← LYSO-+-GENY〛

Ly·sol /láɪsɔ(ː)ɫ, -sɑ(ː)ɫ | -sɔɫ/ *n.* 〘商標〙ライソール《クレゾール石鹸液の商品名; 消毒薬》. 〚《1891》← LYSO-+-OL[2]〛

lỳso·lécithin *n.* 〘生化学〙リゾレシチン《レシチン (lecithin) の加水分解物》. 〚《1923》← LYSO-+LECITHIN〛

lỳso·lécithinase *n.* 〘生化学〙リゾレシチナーゼ《リン脂肪の脂肪酸エステルを双方共に分解する酵素》. 〚⇨ ↑, -ase〛

ly·so·some /láɪsəsòʊm | -sə̀ʊm/ *n.* 〘生化学〙リゾゾーム《細胞器官の一つ; 種々の加水分解酵素をもち, 消化をするところ》. **ly·so·som·al** /làɪsəsóʊməɫ, -mɫ̩ | -sə́ʊ-⁻/ *adj.* **lỳ·so·só·mal·ly** *adv.* 〚《1955》← LYSO-+-SOME[2]〛

ly·so·staph·in /làɪsəstǽf$\frac{1}{ə}$n | -fɪn/ *n.* 〘化学〙リソスタフィン《ぶどう状球菌の細胞膜を分解する酵素》. 〚← LYSO-+STAPH(YLO-)+-IN[2]〛

ly·so·zyme /láɪsəzàɪm/ *n.* 〘生化学〙リソチーム《卵白その他の粘液質や植物に含まれる酵素の一種で, 細菌の細胞壁を溶かす》. 〚《1922》← LYSO-+-ZYME〛

lys·sa /lísə/ *n.* 〘病理〙狂犬病, 恐水病 (rabies, hydrophobia). 〚《1706》← NL ~: ⇨ lytta〛

lys·so·pho·bi·a /lìsəfóʊbiə | -sə(ʊ)fə́ʊ-/ *n.* 〘精神医学〙狂犬病恐怖(症). 〚《1889》← Gk *lússa* rage, rabies +-O-+-PHOBIA〛

lys·tro·sau·rus /lìstrəsɔ́ːrəs | -trə(ʊ)-/ *n.* (*pl.* **-sau·ri** /-raɪ/)〘古生物〙リストロサウラス《約 2 億年前にいた *Lystrosaurus* 属の小さな草食爬虫類の総称; アジアとアフリカのほか, 南極大陸でも化石が発見された》. 〚← *lystro-* (← ?) +-SAURUS〛

Lyte /láɪt/, **Henry Francis** *n.* ライト《1793–1847; スコットランドの牧師で賛美歌作詞者》.

-lyte[1] /⁻ — làɪt/「分解物」の意の名詞連結形: electro*lyte*, hydro*lyte*. 〚← Gk *lutós* that may be or is loosed: ⇨ -lysis〛

-lyte[2] /⁻ — làɪt/ =-lite.

Lýth·am Saint [St] Ánne's /líðəm-/ *n.* リザムセントアンズ《イングランド北西部 Lancashire 州の Irish 海に面したリゾート地》.

lythe /láɪð/ *n.* 《スコット》〘魚類〙=pollack. 〚1769〛

Ly·thra·ce·ae /laɪθréɪsiìː/ *n. pl.* 〘植物〙(フトモモ目) ミソハギ科. **ly·thrá·ceous** /-ʃəs/ *adj.* 〚← NL ~ ← *Lythrum* (属名: ← Gk *lúthron* gore)+-ACEAE〛

lyt·ic /líṭɪk | -tɪk/ *adj.* (細胞)溶解 (lysis) の; リシン (lysin) の. **lý·ti·cal·ly** *adv.* 〚《1889》《転用》↓〛

-lyt·ic /líṭɪk | -tɪk/「分解する」の意の形容詞連結形: ana*lytic*, hydro*lytic*, para*lytic*. 〚▭ *Gk -lutikós* loosing ← *lúein* to loose〛

lyt·ta /líṭə | -tə/ *n.* (*pl.* **lyt·tae** /-tiː/, **~s**) 〘動物〙(肉食獣の舌の裏面にある虫のような形状の)筋線維[軟骨]. 〚《1601》▭ L ~ ▭ Gk *lútta, lússa* canine madness (狂犬病の病原である虫が犬の舌の裏に生じると考えられていた)〛

Lyt·tel·ton /líṭṭtən | -tɫ̩-/, **George** *n.* リトルトン《1709–73; 英国の政治家・文人; 称号 1st Baron Lyttelton; *Dialogues of the Dead* (1760)》.

Lyttelton, Humphrey *n.* リトルトン《1921–　; 英国のジャズトランペット奏者, バンドリーダー; 英国でのニューオーリンズジャズ復活に貢献》.

Lyt·ton /lítn̩/, **Edward George Earle Bulwer** /bʊ́ɫwə | -wə^r/ *n.* リットン《1803–73; 英国の小説家・劇作家・政治家; *The Last Days of Pompeii* (1834); 称号 1st Baron Lytton of Knebworth /nébwə(ː)θ | -wə(ː)θ/》.

Lytton, Edward Robert Bulwer *n.* リットン《1831–91; 英国の詩人・外交官; 称号 1st Earl of Lytton; Baron Lytton の息子; 筆名 Owen Meredith》.

Lytton, Victor Alexander George Robert *n.* リットン《1876–1947; 英国の政治家; 1932 年国際連盟の満州事変調査団委員長; 称号 2nd Earl of Lytton》.

Lyu·blin /*Russ.* lʲúblʲɪn/ *n.* リュブリン《Lublin のロシア語名》.

lyx·ose /líksoʊs, -soʊz | -səʊs/ *n.* 〘化学〙リキソース ($C_5H_{10}O_5$)《アルドペントース (aldo-pentose) の一つ; 強い甘みがある》. 〚《1896》《つづり変え》← XYLOSE〛

-lyze, 《英》**-lyse** /⁻ — làɪz/ -lysis に終わる名詞に対応する動詞連結形: ana*lyze*, electro*lyze*, hydro*lyze*. 〚▭ F *-lyser*: ⇨ -lysis〛

LZ /ɛ̀lzíː/ 《略》〘軍事〙landing zone 降着場, (ヘリコプターなどの)着陸地帯.

M m

M, m /ém/ *n.* (*pl.* **M's, Ms, m's, ms** /~z/) **1** 英語アルファベットの第 13 字. ★ 通信コードは Mike. **2** (活字・スタンプなどの) M または m 字. **3** [M] M 字形(のもの). **4** 文字 m が表す音 (meet, emit, dam などの /m/). **5** (連続したものの)第 13 番目(のもの); (J を数に入れない時は)第 12 番目(のもの). **6 a** 〔← L *mīlle* thousand〕 (ローマ数字の) 1,000: MCMLXXVI＝1976. **b** [M̄] 1,000,000. **7** 〘印刷〙 **a** ＝em[1] 2. **b** ＝em pica. 〔OE *M, m* ◻ L (Etruscan を経由) ◻ Gk *M, μ* (mû) ◻ Phoenician ツ: cf. Heb. מ (mēm) 《原義》 water〕

m 《記号》 meter(s); 〘気象〙 mist; milli- (10^{-3}); 〘化学〙 molality.

M 《略》〘天文〙 Messier Catalogue; 〘歯科〙 molar; Monday; 〘経済〙 money.

M 《記号》 **1** 〘化学〙 gram molecule. **2** 〘物理〙 Mach number. **3** 〘貨幣〙 mark. **4** 〘数学〙 mean; mega- (10^6). **5** 〘化学〙 metal. **6** 〘論理〙 middle term (三段論法の媒[中]概念[名辞]. **7** 〘電気〙 mutual inductance. **8** 〘自動車国籍表示〙 Malta.

m. 《略》 maiden; 〘クリケット〙 maiden (over); mare; mark(s); mass; mate; measure; memorandum; midday; mile(s); *F.* mille (＝thousand); million(s); minimum; minor; minute(s); missing; mist; mix; mixture; month; morning; *F.* mort (＝dead).

m., M. 《略》 male; *L.* manipulus (＝handful); manual; married; masculine; medical; medicine; medium; meridian; *L.* meridies (＝noon); middle; mill(s); minim; 〘処方〙 *L.* misce (＝mix); moderate; modulus; 〘化学〙 molal; 〘物理・化学〙 molar; 〘化学〙 molarity; 〘化学〙 mole; moon; mountain; mouth.

M. 《略》 *L.* magister (＝master); magistrate; magnetic direction; *F.* main (＝hand); main color; Majesty; Manitoba; *It.* mano (＝hand); Marquess; Marquis; Marshall; martyr; Master; Mate; medal; *L.* medicinae (＝of medicine); medieval; Member; Methodist; metronome; metropolitan; 〘音楽〙 *It.* mezzo, mezza (＝half); militia; minesweeper; *L.* mitte (＝send); (*pl.* **MM.**) Monsieur (＝Mr.); *It.* Monte (＝mount, Mt.); mother; 《英》 motorway.

'm /m/ 《口語》 **1** ＝am. **2** ＝ma'am, madam: Yes'*m.* /əm/ はい奥様 / No'*m.* /m/ いいえ奥様. **3** /ɪm, əm | ɪm/ ＝him: Show'*m* the way.

m' /m/ 《略》 ＝my. 〔1712〕

m- /ém/ 《略》〘化学〙 meta-.

M'- /mək, mæk, mɪk; /k, g/ の前では mə, mæ/ *pref.* ＝Mac-: M'Donald, M'kenzie.

M0 /emzíᵊrou | -rəu/ *n.* 〘経済〙 エムゼロ 《通貨供給量 (money supply) の尺度のうち最も範囲の狭いもの; 現金通貨に商業銀行の手元現金とイングランド銀行当座預金を加えた額; narrow money ともいう》.

M_1, M-1 /émwʌ́n/ *n.* 〘経済〙 マネーサプライ M_1 《現金通貨および銀行などの要求払い貯金を合わせた一国の通貨供給量》. 〔1974〕

M_2, M-2 /-túː/ *n.* 〘経済〙 マネーサプライ M_2 《M_1 に各種金融機関の定期性貯金を加えた一国の通貨供給量》. 〔1974〕

M_3, M-3 /-θríː/ *n.* 〘経済〙 マネーサプライ M_3 《M_2 に各種金融機関の預貯金と信託の元本を加えた一国の通貨供給量》. 〔1974〕

M-1 /émwʌ́n/ *n.* (*pl.* **M-1's**) 〘米軍〙 M-1 (型)ライフル(銃) 《第二次大戦および朝鮮戦争で米軍が用いた半自動 0.30 口径の小銃; M-1 rifle, Garand rifle ともいう》. 〔(1938) 《略》 ← *model 1*〕

M-16 /-sìkstíːn/ *n.* (*pl.* **M-16's**) 〘米軍〙 M-16 (型)ライフル(銃) 《1966 年以降米軍が用いた半自動 0.223 口径の小銃; 最初にベトナム戦争で使用された; M-16 rifle ともいう》. 〔《略》 ← *model 16*〕

M-60 machíne gùn /-síksti-/ *n.* M-60 機関銃 《口径 0.30 インチ; 1960 年より米軍および NATO 軍で使用; 車両・航空機にも搭載》.

ma /máː, mɔ́ː | máː/ *n.* 《口語・小児語》 かあちゃん (mamma) (cf. pa[1]). 〔(1823) 《短縮》 ← *mama* 'MAMMA[1]'〕

ma, mA 《略》 milliampere(s).

ma 《記号》 Morocco (URL ドメイン名).

m/a 《略》 my account.

mÅ 《略》 milliangstrom(s).

Ma /máː/, **Yo-Yo** /jóujòu | jə́ujə̀u/ *n.* マ (1955– ; Paris 生まれの米国の中国系のチェロ奏者).

Ma 《略》〘地質〙 million years (mega- の略; cf. my): five *Ma* ago 500 万年前.

Ma 《記号》〘化学〙 masurium.

MA /émèɪ/ 《略》 *L.* Magister Artium (＝Master of Arts) (cf. AM); 〘米郵便〙 Massachusetts (州); 〘心理・教育〙 mental age; Middle Ages; Military Academy; Mountain Artillery.

MA 《記号》〘自動車国籍表示〙 Morocco.

MAA 《略》 Master of Applied Arts; Motor Agents Association.

ma'am *n.* **1** /mǽm; məm, əm | máːm, mǽm; məm, əm/ [女性に対する丁寧な呼び掛けとして] 《米》 奥様, 奥さん; 先生 (cf. sir): Yes [No], ～ / Thank you, ～. **2** /máːm, mǽm/ [女王・王妃・王女に対する呼び掛けとして] 《英》 奥方様. 〔(1668) 《中音消失》 ← MADAM〕

MA and A 《略》 Master of Aeronautics and Astronautics.

má-and-pá *adj.* 《米》 ＝mom-and-pop.

maar, M- /máə | máː(r)/ *n.* (*pl.* **~s, maare** /máːrə/) (火山頂の)マール 《1 回の爆発でできた平底円形の火口; しばしば水をたたえている》. 〔(1826) ◻ G 《方言》 ～〕

MAArch 《略》 Master of Arts in Architecture.

ma'a·riv /máːrɪv | ―⌐/ *n.* 〘ユダヤ教〙 マアリブ 《夕べの勤め[祈り]》, 夕拝. 〔(1892) ◻ MadHeb. *ma'aríb* ← *'erev* evening < Heb. *'érebh*〕

Maar·ten /máətn | máː-/ *n.* マーテン (男性名). 〔◻ Du. ～: ⇨ Martin〕

Maas /máːs; *Du.* máːs/ *n.* [the ～] マース(川) (Meuse 川のオランダ語名).

Maa·sai /mɑːsáɪ, məsáɪ | máːsaɪ, ―⌐, məsáɪ/ *n.* (*pl.* **～, ～s**) ＝Masai.

maas·ban·ker /mɑːsbǽŋkə | -kə(r)/ *n.* 《南ア》〘魚類〙 ニシマアジ (horse mackerel). 〔(1727) ◻ Afrik ◻ Du. *marsbanker* mossbunker〕

Maas·tricht /máːstrɪkt, -trɪxt; *Du.* maːstríçt/ *n.* マーストリヒト 《オランダ南東部 Limburg 州の州都; Meuse 河畔の都市; ガラス・ビールの産地》.

Máastricht Trèaty *n.* [the ～] マーストリヒト条約 《EC の通貨・政治・経済的統合を内容とする条約; 1991 年 Maastricht で開かれた欧州理事会で合意; 1993 年 11 月に発効》.

Maat /máːt/ *n.* 〘エジプト神話〙 マアト 《真理の女神, 法と正義の女神; トト (Thoth) の妻》. 〔Egypt. *maā-t* 《原義》 truth〕

Mab[1] /mǽb/ *n.* マブ (女性名). 〔(dim.) ← AMABEL, MABEL〕

Mab[2] /mǽb/ *n.* ⇨ Queen Mab.

MABE 《略》 Master of Agricultural Business and Economics.

Ma·bel /méɪbəl, -bl̩/ *n.* メイベル 《女性名; 愛称形 Mab; 異形 Mabella, Mable; アイルランド語形 Meave》. ★ ヴィクトリア朝時代に好まれた. 〔《頭音消失》 ← AMABEL〕

ma·be·la /məbíːlə/ *n.* 《南ア》 モロコシ (kafir corn) (の粉[かゆ]). 〔(1824) ← Bantu: cf. Tswana *mabele* (pl.)〕

ma·be·le /～/ *n.* ＝mabela.

Ma Bell /máːbél/ *n.* マーベル 《米国の電話会社 AT & T の愛称》. 〔1947〕

mábe pèarl /méɪb-/ *n.* マベ 《マベガイを母貝とする半球形の養殖真珠》. 〔1963〕

Mab·i·nog·i·on /mæ̀bɪ̣nóʊ(ː)giɑ̀(ː)n, -ən | -nɔ́giɒn, -ən; *Welsh* mabinógjɔn/, **The** *n.* 「マビノーギオン」 《ウェールズの中世騎士物語集; 1838–49 年に Lady Charlotte Guest が英訳》. 〔◻ Welsh ～ (pl.) ← *mabinogi* juvenile instruction, material taught to student bards〕

Má·bo (júdgment [decísion]) /máːbou- | -bəu-/ *n.* マボ判決 《アボリジニと Torres 海峡諸島民を含むオーストラリア先住民の伝統的な土地所有権を初めて認めた 1992 年の最高裁判決》.

Ma·buse /məbjúːz; *F.* mabyːz/, **Jan** *n.* マビューズ (1478?–?1533; フランス生まれのフランドルの画家; 本名 Jan Gossaert または Jenni Gossart).

mac /mǽk/ *n.* **1** 《米口語》 ＝mackinaw. **2** 《英口語》 ＝mackintosh.

mac macadam.

Mac[1] /mǽk/ *n.* **1** マック (男性名). **2** 《口語・戯言》 スコットランド人, アイルランド人. **3** [知らない男に対して呼び掛けに用いて] 《米口語》 ねえ, 君. 〔⇨ Mac-〕

Mac[2] *n.* 〘商標〙 マック (Macintosh の略・愛称).

MAC /mǽk/ *n.* マック, 自治体援助公社 《1975 年 New York 市の財政危機緩和のために設けられた市債発行機関; Big Mac ともいう》. 〔《頭字語》 ← *Municipal Assistance Corporation*〕

MAC /mǽk/ 《略》 Master of Arts in Communications; 〘米空軍〙 Military Airlift Command 軍航空輸送本部 (旧称 MATS); multiplexed analogue components 《カラーテレビ番組の転送装置》.

MAc 《略》 Master of Accounting.

Mac. 《略》 Maccabees.

Mac- /mək, mæk, mɪk; /k, g/ の前では mə, mæ, mɪ/ *pref.* スコットランドまたはアイルランド系の人名(姓)の前に付いて son of の意を表す (また Mc-, Mᶜ-, M'-; cf. O', Fitz-, Ibn-): *Mac*donald, *Mᶜ*Donald; *Mac*kenzie, *Mᶜ*Kenzie. 〔◻ Ir. & Gael. ～ ← *mac* son: cog. Welsh *mab*〕

ma·ca·bre /məkáːbr(ə), -bə, -káːb- | məkáːbr(ə), mæ-, -bə(r); *F.* makɑːbʁ, -kabʁ/ *adj.* (*also* **ma·ca·ber** /-bə | -bə(r)/) **1** 不気味でぞっとする, 背すじの凍るような, 気味の悪い (⇨ ghastly SYN). **2** 死をテーマとする; 死を連想させる. **3** 「死の舞踏 (danse macabre)」の. 〔(c1430) ◻ F ～ ← OF (*danse*) *Macabré* (dance) of death 《変形》 ← *Maccabé* ← ML *chorea Machabaeōrum* dance of the Maccabees (マカベア族の殺戮(?)をテーマとした中世奇跡劇の一場面にちなむ: ⇨ Maccabaeus): cf. Heb. *mᵉqabbᵉrē* (dance of the) gravediggers // Arab. *máqbaraʰ* graveyard〕

ma·ca·co /məkáːkou | -kəu/ *n.* (*pl.* **～s**) 〘動物〙 **1** キツネザル (lemur); (特に)クロキツネザル (*Lemur macaco*) (black lemur ともいう). **2** 《廃》 ＝macaque. 〔(1693) ◻ Port. ～ 'monkey' ← Afr. (Congo): cf. macaque〕

mac·ad·am /məkǽdəm | -dəm/ *n.* 〘土木〙 **1** ＝macadam road. **2** (マカダム道路用の) (細かい)砕石 (cf. tarmacadam). 〔(1824) ← *John Loudon McAdam* (1756–1836: スコットランドの技師)〕

mac·a·da·mi·a /mæ̀kədéɪmiə/ *n.* **1** 〘植物〙 マカダミア 《オーストラリア・ハワイ産のヤマモガシ科マカダミア属 (*Macadamia*) の常緑樹の総称》; (特に)クイーンズランドナッツノキ (*M. ternifolia*) (Queensland nut). **2** ＝macadamia nut. 〔(1904) ← NL ～ ← *John Macadam* (1827–65: スコットランド生まれのオーストラリアの化学者): ⇨ -ia[2]〕 M

macadámia nùt *n.* マカダミアナッツ 《クイーンズランドナッツノキ (Queensland nut) の実; 食用》. 〔1929〕

macadámia trèe *n.* 〘植物〙 ＝macadamia 1.

mac·ad·am·i·za·tion /məkæ̀dəmɪ̣zéɪʃən | -dəmaɪ-, -mɪ-/ *n.* 〘土木〙 マカダム工法, マカダム舗装. 〔1824〕

mac·ad·am·ize /məkǽdəmàɪz | -də-/ *vt.* 〘土木〙 〈道路を〉マカダム工法によって舗装[修理]する: a ～*d* road ＝a macadam road. 〔(1826) ← MACADAM＋-IZE〕

macádam ròad *n.* 〘土木〙 マカダム道路 《細かい砕石を数層敷き, コールタール・アスファルトで固め路面としたもの》.

ma·ca·juel /mǽkəwèl/ *n.* 〘カリブ〙 ＝boa constrictor.

Mac·a·nese /mæ̀kəníːz, -níːs | -níːz⌐/ *n.* (*pl.* ～) マカオ居住者. 〔← MACA(O)＋-n-＋-ese〕

Ma·cao /məkáu/ *n.* マカオ: **1** 中国南東岸にあったポルトガルの自治領土; 珠江 (Zhu Jiang) 河口の澳門(?)半島および近接する 2 小島から成る; 1999 年末中国に返還; 面積 16 km². **2** 同植民地の主都・自由貿易港; ポルトガル語名 Macáu /məkáu/; 中国語名 澳門 (Aomen).

Ma·cao·an /məkáuən/ *adj., n.* マカオの(居住者)

Ma·ca·pá /mæ̀kəpáː; *Braz.* makapá/ *n.* マカパ 《ブラジル北東部, アマゾンデルタにある河港; Amapá 州の州都》.

ma·caque /məkǽk, -káːk/ *n.* 〘動物〙 アジア・アフリカ産のオナガザル科マカック属 (*Macaca*) のサルの総称 《ニホンザル (*M. fuscata*), アカゲザル (*M. mulatta*), カニクイザル (crab-eating macaque) など》. 〔(1840) ◻ F ～ ◻ Port. *macaco*: ⇨ macaco〕

mac·a·ro·ni /mæ̀kəróuni | -rə́u-⌐/ *n.* **1** マカロニ 《イタリアの麺(?)類の一種; 硬質小麦を主材料とする; 形状はさまざま; cf. pasta, spaghetti, vermicelli》. **2** (*pl.* **～s, ～es**) **a** (18 世紀後期から 19 世紀初期の英国で)大陸帰りのしゃれ者. **b** 《古》 だて男. 〔(1599) ◻ It. 《古》 *maccaroni* (＝*maccheroni*) (pl.) ← *maccarone* (＝*maccherone*) paste with cheese ◻ ? LGk *makaría* barley broth, 《原義》 blessed (cake) ← Gk happiness, bliss ← *mákar* blessed, happy〕

mac·a·ron·ic /mæ̀kərá(ː)nɪk | -rɔ́n-⌐/ *adj.* **1** 雅俗混交体の 《ラテン語と現代俗語またはそのラテン化したものとを混用した戯詩にいう》; 二言語混交体の. **2** 各種言語の混じった; 2 言語の混じった. **3** 《古》 混同した, ごたまぜの. ― *n.* [通例 *pl.*] **1** 混交語; (特に)2 言語の混交した言語. **2** 雅俗混交体の滑稽詩; 二言語混交詩. **3** 《古》 寄せ集め, ごたまぜ. **màc·a·rón·i·cal·ly** *adv.* 〔(1611) ← NL *macarōnicus* ← It. 《方言》 *macarone* dumpling, macaroni: ⇨ ↑, -ic[1]〕

mácaroni chéese *n.* マカロニチーズ 《マカロニにチーズ入りのソースをかけて焼いたもの》. 〔1877〕

mácaroni pénguin *n.* 〘動物〙 マカロニペンギン (*Eudyptes chrysolophus*) 《頭にオレンジ色の冠があるペンギン; 南半球の亜寒帯の島々に分布》. 〔1860〕

macaróni whèat *n.* ＝durum wheat.

mac·a·roon /mæ̀kərúːn/ *n.* マカロン 《卵白・砂糖にすりつぶしたアーモンド (almond) またはココナッツの実などを入れて焼いたクッキーの類》. 〔(1611) ◻ F *macaron* ◻ It. 《方言》 *macarone*: ⇨ macaroni〕

Mac·Ar·thur /məkáəθə | -káːθə(r)/, **Douglas** *n.* マッカーサー (1880–1964; 米国の陸軍元帥; 第二次大戦の連合

国軍南西太平洋方面司令官, 日本占領連合国最高司令官 (1945-51), 在朝鮮国連軍最高司令官 (1950-51)》.

Ma·cart·ney /məkɑ́ətni | -kɑ́:t-/ *n.* **1** 〘鳥類〙 = fireback 2. **2** 〘植物〙 = Macartney rose. 〖《1834》← Earl *Macartney* (1737-1806: 英国の外交官)〗

Macártney róse *n.* 〘植物〙 カカヤンバラ (*Rosa bracteata*) 《中国原産の白色, 一輪咲きのバラ科のツルバラ; 今は欧米の暖地でも栽培される》. 〖1861〗

ma·cas·sar /məkǽsə | -sə(r)/ *n.* 〘植物〙 = macassar ebony.

Ma·cas·sar /məkǽsə | -sə(r)/ *n.* = Makassar.

macássar ébony *n.* 〘植物〙 東インド産コクタンの類の植物 (*Diospyros macassar*) 《材は高級家具用》. 〖1889〗

Macássar òil *n.* **1** マカッサル油 《もとは Makassar 産の原料から作ったという植物性髪油》. **2** マカッサル油に類似の髪油 (cf. antimacassar). 〖1666〗

Ma·cau /məkáu/ *n.* = Macao.

Ma·cau·lay /məkɔ́:li, -kɑ́:- | -kɔ́:-/, Dame **Rose** *n.* マコーレー 《1881-1958; 英国の小説家・詩人; *Dangerous Ages* (1921), *The Towers of Trebizond* (1956)》.

Macaulay, Thomas Bab·ing·ton /bǽbɪŋtən, -tn/ *n.* マコーレー 《1800-59; 英国の歴史家・評論家・政治家; インド最高会議法律顧問 (1834-38), のち Glasgow 大学総長 (1849); *Lays of Ancient Rome* (1842), *Essays, Critical and Historical* (1843), *The History of England* (1848-61); 称号 1st Baron Macaulay》.

Ma·cau·lay·an /məkɔ́:liən/ *adj.* **1** マコーレー (T. B. Macaulay) の. **2** 〈文体が〉マコーレー風[調]の, 流暢な, 明晰(めいせき)な. 〖《1887》: ⇨ ↑, -an¹〗

ma·caw /məkɔ́:, -kɑ́: | -kɔ́:/ *n.* **1** 〘鳥類〙 マコー, コンゴウインコ (*Ara macao*) 《熱帯アメリカ産の色が美しく尾の長いインコ》. **2** 〘植物〙 = macaw palm. 〖《1668》□ Port. *macaú* ← ? *macaúba* a kind of palm ← Tupi *macahuba, macahiba* ← *maca-* thorn + *-yba* tree〗

macáw pàlm *n.* 〘植物〙 熱帯アメリカ産オニトゲココヤシ属 (*Acrocomia*) のヤシの総称 《実から香料を採る; グルグルヤシ (*A. armentalis*) など; 単に macaw ともいう》. 〖《1858》□ Port. *macaúba* (↑)〗

M

Mac·beth /məkbéθ, mæk-/ *n.* **1** マクベス 《?-1057; スコットランド王 (1040-57); ⇨ Duncan I》. **2 a** 「マクベス」《Shakespeare 作四大悲劇の一つ (1606)》. **b** マクベス 《*Macbeth* の主人公である将軍; 魔女の予言を信じ野心的なマクベス夫人 (Lady Macbeth) にそそのかされてスコットランド王 Duncan を殺して王位につくが, 王党軍の報復を受けて倒れる》. 〖□ Gael. ~ 'son of life': cf. Mac-〗

Macbeth, Lady *n.* マクベス夫人 《Shakespeare の悲劇 *Macbeth* (1606) の主人公 Macbeth の妻; 夫をそそのかしてスコットランド王 Duncan を殺害させる》.

Mac·Bride /məkbráɪd/, **Maud** *n.* マクブライド 《1865-1953; アイルランドの民族主義者; アイルランド独立運動に身を投じ, 夫の処刑後, Sinn Fein 党員として活躍; Sean MacBride の母; 旧姓 Gonne》.

MacBride, Seán *n.* マクブライド 《1904-88; アイルランドの政治家; 国際アムネスティ議長 (1961-75); Nobel 平和賞 (1974); Maud MacBride の子》.

Macc. 《略》 Maccabees (聖書外典の)マカベア書.

Mac·ca·bae·us /mæ̀kəbí:əs, -béɪ-/, **Judas** *n.* マッカバイオス, マカベウス 《?-160 B.C.; ユダヤの愛国者で独立運動の指導者》. 〖□ L *Maccabaeus* □ Gk *makkabaîos* Maccabees ← Heb. *maqqābh* hammer: cf. *maṣbī'* commander of army〗

mac·ca·baw /mǽkəbɔ̀:, -bɑ̀: | -bɔ̀:/ *n.* = maccaboy.

Mac·ca·be·an /mæ̀kəbí:ən, -béɪ-/ *adj.* **1** マカベア族 (Maccabees) の. **2** マッカバイオス (Judas Maccabaeus) の. 〖《1821》: ⇨ ↓, -an¹〗

Mac·ca·bees /mǽkəbì:z/ *n. pl.* **1** [the ~] マカベア家, マカバイ家 《紀元前 2 世紀のユダヤの愛国者であるハスモン (the Hasmonaeans) 家の Judas Maccabaeus の一族, シリア王 Antiochus 四世の支配 (175-163 B.C.) からユダヤ教団の政治的・宗教的自立を勝ちとった》. **2** [単数扱い] 〘聖書〙 マカベア書 (The Book of the Maccabees) 《第一・第二の 2 書から成る外典 (Apocrypha) 最後の書で Maccabees 族の闘争を記録したもの; カトリックでは「マカバイ記」, 東方正教会では「マッカウエイの書」という; 略 Mac., Macc., Mc.》. 〖《1375》□ F *Macchabées* □ LL *Machabaei* ← L *Machabaeus*: ⇨ Maccabaeus〗

mac·ca·boy /mǽkəbɔ̀ɪ/ *n.* マクーバかぎたばこ 《ばら精でかおりをつけた薄黒色のかぎたばこ》. 〖《1740》□ F *macouba* ← *Macouba* (Martinique 島の原産地名)〗

mac·ca·ro·ni /mæ̀kəróuni | -ráu-/ *n.* (*pl.* ~**s**, ~**es**) = macaroni.

mac·chi·net·ta /mɑ̀:kənétə | -kɪnétə; *It.* makkinétta/ *n.* マキネッタ 《イタリア風のパーコレーター》. 〖□ It. ~ (*da caffè*) (coffee) machine (dim.) ← *macchina* 'MACHINE' □ L *māchina*〗

Mac·cles·field /mǽklzfì:ld, -kls-/ *n.* マックルズフィールド 《イングランド北西部, Cheshire 州東部の都市; 織物業の中心地》.

mac·co·boy /mǽkəbɔ̀ɪ/ *n.* = maccaboy.

Mac·Diar·mid /məkdə́:mɪd | -dɑ́:mɪd, -déə-/, **Hugh** *n.* マクダーミッド 《1892-1978; スコットランドの詩人・評論家; 本名 Christopher Murray Grieve; *Collected Poems* (1962)》.

Mac·don·ald /məkdɑ́(:)nəld, mæk-, -nɪd | -dɔ́n-/, **Flora** *n.* マクドナルド 《1722-90; スコットランドの女性 Jacobite; Young Pretender が 1745 年の反乱に敗れ, 政府軍に追われて逃げたときこれを助けたことからスコットランド人の敬愛の的となった》.

Macdonald, George *n.* マクドナルド 《1824-1905; スコットランドの小説家・詩人; *David Elginbrod* (1863)》.

Macdonald, Sir John Alexander *n.* マクドナルド 《1815-91; スコットランド生まれのカナダの政治家; 初代首相 (1867-73, '78-91)》.

Macdonald, (John) Ross *n.* マクドナルド 《1915-83; 米国の作家; 私立探偵 Lew Archer の登場するミステリーで知られる; 本名 Kenneth Millar; *The Moving Target* (1949), *The Chill* (1964)》.

Mac·Don·ald /məkdɑ́(:)nəld, mæk-, -nɪd | -dɔ́n-/, **(James) Ramsay** *n.* マクドナルド 《1866-1937; 英国の政治家; 首相 (1924, '29-31, '31-35); 初めて労働党内閣を組織》.

Mac·dón·nel Ránges /məkdɑ́(:)nəl-, -nl- | -dɔ́n-/ *n. pl.* [the ~] マクドネル山脈 《オーストラリア中部, Northern Territory 中南部にある山脈》.

Mac·Dow·ell /məkdáu(ə)l/, **Edward (Alexander)** *n.* マクダウェル 《1861-1908; 米国の作曲家・ピアニスト》.

Mac·duff /məkdʌ́f, mæk-/ *n.* マクダフ 《Shakespeare の *Macbeth* の登場人物; Macbeth を討つ貴族》.

mace¹ /méɪs/ *n.* **1** (市長・大学総長などの前に立てて職権のしるしとする)権標. **2** [the M-] 《英》 下院議長の職杖(しょくじょう) 《王権の象徴で開会中は卓上に置く》. **3** 〘歴史〙 **a** (先端に鉤(かぎ)〈ぎのある)一種のほこ 《中世の武士がよろいを着た相手に対して用いた》. **b** (武器としての)棍棒. **4** = macebearer. **5** 〘玉突〙 (cue の代わりに用いた) 頭の平らな棒; bagatelle の玉突き棒. 〖《1297》□ OF ~ (F *masse*) < VL **matteam* 《逆成》← L *mateola* digging tool, mallet〗

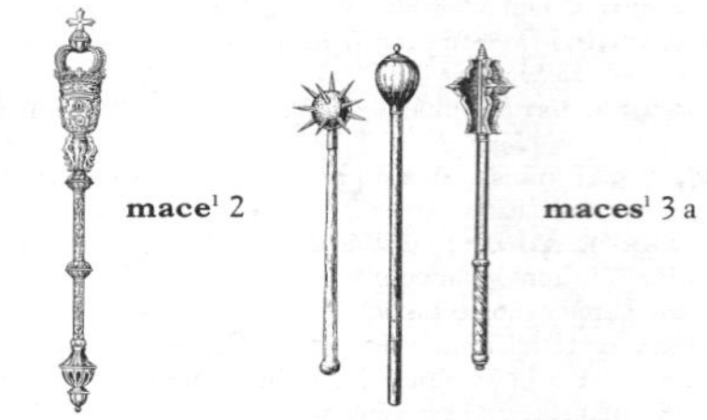

mace¹ 2 maces¹ 3 a

mace² /méɪs/ *n.* メース 《ニクズク (nutmeg) の仮種被を乾燥したもので香味料》. 〖《a1377》 ME *macis* □ (O)F *macis* □ LL (誤字による変形?) ← L *macir* red bark of an Indian root □ Gk *makír*〗

mace³ /méɪs/ 《俗》 *n.* **1** ペテン, かたり. **2** ペテン師, 詐欺師. — *vt.* **1** かたる, ペテンにかける. **2** ゆする, 巻上げる. 〖《1781》← ?〗

Mace /méɪs/ 〘商標〙 *n.* 《米》 メース 《催涙ガスを主成分とする刺激剤; しばしばめまい・吐き気を起こさせる; 暴徒鎮圧用; Chemical Mace ともいう》. — *vt.* [m-] メースで攻撃する; …にメースを放射する. 〖《1966》《略》← *M*(*ethylchloroform*) (*chloro*)*ace*(*tophenone*)〗

máce·bèarer *n.* **1** 権標 (mace) 奉持者 《行列などのときに奉持して高官の露払いを勤める》. **2** (英国の)下院守衛長 (sergeant-at-arms). 〖1552〗

Maced. 《略》 Macedonia(n).

ma·cé·doine /mæ̀sədwɑ́:n | -sɪ̀-; *F.* masedwan/ *n.* **1** (*pl.* ~**s** /~z; *F.* ~/) マセドワン 《種々の果物または野菜を賽(さい)の目に刻んで混ぜ合わせたもの; サラダやデザートに用いる》. **2** 寄せ集め. 〖《1820》□ F ~ □ L *Macedonia* ← *Macedonēs* the Macedonians □ Gk *Makedónes* Macedonian: □ Macedonia: マケドニア住民がさまざまな人種の寄せ集めであることにちなむ〗

Mac·e·don /mǽsədɑ̀(:)n, -dən | mǽsɪdən, -dn/ *n.* = Macedonia 1.

Mac·e·do·ni·a /mæ̀sədóuniə, -njə | -sɪdə́u-/ *n.* マケドニア: **1** Balkan 半島中南部の古代の王国; Alexander 大王の時代に隆盛を極めた後, ローマ領 (167 B.C.); 今のマケドニア・ギリシャ北東部・ブルガリア南西部にまたがる. **2** 旧 Yugoslavia 連邦から 1992 年に独立した共和国; 面積 25,713 km², 首都 Skopje. **3** ブルガリア南西部, 現在 Blagoevgrad 州の占める一地方; 面積 6456 m². 〖□ L *Macedonius* □ Gk *Makedónios* ← *Makedṓn* a Macedonian, 《原義》 highlander: cf. Gk *makednós* long, tall: ⇨ -ia¹〗

Mac·e·do·ni·an /mæ̀sədóuniən, -njən | -sɪdə́u-/ *n.* **1** マケドニア人. **2** マケドニア語 《現代マケドニア人の話すスラブ語》. **3** 古代マケドニア語 《ギリシャ語に近い言語で固有名詞と少数の語彙によって知られる》. — *adj.* マケドニアの; マケドニア人の, マケドニア語の. 〖c1400〗

Mácedonian cáll [crý] *n.* 救助を求める呼び声 《「マケドニアの民を救いたまえ」と聖パウロに幻の中で呼び掛けたという男の故事から; cf. *Acts* 16:9》.

Mácedonian Wárs *n. pl.* [the ~] マケドニア戦争 《紀元前 3-2 世紀に 4 次にわたって行われたローマとマケドニアの戦争; この結果ローマがギリシャに進出し, のち地中海東部地域全体を支配するに及んだ》.

Ma·cei·ó /mæ̀seɪóu | -seɪə́u; *Braz.* màseió/ *n.* マセイオ 《ブラジル北東部 Alagoas 州の州都; 砂糖・コーヒー・綿などの積み出し港》.

mac·er /méɪsə | -sə(r)/ *n.* **1** = macebearer. **2** 《スコット》 高等民事裁判所 (Court of Session) の公吏; 治安官. 〖《c1378》 *maser*(*e*) □ OF *maissier* ← *masse*: ⇨ mace¹〗

mac·er·ate /mǽsərèɪt/ *vt.* **1 a** 水[湯]に浸して柔らかにする, ふやかす. **b** (溶剤で)〈食べ物を〉柔らかにする, 溶かす; つぶす, もみくだく. **c** (消化器官で)〈食べ物を〉こなす. **d** 〈果物・野菜を〉(ワインなどに)浸ける. **2** (断食で)やせ衰えさせる; (心配などで)やつれさせる, 苦しめる: be ~*d* with cares 苦労でやせる. **3** 〘産科〙 〈胎児を〉浸軟させる: a ~*d* child 浸軟児. **4** 〘薬学〙 〈水や薬液などに〉冷浸する. — *vi.* **1** 浸されて柔らかになる, ふやける. **2** やせ衰える. **3** 〘産科〙 浸軟する. **mac·er·a·tion** /mæ̀səréɪʃən/ *n.* **mác·er·à·tive** /-tɪv | -tɪv/ *adj.* 〖《1563》← L *mācerātus* (p.p.) ← *mācerāre* to make soft or tender: cf. Gk *magís* kneaded mass〗

mác·er·à·tor /-tə | -tə(r)/ *n.* (*also* **mac·er·at·er** /~/) macerate する人; (特に)パルプ製造機. 〖《1891》: ⇨ ↑, -or²〗

mac·far·lane /məkfɑ́ələn | -fɑ́:lən/ *n.* (*also* **MacFa·lane** /~/) マクファーレン 《中に着ている服のポケットに手が入れられるよう脇にポケットのような開口があるケープ付オーバーコート》. 〖《特別用法》? ← *MacFarlane* (姓)〗

Mac·gil·li·cud·dy's Reeks /məgíləkʌ̀diz rí:ks | -likʌ̀d-/ *n. pl.* マギリカディ山脈 《アイルランド南西部の山脈; 同国の最高峰 Carrauntuohill (1041 m) を擁する》.

Mac·Greg·or /məgrégə | -gə(r)/ *n.* 〘商標〙 マグレガー 《米国のスポーツ用品メーカー, そのブランド; 特にゴルフ用品が知られる》.

Mach /mɑ́:k, mǽk; *G.* máx/ *n.* 〘物理・航空〙 = Mach number. 〖↓〗

Mach /mɑ́:k, mǽk; *G.* máx/, **Ernst** マッハ 《1838-1916; オーストリアの物理学者・心理学者・哲学者》.

mach. 《略》 machine; machinery; machining; machinist.

ma·chaan /mətʃɑ́:n/ *n.* 《インド》 = machan.

Ma·cha·do /mɑ:tʃɑ́:dou | -dəu; *Am.Sp.* matʃáðo/, **Ge·rar·do** /heráɾðo/ *n.* マチャード 《1871-1939; キューバの政治家; 大統領 (1925-33); 本名 Gerardo Machado y Morales》.

Ma·cha·do y Ru·iz /mɑ:tʃɑ́:douì:ru:í:θ | -dəu-; *Sp.* matʃáðoiruíθ/, **Antonio** *n.* マチャードイルイス 《1875-1939; スペインの詩人》.

Mach·ae·rid·i·a /mæ̀kərídiə | -diə/ *n. pl.* 〘動物〙 (棘皮動物門)小刀綱. 〖← NL ~ ← L *machaera* dagger □ Gk *mákhaira*: ⇨ -idia〗

mach·air /mǽkə, -xə | -kə(r), -xə(r)/ *n.* 《スコット》 耕作地, 草地 《スコットランド西部の海岸近くの高地にある, 高水位線より上部の草の生えた砂地》. 〖《1684》□ Sc.-Gael. ~ & Ir.-Gael. *machaire*〗

ma·chan /mətʃɑ́:n/ *n.* 《インド》 (樹上などに設けた虎狩り用の)展望[監視]台. 〖《1886》□ Hindi *macān* platform, scaffold ← Skt *mañca*〗

Mách àngle *n.* 〘物理〙 マッハ角 《超音速流体中に物体を置くと衝撃波が生じ, このとき物体から十分遠方における衝撃波面と流速とのなす角》. 〖《1930》: ⇨ Mach〗

Ma·chaut /mæʃóu, mɑ:- | -ʃə́u; *F.* maʃo/, **Guillaume de** *n.* マショー 《1300 または 1305-77; フランスの聖職者・詩人・作曲家; Machault ともつづる》.

Mách còne *n.* 〘物理〙 マッハ円錐 《超音速流の一点に攪乱を与えると, その点を頂点とし流速を軸とする円錐面状に音波が伝搬する時の円錐》. 〖《1933》: ⇨ Mach〗

mâche /mɑ́:ʃ/ *n.* 〘料理〙 = corn salad.

Mach·en /mǽkən | -kɪn/, **Arthur** *n.* マッケン 《1863-1947; 英国の小説家・随筆家; *The Hill of Dreams* (1907)》.

mach·er /mǽkə, -xə | -kə(r), -xə(r)/ *n.* 《しばしば皮肉》 実力者, 大立者. 〖《1930》□ Yid. ~ □ G ~ 'maker, doer'〗

ma chère /mɑ:ʃéə | -ʃéə(r); *F.* maʃɛ:ʀ/ *F.* [女性に対する呼び掛け] ねえ, あなた; ねえ, 君 (my dear). 〖□ F ~ (fem.) ← MON CHER〗

ma·che·te /məʃéti, -tʃéti, -ʃét | məʃéti, -tʃéti; *Sp.* matʃéte/ *n.* (*pl.* ~**s** /~z; *Sp.* ~s/) **1** (*also* **machette** /məʃét/) (南米・西インド諸島で砂糖きびを刈ったり道を切り開くのに原住民の用いる)長刃のなた, マチェテ. **2** 〘魚類〙 ターポン (tarpon) の類の魚 (*Elops affinis*). **3** マチェテ 《ポルトガルの 4 弦の小型ギター; ウクレレの前身》. 〖《1598》□ Am.-Sp. ~ (dim.) ← *macho* ax, club (変形) ← *maza* 'MACE¹': cf. L *mactāre* to slaughter〗

Mach·i·a·vel /mǽkiəvèl, -kjə-/ *n.* = Machiavellian.

Mach·i·a·vel·i·an /mæ̀kiəvéliən, -kjə-, -ljən/ *adj.*, *n.* = Machiavellian,.

Ma·chia·vel·li /mæ̀kiəvéli; -kjə-; *It.* makjavélli/, **Niccolò (di Ber·nar·do** /dibernárdo/) *n.* マキャベリ 《1469-1527; イタリア Florence の外交家・政治家・政治学者; その著書 *Il Principe* (*The Prince*,「君主論」) (1513) において, 国家の利益と統治者の権威維持は個人的道徳に拘束されないと説き, 近代政治論の一源流となった》.

Mach·i·a·vel·li·an /mæ̀kiəvéliən, -kjə-, -ljən/ *adj.* **1** (目的のためには手段を選ばない)マキャベリ主義[流]の, 権謀術数的な, 権謀術数を事とする. **2** ずるい, 抜け目のない. — *n.* マキャベリ主義者, 権謀術数家. 〖《1579》: ⇨ ↑, -an¹〗

Màch·i·a·vél·li·an·ìsm /-nìzm/ *n.* **1** マキャベリ主義 《政治的目的のためには時に応じて非倫理的な手段を用いるのもやむを得ないという思想》. **2** 目的のためには手段を選ばないという思想, 権謀術数. 〖1626〗

Màch·i·a·vél·lism /-lɪzm/ *n.* = Machiavellianism.

Màch·i·a·vél·list /-lɪst | -lɪst/ *n.* = Machiavellian.

ma·chic·o·late /mətʃíkoulèɪt, mæ-, -kə- | -kə(u)-/ *vt.* 〘築城〙 …にはね出し狭間(はざま) (machicolation) を付ける. 〖《1773》□ ML *machicolātus* (p.p.) ← *machicolāre* □ MF *machicouler* to provide with machicolations ← *mackecolis* ← *macher* to crush+*col* neck (< L *collum*)〗

ma·chíc·o·làt·ed /-tɪ̀d | -tɪ̀d/ *adj.* 〚築城〛はね出し狭間(ざま)を設けた.

ma·chic·o·la·tion /mətʃìkouléɪʃən, mæ-, -kə- | -kə(ʊ)-/ *n.* 〚築城〛 **1** はね出し狭間, マチコレーション《中世の築城で入口通路などの頭上に突き出た部分で, この床(ゆか)の穴から, 下に見える敵の頭上に矢を射, 石を投げつけ, あるいは溶かした鉛や熱湯などを浴びせかけた; ⇨ bartizan, battlement 挿絵》. **2** はね出し狭間のある突出部. 〖《1788》: ⇨ machicolate, -ation〗

ma·chi·cou·lis /mɑ̀ːʃəkuːlíː, mæ̀ʃ- | -ʃɪ-; *F.* maʃikuli, ma-/ *n.* (*pl.* ~, ~·es) =machicolation. 〖《1793》□ F *mâchicoulis*: ⇨ machicolate〗

Ma·chil·i·dae /məkílədìː | -lɪ-/ *n. pl.* 〚昆虫〛(総尾目)イシノミ科. 〖← NL ~ ← *Machilis* (属名): ⇨ -idae〗

ma·chin /mətʃíːn/ *n.* 〚動物〛フィリピンカニクイザル (*Macaca philippinensis*)《フィリピン産の灰褐色の尾長猿; cf. cynomolgus》. 〖□ Tagalog *matsing*〗

ma·chin·a·ble /məʃíːnəbl/ *adj.* 〈材料が〉機械で切断[かんなかけ, 穿(せん)孔など]しうる, 工具で細工できる.

ma·chin·a·bíl·i·ty /-nəbíləti | -lɪ̀ti/ *n.* 〖1917〗

mach·i·nate /mǽkənèɪt, -ʃə- | -kɪ̀-, -ʃɪ̀-/ *vi.* 策謀する. — *vt.* 〈陰謀などをめぐらす, 〈謀反などを〉たくらむ. 〖《1600》← L *māchinātus* (p.p.) ← *māchinārī* to devise ← *māchina* 'MACHINE': ⇨ -ate³〗

mach·i·na·tion /mæ̀kənéɪʃən, -ʃə- | -kɪ̀-, -ʃɪ̀-/ *n.* **1** [通例 *pl.*] たくらみ, 陰謀(行為). **2** 《まれ》陰謀をたくらむこと, 策謀. 〖《*a*1475》□ (O)F ~ // L *mātinātiō(n-)* machination, device, trick: ⇨ ↑, -ation〗

mách·i·nà·tor /-tə | -tə(r)/ *n.* 陰謀家, 策士 (plotter). 〖《1611》□ L *māchinātor*: ⇨ machinate, -or²〗

ma·chine /məʃíːn/ *n.* **1 a** 機械: ⇨ calculating machine, flying machine, printing machine, sewing machine. **b** 自動販売機: a cigarette ~ たばこ販売機 / ⇨ slot machine. 日英比較 この語がなまったものが日本語の「ミシン」であるが, これに当たる英語は sewing *machine*. **2 a** 運動伝達機構, (複合)機械《単一機械 (simple machines) の組合わせによるもの》. **b** 機械装置, 機械仕掛け. **c** [the ~ または *pl.*] 機械類 (machinery): a servant of *the* ~ 機械の奴隷. **3** 機械的に働く人: He is a mere ~. 彼は機械に過ぎない. **4** (部員を持っていて一定の職能を遂行する)機関, 機構, からくり: the ~ of government 政府機関 / the social ~ 社会機構. **5** (首領または少数の実力者を中心に政党などを操る)派閥(組織), 「機関」: a party [political] ~. **6 a** (古典劇で)効果を増すために舞台の模様を変える仕掛け. **b** (文学作品の効果を増すために取り入れられる)超自然力[人物, 事件など] (cf. deus ex machina). **7** 《やや古》乗物; 自転車, 自動車, 飛行機; 《古》船. **8** 《俗》ペニス (penis); コンドーム (condom). **9** 《古》(弩(ど)砲などの)兵器, 軍器.
like a wèll-óiled machine 〈仕事などが〉たいへん順調に.
— *adj.* [限定的] **1** 機械の, 機械用の, 機械による: ~ parts 機械部品 / ~ products 機械製品 / ~ knitting 機械編み / ~ printing 機械捺染(なっせん) / ~ cotton (ミシン用)カタン糸. **2** 機械的な, 紋切り型の. **3** ボス連の: ~ politics 黒幕政治.
— *vt.* **1** 機械で作る[仕上げる], 機械(特に, 製材機械・旋盤・裁縫ミシン・印刷機械など)にかける. **2** 機械化する.
— *vi.* 機械で切断[細工]できる: Iron ~*s* easily. 鉄は簡単に機械で切れる.
〖《*c*1545》□ (O)F ~ □ L *māchina* □ Gk *mākhinḗ* (Attic *mēkhanḗ*) means, machine ← *mākhos* contrivance ← IE **magh-*, **mᵉgh-* to be able: cf. may¹〗

ma·chine·a·ble /məʃíːnəbl/ *adj.* =machinable.

machíne àge *n.* [the ~] 機械(文明)時代《1914 年ごろから以後》. 〖1922〗

machíne àrt *n.* 〚美術〛機械美術《機械・電子・磁気などによる装置を用いた美術的オブジェ; cf. machine sculpture, auto-destruction art》. 〖1945〗

machíne bòlt *n.* 〚機械〛マシンボルト《頭部は正方形または六角形で軸の頭部に近い部分にはねじやま (threads) がないボルト》.

machíne cancellátion *n.* 〚郵趣〛機械消印《手押しでなく, 押印機で押された消印》.

machíne còde *n.* 〚電算〛=machine language. 〖1954〗

machíne fìnish *n.* 〚製紙〛 **1** マシン仕上げ《抄紙機に取り付けたカレンダー (calender) で艶(つや)つけする仕上げ法; 普通の印刷用紙は大部分この方法; 略 MF》. **2** マシン仕上げの用紙. 〖1937〗

machíne-gùn *v.* (-gunned; -gun·ning) — *vi.* 機関銃を打つ. — *vt.* 機関銃で撃つ[殺す]. 〖1915〗

machíne gùn *n.* 機関銃, 機銃. 〖1870〗

machíne gùnner *n.* 機関銃射手.

machíne hèad *n.* (ギターなどの調弦部の)金属製ねじ式糸巻き. 〖1890〗

machíne-hóur *n.* 機械時《機械の 1 時間当たりの作業量》.

machíne instrùction *n.* 〚電算〛機械命令《コンピューターが直接実行できる命令》. 〖1956〗

machíne intèlligence *n.* 《英・まれ》=artificial intelligence. 〖1966〗

machíne lànguage *n.* 〚電算〛機械(言)語《情報処理のためにコンピューターが用いるコード化言語で, 普通 10 進または 2 進表示の数字が用いられる; 翻訳なしに, そのままでコンピューターが処理できる形にした情報・命令・指示 (など); cf. assembly language, compiler language, computer language, natural language》. 〖1949〗

machíne·less *adj.* 機械を用いない[必要としない]. 〖1909〗

machíne·lìke *adj.* 機械のような, 機械じみた; (特に, 行動の規則性や製品の画一製に関して)機械的な. 〖*c*1698–1712〗

machíne-màde *adj* **1** 機械製の (cf. hand-made 1). **2** 決まり切った, 紋切り型の: a ~ short story. 〖1858〗

machíne·man /-mən, -mæ̀n/ *n.* (*pl.* **-men** /-mən, -mɛ̀n/) **1** 機械工. **2 a** 《英》印刷工 (pressman). **b** 鑿(さく)岩機使用者. 〖1876〗

machíne pìstol *n.* **1** 自動式拳銃. **2** 短機関銃《軽量の自動[半自動]の連発銃》. 〖1940〗

machíne-réadable *adj.* 〚電算〛機械可読の, コンピューターで読み取り可能な. 〖1961〗

machíne rìfle *n.* 自動小銃.

machíne ròom *n.* 《英》印刷室 (《米》pressroom). 〖1833〗

ma·chin·er·y /məʃíːn(ə)ri/ *n.* **1** [集合的] 機械類 (machines). **2** [集合的] (一つの機械の中で)仕事をする部分, 運転部; 機械仕掛け, からくり, 機構: the ~ of a watch 時計の仕掛け. **3** 機械使用; 機械製. **4** (各種の力の総合によって動く)機構, 機関, 組織: the ~ of government=government ~ 政治機構 / the ~ of administration 行政機構 / the ~ of law 司法機関. **5** [集合的] **a** (古典劇で筋の発展や結末に用いられた)超自然力 (cf. deus ex machina). **b** (舞台効果を高めるための)舞台装置, からくり. **6** [集合的] **a** (筋の展開のため文学作品に取り入れられる)人物や事件. **b** (叙事詩などで効果を高めるための)文学的ひねり. 〖《1687》← MACHINE+-ERY: cf. F *machinerie*〗

machíne scrèw *n.* 小ねじ.

machíne scùlpture *n.* 〚美術〛機械彫刻《機械・電子装置などを用いた自壊性の彫刻で, 展示は 1 回しかできない; cf. auto-destruction art, machine art》.

machíne-séwed *adj.* ミシン縫いの, 機械縫いの (↔ handsewn).

machíne shòp *n.* 機械工場; 機械組立工場. 〖1827〗

machíne tàp *n.* マシンタップ, 機械タップ《めねじを削り出すタップの一種》.

machíne tìme *n.* 総作動時(間), 作動延(のべ)時間《コンピューターなどが作動している時間の総計》. 〖1968〗

machíne tòol *n.* 工作機械《切削・研削などにより機械の部品を作る動力機械; 旋盤・フライス盤など》. 〖1861〗

machíne-tòoled *adj.* 工作機械で作られた(ような), 機械仕上げの. 〖1962〗

machíne translàtion *n.* (コンピューターによる)機械翻訳, 自動翻訳. 〖1949〗

machíne-wáshable *adj.* 洗濯機で洗える. 〖1963〗

machíne wòrd *n.* 〚電算〛機械語《コンピューターの記憶装置と演算または制御装置との間で交換される情報の単位; 通常一つの命令または数値が 1 語に当たる》.

machíne·wòrk *n.* 機械仕事[仕上げ] (cf. handwork).

ma·chin·ist /məʃíːnɪ̀st | -nɪst/ *n.* **1** 機械工, (特に) 工作機械工; 機械製作工, 機械修理工; 《英》ミシン工. **2** 機械運転者. **3** (政党の)幹部制支持者, 幹部員, 「黒幕」の一人. **4** 《古》(劇場の)機械係, 道具方. **5** 〚米海軍〛機関兵曹長《機関士官の補佐》. 〖《1706》← MACHINE+-IST: cf. F *machiniste*〗

machínist's máte *n.* 〚米海軍〛機関兵曹.

ma·chis·mo /mɑːtʃíːzmou, mə-, -tʃíz- | mætʃízməʊ, mə-; *Sp.* matʃísmo/ *n.* 男としての自信; 男としての自己顕示欲. 〖《1947》□ Mex.-Sp. ~ ← Sp. *macho* male (□ L *masculus* 'MASCULINE')+*-ismo* '-ISM'〗

Mách·mèter *n.* 〚航空〛マッハ計《飛行機の速度をマッハ数で表示する計器》. 〖《1947》: ⇨ Mach, -meter〗

Mách nùmber, m- n- *n.* 〚物理・航空〛マッハ数《気体の中を飛ぶ物体の速度または気流の速度をその温度における音速で割った値; 単に Mach ともいう》. 〖《1937》: ⇨ Mach〗

ma·cho /mɑ́ːtʃou | mǽtʃəʊ, mɑ́ː-; *Sp.* mátʃo/ *n.* (*pl.* ~s /~z; *Sp.* ~s/) **1** 男性的な[力強い, 積極果敢な]男. **2** =machismo. — *adj.* 男らしい (manly), たくましい (virile): a ~ football player. 〖《1928》□ Sp. ~ □ Port. ~ □ L *masculus* 'MASCULINE'〗

ma·chree /məkríː, mɑx-/ *n.* [親愛の情をこめた呼び掛け]《アイル》いとしい人: Mother ~ 親愛なるお母さん. 〖《1829》□ Ir. *mo chroidhe* ← *mo* my+*chroidhe* heart (< OIr. *cride*)〗

Mách('s) prìnciple *n.* 〚物理〛マッハの原理《絶対空間の存在を否定し, 慣性系は宇宙全体の物質分布に準拠して定まるとする》. 〖1918〗

macht·po·li·tik /mɑ́ːktpoulɪtìːk, mɑ́ːxt- | -pəʊ-; *G.* máxtpolitiːk/ *G. n.* 武力[強権]政治 (cf. realpolitik). 〖《1916》□ G *Machtpolitik* ← *Macht* power (< OHG *maht*)+*Politik* (□ F *politique*): ⇨ might², politics〗

Ma·chu Pic·chu /mɑ́ːtʃuːpíːktʃuː | mǽtʃ-, mɑ́ːtʃ-; *Am.Sp.* mátʃupíktʃu/ *n.* マチュピチュ《ペルー中央部, アンデス山脈の海抜 2,100 m のところにある古代インカの城塞都市跡》.

Mách wàve *n.* 〚物理〛マッハ波《マッハ円錐状に伝搬する音波》. 〖⇨ Mach〗

-ma·chy /← məki/「戦い; …間の[による]戦い」の意の名詞連結形: logomachy, Gigantomachy, Titanomachy. 〖□ Gk *-makhía* ← *-makhos* a fighting ← *mákhē* battle〗

mach·zor /mɑːkzɔ́ə, mɑ́ːkzə | mɑːkzɔ́ː(r), mɑ́ːkzə(r)/ *n.* (*pl.* **mach·zo·rim** /mɑ̀ːkzɔːríːm/, ~s) =mahzor.

Ma·cí·as Ngue·ma Bi·yo·go /məsíːəs(ə)ŋgwéɪməbijóugou | -jáugəʊ/ *n.* マシアスングエマビヨゴ《Bioko の旧名 (1973–79)》.

mac·in·tosh /mǽkɪ̀ntɑ̀(ː)ʃ | -kɪntɔ̀ʃ/ *n.* **1** =mackintosh. **2** [M-] 〚商標〛マッキントッシュ《米国 Apple Computer 社製のパーソナルコンピューター》.

mack¹ /mǽk/ *n.* 《英口語》=mac.

mack² /mǽk/ *n.* 《俗》ぽん引き (pimp). 〖《1887》← ? F *maquereau* ← OF *makerel*: ⇨ mackerel〗

Mack /mǽk/ *n.* マック《男性名》. 〖⇨ Mac-〗

Mac·kay /məkáɪ/ *n.* マッカイ《オーストラリア東部 Queensland 州東部の町; 人工の海港》.

Mac·Kaye /məkéɪ, -káɪ | -káɪ, -kéɪ/, **Percy** *n.* マッケイ《1875–1956; 米国の詩人・劇作家》.

Mac·ken·zie /məkénzi/ *n.* **1** [the ~] マッケンジー川《カナダ北西部の川; Great Slave 湖に源を発し, 北西に流れ北氷洋に注ぐ; 長さ 1,820 km (支流を合わせて 4,400 km)》. **2** マッケンジー《カナダ Northwest Territories の中部・西部, マッケンジー川の流域地方を占めた旧行政区; 現在では Northwest Territories と Nunavut 西部にまたがる地方》. 〖← *Sir Alexander Mackenzie* (発見者)〗

Mac·ken·zie /məkénzi/, **Sir Alexander** *n.* マッケンジー《1755?–1820; スコットランド生まれの探検家; 北米大陸を初横断 (1793)》.

Mackenzie, Alexander *n.* マッケンジー《1822–92; スコットランド生まれのカナダの政治家; 最初の自由党首相 (1873–78)》.

Mackenzie, Sir Compton *n.* マッケンジー《1883–1972; 英国の小説家; *Sinister Street* (1913–14)》.

Mackenzie, Henry *n.* マッケンジー《1745–1831; スコットランドの小説家; *The Man of Feeling* (1771)》.

Mackenzie, John Stuart *n.* マッケンジー《1860–1935; 英国の哲学者》.

Mackenzie, William Lyon *n.* マッケンジー《1795–1861; スコットランド生まれのカナダの政治家; 1837 年反政府蜂起して失敗, 投獄されたが, 英本国がカナダ植民地行政を改めるきっかけを作った》.

Mackénzie Móuntains *n. pl.* [the ~] マッケンジー山脈《カナダ北西部にある山脈; 最高峰 Keele Peak (2971 m)》.

mack·er·el /mǽk(ə)rəl/ *n.* (*pl.* ~, ~s) **1** 〚魚類〛 **a** タイセイヨウサバ (*Scomber scombrus*)《北米大西洋産のサバの一種; cf. Japanese mackerel》. **b** =Spanish mackerel 1. **2** 〚魚類〛タイセイヨウサバに類似のサバ科の魚類の総称《キタノホッケ (Atka mackerel), クロタチカマス (snake mackerel) など》. **3** 《廃》ぽん引き (pimp). 〖《*c*1300》*makerel* □ AF=OF *maquerel* (F *maquereau*) ← ?: 一説によれば《廃》*mackerel* pimp, pander (□ OF *makerel* □ MDu. *makelaer* (Du. *makelaar*) broker ← *makelen* to act as a broker ← *maken* 'to MAKE¹')の転用〗

máckerel bréeze [gále] *n.* さば風《さば釣り漁によいやや強い風》. 〖1751〗

máckerel gùll *n.* 《米》〚鳥類〛アジサシ (tern). 〖1796〗

máckerel shàrk *n.* 〚魚類〛(北洋産の)ネズミザメ科のサメの総称; (特に) =porbeagle. 〖1819〗

máckerel ský *n.* いわし[うろこ]雲の空《巻積雲または高積雲の列がさばの背を思わせるような, いわゆる「いわし雲」が一面に広がった空模様》. 〖1669〗

Mack·i·nac /mǽkənɔ̀ː, -nɑ̀ː | -kɪ̀nɔ̀ː/ *n.* マッキノー《米国 Michigan 州北部, マッキノー水道 (the straits of Mackinac) の入口にある Huron 湖の島 (長さ 4.8 km), 州立公園で夏季遊覧地》. 〖□ Canad.-F ~ □ N-Am.-Ind. (Ojibwa) *Michilimakinak* 《原義》big turtle at ← *makina* turtle〗

Mackinac, the Straits of *n.* マッキノー水道《米国の Michigan, Huron 両湖の連結部 (最狭部 6 km)》.

mack·i·naw /mǽkənɔ̀ː, -nɑ̀ː | -kɪ̀nɔ̀ː/ *n.* 《米》 **1** =Mackinaw blanket. **2** =Mackinaw boat. **3** =Mackinaw coat. 〖← MACKINAC〗

Máckinaw blànket *n.* マッキノーブランケット《もと米国北西部でインディアンや伐材労働者などが多く用いた, 色格子縞の厚手の毛布》. — *adj.* (マッキノーブランケットのような)厚手の毛布でできた. 〖1822〗

Máckinaw bòat *n.* マッキノーボート《もと北米五大湖地方で使われた平底の小舟》. 〖1812〗

Máckinaw còat *n.* 《米》ブランケットコート《けば立てた厚手格子柄ウール製のショートコート; 普通ダブルでベルトつき; blanket coat ともいう》. 〖1973〗

Máckinaw tròut *n.* 〚魚類〛=lake trout 1. 〖1840〗

mack·in·tosh /mǽkɪ̀ntɑ̀(ː)ʃ | -kɪntɔ̀ʃ/ *n.* **1** ゴム引き防水布. **2** 《英》防水外套, レーンコート. 〖《1836》← *Charles Macintosh* (1766–1843: その考案者であるスコットランドの化学者)〗

mack·le, macle /mǽkl/ 〚印刷〛 *n.* ブレ (blur)《刷り損なって, 文字などが二重になる》. — *vt.* ブレさせる; よごす. — *vi.* よごれる. 〖《1594》□ F *macule* □ L *macula* 'spot, MACULA': MACLE と二重語〗

Mac·Laine /məkléɪn/, **Shirley** *n.* マクレーン《1934– ; 米国の映画女優; コミカルな演技で人気を博す; *Terms of Endearment* (1983) でアカデミー主演女優賞》.

Mac·lar·en /məklǽrən, -lér- | -lǽr-/, **Ian** *n.* マクラレン《John WATSON の筆名》.

Mac·láu·rin sèries /məklɔ́ːrɪ̀n- | -lɔ́ːrɪn-, -lɔ́r-/ *n.* 〚数学〛マクローリン級数《0 を中心としたテーラー展開; Maclaurin's series ともいう》. 〖《*c*1909》← *Colin Ma-*

M

claurin (1698–1746: スコットランドの数学者)〗

ma·cle /mǽkl̩/ *n.*〖鉱物〗**1** (ダイヤモンドの)双晶. **2** (鉱物の)斑点. **3** 空晶石《紅柱石の一種; 規則正しく配列された炭質不純物のために十字・市松またはモザイク模様のあるもの; chiastolite ともいう》. 〖(1727–41) □ F ～ □ L *macula* 'spot, MACULA'〗

Mac·lean /məklíːn | -kléɪn, -klíːn/, **Donald (Duart)** *n.* マクレーン, マクリーン (1913–83; 英国の外交官, ソ連側のスパイ).

Mac·Lean, Alistair (Stuart) *n.* マクレーン, マクリーン (1922–87; 英国の冒険サスペンス小説作家; *The Guns of Navarone* (1957)).

má·cled *adj.* **1**〖鉱物〗空晶石のような斑紋のある; 《結晶が》双晶している; 斑点のある. **2** 《鎧が》菱形(ᵇᵃ)札(ˢᵃ)作りの. 〖1822〗

Mac·Leish /məklíːʃ/, **Archibald** *n.* マクリーシュ (1892–1982; 米国の詩人・詩劇作家; *Conquistador* (1932), *J. B.* (1958)).

Mac·Len·nan /məklénən/, **(John) Hugh** *n.* マクレナン (1907–90; カナダの作家).

Mac·leod /məkláʊd/, **Fi·o·na** /fióʊnə | fiə́ʊ-/ *n.* マクラウド (William SHARP の筆名; 男性作家としては W. Sharp の名を用い, 女性作家としては Fiona Macleod の名を用いて書き, この二人が同一人物であることは死ぬまでわからなかった).

Macleod, John James Richard *n.* マクラウド (1876–1935; スコットランド生まれのカナダの生理学者; インシュリン発見者の一人; Nobel 医学生理学賞 (1923)).

Mac·Ma·hon /məkmǽn, mɑ̀ːkmɑːɔ́ː(ŋ), -ɔ́ːŋ | -mɑ́ː(ə)n, -mǽhən; *F.* makmaɔ̃/, **Comte Marie Edmé Pa·trice** /ɛdme patʁis/ **Maurice de** *n.* マクマオン (1808–93; フランスの元帥・政治家; 大統領 (1873–79); 称号 Duke of Magenta).

Mac·mil·lan /məkmílən, mæk-/, **Daniel** *n.* マクミラン (1813–57; スコットランドの書籍商・出版業者; 英国有数の出版社 Macmillan Publishers の創立者).

Macmillan, (Maurice) Harold *n.* マクミラン (1894–1986; 英国の保守派の政治家, 首相 (1957–63); 東西関係を改善, 英国の EEC 加盟を申請; Daniel Macmillan の孫).

Mac·Mil·lan /məkmílən, mæk-/, **Donald Baxter** *n.* マクミラン (1874–1970; 米国の北極探検家).

mac·náb [Mac·Náb] cỳpress /məknǽb-/ *n.*〖植物〗マクナブイトスギ (*Cupressus macnabiana*) 《北米西岸に産するヒノキ科の常緑小高木; macnab's cypress, white cedar ともいう》. 〖← *James MacNab* (1810–78: スコットランドの園芸家)〗

Mac·Neice /məkníːs/, **Louis** *n.* マクニース (1907–63; アイルランド生まれの英国の詩人・批評家; *Autumn Journal* (1939)).

Mac·Néil/Léh·rer Repòrt /məkníːlléᵊrə- | -léərə-/ *n.* [the ～] マクニール/レーラーリポート《Robert MacNeil, Jim Lehrer らがキャスターをつとめた米国 PBS のニュース番組; 1975 年 The Robert MacNeil Report として始まり, 翌年 Lehrer が加わってこの名となり, 1983 年より MacNeil/Lehrer News Hour と改称; 1995 年 McNeil が降板し, 正式名は NewsHour with Jim Lehrer となった》.

Ma·con /méɪkən/ *n.* メイコン《米国 Georgia 州中部の都市》. 〖← *Nathaniel Macon* (1758–1837: 独立戦争当時の愛国者・政治家)〗

Mâ·con /mɑːkɔ̃ː(ŋ), -kɔ́ːŋ | mɑ́ːkɔ̃ː(ŋ), mǽk-, -kɔːŋ, -kɔn, -kən; *F.* makɔ̃/ *n.* マコン(ワイン)《フランス Saône-et-Loire 県産の赤・白のブルゴーニュワイン》. 〖(1863) ← F *Mâcon* (フランスの産地名)〗

ma·cou·ba /məkúːbə/ *n.* ＝maccaboy.

Mac·pher·son /məkfə́ːsən, mæk-, -sn̩ | -fə́ː-, -fíə-/, **James** *n.* マクファーソン (1736–96; スコットランドの文筆家; *Ossian* の翻訳者 (1760–63)).

Mac·quar·ie /məkwɑ́(ː)ri, -kwɔ́(ː)ri | -kwɔ́ri/ *n.* **1** [the ～] マクウォーリー(川)《オーストラリア New South Wales 州の川; 北西方に流れ Darling 川に合流する (949 km)》. **2** マクウォーリー(島)《南太平洋の Tasmania 島南東にあるオーストラリア領の無人火山島》. **3** マクウォーリー大学 (Macquarie University)《オーストラリアの Sydney 市北部にある; 1964 年創立》.

Mac·quar·ie /məkwɑ́(ː)ri, -kwɔ́(ː)ri | -kwɔ́ri/, **Lachlan** *n.* マクウォーリー (1762–1824; 英国の軍人・植民地行政官; オーストラリア New South Wales 州の総督 (1810–21); 元流刑囚に好意的措置をとった).

macr- /mækr/ (母音の前にくるときの) macro- の異形.

mac·ra·can·tho·rhyn·chi·a·sis /mækrəkæ̀nθərɪŋkáɪəsɪ̀s | -θə(ʊ)rɪŋkáɪəsɪs/ *n.*〖獣医〗鉤(ᵏᵃ)頭虫症《肉食獣および豚の消化管に寄生する鉤頭虫による病気》. 〖← NL ～ ← MACRO- ＋Gk *ákantha* thorn ＋*rhúgkhos* snout ＋-IASIS〗

mac·ra·mé, mac·ra·me /mǽkrəmèɪ | məkrɑ́ːmi, -meɪ/ *n.* **a** マクラメ《糸や紐を結びながらつくるレース・ふさ飾り; 家具装飾やスカーフ・ショール用》. **b** マクラメを編む技術. 〖(1869) □ F *macramé* □ It. *macramè* □ Turk. *makrama* handkerchief □ Arab. *miqrama*ʰ embroidered veil〗

macramé knot /⌐—⌐—⌐/ *n.* マクラメ結び《マクラメレース用》.

Mac·rea·dy /məkríːdi | -di/, **William Charles** *n.* マクリーディー (1793–1873; 英国の悲劇俳優・劇場支配人).

mac·ren·ceph·a·ly /mæ̀krənséfəli | -séf-, -kéf-/ *n.* (*also* **mac·ren·ce·pha·li·a** /mæ̀krənsɪ̀féɪliə | -sɪ̀-, -kɛ-, -kɪ-/)〖医学〗巨(大)脳症, 大脳(髄)症. 〖1956〗

mac·ro /mǽkroʊ | -rəʊ/ *adj.* **1** 大型の; 大がかりな, 巨視的な, 包括的な. **2** (至近距離から)接写できる: ⇨ macro lens. — *n.* (*pl.* ～**s**)〖電算〗＝macroinstruction. 〖↓〗

mac·ro- /mǽkroʊ | -rəʊ/「長い, 大きい, 異常な」の意の連結形 (↔ micro). ★ 母音の前では通例 macr- になる. 〖□ Gk *makro-* ← *makrós* long, large ← IE **māk-* long, thin (L *macer* lean, thin)〗

màcro·ággregate *n.*〖生化学〗(血清アルブミンなどの)比較的大型の粒子. 〖(1926): ⇨ ↑, aggregate〗 **màcro·ággregated** *adj.*

màcro·análysis *n.*〖化学〗常量分析, 常量法《常量成分の試料で行なわれる分析法で, およそ 100 mg 以上程度の試料 (1 g 位まで)を扱う; ↔ microanalysis》. 〖(1938): ⇨ macro-, analysis〗

ma·cro·bi·an /məkróʊbiən | -krə́ʊ-/ *adj.* 《まれ》長命の. 〖(1727): ⇨ ↓, -an¹〗

màcro·biósis *n.*〖医学〗長命, 長寿. 〖← NL ～ ← Gk *makrobiōsis*: ⇨ macro-, bio-, -osis〗

mac·ro·bi·ot·ic /mæ̀kroʊbaɪɑ́(ː)ṭɪk, -krə- | -krə(ʊ)baɪɔ́t-⌐/ *adj.* **1** (禅式)正食法の[に関する]: ～ food. **2** 《種子など》長期保存の. **3** 長命の, 長寿法に関する. — *n.* (禅式)正食法実践者[信奉者]. **màcro·bi·ótically** *adv.* 〖(1797) ← Gk *macrobíotos* long-lived: ⇨ ↑, -ic¹〗

màc·ro·bi·ót·ics /-s/ *n.* マクロビオティックス, (禅式)正食[食養]法《「陰」の食品(玄米・野菜など)を中心に「陽」の食品(魚貝類・卵など)を組合わせた禅式食餌による長寿法》.

mac·ro·car·pa /mæ̀krəkɑ́ːpə | -krə(ʊ)kɑ́ː-/ *n.*〖植物〗＝Monterey cypress. 〖1866〗

macrocephali *n.* macrocephalus の複数.

mac·ro·ce·phal·ic /mæ̀kroʊsɪ̀fǽlɪk | -rə(ʊ)-, -sɪ̀-, -kɛf-, -kɪf-⌐/ *adj.* ＝macrocephalous. 〖⇨ macro-, -cephalic〗

mac·ro·ceph·a·lous /mæ̀kroʊséfələs | -rə(ʊ)séf-, -kéf-⌐/ *adj.* **1**〖人類学〗大頭の, 長頭の. **2**〖病理〗長い頭蓋を有する. 〖⇨ macro-, -cephalous: ↓〗

mac·ro·ceph·a·lus /mæ̀kroʊséfələs | -rə(ʊ)séf-, -kéf-/ *n.* (*pl.* **-a·li** /-làɪ/) 大頭の人; 大頭. 〖← NL ～ ← Gk *makroképhalos* having a long head: ⇨ macro-, -cephalous〗

mac·ro·ceph·a·ly /mæ̀kroʊséfəli | -rə(ʊ)séf-, -kéf-/ *n.* **1**〖人類学〗大頭 (↔ microcephaly). **2**〖病理〗大頭症, 大頭蓋症. 〖(1889) ← NL *macrocephalia* ← Gk *makroképhalos*: ⇨ ↑, -y¹〗

mac·ro·chae·ta /mæ̀kroʊkíːṭə | -rə(ʊ)kíːtə/ *n.* (*pl.* **-chae·tae** /-tiː/)〖昆虫〗長剛毛, 長剛毛《双翅目の昆虫の体上に生じている長い剛毛; cf. microchaeta》. 〖← NL ～: ⇨ macro-, -chaeta〗

Mac·ro·chi·res /mæ̀krəkáɪriːz | -rə(ʊ)káɪ(ə)r-/ *n. pl.*〖鳥類〗アマツバメ目. 〖← NL ～ ← Gk *makrókheir* long-armed: ⇨ macro-, chiro-〗

mácro·clìmate *n.*〖気象〗大気候《国・大陸など広大な地域の気候, またそれを論じる気候学の部門; cf. microclimate》. **màcro·climátic** *adj.* **màcro·climátically** *adv.* 〖1939〗

màcro·climatólogy *n.* 広域気候学《広大な地域, 時には地球全域の気候学; cf. microclimatology》.

mac·ro·cosm /mǽkrəkɑ̀(ː)zm̩ | -krə(ʊ)kɔ̀zm/ *n.* **1** [the ～] 大宇宙 (↔ microcosm); 大宇宙; 全体像. **2** 拡大モデル[模型]: Society is a ～ of the family. 社会は家庭の拡大模型である. **mac·ro·cos·mic** /mæ̀krəkɑ́(ː)zmɪk | -rə(ʊ)kɔ́z-⌐/ *adj.* **màc·ro·cós·mi·cal·ly** *adv.* 〖(1600) □ F *macrocosme* □ ML *macrocosmus*: ⇨ macro-, cosmos〗

màcro·cýclic *adj.* **1**〖化学〗大環式の《通例 15 個以上の原子から成る大型の環式 (ring structure) を含む》. **2**〖植物〗《さび菌類が冬胞子や小生子と共に 1 個以上の 2 核の胞子をもつ》. 〖1926〗

mac·ro·cyst /mǽkroʊsɪst, -rə- | -rə(ʊ)-/ *n.*〖生物〗**1** 大胞嚢(ᵖᵒ)《特に, 菌類の生殖細胞》. **2** マクロシスト《変形菌類が不良な環境になった時につくる被膜した多核の原型質塊》. 〖(1874) ← MACRO- ＋CYST〗

mac·ro·cyte /mǽkrəsàɪt, -roʊ- | -rə(ʊ)-/ *n.*〖病理〗大赤血球《悪性貧血症で生ずる》. **mac·ro·cyt·ic** /mæ̀krəsíṭɪk, -roʊ- | -rə(ʊ)sít-⌐/ *adj.* 〖(1889) ← MACRO- ＋-CYTE〗

mac·ro·cy·to·sis /mæ̀kroʊsaɪtóʊsɪ̀s | -rə(ʊ)saɪtə́ʊsɪs/ *n.* (*pl.* **-to·ses** /-siːz/)〖病理〗大赤血球症. 〖(1962) ← NL ～: ⇨ macrocyte, -osis〗

mac·ro·dome /mǽkrədòʊm | -rə(ʊ)dəʊm/ *n.*〖結晶〗長軸底面(ᵗᵉⁿ)《長い方の横軸に平行な底面; cf. brachydome》. 〖(1883): ⇨ macro-, dome〗

mac·ro·dont /mǽkrədɑ̀(ː)nt | -rə(ʊ)dɔ̀nt/ *adj.*〖病理〗大きい歯牙を有する, 歯の異常に大きな. 〖(1891) ← MACRO- ＋-ODONT〗

mac·ro·don·ti·a /mæ̀krədɑ́(ː)nʃiə, -ʃə | -rə(ʊ)dɔ́n-/ *n.*〖病理〗巨歯, 巨大歯型, 巨大歯症. 〖← NL ～: ⇨ ↑, -ia¹〗

mác·ro·dòn·tism /-tɪzm̩/ *n.*〖病理〗＝macrodontia.

mac·ro·ec·o·nom·ics /mæ̀kroʊèkənɑ́(ː)mɪks, -ìːk- | -krəʊìːkənɔ́m-, -ɛ̀k-/ *n.* [単数扱い] 巨視的経済学, マクロ経済学《一国全体の収支関係など経済の総合的局面を扱う; ↔ microeconomics》. **màc·ro·èc·o·nóm·ic** /-mɪk⌐/ *adj.* **màcro·ecónomist** *n.* 〖1948〗

màcro·ecónomy *n.* マクロ[巨視的]経済《経済社会全体の総体的で大規模な経済システム》.

màcro·élement *n.*〖植物〗＝macronutrient.

màcro·engineéring *n.* 巨大プロジェクト工学, マクロエンジニアリング《砂漠緑化事業など地球的規模のプロジェクトを扱う科学技術》. 〖1964〗

mácro·ètch *vt.*〖彫刻〗《金属版を》深彫りする, 深く食刻する.

màcro·evolútion *n.*〖生物〗大進化《進化過程において科・目のような大きな群の特徴が生じること; megaevolution ともいう; cf. microevolution, saltatory evolution》. **～·ary** *adj.* 〖(1939) ← MACRO- ＋EVOLUTION〗

màcro·fluídics *n.*〖物理〗巨流体力学.

mácro·fòssil *n.*〖古生物〗巨大化石《肉眼で観察しうるようなもの; cf. microfossil》. 〖1937〗

màcro·fóuling *adj.*〖海事〗(船底に)大被害を与える《フジツボ・貝類・ヒドロ・藻類・ホヤ・コケムシなどについていう》.

màcro·gametángium *n.*〖生物〗大配偶子嚢(ᵒ). 〖← MACRO- ＋GAMETANGIUM〗

màcro·gámete *n.*〖生物〗大配偶子, 雌性配偶子 (cf. microgamete). 〖(1899) ← MACRO- ＋GAMETE〗

màcro·glóbulin *n.*〖生化学〗マクログロブリン《分子量が約 40 万以上のグロブリン分子, また免疫グロブリン IgM 分子を指す》. 〖(1952) ← MACRO- ＋GLOBULIN〗

mac·ro·glob·u·lin·e·mi·a /mæ̀krəglɑ̀(ː)bjʊlɪ̀níːmiə | -rəʊglɔ̀bjʊlɪ-/ *n.*〖病理〗マクログロブリン血症. **mac·ro·glòb·u·lin·é·mic** /-mɪk⌐/ *adj.* 〖⇨ ↑, -emia〗

màcro·glóssia *n.*〖歯科〗大舌症.

mac·ro·gnath·i·a /mæ̀kroʊnéɪθiə | -rə(ʊ)-/ *n.*〖歯科〗大顎症. 〖← MACRO- ＋Gk *gnáthos* jaw ＋-IA¹〗

màcro·gnáthism *n.*〖歯科〗＝macrognathia.

mac·ro·graph /mǽkrəgræ̀f | -rə(ʊ)grɑ̀ːf, -græ̀f/ *n.* 肉眼図《実物大またはそれを多少拡大した写真その他の画像; ↔ micrograph》. **màc·ro·gráph·ic** /-grǽfɪk⌐/ *adj.* 〖(1899): ⇨ macro-, -graph〗

mac·rog·ra·phy /məkrɑ́(ː)grəfi | -krɔ́g-/ *n.* **1** 肉眼検査 (cf. micrography). **2**〖病理〗巨書症, 異常大書症. 〖(1899): ⇨ macro-, -graphy〗

màcro·instrúction *n.*〖電算〗マクロ命令 (1 回の命令で通常の機械語で複数命令になる動作を行わせるような命令). 〖(1959) ← MACRO- ＋INSTRUCTION〗

màcro·lécithal *adj.*〖生物〗＝megalecithal. 〖← MACRO- ＋*lecithal* (← Gk *lékithos* ＋-AL¹)〗

mácro lèns *n.*〖写真〗マクロ[接写用]レンズ. 〖1961〗

Mac·ro·lep·i·dop·ter·a /mæ̀kroʊlèpədɑ́(ː)ptərə | -rə(ʊ)lèpɪdɔ́p-/ *n. pl.*〖昆虫〗大形鱗翅(ʳⁱⁿ)類《蝶蛾の観念的分類法で, 通常メイガ上科以下の小形の蛾類を除く全鱗翅類を指す; cf. Microlepidoptera》. 〖(1882) ← NL ～ ← MACRO- ＋*Lepidoptera* (⇨ lepido-, -ptera)〗

mac·ro·lide /mǽkrəlàɪd/ *n.*〖生化学・薬学〗マクロライド《放射菌の一種ストレプトマイセス (streptomyces) から造られる抗生物質》. 〖(1960) ← MACRO(CYCLIC) ＋L(ACTONE) ＋-IDE²〗

màcro·linguístics *n.* [単数扱い]〖言語〗マクロ言語学, 大言語学《言語研究の総称; prelinguistics, microlinguistics, metalinguistics を含む》.

mac·ro·lith /mǽkrəlɪθ/ *n.*〖考古〗石棒 (30–40 cm の棒状石器). 〖← MACRO- ＋-LITH〗

mac·ro·mere /mǽkrəmɪə, -roʊ- | -rə(ʊ)mɪə⁽ʳ⁾/ *n.*〖生物〗大割(ᵏᵃ)球《受精卵が不等卵割(ˡᵃⁿ)をした場合の大型の割球をいう; cf. mesomere, micromere》. 〖(1825) ← MACRO- ＋-MERE〗

màcro·meteorólogy *n.* 巨視的気象学《高層気象学・大気大循環などのような大規模の気象学; cf. micrometeorology》. 〖← MACRO- ＋METEOROLOGY〗

màcro·mólecule *n.* (*also* **mácro·mòle**)〖化学〗高分子《ゴム・蛋白質など, 分子量のきわめて大きい分子》. **màcro·molécular** *adj.* 〖(1886) ← MACRO- ＋MOLECULE〗

ma·cron /méɪkrɑ(ː)n, mǽk-, -rən | mǽkrɔn, méɪk-, -rən/ *n.*〖音声〗長音記号 (¯)《英語では ā, ē, ī, ō, ū のように母音字の上においてそれぞれ長母音ないし二重母音の /eɪ/, /iː/ /aɪ/, /oʊ | əʊ/, /juː/ を示す; cf. diacritical mark, breve 2, long *adj.* 12, short *adj.* 10 b》. 〖(1851) □ Gk *makrón* (neut.) ← *makrós* long〗

màcro·núcleate *adj.*〖動物〗大核のある. 〖⇨ ↓, -ate²〗

màcro·núcleus *n.*〖動物〗大核《繊毛虫類の大型の核で栄養核; cf. micronucleus》. 〖(1892) ← NL ～: ⇨ macro-, nucleus〗

màcro·nútrient〖植物〗*n.* 多量元素《植物の生長などに欠くことのできない元素; macroelement, major element ともいう; cf micronutrient 2》. — *adj.* 多量元素の. 〖(1942) ← MACRO- ＋NUTRIENT〗

màcro·órganism *n.*〖生物〗(肉眼で見分けられる程度の)生物 (cf. microorganism). 〖← MACRO- ＋ORGANISM〗

Màcro-Pá·no-Ta·cá·nan /-pɑ́ːnoʊtəkɑ́ːnən | -nəʊ-/ *n.*〖言語〗マクロパノタカナ語族《ペルー, ブラジル, ボリビアなどの先住民の言語群》.

mac·ro·phage /mǽkrəfèɪdʒ, -roʊ- | -rə(ʊ)-/ *n.*〖解剖〗大食細胞, 大食球, マクロファージ; (特に) ＝histiocyte. **mac·ro·phag·ic** /mæ̀krəfǽdʒɪk | -féɪdʒ-⌐/ *adj.* 〖(1890) ← MACRO- ＋-PHAGE〗

mácrophage sỳstem *n.* 大食細胞[マクロファージ]系 (reticuloendothelial system).

màcro·phállic *adj.* 巨根の[をもつ]. 〖⇨ phallic〗

màcro·phótograph *n.* ＝photomacrograph.

màcro·photógraphy *n.* ＝photomacrography. 〖1889〗

mac·ro·phyl·lous /mæ̀kroufɪ́ləs | -rə(ʊ)-/ *adj.* 〘植物〙大葉の《多数の葉脈をもった葉にいう; cf. microphyllous 2》. 〖← MACRO-＋-PHYLLOUS〗

màcro·phýsics *n.* 《物質の原子的構造を考えない》巨視的物理学 (cf. microphysics). 〖《1909》← MACRO-＋PHYSICS〗

mac·ro·phyte /mǽkrəfàɪt | -rə(ʊ)-/ *n.* 〘植物〙《肉眼で見える大きさの》植物, 《特に》水生植物. **mac·ro·phyt·ic** /mæ̀krəfɪ́tɪk | -tɪk⁻/ *adj.* 〖《*c*1909》← MACRO-＋-PHYTE〗

mac·ro·pod /mǽkrəpɑ̀(ː)d | -krə(ʊ)pɔ̀d/ *n.* 〘動物〙カンガルー類《カンガルー・ワラビーを含むカンガルー科の有袋動物》.

ma·crop·o·did /məkrɑ́(ː)pədɪ̀d | -rɔ́pədɪd/ *adj., n.* 〘動物〙カンガルー科の(動物). 〖↓〗

Mac·ro·pod·i·dae /mæ̀krəpɑ́(ː)dədìː | -rə(ʊ)-pɔ́dɪ-/ *n. pl.* 〘動物〙カンガルー科. 〖← NL ～ ← *Macropod-, Macropus* (属名: ⇨ macro-, -pod)＋-IDAE〗

ma·crop·o·dous /mækrɑ́(ː)pədəs | -rɔ́pəd-/ *adj.* 〘植物〙**1** 葉柄の大きい. **2** 胚(ﾊｲ)軸の大きい. 〖← MACRO-＋-PODOUS〗

ma·crop·si·a /mækrɑ́(ː)psiə | -krɔ́p-/ *n.* 〘病理〙巨視(症)《物が実物より大きく見える症状; cf. micropsia》. 〖《1890》← NL ～: ⇨ macro-, -opsis, -ia¹〗

ma·crop·ter·ous /mækrɑ́(ː)ptərəs | -krɔ́p-/ *adj.* **1** 〈鳥・昆虫など〉羽[翅]の大きい, 大型翼の. **2** 〈魚が〉ひれの大きい. 〖《1835–6》← MACRO-＋-PTEROUS〗

mac·rop·tic /mækrɑ́(ː)ptɪk | -krɔ́p-/ *adj.* 〘病理〙巨視(症) (macropsia) の. 〖← MACRO-＋OPTIC〗

Mac·ro·rham·pho·si·dae /mæ̀krouræmfóusədìː, -zə- | -rə(ʊ)ræmfə́ʊsɪ-, -zɪ-/ *n. pl.* 〘魚類〙サギフエ科. 〖← NL ～ ← *Macroramphosus* (属名: ← MACRO-＋Gk *rhámphos* beak: ⇨ -ous)＋-IDAE〗

mácro·scàle *n.* 巨視的規模; 大規模: on a ～ 巨視的なスケールで(の). 〖1931〗

Mac·ro·sce·lid·i·dae /mæ̀kro(ʊ)səlɪ́dədìː | -rə(ʊ)sɪlɪ́dɪ-/ *n. pl.* 〘動物〙ハネジネズミ科. 〖← NL ～ ← *Macroscelides* (属名: ← MACRO-＋Gk *skélos* leg: ⇨ -id²)＋-IDAE〗

mac·ro·scop·ic /mæ̀krəskɑ́(ː)pɪk, -rou- | -rə(ʊ)-skɔ́p-⁻/ *adj.* (*also* **mac·ro·scop·i·cal** /-pɪ̀kəl, -kɪ̀ | -pɪ-⁻/) **1** 〘医学〙肉眼で見える, 肉眼的な (cf. microscopic 2): ～ anatomy 肉眼での解剖. **2** 〘物理化学・数学〙巨視的な (cf. microscopic 3). **3** 大集団[単位]に関する. **màc·ro·scóp·i·cal·ly** *adv.* 〖《1872》← MACRO-＋-SCOPIC〗

màcro·ségment *n.* 〘言語〙大分節《1個の音調によって区切られる発話部分; cf. microsegment》. 〖《1958》← MACRO-＋SEGMENT〗

Màcro-Síouan *n.* 〘言語〙マクロスー大語族《北アメリカの言語分類研究において提唱されている大語族で, スー (Siouan), イロクォイ (Iroquoian) などの語族が含まれる》.

màcro·sociólogy *n.* 巨視社会学《集団や全体社会を扱う社会学の領域》. **màcro·sociológical** *adj.* **màcro·sociológically** *adv.* 〖1941〗

màcro·spécies *n.* 〘生物〙多型種《類似形態をもった多数の生物を包含させた大きな種; cf. microspecies, morphospecies》.

màcro·sporángium *n.* 〘植物〙＝megasporangium. 〖← NL ～: ⇨ macro-, sporangium〗

mac·ro·spore /mǽkrəspɔ̀ə | -rə(ʊ)spɔ̀ː(r)/ *n.* 〘植物〙＝megaspore.

màcro·spórophyll *n.* 〘植物〙＝megasporophyll. 〖← MACRO-＋SPOROPHYLL〗

màcro·stómatous *adj.* 〘病理〙大口(症)の.

màcro·stó·mi·a /-stóumiə | -stə́ʊ-/ *n.* 〘病理〙大口(症) (cf. microstomia). 〖← NL ～ ← MACRO-＋-*stomia* (⇨ -stomy²)〗

mácro·strùcture *n.* マクロ組織《肉眼あるいは低倍率で観察できる金属・岩石土壌・生体などの組織》. **màcro·strúctural** *adj.* 〖*c*1899〗

màcro·stýlous *adj.* 〘植物〙〈花が〉花柱の長い; 《特に》花柱が長く雄蕊が短い (cf. mesostylous, microstylous). 〖← MACRO-＋-STYLOUS〗

Ma·cru·ra /məkrúᵊrə | -krúərə/ *n. pl.* 〘動物〙《甲殻綱十脚目》長尾亜目. 〖← NL ～ ← MACRO-＋-*ura* (← Gk *ourá* tail): ⇨ uro-²〗

ma·cru·ral /məkrúᵊrəl | -krúər-/ *adj.* 〘動物〙＝macruran.

ma·cru·ran /məkrúᵊrən | -krúər-/ 〘動物〙*adj.* 長尾類の. ── *n.* 《長尾類の》甲殻動物《エビの類》. 〖← NL *macrūra* (⇨ Macrura)＋-AN¹〗

ma·cru·rous /məkrúᵊrəs | -krúər-/ *adj.* 〘動物〙《エビのように》長尾の (cf. brachyurous). 〖← NL *macrur(a)* (↑)＋-OUS〗

MACT 《略》Master of Arts in College Teaching.

Mac·tri·dae /mǽktrədìː | -trɪ-/ *n. pl.* 〘貝類〙バカガイ科. 〖← NL ～ ← *Mactra* (属名) □ Gk *máktra* kneading trough ← *mássein* to knead: ⇨ -idae〗

mac·ul- /mǽkjʊl/ 《母音の前に来る時の》maculo- の異形.

mac·u·la /mǽkjʊlə/ *n.* (*pl.* **-u·lae** /-lìː/, ～**s**) **1 a** 《皮膚の》あざ, しみ, 斑点. **b** 〘天文〙《太陽の》黒点 (sunspot) (cf. facula). **2 a** 〘医学〙斑, 斑紋. **b** 〘解剖〙＝macula lutea. 〖《*c*1400》□ L ～ 'spot, mark, stain'〗

mácula lú·te·a /-lúːtiə | -lúːt-, -ljúː-/ *n.* (*pl.* **maculae lu·te·ae** /-tìː | -ti-/) 〘解剖〙《網膜の》黄斑(ｵｳﾊﾝ) (yellow spot ともいう; ⇨ eye 挿絵). 〖← NL ～ 'yellow spot': ⇨ ↑, luteous〗

mac·u·lar /mǽkjʊlə | -lə(r)/ *adj.* **1** 斑点のある. **2** 〘医学〙斑の; 黄斑(ｵｳﾊﾝ)の[によって起こる]: a ～ vision 黄斑残像.

mac·u·late /mǽkjʊlèɪt/ *vt.* 《古》**1** …に斑点[汚点]をつける. **2** 汚す, 不潔にする. ── /mǽkjʊlɪ̀t/ *adj.* 《文語》**1** 斑点[汚点]のある. **2** 汚れた, 不潔な (impure). 〖《?*a*1425》□ L *maculātus* (p.p.) ← *maculāre* to make spotted, speckle ← *macula*: ⇨ macula, -ate²³〗

mác·u·làt·ed /-lèɪtɪ̀d | -tɪd/ *adj.* 《古》＝maculate.

mac·u·la·tion /mæ̀kjʊléɪʃən/ *n.* **1 a** 斑点. **b** 《動植物の》斑点の排列. **2** 《不純な》汚点, 汚辱. **3** 斑点をつける[のある]こと. 〖《*a*1450》*maculacion* □ L *maculātiō(n-)* a spotting ← *maculātus* (p.p.) ← *maculāre*: ⇨ maculate, -ation〗

mac·ule /mǽkjuːl/ *n.* **1** 〘印刷〙＝mackle. **2** ＝macula 2. ── *v.* ＝mackle. 〖《1483》□ F ～, *macule* // L ～: ⇨ mackle, macula〗

mac·u·li- /mǽkjʊlɪ̀, -li/ maculo- の異形 (⇨ -i-).

mac·u·lo- /mǽkjʊloʊ | -ləʊ/「点, 斑点 (spot)」の意の連結形. ★時に maculi-, また母音の前では通例 macul- になる. 〖← L *macula*: ⇨ macula〗

ma·cum·ba /məkúːmbə/ *n.* **1** マクンバ《ブラジルで行われるヴードゥー (voodoo) とキリスト教の混交した呪術》. **2** マクンバの音楽[踊り]. 〖《1939》□ Port. ～〗

ma·cush·la /məkúʃlə/ *n.* 《アイル》＝dear, darling. 〖《1887》□ Ir.Gael. *mo cuishle* my blood〗

Ma·cy's /méɪsiz/ *n.* メーシー(ズ)《New York 市 Broadway の Herald Square にある全米でも最大級のデパート》.

mad /mǽd/ *adj.* (**mad·der; mad·dest**) **1** 発狂した, 狂気の; 精神錯乱の: a ～ fit 精神錯乱の発作 / go [run] ～ 気がふれる / drive [send] a person ～ 人の気を狂わせる; 人を狂気のようにする. **2** ばかげた, 突飛な; 向こう見ずな; 非論理的な, 不合理な: a ～ enterprise, project, etc. / The plan is absolutely ～. その計画は全く無茶だ. **3** 《口語》〔…に〕怒って, 激怒して〔*at, about*〕: He was very ～ *at* her. 彼女にひどく腹を立てていた / I was rather ～ *at* missing my train. 列車に乗り遅れて実にいまいましかった. **4** 〔…に〕のぼせ上がって, 熱中して, 夢中になって〔*about, after, for, on*〕: be ～ *for* water 異常に水を欲しがる / go [run] ～ *after* [*over*] …に夢中になる / He is ～ *on* gambling. ばくちに夢中になっている / He is quite ～ *about* her. 彼女にのぼせ上がっている. **5** 非常に興奮した, 血迷った: ～ *with* pain [rage, joy, jealousy] 痛くて[腹が立って, うれしくて, 嫉妬で]気が狂うほどで / ～ *with* drink 酒で理性を失って. **6** 激しい, もの狂おしい, 猛烈な: ～ ravings [laughter] 支離滅裂なうわごと[げらげら笑い] / a ～ wind 烈風 / a ～ torrent 奔流 / in ～ haste めちゃくちゃに急いで. **7** はしゃいで, 大浮かれの: be in ～ spirits ばかに浮かれている / have a ～ time 浮かれてはしゃぐ. **8 a** 〈動物, 特に雄牛が〉狂暴な: a ～ bull. **b** 〈犬・馬など〉恐水病 (rabies) にかかった, 狂犬病の: a ～ dog 狂犬. **9** [しばしば複合語の第2構成素として] …に夢中の, …に熱中した: money-*mad*, music-*mad*, sex-*mad*, tennis-*mad*, etc.

(as) mád as a hátter ⇨ hatter 成句. **(as) mád as a (Márch) háre** ⇨ hare 成句. ***like mád*** 《口語》《異常に》激しく, 猛烈に, 夢中になって (furiously): run *like* ～ / He was snoring *like* ～. ぐーぐーいびきをかいていた. ***mád as a cút snáke*** 《豪口》狂気の, 気がふれた.

── *n.* 《米口語》かんしゃく, 立腹, 不機嫌.

hàve a mád on 《米俗語》〔…に〕腹を立てている〔*at*〕.

── *v.* (**mad·ded; mad·ding**) ── *vt.* 発狂させる; ひどく怒らせる. ── *vi.* 《古》気が狂う, ひどく怒る (cf. madding).

〖adj.: OE *ġemǣd(d)*, *ġemǣded* (p.p.) ← *ġemǣdan* to drive mad ← *ġemād* insane ＜ Gmc **ʒamaiðaz* (原義) changed (for the worse) (OHG *gameit* foolish) ← **ʒa-* 'Y-'＋**maiða-* (← ? IE **moitó-* (p.p.) ← **moi-*, **mei-* to change). ── v.: 《*a*1325》← (adj.)〗

mad. 《略》madam.

MAD /mǽd/ *n.* 相互確証破壊《核の攻撃を受けても報復できる核戦力を持つことが核抑止力として働くという理論》. 〖《1973》《頭字語》← *M(utual) A(ssured) D(estruction)*〗

ma·da·fu /mɑdɑ́ːfuː/ *n.* 《アフリカ東部》ココヤシの果汁. 〖← Swahili〗

Madag 《略》Madagascar.

Mad·a·gas·can /mæ̀dəgǽskən | -də-⁻/ *n.* マダガスカル人. ── *adj.* マダガスカルの; マダガスカル人(特有)の. 〖1886〗

Mad·a·gas·car /mæ̀dəgǽskə | -dəgǽskə(r)⁻/ *n.* マダガスカル《アフリカ南東岸沖 380 km にあるインド洋上の大島で, フランス共同体 (French Community) 内の共和国, もとフランスの植民地であったが, 1960 年独立; 面積 586,486 km², 首都 Antananarivo; 公式名 the Democratic Republic of Madagascar マダガスカル民主共和国》. ── *adj.* **1** マダガスカルの[からの, 風の]. **2** 〘生物地理〙＝Malagasy 3.

Mádagascar jásmine *n.* 〘植物〙マダガスカルシタキソウ (*Stephanotis floribunda*)《マダガスカル産のガガイモ科の常緑蔓(ﾂﾙ)性の植物で芳香のある白い花をつける; 温室栽培; cf. jasmine 1》.

Mádagascar périwinkle *n.* 〘植物〙ニチニチソウ, ニチニチカ (*Catharanthus roseus* syn. *Vinca rosea*)《キョウチクトウ科の多年草; 熱帯地方原産; vinblastine や vincristine などの抗癌剤の原料》. 〖1821〗

mad·am /mǽdəm | -dəm/ *n.* (*pl.* ～**s**, 《称号または呼び掛けとしては》**mes·dames** /meɪdɑ́ːm, -dǽm, ⁻⁻ | méɪdæm; *F.* medam/) **1** 奥様, 夫人. ★以前は Mrs. の代わりに姓の前につけて, 目上または高貴の既婚夫人への呼び掛けまたは敬称として用いたが, 今は既婚未婚の区別なく一般に女性に対する丁重な呼び掛け, あるいは Madam または Dear Madam として未知の女性あての手紙の書出しに用いる (cf. ma'am, Ms.). 日英比較 日本語の「マダムキラー」は和製英語. 英語では lady-killer という. **2** 《一家の》主婦, おかみさん. **3** 命令好きな女, 生意気な若い女. **4** 《売春宿の》おかみ. **5** 《廃》売春婦. 〖《1297》*madame* □ OF *madame* (F *madame*) my lady □ L *mea domina*: ⇨ dame〗

ma·dame /mədǽm, mæ-; (姓の前ではまた) mǽdəm | mǽdəm, mədǽm, -dɑ́ːm; *F.* madam/ *n.* (*pl.* **mes·dames** /meɪdɑ́ːm, -dǽm | méɪdæm, -dæmz, ⁻⁻; *F.* medam/, ～**s**) 夫人, 奥様. ★フランスでもと高貴の夫人に対する敬称として用いたが, 今は一般に既婚夫人に対する呼び掛けとして単独に, またはその姓や称号の前につけて用いる; 英国では外国夫人に適用する (略 Mme, *pl.* Mmes): *Madame* Dubois デュボア夫人 / *Madame* Curie キュリー夫人 / *Madame* la Barone 男爵夫人. 〖《1598–99》□ F ～: ↑〗

Mádame Bútterfly *n.* 蝶々夫人《長崎を舞台にした Giacomo Puccini の歌劇 (1904), その主人公》.

Màdame Tus·sáud's /-tusóuz, -tə-, -sɔ́ːdz, -sɑ́ːdz, túːsouz | -tusɔ́ːdz, -tju-, -tə-, -sə́ʊdz, -sə́ʊz/ *n.* (London の) タッソーろう人形館 (⇨ Marie TUSSAUD).

Mád Ánthony *n.* Anthony WAYNE のあだ名.

mad·a·pol·lam /mæ̀dəpɑ́(ː)ləm | -dəpɔ́l-/ *n.* (*also* **mad·a·pol·am** /～/) マダポラム綿布《キャラコ (calico) よりも厚地》. 〖《1832》← *Madapollam* (インドの原産地名)〗

mád ápple *n.* 〘植物〙**1** ナス (eggplant). **2** ＝thorn apple 1. 〖《1597》《なぞり》← NL *mālum insānum*〗

ma·dar /mədɑ́ə | -dɑ́ː(r)/ *n.* 〘植物〙＝mudar.

mad·a·ro·sis /mæ̀dəróusɪ̀s | -dərə́ʊsɪs/ *n.* 〘医学〙睫毛(ｼｮｳﾓｳ)眉毛(ﾋﾞﾓｳ)脱落症. 〖《1693》← NL ～ □ Gk *madárōsis* baldness ← *madarós* bald〗

Ma·da·ri·a·ga y Ro·jo /mɑ̀ːdəriɑ́ːgəiːróuhou | -dəriɑ́ːgəiːrə́ʊhəʊ; *Sp.* maðaɾjáɣairóxo/, **Salvador de** *n.* マダリアガイロホ (1886–1978; スペインの著述家・外交官; *Portrait of Europe* (1952)).

mád·bràin *n.* むこうみず, 無鉄砲な人. ── *adj.* ＝mad-brained. 〖*c*1570〗

mád-bráined *adj.* 激しやすい (hotheaded), 向こう見ずの. 〖《1577》: ⇨ ↑, -ed 2〗

mád·càp *n.* 向こう見ず; 《特に》無鉄砲な娘. ── *adj.* 向こう見ずの, 無鉄砲な (reckless): a ～ girl. 〖《1588》← MAD＋*cap* 《廃》head〗

mad ców disèase *n.* 《口語》狂牛病 (bovine spongiform encephalopathy) (略 BSE; cf. Creutzfeldt-Jakob disease). 〖1988〗

MADD /mǽd/ *n.* 《米》飲酒運転防止母の会. 〖《1981》《頭字語》← *M(others) A(gainst) D(runk) D(riving)*〗

mad·den /mǽdn̩/ *vt.* **1** 狂わせる. **2** 《狂ったように》怒らせる, 逆上させる, 荒れ狂わせる (⇨ anger SYN). ── *vi.* **1** 狂う. **2** 狂ったようにふるまう, たけり狂う (rage). 〖《1735》← MAD＋-EN¹〗

mád·den·ing /-dn-, -dn̩-/ *adj.* **1** 気を狂わせるような, 激させる, 腹立たしい. **2** 荒れ狂う, 狂暴な (furious). **～·ly** *adv.* **～·ness** *n.* 〖*a*1743〗

mad·der /mǽdə | -də(r)/ *n.* **1** 〘植物〙アカネ科アカネ属 (*Rubia*) の植物の総称; 《特に》セイヨウアカネ (*R. tinctorum*) (cf. munjeet). **2** アカネの根《アリニウム媒染で赤色を染める天然染料用, 主成分はアリザリン (alizarin), 古くは薬用》. **3** あかね(染料). **4** あかね色(赤黄色). ── *vt.* あかね染料で染める. 〖OE *mæd(e)re* ＜ Gmc **madraz* (OHG *matara* / ON *maðra*) ← IE **modhro-* dye plant〗

mádder láke *n.* **1** 濃い赤紫. **2** 〘化学〙マダーレーキ《もと, あかねの根からとった染料から作った赤色系顔料の総称; cf. rose madder》. 〖1822〗

Mad·die /mǽdi | -di/ *n.* マディー《女性名》. 〖(dim.) ← MADELEINE〗

mád·ding /-dɪŋ | -dɪŋ/ *adj.* 《詩・文語》**1** 気が狂った (mad); 気が狂ったような, 狂乱の (raving): Far from the ～ crowd's ignoble strife 醜い争いに狂う俗世間を遠く離れて (Gray, *Elegy*). **2** 気を狂わせる: a ～ anger 気も狂いそうな怒り. **～·ly** *adv.* 〖《1579》← MAD (v.)＋-ING²〗

mad·dish /mǽdɪʃ | -dɪʃ/ *adj.* 気がふれたような, 狂気じみた. 〖1573〗

mad·dle /mǽdl̩ | -dl/ 《英方言》*vi.* 発狂する, 気がふれる. ── *vt.* 発狂させる, 狂人のようにさせる: He was ～*d* by anxiety. 彼は不安のあまり狂人ようになってしまった. 〖《*c*1540》← MAD＋-LE³〗

mád-dòctor *n.* 《古》精神病専門医 (psychiatrist). 〖1703〗

mád-dòg skúllcap [wéed] *n.* 〘植物〙北米産シソ科タツナミソウ属の植物 (*Scutellaria lateriflora*)《これから採れる樹脂状物質はもと鎮痙(ﾁﾝｹｲ)剤に用いられた》.

made /méɪd/ *v.* make の過去形・過去分詞. ── *adj.* **1 a** 人工的に製作した, 人工の, 人造の: ～ fur 人造毛皮 / a ～ road 舗装道路. **b** 〈土地など〉造成した: ～ ground [earth, land] 造成地. **2** でっち上げた, 架空の, 虚構の: a ～ story 作り話. **3** [複合語の第2構成素として] **a** 体つきが…の: a slightly-*made* person やせ形の人. **b** …製の, …の作りの: a Swiss-*made* watch スイス製の時計. **4** いろんな材料を煮込んで調理した: ～ gravy 《肉汁だけでなく》特に調理したグレービー / a ～ dish 《肉・野菜・香料植物などで調理した》取合せ料理. **5** 《やや古》成功確実の: a ～ man 成功確実の人.

M

gèt* [*hàve*] *it máde 《口語》成功を確実にしている.
máde of móney 大金持ちの.
〘(1387)《中音消失》← ME *makede* < OE *macode* (pret.) & *ġemacod* (p.p.) ← *macian* 'to MAKE': cf. G *machte*〙

Ma·dei·ra[1] /mədíᵊrə, -déᵊrə | -díərə; *Port.* mɐðɐ́irɐ, *Braz.* madéiɾa/ *n.* **1** マデイラ: **a** アフリカ北西岸沖にある5島から成るポルトガル領群島; 行政上は Funchal と呼ばれる; 面積 797 km², 主都 Funchal. **b** 同群島中の主島; マデイラワインおよび果物を輸出する. **2** [the ~] マデイラ(川)《ブラジル西部から北東方に流れ Amazon 川に合流する大支流 (3,239 km)》. 〘□ Port. ~ 'wood, timber' < L *māteriam*: cf. matter: 同島が以前密林であったことにちなむ (cf. Holland)〙

Ma·dei·ra[2], **m-** /mədíᵊrə | -díərə/ *n.* マデイラ(ワイン)《Madeira 島産で sherry に似た芳香とこくのある強化白ワインで, 食後酒に用いる; 同島内以外で産するこれに似たワイン》. 〘(1584): ↑〙

Madéira càke *n.* マデイラケーキ《レモンで風味をつけた英国の伝統的なこってりしたスポンジケーキ》. 〘(1845) マデイラ酒と共に出すことから〙

Madéira víne *n.* 〘植物〙アカザカズラ (*Boussingaultia baselloides*)《熱帯アメリカ産の蔓(つる)植物; 芳香のある白い小花をつける》.

mad·e·leine /mǽdəlɪ̀n, -lèɪn, -dl̩- | -dəlɪn, -lèɪn, -dl̩-/ *n.* マドレーヌ《小さな貝殻型で焼いたスポンジケーキの一種》. 〘(1845) □ F ~ ← *Madeleine Paulmier* (19 世紀のフランスの菓子職人)〙

Mad·e·leine /mǽdəlɪ̀n, -lèɪn, -dl̩- | -dəlɪn, -lèɪn, -dl̩-/ *n.* マデレン《女性名》. ★ Madeline とともに Magdalene に取って代わりつつある. 〘《フランス語形》← MAGDALENE[1]〙

Ma·de·le·ni·an /mæ̀dəlíːniən, -dl̩- | -dəl-, -dl̩-ˈ—/ *adj.* 〘考古〙=Magdalenian.

Mad·e·line /mǽdəlɪ̀n, -dl̩- | -dəlɪn, -dl̩-/ *n.* マデレン《女性名》. 〘《変形》← MAGDALENE[1]〙

máde màst *n.* 〘海事〙寄木マスト, 組立てマスト, 合わせ材帆柱《いくつかの木材を組み合わせて作るマスト; built-up mast ともいう》. 〘1627〙

ma·de·moi·selle /mæ̀dəm(w)əzél, -dm(w)ə-, mæ̀məzél | mæ̀dəm(w)əzél, mæ̀m(w)ə-ˈ—; *F.* madmwazɛl/ *n.* (*pl.* **~s, mes·de·moi·selles** /mèɪdəm(w)əzél, -dm(wə)-, -m(w)ɑː-, -zélz | mèɪdəmwəzél, -zélz; *F.* medmwazɛl/) **1** …嬢, 令嬢. ★ 少女または未婚の女性・既婚女性に対するフランス風の敬称で姓に冠し, または呼び掛けとして用いる, 英語の Miss に当たる《略 Mlle, (*pl.*) Mlles; 英国ではフランス以外の外国の未婚女性にも用いるが, 特にフランス人女性の家庭教師に対して用いる (cf. Fräulein): *Mlle* Luce リュース嬢》. **2** フランス女性(家庭)教師 (a French governess). **3** 〘魚類〙=silver perch 1. 〘(c1450) □ F ~ ← (O)F *ma demoiselle* < VL *mea *dominicella* my young mistress: ⇨ madam, damsel〙

máde-óver *adj.* 作り直した[変えた], 改造した: a ~ hut 改造した小屋 / a ~ man 生まれ変わった(ような)人. 〘(1912) (p.p.) ← make over (⇨ make (v.) 成句)〙

mad·e·ri·za·tion /mæ̀dər̩ɪzéɪʃən | -dəraɪ-, -rɪ-/ *n.* マデイラ化《白ワインをマデイラワインのような琥珀(こはく)色に変え, カラメル風味が出るようにする一種の酸化》. 〘(1951) □ F *madérisation* ← *madériser* ← *Madère* 'MADEIRA[2]'〙

Ma·der·no /mɑːdéənoʊ | -déənəʊ; *It.* madérno/, **Carlo** *n.* マデルノ (1556-1629; イタリアの建築家).

Ma·de·ro /mədéroʊ | -rəʊ; *Sp.* maðéro/, **Francisco In·da·le·cio** /indalésjo/ *n.* マデロ (1873-1913; メキシコの革命家・政治家; 大統領 (1911-13); メキシコ革命の口火を切ったが, クーデターにより暗殺された).

máde-to-méasure *adj.* 〈服・ワイシャツ・靴など〉体に合わせて作った, あつらえの. 〘1960〙

máde-to-órder *adj.* **1** あつらえで作った, あつらえの, オーダー(メイド)の (custom-made) (cf. readymade). 日英比較 「オーダーメード」は和製英語. **2** ぴったりの, 快適な. 〘1921〙

made-up /méɪdʌ́pˈ—/ *adj.* **1** メーキャップした, 化粧した: a ~ complexion (おしろいなど塗って)こしらえた顔(色) / ~ lips 口紅をつけた唇. **2** 作った, こしらえた, でっち上げた (fabricated): a ~ story 作り話 / a ~ name 偽名. **3 a** まとめ上げた, 仕上がった; 既製品の: ~ clothes 既製服. **b** 〈ネクタイが〉(結ばなくてもすむように)結んである: a ~ tie 結びネクタイ. **4** 心が決まった, 決心した (resolved): a ~ mind 決心, 決意. **5** 〈印刷物がページ組みをした. **6** 〈古書など〉(落丁をさしはさんで)補修してある. **7** 《英》舗装した (paved): a good ~ road. **8** 《廃》完全な, 全くの (consummate): a ~ villain. 〘(1607) (p.p.) ← *make up* (⇨ make (v.) 成句)〙

máde-wórk *adj.* (不況の際, 雇用を増大させるために行う)造出仕事[事業]の: a ~ project 造出事業計画.

Madge /mǽdʒ/ *n.* マッジ《女性名》. 〘(dim.) ← MARGARET〙

Mád Hátter *n.* [the ~] マッドハッター《Lewis Carroll の *Alice's Adventures in Wonderland* に登場する頭のおかしい帽子屋》.

Mád Hátter's disèase *n.* 水俣(みなまた)病 (Minamata disease) (cf. hatter's shakes). 〘← *mad as a hatter*: ⇨ hatter's shakes〙

mád·hòuse *n.* 《口語》 **1** 精神病院. **2** てんやわんや(の状態[場面]). 〘1687〙

Mad·hya Bha·rat /mɑ́ːdjəbɑ́ːrət, mɑ́d-/ *n.* マディヤバラト《インド中部の旧州; 1956 年から Madhya Pradesh 州の一部》.

Mád·hya Prá·desh /-prɑ́ːdeʃ | -prədéʃ, -déɪʃ/ *n.* マドヤプラデシュ《インド中央部の一州; 面積 443,460 km²; 州都 Bhopal》.

má·di·a óil /mɑ́ːdiə- | -diə-/ *n.* 〘化学〙ひまわり油 (melosa の実から採る油で, オリーブ油の代用品). 〘1839〙

mad·i·son /mǽdəsən, -sn̩ | -dɪ̀-/ *n.* =Madison race.

Mad·i·son[1] /mǽdəsn̩ | -dɪ̀-/ *n.* マディソン《米国 Wisconsin 州南部にある同州の州都》. 〘← *James Madison*〙

Mad·i·son[2] /mǽdəsən, -sn̩ | -dɪ̀-/ *n.* マディソンダンス《1960 年代に流行したグループダンス》. 〘(1962) ← ?〙

Mad·i·son /mǽdəsən, -sn̩ | -dɪ̀-/, **Dol·ley** /dɑ́(ː)li | dɔ́li/ *n.* マディソン (1768-1849; James MADISON の妻; 旧名 Dorothea Payne).

Madison, James *n.* マディソン (1751-1836; 米国の政治家; 合衆国憲法を起草した会議 (1787) の指導的メンバー; 第 4 代大統領 (1809-17)).

Mádison Ávenue *n.* **1** マディソン街《New York 市 Manhattan の通り; Fifth Avenue の東隣り; 米国の広告業の中心地》. **2** 米国の広告業界.

Mádison ràce *n.* 〘自転車〙マディソンレース《通例二人一組でチームを組み, 交代しながらポイントを競うトラックレース》. 〘(1951) ↓: 最初にこのタイプのレースが行われた〙

Mádison Squáre Gárden *n.* マディソンスクエアガーデン《New York 市 Manhattan の Eighth Avenue にある屋内総合スポーツ競技場》. 〘← *Madison Square* 初期の所在地 ← *J. Madison*〙

Mádison Squáre (Párk) *n.* マディソンスクウェア(パーク)《New York 市 Madison Avenue 南端に面し, 5 番街と Broadway が交差するところにある公園》.

mád ítch *n.* 偽[仮性]狂犬病 (pseudorabies).

mad·ly /mǽdli/ *adv.* **1 a** 夢中になって, 熱烈に: He loves his new girlfriend ~. **b** 《口語》ものすごく, ひどく: a ~ high rent. **2 a** 気が狂って. **b** 猛烈に. **3** おろかに(も); 向こう見ずに. 〘(?c1200) *medliche*: ⇨ mad, -ly[1]〙

madm. 《略》madam.

mád·màn /-mən, -mæ̀n | -mən/ *n.* (*pl.* **-men** /-mən, -mèn/) **1** 狂人 (lunatic); 狂気じみた人. **2** ばか者; 向こう見ずな人; 血迷った男. 〘(c1330) *madmen*: ⇨ mad, man[1]〙

mád mòney *n.* 《口語》 **1** (女性が万一デートの相手とけんか別れして一人で帰る時のために用意してゆく)電車賃, 車賃(など). **2** (女性の衝動買いなどのための)「へそくり」. 〘1922〙

mad·ness /mǽdnɪ̀s/ *n.* **1** 狂気, 精神錯乱 (⇨ insanity SYN). **2** 熱狂, 狂喜, 夢中 (ecstasy): I love her to ~. 彼女に夢中だ. **3** 狂気じみたふるまい, 狂気の沙汰, 愚の骨頂: It approaches ~ to attempt such a thing. そんなことをしようとするとはまるで狂気の沙汰だ / ⇨ midsummer madness. **4** 狂暴, 激怒 (frenzy). **5** 狂犬病, 恐水病 (rabies). 〘1382〙

ma·do /méɪdoʊ | -dəʊ/ *n.* 〘魚類〙カゴカキダイ科の小さな海産魚 (*Atypichthys mado*)《茶色の縦縞のある, 黄色みをおびた魚; 豪州南部・ニュージーランド北部産》. 〘(1898) ← ? Aboriginal〙

Mad·oc /mǽdək | -dɒk/ *n.* マドック《男性名; 異形 Maddock, Madox》. 〘□ Welsh *Madog*: cf. *mad fortunate*〙

Ma·don·na[1] /mədɑ́(ː)nə | -dɔ́nə/ *n.* **1** [the ~] 聖母マリア (Virgin Mary), マドンナ. **2** (通例, 幼児キリストを抱いた)聖母マリアの画像[彫像]. **3** 《古》女性に対する敬称 (lady). **4** [m-] 《廃》 **a** 昔イタリアで用いた madame に当たる敬称《今は signora という》. **b** イタリアの女性.
Madónna and Chíld 〘美術〙幼いキリストを抱く聖母像, 聖母子(像).
〘(1584) □ It. ~ < OIt. *ma donna* ← *ma* (*mia* my の弱形)+*donna* lady: ⇨ madam, donna〙

Ma·don·na[2] /mədɑ́(ː)nə | -dɔ́nə/ *n.* マドンナ (1958- ; 米国のポップシンガー・女優; 本名 Madonna Louise Veronica Ciccone; *Like a Virgin* (1984) をヒットさせ一躍人気を得る).

Madónna lìly *n.* 〘植物〙マドンナリリー, ニワシロユリ, トキワユリ (*Lilium candidum*)《地中海原産の初夏に咲く芳香のある白花のユリ; 処女の象徴とされる》. ★「お告げ」の画では天使がこの花を聖母に捧げているところから Annunciation lily, Lent lily ともいう. 〘1877〙

mad·ras /mǽdrəs, mədrǽs, -drɑ́ːs | mədrɑ́ːs, -drǽs/ *n.* **1** マドラス木綿《縞または模様付きの薄い織物でシャツ・カーテンなどに用いる》. **2** 色染めの絹または綿製のターバン用布. — *adj.* マドラス木綿(製)の. 〘(1833) ← *Madras* (原産地名)〙

Ma·dras /mədrɑ́ːs, -drǽs/ *n.* マドラス: **1** インド Tamil Nadu 州の州都, Bengal 湾に臨む海港. **2** Tamil Nadu の旧名.

ma·dra·sah /mədrǽsə/ *n.* (*also* **ma·dra·sa** /~/) イスラム教寺院学校; イスラム教大学《ulama を養成するための高等教育施設》. 〘(1662) □ Arab. *madrasa* ← *darasa* to learn〙

Ma·dras·i /mədrɑ́ːsi, -drǽsi/ *n.* (*pl.* ~, ~**s**) マドラス (Madras) 人. 〘(1878) □ Hindi *madrasī* of Madras〙

ma·dre /mɑ́ːdreɪ; *Sp.* máðɾe/ *Sp. n.* (*pl.* ~**s** /~z; *Sp.* ~*s*/) =mother. 〘□ Sp. & It. ~ < L *mātrem* 'MOTHER[1]'〙

Ma·dre de Di·os /mɑ́ːdreɪdidióʊs | -didiɔ́s; *Am.Sp.* maðɾeðeðjós/ *n.* [the ~] マドレデディオス川《ペルー南東部に発し, ボリビア北部で Beni 川に合流する川 (1,448 km)》.

Mad·re·po·rar·i·a /mæ̀drəpəréᵊriə | mæ̀drɪ̀pəréər-/ *n. pl.* 〘動物〙(腔腸動物門花虫綱)イシサンゴ目. 〘← NL ~ ← *Madrepora* (↓)+-ARIA[1]〙

mad·re·pore /mǽdrəpɔ̀ə | mǽdrɪ̀pɔ̀ːʳ/ *n.* 〘動物〙ビワガライシ属 (*Madrepora*) のイシサンゴの総称《熱帯海域にサンゴ礁を造る》. **mad·re·por·ic** /mæ̀drəpɔ́ːrɪk | -drɪ̀-ˈ—/, **màd·re·pór·i·cal** /-rɪ̀kəl, -kl̩ | -rɪ-ˈ—/ *adj.* **mad·re·po·ri·an** /mæ̀drəpɔ́ːriən | -drɪ̀-ˈ—/ *adj., n.* **mad·re·po·rit·ic** /-pərítɪk | -rít-ˈ—/ *adj.* 〘(1751) □ F *madrépore* □ It. *madrepora* ← MADRE+*poro* (□ L *porus* 'PORE[1]')〙

mádreporic bódy [**pláte, túbercle**] *n.* 〘動物〙=madreporite.

mad·re·por·ite /mǽdrəpɔ̀ːraɪt | -drɪ̀-/ *n.* 〘動物〙多孔体, 多孔板, 穿孔体《棘皮動物の水管系中へ水を出入させる石灰性の小板》. 〘(1828-32): ⇨ madrepore, -ite[1]〙

Ma·drid /mədríd; *Sp.* maðɾí(ð)/ *n.* マドリード《スペイン中部にある同国の首都》. 〘□ Sp. ~ □ Arab. *Majrīt* (cf. ML *Majeritum*) ← ?〙

mad·ri·gal /mǽdrɪ̀gəl, -gl̩/ *n.* **1** 〘音楽〙 **a** マドリガル (15-17 世紀の世俗的な歌詞による無伴奏の多声重唱曲). **b** 歌 (song); (特に)パートソング (part-song). **2** (16 世紀ごろからイタリア・フランス・英国などで流行した)叙情短歌, 小恋歌. **mad·ri·gal·i·an** /mæ̀drɪ̀gǽliən, -géɪl-ˈ—/ *adj.* **mad·ri·gal·esque** /mæ̀drɪ̀gəlésk˝/ *adj.* 〘(1588) □ It. *madrigale* < LL *mātricālis* of the womb, simple ← *mātrix* 'womb, MATRIX'〙

mád·ri·gal·ist /-gəlɪ̀st, -gl̩- | -gəlɪst, -gl̩-/ *n.* マドリガル作者[歌手]. 〘1789〙

Mad·ri·le·ña /mæ̀drəléɪnjə | -drɪ̀-; *Sp.* maðɾiléɲa/ *n.* (*pl.* ~**s**) マドリード (Madrid) の女性(住民). 〘(1866) □ Sp. ~ (fem.) ← MADRILEÑO〙

ma·dri·lene /mæ̀drəlén, -léɪn | -drɪ̀-; *F.* madʁilɛn/ *n.* マドリレーヌ《トマトで味付けしたマドリード風のコンソメ; 冷やして出すことが多い》. 〘(1907) □ F (*consommé*) *madrilène* (原義) Madrid consommé〙

Mad·ri·le·ni·an /mæ̀drəlíːniən | -drɪ̀-ˈ—/ *adj. n.* マドリード人(の). 〘(1841) ← Sp. *Madrileño, -ña* of Madrid〙

Ma·dri·le·ño /mæ̀drəléɪnjoʊ | -drɪ̀léɪnjəʊ; *Sp.* maðɾiléɲo/ *n.* (*pl.* ~**s**) マドリード (Madrid) 人, マドリードの住民. 〘(1832) □ Sp. ~ ← MADRID〙

ma·dro·ña /mədróʊnjə | -drə́ʊ-; *Sp.* maðɾóɲa/ *n.* 〘植物〙マドローニャ (*Arbutus menziesii*)《米国太平洋岸に産するツツジ科イチゴノキ属の常緑樹; 材質が堅くて樹皮は滑らか; その赤い実 (madroña apples) はアメリカインディアンが食用にする》. 〘(1850) □ Sp. & Mex.-Sp. *madroño* strawberry tree □ L *mātūrus* ripe: cf. mature, maduro〙

ma·dro·ne /mədróʊnə | -drə́ʊ-/ *n.* 〘植物〙=madroña.

ma·dro·ño /mədróʊnə | -drə́ʊ-/ *n.* (*pl.* ~**s**) 〘植物〙=madroña.

mád scíentist *n.* 科学を悪用する科学者《怪奇・SF 映画などで類型的に悪役として描かれる》. 〘1940〙

mád stággers *n. pl.* [単数または複数扱い] 〘獣医〙=stagger 4 a. 〘1737〙

mád·stòne *n.* 《米》毛球, 胃石《鹿の胃腸内の無機塩 (mineral salt) の結石》. 〘(1864): 狂犬などの動物 (mad animal) に咬まれたとき傷の上におくと直ると信じられていたことから〙

mád·tóm *n.* 〘魚類〙北米産のナマズ目イクタルルス科のうちの *Noturus* 属の魚類の総称. 〘← MAD+TOM[1] 2〙

Ma·du·ra /mədúᵊrə | -djúər-, -dúər-/ *n.* マドラ(島)《インドネシア Java 島北東岸沖にある島; 香料・砂糖・たばこを産する; 面積 5,300 km²》. **Ma·du·rese** /mæ̀dʊríːz, -ríːs | -djʊríːz, -dʊ-ˈ—/ *adj., n.* (*pl.* ~).

Ma·du·rai /mɑ̀ːdʊráɪ | mæ̀djʊráɪ/ *n.* マドゥライ《インド南部 Tamil Nadu 州の都市; 旧名 Madura /mǽdʒʊrə | -djʊ-/》.

ma·du·ro /mədúᵊroʊ | -dúərəʊ; *Sp.* maðúɾo/ *adj.* 〈葉巻が〉濃褐色で味の強い (cf. claro, colorado). — *n.* (*pl.* ~**s**) 濃褐色で味の強い葉巻. 〘(1850) □ Sp. ~ 'ripe, mellow' < L *mātūrum* 'MATURE'〙

màd·u·ro·mycósis /mæ̀dʒʊroʊ- | -djʊrə(ʊ)-/ *n.* 〘病理〙マズラ足, 足菌腫, マズラミコーシス. 〘(1916) ← NL ~ ← *Madura* 'Madurai'+-o-+MYCOSIS〙

mád·wòman *n.* (*pl.* **-women**) 気のふれた女, 狂女; 狂気じみた女. 〘1622〙

mád·wòrt *n.* 〘植物〙 **1** ニワナズナ (sweet alyssum). **2** アブラナ科 *Alyssum* 属および *Lobularia* 属のニワナズナの類雑草の総称. **3** =GOLD of pleasure. 〘(1597) (なぞり) ← L *alyssum* ← Gk *álusson*: ⇨ mad, wort[2]: 狂気に効き目があると信じられていたことから〙

mad·zoon /mɑːdzúːn/ *n.* =matzoon.

mae[1] /méɪ/ *adj., adv., n.* 《スコット》=more[1].

mae[2] /mé(ː), méɪ/ *n., vi.* (**maed; mae·ing**) 《スコット》=baa. 〘1728〙

Mae /méɪ/ *n.* メイ《女性名》. 〘《変形》← MAY[2]〙

MAE 《略》Master of Aeronautical Engineering; Master of Aerospace Engineering; Master of Art Education; Master of Arts in Education; Master of Arts in Elocution.

Mae·an·der /miǽndə | -ǽndəʳ/ *n.* Menderes 1 の古称.

Mae·ce·nas[1] /miːsíːnəs, mɪ̀- | maɪsíːnæs, miː-, -nəs/, **Gaius Cil·ni·us** /sílniəs/ *n.* マイケナス (73 または 63-8 B.C.; 古代ローマの政治家; Horace および Virgil の後援者). 〘□ L *Maecēnās*〙

Mae·ce·nas[2] /miːsíːnəs, mɪ̀- | maɪsíːnæs, miː-, -nəs/ *n.* 芸術・文学・音楽等の保護者. 〘↑〙

MAEd 《略》Master of Arts in Education.

mae·di /méɪdi | -di/ n. 〘獣医〙マエディ《呼吸器症状として発現するヒツジの進行性肺炎; cf. visna》. 〖(1952) ◻ Icel. *mæði* shortness of breath, exhaustion〗

mael·strom /méɪlstrəm, -strɑ(ː)m | -strɔm, -strəm, -strəʊm/ n. **1** 大渦巻. **2** 動乱, 大混乱, 大動揺 (turmoil). **3** [the M-] モスケンの大渦巻《ノルウェー北西方, 北氷洋の Lofoten 諸島中の 2 島 (Mosken-esøy, Mosken) の間に実在する大渦巻; 船がその中に入ると吸い込まれると信じられており, E. A. Poe がこれを材料にして *A Descent into the Maelstrom* を書いた》. 〖((a1560)) (1682) ◻ Du. *maalstroom*, 《古形》*maelstrom* grinding stream ← *malen* to grind, whirl (cf. meal²)+*stroom* 'STREAM'〗

Mael·zel /méɪltsəl, -tsl; G. mɛ́ltsl/, **Johann Ne·po·muk**/né:pomuk/ n. メルツェル《1772–1838; ドイツの音楽機械発明家; metronome を考案 (1816)》.

mae·nad /míːnæd/ n. **1** [しばしば M-] 酒神 Bacchus の巫女(ﾐｺ). **2** 熱狂した[狂乱した, 取り乱した]女. **mae·nad·ic** /miːnǽdɪk | -dɪk/ adj. **mae·nad·i·cal·ly** adv. **mae·nad·ism** /míːnædɪzm/ n. 〖(1579) ◻ L *maenad-*, *maenas* ◻ Gk *mainás* madwoman ◻ *mainesthai* to rage: ⇨ mania: cf. mind〗

MAeroE 《略》Master of Aeronautical Engineering.

mae·sto·so /maɪstóʊsoʊ, -zoʊ | -stə́ʊsəʊ, -zəʊ; It. maestó:zo/ 〘音楽〙adj., adv. 荘厳な[に]. — n. 荘厳な曲[楽章]. 〖(1724) ◻ It. ~ 'majestic' ← *maestà* ◻ L *mājestās* 'MAJESTY'〗

maestri n. maestro の複数形.

Maes·tricht /máːstrɪkt, -trɪxt; Du. maːstríçt/ n. = Maastricht.

mae·stro /máɪstroʊ | -strəʊ; It. maéstro/ n. (pl. ~s, **mae·stri** /-striː | -stri; It. -tri/) **1 a** (音楽の)名家, 名作曲家, 名指揮者, 名教師. **b** (芸術の)名人, 巨匠. **2** [M-] 芸術上の巨匠に対する尊称, マエストロ《呼掛けにも用いる》. 〖(1724) ◻ It. ~ < L *magister* 'MASTER¹'〗

máestro di cap·pél·la /-di:kəpélə; It. -dikappélla/ n. (バロック時代イタリアの王宮付きの)楽団指揮者. (cf. Kapellmeister). 〖(1724) ◻ It. ~ 《原義》'master of the chapel'〗

Mae·ter·linck /méɪtəlɪŋk, mét-, | méɪtə-; F. mɛtɛʀlɛ̃:k; Flem. má:tərlɪŋk/, Count **Maurice** n. メーテルリンク《1862–1949; ベルギーの劇作家・随筆家・詩人; Nobel 文学賞 (1911); *L'Oiseau bleu* (*The Blue Bird*) (1909)》. **Mae·ter·linck·ian** /mèɪtəlíŋkiən, mèt- | mèɪtə-⁻/ adj.

Maeve /méɪv/ n. 〘アイル伝説〙メイブ《Connacht の女王, 勇武をもって知られる; Medb /méɪv/ ともいう》. 〖◻ MIr. *Medb* (Ir. *Meadhbh*)〗

Mae West, m- w- /méɪwést/ n. **1** 《俗》(第二次大戦当時, 海上に不時着水した飛行士が使った)救命チョッキ[胴衣]《炭酸ガスを発生する小薬包 2 個によって膨らまされたチョッキ; cf. life jacket》. **2** 〘ヨット〙=parachute spinnaker. 〖(1940) ← *Mae West* (1892–1980): この米国女優の豊満な乳房の形にたとえたもの〗

Maf·e·king /mǽfəkɪŋ/ n. Mafikeng の旧名.

MAFF 《略》《英》Ministry of Agriculture, Fisheries, and Food 農漁食糧省. 〖1957〗

Maf·fé·i gálaxy /mɑːféɪ(ː)- | -féɪː-; It. maffé:i-/ n. 〘天文〙マッフェイ銀河《ペルセウス座とカシオペア座の間の二つの小銀河 (Maffei 1 と Maffei 2) の一つ; 赤外線でしか見えない》. 〖← *Paolo Maffei* (イタリアの天文学者)〗

Maf·fi·a /máːfiə, mǽf- | mǽf-, máː-/ n. =Mafia.

maf·fick /mǽfɪk/ vi. 《英》(国家的祝賀の際に)お祭り騒ぎをして喜び祝う. **~·er** n. 〖(1900) 《異分析・逆成》← MAFEKING: 1900 年 5 月 17 日 Mafeking が Boer 軍の包囲から救われた時, 英国民が熱狂的に喜び祝ったのを一新聞記者がこう表現したことから〗

Ma·fi·a /máːfiə, mǽf- | mǽf-, máː-; It. máːfja/ n. (also **Maffia**) [単数または複数扱い] **1** [the ~] マフィア: **a** 麻薬の密売・ゆすり・賭場の支配などを行う世界的な暴力組織. **b** 政治的テロリストの秘密結社. **2 a** [m-] (もとイタリアの Sicily 島での)法律と秩序に対する組織的反抗. **b** (19 世紀に Sicily 島にあった)反政府的秘密結社 (cf. Camorra). **3** [m-] (ある組織内の排他的な)活動グループ, 有力集団 (clique). **4** [m-] (法律に対する)遵背心, 反抗精神. 〖(1875) ◻ It. *maf(f)ia* ← Sicilian 《方言》*mafia* boldness, bravery ◻ ? Arab. *máḥyaʰ* boasting〗

maf·ic /mǽfɪk/ adj. 〘地質〙苦鉄質の《火成岩中にマグネシウム・鉄分を多く含んでいる場合に用いる》. 〖(1912) ← MA(GNESIUM)+L *f(errum)* iron+-IC¹〗

Maf·i·keng /mǽfəkèŋ/ n. マフィケング《南アフリカ共和国北部の町, 旧 Bechuanaland (現在 Botswana) の政庁所在地; cf. maffick; 旧名 Mafeking /-kɪŋ/》.

Ma·fi·o·so /mɑ̀ːfióʊsoʊ, mæ̀f-, -zoʊ | mæ̀fiə́ʊsəʊ, mɑ̀ː-, -zəʊ; It. mafjóːzo/ n. (pl. **-fi·o·si** /-siː, -ziː; It. -zi/) [ときに m-] Mafia の一員. 〖(1875) ◻ It. ~: ⇨ Mafia〗

ma foi /máːfwáː, F. mafwa/ F. int. **1** 誓って, ほんとに. **2** いや驚いた. 〖(c1400) ◻ F ~ 《原義》my faith〗

maf·tir /máːftɪə | -tɪə^(r)/ 〘ユダヤ教〙 **1** 礼拝でモーセ五書 (Torah) の後に朗読される預言者 (the Prophets) の箇所 (cf. Parashah). **2** maftir を朗読する人. 〖◻ ModHeb. *maftír* < MHeb. *maphṭír* ← *piṭṭēr* to dismiss〗

mag¹ /mǽg/ n. 《口語》雑誌. 〖(1801) 《略》← MAGAZINE〗

mag² /mǽg/ 《略》n. 《口語》〘電気〙=magneto: *mag*-generator =magnetogenerator.

mag³ /mǽg/ 《英方言》n. **1** 〘鳥類〙=magpie 1. **2** おしゃべり. — vi. 《豪口語》しゃべる, 早口でぺらぺら無駄口をたたく. 〖(a1778) 《略》← MAGPIE〗

mag⁴ /mǽg/ n. 《英俗》半ペニー(貨). 〖(1781) ← ?〗

mag⁵ /mǽg/ n. =mag wheel.

Mag /mǽg/ n. マグ《女性名》. 〖(c1410) (dim.) ← MARGARET〗

mag. 《略》magazine; magnesia; magnesium; magnet; magnetic; magnetism; magneto; magnitude (of a star).

ma·ga /máːgə/ adj. 《カリブ》〈人・体の部分が〉とてもやせた.

Ma·ga·dha /mágədə | -də/ n. マガダ《Ganges 川中流域の南岸 (現 Bihar 州南部) にあった古代王国; 前 6 世紀から 1000 年以上にわたり北インドの政治・経済・文化の中心で, 前 3 世紀 Maurya 朝の Asoka 王の時代に最盛期を迎えた》.

Ma·ga·di /məgáːdi | -di/, **Lake** n. マガディ湖《ケニア南部の塩湖; 大地溝帯の中に位置し, 天然ソーダが採掘される》.

Ma·ga·hi /mágəhi/ n. マガヒー語《インド東部の Bihar 州で使用される言語; ビハール語 (Bihari) の方言とされる》.

ma·gai·nin /məgéɪnɪ̣n | -nɪn/ n. 〘生化学〙マガイニン《ツメガエルの皮膚から分離された抗菌性のペプチド》. 〖(1987) ← Heb. *māgēn* shield: ⇨ -IN²〗

Ma·ga·lla·nes /mɑ̀ːgəjáːnəs; Am.Sp. mayajánes/ マガヤネス (Punta Arenas の旧名).

mag·a·log, -logue /mǽgəlɔ̀(ː)g, -lɑ̀(ː)g | -lɔ̀g/ n. (通信販売[ダイレクトメール]の)雑誌形式のカタログ, カタログ誌. 〖(1978) 《混成》← MAGAZINE+CATALOG〗

mag·a·zine /mǽgəzìːn, ⏑⏑⏑ | ⏑⏑⏑, ⏑⏑⏑/ ★ /⏑⏑⏑/ のアクセント型は England 北部では普通だが, 南部では少ない. n. **1** 〖(1731) 「知識の庫」の意から〗 **a** 雑誌, マガジン. 〔日英比較〕日本語の「雑誌」は週刊誌や漫画誌などの他に通例専門誌, 学術誌, 紀要なども含むが, 英語では専門誌等は journal とよんで区別する. ⇨ book 〔日英比較〕. **b** 《ジャーナリズム》(通例, 日曜版の新聞の)文芸作品や評論などを載せてある欄[ページ]. **c** 〘テレビ・ラジオ〙時事トピックをはさんだニュース番組; バラエティー番組. **2 a** (軍需品・食糧などの)倉庫. **b** (要塞・軍艦の)火薬庫, 弾薬庫. **3** (連発銃などの)弾倉. **4** (燃料自給ストーブの)燃料室, 貯炭室. **5** [集合的] 軍需品; 武器弾薬. **6** 〘写真〙マガジン (フィルム巻取り枠). 〖(1583) ◻ OF *magazin* (F *magasin*) storehouse ◻ It. *magazzino* ◻ Arab. *makhāzin* (pl.) ← *mákhzan* storehouse ← *kházana* to store up〗

mágazine gùn n. 連発銃. 〖1744〗

mágazine prògram n. =magazine 1 c.

mágazine stòve n. 燃料自給[貯炭式]ストーブ. 〖1875〗

mág·a·zin·ist /-nɪ̣st | -nɪst/ n. 雑誌編集者; 雑誌寄稿家. 〖1821〗

Mag·da /mǽgdə/ n. マグダ《女性名》. 〖◻ G ~ (dim.) ← *Magdalena* 'MAGDALEN²'〗

Mag·da·la /mǽgdələ, -dlə | mǽgdələ, -dlə, mægdáːlə/ n. マグダラ《パレスチナ (Palestine) 北部 Galilee 湖西岸にあった町; Mary Magdalene の生地; cf. *Luke* 8: 2》. 〖(1875) ◻ Aram. *Maghdᵉlā* 《原義》tower ← *gᵉdhál* to become great〗

Mag·da·len¹ /mǽgdəlɪ̣n, -dl-/ n. =Magdalene¹.

Mag·da·len² /mǽgdəlɪ̣n, -dl-/ n. マグダレン《女性名》. 〖《変形》← MAGDALENE〗

Mag·da·le·na /mæ̀gdəléɪnə, -líː-⁻; Sp. mayðaléna/ n. [the ~] マグダレナ(川)《南米コロンビア南西部から北流してカリブ海に注ぐ川; 1,600 km》.

Mágdalena Báy n. マグダレナ湾《メキシコ北西部, カリフォルニア半島南部にある太平洋の入江》.

Mágda·len Cóllege /mɔ́ːdlɪ̣n-, máːd- | mɔ́ːdlɪn/ n. モードレン学寮《英国 Oxford 大学の学寮の一つ; 1458 年創立, 正式には St. Mary Magdalen College; cf. Magdalene College》.

Mag·da·lene¹ /mǽgdəlìːn, -lɪ̣n, -dl-, mæ̀gdəlíːnə | mæ̀gdəlíːni, mǽgdəlìːn, -lɪn, -dl-/ n. **1** [the ~] = Mary Magdalene. **2** [m-] **a** 《古・文》更生した売春婦. **b** 《英・まれ》売春婦更正施設. 〖(c1390) ME *Magdaleyne* ◻ LL (*Maria*) *Magdalēnē* ◻ Gk (*María*) *Magdalēnḗ* '(Mary) of MAGDALA'〗

Mag·da·lene² /mǽgdəlìːn, -lɪ̣n, -dl- | -dəlìːn, -lɪn, -dl-/ n. マグダレン《女性名; 愛称形 Maddie, Magda; 異形 Madeleine, Madelene, Magdalen》. 〖↑〗

Mágda·lene Cóllege /mɔ́ːdlɪ̣n-, máːd- | mɔ́ːdlɪn-/ n. モードレン学寮《英国 Cambridge 大学の学寮の一つ; 1542 年創立; cf. Magdalen College》.

Mag·da·le·ni·an /mæ̀gdəlíːniən⁻/ adj. 〘考古〙マドレーヌ期(文化)の (cf. Paleolithic): the ~ period マドレーヌ期《主にヨーロッパ西部における旧石器時代の最後期; 紀元前 15,000–10,000 頃》. — n. マドレーヌ文化. 〖(1885) ◻ F *Magdalénien* ← *La Magdeleine* (その文化を物語る石器類が最初に発掘されたフランス中西部の地名): ⇨ -ian〗

Mag·de·burg /máːgdəbə̀ːg, mǽgdəbʊ̀əg | mǽgdəbə̀ːg; G. mákdəbʊʁk/ n. マグデブルク《ドイツ中部 Elbe 川に臨む商工業都市》.

Mágdeburg hémisphere n. 〘物理〙マクデブルク半球《金属製の半球; これを 2 個向かい合わせに密着させて中の空気を抜き, 大気圧の実験に用いる; 1650 年ドイツ Magdeburg の物理学者で市長の Otto von Guericke が初めてこれを作り, 両方に 8 頭ずつの馬をつけて引き離そうとしたが離れなかったという》. 〖1815〗

mage /méɪdʒ/ n. 《古》魔法使い; 魔術師. 〖(c1400) ◻ L *magus* magician: ⇨ Magus: cf. F *mage*〗

Ma·gee /məgíː/ n. 〘商標〙マギー《米国製のカーペット》.

Ma·gel·lan /mədʒélən | -gél-, dʒél-/, **Ferdinand** n. マゼラン《1480?–1521; ポルトガルの航海家; Magellan 海峡および Philippines 諸島の発見者 (1520), Pacific Ocean の横断に初めて成功し, その命名者; ポルトガル名 Fernão de Magalhães /Port. fuɾnɐ̃ũdɯmɐɣɐʎɐ̃ĩʃ/》. **Mag·el·lan·ic** /mæ̀dʒəlǽnɪk | -gə-, -dʒə-⁻/ adj.

Magellan /mədʒélən | -gél-, -dʒél-/, **the Strait of** n. マゼラン海峡《南米大陸南端と Tierra del Fuego 諸島との間にある大西洋と太平洋を結ぶ海峡; 長さ 600 km, 幅 3–32 km》.

Mágellanic Clóud /mæ̀dʒəlǽnɪk- | -gə-, -dʒə-/ n. [通例 pl.] 〘天文〙マゼラン雲《天の南極から約 20° の点に見える明るい雲状の天体; 我々の銀河系のすぐ近くにある銀河系外星雲; 大マゼラン雲 (Large Magellanic Cloud) と小マゼラン雲 (Small Magellanic Cloud) との二つからなる》. 〖1685–86〗

Ma·gen Da·vid /mɔ́ːgəndɔ́ːvɪ̣d, máː- | -déɪvɪd, mɑ̀ːgendɑːvíːd/ n. 〘ユダヤ教〙ダビデの星《6 光芒(ｺｳﾎﾞｳ)の星 (hexagram) でユダヤの諸王の王章; Star of David, Shield of David ともいう; cf. Solomon's seal》. 〖(1904) ◻ Heb. *māghēn Dāwīdh* shield of David〗

Magen David

ma·gen·ta /mədʒéntə | -tə/ n. **1** マゼンタ, フクシン (fuchsin) 《塩基性染料》. **2** マゼンタ色《深紅色》. — adj. マゼンタ色の: a girl with a ~ nose (寒さで)鼻の赤くなった少女. 〖(1860): 1859 年 *Magenta* (イタリア北部 Milan 西方の町) の戦い後間もなくこの染料が発見されたことにちなむ: cf. solferino〗

Ma·ger·öy /máːgərɔ̀ɪ; Norw. máːgərøy/ n. マーゲロイ(島)《ノルウェー北端沖の島; その北端が North Cape》.

mag·gid /mǽgɪ̣d | -gɪd/ n. (pl. **mag·gi·dim** /-dɪ̣m | -dɪm/, ~s) 〘ユダヤ教〙(特にポーランド・ロシアにおける)巡回説教師. 〖(1892) ◻ Heb. *maggīdh* narrator〗

mag·gie /mǽgi/ n. 《豪俗》=magpie. 〖1825〗

Mag·gie /mǽgi/ n. マギー《女性名; 異形 Maggy》. 〖(dim.) ← MARGARET〗

Mággie's dràwers /-drɔ́ːəz | -drɔ́ːz/ n. pl. 《軍俗》標的をはずれた射撃(に対して振られる赤旗); 《軍俗》へたな射撃. 〖1936〗

Mag·gio·re /mədʒɔ́ːri | mædʒɔ́ːreɪ, -ri, mæ̀dʒiɔ́ː-; It. maddʒóːre/, **Lake** n. マッジョーレ湖《イタリアとスイスにまたがる湖; 面積 212 km²》.

mag·got /mǽgət/ n. **1** 蛆(ｳｼﾞ), 蛆虫《特に, 腐敗物中に生じる各種のハエの幼虫; cf. larva 1》. **2** 《まれ》気まぐれ, 空想, 奇想: He's got some ~ in his head [brain]. 気まぐれな考え[空想]を抱いている / when the ~ bites 気が向いた時に, 気まぐれに. 〖(a1398) *magot* 《変形》← *maddo(c)k*, *mathek* ◻ ON *maðkr* (cf. OE *maþa*) < Gmc **maþon*, **maþō* (OE *maða* / OHG *mado* / Goth. *maþa*) ← IE **math-* worm: cf. moth〗

mággot-pie n. 《廃・方言》=magpie.

mag·got·y /mǽgəti | -ti/ adj. **1** 蛆だらけの. **2** 《英・古》気まぐれな. **3** 《俗》へべれけの, 酔っ払った. **4** (also **mág·got·ty**) 《豪俗》立腹した. 〖(1667): ⇨ ↑, -y¹〗

Mag·gy /mǽgi/ n. マギー《女性名》. 〖(dim.) ← MARGARET〗

Magh /máːg/ n. マーグ(の月)《ヒンズー暦の月名の一つで, 太陽暦の 1–2 月に当たる; cf. Hindu calendar》. 〖◻ Skt *māgha*〗

Ma·ghreb /mágrəb | máːgrɛb, mǽg-, mʌ́g-/ n. (also **Ma·ghrib** /-grɪ̣b | -grɪb/) マグレブ《アフリカ北西部地中海沿岸の一地方, モロッコ・アルジェリア・チュニジア三国にまたがる》. **Má·ghre·bi** /-grəbi | -grɛ-/, **Má·ghri·bi** /-grɪ̣- | -grɪ-/ adj., n.

Ma·gi /méɪdʒaɪ | -dʒaɪ, -gaɪ/ n. pl. (sing. **Ma·gus** /méɪgəs/) **1** [the ~] 〘聖書〙東方の三博士 (Wise Men of the East) (⇨ wise man). **2** マギ族《ゾロアスター教の系統を引く古代メディア (Media) およびペルシャの拝火教の僧侶階級》. **3** [m-] 魔術師; 占星家. 〖(?c1200) ME *magy* ◻ L *magi* (pl.): ⇨ Magus〗

Ma·gi·an /méɪdʒiən/ adj. **1** 〖1578〗マギ族 (Magi) の. **2** [m-] 魔術の. — n. [m-] 魔術師. 〖(1578): ⇨ ↑, -an¹〗

Má·gi·an·ìsm /-nìzm/ n. (古代ペルシャの)マギ教《ゾロアスター教系の拝火教》. 〖1716〗

mag·ic /mǽdʒɪk/ n. **1 a** 魔法, 魔術, 呪術(ｼﾞｭｼﾞｭﾂ)《降雨・生死・病気治癒などを左右する力があるという神秘な術》: ⇨ black magic, natural magic, white magic / as (if) by ~ 魔法のように, 不思議に. **b** [pl.] 魔法[魔術]信仰(の慣習); 魔術的祈禱; 幻術. **2** 奇術, 手品: use ~ 手品を使う. **3** 不思議な力, 魔力: the ~ of music [poetry, scenery] 音楽[詩歌, 風景]の不思議な魅力 / the ~ of words 言葉の魔力 / the ~ of numbers 数字の魔力 (Sir Thomas Browne の文句より).

like mágic たちどころに, あっという間に: act *like* ~ 〈薬・まじない・忠告などが〉不思議によく効く.

— adj. [限定的] (cf. magical) **1** 魔法[魔術]の[に関する]; 奇術の; 魔法[奇術]による: ~ arts 魔術 / ~ rites 魔法の儀式 / ~ words 魔法の呪文(ｼﾞｭﾓﾝ) / be bound by a ~ spell 魔法にかかる. **2** 魔法のような, 不思議な; (不思議なほど)魅力のある, 妖(ｱﾔ)しいまでに美しい: ~ beauty 心を奪うような美しさ / a ~ land [scene] (夢のように美しい)魔法の国[場面] / the ~ influence of the past 過去の魅力.

3 《主に英口語》すばらしい, すてきな: This new CD is really ～. この新しい CD はほんとに最高だ.
— *vt.* (**mag·icked** /～t/; **-ick·ing**) …に魔法をかける. ***mágic awáy*** 《英》手品[魔法]で消す. ***mágic from* [*òut of*]** 手品[魔法]で…から出す. ***mágic úp*** 《英》魔法で[をかけたように]呼び出す.
〖n.: (*c*1380) *magik(e)* □ OF *magique* □ LL *magicē* □ Gk *magikḗ* (*tékhnē*) magic (art) (fem.) ← *magikós* Magian, magician ← *mágos* 'MAGUS'. — adj.: (*a*1393) □ (O)F *magique* □ L *magicus* □ Gk *magikós*: cf. main¹, may¹, might². — v.: (1906) ← (n.)〗

SYN 魔法: **magic** 超自然的な力を使って不思議な効果を生じさせる術: black *magic* 黒魔術. **witchcraft** 人々に病気や事故を起こさせる魔女の術. **sorcery** 悪霊の力を借りて魔法を行う術. **thaumaturgy** 奇跡・魔術を行うこと[技術]. **witchery** *witchcraft* と同義であるが格式ばった語; 雄弁や美の魔力. **wizardry** 男の魔法使いが使う術; 異常な能力. **necromancy** 死霊を呼び出して未来を予知する術. **alchemy** 卑金属を黄金に変えるとされた中世の錬金術.

mág·i·cal /-dʒɨ̀kəl, -kl | -dʒɪ-/ *adj.* 魔術的な; 不思議な: The effect was ～. 効果はてきめんだった. ★ magical は叙述的にも限定的にも用いるが, magic は通例叙述的には用いない. 〖(1555): ⇨ ↑, -al¹〗

mág·i·cal·ly *adv.* 魔法で, 魔術(にかかったか)のように, 不思議に(も). 〖1605〗

mágical réalism *n.* =magic realism. 〖1937〗

mágical réalist *n.* =magic realist. 〖1981〗

mágic búllet *n.* **1** 魔法の弾丸《病原菌や癌細胞だけを攻撃する薬剤》. **2** (問題解決の)特効薬. 〖1940〗

mágic cárpet *n.* (アラビアンナイトなどに出る)魔法のじゅうたん. 〖1897〗

Mágic Chéf *n.* 〖商標〗マジックシェフ《米国製のシステムキッチン・電子レンジ・食器洗い機・冷蔵庫など》.

mágic círcle *n.* 魔法の円《魔法使いが地面に描いた円で, その中では悪魔も魔力を失う: cf. pentacle 1, hexagram 1》. 〖1797〗

Mágic Éye *n.* **1** 〖商標〗マジックアイ《真空管の一種で, ラジオの受信機が受信電波に同調しているかどうかを示す同調指示管》. **2** [m- e-]《口語》光電池 (photoelectric cell). 〖1936〗

Mágic Flúte *n.* [The ～]「魔笛」《Mozart 作の歌劇 (1791); 原題 Die Zauberflöte /tsáubɐfløːtə/》.

ma·gi·cian /mədʒíʃən/ *n.* **1** 魔法使い (wizard). **2** 手品師, 奇術師 (conjurer). **3** (技術などが)魔法使いのような人: a word ～ 言葉の魔術師. **Magícian of the Nórth** [the —]「北方の魔術師」《Sir Walter SCOTT のあだ名》. 〖(*c*1375) □ (O)F *magicien*: ⇨ magic, -ian〗

mágic lántern *n.* (初期のスライド用)幻灯 (cf. projector 3). 〖1696〗

Mágic Márker *n.* 〖商標〗マジックマーカー《米国製の油性フェルトペン》. 〖1956〗

mágic mírror *n.* 魔法の鏡《未来のことや遠隔の地のことが映るという》. 日英比較 日本語の「マジックミラー」に当たる英語は one-way glass [mirror]. 〖1843〗

mágic múshroom *n.* 《口語》幻覚成分を含むキノコ類; 特にシビレタケ属のキノコ (*Psylocybe mexicana*). 〖1966〗

mágic númber *n.* **1** 〖物理〗魔法数《比較的安定性の高い原子核の中の陽子と中性子の数を表す数字; 2, 8, 20, 28, 50, 82, 126, …》. **2** 〖野球〗マジックナンバー《プロ野球のペナントレース終盤中, 第 2 位のチームが残り試合全勝しても第 1 位のチームが優勝できるという勝数の数字》. 〖1949〗

mág·i·co-relígious /mǽdʒɨ̀kou- | -dʒɪkə(u)-/ *adj.* 呪術宗教的な, 呪術および宗教とかかわる《特に, 自然界の出来事に神の介在を求めて呪術を用いる点において》. 〖1941〗

mágic réalism *n.* 〖美術・文学〗幻想的写実主義《微細な点まで写実に徹した幻想的な表現手法または幻想的事件を写実的物語に織り込む文学様式; Bosch, Dali などの作品に見られる》. **mágic réalist** *n.* 〖(1954)《なぞり》← G *magischer Realismus*〗

mágic squáre *n.* 魔法の方形, 魔方陣《碁盤の目に数字を入れたもので, 縦・横・斜めいずれに数えてもその和が相等しいもの》. 〖1704〗

mágic T /-tíː/ *n.* 〖電子工学〗マジック T《マイクロ波回路の方向性結合器》.

mag·i·cube /mǽdʒɨ̀kjùːb | -dʒɪ-/ *n.* 〖写真〗マジキューブ《電源不要の立方体状写真用フラッシュ》. 〖《混成》← MAGIC + CUBE¹〗

mágic wánd *n.* 魔法の杖. ***wáve a mágic wánd*** 《戯言》(魔法の杖でも使ったように)難題をたちどころに解決する.

ma·gilp /məgílp/ *n.* =megilp.

Má·gi·not Líne /mǽʒənòu-, -dʒə- | -dʒɪ̀nəu-; *F.* maʒino/ *n.* [the ～] マジノ線《フランスが 1927–36 年に築造した独仏国境の要塞線; cf. Siegfried Line》. 〖(1936)《なぞり》← F *ligne Maginot* ← *André Maginot* (1877–1932: フランスの陸軍大臣)〗

mag·is·ter /mǽdʒəstə | -dʒɪ̀stə^(r)/ *n.* 《古》(…)先生, 師《特に 中世の大学で教えていた学者への称号あるいは呼びかけ》. 〖(1756–57) □ L ～: ⇨ master〗

mag·is·te·ri·al /mæ̀dʒəstíᵊriəl | -dʒɪ̀stíər-ˈ-/ *adj.* **1 a** 〈言葉・意見など〉厳然とした, 権威のある (authoritative). **b** 高圧的な, 高飛車な; 横柄な (⇨ masterful SYN). **2** 行政長官 (magistrate) の: the ～ rank. **3** 修士号の[に関する, に必要な]: a ～ thesis 修士論文. **～·ly** *adv.* 〖(1632) ← LL *magisteriālis* ← *magisterius* ← L *magister* 'MASTER¹': ⇨ -ial〗

mag·is·te·ri·um /mæ̀dʒəstíᵊriəm | -dʒɪ̀stíər-/ *n.* 〖カトリック〗教権; (教権によって支えられた)教義《教会が宗教道徳上の真理を説く権威》. 〖(1593) □ L ～ 'control, mastery': ↓〗

mag·is·ter·y /mǽdʒəstèri | -dʒɪ̀stəri/ *n.* 〖錬金術・古医術〗自然変成力《自然に卑金属を金に変成したり, 万病を治癒する力[もの]; cf. elixir, philosopher's stone》. 〖((1566)) (1594) □ L *magisterium* ← *magister* 'MASTER¹': ⇨ -y¹〗

mag·is·tra·cy /mǽdʒəstrəsi | -dʒɪ̀s-/ *n.* **1** magistrate の職[地位, 権力]. **2** [集合的] magistrate の職にある人々. **3** magistrate の管轄区. 〖(1577): ⇨ magistrate, -cy〗

mag·is·tral /mǽdʒəstrəl, mədʒís- | mədʒís-, mæ-, mǽdʒɪ̀s-/ *adj.* **1** 〖築城〗主要の: ⇨ magistral line. **2** =magisterial 1. **3** 《廃》〖薬学〗(ある症状のために開業医が施す)特別処方[調合]の (cf. officinal 2): a ～ prescription, medicine, etc. — *n.* 〖築城〗=magistral line. **màg·is·trál·i·ty** *n.* 〖(1572) □ L *magistrālis* of a master ← *magistr-*, *magister* 'MASTER¹': ⇨ -al¹〗

mágistral líne *n.* 〖築城〗主線《要塞設計図作製上規準となる線; 城塁の斜面頂部を結んだ線》. 〖1838〗

mag·is·trand /mǽdʒəstrænd | -dʒɪ̀s-/ *n.* (一部のスコットランドの大学で) 4 年生. 〖(1642) □ ML *magistrandus* (gerundive) ← *magistrārī* to become a Master (of Arts)〗

mag·is·trate /mǽdʒəstrèɪt, -trɨ̀t | -dʒɪ̀s-/ *n.* **1** 〖法律〗治安判事, 微罪担当判事, 微罪裁判官. ★ justice of the peace よりもやや広義に用いられ, 他の下級の裁判官をも含む: ⇨ police magistrate, stipendiary magistrate. **2** (行政・司法を兼ねる)行政長官: a civil [judicial] ～ 文政[司法]長官. **mag·is·trat·i·cal** /mæ̀dʒəstrǽtɨ̀kəl, -kl | -dʒɪ̀strǽtɪ-ˈ-/ *adj.* **màg·is·trát·i·cal·ly** *adv.* 〖(*c*1380) *magistrat* □ OF ～ ∥ L *magistrātus* high civil official, magistrate ← *magister* 'MASTER¹': ⇨ -ate¹〗

mágistrates' cóurt *n.* **1** 〖法律〗治安判事裁判所 (cf. JUSTICE of the peace). **2** =police court《この名称は英国では 1949 年廃止》. 〖1867〗

mágistrate·shìp *n.* =magistracy 1. 〖1574〗

mag·is·tra·ture /mǽdʒəstrèɪtʃə, -strətʃə^(r), -tjùə | -dʒɪ̀strətʃə^(r), -tjùə^(r), -tʃùə^(r)/ *n.* =magistracy. 〖(1672) □ F ～: ⇨ magistrate, -ure〗

Mag·le·mo·se /mǽgləmòusə | -lɪ̀məu-/ *adj.* = Maglemosian. 〖(1915) ↓〗

Mag·le·mo·si·an /mæ̀gləmóusiən, -ʃən, -ʒən | -lɪ̀məu-ˈ-/ *n.*, *adj.* (*also* **Mag·le·mo·se·an** /～/)〖考古〗(中石器時代中期(紀元前 8,000–5,000 年ごろ)のヨーロッパ北部における)マグレモーゼ文化(の). 〖(1918) ← *Maglemose* (当時の石器が発掘されたデンマークの地名): ⇨ -ian〗

mag·lev /mǽglev/ (*also* **mag-lev, Mag·lev** /～/) 磁気浮上式鉄道《リニアモーターカーなど》. 〖(1968)《略》← *mag(netic) lev(itation)*〗

Mag·lite /mǽglaɪt/ *n.* 〖商標〗マグライト《米国製のアルミ合金製懐中電灯; 堅牢で, 警察や軍隊で使用されている》.

mag·ma /mǽgmə/ *n.* (*pl.* **～s, ～·ta** /～ṭə | ～tə/) **1** 〖地質〗マグマ, 岩漿(がんしょう)《高温度の岩石溶融体; ⇨ volcano 挿絵; cf. lava 1》. **2** (鉱物または有機物質の)軟塊. **3** 〖薬学〗泥膏(でいこう)《少量の液体中に生じるのり状の沈澱物》. **mag·mat·ic** /mægmǽtɪk | -tɪk/ *adj.* **mág·ma·tìsm** /-tìzm/ *n.* 〖(?1440) □ L ～ □ Gk *mágma* dough, salve ← *mássein* to knead〗

mágma chàmber *n.* 〖地質〗マグマ溜まり《マグマが地上に出る前に地殻内で一時的に溜まっている場所》. 〖1911〗

mag·ma·tism /mǽgmətìzm/ *n.* 〖地質〗火成活動《マグマの活動》. 〖1948〗

magn. 《略》magnetic; magnetism; magneto; *L.* magnus (=great).

magn- /mægn/ (母音の前にくるときの) magni- の異形.

Mag·na Char·ta /mæ̀gnəkáəṭə | -káːtə/ *n.* (*also* **Magna Car·ta** /～/) **1** マグナカルタ, 大憲章《1215 年 6 月 15 日 Runnymede で英国王 John が貴族に迫られて承認を余儀なくされた特権認可; 英国憲政の基本文書の一つ》. **2** 権利保障の基本的法令[法則]: Wagner Act as the ～ of labor 労働基準法としてのワグナー法. **3** 英国 Thames 川の中の小島; 俗に上記 1 の調印の地と言われている: ⇨ Runnymede. 〖((1279)) (1472–5) □ ML *Māgna C(h)arta* great charter: ⇨ magnum, chart〗

mág·na cum láude /mǽgnə-, -nɑː-/ *L. adv.*, *adj.* (大学卒業の成績が優等)第二位で(の) (cf. cum laude, summa cum laude). 〖(1900) □ L *māgna cum laude* with great praise〗

Mag·na Grae·ci·a /mǽgnəgríːʃiə, -ʃə/ *n.* マグナグラエキア《イタリア南部にあった古代ギリシャ植民市群》. 〖□ L *Māgna Graecia* 'Great GREECE'〗

mag·na·li·um /mægnéɪliəm/ *n.* 〖化学〗マグナリウム《アルミニウムとマグネシウムの合金》. 〖(1900) ← MAGN(ESIUM) + AL(UMIN)IUM〗

mag·na·nim·i·ty /mæ̀gnənímәṭi | -mɪ̀ti/ *n.* **1** 度量の大きいこと, 寛大, 雅量. **2** 寛大な行為. 〖(1340) ME *magnanimitē* □ (O)F ～ □ L *magnanimitātem* greatness of soul ← *magnanimus*: ⇨ ↓, -ity〗

mag·nan·i·mous /mægnǽnəməs | mægnǽnɪ̀-, məg-/ *adj.* **1** 度量の大きい, 寛大な (generous); 高潔な: a ～ judge 寛大な裁判官. **2** 高潔な心を表した[思わせる]: ～ candor 公正無私. **～·ly** *adv.* **～·ness** *n.* 〖(1584) □ L *magnanimus* high-minded ← *magnus* great + *animus* soul: ⇨ magnum, animate, -ous〗

mag·nate /mǽgneɪt, -nɨ̀t/ *n.* **1** (ある階級・職業などの)大立て者, …王; 高官, 富豪, 権力者 (cf. king 4 a): an industrial [a financial] ～ 産業界[財界]の大立て者 / a coal [railway] ～ 石炭[鉄道]王 / a territorial ～ 大地主 / the ～s of the land その国の権力者たち. **2** (ハンガリー・ポーランドなどの昔の)上院議員. **3** 〖歴史〗貴族. **～·shìp** *n.* 〖(?*a*1439) ME *magnat* (逆成) ← *magnates* (pl.) ← LL *magnātes* (pl.) ← *magnās* = L *magnus* great: ⇨ magnum〗

Mag·na·vox /mǽgnəvɑ̀(ː)ks, -vɔ̀(ː)ks | -vɔ̀ks/ *n.* 〖商標〗マグナボックス《米国製の電気機器; ラジオ・テレビ・ビデオ・音響機器など》.

mag·ne·sia /mægníːʒə, -ʃə | mægníːʃə, məg-, -ʒə, -siə/ *n.* 〖化学〗マグネシア, 苦土, 酸化マグネシウム (MgO)《制酸剤・下剤および耐火煉瓦材料》: calcined ～ 煅(か)性マグネシア / carbonate of ～ =magnesia alba / sulphate of ～ =magnesium sulfate. **mag·né·sian** /～n/ *adj.* **mag·ne·sic** /mægníːsɪk | mæg-, məg-/ *adj.* 〖(*c*1395) □ ML *magnēsia* □ Gk *Magnēsía* (*líthos*) Magnesian (stone) (ギリシャ北部 Thessaly の「Magnesia 産の石」の意)〗

Mag·ne·si·a /mægníːziə, -ʒiə/ *n.* マグネーシア (Manisa の古名). 〖□ Gk *Magnēsía* (↑)〗

magnésia álba *n.* 〖化学〗炭酸マグネシア.

magnésia cemént *n.* 〖化学〗マグネシアセメント (magnesium oxychloride cement).

mag·ne·si·o- /mægníːziou-, -ʒiou | mægníːziəu, məg-, -siəu/「マグネシウム (magnesium)」の意の連結形. 〖← NL *magnesium*〗

magnèsio·férrite *n.* 〖鉱物〗苦土磁鉄鉱 ($MgFe_2O_4$) (cf. magnetite). 〖(1868): ⇨ ↑, ferrite〗

mag·ne·site /mǽgnəsàɪt | -nɪ̀-/ *n.* マグネサイト, 菱(りょう)苦土石[鉱] ($MgCO_3$). 〖(1815) □ F *magnésite* ← NL *magnes-ium* (↓) + -ITE¹〗

mag·ne·si·um /mægníːziəm, -ʒiəm, -ʒəm | mægníːziəm, məg-, -siəm/ *n.* 〖化学〗マグネシウム《金属元素の一つ; 花火や軽合金の原料; 記号 Mg, 原子番号 12, 原子量 24.305; cf. alkaline-earth metal》. **mag·né·sic** /-zɪk/ *adj.* 〖(1808) ← NL ～: ⇨ magnesia, -ium〗

magnésium ársenate *n.* 〖化学〗ヒ酸マグネシウム ($Mg_3(AsO_4)_2 \cdot xH_2O$)《殺虫剤用白色粉末》.

magnésium cárbonate *n.* 〖化学〗炭酸マグネシウム ($MgCO_3$). 〖1903〗

magnésium chlóride *n.* 〖化学〗塩化マグネシウム ($MgCl_2$). 〖*c*1910〗

magnésium dióxide *n.* 〖化学〗=magnesium peroxide.

magnésium flàre *n.* =magnesium light.

magnésium hydróxide *n.* 〖化学〗水酸化マグネシウム ($Mg(OH)_2$)《主に制酸剤・下剤として用いる》. 〖*c*1909〗

magnésium lìght *n.* マグネシウム光《マグネシウムを燃やす時に発する強い白光; 夜間撮影・信号・花火などに用いる》. 〖1860〗

magnésium óxide *n.* 〖化学〗酸化マグネシウム (magnesia). 〖*c*1909〗

magnésium oxychlóride cemént *n.* 〖化学〗マグネシウムオキシクロライドセメント《マグネシウムのオキシ塩化物を主成分とするセメントで, 床張り・壁などインテリア関係に用いる》.

magnésium pémoline *n.* 〖薬学〗マグネシウムペモリン《水酸化マグネシウムと興奮剤を混合した神経刺激剤》.

magnésium peróxide *n.* 〖化学〗過酸化マグネシウム (MgO_2)《防腐剤・酸化剤・漂白剤として用いる; magnesium dioxide ともいう》.

magnésium sílicate *n.* 〖化学〗ケイ酸マグネシウム《オルトケイ酸マグネシウム (Mg_2SiO_4), メタケイ酸マグネシウム ($MgSiO_3$), 三ケイ酸マグネシウム (magnesium trisilicate), 四ケイ酸マグネシウム ($Mg_3Si_4O_{11} \cdot H_2O$) の総称》.

magnésium súlfate *n.* 〖化学〗硫酸マグネシウム, 瀉利(しゃり)塩 ($MgSO_4$) (Epsom salts)《下剤として用いられる》. 〖*c*1890〗

magnésium trisílicate *n.* 〖化学〗三ケイ酸マグネシウム ($2MgO \cdot 3SiO_2 \cdot nH_2O$)《脱臭・脱色剤, または制酸剤用粉末》.

mag·net /mǽgnɨ̀t/ *n.* **1 a** 磁石: a horseshoe ～ 馬蹄(てい)形磁石 / ⇨ bar magnet, permanent magnet. **b** 磁鉄鉱, 天然磁石 (natural magnet, lodestone ともいう). 日英比較 日本語の「磁石」は「金属を引きつけるもの」と「羅針盤」の両方を意味するが, 英語の magnet は前者の意味のみで, 後者は compass という. **2** 人を引きつける人[もの] [*for, to*]. 〖(*a*1398) *magnes* □ OF *magnete* < L *magnētem* ((acc.) ← *magnēs*) lodestone, magnet □ Gk *magnḗtis* (*líthos*) (stone) from Magnesia, lodestone: cf. magnesia〗

mag·net- /mægníːt | mægníːt, məg-/ (母音の前に来る時の) magneto- の異形.

mag·net·ic /mægnéṭɪk | mægnét-, məg-/ *adj.* **1 a** 磁石の: ～ attraction 磁気引力. **b** 磁気の, 磁性の, 磁石を帯びた: a ～ body [substance] 磁性体. **c** 磁化される, 磁石に引かれる. **2** 地磁気の: ⇨ magnetic meridian. **3** 〈人・人格など〉人を引きつける力のある, 魅力のある: a ～ personality 人好きのする人柄. **4** 《古》催眠術の, 催眠力のある: ～ eyes (じっと見つめると)相手を眠らせてしまう目 / a ～ sleep 催眠術による睡眠. — *n.* 磁性物質.

mag·nét·i·cal·ly *adv.* 〖(1611) □ F *magnéti-*

que ◻ LL *magnēticus*: ⇨ magnet, -ic[1]. — n.: ⦅1654⦆ ← adj.〗

mag·nét·i·cal /-tɨ̥kəl, -kḷ | -tɪ-/ *adj.* ⦅古⦆ =magnetic. 〖1581〗

magnétic ámplifier *n.* 〘電気〙 磁気増幅器 《角形磁気特性材料を用いた主として制御用の増幅器; transductor ともいう》.

magnétic anómaly *n.* 〘地質〙 磁気異常 《地球磁場の実測値が双極子説による理論値と食い違うこと》. 〖1899〗

magnétic áxis *n.* 〘物理〙 磁軸 《両磁極を結ぶ直線》.

magnétic béaring *n.* 〘海事〙 磁針方位 《磁北を基準として測った方位; 針方位とは偏差の分だけ違う》.

magnétic blówout *n.* 〘電気〙 磁気吹消し 《接点間に発生したアークを磁気力で吹き飛ばして消弧させる遮断器の消弧法の一種》.

magnétic bóttle *n.* 〘物理〙 磁気びん 《プラズマ(高度にイオン化した気体)を, 閉じ込めるために磁束が漏斗状にしぼられているような磁場配位をもつ領域》. 〖1957〗

magnétic búbble *n.* 〘電子工学〙 磁気泡, 磁気バブル 《ガーネット結晶[記憶装置]などの磁性体内に発生する円筒磁区; cf. bubble memory》. 〖1922〗

magnétic cárd *n.* 〘電算〙 磁気カード: ～ file 磁気カードファイル.

magnétic cháracter rèader *n.* 磁気(インク)文字読取り装置.

magnétic chárge *n.* 〘物理〙 磁荷.

magnétic chárt *n.* 磁気図 《地磁気の地理的分布を表わした地図》.

magnétic chúck *n.* 〘機械〙 電磁チャック 《電磁石の吸引力を応用したチャック》.

magnétic círcuit *n.* 磁気回路 《磁束の通路を電気回路に対応させたもの》.

magnétic clútch *n.* 〘機械〙 磁気クラッチ 《電磁力を利用したクラッチ》.

magnétic coefficient *n.* 〘海事〙 磁気係数, 自差係数 《船体や積荷などによって生じる磁気コンパスの誤差を理論的に分析して得られる係数》.

magnétic cómpass *n.* 磁気コンパス, 磁気羅(ら)針儀.

magnétic concentrátion *n.* 〘鉱山〙 磁力選鉱 《磁力を利用して有用鉱物と不用岩石とを分離する方法》.

magnétic cónstant *n.* 〘物理〙 磁気定数 《真空の透磁率; 記号 M_0》.

magnétic córe *n.* **1** 〘電算〙 磁気コア, 磁心記憶装置. **2** 〘電気〙 磁極鉄心, 磁心 《磁界コイルを巻いた磁路となる鉄心》.

magnétic-córe mèmory *n.* 〘電算〙 磁心記憶装置 (core memory).

magnétic cóupling *n.* 〘電気〙 **1** 電磁結合 《二つの回路間の電磁的な相互作用》. **2** 電磁継手 《電磁力により回転力を伝達する継手》.

magnétic cóurse *n.* 〘航空・航海〙 磁針路 《磁北から計った飛行機や船のコース》.

magnétic dámping *n.* 〘電気〙 磁気制動.

magnétic declinátion [deviátion] *n.* 〘測量〙 磁気偏角, 偏差.

magnétic díp *n.* 〘磁気・測量〙 (磁)伏角 (dip).

magnétic dípole móment *n.* 〘物理〙 磁気双極子モーメント (magnetic moment).

magnétic dísk *n.* 〘電算〙 磁気ディスク. 〖*c*1960〗

magnétic domáin *n.* 磁区 《強磁性体の表面に現れる磁化方向のそろった微小磁化領域》.

magnétic drúm *n.* 〘電算〙 磁気ドラム 《情報を回転円筒の磁性面に記録する記憶装置》. 〖1950〗

magnétic equátor *n.* 〘地球物理〙 (地磁気の)磁気赤道 (⇨ aclinic line). 〖1832〗

magnétic escápement *n.* 〘時計〙 磁気脱進機.

magnétic fíeld *n.* 〘物理・電気〙 磁場, 磁界. ★ 理学系では「磁場」, 工学系では「磁界」が普通. 〖1845〗

magnétic fíeld strèngth *n.* 〘物理〙 磁場強度 (magnetic intensity). 〖1931〗

magnétic flúx *n.* 〘電気〙 **1** 磁束. **2** =magnetic field. 〖1896〗

magnétic flúx dènsity *n.* 〘電気〙 =magnetic induction 2.

magnétic fócusing *n.* 〘電気〙 磁界集束.

magnétic fórce *n.* 〘物理〙 磁力.

magnétic héad *n.* 〘電気〙 磁気ヘッド 《磁気録音装置などのテープへの記憶やテープからの再生をするための電気信号との変換部分》. 〖1947〗

magnétic héading *n.* 〘航空〙 機首磁方位 《磁北から時計回りに測った機首の方向; 角度で表す; cf. true heading》.

magnétic hysterésis *n.* 〘磁気〙 =hysteresis.

magnétic inclinátion *n.* 〘磁気・測量〙 (磁)伏角 (dip).

magnétic indúction *n.* **1** 〘物理〙 磁気誘導, 磁気感応. **2** 〘電気〙 磁束密度 (magnetic flux density ともいう).

magnétic ínk *n.* 磁気[磁性]インク. 〖1953〗

magnétic ínk cháracter recognìtion *n.* 磁気インク文字読取り[認識] (略 MICR; cf. magnetic character reader). 〖1956〗

magnétic inténsity *n.* 〘物理〙 磁界強度.

magnétic léns *n.* 〘電気〙 磁気レンズ.

magnétic lóading *n.* 〘電気〙 磁気装荷 《電気機械における磁気的役割の大きさ》.

magnétic média *n.* 磁気媒体 《データ記録用のテープ・ディスクなど》.

magnétic merídian *n.* 〘地理〙 磁気子午線.

magnétic míne *n.* 磁気機雷 《通過する鋼鉄船の船体によって起こる磁気効果で爆発する機雷》.

magnétic móment *n.* 〘物理〙 磁気[磁力]モーメント 《磁石の磁荷と磁極間の距離との相乗積》. 〖1865〗

magnétic mónopole *n.* 〘物理〙 (仮説上の)磁気単極(子) (cf. monopole 1). 〖1951〗

magnétic néedle *n.* (羅針盤の)磁針. 〖*c*1846〗

magnétic nórth *n.* 磁気北極, 磁北. 〖1812〗

magnétic párticle inspèction *n.* 〘金属〙 磁粒検査法 《鋼材を磁化した後, 鋼材の欠陥部につく磁粒の存在から亀裂などの欠陥の所在を知る方法》. 〖1947〗

magnétic permeabílity *n.* 〘物理〙 電磁性透磁率 (⇨ permeability 2 a).

magnétic píckup *n.* 〘電気〙 磁気[マグネティック]ピックアップ 《磁気作用によってレコードから音を電気信号に変えて取り出す装置》.

magnétic póle *n.* **1** (磁石の)磁極. **2** [M- P-] (磁針の両端の向かう地表上の)磁極 《地球以外の天体に関しても用いる》: the North [South] *Magnetic Pole* 磁北[南]極. 〖1701〗

magnétic poténtial *n.* 〘電気〙 磁位 (magnetic scalar potential ともいう).

magnétic púlley *n.* 磁力調車(しらべぐるま), 磁力プーリー 《砂・廃物などから金属を選別する磁力装置》.

magnétic pýrites *n.* 〘鉱物〙 =pyrrhotite. 〖1809〗

magnétic quántum nùmber *n.* 〘物理〙 磁気量子数 (cf. azimuthal quantum number). 〖1923〗

magnétic recórder *n.* 〘電気〙 磁気記録装置 《磁気を用いた録音・録画・データ記憶装置などの総称》.

magnétic recórding *n.* 磁気録音. 〖1945〗

magnétic relúctance *n.* 〘電気〙 磁気抵抗.

magnétic résonance *n.* 〘物理〙 磁気共鳴. 〖1903〗

magnétic résonance ìmaging *n.* 〘医学〙 磁気共鳴映像[画像]法 《核磁気共鳴現象を利用して身体の断層画像を得る方法; 略 MRI》. 〖1977〗

magnétic róasting *n.* 〘鉱物〙 磁化焙焼 《磁性のない鉱物を焙焼して磁化すること》.

magnétic rotátion *n.* 〘物理〙 =Faraday effect.

mag·net·ics /mægnétɪks | mægnét-, məg-/ *n.* [単数扱い] 磁気学. 〖⇨ magnetic, -ics〗

magnétic saturátion *n.* 〘電気〙 磁気飽和 《起磁力の増加の割には磁束が増さなくなる現象》.

magnétic scálar poténtial *n.* 〘電気〙 =magnetic potential.

magnétic scréen *n.* 〘電気〙 =magnetic shield.

magnétic scréening *n.* 〘電気〙 =magnetic shielding.

magnétic shéll *n.* 〘電気〙 板磁石.

magnétic shíeld *n.* 〘電気〙 磁気遮蔽物.

magnétic shíelding *n.* 〘電気〙 磁気遮蔽(しゃへい) 《磁気的に遮蔽すること》.

magnétic shúnt *n.* 〘磁気〙 磁気分路 《磁束の一部をバイパスするもの[こと]》.

magnétic stórm *n.* 〘地球物理〙 磁気あらし 《太陽の活動よる地球磁気の異変; geomagnetic storm ともいう》. 〖1860〗

magnétic susceptibílity *n.* 〘電気〙 磁化率 (⇨ susceptibility 3).

magnétic tápe *n.* 〘電気〙 磁気テープ 《磁性材料で被膜された磁気録音用のテープ; 一方向だけのものを single tape, 往復使用するものを double tape という》. 〖1937〗

magnétic tápe ùnit [drìve] *n.* 〘電算〙 磁気テープ(駆動)装置.

magnétic términte *n.* 〘昆虫〙 ジシャクシロアリ (*Amitermes meridionalis*) 《豪州北部にすむ; 高さ 3 m 以上の, 南北に細長いくさび形のアリ塚を作る; 塚は朝・夕は太陽を十分に受け, 日中はあまり受けず, 温度調節のはたらきをする》. 〖1935〗

magnétic variátion *n.* 〘測量〙 磁気偏差 (declination).

magnétic wíre *n.* 磁気録音線 《テープの代りに用いる録音用の針金》. 〖1945〗

magnétic wíre recòrder *n.* 磁気針金録音機, ワイヤレコーダー.

mag·ne·tism /mǽgnətɪzm | -nɨ̥-/ *n.* **1** 磁気, 磁性; 磁気作用: induced ～ 誘導磁気, 感応磁気 / ⇨ terrestrial magnetism. **2** 磁気学. **3** 人を引きつける力, 魅力: He was gifted with strong personal ～. 強く人を引きつける力をもっていた. **4** ⦅1784⦆ ◻ F *magnétisme* ◻ G *Magnetismus*⦆ ⦅古⦆ 催眠現象, 催眠術 (hypnotism). **5** =animal magnetism. 〖⦅1616⦆ ◻ LL *magnetismus*: ⇨ magnet, -ism〗

mág·ne·tist /-tɨ̥st | -tɪst/ *n.* **1** 磁気学者. **2** ⦅古⦆ 催眠術者 (mesmerist). 〖1761〗

mag·ne·tite /mǽgnətàɪt | -nɨ̥-/ *n.* 〘鉱物〙 磁鉄鉱 (Fe_3O_4). 〖⦅1851⦆ ◻ G *Magnetit*: ⇨ magnet, -ite[1]〗

mag·ne·tit·ic /mægnətítɪk | -nɨ̥tít-⁻/ *adj.*

mag·ne·tiz·a·ble /mǽgnətàɪzəbl, ⁻⁻⁻⁻⁻ | mǽgnɨ̥tàɪzəbl, ⁻⁻⁻⁻⁻/ *adj.* 〘物理〙 磁化できる.

màg·ne·tiz·a·bíl·i·ty /-zəbíləṭi | -lɨ̥ti/ *n.* 〖1797〗

mag·ne·ti·za·tion /mæ̀gnətɨ̥zéɪʃən | -nɨ̥taɪ-, -tɪ-/ *n.* **1** 〘物理〙 磁化. **2** 魅了(すること). 〖1801〗

magnetizátion cùrve *n.* 〘電気〙 磁化曲線. 〖1890〗

mag·ne·tize /mǽgnətàɪz | -nɨ̥-/ *vt.* **1** …に磁気を帯びさせる[与える], 磁化する: ～ a steel bar. **2** 〈人を〉引き付ける, 〈人〉の心を動かす, 魅する. **3** ⦅まれ⦆ =hypnotize. — *vi.* 磁気を帯びる. **mág·ne·tiz·er** *n.* 〖⦅1785⦆ ← MAGNET＋-IZE: cf. F *magnétiser*〗

mág·ne·tiz·ing cùrrent /-tàɪzɪŋ-/ *n.* 〘電気〙 磁化電流, 励磁電流.

mágnetizing fòrce *n.* 〘電気〙 磁化力.

mag·ne·to /mægníːṭoʊ | mægníːtəʊ, məg-/ *n.* (*pl.* ～s) 〘電気〙 マグネト発電機; 高圧磁石発電機. 〖⦅1882⦆ ⦅略⦆ ← *magnetoelectric machine*〗

mag·ne·to- /mægníːṭoʊ | mægníːtəʊ, məg-/ 「磁力; 磁気; 磁電気」の意の連結形. ★ 母音の前では通例 magnet- になる. 〖⦅1823⦆ ← L *magnēt-* (← *magnēs* 'MAGNET')＋-o-〗

magnéto bèll *n.* 〘電気〙 磁石電鈴, 磁石式ベル.

magnèto·calóric effèct *n.* 〘物理〙 磁気熱量効果 《熱環境から遮断された磁性体の温度が磁場力の増減にともなって変化すること》. 〖1921〗

magnèto·cárdiogram *n.* 〘医学〙 心磁図 (略 MCG). 〖1963〗

magnèto·cárdiograph *n.* 〘医学〙 磁気心電計. 〖1963〗

magnèto·chémistry *n.* 磁気化学. **magnèto·chémical** *adj.* 〖1914〗

magnèto·dýnamo *n.* (*pl.* ～s) 磁石発電機.

magnèto·eléctric *adj.* 磁電気の. 〖1831〗

magnèto·eléctrical *adj.* =magnetoelectric.

magnèto·electrícity *n.* 磁電気.

magnéto·flùid·dynámic *adj.* 〘物理〙 =magnetohydrodynamic. 〖⇨ fluid, dynamic〗

magnéto·flùid·dynámics *n.* 〘物理〙 =magnetohydrodynamics. 〖1962〗

magnéto·flùid·mechánic *adj.* 〘物理〙 =magnetohydrodynamic. 〖⇨ fluid, mechanic〗

magnéto·flùid·mechánics *n.* 〘物理〙 =magnetohydrodynamics.

magnèto·gàs·dynámics *n.* 〘物理〙 =magnetohydrodynamics. 〖⦅1964⦆: ⇨ gas[1], dynamics〗

magnèto·génerator *n.* 磁石発電機, マグネト発電機.

mag·ne·to·gram /mægníːṭoʊgræ̀m | mægníː-tə(ʊ)-, məg-/ *n.* 磁力記録. 〖← MAGNETO-＋-GRAM〗

mag·ne·to·graph /mægníːṭoʊgræ̀f | mægníːtə(ʊ)-grɑ̀ːf, məg-, -græ̀f/ *n.* **1** 磁力記録機, 記録磁力計. **2** =magnetogram. 〖⦅1847⦆ ← MAGNETO-＋-GRAPH〗

magnéto·hỳdrodynámic *adj.* 〘物理〙 [単数扱い] 電磁流体力学の. 〖⦅1943⦆ ← MAGNETO-＋HYDRODYNAMIC〗

magnéto·hỳdrodynámics *n.* 〘物理〙 電磁流体力学 《磁場プラズマ(高度にイオン化した気体)との相互作用に関する研究分野; magnetofluiddynamics ともいう; 略 MHD》. 〖⦅1950⦆: ⇨ ↑, -ics〗

magnèto·mechánical rátio *n.* 〘磁気〙 =gyromagnetic ratio.

mag·ne·tom·e·ter /mæ̀gnətɑ́(ː)məṭə | -nɨ̥tɔ́mɪtə[r]/ *n.* **1** 〘磁気〙 磁気計, 磁力計. **2** 磁気探知機. 〖⦅1827⦆ ◻ F *magnétomètre*〗

mag·ne·to·met·ric /mægnìːtoʊmétrɪk, -ṭə- | mægnìːtə(ʊ)-, məg-⁻/ *adj.* 磁気計の; 磁気測定の. 〖1847〗

mag·ne·tom·e·try /mæ̀gnətɑ́(ː)mətri | -nɨ̥tɔ́mɨ̥-/ *n.* 〘磁気〙 磁気測定. 〖← MAGNETO-＋-METRY〗

magnèto·mótive *adj.* 〘磁気〙 磁気作用を起こす, 動磁力の. 〖1883〗

magnétomotive fórce *n.* 〘電気〙 起磁力, 動磁力. 〖1883〗

mag·ne·ton /mǽgnətɑ̀(ː)n | -nɨ̥tɔ̀n/ *n.* 〘物理〙 磁子. 〖⦅1911⦆ ← MAGNETO-＋-ON[2]〗

magnèto·óptic *adj.* 磁気光学の. 〖1848〗

magnèto·óptical *adj.* =magnetooptic.

magnèto·óptics *n.* 磁気光学 《磁場の加わった物質に起こる光学現象; 例えばゼーマン効果 (Zeeman effect), ファラデー効果 (Faraday effect) など》. 〖1913〗

magnéto·pàuse *n.* 〘地球物理〙 磁気圏境界線 《磁気圏の外側の境界線; cf. magnetosphere》. 〖⦅1962⦆ ← MAGNETO-＋PAUSE〗

magnéto·plàsma·dynámic *adj.* 〘物理〙 =magnetohydrodynamic. 〖⦅1962⦆: ⇨ plasma, dynamic〗

magnéto·plàsma·dynámics *n.* 〘物理〙 =magnetohydrodynamics.

magnèto·resístance *n.* 〘電気〙 磁気抵抗. 〖1927〗

magnéto·shèath *n.* 〘地球物理〙 磁気鞘(しょう), 磁気[マグネト]シース 《磁気圏前面にある衝撃波と磁気圏境界面の間》. 〖1967〗

magnéto·sphère *n.* 〘地球物理〙 磁気圏 《地球磁場によって作られた放射能帯で, 地球から 40,000 マイルの所まで広がり, 地球を危険な粒子から保護している; また他の天体の周囲にある上記類似の放射能帯》. **magnèto·sphéric** *adj.* 〖⦅1959⦆ ← MAGNETO-＋-SPHERE〗

magnèto·státic *adj.* 〘物理〙 静磁場の[に関する]. 〖1893〗

magnèto·státics *n.* 静磁気学 《時間とともに変動することのない磁場を対象とする分野》. 〖1897〗

mag·ne·to·stric·tion /mægnìːṭoʊstríkʃən, -ṭə- | mægnìːtə(ʊ)-, məg-/ *n.* 〘電気〙 磁気ひずみ, 磁歪(じわい) 《強磁性体を磁化する時にわずかな変形を生じる現象またはその変形; cf. electrostriction》. **mag·nè·to·stríc·tive** /-stríktɪv⁻/ *adj.* **mag·nè·to·stríc·tive·ly** *adv.* 〖⦅1896⦆ ← MAGNETO-＋(CON)STRICTION〗

magnétostriction óscillator *n.* 〖電気〗 磁気ひずみ発振器.

magnéto sỳstem *n.* 〖通信〗 磁石式(電話).

magnéto·tàil *n.* 〖地球物理〗 磁気圏尾 《磁気圏のうち太陽風により太陽から遠ざかる方向に長く延びた部分》. 〖1971〗

magnèto·táxis *n.* 〖生物〗 走磁性 《磁場に反応して生物が示す運動》. **magnèto·táctic** *adj.* 〖1963〗

magnèto·télephone *n.* 磁石式電話. 〖1883〗

magnèto·télephone sèt *n.* 〖通信〗 磁石式電話機.

magnèto·tellúric *adj.* 〖地球〗 地球磁場の[に関する]. 〖(1953) ← MAGNETO-＋TELLURIC〗

magnéto·thèrmo·electrícity *n.* 〖電気〗 磁気熱電気.

mag·ne·tron /mǽgnətrɑ̀(ː)n | -nɪ̀trɔ̀n/ *n.* 〖電子工学〗 マグネトロン, 磁電管 《電子の流動を外部の磁界をもって制御し, 非常に短波長の電波を発生する陰陽両極を含む真空管》. 〖(1924) ← MAGNET＋-TRON〗

mágnet schòol *n.* 《米》 マグネットスクール 《人種の区別なく広範な区域から生徒を集め, 高度な教育を行う学校》. 〖1972〗

mag·ni- /mǽgnə | -nɪ/ 「大…, 大きい (large); 偉大な (great)」の意の連結形 (↔ micro-). ★ 母音の前では通例 magn- になる. 〖□ L～ ← *magnus* great〗

mag·ni·cide /mǽgnəsàɪd | -nɪ-/ *n.* 要人の殺害.

mag·ni·fi·a·ble /mǽgnəfàɪəbl̩, ←―――⌐ | -nɪ-/ *adj.* **1** 拡大できる. **2** 誇張できる. 〖1646〗

mag·nif·ic /mægnífɪk | mæg-, məg-/ *adj.* 《古》 **1 a** 壮麗な (magnificent), 堂々たる. **b** 崇高な. **2** 大言壮語する (grandiloquent); 大げさな, 仰々しい. **3** 美辞麗句で賛美する. 〖(1490) *magnifique* □ (O)F *magnifique* □ L *magnificus* distinguished, lofty, splendid ← *magnus* great: ⇨ magni-, -fic〗

mag·níf·i·cal /-fɪ̀kəl, -kl̩ | -fɪ-/ *adj.* ＝magnific. **～·ly** *adv.*

Mag·nif·i·cat /mægnífɪ̀kæt | mæg-, məg-/ *n.* **1** 〖キリスト教〗 マグニフィカト, 聖なるおとめマリアの頌(しょう), マリアの賛歌 (*Luke* 1:46–55; My soul doth magnify the Lord (*L. Magnificat anima mea Dominum*) 「わが心主をあがめ」で始まる聖母頌歌で, 夕べの祈り[晩課] (Vespers) に唱える): sing ～ at matins 朝の祈りに(夕べの祈りの)マリアの頌を歌う; 時機はずれのことをする, お門違いのことをする, 場所柄をわきまえない. **2** [m-] 頌歌, 賛歌. 〖(*c*1200) □ (M)L ～ (3rd pers. sing. pres.) ← L *magnificāre* 'to MAGNIFY, praise highly'〗

mag·ni·fi·ca·tion /mæ̀gnəfɪ̀kéɪʃən | -nɪ̀fɪ-/ *n.* **1** 拡大. **2** 〖光学〗 倍率. **3** 拡大複写[複製]. **4** 賞賛, 賛美. 〖(?*a*1425) *magnificacioun* □ LL *magnificātiō(n-)*: ⇨ magnify, -fication〗

mag·nif·i·cence /mægnífəsəns, məg-, -sns | -fɪ̀-/ *n.* **1** 壮大, 荘厳, 雄大, 壮麗 (grandeur, splendor). **2** 表現の崇高さ, 気高さ; (文章・絵画・彫刻・美術品の)気品. **3** [M-] (皇帝・王・王族・高官などへの敬称として)陛下, 殿下, 閣下 (cf. Majesty, Highness 2, grace 8). 〖(1340) □ (O)F ～ □ L *magnificentia* ← *magnificus* lofty, splendid: ⇨ magnific, -ence〗

mag·nif·i·cent /mægnífəsənt, məg-, -snt | -fɪ̀-/ *adj.* **1** 壮大な, 壮麗な, 立派な, 堂々とした (⇨ grand SYN): a ～ temple 壮麗な寺院 / a ～ view 壮大な光景 / a ～ display of paintings 目もあやな絵画の展覧. **2** 《口語》 すばらしい, 最高の, 上等の: a ～ plan, opportunity, etc. / The day was ～. その日はすばらしい上天気だった. **3** 〈思想・表現などが〉気高い, 崇高な: a ～ song / ～ language 格調の高い表現[言葉遣(づか)い]. **4** [古代の著名な統治者の称号に用いて] 功績の高い, 偉業のある: Lorenzo the *Magnificent* 偉大なるロレンツォ. **5** 《まれ》 物惜しみしない, 気前のよい (lavish). **～·ly** *adv.* **～·ness** *n.* 〖(*a*1460) □ OF ～ // L *magnificentior* (compar.) ← *magnificus* 'MAGNIFIC'〗

mag·nif·i·co /mægnífəkòʊ | -fɪkə̀ʊ/ *n.* (*pl.* **～es, ～s**) **1** (昔の)ヴェネツィア共和国の貴族(の称号). **2** 貴人, 貴族, 大立者. **3** (同種のものの中で)一段とすぐれたもの, 白眉(はくび), 逸品, 圧巻. 〖(1573) □ It. ～ 《原義》 magnific □ L *magnificus*: ⇨ magnific〗

mág·ni·fì·er *n.* 拡大する人[もの]; (特に)拡大鏡[レンズ], 虫メガネ, ルーペ. 〖(1550): ⇨ ↓, -er¹〗

mag·ni·fy /mǽgnəfàɪ | -nɪ-/ *vt.* **1 a** 〈レンズなどが〉〈物を〉大きく見せる, 拡大する: This telescope *magnifies* an object twenty diameters. この望遠鏡は物体を 20 倍に拡大する. **b** 《まれ》 増大する, 大きくする; 強くする. **2** 大げさに言う, 誇張する; 〈さほどでないものを〉高める, 大きそう[偉そう]に見せる: ～ losses 損失を誇張して言う / ～ one's office (低い)自分の地位を偉そうに見せる. **3** [～ *oneself* で] **a** 尊大に構える, 威張る, お高くとまる. **b** 〔…に向かって〕誇る, 〔…に対して〕尊大に構える 〔*against*〕 (cf. *Job* 19:5; *Jer.* 48:42). **4** 《古》 賛美する, あがめる: My soul doth ～ the Lord. わが心主をあがむ (*Luke* 1:46). **— *vi.* 1** 〈レンズなどが〉物を大きく見せる, 拡大力がある. **2** 《英方言》 意義がある, 重要[重大]である. 〖(*c*1380) *magnifie(n)* □ (O)F *magnifier* // L *magnificāre*: ⇨ magni-, -fy〗

mág·ni·fy·ing glàss /-fàɪɪŋ-/ *n.* 拡大鏡, 虫めがね. 〖1665〗

mágnifying pòwer *n.* 〖光学〗 倍率 (magnification).

mag·nil·o·quence /mægníləkwəns/ *n.* **1** 大言壮語, ほら, 豪語. **2** 誇張した言葉[文体]. 〖(1623) □ L *magniloquentia* ← *magniloquus* pompous in talk ← MAGNI-＋*loquī* to speak (⇨ loquacious): ⇨ ↓, -ence〗

mag·nil·o·quent /mægníləkwənt/ *adj.* 大言壮語的な, 大げさな表現の, 誇大な. **～·ly** *adv.* 〖(1656) 《逆成》? ← MAGNILOQUENCE: ⇨ -ent〗

Mag·ni·to·gorsk /mægnì:tə̀gɔ̀əsk | -tə(ʊ)gɔ̀:sk; *Russ.* məgnʲitagórsk/ *n.* マグニトゴルスク 《ロシア連邦西部の Ural 河畔の工業都市》.

mag·ni·tude /mǽgnətù:d, -tjù:d | -nɪ̀tjù:d/ *n.* **1** 大きなこと, 膨大, 多量: the ～ of the enterprise その企ての雄大さ. **2 a** 大きさ, 大小, 規模: measure the ～ of a lake 湖の大きさを計る. **b** 音量. **3** 重大, 重要さ: a matter of immense [no small] ～ きわめて[なかなか]重大な事柄 / a question of national ～ 国家的重要性をもつ問題. **4** 〖天文〗 (天体の明るさの)等級: a star of the first [second, third, …] ～ 一[二, 三…]等星 《六等まで肉眼で見える》 / ⇨ absolute magnitude, apparent magnitude. **5** 〖地震〗 マグニチュード 《地震の規模を表す単位》. ⇨ earthquake 日英比較. **6** 〖数学〗 量, 大きさ (cf. quantity 5). **7** 《廃》 偉大さ, 高潔: the ～ of mind. ***of the first mágnitude*** (1) ⇨ 4. (2) きわめて偉大な[重要な]: (a matter) *of the first* ～ 最も重要な(問題) / *She is a star of the first* ～. 一流のスターだ. **mag·ni·tud·i·nous** /mæ̀gnətú:dənəs, -tjú:-, -dn- | -nɪ̀tjú:dɪn-, -dn-⌐/ *adj.* 〖(*a*1400) □ L *magnitūdō* greatness, size, bulk: ⇨ magni-, -tude〗

mag·no- /mǽgnoʊ | -nəʊ/ 「マグネシア (magnesia); マグネシウム (magnesium)」の意の連結形: *magno*ferrite. 〖← MAGNESIA & MAGNESIUM〗

màgno·férrite *n.* 〖鉱物〗 苦土磁鉄鉱 ($MgFe_2O_4$) (magnesioferrite). 〖□ G *Magnoferrit*: ⇨ ↑, ferrite〗

mag·no·lia /mægnóʊljə, -liə | -nə́ʊ-/ *n.* 〖植物〗 **1** アジア及び北米に分布するモクレン科モクレン属 (*Magnolia*) の高木または低木の総称 《タイサンボク (evergreen magnolia), モクレンなど》. **2** モクレン科の木の花 《米国 Louisiana 州および Mississippi 州の州花》. **3** ユリノキ (tulip tree). **4** ヒメタイサンボク (*M. virginiana*) の乾燥した樹皮 《薬用として用いた》. **— *adj.*** モクレン科の. 〖(1748) ← NL *magnōlia* ← *Pierre Magnol* (1638–1715: フランスの植物学者): ⇨ -ia¹〗

Mag·no·lia /mægnóʊljə, -liə | -nə́ʊ-/ *n.* マグノリア 《女性名》. 〖↑〗

Mag·no·li·a·ce·ae /mægnòʊliéɪsiː | -nə̀ʊ-/ *n. pl.* 〖植物〗 モクレン科. **mag·nò·li·á·ceous** /-éɪʃəs⌐/ *adj.* 〖← NL ～ ← *Magnolia* (属名: ⇨ magnolia): ⇨ -aceae〗

Magnólia Stàte *n.* [the ～] 米国 Mississippi 州の俗称.

magnólia wárbler *n.* 〖鳥類〗 シロオビキイロアメリカムシクイ (*Dendroica magnolia*) 《北米に生息するアメリカムシクイ科の鳥》.

mag·non /mǽgnɑ(ː)n | -nɔn/ *n.* 〖物理〗 マグノン 《スピン波を量子化した準粒子》. 〖(1941) ← MAGN(ETIC)＋-ON²〗

mag·nox /mǽgnɑ(ː)ks | -nɔks/ *n.* マグノックス 《英国型の炭酸ガス冷却原子炉の燃料被覆材として使われるマグネシウム合金》. 〖(1953) 商標名: 《頭字語》 ← *Mag(nesium) N(o) Ox(idation)*〗

mágnox reáctor *n.* 〖原子力〗 マグノックス原子炉 《マグノックスで被覆された天然ウランを燃料とする黒鉛減速の, 英国型炭酸ガス冷却原子炉》. 〖1971〗

mag·num /mǽgnəm/ *n.* **1** (ワイン・酒用の)マグナムびん 《約 2 quarts 入り; 普通のびんの 2 本分; cf. bottle 2, double magnum》. **2** [通例 M-] マグナム弾薬筒[火器] (cf. adj.). **3** 〖解剖〗 有頭骨 《手根骨の中で最大であるための命名》. **— *adj.*** 〈薬莢(やっきょう)・火器が高性能の 《ほぼ同一口径の他の弾薬筒と比べて薬莢と装薬の量が多い》. 〖(1788) □ L ～ (neut. sing) ← *magnus* great, large, much〗

mág·num ópus /mǽgnəm-/ *n.* **1** 大作, 代表作 (opus 1 b). **2** 畢生の大事業. 〖(1704) (1791) □ L ～ 'great work'〗

Mag·nus /mǽgnəs/ *n.* マグナス 《男性名; アイルランド形 Manus》. 〖□ L ～ 'great'〗

Magnus, Albertus *n.* ⇨ Albertus Magnus.

Mág·nus efféct /mǽgnəs-/ *n.* 〖物理〗 マグナス効果 《気流中に置かれた回転円筒に作用する側方推進力; 無燃料船の推進に応用される; cf. rotor ship》. 〖(1921) ← *Heinrich Gustav Magnus* (1802–70: ドイツの物理学者)〗

mágnus hìtch *n.* 〖海事〗 三重結び, マグナスヒッチ 《円材などに綱を結び付ける時に巻結び (clove hitch) より一巻だけ多くする結び方》. 〖cf. L *magnus* great〗

Ma·gog /méɪgɑ(ː)g, -gɔ(ː)g | -gɒg/ *n.* 〖聖書〗 マゴグ, マゴギ 《Palestine の北に位置したと思われる地方およびその住民; cf. *Ezek.* 39:6; ⇨ Gog and Magog 1》. 〖□ Heb. *Māghōgh*〗

ma·got /mɑːgóʊ, mǽgət | mǽgət, mɑːgə́ʊ; *F.* mago/ *n.* **1** 〖動物〗 ＝Barbary ape. **2** (中国・日本製の陶器や象牙・木などで作った製品などに見られる)異形の小像 《大黒・布袋(ほてい)など》. 〖(1607) □ F ～ ← *Magot* 《転訛》 ← MAGOG (*Rev.* 20:8)〗

mag·pie /mǽgpaɪ/ *n.* **1** 〖鳥類〗 カササギ 《カササギ属 (*Pica*) の鳥の総称; 尾が長く羽の色が白と黒で鳴声がやかましく, 人家の物を盗む癖がある》: **a** ＝black-billed magpie. **b** ＝yellow-billed magpie. **c** カササギに似た鳥 《マツカケスの類, カササギフエカラスなど》. **2** [しばしば M-] 家バトの一種. **3 a** 《口語》 (カササギのように)おしゃべり(屋) (chatterbox). **b** 《英口語》 がらくた蒐集癖のある人. **c** こそ泥. **4** 〖その合図にカササギの羽のような白と黒から成る旗を掲げることから〗 (ライフル射撃で)標的の外から 2 番目の圏(への命中弾). **5** 〖通常, 主教は白色の rochet の上に黒い路の chimere を着用することから〗 《戯言》 (英国国教会の)主教; 主教の式服. 〖(1598) ← *Mag* 《(変形) ← MARGARET》＋PIE¹ ∽ (1573) 《方言》 *maggotpie* ← *maggot* magpie (□ F *Margot* ← *Marguerite* 'MARGARET')＋PIE¹: cf. F *margot* magpie〗

magpie 1

mágpie gòose *n.* 〖鳥類〗 カササギガン (*Anseranas semipalmata*) 《オーストラリア産のガチョウに似た鳥で, 最も原始的なガン》. 〖1898〗

mágpie làrk *n.* 〖鳥類〗 ツチスドリ (*Grallina cyanoleuca*) 《泥で巣をつくるオーストラリア産の鳥; mudlark ともいう》. 〖1888〗

mágpie mòth *n.* 〖昆虫〗 スグリシロエダシャク (*Abraxas grossulariata*) 《シャクガ科の昆虫; ヨーロッパから日本にかけて分布し, 幼虫はスグリを食害するというが, 日本ではガマズミ, トネリコなど種々の植物を食べる》. 〖1796〗

MAgr 《略》 Master of Agriculture.

Ma·gritte /məgríːt, mɑː- | mæg-, mə-; *F.* magʀit/, **René** (**François Ghis·lain** /ʒislɛ̃/) *n.* マグリット 《1898–1967; ベルギーのシュールレアリスト派の画家》.

Mag·say·say /mɑːgsáɪsaɪ/, **Ra·món** *n.* マグサイサイ 《1907–57; フィリピンの政治家; 大統領 (1953–57)》.

mags·man /mǽgzmən/ *n.* (*pl.* **-men** /-mən, -mɛ̀n/) **1** 《英俗》 詐欺師 (swindler). **2** 《豪》 話上手な人. 〖(1838) ← *mag* chatter〗

mág tàpe 《口語》 ＝magnetic tape. 〖1960〗

ma·gua·ri /məgwɑ́ːri/ *n.* 〖鳥類〗 シロエンビコウ (*Ciconia maguari*) 《コウノトリ科の鳥; 南米産》. 〖(1678) □ Port. ～ ← Tupi〗

ma·guey /mǽgeɪ, mǽgweɪ; *Sp.* maɣéi/ *n.* **1** 〖植物〗 リュウゼツラン (agave); (特に) マゲイ (*Agave cantala*). **2** その繊維. **3** リュウゼツ科マンネラン属 (*Furcraea*) の植物. 〖(1555) □ Sp. ～ ← S-Am.-Ind. (Taino)〗

Ma·gus /méɪgəs/ *n.* (*pl.* **Ma·gi** /méɪdʒaɪ | -dʒaɪ, -gaɪ/) **1 a** マギ族の人 (⇨ Magi). **b** 東方の三博士の一人 (⇨ Magi). **2** [m-] (古代の)占星学者 (astrologer), 魔術師: ⇨ Simon Magus. 〖(*a*1350) *mages* □ L *magus* □ Gk *mágos* □ OPers. *magush* magician: cf. magic〗

mág whèel *n.* マグホイール 《マグネシウム製の自動車用ホイール; 軽量だが高価; 単に mag ともいう》. 〖1972〗

Mag·yar /mǽgjɑə | -gjɑː⌐; *Hung.* mɔ́ɟɒr/ *n.* **1 a** [the ～(s)] マジャール族 《ハンガリーに住む Finno-Ugric 語系の主要種族》. **b** マジャール族の人. **2** マジャール語, ハンガリー語 (Hungarian). **— *adj.* 1** マジャール族の. **2** マジャール語の, ハンガリー語の; マジャール[ハンガリー]文化の. **3** 〖服飾〗 マジャール風の 《マジャール[ハンガリー]の婦人の衣装のように色が鮮やかで身頃はぴったりし, スカートは長くてひだ飾り (flounce) がついているものにいう》: ～ sleeves マジャール袖 《身頃から裁ち出されている》 / a ～ blouse マジャールブラウス. 〖(1797) □ Hung. ～ ←?〗

Mag·yar·ize /mǽgjɑːràɪz/ *vt.* **1** マジャール化する. **2** マジャール領とする. **3** マジャール[ハンガリー]語化する. **Mag·yar·i·za·tion** /mæ̀gjɑːrɪ̀zéɪʃən | -raɪ-, -rɪ-/ *n.* 〖(1884): ⇨ ↑, -ize〗

Ma·gyar·or·szág /*Hung.* mɔ́ɟɒrorsaːg/ *n.* マジャルオルサーグ (Hungary のハンガリー語名).

Ma·ha·bad /mɑ̀ːhəbɑ́ːd | -bǽd/ *n.* マハーバード 《イラン北西部, イラクとの国境の近くにある都市; 人口はクルド人の割合が多い》.

Ma·ha·bha·ra·ta /məhɑ̀ːbɑ́ːrətə | -tə; *Hindi* məhɑ́ːbʰaːrət/ *n.* (*also* **Ma·ha·bha·ra·tam, -tum** /-təm | -təm/) [the ～] 「マハーバーラタ」 《Ramayana と共に古代インドの二大叙事詩の一つ; 紀元前 5 世紀ごろのインド北部における二王家の争いを歌ったもの》. 〖(1784) □ Skt *Mahābhārata* 《原義》 the great (story of the) Bharatas ← *mahā-* great＋*Bhārata* descendant of a king or tribe named Bharata (← *bhārata* story): cf. maharaja〗

ma·ha·gua /məhɑ́ːgwə/ *n.* 〖植物〗 ＝majagua.

ma·ha·jan /məhɑ́ːdʒɑːn/ *n.* 《インド》 金貸し, 高利貸し. 〖(1852) □ Hindi *mahājan* □ Skt *mahājana* eminent man〗

Ma·ha·jan·ga /mæ̀hədʒɑ́ŋgə/ *n.* マハジャンガ 《マダガスカル北西部 Bombetoka 湾に面する港市; 旧名 Majunga》.

Ma·ha·la /məhéɪlə/ *n.* マヘーラ 《女性名; 異形 Mahalia, Mahalie》. 〖□ Heb. *mahlāh* 《原義》 ? barren〗

ma·hál·a mát /məhǽlə-/ *n.* 〖植物〗 アメリカ太平洋沿岸産クロウメモドキ科ソリチャ属の常緑・匍匐(ほふく)性の低木 (*Ceanothus prostratus*). 〖□ Am.-Ind. *mahala* woman; インディアンの女たちがこれを材料にむしろを編むところから〗

ma·ha·leb /mɑ́ː(h)əlèb/ *n.* 〖園芸〗 マハレブ (*Prunus mahaleb*) 《ヨーロッパ南部・アジア南西部原産で, オウトウ(桜桃)の継ぎ木の台木として利用される; mahaleb cherry, St. Lucie cherry ともいう》. 〖(1558) □ OF *macaleb* □ Arab. *máhlab* ← *ḥalaba* to milk〗

Ma·hal·ia /məhéɪljə, -liə/ *n.* マヘーリア 《女性名》. 〖《異形》 ← MAHALA〗

Ma·ha·lie /məhéɪli/ *n.* マヘーリー 《女性名》. 〖《異形》 ← MAHALA〗

Ma·hal·la el Ku·bra /məhǽləlkúːbrə/ *n.* マハラエルクブラ《エジプト北部, Cairo 北方の Nile Delta にある都市; 織物産業の中心地》.

ma·ha·lo /mɑháːlou | -ləu; *Hawaii.* mahálo/ *n.* 《ハワイ》ありがとう, どうも (thanks). 〖□ Hawaiian ～〗

Ma·ha·mad /máːhəmàːd | mǽhəmæ̀d/ *n.* マハマド《セファルディ (Sephardi) のシナゴーグを運営する評議員団》. 〖《1831》□ Heb. *maʿămādh* ← *aʿămadh* to stand〗

Ma·ha·na·di /məháːnədi | -di/ *n.* [the ～] マハナディ川《インド東部の川; Madyha Pradesh 州南部に発し, Bengal 湾に注ぐ (885 km)》.

ma·hant /məhʌ́nt/ *n.* 《インド》高位聖職者. 〖《1800》□ Hindi ～ □ Prakrit *mahanta* ← Skt *mahat* great〗

ma·ha·ra·ja /mɑ̀ːhəráːdʒə | -(h)ə-; *Hindi* məhaːraːdʒaː/ *n.* (*also* **ma·ha·ra·jah** /～/)《インド史》マハラージャ, 大王《君主 (raja) よりも高位の君主》. 〖《1698》□ Hindi *mahārājā* ← Skt ← *mahā-* great＋*rāja(n)* king〗

ma·ha·ra·ni /mɑ̀ːhəráːni | -(h)ə-; *Hindi* məhaːraːni/ *n.* (*also* **ma·ha·ra·nee** /～/)《インド史》**1** maharaja の妻[未亡人]. **2** (rani より高位の)女性君主. 〖《1855》□ Hindi *mahārānī* ← Skt ← *mahā-* great＋*rājñī* 'queen, RANI': ↑〗

Ma·ha·rash·tra /mɑ̀ːhəráːʃtrə | -(h)ərǽʃ-, -rɑ́ːʃ-; *Hindi* məhaːraʃtr/ *n.* マハラシュトラ《インド中西部の州, 旧 Bombay 州の一部; 面積 307,269 km², 州都 Bombay》.

Ma·ha·ri·shi /mɑ̀ːhəríːʃi | -(h)ə-; *Hindi* məhərʃi/ *n.* **1** マハルシ《ヒンズー教の精神的指導者の称号》. **2** [しばしば m-] 精神的指導者. 〖《1785》□ Skt *mahārṣi* ← *mahā-* great＋*ṛṣi* sage, seer〗

ma·ha·sir /máːhəsɪə | -sɪə^(r)/ *n.* 《魚類》＝mahseer.

Ma·ha·thir /mɑ̀ːhətíə | mæ̀hətíə^(r)/, **bin Mohamad** *n.* マハティール《1925– ; マレーシアの政治家; 首相 (1981–)》.

ma·hat·ma /məháːtmə, -hǽt-; *Hindi* məhaːtmaː/ *n.* **1 a** (バラモン教の)大知, 大聖. **b** [M-] インドで高貴な人の名 (特に Gandhi) に添える敬称: *Mahatma* Gandhi. **2** 権威(者): a ～ of mathematics 大数学者 / a ～ of chess チェスの名人. **3** 《神学》(超自然力をもつといわれる)大賢者. 〖《1884》□ Skt *mahātmā* ← *mahā-* great＋*ātman* 'soul, ATMAN'〗

ma·hát·ma·ìsm /-məɪzm/ *n.* 《インド》大知信仰; 超自然力崇拝.

Ma·ha·we·li /mɑ̀ːhəwéɪli/ *n.* [the ～] マハウェリ川《スリランカ第一の大河; 同国中南部に発し, Bengal 湾に注ぐ》.

Ma·ha·ya·na /mɑ̀ːhəjáːnə | mɑ̀ːhə-, məhɑ̀ː-; *Hindi* məhaːjaːn/ *n.* 《仏教》大乗(仏教)《紀元前後に従来の伝統主義仏教(小乗仏教)を批判して興起した仏教運動; Great Vehicle ともいう; cf. Hinayana》. 〖《1868》□ Skt *mahāyāna* the great vehicle ← *mahā-* great＋*yāna* vehicle〗

Mà·ha·yá·nist /-nɪ̣st | -nɪst/ *n.* 大乗仏教信者. 〖《1891》〗

Ma·ha·ya·nis·tic /mɑ̀ːhəjɑːnístɪk | mɑ̀ːhə-, məhɑ̀ː-˝/ *adj.* 大乗(仏教)的な. 〖《1907》〗

Ma·há Yú·ga /məháː-; *Hindi* məhaː-/ *n.* 《ヒンズー教》大世, 大ユガ (⇨ Yuga). 〖□ Skt *mahā-yuga* great age: ⇨ maharaja, Yuga〗

Mah·di /máːdi | -diː, -di/ *n.* **1** マーディ, マフディー《この世の終末の前に現れるというイスラム教の救世主》. **2** 自ら Mahdi と称した人; (特に) Muhammed Ahmed. 〖《1800》□ Arab. *mahdī* one guided aright (p.p.) ← *hádā* to lead aright〗

Máh·dism /-dɪzm/ *n.* Mahdi 降臨の信仰; Mahdi への帰依. **Máh·dist** /-dɪ̣st | -dɪst/ *n.* 〖《1884》〗

Ma·hé /mɑːhéɪ/; *F.* mae/ *n.* マヘ(島)《インド洋上にあるセイシェル諸島 (the Seychelles) の主島》.

ma·he·wu /mɑːhéwuː, -xé-/ *n.* 《南ア》軽く発酵させたトウモロコシの飲料. 〖《1936》← Xhosa *amarewu*, Zulu *amahewu*〗

Mah·fouz /mɑːxfúːz/, **Na·guib** *n.* マフフーズ《1911– ; エジプトの小説家・劇作家・シナリオ作家; *The Children of Gebelawi* (1961); Nobel 文学賞 (1988)》.

Ma·hi·can /məhíːkən, mɑː-/ *n.* (*pl.* ～, ～s) **1 a** [the ～(s)] マヒカン族《もと Hudson 川から Champlain 湖に及ぶ地域に集中した Algonquian 族に属するアメリカインディアンの一族》. **b** マヒカン族の人. **2** マヒカン語. **3** (もと Connecticut 州にいた)モヒーガン族 (Mohegan) の先住民. 〖《c1614》□ N-Am.-Ind. (Algonquian) *maingan* 《原義》wolf〗

Ma·hi·lyow /mɑːhɪljóu | -ljə́u/ *n.* モギリョフ《ベラルーシ東部, Dnieper 川に臨む都市》.

ma·hi·ma·hi /mɑ̀ːhimɑ́ːhi; *Hawaii.* màhimáhi/ *n.* マヒマヒ《特に Hawaii で食用とするシイラの肉》. 〖《1905》□ Hawaiian ～〗

mah-jongg /mɑ̀ːdʒɑ́(ː)ŋ, -ʒɑ́(ː)ŋ, -dʒɔ́(ː)ŋ, -ʒɔ́(ː)ŋ | -dʒɔ́ŋ/ *n.* (*also* **mah-jong** /～/) 麻雀(マージャン). ── *vi.* 麻雀で勝つ. 〖《1920》□ Chin. *majiang* (麻將)〗

Mah·ler /máːlə | -lə^(r); *G.* máːlɐ/, **Gustav** *n.* マーラー《1860–1911; Bohemia 生まれのオーストリアの作曲家・指揮者》.

Mah·le·ri·an /mɑːlɪ́ᵊriən | -lɪ́ər-/ *adj.* マーラー (Mahler) の; マーラーの音楽に関する. ── *n.* マーラー音楽の愛好者; マーラー研究者. 〖《1947》: ⇨ -ian〗

mahl·stick /mɔ́ːlstɪk, mɑ́ːl- | mɔ́ːl-/ *n.* ＝maulstick. 〖《1658》《異形》← MAULSTICK〗

Mah·mud II /mɑːmúːd-/ *n.* マフムト二世《1785–1839; オスマン帝国のスルタン (1809–39)》.

ma·hoe /məhóu | -hə́u/ *n.* (*also* **ma·ho** /～/)《植物》**1** ＝majagua. **2** トウユウナ (portia tree). **3** ジンチョウゲ (*Daphnopsis caribaea*)《西インド諸島のジンチョウゲ科の木》. **4** 南米産アオギリ科アオギリ属の植物 (*Sterculia pruriens*)《材質は木目(もくめ)がまっすぐで光沢がある》. **5** メリキツス《ニュージーランド産スミレ科の低木 (*Melicytus ramiflorus*)》. 〖《1666》□ F *maho(t)* □ S-Am.-Ind. (Taino) *mahó*〗

ma·hog·a·ny /məhɑ́(ː)gəni | -hɔ́g-/ *n.* **1 a** 《植物》マホガニー (*Swietenia mahagoni*)《熱帯アメリカ産のセンダン科の常緑高木; 赤褐色の堅い木材は高級家具用材となる》. **b** マホガニー材. **2 a** 《植物》アフリカマホガニー《アフリカマホガニー属 (*Khaya*) のマホガニーと同類の各種の樹木の総称》. **b** アフリカマホガニー材. **3** マホガニー色《赤褐色》. **4** 《古》(マホガニー材の)テーブル; (特に)食卓: with one's knees under the ～ 食卓について / be under the ～ (食卓の下に)酔って倒れている, 酔いつぶれる / put [stretch] one's legs [feet] under a person's ～ 人の歓待を受ける, 人と一緒に食事する.
── *adj.* [限定的] マホガニー材の; マホガニー色の: a ～ desk.
〖《c1660》*mohogeney* ← ? Honduras《現地語》: cf. Sp.《廃》*mahogani*〗

mahógany ácid *n.* 《化学》マホガニー酸《石油スルホン酸の油溶性の成分; 防銹剤として用いる》.

Ma·ho·met /məhɑ́(ː)mɪ̣t | -hɔ́mɪt/ *n.* ＝Muhammad. 〖《?a1200》ME *maumet*〗

Ma·hó·met·an /-tn̩, -tən | -tn̩, -tən/ *n., adj.* ＝Muhammadan. 〖《1600》〗

Ma·hón /mə(h)óun | -(h)ə́un; *Sp.* maón/ *n.* マオン《地中海のスペイン領 Minorca 島東部の港町》.

ma·ho·ni·a /məhóuniə | -hə́u-/ *n.* 《植物》アジア東部および東南部・北米・中米原産のメギ科ヒイラギナンテン属 (*Mahonia*) の植物の総称《ヒイラギナンテン (*M. japonica*) など; 庭園に植えられる》. 〖《1829》← NL ～ ← *Bernard McMahon* (1775–1816; 米国の植物学者): ⇨ -ia¹〗

Ma·hound /məháund, -húːnd/ *n.* **1** 《古》＝Muhammad. **2** 《スコット》悪魔. 〖《?a1200》*Mah(o)un, Mahum* □ OF *Mahom, Mahon* 《転訛》← *Mahomet* 'MUHAMMAD'〗

ma·hout /məháut, -húːt | məháut, mɑː-, -húːt/ *n.* (インドおよび東インド諸島で)象使い. 〖《1662》□ Hindi *mahāut, mahāwat* ← Skt *mahāmātra* 《原義》great in measure ← *mahā-* great＋*mātra* measure〗

Mah·rat·ta /məráːtə, -rǽtə | -rǽtə/ *n.* ＝Maratha.

Mah·rat·ti /məráːti, -rǽti | -rǽti/ *n.* ＝Marathi.

Mäh·ren /méːʁən/ *n.* メーレン (Moravia のドイツ語名).

mah·seer /máːsɪə | -sɪə^(r)/ *n.* (*also* **mah·sir** /～/)《魚類》マハシア (*Barbus mosal*)《インド産コイ科の大形淡水食用魚》. 〖《1854》□ Hindi *mahāsir* ← ? Skt *mahā-* great＋*śiras* head〗

ma·hua /máː(h)wə/ *n.* 《植物》《インド・マレー半島・東南アジア産アカテツ科 *Madhuca* 属の樹木の総称; (特に)イリッペ (*M. latifolia* または *M. indica*); 花は糖分が多く食用・醸造用》. 〖《1687》□ Hindi *mahūā* ← Skt *madhūka* ← *madhu* 'sweet, MEAD¹'〗

mah·zor /mɑːkzɔ́ə, mɑ́ːkzə | mɑːkzɔ́ː^(r), mɑ́ːkzə^(r)/ *n.* (*pl.* **mah·zo·rim** /mɑ̀ːkzɔːríːm/, ～s)《ユダヤ教》(祝祭日用)祈禱書 (cf. siddur). 〖《1864》*Machsor* □ Mish. Heb. *maḥᵃzôr* cycle, MHeb. prayer book ← Heb. *hāzár* to turn, regret〗

Ma·ia /máɪə, méɪjə/ *n.* **1** 《ギリシャ神話》マイア《Pleiades 七姉妹中の最年長者; Zeus との間に Hermes を生んだ》. **2** 《天文》マイア《Pleiades 星団の最輝星》. **3** 《ローマ神話》マイア《豊穣(ほうじょう)の女神; Faunus の娘で Vulcan の妻; ギリシャ神話の Maia と同一視される; ⇨ May》. 〖□ L *Māia* □ Gk *Maîa* 《原義》good mother, nurse ← IE *mā- mother〗

maid /méɪd/ *n.* **1** メード, お手伝い, 女中: ⇨ barmaid, housemaid, kitchenmaid, nursemaid, parlormaid, lady's maid. **2** 《詩・古》**a** 娘, 少女, 未婚の娘: ～'s garments お嬢さん用衣類《仕立屋・洋裁業者の用語; cf. women's garments ⇨ woman 1》. **b** 処女, 未婚女性, 独身女性. ★ 次の句に用いる以外は《まれ》: an old ～ 老嬢, オールドミス. **3** [the M-] ＝the MAID of Orléans.

a máid of áll wórk (1) 雑役婦, 雑働きの女中. (2) いろんな仕事をする人,「なんでも屋」.

máid of hónor (1) (女王・王女にかしずく)女官, 侍女 (通例高貴の生まれの未婚女性). (2) 《米》花嫁に付添う未婚女性 (bridesmaid) (cf. MATRON of honor). (3) アーモンド風味の小型カスタードパイ. 《1586》

Máid of Orléans [the ―] オルレアンの少女《Joan of Arc のこと》.

〖?lateOE *maide* 《短縮》← MAIDEN: cf. OE *mæġð*: ME では「童貞の男子」を指すこともあった〗

Mai·da /méɪdə | -də/ *n.* メイダ《女性名; 異形 Maidie》. 〖□ OE *Mæġð* maiden〗

mai·dan /maɪdáːn, mæd-/ *n.* 広場, マイダーン《ペルシャ・インド・アフリカなどの都市で市場・遊歩場・練兵場などに用いられる場所》. 〖《1625》□ Hindi *maidān* □ Pers. *maydān* □ Arab. *maydān*〗

Mai·da·nek /máɪdənɛ̀k; *Pol* majdánɛk/ *n.* マイダネク《ポーランド東部 Lublin 近郊にあったナチの強制収容所》.

Mái·da Vále /méɪdə- | -də/ *n.* メイダヴェイル《London の北西部の大道路 Edgware Road の北部の名称; 1806 年イタリア南西部, Calabria の Maida で英国軍がフランス軍を破った記念につけられた名》.

máid·chìld *n.* 《廃》＝female child.

maid·en /méɪdn̩/ *n.* **1** 《詩・古》＝maid 2. **2** 《クリケット》＝maiden over. **3** 勝ったことのない競走馬, 未勝利馬 (maiden horse). **4** 《スコット》＝harvest doll. **5** 《古》[M-] (16–17 世紀のころスコットランドで用いた guillotine に似た)断頭台.
── *adj.* [限定的] **1 a** (年配の女性について)処女の; 未婚の, 独身の: one's ～ sister / a ～ lady (年輩の)独身婦人. **b** 処女らしい: ～ innocence 娘らしい無邪気さ / a ～ blush. **c** 〈雌の動物が〉交尾の経験のない; 子を産んだことのない. **2** 初めての, 初舞台の: a ～ speech (議会における議員の)処女演説 / a ～ trip 初旅 / a ～ voyage [flight] 初航海[飛行], 処女航海[飛行]. **3 a** まだ使った[試した]ことのない: a ～ battle 初陣(ういじん) / a ～ knight [soldier] 初陣の騎士[兵士] / ～ soil 未墾地 / a ～ sword まだ切れ味を試さない刀, 新刀(あらみ). **b** 〈町・城・砦など〉征服されたことのない: a ～ castle [fortress, city] 一度も敵の手に落ちたことのない城[要塞, 都市]. **4 a** 《競走馬など》一度も勝った[賞を得た]ことのない, 未勝利の: a ～ horse 一度も勝ったことのない馬, 未勝利の馬. **b** 〈賞・レースなど〉未勝利馬の: a ～ race / ～ stakes 未勝利の馬に賭けた金. **5** 《英法》**a** 〈巡回裁判が〉すべき(刑事)事件のない, 審理すべき被告人のいない: a ～ assize, circuit, session. **b** 《廃》〈裁判が〉死刑に処すべき者のいない.
〖OE *mæġden* < Gmc **mazaðīnam* (dim.) ← **mazaðiz* maid, virgin (OE *mæġ(e)þ* / OS *magath* / OHG *magad* (G *Magd* & *Mädchen*)) < IE **maghos* young person of either sex: ⇨ -en⁵: ME では「未婚の男子」の意に用いられた. ― adj.: 《?c1300》← (n.)〗

máiden·hàir *n.* 《植物》ウラボシ科クジャクシダ属 (*Adiantum*) の植物の総称《ホウライシダ (Venushair) や北米産でクジャクが羽を広げたような葉の型をした優美な栽培種のクジャクシダ (*A. pedatum*) など; maidenhair fern ともいう》. 〖《1359》〗

máidenhair spléenwort *n.* 《植物》チャセンシダ (*Asplenium trichomanes*)《温帯北部の岩上に生えるウラボシ科の常緑のシダ; English maidenhair ともいう》. 〖《1837》〗

máidenhair trèe *n.* 《植物》＝ginkgo. 〖《1773》〗

maiden·head /méɪdn̩hɛ̀d/ *n.* 《古》**1** 処女であること (maidenhood). **2** 処女膜 (hymen). 〖《c1250》ME *maiden-hed* ← MAIDEN (n.)＋-HEAD〗

Maid·en·head /méɪdn̩hɛ̀d/ *n.* メーデンヘッド《イングランド南部, London の西にある町; Thames 河畔のボート遊び中心地》. 〖ME *Maydehuth* 《原義》the maidens' landing-place ← MAIDEN＋OE *hȳð* landing-place: cf. Lambeth: 現在の語形は MAIDENHEAD との連想による〗

máiden·hòod *n.* **1** 処女であること, 処女性. **2** 処女時代. 〖OE *mæġdenhād*: ⇨ maiden, -hood〗

máid·en·ish /-dn̩ɪʃ/ *adj.* 《軽蔑》娘っぽい, 処女みたいな; オールドミスらしい[風の]. 〖《1749》〗

máid·en·ly *adj.* **1** 少女の, 処女の: one's ～ years 少女期. **2** 〈性質・行動など〉処女[娘]らしい; 優しい, 慎ましい, 内気な (gentle, modest): ～ modesty. ── *adv.* 《古》乙女(おとめ)らしく; 慎ましく. **máid·en·li·ness** *n.* 〖《a1450》: ⇨ maiden, -ly²〗

máiden náme *n.* (女性の)結婚前の姓, 旧姓 (⇨ née 1). 〖《1689》〗

máiden òver *n.* 《クリケット》無得点のオーバー《6 回の投球のうち 1 点も取られないもの》. 〖《1851》〗

máiden pìnk *n.* 《植物》ヒメナデシコ (*Dianthus deltoides*)《ヨーロッパ西部からアジア東部に分布するナデシコ科の群生植物》. 〖《1755》〗

máiden's-wrèath *n.* 《植物》フランコア (*Francoa ramosa*)《チリ原産ユキノシタ科の多年草; ピンクの花が咲く; bridal wreath ともいう》. 〖《1893》〗

máiden-wídowed *adj.* 《Shak》処女のまま未亡人になった.

máid·hòod *n.* **1** ＝maidenhood. **2** メードの仕事[身分]. 〖OE *mæġðhād*: ⇨ maiden, -hood〗

máid-in-wáiting *n.* (*pl.* **maids-in-**) 女王[王女]に侍する未婚貴婦人, 侍女. 〖《1953》〗

máid·ish /-dɪʃ | -dɪʃ/ *adj.* ＝maidenish. 〖《1872》〗

Máid Márian *n.* **1** (昔の morris dance の)五月姫 (May queen). **2** ＝morris dance. **3** 《英国伝説》メリアン《Robin Hood の恋人》.

máid·pàle *adj.* 《Shak》処女の(ような)白さの.

máid·sèrvant *n.* お手伝い, 女中 (cf. manservant). 〖《a1382》〗

Maid·stone /méɪdstoun, -stən | -stən, -stəun/ *n.* メードストン《イングランド南東部 Kent 州の州都》. 〖OE *Mæidesstana* 《原義》? the maidens' stone〗

Mai·du·gu·ri /màɪdugúᵊri | -gúəri/ *n.* マイドゥグリ《ナイジェリア北東部 Borno 州の州都; Yerwa-Maiduguri ともいう》.

Mai·er¹ /máɪə | máɪə^(r); *G.* máɪɐ/ *n.* マイアー《男性名》. 〖□ G ～《原義》bailiff, farmer〗

Mai·er² /máɪə | máɪə^(r)/ *adj.* 《造船》マイアー式の《船体が受ける水の抵抗を最も少くするようにした造船形式にいう》. 〖考案者のドイツ人の名にちなむ〗

ma·ieu·tic /meɪjúːtɪk, maɪ- | -tɪk/ *adj.* (知的)産婆術の《相手の考えを引き出し, それを明確に意識させる Socrates の問答法を産婆術にたとえて言ったもの》. 〖《1655》□ Gk *maieutikós* obstetric ← *maieúesthai* to act as midwife ← *maîa* good mother, nurse, midwife: ⇨ Maia〗

mai·gre¹ /méɪgr(ə), -gə | -gə^(r), -gr(ə); *F.* mɛgʁ/ *adj.* 《カトリック》肉も肉汁も用いない, 精進(しょうじん)料理の; 精進日にふさわしい: a ～ soup. 〖《1683》□ F ～《原義》'lean, MEAGER¹'〗

mai·gre² /méɪgr(ə), -gə | -gə^(r), -gr(ə)/ *n.* 《魚類》コルビ

ナ (*Argyrosomus regium*)《ヨーロッパ産のニベ科の大型の食用海魚; うなるような音を出し群れをなして生息する; 食用》. 〖(1835) □ F ～〗

mai·hem /méɪhɛm/ *n.* ＝mayhem.

maik /méɪk/ *n.*《スコット》昔の半ペニー《meck ともいう》. 〖(*a*1547) ← ?〗

Mai·kop /maɪkɑ́(ː)p | -kɔ́p; *Russ.* majkóp/ *n.* マイコープ《ロシア連邦南西部 Adygea 共和国の首都》.

mail[1] /méɪl/ *n.* **1 a** [集合的] 郵便物; (1 回の便で配達される)郵便物: the Indian ～ インド向け郵便物 / the ～s for England 英国行きの郵便物 / Has the ～ come this morning? 今朝は郵便が来ましたか / Is there any ～ for me? 私に何か手紙が来ていますか / I had a lot of ～ this morning. 今朝郵便がたくさん来た / The ～s are lost. 郵便物が紛失した. **b**〖電算〗(電子)メール (electronic mail). **2** [*pl.* にも用いて] 郵便制度; 郵便: domestic [foreign]～ 国内[外国]郵便 / ⇨ airmail / by ～ ＝ through the ～ 郵便で / by next ～ 次便で / by return ～＝by return of ～ 折り返して / first-[third-]class ～ 第一[第三]種郵便. **3**《英》郵便物運送機関《郵便列車・郵便船・郵便配達人など》: a night ～ 夜行郵便列車 / an outgoing ～ 外国向け郵船. **4 a**《古》郵便袋 (mailbag), 郵袋. **b**《スコット》袋, 旅行袋. **5** [M-; 新聞紙名に用いて] …紙: The Daily *Mail*.

— *adj.* 郵便の, 郵便物を扱う, 郵便物運送用の: ～ matter 郵便物 / a ～ boat [steamer] 郵便船 (《英》 postboat) / a ～ train 郵便列車.

— *vt.* **1**《主に米・カナダ》〈手紙などを〉郵便で出す, 郵送する (《英》 post); 〈人に〉電子メールを送る (E-mail). **2**《廃》包む (envelop).

〖(?*a*1200) □ OF *male* (F *malle* bag, trunk) □ Frankish **malha* ← Gmc **malhō-* (OHG *mal(a)ha* wallet) ← IE **molko-* skin bag〗

mail[2] /méɪl/ *n.* **1 a** (鎧(よろい)に使う)鎖, 鎖帷子(かたびら) (hauberk ともいう; cf. COAT of mail). **b** (鎖帷子式の)鎧. **2** (カメ・センザンコウ・アルマジロ・イセエビなどの)鎖帷子状の覆い[うろこ]. **3** メール《織物の経糸の通る, 金属製またはガラス製の総絖(そうこう)の目》. — *vt.* …に鎖帷子を着せる; 武装させる (arm with mail): be ～*ed* in armor 鎖帷子で身を固めている. **～·less** *adj.* 〖(?*a*1300) *mail(l)e* □ (O)F *maille* mesh ＜ L *maculam* 'spot, mesh of a net, MACULA': cf. macle, mackle〗

mail[2] 1

mail[3] /méɪl/ *n.*《廃・スコット》(家賃・借地料・税金などの)納付金, 金納. 〖OE *māl, maile* □ ON *māl* speech, lawsuit〗

mail·a·ble /méɪləbl/ *adj.*《米》(法的に)郵送できる, 郵便として出せる. **màil·a·bíl·i·ty** /-ləbíləti | -lɪ̀ti/ *n.* 〖1845〗

máil·bàg *n.* **1** (郵便配達人が肩にかける)郵便かばん (mailpouch). **2** (運送用)郵便袋, 郵袋 (mail sack). 〖1812〗

máil·bòat *n.* 郵便船. 〖1795〗

máil·bòmb *vt.* 〈人〉にメール爆弾 (mail bomb) を送りつける. 〖1993〗

máil bòmb *n.* メール爆弾《1 つのアドレスにシステムが支障をきたすほど多量に送りつけられた電子メール》; 郵便[手紙]爆弾. 〖1972〗

mail·box /méɪlbɑ̀(ː)ks | -bɔ̀ks/ *n.*《米》**1** 郵便(差出し)箱, ポスト (postbox) (cf. pillar-box): put a letter into the ～ 手紙をポストに入れる. **2** (個々の家などの)郵便受け (letterbox). **3**〖電算〗(電子メールの)受信箱, メールボックス. 〖1810〗

máil càll *n.* (軍隊で隊員への)郵便物の配布.

máil càr *n.* 郵便列車《車内に種分けなどの設備がある》. 〖1889〗

máil càrrier *n.*《米》**1** 郵便配達人, 集配人 (letter carrier; mailman). **2** (郵便局相互間の)郵便物[郵袋]配送人. 〖1790〗

máil-càrt *n.*《英》**1** 郵便車. **2** (手押しの)乳母車. 〖1837〗

máil·càtcher *n.*《米》郵便積込み装置《列車の進行中に郵袋を受け止めできるようになっている装置》. 〖1875〗

máil·chùte *n.* メールシュート《各階の通路に設けた郵便物の投入口》. 〖1961〗

máil·clàd *adj.* 鎖帷子(かたびら)[鎧(よろい)]を着た.

máil clèrk *n.* **1** 郵便局(事務)員. **2** (会社などの)係. **3**〖鉄道〗(郵便車の)郵便選別係.

máil·còach *n.*《英》**1** 郵便馬車 (stagecoach)《昔, 郵便物を運んだ乗合馬車》. **2** (列車の)郵便車. 〖1787〗

máil còver *n.*《米》国家・政府に対する反逆犯罪があるとみなされる個人・団体宛ての郵便物の差出人の氏名・住所・発信地・日付けなどを完全に記録する制度; 現在はほとんど行われていない. 〖1965〗

máil dày *n.* 郵便郵配日. 〖1855〗

máil dròp *n.*《米》**1** 郵便差入れ口; 郵便受取り箱. **2** 秘密の郵便物[情報]の取次所. 〖1945〗

mai·le /máɪli; *Hawaii.* máile/ *n.*〖植物〗太平洋諸島に産するキョウチクトウ科のカズラの類の植物 (*Alyxia olivaeformis*)《葉や樹皮は香りがよく, Hawaii ではレイに用いられる》. 〖(1903) □ Hawaiian〗

mailed /méɪld/ *adj.* **1** 鎖帷子(かたびら)[鎧(よろい)]を着けた. **2**〖動物〗〈動物が〉鎖帷子状のうろこなどでおおわれた; 〈鳥の胸が〉鎖帷子の紋様になっている. 〖(*a*1382) (p.p.) ← MAIL[2] (v.)〗

máiled físt *n.* **1** 鉄甲をはめた拳固(げんこ). **2** [the ～] 腕力, 武力; (特に)軍隊による圧迫[脅威]. 〖1897〗

máil·er /-lə | -lə(r)/ *n.* **1 a** 郵送者, 郵送係員. **b** 郵便利用者. **2** ＝mailing machine. **3** 郵送用容器《厚紙の筒や封筒など》. **4**〖広告〗(宣伝文つきの)郵送リーフレット. **5**〖電算〗メーラー《電子メールを扱うプログラム》. **6**《古》郵(便)船 (mailboat). 〖1883〗

Mai·ler /méɪlə | -lə(r)/, **Norman** (**Kingsley**) *n.* メイラー (1923– ; 米国の小説家; *The Naked and the Dead* (1948), *The American Dream* (1965)).

máil flàg *n.*〖海事〗郵便旗《郵便物を積載している船舶であることを示す旗・信号・標識》.

Mail·gram /méɪlgræm/ *n.*《米》〖商標〗[ときに m-] メールグラム《送り手が電話で文言を伝えると, 先方近くの郵便局に電信で送られ, 受取人へは普通郵便で配達されるサービス》. 〖1969〗

máil·ing[1] /-lɪŋ/ *n.* **1** 郵送: a ～ table 郵便物区分台. **2** 1 回分の発送郵便物. 〖(1871) ← MAIL[1]＋-ING[1]〗

máil·ing[2] /-lɪŋ/ *n.*《スコット》**1** (農耕用の)借地, 小作農地. **2** (小作農地の)借地代, 小作料. 〖(1452) ← MAIL[3]＋-ING[1]〗

máiling lìst *n.* **1** 郵送先名簿. **2**〖電算〗メーリングリスト《インターネットで登録した受け手に随時メールで情報を送るサービス》. 〖1: 1909〗

máiling machìne *n.* 郵便事務機《郵便物に宛名を印刷したり切手を貼ったり各種の郵便発送事務をする機械》.

máiling tùbe *n.*《米》(雑誌・カレンダーなどの)郵送用円筒《厚紙の筒》.

maill /méɪl/ *n.*《廃》＝mail[3].

Mail·lol /maɪjɔ́(ː)l, -jóʊl | -jɔ́l; *F.* majɔl/, **A·ris·tide** /aʁistid/ (**Joseph Bo·na·ven·ture** /bɔnavɑ̃tyːʁ/) *n.* マイヨール (1861–1944; 女体像で知られるフランスの彫刻家).

mail·lot /maɪóʊ | maɪóʊ; *F.* majo/ *n.* (*pl.* **～s** /～z; *F.* ～/)〖服飾〗マイヨ: **a** 舞踏家・軽業師・体操選手などが用いる体にぴったりしたタイツ. **b** ワンピース型の女性用水着. **c** 体にぴったりしたプルオーバースタイルのセーター. 〖(1888) □ F ～ (dim.) ← *maille* band of cloth: ⇨ mail[2]〗

máil·màn /-mæ̀n/ *n.* (*pl.* **-men** /-mɛ̀n/)《米》郵便集配人[配達人] (《英》 postman). 〖1881〗

máil·mèrge *n.*〖電算〗メールマージ《文書中にシンボルで記入された宛名・住所などを別ファイルからの実際のデータと置換して文書を完成させる機能》. 〖1981〗

máil mèssenger *n.* 郵便請負い配達人《郵便局と鉄道駅・飛行場間などの郵便物を配達する》.

máil-òrder *adj.* 通信販売制の: ～ business 通信販売業 / a ～ firm 通信販売会社. — *vt.*, *vi.* 通信販売で送る[買う]. 〖1875〗

máil òrder *n.* 郵便[通信]による注文; 通信販売. 〖1906〗

máil-order hòuse *n.* 通信販売会社. 〖1916〗

máil·òut *n.* (同文の手紙・広告などの)発送; (多量に発送される)手紙, 広告. 〖1973〗

máil plàne *n.* 郵便飛行機.

máil·pòuch *n.*《米》郵便かばん. 〖1890〗

máil·ròom *n.* (企業などで郵便物の)集配室. 〖1882〗

máil sàck *n.* 郵便袋, 郵袋.

máil sèrver *n.*〖電算〗メールサーバー《電子メールの配送を管理するホストコンピューター》.

máil·shòt *n.* ダイレクトメールの発送[郵送]; ダイレクトメール. 〖1963〗

máil tràin *n.* 郵便列車. 〖1844〗

máil·vàn *n.* 郵便輸送用バン.

maim /méɪm/ *vt.* **1** (手足を切断するなどして)〈人を〉障害者にする: He was ～*ed* for life. 一生障害者になった. **2** 傷つける, だいなしにする, 使用に耐えなくする. **3**〖法律〗身体に傷害を加え(障害者にす)る. — *n.*《廃》**1** 障害; 大けが. **2** 欠陥. **～·er** *n.* 〖v.: (*c*1300) *maime(n), maine(n)* to wound □ OF *mahaignier* to cripple ＜ VL **mahagnāre* ← Gmc. — n.: (1340) □ OF *mayhem, mahaing* ← *mahaignier*: cf. mayhem〗

SYN 損傷する: **maim** (事故や戦争などで)手足を切ったりして一生残るような大けがをさせる《格式ばった語》: He was *maimed* in an accident. 事故で大けがをした. **cripple** 特に足や手を切ったり大けがをさせて障害者にする《この言葉は強い差別語なので, disable や handicap などを用いるのがよいとされる》: He was *crippled* by rheumatism. リューマチでかたわになった. **mutilate**《人の他に物にも用いる》重要な部分を損傷[切断]する《格式ばった語》: *mutilate* a statue 像を損傷する. **mangle** 体をずたずたに切りさいなむ: The body was *mangled* by sharks. 死体はサメに食い荒らされていた. **lacerate** (のこぎりの歯のようなぎざぎざなもので)手足の皮膚や筋肉をずたずたに裂く: His feet were *lacerated* by the thorns. 足はイバラで傷だらけだった. **disable** 手足を傷つけて正常な身体活動を不能にする: a *disabled* soldier 傷病兵.

mai mai /máɪmàɪ/ *n.* (NZ) (木の枝を組んで作った)カモ猟師の小屋[隠れ場] (maimai, maemae, mimi ともつづる). 〖((1839)) (1913) *mia mia* ← ? Nyungar〗

maimed /méɪmd/ *adj.* 身体障害の. **～·ness** *n.* 〖1340〗

Mai·mon·i·des /maɪmɑ́(ː)nədìːz | -mɔ́nɪ-/ *n.* マイモニデス (1135–1204; スペイン生まれのユダヤ人の律法学者・神学者・哲学者; 別名 Rambam). **Mai·mon·i·de·an** /maɪmɑ̀(ː)nədíːən | -mɔ̀nɪ-ˈ/ *adj.*, *n.*

main[1] /méɪn/ *adj.* [限定的] **1** 主要部を成す, 大部分の; 主要な, 主な; 専門の (⇨ chief SYN): one's ～ business 本職, 本務 / the ～ body of troops 本隊, 主力部隊 / the ～ force〖軍事〗主力, 本隊 / the ～ points of an argument 議論の要点 / a ～ event [《俗》go] 主要試合, メインイベント / the ～ building 本館 / the ～ office 本店 / the ～ plot (劇などの)本筋 (cf. subplot) / the ～ road 本道, 本街道 / the ～ street 大通り (cf. Main Street) / for the ～ part 大部分は, 大概は. 日英比較 日本語ではよく「これが今日のメインです」などと言うが, 英語ではこのような意味の名詞としては用いない. 必ず後に名詞を付けて a *main* event などのように言う. 日本語の「メインスタンド」「メインバンク」「メインポール」は和製英語. 英語ではそれぞれ grandstand, *main* financing bank, *main* flagpole という. **2** 十分な, 精一杯の. ★ 特に次の句に用いて: by ～ force [strength] 力いっぱい, 全力を振るって. **3**〖文法〗主要な: ⇨ main clause. **4**〖海事〗大檣(たいしょう)の, 大檣帆の, 大檣(帆)に付いた. **5**《英・スコット・方言》著しい, 相当な. **6**《廃》**a** 〈土地・海・空間など〉広大な: the ～ sea 重大海. **b** 力のある, 強力な. **c** 重大な, 大きな.

— *n.* **1 a** [通例 *pl.*] (水道・下水・ガスなどの)主管, 本管, メイン: water straight from the ～(*s*) 本管からじかに引いた水 / a supply ～ 給水本管 / turn off the gas at the ～ ガスの本管を止める. **b** [通例 the ～s, 単数扱い]《主に英》(建物へ引き込む電力用の)本線; コンセント (electric outlet). **c** (鉄道の)幹線, 本線. **2 a** 力, 勢力, 努力. ★ 次の句だけに用いて: ⇨ *with* MIGHT[2] *and main*. **b**《古》体力. **3** 主要部. ★ 通例次の成句に用いて: in the ～ 大部分は, 概して. **4 a**《古・詩》本土 (mainland). **b**《詩》大海, 大海原(うなばら) [the M-] ＝ Spanish Main 2. **5**〖略〗〖海事〗大檣(たいしょう) (mainmast).

— *adv.*《古・方言》ひどく, 非常に (very, extremely): ～ angry, heavy, etc.

〖n.: OE *mæġen* strength, power ← Gmc **maȝ-* (ON *meg(i)n* strength, main part / OHG *magan, megin*) ← IE **magh-* to be able, have power. — adj.: ← OE *mæġen-* ← *mæġen* □ ON *megenn, megn* strong, powerful: cf. may[1]. — adv.: (1632) ← adj.〗

main[2] /méɪn/ *n.* **1** 闘鶏試合. **2** 弓術の試合. **3** ハザード (hazard) でさいを振る前に予言する 5 から 9 までの任意数. 〖(1567)《特殊用法》← ? MAIN[1] (adj.): cf. main chance〗

main[3] /méɪn/ *vt.*《俗》〈ヘロインなどを〉静脈に注射する. 〖(1927)《略》← MAINLINE〗

main[4] /méɪn/ *vt.*《廃》＝maim.

Main /máɪn, méɪn; *G.* máɪn/ *n.* [the ～] マイン(川)《ドイツ南部中央 Bavaria 州北部に発し, 西流して Mainz で Rhine 川に合流する川 (499 km)》.

máin béam *n.* **1** 主桁《荷重を直接柱に伝える主たる桁》. **2** メインビーム《下向きでない自動車のヘッドライトの光線》. 〖1940〗

máin bódy *n.*〖海事〗船体主要部.

máin·bóom *n.*〖海事〗縦帆船の大檣(たいしょう)帆円材 (mainmast に掛けた縦帆の帆すそを張る円材). 〖1769〗

máin·bráce *n.*〖海事〗メインブレース, 大檣転桁(てん)索 (大檣下桁 (main yard) を回す索).

splice the máinbrace 〖(1805) メインブレースの端を解いて main yard により継ぎする困難な作業の後で, 酒を特配した習慣にちなむ〗《俗》(1)〖海事〗(乗組員全員に)ラム酒を特配する; (全員で)特別の酒盛りをする. (2) 酒を飲む, 一杯ひっかける; 酔っ払う. ***(with) máinbrace wéll splíced*** 〖↑〗《俗》べろべろに酔って.

〖(1485) ← MAIN[1] (adj.)＋BRACE〗

máin chánce *n.* [the ～] 自分にとって最も有利な機会, 私利: have an eye to [for, on] *the* ～ 利益に抜け目がない, 私利を図る / with an eye to [for, on] the ～ 私利を図って, 抜け目なく利益を求めて. 〖1579〗

máin cláuse *n.*〖文法〗(複文の)主節《例: I will go if it is fine. における I will go; cf. subordinate clause》. 〖1853〗

máin cóurse *n.* **1** (食事の)メインコース, 主料理. **2**〖海事〗(横帆船の)主帆 (mainsail). 〖*c*1515〗

máin·cròp *adj.* 〈作物が〉旬の, 出盛りの. 〖1782〗

máin déck *n.*〖海事〗正甲板, 主甲板《二甲板船では上甲板を, 三つ以上の甲板を有する船では上から二つ目の甲板をいう》. 〖1748〗

máin dísh *n.* メインディッシュ (main course).

máin drág *n.*《米俗》目抜き通り. 〖1851〗

Maine[1] /méɪn/ *n.* **1** メイン《米国北東部 New England の一州 (⇨ United States of America 表)》. **2** /*F.* mɛn/ メーヌ《フランス北西部 Normandy の南にある地方・旧州; 中心地 Le Mans》.

from Máine to Califórnia 全米を通じて (cf. *from* COAST *to coast*; *from* LAND'S END *to John-o'Groat's*).

Máin·er *n.* 〖← '*Mayne Lande* (＝main land) *of New England*' (Charles 一世の勅許状中の言葉)〗

Maine[2] /méɪn/ *n.* [the ～] メイン(号)《米国の戦艦; 1898 年 2 月キューバの Havana 港で爆沈され米西戦争の原因となった》.

Máine cóon *n.* メインクーン《アメリカ産の被毛がふさふさした尾の長い大型ネコ; Maine coon cat ともいう》. 〖1971〗

Maine-et-Loire /méneɪlwɑ́ː | -lwɑ́ː(r); *F.* mɛnelwaːʁ/ *n.* メーヌエロワール(県)《フランス西部の県; 面積 7,218 km², 県都 Angers》.

main·frame /méɪnfrèɪm/ *n.*〖電算〗メインフレーム, 汎

用[大型]コンピューター; (周辺端末部に対して)コンピューターの本体部分. 〘1964〙

máin gáff *n.* 〘海事〙 縦帆船でメインマスト(主檣)にある斜桁 (gaff).

máin géar *n.* 〘航空〙 主脚. 〘1712〙

máin gúy *n.* 《俗》(サーカスのテントの中央ポールを支える)張り綱.

máin hátch *n.* 〘海事〙 (mainmast の近くにある) 主艙(そう)口; (潜水艦などの)中部昇降口. 〘1897〙

máin·lànd /-lænd, -lənd | -lənd, -lænd/ *n.* (付近の島や半島と区別して)大陸, 本土. 〘《1375》: ⇨ main[1] (adj.), land[1]: cf. ON *meginland*〙

Main·land /méɪnlænd/ *n.* メインランド: **1** スコットランド北方, Shetland 諸島中の最大島; 面積 583 km². **2** ＝Pomona[2] 2. **3** (日本の)本州. 〘↑〙

máinland Chína *n.* 中国本土, 中国大陸 《台湾と区別して, 中華人民共和国》. 〘1967〙

máinland Chinése *n.* 本土[大陸]の中国人. 〘1966〙

máin·lànd·er *n.* 本土人. 〘1860〙

máin lánding gèar *n.* 〘航空〙 主脚 (main gear).

máin·lìne 《俗》 *vi.* (ヘロインなどの)麻薬を静脈注射する. — *vt.* 〈ヘロインなどを〉静脈に注射する. — *adj.* 幹線沿いの; 要所の: ~ towns 幹線沿いの町. 〘《1938》《動詞用法》↓〙

máin líne *n.* **1** (鉄道の)本線, 幹線 (cf. branch line): the ~ of a railway [railroad] 鉄道本線. **2** 《米》幹線道路[ルート]. **3** 《俗》 **a** (ヘロインなどを注射できる)太い静脈. **b** (ヘロインなどの)静脈注射. **máin·lín·er** *n.* 〘1841〙

máin lówer tópmast stáysail *n.* 〘海事〙 大檣(たいしょう)の下段トップマストステースル.

máin lówer tópsail *n.* 〘海事〙 大檣(たいしょう)の下段トプスル.

main·ly /méɪnli/ *adv.* **1 a** 主に, もっぱら (chiefly): You are ~ to blame. 君が一番悪いのだ. **b** 大部分は, 大概は: The audience were ~ women. 聴衆は大部分女性だった. **2** 《廃》大いに (greatly), 非常に; 完全に (entirely). **3** 《廃》強力に, 激しく (violently). 〘《*c*1300》: ⇨ main[1] (adj.), -ly[1]〙

máin márket *n.* (London 証券取引所の)上場株式市場.

main·mast /méɪnmæst | -mɑ̀ːst; (海事) -məst/ *n.* 〘海事〙 大檣(たいしょう), メインマスト 《sloop, cutter など 1 本マストの場合の大檣; yawl, ketch, dandy の 2 本マストの帆船では前檣, それ以外の 2 本マストの船では後檣, 3 本以上のマストを有する船では前から第 2 檣》. 〘1485〙

máin mémory *n.* 〘電算〙 主[メイン]メモリー, 主記憶(装置). 〘1958〙

main·our /méɪnə | -nə^(r)/ *n.* 〘古英法〙 窃盗犯人の現に所持している盗品. *in* [*with*] *the máinour* 現行犯で (flagrante delicto). 〘《(1275)》 《?1472》 *manor* ◻ AF *mainoure*＝OF *maneuvre* hand labor: ⇨ maneuver〙

main·per·nor /méɪnpənə | -pənə^(r)/ *n.* 〘古法〙 出獄引受人. 〘《(1292)》 《*a*1325》 ◻ AN *mainpernour*＝OF **mainpreor* ← *mainprendre* (↓): ⇨ -or[2]〙

máin·plàne *n.* 〘航空〙 主翼 (⇨ tailplane). 〘1910〙

main·prize /méɪnpràɪz/ *n.* 〘法律〙 条件付釈放令状 《出獄引受人の保証をもってする被拘禁者の釈放命令》. 〘《(1292)》 ◻ AN & OF *mainprise* ← *mainprendre* to take in the hand ← *main* hand (＜ L *manum*: ⇨ manual)＋*prendre* to take (⇨ prize[1])〙

máin rígging *n.* 〘海事〙 大檣(たいしょう)リギン[横静索]. 〘1833〙

máin róyal *n.* 〘海事〙 大檣のローヤル(帆). 〘1872〙

máin-róyal stáysail *n.* 〘海事〙 大檣のローヤルステースル.

màin-róyal stúdding sàil *n.* 〘海事〙 大檣のローヤル補助袖帆 (⇨ studding sail ★).

mains[1] /méɪnz/ *adj.* [限定的] 本管の, 本管から引いた: ~ electricity, voltage, etc. 〘《1929》 ← *mains* (pl.): ⇨ main[1] (n. 1 a)〙

mains[2] /méɪnz/ *n. pl.* [単数扱い] 《英方言》 **1** (荘園 (manor) の)主要農地. **2** ＝manse. 〘《*c*1440》 1: 《略》← *domains* (pl.) ← DOMAIN. 2: (pl.) ← ME *maine* 《略》← *demeine* 'DEMESNE'〙

main·sail /méɪnsèɪl, (海事) -səl, -sl/ *n.* 〘海事〙 大檣(たいしょう)の大帆, 主帆, メインスル 《横帆船では main yard に, 縦帆船では main gaff に張る大帆》. 〘1466–67〙

main séquence *n.* 〘天文〙 主系列 《ヘルツシュプルング・ラッセル (Hertzsprung-Russel) 図において星を表わす点が左上から右下にかけて密集する帯状の領域》. 〘1929〙

máin séquence stàr *n.* 主系列星. 〘1966〙

máin shàft *n.* 〘機械〙 主軸 (cf. countershaft).

máin·shèet *n.* 〘海事〙 メインシート 《mainsail の帆脚索(ほあしづな)》. 〘1485〙

máin skýsail *n.* 〘海事〙 大檣(たいしょう)のスカイスル.

máin·sprìng *n.* **1** 主要動機, 主因 〔*of, for*〕: the ~ of the success その成功の主因. **2** 〘時計〙 (動力源として使われる)ぜんまい. 〘1591〙

máin squéeze *n.* 《米俗》 (組織・地域の)第一人者; (犯罪組織の)親玉, 首領. 〘1896〙

main·stay /méɪnstèɪ/ *n.* **1** 主な支え, 頼みの綱: Agriculture is the ~ of a country. 農業は国の本である. **2** 〘海事〙 大檣(たいしょう)支索 《maintop から前檣の根元に至る支え綱》. 〘《1485》 ← MAIN[1] (adj.)＋STAY[3]〙

máin stém *n.* **1** 本流. **2** 《米俗》(鉄道の)本線. **3** 《米俗》大通り. 〘1832〙

máin stóre [stórage] *n.* 〘電算〙 主記憶装置 (memory). 〘1956〙

main·stream /méɪnstrìːm/ *n.* **1** (川の)主流, 本流. **2** (思想・運動などの)主流, 主潮, 大勢(たいせい): the ~ of modern linguistics 近代言語学の主流. **3** 活躍, 最盛期: the ~ of life 人生の最盛期. — *adj.* [限定的] **1** 主流の, 本流の. **2** 〘ジャズ〙 (トラディショナルジャズからモダンジャズに至る) 1920–30 年代のジャズの; (特に)スイングの (cf. traditional 3). — *vt., vi.* 《米》〈障害児を〉普通クラスに参加させる. 〘1667〙

máin·stréam·ing *n.* 《米》障害者を一般の学級や職場に編入させること. 〘1973〙

mainstream smóke *n.* 主流煙 《たばこ・葉巻の先端から出る煙に対して, 直接喫煙者の口に入る煙; cf. side-stream smoke》. 〘1973〙

máin·strèet *vi.* 《米》(地方都市などの)大通りで選挙活動をする. 〘1966〙

Máin Strèet *n.* **1 a** (米国の田舎の)大通り, 本町 《しばしば固有名詞》. **b** [the m- s-] 大通り, 中心街. **2** (S. Lewis の小説に描かれている米国の平均的な田舎町に見られるような)因襲的で実利主義的な社会[場所, 住民]. — *adj.* [限定的] 因襲的で実利的な: ~ ideals. 〘← *Main Street* (Sinclair Lewis 作の小説 (1920))〙

Máin Strèet·er /-tə | -tə^(r)/ *n.* 因襲的・実利的・独善的な社会の典型的な人物. 〘1934〙

máin swítch *n.* 〘電気〙 主開閉器 《受電端にあるもとの開閉器》.

main·tain /meɪntéɪn, mən- | meɪn-, mɛn-, mən-/ *vt.* **1 a** 〈ある状態を〉持続する, 保つ, 持ちこたえる (⇨ support SYN): ~ peace and order 平和と秩序を保つ / ~ economic stability 経済の安定を維持する. **b** しかるべき状態にしておく, 維持する, 手入れを怠らない, 整備する, 保守する: ~ a road, garden, etc. **2** 〈物事を〉継続する, 続行する, 持続する: ~ a war [correspondence] 戦争[通信]を続ける / ~ one's income 収入を維持する / ~ good [diplomatic] relations with …と親交[外交関係]を続ける. **3** 主張[固執]する (assert) 〈*that*〉 / 〈*to be*〉: He ~*ed that* the theory was wrong. 彼はその理論が誤っていると主張した / He ~*ed it to* be true. それは真実だと主張した. **4 a** 支持[後援, 擁護]する: ~ an argument, a person, etc. **b** 〔相手に対して〕〈立場を〉守る (defend) 〔*against*〕: ~ one's ground *against* the enemy 敵に対して自分の地歩を守る. **5 a** 〈生命を〉支える (preserve): ~ life 命を支える. **b** 〈家族などを〉扶養する, 養う (support): ~ oneself 自活する / ~ a [one's] wife and family 妻子を養ってゆく / ~ a large establishment 大世帯を張る. **c** 〈施設などの〉費用を負担する, 維持する. **6** 〘法律〙 訴訟幇助(ほうじょ)をする (cf. maintenance 5). **~·er** *n.* 〘《*c*1250》 *maintene(n)* ◻ (O)F *maintenir* ＜ VL **manūtenēre* to hold in the hand ← L *manū* ((abl.) ← *manus* hand)＋*tenēre* to hold: cf. manual, tenant〙

main·tain·a·ble /meɪntéɪnəbl̩, mən- | meɪn-, mɛn-, mən-/ *adj.* **1** 保持[持続]できる; 継続[続行]できる. **2** 維持[保存]できる. **3** 支持[主張]できる. **4** 扶養できる. **main·tàin·a·bíl·i·ty** /-nəbíləṭi | -lɪ̀ti/ *n.* 〘1435–36〙

maintáined schóol *n.* 《英》公立学校: a *maintained* primary [secondary] *school* 公立小[中等]学校. 〘1944〙

maintáining pòwer *n.* 〘時計〙 保力器 《ぜんまいを巻き上げている間でも輪列に加えられる駆動力が保持されるように工夫された装置》. 〘1766〙

main·táin·or /-nə | -nə^(r)/ *n.* 〘法律〙 訴訟不法援助者. 〘《*a*1338》 ME *maintenour*: ⇨ maintain, -or[2]〙

main·te·nance /méɪntnəns, -tṇ-, -nts, -ṇts | -tɪ̀nəns, -tṇ-, -nts, -ṇts/ *n.* **1** 持続; 続行. **2 a** 整備, 維持, 保存, (ビルなどの)管理: the ~ of peace 平和維持 / the ~ of a building ビルの保守, 管理. **b** 〘電算〙 メンテナンス, 保守 《機器などの購入後の調整, 不具合の修正などの作業》. **3 a** 扶養, 保護; 生計. **b** 扶養料, 扶助料: ⇨ separate maintenance. **4** 主張, 固執. **5** 〘法律〙 訴訟幇助 《民事訴訟の原告または被告に対して無関係の第三者が正当な理由なしに金銭の提供その他の援助をすること; cf. champerty》.

máintenance of mémbership [the ―] 組合員継続協定 《労働組合員が解雇または本協定消滅の時まで組合を脱退できないことを規定した組合と雇用者間の協定》.

máintenance of wáy (鉄道の)保線.

〘《*a*1333》 *maintenaunce* ◻ (O)F *maintenance* ← *maintenir* 'to MAINTAIN': ⇨ -ance〙

máintenance drùg *n.* 維持薬 《麻薬中毒者の禁断症状を防ぐために合法的に与えられる麻薬》.

máintenance màn *n.* 整備員[工], 補修係, 保守係.

máintenance òrder *n.* 〘法律〙 (裁判所が夫に出す, 妻子への)扶養料支払命令. 〘1920〙

Main·te·non /mæ̃(n)tnɔ̃ː(ŋ), mæntnɔ́ːŋ, -tŋ-; *F.* mɛ̃tnɔ̃/, Marquise **de** *n.* マントノン (1635–1719; Louis 十四世の 2 度目の妻; 旧名 Françoise d'Aubigné).

máin·tòp *n.* 〘海事〙 大檣(たいしょう)楼 (cf. top[1] n. 16 a). 〘1485〙

máin-topgállant *n.* 〘海事〙 大檣の上檣. ★ 常に複合語の一部として形容詞的に用いる: the ~ sail 大檣のゲルンスル / the ~ staysail [studding sail] 大檣のゲルンステースル[補助袖帆]. 〘《1626》: ⇨ main[1], topgallant〙

máin-topgállantmast *n.* 〘海事〙 大檣の上檣. 〘1693〙

màin-tópmast *n.* 〘海事〙 メーントップマスト, 大檣の中檣. 〘1495〙

màin-tópmast stúdding sàil *n.* 〘海事〙 大檣トップマスト補助袖帆[スタンスル] (⇨ studding sail ★).

máin-tópsail *n.* 〘海事〙 大檣の中檣帆. 〘1495〙

máin tópsail schòoner *n.* 〘海事〙 メーントップスルスクーナー 《横帆のトップスルとゲルンスルを前檣(ぜんしょう)と大檣の両方に持ち, その他は縦帆のスクーナー一船》.

máin tráck *n.* 〘鉄道〙 本線路.

máin úpper tópmast stáysail *n.* 〘海事〙 大檣の上段トップマストステースル.

máin úpper tópsail *n.* 〘海事〙 大檣の上段トップスル.

máin vérb *n.* 〘文法〙 **1** 本動詞 (cf. auxiliary verb). **2** 主動詞 (principal verb) 《複合において, 従節の述語動詞に対し主節の述語動詞》.

máin yàrd *n.* 〘海事〙 大檣下桁(こう). 〘1485〙

Mainz /máɪnts; *G.* máɪnts/ *n.* マインツ 《ドイツ Rhineland-Palatinate 州の商工業都市, Rhine 川と Main 川との合流点に当たる港市, Rhineland-Palatinate 州の州都; 15 世紀 Johann Gutenberg が印刷術の発展に寄与した地》.

ma·iol·i·ca /məjá(ː)lɪkə | -jɔ́lɪ-/ *n.* ＝majolica.

mair /méə | méə^(r)/ *adj., adv., n., pron.* 《スコット》＝more[1].

Maire /méə | méə^(r)/ *n.* 女性名. 〘《アイルランド形》← MARY〙

mai·rie /mɛríː, meɪ-; *F.* mɛʁi, me-/ *F. n.* (フランスの)市[区]役所, 町[村]役場. 〘《1864》 ◻ (O)F ~ ← *maire* magistrate ◻ L *mājor* 'MAJOR[1]'〙

Mai·sie /méɪzi/ *n.* メージー 《女性名》. 〘《スコットランド形》(dim.) ← MARGARET〙

mai·son de san·té /meɪzɔ̃ː(n)dəsɑ̃ː(n)téɪ, mɛ-, -zɔ̃ːndəsɑːn-; *F.* mɛzɔ̃dsɑ̃te/ *F. n.* (*pl.* **mai·sons d-** /~/) 私立(精神)病院, 療養所. 〘《1841》 ◻ F ~ 'house of health'〙

mai·son·ette /mèɪzənét, -zn-, -sən-, -sn-/ *n.* (*also* **mai·son·nette** /~/) **1** 《英》メゾネット, 複層住宅 《共同住宅で各戸が上下 2 層(以上)の部屋から成るもの; しばしば大きな家(の一部)を仕切った貸室; cf. duplex apartment, flat[2] 1 a》. **2** 小さい家, 小住宅. 〘《1793》 ◻ F *maisonnette* small house (dim.) ← *maison* house: ⇨ mansion, -ette〙

mai·son joie /meɪzɔ̃ː(ŋ)ʒwáː, mɛ-, -zɔ̃ːŋ-; *F.* mɛzɔ̃ʒwa/ *n.* 《米俗》悦楽の館, 売春宿.

maist /méɪst/ *adj., adv., n., pron.* 《スコット》＝most.

mais·ter /méɪstə | -stə^(r)/ *n.* 《廃・方言》＝master[1].

mais·try /méɪstri/ *n.* /mís-/ *n.* 《インド》職人, 熟練工. 〘《1798》 ◻ Hindi *mistrī* ← Port. *mestre* ＜ L *magistrem* 'MASTER'〙

mai tai /màɪtáɪ/ *n.* マイタイ 《ラム酒・キュラソー・果汁などのカクテル; 氷を入れて飲む》. 〘《1963》← ? Tahitian *mai tai* good〙

Mai·thi·li /máɪṭəli | -tɪ̀-/ *n.* マイティリー語 《インド Bihar 州北部で話されるビハール語 (Bihari) の方言; Devanagari 文字から派生した特有の文字体系をもつ》; マイティリー文字.

Mait·land /méɪtlənd/ *n.* メートランド 《オーストラリア東南部, New South Wales 州の都市》.

Mait·land /méɪtlənd/, **Frederic William** *n.* メートランド (1850–1906; 英国の法律史家・法律家).

maî·tre /méɪtr(ə), méɪtə | -tr(ə), -tə^(r); *F.* mɛtʁ/ *F. n.* ＝master[1]. 〘◻ F ～ ＜ OF *maistre*: ⇨ master[1]〙

maî·tre d' /mèɪtrədíː, mèɪtrə-, -ṭə- | -trə-/ *n.* (*pl.* ~**s**) 《口語》＝maître d'hôtel. 〘略〙

maî·tre d'hô·tel /mèɪtrədoutél, mèt-, -ṭə- | -trədəu-⌐; *F.* mɛtʁdotɛl/ *n.* (*pl.* **maîtres d-** /~s/) **1** 給仕長, 執事. **2** (大家の)家令; 召使い頭. **3** ホテルの主人[支配人]. **4** メートルドテル(バター) 《バターに刻みパセリやレモン汁を加えて練り合わせたソースの一種; 冷やしてビフテキなどの上にのせる; maître d'hôtel butter ともいう》. 〘《1540》 ◻ F ~ 'master of house'〙

Mai·tre·ya /maɪtréɪjə/ *n.* 〘仏教〙 マイトレーヤ, 弥勒(みろく)(菩薩(ぼさつ)), 未来仏 《「慈氏」とも漢訳される; 釈迦に次いで仏になることが約束された菩薩; 釈迦没後 56 億 7 千万年後に仏となって人びとを救済するとされる》. 〘《1889》 ◻ Skt ~ 'friendly': Skt は *mitra* friend にさかのぼる〙

maize /méɪz/ *n.* **1** 《英》〘植物〙 トウモロコシ (*Zea mays*) (⇨ Indian corn 1); その実. ★ 米国・カナダ・オーストラリアでは corn という; 専門語では maize を用いる. **2** とうもろこし色 (pale yellow). — *adj.* とうもろこし色の. 〘《1555》 *mais, mahiz* ◻ F *mais, *mahiz* ∥ Sp. *maíz, *mahiz* ◻ S-Am.-Ind. (Taino) *mahiz, mahis*〙

máize·bìrd *n.* 〘鳥類〙 ＝redwing blackbird. 〘1837〙

ma·ize·na /məzíːmə, meɪ-/ *n.* 《南ア》トウモロコシ粉 《スープなどにとろみをつけるのに用いる》. 〘《1862》← MAIZE: -*na* は恣意的な語尾〙

máize òil *n.* ＝corn oil.

máize yéllow *n.* ＝maize 2.

maj. 《略》majority.

Maj. 《略》Major.

ma·ja·gua /məhɑ́ːgwə/ *n.* 〘植物〙 **a** オオハマボウ (*Hibiscus tiliaceus*) 《熱帯産のアオイ科フヨウ属の材質の堅い低木》. **b** 西インド諸島産の木目(もく)の美しい, 幹のまっすぐな高木 (*H. elatus*) 《戸棚・たんすなどの用材》. 〘◻ Am.-Sp. ~ ← S-Am.-Ind. (Taino)〙

Maj·da·nek /maɪdɑ́ːnɛk; *Pol.* majdánɛk/ *n.* ＝Maidanek.

ma·jes·tic /mədʒéstɪk/ *adj.* 威厳のある, 荘重な, 堂々とした, 王者らしい (august, stately) (⇨ grand SYN). 〘《1599–1600》: ⇨ ↓, -ic[1]〙

ma·jés·ti·cal /-tɪ̀kəl, -kl̩ | -tɪ-/ *adj.* ＝majestic. **~·ly** *adv.*

M

maj·es·ty /mǽdʒəsti/ *n.* **1 a** 王者としての威厳, 王威. **b** 威厳, 尊厳: the ～ of Truth 真理の尊厳. **2** 主権, 統治権. **3** [集合的にも用いて] 王族, 皇族. **4** [M-; 通例 His, Her, Your, etc. に続けて]王族[皇族]に対する敬称: *His* Britannic *Majesty* 英国王陛下 (略 HBM) / *His* (Imperial) *Majesty* the Emperor 天皇陛下 (略 HIM, HM) / *Her* (Imperial) *Majesty* the Empress 皇后陛下 / *Their* (Imperial) *Majesties* the Emperor and Empress 天皇皇后両陛下 / *Your Majesty* [*Majesties*] [呼掛け] 陛下 / *Your Majesty* forgets. 陛下はご失念なさいました / *His Majesty's ships* 帝国軍艦 / *His Majesty's* guests 《俗》 囚人 / *His* Satanic *Majesty* 《戯言》 大魔王, サタン. **5** 〘美術〙 光輪に囲まれた王座についている神[キリスト, 聖母]の画像: Christ in *Majesty* 宇宙の支配者たるキリストの画像.
in his [***her***] ***májesty*** 〘紋章〙 鷲が宝珠 (orb) や笏杖 (しゃくじょう) (scepter) を持って冠をかぶった《神聖ローマ皇帝·オーストリア帝国·ロシア帝国·ドイツ帝国の紋章の鷲はいずれもこの図形》.
〘(*c*1300) *maieste* ▭ (O)F *majesté* < L *mājestātem* greatness, dignity, honor ← **majes-* ← *mājor* (comp.) ← *magnus* great: ⇨ magni-, -ty²〙

Maj. Gen. 《略》 Major General.

ma·jid /méɪdʒɪd, mǽdʒ- | -dʒɪd/ *adj.*, *n.* 〘動物〙 クモガニ科の(カニ). 〘↓〙

Ma·ji·dae /méɪdʒədiː, mǽdʒ- | -dʒɪ-/ *n. pl.* 〘動物〙 クモガニ科. 〘← NL ～ ← *Maja* (属名) + -IDAE〙

maj·lis /mædʒlís/ *n.* (*also* **maj·les** /-lés/) (北アフリカ·西南アジアの)協議会, 法廷; (特に, イラン·イラクなどの)議会. 〘(1821) ▭ Pers. ～ 'assembly, council' ▭ Arab. *májlis* assembly ← *jálasa* to sit〙

ma·jol·i·ca /mədʒɑ́(ː)lɪkə | məjɔ́lɪ-, -dʒɔ́l-/ *n.* 〘窯業〙 **1** マジョリカ《16 世紀ごろイタリアで造られた酸化スズで不透明にした釉をかけた多孔性の陶器; cf. faïence》. **2** (近代の)不透明釉で彩色し低火度で焼成した石灰質陶器. 〘(1555) ▭ It. *maiolica* ← *Majolica* (Majorca 島の中世期の呼び名)〙

ma·jor¹ /méɪdʒə | -dʒə^(r)/ *adj.* (↔ minor) **1 a** (二つのうちで数量·程度などが)大きい方の, より多い: the ～ part of the town [assembly, revenue] 町[会衆, 収入]の大部分. **b** 過半(数)の, 多数(者)の: the ～ vote 多数票. **2** (地位·階級·重要性などが)よりすぐれた; 主要な, すぐれた, 一流の: a ～ question 主問題 / the ～ industries 主要産業 / ～ poets 一流詩人 / ～ airports 主要な空港. **3 a** (効果·範囲が)目立った, きわだった: a ～ improvement. **b** 〈病気が〉重い; 〈手術など〉危険が伴う, 危険な: a ～ illness 重病 / a ～ operation 大手術. **4** 《米·豪》 〈科目·課程が〉主要の, 専攻の (⇨ *n.* 1): a ～ field of study 専攻分野. **5** 《英》 (男子の public school で同姓の生徒中)年長の, 兄の (cf. primus). ★ 姓のあとに付ける; 例えば 3 人兄弟では年齢順に Jones major, Jones minor, Jones minimus という. **6** 〘音楽〙 **a** 長音程の《短音程 (minor interval) より半音広い》: a ～ interval 長音程 / a ～ third [sixth, seventh] 長 3 [6, 7]度. **b** 長調の: Mozart's piano sonata in A ～ モーツァルトのピアノソナタイ長調. **7** 〘論理〙 〈名辞·前提が〉大…: ⇨ major term, major premise. **8** 〘法律〙 成年に達した, 成人した: become ～.
― *n.* (↔ minor) **1** 《米·豪》 **a** (学位を得るために選択する)(主)専攻科目. **b** (主)専攻学生: an English ～ 英文専攻の学生. **2** (同姓の生徒中)年齢[背丈]の上の[高い]方(の生徒). **3** [しばしば the ～] 〘音楽〙 長調 (major key), 長音階 (major scale), 長旋法 (major mode), 長和音, 長音程. **4** 〘法律〙 成人, 成年者. **5** 能力·地位などの高い者, お偉方. **6** [the ～s] 〘野球〙 =the major leagues (⇨ major league 1). **7** [the ～s] 主要産油国. **8** 〘論理〙 大名辞[概念] (major term); 大前提.
― *vi.* 《米·豪》 専攻する (cf. minor) 〔*in*〕: ～ *in* economics.
〘(adj.: ?a1300; n.: 1530) *majour* ▭ L *mājor* greater (comp.) ← *magnus* (⇨ maxim): MAYOR と二重語〙

ma·jor² /méɪdʒə | -dʒə^(r)/ *n.* **1** 〘米国陸軍·海兵隊·空軍〙〘英陸軍〙 少佐 (cf. lieutenant commander). **2** 〘軍事〙 (特殊部門の)長: a trumpet [drum] ～ らっぱ手[鼓手]長 / ⇨ sergeant major. 〘(1579) ▭ F ～ 《略》 ← SERGEANT-MAJOR ∥ *major* (=senior) *captain* ∽ (*c*1300) *mair*(*e*) chief civil officer〙

Ma·jor /méɪdʒə | -dʒə^(r)/, **John** *n.* メージャー《1943– ; 英国保守党の政治家; 首相 (1990–97)》.

májor ángle *n.* 〘数学〙 優角《180° より大きく 360° より小さい角; superior angle, reflex angle ともいう》.

májor áxis *n.* 〘数学〙 (楕(だ)円の)長軸. 〘1854〙

Ma·jor·ca /məjɔ́əkə, maː-, -dʒɔ́ə- | məjɔ́ːkə, maɪɔ́ː-, mədʒɔ́ː-/ *n.* マリョルカ(島)《地中海西部のスペイン領 Balearic 諸島中の最大島; 面積 3,640 km², 主都 Palma; スペイン語名 Mallorca /maʎórka, -jór-/》. 〘▭ It. ～ 《原義》 (the) larger island) ← L *mājor* larger: ⇨ major¹〙
Ma·jór·can /-kən/ *adj.*, *n.*

májor cánon *n.* 〘キリスト教〙 大キャノン《cathedral や collegiate church に定住する有給の(大)聖堂参事会員 (canon); cf. minor canon》.

ma·jor·do·mo /mèɪdʒədóumoʊ | -dʒədə́ʊməʊ/ *n.* (*pl.* ～**s**) **1** (王家·宮家·貴族の家などの)家老, 家令. **2** 《戯言》 (私人宅の)召使頭, 執事, 支配人. **3** 《米南西部》 =mayordomo. 〘(1589) ▭ F *majordome* ∥ Sp. *mayordomo* ∥ It. *maggiordomo* ▭ ML *mājor domūs* chief officer of the house: ⇨ major², dome〙

májor élement *n.* **1** 〘植物〙 多量元素 (⇨ macronutrient). **2** 〘地質〙 主成分, 主要元素 (cf. minor element 1).

ma·jor·ette /mèɪdʒərét/ *n.* 《米》 =drum majorette.

májor fórm clàss *n.* 〘言語〙 大形式類《伝統文法における品詞; 名詞·動詞·形容詞·副詞; cf. form class》.

májor géneral *n.* 〘米国陸軍·海兵隊·空軍〙〘英陸軍〙 少将. 〘(1642) ▭ F *major-général*: ⇨ major², general〙

májor-géneralcy *n.* 少将の地位[職]. 〘1845〙

májor-génerals hip *n.* =major-generalcy. 〘1670〙

májor histocompatibílity còmplex *n.* 〘免疫〙 主要組織適合遺伝子複合体《細胞表面にみられる組織適合抗原を決定する遺伝子群; 略 MHC》. 〘1972〙

ma·jor·i·tar·i·an /mədʒɔ̀(ː)rətέ^əriən, -dʒɑ̀(ː)r- | -dʒɔ̀rɪtέər-⁻/ *n.* **1** 多数決主義者. **2** [M-] 《米》 声なき大多数 (silent majority) のうちの一人. ― *adj.* 多数決主義の; 多数党支持の: ～ democracy. 〘(1918) ← MAJORITY + -ARIAN〙

ma·jòr·i·tár·i·an·ìsm /-nìzm/ *n.* 多数決主義. 〘(1942): ⇨ ↑, -ism〙

ma·jor·i·ty /mədʒɔ́(ː)rəti, -dʒɑ́(ː)r- | -dʒɔ́rɪti/ *n.* **1** 大多数, 過半(数), 大半, 大部分 (↔ minority): the ～ *of* people, mankind, etc. / in the ～ *of* cases 大多数の場合において, たいてい. 〔語法〕 majority of の後には集合名詞か複数普通名詞がくる: the *majority* of the crowd [members]. 単数普通名詞のときは most of が普通: most of the book. majority の内容を数的に大多数と解すれば複数, 量的に大部分と解すれば単数扱い: The *majority* has [have] supported my suggestion.
2 (投票·投票者·評決した陪審員などの)大多数, 過半数 (↔ minority): ⇨ absolute majority, simple majority / the great [vast] ～ 大多数 / gain a ～ 過半数を獲得する / be in the [a] majority 過半数を占める / be in the ～ by 66 票だけ多数である / have a ～ in the Diet 国会で多数を占める / The ～ is for [against] him. 大多数は彼に賛成[反対]だ. **3** (過半数の票と残りの全得票との)票差 (cf. plurality): one's ～ over one's competitors 競争者に勝った得票[得点]差 / win an election by a ～ of 150 150 票の差で当選する / He was returned by a large [small] ～. 彼は大差[わずかの差]で議員に選出された. **4** 多数党, 多数派 (↔ minority): the leaders of the ～ 多数党の幹部連. **5** 成年, 丁年 (↔ minority): attain [reach] one's ～ 成年に達する. **6** 〘米国陸軍·海兵隊·空軍〙〘英陸軍〙 少佐の階級[職]. **7** [the ～] 《婉曲》 死者. ★ 主に次の句に用いる: join [go over to, pass over to] *the* (great [silent]) ～亡(な)き(人の)数に入る, 死ぬ. **8** 《廃》 卓越(性).
― *adj.* **1** 多数の, 過半数の: a majority vote [decision] 多数決. **2** 多数派の, 与党の.
〘(1552) ▭ F *majorité* ▭ ML *mājōritātem* ← L *mājor*: ⇨ major¹, -ity〙

majórity càrrier *n.* 〘電子工学〙 (半導体内の)多数キャリアー[担体]《半導体中で半分以上の電流を担っている担体; cf. carrier 8, minority carrier》. 〘1951〙

majórity lèader *n.* 〘米議会〙 (上院·下院の)多数党院内総務《所属政党の議員によって選任される議会活動の責任者; cf. minority leader》. 〘1952〙

majórity rùle *n.* 〘政治〙 過半数の原則《過半数の評決の原則》. 〘1893〙

majórity vérdict *n.* (陪審員の過半数による)多数評決.

májor kéy *n.* 〘音楽〙 長調《長音階を基礎とする調性; cf. minor key》.

májor léague *n.* **1** 《米》 メジャーリーグ, 大リーグ《アメリカの二大プロ野球団連盟の一つ; American League または National League》. **2** (各種)プロスポーツの中心的連盟 (cf. minor league). **májor-léague** *adj.* 〘1906〙

májor-léaguer *n.* 《米》 major league に属するスポーツ選手.

májor·ly *adv.* きわめて, 重大に; もっぱら, 主に; 第一に. 〘1955〙

májor-médical *n.* 《米》〘保険〙 高額医療費保険《米国の平均的な家庭で負担の困難な治療または入院費, 例えば $250 または $500 を超えるものを填補(てんぽ)する保険》. 〘(*c*1955) ← *major medical* (*expense insurance*)〙

Májor Mítchell *n.* 〘鳥類〙 クルマサカオウム (*Cacatua leadbeateri*) 《赤みをおびた羽と大きく派手なとさかを持つオウム科の鳥; オーストラリアに分布》. 〘1898〙

májor móde *n.* 〘音楽〙 **1** 長旋法《主音と第 3 度の音が長 3 度となる旋法》. **2** 長音階 (major scale).

májor órder *n.* [通例 *pl.*] 〘カトリック〙 上級聖職階[位]《上から司教 (bishop)·司祭 (priest)·助祭 (deacon)·副助祭 (subdeacon) の聖階があったが副助祭職は 1972 年廃止; cf. minor order》. 〘*c*1741〙

májor párty *n.* 多数党 (cf. opposition 3 a). 〘1950〙

májor pénalty *n.* 〘アイスホッケー〙 メジャーペナルティ《選手を 5 分間退場させ, その間補充を許さない罰則; cf. minor penalty》. 〘*c*1936〙

májor píece *n.* 〘チェス〙 クイーン (queen) またはルーク (rook) (cf. minor piece).

májor plánet *n.* 〘天文〙 大惑星《太陽系の 9 惑星の一つ; cf. giant planet》.

májor prémise *n.* 〘論理〙 (三段論法 (syllogism) の)大前提. 〘1860〙

Májor Próphets *n. pl.* **1** [the ～] (旧約聖書の)大預言書《Isaiah, Jeremiah, Ezekiel, Daniel の分量的に大きな預言書; cf. prophet 4》. **2** [the ～, the m- p-] 大預言書の預言者.

májor scále *n.* 〘音楽〙 長音階《上行·下行とも半音は主音から数えて第 3–4, 第 7–8 音の間にある; cf. scale¹ 6, minor scale》.

májor séminary *n.* 〘カトリック〙 大神学校《司祭養成のための神学教育を行う所; cf. minor seminary》. 〘1945〙

májor séventh chórd *n.* 〘音楽〙 長 7 度《ジャズやポップスで多用される; major seventh ともいう》.

májor shéll *n.* 〘物理〙 主殻 (⇨ closed shell).

májor·shìp *n.* 《古》 少佐の職[地位] (majority). 〘(1717) ← MAJOR² + -SHIP〙

májor súit *n.* 〘トランプ〙 (bridge で) メジャースーツ《スペードまたはハートのそろい; bidding および得点上 minor suits より優位に立つ》. 〘1916〙

májor ténace *n.* 〘トランプ〙 (bridge, whist で)同じスーツ (suit) のエースとクイーンの組合せ (cf. minor tenace, tenace).

májor térm *n.* 〘論理〙 大名辞, 大概念《三段論法の結論の述語となる名辞[概念]》. 〘1847〙

májor tránquilizer *n.* 強力精神安定薬, メジャートランキライザー《抗精神病薬》.

májor tríad *n.* 〘音楽〙 長三和音《根音とその上の長 3 度音, 完全 5 度音の三つの音によって作られた和音》.

Ma·jun·ga /mədʒʌ́ŋgə; *F* maʒœ̃ga/ *n.* マジュンガ《Mahajanga の旧名》.

ma·jus·cule /mədʒʌ́skjuːl, mǽdʒəskjùːl | mǽdʒəskjùːl/ *n.* **a** 大文字《特に, 古写本に用いられた頭文字またはアンシャル (uncial) 字体; cf. minuscule 1 a》. **b** majuscule が使用されている書き物. ― *adj.* (頭文字またはアンシャル文字のような)大文字(の大きさ, 書体)で書いた. 〘(1724–41) ▭ F ～ ▭ L *mājuscula* (*littera*) larger (letter) (fem.) ← *mājusculus* somewhat greater or larger (dim.) ← *mājor* 'greater, MAJOR¹': ⇨ -cule〙 **maj·us·cu·lar** /mədʒʌ́skjʊlə | -lə^(r)/ *adj.*

mak·a·ble /méɪkəbḷ/ *adj.* make¹ できる[されうる]. 〘*c*1449〙

Ma·ka·lu /mʌ́kəlùː/ *n.* マカルー《ネパール北東部, ヒマラヤ山脈中にある世界第 5 の高峰 (8,481 m)》.

mak·ar /máːkə, méɪ- | -kə^(r)/ *n.* 《スコット》 (15–16 世紀の)詩人. 〘(1340) *makare*: ⇨ maker〙

Ma·ka·rios III /məkáːriòʊs, -kέr-, -kér-, -riɑ̀(ː)s | -káːriɔ̀s, -kǽr-; *Mod.Gk.* makárjos/ *n.* マカリオス三世《(1913–77; キプロスの政治家·ギリシャ正教の大司教; 大統領 (1960–77); 1974 年軍事クーデターで失脚したが, 1975 年復権)》.

Ma·kas·sar /məkǽsə | -sə^(r)/ *n.* マカッサル《Ujung Pandang の旧名》. **Ma·kas·sa·rese** /məkǽsəríːz, -ríːs | -ríːz⁻/ *adj.*, *n.*

Ma·kas·sa·rese /məkæ̀səríːz, -ríːs | -ríːz⁻/ *n.* **1** マカッサル族《インドネシアのセレベス島 (Sulawesi) に住むイスラム教を信じる部族》. **2** マカッサル語. 〘(1880): ⇨ ↑, -ESE〙

Makássar Stráit *n.* [the ～] マカッサル海峡《Borneo 島と Sulawesi [Celebes] 島の間にある海峡》.

make¹ /méɪk/ *v.* (**made** /méɪd/) ― *vt.* **1 a** 作る, 製造する, 仕立てる; 〈道路などを〉敷設する, 建設する, 造営する; 〈詩歌·文章などを〉書く, つづる; 〔材料·原料で〕作る, 構成する 〔*out of, of, from, with*〕: ～ a machine, boat, cake, coat, etc. / ～ a road, garden, etc. / ～ a note [list] ノートをとる[リストを作る] / ～ a case *for* [*against*] … に賛成[反対]する (cf. MAKE *out*) / ～ verses [a play, a film, a TV show] 詩[劇, 映画, テレビ番組]を作る / Mother *made* me a new suit [*made* a new suit *for* me] (*for* $500). (500 ドル出して)母は私に服を新調してくれた / We ～ a great many things *out of* leather. 革で色々な物を作る / Formerly all ships were *made of* wood. 昔は船はみな木造だった《★ of を用いるのは通例, 材料の形が製作物に残る場合》 / Wine is *made from* grapes. ぶどう酒はブドウから造る《★ from を用いるのは通例, 材料·原料が変形する場合》 / He *made* a ladder *from* scrap metal. くず鉄を使ってはしごを作った / What can you ～ *with* flour? 小麦粉で何が作れますか / Beer is *made with* yeast. ビールはイーストを入れて造る. **b** (加工して) 〔…に〕造[作]る 〔*into*〕: Barley is *made into* beer. 大麦からビールが造られる / We can ～ leather *into* a great many things. 革で色々な物が作れる / Life *made* her *into* a cynic, but hard work *made* her *into* a success. 彼女は人生の辛酸をなめて皮肉屋になったが, よく努力して成功した / Her novel was *made into* a movie. 彼女の小説は映画化された.
2 創造する; 〔…に適するように〕創造する, 運命づける 〔*for*〕 〈*to do*〉: God *made* the country, and man *made* the town. 神田舎を作り給い, 人都会を作れり (Cowper, *The Task*, "The Sofa") / Man is *made to* suffer. 人は苦しむように運命づけられている《所詮苦しみからは逃れられない》 / This box wasn't *made to* hold [*for* holding] books. この箱は本を入れるように作られていなかった.
3 [動作名詞を目的語として] 行う, 遂行する, する (perform): ～ (an) answer [a reply] 返事をする (answer, reply) / ～ a bargain 取引[契約]をする / ～ a blunder へまをやる / ～ a bow [curtsy] お辞儀をする / ～ a denial 否定する (deny) / ～ (an) effort 努力する / ～ an excuse 言い訳をする / ～ haste 急ぐ (hasten) / ～ a joke 冗談を言う / ～ a journey [an excursion] 旅行[遠足]をする / ～ a mistake 誤る / ～ a pause 止まる / ～ a phone call 電話をかける / ～ progress 進歩する / ～ a speech [an address] 演説する / ～ a start 出発する (start) / ～ a statement 声明する / ～ a gesture of despair 絶望したような身振りをする / ～ a light stroke 軽くこぐ[なでる] / ～ a quick turn 素速く回転する / ～ an effort [attempt] 努力

M

する[企てる, やってみる] / ～ (a person) an offer [a proposal, a proposition]＝～ an offer [a proposal, a proposition] (*to* a person) (人に)申し出る[提案する].
4 a 整える, 用意する, 整備する (prepare): ～ the bed *for* a guest 客のためにベッドを整える / ～ dinner 正餐の用意をする / ～ tea [coffee] 紅茶[コーヒー]を入れる. **b** 〈火を〉起こす: ～ a fire. **c** (草を刈り日に当てて)〈干し草を〉作る (cf. *make* HAY¹); 《米・カナダ方言》〈魚を〉薫製にして[干して]貯蔵する.
5 a 〈構成分子が〉構成する, …と等しくなる; 〈複合語などを〉形成する (constitute, form): Two and two ～(*s*) four. 2 と 2 で 4 になる / 100 pence ～(*s*) a pound. 100 ペンスで 1 ポンド / These two words ～ a compound adjective. これらの 2 語で複合形容詞ができている / *Goose* ～*s geese* in the plural. goose は複数形で geese になる / The park road and the big hotels *made* a wonderful spectacle on the rainy night. 公園通りと立ち並ぶ大ホテルとが雨の夜にすばらしい景観をなしていた. **b** 〈…番目(の物[人])〉となる, 〈…のうちの一つ[一人]〉となる (count as): This ～*s* the fifth time I've been here. ここへ来たのはこれで 5 度目だ / He came in and *made* the tenth. 彼が加わって十番目になった / Will you ～ one of the party? 一緒においでになりませんか. **c** …として役立つ, …となる: Wool ～*s* warm clothing. 羊毛は暖かい衣服となる / This book ～*s* pleasant reading. この本はおもしろい読み物だ / Iced tea ～*s* an excellent drink in summer. アイスティーは夏の絶好の飲み物である. **d** …の本質をなす: The clothes don't ～ the gentleman. 《諺》衣装だけでは紳士はできない (cf.「馬子にも衣装」) / That will ～ my day [evening]. それでようやく今日[今晩]も楽しい一日[夕べ]となる. **e** [しばしば間接目的語を伴って] (発達[修養]して, 訓練されて)…になる: You'll ～ a wonderful wife *for* Tom. トムにとってすばらしい奥さんになりますよ / He would have *made* her a good husband. 彼女と結婚したらさぞよい夫になったろう / He would ～ a good teacher. いい先生になるだろう.
6 a 工夫する, 考え出す, 案出する (devise); (心に)決める: ～ plans for the holiday 休日の計画を立てる / ～ a plan for a house 家の設計をする / ～ a judgment [an estimate] 判定[評価]する / ～ a choice [a conclusion, a decision] 選択[推定, 決定]する. **b** 〈疑いなどを〉心に抱く, 感じる (feel): He ～*s* no scruple of lying. うそをつくことを何とも思わない.
7 a 生じる, 生じさせる, 引き起こす (bring about); [しばしば二重目的語を伴って] 〈人〉の身に引き起こす: ～ a noise [sound] 音を立てる / ～ a stir 大騒ぎになる / ～ a sensation センセーションを巻き起こす / ～ a fuss 騒ぎ立てる / He's always *making* trouble *for* her. いつも彼女に迷惑をかけている / That *made* us excellent sport [excellent sport *for* us]. それで大変私たちは楽しめた. **b** 〈意味・重要性などを〉もつようになる, 〈影響などを〉もたらす: That ～*s* no difference *to* me. それは私には何の影響もない / It ～*s* no sense at all. それでは全く意味をなさない. **c** (結果として)もたらす, …の原因となる: Careful tillage ～*s* good crops. 丁寧に耕作をすれば作物はよく取れる.
8 a 〈金を〉もうける (earn), 〈利益などを〉得る (gain), 〈財産などを〉蓄える; 〈値を〉呼ぶ (fetch): ～ money 金をもうける[貯める] / ～ a profit [a fortune] *on* the transaction 取引でひともうけする[ひと財産を作る] / The deal *made* her a fortune. 取引で彼女はひと財産を作った / ～ a loss *on* the deal その取引で損をする / ～ a living 生活の資を得る / He has *made* a very handsome income *out of* the business. その事業で相当よい収入をあげた / She ～*s* £40 a week. 彼女は週に 40 ポンドもらっている / This picture will ～ a good price. この絵はよい値で売れるだろう. **b** (競技で)〈点を〉取る (score); 〈評点を〉もらう (obtain): ～ a good score 優勢な得点を挙げる / ～ five points in a game 競技で 5 点取る / ～ a run [home run] in baseball 野球で 1 点[ホームランを打って得点]をあげる / She *made* good marks at school. 学校の成績はよかった. **c** 《俗・方言》せしめる, 盗む (steal).
9 [目的語＋原形不定詞を伴って] …に…させる: **a** [強制的]: I can't ～ you come if you refuse to. いやだと言うのなら無理に来させるわけにはいかない / I can ～ her believe anything I choose (to). 彼女には何でも信じさせることができる / I can't ～ you if you don't want to. 君がいやなら無理強いはできない《原形不定詞が省略されている》. ★ (1) 受動態のあとでは to 不定詞が用いられる: I *was made to* drink. 無理に飲まされた (cf. They *made* me *drink*.) (2) 古文体では能動態のあとでも to 不定詞が用いられることがある: Money ～*s* the mare *to* go. 《諺》地獄のさたも金次第. **b** [非強制的]: Heat ～*s* a gas expand. 加熱をすると気体は膨張する / You ～ me forget my misfortunes. お話を聞いていると[お会いすると]我が身の不幸を忘れます / What on earth ～*s* you say that? 一体何でそういうことを言うのか. **c** …に…させている, …したことにしている: Most of the Chronicles ～ Richard die in 1206. たいていの年代記ではリチャードが 1206 年に死んだことになっている.
10 [目的語＋補語を伴って] **a** 〈…を〉…にする; 〈…を〉…に見せ(てい)る: He *made* her his wife. 彼は彼女を妻にした / I added one and *made* it a round dozen. もう 1 個加えてちょうど 1 ダースにした / What ～*s* life so difficult? 人生をこれほど困難にしているのは何だろう / Reading does not ～ a man wise; it only ～*s* him learned. 読書で人は賢くはならない, ただ物知りになるだけである / Three years in the country have *made* her duller than ever. 田舎に 3 年いて彼女は益々魅力のない女となった / Hard work *made* her Prime Minister [a success, successful]. よく努力して彼女は首相になった[成功した] (cf. *vt.* 1 b) / This portrait ～*s* him too old. この写真では彼はふけ過ぎて見える. ★ 時に再帰的に用いられる: He decided to ～ *himself* a martyr.＝… to ～ a martyr of *himself*. 殉教者になろうと決心した (cf. *vt.* 11) / I *made myself* understood in English. 私は英語で意思を伝えた. **b** 〈…を〉…と決める (set down as): Shall we ～ it Wednesday then? それでは水曜としましょうか / He *made* it a rule [his business] to visit her once a day. 毎日 1 度彼女を見舞うことにした[ことを務めとした] / "I'd like beer, please." "No; ～ that fruit juice."「ビールがほしいんだけど」「フルーツジュースにしなさい」 **c** 〈人を〉…に任命する (appoint), 任じる: The king *made* him a duke. 王は彼を公爵に任じた / That year he was *made* a knight. その年彼は勲爵士に列せられた. **d** 《古》…に翻訳する: ～ English.
11 〈人を〉…に仕立てる, …にする〔*of*〕; 〈物事を〉変えて…にする〔*of*〕: ～ a fool [an ass] *of* oneself ばかみたいにふるまう / ～ an example *of* a person 人を見せしめにする / ～ a friend [an enemy] *of* a person 人と親しく[敵対]する / Overwork is *making* an old woman *of* the girl. その少女は過労のためひどく老けてきた《★ *vt.* 10 a の表現法に比べ, 比喩的な意味を含む場合に適する; cf. He *made* the girl his wife.》/ The army *made* a man (*out*) *of* him. 陸軍に入って彼は一人前の男になった / He *made* a practice *of* tak*ing* the dog for a walk before breakfast. ★ この表現法で慣用的に of の目的後として it を用いることがある: ～ a good job *of it* うまく[手際よく]やってのける / ⇨ *make a* NIGHT *of it*.
12 a 〈文書などを〉作成する (draw up); 〈法律などを〉制定する, 設ける (establish, enact): ～ a will [a contract] 遺言書[契約書]を作成する / ～ a rule [an ordinance] 規則[条例]を設ける / ～ a law 法律を制定する. **b** 〖商業〗〈価格を〉決める (set): ～ a price for the security 証券の値を決める.
13 a 形づくる, 作り[築き]上げる, 発達させる: food that ～*s* bones and blood 骨や血となる食物 / ～ a person's character 人の性格を築き上げる / ～ oneself (知的・精神的に)自分を築き上げる / ～ one's own life 生活方針[暮し向き]を定める, 一生の運を決める / ～ a name [reputation] (*for* oneself [itself]) 名声を博する, 名を成す / He has *made* the new Republic. 新共和国を築き上げた / ⇨ *make one's* WAY¹. **b** 〈人を〉成功させる, 出世させる (cf. made *adj.* 5): This performance will ～ you. これが成功すれば君の功績となる《昇進の有力な条件ができる》. **c** 《英》〈動物を〉慣らす (train): ～ a hawk.
14 a 〔…を〕…と推定する, …と理解する, …と考える〔*of*〕: Can you ～ anything *of* it? 何かおわかりになりますか / I don't know what to ～ *of* him. 彼のことをどう考えたらよいのかわからない / ⇨ *make a* VIRTUE *of necessity*. **b** [目的語＋補語を伴って] 〈…を〉…と思う (think to be): She is not the fool some ～ her. 彼女は人が考えるようなばかではない. **c** [目的語＋補語を伴って] 〈距離・時刻などを〉…と計算[測定]する, …と見積もる (estimate at): We ～ the distance 25 miles. 距離は 25 マイルとみる / What time do you ～ it? いま何時ですか / What do you ～ the total? 総計どのくらいになりますか.
15 〈ある距離を〉進んで行く, 踏破する (traverse); …の速さで行く: ～ a circuit 一周する / ～ a detour 回り道をする / ～ one's rounds 巡回する / We *made* 500 miles the first day. 我々は一日目に 500 マイル進んだ / The car was *making* (＝doing) 80 miles an hour. 車は時速 80 マイルで走っていた.
16 a …に到着する (cf. MAKE *it* (1)): I'll ～ London by the weekend. (＝I'll ～ *it to* London …) 週末までにはロンドンに着くだろう / It was eleven thirty when he *made* (it *to*) the office. 彼が事務所に着いたのは 11 時 30 分だった. **b** (旅行中)…に立ち寄る, 旅程に含める: I *made* Chicago on the way to New York. ニューヨークへ向かう途中シカゴに立ち寄った. **c** 〖海事〗〈他船・陸地などを〉認める, …が見え始める: They *made* (the) land at sunrise. 日の出時に陸を認めた. **d** 《口語》〈乗物などに〉間に合う (catch): I *made* the train just in time. 列車にちょうど間に合った / He hurried (so as) to ～ the first show. ショーの始まりに間に合うよう急いだ.
17 《口語》 **a** 《主に米》…の地位を得る, …という官職になる: He soon *made* corporal [Prime Minister]. やがて伍長[首相]になった. **b** 〈チームなど〉の一員となる, …に地位を得る: ～ the team そのチームの一員となる. **c** 〈新聞・リストなどに〉載る, …の紙面を飾る: The news *made* the front page of the evening paper. そのニュースは夕刊の第一面に載った / The book will ～ the best-seller lists. その本はベストセラーになるだろう.
18 (…としての関係を)作る, 結ぶ (enter into): ～ an alliance 同盟する / I *made* friends *with* him. 彼と親しくなった.
19 a 〖電気〗〈回路を〉閉じる (close) (↔ break): ～ a circuit. **b** 〖電気〗〈接触を〉起こす: ～ (a) contact. **c** 《古・方言》〈戸を〉閉じる, 閉ざす (bar).
20 〖トランプ〗 **a** (ブリッジで)作る, 取る: (1) 切りまぜ (shuffle) などして〈カードを〉準備する (cf. MAKE *up* 17). (2) 〈contract を〉達成する: ～ four hearts フォーハートを作る. (3) 〈あるカードで〉そのラウンドに勝つ: ～ an ace of hearts ハートのエースを出して 1 組取る. **b** 〈切札〉の名を言う (name): ～ the trump.
21 〖ボウリング〗〈スプリットを〉スペアにする: ～ a split.
22 《俗》〈異性, 特に女性を〉誘惑する, ものにする.
23 《廃》〈食事を〉とる (eat): I *made* my lunch *on* [*of, out of*] bread and milk. パンと牛乳で昼食を済ました.
— *vi.* 1 [補語として形容詞を伴って] **a** 〈特定の様態に〉ふるまう, …する: ～ merry 浮かれ騒ぐ (cf. merrymaking) / ～ free *with* …を勝手に使う; …になれなれしくふるまう / ～ (so) bold (as) to do … 大胆にも…する, あえて…する. **b** 〈特定の状態に〉する: ～ fast 固着させる / ～ ready 用意する / ～ sure of …を確かめる, 保証する. ★ この用法は *vt.* 10 a の構造における目的語を省いた独立用法に起因する: They *made* ready to fight. 彼らは戦闘の用意を整えた (＜They *made themselves* ready to fight.). **2** 《文語》 **a** [*to do* を伴って] …し始める, …しかける, 〈…しようと〉する: He *made to* answer, and then stopped. 返事をしかけたが止めた. **b** [～ *as if* [*though*] …として]《口語》〈…のように〉ふるまう, 装う (pretend); (今にも)〈…しそうな〉身振りをする, …しかける: He *made as though* [*if*] *to* strike me. 私に打ちかかりそうな身振りをした. **c** [～ *like* …として]《米俗》〈…のような〉真似をする, …気取りである: He was *making like* a Democrat [he knew what he was doing]. 民主党員気取りでいた[自分のやっていることがわかっているつもりでいた]. **3 a** 〔…に向かって〕行く, 進む, 行こうとする〔*for, toward*〕: He *made for* home. 帰路についた / She *made for* [*toward*] the door. ドアの方へ歩いて行った. **b** [方向の副詞語句を伴って] 延びる, 通じる, 向かう: The road ～*s toward* the sea [*through* the wood]. 道は海に通じる[森の中を通る]. **4** 〔幸福などに〕寄与する, 〔…を〕生み出す; 〔…にとって有利・不利に〕影響する, 作用する (tell) 〔*for*〕: The alliance *made for* peace. その同盟は平和に寄与した / These facts will ～ *for* [*against*] your argument. 《英》これらの事実は君の議論を強め[弱め]ることになるだろう. **5** できる, 作られる; 〈干し草などが〉熟する (mature): This toy car ～*s* easily. このおもちゃの自動車はすぐ組み立てられる / The hay ought to ～ well in this dry breeze. この乾燥した風なら干し草がよくできるはずだ. **6 a** 〈潮が〉差してくる; 引き始める: The ebb is now *making*. 今潮が引き始めている. **b** 〈船中の水・雪・光などが〉増す, 積もる: Water was *making* in the hold. 船艙(ふなぐら)の浸水は刻々増してきた / Winter is *making* in earnest. いよいよ冬の気配が深まってきた. **c** 《米》〈氷が〉できる (form): Ice is *making* in the pond. 池に氷が張り始めている. **7** 《古》詩を作る[書く] (versify).

as góod* [*cléver, etc.*] *as they máke 'em* [*them*]＝*as góod* [*cléver, etc.*] *as they're máde 《口語》この上もなくよい[利口な] (as good [clever, etc.] as possible). ***be máde for*** …向きにできている, (生まれつき)…に向いている, おあつらえ向きである (cf. *vt.* 2). *I am not made for* this work. 私はこの仕事には向いていない / They *were made for* each other [one another]. 二人は恰好の取り合わせだった[お似合いだった]. ***be máde to do*** (生まれつき)…する[である]のに向いている (cf. *vt.* 2): Tom *is not made to be* a swimmer. トムは(生まれつき)水泳選手には向いていない. ***hàve* [*have gòt*] *it máde*** 《口語》成功は間違いない, 大丈夫うまくゆく (cf. MAKE *it* (2)): If you graduate from that school, you'*ve got it made*. あの学校を卒業すれば後は太鼓判だ. ***máke àfter*** …を追う, 追跡する (pursue): The hound *made after* the fox. 猟犬はキツネを追った. ***màke agàinst*** …の不利になる. ***màke ánything of*** [疑問文・否定文で can を伴って] …を理解する: *Can you* ～ *anything of* what he's saying? 彼が言っていることがわかりますか. ***máke at*** …に威嚇するように向かう; …に襲いかかる, 攻撃する (attack). ***màke awáy*** ＝MAKE *off* (1). ***màke awáy with*** (1) …を持ち去る, 盗む; 誘拐する. (2) …を駆逐する (get rid of); …を滅ぼす, 破棄する; …を殺す: ～ *away with* oneself 自殺する. (3) 〈金〉を使い果たす, 浪費する; …を食い尽くす, 平らげる: He *made away with* his wife's money. 妻の金を使い果たしてしまった. ***màke belíeve*** 振りをする, 見せかける (pretend) 〈*that*〉: I did it just to ～ *believe*. ただ見せかけにそうしただけだった / Let's ～ *believe* we have a million dollars. 百万長者ごっこをしよう. ***màke dó*** (不満足なものなどで)間に合わせる, どうにか済ます (manage): ～ *do on* a small income わずかな収入で何とかやってゆく / We'll have to ～ *do with* something else. 何か外のもので間に合わせなければなるまい《★ 次の形でも表せる: We'll have to ～ something else *do instead*.》/ You must ～ *do without* any help. 人手を借りずにすますべきだ. ***màke dó and ménd*** (修理しながら)長持ちさせてゆく; 細々と何とかやってゆく. ***máke for*** (1) (急いで)…の方向へ進む, 向かう, …に近づく (cf. *vi.* 3 a). (2) ⇨ *vi.* 4. (3) …を襲う: The bull *made for* him. 雄牛が彼を襲った. (4) [受身で用いて] …にとっておあつらえ向きだ; 相性がぴったりである. ***máke it*** (1) 《口語》(首尾よく, または遅れずに)〔目的地に〕到達する〔*to*〕, 間に合う; 〈ある距離を〉踏破する; (最後まで)やって行く: You can ～ *it* if you hurry. 急げば間に合うだろう / I wonder if he will ～ *it to* the hut in this weather. この天気では小屋までたどり着けるか怪しいものだ / She will never ～ *it through* college. とても大学を卒業できまい. (2) 《口語》うまくやってのける, 成功する: *make it* big 大成功する / He tried to ～ *it as* a professional writer. プロの作家として名をあげようとした. (3) 《米口語》急いで立ち去る: We have to ～ *it out of* here. さっさとここを引き上げなくちゃいけない. (4) 《俗》セックスをする〔*with*〕. (5) 薬物を注射する. (6) (日時などを)決める, 都合をつける: I can't *make it* next Sunday. 今度の日曜日は都合がつかない. ***màke it óut*** ＝MAKE *out* (*vi.*) (1). ***màke it só*** 〖海事〗定刻(普通午前 8 時・正午・午後 8 時・午前零時)の時鐘を打つ. ***màke it úp*** (1) 〔…と〕仲直りする〔*with*〕 (cf. MAKE *up* (*vi.*) (1)): Tom and Mary have *made it up*.＝Tom has *made it up with* Mary. トムとメアリーは仲直りした. (2) ⇨ MAKE *up to* (3). ***máke it with*** (1) 《米口語》…の仲間に受け入れられる, …に好かれる, …とうまが合う. (2) 《卑》〈異性〉と関係する, セックスをする. ***màke líke*** 《米俗》…の真似をする, …の役をする (⇨ *vi.* 2 c) ***màke óff*** (1) (急いで)去る, 逃げる: The burglar *made off* through the window. 賊は窓から逃げて行った. (2) 〖海事〗〈船が〉(離岸する時に風下側の)

岸から離れて航行する. ***màke óff with*** (1) …を持ち逃げする; さらって行く, 誘拐する: While I was phoning, somebody *made off with* my suitcase. 電話をかけているうちにだれかがスーツケースを持って行ってしまった. (2) = MAKE *away with* (3). ***máke … one's ówn*** …を自分のものだと思う: *make* his son's success *his own* 息子の成功を自分の成功と考える. ***máke or bréak*** [《古》 ***már***] 〈計画などを〉立派に成功させるか完全に失敗させるかする; 一か八か, のるかそるか (kill or cure) (cf. make-or-break). ***màke óut*** (*vt.*) (1) (かろうじて)認める, 見てとる, 読みとる (discern): I could just ～ *out* a dim figure through the mist. 霧の中にぼうっとした人影をかすかに認めることができた / In the half-darkness she could hardly ～ *out* the features of his face. その薄暗がりの中で彼女はほとんど彼の顔の細部を見てとることができなかった. (2) (何とか)理解する, わかる (understand); 解釈する, 判読する; …の性格[動機]を見抜く: I cannot ～ *out* what he wants [why he wants it]. 彼が何を[なぜそれを]望んでいるか見当がつかない / I can't ～ her *out*. 彼女の気持ちがつかめない / The handwriting can't be *made out*. その筆跡は判読できない. (3) [目的語＋補語または *to* do を伴って] 〈人を〉…だと言う; (劇などで) 〈人物を〉…だとする; [*that*-clause を伴って] …ともっともらしく言う; ほのめかす; うそぶく (pretend); …と主張する (assert): He ～*s* me *out to be* a fool. 彼は私をまるでばかのように言う / He is always trying to ～ himself *out* (*to be*) more important than he is. 彼はいつも自分が実際よりも偉い人間であるように見せかけようとしている / In the play the hero of the novel is *made out to be* a country doctor. その劇では小説の主人公は田舎の医師ということになっている / He *made out that* he knew several languages. 外国語を幾つも知っていると称した. (4) 証拠立てる, 立証する; …と結論する: ～ (*out*) a case (自分の)主張の正しさを立証する / ～ (*out*) a strong case for [against] …賛成[反対]を強く主張する / How do you ～ that *out*? どうしてそういう結論が出せるのか, どうしてそういうことになるのか. (5) 〈表・書類・小切手などを〉作成する, 書く, (用紙に必要事項を記入して)書き上げる: Please ～ *out* a list *for* me. リストを作成してください / Checks should be *made out to* me. 小切手は私あてにしてください. (6) (苦心して)まとめ上げる; 補充する, 完全にする. (7) (絵などで, 詳細に)描き出す: Every detail of the figure was faithfully *made out*. その人物は一つ一つ細部に至るまで克明に描き出されていた. (8) 《方言》 仕上げる, 成就する. — (*vi.*) (1) 《口語》 やって行く, やりくり算段をする; うまくやって行く; 成功する: I *made out* very well *on* my low wages. わずかな賃金で結構うまくやって行った / She earns just barely enough to ～ *out* (*on*). 何とかやっていけるほどのかせぎだ / How did she ～ *out with* her new job? 彼女は新しい仕事はどうだった. (2) 《俗》 〈男女が〉抱き合う, 愛撫し合う, ネッキングする (neck); 〔…と〕性交する 〔*with*〕. ***màke óver*** (cf. makeover) (1) 〈財産などを〉譲る, 移管する (transfer); 〈小切手を〉振り出す 〔*to*〕: When we married, my wife *made over* all her property *to* me. 結婚したとき妻は全財産を私の名義に変更した / The land has been *made over* in trust. その土地は信託に出されている. (2) 《主に米》 作り変える, 〈衣服を〉仕立て直す; 〈家を〉改造する, 〈印刷されたページを〉組み変える; 変身させる; 〈人〉の性格を変える, 更生させる: She *made over* the old dress. 古い服を仕立て直した / They *made over* the basement *into* a garage. 地下室を車庫に改造した / One cannot ～ oneself *over*. 人は自分を作り直すことはできない. ***máke òver …*** 《口語》 …で騒ぎ立てる, 色めく; …をちやほやかわいがる. ***màke úp*** (*vt.*) (1) 〔材料・部品から〕製作する, 組み立てる 〔*from*〕; 〈材料を〉〔製品に〕作り上げる 〔*into*〕; 〈リストなどを〉作成する: He *made up* a model *from* a kit. 材料一式から模型を組み立てた / These pieces of old gold can be *made up into* a brooch. これらの古い金片からブローチが組み立てられる. (2) 〈部分が〉〈総数・全体・割合を〉構成する, 占める; (補って) 〈全体・必要数を満たす, 完全にする; 〈数量・金額などを〉〔…まで〕増やす 〔*to*〕; 〔構成素から〕成り立たせる 〔*of*〕: ～ *up* a foursome for bridge ブリッジに 4 人目として参加する 《4 人一組のゲームができるように》 / A thousand yen is wanting to ～ *up* the sum. その全額を揃えるのに千円足りない / We have *made* the collection *up to* the total required. 募金が必要額まで集められた / All bodies are *made up of* atoms. 物体はすべて原子から成る. (3) 〈話などを〉でっち上げる (invent); 即興的にこしらえる (improvise), 〈歌・詩などを〉こしらえる: ～ *up* a story [a plot, an excuse] 話[筋, 言い訳]をでっち上げる. (4) 〈俳優を〉扮装させる, メーキャップする (cf. makeup 1); 〈女が〉〈顔などを〉化粧する: She came on *made up* as an old lady. 彼女は老婦人に扮装して登場した / She was well [heavily] *made up*. 彼女は上手に化粧して[厚化粧して]いた. (5) 〈不足分を〉つぐなう, 〈差額などを〉補う; 〈時間・仕事を〉残業して埋め合わせる: ～ *up* sleep 睡眠不足を取り戻す / ～ *up* lost ground 失地を回復する / The city decided to ～ *up* part of the deficit by tax increases. 市は赤字の一部を増税で埋めることとした. (6) 《米》 〈不良の成績を〉取り返す; 〈成績不良の学科を〉再履習する; (成績不良の学科のために) 〈試験を〉受け直す: ～ *up* a deficiency in the records 成績の不良を取り返す / ～ *up* an examination 再試験[追試験]を受ける. (7) 調合する (《米》 fill): ～ *up* a prescription 処方剤を調合する. (8) 〈ベッドなどを〉きちんと用意する (prepare); 〈弁当などを〉こしらえる 〔*from*〕; 〈火・ストーブ・ボイラー〉に燃料を注ぎ足す, …の火力をよくする: ～ a bed *up* for the guest 客用のベッドを用意する / ～ *up* a room 部屋を片付ける / The hotel will ～ you *up* a packet of sandwiches for the outing. 遠足用の弁当としてホテルがサンドイッチを用意してくれる. (9) 〈衣服を〉仕立てる 〔*from*〕; 〔衣服に〕仕立てる 〔*into*〕: ～ *up* cloth *into* a suit 生地を使って服を仕立てる / Customers' own material *made up*. お持ち込みの材料でお仕立て致します 《仕立屋の店頭の掲示》 / I'm having a suit *made up from* the worsted. そのウーステッドを使って服を仕立ててもらっているところです. (10) 〔…に〕束ねる, 包む (wrap) 〔*into*〕: ～ *up* hay *into* bundles 干し草をいくつかに束ねる / ～ *up* a consignment of ten parcels 積送品を 10 包ずつにまとめる. (11) 決算する, 精算する (prepare); 作成する: ～ *up* accounts 決算する / ～ *up* monthly statements 月々の報告書を作成する. (12) 取り決める, 締結する (arrange); 〈紛議を〉落着させる, 〈喧嘩を〉仲裁する (settle): ～ *up* a dispute [an argument] 紛争[議論]を落着させる / ～ *up* a quarrel [differences] 喧嘩[不和]の仲裁をする; 仲直りをする (cf. MAKE *it up* (1)) / ⇨ *make up one's* MIND. (13) 作製する, 編集する: ～ *up* an Identikit picture of the suspect 容疑者のモンタージュ写真を作る. (14) 『印刷』 〈欄・ページなどに〉まとめる (cf. makeup 5 a); 〈活字などを〉ページに組む. (15) 〈車両を〉連結する: ～ *up* a train of cars 列車を仕立てる. (16) 〈道路を〉舗装する (pave); 《廃》 建設する. (17) 『トランプ』 〈カードを〉切りまぜ (shuffle) て積み上げる 《次の人がそれを配れるように準備する》. — (*vi.*) (1) 仲直りする: We *made up* (*with* each other) after the quarrel. 我々は喧嘩のあとで仲直りをした. (2) 〈俳優が〉扮装する, メーキャップする; 化粧する: ～ *up for* the part of a Roman general ローマの将軍の役に扮装する / The girl is busily *making up*. 少女はお化粧に余念がない. (3) 仕上げられる, 組み立てられる: The silk ～*s up* beautifully. その絹はきれいに仕上げられる. (4) 《Shak》 決定をみる (come to a decision). ***màke úp for*** 〈損失・不足・欠点などを〉埋め合わせる, 取り返す, …の償いをする: ～ *up for* lost time 遅れた分の時間を取り返す; 〈友人・恋人などが〉過去について話す / What he lacked in formal education he *made up for in* [*by, with*] sheer diligence. 正規の教育の点で欠けていたところを人一倍の勤勉で補った. / Can future success ever ～ *up for* past failure? 将来の成功が過去の失敗を償えるものなのか. ***màke úp on …*** 〈先行するものに〉接近する. ***màke úp to*** (1) 〈人に〉〔…の〕埋め合わせをする (compensate) 〔*for*〕; [*it* などを目的語として] …に〈その事〉の償いをする: We must ～ (*it*) *up to* him *for* his loss. 彼の損失に対して償いをしなければならない / I'll ～ *it up to* you later. あとで償いをさせてもらいます. (2) …に近づく, 接近する. (3) 《口語》 〈目上の人などに〉取り入る, へつらう; 〈女〉に言い寄る, いちゃつく: He *made up to* his father for a car. 自動車を買ってもらおうと父の機嫌取りをした / He began *making up to* his secretary. 秘書に言い寄り始めた. ***máke with*** [通例 "the＋名詞" を目的語として] 《主に米俗》 (1) 〈身体の一部〉を使う, 動かす: Let's ～ *with the* feet. さあ歩こう / She *made with the* eyes. 色目を使った. (2) …を取り出す, 作り出す, 言い[考え]出す (produce); …を行う (do): *Make with the* beer! ビールを出しなさい[持って来なさい] / We started *making with the* hard work. その難しい仕事に取りかかった. ***Thát màkes twó of us.*** ⇨ two 成句.

— *n.* **1 a** 作り方, こしらえ, 製作法; 形, 型: the ～ of a suit スーツの作り[仕立て] **b** (研磨したダイヤの)出来ばえ, 見事さ. **2 a** 製作, 製造, 生産: things of Japanese [American] ～ 日本[米国]製品 / a pistol of foreign ～ =a foreign ～ *of* pistol 外国製のピストル / a new ～ *of* motor 新式のモーター / our own ～ (商人用語として)自家製. **b** (油田・炭坑などの)製作高, 生産高, 出来高. **3** 《古》 **a** (体の)作り, 体格: a man *of* slender ～ 作りのきゃしゃな人. **b** 性格, 性質, 気質: a man *of* quite another ～ [*of* his ～] 全く違った[彼のような]性格の人 / one's mental ～ 心立て, 気質. **4** 『電気』 回路の接続 (↔ break): at ～ 接点閉の状態で. / ⇨ make-and-break. **5** 『トランプ』 **a** (ブリッジなどで)切りまぜること, またその順番: It's your ～. 君が切りまぜる番だ. **b** 達成した contract 《通常 play 後の検討の時にいう》: Three no-trumps would have been a ～. スリーノートランプならできただろう. **c** 切札の宣言; それによって決定した切札のスーツ (cf. declaration 4 c). **6** 《俗》 (容疑者などについての)鑑定の決め手, (指紋などからの)情報: We haven't got a ～ *on* him. 彼を捕らえる決め手をつかんでいない. **7** 《俗》 不身持ちな女: an easy ～ 誘惑されやすい女.

on the máke (1) 《口語》 出世[昇進]に躍起になって, 金もうけに熱心で. (2) 《口語》 発展中で, 増大して, 改善して, 進展中で. (3) 《俗》 〈男が〉〈女に〉言い寄って, 性交渉を求めて 〔*for*〕. ***pùt the máke on*** 《米俗》 〈女を〉くどく, …に性交渉をせまる.

máke and ménd 《英》 『海事』 (午後の)半日休暇, 半休日 《水夫が衣服のつくろいをする時の意から》.

〖v.: OE *macian* ＜ (WGmc) **makōjan* (Du. *maken* / G *machen*) ← Gmc **mak-* ← IE **mag-* to knead, fashion (Gk *mássein* to knead). — n.: (?c1300) ← ME *make(n)* (v.)〗

SYN 作る: **make** 物を作り出す 《最も意味の広い語》: *make* a chair [poem] いす[詩]を作る. **build** 部品や材料を組合せて〈構築物を〉作る: *build* a house 家を建てる. **form** 明確な形式を持ったものを作る: *form* a circle 輪を作る. **fashion** 手や道具を使って物を形作る 《格式ばった語》: *fashion* a vase from clay 粘土で花びんを作る. **construct** 〈建物・車・道路・機械などを〉設計に従って組み立てる 《build より格式ばった語》: *construct* a building 建物を構築する. **manufacture** (元来は手で, 今は機械を使って)大規模に原料から製造する: *manufacture* automobiles 車を製造する. **forge** 鉄を鍛えて作る; 〈うそなどを〉ねつ造する: *forge* a sword 剣を鍛えて作る / *forge* banknotes 札を偽造する. **fabricate** 特に規格部品を使って構築する 《格式ばった語》; 〈うそ・話などを〉でっち上げる: *fabricate* houses 組み立て式の家を建てる / *fabricate* an excuse 口実をでっち上げる.

make[2] /méɪk/ *n.* 《廃・方言》 **1** 釣合う人; 同輩, 同僚. **2 a** 友人, 朋友. **b** 連れ合い (mate), 配偶者. 〖OE *ġemaca* (cf. G *gemach* fitting, suitable) ← *macian* (↑): cf. match[1]〗

make·a·ble /méɪkəbl/ *adj.* =makable.

máke-and-bréak *adj.* 『電気』 (回路・接点の)開閉の, (呼び鈴などの)回路自動断続装置の. 〖1857〗

máke·bàte *n.* 《古》 けんかをけしかける人. 〖(1529) ← MAKE[1] (v.)＋BATE[2]〗

máke-befòre-bréak *adj.* 『電気』 メーク ビフォア ブレークの 《動作時に, まずメーク接点が閉じ, 次いでブレーク接点が開く接点の組み合わせについていう》. 〖1940〗

make-believe, máke-belief *n.* **1** かこつけ, 偽り, 振り (pretence). **2** 偽る人, 振りをする人. — *adj.* [限定的] 偽りの, 振りをした (pretended); 空想の: ～ sleep たぬき寝入り. 〖(1811) ← *make believe* (⇨ make[1] (v.) 成句)〗

máke-dò *n.* (*pl.* ～**s**) 間に合わせ[一時しのぎ]のもの, 一時の便法. — *adj.* [限定的] 間に合わせの, 即製の (improvised), 臨時の: a ～ policy 間に合わせ政策. 〖(1895) ← *make do with* (⇨ MAKE[1] *do*)〗

Ma·ke·ev·ka /məkéɪ(j)əfkə/ *n.* =Makeyevka.

máke·fàst *n.* 『海事』 係船柱[環] 《ボートをつなぐ柱・ブイ・環など》. 〖(1898) ← *make fast*〗

máke·gàme *n.* 《古》 笑い種(ぐさ), 物笑いの種. 〖(1762) ← *make game*〗

máke·less *adj.* 《方言》 友人[連れ合い]のない. 〖(*a*1225): ⇨ make[2]〗

máke-or-bréak *adj.* のるかそるかの, 一か八(ばち)かの: a ～ attempt [effort] 一か八かの試み[努力]. 〖(1919) ← *make or break* (⇨ make[1] (v.) 成句)〗

máke·òver *n.* (cf. MAKE[1] *over*) 《米》 **1** 改装・改造(すること), 仕立て直し. **2** (髪型などを変えての)変身(美容), イメージチェンジ. 〖1966〗

máke·pèace *n.* 《古》 =peacemaker 1, 2. 〖(1516) 《名詞用法》 ← *make peace*〗

Make·peace /méɪkpiːs/ *n.* メイクピース 《男性名》. 〖↑〗

mak·er /méɪkə | -kə(r)/ *n.* **1** [しばしば複合語で] 作る人, 製作者, 製造人[機器], メーカー; …を行う[起こす]人[もの]: ⇨ cabinet maker, coffee maker, decision-maker. 日英比較 日本語の「メーカー」は「製造会社」を指し, 個人は意味しないが, 英語の *maker* は本来は個人の意味で, watchmaker (時計屋), shoemaker (靴屋)などのように複合語に用いることが多い. 販売業者に対する製造業者という意味では manufacturer を用いる. また「メーカー」は「メーカー品」という場合には一流の製造会社の意であり, 英語では name brand, あるいは name-brand goods という. **2** 重大ニュースになる人物; (映画・テレビなどの)プロデューサー. **3** [M-] 造物主, 神 (God): our [the] *Maker* われらの造り主 / (go to) meet one's *Maker* 《婉曲》 死ぬ. **4** 『法律』 証書作成者. **5** 『金融』 約束手形振出し人. **6** 『トランプ』 =declarer 2. **7** 《古》 詩人 (poet). 〖(*a*1325) *maker(e)*: ⇨ make[1], -er[1]〗

máke·rèady *n.* 『印刷』 むらとり 《版に等印圧を与える作業》; メークレディ 《印刷直前の組版(くみはん)調整》. 〖1887〗

máker's màrk *n.* (金銀細工師が製品に彫る)製作者銘の刻印.

máker-úp *n.* (*pl.* **makers-up**) **1** 『印刷』 まとめ工. **2** 《英》 **a** (製品の)組立て工, 包装工. **b** 仕立て屋; 衣服生産業者. 〖← MAKEUP 5〗

make·shift /méɪkʃɪft/ *n.* 間に合わせ物, 当座しのぎ, 一時の便法 (⇨ resource SYN). — *adj.* [限定的] 間に合わせの, 当座しのぎの, やりくりの: a ～ dinner / a ～ lecture hall 臨時の講演会場. 〖(1565) ← *make shift* (⇨ shift 成句)〗

make·up /méɪkʌp/ *n.* **1 a** (俳優などの)顔ごしらえ, 化粧, 扮装, メーキャップ: put on one's ～ 扮装する, メーキャップする / have little ～ on ほとんど化粧していない / wear no ～ おしろい気なし. 日英比較 「メーキャップ」を略して「メーク」というのは和製英語. **b** [無冠詞で] 《口語》 扮装室[部]: She is in ～. **2** [集合的] **a** 扮装具 《衣装・かつらなど》. **b** (各種の)化粧品. **3** 体質; 気質, 性質: elements in one's ～ 性格上の素質. **4** (部分・成分からの)構成; 組立て, 構造, 組織: the country's ethnic ～ その国の人種構成. **5** 『印刷』 **a** (欄・ページの)まとめ(組み), メークアップ; (新聞での)大組み. **b** 割付, レイアウト; 体裁. **6** 《口語》 (不合格者のための)再試験; (欠席者のための)追試験. **7** 作り話, うそ (fiction, lie). **8** 決算, 清算. **9 a** (ボイラーなどの水の)補給. **b** =makeup water. 〖(1821) ← *make up* (⇨ make[1] (v.) 成句)〗

mákeup wàter *n.* (ボイラーなどへの)補給水.

máke·wèight *n.* **1 a** 不足を補うもの; 補欠(にされる二流の人物), 埋草(用の無価値な物). **b** 不足な目方を満たすために加えられた物, 目方のたし. **2** 釣合いをとるもの, 調節するもの. 〖1695〗

máke-wòrk *n.* **1** (労働者を遊ばせないための)不要不急のあつらえ仕事. **2** 失業者に仕事を与えること. 〖1923〗

Ma·ke·yev·ka /məkéɪ(j)əfkə; *Ukr.* makʲíjiwka, *Russ.* makʲéjifkə/ *n.* マケエフカ, マキーイウカ 《ウクライナ共和国南東部の都市; Donets 炭田地帯の工業の中心で, 大規模な鉄鋼工場がある》.

Ma·kga·di·kga·di /mæɡədíːɡədi | -di/ *n.* マカディカディ 《ボツワナ北東部の塩性の盆地; 雨期には広く冠水する》.

Ma·khach·ka·la /məkɑ̀ːtʃkəlɑ́ː; *Russ.* məxətʃʲkəlá/ *n.* マハチカラ《ロシア連邦西部, Dagestan 共和国の首都; カスピ海西岸の港湾都市》.

mak·ing /méɪkɪŋ/ *n.* **1** [しばしば複合語で] 作ること, 製造, 形成〔*of*〕; 製造[形成]過程: The problem was not of her (own) ～. その問題は彼女が自ら招いたものではなかった / the ～ *of* English 英語の成立(過程) / ⇨ decision-making. **2** 構造, 構成. **3** 作り出されるもの, 製作物: **a** 一回の製造高: a ～ *of* bread. **b** [*pl.*]《口語》利益, 所得, もうけ. **4** 成功·発展などの原因[手段]: A wife is the ～ *of* a man. 妻が男性の出世のもとになる. **5** [通例 the ～s] 将来性, 素質〔*of*〕: He has *the* ～*s of* a politician in him. 彼は政治家の素質をもっている / She has *the* ～*s of* a writer. 彼女には作家の素質がある / Here are *the* ～*s of* a book in these notes. これらのメモには本の材料になるものがある. **6** [*pl.*] **a** 材料, 原料, 成分; 服地. **b** /méɪkɪn, -kən | -kɪn/《米·豪》巻きたばこの材料《紙とたばこ》: a package of ～*s*.
in the máking 製作中の, 形成中の; 発達過程にある, 未完成状態の: mankind *in the* ～ 発達途上の人類 / a doctor *in the* ～ 医者の卵 / Some deals are *in the* ～. いくつかの取引が進行中である.
— *adj.* [形容詞と共に複合語をなして]《英》…にするような: sick-*making* / shy-*making* 恥ずかしくなるような.

máking cúrrent *n.*〘電気〙投入電流. 〘OE *macung*: ⇨ make¹, -ing¹〙

máking-úp dày *n.*《英》〘証券〙=contango day.

Mak·kah /*Arab.* mákka/ *n.* マッカ《Mecca のアラビア語名》.

ma·ko¹ /méɪkoʊ | mɑ́ːkəʊ, méɪ-/ *n.* (*pl.* ～**s**) **1**〘魚類〙大西洋産アオザメ属の魚の一種 (*Isurus oxyrinchus*)《mako shark ともいう》. **2** (NZ) mako の歯《以前マオリ族が装飾用に身につけた》. 〘(1727) ◻ Maori ～〙

ma·ko² /mɑ̀ːkoʊ/ *n.* (*pl.* ～**s**)〘植物〙ニュージーランド原産ホルトノキ科アリストテーリア属の常緑樹 (*Aristotelia racemosa*). 〘Maori〙

ma·ko·ma·ko /mɑ́ːkoʊmɑ̀ːkoʊ, méɪkoʊmèɪ- | mɑ́ːkəʊmɑ̀ːkəʊ, méɪkəʊmèɪkəʊ/ *n.* (NZ) **1** =wineberry. **2** =bellbird c. 〘(1848) ◻ Maori ～〙

Ma·kon·de /məkɑ́(ː)ndeɪ | -kɔ́n-/ *n.* (*pl.* ～, ～**s**) **1 a** [the ～(s)] マコンデ族《タンザニアとモザンビークの国境地帯に住む Bantu 系黒人; 大多数がイスラム教徒; 伝統的な木彫りの技術で知られる》. **b** マコンデ族の人. **2** マコンデ語. 〘1911〙

Mak·sim /mǽksɪ̀m | -sɪm; *Russ.* maksʲím/ *n.* マクシム《男性名》. 〘◻ Russ. ～ 'MAXIM'〙

Ma·ku·a /məkwɑ́ː/ *n.* (*pl.* ～, ～**s**) **1 a** [the ～(s)] マクア族《モザンビーク (Mozambique) 北部·タンザニア (Tanzania) に住む部族》. **b** マクア族の人. **2** マクア語《バンツー語 (Bantu) の一つ》.

Mak·sú·tov télescope /mæksúːtɑ(ː)f- | -tɔf-; *Russ.* maksútəf/ *n.* マクストフ望遠鏡《球面主鏡とメニスカスレンズ (meniscus) を組み合わせた視野が広く明るい光学系を用いる望遠鏡; シュミットカメラのような補正のための非球面加工が不要な一方, 口径に制約がある; メニスカスレンズの中央部にめっきをしてカセグレン式としたもの (Schmidt-Cassegrain telescope) がアマチュアによく使われる》. 〘(1958): Dmitry Dmitryevich Maksutov (1896–1964: ソ連の天文学者)〙

makuta *n.* likuta の複数形.

ma·ku·tu /məkúːtuː/ *n.* (NZ) 魔法, 魔術; 魔力. 〘(1846) ◻ Maori ～〙

MAL 〘自動車国籍表示〙Malaysia.

Mal. 《略》Malachi (旧約聖書の)マラキ書; Malay; Malayan; Malaysia; Malaysian; Malta.

mal-¹ /(子音の前では) mǽɫ, (母音の前では) mǽl/「悪い, 悪く; 不完全な[に], 不…」の意の連結形: *mal*nutrition, *mal*treat, *mal*adroit. 〘ME ◻ (O)F ～ ← *mal* (adv.) ∥ L *mal*- ← *male* badly, ill ← *malus* bad〙

mal-² /mæl/ (母音の前に来る時の) malo- の異形.

ma·la /mɑ́ːlɑː/ *n.* 《インド》花輪, マーラー. 〘(1872) ◻ Skt *mālā*〙

Mál·a·bar Chrístians /mǽləbɑ̀ə- | -bɑ̀ː-/ *n. pl.* マラバル派キリスト教徒《St. Thomas Christians とも呼ばれ, 大多数がインド南西部 Kerala 州に住む; ポルトガル人からは異端と目されていたが, 6 世紀以来ローマとは良好な関係にあった; 1653 年ローマと決裂したものの, 61 年大部分がカトリックに復帰, 一部シリア正統派教会に加わった者もある》.

Málabar Cóast *n.* [the ～] マラバル海岸《インド南西端地方; Western Ghats 山脈以西のアラビア海沿岸地方で, 主に現在の Kerala 州に属す》.

Málabar gòurd *n.*〘植物〙東アジア産ウリ科の観賞用ヒョウタンの一種 (*Cucurbita ficifolia*).

Málabar níghtshade [spínach] *n.*〘植物〙熱帯アジア産ツルムラサキ属の肉質の一年生または二年生回旋性蔓(つる)草 (*Basella rubra* var. *alba*).

Ma·la·bo /mɑːlɑ́ːboʊ | mælɑ́ːbəʊ; *Am. Sp.* maláβo/ *n.* マラボ《赤道ギニア共和国 (Equatorial Guinea) の Bioko 島にある港市で首都; 商業·経済の中心地; 旧名 Santa Isabel》.

màl·absórption *n.*〘病理〙吸収不良. 〘(*c*1929): ⇨ absorption〙

malac. 《略》malacology.

mal·a·c- /mǽlək/ (母音の前にくるときの) malaco- の異形.

ma·lac·ca /məlǽkə, -lɑ́ːkə/ *n.* 籐(とう)の茎; 籐のステッキ, マラッカステッキ (malacca cane). 〘(1844) ↓〙

Ma·lac·ca /məlǽkə, -lɑ́ːkə/ *n.* マラッカ《Melaka の旧名》. 〘1611〙

Ma·lac·ca /məlǽkə, -lɑ́ːkə/, **the Strait of** *n.* マラッカ海峡《Sumatra と Malay 半島の間の海峡; 長さ 800 km, 幅 50–320 km》.

Malácca cáne, m- c- *n.* マラッカ杖[ステッキ]《東インド産トウの一種ロタントウ (*Calamus rotang*) の茎で作ったステッキ; 栗色で斑紋のあるものが多い》. 〘(1844): ↑〙

Mal·a·chi /mǽləkàɪ/ *n.*〘聖書〙**1** マラキ《紀元前 5 世紀のユダヤの預言者》. **2** (旧約聖書の)マラキ書《小預言書中最後の書; 略 Mal.》. 〘◻ Heb. *Mal'ākhī* 《原義》my messenger ← *mal'ākh* messenger〙

Mal·a·chi·as /mæ̀ləkáɪəs/ *n.* (Douay Bible での) Malachi のラテン語式語形. 〘◻ LL ～ (↑)〙

mal·a·chite /mǽləkàɪt/ *n.* **1**〘鉱物〙マラカイト, くじゃく石 ($Cu_2CO_3(OH)_2$)《塩基性炭酸銅, 緑色の柱状結晶》. **2** 岩緑青(いわろくしょう)《緑色の無機顔料》. **3** くじゃく石に似せた陶器. 〘(*a*1398) ◻ OF *melochite* (F *malachite*) ◻ L *molochītēs* ◻ Gk *molokhîtis* ← *molókhē* 《異形》← *malákhē* 'MALLOW' (その色がゼニアオイの葉に似た緑色をしていることから): ⇨ -ite¹〙

málachite gréen *n.* **1** マラカイトグリーン, 青竹(あおたけ)《鮮緑色の塩基性染料》. **2** 青竹色, 黄緑色. 〘(1880) ↑〙

ma·la·ci·a /məléɪʃiə, -ʃə/ *n.*〘病理〙**1** (骨·脳などの) 軟化(症). **2** 異嗜症《スパイスのきいた食品に対する異常嗜好》. 〘(1657) ← NL ～ ← Gk *malakía* softness, tenderness: ⇨ ↓, -ia¹〙

mal·a·co- /mǽləkoʊ | -kəʊ/「柔, 軟 (soft)」の意の連結形. ★ 母音の前では通例 malac- になる. 〘(18C) ◻ Gk *malako-*, *malak-* ← *malakós* soft ← IE **mel-* soft〙

mal·a·coid /mǽləkɔ̀ɪd/ *adj.* **1**〘動物〙柔軟組織の. **2**〘病理〙〈骨など〉軟化症の[に似た]. 〘← MALACO-+-OID〙

màl·a·cól·o·gist /-dʒɪst | -dʒɪst/ *n.* 軟体動物学者.

mal·a·col·o·gy /mæ̀ləkɑ́(ː)lədʒi | -kɔ́l-/ *n.*〘動物〙軟体動物学. **mal·a·co·log·ic** /mæ̀ləkəlɑ́(ː)dʒɪk | -lɔ́dʒ-ˈ/ *adj.* **màl·a·co·lóg·i·cal** /-dʒɪkəl, -kɫ | -dʒɪ-ˈ/ *adj.* 〘(1836) ← MALACO-+-LOGY〙

mal·a·coph·yl·lous /mæ̀ləkɑ́(ː)fələs | -kɔ́fɪ-ˈ/ *adj.*〘植物〙多汁の軟葉をもった.

mal·a·cop·te·ryg·i·an /mæ̀ləkɑ̀(ː)ptərídʒiən, -dʒən | -kɔ̀p-ˈ/ *adj.*, *n.*〘魚類〙軟鰭(き)類の(魚). 〘(1835): ⇨ ↓, -an¹〙

Mal·a·cop·te·ryg·i·i /mæ̀ləkɑ̀(ː)ptərídʒiàɪ | -kɔ̀p-/ *n. pl.*〘魚類〙軟鰭類《サケ·ニシンなど》. 〘← NL ～ ← MALACO-+-*pterygii* (← Gk *pterug-*, *ptérux* wing, fin+-*ii* (masc. pl. ending))〙

Mal·a·cos·tra·ca /mæ̀ləkɑ́(ː)strəkə | -kɔ́s-/ *n. pl.*〘動物〙軟甲亜綱. 〘← NL ～ ← Gk *malakóstraka* soft-shelled (neut. pl.) ← *malakóstrakos* ← MALACO-+-*ostrakos* (← *óstrakon* shell): cf. oyster〙

mal·a·cos·tra·can /mæ̀ləkɑ́(ː)strəkən | -kɔ́s-ˈ/〘動物〙*adj.* (甲殻類の中の)軟甲亜綱の. — *n.* 軟甲亜綱の動物《エビ·カニなど, 一般に大型で進化した特徴をもつ; cf. entomostracan》. 〘(1835): ⇨ ↑, -an¹〙

mal·a·cos·tra·cous /mæ̀ləkɑ́(ː)strəkəs | -kɔ́s-ˈ/ *adj.*〘動物〙=malacostracan. 〘⇨ Malacostraca, -ous〙

mal·a·cot·ic /mæ̀ləkɑ́(ː)tɪk | -kɔ́t-ˈ/ *adj.* 〈歯牙が〉軟化(傾向)の. 〘← MALAC(IA)+-OTIC¹〙

màl·adaptátion *n.* 順応不良, 不適応: ～ *to* one's circumstances 自己の環境に対する不適応. 〘1877〙

màl·adápted *adj.* 順応[適応]しない, 不適応の. 〘1943〙

màl·adáptive *adj.* **1** 順応不良の, 順応性のない[悪い]. **2** 適応を促さない. **～·ly** *adv.* 〘1931〙

màl·addréss *n.* 不器用さ, ぎこちなさ, やぼ. 〘(1804) ◻ F *maladresse*: ⇨ maladroit〙

màl·adjústed *adj.* **1** 調整の悪い, 調節不十分の. **2**〘心理〙環境に適応し得ない, 不適応の. 〘1886〙

màl·adjústive *adj.* 不適応の, うまく適応しない, 適応[順応]の悪い. 〘1928〙

màl·adjústment *n.* 不調整, 不調節; 不適応, 適応不良. 〘1833〙

màl·admínister *vt.* …の処理[施行, 運用]を誤る, 〈政治·経営を〉やり損なう, 下手に行う.

màl·administrátion *n.* 失政, 悪政; 取締りの不行届き, 不手際. **màl·admínistrator** *n.*

mal·a·droit /mæ̀lədrɔ́ɪtˈ/ *adj.* **1** 不器用な, 不手際な, 下手な (⇨ awkward SYN). **2** 気のきかない (tactless). 〘(1685) ◻ F ～: ⇨ mal-¹, adroit〙 **～·ly** *adv.* **～·ness** *n.*

mal·a·dy /mǽlədi | -di/ *n.* **1** 《やや古》疾病, 病気 (⇨ disease SYN); (特に)慢性病 (chronic disease). **2** (道徳的)病弊, 腐敗, 堕落: social *maladies* 社会的弊害. 〘(*c*1275) *maladie* ◻ (O)F ～ ← *malade* sick <VL **male habitus* ill-conditioned ← LL *male*+*habitus*: ⇨ mal-¹, habit¹, -y¹〙

ma·la fi·de /méɪləfáɪdi, mæ̀ləfíːdeɪ, -fáɪ- | méɪləfáɪdi, mæ̀ləfíːdi, -deɪ/ *L. adv.*, *adj.* 不誠実に[な], 悪意の[による, から, で] (cf. bona fide). 〘(1561) ◻ L *malā fidē* in bad faith (abl.) ← *mala fidēs* (↓)〙

ma·la fi·des /méɪləfáɪdiːz, mæ̀ləfíːdeɪz, -fáɪ- | méɪləfáɪdiz, mæ̀ləfíːdiz, -deɪz/ *L. n.* 不誠実, 人をだまそうという意図, 悪意 (cf. bona fides). 〘(1681) ◻ L *mala fidēs* bad faith: ⇨ malo-, faith〙

Ma·la·ga /mǽləgə; *Sp.* málaɣa/ *n.* **1** マラガ(ワイン)《スペイン Málaga 産の甘口で独特の芳香のある白ワイン; 食後酒用》. **2** Málaga 原産のマスカット種の白ブドウ. **3** 暗赤色から赤褐色に至る各種の色. 〘(1608): ↓〙

Má·la·ga /mǽləgə, mɑ́ːlɑgɑː | mǽləgə; *Sp.* málaɣa/ *n.* マラガ《スペイン南部, 地中海沿岸の都市: ワインの輸出港·避寒地》. 〘◻ Phoenician *malḥa* salt〙

málaga réd *n.* 暗紅色 (oxblood).

Mal·a·gas·y /mæ̀ləgǽsi | mæ̀ləgǽsi, -gɑ́ːziˈ/ *adj.* **1 a** マダガスカル (Madagascar) の[に関する]. **b** マダガスカル共和国の[に関する]. **2** マダガルカル語の. **3**〘生物地理〙マダガスカル[マラガシー]亜区の. — *n.* (*pl.* ～, **-gas·ies**) **1** マダガスカル(島)人; マダガスカル共和国の人. **2** マダガスカル語《オーストロネシア (Austronesia) 語族の言語》. 〘(1835) ← (現地語): ⇨ Madagascar〙

Malagásy Repúblic *n.* [the ～] Madagascar の旧名.

ma·la·gue·na /mæ̀ləgéɪnjə, mɑ̀ː-; *Sp.* malaɣéɲa/ *n.* (*pl.* ～**s** /～z; *Sp.* ～s/) マラゲーニャ: **1**〘音楽〙スペインの Málaga の民謡. **2** その舞踊; fandango の一種. 〘(1845) ◻ Sp. *malagueña* (fem.) ← *malagueño* 'of MALAGA'〙

mal·a·guet·ta, -guet·a /mæ̀ləgéṭə | -tə/ *n.*〘植物〙=grains of paradise (cf. grain¹). 〘1568 ◻ F *maniguette* ∥ Sp. *malaguta*〙

malaguétta pèpper *n.*〘植物〙=grains of paradise (cf. grain¹). 〘1788〙

mal·aise /mæléɪz, mə-; *F.* malɛːz/ *n.* **1** 何となく落ち着かない気持ち (uneasiness), 不安. **2** 倦怠(感); 違和感: general ～ 全身倦怠(感). 〘(1768) ◻ F ～ 'discomfort' ← OF *mal* bad, ill+*aise* 'EASE'〙

mal·am /mǽləm, -ləm/ *n.* =mallam.

Mal·a·mud /mǽləməd, -mʊ̀d | -mʊ̀d/, **Bernard** *n.* マラマッド (1914–86; 米国の小説家; *The Assistant* (1957), *The Fixer* (1966)).

mal·a·mute /mǽləmjùːt, -mùːt/ *n.* =Alaskan malamute. 〘(1874) ◻ Inupiaq *Malimiut* (この種の犬を飼育していた Alaska の先住民 Inupiaq の一族)〙

Ma·lan /məlǽn, -lɑ́ːn/, **Daniel François** *n.* マラン (1874–1959; 南アフリカ連邦の政治家; 首相 (1948–54); 人種隔離政策 (apartheid) を導入).

mal·an·ders /mǽləndəz | -dəz/ *n. pl.* [単数扱い]〘獣医〙膝皺(しっしゅう)《馬の前足のくるぶしの関節または膝の湾曲部(第一足関節)に生じる湿疹; cf. sallenders》. 〘(1440) ◻ (O)F *malandres* ◻ L *malandria* blisters on a horse's neck〙

Ma·lang /mɑlɑ́ːŋ | mælǽŋ/ *n.* マラン《インドネシア, Java 島東部の都市; 商業の中心地》. M

ma·lan·ga /məlɑ́ːŋgə/ *n.*〘植物〙**1** =taro. **2** =yautia 1. 〘◻ Am.-Sp. ～ ◻ ? Congo ～ (pl.) ← *elanga* water lily〙

mal·a·pert /mǽləpɜ̀ːt | -ləpɜ̀ːt/《古》*adj.* ずうずうしい (impudent, saucy). — *n.* ずうずうしい人. **～·ly** *adv.* **～·ness** *n.* 〘(*c*1385) ◻ OF *mal apert* unskilful, ill-taught, ill-bred ← MAL-¹+*appert* 《異形》← *espert* experienced, skillful ◻ L *expertus* 'EXPERT'〙

màl·appórtioned *adj.* 《米》(立法府への代議員選出で)定数配分が不平等[不適切]な: a ～ legislature. 〘1965〙

màl·appórtionment *n.* 《米》(立法府への代議員選出の)定数配分不平等[不均衡] (cf. apportionment 2 a, b).

mal·a·prop /mǽləprɑ̀(ː)p | -prɔ̀p/ *n.* =malapropism. — *adj.* 言葉のはき違いをする; 言葉を誤用する; はき違いの言葉の《malapropian ともいう》. 〘(1823) ↓〙

Mal·a·prop /mǽləprɑ̀(ː)p | -prɔ̀p/, **Mrs.** *n.* マラプロップ夫人《R. B. Sheridan 作の劇 *The Rivals* (1775) 中の頑固な気取り屋の老婦人; 言葉の誤用で有名; cf. Dogberry, malapropism》. 〘← MALAPROPOS〙

mal·a·prop·i·an /mæ̀ləprɑ́(ː)piən | -prɔ́p-ˈ/ *adj.* =malaprop. 〘(1860): ⇨ ↑, -ian: cf. malapropos〙

mal·a·prop·ism /mǽləprɑ(ː)pɪzm | -prɔp-/ *n.* **1** 言葉のはき違い[誤用]《loquacity を locality, instinctive を insensitive, emotion を commotion と誤る類; cf. Goldwynism, bull³》. **2** はき違えた[誤用された]言葉. 〘(1849) ← MALAPROP+-ISM〙

mal·ap·ro·pos /mæ̀læprəpóʊ | -pə́ʊˈ/ *adv.* 時宜を得ないで, 折悪しく, 不適切に. — *adj.* [主に叙述的] 時宜を得ない, 不適切な. — *n.* 適切でないこと[言行], お門違い(の事柄). 〘(1668) ◻ F *mal à propos* not to the point, inopportune: ⇨ mal-¹, apropos〙

ma·lar /méɪlə, -lɑə | -lə(r/〘解剖〙*adj.* 頰の; 頰骨の: a ～ bone 頰骨. — *n.* 頰骨. 〘(1782) ← NL *mālāris* ← L *māla* cheekbone, jawbone: ⇨ -ar¹〙

Mä·la·ren /méɪlɑːrən | méələr-; *Swed.* mɛ̌ːlaren/ *n.* メーラレン(湖)《スウェーデン中央部 Stockholm の西方約 130 km にある湖, 1,200 余の島を含む; 面積 1,140 km²》.

ma·lar·i·a /məléˀriə | -léər-/ *n.* **1**〘病理〙マラリア. **2** 《古》(昔, マラリア熱の原因と考えられた沼沢地に起こる)毒気, 瘴気(しょうき). 〘(1740) ◻ It. *mal'aria* 《短縮》← *mala aria* bad air: ⇨ mal-¹, aria〙

ma·lar·i·al /məléˀriəl | -léər-/ *adj.* **1** マラリア(性)の; マラリアにかかった. **2** 《古》毒気の. 〘(1847): ⇨ ↑, -al¹〙

malárial féver *n.*〘病理〙マラリア熱. 〘1861〙

ma·lar·i·an /məléˀriən | -léər-/ *adj.* =malarial.

ma·làr·i·ól·o·gist /-dʒɪst | -dʒɪst/ *n.* マラリア学者, マラリア研究家. 〘1900〙

ma·lar·i·ol·o·gy /məlèˀriɑ́(ː)lədʒi | -lèəriɔ́l-/ *n.* マラリア学[研究]. 〘1925〙

ma·lar·i·ous /məléˀriəs | -léər-/ *adj.* =malarial.

ma·lar·key /məlɑ́əki | -lɑ́ː-/ *n.* (*also* **ma·lar·ky** /～/)《俗》(相手を煙にまいたりごまかすための)調子のいい話[でたらめ]: Don't give me the old ～! また例のでたらめはよしてくれ. 〘(1929) アイルランドの人名から?: cf. NGk *maláka* softening of the brain〙

màl·assimilátion *n.* 〖病理〗(栄養物の)同化不良.
mal·ate /mǽleɪt, méɪl-/ *n.* 〖化学〗りんご酸塩[エステル]. 〘(1794) ← MAL(IC ACID)+-ATE¹: cf. malic〙
Mal·a·tes·ta /mæ̀lətéstə; *It.* malatésta/ *n.* マラテスタ《13–16 世紀にかけて Rimini 一帯を支配したイタリアの一族; 同地方の Guelf 派を率いた》.
mal·a·thi·on /mæ̀ləθáɪən, -ɑ(:)n | -ɔn/ *n.* 〖薬学〗マラチオン ($C_{10}H_{19}O_6PS_2$)《有機リンを主成分とするダニ・ウンカ・ツマグロヨコバイなどの駆除[殺虫]用黄色液剤, 毒性は低い; cf. parathion》. 〘(1953) ← *Malathion* (商標) ← MAL(IC) A(CID)+THION(IC)〙
Mal·a·thon /mǽləθɑ̀(:)n | -θɔ̀n/ *n.* 〖商標〗マラソン《malathion の商品名》.
Ma·la·tya /mɑ:lɑ́:tjə; *Turk.* malɑ́tja/ *n.* マラティヤ《トルコ中東部の州およびその州都》.
Ma·la·wi /məlɑ́:wi, mɑ:- | mə-/ *n.* **1** マラウィ《アフリカ東部にある英連邦内の共和国; もと英国保護領で Nyasaland といい, Federation of Rhodesia and Nyasaland の一部となったが, 1964 年独立; 面積 117,050 km², 首都 Lilongwe /lɪlɔ́(:)ŋweɪ | -lɔ́n-/; 公式名 the Republic of Malawi マラウィ共和国》. **2** マラウィ人.
Ma·la·wi /məlɑ́:wi, mɑ:- | mə-/, **Lake** *n.* マラウィ湖《アフリカ南東部 Malawi の大淡水湖; 1859 年 Livingstone が発見; 南北の長さ 584 km, 面積 29,604 km²; 旧名 Lake Nyasa》.
Ma·la·wi·an /məlɑ́:wiən, mɑ:- | mə-/ *n.* マラウィ人, マラウィの住民. — *adj.* マラウィの. 〘(1963): ⇨ Malawi, -an¹〙
Ma·lay /məléɪ, méɪleɪ | məléɪ/ *adj.* **1** マライ半島[諸島]の. **2** マライ人の. **3** マライ語の. — *n.* **1** マライ人《マライ半島および付近の諸島に住む》. **2** マライ語, マレー語《東インド諸島一帯に商業用語として用いられるオーストロネシア語》. **3** =Malay fowl. 〘(1598) □ Du. 《廃》 *Malayo* (Du. *Maleier*) □ Malay *Melāyu* (原義) emigrants〙
Ma·lay·a /məléɪə, meɪ- | mə-/ *n.* **1** マラヤ《アジア南東部 Malay 半島南部を占めるマレーシア (Malaysia) の一部; もとは英国の植民地であったが, 1957 年 マラヤ連邦 (the Federation of Malaya) として独立; 1963 年マレーシアの成立でその中核となり, 旧マラヤ連邦の 11 州は 1966 年以降 West Malaysia と呼ばれる; 面積 132,659 km²》. **2** =Malay Peninsula.
Mal·a·ya·lam /mæ̀ləjɑ́:ləm | -leɪ-, -l- / *n.* (*also* **Mal·a·ya·laam** /~/) マラヤーラム語《インド南西端 Malabar 地方のドラビダ語族 (Dravidian) の一つ》. 〘(1837) □ Malayalam *malayālam*〙
Ma·lay·an /məléɪən, meɪ- | mə-/ *adj.* **1** マライ人[語, 諸島]の. **2** 〖生物地理〗マライ区の. — *n.* **1** マライ人 (Malay). **2** =Malay 2. 〘(1668): ⇨ Malaya, -an¹〙
Maláyan [Maláy] béar *n.* 〖動物〗=sun bear. 〘1826〙
Maláyan zébra *n.* 〖昆虫〗=zebra.
Maláy Archipélago *n.* [the ~] マライ諸島《インド洋と太平洋の間の東インド諸島; インドネシア・フィリピンを含む》.
Maláy cámphor *n.* 〖化学〗マライ樟脳 (⇨ Borneo camphor). 〘1837〙
Maláy fówl *n.* マライ半島原産の大鶏. 〘1833〙
Ma·la·yo- /məléɪou, meɪ- | məléɪəu/「マライ人[語]と…との」の意の連結形. 〘(1842) ← MALAY+-O-〙
Maláyo-Polynésian *adj.* **1** マライポリネシア人の. **2** =Austronesian. — *n.* **1** ポリネシアのマライ人. **2** 〖言語〗マライポリネシア語族 (Austronesian). 〘(1842): ↑〙
Maláy Península *n.* [the ~] マライ半島《マレーシア・シンガポール・タイの一部から成る; 面積 182,654 km²》.
Ma·lay·sia /məléɪʒə, -ʒiə, -ʃə, -ʃiə | -ziə, -ʒiə, -ʒə/ *n.* **1** マレーシア《アジア南東部にある英連邦内の独立国; 1963 年 the Federation of Malaya に, Singapore, Sabah, Sarawak が加わって発足したが, 1965 年 Singapore が分離独立; 1966 年以降 Malaya を West Malaysia, Sabah と Sarawak とを合わせて East Malaysia と呼ぶ; 面積 333,401 km², 首都 Kuala Lumpur》. **2** =Malay Archipelago. 〖現地語〗
Ma·lay·sian /məléɪʒən, -ʒiən, -ʃən, -ʃiən | -ziən, -ʒiən, -ʒən/ *adj.* **1** マレーシアの; マライ諸島の. **2** マレーシア[マライ]人の. — *n.* **1** マレーシア人. **2** マライ諸島人《インドネシア人, マライ人などを含む》; マライ人 (Malay). 〘adj.: (1883) — n.: (1625): ⇨ ↑, -an¹〙
Maláy Státes *n. pl.* マレー諸(王)国, マラヤ土侯国《Malay 半島に割拠したイスラム土侯国群; のち The Federation of MALAYA を成した》.
mal·brouck /mǽlbruk/ *n.* 〖動物〗コンゴミドリザル (*Cercopithecus aethiops cynosurus*)《西部アフリカ産のオナガザル属のサル》. 〘□ F *malbrouc* ← ?*Marlborough* (イングランド Wiltshire 州の自治市)〙
mal·co·ha /mǽlkouə/ | -kəuə/ *n.* 〖鳥類〗クロバンケンモドキ《南アジア・東南アジア産カッコウ科クロバンケンモドキ属 (*Rhopodytes*) の各種》. 〘(1769) malkoha □ Sinhalese *mal-kohā*〙
Mal·colm /mǽlkəm/ *n.* マルコム《男性名》. 〘□ Gael. *Maelcolm* < OGael. *mael Coluim* servant of (St.) Columba ← *mael* bald+*Coluim* 'of (St.) COLUMBA': Celtic servants は頭をそっていた〙
Málcolm X /-éks/ *n.* マルコムエックス《1925–65; 米国の黒人でブラックモスレム (Black Muslims) の一員 (1952–63); The Organization of Afro-American Unity を創設 (1964); 変節者として殺害された》.
màl·conformátion *n.* 不恰好, 不体裁.
mal·con·tent /mæ̀lkəntént⁻ | ⁻⁻⁻/ *adj.* 不平の, 不満の; (体制や時の政府に)盾つく, 反抗的な. — *n.* **1** 不平家; (時の政府に対する)反抗者, 政治扇動家. **2** 《古》不平, 不満. 〘adj.: (1586) — n.: (1581) □ (O)F ~: ⇨ mal-¹, content²〙
màl·con·tént·ed /-tɪ̣d | -tɪ̣d⁻/ *adj.* =malcontent. **~·ly** *adv.* **~·ness** *n.*
mal·dan·id /mældǽnɪ̣d | -nɪd/ *adj., n.* 〖動物〗タケフシゴカイ科の(動物). 〘↓〙
Mal·dan·i·dae /mældǽnədì: | -nɪ-/ *n. pl.* 〖動物〗(環形動物門多毛綱定在目)タケフシゴカイ科. 〘← NL ~ ← *Maldane* (属名)+-IDAE〙
mal de mer /mæ̀ldəméə | -méə(r; *F.* maldəmɛːʀ/ *F. n.* 船酔い. 〘(1778) □ F ~ 'sickness of the sea'〙
Mal·den /mɔ́:ldən, mɑ́:ldn | mɔ́:l-, mɔ́l-/ *n.* モールデン《米国 Massachusetts 州東部, Boston 近在の都市》. 〘← *Maldon* (英国 Essex 州の町) < OE *Mǣldun* (原義) hill with a *mǣl* (=mark or cross)〙
mal de siè·cle /mǽldəsjékḷ, -sjékḷ; *F.* maldəsjɛkl/ *n.* (*also* **mal du siècle** /~/; *F.* -dy-/) 世紀病, 生への倦怠(感), 厭世(気分). 〘(1926) □ F *mal du siècle* sickness of the age〙
màl·devélopment *n.* (器官などの)発育不良, 形成異常 (malformation). **màl·devéloped** *adj.* 〘1898〙
màl·distribútion *n.* 悪分布; 悪[不平等]配分. 〘1895〙
Mál·di·van /-vən/ *adj., n.* モルディブ (Maldives) の(人). 〘(1836): ⇨ ↓, -an¹〙
Mál·dive Íslands /mǽldaɪv-, mɔ́:l-, mɑ́:l-, -di:v-, -dɪv- | mɔ́:ldi:v-, mɔ́l-, -dɪv-, -daɪv-/ *n. pl.* [the ~] モルディブ諸島《南西インド洋上のさんご礁の群島》.
Mal·dives /mǽldaɪvz, mɔ́:l-, mɑ́:l-, -di:vz, -dɪvz | mɔ́:ldi:vz, -mɔ́l-, -dɪv, -daɪvz/ *n.* モルディブ《インドの南西方インド洋中にある環状さんご島群からなる共和国; もと Maldive Islands といい, Ceylon (現名 Sri Lanka) の属領, 1965 年完全独立, 1968 年共和国となった; 面積 298 km², 首都 Malé; 公式名 the Republic of Maldives モルディブ共和国》.
Mal·div·i·an /mældívian, mɔ:l-, mɑ:l-, -dí:v-, -dív- | mɔ:ldív-, mɔl-/ *adj.* モルディブの, モルディブ人[語]の. — *n.* モルディブ人[語].
Mal·don /mɔ́:ldən, -dn, mɑ́:l- | mɔ́:l-, mɔ́l-/ *n.* モールドン《イングランド東南部, Essex 州南部の都市; 10 世紀末デーン人の侵入に対し Essex 人が戦った古戦場》.
mal du pa·ys /mǽldu:peɪí:; *F.* maldypei/ *F. n.* 懐郷病, ホームシック (homesickness). 〘□ F ~ 'sickness of the country'〙
mal du siècle *n.* =mal de siècle.
male /méɪl/ (↔ female) *adj.* **1** 男の, 男性の, 雄の: a ~ bird / the ~ members of the club クラブの男の会員. 日英比較 日本語では動物には「雄」「雌」を, 人には「男(性)」「女(性)」を用いて区別するが, 英語には普通, 動物と人間との区別はない. ただし, 英語の *male* を人に用いるのは客観的表現の場合であって, ときに軽蔑的な意になることもある. 日本語で「ある男性が」などという場合には普通は a man を用いる. **2** 男から成る, 男ばかりの: a ~ choir 男子聖歌隊. **3** 男にふさわしい, 男らしい, 男性的な: ~ courage [vigor] 男らしい勇気[元気]. **4** 〖植物〗雄性の; 雄しべだけある: a ~ flower 雄花 / a ~ gamete 雄性配偶子. **5** 〖機械〗雄型の: a ~ plug 雄栓(ぎ) / a ~ screw 雄(お)ねじ. — *n.* **1** 男, 男子, 男性. **2** (動物の)雄. **3** 〖植物〗雄性植物, 雄株. 〘(1375) □ OF ~, *masle* (F *mâle*) < L *masculum* ← *mās* male: cf. masculine: 法律用語では AF の綴り *masle* が 17C まで用いられた〙

SYN 男性の: **male** 人間・動植物が雄の (↔ female): a *male* tiger 雄のトラ. **masculine** 名詞・形容詞が男性の; 〈人の〉顔だち・性質などが男性らしい (↔ feminine): *masculine* nouns 男性名詞. **manly** 力・決意・勇気などの点で一人前の男らしい: a *manly* bearing 男らしいふるまい. **manlike** 男性らしい性質(特に欠点)を持った: *manlike* reticence いかにも男らしい無口. **mannish** 〈通例女性が男っぽい顔立ちや性格をした: a *mannish* woman 男っぽい女性. **manful** 断固とした・決断力があって雄々しい: *manful* resistance 男らしい抵抗.
ANT female, feminine.

Ma·lé /mɑ́:li: | -li:, -leɪ/ *n.* マーレ《モルディブ (Maldives) の首都》.
mal·e- /mǽlə | -lɪ̣/「悪の (ill)」の意の連結形. 〘(17C) ← L *male*: cf. mal-¹〙
mále álto *n.* 〖音楽〗男性アルト (countertenor ともいう). 〘c1879〙
ma·le·ate /méɪlièɪt, -lɪ̣t/ *n.* 〖化学〗マレイン酸塩[エステル]. 〘(1853) ← MALE(IC ACID)+-ATE¹〙
mále bónding *n.* 男同士のきずな[仲間意識]. 〘1969〙
Male·branche /mæ̀lbrɑ́:(n)ʃ, mɑ:l-, -brɑ́:nʃ; *F.* malbʀɑ̃:ʃ/, **Nicolas de** *n.* マルブランシュ《1638–1715; フランスのデカルト派の哲学者》.
mále cháuvinism *n.* 男性優越思想 (cf. sexism). 〘(1970): ⇨ chauvinism〙
mále cháuvinist *n.* 男性優越主義者. 〘(1970): ⇨ chauvinist〙
mále cháuvinist píg *n.* 《俗・軽蔑》男性優越主義のブタ(野郎)《略 MCP》. 〘1972〙
Mal·e·cite /mǽləsi:t | -lɪ̣-/ *n.* (*pl.* ~, **~s**) (*also* **Maliseet**) **1 a** [the ~(s)] マレシート族《カナダ南東部 New Brunswick 州および Maine 州北東部のインディアン》. **b** マレシート族の人. **2** マレシート語 (Algonquian 語族の一つ). 〘(1847) □ Micmac *malisiit* a person who speaks an incomprehensible language〙
mal·e·dict /mǽlədɪ̀kt | -lɪ̣-⁻/ 《古》 *adj.* 呪(のろ)われた (accursed). — *vt.* 呪う (curse). 〘adj. (n.): (a1550) — vt.: (1780) □ LL *maledictus* (p.p.) ← *maledicere* (↓)〙
mal·e·dic·tion /mæ̀lədɪ́kʃən | -lɪ̣-/ *n.* **1** 呪い (curse) (↔ benediction). **2** 悪口 (slander). 〘(1447) □ LL *maledictiō(n-)* reviling ← *maledīcere* ← MALE-+*dīcere* to say: ⇨ diction〙
mal·e·dic·tive /mæ̀lədɪ́ktɪv | -lɪ̣-⁻/ *adj.* **1** 呪いの, 悪を呼び出す. **2** 呪われた. 〘(1865) ← MALEDICT, -IVE〙
mal·e·dic·to·ry /mæ̀lədɪ́ktəri, -tri | -lɪ̣-/ *adj.* 呪いの; 悪口の. 〘(1822) ← MALEDICT+-ORY¹〙
mále-dóm·i·nat·ed /-tɪ̣d | -tɪ̣d⁻/ *adj.* 男性主導型の, 男性上位の: a ~ society. 〘1958〙
mal·e·fac·tion /mæ̀ləfǽkʃən | -lɪ̣-/ *n.* 悪事, 罪悪, 犯罪 (crime) (↔ benefaction). 〘(1600–01) ← MALE-+-FACTION〙
mal·e·fac·tor /mǽləfæ̀ktə | -lɪ̣fæ̀ktə(r/ *n.* **1** 悪事を行う者, 悪人 (evildoer). **2** 犯罪人 (criminal). 〘(a1438) *malefactour* □ OF *malfacteur* ∥ L *malefactor*: ⇨ male-, factor〙
mal·e·fac·tress /mǽləfæ̀ktrɪ̣s | -lɪ̣fæ̀ktrɪ̣s, -tres/ *n.* 悪事を行う女性, 悪女; 女性犯罪人. 〘(1647): ⇨ ↑, -ess¹〙
mále férn *n.* 〖植物〗**1** ヨーロッパ・北米産のオシダに似たシダ植物 (*Dryopteris filix-mas*)《その根茎(綿馬根)はサナダムシ駆除剤; deadman's hand ともいう》. **2** オシダ属 (*Dryopteris*) の植物の総称. 〘1562〙
ma·lef·ic /məléfɪk/ *adj.* **1** 〈魔法・星など〉害をなす, 有害な. **2** 悪意のある, 意地悪い. — *n.* 〖占星〗凶星. 〘(1652) □ L *maleficus*: ⇨ male-, -fic〙
ma·lef·i·cence /məléfəsəns, -sns | məléfɪ-, mæ-/ *n.* 有害; 悪事, 悪行 (↔ beneficence). 〘(1598) □ L *maleficentia* ← *maleficus*: ⇨ ↑, -ence〙
ma·lef·i·cent /məléfəsənt, -snt | məléfɪ-, mæ-/ *adj.* (↔ beneficent) **1** 害をなす, 有害な. **2** 悪事を行う, 罪を犯す (criminal). 〘(1678) □ L *maleficentior* (comp.) ← *maleficus*: ⇨ malefic, -ent〙
Ma·le·gaon /mɑ́:ləgàun/ *n.* マレガウン《インド西部 Maharashtra 州, Bombay の北東にある都市》.
ma·lé·ic ácid /məlí:ɪk-, -léɪɪk-/ *n.* 〖化学〗マレイン酸 ($(CHCOOH)_2$)《フマル酸の異性体で合成樹脂原料・染色仕上剤》. 〘(1857) *maleic*: □ F *maléique* 'MALIC'〙
maléic anhýdride *n.* 〖化学〗無水マレイン酸 ($C_4H_2O_3$)《無色針状晶; アルキド樹脂類の製造に用いる》. 〘1857〙
maléic hýdrazide *n.* 〖薬学〗マレイン酸ヒドラジド ($C_4H_4N_2O_2$)《植物生長抑制ホルモン; 雑草駆除剤》. 〘1949〙
mále ménopause *n.* 男性更年期《中年男性が老化などに悩み出す時期》. 〘1949〙
mal·e·mute /mǽləmjù:t, -mù:t/ *n.* =Alaskan malamute.
mále·ness *n.* 男性的なこと (↔ femaleness). 〘(1663) ← MALE+-NESS〙
Ma·len·kov /mǽlənkɔ̀(:)f, -kɔ(:)v | mǽlenkɔ̀f; *Russ.* məlʲinkóf/, **Ge·or·gi Ma·ksi·mi·lia·no·vich** /gʲiórgʲij məksʲimʲilʲiánəvʲitʃʲ/ *n.* マレンコフ《1902–88; ソ連の政治家; 首相 (1953–55)》.
mal·en·ten·du /mæ̀lɑ̃:(n)tɑ̃:(n)dú:, -ɑ:ntɑ:n-, -djú: | -djú:; *F.* malɑ̃tɑ̃dy/ *F. adj.* 誤解された (misunderstood). — *n.* 誤解, あやまち. 〘(?1616) □ F ~ 'ill-understood'〙
mal·e·o /mɑ́:liòu | -liəu/ *n.* (*pl.* ~, **~s**) セレベスツカツクリ (*Macrocephalon maleo*)《Celebes 島産ツカツクリ (megapode) の類の鳥; 砂浜に穴を掘って卵を産む》. 〘(1869) □ Galelarese (Halmahera の現地語) *mĕleo*〙
mále órchis *n.* 〖植物〗ランギハクサンチドリ属の植物 (*Orchis mascula*)《deadman's hand ともいう》.
mále pronúcleus *n.* 〖生物〗雄性前核《多細胞動物卵の受精の際, 卵細胞内に進入した精子の核が雌性前核と合一するまでの間をいう; cf. female pronucleus》.
mále rhýme *n.* 〖詩学〗=masculine rhyme.
mále-stérile *adj.* 〖生物〗〈配偶子が〉雄性機能の欠損した. 〘(1921): ⇨ male, sterile〙
Ma·le·vich /məléɪvɪtʃ; *Russ.* malʲévʲitʃʲ/, **Ka·zi·mir Se·ve·ri·no·vich** /kəzʲimʲír sʲivʲirʲínəvʲitʃʲ/ *n.* マレーヴィッチ《1878–1935; ロシアの抽象画家; ⇨ suprematism》.
mále vòice chóir *n.* 男声合唱団.
ma·lev·o·lence /məlévələns | mə-, mæ-/ *n.* 悪意, 敵意, 憎悪 (↔ benevolence) (⇨ malice SYN); 悪意のある行為. 〘(c1454) □ MF *malivolence* □ L *malevolentia* ill will, ill disposition: ⇨ ↓, -ence〙
ma·lev·o·lent /məlévələnt | mə-, mæ-/ *adj.* **1** 他人の不幸を喜ぶ, 悪意のある, 意地の悪い (malicious) (↔ benevolent): a ~ face. **2** 〖占星〗〈星が〉悪い影響を及ぼす, 有害な. 〘(c1489) □ OF *malivolent* ∥ L *malevolentem* ← MALE-+*volēns* ((pres.p.) ← *velle* to wish): ⇨ will²〙 **~·ly** *adv.*
mal·fea·sance /mælfí:zəns, -zns/ *n.* (*also* **mal·fai·sance** /mælfezɑ́:(n)s, -zɑ́:ns; *F.* malfəzɑ̃:s/) **1** 〖法律〗(公務員の)不法[不正]行為, 背任行為 (cf. misfeasance, nonfeasance). **2** 悪行, 悪事. 〘(1696) □ (A)F *malfaisance* ← *malfaisant* (↓)〙
mal·fea·sant /mælfí:zənt, -znt/ *adj.* **1** 不法の, 犯罪の (illegal, criminal). **2** 悪事をなす, 邪悪な. — *n.*

不法行為者; 犯罪者 (criminal). 〘《1809》□F *malfaisant* doing evil ← MALE-+*faisant* (pres.p.) (← *faire* to do < L *facere* to make, do): cf. fact〙

màl·formátion *n.* **1** 不恰好, 不体裁, できそこない. **2** 不具, 奇形. 〘《1800》← MAL-¹+FORMATION〙

màl·fórmed *adj.* 不恰好な, できそこないの; 不具の. 〘《1817》← MAL-¹+FORMED〙

mal·func·tion /mæ̀lfʌ́ŋkʃən/ *n.* (機械・臓器などの)機能不全[障害], 不調, 故障: a ~ of the heart 心不全. — *vi.* 機能不全に陥っている, うまく働かない[作動しない]. 〘《1928》← MAL-¹+FUNCTION〙

Mal·gache /*F.* malgaʃ/ *n.* Malagasy のフランス語名.

mal·gré /mælgréɪ, ⸗⸗; *F.* malgʁe/ *F. prep.* …にもかかわらず (in spite of). 〘《1608》□F ~: ⇨ maugre〙

malgré lui /mǽlgreɪlwíː; *F.* malgʁelɥi/ *F. adv.* 不本意ながら; 思わず(知らず). 〘《1830》□F ~ 'in spite of himself or herself'〙

Mal·herbe /mælɛ́əb, maː- | -lɛ́əb; *F.* malɛʁb/, **Fran·çois de** *n.* マレルブ《1555–1628; フランスの宮廷詩人》.

ma·li /máːli/ *n.* 《インド》インド人の植木屋. 〘《1759》□Hindi *mālī* ← Skt *mālika* gardener〙

Ma·li /máːli; *F.* mali/ *n.* マリ《アフリカ西部の共和国; もと French West Africa の一部で French Sudan といったが, フランス共同体 (French Community) 内の共和国を経て, 1960 年 6 月 Sudanese Republic と名を変え, Senegal と共に Federation of Mali を結成して独立したが, 間もなく Senegal が分離したため, 同年 9 月現在名で独立; 面積 1,240,000 km², 首都 Bamako /bǽməkòu | -kəʊ/; 公式名 the Republic of Mali マリ共和国》. 〘1906〙

Ma·li·an /máːliən/ *n.* マリ (Mali) の人, マリの(先)住民. — *adj.* マリ(人)の. 〘《1960》: ⇨ ↑, -an¹〙

Mal·i·bu /mǽləbùː | -lɪ̀-/ *n.* マリブ《米国 California 州 Los Angeles 西方の海浜地; サーファーのメッカ; 映画スターなど多くの有名人が住む高級住宅地がある》.

Málibu bòard *n.* マリブボード《プラスチック製の流線形の軽いサーフボード; 長さ約 3 m; 単に Malibu ともいう》. 〘《1962》↑〙

mal·ic /mǽlɪk, méɪl-/ *adj.* **1** りんごの. **2** 〘化学〙リンゴ酸の. 〘《1797》□F *malique* ← L *mālum* apple □ Gk (Doric) *malon*=*mêlon*: ⇨ melon, -ic¹〙

málic ácid *n.* 〘化学〙リンゴ酸 ($HOOCCH_2CH(OH)COOH$)《果実に存在, 清涼飲料に用いる》. 〘《1797》: ⇨ ↑, acid〙

mal·ice /mǽlɪ̀s | -lɪs/ *n.* **1** 悪意, 敵意, 恨み (enmity): He bears ~ to [toward, against] them. 彼らに悪意[敵意, 恨み]を抱いている. **2** 〘法律〙犯意: ⇨ malice aforethought [prepense]. 〘《c1300》□(O)F ~ < L *malitiam* badness, spite, malice ← *malus* bad: ⇨ male-, -ice〙

SYN 悪意: **malice** 他人を苦しめたいという願望《相手が苦しむのを見て喜ぶという含みがある; 格式ばった語》: bear *malice* toward a person 人に悪意を抱く. **ill will** 人に対して抱く憎しみまたは悪感情《最も一般的な語》: I feel no *ill will* toward him. 彼には何らの悪感情を持っていない. **malevolence** 他人を傷つけようとする願望《格式ばった語》: a look of *malevolence* 悪意のある顔つき. **malignity, malignancy** 憎しみにあふれ, 害を与えたいという強い願望《格式ばった語》: *malignancy* against the upper class 上流階級に対する強い悪意. **spite** 意地悪でけちなやり方で人を悩まし傷つけようとする気持ち: He ruined the flowers out of *spite*. 意地悪から花をめちゃくちゃにした. **rancor** 激しく根深い敵意《格式ばった語》: harbor a feeling of *rancor* 恨みの感情を抱く. **grudge** 害を加えられたと思って他人に対して長期にわたって抱く恨みや不平: I have a *grudge* against him. 彼には恨みがある.
ANT charity.

---

málice afórethought [prepénse] *n.* 〘法律〙(予謀の)殺意《謀殺罪 (murder) の成立には必要な要件, なければ故殺罪 (manslaughter) とされる》: with ~ 予謀の殺意をもって《謀殺にいう》/ of ~ 予謀の悪意をもって, 故意に.

ma·li·cious /məlíʃəs/ *adj.* **1** 悪意[敵意]の(ある), 意地悪の (spiteful) (⇨ sinister SYN): a ~ rumor [smile]. **2** 〘法律〙悪意の動機から出た, 犯意があってした. **~·ly** *adv.* **~·ness** *n.* 〘《?a1200》□OF *malicius* (F *malicieux*) □L *malitiōsus* wicked, malicious ← *malitia*: ⇨ malice, -ious〙

malícious míschief *n.* 〘法律〙故意による器物損壊. 〘1769〙

malícious prosecútion *n.* 〘法律〙悪意訴追, 誣告(ぶこく). 〘1765〙

ma·lign /məláɪn/ *vt.* そしる, けなす, 中傷する (slander): His face ~*s* him. 彼は顔に似合わない善人だ. — *adj.* **1** 有害な, 不吉な (⇨ sinister SYN): ~ influence (星などの)有害な影響力, 不吉な力. **2** 悪意のある, 他人の不幸を喜ぶ. **3** 〈病気が〉悪性の, 悪質の (malignant). **~·ly** *adv.* 〘adj.: 《a1333》*maligne* □OF □L *malignus* ill-disposed, 《原義》of a bad nature ← *male* badly, ill+*gnos* born, of a certain nature. — v.: 《a 1420》□OF *malignier* □L *malignāre* to contrive maliciously: ⇨ male, -gen〙

ma·líg·nance /-nəns/ *n.* =malignancy.

ma·lig·nan·cy /məlígnənsi/ *n.* **1** 有害, 不吉. **2** (強い)悪意, 敵意, 激しい憎しみ (⇨ malice SYN); 悪意[敵意]のある行為. **3** 〘病理〙**a** (腫瘍(しゅよう)の)悪性(度). **b** 悪性腫瘍 (malignant tumor). 〘《1601》: ⇨ ↓, -ancy〙

ma·lig·nant /məlígnənt/ *adj.* **1** 悪意[敵意]のある, 恨みを懐く. **2** 〈腫瘍が〉悪性の (↔ benign). **3** 不吉な, 有害な. **4** [M-] 〘英史〙(Charles 一世を支持する)王党の, 国王派の. — *n.* **1** [M-] 〘英史〙(ピューリタン革命時代 Charles 一世を支持した)王党員, 国王派 (Royalist). **2** 《古》(政治に対する)不平家, 反抗者. **~·ly** *adv.* 〘《1542–45》□L *malignāntem* (pres.p.) ← *malignāre* ← *malignus* ill-disposed: ⇨ malign, -ant〙

malígnant hyperténsion *n.* 〘病理〙悪性高血圧症.

malígnant pústule *n.* 〘医学〙悪性膿疱. 〘1864〙

malígnant túmor *n.* 〘病理〙悪性腫瘍. 〘1706〙

ma·lígn·er /-láɪnə | -nə^(r)/ *n.* 悪口を言う人, 悪口屋, 中傷者 (slanderer). 〘《c1425》← MALIGN (v.)+-ER¹〙

ma·lig·ni·ty /məlígnəti | -nɪ̀ti/ *n.* **1** 悪意, 害心, 敵意 (⇨ malice SYN). **2** [しばしば *pl.*] 悪意のある感情[行為]. 〘《c1390》*malignitee* □(O)F *malignité* □L *malignitātem*: ⇨ malign, -ity〙

ma·li·hi·ni /mɑ̀ːlihíːniː; *Hawaii.* máːlihíːni/ *n.* 《ハワイ》(ハワイへの)新参者, 新顔, 新米(しんまい). 〘《1914》← Hawaiian〙

ma·lik /máːlɪk/ *n.* 《インド》**1** 首長, 村長, 主人, 雇主, 家主. **2** =zamindar. 〘《1855》□Hindi *mālik* ∥ Arab. *malik* ← *malaka* to rule〙

màl·illuminátion *n.* (テレビなどによる)人工光過剰照射, 日光不足.

ma·lim·be /məlímbi/ *n.* 〘鳥類〙マリンビ, モリハタオリ《アフリカ西部・中部産ハタオリドリ科モリハタオリ属 (*Malimbus*) の各種》. 〘《1949》□F ~: アフリカ西岸の発見地の町の名からか〙

màl·imprínted *adj.* 〘動物・心理〙〈動物・人が〉刻印づけ[刷り込み]に欠陥のある (cf. imprinting).

ma·line /məlíːn/ *n.* =malines 1.

ma·lines /məlíːn; *F.* malin/ *n.* **1** マリーヌ《もとベルギーの Malines で作られた tulle に似たやや堅い薄絹製の網地; ベールまたは服地用》. **2** =Mechlin lace. 〘《1833》□F ~ ← *Malines* (=MECHLIN)〙

Ma·lines /*F.* malin/ *n.* マリーヌ《Mechlin のフランス語名》.

ma·lin·ger /məlíŋgə | -gə^(r)/ *vi.* 〈兵士・水夫などが〉(勤務を逃がれるために)仮病(けびょう)を使う. **~·er** /-gərə | -rə^(r)/ *n.* **ma·lin·ger·y** /məlíŋgəri/ *n.* 〘《1820》□(O)F *malingre* sickly, ailing ← ? MALE-+*heingre* thin, lean (← ? Gmc (cf. MHG *hager* thin))〙

ma·lín·ger·ing /-g(ə)rɪŋ/ *n.* 〘医学〙仮病, 詐病. 〘1861〙

Mál·in Héad /mǽlɪ̀n- | -lɪn-/ *n.* マリン岬《アイルランド共和国にある同島最北端の岬》.

Ma·lin·ke /məlíŋki/ *n.* (*pl.* ~, ~s) **1 a** [the ~(s)] マリンケ族《アフリカ西部の Mandingo 系部族》. **b** マリンケ族の人. **2** =Mande 2. 〘1883〙

Ma·li·nois /mæ̀lənwáː | -lɪ-; *F.* malinwa/ *n.* =Belgian Malinois. 〘《1929》← F ~ 'of or from Malines' (adj.) ← *Malines*〙

Ma·li·nov·ski /mæ̀lənɔ́(ː)fski, mɑ̀ːl-, -nɔ́(ː)v- | -lɪnɔ́fski; *Russ.* məlʲinófskʲij/, **Ro·di·on Ya·kov·le·vich** /rədʲión jákəvlʲɪvʲɪtʃ/ *n.* マリノフスキー《1898–67; ソ連の元帥; 国防相 (1957–67)》.

Ma·li·now·ski /mæ̀lənɔ́(ː)fski, mɑ̀ːl-, -nɔ́(ː)v- | -lɪ̀nɔ́f-; *Pol.* malʲinɔ́fski/, **Bro·nis·ław (Kas·per)** /brɒːníslɑːf kǽspə | -pəə^(r); *Pol.* brɔɲiswaf káspɛr/ *n.* マリノフスキー《1884–1942; ポーランド生まれの英国の人類学者; 社会人類学における機能主義の確立者》.

Mal·i·seet /mǽləsìːt | -lɪ̀-/ *n.* =Malecite. 〘1847〙

ma·lism /méɪlɪzm/ *n.* 現世邪悪説, 厭世説 (cf. bonism). 〘《1883》← L *malus* bad+-ISM: cf. pessimism〙

mal·i·son /mǽləsən, -sn̩, -zən, -zn̩ | -lɪ-/ *n.* 《古》呪(のろ)い (curse) (↔ benison). 〘《c1300》*malisoun* □OF *maleison* curse □L *maledictiō(n-)* 'MALEDICTION, abuse'〙

mal·kin /mɔ́ː(ɫ)kɪ̀n, mǽɫ- | mɔ́ː(ɫ)kɪn, mɔ́ɫ-/ *n.* 《廃・方言》**1** だらしない女; みだらな女. **2** 女中, はした女. **3** (パン屋のオーブン清掃用)モップ. **4** (ぼろを着せた)かかし (scarecrow). **5** ウサギ (hare). **6** ネコ (cat). 〘《c1207》ME *Malkyn* (女性名) (dim) ← *Malde* Maud (dim.) ← *Matilda*: ⇨ -kin: cf. grimalkin〙

mal·ko·ha /mǽlkouə | -kəʊə/ *n.* 〘鳥類〙=malcoha.

mall /mɔ́ːɫ, mɑ́ːɫ | mɔ́ːɫ, mǽɫ/ *n.* **1** 《英・米・カナダ》=shopping center. **2** 《米・カナダ》=shopping mall. **3** (樹陰のある)遊歩道: a pedestrians' ~ (遊歩道式の)歩行者専用道路. **4** 《英》/mǽɫ/ [The M-] =Pall Mall. **5** 《英》=pall-mall. **6** 《米》=median strip. — *vt.* 《まれ》=maul. 〘《1644》← PALL-MALL〙

mal·lam /mǽləm, -ləm/ *n.* 《西アフリカ》(イスラム教の)学者; [呼び掛け] 先生. 〘《1932》□Hausa *mālam(i)*〙

mal·lan·ders /mǽləndəz | -dəz/ *n. pl.* 〘獣医〙=malanders.

mal·lard /mǽləd | -lɑːd, -ləd/ *n.* (*pl.* ~, ~s) **1** 〘鳥類〙マガモ (*Anas platyrhynchos*)《wild duck ともいう》. **2** 《古》マガモの雄. 〘《?a1300》□OF *mallart* (F *malart*) < ? **maslart* ← *masle* 'MALE': cf. OHG *Madhalhart* 《原義》strong in the council (叙事詩中で動物につけた固有名)〙

Mal·lar·mé /mæ̀lɑəméɪ | mǽlɑːmèɪ; *F.* malaʁme/, **Stéphane** *n.* マラルメ《1842–98; フランスの象徴派詩人; *L'Après-midi d'un faune*「牧神の午後」(1876), *Un Coup de dés*「骰子(さい)の一擲(いってき)」(1897)》.

máll cràwler *n.* 《米俗》ショッピングセンターに入りびたる[ぶらつく]若者.

Malle /mǽːɫ | mǽɫ, máːɫ; *F.* mal/, **Louis** *n.* マル《1932–95; フランスの映画監督; 1950 年代後半にヌーヴェルヴァーグの先鋭として登場; *Ascenseur pour l'Échafaud*「死刑台のエレベーター」(1958)》.

mal·le·a·bil·i·ty /mæ̀liəbíləti, -lə- | -lɪ̀ti/ *n.* **1** (金属の)可鍛性, 展性. **2** 柔順性, 順応性. 〘《1690》□F *malléabilité*: ⇨ ↓, -ity〙

mal·le·a·ble /mǽliəbl̩, -lə-/ *adj.* **1** 順応性のある, 導きやすい, 柔順な (docile). **2** 〈金属が〉鍛えられる, 打ち伸べられる, 可鍛性の, 展性のある (⇨ pliable SYN). **~·ness** *n.* **mál·le·a·bly** *adv.* 〘《c1395》□(O)F *malléable* □ML *malleābilis* ← L *malleāre* to hammer ← *malleus* hammer: ⇨ malleus, -able〙

málleable cást íron *n.* 〘冶金〙=malleable iron.

málleable íron *n.* 〘冶金〙**1** 鍛鉄, 可鍛鋳鉄《高熱を加えて硬度と展性を生じさせた白色の鋳鉄》. **2** (溶接・製鎖用)純鉄. 〘1825〙

mal·le·a·blize /mǽliəblàɪz, -lə-/ *vt.* 〘冶金〙〈鋳鉄を〉(焼き戻しして)可鍛性にする. 〘《1882》: ⇨ ↑, -ize〙

mal·le·ate /mǽlièɪt/ *vt.* 〈金属などを〉ハンマーでたたく; たたいて形造る. 〘《1597》□LL *malleātus* ← L *malleus* hammer+-ATE³〙

mal·le·cho /mǽləkòu | -lɪkəʊ/ *n.* 悪事, 悪だくみ (mischief) (cf. miche). 〘□? Sp. *malhecho* ← *mal* bad (⇨ male-)+*hecho* (< L *factum* deed)〙

mal·lee¹ /mǽli/ *n.* 〘植物〙マリー《オーストラリア産のフトモモ科ユーカリ属の植物 (*Eucalyptus dumosa* または *E. oleosa*); マリーの叢林(そうりん)》. 〘《1845》← Austral. (現地語)〙

mal·lee² /máːli/ *n.* 《インド》=mali.

mállee fòwl [hèn, bìrd] /mǽli-/ *n.* 〘鳥類〙クサムラツカツクリ (*Leipoa ocellata*)《キジ目ツカツクリ科の鳥; 雄が地面に塚をつくり, そこに雌が産卵する; オーストラリアに分布》. 〘1963〙

mállee ròot *n.* 《豪》mallee¹ の根茎《燃料として用いられる》. 〘1941〙

mallei *n.* malleus の複数形.

mal·le·in /mǽliɪ̀n | -liɪn/ *n.* 〘獣医〙馬鼻疽(そ)診断液, マレイン《結核のツベルクリンに相当するもの》. 〘← L *malleus* glanders+-IN²〙

mal·le·muck /mǽləmʌ̀kl | -lɪ̀-/ *n.* 〘鳥類〙フルマカモメ (fulmar), ウミツバメ (petrel), アホウドリ (albatross) などの海鳥の総称. 〘《1694》□Du. *mallemok* ← *mal* foolish+*mok* gull, seamew〙

mal·len·ders /mǽləndəz | -dəz/ *n. pl.* 〘獣医〙=malanders. 〘1440〙

mal·le·o·lus /məlíːələs/ *n.* (*pl.* **-o·li** /-làɪ/) 〘解剖〙踝(くるぶし), くるぶし (cf. ankle). **mal·le·o·lar** /məlíːələ | -lə^(r)/ *adj.* 〘《1693》□L ~ (dim.) ← *malleus* hammer: ⇨ malleus〙

mal·let /mǽlɪ̀t/ *n.* **1** 木槌(きづち). **2 a** (クロッケーの)木槌. **b** polo のスティック, マレット《先端が槌(つち)の形のようになっている》: ⇨ croquet, polo 挿絵. **3** (ビブラフォン・シロフォンなどの演奏に用いる)ばち. **4** 《米》(機関を 2 つ備えた)強力な蒸気機関車. 〘《1392》*maylet, mailet* □(O)F *maillet* (dim.) ← *mail* 'MALL, hammer': ⇨ maul, -et〙

mal·le·us /mǽliəs/ *n.* (*pl.* **-le·i** /-liàɪ/) 〘解剖〙つち骨(こつ), 槌骨(ついこつ)《中耳内の三聴小骨のうち一番外側のもの; hammer ともいう》. 〘《1669》□L ~ 'hammer': その形から〙

mal·lie /máːli/ *n.* 《インド》=mali.

Mal·ling /mɔ́ːlɪŋ, mɑ́ː- | mɔ́ː-/ *n.* 〘園芸〙モーリング《矮(わい)性のリンゴの根株 (rootstock) の一品種》. 〘《1927》← *East Malling*: イングランド Kent 州にある農事研究所の名, ここで初めてこの果樹が栽培された〙

Ma·llor·ca /*Sp.* maʎórka, -jór-/ *n.* マリョルカ(島)《Majorca のスペイン語名》.

mal·low /mǽlou | -ləʊ/ *n.* 〘植物〙**1** アオイ科ゼニアオイ属 (*Malva*) の植物の総称; (特に)ゼニアオイ (*M. sylvestris*): ⇨ musk mallow, curled mallow. **2** アオイ科の植物の総称《タチアオイ, フヨウなど》. 〘OE *mealu, mealuwe* □L *malva* (=Gk *malákhē*) □Heb. *mallūaḥ* mallow ← *mélaḥ* salt〙

mállow róse *n.* 〘植物〙アメリカフヨウ (rose mallow). 〘1840〙

máll ràt *n.* 《米俗》=mall crawler.

malm /máːm, máːɫm | máːm/ *n.* **1 a** 《英方言》泥灰土《石灰質粘土; 粘土質成分と炭酸塩成分との混合した堆積物》. **b** 泥灰土で造ったれんが《ロンドンストックれんがの最高品質のもの; malm brick ともいう》. **c** (イングランド南東部の)マール, 泥灰土, 泥岩. **2** [M-] 〘地質〙白ジュラ《中生代ジュラ紀を前・中・後期に分けた場合の後期》. 〘OE *mealm-*, **mealm* sand ← **malmel-* to grind ← Gmc **mal-* (ON *malmr* ore: cf. Dan. *malm*) ← IE **mel(ə)-* to crush, grind〙

Mal·mai·son /mæ̀lmeɪzɔ̃ː(ŋ), -zɔːŋ, -zɑ(ː)n | -zɔ̃ː(ŋ), -zɔːŋ, -zɔn⁻; *F.* malmɛzɔ̃/ *n.* 〘園芸〙マルメーゾン《ピンク色で大輪のカーネーションの品種名》. 〘《1892》□F ~ ← *Souvenirs de Malmaison* recollections of Malmaison (フランス Versailles の近くにある Josephine 皇后の宮殿の名)〙

málmaison róse *n.* マルメーゾンローズ《鮮明な紫紅色》.

Malmédy *n.* ⇨ Eupen-et-Malmédy.

Malmesbury, William of *n.* ⇨ William of Malmesbury.

mal·mi·gnatte /mæ̀lmɪ̀njǽt | -mɪ-/ *n.* 〘動物〙ジュウサンボシゴケグモ (*Latrodectus tridecimguttatus*)《南ヨーロッパ産の小型の毒グモ; 体が黒く, 腹部に 13 個の赤点がある》. 〘《1699》《1882》□It. *malmignatta* ← *malo, mal*

M

(⇨ male-)+*mignatta* leech〗

Mal·mö /mǽlmoʊ | -məʊ; *Swed.* mǎlmø̀/ *n.* マルメ《Øresund 海峡を隔ててデンマークの Copenhagen に対するスウェーデン南部の港市》.

malm·sey /mɑ́ːmzi, mɑ́ːlm- | mɑ́ːm-/ *n.* **1** マルムジー(ワイン)《malvasia 種のブドウで造る Madeira 産の芳香のある甘口の赤ワイン; 食後酒に用いる》. **2** (マルムジーワインを造る)白ブドウ. 〖《1361》 *malmesey* ◻ MDu. & MLG *malmesie, malmeseye* ∥ ML *malmasia* ◻ Gk *Monembasíā* (ギリシャ南部の港市名)《原義》only one entrance=*mon-embasíā* ← *mónos* alone, only+*émbasis* entering into〗

màl·nóurished *adj.* 栄養失調[不良]の, 発育不良の. 〖《1927》← MAL-¹+NOURISHED〗

mal·nu·tri·tion /mæ̀lnuːtríʃən, -njuː- | -njuː-/ *n.* 栄養不良, 栄養不足, 栄養失調. 〖《1862》← MAL-¹+NUTRITION〗

mal·o- /mǽloʊ | -ləʊ/「リンゴ酸 (malic acid)」の意の連結形. ★ 母音の前では通例 mal- になる. 〖← MALIC〗

ma·lo·ca /məlóʊkə | -ləʊ-/ *n.* マロカ《南米の Yanomami 族などの大きな共同家屋》. 〖《1860》◻ Port. ~ ◻ Am.-Sp. Indian raid ← Araucanian〗

màl·occlúsion *n.* 〘歯科〙(上下の歯の)不正咬合(こう)(cf. occlusion 3, CENTRIC occlusion). **màl·oc·clúded** *adj.* 〖《1888》← MAL-¹+OCCLUSION〗

mal·o·dor /mæ̀lóʊdə | -ləʊdə(r/ *n.* 悪臭. 〖《1825》← MAL-¹+ODOR〗

mal·o·dor·ant /mæ̀lóʊdərənt | -ləʊ-/ *adj., n.* 悪臭のある(物).

mal·o·dor·ous /mæ̀lóʊdərəs | -ləʊdərəs/ *adj.* **1** 《文語》悪臭のある, 悪臭ふんぷんたる (⇨ stinking SYN). **2** けしからん, 言語道断な. **~·ly** *adv.* **~·ness** *n.* 〖《1850》← MAL-¹+ODOROUS〗

màlo·láctic *adj.* 〘醸造〙(リンゴ酸の)酪酸変化[移行]の: ~ fermentation. 〖《1965》← MALO-+LACTIC〗

mal·o·nate /mǽlənèɪt, -nɪ̀t/ *n.* 〘化学〙マロン酸塩[エステル]. 〖⇨ malonic, -ate¹〗

Ma·lone /məlóʊn | -ləʊn/, **Edmond [Edmund]** *n.* マローン《1741–1812; アイルランド生まれの英国の Shakespeare 学者・文芸批評家; Shakespeare 全集を刊行した(1790)》.

M

ma·lo·nic /məlóʊnɪk, -lɑ́(ː)n- | -ləʊn-, -lɔ́n-/ *adj.* 〘化学〙マロン酸の. 〖《1859》◻ F *malonique* 《変形》← *malique* 'MALIC'〗

malónic ácid *n.* 〘化学〙マロン酸 ($CH_2(COOH)_2$). 〖1888〗

malónic éster *n.* 〘化学〙マロン酸エステル ($CH_2(COOC_2H_5)_2$). 〖1881〗

mal·o·nyl /mǽlənɪl, -nìːl/ *n.* 〘化学〙マロニル ($CH_2(CO)_2$)《マロン酸から誘導される 2 価の酸基》. 〖← MALON(IC)+-YL〗

málonyl gròup *n.* 〘化学〙マロニル基 ($-OCCH_2-CO-$)《マロン酸から得られた二価の基》.

màlonyl·úrea *n.* 〘化学〙マロニル尿素, バルビツル酸 (barbituric acid). 〖《1889》← MALONYL+UREA〗

mal·o·pe /mǽləpi/ *n.* 〘植物〙マロペ属の植物《アオイ科; 広いラッパ形の花をつける》. 〖← NL *Malope* ~ ← L *malopē* mallow ← ? Gk〗

Mal·o·ry /mǽləri/, **Sir Thomas** *n.* マロリー《1400?–71; 英国の騎士; アーサー王物語群を集大成して *Le Morte Darthur* (1469–70) を著した》.

ma·lo·ti /məlóʊṭi, mɑː- | -ləʊti/ *n.* loti の複数形.

mal·pa·is /mɑ̀ːlpɑːíːs; *Am.Sp.* malpaís/ *n.* (米国南西部の)玄武岩質溶岩におおわれた地帯; 不毛岩石地帯 (badlands). 〖《1844》◻ Sp. *mal pais* bad country〗

màl·perfórmance *n.* (作業などの)誤った[不適切な]遂行. 〖1938〗

Mal·pi·ghi /mɑːlpíːgi, mæl- | mæl-; *It.* malpíːgi/, **Marcello** *n.* マルピーギ《1628–94; イタリアの解剖学者; 顕微鏡による生物構造研究の先駆者》.

Mal·pigh·i·a·ce·ae /mæ̀lpɪgiéɪsiìː/ *n. pl.* 〘植物〙キントラノオ科 (熱帯産). **mal·pigh·i·á·ceous** /-ʃəs⁻/ *adj.* 〖← NL ~ ← *Malpighia* (属名: ⇨ ↑, -aceae)〗

Mal·pigh·i·an /mælpígiən/ *adj.* マルピーギの[の発見した, に関する]. 〖《1847–49》← MALPIGHI+-AN¹〗

Malpíghian bódy *n.* 〘解剖〙=Malpighian corpuscle. 〖1847–49〗

Malpíghian cápsule *n.* 〘解剖〙マルピーギ嚢(のう). 〖1866〗

Malpíghian córpuscle *n.* 〘解剖〙マルピーギ小体, 腎小体. 〖1848〗

Malpíghian láyer *n.* 〘解剖〙(皮膚の)マルピーギ層, 胚芽層. 〖1878〗

Malpíghian túbe [túbule, véssel] *n.* 〘通例 *pl.*〙〘動物〙マルピーギ管《昆虫の腸管に付属した糸状の排出器官》. 〖1877〗

Malpíghian túft *n.* 〘解剖〙マルピーギ小体, 腎糸球体 (glomerulus). 〖1848〗

Mal·pla·quet /mæ̀lplækéɪ, -plə- | ⸗⸗⸗, ⸗⸗⸗; *F.* malplakɛ/ *n.* マルプラケ《フランス北部, ベルギーとの国境の近くにある村; 1709 年スペイン継承戦争における決戦場となり, イギリス・オーストリア連合軍がフランス軍と戦い, 連合軍が勝利をあげた》.

màl·pósed *adj.* 位置異常の. 〖《1900》↓〗

màl·posítion *n.* 〘病理〙変位, (子宮内の胎児などの)位置異常. 〖1836–39〗

màl·práctice *n.* **1** (医師の未熟・怠慢または犯意による)不良処置, 医療過誤. **2** (公務員・専門職による)不法[背任]行為. **3** 非行. 〖1671〗

màl·practítioner *n.* **1** (不正療法を行う)不良医師. **2** 不法[背任]行為をする人 (cf. malpractice 2). 〖1800〗

màl·presentátion *n.* 〘医学〙(分娩時の胎児の) 胎位異常. 〖1852〗

Mal·raux /mǽlroʊ, mɑːlróʊ | mǽlrəʊ; *F.* malʁo/, **André** *n.* マルロー《1901–76; フランスの小説家・政治家; De Gaulle 政府の文化担当国務大臣 (1958–69); *La Condition humaine*「人間の条件」(1933), *L'Espoir*「希望」(1937)》.

malt /mɔ́ːlt, mɑ́ːlt | mɔ́ːlt, mɔ́lt/ *n.* **1** モルト, 麦芽《大麦・ライ麦などを水に漬け発芽させた後, ピートか石炭の炉で乾燥させたもの; 醸造・蒸留酒用に, または滋養や消化剤に用いられる; cf. green malt》. **2** 《口語》 **a** =malt liquor. **b** =malt whiskey. **3** 《米》=malted milk. — *vt.* **1** 〈大麦などを〉モルトにする. **2** モルトで処理する. **3** 〈酒を〉モルトで造る. — *vi.* **1** モルトになる. **2** (大麦などから)モルトを造る. — *adj.* [限定的]モルトの, モルトを含んだ, モルトで造った: ~ vinegar 麦芽酢 / ⇨ malt sugar. 〖OE *m(e)alt* < Gmc **maltaz* (n.) (G *Malz*) ← IE **meld-* ← **mel-* soft: cf. melt¹〗

MALT 《略》Master of Arts in Language Teaching.

Mal·ta /mɔ́ːltə, mɑ́ːl- | mɔ́ːltə, mɔ́l-/ *n.* **1** マルタ(島)《Sicily 島とアフリカの間にある島; 面積 246 km²》. **2** マルタ《Malta 島およびその付近の 2 島から成る英連邦内の共和国; もと英国の植民地であったが, 1964 年独立; 面積 316 km², 首都 Valletta; 公式名 the Republic of Malta マルタ共和国》. 〖◻ L *Melita, Melitē* ◻ Gk *Melítē* ← Phoenician *mᵉlīṭā* place of refuge〗

Málta féver *n.* 〘病理〙マルタ熱, 波状熱, 地中海熱《Malta 島および地中海沿岸地方に流行する熱病; Mediterranean fever, brucellosis ともいう》. 〖《1866》↑〗

malt·ase /mɔ́ːlteɪs, mɑ́ːl-, -teɪz | mɔ́ːlteɪs, mɔ́l-/ *n.* 〘生化学〙マルターゼ, 麦芽糖分解酵素. 〖《1890》← MALT+-ASE〗

málted *n.* 《米》=malted milk 2. — *adj.* モルト[麦芽]にされた. 〖1676〗

málted mílk *n.* **1** 麦芽乳《脱水ミルクに麦芽で製した溶解性の粉末; 通例, ミルクに溶かし飲む》. **2** 麦芽乳飲料《ミルクで溶かし, アイスクリームや香料を加える》. 〖1887〗

Mal·tese /mɔ̀ːltíːz, mɑ̀ːl-, -tíːs | mɔ̀ːltíːz, mɔ̀l-⁻/ *adj.* **1** マルタ (Malta) (島)の, マルタ人[語]の. **2** 中世のマルタ騎士団の[に関する]. — *n.* (*pl.* ~) **1** マルタ人. **2** マルタ語《イタリア語の混入したアラビア語の一方言》. **3** マルタ種(の動物): **a** =Maltese cat. **b** マルチーズ《白い絹糸状の長い被毛をもった, Malta 島の古い犬種のイヌ; Maltese dog ともいう》. 〖《1615》← MALT(A)+-ESE〗

Máltese cát *n.* マルタネコ《Malta 島産の灰青色の飼い猫》. 〖1857〗

Máltese cróss *n.* **1** マルタ十字 (✠; マルタ騎士団 (Military Order of Malta) の象徴であることからの呼び名; cross of eight points ともいう). **2** 〘植物〙アメリカセンノウ, ヤグルマセンノウ (*Lychnis chalcedonica*) 《真紅色の花がつき, 花弁の形はマルタ十字に似ているナデシコ科の植物; scarlet lychnis ともいう》. **3** 〘機械〙マルタクロス《フィルム映写機の間欠的送り装置》. **4** 〘時計〙=Geneva stop 1. 〖1877〗

Máltese dóg *n.* =Maltese 3 b.

mált èxtract *n.* 麦芽[モルト]エキス《小児や病人の栄養剤》.

mal·tha /mǽlθə/ *n.* 〘化学〙**1** マルサ《アスファルトの一種》. **2** 鉱物タール. **3** (地蝋などの)炭化水素の自然化合物. 〖《c1420》◻ L ~ ◻ Gk *máltha, málthē* mixture of wax and pitch〗

mált-hòrse *n.* 《廃》麦芽製造業で使われる駄馬; [人をののしって] ブリキ頭, まぬけ.

mált·hòuse *n.* 麦芽製造所. 〖*c*1050〗

Mal·thus /mǽlθəs/, **Thomas Robert** *n.* マルサス《1766–1834; 英国の経済学者; *An Essay on the Principle of Population* (1798)》.

Mal·thu·sian /mælθúːʒən, mɔː-, mɑː-, -θjúː-, -ziən | mælθjúːziən, mɔː-, -θúː-/ *adj.* マルサス (Malthus) の[に関する]; マルサス学派[主義]の[に関する]. — *n.* マルサス学派の人, マルサス主義者. 〖《1812》: ↑+-IAN〗

Mal·thú·sian·ìsm /-nìzm/ *n.* 〘経済〙マルサス主義[学説]《人口の増加は食糧の増加よりも急速だから, 道徳的抑制で人口増加を阻止すべきだとの説; cf. Neo-Malthusianism》. 〖《1848》: ⇨ ↑, -ism〗

málting *n.* **1** 麦芽[モルト]製造(法). **2** 麦芽製造所. 〖《1440》: ← MALT+-ING¹〗

mált lìquor *n.* モルトを発酵させて造った酒《ビールなど》. 〖1693〗

mált·man /-mən/ *n.* (*pl.* **-men** /-mən, -mɛ̀n/) 麦芽製造人. 〖《1408》: ⇨ MALT, MAN〗

màl·to·déxtrin /mɔ̀ːltoʊ-, mɑ̀ːl- | mɔ̀ːltəʊ-, mɔ̀l-/ *n.* 〘生化学〙マルトデキストリン《麦芽糖を含んだデキストリン; 食品添加物》. 〖1900〗

malt·ose /mɔ́ːltoʊs, mɑ́ːl-, -toʊz | mɔ́ːltəʊs, mɔ́l-/ *n.* 〘化学〙マルトース, 麦芽糖 ($C_{12}H_{22}O_{11}·H_2O$). 〖《1862》◻ F ~: ⇨ malt, -ose²〗

màl·tréat *vt.* 酷使する, 冷遇する, 虐待する (abuse). **~·er** *n.* **~·ment** *n.* 〖《1708》◻ F *maltraiter*: ⇨ mal-¹, treat〗

malt·ster /mɔ́ːltstə, mɑ́ːlt- | mɔ́ːltstə(r, mɔ́l-/ *n.* 麦芽(酒)製造家[人], 麦芽(酒)販売人. 〖《c1370–80》← MALT+-STER〗

mált sùgar *n.* 麦芽糖 (maltose). 〖1862〗

málT whìskey *n.* モルトウィスキー《モルトを原料に発酵させポットスチル (pot still) で蒸留して造るウィスキー; cf. grain whiskey》. 〖1839〗

málT·wòrm *n.* 《古》大酒家 (toper). 〖《1440》← MALT+WORM〗

malt·y /mɔ́ːlti, mɑ́ːl- | mɔ́ːl-, mɔ́l-/ *adj.* (**malt·i·er; -i·est**) **1** 麦芽の(ような); 麦芽の入った: a ~ taste, smell, etc. **2 a** 《戯言》ビールを飲みふける, 酒好きの. **b** 《俗》酔った. **málT·i·ness** *n.* 〖《1819》← MALT+-Y⁴〗

Ma·lu·ku /*Indon.* malúku/ *n.* マルク《Moluccas のインドネシア語名》.

Ma·lus' láw /məlúːs-; *F.* malys-/ *n.* 〘光学〙マリュスの法則: **1** 光線束中のすべての光線に垂直な面(直交面)をもつ光線束は, 反射屈折を繰り返した後も直交面をもつという定理. **2** 偏光子と検光子のなす角度と透過光強度の関係を与える法則. 〖← *E. L. Malus* (1775–1812; フランスの物理学者)〗

Mal·va /mǽlvə/ *n.* マルバ《女性名; 異形 Melba》. 〖◻ L ~ 'MALLOW'〗

Mal·va·ce·ae /mælvéɪsiìː/ *n. pl.* 〘植物〙アオイ科. **mal·vá·ceous** /-ʃəs/ *adj.* 〖← NL ~ ← *Malva* (属名: ⇨ mallow): ⇨ -aceae〗

Mal·va·les /mælvéɪliːz/ *n. pl.* 〘植物〙アオイ目. 〖← NL ~ ← *Malva* (⇨ Malvaceae)+-ALES〗

mal·va·si·a /mæ̀lvəsíːə, -síːə/ *n.* **1** 〘植物〙マルバシア《malmsey, Chianti など赤ワインの原料になるブドウの品種》. **2** =malmsey. **mal·va·si·an** /mæ̀lvəzíːən, -síː-⁻/ *adj.* 〖《1839》◻ It. ~: ⇨ malmsey〗

Mal·vern /mɔ́ːlvən, mɑ́ːl- | mɔ́ːlvən, mɔ́l-; (現地ではまた) mɔ́ːvən/ *n.* モールバーン《イングランド Malvern Hills の東斜面にある小町村を含む地域; 鉱泉のある保養地》. 〖⇨ Malvern Hills〗

Mál·vern Híll /mǽlvən- | -vən-/ *n.* マルバーン高原《米国 Virginia 州東部, Richmond の南東にある高原; 南北戦争戦跡 (1862)》. 〖↓〗

Mál·vern Hílls /mɔ́ːlvən-, mɑ́ːl- | mɔ́lvən-, mɔ́l-; (現地ではまた) mɔ́ːvən-/ *n. pl.* [the ~] モールバーン丘陵《イングランド中西部 Worcester 南西郊外の丘陵; 最高点 425 m》. 〖◻ Welsh *Moel-fryn* ← *moel* bare, bald (< OWelsh *mēl* ← Celt. **mailo-* ← IE **mai-* to cut)+*bryn* hill: cf. Malcolm, muley〗

mal·ver·sa·tion /mæ̀lvəséɪʃən | -və(ː)-/ *n.* **1** 〘法律・ローマ法・スコット法〙(公務員の)不正行為; 汚職, 背任, 贈収賄. **2** 悪政, 腐敗した政治. 〖《1549》◻ F ~ ← *malverser* ← MAL-¹+L *versārī* to behave (← *versus* (p.p.) ← *vertere* to turn): ⇨ verse¹, -ation〗

Mal·vi·na /mælváɪnə, -víː-/ *n.* 女性名. ★ スコットランドに多い. 〖◻ ? Gael. *maol-mhin* smooth brow〗

Mal·vi·nas /*Am.Sp* malβínas/ *n.* [the (Islas) ~] マルビナス諸島《Falkland Islands のスペイン語名》.

mal·voi·sie /mæ̀lvwɑzíː; *F.* malvwazi/ *n.* **1** 《古》=malmsey. **2** 〘植物〙=malvasia 1. 〖《1361》 *malvesie, malvesin* ◻ OF *mal(e)vesie* (F *malvoisie*) ← It. *Malvasia*: cf. malmsey〗

mal·wa /mɑ́ːlwɑː/ *n.* キビ[雑穀] (millet) から醸造したウガンダの飲料. 〖← ? Bantu (Toro)〗

Malz Alt /mɔ́ːltsɔ́ːlt, mɑ́ːltsɑ́ːlt | mǽltsǽlt, mɔ́ːlts-; *G.* máltsált/ *n.* 〘商標〙マルツアルト《ドイツ製のビール》.

mam /mǽm/ *n.* 《英方言》かあちゃん (cf. dad¹). 〖《?*a*1500》《略》← MAMMA¹〗

ma·ma /mɑ́ːmə, məmɑ́ː | məmɑ́ː/ *n.* 《やや古》=mamma¹.

ma·ma·guy /mɑ́ːməgàɪ/ 《カリブ》*vt.* 一杯食わせる, かつぐ, だます. — *n.* だますこと, おべっか. 〖← Am.-Sp. *mamar gallo* 《原義》to suck (the) cock〗

ma·ma·li·ga /mɑ̀ːmɑːlíːgə/ *n.* (元来はルーマニアの)トウモロコシがゆ. 〖《1878》◻ Rumanian *mămăligă*〗

ma·ma-san /mɑ́ːməsɑ̀ːn/ *n.* (*pl.* **~s, ~**) ママさん, おかあさん, おばさん《米兵などが日本・韓国・ベトナムなどのアジア諸国でその土地の人から慕われている(年配)女性を指して用いた俗称; しばしば家庭や集団の長である》. 〖《1949》◻ Jpn. ~〗

máma's bóy *n.* =mamma's boy.

mam·ba /mɑ́ːmbə, mǽm- | mǽm-/ *n.* 〘動物〙マンバ (*Dendroaspis angusticeps*) 《アフリカ南部の樹上にすむコブラ科マンバ属の 4 m ぐらいの大型の毒ヘビ》. 〖《1862》◻ S-Afr. (Zulu) (*i*)*mamba*〗

mam·bo /mɑ́ːmboʊ | mǽmbəʊ; *Am.Sp.* mámbo/ *n.* (*pl.* **~s**) **1** マンボ《Cuba 系のルンバ (rumba) に似たリズムの Haiti 起源のダンス音楽》. **2** 〘ダンス〙マンボ. — *vi.* マンボを踊る. 〖《1948》◻ Am.-Sp. ~ ◻ ? Haitian Creole ~ 《原義》voodoo priestess〗

mam·e·lon /mǽmələn | -mɪ̀-/ *n.* 〘地理〙**1** 乳房山, (小型の)溶岩円頂丘. **2** 丘の上に造った要塞. 〖《1830》◻ F ~ 'nipple' ← *mamelle* breast < L *mamillam* (dim.) ← *mamma* breast: ⇨ mamma²〗

Mam·e·luke, m- /mǽməlùːk | -mɪ̀lùːk, -ljùːk/ *n.* **1** (イスラム教国での白人または黄色人種の)奴隷. **2** 奴隷兵部隊の一員 (cf. Mamluk). 〖《1511》◻ F *mameluk* ◻ Arab. *mamlūk* (⇨ Mamluk)〗

Mam·et /mǽmɪ̀t/, **David (Alan)** *n.* マメット《1947– ; 米国の劇作家; *American Buffalo* (1976, Obie 賞), 映画脚本 *The Verdict*「評決」(1982)》.

ma·mey /mæméɪ/ *n.* 〘植物〙=mammee.

ma·mie /mǽmi:/ *n.* 〘植物〙=mammee.

Ma·mie /méɪmi/ *n.* メイミー《女性名; 米国に多い》. 〖(dim.) ← MARY, MARGARET〗

ma·mil·la /mæmílə, mæ- | mæ-, mə-/ *n.* (*pl.* **-mil·lae** /-liː/) 〘解剖〙=mammilla.

mam·il·lar·y /mǽməlèri | mæmíləri, mə-/ *adj.* =mammillary.

mam·il·late /mǽmələ̀ɪt | -mɪ̀-/ *adj.* =mammillate.
Mam·i·nis /mǽmən̩ɪs/ *n.* 〘商標〙マミニス《カナダ製のスパークリングワイン》.
Mam·luk /mǽmlu:k | -lu:k, -lju:k/ *n.* **1** 〘歴史〙昔, エジプトで勢力を持っていた武士階級の一員《もとはイスラム教に改宗した白人奴隷階級であったのが, 1250 年以後はその隊長を王として政治的支配階級となっていたが, 1811 年 Mehemet Ali に絶滅または潰走(かいそう)させられた》. **2** = Mameluke 1, 2. 〚(1506) □ F *mamel(o)uk* □ Arab. *mamlūk* purchased slave, 《原義》possessed (p.p.) ← *málaka* to possess〛
mam·ma[1] /mɑ́:mə, məmɑ́: | məmɑ́:/ *n.* **1** 《米》ママ, かあちゃん (cf. papa[1]). ★ 通例, 呼び掛けに使うが, 時には無冠詞で固有名詞的に使うこともある: Tell it *Mamma*. **2** 《口語》**a** 性的魅力のある女性. **b** 妻, 女房, ワイフ. 〚(1555) 《加重》← *ma* (乳幼児の乳房を求める発声): cf. F *maman* / L *mamma* / Gk *mámmē* / Russ. *mama* / Lith. *mamà*〛
mam·ma[2] /mǽmə/ *n.* **1** (*pl.* **mam·mae** /-mi:/) 〘解剖〙乳房 (udder); 乳腺. **2** [複数扱い]〘気象〙乳房雲, (雲の)乳垂. 〚OE *mamme* □ L *mamma* breast, pap〛
mam·mal /mǽməl, -mɫ/ *n.* 〘動物〙哺乳動物. **~·like** *adj.* 〚(1826): ↓〛
Mam·ma·li·a /məméɪliə, mæ- | mæ-, mə-/ *n. pl.* 〘動物〙(脊椎動物門有羊膜亜門)哺乳綱. 〚(1773) ← NL ~ (neut.pl.) ← LL *mammālis* mammalian ← L *mamma* 'breast, MAMMA[2]': スウェーデンの植物学者 C. Linnaeus の造語 (1758)〛
mam·ma·li·an /məméɪliən, mæ- | mæ-, mə-/ 〘動物〙*adj.* 哺乳綱の; 哺乳動物の. — *n.* 哺乳綱の動物の総称. 〚(1835): ⇨ ↑, -ian〛
mam·ma·lif·er·ous /mæ̀məlíf(ə)rəs←/ *adj.* 〘地質〙〈地層が〉哺乳動物の遺骨化石を含む. 〚(1851) ← NL *mammalia* 'MAMMALIA'+-FEROUS〛
mam·mal·o·gy /məmǽlədʒi, mæ-, -mɑ́(:)l- | mæmǽl-, mə-/ *n.* 哺乳類学. **mam·ma·lo·gi·cal** /mæ̀məlɑ́(:)dʒɪ̀kəl, -kɫ | -lɔ́dʒɪ-←/ *adj.* **mam·mál·o·gist** /-dʒ̀ɪst | -dʒɪst/ *n.* 〚(1835) ← MAMMAL+-O-+-LOGY〛
mam·ma·plas·ty /mǽməplæ̀sti/ *n.* 〘外科〙乳房形成(術). 〚1938〛
mam·ma·ry /mǽməri/ *adj.* **1** 乳房の; 乳腺の: ~ cancer 乳癌(がん). **2** 乳房状の. 〚(1682) ← MAMMA[2]+-ARY〛
mámmary glànd *n.* 〘解剖〙乳腺. 〚1831〛
mámma's bòy *n.* 《米口語》マザコン(坊や), 甘えん坊, 弱虫 (cf. mother's boy). 〚1929〛
mam·mate /mǽmeɪt/ *adj.* 〘解剖〙哺乳器官の, 乳房の. 〚(1856) ← MAMMA[2]+-ATE[2]〛
mam·ma·to·cu·mu·lus /məmèɪtoukjú:mjuləs, mæ- | mæmèɪtə(ʊ)-, mə-/ *n.* (*pl.* ~) 〘気象〙乳房雲《乳房状の突起を垂れて雨気をはらんだ積雲; festoon cloud ともいう》. 〚(1880) ← NL ~ ← L *mammātus* of the breast (⇨ mamma[2])+-O-+CUMULUS〛
mam·ma·tus /məméɪtəs, mæ- | mæméɪtəs, mə-/ *adj.* 〘気象〙〈雲が〉下の方が乳房状になった. 〚← NL ~ ← L *mammātus* (↑)〛
mam·mec·to·my /məméktəmi, mæ- | mæ-, mə-/ *n.* 〘医学〙=mastectomy.
mam·mee /mæmí:/ *n.* 〘植物〙**1** マンメア, マミー《熱帯アメリカ産のオトギリソウ科マンメア属の大木 (*Mammea americana*); 果肉が黄色くて味のいい実を結び, ジャムなどにする; mammee apple ともいう》; その果実. **2** =sapodilla. **3 a** =marmalade tree. **b** =mammee sapota. 〚(1572) □ Sp. *mamey* ← Taino〛
mammée sapóta [colorádo] *n.* marmalade tree の実《マーマレードやジャムに用いる》. 〚1683〛
mam·mer /mǽmə | -mə^(r)/ *vi.* 《古・英方言》**1** 口ごもる, どもる (stammer). **2** ためらう, ぐずぐずする. 〚(*a*1400) *mamere* 《擬音語》?: ⇨ mumble, -er[4]〛
mam·met /mǽm̀ɪt/ *n.* =maumet.
mam·mey /mæméɪ/ *n.* 〘植物〙=mammee.
mam·mif·er·ous /məmíf(ə)rəs, mæ- | mæ-, mə-/ *adj.* 乳房のある; 哺乳動物の (mammalian). 〚(1803) ← MAMMA[2]+-I-+-FEROUS〛
mam·mi·form /mǽməfɔ̀əm | -mɪ̀fɔ̀:m/ *adj.* 乳房[乳首]状の. 〚(1706) ← MAMMA[2]+-I-+-FORM〛
mam·mil·la /məmílə, mæ- | mæ-, mə-/ *n.* (*pl.* **-mil·lae** /-li:/) 〘解剖〙**1** 乳頭, 乳首 (nipple). **2** 乳頭状器官, 乳頭突起 (papilla). 〚(1693) □ L ~ (dim.) ← *mamma* 'breast, MAMMA[2]'〛
mam·mil·lar·y /mǽmələ̀ri | mæmíləri, mə-/ *adj.* 乳頭[乳首](状)の. 〚(1615) ← ↑ +-ARY〛
mam·mil·late /mǽmələ̀ɪt | -mɪ̀-/ *adj.* 乳頭(突起)のある; 乳房状の突起のある. **mám·mil·làt·ed** /-tɪ̀d | -tɪ̀d/ *adj.* **mam·mil·la·tion** /mæ̀məléɪʃən | -mɪ̀-/ *n.* 乳頭突起(をもつこと). 〚(1826) □ LL *mammillātus* ← *mammilla*, -ate[2]〛
mam·mo- /mǽmoʊ | -məʊ/「乳房 (mamma)」の意の連結形. 〚← L *mamma*: ⇨ mamma[2], -o-〛
mam·mock /mǽmək/ 《古・英方言》*n.* **1** 切れっ端, かけら, 断片. **2** 混乱, てんやわんや, めちゃくちゃ (mess). — *vt.* **1** ずたずた[ばらばら]に切る, 寸断する; 粉砕する. **2** ごたごたにする, 乱雑にする. 〚(*a*1529) ?〛
mam·mo·gen /mǽmədʒ̀ən, -dʒèn/ *n.* 〘生化学〙マンモゲン, 乳腺発育ホルモン《脳下垂体前葉から分泌される黄体刺激ホルモン》. **mam·mo·gen·ic** /mæ̀mədʒénɪk←/ *adj.* **màm·mo·gén·i·cal·ly** *adv.* 〚(1940) ← MAMMA[2]+-O-+-GEN〛

mam·mo·gram /mǽməgræ̀m/ *n.* (レントゲンによる)乳房撮影(写真), マンモグラム. 〚1937〛
mam·mo·graph /mǽməgræ̀f | -grɑ̀:f, -græ̀f/ *n.* =mammogram. 〚1968〛
mam·mog·ra·phy /mæmɑ́(:)grəfi | -mɔ́g-/ *n.* (レントゲンによる)乳房撮影(法), マンモグラフィー. **mam·mo·graph·ic** /mæ̀məgrǽfɪk←/ *adj.* 〚1937〛
mam·mon /mǽmən/ *n.* **1** 〘聖書〙(悪徳としての)富, 財, 金: Ye cannot serve God and ~. なんじら神と金に兼ね仕うることあたわず (cf. *Matt.* 6:24, *Luke* 16:13). **2** [M-] 富の邪神, マモン神《物欲の擬人的偶像》. **mám·mon·ish** /-nɪʃ/ *adj.* 〚(*a*1376) *mammona* □ LL *mammōna* □ LGk *mammōnâs* □ Aram. *māmōnā* riches ← *māmōn* property ← *mānā^h* to divide〛
mám·mon·ism /-nìzm/ *n.* 拝金主義, 黄金万能主義. **mám·mon·ist** /-ǹɪst | -nɪst/ *n.* **mam·mon·is·tic** /mæ̀mənístɪk←/ *adj.* 〚(1843) ← MAMMON+-ISM〛
mam·mon·ite /mǽmənàɪt/ *n.* =mammonist.
mam·mo·plas·ty /mǽməplæ̀sti/ *n.* 乳房形成(術).
mam·moth /mǽməθ/ *n.* **1** 〘動物〙マンモス (*Mammuthus primigenius*)《洪積世の巨象; northern [woolly] mammoth ともいう》. **2** 巨大なもの: a ~ among books マンモスのような大きな本. — *adj.* マンモスのような; 巨大な: a ~ enterprise 途方もない大企画. 〚(1698) (1706) □ Russ. *mam(m)ot'*, *mam(m)ont*, *mam(m)ut*, *mam(m)ant* ← ? Yakut *mamma* earth: モグラのように地中にすむと信じられたことから〛
Mámmoth Cáve Nátional Párk *n.* マンモスケーブ国立公園《米国 Kentucky 州南西部にある国立公園; 石灰岩の大洞窟で有名, 1941 年指定; 面積 208 km²》.
mam·mo·tro·pin /mæ̀moʊtróʊpɪn | -mə(ʊ)tráʊpɪn/ *n.* 〘生化学〙マンモトロピン (⇨ prolactin). 〚(1935) ← MAMMA[2]+-O-+-TROPE+-IN[2]〛
mam·mu·la /mǽmjʊlə/ *n.* (*pl.* **-mu·lae** /-lì:/) 〘動物〙(クモ類の紡績突起などのような)乳様突起. 〚(1816) □ L ~ 'little breast': ⇨ mamma[2], -ule〛
mam·my /mǽmi/ *n.* **1** 《英・小児語・方言》おかあちゃん (mamma). **2** (もと米国南部で)黒人のばあや[子守], 黒人の召使. **3** [しばしば軽蔑的に] 黒人女性. 〚(1523) ← MAMMA[1]+-Y[2]〛
mámmy chàir *n.* 《俗》〘海事〙(荒天の際, 船客をボートに上げ降ろしするのに用いる椅子状の)吊り上げ機, リフト. 〚1904〛
mámmy clòth *n.* (アフリカ黒人が体に巻きつけて着用する)色あざやかな綿布.
mámmy lòrry [bùs, wàgon] *n.* (西アフリカの)乗合いバス[トラック]. 〚1957〛
ma·mon·cil·lo /mɑ̀:mənsí:joʊ | -jəʊ; *Am.Sp.* mamonsíjo/ *n.* (*pl.* **~s** /~z; *Am.Sp.* ~s/) 〘植物〙=genip 2. 〚□ Am.-Sp. ~ (dim.) ← *mamón* ← ? Venezuelan《現地語》〛
Ma·mo·ré /mɑ̀:məréɪ; *Am.Sp.* mamoré/ *n.* [the ~] マモレ(川)《ボリビアを北方に流れる川; Beni 川に合流して Madeira 川となる (1,500 km)》.
mam·pa·lon /mǽmpəlɑ̀(:)n | -lɔ̀n/ *n.* 〘動物〙キノガーレ (*Cynogale bennettii*)《ボルネオ・スマトラ・マレーシアなどにすむ半水中生活をするカワウソに似た動物》. 〚(1843) ← ?〛
mam·pa·ra /mæmpɑ́:rə; *Afrik.*/ *n.* 《南ア口語》不器用な黒人, 役立たず. 〚(1899) □ Fanagalo ~ 'a fool'〛
mam·poer /mɑ́mpʊə | -pʊə^(r)/ *n.* 《南ア》《桃やサボテンの実などから造られた》自家製ブランデー. 〚(1934) □ Afrik. ~ ← ? *Mampuru* (Pedi 族の族長: この酒が入植者に知られるきっかけとなった人物とされる)〛
mam·sell, mam'selle /mæmzél/ *n.* =mademoiselle. 〚1842〛
mam·zer /mɑ́:mzə | -zə^(r)/ *n.* **1** ユダヤ教で認められていない結婚によって生まれた子 (momser ともいう). **2** 《俗》悪党, 嫌われ者, 鼻つまみ (bastard). 〚1: (1562) □ LL *mamzer*; 2: (1955) □ Yid. 《俗》~ □ Heb. *mamzēr*〛
man[1] /mǽn/ *n.* (*pl.* **men** /mén/) **1 a** 男, 男子, 男性; [無冠詞単数形で総称的に] 男, 男性: *Men* are [*Man* is] stronger than women [woman]. **b** (男子の)大人, (成年の)男子 (cf. boy 1 a): a ~'s world 男性の(ための)世界 / *men* and women 男女 / an American [a Japanese] ~ アメリカ[日本]の男子 / You are now a ~. 君はもう大人だ / The child is father of [to] the ~. ⇨ father 5 b. **c** 男らしい男, 一人前の男, 男一匹, 丈夫; 一かどの人物, 重要な人物, 著名な人: a ~ among [of] men 男の中の男, 抜群の人物 / like a ~ 男らしく / be a ~ 男らしくする / play [act] the ~ 男らしくふるまう / make a person a ~ 人を男にする[成功させる] / make a ~ (out) of ... を男らしくさせる, 一人前の(立派な)男に仕立てる / separate [sort out] the men from the boys 《口語》(物事が)真に実力[勇気]のある者を見分ける, だれが力量があるかを明らかにする / He is only half a ~. 彼は半人前の[男らしくない]男だ. **d** [the ~] 男性的な要素, 男らしさ, 雄々しさ (*in*): *the* ~ *in* him / *the* ~ in woman 女性の中にある男性的な要素.
2 a 人, 人間: primitive *men* 原始人 / All *men* must die. 《諺》人は死を免れない / A ~ may be known by the company he keeps. 《諺》人は交わる友によってわかる. **b** [無冠詞単数形で総称的に; M-] 人, 人類 (mankind): primitive ~ 原始人(類) / modern ~ 現生人類, ホモサピエンス; 現代人 / Cro-Magnon [Neanderthal] man クロマニオン[ネアンデルタール]人 / God [nature] and ~ 神[自然]と人間 / ~ and beast 人間とけだもの / ⇨ *neither man nor* MOUSE / *Man* is mortal. 人は死ぬものだ.

3 [不定代名詞的に] 人 (one): What can a ~ do under such circumstances? こんな場合どうすればよいだろうか / You don't give a ~ a chance. 君は人に機会を与えない.
4 (ある個々の)人: some ~ ある人 / a few *men* 二, 三人(の人) / a ~ of ability 才能ある人, 手腕家 / a ~ of action 活動家 / a ~ of affairs 事務的な男, 実務家 / a ~ of blood 冷血漢; 人殺し / a ~ of honor 信義を重んじる人 / a ~ of science 科学者 / a ~ of one's word 約束を守る人, 信頼できる人.
5 [the (very) ~, one's ~] あつらえ向きの人; 必要とする人, 相手(の人): mistake *one's* ~ 相手(の人物)を見損なう / He is *the* (*very*) ~ to do such a thing. 彼はそのようなことをするにはもってこいの男だ / He is *the* ~ *for* me [《口語》my money]. 彼は私に願ったりかなったりの人だ / If you want to sell, I'm *your* ~. 売りたいと言うのなら私が買おう / Let any ~ come, I am *his* ~. だれでも来い, おれが相手になってやる. **6 a** 召使, 下男, 従者; [*pl.*] 労働者, 雇い人, 従業員 (↔ master): an odd ~ 臨時雇い人 / The *men* are on (a) strike. 従業員はストライキ中だ / The masters locked out the *men*. 資本家が職工に対して工場閉鎖を行った / Like master, like ~. 《諺》主人が主人なら召使も召使,「弱将の下に強卒なし」. **b** (チーム)の選手, 一員. **c** [*pl.*] (将校に対して)兵士, 水兵; 下士官兵: 100 officers and *men* 将兵ともに 100 名. **d** 《古》家臣, 家来. **7 a** 夫, 亭主: My ~ is not at home. 主人は留守です. ★ 今は次の句に用いる以外は主に《方言》: ~ and wife 夫婦. **b** 恋人, ボーイフレンド: the ~ in one's life 恋愛[性的]関係のあった男性. **8** [通例 one's] 代表, 特派員: Our ~ in Hong Kong filed a dispatch on the incident. わが社の香港特派員が本事件について至急報を発した. **9** 《英》**a** (大学の)在校生, 学生; 出身者: an Oxford ~. **b** (英国の public school で)学友. **10** [the ~, the M-; 集合的にも用いて]《米俗》**a** お偉方, 親方. **b** 警官; 刑事. **c** (黒人から見て)白人; 白人社会. **d** 《俗》(麻薬の)売人. **11** [親愛・軽蔑・じれったさなどの意を表す呼び掛けとして] 君, おい (sir, fellow) (cf. *int.*): my (good [dear]) ~ (目下の者に対して)おい / my little ~ おい, お若いの / Here, read it, ~. さあ, おい, それを読んでみろ. **12** (チェス・チェッカー・ドミノなどの)駒(こま).

a mán and a bróther 同胞兄弟《奴隷反対運動の標語 Am I not a ~ and a brother? から》. ***a mán's màn*** (1) 男と付き合うのが好きな男. (2) (女性よりも)男性に人気のある男. ***as a mán*** (1) 一個の男子として, 一個人として; 人間として. (2) =*as one* MAN. ***as mán to mán*** =MAN *to man*. ***as óne mán*** 一斉に, 一緒に: rise *as one* ~ 一斉に立ち上がる (cf. *Judges* 20:8). (1382) ***be man enóugh=be enóugh of a mán*** 立派で男らしい (*to do*). ***be one's ówn mán*** ⇨ own *adj.* 成句. ***betwèen mán and mán*** 男同士として(の), 男同士の間で. ***évery man for himsélf*** (***and the dévil tàke the híndmost***) [it is の後に用いることもある]《諺》だれもが他人に頼らずに自分の安全[利益]を図らねばならない (cf. (and) the DEVIL take the hindmost). ***if a mán*** ⇨ if 成句. ***mán and bóy*** [副詞的に] 少年時代以来: He has lived with us, ~ *and boy*, for twenty years. ***mán for*** [***to***] ***mán*** (1) 一人に一人では, 個々を比較すると. (2) 一人対一人(の方式)で. (3) 一人残らず. ***the mán in the móon*** (1) 人の顔に似た月面の斑点《満月の斑点は角灯に柴を持ち犬を連れた男に見えるという; 我国のうさぎのもちつきに当たる》. (2) 架空の人物: I know no more about it than the ~ *in the moon*. その事については全然知らない. (3) (選挙費用などを出す)陰の人. ***a mán of áll wórk*** =man-of-all-work. ***a mán of Gód*** (1) 聖人. (2) 聖職者. (cf. OE & early ME *godes man*(*n*)) ***a mán of his hánds*** 手先の器用な人. ***the mán of the mátch*** (スポーツで)勝ち試合のヒーロー. ***a mán of móld*** (死んで土となる)人間 (cf. Shak., *Henry V* 3. 2. 22). ***a mán of mótley*** 《古》(雑色の衣服を着た)道化者. ***a mán of stráw*** (1) わら人形; かかし (scarecrow). (2) (議論などの相手に立てる)仮想の人物, 薄弱な仮説. (3) 表看板の人物, ダミー (dummy). (4) 無資産者; 無能者. (1599) ***a mán of the clóth*** 牧師, 聖職者. ***a mán of the tówn*** 町の道楽者, 浮かれ男. ***a mán of the wórld*** 世慣れた人; 俗人, 俗物 (cf. *Ps.* 17:14). (*a*1200) ***a mán on hórseback*** (政府を圧倒するほど力のある)軍の統率者, 軍閥の首領. ***mán to mán*** 率直に, 腹蔵なく (cf. man-to-man 1). ***the mán in a person's life*** ⇨ life 成句. ***the mán in*** [《米》***on***] ***the stréet*** (1) 一般人, 普通の人; しろうと. (2) 世論の代表者. (1831) ***the mán of the hóuse*** 一家の主人, 家長, 世帯主. ***to a mán=to the lást man*** (1) 一人残らず, 最後の一人まで (every one): They were killed *to a* ~. (2) 満場一致で (unanimously): They all answered "Yes" *to a* ~. 全員イエスと答えた. (1618)

Mán in the Íron Másk [the —] 鉄仮面《Louis 十四世時代に黒ビロードの覆面をかぶせられて Bastille 監獄に入れられた姓名不明の国事犯人; イタリアの外交官 Ercole Antonio Mattioli 伯爵 (1640–1703) とする説など諸説ある》.
Mán of Blóod and Íron [the —] 鉄血宰相《Bismarck のこと》.
Mán of Decémber [the —] 12 月の人《Napoleon 三世のこと; その大統領就任・クーデターの断行・即位などすべて 12 月であったことから》.
Mán of Déstiny [the —] 運命の人《Napoleon 一世のこと》.
Mán of Gálilee [the —] ガリラヤの人《キリストのこと》.
Mán of Péace [the —] 平和の人《キリストのこと》.
mán of sín (1) [the M- of S-] キリストの敵 (Anti-

M

christ), 悪魔 (devil) (cf. 2 *Thess.* 2:3). (2) 罪びと, 罪人.

Mán of Sórrows [the ―] 悲しみの人《キリストのこと; cf. *Isa.* 53:3》.

― *adj.* [限定的] 男の: a ～ cook 男のコック / ⇨ man midwife, man-milliner. ★ この用法における man は本来名詞として同格的な複合語を成す要素であり, 複数の場合は man も変化して men cooks のようになる (cf. woman *adj.*).

― *vt.* (**manned; man·ning**) **1 a** (勤務・防御のため)〈要塞・船・人工衛星などに〉人(員)を備える[置く], …に人を配置する, 乗り組ませる: ～ a fort [a ship, the pumps] 要塞[船, ポンプ]に人を配置する / a boat ～*ned* by three men 3 人が乗り組んだボート. **b** 〈地位・官職などに〉人をつける, 補充する. **2** [通例 ～ one*self* で] 元気[勇気]づける, 励ます, 鼓舞する (encourage): ～ *oneself* 奮起する, 頑張る. **3** 〖鷹狩〗〈鷹などを〉人に慣らす.

― *int.* 《俗》これは, これは何とまあ《驚き・興奮など強い感情を表す; cf. n. 11》: ⇨ *Man* ALIVE!

〖n.: OE *man(n), mon(n)* (pl. *men, menn*) ← Gmc **mann-, *manwaz* (Du. *man* / G *Mann* (OHG *man*) / ON *maðr* / Goth. *manna*) ← IE **man-* man (Skt *manu*). ― v.: lateOE *(ge)mannian* ← *man* (n.): cf. IE **men-* to think (cf. mind)〗

man² /mάːn, mǽn, mən/ *aux. v.* 《スコット》=maun.

man³ 《略》〖電算〗manual《Unix での man page 表示コマンド》.

Man /mǽn/, **the Isle of** *n.* マン島《Irish 海にある英国の島; 政治的には自治区域; 面積 588 km², 主都 Douglas; cf. Manx》. 〖□ OIr. *Manu* < Celt. (the) small (island): cf. Welsh *mān* small〗

man. 《略》management; manual; manufacture; manufactured; manufacturer.

Man. 《略》Manager; Manchester; Manila (paper); Manitoba.

-man /-mən, mæ̀n/ man の意味を表す複合語構成要素: **1** 「…国人, …の住人」の意: English*man*, Irish*man*, country*man*, towns*man*. **2** 職業を表す: clergy*man*, dust*man*, post*man*, gas*man*, camera*man*, police*man*. **3** 「船 (ship)」の意: India*man*, merchant*man*. ★ (1) この形の複合語の複数形は -men であるが, 発音は単数形の /mən/ に対応するものが /mən/, 時として /mèn/, /mæ̀n/ に対応するものが /mèn/. (2) 現在では -person に置き換えられることが多い (cf. -person): fire*man* → fire fighter / chair*man* → chair person. 〖⇨ man¹〗

M

ma·na /mάːnə/ *n.* **1** 自然霊力, マナ《Polynesia, Melanesia の住民の間で信じられてきた, 大自然の地・水・火・風の力; 人または物に宿るが, 人に宿ったときは威光となり魔力となる》. **2** 威光, 権威. 〖(1843) □ Polynesian ～ 'divine power': cf. Hawaiian *mana*〗

mán-abòut-tówn *n.* (*pl.* **men-**) (劇場・クラブ・ダンスホールなどに絶えず出入りする)遊び人, プレイボーイ. 〖1734〗

man·a·cle /mǽnɪkl | -nə-/ *n.* [通例 *pl.*] **1** 手錠 (shackle), 手かせ; 足かせ. **2** 拘束[束縛]するもの. ― *vt.* **1** 〈人〉に手錠をはめる, 手かせを掛ける. **2** 拘束[束縛]する (⇨ hamper¹ SYN). 〖n.: (*c*1340) *manicle* □ OF handcuff, 《原義》a little hand □ L *manicula* (dim.) ← *manus* hand. ― v.: (*c*1307) ← (n.): ⇨ manual, -cle〗

Ma·na·do /mənάːdou | -dəu/ *n.* =Menado.

man·age¹ /mǽnɪdʒ, -nədʒ/ *vt.* **1** 経営する, 管理[運営]する, 支配する, 世話する: ～ a business [firm, theater] 事業[会社, 劇場]を経営する / ～ a baseball team 野球チームの監督[マネージャー]をする / ～ a pop star [a boxer, the staff] ポップスター[ボクサー, スタッフ]を管理する / ～ cattle 家畜の世話をする / ～ an estate 地所を管理する / ～ a household 一家を切り盛りする / ～ the affairs of a nation 国政を司(つかさど)る / The hotel is badly ～*d*. そのホテルの経営はまずい[不行届きだ]. **2 a** [～ *to* do として] どうにかして…する (contrive); 首尾よく…する: ～ *to* get along どうにかこうにかやってゆく / I ～*d to* be in time. どうにか間に合った / He ～*d to* get what he wanted. 欲しいものをうまく手に入れた / He only just [barely] ～*d to* reach the top shelf. 最上段の棚まで何とか手が届いた / She ～*d* not *to* spill any of the drinks. 飲み物をかろうじてこぼさないようにした. **b** [～ *to* do として] 《反語》愚かにも…する: He ～*d to* muddle the plan. 彼は見事その計画を台なしにしてしまった. **c** 〈困難なことを〉なんとかやり遂げる: ～ a smile なんとか笑顔をつくる(ってみせる) / Somehow he ～*d* it. なんとかやり遂げた. **3 a** 〈人を〉巧みに扱う[あしらう], 服従させる, 操縦する: ～ a spoilt child だだっ子を上手にあしらう / ～ one's husband 夫を操縦する. **b** 〈馬を〉調教する; うまく御する: ～ a horse. **c** 〈物事〉にうまく対処する: ～ a tricky situation 微妙な状況に対処する / ～ stress and strain 心労をコントロールする. **4 a** (手で)〈道具などを〉使う, 扱う, 動かす, 操縦する: ～ a weapon, a tool, an oar, a boat, an automobile, etc. **b** 〈事を〉(不正に)操作する: ～news ニュースを操つる. **5** [can, could, be able to を伴って] **a** 処理する, 片付ける; 食べてしまう; 〈ことばを〉しゃべる: I *cannot* ～ it alone. 一人ではやれない / I *can* ～ my affairs. 自分のことは自分で処理できる, おせっかいはよしてくれ / *Can* you ～ another bun? パンをもう一個どうだね / She *could* only ～ a few words. やっと 2, 3 語口にできた. **b** (…のために)都合をつける; 〈会合などに〉時間[場所]をとる; 〈日時などを〉当てる; 〈時間・金などを〉使う: Can you ～ lunch on Monday? 月曜日に昼食, ご都合つけていただけますか / Can you ～ (to come on) Monday? 月曜日は来られませんか. **6** 《古》大切に扱う, 節約する: ～ one's health [resources] 体[資源]を大事にする. ― *vi.* **1** どうにかうまくやってゆく, 間に合わせる: ～ on one's income 所得で暮しを立てる / I cannot ～ with these poor tools. こんな道具じゃやりおおせない / You'll have to ～ without help. 独力でやっていかねばなるまい / How did you ～ (at the interview)? (面接は)どうでしたか. **2** 事を処理する; 経営する, 管理する. 〖(1561) □ It. *maneggiare* to handle, train (horses) < VL **manidiāre* ← L *manus* hand: ⇨ manual, -age: 意味上 F *manège* manege (← *ménage* household) の影響を受けたもの〗

man·age² /mǽnɪdʒ/ *n.* 《廃》=manege.

man·age·a·ble /mǽnɪdʒəbl, -nədʒ-/ *adj.* 扱いやすい; 御しやすい; 操縦[支配, 処理]しやすい. **màn·age·a·bíl·i·ty** /-dʒəbíləti | -lɪti/ *n.* **～·ness** *n.* **mán·age·a·bly** *adv.* 〖(1598) ← MANAGE (v.) + -ABLE〗

mánaged bónds *n. pl.* 《英》〖証券〗投資信託[ファンド](の投資対象)《ファンドマネジャーなど投資管理専門家が有価証券類などを組み合わせて最適ポートフォリオを構築し, 投資家に代わって資産運用する》.

mánaged cáre *n.* 管理医療《特に雇用主の医療費負担を抑制する目的で, ある患者集団の医療をある医師集団に請け負わせる健康管理方式》. 〖1983〗

mánaged cúrrency *n.* 〖経済〗統制貨幣, 管理通貨. 〖1923〗

mánaged ecónomy *n.* 管理経済《政府によって管理された経済》. 〖1932〗

mánaged fúnd *n.* (管理)運用資金, マネージドファンド《保険会社などが投資家に代わって運用する投資資金》. 〖1969〗

man·age·ment /mǽnɪdʒmənt, -nədʒ-/ *n.* **1 a** 取扱い, 処理; 統御, 操縦; 経営, 管理, 支配, 取締まり: the care and ～ of the insane 精神病者の保護と取扱い(方) / direct the ～ of a company 会社の経営を指図する / a store under American ～ 米人の管理している店. **b** 経営[管理]力; 経営の手腕[腕前]. **2 a** [集合的] 経営[管理]者(たち). **b** [通例 the ～] 経営幹部, 重役会; 経営者側, 会社の側 (cf. labor 4 a): conflicts between labor and ～ 労使間の紛争 / be under new ～ (会社などが)経営者[陣]が新しくなっている. **3** やり繰り; 掛引き, 術策: It took a good deal of ～ to get him to do it. 彼にそれをやらせるにはあの手この手を用いなければならなかった. **4** 〖医学〗(疾病・健康などの)管理. **man·age·men·tal** /mæ̀nɪdʒméntl, -nədʒ- | -tl⁻/ *adj.* 〖(1598) ← MANAGE¹ + -MENT〗

mánagement accòunting *n.* 〖会計〗=managerial accounting.

mánagement búyout *n.* (経営陣の)自社株買い占め. 〖1977〗

mánagement còmpany *n.* (投資信託の資産運用を行う) 管理会社.

mánagement consùltant *n.* 経営コンサルタント《会社などの経営相談に応じる専門家》. 〖1961〗

mánagement informàtion sỳstem *n.* (コンピューターを使った)経営[管理]情報システム (略 MIS). 〖1966〗

mánagement scìence *n.* 経営科学, 管理科学, 管理工学. 〖1965〗

mánagement ùnion *n.* 管理職組合.

man·ag·er /mǽnɪdʒə, -nədʒ- | -dʒə(r/ *n.* **1** 支配人, 管理人, マネージャー; 経営者; 幹事, 理事; 部長, 局長; 監督: a general ～ 総支配人 / a sales ～ 販売部長. **2 a** (野球などの)監督. **b** (大学などの各種スポーツチームの)マネージャー, 世話係. **3** (家計などの)処理者, やり手, 手腕家: She is a good [bad, poor] ～. 彼女はやりくりが上手[下手]だ. **4** 〖英法〗管財人 (receiver)《債権者の利益のため事務を処理する人; 破産・組合の解散・遺産の管理の場合など》. **5** 〖英議会〗両院協議会委員. **6** 〖演劇〗**a** =stage manager. **b** 《英》=producer 3. 〖(1588) ← MANAGE¹ + -ER¹〗

man·ag·er·ess /mǽnɪdʒərɪ̀s, -nədʒ- | mæ̀nɪdʒərés, -nədʒ-, ⸗⸗⸗⸗⸗/ *n.* 女性支配人; 女性マネージャー; (劇場の)女座元. 〖(1797) (fem.) ← MANAGER: ⇨ -ess¹〗

man·a·ge·ri·al /mæ̀nədʒíəriəl | -dʒɪər-⁻/ *adj.* **1** 支配人の; 管理者の, 経営者の, (特に)劇場経営者の. **2** 経営[管理](上)の. **～·ly** *adv.* 〖(1767) ← MANAGER + -IAL〗

managérial accóunting *n.* 〖会計〗管理会計《企業内部の経営管理者に役立つ会計情報を収集し, 提供する会計; 原価計算 (cost accounting) を含む; management accounting ともいう; cf. financial accounting》.

màn·a·gé·ri·al·ism /-lɪzm/ *n.* 管理(体制)主義《専門的な管理者[官僚]が組織[政治]集団または国民を指揮監督する機能主義的思想[体制]》.

màn·a·gé·ri·al·ist /-lɪ̀st | -lɪst/ *n.* (事業・政治などでの)管理(体制)主義者. ― *adj.* 管理体制主義(者)の.

mánager·shìp *n.* manager の職[地位, 任期, 腕前]. 〖(1864) ← MANAGER + -SHIP〗

mán·ag·ing *adj.* **1** 支配[管理]する, 経営する, 首脳の: a ～ partner 業務執行社員. **2** 経営の上手な: a first-rate ～ man 一流の経営手腕家. **3** 他人を牛耳り[統御し]たがる, 自分で切り盛りしたがる: a ～ woman 自分ですべての事を切り回したがる女性. **4** 《古》倹約する. 〖(*a*1715) ← MANAGE + -ING²〗

mánaging diréctor *n.* 《英》(会社の)社長《会長の下》.

mánaging éditor *n.* (新聞・雑誌・辞典などの)編集長, 編集主幹 (editor in chief の下; ただ中間に executive editor が配されるところもあるが, 逆に executive editor よりも上のところもある). 〖1865〗

Ma·na·gua /mənάːgwɑː, mɑː-, -gwə | mænǽgwə, mæ-; *Am.Sp.* manáɣwa/ *n.* マナグア《中米 Nicaragua 西部にある同国の首都; Managua 湖畔にある; 1931 年大震災》.

Managua, Lake *n.* マナグア湖《中米 Nicaragua 西部の湖; 面積 1,049 km²》.

ma·nai·a /mənάɪə/ *n.* マナイア《マオリの彫刻に現れる, 頭部が鳥に似た人体のモチーフ》. 〖(1896) □ Maori ～〗

man·a·kin /mǽnəkɪn, -nɪ-, -kɪ̀n | -nəkɪn/ *n.* **1** 〖鳥類〗マイコドリ《中・南米産のマイコドリ科のスズメほどの大きさの羽の美しい小鳥の総称; 雄は雌の近くで羽を開閉し独特の求愛ダンスをするが鳴かないのが特徴》. **2** =manikin. 〖(1743) 《変形》← ? MANIKIN〗

Ma·na·ma /mənάːmə/ *n.* マナマ《バーレーン (Bahrain) の首都・海港》.

ma·ña·na /mənjάːnə; *Sp.* maɲána/ *Sp. adv.* **1** 明日, あす. **2** いつかそのうち. ― *n.* **1** 明日. **2** (将来の)ある時. 〖(1845) □ Sp. ～ 'morning, morrow' ← L *māne* in the morning, 《原義》in a good time: cf. manes〗

mán ápe *n.* **1** 大型類人猿 (great ape). **2** 猿人. 〖1864〗

Ma·nas·sas /mənǽsəs/ *n.* マナッサス《米国 Virginia 州北東部の都市; 南北戦争で北軍が敗北した地》.

Ma·nas·seh /mənǽsə | -si, -sə/ *n.* **1** マナセ《男性名》. **2** 〖聖書〗**a** マナセ《Joseph の長男; cf. *Gen.* 41: 51》. **b** [the ～] マナセ族《マナセを祖とするイスラエル十二支族の一つ》. **c** マナセの祈り (The Prayer of Manasseh [Manasses])《外典 (Apocrypha) の一書》. **3** マナセ (697?–?642 B.C.; ユダ (Judah) の王, 多神教の擁護者, 偶像礼拝の復興者; cf. 2 *Kings* 21). 〖□ Heb. *Mᵉnaššéh* 《原義》one who causes to forget ← *nāšā́ʰ* to forget〗

Ma·nas·ses /mənǽsɪ̀z, -siːz/ *n.* (Douay Bible での) Manasseh のテラン語式語形.

ma·nat /mǽnæt/ *n.* マナト: **1** アゼルバイジャンの通貨単位; =100 gopik. **2** トルクメニスタンの通貨単位; =100 tenge. 〖□ Azerbaijani & Turkmen □ Russ. *moneta* coin □ L *monēta*: ⇨ money〗

mán-at-árms *n.* (*pl.* **men-**) 《古》(兵士), (特に)重騎兵. 〖(*a*1393) ME *man of arms* (なぞり) ← OF *homme d'armes, homme à armes*: ⇨ man¹, arm²〗

man·a·tee /mǽnətiː, ⸗⸗⸗ | ⸗⸗⸗/ *n.* 〖動物〗マナティー《西インド諸島・フロリダ・メキシコ湾沿海またはアフリカに群生するカイギュウ属 (*Trichechus*) の目の小さい藻食性の哺乳動物の総称; アメリカマナティー (*T. manatus*), アマゾンマナティー (*T. inunguis*), セネガルマナティー (*T. senegelensis*) の 3 種がいる》. 〖(1555) □ Sp. *manatí* □ ? Cariban *manattoui*: cf. Galibi *manati, manaté* breast, teats〗

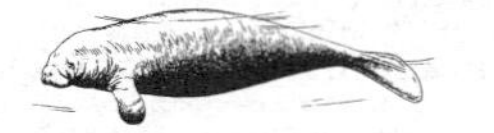

manatee
(*T. manatus*)

Ma·naus /mənάus, mɑː- | mə-; *Braz.* mõnáus/ *n.* マナウス《ブラジルの北部 Río Negro 河畔にある海港で Amazonas 州の州都; 商業中心地; 大西洋から, 1,448 km にある; Manáos ともいう》.

ma·nav·el·ins /mənǽvəlɪ̀nz | -vɪlɪnz/ *n. pl.* (*also* **ma·nav·il·ins** /～/) 《まれ》《俗》〖海事〗**1** (食べ物などの)残り物, 余り, 半端(はした)物. **2** (船具の)がらくた, 雑多な船具. 〖(1865) ?〗

Ma·na·wa·tu /mὰːnəwάːtuː | mæ̀n-/ *n.* [the ～] マナワトゥ川《ニュージーランド北島の南部を西流して Cook 海峡に注ぐ》.

manc. 《略》〖音楽〗*It.* mancando (=gradually softer).

manche /mάːntʃ/ *n.* 〖紋章〗=maunche. 〖□ OF ～ □ L *manicae* (pl.) long sleeves ← *manus* hand: cf. manacle〗

Manche /mɑ́ː(n)ʃ, mάːnʃ; *F.* mɑ̃ːʃ/ *n.* **1** マンシュ(県)《フランス北西部のイギリス海峡 (English Channel) に臨む県; 面積 6,412 km², 県都 St.-Lô /sɛlo/》. **2** [La ～] ラマンシュ《イギリス海峡のフランス語名》.

Man·ches·ter /mǽntʃestə, -tʃɪ̀s- | -tʃɪ̀stə(r, -tʃes-/ *n.* マンチェスター: **1** イングランド北西部の都市; 運河でIrish 海に連絡する, 紡績業の大中心地; 19 世紀における自由貿易の本拠; 大聖堂がある; ～ man and Liverpool gentlemen. 《諺》マンチェスターは庶民の町, リバプールは紳士の町. ★ 形容詞は Mancunian. **2** 米国 Connecticut 州中部の都市; Hartford の郊外. **3** 米国 New Hampshire 州南部の工業都市. **4** =Manchester goods. **5** = Manchester terrier. 〖OE *Mameceaster*: ⇨ Mancunian, -chester〗

Mánchester gòods *n. pl.* 《英》マンチェスター物《各種の綿製品》.

Mánchester Guáridan, The *n.* 「マンチェスターガーディアン」(⇨ Guardian).

Mán·ches·ter·ism /-tərɪzm/ *n.* マンチェスター学派の主張する自由貿易主義. 〖(1883): ↓, -ISM〗

Mánchester Schòol *n.* [the ～] 〖経済史〗マンチェスター学派《1845–75 年ごろ Richard Cobden や John Bright などの主唱のもとに商業上の自由放任主義や自由貿易を主張した政治家・実業家の一派》. 〖(1848) ← the school of Manchester〗

Mánchester Shíp Canál *n.* [the ～] マンチェスターシップ運河《イングランド Manchester 市から Mersey 川河口部に通じる運河; 内陸の工業都市 Manchester に外航船が入れるようにするために建設; 1894 年完成》.

Mánchester térrier *n.* マンチェスターテリア《英国の Manchester で, ホイペットとテリアとの異種交配を基礎に作り出されたイヌ》. 〖1891〗

Mánchester wárehouse *n.* 《英古》マンチェスター倉庫《綿織物倉庫のこと》.〘1858〙

man·chet /mǽntʃɪt/ *n.* **1** 《古》最上等の(小麦)パン. **2** 《方言》紡錘(ぼうすい)形のパン, 白パン (1 個).〘(c1417) *manchete* ← ? *demaine* 《頭部省略》← OF *paindemaine* 《原義》lord's bread〙

mán·chìld *n.* (*pl.* **mén·chìldren**) 《古》男の子, 男児, 息子.〘*a*1400〙

man·chi·neel /mæ̀ntʃəníːl | -tʃɪ-/ *n.* 《植物》**a** 熱帯アメリカ産トウダイグサ科の樹木 (*Hippomane mancinella*)《その乳状樹液と果実は有毒; 家具材》. **b** manchineel の材木.〘(1630) □ F *mancenille* □ Sp. *manzanilla* (dim.) ← *manzana* apple < L (*māla*) *Mat(t)iāna* (apples) of Mat(t)ius ← *Matius* (料理法便覧の著者) ← *Matia* (ローマの氏族名)〙

Man·chou·kuo /mǽntʃúːkwóʊ, ─ ́─ | mǽntʃuː-kwə́ʊ, ─ ́─/ *n.* =Manchukuo.

Man·chu /mǽntʃúː⁻/ *n.* (*pl.* ～, ～**s**) **1 a** [the ～(s)] 満州族《ツングース族の一つ; 17 世紀に中国に侵入して清朝 (Ch'ing dynasty) を建て (1644–1911) 漢族化された》. **b** 満州族の人, 満(州)人. **2** 満州語《ツングース語 (Tungusic) 族の一つ》. ── *adj.* **1** 満州の; 満州人の. **2** 満州語の.〘(1697) □ Manchu ～ (部族名)《原義》pure ← ? Tatar *Niu-chi*〙

Man·chu·kuo /mǽntʃùːkwóʊ, ─ ─ ́─ | mǽntʃuː-kwə́ʊ, ─ ́─; *Chin.* mǎntʂōʊkuó/ *n.* 満州国《日本の勢力下にあった旧帝国 (1932–45); 中国東北部・内モンゴルの一部を含む; 首都新京 (Hsinking) は今の長春 (Changchun)》.〘□ Chin. Manzhouguo〙

Man·chu·ri·a /mæntʃʊ́(ə)riə | -tʃʊ́ər-/ *n.* 満州《中国東北部の旧称; 現在は遼寧 (Liaoning)・吉林 (Jilin)・黒竜江 (Heilongjiang) の三省に分かれる》.

Man·chur·i·an /mæntʃʊ́(ə)riən | -tʃʊ́ər-/ *adj.* **1** 満州の. **2** 満州人の. ── *n.* 満州人.〘(1869) ↑, -AN[1]〙

man·ci·ple /mǽnsəpl̩ | -sɪ-/ *n.* (大学・法学院・僧院などの)食料係, 賄い方.〘(?*a*1200) □ AN ～ =OF ～《変形》← *mancipe* < L *mancipium* office of buyer, purchase, possession, slave, 《原義》one obtained by legal purchase ← *manus* hand + **cip-*, *capere* to take: ⇨ manual, capture〙

Mancun. 《略》*ML.* Mancuniēnsis (=of Manchester)《Bishop of Manchester が署名に用いる; ⇨ Cantuar. 2》.

Man·cu·ni·an /mæŋkjúːniən, mæŋ-/ *adj.*, *n.* (イングランドの) Manchester の(住民).〘(1904) ← ML *Mancunium* Manchester (← OBrit. *Mamucion*) + -AN[1]〙

-man·cy /─ ̀mænsi/「(…の[による])占い」の意の名詞連結形: chiro*mancy*, geo*mancy*, hydro*mancy*, litho*mancy*, necro*mancy*, ornitho*mancy*, pyro*mancy*.〘(15C) *-manci(e)* □ (O)F *-mancie* □ LL *-mantīa* □ Gk *manteía* oracle, divination ← *mántis* prophet, diviner: ⇨ mantis〙

Man·dae·an /mændíːən/ *n.* **1** マンダ教徒《Mesopotamia 南部に現存する古代グノーシス派 (Gnostics) の一派》. **2** マンダ語《マンダ教の経典に用いられたアラム語 (Aramaic)》. ── *adj.* **1** マンダ教(徒)の. **2** マンダ語の. **Man·dáe·an·ism** /-nìzm/ *n.*〘(1875) □ Mandaean *mandayyā* having knowledge ← *mandā'* knowledge《略》← *mandā' dᵉḥayyē* knowledge of life《なぞり》← Gk *gnôsis zōês*: ⇨ -an[1]〙

man·da·la /mǽndələ, mʌ́n-/ *n.* **1** 《ヒンズー教・仏教》曼陀羅(まんだら)《衆生(しゅじょう)本具の徳を表象して輪形の図式に描かれた群神像》. **2** 《心理》マンダラ《Jung 心理学で, 夢の中で心像化され自我の統一と完成への努力を象徴する図像》. **man·dal·ic** /mændǽlɪk, mʌn-/ *adj.*〘(1859) □ Skt *maṇḍala* circle, group □ ? Tamil *muṭalai*〙

Man·da·lay /mæ̀ndəléɪ, -dl̩-, ─ ─ ́─/ *n.* マンダレー《ミャンマー中部 Irrawaddy 河畔の都市, 旧ビルマ王国 (1860–85) の首都》.

man·da·mus /mændéɪməs/ *n.* 《英法》**1** (上級裁判所から発する国王の大権命令状で下級裁判所, 公務員, 個人, 法人などに対する)職務執行命令状, 令達. **2** (昔, 業務の執行を命じるために発した)勅書. ── *vt.* 《口語》…に職務執行命令状を送る; 命令書で脅す.〘(1535) □ L *mandāmus* we command ← *mandāre* to command: ⇨ mandate〙

Man·dan /mǽndæn, -dən/ *n.* (*pl.* ～, ～**s**) **1 a** [the ～(s)] マンダン族《アメリカインディアン Sioux 語族に属する》. **b** マンダン族の人. **2** マンダン語.〘(1794) ← Siouan〙

man·da·pa /mʌ́ndəpə/, **man·da·pam** /-pəm/ *n.* 《インド》マンダパ《南インドの寺院にあるポーチ状の場所》.〘(1807) □ Skt *maṇḍapa* temple; pavilion〙

man·da·rin[1] /mǽndərɪn, -drɪn | -dərɪn, -drɪn/ *n.* **1** (横柄な)有力者, 党首, 高官; (指導的な立場にある)評論家, 作家(など)《特に, 保守的な, または反動的な高齢者にいう》. **2** [M-] 中国の標準語, 標準的中国語; (かつて中国の官吏が使った)北京官話《往時, 欧米人が北京方言を指していった; Mandarin Chinese ともいう》. **3** (中国の清朝時代の 9 階級に分かれた)官吏, 公務員. **4** 中国服を着た磁器製の首振り人形. **5** =mandarin porcelain. ── *adj.* **1** 〈衣服の立衿(たちえり)が〉中国風の: ⇨ mandarin collar. **2** 〈文体が〉凝り過ぎた. **man·da·rin·ic** /mæ̀ndərínɪk⁻/ *adj.* **mán·da·rin·ìsm** /-nìzm/ *n.*〘(1589) □ Sp. *mandarín* □ Port. *mandarim* ← *mandar* to command □ Malay *mĕntĕri* □ Hindi *mantri* ← Skt *mantrin-* counselor ← *mantra-* counsel: cf. mind〙

man·da·rin[2] /mǽndərɪn, -drɪn | -dərɪn, -drɪn/ *n.* **1** 《植物》**a** マンダリン (*Citrus nobilis*)《柑橘(かんきつ)類中ミカンのように扁平で果皮のむけやすい実のなる植物》. **b** マンダリンの実. **2** =mandarine. **3** みかん色, 濃いオレンジ色.〘(1771) *mandarin orange* □ F *mandarine* □ Sp. *mandarina* □ Port. *mandarim* (↑): 中国の官吏の服がこの果物の色をしていたことから〙

man·da·rin·ate /mǽndərɪnèɪt, -drɪ- | -dərɪ-/ *n.* **1** (中国清朝の)官吏の地位. **2** [集合的] 官吏たち, 官僚. **3** 官僚政治.〘(1727–41) □ ? F *mandarinat* ← *mandarin* □ Port. *mandarim* (↑): ⇨ -ate[1]〙

Mándarin Chinése *n.* =mandarin[1] 2.〘1895〙

mándarin cóllar *n.* マンダリンカラー《幅の狭いスタンドカラー》.〘1947〙

mándarin dúck *n.* 《鳥類》オシドリ (*Aix galericulata*).〘1797〙

man·da·rine /mǽndərɪn, -drɪn | -dərɪn, -drɪn/ *n.* マンダリン(リキュール)《マンダリンの乾燥皮で味付けした甘口のリキュール酒》.〘(1882): ⇨ mandarin[2]〙

mándarine trèe *n.* 《植物》=mandarin[2] 1 a.

mándarin jàcket *n.* マンダリンジャケット《マンダリンカラーの付いたジャケット》.〘1970〙

mándarin óil *n.* マンダリン油《マンダリンの果皮から得られる黄色精油; 香料に用いる》.

mándarin órange *n.* **1** マンダリンの果実, マンダリンオレンジ (cf. mandarin[2] 1). **2** みかん色, 橙(だいだい)黄色.

mándarin pórcelain *n.* マンダリン磁器《昔の中国官吏の服装をした人物を配した絵のある中国磁器》.〘1873〙

man·da·tar·y /mǽndətèri | -təri, -tri/ *n.* **1** 《法律》受任者[国], 代理人[国], 受寄者, 無償受任者 (cf. mandator). **2** (国際連盟から指定された)委任統治国. **3** 《カトリック》(ローマ教皇から)聖職受任を命じられた人[国].〘(1611) □ LL *mandātārius* ← L *mandātus* (p.p.) ← *mandāre* (↓): ⇨ -ary: cf. mandatory〙

man·date /mǽndeɪt | -deɪt, -dɪt/ *n.* **1** 《政治》選挙民から議会または議員に発する指図[要求]. **2 a** (権力者・統治者からの)命令, 指令. **b** 《法律》(上級裁判所[公務員]から下級裁判所[公務員]への)指令(書): a ～ on remission 破棄差し戻し命令. **3** [しばしば M-] (国際連盟で規定されていた)委任統治; 委任統治領. **4** 《カトリック》(神からの)命令, 委託; (ローマ教皇の)聖職叙階命令. **5** 《ローマ法》**a** (各領土の長官に発する)勅令. **b** (行為の)委任(契約). **6** (無償)サービス契約. **7** 《英法》(人的財産の)無償寄託. **8** 《スコット法》委任契約. ── /mǽndeɪt | ─ ́─, ─ ́─/ *vt.* **1** 《主に米》命令する, 指令する. **2** 《国際法》〈領土・植民地などの統治を委任する: a ～*d* territory 委任統治領. **3** 〈代表・機関などに権限を委託する. **4** 《スコット》〈説教などを〉記憶する. **mán·da·tor** /-tə | -tə(r)/ *n.*〘(1501) □ F *mandat* // L *mandātum* (neut. p.p.) ← *mandāre* to commit, command ← *manus* hand + *dare* to give: ⇨ manual, date[1]〙

man·da·tive /mǽndətɪv | -tɪv/ *adj.* **1** 命令の[に関する]. **2** 《文法》命令用法の, 命令を表す.〘(1651) □ LL *mandātīvus*: ⇨ ↑, -ive〙

man·da·to·ry /mǽndətɔ̀ːri | mǽndətəri, mæn-déɪ-, -tri/ *adj.* **1** 強制の, 義務的な (obligatory); 《法律》必須の, 強制の, 命令的な (cf. directory): a ～ clause 必須条項 / ～ retirement 《米》(65 歳の法定)定年退職. **2** 命令の, 指令の. **3** 委任の, 委託の; (特に, 国際連盟から)委任された, 委任統治の: the ～ rule [administration] 委任統治 / a ～ power 委任統治国. ── *n.* 受任者; (特に)委任統治国 (mandatary). **man·da·to·ri·ly** /mæ̀ndətɔ́ːrəli, ─ ─ ─ ─ ─ | mǽndətə-rɪli, mændéɪ-, -trɪ-/ *adv.*〘(1576) □ LL *mandātōrius* ← L *mandātus* (↑): ⇨ -ory[1]〙

mán·dáy *n.* 《労働》人日(にんにち)《一人当たり 1 日の仕事量単位; cf. man-minute, man-hour, man-year》.〘1925〙

Man·de /mɑ́ːndeɪ, ─ ́─ | mǽndeɪ, mɑ́ːn-/ *n.* (*pl.* ～**s**, ～) **1** =Mandingo[2] 2. **2** マンデ語《もとのフランス領西アフリカ (French West Africa)・シエラレオネ・リベリアなどで使われているニジェール コンゴ語族の言語》; マンデ語派《これらの民族が話す言語のグループ; Niger-Congo語族に属する》.〘(1883): ⇨ Mandingo〙

Man·de·an /mændíːən/ *n.*, *adj.* =Mandaean.

Man·del·a /mændélə | -délə, -déɪ-; *Xhosa* mandɛ́ːla/, **Nelson** (**Ro·li·hla·hla** /rolíɬaːɬa/) *n.* マンデラ (1918–　; 南アフリカ共和国の黒人民族指導者・法律家; 南アの人種隔離政策反対運動を指導; 同国最初の黒人大統領 (1994–99); Nobel 平和賞 (1993)).

Mán·del·brot sèt /mǽndəlbròʊt- | -brə̀ʊt-/ *n.* 《数学》マンデルブロー集合《左右自己相似の複雑な図形, フラクタル図形の一つ; コンピューターで容易に描くことができる》.〘(1984) ← *Benoit B. Mandelrot* (1924–　: ポーランド生まれの米国の数学者)〙

man·dél·ic ácid /mændélɪk-, -díːl-/ *n.* 《化学》マンデル酸 ($C_6H_5CH(OH)COOH$)《尿路防腐剤; amygdalic acid ともいう》.〘(1844) ← G *Mandel* almond + -IC[1]〙

Man·del·stam, -shtam /mǽndəlstæ̀m, -dl̩-; *Russ.* mandʲɪlʲʃtám/, **O·sip Ye·mi·lye·vich** /óʃʲɪpemʲílʲjévʲɪtʃ/ *n.* マンデリシュターム (1891–1938; ロシアの詩人; 作品は Stalin 時代には発禁とされ, シベリアの収容所で死んだとされる).

Man·de·ville /mǽndəvɪl | -dɪ-/, **Bernard** *n.* マンデビル (1670?–1733; オランダ生まれの英国の医師・思想家; *The Fable of the Bees* (1714); この逆説的比喩譚は多くのイギリス道徳思想家に影響を与えた).

Man·de·ville /mǽndəvɪl | -dɪ-/, Sir **John** *n.* マンデヴィル (14 世紀の中ごろに刊行された(ノルマン)フランス語の想像旅行記 *Travels of Sir John Mandeville* (15 世紀の初めに英訳)の著者; 実名は Jean de Bourgogne (*or* Burgoyne) あるいは Jean d'Outremeuse だといわれたが, 最近は筆者の本名と考える説が有力).

man·di /mʌ́ndi/ *n.* 《インド》大マーケット.〘□ Hindi *maṇḍī* ← ?〙

man·di·ble /mǽndəbl̩ | -dɪ-/ *n.* 《解剖・動物》**1** (哺乳動物・魚類などの)あご, 下あご; (特に)下顎骨(かがくこつ) (⇨ skull[1] 挿絵). **2** (鳥類などの)下嘴(かし); [*pl.*] 両嘴. **3** (節足動物の)大顎(おおあご)《口器の上方の部分》. **man·dib·u·lar** /mændíbjulə | -lə(r)/ *adj.*〘(1392) □ OF ～ (F *mandibule*) // LL *mandibula* ← *mandibulum* jaw ← *mandere* to chew, masticate ← IE **mendh-* to chew: ⇨ mouth〙

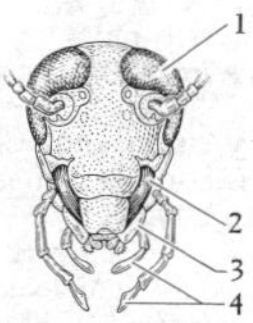

mandible 3
1 eye
2 mandible
3 maxilla
4 palpi

mandíbular árch *n.* 《生物》顎弓(がくきゅう)《内臓弓のうち最前部もの》.

Man·dib·u·la·ta /mændɪ̀bjuláːtə, -léɪtə | -tə/ *n. pl.* 《動物》大顎動物亜目.〘← NL ～ (↓)〙

man·dib·u·late /mændíbjulɪt, -lèɪt | -lèɪt/ 《動物》*adj.* **1** 下あご[大顎(おおあご)] (mandible) のある. **2** 〈脊椎動物が〉下あごのある. **3** 〘← NL *Mandibulata*〙大顎動物の. **4** 噛むのに適応[順応]した. ── *n.* 大顎のある昆虫《甲虫など》.〘(1826) ← L *mandibula* 'MANDIBLE' + -ATE[2]〙

Man·ding /mǽndɪŋ/, **Man·din·go**[1] /mændíŋgoʊ | -gəʊ/ *n.* (*pl.* ～, ～**s**) =Mande.

Man·din·go[2] /mændíŋgoʊ | -gəʊ/ *n.* (*pl.* ～, ～**es**, ～**s**) **1 a** [the ～(e)s] マンディンゴ族《アフリカ西部で広大な言語群を形成する黒人部族; cf. Malinke》. **b** マンディンゴ族の人. **2** マンディンゴ語(派)《混合語としてアフリカ西部で広く使われている; Niger-Congo 語族に属する; Mande ともいう》. ── *adj.* **1** マンディンゴ人の. **2** マンディンゴ語の.〘(1623) □ Mandingo ～ ← *ma-* mother + *-ndi*, *-nde* (dim. suf.) + *-ngo* 《変形》← *-ko* (suf. of nationality or tribe)〙

Man·din·ka /mændíŋkə/ *n.* (*pl.* ～, ～**s**) =Malinke.〘1957〙

man·di·oc /mǽndiɑ̀(ː)k | -ɒ̀k/ *n.* =manioc.

man·di·o·ca /mæ̀ndióʊkə | -ə́ʊ-/ *n.* =manioc.

man·dir /mʌ́ndɪə | -dɪə(r)/ *n.* ヒンズー教寺院.〘□ Hindi ～ ← Skt *mandira* palace, temple〙

M & M's /émən(d)émz/ *n.* 《商標》M アンド M《米国製の小粒砂糖がけチョコレート; プレーンとピーナッツ入りなどがある》.

man·do·la /mændóʊlə | -də́ʊ-/ *n.* マンドーラ《16–17 世紀に流行した大型のマンドリン》.〘(1758) □ It. ～ 'lute'《変形》← LL *pandūra* 'PANDORA'〙

man·do·lin /mæ̀ndəlín, mǽndəlɪn, -dl̩- | mæ̀ndəlín, ─ ─ ́─/ *n.* (*also* **man·do·line** /mæ̀ndəlíːn, mǽndəlɪn, -dl̩- | mæ̀ndəlíːn, -lín/) マンドリン《撥弦(はつげん)楽器》. **màn·do·lín·ist** /-lɪnɪst | -nɪst/ *n.*〘(1707) □ F *mandoline* □ It. *mandolino* (dim.) ← *mandola* (↑): cf. bandore〙

man·do·ra /mændɔ́ːrə/ *n.* =mandola.

man·dor·la /mɑ́ːndɔəlɑ̀ː | mændɔ́ːlə; *It.* mándorla/ *n.* (*pl.* ～**s**, **-dor·le** /-leɪ; *It.* -le/) 《美術》マンドルラ《キリストや聖者たちの身体を取り囲むように描かれたアーモンド形の光背》.〘(1883) □ It. ～《原義》'ALMOND'〙

man·drag·o·ra /mændrǽgərə/ *n.* 《植物》**1** =mandrake 1. **2** (催眠剤としての)マンドレーク (mandrake) の根 (cf. Shak., *Othello* 3. 3. 330).〘lateOE ～ □ (O)F *mandragore* □ ML *mandragora* = L *mandragoras* □ Gk *mandragóras*: ギリシャの医者の名か〙

man·drake /mǽndreɪk/ *n.* 《植物》**1** マンドレーク, コイナス (*Mandragora officinarum*)《地中海地方産のナス科の有毒植物; その多肉の根はしばしば二叉になって人体を思わせ, 引き抜く時は声を出して叫ぶといわれた; この根は mandragora といい, 催眠剤などに用いられたほか迷信的に恋の妙薬とされた; cf. *Gen.* 30:14》. **2** 《米》=mayapple 1.〘(*a*1250)《変形》← ME *mandrag(g)e* □ ? MDu. *mandrage*, *mandragre* □ LL *mandragora* (↑): 今の形はその根の形から MAN[1] + DRAKE[2] (=dragon) と解した民間語源による〙

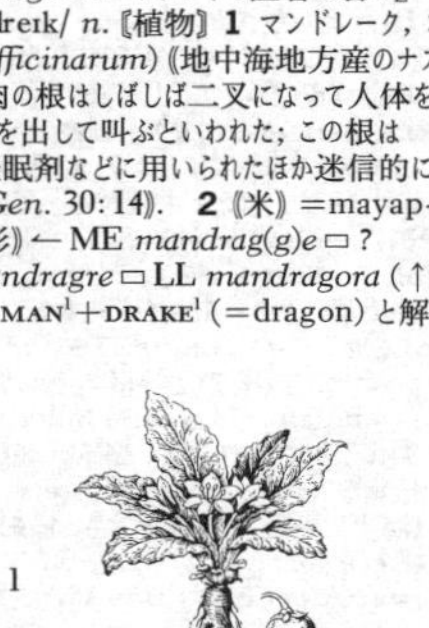

mandrake 1

Man·drax /mǽndræks/ *n.* 《商標》マンドラックス《英国製の鎮静剤; 1960 年代後半に麻薬常用者達の間で流行》.〘(1963) ← ?〙

man·drel /mǽndrəl | -drl̩/ *n.* (*also* **man·dril** /～/) **1** 《機械》心棒, 心軸, 静軸. **2** (鋳造・鍛造で中空品を作る時に用いる)心金(しんがね), マンドレル. **3** 《英》(鉱夫の用い

る)つるはし. 〖(1516) *manderil* (転訛) ← F *mandrin* lathe ◻ Prov. *mandre* axle, crank ◻ L *mamphur* bow-drill ← IE* *menth-* to twirl〗

man·drill /mǽndrəl | -drɪl/ *n.* 〘動物〙マンドリル (*Mandrillus sphinx*) (西アフリカ産で鼻口部が明るい空色のヒヒ). 〖(1744) ← MAN[1]+DRILL[4]〗

man·du·cate /mǽndʒʊkèɪt | -djʊ-/ *vt.* 《古》かむ, 食う (chew, eat). 〖(1623) ← L *mandūcātus* (p.p.) ← *mandūcāre* ← L *mandere* to chew: ⇨ mandible〗

man·du·ca·tion /mæ̀ndʒʊkéɪʃən | -djʊ-/ *n.* **1** 〘動物〙(無脊椎動物の)咀嚼(そしゃく). **2** 〘キリスト教〙聖餐(せいさん)拝受. **3** 《古》(食物の)摂取. 〖(1551) ◻ LL *mandūcātiō(n)*: ⇨ ↑, -ation〗

man·du·ca·to·ry /mǽndʒʊkətɔ̀ːri | -djʊkèɪtəri, -tri/ *adj.* 〘医学〙咀嚼(そしゃく)の[に適する]. 〖(1814) ← MANDUCATE+-ORY〗

Man·dy /mǽndi/ *n.* マンディ《女性名; cf. Amanda, Miranda》.

man·dy·as /mændíːəs, mǽndiəs; *Mod.Gk.* mɑnðíɑs/ *n.* (*pl.* **-dy·ai** /-díːeɪ/, **~·es**) 〘東方正教会〙**1** (修道士のまとう)短い黒マント, マンディヤ. **2** (主教 (bishop) のまとう)黒マント, マンディヤ. 〖◻ LL *mandya* ◻ Gk *mandúa(s)* woolen cloak〗

mane /méɪn/ *n.* **1** (馬・ライオンなどの)たてがみ. **2** 《主に戯言》たてがみのような頭髪.
can màke nèither máne nor táil of it =*can make neither* HEAD *nor tail of it.*
〖OE *manu* ← Gmc **manō-* (MDu. *mane* / G *Mähne*) ← IE **mon-* neck, nape of the neck (L *monīle* necklace) ← **men-* to stand out, project (L *ēminēre* to stand out)〗

mán-èater *n.* **1** 食人者, 人食い人種. **2 a** 人食いトラ[ライオン, ワニ]. **b** 〘魚類〙大形の人食いザメ; (特に)ホオジロザメ (⇨ great white shark) (man-eater shark, man-eating shark ともいう). **3** 《口語》人にかみつく馬. **4** 《口語》多くの男を手玉にとる女, 男好きな女. **mán-èating** *adj.* 〖1599〗

man·eb /mǽnɛb/ *n.* 〘農薬〙マネブ ($C_4H_6MnN_2S_4$) (カルバミン酸を成分とする殺菌剤). 〖← MAN(GANESE)+E(THYLENE)+B(I-)[1]〗

M

maned /méɪnd/ *adj.* たてがみのある. 〖?*c*1300〗

máned wólf [dóg] *n.* 〘動物〙タテガミオオカミ (*Chrysocyon jubatus*) (南米産の頸部・下顎(あご)・足先が黒いオオカミ). 〖1903〗

ma·nege, ma·nège /mænéʒ, mə-, -néɪʒ | mæ-néɪʒ, -néʒ, ⌐–; *F.* manɛːʒ/ *n.* **1** (馬の)調教(術); 馬術. **2** 調教された馬の動作と歩調. **3** 馬術練習所, 乗馬学校. 〖(1644) ◻ F *manège* ◻ It. *maneggio* ← *maneggiare* 'to MANAGE[1]'〗

máne·less *adj.* たてがみのない. 〖(1828) ← MANE+-LESS〗

mán èngine *n.* 《古》〘鉱山〙人員運搬機. 〖1865〗

ma·nent /mɑ́ːnɛnt/ *vi.* 〘演劇〙《複数の》俳優が》舞台に残る《脚本のト書き; cf. exeunt, manet》. 〖◻ L ~ 'they remain' (3rd pl. pres. indic.) ← *manēre* to remain〗

ma·nes /méɪniːz, mɑ́ːneɪs | mɑ́ːneɪz, -neɪs, méɪniːz/ *n. pl.* **1** [しばしば M-] (古代ローマの)《神格化した》死者の霊魂. **2 a** (神に祭られた)死者の霊. **b** [単数扱い] (個人の)亡霊: appease a person's ~ 遺志を果して死者の霊を慰める. 〖(*c*1385) ◻ L *mānēs* the (good) gods of the Lower World ← ? *mānus* good ← IE **mā-* good: cf. mature〗

Ma·nes /méɪniːz, mɑ́ːneɪs | mɑ́ːneɪz, -neɪs, méɪniːz/ *n.* マニ(摩尼) (216–276/277; ペルシャの予言者; マニ教 (Manichaeism) の教祖; Mani または Manichaeus ともいう).

ma·net /mɑ́ːnɛt/ *vi.* 〘演劇〙《(一人の)俳優が》舞台に残る《脚本のト書き; 人物が残ったまま, 次の場面に移行する際に用いる; cf. exit[2], manent》. 〖◻ L ~ 'he or she remains' (3rd sing. pres. indic.) ← *manēre* to remain〗

Ma·net /mænéɪ, mə- | mǽneɪ; *F.* manɛ/, **Édouard** *n.* マネ (1832–83; フランスの画家; 印象派の成立に貢献).

Man·e·tho /mǽnəθoʊ | mǽnɪθəʊ/ *n.* マネトー, マネトン《エジプトの歴史家; 紀元前 3 世紀の Heliopolis の司祭長; ギリシア語でエジプト史を著した》.

ma·neu·ver, 《英》**ma·noeu·vre** /mənúːvə, -njúː- | -núːvə[(r)]/ *vi.* **1 a** 巧みに事を運ぶ, 策略を施す. **b** たくらむ. **2 a** 機動する, 運動[展開]する. **b** 演習する. — *vt.* **1** 巧みに操縦する[移動させる] 〔*into*〕/ 〈*out, along, away*〉: ~ a car *into* a small parking place 狭い駐車場に巧みに車を乗り入れる. **2** 策略で動かす, 計略で…させる 〔*into, out of*〕: ~ the enemy *into* [*out of*] position 策略で敵を陣地内へ誘い入れる[外へ誘い出す] / ~ oneself *into* a good billet 策を用いてよい職にありつく. **3 a** (戦術的作戦で)〈軍隊・艦隊などを〉機動[移動]させる; 操縦する: ~ troops, vessels, etc. **b** 演習させる. **4** 〘海事〙操縦する, 運航する, 操船する. **5** 〈飛行機を〉曲芸飛行させる.
manéuver one's wáy 巧みに進む: ~ *one's way* into a top position 策を用いてトップの地位につく.
—*n.* **1** 巧みな動き[操作], 慎重な動作. **2** 巧妙な手, 巧みな処置, 妙計, 策略 (⇨ trick SYN). **3 a** 機動, 戦術的運動[展開], 戦術的作戦《敵に対して有利な態勢につくため部隊・艦船・航空機・火力・資材などを動かすこと》. **b** [しばしば *pl.*] 演習, 機動演習《図上演習を含む》: anti-air-raid ~*s* 防空演習 / carry out grand ~*s* 大演習を行う. **4 a** 操縦《航空機・車両・艦船などの演練された操作をいう》. **b** (航空機の)曲技飛行《旋回, 宙返りなど》. **5** 〘医学〙用手分娩; (特に)その操作.
róom for manéuver=***fréedom of manéuver*** 計画変更の余地, 行動の自由.
〖n.: (1479) ◻ F *manœuvre* < OF *manuevere, maneuvre* < VL **manūoperam* ← **manūoperāre* ◻ L *manū operārī* to work by hand. — v.: (1777) ← (n.): ⇨ manual, operate〗

ma·neu·ver·a·bil·i·ty /mənùːv(ə)rəbíləti, -njùː- | -nùːv(ə)rəbílɪti/ *n.* 操縦[運用]できること, 操縦性. 〖(1923): ↓, -ITY〗

ma·neu·ver·a·ble /mənúːv(ə)rəbl, -njúː- | -núː-/ *adj.* 操縦しやすい, 運用できる, 機動性のある. 〖(1921) ← MANEUVER+-ABLE〗

ma·néu·ver·er /-v(ə)rə | -rə[(r)]/ *n.* 操縦者, 策略運動家; 策略家, 術策家. 〖(1800) ← MANEUVER+-ER[1]〗

ma·néu·ver·ing ènvelope *n.* 〘航空〙運動包囲線図.

manéuvering lóad fàctor *n.* 〘航空〙運動荷重倍数.

mán-for-mán defénse *n.* 〘球技〙=man-to-man defense (cf. MAN[1] *for man* (2)).

Man·fred /mǽnfrɛd, -frɪd; *G.* mánfʁeːt/ *n.* **1** マンフレッド《男性名》. **2** 「マンフレッド」《Byron の劇詩 (1817), またその主人公》. 〖◻ OHG *Manifred* ← *mana* man+*friðu* peace〗

mán Fríday *n.* (*pl.* **mén F-, mén Frídays**) [時に M- F-] **1** 服従する人, 忠実な召使, 何でも用を足す雇い人, (人に使われる)よろず屋. **2** 右腕(となる人), 腹心の人物. 〖(1887): ⇨ Friday[2]〗

man·ful /mǽnfəl, -fl/ *adj.* **1** 男らしい (⇨ male SYN). **2** 果断な, 腹のすわった. **~·ly** *adv.* **~·ness** *n.* 〖(*a*1325) ← MAN+-FUL〗

mán fùngus *n.* 〘植物〙=earthstar. 〖1866〗

man·ga /mǽŋgə, mɑ́ːŋ- | mǽŋ-/ *n.* (日本の)漫画.

man·ga·bey /mǽŋgəbèɪ, -bèɪ/ *n.* 〘動物〙マンガベー《西アフリカ産 *Cercocebus* 属の尾長ザルの総称》. 〖(1774) ← *Mangabey* (Madagascar 島の一地方名)〗

Man·ga·lore /mǽŋgəlɔ̀ə | -lɔ̀ː[(r)]/ *n.* マンガロール《インド南西部, Karnataka 州 Malabar 海岸に臨む都市》.

man·gan- /mǽŋgən/ (母音の前に来る時の) mangano- の異形.

man·ga·nate /mǽŋgənèɪt/ *n.* 〘化学〙マンガン酸塩[エステル]: potassium ~ マンガン酸カリウム (K_2MnO_4). 〖(1839) ← MANGANO-+-ATE[1]〗

man·ga·nese /mǽŋgəniːz, -niːs | mǽŋgəniːz, ⌐–⌐/ *n.* 〘化学〙マンガン《金属元素の一つ; 記号 Mn, 原子番号 25, 原子量 54.9380》. 〖(1676) ◻ F *manganèse* ◻ It. *manganese* (転訛) ← ML *magnēsia* 'MAGNESIA'〗

mánganese brónze *n.* 〘冶金〙マンガン青銅. 〖1839〗

mánganese chlóride *n.* 〘化学〙塩化マンガン ($MnCl_2$ または $MnCl_3$).

mánganese dióxide *n.* 〘化学〙二酸化マンガン (MnO_2) (黒色粉末; 酸化剤として, またガラス製造などに用いる). 〖1882〗

mánganese gárnet *n.* 〘鉱物〙=spessartite 1.

mánganese nódule *n.* 〘地学〙マンガン団塊《水酸化第二鉄を伴う二酸化マンガンの団塊状沈澱物; 深海底に多く存在し, ニッケル・銅・コバルトなどを含む》. 〖1876〗

mánganese óxide *n.* 〘化学〙酸化マンガン (MnO, Mn_2O_3, Mn_3O_4, MnO_2, Mn_2O_7 の総称; MnO をさすこともある).

mánganese spár *n.* 〘鉱物〙**1** ばら輝石 (⇨ rhodonite). **2** =rhodochrosite. 〖1821〗

mánganese stéel *n.* 〘冶金〙マンガン鋼 (12–14% のマンガンを含む鋳鋼). 〖1895〗

mánganese súlfate *n.* 〘化学〙**1** 硫酸マンガン (⇨ manganous sulfate). **2** =manganic sulfate.

mánganese víolet *n.* **1** 暗赤色, 深紅色, 紫. **2** 紫色の絵の具. 〖1902〗

man·ga·ni- /mǽŋgənɪ, -ni/ mangano- の異形 (⇨ -i-).

man·gan·ic /mæŋgǽnɪk, mæŋ-/ *adj.* 〘化学〙マンガンの[を含んだ]; (特に)三価のマンガン (Mn^{III}) の (cf. manganous). 〖(1828) ← MANGANO-+-IC[1]〗

mangánic ácid *n.* 〘化学〙マンガン酸 (H_2MnO_4). 〖1836〗

mangánic súlfate *n.* 〘化学〙硫酸マンガン (III) ($Mn_2(SO_4)_3$).

man·ga·nif·er·ous /mæ̀ŋgənɪ́f(ə)rəs[⌐]/ *adj.* 〘鉱物〙マンガンを含有する. 〖(1851) ← MANGANO-+-I-+-FEROUS〗

Man·ga·nin /mǽŋgənɪn | -nɪn/ *n.* 〘商標〙マンガニン《銅・マンガン・ニッケルの合金; 加減抵抗器などに使う》. 〖(1902) ← MANGANO-+-IN[2]〗

man·ga·nite /mǽŋgənàɪt/ *n.* **1** 〘鉱物〙水マンガン鉱 (MnO(OH)). **2** 〘化学〙亜マンガン酸塩. 〖(1827) ← MANGANO-+-ITE[1]〗

man·ga·no- /mǽŋgənoʊ | -nəʊ/ 〘化学〙「マンガン (manganese)」の意の連結形. ★ 時に mangani-, また母音の前では通例 mangan- になる. 〖← G *Mangan*+-o-: ⇨ manganese〗

man·ga·no·phyl·lite /mæ̀ŋgənoʊfɪ́laɪt | -nə(ʊ)-/ *n.* 〘鉱物〙マンガノフィライト, マンガン金雲母 (Mn に富む金雲母 (phlogopite) の一種). 〖(1877) ← G *Manganophyll* (⇨ manganese, -phyll)+-ITE[1]〗

man·ga·nous /mǽŋgənəs, mæŋgǽnəs/ *adj.* 〘化学〙二価のマンガン (Mn^{II}) の[を含んだ] (cf. manganic). 〖(1823) ← MANGANO-+-OUS〗

mánganous súlfate *n.* 〘化学〙硫酸マンガン (II), 硫酸第一マンガン ($MnSO_4$) (肥料・顔料などに用いる; manganese sulfate ともいう).

mange /méɪndʒ/ *n.* 〘獣医〙(犬・牛などの)皮癬(ひぜん), 疥癬(かいせん) (寄生ダニが引き起こし, 時に人に移る). 〖(*c*1400) *manjeue* ◻ OF *manjue, mangeue* itch ← *mangier* to eat < L *mandūcāre* ← L *mandere* to chew: ⇨ manger〗

man·gel /mǽŋgəl, -gl/ *n.* =mangel-wurzel. 〖(1856) (短縮) ↓〗

man·gel-wur·zel /mǽŋgəlwə̀ːzl, -gl- | mǽŋgəl-wə̀ːzl, ⌐–⌐–/ *n.* 〘植物〙アカザ科の家畜飼料として栽培されるフダンソウの一変種の植物 (*Beta vulgaris* var. *macrorhiza*) (根の大きい砂糖大根; mangel ともいう). 〖(1767) ◻ G *Mangelwurzel* (変形) ← *Mangoldwurzel* ← *Mangold* beet (< OHG **manegold* ← ?)+*Wurzel* root (< OHG *wurzala* ← IE **wrād-* branch, root)〗

man·ger /méɪndʒə | -dʒə[(r)]/ *n.* **1** 飼葉おけ, まぐさおけ, 馬ぶね: a dog in the ~ ⇨ dog 成句. **2** 〘海事〙マンガー, 水除け《錨鎖孔 (hawse pipe) と船首水除板の間の小区域》. 〖(*a*1333) *manger, manior* ◻ OF *maingeur* (F *mangeoire*) ← *mangier* to eat ← LL *mandūcāre* ← *mandere* to chew ← IE **menth-* to chew: ⇨ mange, mouth〗

mánger bòard *n.* 〘海事〙波除け, 船首水除板. 〖1867〗

mánger scène *n.* [the ~] 《米》=nativity scene.

mange·tout /mɑ̃ː(n)ʒtúː, mɑːnʒ-, mɑːndʒ-; *F.* mɑ̃ʃtu/ *n.* 〘園芸〙サヤエンドウ (さやも食べられる菜園用豆の一種; sugar [snow] pea ともいう; cf. snap pea). 〖(1928) ◻ F ~ (原義) 'eat-all'〗

mang·ey /méɪndʒi/ *adj.* (**mang·i·er, -i·est; more ~, most ~**) =mangy.

man·gle[1] /mǽŋgl/ *vt.* **1** ずたずたに切る, めった切りにする, 切りさいなむ (⇨ maim SYN): He was attacked by hooligans and badly ~*d.* よた者どもに襲われて体中をめった切りにされた. **2** 〈言葉の意味などをわからなくする, 〈文章などを〉台なしにする, ぶちこわす: ~ a text by interpolation 余計な語句を挿入して原文を台なしにする / ~ a piece of music (下手な演奏で)曲をぶちこわしにする.
mán·gled *adj.* 〖(?*a*1400) *mangele(n)* ◻ AF *mangler* (短縮) ← **mahangler* (freq.) ← OF *mahaignier* 'to MAIM': ⇨ -le[3]: cf. mangonel〗

man·gle[2] /mǽŋgl/ *n.* 〘機械〙**1** (布などの)しわ伸ばし器, 圧搾ローラー. **2** (洗濯の)仕上機, つや出し機. — *vt.* **1** しわ伸ばし器で…のしわを伸ばす. **2** 〘冶金〙圧延する. 〖(1774) ◻ Du. *mangel* < MDu. *mange* ◻ L *manganum* ◻ Gk *mágganon* engine for defending fortifications: ⇨ mangonel〗

mán·gler[1] /-glə, -glə | -glə[(r)], -gl-/ *n.* **1** ずたずたに切る人, 切りさいなむ人, 台なしにする人, めちゃくちゃにする人. **2** 肉刻み器. 〖(1561–2) ← MANGLE[1]+-ER[1]〗

man·gler[2] /-glə, -glə | -glə[(r)], -gl-/ *n.* しわ伸ばし器を使う人, しわ伸ばし係. 〖*a*1845〗

man·go /mǽŋgoʊ | -gəʊ/ *n.* (*pl.* **~es, ~s**) **1** 〘植物〙**a** マンゴー (*Mangifera indica*) (南アジア原産のウルシ科の常緑高木; 果実は長円形黄色・赤色・緑色などで美味). **b** マンゴーの果実. **2** =sweet pepper. **3** 《米中部》マンゴー《刻んだキャベツなどの詰めものをしたピーマンの漬けもの》. 〖(1582) ◻ Port. *manga* ◻ Malay *manggā* ◻ Tamil *mān-kāy* ← *mān* mango tree+*kāy* fruit: 現在の語形は Du. *mango* による〗

mán·gòd *n.* **1** 神人 (cf. demigod) (人間でも神でもある人). **2 a** 神とされる人. **b** 人間の姿をした神. 〖1597〗

mángo-fish *n.* 〘魚類〙=threadfin. 〖1751〗

mán·gold flỳ /mǽŋgoʊld- | -gəʊld-/ *n.* 〘昆虫〙=beetfly.

mángold-wùr·zel /-wə̀ːzl | -wə̀ːzl/ *n.* 〘植物〙=mangel-wurzel (単に mangold ともいう).

mángo mèlon *n.* 〘植物〙オレンジメロン, キートメロン (*Cucumis melo* var. *chito*) (多数の小果をつけるメロン).

man·go·nel /mǽŋgənɛ̀l/ *n.* (古代の軍用)投石機, 大石弓 (矢・投げ槍・石などを射るのに用いた). 〖(1265) ◻ OF ~, *mangonelle* (F *mangonneau*) ◻ ML *mangan-ellus* (dim.) ← LL *mangonum* ◻ Gk *mágganon* engine for hurling stones, (原義) deceptive device ← IE **meng-* to furbish, embellish deceptively〗

man·go·steen /mǽŋgəstìːn | -gə(ʊ)-/ *n.* 〘植物〙**1** マンゴスチン (*Garcinia mangostana*) (熱帯アジア産オトギリソウ科の常緑高木). **2** マンゴスチンの果実 (リンゴ大で厚い皮の中に多汁・美味な果肉がある). 〖(1598) ◻ Malay *mang(g)ustan*〗

man·grove /mǽŋgroʊv, mǽn- | -grəʊv/ *n.* マングローブ (熱帯地方の泥深い海辺や河口に生じるヒルギ科ヤエヤマヒルギ属の常緑高木または低木の総称; (特に) *Rhizophora mangle*). 〖(1613) (混成) *mangrowe, mangrave* ? ← Port. *mangue* (◻ Sp. *mangle* ◻ Taino)+GROVE〗

mangrove

mángrove cùckoo *n.* 〘鳥類〙マングローブカッコウ (*Coccyzus minor*) (米国 Florida Keys などにいるカッコウ

の一種; 自己営巣性をもつ). 〖1782〗

mángrove swàmp *n.* マングローブ湿地《熱帯・亜熱帯の内湾・河口にみられるマングローブの生育した汽水域の湿地》. 〖1851-56〗

mang·y /méɪndʒi/ *adj.* (**mang·i·er, -i·est; more ~, most ~**) **1** 皮癬(ひぜん)[疥癬(かいせん)]にかかった, 皮癬だらけの (cf. mange). **2 a** 毛の抜けた; みすぼらしい. **b** きたない, 不潔な, むさ苦しい. **3** 卑劣な, 見下げ果てた.
máng·i·ly /-dʒɪli/ *adv.* **máng·i·ness** *n.*
〖(1526) ← MANGE+-Y¹〗

mán·hàndle *vt.* **1** 手荒く[乱暴に]扱う, 虐待する. **2** (機械を使わず)人力で動かす[処理する]. 〖(?1458) ← MAN¹+HANDLE〗

mán·hàter *n.* **1** 人間嫌い. **2** 男嫌い. 〖(1579-80): ⇨ man¹, hate, -er¹〗

Man·hat·tan /mænhǽtn, mən-/ *n.* **1** マンハッタン《New York 市内の島で同市の主要な一区; Hudson, East River, Harlem の三川の間にある; 長さ 21.7 km, 幅最大 3.6 km, 面積 57.4 km²; Manhattan Island ともいう》. **2** (*p.* ~, ~s) **a** [the ~(s)] マンハッタン族《Algonquian 語族のアメリカインディアン; 以前現在の New York 市に住んでいた》. **b** マンハッタン族の人. **3** [しばしば m-] マンハッタン《バーボンウイスキーをベースに甘口のベルモットとビターズ少量を加えてステア (stir) したカクテル; さくらんぼ (maraschino cherry) を添える; Manhattan cocktail ともいう》. **4** 〖商標〗マンハッタン《米国製のワイシャツ》.
〖□ Du. ~ □ N-Am.-Ind. (?Algonquian) 《原義》?island-mountain ← *manah* island+*atin* hill〗

Manháttan Béach *n.* マンハッタンビーチ《米国 California 州, Los Angeles 郊外の都市》.

Manháttan clám chòwder *n.* マンハッタンクラムチャウダー《はまぐり・塩づけ豚肉・トマトなどで作る濃厚なスープ; cf. New England clam chowder》.

Manháttan Dístrict *n.* [the ~] マンハッタン(技術)管区《原子力研究の米国陸軍の統合機関 (1942-47) の暗号名; 原子爆弾を完成するために学界と実業界が協力して当たった; cf. Manhattan Project》.

Man·hat·tan·ese /mænhæ̀təníːz, mən-, -níːs, -tn- | mænhæ̀təníːz, -tn-⁻/ *adj.* マンハッタンの; ニューヨーク市の. — *n.* (*pl.* ~) **1** [通例 *pl.*] ニューヨーク市民. **2** マンハッタンの英語, ニューヨークの英語. 〖(1828) ← MANHATTAN+-ESE〗

Man·hat·tan·ite /mænhǽtənàɪt, mən-, -tn- | mænhǽtən-, -tn-/ *n.* ニューヨークっ子. 〖← MANHATTAN+-ITE¹〗

Man·hat·tan·ize /mænhǽtənàɪz, mən-, -tn- | mænhǽtən-, -tn-/ *vt.* 〈都市を〉高層化する. **Man·hat·tan·i·za·tion** /mænhæ̀tənɪzéɪʃən, mən-, -tn- | mænhæ̀tənaɪ-, -nɪ-, -tn-/ *n.* 〖1934〗

Manháttan Próject *n.* [the ~] マンハッタン計画《第二次大戦中に米国が行った原子力研究の秘密計画(の暗号名); この研究の結果, 原子爆弾が実用化された; cf. Manhattan District》.

mán·hèlper *n.* (手の届かないところを塗るために用いる, はけをつける)長い棒《long arm ともいう》.

mán·hòle *n.* **1** マンホール《掃除・修理などのため電線の埋設管・床下・下水暗渠(きょ)・ボイラーなどに人が入れるように作った穴》: descend a ~. **2** (甲板のふた付きの)小昇降口. 〖(1793) ← MAN¹+HOLE〗

man·hood /mǽnhʊ̀d/ *n.* **1** 人であること, 人性, 人格: a perfect ~ 立派な人間, 君子. **2** 男[大人]であること (cf. womanhood 1, boyhood 1); (男子の)丁年, 成年 (cf. youth): arrive at [attain, reach, come to] ~ 丁年に達する / He is in the prime of ~. 男盛りである / He could not live to ~. 彼は大人にならないうちに死んだ. **3** 男らしさ, 勇気: virile ~ 男らしさ. **4** [集合的]男子 (men): the whole ~ of Greece ギリシャの男子全部. 〖(*a*1250) *manhode*: ⇨ man¹, -hood〗

mánhood súffrage *n.* 成年男子選挙[参政]権 (cf. universal suffrage, woman suffrage). 〖1859〗

mán-hóur *n.* 〖労働〗マンアワー, 人時(にんじ), 延べ時間《特に賃金・経費算定の単位としての一人 1 時間の仕事の量; cf. man-day》: supermarket sales per ~ 売り子一人 1 時間に対するスーパーの売上額. 〖1912〗

mán·hùnt *n.* (組織的で集中的な)人狩り; (特に)犯人追跡[捜査], 指名手配. **~·er** *n.* 〖1846〗

Ma·ni /mɑ́ːni/ *n.* =Manes.

ma·ni·a /méɪniə, -njə/ *n.* **1** 熱狂, 熱中, …狂, …熱, マニア: a ~ for [the ~ of] speculation 投機熱 / He has a perfect ~ for rare books. 彼は全くの珍本狂だ / His interest in stamp collecting has become a ~. 彼の切手収集は熱狂的になってきた. [日英比較] 日本語の「マニア」は人の意であるが英語の *mania* は「熱狂」の意. 人を表すには普通は enthusiast あるいは fan を用いる. maniac も「熱狂的愛好者」の意であるが, 日本語のマニアより意味が強く, また軽蔑の意を含む. **2** 〖精神医学〗躁(そう)病 (⇨ insanity SYN). 〖(*c*1385) □ LL ~ □ Gk *maníā* madness, frenzy ← IE **men-* to think: ⇨ mind, -ia¹: cf. Gk *maínesthai* to be mad〗

SYN 熱狂: **mania** ある事物に対する無分別な熱狂: He has a *mania* for music. 音楽マニアだ. **delirium** (うわごとを言ったりする)精神錯乱《格式ばった語》; 自制を失うほどの強い情緒的な興奮状態: in a *delirium* of joy 有頂天になって. **frenzy** 抑制できない激しい興奮状態: He killed himself in a *frenzy* of despair. 絶望のあまり逆上して自殺した. **hysteria** 〖病理〗ヒステリー; 病的に興奮して泣いたり笑ったりする状態: laugh and cry in a *hysteria* ヒステリーを起こして笑ったり泣いたりする.

-ma·ni·a /méɪniə, -njə/「…狂 (mania)」の意味を表す名詞連結形 (cf. -phobia): **1** 特殊な狂気の型: klepto*mania*, megalo*mania*. **2** 熱狂的性癖: biblio*mania*, mono*mania*. **3** 礼賛, 心酔: Anglo*mania*, Gallo*mania*. 〖← MANIA (↑)〗

ma·ni·ac /méɪniæ̀k/ *n.* **1** 狂人. **2** 熱狂的ファン, 偏執的愛好家, マニア (⇨ zealot SYN, mania [日英比較]): a car ~ / a homicidal ~ 殺人狂. **3** 《廃》〖精神医学〗躁病患者. — *adj.* **1** 狂乱の, 狂気の. **2** 熱狂する, 激しい. 〖(1604) □ ML *maniacus* □ Gk *maniakós* ← *maníā* mania: ⇨ mania, -ac〗

-ma·ni·ac /méɪniæ̀k/ **1**「…狂」の意味を表す名詞連結形: klepto*maniac*. **2**「…狂の」の意味を表す形容詞連結形: biblio*maniac*.

ma·ni·a·cal /mənáɪəkəl, -kl/ *adj.* =maniac. **~·ly** *adv.* 〖(1604) ← MANIAC+-AL¹〗

man·ic /mǽnɪk/ 〖精神医学〗*adj.* 躁(そう)病の. — *n.* 躁病患者. 〖(1902) □ Gk *manikós* insane: ⇨ mania, -ic¹〗

mánic-deprèssion *n.* 躁鬱(そううつ)病. 〖1958〗

mánic-depréssive 〖精神医学〗*adj.* 躁鬱病の: ~ insanity [psychosis] 躁鬱病, 循環精神病. — *n.* 躁鬱病患者. 〖1902〗

Man·i·chae·an /mæ̀nəkíːən | -nɪ-⁻/ *n.* **1** マニ教徒. **2** 二元論(的宗教)信(奉)者. — *adj.* マニ教 (Manichaeism) の; マニ教徒の; マニ教的な. 〖(1556) □ LL *Manichae(us)* 'MANICHEE'+-AN¹〗

Màn·i·cháe·an·ìsm /-nìzm/ *n.* =Manichaeism.

Man·i·chae·ism /mǽnəkìːɪzm | mæ̀nɪkíː-/ *n.* マニ教《マニ (Manes) が唱えた宗教で, グノーシス派キリスト教・仏教・ゾロアスター教などの要素を一緒にしたもの; 3-7 世紀に栄えた; 光明[善, 神, 精神]と暗黒[悪, 悪魔, 肉体]の対立を説く二元論的宗教; ローマカトリック教会から異端視された》. 〖(1626) ← LL *Manichae(us)* 'MANICHEE'+-ISM〗

Man·i·chae·us /mæ̀nəkíːəs | -nɪ-/ *n.* =Manes. 〖□ L ~: ↑〗

Man·i·che·an /mæ̀nəkíːən | -nɪ-⁻/ *adj., n.* =Manichaean.

Màn·i·ché·an·ìsm /-nìzm/ *n.* =Manichaeanism.

Man·i·chee /mǽnəkìː | -nɪ-/ *n.* =Manichaean. 〖(?*c*1350) □ LL *Manichaeus* □ LGk *Manikhaîos* Manes〗

Man·i·che·ism /mǽnəkìːɪzm | mæ̀nɪkíː-/ *n.* =Manichaeism.

Man·i·che·us /mæ̀nəkíːəs | -nɪ-/ *n.* =Manes.

man·i·chord /mǽnəkɔ̀əd | -nɪkɔ̀ːd/ *n.* 《廃》=clavichord. 〖(1611) □ F *manicorde* □ ML *monocordum* □ Gk *monókhordon* monochord: おそらく L *manus* hand と連想された〗

ma·ni·cot·ti /mæ̀nəkɑ́(ː)ti | -nɪkɔ́ti; *It.* manikɔ́tti/ *n. pl.* [単数または複数扱い] マニコッティ《リコッタチーズや細かく刻んだ肉を四角いパスタ (pasta) の生地で包んでトマトソースを加えて焼いたもの》. 〖(1948) □ It. ~ (pl.) ← *manicotto* muff〗

man·i·cou /mǽnɪkùː | -nɪ-/ *n.* 《カリブ》〖動物〗フクロネズミ, オポッサム (opossum). 〖(1953) ← ?〗

man·i·cure /mǽnəkjʊ̀ə | -nɪkjʊ̀əʳ, -kjɔ̀ːʳ/ *n.* **1** マニキュア, 美爪(びそう)術 (cf. pedicure 3): a ~ parlor 美爪院 / ~ scissors マニキュアばさみ / have a ~ マニキュアをしてもらう. **2** =manicurist. — *vt.* **1** …にマニキュアを施す. **2** 《口語》〈芝生などを〉丹念に短く刈り込む: ~ a lawn. 〖(1880) □ F ~ 《原義》the care of the hands ← L *manus* hand+*cūra* care: ⇨ manual, cure〗

manicure scissors
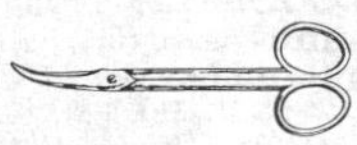

mán·i·cùr·ist /-kjʊ̀ərɪst | -kjʊ̀ərɪst, -kjɔ̀ːr-/ *n.* マニキュア師, 美爪(びそう)術師. 〖(1889) ← MANICURE+-IST〗

Man·i·dae /mǽnədìː | -nɪ-/ *n. pl.* 〖動物〗センザンコウ科. 〖← NL ~ ← *Manis* (属名: ⇨ manes)+-IDAE〗

ma·nière cri·blée /mænjɛ́əkriːbléɪ | -njɛ́ə-; *F.* manjɛʀkʀible/ *n.* 〖木版〗突彫り法《15 世紀から行われていた方法で, 版に小さな丸い穴をあける; dotted manner ともいう》. 〖(1903) □ F ~ 《原義》dotted manner〗

man·i·fer /mǽnəfɚ, -fə | -nɪfəʳ, -fəʳ/ *n.* 〖甲冑〗(手綱手(たづなて)用の)手甲(てこう)《トーナメントで左手につける補強用の手甲; main-de-fer ともいう》. 〖(変形) ← MF *main-de-fer* hand of iron〗

man·i·fest /mǽnəfɛ̀st | -nɪ-/ *adj.* **1** 明らかな, (特に視覚的に)はっきりとした (⇨ evident SYN): a ~ truth [error] 明らかな真実[誤り] / It is ~ at a glance. それは一目瞭然(りょうぜん)だ. **2** 〖心理〗顕在的な (cf. latent 3). — *vt.* **1 a** 明らかにする[示す], 明示する. **b** 証拠立てる, 証明する: It ~*s* the truth of the adage. それはその格言の真実なことを証明する. **2** (言語・行動によって)〈感情などを〉表現する, 外に表す, 素振りに見せる: ~ impatience, displeasure, contentment, etc. / She did not ~ much desire to marry him. 彼との結婚を望んでいる様子は余り見せなかった. **3** [~ one*self* として] **a** 〈兆候などが〉表れる. **b** 〖心霊〗〈幽霊などが〉現れる: The ghost ~*ed itself*. 幽霊が現れた. **4** 〖商業〗積荷目録に載せる; …の積荷目録を示す. — *vi.* 〈幽霊などが〉現れる. — *n.* **1 a** (税関に提出する)積荷目録, 積荷明細書. **b** (飛行機の)積荷目録, 乗客名簿. **c** (列車の)貨物輸送状. **2** 《主に米》〖鉄道〗(食品・家畜などの)急行貨物列車. **3** 《まれ》=manifestation. **4** 《廃》=manifesto. **~·ness** *n.* 〖*adj.*: (*c*1380) □ (O)F *manifeste* ∥ L *manifestus* palpable, evident ← *manus* hand+-*festus* capable of being seized (← -*fendere* to strike). — v.: (*c*1380) □ (O)F *manifester* ∥ L *manifestāre* to show clearly ← *manifestus*: ⇨ manus, infest〗

man·i·fest·a·ble /mǽnəfɛ̀stəbl | -nɪ-/ *adj.* 明示できる, 表せる. 〖(*a*1512)〗

man·i·fes·tant /mæ̀nəfɛ́stənt | -nɪ-/ *n.* 示威運動の参加者. 〖(1880) □ F ~ (pres.p.) ← *manifester* 'to MANIFEST'〗

man·i·fes·ta·tion /mæ̀nəfɛstéɪʃən, -fɛs- | -nɪfɛs-, -fəs-/ *n.* **1** 明示, 表明, 現れ; 顕[啓]示 (revelation): a stormy ~ of patriotism 猛烈な愛国心の発露 / the ~ of God's power in creation 創造における神の力の顕示 / Her smile was a ~ of happiness. 彼女のほほえみは幸せの現れだった. **2** (政府・政党が行う)政見発表; (政治的)示威行動. **3** 〖心霊〗=materialization 2. **~·al** /-ʃnəl, -ʃənl⁻/ *adj.* 〖(?*a*1425) *manifestacioun* □ LL *manifestātiō(n-)* ← *manifestātus* (p.p.) ← *manifestāre* 'to MANIFEST': ⇨ -ation〗

man·i·fes·ta·tive /mæ̀nəfɛ́stətɪv | -nɪfɛ́stət-⁻/ *adj.* 明示[表明]する. **~·ly** *adv.* **~·ness** *n.* 〖(1642) □ ML *manifestātīvus*: ⇨ manifest, -ative〗

mánifest contént *n.* 〖精神分析〗(夢の)顕在内容《夢に見られる内容で, 無意識の願望が仮装して現れて来るもの; cf. latent content》.

Mánifest Déstiny *n.* **1** 〖米史〗明白な運命(説)《米国が北米全体にわたって政治的・社会的・経済的支配を行うのは明白な運命だという帝国主義的思想; 19 世紀の中頃から後半にかけて受け入れられた》. **2** [m- d-] 領土拡張政策. 〖1845〗

mán·i·fest·ly *adv.* 明白に, はっきりと. 〖?*a*1425〗

man·i·fes·to /mæ̀nəfɛ́stoʊ | -nɪfɛ́stəʊ/ *n.* (*pl.* **~s, ~es**) (君主・政府・政党・団体などの発する)宣言, 声明; 宣言[声明]書, 布告文 (⇨ Communist Manifesto): issue a ~ 声明を発表する. — *vi.* 宣言[声明]を発表する. 〖(1644-1686) □ It. ~ ← *manifestare* □ L *manifestāre*: ⇨ manifest〗

man·i·fold /mǽnəfòʊld | -nɪfəʊld/ *adj.* **1 a** 種々の, 多様の, 雑多な, いろいろな, 多方面の (⇨ many SYN): ~ vexations 種々の心痛 / ~ functions 各種の機能 / ~ wisdom 多方面に働く知恵 / The errors are ~. 誤りは多岐にわたっている. **b** 多数の, 多くの: our ~ blessings. **c** 〈悪党・うそつきなど〉(種々の理由で)そう言われるのももっともな: He is a ~ traitor. 彼はいろんな意味で反逆者だ. **2 a** 多くの部分から成る, 複合の. **b** 〈器具・機械など〉同時に多種の仕事をする. **3** (カーボンをはさんで)複写用紙を重ねた (cf. *n.* 2).
— *adv.* 数倍も; いろいろと; 大いに.
— *n.* **1** 多様であること, 多様なもの, 多様性: the ~ of life 人生の多様[複雑]性. **2** (カーボン紙・複写機で取った)写し, コピー. **3** 〖哲学〗(カント哲学における経験的所与の)多様性. **4** 〖数学〗多様体《曲線や曲面の多次元への拡張; 局所ユークリッド的な空間; cf. locally Euclidean space》. **5** 〖機械〗マニホールド, 多岐管《気化器とエンジンなどの間にあるような管取付けで, 数個の吸込み口または吐出し口と一つの口とをつなぐ》. **6** [通例 *pl.*] 《英方言》重弁胃《反芻(はんすう)動物の第三胃》.
— *vt.* **1** 〈手紙・書類などを〉複写機[複写紙]で多数の写しに取る, 数通に作る: ~ a letter, document, etc. **2** 〈液体を〉分岐管で集配する. **3** 《まれ》多種にする, 倍加する. — *vi.* 幾通りにも写しを取る.
~·ly *adv.* **~·ness** *n.*
〖lateOE *maniġfeald*: ⇨ many, -fold〗　M

mánifold áir prèssure *n.* 〖機械〗吸気圧力《manifold pressure ともいう》.

mán·i·fòld·er *n.* (昔の)複写機, 謄写器. 〖1903〗

mánifold pàper *n.* 複写用紙. 〖1851〗

mánifold wrìter *n.* =manifolder. 〖1808〗

man·i·hot /mǽnəhɑ̀(ː)t | -nɪhɔ̀t/ *n.* 〖植物〗熱帯アメリカ(主にブラジル)産トウダイグサ科イモノキ属 (*Manihot*) の低木または高木の総称 (⇨ cassava). 〖(1568) ← NL ~ ← F ~ 'cassava' ← S-Am.-Ind. (Tupi): ⇨ manioc〗

man·i·kin /mǽnɪkɪn | -kɪn/ *n.* **1** こびと, 一寸法師. **2 a** 人体解剖模型; (産科学で用いる)胎児模型. **b** (美術家や衣装店が使う)人体模型, マネキン人形, 人台(じんだい). **3** =mannequin. — *adj.* [限定的] 小さい, 小型の. 〖(*c*1536) □ Du. **manneken, mannekijn* < MDu. *mannekijn* (dim.) ← *man* 'MAN¹': cf. mannequin〗

Ma·nil·a /mənílə/ *n.* **1** マニラ《フィリピン Luzon 島西部の港市で同国の首都》. **2** =Manila copal. **3** =Manila rope. **4** =Manila paper. **5** =Manila cigar. **6** =Manila hemp. — 〖1834〗*adj.* [限定的] マニラの, マニラからの; マニラ紙の, マニラ麻の[でできた]. 〖1697〗

Maníla Báy *n.* マニラ湾《フィリピン Luzon 島西部の大湾》.

Maníla cigár *n.* マニラたばこ《両切り葉巻たばこ》.

Maníla cópal *n.* 〖化学〗マニラコーパル《フィリピン・インドネシアに産するインドダマル (*Agathis alba*) などから採る樹脂で, ワニスの原料》.

Maníla fíber *n.* =Manila hemp. 〖1954〗

Maníla gràss *n.* 〖植物〗ハリシバ (*Zoysia matrella*)《日本・台湾産の庭園・ゴルフ場などに使われる芝草》.

Maníla hémp *n.* (しばしば m-) マニラ麻《マニライトバショウ (abaca) の葉から採る丈夫な繊維; ロープなどの材料にする; Manila fiber, abaca ともいう》. 〖1847〗

Maníla páper *n.* (しばしば m-) マニラ紙: **a** マニラ麻を原料にした薄い紙《複写紙・謄写版原紙などに使う》. **b** マニラ色の強力紙. 〖1873〗

Maníla rópe *n.* [しばしば m-] マニラロープ《マニラ麻で作った強い綱; 耐水性が強いので船具用に多く使う》. 〘1855〙

Maníla támarind *n.* 食用になるキンキジュ (camachile) の実.

ma·nil·la /mənílə/ *n.* (アフリカ西部原住民の)金属製の指輪[腕輪, 脚輪]《貨幣として用いていた》. 〘(1556) ◻ Port. *manilha* ∥ Sp. *manilla* < ? L *monilia* (pl.) ← *monīle* collar, neckring: ⇨ moniliform〙

Ma·nil·la /mənílə/ *n., adj.* =Manila.

ma·nille /məníl/ *n.* 〖トランプ〗マニラ《ある種のカードゲームで 2 番目に強い切り札; ombre では切札の 7 または 2, quadrille では切札の 9》. 〘(1674) ◻ F ~《変形》← Sp. *malilla* (dim.) ← *mala* (fem.) ← *malo* bad ◻ L *malum* bad (cf. small): cf. mal-[1]〙

Ma·nin·ke /məníŋki/ *n.* =Malinke.

man·i·oc /mǽniὰ(ː)k | -ɔ̀k/ *n.* 〖植物〗=cassava 1《mandioc, mandioca ともいう》. 〘(1568) *madioc* ◻ F *manioc, manihot* ◻ S-Am.-Ind. (Tupi) *manioch, manioca* cassava ◻ Guarani *mandióg*〙

man·i·o·ca /mæ̀nióukə | -ə́u-/ *n.* 〖植物〗=manioc.

man·i·ple /mǽnəpḷ | -n̥ɪ-/ *n.* 1 (古代ローマの)歩兵中隊《60 人または 120 人から成る》. 2 〖カトリック・英国国教会〗マニプル, 腕帛(わんぱく)《ミサ聖祭のとき助祭など左腕に垂らす布》. 3 《古》手一杯(の量). 〘(1346) ◻ OF ~ (F *manipule*) ∥ L *manipulus* handful, division of Roman army,《原義》that which fills the hand ← *manus* hand + *plēre* to fill or *plēnus* full: ⇨ manual, full[1], plenum〙

ma·nip·u·la·ble /mənípjuləbḷ/ *adj.* =manipulatable. **ma·nip·u·la·bil·i·ty** /mənìpjuləbíləṭi | -lɪ̥ti/ *n.* 〘1881〙

ma·nip·u·lar /mənípjulə, mæ- | -lə(r)/ *adj.* 1 (古代ローマの)歩兵中隊の. 2 =manipulative. — *n.* (古代ローマの)歩兵中隊の一員. 〘(1623) ◻ L *manipulāris*: ⇨ ↑, -ar[1,2]〙

ma·nip·u·lat·a·ble /mənípjulèɪṭəbḷ | -tə-/ *adj.* 1 扱うことのできる, 操作[操縦]できる. 2 〖数学〗操作可能な: ~ variables 操作可能な変数. 〘1934〙

ma·nip·u·late /mənípjulèɪt/ *vt.* 1 a 〈人・世論などを〉操る, 操作する: ~ public opinion [the press] 世論[新聞]を操作する / ~ a convention 会議を操る / ~ voters 有権者を操る[買収する]. b 〈問題・事件などを〉巧みに扱う[処理する, 計らう]. 2 (手際よく)使う, 扱う, 動かす: ~ scientific apparatus. 3 〈計算・帳簿などを〉ごまかす, 改竄(かいざん)する: ~ accounts [figures, books] 勘定[計算, 帳簿]をごまかす. 4 (証券や商品の)相場を(巧みに)操作[操縦]する: ~ prices / ~ the market 市場を操作する. 5 〖外科〗(骨折などの有無を調べるために)〈体の部位を〉触診する. 6 〈性器を〉刺激する; [再帰的] 自慰をする. 〘(1827)《逆成》← MANIPULATION: cf. maniple〙

ma·nip·u·la·tion /mənìpjuléɪʃən/ *n.* 1 (仕事・製作などに)手を使うこと, 手の使い方, 手さばき; (特に器具の)取扱い(法). 2 巧みな扱い, 巧妙な操作. 3 (帳簿・数字などの)ごまかし, 改竄(かいざん). 4 (証券や商品の)相場の操作[操縦]: adroit ~ of stocks 株価の巧みな操作. 5 〖医学〗触診; 処置. 〘(1727–1741) ◻ F ~ ← *manipule* apothecary's handful ◻ L *manipulus* handful: ⇨ maniple, -ation〙

ma·nip·u·la·tive /mənípjulèɪṭɪv, -ləṭ- | -lət-, -lèɪt-/ *adj.* 手先の; 巧みに扱う; ごまかしの. **~·ly** *adv.* **~·ness** *n.* 〘1836〙

ma·nip·u·là·tor /-ṭə | -tə(r)/ *n.* 1 手で扱う人, 手で作る人; (器具などの)取扱い人. 2 操作者, あやつり人: a Wall Street ~ 米国証券市場の操作者. 3 (帳簿・数字などの)ごまかし手, 改竄(かいざん)者. 4 (人の手の代りに物をつかんだり, 動かしたりする)操縦機[桿], マジックハンド, マニピュレーター. 5 〖写真〗板架, 保板器. 〘(1851) ← MANIPULATE + -OR[1]〙

ma·nip·u·la·to·ry /mənípjulətɔ̀ːri | -təri, -tri/ *adj.* =manipulative. 〘1827〙

Ma·ni·pur /mæ̀nəpúə, mʌ̀n- | -n̥ɪpúə(r)/ *n.* マニプール《インド北東部, ミャンマーに接する州; 面積 22,346 km^2, 州都 Imphal》.

Man·i·pu·ri /mæ̀nəpúᵊri, mʌ̀n- | -n̥ɪpúəri/ *n.* (*pl.* ~, ~s) マニプール人[語]. 〘1918〙

Ma·ni·sa /mɑ̀ːnɪsɑ́ː | -nɪ-; *Turk.* mánisa, ― ― ´/ *n.* マニサ《トルコ西部, エーゲ海に近い都市; ローマ軍が Antiochus 大王を破った地 (190 B.C.)》.

ma·nism /mɑ́ːnɪzm, méɪ-/ *n.* (祖先の)霊魂崇拝, 祖霊[祖先]崇拝. **ma·nis·tic** /mɑːnístɪk, meɪ-/ *adj.* 〘(1904) ← MAN(ES) + -ISM〙

man·it /mǽnɪ̥t | -nɪt/ *n.* =man-minute. 〘短縮〙

Manit. 《略》Manitoba.

man·i·to /mǽnəṭòu | -n̥ɪtə̀u/ *n.* (*pl.* ~s) =manitou.

Man·i·to·ba /mæ̀nəṭóubə | -n̥ɪtə́u-´/ *n.* マニトバ《カナダ中部の州; 森林が 40% を占める; 面積 650,090 km^2, 州都 Winnipeg; 略 Man., Manit.》. 〘◻ N-Am.-Ind. (Algonquian) *manito bau* spirit straight: ⇨ manitou〙

Manitoba, Lake *n.* マニトバ湖《カナダ Manitoba 州南部の湖; 面積 4,660 km^2, 長さ 201 km》.

Man·i·to·ban /mæ̀nəṭóubən | -n̥ɪtə́u-´/ *adj., n.* マニトバ州の(人). 〘⇨ ↑, -an[1]〙

man·i·tou /mǽnəṭùː | -n̥ɪ-/ *n.* 1 (アメリカインディアン Algonquian 族の)霊, 魔 (cf. orenda). 2 超自然力. 〘(1671) ◻ F ~ ◻ N-Am.-Ind. (Algonquian) *manito* spirit, god〙

Mán·i·tou·lin Ísland /mæ̀nəṭúːlɪ̥n- | -n̥ɪtúːlɪn-/ *n.* マニトゥリン島《Huron 湖の北部にあるカナダ領の島; 淡水に囲まれた島としては世界最大; 長さ 129 km》.

Man·i·to·woc /mǽnəṭəwɑ̀(ː)k | -n̥ɪtəwɔ̀k/ *n.* マニトウォック《米国 Wisconsin 州東部 Michigan 湖岸の港市》. 〘◻ N-Am.-Ind. ~ ← *manito* spirit + ? *woc* spawn: ⇨ manitou〙

man·i·tu /mǽnəṭùː | -n̥ɪ-/ *n.* =manitou.

Ma·ni·za·les /mæ̀nəzɑ́ːləs, -zǽl- | -n̥ɪzɑ́ːlɪs; *Am. Sp.* manisáles/ *n.* マニサレス《南米コロンビア中西部の都市》

mán jàck *n.* 《俗》個人, 一人, 男 (cf. *every man* JACK). 〘1840〙

man·kind /mǽnkáɪnd/ *n.* [単数または複数扱い] 1 人類; [集合的] 人間: *Mankind* owes benefits to scientists. 人類は科学者に恩恵をこうむっている / Are ~ to be saved? 人間は救われるか. ★「人類」の意では性差別用語だとして代わりに humankind を使う向きもある. 2 /´ ― ´/《まれ》男性; [集合的] 男, 男子 (men): ~ and womankind at large 一般男女. — *adj.* 《Shak》(女性について)男のような, 男顔まけの. 〘(*a*1225) ← MAN[1] + KIND[1] ∞ OE *mancynn*: ⇨ kin〙

man·ky /mǽŋki/ *adj.* 《英俗》1 価値のない, だめな. 2 きたない. 〘(1958) ← ? *mank* 《廃》defective + -y[4]〙

mán·less *adj.* 1 〈女性が〉男[夫]のいない. 2 人のいない. **~·ly** *adv.* **~·ness** *n.* 〘lateOE *monleas*: ⇨ man[1], -less〙

Man·ley /mǽnli/ *n.* マンリー《男性名》. 〘OE *mannleah* man's meadow〙

mán·lìke *adj.* 1 人のような, 人に似た: a ~ ape. 2 〈女が〉男のような: the ~ Amazons. 3 男らしい, 男性的な (⇨ male SYN); 男にふさわしい, 男に適した: a ~ reticence 男らしい無口 / ~ sports 男向きのスポーツ. — *adv.* 男らしく, 雄々しく. **~·ly** *adv.* **~·ness** *n.* 〘(*c*1450)《古形》*manlyke*: ⇨ man[1], -like〙

mán·li·ly /-lɪ̥li/ *adv.* 男らしく, 勇ましく. 〘1375〙

mán lòck *n.* 〖土木〗中間圧力室《ケーソン工事の際に高圧の作業室と大気との中間の圧力の室に作業者を一定時間収容して慣れさせるための室》.

man·ly /mǽnli/ *adj.* (**man·li·er; -li·est**) 1 男らしい, 雄々しい, 勇ましい, 男性的な, 毅然とした (⇨ male SYN): a ~ person, act, etc. 2 〈女が〉男のような, 男勝りの. 3 男に適する, 男にふさわしい, 男の: ~ virtues and a feminine tenderness 男性的美点と女性的優しさ. — *adv.* 《古》=manlily. **mán·li·ness** *n.* 〘(?*a*1200) *monlich*: ⇨ man[1], -ly[2]〙

man-made /mǽnméɪd´/ *adj.* 1 人の造った: a ~ lake 人造湖 / a ~ moon 人工衛星 / natural and ~ disasters 天災と人災. 2 〈繊維が〉人造の, 合成の: ~ fibers 人造繊維, 化学繊維. 〘(*a*1718) ← MAN[1] + MADE〙

mán mídwife *n.* (*pl.* **mén mídwives**)《古》助産夫. 〘1625〙

mán-mílliner *n.* (*pl.* ~s, **mén-mílliners**) 1 男子の婦人装身具製造販売人. 2 つまらない仕事にあくせくする男. 〘1792〙

mán-mínute *n.* 〖労働〗マンミニット, 人分(にんぷん)《人間一人が 1 分間にする仕事量; cf. man-day》. 〘1934〙

Mann /mǽn, mɑ́ːn | mǽn; *G.* mán/, **Heinrich** *n.* マン《1871–1950; 米国に在住したドイツの作家, Thomas Mann の兄》.

Mann /mǽn/, **Horace** *n.* マン《1796–1859; 米国の教育改革者, 弁護士; 公立学校の組織と教育法の改革に尽力した》.

Mann /mɑ́ːn, mǽn | mǽn; *G.* mán/, **Thomas** *n.* マン《1875–1955; ドイツの小説家; Nobel 文学賞 (1929); *Die Buddenbrooks*「ブッデンブローク家の人びと」(1901), *Der Zauberberg*「魔の山」(1924)》.

mann- /mæn/ (母音の前にくるときの) manno- の異形.

man·na /mǽnə/ *n.* 1 〖聖書〗マナ《昔, イスラエル人がエジプト脱出に際して荒野で神から恵まれた食物; cf. *Exod.* 16: 14–36》. 2 a 思いがけない恩恵[言葉, 利得, 拾得物など], 天の恵み: ~ from heaven. b 神与の食物, 心霊のかて. 3 マンナ《南欧産の manna ash その他の木から採れる甘い粘液で緩下剤に使う》; それに似た樹液: ~ in sorts [tears] 下[上]等のマンナ. 4 〖植物〗a =manna ash. b =manna grass. c =manna lichen. 〘OE ~ ◻ LL ~ ◻ Gk *mánna* ◻ Aram. *mannā* ◻ Heb. *mān* (? 古代シナイの荒野で一般に用いられた *Tamarix* 属の木の樹液の呼称): 通俗語源では Aram. *mān hū* what is it? に由来するものといわれる〙

mánna àsh *n.* 〖植物〗マンナトネリコ (*Fraxinus ornus*)《南欧・小アジア産ヒイラギ科トネリコ属の木; 甘い液を分泌する》. 〘1715〙

mánna cróup /-krúːp/ *n.* (ロシア産小麦などの)粗粉《プディング用》. 〘(1855) ← MANNA + Russ. *krupa* groats〙

Mánn Àct /mǽn-/ *n.* [the ~] 〖法律〗マン法《1910 年に制定された米国の売春婦の州間および国際移送禁止法; White Slave Act ともいう》. 〘← *James Robert Mann* (1856–1922: 米国の下院議員)〙

mánna gràss *n.* 〖植物〗ドジョウツナギ《北米産の湿地に生えるイネ科ドジョウツナギ属 (*Glyceria*) の多年草の総称; sweet grass ともいう》. 〘1597〙

mánna lìchen *n.* 〖植物〗1 マナゴケ《旧世界の *Lecanora* 属の食用ゴケ; (特に) *L. esculenta* など》. 2 イワタケ (*Umbilicaria esculenta*)《日本産の食用地衣》. 〘1864〙

man·nan /mǽnæn, -nən/ *n.* 〖生化学〗マンナン《マンノース (mannose) を主成分とする多糖類の総称》. 〘(1895) ← MANNO- + -AN[2]〙

Man·nar /mənɑ́ə | -nɑ́ː(r)/, **the Gulf of** *n.* マンナール湾《インド南東部とスリランカにはさまれたインド洋の一部; 真珠採取で有名》.

manned *adj.* 人間を乗せた, 有人の: a ~ aircraft 有人機 (↔ unmanned aircraft) / a ~ satellite 有人人工衛星. 〘1617〙

man·ne·quin /mǽnɪ̥kɪ̥n | -kɪn/ *n.* 1 (服などの陳列に使う)マネキン人形. 2 〖美術〗(美術家の用いる)モデル人形 (lay figure). 3 (ファッションショーで客に衣装を着て見せる)モデル. 〘(1570) ◻ F ~ ◻ Du. *manneken, mannekijn*: MANIKIN のフランス語形〙

man·ner[1] /mǽnə | -nə(r)/ *n.* 1 方法, 仕方, やり方: adverbs of ~ 〖文法〗様態の副詞 (carefully, fast, so, how など) / one's ~ of walking 歩き方 / in this ~ こういう風に, このように / in like ~ 同様に(また) / in what ~ どうして, どういう風に / houses built in the Japanese ~ 日本風の家屋 / after the ~ of …をまねて, …にならって / after this ~ こういう風に.

2 a (人の)態度, 様子, 挙動; (人に対する)身構え, 身振り (⇨ bearing SYN): a gracious ~ 上品な[優雅な]物腰 / ⇨ grand manner / He has an awkward ~. 態度がぎごちない. b きわ立った[独得の]態度, 特徴: He had quite a ~. 彼には一風独特なところがある.

3 a [*pl.*] 行儀, 作法; (特に)よい作法: good ~s よい身だしなみ, (よい)作法 / bad ~s 無作法 / have no ~s 行儀作法を知らない / I must teach him ~s. あの男の行儀を直させなければならない / Where are your ~s? [子供に向かって] お行儀どうしたの, お行儀が悪いですよ (cf. Where is your cap? cap[1] 1) / *Manners* and money make a gentleman.《諺》作法とお金で紳士ができる / *Manners* make the man [maketh man].《諺》礼節は人を作る. b 礼儀, 身だしなみ: He has a great deal of ~. なかなか礼儀をわきまえている / She has fair ~s, but no ~. (見かけの)作法は良いが(真の)礼儀には欠けている. ★ 後の文例での manners は 3 a の意味. c [*pl.*]《古》儀礼, 挨拶. ★ 通例次の句に用いる: make one's ~s おじぎをする, 挨拶する, 脱帽する.

4 [*pl.*] (社会・階級・時代などの)風習, 慣習, 習わし, 生活様式: the ~s of our ancestors 我々の祖先の風習 / ⇨ COMEDY of manners.

5 a (文学・美術などの)流儀, 風体 (style) (⇨ method SYN): verses in the ~ of Herrick ヘリック風の詩 / This picture is in the ~ of Raphael. この絵はラファエロ風だ. b 気取った文体; (文章上の)癖, 筆(ふで)癖 (mannerism).

6 種類 (kind). ★ 今は通例 manner of として単複同形で用いる: all ~ *of* people [things] あらゆる種類の人々[もの] / The story is beyond any ~ *of* doubt. その話は何ら疑いを入れる余地がない. / What ~ *of* man is he?《古》いったいどんな人ですか / He has no ~ *of* right.《古》彼には権利など少しもない.

7 [通例 the ~ of として]《廃》性質, 性格, 型 (nature, character).

by áll [ány, nó] mànner of méans ⇨ means 成句.
in a mánner ある意味では, まずどうやら, 幾分か (somewhat): It is *in a* ~ worthy of the highest praise. それはある意味で最高の賛辞に値する / The solution is *in a* ~ satisfactory. その解決法はまず満足と言ってよい. 〘1502〙
in a mánner of spéaking 言わば, まあ (so to speak). 〘1890〙 ***to the mánner bórn*** (1)《口語》〈仕事・役など〉生まれた時からやりつけた, 生来慣れている; 〈ある事〉に生まれつき適した: as (if) *to the* ~ born (まるで)生まれついてのように自然な / He is a scientist *to the* ~ *born.* 彼は科学者に生まれついている, 生まれながらの科学者だ. (2) 生まれながらその慣例に従うように定められた (cf. Shak., *Hamlet* 1. 4. 15). 〘1600–1〙

〘(*c*1275) *manere* ◻ AN ∥ (O)F *manière* < VL **manuāriam* (fem.) ← *manuārius* of or for the hand ← *manus* hand: ⇨ manual〙

man·ner[2] /mǽnə | -nə(r)/ *n.* 〖古英法〗=mainour.

mán·nered *adj.* 1 〈話し方・文体など〉気取った, 癖のある, いや味のある. 2 [複合語の第 2 構成素として] 行儀が…な: ill-[well-, rough-]*mannered* 行儀が悪い[よい, 粗野な]. 3 《ふるまいなど》礼儀正しい. 4 (特定の)様式をもった: a solemnly ~ ceremony 厳粛な式典. 5 《古》風俗を描いた: a ~ picture. 〘(*c*1378): ⇨ manner[1], -ed 2〙

Man·ner·heim /mǽnəhèɪm, mɑ́n-, -hàɪm | mǽnə-; *Finn.* mánərheim/, **Baron Carl Gustaf Emil von** *n.* マンネルヘイム《1867–1951; フィンランドの軍人・政治家; 元帥, 大統領 (1944–46)》.

man·ner·ism /mǽnərɪzm/ *n.* 1 (言行・身振りなどの)独得の[きざな]癖. 日英比較 日本語の「マンネリ」は英語の *mannerism* が元であるが, この語は個人の奇妙な癖や文学・芸術上の用語で, 日本語のマンネリとは違う. マンネリに当たる英語は stereotype, 形容詞は stereotyped. また毎日繰り返す決まったことは one's daily routine という.
2 (文学・芸術上の表現手段などの)型にはまっていること, 過度な技巧性, マンネリズム. 3 [通例 M-] マニエリスム: a 〖美術〗西欧美術史上ルネサンス様式からバロック様式に至る過渡期にみられた一手法; さまざまな対象を強烈な色彩や風変りなフォルムで表す; しばしば人体を引き伸ばして表現するのが特色. b 〖文学〗古典的整斉に対立するもので, 異端・奇矯・幻想などを強調する. 〘(1803) ← MANNER[1] + -ISM: cf. F *maniérisme*〙

mán·ner·ist /-nərɪ̥st | -rɪst/ *n.* 1 独得の[きざな]癖のある人. 2 マンネリズム的作家, 独特の作風の作家[芸術家]. 3 [通例 M-] マニエリスムの作家《16 世紀後半のイタリアで特定の型にはまった作風で制作した一派の画家; cf. mannerism 3》. 〘(1695) ← MANNER[1] + -IST〙

man·ner·is·tic /mæ̀nərístɪk´/ *adj.* 固定した癖のある. **màn·ner·ís·ti·cal** /-tɪ̥kəl, -kḷ | -tɪ-´/ *adj.*

màn·ner·ís·ti·cal·ly *adv.* 〖1837〗

mánner·less *adj.* 行儀の悪い，無作法な，礼儀知らずの．**～·ness** *n.* 〖*c*1460〗

mán·ner·ly *adj.* 行儀のよい，礼儀正しい．— *adv.* 行儀よく，礼儀正しく．**mán·ner·li·ness** *n.* 〖《adj.: ?*c*1390; adv.: 1375》: ⇨ manner¹, -ly¹·²〗

Mann·heim /mǽnhaɪm, mǽn- | mǽn-; *G.* mánhaɪm/ *n.* マンハイム《ドイツ南西部 Baden-Württemberg 州の Rhine 河畔の商工業都市》.

Mann·heim /mɑ́:nhaɪm, mǽn- | mǽn-; *G.* mánhaɪm/, **Karl** *n.* マンハイム《1893–1947; ハンガリー生まれで，ドイツ・英国で活躍した社会学者 *Ideologie und Utopie*「イデオロギーとユートピア」(1929)》.

Mánnheim Schòol, M- s- *n.* [the ～] マンハイム楽派《前古典派 (preclassics) のうちで 18 世紀中期のドイツ Mannheim を中心に活躍した音楽家のグループ》.

Man·nie /mǽni/ *n.* マニー《男性名》. 〖⇨ Manny〗

man·ni·kin /mǽnɪkɪn | -kɪn/ *n.* **1** =manikin. **2** キンパラ《アジア・アフリカ・オーストラリアなどにすむキンパラ属 (*Lonchura*) の小鳥の総称; キンパラ (*L. atricapilla*), ヘキチョウ (*L. maja*) など》. 〖《1570》: ⇨ manikin〗

Man·ning /mǽnɪŋ/, **Henry Edward** *n.* マニング《1808–92; 英国の神学者・聖職者; Westminster の大司教 (1865), 枢機卿 (1875–92)》.

man·nish /mǽnɪʃ/ *adj.* **1** [通例軽蔑的に]〈女が〉男のような，男みたいな (⇨ male SYN): a deep ～ voice / a ～ stride 男みたいな大また歩き．**2 a** 男性的な，男くさい，男っぽい．**b**〈服装・帽子など〉男性風の．**3**〈子供が〉大人ぶる，大人じみた．**～·ly** *adv.* **～·ness** *n.* 〖《*c*1385》← MAN¹＋-ISH¹ ∞ OE *mennisċ* ← Gmc **manniskaz-* ← **mann-* 'MAN¹'〗

mánnish wáter *n.* 《カリブ》男性用の水《ヤギの頭やほかの部分を入れて香料をきかせたシチュー; 特に，祭礼その他特別の機会に出される; 昔から，結婚式の夜，新郎に食べさせた》.

man·nite /mǽnaɪt/ *n.* 〖化学〗=mannitol. **man·nit·ic** /mænítɪk | -tɪk/ *adj.* 〖《1830》◻ F ～: ⇨ manna, -ite¹〗

man·ni·tol /mǽnətɔ̀(:)l | -nɪtɔ̀l/ *n.* 〖化学〗マンニット，マニトール ($C_6H_8(OH)_6$)《マンナと海草からとる白色水溶性の糖アルコール》. 〖《1879》: ⇨ ↑, -ol¹〗

mánnitol hexanítrate *n.* 〖化学〗ニトロマンニット，六硝酸マンニット ($C_6H_8N_6O_{18}$)《水に不溶な爆発性の無色結晶; 起爆剤・冠不全の治療に用いる》.

man·no- /mǽnoʊ | -nəʊ/ 〖化学〗「マンノース (mannose)」の意の連結形．★ 母音の前では通例 mann- になる．〖← MANNA〗

man·nose /mǽnoʊs, -noʊz | -nəʊs, -nəʊz/ *n.* 〖生化学〗マンノース ($C_6H_{12}O_6$)《六炭糖の一つ，グルコースのエピマー (epimer) に相当する》. 〖《1888》← MANNO-＋-OSE²〗

Man·ny /mǽni/ *n.* マニー《男性名; 異形 Mannie》. 《異形》← EMANUEL〗

ma·no /mɑ́:noʊ | -nəʊ; *Sp.* máno/ *n.* (*pl.* **～s** /～z; *Sp.* ～s/) マノ《metate で食物をすりつぶす際に用いられる石棒》. 〖《*c*1892》◻ Sp. ～《原義》hand ◻ L *manus*〗

Ma·no /mɑ́:noʊ/ *n.* [the ～] マノ川《リベリア北西部に発し，大西洋に注ぐ川; 下流では同国とシエラレオネの国境を成す》.

man·o- /mǽnoʊ | -nəʊ/「気体 (gas); 蒸気 (vapor)」の意の連結形: *monometer*. 〖◻ F ～ ◻ Gk ～ ← *manós* thin, rare〗

ma·no a ma·no /mɑ́:noʊɑ:mɑ́:noʊ | -nəʊɑ:mɑ́:nəʊ/ *n.* (*pl.* **ma·nos a ma·nos**) 対決，争い．— *adv., adj.* 対決して，一対一で．〖《1950》◻ Sp. ～ 'hand to hand'〗

manoeuvre *v., n.* 《英》=maneuver. 〖1479〗

mán-of-áll-wòrk *n.* (*pl.* **men-**)《雇われて家庭内の仕事を何でもする》便利屋，なんでも屋．〖1830〗

mán-of-the-éarth *n.* (*pl.* **men-, men-of-the-earths**) 〖植物〗北米東部産のサツマイモ属の一種 (*Ipomoea pandurata*)《アサガオの仲間で地下に大きな塊根がある; wild (sweet) potato, manroot ともいう》. 〖1846〗

mán-of-wár *n.* (*pl.* **men-**) **1** 《古》軍艦 (warship). **2** =man-o'-war bird. 〖《1449》: cf. -man 3〗

mán-of-wár bìrd *n.* =man-o'-war bird.

mán-of-wár fìsh *n.* 〖魚類〗エボシダイ (*Nomeus albula*)《エボシダイ科の小形の魚; 通例カツオノエボシ(俗に，電気くらげ) (Portuguese man-of-war) の触手にひそむ》.

ma·noir /mænwɑ́ə | mǽnwɑ:ʳ; *F.* manwa:ʁ/ *n.* (フランスの地方の)広壮な屋敷，館．〖《1853》◻ F ～ 'MANOR'〗

ma·nom·e·ter /mənɑ́(:)mətə | -nɔ́mɪtəʳ/ *n.* **1** 〖機械〗マノメーター，液柱計《気体の圧力を測る計器》. **2** 〖医学〗血圧計 (sphygmomanometer). **man·o·met·ric** /mæ̀nəmétrɪk | -nə(ʊ)-/ *adj.* **màn·o·mét·ri·cal** /-trɪkəl, -kl | -trɪ-/ *adj.* **màn·o·mét·ri·cal·ly** *adv.* 〖《1706》◻ F *manomètre*《原義》instrument for measuring that which is thin ← MANO-＋F *-mètre* '-METER': cf. mono-: Varignon (1654–1722: フランスの数学者)による造語〗

mánometric fláme *n.* 〖音響〗躍り炎《音波によって躍動するように装置されたガスの炎で，音の分析に用いられた》. 〖1873〗

ma·nom·e·try /mənɑ́(:)mətri | -nɔ́mɪ-/ *n.* (気体・蒸気の)検圧法，マノメトリー.

mán-on-mán *adj.* 《米》=man-to-man.

ma non trop·po /mɑ:nɑ̀(:)ntrɑ́(:)poʊ, -noʊn-, -tróʊp- | -nɔ̀ntrɔ́pəʊ, -nəʊn-; *It.* manontrɔ́ppo/ *It. adv.* 〖音楽〗しかし過度にならないように．〖◻ It. ～ 'but not too much'〗

man·or /mǽnə | -nəʳ/ *n.* **1 a** (地所つきの)大邸宅，館(やかた). **b** (大農園などの)中心的住宅，母屋．**2** 《英》(封建時代に貴族の裁判管轄下にあった農地の単位としての)領地，荘園: the lord of the ～ 荘園領主．**3** 《英俗》**a** 警察の管轄区．**b** 自分の領域，ホームグラウンド，縄張り．**4** 〖米史〗永代借地．***to the mánor bórn*** 高貴の生まれで《Shak., *Hamlet* 1. 4. 15 の to the manner born (⇨ manner¹ 成句) をもじったもの》. 〖《*c*1290》*maner(e)* ◻ AN *maner* ‖ OF *manoir* dwelling, habitation ← *manier* to dwell < L *manēre* to remain ← IE **men-* to remain: ⇨ mansion〗

mán órchid *n.* 〖植物〗アケラス アントロポフォルム (*Aceras anthropophorum*)《ヨーロッパ・北アフリカ産のラン科の多年草; 花がヒトのシルエットに似ている(花被片が頭，唇弁の 4 裂片が手足)》.

mánor hòuse *n.* 荘園領主の邸宅．〖1575〗

ma·no·ri·al /mənɔ́:riəl, mæ-/ *adj.* [限定的] 荘園の，領地の: the ～ system 荘園制．〖《1785》← MANOR＋-IAL〗

manórial cóurt *n.* 〖古英法〗荘園(領主)裁判所 (court baron). 〖1876〗

ma·nó·ri·al·ìsm /-lìzm/ *n.* 〖歴史〗(中世の)荘園制．〖1897〗

ma·no·ri·al·ize /mənɔ́:riəlaɪz | mə-, mæ-/ *vt.* 荘園制のもとにおく．〖1896〗

mánor-sèat *n.* =manor house. 〖*c*1828〗

man·o·stat /mǽnəstæ̀t | -nə(ʊ)-/ *n.* 〖物理〗マノスタット《圧力差を利用したガス定流量装置》. **man·o·stat·ic** /mæ̀nəstǽtɪk | -tɪk⁻/ *adj.* 〖1900〗

man o'war *n.* =man-of-war.

mán-o'-wár bìrd [hàwk] /-nə-/ *n.* 〖鳥類〗グンカンドリ (⇨ frigate bird). 〖1707〗

mán·pàck *adj.* 一人で持ち運びできる: a ～ radio set 小型無線器．〖1965〗

man pàge *n.* 〖電算〗man ページ，マニュアルページ《画面上に現われる使用説明文書; もと Unix 用語》.

man·pow·er /mǽnpàʊə | -pàʊəʳ/ *n.* (一国の兵役または民間防衛のために動員し得る)人数，(有効[所要])総人員，人員，人的資源: ～ planning 人員計画．〖1917〗

mán pòwer *n.* **1** (肉体労働による)人力．**2 a** (工率の単位として)人力《普通 1/10 馬力; cf. horsepower》. **b** 人力による仕事量．**3** =manpower. 〖1862〗

Mánpower Sérvices Commìssion *n.* [the ～] 《英》人材活用委員会《1989 年に Training Agency として改組; 略 MSC》.

man·qué /mɑ:(ŋ)kéɪ, mɑ:ŋ- | ⌐⌐; *F.* mɑ̃ke/ *adj.* [名詞の後につけて] 惜しくも成りそこなった; できそこないの: a revolutionist ～ 革命家のなりそこない / a poet ～ できそこないの詩人．〖《1778》◻ F ～ (p.p.) ← *manquer* ◻ It. *mancare* to lack ← *manco* lacking, left-handed ◻ L *mancus* maimed〗

mán-quèller *n.* 《古》殺人者; 死刑執行人.

mán·ràte *vt.* 〈ロケット・宇宙船などを〉有人飛行しても安全であると認定する，乗用認定する．**mán·ràted** *adj.* 〖《1963》: ⇨ man¹, rate¹〗

Man·re·sa /mɑ:nréɪsə, mæn- | mænréɪsə, -zə; *Sp.* manrésa/ *n.* マンレサ《スペイン北東部の都市; Ignatius Loyola が隠退所とした洞窟がある》.

mán·ròot *n.* 〖植物〗=man-of-the-earth.

mán·ròpe *n.* 〖海事〗マンロープ，手すり索《舷梯(げんてい)などの側に張った索》. 〖《1769》← MAN¹＋ROPE〗

man·sard /mǽnsɑəd | -sɑ:d/ *n.* **1** 〖建築〗=mansard roof. **2** (mansard roof の真下の)屋根裏部屋．**～·ed** /-dɪ̀d | -dɪ̀d/ *adj.* 〖《1734》◻ F *mansarde* ← *François Mansart*〗

mánsard ròof *n.* 〖建築〗マンサード屋根，マンサール屋根，(四方)腰折れ屋根．〖1842〗

Man·sart /mɑ:(n)sɑ́ə, mɑ:n- | -sɑ́:ʳ; *F.* mɑ̃sa:ʁ/, **François** *n.* マンサール《1598–1666; フランスの建築家; フランス古典主義の建築様式を確立》.

Mansart, Jules Hardouin /ardwɛ̃/ *n.* マンサール《1646–1708; フランスの建築家; Versailles 宮殿を完成》.

mán's bést fríend *n.* 人間の最良の友《犬》.

manse /mǽns/ *n.* **1** 牧師館 (parsonage);《特に，スコットランド長老派教会またはバプティスト派の》牧師の住宅．**2** 《古》地主の屋敷《土地と邸宅》. 〖《1490》◻ ML *mansa* house (fem.) ← L *mansus* (p.p.) ← *manēre* to remain: cf. manor, remain〗

Man·sell /mǽnsəl, -sɪl/, **Nigel** (**Ernest James**) *n.* マンセル《1953– ; 英国の F1 ドライバー》.

mán·sèrvant *n.* (*pl.* **men·servants**) 下男，従僕 (cf. maidservant). 〖1551〗

Mans·field /mǽnsfi:ld, mǽnz- | mǽns-/ *n.* マンスフィールド: **1** イングランド中部 Nottinghamshire 州にある工業都市．〖lateOE *Mamesfeld*《原義》'field by the hill *Mam* (◻ Celt《原義》mother, breast)'〗 **2** 米国 Ohio 州中北部の都市．〖← *Col. Jared Mansfield* (1759–1830: 米国の測量技師)〗

Mans·field /mǽnsfi:ld, mǽnz- | mǽns-/, **Katherine** *n.* マンスフィールド《1888–1923; ニュージーランド生まれの英国の女性の短編作家; *The Garden Party* (1922); 旧名 Kathleen Beauchamp; John Middleton Murry の夫人》.

mán·shìft *n.* **1** (集団的な)勤務交代．**2** 一人 1 交代の仕事量《交代から交代までの勤務時間の間の一人の仕事量; 労働量の単位》. 〖1930〗

Man·ship /mǽnʃɪp/, **Paul** *n.* マンシップ《1855–1966; 米国の彫刻家; New York 市，Rockefeller Center 前の金色の *Prometheus* 像の作者》.

-man·ship /mənʃɪp/「…の才[術]」の意の名詞連結形: games*manship*, one-up*manship*, etc. 〖《1821》← (SPORTS)MANSHIP: cf. OE *manscipe* humanity, courtesy〗

Mans·holt /mǽnzhoʊlt | -həʊlt; *Du.* mánshɔlt/, **Sicco Leendert** *n.* マンスホルト《1908–95; オランダの経済学者・政治家; EC 委員長 (1972–73); EC の農業の統合を目指すマンスホルト計画を作成》.

man·sion /mǽnʃən, -tʃən/ *n.* **1** (豪壮な)大邸宅．日英比較 日本語の「賃貸式マンション」に当たる英語は，一家族またはシングル用の部分が apartment,《英》flat で，「マンションの建物全体」は，apartment house [building],《英》block of flats という．また「分譲式のマンション」は condominium. **2** [*pl.*]《英》アパート《《米》apartment house》. ★ しばしば … Mansions としてアパートの名に用いる．**3** 《古》=manor house. **4** 《古》**a** 住処(すみか): In my Father's house are many ～s. わが父の家には住処多し (*John* 14: 2). **b** [*pl.*] (大きな屋敷の)別棟(むね). **5** 〖占星〗(東洋の近代以前の天文学での 28 宿の)宿(しゅく) (cf. house 14). **6** 《廃》滞在 (sojourn). 〖《*c*1340》*mansioun* ◻ (O)F *mansion* ◻ L *mansiō(n-)* sojourn, halting place ← *mansus* (p.p.) ← *manēre* to stay, remain: ⇨ manor, -sion〗

mánsion hòuse *n.* **1** [the M- H-] London 市長公邸．**2** =manor house. 〖1533〗

man·sion·ar·y /mǽnʃənèri | -ʃ(ə)nəri/ *n.* 《Shak》住居; 邸宅．〖《1606》: ⇨ -ry〗

mán·sìze *adj.* **1** (大きさが)大人用の．**2** 《口語》大型の，大きい (big, large). **3** 〈仕事など〉一人前の，男向きの; 骨の折れる，大変な: a ～ job, task, etc. 〖1913〗

mán-sìzed *adj.* =man-size. 〖1920〗

man·slaugh·ter /mǽnslɔ̀:tə, -slɑ̀:- | -slɔ̀:təʳ/ *n.* **1** 〖法律〗故殺(罪)《予謀なく不法に人を殺害すること; 挑発された一時の激情による殺人と過失致死の場合とがある; cf. malice aforethought; ⇨ homicide SYN》. **2** 殺人．〖《*a*1325》〗

mán·slàyer *n.* 殺人者，人殺し．〖《*a*1325》*manslear*〗

mán·slàying *n.* 人殺し(行為). — *adj.* 人殺しの．〖*c*1384〗

Man·son /mǽnsən, -sn/, **Charles** *n.* マンソン《1934– ; 米国のカルト指導者・殺人者; Los Angeles 近郊で自由恋愛と麻薬を行うヒッピー村の教祖的存在となっていたが，1969 年 Beverly Hills にある映画監督 Roman Polanski 宅を訪れ，Polanski 夫人で女優の Sharon Tate ほか 3 名を惨殺した; 終身刑服役中》. **M**

Manson, Sir Patrick *n.* マンソン《1844–1922; 英国の寄生虫学者，熱帯病学者; Sir Ronald Ross と蚊のマラリア媒介説を提唱》.

Mánson's diséase *n.* 〖病理〗マンソン病《マンソン住血吸虫による感染症》. 〖↑〗

mán·stèaling *n.* 人さらい，誘拐．〖《1577》〗

mán·stòpper *n.* 《俗》〖軍事〗足どめ弾(だん)《突撃する兵士を立往生させるか打ち倒す威力のある銃弾》.

man·sue·tude /mǽnswɪtù:d, -tjù:d | -swɪtjù:d/ *n.* 《古》柔和，温順．〖《*c*1390》◻ (O)F ～ ‖ L *mānsuētūdō* ← *mansuētus* (p.p.) ← *mansuēscere* to tame ← *manus* hand＋*suēscere* to accustom: ⇨ manual, custom, -tude〗

Mansur *n.* ⇨ al-Mansur.

Mansûra *n.* ⇨ El Mansûra.

man·ta /mǽntə | -tə; *Sp.* mánta/ *n.* (*pl.* **～s** /～z; *Sp.* ～s/) **1** 〖魚類〗イトマキエイ科マンタ属 (*Manta*) の魚類の総称;《特に》イトマキエイ (*M. birostris*)《devilfish, devil ray, manta ray ともいう》. **2** マンタ: **a** (主に米国南西部で衣服に用いる)粗綿布．**b** (その布地で作った)外衣．**c** (米国南西部・中南米などで用いられる)四角い布やショール．**3** (Rocky 山脈地帯で馬の荷に掛ける)粗い毛布，キャンバス地の布．〖《1697》◻ Sp. ～ < VL **mantam* blanket, cloak ◻ LL *mantum* cloak《逆成》← *mantellum* cloak: cf. mantle〗

mán-táilored *adj.* 〖服飾〗〈婦人服が〉紳士服式に仕立てられた．〖1922〗

man·ta·pa /mʌ́ntəpə | -tə-/ *n.* (*also* **man·tap·pa** /～/) (バラモン教寺院の)玄関，歩廊《chaori ともいう》. 〖◻ Hindi *mandapa* ← Skt *maṇḍapa*〗

mánta ràу *n.* 〖魚類〗=manta. 〖1936〗

man·teau /mæntóʊ, ⌐⌐ | mǽntəʊ; *F.* mɑ̃to/ *n.* (*pl.* **～s, man·teaux** /～z; *F.* ～/) (昔，主に女性が着用した)ゆるい外衣; 外套，マント．〖《1671》*manto, mantou* ◻ OF *mantel* (F *manteau*) < L *mantellum* cloak: ⇨ mantle〗

Man·te·gna /mɑ:nténjə:, -njə | -njə; *It.* mantéɲɲa/, **Andrea** *n.* マンテーニャ《1431–1506; イタリアルネサンスのフレスコ画家・銅版画家》.

Man·te·i·dae /mæntí:ədi: | -tí:ɪ-/ *n. pl.* 〖昆虫〗=Mantidae. 〖← NL ← *Mante-, Mantis* (属名: ⇨ mantis)＋-IDAE〗

man·tel /mǽntl | -tl/ *n.* **1** マントル，炉作り《暖炉の上部および側面を囲む木材または大理石などの飾り構造で，炉棚がついている》. **2** 炉棚《mantle ともつづる》. 〖《1489》《変形》← MANTLE〗

mántel·bòard *n.* 《米》炉棚板《mantelshelf の上に載せる板で，通例周囲に飾り布を垂れる》. 〖1885〗

man·tel·et /mǽntlɪt, -tl- | -tl-, tl-/ *n.* **1** 短いマント [ケープ]. **2** 〖軍事〗(もと包囲軍が用いた携帯用の)防弾用の盾，防弾用遮蔽物，弾(たま)除け．〖《*c*1385》◻ OF ～ (dim.) ← *mantel* 'MANTEAU': ⇨ -et〗

Man·tell /mæntél/, **Gideon Algernon** *n.* マンテル《1790–1852; 英国の古生物学者・地質学者; 白亜紀のウィールド統 (Wealden Series) について研究; 当時知られ

ていた恐竜の5属のうち4属を発見した).

man·tel·let·ta /mæ̀ntəlétə, -tl̩- | -təl-, -tl̩-/ *n.* 〖カトリック〗マンテレッタ《枢機卿・司教・大修道院長などの着る絹またはラシャ製の袖なしの短い膝までの上衣》. 〘(1853) □ It. ～ (dim.) ← *mantello* < L *mantellum* 'MANTLE, cloak'〙

man·tel·lo·ne /mæ̀ntəlóuni, -tl̩- | -təlóu-, -tl̩-; *It.* mantelló:ne/ *n.* 〖カトリック〗マンテローネ《教皇宮廷で聖職者がカソックの上に着る紫の長マント》. 〘□ It. ～ (aug.) ← *mantello* (↑)〙

mántel·pìece *n.* =mantel 1. 〘(1686): ⇨ mantel, piece〙

mántel·shèlf *n.* (*pl.* **-shelves**) **1** =mantel 2. **2** 〖登山〗マントルシェルフ《ハンドホールドを手で押し下げて上体を引き上げ, ホールドに足をまたはひざが届くようにして岩棚を登る動作》. **—** *vi.* 〖登山〗マントルシェルフによって登る. 〘(c1828): ⇨ mantel, shelf〙

mántel·trèe *n.* **1** 炉楣(ろび)《暖炉のマントルピースを支える横木 (lintel)》. **2** 《古》=mantelpiece. 〘1482〙

Man·te·o·de·a /mæ̀ntióudiə | -tiə́udiə/ *n. pl.* 〖昆虫〗=Mantodea. 〘← NL ～ ← *Mante-*, *Mantis* (属名: ⇨ mantis)+*-odea* (cf. -ode[1])〙

mantes *n.* mantis の複数形.

man·tic /mǽntɪk | -tɪk/ *adj.* **1** 占いの: ～ art 占い. **2** 予言的な, 予言力のある. **—** *n.* 卜占(ぼくせん)術. **mán·ti·cal·ly** *adv.* 〘(1850) □ Gk *mantikḗ* (fem.) ← *mantikós* ← *mántis* soothsayer: ⇨ mantis, -ic[1]〙

-man·tic /ˌ˗˗mǽntɪk | -tɪk˗/「占いの」の意味を表す形容詞連結形: necro*mantic*. 〘← Gk *mantikós*〙

man·ti·core /mǽntɪ̀kɔə | -tɪkɔ:(r)/ *n.* 〖ギリシャ伝説〗マンチコア《人面・獅身・竜尾 (または, さそりの尾)の怪物》. 〘(?a1300) □ L *mantichora* □ Gk *mantikhóras* 《誤読》← *martikhórās* ← ? OIr.: 《原義》man-eater〙

man·tid /mǽntɪ̀d | -tɪd/ 〖昆虫〗 *n.* =mantis. 〘(1895): ← MANTIS+-ID[2]〙

Man·ti·dae /mǽntədì: | -tɪ-/ *n. pl.* 〖昆虫〗(網翅目カマキリ亜目)カマキリ科. 〘← NL ～ ← *Mantis* (属名: ⇨ mantis)+-IDAE〙

man·til·la /mæntílə, -tí:jə | -tílə; *Sp.* mantíʎa, -tíja/ *n.* **1** マンティラ, マンティーヤ《スペイン・メキシコ・イタリアなどで婦人が頭にかぶって肩をおおう絹またはレースのベールまたはスカーフ》. **2** (婦人用)小型マント; 軽いケープ. 〘(1717) □ Sp. ～ (dim.) ← *manta* cloak: ⇨ manta〙

mantilla 1

Man·ti·ne·a /mæ̀ntɪ̀néə | -tɪ-/ *n.* (*also* **Man·ti·nei·a** /～/) マンティネイア《古代ギリシャ Arcadia 東部の都市; 古戦場》.

man·tis /mǽntɪ̀s | -tɪs/ *n.* (*pl.* **～·es, man·tes** /-ti:z/) 〖昆虫〗カマキリ科 (Mantidae) の肉食昆虫の総称; mantid, または praying mantis [mantid] ともいう). 〘(1658) ← NL ～ ← Gk *mántis* prophet, kind of insect ← IE **men-* to think: ⇨ -mancy〙

man·tis·pid /mæntíspɪ̀d | -pɪd/ 〖昆虫〗 *n.* カマキリモドキ《カマキリモドキ科の昆虫の総称》. **—** *adj.* カマキリモドキ(科)の. 〘← NL *Mantispid-ae* (↓)〙

Man·tis·pi·dae /mæntíspədì: | -pɪ-/ *n. pl.* 〖昆虫〗(脈翅目)カマキリモドキ科. 〘← NL ～ ← *Mantispa* (属名: ← *Mantis* (⇨ mantis)+*pagana* (← L (fem.) ← *pāgānus* of the country (⇨ pagan)): ⇨ -idae〙

mántis pràwn *n.* 〖動物〗シャコ (⇨ squilla).

man·tis·sa /mæntísə/ *n.* 〖数学〗仮数《常用対数の正の小数部分; cf. index 8 b》. 〘(c1847) □ L *mantisa*, ～ 'addition, makeweight' ← ? Etruscan〙

mántis shrìmp *n.* 〖動物〗シャコ (⇨ squilla). 〘1871〙

man·tle /mǽntl̩ | -tl/ *n.* **1** (衣服の上に着る, 緩やかな)袖なし外套(がいとう), マント. **2 a** 後継のしるし, 衣鉢(いはつ) (cf. *1 Kings* 19: 19; *2 Kings* 2: 13): wear the ～ of ...の衣鉢を継ぐ / A large portion of Goethe's ～ fell on Heine. ゲーテの衣鉢の大部分はハイネに伝わった. **b** (卓越・権威などの象徴としての)マント, 権威のしるし. **3** 包み隠すもの, おおい, 幕: a ～ of darkness 夜のとばり / spring's ～ of green 春の緑の衣. **4 a** マントル《ガス灯などの炎を覆って白熱光を発させる網状の薄いフード》: ⇨ Welsbach mantle. **b** (溶鉱炉の炉床の外まわりの)囲い, 外壁. **c** 高熱の物を覆う被覆物; カバー. **5** (水車の)樋(ひ), 水路. **6** =mantel. **7** 〖生物〗**a** (軟体動物などの)外套膜. **b** (ホヤ類の)外被, 外膜. **8** 〖解剖〗大脳皮質 (cerebral cortex). **9** 〖鳥類〗(色で区別されるカモメなどの)肩羽. **10** 〖地質〗**a** マントル《地殻 (crust) と中心核 (core) との中間部; 地下約 35–2,900 km の部分; cf. asthenosphere》. **b** mantlerock. **11** 〖紋章〗**a** =mantling. **b** (ヨーロッパ大陸の大紋章 (achievement) の盾 (escutcheon) の背後にある)マント.

tàke the mántle and the ríng 《廃》〈未亡人が〉一生再婚しないことを誓う. 〘1424〙

— *vt.* **1** 外套[マント]で包む (cloak). **2** (マントで包むように)覆う, 包む; 隠す (conceal): peaks heavily ～*d* with snow 白雪に深く包まれた山. **3** 〈顔を〉赤くさせる, 〈人〉に赤い顔をさせる. **—** *vi.* **1 a** (一面に)広がる: waterweeds *mantling* on a pool 水面一体に広がる水草. **b** 上皮を生じる, 泡立つ: a goblet *mantling* with foam 泡立っている杯 / The liquid ～*d* with scum. 液体に浮きかすができた. **2** 〈血が頬にみなぎる, 顔を赤らめる; 〈顔が赤くなる (flush): Blushes ～*d on* her cheeks.=Her cheeks ～*d with* blushes. 頬がさっと赤らんだ. **3 a** 〖鷹狩〗〈鷹が片足を伸ばしてその上に片翼を広げ, 次いで他方の足を伸ばして他の翼を広げる. **b** 《廃》〈翼が〉広がる.

〘n.: (c1200) □ OF *mantel* (F *manteau*) < L *mantellum*, *mantēlum* towel, napkin, cloak ← ? Celt. ∞ OE *mentel* □ L *mantellum*. — v.: (c1400) ← (n.)〙

Man·tle /mǽntl̩ | -tl/, **Mickey** (**Charles**) *n.* マントル (1931–95; 米国のプロ野球選手; New York Yankees の外野手; 1956 年に三冠王を獲得).

mántle cávity *n.* 〖動物〗外套腔《軟体動物の外套と内臓嚢との間の空所》. 〘1853〙

mán·tle·pìece *n.* =mantelpiece.

mántle plúme *n.* 〖地質〗=plume 9. 〘1971〙

mántle·ròck *n.* 〖地質〗地表の被覆岩層; 表土 (regolith). 〘1895〙

mántle·shèlf *n.*, *vi.* 〖登山〗=mantelshelf.

mant·let /mǽntl̩ɪ̀t/ *n.* 〖軍事〗=mantelet 2. 〘1524〙

mántle·trèe *n.* =manteltree.

man·tling /mǽntlɪŋ, -tl̩- | -tl-, -tl̩-/ *n.* **1** 〖紋章〗(大紋章 (achievement) のヘルメットの背後からリボン状に出ている)マント《lambrequine ともいう》. **2** 〖鳥類〗=mantle 9. 〘(1507) ← MANTLE+-ING[1]〙

Man·to /mǽntou | -təu/ *n.* 〖ローマ伝説〗マントー《予言者 Tiresias の娘で, 父同様に予言力を有した》.

Man·to·de·a /mæntóudiə | -təudiə/ *n. pl.* 〖昆虫〗(網翅目)カマキリ亜目. 〘← NL ～ ← *Mantis* (⇨ mantis)+-ODEA〙

mán-to-mán *adj.* **1** 率直な, 包み隠しのない: a ～ talk 腹を割った[腹蔵のない]話し合い. **2** 〖球技〗マンツーマン(ディフェンス)の. **—** *adv.* 率直に. 〘1901〙

mán-to-mán defénse *n.* 〖球技〗マンツーマンディフェンス, 対人防御法《バスケットやフットボールで選手がそれぞれ自分の相手を定め, 一人対一人となってこれを防御する守備戦術; cf. zone defense》. 〘1923〙

Man·tóux tèst /mæntú:-, ˗˗-; *F.* mɑ̃tu-/ *n.* 〖医学〗マントゥー試験《結核検査の一種; 稀釈したツベルクリンを皮内注射して発赤・硬結の状態を見る; いわゆるツベルクリン反応のこと》. 〘(1923) ← *Charles Mantoux* (1877–1947: フランスの医師)〙

Man·to·va /*It.* mántova/ *n.* マントバ《Mantua のイタリア語名》.

Man·to·va·ni /mæ̀ntəvá:ni, mà:n- | mæ̀ntə-/, **Annuncio Paolo** *n.* マントバーニ (1905–80; イタリア生まれの英国の指揮者・バイオリニスト; 1950 年代に軽音楽の世界に転じムードミュージックの王として一世を風靡).

man·tra /mǽntrə, mʌ́n-/ *n.* **1** 〖ヒンズー教・仏教〗マントラ, 祈禱(きとう), 神呪(じんじゅ), 真言《特に, Veda から引いた詠歌や経文の一句》. **2** (繰り返し唱えられる)お題目, スローガン. **mán·tric** /-trɪk/ *adj.* 〘(1808) □ Skt ～ 《原義》speech, hymn ← *manyate* he thinks □ IE **men-* to think: ⇨ mind〙

man·tram /mǽntrəm, mʌ́n-/ *n.* 〖ヒンズー教・仏教〗=mantra.

mán·tràp *n.* **1** 〖英史〗人捕りわな《昔, 庭内侵入者を捕えるために使ったもの; 二つの鉄輪がばね仕掛けで閉じるようになっている》. **2 a** 人命に危険な場所; 誘惑の場所. **b** (潜在的な)危険(性), 将来身に及ぶかも知れない危険(性). **3** 《口語》(男を誘惑する)魅惑的な女, 妖婦. **4** 《俗》女性性器. 〘1788〙

man·tu·a /mǽntʃuə, -tjuə | mǽntjuə, -tuə/ *n.* **1** 〖紡織〗初めイタリアで作られた絹厚地用織物. **2** マンチュア (17–18 世紀ごろに流行した緩やかなガウン; 通例前が開いたスタイルで中のドレスが見える). 〘(1678) 《転訛》← F *manteau*: ⇨ mantle: MANTUA (↓) に付会された〙

Man·tu·a /mǽntʃuə, -tjuə | mǽntjuə, -tʃuə/ *n.* マントバ《イタリア語名 Mantova》: **1** イタリア北部, Lombardy の州; 面積 2,356 km². **2** 同州の州都, 詩人 Virgil の出生地. **Man·tu·an** /mǽntʃuən, -tjuən | -tjuən, -tʃuən/ *adj.*, *n.*

Ma·nu /mǽnu:/ *n.* 〖ヒンズー神話〗マヌ《人類の始祖》. 〘□ Skt *manu* 'MAN[1]'〙

man·u- /mǽnju, -nju/「手で, 手による」の意の連結形. 〘← L *manū* (abl. sing.) ← *manus* hand: ⇨ manual〙

Ma·nú·a Íslands /mənú:ə-/ *n. pl.* [the ～] マヌア諸島《南西太平洋の米領 Samoa 東部の 3 小島からなる諸島》.

man·u·al /mǽnjuəl, -njul/ *adj.* **1 a** 手でする, 手動の; 手工の, 手細工の: ～ labor [employments] 手仕事 / ～ crafts [arts] 手工業[工芸] / ～ computation (計算機・電卓などを用いない)手による計算, 筆算 / a ～ fire engine 手押し消火ポンプ / a ～ worker 肉体労働者 / ⇨ sign manual. **b** 手の, 手先の: ～ dexterity 手先の器用さ. **2** 手引き書の(ような). **3** 〖法律〗現有の, 手中にある. **—** *n.* **1 a** (使用)手引き書, 取り扱い[操作]説明書, マニュアル; 小冊子, 便覧, 必携: a teacher's ～ 教師用指導書[手引き] / a guitar ～ ギター教則本. **b** (中世に教会で使った)祈禱(きとう)書, 礼拝式書. **2** 〖軍事〗**a** 教範, 操典. **b** (特にライフル銃の)操作(法): the ～ of arms 武器操作(法). **3** (オルガンの)手鍵盤 (cf. pedal 2).

on manual 〈機械など〉手動(式)の[で]. **～·ly** *adv.*

〘adj.: L *manuālis* relating to the hand ← *manus* hand ∞ (1406) *manuel* □ (O)F. — n.: (1431) □ ML *manuāle* ← L *manuālis*〙

mánual álphabet *n.* (聾唖(ろうあ)者用の)手話法のアルファベット, 指文字《指で示す符号でこれを組み合わせて言葉とする; cf. dactylology》. 〘c1864〙

man·u·al·ist /mǽnjuəlɪ̀st, -njul- | -lɪst/ *n.* 手話主義者; 手話者. **—** *adj.* (読唇術よりも)手話を重視した (cf. oralist). **mán·u·al·ìsm** /-lìzm/ *n.* 手話主義. 〘(1592): ⇨ -ist〙

man·u·al·i·ter /mæ̀njuǽlətə | -lɪtə(r)/ *adv.* 〖音楽〗両手(弾奏)で, (オルガンの)鍵盤だけで, ペダルを使用しないで. 〘← NL ～ 'by hand' ← L *manuālis* 'MANUAL'〙

mánual tráining *n.* (学校の)手工(科)《小・中学校の木工・金工・裁縫など》. 〘1880〙

ma·nu·bri·um /mənú:briəm, -njú:- | -njú:-/ *n.* (*pl.* **-bri·a** /-briə/, **～s**) **1** 〖解剖・動物〗柄(え)状部. **2** 〖解剖〗**a** 胸骨柄(え) (episternum). **b** 槌(つち)骨柄. **3** 〖生物・動物〗(ヒドロ虫類の)口部 (hypostome). **ma·nú·bri·al** /-briəl/ *adj.* 〘(c1848) □ L *manūbrium* handle ← *manus* hand: ⇨ manual〙

man·u·code /mǽnjukòud | -kəud/ *n.* 〖鳥類〗New Guinea とオーストラリア北東部の Queensland にすむカラスフウチョウ属 (*Manucodia*) のフウチョウ (bird of paradise) の類の鳥類の総称《テリカラスフウチョウ (*M. ater*) など 5–6 種いる》. 〘(1835) □ F ～ ← NL *manucodiata* □ Malay *mānuq dēwāta* bird of the gods〙

man·u·duc·tion /mæ̀njudʌ́kʃən/ *n.* 《まれ》**1** 指針, 手引き. **2** 手引きするもの; 手引き書, 案内書. 〘(1502) □ ML *manūductiō(n-)*: ⇨ manus, reduction〙

Man·u·el /mǽnjuəl, -njuɛ̀l, -njul; *Sp.* manwél/ *n.* マニュエル《男性名; 愛称形 Manny》. 〘《変形》← EMMANUEL〙

Manuel, Don Juan *n.* ⇨ Juan Manuel.

Man·u·e·line /mǽnjuəlàɪn/ *adj.* マヌエル様式の《ポルトガル王 Manuel 1 世 (1495–1521) 時代に発達したポルトガル建築の装飾的様式》. 〘1908〙

manuf., manufac. 《略》manufactory; manufacture; manufactured; manufacturer; manufacturing.

man·u·fac·to·ry /mæ̀nufǽktəri, -nju-, -tri | -nju-/ *n.* 《古》**1** 製造所, 工場. **2** 製造[加工]品. 〘(a1618): ⇨ manufacture, -ory[2]〙

man·u·fac·tur·al /mæ̀nufǽktʃ(ə)rəl, -nju- | -nju-˗/ *adj.* 製造の, 製作の; 製造業の. 〘1789〙

man·u·fac·ture /mæ̀nufǽktʃə, -nju- | -njufǽktʃə(r)/ *vt.* **1** (大規模に)製作する, 製造する, 生産する (⇨ make SYN): ～ rubber goods. **2** 製品に作り上げる: ～ paper *from* rags ぼろから紙をつくる / ～ wool *into* cloth 羊毛を生地に織り上げる. **3** 《軽蔑》〈文芸・美術作品などを〉機械的に作る, 濫作する: ～ plays for television テレビドラマを書きまくる. **4** 〈話・言い訳などを〉こしらえる, 捏造(ねつぞう)する, でっち上げる (fabricate): ～ an excuse 口実をつくり出す. **—** *vi.* 製造に従事する.

— *n.* **1** (大規模に行う)製造, 製作; (特殊な)製造業: a thing of home [foreign, English] ～ 国内[外国, 英国]製品 / the steel ～ 製鉄[製鋼]業 / the cloth ～ 織物業 / the hardware ～ 金物製造業. **2** 製品: silk ～*s* 絹製品 / Lacquer ware is a well-known Japanese ～. 漆器は有名な日本の製品である. **3** 《軽蔑》(文芸・美術作品などの)機械的製作, 濫作.

màn·u·fác·tur·a·ble /-tʃ(ə)rəbl/ *adj.* 〘(1567) □ F ～ 《原義》something made with the hand □ ML **manūfactūra* ← L *manū* by hand ((abl.) ← *manus* hand)+*factūra* a making (← *factus* (p.p.) ← *facere* to make, do): ⇨ manual, fact, -ure〙

man·u·fác·tured gás *n.* (石炭・石油などから製する)製造ガス, 都市ガス.

man·u·fac·tur·er /mæ̀nufǽktʃ(ə)rə, -nju- | -njufǽktʃ(ə)rə(r)/ *n.* 製造人, 製造業者; 工場主; 製造会社, メーカー. 〘(1719): ⇨ manufacture, -er[1]〙

manufácturer's àgent *n.* メーカー代理店《一社もしくは数社の非競合製品をある地区で歩合制で売りさばく代理店》.

man·u·fac·tur·ing /mæ̀nufǽktʃ(ə)rɪŋ, -nju- | -nju-˗/ *adj.* 製造(業)の; 製造する, 製造業に従事する: a ～ industry 製造工業 / a ～ town [district] 工業都市[地区]. **—** *n.* 製造(業). 〘1722〙

manufácturing automátion prótocol *n.* 生産自動化のための通信制御手段《工場用 LAN の通信規約; 工作機械, ロボット, 在庫管理システムなどを LAN で接続し統合する; 略 MAP》. 〘1983〙

manufácturing búrden *n.* 〖会計〗製造間接費 (⇨ indirect costs 1).

manufácturing óverhead cósts *n. pl.* 〖会計〗=manufacturing burden.

ma·nu·ka /má:nəkə/ *n.* 〖植物〗ギョウリュウバイ《ニュージーランド・オーストラリア産フトモモ科ネズモドキ属の樹木 (*Leptospermum scoparium*); 昔, その葉を茶の代用にした》. 〘(1832) ← Maori〙

Ma·nu·kau /má:nukàu/ *n.* マヌカウ《ニュージーランド北島北西部の都市》.

ma·nul /má:nəl/ *n.* 〖動物〗マヌルネコ (*Otocolobus manul*)《チベット・モンゴルなどに生息する小形のヤマネコ》. 〘(1871) ← Mongol〙

man·u·mis·sion /mæ̀njumíʃən/ *n.* (奴隷・農奴の)解放. 〘(?a1400) □ (O)F ～ □ L *manūmissiō(n-)* ← *manūmissus* (p.p.) ← *manūmittere* (↓): ⇨ -ion〙

man·u·mit /mæ̀njumít/ *vt.* (**man·u·mit·ted; -mit·ting**) 〈奴隷・農奴を〉解放[釈放]する. **～·ter** /-tə | -tə(r)/ *n.* 〘(?a1425) □ OF *manumitter* □ L *manūmittere* to release, 《原義》to let out of one's hand ← *manū* by hand+*mittere* to send (off), dismiss: ⇨ manual, mission〙

man·u·mo·tive /mæ̀njumóutɪv | -mə́ut-/ *adj.* 〈乗り物が〉手動式の, 手で運転する. 〖(1825) ← MANU-＋MOTIVE〗

ma·nur·a·ble /mənúᵊrəbḷ, -njúᵊr- | -njúər-/ *adj.* こやしのやれる, 施肥できる. 〖*c*1828〗

ma·nure /mənúə, -njúə | -njúə(r)/ *n.* 肥料, こやし, 下肥(しもごえ); 《英》化学肥料: barnyard [farmyard] ～ 厩[堆]肥 / artificial ～ 人造肥料 / complete [general, normal] ～ 完全肥料 / liquid ～ 液肥 / nitrogenous [organic] ～ 窒素[有機]肥料 / ⇨ green manure. — *vt.* **1** 〈土地〉に肥料を施す, に肥料を与えて肥やす: ～ the land, field, etc. **2** 《古》 **a** 〈土地を〉耕す (till). **b** 〈人の精神・頭脳を〉鍛える, 伸ばす, 訓練する (train). **3** 《廃》〈土地を〉所有する, 管理する. **ma·núr·er** /-núᵊrə, -njúᵊrə | -njúərə(r)/ *n.* 〖v.: (*c*1290) *maynoure(n)* □ AF *maynoverer* ＝OF *man(o)uvrer* 《原義》 to work with the hands: ⇨ maneuver. — n.: (1549) ← (v.)〗

ma·nu·ri·al /mənúᵊriəl, -njúᵊr- | -njúər-/ *adj.* 肥料の, 肥料性の. **～·ly** *adv.* 〖(1861): ⇨ ↑, -ial〗

ma·nus /méɪnəs, mɑ́ː-/ *n.* (*pl.* ～ /～, -nuːs/) **1** 〘動物〙(脊椎動物の)前肢末梢環節 (腕関節・前足・手など). **2** 〘ローマ法〙 **a** 夫権 (夫が売買婚による妻に対して持つ絶対支配権など; cf. coemptio, confarreation, usus). **b** 財産所有権. **3** 〘英法〙宣誓(者). 〖(*c*1826) □ L ～ 'hand': ⇨ manual〗

Ma·nus /méɪnəs/ *n.* メイナス (男性名). 〖(アイルランド形) ← MAGNUS〗

man·u·script /mǽnjuskrɪ̀pt/ *n.* **1** (著者の)原稿 (略 MS, ms; *pl.* MSS, mss): the ～ of a poem / a sheet [page] of ～. 原稿1枚[ページ] / The work is still in ～. その著作はまだ原稿のままだ, その著作はまだ印刷されていない. 日英比較 日本語で「原稿を書く」というが, 英語の *manuscript* は書き上がったものをいう語なので write a *manuscript* とは言えない. したがって, 「雑誌記事の原稿を書く」は write an article for a magazine という. **2** (印刷に対して)手書き; 手書きのもの. **3** 写本, 稿本. **4** 手書き書体. — *adj.* 手書きのまたはタイプで打った, (複写・印刷でなく)原稿[写本]の(ままの) (cf. printed 1): a ～ letter [will] 手書き[肉筆]書簡[遺書]. **man·u·script·al** /mæ̀njuskrɪ́ptḷ/ *adj.* 〖(adj.: 1597; n.: 1600) □ ML *manūscrīptus* handwritten ← L *manū* by hand＋*scrīptus* ((p.p.) ← *scrībere* to write): cf. manual, script〗

mánuscript cátalog *n.* 〘図書館〙手書き目録, 写本目録.

mánuscript pàper *n.* 譜表のある紙, (特に)五線紙. 〖1885〗

Ma·nu·ti·us /mənúːʃiəs, -njúː-, -ʃəs | -njúː-/, **Aldus** /ɔ́ːldəs, ɑ́ːl-, ǽl- | ɔ́ːl-, ɔ́l-, ǽl-/ *n.* マヌティウス (1450–1515; イタリアの出版者・古典学者 (⇨ Aldine); イタリア語名 Aldo Manuzio /áldo manúttsjo/).

man·ward /mǽnwəd | -wəd/ *adv.* (*also* **manwards** /-wədz | -wədz/) 人間の方向に向かって; 人間に関係して (cf. Godward). — *adj.* 《古》人間に向けての, 人間に向かっての. 〖(*c*1430) *(to)manward*: ⇨ man¹, -ward〗

mán·wày *n.* 〘鉱山〙人員専用路. 〖1881〗

mán·wise *adv.* 男がするように, 男性的に. 〖(1901): ⇨ -wise〗

Manx /mǽŋ(k)s/ *adj.* マン島 (the Isle of Man) の; マン島生まれの; マン島語の. — *n.* **1** [the ～; 複数扱い] マン島人. **2** マン島語 (Gaelic 語で, 今は廃滅). **3** (*pl.* ～**es**) 〘動物〙＝Manx cat. 〖(1572) *Mansk, Maniske* □ ON **manskr* of the Isle of Man ← *Man-* (← OIr. *Manu* the Isle of Man)＋*-skr* '-ISH': 今の形は音位転換による変形 (cf. task)〗

Mánx cát *n.* 〘動物〙マンクス (飼いネコの一種; 尾の退化が著しい). 〖1678〗

Mánx Lógh·tan /-lɑ́(ː)ktən, -lɑ́(ː)x- | -lɔ́k-, -lɔ́x-/ *n.* マンクスロフタン (数対の角と褐色の羊毛をもったマン島原産の原始的な羊の種). 〖1812: *loghtan* □ Manx *loaghtan* tawny〗

Mánx·man /-mən, -mæ̀n/ *n.* (*pl.* **-men** /-mən, -mɛ̀n/) マン島 (the Isle of Man) の住民, マン島人. ★ 女性は **Manxwoman** (*pl.* **-women**). 〖1702〗

Mánx shéarwater *n.* 〘鳥類〙マンクスミズナギドリ (*Puffinus puffinus*) (大西洋北部産の白黒色をした小形のミズナギドリ). 〖1835〗

man·y /méni/ *adj.* (**more** /mɔ́ə | mɔ́ː(r)/; **most** /móust | mə́ust/) **1** [複数名詞を伴って] 多くの, 多数の, たくさんの (↔ few; cf. much): ～ times 幾度も / How ～ times did you try? 何回やってみたか / You may try as ～ times as you like. 何回でも好きなだけやってよい / I don't have as [so] ～ brothers as John. 私はジョンほど大勢の兄弟はいない / There are too ～ good things. よいことが多過ぎる.

語法 (1) 《口語》では肯定文の主語に用いるか, または too, so, as, how に続く場合以外には否定・疑問に用い, 肯定には多く 'a lot of', 'a (large) number of', 'a great [good] many' などを代わりに用いる: *Many* people think so. そう思う人はたくさんいる / Did you see ～ people?—No, I didn't see ～. たくさんの人に会いましたか—たいして会わなかった / ⇨ *a good* MANY, *a great* MANY. (2) 単数構文の倒置形で叙述的に用いることがある: *Many's* the tale he has told me. ずいぶんいろんな話をしてくれた / *Many's* the time (＝Often) I've seen him do it. 彼がそれをするのを幾度も見た (cf. His virtues were many, his faults few).

2 [many a [an, another] に単数名詞を伴って; 単数扱い] 《文語》幾多の, 数々の: ～ *a* day 幾日も幾日も / for ～ *a* long day 実に長い間 / ～ (and ～) *a* time＝《文語》～ *a* time and oft 幾度も幾度も / ～ *a* [《古》*an*] one 多くの人々 / *Many a* little makes a mickle. 《諺》ちりも積もれば山となる.

a gòod mány かなり多くの, だいぶたくさんの (cf. a good DEAL³): I have been there *a good* ～ times. そこへは何度も行ったことがある. (1813) ***a grèat mány*** おびただしい数の, 非常にたくさんの (cf. a great DEAL²): There were *a great* ～ people present there. そこにはたくさんの人が出席していた. (1776) ***as mány*** 同数の, それだけの数の: I found six mistakes in *as* ～ lines. 6 行に 6 個誤りが見つかった. (*c*1400) ***nòt mány*** 《口語》少数の, 少しの. ***só mány*** (1) 同数の, それだけの数の: We worked like *so* ～ bees [ants]. 蜜蜂[蟻]のようにせっせと働いた / say in *so* ～ words 露骨に言う / *So* ～ men, *so* ～ minds. 《諺》「十人十色」. (2) いくついくつの: pack *so* ～ apples in *so* ～ boxes いくらいくらの箱にいくらのりんごを詰める / work *so* ～ hours for so much money いくらもらって幾時間働く. (1714) ***thát màny*** 《口語》そんなに数多くの: Do you have *that* ～ children? そんなにお子さんが大勢いるのですか.

— *pron.* (↔ few; cf. much) [複数扱い] 多数; 多数の人[もの]: There are ～ who think so. そのように考える人は多い / *Many* of them are unripe. その中には熟してないのがたくさんある / I have a few, but not ～. 少しはあるが多くはない / *Many* are called, but few are chosen. 呼ばるる人は多けれど選ばるるは少なし (*Matt.* 22: 14).

a gòod mány かなりたくさん; 大勢の人: There are *a good* ～ of them. そういうのはかなりある. (1564) ***a grèat mány*** おびただしい数, 非常にたくさん; 大勢の人: A *great* ～ stayed away. 非常に多くの人が欠席した. (1525) ***as mány*** それと同じ数(のもの). ***as mány agáin*** 2 倍だけ(の数) (twice as many); またそれと同数 (the same number again): I have a dozen, but I shall need *as* ～ *again*. 今 1 ダースあるのだがまたそれと同じだけ要るだろう. ***as mány as*** (1) …だけ全部, …と同数: You can have *as* ～ *as* you want. あなたが欲しいだけあげる. (2) [数詞を伴って] …(ほど)も: He wrote *as* ～ *as* ten books. 彼は 10 冊もの本を書いた. ***óne tòo mány*** ⇨ too 成句.

— *n.* [the ～; 複数扱い] (↔ the few) **1** (「少数」に対して)多数, 大多数 (the majority): *The* ～ have to labor for the few. 多数の者が少数の者のために働かなければならない. **2** 一般の人々 (masses).

〖OE *maniġ, moniġ* < Gmc **manaʒaz, *maniʒaz* (Du. *menig* / OHG *managl* (G *manch*) / Goth. *manags*) ← IE **men(e)gh-* copious (Skt *magha* gift)〗

SYN 多い: **many** 数がたくさんの (数は明示されていない): *Many* people think so. 多くの人がそう考えている. **numerous** 非常にたくさんの (*many* より格式ばった語): *numerous* letters 非常にたくさんの手紙. **innumerable, numberless, countless** 数えきれないくらい多数の (しばしば誇張): *innumerable* bees 無数のミツバチ. **manifold** 多数であるばかりでなく多種多様な (格式ばった語): *manifold* problems 多くのいろいろな問題.
ANT few.

man·y- /méni/「多くの, たくさんの」の意の連結形 (cf. multi-, poly-): *many*-handed たくさん手のある / *many*-minded 気の多い, 移り気の / ⇨ many-headed, many-sided. 〖↑〗

ma·nyat·ta /mænjǽtə | -tə/ *adj.* マニャッタ (アフリカのマサイ族などの, 共有の柵内で一つの組をなす小屋群). 〖(1905) ← Masai〗

mány-fáceted *adj.* 多くの側面をもった.

mán-yéar *n.* 〘労働〙人年(にんねん) (一人の人間が 1 年間になしうる仕事量(の単位); cf. man-day). 〖1916〗

mány·fòld *adv.* 何倍も, 何倍にもなって. 〖(14C) ← MANY＋-FOLD: cf. manifold〗

mány-héaded *adj.* 多くの頭のある, 多頭の: the ～ beast [monster] 《軽蔑》民衆, 大衆. 〖*a*1586〗

mány-óne *adj.* 〘論理・数学〙〈対応など〉多対一の (cf. one-one). ★ many-to-one のようにも読む. 〖1910〗

mány·plies *n.* (*pl.* ～) 〘動物〙重弁胃 (反芻類の第三胃; omasum ともいう). 〖(1774) ← MANY-＋*plies* ((pl.) ← PLY¹)〗

mány-síded *adj.* **1** 〘数学〙多辺の (multilateral): a ～ figure 多辺形. **2 a** 多方面の, 多面的な: a ～ question. **b** 多芸多才な: a ～ man. **～·ness** *n.* 〖1570〗

mány-válued *adj.* **1** 〘数学〙多価の (定義域の少なくとも一つの要素に対応する値が二つ以上あるような関数についていう; cf. single-valued, two-valued 1): a ～ function 多価関数. **2** 〘論理〙多値の (cf. two-valued 2): ～ logic 多値論理学. 〖1934〗

man·za·nil·la /mæ̀nzəníːljə, -nílə | -nílə, -ljə; *Sp.* manθaníʎa, *Am.Sp.* mansaníja/ *n.* マンサニーリャ(酒) (スペイン産の芳香のある辛口のシェリー酒). 〖(1843) □ Sp. ～: ⇨ manchineel〗

man·za·ni·ta /mæ̀nzəníːtə | -tə/ *n.* 〘植物〙 **1** 米国 California 州産のツツジ科の低木の総称; (特に) *Arctostaphylos pungens, A. tomentosa.* **2** ＝madroña. 〖(1846) □ Am.-Sp. ～ □ Sp. (dim) ← *manzana* apple: cf. manchineel〗

Man·zo·ni /mɑːnzóuni | -zə́u-; *It.* mandzóːni/, **Alessandro** *n.* マンゾーニ (1785–1873; イタリアの小説家・詩人: *I Promessi Sposi*「いいなづけ」(1825–27)).

Mao /máu/ *adj.* [限定的]〈上着・帽子などが〉毛(沢東)式の, マオ風(ふう)の (上着は立ち襟で, 脇よりの前あきが特徴). 〖(1967) ← Mao Zedong〗

MAO 《略》monoamine oxidase.

Máo flú *n.* ＝Hong Kong flu.

Mao·ism /máuɪzm/ *n.* 毛沢東主義, 毛主義 (毛沢東の解釈によるマルクスレーニン主義). 〖(1950) ← *Mao Zedong*＋-ISM〗

Máo·ist /-ɪst | -ɪst/ *n.* 毛沢東主義[信奉]者, 毛主義者. — *adj.* 毛(沢東)主義の. 〖1951〗

Mao·ize /máuaɪz/ *vt.* 毛沢東主義教育で思想改造する, 毛沢東主義にする. **Mao·i·za·tion** /màuɪ̀zéɪʃən | màuaɪ-, màuɪ-/ *n.* 〖1971〗

Mao·ri /máuri | máu(ə)ri; *Maori* máoɾi/ *n.* (*pl.* ～, ～**s**) **1 a** [the ～(s)] マオリ族 (New Zealand の先住民族). **b** マオリ族の人. **2** マオリ語 (オーストロネシア (Austronesian) 語族に属する一言語). **3** [m-] 〘魚類〙オーストラリア産のスズキの類の魚 (*Ophthalmolepis lineolatus*) (色の鮮やかな食用海魚). — *adj.* **1** マオリ人の. **2** マオリ語の. 〖(1813) □ Maori ～ 《原義》 of the usual kind〗

Máori Battálion *n.* マオリ歩兵大隊 (第二次世界大戦中のニュージーランド マオリ族部隊).

Máori búg *n.* 〘昆虫〙ニュージーランドの大形で黒色・翅(はね)なしのゴキブリ (*Platyzosteria novaeseelandiae*). 〖1944〗

Máori búnk *n.* 《NZ》マオリ寝台, 高い寝棚(だな).

Máori dòg *n.* マオリ犬 (マオリ人によってニュージーランドに導入され, 今は絶滅したポリネシア起源の犬). 〖1947〗

Máori hén *n.* 《NZ》〘鳥類〙＝weka. 〖1863〗

Máori·lànd *n.* 《豪》マオリランド (New Zealand の古い呼称). **～·er** *n.* 〖(1863): ⇨ land¹〗

Máori óven *n.* 《NZ》＝hangi 1. 〖1840〗

Máori rát *n.* 〘動物〙ナンヨウネズミ (*Rattus exulans*) (ニュージーランド産の褐色の小形ネズミ). 〖1871〗

Mao·ri·tan·ga /máurɪtʌ̀ŋgə | máu(ə)ri-/ *n.* 《NZ》マオリ文化, マオリ風生活様式. 〖(1940) □ Maori ～〗

Máori wárden *n.* マオリ族社会での相談役.

Máori Wárs *n.* マオリ戦争 (1840 年のワイタンギ (Waitangi) 条約によってイギリス植民地となったニュージーランド北島で, 1845–48 年, 1860–72 年の数回にわたって戦われた, 先住マオリ族と植民地政府との間の土地の売買・所有をめぐる戦争).

Máo sùit *n.* (中国の)人民服. 〖1993〗

mao-tai, mao tai /màutáɪ; *Chin.* máutʰái/ *n.* 茅台(マオタイ)酒 (小麦とコーリャンを原料とする中国貴州省産の蒸留酒). 〖(1965) ← *Maotai* 茅台(原産地名)〗

Mao Ze·dong /máuzədúŋ, -dzə-; *Chin.* máutsɤ́tʊ̄ŋ/ *n.* 毛沢東(マオツォートン) (1893–1976; 中国革命の指導者; 中華人民共和国主席 (1949–59); 共産党中央委員会主席 (1945–1976); 文化大革命の指導者 (1966–76)).

map /mǽp/ *n.* **1 a** 地図 (cf. chart 2, atlas 1): *on* a ～. **b** 天体図. **2** (地図のような)正確な図解, 地図のように描かれた[地図式の]もの: (as) clear as a ～ きわめて明白で. **3** 《俗》顔, つら (face). **4** 〘生物〙遺伝子(配列)地図. **5** 〘数学〙写像 (mapping), 関数 (function).

off the máp 《口語》(1) はるか遠くの, 最果ての (absolute). (2) 消滅した, 存在しない; 重要でない; すたれた: wipe something [someone] *off the* ～ もの[人]をすっかり忘れさせる, 抹殺する. (1904) ***on the máp*** 《口語》物の数にはいる, 重要で; 有名で: put a person *on the* ～ 人の地位[人気]を確実にする / The event has put the town *on the* ～. その事件のおかげで町が有名になった. (1913)

— *v.* (**mapped; map·ping**) — *vt.* **1** 地図[天体図]に描く, …の地図[天体図]を作る: ～ the surface of the moon 月の地図を描く. **2** (地図作成の目的で)調査する, 測量する. **3** 精密にしるす; 詳細に…の計画を立てる 〈*out*〉: ～ *out* one's time 時間の計画を立てる; 割当てをする / ～ *out* a new career [a piece of work] 新しい生活[仕事]の計画を立てる. **4 a** 〘数学〙写像や一対一の写像で〈集合を〉写す[移す] 〔*into, to, onto*〕. **b** 〘言語〙(生成文法で)〈ある表示のレベルを〉〔他のレベルに〕写像する 〔*into, onto*〕(別のレベルに対応する形式を求める). **5** 〘生物〙〈遺伝子を〉染色体上に位置づける. — *vi.* 〘生物〙〈遺伝子が〉認められる, あるのがわかる, 位置する.

map·pa·ble /-pəbḷ/ *adj.* **～·less** *adj.*

〖(n.: 1527; v.: 1586) □ ML *mappa* (*mundī*) map (of the world) ← L *mappa* napkin, cloth □ ? Heb.-Punic *mappāʰ* napkin, cloth, flag (短縮) ← Mish.Heb. *mᵉnāphāʰ* fan, 《原義》 that which is moved to and fro: cf. napkin, mop¹〗

SYN 地図: **map** 地球(の一部)を空から見たかのように表したもので, 国の形, 都市の位置, 土地の高度, 川などを示したもの: a *map* of Japan 日本地図. **atlas** *map* を本の形に集めたもの: a world *atlas* 世界地図帳. **chart** 特に航海用または航空用の地図.

MAP /mǽp/ 《略》manufacturing automation protocol.

Map /mǽp/ (*also* **Mapes** /mǽps, méɪpìːz/), **Walter** *n.* マップ (1140?–?1209; ウェールズの聖職者・詩人・諷刺作家).

máp bùtterfly *n.* 〘昆虫〙翅に地図を描いたような文様のあるタテハチョウ (タテハチョウ科イシガケチョウ属 (*Cyrestis*), サカハチチョウ属 (*Araschnia*) の各種). 〖1894〗

map·e·pi·re /mǽpəpìri/ *n.* 《カリブ》ヘビ (snake). 〖(1838) ← ?〗

M.Ap.L. 《略》Master of Applied Linguistics.

ma·ple /méɪpḷ/ *n.* **1 a** 〘植物〙カエデ, モミジ (カエデ属 (*Acer*) の植物の総称; イロハカエデ (Japanese maple) など). **b** カエデ[モミジ]の木材. **2** (木材の)糖蜜色, 赤黄

M

色, 淡褐色. **3** [通例 *pl.*]《俗》《ボウリング》ピン (pin). **4** メープルシロップ, かえで糖の芳香. **~·like** *adj.* 〖OE *mapel(trēow)* maple (tree): cf. OS *mapulder* / G *Massholder, Masseller*〗

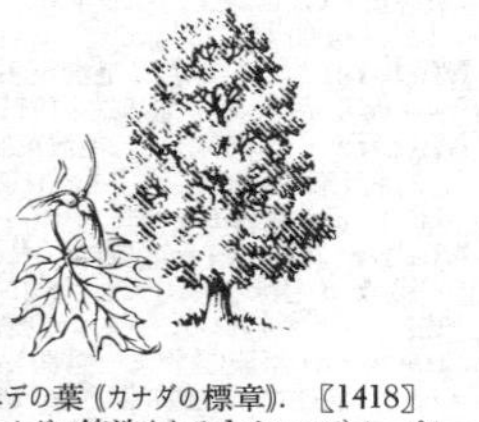

maple 1

máple lèaf *n.* カエデの葉《カナダの標章》. 〖1418〗
Máple Lèaf *n.* (カナダで鋳造される 1 オンスの)メープルリーフ金貨.
máple-lèaved *adj.* カエデの葉のような葉をもった. 〖1785〗
máple súgar *n.* かえで糖 《maple syrup を精製したもの》. 〖1720〗
máple sýrup *n.* メープルシロップ《サトウカエデ (sugar maple) の樹液で作る糖蜜》. 〖1849〗
máp·màker *n.* 地図作成[製作]者 (cartographer). 〖1775〗
máp·màking *n.* 地図作成[製作].
Map·pah /mɑːpɑ́ː/ *n.* 〘ユダヤ教〙マーパー《ポーランドのタルムード (Talmud) 学者 Moses Isserles (1520?–72) の著わした *Shulhan Aruk* 注釈書; cf. Shulhan Aruk》.
Map·pa Mun·di /mǽpəmúndi/ *n.* マッパムンディ《イングランドの Hereford 大聖堂に保存されている 13 世紀の世界地図; Jerusalem を世界の中心に置き, 円形に描かれている》. 〖(*a*1387) ◻ L *mappa mundī* map sheet of the world〗
mappe·monde /mæ̀pmɔ̃́ː(n)d, -mɔ́ːnd; *F.* mapmɔ̃ːd/ *n.* (中世の)世界地図, 世界 (world). 〖(*c*1380) ◻ (O)F ~ map of the world (↑)〗
máp·per *n.* 地図作成[製作]者. 〖1635〗
máp·pery *n.* 《軽蔑》地図作り; 図上演習[兵法]. 〖(1601–02): ⇨ -ery〗
Map·pin & Webb /mǽpɪ̀nən(d)wéb | -pɪn-/ *n.* マッピンウェブ《London の高級銀食器店, そのブランド》.
máp·ping *n.* **1** 地図作成. **2**〘数学〙写像 (map), 関数 (function). **3**〘言語〙写像. 〖1775〗
máp·pist /-pɪ̀st | -pɪst/ *n.* 《まれ》=mapper. 〖*a*1618〗
máp projèction *n.*〘地図〙地図投影(法) (projection). 〖1890〗
máp·rèader *n.* 地図の読める人; 地図を見る係, 読図係.
máp·rèading *n.* 地図を読み取ること, 読図.
máp rèference *n.* 地点表示《地図上の特定地点を示すための数字と文字の組合わせ》. 〖1954〗
máp tùrtle [tèrrapin] *n.*〘動物〙チズガメ (*Graptemys geographica*) 《米国中部・東部産カメ科の淡水ガメ; 頭部から首にかけて薄緑に黄色の縞模様がある》. 〖*c*1889〗
Ma·pu·che /məpúːtʃi/ *n.* (*pl.* ~, ~**s**) **1 a** [the ~(s)] マプチェ族《チリ中部および隣接するアルゼンチンの一部地域のインディオ》. **b** マプチェ族の人. **2** マプチェ語《アラウカノ語 (Araucanian) の一つ》. 〖(1922) ◻ Araucanian ~ ← *mapu* land+*che* people〗
Ma·pu·to /məpúːtou | -təu; *Bantu* mapúto/ *n.* マプート《アフリカ東南部, Mozambique の首都; 旧名 Lourenço Marques》.
ma·quette /mækét/ *n.*〘美術・建築〙(粘土や蠟(ろう)で造った)模型, ひな型. 〖(1903) ◻ F ~ ◻ It. *macchietta* (dim.) ~ *macchia* sketch ← *macchiare* to sketch, blot ◻ L *maculare* to spot, stain ← *macula* spot: ⇨ -ette〗
ma·qui /mɑ́ːkiː/ *n.*〘植物〙チリ産ホルトノキ科の低木 (*Aristotelia maqui*) 《樹皮から採る繊維は楽器の弦に, 紫色の果実は薬用酒になる》. 〖(1704) ◻ Sp. ~ ← Chili《現地語》〗
ma·qui·la /məkíːlə/ *n.* =maquiladora. 〖1979〗
ma·qui·la·do·ra /məkìːlədɔ́ːrə | -kɪ-/ *n.* マキラドーラ《安い労働力を利用して輸入部品を輸出用商品に組み立てるために外国企業がメキシコに設立した工場》. 〖(1978) ◻ Mex.-Sp. ~ ← *maquilar* to assemble〗
ma·quil·lage /mæ̀kiːjɑ́ːʒ, mæ̀k- | mækiː-; *F.* makijaːʒ/ *n.* メーキャップ (makeup), 化粧; 化粧品[道具]. 〖(1892) ◻ F ~ ← *maquiller* to make up, paint one's face+-AGE〗
ma·quis /mɑːkíː, mæ- | mækíː, mɑː-, ⌐⌐; *F.* maki/ *n.* (*pl.* ~ /~(z); *F.* ~/) **1** [les M-, the M-] マキ団《第二次大戦中, 特に東フランス中南部の叢(そう)林地でドイツ軍に抵抗したフランス遊撃隊》; マキ団の隠れた地域. **2** 地下運動員; [集合的] 地下運動団[班]. **3** (Corsica 島などの地中海沿岸地帯に繁茂する)常緑の雑木林《逃亡者などの隠れ場となる》. 〖(1858) ◻ F ~ 'scrub' ◻ It. *macchia* spot, thicket < L *macula* spot: ⇨ macula〗
Ma·qui·sard /mæ̀kizɑ́ə(d), mæ̀k- | -zɑ́ː(r, -zɑ́ːd; *F.* makizaːʀ/ *F.* n. =maquis 1. 〖(1944) ◻ F ~ ← *maquis*+-*ard*: ⇨ maquis, -ard〗
mar /mɑ́ə | mɑ́ː(r/ *vt.* (**marred; mar·ring**) **1** きずものにする; 傷つける, いためる, 台なしにする (⇨ injure **SYN**); 醜くする (disfigure): ~ the beauty [harmony, happiness] of …の美観[調和, 幸福]を損なう. **2** 《古》妨げる (hamper). **3** 《廃》当惑させる (perplex).
máke or már ⇨ make¹ *v.* 成句.
— *n.* 《まれ》故障, 障害, マイナス(になるもの) (injury) 〔*to*〕.
mar·rer /mɑ́ːrə | -rə(r/ *n.*
〖OE *m(i)erran* to hinder, waste < Gmc **marzjan* (Du. *marren* / OHG *merrien* to hinder) ← IE **mers-* to trouble (Gk *maraínein* to put out)〗
MAR 《略》Master of Arts in Religion.
mar. 《略》marine; maritime; married.
Mar. 《略》March; Maria.
ma·ra /mərɑ́ː/ *n.*〘動物〙パタゴニアノウサギ, パンパノウサギ, マラ (*Dolichotis patagonica*) 《アルゼンチン中部・南部のパンパス地帯にすむ, ノウサギに似て後肢の長いテンジクネズミ科の齧歯動物》. 〖(1833) ◻ Am.-Sp. *mará* ← ? S.-Am.-Ind. (Araucanian)〗
Ma·ra¹ /mɑ́ːrə/ *n.*〘ヒンズー神話〙マーラ(魔羅)《死を象徴する悪魔》; 悪魔, 魔王. 〖(1871) ◻ Skt *Māra* ← *mṛ* to die〗
Ma·ra² /mɑ́ːrə/ *n.* マーラ《女性名》. 〖《変形》← MARY〗
mar·a·bou /mǽrəbùː, mér- | mǽr-/ *n.* (*also* **mar·a·bout** /~/) **1**〘鳥類〙**a** アフリカハゲコウ (*Leptoptilos crumeniferus*) 《熱帯アジア・アフリカ産; maraboustork ともいう》; ハゲコウ属 (*L.*) の鳥類の総称. **b** オオハゲコウ (⇨ adjutant bird). **2** ハゲコウの羽毛; ハゲコウの羽毛製の装飾品《婦人帽などの装飾に用いる》. 〖(1823) ◻ F *marabou(t)* ◻ Port. *marabuto* (↓): その独居性から〗
mar·a·bout /mǽrəbùː, mér-, -bùːt | mǽr-/ *n.* **1** [時に M-] (アフリカ北部の)イスラム教の道士[隠者]. **2** イスラム教の道士の墓[社]. **~·ism** /-tɪzm/ *n.* 〖(1621) ◻ F ~ ◻ Port. *marabuto* ◻ Arab. *murābiṭ* hermit〗
mar·a·bun·ta /mǽrəbʌ̀ntə, mér- | mǽrəbʌ́ntə/ *n.* 《カリブ》**1** スズメバチの一種. **2** 《俗》短気な女. 〖(1883) ← ? Yoruba〗
ma·ra·ca /mərɑ́ːkə, -rǽkə | -rǽkə/ *n.* **1** [通例 *pl.*] マラカス《ひょうたんなどをくり抜いて, 豆粒・小石などを入れたキューバ起源のリズム楽器; 通例両手に一つずつ持って使う》. **2** [*pl.*] 《米卑》(女の)乳房 (breasts). 〖(1824) ◻ Port. *maracá* ← ? Tupi《現地語》〗
Mar·a·cai·bo /mæ̀rəkáɪbou, mèr- | mæ̀rəkáɪbəu; *Am.Sp.* maɾakáiβo/ *n.* **1** マラカイボ《南米北部ベネズエラ北西部の港湾都市; Zulia 州々都; 石油産業の中心地》. **2** =Gulf of VENEZUELA.
Maracaibo, Lake *n.* マラカイボ湖《ベネズエラ北西部の Venezuela 湾に連なる湖; 油田がある; 面積 13,000 km²》.
Mar·a·can·da /mæ̀rəkǽndə, mèr- | mæ̀r-/ *n.* マラカンダ《Samarkand の旧名》.
Ma·ra·cay /mɑ̀ːrəkáɪ; *Am.Sp.* maɾakái/ *n.* マラカイ《ベネズエラ北部の都市; Juan Vicente Gómez の独裁下で発展; 繊維産業の中心地》.
Ma·ra·do·na /mæ̀rədɑ́(ː)nə, mèr- | mæ̀rədɔ́nə; *Am.Sp.* maɾaðóna/, **Diego** (**Ar·man·do** /aɾmándo/) *n.* マラドーナ (1960– ; アルゼンチンのサッカー選手; 1986 年母国チームを率いて World Cup 優勝, MVP となる).
ma·rae /mərάɪ/ *n.* (NZ) マオリ族の集会所. 〖(1814) ◻ Maori ~ 'courtyard'〗
már·ag·ing stéel /mɑ́ːreɪdʒɪŋ-/ *n.*〘冶金〙マレージング鋼, 超硬度鋼《炭素をほとんど, あるいは全く含まず, 約 25 % ニッケルと, それより少量の他金属を含む鋼》. 〖(1962) *maraging*: ← MAR(TENSITE)+AGING〗
Ma·rais /mǽreɪ, mɑːr-, mə-; *F.* maʀɛ/, **Jean** *n.* マレー (1913– ; フランスの俳優).
Ma·ra·jó /mæ̀rəʒóu | -ʒəu; *Braz.* maɾaʒɔ́/ *n.* マラジョ(島)《ブラジル北東部, Amazon 河口の島; 面積 40,000 km²》.
Ma·ram·ba /mərǽmbə/ *n.* マランバ《ザンビア南部, ジンバブウェとの国境に近い Zambezi 川北岸の町; Victoria 滝の近くにある; 旧称 Livingstone》.
mar·a·nath·a /mæ̀rənǽθə/ *int.* マラナタ《「われらの主よ, きたりませ」, の意の祈りの言葉; *1 Cor.* 16: 22》. 〖(*c*1384) ◻ Gk *maranathá* ← *marána thā* ◻ Aram. *mārānā thā* (our) Lord, come!: 一説では Heb. *moḥŏrām attā*^h thou art put under the ban (← *ḥārám* to banish) の誤写から〗
Ma·ra·nhão /mæ̀rənjáun | -njáun; *Braz.* maɾɐ̃ɲɐ̃ũ/ *n.* マラニャン《ブラジル北東部の州; 北西部は熱帯雨林, 南東部は高原; 州都 São Luís; 面積 32,866 km²》.
Mar·a·ñón /mɑ̀ːrənjóun | -njəun; *Am.Sp.* maɾaɲón/ *n.* [the ~] マラニョン(川)《ペルー北西部の Andes 山脈中に発し東流する, Amazon 川の支流; 長さ 1,600 km》.
ma·ran·ta /mərǽntə | -tə/ *n.*〘植物〙マランタ《熱帯アメリカ原産クズウコン科クズウコン属 (*Maranta*) の観葉植物》; (特に)モンヨウショウ (*M. leuconeura* var. *kerchoviana*). 〖(1812) ← NL ← *Bartolomeo Maranta* (1500–71: イタリアの医師・植物学者)〗
Mar·an·ta·ce·ae /mæ̀rəntéɪsiːː/ *n. pl.*〘植物〙(ショウガ目)クズウコン科. **màr·an·tá·ceous** /-ʃəs⁻/ *adj.* 〖← NL ~ ← *Maranta* (属名 ↑): ⇨ -aceae〗
Ma·rantz /mərǽnts/ *n.*〘商標〙マランツ《米国 Marantz 社製のオーディオ機器》.
ma·ra·ri /mɑ́ːrɑːrìː/ *n.* (NZ) =butterfish. 〖(1842) ◻ Maori ~〗
ma·ras·ca /mərǽskə/ *n.*〘植物〙マラスカ (*Prunus cerasus* var. *marasca*) 《オーストリア産の野生サクランボ; にがくて酸味があり maraschino の原料となる; marasca cherry ともいう》. 〖(1864) ◻ It. ~: ↓〗
mar·a·schi·no /mæ̀rəskíːnou, mèr-, -rəʃíː- | mæ̀rəskíːnəu, -ʃíː-⁻/ *n.* (*pl.* ~**s**) [しばしば M-] **1** マラスキーノ《marasca の果汁を発酵し蒸留して造った無色で甘口のリキュール》. **2 a** マラスキーノチェリー《着色した糖蜜につけて(合成)マラスキーノで味付けしたもの》. **b**〘植物〙= marasca. 〖(1791–93) ◻ It. ~ ← *(a)marasca* a kind of cherry ← *amaro* bitter ◻ L *amārus* bitter ← IE **om-raw*〗
maraschíno chérry *n.* =maraschino 2. 〖1820〗
ma·ras·mus /mərǽzməs/ *n.*〘病理〙消耗症, (特に栄養失調による幼児の進行性)衰弱 (emaciation). **ma·rás·mic** /-mɪk/ *adj.* 〖(1656) ← NL ~ ← Gk *marasmós* a wasting, consumption ← *maraínein* to consume, waste away: cf. mar〗
Ma·rat /mərɑ́ː, mɑː- | mǽrɑː-; *F.* maʀa/, **Jean Paul** *n.* マラー (1743–93; スイス生まれのフランスの革命指導者; Gironde 党追放の論陣を張り, 入浴中に Charlotte Corday に刺殺された).
Ma·ra·tha /mərɑ́ːtə | -tə; *Hindi* məɾɑʈʈɑ/ *n.* (*pl.* ~, ~**s**) **1** [the ~(s)] マラータ族《インドの中部から西部に住む Hindu 族の一支族》. **2** マラータ族の人. 〖(1748) ◻ Marathi *Marāṭhā* ◻ Skt *Mahārāṣṭra* ← *mahā-* great+*rāṣṭra* kingdom: ⇨ much, raja〗
Marátha Conféderacy *n.* [the ~] マラータ同盟《18–19 世紀にインド中西部に結成された封建諸侯の連合体; 1818 年英国に屈して解散》.
Ma·ra·thi /mərɑ́ːti | -ti; *Hindi* məɾɑːʈʰi/ *n.* マラッタ語《Maratha 族の話す近代インドイラン語》. 〖(1698) ◻ Marathi *Marāṭhī* ◻ Skt *Mahārāṣṭī* ← *Mahārāṣṭra*: ⇨ Maratha〗
mar·a·thon /mǽrəθὰ(ː)n, mér- | mǽrəθən, -θɔ̀n/ *n.* **1** マラソン(レース)《Marathon の戦役でアテネの兵士 Pheidippides が味方の勝利を伝えるために Marathon から Athens まで走り続けた故事を記念するために 1896 年 4 月 Athens で最初に行われた; 競技距離はその時の例にならって 42.195 km (26 マイル 385 ヤード) を正式とする》. **2 a** 長距離競走[レース]: a swimming ~. **b** 耐久競争[競技]: a dancing ~ (長時間の)ダンスマラソン. **—** *adj.* [限定的] 長時間(継続)の: a ~ nine-hour session 9 時間にも及ぶ長時間[マラソン]会議. 〖1896〗
Mar·a·thon /mǽrəθὰ(ː)n, mér- | mǽrəθən, -θɔ̀n/ *n.* **1** マラトン《ギリシャの Attica にある Athens の北東約 40 km の平原; 490 B.C. にギリシャ軍がペルシャ軍を破った古戦場; the Plain of Marathon ともいう》. **2** マラトン《それに近い古代の村落》. **3**〘ギリシャ神話〙マラトーン (Epopeus の子, Corinthus の父).
már·a·thòn·er *n.* マラソンランナー, 長距離走者. 〖1923〗
Mar·a·tho·ni·an /mæ̀rəθóuniən, mèr- | mæ̀rəθə́u-⁻/ *adj.* マラトンの. **—** *n.* マラトンの住民[生まれの人]. 〖1767〗
Márathon ràce *n.* =marathon 1.
Ma·rat·ti·a·ce·ae /mərǽtiéɪsiːː | -ti-/ *n. pl.*〘植物〙リュウビンタイ科. **ma·ràt·ti·á·ceous** /-ʃəs/ *adj.* 〖← NL ~ ← *Marattia* (属名) ← *Giovanni Francesco Maratti* (*d.* 1777; イタリアの植物学者): ⇨ -aceae〗
Ma·rat·ti·a·les /mərǽtiéɪliːz | -ti-/ *n. pl.*〘植物〙(シダ綱)リュウビンタイ目. 〖← NL ~ ← *Marattia* (⇨ Marattiaceae)+-ALES〗
ma·raud /mərɔ́ːd, -rɑ́ːd | -rɔ́ːd/ *vi.* 略奪して回る; (略奪のため)襲撃する (plunder) 〔*on, upon*〕: ~ *on* the coast 沿岸を略奪して回る. **—** *vt.* [通例受身で] 略奪する: The coast was ~*ed* by the pirates. 沿岸は海賊どもに荒された. **—** *n.* 《古》略奪. **~·er** *n.* 〖(1711) ◻ F *marauder* to pilfer ← *maraud* rogue ← ? F《方言》*maraud* vagabond, 《原義》tomcat《擬音語》?〗
ma·ráud·ing /-dɪŋ | -dɪŋ/ *adj.* [限定的] 略奪[襲撃]を事とする: ~ hordes 略奪隊, 匪賊(ひぞく). 〖1755〗
mar·a·ve·di /mæ̀rəvéɪdi, mèr- | mæ̀rəvéɪdi; *Sp.* maɾaβeði/ *n.* (*pl.* ~**s**) マラベディ: **1** 昔, スペインでムーア人が造った金貨. **2** スペインの古銅貨 (=¹/₃₄ real). 〖(?1430) ◻ Sp. *maravedí* ◻ Arab. *murābiṭī* (adj.) ← *Murābiṭīn* (pl.) Moorish dynasty in Spain (1086–1147) ← *murābiṭ* member of religious order: ⇨ marabout〗
Mar·be·lla /mɑəbéɪ(l)jə | mɑːbéɪ(j)ə; *Sp.* maɾβéʎa, -ja/ *n.* マルベリャ《スペイン中南部, 地中海岸の町; リゾート地》.
mar·ble /mɑ́əbl̩ | mɑ́ː-/ *n.* **1** 大理石《各種の比喩表現で, 堅さ・冷たさ・滑らかさなどを暗示する》: a bust in ~ 大理石胸像 / a heart of ~ 石のように冷たい心 / (as) hard [cold] as ~ (大理)石のように堅い[冷たい]; 冷酷無情な. ★ ラテン語系形容詞: marmoreal. **2 a** 大理石彫刻物[記念碑, 墓石]. **b** [*pl.*] (古い)大理石彫刻のコレクション: ⇨ Elgin marbles. **3 a** (子供がビー玉遊び (marbles) に用いる)ビー玉《もとは大理石製, 今は通例, 石・粘土・ガラス製》. **b** [*pl.*; 単数扱い] (子供の)ビー玉遊び. **4** 大理石模様, 墨流し模様, マーブル (marbling). **5** [*pl.*] 《俗》知力; 分別 (wits); 正気: He has no ~*s* at all. 分別の「ふ」の字もない.
gó for áll the márbles 《俗》(大きな利益を求めて)一か八かやってみる. ***lóse*** one's ***márbles*** 《俗》気が狂う, 頭がおかしくなる. ***máke*** one's ***márble góod*** 《豪口語》うまくやる; 〔人に〕取り入る〔*with*〕. ***páss ín*** one's ***márble*** 《豪口語》死ぬ.
— *adj.* [限定的] **1 a** 大理石(製)の; 大理石まがいの: a ~ bust [mantelpiece] 大理石の胸像[マントルピース] / ~ floors 大理石の床(ゆか). **b** 大理石[墨流し]模様のある: ~ paper マーブル紙《墨流し模様を染めた紙》. **2 a** (大理石のように)堅い, 冷たい, 無情な, 不動の: a ~ breast [heart] 冷酷な心. **b** (大理石のように)滑らかな; 純白の (cf. alabaster): her ~ brow 彼女の白皙(はくせき)の額. **—** *vt.* **1** 〈紙・書物の小口(こぐち)・タイルなどに〉大理石[墨流し]模様をつける, マーブル付け[取り]をする: ~ paper, edges of books, soap, etc. **2** 〈肉を〉霜降りにする.
már·bler /-blə, -blə | -blə(r, -bl-/ *n.*
〖(*a*1200) *marbel, marbre* ◻ (O)F *marbre* < L *mar-*

mor marble ⊏ Gk *mármaros* white glistening stone (*marmaírein* to shine との連想から)《原義》stone, rock: 今の形は r—r > r—l の異化による〕

Márble Árch *n.* マーブルアーチ《London の Hyde Park 北東入口の門》.

márble càke *n.* マーブルケーキ《生地にチョコレートなどで濃淡をつけて焼いた大理石模様のケーキ》.〖1871〗

már·bled *adj.* **1** 大理石で造った[を多く用いた]: a ~ mausoleum 大理石造りの廟(びょう). **2** 大理石[墨流し]模様の: ~ paper=marblepaper / ~ edges of a book. **3** 〈肉が〉赤身(肉)と脂身がほどよくまじった: well-*marbled* beef ころ合いの霜降り肉.〖(1599) ← MARBLE+-ED 2〗

márbled pólecat *n.* 〖動物〗マダライタチ, トラフイタチ (*Vormela peregusna*)《ユーラシア産》.〖1961〗

márbled whíte *n.* 〖昆虫〗シロジャノメ《ジャノメチョウ科シロジャノメ属 (*Melanargia*) のチョウの総称; 翅は白黒のまだらで, 草地にすむ》.〖1766〗

márble-édged *adj.* 〖製本〗小口(こぐち)マーブルの.

Mar·ble·head /máəblhèd, ⌐—⌐ | má:blhèd, ⌐—⌐/ *n.* マーブルヘッド《米国 Massachusetts 州北東部の町で保養地; ヨット港がある》.〖大大理石群があることから: cf. head 5 b〗

márble·héarted *adj.* (大理石のように)無情な, 冷酷な (hardhearted).〖1604–5〗

mar·ble·ize /máəblàız | má:-/ *vt.* =marble.〖1875〗

márble·pàper *n.* 〖製紙〗マーブル紙《墨流しや印刷で大理石模様を付けた紙; 図書の見返し・壁紙などに用いる; cf. domino paper》.〖1680〗

már·bling /-blıŋ, -bl-/ *n.* **1** マーブリング, 墨流し; (図書の見返しなどの)マーブル付け[染め, 取り]. **2** 大理石模様. **3** 〖製本〗(書物の小口・見返しなどの)マーブル (marble), 大理石模様, 墨流し装飾. **4** (肉の)霜降り, さし.〖1686〗

már·bly /-blı, -bli/ *adj.* **1** (大理石のように)冷たい, 固い (stiff), 落ち着いた (calm). **2** 大理石を多く用いた: ~ terraces.〖(1439): ⇨ marble, -y⁴〗

Mar·burg /máəbə:g, -buəg | má:buəg, -bə:g; *G.* máʁbuʁk/ *n.* マールブルク《ドイツ Hesse 州の都市; ヨーロッパ最古のプロテスタント系大学がある (1527 年創立)》.

Márburg disèase *n.* マールブルグ病《ミドリザルが媒介するウイルス性の病気; 人にも感染し, 高熱・嘔吐・内出血を伴う; 1967 年に Marburg で西アフリカ産ミドリザルが媒介して流行; green monkey disease ともいう》.〖(1969) ↑: 最初の症例が見られた地〗

Márburg vírus *n.* マールブルグウイルス《マールブルグ病の原因となる, アフリカに起源をもつ RNA アルボウイルス》; = Marburg disease.

marc /máək | má:k; *F.* ma:ʁ/ *n.* **1** (ぶどうなどの)搾りかす. **2** マール《ぶどう・りんごなどの搾りかすから蒸留して造ったブランデー》. **3** 〖薬学〗(冷浸剤の)しぼりかす.〖(1601) ⊏ F《原義》something trodden or beaten ← *marcher* to walk, tread, press: ⇨ march¹〗

Marc /máək | má:k; *G.* máʁk/, **Franz** *n.* マルク (1880–1916; ドイツの画家; 1911 年「青騎士」派 (Blaue Reiter) に参加).

Mar·can /máəkən | má:-/ *adj.* 聖マルコ (St. Mark) の.〖(1902) ← LL *Marcus* 'MARK'+-AN¹〗

mar·can·do /maəkǽndou | ma:kǽndəu; *It.* markándo/ *It. adv.* 〖音楽〗(アクセントをつけて)明瞭に, はっきりと (marcato).〖⊏ It. ~ (pres.p.) ← *marcare* to mark: cf. mark¹〗

mar·can·tant /máəkəntənt | má:-/ *n.* 《まれ》商人 (cf. Shak., *Shrew* 4. 2. 62–3).〖(1596)《転訛》It. *mercantante*〗

mar·ca·site /máəkəsàıt | má:-/ *n.* 〖鉱物〗**1** 白鉄鉱 (FeS_2)《white iron pyrites ともいう》. **2** 《古》鉄鉱結晶体《18 世紀に多く装飾用にされた》; 鉄鉱結晶体の標本; それで作った装飾品.〖(?*a*1425) ⊏ F *marcassite* // ML *marcasita* ⊏ Sp. *marcaxita* ⊏ Arab. *marqašītā* ⊏ Pers. *marqashīshā*〗

mar·ca·to /maəká:ṭou | ma:ká:təu; *It.* marká:to/ *It. adv.* 〖音楽〗(音符を)明瞭に, アクセントをつけて.〖(1840) ⊏ It. ~ (p.p.) ← *marcare* 'to MARK¹'〗

Mar·ceau /maəsóu | ma:sə́u, ⌐—; *F.* maʁso/, **Marcel** *n.* マルソー (1923– ; フランスのパントマイム役者; 顔を白く塗って演じる人物 Bip は世界的に知られる).

mar·cel /maəsél | ma:-/ *n.* マルセルウェーブ《特殊なアイロンを用いて頭髪に深いウェーブをつけること, その髪型》. — *vt.* (**mar·celled**; **-cel·ling** /-lıŋ/) 〈頭髪を〉マルセルウェーブさせる. **~·ler** /-lə | -lə(r)/ *n.* 〖(n.: 1895; v.: 1906) ← *Marcel Grateau* (1852–1936: フランスの理髪師で, その創始者)〗

Mar·cel /maəsél | ma:-; *F.* maʁsɛl/ *n.* マーセル《男性名》.〖⊏ L *Marcellus* (dim.) ← MARCUS〗

Mar·cel /maəsél | ma:-; *F.* maʁsɛl/, **Gabriel** *n.* マルセル (1889–1973; フランスのキリスト教的実存主義哲学者・劇作家・批評家).

mar·cel·la /maəsélə | ma:-/ *n.* マルセラ《チョッキなどを作るピケの類の木綿または麻の綾織物》.〖(1812) ← *Marseilles* (その最初の製造地)〗

Mar·cel·la /maəsélə | ma:-/ *n.* マーセラ《女性名》.〖⊏ L ~ (fem.) ← MARCELLUS〗

Mar·celle /maəsél | ma:-/ *n.* マーセル《女性名》.〖↑〗

Mar·cel·li·na /màəsəlí:nə | mà:-/ *n.* マーセリーナ《女性名; 異形 Marcelline》.〖(dim.) ← MARCELLA〗

Mar·cel·lo /maətʃélou | ma:tʃéləu; *It.* martʃéllo, *Port.* mərsélu/ *n.* マルチェロ《男性名》.〖⊏ It. ~〗

Mar·cel·lo /maətʃélou | ma:tʃéləu; *It.* martʃéllo/, **Be·ne·det·to** /benedétto/ *n.* マルチェッロ (1686–1739; イタリアの作曲家・詩人).

Mar·cel·lus /maəséləs | ma:-/ *n.* マーセラス《男性名》.〖⊏ L ~ (dim.) ← MARCUS〗

Mar·cel·lus /maəséləs | ma:-/, **Marcus Claudius** *n.* マルケルス (268?–208 B.C. ローマの将軍; 第二ポエニ戦役 (2nd Punic War) で活躍).

marcél wàve *n.* マルセルウェーブ (marcel).

mar·ces·cent /maəsésənt, -snt | ma:-/ *adj.* 〖植物〗〈植物のある部分が〉落ちないで枯れる[しおれる], 枯凋(こちょう)する, 枯凋性の. **mar·cés·cence** /-sésəns, -sns/ *n.* 〖(1727) ⊏ L *marcēscentem* (pres. p.) ← *marcēscere* to wither, droop (freq.) ← *marcēre* to wither, droop〗

march¹ /máətʃ | má:tʃ/ *vi.* **1 a** 〈軍隊などが〉行進する, 行軍する: ~ *away* [*off*] 行進[行軍]して去る[行ってしまう] / ~ *into* the town [*through* the street] 行進して町へ入る[街路を通る] / ~ *against* the enemy [*on* a fortress] 敵軍目指して進軍する[要塞に向かって進撃する] / ~ *to* [*toward*] York ヨークへ[へ向かって]進む / a ~*ing* song 進軍歌, 行進歌 / Forward, ~! [号令]前へ進め. **b** 行進を開始する. **c** 〈集団が〉示威運動などで街頭行進をする, デモ行進する. **2** 粛々と[ゆうゆうと]歩く; 行く, おもむく: We ~*ed into* a larger room. 大きい部屋へ入って行った / She ~*ed* straight *to* her own room. まっすぐ自分の部屋へ歩いて行った. **3** 〈事件・調査・仕事・時間などが〉(着々と)進む, 進展する (advance): Time ~*es* on. 時は進行する. **4** 〔…と〕合う, 一致する (agree)〔*with*〕: His conjectures completely ~*ed with* the facts. 彼の推測は事実とぴったり合っていた. **5** 《廃》位置する, (ある)地位を占める (rank): ~ in the first rank of magnificence 壮大さの点で首位を占め(ている). — *vt.* **1** 行進させる; 進軍[行軍]させる; 繰り込む, 繰り出す〈*in, out*〉. **2** 追い立てるようにして連れて行く, 引っ立てる, 引っ張って行く (hustle, hurry)〈*off, on*〉: ~ a culprit *off* to jail 罪人を刑務所へ引っ張って行く. **3** 〈ある距離を〉(行進で)進む: They ~*ed* 25 miles every day. 毎日 25 マイル行進した.

márch pàst 〈軍隊が〉〈高官などの前を〉分列行進する (cf. march-past).

— *n.* **1 a** 行進, 行軍, 進軍: a long ~ 長途の行軍 / ⇨ LINE¹ of march, forced march. **b** (徒歩による)長くて(特に)苦しい旅, 単調でいやな行進: He pursued his ~ upon London. ロンドンを指して旅を続けた. **c** 示威運動の行進: a hunger ~ (失業者の)飢餓行進 / go on a peace ~ 平和行進に出る. **2 a** 進み, 進展, 発達 (progress, advance): the ~ of science, events, intellect, etc. / in [with] the ~ of time 時がたつにつれて / keep abreast with the ~ of the times 時代の進歩に遅れないようにする. **b** 進行, 展開: the ~ of a drama toward the climax ドラマの佳境への進行. **3** (ある期間内の)進軍行程, 行進距離: an hour's ~ 1 時間の行程 / It will make a full day's ~. それはたっぷり一日の行程になる. **4** (兵隊の)行進歩調: the quick [slow] ~ 速歩[徐]行進 / the double ~ 駆け足 / a ~ at ease みち足. **5** 〖音楽〗マーチ, 行進曲《通例 2 拍子または 4 拍子》: ⇨ dead march, wedding march.

on the márch (1) 行進中で: The regiment was *on the* ~. (2) 〈物事が〉進歩[発展, 前進]中で. 《1781》

***stéal* [*gèt*] *a márch on* [*upòn*]** …に抜足さし足で近づく, …の不意を襲う; (こっそり, ずるく)…を出し抜く, …の先を越す: He *stole a* ~ *on* me. 《1707》

Márch of Dímes [the —]《米》(1938 年以来行われている)小児麻痺救済募金運動.

〖v.: (*c*1410) ⊏ (O)F *marcher* to walk, march, go, 《原義》trample (i) < VL **marcāre* ← LL *marcus* a hammer // (ii) ⊏ Frank. **markōn* to mark out with footprints < Gmc **markōn* ← IE **merg-* border, boundary: cf. mark¹. — n.: (1590) ⊏ (M)F *marche* ← *marcher*〗

march² /máətʃ | má:tʃ/ *n.* **1 a** [通例 *pl.*] 国境, 境界, (領有権が問題になる)国境地方, 境界地域; 辺境 (frontier) (cf. mark¹ n. 18): ride the ~*es* 乗馬して辺境を検分する. **b** [the Marches]〖英史〗(イングランドとウェールズまたはスコットランドとの)境界地方 (cf. border 1 c): Lords of *the Marches* 辺境領主. **2** (国境・境界によって囲まれた)領地, 領土 (territory), 監督管区, 所領; (公務員の)管轄区域.

Márch Kíng of Árms 〖英史〗(中世後期の)紋章院部長《のち, Clarenceux King of Arms と Norroy King of Arms に分離; cf. KING of Arms》.

— *vi.* 〈国・地所などが〉〔…と〕境を接する (border)〔*on, upon, with*〕.

〖n.: (*c*1290) *marche* ⊏ (O)F boundary, frontier ⊏ Frankish **marka* < Gmc **markō* 'MARK¹' (OHG *marcha*). — v.: (*c*1330) ⊏ OF *marchir* ← *marche*〗

March¹ /máətʃ | má:tʃ/ *n.* 3 月 (略 Mar.).〖(?*c*1200) *Marche* ⊏ ONF *march*(*e*)=OF *marz* (F *mars*) // L *Mārtium* (*mēnsem*) '(month) of MARS'〗

March² /*G.* máʁç/ *n.* マルヒ川《Morava 川のドイツ語名》.

MArch 《略》Master of Architecture.

March. 《略》Marchioness.

March /máətʃ | má:tʃ/, 1st Earl of *n.* ⇨ Mortimer, Roger de.

Mar·chan·ti·a·ce·ae /maəʃæ̀nṭiéısiì: | ma:ʃænti-/ *n. pl.* 〖植物〗ゼニゴケ科. **mar·chàn·ti·á·ceous** /-ʃəs/ *adj.* 〖← NL ~ ← *Marchantia* (属名: ← *Nicolas Marchant* (*d.* 1678: フランスの植物学者)+-IA²): ⇨ -aceae〗

Márch brówn *n.* **1** 〖昆虫〗茶色の体に黄色の縞のあるヒラタカゲロウ科のカゲロウ (mayfly) の一種 (*Ecdyurus venosus*). **2** 〖釣〗それに似せて作った毛鉤 (fly).

Marche /*F.* maʁʃ/ *n.* マルシュ《フランス中部の旧州》.

Mär·chen /méəkən, méəx- | méə-; *G.* mɛ́:ɐçn/ *n.* (*pl.* ~) おとぎばなし, メルヘン, 童話, 物語 (tale); (特に)伝説物語, 民話 (folktale).〖(1871) ⊏ G ~ 'story' < MHG *merechyn* short verse narrative ← *mære* narrative+-*chyn* '-KIN'〗

márch·er¹ *n.* (徒歩)行進者; (ある主義・主張を掲げて)行進する人: peace ~*s* 平和行進者たち; 平和運動を推進する人々.〖(1589) ← MARCH¹+-ER¹〗

márch·er² *n.* **1** 国境居住者, 辺境の住民. **2** (昔の)国境管轄官, 辺境地の領主: the marcher lords.〖(1470) ← MARCH²+-ER¹〗

March·es /máətʃız | má:-/ *n.* [(the) ~] (レ)マルケ州《イタリア中東部アドリア海沿岸の州; 面積 9,692 km², 州都 Ancona; イタリア語名 Le Marche /lemárke/》.

mar·che·sa /maəkéızə | ma:-; *It.* marké:za/ *n.* (*pl.* **-che·se** /-zeı; *It.* -ze/) (イタリアの)女侯爵, 侯爵夫人 (marchioness).〖(1797) ⊏ It. ~ (fem.) ← *marchese* (↓)〗

mar·che·se /maəkéızeı | ma:-; *It.* marké:ze/ *It. n.* (*pl.* **-che·si** /-zi:; *It.* -zi/) (イタリアの)侯爵 (marquis).〖(1517) ⊏ It. ~ 'marquis' ⊏ LL *marcēnsis* ruler of a march ← *marca* boundary: ⇨ march², marquis〗

Mar·che·sh·van /maəxéʃvən, -héʃ- | ma:-/ *n.* = Heshvan.

Márch flỳ *n.* 〖昆虫〗**1** ケバエ《春から初夏にかけて発生するケバエ科のハエの総称》. **2** 《豪》=horsefly.

Márch háre *n.* 三月ウサギ《激しい行動をみせる交尾期のノウサギ》; [the M- H-] 三月ウサギ《*Alice's Adventures in Wonderland* に登場する頭のおかしいウサギ》.

(*as*) ***mád as a Márch háre*** ⇨ hare 成句.

márch·ing bànd *n.* パレード[行進]のバンド, マーチングバンド.〖1955〗

márching gìrl *n.* [しばしば *pl.*] **1** 《豪》マーチングガール《隊形を組んで行進するように訓練を受けた少女》. **2** 女性軍楽隊長.〖1952〗

márching òrder *n.* **1** [*pl.*] **a** 〖軍事〗行軍[進軍]命令, (部隊)移動命令: They are under ~*s*. 彼らは進発令を受けている. **b** 《口語》(仕事の)開始[続行]指令. **2** [*pl.*]《英口語》解雇(通告): get one's ~*s* 解雇される. **3** 《英》〖軍事〗行軍装備, 軍装, 行軍軍装: the (light) ~ (軽)行軍装備.〖1780〗

M

mar·chio·ness /máəʃ(ə)nıs, màəʃənés | mà:ʃənés, má:ʃ(ə)nıs/ *n.* 侯爵夫人[未亡人]; 女侯爵 (cf. marquis).〖(1533) ⊏ ML *marchiōnissa* (fem.) ← *marchiō* marquis, 《原義》marcher² 2: ⇨ march², -ess: cf. marquis〗

márch·lànd *n.* 《まれ》国境地方, 境界地 (borderland).〖1536〗

márch-òrder *vt.* 〖軍事〗〈人員・武器弾薬・装備品などを〉行軍[進軍]できるように準備する: ~ the infantry 歩兵隊に行軍の用意をさせる.

march·pane /máətʃpeın | má:tʃ-/ *n.* 《古》=marzipan.〖(1494) ⊏ OF *marcepain* (F *massepain*) ⊏ It. *marzapane* 'MARZIPAN'.〗

márch-pàst *n.* パレード, 行進, 行列; (特に軍隊の)分列行進, 閲兵分列式, 観閲行進 (cf. flyover).〖(*c*1876) cf. march¹ (vi.) 1〗

Mar·cia /máəʃə | má:siə, -ʃə/ *n.* マーシャ《女性名; 異形 Marcie, Marsha》.〖⊏ L *Mārcia* (fem.) ← *Mārcius*: ⇨ Marcus〗

Mar·ci·a·no /màəsiǽnou, -ʃi-, -á:nou | mà:siá:nəu, -ʃi-/, **Rocky** *n.* マルシアノ (1923–69; 米国のプロボクサー; ヘビー級世界チャンピオン (1952–56); 49 戦中 43 戦を KO 勝ち).

Mar·cie /máəsi | má:-/ *n.* マーシー《女性名》.〖⇨ Marcia〗

Mar·cion /máəʃən, -ʃiən | má:-/ *n.* マルキオン (100?–?160; もと Pontus の船主; パウロ (St. Paul) の影響を受けたグノーシス主義的な異端論者でマルキオン派を開く (144 年)).

Már·cion·ìsm /-nìzm/ *n.* 〖キリスト教〗マルキオン主義 (cf. Marcionite).〖1882〗

Már·cion·ist /-nıst | -nıst/ *n.* 〖キリスト教〗=Marcionite.〖*c*1449〗

Mar·cion·ite /máəʃənàıt | má:-/ *n.* 〖キリスト教〗マルキオン信奉者, マルキオン主義者 (2–7 世紀に活動した教派で, 旧約を退けてパウロ (St. Paul) の 10 書簡とルカ (St. Luke) による福音書だけを信じ, 苦行を重視して結婚を否定, キリストは天地創造の神と同一でないとして否定した).〖(*a*1540) ⊏ LL *Marciōnita*: ⇨ Marcion, -ite¹〗

Mar·co /máəkou | má:kəu; *It.* márko/ *n.* マーコ《男性名》.〖⊏ It. ~ ⊏ L *Mārcus* 'MARCUS'〗

Mar·co·ni /maəkóuni | ma:kə́u-; *It.* markó:ni/, Marchese **Gu·gliel·mo** /guʎʎélmo/ *n.* マルコーニ (1874–1937; イタリアの電気工学者; 無線通信を完成; Nobel 物理学賞 (1909)).

mar·co·ni·gram /maəkóunıgræ̀m | ma:kə́u-/ *n.* 《古》(マルコーニ式)無線電報 (radiogram).〖(1902): ⇨ ↑, -gram〗

mar·co·ni·graph /maəkóunıgræ̀f | -kə́unıgrà:f, -græ̀f/ *n.* 《古》(マルコーニ式)無線電信機.〖(1903) ← MARCONI+-GRAPH〗

Marcóni rìg *n.* 〖海事〗マルコーニリグ[帆装]《特別高いマストに(下に短い boom² がある)細長い三角帆を張ったヨット用の帆装; Bermuda rig ともいう》.〖(1916): 高いマストが無線電信の柱を思わせるところから〗

Marco Polo *n.* ⇨ Polo.

Mar·cos /máəkous | má:kɔs/, **Ferdinand Edralin** *n.* マルコス (1917–89; フィリピンの政治家; 大統領 (1965–

86); Aquino に政権を追われ亡命先のハワイで病死).

mar·cot·tage /mɑəkɑ́(ː)tɪdʒ | mɑːkɔ́t-; *F.* maʁkɔtaːʒ/ *n.* 〘園芸〙(取り木の)高取り法 (air layering) 《節の下に切り目を付けてミズゴケなどの厚い層でおおい, 発根後切り離す繁殖法》. 〘(1926) ◻ F ～〙

Mar·cus /mɑ́əkəs | mɑ́ː-/ *n.* マーカス《男性名》. 〘◻ L *Mārcus* ← ? MARS: cf. Mark〙

Márcus Au·ré·li·us /-ɔːríːliəs/ *n.* マルクス アウレリウス《121–180; ローマ皇帝 (161–180), ストア哲学者; *The Meditations*; Marcus Aurelius Antoninus とも称される》.

Mar·cu·se /mɑəkúːzə | mɑːkúːzə, -kjúːz; *G.* maʁkúːzə/, **Her·bert** *n.* マルクーゼ《1898–1979; ドイツ生まれの米国の政治哲学者 (1940 年帰化); マルクス主義とフロイトの理論の融合を企て, 現代管理社会を批判して反体制的立場をとった》.

Mar·cy /mɑ́əsi | mɑ́ː-/ *n.* マーシー《女性名》. 〘⇨ Marcia〙

Mar·cy /mɑ́əsi | mɑ́ː-/, **Mount** *n.* マーシー山《米国 New York 州北東部の山, Adirondack 山脈中の最高峰 (1,629 m)》. 〘← *William L. Marcy* (New York 州の知事をつとめていた 1837 年に彼が最初の踏査を行ったところから)〙

Mar del Pla·ta /mɑ̀ədelplɑ́ːtə | mɑ̀ːdelplɑ́ːtə; *Am. Sp.* márðelpláta/ *n.* マールデルプラタ《アルゼンチン東部の港湾都市》.

Mar·di Gras, m- g- /mɑ́ədigrɑ̀ː ‿‿‿ | mɑ́ːdigrɑ́ː; *F.* maʁdigʁa/ *n.* [時に M- g-] 懺悔(ざんげ)火曜日《謝肉祭 (carnival) の最終日で Paris, New Orleans などでは特別な祝いを催す; Shrove Tuesday ともいう》. ★ New Orleans では一般に /-grɔː/ と発音される. 〘(1699) ◻ F ～ 'fat or meat-eating Tuesday'〙

Mar·duk /mɑ́əduk | mɑ́ː-/ *n.* 〘神話〙マルドゥク《バビロニアの主神; もと日の神》. 〘← Babylonian〙

mar·dy /mɑ́ədi | mɑ́ː-/ *adj.* 《方言》 **1** 〈子供が〉甘やかされた; すぐすねる. **2** 怒りっぽい, 短気な. 〘(1903) ← *mard* = *marred* (⇨ mar) + -Y[4]〙

mare[1] /mɛ́ə | mɛ́ə(r)/ *n.* (成熟した)ウマ[ロバ, ラバなど]の雌, (特に)雌馬 (female horse) (cf. filly 1, horse 1 c): Money makes the ～ to go. 《諺》地獄のさたも金次第, 人間万事金の世の中 (★ go とあるべきなのが to go となっているのは, 古くは to が許されていたこととリズム (‿×‿×‿×‿) の関係から) / Whose ～'s dead? どうしたんだ, 何が悪いのだ (cf. Shak., 2 *Henry IV* 2. 1. 47) / The gray ～ is the better horse. 《諺》「かかあ天下」(cf. gray mare).
gó [*ríde*] *on shánk's* [*shánks'*] *máre* ⇨ shank *n.* 成句. *win the máre or lóse the hálter* 一か八(ばち)かやってみる.
〘OE *m(i)ere* (fem.) ← *mearh* horse < Gmc **marχjōn* (Du. *merrie* / G *Mähre* jade) ← **marχaz* (OHG *marah* / ON *merr*) < **markos* ← IE **marko-* horse: cf. marshal〙

mare[2] /mɛ́ə | mɛ́ə(r)/ *n.* 《廃》(悪夢をもたらすと考えられた)妖魔, 夜魔 (cf. nightmare). 〘OE *mære* goblin < Gmc **marōn*, **marōn* (OHG *mara* (G *Mahr*) / ON *mara* incubus) ← IE **mer-* to rub away, harm: cf. nightmare〙

ma·re[3] /mɑ́ːreɪ/ *n.* (*pl.* **ma·ri·a** /-riə/) 〘天文〙月[火星]面の黒い平原, 「海」(Galileo Galilei は初めて望遠鏡で眺めたときこれを海と考えた; sea ともいう). 〘(1765) ← NL ～ ← L ～ 'sea' < IE **mori*: cf. mere[2]〙

Mare *n.* ⇨ de la Mare.

ma·re clau·sum /mɑ́ːreɪkláusəm, -klɔ́ː-, -klɑ́ː- | -klɔ́ː-/ *L. n.* 〘狭義の〙領海 (↔ mare liberum; cf. mare nostrum). 〘(1652) ← NL ～ 'closed sea'〙

Máre Ísland /mɛ́ə- | mɛ́ə(r)-/ *n.* メア島《米国 California 州の San Francisco 湾北部の島; 米国海軍工廠がある》. 〘転覆した船から MARE[1] がこの地に泳ぎついたという伝説から〙

Már·ek's disèase /mǽrɪks-, mér-, mɑ́ːr- | mǽr-, mɑ́ːr-/ *n.* 〘獣医〙マレック病《ヘルペスウイルスが原因となって起こるニワトリなどの癌(がん)》. 〘(1947) ← *Josef Marek* (*d.* 1952: ハンガリーの獣医学者)〙

ma·re li·be·rum /mɑ́ːreɪlíːbərùm/ *L. n.* **1** 公海 (↔ mare clausum). **2** (戦時の中立国船舶の)自由航行権. 〘(1652) ← NL ～ 'free sea'〙

Ma·rel·li /məréli; *It.* marélli/ *n.* 〘商標〙マレリ《イタリアの紳士靴メーカー, そのブランド》.

ma·rem·ma /mərémə; *It.* marémma/ *n.* (*pl.* **ma·rem·me** /-miː; *It.* -me/, ～**s**) **1** (イタリア西部などの)湿地の海岸地帯. **2** (沼沢地の)悪気, 毒気 (miasma). 〘(1832) ◻ It. ～ < L *maritimam* (fem.) ← *maritimus* 'MARITIME'〙

Ma·ren·go /mərέŋgou | -gəu; *It.* maréŋgo/ *n.* マレンゴ《イタリア北西部の村; Napoleon がオーストリア軍に大勝した戦跡 (1800)》. ── *adj.* [時に m-] 〘料理〙マレンゴの《油でソテーしたトマト・キノコ・タマネギ・ニンニク・オリーブ・ワインなどで作ったソースをかけた》: chicken ～ チキンマレンゴ. 〘1861〙

ma·re no·strum /mɑ́ːreɪnɑ́(ː)strum, -nóustrəm | -nɔ́strum/ *L. n.* **1** 我らの海, 我が海. **2** (広義の)領海. **3** (古代ローマ人・イタリア人にとっての)地中海. 〘(1941) ◻ L ～ 'our sea': ローマ帝国が地中海沿岸をその勢力下においていた事実に基づく〙

Ma·ren·zio /mɑːréntsiòu | -tsiəu; *It.* maréntsjo/, **Lu·ca** /lúːkɑ/ *n.* マレンツィオ《1553 (または 54)–99; イタリアの作曲家》.

mar·e·o·graph /mǽriəgræ̀f, mér- | mǽriəgrɑ̀ːf, -græ̀f/ *n.* 〘海洋〙= marigraph.

máre's nèst *n.* (*pl.* ～**s**, **mares' nests**) **1** 《米》取り散らした場所, 混乱状態, てんやわんや(の状態), ごった返し. **2** 《古》大発見にみえて実はつまらない[見かけ倒しの, いんちきな]もの[こと], 幻[期待はずれ]の大発見: turn out to be a (mere) ～. 〘(1576) ← MARE[1]: cf. 《廃》horse-nest〙

máre's tàil *n.* (*pl.* ～**s**, **mares' tails**) **1** 〘植物〙 **a** スギナモ (*Hippuris vulgaris*) 《スギナ (field horsetail) に似た水草》. **b** トクサ (horsetail). **c** ヒメムカシヨモギ (horseweed). **2** [*pl.*] 〘気象〙馬尾雲《長くまっすぐに引く巻雲で降雨の前兆》. 〘(1762) ← MARE[1]: cf. horse-tail〙

Ma·ré·va injúnction /məríːvə-, -réɪ-/ *n.* 〘法学〙マレヴァ型差し止め命令《裁判所が被告の財産(処分)を一時的に凍結する》. 〘(1978): 1975 年に英国でこの判決を受けて勝訴した *Mareva Compania Naviera* の名に由来〙

Mar·e·zine /mɛ́ərəzìːn, -zən | mέərəzìːn, -zɪn/ *n.* 〘商標〙マレジン《乗物酔い止め・制吐剤》.

Már·fan sỳndrome /mɑ́əfæn- | mɑ́ː-/ *n.* 〘病理〙マルファン症候群《四肢や指が異常に長く目の水晶体や循環器の異常などを伴う遺伝病》. 〘(1923) ← *A.B.J. Marfan* (1858–1942: フランスの小児科医)〙

marg /mɑ́ədʒ, mɑːg | mɑ́ːdʒ/ *n.* = margarine.

marg. 《略》margin(al).

mar·ga[1] /mɑ́əgə | mɑ́ː-/ *n.* 〘ヒンズー教〙(救済に至る)道《信愛の道 (bhakti-marga), 智の道 (jnana-marga), 行の道 (karma-marga) の三道がある》. 〘◻ Skt *mārga* path ← *mṛga* deer, gazelle〙

mar·ga[2] /mɑ́əgə | mɑ́ː-/ *adj.* 《カリブ》= maga.

Mar·ga·ret /mɑ́əg(ə)rɪt, mɑ́ːgə- | mɑ́ː-/ *n.* マーガレット《女性名; 愛称形 Greta, Madge, Maggie, Maisie, Mamie, Marge, Margery, Margo, Margot, May, Marjorie, Meg, Peg, Peggy》. 〘(*a*1325) ◻ OF *Margarete* < L *Margarīta* ← Gk *margarítēs* pearl: ⇨ margarite〙

Már·ga·ret of Ánjou /mɑ́əg(ə)rɪt-, mɑ́ːgər- | mɑ́ː-/ *n.* アンジューのマーガレット《1430–82; 英国王 Henry 六世の王妃; Anjou 家の出身でばら戦争初期における Lancaster 家側の指導者》.

Márgaret of Navárre *n.* マルグリット ド ナバール《1492–1549; Navarre 国の王妃; 文筆の才があり, 宗教改革にも尽力した; Margaret of Angoulême /ɑ̃gulɛm/ ともいう》.

Márgaret of Valóis *n.* マルグリット ド バロア《1553–1615; フランス王 Henry 四世の初めの王妃 (1572–89); 広く 'Queen Margot' (マルゴ王妃) の名で知られ, また Margaret of France ともいう》.

Márgaret Róse *n.* マーガレット ローズ《1930–2002; 英国王 George 六世の第 2 王女で Elizabeth 二世の妹; 写真家 Antony Armstrong-Jones (後のスノードン伯)と結婚 (1960), その後解消 (1978)》.

mar·gar·ic /mɑəgǽrɪk, -gér- | mɑːgǽr-/ *adj.* 真珠のような. 〘(1819) ◻ F *margarique* ◻ Gk *márgaron* pearl: ⇨ margarite, -ic[1]〙

margáric ácid *n.* 〘化学〙マルガリン酸 ($CH_3(CH_2)_{15}COOH$) (heptadecanoic acid).

mar·ga·rin /mɑ́ədʒ(ə)rɪn | mɑ́ːdʒ(ə)rɪn, mɑ́ːg(ə)r-/ *n.* **1** 〘化学〙 **a** マルガリン酸のグリセリド (glyceride). **b** マルガリン《ステアリンとパルミチンとから成る脂肪性化合物》. **2** = margarine. 〘(1836) ◻ F *margarine* ← *margarique* 《原義》 of a pearl-like color: ⇨ ↑, -in[2]: フランスの化学者 Marie-Eugène Chevreul (1786–1889) の造語〙

mar·ga·rine /mɑ́ədʒ(ə)rɪn, -dʒərìːn | mɑ̀ːdʒəríːn, mɑ̀ːgə-, ‿‿‿/ *n.* マーガリン: ⇨ nut margarine. 〘(1873) ◻ F ～ 《原義》'MARGARIN': ⇨ ↑, -ine[1]: もと化学用語 MARGARIN の誤用〙

mar·ga·ri·ta /mɑ̀əgəríːtə | mɑ̀ːgəríːtə; *Sp.* marγaríta/ *n.* マルガリータ: **1** スペイン産のワイン. **2** テキーラ (tequila) とライム果汁またはレモン果汁で作ったカクテル. 〘(1920) ◻ Mex.-Sp. ～: 女性名から (⇨ Margaret)〙

Mar·ga·ri·ta /mɑ̀əgəríːtə | mɑ̀ːgəríːtə; *Sp.* marγaríta/ *n.* マルガリータ(島)《ベネズエラ北部沖の島; 近隣の島々とともに Nueva Esparta 州をなす》.

mar·ga·ri·ta·ceous /mɑ̀əgərətéɪʃəs | mɑ̀ːgərɪ-‿/ *adj.* 真珠雲母に似た; 真珠のような. 〘(1826): ⇨ ↓, -aceous〙

mar·ga·rite /mɑ́əgəràɪt | mɑ́ː-/ *n.* 〘鉱物〙 **1** 真珠雲母. **2** 真珠形結晶. **3** 《廃》真珠. 〘lateOE ◻ OF ～ (F *marguerite*) < L *margarita* pearl ← Gk *margarítēs* pearl ◻ ? Skt *mañjara-* bud, pearl: ⇨ -ite[1]〙

mar·ga·rit·ic /mɑ̀əgərítɪk | mɑ̀ːgərɪ́t-‿/ *adj.* = margaric. 〘1819〙

mar·gate /mɑ́əgɪt | mɑ́ː-/ *n.* 〘魚類〙大西洋西部の熱帯海域に生息するイサキ科の食用魚 (*Haemulon album*). 〘← ? MARGATE (↓)〙

Mar·gate /mɑ́əgeɪt, -gɪt | mɑ́ː-/ *n.* マーゲート《イングランド Kent 州東部の海岸保養地》. 〘ME *Meregate* 《原義》gate leading to the sea: ⇨ mere[2], gate[2]〙

Mar·gaux /mɑəgóu | mɑːgə́u; *F.* maʁgo/ *n.* マルゴー《Bordeaux 近くの Margaux 村近辺で産する赤ワイン》. 〘1705〙

mar·gay /mɑ́əgeɪ, ‿‿ | mɑ́ːgeɪ, ‿‿/ *n.* 〘動物〙マーゲー (*Felis wiedi*) 《米南部からブラジルにかけてすむオセロット (ocelot) に似たヤマネコの一種》. 〘(1781) ◻ F ～ 《変形》← *margaia* ◻ S-Am.-Ind. (Tupi) *maracaja*〙

marge[1] /mɑ́ədʒ | mɑ́ːdʒ/ *n.* 《詩・古》= margin 2. 〘(1551) ◻ F ～ ◻ L *margō* edge: ⇨ margin〙

marge[2] /mɑ́ədʒ | mɑ́ːdʒ/ *n.* 《英口語》= margarine. 〘(1922) 《略》← MARGARINE〙

Marge /mɑ́ədʒ | mɑ́ːdʒ/ *n.* マージ《女性名》. 〘(dim.) ← MARGERY〙

mar·gent /mɑ́ədʒənt | mɑ́ː-/ *n.* 《古・詩》= margin 2. 〘(?*a*1425) ← MARGIN: *-t* は添え字〙

Mar·ger·y /mɑ́ədʒəri | mɑ́ː-/ *n.* マージョリー《女性名; 愛称形 Marge, Margie; 異形 Marjorie, Marjory》. 〘◻ OF *Margerie* ◻ L *Margarīta* 《原義》pearl: ⇨ Margaret〙

Mar·gie /mɑ́ədʒi | mɑ́ː-/ *n.* マージー《女性名》. 〘(dim.) ← MARGERY〙

mar·gin /mɑ́ədʒɪn | mɑ́ːdʒɪn/ *n.* **1 a** (ページの)欄外, 余白, マージン: the inner [outer] ～ のどあき[小口] / a note on the ～ of the page 欄外の注 (cf. marginalia, footnote 1) / a book of verse with ample [large] ～s たっぷり余白のとってある詩の本 / copious notes on the ～ おびただしい欄外の注 / write [jot] down in the ～ 欄外に書き込む[ちょっと書き込む] / an entry in the ～ 欄外記載事項. **b** (ノートなどのページの左側にある)欄外を示す縦線. **2** へり, ふち, 端, 周辺 (edge): the ～ of the lake, river, road, woods, etc. **3 a** (時間の)余裕, 余暇; (経費などの)余裕, 余剰; (活動などの)余地: afford a wide ～ of free activity 大いに自由活動の余地を与える / allow a ～ of five minutes 5 分のゆとりをみておく / Twenty pounds will leave a fair ～ for enjoyment. 20 ポンドあれば結構おもしろく遊べる. **b** (誤りなどの発生する)余地: No ～ of error is allowed in the task. その仕事には少しのミスも許されない. **4 a** (時間の)差: win a race by a narrow ～ 僅差[きわどい差]でレースに勝つ. **b** (投票などの)票差: The measure passed by the overwhelming ～ of 50 votes to 5. その法案は 50 対 5 の圧倒的得票差で可決された. **5 a** (可能・存在の)限界, 極限 (limit): the ～ of cultivation 耕作の限界 / He is on the ～ of bare subsistence. 食うや食わずの生活をしている. **b** (ある事の許される)限界(点), ぎりぎりの線: go near the ～ (道徳上)きわどいことをする, 危きに近寄る / His hat was just on the ～ of being disreputable. 彼の帽子はもうちょっとで不体裁といっていいくらい古びていた. **6** 〘商業〙粗利益 (gross profit), 値開き, 利ざや, 剰余, もうけ分, マージン: buy with a good ～ 十分売値との開きをつけて買う / A large ～ of profit is looked for. 大きな利ざやが期待される / Your limit leaves me no ～. あなたの指値(さしね)では当方のもうけなしになります. **7** 〘証券〙(客が証券業者に預ける)頭金, 委託証拠金, 証拠金取引の口座における正味所有額. **8** 〘金融〙 **a** 委託保証金. **b** (貸付金の額面とその担保の市場価値との)差額. **9** 〘経済〙限界収益点. **10** 〘心理〙意識の周辺, 識閾(いき). **11** 《主に豪》特別支給, 技能[職務]手当.
búy on márgin 〘証券〙証拠金を差し入れて買う, 信用取引で買う. *on the márgin(s)* [比喩的に] 周辺で[の], 非主流で[の] (marginal).
── *vt.* **1** …にふち[へり]をつける: the bank ～*ed with* verdure 緑にふちどられた土手. **2** 〈注・摘要などを〉余白[欄外]に書き込む[刷る]; …に傍注をつける: ～ a page with NB's ページの余白に要注意の文字を書き込む. **3** 〘証券〙…の証拠金を払う, 頭金を払って[増額して]確保する 〈*up*〉. **4** 〘金融〙〈取引〉に利益(の余地)をつける, もうけのあるようにする.
── *vi.* 〘証券〙証拠金[頭金]を増額する 〈*up*〉.
〘(?*a*1350) *margine* ◻ L *margin-*, *margō* border, edge: cf. mark[1]〙

mar·gin·al /mɑ́ədʒɪnl, -dʒnl | mɑ́ːdʒɪnl/ *adj.* **1 a** へり[ふち]の, 端の. **b** (中心でなく)周辺的な, 非本質的な: a ～ problem 中心をはずれた問題. **c** ささいな, 取るに足らぬ: a character ～ *to* the drama 劇では重要でない人物. **2** 欄外に書いた[印刷した]; 傍注の: ～ notes 傍注 (cf. headnote 1). **3** 境界の, 限界の; 辺境の: ～ tribes 辺境の部族. **4** 〈資格・能力・受容性など〉(最低の)限界に近い, ぎりぎりの: ～ ability [capacity] 限界能力. **5** 〘心理〙識閾(いき)(上)の (cf. subliminal 2): ～ subconsciousness. **6** 〘社会学〙限界的な, 境界的な《同時に複数の文化や集団に属し, いずれに対しても十分に適応あるいは同調できない状態についていう》: a ～ group / ⇨ marginal man. **7** 〘経済〙かろうじて収支の償う, 限界収益点の: ～ business 限界企業 / ～ profits 限界利潤《損をしない程度のもうけ》/ ～ production 限界生産 / ⇨ marginal utility. **8** 〘数学〙限界の, 周辺の. **9** 〘政治〙《英・NZ》〈選挙が〉激戦区の, 〈議席などを〉僅差で獲得した. **10** 耕作地の周辺の.
── *n.* **1** 《英》(選挙の)激戦区. **2** 《まれ》 **a** (図書の)欄外注. **b** 〘製本〙飾り縁.

màr·gin·ál·i·ty /-dʒənǽləṭi | -dʒɪnǽlɪti/ *n.* 〘(1573) ← NL *marginālis* ← L *margō* edge, brink, border: ⇨ ↑ (n.), -al[1]〙

márginal cósts *n. pl.* 〘会計〙限界原価[費用] (⇨ differential costs). 〘1930〙

márginal héad *n.* = sidehead.

mar·gi·na·li·a /mɑ̀ədʒənéɪliə, -ljə | mɑ̀ːdʒɪ-‿/ *n. pl.* **1** 傍注, 標注, 欄外注. **2** 非本質的[付帯的, 周辺的]な事柄; 雑纂(ざつさん), 雑録: E. A. Poe's ～ E. A. ポオの雑録集. 〘(1832) ← NL ～ (neut.pl.) ← *marginālis* 'MARGINAL'〙

márginal íncome *n.* 〘会計〙限界収[利]益.

mar·gin·al·i·za·tion /mɑ̀ədʒɪnələzéɪʃən, -nl- | mɑ̀ːdʒɪnəlaɪ-, -lɪ-, -nl-/ *n.* 周辺的な地位に追いやること. 〘1973〙

mar·gin·al·ize /mɑ́ədʒɪnəlàɪz, -nl- | mɑ́ːdʒɪnəl-, -nl-/ *vt.* 〈人・集団・考えなどを〉周辺的な地位に追いやる, 主流からはずす. 〘*a*1832〙

márginal lánd *n.* 〘経済〙(耕作の)限界地《収益がかろうじて費用を償うような生産力の低い土地》. 〘1910〙

mar·gin·al·ly /mɑ́ədʒɪnəli, -nli | mɑ́ːdʒɪnəli, -nli/ *adv.* **1** かろうじて; ごくわずかに. **2** 欄外に; 傍注として. **3** 周辺(的)に. **4** 限界的に. 〘1601〙

márginal mán *n.* 〖社会学〗周辺人, 境界人 (cf. marginal 6). 〖1920〗

márginal probabílity *n.* 〖統計〗周辺確率.

márginal próduct *n.* 〖経済〗限界生産物《生産単位を1単位ふやした時に得られる生産物の増加分》.

márginal révenue *n.* 〖商業・経済〗限界収入《産出物を1単位追加供給するときの総収入の増加額; cf. average revenue》.

márginal séa *n.* 〖国際法〗沿岸海《ある国家の海岸線に沿い, その主権下にある海域; 干潮時の海岸から $3^1/_2$ 法定マイル (5.6 km) の範囲をいい, 湾・内海とともに領海をなす; mare clausum, marine belt ともいう》.

márginal séat *n.* 《英》僅少の得票差で得た国会の議席.

márginal utílity *n.* 〖経済〗限界効用《ある財・サービスの消費を1単位増す時に得られる満足の増加量》. 〖1890〗

mar·gin·ate /máːdʒənèɪt | máːdʒɪ-/ *adj.* **1** ふち[へり]のある. **2** 〖昆虫〗有縁の《はっきりした色でふちどられた》. — *vt.* …にふち[へり]をつける (border). **mar·gin·a·tion** /màːdʒənéɪʃən | mɑ̀ːdʒɪ-/ *n.* 〖v.: 《1623》; adj.: 《1777》◻ L *marginātus* (p.p.) ← *margināre* to provide with a border ← *margō*: ⇨ margin, -ate[2,3]〗

már·gin·àt·ed /-tɪd | -tɪd/ *adj.* ＝marginate. 〖1727〗

márgin búying *n.* 〖証券〗カラ買い, 信用買い (cf. short *n.* 11 b).

márgin càll *n.* 〖証券〗追証, 追加証拠金請求《証券会社が顧客に対して最低証拠金額の不足分の積み増しを要求すること》. 〖1961〗

Mar·gi·nel·li·dae /màːdʒənélədìː | mɑ̀ːdʒɪnélɪ-/ *n. pl.* 〖貝類〗コゴメガイ科. 〖← NL ～ ← *Marginella* (属名: ⇨ margin, -ella)＋-IDAE〗

márgin lìne *n.* **1** 〖造船〗限界線《船内にいくつかの水密区画がある時, その上面をなす隔壁甲板の上面から 76 mm だけ下部に引いた仮想の線; 船に浸水した場合の安全性を考える要素の一つ》. **2** 〖海事〗船尾の横材の尽きる線. 〖*c*1850〗

márgin plànk *n.* 〖海事〗梁圧材, ビーム押え縁板(ぶち)《板張り甲板のへりをなす厚板張り; waterway plank ともいう》.

márgin relèase *n.* (タイプライターの)マージンリリース《予め設定した範囲外に単語を続けて打てるようにする装置[キー]》. 〖1914〗

mar·go·sa /mɑəgóʊsə | mɑːgə́ʊ-/ *n.* 〖植物〗インドセンダン (*Melia azadirachta*)《センダン科の常緑高木; その苦い樹皮は強壮剤として用いられ, 果実からは薬剤用の芳香油が採れる; neem ともいう》. 〖《1813》(頭音消失) ← Port. *amargosa* (fem.) ← *amargoso* bitter < VL **amāricōsum* ← L *amārus* bitter〗

Mar·got /máəgoʊ | máːgəʊ, -gɒt; *F.* maʁgo/ *n.* マーゴ《女性名》. 〖◻ F ～ (dim.) ← *Marguerite* 'MARGARET'〗

mar·gra·vate /máəgrəvɪ̀t | máː-/ *n.* ＝margraviate. 〖1802〗

mar·grave /máəgreɪv | máː-/ *n.* (神聖ローマ帝国の)侯爵, 辺境伯《英国の marquis に相当するドイツ貴族の世襲的称号; もとは辺境地の太守》. **mar·gra·vi·al** /mɑəgréɪviəl | mɑː-/ *adj.* 〖《1551》◻ MDu. *marcgrave* (Du. *markgraaf*) ← *mark* border＋*grave* count: ⇨ march², landgrave: cf. OHG *marcgrāvo* (G *Markgraf*)〗

mar·gra·vi·ate /mɑəgréɪviɪ̀t, -vièɪt | mɑː-/ *n.* margrave の領地, 辺境伯領. 〖《1702》: ⇨ ↑, -ate¹〗

mar·gra·vine /mɑ́əgrəvìːn, ←⌒ | mɑ́ːgrəvìːn/ *n.* margrave の夫人[未亡人]. 〖《1692》◻ G *Markgräfin*: ⇨ margrave, -ine⁴〗

Mar·gre·the II /mɑəgréɪtə | -tə; *Dan.* magʁéːˀdə/ *n.* マグレーテ二世《1940– ; デンマーク女王 (1972–)》.

mar·gue·rite /mɑ̀əgəríːt | mɑ̀ː-/ *n.* 〖植物〗**1** マーガレット, モクシュンギク (*Chrysanthemum frutescens*). **2** ヒナギク (daisy). **3** ヒナギクに似たキク科の植物. 〖《1866》◻ F ～ < OF *margarite* daisy, pearl: ⇨ margarite〗

Mar·gue·rite /mɑ̀əgəríːt | mɑ̀ː-; *F.* maʁgəʁit/ *n.* マーガリート《女性名》. 〖◻ F ～ 'MARGARET'〗

már·hàwk /mɑ́ə- | -mɑ́ː-/ *n.* 〖鷹狩〗調教の下手な鷹匠. 〖《1575》: ⇨ mar〗

Mar·hesh·van /mɑəhéʃvən | mɑː-/ *n.* ＝Heshvan.

Ma·ri¹ /mɑ́ːri/ *n.* (*pl.* ～, ～s) ＝Cheremiss.

Ma·ri² /mɑ́ːri/ *n.* マリ《シリア東部, Euphrates 川西岸の古代都市遺跡; 現代名 Tall Al-hariri》.

mar·i- /mǽrɪ, mǽri, mέr- | mǽr-/「海 (sea)」の意の連結形: *marigraph*. 〖◻ L ～ ← *mare*: ⇨ marine〗

maria *n.* mare³ の複数形.

Ma·ri·a¹ /məríːə, -ráɪə; *G.* maʁíːa, *It.* maríːa/ *n.* マリア, マライア《女性名》. 〖◻ L ～ 'MARY'〗

Ma·ri·a² /məríːə, -ráɪə | mǽr-/ *n.* ＝Mary 2.

ma·ri·a·chi /mɑ̀ːriɑ́ːtʃi; *Am.Sp.* marjátʃi/ *n.* (*pl.* ～s) マリアッチ: **a** メキシコの大衆音楽を演奏するバンド(のミュージシャン); トランペット, バイオリン, ギターなどによる 10 名前後の演奏で, 町の広場などを演奏して回る. **b** そのダンス音楽. 〖《1927》◻ Mex.-Sp. ～ (変形) ? ← F *mariage* 'MARRIAGE'〗

Maria de'Medici *n.* ⇨ Marie de Médicis.

ma·ri·age blanc /mɑ̀ːriɑ́ːʒblɑ̃ː(ŋ), -blɑ́ːŋ; *F.* maʁjaːʒblɑ̃/ *n.* (*pl.* **mariages blancs**) 床入りなしの結婚. 〖《1926》◻ F ～ (原義) white marriage〗

ma·ri·age de con·ve·nance /mɑ̀ːriɑ́ːʒdəkɔ̃ː(ŋ)vənɑ̃ː(n)s, -kɔ̀ːnvənɑ́ːns; *F.* maʁjaːʒdəkɔ̃vnɑ̃ːs/ *F. n.* ＝MARRIAGE of convenience. 〖1854〗

ma·ri·a·lite /məríːəlàɪt, mǽriə-/ *n.* 〖鉱物〗マリアライト ($Na_4Al_3Si_9O_{24}Cl$) (柱石の一種でナトリウム含有率が多く, カルシウム分の少ないもの). 〖《1854》◻ G *Marialith* ← *Maria* (← *Marie vom Rath* (19C のドイツの鉱物学者 Gerhard vom Rath の妻): ⇨ -lite〗

Mar·i·an¹ /mǽriən, mέr- | mǽr-/ *n.* マリアン《女性名; 異形 Marianne, Marianna》. 〖《1567》(変形) ← MARION〗

Mar·i·an² /mέəriən, mǽr- | méər-/ *adj.* **1** 聖母マリア (Virgin Mary) の. **2** (英国女王またはスコットランド女王) Mary 一世の, Mary 一世女王時代の. — *n.* **1** 聖母マリア信仰者. **2** 英国またはスコットランド女王 Mary 一世の支持者. 〖《1608》← MARI(A)＋-AN¹〗

Mar·i·an³ /mέəriən, mǽr- | méər-/ 〖ローマ史〗*adj.* マリウス (Marius) (党)の. — *n.* マリウス党員. 〖《1579》◻ L *Mariānus* ← *Marius*: ⇨ Marius〗

Má·ri·an·a Íslands /mǽriǽnə, mέr- | mæ̀riɑ́ːnə, méər-, -ǽnə/ *n. pl.* [the ～] マリアナ諸島《フィリピン諸島の東方にある 15 の小島から成る火山列島; Guam 以外は旧日本委任統治領 (1920–44), 1947 年米国の信託統治領, 1978 年自治領となり米国との連邦を結成; 面積 477 km²; the Marianas ともいう; 旧名 Ladrone Islands, Ladrones》.

Ma·ri·a·nao /mɑ̀ːriənáʊ; *Am.Sp.* marjanáo/ *n.* マリアナオ《キューバ北西部, Havana 市の西にある都市; 主要軍事基地》.

Mar·i·an·as /mæ̀riǽnəz, mɛ̀r- | mæ̀riǽn-, -ɑ́ːn-/ *n.* [the ～] ＝Mariana Islands.

Máriana Trénch *n.* [the ～] マリアナ海溝《Guam 島の南東から Mariana 諸島の北西に延びる海溝; 最深部は 10,924 m に及び, 世界で最も深い》.

Mar·i·an·ist /mέəriənɪ̀st, mǽr- | méəriənɪst/ *n.* 〖カトリック〗マリア会員《フランスの William Joseph Chaminade が 1817 年に創始した男子修道会 Mary of Paris の会員》. 〖*c*1899〗

Mar·i·anne¹ /mæ̀riǽn, mɛ̀r- | mæ̀r-/ *n.* マリアン《女性名; 異形 Marianna, Maryann》. 〖◻ F ～: ⇨ Marion: Mary と Anne の結合と一般に誤って考えられている〗

Mar·i·anne² /mæ̀riǽn, mɛ̀r- | mæ̀r-; *F.* maʁjan/ *n.* マリアンヌ《フランス共和国の俗称; 擬人化して貨幣面に描かれる》. 〖《1870》↑〗

Ma·ri·án·ské Láz·nĕ /mɑ́ːriɑːnskəlɑ́ːznə; *Czech* márjianskɛːláːzɲɛ/ *n.* マリアンスケ ラズネ《チェコ共和国西部の町; 18–9 世紀は温泉でにぎわった; ドイツ語名 Marienbad》.

Ma·ri·a The·re·sa /məríːətəréɪsə, -təríː-, -zə | -ríː-/ *n.* マリア テレサ, マリア テレジア《1717–80; 神聖ローマ皇帝, オーストリア大公妃, Francis 一世の后(きさき), Marie Antoinette の母; ドイツ語名 Maria Theresia /maʁíːa-teʁéːzia/》.

María Therésa dóllar [tháler] *n.* マリア テレサドル[ターレル]《1780 年東方諸国貿易用に使ったオーストリアのドル[ターレル]銀貨; cf. Levant dollar》. 〖1883〗

Mar·i·belle /mǽrəbɛ̀l, mέr- | mǽrɪ-/ *n.* メリベル《女性名》. 〖← MARY＋BELLE〗

Ma·ri·bor /mǽrəbɔ̀ə | -bɔː(r; *Sloven.* máːribɔr/ *n.* マリボル《スロベニア北東, Drava 河岸の都市; 商業・産業の中心地》.

Ma·ri·ca /mǽrɪkə/ *n.* マリカ《古代ローマの祭祀神; 沼沢地の女神ともいわれている; Dea Marica ともいう》.

mar·i·cul·ture /mǽrəkʌ̀ltʃə, mέr- | mǽrɪkʌ̀ltʃə(r/ *n.* 〖生物〗海中植物栽培, 海中動物養殖 (cf. aquiculture). **mar·i·cul·tur·ist** /mæ̀rəkʌ́ltʃ(ə)rɪst, mɛ̀r- | mæ̀rɪkʌ́ltʃ(ə)rɪst/ *n.* 〖《1903》← MARI-＋CULTURE〗

Ma·rie /məríː | mǽriː, mɑ́ːri, mǽri; *F.* maʁi/ *n.* マリー《女性名・男性名》. 〖◻ F ～ 'MARY'〗

Ma·rie An·toi·nette /məríːæ̀ntwənɛ́t | -mǽri-æntwə-, mɑ̀ːriɑ́ːn-, -twɑː-; *F.* maʁiɑ̃twanɛt/, **(Joséphine Jeanne)** *n.* マリー アントワネット《1755–93; フランス王 Louis 十六世の王妃, Maria Theresa の娘; フランス革命の際処刑された》.

Ma·ríe Býrd Lànd /məríːbə́ːd- | -bə́ːd-/ *n.* マリーバードランド《Byrd Land の旧名》.

Ma·rie Ce·leste /məríːsəlɛ́st; *F.* maʁiselɛst/ *n.* [the ～] ＝Mary Celeste.

Ma·rie de France /məríːdəfrɑ̃ː(n)s, -frɑ́ːns; *F.* maʁidfʁɑ̃ːs/ *n.* マリー ド フランス《イングランドに住んだ 12 世紀後半のフランスの女流詩人》.

Ma·rie de Mé·di·cis /məríːdəmèdɪsíː | -dəmèdɪ-; *F.* maʁidmedisis/ *n.* マリー ド メディシス《1573–1642; フランス王 Henry 四世の王妃, Louis 十三世の母で摂政 (1610–17); イタリア語名 Maria de' Medici》.

Ma·rie Ga·lante /məríːgəlɑ́ː(n)t, -lɑ́ːnt; *F.* maʁigalɑ̃ːt/ *n.* マリーギャラント(島)《西インド諸島中の島; 仏領 Guadeloupe 島の属領》.

Ma·rie·hamn /məríːəhéɪmən | mɑ́ːrihɑ̀ː-/ *n.* マリエハムン《フィンランド南西部, オーランド諸島 (Åland Islands) の港市; フィンランド語名 Maarianhamina /mɑ́ːriɑhɑmiːnɑ/》.

Ma·ri El /*Russ.* márʲijél/ *n.* マリエル《ロシア中西部 Volga 川中流北域を占める共和国; 首都 Yoshkar-Ola》.

Ma·rie Louise /məríːluíːz | -luíːz, -luː-; *F.* maʁilwiːz/ *n.* マリールイーズ《1791–1847; Napoleon 一世の二度目の妃》.

Ma·ri·en·bad /mέəriənbæ̀d, mǽr- | mǽriənbæ̀d, -ríən-, mɑːr-; *G.* maʁíːənbaːt/ *n.* マリエンバート《Mariánské Lázně のドイツ名》.

Maríe Róse *n.* 〖料理〗マリーローズ《マヨネーズとトマトピューレで作る冷たいソース; エビなど魚介料理にかける》. 〖《1973》← ?〗

Mar·i·et·ta¹ /mæ̀riétə, mɛ̀r- | mæ̀riétə/ *n.* マリエッタ《米国 Ohio 州南東部, Ohio 川沿いにある都市; Northwest Territory では最初の入植地 (1788)》.

Mar·i·et·ta² /mæ̀riétə, mɛ̀r- | mæ̀riétə/ *n.* マリエッタ《女性名》. 〖(dim.) ← MARIA¹〗

Mar·i·fran·ces /mæ̀rɪfrǽnsɪz, mɛ̀r- | mæ̀rɪfrɑ́ːn-/ *n.* マリフランセス《女性名》. 〖← MARY＋FRANCES〗

mar·i·gold /mǽrəgòʊld, mέr- | mǽrɪgəʊld/ *n.* 〖植物〗**1** キンセンカ (pot marigold). **2** センジュギク属 (*Tagetes*) の草花の総称《センジュギク (African marigold), マンジュギク (French marigold), リュウキンカ (marsh marigold), アラゲシュンギク (corn marigold), タウコギ (bur marigold) など》. 〖《1373》ME *marygould(e)*: ⇨ Mary, gold: cf. G *Goldblume*〗

Mar·i·gold /mǽrəgòʊld, mέr- | mǽrɪgəʊld/ *n.* マリゴールド《女性名》. 〖↑〗

ma·ri·gram /mǽrəgræ̀m, mέr- | mǽrɪ-/ *n.* 〖海洋〗潮候曲線《検潮器によって自記紙上に書かれた観測記録》. 〖← MARI-＋-GRAM〗

mar·i·graph /mǽrəgræ̀f, mέr- | mǽrɪgrɑ̀ːf, -græf/ *n.* 〖海洋〗自動検潮器. 〖《1858》: ⇨ ↑, -graph〗

mar·i·jua·na /mæ̀rə(h)wɑ́ːnə, mɛ̀r- | mæ̀rɪ-/ *n.* (*also* **mar·i·hua·na** /～/) **1 a** 〖植物〗(インド産の)アサ(麻), タイマ(大麻) (*Cannabis sativa*) (hemp ともいう; cf. opium poppy). **b** マリファナ《麻[大麻]の乾燥した葉と花; 麻薬: cf. bhang, cannabis, hashish, hash² 2》: smoke ～. **2** 〖植物〗キダチタバコ (*Nicotiana glauca*)《アルゼンチン・ボリビア産ナス科の高木; しばしば観葉植物として栽培される》. 〖《1894》◻ Am.-Sp. ～, *mariguana*: 現地語と人名 *Maria Juana* (＝Mary Jane) との混成か〗

Mar·i·lyn /mǽrəlɪn, mέr- | mǽrɪlɪn/ *n.* マリリン《女性名》. 〖(dim.) ← MARY＋*Lynn* (dim.)〗

ma·rim·ba /mərímbə/ *n.* マリンバ《木琴の一種; cf. xylophone 1》. 〖《1704》◻ Bantu *malimba*, ～ (pl.) ← *limba* (楽器名)〗

Mar·in /mǽrɪn, mέr- | mǽrɪn/, **John Cheri** *n.* マリン《1870–1953; 米国の水彩・エッチング画家; 海洋風景を得意とした; *London Omnibus* (1908)》.

ma·ri·na /məríːnə/ *n.* **1** マリーナ《モーターボート・ヨットなど小型船舶用のドック・波止場・係船池》. **2** 海岸散歩道, 海辺のプロムナード. 〖《1805》◻ It. & Sp. ～ (fem.) ← *marino* ◻ L *marīnum* 'MARINE'〗

Ma·ri·na /məríːnə/ *n.* マリーナ《女性名》. 〖◻ ML *Marīna* ← ? *marinus* of the sea: 東方正教会で崇敬されている処女殉教者 St. Marina of Alexandria にちなむ〗

mar·i·nade /mæ̀rənéɪd, mɛ̀r-, ←⌒ | mæ̀rɪnéɪd, ⌒⌒ ←/ *n.* **1** マリネード, マリネ《酢・ワイン・油・香辛料などを合わせた漬け汁; 風味をつけるために調理前の魚・肉・野菜などをこれに漬ける》. **2** マリネードに漬けた[マリネにした]魚・肉・野菜など. — /《英》では mæ̀rɪnèɪd/ *vt.* ＝marinate. 〖《n.: 1704; v.: *c*1682》◻ F ～ ◻ Sp. *marinada* ← *marinar* to pickle in brine < L *marīnus* of the sea: ⇨ marine, -ade〗

ma·ri·nar·a /mɑ̀ːrənéərə, -nέrə, -nɑ́ːrə | mæ̀rɪnɑ́ːrə; *It.* marináːra/ *n.* マリナラ《トマト・タマネギ・ニンニク・香辛料で作った味の濃厚なイタリア風ソース; cf. marinade》. — *adj.* 〈ソース・料理など〉マリナラ風にした, マリナラソースをかけた. 〖《*c*1948》◻ It. ～: ↓〗

mar·i·nate /mǽrənèɪt, mέr- | mǽrɪ-/ *vt.* 〈肉・魚を〉マリネード (marinade) に漬ける. **mar·i·na·tion** /mæ̀rənéɪʃən, mɛ̀r- | mæ̀rɪ-/ *n.* 〖《*c*1645》◻ ? It. *marinato* (p.p.) ← *marinare* ← *marino* < L *marīnus* of the sea: ⇨ marine, -ate³〗

Ma·rin·du·que /mɑ̀ːrəndúːkeɪ, mɛ̀r-, mɑ̀ːr- | -rɪn-/ *n.* マリンドゥケ(島)《フィリピン諸島中の一島; Luzon, Mindoro 両島間にある; 面積 960 km²》.

ma·rine /məríːn/ *adj.* [通例限定的] **1** 海の, 海洋の (oceanic); 海にすむ, 海産の (↔ freshwater): a ～ chart 海図 / ～ currents 海流 / ～ painting 海洋画 / a ～ painter 海洋画家《海景色・船などを好んで描く画家》/ a ～ view 海の景色 / a ～ cable 海底電線 / a ～ animal [plant] 海生動物[植物] / ～ life 海洋生物 / ～ fauna and flora (ある海域に分布する)海生動植物(区系) / ～ products 海産物. 日英比較 日本語の「マリンブルー」は和製英語. 英語では ultramarine という. **2** 船舶の, 船舶用の; 航海上の, 海事の (nautical); 海運業の, 海上貿易の (maritime): ～ affairs 海事 / a ～ association 海事協会 / a ～ almanac 航海暦 / ～ transportation 海運, 海上輸送 / ～ law 海法. **3 a** 軍艦勤務の. **b** 海兵の, 海兵隊の[に所属する]: ～ officers 海兵隊士官 / ⇨ Marine Corps. **4** 海員の: the ～ court 海員審判所. — *n.* **1** [集合的] (一国の)艦船 (vessels), 航洋船; 海洋支配力, 海上勢力: the mercantile [commercial] ～ (一国の)商船, 海運力. **2 a** [the Marines] 海兵隊 (《米》Marine Corps, 《英》Royal Marines). **b** [しばしば M-] 海兵隊員. **c** 《廃》海員, 水夫, 水兵 (mariner, sailor). **3** (フランスその他の大陸諸国の)海軍省 (cf. admiralty 1 a). **4** 海[船]の絵.

Téll that [it] to the marínes!*＝*Thát will dó for the marínes! 《口語》うそ言え, そんなことをだれが信じるものか (cf. horse marine 2). 《1806》

〖《*c*1420》*maryne* ◻ (O)F *marin, marine* (fem.) < L *marīnus* of the sea ← *mare* sea < IE **mori* body of water: ⇨ mere², -ine¹〗

maríne árchitect *n.* ＝naval architect.

maríne árchitecture *n.* ＝naval architecture.

maríne baròmeter *n.* 〖海事〗船舶用気圧[晴雨]計. 〖1704〗

M

maríne bèlt *n.* 〘国際法〙 =marginal sea.
maríne biólogy *n.* 海洋生物学. 〘1887〙
maríne bórer *n.* 〘動物〙 海洋(性)穿孔動物《キクイムシ, フナクイムシなど; cf. piddock》. 〘*a*1877〙
maríne chronómeter *n.* 経線儀, 航海用のクロノメーター (⇨ chronometer 1 a). 〘1862〙
Maríne Còrps *n.* [the ~] (米国の)海兵隊 (《英》Royal Marines) 《海軍で陸戦・砲術・警備などを専門とする一部門; 編成・装備・階級名などほぼ陸軍式》. ★ 米国海兵隊の階級は上から順に次の通り: General (大将), Lieutenant General (中将), Major General (少将), Brigadier General (准将), Colonel (大佐), Lieutenant Colonel (中佐), Major (少佐), Captain (大尉), First Lieutenant (中尉), Second Lieutenant (少尉), Chief Warrant Officer (上級准尉), Warrant Officer (准尉), Sergeant Major *or* Master Gunnery Sergeant (上級曹長), First Sergeant *or* Master Sergeant (曹長), Gunnery Sergeant (一等軍曹), Staff Sergeant (二等軍曹), Sergeant (三等軍曹), Corporal (伍長), Lance Corporal (上等兵), Private First Class (一等兵), Private (二等兵).
ma·rined /məríːnd/ *adj.* 〘紋章〙 動物の下半身が魚の形をした《sea lion など》. 〘1823〙
maríne èngine *n.* 〘海事〙 船舶用エンジン, 舶用機関.
maríne engineér *n.* **1** 造船技師. **2** 〘海事〙 船舶機関士.
maríne engineéring *n.* 〘海事〙 船舶工学; 造船工学.
maríne glùe *n.* 〘海事〙 マリングルー, 耐水接着剤《甲板のすき間をふさぐのに用いるゴム・シェラック・やになどで作った一種のにかわ》. 〘*c*1846〙
maríne iguána *n.* 〘動物〙 ウミイグアナ (*Amblyrhynchus cristatus*) 《Galapagos 諸島産; 海岸の岩礁にいて, 干潮時に海に潜って海藻を食う》. 〘1924〙
maríne insùrance *n.* 〘保険〙 海上保険 (cf. inland marine insurance, ocean marine insurance).
maríne·lànd *n.* マリーンランド, 海生動物園, 大水族館. 〘1963〙
maríne òfficer *n.* 《俗》(ビールなどの)空き瓶.
maríne párk *n.* 海洋公園, マリンパーク.
mar·i·ner /mǽrənə, mér- | mǽrᵻnə^(r)/ *n.* **1** 《詩・文語》海員, 船員, 水夫 (seaman, sailor). ★ 法文書用語としても使われる: ⇨ master mariner. **2** [M-] マリナー《米国の惑星探査用無人宇宙船の名》. 〘《*c*1250》 *marinere* □ AN *mariner*=(O)F *marinier* < ML *marīnārius* ← L *marīnus* of the sea: ⇨ marine, -er¹〙
maríne ráilway *n.* 〘海事〙 =slipway 1 b.
máriner's cómpass *n.* **1** 羅針儀. **2** [the M-C-] 〘天文〙 らしんばん(羅針盤)座 (⇨ Pyxis). 〘1627〙
máriner's nèedle *n.* 羅針《羅針盤の指針》.
maríne scíence *n.* 海洋科学《海とその環境を扱う科学の総称; cf. oceanography, marine biology》. 〘1945〙
maríne snów *n.* 海雪, マリンスノー《死んだプランクトンなどの細胞などからなる, 降雪のように見える海中の降下物》.
maríne sóap *n.* 船用石鹸《原料はやし油とソーダなどで海水に溶解する》. 〘1873〙
maríne stòre *n.* **1** [*pl.*] 船具, 艤(ぎ)装品. **2** (商品としての)中古の船具類. **3** 中古船具店 (junk shop). 〘*c*1829〙
maríne superintèndent *n.* 海務監督《商船の維持・船積み・人員調達などに携わる; port captain, port superintendent ともいう》.
maríne tóad *n.* 〘動物〙 =cane toad. 〘1802〙
márine trúmpet *n.* =trumpet marine.
Ma·ri·net·ti /mæ̀rənéṭi, mèr-, mɑ̀ːr- | mæ̀rɪnéti; *It.* marinétti/, **E·mi·lio Fi·lip·po Tom·ma·so** /emíːljo filíppo tommáːzo/ *n.* マリネッティ《1876–1944; イタリアの詩人・劇作家; 未来派 (futurism) の中心的存在》.
Ma·ri·ni /məríːni; *It.* maríːni/ (*also* **Marino**), **Giam·bat·tis·ta** /dʒambattísta/ *n.* マリーニ《1569–1625; イタリアの詩人・劇作家; 奇抜で誇張した構想による極めて技巧的な詩風により全ヨーロッパに影響を与えた; *Adone*「アドーネ」(1623)》.
Ma·ri·ni, Marino *n.* マリーニ《1901–80; イタリアの彫刻家》.
Ma·ri·nism /məríːnɪzm/ *n.* (Giambattista Marini の作品のように) 極端に技巧的な文体. 〘《1867》: ⇨ -ism〙
Ma·ri·nist /-nᵻst | -nɪst/ *n.* (Giambattista Marini の作品のように) 技巧的な文章家. 〘《1838》: ⇨ -ist〙
ma·rin·ize /məríːnaɪz/ *vt.* 海で使用できるように変える, 海用にする. 〘《1975》: ⇨ marine〙
Ma·ri·no /məríːnoʊ | -nəʊ; *It.* maríːno/ *n.* マリーノ《男性名》. 〘□ It. ~: cf. Marina〙
Ma·ri·no /məríːnoʊ | -nəʊ; *It.* maríːno/, **Giambattista** *n.* ⇨ Marini.
Ma·ri·o /mɑ́ːriòʊ, mǽr-, mér- | mǽriəʊ, mɑ́ːr-; *It.* máːrjo/ *n.* マリオ《男性名》. 〘□ It. ~ ← L *Marius*: ⇨ Marius〙
mar·i·o·la /mæ̀rióʊlə, mèr- | mæ̀riə́ʊ-/ *n.* 〘植物〙 マリオラ (*Parthenium incanum*) 《グアユールゴムノキ (guayule) に似たキク科のゴム植物》. 〘□ Mex.-Sp. ~〙
Mar·i·ol·a·ter /mæ̀riɑ́(ː)ləṭə, mèr- | mèəriɔ́lətə^(r), mæ̀r-/ *n.* (極端な)聖母崇拝者. 〘《1861》: ⇨ ↓, -er¹: idolatry—idolater の類推から〙
Mar·i·ol·a·try /mæ̀riɑ́(ː)lətri, mèr- | mèəriɔ́l-, mæ̀r-/ *n.* **1** (極端な)聖母崇拝《カトリック教会攻撃者が用いた語》. **2** 女性崇拝. **Màr·i·ól·a·trous** /-trəs⁻/ *adj.* 〘《1612》 ← MARY+-O-+-LATRY〙
Mar·i·ol·o·gy /mæ̀riɑ́(ː)lədʒi, mèr- | mèəriɔ́l-, mæ̀r-/ *n.* 聖母神学, 聖母マリア論, マリア論[学]. **Mar·i·o·log·i·cal** /mæ̀riəlɑ́(ː)dʒᵻkəl, mèr-, -kḷ | mèəriəlɔ́dʒɪ-, mæ̀r-, -kḷ⁻/ *adj.* **Màr·i·ól·o·gist** /-dʒᵻst | -dʒɪst/ *n.* 〘《1857》 ← MARY+-O-+-LOGY〙
Mar·i·on /mǽriən, mér- | mǽri-, méər-/ *n.* **1** マリオン《女性名; 異形 Marian》. **2** マリオン《男性名》. 〘□ F ~ (dim.) ← *Marie*: ⇨ Mary〙
Mar·i·on, Francis *n.* マリオン《1732?–95; 米国の独立戦争当時の民兵指揮官; あだ名は the Swamp Fox》.
mar·i·o·nette /mæ̀riənét, mèr- | mæ̀r-/ *n.* (糸で頭・四肢を吊ってその糸を動かして操る)あやつり人形 (puppet), マリオネット (cf. guignol). 〘《*c*1620》 □ F *marionnette* ← MARION ((dim.) ← *Marie*)+-ETTE〙
Mar·i·o·nette /mæ̀riənét, mèr- | mæ̀r-/ *n.* マリオネット《女性名》. 〘↑〙
mar·i·pó·sa lìly [tùlip] /mæ̀rəpóʊzə-, -sə- | -rɪpə́ʊzə-/ *n.* 〘植物〙 マリポーサチューリップ, チョウユリ《米国西部およびメキシコ産ユリ科 *Calochortus* 属の植物の総称; 種々の色のチューリップ形の花を開く; mariposa, butterfly tulip, sego lily ともいう》. 〘《1868》 *mariposa*: □ Sp. *mariposa* butterfly ← ? *Marie*+Sp. *posar* to rest (< LL *pausāre* to stop, rest): ⇨ Mary, pause: その花の形から〙
Mar·i·sat /mǽrəsæ̀t | -rᵻ-/ *n.* マリサット《米国の海事通信衛星》. 〘《1976》 ← *mari(time) sat(ellite)*〙
mar·ish /mǽrɪʃ, mér- | mǽr-/ 《古・詩》 *n.* 沼地, 沢地, 沼沢 (marsh). — *adj.* 沼地の, 沼沢性の (marshy). 〘《*c*1330》 *mar(r)es, mar(r)eis* □ OF *maarais*, **mareis* (F *marais*) < ML *mariscum* ← (WGmc) **marisk-*: ⇨ marsh, morass〙
Mar·is Pi·per /mǽrᵻspáɪpə | -rɪspáɪpə^(r)/ *n.* 〘園芸〙 マリスパイパー《ヨーロッパで栽培されるジャガイモの一品種》. 〘《1970》 ← *Maris Lane* (英国 Cambridge の街区: 開発した研究機関の元所在地)+Piper (恣意的造語)〙
Mar·ist /mǽrᵻst, mér- | méərɪst/ *n.* 〘カトリック〙 **1** マリスト会士 (Marist Father) 《1816 年 Jean Claude Colin (1790–1875) たちによってフランスの Lyons に創設されたマリア修道会 (the Society of Mary) の修道士; 海外伝道・教育活動を行っている》. **2** マリスト(兄弟)会士 (Marist Brother) 《1817 年 Marcellin Champagnat (1789–1840) によりフランスに創設されたマリア修道会 (Marist Brothers *or* the Little Brothers of Mary) の修道士; 主に教育活動を行っている》. **3** 《NZ》 マリスト会付属学校の教師または生徒. — *adj.* マリスト会の. 〘《1872》 □ F *Mariste* ← *Marie*: ⇨ Mary, -ist〙
mar·i·tage /mǽrəṭɪdʒ, mér- | mǽrᵻtɪdʒ/ *n.* 〘封建法〙 **1** 婚姻権《領主が持つ領民の婚姻決定権》. **2** (婚姻権行使に伴う領民から領主への)上納金. 〘《1502》 □ ML *marītāgium* 《ラテン語化》 ← (O)F *mariage* 'MARRIAGE'〙
Ma·ri·tain /mæ̀rᵻtǽ(ŋ), -tǽŋ | -rɪ-; *F.* maʁitɛ̃/, **Jacques** *n.* マリタン《1882–1973; フランスの哲学者》.
mar·i·tal /mǽrəṭḷ, mér-, mərάɪ- | mǽrᵻtḷ/ *adj.* **1** 結婚の, 婚姻の (conjugal); 夫婦の (matrimonial): ~ trouble [discord] 夫婦間のもめ事[不和]. **2** 《古》 夫の[としての]: a ~ duty 夫(としての)の義務. 〘《*a*1500》 □ L *marītālis* of marriage or married people ← *marītus* married man: ⇨ marry¹, -al¹〙
már·i·tal·ly /-ṭəli, -ṭḷi | -təli, -tḷi/ *adv.* 婚姻上, 夫婦として. 〘《1869》: ⇨ ↑, -ly¹〙
márital stàtus *n.* [しばしば所有格の後で] 婚姻関係の有無《未婚・既婚・離婚の別》. 〘1906〙
mar·i·time /mǽrətàɪm, mér- | mǽrᵻ-/ *adj.* **1** (航海・海運に関しての)海事の, 海運の (marine): ~ affairs 海事 / a ~ association 海事協会 / ~ trade 海運業 / ~ transport 海上運送 / ⇨ maritime insurance, maritime law. **2 a** 海の, 海上の; 海洋性の: a ~ climate. **b** 沿海の, 海岸の, 海辺の: a ~ region 沿海地方 / ⇨ maritime belt, Maritime Provinces. **c** 海岸にすむ[生息する](littoral): ~ plants [animals] 沿岸植物[動物] / a ~ people 海洋民族 / a ~ nation 海洋国民. **3 a** 艦隊・商船隊を有する, 海上貿易の, 海に関係のある: a ~ power 海洋国家, 海国, 海運国; 制海権. **b** 《古》 海軍勤務の. **4** 船乗り独特の, 船乗り気質(かたぎ)の: a ~ appearance. 〘《1550》 □ F ~ // L *maritimus* of or near the sea ← MARI-+-*timus* (superl. suf.): cf. marine, mere²〙
Már·i·time Álps /mǽrətàɪm-, mér- | mǽrᵻ-/ *n. pl.* [the ~] マリチーム アルプス《Alps 山脈の一部でフランス・イタリアの国境の南部を走る》.
máritime bèlt *n.* 〘国際法〙 沿海帯《一国を取巻く近接の国々の領海; cf. marine belt》.
máritime insùrance *n.* 〘保険〙 海上保険. 〘1841〙
máritime làw *n.* 〘法律〙 海法, 海商法, 海事法. 〘1861〙
máritime píne *n.* 〘植物〙 =pinaster. 〘1894〙
Már·i·time Próvinces /mǽrətàɪm-, mér- | mǽrᵻ-/ *n. pl.* [the ~] (カナダの)沿海州《Nova Scotia, New Brunswick, Prince Edward Island の 3 州; the Maritimes ともいう》.
Már·i·tìm·er *n.* Maritime Provinces の人. 〘1931〙
Máritime Térritory *n.* 沿海州 (Primorsky Kray の英語名).
Ma·ri·tsa /məríːtsə; *Bulg.* marítsa/ *n.* [the ~] マリツァ(川)《ブルガリア南部を東流しギリシャ・トルコ国境を南下してエーゲ海に注ぐ川 (483 km)》.
Ma·ri·u·pol /mæ̀riúːpəl, -pḷ; *Ukr.* marʲiúpolʲ, *Russ.* mərʲiúpəlʲ/ *n.* マリウポリ《ウクライナ南東部 Azov 海に臨む市; 旧名 Zhdanov (1948–89)》.
Mar·i·us /mǽriəs, mér- | mǽr-, méər-, mɑ́ːr-; *F.* maʁjys/ *n.* マリウス《男性名; 異形 Marco, Mark》. 〘□ L ~: ↓〙
Marius, Gaius *n.* マリウス《157?–86 B.C.; 古代ローマの将軍・執政官》.
Ma·ri·vaux /mæ̀rəvóʊ | -rɪvə́ʊ; *F.* maʁivo/, **Pierre Car·let de Cham·blain de** /karlɛdʃɑ̃blɛ̃ d/ *n.* マリボー《1688–1763; フランスの劇作家・小説家; *Le Jeu de l'amour et du hasard*「愛と偶然の戯れ」(1730)》.
mar·jo·ram /mɑ́ədʒ(ə)rəm | mɑ́ː-/ *n.* 〘植物〙 マヨラナ (*Marjorana hortensis*) 《ヨーロッパおよび西アジアに産するシソ科の植物; 薬用および料理用; sweet marjoram ともいう; cf. oregano》. 〘《1373》 *majorane, maregam* □ OF *majorane* (F *marjolaine*) □ ML *majorāna* ← ? L *amāracus* □ Gk *amārakos*: ML *majorāna* は L *mājor* (cf. major¹) との混同から〙
Mar·jo·rie /mɑ́ədʒ(ə)ri | mɑ́ː-/ *n.* マジョリー《女性名》. ★ スコットランドで多く用いられる. 〘《変形》 ← MARGERY〙
Mar·jo·ry /mɑ́ədʒ(ə)ri | mɑ́ː-/ *n.* マジョリー《女性名》. 〘《変形》 ← MARGERY〙
mark¹ /mɑ́ək | mɑ́ːk/ *n.* **1 a** (表面にはっきりとついた)印, 跡, 痕跡 (trace); 斑点, 汚点, 汚染 (spot); かき傷, 傷跡 (scratch): put [rub off] pencil ~*s* 鉛筆の跡を付ける[消す] / the ~ of a wound 傷跡 / a horse with a white ~ on its nose 鼻に白い斑点のある馬 / His hands bear ~*s* of toil. 彼の手には労働した跡が見える / ⇨ birthmark, pockmark. 日英比較 日本語の「(試験の)マークシート」は和製英語. 英語では mark sense card という. また,「マークシート方式の試験」は computer-scored [computerized] test という. **b** (所有・所属を示すために)家畜・木材などにつける傷跡 (cf. brand 2). **c** 兆候, 証拠 (symptom); 特色, 特徴 (characteristic) (⇨ sign SYN): the ~ of age [a petty character] 年[人物の卑小さ]の現れ / as a ~ of one's appreciation [esteem] 感謝[敬意]の印として / Politeness is a ~ of good breeding. 礼儀は育ちのよさの特徴である. **2 a** 記号, 符号 (sign); 銘, 印, 札 (inscription): a punctuation ~ 句読点 / an interrogation ~ =question mark / a secret ~ 符牒 / ⇨ private mark / a manufacturer's ~ on his wares 製品に付けた製造者のマーク / ⇨ hallmark. **b** 商標 (trademark); [M-] [通例採用順序を示す数字を伴って形容詞的に] (特定様式の武器・機械または装備品を表示する)型式記号: a *Mark* 4 tank M4 型戦車 / a *Mark* 12 sight M12 型照準具 / a *Mark* 1 rifle M1 型ライフル. **c** =postmark. **d** (字の書けない人が署名の代りに書く)×印: ⇨ *make one's* MARK (3). **e** (官職・地位を表す)記号, 標章 (badge). **3 a** (位置・境界などを示す)目印, 目標: a boundary ~ 境界標 / a ~ for pilots 航路標識 / a high-[low-]water ~ 高[低]潮水準標 / ⇨ bookmark, landmark, seamark. **b** (線・点・刻み目などの)目盛り. **4 a** 目標, 標的 (target), ねらい (aim): take one's ~ amiss ねらいを誤る, 失策する. **b** 《俗》 (軽蔑・もの笑いなどの)的, だまされやすい人, かつがれやすい人: an easy [a soft] ~ いいかも, のろま (gullible person). **5 a** (教師が生徒の評価につける)点, 点数; 評価 (rating): a good [bad] ~ よい[悪い]点 / get 80 [high, full] ~*s* for English 英語で 80 点[高い点, 満点]を取る / give a ~ of C in chemistry 化学に「可」の点を与える / He is getting high ~*s* from his countrymen. 彼は同国人から高く評価されている. **b** 到達の水準: touch the million dollar ~ 100 万ドル台に達する / The world's population passed the five billion ~. 世界の人口は 50 億を越えた. **6** [the ~] 標準 (standard): below [beneath] *the* ~ 標準以下で / ⇨ *up to the* MARK. **7** (社会的)重要性, 偉さ, 名声 (distinction): a man of ~ 重要人物, 知名の士 / a man of no ~ 名もない男, 平凡な人 / ⇨ *make one's* MARK (1). **8** (思想・習慣・生活などに及ぼす多大な)影響, 感化, 印象 (impression): ⇨ *leave a* [*one's*] MARK. **9** 〘競技〙 スタートライン (starting line): On your ~(*s*), get set, go! 位置について, 用意, どん. **10** [the ~] 〘ボクシング〙 みずおち, みぞおち. **11 a** 〘豪式フットボール〙 マーク《10 ヤードからのキックボールの捕球; フリーキックが得られる》. **b** 〘ラグビー〙 マーク《フリーキックまたはペナルティキックの与えられる地点》; 選手によるその権利の宣言. **12** 〘ボウリング〙 ストライク, スペア. **13** 〘海事〙 測標《測鉛線に所定の間隔 (普通 5 m) を置いて付けた目盛り用の革切れ・結節など; cf. deep *n.* 3》. **14 a** 〘獣医〙 馬の門歯の歯冠上面にある深い溝《年をとるにつれて摩滅して下歯からは 6 歳ごろには消失する》: the ~ of mouth (馬の年齢を表す)門歯のくぼみ; =b / ⇨ mark tooth. **b** 弱年の[年の若い]しるし. **15** 〘統計〙 =class mark. **16** 〘経済〙 マルク《中世のゲルマン族自由民の村落共産体》. **17** 〘競馬〙 ハンディキャップ マーク《出走馬の負担重量を計算するための基準として使われる馬の実績などの公式査定点; handicap mark ともいう》. **18** 《古》 境界 (boundary), 辺境地 (frontier) (cf. march² 1 a).
be òn* [*òff*] *the márk 正しい[間違っている]. ***beside the márk*** 的を外れて; 論点がずれた; 見当違いで, 要領を得ない (irrelevant): Your guess is entirely beside the ~. 君の推測は全く見当違いだ. 《1883》 ***beyònd the márk*** 度を越えて[た], 極度に[の]; 目的外に[で]. ***Bléss the márk!*** =God bless the MARK! 《1594》 ***cút the márk*** 〈矢が〉的に向かいながら届かないで落ちる. ***gèt óff the márk*** (1) (競走などで)スタートを切る[切った]. (2) (物事を)始める, 着手する (start). 《1934》 ***Gód* [*Héaven*] *bléss* [*sáve*] *the márk!*** (1) これは失礼《ひどいことを言った時に謝罪の意味でいう》. (2) とんでもない, これはしたり, おやまあ《驚き・嘲笑・皮肉などを表す》. 《1595–96》 ***hít the márk*** (1) 的中する. (2) 目的を達する, 成功する. 《1655》 ***léave a* [*one's*] *márk*** (多大な)影響[感化]を残す: *leave a ~ on* history / Great men *leave their ~ on*

the thought and life of their age. 偉人は大きな影響を時代の思想と生活の上に残す. ⦅a1847⦆ ***make one's márk*** (1) 名を揚げる, 有名になる, 成功する: *make one's* ～ as a writer / He *made his* ～ in business. 実業(界)で名を成した[成功した]. (2) =*leave a* [*one's*] MARK. (3) 〈字の書けない人が〉(署名の代りに)×印を書く (cf. 2 d): *make one's* ～ on a document 文書に×の署名をする. ⦅1854⦆ ***a márk of the béast*** (1) 悪の極印. (2) 正統でない[異端的な]ものとしての印. (cf. *Rev.* 16: 2). ⦅c1384⦆ ***miss the márk*** (1) 的を外れる. (2) 目的を逸する, 失敗する. ⦅1889⦆ ***néar*** [***clóse to***] ***the márk*** (1) (標準・事実などに)ほぼ近い, 大体当たっている. (2) 〈話・冗談など〉少し失礼で[度が過ぎて]. ***òff the márk*** (1) =*beside the* MARK. (2) 〈走者など〉スタートを切って; 発足[着手]して. ⦅1905⦆ ***overshóot the márk*** (1) 度を過ごす, 誇張する. (2) 事実と食い違う. ***òver*** [***ùnder***] ***the márk*** 高く[低く]見積り過ぎて. ***quíck off the márk*** (1) (競走などで)いち速くスタートを切って. (2) (仕事などで)先鞭(せんべん)をつけて, (他人に)差をつけて. (3) のみ込み[頭の回転]が早い. ⦅1943⦆ ***Sáve the márk!*** =God save the MARK! ***shórt of the márk*** 的[標準]に達しない(で). ***slów off the márk*** (1) (競走などで)スタートの仕方が遅く[のろく]て. (2) (仕事などを)始めるのに手間取って, ぐずぐずして. (3) のみ込み[頭の回転]が遅い. ⦅1972⦆ ***tóe the márk*** ⇨ toe *v.* 成句. ***ùnder the márk*** ⇨ *over the* MARK. ***úp to the márk*** [しばしば否定構文で] (1) (結果・質などが)標準に達して, 満足で: come *up to the* ～ 標準に達する, 満足と言える / The result is *not up to the* ～. 結果は標準以下だ[あまり良くない]. (2) (健康が)上々で, 申し分なく: I am *not* feeling *up to the* ～. 気分がすぐれない. ⦅1821⦆ ***wíde of the márk***=*beside the* MARK. ***within the márk*** 見当違いでない, 過言でない: We shall be well *within the* ～ if we estimate …と見積もればまず誤りはなかろう. ⦅1851⦆

márk of exclamátion =exclamation mark.
márk of interrogátion =question mark 1.
márk of réference =reference mark.

— *vt.* **1 a** …に印をつける, 記号をつける, マークを打つ: ～ a box 箱にマークをつける / ～ the word *with* an asterisk 語の星印(*)をつける. **b** [しばしば p.p. 形で] …に(自然の)マークをつける, 傷跡(など)を残す (stain): a face ～*ed with* wounds [smallpox] 傷跡[あばた]のある顔 / ～ a person for life ⇨ *for* LIFE (1). **c** (価格・品質などを表示するために)〈品物に商標[極印, 番号など]を押す[書く, 刻む, 付ける]: ～ the articles *with* price tags 品物に値札をつける / Every article is sold at a fixed price ～*ed* in plain figures. 商品はすべてはっきりした数字で記した定価で販売される. **d** 〖ゴルフ〗〈ボールを〉マークする《グリーンでボールを拾いあげてその位置にマーカーを置く》. **2 a** 〈答案などに点をつける, 採点する: ～ a paper [an exercise] 答案[課題]に点をつける, 採点する. **b** 〈ゲームの点などを〉記録する: ～ the score [the points made] in a game 競技の得点を記録する. **3** (符号・点・線などで)示す, 指示する (indicate), …に注意をひく; 〈晴雨計などが〉表示する (register): ～ a town [river] on the map 地図に町[川]をしるす / ～ the accent アクセントを示す, アクセント符号をつける / ～ a book (本に何かをはさんで)ページを示す / The stone ～*s* the site of the old castle. その石碑は古城趾を示す. **4 a** 〈意向・感情などを〉表す, 表明する (manifest): ～ one's approval [displeasure] 賛成の意[不快の情]を示す. **b** 書きしるす, 書き留める (jot) 〈*down*〉: ～ it *down* in one's notebook 手帳にそれを書き留める. **5** 特色づける, 目立たせる (characterize): a day ～*ed* by wind 特に風の激しかった日 / No events ～*ed* his life. 彼の生涯には目立ったできごとは何もなかった / His rough hands ～ him as a laborer. 荒くれた手で労働者だとわかる / His manner was ～*ed* by great quietness. 彼の態度の特徴は非常に落着いていたことであった. **6** 選び出す; 運命づける (destine) 〈*out*〉 〔*for*〕: ⇨ MARK *out for* / His personality ～*ed* him *for* a leader. 彼の人柄が彼をリーダーにした. **7** 《古・詩》…に注意する, 注目する (observe): ～ well what is said 言われたことによく注意する / *Mark* me [my words]. よいか, よく聞け / *Mark* the perfect man. 全き人に目を注げ (*Ps.* 37: 37). **8** 〖軍事〗…に(教練などで部隊方向転換の軸となる)嚮導(きょうどう)[旋回軸]を示す. **9** 〖狩猟〗〈獲物の逃げ場所を〉見定める《*obs*》. **10** 《英》〖サッカー〗〈ボールが渡されようとする敵〉に接近して防御する, 〈相手の選手を〉マークする. **11** 〖ラグビー〗マークする《ラグビーまたはオーストラリアンフットボールでフェアキャッチの時にかかとで地面にしるしをつけること》.

— *vi.* **1** 印をつける; 採点する; (ゲームで)得点を記録する. **2** 注意する, (批判的に)観察する (observe). **3** 〖獣医〗〈馬が〉門歯のくぼみで年齢を示す (cf. *n.* 14 a). **4** 《英》〖サッカー〗相手の選手をマークする. **5** 〖ラグビー〗マークする《ラグビーまたはオーストラリアンフットボールで》.

márk dówn (1) ⇨ *vt.* 4 b. (2) …に値下げの札を付ける, 値下げする (↔ mark up; cf. markdown): The book is ～*ed down* to 28 dollars. その本は 28 ドルに値下げされている. (3) 〖狩猟〗⇨ *vt.* 9. (4) 特に目をつける[選ぶ]: I had ～*ed* the room *down* for my office. その部屋を私の事務所として特に目をつけていた. (5) 〈生徒・学級などの点数を下げる. (6) 《英》(犠牲者などして)選ぶ. ⦅1859⦆ ***márk óff*** (線・符号などで)仕切る, 区切る, 区画[区別]する 〔*from*〕: ～ *off* a lot *from* another 地所の区画をつける / ～ *off* six-inch lengths on a four-foot pole 4 フィートの棒を 6 インチずつの長さに区切る / This type is clearly ～*ed off from* the others. この型は他の型とははっきり区別される. ⦅1894⦆ ***márk óut*** (1) …の限界を定める; 〈土地を〉区画する: ～ *out* a lawn for tennis テニスのコートを区画する. (2) 設計する; 計画する: ～ *out* a course *for* a race トラックのコースを設計する / ～ *out* a plan 計画を立てる. (3) 線[印]で消す. ⦅1611⦆ ***márk óut for*** (1) [主に受身に用いて] …の運命と定める: The ringleaders *were* ～*ed out for* punishment. 首謀者たちは処罰されることに決まった. (2) …として目をつける, …に選抜する: He has *been* ～*ed out for* promotion. 彼は昇進の候補者になっている. ⦅1706⦆ ***márk tíme*** ⇨ time 成句. ***márk úp*** (1) …に値上げ札を付ける, 値上げする (↔ mark down; cf. markup). (2) …に記号[標識]をつける. (3) 〖商業〗仕入れ値から売り値を算出する. (4) 〈生徒・答案などの〉点数を上げる. (5) 〈法案を〉最終的な形にまとめあげる. ⦅1870⦆ ***márk you*** 《英古》[挿入的に用いて] いいかい, よく覚えておけよ (cf. mind *vi.*).

— *int.* 〖ラグビー〗マーク《選手がマークを要求する際の叫び声》.

〖n.: OE *me(a)rc* mark, boundary, landmark, end, district < Gmc **markō* (Du. *mark* / G *Mark*) ← IE **merg-* boundary (L *margō* border). — v.: OE *mearcian* < Gmc **markōjan* (Du. *marken*) ← **markō*: cf. march[1,2]〗

mark[2] /máək | máːk; G. máʁk/ *n.* **1** マルク: **a** ドイツの旧通貨単位 (cf. Deutsche mark, ostmark). **b** = Deutsche mark. **c** 昔スコットランドと英国で使用された通貨単位 (=13s. 4d.). **d** =markka. **2** マルク《中世紀にヨーロッパ大陸で行われた金銀の重量; 通常 8 オンス》. 〖OE *m(e)arc* ◻ ? ML *marcus, marca*: ↑ : cf. G *Mark*〗

Mark /máək | máːk/ *n.* **1** マーク《男性名》. **2** 〖聖書〗 **a** [(Saint) ～] マルコ《1 世紀の福音伝道者; 別名を John または John Mark ともいい, Paul の伝道旅行の同行者, Peter の通訳者であったといわれる; マルコ伝の著者と伝えられる; 祝日 4 月 25 日》. **b** (新約聖書の)マルコによる福音書, マルコ伝(福音書) (The Gospel according to St. Mark). 〖《変形》← MARCUS〗

Mark, King *n.* 〖アーサー王伝説〗⇨ King Mark.

mar·ka /máəkə | máː-/ *n.* マーカ《ボスニアヘルツェゴビナの統一通貨の単位 (=100 pfenings)》.

Mar·kab /máəkæb | máː-/ *n.* 〖天文〗マルカブ《ペガスス座 (Pegasus) の α 星, 2.6 等》. 〖◻ Arab. *márkab* saddle, ship ← *rákaba* to ride〗

Mark·an /máəkən | máː-/ *adj.* =Marcan. ⦅1909⦆

Márk Ántony *n.* ⇨ Antony.

Márk Cróss *n.* 〖商標〗マーククロス《米国 Mark Cross 社製の紳士用高級皮革製品; 小物・バッグなど》.

márk·dòwn *n.* 〖商業〗(正札の)値下げ (↔ markup); 値下げ幅. 〖⦅1880⦆ ← *mark down* (⇨ mark[1] (v.) 成句)〗

marked /máəkt | máːkt/ *adj.* **1** 著しい, 目立った, 顕著な (distinct) (⇨ noticeable SYN): a ～ difference [improvement, change] 目立った相違[改善, 変化] / with ～ success 著しい成功を収めて / a characteristic which is strongly ～ 非常に著しい特徴. **2 a** 印のある, 記号のある; マークつきの: ～ money (脅迫犯などに渡す)印をつけた金. **b** [複合語の第 2 構成素として] (…の)印のある: a scar-*marked* face 傷のある顔. **3** 目星をつけられた, にらまれている: a ～ man 要注意人物, 札つき; 将来を嘱目(しょくもく)される人. **4** 〖言語〗有標の (↔ unmarked)《対立する二つの項のうち, 明示的な特徴を持っているほうを有標, 持っていないほうを無標という》. **márk·ed·ness** /-kɨ̥dnɨ̥s/ *n.* 〖OE *gemearcod*: ← MARK[1]＋-ED〗

márk·ed·ly /-kɨ̥dli/ *adv.* 著しく, 目立って, 明らかに. 〖⦅1811⦆: ⇨ ↑, -ly[1]〗

mar·kee /maəkíː | mɑː-/ *n.* 《廃》=marquee 2.

mark·er /máəkə | máːkə(r)/ *n.* **1** 印をつける人, 符号[マーク]をつける人: **a** (クリーニング店で)顧客の名[符号]を洗濯物につける係. **b** 品物に番号・符号をつける係. **c** 伐採予定の樹木などに印をつける係. **d** 仕立て物の服地にはさみを入れる線を引く係. **e** 記録係. **2 a** (各種の)印をつけるもの[道具, チョーク], マーカー; (テニスコートの)線を引く道具: a felt-tipped ～ フェルトペン. **b** (玉突きの)ゲーム取り (scorer); (トランプの)数取り (counter). **3** 目印, 目標(となるもの): **a** しおり (bookmarker). **b** 里程標 (milestone). **c** 墓石. **d** 《米》記念票. **4** よく注意する人, 綿密な観察家. **5 a** (学校の)出席調査係, 点呼係. **b** 採点の手伝い《特に大学院生》. **6** 〖英空軍〗(空爆の目標を照明するための)照明弾 (flare): a ground [sky] ～ 地上[空中]照明弾. **7** 〖軍事〗(位置)標示物[員]《標識・標識員[兵]・標旗・標柱などの総称》. **8** 〖言語〗標識《言語形式に付されてその形式の範疇(はんちゅう)を表示する標識; 例えば *the* boy の the, play*ed* の -ed, book*s* の -s, *to* go の to など》. **9** 〖電気〗マーカー《通話路を形成する共通制御用機器》. **10** 〖生物〗=genetic marker.

nòt a márker to [***on***] 《俗》…と比較にならない. ⦅1895⦆ 〖⦅1486⦆: ⇨ mark[1] (v.), -er[1]〗

márker-óff *n.* (*pl.* **markers-**) 《米》〖造船〗リベット (rivet) を打つ穴の位置に印を付ける人. ⦅1889⦆

márker pèn *n.* 《英》マーカー(ペン), サインペン (felt marker). ⦅1980⦆

mar·ket /máəkɨ̥t | máːkɪt/ *n.* **1 a** (一定の場所と日時に家畜・食料品などの売買に人々が集まる)市(いち), マーケット. **b** 市場 (marketplace)《市の立つ広場》. **c** [集合的] (売買のための)人の集まり; 市場に集まった人. **d** 市日(いちび) (market day): The next ～ is on the 20th. **2** (はけ口・売れ口の意味で)市場(しじょう), 販路; 需要 (demand): build up a ～ *for* the manufactures 製品の市場を築く / There is no ～ *for* that class of goods here. ここにはその種の品の需要がない / The product will find a ～ in America. その製品は米国に市場[販路]を見出すだろう / the foreign ～ 外国市場, 海外販路 / glut the ～ (商品を過剰供給して)市場を飽満させる / engross the ～ 買占めをする (cf. corner *vt.* 3) / hold the ～ 買占めて市場を左右する / bring something to [onto] ～ 市場へ売りに出す / feed the cattle to ～ 家畜を市場に出すために太らせる / come [put] into the ～ 市場に出る[出す], 市販される[する] / come [go] on the ～ 売りに出る / take off the ～ 販売を止める, 回収する. **3 a** [通例 the ～] (特定の物品の)売買市場(しじょう): the cotton [staple] ～ 綿花[主要物産]市場 / the stock [money] ～ 株式[金融]市場. **b** [the ～] =stock market 1 a. **c** [the M-] 《英》= European Economic Community. **4 a** 《通例特定の》食料品店, 小売店: open a meat ～ 肉屋を開く. **b** =supermarket. **5** 商況, 市況: a slack [sick] ～ 沈滞市場, 不況 / a falling [rising] ～ 下向き[上向き]市況 / a brisk ～ 活発な市況 / ～ feeling 市場の人気[気配] / The ～ is active [dull, inactive]. 市場は活気づいて[沈滞して]いる. **6** 市価, 相場: raise the ～ 市価を上げる, 高値をつける / rig the ～ 《俗》人為的に市価を騰貴[下落]させる, 市価を操作する / The ～ rose [fell]. 相場が上昇[下落]した. **7** 売買の機会, 商機: a good ～ for steel 鋼鉄の売りの好機 / lose one's ～ 商機を逸する. **8** 売買, (有利な)取引 (bargain, trade). ★ 次のような句に用いる以外は《廃》: make one's ～ 取引を済ます / ⇨ *make a* [*one's*] MARKET *of* / mar a person's [one's] ～ 人[自分]の商売[利益]を台なしにする / mend one's ～ 商売の景気を立て直す. **9** 〖英法〗(国王によって領主または自治体に与えられる)公設市場設置権.

at the márket 時価で, 成り行きで《顧客が証券業者に株式の売買を委託する[注文する]場合にいう; cf. market order》. ***awày from the márket*** 〖証券〗(顧客が証券業者に株式売買を委託する場合の指定値段が)時価から離れた値段で. ***bríng*** one's ***éggs*** [***hógs, góods***] ***to a bád*** [***the wróng***] ***márket*** 見込み違いをする, 計画に失敗する. ⦅1809⦆ ***gò bádly to márket*** 売り[買い]損する. ⦅1812⦆ ***gó to márket*** (1) (市場へ)買物に行く. (2) 《口語》事を企てる, やってみる. (3) 《豪》怒る, 腹を立てる. ⦅a1925⦆ ***in the márket*** 〈物が〉売物に出て: put [place] goods *in the* ～ 商品を売物に出す / His house is *in the* ～. 彼の家は売りに出ている / This is the best article *in the* ～. これは市場での最上等品です. ⦅1678⦆ ***in the márket for*** … の買方で, …を買うつもりで: He is *in the* ～ *for* a house. 家を求めている. ⦅1890⦆ ***màke a márket*** 〖証券〗〈業者が〉(いつでも自己の計算で取引に応じることによって)証券の売買を成立させる; 《英》ある株式について人気をあおる方策をとる. ⦅1899⦆ ***màke a*** [***one's***] ***márket of*** …を売物にする, …で利益を得る. ⦅1597⦆ ***mílk the márket*** ⇨ milk *v.* 成句. ***on the márket***=*in the* MARKET. ***pláy the márket*** (株式の)投機をする, 相場をする. ***príce onesèlf*** [***a thìng***] ***out of the márket*** ⇨ price *v.* 成句.

— *vi.* **1** 市場で売買する. **2** 《米》(食料品などの)買物をする: go ～*ing* 買物に行く. — *vt.* **1** 市場に出す. **2** 市場で売りさばく; 販売する.

〖lateOE ～ ◻ ONF ～=OF *merchiet* (F *marché*) < L *mercātum* trade, traffic, market (p.p.) ← *mercārī* to carry on trade ← *merx* merchandise ← IE **merk-* to seize: ⇨ mart[1], merchant〗

mar·ket·a·bil·i·ty /màəkɨ̥təbíləṭi | màːkɪtəbíləti/ *n.* 売物になること, 市場性. ⦅1877⦆

mar·ket·a·ble /máəkɨ̥təbl̩ | máːkɪt-/ *adj.* **1** 市場向きの, 市場性のある, 売れる (salable). **2** 市場で現在行われている: ～ value 市価. **már·ket·a·bly** *adv.* **～·ness** *n.* ⦅1599⦆

márket anàlysis *n.* 〖経済〗市場分析.

márket bàsket *n.* **1** 買物かご. **2** 〖経済・統計〗マーケットバスケット(方式)《消費財・サービスの一定物量を定め, その購入に要する支出高をもって生活費変動の度合いを査定する方式》. ⦅1807⦆

márket bléach *n.* マーケットブリーチ《綿織物の簡単な漂白法》.

márket bòat *n.* **1** (魚を漁船から河岸(かし)に運ぶ)はしけ, 舟; (停泊中の船舶に必需品を運ぶ)はしけ. **2** (産物を市場に運ぶ)運搬船. ⦅1780⦆

márket cràb *n.* 〖動物〗米国太平洋岸に生息するイチョウガニ科の食用ガニ (*Cancer magister*).

márket cròss *n.* 市場十字《中世に市場に立てた十字架または十字架状の建物; 一般の告示用》. ⦅1448⦆

márket dày *n.* 定期市の立つ日, 市日(いちび). ⦅a1415⦆

márket-dríven *n.* =market-led. ⦅1977⦆

márket ecónomy *n.* 〖経済〗市場経済, 自由経済体制 (free enterprise). ⦅1951⦆

mar·ke·teer /màəkɨ̥tíə | màːkɪtíə(r)/ *n.* 市場で物を売る人, 市場商人: ⇨ black marketeer. 〖⦅1832⦆ ← MARKET＋-EER〗

már·ket·er /-ṭə | -tə(r)/ *n.* 市場へ出かける人, 市場で売買する人: ⇨ black marketer. ⦅1787⦆

márket fórces *n. pl.* 〖経済〗市場実勢[諸力], 市場要因《自由経済における需給のメカニズム》. ⦅1942⦆

márket gárden *n.* 《英》(市場向けの野菜を栽培する)菜園 (《米》truck farm). ⦅1811⦆

márket gárdener *n.* 《英》市場向け菜園経営者. ⦅1826⦆

márket gárdening *n.* 《英》(広い農地を利用しての)市場向け菜園経営. ⦅1875⦆

márket hàll *n.* 屋根付き市場. ⦅1732⦆

mar·ket·ing /máəkɨ̥tɪŋ | máːkɪtɪŋ/ *n.* **1** 〖経済〗マーケティング《消費者ニーズに創造的に適応するための市場活動; 市場調査・製品計画・流通径路・物的流通・広告・セールスマン販売などを含む》. **2** 市場で売買すること, 市場取引; 販売: do one's ～ 市(場)で買物をする. **3** [集合的] 市場でする買物[売物]; 市場向け商品. 〖⦅1561⦆ ← MARKET＋-ING[1]〗

márketing mìx *n.* 〖経済〗マーケティング ミックス《マーケティング目標を達成するための戦略手段の組み合わせ》. 〖1969〗

márketing reséarch *n.* 〖商業・経済〗市場調査《market research を含み, 更に価格政策・流通広告戦略等マーケティング全般にわたる情報を収集する調査》. 〖1937〗

mark·et·i·za·tion /mὰəkɪ̀tɪzéɪʃən | mὰ:kɪtaɪ-, -tɪ-/ *n.* 自由経済市場への移行, 市場化. 〖1961〗

mar·ket·ize /máəkɪ̀tàɪz | mά:kɪt-/ *vt.* 自由市場化する. 〖1980〗

márket léader *n.* (ある製品の市場で)首位を占める会社[商品], マーケットリーダー. 〖1937〗

márket-léd *adj.* 〈経済が〉市場原理による, 〈商品など〉需要先導[主導]の. 〖1978〗

márket lètter *n.* 〖商業〗市場案内, 市況報告《証券業者が顧客に配布する株式の市況観測や売買勧告を含む刊行物》.

márket màker *n.* (ある銘柄について)いつでも自己勘定で売買に応じる証券業者. 〖1902〗

márket mámmy *n.* (西アフリカの)女性商人[店主]. 〖1962〗

márket òrder *n.* 〖証券〗成り行き注文《値段を指定せず, 市況に応じた値段で売る(または買う)ことを委託する》. 〖*c*1920〗

márket óvert *n.* 公開市場. 〖1602〗

márket perfòrmance *n.* 市場成果《産業が実際に有効的な競争を行っているか否かを判定する》.

market·place /máəkɪ̀tplèɪs | mά:kɪt-/ *n.* **1 a** 市場《特に, 市が立つ広場・建物》. **b** =market 1 b. **2** 商業界, 経済界. **3** (思想・文芸活動などの競争場としての)売込み市場. 〖*c*1395〗

márket price *n.* 〖経済〗市場価格, 市価, 相場. 〖*c*1440〗

márket rènt *n.* 〖英〗〖経済〗需給で決まる地代.

márket résearch *n.* 〖商業・経済〗市場[販路]調査, 市場分析, マーケットリサーチ《製品発売の前に行う; cf. marketing research》. **márket resèarcher** *n.* 〖1926〗

M

márket-rípe *adj.* 未熟の, (市場で熟するように)早目に収穫された.

márket segmentàtion *n.* 〖商業〗市場細分化《市場を一つとして見ず, いくつものセグメントより成るものとしてとらえ, 各セグメントにそれぞれ適した商品を売ること》.

márket shàre *n.* 市場占有率, マーケットシェア. 〖1954〗

márket squàre *n.* 市(いち)の立つ広場. 〖1794〗

márket tòwn *n.* 市場設置市, 市の立つ町, 市場町. 〖1449〗

márket vàlue *n.* 〖経済〗市場価値 (market price) (cf. book value). 〖1691〗

Mark·ham /máəkəm | mά:-/, **(Charles) Edwin** *n.* マーカム《1852–1940; 米国の詩人; *The Man with the Hoe* (1899)》.

Mark·ham *n.* **1** マーカム《カナダ Ontario 州南東の都市》. **2 Mount ~** マーカム山《南極大陸 Ross 氷棚南西方の山 (4,351 m)》.

mar·khor /máəkɔə | mά:kɔ:(r)/ *n.* (*also* **mar·khoor** /-kuə | -kuə(r)/) (*pl.* **~, ~s**) 〖動物〗マーコール (*Capra falconeri*) 《Himalaya 地方の野生のヤギ; 毛が長く角がねじれている》. 〖(1867) ◻ Pers. *mārkhōr* snake-eater ← *mār* snake＋*-khōr* eating (← *khurdan* to eat, consume)〗

mark·ing /máəkɪŋ | mά:k-/ *n.* **1** 印[点など]をつけること; 採点(法): plain ~ 正札 / code ~ 符牒. **2 a** [しばしば集合的] 印, 点; (郵便の)消印. **b** (鳥獣の皮・毛・羽などの)斑点, 斑紋, 縞, 色模様. 〖lateOE ← MARK[1]＋-ING[1]〗

márking gàuge *n.* (大工が使う)罫(け)引き. 〖1875〗

márking ìnk *n.* (洗濯物などに印を付けるための)不変色インク. 〖1710〗

márking ìron *n.* 焼きごて, 焼印. 〖*c*1420〗

mark·ka /máəkə | mά:-; *Finn.* márkka/ *n.* (*pl.* **mark·kaa** /~/, **~s**) **1** マルッカ《Euro 流通前のフィンランドの通貨単位; =100 pennia; 記号 Mk, Fmk》. **2** 1 マルッカ貨. 〖(1896) ◻ Finn. ~ ◻ Swed. *mark* < ON *mark-*, *mǫrk*: ⇨ mark[2]〗

Mär·klin /méəkli:n | méə-; *G.* mέrkli:n/ *n.* メルクリン《ドイツの鉄道模型メーカー; そのブランド》.

Már·koff chàin /máəkɔ(:)f-, -kɔ(:)v | mά:kɔf-, -kɔv-/ *n.* 〖統計〗=Markov chain.

Márkoff pròcess *n.* 〖統計〗=Markov process.

Mar·kov /máəkɔ(:)f, -kɔ(:)v | mά:kɔf, -kɔv; *Russ.* márkəf/, **Andrei Andreevich** *n.* マルコフ《1856–1922; ロシアの数学者》.

Mar·ko·va /mɑəkóuvə | mɑ:kə́u-/, Dame **Alicia** *n.* マルコバ《1910– ; 英国のバレリーナ; 本名 Lilian Alicia Marks》.

Márkov chàin *n.* 〖統計〗マルコフ連鎖《時間も確率分布も離散的な場合のマルコフ過程 (Markov process)》. 〖(1942): ⇨ Markov〗

Mar·ko·vi·an /mɑəkóuviən | mɑ:kə́u-/ *adj.* マルコフ (Markov) 式の. 〖(1950) ← MARKOV＋-IAN〗

Márkov mòdel *n.* 〖統計〗=Markov chain.

Márkov pròcess *n.* 〖統計〗マルコフ過程《現在の状態が分かった時, 未来の挙動が過去の挙動と統計的に独立であるような確率過程; cf. Markov chain》. 〖(1939): ⇨ Markov〗

Marks & Spen·cer /máəksən(d)spénsə, -sn- | mά:ksən(d)spénsə(r, -sn-/ *n.* マークス アンド スペンサー《衣料品・家庭用品・食品などを売る英国のチェーン百貨店; Marks, Marks & Sparks ともいう; 略 M & S》.

márk sènse càrd *n.* 〖電算〗マークシート.

márk sèns·ing /-sènsɪŋ/ *n.* 〖電算〗マークセンシング《紙シートの所定の位置に鉛筆などで記入されたマークを自動的に読取ること》.

márk·shèet *n.* 〖英教育〗成績表[票] (⇨ mark[1] *n.* 1 a 日英比較).

márks·man /-mən/ *n.* (*pl.* **-men** /-mən, -mèn/) **1** 射撃の名手, 小銃[弓]の名人; 狙撃(そげき)兵 (sharpshooter). **2** 〖米陸軍〗下級の狙撃兵 (「中級」は sharpshooter; 「上級」は expert という). 〖(1654) ← MARK[1]＋-S[2]＋MAN[1]: cf. craftsman, etc.〗

márksman·shìp *n.* 射撃の正確さ, 射撃の技量[腕前]; 射撃術, 弓術. 〖1859〗

márks·wòman *n.* 射撃のうまい女性, 女流射手. 〖1802〗

Márk Táp·ley /-tǽpli/ *n.* 非常に快活な人. 〖Dickens の小説 *Martin Chuzzlewit* (1843–44) 中の人物の名から〗

márk-to-márket *adj.* 〖経済〗時価評価方式の《最も最近の市場価格をもとに資産を評価するシステムについていう》. 〖1981〗

márk tòoth *n.* 〖獣医〗馬の門歯《年齢を示すへこみがある; cf. mark[1] *n.* 14 a》.

Mark Twain /mὰəktwéɪn | mὰ:k-/ *n.* マーク トウェイン《1835–1910; 米国の小説家・短編小説家; 本名 Samuel Langhorne Clemens; *The Adventures of Tom Sawyer* (1876), *The Adventures of Huckleberry Finn* (1884)》. 〖← *marktwain* (two fathoms (2 尋)の意で, Mississippi 川の水先案内人が船の通行可能な水深を表す時に用いた用語): ⇨ mark[1] (n.) 13, twain〗

márk·ùp *n.* **1** 値上げ (↔ markdown; cf. MARK[1] *up*); 値上げ幅. **2** 〖商業〗値増し率《卸値にどれだけの率を掛けて売値とするかの率》. **3 a** 〖印刷〗(原稿に書き込まれた活字書体・割付けなどの)指示. **b** 〖電算〗マークアップ, タグ付け《テキスト中に書体などの標識情報を埋め込むこと》. **4 a** (法案の)最終的詰め. **b** (法案の)最終的詰めを行う委員会. 〖(1916) ← *mark up* (⇨ mark[1] (v.) 成句)〗

marl[1] /mάəɫ | mά:ɫ/ *n.* **1** 泥灰土《炭酸塩成分を含む粘土; 肥料にする》. **2** 泥灰煉瓦. **3** 《詩・古》土 (earth): the burning ~ 焦熱地獄の責め苦 (cf. Milton, *Paradise Lost*). — *vt.* …に泥灰土をおく; 泥灰土を入れて〈石灰分不足の土を〉肥やす. 〖(1358) ← OF *marle* (F *marne*) < LL *margila* (dim.) ← L *marga* marl ← ? Gaulish〗

marl[2] /mάəɫ | mά:ɫ/ *vt.* 〖海事〗(一巻きごとに引掛け結びで留めながら)〈ロープなどを〉マーリン (marline) で巻く: ~ a rope (擦り切れるのを防ぐため)ロープをマーリンで巻く. 〖(1440) ◻ Du. & LG *marlen* (freq.) ← MDu. *marren* to bind: cf. marline, marlinespike〗

marl[3] /mάəɫ | mά:ɫ/ *n.* 〖紡績〗マール《多色の混紡糸; それから作った織維》. 〖(1892) 《短縮》← MARBLED〗

mar·la·ceous /mɑəléɪʃəs | mɑ:-/ *adj.* 泥灰質の. 〖(1794) ← MARL[1]＋-ACEOUS〗

marl·ber·ry /máəɫbèri | mά:ɫb(ə)ri/ *n.* 〖植物〗南 Florida 原産ヤブコウジ科の低木 (*Ardisia paniculata*) 《白い花と黒い実をつける》. 〖(1884) ← 《方言》*marl* (《短縮》← MARBLE)＋BERRY〗

Marl·bor·o /máəɫb(ə)rə | mά:ɫ-, mɔ́:ɫ-/ *n.* 〖商標〗マールボロ《米国 Philip Morris 社製のフィルター付き紙巻きたばこ》.

Marl·bor·ough[1] /máəɫbə̀:rə, -rou | mɔ́:ɫb(ə)rə, mά:ɫ-/ *n.* マールバラ, モールバラ《イングランド南部 Wiltshire の町; 内乱で王党派が包囲 (1642); 英国の代表的なパブリックスクールの Marlborough College (1843 創立) がある》. 〖*Marlborough*: lateOE *Merleberge* 《原義》? gentian or marsh-marigold hill: cf. OE *mēargealla* gentian & *beorg* hill〗

Marl·bor·ough[2] /máəɫbə̀:rə, -rou, mά:ɫ- | mɔ́:ɫ-b(ə)rə, mά:ɫ-/, 1st Duke of *n.* マールバラ, モールバラ《1650–1722; 英国の将軍, スペイン継承戦争中 Blenheim の会戦でフランスの Louis 十四世の軍に大勝した (1704); 本名 John Churchill》.

Márlborough Hóuse *n.* モールバラハウス《London の St. James's Palace の向い側にある英国王室の別邸; 現在は公開され, 会議場として使用されている; もと Wren が Marlborough 公爵夫人のために建てた邸宅》.

Márlborough lég *n.* モールバラ型の脚《18 世紀中期の英米の家具に用いられた断面が四角で直線の先細り型の脚; 後期 Chippendale 様式の椅子の脚》. 〖← *George Spencer, 4th Duke of Marlborough*〗

marled *adj.* 〈糸・織物など〉まだらの (mottled), 縞(しま)の (streaked). 〖(1603): cf. OF *merellé*〗

Mar·lene /mɑəlí:n, -léɪnə | mɑ:lí:n, ―⌐, mɑ:léɪnə; *G.* maʁlé:nə/ *n.* マーリーン《女性名》. 〖《異形》← MADELEINE〗

Mar·ley /máəli | mά:-/, **Bob** *n.* マーリー《1945–81; ジャマイカのレゲエ歌手・ギタリスト・ソングライター; 本名 Robert Nesta Marley》.

mar·lin[1] /máəlɪ̀n | mά:lɪn/ *n.* (*pl.* **~, ~s**) 〖魚類〗**1** マカジキ《マカジキ科マカジキ属 (*Makaira*) の大西洋の暖海にすむ魚類の総称; クロカジキ (black marlin), ニシクロカジキ (blue marlin), バショウカジキ (sailfish) など; cf. swordfish 1》. **2** =spearfish. 〖(1917) 《略》← MARLINESPIKE: その口先が似ているところから〗

mar·lin[2] /máəlɪ̀n | mά:lɪn/ *n.* 〖海事〗=marline.

mar·line /máəlɪ̀n | mά:lɪn/ *n.* 〖海事〗マーリン, (よりのあまい)こより 2 本の細綱. 〖(1417) 《なぞり》← Du. *marlijn* ← *marren* to bind (⇨ marl[2])＋*lijn* 'LINE[2]'〗

márline·spìke *n.* (*also* **márlin·spìke**) **1** 〖海事〗マーリンスパイク, 綱通し針《綱をさばいたり, 細綱を他に通す時に用いる鉄製または木製の太いきり形の器具; stabber ともいう》. **2** 〖鳥類〗=jaeger 3. 〖(1626) ← ? *marling* (⇨ marl[2])＋SPIKE[1]〗

mar·ling /máəlɪŋ | mά:-/ *n.* 〖海事〗=marline.

márling·spìke *n.* =marlinespike. 〖1626〗

márlin·sùcker *n.* 〖魚類〗ヒシコバン (*Rhombochirus osteochir*) 《カジキなどにつくコバンザメの一種》. 〖← MARLIN[1]＋SUCKER〗

marl·ite /máəlaɪt | mά:-/ *n.* 〖岩石〗マーライト, (風化しない)泥灰岩《marlstone ともいう》. **mar·lit·ic** /mɑəlítɪk | mɑ:lít-/ *adj.* 〖(1794) ← MARL[1]＋-ITE[1]〗

Mar·lon /máələn | mά:lən, -lɔn/ *n.* マーロン《男性名》. 〖? ← OF *esmerillon* little falcon〗

Mar·lo·vi·an /mɑəlóuviən | mɑ:lə́u-/ *adj.* マーロー (Marlowe) の, マーロー風の, マーローに特有の. 〖(1885): ⇨ ↓, -ian〗

Mar·lowe /máəlou | mά:ləu/, **Christopher** *n.* マーロー《1564–93; 英国の劇作家; *Tamburlaine* (上演 1587?), *Dr. Faustus* (上演 1588?), *Edward II* (1592?)》.

márl·pìt *n.* 泥灰土採取場. 〖(*c*1390): ⇨ marl[1]〗

márl·stòne *n.* 〖岩石〗泥灰岩 (marlite). 〖1839〗

marl·y /máəli | mά:li/ *adj.* (**marl·i·er, -i·est; more ~, most ~**) **1** 泥灰土状の, 泥灰質の. **2** 泥灰岩でできた, 泥灰土の多い[に富んだ]. **márl·i·ness** *n.* 〖(*c*1420): ⇨ marl[1], -y[4]〗

marm /mάəm | mά:m/ *n.* 《方言》=ma'am. 〖(1835) ← MA'AM〗

Mar·ma·duke /máəmədù:k, -djù:k | mά:mə-djù:k/ *n.* マーマデューク《男性名; 愛称形 Duke》. ★ イングランドの Yorkshire に多い. 〖lateOE *Melmidoc* ← Celt.: 《原義》'servant of MADOC'〗

mar·ma·lade /máəməlèɪd, -mḷ- | mά:-/ *n.* **1** マーマレード《柑橘(かんきつ)類(主にオレンジ)の実と皮から作るゼリー状のジャム》. **2** 〖植物〗=marmalade tree. 〖(1524) ◻ F *marmelade* ◻ Port. *marmelada* ← *marmelo* quince < L *melimēlum* ◻ Gk *melímēlon* ← *méli* honey＋*mēlon* apple: ⇨ -ade〗

mármalade càt *n.* 〖動物〗=red tabby.

mármalade trèe [plùm] *n.* 〖植物〗熱帯アメリカ産アカテツ科の高木 (*Calocarpum mammosum*) 《材は堅く, 果実 (mammee sapota) はジャムの材料》. 〖1866〗

Mar·ma·ra /máəmərə | mά:-/, **the Sea of** *n.* マルマラ海《トルコ北西部, アジアとヨーロッパの境にある海; Bosporus, Dardanelles 両海峡によってそれぞれ黒海とエーゲ海に通じる; 面積 11,472 km²; 別名 the Sea of Marmora; 古代名 Propontis》.

mar·ma·tite /máəmətàɪt | mά:-/ *n.* 〖鉱物〗マーマタイト, 鉄閃(せん)亜鉛鉱《鉄分を 10% 以上含む閃亜鉛鉱》. 〖(1843) ◻ G *Marmatit* ← *Marmato* (南米 Columbia の地名): ⇨ -ite[1]〗

mar·mel·ise /máəməlàɪz | mά:-/ *vt.* 《英口語》完全に[徹底的に]やっつける. 〖← ? MARMA(LADE)＋-ISE〗

Már·mes mán /máəmɪ̀s- | mά:mɪs-/ *n.* 〖人類学〗マーメス人《有史以前の人類; その骨の化石の断片が 1965 年 Washington 州で発見され, 11,000 年以上も前のものであることが認められた》. 〖(1968) ← *R. J. Marmes* (化石が発見された牧場の経営者)〗

mar·mite /máəmaɪt | mά:-/ *n.* **1 a** マルミット《金属製や土(陶)製のふた付きの大きな料理鍋; cf. stockpot》. **b** マルミット《小型のふた付き焼物のスープ用鍋; petite marmite ともいう》. **2** マルミットに入れて出されるスープ. **3** [M-] 《英》〖商標〗マーマイト《酵母エキスと野菜エキスから製したうま味のあるペースト; パンに塗ったりスープの味付けに用いたりする》. 〖(1805) ◻ F ~ 'kettle, pot' < OF ~ 'hypocritical' ← *marmouser* to murmur: ⇨ -ite[1]〗

Mar·mo·la·da /mὰəməlάːdə | mὰ:məlά:də; *It.* marmolá:da/ *n.* マルモラーダ(山)《イタリア北部の山, Dolomites Alps 中の最高峰 (3,342 m)》.

mar·mo·lite /máəməlàɪt | mά:-/ *n.* 〖鉱物〗マーモライト, 白温石《蛇紋石 (serpentine) の一種》. 〖(1822) ← Gk *marmaírein* to shine＋-o-＋-ITE[1]〗

Mar·mont /mɑəmɔ̃:(ŋ), -mɔ́:ŋ | mɑ:-; *F.* maʁmɔ̃/, **Auguste Frederic Louis Viesse de** *n.* マルモン《1774–1852; フランスの将軍》.

Mar·mo·ra /máəmərə | mά:-/, **the Sea of** *n.* =the Sea of MARMARA.

mar·mo·re·al /mɑəmɔ́:riəl | mɑ:-/ *adj.* 《詩》**1** 大理石の(ような). **2** 滑らかな; 白い; 冷たい. **~·ly** *adv.* 〖(1656) ← L *marmoreus* of marble (← *marmor* marble)＋-AL[1]〗

mar·mo·re·an /mɑəmɔ́:riən | mɑ:-/ *adj.* =marmoreal. 〖1656〗

mar·mo·set /máəməsèt, -zèt, ⌐―⌐ | mά:məzèt, -sèt, ⌐―⌐/ *n.* 〖動物〗**1** キヌザル, マーモセット《中南米産キヌザル科キヌザル属 (*Callithrix*) の各種の小形のサルの総称; 足の親指を除いて全指にカギヅメ (claws) を持つ; コモンマーモセット (*C. jacchus*) など》. **2** =pygmy marmoset. 〖(*a*1398) *marmusette* ◻ (O)F *marmouset* grotesque carved figure 《混成》? ← *marmot* little monkey, pupet 《擬音語》＋*marmouser* to grumble, mumble 《擬音語》〗

mar·mot /máəmət | mά:-/ *n.* 〖動物〗**1** マーモット《アルプスやピレネー山脈にすむ *Marmota* 属の齧歯(げっし)類の動物の総称; アルプスマーモット (*M. marmota*), 米国産の woodchuck など》. ★ わが国で俗にいう「モルモット」(guinea pig) とは別. **2** マーモットと同類の動物の総称《prairie marmot など》. 〖(1607) ◻ F *marmotte* the mumbling (animal) 《逆成》← *marmottaine* < L *mūsmontānus* ← *mūs* mouse＋*montānus* of the mountains (← *mons* mountain): cf. Romansh *murmont*〗

marmot
(*M. bobak*)

Marne /máən | mά:n; *F.* maʁn/ *n.* **1** マルヌ(県)《フランス北東部の県; 面積 8,205 km², 県都 Châlons-sur-Marne》. **2** [the ～] マルヌ(川)《フランス北東部の川 (525 km); 戦跡 (1914, 1918, 1944)》.

Ma·ro /méᵊrou | méərəu/ *n.* マロ《Virgil の家名 (family name)》.

Ma·roc /*F.* maʁɔk/ *n.* マロク《Morocco のフランス語名》.

mar·o·cain /mǽrəkèɪn, mǽr-, ⏑⏑⏑ | mǽrəkèɪn, ⏑⏑⏑/ *n.* **1** マロケイン《経糸(たて)に絹・レーヨン・毛などを用いた広東ちりめん (Canton crepe) より重いクレープ服地; crepe marocain ともいう》. **2** モロッコ赤 (Morocco red)《Sierra より赤く, 明るい感じの煉瓦色》. 〚《1922》□ F (*crêpe*) *marocain* Moroccan (crepe) ← *Maroc* 'MOROCCO'〛

Mar·o·nite /mǽrənàɪt, mǽr- | mǽr-/ *n.* マロン派教徒《レバノンに多い東方典礼教会の信徒》. 〚《*c*1511》□ LL *Marōnita* ← *Marōn* (5 世紀にシリアにいたというその開祖): ⇨ -ite¹〛

ma·roon¹ /mərú:n/ *n.* **1** 栗色, えび茶色. **2** (警報用の)爆竹, 花火. ― *adj.* 栗色の, えび茶色の. 〚《1594》□ F *marron* chestnut □ It. *marrone*〛

ma·roon² /mərú:n/ *n.* **1** [時に M-] マルーン《17–18 世紀に西インド諸島や Guiana の山中に逃げ込んだ黒人の脱走奴隷, またはその子孫》. **2** 《米南部》＝marooning party. **3** 孤島に置き去りにされた人. ― *vt.* **1** 〈海賊などが〉人を〉(刑罰として)孤島に捨てる: be ～*ed* on a desert island 孤島に置き去りにされる. **2** (孤島に捨てられたように)孤立させる: be ～*ed* by the flood 大水のために孤立する. ― *vi.* **1** 奴隷状態から逃れる. **2** のらくらする: ～ about the island. **3** 《米南部》(数日間)ピクニック[キャンプ旅行]をする. 〚《1626》□ F *marron* □ Am.-Sp. *cimarrón* wild, untamed, 《原義》living on mountain tops ← *cima* top, summit < L *cȳma* young sprout of cabbage: ⇨ cyme〛

ma·róon·er *n.* 海賊 (pirate). 〚《1661》← MAROON²＋-ER¹〛

ma·róon·ing pàrty *n.* 《米南部》 **1** 旅行, ピクニック (picnic). **2** キャンプ旅行. 〚1777〛

mar·o·quin /mὰərəkı̬n | mæ̀rəkí:n, mǽrək(w)ɪn/ *n.* モロッコ革. 〚《1511》□ F ～ ← *Maroc* Morocco: cf. marroquín〛

Ma·ros /*Hung.* mɔ́roʃ/ *n.* マローシュ川《Mureş のハンガリー語名》.

Ma·rot /mɑ:róu | -rɔ́u; *F.* maʁo/, **Clément** *n.* マロ《1495?–1544; フランスの詩人; 韻律の斬新さと自然さで知られる》.

ma·rou·flage /mά:rəflὰ:ʒ, ⏑⏑⏑; *F.* maʁuflaːʒ/ *n.* **1** (鉛白と油を用いて壁布を張る)布張り仕上げ(法). **2** (透かし細工の)裏布. 〚《1883》□ F ～ ← *maroufler* to glue canvas to a wall ← *maroufle* strong glue: ⇨ -age〛

Mar·ple /máəpl̩ | mά:-/, **Miss Jane** *n.* マープル《A. Christie の推理小説に登場する; 老嬢のしろうと探偵》.

mar·plot /máəplὰ(:)t | mά:plɔt/ *n.* いらぬ干渉をして計画をぶちこわす人, ぶちこわし屋. 〚《1708》← *Marplot* (Susanna Centlivre (1667?–1723: 英国の作家)の喜劇 *The Busy Body* (1709) の登場人物): ⇨ mar, plot〛

Mar·prel·ate /máəprɛlɪ̬t | mά:-/, **Martin** *n.* マープレレット《1558–89 年, 英国国教会を攻撃する諷刺秘密パンフレットを次々に発表した人物の筆名》.

Marq. 《略》Marquess; Marquis.

Mar·quand /mɑəkwά(:)nd, máəkwənd | mά:kwənd/, **J(ohn) P(hillips)** *n.* マーカンド《1893–1960; 米国の小説家; *The Late George Apley* (1937)》.

marque¹ /máək | mά:k/ *n.* **1** (スポーツカーなどの)型, 機種, 製品名. **2** (車名を示す)プレート, 標識. 〚《1906》□ F ～ 'sign' ← *marquer* to mark □ OIt. *marcare* ← *marca* (↑)〛

marque² /máək | mά:k/ *n.* **1** ＝LETTER of marque. **2** 《廃》復讐, 仕返し (reprisal). 〚《1353》□ F ～ □ Prov. *marca* ← *marcar* to seize in reprisal ← *marc* token of pledge ← Gmc **mark*- 'sign, MARK¹'〛

mar·quee /mɑəkí: | mɑ:-/ *n.* **1** 《米》マーキー: **a** ホテルなどの玄関入口の上に突き出たガラスなどのひさし. **b** 映画館・劇場の入口の上に突き出た, 上演作品名や俳優の名が掲げられる照明のついたひさし. **2** 《英》大テント《特に祝祭・花市・園遊会などで使う》. 〚《1690》《逆成》← MARQUISE: MARQUISE を pl. と誤解してできた語: cf. pea¹, cherry〛

marquee 1 a

mar·que·sa /mɑəkéɪzə | mɑ:-; *Sp.* maɾkésa/ *adj.* (スペインの)侯爵夫人, 女侯爵. 〚《1846》□ Sp. ～ (fem.) ← *marqués* marquis〛

Mar·que·san /mɑəkéɪzən, -zn̩, -sən | mɑ:-/ *n.* **1** Marquesas Islands の(原)住民. **2** マルケサス語《Marquesas 諸島の住民の用いるオーストロネシア (Austronesia) 語族の言語》. ― *adj.* マルケサス諸島(人)の. 〚《1799》← *Marques(as Islands)*＋-AN¹〛

Mar·qué·sas Íslands /mɑəkéɪzəs-, -səs- | mɑ:-/ *n. pl.* [the ～] マルケサス諸島《太平洋南部にある 11 の火山島から成るフランス領の諸島; 面積 1,252 km²; フランス語名 Îles Marquises /ilmaʁki:z/》.

mar·quess /máəkwɪ̬s | mά:-/ *n.* **1** 《英》侯爵, …侯《duke と earl の中間の爵位; cf. marchioness》. **2** ＝marquis. 〚《1503》□ F ～ 《変形》← OF *marchis* ← *marche* 'MARCH²' ∽ 《?c1300》*markis* □ OF: cf. marchioness〛

mar·quess·ate /máəkwəsɪ̬t | mά:kwɪ̬s-/ *n.* 侯爵[女侯爵, 侯爵夫人]の領地[身分, 爵位]. 〚《1591》□ F *marquisat*: ⇨ marquess, -ate¹〛

mar·que·try /máəkətri | mά:kɪ̬-/ *n.* (*also* **mar·que·te·rie** /～; *F.* markɛtri, -kɛ-/) (家具装飾用としての)象眼細工, 寄木細工, はめ木細工. 〚《1563》□ F *marqueterie* ← *marqueter* to mark, checker, vary, inlay ← *marque* 'MARK¹ (n.)': ⇨ -ry〛

Mar·quette /mɑəkɛ́t | mɑ:-; *F.* maʁkɛt/, **Jacques** *n.* マルケット《1637–75; フランスのイエズス会宣教師・カナダ探検家; オタワインディアンにキリスト教をもたらした; 通称 Père Marquette》.

Mar·qué·zas Íslands /mɑəkéɪzəs- | mɑ:-/ *n. pl.* [the ～] ＝Marquesas Islands.

mar·quis /máəkwɪ̬s, mɑəkí: | mά:kwɪs; *F.* maʁki/ *n.* (*pl.* ～·**es**, /～(z); *F.* ～/) 侯爵《duke と count の中間爵位; 《英》marquess》. 〚《1445》: ⇨ marquess〛

Mar·quis /máəkwɪ̬s, -kwɪ̬s, mɑəkí: | mά:kwɪ̬s, mɑ:kí:/, **Don(ald Robert Perry)** *n.* マーキス《1878–1937; 米国のユーモア作家・ジャーナリスト; *The Old Soak* (1921)》.

mar·quis·ate /máəkwəzɪ̬t, -sɪ̬t | mά:kwɪ̬z-/ *n.* ＝marquessate. 〚《16C》← MARQUIS＋-ATE¹: cf. F *marquisat*〛

mar·quise /mɑəkí:z | mɑ:-; *F.* maʁki:z/ *n.* (*pl.* -**quis·es** /～ɪ̬z, ～; *F.* ～/) **1** 侯爵夫人[未亡人]; 女侯爵 (cf. marquess). ★ 英国以外の人に用いる (cf. marchioness). **2** 《宝石》 **a** マーキーズ形《先のとがった長円形に仕上げる宝石のカットの一つ; 俗に水雷形という》. **b** マーキーズ形に仕上げた宝石《特にダイヤモンド》. **3** ＝marquee 2. **4** (18 世紀フランスで流行した全面布張りの)ひじ付き椅子, 安楽椅子 (marquise chair ともいう). 〚《1783》□ F ～ 'marchioness, marquee' (fem.) ← MARQUIS〛

mar·qui·sette /mὰək(w)ɪzɛ́t | mὰ:k(w)ɪ-; *F.* maʁkizɛt/ *n.* 《紡織》マーキゼット《綿・絹・人絹・ナイロンなどの光沢のある細かいメッシュの織物; カーテンや婦人・子供用服地》. 〚《1908》□ F ～ (dim.) ← *marquise* (↑): ⇨ -ette〛

Márquis of Quéensberry rùles *n. pl.* [the ～] 《ボクシング》クインズベリー侯爵ルール, クインズベリー規約《グラブの使用, ラウンド制などを定めた近代ボクシングの基本的規約; 1867 年発表》. 〚← *8th Marquis of Queensberry* (1844–1900: この規則を定めたスポーツ好きの貴族)〛

már·quois scàle /máəkwɔɪz- | mά:-/ *n.* 《測量》マーコイズ計器《測量で, 平行線を引くのに用いる》. 〚《1834》← F *marquoir* marking instrument (used by tailors): 発明者の名と誤解された〛

Marr /máə | mά:ʳ; *Russ.* már/, **Nikolai Ya·kov·levich** /jákəvlʲivʲitʲ/ *n.* マール《1865–1934; ロシアの唯物論的言語学者; Stalin に批判された》.

Mar·ra·kech /mǽrəkɛ̀ʃ, mǽr-, mərά:kɛʃ | mæ̀rəkɛ́ʃ, mǽrəkɛ́ʃ; *F.* maʁakɛʃ/ *n.* (*also* **Mar·ra·kesh** /～/) マラケシュ《アフリカ北部モロッコ西部の都市》.

már·ram gràss /mǽrəm-, mǽr- | mǽr-/ *n.* 《植物》＝beach grass 1《単に marram ともいう》. 〚□ ON *marálm-r* ← *marr* sea＋*hálmr* haulm〛

Mar·ra·no /mərά:nou | -nəu; *Sp.* maráno/ *n.* (*pl.* ～**s**) マラーノ《中世スペイン・ポルトガルで, キリスト教に改宗した(しばしば強制的に改宗させられた)隠れユダヤ人》. 〚《1583》□ Sp. *marrano* pig ← Arab. *muḥarram* something forbidden ← *ḥarráma* to forbid〛

mar·ri /mǽri/ *n.* (*pl.* ～**s**) 《植物》(オーストラリア西部産の)ユーカリの一種 (*Eucalyptus calophylla*). 〚《1883》□ Austral. (Nyungar) ～〛

mar·riage /mǽrɪʤ, mǽr- | mǽr-/ *n.* **1 a** 結婚, 婚姻, 縁組: (an) early [(a) late] ～ 早[晩]婚 / a ～ *for* love [money] 恋愛結婚[金目当の結婚] / a child by a previous ～ 前夫[先妻]の子 / contract [make] a ～ with … と婚姻を結ぶ / propose ～ to a young lady 若い女性に結婚を申し込む / one's uncle by ～ 妻[夫]のおじ; おばの夫, 義理のおじ / give [take] a person in ～ 人を嫁[婿]にやる[とる] / He made a good ～. 彼は良妻を迎えた / *Marriages* are made in heaven. 《諺》「縁は異なもの味なもの」/ ⇨ arranged marriage, civil marriage, common-law marriage, companionate marriage, left-handed marriage. **b** 夫婦関係, 結婚生活 (wedlock): in [out of] ～ 結婚[独身]生活で. **2** 結婚式, 婚儀, 婚礼 (wedding): perform [celebrate] a ～ 結婚式を行う. **3 a** 密接な結合, 合体, 一致, 融合: a new genre of art through the ～ of sculpture and architecture 彫刻と建築の結合による新しい芸術. **b** (企業の)合体, 合弁 (merger); 買収. **4** 《トランプ》マリッジ: **a** sixty-sin の変種. **b** ピノクル (pinochle) などの手段の一つで同じスーツのキングとクイーンの組合せ.

ásk in márriage 〈女性〉に結婚を申し込む (propose): She was *asked in* ～ by a rich man. 彼女は金持ちの男性に結婚を申し込まれた.

márriage at Cána [the —] カナの婚礼《キリスト教美術の主題の一つ; 婚礼の席でイエスが水がめの水をぶどう酒に変える奇跡を行なう; cf. *John* 2: 1–11》.

márriage of convénience (愛情によらない)便宜上の[打算的な]結婚, 政略結婚. 〚《1711》《なぞり》← F *mariage de convenance*〛

Márriage of Fígaro [The —]「フィガロの結婚」《Mozart の 4 幕のオペラ(初演 Vienna, 1786); 原作 Beaumarchais, 台本 Da Ponte; 原題 *Le nozze di Figaro* /lenɔ́ttsedifí:garo/》.

márriage of the Adriátic [the —] アドリア海との結婚の儀式《昔, Venice で昇天祭の日総督 (doge) が海に指輪を投じて行った儀式; cf. bucentaur²》.

― *adj.* [限定的] 結婚の; 夫婦生活の: the ～ tie 夫婦の縁 / the ～ market 結婚市場《結婚相手の需要供給》. 〚《*c*1300》*mariage* □ (O)F ← *marier* 'to MARRY¹': ⇨ -age〛

SYN 結婚: **marriage** 結婚式; 結婚した状態: a long and happy *marriage* 長い幸福な結婚生活. **matrimony** 結婚した状態《主に法律・宗教的文脈で用いられる; 格式ばった語》: holy *matrimony* 神聖な結婚. **wedlock** 《法律》結婚した状態《格式ばった語》: a child born out of *wedlock* 非摘出子. **wedding** 教会または登記所で行なわれる結婚式と披露宴: *wedding* dress ウェディングドレス.

mar·riage·a·ble /mǽrɪʤəbl̩, mǽr- | mǽr-/ *adj.* 婚期に達した, 年ごろの: ～ age 婚期 / a ～ daughter. **～·ness** *n.* **mar·riage·a·bil·i·ty** /mæ̀rɪʤəbíləṭi, mɛ̀r- | mæ̀rɪʤəbílɪ̬ti/ *n.* 〚*c*1555〛

márriage àrticles *n. pl.* 《法律》(結婚前あらかじめ婚姻による継承的不動産処分 (settlement) に必要な基礎的事項について定める)婚姻約定書. 〚1711〛

márriage bèd *n.* 枕を共にするベッド; 新婚夫婦のちぎり: defile [violate] the ～ 姦通する. 〚1592–4〛

márriage bròker *n.* 仲人業者, 結婚仲介業者. 〚1681〛

márriage bùreau *n.* 結婚相談所[斡旋所]. 〚1942〛

márriage certìficate *n.* 結婚証明書. 〚1848〛

márriage còntract *n.* 《法律》 **1** ＝marriage settlement. **2** 夫婦間の(財産)契約. 〚1824〛

márriage encòunter *n.* (夫婦関係改善を目的に)数組の夫婦のグループで夫婦間の問題を率直に話し合う集り.

márriage guìdance *n.* (専門家による)結婚生活指導[指針]. 〚1935〛

márriage lìcense *n.* (資格のある役人か聖職者が発行する)婚姻許可証. 〚1797〛

márriage lìnes *n. pl.* 《英》結婚証明書 (《米》marriage certificate). 〚1829〛

márriage pòrtion *n.* 持参金. 〚1766〛

márriage sèrvices *n. pl.* (教会での)結婚式, 聖婚式. 〚1833〛

márriage sèttlement *n.* 《法律》婚姻継承的不動産処分《不動産譲渡の性質をもった継承的不動産処分; 婚姻することを条件として結婚の前に婚姻当事者の双方または一方あるいは両親や親族が設定する》. 〚1712〛

mar·ried /mǽrid, mǽr- | mǽr-/ *adj.* **1** 配偶者のある, 既婚の (↔ single, celibate): a ～ man [woman]. **2 a** 結婚で結ばれた (wedded) (⇨ marry¹ *vt.* 1 b): a newly ～ couple 新婚夫婦. **b** 結婚して生じる, 夫婦の, 結婚の (connubial): ～ happiness, misery, etc. / ～ love 夫婦愛 / (a) ～ life 結婚生活. **3** 密接な関係にある, (仕事・活動などに)深く係わっている 〔*to*〕 (⇨ marry¹ *vt.* 2): She is ～ *to* her work. 仕事と結婚しているようなものである. **4** 《英》《映画》〈プリントが〉画像とサウンドトラックが共に記録された: a ～ print. ― *n.* (*pl.* ～**s**, ～) 既婚者 (married person): young ～*s* 若い新婚夫婦. 〚《*a*1376》(p.p.) ← MARRY¹〛

mar·ri·er /mǽriə, mǽr- | mǽriəʳ/ *n.* **1** 結婚式を司る役人[牧師]. **2** 結婚する人. 〚《1589》: ⇨ marry¹, -er¹〛

Mar·ri·ner /mǽrənə, mǽr- | mǽrɪ̬nəʳ/, **Sir Neville** *n.* マリナー《1924– ; 英国の指揮者; 室内管弦楽団 Academy of St.-Martin-in-the-Fields を結成 (1959)》.

Mar·ri·ott /mǽriət, mǽr- | mǽr-/ *n.* マリオット《米国系のホテル観光会社》.

mar·ron¹ /mǽrən, mǽr-, mərόun | mǽrən, -rɔ̃:(ŋ), -rɔ:ŋ; *F.* maʁɔ̃/ *n.* **1** 《植物》ヨーロッパグリの実 (Spanish chestnut). **2** [*pl.*] ＝marrons glacés. **3** ＝maroon¹ 1. **4** ＝maroon¹ 2. 〚《1594》□ F ～ 'chestnut': cf. maroon¹〛

mar·ron² /mǽrən, mǽr- | mǽr-/ *n.* 《動物》マロン (*Cherax tenuimanus*)《オーストラリア南西部の淡水にすむ大形ザリガニ》. 〚《1943》□ Austral. (Nyungar) *marran*〛

mar·rons gla·cés /mərόunglɑ:séɪ | mǽrən-glǽseɪ, -glά:s-, -si; *F.* maʁɔ̃glase/ *n. pl.* マロングラッセ《バニラ風味のシロップで煮つめてから乾かし表面に薄く砂糖衣を被せた栗; 単に marrons ともいう》. 〚《1871》□ F ～ 'glazed chestnuts'〛

mar·row¹ /mǽrou, mǽr- | mǽrəu/ *n.* **1** 《解剖》髄 (pith); 骨髄 (bone marrow): ⇨ spinal marrow. **2 a** 真髄, 精髄: the pith and ～ of religion 宗教の精髄.

M

b 力, 活力, 精気 (strength, vitality): It takes the ~ out of a man. それは男の精力を奪ってしまう. **c** 濃厚な滋味のある食物: ~ and fatness 髄と脂 (cf. *Ps.* 63:5). **3** 《英》〖園芸〗=vegetable marrow.
to the márrow (of one's bónes) 骨の髄まで; 徹底的に: be frozen [chilled] *to the* ~ 骨の髄まで凍る, 体の芯(しん)まで冷える / He is a communist *to the* very ~ *of his bones*. 彼は骨の髄まで共産主義者だ.
〖OE *mearg, merg* < Gmc **mazgam, *mazgaz* (Du. *merg* / G *Mark*) ← IE **mozg-o-* marrow〗

mar·row² /mǽroʊ, mɛ́r- | mǽrəʊ/ *n.* 《スコット・北英》 **1** 相棒, 連れ (companion, partner). **2** 連れ合い, 配偶者 (consort); 恋人 (lover). **3** 対の一つ (match). 〖(*c*1440) *marwe, maroo* □ ? ON *margr* friendly, communicative, 《原義》 many〗

márrow bèan *n.* 〖園芸〗(白くやや大きめの種子をつける)インゲンマメ.

márrow·bòne *n.* **1** 髄のはいっている骨 《料理に使う》. **2** [*pl.*] 《戯言》 ひざ (knees): get [go] down on one's ~*s* ひざまずく / Down on your ~*s*! ひざまずけ / I want to bring him to his ~*s*. 彼をひざまずかせてやりたい. 〖(*c*1387-95) *marybon*: ⇨ marrow¹, bone¹〗

márrow·fàt *n.* 〖園芸〗 マローファット 《一品種の青実用エンドウ; 米国では大粒で白または黄色の種子をつけ種皮は乾いても平滑; 英国では白または緑色種子をつけ種皮は乾くとしわになる品種も含む; marrowfat [marrow] pea ともいう》. 〖(1717) ← MARROW¹+FAT (n.)〗

márrow·less *adj.* 髄のない, ぐにゃりとした. 〖1605〗

márrow pèa *n.* =marrowfat. 〖1733〗

márrow spòon *n.* 骨から髄をすくい出すための細長いさじ. 〖1693〗

márrow squàsh *n.* 《米・カナダ》〖園芸〗=vegetable marrow. 〖(1864): cf. marrow¹〗

mar·row·y /mǽroʊi, mɛ́r- | mǽrəʊi/ *adj.* **1** 髄のある. **2 a** 強い, 精力的な. **b** 〈文章など〉簡潔で力のある (pithy). 〖(*c*1384): ⇨ marrow¹, -y⁴〗

Ma·rrue·cos /*Sp.* marwékos/ *n.* マルウェコス 《Morocco のスペイン語名》.

mar·ry¹ /mǽri, mɛ́ri | mǽri/ *vt.* **1 a** …と結婚する (wed): He *married* my sister. 彼は私の妹と結婚した / Darling, will you ~ me? ねえ, 結婚しようよ. **b** [通例受身形で] 結婚させる: be *married to*… を妻[夫]にもつ, …と結婚している / be well *married* 相当の所に縁づいている / get *married (to*…) …と結婚する / He was *married to* his friend's sister. 彼は友人の妹と結婚していた / He is *married*(,) with (=and has) two children. 彼は結婚して子供が二人いる. / They got [were] *married* in 1956, and have been [stayed] *married* ever since. 1956 年に結婚し, それ以来ずっと連れ添っている. **c** 〈親・保護者が〉〈子を〉結婚[嫁入り]させる 〈*off*〉: He *married* his daughter (*off*) *to* a teacher. 彼は娘を教師に嫁がせた. / He has three children to ~ *off*. 結婚させる子供が 3 人いる. **d** 〈牧師が〉〈結婚式を行って〉夫婦にする: The clergyman *married* Mary *to* [*and*] John. 牧師はメアリとジョンとを夫婦にした / The happy pair [couple] were *married* by the bishop of the diocese. 二人はめでたくも教区の主教のもとで結婚式を挙げた. **e** 結婚して〈物・金などを〉手に入れる, 〈物・金〉と結婚する: ~ money. **2** 密着させる, 密接に結合させる: ~ intellect *with* [*to, and*] sensibility 知性を感性に融合させる / a ditty *married to* a beautiful air 美しい節の付いた小歌. **3** 〖海事〗〈2 本の綱〉の端と端とを(太さを増さないように)接合する (splice).
— *vi.* **1** 結婚する, 嫁ぐ, 婿[嫁]をもらう: He and my sister *married* (each other). 彼と私の妹は結婚した / He *married with* her. 《古》 彼女と結婚した / He *married* late in life. 彼は晩婚であった / ~ for love [money] 恋愛結婚する[金目当ての結婚をする] / ~ below [beneath] one 自分より身分の低い人と結婚する / ~ above one 自分より身分の高い人と結婚する / ~ again 再婚する / a ~*ing* man 《口語》 結婚しそうな[したがっている]男 / a ~*ing* income 結婚するに足る収入 / *Marry* in haste, and repent at leisure. 《諺》 あわてて結婚ゆっくり後悔 / She *married* out of school [college]. 学校[大学]を出ると(すぐ)結婚した. **2** 〔…と〕調和する, 合う 〔*with*〕: Coffee and milk ~ well. / Coffee *marries* (well) *with* milk. コーヒーは牛乳と(よく)合う.
márry ìnto …と姻戚になる: ~ *into* a class above one 自分より階級の上の人と結婚する / A woman of no birth may ~ *into* the purple. ⇨ purple 3 b. / ~ *into* a good family 良家に嫁[婿]入りする. 〖1899〗 ***márry over the bróomstick*** ⇨ broomstick 成句. ***márry úp*** (1) うまく結びつく[つける], 合体する. (2) 《口語》 夫婦にする, いいなずけにする: I *married* her *up to* [*with*] my son. 彼女を息子と結婚させた. 〖1698〗
〖(*c*1300) *marie(n)* □ (O)F *marier* L *marītāre* to marry ← *marītus* married man, husband < ? **maritos* 《原義》 provided with a bride ← IE **meryo-* young woman (Skt *marya* young man)〗

mar·ry² /mǽri, mɛ́ri | mǽri/ *int.* 《古》 おや, よしきた, いいとも, もちろん(さ), たまげた, へーえ 《驚き・断言・怒り・疑いなどを表し, また come up を伴って疑念・軽蔑などを表す》: *Marry* come up! まさか, 何だって. 〖(*a*1375): 《婉曲語法による変形》 ← (*the Virgin*) MARY〗

Mar·ry·at /mǽriət, mɛ́r- | mǽr-/, **Frederick** *n.* マリアット 《1792–1848; 英国の小説家・海軍大佐; *Mr. Midshipman Easy* (1836); 通称 Captain Marryat》.

már·ry·er *n.* 《古》 =marrier.

már·ry·ing *adj.* 結婚する[しそうな]. 〖1778〗

Mars /máəz | máːz/ *n.* **1 a** 〖ローマ神話〗 マールス 《軍(いくさ)の神, ギリシャ神話 Ares に当たる; cf. Bellona》. **b** 戦争; 武勇, 武運. **2** 〖天文〗 火星 《衛星 Phobos, Deimos》. 〖(*c*1375) □ L *Mārs* ←?: cf. Gk *márnamai* I fight〗

Mars 1 a

MARS /máəz | máːz/ 《略》 manned astronautical research station.

mar·sa /máəsə, máː- | máː-/ *n.* 《米南部》 =massa.

Mar·sa·la /maəsáːlə, -lɑː | maːsáːlə; *It.* marsáːla/ *n.* **1** マルサーラ 《イタリア Sicily 島西部の港市・要塞》. **2** マルサーラ(ワイン) 《イタリア Marsala 産の sherry に似た甘口の強化ワイン; 主に食後酒に用いる》. 〖(1806) □ Arab. *Mirsā-llāhi* 《原義》 the Port of God〗

Mar·sa·lis /maəsáːlɪs | maːsáːlɪs/, **Wyn·ton** /wíntən, -tn̩ | -tən, -tn̩/ *n.* マルサリス 《1962– ; 米国のジャズトランペット奏者》.

Már·sa Matrúh /máəsə- | máː-/ *n.* =Matruh.

Márs brówn *n.* **1** 薄茶色. **2** 〖顔料〗 マルス ブラウン 《酸化鉄から成るマルス系顔料の一つ》.

marse /máəs, máːs | máːs/ *n.* 《米南部》 =massa.

Mar·seil·laise /màəsəléɪz, -sɪ-, -seɪéz | màːseɪ(j)éɪz, -səléɪz, -sɪ-; *F.* maʀsɛjɛːz/ *n.* [通例 La ~, 時に the ~] ラ マルセイエーズ 《フランス国歌; 1792 年 Rouget de Lisle が作詞・作曲; 同年 8 月 Marseilles の義勇兵が Paris 進軍の際に初めて歌ったためこの名がある》. 〖(1826) □ F ~ (fem.) ← *Marseillais* of Marseilles〗

mar·seilles /maəséɪlz | maː-/ *n.* (*also* **mar·seille** /-séɪl/) マルセーユ織 《浮上げ模様の厚地のあぜ織り木綿》. 〖(1762) □ F ~ (↓)〗

Mar·seilles /maəséɪ, -séɪlz | maː-/ *n.* マルセーユ 《フランス南東部にある同国最大の商港で同国第二の大都市; Bouches-du-Rhône 県の県都; フランス語名 Marseille /maʀsɛj/》.

Marséilles sóap *n.* マルセル[マルセーユ]石鹸 《元来はオリーブ油を原料として Marseilles 地方で製造された石鹸; 絹の製糸・羊毛の洗浄などに用いる; cf. Castile soap》.

mar·sel·la /maəsélə | maː-/ *n.* 〖紡織〗 =marcella.

Márs Glóbal Survéyor *n.* マーズ グローバル サーベイヤー 《1997 年に火星を周回する軌道に投入された米国の無人火星探査機; 単に Global Surveyor ともいう》.

marsh /máəʃ | máːʃ/ *n.* 沼地, 沼沢(地), 湿地 (bog, swamp). ★ ラテン語系形容詞: paludal. **~·like** *adj.* 〖OE *mersc, merisc* ← (WGmc) **mariska-* water-logged land (Du. *mars* / G *Marsch*): cf. mere²〗

Marsh /máəʃ | máːʃ/, Dame (**Edith**) **Ngai·o** /náɪoʊ | -əʊ/ *n.* マーシュ 《1899–1982; ニュージーランドの推理小説家; *A Man Lay Dead* (1934), *False Scent* (1959)》.

Marsh, Reginald *n.* マーシュ 《1898–1954; 米国の画家》.

Mar·sha /máəʃə | máː-/ *n.* マーシャ 《女性名》. 〖《異形》 ← MARCIA〗

mar·shal /máəʃəl, -ʃl̩ | máː-/ *n.* **1** 〖軍事〗 軍の高官, 元帥: the ~ of France フランス陸軍元帥 / *Marshal* Foch (フランスの)フォッシュ元帥 / ⇨ air chief marshal, air marshal, air vicemarshal, field marshal. **2 a** 《米》 (連邦裁判所の)執行官 《各裁判管轄区に任命され, sheriff に相当する職務をする》. **b** 《米》 (ある州や都市で)警察官, 警察署長, 消防署長: ⇨ fire marshal. **c** 《英》 (巡回裁判所で)判事付き事務官 (judge's marshal ともいう); 司法秘書官. **d** 《英》 (大学の学生監 (proctor) 付きの)巡視 (bulldog). **e** =provost marshal. **3 a** (王室・宮廷などの)高官: ⇨ knight marshal 1. **b** 《英》 (イングランド・ウェールズおよび北アイルランドを統轄する)紋章院総裁 (Earl Marshal). **c** 儀式係, 会場整理係, 進行係, (宴会などの)接待係. **4** 《廃》 馬丁 (groom).
márshal at árms 《米》 (議院の)守衛官 (《英》 sergeant at arms). 〖1792〗
Márshal of the Róyal Áir Fòrce 英国空軍元帥.
— *v.* (**mar·shaled, -shalled; -shal·ing, -shal·ling**) — *vt.* **1** 〈人を〉整列させる, 所定の位置に着かせる; (礼儀正しく)案内する (usher), 案内して連れて行く: ~ persons in a procession [at a banquet] 人々を行列[宴会]の位置に着かせる / ~ a person into his place 人を座席に案内する. **2** (戦闘などのため)〈軍隊を〉配列する, 結集する; 整列させる (⇨ gather SYN): ~ the soldiers, troops, etc. **3** 整備[整理]する: ~ facts [papers] 事実[書類]を整備する / ~ arguments 議論を組み立てる. **4** 〖紋章〗〈紋を〉紋地を配列する. **5** 〖商業〗〈資産・有価証券などの〉配当順位を決める. — *vi.* 整列[集合]する.
márshal one's fórces 力を結集して備える.

már·shal·er 《米》, **már·shal·ler** 《英》 /-ʃələ, -ʃlə | -ʃələ^r, -ʃl-/ *n.* 〖(1258) *mareschal* □ OF (F *maréchal*) < LL *mariscalcum* □ Gmc **marχaskalkaz* (G *Marschall*) ← **marχaz* horse+**skalkaz* servant (cf. OE *scealc*): ⇨ mare¹, seneschal〗

Mar·shal /máəʃəl, -ʃl̩ | máː-/ *n.* マーシャル 《男性名》. 〖氏族名から: ↑〗

mar·shal·cy /máəʃəlsi, -ʃl̩- | máː-/ *n.* marshal の職[地位]. 〖(*a*1338) marschalcie □ AF *maerschalcie*=OF *mareschaucie* < Frankish L *mariscalcia* ← *mariscalcus*: ⇨ marshal, -cy〗

már·shal·ing yàrd /-ʃ(ə)lɪŋ-, -ʃl̩-/ *n.* (鉄道の)操車場 (railway-yard). 〖(1906): ⇨ marshal, -ing¹〗

Mar·shall¹ /máəʃəl, -ʃl̩ | máː-/ *n.* [the ~s] =Marshall Islands.

Mar·shall² /máəʃəl, -ʃl̩ | máː-/ *n.* マーシャル 《男性名》. 〖⇨ Marshal〗

Marshall, Alfred *n.* マーシャル 《1842–1924; 英国の経済学者》.

Marshall, George C(at·lett) /kǽtlɪt, -lət/ *n.* マーシャル 《1880–1959; 米国の将軍・政治家; 陸軍参謀長 (1939–45); 国務長官 (1947–49); Nobel 平和賞 (1953); ⇨ Marshall Plan》.

Marshall, John *n.* マーシャル 《1755–1835; 米国の判事; 第四代米国最高裁長官 (1801–35); 憲法の基本原則を体系化した》.

Marshall, Sir **John Ross** *n.* マーシャル 《1912–88; ニュージーランドの政治家; 首相 (1972)》.

Marshall, Thur·good /θə́ːgʊd | θə́ː-/ *n.* マーシャル 《1908–93; 米国の法律家; 黒人として初の合衆国最高裁判所裁判官 (1967–91)》.

Mar·shall·ese /màəʃəlíːz, -líːs, -ʃl̩- | màːʃəlíːz, -ʃl̩-ˈ/ *n.* (*pl.* ~) **1** マーシャル諸島 (Marshall Islands) の住民; (特に)その先住民. **2** マーシャル諸島の言語 《マライポリネシア語族に属する》. — *adj.* **1** マーシャル諸島の: マーシャル諸島(先)住民の. **2** マーシャル諸島の言語の. 〖(1945): ⇨ ↓, -ese〗

Mar·shal·li·an k /maəʃǽliənkéɪ | maː-/ *n.* 〖経済〗 マーシャルの k 《名目国民総生産に対する貨幣総供給量の比率》.

már·shal·ling /-ʃ(ə)lɪŋ, -ʃl̩-/ *n.* 〖紋章〗 紋章の組み合わせ 《結婚・領土の併合など, 個人・国家の別なく, 西洋の紋章は複数の紋章を組み合わせる場合が多く, 一つの盾に二つ以上の紋章を組み込むことをいう; その方法には dimidiation, impalement, quartering などがある》. 〖*c*1460〗

Már·shall Íslands /máəʃəl-, -ʃl̩- | máː-/ *n. pl.* [the ~] マーシャル諸島 《太平洋中西部の環礁群および島群で, 一国をなす; 公式名 the Republic of the Marshall Islands; 首都 Majuro; 第 2 次大戦後は米国の信託統治領, 1991 年独立して自由連合となる; the Marshalls ともいう》. 〖← *John Marshall* (英国の探検家, 1788 年に命名)〗

Márshall Plàn *n.* [the ~] マーシャルプラン 《米国国務長官 G. C. Marshall の提案による第二次大戦後のヨーロッパ復興計画 (1948–52); cf. European Recovery Program》.

Mar·shal·sea /máəʃəlsi, -sìː | máː-/ *n.* [the ~] 〖英史〗 **1** 王室裁判所 《London にあった knight marshal の法廷; 王宮から 12 マイル以内で起こった王室とかかわりのある事件を扱ったが 1849 年廃止》. **2** 王座部監獄 《London の Southwark にあった王座部管轄の監獄; 初めは王室裁判所での有罪者や海事関係有罪者を収容したが, 17 世紀以後は主として債務者監獄 (debtors' prison) として使用され, 1842 年廃止》. 〖(16C) 《通俗語源》 ← MARSHAL+SEE² ∞ (*a*1400) *marchalsye*: ⇨ marshalcy〗

márshal·shìp *n.* =marshalcy.

marsh an·dròm·e·da /-ændrɑ́(ː)mədə | -drɔ́mɪ̀də/ *n.* =bog rosemary. 〖1777〗

Mársh Árab *n.* (イラク南部の)湿地帯のアラブ人. 〖1917〗

mársh·bùck *n.* 〖動物〗 =sitatunga.

mársh cìnquefoil *n.* 〖植物〗 バラ科キジムシロ属の植物 (*Potentilla palustris*) 《bog strawberry ともいう》. 〖1793〗

mársh crèss *n.* 〖植物〗 スカシタゴボウ (*Rorippa islandica*) 《北米・ユーラシア大陸産アブラナ科イヌガラシ属のオランダガラシに類する湿地性植物》.

mársh cròcodile *n.* 〖動物〗 =mugger².

mársh dèer *n.* 〖動物〗 ヌマジカ (*Blastocerus dichotomus*) 《川・沼地にすむ南米産の大形のシカ》. 〖1893〗

mársh èlder *n.* 〖植物〗 **1** テマリカンボク (guelder rose). **2** 米国南東岸の塩性地に生えるキク科 *Iva* 属の低木の総称 (*I. frutescens* など). 〖*c*1775〗

mársh fèrn *n.* 〖植物〗 ヒメシダ (*Thelypteris palustris*). 〖1857〗

mársh fèver *n.* =malaria. 〖1752〗

mársh fròg *n.* 〖動物〗 **a** ワライガエル (*Rana ridibunda*) 《大型で群生するヨーロッパ産のアカガエル科のカエル; 吻はとがり皮膚はいぼいぼで, 笑うような声で鳴く》. **b** =pickerel frog. 〖1745〗

mársh gàs *n.* 沼気, メタン (methane) 《swamp gas ともいう》. 〖1848〗

mársh gràss *n.* 〖植物〗 =cordgrass.

mársh hàrrier *n.* 〖鳥類〗 **1** チュウヒ (*Circus aeruginosus*) 《ヨーロッパ産のタカの一種》. **2** 《米》 ハイイロチュウヒ (⇨ northern harrier). 〖1802〗

mársh hàwk *n.* 〖鳥類〗 **1** ハイイロチュウヒ (⇨ northern harrier). **2** チュウヒ (marsh harrier). 〖1772〗

mársh hèn *n.* 〖鳥類〗 **1** 沼地に生息するクイナ科の鳥類の総称 (king rail, イリエクイナ (clapper rail), アメリカオオバン (American coot) など). **2** サンカノゴイ (bittern). **3** バン (moorhen). 〖1709〗

mársh·i·ness *n.* 沼地性. 〖1710〗

mársh·lànd *n.* 湿地地帯, 沼沢地. 〖*c*1122〗

marsh·mal·low /máəʃmèloʊ, -mæ̀l- | màːʃmǽləʊ/ *n.* **1** 〖植物〗 (*also* **marsh mallow** /~/) ウスベニタチアオイ (*Althaea officinalis*) 《タチアオイの類の多年性植

物; 湿地に生える; 根は粘滑剤). **2**〘植物〙=rose mallow 1. **3** マシュマロ《もとは marshmallow の根を原料にしてつくった菓子; 今は卵白・ゼラチン・砂糖などで作る》. **4**《米俗》臆病者. **marsh·mal·low·y** /máəʃmèloʊi, -mæ̀l- | mɑ̀ːʃmǽləʊi/ *adj.* 〘OE *merscmealwe*: ⇨ marsh, mallow〙

mársh màrigold *n.*〘植物〙リュウキンカ (*Caltha palustris*)《北半球の温帯および寒帯の湿地に生えるキンポウゲ科の植物; cowslip, goldcup ともいう》. 〘1578〙

mársh òrchid *n.*〘植物〙ラン科ハクサンチドリ属 (*Dactylorhiza*) の多年草の総称《ユーラシアの温帯の沼沢地など湿原にはえる》. 〘1919〙

mársh pùrslane *n.*〘植物〙アカバナ科ミズユキノシタ属の草本 (*Ludwigia palustris*) (water purslane).

mársh ràbbit *n.*〘動物〙**a** ヒメヌマチウサギ《米国南東部の海岸平原にすむワタオウサギ属のウサギ》. **b** =swamp rabbit.

mársh sàmphire *n.*〘植物〙=glasswort. 〘1670〙

mársh spòt *n.*〘植物病理〙マンガン欠乏による豆の病気. 〘(1931) 初め低地栽培のエンドウ (pea) に多く発生したことから〙

mársh tèa *n.*〘植物〙イソツツジ, ニクケイソウ (*Ledum palustre*)《ツツジ科イソツツジ属の北半球の寒帯の湿地に生じる常緑低木; 葉には特異な香りがある》. 〘1889–91〙

Mársh tèst /máəʃ- | mɑ́ːʃ-/ *n.*〘化学〙マーシュ試験《ヒ素鏡によるヒ素検出法》. 〘(1855) ← *James Marsh* (1794–1846; 英国の化学者)〙

mársh tìt *n.*〘鳥類〙ハシブトガラ (*Parus palustris*)《ヨーロッパに生息するシジュウカラ属のコガラに近似の小鳥》. 〘1802〙

mársh trèader *n.*《米》〘昆虫〙=water measurer. 〘1895〙

mársh trèfoil *n.*〘植物〙ミツガシワ (⇨ buckbean). 〘1597〙

mársh·wòrt *n.*〘植物〙セリ科オランダミツバ属の多年草 (*Apium inundatum*). 〘1776〙

mársh wrèn *n.*〘鳥類〙ミソサザイ《米国の沼地にすむミソサザイの類の鳥類の総称; ヌマミソサザイ (*Cistothorus platensis*), ハシナガヌマミソサザイ (*Telmatodytes palustris*) など》. 〘1831〙

marsh·y /máəʃi | mɑ́ːʃi/ *adj.* (**marsh·i·er**; **-i·est**) **1**〈土地が〉沼地の(ような), 沼地の多い; 湿地の (boggy, swampy): a ~ ground 沼沢地, 湿地. **2** 沼地に生じる: ~ weeds 沼地の雑草 / ~ vegetation 湿地性植物. 〘(*c*1384): ⇨ marsh, -y[1]〙

Mar·sil·e·a·ce·ae /mɑəsìliéɪsiiː | mɑːsìl-/ *n. pl.*〘植物〙デンジソウ科. **mar·sìl·e·á·ceous** /-ʃəs⁻/ *adj.* 〘← NL ~ ← *Marsilea* (属名) ← *Luigi Ferdinando Marsigli* (1658–1730: イタリアの博物学者): ⇨ -aceae〙

Mar·sil·i·us (of Pádua) /mɑəsíliəs- | mɑː-/ *n.* (パドバの)マルシリウス (1290?–1343?; イタリアの政治哲学者; 教会の国家への従属を説いた; イタリア語名 Marsiglio dei Mainardini).

mar·si·po·branch /máəsəpoʊbræ̀ŋk | mɑ́ːsɪpə(ʊ)-/ *adj., n.*〘魚類〙=cyclostome. 〘1872〙

Mar·si·po·bran·chi·a·ta /mɑ̀əsəpoʊbræ̀ŋkiάːṭə | mɑ̀ːsɪpə(ʊ)bræ̀ŋkiάːtə/ *n. pl.*〘魚類〙円口綱《ヤツメウナギ (lamprey) など》. 〘← NL ~ ← Gk *mársipos* bag, purse + NL *Branchiata* (← Gk *bránkhia* gills): ⇨ marsupial, branchia〙

Márs Páthfinder *n.* マーズ パスファインダー《1997 年 7 月 4 日に火星に着陸した米国の無人火星探査機; 単に Pathfinder ともいう》.

Márs·quàke *n.* 火星地震.

Márs réd *n.* **1** 濃い黄赤色. **2** マルスレッド《酸化鉄から成るマルス系顔料》. 〘1894〙

Mar·ston /máəstən, -stṇ | mɑ́ː-/, **John** *n.* マーストン《1575?–1634; 英国の劇作家・諷刺詩人; *History of Antonio and Mellida* (1602)》.

Márston Móor *n.* マーストンの荒野《イングランド北東部 York の西にある低地; Cromwell の議会軍が国王軍を破った古戦場 (1644)》. 〘OE *Mersc-tūn*《原義》homestead by a marsh: ⇨ marsh, -ton〙

marsupia *n.* marsupium の複数形.

mar·su·pi·al /mɑəsúːpiəl | mɑːsúːpjəl, -sjúː-/〘動物〙*n.* 有袋目の哺乳類《コモリネズミ (murine opossum), カンガルー (kangaroo) など》. — *adj.* **1** 袋の, 袋状の: the ~ muscle 袋筋. **2** 育児嚢(のう) (marsupium) の(ある); 有袋目の. 〘(1696) ← NL *marsūpiālis*: ⇨ marsupium, -al[1]〙

marsúpial bóne *n.*〘動物〙袋骨《カンガルーなどの袋の皮を支えている 2 個の骨の一つ》. 〘1819〙

marsúpial cát *n.*〘動物〙パプアヒメフクロネコ (*Dasyurus albopunctatus*)《ニューギニア産のフクロネコ; cf. native cat》. 〘1926〙

Mar·su·pi·a·li·a /mɑəsùːpiéɪliə | mɑːsùː-, -sjùː-/ *n. pl.*〘動物〙有袋目, フクロネズミ目. **mar·su·pi·á·li·an** /-liən⁻/ *adj.* 〘← NL ~ ← L *marsūpium* (⇨ marsupium) + -ALIA〙

mar·su·pi·al·i·za·tion /mɑəsùːpiəl̩əzéɪʃən | mɑːsùːpiəlaɪ-, -sjuː-, -lɪ-/ *n.*〘外科〙造袋術. 〘1889〙

mar·su·pi·al·ize /mɑəsúːpiəlàɪz | mɑːs(j)úːpɪə-/ *vt.*〘外科〙…に造袋術を行う. 〘(1899): ⇨ marsupial, -ize〙

marsúpial móle *n.*〘動物〙フクロモグラ (*Notoryctes typhlops*)《オーストラリア産のモグラ; 外形は食虫類のキンモグラ (golden mole) に似ているが, 雌に育児嚢(のう)がある; pouched mole ともいう》. 〘1898〙

marsúpial móuse *n.*〘動物〙フクロマウス《オーストラリアの砂漠にすむ, ねずみに似たフクロネコ科の有袋類の動物》. 〘1928〙

marsúpial wólf [tíger] *n.* =Tasmanian wolf. 〘1891〙

mar·su·pi·um /mɑəsúːpiəm | mɑːsúː-, -sjúː-/ *n.* (*pl.* **-pi·a** /-piə/)〘動物〙**1** (有袋目の)育児嚢(のう). **2** (甲殻類・魚類の)卵嚢. 〘(1698) ← NL ~ ← L *marsūpium* purse, pouch ▭ Gk *marsúpion, marsípion* (dim.) ← *mársipos* bag, purse ▭ ? Avest. *marshū* belly〙

Márs víolet *n.* **1** 濃い灰色がかった紫色. **2**〘顔料〙マルスバイオレット《酸化鉄から成るマルス系顔料》.

Mar·sy·as /máəsiəs | mɑ́ː-/ *n.*〘ギリシャ神話〙マルシュアース《Phrygia の Marsyas 河畔に住んでいた森の神; 笛の名手; Apollo との演奏競べに敗れ生皮をはがされた》. 〘▭ L ~ ▭ Gk *Marsúas*〙

Márs yéllow *n.* **1** 橙色. **2** マルスイエロー《水酸化鉄から成る黄色顔料; 各種マルス系顔料の原料》.

mart[1] /máət | mɑ́ːt/ *n.* **1** 市場; 商業中心地. **2**《古》定期市 (fair). **3**《廃》売買 (bargain). — *vt.*《廃》売買する. 〘(1436) ▭ Du.《廃》~《変形》← *markt* market ▭ L *mercātus*: ⇨ market〙

mart[2] /máət | mɑ́ːt/ *n.*《スコット・北英》**1** 屠殺用に太らせた牛. **2** 冬季用に塩漬け貯蔵された肉. 〘(?*a*1300) ▭ Gael. ~ =Irish ~ 'cow, ox'〙

Mart /máət | mɑ́ːt/ *n.* マート: **1** 女性名. **2** 男性名. 〘1: (dim.) ← MARTHA. 2: (dim.) ← MARTIN〙

Mar·ta /máəṭə | mɑ́ːtə; *It.* márta/ *n.* マータ, マルタ《女性名》. 〘《変形》← MARTHA: イタリア・スペイン・スウェーデン語系〙

Mar·ta·ban /mɑ̀əṭəbǽn, -bάːn- | mɑ̀ːtə-/, **the Gulf of** *n.* マルタバン湾《ミャンマー南岸, Bengal 湾の入江》.

mar·ta·gon lily /máəṭəgən- | mɑ́ːtə-/ *n.*〘植物〙=Turk's-cap lily. 〘(*c*1477) ▭ (O)F ~ ← Turk. *martagân*《原義》turban〙

mar·tel /máəṭɛl | mɑ́ː-/ *n.* 鉄槌(つい) (hammer);《特に》=martel-de-fer. 〘(1324) ▭ OF ~ (F *marteau*) < VL **martellum*=L *martulus* (dim.) ← *marcus* hammer〙

Martel, Charles *n.* ⇨ Charles Martel.

martel-de-fer /máəṭɛldəfɛ́ə | mɑ́ːtɛldəfɛ́ə(r)/ *n.* 戦槌《中世で騎馬隊がよろいを破るのに用いた尖った一端をもつハンマー状の武器》. 〘(1824) ▭ F ~《原義》hammer of iron〙

mar·te·lé /mɑ̀əṭəléɪ, -ṭl̩- | mɑ̀ːtəl-, -tl̩-; *F.* maʁtəle/ *adj., adv.*〘音楽〙マルトレ (⇨ martellato). 〘(1876) ▭ F ~ 'hammered': ⇨ martel〙

Mar·tell /mɑəṭɛ́l | mɑː-; *F.* maʁtɛl/ *n.*〘商標〙マーテル《フランス製のコニャック》.

mar·tel·lan·do /mɑ̀əṭəlάːndoʊ | mɑ̀ːtəlάːndəʊ; *It.* martellándo/ *adj., adv.* =martellato.

mar·tel·la·to /mɑ̀əṭəlάːṭoʊ | mɑ̀ːtəlάːtəʊ⁻; *It.* martellá:to/ *adj., adv.*〘音楽〙マルテラート奏法の[で]《用弓擦弦楽器の一奏法; 弓に弾力をつけ弦を押えるようにして短く, 鋭く, 続けて奏する; martelé ともいう》. 〘(1876) ▭ It. ~ (p.p.) ← *martellare* to hammer ← *martello* hammer: ⇨ martel〙

mar·tel·lo, M- /mɑəṭéloʊ | mɑːtéləʊ/ *n.* =Martello tower.

Martéllo tówer, m- t- *n.* 石造の円形砲塔《Napoleon 戦争当時, フランス軍の侵入に備えて英国の東部・南部海岸に築かれた》. 〘(1794) ← *Mortella* (フランス南東部 Corsica 島内の岬, そこに築かれた仏軍の砲台を模したことから)〙

mar·tem·per /máəṭɛ̀mpə | mɑ́ːtɛ̀mpə(r)/ *vt.*〘金属加工〙マルテンパーする (⇨ martempering). 〘(1943) ← MAR(TENSITE) + TEMPER〙

már·tèm·per·ing /-p(ə)rɪŋ/ *n.*〘金属加工〙マルテンパー, マルテンサイト時効《オーステナイト化温度から熱浴に焼入れした後マルテンサイト温度域で恒温保持し, 室温に空冷する熱処理》. 〘1943〙

mar·ten /máətn̩, -tn̩ | mɑ́ːtɪn/ *n.* (*pl.* ~, ~**s**) **1**〘動物〙**a** テン《テン属 (*Martes*) の動物の総称》. **b** =yellow-throated marten. **2** テンの毛皮 (cf. sable). 〘(?*c*1250) *martren* ▭ OF *martrine*《原義》fur of marten《名詞的用法》← *martrin* (adj.) ← *martre* marten ▭ Frank. **martar* (cf. G *Marder*)〙

mar·tens·ite /máətənzàɪt | mɑ́ː-/ *n.*〘冶金〙マルテンサイト《焼入れ鋼の組織》. **mar·ten·sit·ic** /mɑ̀ətɛnzíṭɪk | mɑ̀ːtɛnzít-⁻/ *adj.* 〘(1898) ← *A. Martens* (*d.* 1914: ドイツの冶金学者): ⇨ -ite[1]〙

Mar·tha /máəθə | mɑ́ː-; *Sp., Am.Sp.* márta/ *n.* **1** マーサ, マルタ《女性名; 愛称形 Mart, Martie, Mattie, Matty, Patty; 異形 Marta》. **2**〘聖書〙マルタ《ラザロ (Lazarus) とマリヤ (Mary) の姉; そのベタニヤ (Bethany) にある家をイエスがしばしば訪れた; ベタニヤのマルタ (Martha of Bethany) ともいう; cf. *Luke* 10:38–42, *John* 11:1–44》. 〘▭ LL ~ ▭ Gk *Mártha* ▭ Aram. *Mārᵉthā*《原義》lady, mistress (fem.) ← *mār, mārā* lord〙

Már·tha's Víneyard /máəθəz- | mɑ́ː-/ *n.* マーサズビニヤード《米国 Massachusetts 州南東岸沖の島, Cape Cod の南西沖にある; 避暑地; 面積 282 km²》. 〘← ? *Martha* (英国の航海家で米国 Jamestown を開拓した Bartholomew Gosnold (*d.*1607) の娘の名)〙

Mártha Wáshington chàir *n.* マーサワシントン椅子《18 世紀末に用いられた, 高い背と座が全面布張されて開放のひじ掛けと先細りの脚を備えた (Hepplewhite, Sheraton 様式の椅子)》. 〘(1941) ← *Martha Washington* (1731–1802: G. Washington の妻)〙

Mártha Wáshington gerànium *n.*〘植物〙アフリカ南部産フウロソウ科の白から深紅色に至る花をつけるゼラニウム[ペラルゴニウム]の類の小低木 (*Pelargonium domesticum*)《観賞用; Lady Washington geranium, show geranium ともいう》. 〘↑〙

Mar·tí /mɑəṭíː | mɑː-; *Am.Sp.* maɾtí/, **José** *n.* マルティ《1853–95; キューバの詩人・評論家・愛国的革命家; *Nuestra América*「われらのアメリカ」(評論集 1891)》.

mar·tial /máəʃəl, -ʃl̩ | mɑ́ː-/ *adj.* **1** 戦争の[に適する, に関する]: ~ music 軍楽. **2 a** 武勇の, 勇壮な, 好戦的な (militant): a ~ nation 尚武的国民; 好戦的国民 / ~ spirit 武勇の精神, 軍人精神, 士気. **b** 軍人らしい, 軍人にふさわしい: a ~ stride 軍人らしい闊歩(かっぽ). **3** 軍の, 軍隊(生活)の[に関する] (↔ civil): ~ rule 軍政 / ⇨ court-martial, martial law 3. **4** [M-]《まれ》軍神マールス (Mars) の(ような). **5** [M-]《まれ》**a**〘天文〙火星の (Martian). **b**〘占星〙火星の有害な影響を受けて(いる). **6**〘錬金術〙《まれ》鉄の[に似た]; 鉄(分)を含む. **~·ly** /-ʃəli, -ʃl̩i/ *adv.* **~·ness** *n.* **~·ist** /-l̩ɪst | -lɪst/ *n.* 〘(*c*1385) *marcial* ▭ (O)F *martial* // L *martiālis* of Mars: ⇨ Mars, -ial〙

SYN 戦争の: **martial** 戦争に関する[ふさわしい]: *martial* music 軍楽. **warlike** 戦争好きな: a *warlike* nation 好戦的な国民. **military** 軍人・軍隊に関係がある: *military* discipline 軍事規律.

Mar·tial /máəʃəl, -ʃl̩ | mɑ́ː-/ *n.* マルティアーリス《40?–?104; スペイン生まれのローマの諷刺詩人; 本名 Marcus Valerius Martialis》.

mártial árt *n.* [通例 *pl.*] (スポーツとしての)武道《空手・柔道・剣道など》. **mártial ártist** *n.* 〘1933〙

mártial éagle *n.*〘鳥類〙ゴマバラワシ (*Polmaetus bellicosus*)《家畜をも襲う大形ワシ; アフリカ産》. 〘1861〙

már·tial·ism /-ʃəlɪzm/ *n.* 尚武, 武勇. 〘1608〙

mar·tial·ize /máəʃəlàɪz | mɑ́ː-/ *vt.* 好戦的にさせる (make martial). **mar·tial·i·za·tion** /mɑ̀əʃəl̩əzéɪʃən | mɑ̀ːʃəlaɪ-, -lɪ-/ *n.* 〘1600〙

mártial láw *n.* **1** 戒厳令《戦争など国内の動乱の時に立法権・行政権・司法権の全部または一部が軍の機関に移る制度; cf. military law》: The area was placed under ~. その地域に戒厳令が敷かれた. **2**〘国際法〙交戦法規. **3** 軍法《軍隊を規律する法規》. 〘1533〙

Mar·tian /máəʃən | mɑ́ːʃən, -ʃiən/ *adj.* **1** 火星の, 火星人の (cf. Venusiom). **2**《まれ》マルス神 (Mars) の, 軍神の. — *n.* (火星にすむと想像された)火星人 (⇨ Venusian). 〘(*c*1395) Marcien ▭ OF *Marcien* ← *Mārtius* of Mars: ⇨ Mars, -ian〙

Mar·tian·ol·o·gist /mɑ̀əʃənάːlədʒɪst | mɑ̀ːʃənɔ́lədʒɪst/ *n.* 火星研究者[家], 火星学者. 〘⇨ Martian, -logy, -ist〙

Mar·tie /máəṭi | mɑ́ːti/ *n.* マーティー: **1** 女性名. **2** 男性名. 〘1: (dim.) ← MARTHA. 2: (dim.) ← MARTIN〙

mar·tin /máətn̩, -tn̩ | mɑ́ːtɪn/ *n.*〘鳥類〙ツバメ科の鳥類の総称《ショウドウツバメ (sand martin), イワツバメ (house martin) など》. 〘(*c*1450)《スコット》*martoune* ▭ (O)F *martin* ← MARTIN〙

Mar·tin /máətn̩, -tn̩ | mɑ́ːtɪn; *F.* maʁtɛ̃, *G., Dan.* mάːtiːn/ *n.* マーティン, マルタン《男性名; 愛称形 Mart, Martie, Marty; ウェールズ形 Martyn》. 〘▭ (O)F ~ // ML *Martīnus* (dim.) ← *Mārtius* ← MARS〙

Mar·tin /máətn̩, -tn̩ | mɑ́ːtɪn/ *n.*〘商標〙マーチン《米国 C. F. Martin & Co., Inc. 製のアコースティックギター・マンドリン・ウクレレ; それらの弦などのアクセサリー; ギターが有名》.

Mar·tin /máətn̩, -tn̩ | mɑ́ːtɪn; *F.* maʁtɛ̃/, **Saint** *n.* マルティヌス, マルタン (316?–397; フランス Tours の司教, フランスの守衛聖人; St. Martin of Tours ともいう; cf. Martinmas).

Mar·tin /máətn̩, -tn̩ | mɑ́ːtɪn/, **Archer John Porter** *n.* マーティン《1910–　; 英国の化学者; R.L.M. Syng と共に分配クロマトグラフィー (partition chromatography) の技術を開発した; Nobel 化学賞 (1952)》.

Martin, Dean *n.* マーティン《1917–95; 米国の歌手・俳優; 'Everybody Loves Somebody' (1964) がシングルヒット; 1940 年代末から Jerry Lewis と 'Martin & Lewis' のコンビを組んだ喜劇映画で有名になった》.

Mar·tin /mɑətǽ(ŋ), -tǽŋ | mɑː-; *F.* maʁtɛ̃/, **Frank** *n.* マルタン《1890–1974; スイスの作曲家》.

Mar·tin /máətn̩, -tn̩ | mɑ́ːtɪn/, **George** *n.* マーティン《1926–　; 英国のレコードプロデューサー; Beatles のプロデューサー・編曲者として有名》.

Martin, Glenn L(uther) *n.* マーティン《1886–1955; 米国の航空機製造家》.

Martin, Homer Dodge *n.* マーティン《1836–97; 米国の風景画家》.

Mar·ti·na /mɑəṭíːnə | mɑː-; *Czech* mártʲiːna/ *n.* マーティーナ《女性名》. 〘(fem.) ← MARTIN〙

Mar·tin du Gard /mɑətǽ(n)duːgάə, -tǽn-, -djuː- | mɑːtǽ(n)djuːgάː(r), -tǽn-; *F.* maʁtɛ̃dygaːʁ/, **Roger** *n.* マルタンデュガール《1881–1958; フランスの小説家・劇作家; Nobel 文学賞 (1937); *Les Thibaults*「チボー家の人々」(1922–40)》.

Mar·tine /mɑəṭíːn | mɑː-; *F.* maʁtin/ *n.* マーティーン《女性名》. 〘(fem.) ← MARTIN〙

Mar·ti·neau /máətənòʊ, -tn̩- | mɑ́ːtɪnəʊ, -tn̩-/, **Harriet** *n.* マーティノー《1802–76; 英国の女流小説家・経済学者; *Deerbrook* (1839)》.

mar·ti·net /mɑ̀ətənét, -tn̩-, ⁻⁻⁼ | mɑ̀ːtɪnét/ *n.* **1** (規律・規定・形式・方法などについての)やかまし屋. **2** 訓練の厳しい軍人. **mar·ti·net·ish** /mɑ̀ətənéṭɪʃ, -tn̩-⁻ | mɑ̀ːtɪnétɪʃ/ *adj.* **màr·ti·nét·ism** /-tɪzm/

M

n. 〖(1779) ← *General Jean Martinet* (Louis 十四世時代のフランスの練兵官)〗
Mar·ti·net /mɑ̀ətənéɪ | mɑ̀ːti-; F. maʁtinɛ/, **André** n. マルチネ (1908–99; フランスの言語学者).
mar·tin·gale /mɑ́ətṇgèɪl, -tɪŋ- | mɑ́ːtɪn-/ n. (also **mar·tin·gal** /-gəl, -gl̩/) 1 〖馬具〗 マーチンゲール, また綱 (馬の頭を下げさせておくための二叉の皮ひも; 腹帯から前肢の間を通って手綱または鼻革に続く). 2 〖海事〗 a =martingale guy. b たれ木 (⇨ dolphin striker). 3 倍がけ (賭事で負けるたびに賭金を倍にする方法). 〖(1589) □ F ～ □ Sp. *almártaga* rein □ Arab. *almártak*: F の形は次の語との連想による変形: Prov. *marte(n)galo* (fem.) ← *marte(n)gal* inhabitant of Martigue (Provençe の小村, その住民はズボンのベルトをうしろで締めていたという)〗
mártingale báckrope n. 〖海事〗 たれ木張り綱 (たれ木を介して張られる円材固定用の綱). 〖1840〗
mártingale bòom n. 〖海事〗 =martingale 2 b.
mártingale gùy [stày] n. 〖海事〗 マーチンゲールガイ[ステー] (たれ木を横方向に固定するため左右斜後方に張られる支索). 〖1794〗
mar·ti·ni, M- /mɑətíːni | mɑː-; It. martíːni/ n. 1 マティーニ (ジンまたはウォッカをベースに辛口ベルモットを加えてステアしたカクテル; martini cocktail ともいう): ⇨ dry martini. 2 [M-] 〖商標〗 マルティーニ, マルチニ (イタリア製のベルモット). 〖(1894) ← *Martini (and Rotti)* (イタリアのベルモット製造会社)〗
Mar·ti·ni /mɑətíːni | mɑː-; It. martíːni/, **Si·mo·ne** /simóːne/ n. マルティーニ (1283?–1344; イタリア, シエナ派の画家).
Mar·ti·nique /mɑ̀ətṇíːk, -tɪŋ- | mɑ̀ːtɪn-; F. maʁtinik/ n. マルチニーク(島) (西インド諸島中の Windward 諸島の一島; フランスの海外県; 面積 1,090 km², 県都 Fort-de-France). **Mar·ti·ni·can** /mɑ̀ətṇíːkən, -tɪŋ- | mɑ̀ːtɪn-ˈ-/ n., adj.
Mar·tin·ist /mɑ́ətənɪst | mɑ́ːtɪnɪst/ adj. マルティニスト (フランスの哲学者・神秘家サンマルタン (Louis Claude de Saint-Martin) (1743–1803) の思想の信奉者).
Már·tin·ìsm /-nɪ̀zṃ/ n. 〖(1871) □ F *Martiniste*〗
Mártin Lùther Kíng Dày n. キング牧師の日 (1 月の第 3 月曜日; King 牧師の誕生日 (1 月 15 日)にちなむ; 1986 年から祝日).
Mar·tin·mas /mɑ́ətṇməs, -tɪŋ-, -mæ̀s | mɑ́ːtɪn-/ n. マルティヌス祭, 聖マルタン祭 (11 月 11 日; スコットランドでは四季支払い日の一つ; St. Martin's Day ともいう; cf. quarter day). 〖(c1300) *Martinmasse*: ⇨ St. Martin, mass²: cf. Christmas¹〗
Mártinmas súmmer n. =St. Martin's summer.
Mar·ti·nů /mɑ́ətṇùː | mɑ́ːti-; Czech márcinuː/, **Bo·hu·slav** /bóhuslaf/ n. マルティヌー (1890–1954; チェコの作曲家).
Mártin·wàre n. 〖窯業〗 マーティン焼き (1870 年代から第一次大戦後の 1923 年にかけて London 西郊の Southall で Martin 4 兄弟 (Robert Wallace, Walter, Edwin, Charles) によって制作された食塩釉掛け炻器; ヴィクトリア朝の芸術陶器の好例). 〖1897〗
mart·let /mɑ́ətlɪt | mɑ́ːt-/ n. 1 〖古〗〖鳥類〗 =martin. 2 〖紋章〗 マートレット (燕に似た脚のない架空の鳥; 四男を示す血統マーク (cadency mark)). 〖(1538) □ F *martelet* (変形) ← *martinet* (dim.) ← MARTIN〗
mart·net /mɑ́ətnɛt | mɑ́ːt-/ n. =martinet. 〖(変形) ← MARTINET〗
Mar·ty /mɑ́əṭi | mɑ́ːti/ n. マーティー: 1 女性名. 2 男性名. 〖1: (dim.) ← MARTHA. 2: (dim.) ← MARTIN〗
Mar·ty /mɑ́əṭi | mɑ́ːti; G. maʁti/, **Anton Mau·rus** /máuʁus/ n. マルティ (1847–1914; スイスの哲学者・言語学者).
Mar·tyn·i·a·ce·ae /mɑəṭìniéɪsiiː | mɑː-/ n. pl. 〖植物〗 ツノゴマ科. **mar·tyn·i·á·ceous** /-ʃəs˘/ adj. 〖← NL ～ ← *Martynia* ← *John Martyn* (1699–1768: 英国の植物学者)+-IA¹: ⇨ -aceae〗
mar·tyr /mɑ́əṭə | mɑ́ːtə(r)/ n. 1 a (宗教, 特にキリスト教の)殉教者: a Christian ～ / a ～ *for* one's faith 信仰に殉じる人. b (信念・主義・主張などのために)殉じる人, 犠牲者 (victim) [*to*]: a ～ *to* a cause 大義のために身命を捧げる人, 義士 / a ～ *to* science 科学に殉じた人 / He became the ～ *of* liberty. 自由の殉教者となった / He died a ～ *to* his principle. 主義に殉じた. 2 (病気などに)絶えず悩み苦しむ人 [*to*]: He was a lifelong ～ *to* neuralgia. 一生神経痛で苦しんだ. 3 〖戯言・軽蔑〗 (他人の同情や注意を引くために)苦しんでいる振りをする人.
màke a mártyr of …を犠牲にする, 苦しめる.
màke a mártyr of onesèlf (信用を得るために自分の好きなことを犠牲にして)殉教者のようなことをする, 自分の犠牲を見せびらかす.
— vt. 1 (主義・信仰, 特にキリスト教を奉じているという理由で)〈人を〉殺す: Cranmer was ～*ed* under Queen Mary. クランマーはメアリー女王の治世下に殉教した. 2 迫害する, 苦しめる (persecute, torture).
〖n.: OE ～ □ LL ～ □ Gk *mártur* ← *mártus* (原義) witness ← IE *(s)mer- to remember. (GK *mérmerōs* baneful / skt *smárati* (he) remembers) — v.: OE *mortyrian, martrian* ← (n.)〗
már·tyr·dom /-dəm/ n. 1 殉教者であること, 殉教者の運命: He suffered ～ *for* the cause. その主義の殉教者となった. 2 殉教, 殉死, 献身. 3 苦悩, 苦痛, 苦難 (pain, torment). 〖OE *martyrdōm*: ⇨ ↑, -dom〗
már·tyred adj. 〖文語・軽蔑〗 犠牲者ぶった. 〖1580〗
mar·tyr·i·um /mɑəṭíriəm | mɑːtír-/ n. (pl. **-i·a** /-riə/) 1 a 殉教者の遺品が納めてある場所, 殉教者の遺跡. b 殉教者記念教会[聖堂] (殉教者にちなんで[殉教の地に]建てた教会). 2 (初期キリスト教徒が埋葬所として用いた)納骨室. 〖(1711) □ LL ～ □ Gk *márturion* ← *mártur* 'MARTYR'〗
mar·tyr·ize /mɑ́əṭəràɪz | mɑ́ːtɜ-/ vt. 1 殉教者として殺す[犠牲にする]. 2 苦しめる (torment). 3 …に殉教者の様相を与える. — vi. 殉教者となる; 殉教者のようにふるまう. **mar·tyr·i·za·tion** /mɑ̀əṭərɪzéɪʃən | mɑ̀ːtɜraɪ-, -rɪ-/ n. 〖(c1450) □ ML *martyrizāre*: ⇨ martyr, -ize〗
mar·tyr·ol·a·try /mɑ̀əṭərɑ́(ː)lətri | mɑ̀ːtɜrɔ́l-/ n. 殉教者崇拝. 〖← MARTYR+-O-+-LATRY〗
màr·tyr·ól·o·gist /-dʒɪst | -dʒɪst/ n. 殉教史学者; 殉教列伝記者. 〖1676〗
mar·tyr·ol·o·gy /mɑ̀əṭərɑ́(ː)lədʒi | mɑ̀ːtɜrɔ́l-/ n. 1 殉教録 (殉教者および他の聖徒の名簿; 年間を通じ祝日または記念日の順に配列され, また各人の略伝が付されている). 2 (特にキリスト教の)殉教史, 殉教者列伝. 3 〖キリスト教〗 殉教者研究. **mar·tyr·o·log·ic** /mɑ̀əṭərəlɑ́(ː)dʒɪk | mɑ̀ːtɜrəlɔ́dʒ-ˈ-/ adj. **màr·tyr·o·lóg·i·cal** /-dʒɪkəl, -kl̩ | -dʒɪ-ˈ-/ adj. 〖(1599) □ ML *martyrologium* □ Gk *marturológion*: ⇨ martyr, -logy〗
mar·tyr·y /mɑ́əṭəri | mɑ́ːtəri/ n. 殉教者(を祀る)礼拝堂. 〖(c1325) □ ML *martyrium* □ LGk *martúrion*: ⇨ martyr, -y¹〗
Mar·uts /mɑ́rʊts/ n. pl. 〖ヒンズー教〗 マルト神群 (Veda 神話のあらしの神々で Indra の仲間). 〖□ Skt *Marut* (pl.)〗
Marv /mɑ́əv | mɑ́ːv/ n. マーヴ (男性名). 〖(dim.) ← MARVIN〗
MARV /mɑ́əv | mɑ́ːv/ n. 〖軍事〗 機動式核弾頭 (迎撃ミサイルをかわすためにコースやスピードを変更できる). 〖(1972) (頭字語) ← *Ma(neuverable) R(e-entry) V(ehicle)*〗
mar·vel /mɑ́əvəl, -vl̩ | mɑ́ː-/ n. 1 a 驚くべきこと, 不思議(なこと): the latest ～*s* of science 最近の科学の驚異 / do [perform] ～*s* いろいろ不思議なことをする / Use lessens ～, it is said. 慣れると不思議さが減ると俗にいう / The ～ is that … 不思議なのは…ということである / The less ～ if …なら不思議はない. b 非凡な人, 驚嘆すべき人物 (prodigy): a ～ of patience [beauty] すばらしく忍耐強い人[絶世の美人] / His house is a ～ of neatness. 彼の家は驚くほど小ぎれいだ / He is a perfect ～. 彼は驚嘆すべき男だ. 2 〖古〗 驚き, 驚嘆 (astonishment). 3 〖廃〗 奇跡 (miracle). — v. (**mar·veled, -velled; -vel·ing, -vel·ling**) 〖文語〗 — vi. 驚く, 驚嘆する [*at*]: ～ *at* a person's courage [eloquence] 人の勇気[雄弁]に舌を巻く. — vt. 不思議に思う (wonder) 〈*that, what, why, etc.*〉: *I* ～ *(that)* you should say so. 君がそう言うとは不思議だ / I ～*ed what* he meant. 彼の言う意味がどういうのか不思議でならなかった. 〖n.: (?a1300) *mervaile* □ (O)F *merveille* < VL *mīrībilia(m) (変形) ← *mīrābilia (fem. sing.)=L *mīrābilia* wonders (neut. pl.) ← *mīrābilis* wonderful ← *mīrārī* to wonder at (cf. mirror). — v.: (?a1300) *merveille(n), mervaille(n)* ← OF *merveillier* ← *merveille* (n.)〗
Mar·vell /mɑ́əvəl, -vl̩ | mɑ́ː-/, **Andrew** n. マーヴェル (1621–78; 英国の詩人・政治家).
marvellous adj. =marvelous.
márvel-of-Perú n. 〖植物〗 オシロイバナ (⇨ four-o'clock 1). 〖(1597) ペルーで発見されたことにちなむ〗
mar·vel·ous, (英) mar·vel·lous /mɑ́əv(ə)ləs, -vl̩- | mɑ́ː-/ adj. 1 驚くべき, 不思議な, 奇異[奇怪]な (astonishing). 2 信じられない, 本当とも思われない; 超自然的な (supernatural). 3 〖口語〗 すばらしい, 実にすぐれた (wonderful): She is a ～ hostess. お客のもてなしが実にうまい. 4 [the ～; 名詞的に; 単数扱い] 全く信じられないほど奇異なこと, 奇怪, 超経験的現象. **～·ly** adv. **～·ness** n. 〖(?a1300) *merveillous* □ OF *merveilos* (F *merveilleux*) ← *merveille* (↑): ⇨ marvel, -ous〗
mar·ver /mɑ́əvə | mɑ́ːvə(r)/ n. (石・木・金属などを用いた)ガラス研磨台. — vt. 〈ガラス塊を〉研磨台にかける. 〖(1832) (転訛) ← F *marbre* 'MARBLE'〗
Mar·vin /mɑ́əvɪn | mɑ́ːvɪn/ n. マーヴィン (男性名; 愛称形 Marv). 〖(変形)? ← MERVIN〗
mar·vy /mɑ́əvi | mɑ́ː-/ adj. 〖古俗〗 すばらしい. 〖(1932) ← MARV(ELLOUS)+-Y⁴〗
Mar·war /mɑ́əwɑə | mɑ́ːwɑː(r)/ n. マールワール (⇨ Jodhpur 1).
Mar·wa·ri /məwɑ́ːri | mɑː-/ n. 1 〖インド〗 マールワールの住民, マールワーリー (Marwar 出身者に金融業を営む者が多いことから, その代名詞にも用いる). 2 マールワーリー語 (ラージャスタニ語 (Rajasthani) の一方言). 〖(1815) □ Hindi *mārvāṛī* ← *mārvāṛ* Marwar〗
Marx /mɑ́əks | mɑ́ːks; G. maʁks/, **Karl** n. マルクス (1818–83; ドイツの経済学者・哲学者, 科学的社会主義の提唱者; 階級闘争による無産階級運動に大きな影響を与えた; *Das Kapital*「資本論」(1867)).
Márx Brothers /mɑ́əks- | mɑ́ːks-/ n. pl. [the ～] マルクス兄弟 (米国のボードビリアン・喜劇映画俳優の兄弟; Chico (1891–1961), Harpo (1893–1961), Groucho (1895–1977) など).
Marx·i·an /mɑ́əksiən | mɑ́ːk-/ adj. マルクス (Karl Marx) の; マルクス主義の. — n. マルクス主義者. 〖(1887): ⇨ ↑, -ian〗
Márx·i·an·ìsm /-nɪ̀zṃ/ n. =Marxism.
Marx·i·sant /mɑ̀əksɪzɑ́ː(ŋ), -zɑ́ːŋ; F. maʁksizɑ̃/ adj. マルクス主義的傾向の, マルクス主義寄りの. 〖(1961) □ F ～ ← *Marxiste* Marxist: ⇨ -ant〗
Marx·ism /mɑ́əksɪzṃ | mɑ́ːks-/ n. マルキシズム, マルクス主義 (Marx と Engels およびその信奉者の提唱する政治・経済・社会学説). 〖1897〗
Márxism-Léninism n. マルクスレーニン主義 (独占資本主義下の社会主義化は労農同盟を中心としたプロレタリア革命によって達成されるという主張; cf. Bolshevism). 〖1932〗
Marx·ist /mɑ́əksɪst | mɑ́ːksɪst/ n. マルクス主義者. — adj. マルクス主義(者)の. 〖1886〗
Márxist-Léninist n. マルクスレーニン主義者. — adj. マルクスレーニン主義(者)の. 〖1933〗
Mar·y /mɛ́ᵊri | mɛ́əri/ n. 1 メアリー (女性名; 愛称形 Mamie, Moll, Molly, Polly; 異形 Mae, Maria, Marie, Marietta, Marylin, May, Miriam). 2 〖聖書〗 a 聖母マリヤ (イエスの母; the (Blessed) Virgin Mary, Saint Mary ともいう). b マリヤ (ラザロ (Lazarus) とマルタ (Martha) の妹; ベタニヤのマリア (Mary of Bethany) ともいう; cf. *Luke* 10:38–42, *John* 11:1–2). c =Mary Magdalene. 3 〖豪俗〗 (先住民の)女, 娘.
Máry hàd a Lìttle Lámb「メリーさんの羊」(米国の作家・編集者 Sara Josepha Hale が 1830 年頃に書いた詩; Mother Goose rhyme になっている).
〖OE *Maria, Marie* □ LL *Maria* □ Gk *Mariám* □ Aram. (Targum) *Maryām* □ Heb. *Miryām* (原義)? stubborn or beloved one, gift (of God): cf. Miriam〗
Mar·y·bor·ough /mɛ́ᵊrib(ə)rə, -bə̀ːroʊ | mɛ́ərib(ə)rə, -bʌ̀rə/ n. メアリボロ (オーストラリア東部, Queensland 州, Mary 川河口に近い港湾都市; 砂糖・果物・木材を加工し輸出).
Mar·y I /mɛ́ᵊri- | mɛ́əri/ n. メアリー一世 (1516–58; 英国女王 (1553–58), Henry 八世と Catherine of Aragon の子; スペインの Philip 二世と結婚 (1554); 新教徒を迫害したので Bloody Mary と仇名された; Mary Tudor ともいう).
Mary II n. メアリー二世 (1662–94; 英国女王 (1689–94); James 二世の長女で名誉革命によって夫 William 三世と共同で即位).
Máry Ce·léste /-sɪlɛ́st/ n. [the ～] メアリーセレスト号 (米国の中型帆船の名; 1872 年 11 月 New York から Genoa に向け出港したが, 4 週間後にボートが無くなっているほかは船体・艤装(ぎ)とも異常のないまま乗り捨てられているのを北大西洋で発見されて謎の事件となった).
Máry Grégory n. 〖ガラス製造〗 メリーグレゴリー (白で上絵装飾し, 通例子供の姿が描いてある 19 世紀の一般的な着色ガラス器). 〖19 世紀後期の米国のガラス絵付工の名から?〗
Máry Jánes n. 1 〖商標〗 メリージェーン (爪先が円くかかとの低い一本止め革の人造皮革製サンダル). 2 (*also* **máry·jáne**) 〖米俗〗 マリファナ (marijuana). (cf. Sp. *Juana* Jane) 〖1921〗
Máry Káy n. 〖商標〗 メアリーケイ (米国製の化粧品; スキンケア・ヘアケア用品, コロン, メーキャップ用品など).
Mar·y·knoll·er /mɛ́ᵊrinòʊlə | mɛ́ərinə̀ʊlə(r)/ n. メリノール会員 (T. F. Price と J. A. Walsh が 1911 年に New York 州 Maryknoll で創始したアメリカカトリック外地伝道会 (Catholic Foreign Mission Society of America) の会員). 〖1943〗
Mar·y·land /mérələnd, mǽr- | mɛ́ərɪlənd, mɛ́r-, -lænd/ n. 1 メリーランド (米国東部大西洋岸の州 (⇨ United States of America 表)). 2 メリーランドたばこ (Maryland tobacco ともいう). 〖(1702) (なぞり) ← NL *Terra Mariae*: 英国王 Charles 一世の妃 *Henrietta Maria* にちなむ〗
Már·y·land·er adj. (米国) Maryland 州(人)の. — n. Maryland 州人. 〖1665〗
Máryland tobácco n. =Maryland 2.
Marylebone n. ⇨ St. Marylebone. 〖← *St. Mary-le-Bourne* St. Mary on the Brook〗
Márylebone Crícket Clùb n. [the ～] メリルボーン クリケット クラブ (英国のクリケット連盟本部; London の Marylebone の Lord's Cricket Ground にある; 略 MCC).
Mar·y·lou /mɛ̀ᵊrilúː | mɛ̀ər-/ n. メアリルー (女性名). 〖← MARY+LOUISE〗
Mar·y·lyn /mɛ́ᵊrəlɪn, mǽr- | mɛ́ərɪlɪn, mǽr-/ n. マリリン (女性名). 〖(異形) ← MARY〗
Máry Mág·da·lene /-mǽgdəlìːn, -dl̩-, -lɪn, -dl̩-, -mæ̀gdəlíːnə | -mæ̀gdəlíːn, -mǽgdəliːn, -lɪn/ n. 〖聖書〗 マグダラのマリヤ (Mary of Magdala) (一般には *Luke* 7:36–50 に述べられている罪を悔いて行いを改めた女と同一視される; cf. *Luke* 8:2). 〖a1376〗
Máry·màss n. 聖母マリア受胎告知の祝日 (Lady Day) (3 月 25 日).
Máry of Téck /-tɛ́k/ n. テックのメアリー (1867–1953; 英国王 George 五世の王妃; George 三世の曾孫; Edward 八世と George 六世の母).
Mar·y·ol·o·gy /mɛ̀ᵊriɑ́(ː)lədʒi, mæ̀r- | mɛ̀əriɔ́l-/ n. =Mariology. 〖1857〗
Máry Póp·pins /-pɑ́(ː)pɪnz | -pɔ́pɪnz/ n. 1 メアリーポピンズ (P. L. Travers 作の児童物語の主人公の乳母; Disney による同名のミュージカル映画 (1964) でも有名). 2 理想的な乳母.
Mary, Queen of Scots n. ⇨ Mary Stuart.
Máry Róse n. [The ～] メアリーローズ (Henry 八世の時代に対仏戦で活躍したイングランドの軍艦; 1545 年フランス艦隊との戦いに向かう途中で転覆し, Portsmouth の沖合にて 700 人の乗組員と共に沈没).
Máry Stúart n. メアリー スチュアート (1542–87; スコットランド女王 (1542–67), James 五世の王女; Bothwell 伯との結婚がきっかけで貴族の反乱を招いて廃位され (1567), 翌年英国に逃れて幽閉の身となり, のち英国女王 Elizabeth

一世に対する陰謀に加担したとして処刑された; (Mary) Queen of Scots ともよばれる).

Máry Túdor *n.* =Mary I.

mar·zi·pan /máəzəpæ̀n, -pà:n, -tsə- | má:zɪ̀pæ̀n, ⌐—⌐/ *n.* マジパン《挽いたアーモンドと砂糖を練り合わせて作った砂糖菓子; marchpane ともいう》. 〖(1901) □ G *Marzipan* 《変形》← *Marczapan* □ It. *marzapane* □ ML *matapanus* □ ? Arab. *mawthabān* a sitting king〗

MAS /ɛ́mèɪɛ́s/ 《略》Malaysian Airline System マレーシア航空 (記号 MH).

mas. 《略》masculine.

-mas /məs/「祭, 祭日」の意の名詞連結形: Christ*mas*, Lam*mas*, Michael*mas*. 〖← MASS²〗

ma·sa /má:sə/ *n.* 〖料理〗マーサ《メキシコ料理の中で最も多く使われるトウモロコシの練り粉; これからトルティーヤ (tortilla) やタマーレ (tamale) を作る》. 〖(1914) □ Sp. ～ □ L *massa* 'MASS¹'〗

Ma·sac·cio /məzá:tʃiòu, -sá:-, -tʃou | -zá:tʃiəu, -zǽtʃ-; *It.* mazáttʃo/ *n.* マザッチョ《1401–?28; イタリアのフィレンツェ派の画家; ルネサンス絵画を確立した; 本名 Tommaso Guidi》.

Ma·sa·da /məsá:də | məsá:də, mæ-/ *n.* マサダ《死海の近くにある古代ユダヤの遺跡; ローマ軍が包囲したとき (A.D. 72–73), 捕虜になるのを潔しとしないユダヤ人が大量自決した》.

Ma·sai /mɑ:sáɪ, mə- | má:saɪ, —⌐, məsáɪ/ *n.* (*pl.* ～, ～s) **1** **a** [the ～(s)] マサイ族《アフリカのケニア (Kenya), タンザニア (Tanzania) に住む牧畜民》. **b** マサイ族の人. **2** マサイ語《ナイル系言語の一つ》. 〖1857〗

ma·sa·la /məsá:lə/ *n.* 《インド》マサーラー, マサラ《インド料理の混合スパイス; カレーなどに入れる》. 〖(1780) □ Urdu *masālā*〗

Ma·sa·ryk /mǽsərɪk | -sə-, -zə-; *Czech* másarik/, **Jan Garrigue** *n.* マサリク《1886–1948; チェコスロバキアの政治家; 外相 (1940–48); Tomáš の息子》.

Masaryk, To·máš Gar·rigue /tóma:ʃ gárig/ *n.* マサリク《1850–1937; チェコスロバキアの政治家・哲学者・初代大統領 (1918–35)》.

Mas·ba·te /mɑ:zbá:ṭi, mɑ:s- | -ti/ *n.* マスバテ(島)《フィリピン中部, Luzon 島の南東方の島; 面積 3,269 km²》.

masc. 《略》masculine.

Ma·sca·gni /mɑ:ská:nji, mæ- | mæská:nji, -kǽn-; *It.* maskáɲɲi/, **Pietro** *n.* マスカーニ《1863–1945; イタリアのオペラ作曲家; *Cavalleria rusticana*「カバレリア ルスティカーナ」(1890)》.

mas·car·a /mæskǽrə, mæs-, -kérə | mæská:rə, mæs-/ *n.* マスカラ《まつげや眉を染める化粧品; cf. kohl》. — *vt.* …にマスカラをつける. 〖(1890) 《古形》*mascaro* □ Sp. *máscara* mask □ It. *maschera*: ⇨ mask〗

mas·ca·réne gràss /mæ̀skərí:n-/ *n.* 〖植物〗= Korean lawn grass. 〖↓〗

Más·ca·rene Íslands /mǽskəri:n-/ *n. pl.* [the ～] マスカーリン諸島《Mauritius, Réunion, Rodrigues 島を含むインド洋西部の諸島; the Mascarenes ともいう》.

mas·car·po·ne /mæ̀skəpóuneɪ, -ni | -kəpə́u-/ *n.* マスカルポーネ《イタリア産の軟らかいクリームチーズ; もとは Lombardy 地方産》. 〖(1936) □ It. ～〗

mas·cle /mǽskl/ *n.* **1** 〖紋章〗マスクル《中抜きの菱形; 9 個の mascle を並べた図形は網を表現するものとされている》. **2** 〖甲冑〗(異説では, 13 世紀のよろいに用いた)菱形の小ざね; (通説では) =mail² 1. 〖(1486) □ AF ～ (F *macle*) 'MACLE' □ Anglo-L *masula* 《変形》← L macula 'MACULA': cf. mail²〗

mas·con /mǽskɑ(:)n | -kɒn/ *n.* 〖天文〗マスコン: **1** 月面の海の表面下における質量の局所的集中; 月の重力異常を生じ月のまわりを周行する宇宙船の航路に影響を与えると考えられている. **2** 惑星やその衛星に存在する同様の物質の集積. 〖(1968) ← MASS¹+CON(CENTRATION)〗

mas·cot /mǽskɑ(:)t, -kət | -kɒt, -kɒt/ *n.* マスコット《幸運をもたらすと考えられる人・動物・物; cf. hoodoo 2》. 〖(1881) □ F *mascotte* (dim.) ← Prov. *masco* witch □ It. 《方言》*masca* witch □ ML〗

mas·cu·line /mǽskjʊlɪn | mǽskjʊlɪn, má:s-/ (↔ feminine) *adj.* **1** 男の, 男子の (male): ～ attire 男装. **2** 男らしい, 男性特有の, 勇ましい, 活気に満ちた (⇨ male SYN): a ～ voice 男らしい声. **3** 〈女が〉男勝りの, 男のような (mannish). **4** 〖文法〗男性の (cf. feminine, neuter): the ～ gender 男性. **5** 〖音楽〗男性終止の: ⇨ masculine cadence. **6** 〖詩学〗男性押韻の, 男性行末[休止]の: ⇨ masculine caesura, masculine ending, masculine rhyme. — *n.* **1** 男, 男性. **2** 〖文法〗男性 (masculine gender); 男性名詞[代名詞, 形容詞, 冠詞]. **～·ly** *adv.* **～·ness** *n.* 〖(?c1350) □ (O)F *masculin* // L *masculīnus* of the male sex ← *masculus* 'MALE': ⇨ -cule, -ine¹〗

másculine cádence *n.* 〖音楽〗男性終止《曲の最後の和音が小節の第 1 強拍で終る終止法; cf. feminine cadence》.

másculine caesúra *n.* 〖詩学〗男性休止《強音節の直後にくる中間休止; cf. feminine caesura》.

másculine énding *n.* **1** 〖詩学〗男性行末《詩の行末が強音節で終っていること; cf. feminine ending》. **2** 〖音楽〗=masculine cadence.

másculine rhýme *n.* 〖詩学〗男性韻《行末強勢のある音節だけ押韻するもの; cf. feminine rhyme》. 〖1581〗

más·cu·lin·ist /-lɪ̀nɪst | -nɪst/ *n.* 男性特権主張[賛成]者, 男性上位主義者. 〖(1918) ← MASCULINE: cf. feminist〗

mas·cu·lin·i·ty /mæ̀skjʊlínəṭi | mæ̀skjʊlínɪ̀ti, mà:s-/ *n.* 男らしさ, 雄々しさ, 剛勇 (virility). 〖(1748) □ F *masculinité*: ⇨ masculine, -ity〗

mas·cu·lin·ize /mǽskjʊlənàɪz | mǽskjʊlɪ̀-, má:s-/ *vt.* 〖生物・医学〗〈雌を〉雄性化する; 男性化する (↔ feminize). **mas·cu·lin·i·za·tion** /mæ̀skjʊlənɪ̀zéɪʃən | mæ̀skjʊlɪ̀naɪ-, mà:s-, -nɪ-/ *n.* 〖(1912) □ F *masculiniser*: ⇨ masculine, -ize〗

mas·cu·list /mǽskjʊlɪ̀st | -lɪst/ *n.* 男権主義者; フェミニズムに反対する人. — *adj.* 男権主義の. 〖(1978) ← MASCUL(INE)+-IST〗

mas·cu·ly /mǽskjʊli/ *adj.* 〖紋章〗〈盾の表面が〉マスクル (mascle) 模様でおおわれた. 〖*a*1550〗

mase /méɪz/ *vi.* 〖光学〗超短波を発生させ増幅する《誘導放出によりマイクロ波を増幅[発生]する; cf. lase》. 〖(1962) 《逆成》← MASER〗

Mase·field /méɪsfi:ld, méɪz-/, **John** *n.* メースフィールド《1878–1967; 英国の詩人・劇作家・小説家; 桂冠詩人 (1930–67); *Salt-Water Ballads* (1902), *The Everlasting Mercy* (1911), *Dauber* (1913)》.

ma·ser /méɪzə | -zə(r)/ *n.* 〖電子工学〗メーザー《原子・分子・イオンなどの誘導放出によりマイクロ波を増幅あるいは発振する装置; cf. laser》. 〖(1955) 《頭字語》← *m(icrowave) a(mplification by) s(timulated) e(mission of) r(adiation)*〗

Ma·se·ra·ti /mɑ̀:sərá:ṭi, mæ̀z- | mæ̀zərá:ti, mæ̀zrá:-; *It.* mazerá:ti/ *n.* 〖商標〗マセラティ《イタリア製のスポーツカー・高級乗用車》.

Mas·e·ru /mǽzəru:, mɑ̀:zərú: | məsíəru:, -séər-/ *n.* マセル《アフリカ南部 Lesotho 北西部にある同国の首都》.

mash¹ /mǽʃ/ *vt.* **1** 〈すりつぶした麦芽〉に(湯を混ぜて)マッシュにする. **2** (どろどろに)つぶす (crush). **3** つぶす, つぶして傷める, 損なう (crush): ～ one's little finger (ドアなどで)小指をつぶす / ～ *out* a cigarette たばこを押しつぶして消す. **4** 《北英方言》〈お茶を〉(熱湯などに)浸す (steep) 〈*in*〉. — *n.* **1** マッシュ《すりつぶした麦芽またはひき割り粉を湯に浸してかき混ぜたもので, ビール・ウイスキーなどの原料》. **2** 〖農業〗ふすま・ひき割りなどを湯で溶かして混ぜ合わせた牛馬の飼料, 雑漿(ざっしょう). **3** **a** どろどろしたもの《じゃがいもなどをすりつぶしたものなど》; どろどろの状態: all to (a) ～ すっかりどろどろ[ぐたぐた]になるまで. **b** ごた混ぜ, 寄せ集め (mess). **4** 《英口語》=mashed potatoes. **5** 《北英方言》(いれた)お茶. 〖n.: OE **māsc* ← (WGmc) **maisk-* (G *Maisch* pulp, crushed grapes) ← ? IE **meik-* to mix (L *imiscēre* to mix: ⇨ mixed). — v.: (*c*1250) *mashe(n)* ← (n.)〗

mash² /mǽʃ/ 《古俗》*n.* **1** 求愛, 言い寄り, いちゃつき: make [have] a ～ on a girl 女の子に言い寄る. **2** いちゃつく者; 求愛される人, 恋人 (sweetheart). — *vt.* …に求愛する, 言い寄る (accost). — *vi.* いちゃつく. ***be máshed on*** …にほれる[ほれている]. 〖(1879) 《逆成》? ← MASHER²〗

MASH /mǽʃ/ *n.* **1** 《米》陸軍移動外科病院. 〖(1950) 《頭字語》← *M(obile) A(rmy) S(urgical) H(ospital)*〗

M*A*S*H /mǽʃ/ *n.* マッシュ《朝鮮戦争の陸軍移動外科病院を題材にした米国のコメディー映画 (1970); 1972–83 年 CBS でテレビシリーズ化》.

Ma·shad /məʃǽd/ *n.* =Mashhad.

Mas·ham /mǽsəm/ *n.* 〖動物〗マサム《牧畜用の顔が白黒で長毛の羊》. 〖(1951): 英国ヨークシャーの町の名〗

Ma·shar·brum /mʌ́ʃəbrʊ̀m | -ʃə-/ *n.* マシャブルム(山)《Karakoram 山脈の高山 (7,821 m)》.

máshed potátoes *n. pl.* マッシュポテト《料理用のゆでてすりつぶしたじゃがいも》. 〖1747〗

másh·er¹ *n.* **1** マッシュ製造人. **2** マッシャー, つぶし器《食物をつぶす台所道具》: a potato ～ じゃがいもつぶし器. 〖(*a*1500) ← MASH¹+-ER¹〗

másh·er² *n.* **1** 《古俗》女の尻を追うしゃれ者, 女たらし. **2** 《米俗》(電車の中などの)痴漢. 〖(1875) ← MASH²+-ER¹〗

Ma·sher·brum /mʌ́ʃəbrʊ̀m | -ʃə-/ *n.* =Masharbrum.

Mash·had /məʃǽd/ *n.* マシュハド《イラン北東部の都市; イスラム教シーア派 (Shi'a sect) の聖地; Meshed ともいう》.

Ma·shi·ach /məʃí:ɑ:x/ *n.* 〖ユダヤ教〗=Messiah.

mash·ie /mǽʃi/ *n.* 〖ゴルフ〗マシー《アイアンクラブの一つ; number five iron の別称》. 〖(1881) □ ? F *massue* club < VL **matteuca* (m) ← **mattea* mallet: ⇨ mace¹, -ie〗

máshie ìron *n.* 〖ゴルフ〗マシーアイアン《アイアンクラブの一つ; 150–160 ヤードのショットに使う; number four iron の別称で, driving mashie ともいう》.

máshie nìblick *n.* 〖ゴルフ〗マシーニブリック《アイアンクラブの一つ; 120–130 ヤードのショットに使う; number six (または seven) iron の別称; ⇨ golf club 挿絵》. 〖1907〗

másh nòte *n.* 《米口語》恋文, つけ文 (love letter). 〖1890〗

Ma·sho·na /məʃóunə, -ʃá(:)- | -ʃónə, -ʃə́u-/ *n.* (*pl.* ～s, ～) =Shona 1. 〖1835〗

Ma·sho·na·land /məʃóunəlæ̀nd, -ʃá(:)- | -ʃón-, -ʃə́u-/ *n.* マショーナランド《ショナ族が定住するジンバブウェの地区》.

másh tùn [**tùb**] *n.* (醸造用の)マッシュ樽. 〖1543〗

mash·y /mǽʃi/ *n.* 〖ゴルフ〗=mashie.

Mas·i·nis·sa /mæ̀sənísə | -sɪ̀n-/ *n.* マシニッサ《238?–149 B.C.; Numidia の王 (210?–149 B.C.); Scipio を助けて Hannibal を討った》.

mas·jid /mǽsdʒɪ̀d | -dʒɪd/ *n.* =mosque. 〖(1845) □ Arab. *másjid*: ⇨ mosque〗

mask /mǽsk | má:sk/ *n.* **1** **a** (絹・ビロードなどで作った顔の全面または一部を覆う変装用の)覆面, 仮面: a stocking ～ ストッキングの覆面 / ⇨ MAN in the Iron Mask. **b** (ギリシャ・ローマ喜劇などで用いる)仮面. **c** (原始人が儀式や踊りにつける超自然力を表す)面. **d** 顔などを石膏などで作ったもの: ⇨ death mask. **2** 顔を保護するもの: **a** (フェンシングなどで捕手がつける)マスク (cf. helmet 1 b): a fencing [baseball] ～. **b** 防毒面, 防毒マスク (gas mask). **c** 酸素吸入用マスク: an oxygen ～. **d** (口と鼻を覆うガーゼ様の布で作った)マスク. **e** (美顔のための)パック (pack). **3** 能面のような[無表情な]顔. **4** かこつけ, 虚構, 口実, 見せかけ, 仮面をかぶること (pretence): under the ～ of …の仮面をかぶって, …にかこつけて / put on [wear, assume] a ～ 仮面をかぶる, 正体を隠す / throw off [put off, drop] one's ～ 仮面を脱ぐ, 正体を現す / Behind her ～ of reserve, she was madly jealous of her husband. 表面つつましさを装ってはいたが, 夫に嫉妬の炎を燃やしていた. **5** 〖写真〗マスク《写真のふちを覆ったりぼかしたり, 不要部分を覆うために用いる不透明体の枠縁》. **6** 〖印刷〗=frisket 1. **7** 〖電気〗マスク《集積回路の構成要素の配列を決めるために製造工程で用いる写真原板; cf. photomask》. **8** 〖電算〗マスク《1 組の字またはビットのパターンからその一部を抽出したり, 削除するために使われる字またはビットのパターン》. **9** 〖狩猟〗《狐狩りの記念として飾る》狐の頭, (犬・狐などの)顔, 頭部. **10** 〖建築〗(怪奇な顔に彫ったアーチ頂上の要石などにみられる)仮面飾り. **11** 〖築城〗(砲台の)遮蔽(しゃへい)物, 遮蔽角面堡(ほう). **12** 〖造船〗覆面《進水の時の勢いを柔らげるよう船尾部に臨時に取り付けた抵抗板; braker, shield ともいう》. **13** 〖動物〗マスク《鼻づらや口吻(こうふん)部の面形模様》. **14** 《古》**a** 仮装[仮面]舞踏会 (masquerade); 酒宴 (revel). **b** = masque 1. **15** 《古》**a** 仮面をかぶった人, 仮面の人. **b** (仮装[仮面]舞踏会の)仮装者 (masker). — *vt.* **1** **a** 隠す, 覆う, いつわる (disguise): ～ one's anger *with* a smile. **b** 〈音・におい・味などを〉弱める, うすめる. **2** …に仮面をかぶせる, 仮面で覆う. **3** 〖写真〗マスクする. **4** 〖軍事〗**a** 〈兵力・砲列などを〉遮蔽する, 掩蔽(えんぺい)する (conceal): ～ the batteries, guns, etc. **b** 〈敵を〉監視してその行動を妨げる[攻撃に出させない]. **c** 〈味方〉の射撃の邪魔になる: We could not fire, as we were ～*ed* by our first line. 味方の最前線に妨げられて発砲できなかった. **5** 〖物理〗〈音を〉(別の音で)掩蔽する (⇨ masking 3). **6** 〖化学〗遮蔽する, マスクする (⇨ masking 4). **7** 〖料理〗〈肉料理などに〉ソース[たれ, 煮出し汁]をかける. — *vi.* **1** 仮面をつける. **2** 仮装する. **3** 本性[正体]を隠す. **～-lìke** *adj.* 〖n.: (1534) □ F *masque* □ It. *máschera*, 《古形》*mascara* □ ?Arab *máskharah* buffoon ← *sákhira* to mock. — v.: (1560) ← (n.): cf. masque〗

mas·ka·longe /mǽskəlɑ̀(:)ndʒ | -lɒ̀ndʒ/ *n.* (*pl.* ～, -ka·long·es) 〖魚類〗=muskellunge.

mas·ka·nonge /mǽskənɑ̀(:)ndʒ | -nɒ̀ndʒ/ *n.* (*pl.* ～, -ka·nong·es) 〖魚類〗=muskellunge.

masked /mǽskt | má:skt/ *adj.* **1** **a** 仮面をかぶった; 覆面の: ～ actors 仮面をつけた俳優たち. **b** 仮面を用いる: a ～ ball 仮面舞踏会. **2** 真意[真相]を隠した; 隠れた: ～ words 真意を隠した言葉. **3** 〖軍事〗掩蔽(えんぺい)した, 遮蔽(しゃへい)した: a ～ battery 掩蔽砲台 / ～ guns 遮蔽した砲列. **4** 〖病理〗**a** 潜在性の, 潜伏性の: a ～ fever 潜在熱. **b** 仮面の: ～ depression 仮面鬱病 / ～ face (脳炎のあとなどの)仮面(状)顔貌. **5** 〖植物〗〈花冠が〉仮面状の (personate). **6** 〖植物病理〗(ウイルスまたはウイルスに侵された植物など)適した環境条件の下にだけ兆候の現れる. 〖(1585) ← MASK+-ED 2〗

másked báll *n.* 仮面舞踏会. 〖1818〗

Mas·ke·lyne /mǽskəlɪ̀n, -kl- | -kɪ̀lɪn, -kl-/, **Nevil** *n.* マスケリン《1732–1811; 英国の天文学者, 地球の質量を測定, また航海暦の発明者 (1767)》.

másk·er *n.* **1** 仮面をかぶった人, 覆面者. **2** 仮装舞踏者, 仮面劇役者. 〖(*a*1548): ⇨ mask, -er¹〗

mask·ing /mǽskɪŋ | má:sk-/ *n.* **1** 仮装. **2** 掩蔽(えんぺい)(すること). **3** 〖物理〗マスキング, (音の)掩蔽, 隠蔽. **4** 〖化学〗マスキング, 遮蔽《分析の妨害となる物質を別の試薬を加えて安定な錯体に変えたりして遮蔽すること》. **5** 〖劇場〗(客席から見えぬように, 舞台の一部を隠すための)大道具, マスキング (masking piece ともいう). **6** 〖心理〗遮蔽(しゃへい)効果, マスキング《ある刺激(視覚的または音響的)が近くにある他の刺激によって抑制され, 感受されにくくなること》. 〖(1542): ⇨ mask, -ing¹〗

másking effèct *n.* 〖電気〗マスク効果《雑音により信号の弁別がしにくくなる現象》.

másking tàpe *n.* マスキングテープ《ペンキ塗りの際などに不要部分を覆う接着テープ》. 〖1936〗

mas·ki·nonge /mǽskənɑ̀(:)ndʒ | -kɪ̀nɒ̀ndʒ/ *n.* (*pl.* ～, -ki·nong·es) 〖魚類〗=muskellunge.

mas·lin /mǽzlɪ̀n | -lɪn/ *n.* 《英方言》**1** **a** (小麦とライ麦とを混ぜた)雑穀. **b** 雑穀パン. **2** 混ぜもの, 寄せ集め (medley). 〖(*c*1303) *mestelion* □ OF *mesteillon* < VL **mistiliōne(m)* ← L *mixtus* MIXED〗

mas·och·ism /mǽsəkɪ̀zm, mǽz-/ *n.* **1** 〖精神医学〗マゾヒズム, 被虐嗜愛, 被虐性愛《異性から虐待や屈辱を受けて性的に喜ぶ性癖; cf. sadism》. **2** 《口語》自己虐待, 被虐的傾向. 〖(1893) □ G *Masochismus* ← *Leopold von Sacher-Masoch* (1836–95: 被虐愛を描写したオーストリアの小説家): ⇨ -ist〗

más·och·ist /-kɪ̀st | -kɪst/ *n.* 〖精神医学〗被虐性愛者, マゾヒスト. 〖(1895) □ G *Masochist*〗

mas·och·is·tic /mæ̀səkístɪk, -zə-⌐/ *adj.* 〖精神医学〗マゾヒズムの. **màs·och·ís·ti·cal·ly** *adv.* 〖(1904): ⇨ ↑, -ic¹〗

ma·son /méɪsən, -sn/ *n.* **1** **a** 石工(いしく), 石屋. **b** 《米》れんが職. **2** セメント[コンクリート]細工人. **3** [通例 M-] =freemason 2. **4** 〖昆虫〗**a** =mason bee. **b** =mason wasp. — *vt.* **1** 石[れんが]で建てる[固める]:

M

～ a wall. **2** 石[れんが]工事で補修する. 〖(?*a*1200) ← ONF *machun* ＝OF *masson* (F *maçon*) < VL **maciōne(m)* ◻ Gmc **makjōn*〗

Ma·son /méɪsən, -sn̩/ *n.* 〖商標〗メーソン《米国製のキャンディー》.

Ma·son /méɪsən, -sn̩/, **A(lfred) E(dward) W(oodley)** *n.* メーソン《1865–1948; 英国の作家; 冒険小説 *The Four Feathers* (1902), 推理小説 *At the Villa Rose* (1910) などで有名》.

Mason, Charles *n.* 《1730–87; 英国の天文学者・測量技師; ⇨ Mason-Dixon line》.

Mason, James (Neville) *n.* メイソン《1909–84; 英国の俳優》.

Mason, Lowell *n.* メーソン《1792–1872; 米国の音楽教育家・作曲家》.

Máson & Hámlin *n.* 〖商標〗メーソンアンドハムリン《米国製のピアノ》.

máson bèe *n.* 〖昆虫〗カベヌリハナバチ (*Chalicodoma muraria*)《粘土・砂などで巣を作る南ヨーロッパ産ハキリバチ科のハナバチの一種》. 〖1774〗

Má·son-Díx·on lìne /méɪsəndíksən-, -sn̩díksn̩-/ *n.* [the ～] メーソンディクソン線《米国 Pennsylvania 州と Maryland 州との間の境界線; 1763–67 年に部分的に英国人 Charles Mason と Jeremiah Dixon によって測量され, 奴隷制度廃止前は自由州と奴隷州との, 現在では北部と南部との分界線とみなされている; Mason and Dixon's line ともいう》. 〖1779〗

má·soned *adj.* **1** 石[れんが]造りの, 石[れんが]で補強した. **2** 〖紋章〗〈しっくいが〉石やれんがの色と異なる. 〖1612〗

Ma·son·ic /məsɑ́(ː)nɪk | -sɔ́n-/ *adj.* **1** [m-] **a** フリーメーソン (Freemason) の[に属する, に関する]: a ～ lodge フリーメーソンの支部集会所. **b** フリーメーソン制度の[を思わせる, に似た]. **2** [m-] 石屋[石工, セメント工夫, れんが職人](風)の; 石細工[セメント業, など]の[に関する]. **Ma·són·i·cal·ly** *adv.* 〖(1797) ← MASON＋-IC[1]〗

Ma·son·ite /méɪsənàɪt, -sn̩-/ *n.* 〖商標〗メゾナイト《建材・断熱材用の硬質繊維板》. 〖(1926) ← *W. H. Mason* (1877–?1947: 米国の工学者): ⇨ -ite[1]〗

Máson jàr *n.* メーソンジャー《食品貯蔵用の密閉ガラス瓶》. 〖(1885) 1858 年 New York の *John L. Mason* (1832–1902) が専売特許権を得たことから〗

ma·son·ry /méɪsənri, -sn̩-/ *n.* **1** 石工職, れんが職; 石工[石造]術, れんが積み. **2** 石[れんが]細工, 石造り, 石[れんが]工事, (特に)石造建築. **3** [通例 M-] ＝freemasonry 1. 〖(?*c*1375) ◻ (O)F *maçonnerie*: ⇨ mason, -ery〗

másonry cemént *n.* 〖建築〗メーソンリーセメント《煉瓦・コンクリートブロック工事などの下地に使用するセメント》.

Má·son's ironstone chìna /méɪsn̩z-/ *n.* メーソン アイアンストーン チャイナ《英国人 C. J. Mason が 1813 年に特許をとった熔化質の陶器; 黄鉄鉱 (ironstone) が一成分になっているといわれているが, 実際には黄鉄鉱は使用されていない》.

máson's márk *n.* 石工の銘. 〖1697〗

máson wàsp *n.* 〖昆虫〗トックリバチ, ドロバチ《スズメバチ科トックリバチ属 (*Eumenes*) とジガバチ科キゴシジガバチ属 (*Sceliphron*) のハチの総称; 独居性のハチで泥で巣を作り, チョウ・ガの幼虫を狩り幼虫の餌として貯える; モリトックリバチ (*E. arbustorum*) など; cf. potter wasp》. 〖1792〗

máson·wòrk *n.* ＝masonry 1, 2.

ma·soor /mʌsúə | -súə(r)/ *n.* 〖植物〗マスール《小粒のオレンジ色の種類のレンズマメ; masoor dahl ともいう》.

Ma·so·rah /məsɔ́ːrə/ *n.* (*also* **Ma·so·ra** /～/) [the ～] 〖聖書〗マソラ《ユダヤ教の伝承に基づき, 6–10 世紀のころヘブライ語「旧約聖書」の原文に母音記号, 句読点, 欄外注を書き加えた校訂本; 以後このマソラ本文が旧約のテキストとして一般に用いられる》. 〖(1613) ◻ Mish.Heb. *massōrā́h* tradition: cf. Heb. *māsṓreth* bond (of the covenant)〗

Mas·o·rete /mǽsərìːt/ *n.* (ユダヤの)マソラ学者; マソラ編纂者(の一人). 〖(1587) ← Heb. *massōrā́h* (↑): cf. F *Massoret*; *-ete* はギリシャ語起源の EXEGETE, ATHLETE などからの類推〗

Mas·o·ret·ic /mæ̀sərétɪk | -tɪk⁻/ *adj.* マソラ (Massorah) の, マソラ学者[編纂者]の. **-i·cal** *adj.*

Mas·o·rite /mǽsəràɪt/ *n.* ＝Masorete. 〖1613〗

Mas·pé·ro /mæ̀spəróu | mæspərə́u; *F.* maspeʀo/, **Sir Gas·ton Camille Charles** *n.* マスペロ《1846–1916; フランスのエジプト学者; Giza のスフィンクスを調査: Cairo に考古学研究所を設立》.

Mas·qat /mɑ́skæt, -kət | -kət, -kæt/ *n.* ＝Muscat.

masque /mǽsk | mɑ́ːsk, mǽsk/ *n.* **1 a** 宮廷仮面劇《16–17 世紀の英国宮廷や貴族間に流行した舞踊を頂点とする劇; 初めは一種の無言劇だったが後には対話に歌が伴う複雑な形になった》. **b** 仮面劇の脚本. **2** ＝masquerade 1. 〖(1514) (異形) ← MASK: cf. F *masque*〗

masqu·er /mǽskə | mɑ́ːskə(r), mǽs-/ *n.* ＝masker.

mas·quer·ade /mæ̀skəréɪd | mæ̀skəréɪd, mɑ̀ːs-/ *n.* **1 a** 仮装[仮面]会; 仮装[仮面]舞踏会. **b** (仮面舞踏会に用いる)仮装. **2 a** みせかけ, かこつけ, 虚構 (disguise). **b** 他人になりすますこと. — *vi.* **1** 仮装[仮面](舞踏)会に参加する; 仮装舞踏をする; 仮装する, 変装する. **2** 装う; 〔…の〕振りをする, 他人になりすます〔*as*〕: a fair woman *masquerading as* a man 男装の麗人 / a professional *masquerading as* an amateur 素人の振りをする玄人 / ～ *under* the good name of friendship 友情という美名をかたる. 〖(1587) ◻ F *mascarade* ∥ It. (方言) *mascarata* ← *mascherata* ← *maschera* mask: ⇨ mask, -ade〗

màs·quer·ád·er /-də | -də(r)/ *n.* 仮装舞踏者; 仮装者, 仮面をかぶった者. 〖(1677): ⇨ ↑, -er[1]〗

mass[1] /mǽs/ *n.* **1** (一定の形はないが一つになった比較的大きい)かたまり (lump): a ～ of cloud, clay, metal, dough, etc. **2** 密集体, 集団, 集まり (aggregation): a ～ of troops 兵士の集団. **3** 多数, 多量 (⇨ bulk[1] SYN): a ～ of letters 手紙の山 / a huge ～ of treasure 莫大な財宝. **4** [the ～] 大部分, 大体, 主要部 (majority): *the* (great) ～ of people [American products] 人民[米国製品]の大部分. **5** [the masses] (エリートに対して)一般大衆, 庶民 (populace); 労働者階級, 下層民 (cf. class 2 b): *the* laboring ～*es* 労働者大衆. **6** 大きさ, 量, かさ (size): gather ～ かさが増す. **7** 〖美術〗(色・光・影などの)広がり; 質量感を与える形[立方体], マッス: a ～ of red. **8** 〖物理〗質量: the ～ of the earth 地球の質量 / the ～*es* of different bodies 異なった物体の質量. **9** 〖薬学〗練薬, 丸剤塊, 賦形剤. **10** 〖鉱物〗鉱脈以外の所にある鉱石埋蔵物.

be a máss of …だらけだ: He *is a* ～ *of* prejudices. 偏見のかたまりだ / It *is a* ～ *of* faults. 欠点だらけ. ***in a máss*** ひとまとめにして: receive the sum *in a* ～ 金額をひとまとめに受け取る. ***in the máss*** 大体のところ, 全体で. 〖*c*1820〗 ***másses of*** 《英口語》 ＝***a* (*gréat*) *máss of*** 多数[量]の: *masses of* food 多量の食糧.

máss of mércury 〖薬学〗＝blue mass 1.

— *adj.* [限定的] **1 a** 庶民[民衆]の[に関する]: ⇨ mass psychology. **b** 大衆参加の, 民衆を巻込む: a ～ demonstration 民衆デモ / ～ hysteria 集団ヒステリー / ～ folly 大衆的愚行. **c** 民衆に影響を与える, 民衆を対象とする: ～ education 民衆教育, 国民教育. **2** 大がかりな, 大量の (wholesale): ～ destruction 大量殺傷 / ～ executions 大量[集団]処刑 / ⇨ mass production. **3** 全体としてみた (total): the ～ effect of coeducation (男女)共学の全体的影響[成果]. **4** 普通の, 平均的な (average), 平凡な: ⇨ mass man.

— *vt.* **1** 一かたまり[一団]にする, 集合させる: Toys are ～*ed* in a corner. おもちゃが部屋の隅に積んである. **2** 〈兵力などを〉(特定の場所に)集中する: ～ troops on the border 国境に軍隊を集結させる. — *vi.* 一かたまり[一団]になる, 集合する.

máss in 〖美術〗〈形・色彩などを〉大まかに描く, 素描する.

〖n.: (*c*1384) *masse* ◻ (O)F ∥ L *massa* mass, lump ◻ Gk *mâza* barley cake ← IE *māgya-* ← **mag-* to knead (Gk *mássein* to knead): cf. make[1]. — v.: (*c*1380) ◻ (O)F *mass-er* ← (n.)〗

Mass, m-[2] /mǽs | mǽs, mɑ́ːs/ *n.* **1** 〖教会〗ミサ《今は主にカトリック教会の聖餐式にいう》; ミサ聖祭, ミサ典礼: a *mass* for the dead 死者のための[鎮魂]ミサ (Requiem mass) / a pontifical *mass* 司教(歌)ミサ, 司教高座ミサ / a votive *mass* 特志ミサ, 随意ミサ / ⇨ Conventual Mass, High Mass, Low Mass, Solemn Mass / attend [go to] *mass* ミサにあずかる, ミサを拝聴する / have *masses* said for a person's soul 死者の霊にミサを捧げてもらう / read [say] *Mass* 〈聖職者が〉ミサ式を行う, ミサを捧げる. **2** ミサ曲《Kyrie Eleison, Gloria, Credo, Sanctus and Benedictus, Agnus Dei など》.

by the máss 神かけて, 確かに, 全く (by God).

Máss of the Presánctified 既聖ミサ《受難日[聖金曜日]に行われた聖別[聖変化]の部分のない特殊なミサ; 今日ほとんど行われない》. 〖1758〗

Máss of the Resurréction 死者のためのミサ《白衣の司式者が行うミサ》.

〖OE *mæsse* ◻ VL **messa* (変形) ← LL *missa* (fem. p.p.) ← *mittere* to send: 聖餐式の終りに述べる司祭の言葉 *Ite, missa est* (*ecclesia*) Go, (the congregation) is dismissed にちなむ: ⇨ mission〗

Mass. /mǽs/ 《略》 Massachusetts.

mas·sa /mǽsə/ *n.* 《米南部》＝master[1]. 〖(1774) 《転訛》 ← MASTER[1]〗

Mas·sa /mɑ́ːsə; *It.* mássa/ *n.* マッサ《イタリア西部 Tuscany 州北西部の町》.

máss absórption coeffìcient *n.* 〖物理〗質量吸収係数.

Mas·sa·chu·set /mæ̀s(ə)tʃúːsɪ̀t, -zɪ̀t/ *n.* (*also* **Mas·sa·chu·sett** /～/) (*pl.* ～, ～s) **1 a** [the ～(s)] マサチューセット族《Massachusetts Bay の周辺に住んでいたアルゴンキアン族 (Algonquians)》. **b** マサチューセット族の人. **2** マサチューセット族の言語. 〖(1616) ◻ N-Am.-Ind. (Algonquian) *Massaadchu-es-et* 《原義》 (those living) about the big hill (＝the Blue Hills near Boston) ← *massa* big＋*wadchu* hill＋*-es* (dim. suf.)＋*-et* (locat. suf.)〗

Mas·sa·chu·setts /mæ̀sətʃúːsɪ̀ts, -zɪ̀ts⁻/ *n.* **1** マサチューセッツ《米国北東部 New England の一州 (⇨ United States of America 表)》. **2** ＝Massachuset. 〖↑〗

Mássachusetts bállot *n.* 《米》マサチューセッツ式投票用紙《役職名の下に候補者名が所属政党ともアルファベット順に縦に列記してある投票用紙; cf. Indiana ballot, office-block ballot》.

Mássachusetts Báy *n.* マサチューセッツ湾《米国 Massachusetts 州東海岸の広大な湾》.

Mássachusetts Ínstitute of Technólogy *n.* [the ～] マサチューセッツ工科大学《米国 Massachusetts 州 Cambridge にある私立大学; 略 MIT》.

mas·sa·cre /mǽsɪ̀kə | -kə(r)/ *n.* **1 a** (戦争・迫害などによる)大虐殺 (⇨ slaughter SYN). **b** 動物[畜類]の大屠殺, 皆殺し. **2** 残虐な殺人. **3** 完全な破壊(行為); (法律・慣習・文法などの)完全無視. **4** 《口語》(競技などで)完敗.

Mássacre of St. Barthólomew('s Dày) [the —] サンバルテルミーの虐殺, 聖バルトロマイ祭日の虐殺, 聖バーソロミュー祭の大虐殺《1572 年 8 月 24 日 Paris のカトリック教徒がユグノー派 (Huguenots) 約 2,000 人を虐殺した事件; cf. St. Bartholomew's Day》. 〖1833〗

Mássacre of the Ínnocents [the —] 〖聖書〗無辜(むこ)児の虐殺《Bethlehem で行われた Herod 王の幼児大虐殺; cf. Holy Innocents' Day; *Matt.* 2:16》. 〖1756–7〗

— *vt.* **1** (大量)虐殺する (⇨ kill[1] SYN). **2** 〈規則・規約・法律・文法などを〉無視する, 踏みにじる (mangle). **3** 《口語》完敗させる.

más·sa·crer /-k(ə)rə | -rə(r)/ *n.*

〖n.: (1585) ◻ F ～ ← < OF *maçacre* shambles, slaughter ← *macecler* to massacre < ? VL **matteucculāre* ← **matteūca* club ← L *mateola* a kind of mallet. — v.: (1581) ◻ (O)F *massacre-r* ← (n.)〗

máss àction *n.* **1** 大衆行動. **2** 〖化学〗質量作用. 〖1: (1891) 2: (1924)〗

mas·sage /məsɑ́ːʒ, -sɑ́ːdʒ | mǽsɑːʒ, -sɑːdʒ/ *n.* **1** マッサージ, あんま, もみ療治. **2** (データなどの)不正操作. — *vt.* **1** …にマッサージを施す. **2** …におもねる (flatter): ～ a person's ego 人の自尊心をくすぐる. **3** 〈データなどを〉ごまかす, 改竄(かいざん)する. **mas·ság·er** *n.* 〖(1876) ◻ F ～ ← *masser* to knead, massage ◻ ?Port. *amassar* to knead ← *massa* dough ◻ L 'lump, barley cake, MASS[1]'〗

mássage pàrlor *n.* **1** マッサージパーラー《顧客にマッサージを行う店》. **2** 《婉曲》売春宿. 〖1913〗

mas·sag·ist /məsɑ́ːʒɪ̀st, -dʒɪ̀st | mǽsɑːʒɪst, -dʒɪst/ *n.* マッサージ師, あんま. 〖1889〗

mas·sa·sau·ga /mæ̀səsɔ́ːgə, -sɑ́ː- | -sɔ́ː-/ *n.* 〖動物〗マサソーガ, ヒメガラガラヘビ (*Sistrurus catenatus*)《米国南部産の小さいガラガラヘビ; 体長 1 m 以下で毒性が強いが致命的ではない; massasauga rattler ともいう》. 〖(1835) ← N-Am.-Ind. (Algonquian) *Missisauga* (カナダ Ontario 州にある川の名): そこでこのヘビが初めて発見されたことから〗

Mas·sa·soit /mǽsəsɔ̀ɪt, ⌐⌐⌐/ *n.* マサソイト《1580?–1661; Plymouth 移民と平和条約を結んだ (1621) ワンパノーアグ族 (Wampanoag) の酋長; King Philip の父》.

Mas·sa·wa /məsɑ́ːwə, -sɑ́ʊə/ *n.* (*also* **Mas·sa·ua** /～/) マッサワ《エリトリアの紅海沿岸にある港市》.

máss bálance *n.* 〖航空〗マスバランス《舵面フラッターを防止するため舵面の前後に錘りを付けて, 舵面の重心をおおむねヒンジ線上に置くこと》. 〖1935〗

máss behávior *n.* 〖心理〗大衆行動. 〖1940〗

máss bèll *n.* ミサの鐘 (Sanctus bell). 〖15C〗

máss bòok *n.* (カトリック教会の)ミサ典書 (missal). 〖OE *mæssebōc*: ⇨ mass[2], book〗

Máss càrd *n.* ミサカード, 追悼ミサ案内状. 〖1930〗

máss communicátion *n.* (新聞・ラジオ・テレビなどによる)大量[大衆]伝達. 日英比較 日本語では「マスコミ」と略して新聞・ラジオ・テレビなどの大衆伝達機関の意味で用いるが, その意味での英語は (mass) media. 〖1941〗

mass·cult /mǽskʌ̀lt/ 《口語》 *n.* ＝mass culture. — *adj.* マスコミ文化の《マスコミ, 特にテレビによって普及した演劇・音楽・美術などにいう; cf. midcult》. 〖(1963) 《略》〗

máss cúlture *n.* マスコミ文化. 〖1939〗

máss defèct *n.* 〖物理〗質量欠損《原子核の質量と, それを構成している核子の質量の総和との差; cf. packing effect》.

mas·sé /mæséɪ | mǽsi; *F.* mase/ *n.* 〖玉突〗マッセ, たてキュー《キュー (cue) を垂直に近く立てて突くこと》. 〖(1873) ◻ F ～ (p.p.) ← *masser* to make a massé ← *masse* 'kind of cue, MACE[1]'〗

massed /mǽst/ *adj.* 〈人が〉一団となった; 〈物が〉ひとかたまりになった. **máss·ed·ly** /-sɪ̀dli, -st-/ *adv.* 〖1881〗

mássed práctice *n.* 〖心理〗集中練習 (cf. distributed practice). 〖1938〗

Mas·sé·na /mæ̀seɪnɑ́ː, mæséɪnə; *F.* masena/, **André** *n.* マセナ《1758–1817; Napoleon 一世麾下のフランスの元帥; 後に王政復古を支持した; 別名 Prince d'Essling /prɛ̃dɛslɪŋ/》.

máss-énergy *n.* 〖物理〗質量とエネルギー《相対性理論によれば, 等価・互換可能と考えられる質量とエネルギー》. 〖1935〗

máss-énergy equàtion *n.* 〖物理〗質量とエネルギーとの関係式 ($E=mc^2$ (E＝エネルギー, m＝質量, c＝光速度); Einstein equation のひとつ). 〖← *mass-energy* (1935)〗

Mas·se·net /mæ̀sənéɪ, -sn̩- | ⌐⌐⌐; *F.* masnɛ/, **Jules Émile Frédéric** *n.* マスネ《1842–1912; フランスのオペラ作曲家; *Manon*「マノン」(1884)》.

massé shot /⌐⌐⌐ | ⌐⌐⌐/ *n.* ＝massé.

mas·se·ter /məsíːtə, mæ- | -tə(r)/ *n.* 〖解剖〗咬(こう)筋. **mas·se·ter·ic** /mæ̀sətérɪk | -sɪ̀-⁻/ *adj.* 〖(1666) ← NL ～ ← Gk *masētḗr* chewer ← *masâsthai* to chew: cf. mouth〗

mas·seur /mæsə́ː, mə-, -súə | -sə́ː(r); *F.* masœːʀ/ *n.* (*pl.* ～s /～z; *F.* ～/) マッサージ師, あんま. 〖(1876) ◻ F ～ ← *masser* 'to MASSAGE'〗

mas·seuse /mæsə́ːz, mə-, -súːz | -sə́ːz; *F.* masøːz/ *n.* (*pl.* **mas·seus·es** /～ɪz, ～əz; *F.* ～/) 女性マッサージ師, あんま. 〖(1876) ◻ F ～ (fem.) ← *masseur* (↑)〗

máss examinátion *n.* 〖医学〗集団検診, 集検.

Mas·sey /mǽsi/, **Vincent** *n.* マッシー《1887–1967; カナダの政治家; 初代カナダ総督 (1952–59)》.

Massey, William Ferguson *n.* マッシー《1856–1925; アイルランド生まれのニュージーランドの政治家; 首相 (1912–25)》.

mas·si·cot /mǽsəkɑ̀(ː)t | -sɪkɔ̀t/ *n.* 〘化学〙一酸化鉛, 密陀僧(みつだそう), 金密陀(きんみつだ) (PbO). 〖(1472) ME *masticot* ◻ (O)F *massicot* ◻ OIt. *marzacotto* ◻ Sp. *mezacote* soda ← ? Arab. *šabb qubṭī* Egyptian alum〗

mas·sif /mǽsiːf | ←, ─⌐; F. masif/ *n.* 〘地質〙 **1** 中央山塊《アルプスの Mont Blanc など》. **2** (地殻の隆起または陥没によって生じた)断層地塊《fault block ともいう》. **3** 塊状岩. 〖(1524) ◻ F ~ (名詞的用法): ⇨ massive〗

Mas·sif Cen·tral /mæsíːfsɑ̃ː(n)trɑ́ːl, -sɑːn- | mǽsiːf-; F. masifsɑ̃tʁal/ *n.* マシフサントラル《フランス中南部の山地群; 面積約 85,000 km^2》.

Mas·sine /mæsíːn/, **Lé·o·nide** /lèɪouníːd | lèɪə(ʊ)-/ *n.* マシーン《1896–1979; ロシア生まれの米国の舞踊家・振付師; 後年米国・英国で活躍》.

Mas·sin·ger /mǽsəndʒə, -sn- | -sɪndʒə(r, -sn-/, **Philip** *n.* マッシンジャー《1583–1640; 英国の劇作家; *A New Way to Pay Old Debts* (1633), *The City Madam* (1632)》.

Mas·sing·ham /mǽsɪŋəm/, **Henry William** *n.* マシンガム《1860–1924; リベラルな論評で知られた英国のジャーナリスト; *Nation* 誌編集人 (1907–1923)》.

Mas·si·nis·sa /mæ̀sənísə | -sɪ-/ *n.* ＝Masinissa.

mas·sive /mǽsɪv/ *adj.* **1** 大きい, 重い, どっしりした, 量のある: a ~ oak tree. **2** (目鼻立ち・体格など)大柄な, がっちりした; 〈頭・額が〉大きい: his ~ hairy chest / ~ hips. **3** 〈精神など〉強い, しっかりした, 堂々とした (imposing). **4 a** 〘心理〙〈感覚・意識状態など〉容積感のある, 大きい. **b** 程度の高い, スケールの大きい: a ~ earthquake / starvation on a ~ scale 大規模な飢餓(きが). **5** 〘地質〙 **a** 塊状の: ~ mountains 塊状山彙(い) / a ~ deposit 塊状鉱床 / a ~ volcano 塊状火山. **b** (岩石の構造が)等質の (homogeneous): ~ rock (層理のない)塊状岩. **6** 〘鉱物・岩石〙塊状の. **7** 〘病理〙大きい; 塊状の; 充実性の: ~ hemorrhage 大量出血. **8** 〘医学〙〈投薬量などが〉(定量に比べて)多量な, 多めの: a ~ dose of stilbestrol. **~·ness** *n.* 〖(c1408) *massiffe* ◻ (O)F *massif* ← (変形) *massiz* < VL **massīceu(m)* ← L *massa* 'MASS[1]': ⇨ -ive〗

mas·sive·ly *adv.* 塊状で; かさ張って, 重く大きく, どっしりと, 重苦しく (ponderously). 〖(1550): ⇨ ↑, -ly[1]〗

máss léave *n.* ストライキ, 一斉休暇《インドで抗議のために従業員がとる》.

máss·less *adj.* 〘物理〙質量のない, 質量ゼロの. **~·ness** *n.* 〖1879〗

máss magazíne *n.* 大衆雑誌.

máss mán *n.* 〘社会学〙大衆社会の一員としての人間, 普通人《画一的平均的で個性的特徴も責任感もなく, マスメディアに操られやすい人間》. 〖1928〗

máss-márket *adj.* 大衆市場の, 大量販売用[向きの]: ~ paperbacks. 〖1959〗

máss márket *n.* 大量市場, マスマーケット《大量生産された製品の市場》. 〖1959〗

máss márketing *n.* 大衆消費者向けマーケティング, マスマーケティング. 〖1945〗

máss média *n. pl.* マスメディア, 大衆媒体《mass communication の媒体; ラジオ・テレビ・新聞・雑誌など》. ⇨ mass communication 日英比較 〖1923〗

máss medicátion *n.* (水道などによる)集団薬物治療.

máss méeting *n.* (政治問題を論議するための)大会, 人民大会. 〖1733〗

máss móvement *n.* **1** 大量移動. **2** 大衆運動. 〖1897〗

máss nòun *n.* 〘文法〙質量名詞《material noun と abstract noun との総称; cf. countable 1》. 〖1933〗

máss nùmber *n.* 〘物理・化学〙質量数《原子核を構成している核子の数; 記号 A》. 〖1923〗

máss observátion *n.* 《英》(個人的記録・書簡・個人面接などによる)世情調査, 世論調査 (略 MO). 〖1933〗

Mas·son /mæsɔ̃ː(ŋ), -sɔ́ːŋ; F. masɔ̃/, **André(-Aimé-Re·né)** /ɛme rəne/ *n.* マッソン《1896–1987; フランスの画家・グラフィックアーティスト; 超現実主義の影響を受け, 特定の対象を描くことを意識せずに, 自然のままに無意識の世界を描こうとする '自動描法' (automatic drawing) を案出した》.

Más·son dìsk /mǽsən-, -sn-, -sɑ(ː)n- | -sən-, -sn-/ *n.* 〘心理〙マソンの円盤《回転させると同心円模様が断続的に現れるよう工夫された白色の円盤; 注意力・識閾(しきいき)のテストに用いる》.

Mas·so·ra /məsɔ́ːrə/ *n.* 〘聖書〙＝Masorah.

Mas·so·rah /məsɔ́ːrə/ *n.* 〘聖書〙＝Masorah.

Mas·so·rete /mǽsəriːt/ *n.* ＝Masorete.

Mas·so·ret·ic /mæ̀sərétɪk | -tɪk⁻/ *adj.* ＝Masoretic. **·i·cal** *adj.* ＝Masoretic.

mas·so·ther·a·py /mæ̀souθérəpi | -sə(ʊ)-/ *n.* マッサージ療法. **màsso·thèr·a·péu·tic** /-θèrəpjúːtɪk | -tɪk⁻/ *adj.* **más·so·thèr·a·pist** /-pɪst | -pɪst/ *n.* 〖← MASS(AGE)＋-O-＋THERAPY〗

máss príest *n.* **1** 《古》ミサ司式司祭. **2** 《軽蔑》カトリックの司祭. 〖OE *mæssepreōst*: ⇨ mass[2], priest〗

mass-pro·duce /mǽsprədúːs, -djúːs | -djúːs/ *vt.* (機械で)大量生産[量産]する (↔ tailor-make). **máss-prodúcer** *n.* 〖1923〗

máss-prodúced *adj.* 大量生産[量産]された. 〖1950〗

máss prodúction *n.* (機械による)大量生産, 量産, マスプロ. 日英比較 日本語の「マスプロ」はこの語の和製略語. 日本語の「マスプロ教育」は, conveyor-belt education, assembly-line education,「マスプロ大学」は,《米》diploma [degree] mill という. 〖1920〗

máss psychólogy *n.* 群衆心理. 〖1900〗

máss radiógraphy *n.* 集団レントゲン撮影(法). 〖1943〗

máss rátio *n.* 〘宇宙〙質量比《打ち上げ時の燃料を積んだロケットの質量と燃料がなくなった時のロケット本体との質量の比率》. 〖1946〗

máss socíety *n.* 〘社会学〙大衆社会《産業化・都市化・官僚制化などの進展によって生まれた社会形態; 非人格性・匿名性・移動性などが支配的になる》. 〖1948〗

máss spéctrograph *n.* 〘物理〙質量分析器. 〖1920〗

máss spectrómeter *n.* 〘物理〙質量分析計. **máss spectrométric** *adj.* **máss spectrómetry** *n.* 〖1932〗

máss spéctroscope *n.* 〘化学〙質量分光器. 〖1958〗

máss spéctrum *n.* 〘化学〙質量スペクトル《質量分光器または質量分析計で得られるスペクトル》.

máss tránsit *n.* 大量輸送交通機関《都市交通網, 特に バス・鉄道・電車・地下鉄などの大量輸送手段をいう》. 〖1972〗

máss tránsport *n.* (バス・電車などによる)集団輸送. 〖1953〗

máss ùnit *n.* 〘物理〙＝atomic mass unit.

máss wásting *n.* 〘地質〙マスウェースティング《重力による土塊・岩塊の斜面移動; cf. solifluction》. 〖1951〗

mass·y /mǽsi/ *adj.* (**mass·i·er; -i·est**) 《まれ》重く大きい, どっしりした, かさのある, 実質ある (solid). **máss·i·ness** *n.* 〖(c1384): ⇨ mass[1], -y[4]〗

Mas·sys /mɑ́ːsaɪs/ (also **Mat·sys** /mɑ́ːtsaɪs/, **Mes·sys** /mísaɪs/), **Quentin** *n.* マセイス, マツェイス, メセイス《1466–1530; フランドルの画家》.

mast[1] /mǽst | mɑ́ːst/ *n.* **1** 〘海事〙マスト, 帆柱 (⇨ yacht 挿絵): spend a ~ マストを折られる[吹き飛ばされる] / ⇨ half-mast. ★ 三本マストの船では舳先(へさき)から順に foremast (前檣(しょう)), mainmast (大檣), mizzen mast (後檣), また継ぎ足しマストでは下から上に lower mast (下檣), topmast (中檣), topgallant mast (上檣), royal mast (最上檣)とよぶ. **2** (装飾用に立てる)高い柱; (アンテナ支持用の)鉄塔; (飛行船の)係留塔 (mooring mast); (起重機などの)柱. **3** [M-] 〘米海軍〙＝captain's mast.

at (the) mást 〘海事〙(訓示・評定・判決申し渡しなどのため水夫たちが集合させられる)上甲板大檣の下で.

befòre [afòre] the mást 《まれ》〘海事・海軍〙平(ひら)水夫[水兵]として: serve [sail] *before the* ~ 平水夫[水兵]として勤める / a man *before the* ~ 水夫[水兵]. 〖(1627) 帆船時代の水夫は前檣の前の forecastle に居住したことから〗

— *vt.* 〈船〉にマストを立てる: ~ a ship.

~·lìke *adj.* 〖OE *mæst* < (WGmc) **mastaz* (G *Mast*) < IE **mazdo-* pole, rod, mast (L *mālus*)〗

mast[2] /mǽst | mɑ́ːst/ *n.* [集合的] カシワ・ブナ・クリなどの実《豚の飼料》. 〖OE *mæst* < (WGmc) **mastaz* (G *Mast*) ← ? IE **mad-* moist, wet: cf. meat〗

mast- /mæst/ (母音の前にくるときの) masto- の異形: *mastitis*.

mas·ta·ba /mǽstəbə/ *n.* (also **mas·ta·bah** /~/) **1** 〘考古〙マスタバ《エジプト初期王朝時代の支配階級の墓; 側面が傾斜して頂上が平らで平面は長方形, 石や日干煉瓦で造った; 死者はその地下墓室に葬られた》. **2** (イスラム教国の石造の)固定ベンチ. 〖(1603) ◻ Arab. *máṣṭabaʰ* (原義) stone bench〗

mas·tax /mǽstæks/ *n.* 〘動物〙咀嚼嚢(そしゃくのう)《輪虫類の筋肉質の咽頭》. 〖(1855) ← NL ~ ← Gk *mástax* mouth, jaws (cf. Gk *masâsthai* to chew)〗

mást bàll *n.* 〘海事〙マストボール, 檣頂(しょうちょう)球《マストの頂上に取り付けた球; 飾りの意味をもつ》.

mást bànd *n.* 〘海事〙檣帯《マストの補強と諸索具の止点とするためマストにはめた金属輪》.

mást bèd *n.* 〘海事〙木船の檣座板《マストの根本を受ける凹部のある厚板》.

mást cèll *n.* 〘解剖〙肥満[マスト]細胞. 〖(1898)《部分訳》← G *Mastzelle* ← *Mast* food (⇨ mast[2])＋*Zelle* 'CELL'〗

mást clàmp *n.* 〘海事〙マストクランプ《カッターなどでマストを立てる時, その下部を艇座 (thwart) へ留める輪金; mast hasp ともいう》.

mást clòth *n.* 〘海事〙 **1** (横帆の)マスト当て《帆がマストに触れる部分に当てる補強布; mast lining ともいう》. **2** マストカバー《マストを保護したい場所を覆う布のカバー》. 〖1642〗

mas·tec·to·my /mæstéktəmi, məs- | mæs-/ *n.* 〘外科〙乳房切除(術), 乳房切断(術). 〖(1923) ← MASTO-＋-ECTOMY〗

mást·ed *adj.* [通例複合語の第 2 構成素として] マストを備えた, (…本)マストの: a three-*masted* schooner 三本マストのスクーナー. 〖(1627) ← MAST[1] (n.)＋-ED[2]〗

mas·ter[1] /mǽstə(r | mɑ́ːstə(r/ *n.* **1 a** 雇い主 (employer), マスター, 親方: ~ and man 主人と召使 / the young ~ 雇い主の息子, 若だんな / Like ~, like man. 《諺》主人が主人なら下男も下男,「弱将の下に強卒なし」. 日英比較 日本語で店の経営者を「マスター」というのは和製英語. 英語では proprietor, owner, manager などという. **b** (一家の)家長, あるじ: the ~ of a house 一家の主人. **c** (奴隷・動物などの)所有主, 飼主 (owner): A dog knows his own ~. 犬には飼主がわかる. **d** (商船の)船長: a ship's ~ (商船の)船長. **e** 支配者 (ruler); 君主. **f** 勝利者 (victor): If they quarreled, John was ~. 二人がけんかをすればジョンが勝った.

2 [しばしば無冠詞] 自由に支配[駆使]できる人; 熟練者, 精通者〔*of*〕: a ~ *of* several languages 数か国語を使いこなせる人 / a thorough ~ *of* a subject ある問題に精通している人 / be ~ *of* a fortune (自由にできる)財産の所有主である / be ~ *of* one's fate [time] 自分の運命[時間]を支配できる; 意志通りにする[思うように時間が使える] / be ~ *of* oneself よく自制する / be ~ *of* the situation (勝負の)勝利者になる; 巧みにその場を切り抜ける / be ~ *of* one's trade 一本立ちしている / be ~ in one's own house 一家のあるじである, 他人の干渉を受けない / He made himself ~ *of* an art. 一芸をきわめた / Jack of all trades, and ~ *of* none. ⇨ jack[1] *n.* 1 a.

3 a 《英》(初等・中等学校の男性)教師, (特に, 学校の)先生 (teacher, schoolmaster) (cf. mistress 5 a); 個人指導教師 (tutor): a French ~ フランス語の教師. **b** (特殊な技芸の)教師, 師匠 (cf. mistress 5 b): a music [dancing] ~ 音楽[ダンス]教師 / ⇨ riding master / I studied painting under a strict ~. 厳格な教師について絵を習った. **c** (職人の)親方, マイスター《中世の craft guild の組合員で, 大工房を持ち徒弟 (apprentices) を養っていた師匠》. **d** (宗教的・精神的な)指導者, 師 (leader). **e** [the M-, our M-] 主なるキリスト (Christ).

4 a (芸術上の)名匠, 名工; (特に)名画家, 名彫刻家: ⇨ old master 1, past master 2 / the greatest ~ of poetry 最大の詩人. **b** 《古》名匠の作品《絵画・彫刻など; cf. old master 2》. **c** 名人, 達人, 大家; 権威者: a ~ of oratory 名演説家 / a ~ of satire [cajolery] 諷刺[口車]の名人 / a chess [golf] ~ チェス[ゴルフ]の名人[達人].

5 [しばしば M-] 修士; 修士号《doctor と bachelor との中間に位する学位; 通例 bachelor 号取得後 1 年以上の修学によって授与される; もとは大学での教授資格》: *Master* of Arts 文学修士(号) (略 MA, AM) / *Master* of Science 理学修士(号) (略 MS, MSc) / *Master* of Engineering 工学修士(号) (略 MEng) / a *Master* in the Schools 文学士 (Bachelor of Arts) 第一次試験官.

6 [主に公職名として] **a** (Oxford, Cambridge など大学の)学寮長; (各種の)会長, 団長, 組合長, 院長: the *Master* of Balliol (Oxford 大学の) Balliol 学寮長 / the *Master* of the Temple 〘英史〙Knights Templars の団長 (Grand Master). **b** 管理官, 監督官, 保護官: the *Master* of the Horse (英国の)主馬頭(しゅめのかみ)《王室第三位の高官》/ the *Master* of the Household (英国)王室家政官《Lord Steward の下で王室の事務を総覧する宮内高官》/ the *Master* of (the) Revels (英国王室や法学院などの)宴会係, 祝宴係 / ⇨ the MASTER of the Rolls / The *Master* of the Queen's [King's] Music (英王室の)楽団長. **c** 〘法律〙裁判所主事《法廷で判事を補佐し, 証言の聴取・報告をする》: a *Master* of the High Court 高等法院主事. **d** (フリーメーソンの)役員 (cf. grand master 2).

7 [しばしば M-] **a** 《英》[召使などが用いる少年に対する敬称として] 坊ちゃん, 若だんな, …君, …さん (cf. Mister, Mr.): *Master* David / young ~ Charles. **b** 《スコット》子爵または男爵の長男[世継ぎ]に対する称号: the *Master* of Ballantrae バラントレー家の世継ぎ. **c** [称号として] …殿, …師《もと高位者に用いた; 今日の Mr. に相当する》.

8 [one's ~] 《方言》夫, 主人 (husband). **9** 機械的に再生されるもの《matrix ともいう》: **a** 主自動制御装置, 親装置《同じような仕組の機械(部分)を稼動させる機械(部分); cf. slave 6》. **b** (レコードなどの)マスター盤, 原盤, マスタープレス (master matrix). **c** 〘印刷〙種(たね)鉛版 (⇨ caster 4 b). **10** 〘写真〙原板《映画で上映用のプリントを作るための通例ネガのフィルム; 事務用複写などで多数の複写を作る原板となるフィルム; master film ともいう》. **11** 〘トランプ〙 **a** ブリッジの公式戦での勝点 (master point) が 50 を越えた人に与えられる称号: life [grand] ~ 同上の勝点が 300 [1,200] を越えた場合の称号. **b** その称号の保持者. **12** 〘狩猟〙猟犬係長(がかりちょう): ⇨ MASTER of foxhounds [hounds].

be one's ówn máster ⇨ own *adj.* 成句. ***sérve twó másters*** (1) 二人の主人[二君]に仕える (*matt.* 6:24). (2) 二つの相反する利害について去就に迷う.

máster of céremonies (1) (社交会・晩餐会・ラジオ放送などの)司会者, 進行係 (略 MC). (2) (宮中の宴会などを司る)式部官. (3) 〘カトリック〙儀式係長. 〖1662〗

máster of fóxhounds [hóunds] 〘狐狩〙猟犬管理者《猟犬の飼育・訓練のほか狩猟に関する諸事に管理責任をもつ; 略 MFH》.

Máster of Misrúle [the —] ＝LORD of Misrule. 〖1664〗

Máster of the Rólls [the —] 〘英法〙記録長官《大法官を補佐した記録保管官; 現在は控訴院の最上位の裁判官》. 〖a1475〗

— *adj.* [限定的] **1** 支配者の, 主人の; 主人らしい. **2** 支配的な, 主な, 最上の (chief): one's ~ passion 主情 / the ~ fear 主たる恐怖. **3** すぐれた, きわ立った (supreme); 名人の, 名人の腕を示す, 熟練した (skilled): a ~ touch 名人の一筆[筆致] / ⇨ masterstroke. **4** (雇われ職人でない)親方の, 自営の; 立派な腕のある (skilled): a ~ potter 陶工の親方 / a ~ carpenter (大工の)棟梁(とうりょう). **5** (機械・写真・テープなどの)原…, 親…: a ~ screw 親ねじ / ⇨ master clock, master file, master key, master tape.

— *vt.* **1** …に熟練する, 修得する, 精通する, マスターする: ~ a language, a subject, science, etc. **2 a** 服従させる, 征服する, 打ち勝つ (overcome, defeat); 〈情欲などを〉制する (control): ~ one's sorrow [anger] 悲しみ[怒り]をこらえる / ~ oneself 自己を抑える, 自制する. **b** 〈動物など〉馴(な)らす (tame): ~ a naughty boy [a horse] 暴れっ子[暴れ馬]を制する. **3** 《まれ》自由にする, 支配する, 圧制する (cf. lord *vt.* 3). **4** (レコードなどの)マスター盤[原盤]を作る.

〖OE *mæġester, maġister* ◻ L *magister* 《原義》 he who is greater ← *magis* more (compar.) ← *magnus* great ← IE **meg(h)-* (Gk *mégas* / Skt *mahā-*): cf. magistral〗

mast·er² /mǽstə | mɑ́ːstə^(r)/ *n.* [通例複合語の第 2 構成素として] (…本)マストの船: a two-*master*. 〖《1880》← MAST¹+-ER¹〗

máster áircrew *n.* 〖英空軍〗准尉.

máster álloy *n.* 〖冶金〗母合金 (mother alloy).

máster-at-árms *n.* (*pl.* **masters-**) 〖米海軍〗先任警衛兵曹[海曹] 《軍艦上で警衛任務に当たる下士官》. 〖1728〗

máster·bátch *n.* 〖化学〗親練り《生ゴムに加硫剤・着色剤を一定の割合に配合したもの》. 〖1937〗

máster báth *n.* 主寝室付属の浴室. 〖1959〗

máster bédroom *n.* (一家の主人が使う)主寝室, 夫婦寝室. 〖1926〗

máster búilder *n.* **1** 建築請負師. **2** 建築家 (architect). 〖1557〗

máster càrd *n.* 切り札; 決め手. 〖1905〗

Mas·ter·Card /mǽstəkɑ̀əd | mɑ́ːstəkɑ̀ːd/ *n.* 〖商標〗マスターカード《米国の Mastercard, International 社発行のクレジットカード》.

máster chíef pétty òfficer *n.* 〖米海軍〗上級上等兵曹(ˢᵒᵘ) 《兵曹長 (warrant officer) の下で海軍先任下士官の最上位》.

máster chíef pétty òfficer of the cóast gùard (米国沿岸警備隊の)上級上等兵曹 《兵曹長 (warrant officer) の下で先任下士官の最上位》. 《1966》

〖1958〗

máster clàss *n.* (一流音楽家が指導する)上級音楽教室, マスタークラス. 〖1952〗

máster clóck *n.* 親時計 《離れた所にある多数の子時計の針の動きを制御する; cf. slave clock》. 〖1904〗

máster contróller *n.* 〖電気〗主幹制御器 《列車の速度制御用の運転台にある制御器》.

máster còpy *n.* 親コピー, 原物 《すべてのコピー[複製]の元となるもの; 原稿・原本・マスターテープ[ファイル]など》. 〖1960〗

M

máster córporal *n.* (カナダ軍の)下士官.

máster cýlinder *n.* 〖自動車〗マスターシリンダー 《油圧ブレーキにおいて油圧を生じさせる円筒; cf. slave cylinder》. 〖*a*1929〗

más·ter·dom /-dəm/ *n.* 《まれ》 **1** 教師の身分[職]. **2** 支配(力) (rule). 〖lateOE *mæġsterdōm*: ⇨ master¹, -dom〗

máster fìle *n.* 〖電算〗マスターファイル 《定期的に更新し, 信頼のおけるデータベースとなる永久保存用ファイル》. 〖1945〗

máster fìlm *n.* 〖写真〗=master¹ 10.

mas·ter·ful /mǽstəfəl, -fl | mɑ́ːstə-/ *adj.* **1 a** 主人然とした, 主人顔の. **b** 横柄な, 専横な, 傲慢な (imperious). **2** すぐれた腕前の, 堂に入った, 名人の (masterly). ★ 2 の意味で使っても 1 の意味が示唆されると解釈し, 2 の用法に反対を唱える人もいる. **~·ly** *adv.* **~·ness** *n.* 〖《?*c*1380》 *maysterful*〗

SYN 横柄な: **masterful** 主人風を吹かせて自分の意志を他人に押しつける: a *masterful* man 横柄な人. **domineering** 他人の感情を無視した傲慢な態度で自分の意志に従わせようとする: a *domineering* leader 威張りちらす指導者. **peremptory** 《軽蔑》自分の命令に質問などさせず, すぐ反応することを期待する 《格式ばった語》: *peremptory* commands 有無をいわせない命令. **imperious** 自分の権威に服従させようとして高慢な態度で威張りちらす 《格式ばった語》: I dislike his *imperious* manner. 彼の高飛車な態度がきらいだ. **magisterial** 権威ある地位にあるかのような行為・話し方をする 《格式ばった語》: He commanded in a *magisterial* tone. 威張った調子で命令した.

máster gáge *n.* 〖機械〗親ゲージ 《実際に使うゲージの正確度を測るための基本となるゲージ; reference gage ともいう》.

máster gúnner *n.* **1** 〖米陸軍〗砲術係下士官 《高射砲・海岸砲部隊で射撃諸元の整備, 測量・射撃図の作製などを担当する》. **2** 〖英陸軍〗砲台監守 《砲台の装備品をあずかる英国砲兵隊の準士官》. 〖*a*1548〗

máster gúnnery sérgeant *n.* (米国海兵隊の)上級曹(ˢᵒᵘ)長 《曹長 (master sergeant) の上の下士官》. 〖1958〗

máster hánd *n.* **1** 敏腕家, 専門家, 名人: He was a ~ at diplomacy. 彼は外交の専門家だった. **2** 専門家[名人]の手腕[技術]. 〖1709〗

máster·hòod *n.* =mastership.

máster kèy *n.* **1** 親鍵, マスターキー 《鍵の違う多くの種々の錠に合うように作られたもの; passkey ともいう; cf. skeleton key》. **2** 難問の解決法. 〖1576〗

máster léaf *n.* 〖機械〗(板ばねの)親板.

máster·less *adj.* 主人のない. 〖*a*1400〗

mas·ter·ly /mǽstəli | mɑ́ːstə-/ *adj.* 大家の, 名人の, 名手の; 見事な, あっぱれな: a ~ speech 見事な演説. — *adv.* 堂に入って, 巧妙に. **más·ter·li·ness** *n.* 〖《?*c*1395》: ⇨ -LY¹〗

máster máriner *n.* (商船や漁船の)船長. 〖14C〗

máster máson *n.* **1** 熟練した[一人前の]石工(ˢᵉᵏⁱᵏᵒ), 石屋の親方. **2** [しばしば M- M-] 第三級 (third degree) の Freemason. 〖1720〗

máster mátrix *n.* =master¹ 9 b.

máster mechánic *n.* **1** 職工長. **2** 熟練工.

mas·ter·mind /mǽstəmàɪnd, ⌣⌣⌣ | mɑ́ːstəmàɪnd, ⌣⌣⌣/ *vt.* 立案し指揮する, …の主謀者となる: ~ a project [crime]. — *n.* すぐれた知性(の持主), すぐれた指導者; (ある計画の)立案者, 指導者, 首謀者. 〖1720〗

máster óscillator *n.* 〖電気〗主発振器. 〖1928〗

mas·ter·piece /mǽstəpìːs | mɑ́ːs-/ *n.* **1** 傑作, 大作, 名作, 代表作 (chef-d'oeuvre): a ~ in painting [English literature] 絵画[英文学]の傑作 / a ~ of learned research 学問的研究の一大業績 / His behavior is a ~ of favoritism. 彼のふるまいはえこひいきの典型だ. **2** (中世の guild などで)親方 (master) 昇進に値するすぐれた工作物. 〖《1605》《なぞり》← Du. *meesterstuk* // G *Meisterstück*〗

máster-plán *vt.* 総合[基本]計画を立てる; 都市計画に基づいて開発する. 〖*c*1930〗

máster plán *n.* (総合的な指針となる)基本計画; (特に, 都市計画における)総合計画, マスタープラン.

máster pòint *n.* 〖トランプ〗マスターポイント 《ブリッジの公式戦で上位を占めた選手に与えられる勝点; その累積によって master, national master, life master, grand master などの称号が与えられる》.

máster pòlicy *n.* 〖保険〗基本証券, 一括証券, 親証券 《多数の被保険者を単一の契約で保険する証券》.

máster ràce *n.* 支配者民族 《ナチス時代のドイツ民族のように自己民族の優秀性を信じ, 他民族を征服し支配することも許されると考える民族; cf. Herrenvolk》. 〖1942〗

Mas·ters /mǽstəz | mɑ́ːstəz/ *n.* [the ~] マスターズゴルフ 《1934 年から毎年米国 Georgia 州 Augusta で行われる国際トーナメント; Masters Tournament ともいう》. 〖1948〗

Mas·ters /mǽstəz | mɑ́ːstəz/, **Edgar Lee** *n.* マスターズ 《1869–1950; 米国の詩人・小説家; *Spoon River Anthology* (1915)》.

máster's degrèe *n.* 修士号 《《口語》では単に master's ともいう》.

máster sérgeant *n.* 〖米陸軍・海兵隊〗曹(ˢᵒᵘ)長 (⇨ sergeant 1); 〖米空軍〗一等軍曹. 〖*c*1934〗

máster·shìp *n.* **1** master であること, master の職[地位, 権威]; (特に)教師の職[地位, 権威]. **2** 支配(力), 統御 (dominion, control). **3** 巧妙, 熟練, 練達 (mastery). 〖《*c*1385》 *maistershipe*: ⇨ -ship〗

máster·sìnger *n.* =Meistersinger.

máster-sláve manípulator *n.* 〖物理〗マスタースレーブ, マジックハンド 《放射性物質など危険なものを扱うのに手の代わりに用いる》. 〖1952〗

máster stàtion *n.* 〖通信〗(航路標識局などの)親局, 主局 (cf. slave station).

Másters Tòurnament *n.* [the ~] マスターズトーナメント (⇨ Masters).

máster·stròke *n.* **1** (政治・外交などで示す)すばらしい腕前, 神技: a ~ of policy 見事な外交的手腕. **2** (絵画などで)主線; 入神の筆致. 〖《1679》: cf. G *Meisterstreich*〗

máster swìtch *n.* 〖電気〗親スイッチ. 〖1907〗

máster táp *n.* 〖機械〗種タップ, 親タップ 《雄ねじ切削用ダイスを製作するためのねじ切りタップ》.

máster tàpe *n.* マスターテープ 《複写の元になる; ⇨ master¹ *n.* 9 b》. 〖1954〗

máster wárrant òfficer *n.* 〖カナダ軍〗中級准尉 (⇨ warrant officer ★).

máster·wòrk *n.* =masterpiece. 〖cf. G *Meisterwerk*〗

máster wórkman *n.* **1** 職工長 (foreman). **2** 名工, 巨匠. 〖1598〗

máster wòrt *n.* 〖植物〗ヨーロッパ産セリ科の多年生草本 (*Astrantia major*). 〖← MASTER¹+WORT²〗

mas·ter·y /mǽstəri | mɑ́ːs-/ *n.* **1** 精通, 熟練 (command); 専門的技能[知識](の修得): acquire [get] the ~ *of* a foreign language 外国語に熟達する / an artist's ~ *of* color 画家の色彩の巧妙な使い方 / gain a thorough ~ *over* the details 詳細な事項に十分精通する / Her ~ *over* English is wonderful. 彼女の英語の使いこなしのうまさには驚くばかりだ. **2** 優越, 卓越, 優位, 優勢, 勝利 (supremacy, victory): man's ~ *over* nature 人間の自然征服 / gain [get, obtain] the ~ *of* …を支配する, …に勝つ / strive for ~ 雌雄を争う. **3** 支配; 統御力, 支配力 (rule): the ~ *of* the air [seas] 制空[制海]力[権] / have complete ~ *over* one's employees 従業員を完全に掌握している / exercise ~ *over* …を支配する. 〖《15C》← MASTER¹ (n.)+-Y¹ ∞ 《?*a*1200》 *maistrie* ◻ OF ← *maistre* 'MASTER¹': ⇨ -y¹〗

mást fùnnel *n.* 〖海事〗マストファンネル 《煙突を兼用したマスト; jack ともいう》.

mást hàsp *n.* 〖海事〗=mast clamp.

mást·hèad *n.* **1** 〖海事〗マストの先, (特に)下橋(lower mast) の先端; マストの先の見張人. **2** 〖ジャーナリズム〗 **a** 題字, 額 《第一面の新聞名》. **b** マストヘッド, 奥付(欄) 《新聞・雑誌で, 誌名・発行日・編集者・購読料などが示されている欄》. — *vt.* **1** 〈水夫を〉罰としてマストの先に登らせておく. **2** 〖海事〗〈帆桁・帆・旗などを〉マスト(の先)に引き上げる[掲げる]. 〖1748〗

mást hòop *n.* 〖海事〗 **1** (縦帆の前縁を止める)帆環, マストフープ 《mast ring ともいう》. **2** (合材マストを締める)檣環帯. 〖1867〗

mást hóunds *n. pl.* 〖海事〗=hound² 2.

mást hòuse *n.* **1** 〖海事〗 **a** (マスト近くにあって荷物の積降ろしなどの操作をする)甲板室. **b** (昔, マストの立てはずしに用いた)クレーンの一種 《masting house ともいう》. **2** マスト製作所. 〖1770〗

-mas·ti·a /mǽstiə/ 「(…の)乳房[乳腺]をもった状態」の意の名詞連結形. 〖← NL ~: ⇨ masto-, -ia¹〗

mas·tic /mǽstɪk/ *n.* **1 a** 〖化学〗マスチック, 乳香 《コショウボク (mastic tree) から採る樹脂; 薫香またはワニス用》. **b** 〖植物〗=mastic tree. **2** マスチック 《防水用・目地用のしっくい》. **3** マスチック酒, 乳香酒 《トルコ・ギリシャで用いるマスチックとアニスの実 (aniseed) で味付けたアルコール飲料》. **4** 淡黄茶色 (pale fawn). 〖《1373》 *mastyk* ◻ (O)F *mastic* // LL *mastichum* ◻ Gk *mastíkhē* chewing gum: cf. meat〗

mástic ásphalt *n.* マスティックアスファルト 《アスファルトに石粉および砂を加熱混合したもの; 床仕上げや防水層として用いられる》. 〖1930〗

mas·ti·cate /mǽstəkèɪt | -tɪ̀-/ *vt.* **1** かむ, かみこなす (chew). **2** 〈ゴムなどを〉砕いて[練って]どろどろにする. — *vi.* かむ (chew). **más·ti·ca·ble** /-kəbl̩/ *adj.* **más·ti·cà·tor** /-tə | -tə^(r)/ *n.* 〖《1649》← LL *masticātus* (p.p.) ← *masticāre* to chew ◻ ?Gk *mastikhân* to grind the teeth, gnash ← IE **mendh-* to chew〗

mas·ti·ca·tion /mæ̀stəkéɪʃən | -tɪ̀-/ *n.* 咀嚼(ˢᵒˢʰᵃᵏᵘ), かみくだき. 〖《?*a*1425》 ◻ (O)F ~ // LL *masticātiō(n-)*: ⇨ ↑, -ation〗

mas·ti·ca·to·ry /mǽstəkətɔ̀ːri | -tɪkətəri, -tri, ⌣⌣⌣(⌣)⌣/ *adj.* **1** 咀嚼(ˢᵒˢʰᵃᵏᵘ)の. **2** 咀嚼に適した[に用いられる]. — *n.* (唾(ᵈᵃ)液を増すための)かみ物 《チューインガム・たばこなど》. 〖《1611》← NL *masticātōrius, -ōrium*: ⇨ -ORY¹〗

mas·tic·ic /mæstísɪk/ *adj.* マスチック (mastic) の[に関する]. 〖《1845》: ⇨ mastic, -ic¹〗

mástic trèe *n.* 〖植物〗コショウボク (⇨ pepper tree). 〖*c*1420〗

mas·tiff /mǽstɪ̀f | mǽstɪf, mɑ́ːs-/ *n.* マスティフ 《大形で短毛な番犬用のイヌ; old English mastiff ともいう》. 〖《*a*1338》 *mastif* ◻ OF *mastin* (F *mâtin*) mastiff < VL **mansuētinu(m)* tamed ← L *mansuētus* tame, quiet (p.p.) ← *mānsuēscere* to tame: ME の語形は OF *mestif* mongrel (◻ L *mixtus* MIXED) の影響による〗

mástiff bàt *n.* 〖動物〗オヒキコウモリ, ウオクイコウモリ (bulldog bat). 〖1851〗

mas·tig·i·um /mæstídʒiəm/ *n.* (*pl.* **-i·a** /-dʒiə/) 〖昆虫〗鞭状突起 《ある類の鱗翅目の幼虫の後部に見られる伸縮性の突起》. 〖← NL ~ ← Gk *mastígion* (dim.) ← *mástix* whip〗

Mas·ti·goph·o·ra /mæ̀stɪ̀gɑ́(ː)fərə | -tɪgɔ́f-/ *n. pl.* 〖動物〗鞭毛(ᵇᵉⁿᵐᵒᵘ)虫綱. 〖← NL ~ ← Gk *mastig-, mástix* whip+-PHORA〗

mas·ti·goph·o·ran /mæ̀stɪ̀gɑ́(ː)fərən | -tɪgɔ́f-⌣/ *adj., n.* 〖動物〗鞭毛(ᵇᵉⁿᵐᵒᵘ)虫綱の(原生動物) 《flagellate ともいう》. 〖⇨ ↑, -an¹〗

mas·ti·go·phore /mǽstɪ̀gəfɔ̀ə | -tɪgəfɔ̀ː^(r)/ *n.* = mastigophoran. 〖1890〗

mas·ti·goph·o·rous /mæ̀stɪ̀gɑ́(ː)fərəs | -tɪgɔ́f-⌣/ *adj.* 〖動物〗=mastigophoran. 〖《1812》: ⇨ ↑, -ous〗

mást·ing *n.* 〖海事〗 **1** (船の形・大きさ・用途などに見合った)マストの配置法. **2** マストの取り付け. **3** [集合的] (船の)マスト (masts). 〖《1627》: ⇨ mast¹, -ing¹〗

másting hòuse *n.* 〖海事〗=mast house 1 b.

mas·ti·tis /mæstáɪtɪ̀s | -tɪs/ *n.* (*pl.* **mas·tit·i·des** /-tíṭədìːz | -tɪ-/) **1** 〖病理〗乳腺炎. **2** 〖獣医〗=garget 1 a. **mas·tit·ic** /mæstíṭɪk | -tɪk/ *adj.* 〖《1842》← NL ~: ⇨ masto-, -itis〗

-mas·tix /mǽstɪks/ 〖動物〗「…の(数の)鞭毛のある動物」の意の名詞連結形. ★ 分類の属名に用いる: Chilo*mastix*. 〖← Gk *mástix* whip〗

mást·less *adj.* マスト[帆柱]のない: a ~ ship [boat]. 〖《1593》: ⇨ mast¹〗

mást lìning *n.* 〖海事〗=mast cloth 1.

mas·to- /mǽstoʊ | -təʊ/ 「乳房 (breast); 乳頭 (nipple); 乳様突起と…との」の意の連結形. ★ 母音の前では通例 mast- になる: *mastodon*. 〖← Gk *mastós* breast, nipple: cf. mast²〗

mas·to·don /mǽstədɑ̀(ː)n, -dən | -dɔ̀n, -dən/ *n.* **1** 〖古生物〗マストドン 《ゾウに似た漸新世から更新世に生息していたマンムト科マンムト属 (*Mammut*) の大型哺乳動物; 臼歯に乳首形の突起があるマストドンアメリカヌス (*M. americanus*) など》. **2** 巨人 (giant), 巨大なもの. 〖《1813》← NL ~ ← MASTO-+Gk *odṓn, odoûs* tooth〗

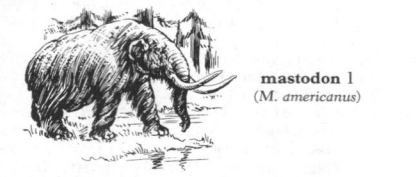

mastodon 1
(*M. americanus*)

mas·to·dont /mǽstədɑ̀(ː)nt | -dɔ̀nt/ *adj.* **1** マストドン (mastodon) の[に関する]. **2** マストドンのような歯をした. — *n.* =mastodon. **mas·to·don·tic** /mæ̀stədɑ́(ː)ntɪk | -dɔ́nt-⌣/ *adj.* 〖1890〗

mas·toid /mǽstɔɪd/ *adj.* 〖解剖・動物〗 **1** 乳頭状の, 乳嘴(ⁿʸᵘᵘˢʰⁱ)状の, 乳房状の. **2** (側頭骨の)乳様突起の, 乳突の; 乳頭突起部の: the ~ process 乳様突起 (⇨ skull¹ 挿絵) / a ~ operation 乳様突起削開. — *n.* **1** 〖解剖・動物〗乳様突起乳突. **2 a** 〖病理〗=mastoiditis. **b** 〖外科〗乳突削開術 (mastoidectomy). 〖《1732》 ◻ F *mastoïde* // ← NL *mastoīdēs* ◻ Gk *mastoeidḗs*: ⇨ masto-, -oid〗

mástoid céll *n.* 〖解剖〗乳突蜂巣. 〖1800〗

mas·toid·ec·to·my /mæ̀stɔɪdéktəmi/ *n.* 〖外科〗乳様突起削開(術), 乳突開放(術). 〚(1898): ⇨ ↑, -ectomy〛

mas·toid·i·tis /mæ̀stɔɪdáɪṭɪs | -tɪs/ *n.* 〖病理〗乳様突起炎, 乳突炎. 〚(1890) ← MASTOID＋-ITIS〛

mas·to·mys /mǽstəmɪ̀s/ *n.* (*pl.* ～) 〖動物〗＝multimammate mouse. 〚← NL ～ ← MASTO-＋-MYS〛

mas·top·a·thy /mæstá(ː)pəθi | -tɔ́p-/ *n.* 〖病理〗乳腺症. 〚(1856) ← MASTO-＋-PATHY〛

mas·to·pex·y /mǽstəpèksi/ *n.* 〖外科〗乳房固定(術). 〚← MASTO-＋-PEXY〛

mást pàrtner *n.* 〖海事〗檣孔板(しょうこうばん), マストパートナー《甲板部でマストを通す穴をもつ厚板》. 〚1846–63〛

mást rìng *n.* 〖海事〗＝mast hoop 1.

Mas·troi·an·ni /mæ̀strɔɪjɑ́ːni/, **Marcello** *n.* マストロヤンニ (1924–96; イタリアの映画俳優).

mást stèp *n.* 〖海事〗マストステップ《マストの下端を受ける部分》. 〚1863〛

mást tàble *n.* 〖海事〗マストテーブル《マストの根元の補強のため作られたテーブル型の構造物》.

mást tràck *n.* 〖海事〗マストトラック《帆桁(ほげた)や帆がマストを円滑に上下するようにマストに付けた金属レール》.

mas·tur·bate /mǽstəbèɪt | -tə-/ *vi.* 手淫[自慰]を行う, マスターベーションをする. ― *vt.* 〈自分または他人〉に手淫を行う. **más·tur·bà·tor** /-tə | -tə^(r)/ *n.*

mas·tur·ba·to·ry /mǽstəbətɔ̀ːri | mæ̀stəbéɪtəri, -tri, ←―――(―)―/ *adj.* 〚(1857) (逆成) ← MASTURBATION〛

mas·tur·ba·tion /mæ̀stəbéɪʃən | -tə-/ *n.* 自慰, 手淫, マスターベーション (onanism). 〚(1766) ◻ F ～ // ← NL*masturbātiō(n-)* ← L *masturbātus* (p.p.) ← *masturbāri* to masturbate ← ? *manū* (abl.) (← *manus* hand)＋*stuprāre* to defile oneself (← *stuprum* defilement, illicit sexual intercourse ← IE *(*s*)*teu-* to push; a stick): ⇨ -ation〛

Ma·su·ri·a /məzʊ́ᵊriə, -sʊ́ᵊr- | -s(j)ʊ́ərɪə-/ *n.* マズーリ《ポーランド北東部の森林と湖水の多い地方, もと東プロイセンの一部; この地方でドイツ軍がロシア軍を破った (1914–15); ドイツ語名 Masuren /*G.* mazúːʁən/》. **Ma·sú·ri·an** /-riən | -rɪ-/ *adj.*

ma·su·ri·um /məzʊ́ᵊriəm, -sʊ́ᵊr- | -s(j)ʊ́ərɪ-/ *n.* 〖化学〗マスリウム (記号 Ma; technetium のことで現在では使われない). 〚(1925) ↑(その発見地): ⇨ -ium〛

mat[1] /mǽt/ *n.* **1 a** (麦わら・灯心草・しゅろなどで作った床の上に敷く)むしろ, ござ, マット. **b** (玄関前の)靴ぬぐい, ドアマット (doormat); (風呂の)バスマット (bathmat): ⇨ welcome mat. **c** (ネル・レース・編物・革・ラシャなどで作った置物などの)下敷き, 花びん[ランプ, 皿]敷き; (車の)床敷き. **d** (オーブンなどの表面を保護するゴムまたはプラスティック製の)当て物. **e** (レスリング・体操用の)マット. **f** (投げ矢や九柱戯などで遊戯者の立つ位置を定めるゴム製の)マット. **2** (敷地全体に敷く)コンクリートマット. **3** (コーヒー・砂糖などを入れる)しゅろ[むしろ]袋; 一袋の量. **4** (NZ) マオリ族のマント. **5** (毛・雑草などの)もつれ, 塊: a ～ of hair, weeds, etc. **6** 〖海事〗当てむしろ《静索と他の綱との摩損防止用》. **7** 〖印刷〗(ステロ版の)紙型. **8** (発破作業で生じる破片の散逸を防ぐために現場を覆う太索またはロープ製の)網. **9** 〖土木〗＝mattress.
gò báck to the mát (NZ) 都会の文明を放棄する. ***gó to the mát with*** (1) (レスリングなどで)…と取っ組み合う. (2) 〖口語〗…と激しく論争する, 激論する. ***léave a person on the mát*** 〈人〉に玄関払いを食わせる. ***on the mát*** 《俗》召喚されて, 審問されて, 譴責(けんせき)されて (on the carpet). 《罪に問われた兵士が中隊事務室のマットの中央に立たされたことから》
― *v.* (**mat·ted; mat·ting**) ― *vt.* **1 a** …にマット[むしろ]を敷く. **b** (寒さから守るために)〈植物などを〉マット(状のもの)で覆う 〈*up*〉. **2** マット[むしろ]に編む. **3 a** [主に p.p. 形で] もつれさす (entangle) (cf. matted[1] 1): fibers ～*ted* together からみ合った繊維 / The path was ～*ted with* grass. 小道には草が生い茂っていた. **b** 押し固める 〈*down*〉: The fern was ～*ted down*. シダは踏みしだかれていた. ― *vi.* もつれる, からまる, 組み合う.
〚OE *matt(e), meatte* ← LL *matta* mat, rough covering ◻ ?Phoenician *maṭṭa* (cf. Heb. *miṭṭā^h* bed)〛

mat[2] /mǽt/ *adj.* 色[つや]の鈍い, 光らない (dull); つや消しの, いぶした (unburnished): ～ gold いぶし金. ― *n.* **1** (ガラス・金属などの)つや消し(面). **2** つや消し器. **3** (額縁の中の写真や絵などの)台紙 (mount); (金などを塗った)細い飾り縁. **4** 〖写真〗無光沢[つや消し]印画 (cf. glossy 2). ― *vt.* (**mat·ted; mat·ting**) **1** 〈金属面・画面などを〉曇らす. **2** 〈ガラスなどを〉つや消しにする, …のつやを消す (frost). **3** 〈写真・絵〉に台紙を敷く. 〚adj.: (*a*1648) ◻ (O)F ～ 'defeated, exhausted' ◻ L *mattus* drunk ← *madēre* to be drenched ← IE **mad-* wet: cf. meat. ― v.: (1602) ◻ F *mater* ← *mat*〛

mat[3] /mǽt/ *n.* 〖口語〗〖印刷〗母型, 字母; 紙型. 〚(1923) (略) ← MATRIX〛

Mat /mǽt/ *n.* マット (男性名). 〚(dim.) ← MATTHEW〛

MAT (略) Master of Arts in Teaching.

mat. (略) maternity; matinee; matins; maturity.

Ma·ta /mɑ́ːṭə | -tə/ *n.* 《インド》母, マーター《しばしば女性に対する呼び掛けの敬語》.

Mat·a·be·le /mæ̀ṭəbíːli | -tə-/ *n.* (*pl.* ～, ～**s**) **1 a** [the ～(s)] マタベレ族《1837 年ボーア人 (Boers) により Transvaal から追われたズールー族 (Zulu); 今は Matabeleland に住み農牧を営む》. **b** マタベレ族の人. **2** マタベレ語《バンツー語族》. 〚1823〛

Mat·a·be·le·land /mæ̀ṭəbíːlilæ̀nd | -tə-/ *n.* マタベレランド《ジンバブウェの一地方, 旧州; マタベレ族が住む》.

Ma·ta·di /mətɑ́ːḍi | -di/ *n.* マタディ《コンゴ民主共和国西部, Congo 川に臨む港市》.

mat·a·dor /mǽṭədɔ̀ə | -tədɔ̀ː^(r)/ *n.* (*also* **mat·a·dore** /～/) **1** (スター役の)闘牛士, マタドール《闘牛の最後に刀で牛を殺す主役; cf. banderillero, picador, toreador》. **2** 〖トランプ〗 **a** (skat で)マタドー《クラブのジャックおよびそれに連続する切札; 1 枚増えるごとに得点が倍になる》. **b** (ombre で)マタドー, 殺し屋《3 枚の最高切札である spadille, manille, basta の総称》. 〚(1674) ◻ Sp. ～ ◻ L *mactātor* ← *mactāre* to kill, sacrifice ← *mactus* sacred〛

mat·a·gou·ri /mæ̀ṭəgúːri | -tə-/ *n.* (*pl.* ～**s**) 〖植物〗マタグーリ (*Discaria toumatou*) 《ニュージーランドの荒野で茂みをつくるクロウメモドキ科のとげのある低木; wild Irishman ともいう》. 〚(1859) (変形) ← Maori *tūmatakuru*〛

Ma·ta Ha·ri /mɑ́ːtəhɑ́ːri, mǽtəhǽri, -héri | mɑ́ːtəhɑ́ːri; *G.* mátaháːʁi/ *n.* マタハリ (1876–1917; オランダ系の踊り子; 第一次大戦中ドイツの女スパイとしてフランスで処刑された; 本名 Margaretha Geertruid Zelle /*Du.* marvaːrɛ̀ːtaː véːrtrœit tsɛ́lə/).

ma·tai[1] /mɑ́ːtaɪ/ *n.* (*pl.* ～**s**) 〖植物〗マタイ (*Podocarpus spicatus*) 《ニュージーランド産マキ科マキ属の常緑針葉樹; 木材は床や下見板として用いられる; black pine ともいう》. 〚(1835) ◻ Maori ～〛

ma·tai[2] /mətáɪ/ *n.* (*pl.* ～) マタイ《サモア諸島の大家族または氏族で家長として選ばれた人》. 〚(1928) ← Samoan〛

ma·ta·ma·ta /mɑ̀ːṭəmɑ́ːṭə | mæ̀təmǽtə/ *n.* 〖動物〗マタマタ (*Chelus fimbriatus*) 《ガイアナ・ブラジル北部産のヘビクビガメ》. 〚(1840) ◻ Port. *matamata* ← Tupi〛

ma·ta-ma·ta /mɑ́ːṭəmɑ́ːṭə | tɑ̀mɑ́ːtə/ *n.* 警察《マレーシアでの旧称》. 〚◻ Malay ～ ← *mata* eye〛

mat·a·mo·ro /mæ̀ṭəmɔ́ːroʊ | -təmɔ́ːrəʊ/ *n.* ＝mattamore.

Mat·a·mo·ros /mæ̀ṭəmɔ́ːrəs; *Sp.* matamóros/ *n.* マタモロス《メキシコ北東部 Rio Grande 河口の港市》.

Mat·a·nus·ka /mæ̀ṭənúːskə | -tə-/ *n.* **1** マタヌスカ《米国 Alaska 州南部 Anchorage の北東部に当たる自作農地としての政府の実験開拓地; 渓谷で有名》. **2** [the ～] マタヌスカ(川)《米国 Alaska 州の川; 145 km》. 〚◻ (現地語) (原義) copper (river)〛

Ma·tan·zas /mətǽnzəs; *Am.Sp.* matánsas/ *n.* マタンサス《キューバ北西岸の港市》.

Mat·a·pan /mæ̀ṭəpǽn | -tə-/, **Cape** *n.* マタパン岬《ギリシャ南部, 本土の南端部分の岬; ギリシャ語名 Taínaron》.

mát bèan *n.* 〖植物〗＝moth bean.

mát bóard *n.* マット《額縁に入れて絵の台にする厚紙》.

match[1] /mǽtʃ/ *n.* **1 a** (通例 2 人[組]程度でやる)試合, ゲーム (⇨ sport SYN): play a ～ 試合をする / a cricket [wrestling] ～ クリケット[レスリング]試合 / a consolation ～ ⇨ consolation 3 a / ⇨ title match. **b** 〖テニス〗マッチ《シングルス・ダブルスとも数セットからなる試合で, 所定のセット数を勝てば終了する》. **2** 競争相手, 好敵手: be a [no] ～ *for* …と匹敵できる[できない] / He is a good ～ *for* me. 相手に不足はない / He is more than a ～ *for* me. 彼にはとてもかなわない / meet [find] one's ～ 好敵手に会う; 難問題にぶつかる / He never met his ～. 負けたことがない. **3** (性質・能力などで)対等な人 (equal), 好一対の人: I never found his ～ for goodness. 彼のような善良な人は見たことがない / They are right ～*es*. まさに好一対. **4 a** 似合いの一対, よく釣り合う物, 好一対: The tie and shirt are a perfect ～. ネクタイとワイシャツがぴったりと合っている / Have you a ～ *for* this ribbon? これと同じような[釣り合う]リボンがありますか / The hat is a ～ *for* the coat. その帽子は上衣によく似合う. **b** (一対・そろいの)片方. **c** そっくりのもの. **5 a** 縁組, 結婚 (marriage): make a ～ 仲人をする; 縁組[結婚]する / She has made a good ～. 彼女は良縁を得た / ⇨ love match. **b** (適当[不適当]な)結婚相手: He [She] is a good [poor] ～. 婿[嫁]として立派だ[思わしくない]. **6** 〖電算〗(検索において)一致した文字列, マッチ.
― *vt.* **1 a** …と調和する, 釣り合う: His hat ～*es* (the color of) his suit. 彼の帽子はスーツ(の色)にぴったり合っている. **b** 調和させる, 釣り合わせる, 適合させる (fit) 〔*to, with*〕: make outgo ～ income 収支を合わせる / ～ action *to* one's words 今言ったことをすぐ実行に移す. **2** …に調和するものを作る[見つける]: ～ a vase そろいの花びんを手に入れる / Can you ～ this color for me? この色に釣り合うものを見つけて下さいませんか. **3** …に匹敵する, …と対等である: No one can ～ him. だれも彼にかなう者はない. **4** …の相手になる, の好敵手となる: I will ～ you in a race. 私が競走の相手になろう. **5** 取り組ませる, 競争させる, 対抗させる (oppose); 〔互角な相手と〕取り組ませる 〔*against, with*〕: ～ one person *against* [*with*] another ある人を別の人と対抗させる / ⇨ well-matched / They are equally ～*ed* in their command of English. 彼らは二人とも英語がよく使える. **6** (どちらがすぐれているか)比較する: They ～*ed* wits. 彼らは機知くらべをした. **7** 〈板などを〉はぎ合わせる, さねはぎする (cf. matchboard). **8** 《米》 **a** (裏か表かで決めるために)〈コインを〉投げる: ～ coins. **b** 〈人〉とコイン投げをする. **9** 〖電気〗整合させる《インピーダンスを合わせて電力が有効に伝わるようにする》. **10** 〖電算〗(検索において)〈指定されたパターン〉に一致する. **11** 《古》結婚させる, 添わせる (marry) 〔*with*〕: ～ one person *with* another / a well-[ill-]*matched* pair 似合いの[不似合いの]夫婦.
― *vi.* **1** (大きさ・形・色・模様などの点で)調和する, 釣り合う, 映る (agree, suit) 〔*with, to*〕: This ribbon does not ～ *with* your hat. このリボンはあなたの帽子に調和しない / a dress trimmed with braid to ～ よく釣り合うモールで飾った衣装. **2** 似ている, 対等である. **3** 《廃》夫婦になる (couple) 〔*with*〕: Let beggars ～ *with* beggars. 《諺》「割れ鍋に綴蓋(とじぶた)」.
mátch úp to 〈期待など〉にこたえる; 〈事態など〉に対処する. ***mátch úp with*** …と一致する, 調和する; …に匹敵する.
～·er *n.* **～·ing** *adj.* 〚n.: OE (*ġe*)*mæċċa* one of a pair, mate ＜ **ʒamakjon* ＜ Gmc **ʒamakon* he who is filled with (another) ← **ʒa-* 'Y-'＋**mak-* fitting (⇨ make[1]). ― v.: (*c*1353) ← (n.)〛

match[2] /mǽtʃ/ *n.* **1** マッチ(一本): a box of ～*es* マッチ一箱 / a lucifer ～ (昔の)黄燐マッチ / a safety ～ 安全マッチ / light [strike] a ～ マッチをつける[する]. **2** (昔の鉄砲や大砲の発火に用いた)火縄 (cf. matchlock). 〚(*c*1378) *macche* ◻ OF *meiche* (F *mèche* wick) ＜ VL **micca* (混成)? ← L *myxa* wick of a candle (◻ Gk *múxa*)＋*mūcus* slime from nose〛

match·a·ble /mǽtʃəbl̩/ *adj.* 匹敵できる, 釣り合った, 対等の, 似合う, 映りのよい (correspondent, suitable): be ～ *to* none 比べものがない, 無比だ. 〚1568〛

mátch·bòard *n.* 〖木工〗さねはぎ板 (matched board ともいう). 〚1858〛

mátch·bòarding *n.* 〖木工〗さねはぎ作業; さねはぎ板(張り). 〚1865〛

mátch·bòok *n.* マッチブック《二つ折りのポケット用もぎ取り式紙軸マッチ; cf. book match》. 〚1951〛

mátch·bòx *n.* マッチ箱. 〚1786〛

mátch·còat *n.* (毛皮・皮革・毛系などで作った)インディアンのマント. 〚(1642) (通俗語源)? ← N-Am.-Ind. (Powhatan) *matshcore* (cf. Odjibwa *matchigode* woman's dress)〛

matched /mǽtʃt/ *adj.* **1** (人と人が)釣り合った, お似合いの. **2** 匹敵する, 対等の.

mátched bóard *n.* 〖木工〗＝matchboard.

mátched órder *n.* 〖証券〗**1** 仮装売買 (wash sale). **2** 仮装売買のための同じ証券の売り注文と買い注文. 〚1903〛

mátched sámple *n.* 〖統計〗符合標本《調査対象の特性以外の全特性を共有する標本》. 〚1942〛

mátched síding *n.* 〖建築〗＝drop siding.

mátch·er *n.* **1** match[1] する人. **2** 同じ大きさ[色, 質など]をそろえる人 (assorter). **3** 〖木工〗(2 枚の板の)さねはぎ機[かんな]. 〚1611〛

mat·chet /mǽtʃɪt | -tʃɪt/ *n.* ＝machete 1.

match·ing /mǽtʃɪŋ/ *n.* **1** 〖木工〗マッチング《木目模様の線返しを強調するような化粧板の木目配列; cf. bookmatch》. **2** 〖電気〗整合《結合部でのエネルギー伝達の良さ》: a ～ circuit 整合回路 / a ～ transformer 整合変成器《整合をとるためのインピーダンス変換器》. 〚(1562): ⇨ match[1] (v.)〛

mátching fúnds *n. pl.* 〖経済〗見合い基金《一般寄付募集による金額に見合った一定比率の個人または団体寄付金》.

mátch jòint *n.* 〖木工〗さねはぎ. 〚1683〛

mátch·less *adj.* 無比の, 無双の, 無類の (incomparable, peerless): a girl of ～ beauty 類いまれな美少女. **～·ly** *adv.* **～·ness** *n.* 〚1530〛

mátch·lòck *n.* (火縄銃の)点火装置; 火縄銃. 〚1698〛

mátch·màker[1] *n.* **1** 好んで結婚仲介をする人, 仲人. **2** 競技の組み合わせをする人. 〚(1643): ⇨ match[1] (n.)〛

mátch·màker[2] *n.* マッチ製造人. 〚(*a*1639): ⇨ match[2]〛

mátch·màking[1] *n., adj.* **1** 縁結び(の), 結婚媒酌(の). **2** レスリング・ボクシングの試合設定(の). 〚(1821): ⇨ match[1] (n.)〛

mátch·màking[2] *n., adj.* マッチ製造(業)(の). 〚⇨ match[2]〛

mátch·màrk *n., adj.* (組立てに便利なように機械の部品につける)合い印. ― *vt.* …に合い印をつける. 〚1918〛

mátch plàte *n.* 〖金属加工〗マッチプレート, 見切り板《小さい多量生産用鋳型で見切り線に沿って分割された型と湯口とを表裏面に取り付けるための板》. 〚1875〛

mátch plày *n.* **1** 〖ゴルフ〗マッチプレー《ホールごとの勝負で勝ったホール数の多い方が勝者となる; cf. medal play, stroke play》. **2** (テニスなどにおける)試合の中でのプレー.

mátch plàyer *n.* 〚1893〛

mátch póint *n.* **1** 〖球技〗マッチポイント《テニス・バレーボールなどで試合の勝敗を決する最後の[決勝の] 1 点》. **2** /―⌣―/ 〖トランプ〗勝点法《duplicate bridge における優劣判定法の一つで, あるペアーが他の 1 ペアーに勝つごとに勝点 1 を, 引分けるごとに ½ を与えられる方式》. 〚1921〛

mátch·stìck *n.* **1** マッチ棒 (特に燃えさし). **2** マッチ棒のような細いもの. ― *adj.* **1** マッチ棒(のようなもの)でできた: a ～ house 細い木材で建てた(もろい)家. **2** (マッチ棒のように)痩身の: ～ men. 〚1791〛

mátch·ùp *n.* (バスケットボールにおけるような)一対一の直接対決. 〚1959〛

mátch·wòod *n.* **1** マッチの軸木(材料). **2** こっぱ (splinters): make ～ of …をこっぱみじんにする / reduce to [break into] ～ 粉みじんにする / tumble into ～ 倒れてこっぱみじんになる.

mate[1] /méɪt/ *n.* **1 a** [しばしば複合語の第 2 構成素として] 仲間 (companion, comrade): ⇨ classmate, roommate. **b** 《英口語》仕事仲間, 相棒. **c** 《英・豪口語》[男同士で親しみある呼掛けとして] 兄弟, 兄貴 (pal, chum). **d** (熟練工の)助手 (helper). **2 a** 配偶者《夫または妻》, 連れ合い. **b** (動物の)つがいの一方. **c** (手袋・靴などの)片方. **3** 〖海事・海軍〗 **a** (商船の)航海士: the chief [first] ～ 一等航海士《副船長格》/ the second

M

[third] ～ 二[三]等航海士. **b** 助手, …補佐 (assistant); 《米》(兵曹(ᐨᐨ)長を補佐する)兵曹: a boatswain's ～ 掌帆兵曹 / a cook's ～ (船艦乗込みの)コック助手 / a gunner's ～ 掌砲兵曹. **4** 〘機械〙(他のギアやウォームなどと組合わされる)ギア, ウォーム (worm). **5** 《古》対等の人, 好敵手 (equal, match).
gò mátes with …と仲間[相棒]になる: I will be willing to go ～*s with* him. 喜んで彼と仲間になろう.
— *vt.* **1** **a** 連れ添わせる, 縁組させる, 結婚させる〔*with*〕: She was ～*d with* him. 彼女は彼と結婚をした. **b** 〈性交の相手を〉あてがう. **c** 〈動物を〉交尾させる (pair) 〈*up*〉. **2** **a** 〈二つの物を〉適当に合わせる, 結び合わせる, 釣り合わせる〔*with*〕: ～ one's faith *with* acts 信仰と行いを一致させる. **b** 〈機械の部品などを〉かみ合わせる〔*to*〕. **3** 《古》(力・知性などの点で)対抗させる (match). **— *vi.*** **1** **a** 結婚する, 連れ添う (marry)〔*with*〕. **b** 〈動物が〉交尾する, つがう (pair)〔*with*〕. **c** 〈人が〉繁殖用に動物を交尾させる (pair) 〈*up*〉. **2** 〘機械〙〈ギアなどが〉(他のギアと)かみ合う〔*with*〕. **3** 《古》仲間になる, 交わる〔*with*〕.
〖(*c*1380) ⊏ MLG ～ (頭音消失) ← *gemate* < (W-Gmc) **ʒamaton* ← **ʒa-* 'Y-' + **mat-* (⇨ meat): cf. OE *ġemetta* sharer of food, guest: cf. companion[1]〗

mate[2] /méɪt/ *vt.* **1** 〘チェス〙 = checkmate. **2** 《廃》出し抜く, 負かす. **3** 《廃》途方に暮れさす, 無力にする.
〖(?*a*1300) mate(n) ⊏ OF *mater* ← (O)F *mat* checkmated, overcome (略) ← *eschec mat* 'CHECKMATE': cf. mat[2]〗

ma·té /mɑ́ːteɪ, ─́─ | mǽteɪ, mɑ́ː-; *Sp.* maté/ (*also* **ma·te** /～/) *n.* **1** **a** マテ茶, パラグアイ茶《南米パラグアイおよびブラジルで主に用いられる茶; Paraguay tea, yerba, yerba maté ともいう》. **b** 〘植物〙パラグアイチャ, マテ (*Ilex paraguariensis*)《南米産のモチノキ科の常緑低木または小高木》. **2** マテ茶器《ひょうたんの一種で, その中から管で吸って飲む》. 〖(1717) ⊏ Am.-Sp. *mate* (原義) vessel ⊏ Quechua *mati* calabash〗

ma·te·las·sé /mɑ̀ːtəlɑːséɪ, -tḷ-, -tl- | -təl-, -tḷ-, -tl-; *F.* matlase/ *n.* マトラッセ織《刺し子風の浮模様のある絹織りまたは絹毛交織ドレス用の布》. **— *adj.*** 〈絹布など〉マトラッセ織の, 刺し子風の浮模様のある. 〖(1882) ⊏ F ～ (p.p.) ← *matelasser* to cushion ← *matelas* 'MATTRESS'〗

M

máte·less *adj.* 仲間[相手]のない; 連れ合いのない. 〖1599〗

ma·tel·las·se /mɑ̀ːtəlɑːséɪ, -tḷ-, -tl- | -təl-, -tḷ-, -tl-/ *n.*, *adj.* = matelassé.

mate·lot /mǽtlou, -tḷòu | -tləu, -tḷəu; *F.* matlo/ *n.* 《英俗》船乗り, 水夫, マドロス (matlow). 〖(1911) ⊏ F ～ < OF *matenot* ⊏ MDu. *mattenoot* ← *matte* (⊏ L *matta* 'MAT[1], bed') + *noot* companion: cf. mate[1]〗

ma·te·lote /mæ̀təlóut, -tḷ-, mætlóut | mæ̀təlóut, -tḷ-, mætlə́ut; *F.* matlɔt/ *n.* (*also* **ma·te·lotte** /～/) マトロート《魚のワイン煮; タマネギ・マッシュルームなどを加えることが多い》. 〖(1730–6) ⊏ F ～ ← *matelot* (↑)〗

ma·ter /méɪtə, mɑ́ː- | -tə[r]/ *n.* **1** [しばしば the ～] 《英俗・戯言》おふくろ, 母 (cf. pater 1): *The Mater* will do anything for me. おふくろは僕のためなら何でもしてくれる. **2** 〘解剖〙脳膜: ⇨ dura mater, pia mater 1. **3** (天文観測儀の可動部を支える)支え台. 〖(1594) ⊏ L *māter* 'MOTHER[1]'〗

ma·ter do·lo·ro·sa /méɪtədòulərόusə, mɑ́ː- | -tədɒ̀lərə́u-/ *L. n.* **1** [the ～] 悲しみの聖母. **2** [M-D-] (絵画・彫刻などで)悲しみの聖母マリアの像. 〖(1800) ⊏ ML *māter dolorosa* sorrowful mother〗

ma·ter·fa·mil·i·as /mèɪtəfəmíliəs, mɑ̀ː-, -æs | -tə-/ *n.* (*pl.* **ma·tres·fa·mil·i·as** /-treɪz-/) 主婦 (matron) (cf. paterfamilias). 〖(1756) ⊏ L ～ 'mother of a family'〗

ma·te·ri·al /mətíᵊriəl | -tíər-/ *n.* **1** **a** 原料, 材料, 資材; 素材 (⇨ matter SYN): ⇨ raw material / a house built of good ～*s* 良い材料を使って建てた家. **b** (羊毛製の)服地, 織物 (cloth): a dress made of good [inferior] ～ 良質[下等]の生地(ᐨ)で作ったドレス. **2** (調査・小説などの)題材, 資料, データ: draw ～ from … から材料を採る / collect [gather] ～*s for* stories 物語の材料を集める. **3** 人格的要素; 人材, 人物: turn out splendid ～ for the making of public servants 官公吏となるすばらしい人材を養成する. **4** **a** [通例 *pl.*] 用具, 器具: writing ～*s* 筆記具《筆・墨・紙など》. **b** = matériel. **5** = matter 9 a.
— *adj.* **1** 物質の, 物質上の, 物質的な (physical) (↔ spiritual); 有形の (tangible), 具体的な (substantial): a ～ being 有形物 / ～ forces 物質力 / ～ property 有形財産 / ～ civilization 物質文明 / in ～ form 具体的形式で. **2** **a** (精神的に対して)身体の, 肉体上の (corporeal) (↔ spiritual): ～ pleasure [comforts] 肉体的快楽. **b** 官能的な, 感覚的な (sensuous); 物欲的な, 野卑な; 世俗的な (earthly): a ～ love of money 卑俗な金銭欲 / ～ success 世俗的成功. **3** 〔…に(とって)〕重大な, 肝要な, 必須の (important)〔*to*〕: a ～ correction 重要な訂正 / matters ～ *to* one's happiness 幸福に密接な関係のある事柄 / It makes no ～ difference. たいした差はない / It is ～ to distinguish them with accuracy. それらを正確に区別することが肝要だ. **4** 〘法律〙判決に決定的な影響のある, 実質的な, 重大な: ～ evidence [fact] 重大な証拠[事実]. **5** 〘哲学〙(形相的に対して)物質的な, 質料的な, 実質的な, 実体上の (substantial). **6** 《廃》内容のある; 道理にかなった.
～·ness *n.* 〖(*c* 1340) *materiel* ⊏ (O)F *matériel* // LL *māteriālis* of matter ← L *māteria* 'MATTER': ⇨ -al[1]〗

SYN 物質的な: **material** 物質で構成され実体を有する: *material* nouns 物質名詞. **physical** 五官で認識される: 形状をしていて触知できる: *corporeal* existence 形体的な存在. ← (実際には) **physical** 五官で認識される: the *physical* world 物質界. **corporeal** 具体的な形状をしていて触知できる: *corporeal* existence 形体的な存在. **sensible** 感覚によって知ることのできる《この意味では古風》: *sensible* things 知覚できる物事. **phenomenal** 五官と経験で知覚できる: the *phenomenal* world 現象世界. **ANT** immaterial.

---

matérial cáuse *n.* 〘哲学〙質料因 (⇨ cause 6 b). 〖*c*1386〗

matérial cúlture *n.* 〘社会学〙物質文化 (cf. nonmaterial culture). 〖1929〗

matérial fállacy *n.* 〘論理〙実質的誤謬《推論の形式でなく, それを満たす命題の実質的内容における誤謬; cf. formal fallacy》.

matérial implicátion *n.* 〘論理〙実質(的)含意《任意の命題 p, q について p が真なら q は偽でないという関係》. 〖1903〗

ma·te·ri·al·ism /mətíᵊriəlìzṃ | -tíər-/ *n.* **1** (精神・知性より物質を尊重する)物質偏重, 物質[実利]主義. **2** 〘哲学〙唯物論, 唯物主義 (↔ spiritualism, idealism; cf. identity theory): ⇨ dialectical materialism / historical ～ 史的唯物論. **3** 〘倫理〙物質[物欲]中心主義. **4** 〘美術〙実物主義, 実質描写(主義). 〖(1748) ← NL *māteriālismus*: ⇨ material, -ism〗

ma·te·ri·al·ist /mətíᵊriəl̥ɪst | -tíəriəlɪst/ *n.* **1** 物質主義者, 実利主義者. **2** 唯物論者, 唯物主義者.
— *adj.* 物質[唯物]主義(者)の. 〖(1668) ← NL *māteriālista*〗

ma·te·ri·al·is·tic /mətìᵊriəlístɪk | -tìər-ˈ/ *adj.* **1** 物質主義の, 実利主義の. **2** 唯物論の, 唯物主義の.
ma·tè·ri·al·ís·ti·cal·ly *adv.* 〖1845〗

ma·te·ri·al·i·ty /mətìᵊriǽləṭi | -təriǽl̥ɪti/ *n.* **1** **a** 物質性, 有形, 具体性 (↔ spirituality). **b** 有形物, 実体: visions and *materialities* 幻想と実体. **2** 〘法律〙重要性, 重大さ: the ～ of the documents その文書の重要性. **3** 《廃》物質 (matter). 〖(*a*1529) ⊏ ML *māteriālitās*: ⇨ material, -ity〗

ma·te·ri·al·i·za·tion /mətìᵊriəl̥ɪzéɪʃən | -tìəriəlaɪ-, -lɪ-/ *n.* **1** 物質[物体]化, 具体化. **2** 〘心霊〙(霊魂が)形体を表すこと; 形体化した霊魂. 〖1843〗

ma·te·ri·al·ize /mətíᵊriəlàɪz | -tíər-/ *vi.* **1** 〈計画・希望などが〉事実となる, 実現する. **2** 出し抜けに[不意に]現れる: A black car ～*d* out of the mist. 一台の黒い車が霧の中から不意に現れた. **3** 〈霊が〉形体を表す, 肉体を具えて現れる. **— *vt.*** **1** …に形体を与える, 物質化する; 具体的に示す, 具体化する, 実現する. **2** 〈霊的なものを〉肉体的[具体的]に表す: ～ a spirit 霊を具体的な姿に表す. **3** 物質的にする, 実利的にする. **ma·té·ri·al·ìz·er** *n.* 〖(1710) ← MATERIAL + -IZE〗

matérial lógic *n.* 〘論理〙実質(的)論理(学) (cf. formal logic).

ma·te·ri·al·ly /mətíᵊriəli | -tíər-/ *adv.* **1** 実質的に (substantially), 大いに, 著しく (considerably): It ～ concerns me. それは私にとってきわめて重大なことである. **2** 物質的に, 有形的に. **3** 実利的に. **4** 〘哲学・論理〙実質に関して, 実質的に, 質料的に (↔ formally). 〖1502〗

matérial móde *n.* 〘哲学〙実質的表現《外的対象を表す言葉自体を顕在的に開示せずにその対象に直接言及する表現様式; 例 Fido is a dog. これに対し, "Fido" is a dog's name. は形式的表現 (formal mode) の文である》.

matérial nóun *n.* 〘文法〙物質名詞 (water, butter, gas など). 〖1892〗

matérials hándling *n.* 〘経営〙運搬管理, マテリアルハンドリング《工場での資材の移動・保管》. 〖1921〗

matérials scíence *n.* 材料科学《無機材料・金属材料・有機材料など材料一般の構造・性質と用法を研究対象とする学問分野》. 〖1961〗

ma·te·ri·a med·i·ca /mətíᵊriəmédɪ̥kə | -tíəriə-médɪ-/ *n.* **1** [集合的] 薬物, 医薬品 (drugs). **2** 生薬学, 薬用植物学; 薬(物)学論文. 〖(1699) ⊏ ML *māteria medica* medical material (なぞり) ← Gk *húlē iatrikḗ* healing material〗

ma·te·ri·a pri·ma /mətíᵊriəpráɪmə | -tíər-/ *n.* 〘哲学〙一次質料, 第一質料. 〖(1551) L ～ 'first matter'; Gk *prōtē hylē* の翻訳〗

ma·té·riel /mətìᵊriéł, mətíᵊriəł | mətìəriéł, mətíəriəł; *F.* materjɛl/ *n.* (*also* **ma·te·ri·el** /～/) **1** (事業・団体などで人員 (personnel) と区別して)設備. **2** 〘軍事〙軍需品, (軍用)資材《兵員 (personnel) と区別して, 武器・弾薬・車両・被服など需品・器材の総称》. 〖(1814) ⊏ F ～ ← *matériel* 'MATERIAL'〗

ma·ter lec·ti·o·nis /mɑ́ːtəlèktióunɪ̥s | -təlèktiə́unɪs/ *L. n.* (*pl.* **ma·tres l-** /mɑ́ːtreɪs-/) 〘言語〙区別的発音符代用文字《ドイツ語の ö を oe, ü を ue と書き表す場合の e など; cf. diacritical mark》. 〖(1846) ⊏ NL *māter lectiōnis* mother of reading〗

ma·ter·nal /mətə́ːnḷ | -tə́ː-/ *adj.* **1** 母の; 母としての, 母らしい (motherly) (cf. paternal 1): ～ love 母性愛 / a ～ association 母の会. **2** **a** (血縁関係が)母方の; 母から受継いだ: one's ～ uncle, grandfather, etc. / on the ～ side 母方の. **b** 〘文化人類学・社会学〙母親中心の, 母権の (cf. paternal 2 b): a ～ family 母親中心家族, 母権家族《家族内の権威が母親あるいは女性の長によって保持されている家族の型》. **3** 〘言語〙母国語の, 母国語である: his ～ language 彼の母国語. **ma·ter·nal·is·tic** /mətə̀ːnəlístɪk, -nḷ- | -tə̀ː-ˈ/ *adj.* **～·ly** *adv.* 〖(1481) ⊏ (O)F *maternel* // ← L *māternus* of a mother: ⇨ mater, -al[1]〗

matérnal inhéritance *n.* 〘生物〙母性遺伝《遺伝的形質が雌性配偶子を通じてのみ遺伝する現象》.

ma·tér·nal·ism /-nəlìzṃ, -nḷ-/ *n.* 母性, 母性愛.

ma·ter·nal·ize /mətə́ːnəlàɪz, -nḷ- | -tə́ː-/ *vt.* 母とする, 母らしくする, 母性化する. 〖1877〗

ma·ter·ni·ty /mətə́ːnəṭi | -tə́ːnɪ̥ti/ *n.* **1** **a** 母であること, 母性 (motherhood). **b** 母らしさ (motherliness). **2** 母系: successive *maternities*. **3** 産科病院, 産院.
— *adj.* [限定的] 産婦[妊婦]の(ための); 出産(用)の: ～ wear 妊婦服 / a ～ bag (慈善の)出産用品袋 / a ～ robe [gown, smock] 産婦用服 / a ～ benefit 出産給付, 出産手当 / a ～ center 妊婦相談所 / a ～ hospital [home] 産科病院, 産院 / a ～ leave 出産休暇 / a ～ nurse 助産婦, 産婆 / a ～ ward (病院の)産科病棟. 〖(1611) ⊏ F *maternité* ⊏ ML *māternitātem* ← L *māternus*: ⇨ maternal, -ity〗

matérnity allòwance *n.* 《英》出産手当《maternity pay を受けられない出産予定の女性に国が 18 週間給付する》. 〖1912〗

matérnity clòthes *n. pl.* 妊婦服, マタニティードレス (maternity dress).

matérnity drèss *n.* 妊婦服, マタニティードレス.

matérnity lèave *n.* 産休, (母親の)育児休暇 (cf. paternity leave).

matérnity pày *n.* 《英》産休手当《一定期間以上勤務したあと産休を取った女性に雇用者が通算 18 週間支払う》. 〖1981〗

máte·shìp *n.* 《豪》(友人・仕事仲間との)友情; 助け合いの精神. 〖(1593): ⇨ -ship〗

máte's ràtes /méɪts-/ *n. pl.* 《NZ 口語》(友人に払う)優遇的給与: do the job at ～. 〖1980〗

mat·ey /méɪti | -ti/ 《英口語》*adj.* 友達の, 親しい (friendly); 人づきのよい, 愛想のよい (sociable)〔*with*〕.
— *n.* **1** [呼び掛けに用いて] 友達, 仲間 (comrade, chum). **2** 造船所の工員. **～·ness** *n.* 〖(1915): ⇨ mate[1], -y[2,4]〗

math[1] /mǽθ/ *n.* 《米・カナダ口語》数学 (mathematics). 〖(1890) (略)〗

math[2] /mǽθ/ *n.* 《英方言》**1** 麦刈り. **2** 刈り入れた穀物. 〖OE *mǣþ* ← Gmc **mǣ-* (G *Mahd*) 'to MOW[1]': ⇨ -th[2]〗

math[3] /mʌ́θ/ *n.* ヒンズー教の僧院. 〖(1828) ⊏ Hindi *maṭh* ← Skt *maṭha* (原義) hut〗

math. 《略》mathematical; mathematically; mathematician; mathematics.

math·e·mat·ic /mæ̀θəmǽtɪk, mæθmǽṭ- | mæ̀θɪ̥-mǽtɪk, mæθmǽt-ˈ/ *adj.* = mathematical.

math·e·mat·i·cal /mæ̀θəmǽṭɪ̥kəl, mæθmǽṭ- | mæ̀θɪ̥mǽtɪk-, mæθmǽt-ˈ/ *adj.* **1** **a** 数学(上)の, 数理的な: a ～ problem. **b** 数学用の: ～ instruments 製図器械, 製図用具. **2** 非常に正確な (exact): with ～ precision 数学的正確さで, 非常に正確に. **3** 数学の上で可能な: a ～ chance 不可能ではないが, まず難しい見込み. **～·ly** *adv.* 〖(?*a*1425) ← L *mathēmaticus* (⊏ Gk *mathēmatikós* disposed to learn ← *máthēma* learning ← *manthánein* to learn ← IE **mendh-* to pay attention to): ⇨ -al[1]〗

mathemátical biólogist *n.* 数理生物学者.

mathemátical biólogy *n.* 数理生物学.

mathemátical expectátion *n.* 〘統計〙(数学的)期待[希望]値, 平均値《確率変数, すなわち偶然に支配されていろいろの値をとる変数の値の平均値; expected value ともいう》.

mathemátical indúction *n.* 〘数学〙数学的帰納法《自然数がすべてある性質をもつことを証明するための論法; 自然数を変数とする関数を定義するための方法; 単に induction ともいう》. 〖1838〗

mathemátical linguístics *n.* 数理言語学《数学モデルによる自然言語および形式言語の研究》. 〖1956〗

mathemátical lógic *n.* 数学的論理学, 記号論理学 (⇨ symbolic logic) 〖1858〗

mathemátical módel *n.* 数学(的)モデル《現象の数学的な構造のこと; 例えば天体の運動の数学モデルはその運動方程式である》. 〖1969〗

mathemátical phýsics *n.* 数理物理学《解析力学のように物理学上の式の数学的解析を主とする》.

mathemátical probabílity *n.* 〘統計〙数学的確率《ある事象の起こりうる場合の数と全部の事象の起こりうる場合の数の割合; classical probability ともいう; cf. principle of indifference》.

mathemátical resérves *n. pl.* 〘保険〙数理的責任準備金《一定の生命表と利率に基づいて長期の生命保険契約のために積み立てられる準備金》.

máthematical tábles *n. pl.* 数表《対数表・三角関数表など》.

math·e·ma·ti·cian /mæ̀θ(ə)mətíʃən | -θ(ə)m-, -θɪm-/ *n.* 数学者. 〖(?*a*1425) ⊏ (O)F *mathématicien*〗

math·e·mat·ics /mæ̀θəmǽtɪks, mæθmǽṭ- | mæ̀θɪ̥-mǽt-, mæθmǽt-/ *n.* **1** [単数扱い] 数学 ★ しばしば《米・カナダ口語》では math と, 《英口語》では maths と略す: applied [mixed] ～ 応用数学 / higher ～ 高等数学. **2** [単数または複数扱い] 数学的手続き, 演算, 計算: His ～ are [is] wrong. 彼の計算には誤りがある. 〖(1581) ⊏ L *mathēmatica* (neut. pl.) (Cicero) ⊏ Gk *tà mathēmaticá* (Aristotle): ⇨ mathematical, -ics: cf. F (*les*) *mathématiques* (pl.)〗

math·e·ma·ti·za·tion /mæ̀θ(ə)məṭɪ̥zéɪʃən | -θ(ɪ̥)-mətaɪ-, -tɪ-/ *n.* 数学化, 数式化. 〖1928〗

math·e·ma·tize /mǽθ(ə)mətàɪz | -θ(ɪ)-/ *vt.* 数学化する, 数式化する. 〘1719〙
Math·er /mǽðə, mǽθə | méɪðə(r, méɪθ-, mǽð-/, **Cotton** *n.* マザー《1663–1728; 米国の清教徒牧師・著述家》.
Mather, In·crease /ínkri:s/ *n.* マザー《1639–1723; 米国の清教徒牧師・著述家; Cotton Mather の父》.
Math·ew /mǽθju:, -θu: | mǽθju:, méɪθ-/ *n.* マシュー《男性名》. 《変形》← MATTHEW》
Math·ews /mǽθju:z, méɪθ-/, **Mit·ford Mc·Leod** /mítfəd məklάud | -fəd-/ *n.* マシューズ《1891–1985; 米国の辞書編纂者: *A Dictionary of Americanisms* (1951)》.
Ma·thil·da /mətíldə/ *n.* =Matilda[1].
maths /mǽθs/ *n.* 《英口語》=mathematics 1. 〘(1911)《略》← MATHEMATICS〙
Ma·thu·ra /mʌ́tərə | -tə-/ *n.* マトゥラ《インド北部 Uttar Pradesh 州の都市; Krishna の生地とされる; 旧名 Muttra》.
ma·ti·co /mətí:kou | -kəu; *Am.Sp.* matíko/ *n.* (*pl.* ~s) 〘植物〙マチコ (*Piper angustifolium*)《南米ペルー産コショウ科の植物; 葉は血止め薬・性病薬に用いられる》. 〘(1838) ◻ Sp. ~ (dim.) ← *Mateo* Matthew (その薬性の発見者であるスペインの兵士)〙
ma·ti·ère /mætiέə, mὰ:- | -tiέə(r; *F.* matjɛ:ʀ/ *F. n.* **1** 材料; 素材, 材質. **2** 〘美術〙マチエール, 絵はだ《絵の具の材質的効果; cf. métier 3》. 〘(1915) ◻ F ~: ⇨ matter〙
ma·til·da, M- /mətíldə/ *n.* 《豪俗》マチルダ《山地旅行者・放浪者らが身の回り品を入れて持ち歩く細長い包み》: walk [waltz] ~ マチルダを持って放浪する. 〘(1893)《転用》← MATILDA〙
Ma·til·da[1] /mətíldə/ *n.* マティルダ《女性名; 愛称形 Mattie, Matty, Maud, Tilda, Tilly》. 〘ME ◻ (O)F *Mathilde* ∥ ML *Matilda, Mathildis* ◻ OHG *Mahthilda* (原義) mighty in battle ← *maht* might＋*hiltia* battle: ⇨ might[2], Hilda: cf. OHG *Mahthildis* (← *mahti* might＋*hildi* battle)〙
Ma·til·da[2] /mətíldə/ *n.* マティルダ (1102–67; 通称 'the Empress Mode'; 英国王 Henry I の一人娘で Geoffrey of Anjoy の妻; Stephen との王位争いに敗れた; Henry II は息子).
Ma·til·de /mətíldə/ *n.* マティルダ《女性名》. 〘《変形》← MATILDA[1]〙
Ma·tíl·i·ja pòppy /mətíləhὰ:- | -lɪ-/ *n.* 〘植物〙米国 California 州およびメキシコ産の白い花をつけるケシ科の植物 (*Romneya coulteri*). 〘← *Matilija Canyon* (米国 California 州 Ventura 郡の原産地)〙
mat·in /mǽtn | -tɪn/ *n.* **1** [*pl.*; しばしば Matins; 単数または複数扱い] **a** 〘英国国教会〙早禱, 朝禱, 朝の祈り (Morning Prayer). **b** 〘カトリック〙(聖務日課の)朝課《もとは夜半, 後にはしばしば夜明けの祈り; 通例賛歌と共に捧げられる; 今日では the Office of Readings と呼ばれる; cf. canonical hour 1》. **2** 《詩》(鳥の)朝のさえずり: sing ~s. — *adj.* [限定的] **1** [しばしば M-] 朝の祈りの: the ~ bell / the ~ time. **2** =matinal. 〘(*c*1250) *matines* ◻ (O)F < LL *mātūtīnās* (fem. pl. acc.) ← *mātūtīnus* of or in the morning ← *Mātūta* goddess of morning ← IE **mā*-good, in good time〙
mat·in·al /mǽtənəl, -tṇ- | -tɪnḷ/ *adj.* 《まれ》朝の; (特に)早朝の. 〘(1803): ⇨ ↑, -al[1]〙
mat·i·nee /mæ̀tənéɪ, -tṇ- | mǽtɪnèɪ, -tṇ-; *F.* matine/ *n.* (*pl.* ~s /~z; *F.* ~/) (*also* **mat·i·née** /~/) **1** (演劇・音楽会などの)昼興行, マチネー (cf. soiree): go to a ~. **2** (女性が朝のうちに羽織る)部屋着 (negligée). **3** 《豪俗》昼間の性交. 〘(1858) ◻ F *matinée* ← *matin* morning: ⇨ matin〙
matinée còat *n.* マチネーコート《乳児用コート》. 〘1929〙
matinée ìdol *n.* (美貌などのため)女性観客層に人気のある役者, 二枚目役者《特に 1930–40 年代の》. 〘1902〙
matinée jàcket *n.* 《英》=matinee coat. 〘1964〙
mat·i·ness /méɪtinɪs | -ti-/ *n.* =mateyness. 〘1928〙
mat·ing /méɪtɪŋ | -tɪŋ/ *n.* **1** 交配, 交接 (cf. hybridization 1). **2** 交配期. 〘(1621): ⇨ mate[1], -ing[1]〙
Ma·tisse /mətí:s, mɑ:- | mə-, mæ-; *F.* matis/, **Henri** *n.* マチス (1869–1954; フランスの画家・彫刻家; Fauvism を推進, 都会的な感覚の色彩画で著名).
má·tjes hér·ring /mɑ́:tjəs-; *Du.* mátjəshe:rɪŋ/ *n.* 産卵前のニシン《切り身にして香料入りワインソースをかけて食べる》. 〘(1970) ◻ G *Matjeshering* ◻ Du. *maatjesharing*: Du. は MDu. にさかのぼり原義は maiden herring〙
mát·less *adj.* マット[むしろ]のない, マットを使用しない. 〘(1880): ⇨ -less〙
mat·lo /mǽtlou | -ləu/ *n.* =matlow.
Mat·lock /mǽtlɑ(:)k | -lɔk/ *n.* マットロック《北部イングランド Derbyshire の Derwent 川に沿った町; 同州の州都; 鉱泉が湧く》.
mat·low /mǽtlou | -ləu/ *n.* 《英俗》水夫 (sailor). 〘(1903) ◻ F *matelot* sailor: ⇨ matelot〙
Mat·o Gros·so /mæ̀təgróusou, -grɔ́(:)s- | mæ̀təugróusəu; *Braz.* mátugrósu/ *n.* マトグロッソ(州)《ブラジル西部の州; 面積 881,001 km², 州都 Cuiabá /kùjabá/》.
Máto Grósso do Súl /-dousú:l | -dəu-; *Braz.* -dusúw/ *n.* マトグロッソドスル《ブラジル中西部の州; 1979 年マトグロッソ州から分離; 面積 350,548 km²; 州都 Campo Grande》.
ma·to·ke /mὰ:toukéɪ | -təu-/ *n.* マトケ《バナナの果肉をゆでてつぶしたもの; ウガンダの料理》. 〘(1959) ← Bantu (Ganda)〙
Ma·tó·po Hílls /mətóupə- | -təu-/, (*also* **Ma·to·pos** /~z/) *n. pl.* [the ~] マトポ丘陵《ジンバブウェ南部 Bulawayo の南にある花崗岩の丘陵; Cecil Rhodes の墓がある》.
Ma·to·zi·nhos /*Port.* matuzíɲuʃ/ *n.* マトジニョス《ポルトガル北部 Oporto の北の漁港》.
matr- /méɪtr, mǽ-/ (母音の前にくるときの) matri- の異形.
mat·rass /mǽtrəs/ *n.* 〘化学〙(もと吹管分析に用いられた)フラスコ形ガラス器, 閉管. 〘(1605) ← F *matras* ◻ ? Arab. *máṭara*[h] leather bottle〙
matresfamilias *n.* materfamilias の複数形.
matres lectionis *n.* mater lectionis の複数形. 〘1846〙
ma·tri- /méɪtrɪ, mǽtri/「母」の意の連結形 (cf. patri-). ★ 時に matro-, また母音の前では通例 matr- になる. 〘◻ L *matri*- ← *māter* 'MOTHER[1]'〙
ma·tri·arch /méɪtriὰək | méɪtriὰ:k, mǽtri-/ *n.* (cf. patriarch) **1 a** 女家長, 母族長. **b** 家長[族長]の妻. **2 a** 母権制社会の長. **b** (団体などの)女性創設者; 女長老; (物事を)取り仕切る(年配の)女. **3** 気品のある老婦人. **ma·tri·ar·chic** /mèɪtriάəkɪk | mèɪtriά:-, mæ̀tri-ˈ/ *adj.* 〘(1606): ⇨ ↑, -arch[1]: PATRIARCH からの類推〙
ma·tri·ar·chal /mèɪtriάəkəl, -kḷ | mèɪtriά:-, mæ̀tri-ˈ/ *adj.* **1 a** 女家長[族長]の; 女家長[族長]制の. **b** 母権制[社会](的)の. **2** 女家長[族長]のような, 女長老らしい; (老婦人が)品位のある. 〘1863〙
mà·tri·ár·chal·ìsm /-kəlìzm, -kḷ-/ *n.* 女家長[族長]制政治; 母権制社会組織. 〘1884〙
ma·tri·ar·chate /méɪtriὰəkɪt, -keɪt | méɪtriὰ:k-, mǽtri-/ *n.* 〘文化人類学・社会学〙母権制社会《家族内において母が権力をもち, 社会・政治において女性が権力をもつ社会; 特に神話中のある種族にみられる》. 〘(1885) ← MATRIARCH＋-ATE[1]〙
ma·tri·ar·chy /méɪtriὰəki | méɪtriὰ:-, mǽtri-/ *n.* 〘文化人類学・社会学〙 **1** 母権制《家族内において母が権力をもち, 社会・政治において女性が権力をもつ制度》. **2** =matriarchate. 〘(1885) ← MATRIARCH＋-Y[1]〙
ma·tric[1] /méɪtrɪk | méɪtr-, mǽtr-/ *adj.* マトリックス (matrix) の. 〘1921〙
ma·tric[2] /mətrík/ *n.* 《英口語》=matriculation. 〘(1885)《略》〙
matric. 《略》matriculate; matriculated; matriculation.
ma·tri·cal /méɪtrɪkəl, -kḷ | méɪtrɪ-, mǽtrɪ-/ *adj.* =matric[1]. **~·ly** *adv.*
mà·tri·cén·tric *adj.* 母親中心の, 母方の, 妻方の: a ~ family. 〘(1957) ← MATRI-＋-CENTRIC〙
matrices *n.* matrix の複数形.
mat·ri·cide /mǽtrəsàɪd, méɪ- | -trɪ-/ *n.* **1** 母殺し《行為》. **2** 母殺し《人》(cf. patricide). **mat·ri·cid·al** /mæ̀trəsáɪdḷ, mèɪ- | -trɪsáɪdḷˈ/ *adj.* 〘1: (1594) ◻ F ~ ◻ L *mātricīdium*: ⇨ matri-, -cide. 2: (1632) ◻ F ~ ◻ L *mātricīda*〙
mat·ri·cli·nous /mæ̀trəkláɪnəs | -trɪ-ˈ/ *adj.* 《動植物が》雌系の特徴を受け継いだ, 傾母遺伝の. 〘← MATRI-＋-CLINOUS〙
ma·tric·u·la·ble /mətríkjuləbḷ/ *adj.* 入学に適格の.
ma·trìc·u·la·bíl·i·ty /-ləbíləṭi | -lɪ̀ti/ *n.*
ma·tric·u·lant /mətríkjulənt/ *n.* (大学の)入学志願者; 入学(予定)者. 〘(1883) ← MATRICUL(ATE)＋-ANT〙
ma·tric·u·late /mətríkjulèɪt/ *v.* — *vt.* **1** 〈人〉に(大学)入学を許す: He was ~*d* in (the) university in 1999. 1999 年に大学に入学した. **2** 〈紋章を〉登録する. — *vi.* 大学入学を許可される, 入学する: ~ *at* (a) university 大学に入学する / ~ *in* Brown University ブラウン大学に入学する. — /mətríkjulɪt, -lèɪt/ *n.* (大学の)入学を許可された人, (大学)入学者[生]. **ma·tríc·u·la·tor** /-ṭə | -tə(r/ *n.* 〘(1579) ← ML *mātriculātus* (p.p.) ← *mātriculāre* to enroll ← LL *mātrix* 'MATRIX': ⇨ -ate[3]〙
ma·tric·u·la·tion /mətrìkjuléɪʃən/ *n.* **1** (大学)入学許可: a ~ examination (大学の)入学試験. **2** (スコットランドを除く英国の大学)入学試験. (現在は GCE に取って代わられた). 〘(1588): ⇨ ↑, -ation〙
ma·tric·u·la·to·ry /mətríkjulətɔ̀:ri | -təri/ *adj.* (大学)入学の(ための); 入学試験の. 〘1884〙
màtri·fócal *adj.* =matricentric.
màtri·láteral *adj.* 母方の (↔ patrilateral). **~·ly** *adv.* 〘1951〙
màtri·líneage *n.* 母系 (↔ patrilineage). 〘(1949): ⇨ matri-, lineage[1]〙
màtri·líneal *adj.* 母系の, 母系制の, 母方の (↔ patrilineal): ~ descent 母系. **~·ly** *adv.* 〘(1904) ← MATRI-＋LINEAL〙
mat·ri·lin·y /mǽtrəlìni, -làɪni | -trɪ-/ *n.* 母系制《系譜関係や地位の継承, 財産相続などが母からなされる制度; ↔ patriliny》. 〘(1906): ⇨ matrilineal, -y[1]〙
màtri·lócal *adj.* 〘文化人類学・社会学〙妻方居住の《夫婦が妻の両親と住む婚姻様式にいう; uxorilocal ともいう; cf. patrilocal》. **~·i·ty** *n.* **~·ly** *adv.* 〘(1906) ← MATRI-＋LOCAL[1]〙
mat·ri·mo·ni·al /mæ̀trəmóuniəl | -trɪməu-ˈ/ *adj.* 結婚の, 婚姻の (nuptial, connubial): a ~ advertisement 求婚広告 / a ~ agency 結婚相談所 / the ~ bond 結婚のきずな. 〘(1449) ◻ (O)F ~ ∥ L *mātrimōniālis*: ⇨ matrimony, -al[1]〙
màt·ri·mó·ni·al·ly /-li/ *adv.* 結婚によって, 結婚の慣例によって. 〘1606〙
mat·ri·mo·ny /mǽtrəmòuni | -trɪməni/ *n.* **1 a** 結婚, 婚姻 (⇨ marriage SYN). **b** 夫婦関係, 結婚生活: enter into ~ 結婚する. **c** 《古》結婚式. **2** 〘トランプ〙マトリモニー: **a** faro に似た昔の賭博ゲームの一種. **b** そのゲームでキングとクイーンの組合わせ. 〘(*c*1300) ME *matrimonye* ◻ AF *matrimonie*＝OF *matremoi(g)ne* ∥ L *mātrimōnium* marriage: ⇨ matri-, -mony〙
mátrimony vìne *n.* 〘植物〙ナス科クコ属 (*Lycium*) の植物の総称; (特に)アジア産の *L. halimifolium* (boxthorn ともいう). 〘*c*1818〙
ma·tri·o·shka /mæ̀triɑ́(:)ʃkə, -ɔ́(:)ʃ- | -ɔ́ʃ-/ *n.* = matryoshka. 〘1948〙
màtri·potéstal *adj.* 〘文化人類学・社会学〙母権(制)の (↔ patripotestal). 〘← MATRI-＋POTESTAL〙
ma·trix /méɪtrɪks | méɪtr-, mǽtr-/ *n.* (*pl.* **ma·tri·ces** /méɪtrəsì:z, mǽtr- | -trɪ-/, ~·es) **1** (物が形成・成長する)母体, 母組織; 基盤. **2** 〘数学〙行列, マトリックス《いくつかの数を長方形に並べたもの》. **3** 〘電算・テレビ〙マトリックス《導線の間に同じ部品を縦横に配列し連結した網状のもの》. **4** (レコード複製のための)母盤. **5 a** 〘印刷〙(活字鋳造の)母型, 字母; (ステロ版の)紙型(しけい); 型; (電鋳版の)電型. **b** 〘活字〙=strike 16. ★ 英国の印刷業者は /méɪtrɪks/ と発音する. **6** (印刷機・打印機の)抜き型. **7** 〘生物・解剖〙マトリックス, 基質, 母質, 礎質, 細胞間質, 間充質: the ~ of a nail 爪母(そうぼ). ★ 英国では医師は一般に /méɪtrɪks/ と発音する. **8** 〘植物〙(地衣または菌類の生じる)母体. **9** =matrix sentence. **10** 〘地質〙 **a** 堆積岩中の礫(れき)や砂粒などの間を埋めている基質. **b** 宝石などをとり囲んでいる岩石の部分. **c** =groundmass. **11** 〘土木〙(セメントのような)固着剤. **12** 〘冶金〙マトリックス, 生地, 母体《合金の中の主要金属》. **13** 〘機械〙機械的に再生されるもの (master ともいう). **14** 《古》子宮 (womb). 〘(1373) ◻ L *mātrix* womb, source, breeding animal ← *mātr*-, *māter* 'MOTHER[1]'〙
mátrix álgebra *n.* 〘数学〙行列代数: **a** 行列 (matrix) に関する代数. **b** 同じ次数の正方行列のつくる多元環 (algebra). 〘1930〙
mátrix isolàtion *n.* 〘化学〙マトリックス分離法.
mátrix mechànics *n.* 〘物理〙(量子力学で)行列力学 (cf. wave mechanics).
mátrix prìnter *n.* 〘電算〙=dot-matrix printer. 〘1958〙
mátrix sèntence *n.* 〘言語〙母型文《I know (that) he speaks English. という文の内 'he speaks English' の部分を構成素文 (constituent sentence) または埋め込み文 (embedded sentence) と呼ぶのに対して, 'I know' を母型文という》. 〘1964〙
ma·tro- /méɪtrou, mǽtr- | -trəu/ matri- の異形.
mat·ro·cli·nal /mæ̀trəkláɪnḷ | -trɪ-ˈ/ *adj.* =matriclinous.
mat·ro·cli·nous /mæ̀trəkláɪnəs | -trɪ-ˈ/ *adj.* = matriclinous.
ma·tron /méɪtrən/ *n.* **1 a** 《米》(公共施設などで)家政婦長. **b** 《英》看護婦長; 寮母. **c** 《米》女性看守: ⇨ police matron. **2** (通例, 子供をもった品のある年配の)既婚女性, 未亡人. **3** 育種[繁殖]用の牝馬[犬].
mátron of hónor (1) 花嫁の介添役の既婚女性 (cf. MAID of honor (2)). (2) (女王・王女に仕える)身分の高い既婚女性. (1903)
~·al /-nḷ/ *adj.* 〘(*a*1393) ◻ (O)F *matrone* ∥ L *mātrōna* married wom-an ← *māter* 'MOTHER[1]': cf. patron〙
ma·tron·age /méɪtrənɪʤ/ *n.* **1** =matronhood. **2** matron による世話[監督]. **3** [集合的] =MATRONS. 〘(1771) ← MATRON＋-AGE〙
mátron·hòod *n.* matron であること; matron の職[任務]. 〘(1836): ⇨ -hood〙
ma·tron·ize /méɪtrənàɪz/ *vt.* **1** 年配の女性らしくさせる. **2** (年配の女性らしく)世話をする, 監督する. — *vi.* **1** matron になる. **2** matron (として)の務めを果たす. 〘(1741): ⇨ -ize〙
mátron·like *adj.* =matronly.
má·tron·ly *adj.* 品のある年配の女性の[らしい]; 落着いた, 円熟した: ~ duties, virtues, etc. / a ~ figure, manner, etc. **má·tron·li·ness** *n.* 〘1656〙
mátron·shìp *n.* =matronhood.
mat·ro·nym·ic /mæ̀trənímɪk | -trɪ-ˈ/ *adj.* 母親[母系祖先]の名を採った[に由来する, にちなむ], 母系の (cf. patronymic). — *n.* 母の名を採った名前, 母系祖先の名から出た[に由来した]名, 母称 (metronymic よりはまれ). 〘(1794) ◻ Gk *metrōnumikós* ← *mḗtēr* 'MOTHER[1]'＋*ónoma* named (⇨ name): ⇨ matri-, -ic[1]〙
Ma·truh /mətrú:/ *n.* マトルーフ《エジプト北西部の町; Marsa [Mersa] Matruh ともいう》.
ma·try·o·shka /mæ̀triɑ́(:)ʃkə, -ɔ́(:)ʃ- | -ɔ́ʃ-; *Russ.* matrʲjóʃka/ *n.* (*pl.* **ma·try·osh·ki** /matrʲjóʃkʲi/) = Russian doll. 〘1982〙
MATS /mǽts/ 《略》〘米空軍〙Military Air Transport Service 軍航空輸送部 (MAC の旧称; cf. NATS). 〘1955〙
Mats·qui /mǽtskwi/ *n.* マツキー《カナダ南西部 British Columbia の都市》.
Ma·tsu /mὰ:tsú | mætsú; *Chin.* mátsǔ/ *n.* 馬祖(マーツー)(島)《台湾海峡の中国本土沖にある島》.
Matsys, Quentin *n.* ⇨ Massys.
matt /mǽt/ *adj., n., vt.* =mat[2].
Matt /mǽt/ *n.* マット《男性名》. 〘(dim.) ← MATTHEW〙

M

Matt. ⦅略⦆ Matthew (新約聖書の)マタイ伝福音書; 〘聖書〙 Matthias.

mat·ta·more /mæ̀təmɔ́ə, ←⌒⌒ | mǽtəmɔ̀:/ *n.* 地下倉庫, 穴倉. 〘⦅1695⦆ □ F *matamore* □ Arab. *maṭmūra^h* underground granary ← *ṭámara* to bury〙

mat·tar /mʌ́tə: | -tə:ʳ/ *n.* ⦅インド⦆ エンドウ (pea).

mátt·bòard *n.* =mat board.

matte[1] /mǽt/ *n.* 〘冶金〙マット, 鈹(ひ) ⦅銅鉱石を製錬する途中にできる銅・鉄・硫黄を主成分とする硫化物⦆. 〘⦅1839⦆ □ F ～: cf. mat[1]〙

matte[2] /mǽt/ *adj., n., vt.* =mat[2]. 〘⦅変形⦆ ← MAT[2]〙

matte[3] /mǽt/ *n.* 〘映画〙マット ⦅背景や前景の一部をマスクしてプリント時に別の背景などと置き換えられるようにする技法⦆. 〘⦅1839⦆ □ F ～〙

mát·ted[1] /-tɪ̣d | -tɪ̣d/ *adj.* **1 a** 〈植物・髪などがからみ合った, もつれた (cf. mat[1] *vt.* 3): ～ grass, hair, etc. **b** 〈地面など〉植物で一面に覆われた: a thickly ～ heath ヒースの密生した荒野. **2 a** マット[むしろ, ござ]を敷いた: a ～ passage. **b** マット[むしろ, ござ]でできた, マット状のものでできた: a ～ chair 座部がござでできた椅子. 〘⦅1607⦆ ← MAT[1]+-ED[2]〙

mát·ted[2] /-tɪ̣d | -tɪ̣d/ *adj.* つや消しの (dulled). 〘⦅1823⦆ (p.p.) ← MAT[2] (v.)〙

Mat·tel /mətɛ́l/ *n.* マテル(社) ⦅米国の大手玩具メーカー; バービー人形 (Barbie Doll) で知られる; 正式名 Mattel, Inc.⦆.

Mat·te·o /mɑ:téɪoʊ | -téɪəʊ; *It.* mattɛ́:o/ *n.* マーテオ, マッテーオ (男性名). 〘□ It. ～ 'MATTHEW'〙

Mat·te·ot·ti /mæ̀tiɔ́ʊṭi, mɑ̀:ṭ-, -ɔ́(:)ṭi | -tiɔ́ti; *It.* matteɔ́tti/, **Giacomo** *n.* マッテオッティ ⦅1885–1924; イタリアの政治家; 統一社会党書記; ファシスト党員に暗殺された⦆.

mat·ter /mǽṭə | -təʳ/ *n.* **1 a** (討議などの)問題 (subject); 事, 事柄, 事件 (business): a money ～=a ～ of money 金銭上の問題 / a ～ in dispute [question] 係争中の問題 / a ～ in hand 当面の問題 / a ～ of grave [no small] concern 重大な[容易でない]事件 / an important ～=a ～ of importance 重要な事 / a ～ of life and [or] death 死活問題 / a ～ of (personal) taste (個人の)趣味の問題 / let the ～ drop [rest]=leave the ～ as it is 事件から手を引く, 事を成行きに任せる / That's the end of the ～.=That's an end to the ～.=Let that be an end to the ～. この件はこれでおしまいだ / discuss various ～*s* いろいろな事を論じる / a ～ of opinion 意見の[異議の起こり得る]問題 / It is but a ～ of time when that will be done. いつなされるかは時間の問題に過ぎない. **b** (形式・様式と区別して, 論文・書物・演説などの)内容: the ～ of one's speech 演説の内容 / His book contained very little ～. 彼の本には内容がほとんどなかった. **c** 〔ある行為などの〕原因となる事, 〔…の〕種 (cause) 〔*of, for*〕: a ～ *for* [*of*] congratulation [regret] 祝うべき[残念な]こと / It is no laughing ～. 笑いごとではない.

2 [*pl.*] (漠然と)事情, 事態 (things): carry ～*s* with a high hand 高圧的に事を処理する / as ～*s* stand =as the ～ stands 現状では / to make ～*s* worse その上悪いことには / mince ～*s* 遠回しに言う / simplify [complicate] ～*s* 事を簡単[複雑]にする / take ～*s* easy [seriously] 物事をのんきに[真剣に]考える / That will not mend or mar ～*s*. そんな事は毒にも薬にもならない / So ～*s* went with him from bad to worse. そういうわけで彼にとって事情は段々悪化した / That is how ～*s* stand. 実情はそうなのだ.

3 大事, 重大(なこと) (importance): What ～? それでどうだと言うのか ⦅何でもない⦆ / It is (of) no ～ what happens. 何事が起ころうとかまわない / It makes no ～. たいしたことではない / No ～. なんでもない, どうでもよい / ⇨ *take* MATTERS *into one's own hands*.

4 [the ～] 難儀, 故障 (difficulty): What's *the* ～ *with* you? どうしたのか ⦅不平・苦痛・不幸などを尋ねる場合⦆ / Nothing is *the* ～ *with* me.=There is nothing *the* ～ *with* me. どうもしない / He must have something *the* ～ *with* his feet. 足をどうかしたに違いない / Is (there) anything the ～ *with* her? 彼女は何か具合が悪いのか.

5 [集合的] (筆記・印刷・出版・郵送などされた)物 (stuff); 郵便物: printed [written] ～ 印刷[筆記]物 / published ～ 出版物 / postal ～ 郵便物 / first-class ～ 第一種郵便物.

6 a (物体 (object) を構成する)物質 (substance) (↔ spirit, soul, mind). **b** (特定の形をもたない)ある状態[種類]の物質, …体, …質: solid [liquid, gaseous] ～ 固[液, 気]体 / animal [vegetable, mineral] ～ 動[植, 鉱]物質. **c** 特定の用途の物質, 材料, …素: (a) coloring ～ 色素. **d** 〘物理〙物質 (material). **7** 生体からの排泄物; (特に, はれ物・傷などの)膿(う) (pus): purulent ～ 膿. **8** [通例 a ～ of として] 大体の量[数, 額]: for *a* ～ *of* five years およそ5年間 / in *a* ～ *of* hours ものの数時間もすると / I walked the whole distance, *a* ～ *of* ten miles. 10マイルほどの所を全部歩いた / It sold for *a* ～ *of* a hundred pounds. それは100ポンドほどで売れた. **9 a** 〘哲学〙物質, 質料 (↔ mind); (アリストテレス哲学の)質料 (↔ form). **b** 〘論理〙論理的形式を満たす具体的な命題や名辞の内容 (↔ form). **10** 〘法律〙 **a** 陳述, 弁証 (statement). **b** (訴訟または答弁の)基礎事実. **c** (立証されるべき)事項. **d** 非訟事件 ⦅対立当事者のない事件⦆. **11** 〘印刷〙原稿 (copy); 組版 (type set up). **12** 〘美術〙質料, マチエール (matière) (cf. form 14).

a màtter of cóurse もちろんの事; 日常の事柄: as a ～ of *course* 当然のこととして, もちろん. ***a màtter of fáct*** (1) 事実問題; 間違いのない事実: ⇨ *as a* MATTER *of fact*. (2) 〘法律〙証明によって立証できる陳述[事実] (cf. MATTER of law). (3) 〘哲学〙経験によって検証可能な命題. (⦅なぞり⦆ ← L *rēs factī*) ***as a màtter of fáct*** [通例, 陳述の強調的な前置きとして] 事実上, 実際, 実のところ; (それどころか)実に, (ところが)実際は (actually). ***for thát màtter*** =(まれ) ***for the màtter of thát*** その事では, それについては (so far as that goes); 実際[そう言えば]また (indeed also): Few students—or adults, *for that* ～—have ever thought of it. それに考えを向けた学生は—その点では大人も—ほとんどいなかった. ⦅1674⦆ ***in màtters of*** =***in the màtter of*** …の件について(は), …に関して(は) (as regards): He is strict *in the* ～ *of* discipline. 躾(しつけ)に関しては厳しい. ***màtter of fáct*** ⦅口語⦆ =*as a* MATTER *of fact*. ***nò màtter*** (1) ⇨ 3. (2) [疑問詞を伴って] たとえ…でも: *no* ～ what [when, which] it is [may be] それが何[いつ, どれ]であろうとも / *no* ～ how rich he is [may be] 彼がどんなに金持ちでも / It is not true, *no* ～ who says [may say] so. たとえだれがそう言おうと本当ではない / You should go to the country for a change, *no* ～ where. どこでもよいから田舎へ転地しなさい. ***tàke màtters ìnto one's ówn hánds*** (責任者が対応してくれないので)自分で事を運ぶ[処理する].

mátter in déed 〘法律〙証書事項 ⦅捺印証書によって立証できる事実[陳述]; cf. MATTER of law⦆. ⦅1532⦆

mátter of a proposítion 〘論理〙命題の内容[実質] ⦅命題の形式に対して, それを満たす内容としての具体的命題や名辞⦆.

mátter of a sýllogism 〘論理〙三段論法の内容[実質] ⦅三段論法の形式に対して実質をなす命題や名辞⦆.

mátter of láw 〘法律〙法律問題 (cf. *a* MATTER *of fact* (2)).

mátter of récord 〘法律〙(裁判所の)記録事項 ⦅法廷記録に残されておりその提出によって立証しうる事実[陳述]⦆. ⦅1433⦆

— *vi.* **1** [主に疑問・否定構文で] 重要である, 重大な関係[意義]がある 〔*to*〕: It does*n't* ～ if we are late. 遅くなってもかまわない / It does*n't* ～ to me how you do it. どうやろうと構わない / He does*n't* ～. 彼なんかどうでもいい / *Not* that it ～*s*. と言っても大したことではないのだが (cf. not 2 a) / It ～*s nothing* [*little*] *to* me. 私には何でも[大したことは]ない / What does it ～? そんな事どうでもよいではないか [構うもんか]. **2** 〘病理〙〈傷などが〉膿(う)む, 膿(う)が出る (cf. *n.* 7).

〘n.: ⦅?*a*1200⦆ *matere* □ AF *mater(i)e*=(O)F *matière* // L *māteria* stuff, timber, ⦅原義⦆ the trunk of a tree regarded as producing shoots ← *māter* 'MOTHER[1]'. — v.: ⦅1530⦆ ← (n.)〙

SYN 物質: **matter** 形を問わず, 固体・液体・気体などの物質: solid *matter* 固体. **material** 特に作られたものを構成している材料: raw *materials* 原料. **stuff** ⦅口語⦆ = *matter, material*. **substance** 特定の化学的または物理的な物質: chemical *substances* 化学的物質.

Mat·ter·horn /mǽṭəhɔ̀ən | -təhɔ̀:n; *G.* mátɐhɔʁn/ *n.* [the ～] マッターホルン ⦅アルプス山中の高峰 (4,478 m); フランス語名 Mont Cervin⦆. 〘□ G ～ ← *Zermatter Horn* ← *Zermatt* (麓の村の名)〙

mátter-of-cóurse *adj.* [主に限定的] **1** 自然の成り行きの, 当然の, もちろんの; 決まりきった (cf. *a* MATTER *of course*). **2** 〈人・行動が〉物事を自然の成り行きと考える [考えた上での]; 落ち着いた: in a ～ manner [way] 当然のこととして, 落ち着いて. 〘⦅1739⦆〙

matter-of-fact /mæ̀ṭərə(v)fǽkt | -tə-ˊ/ *adj.* **1** 事実の, 実際の, 事務的な; 現実的な (cf. *a* MATTER *of fact*). **2** 無味乾燥な, 平凡な. **～·ly** *adv.* **～·ness** *n.* 〘⦅1712⦆〙

mátter wàve *n.* 〘物理〙物質波 (⇨ de Broglie wave). 〘⦅1930⦆〙

mat·ter·y /mǽṭəri | -təri/ *adj.* 膿(う)でいっぱいの. 〘⦅*a*1398⦆: ⇨ matter, -y[4]〙

Mat·the·an /mæθí:ən, mə-/ *adj.* (*also* **Mat·thae·an** /～/) 〘聖書〙マタイの, マタイによる福音書の. 〘⦅1897⦆ ← L *Matthaeus* (↓): ⇨ -an[1]〙

Mat·thew /mǽθju:, -θu: | -θju:/ *n.* **1** マシュー (男性名; 愛称形 Mat(t), Mattie, Matty; 異形 Mathew, Matthias). **2** 〘聖書〙 **a** [(Saint) ～] マタイ ⦅十二使徒の一人; 別名を Levi ともいい, 使徒に選ばれる前は徴税人であったといわれる; 伝承的にはマタイ伝の著者とされるが, それを否定する見解が多い; (カトリックでは) Matteo ともいう; 祝日 9月21日⦆. **b** (新約聖書の)マタイによる福音書, マタイ伝(福音書) (The Gospel according to St. Matthew) (略 Matt, Mat., Mt.). 〘ME □ OF *Matheu* (F *Mathieu*) □ LL *Matthaeus* □ Gk *Matthaîos, Matthías* ⦅短縮⦆ ← *Mattathías* □ Heb. *Mattithyā́^h* ⦅原義⦆ 'gift of YAHWEH' ← *mattáth* gift+*Yāh* Yahweh〙

Mátthew of Páris *n.* マシューパリス ⦅1200?–59; 英国の修道士・年代記作者; Matthew Paris ともいう⦆.

Mat·thews /mǽθju:z/, **(James) Bran·der** /brǽndə | -dəʳ/ *n.* マシューズ ⦅1852–1929; 米国の演劇批評家・随筆家⦆.

Matthews, Sir **Stanley** *n.* マシューズ ⦅1915–2000; 英国のサッカー選手⦆.

Mátthew Wálker *n.* 〘海事〙マシューウォーカー, 取手結び ⦅索の結び方 (knot) の一種; 止め索 (stopper) などに用いる⦆. 〘考案者の名から〙

Mat·thi·as /məθáɪəs; *G.* matí:as/ *n.* **1** マサイアス (男性名). **2** [(Saint) ～] 〘聖書〙マッテヤ ⦅Judas Iscariot の代わりに選ばれて十二使徒の一人となった; 祝日 2月24日; cf. *Acts* 1: 23–26⦆. 〘□ LL ～ □ Gk *Matthías*: ⇨ Matthew〙

Matthías Í Cor·ví·nus /-kɔəváɪnəs | -kɔ:-/ *n.* マティアス ⦅?1440–90; ハンガリー王 (1458–90); 中央ヨーロッパ最強の王国を築き, ルネサンス芸術の庇護者として Corvina Library を創立⦆.

Mat·thies·sen /mǽθɪ̣sən, -sn | -θɪ-/, **F(rancis) O(tto)** *n.* マシセン ⦅1902–50; 米国の大学教授・批評家; *American Renaissance* (1941)⦆.

Mat·tie /mǽṭi | -ti/ *n.* マッティ: **1** 男性名. **2** 女性名. 〘1: (dim.) ← MATTHEW. 2: (dim.) ← MATILDA〙

mat·tin /mǽṭn | -tɪn/ *n.* =matin.

mát·ting[1] /-ṭɪŋ | -tɪŋ/ *n.* **1 a** [集合的] むしろ, ござ, こも, 畳, 敷物, マット. **b** マットの材料. **2** むしろ・ござ・畳などを編むこと. **3** 〘海事〙当てむしろ (mat). 〘⦅1682⦆ ← MAT[1]+-ING[1]〙

mát·ting[2] /-ṭɪŋ | -tɪŋ/ *n.* つや消し, つや消し面; (額縁の中の)細い飾り縁 (mat). 〘← MAT[2]+-ING[1]〙

mat·tins /mǽṭnz | -tɪnz/ *n. pl.* [しばしば M-; 通例単数扱い] ⇨ matin 1. 〘*c*1290〙

mat·tock /mǽṭək | mǽt-/ *n.* (つるはしに似た)根掘りぐわ. 〘OE *mattuc* □ ? VL **matteuca* ← **mattea* club ⦅逆成⦆ ← L *mateola* mallet (dim.) ← **matea* ← IE **mat-* a kind of tool〙

Mat·to Gros·so /mæ̀ṭəgróʊsoʊ, -grɔ́(:)s- | mæ̀tə-gróʊsəʊ, mɑ:-/ *n.* =Mato Grosso.

mat·toid /mǽtɔɪd/ *n.* (まれ) ⦅狂人に近い⦆精神異常者. 〘⦅1891⦆ □ It. *mattoide* ← *matto* mad < L *mattum* intoxicated: ⇨ mat[2], -oid〙

mat·trass /mǽtrəs/ *n.* 〘化学〙=matrass.

mat·tress /mǽtrɪ̣s/ *n.* **1 a** (寝台の)敷きぶとん, マットレス: a chain [hair, spring, straw] ～ 鎖[毛, ばね, わら]ぶとん. **b** 空気で膨らますマットなど. **2** 〘土木〙 **a** (護岸工事に用いる)沈床, そだ束, 編みそだ. **b** (基礎工事に用いる)コンクリート板. 〘⦅*c*1300⦆ *materas* □ OF (F *matelas*) □ It. *materasso* □ Arab. *máṭraḥ* place where something is thrown down ← *ṭáraḥa* to throw〙

Mat·ty /mǽṭi | -ti/ *n.* マティー: **1** 男性名. **2** 女性名. 〘1: (dim.) ← MATTHEW. 2: (dim.) ← MATILDA〙

má·tu·ra díamond /mɑ́:tərə- | -tə-/ *n.* 〘鉱物〙マチュラダイヤモンド ⦅ジルコン (zircon) に熱加工して脱色した模造ダイヤ⦆. 〘⦅1880⦆ ← *Matura* (スリランカ南部の町)〙

mat·u·rate /mǽtʃʊrèɪt | -tjʊ-, -tʃʊ-/ *vi.* **1** 熟する. **2** 化膿(のう)する, うむ (suppurate). — *vt.* **1** 熟させる. **2** 化膿させる. 〘⦅1541⦆ ← L *mātūrātus* (p.p.) ← *mātūrāre* to ripen ← *mātūrus* ripe: ⇨ mature, -ate[3]〙

mat·u·ra·tion /mæ̀tʃʊréɪʃən | -tjʊ-, -tʃʊ-/ *n.* **1** 成熟, 円熟. **2** 〘生物〙生殖細胞の成熟. **3** 化膿(のう) (suppuration). **～·al** *adj.* 〘⦅1392⦆ □ F ～ // L *mātūrātiō(n-)* a ripening: ⇨ mature, -ation〙

maturátion divìsion *n.* 〘生物〙成熟分裂 ⦅動物の生殖細胞が造られる時に起こる分裂; 減数分裂と同じ⦆. 〘1896〙

ma·ture /mətúə, -tjúə, -tʃúə | -tjúəʳ, -tjɔ́:ʳ, -tʃúəʳ, -tʃɔ́:ʳ/ *adj.* (**ma·tur·er**; **-est**) **1** 〈人・精神・知力が〉成熟した, 完全に発達した, 円熟した (⇨ ripe[1] SYN): the ～ age [years] 分別盛りの[円熟した]年齢 / a ～ thinker 円熟した思想家 / grow ～ *in* wisdom 次第に賢くなる. **2** 〈動植物など〉成長しきった (full-grown): ～ plants. **3 a** 〈果実など〉熟した, 成熟した: ～ fruit. **b** 〈ぶどう酒・チーズなど〉熟成した: ～ cheese, wine, etc. **4** 〈考え・計画・判断など〉熟慮した; 慎重な (careful); 賢明な (prudent): after ～ consideration [reflection] 熟慮の上 / a ～ plan 慎重に考えた計画 / a ～ conclusion 慎重な結論. **5** 〘金融〙〈債務・手形などが〉満期の, 支払い期日のきた (due). **6** 〘医学〙完全に化膿した. **7** 〘地質〙 **a** 〈地表の侵食など〉壮年期の; 〈川の流れが〉地勢的環境に順応した. **b** 〈岩石の風化が〉充分に進んだ.

— *vt.* **1** 〈果実などを〉熟させる; 〈人・精神・判断などを〉成熟させる, 十分発達させる (ripen, develop): Sufferings ～*d* his understanding. 苦しみによって彼の分別が円熟した. **2** 完成する, 仕上げる (perfect, complete): Plans are well ～*d*. 計画ができあがった. **3** ⦅廃⦆ 化膿させる (maturate). — *vi.* **1 a** 〈果物が〉熟する; 〈ぶどう酒が〉熟成する: Wine ～*s* with age. ぶどう酒は年と共に熟成する. **b** 円熟する, 十分発達する: His genius ～*d* slowly. 彼の天性は晩成した. **2** 〘金融〙〈手形などが〉満期[支払い期日]になる.

～·ly *adv.* **～·ness** *n.* 〘adj.: ⦅?1440⦆ □ L *mātūrus* ripe, timely, early ← IE **mā-* good, in good time. — v.: ⦅1541⦆ □ MF *maturer* to make ripe □ L *mātūrāre* ← *mātūrus*: cf. matin〙

matúre stúdent *n.* ⦅英⦆ 成人学生 ⦅高等教育で普通の年齢を超えて入学する学生⦆. 〘⦅1924⦆〙

ma·tu·ri·ty /mətʊ́ᵊrəṭi, -tjʊ́ᵊr-, -tʃʊ́ᵊr- | -tjʊ́ərɪ̣ti, -tjɔ́:r-, -tʃʊ́ər-, -tʃɔ́:r-/ *n.* **1** 熟成; 成熟, 円熟, 完成 (ripeness): ～ of age 成年 / sexual ～ 性的成熟 / come to [attain, reach] ～ 熟する, 成熟する. **2** 〘生理〙(生殖機能の十分発達した)成熟期. **3** 〘商業〙支払い期日, 満期: the date of ～ (手形の)満期日 / pay at [on] ～ 満期に支払う / reach ～ 満期になる. **4** 〘地質〙岩石が風化作用によって砕屑物に変化してゆく程度. **5** 〘地理〙壮年期 ⦅侵食による地形変化を幼・壮・老の3段階に分けたときの第2段階で起伏が最も大きい時期⦆. 〘⦅?*a*1430⦆ □ (O)F *maturité* // L *mātūritātem* ripeness: ⇨ mature, -ity〙

mat·u·ti·nal /mətú:ṭənḷ, -tjú:-, -ṭn-, -tn-, mæ̀tʃʊtáɪnḷˊ | mæ̀tjʊtáɪnḷˊ, mətjú:tɪ-/ *adj.* ⦅文語⦆ 朝の, 早朝の, (朝)早い. **～·ly** *adv.* 〘⦅1656⦆ □ LL *mātūtīnālis* ← L *mātūtīnus* of the morning: ⇨ matin, -al[1]〙

mat·y /méɪti | -ti/ *adj., n.* =matey.

Mätz·ner /métsnə | -nəʳ; *G.* mɛ́tsnɐ/, **Eduard (Adolf Ferdinand)** *n.* メッツナー ⦅1805–92; ドイツの英語学者; *Englische Grammatik* (1859–65)⦆.

M

mat·zo /mάːtsə, -tsoʊ | mɔ́tsə, mάːtsə, mǽtsə, -tsəʊ/ *n.* (*also* **mat·zoh, mat·za, mat·zah** /〜/) (*pl.* **mat·zoth** /-tsoʊt, -tsoʊθ | -tsəʊt, -tsəʊθ/, **〜s** /〜z, 〜s/) [しばしば *pl.*; 単数または複数扱い] マッツォー《種を入れぬパン; 小麦粉に水を加えて練り, 焼き上げる; ユダヤ教徒は過ぎ越しの祝いに, パン種入りのパンを避け, これを食べる》. 〘□ Yid. *matse* (1846) □ Heb. *maṣṣā́h* unleavened bread〙

mátzo bàll *n.* マッツォーミール (matzo meal) で作った団子; 普通チキンスープに入れて食べる).

mátzo mèal *n.* マッツォーミール《ユダヤ料理に用いる小麦の粗挽きの粉》. 〘1906〙

mat·zoon /mɑːtsúːn/ *n.* ヨーグルトに似た発酵させたミルク (madzoon ともいう). 〘□ Armenian *madzun*〙

matzoth *n.* matzo の複数形.

Mau·beuge /moʊbɜ́ːʒ | məʊ-; *F.* mobœːʒ/ *n.* モブージュ《フランス北東部ベルギーの国境に近い鉱業都市; 戦跡 (1914, '18)》.

mau·by /mάːbi, mɔ́ː-/ *n.* (東カリブ海地域の)クロウメモドキ科の樹皮から作る苦甘い飲料. 〘(1790) ← ?〙

Mauch·ly /mάːkli/, **John W**(**illiam**) *n.* マークリー《(1907–80; 米国の物理学者・発明家; J. P. Eckert と共に最初の近代的電算機 ENIAC を完成 (1946); 続いてより高性能の EDVAC, UNIVAC 等を開発》.

maud /mɔ́ːd, mάːd | mɔ́ːd/ *n.* **1** モード《スコットランド南部の羊飼いなどの着るねずみ色の縞の肩掛け》. **2** モードに似た旅行用毛布[ショール]. 〘(1787)《変形》? ← 《スコット》《廃》*maldy* coarse gray woolen cloth〙

Maud /mɔ́ːd, mάːd | mɔ́ːd/ *n.* モード《女性名; 愛称形 Maudie; 異形 Maude》. 〘ME □ OF 〜 ← *Mahhild* □ OHG *Mahthildis* 'MATILDA'〙

Maude /mɔ́ːd, mάːd | mɔ́ːd/, **Aylmer** *n.* モード《1858–1938; 英国の著述家; Tolstoy の翻訳家・研究家》.

Maud·ie /mɔ́ːdi, mάː- | mɔ́ːdi/ *n.* モーディー《女性名》. 〘(dim.) ← MAUD〙

maud·lin /mɔ́ːdlɪn, mάː- | mɔ́ːdlɪn/ *adj.* **1** 涙もろい, いやに感傷的な; 泣き上戸の (⇨ sentimental **SYN**): 〜 tenderness いやに感傷的な優しさ / the 〜 state of drunkenness. **2** 《古》涙をためた (tearful): 〜 eyes. **〜·ìsm** /-nìzm/ *n.* **〜·ly** *adv.* **〜·ness** *n.* 〘(1607) ← *Maudlin* (変形) ← *Magdalen* Mary Magdalene: しばしば泣いている姿で描かれる〙

mau·ger /mɔ́ːgə, mάː- | mɔ́ːgə^(r)/ *prep.* 《古》=maugre.

Maugham /mɔ́ːm, mάːm | mɔ́ːm/, **W**(**illiam**) **Somerset** *n.* モーム《1874–1965; 英国の小説家・劇作家; *Of Human Bondage* (1915), *The Moon and Sixpence* (1919), *The Summing Up* (1938)》.

mau·gre /mɔ́ːgə, mάː- | mɔ́ːgə^(r)/ *prep.* 《古》…にもかかわらず (in spite of): 〜 all faults あらゆる欠点にもかかわらず. ***máugre a person's téeth*** [***héad***] 《古》人の抵抗にもかかわらず. **— *n.*** 《廃》悪意 (ill will). 〘(*c*1265) □ OF 〜 (F *malgré*) ill will, spite ← *mal-* bad (⇨ mal-[1]) +*gre* pleasure, will: cf. gree[2], grateful〙

Mau·i /máʊi; *Hawaii.* máui/ *n.* マウイ(島)《米国 Hawaii 諸島中の島; 面積 1,886 km²》.

mauk /mɔ́ːk, mάːk | mɔ́ːk/ *n.* 《英方言》蛆(うじ). 〘(*a*1425) *mawke* ← ON *maðkr* maggot〙

mau·kin /mɔ́ːkɪn, mάː- | mɔ́ːkɪn/ *n.* 《英方言》= malkin.

maul /mɔ́ːl, mάːl | mɔ́ːl/ *vt.* **1** 打って傷つける, かき裂く, 切り裂く (bruise, lacerate): be badly 〜*ed* in a fight けんかでひどく引っかかれる. **2** 酷評する, さんざんにやっつける: get 〜*ed* by friends. **3** (特に性的に)乱暴[ぞんざい]に扱う. **4** 杜撰(ずさん)に用いる[引用する]: 〜 a language, quotation, etc. **5** 《米》(掛矢とくさびで)〈木を〉打ち割る (split). **— *n.*** **1** 大木槌, 掛矢(かけや). **2** = brawl[1]. **3** 《ラグビー》モール《ボール保持者の回りに両チームのプレーヤーが密集して押し合った状態; loose maul ともいう; cf. ruck[1] 4》. **4** 《古》杵棒《鉄などを埋め込んだ棒状の武器》. 〘n.: (?*c*1200) □ (O)F *mail* < L *malleum* hammer ← IE **mel*(*ə*)- to crush. — v.: (?*c*1200) ← (v.): cf. mall〙

mau·la·na /maʊlάːnə | mɔː-/ *n.* (パキスタン・インドなどで)ペルシャおよびアラビアの学者に与えられる称号. 〘(1832) □ Arab. *mawlā́-nā* our Lord ← *máwlā* master, lord ← *wáliya* to rule〙

maul·er /mɔ́ːlə, mάː- | mɔ́ːlə^(r)/ *n.* 《英俗》手, 拳(こぶし): Don't get your 〜*s* on to that woman. あの女に手を出すな. 〘(1618): ⇨ maul, -er[1]〙

maul·ey /mɔ́ːli, mάː- | mɔ́ːli/ *n.* (*also* **maul·ie** /〜/) 《俗》拳骨(げんこつ) (fist), 手 (hand). 〘(1780): ⇨ maul (v.), -y[2]〙

maul·kin /mɔ́ːłkɪn, mάːł- | mɔ́ːłkɪn/ *n.* 《英方言》= malkin.

Maul·main /mɔːłméɪn, moʊł-, -máɪn | maʊłméɪn/ *n.* =Moulmein.

maul·stick /mɔ́ːłstɪ̀k, mάːł- | mɔ́ːł-/ *n.* (画家の)腕杖(づえ)《垂直の画面に細い線を描く時に右手を支えるため左手に持つ細長い棒》. 〘(1658) □ Du. *maalstok* ← 《廃》*maalen* to paint+*stok* stick〙

maul·vi /máʊłvi/ *n.* (*pl.* **〜es, 〜s**) イスラム法律学者《★ インドでは学識あるイスラム教徒への敬称として用いる》. 〘(1625) □ Hindi *maulvī* □ Arab. *mawlawī*: cf. mullah〙

mau-mau /máʊmàʊ/ *vt.* 《米俗》脅す, 怖がらせる (terrorize). 〘(1970) ↓〙

Mau Mau /máʊmàʊ, ⌐⌐/ *n.* **1** [the 〜] マウマウ団《1950 年代以降, ヨーロッパの植民者をケニヤから放逐することを目的とした Kikuyu 族の秘密結社》. **2** (*pl.* 〜, 〜**s**) マウマウ団員. **3** 《東アフリカ俗》(ウガンダのオートバイに乗った)交通巡査. 〘(1950) アフリカ先住民 Kikuyu 族の現地語〙

mau·met /mɔ́ːmɪt, mάː- | mɔ́ː-/ *n.* **1** 《英方言》 **a** 人形 (doll). **b** 《軽蔑》奇妙な風体の人; へんてこなやつ. **c** かかし (scarecrow). **2** 《廃》(異教などの)偶像; 邪神の像. **〜·ry** /-tri/ *n.* 〘(?*a*1200) □ OF *mahomet* idol ← MUHAMMAD〙

maun /mɔ́ːn, mάːn/ *auxil. v.* 《スコット》=must[1]. 〘(*c*1375) □ ON *man* (1st & 3rd pers. sing. pres. indic.) ← *munu* to intend〙

Mau·na Ke·a /máʊnəkéɪə, mɔ́ːnə-, mάːnə- | máʊ-; *Hawaii.* máunakéa/ *n.* マウナケア(山)《Hawaii 島北部の死火山; 太平洋上の最高峰 (4,205 m)》. 〘← Hawaiian 《原義》? white mountain〙

Máuna Lóa /-lóʊə | -lə́ʊə; *Hawaii.* máunalóa/ *n.* マウナロア(山)《Hawaii 島南部の活火山 (4,169 m)》. 〘← Hawaiian 《原義》long mountain〙

maunche /mάːntʃ/ *n.* 《紋章》(衣服の)袖《11-12 世紀ごろの女性の衣服に由来するものとされている》. 〘1486〙

maund[1] /mɔ́ːnd, mάːnd | mɔ́ːnd/ *n.* マウンド《インド・イラン・トルコなどの衡量単位; 地方により異なるが, インド政府公認の標準単位は 82.286 l b.》. 〘(1584) □ Hindi & Pers. *man* ← Skt *manā*〙

maund[2] /mɔ́ːnd, mάːnd | mɔ́ːnd/ *n.* 技編み細工の手さげかご.

maun·der /mɔ́ːndə, mάːn- | mɔ́ːndə^(r)/ *vi.* **1** (ばかみたいに)だらだら話す, とりとめもなくしゃべる. **2** ぶらぶらさまよう, ぼんやり歩き回る 〈*along, about*〉. **〜·er** /-dərə | -rə^(r)/ *n.* **〜·ing** /-dərɪŋ, -drɪŋ/ *adj.* 〘(*c*1746) □ ? (O)F *mendier* < L *mendicāre*: ⇨ mendicant, -er[4]〙

Máun·der mínimum /mɔ́ːndə-, mάːn- | mɔ́ːndə-/ *n.* 《天文》(1645–1715 年の)マウンダー極小期《太陽の黒点がほとんどみられなくなった》. 〘(1975): ← *E. W. Maunder* (1851–1928: 英国の天文学者)〙

maun·dy /mɔ́ːndi, mάːn- | mɔ́ːn-/ *n.* [しばしば M-] **1** 《キリスト教》洗足式《キリストの故事にちなんで Maundy Thursday に貧民の足を洗う式; 今では王家の施物分配吏 (almoner) による Maundy money の分配だけを行う》. **2 a** (洗足式における)施し(物). **b** =Maundy money. 〘(?*a*1300) *maunde* □ OF *mandé* □ L *mandātum* 'MANDATE, command': cf. *John* 13: 5, 14, 34〙

Máundy mòney, M- M-, m- m- *n.* 《英》洗足日救済金《Maundy Thursday に王室から貧民に分け与えられる施し金; 特に鋳造した 1, 2, 3, 4 ペニー銀貨》. 〘1856〙

Máundy Thúrsday *n.* 《キリスト教》聖木曜日, 主の晩餐の木曜日, 洗足木曜日, 復活前木曜日《聖金曜日 (Good Friday) の前日, 聖餐(主の晩餐)が制定された日として記念され, またイエスが使徒の足を洗ったことを記念する日; cf. *John* 13: 5, 14》. 〘1440〙

maun·gy /mɔ́ːndʒi, mάːn- | mɔ́ːn-/ *adj.* (**maungi·er; -gi·est**) 《西ヨークシャー方言》〈特に子供がすねた, 機嫌の悪い, 気むずかしい. 〘《変形》← MANGY〙

Mau·pas·sant /móʊpəsὰːnt, ⌐⌐⌐ | mə́ʊpəsɑ̃ː(ŋ), -pæ-, -sὰːŋ; *F.* mopasɑ̃/, (**Henri René Albert**) **Guy de** *n.* モーパッサン《1850–93; フランスの短編作家・小説家; *La Maison Tellier*「テリエ館」(1881), *Pierre et Jean*「ピエールとジャン」(1888)》.

Mau·per·tuis /mòʊpətwíː | -pə-; *F.* mopɛʁtɥi/, **Pierre Louis Mo·reau de** /mɔrod/ *n.* モーペルテュイ《1698–1759; フランスの数学者・天文学者》.

Mau·ra /mɔ́ːrə, mάː- | mɔ́ː-/ *n.* モーラ《女性名》. 〘□ Ir. *Maire* (↓): cf. *Moira*〙

Mau·reen /mɔːríːn, mɑː- | mɔ́ːriːn, ⌐⌐/ *n.* モーリーン《女性名》. 〘□ Ir. *Mairin* (dim.) ← *Maire* □ L *Maria* 'MARY'〙

Mau·re·ta·ni·a /mɔ̀ːrətéɪniə, mὰːr- | mɔ̀rɪ-, mɔ̀ːr-/ *n.* マウレタニア《アフリカ北西部の古代国; 現モロッコおよびアルジェリアの一部》. **Màu·re·tá·ni·an** /-niən⁻/ *n.*, *adj.*

Mau·riac /mɔ̀ːriάːk | mɔ́ːriæ̀k; *F.* moʁjak, mo-/, **François** *n.* モーリヤック《1885–1970; フランスの小説家; Nobel 文学賞 (1952); *Le Désert de l'amour*「愛の砂漠」(1925), *Thérèse Desqueyroux*「テレーズ デケルー」(1927)》.

Mau·rice[1] /mɔ́ːrɪs, mάːr-, mɔːríːs, mɑː- | mɔ́rɪs, mɔ́ːrɪs; *F.* moʁis, mo-/ *n.* モーリス《男性名》. 〘□ F 〜 □ L *Mauricius* ← *Maurus* 'MOOR'〙

Mau·rice[2] /mɔ́ːrɪs, mάːr- | mɔ́rɪs/ *n.* モーリッツ《1521–53; ドイツ Saxony の選帝侯; ドイツにおける信仰自由の獲得に尽くした; ドイツ語名 Moritz /móːrɪts/》.

Mau·rice[3] /mɔ́ːrɪs, mάːr- | mɔ́rɪs/ *n.* モウリッツ《1567–1625; オランダの政治家・軍人; オランダ共和国の総督 (1587–1625); 通称 Maurice of Nassau; William the Silent の子; オランダ語名 Maurits /máʊrɪts/》.

Mau·rice /mɔ́ːrɪs, mάːr- | mɔ́rɪs/, (**John**) **Frederick Denison** *n.* モーリス《1805–72; 英国国教会の司祭・神学者; キリスト教社会主義運動の代表者》.

Mau·rist /mɔ́ːrɪst, mάːr- | mɔ́ːr-/ *n.* サンモール会士《フランスのベネディクト会のサンモール修族 (Congrégation de St.-Maur) (1618–1818) の修道士》. 〘*c*1800〙

Mau·ri·ta·ni·a /mɔ̀ːrətéɪniə, mὰːr- | mɔ̀rɪ-, mɔ̀ːr-/ *n.* モーリタニア《アフリカ北西部の共和国; もと French West Africa の一部であったが, フランス共同体 (French Community) 内の共和国を経て 1960 年独立; 面積 1,030,700 km², 首都 Nouakchott; 公式名 the Islamic Republic of Mauritania モーリタニアイスラム共和国》.

mau·ri·ta·ni·an /mɔ̀ːrətéɪniən, mὰːr- | mɔ̀rɪ-, mɔ̀ːr-⁻/ *n.*, *adj.*

Mau·ri·ti·us /mɔːríʃiəs, mɑːr-, -ʃəs | məríʃəs, mɔːr-, mər-/ *n.* **1** モーリシャス(島)《Madagascar 島の東方インド洋にある火山島; 面積 1,865 km²; 古名 Île de France》. **2** モーリシャス《同島および属島から成る英連邦内の国; もと英国植民地であったが 1968 年独立; 面積 2,100 km², 首都 Port Louis》. **3** モーリシャス《モーリシャス島でオオマンネンラン (giant cabuya) の葉からとれる繊維; 綱・麻の袋地に用いられる; Mauritius hemp ともいう》.

Mau·ri·ti·an /mɔːríʃiən, mɑːr-, -ʃən | məríʃən, mɔːr-, mər-/ *n.*, *adj.*

Mau·rois /mɔːrwάː, mɑː- | mɔː-; *F.* moʁwa/, **André** *n.* モーロワ《1885–1967; フランスの伝記作家・小説家; *Ariel*「エアリアル(シェリー伝)」(1923), *Climats*「愛の風土」(1928); 本名 Émile Salomon Wilhelm Herzog》.

Maur·ras /mɔːrάːs, mɑː- | mɔː-; *F.* moʁɑːs/, **Charles** *n.* モラス《1868–1952; フランスの作家・政治評論家; 極右主義者; 第 2 次大戦中に Pétain を支持したために終身禁固刑を宣された》.

Mau·ry /mɔ́ːri, mάː- | mɔ́ː-/, **Matthew Fon·taine** /fɑ(ː)ntéɪn | fɔn-/ *n.* モーリー《1806–73; 米国の海軍士官・海洋学者・水路学者》.

Mau·ry·a /máʊri(j)ə | -rɪ(j)ə/ *n.* **1** マウリア族《古代インドの部族》. **2 a** [the 〜s] マウリア王朝[王家]《古代インド北部に興り北部を中心にほぼ全インドを支配した王朝 (321?–184 B.C.)》. **b** マウリア王朝[王家]の人.

Mau·ser /máʊzə | -zə^(r); *G.* máuzɐ/ *n.* モーゼル小銃[拳銃]《射程が長い連発銃》. 〘(1880) ← *Peter Paul Mauser* (1838–1914: その発明者であるドイツ人)〙

mausolea *n.* mausoleum の複数形.

mau·so·le·an /mɔ̀ːsəlíːən, mὰː-, -zə- | mɔ̀ː-, màʊ-⁻/ *adj.* 霊廟の, 陵(みささぎ)の. 〘(1785): ⇨ ↓, -an[1]〙

mau·so·le·um /mɔ̀ːsəlíːəm, mὰː-, -zə- | mɔ̀ː-, màʊ-/ *n.* (*pl.* **〜s, -le·a** /-líːə/) **1 a** (特に石造りの)広大壮麗な墓, 霊廟, おたまや, 陵. **b** [the M-] マウソレウム《ギリシャの Halicarnassus にあった Caria の王 Mausolus /mɔːsóʊləs | -sə́ʊ-/ の壮麗な墓廟; 紀元前 350 年ごろ王妃 Artemisia が王のために建てたもので, 古代の世界七不思議の一つ; cf. SEVEN Wonders of the World》. **2** 《戯言》大きい陰気な建物[部屋]. 〘(?*c*1425) □ L *mausōlēum* □ Gk *mausoleîon* ← *Maúsōlos* Mausolus (*d.* ?353 B.C.: Caria の王)〙

mau·ther /mɔ́ːðə, mάː- | mɔ́ːðə^(r)/ *n.* 《英方言》少女. 〘(1440) ← ?〙

mau·vaise foi /móʊveɪfwάː | mə́ʊ-; *F.* movɛzfwa/ *F. n.* 《哲学》自己欺瞞(ぎまん)《J.-P. Sartre の用語; cf. bad faith》. 〘1948〙

mauvaise honte /móʊveɪzɔ̃ː(n)t, -zɔ́ːnt | mə́ʊ-; *F.* movɛzɔ̃ːt/ *F. n.* 偽りの謙虚; はにかみ. 〘(1721) □ F 〜 'bad shame'〙

mauvaise pas /móʊveɪpάː | mə́ʊ-; *F.* movɛpɑ/ *F. n.* (*pl.* 〜) 《登山》登りや歩行で困難を極める所.

mauvais quart d'heure /móʊveɪkάədə́ː | mə́ʊveɪkάːdɜ́ː^(r); *F.* movɛkaʁdœːʁ/ *F. n.* しばらくの間の不快な経験, つらい気持ちのひととき. 〘(1864) □ F 〜 'bad quarter of an hour'〙

mauve /móʊv, mɔ́ːv, mάːv | mə́ʊv; *F.* moːv/ *n.* **1** 藤色, モーヴ色《薄い青みがかった紫》. **2** 《染色》モーブ, モーベイン (mauvein, Perkin's mauve)《藤色の塩基性染料; 最初の合成染料として有名》. **— *adj.*** 藤色の. 〘(1859) □ F 〜 < L *malvam* 'MALLOW': その色から〙

mauve·ine /móʊviːn, mɔ́ː-, mάː-, -vɪn | mə́ʊviːn, -vɪn/ *n.* 《染色》=mauve 2.

ma·ven /méɪvən/ *n.* 《米俗》(しばしば自称)くろうと (expert); 鑑定家 (connoisseur). 〘(1965) □ Yid. *meyvn* □ Heb. *mēbhīn*〙

mav·er·ick /mǽv(ə)rɪk/ *n.* 《米》 **1** (牧畜地で)所有者の焼印のない牛; (特に)母牛から離れた子牛; (群からの)離れ牛. **2** 《口語》(政治家・知識人・芸術家などの)無所属の人; (集団・組織の規制に従わない)異端者, 反対者, 反体制派の人 (dissenter). 〘(1867) ← *Samuel A. Maverick* (1803–70: 自分の子牛に焼印を押さなかった米国 Texas 州の牧場主)〙

Mav·er·ick /mǽv(ə)rɪk/ *n.* 《商標》マヴェリック《米国製のウェスタンウェア(カウボーイなどの衣服)》.

ma·vin /méɪvɪn | -vɪn/ *n.* 《米俗》=maven.

ma·vis /méɪvɪs | -vɪs/ *n.* 《詩・方言》《鳥類》 **1** ウタツグミ (song thrush). **2** ヤドリギツグミ (mistle thrush). 〘(?*a*1400) □ (O)F *mauvis* ← ?: cf. MBreton *milhuyt* thrush〙

Ma·vis /méɪvɪs | -vɪs/ *n.* メイヴィス《女性名》. ★ 20 世紀に一般化した. 〘↑〙

ma·vour·neen /məvʊ́ənìːn | -vʊ́ə-/ *n.* (*also* **ma·vour·nin** /〜/) 《アイル》[呼び掛けとして] わが愛する者, いとしい人 (my darling). 〘(1800) □ Ir. *mo mhuirnīn* ← *mo* my+*muirnīn* ((dim.) ← *muirn* affection)〙

maw[1] /mɔ́ː, mάː | mɔ́ː/ *n.* **1 a** (哺乳動物の)胃 (stomach), 反芻類の第四胃; 《口語》(貪欲な人間の)胃, 口. **b** (鳥の)素嚢(そのう) (craw). **c** 胃袋に似たもの. **2** (肉食動物の)口 (mouth), のど (throat), 食道 (gullet), 顎(あご) (jaws). **3** 淵, 奈落 (gulf, abyss): death's 〜. 〘OE *maga* stomach < Gmc **mazōn* (Du *maag* / G *Magen*) ← IE **mak-* (leather) bag〙

maw[2] /mɔ́ː, mάː | mɔ́ː/ *n.* 《米南部・中部》=mamma[1] 1.

maw·ger /mɔ́ːgə, mάː- | mɔ́ːgə^(r)/ *adj.* 《カリブ》〈人・動物が〉やせた. 〘《変形》← Du. *mager* thin, meager〙

maw·kin /mɔ́ːkɪn, mάː- | -kɪn/ *n.* 《方言》=malkin.

mawk·ish /mɔ́ːkɪʃ, mάːk- | mɔ́ːk-/ *adj.* **1** 風味がなくいやな味の; 甘くて鼻につく (cloying): 〜wine. **2** いやに涙もろい, いやに感傷的な (⇨ sentimental **SYN**). **3** 《古》胸の悪くなる, 吐気を催すような (sickening). **〜·ly**

adv. **～·ness** *n.* 〖(1668) ← (廃) *mawk* maggot (□ ON *maðkr* earthworm)＋-ISH¹: ⇨ maggot〗

mawl /mɔ́:ɫ, mɑ́:ɫ | mɔ́:ɫ/ *n.* ＝maul.

Maw·la·na /mɔ:lɑ́:nə, mɑ:- | mɔ:-/ *n.* Jalāl ad-Dīn ar-Rūmī の別名.

máw séed *n.* けし粒. 〖(1730) (部分訳) ← G (方言) *Mahsaat, Mohsamen* ← *Mah Mohn* poppy＋*Saat, Samen* seed〗

maw·sie /mɔ́:zi, mɑ́:- | mɔ́:-/ *n.* (スコット方言) モージー (羊毛製のジャージ・カーディガン・ベスト). 〖(1866) ← ?〗

Maw·son /mɔ́:sən, mɑ́:-, -sn̩ | mɔ́:-/, Sir **Douglas** *n.* モーソン (1882–1958; 英国生まれのオーストラリアの南極探検家, 地質・鉱物学者).

maw·ther /mɔ́:ðə, mɑ́:- | mɔ́:ðə(r)/ *n.* ＝mauther.

máw·wòrm *n.* **1** 〔動物〕人やその他の哺乳類の胃や腸に寄生する虫; (特に)寄生性の線虫, 回虫 (parasitic nematode). **2** 〔Bickerstaffe の喜劇 *The Hypocrite* (1769) 中の人物の名から〕[M-] 偽善者, 偽君子 (hypocrite). 〖1607〗

max /mǽks/ *n.* (口語) 最大限 (maximum).
to the máx (1) 最高に, 全く, とても. (2) 精一杯.
— *adj.* (口語) [通例数量の後に用いて] 最大限の: $300 ～ 多くて 300 ドル.
— *vt.* (米俗) 限度一杯まで行う.
máx óut (米俗) (1) 最高限度に達する 〔*as*〕; 最大限頑張る. (2) やり[食べ, 飲み]すぎる 〔*on*〕.
〖1851〗

Max /mǽks; *F.* maks, *G.* máks/ *n.* マックス (男性名). 〖(dim.) ← MAXIMILIAN〗

max. (略) maxim; maxima; maximum.

Max·ene /mæksí:n, ─́─/ *n.* マクシーン (女性名; 異形 Maxine). 〖(fem. dim.) ← MAXIMILIAN〗

Max Fac·tor /mǽksfǽktə | -tə(r)/ *n.* 〔商標〕マックスファクター (米国 Max Factor & Co. 製の化粧品).

max·i /mǽksi/ *n.* **1** (口語) マキシ (1960 年代後半から 1970 年代にかけて流行したくるぶし丈のスカート (maxiskirt), コート (maxicoat), またはドレス (maxidress); cf. micro, mini, midi). **2** マキシボート[ヨット] (大型レーシングヨット; maxi boat [yacht] ともいう). — *adj.* (スカート・コートなど)普通より長い[大きい], マキシの. 〖(1967) (略) ← MAXI(MUM)〗

M

max·i- /mǽksɪ, -si/「特別に長い (extra long); 特大の (extra large)」の意の連結形 (↔ mini-): a *maxi*dress, *maxi*sculpture, *maxi*park, *maxi*problem. 〖↑〗

máxi·còat *n.* マキシコート (cf. maxi). 〖(1968): ⇨ ↑, coat〗

máxi·drèss *n.* マキシドレス (cf. maxi). 〖(1970): ⇨ maxi-, dress〗

Max·ie /mǽksi/ *n.* マクシー (男性名). 〖(dim.) ← MAXIMILIAN〗

max·ill- /mæksíl, mǽksəl | mæksíl, mǽksɪl/ (母音の前に来る時の) maxillo- の異形.

max·il·la /mæksílə/ *n.* (*pl.* **-il·lae** /-li:/, **～s**) **1** 〔解剖・動物〕顎(あご), 顎骨 (jawbone); (脊椎動物の)上顎骨 (⇨ skull¹ 挿絵). **2** 〔動物〕(節足動物の)下顎肢(かし), 下あぎと, 小あぎと (mandible の下にある; ⇨ mandible 挿絵). 〖(1676) □ L ～ (dim.) ← *māla* jaw〗

max·il·lar·y /mǽksəlèri | mæksíləri/ *adj.* **1** 〔解剖〕顎の, 顎骨の, 上顎骨の. **2** 〔動物〕下顎肢の, 小あぎとの.
— *n.* 〔解剖〕上顎骨. 〖(1626) □ L *maxillārius* of the jaw: ⇨ ↑, -ary〗

máxillary ártery *n.* 〔解剖〕 **1** 顎動脈 (顔の内部組織を流れる動脈; internal maxillary artery ともいう). **2** 顔面動脈, 外顎動脈 (external maxillary artery, facial artery ともいう). 〖1804〗

máxillary glánd *n.* 〔動物〕小顎(しょうがく)腺 (節足動物の下顎肢(かし)に開口する排出器官). 〖1713〗

max·il·li- /mæksílɪ, mǽksəlɪ, -li | mæksílɪ, mǽksɪ-/ maxillo- の異形 (⇨ -i-).

max·il·li·ped /mæksílәpèd | -lɪ-/ *n.* (*also* **max·il·li·pede** /-pì:d/) 〔動物〕肥脚(ひきゃく), 顎脚(がっきゃく) (甲殻(こうかく)類の maxilla のすぐあとにある 3 対の付属肢の一つ; 食物摂取の用をする). 〖(1846) ← MAXILLO-＋-PED〗

max·il·lo- /mæksílou, mǽksəl- | mæksíləʊ, mǽksɪ-/ 〔動物〕「顎(あご), 顎骨, 下顎肢(かし) (maxilla)」の意の連結形. ★ 時に maxilli-, また母音の前では通例 maxill- になる. 〖← L *maxilla*: ⇨ maxilla〗

maxìllo·fácial *adj.* 〔歯科〕顎顔面の. 〖(*c*1923): ⇨ ↑, facial〗

max·im /mǽksɪm | -sɪm/ *n.* **1** 格言, 金言, 訓言, 処世訓 (⇨ saying SYN): a golden ～ 金言. **2** 処世法. **3** 〔哲学・倫理〕(実践的原則としての)格率, (哲学などの)根本前提, (数学などの)公理. **4** 〔音楽〕＝maxima². 〖(?a1430) □ F *maxime* ∥ ML *maxima* (*prōpositiō*) greatest (proposition) (fem.) ← *māximus* (superl.) ← *magnus* great ← IE **meg(h)-* great: cf. much〗

Max·im /mǽksɪm | -sɪm; *Russ.* maksʲím/ *n.* マクシム (男性名). 〖(dim.) □ MAXIMILIAN〗

Max·im /mǽksɪm | -sɪm/ *n.* 〔商標〕マキシム (米国 Maxwell House 製のフリーズドライ製法によるインスタントコーヒー).

Max·im /mǽksɪm | -sɪm/, **Hiram Percy** *n.* マクシム (1869–1936; 米国の発明家; Sir Hiram Stevens の息子).

Maxim, Sir **Hiram Stevens** *n.* マクシム (1840–1916; 米国生まれの英国の技師; Maxim gun の発明者).

Maxim, Hudson *n.* マクシム (1853–1927; 米国の機械技師; maximite の発明者; Sir Hiram Stevensの弟).

maxima¹ *n.* maximum の複数形.

max·i·ma² /mǽksəmə, -mɑ̀: | -sɪ-/ *n.* 〔音楽〕マクシマ (中世・ルネサンス期の定量記譜法の音[休]符; 最も長い音価をもつ; 記号 ꟷ; larga, large, double long, maxim ともいう). 〖(1782) □ L ～ (fem.) greatest: ⇨ maxim〗

max·i·mal /mǽksəməl, -mɫ | -sɪ-/ *adj.* 極点の, 最大限度の, 最高の; 〔数学〕極大の: a ～ value 極大値.
～·ly *adv.* 〖(1882) ← L *māximum* greatest＋-AL¹〗

máximal idéal *n.* 〔数学〕極大イデアル (イデアルの中でそれよりも大きなものが存在しないもの).

max·i·mal·ist /mǽksəməlɪst | -sɪməlɪst/ *n.* **1** [M-] (旧ロシア社会民主労働党および社会革命党の)一部極左派 (↔ Minimalist). **2** 最大限の要求をして妥協しない人.

Max·ime /mæksí:m | ─́─, ─́─; *F.* maksim/ *n.* マクシーム (女性名). 〖□ F ～ 'MAXIM'〗

Máxim gùn /mǽksɪm- | -sɪm-/ *n.* マキシム砲 (旧式の速射機関銃). 〖(1885) ← *Hiram S. Maxim*〗

Max·i·mil·ian¹ /mæ̀ksəmíljən | -sɪmíliən, -ljən⁻; *G.* maksimí:lia:n/ *n.* マクシミリアン (男性名; 愛称形 Max, Maxie, Maxim, Maxy). 〖(混成) ← *Maximus* ＋*Aemilianus* (二人のローマの偉人にあやかろうとした命名)〗

Max·i·mil·ian² /mæ̀ksəmíljən, -liən | -sɪmíliən, -ljən⁻/ *n.* 〔商標〕マキシミリアン (米国 The House of Maximilian 製の毛皮製品).

Max·i·mil·ian³ /mæ̀ksəmíljən, -liən | -sɪmíliən, -ljən⁻; *G.* maksimí:lia:n/, **Ferdinand** *n.* マクシミリアン (1832–67; オーストリア大公, メキシコ皇帝 (1864–67); 革命党員に処刑された).

Maximilian I *n.* マクシミリアン一世 (1459–1519; 神聖ローマ帝国皇帝 (1493–1519)).

Maximilian II *n.* マクシミリアン二世 (1527–76; 神聖ローマ帝国皇帝 (1564–76)).

Máximilian ármor *n.* マクシミリアン甲冑 (16 世紀初頭の細い筋を何本も打ち出した甲冑; fluted armor ともいう). 〖MAXIMILIAN I にちなむ〗

Max·i·mil·ien /mæ̀ksɪmɪljǽ(ŋ), mɑ̀:k-, -jǽŋ; *F.* maksimiljɛ̃/ *n.* マクシミリアン (男性名). 〖□ F ～ 'MAXIMILIAN'〗

max·i·min /mǽksəmɪn | -sɪ-/ *n.* 〔数学・経済〕マクシミンの原理 (ゲーム理論で予想される最低限の利益をできるだけ大きくする戦略; cf. minimax). 〖(1951) ← MAXI(MUM) ＋MIN(IMUM)〗

max·i·mite /mǽksəmàɪt | -sɪ-/ *n.* 〔化学〕マクシマイト (ピクリン酸 (picric acid) を主とする強力爆薬). 〖(1897) ← *Hudson Maxim*: ⇨ -ite¹〗

max·i·mize /mǽksəmàɪz | -sɪ-/ *vt.* (↔ minimize) **1** 最大[最高]限度に到達させる; 極限まで増加[拡大, 強化]する. **2** 最大限に活用[重要視]する. **3** 〔数学〕最大化する (関数の値を最大値にもっていく). — *vi.* 〔神学〕教義[責務]をできるだけ広義に解釈する. **max·i·mi·za·tion** /mæ̀ksəmɪzéɪʃən | -sɪmaɪ-, -mɪ-/ *n.*

máx·i·mìz·er *n.* 〖(1802) ← L *māximus* (↓)＋-IZE〗

max·i·mum /mǽksəməm | -sɪ-/ *n.* (*pl.* **～s, -i·ma** /-səmə | -sɪ-/) **1** 最高点, 最大限, 最大量, 極限 (↔ minimum): mark examination papers on a ～ of 100 points 百点満点で答案を採点する / The excitement was at its ～. 興奮はその極に達した. **2** 〔数学〕 **a** 最大: ～and minimum 最大と最小. **b** 最大値. **3** 〔天文〕 **a** 極大期 (変光星や新星の光度が最も明るくなった時). **b** (変光星の)極大時の光度.
be òver the máximum (運転できる酒量の)限度を越えている.
— *adj.* [限定的] **1** 最大の (greatest), 最高の: the ～ penalty for tax evasion 脱税に対する最高の量刑. **2** 最高点[極限]の[に関する, を示す]: ⇨ maximum thermometer.
〖(1740) □ F □ L ～ (neut.) ← *māximus* greatest: ⇨ maxim〗

máximum càrd *n.* 〔郵趣〕マキシマムカード (記念切手の拡大写真または図案のついた絵はがき; 通例その記念切手に発行初日の消印が押されている; 略 MC). 〖1961〗

máximum dóse *n.* 〔医学〕極量 (安全に投与できる最大薬剤量).

máximum líkelihood estimàtion *n.* 〔数学・統計〕最尤(さいゆう)(推定)法 (標本から母集団のある値を推定したい時, 最尤推定量を用いる方法). 〖cf. *maximum likelihood* (1959)〗

máximum líkelihood estimàtor *n.* 〔数学・統計〕最尤推定量 (尤度関数を最大にするような統計量).

máximum-mínimum thermómeter *n.* 最高・最低温度計. 〖1937〗

máximum prìnciple *n.* 〔数学〕 **1** 最大値の原理 (ある領域で正則で境界をも含めて連続な複素関数の絶対値は境界でしか最大値をとらないという原理). **2** 極大の原理 (ゲーム理論で, プレーヤーが自己の利益を最大にするような戦略をとり得るとする原理).

máximum rámp wèight *n.* 最大ランプ重量 (駐機場で荷物や燃料を満載した重量).

máximum secùrity príson *n.* 重警備刑務所 (凶悪犯罪者用).

máximum sustáinable yíeld *n.* **1** 最大維持収量, 持続可能最大収量, 最大持続生産量 (個体群を減らすことなく永続的に採取[捕獲]することのできる最高の収量; 略 MSY). **2** 〔生態〕最適収量 (個体群の大きさが最大の増加生物量を生むような理論的な値).

máximum thermómeter *n.* 最高温度計 (cf. minimum thermometer). 〖1852〗

máximum válue *n.* 〔数学〕最大値.

Max·ine /mæksí:n | ─́─, ─́─/ *n.* マクシーン (女性名). 〖(fem. dim.) ← MAXIMILIAN〗

máx·i·skìrt /mǽksi-/ *n.* マキシスカート (cf. maxi). 〖(1966): ⇨ maxi-, skirt〗

Max·i·thins /mǽksəθìnz | -sɪ-/ *n.* 〔商標〕マクシシンズ (米国 Tambrands 社製の薄手の生理用ナプキン).

ma·xi·xe /məʃí:ʃ(ə); *Braz.* maʃíʃi/ *n.* **1** マシーシュ (two-step に似たブラジル起源の一種の円舞). **2** マシーシュの曲. 〖(1914) □ Braz. ～〗

Max Müller, Friedrich *n.* ⇨ Friedrich Max MÜLLER.

max·well /mǽkswɛɫ, -wəɫ/ *n.* 〔物理〕マックスウェル (強度 1 gauss の磁場 1 cm^2 を通過する磁束の単位; ＝ 10^{-8} weber). 〖(1900) ← *J. C. Maxwell*〗

Max·well /mǽkswɛɫ, -wəɫ/ *n.* マックスウェル (男性名). 〖OE *Maccusw(i)elle* ← *Maccus* (□ L *Magnus* great) ＋*welle* 'WELL²'〗

Max·well /mǽkswɛɫ, -wəɫ/, **James Clerk** *n.* マックスウェル (1831–79; スコットランドの物理学者).

Maxwell, (Ian) Robert *n.* マックスウェル (1923–91; チェコ生まれの英国の新聞王, 下院議員 (1964–70); 本名 Jan Lodvik Hoch, あだ名は 'Captain Bob').

Máxwell-Bóltzmann distribùtion *n.* 〔物理〕(古典力学に従う理想気体の)マックスウェルボルツマン分布. 〖(1927) ← *J. C. Maxwell*＋*L. Boltzmann*〗

Máxwell-Bóltzmann statístics *n.* 〔物理化学〕マックスウェルボルツマンの統計力学 (古典力学の法則に従う多数の粒子からなる系の統計). 〖(1968) ↑〗

Máxwell Hòuse *n.* 〔商標〕マックスウェルハウス (米国 Maxwell House 製のインスタントコーヒー).

Máxwell's dèmon *n.* 〔物理〕マックスウェルの魔物 (Maxwell が仮定した, 一様の温度の系中にある隔壁の扉を, 気体分子の速度の大小によって開閉することのできる扉の番人; その結果隔壁の両側に熱力学第 2 法則に反して温度差が生じるとされるが, この番人を務める方法は知られていない; Maxwell demon ともいう). 〖(1879) ← *J. C. Maxwell*〗

Máxwell's equátion *n.* マックスウェルの方程式 (James C. Maxwell が提出した電磁場の時間的・空間的変化を記述する 4 つの基本的な方程式の一つ). 〖1907〗

Max·y /mǽksi/ *n.* マクシー (男性名). 〖(dim.) ← MAXIMILIAN〗

may¹ /meɪ, méɪ/ *auxil. v.* (否定 **may not,** (まれ) **mayn't** /méɪnt, méɪənt/; 過去形 **might** /maɪt, máɪt/, 否定 **might not,** (口語) **mightn't** /máɪtn̩t/) ★ Infinitive, Participle, Gerund の形がなく, 古形の直説法二人称単数形 **mayest** /méɪɪst/, **mayst** /méɪst, mèɪst/ 以外には語尾変化をせず, 三人称単数形にも -s をつけない; 常に to なしの Infinitive と結合する; ⇨ might.
1 [推量] …かもしれない, あるいは[恐らく]…であろう. ★ 疑い・不確実の気持ちが含まれる: It ～ [～ not] be so. 多分そうであろう[なかろう] / It ～ rain tomorrow. 明日は雨かもしれない / I ～ be late. 遅れるかもしれない / as the case ～ be 場合次第で / He ～ possibly come tomorrow. 彼は明日来るかもしれない / It ～ be true for aught I know. ことによったら本当かもしれない / He ～ or ～ not come. 来るかもしれないし来ないかもしれない / Will she win?—She ～ ((英) do). 彼女は勝つだろうか—勝つかもしれない.

語法 (1) この意味では完了形・進行形の不定詞を伴うことができる: He ～ (possibly) have said so. あるいはそう言ったかもしれない / He ～ be travelling now. 今旅行中かもしれない. (2) この意味では疑問文には用いず can を用いる: *Can* they have missed the bus? (3) 否定は may not であるが, 特に強い否定の意味(「はずがない」)を含む場合には cannot を用いる: It ～ be false; it *cannot* be true. 多分誤りだろう, 本当であるはずがない.

---

2 [不確実] (一体だれ[何, どうして])…だろう, …かしら: Who ～ you be? どなたでしたかしら / How old ～ he be? あの人はいくつでしょうか / I wonder what ～ be the cause. その原因は一体何でしょう. ★ 疑問の文脈に用いて文意を和らげるが, 時に皮肉にもなる.
3 [許可] …してもよろしい, …してさしつかえない (⇨ can¹ SYN): *May* I smoke?—Yes, you ～ [No, you ～ not]. たばこを吸ってもよろしいでしょうか—はい, 結構です[いや, いけません] / *May* I have the salt, please? 塩を取っていただけないでしょうか / If I ～ say so, your article needs revision. こう言っては何だが君の記事は修正する必要がある / You ～ go, John. ジョン, 君は行ってもよろしい (教師口調で命令文に等しい) / Who are you, ～ I ask? お尋ねしますがね, あなたはどなたです (皮肉) / I'll have another biscuit, if I ～. よかったらもう一枚ビスケットをいただきます / *May* I?—Of course: go right ahead. よろしいですか—もちろんどうぞ / *May* I have a word (with you)? ちょっと(あなたと)お話してもいいですか / Borrowers ～ not take out more than three books at a time. 借用者は一度に 3 冊までしか本を借り出すことはできない.

語法 (1) この意味では you を主語とした疑問文は許されない. (2) (口語) では can を用いることが多い: *Can* I go out and play? 外へ出て遊んでもいいかい. (3) 否定の場合, はっきりした「禁止」を表すには must not を用いる: *May* I not go?—No, you *must not.* 行ってはいけないでしょうか—そうじゃいけない / I ～ leave now, ～ *n't* I [～ I *not*]? もうおいとましてもよろしいでしょうね. (4) この意味の過去・未来としては, しばしば was [were, shall be, will be] permitted [allowed] to が用いられる.

---

4 [しばしば well を伴って; 認容・妥当性] (…と言っても)差し支えない, もっともだ (cf. *may* WELL¹ *do*): With this spell of fine weather, we ～ expect a good harvest. こ

んなに天気続きなので豊作を期待してよかろう / You ~ *well* say so. そうおっしゃるのももっともです / He ~ *well* [*Well* ~ he] ask that. 彼がそう尋ねるのももっともだ / ⇨ *may as* WELL¹ … (*as* …), *might as* WELL¹ … (*as* …). ★ この意味での否定は cannot: You ~ call him a genius, but you *cannot* call him a man of principle. 天才だと言えても節操のある人とは言えない / It ~ be necessary, but I still don't like it. それは必要かもしれないが私はやはり気にいらない.

5 [可能] …できる (can): as best one ~ できるだけ, どうにかこうにか / These books ~ be obtained anywhere. これらの本はどこでも買えます / He who runs ~ read. 走りながらでも読める(ほど明白である). ★ この意味では現在 can を用いることが多い.

6 [目的を表す副詞節の中で] …するために: Eat that you ~ live; don't live that you ~ eat! 生きるために食べなさい; 食べるために生きてはいけません / I work hard (so) that [in order that] I ~ succeed. 成功するために精勤する.

7 [譲歩を表す副詞節の中で] (たとえ)…であろうとも: be that as it ~ それがどうであろうとも, それはとにかく, いずれにもせよ (however that may be) / come what ~ どんなことがあろうと (whatever may come) / Whoever [No matter who] ~ say so, you need not believe him. だれがそう言ったって信じるには及ばない / However much they ~ deny it, it is still true. 彼らがどんなに否定してもやはりそれは本当だ / Run as you ~, you won't overtake him. どんなに速く走っても彼に追いつかないだろう.

8 [希望・不安などを表す主節に伴う名詞節の中で]: I hope I ~ live to see the day. その日が来るまで生きていたいものだ / I am afraid it ~ be true. ひょっとすると本当なのではないか.

9 [祈願・願望・のろい] 願わくは…ならんことを. ★ 常に may を主語の前に置く; この用法はきわめて形式張っていて現在ではめったに用いられない: Long ~ he live! 彼の長寿を祈る / *May* you live to repent it! 今に後悔すればよい / *May* you succeed! 御成功を祈る / *May* he rest in peace! 彼の霊の安らかに眠らんことを / *May* his evil designs perish! 彼の邪悪な計画がくじかれますように / Much good ~ it do you! それがせいぜいためになりますように / *May* it please your honor! 恐れながら申し上げます.

10 [法律] [契約書・制定法に用いられて] …しなければならない, …するものとする (shall, must).

11 《古》[能力] …する能力がある, …できる (have the ability): No man ~ separate me from thee. 何人(なんぴと)も私をあなたから引き離すことはできない.

Thàt is* [*Thàt's*] *as máy be. それは事情によりけりだ, それはどっちとも言えない.

— *n.* may という言葉; 可能性 (possibility).

〖OE *mæg* (1st & 3rd pers. sing. pres. ind.) ← *magan* to be strong, be able ← Gmc **maʒ-* (G *mögen*) ← IE **magh-* to be able (Gk (Attic) *mêkhos* means / Skt *magha* gift, power): cf. main¹, might²〗

may² /méɪ/ *n.* 《古・詩》少女, 乙女 (maiden). 〖OE *mæġ* kinswoman: cf. ON *mær* maiden〗

May¹ /méɪ/ *n.* **1** 5月. **2** [しばしば m-] 《詩》盛り, 青春 (bloom, prime). **3** 五月祭 (May Day) の祝い: the Queen of (the) ~ =May queen. **4 a** [*pl.*] 《英》(Cambridge大学の)五月試験. **b** [the ~s] 《英》五月ボートレース (各学寮間のレースで, 今は6月に行われる). **5** [m-] 〚植物〛 **a** サンザシ (hawthorn). **b** サンザシの花 (may blossom) (cf. Mayflower). — *vi.* 五月祭を祝う; サンザシを摘む: go *Maying*. 〖lateOE *Mai* ◻ (O)F < L *Māium* (*mēnsem*) (the month) of May ← ? *Māia* (「増加・成長をもたらす女性」を意味する女神の名) ← *magnus* great (⇨ maxim) ∽ OE *Maius* ◻ L〗

May² /méɪ/ *n.* メイ 《女性名; 異形 Mae》. 〖(dim.) ← MARY ∥ MARGARET ∥ ↑〗

May /méɪ/, **Cape** *n.* メイ岬 《米国 New Jersey 州の最南端, Delaware 湾口の岬》. 〖← *Cornelius J. Mey* (オランダの船長, 17世紀に初めてこの地に着いた)〗

ma·ya /máɪə, máːjə; *Hindi.* maːjaː/ *n.* 〚ヒンズー教〛 **1** 現象の世界を動かす原動力, マーヤー; 魔力. **2** (真の実在に対する)現象界, 虚妄, 幻影. 〖(1788) ◻ Skt *māyā*〗

Ma·ya¹ /máɪə, máːjə/ *n.* (*pl.* ~, ~s) **1 a** [the ~(s)] マヤ族 (現在 Yucatán, グアテマラ北部およびベリーズに住む中米インディアンの一種族; 米大陸発見以前に既に独特の文字や暦法をもち, かなり高度の文明を有していた). **b** マヤ族の人, マヤ人. **2** マヤ語; マヤ語族に属する言語. — *adj.* **1** マヤ人の. **2** マヤ語の. 〖(1825) ◻ Sp. ~ ← (現地語): *Zamnā* (初期マヤ族の神の名)の音位転換による変形?〗

Ma·ya² /máɪə, máːjə/ *n.* マーヤー 《ヒンズー教の「幻」の女神》. **Má·yan¹** *adj.* 〖⇨ maya〗

Ma·ya·güez /màɪəgwéz, -gwés; *Am.Sp.* majaɣwés/ *n.* マヤグウェス 《Puerto Rico 島西部の港市》.

Ma·ya·kov·ski /mɑ̀ːjəkɔ́(ː)fski | -kɔ́f-; *Russ.* məjikófskʲij/, **Vladimir** (**Vla·di·mi·ro·vich**) /vladʲímʲirəvʲitʃ/ *n.* (*also* **Ma·ya·kov·sky** /~/) マヤコーフスキー 《1893–1930; 旧ソ連の詩人, 未来派 (futurism) の代表者》.

Ma·yan² /máɪən, máːjən/ *adj.* **1** マヤ人[族]の. **2** マヤ語(族)の. — *n.* **1** マヤ語(族) 《メキシコ南部, グアテマラおよびベリーズで用いられるアメリカインディアンの一語系で, Maya および Quiche を含む》. **2 a** [the ~s] マヤ族 (マヤ語系の言語を話す民族). **b** マヤ族の人. 〖(1889) ← MAYA¹+-AN¹〗

máy·àpple *n.* (*also* **Máy àpple**) 〚植物〛 **1** メギ科ポドヒルム属 (*Podophyllum*) の植物の総称; (特に)北米産のポドヒルム, アメリカミヤオソウ (*P. peltatum*) 《根は下剤となる; American mandrake ともいう; cf. podophyllin》. **2** ポドヒルム[アメリカミヤオソウ]の実 《黄色を帯びた卵形で食用になる》. 〖1733〗

may·be /méɪbi, -biː, meɪbíː/ ★ /meɪbíː/ は主として文末で用いられる. *adv.* 多分, 事によると (⇨ probably SYN): *Maybe* it's better to go. 恐らく行くほうがよかろう / And I don't mean ~ (either). 《口語》しかも事によるとじゃないんだぞ 《しばしば脅し文句》. ***as sóon as máybe*** 《口語》できるだけ早く (as soon as possible). 〖(*a*1325) 《略》← *it maybe*〗

May·beck /méɪbek/, **Bernard** *n.* メーベック 《1862–1957; 米国の建築家》.

Máy bèetle *n.* 〚昆虫〛コガネムシ: **a** 《米》コフキコガネ (June beetle). **b** 《英》ヨーロッパコフキコガネ (cockchafer).

May·belle /meɪbél, ⌐‐⌐/ *n.* メイベル 《女性名》. 〖← MAY¹+BELLE〗

Máy blòbs *n. pl.* [単数扱い] 〚植物〛 =marsh marigold.

máy blòssom *n.* サンザシ (hawthorn) の花. 〖1599〗

Máy bùg *n.* 〚昆虫〛 =May beetle. 〖1698〗

máy·bùsh *n.* 〚植物〛 =hawthorn. 〖1579〗

May·day /méɪdeɪ/ *n.* 〚通信〛メーデー 《国際無線通信において船や航空機の発する救難電話信号》. 〖(1927) 《変形》← F *m'aider* help me〗

Máy Dày *n.* **1** 五月祭 《古くから5月1日に行う春の祭; 花輪の冠をかぶらせて May queen を仕立て, Maypole の周囲を踊り, その他種々の遊戯や競技を催して春の一日を楽しむ》. **2** 労働者の日, メーデー 《5月1日; 英国では5月の第1月曜日で法定休日; cf. bank holiday 2, Labor Day》. 〖1267–68〗

Máy-dèw *n.* 5月の朝露 《美顔および医薬的効果があると信じられた》. 〖*a*1449〗

Máy·dùke *n.* 〚園芸〛メイデューク, 珊瑚(さんご) 《オウトウの品種名; 古くから広く栽培された赤紫色の果実を産する優秀な品種; cf. duke 3》. 〖1718〗

May·enne /mɑːjén; *F.* majɛn/ *n.* マイエンヌ(県) 《フランス北西部の県; 面積 5,212 km², 県都 Laval /laval/》.

May·er /méɪə | méɪə^(r)/, **Louis Burt** *n.* メイヤー 《1885–1957; ロシア生まれの米国の映画製作者; Metro 映画会社を創設し, のち Goldwyn 映画会社と合併して Metro-Goldwyn-Mayer 映画会社を設立した》.

May·er /máɪə | máɪə^(r); *G.* máɪɐ/, **Maria Goep·pert** /gə́pət/ *n.* マイヤー 《1906–72; ドイツ生まれの米国の女性の物理学者; Nobel 物理学賞 (1963)》.

may·est /méɪɪst, méɪ-/ *auxil. v.* 《古》may の直説法二人称単数現在形: thou ~=you may.

May·fair /méɪfeə | -feə^(r)/ *n.* メイフェア 《London 中央部の Piccadilly 通りの北側, Hyde Park の東方に当たる区域; 以前は貴顕富豪の住宅地区として有名; 今日は事務所やマンションが多い》. 〖(1701) Edward 三世が5月にこの辺で定期市を開催したことから〗

May·flow·er /méɪflàuə | -flàuə^(r)/ *n.* **1** 〚植物〛5月[春]に咲く種々の花の総称 《おもに英国ではサンザシ (hawthorn), キバナノクリンザクラ (cowslip), リュウキンカ (marsh marigold), cuckooflower など, 米国では trailing arbutus, スハマソウ (hepatica), anemone, ポドヒルム (mayapple) など》. **2** [the ~] メイフラワー号 《1620年 Pilgrim Fathers を英国から米国の Plymouth に運んだ船》. 〖(1576) ← MAY¹+FLOWER: cf. G *Maiblume*〗

Máyflower Cómpact *n.* [the ~] メイフラワー契約 《1620年11月11日 Pilgrims が Mayflower 号上で行った新大陸における植民地建設に関する誓約》.

máy·flỳ *n.* **1** 〚昆虫〛カゲロウ (ephemerid) 《春5月ごろに現れる蜉蝣(ふゆう)目の昆虫の総称; 成虫は体の柔らかい昆虫できわめて短命, 幼虫は完全に水生; 釣りの餌に用いられる》. **2** 《英》〚昆虫〛トビケラ (caddis fly). **3** 〚釣〛(カゲロウに似せた)毛針. 〖1651–3〗

may·hap /méɪhæp/ *adv.* 《古・方言》多分, 恐らく (perhaps, maybe). 〖(*c*1531) 《略》← *it may hap*(*pen*)〗

máy·hàppen *adv.* =mayhap. 〖(*c*1530) ← *it may happen*〗

may·hem /méɪhem/ *n.* **1** 大混乱, 無秩序 (chaos), 騒動: create ~. **2** 〚法律〛身体傷害 《防衛に必要な身体の部分(手・足・目・歯など)を使用不能にする傷害; 昔は特別の不法行為とされたが今は一般の傷害罪とされる》. **3** 故意の傷害[暴力]. 〖(?*a*1300) *maihem* ◻ AF *ma*(*i*)*hem*=OF *mahaigne* injury: ⇨ maim〗

May·hew /méɪhjuː/, **Henry** *n.* メイヒュー 《1812–87; 英国のジャーナリスト・著述家, Punch 誌の主たる創設者》.

May·ing, m- *n.* 五月祭 (May Day) の祝い; 五月祭の花摘み. ★ 主に次の句に用いる: go a-maying 五月祭の花を摘みに行く. 〖(1470–85) ← MAY¹ (v.)+-ING¹〗

Mayme /méɪm/ *n.* メイム 《女性名》. 〖⇨ Mary〗

Máy mèetings *n. pl.* 五月集会 《19世紀に英国福音派の人々が London の Strand 街にあった Exeter Hall で毎年5月に催した宗教集会》.

Máy-mòrn *n.* 《Shak》盛り, 全盛期 (heyday). 〖1599〗

May·nard /méɪnəd, -nɑəd | -nəd, -nɑːd/ *n.* メイナード 《男性名》. 〖ME ◻ AF *Mainard* ◻ OHG *Maganhard* 《原義》strong power ← *magan* power+*hart* hard〗

May·nooth /mənúːθ, meɪ-/ *n.* メイヌース 《アイルランド東部 Kildare 県の町》.

mayn't /méɪnt, méɪənt/ may not の縮約形. ★ may not は通常縮約形にはならない. mayn't はきわめてまれ.

ma·yo /méɪou | méɪəu/ *n.* 《口語》=mayonnaise. 〖(1960) 《略》〗

May·o¹ /méɪou | méɪəu/ *n.* メイヨー 《アイルランド共和国北西部 Connacht 地方の沿海州; 面積 5,398 km², 州都 Castlebar》.

May·o² /máɪou | máɪəu; *Am.Sp.* májo/ *n.* マヨ川 《メキシコ北西部 Sonora 州を南西に流れて California 湾に注ぐ川》.

May·o /méɪou | méɪəu/, **Charles Horace** *n.* メイヨー 《1865–1939, 米国の外科医》.

Mayo, William James *n.* メイヨー 《1861–1939; 米国の外科医; C. H. Mayo の兄》.

Máyo Clìnic *n.* [the ~] メイヨークリニック 《米国 Minnesota 州 Rochester にある世界最大級の医療センター》.

Ma·yol /maɪjɔ́(ː)l, -jóul | -jɔ́l; *F.* majɔl/, **Jacques** *n.* マイヨール 《1927–2001; フランスの海洋冒険家》.

Ma·yon /mɑːjɔ́(ː)n | -jɔ́n/ *n.* マヨン山 《フィリピンの Luzon 島南東部の活火山 (2,440 m)》.

may·on·naise /méɪənèɪz, ⌐‐⌐ | ⌐‐⌐, ⌐‐⌐/ *n.* **1** マヨネーズ 《サラダや魚肉に用いるソース》. **2** マヨネーズをかけた料理: chicken [salmon, lobster] ~. 〖(1841) ◻ F ~, 《古形》*mahonnaise* ← *Mahón* (Minorca の町の名)〗

may·or /méɪə, méə | méə^(r)/ *n.* 市長, 町長 《米国では地方自治体 (municipality) の行政長官; 英国では city または borough の長で名誉職, 市議会の議長が兼ねる》: ⇨ Lord Mayor. 日英比較 日本語では市長, 町長と呼称が分かれているが, 英語ではいずれも *mayor* である. 《米》では選挙によって選ばれるが《英》では市, 町議会の議長が兼任する. また, village には行政上の長官はいないので, 日本語の村長も *mayor* と訳すしかない.

máyor of the pálace [the —] 〚フランス史〛(フランク王国メロヴィング朝期の)大宰相. 〖《なぞり》← ML *māyor palātii*〗

may·or·al /méɪərəl, méᵊr- | méər-, meɪɔ́ːr-/ *adj.* 〖(*c*1300) *mair* ◻ (O)F *maire* < L *mājōrem* greater: MAJOR¹ と二重語〗

may·or·al·ty /méɪərəlti, méᵊr- | méər-/ *n.* 市長[町長] (mayor) の職[任期]. 〖(1386) *mairalte* ◻ OF *mairalté*: ⇨ ↑, -ty〗

may·or·do·mo /mèɪədóumou, mèə- | mèədáuməu; *Am.Sp* majorðómo/ *n.* 《米南西部》 **1** (農場・牧場の)管理人, 監督者 (manager). **2** 灌漑水路監督. 〖◻ Am.-Sp. ~ ◻ Sp. *majordomo*: ⇨ majordomo〗

may·or·ess /méɪərɪs, méᵊr- | mɛərés, ⌐‐⌐, méərɪs/ *n.* **1** 女性の市長. **2** 《英》市長夫人; 市長夫人代理: ⇨ Lady Mayoress. 〖(*c*1430): ⇨ mayor, -ess〗

máyor's cóurt *n.* 市長法廷 《幾つかの都市で市条例違反者などに対して市長が裁判を行う法廷; Mayor's Court of London は有名》.

máyor·shìp *n.* 市長[町長] (mayor) の職[身分, 在任期間]. 〖(1485): ⇨ -ship〗

Ma·yotte /mɑːjɑ́(ː)t | maɪjɔ́t; *F.* majɔt/ *n.* マヨット(島) 《Madagascar 島の北西方にある Comoro 諸島中の島; 仏領; 面積 376 km²》.

Máy·pòle, m- *n.* 五月柱, メイポール 《広場に立てて花やリボンで飾った高い柱; May Day にその周囲で踊る》. 〖1554〗

may·pop /méɪpɑ(ː)p | -pɔp/ *n.* **1** 〚植物〛チャボトケイソウ (*Passiflora incarnata*) 《米国南部産のトケイソウ科の多年生つる草; wild passionflower ともいう》. ★ 米国 Tennessee 州の州花. **2** チャボトケイソウの実 《黄色のりんご大で食用となる》. 〖(1851) 《変形》← N-Am.-Ind. (Algonquian) *maracock*〗

Máy quèen *n.* 五月姫, メイクイーン 《May Day の女王に選ばれた少女; 花の冠をかぶり馬に乗って練り歩く; Queen of (the) May ともいう》. 〖1832〗

Mayr /máɪə | máɪə^(r)/, **Ernst Walter** マイヤー 《1904– ; ドイツ生まれの米国の動物分類学者・進化生物学者; *Animal Species and Evolution* (1963), *The Growth of Biological Thought* (1982)》.

Mays /méɪz/, **Willie** (**Howard**) *n.* メイズ 《1931– ; 米大リーグの強打者; 生涯本塁打 660 本》.

mayst /méɪst, mèɪst, meɪst/ *auxil. v.* 《古》may¹ の直説法二人称単数現在形: thou ~ = you may.

Máy·thòrn *n.* 〚植物〛 =hawthorn. 〖(1844) ← MAY¹+(HAW)THORN〗

Máy·tìde *n.* 5月(の季節).

Máy·tìme *n.* =Maytide.

máy trèe *n.* 《英》〚植物〛 =hawthorn.

may've /méɪv, mèɪv/ 《口語》may have² の縮約形.

may·vin /méɪvɪn | -vɪn/ *n.* 《米口語》=maven.

may·weed /méɪwiːd/ *n.* 〚植物〛 **1** カミツレモドキ (*Anthemis cotula*) 《葉に悪臭がある; dog fennel, stinking mayweed, stinking chamomile ともいう》. **2** = scentless mayweed. 〖(1551) ← 《廃》*may*(*the*) (< OE *mægþa*) mayweed+WEED¹〗

Máy Wèek *n.* 《英》(Cambridge 大学で)五月ボートレースの行われる週 《五月下旬または六月上旬》. 〖1895〗

Máy wìne *n.* メイワイン 《モーゼルまたはラインワイン・シャンパン・クラレットにクルマバソウ (woodruff) 風味を付けたパンチ》. 〖《なぞり》← G *Maiwein*〗

maz-¹ /meɪz, mæz/ (母音の前にくるときの) mazo-¹ の異形.

maz-² /meɪz, mæz/ (母音の前にくるときの) mazo-² の異形.

ma·zae·di·um /məzíːdiəm | -di-/ *n.* (*pl.* **-di·a** /-diə | -diə/) 〚植物〛(ある種の地衣類の)子実体 《側糸と粉状に固まった子囊胞子から成る》. 〖← NL ~ ← Gk *mâza* lump+L *aedēs* temple+-IUM〗

ma·zal tov /mɑ́ːzəltɔ̀(ː)v, -tɔ̀(ː)f | -tɔv, -tɔf/ *int.* = mazel tov.

maz·ard¹ /mǽzəd | -zəd/ *n.* **1** 《古・戯言》頭 (head);

M

顔 (face). **2** 《方言》(コインの)表 (head). **3** 《廃》＝ mazer. 〖《1600》《変形》← MAZER: ⇨ -ard: cf. mazzard[1]〗

maz·ard[2] /mǽzəd | -zəd/ *n.* 《園芸》＝mazzard[1].

Ma·zār-e-Sha·rīf /mɑːzáːriːʃəríːf | mæ-/ *n.* マザーリシャリーフ《アフガニスタン北部の町;「聖者の墓」の意; 15 世紀に Mohammed の娘婿であった第 4 代カリフ Ali の墓が発見されたといわれ, 墓廟が建てられて, 特にシーア派信者の参詣の対象となっている》.

maz·a·rin /mǽzərən | -rɪn, -ræn/ *n.* 金属製の深皿. 〖《1673》? ← *Jules Mazarin* (↓)〗

Maz·a·rin /mæ̀zəræ̃(ŋ), -rǽŋ, mǽzərən | mǽzərɪn, -ræ̀n; *F.* mazaʀɛ̃/, **Jules** *n.* マザラン《1602–61; イタリア生まれのフランスの枢機卿・政治家, Louis 十四世の宰相 (1642–61); 通称 Cardinal Mazarin; イタリア語名 Giulio Mazarini /dʒúːljo madzaríːni/》.

Máz·a·rin Bíble /mǽzərən- | -rɪn-, -ræn-; *F.* mazaʀɛ̃/ *n.* [the ～] マザラン聖書《*Gutenberg Bible* の異称》. 〖1760 年ごろ Paris の Mazarin Library でこの聖書が発見されたことにちなむ〗

maz·a·rine /mæ̀zəríːn, mǽzəriːn, -rən | mǽzəriːn, ⌐ー⌐/ *n.* **1** ＝mazarin. **2** 桔梗色(青紫色) (mazarine blue): the ～ robe もとロンドンの市参事会員の制服. **3** 《17 世紀後半に流行した》レース飾りのついた婦人用フード [頭飾り] 《mazarine hood ともいう》. 〖《1673》? ← *Jules Mazarin*〗

Ma·za·tlán /mɑ̀ːzɑːtlɑ́ːn, mɑ̀ːsə-; *Am.Sp.* masatlán/ *n.* マサトラン《メキシコ中西部, 大西洋岸の港市》.

Maz·da[1] /mǽzdə, mɑ́ːz- | mǽz-/ *n.* **1** 《ゾロアスター教》＝Ahura Mazda. **2** (暗黒に対する)光明 (light). 〖← OPers. (*Aura*)*mazda* ⊏ Avest. *Ahuramazda* 《原義》wise lord ← *ahura-* god＋*ma(n)dzdhā-* wise: ⇨ Ormazd〗

Maz·da[2] /mɑ́ːz-, mǽz- | mǽz-/ *n.* 《商標》マツダ《英国 Thorn EMI 社製の白熱電球》.

Máz·da·ism /-ìzm/ *n.* (*also* **Maz·de·ism** /～/) ＝ Zoroastrianism. 〖《1871》: ⇨ Mazda[1], -ism〗

maz·door /mʌzdúə | -dúɔ(r)/ *n.* 《インド》労働者. 〖《1971》⊏ Urdu *mazdūr*〗

maze /méɪz/ *n.* **1 a** 迷路, 迷宮 (labyrinth); 迷路園 《庭園などで高い生垣で仕切って出口を見つけにくくしたもの》. **b** 複雑でわかりにくいもの《規則・構造など》: a ～ of streets [wires]. **2** 紛糾, 当惑, 困惑 (perplexity). **3** 《心理》(学習・知能のテストに用いる)迷路. — *vt.* [通例 p.p. 形で] 《古・方言》**1** まごつかせる, 当惑させる (confuse): be ～*d* 当惑する. **2** 目を回させる, ぼーっとさせる (daze). **～·lìke** *adj.* 〖《*c*1300》← *mase(n)* (v.) to confuse, puzzle 《頭音消失》← *amased* ← OE *āmasian* 'to AMAZE'〗

ma·zel tov /mɑ́ːzəltɔ̀(ː)v | -tɔ̀v; *Yiddish* mázəltɔf/ *int.* (主としてユダヤ人同士が用いて)おめでとう よかったですね (Congratulatoins!). 〖《1862》← ModHeb. *mazāl* luck＋*ṭōbh* good〗

maze·ment /méɪzmənt/ *n.* 《まれ》幻惑, 困惑(状態). 〖《*c*1580》← MAZE (v.)＋-MENT〗

ma·zer /méɪzə | -zə(r)/ *n.* (もと木製で脚付きの)大杯. 〖《?*a*1200》*maser* ⊏ OF *masere* maple wood ← Gmc **mas-* spot (cf. G *Maser* excrescence on a tree, 《廃》maple tree) ← IE **smē-* to smear: ⇨ measles〗

ma·zo-[1] /méɪzoʊ, mǽz- | -zəʊ/ 《病理》「乳房 (breast)」の意の連結形. ★ 母音の前では通例 maz- になる. 〖← NL ～ ← Gk *mazós* breast〗

ma·zo-[2] /méɪzoʊ, mǽz- | -zəʊ/ 《病理》「胎盤 (placenta)」の意の連結形. ★ 母音の前では通例 maz- になる. 〖← NL ～ ← *māza* placenta ← Gk *mâza* barley-cake〗

Ma·zo·la /məzóʊlə | -zə́ʊ-/ *n.* 《商標》マゾーラ《米国 CPC International 社製の食用コーン油》.

ma·zo·path·i·a /mèɪzoʊpǽθiə, mæ̀z- | -zə(ʊ)-/ *n.* 《病理》胎盤病. 〖← MAZO-[2]＋-PATHIA〗

ma·zop·a·thy[1] /meɪzɑ́(ː)pəθi, mæ- | -zɔ́p-/ *n.* 《病理》＝mazopathia. 〖← MAZO-[2]＋-PATHY〗

ma·zop·a·thy[2] /meɪzɑ́(ː)pəθi, mæ- | -zɔ́p-/ *n.* 《病理》乳房疾患 (mastopathy). 〖← MAZO-[1]＋-PATHY〗

ma·zour·ka /məzúəkə | -zɔ́ː-/ *n.* ＝mazurka.

ma·zout /məzúːt/ *n.* ＝mazut.

Ma·zu /mɑ̀ːtsúː, mɑ̀ːts-/ *n.* ＝Matsu.

ma·zu·ma /məzúːmə/ *n.* 《米俗》金 (money). 〖《1904》⊏ Yid. *mazume(n)* cash 《変形》*mezumen* ready (cash) ⊏ Mish. Heb. *mᵉzumān* fixed, designated〗

ma·zur·ka /məzə́ːkə, -zúə- | -zə́ː-; *Pol.* mazúrka/ *n.* マズルカ: **1** 4 組または 8 組でする快活なポーランド舞踏. **2** 《音楽》マズルカの舞曲; やや速い $^3/_4$ または $^3/_8$ 拍子の曲. 〖《1818》⊏ Pol. ～ 'woman of Mazovia (ポーランドの一地方の名)': cf. polka〗

ma·zut /məzúːt; *Russ.* mazút/ *n.* (ロシア産石油から採る)燃料重油. 〖《1897》⊏ Russ. ～ (cf. *mazat'* to grease)〗

maz·y /méɪzi/ *adj.* (**maz·i·er; -i·est**) **1** 迷路のような; 込み入った, 複雑な (intricate). **2** 《英方言》(頭が)くらくらする (giddy). **máz·i·ly** /-zəli/ *adv.* **máz·i·ness** *n.* 〖《*c*1510》← MAZE (n.)＋-Y[1]〗

maz·zard[1] /mǽzəd | -zəd/ *n.* 《園芸》マザード (*Prunus avium*) 《野生または実生のセイヨウミザクラ[甘果オウトウ] (sweet cherry); オウトウの台木として用いる》. 〖《1578》?: MAZARD[1] の別用法か〗

maz·zard[2] /mǽzəd | -zəd/ *n.* ＝mazard[1].

Maz·zi·ni /mɑːtsíːni, mɑːdzíː-; *It.* mattsíːni/, **Giuseppe** *n.* マッツィーニ《1805–72; イタリアの革命家; Garibaldi とならんで祖国の統一と独立を図った》.

mb 《略》《電算》megabyte(s); magnetic bearing; main battery; medium bomber; millibar(s); 《物理》millibarn(s); 《処方》*L.* misce bene (＝mix well); motor barge [boat].

MB 《略》Manitoba; maritime board; marketing board; maternity benefit; medical board; 《カナダ》Medal of Bravery; *L.* Medicinae Baccalaureus (＝Bachelor of Medicine); 《電算》megabyte(s); Militia Bureau 国民義勇軍事務局; municipal borough; *L.* Musicae Baccalaureus (＝Bachelor of Music).

MBA /èmbìːéɪ/ 《略》Master of Business Administration.

Mba·ba·ne /èmbɑːbɑ́ːneɪ | əmbɑːbɑ́ːni/ *n.* ムババネ《アフリカ南部スワジランド北西部にある同国の首都》.

Mban·da·ka /èmbɑːndɑ́ːkə | əmbɑːn-/ *n.* ムバンダカ《コンゴ川に沿うコンゴ民主共和国西部の町》.

mba·qan·ga /èmbɑːkǽŋɡə | əm-/ *n.* ムバカンガ《南アフリカの黒人のポピュラー音楽》. 〖《1964》⊏ Zulu *umbaqanga* steamed maize bread〗

mbar 《略》megabar(s).

MBE /èmbìːíː/ 《略》Master of Business Economics; Master of Business Education; 〖1917〗Member of (the Order of) the British Empire.

Mbe·ki /ɛmbéki | əm-; *Xhosa* mbeːki/, **Thabo** *n.* ムベキ《1943–　; 南アフリカ共和国の政治家; アフリカ民族会議 (ANC) の広報部長・外交部長として活躍; Mandela の後を継ぎ同国大統領 (1999–　)》.

Mbi·ni /ɛmbíːni | əm-/ *n.* ムビニ《赤道ギニアの本土の一部; 面積 26,016 km²》.

mbi·ra /ɛmbíːrə | əm-/ *n.* エンビーラ, アンビラ, ムビラ《アフリカの民俗音楽演奏用の 20 cm ほどの長さの木管楽器; てのひらを上に向けて両手で持ち, 中の金属片を親指ではじいて鳴らす; thumb piano ともいう》. 〖《*c*1911》← Bantu 《現地語》〗

MBO /èmbìːóʊ | -ə́ʊ/ 《略》management buyout.

Mbo·ya /ɛmbɔ́ɪə | əm-; *Kikuyu* mboja/, **Thomas Joseph** *n.* ムボヤ《1930–69; ケニアの政治家; ケニア独立運動の中心人物; 通称 Tom Mboya》.

Mbo·mu /ɛmbóʊmuː | əmbə́ʊ-/ *n.* [the ～] ⇨ Bomu.

MBS /èmbìːés/ 《略》Mutual Broadcasting System 《米国の放送会社の一つ》.

MBSc 《略》Master of Business Science.

MBT /èmbìːtíː/ *n.* 《商標》MBT 《米国 Romanoff Foods 社製のブイヨン (broth)》.

Mbu·ji-Ma·yi /ɛmbùːdʒimɑ́ːji, -mɑ́ːi | əm-/ *n.* ムブジマイ《コンゴ民主共和国南部の町; ダイヤモンド採鉱の中心地》.

Mbun·du /ɛmbúːnduː | əm-/ *n.* (*pl.* ～, ～s) **1** ブンドゥ族《アンゴラ西部のバンツー (Bantu) 系部族》. **2** 《言語》＝kimbundu.

Mbu·ti /(ə)mbúːti | -ti/ *n.* (*pl.* ～, **～s**) **1 a** [the ～(s)] ムブーティ族《熱帯アフリカやコンゴの森林に住むニグロイドピグミーに属する一部族》. **b** ムブーティ族の人. **2** ムブーティ語.

mbyte 《略》megabyte(s).

mc 《略》megacycle(s); 《物理》millicurie(s); millicycle.

mc 《記号》Monaco 《URL ドメイン名》.

Mc 《略》《聖書》maccabees; megacycle(s).

MC /èmsíː/ *v.* (～'**d**; ～'**ing**; ～'**s**) ＝emcee.

MC 《略》machinery certificate; *L.* Magister Chīrūrgiae (＝Master of Surgery); Magistrate's Court; magnetic course; marginal credit; Marine Corps; Maritime Commission; marked capacity; marriage certificate; master commandant; Master of Ceremonies; maximum card; medical certificate; Medical Corps; 《占星》Medium Coeli; Member of Congress; Member of Council; Mennonite Church; mess committee; Methodist Church; Military Cross; 《自動車国籍表示》Monaco; Morse code; motor contact; motorcycle.

m/c 《略》machine; motor cycle.

Mc- /mək, mæk, mɪk; /k, ɡ/ の前では mə, mæ, mɪ/ *pref.* (*also* **Mᶜ-** /～/) ＝Mac-.

MCA /èmsìːéɪ/ *n.* MCA 社《米国の映画・レコード会社; MCA, Coral, ABC, Europa などのレーベルで製作》.

MCA /èmsìːéɪ/ 《略》Monetary Compensatory Amount.

Mc·A·leese /mæ̀kəlíːs/, **Mary** *n.* マカリース《1951–　; アイルランドの政治家・法律家; 大統領 (1997–　)》.

Mc·Al·len /məkǽlən | -lən/ *n.* マッカレン《米国 Texas 州南部, Rio Grande 峡谷にある都市, 避寒地》.

MCAT 《略》Medical College Admission Test.

MCB 《略》miniature circuit breaker.

Mc·Búr·ney's pòint /məkbə́ːniz- | -bə́ː-/ *n.* 《医学》マクバーニー点《右上前腸骨棘(きょく)とへその間にある腹壁上の一点; 急性虫垂炎の場合, 指で圧迫すると圧痛が感じられる》. 〖《1890》← *Charles McBurney* (1845–1913: 米国の外科医)〗

MCC 《略》Marylebone Cricket Club. 〖1862〗

Mc·Car·thy /məkɑ́əθi | -kɑ́ː-/, **Joseph R(aymond)** *n.* マッカーシー《1908–57; 米国の政治家; 共和党上院議員 (1946–57); '赤狩り' によって米政界を混乱に陥れた; cf. McCarthyism》

McCarthy, Justin *n.* マッカーシー《1830–1912; アイルランドの政治家・歴史家・小説家; 初め Parnell の自治党 (Home Rule Party) に入ったが, のち彼と訣別し (1890), 独自にアイルランド独立運動を進めた; *History of Our Own Times* (1879–97)》.

McCarthy, Mary (Therese) *n.* マッカーシー《1912–89; 米国の女性の小説家; *The Group* (1963)》.

Mc·Cár·thy·ism /-θìɪzm/ *n.* マッカーシズム: **1** (証拠の裏付けのない, または疑わしげな証拠を基にして行われる) 反国家的行為(特に容共運動)の告発. **2** (官庁などでの) 反国家的行為の執拗(しつよう)な摘発[不公正な調査]. 〖《1950》← *Joseph R. McCarthy*〗

Mc·Car·thy·ite /məkɑ́əθiàɪt | -kɑ́ː-/ *n., adj.* マッカーシー主義者(の) (⇨ McCarthyism). 〖《1952》: ⇨ ↑, -ite[1]〗

Mc·Cart·ney /məkɑ́ətni | -kɑ́ːt-/, Sir **(James) Paul** *n.* マッカートニー《1942–　; 英国のロックミュージシャン・ソングライター; もと the Beatles のメンバーで, ベースギタリスト》.

Mc·Clel·lan /məklélən/, **George Brin·ton** /brín-tən | -tən/ *n.* マクレラン《1826–85; 米国の南北戦争の北軍の将軍》.

Mc·Cor·mack /məkɔ́əmək | -kɔ́ː-/, **John** *n.* マコーマック《1884–1945; アイルランド生まれの米国のテノール歌手》.

Mc·Cor·mick /məkɔ́əmɪk | -kɔ́ː-/ *n.* 《商標》マコーミック《米国の香辛料メーカー McCormick & Co., Inc. 製のスパイス・塩・調味料・ドレッシング・マスタードなど》.

Mc·Cor·mick /məkɔ́əmɪk | -kɔ́ː-/, **Cyrus Hall** *n.* マコーミック《1809–84; 米国の自動刈取り機の発明者》.

Mc·Coy /məkɔ́ɪ/ *n.* [the (real) ～] 《俗》確かな人[もの], 本物; 逸品 (cf. Simon Pure). 〖《1922》《変形》← *Mackay*: 米国のボクサー Norman Selby (1873–1940) のリング名 *Kid McCoy* と連想された〗

Mc·Cul·lers /məkʌ́ləz | -ləz/, **Carson (Smith)** *n.* マッカラーズ《1917–67; 米国の女流小説家; *The Heart Is a Lonely Hunter* (1940)》.

Mc·Don·ald's /məkdɑ́(ː)nḷdz, mæk- | -dɔ́n-/ *n.* 《商標》マクドナルド《米国 McDonald's Corp 系列のハンバーガーチェーン店; 全世界に店舗をもつ; 創業 1965 年》.

Mc·Dou·gall's /məkdúːɡəlz, mæk-, -ɡḷ/ *n.* 《商標》マクドゥーガルズ《英国 Ranks Horis McDougall 製の小麦粉製品》.

Mc·Dow·ell /məkdáʊ(ə)l/, **Irvin** *n.* マクダウェル《1818–85; 米国の南北戦争当時の北軍の将軍》.

Mc·El·roy /mǽkəlrɔ̀ɪ, -kḷ-, məkélrɔɪ | mǽkəlrɔɪ, -kḷ-/, **Neil H.** *n.* マケルロイ《1904–72; 米国の実業家; 国防長官 (1957–59)》.

mcf, Mcf 《略》thousand cubic feet. 〖1960〗

Mc·Fee /məkfíː/, **William (Morley Pun·shon** /pʌ́nʃən/) *n.* マクフィー《1881–1966; 英国生まれの米国の海洋小説家・随筆家》.

mcg 《略》microgram(s).

Mc·Graw /məɡrɔ́ː, -ɡrɑ́ː | -ɡrɔ́ː/, **John (Joseph)** *n.* マグロー《1873–1934; 米国のプロ野球選手・監督; Little Napoleon と呼ばれた》.

Mc·Guf·fey /məɡʌ́fi/, **William Holmes** *n.* マガフィー《1800–73; 米国の教育家; 小学校の教科書 *McGuffey's Readers* の編著者として 19 世紀初期の初等教育に大きな影響を与えた》.

MCh 《略》*L.* Magister Chīrūrgiae (＝Master of Surgery).

McHenry *n.* ⇨ Fort McHenry.

MChir 《略》⇨ MCh.

mCi 《略》millicurie(s).

Mc·In·tosh /mǽkəntɑ̀(ː)ʃ | -kɪntɔ̀ʃ/ *n.* **1** 《園芸》旭(あさひ)《カナダのリンゴの品種名; McIntosh Red ともいう》. **2** 《商標》マッキントッシュ《米国 McIntosh Laboratory 社製のステレオアンプ》. 〖1: 《1878》← *John McIntosh* (カナダ Ontario 州の人でその栽培者)〗

Mc·Kin·ley /məkínli/, **Mount** マッキンレー山《米国 Alaska 州中部の山; 北米大陸の最高峰 (6,194 m)》. 〖↓〗

Mc·Kin·ley /məkínli/, **William** *n.* マッキンレー《1843–1901; 米国第 25 代大統領 (1897–1901); 無政府主義者に暗殺された》.

MCL 《略》Marine Corps League; Master of Civil Law; Master of Comparative Law.

Mc·Léod gàuge /məkláʊd-/ *n.* 《物理・化学》マクラウド ゲージ《真空計の一種》. 〖《1880》← *Herbert McLeod* (1841–1932; 英国の化学者)〗

Mc·Lu·han /məklúːən/, **(Herbert) Marshall** *n.* マクルーハン《1911–80; カナダの著述家・文化史学者; *Understanding Media* (1964)》.

Mc·Lú·han·ìsm /-nìzm/ *n.* **1** マクルーハン理論[学説]《マスメディアと社会変化との関係についての学説》. **2** マクルーハン独特の用語[表現]. 〖《1967》: ⇨ ↑, -ism〗

Mc·Mil·lan /məkmílən, mæk-/, **Edwin Mat·ti·son** /mǽṭəsən, -sn | -tɪ-/ *n.* マクミラン《1907–91; 米国の物理化学者; G. T. Seaborg と共同で Nobel 化学賞 (1951)》.

Mc·Múr·do Sóund /məkmə́ːḍoʊ- | -mə́ːdəʊ-/ *n.* マクマード湾《南極 Ross 海の入江; 米国の観測基地がある》.

Mc·Nágh·ten Rùles /məknɔ́ːtən-, -nɑ́ː-, -tṇ- | -nɔ́ːtən-, -tṇ-/ *n. pl.* [the ～] 《法学》マクノートンルール《精神障害という理由で被告人を弁護するには, 犯行時に行為の性質を認識しなかったか, 当該行為に関して正邪の認識がなかったかのいずれかを被告人側が立証せねばならないとするもの; 1843 年殺人罪で裁判をうけた Daniel M'Naghten 事件での準則で, イングランドでは広く法として認められている; M'Naghten [McNaughten] Rules ともつづる》.

Mc·Na·mar·a /mǽknəmæ̀rə, -mèrə | mæ̀knəmɑ́ːrə/, **Robert Strange** /stréɪndʒ/ *n.* マクナマラ《1916–　; 米国の実業家, 国防長官 (1961–68), 世界銀行総裁 (1967–81)》.

MCom 《略》Master of Commerce.

MCP 《略》male chauvinist pig. 〖1971〗

Mc·Pher·son /məkfə́ːsən, mæk-, -sn | -fə́ː-/, **Aimee Semple** *n.* マクファーソン《1890–1944; カナダ生まれの米国の女性福音伝道者; Los Angeles に Foursquare Gospel 教会を創設 (1927)》.

MCPO 《略》master chief petty officer.

mcps 《略》megacycles per second.

MCPS 《略》Mechanical Copyright Protection Society.

Mc·Queen /məkwíːn/, **Steve** *n.* マックイーン《1930–80; 米国の映画俳優; *The Great Escape* (1963)》.

MCR 《略》《英》middle common room.

mc/s 《略》megacycles per second.

MCS 《略》Master of Commercial Science; Master of Computer Science; missile control system.

mCur 《記号》millicurie(s).

Mc·Vit·ie's /məkvíṭiz, mæk- | -tiz/ *n.* 〘商標〙マクビティー《スコットランドの菓子メーカー McVitie & Price 社製のビスケット・クラッカー類》.

md 《略》〘音楽〙*It.* mano destra (=right hand).

md 《記号》Moldova《URL ドメイン名》.

Md 《記号》〘化学〙mendelevium.

MD 《略》Managing Director; map distance; market day; 〘米郵便〙Maryland (州); Medical Department; *L.* Medicīnae Doctor (=Doctor of Medicine); mentally deficient; message-dropping; mess deck; Meteorology Department; Middle Dutch; military district; MiniDisk; Monroe Doctrine; musical director.

Md. 《略》Maryland.

M/D, m/d /émdíː/ 《略》memorandum of deposit 預金証; 〘手形〙month's [months after] date 日付後…か月.

M-dày /ém-/ *n.* 《米》動員開始日, M 日 (Mobilization day)《兵員・資材を実戦のために召集・編成する業務を開始する最初の日; cf. D day, V-Day》. 〖(1924)《略》← MOBILIZATION〗

MDF 《略》medium density fiberboard.

MDiv 《略》Master of Divinity.

Mdlle 《略》(*pl.* **Mdlles, Mdlles.**) Mademoiselle.

Mdm 《略》(*pl.* **Mdms, Mdms.**) Madam.

MDMA 《略》methylenedioxymethamphetamine メチレンジオキシメタンフェタミン《覚醒剤メタンフェタミンに似た構造の麻薬; 通称 ecstasy といい, 少量でも危険性が高い》.

Mdme 《略》(*pl.* **Mdmes, Mdmes.**) Madame.

mdnt 《略》midnight.

MDS 《略》Master of Dental Surgery.

mdse 《略》《米》merchandise.

MDT /émdìːtíː/ 《略》《米》Mountain Daylight Time.

MDu 《略》Middle Dutch.

me[1] /(弱) mi; (強) míː/ *pron.* (I の目的格) **1** 私を, 私に, 私へ: She loves *me*. / Tell *me* the story. / He went there with *me*. / It's *me* he's speaking to. 彼は私に話しているのです. **2** /míː/ =I. **a** 《口語》[be 動詞の補語に用いて]: It's *me*. 私です. ★ It is *I*. は形式張った言い方. **b** 《口語》[than, as のあとに用いて]: He is older *than me*. / She is as tall *as me*. **c** 《俗》[独立文の主語として]: Play snooker together every Saturday, *me* and John. 私とジョンは毎土曜一緒にスヌーカーをやるんです. **d** [慣用的] 私も: I want to go.—*Me*, too. 私は行きたい—私も / I don't want to go.—*Me*, neither. 私は行きたくない—私も. **3** =myself: **a** 《米口語》[間接目的語として]: I'm going to buy *me* a new car. 新しい車を買おうと思っている. **b** 《古・詩》[直接目的語として]: I will lay *me* down and sleep. 横になって眠ろう. **4** /míː/ [感動の語句に用いて]: Ah *me*! ああ / Dear *me*! おやおや, おやまあ / Woe is *me*! 悲しいかな. **5** 《古》[単に語勢を強めるために動詞に添加して; cf. ethical dative]: Knock *me* at this gate. この門を叩いてくれ (Shak., *Shrew* 1. 2. 11).
by mé 〘トランプ〙(1) (ブリッジなどで)パス (『I pass.』という代わり). (2) (ポーカーで)チェック (『I check.』という代わり).
— *n.* **1** 《口語》[話し手・書き手としての自分の人格・人柄を表して] 自分, 私という人物: The real *me* comes out when I'm happy. 幸せな時に真の自分が現れる. **2** 私に似合ったもの: That dress isn't really *me*.
〖OE *mē̆* (dat.) & *meċ* (acc.) ← Gmc **mē̆-* (Du. *mij* / G *mir* (dat.) & *mich* (acc.)) ← IE **me-* (obl.) (L *mē* (acc.) & *mihi* (dat.))〗

me[2] /míː/ *n.* 〘音楽〙=mi.

Me 《略》*F.* Maître (=Master) フランスの弁護士に対する敬称; Maine (非公式).

Me 《記号》〘化学〙methyl.

ME 《略》〘米郵便〙Maine (州); managing editor; marine engineer; marriage encounter; Master of Education; Master of Engineering; Mechanical Engineer; Medical Electronics; Medical Engineering; Medical Examiner; Methodist Episcopal; Middle East; Middle Eastern; Middle English; Military Engineer; milled edge; Mining Engineer; Most Excellent; 〘製本〙mottled edges 小口モットル, 斑点小口; 〘医学〙myalgic encephalomyelitis.

ME, me 《略》〘製本〙marbled edges 小口マーブル. 〖*a*1912〗

Mea. 《略》Meath.

mea·cock /míːkɑ(ː)k | -kɔk/ *adj.* 《廃》めめしい, 柔弱な, 臆病な. 〖(1526) ← ?〗

mea·con /míːkən/ *vt.* 〈電子航法装置〉に誤った信号を送る. 〖← M(ISLEAD)+(B)EACON〗

me·a cul·pa /méɪəkúlpə, méɪɑːkúlpɑː, míːəkʌ́lpə/ *L.* **1** 私の過失によって. **2** [名詞的] (*pl.* ~**s**) 過失の自認《形式的な決まり文句》. 〖(*c*1385) □ L ~ '(by) my fault'〗

mead[1] /míːd/ *n.* ミード, 蜂蜜酒《蜂蜜と水を混ぜて発酵させた酒; しばしば香料・果物・モルトなどが加えられる》.
〖OE *medu, meodu* < Gmc **meduz* (G *Met*) ← IE **medhu-* honey, (Gk *méthu* wine)〗

mead[2] /míːd/ *n.* 《古・詩》=meadow. 〖OE *mǣd, mǣd* < Gmc **mǣdwō* ← IE **mē-* 'to MOW[1]'〗

Mead /míːd/, **Lake** *n.* ミード湖《米国 Nevada, Arizona 両州にまたがる湖; Hoover Dam の建設によって Colorado 川にできた世界屈指の人造湖; 面積 593 km²》. 〖← *Elwood Mead* (1858–1936: 米国の技師)〗

Mead /míːd/, **George Herbert** *n.* ミード《1863–1931; 米国の哲学者》.

Mead, Margaret *n.* ミード《1901–78; 米国の文化人類学者; *Male and Female: A Study of the Sexes in a Changing World* (1949)》.

Meade /míːd/, **George Gordon** *n.* ミード《1815–72; 米国の南北戦争当時の北軍の将軍》.

Meade, James Edward *n.* ミード《1907–95; 英国の経済学者; Nobel 経済学賞 (1977)》.

mead·ow /médoʊ | -dəʊ/ *n.* **1** 草地, 草原 (grassland); 採草地, (特に)草刈り[放牧]用の草地, 牧草地 (cf. pasture). **2** 草の生えている川辺の低地. **3** 高地の樹木限界線に近い緑草地帯. 〖(*a*1121) *medwe* < OE *mǣdw-, mǣd* 'MEAD[2]': cf. G *Matte*〗

méadow bèauty *n.* 〘植物〙北米産ノボタン科のピンクまたは薄紫色の花をつける多年草の総称 (*Rhexia virginica* など). 〖1840〗

méadow bìrd *n.* 〘鳥類〙=bobolink. 〖*c*1844〗

méadow bròwn *n.* 〘昆虫〙ジャノメチョウ科のチョウの一種 (*Maniola jurtina*)《ヨーロッパを中心に北アフリカ・中央アジアまで分布する》. 〖(1720) 1930〗

méadow chìckweed *n.* 〘植物〙=grasswort.

méadow clòver *n.* 〘植物〙=red clover.

méadow fèscue *n.* 〘植物〙ヒロハノウシノケグサ (*Festuca elatior*)《北米では牧草として栽培するイネ科の多年草; English bluegrass ともいう》. 〖1794〗

méadow fòxtail *n.* 〘植物〙オオスズメノテッポウ (*Alopecurus pratensis*)《イネ科の牧草》.

méadow gràss *n.* 〘植物〙=Kentucky bluegrass. 〖*c*1275〗

méadow gràsshopper *n.* 〘昆虫〙=katydid.

méadow·lànd *n.* 牧草地, 草刈場. 〖1530〗

méadow·làrk *n.* 〘鳥類〙マキバドリ《北米産ムクドリモドキ科マキバドリ属 (*Sturnella*) の鳴鳥の総称》. 〖1611〗

méadow lìly *n.* 〘植物〙カナダユリ (*Lilium canadense*)《米国東部産の, 橙色または赤色に褐色の斑点のある花をつけるユリ; Canada lily ともいう》. 〖1832〗

méadow mòuse *n.* 〘動物〙ハタネズミ《ハタネズミ属 (*Microtus*) のネズミの総称》; (特に)ペンシルバニアハタネズミ (*M. pennsylvanicus*)《北米産》. 〖1801〗

méadow mùshroom *n.* 〘植物〙ハラタケ (*Agaricus campestris*)《食用》. 〖1884〗

méadow nèmatode *n.* 〘動物〙ネグサレセンチュウ《土壌中にすんで植物の根にくされ病を起こさせるネグサレセンチュウ属 (*Pratylenchus*) の線虫の総称》. 〖(1946) ← nematode〗

méadow pàrsnip *n.* 〘植物〙**1** ハナウド (cow parsnip). **2** 北米産の黄または紫色の花をつけるセリ科 *Thaspium* 属の多年草の総称. 〖1562〗

méadow pìpit *n.* 〘鳥類〙マキバタヒバリ (*Anthus pratensis*)《ヨーロッパ産》. 〖1825〗

méadow rùe *n.* 〘植物〙キンポウゲ科カラマツソウ属 (*Thalictrum*) の草本の総称; (特に)北米産の *T. dioicum* (silverweed ともいう). 〖1668〗

méadow sàffron *n.* 〘植物〙イヌサフラン, コルチクム (*Colchicum autumnale*)《ヨーロッパ・北米原産ユリ科植物; 庭園用・薬用; autumn crocus ともいう》. 〖1578〗

méadow sálsify *n.* 〘植物〙=yellow goatsbeard.

méadow sàxifrage *n.* 〘植物〙タマユキノシタ (*Saxifraga granulata*)《ヨーロッパ産ユキノシタ属の牧草地に生える植物》. 〖1683〗

méadow spìttlebug *n.* 〘昆虫〙ホソアワフキ (*Philaenus spumarius*)《牧草地にすむアワフキムシの一種; 幼虫は白い泡をつくり植物の茎・芽などを覆う》. 〖1942〗

méadow·swèet *n.* 〘植物〙バラ科シモツケ属 (*Spiraea*), シモツケソウ属 (*Filipendula*) の植物の総称; (特に)セイヨウナツユキソウ (*F. ulmaria*). 〖1530〗

méadow vòle *n.* 〘動物〙=meadow mouse. 〖1863〗

mead·ow·y /médoʊi | -dəʊi/ *adj.* 牧草地の(ような); 牧草地から成る[の特徴をもった]. 〖(1598): ⇨ meadow, -y[4]〗

mea·ger[1], 《英》**mea·gre**[1] /míːgə | -gə(r)/ *adj.* **1 a** 貧弱な, 乏しい, わずかな, 不十分な (scanty): a ~ meal 粗末な食事 / a ~ income 乏しい収入 / a ~ allowance of money わずかな給与 / a ~ fire わずかな火 / ~ soil やせ地. **b** 〈作品など〉内容が貧弱な, 力の弱い, 無味乾燥な (dry): a ~ style 力の弱い文体. **2** 〈人・動物など〉やせた, やせこけた, 肉の落ちた (lean, gaunt): a ~ old man. **3** = maigre[1]. **~·ly** *adv.* **~·ness** *n.* 〖(?*a*1300) *megre* □ AF =(O)F *maigre* < L *macrum, macer* thin ← IE **māk-* thin, long (Gk *makrós*): ⇨ macro-〗

SYN 乏しい: **meager** 量や額が非常に小さくてとうてい足りない《貧しさなどが原因であることを暗示する; 格式ばった語》: a *meager* salary わずかな給料. **scanty** 量や大きさが不十分な: *scanty* meal 量が不十分な食事. **insufficient** 必要量に足りない《客観的な語で格式ばった文脈でも用いられる》. **skimpy** 大きさや量が小さくてとうてい不十分な《*meager* よりくだけた語》: *skimpy* pay わずかな報酬. **scrimpy** 切り詰めてけちけちした《*skimpy* とほぼ同意に用いられることもあるが, *skimpy* のほうが一般的》: *scrimpy* measure けちけちした寸法. **spare** 切りつめたりして量が少ない《格式ばった語》: a *spare* diet 少量の食事.

mea·ger[2], 《英》**mea·gre**[2] /míːgə | -gə(r)/ *n.* 〘魚類〙ニベ科の一種 (*Johnius hololepidotus*). 〖(1569) □ (O)F *maigre* (↑)〗

meal[1] /míːl/ *n.* **1** (定時の)食事 (repast); 一度の食物, 一食(分): at ~*s* 食事(時)に / eat between ~*s* 間食をする / during the ~ 食事中に / a square [light] ~ 十分な[軽い]食事 / have [take] a ~ 食事する / with a good ~ under one's belt たくさん食べて / make a good [hearty] ~ 十分に食べる / make a hasty ~ 急いで食べる / mend one's ~ 食べ直す / We have our ~*s* regularly. 我々は規則的に食事をする. ★ ラテン語系形容詞: prandial. **2** 《英方言》(定時の)乳搾り, 乳搾りの時間; 搾乳量.
lóse a [*one's*] ***méal*** ⇨ lose *v.* 成句. ***màke a méal of*** (1) …を食事として食べる: Though honey is sweet, one can't *make a* ~ *of* it. 蜜は甘いけれども常食にはならない. (2) 《英口語》〈仕事などを〉不当に骨の折れるものに見せる, ひどく大層なことのように言う: Don't *make a* ~ *of* it. そんなことをあまり大層なことのように言うんじゃない. 〖1610〗
— *vi.* 《まれ》食事をする.
〖OE *mǣl* measure, mark, sign, fixed time, occasion, meal < Gmc **mǣlaz* (G *Mahl* meal & *Mal* time) ← IE **mē-* to measure: cf. Jpn.「とき(斎)」〗

meal[2] /míːl/ *n.* **1 a** (麦・豆などのふるいに掛けない)粗びき粉《ふつう小麦は除く; cf. flour 1》. **b** 《米》=Indian meal. **c** 《スコット・アイル》=oatmeal 1. **2** (堅果や種子の)ひき割り; (油かすなどの)粉末: alum ~ 明礬(みょうばん)末(まつ) / sulfur ~ 硫黄末 / ⇨ fish meal 1, oil meal, linseed meal. — *vt.* **1** …に粉を振り掛ける. **2** 粗びき粉にする. — *vi.* 粗びき粉になる. **~·less** *adj.* 〖OE *melu* < Gmc **melwan* (Du. *meel* / G *Mehl*) ← IE **mel-* to grind: cf. mill[1]〗

meal[3] /míːl/ *vt.* 《Shak》汚す (stain) (*Measure* 4. 2. 83). 〖(1604)《変形》← MOLE[1]〗

-meal /mìːl/「一度に…ずつ」の意の副詞連結形: inch*meal*, piece*meal*. 〖OE *-mǣlum* ← *mǣlum* (dat. pl.) ← *mǣl* appointed time: ⇨ meal[1]〗

méal bèetle *n.* 〘昆虫〙ゴミムシダマシ (*Tenebrio molitor*), (特に)チャイロコメノゴミムシダマシ. 〖1836–39〗

mea·lie /míːli/ *n.* 《南ア》**1** トウモロコシの穂. **2** [*pl.*] トウモロコシ (maize). 〖(1853) □ Afrik. *milie* □ Port. *milho*: cf. millet〗

méalie mèal *n.* 《南ア》ひき割りトウモロコシ (cornmeal). 〖1854〗

mealie-pap /míːlipæp/ *n.* 《南ア》トウモロコシ粉のかゆ.

méalie rìce *n.* 《南ア》ひき割りトウモロコシ《米の代用食; 特にかゆにして食べる》. 〖1919〗

méal mòth *n.* 〘昆虫〙カシノシマメイガ (*Pyralis farinalis*)《メイガ科のガ; 幼虫は貯蔵穀物の害虫》.

méal òffering *n.* 〘聖書〙(古代イスラエル人の)穀物の供物(くもつ)《小麦粉・塩に油や香料を加えた供え物; cf. meat offering》.

méals-on-whéels *n. pl.* (*also* **méals on whéels**) [単数扱い] (老人・病人などに対する)食事宅配サービス.

méal tìcket *n.* **1** 食券. **2** 《俗》生計のよりどころ(となる人, 仕事など); 収入源. 〖*c*1870〗

méal·tìme *n.* 食事時間. 〖*c*1175〗

méal·wòrm *n.* 〘昆虫〙コメノゴミムシダマシ (*Tenebrio obscurus*) およびチャイロコメノゴミムシダマシ (*T. molitor*) の幼虫《穀類を食い荒す害虫; 鳥や小形哺乳類の餌として養殖されることもある》. 〖(1658): ⇨ meal[2]〗

meal·y /míːli/ *adj.* (**meal·i·er; -i·est**) **1** 粗びき粉の, 小粒状の, 粉のような (floury): ~ potatoes (煮た時に)ぱさぱさして粉状のじゃがいも《上質とされる》. **2** 粗びき粉を含んだ (farinaceous). **3** 白粉(状の物)で覆われた (farinose): a ~ face. **4** 〈馬が〉白っぽい, 斑点のある (spotty): a ~ horse. **5** 〈顔色が〉青白い: *mealy*-faced 青白い顔をした (pale). **6** 《口語》=mealymouthed.

méal·i·ness *n.*
〖(1533) ← MEAL[2]+-Y[4]〗

méaly béllwort *n.* 〘植物〙=mohawk weed.

méaly·bùg *n.* 〘昆虫〙コナカイガラムシ《半翅目コナカイガラムシ科の昆虫数種の総称; 白色粉状の蠟質分泌物によって体がおおわれている》. 〖1824〗

méaly·móuthed /-máʊðd, -máʊθt | -máʊðd⁻/ *adj.* 遠回しに言う, 当たりさわりのないように話す; 口のうまい, (口先だけで)誠意のない (insincere): a ~ hypocrite.
~·ly *adv.* **~·ness** *n.* 〖(*c*1572)《変形》← (廃) *meal-mouthed*: ⇨ meal[2], mouthed: cf. G *Mehl im Maule behalten* to carry meal in the mouth, i.e., lack straightforwardness in speech〗

mean[1] /míːn/ *v.* (**meant** /mént/) — *vt.* **1 a** 〈言葉・絵画などが〉意味する, …の意味を含む[表す] (imply): The red light ~*s* "Stop." 赤信号は「止まれ」という意味を表す / What does this sentence ~? この文はどういう意味ですか / What does (the word) "passion" ~? =What is *meant* by (the word) "passion"? "Passion" (という語)の意味は何ですか / Can the word also ~ something else? その語は他の意味にもなりますか / This letter may ~ anything. この手紙の意味は何とでもとれる. **b** 意味する, …のつもりで言う: I *meant* it *as* a joke.=I *meant* it *to* be a joke. 冗談のつもりで言ったのです / I did not ~ you. 君のことを言ったのではない / I wonder whether it is *meant* seriously. それは本気で言ったのかしら / I ~ business [what I say]. (冗談でなく)本気で言うのです / (Do you) See [Know] what I ~? 私の言わんとしていることがわかりますか / I ~ that you are a liar. 君はうそつきだと言っているのだ / What did you ~ by "passion"? "passion" と言ったのはどういう意味だったのか / What do you ~ (by that)? (そんなまねをするとは)どういうつもりかね / What [How] do you ~, a pack of lies? うそ八百って, どういう意味なのか / You don't (really [seriously]) ~ it! まさか, ご冗談でしょう. **c** もたらす, 生じさせる, (結果)…ということになる: This ~*s* the ruin of me. =This ~*s* that I am ruined. これで私の運命が尽きたということになる / That ~*s* getting up early. それでは早起きすることになる.

2 [~ *to* do として] …するつもりである (⇨ intend SYN): I ~ *to* go. 行くつもりです / I've been ~*ing to* go for a long time. ずっと前から行くつもりでいます / What do you ~ *to* say? 君は何を言うつもりか / You don't ~ *to* say so! まさかそういうつもりではないでしょうね (《ご冗談でしょう》) / I'm very sorry I hurt you—I never *meant to*. お気にさわってすみませんでしたが, 別にそういうつもりではありませんでした / He is often rude without ~*ing to* be. 彼はよくその気でなくて失礼な態度をとる.

3 a 〈ある目的・運命に〉予定する, 計画する, 当てる, 決める (destine) 〔*for*〕〈*to be*〉: I ~ you *to be* mine. あなたに妻になってもらうつもりだ / He was *meant for* [《英》 *to be*] a pianist. ピアニストに生まれついた[として育てられた]. **b** 〔特定の人に〕向ける, あげるつもりである; 当てつける (intend) 〔*for*〕〈*to*〉: I ~ this house *for* my son. この家は息子にやるつもりです / This parcel is *meant for* her. この小包は彼女にやる[宛て]のだ / The letter was *meant for* my eyes alone. その手紙は私だけに読ませるつもりのもの[親展]だ / This portrait is *meant to* be you. この肖像画はあなたを描いたつもりのものです.

4 [しばしば二重目的語を伴って] (人に対してある意図など)をもくろむ, 抱く: ~ mischief 悪意を抱く, 胸に一物がある / He ~*s* you no harm. =He ~*s* no harm *to* you. 何も君に害を加えようとしているのではない / I ~ you nothing but good. 君にただ善かれかしと思っているだけだ.

5 〈ある程度〉の意味[重要性]がある 〔*to*〕: Your friendship ~*s* a great deal *to* me. あなたの友情は私にとって非常に尊いものです / Early training ~*s* more than late learning. 若い時の修練は年取ってからの学問より大切である / Money ~*s* nothing *to* me. 金なんか私にとってなんでもない / Darling, you ~ the world [everything] *to* me. あなた, あなたは私にとってはこの上なく大切なのですよ.

be méant to dó 《英》…しなければならない, …することになっている: You *are meant to* take off your shoes here. ここでは靴を脱ぐことになっている. ***I méan*** つまりその, いやその (会話で自分の発言への補足説明や訂正に用いる). ***I méan to sáy.*** 《英》いやはや, こりゃ驚いた.

— *vi.* [well, ill などを伴って] 〔…に〕(善意[悪意]を)抱いている: He may seem rude, but he ~*s* well. 彼は無作法に見えるかもしれないが悪意はない.

〖OE *mǣnan* < (WGmc) **mainjan* (G *meinen*) ← IE **meino-* opinion, intent〗

SYN 意味する: **mean** *denote* と *connote* を合わせた意味を表す一般語: What does this word *mean*? この語はどういう意味ですか. **denote** 〈語がその必要最小限の定義として意味する: A mother *denotes* a female parent of a child. 母親とは子供の女性の親を意味する. **connote** 〈語がそれから連想される感情や観念を暗示する: The word 'mother' *connotes* affection and tenderness. 母親という語は愛情や優しさを暗示する.

---

mean[2] /míːn/ *adj.* (~·er; ~est) **1 a** 卑劣な, 下品な, さもしい (base): a ~ man / a ~ motive さもしい動機 / a ~ trick さもしいたくらみ. **b** 意地の悪い (nasty) (⇨ base[2] SYN): turn ~. **c** 《米》〈馬など〉扱いにくい, 癖の悪い (vicious): a monstrous ~ horse ひどく癖の悪い馬. **d** 〈文体など〉高尚でない: a ~ style. **2** けちな (⇨ stingy SYN): He is ~ about [over] money matters. 金銭のことにけちけちする. **3 a** [no ~ として] なかなかの, 大した: a man of no ~ ability 相当能力のある人 / He is *no* ~ scholar. 彼は大した学者だ. **b** (品質・程度・天分・才能などの)見劣りのする, 平凡な (inferior): a man of ~ understanding 頭の悪い人 / have a ~ opinion of oneself 卑下している. **4** 《口語》すごく巧(うま)い, 達者な (expert): He plays a ~ game of chess. 彼のチェスの腕前は大したものだ. **5** 《口語》恥ずかしい, 肩身の狭い (small): I never felt so ~ in all my life. 生まれてこの方そんなに気が引けたことはなかった. **6** 《米口語》気分が悪い (poorly). **7** [限定的] 《文語》むさ苦しい, みすぼらしい (squalid): a ~ cottage 陋屋(ろうおく) / ⇨ mean white. **8** [限定的] 《廃》(身分・地位などの)低い, 素性の知れない (humble): of ~ birth [parentage] 生まれの卑しい / persons of the ~*er* sort 低い身分の人たち, 底辺の人々. 〖(?c1200) *mene* < OE *ġemǣne* common, mean < Gmc **ʒamainiz* (G *gemein* common) ← **ʒa-* 'Y-' + **mainiz* (← IE **mei-* to change)〗

mean[3] /míːn/ *n.* **1** (両端の)中央; 中等; 中庸 (moderation): take the ~ 中を採る / There is a ~ in all things. 何事にも程というものがある. **2** 〖数学〗 **a** 平均, 中数 (⇨ average SYN); 平均値 (mean value): ⇨ arithmetic mean, geometric mean, harmonic mean. **b** 中項, 内項 (a:b=c:d の場合の b と c). **3** 〖統計〗平均 (expected value, mathematical expectation). **4 a** 〖論理〗中[媒]名辞[概念], 媒辞 (mean term) (cf. *adj.* 1 a). **b** (儒教での)中庸; (仏教での)中道; (Aristotle 以来の)中庸(の徳): the happy ~ 中庸 / ⇨ golden mean. **5** 〖音楽〗中声[音]部, 内声部. — *adj.* [限定的] **1 a** (位置・順序などで)中間の (intermediate): take a ~ course (極端を避けて)中道を選ぶ / the ~ term 〖論理〗中名辞, 中概念, 媒辞[語], 媒概念 (cf. *n.* 4 a). **b** (二つの時の)中間の (intervening): the ~ time [while]=the meantime [meanwhile]. **2** (種類・品質・程度・価値などが)中庸の, 平均の (average): the ~ error 平均誤差 / the ~ motion 平均運動 / the ~ temperature 平均温度. **3** 〖数学〗平均の: a ~ proportional 比例中項. 〖(1340) *mene* ▭ AF *me(e)n*=OF *meien* (F *moyen*) < L *mediānum* middle: ⇨ median〗

mean[4] /míːn/ *v.* 《廃》嘆き悲しむ (lament) (cf. Shak., *Mids ND* 5. 1. 323).

méan aerodynámic chórd *n.* 〖航空〗空力[空気力学的]平均翼弦.

méan anómaly *n.* 〖天文〗平均近点(離)角 (惑星運動を記述し, 惑星位置の計算に用いる補助的角).

méan cálorie *n.* 〖物理〗平均カロリー.

méan cámber *n.* 〖航空〗ミーンキャンバー (翼の断面形状について厚さの中央を連ねる線, または反りの大きさ; mean camber line ともいう).

méan cámber lìne *n.* 〖航空〗=mean camber.

me·an·der /miǽndə | -də(r)/ *vi.* **1** 〈川などが〉うねる, 曲がりくねって流れる. **2** 〈人が〉当てもなくぶらつく. — *vt.* **1** 〈野・山・雪原などに〉ジグザグ状の路を造る, …をジグザグ状に進む; 〈川・流れなどの〉うねりに沿って行く[進む]. **2** くねらせる, 曲折させる. **3** 〖測量〗…の曲折した土地(など)を測量する. — *n.* **1** [*pl.*] **a** (川の)曲がりくねり, 曲折 (turn): the ~*s* of a river. **b** うねり路; 迷路 (maze): intricate ~*s* of a maze 迷路のこみ入ったうねり路. **2** [通例 *pl.*] ぶらぶら歩き; 回り道の旅: make ~*s*. **3** 〖建築〗メアンダー紋, 雷文(らいもん), さや形 (fret), 卍(まんじ)続き(模様). **~·er** /-dərə, -drə | -dərə(r), -drə(r)/ *n.* **~·ing** /-dərɪŋ, -drɪŋ/ *adj.* 〖(1576) ▭ L *maeander* ▭ Gk *maiandros* a winding (特別用法) ← *Maíandros* (小アジアの古代 Phrygia を流れる曲折の多い川, 現名 Menderes)〗

Me·an·der /miǽndə | -də(r)/ *n.* =Menderes 1.

me·án·der·ing·ly *adv.* 曲がりくねって; ぶらついて, 当てもなく. 〖(1887): ⇨ meander, -ing[1,2]〗

me·án·der·ings *n. pl.* **1** 曲がりくねった道. **2** とりとめのない話.

meánder lìne *n.* 〖測量〗(川・湖・沼などに沿った)曲線.

méan deviátion *n.* 〖統計〗平均偏差 (偏差の絶対値の平均値). 〖1858〗

méan dístance *n.* 〖天文〗**1** 平均距離 (近日点距離と遠日点距離との平均距離; 軌道の長軸の半分). **2** (連星の)平均距離. 〖c1889〗

me·an·drous /miǽndrəs/ *adj.* 蛇行する; うねうねと進む; 曲がりくねった.

meane /míːn/ *n.* 〖音楽〗=mean[3] 5.

méan érror *n.* 〖統計〗平均誤差 (誤差の絶対値の平均). 〖1878〗

méan frée páth *n.* 〖物理〗平均自由行程 (気体分子などが相続く衝突の間に進む距離の平均). 〖1879〗

mean·ie, mean·y /míːni/ *n.* 《口語》 **1** 意地悪, けちんぼ, 狭量な人. **2** (公正さを欠く)毒舌批評家, けなし屋. **3** (芝居・文学作品の)悪役. 〖(1910) ← MEAN[2] + -IE〗

mean·ing /míːnɪŋ/ *n.* **1** (言語・行動によって伝えようとする[伝えられる])意味, 意義; わけ, 真意, 趣意 (purport): a literal [figurative] ~ 文字通りの[比喩的な]意味, 字義[転義] / catch [grasp] the ~ of a word 語の意味をつかむ / a passage not clear in ~ 意味の不明な一節 / mistake a person's ~ 人のいう意味を誤解する / Seasickness has no personal ~ for me. 船酔い(なるもの)は私にはぴんとこない (船酔いを知らない). **2** (特に隠された)意図, 目的, 底意 (intent): What was his ~? 彼の意図は何であったか / What's the ~ of this? これはどういうつもりだ (相手に釈明を求める表現) / full of ~ 意味深長な / with ~ 意味ありげに. **3** 重要性, 価値: My life has lost its ~ since my wife died. 妻が死んで以来私の人生は生きるに値しなくなってしまった. **4** 効力: a law with no ~ 規制力のない法律, ざる法. **5** 〖言語〗 **a** (ある言語形式の)指示対象, 指示機能. **b** 〖哲学・論理〗意味, 言語的内容, 内包 (connotation). — *adj.* **1** [限定的] 意味ありげな (significant): a ~ look [wink] 意味ありげな顔つき[ウインク]. **2** [通例複合語の第 2 構成素として] …する考え[つもり]の (intending): well-[ill-]*meaning* 善[悪]意の. **~·ness** *n.* 〖(c1303) *mening*: ⇨ mean[1], -ing[1,2]〗

SYN 意味: **meaning** 最も意味の広い語で言語・記号・身振り・絵画などが指示する[表す]もの: the *meaning* of a word 語の意味. **sense** 特に語句の特定の意味: This word has several *senses*. この語にはいくつかの意味がある. **import** 特に明確に表現されていない意味 (格式ばった語): I could not grasp the full *import* of his words. 彼の言葉の意味を十分に理解することができなかった. **purport** 言明・手紙などの全体的な意味 (格式ばった語): the *purport* of his telegram 彼の電報の要旨. **signification** 語・記号の表す意味 (格式ばった語): the usual *signification* of this word この語の普通の意味. **significance** あるものの意味; 重要性: the real *significance* of his words 彼の言葉の真の意味. **implication** 明言されないが話された言葉によってほのめかされる意味: the *implication* of one's remarks 言葉の含み[含蓄].

---

mean·ing·ful /míːnɪŋfəl, -fl/ *adj.* **1** 意味のある, 有意義な, 重要な; 意味深長な. **2** 〖言語・論理〗有意味な (体系の中の一項として機能する): The phoneme is the smallest ~ unit of sound. 音素は最小の有意味な音の単位である. **~·ly** *adv.* **~·ness** *n.* 〖1852〗

méaning·less /míːnɪŋlɪ̀s/ *adj.* 無意味な, つまらない (senseless); 目当てのない (purposeless). **~·ly** *adv.* **~·ness** *n.* 〖1797〗

méan·ing·ly *adv.* 意味ありげに. 〖c1449〗

méan látitude *n.* 〖地理〗中間緯度 (middle latitude); 〖天文〗平均緯度.

méan léthal dóse *n.* =median lethal dose.

méan lífe *n.* 〖物理・化学〗平均寿命 (⇨ average life). 〖1798〗

méan lìne *n.* **1** 〖結晶・数学〗=bisectrix. **2** 〖活字〗ミーンライン (欧文活字で小文字の a, c, x などの上端を通る仮想線; x-line ともいう).

méan·ly *adv.* **1** つつましく (humbly): live ~ つつましい[質素な]生活をする. **2** みすぼらしく, むさ苦しく (shabbily, sordidly); 身分低く: be ~ born 下賤に生まれる. **3** 卑劣に, きたないやり方で; けちけちして. **4** 貧弱に, おそまつに (poorly, badly): The town was ~ fortified. その町の守りは貧弱だった. ***think méanly of*** …を軽んじる. 〖?c1395〗

méan·ness *n.* **1** 卑しさ, 身分の低さ (humbleness). **2** 卑劣, 下劣 (littleness): He is above such ~. そんな卑劣なことをする男ではない. **3** けち. **4** つまらなさ, くだらなさ. **5** 貧弱さ, 粗悪さ. **6** 卑しい行為: be guilty of a ~ 卑しい行為をする. 〖(1556) ← MEAN[2] + -NESS〗

méan nóon *n.* 〖天文〗平均正午 (平均太陽 (mean sun) の中心が子午線を横切る時刻).

méan propórtional *n.* 〖数学〗比例中項 (数 a, b に対して $a:x=x:b$ となるような数 x; a, b の幾何平均 (geometric mean) に等しい). 〖1571〗

means /míːnz/ *n.* (*pl.* ~) **1** 手段, 方法, 措置, 機関 (method, way): a ~ *to* an end 目的を達する手段 / the ~ of grace 〖神学〗神の恩寵の与えられる方法, 恩恵の手段 (聖餐式・礼拝など) / (a) ~ of communication 通信機関 / use [employ] every [all] ~ あらゆる手段を講じる / by this [these] ~ この[これらの]手段により / by some ~ or other 何とかして / by fair ~ or foul 〖1659〗手段を選ばずに / The end justifies the ~. (諺) 目的は手段を正当化する, 「うそも方便」 / There are [is] no ~ *of learning what is happening*. どんなことが起こっているか知るすべがない. **2** [複数扱い] 資力, 資産 (resources); 富; 財産 (wealth) (⇨ property SYN): ~ of living [subsistence] 生活の糧, 生計のもとで / a man of ~ 資産家 / a man of no ~ 無産者 / according to one's ~ …の資力に応じて / live on one's own ~ / live above [beyond] one's ~ 収入以上[身分不相応]の暮しをする / live within one's ~ 収入内で暮す / Her ~ of support are limited. 暮しは豊かでない.

by áll (mànner of) méans (1) [承諾の意を強めて] 確かに, よろしいとも, ぜひどうぞ (certainly). (2) どうしても, ぜひとも (at any cost): Do it *by all* ~. 〖1693〗 ***by ány (mànner of) méans*** どうにかして, どうかしても (in any way): He does not look fifty *by any manner of* ~. とても 50 には見えない. ***by méans of*** …によって, を使って (through): Thoughts are expressed *by* ~ *of* words. 思想は言葉で表現される / They lifted the stone *by* ~ *of* a lever. その石をてこを使って持ち上げた. ***by nó (mànner of) méans*** 決して…でない[しない] (not at all): He is *by no* ~ a pleasant fellow to deal with. 付き合って決して気持ちのいい男ではない.

méans of prodúction 〖経済〗(マルクス主義理論の)生産手段.

〖1: (c1390). 2: (1604): 共に mean[3] の複数形〗

méan séa lèvel *n.* 〖測量〗=sea level 2.

méan sòlar dày *n.* 〖天文〗平均太陽日.

méan sòlar tìme *n.* 〖天文〗平均太陽時, 平均時 (平均太陽 (mean sun) の時角に基づく時刻).

méan·spírited *adj.* 卑劣な, さもしい, 浅ましい (base). **~·ly** *adv.* **~·ness** *n.* 〖1694〗

méan squáre *n.* 〖統計〗平均平方 (数の 2 乗の平均). 〖1845〗

méan squáre deviàtion *n.* 〖統計〗平均平方[2 乗]偏差[誤差] (variance 6) (推定量の誤差の 2 乗を平均した値で標準偏差の 2 乗にあたる). 〖1948〗

méans-tèst *vt.* 《英》**1** (福利給付受給資格を決定するために)〈失業者・身障者などの〉収入調査をする: The grant is ~*ed*. この補助金受給者には家計調査が行われる. **2** (このような調査に基づいて)〈給付を〉与える. **méans-tèsted** *adj.*

méans tèst *n.* (失業救済・退職年金などを受ける者の)収入調査, 資力調査, 家計調査 (cf. needs test): a family [household] ~ 親族扶養調査. 〖1930〗

méan sún *n.* 〖天文〗平均太陽 (天の赤道上を一様な角速度で運行するものと考えた仮想太陽). 〖(c1890): cf. mean[3] (adj.)〗

meant /mént/ *v.* mean[1] の過去形・過去分詞.

mean·time /míːntàɪm | ⌐⌐, ⌐⌐/ *n.* [the ~] その間, 合間 (interval). ★ meanwhile と同じように使えるが, meantime は名詞, meanwhile は副詞として用いられることが多い: We rested in the ~. =Meanwhile, we rested. その間我々は休んだ. ***in the méantime*** その[そうしている]間に; その一方では, 話変わって (meanwhile). ***for the méantime*** 差し当たり. — *adv.* =in the MEANTIME. 〖(1340) ← MEAN[3] + TIME〗

méan tìme *n.* 〖天文〗平均時 (mean solar time). 〖(c1864) ← mean[3]〗

méantime scrèw *n.* 〘時計〙 =quarter screw.
méan·tone sỳstem /míːntòun- | -tàun-/ *n.* 〘音楽〙中全音律《すべての長 3 度音程が純正になるように調律した音律; 近世の鍵盤楽器によく用いられた》. 〘(1799) 1884〙
méan-tone tùning *n.* 〘音楽〙中全音律による調律 (cf. meantone system).
méan válue *n.* 〘数学〙平均値. 〘1902〙
méan válue thèorem *n.* 〘数学〙平均値定理《閉区間 [*a*, *b*] で連続, 開区間 (*a*, *b*) で微分可能な関数 *f*(*x*) は, (*a*, *b*) のどこかで, [*a*, *b*] における平均変化率に等しい微分係数をもつという定理》.
mean·while /míːn(h)wàɪl | ←⌣, ⌣←/ *n.* [the ~] = meantime. ***for the méanwhile*** 当分の間(は) (for the time being); その間に; その一方では, 話変わって (in the meantime). — *adv.* そうしている間に, とかくするうちに; (話変わって)一方では. 〘(n.: *a*1375; adv.: *c* 1384)〙
méan whíte *n.* =poor white. 〘(1837): ← mean²〙
mean·y /míːni/ *n.* =meanie.
Mea·ny /míːni/, **George** *n.* ミーニー《(1894–1980; 米国の労働運動指導者; AFL-CIO 会長 (1955–79))》.
mear·ing /míᵊrɪŋ | míər-/ *n.* 《アイル》境界. 〘(1616) ← MERE³ + -ING³〙
Mearns /mɔ́ːnz, méənz | mɔ́ːnz, méənz/ *n.* [the ~] Kincardine の別名.
meas. 《略》measurable; measure; measurement.
mea·sle /míːzḷ/ *n.* 〘動物〙嚢(のう)虫《テニア (*Taenia*) 属条虫の幼虫》. 〘(1863) (sing.) ← MEASLES〙
méa·sled *adj.* **1** はしかの, はしかにかかった. **2** 〈豚など〉嚢虫症にかかった. **~·ness** *n.* 〘(*c*1350) *meseled*: ⇨ ↓, -ed²〙
mea·sles /míːzḷz/ *n. pl.* **1** [単数扱い] 〘病理〙はしか, 麻疹(ましん): false [French, hybrid] ~ 風疹, 紅疹 / German ~ =rubella / catch (the) ~ はしかにかかる / The child has (the) ~. その子ははしかにかかっている / *Measles* is infectious. はしかは伝染する. **2** [複数扱い] はしかの赤い発疹. **3 a** [単数扱い] 〘獣医〙嚢(のう)虫症《嚢虫 (measle) が豚や牛の筋肉に寄生して起こる疾病》. **b** 嚢虫. 〘(*a*1325) *maseles* (pl.) ← *masel* ▭ ? MLG *masele* ∥ MDu. *masel* blemish ← Gmc **mas-* spot, excrescence (⇨ mazer) (G *Masern* measles) ← ? IE **smē-* to smear (cf. L *misellus* wretch)〙
mea·sly /míːzli, -zəli, -zḷi/ *adj.* (**mea·sli·er; -sli·est**) **1** 《口語》**a** 貧弱な (poor), 情けない, つまらない. **b** ちっぽけな, ほんのわずかの. **2** はしかの, はしかに似た[にかかった]. **3** 〈豚・牛が〉嚢(のう)虫症にかかった. **4** 〈肉が〉嚢虫の寄生している. 〘(1687): ⇨ ↑, -ly²〙
mea·sur·a·ble /méʒ(ə)rəbḷ, méɪʒ- | méʒ-/ *adj.* **1 a** 計られる, 測定のできる, 可測の: come within (a) ~ distance of death 死に近づく. **b** 無限に遠くはない, 見通しのきく, 予見できる (foreseeable): His success is within the ~ future. 彼の成功は遠いことではない. **2** 重要な, 無視できない (significant): a ~ figure on that problem その問題に関して重要な人物. **~·ness** *n.*
mèa·sur·a·bíl·i·ty /-rəbíləti | -lɪ̀ti/ *n.* 〘(?*a*1300) ▭ (O)F *mesurable*: ⇨ measure, -able〙
méa·sur·a·bly /-bli/ *adv.* **1** 測れるように. **2** ある程度まで, 多少. 〘?*c*1378〙
mea·sure /méʒə, méɪʒ- | méʒə^(r)/ *n.* **1 a** 測定, 測量, 計量, 計測: make a ~ of …を測定する. **b** (測定による)大きさ, 広さ, 寸法, 量, 升目: give full [good] ~ 升目をたっぷりやる, 盛りだくさんにする / get short ~ 計りが不足する / by ~ 寸法を取って / clothes made to ~ 《英》寸法に合わせて仕立てた服 ⇨ full measure, heaped measure.
2 a (メートル・エーカーなどの)度量の単位; 度量法《量を測る単位の体系》: angular ~ 角の度量法 / circular ~ 弧度法 / cubic [solid] ~ 体積[容積]の度量法 / linear [lineal] ~ 長さの度量法 / long [broad] ~ 長さ[広さ]の度量法 / square ~ 面積の度量法 / ⇨ dry measure, liquid measure / ~ of capacity 容量の度量法 / metric ~ メートル度量法 / weights and ~s 度量衡. **b** (慣習・場合などでそれとわかる度量単位として)一杯, 一山, 一袋(など): a ~ of wheat 小麦一杯 / three ~s of sand 砂三袋. **c** 度量測定器具; 物指し, 巻尺, 升: a yard ~ ヤードさし / a tape ~ テープ尺 / a pint ~ 1 パイント升.
3 a 程度, 度合 (degree): in (a) great [large] ~ 大いに, 大分 / in a [some] ~ 多少, 幾分 / in full ~ たっぷり, 目一杯 / a ~ of truth ある程度の[多少の]真実 / give a certain ~ of indulgence to children 子供をある程度気ままにさせる. **b** (精神・感情などの)程度, 度合: Words do not always give the ~ of one's feelings. 言葉はかならずしも人の感情の度を表さない / This book shows the ~ of the author's intelligence. この本を読むと著者の知力の程度がわかる.
4 適量, 適度 (moderation); (適当な)限界, 限度: in ~ 適度に / beyond [above, out of] ~ 法外に, 非常に / within [without] ~ 適度[過度]に / know no ~ 限度を知らない, 際限がない / keep [observe] ~(*s*) 中庸を守る / set ~*s* to …を制限する.
5 a (技量・知識・判断などの)規準, 尺度 (⇨ standard SYN): Man is the ~ of all things. 人間は万物の尺度. **b** (評価の対象としての)技量, 大きさ, 性格: A horse takes a new rider's ~ by the firmness of his seat. 馬は初めての乗り手の腕前[馬術](のほど)を腰のすわり加減で見抜く / have a ~ to a person's ~ an inch 人物をすっかり見抜く. **6 a** [通例 *pl.*] 処置, 手段, 行動 (step): take [adopt] ~*s* 手段[処置]を取る[講じる] / use [have] hard ~*s* 虐待する[される], ひどい目に遭わせる[遭う]. **b** 条令案, 法案, 議案. **7** 〘数学〙**a** 測度. **b** 約数: ⇨ common measure, greatest common measure. **8** 〘詩学〙韻律, 格調 (meter); 韻律の単位. **9** 〘音楽〙小節 (bar); 拍子: keep ~ 拍子を取る. **10** 《詩》曲, 旋律 (melody). **11** 《古》舞踏の調子; (特に, ゆるやかで荘重な)舞踏: tread [foot] a ~ (曲に合わせて)踊る. **12** [*pl.*] 〘まれ〙〘地質〙地層, 層: coal ~*s* 石炭層. **13** 〘印刷〙倍取り幅, 行[欄]幅《行や欄を em [pica] の倍数で測った幅》.
fill úp the measure of 〈不正など〉をぎりぎりまでやり尽くす, 〈不幸など〉をなめ尽くす (cf. *Matt.* 23:32). ***for góod méasure*** (たっぷり)おまけとして, さらにおまけに: Throw that in *for good* ~. ついでにそれもおまけに入れとけ. ***gèt the méasure of*** *a person* =*take a person's* MEASURE (2). ***tàke a person's méasure*** (1) 服の寸法を取る: The tailor *took my* ~ for a new suit. 洋服屋が私の新しい服の寸法を取った. (2) 人物[素質, 才能]を見定める: I soon *took his* ~. ***tàke the méasure of*** *a person's fóot* 人物[器量, 力量]を見抜く.
méasure for méasure (1) しっぺ返し (tit for tat). (2) [M- for M-]「以尺報尺」,「尺には尺を」(Shakespeare 作の喜劇 (1604)).
— *vt.* **1 a** 〈大きさ・広さ・量・寸法などを〉計る, 測定する, 寸法を取る: ~ a piece of cloth 布地を計る / ~ a person *for* clothes 服の寸法を取る / ~ one's length ⇨ length. **b** 〈一定量を〉計る, 計り取る 〈*off*〉; 〈一定量を〉量り分ける 〈*out*〉: ~(*off*) a yard of silk 絹を 1 ヤール計(り取)る / ~ *out* a quart of milk to each めいめいにミルクを 1 クォートずつ分ける. **c** 〈計器が〉〈度を〉測定する: The quake ~*d* 5.2 magnitude. その地震はマグニチュード 5.2 だった. **2 a** 〈人物・価値などを〉評価する, 判断する: ~ a person's character. **b** 他人と比べて…の優劣を試す 〔*with, against*〕: ~ one's strength [skill] *with* …と力[腕]を比べる / ~ oneself *with* [*against*] …と勝負する, …と取り組む / ~ swords ⇨ sword. **c** 〈言葉・とるべき行動などを〉慎重に考える: ~ one's words. **3** 〔…に〕釣合いを取らせる, 適応させる (adjust) 〔*to*〕: ~ one's desires *to* one's income 欲望を収入に合わせ(て抑え)る. **4** 〈人を〉じろじろ見る: He ~*d* me *with* his eyes. 私を頭から足の先までじろじろ見た. **5** 《古・詩》行く, 旅する (travel): ~ twenty miles 20 マイルの距離を旅する. — *vi.* **1** 測量[測定]する, 寸法をとる. **2** 計られる. **3** 測定すると…の長さ[幅, 高さなど]がある: The road ~*s* 30 feet across. その道は幅 30 フィートだ.
méasure úp (1) 測定する. (2) 必要とされるだけの資格[才能, 能力]がある. ***méasure úp to*** (1) 〈希望・理想・標準・レベルなど〉にかなう, …に達する: He ~*s up to* his job in every way. 彼はあらゆる点で適任だ. (2) 〔能力などで〕…に劣らない, 負けない 〔*in*〕.
〘n.: (?*a*1200) *mesure* 《廃》satisfaction ▭ (O)F < L *mēnsūram* ← *mēnsus* (p.p.) ← *mētīrī* to measure ← IE **mē-* to measure. — v.: (*a*1325) *mesure(n)* ▭ (O)F *mesurer* ▭ L *mensūrāre* to measure ← *mēnsus*〙
méa·sured *adj.* **1** 正確に計られた. **2** きちんと調整された, 正しく釣合いの取れた. **3 a** 加減した, 適度の, 度を越さない. **b** 〈言葉など〉慎重な, 控え目の (moderate): ~ judgments / speak in ~ terms 考えて[控え目に]言う. **4 a** (詩のように)韻律的な (rhythmical). **b** 〈動作など〉調子の整った, 着実な: I heard a ~ tread. 歩調を整えて歩く音が聞こえた. **~·ly** *adv.* **~·ness** *n.* 〘(*c* 1390): ⇨ -ED 1, 2〙
méasured dáywork *n.* 〘経営〙実績日給労働, 計測[測定]日給《日給または時間給労働で, 労働者の能率評価に応じて定期的に賃金が調整されるもの》.
méasured dráwing *n.* 〘建築〙実測図.
méasured míle *n.* 実測マイル《実測し始点と終点にそれぞれ標識をおいた 1 マイルの距離》. 〘1608〙
méasure·less *adj.* **1** 測り知れない(ほどの), 無限の: His mercy is ~. 彼の慈悲は無限だ. **2** 非常な, 大変な: a ~ liar. **~·ly** *adv.* **~·ness** *n.* 〘*a*1376〙
mea·sure·ment /méʒəmənt, méɪʒə- | méʒə-/ *n.* **1** 寸法を計ること, 測量, 測定. **2** 測定値《寸法・大きさ・広さ・厚さ・深さなど》: What is its ~? / take [make] ~*s* 寸法を取る / inside [outside]~ 内[外]のり. **3** 度量法, 測定法. 〘1751〙
méasurement càrgo [frèight] *n.* 容積貨物《重量でなく容積で運賃が決められるもの》. 〘1896〙
méasurement gòods *n. pl.* =measurement cargo.
méasurement tòn *n.* (船貨の)容積トン (⇨ ton¹ 2). 〘*c*1934〙
méa·sur·er /-ʒ(ə)rə | -rə^(r)/ *n.* **1** 計る人, 寸法[升目]をとる人. **2** 計量[度量]器. **3** 〘昆虫〙シャクトリムシ (measuring worm). 〘(1408): ⇨ measure, -er¹〙
méasure-zéro *adj.* 〘数学〙測度ゼロの《測度の総和がどれだけでも小さい可算個の区間でおおうことができる集合にいう》.
méa·sur·ing cùp /-ʒ(ə)rɪŋ-/ *n.* (目盛りつきの)計量カップ. 日英比較 日本語の「メジャーカップ」は和製英語.
méasuring glàss *n.* 計量グラス. 〘1842〙
méasuring jùg *n.* 〘料理〙(目盛つきの)計量容器[カップ]. 〘1971〙
méasuring machìne *n.* 〘機械〙測長機.
méasuring spòon *n.* 計量スプーン. 〘1852〙
méasuring tàpe *n.* 巻尺, メジャー (tape measure). 〘1805〙
méasuring wòrm *n.* 〘昆虫〙シャクトリムシ (⇨ looper 2). 〘1843〙
meat /míːt/ *n.* **1 a** 食用獣肉; (時に家禽の)肉. (cf. fish¹ 2, poultry): butcher's ~ 家畜の肉 / fat [lean] ~ 脂[赤]身 / carve ~ 肉を切る / steam ~ 肉を蒸す / trim ~ 肉を調理する / ⇨ dark meat, light meat, red meat, white meat. **b** [通例限定詞を伴って] 《米》(殻のある果物や, 貝・カニ・エビなどの)食用部分, 肉, 身(み): the ~ of a lobster いせエビの身 / crab ~ カニの身. **2** (知的な)内容, 実質, 含蓄 (substance) (cf. meaty 2): the ~ of an essay / a book [lecture] full of ~ 内容豊かな本[講義]. **3** 心の糧(かて), 楽しみ; 《俗》好き[楽しみ]なもの; 得意なもの[こと]: Music is ~ for the spirit. 音楽は心の糧である / Cooking [Tennis] is her ~. 料理[テニス]は彼女のお得意だ. **4** 《古》食事 (meal), (特に)晩餐 (dinner). ★ 主に次の句に用いる: at [before, after] ~ 食事中[食前, 食後]に / sit at [down to] ~ 食卓につく. **5** 《古・方言》(飲みものと区別して特に固形の)食物 (food), 滋養物: green ~ (家畜飼育用の)新鮮な緑草 / be full of ~ as an egg 栄養[教訓]を一杯含んでいる / strong ~ ⇨ strong *adj.* 12 b / One man's ~ is another man's poison. 《諺》甲の薬は乙の毒, 人によって好みは違う / Sweet ~ will have sour sauce. 《諺》「楽あれば苦あり」/ This book is as full of errors as an egg is of ~. この本はまるで間違いだらけだ. **6** 《卑》**a** =vagina 1 b. **b** =penis. **c** 性交. **d** 売春婦. ***hàve one's méat and one's mánners*** 《アイル口語》申し出を断わられても損はしない. ***méat and drínk*** 何よりの楽しみ, 大好きなもの (cf. *n.* 5): Swimming is ~ *and drink to* me. 水泳は私の大好きなものだ. 《1533》
méat and bóne mèal 肉骨粉.
méat and potátoes [単数または複数扱い] (1) 中心部, 基礎, 基本. (2) 好きな[得意な]もの. 《1846》
méat and twó vég (肉 1 種類と野菜 2 種類の)英国の典型的な食事.
〘OE *mete* food < Gmc **matiz* (OHG *maʒ*) ← IE **mad-* wet, moist (Gk *madarós* wet / Skt *madati* it buffles): cf. Jpn.「な(魚, 菜)」〙
méat-and-potátoes *adj.* 基本的に重要な, 基本的な (basic): a ~ problem. 〘1533〙
méat ànt *n.* 〘昆虫〙オーストラリア産のルリアリ属のコーヒー色をした大きなアリ (*Iridomyrmes purpureus*)《動物の肉や腐肉に群がる》. 〘1907〙
méat àxe *n.* **1** (肉切り用の)大なた. **2** (問題に対する)激しい攻撃; (予算などの)大削減. ***mád as a méat axe*** 《豪口語》狂乱の. — *vt.* …に大なたを振るう, ずたずたにしてしまう (destroy). 〘1834〙
méat bàg *n.* 《米俗》胃袋 (stomach).
méat·bàll *n.* **1** ミートボール《ソースや肉汁で食べる肉だんご》. **2** 《米俗》まぬけ, のろま. **3** 〘米海軍〙(武勲をたたえる)表彰ペナント; (運動競技の)優勝ペナント. **4** 〘米海軍〙ミートボール《空母の反射鏡式着艦装置の光源が発する橙(だいだい)色の光点; パイロットはこれを目印にして降下する》. 〘*c*1838〙
méat-èating *adj.* 肉食(性)の. 〘1853〙
méat flỳ *n.* 〘昆虫〙ニクバエ (flesh fly). 〘1840〙
méat grìnder *n.* **1** 肉挽き器《肉をミンチ状に挽く手動または電動の器具》. **2** (敵軍に対する)潰滅的作戦. **3** (個性・人間性などを失わせる)非情な組織[制度]. 〘1951〙
Meath /míːð, míːθ/ ★ 現地の発音は /míːð/ *n.* ミース《アイルランド共和国 Leinster 地方北東部の県; 面積 2,339 km², 県都 Navan》.
méat·hèad *n.* 《俗》とんま, まぬけ. 〘1945〙
méat hòoks *n.* 《俗》手, こぶし.
méat·less *adj.* 肉のない, 肉なしの; 〈食事が〉肉の付かない. 〘OE *metelēas*: ⇨ meat, -less〙
méat lòaf *n.* ミートローフ (⇨ loaf¹ 4 b). 〘1899〙
méat·màn /-mæ̀n/ *n.* (*pl.* **-men** /-mɛ̀n/) 肉屋; 屠殺(とさつ)業者 (butcher). 〘(1606): cf. *meatsman* (1567)〙
méat màrket *n.* **1** 肉市場. **2** 《俗・卑》売春婦[同性愛者]のたまり場. 〘1551〙
méat òffering *n.* 〘聖書〙(小麦粉に油をまぜた)供物《R.V. では meal offering, N.E.B. では grain offering という; cf. *Num.* 7:13》. 〘1535〙
méat pàcker *n.* 《米》精肉業者. 〘1903〙
meat pàcking *n.* 《米》精肉業《畜殺・加工・冷凍車による消費地への輸送など一切の業務》. 〘1873〙
méat-píe *n.* 肉入りパイ, ミートパイ. 〘1773〙
méat sàfe *n.* (肉類などをしまって置く)蠅帳(はいちょう), ねずみ入らず. 〘(1836–9): ⇨ SAFE (n. 2)〙
méat tèa *n.* 《英》=high tea. 〘1860〙
méat tỳpe *n.* 肉用種《摂取した飼料で主として赤肉となり, 脂肪になることが少ない豚; cf. lard type》.
me·a·tus /miéɪtəs | -təs/ *n.* (*pl.* ~·**es**, ~) 〘解剖〙管, 道; 口《開口部》: the auditory [urethral] ~ 耳[尿]道. 〘(1665) ▭ LL ~ 'avenue of sensation in the body' ← L *meātus* passage (p.p.) ← *meāre* to go, pass ← IE **mei-* to change, go〙
méat wàgon *n.* 《俗》**1** 救急車. **2** 霊柩(れいきゅう)車. **3** 囚人護送車. 〘1925〙
méat·wòrks *n. pl.* [単数または複数扱い] 《米・豪》**1** 精肉包装出荷工場. **2** 畜殺場. 〘1934〙
meat·y /míːti | -ti/ *adj.* (**meat·i·er; -i·est**) **1 a** 肉の(ような), 肉の多い (fleshy). **b** 頑丈な. **2** 内容の充実した (substantial); 要領を得た, 簡潔な (pithy): a ~ theme for study and debate. **3** 〘ユダヤ教〙=fleishik. **meat·i·ly** /míːtəli, -tḷi | -tɪli, -tḷi/ *adv.* **méat·i·ness** *n.* 〘(1787): ⇨ meat, -y⁴〙
Meave /míːv/ *n.* ミーブ《女性名》. 〘(アイルランド形) ← MAB¹〙
me·bos /míːbɑ(ː)s | -bɒs/ *n.* 《南ア》メーボス《干して塩・砂糖漬けにしたアンズの菓子》. 〘(1793) ▭ Afrik. ~ ▭ ? Jpn 梅干〙
mec /mék/ *n.* 《口語》機械工兵. 〘《略》← MECHANIC〙
mec- /miːk/ (母音の前にくるときの) meco- の異形.
mec·a·myl·a·mine /mèkəmíləmìːn/ *n.* 〘薬学〙

M

メカミラミン《高血圧抑制剤》. 〖(1955)← ME(TH)YL＋*cam(phane)* a crystalline terpene＋AMINE〗

Mec·ca /mékə; *Arab.* mákka/ *n.* **1** メッカ《サウジアラビア西部の商業都市; 同国 Hejaz 地方の宗教上の首都; Muhammad の生誕地, イスラム教徒の聖都; cf. Medina, Riyadh》. **2** [しばしば m-] 聖地; メッカ《多くの人の憧れの地》; 達成目標: Hawaii is a ～ *for* tourists. ハワイは観光客のメッカである. 〖(1823) □ Arab. *Mákkaʰ*: 原義不明〗

Mécca bàlsam *n.* メッカバルサム (⇨ BALM of Gilead (2)). 〖(1823) ↑〗

Mec·can /mékən/ *adj.* メッカの, メッカ人の. — *n.* メッカ人. 〖(1687)← MECCA＋-AN¹〗

Mec·ca·no /məkáːnoʊ, mɛ- | mɪ̀kɑ́ːnəʊ, mɛ-/ *n.* 〖商標〗メカーノ《建物・機械などの組立て式おもちゃの金属[プラスチック]部品セット》. 〖(1907): MECHANIC からの造語〗

mech /mék/ *n.* 《口語》＝mec.

mech. 《略》mechanic; mechanical; mechanically; mechanics; mechanism; mechanize. 〖1951〗

mech·an- /mékən/ (母音の前にくるときの) mechano- の異形.

me·chan·ic /mɪ̀kǽnɪk/ *n.* **1 a** 機械工; 機械修理工. **b** 《古》(手仕事をする)職人 (artisan). **2** 《俗》(トランプ・ダイス等の賭事での)いかさま師, ぺてん師. — *adj.* 《古》＝mechanical. 〖(*a*1393) □ L *mēchanicus* □ Gk *mēkhanikós* inventive, ingenious ← *mēkhanḗ* 'means, MACHINE'〗

me·chan·i·cal /mɪ̀kǽnɪ̀kəl, -kl̩ | -nɪ-/ *adj.* **1 a** 機械の; 工具の; 機械製の: ～ energy 機械エネルギー / ～ action 機械作用 / ～ products 機械製品. **b** 機械で動く, 機械による: a ～ saw 自動[電気]のこぎり / a ～ refrigerator 機械冷凍庫. **2 a** 機械学の法則に従う. **b** 物理学的な, 機械的な (↔ chemical): Air is a ～ mixture, not a chemical compound. 空気は物理的混合物で化合物ではない. **3 a** 機械的な, 機械のような (machinelike); 〈演技・歌い方など〉感情のこもらない, 一本調子の (monotonous); 習慣的な: ～ work 機械的な仕事 / a ～ way of singing (感情を込めない)機械的な歌い方 / ～ movements (型にはまった)機械的な動作. **b** 自発的でない, 消極的な: a man of ～ courage 消極的な勇気の持主. **4** 機械を動かす, 機械仕事をする; 機械を作る: ～ employment 機械職 / ～ skill 機械を操作する熟練 / ⇨ mechanical aptitude. **5** (化学的原因によらず)物理的な原因による, 摩擦や摩滅によって生じる: a ～ change 物理的変化. **6** 〖哲学〗機械観的な, 唯物主義的な (materialistic): the ～ view of the world 機械的世界観 / a ～ physiologist 機械観的生理学者. **7** 《古》 **a** 手仕事の, 手職の: ～ labor 筋肉労働. **b** (手仕事)職人の; 職人らしい. **8** (新聞紙のように)砕木パルプから作られた, 〈紙が〉下級の (cf. woodfree).

mechánical equívalent of héat 〖物理化学〗熱の仕事当量《同一のエネルギー変化をもたらすのに必要な仕事の量と熱量との比; Joule's equivalent ともいう》.

— *n.* **1** 〖印刷〗貼込み台紙《校了紙・挿絵・デザイン・写真などを貼りつけた厚紙 (camera-ready copy); これを写真に撮り原版を作る》. **2** ＝mechanical bank. **3** 《古》＝mechanic 1 b.

～·ism /-lɪ̀zm̩/ *n.* 〖哲学〗機械論; 機械的進行[処置]. **～·ly** *adv.* **～·ness** *n.* 〖(?*a*1425) ← F *mécanique*＋-AL¹〗

mechánical advántage *n.* 〖機械〗機械的の拡大率《てこ・滑車・水圧器などによる力の拡大率》. 〖1894〗

mechánical análysis *n.* 〖土木〗(土の)粒度試験.

mechánical áptitude *n.* 機械仕事への[技術者としての](個人の)適性.

mechánical árt *n.* 機械製作技術. 〖(*a*1450) 1626〗

mechánical bánk *n.* 自動貯金箱《コインを入れると大きさに応じて一定の分類ケースに送り込まれたり, 人形が働いて一定の作業を行ったりする, 玩具を兼ねた大型貯金箱》.

mechánical bínding *n.* 〖製本〗メカニカルバインディング《とじひもが糸でなくて, 針金やプラスチック類を用いたものの総称》.

mechánical bráin *n.* 人工頭脳.

mechánical búmper jàck *n.* 〖機械〗バンパージャッキ (⇨ jack¹ 挿絵).

mechánical dráwing *n.* **1** 機械製図 (cf. freehand). **2** 用器画. 〖*c*1890〗

mechánical engineér *n.* 機械工学者[専門家] (略 ME).

mechánical engineéring *n.* 機械工学. 〖*c*1890〗

mechánical héart *n.* (手術中の代用)人工心臓.

mechánical impédance *n.* 〖物理〗力学的インピーダンス《電気回路におけるインピーダンスの概念を力学的振動現象に拡張したもの》.

mechánical ínstrument *n.* 自動演奏楽器.

mechánical métallurgy *n.* 機械冶金《金属の機械的性質を研究する》.

mechánical péncil *n.* シャープペンシル. 日英比較 日本語の「シャープペンシル」は和製英語. もとは Eversharp 社の商標から. 《英》では propelling pencil.

mechánical próperty *n.* 〖化学・物理〗(材料の, 力の作用に対する)機械的性質. 〖1880〗

mechánical réctifier *n.* 〖電気〗機械的整流器.

mechánical refrigerátion *n.* 〖物理〗機械冷凍《冷媒使用のほか機械式圧縮も用いる》.

mechánical scánning *n.* 〖電子工学〗**1** 機械的走査《アンテナを回転させることにより方向の走査を行う方式》. **2** 機械的走査《テレビの走査にレンズ板・プリズム板・ニポー円板 (Nipkow disc) などを使用した初期の方式; cf. electrical scanning》.

mechánical stáge *n.* (顕微鏡の)移動載物台.

mechánical thèory *n.* 〖哲学・生物〗機械説[観].

mechánical tíssue *n.* 〖植物〗機械組織《植物体を強め保護する組織》.

mechánical tránsport *n.* 《英》輜重(しちょう)隊の自動車班 (略 MT). 〖1913〗

mechánical twín *n.* 〖冶金・結晶〗機械的双晶.

mech·a·ni·cian /mèkəníʃən/ *n.* 機械技師, 機械工. 〖(1570) ← MECHANIC＋-IAN〗

me·chan·ics /mɪ̀kǽnɪks/ *n.* **1** 力学 (cf. dynamics, statics, kinetics, kinematics): applied ～ 応用力学 / ⇨ quantum mechanics, wave mechanics. **2** 応用力学, 機械学: practical ～ 機械工学. **3** [通例複数扱い] **a** (機械的な)手続き; (芸術作品等の)製作技術, テクニック: the ～ of playwriting 劇作の技術. **b** 機能的構造, 仕組み: the ～ of politics 政治の仕組み. 〖(1648) (pl.) ← MECHANIC: ⇨ -ics〗

mechánics' ínstitute *n.* (英国および米国の)職工学校《英国では 1823 年ロンドンに創設》. 〖1825〗

mechánic's líen *n.* 〖法律〗建物工事の先取特権《資材を供給した工事人がその代金について土地・建物に対してもつ制定法上の権利》. 〖1870〗

mech·a·nism /mékənɪ̀zm̩/ *n.* **1 a** 機械装置[仕組み]: the ～ of a clock / a clockwork ～ ぜんまい仕掛け / a highly complex ～ きわめて複雑な機械装置. **b** 機械作用. **c** (機械装置のような)構造, 仕組み: the ～ of the ear 耳の構造. **2 a** (ある結果を生じるための)機構, からくり (machinery): the political ～ of administration 行政の政治機構. **b** (芸術作品の)技巧, 手法, テクニック. **c** 決まりきった方式[手続き] (mechanics). **3** (絵画・作曲などにおける)機械的な処理[制作, 演奏]. **4** 〖哲学〗機械観[論], 機械的宇宙観[論] (cf. dynamism, vitalism). **5** 〖心理〗機構, 機制《ある行為を成就させる意識的または無意識的な心理過程》: the ～ of invention 発明に至る機構 / ⇨ defense mechanism. **6** 〖言語〗メカニズム (↔ mentalism).

méchanism of defénse ＝defense mechanism 2. 〖(1662) □ NL *mechanismus* ← Gk *mēkhanḗ* 'MACHINE'＋*-isma* '-ISM'〗

méch·a·nist /-nɪ̀st | -nɪst/ *n.* **1** 機械論者. **2** 《まれ》＝mechanician. 〖(1606): ⇨ mechano-, -ist〗

mech·a·nis·tic /mèkənístɪk⁺/ *adj.* **1** 機械論(者)の: a ～ view of language 機械論的な言語観. **2** 機械学の. **3** 機械的に決定された, 機械的決定論の: a ～ universe. **4** (心的)機構[機制]の. **mèch·a·nís·ti·cal·ly** *adv.* 〖1884〗

mech·a·ni·za·tion /mèkənɪ̀zéɪʃən | -naɪ-, -nɪ-/ *n.* 機械化; (特に, 陸軍部隊の)機械化, 機動化. 〖1839〗

mech·a·nize /mékənàɪz/ *vt.* **1 a** 機械的にする, 機械仕掛けにする. **b** 単調にする: ～ one's life. **2** 〈産業などに〉機械を採り入れる, 機械化する. **3** 機械[技巧]によって製作[構成]する. **4** 〖軍事〗機械化する《戦車・装甲車・自走砲などにより機動性のみならず, その車輛上からの戦闘能力を備えること; cf. motorize》: the ～*d* troops 機械化部隊. **méch·a·nìz·er** *n.* 〖(1678): ⇨ mechanic, -ize〗

mech·a·no- /mékənoʊ | -nəʊ/「機械; 機械的な (mechanical); 機械的で…」の意の連結形: *mechano*logy. ★ 母音の前では通例 mechan- になる. 〖□ L *mēchano-* □ Gk *mēkhano-* ← *mēkhanḗ* 'MACHINE'〗

mèchano·chémistry *n.* 機械化学《筋肉の収縮などにおける化学的なエネルギーの機械力への変化過程を扱う化学》. **mèchano·chémical** *adj.* 〖(1928) ← ↑＋CHEMISTRY〗

mèchano·mórphism *n.* 〖哲学〗万有機械論《生物も含めて万象が物理的法則の必然性に従い機械的に構成され動いているとする見解》. 〖(1926) ← MECHANO-＋-MORPHISM〗

mèchano·recéptor *n.* 〖生理〗動き受容器, 圧受容器, 機械的刺激受容器. **mèchano·recéptive** *adj.* 〖(1927) ← MECHANO-＋RECEPTOR〗

mèchano·thérapy *n.* 〖医学〗機械(的)療法. **mèchano·thérapist** *n.* 〖(1890) ← MECHANO-＋THERAPY〗

mech·a·tron·ics /mèkətrɑ́(ː)nɪks | -trɔ́n-/ *n.* [単数扱い] メカトロニクス《機械工学と電子工学との統合; 特に機械制御へのコンピューターの応用技術; 産業用ロボットなど》. 〖(1982) (混成) ← MECHA(NICS)＋(ELEC)TRONICS〗

Mech·lin /méklɪ̀n | -lɪn/ *n.* **1** メクリン《ベルギー北部, Antwerp 地方の都市; フラマン語名 Mechelen /mékələ(n); *Du.* méxələ/, フランス語名 Malines》. **2** ＝Mechlin lace. 〖1699〗

Méchlin láce *n.* メクリンレース《Mechlin 市の六角形のメッシュ地に花柄を織ったボビンレース; 単に Mechlin ともいう; cf. malines 2》. 〖(1699): ↑〗

mech·lor·eth·a·mine /mèklɔːréθəmìːn, -mɪ̀n | -lɔːréθəmìːn/ *n.* 〖化学〗メクロレタミン《昆虫用不妊薬・毒ガスなどに用いられる nitrogen mustard》. 〖← ME(THYL)＋CHLOR(O)-＋ETH(YL)＋AMINE〗

me·cism /míːsɪzm̩/ *n.* 〖病理〗身体部分の病的延長. 〖← MECO-＋-ISM〗

meck /mék/ *n.* 《北東スコット方言》＝maik. 〖1867〗

Meck·é·li·an bár [cártilage, ród] /mɛkíːliən-/ *n.* 〖解剖〗＝Meckel's cartilage.

Méck·el's cártilage /mékəlz-, -klz-/ *n.* 〖解剖〗メッケル軟骨《胎児の第一鰓弓の軟骨》. 〖(1864) ← *Johann F. Meckel* (1781–1833: ドイツの解剖学者)＋-IAN〗

Meck·len·burg /méklənbɚ̀ːg | -lɪ̀nbɜ̀ːg; *G.* méːklənbʊʁk, mɛ́k-/ *n.* メークレンブルク《ドイツ北東部のバルト海に面した地方》.

Mécklenburg-West Pomerània *n.* メークレンブルク フォーアポンメルン《ドイツ北東部バルト海沿岸の州; 州都 Schwerin; ドイツ語名 Mecklenburg-Vorpommern /G. -fóːɐpɔmɐn/》.

mec·li·zine /mékləzìːn | -lɪ̀-/ *n.* 〖薬学〗メクリジン ($C_{25}H_{27}ClN_2$)《乗物酔い・妊娠中の吐気などを抑えるのに用いられる》. 〖(1954) ← ME(THYLBENZENE)＋C(H)L(OROFORM)＋-I-＋(PIPERA)ZINE〗

me·co- /míːkoʊ | -kəʊ/「長い (long); 長さ (length)」の意の連結形. ★ 母音の前では通例 mec- になる. 〖□ Gk *mēko-* ← *mēkos* length ← IE **māk-* long, thin〗

MEcon 《略》《英》Master of Economics.

me·cón·ic ácid /mɪ̀kɑ́(ː)nɪk- | -kɔ́n-/ *n.* 〖化学〗メコン酸 ($C_7H_4O_7 \cdot 3H_2O$)《アヘン中にモルヒネと化合して存在する》. 〖(1819): ← Gk *mḗkōn* poppy＋-IC¹〗

me·co·ni·um /mɪkóʊniəm | -kə́ʊ-/ *n.* **1** 〖生理〗胎便, かにばば《新生児が初めてする便》. **2** 〖昆虫〗さなぎ便《ある種の昆虫の幼虫が蛹(さなぎ)になるとき排出する液体》. 〖(1601) □ L ～ □ Gk *mēkṓneion* ← *mḗkōn* (↑)〗

mec·o·nop·sis /mèkənɑ́(ː)psɪ̀s | -nɔ́psɪs/ *n.* 〖植物〗メコノプシス《主にヒマラヤから中国西部にかけて分布するケシ科メコノプシス属 (*Meconopsis*) の大型の草本; 特にヒマラヤの青いケシとして知られる *M. betonicifolia*; cf. Welsh poppy》. 〖(1836) ← NL *Meconopsis* (属名) ← Gk. *mḗkon* poppy＋*ópsis* appearance〗

Me·cop·ter·a /mɪ̀kɑ́(ː)ptərə | -kɔ́p-/ *n. pl.* 〖昆虫〗長翅目, シリアゲムシ目. 〖← NL ～ ← Gk *mêkos* length＋-PTERA〗

me·cop·ter·an /mɪ̀kɑ́(ː)ptərən | -kɔ́p-/ *n.* 〖昆虫〗長翅目の昆虫の総称. **me·cóp·ter·ous** /-rəs/ *adj.* 〖⇨ ↑, -an¹〗

med /méd/ 《口語》*adj.* 医学の (medical): a ～ student 医学生. — *n.* ＝medicine. 〖1851〗

med 《略》medalist; median; medical; medicine; medieval; medium.

Med /méd/ *n.* [the ～] 《口語》地中海地域 (Mediterranean region) 〖1948〗

MEd /ɛ̀méd/ 《略》Master of Education.

MED 《NZ》《略》Municipal Electricity Department.

me·dail·lon /mèɪdaɪjɔ̃ː(ŋ), -jɔ́ːŋ; *F.* medajɔ̃/ *n.* メダイヨン《獣肉・鶏肉などを円または楕円形に切ったもの》. 〖(1900) □ F *médaillon* 'MEDALLION'〗

me·da·ka /mɪ̀dɑ́ːkə/ *n.* 〖魚類〗メダカ (*Oryzias latipes*)《日本・朝鮮・台湾・中国産》. 〖(1906) □ Jpn.〗

med·al /médl̩ | -dl/ *n.* **1** メダル, 勲章, 記章: a prize ～ 賞牌 / both sides of the ～ 問題の両面 / the other [reverse] side of the ～ 物事の他の一面[裏面]. **2** (聖職者などを形どった)メダル状のもの.

Médal for Mérit [the ―] (米国の)功労章《一般市民に授与される; 1942 年制定》.

Médal of Brávery (カナダの)勇敢な行為に対して与えられる勲章 (略 MB).

Médal of Fréedom [the ―] (米国の)自由勲章《種々の勲功に対して大統領から民間人または軍人に授与される勲章; Presidential Medal of Freedom ともいう》.

Médal of Hónor [the ―] 《米》＝CONGRESSIONAL Medal of Honor.

— *vt.* (**med·aled, -alled; -al·ing, -al·ling**) …にメダルを授与する.

〖(*c*1578) □ F *médaille* □ It. *medaglia* ← L *metallum* 'METAL'〗

méd·aled *adj.* メダルを受けた, 記章を付けた. 〖(1845): ⇨ -ed〗

med·al·et /mèdəlét, -dl̩- | -dəl-, -dl̩-/ *n.* 小メダル. 〖(1789) ← MEDAL＋-ET〗

med·al·ist /médəlɪ̀st, -dl̩- | -dəlɪst, -dl̩-/ *n.* **1** メダル製作[意匠]家. **2 a** メダル[勲章]受領者, 被叙勲者, メダリスト: ⇨ gold medalist. **b** 〖ゴルフ〗メダルを受賞できるほどの少ないストロークでラウンドをプレーしたプレーヤー. **3** メダル収集家[鑑定家]. 〖(*c*1757) □ F *médailliste*: ⇨ medal, -ist〗

méd·alled *adj.* ＝medaled.

me·dal·lic /mɪ̀dǽlɪk/ *adj.* メダル[勲章]の[に関する]; メダル(上)に表現した: ～ art メダル製作技術. 〖(1702): ⇨ medal, -ic¹〗

me·dal·lion /mɪ̀dǽljən, mɛ- | -liən, -ljən/ *n.* **1** 大メダル. **2 a** (肖像画などの)円形浮彫り; 円額肖像画[彫刻]. **b** (織物・じゅうたん・レースなどの)円形飾り模様. **c** (建築物の)円形装飾. **d** (切手・紙幣などの肖像画や金額の数字を囲む)円形[楕円形]模様. **3** (靴の甲の)穴模様. **4** (子)牛の肉や魚肉の小さ目の塊. 〖(1658) □ F *médaillon* □ It. *medaglione* (aug.) ← *medaglia* 'MEDAL': cf. -oon〗

méd·al·list /médəlɪ̀st, -dl̩- | -dəlɪst, -dl̩-/ *n.* 《英》＝medalist.

médal plày *n.* 〖ゴルフ〗メダルプレー《コースを一巡する間の打数の少ないものから順位を決める打数競技; stroke play ともいう; cf. match play》. 〖1899〗

Me·dan /meɪdɑ́ːn, ―́― | méɪdæn, -dɑːn; *Indon.* médan/ *n.* メダン《インドネシア Sumatra 島北東部の港市》.

Med·a·war /médəwə | -dəwə^(r)/, Sir **Peter Brian** *n.* メダウォー (1915–87; ブラジル生まれの英国の生物学者; Nobel 医学生理学賞 (1960)).

med·dle /médl̩ | -dl/ *vi.* **1** 〔自分の関係のないことに〕干渉する, 手出しをする (interfere); 余計な世話をやく, おせっかいをやく 〔*in, with*〕: She ～s *in* matters which do not belong to her. 彼女は自分に係わりのない事におせっかいを

M

やく / Don't ~ *with* other people's business. 他人のことに余計なおせっかいをやくな. **2** 〈他人の物を〉いじくる, ひねくり回す (tamper) 〔*with*〕. **3** 《廃》一戦交える 〔*with*〕. **4** 《廃》混じる. — *vt.* **1** 《方言》干渉する, 邪魔する. **2** 《廃》混ぜる (mingle). ***méddle and* [*or*] *máke*** 《古・方言》干渉する, おせっかいをやく. 〖《c1300》 *medle(n)* □ ONF *medler*=OF *mesler* (F *mêler*) < VL **misculāre* ← L *miscēre* to mix: ⇨ mixed〗

med·dler /médl̩ə, -dlə | -dlə^r, -dl-/ *n.* 干渉者; 余計な世話をやく人, おせっかい屋 (busybody). 〖*c*1395〗

med·dle·some /médl̩səm | -dl̩-/ *adj.* 余計な世話をやきたがる, おせっかいな, 干渉好きな (interfering) (⇨ curious SYN). **~·ly** *adv.* **~·ness** *n.* 〖《1615》: ⇨ -some¹〗

méd·dling /-dl̩ɪŋ, -dl- | -dl-/ *adj.* 干渉する, おせっかいな. **~·ly** *adv.* 〖*a*1529〗

Mede /míːd/ *n.* メディア (Media) の住民, メディア人: the Law of the ~*s* and Persians ⇨ law¹. 〖《1382》 □ L *Mēdus* □ Gk *Mêdos* □ Avest. *Māda*〗

Me·de·a /mɪdíːə | -díə, -díːə/ *n.* 〘ギリシャ伝説〙メーデイア (Colchis 王 Aeëtes の娘で Jason の妻, 女魔法使い; Jason を助けて「金の羊毛 (Golden Fleece)」を獲得させた). 〖□ L *Mēdēa* □ Gk *Mḗdeia* 《原義》? cunning〗

mé dècade, M- D- /míː-/ *n.* ミーの十年 《特に若い人々が社会への関心を失ない, 個人的幸福と満足の追求に取りつかれた 1970 年代; cf. me generation》. 〖1976〗

Me·del·lín /mèdəlíːn, -dl̩- | -dəlín, -líːn, -dl-; *Am. Sp.* meðejín/ *n.* メデリン, メデジン 《コロンビア共和国西部の都市》.

med·e·vac /médəvæ̀k | -dɪ-/ 《米》 *n.* 救急ヘリ(コプター) 《傷病兵を前線から病院へ運ぶ軍用輸送ヘリコプター》. — *vt.* (**-vacked**; **-vack·ing**) 救急ヘリで運ぶ. 〖《1966》 ← MED(ICAL)+EVAC(UATION)〗

med·fly /médflàɪ/ *n.* [しばしば M-] =Mediterranean fruit fly. 〖1935〗

Med·ford /médfəd | -fəd/ *n.* メドフォード: **1** 米国 Massachusetts 州東部, Boston の郊外都市. **2** 米国 Oregon 州南西部の都市. 〖← ? MEAD²+FORD〗

MedGr. 《略》 Medieval Greek.

me·di- /míːdi | -di/ (母音の前にくるときの) medio- の異形.

me·di·a¹ /míːdiə | -diə/ *n.* **1** medium の複数形. **2** [*the* ~; 通例単数扱い] 《口語》 マスメディア 《テレビ・ラジオ・新聞などの報道機関》.

me·di·a² /míːdiə, médi- | míːdiə, médi-/ *n.* (*pl.* **me·di·ae** /-dìiː | -dìiː/) **1** 〘解剖〙(血管の)中膜. **2** 〘昆虫〙(昆虫の翅(はね)の)中脈. **3** 〘音声〙 **a** 有声閉鎖音 (voiced stop) 《/b/, /d/, /g/ など》. **b** (フランス語の second の c のように)弱く発せられる子音. 〖《1841》 □ L *media* (*vox*) (fem.) ← *medius* 'middle, MID¹'〗

Me·di·a /míːdiə | -diə/ *n.* メディア 《アジア西部, カスピ海の南西部にあった古王国; 紀元前 7–6 世紀に栄えたが同 550 年ペルシャに併合された; ほぼ今の Iran 北西部に当たる; 首府 Ecbatana》.

média còverage *n.* (ある事柄に関する)メディア[マスコミ]の報道(量); 宣伝キャンペーンの到達度.

me·di·a·cy /míːdiəsi | -diə-/ *n.* **1** 〘論理・哲学〙介在; 媒介(性); 霊媒. **2** =mediation. 〖《1400》 ← MEDIA(TE)+-CY〗

me·di·ad /míːdiæ̀d | -di-/ *adv.* **1** 中央の線[平面]に向かって. **2** 〘解剖・動物〙正中方向へ, 正中線の方へ. 〖《1878》 ← L *medi(us)* middle+-AD³〗

mediae *n.* media² の複数形.

me·di·ae·val /mìːdiíːvəl, mèdi-, medíː-, mɪ-, -vl̩ | mèdiíː-, medɪ-ˈ/ *adj.* =medieval. **~·ism** /-lɪzm/ *n.* **~·ist** /-lɪst | -lɪst/ *n.* **~·is·tic** /-ìːvəlístɪkˈ/ *adj.* **~·ly** *adv.*

média evènt *n.* (マスコミ向けの)催し[イベント], 宣伝[売名]行為; (マスコミに誇大報道された)作られた大事件. 〖1972〗

mèdia·génic *adj.* マスメディア (mass media) に向く; (特に)テレビ向きの (cf. photogenic): a ~ star. 〖《1972》 ← MEDIA¹+-GENIC²〗

média hýpe *n.* (マスコミの)はでな宣伝; 集中的な宣伝. 〖1978〗

me·di·al /míːdiəl | -di-/ *adj.* **1** 中間にある, 中央の (median): a ~ line. **2** 〈文字や音が〉(語[音節]の)中間にある (cf. initial 2, final 5 a): The ~ sound in 'letter' is /t/. **3** 平均の, 並の (average, ordinary). **4 a** 〘解剖〙正中線[中心軸]に近い. **b** 〘昆虫〙中脈の[に関係した]. — *n.* **1** 〘言語〙中間字 (medial letter); 語中における文字の形. **2** 〘言語・音声〙語中音. **3** 〘昆虫〙=media² 2. **~·ly** *adv.* 〖《1570》 □ LL *mediāl-is* ← L *medius* 'middle, MID¹': ⇨ -al¹〗

médial moráine *n.* 〘地質〙中堆石(ちゅうたいせき).

médial stríp *n.* =median strip.

média míx *n.* 〘劇場〙(フィルム・テープ・スライドなどによる)上演.

mèdia·mórphosis *n.* メディアによる事実の歪曲.

me·di·an /míːdiən | -di-/ *adj.* **1 a** 中央の, 中間の, 中位の, 正中の (medial, middle): the ~ artery 〘解剖〙正中動脈 / the ~ line 〘数学〙中線 / the ~ coverts (鳥の翼の)中雨おおい. **b** 正中面の[にある]. **2** 〘統計〙中位数の. — *n.* **1** 〘統計〙中央値, 中位数, メディアン 《大きさの順に並んでいる一連の数のうちで中央にある値; cf. quartile 2, quintile 2; ⇨ average SYN》. **2** =median strip. **3** 〘数学〙中線. **4** 〘解剖〙正中動脈, 正中静脈, 正中神経(など). **~·ly** *adv.* 〖《1541》 □ F *médiane* // L *mediānus* in the middle: ⇨ media², -an¹〗

Me·di·an /míːdiən | -di-/ *adj.* **1** メディア (Media) の; メディア人の. **2** メディア語の. — *n.* **1** メディア人 (Mede). **2** メディア語. 〖1601〗

médian léthal dóse *n.* (薬物・電離放射線などの)半数致死量 《一定時間内に実験動物の半数を死亡させる量》. 〖1927〗

médian nérve *n.* 〘解剖〙正中神経. 〖1835–6〗

médian pláne *n.* =mesial plane.

médian pòint *n.* 〘数学〙=middle point.

médian stríp *n.* 《米》中央分離帯 (mall) 《広い車道の車線を分ける細長い地帯; 通例, 舗装や植樹してある》. 〖《1948》: ⇨ strip¹〗

me·di·ant /míːdiənt | -di-/ *n.* 〘音楽〙中音 《長・短音階の第三度音》. 〖《1727–41》 □ It. *mediante* □ LL *mediantem* (pres.p.) ← *mediāre*: ⇨ mediate, -ant〗

médian véin *n.* **1** 〘解剖〙正中静脈. **2** 〘昆虫〙(翅(はね)の)中央脈. 〖1592〗

média páck *n.* 視聴覚教材(の一組).

me·di·as·ti·ni·tis /mìːdiæ̀stɪnáɪtɪs | -diæ̀stɪnáɪtɪs/ *n.* (*pl.* **-nit·i·des** /-nítɪdìːz | -tɪ-/) 〘医学〙縦隔炎. 〖《1858》: ↓, -itis〗

me·di·as·ti·num /mìːdiəstáɪnəm | -di-/ *n.* (*pl.* **-ti·na** /-nə/) 〘解剖〙 **1** 隔壁, 隔膜. **2** (両肺間の)縦隔. **mè·di·as·tí·nal** /-nl̩ˈ/ *adj.* 〖《1541》 ← NL ~ (neut.) ← *mediastīnus* in the middle ← L *medius* 'middle, MID¹': cf. media²〗

média stùdies *n. pl.* 《英》マスコミ研究. 〖1968〗

me·di·ate /míːdièɪt | -di-/ *v.* — *vt.* **1 a** 調停する, 仲裁する (⇨ interpose SYN): ~ a dispute 紛争の仲裁をする. **b** 仲介して…を成就させる: ~ a peace between …の間を取り持って和平を成立させる. **2** 〈贈物などを〉取り次ぐ, 〈情報などを〉伝達する. — *vi.* **1** 仲裁する, とりなす (intercede); 斡旋する, 調停する: ~ *between* two warring nations 両交戦国間の調停をする. **2** 介在する, 中間にある, 〔*between*〕. — /míːdiɪt | -di-/ *adj.* **1** 仲介の, 媒介の, 仲介による; 間接の (indirect) (cf. immediate). **2** 《まれ》中間の (intermediate). **~·ly** *adv.* 〖《?a1425》 □ LL *mediātus* (p.p.) ← *mediāre* to divide in the middle ← L *medius* 'middle, MID¹'〗

mé·di·at·ed generalizátion /-èɪtɪd- | -tɪd-/ *n.* 〘心理〙媒介般化 《ある刺激の意味に対して起きる反応般化; 刺激そのものではなく, 刺激の記号が媒介となる; cf. generalization 4 a》. 〖1942〗

mé·di·ate ínference /-diɪt- | -di-/ *n.* 〘論理〙間接推理 (↔ immediate inference). 〖1842〗

me·di·a·tion /mìːdiéɪʃən | -di-/ *n.* **1** (強制力を持たない)仲裁, 調停, 斡旋 (cf. arbitration, conciliation): through the ~ of …の調停で. **2** 〘国際法〙(第三国による)居中調停, 仲介. 〖《a1387》 □ LL *mediātiō(n-)*: ⇨ mediate, -ation〗

me·di·a·tive /míːdièɪtɪv, -diət- | -diət-/ *adj.* = mediatory. 〖1813〗

me·di·a·tize /míːdiətàɪz | -diə-/ *vt.* 〈大国が〉〈小国を〉併合する; (旧君主の名義的主権だけを残して)〈公国を〉併合する. **me·di·a·ti·za·tion** /mìːdiətɪzéɪʃən | -diətaɪ-, -tɪ-/ *n.* 〖《1826》 □ F *médiatiser* // G *mediatisieren* ← LL *mediātus* (p.p.) divided: ⇨ mediate, -ize〗

mé·di·à·tor /míːdièɪtə | -dièɪtə^r/ *n.* **1** 仲介人, 媒介者. **2** 仲裁人; 斡旋者, 調停者. **3** [the M-] (神と人間との仲立ちである)仲保者, キリスト (Jesus Christ) (cf. *1 Tim.* 2:5). **4** 〘化学・生物〙媒介物質 《化学または生物作用を媒介する物質》. 〖《c1350》 □ OF *mediatour* (F *médiateur*) □ LL *mediātor* ← *medius* 'MID¹'〗

me·di·a·to·ri·al /mìːdiətɔ́ːriəl | -diə-ˈ/ *adj.* = mediatory. **~·ly** *adv.* 〖《1650》: ⇨ ↑, -ial〗

me·di·a·to·ry /míːdiətɔ̀ːri | -diətəri, -tri/ *adj.* 仲裁の, 調停の, とりなしの. 〖《1619》 □ LL *mediātōrius*: ⇨ mediate, -ory¹〗

me·di·a·tress /míːdièɪtrɪs | -dièɪtrɪs, -trɛs/ *n.* = mediatrix. 〖《1616》 ← MEDIATOR+-ESS〗

me·di·a·trice /mìːdiéɪtrɪs | -di-/ *n.* =mediatrix. 〖*a*1400〗

me·di·a·trix /mìːdiéɪtrɪks | -di-/ *n.* (*pl.* **-a·tri·ces** /-diətráɪsiːz | -di-/, ~**·es**) 《まれ》女性の仲介者; 婦人調停者. 〖《a1449》 □ LL *mediātrix* (fem.) ← *mediātor*: ⇨ mediator, -trix〗

med·ic¹ /médɪk | -dɪk/ *n.* 《口語》 **1** 医者 (doctor). **2** 医学生, 病院助手 (intern). **3** 衛生兵: an army ~ 衛生兵. 〖《1659》 □ L *medicus* (↓)〗

me·dic² /míːdɪk | -dɪk/ *n.* 〘植物〙ウマゴヤシ 《ウマゴヤシ属の植物の総称; 多年草で牧草; ムラサキウマゴヤシ (alfalfa), コメツブウマゴヤシ (black medic) など》. 〖《c1420》 □ L *mēdica* □ Gk (*póa*) *Mēdikḗ* 《原義》 Median (grass)〗

Medic /médɪk | -dɪk/ *adj.* =Median. — *n.* 古代メディア語. 〖《1894》 □ L *Mēdicus* □ Gk *Mēdikós* Median〗

med·i·ca·ble /médɪkəbl̩ | -dɪ-/ *adj.* **1** 治療できる (curable). **2** 薬効のある, 効き目がある (curative). **méd·i·ca·bly** /-bli, -bli/ *adv.* 〖《1616》 □ L *medicābilis* curable ← *medicārī* to heal ← *medicus* doctor: ⇨ medical, -able〗

Med·i·caid, m- /médɪkèɪd | -dɪ-/ *n.* 《米》メディケード 《65 歳未満の低所得者・身障者を対象とする国民医療保障(制度); cf. Medicare》. 〖《1966》 ← MEDIC(AL)+AID〗

med·i·cal /médɪkəl, -kl̩ | -dɪ-/ *adj.* **1** 医術の, 医療の, 医学の, 医用の: the ~ art 医術 / ~ books 医学書 / ~ boards 《米》医科大学入学試験 / a ~ college 医科大学 / a ~ student 医学生 / under ~ treatment 治療中 / ~ attendance 医師の手当 / ~ attention 医療 / a ~ certificate 診断書 / a ~ examination [checkup] 健康診断 / ~ inspection 検疫 / a ~ man 医学者, 医師 / a ~ practitioner 開業医 / ~ science 医学 / ~ practice 医業 / ~ ethics 医学倫理. **2** 内科の (↔ surgical): a ~ case [ward] 内科の患者[病室]. **3** 《古》薬の, 薬になる, 治療力のある (medicinal): the ~ properties of a plant (ある)植物の薬効. — *n.* **1** 《英》身体検査, 健康診断 (medical [《英》 physical] examination). **2** 《口語》医学生; 医者. **~·ly** *adv.* 〖《1646》 □ F *médical* // ML *medicālis* of a doctor ← L *medicus* doctor of healing ← *medērī* to heal ← IE **med-* take appropriate measures: ⇨ -al¹: cf. mode¹〗

médical atténdant *n.* 主治医.

médical cáre *n.* 医療, 治療.

Médical Còrps *n.* 〘米軍〙軍医科[部], 医務科[班], 衛生科[隊].

Médical Depàrtment *n.* (米軍の)軍医部, 医務部, 衛生部.

médical electrónics *n.* 医用エレクトロニクス 〘電子工学〙《電子計器など医学応用のために用いられる電子工学; 略 ME》.

médical engineéring *n.* 医用工学 《人工心肺など工学技術を援用した医療技術; 略 ME》.

médical exàminer *n.* **1** 《米》〘法律〙監察医, 検死官 (cf. coroner 1). **2** (会社・工場などの)専属医師; (保険加入者の健康診断をする)医師, 嘱託医. **3** 医師免許資格審査官. 〖1848〗

médical geógraphy *n.* 疾病地理学 《ある病気と地理的条件の関係の研究》.

med·i·cal·ize /médɪkəlàɪz | -dɪ-/ *vt.* (非医学的問題・状態の対処に)医学的方法[概念]を適用する. 〖1970〗

médical jurisprúdence *n.* 法医学 (forensic medicine), (広く)医事法制. 〖1788〗

médical òfficer *n.* 《英》保健所員, 診療所員. 〖1835〗

médical órderly *n.* 患者の付添人; 病院の用務員.

médical schòol *n.* (大学の)医学部; 医学校. 〖1765〗

médical technólogist *n.* 臨床検査士[技師].

médical technólogy *n.* 医療技術, 臨床検査(学).

me·dic·a·ment /mɪdíkəmənt, mɛ-, médɪk- | mɪdík-, mɛ-, médɪk-/ *n.* 薬物, 薬剤, 医薬. — /-mènt/ *vt.* 《まれ》薬物[薬剤]で治療[処理]する. **me·dic·a·men·tal** /mɪdìkəméntl̩, mɛ-, mèdɪ- | mɪdìkəméntl̩, mɛ-, mèdɪ-ˈ/ *adj.* **mè·dic·a·mén·ta·ry** /-təri, -tri | -təri, -triˈ/ *adj.* 〖《1541》 □ F *médicament* // L *medicāmentnum* remedy ← *medicārī* to heal: ⇨ medical, -ment〗

Med·i·care, m- /médɪkèə | -dɪkèə^r/ *n.* **1** 《米》メディケア, 老齢者医療保障(制度) 《1965 年以来実施されている 65 歳以上を対象とする老人医療保健制度; cf. Medicaid》. **2** 《豪》医療保障制度. 〖《1955》 ← MEDI(CAL)+CARE〗

med·i·cas·ter /médəkæ̀stə | -dɪkæ̀stə^r/ *n.* 《まれ》にせ医者, やぶ医者 (quack). 〖《1602》 ← L *medic(us)* doctor (⇨ medical)+-ASTER¹〗

med·i·cate /médəkèɪt | -dɪ-/ *vt.* **1** 〈病人を〉薬で治療する, 〈病人〉に医療を施す: ~ the patient. **2** …に薬を含ませる: ~ seeds. **3** 《古》…に毒物を混ぜる. 〖《1623》 ← L *medicātus* (p.p.) ← *medicārī* to heal ← *medicus* doctor: ⇨ medic¹, -ate³〗

méd·i·càt·ed /-tɪd | -tɪd/ *adj.* 薬物を加えた, 薬用の: ~ soap 薬用石鹸 / a ~ bath 薬湯 / a ~ candle= disinfecting candle. 〖1625〗

med·i·ca·tion /mèdəkéɪʃən | -dɪ-/ *n.* **1** 薬物治療; 薬物処理: be on ~ 薬物治療をしている. **2** 薬物 (medicament). 〖《?a1425》 □ (O)F ~ // L *medicātiō(n-)*: ⇨ ↑, -ation〗

med·i·ca·tive /médəkèɪtɪv, -kət- | -dɪkət-, -kèɪt-/ *adj.* 《まれ》薬効のある (medicinal). 〖《1644》 □ ML *medicātīvus*: ⇨ medicate, -ative〗

Med·i·ce·an /mèdətʃíːən | -dɪ-ˈ/ *adj.* メディチ家 (the Medici) の. 〖《1741》 ← ML *Medice(us)* (Medici のラテン語化した形)+-AN¹〗

med·i·chair /médɪtʃèə | -dɪtʃèə^r/ *n.* 〘医学〙診察椅子 《人の生理機能の状態を検査するための電子診察器つきの椅子》. 〖← MEDI(CAL)+CHAIR〗

Med·i·ci /médətʃi, -tʃi | -dɪtʃiː, -tʃi, medíːtʃi; *It.* méːditʃi/ *n.* [the ~] メディチ家 《15–16 世紀に栄えたイタリア Florence 市の名家で同市の支配者; 一門から教皇三人を出した》.

Medici, Catherine de' *n.* ⇨ Catherine de' Medici.

Medici, Cosimo *or* **Cos·mo** /kɔ́zmo/ **de'** *n.* メディチ: **1** (1389–1464) イタリアの銀行家・政治家で美術・文学の保護者; 通称 Medici the Elder. **2** (1519–74) Florence 公, Tuscany 初代の大公; 通称 Medici the Great, Cosimo I.

Medici, Giovanni de' *n.* メディチ (Leo X の本名).

Medici, Giulio de' *n.* メディチ 《Clement VII の本名》.

Medici, Lorenzo de' *n.* メディチ 《1449–92; Florence の支配者, 政治家・教育家・詩人で美術・文学・印刷術の保護者; 通称 Medici the Magnificent》.

Medici, Maria de' *n.* ⇨ Marie de Médicis.

me·dic·i·na·ble /mɪdísənəbl̩, mɛ-, -sn- | -dísɪn-, -sn-/ *adj.* 《古》薬効のある, 治癒力のある. 〖《1392》 □ OF *medecinable* ← *medeciner*: ⇨ medicine, -able〗

M

me·dic·i·nal /mədísənəl, mɛ-, -snəl, -snl | -dísınl, -snəl/ *adj.* **1** 〘医〙薬の, 薬効のある, 治療力のある: a ~ herb 薬草 / ~ substances 薬物 / of ~ value 薬効のある / ~ *against* [*for*] the illness その病気に薬効がある / for ~ purposes 《戯言》体の消毒に《酒を飲むときの言い訳》. **2** 健康によい. **—** *n.* 薬物. **~·ly** *adv.* 〖(*c*1340) □ (O)F *médicinal* ∥ L *medicinālis* of medicine: ⇨ ↓, -al¹〗

medícinal léech *n.* 医用ヒル《放血に用いた》. 〖1804〗

med·i·cine /médəsən, -sn | -dsən, -sn/ *n.* **1 a** 内服薬 (cf. drug); 薬, 医薬, 薬剤 (medicament): take [drink] ~ for one's cold 風邪の薬を飲む / administer [furnish] ~ to the patient 病人に薬を与える / prescribe ~ 処方を書く / a dose of ~ 薬一服 / a patent ~ 売薬 / a ~ *for* fever [indigestion, the cold] 解熱[消化, 風邪]薬. **b** 《廃》(毒・ほれ薬など医療以外に用いられる)薬. **2** 医学, 医術; (特に)内科(医学), 内科的治療 (cf. surgery 1): clinical ~ 臨床医学 / practice ~ 医業を営む, 開業医をしている / study ~ and surgery 内外科を研究する. **3** 医師の職業. **4** 《比喩》ためになる経験,「薬」. **5** (アメリカインディアン間で厄払い・治療に効があると信じられた)超自然力, まじない, 魔法 (magic); まじないの文句[儀式]: a ~ song まじない歌 / ⇨ medicine man. **6** 《廃》医者 (physician).

give a person a dóse* [*táste*] *of his* [*her*] *ówn médicine (同じ手段で)相手に仕返しをする[報復する]. ***gét sòme* [*a little*] *of one's ówn médicine*** 同じ手口の仕返しをされる. ***tàke one's médicine*** (1) 苦い薬を飲む; つらくても必要な事をする, いやな事を忍ぶ. (2) 〖1865〗 悪行の罰を受ける.

— *vt.* 《古》…に薬を飲ませる, 投薬する, 薬で治療する. 〖(?*a*1200) □ (O)F *médecine* ∥ L *medicīna* art of healing ← *medicus*: ⇨ medical, -ine³〗

médicine bàll *n.* **1** メディスンボール《大きな革ボールを投げ合う運動》: play ~. **2** メディスンボールのボール. 〖1895〗

médicine càbinet *n.* 洗面キャビネット《洗面台の上の壁面にとりつけた鏡つきの棚; 洗面用具・薬などを収納する》. 〖1899〗

médicine chèst *n.* **1** 薬箱, 薬入れ. **2** =medicine cabinet. 〖1731〗

médicine dànce *n.* (アメリカインディアンの, 病魔を払う)まじない踊り. 〖1808〗

médicine dròpper *n.* (目薬などの)点滴用器, スポイト, 点滴ピペット. 〖1898〗

médicine glàss *n.* 薬量グラス《度盛りがしてある小さなグラス》. 〖1853〗

Médicine Hát *n.* メディシンハット《カナダ Alberta 州南東部の都市》.

médicine lòdge *n.* (アメリカインディアンの)宗教的集会所. 〖1808〗

médicine màn [**wòman**] *n.* 《米》**1** 未開社会における祈禱師, まじない師. **2** (medicine show での)売薬宣伝員. 〖1801〗

médicine shòp *n.* (マレーシアの)中国人経営の薬屋《現代薬・漢方薬ともに売るが処方薬は出さない》.

médicine shòw *n.* 《米》医薬品宣伝ショー(の一団)《売薬・特効薬を宣伝・販売するために, 客寄せに芸人を使ってショーをしながら旅回りをした; 1900 年以前に流行》. 〖*c*1906〗

médicine whèel *n.* メディシン ホイール《北米インディアンによって山の上などに作られた環状列石; 車輪と放射状の輻(ᵊ)の形に石を並べたもので, インディアンの天文・暦法・宗教などと関連があると考えられている; Wyoming 州北部にある Big Horn Medicine Wheel がよく知られている》. 〖1895〗

Mé·di·cis /*F.* medisis/ *n.* メディシス《Medici のフランス語名》.

me·dick /mí:dık | -dık/ *n.* 〘植物〙 =medic².

med·i·co /médıkòu | -dıkəu/ *n.* (*pl.* **~s**) 《口語》= medic¹. 〖(1689) □ It. ~ & Sp. *médico* □ L *medicus*: ⇨ medical〗

med·i·co- /médıkou | -dıkəu/「医学の; 医療と…」の意の連結形. 〖(1698) ← L *medicus*: ⇨ medical〗

mèdico·botánical *adj.* 薬用植物学の. 〖1838〗

mèdico·légal *adj.* 法学と医学とに関係のある, 法・医双方に関わる; 法医学(上)の. 〖1835〗

med·i·vac /médəvæk | -dı-/ *n.*, *vt.* (**-vacked**; **-vack·ing**) =medevac.

me·di·e·val /mì:dií:vəl, mèdi-, -vl‾, mɛdí:-, mı- | mèdií:-‾, mɛdí:-/ *adj.* **1** 中世 (Middle Ages) の, 中世的な, 中世風の: ~ literature 中世文学. **2** 《口語》古めかしい, 古臭い (antiquated): Don't be ~! 古臭いことを言うな. **—** *n.* 中世の人. **~·ly** *adv.* 〖(1827) ← NL *medi*(*um*) *aev*(*um*) middle age (⇨ mid¹, age)+-AL¹〗

Médieval Gréek *n.* 中世ギリシャ語 (略 MedGk., MGk; ⇨ Greek 3).

Médieval Hébrew *n.* 中世ヘブライ語《中世を通じ, 各地のユダヤ人, 特にラビ (rabbi) が, 書き言葉として用いたもので, ギリシャ語・アラビア語などからの借入語を含む; Mishnah, Talmud で用いられたものはそれぞれ Mishnaic Hebrew, Rabbinic Hebrew という》.

médieval hístory *n.* 中世史《ヨーロッパ史ではほぼ民族大移動からルネサンスまで; cf. history 1 a》.

mè·di·é·val·ism /-vəlìzm, -vl-/ *n.* **1** 中世趣味. **2** 中世的精神[信念], 中世的慣習[遺風]. 〖1853〗

mè·di·é·val·ist /-vəlıst, -vl- | -vəlıst, -vl-/ *n.* **1** 中世研究家, 中世史学者. **2** (芸術・宗教家などで中世的精神[趣味]を重んじる)中世主義者; 中世賛美者. 〖(1855): ⇨ medieval, -ist: cf. F *médiévaliste*〗

Médieval Látin *n.* (7-15 世紀に用いられた)中世ラテン語 (略 MedL, ML; ⇨ Latin 1). 〖*c*1889〗

médieval móde *n.* 〘音楽〙中世施法 (⇨ ecclesiastical mode).

medii *n.* medius の複数形.

me·di·na /mədí:nə | mɛ-, mı-; *Arab.* medí:na/ *n.* 北アフリカ諸都市の原地人居住地区 (cf. mellah, kasbah). 〖(1906) ← Afr. 《現地語》《原義》city □ Arab. *madīnah* city〗

Me·di·na /mədí:nə | mɛ-, mı-; *Arab.* medí:na/ *n.* メジナ《サウジアラビア西部, Hejaz 地方の都市; Mohammed の墓がありイスラム教第二の聖地; アラビア語名 Al Madinah; cf. Mecca》.

me·di·o- /mí:diou | -diəu/「中間に[の]; 正中面」の意の連結形. ★ 母音の前では通例 medi- になる. 〖(1852) ← L *medius* 'MID¹'〗

me·di·o·cre /mì:dióukə‾, ‾‾‾‾ | mì:diə́ukə(r, mèd-‾, ‾‾‾‾/ *adj.* 《しばしば軽蔑》良くもなく悪くもない, 並の, 平凡な; 二流の, 劣等な: a man of ~ abilities 凡才. 〖(1586) □ F *médiocre* ∥ L *mediocris* middling, indifferent, 《原義》halfway up a height ← *medius* middle (⇨ mid¹)+*ocris* peak (← IE **ak-* sharp (L *ācer*))〗

me·di·o·cris /mì:dióukrıs | -diə́ukrıs/ *adj.* 〘気象〙並積雲の. 〖□ L ~ (↑)〗

me·di·oc·ri·ty /mì:diá(:)krəti | mì:diɔ́krıti, mèd-/ *n.* **1 a** 平凡, 並(ᵊ), 普通, 凡庸: His talent is below ~. 彼の才能は普通以下だ. **b** 並の才能, 凡才. **2** 平凡な人, 凡人. 〖(?*a*1425) □ (O)F *médiocrité* ∥ L *mediocritātem* moderation: ⇨ mediocre, -ity〗

me·di·og·ra·phy /mì:diá(:)grəfi | -diɔ́g-/ *n.* (ある特定の問題についての)さまざまな資料(新聞・ラジオ・テレビ映画など)のリスト. 〖← MEDI(UM)+-O-+-GRAPHY: BIBLIOGRAPHY からの連想〗

mèdio·vélar *adj.*, *n.* 〘音声〙中部軟口蓋音(の).

Medit. 《略》Mediterranean.

med·i·tate /médətèıt | -dı-/ *vi.* 沈思黙考する, (特に, 宗教的)黙想にふける 〔*on*, *upon*〕 (⇨ ponder SYN): ~ *on* one's past life これまでの生涯[来し方]を反省する. **—** *vt.* **1** もくろむ, 企てる (intend): ~the next step 次の手を考える. **2** 《まれ》…に心を留める, 熟考する, 学ぶ: ~ the Muse 詩作に励む (Milton, *Lycidas*). 〖(1560) ← L *meditātus* (p.p.) ← *meditārī* to think over, reflect ← IE **med-* (⇨ medical): ⇨ -ate³〗

med·i·ta·tion /mèdətéıʃən | -dı-/ *n.* **1** 熟慮, 熟考; (特に, 宗教的)黙想, 沈思: be lost in ~ 深い物思いに耽る. **2** [しばしば *pl.*] 黙想[瞑想, 黙思]録. 〖(?*a*1200) □ (O)F *méditation* □ L *meditātiō*(*n-*): ⇨ meditate, -ation〗

med·i·ta·tive /médətèıtıv, -tət- | -dıtət-, -tèıt-/ *adj.* 黙想的な; 黙想にふける (⇨ pensive SYN). **~·ly** *adv.* **~·ness** *n.* 〖(1656) □ LL *meditātīvus*: ⇨ meditate, -ative〗

méd·i·tà·tor /-tə | -tə(r/ *n.* 黙想にふける人; 黙想家. 〖(1665): ⇨ -ator〗

Med·i·ter·ra·ne·an /mèdətəréıniən | -dıt-‾/ *n.* **1** [the M-] =Mediterranean Sea. **2** 地中海民族の特徴をもった人 (⇨ Mediterranean race). **3** [the ~, 集合的] 《口語》地中海の諸島[諸国]. **—** *adj.* **1 a** 地中海の, 地中海沿岸の. **b** 地中海民族の; 地中海民族特有の, 浅黒く中背の. **c** 〘気象〙地中海性気候の. **2** (ルネサンス期の家具のように)装飾的・重厚なスタイルの家具の. **3** [m-] **a** 《海が陸で包囲された (inland). **b** 《廃》《土地が》海岸から遠い, 内陸の. 〖(1550) ← L *mediterrāneus* midland, inland ← *medius* middle+*terra* land: ⇨ medio-, terra, -an¹〗

Mediterranean clímate *n.* 〘気象〙地中海性気候《雨が冬期に多く夏期に極めて少ない温帯冬雨気候》. 〖1896〗

Mediterranean cýpress *n.* 〘植物〙セイヨウヒノキ (cf. Italian cypress).

Mediterranean féver *n.* 〘病理〙地中海熱 (brucellosis) (⇨ Malta fever). 〖1816〗

Mediterranean flóur mòth *n.* 〘昆虫〙スジコナマダラメイガ《小形の灰色のガ; 幼虫は小麦粉の大敵》. 〖1895〗

Mediterranean frúit flỳ *n.* 〘昆虫〙チチュウカイミバエ (*Ceratitis capitata*)《幼虫が栽培果樹に大害を与えるミバエ科のハエ; Medfly ともいう》. 〖1907〗

Mediterranean ráce *n.* [the ~] 〘人類学〙地中海民族《昔, 地中海沿岸に住んだコーカサス人種で古代イベリア人 (Iberians)・リグリア人 (Ligurians)・ミノス人 (Minoans)・ハム人 (Hamites) の一部など; 身長は中等ないし短, 体形が細く長頭で皮膚色はやや濃い》; (その子孫である)現代地中海沿岸諸民族.

Mediterranean Séa *n.* [the ~] 地中海《単に the Mediterranean ともいう》. 〖1594〗

me·di·um /mí:diəm | -di-/ *n.* (*pl.* **~s**, **-di·a** /-diə | -diə/) **1 a** 中間, 中位, 中庸 (mean). **b** 中間にあるもの, 中間物. **2 a** (力・効果の伝達の手段となる)媒介物, 媒質, 媒体: Air is a ~ *for* radio transmission. 空気は無線通信の媒体である. **b** 媒介, 手段, 機関 (means); (文学や音楽の)表現様式, テクニック: by [through] the ~ of …の媒介で, …の手を経て, …によって / the circulating ~ =the ~ of circulation 流通貨幣 / a ~ of communication 報道機関 / a ~ of advertisement 広告機関. **c** [the media; しばしば単数扱い] (広告に用いられる)マスメディア (mass media)《新聞・雑誌・ポスター・テレビなど》. **d** [しばしば単数扱い] 〘電算〙媒体, メディア《情報を記録するもの》. **e** =MEDIUM of exchange. **f** (ある目的達成のための)仲介者 (go-between). **3** (生物の生息のための)生活環境 (environment); 生活条件: the ~ in which the poet lived その詩人が生きた環境. **4** (*pl.* ~s) 〘心霊〙巫女(ᵊ), 霊媒: a mental ~ テレパシーの霊媒 / a physical ~ 遠くの物体を動かすことのできる霊媒. **5** 〘生物〙 **a** (細菌の)培地, 培養基 (culture medium). **b** (顕微鏡用プレパラート製作用の)封入剤 (mounting medium). **c** (動植物の標本の保存・展示用の)保存液. **6** 〘美術〙 **a** (絵具を溶く)展色剤 (vehicle). **b** (美術表現のための)材料, 媒体物《絵具・カンバス・彫刻用の石など》. **c** (表現の)手段, 方法, 範疇. **7** 〘製紙〙メディア (判)《紙の大きさ; 通例 23×18 インチ [584.2×457.2 mm] または 22×17½ インチ [558.8×444.5 mm]》. **8** 〘劇場〙(舞台に色光を投射するための)ライト用カラーフィルター, カラースクリーン. **9** 〘論理〙媒辞《三段論法の小概念と大概念を前提で媒介し, 結論を導く働きをする仲介の概念[名辞]; cf. middle term 1》. **10** [*pl.* ~s] 《英》中期金縁証券《5-15 年満期の一流確定利付き証券⇨ gilt-edged》.

médium of exchánge 交換媒介物《通貨・小切手など》.

— *adj.* **1** 中間の, 中位の, 中等の, 並の (moderate): ~goods 中等品 / ~ quality (品質の)中等 / ~ size 中型, 中判. **2** (色が)中間の (light と dark の間). **3** 〘料理〙〈ステーキなどの焼き方が〉中位の, ミーディアムの (cf. rare², well-done). **4** 〈ワインなど〉辛口と甘口の中間の: a ~ dry sherry.

〖(1584) □ L ~ (neut.) ← *medius* middle, intermediate: ⇨ mid¹〗

médium artíllery *n.* 〘軍事〙 **1** [集合的] 中砲《米国では口径 105 mm より大, 155 mm 未満のカノン砲, 口径 105 mm より大, 155 mm 以下の榴弾砲; cf. heavy artillery, light artillery》. **2** [集合的] 中砲兵(部隊).

médium bómber *n.* 中型爆撃機《全備重量 10 万ポンド (約 45,360 kg) 以上, 25 万ポンド (約 113,400 kg) 未満の中距離戦略爆撃機; cf. heavy bomber》. 〖1935〗

médium-dáted *adj.* 《英》〈金縁証券が〉5-15 年満期の, 中期の (cf. long-dated, short-dated). 〖1948〗

médium-drý *adj.* 〈ワインなど〉辛口と甘口の中間の. 〖1906〗

médium fáce *n.* 〘印刷〙メディアムフェース《lightface と boldface の中間の太さの活字書体; ⇨ weight》.

médium fréquency *n.* 〘通信〙中間周波数, 中波《300 kHz-3 MHz の電磁波; 1947 年の国際電気条約に基づく分類による; 略 MF》. 〖1920〗

me·di·um·is·tic /mì:diəmístık | -diə-‾/ *adj.* 霊(媒)的な, 降神術の. 〖(1868): ⇨ medium, -istic〗

me·di·um·ize /mí:diəmàız | -diə-/ *vt.* 降神の霊媒にする, 霊媒状態に導く. **me·di·um·i·za·tion** /mì:diəmızéıʃən | -diəmaı-, -mı-/ *n.* 〖1880〗

médium láy *n.* =regular lay.

médium octávo *n.* 〘製本〙メディアムオクタボ(判)[八折判]《図書の大きさ; 6×9½ インチ [152.4×241.3 mm]; 略 medium 8vo》.

médium quárto *n.* 《英》〘製本〙メディアムクォート(判)[四折判]《図書の大きさ; 12×9½ インチ [304.8×241.3 mm]; 略 medium 4to》.

médium-ránge *adj.* 中距離用の: a ~ ballistic missile 中距離弾道弾. 〖1943〗

médium-scále integrátion *n.* 〘電子工学〙中規模集積(回路)《large-scale integration に対して普通の規模の集積回路, 集積化のこと; 略 MSI》.

médium shót *n.* 〘写真・映画・テレビ〙中距離ショット, ミディアムショット《人物を半身から 7 分身ぐらいの大きさに写すこと, またはその場面; cf. long shot》. 〖1933〗

médium-sízed /mí:diəmsáızd | -diəm-‾/ *adj.* 中型の, 中判の. 〖1882〗

médium-térm *adj.* 中期の《長期と短期の間》. 〖1958〗

médium wáve *n.* 〘通信〙中波《周波数範囲 100-1500 kHz, 波長 3,000-200 m の電波; cf. long wave 1, shortwave 1》. 〖1928〗

me·di·us /mí:diəs | -di-/ *n.* (*pl.* **-di·i** /-diàı | -di-/) 〘解剖〙中指 (middle finger). 〖□ L = 'middle': cf. medium〗

med·i·vac /médəvæk | -dı-/ *n.*, *vt.* =medevac.

MedL 《略》Medieval Latin.

med·lar /médlə | -lə(r/ *n.* 〘植物〙 **1 a** セイヨウカリン (*Mespilus germanica*). **b** セイヨウカリンの果実. **2** ビワ(の実) (loquat). 〖(?*a*1400) □ OF *medler* medlar tree ← *mesle* (F *nèfle*) medlar fruit < L *mespilum* □ Gk *méspilon*〗

med·ley /médli/ *n.* **1** 〘音楽〙(種々の曲を取り混ぜた)メドレー, 接続曲, 混成曲. **2** 寄せ集め, ごった混ぜ, 混和物. **3** 《古》雑録. **4** 《古》乱闘. **5** =medley relay. **6** 《古》=melee¹. **—** *adj.* 《古》ごった混ぜの, 寄せ集めの, 雑多の. **—** *vt.* 《古》混ぜる, ごった混ぜにする. 〖(?*a*1300) *medlee* □ OF 《変形》← *meslee* a mixing (fem. p.p.) ← *mesler* to mix up: MELEE¹ と二重語: ⇨ meddle〗

médley ràce *n.* メドレー競走[競泳].

médley rèlay *n.* **1** 〘陸上競技〙メドレーリレー《それぞれの走者が不等距離を走る; cf. distance medley, sprint medley》. **2** 〘水泳〙メドレーリレー《それぞれの泳者が異なる泳法を用い, 背泳・平泳ぎ・バタフライ・自由形の順に泳ぐ競泳; cf. individual medley》. 〖1949〗

Mé·doc /méıdɑ(:)k, -dɔ(:)k, ‾‾ | médɔk, méıd-, ‾‾; *F.* medɔk/ *n.* **1** メドック《フランス Gironde 県北西部, Bordeaux の北西に当たる地方で, ワインの産地》. **2**

メドック(ワイン) 《Médoc 地方産の赤ワイン》. 〖1824〗

me·dre·se /mɛdréseɪ/ *n.* =madrasa.

me·dul·la /mɪ̀dʌ́lə, mɛ- | mɛ-, mɪ̀-/ *n.* (*pl.* **~s, -dul·lae** /-liː/) 〘解剖〙 **a** 骨髄. **b** 脊髄. **c** 延髄. **d** (腎臓・副腎などの)中心部. **2** 〘動物〙 毛髄. **3** 〘植物〙 木髄 (pith). 〖《1392》□ L ~ 'marrow (of bones)' ← ? *medius* middle〗

medúlla ob·lon·gá·ta /-ὰ(ː)blɔ(ː)ŋgáːtə | -ɔ̀b-lɔŋgáːtə/ *L. n.* (*pl.* **~s, me·dullae ob·lon·ga·tae** /-tiː/) 〘解剖〙 延髄 (⇨ brain 挿絵). 〖《1676》← NL ~ 'prolonged medulla'〗

me·dul·lar /mɪ̀dʌ́lə, mɛ- | mɛdʌ́lə^r, mɪ̀-/ *adj.* = medullary. 〖1541〗

med·ul·lar·y /médəlèri, -dl-, -dʒʊ-, mɪ̀dʌ́ləri | mɛdʌ́ləri, mɪ̀-/ *adj.* **1** 〘解剖〙 骨髄の, 髄でできた, 髄質の, 髄性の; 延髄の. **2** 〘動物〙 毛髄の. **3** 〘植物〙 木髄の. 〖《1620》□ L *medullāris* situated in the marrow: ⇨ medulla, -ary〗

médullary búndle *n.* 〘植物〙 髄内維管束.

médullary canál [cávity] *n.* **1** 〘生物〙 =medullary groove. **2** 〘解剖〙 髄管. 〖1878〗

médullary gróove [fúrrow] *n.* 〘解剖〙 神経溝. 〖1886〗

médullary láyer *n.* 〘植物〙 (地衣などの)髄層.

médullary pláte *n.* 〘生物〙 髄板 《脊椎動物の発生過程で, 外胚葉の一部が陥没してできる溝の壁》.

médullary ráy *n.* **1** 〘植物〙 髄線, 射出髄, 放射組織 《外長茎植物の木髄と樹皮との間に生じる組織》. **2** 〘植物〙 =vascular ray. **3** 〘解剖〙 髄放線. 〖1830〗

médullary shéath *n.* **1** 〘植物〙 髄冠(ずいかん) 《木髄を包む最下部の髄層から成る狭い輪状帯》. **2** 〘解剖〙 髄鞘(ずいしょう) 《神経細胞の軸索を包む; cf. myelin》. 〖*c*1846〗

med·ul·lat·ed /médəlèɪtɪ̀d, -dl-, -dʒʊl- | médə-lèɪt-/ *adj.* **1** 〘解剖〙 骨髄[脊髄]のある. **2** 〘植物〙 木髄[髄冠(ずいかん)]のある. 〖《1867》: ⇨ medulla, -ate², -ed〗

med·ul·la·tion /mèdəléɪʃən, -dl-, -dʒʊl- | -dəl-/ *n.* 〘生理・解剖〙 骨髄形成, 髄質化, 髄鞘形成. 〖⇨ medulla, -ation〗

me·dul·lin /mɪ̀dʌ́lɪ̀n | médəlɪn/ *n.* 〘薬学・生化学〙 メダリン 《腎臓の中心部から採るプロスタグランジン (prostaglandin); 高血圧治療用》. 〖《1817》← MEDULLA＋-IN²〗

med·ul·li·za·tion /mèdəlɪ̀zéɪʃən, -dl-, -dʒʊl- | mèdəlaɪ-, -lɪ-/ *n.* 〘病理〙 (骨髄炎における骨組織の)骨髄化. 〖← MEDULLA＋-IZATION〗

me·dùl·lo·blastóma /mɪ̀dʌ̀loʊ-, mɛ- | mɛdʌ̀-ləʊ-, mɪ̀-/ *n.* 〘病理〙 髄芽(細胞)腫 《脳腫瘍の一種》. 〖《1925》← MEDULL(A)＋-O-＋BLASTO-＋-OMA〗

me·du·sa /mɪ̀dúːsə, -djúː-, -zə | mɪ̀djúːzə, mɛ-, -sə/ *n.* (*pl.* **-du·sae** /-siː, -ziː | -ziː, -siː/, **~s**) 〘動物〙 クラゲ (jellyfish) 《腔腸動物(ヒドロゾア綱と鉢水母綱)と有櫛動物で水中に浮遊して生活する動物》. 〖《*a*1393》: ↓〗

Me·du·sa /mɪ̀dúːsə, -djúː-, -zə | mɪ̀djúːzə, mɛ-, -sə/ *n.* 〘ギリシャ神話〙 メドゥサ 《三人姉妹の怪物 Gorgons の一人; 頭髪は多数の蛇から成り, その醜怪な姿をまともに見た人は石に化したという; Perseus に首をはねられて死んだ》.

Me·dú·san /-sən, -sn, -zən, -zn | -zən, -zn, -sən, -sn/ *adj.* 〖《*a*1393》□ L *Medūsa* □ Gk *Médousa* 《原義》 guardian (fem. pres.p.) ← *médein* to protect, rule over〗

Medusa

medusae *n.* medusa の複数形.

medúsa·fìsh *n.* 〘魚類〙 メドゥサフィッシュ (*Icichthys lockingtoni*) 《米国 California 州沖の深海に生息し, クラゲと共生するクロメダイ科の魚》.

me·du·sal /mɪ̀dúːsəl, -djúː-, -sl, -zəl, -zl | mɪ̀-djúːzəl, -zl, -səl, -sl/ *adj.* 〘動物〙 =medusan.

me·du·san /mɪ̀dúːsən, -sn, -djúː-, -zən, -zn | mɪ̀-djúːzən, mɛ-, -zn, -sən, -sn/ 〘動物〙 *adj.* クラゲの[に関する]. — *n.* クラゲ (medusa). 〖《1847》← MEDUSA＋-AN¹〗

medúsa's héad *n.* 〘植物〙 **1** ヤマブシタケ, シシガシラ (*Hydnum caput-medusae*) 《側面と下面から 1–5 cm ほどの針を無数に垂らすキノコ; 食用になる》. **2** テンコウリュウ (*Euphorbia caput-medusae*) 《Capetown 付近の山の岩山の頁岩(けつがん)の間に自生するトウダイグサ科の植物》. 〖《1706》 1760〗

me·du·soid /mɪ̀dúːsɔɪd, -djúː-, -zɔɪd | mɪ̀djúːzɔɪd, mɛ-, -sɔɪd/ 〘動物〙 *adj.* くらげ状の, くらげに似た. — *n.* **1** ヒドロ虫のクラゲ形の芽体. **2** クラゲ (medusa). 〖《1848》← MEDUSA＋-OID〗

Med·way /médweɪ/ *n.* [the ~] メドウェイ川 《イングランド南東部の川 (110 km); Weald 山地北西部に発して Kent 州の Sheerness で Thames 河口に注ぐ》. 〖OE *Medwǣġ* 《原義》 the river with sweet water ← ? Celt. *medu* mead＋OE *Wǣġe* (⇨ wye)〗

mee /míː/ *n.* (マレーシアの)麺(めん), 麺の入った料理. 〖《1935》□ Chin. *mien* (麺)〗

Méech Láke Accórd /míːtʃ-/ *n.* ミーチレイク合意 《1987 年にカナダの Quebec 州 Meech Lake でなされた合意; 1982 年の新憲法を拒否していた Quebec 州が調印するための条件を受入れた合意; カナダ 10 州中の 2 州が期限までに批准せず失効した》.

meed /míːd/ *n.* **1** 《古》 報い, 報酬 (reward): one's ~ of praise [blame, honor] 当然の[正当な]賞賛[非難, 名誉]. **2** 《廃》 賄賂(わいろ); 不正利得. **3** 《廃》 功 (merit); 値打ち, 価値 (worth). 〖OE *mēd* < (WGmc) **mēda* (G *Miete* hire) ← IE **mizdho-* reward, pay (Gk *misthós* reward / Skt *mīdha* prize, reward)〗

mee·dja /míːdʒə/ *n.* 《俗・軽蔑》 マスメディア (media).

mee·ja(h) /míːdʒə/, **-jer** /-dʒə | -dʒə^r/ *n.* 《俗・軽蔑》 マスメディア (media).

Mee·ge·ren /méɪgərən; *Du.* méːɣərə(n)/, **Han van** *n.* メーヘレン (1889–1947; オランダの画家; 絵画の偽造・販売で逮捕された).

meek /míːk/ *adj.* (**~·er; ~·est**) **1** 腹を立てないでじっとがまんする; 温和な, 柔和な (mild) (⇨ humble SYN): (as) ~ as a lamb [a maid, Moses] 《*c*1330》 きわめておとなしい, 従順な. **2** (無礼や不正に対し)屈従的な, 勇気のない, ふがいのない (spiritless). **3** 《廃》 優しい, 親切な.

~·ly *adv.* **~·ness** *n.* 〖《?*a*1200》 *mēke, mēoc* □ ON *mjūkr* soft, mild, meek < Gmc **meuk-* ← IE **meug-*, **meuk-* to slip; slippery (L *mūcus*: cf. muck)〗

mee·mies /míːmiz/ *n. pl.* [通例 the ~; 単数扱い] =screaming meemies. 〖《1946》 略〗

Meer /míə, méə | míə^r, méə^r; *Du.* méːr/, **Jan van der**/van dər/ *n.* ⇨ Jan VERMEER.

meer·kat /míəkæt | míə-/ *n.* 〘動物〙 **1** ミーアキャット (*Cynictis penicillata*) 《アフリカ南部産のマングースの類の肉食動物》. **2** =suricate. 〖《1481》□ Du. ~ 'monkey': cf. G *Meerkatze* 《原義》 sea-cat / Skt *markaṭa*〗

meer·schaum /míəʃəm, -ʃɔːm, -ʃaːm | míəʃəm, -ʃaʊm/ *n.* **1** 〘鉱物〙 海泡石, メヤシャム ($H_4Mg_2Si_3O_{10}$) 《主に小アジアに産する白色多孔性の軽い粘土状の鉱物; 主にたばこのパイプの材料; sepiolite ともいう》. **2** 海泡石[メヤシャム]のパイプ (meerschaum pipe ともいう). 〖《1784》□ G *Meerschaum* ← *Meer* sea＋*Schaum* foam〗

Mee·rut /méɪrət, míᵊr- | míər-; *Hindi* méːrəṭʰ/ *n.* メーラト 《インド Uttar Pradesh 州北西部の都市; Sepoy の乱の発端の地 (1857)》.

meet¹ /míːt/ *vt.* (**met** /mét/) **1 a** 〈別方向から来た人・ものと〉出会う; 出くわす, すれ違う: ~ a person in [on] the street / They *met* each other by chance. 彼らは偶然出会った / Well *met*! よい所で会った. **b** (偶然・通りすがりに)見かける: ~ foreigners on the street.
2 (正式な紹介によって)〈人〉と近づきとなる, 知り合いになる; (紹介されて)〈人〉に会う: Come to dinner to ~ my sister. 晩餐にお出で下さい, 妹をご紹介しましょう / *Meet* Mr. Brown. ブラウンさんをご紹介します / (I'm) glad [happy, pleased] to ~ you.=Nice to ~ you. 初めまして, よろしく 《初対面の挨拶》.
3 a 〈人・乗物を〉出迎える: ~ one's uncle at the station at noon おじを正午に駅に出迎える / ~ one's guests at the door 玄関で来客の応対をする / Will you be *met* at the airport? 空港に迎えに行きましょうか. **b** 〈乗物が〉…に連絡する: A bus from the hotel ~*s* all trains. ホテルのバスがすべての到着列車に連絡している.
4 (討論・折衝などのため)…と会見する, 面談する: The owners are ready to ~ the miners. 会社側ではいつでも鉱夫たちと会って話合うつもりでいる.
5 〈道・川・線などが〉〈別のもの〉と合する, 合う, 交わる: One river ~*s* another there. 二つの川がそこで合流する.
6 (物理的に)…に接触する, 触れる; 衝突する: His hand *met* hers. 彼の手が彼女の手に触れた / the place where the sea ~*s* the sky 海が空に接する所.
7 a 〈要求などを〉満足させる, かなえる, …に応じる (satisfy, fulfill): ~ a person's wishes [demands, expectations] 人の望み[要求, 期待]をかなえる / ~ the requirements of a situation その場の必要を満たす / ~ the case その場合にかなう[間に合う] / ~ a deadline 〆切に間に合う / ~ a target 目標を達成する. **b** …と同意する; 折合いがつく: ~ a person on the price he suggested. **c** 〈負債・勘定を〉支払う, 弁償する (discharge): ~ one's liabilities 負債の支払いをする / ~ one's mortgage payments 住宅ローン(など)の支払いをする. **8 a** …と会戦[交戦]する; 競争[対抗]する; 返す: ~ a blow with another. **b** …に直面する (face, confront); 対処する: ~ one's fate calmly 平然として運命に従う[従って死ぬ] / ~ (a) calamity with a smile 笑顔で災難に対処する / ~ opposition head on 真っ向から反対に立ち向かう. **c** 〈反対・非難などを〉論駁(ろんばく)する (refute), 弁明する: ~ a person's objections 人の反対を論駁する. **9** 経験する: ~ misfortune / She *met* her death in 1911. 彼女は 1911 年に死んだ / Since the proposal has *met* no objections, we can proceed. 提案には反対がなかったからこのまま進めて行ける. **10** 〈物が〉〈目・耳・鼻などに〉入ってくる: ~ a person's eye(s) [gaze] 人の目につく[ふれる]; 人に見られても顔をそむけない / What marvels *met* my gaze! 何とすばらしいものを私は見たのだろう. **11** 《カリブ》 〈人・物が〉〈ある状態であるのを〉知る, 気づく: ~ the door open.
— *vi.* **1** 出会う, (社交的に)会う; (紹介などを受けて正式に)会う: We correspond regularly but seldom ~. 文通はきまってするが会うことはめったにない / He and I know each other by sight but have never *met* (face to face). 顔見知りではあるがまだ(正式に)会ったことはない / Goodbye until we ~ again. また会う時までさようなら. **2 a** 会合する 〈*together*〉. **b** 〈会などが〉開かれる: Congress ~*s* tomorrow. 議会は明日開かれる / The class ~*s* in Room 104. 授業は 104 番教室で行われる. **3 a** 〈線・面・道路などが〉合する, 接する, 交わる, 合流する; 〈両端が〉相接する, 触れ合う: Extremes ~. 《諺》 両極端は相通じる[相似る] / The two trains ~ there. 両列車はその地点ですれ違う / Our hands *met*. 我々の手が触れ合った / the place where sea and sky ~ 海と空が接する所, 水平線 / Her wrist was so slender that my fingers went round it and *met*. 彼女の手首はほっそりしていたので指を回すと両端が触れた. **b** 試合をする, 対戦する: The Blue Jays and the Phillies *met* in the World Series. ワールドシリーズでブルージェイズとフィリーズが対戦した. **4** 〈諸性質が〉〈同一の人・物の中に〉結合する (unite) 〔*in*〕: Beauty and intelligence seldom ~ in the same person. 同一人物が才色を兼備していることはまれだ. **5** 争う, 戦う, 対抗する.
méet úp 《口語》 〈人が〉出会う: We *met up* yesterday for the first time in years. 私たちは昨日数年ぶりに偶然出会った. ***méet úp with*** 《口語》 〈人・事件〉に(偶然)出くわす: We *met up with* an old friend. 思いがけず旧友に会った. ***méet with*** (1) …を経験する, 味わう: ~ *with* adventures, ill-treatment, kindness, a loss, an accident, misfortune, success, etc. / The proposal *met with* oppositions [approval]. =The proposal was *met with* oppositions [approval]. その提案は反対[承諾]された. (2) …に出会う, 出くわす, …を偶然見出す: ~ *with* an old acquaintance on a bus バスの中で旧友に出くわす. (3) …と面会[会見]する: The Pope *met with* the Archbishop of Canterbury for more than an hour. ローマ教皇は 1 時間以上もカンタベリー大僧正と会見した.
— *n.* **1** 会, 大会, 競技会. ★《英》では通例 meeting: hold a ~ 競技会を開く / an athletic(s) ~ 陸上競技会, 運動会 / a track ~ 陸上競技会 / a swim(-ming) ~ 水泳大会. **2 a** (狩を前にしての猟師や猟犬の)勢ぞろい, 集合. **b** (自転車遠乗り隊などの)集合. **3 a** [集合的] 集合者, 会衆. **b** 集合所, 会場. **c** 《俗》 会合(の約束). **4** 《米》 (二本の列車の)合流地点. **5** 〘数学〙 交わり (intersection).
~·er /-ṭə | -tə^r/ *n.*
〖v.: OE *mētan, ġemētan* < Gmc **ʒamōtjan* ← **mōtam* 'MOOT'. — n.: 《1831》 ← (v.)〗

SYN 会う: **meet** 二人以上の人が異なる方向からやってきて偶然または約束して会う: I *met* John in the library this morning. けさジョンと図書館で会った. **see** 人に面会する; 目的をもって人に会いに行く: I'm glad to *see* you again, Mr. Smith. スミスさん, またお会いできて嬉しいです / You'd better *see* a doctor about that cough. そのせきは医者に診てもらったほうがいいよ. なお人に会ったときのあいさつで I'm very glad to *meet* you. は初対面のとき, 2 回目以降は I'm very glad to *see* you. が普通. **encounter** 特に思いがけなく会う 《格式ばった語》; 〈困難などに〉出くわす: He *encountered* an old friend at the theater. 劇場でばったり旧友と会った / *encounter* many difficulties 多くの困難と出くわす. **ANT** avoid.

M

meet² /míːt/ *adj.* 《古》 適当で, ふさわしい (suitable): It was ~ that we should make merry. われらの楽しみ喜ぶは当然なり (*Luke* 15:32). — *adv.* 《古》 適当に.
~·ly *adv.* **~·ness** *n.* 〖《?*c*1300》 ME *mete* < OE (*ġe*)*mǣte* suitable, 《原義》 commensurate ← Gmc **ʒa-* 'Y-'＋**mæt-*, **met-* 'to METE²' (G *gemäss* comfortable) ← IE **med-*: ⇨ medical〗

meet·ing /míːtɪŋ | -tɪŋ/ *n.* **1** 会合, 集合, ミーティング; 出会い; 面会. **2 a** (特殊な目的の)会, 大会, 集会 (cf. meet¹ n. 1): a farewell [welcome] ~ 送別[歓迎]会 / a general [an ordinary] ~ 総[例]会 / ⇨ basket meeting, camp meeting, experience meeting, indignation meeting, mass meeting, race meeting / break up [dissolve] a ~ 会を解散する, 閉会する / call a ~ 会を招集する / hold [have] a ~ 会を催す / open a ~ 開会する. **b** 《英》 (スポーツの)競技会; 競馬・グレーハウンド競走の大会. **c** (宗教的)集会 (congregation), 集会場所. ★ 英国ではもと非国教派の礼拝集会をいったが, 今は主としてクエーカー派の集会だけをいう (cf. meetinghouse). **d** [the ~; 集合的] 会衆: address *the* ~ 会衆に挨拶する. **3** 接合[連絡, 交差, 合流]点: the ~ of two roads, rivers, etc. **4 a** 会戦, 対戦. **b** 《古》 決闘.
méeting of* (*the*) *mínds 意見の一致, 同意 (agreement). ***spéak óut in méeting*** 《米口語》 (周囲の事情を構わず)はっきりと[率直に]意見を述べる.
〖《?*a*1300》 *meting*: ⇨ meet¹, -ing¹: cf. OE *ġemēting* 《なぞり》 ← L *conventiō, concilium*〗

méeting gròund *n.* 共通の知識[関心]の領域. 〖1840〗

méeting·hòuse *n.* 《米》 会堂, 教会堂, 礼拝堂. ★ 英国ではもと非国教派の会堂をいったが, 今はクエーカー派の礼拝堂をいう以外は多く軽蔑的に用いる. 〖1632〗

méeting plàce *n.* **1** 会場; 集合所. **2** 合流点. 〖1553〗

méeting pòst *n.* 〘土木〙 =miter post.

méeting ràil *n.* 〘木工〙 重ね框(かまち), 重ね桟(さん) 《上げ下げ窓の閉じたときに中央で重なり合う框》.

méf·e·nam·ic ácid /mèfənǽmɪk- | -fɪ-/ *n.* 〘薬学〙 メフェナム酸 《鎮痛・消炎剤》. 〖《*c*1964》 *mefenamic*: ← (DI)ME(THYL)＋*fen-* 《変形》 ← PHENYL)＋AM(INO-BENZO)IC〗

Me·fi·tis /mɪ̀fáɪtɪ̀s | mɛfáɪtɪs, mɪ̀-/ *n.* 〘ローマ神話〙 = Mephitis 2.

mef·lo·quine /méfləkwìːn/ *n.* 〘薬学〙 メフロキン 《キノリンのフッ素化誘導体からなる抗マラリア薬》. 〖《1974》 ← ME(THYL)＋FL(UOR)O-＋QUIN(OLIN)E〗

meg, M- /még/ *n.* 〘電気〙 小型絶縁試験器 (cf. megger). 〖商標名〗

Meg /még/ *n.* メグ《女性名》.
Még of Wéstminster のっぽの女性.
〘(dim.) ← MARGARET〙

meg 《略》 megabyte; megacycle; megaton; megawatt; megohm.

meg- /mεg/ (母音の前にくるときの) mega- の異形: *meg*ohm.

meg·a /mégə/ *adj.* 《口語》非常に大きい; すばらしい; 有名な; 大切な. 〘(1982) ↓〙

meg·a- /mégə/「大きい, 大型の;〖物理〗100 万(倍)の, 10^6, メガ;〖電算〗2^{20}(=1048576)」の意の連結形 (cf. kilo-, giga-, tera-): *mega*phone, *mega*type. ★ 母音の前では通例 meg- になる. 〘← Gk *mégas* large ← IE **meg-* great: cog. L *magnus* great / OE *micel* 'MUCH'〙

méga·associàtion *n.* 巨大協会[連合], 超大企業, 大会社.

méga·bàr *n.* 〖物理・気象〗メガバール《気圧の単位; =100 万 bars; 記号 mbar》. 〘1903〙

méga·bìt *n.* 〖電算〗メガビット《記憶容量の単位; $=10^6$ [2^{20}] bits》. 〘1956〙

méga·bùck *n.* 《米俗》 **1 a** 100 万ドル. **b** [形容詞として] 100 万ドルの: a ~ movie. **2** [~s] 《口語》 巨額の金. 〘(1946) ← MEGA-+BUCK[1] (n.) 1〙

méga·bỳte *n.* 〖電算〗メガバイト《記憶容量の単位; $=10^6$[2^{20}] bytes》. 〘1970〙

mèga·cephálic *adj.* 〖人類学〗大頭の《特に, 頭蓋(ずがい)容積が男子では 1,450 cc., 女子では 1,300 cc. 以上のものにいう; cf. microcephalic》. **mèga·céphaly** *n.* 〘1879〙

mèga·céphalous *adj.* 〖人類学〗=megacephalic. 〘1856〙

meg·a·chi·lid /mègəkáılıd | -lɪd/ 〖昆虫〗 *adj.* ハキリバチ(科)の. — *n.* ハキリバチ《ハキリバチ科のハチの総称》. 〘↓〙

Meg·a·chil·i·dae /mègəkílədì: | -lɪ-/ *n. pl.* 〖昆虫〗(膜翅目)ハキリバチ科. 〘← NL ~ ← *Magachile* (属名: ← MEGA-+Gk *kheîlos* lip)+-IDAE〙

Meg·a·chi·rop·ter·a /mègəkaırá(:)ptərə, -trə | -rɔ́p-/ *n. pl.* 〖動物〗大翼手亜目《翼手目の一亜目で, オオコウモリ科のフルーツコウモリとオオコウモリを含む》. 〘⇨ mega-, Chiroptera〙

méga·cìty *n.* 人口 100 万人の都市, 百万都市, 巨大都市. 〘1968〙

mèga·corporátion *n.* 巨大企業.

méga·cùrie *n.* 〖物理〗メガキュリー《放射性物質の量の単位; =100 万 キュリー; 記号 MCi》. 〘(1947) ← MEGA-+CURIE〙

méga·cỳcle *n.* 〖通信〗メガサイクル《1 秒につき 100 万サイクル; megahertz の旧名; 記号 Mc》. 〘1926〙

méga·dèath *n.* 100 万人の死《核戦争での被害単位》. 〘1953〙

Meg·a·der·mat·i·dae /mègədə:mǽtədì: | -də:-mǽtɪ-/ *n. pl.* 〖動物〗アラコウモリ科. 〘← NL ~ ← *Megadermat-, Megaderma* (属名: ⇨ mega-, -derma)+-IDAE〙

meg·a·dont /mégədà(:)nt | -dɔ̀nt/ *adj.* 〖病理〗=macrodont. 〘(1884) ← MEGA-+-(O)-DONT〙

méga·dòse *n.* (薬・ビタミンなどの)大量投与. 〘1971〙

méga·dỳne *n.* 〖物理〗メガダイン《cgs 単位系の力の単位; =100 万 dynes》. 〘1871〙

mèga·eléctron vòlt *n.* 〖物理〗メガ電子ボルト《100 万電子ボルト; 記号 MeV》.

Me·gae·ra /mɪdʒí°rə, mε- | -dʒíərə/ *n.* 〖ギリシャ・ローマ神話〗メガイラ《Furies の一人》. 〘◻ L ~ ◻ Gk *Mégaira* ← *megairein* to grudge〙

mèga·evolútion *n.* 〖生物〗=macroevolution.

méga·fàuna *n.* 〖生態〗(一地域・一時期の)大型動物相. 〘1927〙

méga·flòp *n.* 《俗》大失敗, 大へま.

méga·flòps *n.* 〖電算〗メガフロップス《コンピューターの演算能力を表す単位; 1 秒間に 100 万回の浮動小数点演算を行う計算能力》. 〘⇨ flops〙

méga·fòg *n.* (いくつかの方向に向いた拡声器による)濃霧警報装置.

Meg·a·gae·a /mègədʒí:ə/ *n.* 〖動物〗北界《三大動物地理区分の一つで, 北米・メキシコ北部・ヨーロッパ・アフリカ・アジアを含む広大な地域》. **Mèg·a·gáe·an** /-dʒí:ən⁻/ *adj.* 〘← NL ~ ← MEGA-+Gk *gaîa* earth〙

mèga·gaméte *n.* 〖生物〗=macrogamete. 〘(1891): ⇨ mega-, gamete〙

mèga·gamétophyte *n.* 〖植物〗大配偶体 (cf. microgametophyte). 〘(1933) ← MEGA-+GAMETOPHYTE〙

mèga·hallúcinogen *n.* 強力幻覚誘発性物質《LSD 以降に開発された幻覚誘発性物質の通称》. 〘← MEGA-+HALLUCINOGEN〙

méga·hèrtz *n.* (*pl.* ~) 〖電気〗メガヘルツ《振動数・周波数の単位; =100 万 Hz; 記号 MHz; cf. kilohertz》. 〘1941〙

méga·jèt *n.* 〖航空〗(jumbo jet より大型・高速の) メガジェット.

méga·jòule *n.* 〖物理〗メガジュール《エネルギーの単位; =100 万 joules》. 〘1892〙

mèga·kár·y·o·blast /-kǽriəblæ̀st, -kέr- | -kǽriə(ʊ)-/ *n.* 〖解剖〗巨核芽球《骨髄中にあって巨核球に成熟する細胞》. 〘← MEGA+KARYO-+BLAST〙

mèga·kár·y·o·cyte /-kǽriəsàıt, -kέr- | -kǽriə(ʊ)-/ *n.* 〖解剖〗巨核球《骨髄中にあって, その破片が血小板となると考えられている大型細胞》. **mèga·kar·y·o·cýt·ic** /-kæ̀riəsítɪk, kὲr- | kæ̀riə(ʊ)sít-⁻/ *adj.* 〘(1885) ← MEGA-+KARYO-+CYTE〙

meg·al- /mégəl/ (母音の前にくるときの) megalo- の異形.

mèga·lécithal *adj.* 〖生物〗〈卵が〉卵黄の多い, 多黄卵の.

-me·ga·li·a /mɪ̀gélıə, mε-/ -megaly の異形.

meg·a·lith /mégəlìθ/ *n.* 〖考古〗(主に新石器時代から青銅器時代にかけての建造物, 多くは墓や記念物としての)巨石《menhir, dolmen, stone circle, cromlech など》. 〘(1853) ← MEGA-+-LITH〙

meg·a·lith·ic /mègəlíθık⁻/ *adj.* **1** 大石[巨石]を集めて造った, 大石の (↔ microlithic). **2** 巨石遺構[巨石記念物]を造った社会集団の, 巨石文化の. 〘1839〙

megalithic mónument *n.* 〖考古〗あまり加工しない巨大な石による建造物《menhir; alignment, stone circle, dolmen などの総称; 主に新石器時代後半から金属器時代初期の世界各地に見られる》.

megalithic tómb *n.* 〖考古〗巨石墓.

meg·a·lo- /mégəloʊ/「大きい, 巨大な, 雄大な」の意の連結形. ★ 母音の前では通例 megal- になる. 〘◻ Gk *megalo-* ← *mégas*, large: cf. mega-, -o-〙

meg·a·lo·blast /mégəloʊblæ̀st | -lə(ʊ)-/ *n.* 〖病理〗巨赤芽球. **meg·a·lo·blas·tic** /mègəloʊblǽstık | -lə(ʊ)-⁻/ *adj.* 〘(1899): ⇨ ↑, -blast〙

megaloblástic anáemia *n.* 〖医学〗巨赤芽球性貧血《葉酸やビタミン B_{12} の欠乏により起こる貧血; 巨赤芽球造血が見られる; 悪性貧血 (pernicious anemia)》.

meg·a·lo·car·di·a /mègəloʊkáədiə | -lə(ʊ)ká:diə/ *n.* 〖病理〗巨大心臓症, 心臓肥大(症) (cardiomegaly). 〘(1855) ← MEGALO-+Gk *kardia* heart (⇨ cardio-)〙

mègalo·cephálic *adj.* 〖人類学〗=megacephalic. 〘(1876): ⇨ megalo-, -cephalic〙

mègalo·céphalous *adj.* 〖人類学〗=megalocephalic. 〘1890〙

meg·a·lo·ceph·a·ly /mègəlouséfəli | -lə(ʊ)séf-, -kéf-/ *n.* 〖病理〗巨頭症 (megacephaly). 〘← MEGALO-+Gk *kephalḗ* head〙

meg·a·lo·ma·ni·a /mègəlouméıniə, -njə | -lə(ʊ)-/ *n.* **1** 〖精神医学〗誇大妄想. **2** 誇大癖. **3** 大事を成そうとする意欲; 《口語》 権力欲. 〘(1890) ← NL ~: ⇨ megalo-, -mania〙

meg·a·lo·ma·ni·ac /mègəlouméıniæ̀k | -lə(ʊ)-⁻/ *n.* 〖精神医学〗誇大妄想者. — *adj.* =megalomaniacal. 〘(1890) ← NL ~: ⇨ megalo-, maniac〙

meg·a·lo·ma·ni·a·cal /mègəloumənáıəkəl, -kḷ | -lə(ʊ)⁻/ *adj.* 誇大妄想の. **~·ly** *adv.* 〘1892〙

meg·a·lo·mán·ic /-mǽnık⁻/ *adj.* =megalomaniacal.

meg·a·lo·pa /mègəlóupə | -láʊ-/ *n.* 〖動物〗=megalops. 〘(1815) ← NL ~ ← Gk *megalṓpē* (fem.) ← *megalṓpos* having large eyes: ⇨ megalo-, -ops〙

meg·a·lo·pi·a /mègəlóupiə | -láʊ-/ *n.* 〖眼科〗=megalopsia.

meg·a·lop·o·lis /mègəlá(:)pəlɪs | -lɔ́pəlɪs/ *n.* **1** 巨大都市. **2** メガロポリス《幾つかの大都市とその周辺とが帯状に連なってできた都市地帯; Boston-Washington 地帯など》. **meg·a·lop·o·lis·tic** /mègəlà(:)pəlístık | -lɔ̀p-⁻/ *adj.* 〘(*c*1828) ← MEGALO-+POLIS〙

meg·a·lo·pol·i·tan /mègəloupá(:)lətən, -tn | -lə(ʊ)pɔ́lɪtən, -tn⁻/ *adj., n.* 巨大都市[メガロポリス]の(住民). 〘1633〙

mèg·a·lo·pól·i·tan·ìsm /-tṇìzm, -tən- | -tən-/ *n.* 巨大都市[メガロポリス]的性格].

meg·a·lops /mégəlà(:)ps | -lɔ̀ps/ *n.* (*pl.* ~, ~·es) 〖動物〗メガロパ《カニ類のゾエア (zoea) に次ぐ幼生》.

meg·a·lop·ic /mègəlá(:)pık | -lɔ́p-⁻/ *adj.* 〘((1840)) (1855) ← NL ~: ⇨ megalo-, -ops〙

meg·a·lop·si·a /mègəlá(:)psiə | -lɔ́p-/ *n.* 〖眼科〗巨視(症). 〘(1890) ← NL ~ ← MEGALO-+Gk *ópsis* sight (⇨ optic)+-IA[1]〙

Meg·a·lop·ter·a /mègəlá(:)ptərə | -lɔ́p-/ *n. pl.* 〖昆虫〗広翅目. 〘← NL ~ ← MEGALO-+-*ptera* ((neut. pl.) ← Gk *-pteros* '-PTEROUS')〙

meg·a·lop·ter·an /mègəlá(:)ptərən | -lɔ́p-/ *n.* 〖昆虫〗広翅目の昆虫. **mèg·a·lóp·ter·ous** /-tərəs⁻/ *adj.*

meg·a·lo·saur /mégələsɔ̀ə, -loʊ- | -lə(ʊ)sɔ̀:ʳ/ *n.* 〖古生物〗メガロサウルス《ジュラ紀後期から白亜紀初期にいた竜盤類獣脚亜目メガロサウルス属 (*Megalosaurus*) の肉食性恐竜》. 〘(1841): ⇨ Megalosaurus〙

meg·a·lo·sau·ri·an /mègələsɔ́:riən, -loʊ- | -lə(ʊ)-⁻/ *adj., n.* 〖古生物〗メガロサウルス(の). 〘1841〙

meg·a·lo·sau·rus /mègələsɔ́:rəs, -loʊ- | -lə(ʊ)-/ *n.* 〖古生物〗 **1** [M-] メガロサウルス属. **2** =megalosaur. 〘1824〙

-meg·a·ly /mégəli/ 〖病理〗「(…の部分の)巨大(症)」の意の名詞連結形: acro*megaly*. ★ 異形は -megalia. 〘← NL *-megalia*: ⇨ megalo-, -ia[1]〙

méga·machìne *n.* 超科学技術《科学技術の支配する人間疎外の社会組織》. 〘(1967): ⇨ mega-, machine〙

mèga·millionáire *n.* 億万長者, 大富豪. 〘1968〙

még·a·mouth (shàrk) /mégəmàʊθ/ *n.* 〖魚類〗メガマウス(ザメ) (*Megachasma pelagios*)《非常に大きな口と小さな歯をもつメガカスマ科の濾過食性のめずらしいサメ; 1976 年ハワイ沖で初めて捕えられた》.

Meg·an /mégən, mí:g- | még-/ *n.* メガン, ミーガン《Margaret のアイルランド名》.

méga·nèwton *n.* 〖物理〗メガニュートン《mks 単位系の力の単位; =100 万 newtons》. 〘(1975): ⇨ mega-, newton〙

me·gan·thro·pus /mɪ̀gǽnθrəpəs, mègænθróʊ- | mεgǽnθrə-, mɪ̀-, mègænθráʊ-/ *n.* 〖人類学〗メガントロプス《ジャワで発見された前期ないし中期洪積世の巨大な化石人類; 大きな下顎(かく)骨と歯の一部が発見されているが, その帰属は不明; ⇨ Homo》. 〘(1942) ← NL ~: ⇨ mega-, -anthropus〙

mèga·pársec *n.* 〖天文〗メガパーセク《天体の距離を表す単位; $=10^6$ パーセク; 3.26×10^6 光年》. 〘(1933): ⇨ mega-, parsec〙

mèga·phánerophyte *n.* 〖植物〗巨形地上植物《高さ 30 m 以上になる大高木》.

meg·a·phone /mégəfòʊn | -fəʊn/ *n.* メガホン, 拡声器; 拡声らっぱ. — *vt.* メガホンで呼びかける[伝える]. — *vi.* メガホンで話す. **meg·a·phon·ic** /mègəfá(:)nık | -fɔ́n-⁻/ *adj.* **meg·a·phón·i·cal·ly** *adv.* 〘(1878) ← MEGA-+-PHONE〙

me·ga·phyll /mégəfìl/ *n.* 〖植物〗巨大葉《シダや種子植物の大きな葉; cf. microphyll》. 〘1932〙

meg·a·pod /mégəpà(:)d | -pɔ̀d/ *adj.* 大脚の. — *n.* 〖鳥類〗=megapode. 〘↓〙

meg·a·pode /mégəpòʊd | -pəʊd/ *n.* 〖鳥類〗ツカツクリ《南洋・オーストラリア産ツカツクリ科の鳥類の総称; 大脚をもち土と枯葉の山を作りその中に卵を産む; mound bird, mound-builder, incubator bird, scrub fowl [turky] ともいう; cf. brush turkey, mallee fowl》. 〘(1857) ← NL ~: ⇨ mega-, -pode〙

Meg·a·po·di·i·dae /mègəpədáıədì: | -dáıı-/ *n. pl.* 〖鳥類〗ツカツクリ科. 〘← NL ~ ← *Megapodius* (属名: ← MEGA-+-*podius* (← Gk *pod-, poús* foot))+-IDAE〙

me·gap·o·lis /mɪ̀gǽpəlɪs, mε- | mεgǽpəlɪs, mɪ̀-/ *n.* =megalopolis. 〘(1638) ← MEGA-+-POLIS〙

Meg·a·ra[1] /mégərə; *Mod.Gk.* méɣara/ *n.* メガラ《ギリシャ南部, Athens 西方の港市; 古代の Megaris 地方の中心都市》. 〘◻ Gk *Mégara*〙

Meg·a·ra[2] /mégərə/ *n.* 〖ギリシャ神話〗メガラ《Creon の娘; 息子の Deicoön と共に, 一時気の狂った夫 Hercules に殺される》.

mága·ràd *n.* 〖物理〗メガラド《放射線量の単位; =100 万 rads》. 〘(1958) ← MEGA-+RAD〙

Me·gar·i·an /mɪ̀gέ°riən, mε- | mεgέər-, mɪ̀-/ *adj.* 〖哲学〗(古代ギリシャの都市 Megara の Euclid が, Socrates と Eleatic の影響を受けて創始した)メガラ派の[に属する]. — *n.* メガラ派の哲学者. 〘(1603): ⇨ Megara[1], -ian〙

Me·gar·ic /mɪ̀gǽrık, mε- | mε-, mɪ̀-/ *adj., n.* =Megarian. 〘(1656) ◻ L *Megaricus* ◻ Gk *Megarikós* belonging to Megara〙

Meg·a·ris /mégərɪs | -rɪs; *Mod.Gk.* méɣaris/ *n.* メガリス《古代ギリシャ Corinth 地峡の丘陵地帯》.

meg·a·ron /mégərà(:)n | -rɔ̀n; *Mod.Gk.* méɣaron/ *n.* 〖建築〗メガロン《古代ギリシャのミュケナイ時代の王宮の居室; 中央に炉のある四角な部屋と, 二柱構成のポーティコ (portico) から成る; ギリシャ神殿の原型といわれる; cf. hairpin megaron》. 〘(1877) ◻ Gk *mégaron* ← MEGA-+*-ron* (n. suf. of place)〙

méga·sclère *n.* 〖動物〗主大骨片《同一種の海綿の骨片が大小 2 種から成る場合の大きい方の骨片; cf. microsclere》. 〘← MEGA-+SCLERE〙

meg·a·scop·ic /mègəská(:)pık | -skɔ́p-⁻/ *adj.* **1** 拡大された. **2** 肉眼で見える, 肉眼的な (macroscopic) (cf. microscopic). **mèg·a·scóp·i·cal·ly** *adv.* 〘1879〙

mèga·sporángium *n.* (*pl.* **-gia**) 〖植物〗大芽胞嚢(ほう), 大胞子嚢 (cf. microsporangium). 〘(1886) ← NL ~: ⇨ mega-, sporangium〙

meg·a·spore /mégəspɔ̀ə | -spɔ̀:ʳ/ *n.* 〖植物〗 **1** 大芽胞, 大胞子. **2** (種子植物の)胚嚢(はい). **meg·a·spor·ic** /mègəspɔ́:rık⁻, -ɔ́:r-⁻/ *adj.* 〘(1858) ← MEGA-+SPORE〙

mèga·spòro·génesis *n.* 〖植物〗大胞子生殖, 大芽胞繁殖 (cf. sporogenesis). 〘(*ca*1928) ← NL ~: ⇨ megaspore, genesis〙

mèga·spórophyll *n.* 〖植物〗大芽胞葉, 大胞子葉. 〘*c*1899〙

me·gass /mɪ̀gǽs, mε- | mε-, mɪ̀-/ *n.* (*also* **me·gasse** /~/) =bagasse. 〘(変形) ? ← BAGASSE〙

méga·stàr *n.* 超有名スター[芸能人] (superstar). 〘1975〙

méga·stòre *n.* 巨大店舗, メガストア. 〘1982〙

méga·strùcture *n.* 巨大な建物, 超大型ビル. 〘1965〙

méga·tànker *n.* 大型タンカー (cf. tanker 1). 〘1970〙

mèga·tèchnics *n.* (高度技術社会の)超大機械化, 巨大技術. 〘1967〙

meg·a·there /mégəθìə | -θìəʳ/ *n.* 〖古生物〗メガテリウム, オオナマケモノ《北米中部鮮新世から更新世に生息していたオオナマケモノ属 (*Megatherium*) の哺乳類》. **meg·a·the·ri·an** /mègəθí°riən | -θíər-⁻/ *adj.* 〘(1839) ← NL *megathērium* ← MEGA-+Gk *thēríon* beast (⇨ -therium)〙

meg·a·the·ri·um /mègəθí°riəm | -θíər-/ *n.* 〖古生物〗 **1** [M-] オオナマケモノ属. **2** =megathere. 〘(1826) ↑〙

meg·a·therm /mégəθə̀:m | -θə̀:m/ *n.* 〖植物〗高温多湿性植物《生長に非常な高温と湿気を必要とする植物; cf. mesotherm, microtherm》. **meg·a·ther·mal** /mègəθə́:məl, -mḷ | -θə́:-⁻/ *adj.* **mèg·a·thér-**

M

mic /-mɪk⁻/ *adj.* 〖(1879): ⇨ mega-, -therm〗

méga·tòn *n.* **1** メガトン, 100万トン. **2** メガトン(TNT (高性能爆薬) 100万トンに相当する爆発力, 特に, 水爆について使う単位; 略 mt). **meg·a·ton·ic** /mègətá(ː)nɪk | -tɔ́n-⁻/ *adj.* **~·nage** /-nɪdʒ/ *n.* 〖1952〗

meg·a·tron /mégətrà(ː)n | -trɔ̀n/ *n.* 〔電子工学〕メガトロン (⇨ lighthouse tube). 〖← MEGA-+(ELEC)TRON〗

méga·ùnit *n.* 〔薬学〕100万単位 (抗生物質, ホルモン等標準品の薬理作用を基に薬物量を示す場合, 単位と呼ぶ). 〖1953〗

méga·vàr *n.* 〔電気〕メガバール (無効電力の単位; = 100万 vars).

méga·vìtamin *n.* (平常の服用量をはるかに超えて服用される)大量のビタミン. 〖1970〗

méga·vòlt *n.* 〔電気〕メガボルト, 100万ボルト (記号 MV). 〖1868〗

méga·vólt-ámpere *n.* 〔電気〕100万ボルトアンペア (記号 MVA).

Me·ga·wa·ti /mègəwáːṭi | -ti; *Indon.* megəwáːti/, **Sukarnoputri** *n.* メガワティ (1947–00; インドネシアの政治家; 闘争民主党党首; 大統領 (2001–)).

méga·wàtt *n.* 〔電気〕メガワット, 100万ワット, 1,000キロワット (記号 MW). 〖*c*1900〗

mégawatt-hóur *n.* 〔電気〕メガワット時 (電力量の単位; =1000 kWh (キロワット時); 略 MWh, Mwhr).

méga·wòrd *n.* 〔電算〕メガワード (記憶容量の単位; = 100万 words).

mé generàtion, M- G- /míː-/ *n.* [the ~] ミージェネレーション (特に 1970–80年代米国で自分の事にしか関心を抱かない若い世代; cf. me decade). 〖1977〗

meg·ger /mégə | -gə$^{(r)}$/ *n.* 〔英〕〔電気〕メガー (絶縁試験器の一種; cf. meg). 〖(1903) (商標名)〗

Me·gha·la·ya /mèɪgəléɪə/ *n.* メガラヤ (インド北東部の州; 面積 22,489 km²; 州都 Shillong).

Me·gid·do /mɪ̀gídou | -dəu/ *n.* メギド (Palestine 北部にある古代都市遺跡; 戦略·交通の要衝としてしばしば戦場となった; 聖書の Armageddon と考えられている).

me·gil·lah /mɪ̀gílə/ *n.* (*also* **me·gil·la** /~/) **1** (*pl.* ~s) 《俗》**a** 長たらしい説明[話]. **b** 複雑な問題[事件]. **2** (*pl.* **me·gil·loth** /-lout, -louθ | -ləut, -ləuθ/) 〔聖書〕(ユダヤの祭日にそれぞれ読まれた)巻物 (Esther, Ecclesiastes, The Song of Solomon, Ruth, Lamentations の五書のうちの一書にいう): the five *Megilloth* 巻物五書. 〖(1650) □ Heb. *m^{e}ghillā^h* ← *gālál* to roll〗

me·gilp /mɪ̀gílp/ *n.* メギルプ (油絵用の揮発性溶(と)き油; マスチック·ワニスに亜麻仁油を混ぜて製する). 〖(1768) ?〗

meg·ohm /mégòum | -əum/ *n.* 〔電気〕メグオーム (抵抗の単位; =100万 ohms; 記号 MΩ). 〖(1868) ← MEGA-+OHM〗

mégohm·mèter *n.* 〔電気〕メグオーム計測器, 絶縁抵抗計. 〖⇨ ↑, -meter¹〗

Me·grez /míːgrez, még-/ *n.* 〔天文〕メグレズ (おおくま(大熊)座 (Ursa Major) の δ 星で 3.5 等星). 〖□ Arab. *mághriz* place of growth〗

me·grim¹ /míːgrɪ̀m/ *n.* 〔魚類〕ヨーロッパ産の小型のヒラメの一種 (*Lepidorhombus whiffiagonis*). 〖(1836) ?〗

me·grim² /míːgrɪ̀m/ *n.* 《古》**1** 〔病理〕片頭痛 (migraine). **2** [*pl.*] 憂鬱, 気のふさぎ: a woman with the ~s 気ふさぎ屋の女性. **3** [しばしば *pl.*] 空想, 気まぐれ. **4** [*pl.*] 〔獣医〕暈倒(うんとう)病. 〖(1398) *migrene* □ (O)F *migraine* □ LL *hēmicrania* 'HEMICRANIA'〗

Me·hem·et A·li /mɪ̀hèmetɑːlíː, -ɑ́ːli, mémɪt-/ *n.* メヘメットアリ (1769–1849; エジプトの大守 (1805–48); Mohammed Ali ともいう).

Me·het·a·bel /mɪ̀hétəbəl, -bɛl | -tə-/ *n.* 女性名 (異形 Mehitabel). ★ 米国の黒人に多い. 〖□ Heb. *M^{e}hēṭabh'ēl* (原義) the one whom God makes happy〗

Méh·met II /mémet-; *Turk.* mɛhmét/ *n.* メフメト二世 (1430–81; オスマン帝国のスルタン (1451–81)).

Meh·ta /méɪtə | -tə/, **Zu·bin** /zúːbɪ̀n | -bɪn/ *n.* メータ (1936– ; インド生まれの指揮者).

Mé·hul /meɪjúːl; *F.* meyl/, **Étienne (Nicolas)** *n.* メユル (1763–1817; フランスの作曲家).

mei·bo·mi·an /maɪbóumiən | -bəu-/ *adj.* 〔解剖〕マイボーム腺の: ~ cysts マイボーム嚢腫 (マイボーム腺の嚢腫). 〖(1813) ← *Heinrich Meibom* (1638–1700; ドイツの解剖学者)〗

meibómian glánd *n.* 〔生物〕マイボーム腺, 瞼板腺 (哺乳類の眼瞼の皮脂腺; 感染が起こると炎症と腫(は)れが生じる). 〖1813〗

mei·dan /maɪdɑ́ːn/ *n.* =maidan.

Meil·hac /meɪǽk | ⁻⁻; *F.* mɛjak/, **Henri** メヤック (1831–97; フランスの劇作家).

Meil·let /meɪjéɪ | ⁻⁻; *F.* mɛje/, **Antoine** *n.* メイエ (1866–1936; フランスの言語学者; *Introduction à l'étude comparative des langues indo-européennes*「印欧語比較言語学序説」(1903)).

Mei·ne·cke /máɪnəkə; *G.* máɪnəkə/, **Friedrich** *n.* マイネッケ (1862–1954; ドイツの歴史家).

mei·nie /méɪni/ *n.* 《古》=meiny. 〖*c*1300〗

Mein Kampf /màɪnkɑ́ːmpf; *G.* maɪnkámpf/ *n.*「わが闘争」(Adolf Hitler の主著で全体主義的政治哲学とドイツのヨーロッパ征服を唱えたもの; 1925–27年刊, ナチスの教典). 〖□ G ~ 'my struggle'〗

mei·ny *n.* **1** /méɪni/ [集合的] 《廃》従者, 随行員(たち), 群衆, 家族. **2** /ménji/ 《スコット》多数, 大勢. 〖(*c*1250) *meynee* household □ OF *meyne, meisniee*: ⇨ menial〗

mei·o- /máɪou | máɪəu/「より小さい, より少ない; わずかに」などの意の連結形. 〖← NL ~ ← Gk *meíōn* less: ⇨ minor〗

méio·cỳte *n.* 〔植物〕減数母細胞 (減数分裂で 4 つに分かれる細胞).

méio·fàuna *n.* 〔生物〕メイオファウナ (中型の底生動物). **mèio·fáunal** *adj.* 〖1967〗

mei·o·nite /máɪənàɪt/ *n.* 〔鉱物〕灰柱石 ($Ca_4Al_6Si_6O_{24}(SO_4, CO_3, Cl_2)$). 〖(1808) □ F *méionite*: ⇨ ↑, -ite¹〗

mei·o·sis /maɪóusɪ̀s | -ə́usɪs/ *n.* (*pl.* **-o·ses** /-siːz/) **1** 〔生物〕(細胞核の)減数分裂, 還元分裂 (cf. diplosis, haplosis 1). **2** 〔修辞〕=litotes (皮肉な感じを伴うことが多い). **mei·ot·ic** /maɪɑ́(ː)ṭɪk | -ɔ́t-/ *adj.* **mei·ót·i·cal·ly** *adv.* 〖(1550) ← NL ~ ← Gk *meíōsis* lessening ← *meioûn* to lessen ← *meíōn* less (⇨ minor): ⇨ -osis〗

Me·ir /meɪíə | -íə$^{(r)}$/, **Gol·da** *n.* メイヤー (1898–1978; ロシア生まれのイスラエルの政治家; 首相 (1969–74)).

me·ism /míːɪzm/ *n.* ミーイズム, 自分主義 (自己中心の考え方). 〖1978〗

Meis·sen /máɪsən, -sn̩; *G.* máɪsn̩/ *n.* **1** マイセン (ドイツ中東部の Elbe 河畔の都市; 有名な磁器の産地; ドイツ語名 Meißen). **2** マイセン磁器 (1709年ごろ Saxony の王の庇護のもとに John Böttger /bœ́tgɐ/ (1682–1719) が初めてつくったヨーロッパで最初の硬磁器; 装飾用および食卓用磁器として発達). 〖1863〗

Méiss·ner effèct /máɪsnə- | -nə(r)-; *G.* máɪsnɐ/ *n.* 〔物理〕マイスナー効果 (超電導状態の物質が外部の磁力線を排除する現象). 〖(1935) ← *F. W. Meissner* (1882–1974; ドイツの物理学者)〗

Méiss·ner's córpuscle /máɪsnəz- | -nəz-/ *n.* 〔解剖〕マイスナー小体 (指趾の真皮の乳頭にみられる神経終末小体). 〖(1884) ← *Georg Meissner* (1829–1905; ドイツの解剖学者)〗

Meis·so·nier /mèɪsənjéɪ, -sn̩-; *F.* mɛsɔnje/, **Jean Louis Ernest** *n.* メソニエ (1815–91; フランスの画家·版画家·彫刻家; 歴史画に秀れ, Napoleon を主題とした戦争画を多く描いた).

meis·ter /máɪstə | -tə$^{(r)}$/ *n.* [しばしば複合語第二要素として] 専門家, …屋.

Meis·ter·sing·er /máɪstəsìŋə, -zìŋə | -təsìŋə$^{(r)}$; *G.* máɪstɐzɪŋɐ/ *n.* (*pl.* ~, ~s) 職匠歌人, マイスタージンガー (14–16世紀にドイツの主要都市に興った主に職人から成る詩歌の組合の一員; 英訳して mastersinger ともいう). 〖(1845) □ G ~ 'mastersinger': cf. G *Minnesinger*〗

Meit·ner /máɪtnə | -nə$^{(r)}$; *G.* máɪtnɐ/, **Lise** *n.* マイトナー (1878–1968; オーストリア生まれのスウェーデンの原子核物理学者).

meit·ne·ri·um /maɪtní^{ə}riəm | -níər-/ *n.* 〔化学〕マイトネリウム (記号 Mt, 原子番号 109). 〖(1992) ← *Lise Meitner* (↑): ⇨ -ium〗

méi·wa kúmquat /méɪwɑː-/ *n.* 〔植物〕ニンポウキンカン, メイワキンカン (*Fortunella crassifolia*) (中国原産ミカン科の植物). 〖*meiwa*: □ Jpn. (明和): ⇨ kumquat〗

Mé·ji·co /*Sp.* méxiko; *Am.Sp.* méhiko/ *n.* メヒコ (Mexico のスペイン語名).

mej·lis /medʒlís/ *n.* =majlis.

MEK 〔化学〕methyl ethyl ketone.

me·ke /méɪki/ *n.* メイキ, メケ (フィジー諸島の伝統的な踊り). 〖□ Fijian ~〗

Me·ke·le /mɪ̀kéɪli/ *n.* メケレ (エチオピア北部の Tigray 州の州都).

Mék·er búrner /mékə- | -kə-/ *n.* 〔化学〕メケルバーナー (空気の混じり過ぎを防ぐため燃焼口に金属スクリーンを備えてあり, ブンゼン灯より火力の強いガスバーナー). 〖← *George Meker* (20世紀の化学者でその発明者)〗

Mekh·i·tar·ist /mèkətɑ́ːrɪ̀st | -kɪtɑ́ːrɪst/ *n.* 〔カトリック〕メヒタル会士 (18世紀に設立され, ローマ教会に帰属するアルメニア系の修道会員; Venice と Vienna に修道院をもつ). 〖(1834) ← *Peter M. Mekhitar* (1676–1749; アルメニアの宗教改革者): ⇨ -ist〗

Mek·kah /mékə/ *n.* (*also* **Mek·ka** /~/) =Mecca 1.

Mek·nès /meknés; *F.* mɛknɛs/ *n.* メクネス (モロッコ中北部の都市).

Me·kong /mèɪkɔ́(ː)ŋ, -kɑ́(ː)ŋ | mìːkɔ́ŋ, mèɪ-⁻/ *n.* [the ~] メコン(川) (中国西部から発し, タイ·ラオスの境界を流れ, ベトナム南部で南シナ海に注ぐ (4,285 km); 中国領内の名は瀾滄江 (Lancang Jiang)).

mel¹ /mél/ *n.* (薬用の)蜂蜜(はち). 〖(*a*1398) □ L ~ 'honey'〗

mel² /mél/ *n.* 〔物理〕メル (音の高さの主観的判断の単位). 〖(1937) ← M (1000)+(B)EL ‖ (略) ← MELODY〗

Mel /mél/ *n.* メル: **1** 男性名. **2** 女性名. 〖1: (dim.) ← MELVIN. 2: (dim.) ← MELANIE〗

mel- /mel/ (母音の前に来る時の) mela- の異形.

me·la /méɪlɑː/ *n.* 《インド》**1** 縁日. **2** 雑踏. 〖(1800) □ Hindi *melā* ← Skt *melaka, melā* meeting, assembly〗

mel·a- /mélə/「黒い」の意の連結形. ★ 時に melo-, 母音の前では通例 mel- になる. 〖← Gk *mélās* black: ⇨ melano-〗

mel·ae·na /mɪ̀líːnə/ *n.* 〔病理〕=melena. 〖1800〗

Me·la·ka /məlɑ́ːkə | -lǽk-; *Malay* məláka/ *n.* **1** メラカ(州) (マレーシア南西部の州; 面積 1,658 km²). **2** メラカ (同州の州都, 海港; 旧名 Malacca).

Mel·a·leu·ca /mèləlúːkə/ *n.* 〔植物〕コバノブラッシノキ (フトモモ科メラレウカ[コバノブラシノキ, カユプテ]属 (*Melaleuca*) の豪州産の常緑低木·小高木の総称). 〖(1822) ← NL ← Gk. *mélas* black+*leukós* white〗

me·la·med /məlɑ́ːmɪ̀d, me-, mèləméɪd | melɑ́ːmɪd, mèləméɪd/ *n.* (*pl.* **me·lam·dim** /məlɑ́ːmdɪ̀m, me- | melɑ́ːmdɪm/) (ヨーロッパにあるユダヤ人学校の)教師 (主として児童にヘブライ語·聖書·ユダヤ教の祈禱式文を教える). 〖(1892) □ Heb. *m^{e}lammēdh* (ptc.) ← *limmēdh* to teach〗

mel·a·mine /méləmìːn | -mìːn, -mɪn/ *n.* 〔化学〕**1** メラミン ($C_3N_3(NH_2)_3$) (石灰窒素から作るジシアンジアミド (dicyandiamide) とアンモニアの反応で作られる物質; 融点が高く, 水に溶解しにくい; メラミン樹脂として用いる). **2** =melamine resin. 〖(1835) □ G *Melamin* ← *Melam* ammonium thiocyanate distillate ← *mel* (← ?)+AM(MONIUM): ⇨ -ine³〗

mélamine résin *n.* 〔化学〕メラミン樹脂 (メラミンとフォルムアルデヒドから作る; 接着剤または繊維·紙·プラスチックへの加工剤に用いる). 〖1939〗

me·lam·med /məlɑ́ːmɪ̀d, me-, mèləméɪd | melɑ́ːmɪd, mèləméɪd/ *n.* =melamed.

me·lan- /mɪ̀lǽn, me-, mélən | mélən, mɪ̀lǽn, me-/ (母音の前に来る時の) melano- の異形.

mel·an·cho·li·a /mèlənkóuliə | -lənkə́u-, -ləŋ-/ *n.* 〔精神医学〕メランコリー, 鬱病 (cf. depression 10, hypochondria¹ 1) 〖(1693) □ LL ~ □ Gk *melagkholíā* choleric humor ← MELANO-+*kholḗ* bile (⇨ choler)〗

mel·an·cho·li·ac /mèlənkóuliæ̀k | -lənkə́ul-, -ləŋ-/ *adj.* メランコリーの, 鬱病にかかった. — *n.* 鬱病患者. 〖(1863): ⇨ ↑, -ac: MANIAC との類推〗

mel·an·chol·ic /mèlənkɑ́(ː)lɪk | -lənkɔ́l-, -ləŋ-⁻/ *adj.* **1** 憂鬱な, ふさぎ込んだ: a ~ temperament 憂鬱質, ふさぎ込むたち. **2** 鬱病にかかった. **3** (人を)憂鬱にさせる, 陰鬱な. — *n.* 鬱病患者 (melancholiac). **mèl·an·chól·i·cal·ly** *adv.* 〖(*c*1385) □ (O)F *mélancolique* □ L *melancholicus* □ Gk *melagkholikós* atrabilious: ⇨ melancholia, -ic¹〗

mel·an·chol·y /mélənkɑ̀(ː)li | -lənkəli, -ləŋ-, -kɔ̀li/ *n.* **1 a** 憂鬱, ふさぎ込み, メランコリー (gloom). **b** 深い物思い. **2** 《廃》**a** =black bile. **b** 黒胆汁質. — *adj.* **1** 憂鬱な, 陰気な, ふさぎ込んだ, メランコリーの (⇨ sad SYN): a ~ mind, voice, etc. **2** (人を)憂鬱にさせる, 物悲しい, 心を痛ませる (depressing, saddening): a ~ song, scene, etc. **3** 物思いに沈んだ (pensive). **4** 《廃》鬱病の. **mèl·an·chól·i·ly** /mèlənkɑ́(ː)ləli, ⁻⁻⁻⁻ | -lənkɔ̀lɪ̀li, -ləŋ-, -kɔ̀l-/ *adv.* **mél·an·chòl·i·ness** *n.* 〖(*c*1303) □ (O)F *mélancolie* ‖ LL *melancholia*: ⇨ melancholia〗

Me·lanch·thon /mɪ̀lǽŋ(k)θən, me-; *G.* melánçtɔn/, **Philipp** *n.* メランヒトン (1497–1560; ドイツの宗教改革者, Luther の友; Philipp Schwarzerd のギリシャ語名).

Mel·an·co·ni·a·ce·ae /mèlənkòuniéɪsiìː | -kəu-/ *n. pl.* 〔植物〕(不完全菌類)メランコニア科. **mèl·an·cò·ni·á·ceous** /-éɪʃəs⁻/ *adj.* 〖← NL ~ ← *Melanconium* (属名: ← MELANO-+-*conium* (← Gk *kónis* dust)): ⇨ -aceae〗

Mel·a·ne·sia /mèləníːʒə, -ʃə | -ziə, -ʒ(i)ə⁻/ *n.* メラネシア (Oceania の一区分; オーストラリアの北東方, 東西は New Guinea と Fiji 島間, 南北は赤道と南回帰線間の地域; cf. Micronesia, Polynesia). 〖← Gk *mélās* black +Gk *nêsos* island +-IA¹: 先住民の膚色にちなむ?〗

Mel·a·ne·sian /mèləníːʒən, -ʃən | -ziən, -ʒ(i)ən⁻/ *adj.* **1** メラネシア(人)の. **2** メラネシア語(派)の. — *n.* **1** メラネシア人. **2** メラネシア語(派) (オーストロネシア語族 (Austronesian) の一派; cf. Neo-Melanesian). 〖(1849): ⇨ ↑, -an¹〗

mé·lange /meɪlɑ́ː(n)ʒ, -lɑ́ːnʒ, -lɑ́ːndʒ | meɪlɑ́ː(n)ʒ, -lɑ́ːnʒ, ⁻⁻; *F.* melɑ̃ːʒ/ *n.* (*pl.* **mé·lang·es** /~ɪ̀z, ~; *F.* ~/) **1** 混合物, ごたまぜ. **2** 雑集, 雑録 (miscellany). **3** 〔地質〕メランジェ (いろいろな岩石が無秩序に混じっている状態). 〖(1653) □ F ~ ← *mêler* to mix: ⇨ meddle〗

me·la·ni·an /mɪ̀léɪniən/ *adj.* **1** 黒色の. **2** [通例 M-] 〔人類学〕髪や皮膚の黒い, 黒色人種の. 〖(1839) □ F *mélanien* □ Gk *melan-, mélās* black: ⇨ -ian〗

me·lan·ic /mɪ̀lǽnɪk/ *adj.* **1** =melanian. **2** 〔病理〕黒色[黒変]症の. — *n.* **1** 〔人類学〕黒色人種の人. **2** 〔病理〕黒色[黒変]症患者. 〖(1826) ← MELANO-+-IC¹〗

Mel·a·nie /méləni/ *n.* メラニー (女性名). ★ Cornwall に見られる. 〖□ Gk *mélaina* (fem.) ← *mélās* black〗

mel·a·nif·er·ous /mèlənífə)rəs⁻/ *adj.* 〈頭髪·皮膚などメラニン色素を含んだ, 黒い. 〖← MELANO-+-FEROUS〗

mel·a·nin /mélənɪ̀n | -nɪn/ *n.* 〔生化学〕メラニン, 黒色素 (皮膚·毛髪·メラニン腫瘍·眼などにある黒褐色の色素). 〖(1843) ← MELANO-+-IN²〗

mel·a·nism /mélənɪ̀zm/ *n.* **1** 〔人類学〕黒性, 黒化 (皮膚·毛髪·目に黒い色素の多いこと). **2** 〔病理〕メラニン沈着, 黒化; 黒皮症 (melanosis) (↔ albinism). **mel·a·nís·tic** /mèlənístɪk⁻/ *adj.* 〖(1843) ← MELANIN +-ISM〗

mel·a·nite /mélənàɪt/ *n.* 〔鉱物〕黒ざくろ石 ($Ca_3(Fe^{3+}, Ti)_2Si_3O_{12}$) (灰鉄ざくろ石 (andradite) の一種). **mel·a·nit·ic** /mèlənítɪk | -tɪk⁻/ *adj.* 〖(1807) ← MELANO-+-ITE¹〗

mel·a·ni·za·tion /mèlənɪ̀zéɪʃən | -naɪ-, -nɪ-/ *n.* 黒色化. 〖1945〗

mel·a·nize /mélənàɪz/ *vt.* **1** (メラニンを組織内に異常にたまらせて)…の色を黒くする. **2** 黒くする. 〖1885〗

me·lan·o- /mɪ̀lǽnou, me-, mélən- | mélənəu, mɪ̀-

M

lǽn-, mɛ-/「黒い; 黒色素, メラニン」の意の連結形. ★ 母音の前では通例 melan- になる. 〖← Gk *melan-, mélās* black ← IE **mel-* dark: cf. mullet[1]〗

melàno·blàst *n.* 〘植物〙 黒色素胞原体, 黒芽細胞, 色素形成細胞 (cf. melanocyte, melanophore). 〖《1901》: ⇨ melano-, blast〗

melàno·blastóma *n.* (*pl.* ~s, -mata) 〘病理〙(発癌性の)メラニン芽(細胞)腫, 黒色芽(細胞)腫. 〖⇨ ↑, -oma〗

mel·a·noch·ro·i, M- /mɛ̀lənɑ́(ː)krouàɪ | -nɔ́krəu-/ *n. pl.* 〘人類学〙 薄黒白色人種 《コーカサス[カフカズ]人種のうち白顔黒髪の種族; cf. xanthochroi》. **mel·a·noch·roid** /mɛ̀lənɑ́(ː)krɔɪd | -nɔ́k-˝/ *adj.* 〖《1866》← NL ~ ← Gk *melánōkhroi* (pl.) ← *mélās* black＋*ōkhroí* ((pl.) ← *okhrós* pale)〗

me·lan·o·crat·ic /mə̀lænəkrǽtɪk, mɛ-, mɛ̀lənou- | mɛ̀lənə(u)krǽt-, mə̀læn-˝/ *adj.* 〘地質〙〈火成岩が〉優黒質の (cf. mesocratic, leucocratic). 〖《1909》← MELANO-＋-CRATIC〗

me·lan·o·cyte /mə̀lǽnəsàɪt, mɛ-, mɛ́lənou- | mɛ́lənə(u)-, mə̀lǽn-, mɛ-/ *n.* 〘解剖・生化学〙 メラノサイト, メラニン(形成)細胞 《哺乳類および鳥類の皮膚系に見られる; cf. melanophore》. 〖《1890》← MELANO-＋-CYTE〗

melánocyte-stìmulating hòrmone *n.* 〘生化学〙 メラノサイト刺激ホルモン (略 MSH). 〖1953〗

melàno·génesis *n.* 〘動物〙 メラニン形成 《生きた細胞によってメラニンが形成されること》. 〖《1928》← MELANO-＋-GENESIS〗

mel·a·noid /mɛ́lənɔ̀ɪd/ *adj.* **1** 〘病理〙 黒皮症 (melanosis) の[に関する]. **2** 黒色素による; 黒ずんだ. — *n.* メラノイド, メラニン様物質 《皮膚の黒色化の原因の一つ》. 〖《1854》← MELANO-＋-OID〗

mel·a·no·ma /mɛ̀lənóumə | -nə́u-/ *n.* (*pl.* ~s, ~·ta /~tə | ~tə/) 〘病理〙 (特に悪性の)黒色腫(しゅ), メラノーマ. 〖《1830》← NL ~: ⇨ melano-, -oma〗

me·lan·o·phore /mə̀lǽnəfɔ̀ə, mɛ-, mɛ́lənou- | mɛ́lənə(u)fɔ̀ːʳ, mə̀lǽn-, mɛ-/ *n.* 〘動物〙 (魚類・両生類・爬(は)虫類の)メラニン色素細胞, 黒色素胞, メラノフォア. 〖《1903》← MELANO-＋-PHORE〗

melánophore-stìmulating hòrmone *n.* 〘生化学〙 メラノフォア刺激ホルモン (melanocyte-stimulating hormone).

mel·a·no·sis /mɛ̀lənóusɪ̀s | -nə́usɪs/ *n.* 〘病理〙 黒皮症, メラニン沈着症, メラノーシス. **mel·a·not·ic** /mɛ̀lənɑ́(ː)tɪk | -nɔ́t-˝/ *adj., n.* 〖《1823》← NL ~ ← Gk *melánōsis* a blackening: ⇨ melano-, -osis〗

me·lan·o·some /mə̀lǽnəsòum, mɛ-, mɛ́lənou- | mɛ́lənə(u)sə̀um, mə̀lǽn-, mɛ-/ *n.* 〘病理〙 メラノソーム 《黒色細胞中の色素顆粒》. 〖《1940》← MELANO-＋-SOME〗

melàno·spérmous *adj.* 〘植物〙〈海藻など〉黒色の胞子をもつ. 〖《1856》: ⇨ melano-, -sperm, -ous〗

mel·a·nous /mɛ́lənəs/ *adj.* 〘人類学〙 毛髪や皮膚の色が黒い 《通例 melanochroi 人種についていう》. **mel·a·nos·i·ty** /mɛ̀lənɑ́(ː)səti | -nɔ́sɪ̀ti/ *n.* 〖《1836》: ⇨ melano-, -ous〗

me·lan·ter·ite /mə̀lǽntəràɪt, mɛ- | -tə-/ *n.* 〘鉱物〙 緑礬(りょくばん). 〖《1839》← Gk *melantēría* black pigment: ⇨ -ite[1]〗

Me·lan·tha /mə̀lǽnθə/ *n.* メランサ 《女性名》. 〖← Gk *mélās* dark＋*ánthos* flower〗

mel·a·phyre /mɛ́ləfàɪə | -fàɪəʳ/ *n.* 《廃》〘岩石〙 黒玢(ぴん)岩. 〖《1841》☐ F ~ ← Gk *mélās* black＋F *(por)phyre* porphyry〗

Me·las·to·ma·ce·ae /mə̀læ̀stəméɪsiìː, mɛ-/ *n. pl.* 〘植物〙 ノボタン科. 〖← NL ~ ← *Melastoma* (属名): ⇨ mela-, stoma, -aceae〗

Me·las·to·ma·ta·ce·ae /mə̀læ̀stəmətéɪsiìː, mɛ-/ *n. pl.* 〘植物〙 ＝Melastomaceae. 〖← NL ~ ← *Melastomat-, Melastoma* (↑)＋-ACEAE〗

mel·a·stome /mɛ́ləstòum | -stə̀um/ *n.* ノボタン科の植物の総称. 〖← NL *Melastoma* (↑)〗

mel·a·to·nin /mɛ̀lətóunɪ̀n | -tə́unɪn/ *n.* 〘生化学〙 メラトニン ($C_{13}H_{16}O_2N_2$) 《脊椎動物の松果腺で生成されたホルモン; メラニン色素細胞を凝集させる働きがあり, その結果皮膚面の色を薄くさせる効果がある》. 〖《1958》? ← MELA-(NOCYTE)＋(SERO)TONIN〗

mel·a·xu·ma /mɛ̀lək(s)úːmə | -kúː-, -ksjúː-, -ksúː-/ *n.* 〘植物病理〙 *Dothiorella gregaria* 菌によって起こるクルミの木の病気. 〖← NL ~ ← Gk *mélās* black＋*khúma* fluid: *kh-* が *x-* に交替したもの〗

Mel·ba[1] /mɛ́lbə/ *n.* メルバ 《女性名》. 〖《異形》← MALVA〗

Mel·ba[2] /mɛ́lbə/, Dame **Nellie Helen Mitchell** *n.* メルバ 《1861–1931; オーストラリア Melbourne 生まれのソプラノ歌手; 本名 Helen Porter Mitchell》.

dò a Mélba 《豪俗》 引退してからも何回もさよなら公演をする.

Mélba sàuce *n.* メルバソース 《きいちごのピューレ[裏ごし]を砂糖で煮たデザート用のソース》. 〖《1907》← *Dame Nellie Melba*〗

Mélba tòast, m- t- *n.* メルバトースト 《かりかりに焼いた薄切りのトースト》. 〖《1925》↑〗

Mel·bourne /mɛ́lbən, -bɔən | -bən, -bɔːn/ *n.* メルボルン. ★ 現地の発音は /mɛ́lbən/ 《オーストラリア南東部 Victoria 州の州都・海港》. **Mel·b(o)urn·i·an** /mɛlbə́ːniən | -bə́ː-/ *n., adj.* 〖↓〗

Mel·bourne /mɛ́lbən, -bɔən | -bən, -bɔːn/, 2nd Viscount *n.* メルバーン 《1779–1848; 英国 Whig 党の政治家; 首相 (1834, 35–41); 本名 William Lamb》.

Mel·chers /mɛ́ltʃəz | -tʃəz/, **Gar·i** /gǽəri | gέəri/ *n.* メルチャーズ 《1860–1932; 米国の画家》.

Mel·chi·or /mɛ́lkiɔə | -ɔ̀ːʳ/ *n.* 〘中世キリスト教伝説〙 メルキオール 《東方の三博士 (Wise Men of the East) の一人》. 〖← Heb. *mélekh* king ＋*ōr* light〗

Mel·chi·or /mɛ́lkiɔə | -ɔ̀ːʳ/, **Lauritz** *n.* メルキオール 《1890–1973; デンマーク生まれの米国のテノール歌手; heldentenor として有名》.

Mel·chite /mɛ́lkaɪt/ *n.* 〘キリスト教〙 メルキト教徒 《シリア・エジプトのキリスト教徒の一派; 祈禱式にはアラビア語を用い, キリスト単性論を排し, カルケドン会議 (Council of Chalcedon) の信条 (451) を受け入れて皇帝派と呼ばれた》. 〖《1619》☐ LL *Melchita* ☐ MGk *Melkhîtēs* 《原義》 royalist ← Heb. *mélekh* king (← Sem.)＋Gk *-ītēs* '-ITE[1]'〗

Mel·chiz·e·dek /mɛlkízədɛ̀k/ *n.* 〘聖書〙 メルキゼデク 《Salem の王で祭司; cf. *Gen.* 14:18》. —*adj.* 〘モルモン教〙 高位の聖職の. 〖☐ Heb. *Malkīṣedeq* 《原義》 my king is righteous〗

Melchízedek Príesthood *n.* 〘モルモン教〙 メルキゼデク神権 《大管長・使徒・祝福師・大祭司・七十人・長老の職がある》.

meld[1] /mɛ́ld/ 〘トランプ〙 *vt.* (rummy 系, pinochle 系のゲームで)〈札や札の組合せを〉 meld する 《場に示し得点を表明する; declare ともいう》. — *vi.* さらす, 下ろす. — *n.* メルド 《手の中にある役札のさらし出し; そのさらし札》. 〖《1897》☐ G *melden* to announce < OHG *meldōn* ← Gmc **meld-* ← IE **meldh-* to speak words to a deity〗

meld[2] /mɛ́ld/ 《米》 *vt.* 融合[結合]させる. — *vi.* 融合[結合]する. 〖《1936》《混成》← MELT[1]＋WELD[2]〗

Mel·e·a·ger /mɛ̀liéɪdʒə | -ɛ́ɪgəʳ/ *n.* **1** メレアグロス 《紀元前 1 世紀ごろのシリア出身の詩人・哲学者》. **2** 〘ギリシャ伝説〙 メレアグロス 《Oeneus と Althaea の子; Argonauts の一人で Calydonian boar を殺した英雄; 母 Althaea の 呪いをうけて生命を失った》. 〖☐ L ~ ☐ Gk *Meléagros*〗

Mel·e·a·grid·i·dae /mɛ̀liəgrídədiː | -gríd-/ *n. pl.* 〘鳥類〙 シチメンチョウ科. 〖← NL ~ ← *Meleagrid-, Meleagris* (属名: ☐ Gk *meleagrís* guinea hen)＋-IDAE〗

me·lee[1] /méɪleɪ, ―⌐ | mέleɪ, méɪl-; *F.* mɛle/ *n.* (*pl.* ~s /~z; *F.* ~/) (*also* **mê·lée** /~/) **1** (数人による)乱闘, 混戦; (特に)つかみ合いのけんか. **2** 激しい論戦. **3** 押し合いへし合い; 混雑, 混乱, てんやわんや(の騒ぎ). 〖《a1648》☐ F *mêlée* < OF *medlee*: MEDLEY と二重語〗

me·lee[2] /méɪleɪ, ―⌐ | mέleɪ, méɪl-, ―⌐; *F.* mɛle/ *n.* 〘宝石〙 メレー 《小型のダイヤモンドで 1 個当たり 1/8 (時に 1/4) カラット未満のもの》. 〖?〗

me·le·na /mə̀líːnə/ *n.* 〘病理〙 下血(げけつ), メレナ 《血液か消化液で変化して黒色のタール便が排出されること》. 〖← NL ~ ← Gk *mélaina* (fem.) ← *mélās* black〗

me·lez·i·tose /mə̀lɛ́zətòus, mɛ- | -zɪtə̀us/ *n.* 〘生化学〙 メレジトース ($C_{18}H_{32}O_{16}\cdot 2H_2O$) 《松柏類に見出される三糖類》. 〖《1862》☐ F *mélézitose* ← *mélèze* larch＋(*mél*)*itose* (← Gk *méli* honey＋*-t-* (連結辞)＋-OSE[2])〗

-me·li·a /míːliə/「四肢 (limbs) の状態」の意の名詞連結形: anisomelia, electromelia. 〖← NL ~ ← Gk *mélos* limb: ⇨ -ia[1]〗

Me·li·a·ce·ae /mìːliéɪsiː/ *n. pl.* 〘植物〙 センダン科. **mè·li·á·ceous** /-éɪʃəs˝/ *adj.* 〖← NL ~ ← Gk *melía* ash tree＋-ACEAE: その葉の類似から〗

Me·li·ad /míːliəd/ *n.* 〘ギリシャ神話〙 メリアド 《果樹または羊の精》.

Me·li·ae /míːliìː/ *n. pl.* 〘ギリシャ神話〙 **1** メリアイ 《Uranus が仮眠中にその子 Cronus によって男根を切断された時, その血から生まれたといわれる妖精たち》. **2** トネリコ (ash) の木に住む妖精たち. 〖☐ Gk *melíai* ← *melía* manna, ash〗

Me·li·an /míːliən/ *adj.* ミーロス (Melos) (島)の. — *n.* ミーロス島の住民. 〖《1550》← MELOS＋-IAN〗

mel·ic[1] /mɛ́lɪk/ *adj.* 歌唱用の, 歌舞の 《特に紀元前 7–5 世紀に発達した楽器伴奏を伴う精巧なギリシャの叙情詩にいう》: ~ poetry. 〖《1699》☐ L *melicus* ☐ Gk *melikós* of a song ← *mélos* limb, part of musical phrase, song: ⇨ melody, -ic[1]〗

mel·ic[2] /mɛ́lɪk/ *n.* 〘植物〙 コメガヤ 《イネ科コメガヤ属 (*Melica*) の草本の総称》. 〖《1787》← NL *melica* ← ? It. *melica, meliga* sorghum: ⇨ millet〗

Mel·i·cent /mɛ́ləsənt, -sn̩t | -lɪ̀-/ *n.* メリセント 《女性名》. 〖《変形》← MILLICENT〗

mel·ick /mɛ́lɪk/ *n.* ＝melic[2].

Mél·ic Nýmphs /mɛ́lɪk-/ *n. pl.* 〘ギリシャ神話〙 ＝Meliae.

Mé·liès /meɪljέs; *F.* meljɛs/, **Georges** *n.* メリエス 《1861–1938; フランスの無声映画初期の製作者・監督》.

mel·i·lite /mɛ́ləlàɪt | -lɪ̀-/ *n.* 〘鉱物〙 メリライト, 黄長石 ((Ca, Na_2) (Mg, Fe, Al) (Si, Al)$_2O_7$). 〖《1821》☐ F *mélilite* ← Gk *méli* honey＋*líthos* stone: ⇨ -lite〗

Me·lil·la /mə̀líːjə | mɪ̀-; *Sp.* melíʎa, -ja/ *n.* メリヤ 《アフリカ北西部モロッコ内にある 1496 年以来スペイン領の海港》.

mel·i·lot /mɛ́ləlɑ̀(ː)t | -lɪ̀lɔ̀t/ *n.* 〘植物〙 シナガワハギ 《マメ科シナガワハギ属 (*Melilotus*) の植物の総称; 温帯から亜熱帯に産し観賞用・家畜の飼料にする; sweet clover ともいう; cf. blue melilot》. 〖lateOE ☐ (O)F *mélilot* ☐ L *melilōtos* ☐ Gk *melílōtos* a kind of clover ← *méli* honey ＋*lōtós* 'LOTUS'〗

Me·li·na /mə̀líːnə | mɪ̀-/ *n.* メリーナ 《女性名》. 〖← L *mēlinus* canary-yellow〗

Me·lin·da /mə̀líndə | mɪ̀-/ *n.* メリンダ 《女性名》.

〖← Gk *meílikhos* mild, gentle (one)〗

me·line /míːlaɪn/ *adj.* 〘動物〙 アナグマ (badger) の[に似た]: the ~ mammals. 〖《1891》☐ L *mēlīnus* ← *mēlēs* marten: ⇨ -ine[1]〗

mel·i·nite /mɛ́lənàɪt | -lɪ̀-/ *n.* 〘化学〙 メリナイト, メリニット 《ピクリン酸アンモニウムを含む強力爆薬》. 〖《1886》☐ F *mélinite* ☐ Gk *mḗlinos* quince-yellow: ⇨ melon, -ite[1]〗

mel·i·oi·do·sis /mɛ̀liɔɪdóusɪ̀s | -dáusɪs/ *n.* 〘獣医〙 類鼻疽(びそ), 偽鼻疽 《馬鼻疽に似た齧歯(げっし)類の感染症で, 偽鼻疽菌 (*Pseudomonas pseudomallei*) によって起こる; 人にも感染し, 肺炎・多発性膿瘍・敗血症を引き起こし, しばしば致命的》. 〖《1921》← Gk *mēlís* glanders＋-OID＋-OSIS〗

me·lio·rate /míːljərèɪt, -liə- | -liə-, -ljə-/ *vt.* 良くする, 改善する, 改良する (ameliorate) (↔ deteriorate). — *vi.* 良くなる. **me·lio·ra·ble** /míːljərəbl̩, -liə- | -liə-, -ljə-/ *adj.* **mé·lio·rà·tor** /-tə | -təʳ/ *n.* 〖《a1552》← LL *meliōrātus* (p.p.) ← *meliōrāre* to improve ← *melior* better: ⇨ -ate[3]〗

me·lio·ra·tion /mìːljəréɪʃən, -liə- | -liə-, -ljə-/ *n.* **1** 改良, 改善. **2** 〘言語〙 (語形の変化などによって)語の意味内容が向上すること 《例えば sty-ward → steward; cf. pejoration》. 〖《a1400》☐ LL *meliōrātiō(n-)*: ⇨ ↑, -ation〗

me·lio·ra·tive /míːljərèɪtɪv, -liə-, -rət- | -liərət-, -ljə-, -rèɪt-/ *adj.* 改善的な, 改良に役立つ, 改善する (↔ pejorative). 〖《1808》: ⇨ meliorate, -ative〗

me·lio·rism /míːljərìzm̩, -liə- | -liə-, -ljə-/ *n.* **1** 〘哲学・倫理〙 社会改良論, (世界)改善論 《世界は人間の努力によって改善できるとする説; optimism と pessimism との折衷説》. **2** 社会改良 《人の健康・生活条件を改良すること》. 〖《1877》← L *melior* better＋-ISM〗

mé·lio·rist /-rɪ̀st | -rɪst/ *n.* 社会改良論者, 世界改善論者. — *adj.* 社会改良[世界改善]論(者)の. 〖《1858》← L *melior* better＋-ist〗

me·lio·ris·tic /mìːljərístɪk, -liə- | -liə-, -ljə-˝/ *adj.* ＝meliorist. 〖《1888》: ← ↑, -ic[1]〗

me·li·or·i·ty /mìːljɔ́(ː)rəti, -ɑ́(ː)r- | -ɔ́rɪ̀ti/ *n.* 《まれ》 優越, 卓越. 〖《1578》← L *melior* better＋-ITY〗

Mel·i·phag·i·dae /mɛ̀ləfǽdʒədiː | -lɪfǽdʒɪ-/ *n. pl.* 〘鳥類〙 ミツスイ科. 〖《1842》← NL ~ ← *Meliphaga* (属名: ← Gk *méli* honey＋*-phaga* (← Gk *phageîn* to eat))＋-IDAE〗

mel·i·phag·i·dan /mɛ̀ləfǽdʒədn̩ | -lɪfǽdʒɪ-/ *adj., n.* ミツスイ科の(鳥). 〖← ↑, -an〗

me·lis·ma /mə̀lízmə/ *n.* (*pl.* ~·ta /~ṭə | ~tə/) 〘音楽〙 **1** メリスマ 《単旋聖歌 (plainsong) などの一音節上に置かれる音群; 同様の旋律類型は日本歌謡にも見られる》. **2** (特に近東・アジアの近代音楽の)装飾風の短い楽句 (cf. grace note). **3** ＝cadenza. **mel·is·mat·ic** /mɛ̀lɪ̀zmǽtɪk | -lɪzmǽt-˝/ *adj.* 〖《1611》← NL ~ ← Gk *mélisma* song〗

Me·lis·sa /məlísə | mɪ̀-, mɛ-/ *n.* **1** 〘ギリシャ神話〙 メリッサ 《Amalthaea の妹で, Zeus を蜂蜜によって養育した》. **2** メリッサ 《女性名》. ★ 18 世紀に流行した. 〖《a1593》☐ Gk *Mélissa* 《原義》 bee〗

me·lís·sic ácid /mə̀lísɪk-/ *n.* 〘化学〙 メリシン酸 ($CH_3(CH_2)_{28}COOH$) 《無色板状晶の一塩基性脂肪酸; triacontanoic acid ともいう》. 〖《1848》← Gk *mélissa* bee＋-IC[1]〗

me·lís·syl álcohol /mə̀lísəl-, -sl̩-/ *n.* 〘化学〙 ＝myricyl alcohol. 〖《1869》← MELISS(IC)＋-YL〗

Me·li·to·pol /mɛ̀lətóupəl | -lɪtóp-; *Ukr.* melʲitópolʲ/ *n.* メリトポリ 《ウクライナ共和国の都市》.

mel·i·tri·ose /mɛ̀lətráɪous | -lɪtráɪəus/ *n.* 〘化学〙 ＝raffinose. 〖← MEL[1]＋-I-＋TRI-＋-OSE[2]〗

Me·lit·ta /məlíṭə | mɪ̀lítə, mɛ-/ *n.* メリッタ 《女性名》. 〖《変形》← MELISSA〗

Me·lit·ta /məlíṭə | mɛlítə, mɪ̀-; *G.* melíta/ *n.* 〘商標〙 メリタ 《ドイツ製のコーヒー関連商品およびその製造会社; コーヒーメーカー・フィルター紙・フィルターカップなど》.

me·lit·tin /məlíṭn̩, -tn̩ | mɪ̀lítɪn, mɛ-, -tn̩/ *n.* 〘生化学〙 メリチン 《ミツバチの毒の主成分のペプチッド; 赤血球を冒すが, 抗生物質的特性をもつ》. 〖← Gk *mélitta* bee＋-IN[2]〗

Melk /mɛ́lk; *G.* mɛ́lk/ *n.* メルク 《オーストリア北部 Danube 川沿いの町》.

Mel·kite /mɛ́lkaɪt/ *n.* ＝Melchite.

mell[1] /mɛ́l/ 《英方言・古》 *vt.* 混ぜる, 混合する (mingle). — *vi.* **1** 混ざる. **2** 干渉する (meddle) 〔*with, on*〕. **3** 加わる; 仲間になる 〔*with*〕. 〖《c1300》☐ OF *meller* (F *mêler*) 《変形》← *mesler*: cf. meddle〗

mell[2] /mɛ́l/ *n.* ＝mel[1].

mell- /mɛl/ (母音の前にくるときの) melli- の異形.

mel·lah /mɛ́lə/ *n.* 北アフリカ諸都市のユダヤ人居住地区 (cf. medina). 〖《1874》?〗

mel·ler /mɛ́lə | -ləʳ/ *n.* 《米俗》 ＝melodrama 1.

Mel·lers /mɛ́ləz | -ləz/, **Wilfrid (Howard)** *n.* メラーズ 《1914–　; 英国の音楽学者・作曲家》.

mel·li- /mɛ́lɪ̀, -li/「蜂蜜; 蜜のような」の意の連結形. ★ 母音の前では通例 mell- になる. 〖☐ L ~ ← *mell-* ← *mel* honey〗

mel·lif·er·ous /məlífərəs, mɛ- | mɪ̀-, mɛ-/ *adj.* 蜜のできる, 蜜を生じる. 〖《1656》← L *mellifer* honey-bearing (← MELLI-＋*-fer* '-FEROUS')＋-OUS〗

mel·lif·ic /məlífɪk, mɛ- | mɪ̀-, mɛ-/ *adj.* ＝melliferous.

mel·lif·lu·ence /məlífluːəns, -fluəns | -fluəns/ *n.* 蜜のような甘さ[なめらかさ]; 流暢; 甘美さ (sweetness).

〖(a1631): ⇨ ↓, -ence〗

mel·lif·lu·ent /məlífluənt, mɛ- | mɪ̀-, mɛ-/ *adj.* 《古》=mellifluous. **~·ly** *adv.* 〖(1601) □ F ~ □ LL *mellifluentem* flowing with honey ← L *mel* honey＋*fluere* to flow〗

mel·lif·lu·ous /məlífluəs, mɛ- | mɪ̀-, mɛ-/ *adj.* **1** 〈言葉·声·音楽など〉蜜のように甘い, 甘美に流れる, 流麗な (smooth). **2** 蜜で甘くした. **~·ly** *adv.* **~·ness** *n.* 〖(?a1425) □ LL *mellifluus* flowing with honey: ⇨ ↑, -ous〗

mel·liph·a·gous /məlífəgəs, mɛ- | mɪ̀-, mɛ-/ *adj.* 〘動物〙動物が〉吸蜜性の. 〖← MELLI-＋-PHAGOUS〗

mellita *n.* mellitum の複数形.

mel·lite /mélaɪt/ *n.* **1** 〘鉱物〙蜜蠟石 ($Al_2C_{12}O_{12}$·$18H_2O$) (褐炭中に含まれる蜂蜜色の鉱物). **2** 〘薬学〙蜜剤 (蜂蜜入りの薬品). 〖(1793) ← NL *mellites*: ⇨ melli-, -ite¹: (なぞり) ← G *Honigstein*〗

mel·li·tum /məláɪtəm, mɛ- | mɪ̀láɪtəm, mɛ-/ *n.* (*pl.* **-li·ta** /-tə | -tə/) 〘薬品〙=mellite 2. 〖← NL ~〗

mel·liv·o·rous /məlívərəs, mə- | mɛ-, mɪ̀-/ *adj.* = melliphagous. 〖1801〗

Mel·lon /mélən/, **Andrew William** *n.* メロン (1855–1937; 米国の実業家·財政家; 財務長官 (1921–32)).

mel·lo·phone /méləfòun | -fəun/ *n.* (*also* **mellophonium**) 〘音楽〙メロフォン (フレンチ)ホルンに似た形のアルトホルン, 右手で弁操作する; ホルンの代わりに用いることもある). 〖(1927) ← MELLO(W)＋-PHONE〗

mel·lo·tron /méləträ(ː)n | -trɒn/ *n.* メロトロン (あらかじめ様々な楽器の音を録音または合成し, 演奏時に選択·再生する電子鍵盤楽器). 〖(1969) ← MELLO(W)＋(ELEC)TRON(IC)〗

mel·low /mélou | -ləu/ *adj.* (**~·er**; **~·est**) **1 a** 〈果物が熟した, 柔らかで甘い (⇨ ripe¹ SYN). **b** 〈ぶどう酒が〉なれた, 芳醇(ほうじゅん)な. **c** 〈声·音·色·光·文体など〉柔らかで美しい, 豊かで柔らかい: ~ tones, tints, sunshine, etc. **d** 〈人格など〉円熟した; 練れた, 穏健な: ~ age, character, judgment, etc. **2** 《口語》**a** 一杯機嫌の, ほろ酔い機嫌の (tipsy). **b** 愛想のよい, にこやかな, 陽気な. **3** 〈地味が〉柔らかくて肥えた, ローム質の (loamy). **4** 〘音声〙円熟性の《英語の /s/ に対して /θ/ のように子音の騒音が弱いもの; cf. strident 4》. — *vt.* 熟させる (ripen); 柔らかにする; 豊かに美しくする; 円熟させる. — *vi.* 熟する, 柔らかくなる; 練れてくる, 円熟する. ***mellow out*** 《米俗》落ち着く[着かせる]; くつろぐ[くつろがせる]. **~·ly** *adv.* **~·ness** *n.* 〖(1440) *melwe, melowe* ← OE *melu* 'MEAL²': cf. OE *me(a)ru* tender, soft〗

Mél·low Virgínia /mélou- | -ləu-/ *n.* 〘商標〙メローヴァージニア (英国製のパイプタバコ).

mel·low·y /méloui | -ləui/ *adj.* 《古》=mellow. 〖(c1420): ⇨ ↑, -y⁴〗

mel·o /mélou | -ləu/ *n.* (*pl.* **~s**) 《口語》=melodrama. 〖1889〗

mel·o-¹ /mélou | -ləu/「歌 (song)」の意の連結形. 〖□ F *mélo-* □ Gk *melo-* ← *mélos* limb, melody, song〗

mel·o-² /mélou | -ləu/ mela- の異形.

me·lo·de·on /məlóudiən, mɛ- | mɪ̀lə́ud-, mɛ-/ *n.* **1 a** メロディオン (足踏みオルガン (cabinet organ) の一種; American organ ともいう). **b** =melodion 1. **2** アコーディオンの一種. 〖(1880) ← MELOD(Y)＋(ACCORD)ION〗 **3** 《古》=music hall. 〖(1840) 〖(1847) 《変形》← MELODION〗

me·lo·di·a /məlóudiə, mɛ- | mɪ̀lə́ud-, mɛ-/ *n.* (clarabella に似た)オルガンの音栓. 〖(特殊用法) ← LL *melōdia* 'MELODY'〗

me·lod·ic /məlá(ː)dɪk, mɛ- | mɪ̀lɔ́d-, mɛ-/ *adj.* **1** 旋律の. **2** 調子の美しい (melodious). **me·lód·i·cal·ly** *adv.* 〖(1823) □ F *mélodique* □ L *melōdicus* □ Gk *melōidikós*: ⇨ melody, -ic¹〗

me·lod·i·ca /məlá(ː)dɪkə, mɛ- | mɪ̀lɔ́d-, mɛ-/ *n.* メロディカ (ピアノ状の鍵盤があり, 吹き口から空気を送り込んで鳴らす鍵盤ハーモニカ; 日本ではしばしば商標名「ピアニカ」で呼ばれる). 〖(1890) ← MELOD(Y)＋(HARMON)ICA〗

melódic ínterval *n.* 〘音楽〙旋律的音程 (順次的に響く 2 音の隔たり; cf. harmonic interval).

melódic mínor scále *n.* 〘音楽〙旋律的短音階 (上行の場合は主音からの第 2–3 音と第 7–8 音の間にそれぞれ半音があるが, 下中音および導音(第 6 音および第 7 音)をそれぞれ半音ずつ高める; 下行の場合は上記の半音高めたのをもとに戻すので, 自然的短音階と同様になる; cf. scale¹ 6, harmonic minor scale). 〖1889〗

me·lod·ics /məlá(ː)dɪks, mɛ- | mɪ̀lɔ́d-, mɛ-/ *n.* 〘音楽〙旋律学[法]. 〖(1864): ⇨ melody, -ics〗

Mel·o·die /mélədi | -di/ *n.* メロディー (女性名). 〖(変形) ← MELODY〗

me·lo·di·on /məlóudiən, mɛ- | mɪ̀lə́ud-, mɛ-/ *n.* **1** メロディオン (1806 年 Dietz が発明した小型の鍵盤楽器). **2** =melodeon 1 a. 〖(1830) □ G *Melodion* (J. C. Dietz (1778–1845: これを発明したドイツ人)の造語) ← *Melodie* 'MELODY'〗

me·lo·di·ous /məlóudiəs, mɛ- | mɪ̀lə́ud-, mɛ-/ *adj.* **1** 旋律的な; 旋律に満ちた. **2** 旋律の美しい, 調子のよい, 音楽的な. **~·ly** *adv.* **~·ness** *n.* 〖(c1385) □ OF *melodieus*: ⇨ melody, -ous〗

mel·o·dist /mélədɪ̀st | -dɪst/ *n.* 旋律の美しい作曲家[声楽家]. 〖(1789) ← MELODY＋-IST〗

mel·o·dize /mélədàɪz/ *vt.* 旋律的にする, …の旋律を美しくする. — *vi.* 旋律を作る. **mél·o·diz·er** *n.* 〖(1662) ← MELODY＋-IZE〗

mel·o·dra·ma /mélədrɑ̀ːmə, -lou-, -dræ̀mə | -lə(u)drɑ̀ːmə/ *n.* **1** メロドラマ (芝居がかった筋立て·人物設定の感傷的通俗劇). **2** メロドラマ的事件[言動]. **3** (19 世紀初期に流行した)音楽入りのロマンチックな通俗劇. 〖(1809) □ F *mélodrame* (原義) musical drama: ⇨ melo-¹, drama〗

mel·o·dra·mat·ic /mèlədrəmǽtɪk, -lou- | -lə(u)drəmǽt-ˈ/ *adj.* **1** メロドラマ的な (⇨ dramatic SYN); 芝居がかった; 感傷的な. **2** メロドラマに向いた. **~·ly** *adv.* 〖(1816): ⇨ melo-¹, dramatic〗

mèl·o·dra·mát·i·cal /-tɪ̀kəl, -kl | -tɪ-ˈ/ *adj.* = melodramatic. **~·ly** *adv.* 〖(1890): ⇨ melodramatic, -al¹〗

mel·o·dra·mat·ics /mèlədrəmǽtɪks, -lou- | -lə(u)drəmǽt-/ *n. pl.* 〔単数または複数扱い〕メロドラマ的行為[作品]. 〖(1915): ⇨ melodramatic, -ics〗

mel·o·dram·a·tist /mèlədrǽmətɪ̀st, -drɑ́ːm- | -lə(u)drǽmətɪst/ *n.* メロドラマ作者. 〖(1873) (なぞり) ← DRAMATIST: ⇨ melodrama, -ist〗

mel·o·dram·a·tize /mèlədrǽmətàɪz, -lou-, -drɑ́ːm- | mèlə(u)drǽm-/ *vt.* **1** メロドラマ風にする. **2** 〈小説などを〉メロドラマに仕組む. **mel·o·dram·a·ti·za·tion** /mèlədræ̀mətɪ̀zéɪʃən, -lou-, -drɑ̀ːm- | -lə(u)dræ̀mətaɪ-, -tɪ-/ *n.* 〖(1820) (なぞり) ← DRAMATIZE: ⇨ melodrama, -ize〗

mel·o·dy /mélədi | -di/ *n.* **1** 美しい調べ; 楽句; 諧調: make doleful ~ 悲しげな美しい音を出す. **2** 〘音楽〙メロディー, 旋律 (cf. harmony 5, rhythm 3 a). **3** 歌うのに適した詩, うた. **4** (ことばの)音調. 〖(?a1300) □ (O)F *mélodie* // LL *melōdia* □ Gk *melōidía* chant, song ← *melōidós* musical ← *mélos* song, music＋*ōidḗ* song: ⇨ melic¹, ode〗

SYN 旋律: **melody** 楽曲の主要部分を形成する音楽的な調子の連続で特に快いもの: The violins carry the *melody*. バイオリンが主旋律を受け持つ. **tune** 容易にそれとわかり覚えられる単純な節: hum a cheerful *tune* 陽気な曲をハミングする. **air** 《古》=*tune*.

Mel·o·dy /mélədi | -di/ *n.* メロディー (女性名). 〖↑〗

mel·oid /méloɪd/ 〘昆虫〙*adj.* ツチハンミョウ(科)の. — *n.* ツチハンミョウ (ツチハンミョウ科の昆虫数種の総称). 〖(1878) ← NL *Meloidae*: ⇨ ↑, -oid〗

Me·lo·i·dae /mɪ̀lóuədìː, mɛ- | -lə́uɪ-/ *n. pl.* 〘昆虫〙(鞘翅目)ツチハンミョウ科. 〖← NL ~ ← *Meloe* (属名: ← *meloë* oil beetle)＋-IDAE〗

mel·o·lon·thid /mèləlá(ː)nθɪ̀d | -lɔ́nθɪd/ 〘昆虫〙*adj.* コフキコガネ(亜科)の. — *n.* コフキコガネ (コフキコガネ亜科のコガネムシの総称). 〖(1900) ← NL *Melolonthidae*〗

mel·o·mane /méləmèɪn/ *adj.* 音楽狂の. 〖(1890) □ F *mélomane*: ↓〗

mel·o·ma·ni·a /mèləméɪniə, -lou-, -njə | -lə(u)-/ *n.* 異常な音楽愛好, 音楽狂. 〖(1880) ← NL ~: ⇨ melo-¹, -mania〗

mel·o·ma·ni·ac /mèləméɪniæ̀k, -lou- | -lə(u)-/ *n.* 音楽狂(の人), 熱狂的な音楽ファン, 音楽マニア. 〖(1880): ⇨ melo-¹, maniac〗

mel·on /mélən/ *n.* **1** 〘植物〙**a** マスクメロン (muskmelon). **b** スイカ (watermelon). **c** カンタループメロン (cantaloupe). **d** メロンの総称. **2** 濃い石竹色, 赤黄色. **3** 《米俗》(株主に分配できる)異常に大きな利益: cut [split] a ~ 株主へ多額の特別配当金を分配する (cf. melon-cutting). **4** 〘動物〙メロン (ハクジラ類の頭部にある球形の鯨蠟の多い部分). **5** 《米俗》(大きな)乳房; (太って, または妊娠して)突き出た腹, 太鼓腹.
cút the mélon (1) 問題を解決する. (2) =cut a melon (⇨ 3). 〖1911〗
〖(c1395) □ (O)F ~ // LL *mēlō(n-)* (短縮) ← L *mēlopepo* □ Gk *mēlopépōn* apple-shaped melon ← *mêlon* apple＋*pépōn* 'PEPO, (原義) ripe'〗

mélon bàller *n.* フルーツ用くり抜き器 (baller).

mélon bùlb *n.* 〘家具〙(Elizabeth 一世および James 一世時代のテーブルの脚·寝台·飾り棚の柱に見られる縦に溝のついた)球形の挽物(ひきもの)装飾.

mélon-cùtting *n.* 《俗》多額の特別配当金の分配 (cf. melon 3). 〖(1908): ⇨ melon, cutting〗

mélon foòt *n.* メロンフット (家具の球形の脚·丸脚; cf. bun foot, ball foot).

mélon frùit *n.* =papaya.

mélon hòle *n.* 《豪》メロンホール (オーストラリア大陸内陸部の土地でハチの巣状にできた凹部; しばしば ヤブワラビー (pademelon) の穴といわれた). 〖1847〗

mélon shèll *n.* 〘貝類〙ヒタチオビ科 *Cymbium* 属の卵形をした数種の大型巻貝 (ヤシガイ, ハルカゼ (*C. melo*) など, 殻口が広い; 南西太平洋産).

mel·os /mélɑ(ː)s, míːl- | -lɒs/ *n.* 〘音楽〙(よどみない)歌の旋律. 〖(1740) □ Gk *mélos* song〗

Me·los /míːlɑ(ː)s, -lous | míːlɒs, mél-/ *n.* ミーロス(島) (ギリシャの南方エーゲ海の Cyclades 諸島中の火山島; ミロのヴィーナス (VENUS of Melos) 像の発見地 (1820); 面積 151 km²; ギリシャ語名 Mílos, イタリア語名 Milo).

me·lo·sa /mɪ̀lóusə | -ləu-; *Am.Sp.* melósa/ *n.* 〘植物〙南米産キク科の草本 (*Madia sativa*) (cf. madia oil). 〖□ Am.-Sp. ~ □ Sp. ~ (fem.) ← *meloso* of honey □ LL *mellosus*: ⇨ melli-, -ous〗

Mel·pom·e·ne /mɛlpɑ́(ː)mənìː, -ni | -pɔ́mɪ̀ni, -niː/ *n.* 〘ギリシャ神話〙メルポメネ (悲劇を司る女神; cf. Muse 1). 〖□ L ~ □ Gk *Melpoménē* (fem. pres.p.) ← *mélpesthai* to sing〗

Mel·rose /mélrouz | -rəuz/ *n.* メルローズ: **1** スコットランド南東部, Tweed 川に臨む町; 有名なシトー (Cistercian) 会修道院の廃墟がある. **2** 米国 Massachusetts 州北東部 Boston 北部の都市. 〖□ Celt. *maol ros* bare moor ← Gael. & Ir. *maol* bare＋Corn. *ros* moor〗

melt¹ /mélt/ *v.* (**~·ed**; **~·ed, mol·ten** /móultən, -tn | mə́ul-/) — *vi.* **1 a** 〈氷·雪·バター·蠟(ろう)·岩·金属などの固体が〉(通例, 熱で液状に)溶ける, 融解する: ~ *by* [*with*] heat, *at* a given temperature, etc. / Lead ~*s in* the fire. 鉛は火中で溶ける **b** 溶ける, 溶解する (dissolve) 〈*down*〉: This cake ~*s in* the mouth. この菓子は口の中で溶ける[大変おいしい]. **2** 〈感情などが〉和らぐ, 優しい気持ちが起きる: His heart ~*ed with* sympathy. 同情して心が和らいだ / His heart ~*ed at* sight of the poor child. その哀れな子供を見たとき(かたくなな)彼の心も和んだ. **3** 次第に消える[消え去る], 消えうせる, 薄らぐ; 《口語》〈人が〉次第に[人知れず]立ち去る 〈*away*〉: The snow [vision] has ~*ed away*. 雪[幻]は消え去ってしまった / His resources are gradually ~*ing away*. 彼の資力は段々尽きてきた / The crowd ~*ed away*. 群衆が次第に立ち去った. **4** 次第に移り変わる, 溶け込む 〔*into*〕: One color ~*s into* another. 色が次第に別の色に溶け込む / The sea ~*s into* the sky on the horizon. 海と空が水平線上で一つに溶け込んでいる. **5** 《口語》うだるほど暑い; 暑くて汗をかく: I was almost ~*ing* before the fire. 火の前で暑くてうだりそうだった. **6** 《廃》〈決心·勇気などが〉弱まる, おじけづく, 打ちひしがれる.
— *vt.* **1** (通例, 熱で)〈固体を〉(液状に)溶かす, 溶解させる 〈*down*〉: ~ wax in a candle flame ろうそくの炎でワックスを溶かす. **2** 徐々になくす, 散らす 〈*away*〉: The sun ~*ed* the morning mist. 日光を受けて朝霧が消えた. **3** 和らげる; 心を動かして…させる 〔*to, into*〕: ~ a person's heart *to* pity 人の心動かして哀れみの情を起こさせる / Her entreaties would ~ the hardest heart. 彼女は頼まれればどんな無情な者も心を動かされよう. **4** 次第に混ぜる, 融合させる (blend) 〔*with, into*〕: The distance ~*s* the varied colors *into* one. 離れているとさまざまな色が混ざって一つに見える. **5** 《英俗》**a** 〈金を〉使う, 浪費する (squander). **b** 〈小切手などを〉現金に換える (cash): ~ the notes.
— *n.* **1** 溶解. **2 a** 溶解物, 融成物; 溶解した金属. **b** (金属の)一回の溶解量. **3** 溶けたチーズの入った料理, (特に)サンドイッチ: a tuna ~.
〖OE *meltan* (vi.), *m(i)eltan* (vt.) to melt < Gmc **meltan* (ON *melta* to digest) ← IE **mel-* soft (Gk *méldein* to melt / L *mollis* soft)〗

SYN 溶かす: **melt** 通例熱によって徐々に液体にする[なる]: *melt* butter in a frying pan フライパンでバターを溶かす. **dissolve** 液体の中に入れて溶かす[溶ける]: *dissolve* sugar in water 砂糖を水に溶かす. **liquefy** 固体·気体を液体にする[なる] (一般的な語): *liquefy* oxygen 酸素を液体にする. **thaw** 〈氷·雪·凍結物などを液化する: The ice is *thawing*. 氷が解けている. **fuse** 高温で金属を[が]溶解する: Lead will *fuse* at a low temperature. 鉛は低温で溶解する.

---

melt² /mélt/ *n.* 脾臓; (特に, 食料用に屠殺した牛·豚の)脾臓 (milt ともいう). 〖《変形》← MILT〗

melt·a·ble /méltəbl | -tə-/ *adj.* 溶ける, 溶解[融解]しうる. **mèlt·a·bíl·i·ty** /-təbíləti | -təbílɪ̀ti/ *n.* 〖(1610) ← MELT¹＋-ABLE〗

melt·age /méltɪdʒ/ *n.* 溶解; 溶解量; 溶解物. 〖← MELT¹＋-AGE〗

mélt·dòwn *n.* **1** (原子炉の)炉心溶融 (冷却装置の故障による炉内温度の異常上昇で, ウラン(燃料)や炉の底が溶けること). **2** 経済的破綻, 破滅的状態. 〖(1937) ← MELT¹＋DOWN¹〗

Méltdown Mónday *n.* [the ~] =Black Monday.

mélt·ed *adj.* 〈バターなど〉溶けた, 溶けている. 〖1599〗

mel·tem·i /mɛltémi/ *n.* メルテーミ (地中海沿岸地方北東部で夏に吹く乾燥した北西風; meltemi windetesian (winds) ともいう). 〖(1921) □ ModGk *meltémi*, Turk. *meltem*〗

mélt·er *n.* **1** 溶かすもの; 溶解装置[器具]. **2** (金属などの)溶解業者, 溶解係. 〖(1535) ← MELT¹＋-ER¹〗

mélt·ing *adj.* **1** 溶ける. **2** 優しい気持ちが起こる, ほろりとする; 和らいだ: a ~ mood ほろりとした気持ち, 感傷的な気分 (cf. Shak., *Othello* 5. 2. 349). **3** 〈顔つき·目つきなど〉哀れな, 感傷的な. — *n.* 溶解, 融解. **~·ly** *adv.* **~·ness** *n.* 〖(c1350): ⇨ melt¹, -ing²〗

mélting pòint *n.* 〘化学〙融(解)点 (cf. freezing point). 〖1842〗

mélting pòt *n.* **1 a** 〘冶金〙るつぼ (crucible). **b** (あらゆる物を焼き尽くし)融解させる場所. **2 a** るつぼ (各種の人種や文化融合·同化が行われる場所·状況など): The United States is a great ~. 米国は巨大なるつぼだ. **b** [集合的] そうした土地の住民たち. **3** (融合前, 新展開前の)混乱(状態). ***gó into the mélting pòt*** 〈制度などが〉根本的に改革される. ***in the mélting pòt*** (1) 〈物事が〉混乱状態で. (2) 流動的で; 検討中で. ***pút* [*cást, thrów*] *into the mélting pòt*** 〈制度などを〉変革する, 根本的に改革する. 〖1855〗〖1545〗

mélt-in-the-móuth *adj.* 口の中でとろけるような, おいしい.

mel·ton /méltən, -tn/ *n.* 〘紡織〙メルトン (外套などを作る短い起毛の厚地の紡毛織物). 〖(1891) ← *Melton Mowbray* (イングランド Leicestershire 州の町名) ← OE *Mǣltūn* (← *mǣl* mark, cross: ⇨ -ton) // *Mylentūn* (⇨ mill¹)〗

M

Mel·ton Mow·bray /méltənmóubri, -tn̩-, -breɪ | -məʊ-/ *n.* 《英》メルトンモーブレー《肉入りパイの一種; Melton Mowbray pie ともいう》. 〖← *Melton Mowbray* (↑)〗

mélt·wàter *n.* (*also* **mélt·wàters**) 雪解け水, 雪消(ゆき)水, 融雪水; 氷の解けた水.

me·lun·geon /məlʌ́ndʒən | mɪ̆-/ *n.* メランジャン《インディアン・白人・黒人の混血で米国 Tennessee 州東部のアパラチア山系に居住する肌の黒い人々》. 〖(1889) ← ?: cf. F *mélange* mixture〗

Mel·va /mέlvə/ *n.* メルヴァ《女性名》. 〖《変形》← MALVA〗

Mel·ville /mέlvɪl/ *n.* メルヴィル《男性名》. 〖← OF *amaville* industrious one's estate〗

Mel·ville /mέlvɪl/, **Herman** *n.* メルヴィル《1819–91; 米国の小説家; *Typee* (1846), *Moby Dick* (1851)》.

Mél·ville Ísland /mέlvɪl-/ *n.* メルヴィル島: **1** カナダの北方, 北極海にあるカナダ領の島; 面積 42,363 km². **2** オーストラリア北部中央沖 Arafura 海にある島; 面積 6,216 km².

Mélville Península *n.* [the ~] メルヴィル半島《カナダ北部 Boothia 湾の南東にある半島》.

Mel·vin /mέlvɪ̆n | -vɪn/ *n.* メルヴィン《男性名; 愛称形 Mel; 異形 Melvyn》. 〖← Ir. Gael. *maolwin* polished chief〗

Mel·vi·na /mɛlvíːnə/ *n.* メルヴィーナ《女性名》. 〖《fem.》: ↑〗

mem[1] /mέm/ *n.* =madam. 〖《変形》← MA'AM〗

mem[2] /mέm/ *n.* メーム《ヘブライ語アルファベット 22 字中の第 13 字: מ (ローマ字の M に当たる); ⇨ alphabet 表》. 〖◻ Heb. *mēm* 《短縮》← *máyim* water〗

mem. 《略》member; memento; memoir; memoranda, memorandum; memorial.

mem·ber /mέmbə | -bə(r)/ *n.* **1** 組織体の一部分, 構成要素: **a** (団体を構成する)成員, 一員, メンバー; 会員, 社員, 団員: a ~ of a family 家庭の一員[一人] / the female ~*s* of a party 一行[会合]の女性たち. **b** [通例 M-] (英国・米国下院の)議員; 立法府の一員: a *Member* of Parliament (英国の)下院議員 (略 M.P.) / a *Member* of Congress (米国の)下院議員. **2 a** (人・動物の)身体の一部, 身体の一器官, (特に)手足 (limb): the unruly ~ 《古》御しにくい器官《すなわち舌; cf. *James* 3: 5–8》. **b** 陰茎 (penis) 《male member ともいう》: one's virile ~ 男根. **c** 《比喩》手足となる人: a ~ of Christ キリストの手足, キリスト教徒. **d** (花弁・根など植物の)一部. **3** (英国の, 大英帝国勲位などの)最下級勲爵士, 第 5 [4] 級勲功章受勲者: a *Member* of (the Order of) the British Empire. **4** 〖文法〗成員, 分節, 節. **5** 演繹的推論の命題. **6** 〖数学〗**a** 項, 辺: a ~ of an equation 方程式の一項. **b** (集合の)要素 (element). **7** 〖建築〗部材, 構成材. — *adj.* [限定的] (特に国際組織に)参加[加盟]している: a ~ state [country] 加盟国. **~·less** *adj.* 〖(?1280) *membre* ◻ (O)F < L *membrum* limb, member, part ← IE **mēmsro-* flesh, meat (Gk *mērós* thigh)〗

mémber bànk *n.* (米国の連邦準備制度)加盟銀行 (cf. nonmember bank); (手形交換の)組合銀行.

mém·bered *adj.* **1** 部分から成る[に分けられた]. **2** [通例複合語の第 2 構成素として] (…人の)会員から成る: many-*membered* 多くの会員を有する. **3** 〖紋章〗《白鳥・さぎなど》脚が体の色と異なる (cf. armed 3): a swan argent ~ or 脚が金色の銀の白鳥. 〖(?*a*1200) ← MEMBER + -ED 2〗

mem·ber·ship /mέmbəʃɪp | -bə-/ *n.* **1** 一員であること, 会員[社員, 議員]であること, その地位[資格, 職]: a ~ card 会員証, メンバーズカード / a ~ fee 会費 / gain full ~ 正式の会員の資格を得る. **2** 会員[社員, 議員]数; [集合的に] (組織体の)会員: The ~ is limited to 200. 会員数は 200 人に制限してある / The ~ of the society numbers nearly five hundred. その会の会員は約 500 名を数える. **3** 〖論理・数学〗帰属関係《集合の元と集合の間における, 前者の後者への帰属関係; cf. inclusion 6》. 〖(1647) ← MEMBER + -SHIP〗

membra *n.* membrum の複数形.

mem·bra·cid /mέmbrəsɪ̆d | -sɪd/ 〖昆虫〗*adj.* ツノゼミ(科)の. — *n.* ツノゼミ《ツノゼミ科のセミの総称》. 〖↓〗

Mem·brac·i·dae /mɛmbrǽsədìː | -brǽsɪ-/ *n. pl.* 〖昆虫〗(半翅目同翅亜目)ツノゼミ科. 〖← NL ~ ← *Membracis* (属名: ← Gk *mémbrax* cicada) + -IDAE〗

mem·bral /mέmbrəl/ *adj.* 会員の, 成員の.

mem·bran- /mɛmbréɪn/ (母音の前にくるときの) membrano- の異形: *membran*aceous.

mem·bra·na·ceous /mèmbrənéɪʃəs⁻/ *adj.* = membranous. **~·ly** *adv.* 〖(1684) ◻ LL *membrānāceus* ← L *membana* (↓): ⇨ -aceous〗

mem·bran·al /mɛmbréɪnl/ *adj.* 膜の, 膜状の. 〖⇨ ↓, -al¹〗

mem·brane /mέmbreɪn/ *n.* **1** 〖解剖〗膜, 薄膜, 皮膜: the mucous ~ 粘膜 / ⇨ virginal membrane. **2** (巻物の一部を成す)羊皮紙(一葉). **3** 〖生物〗膜, 細胞膜. **4** 〖物理〗素粒子物理学理論において物質の基本構成素とされている 2 次元の存在物. **mém·braned** *adj.* 〖(1519) ◻ L *membrāna* ← *membrum* 'MEMBER'〗

mémbrane bòne *n.* **1** 〖解剖〗(結合組織内の)膜骨 (cf. cartilage bone). **2** 〖動物〗皮骨《カメの甲, 魚のうろこなど》. 〖1880〗

mémbrane cùring *n.* 〖土木〗膜養生(まく), 被膜養生《コンクリート舗装で仕上げ後, 湿らしたむしろなどで覆って養生をすること》.

mem·bra·ne·ous /mɛmbréɪniəs/ *adj.* =membranous. 〖(1633) ← MEMBRANE + -EOUS〗

mémbrane trànsport *n.* 膜輸送《カルシウムイオン, 糖分などが生体膜を通って運ばれる現象》.

mem·bra·ni- /mɛmbréɪnɪ̆, -ni/ membrano- の異形 (⇨ -i-).

mem·bra·no- /mɛmbréɪnou | -nəʊ/ 〖解剖〗次の意味を表す連結形: **1**「膜, 薄膜」の意. **2**「膜と…」の意: *membrano*nervous. ★ 時に membrani-, また母音の前では通例 membran- になる. 〖(1835) ← NL ~ ← L *membrāna* 'MEMBRANE'〗

mem·bra·no·phone /mɛmbréɪnəfòun | -fəʊn/ *n.* (太鼓・ドラムなどの)膜鳴楽器. 〖(1937) ← MEMBRANO- + -PHONE〗

mem·bra·nous /mέmbrənəs, mɛmbréɪ-/ *adj.* **1** 膜の, 膜状の, 膜質の; 膜から成る: a ~ leaf (薄い)膜状の葉. **2** 〖病理〗膜のできた. **~·ly** *adv.* 〖(1597): ◻ F *membraneux*: cf. -ous〗

mémbranous lábyrinth *n.* 〖解剖・動物〗膜(性)迷路《内耳中にある膜性の管; cf. bony labyrinth》.

mem·brum /mέmbrəm/ *n.* (*pl.* **mem·bra** /-brə/) 〖解剖〗陰茎, 男根 (penis). 〖◻ L ~ 《原義》member〗

mémbrum vi·rí·le /-vɪ̆ráɪli/ *n.* 〖解剖〗=membrum. 〖◻ L ~ 'male member'〗

meme /míːm/ *n.* ミーム《生物の遺伝子のような再現・模倣を繰り返して受け継がれていく社会習慣・文化; 英国の生物学者 Richard Dawkins (1941–) の造語》. 〖(1976) ← Gk *mímēma* something imitated: gene の発音を模した造語〗

Me·mel /G. méːml/ *n.* **1** メーメル《Klaipeda のドイツ語名》. **2** [the ~] メーメル(川)《Neman 川下流のドイツ語名》.

me·men·to /mɪ̆méntou, mɛ- | -təʊ/ *n.* (*pl.* **~s, ~es**) **1** 思い出の種(となるもの), 記念品, 形見 (keepsake); 土産. **2 a** 警告となるもの. **b** 《古》警告 (warning). **3** 記憶 (memory). **4** [M-] 〖カトリック〗ミサにおける記憶《ミサ典文中 Memento (=remember) で始まる「生ける[死せる]者の記憶」という祈り》. 〖(*a*1376) ◻ L *mementō* remember thou (imper.) ← *meminisse* to remember ← IE **men-* to think〗

meménto móri /-mɔ́ːriː, -raɪ | -mɔ́ːriː, -mɔ́r-, -ri, -raɪ/ *n.* (*pl.* ~) 死の警告; 死の表徴, (特に)しゃれこうべ (death's-head). 〖((1592)) (1596–97) ◻ L *mementō morī* remember that you have to die: ↑〗

Mem·ling /mέmlɪŋ; *Du.* mέmlɪŋ/ (*also* **Mem·linc** /mέmlɪŋk; *Du.* mέmlɪŋk/), **Hans** *n.* メムリンク《1430?–?94; ドイツ生まれのフランドルの画家》.

Mem·non /mέmnɑ(ː)n | -nɔn, -nən/ *n.* メムノーン: **1** 〖ギリシャ伝説〗エチオピア人の王で Tithonus と Eos の子, トロイ戦争 (Trojan War) で Achilles に殺された. **2** エジプト Thebes 西岸の Qurna にある Amenhotep 三世の一対の巨像, 高さ約 18 m; 朝日の最初の光に触れると音楽が生じると言われた. **Mem·no·ni·an** /mɛmnóuniən | -nə́u-/ *adj.* 〖◻ L *Memnōn* ◻ Gk *Mémnōn*〗

mem·o /mέmou | mέməʊ, míːm-/ *n.* (*pl.* **~s**) 《口語》メモ (memorandum). — *vt.* 《米口語》**1** …のメモをとる. **2** …に覚え書を送る. 〖(1889) 《略》← MEMORANDUM〗

mem·oir /mέmwɑə, -wɔə | -wɑː(r)/ *n.* **1** [*pl.*; 《米》では時に単数] **a** (ある事件・問題などに関する)思い出の記, 回顧録, 回想録. **b** (筆者の個人的観察・知識をもとにした)言行録, 実録, 自伝. **2** (本人の身近な人が書いた)伝記 (biography). **3 a** 研究論文 (monograph). **b** [*pl.*] (学会などで発行する) 論文集, 紀要. **4** 《廃》メモ. **~·ist** /-wɑːrɪ̆st, -wɔːr- | -wɑːrɪst/ *n.* 〖(1567) ◻ F *mémoire* 'MEMORY'〗

mem·o·ra·bil·i·a /mèmərəbíliə, -bíːl-/ *n. pl.* (*sing.* **-o·rab·i·le** /-rǽbəli | -bɪ̆-/) **1 a** 有名な人[出来事]に関係した物, 記念の品物: Keats ~ キーツの遺品. **b** (大事件の)記録, (大人物の)言行録. **2** 記憶すべき事件. 〖(1806–7) ◻ L ~ (neut. pl.) ← *memorābilis* memorable〗

mem·o·ra·bil·i·ty /mèm(ə)rəbíləṭi | -lɪ̆ti/ *n.* 忘れられないこと, 印象[感銘]的なこと; 忘れ難い人[物]. 〖(*a*1661): ← ↓, -ity〗

mem·o·ra·ble /mέm(ə)rəbl, -məbl | -m(ə)rəbl/ *adj.* **1** 記憶[注意]すべき, 顕著な, 忘れ難い (unforgettable): a ~ event, speech, etc. / The day is ~ *to* me. その日は私にとって忘れ難い日だ. **2** 記憶しやすい, 覚えやすい. **mém·o·ra·bly** *adv.* **~·ness** *n.* 〖(1436) ◻ (O)F *mémorable* // L *memorābilis*: ⇨ memory, -able〗

mem·o·ran·dum /mèmərǽndəm/ *n.* (*pl.* **~s, -ran·da** /-də/) **1** 覚え書, 手控え, (事件などの)簡単な記録, メモ, 備忘録. **2** 《口語》(命令・注意・報告事項などを記した, 社内・庁内)連絡通信: an interoffice ~ 社内[庁内, 事務所間]回状. **3** 〖外交〗覚え書《問題の現状, ある行動に対する理由・反対などを記した文書》. **4** 〖商業〗委託販売品の送り状: send a thing on ~ 商品を試売品として送る. **5** 〖法律〗(取引などの)覚え書, 摘要, (組合の)規約, (会社の)定款, (海上保険証書中の)免責約款.

memorándum of assocíation 〖英法〗(会社の)基本定款 (cf. ARTICLE of association). (1862)

〖(?1435) ◻ L ~ 'something to be remembered' (neut. gerundive) ← *memorāre* to call to mind: ⇨ memory〗

me·mo·ri·al /mɪ̆mɔ́ːriəl, mɛ- | n./ *n.* **1 a** (人・事件の記憶をとどめるための)記念物; 記念館, 記念碑: as a ~ to Milton ミルトンの記念として / erect a ~ to a person 人の記念碑を建てる. **b** 記念式[祭]. **2** (国王・議会などに提出する)請願書, 建白書: address a ~ to the King 国王に上奏[建白]する. **3** 〖外交〗覚え書《交渉中の一国の大使が他国の代表に提示するもの, または政府が出先代表部に送るもの》. **4** 《古》**a** 覚え書, 記録. **b** 年代記. — *adj.* **1** 記念の, 形見の (commemorative); 追悼の, 追憶の: a ~ festival [service] 記念祭[追悼会]. **2** 記憶の[による] (cf. immemorial): the ~ power 記憶力. **~·ly** *adv.* 〖(*c*1375) ◻ (O)F *mémorial* ◻ L *memoriālis*: ⇨ memory, -al¹〗

memórial árch *n.* =triumphal arch.

Memórial Dày *n.* **1** 《米》戦没将兵記念日, メモリアルデー《もと, 大部分の州では 5 月 30 日を記念日としたが, 1971 年以後 5 月の最終月曜日とし, いずれも一般に公休日; もとは南北戦争戦没者の記念日であった; Decoration Day ともいう; cf. Confederate Memorial Day》. **2** (公式の)英霊追悼日. 〖1836〗

me·mó·ri·al·ist /-lɪ̆st | -lɪst/ *n.* **1** 請願書起草者[署名者], 陳情者. **2** 言行[回顧]録作者. 〖(1713) ← MEMORIAL + -IST〗

me·mo·ri·al·ize /mɪ̆mɔ́ːriəlàɪz, mɛ-/ *vt.* **1** 記念式を行う, 記念する. **2** …に請願書を提出する. **me·mo·ri·al·i·za·tion** /mɪ̆mɔ̀ːriəlɪ̆zéɪʃən, mɛ- | -laɪ-, -lɪ-/ *n.* **me·mó·ri·al·ìz·er** *n.* 〖(1798) ← MEMORIAL + -IZE〗

memórial párk *n.* 共同墓地.

memórial róse *n.* 〖植物〗テリハノイバラ (*Rosa wichuraiana*) 《白い花をつける東南アジア産バラ科ツルバラの一種》.

me·mo·ri·am /mɪ̆mɔ́ːriəm, mɛ-, -riæ̀m/ ⇨ in memoriam.

me·mo·ri·a tech·ni·ca /mɪ̆mɔ́ːriətέknɪ̆kə, mɛ- | -nɪkə/ *L. n.* 記憶術 (mnemonics). 〖(1730) ◻ L ~ 'artificial memory': ⇨ memory, technic〗

mém·o·ried *adj.* **1** [通例複合語の第 2 構成素として] 覚えている, 記憶に残る: well-*memoried*. **2** 思い出多い[深い]. 〖(1573) ← MEMORY + -ED 2〗

me·mor·i·ter /mɪ̆mɔ́ːrətə̀ː, mɛ-, -tə | -rɪtə(r)/ *adv.* 暗記して, そらで (from memory). — *adj.* 暗記の必要な, 暗記による: a ~ course 暗記科目. 〖(1612) ◻ L ~ ← *memori-* (← *memor* mindful) + -*ter* (adv. suf.): ⇨ memory〗

mem·o·riz·a·ble /mέməràɪzəbl/ *adj.* 記憶[暗記]できる. 〖(1884): ⇨ memorize, -able〗

mem·o·ri·za·tion /mèmərɪ̆zéɪʃən | -raɪ-, -rɪ-/ *n.* 記憶, 暗記 (mnemonics). 〖(1886–87): ⇨ ↓, -ation〗

mem·o·rize /mέməràɪz/ *vt.* **1** 記憶する, 暗記する: ~ a poem. **2** 《まれ》記録する. **3** 《まれ》記念する. — *vi.* 暗記する. **mém·o·rìz·er** *n.* 〖(1591) ← MEMORY + -IZE〗

mem·o·ry /mέm(ə)ri/ *n.* **1** 記憶; (人の)記憶力: artificial ~ 記憶術 / retentive ~ 強記 / bear [have, keep] something in ~ あることを覚えている / come to one's ~ 胸に浮かぶ, 思い出される; 正気に返る / commit to ~ 記憶する / escape one's ~ 忘れる / have a convenient [an accommodating] ~ 都合のよいことだけを覚えている / have a good [bad, poor] ~ for faces 顔をよく覚える[覚えるのが苦手] / have a short ~ 忘れっぽい / keep one's ~ alive 物忘れしないようにする / a man of sound [quick, long] ~ 記憶の確かな[物覚えの早い, 物覚えのよい]人 / to the best of one's ~ 記憶している限り / if my ~ serves me aright [correctly] 私の記憶に間違いがないとすれば / from ~ 記憶を頼りに, そらで. **2 a** 記憶内容; 思い出, 追憶 (recollection): be absorbed in ~ of childhood 幼年時代の思い出にふけっている / bring back the ~ of old days 昔の事を思い出させる / I have a few *memories* of him from when I was a child. 私が子供のころの, あの人の思い出が二, 三ある. **b** 記憶の範囲: beyond [within] the ~ of man [men] 人間の記憶にない[に残っている], 有史以前[以後]の / within [in] living ~ 現在の人々に記憶されている / within one's ~ まだ記憶に残って, 覚えている範囲で. **c** 《古》形見, 思い出の品(物) (memento). **3 a** 記念[歴史, 伝説など]に残る人[事件, 経験, 事柄など]; (故人の)霊, 死後の名声: It's but a ~. それは過去の夢に過ぎない, そんな事もあった / defame the ~ of the deceased 故人の遺名を汚す / honor [revere] the ~ of Nelson ネルソンを追慕する / The ~ of the just is blessed. 正しき者の名はほめらるべし (*Prov.* 10: 7) / ⇨ *of blessed* [*famous, glorious, happy*] MEMORY, *to the* MEMORY *of*. **b** 記念: in ~ of …の記念に, …を記念して / a school founded in ~ of a scholar ある学者を記念して設立した学校. **4** 〖電算〗**a** 記憶装置, 記憶, メモリー (storage): ⇨ virtual memory. **b** 記憶容量: have 128 megabytes [MB] of ~ 128 メガバイトのメモリーをもつ. **5** 〖化学・物理〗復原力《針金・鉄棒・鉄板・プラスチック製品などがある力を加えられた後, もとの姿に戻る能力》. **6** 〖トランプ〗神経衰弱 (⇨ concentration).

of bléssed [***fámous, glórious, háppy***] ***mémory*** 誉れの高い. ★ 王侯・偉人などの死後その名に添えて用いる: King Charles *of blessed* ~ 故チャールズ王. (1485)

to the mémory of a person=**to** *a person's* ***mémory*** 人の霊に捧げて: a shrine sacred *to the* ~ *of* …の霊に捧げた[を祭った]宮 / *To the* ~ *of* my wife. 亡き妻に捧ぐ《著者の献辞》. (1653)

〖(*c*1250) *memorie* ◻ AF *memorie*=(O)F *mémoire* // L *memoria* memory ← *memor* mindful: ⇨ -y¹〗

SYN 記憶: **memory** 事実を忘れずに思い出す精神の力; 過去から思い出した事柄: He has a good *memory*. 記憶力がよい. **recollection** 半ば忘れていた過去の事柄を思い出すこと; 思い出した過去の事柄: I have a clear *rec-*

M

ollection of so doing. はっきりとそうしたことを記憶している. **remembrance** 過去の人や事件についての記憶《格式ばった語》: He still lives in my *remembrance*. まだ記憶の中に生きている. **reminiscence**《文語》過去の楽しかった事柄を回想して語ったり書いたりするもの《格式ばった語》: It is associated with many pleasant *reminiscences*. それは多くの楽しい思い出と結びついている.
ANT oblivion.

---

mémory bànk *n.*〘電算〙メモリーバンク《ひとまとまりに組み込まれた記憶装置》. 〖1955〗
mémory bòok *n.*《米》**1** =scrapbook. **2**《小さな》サイン帳. 〖1931〗
mémory capàcity *n.*〘電算〙記憶容量《単に memory ともいう》.
mémory càrd *n.*〘電算〙メモリーカード.
mémory cèll *n.* 記憶細胞《免疫遂行細胞の一部で, 免疫記憶を保持する細胞》. 〖1892〗
mémory chìp *n.*〘電算〙メモリーチップ《コンピューター内蔵の RAM など》.
mémory drùm *n.*〘電算〙記憶用ドラム《ドラム形のコンピューターの記憶装置》. 〖1951〗
mémory effèct *n.*〘電気〙記憶効果[現象]《ニッケルカドミウム電池が, 充電を完全放電前に行うと, のちに完全放電後に充電しても容量いっぱいまで充電されなくなる, 同電池の特性に起因する現象》.
mémory jògger *n.* 記憶を呼び起こすもの.
mémory làne *n.* 懐かしい思い出, 追憶: take a trip down ~ 懐かしい思い出に浸る. 〖1954〗
mémory màpping *n.*〘電算〙メモリーマッピング《周辺装置を主記憶装置の一部であるかのようにアドレスで呼び出す方式》. 〖1970〗
mémory spàn *n.*〘心理〙記憶範囲. 〖1917〗
mémory switch *n.*〘電子工学〙記憶スイッチ, 自己保持スイッチ《オンにするための信号を取り除いてオン状態を保つスイッチ》.
mémory tràce *n.*〘心理〙記憶痕跡《新しい情報が記憶されるときに脳の中に起こると考えられている化学変化; engram ともいう》. 〖1924〗
mémory tùbe *n.*〘電気〙記憶管, 蓄積管《画像情報を記憶するブラウン管の一種; storage tube ともいう》.
mémory vèrse *n.*《日曜学校 (Sunday school) の生徒の》暗記聖句 (cf. golden text).
Mem·phi·an /mémfiən/ *adj.* **1**《古代エジプトの》メンフィス (Memphis) の《住民の》. **2** エジプトの (Egyptian). — *n.*《古代エジプトの》メンフィスの住民, メンフィス生まれの人. 〖(1591): ⇨ ↓, -an¹〗
Mem·phis /mémfɪ̀s | -fɪs/ *n.* メンフィス: **1** エジプト Cairo の南にある古都, 古代エジプト古王国時代の首都, 今は廃墟. **2** 米国 Tennessee 州南西部 Mississippi 河畔最大の港市・鉄道網の中心; 工業都市. **Mem·phite** /mémfaɪt/ *adj.*, *n.*
Mem·phre·ma·gog /mèmfrɪméɪgɑ(:)g | -gɔg/, **Lake** *n.* メンフレメイゴグ湖《米国 Vermont 州北部からカナダ Quebec 州南部にわたる湖; 長さ約 43 km》. 〖← N-Am.-Ind.《原義》beautiful water〗
mem·sa·hib /mémsɑ̀:(h)ɪb, -sɑ:b/ *n.*《インド》夫人, 奥様《もと, 先住民の召使いが西洋婦人を呼んだ敬称》. 〖(1857) ← MEM¹+SAHIB〗
men /mén/ *n.* man の複数形.
men- /mɛn | mɛn, mi:n/《母音の前にくるときの》meno-¹ の異形: *men*acme.
-men /mən, mèn/ -man の複数形. ★ 発音については ⇨ -man.
men·ace /ménɪ̀s/ *n.* **1 a** 危険をもたらす恐れのある人[事物], 脅威, 危険: a ~ *to* world peace [public welfare] 世界平和[公安]に対する脅威 / a public ~ 人々にとって危険なもの. **b**《口語》やっかいな人[もの], 困り者 (nuisance). **2** 脅し, 脅迫: speak with (a hint of) ~ (少し)脅すような口調で話す / demand money with ~*s*《英》〘法律〙脅迫手段を使って金を要求する.
— *vt.* **1 a**〔…の〕危険にさらす,〔…で〕脅やかす〔*with*〕(⇨ threaten **SYN**): My plan is ~*d with* failure. 私の計画は失敗の恐れがある. **b** 威嚇する (threaten)〔*with*〕: ~ a person *with* a knife ナイフで人を脅す. **2** …の脅威を与える: ~ a horrid death 恐ろしい死を与えるぞと脅す.
— *vi.* 脅す, 威嚇する.
mén·ac·er *n.* 〖*n.*: (*c*1303) □ (O)F ~ < VL **mināc̆ia(m)* threat ← *mināc-, mindruāx* overhanging, threatening ← *minārī* to threaten ← *minae* threats ← IE **men-* to project. — *v.*: (?*a*1300) □ (O)F *menacer*〗
men·ac·ing /ménɪ̀sɪŋ/ *adj.* 脅やかすような, 恐ろしい剣幕の: take a ~ attitude 威嚇的態度をとる. **~·ly** *adv.* 〖(1549) (pres.p.) ← MENACE (v.)〗
men·ac·me /mɪ̀nǽkmi/ *n.*〘生理〙月経年齢《月経のある年齢の期間》. 〖← MENO-¹+ACME〗
me·nad /mí:næd/ *n.* =maenad.
men·a·di·one /mènədáɪoun | -əun/ *n.*〘生化学〙メナディオン ($C_{11}H_8O_2$)《ビタミン K_3 の異称で, 天然のビタミン K 類似作用を有する黄色の結晶》. 〖(1941) ← ME(THYL)+NA(PHTHA)+DI-¹+-ONE〗
Me·na·do /mənɑ́:dou | -dəu/ *n.* メナド《インドネシア北東セレベス島の港市》.
mé·nage /meɪnɑ́:ʒ, mə- | mɛ-, meɪ-, mə-; *F.* me-na:ʒ/ *n.* (*pl.* **mé·nag·es** /~ɪz, ~əz; *F.* ~/) (*also* **men·age** /~/) **1** 家庭, 世帯 (household). **2** 家政, 家事. 〖(?*a*1300) □ OF *mai(s)nage, mesnage* (F *ménage*) < VL **mansiōnāticum* domain ← *mansiō(n-)* 'MANSION'〗
ménage à trois /—ɑ:trwɑ́:; *F.* mena:ʒatʀwa/ *F.* *n.* **1** 一組の夫婦とその一方の恋人の 3 人が同居する関係. **2** 3 人の性的関係. 〖(1891) □ F ~ 'household of three'〗
me·nag·e·rie /mɪ̀nǽdʒ(ə)ri, -nǽʒ-; *F.* menaʒʀi/ *n.* **1 a**〔集合的〕《動物園やサーカスなどの》動物たち. **b** 見せ物の動物園. **2**〔集合的〕風変わりな人々[連中]. 〖(1712) □ F *ménagerie* housekeeping, menagerie ← *ménage* (↑): ⇨ -ery〗
Mén·ai Stráit /ménaɪ-; *Welsh* ménai-, -ne-/ *n.* [the ~] メナイ海峡《ウェールズ北西部と Anglesey 島との間の海峡 (24 km); Telford の吊り橋 (1825), R. Stevenson の鉄道橋 (1850) がかかる》.
Me·nam /mɛnɑ́:m/ *n.* [the ~] メナム(川)《Chao Phraya の旧名》.
Me·nan·der /mɪ̀nǽndə, mɛ- | -də(r)/ *n.* ナメンドロス (342?–?293 B.C.; ギリシャの新喜劇 (New Comedy) の作家).
me·naph·thone /mɪ̀nǽfθoun, mɛ- | -θəun/ *n.* = menadione. 〖1943〗
Me·nap·i·an /mɪ̀nǽpiən/〘地質〙*adj.* メナップ氷期の《ヨーロッパ北部の中期更新世の氷河作用の; アルプスのギュンツ氷期に対応すると考えられる》. — *n.* [the ~] メナップ氷期, メナップ堆積層. 〖(1957) ← L *Menapī*《ローマ時代のガリア北部の部族名》〗
mèna·quinóne *n.*〘生化学〙メナキノン《ビタミン K_2》. 〖← ME(THYL)+NA(PHTHALENE)+QUINONE〗
men·ar·che /mənɑ́əki, mɛ- | mɛnɑ́:-, mɪ̀-/ *n.*〘生理〙初経, 初潮, 月経開始 (cf. menopause). **men·ár·che·al** /-kiəl/ *adj.* **men·ár·chi·al** /-kiəl/ *adj.* 〖(1900) □ G *Menarche* ← GK. *mēn* month+Gk *arkhḗ* beginning (⇨ archi-²)〗
men·a·zon /ménəzɑ̀(:)n | -zɔ̀n/ *n.*〘薬学〙メナゾン《温血動物用の寄生虫殺虫剤》. 〖(1961) ? ← (DI)ME(THYL)+(*diami*)*n*(*o*-) (⇨ diamine)+(TRI)AZ(INE)+(THI)ON(ATE)〗
Men·ci·us /ménʃiəs, -ʃəs/ *n.* 孟子(もうし) (372?–?289 B.C.; 中国の戦国時代の思想家, 儒家の一人; 中国語名 Mengzi).
Menck·en /méŋkən/, **H(enry) L(ouis)** *n.* メンケン (1880–1956; 米国のジャーナリスト・語学者; *Prejudices* (1919–27), *The American Language* (1919, '36); *Supplement* (1945, '48)).
mend /ménd/ *vt.* **1 a**〈壊れたもの・破れたもの・使い古したものを〉元通りにする, 直す, 繕う, 修理する, 修繕する (repair): ~ a garment, broken cup, hole, tear, etc. / ~ a road 道路を修理する / ~ the fire 火に燃料を足す / ~ a quill pen 鵞(が)ペンを切り直す / The shoes need ~*ing*. その靴は修繕が必要だ. **b**《古》〈病人を〉快方に向かわせる, 治す (heal). **2 a**〈過誤などを〉直す, 訂正する: ~ a fault 欠点を直す. **b**〈道徳的な〉行状などを〉改める (amend): ~ one's ways [manners] 行状[態度]を改める. **c**〈事態を〉改善する, 改良する: ~ matters [the matter] 事態を改める / Crying will not ~ matters. 泣いたって始まらない. **3**〔~ one's pace として〕〈歩みを〉速める. **4** …に償う. ★ 次の諺にのみ用いる: Least said soonest ~*ed*.《諺》口を慎しめば災いは少ない,「口は災いのもと」. — *vi.* **1**〈事態が〉よくなっていく (improve): The human spirit ~*s* quickly. 人の心はすぐ立ち直るものだ. **2 a**〈病人が〉快方に向かう, 治る (recover). **b**《方言》〈傷口が〉癒着(ゆちゃく)する;〈病気が〉治る. **3** 行いを改める. ★ 次の諺にのみ用いる: It is never too late to ~. 過ちを改むるにはばかることなかれ.
ménd or énd (1)〈計画などを〉改善するか廃止するか. (2)《古》殺すか癒(いや)すか (kill or cure). (1603) ***on the ménding hánd***《古・方言》〈病人が〉快方に向かって.
— *n.* **1** 修繕 (repair); 改良 (improvement). **2** 直した[繕った]部分, つくろい穴: a ~ in the sole of a stocking 靴下の底のつくろい穴.
on the ménd (1)〈人・健康・傷などが〉快方[回復]に向かって. (2)〈事態・景気などが〉好転して: Conditions are now *on the* ~. 事態が今や好転している. (1802)
máke and ménd ⇨ make¹ *n.*
〖(?*a*1200)《頭音消失》← *amende(n)* 'to AMEND'〗

SYN 修繕する: **mend** 割れたり破れたり傷ついたものを修繕して原状に戻す《特別な技術を必要としない場合に使う》: *mend* a broken doll with paste and paper こわれた人形をのりと紙で修繕する. **repair** 複雑なものを専門的な技術を使って修繕する: *repair* a car 車を修理する. **patch** 一時の間に合わせにすばやく[おおざっぱに]繕っておく: *patch* holes in the wall with cement セメントで壁の穴を修繕する. **darn** ほころびをかがって繕う: *darn* a stocking ストッキングをかがって繕う. **fix**《口語》=*mend, repair*.

---

mend·a·ble /méndəbl̩/ *adj.* 修繕がきく, 改良できる. 〖(1533) ← MEND (v.)+-ABLE〗
men·da·cious /mendéɪʃəs/ *adj.* **1** よくうそをつく (lying): a ~ witness. **2** 虚偽の (false) (↔ veracious) (⇨ dishonest **SYN**): ~ tales ほら話 / a ~ report, statement, etc. **~·ness** *n.* 〖(1616) □ OF *mendacieux* ← L *mendāc-, mendāx* lying, untrue (← *mendum* fault: ⇨ amend)+-ACIOUS〗
men·dá·cious·ly *adv.* 偽って, 虚偽に. 〖(1802–12): ⇨ ↑, -ly¹〗
men·dac·i·ty /mendǽsəṭi | -sɪ̀ti/ *n.* **1** よくうそをつくこと, うそをつく癖. **2** うそ, 虚偽. 〖(1646) □ LL *mendācitātem* ← *mendāx*: ⇨ mendacious, -ity〗
Men·de /méndei, -di/ *n.* (*pl.* ~, **~s**) **1 a** [the ~(s)] メンデ族《シエラ レオネ (Sierra Leone)・リベリア (Liberia) に居住する部族》. **b** メンデ族の人. **2** メンデ語《ニジェール コンゴ語族に属する言語》. 〖1887〗
Men·del /méndl̩; *G.* méndl̩/, **Gregor Johann** *n.* メンデル (1822–84; オーストリアの修道士・生物学者・遺伝学者; ⇨ Mendel's law).
Men·de·le·ev /mèndəléɪəf, -dl̩-, -ɪ̀v | -dl̩éɪɛv, -dl̩-, -ɛf; *Russ.* mʲindʲilʲéjif/ (*also* **Men·de·le·eff** /~/), **Dmitri Ivanovich** *n.* メンデレーエフ (1834–1907; ロシアの化学者, 元素の周期律を発見; *The Principles of Chemistry* (1869–71)).
Méndeleev's láw *n.*〘化学〙メンデレーエフの法則 (⇨ periodic law).
men·de·le·vi·um /mèndəlí:viəm, -dl̩- | -dl̩-, -dl̩-/ *n.*〘化学〙メンデレビウム《超ウラン元素の一つ; 記号 Md. 原子番号 101》. 〖(1955) ← NL ~ ← *D. I. Mendeleev*: ⇨ -ium〗
Men·de·le·yev /mèndəléɪjəf, -dl̩- | -dl̩éɪjɛv, -dl̩-, -jɛf; *Russ.* mʲindʲilʲéjif/ *n.* =Mendeleev.
Men·de·li·an /mɛndí:liən/ *adj.* **1** メンデル (Mendel) の. **2** メンデル説[の法則]の. — *n.* メンデル学派の人, メンデル学説支持者. 〖(1901) ← *G. J. Mendel*+-IAN〗
Mendélian fáctor *n.*〘生物〙=gene.
Mendélian inhéritance *n.*〘生物〙メンデル性遺伝 (cf. particulate inheritance).
Men·dé·li·an·ìsm /-nìzm/ *n.* =Mendelism. 〖(1903): ⇨ Mendelian, -ism〗
Men·dé·li·an·ist /-nɪ̀st | -nɪst/ *n.* =Mendelist.
Mendélian rátio *n.*〘生物〙メンデル比《メンデルの法則に基づいて推定される比と一致した値を示す分離比》.
Mendélian únit *n.*〘生物〙=gene.
Mén·del·ism /-dəlìzm, -dl̩-/ *n.*〘生物〙メンデル説 (cf. Lysenkoism). 〖(1903) ← *G. J. Mendel*: ⇨ -ism〗
Mén·del·ist /-dəlɪ̀st, -dl̩- | -dəlɪst, -dl̩-/ *adj.*, *n.* = Mendelian. 〖(1910): ⇨ ↑, -ist〗
Méndel's láw *n.*〘生物〙メンデルの法則《G. J. Mendel が 1865 年に発表し, 1900 年に再発見された遺伝の基本原理で, 次の三つに分けられる》: **a** 分離の法則《対をなす遺伝子が配偶子を形成する時に分離し, 一つずつ配偶子に分配されること; law of segregation ともいう》. **b** 独立の法則《二つ以上の対立遺伝子が互いに無関係に, 独立して配偶子に分配されること; law of independent assortment ともいう》. **c** 優性[優劣]の法則《雑種第 1 代で; 優生の形質のみが現れること; law of dominance ともいう》.
Men·dels·sohn /méndl̩sən, -sn̩, -soun, -zòun | -sən, -sn̩, -səun; *G.* méndl̩szo:n/, **Felix** *n.* メンデルスゾーン (1809–47; ドイツのユダヤ系の作曲家; *Italian Symphony* (1833), *Scotch Symphony* (1842), *Elijah* (1846); 本名 Jakob Ludwig Felix Mendelssohn-Bartholdy /-bartóldi/). **Men·dels·sohn·i·an** /mèndl̩sóuniən, -zóu- | -sə́u-/ *adj.*
Mendelssohn, Moses *n.* メンデルスゾーン (1729–86; ユダヤ系ドイツの哲学者; ユダヤ民族の解放に尽くした; Felix Mendelssohn の祖父).
ménd·er *n.* 修繕[修理]者; 改善[改良]者. 〖(*c*1384) ← MEND (v.)+-ER¹〗
Men·de·res /mèndərés | ——; *Turk.* méndeɾes/ *n.* [the ~] メンデレス(川): **1** 小アジア西部を流れて Samos 島近くでエーゲ海に注ぐ川 (386 km); 流路に曲折が多いので有名 (cf. meander 1 a); 古名 Maeander. **2** 小アジア北西部, Troy 平野を流れて Dardanelles 海峡に注ぐ川 (104 km); 古名 Scamander.
Men·de·res /mèndərés | ——; *Turk.* méndeɾes/, **Adnan** *n.* メンデレス (1899–1961; トルコの政治家, 首相 (1950–60)).
Men·dès /mɑ̃:(n)dés, mɑ:n-; *F.* mɑ̃dɛs/, **(Abraham) Ca·tulle** /katyl/ *n.* マンデス (1841–1909; フランスの詩人・作家; ⇨ Parnassian school).
Men·dès-France /mɑ̃:(n)dɛsfrɑ́:(n)s, mɑ:ndɛ́sfrɑ́:ns; *F.* mɑ̃dɛsfʀɑ̃:s/, **Pierre** *n.* マンデスフランス (1907–82; フランスの政治家, 首相 (1954–55)).
men·di·can·cy /méndɪ̀kənsi | -dɪ-/ *n.* **1** 乞食(こじき)(生活). **2** 托鉢(たくはつ). 〖(1790): ⇨ ↓, -ancy〗
men·di·cant /méndɪ̀kənt | -dɪ-/ *adj.* **1** 乞食の, 物もらいの; 乞食らしい: be reduced to a ~ state 落ちぶれて乞食になる. **2** 托鉢する: a ~ friar (カトリックの)托鉢修道会士 / ~ orders 托鉢修道会 (Franciscans, Dominicans, Carmelites, Augustinians など). — *n.* **1** 乞食, 物もらい. **2**〔しばしば M-〕托鉢修道会士 (cf. fakir 1). 〖(1395) □ L *mendīcantem* (pres.p.) ← *mendīcāre* to beg ← *mendīcus* beggar: ⇨ mendacious, -ant〗
men·dic·i·ty /mɛndísəṭi | -sɪ̀ti/ *n.* =mendicancy. 〖(?*a*1400) □ (O)F *mendicité* □ L *mendīcitātem* beggary: ⇨ ↑, -ity〗
ménd·ing *n.* **1** 修繕, 修正, 改良. **2**〔集合的〕つくろいもの. 〖(?*a*1300) ← MEND (v.)+-ING¹〗
Men·dips /méndɪps/ *n. pl.* [the ~] メンディプス《イングランド Somerset 州北東部の丘陵地帯; 最高峰は Blackdown (325 m); Mendip Hills ともいう》.
Men·do·ci·no /mèndəsí:nou | -nəu/, **Cape** *n.* メンドシノ岬《米国 California 州最西端の岬》. 〖□ Sp. ~ ← *Antonio de Mendoza* (New Spain の総督 (1535–49))〗
Men·do·ta /mɛndóuṭə | -dáutə/, **Lake** *n.* メンドータ湖《米国 Wisconsin 州南部, Madison の北にある湖; 面積約 39 km²》.
Men·do·za /mɛndóuzə, -sɑ: | -dáuzə; *Am.Sp.* mendósa/ *n.* **1** メンドサ(州)《アルゼンチン中西部の州; 面積 150,839 km²》. **2** メンドサ《Mendoza 州の州都》.

Men·do·za /mɛndóuzə | -dáʊ-; *Sp.* mendóθa/, **Antonio de** *n.* メンドーサ《?1485–1552; スペインの植民地行政官; New Spain 総督 (1535–50); Mexico 征服に尽力; 後にペルー総督 (1551–52)》.

Mendoza, Pedro de *n.* メンドーサ《1487?–1537; スペインの軍人・探検家; Buenos Aires の植民地の建設者 (1536)》.

me·neer /mənɪ́ə | -nɪ́ə^(r)/ *n.* 《南ア》 =sir《単独で用いるとき》; =Mr.《名前の前で用いるとき》. 〖《1899》《変形》← MYNHEER〗

Men·e·la·us /mɛ̀nəléɪəs, -nl- | -nɪ̀l-, -nl-/ *n.* 《ギリシャ神話》メネラーオス《スパルタの王, Agamemnon の弟で Helen の夫》. 〖□ L ～ □ Gk *Menélāos*《原義》resisting the people ← *ménein* to stay, abide＋*lāós* people〗

Men·e·lik II /ménəlɪk, -nl-, -lɪk | -nɪl-, -nl-/ *n.* メネリク二世《1844–1913; エチオピアの皇帝 (1889–1913)》.

me·ne, me·ne, tek·el, u·phar·sin /míːni míːni tékəl juːfáəsɪn, -kɪ- | -fáːsɪn/《聖書》メネ メネ テケル ウパルシン,「数えたり, 数えたり, 量れり, 分かたれたり」《Babylon の王宮の壁に書かれた文字; Daniel がそれを Belshazzar 王に解いて示し, 王国の滅亡を預言した; cf. *Dan.* 5:25–28》. 〖□ Aram. ～ 'numbered, numbered, weighed, (and) divided'〗

Me·nén·dez de A·vi·lés /mənéndəsdeɪɑ̀ːvəléɪs, mɛ-; *Sp.* menéndneθdeaβilés/, **Pedro** *n.* メネンデス デ アビレス《1519–74; スペインの提督・開拓者; 米国 Florida 州 St. Augustine の創立者》.

Me·nes /míːniːz/ *n.* メネス《紀元前 3,100 年ごろのエジプトの国王; 第一王朝の開祖; Memphis を都とする; 実在の王 Narmer と同一人物ともいわれる》.

mén·fòlk *n. pl.* **1** 男たち. **2** [通例 the ～] (一家・一社会の)男連中, 男(の人)たち (↔ womenfolk). 〖1802〗

mén·fòlks *n. pl.* 《米》 =menfolk.

MEng 《略》 Master of Engineering.

Meng·el·berg /méŋəlbɜ̀ːg, -bəːg | -bɜ̀ːg, -bəːg; *Du.* méŋəlbɛrx/, **Josef Willem** *n.* メンゲルベルク《1871–1951; ドイツ系のオランダの指揮者》.

Meng·er /méŋə | -ŋə^(r); G. méŋɐ/, **Karl** *n.* メンガー《1840–1921; オーストリアの経済学者》.

Men·gis·tu Hai·le Ma·ri·am /mɛŋgístuːhaɪlimáːriəm/ *n.* メンギスツ・ハイレ・マーリアム《1937– ; エチオピアの軍人・政治家; 国家元首 (1977–91)》.

Meng·tze /mɛ̀ntséɪ/ *n.* =Mengzi².

Meng·zi¹ /mɛ̀ntséɪ; *Chin.* mə́ŋtsɨ̀/ *n.* 蒙自(もうじ)《中国雲南省 (Yunnan) 南東部の県》.

Meng·zi² /mɛ̀ntsíː; *Chin.* mə̀ŋtsɨ̀/ *n.* 孟子(もうし) (⇨ Mencius).

men·ha·den /mɛnhéɪdn, mən-/ *n.* (*pl.* ～, ～s)《魚類》メンハーデン (*Brevoortia tyrannus*)《米国東海岸に多いニシン科の魚; 釣餌, 肥料または採油用; mossbunker ともいう》. 〖《1643》□ N-Am.-Ind. (Narraganset) *munnawhatteaûg* ← ? *munnohquohteau* he fertilizes: この魚を肥料に用いたことから〗

menháden bòat *n.* 米国中部大西洋沿岸州・南部諸州の原動機付ニシン船.

menháden òil *n.* 《化学》メンハーデン油《menhaden から得られる魚油; ペンキ・ワニスなど塗料の原料または製革に用いる》. 〖1883〗

men·hir /ménhɪə | -hɪə^(r)/ *n.* 《考古》メンヒル, 立石(りっせき)《巨石記念物の一つで; 巨石を単独に建てたもの; 世界各地にあり, 新石器時代から初期金属器時代のものが多い; 墓標または祭祀的記念物と考えられている; cf. megalith, megalithic monument》. 〖《1840》□ Bret. *men hir* long stone〗

me·ni·al /míːniəl, -njəl/ *adj.* **1 a** 卑しい仕事をする. **b**《軽蔑》召使いの, 奉公人の: a ～ servant 召使い / ～ labor 奉公人[召使い]のする仕事. **2**〈仕事・性質など〉卑しい (servile). — *n.* **1**《軽蔑》召使い, 奉公人, 下男, 下女. **2** 卑屈な人. 〖《*a*1387》*meynyal* □ AF *me(i)nial* ← *meinie*=OF *mei(s)niee* < VL **mansiōnātam* ← L *mansiō(n-)* 'household, MANSION': ⇨ -al¹〗

mé·ni·al·ly /-li/ *adv.* 召使いとして, 卑しく. 〖1837〗

Mé·nière's disèase [sỳndrome] /meɪnjɛ́əz-, mə-, ménjɛəz- | ménjɛəz-, mér-, ┴─┴; *F.* menjɛːʁ/ *n.* 《病理》メニエール症候群, メニエール病, アレルギー性迷路水症《自律神経失調・ホルモン変調・アレルギー (allergy) などの原因から難聴・耳鳴り・めまい・むかつきなどを起こす疾患》. 〖《1861》← *Prosper Ménière* (1799–1862: フランスの耳科医)〗

men·i·lite /ménəlàɪt, -nl- | -nɪ-/ *n.* 《鉱物》珪乳石, メニライト《特に茶・灰色の縞目をもつオパール (liver opal)》. 〖1811〗

me·ning- /mɪníŋ, mɛ-, -nɪ́ndʒ/ (母音の前にくるときの) meningo- の異形.

me·nin·ge·al /mɪnɪ́ndʒiəl, mɛ-, mɛ̀nɪndʒíːəl | mɛnɪ́ndʒiəl, mɪ-, mɛ̀nɪndʒíːəl/ *adj.* 《解剖》髄膜の, 脳膜の, 脳脊髄膜の. 〖《1829》← NL *mēningeus* (⇨ meninx)＋-AL¹〗

meninges *n.* meninx の複数形.

me·nin·gi- /mɪnɪ́ndʒi, mɛ-, -dʒɪ/ meningo- の異形 (⇨ -i-).

me·nin·gi·o·ma /mɪnɪ̀ndʒióumə, mɛ- | -dʒiáʊ-/ *n.* (*pl.* ～s, ～·ta /-tə | -tə/)《病理》髄膜腫. 〖《1922》← NL ～: ⇨ meningo-, -oma〗

men·in·gi·tis /mɛ̀nɪndʒáɪtɪs | -tɪs/ *n.* (*pl.* **-in·git·i·des** /-dʒítədìːz | -tɪ-/)《病理》髄膜炎, 脳膜炎. **men·in·git·ic** /mɛ̀nɪndʒítɪk | -dʒít-ˈ/ *adj.* 〖《1828》← NL ～ ← Gk *mēnigg-*, *mēnigx* membrane＋-ITIS〗

me·nin·go- /mɪníŋgou, mɛ- | -gəʊ/《解剖》「髄膜, 脳膜」の意の連結形. ★ 時に meningi-, 母音の前では通例 mening- になる. 〖《1842》← NL ～ ← MENINGES〗

me·nin·go·cele /mɪníŋgousìːl, mɛ- | -gə(ʊ)-/ *n.* 《病理》髄膜瘤, 髄膜ヘルニア. 〖1867〗

menìngo·cóccus *n.* (*pl.* **-cócci**)《細菌》髄膜炎菌. **menìngo·cóccal** *adj.* **menìngo·cóc·cic** /-ká(ː)kɪk, -ká(ː)ksɪk | -kɔ́k-ˈ/ *adj.* 〖《1893》← NL ～: ⇨ ↓, -coccus〗

meningo·encephalítis *n.* 《病理》髄膜脳炎. **meningo·encephalític** *adj.* 〖《1872》← NL ～: ⇨ meningo-, encephalitis〗

me·ninx /míːnɪŋ(k)s, mén- | mén-/ *n.* (*pl.* **me·nin·ges** /mɪnɪ́ndʒiːz, mɛ-/)《解剖》脳膜, 髄膜《脳膜と脊髄膜との総称; arachnoid (くも膜), dura mater (硬脳膜), pia mater (軟脳膜) の三つがある》. 〖《1543》← NL *mēninx* ← Gk *mênigx* membrane ← IE **mēms-* flesh, meat〗

men·is·cec·to·my /mɛ̀nɪséktəmi | -nɪ-/ *n.* 《医学》半月(板)切除(術). 〖⇨ ↑, -ectomy〗

me·nis·cus /mɪnɪ́skəs/ *n.* (*pl.* **me·nis·ci** /-nɪ́skaɪ, -nɪ́saɪ, -nɪ́skiː/, ～·es) **1 a**《光学》メニスカス レンズ《片面が凸, 片面が凹のレンズ》. **b**《物理》メニスカス《円筒内の液体の表面が毛管現象によって示す凹[凸]面; 水は凹状, 水銀は凸状を呈する》. **2**《解剖》(関節内などにある)半月, 関節間軟骨. **3**《まれ》新月形(の物). **me·nis·coid** /mɪnɪ́skɔɪd/ *adj.* 〖《1693》← NL *mēniscus* ← Gk *mēnískos* crescent (dim.) ← *mḗnē* 'MOON'〗

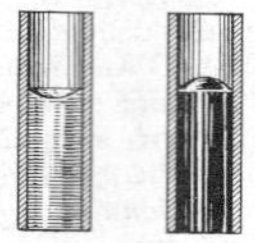

menisci 1 b
1 concave meniscus
2 convex meniscus

Men·i·sper·ma·ce·ae /mɛ̀nɪspəːméɪsiiː | -nɪ-spəː-/ *n. pl.* 《植物》ツヅラフジ科. **Mèn·i·sper·má·ceous** /-ʃəsˈ/ *adj.* 〖← NL ～ ← *Mēnispermum* (属名: ← Gk *mḗnē* 'MOON'＋Gk *spérma* 'seed, SPERM')＋-ACEAE〗

Men·kar /ménkɑə | -kɑː^(r)/ *n.* 《天文》メンカル《くじら(鯨)座 (Cetus) の α 星で 2.8 等星》. 〖□ Arab. *minkhar* nose〗

Mén·lo Párk /ménlou- | -ləʊ-/ *n.* メンローパーク: **1** 米国 California 州 San Francisco 南東部の都市. **2** 米国 New Jersey 州北東部にある村, Thomas Edison の実験所があった (1876–87). 〖← *Menlough* (アイルランド Galway にある町)〗

Men·ning·er /ménɪŋə | -ŋə^(r)/, **Karl Augustus** *n.* メニンガー《1893–1990; 米国の精神医学者》.

Menninger, William Claire *n.* メニンガー《1899–1966; 米国の精神医学者; K. A. Menninger の弟》.

Men·no·nite /ménənàɪt/ *n.* **1** [the ～s] メノー派, メノナイト《1523 年スイスの Zürich に起こったキリスト教プロテスタントの一派で, 幼児洗礼・聖職就任・兵役などに反対する; Amish はこの一分派; cf. hooker² 5》. **2** メノー派教徒. — *adj.* メノー派教徒の. **Mén·no·nìt·ism** /-tɪzm/ *n.* 〖《1565》□ G *Mennonit* ← *Menno Simons* (1496–1561: オランダの宗教家, この教派の主唱者): ⇨ -ite¹〗

me·no /méɪnou | -nəʊ; *It.* méːno/ *adv.* 《音楽》より少なく. 〖《1876》□ It. ～ < L *minus* less〗

men·o-¹ /ménou, míːn- | -nəʊ/《生理》「月経」の意の連結形: *menopause*. ★ 母音の前では通例 men- になる. 〖← NL ～ ← Gk *mḗn* 'MOON, month'〗

men·o-² /ménou | -nəʊ/《生物》「残る (remaining)」の意の連結形. 〖← NL ～ ← Gk *ménein* to remain ← IE **men-*: ⇨ manor, mansion〗

men·ol·o·gy /mɪnɑ́(ː)lədʒi | -nɔ́l-/ *n.* **1** (月々の行事を記録した)教会暦. **2**《東方正教会》メノロギオン, 聖人目録, 月別聖人伝, 聖人祭日暦《聖人伝を含む礼拝式文書で, 教会暦年を月別にしたもの》. 〖《1610》← NL *mēnologium* ← LGk *mēnológion*: ⇨ meno-¹, -logy〗

Me·nom·i·ni /mɪnɑ́(ː)məni | -nɔ́mɪ-/ *n.* (*pl.* ～, ～s) (*also* **Me·nom·i·nee** /～/) **1 a** [the ～s] メノミニ族《アメリカインディアンの一部族; かつては Michigan 州 Upper Peninsula に, 今は Wisconsin 州に住む》. **b** メノミニ族の人. **2** メノミニ族の言語. 〖《1762》← N-Am.-Ind. (Chippewa)《原義》men of the wild rice〗

me·no mos·so /méɪnoumɔ́(ː)sou | -nəumɔ́səʊ; *It.* menomɔ́sso/ *adj., adv.* 《音楽》それほど速くなく (less fast), もっとゆっくり (slower). 〖□ It. ～〗

Men·on /méɪnɑ(ː)n | -nɒn/, **V(engalil) K(rishnan) Krish·na** /krɪ́ʃnə/ *n.* メノン《1897–1974; インドの政治家・外交官》.

men·o·paus·al /mɛ̀nəpɔ́ːzəl, mìːn-, -pɑ́ː-, -zl | -nə(ʊ)pɔ́ː-ˈ/ *adj.* 《生理》経閉期の: a ～ woman. 〖《1910》: ⇨ ↓, -al¹〗

men·o·pause /ménəpɔ̀ːz, míːn-, -pɑ̀ːz | -nə(ʊ)pɔ̀ːz/ *n.* 《生理》閉経(期), 月経閉止(期), 更年期《change of life ともいう; cf. menarche》. 〖《1872》□ F *ménopause* ← NL *mēnopausis*: ⇨ meno-¹, pause〗

men·o·pau·sic /mɛ̀nəpɔ́ːzɪk, mìːn-, -pɑ́ː- | -nə(ʊ)pɔ́ː-ˈ/ *adj.* 《生理》《まれ》 =menopausal. 〖《1889》: ⇨ ↑, -ic¹〗

me·no·rah /mənɔ́ːrə | mɪ-/ *n.* **1 a** (ユダヤ教のハヌカー祭 (Hanukkah) に用いる)九本枝の飾り燭台. **b** (Jerusalem の神殿などで用いる)七本枝の飾り燭台. **2** 燭台. 〖《1888》□ Heb. *mᵉnōrāʰ* candlestick〗

menorah 1 b

Me·nor·ca /*Sp.* menórka/ *n.* メノルカ《Minorca¹ のスペイン語名》.

men·or·rha·gi·a /mɛ̀nəréɪdʒiə, -dʒə | -nə(ʊ)-/ *n.* 《病理》月経過多. **mèn·or·rhág·ic** /-rǽdʒɪkˈ/ *adj.* 〖《1776–84》← NL ～: ⇨ meno-¹, -rrhagia〗

men·or·rhe·a /mɛ̀nəríːə | -ríːə, -ríə/ *n.* (*also* **men·or·rhoe·a** /～/) **1**《生理》(正常な)月経. **2**《病理》月経過多. 〖《1856》← NL ～: ⇨ meno-¹, -rrhea〗

me·nos·che·sis /mɪnɑ́(ː)skəsɪs | -nɔ́skɪsɪs/ *n.* 《病理》月経閉止. 〖← MENO-¹＋Gk *skhésis* condition〗

men·o·stax·is /mɛ̀nəstǽksɪs | -nə(ʊ)stǽksɪs/ *n.* 《病理》**1** 月経周期異常延長. **2** 閉経. 〖← MENO-¹ ＋ Gk *stáxis* dropping (of blood)〗

men·o·tax·is /mɛ̀nətǽksɪs | -nə(ʊ)tǽksɪs/ *n.* 《生物》走保留性, 対刺激性《ある刺激に対して, ある一定の位置を保つ反応》. 〖← NL ～: ⇨ meno-², taxis〗

Me·not·ti /mənɑ́(ː)ti, -nɔ́(ː)ti | mɪnɔ́ti; *It.* menɔ́tti/, **Gian** /dʒɑ́ːn; *It.* dʒán/ **Carlo** *n.* メノッティ《1911– ; イタリア生まれの米国の作曲家》.

men's, mens /ménz/ *n.* 紳士用サイズ, 紳士服.

men·sa /ménsə/ *n.* (*pl.* ～s, **men·sae** /-seɪ/) **1**《カトリック》《1848》《祭壇の最高部の平たい石板; altar stone ともいう》. **2** [M-]《天文》テーブル山座, メンサ座《南天の星座; the Table, the Table Mountain ともいう》. 〖《1693》□ L ～ 'table' ← ? *mēnsus*: ⇨ measure〗

Men·sa /ménsə/ *n.* メンサ《知能テストで全人口の上位 2 %に入る人の国際社交組織》.

men·sal¹ /ménsəl, -sl/ *adj.* **1**《カトリック》(聖職者生活補助のために)とっておく, 備蓄(用)の: ～ fund 聖職補助資金. **2**《まれ》食卓の, 食卓用の. 〖《1440》□ LL *mensālis* ← L *mensa* table: ⇨ ↓, -al¹〗

men·sal² /ménsəl, -sl/ *adj.* 《まれ》月一回の, 毎月の (monthly). 〖《1860》← L *mēnsis* month＋-AL¹〗

mensch /ménʃ/ *n.* (*pl.* **men·schen** /～ən/) **1**《俗》高潔[公正]な人. **2** 精力家. 〖《1953》□ Yid. *mentsh* < MHG *mensch(e)* (G *Mensch* person)〗

mens con·sci·a rec·ti /ménzká(ː)nʃiəréktaɪ | -kɔ́n-/ *L. n.* 曇りのない良心 (cf. Virgil, *Aeneid* 1:603). 〖□ L *mēns cōnscia rēctī* a mind conscious of the right〗

mense /méns/《スコット・英方言》*n.* 礼儀正しさ; 清潔さ. — *vt.* …に名誉[光栄]を与える. **～·less** *adj.* 〖《*c*1500》《変形》← ME *mensk(e)* □ ON *mennska* humanity ← *mennskr* human〗

mense·ful /ménsfəl, -fl/ *adj.* 《スコット・英方言》**1** 礼儀正しい (decorous), 丁重な; 慎重な (discreet); 思慮深い, 思いやりのある. **2** きちんとした, 端正な. 〖《1674》: ⇨ ↑, -ful〗

menservants *n.* manservant の複数形.

men·ses /ménsiːz/ *n. pl.* 《生理》[複数扱い] 月経; [単数扱い] 月経期間: a late ～. 〖《1597》□ L *mēnsēs* (pl.) ← *mēnsis* month〗

mensh /ménʃ/ *n.* 《俗》 =mensch.

Men·she·vik /ménʃəvɪ̀k; *Russ.* mʲinʲʃɨvʲík/ *n.* (*pl.* ～s, **-she·vi·ki** /mɛ̀nʃəvíki, -víːki; *Russ.* mʲinʲʃɨvʲikʲí/) **1** メンシェビキ《ロシア社会民主労働党中の少数派の人; ↔ Bolshevik》. **2** [the Mensheviki] メンシェビキ《少数派; ロシア社会民主労働党の穏健派; 1917 年 Lenin 一派のボルシェビキ (Bolsheviki) に圧倒された》. — *adj.* メンシェビキの(ような). 〖《1917》□ Russ. *men'shevik* one of those in a minority ← *men'she* smaller, less ((compar.) ← *malo* little, few)＋-*vik* (nominal suf.)〗

Men·she·vism /ménʃəvɪzm; *Russ* mʲinʲʃɨvʲízm/ *n.* メンシェビズム《メンシェビキ (Mensheviki) の主義; cf. Bolshevism》.

Mén·she·vist /-vɪst | -vɪst/ *adj., n.* メンシェビキの(人).

mén's líb, M- L- *n.* 男性解放運動(同盟)《男性を社会における伝統的なイメージや役割から開放することを目的とする男性たちの組織; men's liberation ともいう; cf. women's lib》.

mén's lóunge *n.* =men's room.

mén's mòvement *n.* 《米》男性解放運動《男性をその社会での伝統的見方から解放しようとする運動》. 〖1971〗

mens re·a /ménzríːə | -ríːə, -réɪə/ *n.* 《法律》犯意. 〖《1861》← NL *mēns rea* guilty mind〗

mén's ròom, M- r- *n.* 《米》(ホテル・劇場などの)男子用洗面所[トイレ] (cf. gentleman 5, women's room). 〖1929〗

mens sa·na in cor·po·re sa·no /ménzsáːnə ɪnkɔ́əpərisáːnou, -pəréɪ- | -kɔ́ːpərisáːnəʊ/ *L.* 健全な精神が健全な身体に(宿らんことを)《教育の理想》(Juvenal, *Satires* 10. 356). 〖《*c*1605》□ L *mēns sāna in corpore sānō* a sound mind in a sound body〗

menstrua *n.* menstruum の複数形.

men·stru·al /ménstruəl, -strəl | -struəl/ *adj.* **1** 月経(時)の, 月経による: ～ cycle 月経周期 / ～ discharge 月経 / ～ periods 月経期間. **2**《古》**a** 毎月の, 月一回の. **b** 一か月(間)続く: a ～ trip. 〖《*a*1398》□ (O)F *menstruel* ∥ L *mēnstruālis* monthly ← *mēnstruus* monthly ← *mēnsis* month: ⇨ menses, -al¹〗

men·stru·ate /ménstruèɪt, -streɪt | -struèɪt/ *vi.* 〚生理〛月経がある, 月経になる. 〘(17C) (1800) ← L *mēnstruātus* (p.p.) ← *menstruāre*: ⇨ -ATE³〙

men·stru·a·tion /mènstruéɪʃən, mɛnstréɪ- | mènstruéɪ-/ *n.* 〚生理〛 **1** 月経, 月経があること. **2** 月経日[期間]. 〘(1776–84) □ LL *mēnstruātiō(n-)*: cf. -ATION〙

men·stru·ous /ménstruəs, -strəs | -struəs/ *adj.* 〚生理〛月経の(ある). 〘(?a1425) □ OF *menstrues* // ML *mēnstruōsus* ← *menstruum*: cf. -OUS〙

men·stru·um /ménstruəm, -strəm | -struəm/ *n.* (*pl.* ~**s**, **-stru·a** /-struə, -strə | -struə/) 〈古〉溶媒, 溶剤. 〘(a1398) 'menses' □ ML *mēnstruum* (neut.) (⇨ menstrual): 錬金術師が卑金属を金に変える溶媒を, 精子を胎児にすると考えられた子宮内の月経血に喩えたもの〙

men·sur·a·bil·i·ty /mènʃ(ʊ)rəbílәṭi, -s(ə)rə- | -lɪ̀ti/ *n.* 計れること, 測定できること, 可測性. 〘(1678): ⇨ ↓, -ity〙

men·sur·a·ble /ménʃ(ʊ)rəbl̩, -s(ə)rə-/ *adj.* **1** = measurable. **2** 〚音楽〛=mensural 2. **~·ness** *n.* 〘(a1398) □ (O)F ~ // L *mēnsūrābilis* ← *mēnsūrāre* to measure ← *mēnsūra* (n.): ⇨ measure (v.), -able〙

men·su·ral /ménʃ(ʊ)rəl, -s(ə)r-/ *adj.* **1** 度量 (measure) に関する. **2** 〚音楽〛定量の. 〘1: (1651); 2: (1609) ← L *mēnsūra* (↑)+-AL¹〙

ménsural músic *n.* 〚音楽〛定量音楽《定量記譜法によって書かれた多声音楽》. 〘1609〙

ménsural notátion *n.* 〚音楽〛定量記譜法《13 世紀後半から 17 世紀初めにかけて polyphony 様式の声楽作品の記譜に用いられた, 音の長さを各種の音符と記号によって相対的に関係づけることのできる記譜法》. 〘1893〙

men·su·ra·tion /mènʃʊréɪʃən, -sər- | -ʃʊr-, -sjʊr-/ *n.* **1** 計ること, 測定. **2** 〚数学〛測定法, 測量法, 求積法. **~·al** *adj.* 〘(1571) □ LL *mēnsūrātiō(n-)* a measruing ← *mēnsūrāre* 'to MEASURE': ⇨ -ation〙

men·su·ra·tive /ménʃʊrèɪṭɪv, -sər-, -rəṭ- | -ʃʊrət-, -sjʊ-, -rèɪt-/ *adj.* 計るのに適した. 〘(1831): ⇨ ↑, -ative〙

méns·wèar *n.* (*also* **mén's wèar**) 男子服, 紳士服, メンズウェア. 〘1947〙

-ment /mənt/ *suf.* 通例動詞から名詞を造り, 次の意味を表す: **1** 結果: achieve*ment*, frag*ment*. **2** 手段: nutri*ment*, escape*ment*. **3** 動作, 過程: move*ment*, develop*ment*. **4** 状態, 性質: bewilder*ment*, senti*ment*. **5** 場所: encamp*ment*. ★(1) まれに名詞・形容詞に付くことがある: base*ment*, devil*ment* / merri*ment*, odd*ment*. (2) -ment に終わるフランス借入語の名詞が動詞に転用される時, 発音は /mènt, mənt/ となる: compli*ment*, imple*ment*. 〘ME □ (O)F ~ □ L *-mentum* ← *-men* (n. suf.) +*-tum* (cf. -ed)〙

menta *n.* mentum の複数形.

men·tal¹ /ménṭl̩ | -tl̩/ *adj.* **1** 心の, 心的な, 精神の; 内的な (↔ corporeal, bodily, physical): ~ derangement [disorder] 精神傷害 / ~ effort [excitement] 精神的努力[興奮] / ~ illness=mental disease. **2 a** 知的の, 知力の, 知能の; 頭脳を使う: ~ culture 精神的教養, 知的修養 / ~ faculties 知力, 知能 / ~ weakness 精神薄弱, 低能 / ~ work 精神[頭脳]労働, 頭仕事 / ⇨ mental worker. **b** 観念的な. **c** 頭の中で行う, 暗算の: make a ~ note of …を頭に入れて[覚えて]おく / ~ arithmetic [calculation, computation] 暗算. **3 a** 精神病の: a ~ case [patient] 精神病患者. **b** 精神病患者を治療する[ための]: a ~ home [hospital, institution, asylum] 精神病院 / a ~ specialist 精神病専門医. **c** 〖叙述的〗〈口語〉気違いの, 気が変で: He is a bit ~. 少々気がふれている / Owing to his failure, he went ~. 失敗したため精神に異常をきたした. **4** 読心術の, テレパシーの: ⇨ mental medium. — *n.* 〈口語〉精神病患者. 〘(c1422) □ (O)F ~ // LL *mentālis* of the mind ← L *ment-*, *mēns* mind, understainding ← IE **men-* to think: ⇨ -al¹: cf. mind〙

men·tal² /ménṭl̩ | -tl̩/ *adj.* 〚解剖〛顎(あご)の, おとがいの (genial): the ~ point 顎先 (chin). 〘(1727) □ F ~ ← L *mentum* chin+-AL¹〙

méntal áge *n.* 〚心理・教育〛精神年齢, 知能年齢《各暦年齢 (chronological age) について正常とされる者の平均知能と比較した場合の知能発達の尺度; 略 MA》. 〘1912〙

méntal blóck *n.* 〚心理〛心理的ブロック《感情的要因に基づく思考・記憶の遮断》.

méntal bréakdown *n.* =nervous breakdown. 〘1869〙

méntal crúelty *n.* 〚法律〛精神的虐待《夫婦の一方が相手に精神的苦痛を与えること; しばしば離婚または別居の根拠として認められる》. 〘1928〙

méntal deféctive *n.* 精神薄弱者. 〘1960〙

méntal defíciency *n.* 〚心理〛精神遅滞, 精神的[知的]欠陥《その程度により moronity (軽愚), imbecility (痴愚), idiocy (白痴) の 3 段階に分けられる; 以前用いられた名称で, 今は mental retardation という》. 〘1856〙

méntal diséase *n.* 精神障害, 精神病. 〘1904〙

méntal disórder *n.* 〚法律〛精神障害. 〘1839〙

méntal hándicap *n.* 精神薄弱[障害]; =learning difficulties. 〘1971〙

méntal héaling *n.* 精神治療 (cf. psychotherapy).

méntal héaler *n.* 〘1888〙

méntal héalth *n.* 精神的健康. 〘1833〙

méntal hygíene *n.* 精神衛生(学). 〘1848〙

méntal íllness *n.* =mental disease. 〘1962〙

méntal impáirment *n.* 〚法律〛精神障害.

men·tal·ism /ménṭəlɪzm, -tl̩- | -təl-, -tl̩-/ *n.* **1** 〚哲学〛唯心論 (cf. idealism 1, spiritualism 3). **2** 〚心理〛メンタリズム《心理現象を扱うのに内観によってとらえられる意識体験を重視する立場; cf. behaviorism 1, introspectionism》. **3** 〚言語〛心理主義, メンタリズム《言語現象の解釈・分類に心的要因を重視する態度; ↔ mechanism》.

men·ta·lis·tic /mènṭəlístɪk, -tl̩- | -təl-, -tl̩-´/ *adj.*

mèn·ta·lís·ti·cal·ly *adv.* 〘(1874): ⇨ mental¹, -ism〙

mén·tal·ist /-ṭəlɪ̀st, -tl̩- | -təlɪst, -tl̩-/ *n.* **1** 唯心論者. **2** メンタリズム信奉者. **3** 読心術師; 占い師. 〘(1790) ← MENTAL¹+-IST〙

men·tal·i·ty /mentǽləṭi | -lɪ̀ti/ *n.* **1** 知能, 知力; 知性: a child of average ~ 普通の知力[知性]のある児童. **2** 心的状態, 心理; 心的傾向, 物の見方: abnormal ~ 異常心理 / the female ~ 女性の心理. 〘(1691) ← MENTAL¹+-ITY〙

men·tal·ly /ménṭəli, -tl̩i | -təli, -tl̩i/ *adv.* **1** 精神的に; 知的に (intellectually): ~ deficient [defective, handicapped]〈人が〉精神発達障害の / ~ retarded 知恵遅れの. **2** 心の中で; 心は. 〘(?a1425) ← MENTAL¹+-LY¹〙

méntal médium *n.* (テレパシーの)仲介者, 霊媒 (⇨ mental¹ *adj.* 4).

méntal rátio *n.* 〚心理・教育〛=intelligence quotient. 〘1921〙

méntal reservátion *n.* **1** 〚法律・論理〛心裡留保《陳述・約束などに著しい影響を及ぼす類の事を黙秘すること, また黙秘された事柄》. **2** 〚カトリック〛意中留保《第 4 戒 (偽証してはならない)と正しい守秘義務との間に対立が起こる場合, その dilemma から当人を救うための理論; あるいは黙秘が肯定と受け取られる場合, あいまいな言葉を用いること》. 〘1606〙

méntal retardátion *n.* 〚心理〛精神遅滞《その程度により borderline, mild, moderate, severe, profound の 5 段階に分けられる; cf. mental deficiency》. 〘1914〙

méntal sèt *n.* =mind-set. 〘1913〙

méntal telépathist *n.* 読心術者 (mind reader).

méntal telépathy *n.* 読心術 (mind reading). 〘1972〙

méntal tèst *n.* メンタルテスト, 知能検査[測定]. 〘1890〙

méntal wórker *n.* 精神労働者, 知能[頭脳]労働者.

men·ta·tion /mentéɪʃən/ *n.* 精神作用; 思考. 〘(1850) ← L *ment-* (⇨ mental¹)+-ATION〙

menth- /menθ/ (母音の前にくるときの) mentho- の異形.

Men·tha·ce·ae /menθéɪsiìː/ *n. pl.* 〚植物〛ハッカ科《シソ科 (Labiatae) の別名》. 〘← NL ~ ← *Mentha* (属名: ← L *mentha* mintn)+-ACEAE〙

men·tha·ceous /menθéɪʃəs/ *adj.* 〚植物〛ハッカ科の.

men·tha·di·ene /mènθədáɪiːn/ *n.* 〚化学〛メンタジエン (⇨ terpinene). 〘← *mentha(ne)* (← MENTHO-+-ANE²)+-DIENE〙

men·thene /ménθiːn/ *n.* 〚化学〛メンテン ($C_{10}H_{18}$)《無色油状のテルペン炭化水素; 種々の異性体がある》. 〘(1838) ← MENTH(OL)+-ENE: cf. G *Menthen*〙

men·tho- /ménθoʊ | -θəʊ/ 〚化学〛「メントール (menthol)」の意の連結形. ★ 母音の前では通例 menth- になる. 〘↓〙

men·thol /ménθɔ(ː)l, -θɑ(ː)l | -θɒl/ *n.* **1** 〚化学〛メントール, ハッカ脳 ($C_{10}H_{19}OH$) (hexahydrothymol, mint camphor, peppermint camphor ともいう). **2** ハッカ入りたばこ. — *adj* =mentholated. 〘(1876) □ G *Menthol* ← L *mentha* mint¹+-OL¹〙

men·tho·lat·ed /ménθəlèɪṭɪ̀d | -tɪ̀d/ *adj.* **1** メントールで処理した. **2** メントールを含んだ[のしみ込んだ]. 〘(1933): ⇨ ↑, -ate³, -ed〙

Men·tho·lat·um /mènθəléɪṭəm | -təm/ *n.* 〚商標〛メンソレータム《米国 The Mentholatum 社製の軟膏》.

men·ti·cide /ménṭəsàɪd | -tɪ̀-/ *n.* 〚心理・社会学〛頭脳殺害《種々の精神的・肉体的苦悶を与えて人の意識的感覚を麻痺させ, 正常な精神活動を組織的に破壊しようと図ること; cf. brainwashing 1》. 〘(1951) ← *menti-* (← L *mēns* mind)+-CIDE〙

men·tion /ménʃən, méntʃən/ *vt.* (簡単にまたは偶然) …のことを言う[書く], …に言及する; (特に, 功績などをたたえて)…の名を挙げる: as ~*ed* above 上に述べたように / too numerous to ~ by name 非常に多くて名をいちいち挙げられない / be ~*ed* for the office その職の候補者に挙げられる / Did he ~ my name? 私の名を挙げ[言い]ましたか / She never ~*ed* marriage, though she wanted it badly. 彼女はとても結婚したかったけれどそれを口にしなかった / He ~*ed* (*to me*) *that* he knew you. 彼は君を知っていると(私に)言った / He didn't ~ *hav*ing written it. 彼はそれを書いたことを言わなかった / ⇨ *be mentioned in* DISPATCHes. ***Don't méntion it.*** [感謝・言い訳などに対する答えとして] どう致しまして (cf. You are welcome.). (1841) ***nòt to méntion***=***without méntioning*** …は言うまでもなく (to say nothing of). (1702) — *n.* (簡単な)言及, 陳述; 名を挙げて示すこと: a brief ~ (書物などの)寸評 / ⇨ honorable mention / at the ~ of …の話が出ると / find ~ 記されてある / make ~ of …のことを話す, …に言及する, 挙げる / The book does not *make* any ~ *of* the fact. その本はこの事実には全然言及していない / There is only a bare ~ of it in the book. その本の中にただちょっと触れてあるだけだ. **~·er** *n.* 〘n.: (c1300) *mencioun* □ OF *mencion* (F *mention*) □ L *mentiō(n-)* a calling to mind, speaking of ← *mēns* (⇨ mental¹). — v.: (1530) □ F *mentionner*〙

men·tion·a·ble /ménʃ(ə)nəbl̩/ *adj.* 言及するだけの価値のある. 〘(1833): ⇨ ↑, -able〙

mén·tioned *adj.* [通例複合語の第二構成素として] 述べた, 言及した: above-*mentioned* 前述の, 上述の. 〘(1592) (p.p.) ← MENTION〙

men·to /ménṭoʊ | -təʊ/ *n.* 〚音楽〛メント《ジャマイカの民俗音楽; 2 拍子を基調とするダンス音楽で, ska や reggae の基になったとされる》. 〘(1910) ← ?〙

Men·ton /mɑ̃ː(n)tɔ̃ː(ŋ), mɑːntɔ́ːŋ; *F.* mɑ̃tɔ̃/ *n.* マントン《フランス南東部, Nice の北東約 28 km にある地中海沿岸の都市・避寒地》.

men·ton·nière /mènṭənjéə | -tɔnjéə^{r}; *F.* mɑ̃tɔnjɛːʁ/ *n.* (*pl.* ~**s** /~z; *F.* ~/) 〚甲冑〛 **1** (兜(かぶと)の)顎(あご)当て (beaver). **2** (トーナメント用の)補強顎当て. 〘(1824) □ F ~ ← *menton* chin+-*ière* (⇨ -ary)〙

Men·tor /méntɔə | -tɔː^{r}, -tə^{r}/ *n.* **1** 〚ギリシャ伝説〛メントール《Odysseus の友人; 彼が Troy 出陣の際その子 Telemachus の教育を託した優れた指導者》. **2** [m-] 信頼のおける助言者; 立派な指導者, 教師 (teacher). — [m-] *vt.* (…の)指導者・教師としてふるまう; 忠告する.

men·tór·shìp *n.* **men·to·ri·al** /mentɔ́ːriəl^{-}/ *adj.* 〘(1750) □ L ~ □ Gk *Méntōr* (原義) one who thinks ← IE **men-* to think; adviser, wise man (Skt *man-tar-* one who thinks): cf mental¹〙

mén·tor·ing /-ṭərɪŋ, -tɔːr-/ *n.* (職場などでの)経験を積んだ人や有職者による指導体制.

men·tum /ménṭəm | -təm/ *n.* (*pl.* **men·ta** /-ṭə | -tə/) **1** 〚解剖・動物〛顎先 (chin). **2** 〚植物〛(ラン科植物の)芯柱の下部にある突起. 〘(1693) □ L ~ 'chin'〙

men·u /ménjuː, méɪn- | mén-/ *n.* **1** 献立表, メニュー. **2** 料理: a light ~ 軽い料理 / an admirable ~ すばらしい料理. **3 a** 利用可能なもののリスト. **b** 〚電算〛メニュー; 案内画面《画面に表示される機能や処理内容の一覧表》. **4** (音楽会・演劇などの)プログラム. 〘(1658) □ F ~ 'detailed list, (原義) small' < L *minūtum* 'MINUTE²'〙

ménu bàr *n.* 〚電算〛メニューバー《ウインドーの上辺のメニュー (menu) を表示した領域; メニューの各項目はプルダウンメニュー (pull-down menu) の見出しであることが多い》.

me·nu·do /mənúːdoʊ | -dəʊ/ *n.* 〚料理〛メヌード《トライプ・タマネギ・トマト・トウモロコシに香辛料を加えて作るメキシコのスープ》. 〘(1964) □ Am.-Sp. ~ 'menudo; small' < L *minūtum* 'MINUTE²'〙

ménu-drìven *adj.* 〚電算〛メニュー選択方式の《画面に表示されるメニューを選んでゆく》. 〘1977〙

men·u·et /mènjuét/ *n.*, *vi.* 〚音楽〛=minuet.

Men·u·hin /ménjuɪn | -njuɪn, -nuhɪn/, Sir **Yehudi** *n.* メニューイン (1916–99; 米国生まれの英国のバイオリン奏者).

me·nus plai·sirs /mənúː pleɪzíə, -njúː- | -njúː-pleɪzíə^{r}; *F.* mənyplɛziːʁ/ *n. pl.* ささやかな楽しみ. 〘(1697) □ F ~ 'small pleasures'〙

Men·zies /ménziːz, -zɪz | -zɪz/, Sir **Robert Gordon** *n.* メンジーズ (1894–1978; オーストラリアの政治家; 首相 (1939–41; 1949–66)).

Me·o /mióu | miə́ʊ/ *n.* (*pl.* ~, ~**s**) =Miao.

me·ow /miáu, mjáu | miːáu, mi-/ *n.* **1** にゃーお, にゃーにゃー《猫の鳴声》. **2** 悪意に満ちた発言, 酷評. — *vi.* **1**〈猫が〉にゃーお[にゃーにゃー]と鳴く. **2** 意地悪な発言をする. 〘(1634) 擬音語: cf. miaow〙

MEP /ɛ̀mìːpíː/ (略) Member of the European Parliament 欧州議会議員.

m.e.p. (略) mean effective pressure 平均有効圧力.

mep·a·crine /mépəkriːn/ *n.* 〚薬学〛=quinacrine. 〘1943〙

me·per·i·dine /məpérədiːn, -dɪ̀n | mɛpérɪ̀diːn, -dɪn/ *n.* 〚薬学〛メペリジン ($C_{15}H_{21}NO_2$)《合成鎮痛剤・鎮静剤》. 〘(1947) ← ME(THYL)+(PI)PERIDINE〙

Me·phis·to /mɪ̀fístou, mɛ- | -təʊ/ *n.* =Mephistopheles.

Meph·is·to·phe·le·an /mèfɪ̀stəfíːliən^{-}/ *adj.* = Mephistophelian.

Meph·is·toph·e·les /mèfɪ̀stɑ́(ː)fəliːz | -tɔ́fɪ̀l-/ *n.* **1** メフィストフェレス《ドイツ伝説の悪魔; 一般には Goethe の *Faust* (あるいは Marlowe の *Dr. Faustus*) の中で Faust (あるいは Faustus) が自分の魂を売り渡した悪魔として知られている》. **2** (メフィストフェレスのような)悪魔的人物, (知的な)誘惑者. 〘(c1590) (1597) □ G ~ ← ? Heb. *mēphîṣ* scatterer+*tōphēl* smearer〙

Meph·is·to·phe·li·an /mèfɪ̀stəfíːliən^{-}/ *adj.* メフィストフェレスの(ような); 悪魔的な, 陰険な, 冷笑的な. 〘(1853): ⇨ ↑, -an¹〙

me·phit·ic /mɪ̀fíṭɪk, mɛ- | -tɪk/ *adj.* 悪臭のある, 悪臭性の; 毒気の, 有毒な (noxious), 有毒性の. **me·phít·i·cal·ly** *adv.* 〘(1623) □ LL *mephīticus*: ⇨ mephitis, -ic¹〙

me·phít·i·cal /-ṭɪ̀kəl, -kl̩ | -tɪ-/ *adj.* =mephitic. 〘(1704): ⇨ ↑, -al¹〙

me·phi·tis /mɪ̀fáɪṭɪs | mɛfáɪtɪs, mɪ̀-/ *n.* **1** (地中から発散する)毒気, 悪気; 悪臭. **2** [M-] 〚ローマ神話〛メフィーティス《人を疾病・悪風から守る女神》. 〘(1706) □ L *mephitis*, *mefitis* ← Oscan〙

mep·ro·bam·ate /mèproʊbǽmeɪt | -prə(ʊ)-/ *n.* 〚薬学〛メプロバメート ($C_9H_{18}N_2O_4$)《白色粉末状の精神安定剤》. 〘(1955) ← ME(THYL)+PRO(PYL)+(CAR)BAMATE〙

meq. (略) milliequivalent.

mer. (略) mercantile; merchandise; meridian; meridional.

mer-¹ /mə́ː | mə́ː^{r}/「海」の意の連結形: *mer*maid,

M

*mer*woman. 〖ME～ ← OE *mere* sea, lake: ⇨ mere[2]〗

mer-[2] /mɛr/ (母音の前にくるときの) mero-[2] の異形: *mer*algia.

mer-[3] /mɛr/ (母音の前にくるときの) mero-[1] の異形: *mer*apsis.

-mer /mə, mɚ: | mə(r, mɚ:(r/ 〘化学〙「特定の群に属する化合物」の意の名詞連結形: iso*mer*, meta*mer*, mono*mer*, poly*mer*. 〖← Gk *méros* part〗

Me·rak /mí:ræk/ *n.* 〘天文〙 ミラク《おおくま(大熊)座 (Ursa Major) の *β* 星で 2.4 等星; 北斗七星の第二星》. 〖▭ Arab. *marāqq(al-dubb)* the loin of the bear〗

me·ran·ti /məránti | -ti/ *n.* **1** メランチ材《インドネシア・マレーシア産のフタバガキ科サラノキ属 (*Shorea*) などの種々の常緑高木から得られる比較的軽軟な良材; フィリピン産のラワン材に相当する》. **2** 〘植物〙 メランチ《メランチ材を産する木; 熱帯降雨林を構成する主要な樹種》. 〖《1783》 ▭ Malay ～〗

mer·bau /mɚ́:bou | mə́:bəu/ *n.* 〘植物〙 タシロマメ, タイヘイヨウテツボク (*Intsia bijuga*)《マレーシア・インドネシアなどに産するマメ科の高木》; 太平洋鉄木《その緻密で硬い材; 高級建築材・家具・枕木などに用いられる》. 〖《1783》 ▭ Malay ～〗

mer·bro·min /mə:bróumən | mə:brə́umɪn/ *n.* 〘薬学〙 メルブロミン ($C_{20}H_8Br_2HgNa_2O_6$)《水に溶かすと赤い液体となる粉末; 防腐剤・殺菌剤; 一般に Mercurochrome の商品名で知られている》. 〖← MER(CURIC)＋BROMO-＋-IN[2]〗

merc /mɚ́:k | mə́:k/ *n.* 《口語》 ＝mercenary. 〖1967〗

Merc /mɚ́:k | mə́:k/ *n.* ＝Mercedes-Benz.

merc. 《略》 mercantile; mercurial; mercury.

mer·ca·do /mə:ká:dou | mə:ká:dəu; *Sp.* meɾkáðo/ *n.* 市場 (market). 〖《1841》 ▭ Sp. ～ ＜ L *mercātum*: ⇨ 'MARKET'〗

Mer·cál·li scále /mɛəká:li-, mə- | mə:kǽli-; *It.* merkálli/ *n.* 〘地震〙 メルカリ震度階《I から XII まであり, 特定地域の震度を表す階級; cf. Richter scale》. 〖《1921》 ← *Giuseppe Mercalli* (1850–1914), イタリアの地学者〗

mer·can·tile /mɚ́:kəntì:l, -tàɪl | mə́:kəntàɪl/ *adj.* **1** 商業の, 商人の: the ～ field 商業界. **2** 重商主義 (mercantilism) の. **3** 《まれ》 金もうけに熱心な, 欲得の. 〖《1642》 ▭ F ～ ▭ It. ～ ← *mercante* merchant ＜ L *mercantem* (pres.p.) ← *mercārī* to trade: ⇨ merchant, -ile[1]: cf. market, mercenary〗

mércantile àgency *n.* ＝commercial agency. 〖1858〗

mércantile làw *n.* 〘法律〙 商法, 商慣習法 (cf. commercial law, law merchant).

mércantile maríne *n.* [しばしば the ～; 集合的] 〘海事〙 ＝merchant marine.

mércantile pàper *n.* 〘金融〙 商業手形《為替手形・約束手形など》.

mércantile sỳstem *n.* [the ～] 〘経済〙 重商主義《農工業を奨励してできる限り輸出を増し, 輸入を減じて外貨の獲得を図り, それによって政治的優勢を得ようとする経済政策および思想; 17 世紀の初めから 18 世紀の半ばごろまで西欧諸国が採用した》. 〖1776〗

mér·can·tìl·ism /-tì:lɪzm | -tɪlìzm, -tàɪlɪzm/ *n.* **1** 〘経済〙 重商主義. **2** 商業主義, 商業術, 商人気質(かたぎ); 商人根性. 〖《1873》 ← MERCANTILE＋-ISM〗

mér·can·tìl·ist /-tì:ləst, -tàɪl- | -tɪlɪst, -tàɪl-/ *n.* 重商主義者. — *adj.* 重商主義の. 〖1854〗

mer·can·til·is·tic /mɚ̀:kənti:lístɪk, -taɪl- | mə̀:kəntɪl-, -taɪl-/ *adj.* ＝mercantilist. 〖《1881–4》: ⇨ ↑, -ic[1]〗

mer·capt- /mə(:)kǽpt | mə:-/ (母音の前にくるときの) mercapto- の異形.

mer·cap·tan /mə(:)kǽptæn | mə(:)-/ *n.* 〘化学〙 メルカプタン (⇨ thiol 1); (特に) ＝ethyl mercaptan (cf. thioalcohol). 〖《1835》 ▭ G *Merkaptan* ← L (*corpus*) *mer*(*curium*) *captān*(*s*) (body) catching mercury〗

mer·cap·tide /mə(:)kǽptaɪd | mə(:)-/ *n.* 〘化学〙 メルカプチド《メルカプタンの水素原子を金属原子で置換したもの》. 〖《1835》: ⇨ ↑, -ide[2]〗

mer·cap·to /mə(:)kǽptou | mə(:)kǽptəu/ *adj.* 〘化学〙 メルカプトの《メルカプタンの基 SH を価の置換基として接頭辞で命名するとき用いる》. 〖↓〗

mer·cap·to- /mə(:)kǽptou | mə(:)kǽptəu/ 〘化学〙「メルカプトの (mercapto)」の意の連結形: *mercapto*wine. 〖《1884》 ← MERCAPT(AN)＋-O-〗

mercápto gròup *n.* 〘化学〙 メルカプト基《-SH の 1 価の基; mercapto radical ともいう》.

mercàpto·púrine *n.* 〘薬学〙 メルカプトプリン ($C_5H_4N_4S$)《プリン誘導体の一種の黄色柱状晶; 急性白血病に効果がある》. 〖《1954》: ⇨ ↑, purine〗

mercápto ràdical *n.* 〘化学〙 ＝mercapto group.

Mer·cast /mɚ́:kæst | mə́:ka:st/ *n.* マーカスト《米国の政府機関が国有の船舶に対して用いる放送またはその施設》. 〖? ← *Merc(hant Marine broad)cast*〗

mer·cat /mɛ́əkət | mɛ́ə-/ *n.* 《スコット》 ＝market.

Mer·ca·tor /məkéɪtə | mə(:)kéɪtə(r, -tɔ:(r/, **Gerhardus** /dʒəháədəs | dʒəhá:d-/ *n.* メルカトル《1512–94; フランドルの地理学者・地図製作者; 本名 Gerhard Kremer》.

Mercátor chárt *n.* メルカトル式海図[地図]《Mercator projection の原理による》. 〖*a*1877〗

Mercátor projéction *n.* 〘地図〙 メルカトル式投影図法《緯線と経線がともに直交する直線で表される円筒図法の一種; Mercator's projection ともいう; cf. projection 7》. 〖1669〗

Mercátor sáiling *n.* 〘海事〙 メルカトル航法, 漸長緯度航法《地文航法の一つで, 漸長図で直線に描かれる針路上を船が走る場合の航法》.

Mercátor tràck *n.* 〘海事〙 航程線《メルカトル式投影図上で直線に表される同一針路の線; 実際の地球上では極点に収斂(れん)する渦巻き線である; rhumb line ともいう》.

Mer·ce·des /mɚ́:sədì:z, məséɪdi:z | mə́:sɪdì:z/ *n.* マーセデス《女性名》. 〖《短縮》 ← Sp. *Maria de las Mercedes* Mary of mercies〗

Mer·ce·des-Benz /mə(:)séɪdi:zbɛ́nz, -bɛ́nts | mə(:)séɪdi:zbɛ́nts, -bɛ́nz; *G.* mɛʁtsé:dɛsbɛ́nts/ *n.* 〘商標〙 メルセデスベンツ《ドイツ製の(高級)乗用車; 単に Mercedes ともいう》. 〖*Mercedes*: オーストリアの実業家で販売・宣伝に貢献した Emil Jellinek (1853–1918) の娘の名: ↑〗

mer·ce·nar·y /mɚ́:sənɛ̀ri, -sn- | mə́:sən(ə)ri, -sn-, -sn-/ *n.* **1** (外国人の)雇い兵, 傭兵(ようへい). **2** 《まれ》 金銭でのみ働く人. — *adj.* **1** 〈兵士が〉(外国の軍隊に)雇われた: a ～ soldier 雇い兵, 傭兵. **2** 欲得ずくの, 金で働く, 報酬目当ての, 欲張った (venal, greedy): a ～ woman. **mer·ce·nar·i·ly** /mɚ̀:sənérəli, -sn-, ⸗⸗⸗⸗⸗ | mə́:sən(ə)rəli, -sn-, -sn-/ *adv.* **mér·ce·nàr·i·ness** *n.* 〖《*c*1387–95》 (O)F *mercenaire* ∥ L *mercēnārius* hired, paid ← *mercēs* hire, wages〗

mer·cer /mɚ́:sɚ | mə́:sə(r/ *n.* 《英》 服地商, 織物商人; (特に)絹織物商. 〖《?*a*1200》 ▭ AF ～＝OF *mercier* ← *merz* merchandise ▭ L *merc-*, *merx* merchandise: ⇨ merchant, -er[1]〗

mer·cer·i·za·tion /mɚ̀:s(ə)rəzéɪʃən | mə̀:səraɪ-, -rɪ-/ *n.* 〘紡織〙 マーセリゼーション, マーセル法[加工], シルケット加工《木綿類を苛性ソーダで処理してつや出しする加工》. 〖《1902》: ⇨ ↓, -ation〗

mer·cer·ize /mɚ́:səràɪz | mə́:-/ *vt.* 〘紡織〙 …にマーセル法を施す, マーセル加工する: ～*d* cotton つや出し木綿, シルケット. 〖《1859》 ← *John Mercer* (1791–1866: この方法を発明した英国人): ⇨ -ize〗

mer·cer·y /mɚ́:s(ə)ri | mɚ́:-/ *n.* 《英》 **1** 服地店, 反物店 (mercer's shop). **2** (服地店で取り扱う)服地; (特に)絹織物. 〖《*c*1300》 ▭ OF *mercerie* ← *mercier*: ⇨ mercer, -ery〗

mer·chan·dise /mɚ́:tʃəndàɪz, -dàɪs | mə́:-/ *n.* **1** [集合的] 商品, (特に)製造品: general ～ 雑貨. **2** 在庫品, 手持ち商品. **3** 《古》 取引.
— /mɚ́:tʃəndàɪz | mə́:-/ *v.* — *vi.* 商売をやる. — *vt.* **1** 取引きする, 売買する. **2** …の販売増進を図る; 〈商品・サービス〉の広告宣伝をする.
mér·chan·dìs·er *n.* 〖《*a*1384》: ⇨ ↑, -ise[2]〗

mér·chan·dìs·ing /-zɪŋ/ *n.* 〘商業・経済〙 マーチャンダイジング《適正な商品またはサービスを適正な場所・時期・数量・価格で提供するための計画》. 〖*c*1384〗

mer·chan·dize /mɚ́:tʃəndàɪz | mə́:-/ *v.* ＝merchandise.

mér·chan·dìz·ing *n.* ＝merchandising.

mer·chant /mɚ́:tʃənt | mə́:-/ *n.* **1 a** 商人, (特に)貿易商; 《英》 卸売商人. **b** 《米》 小売商人. ★《英》では限定詞を伴う時にだけ b の意味に用いる: a coal [wine] ～ 石炭[ぶどう酒]商人. **2** [通例限定語に伴って] 《英口語, 軽蔑》 (好ましくないことにかかわる)やつ, …狂, …屋: a speed ～ (自動車の)スピード狂 / a gossip ～ ゴシップ屋.
mérchant of déath「死の商人」《交戦中の国々に兵器・弾薬などを売り, 莫大な利益をあげる軍需産業資本家》; (戦争を食い物にする)戦争屋. 《1934》
— *adj.* [限定的] **1 a** 商人の, 商人の素質のある, 商人的な. **b** 商業の: a ～ vessel 商船, 貿易船. **c** 商船の. **2 a** 〈棒銅・インゴットなど〉(特注でなく)標準規格の. **b** 〈工場が〉標準規格の地金(じがね)を製作する. — *vt.* 売買する, 商う.
～·lìke *adj.* 〖《?*c*1200》 ▭ OF *marcheant* (F *marchand*) ＜ VL **mercātante(m)* (pres. p.) ← **mercātāre* ← L *mercārī* to trade ← *merx* merchandise〗

Mer·chant /mɚ́:tʃənt | mə́:-/, **Ismail** *n.* マーチャント《1936–　; インドの映画製作者; 1961 年米国人 James Ivory とともにインド映画製作会社 Merchant Ivory Productions を設立, 後英国での製作が主となる》.

mer·chant·a·ble /mɚ́:tʃəntəbl | mə́:tʃənt-/ *adj.* 商い向きの, 売れる; 市場向きの: ～ goods. **mèr·chant·a·bíl·i·ty** /-təbíləti | -təbíləti/ *n.* **～·ness** *n.* 〖《*c*1480》 ← 《廃》 *merchant* to trade＋-ABLE〗

mérchant advénturer *n.* (*pl.* **～s, merchants adventurers**) **1** (昔, 在外商館などを作った)貿易商人; 貿易商組合員. **2** [*pl.*; M- A-] 〘英史〙 毛織物輸出商組合, 冒険商人組合《14–16 世紀にわたって勅許を得て毛織物の輸出貿易を独占したが, 17 世紀以降衰えた》. 〖1496–7〗

mérchant bànk *n.* 《英》〘金融〙 マーチャントバンク《外国貿易用為替手形引受けと証券発行を主要業務とする金融会社》. **mérchant bànker** *n.* **mérchant bànking** *n.* 〖1904〗

mérchant flàg *n.* 商船旗《時に国旗 (national flag) と同じものを用いる》.

mérchant flèet *n.* ＝merchant marine.

mérchant guìld *n.* (中世の)商人ギルド (⇨ guild merchant). 〖1874〗

Mérchant-Í·vo·ry /-áɪv(ə)ri-/ *n.* 〘映画・商標〙 マーチャント アイボリー《映画製作者の I. Merchant と監督の J. Ivory が設立した英国の映画会社; イギリス文学の有名作品を題材にすることが多い; *A Room with a View* (1983), *Howards End* (1991), *The Remains of the Day* (1992)》.

mérchant·man /-mən/ *n.* (*pl.* **-men** /-mən, -mɛ̀n/) **1** 商船 (merchant ship). **2** 《古》 商人. 〖《1449》 ← MERCHANT＋MAN〗

mérchant maríne *n.* [しばしば the ～; 集合的] 《米》〘海事〙 (一国の)商船, 商船隊; (これに勤務する)海員, 船員《mercantile marine, merchant service ともいう》.

mérchant návy *n.* 《英》〘海事〙 ＝merchant marine. 〖1875〗

Mérchant of Vénice, The *n.*「ベニスの商人」《Shakespeare 作の喜劇 (1596–97)》.

mérchant prínce *n.* (政治に影響を与えるほど富裕な)豪商. 〖1843〗

mérchant séaman *n.* 商船船員, 海員. 〖1899〗

mérchant sèrvice *n.* 〘海事〙 ＝merchant marine. 〖1851〗

mérchant shìp *n.* ＝merchantman 1. 〖1375〗

mérchant táilor *n.* 生地も商う仕立て屋. 〖1504〗

mer·chet /mɚ́:tʃət | mə́:tʃɪt/ *n.* 〘英史〙 承認料《封建時代のイングランドで小作人, 特に農奴が娘の結婚許可や息子の入学許可などに対して領主に収めた上納金》. 〖《1228》 AF ～ 'MARKET'〗

mer·ci /mɛəsí: | mɛə-; *F.* mɛʁsi/ *F. int.* ありがとう: *Merci* beaucoup /*F.* boku/. どうもありがとう (Thank you very much). 〖《*a*1376》 ▭ F ～ 'thanks, 《原義》 mercy' ＜ L *mercēdem* hire, reward〗

Mer·ci·a[1] /mɚ́:ʃiə, -ʃə | mə́:siə, -ʃiə/ *n.* マーシア《イングランド中部, Humber 川と Thames 川の間にあったアングル族の古王国, 七王国の一つ; 829 年に Wessex に併合; cf. heptarchy 2 b》. 〖▭ ML ～ ← OE *Merċe*, *Mierċe* (pl.) 《原義》 people of march, marchers, borderes ← *mearc* 'MARK[1]'〗

Mer·ci·a[2] /mɚ́:ʃiə, -ʃə | mə́:siə, -ʃiə/ *n.* マーシア《女性名》. 〖↑〗

Mer·ci·an /mɚ́:ʃiən, -ʃən | mə́:siən, -ʃiən/ *adj.* **1** マーシア (Mercia) の. **2** マーシア方言の. — *n.* **1** マーシア人. **2** (古英語の)マーシア方言. 〖《1513》: ⇨ Mercia[1], -ian〗

mer·ci·ful /mɚ́:səfəl, -fl | mə́:-/ *adj.* **1** 慈悲[情け]深い 〔*to*〕. **2** 有難い, 幸いな. **～·ness** *n.* 〖《1340》 MERCY＋-FUL〗

mer·ci·ful·ly /mɚ́:səfəli | mə́:-/ *adv.* 情け深く, 寛大に; 有難いことに; 幸いに(も). 〖《*c*1340》: ⇨ ↑, -ly[1]〗

mer·ci·less /mɚ́:sələs, -ləs | mə́:-/ *adj.* 無慈悲な, 無情な, 残酷な (⇨ implacable SYN). **～·ly** *adv.* **～·ness** *n.* 〖《?*c*1380》 ← MERCY＋-LESS〗

Merckx /mɚ́:ks | mə́:ks/, **Eddy** *n.* メルクス《1945–　; ベルギーの自転車レース競技者; 世界ロードレースチャンピオン 4 回, Tour de France 優勝 5 回》.

Mer·cou·ri /mɛəkúəri | mɛəkúəri/, **Melina** *n.* メルクーリ《1925–94; ギリシャの女優・政治家》.

mer·cur- /mə(:)kjúər, mɚ́:kjʊr | mə:kjúər, mə́:kjʊr/ (母音の前にくるときの) mercuro- の異形.

mer·cu·rate /mɚ́:kjʊrèɪt | mə́:-/ 〘化学〙 *vt.* 水銀と化合させる, 水銀(塩)で処理する. — /mɚ́:kjʊrət, -rèɪt | mə́:-/ *n.* 第二水銀塩類. **mer·cu·ra·tion** /mɚ̀:kjʊréɪʃən | mə̀:-/ *n.* 〖《1923》: ⇨ mercuro-, -ate[3]〗

mer·cu·ri·al /mə(:)kjúəriəl | mə:kjúər-/ *adj.* **1** 《文語》 **a** 〈気質などが〉移り気の, 気まぐれな (⇨ inconstant SYN): a ～ temperament. **b** 快活な, 機知に富む (cf. jovial 1, saturnine 1). **c** 雄弁な; 抜け目のない; 盗癖のある. ★ a-c の性質は水星 (Mercury) の下に生まれた人が所有していると考えられた. **2** 水銀の, 水銀を含んだ, 水銀の作用による: a ～ barometer＝mercury barometer / a ～ gauge 水銀圧力計 / a ～ column 水銀柱 / a ～ level 水銀水準器 / ～ poisoning 水銀中毒 / a ～ preparation 水銀剤 / ～ treatment 水銀療法. **3** [M-] 水星 (Mercury) の. **4** [M-] 《まれ》 マーキュリー神 (Mercury) の. — *n.* 〘薬学〙 水銀剤. **～·ly** *adv.* **～·ness** *n.* 〖《*a*1393》 ▭ L *mercuriālis* of Mercury: ⇨ Mercury, -al[1]〗

mer·cú·ri·al·ìsm /-lìzm/ *n.* 〘病理〙 水銀中毒症. 〖《1829–32》: ⇨ ↑, -ism〗

mer·cu·ri·al·i·ty /mə(:)kjùəriǽləti | mə:kjùərɪǽləti/ *n.* **1** 快活, 陽気, 敏活. **2** 移り気. 〖1653〗

mer·cu·ri·al·ize /mə(:)kjúəriəlàɪz | mə:kjúər-/ *vt.* **1** 活発[敏活, 快活, 陽気]にする. **2** 〘写真〙 水銀で処理する, 水銀の蒸気に当てる. **3** 〘医学〙 水銀剤を用いて治療する, …に水銀療法を行う. **mer·cu·ri·al·i·za·tion** /mə:kjùəriələzéɪʃən | mə:kjùərɪəlaɪ-, -lɪ-/ *n.* 〖《1656》 《1611》 ← MERCURIAL＋-IZE〗

mercúrial óintment *n.* 水銀軟膏《毛じらみの駆除に使用された》. 〖1789〗

Mer·cu·ri·an /mə(:)kjúəriən | mə:kjúər-/ *adj.* 《古》 ＝mercurial 3, 4. — *n.* **1** 〘占星〙 水星を「守り星」として生まれた人. **2** 〘手相〙 小指の相のよい人, 水星運のよい人《活動的, 機敏で抜け目がなく, 実業家・政治家向きの性格》. 〖《1596》 ← MERCURY＋-AN[1]〗

mer·cu·ri·ate /mə(:)kjúəriət, -rièɪt | mə:kjúər-/ *n.* 〘化学〙 ＝mercurate. 〖《1801》 《異形》 ← MERCURATE〗

mer·cu·ric /mə(:)kjúərɪk | mə:kjúər-/ *adj.* 〘化学〙 水銀の; (特に)二価の水銀 (Hg^{II}) を含む (cf. mercurous): ～ salt 第二水銀塩. 〖《1828–32》: ⇨ mercuro-, -ic[1]〗

mercúric chlóride *n.* 〘化学〙 ＝mercury chloride 2. 〖1874〗

mercúric óxide *n.* 〘化学〙 酸化第二水銀, 酸化水銀 (II), 赤色酸化水銀, 黄色酸化水銀 (HgO)《赤色または黄色の粉末で有毒; 燃料などの製造に用いられる》.

mercúric subsúlfate *n.* 〘化学〙 オキシ硫酸水銀, 塩基性硫酸第二水銀 ($Hg(HgO)_2SO_4$)《明黄色の有毒粉末; turpeth, turpeth mineral ともいう》.

mercúric súlfide *n.* 〘化学〙硫化(第二)水銀 (HgS)《医薬・顔料に用いる》. 〖1874〗

mer·cu·rize /mə́ːkjʊràɪz | mə́ː-/ *vt.* 〘化学〙=mercurate.

mer·cu·ro- /mə(ː)kjʊ́ᵊroʊ, mə́ːkjʊr-| məːkjʊ́ərəʊ, mə́ːkjʊr-/「水銀 (mercury)」の意の連結形. ★ 母音の前では通例 mercur- になる. 〖← MERCURY〗

Mer·cu·ro·chrome /mə(ː)kjʊ́ᵊrəkròʊm | məː-kjʊ́ərəkrəʊm/ *n.* 〘商標〙マーキュロクローム ($C_{20}H_8O_6Br_2Na_2Hg$)《防腐・殺菌剤用の merbromin の商品名》. 〖(1919): ⇨ ↑, chrome〗

mer·cu·rous /mə́ːkjʊrəs | mə́ː-/ *adj.* 〘化学〙水銀の[を含む]; (特に)一価の水銀 (Hg^{I}, Hg_2^{II}) の[を含む] (cf. mercuric): ~ salt 第一水銀塩. 〖(1865): ⇨ mercuro-, -ous〗

mércurous chlóride *n.* 〘化学〙塩化第一水銀 (⇨ calomel).

mer·cu·ry /mə́ːkjʊri, -k(ə)ri | mə́ːkjʊri/ *n.* **1** 〘化学〙水銀《金属元素の一つ; 記号 Hg, 原子番号 80, 原子量 200,59; quicksilver ともいう》. **2** (温度計・気圧計などの)水銀柱: The ~ stood at nearly 90°F. 温度計はカ氏で 90 度近かった / The ~ is rising. 温度が上がっている; 機嫌がよくなっている; いよいよ興奮してくる. **3** 〘薬学〙水銀剤. **4** 〘植物〙ヤマアイ《トウダイグサ科ヤマアイ属 (*Mercurialis*) の植物の総称》; (特に) =dog's mercury. **5** 《廃》陽気. 〖(c1395)《転用》← MERCURY (錬金術師の命名): cf. quicksilver〗

Mer·cu·ry /mə́ːkjʊri | mə́ː-/ *n.* **1** 〘ローマ神話〙メルクリウス, マーキュリー《神々の使いの神で, 雄弁・職人・商人・盗賊の守護神; ギリシャ神話の Hermes に当たる》. **2** 〘天文〙水星《太陽に最も近い惑星》. **3** 〘商標〙マーキュリー《米国製の乗用車》. **4** マーキュリー《米国の一人乗り宇宙船の名称》. **5** [m-] 《古》使者; (恋愛などの)提灯(ちょうちん)持ち; 報道者. ★ 新聞・雑誌の名称に用いる以外は《古》: The Leeds [London] ~. 〖(?lateOE) □ L *Mercurius* god of merchandise ← *men-*, *merx* merchandise〗

mércury àrc *n.* 〘電気〙水銀電弧[アーク]. 〖1906〗

mércury-árc làmp *n.* =mercury-vapor lamp.

mércury-árc rèctifier *n.* 〘電気〙水銀整流器. 〖1906〗

mércury barómeter *n.* 水銀気圧計.

mércury chlóride *n.* 〘化学〙 **1** =calomel. **2** 塩化第二水銀, 塩化水銀 (II), 昇汞(しょうこう) ($HgCl_2$)《corrosive sublimate, mercuric chloride ともいう》.

mércury cýanide *n.* 〘化学〙シアン化水銀 ($Hg(CN)_2$)《無色劇毒の結晶; 医薬品に用いる》.

mércury dichlóride *n.* 〘化学〙=mercury chloride 2.

mércury fúlminate *n.* 〘化学〙雷酸水銀, 雷汞(らいこう) ($Hg(ONC)_2$). 〖1904〗

mércury màss *n.* 〘薬学〙 **1** =blue mass 1. **2** =blue pill 1 a.

mércury mìne *n.* 水銀鉱山.

Mércury pròject *n.* [the ~] マーキュリー計画《一人乗り宇宙船による米国最初の有人宇宙飛行計画 (1961–63)》.

mércury súlfide *n.* 〘化学〙=mercuric sulfide.

mércury swìtch *n.* 〘電気〙水銀スイッチ.

mércury-vàpor làmp *n.* (紫外線に富む)水銀(蒸気)灯, 人工太陽灯. 〖1904〗

mer·cy /mə́ːsi | mə́ː-/ *n.* **1 a** (罪人・敵などに対する)情け, 容赦, 慈悲, 哀れみ; 哀れみの情, 慈悲深さ: beg for ~ 情けを請う (cf. THROW *oneself on* (1)) / have ~ on [upon] ...=show ~ on [to] ...に慈悲をたれる / take ~ on ...を哀れむ / in ~ (to ...) (...が)かわいそうだと思って / without ~ 無慈悲な / I spared him out of ~. かわいそうだと思って彼を許してやった / ask for ~ 慈悲を請う. **b** 苦悩を救うこと, 安楽: ⇨ mercy killing. **c** 情けある処置; 死一等の減刑. **2** [間投詞的に] おや, まあ《驚き・恐怖を表す》: *Mercy* (on [upon] us)! こりゃ驚いた, おや, まあ. **3 a** (神の)恵み, 恩恵 (blessing). **b** 幸運: That's a ~! そいつはありがたい / What a ~ [It is a ~] (that) you did not go! 君が行かないでよかった.

at the mércy of*=*at a person's mércy ...のなすがままに, ...に左右されて: *at the* ~ *of* the waves 波に翻弄されて / They were *at the* ~ *of* the conquerors. 彼らの運命は征服者たちの掌中にあった. 《1593》 ***for mércy*=*for mércy's sàke*=*in mércy's náme*** お願いですから, どうぞ, 後生だから (Shak., *Tempest*). 《1611》 ***léave* [*trúst*] *to the tènder mércies* [*mércy*] *of*=*léave to a person's ténder mércies*** 《反語》...の意のままに任せる (cf. *Prov.* 10:12): He was *left to the tender mercies of* his master. 彼は主人の自由に任され(て痛い目に遭っ)た (Shak., *2 Hen VI*). 《1590–91》 ***of one's mércy*** 慈悲心から. 《1523》 ***sín one's mércies*** 幸運を感謝しない. 《1824》 ***thánkful for smáll mércies*** わずかなものに甘んじて, 不足でも我慢して. 《1829》

〖(?lateOE) □ OF *merci* (fem.) favor, mercy, (masc.) thanks < L *mercēdem*, *mercēs* reward, (ML) price, favor, mercy〗

SYN 慈悲: **mercy** 罰しないで喜んで許そうとすること: show *mercy* to one's enemy 敵に慈悲を示す. **charity** 他人に対する同情と親切: I employed him out of *charity*. あわれと思って彼を雇った. **lenity** 過分な情け深い措置《格式ばった語》: *lenity* to the prisoners 捕虜に対する過分な情け深い措置. **clemency** 罪人などへの寛大な措置《格式ばった語》: make an appeal for *clemency* 寛大な措置を訴える. **ANT** severity, cruelty.

Mer·cy /mə́ːsi | mə́ː-/ *n.* マーシー《女性名》. ★ クエーカー教徒に多い. 〖↑: cf. Mercedes〗

mércy flìght *n.* 救急飛行《僻地(へきち)から重病人やけが人を病院まで航空機で運ぶこと》. 〖1933〗

mércy kìlling *n.* 安楽死 (euthanasia). 〖1935〗

mércy sèat *n.* 〘ユダヤ教〙神の座《契約の箱 (ark of the covenant) の金のふた; cf. *Exod.* 25:17–22》. 〖(1530) ← G *Gnadenstuhl* 《なぞり》← Gk *hilastḗrion* 《なぞり》← Heb. *kappōreth* 《原義》propitiatory: Tyndale の訳語〗

mércy stròke *n.* **1** 情けの一刀《死刑執行者が処刑者の苦痛を早く終わらせるために与える一撃》. **2** 止(とど)めの一撃. 〖1702〗

merde /méəd | méəd; *F.* mɛʀd/ 《卑》*n.* うんこ, 糞. ― *int.* くそっ. 〖(1920) □ F ~ < L *merda*〗

mere[1] /míə | míə^(r)/ *adj.* (**mer·est**) ★ 強意で最上級を用いるが, 比較級は用いない. [限定的にのみ用いて] **1** ほんの, 単なる, 全く...に過ぎない; ほんの(少しの)...だけでも: a ~ child ほんの子供 / a ~ livelihood どうにか食っていけるだけの生計 / by the ~*st* chance 全く偶然に / That is the ~*st* folly. それこそ愚の骨頂だ / There was ~ miles of sands until it met the sky. ただもう何マイルも砂原ばかりが続き, その果ては空と接していた / I shudder at the ~(*st*) thought of him. 彼のことを思っただけでも身震いがする. **2** 《廃》〈人種・言語・酒・天分など〉純粋の, 混ぜ物のない: ~ Irish 生粋のアイルランド語 / ~ genius 真の天才. **3** 〘法律〙一個人[団体]の, 単独の (sole); 占有を伴わない: of ~ motion 自発性の. **4** 《廃》完全な, 全くの: a ~ stranger 全く見知らぬ人. 〖(c1390) □ AF *meer* (=OF *mier*) // L *merus* pure, mere ← IE **mer-* to flicker〗

mere[2] /míə | míə^(r)/ *n.* **1** 《詩・古》湖, 池 (cf. Windermere); 《英方言》沼, 沼沢[地]. **2** 《廃》海, 入り江. 〖OE *mere* < Gmc **mari* (G *Meer*) ← IE **mori-* body of water (L *mare*: ⇨ mare[3])〗

mere[3] /míə | míə^(r)/ *n.* 《英方言》境界, 境界線. 〖OE (*ġe*)*mǣre* < Gmc **(ʒa)mairjam* ← IE **mei-* to fix (L *mūrus* wall)〗

mer·e[4] /míᵊri, méri | míəri, méri/ *n.* (NZ) (骨や緑色岩製の)マオリ族の戦闘用斧. 〖(1820) □ Maori ~〗

-mere /mìə | mìə^(r)/ 次の意味を表す名詞連結形 (cf. mero-[1]): **1** 〘生物〙「部分, 分節 (segment)」: blasto*mere*, cyto*mere*. **2** 〘化学〙=-mer. 〖□ F *-mère* □ Gk *méros* part: cf. merit〗

Mer·e·dith /mérədɪθ | -rɪdɪθ/ *n.* メレディス: **1** 男性名. **2** 女性名. 〖□ Welsh *Meredydd* ← ? *mor* sea + *iudd* lord〗

Mer·e·dith /mérədɪθ | -rɪdɪθ/, **George** *n.* メレディス (1828–1909; 英国の小説家・詩人; *The Ordeal of Richard Feverel* (1859), *The Egoist* (1879)).

Meredith, Owen *n.* メレディス《Edward Robert Bulwer LYTTON の筆名》.

mere·ly /míəli | míə-/ *adv.* **1** ただ, 単に: He is *not* ~ learned, but (also) wise. 学問があるばかりではなくて知恵もある. **2** 《廃》純粋に. **3** 《廃》全く. 〖(*c*1449) ← MERE[1] + -ly[1]〗

me·ren·gue /məréŋgeɪ; *Sp.* meréŋge/ *n.* メレンゲ《西インド諸島ドミニカ・ハイチ起源の社交ダンスまたはその音楽》. ― *vi.* メレンゲを踊る. 〖(1936) □ Am.-Sp. ~ □ Haitian-Creole *méringue* 《原義》meringue □ F *meringue*〗

me·re·ol·o·gy /mìːriá(ː)lədʒi | -ɔ́l-/ *n.* 〘論理〙メレオロジー《部分と全体の関係を抽象的にとらえ, 形式的に記述するための理論》. **me·re·o·log·i·cal** /mìːriəlá(ː)dʒɪkəl, -kḷ | -lɔ́dʒɪ-ˈ/ *adj.* 〖(1946) □ F *meréologie* ← Gk *méros* part ⇨ -ology〗

me·rese /meríːz, -ríːs | meríːz/ *n.* メリーズ《台付きグラスの脚についている玉; collar ともいう》. 〖?〗

mer·e·tri·cious /mèrətrɪ́ʃəs | -rɪ̀-ˈ/ *adj.* **1 a** 〈文体など〉けばけばしい. **b** 見せかけだけの, 誠実さのない (insincere): ~ praise. **2** 《古》売春婦の; 売春婦のような, みだらな. **~·ly** *adv.* **~·ness** *n.* 〖(*a*1626) □ L *meretricius* ← *meretric-*, *meretrix* harlot ← *merēri* to earn: ⇨ -ous: cf. merit, -trix〗

Me·rezh·kov·ski /mèrəʃkɔ́(ː)fski, -ká(ː)f- | -ʃkɔ́f-; *Russ.* mʲɪrʲɪʃkófskʲɪj/, **Dmitri Sergeevich** *n.* メレジュコフスキー (1866–1941; ロシアの作家・文芸評論家; 革命後は Paris に在住).

mer·gan·ser /məːgǽnsə | məːgǽnsə^(r), -zə^(r)/ *n.* (*pl.* ~, ~**s**) 〘鳥類〙アイサ《アイサ属 (*Mergus*) の海ガモの総称; カワアイサ (goosander) など》. 〖(1752) ← NL ~ ← L *mergus* diver, gull (← *mergere* to dip) + *anser* goose〗

merge /mə́ːdʒ | mə́ːdʒ/ *vi.* **1** 〈...と〉併合する, 合同する〔*with*〕; 〈...と〉合体[合流]する〔*with*〕: Our company ~*d with* a rival. 我が社はライバル会社と合併した. **2** 〈音・色・状態など〉が〉(次第に)溶け込む; 没して〔...と〕なる〔*in*, *into*〕(⇨ mix SYN): ~ *in* the background 《英口語》目立たないようにする / Dawn ~*d into* day. 次第に夜が明けていった / Anglo-Saxon and Norman French ~*d in* Early Modern English. アングロサクソン語とノルマンフランス語が融合して初期近代英語となった. ― *vt.* **1** 〈会社などを〉併合する, 合同する: ~ two companies (*into* one). **2** 〔...の中に〕溶け込ませる, 没して消えさせる〔*in*, *into*〕: ~ one's identity *in* another's 自己の特性を他の中に没する, 他のものと合体して自己の特性を失う / All fear was ~*d in* curiosity 好奇心に駆られて全く怖さを忘れた. 〖(1636) □ L *mergere* to dip, plunge, immerse, sink ← IE **mezg-* to dip, plunge〗

merg·ee /məːdʒíː | məː-/ *n.* 合併の当事者. 〖(1964): ⇨ ↑, -ee[1]〗

mer·gence /mə́ːdʒəns | mə́ː-/ *n.* 没入, 消失. 〖(1865): ⇨ merge, -ence〗

Mer·gen·tha·ler /mə́ːgənθàːlə, méəgəntàː- | mə́ːgənθàːlə^(r), méəgəntàː-; *G.* mɛ́ʀgṇtaːlɐ/, **Ott·mar** /á(ː)tmaə | ɔ́tmaː^(r); *G.* ɔ́tmaʀ/ *n.* メルゲンターラー (1854–99; ドイツ生まれの米国人で, ライノタイプ (Linotype) の発明者).

merg·er /mə́ːdʒə | mə́ːdʒə^(r)/ *n.* **1** (事業・会社などの)併合, 合同 (combine); (土地・契約・利益・債務などの)合併, 合同. **2** =mergence. **3** 〘法律〙混同《大きい権利を持つ者が同一物について小さい権利を持つようになったとき, この後者が消滅すること》. **4** 〘言語〙吸収《二つの異なる音素・形態素の融合》. 〖(1728) □ AF ~: ⇨ merge, -er[1]〗

mer·ger·ite /mə́ːdʒəràɪt | mə́ː-/ *n.*, *adj.* (特に政党の)合併論者(の). 〖⇨ ↑, -ite[1]〗

Mer·gui Archipélago /məːgwíː- | məː-/ *n.* [the ~] メルグイ諸島《ミャンマー南部の Tenasserim 沿岸沖, Andaman 海に散在する 200 以上の島群》.

mer·i- /mérɪ̀, méri/「部分; 部分の」の意の連結. 〖□ F *méri-* ← Gk *merís* part: cf. merit〗

Me·riç /*Turk.* mɛ́ritʃ/ *n.* メリチ川 (Maritsa のトルコ語名).

-mer·ic /mérɪk/ 〘化学〙「ある化合物が他の化合物と...の関係にある」の意の形容詞連結形: poly*meric* / tauto*meric*. 〖1: ← MERO-[1] + -IC[1]. 2: ← -MER + -IC[1]〗

mer·i·carp /mérəkàəp | -rɪ̀kàːp/ *n.* 〘植物〙分果《分離果を構成する小果実》. 〖(1832) □ F *méricarpe*: ⇨ meri-, -carp〗

Mé·ri·da /mérəda | -rɪ̀də; *Am.Sp.* méɾiða/ *n.* メリダ《メキシコ南東部, Yucatán 州の州都》.

me·rid·i·an /mərɪ́diən | -diən/ *n.* **1** 〘地理・天文〙子午線, 経線: the first ~ =the Greenwich ~ =prime meridian / the magnetic ~ 磁気子午線, 磁北線 / ⇨ celestial meridian. **2** (成功・幸福などの)絶頂, 頂点; (健康・気力の)全盛期, 盛り: the ~ of life 働き盛り, 男[女]盛り, 壮年 / He is now at the ~ of his power. 彼は権勢の絶頂期にある. **3** 経路《鍼(はり)療法で, 生命エネルギーの通り道》. **4 a** 《古》正午, 日中. **b** 《古》最高点. **5** 〘数学〙子午線《回転面を軸を含む半平面で切った切り口; meridian section ともいう》. ― *adj.* **1** 子午線の. **2** (天体が一日の運行で達し得る)最高点の; 正午の: the ~ sun 正午の太陽. **3** 極点の, 頂上の, 全盛の: ~ fame 名声の絶頂. **4** 《まれ》南部の (meridional). 〖(?c1350) □ (O)F *méredien* // L *merīdiānus* of midday, southern ← *merīdiēs* midday ← *medius* middle + *diēs* day: cf. media[2], day, -an[1]〗

Me·rid·i·an /mərɪ́diən | -diən/ *n.* メリディアン《米国 Mississippi 州東部の都市》.

merídian áltitude *n.* 〘天文〙子午線高度. 〖1391〗

merídian cìrcle *n.* 〘天文〙子午環《天体観測用の器械; transit circle ともいう》. 〖1549〗

merídian màrk *n.* 〘天文〙子午線標. 〖1849〗

me·rid·ic /mərɪ́dɪk | -dɪk/ *adj.* 〘生化学〙〈食餌などが〉化学的に明らかな成分をある程度含む (cf. holidic, oligidic). 〖← Gk *merid-*, *meris* part + -IC[1]〗

mé·ri·dienne /mərɪ̀diɛ́n | -di-; *F.* meʀidjɛn/ *n.* (*pl.* ~**s** /~z; *F.* ~/) (19 世紀初期フランスで流行した)メリディアンソファー《普通のソファーより短く, 左右のひじかけの高さが異なる》. 〖□ F ~ 《原義》midday nap (fem.) ← *méridien* 'MERIDIAN'〗

me·rid·i·o·nal /mərɪ́diənḷ | -diə-/ *adj.* **1** 南欧の; 南欧人の, (特に)南部フランス人の. **2** 南方の, 南の. **3** 子午線の. ― *n.* 南国の住民; 南欧人; [しばしば M-] (特に)南部フランス人. **~·ly** *adv.* 〖(c1386) □ OF ~ □ LL *merīdiōnālis* of noon, of the south: ⇨ meridian, -al[1]〗

Mé·ri·mée /mèrɪméɪ, mérɪ̀mèɪ | mérɪmèɪ; *F.* meʀime/, **Prosper** *n.* メリメ (1803–70; フランスの小説家; *Mateo Falcone* (1829), *Carmen* (1845)).

me·ringue /mərǽŋ; *F.* məʀɛ̃ːg/ *n.* **1** メレンゲ《砂糖を加えて泡立てた卵白; クッキーのように焼いたり, パイやプディングの上に載せて焼いて用いる》. **2** メレンゲ(菓子)《ケースになるように焼いて, アイスクリームや果物を詰めたもの》. 〖(1706) □ F ~〗

mé·ringue /meɪrǽŋ; *F.* meʀɛ̃ːg/ *n.*, *vi.* =merengue. 〖1936〗

me·ri·no /məríːnoʊ | -nəʊ/ *n.* (*pl.* ~**s**) **1** [M-] メリノ《スペイン原産で絹のような細い毛をもっている一品種の羊; Merino sheep ともいう》. **2** メリノ羊毛. **3** メリノ毛織物《もとメリノ羊毛製のカシミヤに似た織物》. **4** 《豪口語》裕福で社会的地位のある人 (pure merino). ― *adj.* メリノの; メリノ羊毛製の. 〖(1781) □ Sp. ~ 'royal inspector of sheepwalks' ← ? *Benín Merín* (この羊を育てた Berber 族の部族名)〗

Merion. 《略》Merionethshire.

Mer·i·on·eth·shire /mèriá(ː)nɪ̀θʃə, -ʃɪə | -ɔ́nɪ̀θʃə^(r), -nɛθ-, -ʃɪə^(r)/ *n.* (*also* **Merioneth**) メリオネスシア《ウェールズ西部の沿海の旧州; 面積 1,709 km², 州都 Dolgellau; 略 Merion.》.

mer·i·sis /mérəsɪ̀s | -rɪ̀sɪs/ *n.* (*pl.* **-i·ses** /-siːz/) 〘生物〙(細胞分裂による)成長, 増大 (cf. auxesis). 〖(1940) ← NL ~ ← MERI- + -*sis* (fem. n. suf.)〗

mer·ism /mérɪzm/ *n.* 〘修辞〙対照提喩《対照的な 2 語を提示して全体を表す技巧; 例: rich and poor, old and young (=everybody), here and there (=everywhere); cf. synecdoche》. 〖(1894) □ Gk *merismós* 《原義》division ← *merízein* to divide: ⇨ meri-, -ize〗

-mer·ism /←mərɪzm/ 〘化学〙「化合物が...に関係あること, ...から成ること」の意の名詞連結形: iso*merism*, poly*merism*, tauto*merism*. 〖← MERI- + -ISM〗

mer·i·stele /mérəstìːl | -rɪ̀-/ *n.* 〘植物〙分柱《維管束

M

を形成する個々の維管束). 〘← MERI-＋STELE〙

mer·i·stem /mérəstèm | -rɪ̀-/ *n.* 〘植物〙分裂組織 (cf. permanent tissue). **mer·i·ste·mat·ic** /mèrəstəmǽtɪk | -rɪ̀stəmǽt-ˈ/ *adj.* **mèr·i·ste·mát·i·cal·ly** *adv.* 〘(1874) ← Gk *meristós* divided (← *méros* part: ⇨ meri-)＋-*ēma* (n. suf.) (⇨ -eme)〙

me·ris·tic /mərístɪk/ *adj.* 〘生物〙 **1** (身体構造の各部位の関係が)数的[幾何学的]な. **2** (各部位が)切断的な, 成節的な: Insects are ～ in structure. 昆虫の体構造は成節的である. 〘← Gk *meristós* division (↑)＋-IC¹〙

mer·it /mérɪ̀t/ ⇨ demerit ★ *n.* **1** 長所, 取り柄; (称賛に値する)価値 (↔ demerit) (⇨ value SYN): the ～*s* of the writer, horse, book, etc. / ～*s* and demerits 得失, 長短 / There isn't much ～ in giving away things that you don't want. いらない物を人にくれてやるのは大してほめたことではない. ⇨ advantage 日英比較. **2** [しばしば *pl.*] **a** 手柄, 勲功, 功績: a man of ～ 勲功のある人 / a matter of ～ 手柄とすべき事, 名誉, 実力の問題 / on ～=on one's (own) ～*s* その人自身の価値[実力]に基づいて / ⇨ ORDER of Merit. **b** (学校などでの罰点に対して)賞点. **3** [*pl.*] 〘法律〙理非, (訴訟の)本案: judge a case on its ～*s* 事件の本案について裁判する. **4** [しばしば *pl.*] 〘古・詩〙相当する賞罰, 功罪; 真価: treat [reward] a person according to his ～*s* その人の真価に応じて待遇[報酬]をする. **5** 〘神学〙功徳: acquire ～ 功徳を得る[積む].
màke a mérit of 〈自分の行為〉を誇る, …を手柄顔する. ((1682))
— *vt.* 〈賞・罰・感謝・非難など〉に値する (deserve): ～ attention, reward, punishment, etc. / receive praises that one does not ～ 受けるに値しない賞賛を受ける.
— *vi.* **1** (良い[悪い])報いを受ける価値がある. **2** 〘神学〙功徳を得る[積む]. **～·less** *adj.*
〘n.: (?a1200) □ (O)F *mérite* / L *meritum* desert, reward (neut.p.p.) ← *merēre* to earn, obtain, deserve ← IE *(*s*)*mer-* to get a share of something (Gk *méros* part) — v.: (1484) □ (O)F *mériter* ← *mérite*〙

Mer·it /mérɪ̀t/ *n.* 〘商標〙メリット (米国 Phillip Morris 社製のフィルター付き低タール紙巻きたばこ).

Me·ri·ta /mərí:tə | -tə/ *n.* 〘商標〙メリタ (米国製のパン類).

mér·it·ed /-tɪ̀d | -tɪ̀d/ *adj.* 値する, 当然の, 相応の: a ～ popularity 当然の人気. **～·ly** *adv.* 〘(1593): ⇨ merit, -ed〙

mérit gòods *n. pl.* 〘経済〙価値財, メリット財 (消費者の選好とは無関係に政府が消費を促進したいと考える財・サービス; 義務教育・定期健康診断など).

mérit ìncrease *n.* 能力[業績]によるサラリーの上乗せ.

mer·i·toc·ra·cy /mèrɪ̀tá(:)krəsi | -rɪ̀tɔ́k-/ *n.* **1** (成績次第で進級させる)英才教育制度. **2** (学歴・学業成績・能力を基盤とする)エリート階級[社会]; エリート階級による支配; 能力主義社会, 実力社会. **mer·it·o·crat·ic** /mèrɪ̀təkrǽtɪk | -rɪ̀təkrǽt-ˈ/ *adj.* 〘(1958) ← MERIT＋-O-＋-CRACY〙

mer·it·o·crat /mérɪ̀təkræ̀t | -rɪt-/ *n.* エリート階級に属する人, エリート; 秀才; 実力者. 〘(1960): ⇨ ↑, -crat〙

mer·i·to·ri·ous /mèrətɔ́:riəs | -rɪ̀-ˈ/ *adj.* 功績のある, 称賛に値する (praiseworthy): for ～ services 勲功により. **～·ly** *adv.* **～·ness** *n.* 〘(?a1425) □ L *meritōrius* that for which hire is paid ← L *merērī* to earn: ⇨ merit, -ory¹, -ous〙

mérit pày *n.* 能力給.

mérit ràting *n.* **1** 〘保険〙報奨料率制, 実績料率法 (個々の被保険物件の危険率と同一種類に属する物件の平均的または標準的危険率との差を考慮し, 当該物件上の保険料率を決定する方法). **2** 〘経営〙人事考課. 〘1946〙

mérit sỳstem *n.* 《米》(任官・昇進における)実績[成績]制, 能力任用制 (cf. spoils system). 〘1880〙

merk /mɛ́ək | mɛ́ək/ *n.* 《スコット》=mark² 1 c.

mer·kin /mə́:kɪ̀n | mə́:kɪn/ *n.* **1** (女性用の)擬似陰毛, 張り毛, 下かつら. **2** 人工膣. 〘(1656) (変形) ← ? MALKIN〙

merle¹ /mə́:l | mə́:l/ *n.* (*also* **merl** /～/) 《古・スコット》〘鳥類〙クロウタドリ (blackbird). 〘(1483) □ (O)F *merle* < L *merulam, merulus* blackbird ← IE **ames-* (cf. OE *ōsle* blackbird)〙

merle² /mə́:l | mə́:l/ *n.* (犬の毛並みの)鉛色. 〘?〙

Merle /mə́:l | mə́:l/ *n.* マール: **1** 女性名. **2** 男性名. 〘□ F ～ ← ?〙

Mer·leau-Pon·ty /mɛəlóupɔ̃:(n)tí:, -pɔ:n- | mɛə-ləu-; *F.* mɛʀlopɔ̃ti/, **Maurice** *n.* メルロ ポンティ (1908–61; フランスの哲学者; *Le phénoménologie de la perception*「知覚の現象学」(1945)).

mer·lin /mə́:lɪ̀n | mə́:lɪn/ *n.* 〘鳥類〙=pigeon hawk 1. 〘(?a1300) *merlioun* □ AF *merilun*=OF *esmerillon* (dim.) ← *esmeril* ← Gmc (cf. OHG *smirl*)〙

Mer·lin /mə́:lɪ̀n | mə́:lɪn/ *n.* マーリン: **1** 〘アーサー王伝説〙Arthur 王を助けた有徳の魔法使い・予言者. **2** 男性名. 〘□ ML *Merlinus* □ Welsh *Myrddin* < Brythonic **Mori-dūnon* ← **mori* sea＋**dunom* hill, fort: ⇨ mere², dun³〙

Mérlin chàir *n.* 昔の車椅子の一種. 〘← *J. J. Merlin* (1735–1803: 発明者)〙

mer·lon /mə́:lən | mə́:-/ *n.* 〘築城〙(銃眼と銃眼の間の)凸(ﾄﾂ)壁 (⇨ bartizan, battlement 挿絵). 〘(1704) □ F ～ □ It. *merlone* (aug.) ← *merlo* battlement ← L *mergae* fork, (原義) that which is used for plucking off: cf. ML *merulus* blackbird〙

mer·lot, M- /mə:lóu, mɛə- | mə́:ləu, mɛ́ə-; *F.* mɛʀlo/ *n.* メルロー (Bordeaux や California 産の辛口の赤ワイン). 〘(1825) □ F ～ cf. F *merle* 'MERLE¹'〙

mer·maid /mə́:mèɪd | mə́:-/ *n.* **1** 女の人魚 (しばしば手に櫛と鏡を持った姿で描かれる; cf. merman). **2** 《米》女子水泳選手 (cf. naiad 2). 〘(c1350) *meremaid, mermayde* (⇨ mere², maid) ∽ OE *meremenen*: cf. G *Meerjungfrau*〙

mérmaid's púrse *n.* 〘魚類〙サメの掛け守(ﾏﾓ)り (サメ・エイなどの角質または革質の卵嚢(ﾗﾝﾉｳ)). 〘1836〙

Mérmaid Távern *n.* [the ～]「人魚亭」(17 世紀に London の Cheapside にあった料理屋; Ben Jonson, Raleigh, Beaumont, Fletcher, Shakespeare その他の文人が一種の Club としてここで会合した).

mérmaid wèed *n.* 〘植物〙北米産アリノトウグサ科 *Proserpinaca* 属の多年性の水草の総称.

mer·man /mə́:mæ̀n | mə́:-/ *n.* (*pl.* **-men** /-mèn/) **1** 男の人魚 (cf. mermaid). **2** 《米》男子水泳選手. 〘(1610): ⇨ mer-¹, man¹: cf. mermaid〙

Mer·man /mə́:mən | mə́:-/, **Ethel** *n.* マーマン (1909–84; 米国の歌手・女優; よく響く声で有名).

mer·mi·thid /mə́:məθɪ̀d | mə́:mɪθɪd/ *adj., n.* 〘動物〙糸片虫科の(動物). 〘↓〙

Mer·mith·i·dae /mə:míθədi: | mə:míθɪ-/ *n. pl.* 〘動物〙糸片虫科. 〘← NL ～ ← *Mermith-, Mermis* (属名: ← Gk *mérmis* cord, string)＋-IDAE〙

mer·o-¹ /mérou | -rəu/「一部分, 部分的」の意の連結形 (cf. -mere): *merocrine*. ★ 母音の前では通例 mer- になる. 〘← Gk *méros* part〙

mer·o-² /mérou | -rəu/「腿」の意の連結形. ★ 母音の前では通例 mer- になる. 〘□ Gk *mērо-* ← *mērós* thigh, ham: ⇨ member〙

mer·o·blast /mérəblæ̀st | -rə(u)-/ *n.* 〘生物〙部分割, 部分割卵 (卵割 (cleavage) を完全に行わないもの). 〘(1884): ⇨ mero-¹, -blast: cf. blastomere〙

mer·o·blas·tic /mèrəblǽstɪk | -rə(u)-ˈ/ *adj.* 〘生物〙〈卵が〉部分割(ﾌﾞﾌﾞﾝｶﾂ)の (↔ holoblastic): a ～ egg 部分割卵. **mèr·o·blás·ti·cal·ly** *adv.* 〘(1870): ⇨ ↑, -ic¹〙

mer·o·crine /mérəkrɪ̀n, -kràɪn | -rəkrɪn, -kràɪn/ *adj.* 〘生理〙 **1** 部分分泌(性)の, メロクリンの (唾(ﾀﾞ)液腺や膵(ｽｲ)のように分泌中腺細胞に変化を起こさないものをいう; cf. holocrine 1): a ～ gland 部分分泌腺. **2** 部分分泌[メロクリン]腺で造り出される. 〘(1905) ← MERO-¹＋Gk *krínein* to separate〙

Mer·o·dach /mérədɑ̀:k/ *n.* =Marduk.

Mer·o·ë /mérouì: | -rəui/ *n.* メロエ (Sudan の Khartoum の 250 km 下流にある Nile 河畔の古都, 古代エチオピアの首都).

me·rog·o·ny /mərɑ́(:)gəni | -rɔ́g-/ *n.* 〘生物〙卵片生殖[発生] (卵細胞を核を含む部分と含まない部分とに二分し, 無核片中に精子を入れて発生させること). 〘(1899) ← MERO-¹＋-GONY〙

mer·o·he·dral /mèrəhí:drəl | -hí:drəl, -hédrəl-ˈ/ *adj.* 〘鉱物・結晶〙欠面の (対称性からは現れてよい結晶の面が一部欠けた). 〘(1895) ← MERO-¹＋-HEDRAL〙

mer·o·is·tic /mèrouístɪk | -rəu-ˈ/ *adj.* 〘昆虫〙部分栄養卵巣の (卵巣に栄養細胞と卵細胞がある; cf. panoistic). 〘(1877) ← MERO-¹＋Gk *ōión* egg＋-ISTIC〙

mer·o·mor·phic /mèrəmɔ́əfɪk | -rə(u)mɔ́:-ˈ/ *adj.* 〘数学〙有理型の. 〘(1890) ← MERO-¹＋-MORPHIC〙

méromorphic fúnction *n.* 〘数学〙有理型関数 (極以外の特異点をもたない複素解析関数).

mèro·myósin *n.* 〘生化学〙メロミオシン (トリプシン処理でミオシンを生じる二つの構成単位; 分子量 15 万と 36 万のものとが 1 分子ずつ結合してミオシンを作る). 〘(1952): ⇨ mero-¹, myosin〙

mer·o·nym /mérənɪ̀m/ *n.* 〘言語〙部分語 (faces で people を表すなどのように部分で全体を表すことば).
me·ron·y·my /mɪ̀rɑ́(:)nəmi, mɛ- | -rɔ́nɪ̀-/ *n.* 〘MERO-¹＋-ONYM〙

Mer·o·pe /mérəpi/ *n.* 〘ギリシャ神話〙メロペー (Atlas の娘で Sisyphus の妻; Pleiades 姉妹の一人で, 七人(七つ星)の中で最も光が弱いのは人間と結婚したことを恥じてわが身の光を隠そうとしているからだという). 〘□ L *Meropē* □ Gk *Merópē*〙

me·ro·pi·a /məróupiə | -rə́u-/ *n.* 〘眼科〙部分盲. 〘(1856) ← MERO-¹＋-OPIA〙

Me·rop·i·dae /mərɑ́(:)pədì: | -rɔ́pɪ-/ *n. pl.* 〘鳥類〙ハチクイ科. 〘← NL ～ ← *Merop-, Merops* (属名: ← Gk *mérops* bee-eater)＋-IDAE〙

mèro·plánkton *n.* 〘生物〙一時性プランクトン. 〘(1909) ← MERO-¹＋PLANKTON〙

me·rop·o·dite /mərɑ́(:)pədàɪt | -rɔ́p-/ *n.* 〘動物〙長節, 腿節 (節足動物の関節肢の第 4 節). 〘← MERO-²＋PODITE〙

me·ros /mí:rɑ(:)s | -rɔs/ *n.* 〘建築〙ドリス式建築の縦みぞ飾り (triglyph) の間の平面. 〘(1802) ← NL ～ ← Gk *mērós* thigh〙

Mer·o·sto·ma·ta /mèrəstóumətə | -stə́umətə/ *n. pl.* 〘動物〙節口綱 (Xiphosura の別名). **mer·o·stom·a·tous** /mèrəstɑ́(:)mətəs, -stóum- | -stɔ́mət-, -stə́um-ˈ/ *adj.* 〘← NL ～: ⇨ mero-², stomata〙

mer·o·stome /mérəstòum | -stə̀um/ *n.* 〘動物〙節口綱の動物, カブトガニ (現生は 4 種のみで, 生きている化石といわれる). 〘(1881): ⇨ Merostomata〙

-mer·ous /←mərəs/「…に分かれた, …の部分からなる」の意の形容詞連結形: homo*merous*, di*merous*, tri*merous*, 5-*merous*=penta*merous*, 6-*merous*=hexa*merous*. 〘← MERO-¹＋-OUS〙

Mer·o·vin·gi·an /mèrəvínʤiən, -rou-, -ʤən | -rə(u)-ˈ/ *adj.* (フランク王国の)メロビング王朝の. — *n.* **1** [the ～s] メロビング王朝[王家] (486 年 Clovis 一世から 751 年カロリング朝 (Carolingians) に変わるまでの王朝). **2** メロビング王朝[王家]の人. 〘(1694) □ F *Mérovingien* ← LL *Merovingī* descendants of *Merovaeus* (神話上の初期フランク王朝の王の名): ⇨ -an¹〙

mer·o·zo·ite /mèrəzóuaɪt | -rə(u)zə́u-/ *n.* 〘生物〙メロゾイト (マラリア原虫など原生動物の無性生殖によって生じる娘体(ｼﾞｮｳﾀｲ)). 〘(1900) ← MERO-¹＋-ZOA＋-ITE¹〙

Mer·rill /mérəl | -rɪ̀l/ *n.* メリル (男性名). 〘□ OF *merel* little〙

Mérrill Lýnch /-líntʃ/ *n.* メリルリンチ(社) (～ & Co., Inc.) (米国の大手証券会社).

Mér·rill's Ma·ráud·ers [Ráiders] /mérəlz-mərɔ́:dəz-, -rá:- | -rɪ̀lzmərɔ́:dəz-/ *n. pl.* メリル襲撃隊 (第二次大戦中, 旧ビルマ・インド・中国を舞台に対日戦に活躍した Merrill 代将に率いられた部隊). 〘← *Frank D. Merrill* (1903–55: 米国の陸軍軍人)〙

Mer·ri·mack /mérəmæ̀k | -rɪ̀-/ *n.* (*also* **Mer·ri·mac**) **1** [the ～] メリマック(川) (米国 New Hampshire, Massachusetts 両州を流れて大西洋に注ぐ川 (177 km)). **2** 〘米史〙メリマック号 (1862 年北軍の Monitor 号と戦った南軍の装甲艦). 〘← N-Am.-Ind. (原義) a place of rapid current〙

mer·ri·ment /mérɪmənt, -ri-/ *n.* **1 a** 笑い楽しむこと, 陽気な騒ぎ, 歓楽 (⇨ mirth SYN). **b** 陽気な集まり, お祭り騒ぎ. **2** 《廃》笑いの種, 冗談, いたずら; 座興; 道化. 〘(1576): ⇨ ↓, -ment〙

mer·ry /méri/ *adj.* (**mer·ri·er**; **-ri·est**) **1 a** 陽気な, 愉快な, おもしろい, 快活な; 浮かれる, 笑いさざめく, お祭り気分の: a ～ voice, laugh, dance, etc. / (as) ～ as a cricket [grig, king, lark] 非常に陽気で / ⇨ merryman / I wish you a ～ Christmas. =A *Merry* Christmas (to you)! クリスマスおめでとう / The more the *merrier*. (諺) (客など)多ければ多いほど楽しい. **b** [叙述的] 《英口語》ほろ酔い機嫌の: get ～. **2 a** はきはきした, 活発な. **b** [しばしば強意語として] 《俗》とても, 非常な: ⇨ merry hell. **3** 《古》人を楽しくさせる, 楽しい: the ～ month of May 楽しい 5 月 / ⇨ Merry England.
gó on one's mérry wáy 《口語》結果にお構いなくどんどんやる. ***màke mérry*** 浮かれ騒ぐ, 陽気に遊ぶ (cf. merry-making). (*c*1350) ***màke mérry over*** …を冷やかす, をからかう. (1890)
mér·ri·ly /-rəli | -rɪ̀li/ *adv.* **mér·ri·ness** *n.*
〘OE *myr(i)ġe* pleasant, delightful, (原義) lasting a short time < Gmc **murʒjaz* short (OHG *murgi*) ← IE **mreghu-* short (L *brevis* / Gk *brakhús*)〙

Mer·ry /méri/ *n.* メリー (女性名). 〘↑〙

mérry-án·drew /-ǽndru:/ *n.* 道化役者, 道化師, おどけ者 (しばしば M & A). 〘(1673) ← ? *Andrew Borde* (Henry 七世時代の地口本の作者)〙

mérry dáncers *n. pl.* [the ～] 《スコット》=dancer 3.

Mérry Éngland *n.* 楽しい英国 (古代からある呼び名). ★ この merry 元来の意味は「(廃) 心地よい」であった. 〘*a*1325〙

mérry-go-ròund *n.* **1** 回転木馬, メリーゴーラウンド. **2** 旋回, 急回転; めまぐるしい回転[変化]. 〘1729〙

mérry héll *n.* 《俗》大騒ぎ; 大変な迷惑; 激痛: raise ～ 大騒ぎする / He gave me ～. 大変な迷惑をかけた.
plày mérry héll with 《口語》ひどくかき乱す; だいなしにする ⇨ hell 成句. 〘*a*1911〙

mérry·màker *n.* 浮かれ騒いでいる人, 浮かれ屋. 〘1827〙

mérry·màking *n.* **1** 大浮かれ, 陽気な遊び, 酒盛り, お祭騒ぎ. **2** お祭り(パーティー). — *adj.* 陽気な, お祭騒ぎの. 〘1714〙

mérry·man /-mən/ *n.* (*pl.* **-men** /-mən/) 《古》道化師. 〘1785〙

mérry mén *n. pl.* **1** (騎士や山賊の首領, 特に Robin Hood の) 従者, 家来たち: Robin Hood and his ～. **2** 《口語》従者, 部下. 〘*c*1390〙

Mérry Mónarch *n.* [the ～] 英国王 Charles 二世の俗称.

mérry·thòught *n.* 《英》=wishbone 1. 〘1607〙

Mérry Wídow, The *n.*「メリーウイドウ」(Lehár 作曲のオペレッタ (1905); 原題 Die lustige Witwe).

Mérry Wíves of Wíndsor, The *n.*「ウィンザーの陽気な女房達」(Shakespeare 作の喜劇 (1602)).

Mer·sa Ma·truh /mɔ̀:səmətrú:/ *n.* =Matruh.

merse /mə́:s | mə́:s/ *n.* 《スコット》 **1** 川辺や岸辺の低く平坦な地 (しばしば沖積土で肥沃なところ). **2** 沼地. 〘(*a*1810) (変形) ← *mersk*=ME *mersh, mersc* < OE *merse* 'MARSH'〙

Mer·se·burg /mɛ́əzəbɛ̀əg, mə́:zəbə̀:g | mɛ́əzəbɛ̀əg, mə́:zəbə̀:g; *G.* mɛ́ʁzəbʊʁk/ *n.* メルゼブルク (ドイツ中東部, Saale 川沿いの都市).

Mer·sénne nùmber /mɛəsén- | mɛə-; *F.* mɛʁsɛn/ *n.* 〘数学〙メルセンヌ数 ($p=2^n-1$ の形の整数; 特に素数であるもの). 〘← *Marin Mersenne* (1588–1648: フランスの数学者・物理学者)〙

Mer·sey /mə́:zi | mə́:-/ *n.* [the ～] マージー(川) (イングランド Derbyshire 州に発し西流して Irish 海に流れる川 (113 km); 河口に Liverpool がある). 〘OE *Mǣresēa* boundary river (between Mercia and Northumbria) ← *mǣre* 'boundary, MERE³'＋*ēa* river〙

Mérsey béat *n.* マージービート (1960 年代英国 Liverpool からおこったビートルズらのポップ調の音楽; Mersey sound ともいう). 〘1963〙

Mer·sey·side /mə́:zisàɪd | mə́:-/ *n.* マージーサイド (イ

M

ングランド北西部の旧州; 面積 650 km², 州都 Liverpool).

Mer·sin /mɛəsíːn | mέəsɪn; *Turk.* mέrsin/ *n.* メルシン《トルコ南部の地中海に面した港町; 石油精製所がある; İçel ともいう》.

Mer·thi·o·late /mə(ː)θáɪəlèɪt, -lɪ̀t | mə(ː)-/ *n.* 〖商標〗メルチオレイト《thimerosal の商品名》. 〘(1928) ← (*sodium ethyl-*)*mer*(*curi-*)*thio*(*salicy*)*late*〙

Mer·thyr Tyd·fil /mə́ːθətídvɪl | mə́ːθə-; *Welsh* mérθɪrtídvɪl/ *n.* マーサーティドビル《ウェールズ南東部の町》.

Mer·ton /mə́ːtn̩ | mə́ː-/ *n.* マートン《London 南西部の自治区; 旧 Merton and Morden /mɔ́ədn̩ | mɔ́ː-/, Mitcham, Wimbledon から成る》. 〘OE *Meretun*《原義》village by a lake: ⇨ mere², -ton〙

Mer·ton /mə́ːtn̩ | mə́ː-/, **Thomas** *n.* マートン《1915–68; 米国の修道士·宗教作家》.

Me·ru¹ /méruː/ *n.* 〖インド神話〗メルー山《世界の中心にあるとされる架空の山; その頂上は神々のすみか》.

Me·ru² /méruː/ *n.* (*pl.* ~, ~**s**) **1 a** [the ~(s)] メル族《中央ケニアの民族》. **b** メル族の人. **2** メル語《メル族の話すバンツー語》. 〘(1909) ケニアの都市·地区名〙

Merv /mə́ːv | mə́ːv/ *n.* マーヴ《男性名》. 〘(dim.) ↓〙

Mer·vin /mə́ːvɪ̀n | mə́ːvɪn/ *n.* マーヴィン《男性名; 愛称形 Merv; 異形 Marvin》. 〘OE *mærwine* famous friend ∥ OWelsh *Myrddin*: ⇨ Merlin〙

-mer·y /⁻ˌ⁻ məri/「…の部分を備えた状態」の意の名詞連結形: gonomery, pleiomery. 〘← MERO-¹+-Y¹〙

Mer·yl /mérəl | -rɪ̀l/ *n.* メリル《女性名》. 〘《変形》← MERLE〙

mer·veille du jour /mɛəvéɪdʒuʒúə, -djuː- | mɛəvéɪdjuʒúə(r, -duː-; *F.* mɛʀvɛjdyʒuːʀ/ *n.* 〖昆虫〗ヤガ科のガの一種 (*Dichonia aprilina*)《ヨーロッパ産の灰緑色のガ; 地衣におおわれた樹皮の上では保護色の役を果たす》. 〘□ F ~《原義》'MARVEL of the day'〙

mes- /mɛz, mɛs, miːz, miːs/《母音の前にくるときの》meso- の異形.

me·sa /méɪsə/ *n.* (米)〖地質〗地卓, メサ《周囲の地域から一段と高くなった, 頂部が水平なテーブル形の巨大な岩山; 米国南西部の乾燥地帯に多い》. 〘(1775) □ Sp. ~ < L *mēnsam* table〙

Me·sa /méɪsə/ *n.* メーサ《米国 Arizona 州の州都 Phoenix に近い, Salt 川沿いの都市》.

Me·sá·bi Ránge /mɪ̀sɑ́ːbi-/ *n.* [the ~] メサビ山脈《米国 Minnesota 州北東部の山脈; 鉄鉱石の埋蔵量が豊富》. 〘← N-Am.-Ind. (Ojibway) *missabe wudjiu* giant mountain〙

mes·ail /méseɪl/ *n.* 〖甲冑〗(bascinet の)面頰(めんぼお) (visor). 〘(1869) □ F *mésail* < OF *muçaille* concealment ← *mucier* to hide〙

mé·sal·li·ance /meɪzǽliəns, mèɪzəlάɪəns | mɛzǽliəns, -liɑːns; *F.* mezaljɑ̃ːs/ *n.* (*pl.* **-li·anc·es** /~ɪz, ~əz; *F.* ~/) 身分の低い者との結婚, 身分違いの結婚. 〘(1782) □ F ~ ← *mé-* 'MIS-¹'+ALLIANCE〙

mes·arch /mézɑːk, més- | mésɑːk/ *adj.* **1** 〖植物〗中原型の《ソテツ·シダなどの葉柄のように後生木部が内外の両方面へ発達する; cf. endarch, exarch²》. **2** 〖生態〗適潤遷移系列の《遷移がやや湿気の多い地域から始まる》; 準好湿性の. 〘(1891) ← MESO-+-ARCH²〙

me·sat·i- /mɪ̀zǽtɪ̀, -sǽtɪ̀, -ti | -tɪ̀, -ti/「中位 (medium) の」の意の連結形. 〘← Gk *mésatos* midmost (irreg. superl.) ← *mésos* mid, in the middle〙

Mé·sa Vér·de Nátional Párk /méɪsəvə́ːd-, -vɛ́ːdi- | -vɑ́ːd-, -və́ːdi-; *Am.Sp.* mésaβérðe/ *n.* メサヴァード国立公園《米国 Colorado 州南西部, Pueblo インディアンの住んだ先史時代の洞窟が多い; 1906 年指定; 面積 211 km²》. 〘□ Sp. ~《原義》'green plateau': cf. mesa, vert¹〙

MESC《略》the Ministry of Education, Science and Culture (日本の)文部省.

mes·cal /mɛskǽl, mɪ̀s- | méskæl, ⁻ˌ⁻/ *n.* **1** メスカル(酒)《リュウゼツランの発酵汁を蒸留して造ったメキシコ産の酒》. **2** 〖植物〗メスカル酒の原料となる樹液を生じるリュウゼツラン (agave); (特に)マゲイ (maguey). **3** 〖植物〗ウバタマ(烏羽玉) (*Lophophora williamsii*)《米国 Texas 州およびメキシコ北部産のサボテン; 食べると幻覚症状を起こす; cf. mescal button》. 〘(1702) □ Mex.-Sp. *mescal* □ Nahuatl *mexcalli* ← *me*(*tl*) maguey+(*i*)*xcalli* stew〙

mescál bèan *n.* **1** =mescal button. **2** 〖植物〗米国南西部産のマメ科クララ属の常緑低木または小高木 (*Sophora secundiflora*).

mescál bùtton *n.* ウバタマ(烏羽玉)の頭《mescal のこぶの上にできるボタン状の物; 麻酔性物質を含み, メキシコ先住民は宗教的儀式の執行中にこれをかむ》. 〘1888〙

Mes·ca·le·ro /mèskəléᵊroʊ | -léərəʊ/ *n.* (*pl.* ~, ~**s**) **1 a** [the ~(s)] メスカレロ族《米国 Texas 州と New Mexico 州のアパッチ (Apache) 族のインディアン》. **b** メスカレロ族の人. **2** メスカレロ語. 〘□ Am.-Sp. ~ □ Sp. *mescal, mezcal* 'MESCAL'〙

mes·ca·line /méskəlɪ̀n, -lìːn | -kəlɪn, -lìːn/ (*also* **mes·ca·lin** /-lɪ̀n | -lɪn/) *n.* 〖薬学〗メスカリン ($C_{11}H_{17}NO_3$)《mescal からとった甘味アルカロイド; 興奮剤》. 〘(1896) ← MESCAL+-INE³〙

mes·clun /mésklən; *F.* mɛsklœ̃/ *n.* メスクラン《チコリ·タンポポなどの柔らかな若葉を使った南仏起源のグリーンサラダ》. 〘(1987) □ Prov. *mesclom, mesclumo* mixture ← VL **misculāre*: ⇨ meddle〙

mesdames *n.* **1** madam または madame の複数形. **2** [M-] Mrs. の複数形. 〘(*c*1573): ⇨ madame〙

mesdemoiselles *n.* mademoiselle の複数形. 〘(1792): ⇨ mademoiselle〙

me·seems /mɪsíːmz, mi-/ *vi.* (三単現 ~; 過去 **me·seemed**)《古》思うに…である, …と(私には)思われる. 〘(*a*1375) ← ME¹ (dat.)+*seems* ((3rd pers. sing.) ← SEEM): cf. methinks〙

me·self /mɪ̀sélf, mi-/ *pron.*《口語》=myself.

me·sem·bry·an·the·mum /mɪ̀zèmbriǽnθəməm | -θɪ̀-/ *n.* 〖植物〗ツルナ科マツバギク属 (*Mesembryanthemum*) の植物の総称. 〘(1825) ← NL ~ ←《原義》noon flower ← Gk *mesēmbriā* noon (← *mésos* middle+*hēméra* day)+-ANTHEMUM〙

mesencephala *n.* mesencephalon の複数形.

mes·en·ce·phal·ic /mèzensɪ̀fǽlɪk | -sɪ̀f-, -kɪ̀f-⁻ˈ⁻/ *adj.* 〖解剖〗中脳の. 〘(1854): ⇨ ↓, -ic¹〙

mes·en·ceph·a·lon /mèzɪ̀nséfəlɑ̀(ː)n, -zɛn-, -lən | -zɛnkéfəlɔn, -zɪn-, -séf-, -lən/ *n.* (*pl.* **-a·la** /-lə/, ~**s**) 〖解剖〗中脳 (midbrain). 〘(1846) ← NL ~: ⇨ meso-, encephalon〙

me·sen·chy·ma /mɪ̀zéŋkəmə, mɛ-, -séŋ- | mɛséŋkɪ-/ *n.* 〖生物〗=mesenchyme. **mes·én·chy·mal** /-məl, -mɪ⁻ˈ⁻/ *adj.* 〘(1888) ← NL ~: ⇨ meso-, -enchyma〙

mes·en·chym·a·tous /mèzənkímətəs, mì:-, -sən-, -sŋ- | mèsənkímət-⁻ˈ⁻/ *adj.* 〖生物〗中胚葉 (mesoderm) に似た[から成る]. 〘(1886) ← NL *mesenchymat-, mesenchyma* (↑)+-OUS〙

mes·en·chyme /mézənkàɪm, -zŋ- | mésən-, -sŋ-/ *n.* 〖生物〗間葉, 間充組織, 間充織(しき). 〘(1888) ← NL ~: ⇨ meso-, -enchyme〙

mes·en·do·derm /mezéndədə̀ːm, -sén- | -séndədə̀ːm/ *n.* 〖生物〗内中胚葉. 〘← MES(ODERM)+ENDODERM〙

mes·en·ter·i·tis /mezɛ̀ntəráɪtɪ̀s | -təráɪtɪs/ *n.* 〖医学〗腸間膜炎. 〘(1802): ⇨ MESENTERY, -itis〙

mes·en·ter·on /mɛzéntərɑ̀(ː)n, -sén- | -séntərɔ̀n/ *n.* (*pl.* **-ter·a** /-rə/) 〖生物〗中腸《今は midgut が普通》. 〘(1877): ⇨ meso-, enteron〙

mes·en·ter·on·ic /mèzɛ̀ntərɑ́(ː)nɪk, -sɛ̀n- | -sɛ̀ntərɔ́n-⁻ˈ⁻/ *adj.* 〖生物〗中腸 (midgut) の. 〘← MESO-+ENTERON+-IC¹〙

mes·en·ter·y /mézəntèri, -zn-, -sən-, -sn- | -səntəri, -sn̩tri, -sn-/ *n.* 〖解剖〗腸間膜. **mes·en·ter·ic** /mèzəntérɪk, -zn-, -sən-, -sn- | -sən-, -sn-⁻ˈ⁻/ *adj.* 〘(1547) □ ML *mesenterium* □ Gk *mesentérion* ← *mésos* middle+*énteron* intestine: ⇨ meso-, enteron〙

mesh /méʃ/ *n.* **1** 網の目; (篩(ふるい)などの)目: a net of two-inch ~*es* 2 インチの目の網. **2 a** [*pl.*] 網の目をかがった糸. **b** 網細工, 網. **3 a** (大都会·大会社などの)複雑な機構. **b** [通例 *pl.*] (人を陥れる)網, わな: be caught in the ~*es* of an enchantress 女の誘惑に引っかかる. **4** 〖機械〗(歯車の)かみ合い. ★ 主に次の句に用いる: in [out of] ~〈歯車が〉かみ合って[かみ合わないで]. **5** 〖電気〗メッシュ《網状の電極, 配線》. **6** [数詞に伴って]〖冶金〗メッシュ《冶金用粉末の大きさを表す単位で, 篩 1 インチの間に含まれる網の目の数で表す》: a 16-*mesh* screen 16 メッシュの篩 / 400-*mesh* powder 400 メッシュの粉末. **7** 網目状の織布. **8** 〖電算〗メッシュ: **a** 数値計算などで区間を網目状に分割したもの. **b** # 記号 (pound sign). — *vi.* **1** うまく適合する, 調和[整合]する. **2** 〖機械〗〈歯車が〉かみ合う〔*with*〕. **3** 網[わな]にかかる. — *vt.* **1** うまくかみ合わせる, 抱き合わせる; つり合わせる; 調和[整合]させる. **2** 〖機械〗〈歯車を〉かみ合わせる. **3** 網で捕える. **4** わなにかける; からませる, ぬきさしならなくする. 〘(*c*1395) □ ? MDu. *maesche* (Du. *maas*) ← Gmc **mæsk-*, **mask-* (OE *max* / G *Masche*) ← IE **mezg-* to knit〙

Me·shach /míːʃæk/ *n.* 〖聖書〗メシャク (⇨ Shadrach). 〘□ Heb. *mēšákh*〙

mésh connéction *n.* 〖電気〗環状結線[接続] (cf. delta connection, star connection). 〘1896〙

meshed *adj.* 網(目)の(ある). 〘1664〙

Me·shed /məʃéd | meʃéd/ *n.* メシェッド《Mashhad の別名》.

mésh knòt *n.* 〖海事〗メッシュノット (⇨ sheet bend).

mesh·ra·bi·yeh /mèʃrəbíː(j)ə/ *n.* 〖建築〗=moucharaby. 〖異形〗

me·shu·ga /mɪ̀ʃúgə/ *adj.* (*also* **me·shu·gah, me·shug·ga** /~/)《俗》精神異常の, 気違いの. 〘(1892) □ ModHeb. *mešugá* < Heb. *mᵉšuggā'* ← *šuggā'* to be mad〙

me·shu·gaas /mɪ̀ʃugáːs/ *n.* (*also* **me·shug·gaas** /~/)《俗》馬鹿[愚か]なこと, ナンセンス. 〘(1901) □ Yid. ~: ⇨ meshuga〙

me·shu·ga·na /mɪ̀ʃúgənə/ *n.* (*also* **me·shug·ga·na** /~/)《俗》狂人. 〘← MESHUGA〙

me·shug·gen·er /mɪ̀ʃúgənə | -nə(r/ *n.* (米俗) 狂人. 〘(1900) □ Yid. ~: ⇨ meshuga〙

mésh·wòrk *n.* 網細工. 〘1830〙

mesh·y /méʃi/ *adj.* (**mesh·i·er; -i·est**) 網の目をなす, 網細工の. 〘(1602) ← MESH+-Y⁴〙

me·si·a /míːziə/ *n.* 〖鳥類〗ゴシキソウシチョウ (*Leiothrix argentauris*) (silver-eared mesia)《東南アジア産ヒタキ科チメドリ亜科の鳥; 雄の羽色は赤と黄で, 頭部は黒と白》. 〘← NL *Mesia* (旧属名) ← ?〙

me·si·al /míːziəl, méz-, més- | míːz-, míːs-/ *adj.* **1** 〖動物〗中央の, 中間の (medial), (動物の体を左右に分かつ)縦行の: The heart is ~ *to* the lungs. 心臓は両肺の中間にある / ⇨ mesial plane. **2** 〖歯科〗(歯列弓に沿って)正中面寄りの, 近心の (cf. distal 3). **~·ly** *adv.* 〘(1803) ← Gk *mésos* middle+-IAL〙

mésial pláne *n.* (動物体を左右に分割した)縦行面, 正中面. 〘1803〙

mes·ic /mézɪk | míː-/ *adj.* **1** 〖生態〗〈生息地が〉中湿性の《好湿性と好乾性との中間の; cf. xeric》. **2** 〖物理〗中間子の. **més·i·cal·ly** *adv.* 〘(1926) ← Gk *mésos* middle+-IC¹〙

me·si·o- /míːzioʊ, méz-, més- | míːziəʊ/「中間と…の」の意の連結形: *mesio*buccal, *mesio*distal. 〘(1803) ← MESI(AL)+-O-〙

me·si·o·dens /mìːzioʊdènz, méz-, més- | mìːziə(ʊ)-/ *n.* 〖歯科〗正中歯《上顎両中切歯の間に生える過剰歯》. 〘← NL ~ ← MESIO-+L *dens* tooth〙

me·site /mézaɪt/ *n.* 〖鳥類〗クイナモドキ《マダガスカル産クイナモドキ科の林にすむツグミほどの大きさの地上性の鳥; 2 属 3 種からなるが, 森林破壊に伴いいずれも稀少種》. 〘□ F *mésite* ← ? Malagasy〙

Mes·it·or·nith·i·dae /mèzətəəníθədìː, mès- | -zɪtɔː-/ *n. pl.* 〖鳥類〗=Mesoenatidae. 〘← NL ~ ← *Mesitornis* (属名: ← Gk *mesítēs* mediator)+-IDAE〙

me·sit·y·lene /mɪ̀sítəlìːn, -tl̩- | -tɪ̀l-, -tl̩-/ *n.* 〖化学〗メシチレン ($C_6H_3(CH_3)_3$)《溶剤などに用いる》. 〘(1838) ← *mesityl* (← Gk *mesítēs* mediator+-YL)+-ENE〙

més·i·tyl óxide /mésətɪ̀l-, -tl̩- | -sɪ̀-/ *n.* 〖化学〗メシチルオキシド, 酸化メシチレン ($CH_3COCH{=}C(CH_3)_2$)《溶剤として, また有機合成原料として用いる》. 〘(1873) ↑〙

mes·i·tý·lic óxide /mèsətílɪk-, -sɪ̀-/ *n.* 〖化学〗=mesityl oxide.

Mes·mer /mézmə, més- | mézmə(r; *G.* mέsmɐ/, **Franz** or **Friedrich Anton** *n.* メスマー《1734–1815; オーストリアの医師; 初めて催眠術を医療に利用した》.

mes·mer·ic /mɛzmérɪk/ *adj.* **1** 催眠術の, 睡眠の. **2** 人をうっとりさせるような, 魅惑的な. **mes·mér·i·cal·ly** *adv.* 〘(1829): ⇨ ↑, -ic¹〙

mes·mer·ism /mézmərìzm/ *n.* **1** 〖心理〗**a** 動物磁気《動物の体内にあるとされる磁気》; 動物磁気説. **b** 催眠術; 催眠(状態). **2** (人をうっとりさせる)魅惑, 魅力. 〘(1802) □ F *mesmérisme* ← F. A. Mesmer ⇨ ↑, -ism〙

més·mer·ist /-rɪ̀st | -rɪst/ *n.* 催眠術師. 〘1840〙

mes·mer·ize /mézmərὰɪz/ *vt.* **1** …に催眠術をかける (hypnotize). **2** [通例 p.p. 形で]〈人を〉うっとりさせる, 魅了する: Her beauty ~*d* him. 彼女の美しさが彼を魅了した. **mes·mer·i·za·tion** /mèzmərɪ̀zéɪʃən | -raɪ-, -rɪ-/ *n.* **més·mer·ìz·er** *n.* 〘(1829): ⇨ Mesmer, -ize〙

M

més·mer·ìz·ing *adj.* 魅惑に満ちた. 〘1886〙

mes·nal·ty /míːnl̩ti/ *n.* 〖法律〗中間領主 (mesne lord) の領地. 〘(1542–43) □ F *mesnalte* ← OF *mesne* (↓)+-ty²〙

mesne /míːn/ *adj.* 〖法律〗中間の. — *n.* =mesne lord. 〘(1548) □ AF ~《変形》← *meen* 'MEAN³'〙

mésne lórd *n.* 〖歴史〗中間領主《封建時代に上級領主から封土を受けこれを自身の臣下に保有させた》. 〘1614〙

mésne prócess *n.* 〖法律〗(訴訟の)中間令状《訴訟の中間に発せられる令状の総称; 例えば差押え令状 (attachment); cf. original process》. 〘*a*1625〙

mésne prófits *n. pl.* 〖法律〗中間利得《土地の不法占有中に得た利得》. 〘1709〙

mes·o- /mézoʊ, més-, míːz-, míːs- | mésəʊ, méz-, míːs-, míːz-/「中央, 中間, 中位」の意の連結形. ★ 母音の前では通例 mes- になる. 〘(19C) □ L ~ □ Gk ~ ← *mésos* middle: ⇨ mid〙

Mèso·amérìca *n.* 〖考古〗メソアメリカ《考古学·民族学·文化人類学上の地域名で, メキシコ·グアテマラ·エルサルバドル·ホンジュラス·ニカラグア·コスタリカなどにわたる地域; cf. Middle America 1 a, Central America》. 〘(1948): ⇨ ↑, America〙

Mèso·américan *adj.* 〖考古〗メソアメリカの[文化の, 住民の].

mèso·bénthos *n.* 〖生物〗中形底生動物《水深 200–1,000 m の海底に生息する動植物; 例えば, 線虫類, ソコミジンコ類, 有孔虫類など》. 〘← NL ~: ⇨ meso-, benthos〙

méso·blast /-blæ̀st/ *n.* 〖生物〗**1** 原中胚葉細胞 (mesoderm の前身; cf. hypoblast 1). **2** =mesoderm. **mèso·blás·tic** /-blǽstɪk⁻ˈ⁻/ *adj.* 〘(1857) ← MESO-+-BLAST〙

mèso·cárdium *n.* (*pl.* **-dia**) 〖生物〗心間膜. 〘← MESO-+-CARDIUM〙

mes·o·carp /mézəkὰəp, més- | mésə(ʊ)kὰːp, méz-/ *n.* 〖植物〗中果皮. **mes·o·carp·ic** /mèzəkάəpɪk, mès- | mèsə(ʊ)kάː-, mès-⁻ˈ⁻/ *adj.* 〘(1849) ← MESO-+-CARP〙

mes·o·ce·phal·ic /mèzəsɪ̀fǽlɪk | -zə(ʊ)sɪ̀-, -kɛ-, -kɪ-⁻ˈ⁻/ *adj.* (*also* **meso·ceph·a·lous** /-séfələs | -séf-, -kéf-/) **1** 〖人類学〗中頭の《頭示数が 76 から 80.9 の; cf. brachycephalic》. **2** 〖解剖〗=mesencephalic. — *n.* 中頭の人. **mes·o·céph·a·ìsm** *n.* **mèso·céph·a·ly** /-séfəli | -séf-, -kéf-/ *n.* 〘(1858): ⇨ meso-, cephalic〙

mèso·ceph·a·lon /-séfəlɑ̀(ː)n, -lən | -séfəlɔ̀n, -lən/ *n.* 〖解剖〗**1** 中脳. **2** 脳橋 (pons Varolii). 〘(1890) ← NL ~ ← MESO-+Gk *kephalḗ* head〙

mèso·cólon *n.* (*pl.* ~**s**, **-cola**) 〖解剖〗結腸間膜. 〘(1693) ← NL ~ ← Gk *mesókōlon* ← MESO-+*kôlon* 'COLON²'〙

mèso·cót·yl /-kɑ́(ː)təl, -tl̩ | -kɔ́tɪl/ *n.* 〖植物〗中胚軸《ムギなどの発芽種子において子葉の下の部分》. 〘← MESO-+-COTYL〙

mèso·cránial *adj.* =mesocranic. 〘← ? G *Mesokran* mesocranial ← MESO-+Gk *krānion* 'CRANIUM': ⇨ -ial〙

mes·o·cra·nic /mèzoukréɪnɪk, mès- | mèsə(ʊ)-, mèz-⁻/ *adj.* **1** 〖人類学〗=mesocephalic 1. **2** 〖解剖〗=mesencephalic. **mes·o·cra·ny** /mézoukrèɪni, més- | més-, méz-/ *n.* 〖⇨ ↑, -ic¹〗

mes·o·crat·ic /mèzo(ʊ)krǽtɪk, mì:-, -so(ʊ)- | mèsə(ʊ)-⁻/ *adj.* 〖地質〗〈火成岩が〉亜優黒質の[から成る]《30～60% 含む》. 〖(1857) ← MESO-+ Gk *krátos* rule+-IC¹〗

mèso·cýclone *n.* 〖気象〗メソサイクロン《大きな雷雨域の周辺に発生する直径 16 km におよぶサイクロン》.

méso·dèrm *n.* 〖生物〗中胚葉《mesoblast ともいう; cf. ectoderm, endoderm 1》. **mèso·dér·mal** /-dɜ́:məl, -ml̩ | -dɜ́:-⁻/ *adj.* **mèso·dér·mic** /-dɜ́:mɪk | -dɜ́:-⁻/ *adj.* 〖(1873) ← MESO-+-DERM〗

mes·o·dont /mézoudɑ̀(:)nt, -sou- | mésə(ʊ)dɔ̀nt, méz-/ *adj.* 〖歯科〗中歯型の. **mes·o·don·ty** /mézoudɑ̀(:)nṭi, -sou- | mésə(ʊ)dɔ̀nti, méz-/ *n.* 〖(1884) ← MESO-+-ODONT〗

Mes·oe·nat·i·dae /mèzənǽṭədi:, mès- | mèsənǽtɪ-, mèz-/ *n. pl.* 〖鳥類〗クイナモドキ科. 〖▭ NL ～ ← *Mesoenas* (属名: ← MESO-+Gk *oinas* wild pigeon)+-IDAE〗

mèso·fáuna *n.* 〖生態〗中形動物類.

mes·o·gas·tri·um /mèzougǽstriəm, -sou- | mèsə(ʊ)-, mèz-/ *n.* (*pl.* **-tri·a** /-triə/) 〖解剖〗中腹部; 胃間膜. **mèso·gás·tric** /-gǽstrɪk⁻/ *adj.* 〖(1846) ← NL ～ ← MESO-+Gk *gastḗr* belly: ⇨ -ium〗

Mèso·gastrópoda *n. pl.* 〖貝類〗中腹足目《Taenioglossa ともいう》. 〖← NL ～ ← MESO-+GASTROPODA〗

mes·o·gloe·a /mèzouglí:ə, mès- | mèsə(ʊ)-, mèz-/ *n.* (*also* **mes·o·gle·a** /～/) 〖動物〗間充ゲル, 中膠(ちゅうこう)《海綿動物・腔腸動物などのゼラチン質の物質》. **mèso·glóe·al** /-glí:əl⁻/ *adj.* 〖(1886) ← NL ～ ← MESO-+GLOEA〗

me·sog·na·thous /mɪ̥zɑ́(:)gnəθəs, mɛ-, -sɑ́(:)g- | -sɔ́g-, -zɔ́g-/ *adj.* 〖人類学〗中顎(ちゅうがく)の: **a** 口辺部中位突出の. **b** 顎示数が中位 (98–103) の. **me·sóg·na·thìsm** /-θɪzm/ *n.* **me·sóg·na·thy** /-θi/ *n.* 〖(1878) ← MESO-+Gk *gnáthos* jaw+-OUS〗

mèso·híppus *n.* 〖古生物〗メソヒップス《漸新世に北米にすんでいた *Mesohippus* 属の体高 60 cm ぐらいの原始的な馬の総称》. 〖(1877) ← NL ～: ⇨ meso-, -hippus〗

mes·o·kur·tic /mèzoukɜ́:ṭɪk, mès- | mèsəukɜ́:t-, mèz-⁻/ *adj.* 〖統計〗中尖の《正規分布に近似している; cf. kurtosis, leptokurtic, platykurtic》. 〖(1905) ← MESO-+Gk *kúrtos* bulging〗

mèso·lécithal *adj.* 〖生物〗=centrolecithal. 〖← MESO-+(CENTRO)LECITHAL〗

mes·o·lect /mézoulèkt, més- | mésə(ʊ)-, méz-/ *n.* 〖言語〗中層方言《上層方言 (acrolect) と下層方言 (basilect) との中間に位置する方言変種》. **mes·o·lec·tal** /mèzouléktl̩, -sou- | -zə(ʊ)-, -sə(ʊ)-⁻/ *adj.* 〖1971〗

mes·o·lim·ni·on /mèzoulímniɑ̀(:)n, mès- | mèsə(ʊ)límniən, mèz-/ *n.* 〖地質〗(湖などの)変温層, 水温躍層 (cf. epilimnion). 〖← MESO-+Gk *limníon* ((dim.) ← *límnē* lake)〗

mes·o·lite /mézoulàɪt, més- | mésə(ʊ)-, méz-/ *n.* 〖鉱物〗中沸石 ($Na_2Ca_2Al_6Si_9O_{30}\cdot8H_2O$). 〖(1822) ▭ G *Mesolith*: ⇨ meso-, -lith, -lite〗

Mes·o·lith·ic /mèzoulíθɪk, mès- | mès-, mèz-⁻/ *adj.* 〖考古〗中石器時代の《Transitional ともいう》: the ～ (ear) 中石器時代《旧石器時代 (Paleolithic ear)と新石器時代 (Neolithicear) との中間の時代》. 〖(1866) ← MESO-+-LITHIC〗

Mes·o·lon·ghi /mèsəlɔ́(:)ŋgi, -lɑ́(:)ŋ- | -lɔ́ŋ-/ *n.* = Missolonghi.

Me·so·lon·gi·on /mèsəulɔ́(:)ŋgiɑ̀(:)n, -lɑ́(:)ŋ- | lɔ́ŋgiɔn/ *n.* =Missolonghi.

mes·o·mere /mézoumɪ̀ə, més- | mésə(ʊ)mɪ̀ə(r, méz-/ *n.* 〖生物〗中割球《受精卵が不等卵割をした場合の中形の割球をいう; cf. macromere》. 〖(1902) ← MESO-+-MERE〗

me·som·er·ism /mɪ̥zɑ́(:)mərɪzm, -sɑ́(:)m- | -sɔ́m-, -zɔ́m-/ *n.* 〖物理・化学〗メソメリズム, (量子化学的)共鳴現象[状態]《電子対の移動によって生じる分子の中間的な結合様式[状態]》. **mes·o·mer·ic** /mèzouménk, mès- | mèsə(ʊ)-, mèz-⁻/ *adj.* 〖(1928) ← MESO-+-MERISM〗

mèso·meteorólogy *n.* メソ気象学, 中域気象学《雷雨・旋風など比較的に狭い領域の気象を対象とする; cf. micrometeorology》. 〖⇨ meso-, meteorology〗

mes·o·morph /mézoumɔ̀əf, més- | mésə(ʊ)mɔ̀:f, méz-/ *n.* **1** 〖植物〗中生植物 (mesophyte) の形態をもつ植物. **2** 〖心理〗(人体測定学で)中胚葉型の体格[体型]の人《W. H. Sheldon の体型分類の一つ; 筋肉の発達を特徴とする; cf. ectomorph, endomorph 2》. 〖(1940) ← MESO-+-MORPH〗

mes·o·mor·phic /mèzoumɔ́əfɪk, mès- | mèsəumɔ́:-, mèz-⁻/ *adj.* **1** 〖植物〗中生植物の形態を有する. **2** 〖生物〗中胚葉起源の器官(骨・筋肉・結合組織)の発達した体型の. **3** 〖心理〗(人体測定学で)中胚葉型の, 運動家型体格の. **mès·o·mór·phism** /-fɪzm/ *n.* 〖(1923) ← MESO-+-MORPHIC〗

mes·o·mor·phy /mézoumɔ̀əfi, més- | mésə(ʊ)-mɔ̀:-, méz-/ *n.* **1** 〖心理〗(人体測定学で)中胚葉型の体格[体型]. **2** 〖生態〗中等大. **3** 〖植物〗中生植物的形態. 〖(1940) ← MESO-+-MORPHY〗

mes·on¹ /mézɑ(:)n, més-, méɪs-, mí:s- | mí:zɔn, méɪ-, -sɔn/ *n.* 〖物理〗中間子《不安定な正・負または中性の素粒子で, 整数のスピンをもち, 互いに強く相互作用をするもの; cf. baryon, hadron》. **me·son·ic** /mɛzɑ́(:)nɪk, mɛs-, meɪs- | mi:zɔ́n-, meɪ-, -sɔ́n-/ *adj.* 〖(1939) ← MESO-+-ON²〗

mes·on² /mésɑ(:)n, mí:s- | -sɔn/ *n.* 〖動物〗縦行面, 正中面. 〖(1883) ▭ Gk *méson* (neut.) ← *mésos* middle〗

mèso·néphric *adj.* 〖生物〗中腎の. 〖(1877) ← MESO-+Gk *nephrós* kidney+-IC¹〗

mésonephric dúct *n.* 〖解剖・動物〗中腎管《中腎の排出管; Wolffian duct ともいう》. 〖1877〗

mèso·néph·ros /-néfrɑ(:)s | -rɔs/ *n.* (*pl.* **-neph·roi** /-rɔɪ/) 〖生物〗中腎《Wolffian body ともいう; cf. pronephros》. 〖(1887) ← NL ～ ← MESO-+Gk *nephrós* kidney〗

méson fàctory *n.* 〖口語〗〖物理〗中間子発生装置, 中間子工場《強力な中間子線を発生させるための粒子加速装置》. 〖1966〗

Mes·o·nych·i·dae /mèzouníkədi:, mès- | mèsə(ʊ)-, mèz-/ *n. pl.* 〖動物〗(食肉目肉歯亜目)メソニクス科《化石哺乳類; 北米・欧亜に暁新世から始新世まで生息した》. 〖← NL ～ ← *Mesonych-*, *Mesonyx* (属名: ⇨ meso-, onycho-)+-IDAE〗

mes·o·pause /mézoupɔ̀:z, més-, -pɑ̀:z | mésə(ʊ)-, méz-/ *n.* 〖気象〗メソポーズ, 中間圏界面《中間圏 (mesosphere) とそれ以高の熱圏 (thermosphere) との間の境界面》. 〖(1950): ⇨ meso-, pause〗

méso·pèak *n.* 〖気象〗中間圏最高気温点《地上から約 50 km》.

mèso·pelágic *adj.* 〖海洋〗(180 m–900 m の深さの)中深海洋の. 〖(1951) ← MESO-+PELAGIC〗

mes·o·phile /mézoufàɪl, més- | mésəu-, méz-/ 〖生物〗中温菌《25°C–40°C の間で最もよく繁殖する》. ― *adj.* =mesophilic. 〖(1928) ← MESO-+-PHILE〗

mes·o·phil·ic /mèzo(ʊ)fílɪk, mì:-, -so(ʊ)- | mèsə(ʊ)-⁻/ *adj.* 〖生物〗〈細菌が〉中等温度好性の, 中温性の《25°C–40°C の間で最も良く発育する; cf. psychrophilic》. 〖(1897): ⇨ ↑, -ic¹〗

mes·o·phyll /mézoufɪl, més- | mésəu-, méz-/ *n.* 〖植物〗葉肉. **mes·o·phyl·lic** /mèzoufílɪk, mès- | mèsə(ʊ)-, mèz-⁻/ *adj.* **mes·o·phyl·lous** /mèzo(ʊ)fíləs, mì:-, -so(ʊ)- | mèsə(ʊ)-⁻/ *adj.* 〖(1839) ← NL *mesophyllum*: ⇨ meso-, -phyll〗

mes·o·phyte /mézoufàɪt, més- | mésə(ʊ)-, méz-/ *n.* 〖植物〗中生植物《適度な湿度で生長する種類; cf. hydrophyte, xerophyte》. **mes·o·phyt·ic** /mèzoufíṭɪk, mès- | mèsə(ʊ)fít-, mèz-⁻/ *adj.* 〖(1890) ← MESO-+-PHYTE〗

Mes·o·po·ta·mi·a /mès(ə)pətéɪmiə/ *n.* **1** メソポタミア《西アジア Tigris, Euphrates 両河間の地域の総称; 世界最古の都市文明の発祥地, 今のイラクはこの地方の大部分を含む》. **2** [m-] 二つの川にはさまれた地域. **3** (長い綴りで調子のよい)何となくありがたい[神秘的な]言葉 (blessed word) の典型.《昔, 英国のある老女が説教のあと牧師に 'that blessed word Mesopotamia' と言った, ということから》 〖(1854) ▭ Gk *Mesopotamíā* (fem.) ← *mesopotámios* situated between two rivers ← MESO-+*potamós* river: ⇨ potamo-, -ia¹〗

Mes·o·po·ta·mi·an /mès(ə)pətéɪmiən⁻/ *n.* メソポタミアの(先)住民. ― *adj.* **1** メソポタミアの. **2** [m-] 川と川にはさまれた地域の. 〖(1616): ⇨ ↑, -an¹〗

mes·or·rhine /mézouràɪn, més- | mésə(ʊ)-, méz-/ *adj.* 〖人類学〗広鼻と狭鼻の中間の, 中鼻の《鼻の幅の高さに対する百分比が 70–85; 頭骨では 45–51》. 〖(1878) ← MESO-+-RRHINE〗

méso·sàur *n.* 〖古生物〗メソサウルス《二畳紀の絶滅した小形の淡水性爬虫類; 細長い体と吻, 多数の歯をもつ》.

méso·scàle *adj.* 〖気象〗〈雲・風・台風など〉中規模の: a ～ cloud pattern (直径 1–100 km 程度の)中規模雲団. 〖(1956): ⇨ meso-, scale〗

mes·o·scaphe /mézouskæ̀f, més- | mésə(ʊ)-, méz-; *F.* mezɔskaf/ *n.* (*also* **me·so·scaph** /～/) 〖海洋〗メソスカーフ, 中深度海中[海底]探険艇《150 m–600 m の深さの海中[海底]を探険するために設計された特殊潜水艇; cf. bathyscaphe》. 〖(1955) ▭ F *mésoscaphe*: ⇨ meso-, scapho-: フランスの海底探険家 Jacques Piccard (1922–) の造語〗

mes·o·some /mézousòum, més- | mésə(ʊ)sə̀um, méz-/ *n.* 〖生化学〗メソゾーム《細菌類の細胞膜が細胞内に入り込んで複雑に畳み込まれた構造; この部分に呼吸酵素が存在する》. 〖(1877) ← MESO-+-SOME³〗

mes·o·sphere /mézousfɪə, més- | mésə(ʊ)sfɪə(r, méz-/ *n.* [the ～] 〖気象〗中間圏《成層圏界面 (stratosphere) と熱圏 (thermosphere) との間の大気圏で高さ約 20–80 km》. **mèso·sphér·ic** /-sfí(ə)rɪk, -sfér- | -sfér-⁻/ *adj.* 〖(1950) ← MESO-+SPHERE〗

me·sos·to·ma /mɪ̥zɑ́(:)stəmə, -sɑ́(:)s- | -sɔ́s-, -zɔ́s-/ *n.* 〖動物〗メソストーマ《扁形動物門渦虫綱棒腸目 *Mesostoma* 属のドロタヒメウズムシ類の動物の総称; 体は 1 cm 以下で細長く, 腹面の中央に口がある; 水田などにすみ, 肉食性で毒性物質を出してボウフラを食うドロタヒメウズムシ (*M. productum*), タンポヒメウズムシ (*M. lingua*) などがある》. 〖(1876) ← NL ～ ← MESO-+-STOMA〗

mes·o·sty·lous /mèzoustáɪləs, mès- | mèsə(ʊ)-, mèz-⁻/ *adj.* 〖植物〗〈花が〉中位の長さの花柱をもった (cf. macrostylous, microstylous). 〖(1887) ← MESO-+-STYLOUS〗

Mes·o·tae·ni·a·ce·ae /mèzoutì:niéɪsii:, mès- | mèsə(ʊ)-, mèz-/ *n. pl.* 〖植物〗(接合藻類)メソタエニウム科. 〖← NL ～ ← *Mesotaenium* (属名: ← MESO-+L *taeniar* ribbon)+-ACEAE〗

mesothelia *n.* mesothelium の複数形.

mes·o·the·li·o·ma /mèzouθì:lióumə, mès- | mèsə(ʊ)θì:liə́u-, mèz-/ *n.* (*pl.* ～**s**, ～**·ta** /～ṭə | ～tə/) 〖病理〗中皮腫《胸膜または腹膜に生じる腫瘍》. 〖(1909) ← NL ～: ⇨ ↓, -oma〗

mes·o·the·li·um /mèzouθí:liəm, mès- | mèsə(ʊ)-, mèz-/ *n.* (*pl.* **-li·a** /-liə/) 〖解剖・生物〗中皮《体腔の内面をおおう中胚葉起源の上皮》. **mèso·thé·li·al** /-liəl⁻/ *adj.* 〖(1886) ← MESO-+Gk *thēlḗ* teat+-IUM: cf. epithelium〗

mes·o·therm /mézouθə̀:m, més- | mésə(ʊ)θə̀:m, méz-/ *n.* 〖植物〗中温植物《生長に中程度の温度を必要とする植物; cf. megatherm, microtherm》. 〖← MESO-+-THERM: cf. F *mésotherme*〗

mèso·thórax *n.* 〖昆虫〗中胸. **mèso·thorác·ic** *adj.* 〖(1826) ← MESO-+THORAX〗

mèso·thórium *n.* 〖化学〗メソトリウム《mesothorium I (メソトリウム I) (記号 MsTh I) と mesothorium II (メソトリウム II) (記号 MsTh II) の 2 種があり, MsTh I はラジウム (^{228}Ra), MsTh II はアクチニウム (^{228}Ac) の同位体で古典的な名称》. 〖(1907) ← NL ～: ⇨ meso-, thorium〗

mes·o·tron /mézoutrɑ̀(:)n, més- | mésə(ʊ)trɔ̀n, méz-/ *n.* 〖物理〗中間子 (meson の旧称). **mes·o·tron·ic** /mèzətrɑ́(:)nɪk, mès- | mèsə(ʊ)trɔ́n-, mèz-⁻/ *adj.* 〖(1938) ← MESO-+(ELEC)TRON〗

mes·o·tro·phic /mèzoutróufɪk, mès-, -trɑ́(:)f- | mèsə(ʊ)trɔ́f-, mèz-⁻/ *adj.* 〖生態〗〈湖が〉中栄養型の《各種の溶解した栄養素の含有量が富栄養型と貧栄養型の中間の; cf. dystrophic 2, eutrophic 2, oligotrophic》. 〖← MESO-+-TROPHIC〗

mes·o·ve·li·id /mèzouví:lɪ̥d, mès- | mèsə(ʊ)ví:lɪd, mèz-/ 〖昆虫〗*adj.* ミズカメムシ(科)の. ― *n.* ミズカメムシ《ミズカメムシ科の昆虫の総称》. 〖↓〗

Mes·o·ve·li·i·dae /mèzouvɪ̥láɪədi:, mès- | mèsə(ʊ)vɪláɪɪ-, mèz-/ *n. pl.* 〖昆虫〗(半翅目)ミズカメムシ科. 〖← NL ～ ← *Mesovelia* (属名: ← MESO-+L *velum* veil+-IA²)+-IDAE〗

Mes·o·zo·a /mèzəzóuə, -sə- | -sə(ʊ)zə́uə, -zə(ʊ)-/ *n. pl.* 〖動物〗中生動物門, 中間動物門《原生動物門 (Protozoa) と後生動物門 (Metazoa) との中間的存在とみなされる動物群》. **mèso·zó·an** /-zóuən | -zə́uən⁻/ *adj.* 〖(1877) ← NL ～: ⇨ ↓, -zoa〗

Mes·o·zo·ic /mèzəzóuɪk, mès- | mèsə(ʊ)zə́u-, mèz-⁻/ *adj.* 〖地質〗*adj.* 中生代の: the ～ ear 中生代. ― *n.* [the ～] **1** 中生代《Paleozoic (古生代)と Cenozoic (新生代)との中間; Triassic period (三畳紀), Jurassic period (ジュラ紀)および Cretaceous period (白亜紀)を含む》. **2** 中生代の地層. 〖(1840) ← MESO-+-ZOIC²〗

mes·pi·lus /méspɪ̥ləs/ *n.* 〖植物〗=snowy mespilus. 〖(1767) ← NL *Mespilus* (属名) ← L *mespilum* medlar ▭ Gk *méspilon*〗

mes·quite /məskí:t, mɛs- | mɛs-, mɪ̥s-/ *n.* (*also* **mes·quit** /～/) 〖植物〗 **1** メスキート《メキシコ・米国南西部に産するマメ科の低木 (*Prosopis juliflora*); algarroba ともいう》. **2** =screw bean 2. 〖(1759) ▭ Mex.-Sp. *mezquite* ▭ Nahuatl *mizquitl*〗

Mes·quite /məskí:t, mɛs- | més-, mɪ̥s-/ *n.* メスキート《米国 Texas 州北東部, Dallas 郊外の都市》.

mesquite gràss *n.* 〖植物〗米国南西部に多いイネ科の牧草 (*Bouteloua oligostachya*). 〖1823〗

mess /més/ *n.* **1 a** 混乱, めちゃくちゃ; よごれた[きたない]状態, 取り散らかし; 《英口語》(動物の)糞: a ～ of clothes 取り散らかした衣類 / The room is in a ～. 部屋はごった返しになっている / It's quite a ～ on the table. テーブルの上はめちゃくちゃだ. **b** 窮境, とんでもない状態[立場], 困難: get into a ～ 困ったことになる, へまをやる / Their business is in a (fine, pretty) ～. 彼らの商売はひどい状態にある. **2 a** 《口語》きたならしい人; だらしない人; 意気地なし. **b** 《俗》いやなやつ; 間抜け. **3** 混合物, ごた混ぜ, 寄せ集め. **4 a** 食堂; 〖海事〗(船上・基地の)食堂: officers' [sergeants'] ～ 将校[軍曹]食堂. **c** 《廃》4 人一組の会食仲間; 4 人[4 個]からなるグループ. **c** (陸海軍で, 常に食事を共にする)会食グループ, 食事仲間, 同じ釜の飯を食う仲間; その会食: be at ～ 会食中 / go to ～ 会食する / be absent from ～ 会食に欠席する. **5** 《米・カナダ》量, 数, 数量; たくさん, 仰山(ぎょうさん): a ～ of eggs. **6 a** 《古》一皿[一回]分の食物; (特に, 流動性の)食物: a ～ of porridge. **b** 水っぽくまずい食物. **c** 《方言》一搾り分の牛乳.

lóse the númber of one's méss ⇨ number 成句.

màke a méss 《英口語》〈動物が〉糞をする, よごす. 〖(1903)〗

màke a méss of 《口語》…を台なしにする: *make an* awful [*a* fine, *a* pretty, 《俗》*a* right] ～ *of it* ひどい不手際をやる, すっかり台なしにする. 〖(1862)〗 ***a méss of póttage*** (1) 一わんの羹 (cf. birthright 2). (2) 高価な物を犠牲にして得る物質的な利益, 目先の小利 Esau が一杯の羹(あつもの)と引きかえに家督相続権を弟 Jacob に譲った故事から: cf. *Gen.* 25: 29–34). 〖(*c*1456)〗

― *vt.* **1 a** きたならしくする, 乱雑にする, 取り散らかす 〈*up*〉: ～ *up* one's hair 髪の毛をかき乱す. **b** 下手にやる, やりそこなう 〈*up*〉. **c** 混乱させる, 台なしにする 〈*up*〉: ～ (*up*) affairs 事態を紛糾させる. **d** ひどい目に遭わせる, やっつける 〈*up*〉. **2** 〖古〗〈兵士などに〉給食する. ― *vi.* **1** ごっちゃにする, 取り散らかす. **2** へまをやる, 台なしにする. **3** (軍隊などの食堂で)会食する 〔*with*〕/〈*together*〉. **4** おせっかいする; 立ち入って邪魔をする 〔*in*, *with*〕: You'd better not ～ *in* the affairs of others. 他人のことにおせっかいしないほうがいい. **5 a** いたずらをする, いじる 〔*with*〕. **b** 水いたずら[泥いじり]をする. **6** へま[まちがい]をやる.

méss aróund [《英》 ***abóut***] (*vi.*) (1) 〔仕事などを〕だらだらと[ぼんやり]やる; いたずらにやってみる 〔*with*, *in*〕: ～

about in [*with*] politics 政治に手を出してみる. (2) のらくらと暮す. (3) 《口語》〔いかがわしい物[人]などに〕かかわる, 交際する, 関係する〔*with*〕: He has ~*ed around with* gamblers. 彼はばくち打ちの仲間にはいった. (4) 《口語》〔特に既婚者と〕性交渉を持つ〔*with*〕. (*vt.*) 手荒く[ぞんざいに]扱う. ***méssed úp*** 《口語》〈人が〉ひどく混乱して(いる), 悩んで(いる). 〖(?*a*1300) □ OF (F *mets*) 《原義》 put (on the table) < LL *missum* (neut. p.p.) ← *mittere* to send. put. — *v.*: (1381) ← (n.): ⇨ mission〗

Mes·sa·lian /məséɪljən-, -liən/ *n.* 〖キリスト教〗 ⇨ Euchites 1.

mes·sage /mésɪdʒ/ *n.* **1** (人を通じて送る)メッセージ, 言伝(ことづて), 伝言; (手紙・電信などを通じて送る)通信, 電報; (商業放送などの)お知らせ: a congratulatory ~ 祝電, 祝辞 / an oral [a verbal] ~ 口頭伝言, 口上 / a telegraphic ~ 電報, 電信 / a telephone ~ 電話(の伝言) / a written ~ 通知書 / an Imperial [a Royal] ~ 勅諭 / communicate a ~ メッセージを送る; 通信する / deliver a ~ 伝言する / dispatch a ~ 電命を発する / leave a ~ with a person 人に伝言を頼んでおく / Give him my kindly ~. 彼によろしく伝えて下さい / He received the ~ *that* his father wanted to see him. 父が会いたいという伝言を受け取った. **2** 《米》(大統領・州知事などが議会に送る)教書: address a ~ to Congress 教書を議会に出す. **3** (予言者が伝える)神託, 託宣, 御告げ. **4** (芸術作品・人の生涯などのもつ)主旨, 意図, 教訓, 訴え: a film with a ~ for modern youth 現代の青年に訴えるところのある映画. **5** 《古》(使いの者が託された)用向き, 使命: go on a ~ 使いに行く / run a ~ for a person 人のために使いをする. **6** 〖電算〗 メッセージ《情報データ処理の単位となる語群》. **7** 〖生化学・生物〗 伝達暗号《アミノ酸が蛋白質合成を行う順序を指定する(3 文字から成る)遺伝情報; 例: AAA [AAG] (lysin), AUG (methionine), UUU (phenylalanine) など; cf. messenger 5》. **8** 《スコット》 [*pl.*] 買物: go for the ~*s* 買物に行く.
gèt the méssage 《口語》(ヒント・ほのめかしなどの)趣意をのみこむ. (1964) ***sénd a méssage*** 《口語》自分の気持ちなどをほのめかす.
— *vt.* 〈通信を〉送る; (暗号・信号などで)伝える, 信号する, 指令する. — *vi.* メッセージを送る.
〖(*c*1300) □ (O)F ~ < VL **missāticu*(*m*) ← L *missus*: ⇨ mess, -age〗

méssage bòard *n.* 《米》 伝言板.

méssage bòx *n.* 〖電算〗 メッセージボックス《エラーの発生などをユーザーに知らせるウインドー; dialog box と異なり, ユーザーの入力を要求しない》.

méssage cènter *n.* 〖軍事〗 信務班《師団より下位の部隊本部の通信機関の一部, 公用通信文の受領と発送にあたる; 師団以上では communication center (通信センター)という》.

méssage stìck *n.* (オーストラリア先住民が身分証明用に持ち歩く)表象が刻んである棒. 〖1860〗

méssage switching *n.* 〖電算〗 (データ通信の)メッセージ交換《任意の長さの一まとまりのメッセージを回線が使用可能になるまで蓄積して交換する FAX などの方式》.

méssage ùnit *n.* 《米》 (電話料金計算の)通話単位.

Mes·sa·li·na /mèsəláɪnə, -líː- | -líː-, -láɪ-/ (*also* **Mes·sal·li·na** /~/), **Valeria** *n.* メッサリーナ (*c*22–48; ローマ皇帝 Claudius 一世の第三の妻で, 乱行で有名; Claudius に殺された). 〖1887〗

mes·sa·line /mèsəlíːn, ←—/ *n.* 〖紡織〗 メサリン《柔らかいしゅす織り絹地》. 〖(1909) □ F ~ ← ?〗

mes·san /mésən, -sn/ *n.* 《スコット》 =lapdog. 〖(*a*1500) □ Sc.-Gael. *measan* □ MIr. *mes(s)ān* (dim.) ← *mes(s)* fosterling〗

Mes·sa·pi·an /mɪ̀séɪpiən/ *n.* **1** メッサピア人《イタリア南東部にあったメッサピア (Messapia) の国民》. **2** メッサピア語. — *adj.* メッサピア人[語]の. 〖(1773) ← L *Messapii*+-AN¹〗

Mes·sa·pic /mɪ̀séɪpɪk/ *n.*, *adj.* =Messapian. 〖(1932): ⇨ ↑, -ic¹〗

méss·bòy *n.* (船の)食堂給仕. 〖1818〗

méss càll *n.* 〖軍事〗 食事ラッパ[号音].

méss·dèck *n.* 《英》〖海事〗 下甲板, メスデッキ《下級乗組員の居室兼食堂のある甲板》. 〖1855〗

Messeigneurs *n.* Monseigneur の複数形.

Mes·se·ne /mɪ̀síːniː/ *n.* メッセーネ, メッシーニ《古代ギリシャ Messenia の主都》.

mes·sen·ger /mésəndʒə, -sn- | -sɪndʒə^r, -sn-/ *n.* **1** **a** 使者, 使いの者; (会社などの)使い走り, メッセンジャー: send a letter by a ~ 使者に手紙を持たせてやる / a ~ boy メッセンジャーボーイ / blame [shoot] the ~ 誤りを指摘した人に腹を立てる / ⇨ corbie messenger. **b** (官庁などの)電報[文書, 小包]送達吏: a King's [Queen's] *Messenger* 《英》 勅書送達吏. **c** (速達などの)特別郵便配達人; =mail messenger. **d** 《古》 特使: an Imperial ~ 勅使. **e** 《古》 先駆者, 先触れ. **2** 凧(たこ)の糸に付ける紙片. **3** 〖海事〗 (錨索(びょうさく)や大索または綱などを引き寄せる時に用いる)補助索. **4** 〖海洋〗 メッセンジャー, 使錘《海中に下ろした海洋測器類を作動させるため, ワイヤーを伝って落とすおもり》. **5** 〖生化学〗 伝達子《遺伝情報を運ぶ化学的物質; cf. messenger RNA》. 〖(?*a*1200) *messanger, messager* □ OF *messagier*: ⇨ message, -er¹: 添加音 -n- については ⇨ passenger〗

méssenger càble *n.* 〖電気〗 メッセンジャー《架空ケーブルを支持する鋼線》. 〖1916〗

méssenger RNA /-áərènéɪ | -áːr-/ *n.* 〖生化学・生物〗 メッセンジャー RNA, 伝令 RNA《遺伝情報を細胞の核の中の DNA (デオキシリボ核酸)から細胞質の中のリボソーム (ribosome) に運び, 合成されるべき蛋白質を指定するリボ核酸; 略 mRNA; cf. ribosomal RNA, transfer RNA》. 〖1961〗

méssenger wìre *n.* 〖電気〗 =messenger cable. 〖1898〗

Mes·se·ni·a /mɪ̀síːniə, -njə/ *n.* メッセニア《ギリシャの Peloponnesus 半島南西部にあった古代の地方; Arcadia の南; 主都 Messene》.

Mes·ser·schmitt /mésəʃmɪt | -sə-; *G.* mésɐʃmɪt/ *n.* メッサーシュミット《特に第二次大戦のドイツ軍主力戦闘機, 特に Me-109, Bf-109 をいう; cf. BATTLE¹ of Britain》. 〖↓〗

Mes·ser·schmitt /mésəʃmɪt | -sə-; *G.* mésɐʃmɪt/, **Willy** *n.* メッサーシュミット (1898–1978; ドイツの航空機設計者・製作者).

méss gèar *n.* =mess kit. 〖1890〗

méss hàll *n.* (軍隊・工場などの)食堂. 〖1862〗

Mes·siaen /mesjɑ́ː(ŋ), -sjɑ́ːŋ | ←—; *F.* mesjɑ̃/, **Olivier** /ɔlivje/ **Eugène Prosper Charles** *n.* メシアン (1908–92; フランスの作曲家).

Mes·si·ah /mɪ̀sáɪə | mɪ̀-, mɛ-/ *n.* **1** [the ~] **a** 〖ユダヤ教〗 救世主, メシア《ユダヤ人が待望している救済者》. **b** 〖キリスト教〗 イエスキリスト, キリスト《メシアとキリストとは同義, つまりキリスト教ではイエスをメシア(キリスト)と信じる; cf. *John* 4: 25–26》. **2** [しばしば m-] (待望されている被圧迫民(族)・国家の)救済者, 救世主, 解放者. **3** [通例 m-] (ある運動・計画の)熱心な推進者[指導者]. 〖(?*a*1200) ME *Messie, Messias* □ LL (Vulgate) *Messīās* □ Gk *Messías* Aram. *mešīḥā'* // Heb. *māšīaḥ* anointed ← *māšáḥ* to anoint: 現在の語形は 1560 年の *Geneva Bible* から〗

Messíah·shìp *n.* メシアであること, メシアたる状態[地位, 身分]; (特に)キリストの救世主としての使命. 〖(1627): ⇨ ↑, -ship〗

mes·si·an·ic /mèsiǽnɪk⁻/ *adj.* **1** メシアの[に関する]. **2** (ある主義・信条・信仰などのために)神秘的な使命感を帯びた, メシア的な, メシアのような. **3** (ユダヤ教・キリスト教の伝説で)現世の終末に関連した祝福の時の. **mès·si·án·i·cal·ly** *adv.* 〖(*a*1834) ← NL *Messianicus* ← LL *Messias*: ⇨ Messiah, -ic¹〗

mes·si·a·nism /mésiənɪ̀zm, mɪ̀sáɪə-, mɛ-/ *n.* **1** メシア信仰 (cf. Messiah); メシアの天職. **2** (ある主義・信条への)絶対的傾倒[信仰]. 〖(1876): ⇨ Messiah, -ism〗

Mes·si·as /mɪ̀sáɪəz | mɪ̀-, mɛ-/ *n.* =Messiah 1.

Mes·si·dor /mèsɪdɔ́ə | -dɔ́ː^r; *F.* mesidɔːʁ/ *n.* 収穫月《フランス革命暦の第 10 月; ⇨ Revolutionary calendar》. 〖(1838) □ F ~ ← L *messis* harvest+Gk *dōron* gift〗

Mes·sier /mésièɪ, meɪsjéɪ; *F.* mesje, mɛ-/, **Charles** *n.* メシエ (1730–1817; フランスの天文学者; ⇨ Messier Catalogue).

Més·sier Cátalogue /mésièɪ-/ *n.* [the ~] 〖天文〗 メシエカタログ《C. Messier が著した星団・星雲のカタログ; 1771–80 刊行; 略 M; cf. New General Catalogue》. 〖↑〗

messieurs *n.* monsieur の複数形.

mes·sin /mésɪn, -sn/ *n.* 《スコット》 =messan.

Mes·si·na /mɪ̀síːnə, mɛ- | mɛ-, mɪ̀-; *It.* messíːna/ *n.* **1** メッシーナ(県)《イタリア Sicily 島北東部の県; 面積 3,270 km²》. **2** メッシーナ《イタリア Sicily 島北東部の港市, Messina 県の県都; 1908 年の地震で大破壊を受けた》.

Messina, the Strait of *n.* メッシーナ海峡《イタリア本土と Sicily 島との間の海峡; 幅 3.2 km》.

méss jàcket *n.* メスジャケット, 晩餐用上着《米軍将校が晩餐会その他半公式の場で着用する前開きの短い上衣; monkey jacket, shell jacket ともいう》. 〖1891〗

méss kìt *n.* **1** (容器にまとめて入れた)炊事食事用器具セット. **2** (兵士が戦場に携帯する)食器セット. 〖*a*1877〗

méss·man /-mən/ *n.* (*pl.* **-men** /-mən/) 〖海軍〗 食卓当番兵, 食事番. 〖1850〗

méss·màte *n.* **1** (主に船の)会食仲間, 同じ釜の飯を食った仲間. **2** 《豪》 (他の種にまじって生育する)ユーカリの木. 〖1746〗

méss·ròom *n.* メスルーム《船などの食堂》. 〖1811〗

Messrs /mésəz | -səz/ 《略》 messieurs: ~ A and B AB 両氏 / ~ A & Co. A 商会御中. ★ Mr. の複数形として 2 名以上の男性名, 特に英国では社名の前に用いる.

méss·tìn *n.* 携帯食器, 飯盒(はんごう). 〖1879〗

mes·suage /méswɪdʒ | -swɪdʒ, -sjuɪdʒ/ *n.* 〖法律〗 (建物やそれに付随する周辺の畑地なども全部含めた)家屋敷. 〖(*c*1390) □ AF *me(s)suage* tenure of land ← ? *mesnage*: ⇨ ménage〗

méss·ùp *n.* 《口語》 混乱, 紛糾, てんやわんや. 〖(1902) ← MESS (v.) *up*〗

mess·y /mési/ *adj.* (**mess·i·er**; **-i·est**) **1** 取り散らした, きたない, だらしない: a ~ room. **2** 〈仕事・情況など〉厄介な, 面倒な, 始末に負えぬ: a ~ job. **3** とりとめのない, 締まりのない, いい加減な: ~ thinking 隙(すき)だらけの思考. **4** 《口語》 ふしだらな. **5** いやに感傷的な. **méss·i·ly** /-səli/ *adv.* **méss·i·ness** *n.* 〖(1843) ← MESS (n.) + -Y¹〗

Messys, Quentin *n.* ⇨ Massys.

mes·tee /mestíː, ←—/ *n.* =mustee.

mes·ter /méstə | -tə^r/ *n.* 《南ヨークシャー方言》 **1** ご主人《家長に対する呼び掛け語》. **2** [bad ~ として] 悪魔《子供に話すとき》. 〖《変形》 ← MASTER¹〗

mes·ti·za /mestíːzə, mɪ̀s-; *Am.Sp.* mestísa/ *n.* 女性の mestizo.

mes·ti·zo /mestíːzoʊ, mɪ̀s- | -zəʊ; *Am.Sp.* mestíso/ *n.* (*pl.* ~**s**, ~**es**) 混血人: **a** (特に, 米国西部・中南米の)アメリカ先住民との混血スペイン人. **b** (東インド・マレーなどの)黒人との混血ヨーロッパ人. **c** 中国人と混血のフィリピン人. 〖(*c*1588) □ Sp. ~ < LL *mixtīcium* of mixed race ← L *mixtus* 'MIXED'〗

mes·tra·nol /méstrənɔ̀(ː)l | -nɒ̀l/ *n.* 〖薬学〗 メストラノール ($C_{21}H_{26}O_2$) 《経口避妊薬として用いる合成エストロゲン》. 〖(1962) ← METHO-+ESTR(OGEN)+(PREGN)ANE+-OL¹〗

Meš·tro·vić /méʃtrəvɪtʃ, més-; *Serbo./Croat.* mêʃtroʋitɕ/, **Ivan** *n.* メシュトロビッチ (1883–1962; ユーゴスラビアの彫刻家; 1946 年以後米国に在住).

met¹ /mét/ *v.* meet¹ の過去形・過去分詞.

met² /mét/ 《口語》 *adj.* **1** =meteorological. **2** =metropolitan. (1886) — *n.* [the M-] **1** 《英口語》 英国気象台 (Meteorological Office) 《空軍に所属》. **2** [集合的] 気象部員. (1940) 〖《略》〗

Met /mét/ 《略》 《米》 Metropolitan Opera House.

met. 《略》 metallurgical; metaphor; metaphysical; metaphysics; meteorological; meteorology; metronome; metropolitan.

met- /mɛt/ *pref.* (母音および h の前にくるときの) meta- の異形: *met*estrus, *meth*od.

met·a /mɛ́tə | -tə/ *adj.* 〖化学〗 メタの《ベンゼン環 (benzene ring) を有する化合物の置換異性体で, 置換基が 1 と 3 の位置にある》. 〖(1876) 《独立用法》 ← META-〗

Me·ta¹ /míːtə | -tə/ *n.* ミータ《女性名》. 〖□ L ~ 'measure' // (dim.) ← MARGARET〗

Me·ta² /mɛ́tə | -tə^r; *Am.Sp.* méta/ *n.* [the ~] メータ(川)《コロンビア北東部を流れる川; コロンビアとベネズエラの国境を成し, Orinoco 川に合流; 約 1,000 km》.

met·a- /mɛ́tə | -tə/ *pref.* **1** 主に科学用語で次の意味を表す: **a** 「…の後; …を越えた」: *meta*nephros, *meta*galaxy, *meta*physics. **b** (位置・状態の)変化: *meta*bolism, *meta*morphosis. **c** 「二次的…」: *meta*language. **d** 「…間」: *met*ope. **2** 「…より包括的な; 超…」の意で, 既存の学問を批判的に扱う新しい関連学科名を表す: *meta*linguistics, *meta*mathematics, *meta*psychology. **3** 〖化学〗 メタ: **a** 「…の重合体[誘導体]」; 加水度の少ない酸を示す (cf. ortho- 2 a): *meta*protein / *meta*phosphoric acid. **b** ベンゼン環 (benzene ring) を有する化合物で 1, 3- 位置換体を示す (cf. ortho- 2 b, para-¹ 2 b). ★ 母音および h の前では met- となる. 〖← NL ~ ← LL ~ □ Gk *meta-* ← *metá* between, among, with, after〗

M

méta-amínobenzoic ácid *n.* 〖生化学〗 メタアミノ安息香酸《アゾ染料の原料; aminobenzoic acid の一つ》.

me·tab·a·sis /mɪ̀tǽbəsɪ̀s | mɪ̀tǽbəsɪs, mɛ-/ *n.* (*pl.* **-a·ses** /-sìːz/) **1** 〖医学〗 病状変化. **2** 〖(□ OSp. *medabasis*)〗〖修辞〗 主題転移《前後の論旨の要点を述べる》. 〖(1657) ← NL ~ ← Gk *metábasis* passing over ← META-+Gk *baínein* to go〗

mèta·biósis *n.* 〖生物〗 変態共生. 〖(1899) ← NL ~: ⇨ meta-, -biosis〗

mèta·bisúlfite *n.* 〖化学〗 メタ重亜硫酸塩 (⇨ pyrosulfite).

Me·tab·o·la /mɪ̀tǽbələ | mɪ̀-, mɛ-/ *n. pl.* 〖昆虫〗 変態類《無変態類を除く完全変態, 不完全変態をする昆虫全部を指す》. 〖(1817) ← NL ~ (neut. pl.) ← Gk *metabólos* changeable: ⇨ metabolism〗

met·a·bol·ic /mètəbɑ́(ː)lɪk | -təbɒ́l-⁻/ *adj.* **1** 変態 (metamorphosis) する, 変形する. **2** 〖生物〗 物質[新陳]代謝の[を伴う, によって生じる]. **3** 〖動物〗 変態の. 〖(1743): ⇨ metabolism, -ic¹ □ Gk *metabolikós* ← *metabolḗ* change ← *metabállein* to change ← META-+*bállein* to throw: cf. -ic¹〗

métabolic páthway *n.* 〖生理〗 代謝経路.

mèt·a·ból·i·cal /-lɪ̀kəl, -kl | -lɪ-⁻/ *adj.* =metabolic. **~·ly** *adv.* 〖(1880): ⇨ ↑, -al¹〗

métabolic wáter *n.* 〖生物〗 同化水《同化作用によって生物体内に生じた水》.

me·tab·o·lism /mɪ̀tǽbəlɪzm | mɪ̀-, mɛ-/ *n.* **1** **a** 〖生物・生理〗 物質代謝, 物質交代, 新陳代謝, 代謝(作用) (cf. anabolism, catabolism): constructive [destructive] ~ 同化[異化]作用 / ⇨ basal metabolism. **b** 〖生態〗 (ある環境内で行われる)代謝作用: the ~ of a lake ある湖の中で進行する代謝作用. **2** 〖動物〗 (昆虫などの)変態 (metamorphosis). 〖(1878) ← Gk *metabolḗ* change ← *metabállein* to change ← META-+*bállein* to throw: ⇨ -ism〗

me·tab·o·lite /mɪ̀tǽbəlàɪt | mɪ̀-, mɛ-/ *n.* 〖生物〗 代謝産物《物質代謝[新陳代謝]で生じた物質》. 〖(1884): ⇨ ↑, -ite¹〗

me·tab·o·lize /mɪ̀tǽbəlàɪz | mɪ̀-, mɛ-/ *vt.* 〖生物〗 物質代謝で変化させる, 新陳代謝させる; 変形させる. — *vi.* 物質代謝で変化する; 新陳代謝する. **me·tab·o·liz·a·ble** /-zəbl/ *adj.* 〖(1887): ⇨ metabolism -ize〗

me·tab·o·lous /mɪ̀tǽbələs | mɪ̀-, mɛ-/ *adj.* 〖動物〗 =metabolic 3. 〖(1861) □ Gk *metabólos*: ⇨ Metabola, -ous〗

me·tab·o·ly /mɪ̀tǽbəli | mɪ̀-, mɛ-/ *n.* 〖動物〗 =metamorphosis. 〖(1890) □ Gk *metabolḗ* // *metabolía*: ⇨ metabolism〗

met·a·car·pal /mètəkɑ́ːəpəl, -pl | -təkɑ́ː-⁻/ 〖解剖〗 *adj.* 掌(しょう)部の; 中手骨の: a ~ bone 中手骨. — *n.* 中手骨, 掌骨. 〖(1739): ⇨ ↑, -al¹〗

met·a·car·pus /mètəkɑ́ːəpəs | -təkɑ́ː-/ *n.* (*pl.* **-car·pi** /-paɪ/) 〖解剖・動物〗 掌部, 中手; (特に)中手骨 (cf. metatarsus 1). 〖(1676) ← NL ~ (⇨ meta-, carpus) ∽ *metacarpium* □ Gk *metakárpion*〗

méta·cènter *n.* 〘造船〙メタセンター, (浮力の)傾心. 〘(1794) □ F *métacentre*: ⇨ meta-, center〙

mèta·céntric *adj.* **1** メタセンターの[に関する]. **2** 〘生物〙中部動原体の《染色体の中央部に動原体 (centromere) がある》. 〘(1798): ⇨ ↑, -ic[1]〙

métacentric héight *n.* 〘造船〙メタセンター高さ, 傾心高《船体中心線面上における重心とメタセンター間の距離; 普通は GM という; 船の安定度の目安となる》.

metacéntric stabílity *n.* 〘造船〙初期復元力 (⇨ initial stability).

met·a·cer·car·i·a /mètəsəːkéəriə | -təsəːkéər-/ *n.* 〘動物〙メタケルカリア《吸虫類のカンテツなどの幼虫の一時期で, 尾を失い水辺の草の上で被囊 (cyst) を形成したもの》. **mèt·a·cer·cár·i·al** /-riəl/ *adj.* 〘← NL ～: ⇨ meta-, cercaria〙

Met·a·chla·myd·e·ae /mètəkləmídiìː | -tæklə-mídi-/ *n. pl.* 〘植物〙後生花被類, 合弁花類[亜綱] (⇨ Sympetalae). **mèt·a·chla·mýde·ous** /-diəs | -diəs/ *adj.* 〘← NL ～ ← META-＋-*chlamydeae* (← Gk *khlamud-, khlamús* cloak)〙

met·a·chro·ma·si·a /mètəkroʊméɪʒiə, -ʒə | -tə-krə(ʊ)-/ *n.* 〘生理〙異染性, メタクロマジー. 〘(1903) ← META-＋-CHROMASIA〙

met·a·chro·ma·sy /mètəkróʊməsi | -təkráʊ-/ *n.* 〘生物〙＝metachromasia.

meta·chrómatism *n.* 〘化学〙メタクロマジー《細胞化学で標本切片のある部分が特に温度変化の結果, 色素溶液と異なる色に染色された現象》. **mèta·chro·mátic** *adj.* 〘(1876): ⇨ meta-, chromatism〙

me·tach·ro·nal /mətǽkrənl | mɪ-, mɛ-/ *adj.* 〘動物〙継時性の《繊毛や多毛類の疣脚(ゆうきゃく)・多足類の歩脚などの運動で隣り合った器官が一定の位相差で運動する性質にいう》. 〘(1905) ← META-＋-CHRONO＋-AL[1]〙

met·a·chro·sis /mètəkróʊsɪs | -təkrə́ʊsɪs/ *n.* 〘動物〙(カメレオンなどの) 体色変化, 変色能力. 〘(1887) ← META-＋Gk *khrôsis* colouring〙

mèta·cínnabar *n.* 〘鉱物〙黒辰砂(しんしゃ) (HgS). 〘(1896): ⇨ meta-, cinnabar〙

mèta·cin·na·bar·ite /-sínəbəràɪt | -sɪnǽb-/ *n.* ＝metacinnabar.

M

mèta·cognítion *n.* 〘心理〙メタ認知《自分自身の心理過程の認知・認識》.

met·a·cryst /métəkrɪst | -tə-/ *n.* 〘地質〙斑状変晶, 変斑晶《変成岩中に点在する大型結晶; prophyroblast ともいう》. 〘(1913) ← META-＋(PHENO)CRYST〙

mèta·éthics *n.* 〘倫理〙メタ倫理学《いわゆる normative ethics に対して, 倫理学用語の意味, 倫理的判断の性質や正当化などを研究する》. **mèta·éthical** *adj.* 〘(1949): ⇨ meta-, ethics〙

mèta·fémale *n.* 〘遺伝〙超雌《X 染色体の数が通常より多い不妊雌性生物, 特にミバエ; 以前は superfemale といった》.

mèta·fíction *n.* 〘文学〙メタフィクション《フィクションを構築する方法や小説の虚構性自体を主題とするような小説》. **mèta·fíctional** *adj.* **mèta·fíction·alist** *n.* 〘1960〙

méta·fìle *n.* 〘電算〙メタファイル《本データを生成する前の中間ファイル》.

Métal·flàke *n.* 〘商標〙メタルフレーク《サビ止め効果を高めるためにペンキに加えられる金属化した薄葉》.

mèta·gálaxy *n.* 〘天文〙(銀河系の外側にある)認識しうる全宇宙《宇宙と同義語》. **mèta·galáctic** *adj.* 〘(1930) ← META-＋GALAXY〙

met·age /míːtɪdʒ | -tɪdʒ/ *n.* **1** (公の機関で行う石炭・穀物などの積荷の)検量, 計量. **2** 検量[計量]費. 〘(1527) ← METE[2]＋-AGE〙

mèta·génesis *n.* 〘生物〙真正[純正]世代交代《有性生殖と無性生殖を交互に行うこと》. **mèta·genét·ic, meta·genic** *adj.* **mèta·genétically** *adv.* 〘(1849) ← NL ～: ⇨ meta-, genesis〙

me·tag·na·thous /mətǽɡnəθəs | mɪ-, mɛ-/ *adj.* **1** 〘鳥類〙(イスカのように)嘴(くちばし)の先が食い違った. **2** 〘昆虫〙〈ガ・チョウなど〉二様口式器類の《幼虫期には嚙んで栄養をとり, 成虫期には口吻(こうふん)で吸って栄養をとる》. **me·tág·na·thism** /-nəθìzm/ *n.* 〘(1872) ← META-＋Gk *gnáthos* jaw＋-OUS〙

mèta·hístory *n.* 形而上史学《対象を一時代に限定せず, 多様な時代を比較しながら共通の歴史法則を追求しようとする歴史的認識の立場》. **mèta·históriàn** *n.* 〘(1957) ← META-＋HISTORY〙

mèta·inféctive *adj.* 〘医学〙感染後に起こる, 後感染性の.

mèta·inósitol *n.* 〘生化学〙メタイノシトール (⇨ myoinositol).

Met·air·ie /métəri | -tə-/ *n.* メタリー《米国 Louisiana 州南東部, New Orleans 郊外にある都市》.

mèta·kinésis *n.* 〘生物〙 **a** ＝metaphase. **b** ＝prometaphase. 〘(1888) ← NL ～ (W. Flemming の造語): ⇨ meta-, -kinesis〙

met·al /métl | -tl/ *n.* **1** 金属, 金(きん); 合金: a piece [sheet] of ～ 一片[一枚]の金属 / corrugated ～ 波形板金 / fusible ～s 易融合金《鉛・すず・蒼鉛(そうえん)などの合金》/ ⇨ Britannia metal, Dutch metal, gunmetal, pig metal. **2** 金属製品: **a** 刀剣. **b** 銃身. **c** [*pl.*] 《英》レール, 軌条: The train ran off [left] the ～s. 列車は脱線した. **3 a** (溶解中の)鋳鉄. **b** 融解ガラス素地; 熔融ガラス. **4 a** 材料. **b** (人などの)本質, 気性,「地金」(mettle): show the ～ one is made of 地金を表す / prove [show] one's ～ 意気を示す. **5** 《英》 **a** (道路舗装・鉄道路床用の)割石, 砕石 (road metal). **b** 《NZ》砕石道路. **6** 〘化学〙金属元素, 純金属 (cf. alloy 1). **7** 〘紋章〙金色 (or), 銀色 (argent). **8** 〘海軍〙(一艦の)備砲の総威力, 総砲数, 斉発弾量: ⇨ heavy metal 2 / a ship with more ～ in its main battery 他艦よりも主砲の総威力の大きい軍艦. **9** 〘活字〙 **a** 地金, 活字合金 (type metal). **b** 組版.

métal mòre attráctive もっと心を引くもの, いっそう美しい[よい]もの (cf. Shak., *Hamlet* 3. 2. 116).

— *vt.* (**met·aled,** 《英》**-alled**; **-al·ing,** 《英》**-al·ling**) **1** …に金属をかぶせる. **2** [しばしば p.p. 形で] 《英》〈道路〉に割石[砕石]を敷く: a ～*ed* road 割石[砕石]を敷いた道路, マカダム道路. — *adj.* 金属で作られた.

～·lìke *adj.* 〘(*c*1250) □ (O)F *métal* // L *metallum* mine, mineral, metal □ Gk *métallon* mine〙

metal. 《略》metallurgical; metallurgy.

méta·lànguage *n.* 〘言語〙メタ言語《ある記号[言語]体系を分析・記述する際に用いられる一段と高次の記号[言語]体系; cf. object language》. 〘(1935) (1936) ← META-＋LANGUAGE〙

met·al·de·hyde /mətǽldəhàɪd, mɛ- | -dɪ-/ *n.* 〘化学〙メタアルデヒド ($(CH_3CHO)_n$)《アセトアルデヒドの重合体; 針状晶・板状晶で携帯燃料となる》. 〘← META-＋ALDEHYDE〙

métal detèctor *n.* 金属探知器. 〘1946〙

met·a·lep·sis /mètəlépsɪs, -tl- | -təlépsɪs, -tl-/ *n.* (*pl.* **-lep·ses** /-siːz/) 〘修辞〙メタレプシス《すでに比喩的に用いられた語をさらに換喩によって言い換えること》. 〘(1586) □ L ～ □ Gk *metalēpsis* (原義) alteration ← *metalambánein* to exchange ← META-＋*lambánein* to take〙

métal fatìgue *n.* 金属疲労.

métal·hèad *n.* 《俗》ヘビーメタルファン.

met·a·lim·ni·on /mètəlímniɑ̀(ː)n, -niən | -təlímniɒn, -niən/ *n.* (*pl.* **-ni·a** /-niə/) 〘地質〙変水層 (⇨ thermocline). 〘(1935) ← NL ～ ← META-＋Gk *limnion* ((dim.) ← *limnē* marshy lake)〙

mèta·linguístic *adj.* 〘言語〙メタ言語学の. 〘1944〙

mèta·linguístics *n.* 〘言語〙 **1** メタ言語学[論]《メタ言語 (metalanguage) を研究する分野》. **2** 後段[メタ]言語学《言語と文化との関連を体系的に研究する分野》. 〘1949〙

mét·al·ist /-təlɪst, -tl- | -təlɪst, -tl-/ *n.* **1** 金属細工師, 金属職人. **2** 〘経済〙(貨幣論における)金属主義者 (cf. nominalist). 〘1646〙

met·al·ize /métəlàɪz, -tl- | -təl-, -tl-/ *vt.* ＝metallize.

metall. 《略》metallurgical; metallurgy.

me·tall- /mətǽl | mɪ-, mɛ-/ (母音の前にくるときの) metallo- の異形.

métal láth *n.* **1** (漆喰(しっくい)の下地にする)金網. **2** (照明具・つり天井などを取り付ける)金枠.

me·tal·li- /mətǽlɪ, -li | mɪ-, mɛ-/ metallo- の異形 (⇨ -i-).

me·tal·lic /mətǽlɪk | mɪ-, mɛ-/ *adj.* **1 a** 金属の, 金属質の: a ～ element 金属元素. **b** 金属製の: ～ currency 硬貨 (cf. PAPER currency). **c** 金属を含む[産する]: ～ salts 金属塩. **d** 〘化学〙〈金属元素が〉未化合の; 遊離した: ～ iron. **2** 金属性の, 金属のような: **a** 〈声・音が〉金属的な, きんきん響く (grating): a ～ voice. **b** 〈色が〉金属に似た, (特に)金属的光沢の, 虹色に輝く: ～ green / ⇨ metallic luster. **c** 〈茶の味が〉金気(かなけ)の(ある): a ～ taste. **me·tál·li·cal·ly** *adv.* 〘(?*a*1425) □ F *métallique* // L *metallicus*: ⇨ metal, -ic[1]〙

metállic bónd *n.* 〘化学〙金属結合《金属内の原子間の結合》.

metállic cárbon *n.* 〘電気〙＝metallized graphite.

met·al·lic·i·ty /mètəlísəti | -təlísɪti/ *n.* 金属性: **1** 金属に特有の性質. **2** 〘天文〙恒星などの水素またはヘリウム以外の元素である構成要素の割合. 〘(1831): ⇨ -ity〙

me·tal·lic·ize /mətǽləsàɪz | mɪtǽlɪ-, mɛ-/ *vt.* 〘電気〙(アースに針金を付けて)〈電話線などを〉金属化する.

metállic lúster *n.* 金属光沢.

metállic móney *n.* 〘経済〙金属貨幣.

metállic óxide *n.* 〘化学〙金属酸化物.

metállic sóap *n.* 〘化学〙金属石鹸《ナトリウムなどアルカリ金属以外の金属と脂肪酸塩とから成り, 塗料・防水布などを製するのに用いる》. 〘1918〙

metállic wóod-bòring bèetle *n.* 〘昆虫〙タマムシ《青・緑・黒などの金属光沢を出すタマムシ科の甲虫の総称; 幼虫は木に食い入って穴をあける》.

met·al·lide /métəlàɪd, -tl- | -təl-, -tl-/ *vt.* 〈金属を〉表層硬化する (cf. metalliding). 〘(変形) ← METALLOID〙

mét·al·lìd·ing /-dɪŋ | -dɪŋ/ *n.* 〘冶金〙表層硬化(法)《高温によって, ある金属の原子を他の金属の表面に浸透させ, 金属の表層を硬化する法; こうして出来た表層の合金は物理的に処理されたメッキよりも硬度が高い》. 〘← METALLO-＋-IDE[2]＋-ING[1]〙

met·al·lif·er·ous /mètəlíf(ə)rəs, -tl- | -təl-, -tl-/ *adj.* 金属を産する, 金属を含む: a ～ mine 金属鉱山. 〘(1656) ← L *metallifer* yielding metals＋-OUS: ⇨ metal, -ferous〙

met·al·line /métəlàɪn, -tl- | -təl-, -tl-/ *adj.* **1** 《まれ》＝metallic. **2** 金属(塩・イオン)を含む. 〘(1471) □ F *métaline*: ⇨ metal, -ine[1]〙

mét·al·list /-təlɪst, -tl- | -təlɪst, -tl-/ *n.* ＝metalist.

met·al·lize /métəlàɪz, -tl- | -təl-, -tl-/ *vt.* **1** 金属で覆う, 金属で処理する. **2** 金属化する. **met·al·li·za·tion** /mètəlɪzéɪʃən, -tl- | -təlaɪ-, -lɪ-, -tl-/ *n.* 〘(1594) ← METAL＋-IZE〙

mét·al·lized gráphite *n.* 〘電気〙金属黒鉛.

métallized páper *n.* 〘電気〙金属化紙《紙に金属をメッキしたもの》.

me·tal·lo- /mətǽloʊ | mɪtǽləʊ, mɛ-/「金属」の意の連結形. ★時に metalli-, また母音の前では通例 metall- になる. 〘← Gk *métallon*: ⇨ metal〙

me·tal·lo·cene /mətǽloʊsìːn | mɪtǽlə(ʊ)-, mɛ-/ *n.* 〘化学〙メタロセン《遷移金属とシクロペンタジエニル環よりなる金属錯体; $(C_5H_5)_2M$ で表される》. 〘← METALLO-＋(FERRO)CENE〙

metàllo·énzyme *n.* 〘化学〙金属酵素《特定の金属をもつ酵素の総称》. 〘(1955) ← METALLO-＋ENZYME〙

mètallo·genétic *adj.* (*also* **mètallo·génic**) 〘地学〙鉱床生成の; 金属を生産する. 〘1909〙

met·al·lo·graph /mətǽləɡræ̀f | mɪtǽlə(ʊ)ɡrɑ̀ːf, mɛ-, -ɡræ̀f/ *n.* **1** 金属面拡大図《金属の表面の顕微鏡写真》. **2** 〘冶金〙金属顕微鏡《検査用のカメラ付き顕微鏡》. 〘(逆成) ← METALLOGRAPHY〙

met·al·log·ra·pher /mètəlɑ́(ː)ɡrəfə, -tl- | -təlɔ́ɡrəfə(r), -tl-/ *n.* **1** 金相学者, 金属組織学者. **2** 金属版技術工. 〘(1902): ⇨ ↑, -er[1]〙

met·al·log·ra·phy /mètəlɑ́(ː)ɡrəfi, -tl- | -təlɔ́ɡ-, -tl-/ *n.* **1** 金相学, 金属組織学《特に顕微鏡や X 線を使用する》. **2** 〘印刷〙金属版術 (cf. lithography). **me·tal·lo·graph·ic** /mətæ̀ləɡrǽfɪk | mɪtæ̀lə(ʊ)-, mɛ-/ *adj.* **met·àl·lo·gráph·i·cal·ly** *adv.* 〘(1871) □ F *métallographie* // NL *metallographia* □ Gk *metallographía*: ⇨ metallo-, -graphy〙

met·al·loid /métəlɔ̀ɪd, -tl- | -təl-, -tl-/ *adj.* **1** 金属に似た, 金属質の, 金属状の. **2** 〘化学〙半金属の, 準金属の. — *n.* 〘化学〙メタロイド, 半金属《金属と非金属との中間的な性質をもった元素; ヒ素・ケイ素・アンチモン・テルルなど》. 〘(1832) ← METALLO-＋-OID〙

me·tal·lo·phone /mətǽləfoʊn | mɪtǽləfəʊn, mɛ-/ *n.* メタロフォン《金属板打楽器, 各種鉄琴の包括的呼称》.

me·tal·lo·scope /mətǽləskòʊp | mɪtǽləskəʊp, mɛ-/ *n.* 〘冶金〙金属顕微鏡《金属を調べる顕微鏡》.

Métal Lúmber *n.* 〘商標〙メタルランバー《板金製の梁・間柱材の商品名》.

met·al·lur·gic /mètələ́ːdʒɪk, -tl- | -tələ́ː-, -tl-/ *adj.* ＝metallurgical. 〘(1778): ⇨ metallurgy, -ic[1]〙

met·al·lur·gi·cal /mètələ́ːdʒɪkəl, -tl-, -kl | mètə-lə́ːdʒɪ-, -tl-/ *adj.* 冶金の, 冶金術の, 冶金学の. **～·ly** *adv.* 〘(1812): ⇨ ↑, -al[1]〙

mét·al·lùr·gist /-dʒɪst | -dʒɪst/ *n.* 冶金家, 冶金学者. 〘(1670): ⇨ ↓, -ist〙

met·al·lur·gy /métələ̀ːdʒi, -tl- | metǽlə-, mɪ-, métələ̀ː-, -tl-/ *n.* 冶金, 冶金術; 冶金学. 〘(1704) □ F *métallurgie* // ← NL *metallurgia* ← Gk *metallourgós* metalworker ← *métallon* 'METAL'＋*érgon* work: ⇨ -urgy〙

métal·màrk *n.* 〘昆虫〙シジミタテハ《翅(はね)が虹色に光るシジミタテハ科のチョウの総称》. 〘翅に金属光沢の斑点や筋があるところから〙

métal óxide semicondúctor *n.* 〘電子工学〙金属酸化物半導体《大規模集積回路に用いる; 略 MOS》.

métal páste-ùp *n.* 〘印刷〙(網凸版などの)メタルベース付け.

métal·smìth *n.* 金属細工師. 〘(*c*1384): ⇨ metal, smith〙

métal sprày·ing *n.* 金属溶射《金属の溶滴を表面に吹き付ける方法》.

métal tápe *n.* 〘電子工学〙メタルテープ《純粋な鉄を塗布した磁気テープ; 金属酸化物を用いたものより周波数特性などに優れる》.

métal·wàre *n.* [集合的] 金属製品《特に, 家庭用品・食器類》.

métal wóod *n.* (ベニヤ単板と金属板との)合板建材.

métal·wòrk *n.* 金属細工, 金属加工. 〘(1850): ⇨ metal, work〙

métal·wòrker *n.* 金属細工人[職工].

métal·wòrking *n.* 金属加工(業).

mèta·mále *n.* 〘遺伝〙超雄《常染色体の数が通常より多い生殖力のない雄性生物, 特にミバエ; 以前は supermale といった》.

mèta·mathemátical *adj.* 〘数学〙超数学上の, 超数学的な. 〘(1833): ⇨ metamathematics, -al[1]〙

mèta·mathematícian *n.* 〘数学〙超数学者. 〘(1935): ⇨ ↓, -ian〙

mèta·mathemátics *n.* 〘数学〙超数学, 証明論《数学自身を対象とする数学の一部門》. 〘(1890) ← META-＋MATHEMATICS〙

met·a·mer /métəmə | -təmə(r)/ *n.* 〘化学〙メタマー《異性体の一種》. 〘(1882) (逆成) ← METAMERIC〙

me·tam·er·al /mətǽmərəl | mɪ-, mɛ-/ *adj.* 〘動物〙＝metameric 2.

met·a·mere /métəmɪə | -təmɪə(r)/ *n.* 〘動物〙(ミミズ・昆虫などの)体節 (somite). 〘(1877) ← META-＋-MERE〙

met·a·mer·ic /mètəmérɪk | -tə-/ *adj.* **1** 〘化学〙異性[変性] (metamerism) の. **2** 〘動物〙体節 (metamere) の. **mèt·a·mér·i·cal·ly** *adv.* 〘1: (1847); 2: (1875): ⇨ ↓, -ic[1]〙

me·tam·er·ism /mətǽmərìzm | mɪ-, mɛ-/ *n.* **1** 〘化学〙メタメリズム, 異性, 変性《分子式が同じある種の構造》. **2** 〘動物〙体節制《ミミズ・昆虫などの体が体節に分かれていること》. 〘1: (1848); 2: (1877): ⇨ metamere, -ism〙

méta·mèssage *n.* メタメッセージ《非言語的に伝達されるメッセージ; 通例 真意を表し, ことばで表明された内容と逆のことがある》. 〘1977〙

met·a·mor·phic /mèṭəmɔ́ːəfɪk | -təmɔ́ː-˝/ *adj.* **1** 変化の, 変性の, 変態の, 変化する. **2** 〔地質〕変成した: ~ rocks 変成岩 (⇨ volcano 挿絵). **mèt·a·mór·phi·cal·ly** *adv.* 〘(1816) ← META-+-MORPHIC〙

met·a·mor·phism /mèṭəmɔ́ːəfɪzm | -təmɔ́ː-/ *n.* **1** 〔地質〕(岩石の)変成(作用), メタモルフィズム《特に, 地下の深部で起こる変成作用; cf. metasomatism》. **2** 《古》=metamorphosis. 〘(1845): ⇨ meta-, -morphism〙

met·a·mor·phose /mèṭəmɔ́ːəfouz, -fous | -təmɔ́ːfəuz, -fəus/ *vt.* **1 a** 変態させる, 変形させる〔*to, into*〕. **b** 〈人の顔・姿・性格を〉一変させる: I can't identify him since he is so ~*d*. すっかり変わってしまっていて彼だとはわからない. **2** 〔地質〕変成させる. — *vi.* 変形[変質, 変態]する〔*into*〕. 〘(1576) □ F *métamorphoser*: ⇨ metamorphosis〙

metamorphoses *n.* metamorphosis の複数形.

Met·a·mor·pho·ses /mèṭəmɔ́ːəfəsìːz | -təmɔ́ː-/ *n.* 「変身譚」《ギリシャ・ローマなどの神話伝説にみられる変身の話を軸とした Ovid による物語詩; 15 巻》.

met·a·mor·pho·sis /mèṭəmɔ́ːəfəsɪs | -təmɔ́ːfəsɪs, -mɔːfə́us-/ *n.* (*pl.* **-pho·ses** /-fəsìːz | -fəsìːz, -fə́usiːz/) **1 a** (魔力や超自然力による)変形, 変態: the ~ of a lady *into* a fox. **b** 変質, 変形, 変貌; 変形した状態: His demeanor underwent an instant ~. 彼の態度がたちまち一変した. **2** 〔動物〕(胚子発生以後の段階における)変態 (cf. imago 1): the ~ of larvae [tadpoles] into pupae [frogs] 幼虫[おたまじゃくし]のさなぎ[かえる]への変態. **3** 〔病理〕変態, 変形. **4** 〔植物〕(生育中の組織・機能の)変態. 〘(1533) □ L *metamorphōsis* □ Gk *metamórphōsis* ← *metamorphoûn* to transform: ⇨ meta-, -morphosis〙

met·a·mor·phous /mèṭəmɔ́ːəfəs | -təmɔ́ː-˝/ *adj.* =metamorphic. 〘⇨ meta-, -morphous〙

Met·a·mu·cil /mèṭəmjúːsɪl | -təmjúːsɪl/ *n.* 〔商標〕メタムシル《米国製の便秘薬》.

met·a·nal·y·sis /mèṭənǽləsɪs | -tənǽlɪsɪs/ *n.* (*pl.* **-y·ses** /-sìːz/) 〔言語〕異分析《語または語群が前代とは異なった分析が行われる現象; 例: ME an ekename > Mod.E a nickname / a nadder > an adder / (for) then ones > (for) the nonce など》. 〘(1914) ← META-+ANALYSIS: O. Jespersen の造語〙

mèta·náuplius *n.* 〔動物〕メタナウプリウス, メタノープリウス《甲殻類の発生中第 2 期に現れる幼生; cf. nauplius》. 〘← NL ~: ⇨ meta-, nauplius〙

met·a·neph·ros /mèṭənéfrɑ(ː)s | -tənéfrɒs/ *n.* (*pl.* **-neph·roi** /-rɔɪ/) 〔生物〕後腎 (cf. pronephros). **met·a·neph·ric** /mèṭənéfrɪk | -tə-˝/ *adj.* 〘(1884) ← NL ~ ← META-+Gk *nephrós* kidney (⇨ nephro-)〙

mét·a·nil·ic ácid /méṭənìlɪk- | -tə-/ *n.* 〔化学〕メタニル酸, *m*- アミノベンゼンスルホン酸 ($H_2NC_6H_4SO_3H$)《ニトロベンゼンをスルホン化して合成する; アゾ染料の中間体として用いる》. 〘← META-+(SULF)ANILIC ACID〙

mét·a·nil yéllow, M- Y- /méṭənɪ̀l- | -tə-/ *n.* 〔化学〕メタニルエロー《黄色アゾ染料》. 〘← METANIL(IC ACID)〙

met·a·noi·a /mèṭənɔ́ɪə | -tə-/ *n.* 回心, 改宗. 〘(1873) □ Gk *metánoia* ← *metanoeîn* to repent: cf. *noetic*〙

metaph. 《略》metaphor; metaphorical; metaphysical; metaphysician; metaphysics.

méta·phàse *n.* 〔生物〕(細胞の核分裂の)中期 (cf. prophase). 〘← META-+PHASE〙

métaphase plàte *n.* 〔生物〕中期板 (⇨ equatorial plate 1).

Met·a·phen /méṭəfɪn | -tə-/ *n.* 〔商標〕メタフェン《消毒剤 nitromersol の商品名》.

mèta·phlóem *n.* 〔植物〕後生篩(し)部 (cf. protophloem). 〘⇨ meta-, phloem〙

met·a·phor /méṭəfɔə, -fə | -təfə(r, -fɔː(r/ *n.* **1 a** 〔修辞〕隠喩《比喩の一種; simile のように 'A is as … as [like] B' の形式によらず, 'A is B' のように直接 B の属性を A に移して叙述するもの; 例: All flesh is grass. 人はみな草なり (*Isa.* 40:6) / All nature smiled. 自然界はほほえんだ / the curtain of night 夜のとばり; cf. simile》: ⇨ mixed metaphor. **b** 比喩: talk by ~ 比喩で話す. **2** 隠喩[比喩]的表現〔*for*〕: a wellworn ~ 使い古されたたとえ / 'The ship of the desert' is a ~ *for* the camel. 「砂漠の船」とはらくだの[に対する]比喩(的表現)だ. **3** 象徴(するもの), シンボル〔*for*〕. 〘(*c*1477) □ F *métaphore* // L *metaphora* □ Gk *metaphorá* ← *metaphérein* to transfer ← META-+*phérein* to carry (⇨ -phor)〙

met·a·phor·ic /mèṭəfɔ́(ː)rɪk, -fɑ́(ː)r- | -təfɔ́r-˝/ *adj.* =metaphorical. 〘(1597): ⇨ ↑, -ic[1]〙

met·a·phor·i·cal /mèṭəfɔ́(ː)rɪkəl, -fɑ́(ː)r-, -kl | -təfɔ́rɪ-˝/ *adj.* 隠喩の, 隠喩的な; 言葉通りの意味でない, 転義的な, 比喩的な: a ~ expression *for* …の[に対する]比喩的表現. **~·ness** *n.* 〘(*a*1555): ⇨ metaphor, -ical〙

mèt·a·phór·i·cal·ly *adv.* 隠喩で, 比喩的に: ~ speaking たとえて言えば. 〘(1571): ⇨ ↑, -ly[1]〙

mèta·phósphate *n.* 〔化学〕メタリン酸塩[エステル]. 〘(1833) ← META-+PHOSPHATE〙

méta·phosphòric ácid *n.* 〔化学〕メタ燐酸, 無水燐酸 (HPO_3). 〘(1833) ← META-+PHOSPHORIC ACID〙

met·a·phrase /méṭəfrèɪz | -tə-/ *n.* 翻訳; (特に)逐語訳, 直訳 (↔ paraphrase). — *vt.* **1** 翻訳する; 逐語訳する. **2** …の文体を換える, 言い換えをする. 〘(1627) ← NL *metaphrasis* ← Gk *metáphrasis* paraphrase ← *metaphrázein* to paraphrase, translate ← META-+*phrázein* to show, speak (⇨ phrase)〙

met·a·phrast /méṭəfræ̀st | -tə-/ *n.* 翻訳者, (特に, 散文を韻文に換えたりする)転訳[反訳]者. 〘(1610) □ Gk *metaphrastḗs* ← *metaphrázein* (↑)〙

met·a·phras·tic /mèṭəfrǽstɪk | -tə-˝/ *adj.* 逐語訳の, 逐語訳[直訳]的な. **mèt·a·phrás·ti·cal** /-tɪkəl, -kl | -tɪ-˝/ *adj.* **mèt·a·phrás·ti·cal·ly** *adv.* 〘(1778): ⇨ ↑, -ic[1]〙

met·a·phys·ic /mèṭəfízɪk | -tə-˝/ *n.* **1** =metaphysics. **2** (学問・研究の)原理体系. — *adj.* 《まれ》=metaphysical. 〘(*a*1387) □ ML *metaphysica*: ⇨ metaphysics〙

met·a·phys·i·cal /mèṭəfízɪkəl, -kl | -təfízɪ-˝/ *adj.* **1** 〔哲学〕形而上学の: ~ aesthetics [materialism, logic] 形而上学的美学[唯物論, 論理学]. **2 a** 形而上的に考える, 抽象的な傾向の: his ~ talent. 彼の形而上学の才. **b** 《しばしば軽蔑》〈推理・理論など〉きわめて抽象的な; 難解な. **c** 空想的な. **3** 〔文学〕形而上派の《17 世紀の初期に英国詩壇に興った主知派の詩・詩人についていう; 技巧的で知的な比喩や豊富な機知を特徴とした》: the ~ school 形而上詩派 / the ~ poets 形而上派の詩人 (Donne, G. Herbert, Crashaw, Cowley など). **4** 非物質的の, 無形の. **5** 《古》**a** 超自然の. **b** 空想的な. — *n.* [M-] 形而上派の詩人 (cf. *adj.* 3). **~·ly** *adv.* 〘(?*a*1425) □ ML *metaphysicalis* ← *metaphysica*: ⇨ metaphysics, -ical〙

met·a·phy·si·cian /mèṭəfəzíʃən | -tə-/ *n.* **1** 形而上学者. **2** 形而上学的理論家. 〘(*c*1454): ⇨ metaphysic, -ian〙

mèt·a·phýs·i·cist /-fízəsɪst | -zɪsɪst/ *n.* =metaphysician.

met·a·phys·i·cize /mèṭəfízəsàɪz | -təfízɪ-/ *vi.* **1** 形而上学を研究する. **2** 形而上学的に考える[表現する], 形而上学的思弁にふける. 〘(1793) ← METAPHYSIC+-IZE〙

met·a·phys·ics /mèṭəfízɪks | -tə-/ *n.* **1** 〔哲学〕**a** 形而上学《時間・存在・物質・本質・原因などの最も根本的な原理を扱う哲学の分野》. **b** (広義の)思弁哲学. **2** 抽象的論議; 机上の空論. **3** (しばしば神秘主義的あるいは神秘学的な)難解な学問. **4** =metaphysic 2. 〘(1569) □ ML *metaphysica* □ MGk (*tà*) *metaphusiká* (neut. pl.) ← *tà metà tà phusiká* those after the *Physics*, i.e. the works (of Aristotle) which followed the *Physics*: ⇨ meta-, physics〙

met·a·pla·si·a /mèṭəpléɪʒiə, -ʒə | -təpléɪziə, -ʒiə/ *n.* 〔病理〕化生, 異形成. 〘(1890) ← META-+-PLASIA〙

met·a·plas·tic /mèṭəplǽstɪk | -tə-˝/ *adj.*

met·a·plasm /méṭəplæ̀zm | -tə-/ *n.* **1** 〔生物〕後形質《細胞原形質によって作られた無生の成形部分, 例えば, 植物の細胞膜など; cf. protoplasm, alloplasm》. **2** 〔文法〕語形変異: **a** 音(節)の添加・消失・位置転換などによる語形変化. **b** 主格外の語幹からの斜格形成. **met·a·plas·mic** /mèṭəplǽzmɪk | -tə-˝/ *adj.* 〘(?*a*1425) □ L *metaplasmus* 《原義》transformation □ Gk *metaplasmós* ← META-+*plasmós* something moulded (⇨ -plasma)〙

met·a·plast /méṭəplæ̀st | -tə-/ *n.* 〔生物〕後形体. 〘(1864): ⇨ ↑, -plast〙

mèta·pléuron *n.* 〔昆虫〕後側板 (cf. episternum 2). 〘(1848) ← NL ~: ⇨ meta-, pleuron〙

met·ap·neus·tic /mèṭæpnúːstɪk, -njúːs- | -tæpnjúːs-˝/ *adj.* 〔昆虫〕〈幼虫が〉後気門式の《第 10 気門だけが存在してあとは閉鎖している》. 〘(1891) ← META-+Gk *pneustikós* of breathing (← *pneîn* to breathe)〙

met·a·po·di·um /mèṭəpóudiəm | -təpə́udi-/ *n.* (*pl.* **-po·di·a** /-diə | -diə/) 〔動物〕後足《腹足類の足の後方に伸びた部分》. 〘(1853) ← NL ~: ⇨ meta-, -podium〙

mèta·polítician *n.* 政治哲学者. 〘(1809–10): ⇨ ↓, -ian〙

mèta·pólitics *n.* [しばしば軽蔑的] 哲学的[理論的]政治学. 〘(1784) ← META-+POLITICS: METAPHYSICS からの類推〙 **mèta·polítical** *adj.*

mèta·prótein *n.* 〔化学〕メタプロテイン《変形蛋白質の一種》. 〘(1909): ⇨ meta-, protein〙

mèta·psýchic *adj.* 心霊研究の. 〘(1905) □ F *métapsychique*〙

mèta·psýchical *adj.* =metapsychic. 〘1905〙

mèta·psýchics *n.* 心霊研究. 〘(1905) □ F *métapsychique* □ Pol. *metapsychika*: METAPHYSICS からの類推〙

mèta·psychólogy *n.* 〔心理〕メタサイコロジー, 超心理学; 純粋心理学; (Freud の)超意識心理学. **mèta·psychológical** *adj.* 〘(1909) ← META-+PSYCHOLOGY〙

mèta·rám·i·nol /-rǽmənɔ̀(ː)l | -nɒl/ *n.* 〔薬剤〕メタラミノール ($C_9H_{13}NO_2$)《交感神経興奮薬・血管収縮薬として用いる》. 〘← ? META-+(HYD)R(OXYL)AMINE+-OL[1]〙

mèta·rhodópsin *n.* [通例 *pl.*] 〔化学〕メタロドプシン《ロドプシンの感光褪色の際に生成する中間体の一つ, 視覚と関係する》. 〘(1950) ← META-+*rhodopsin* (← RHODO-+*ops-* (← Gk *ópsis* sight, appearance)+-IN[2])〙

mèta·sédiment *n.* 〔岩石〕変堆積岩《部分的に変成した堆積岩》. **mèta·sediméntary** *adj.* 〘1942〙

mèta·sequóia *n.* 〔植物〕メタセコイア《化石植物と考えられていた中国で自生種が発見されたメタセコイア属 (*Metasequoia*) の落葉性の針葉高木の総称》; (特に) =dawn redwood. 〘(1948) ← NL ~: ⇨ meta-, sequoia〙

mèta·sílicate *n.* **1** 〔化学〕メタ珪酸塩 (SiO_3^{2-} または $(SiO_3)_n^{2n-}$ の珪酸根をもつもの). **2** 〔鉱物〕=inosilicate. 〘(1859) ← META-+SILICATE〙

met·a·so·ma·tism /mèṭəsóumətɪzm | -təsə́u-/ *n.* 〔地質〕(岩石や鉱床の)交代変成作用《化学成分の出入りを伴う変成作用の一種; cf. metamorphism》. **met·a·so·mat·ic** /mèṭəsoumǽṭɪk | -təsə(u)mǽt-˝/ *adj.* **mè·ta·so·mát·i·cal·ly** *adv.* 〘(1886) ← META-+SOMATO-+-ISM〙

met·a·so·ma·to·sis /mèṭəsòumətóusɪs | -təsə̀umətə́usɪs/ *n.* **1** =metensomatosis. **2** 〔地質〕=metasomatism. 〘(1886): ⇨ ↑, -osis〙

mèta·stabílity *n.* 〔冶金・物理・化学〕準安定(状態). 〘(1901): ↓〙

mèta·stáble *adj.* 〔冶金・物理・化学〕準安定の. — *n.* 準安定の原子[イオン, 分子, 原子核など]. **mèta·stábly** *adv.* 〘(1897) □ G *metastabil*〙

métastable státe *n.* 〔冶金・物理・化学〕準安定状態. 〘1922〙

metastases *n.* metastasis の複数形.

Me·ta·sta·sio /mèɪtɑːstɑ́ːzjou | -zjəu; *It.* metastáːzjo/ *n.* メタスタジオ (1698–1782; イタリアの詩人・劇作家; *Gli Orti Esperidi*「ヘスペリデスの園」(1722), *Attilio Regolo*「アッティリオ レゴロ」(1740); 本名 Pietro Antonio Domenico Bonaventura Trapassi /trɑpɑ́ssi/).

me·tas·ta·sis /mɪtǽstəsɪs | metǽstəsɪs, mɪ-/ *n.* (*pl.* **-ta·ses** /-sìːz/) **1** 〔病理〕(癌(がん)・肉腫などの他の部位への)転移 (cf. implantation 4); 転位部[箇所]. **2** 〔修辞〕(話題の)急変転; 逆手返し《相手の非難の言葉じりを捉えて逆襲すること》. **3** 〔動物〕変形, 変態. **4** 《まれ》=metabolism. **met·a·stat·ic** /mèṭəstǽṭɪk | -təstǽt-˝/ *adj.* **mèt·a·stát·i·cal·ly** *adv.* 〘(1577) ← LL ~ 'passing over' □ Gk *metástasis* removal, change: ⇨ meta-, stasis〙

me·tas·ta·size /mɪtǽstəsàɪz | metǽ-/ *vi.* **1** 〔病理〕転移する (cf. metastasis 1). **2** 〈状況などが〉変質[悪化]する. 〘(1907): ⇨ ↑, -ize〙

met·a·stron·gy·lid /mèṭəstrɑ́(ː)ndʒəlɪd | -təstrɔ́ndʒɪlɪd/ *adj., n.* 〔動物〕肺虫科の(動物). 〘↓〙

Met·a·stron·gyl·i·dae /mèṭəstrɑ(ː)ndʒílədìː | -təstrɔndʒílɪ-/ *n. pl.* 〔動物〕肺虫科. 〘← NL ~ ← *Metastrongylus* (属名: ← META-+*Strongylus* (⇨ strongyle))+-IDAE〙

mèta·társal 〔解剖〕*adj.* 中足の; 中足骨の. — *n.* 中足骨. **~·ly** *adv.* 〘(1739): ⇨ ↓, -al[1]〙

mèta·társus *n.* **1** 〔解剖・動物〕中足; 中足骨 (cf. metacarpus). **2** 〔昆虫〕蹠節, 後蹠節. **3** 〔鳥類〕脛骨(けいこつ)から趾骨(しこつ)におよぶ部分. 〘(1676) ← NL ~ ← META-+TARSUS〙

me·ta·te /mətɑ́ːti | -ti/ *n.* メタテ《食物をすりつぶすための臼のような道具; 上部が凹形; 穀物, 特にとうもろこしを挽くのに用いられる; metate stone ともいう; cf. mano》. 〘(1834) □ Sp. ~ □ Nahuatl *metlatl*〙

mèta·théory *n.* 超理論, メタ理論《ある理論を一段と高い立場から解明するのに用いられる別の理論》. **mèta·theorétical** *adj.* 〘(1956): ⇨ meta-, theory〙

Met·a·the·ri·a /mèṭəθíəriə | -təθíər-/ *n. pl.* 〔動物〕後獣亜綱. 〘(1880) □ NL ~: ⇨ meta-, -theria〙

met·a·the·ri·an /mèṭəθíəriən | -təθíər-˝/ *adj., n.* 〔動物〕後獣亜綱の(哺乳動物). 〘(1880): ⇨ ↑, -an[1]〙

me·tath·e·sis /mɪtǽθəsɪs | metǽθɪsɪs, mɪ-/ *n.* (*pl.* **-e·ses** /-sìːz/) **1** 〔音声〕音位[字位]転換《例: ME clapse > ModE clasp / ME thridde > ModE third; cf. spoonerism》. **2** 〔化学〕メタセシス (⇨ double decomposition). **3** 〔医学〕(人工的)患部移動. 〘(1577) □ LL ~ □ Gk *metáthesis* transposition: ⇨ meta-, thesis〙

me·tath·e·size /mɪtǽθəsàɪz | metǽθɪ-, mɪ-/ *vi.* 転換[置換え]が起こる. — *vt.* …の音位[音字]転換する. 〘(1920) ← METATHES(IS)+-IZE〙

met·a·thet·ic /mèṭəθéṭɪk | -təθét-˝/ *adj.* =metathetical. 〘(1855) □ LGk *metathetikós* able to change〙

met·a·thet·i·cal /mèṭəθéṭɪkəl, -kl | -təθétɪ-˝/ *adj.* **1** 〔音声〕音位[字位]転換の. **2** 〔化学〕複分解 (double decomposition) の. **3** 〔医学〕(人工的)患部移動の[による, に関する]. **~·ly** *adv.* 〘(1872): ⇨ ↑, -ical〙

mèta·thorácic *adj.* 〔昆虫〕後胸の. 〘(1836–9): ⇨ ↑, -ic[1]〙

mèta·thórax *n.* (*pl.* **~·es, -ra·ces**) 〔昆虫〕後胸. 〘(1816) ← NL ~: ⇨ meta-, thorax〙

met·a·troph /méṭətrɑ̀(ː)f, -trɔ̀(ː)f | -tətrɔ̀f/ *n.* 〔生物〕複合有機栄養生物《窒素や硫黄を有機化合物の形で与えないと生活できない栄養形式をもつ生物》. 〘(逆成) ↓〙

met·a·troph·ic /mèṭətrɑ́(ː)fɪk, -tróuf- | -tətrɔ́f-, -trə́uf-˝/ *adj.* 〔生物〕複合有機栄養形式をもつ. 〘(1900) ← META-+-TROPHIC〙

Me·tax·a /mɪtǽksə | me-, mɪ-/ *n.* 〔商標〕メタクサ《ギリシャ産の色の濃い強いブランデー》. 〘(1940) ← *Metaxa* (*brandy*)〙

Me·tax·as /mɪtɑːksɑ́ːs, -tǽksəs, me- | metǽksəs, mɪ-; *Mod.Gk* metaksás/, **Ioannis** *n.* メタクサス (1871–1941; ギリシャの将軍・独裁者・首相).

mèta·xénia *n.* 〔植物〕メタキセニア《対の形質をもつ二つの植物を交雑したとき雄植物の形質が雌植物の胚乳組織以外のところに現れる現象》. 〘(1928) ← NL ~: ⇨ meta-, xenia〙

mèta·xýlem *n.* 〔植物〕後生木質部 (cf. protoxylem). 〘(1902) ← META-+XYLEM〙

mèta·xýlene *n.* 〔化学〕メタキシレン (⇨ xylene c).

mé·ta·yage /mèṭəjɑ́ːʒ, mèɪt- | -tə-; *F.* meteja:ʒ/ *n.*

分益小作制《耕地・農具を提供する地主と提供される農夫とが収穫を等分する制度》. 〖(1877) □ F ～ ← *métayer* (↓): ⇨ -age〗

mé·ta·yer /mètéɪə, mɛ- | -téɪə(r; *F.* metɛje/ *n.* 分益農夫. 〖□ F ～ < ML *medietārius* ← L *medietātem* 'middle, medium, MOIETY': ⇨ -ary〗

Met·a·zo·a /mèṭəzóʊə | -təzóʊə/ *n. pl.* 〖動物〗後生動物門《原生動物以外のすべての動物を含む; cf. Protozoa》. 〖(1874) ← NL ～ (pl.) ⇨ meta-, -zoa〗

met·a·zo·al /mèṭəzóʊəl | -təzóʊ-⁻/ *adj.* 〖動物〗= metazoan. 〖⇨ ↑, -al¹〗

met·a·zo·an /mèṭəzóʊən | -təzóʊ-⁻/ *adj., n.* 〖動物〗後生動物門に属する(動物). 〖(1884): ⇨ Metazoa, -an¹〗

met·a·zo·e·a /mèṭəzouíːə | -təzəʊ-/ *n.* 〖動物〗メタゾエア《節足動物・甲殻類のうち主として十脚類の発生で, ゾエアの次の時期の幼生; cf. mysis, protozoea, zoea》. 〖← META-ZOEA〗

met·a·zo·ic /mèṭəzóʊɪk | -təzóʊ-⁻/ *adj.* 〖動物〗= metazoan. 〖(1877): ⇨ Metazoa, -ic¹〗

Mét·calfe bèan /métkæf- | -kɑːf-, -kəf/ *n.* 〖植物〗米国南西部産のマメ科ソラマメ属の多年草 (*Phaseolus metcalfei*). 〖← *J. K. Metcalfe* (19 世紀後半に米国南西部にそれを持ち込んだ人)〗

Metch·ni·koff /métʃnɪkɔ̀(ː)f, -kɑ̀(ː)f | -nɪkɔf; *F.* mɛtʃnikɔf/, **Élie** *n.* メチニコフ《1845–1916; ロシア生まれのフランスの生理学者・細菌学者; Nobel 医学生理学賞 (1908); ロシア語名 Ilya Ilich Mechnikov /mʲétʃnʲikəf/》.

mete¹ /míːt/ *vt.* **1** 《文語》〈賞罰などを〉割り当てる 〈*out*〉: ～ *out* punishment [reward] to …に罰[賞]を与える. **2** 《詩・古》計る, 測定する. **—** *n.* 計測, 計量. 〖OE *metan* to measure < Gmc **metan* (Du. *meten* / G *messen*) ← IE **med-* to take appropriate measures (L *meditārī* 'to MEDITATE'): cf. meter³〗

mete² /míːt/ *n.* 《まれ》境界標, 境界石; 境界. **métes and bóunds** (1) 〖法律〗土地境界《二面の土地の境界標と境界線》. (2) 確立された限界. 〖(1316) □ AF & OF ～, *mette* ∥ L *mēta* pyramidal figure, goal, boundary ∥ ← IE **mei-* to fix (Skt *methí-* pillar): cf. mare²〗

met·em·pir·ic /mèṭempírɪk, -tɛm- | -tɛm-, -tɪm-⁻/ 《まれ》〖哲学〗*n.* **1** 超経験論者. **2** = metempirics. **—** *adj.* = metempirical. 〖(1874) ← META-+EMPIRIC〗

met·em·pir·i·cal /mèṭempírɪkəl, -tɛm-, -kḷ | -tɛmpírɪ-, -tɪm-⁻/ *adj.* 〖哲学〗経験(的世界)を超越した, 超経験的な, 超越論的な, 先験的な (transcendental) (cf. empirical 2). **～·ly** *adv.* 〖(1874): ⇨ ↑, -ical〗

mèt·em·pír·i·cism /-rəsɪzm | -rɪ-/ *n.* 〖哲学〗= metempirics. 〖(1882): ⇨ metempiric, -ism〗

mèt·em·pír·i·cist /-rəsɪst | -rɪsɪst/ *n.* 〖哲学〗= metempiric 1. 〖(1874): ⇨ metempiric, -ist〗

met·em·pir·ics /mèṭempírɪks, -tɛm- | -tɛm-, -tɪm-/ *n.* 超経験論, 先験哲学 (transcendental philosophy)《経験的知識と無関係ではないが, それを超越した概念・原則等の存在を主張し, それらと経験との関係を究明する立場》. 〖⇨ metempiric, -ics〗

me·tem·psy·cho·sis /mətèm(p)sɪkóʊsɪs, mètɛm(p)saɪ- | mètɛm(p)saɪkóʊsɪs, -sɪ-/ *n.* (*pl.* **-cho·ses** /-siːz/) 霊魂の再生, 輪廻(りんね) (cf. metensomatosis).

me·tèm·psy·chó·sist /-sɪst | -sɪst/ *n.* 〖(*c*1590) □ LL ～ □ Gk *metempsúkhōsis*: ⇨ meta-, en-², psycho-, -osis〗

met·en·ceph·a·lon /mèṭənséfəlɑ̀(ː)n, -tɛn-, -lən | -tɛnkéfəlɒn, -tɪn-, -séf-, -lən/ *n.* (*pl.* **～s, -a·la** /-lə/) 〖解剖〗後脳 (hindbrain). **met·en·ce·phal·ic** /mèṭensɪfǽlɪk | -tɛnkɪf-, -sɪf-⁻/ *adj.* 〖← NL ～: ⇨ meta-, encephalon〗

met·en·so·ma·to·sis /mèṭɛnsòʊmətóʊsɪs | -səʊmətóʊsɪs/ *n.* (*pl.* **-to·ses** /-siːz/) 霊魂移入《一つの肉体に複数の霊魂が入り込むこと; cf. metempsychosis》. 〖(1630) □ LL ～ □ LGk *metensōmátōsis* ← META-+*ensōmátōsis*: ⇨ en-², somato-, -osis〗

me·te·or /míːṭiə, -ṭiɔə | -tiə(r, -tiɔː(r/ *n.* **1** 〖天文〗 **a** 流星. **b** 流星体, 隕石(いんせき). **2** 〖気象〗大気現象《旋風・あられ・虹・雨・雪・雷など》. 〖(?1471) □ (O)F *météore* ∥ ML *meteōra* □ Gk *meteōron* raised, high in the air (neut) ← *metéōros* ← META-+ *aeírein* to raise〗

meteor. 《略》meteorological; meteorology.

me·te·or- /míːṭiər | -ti-/ 《母音の前にくるときの》meteoro- の異形.

Me·te·o·ra /mètióːrə | -ti-/ *n.* メテオラ《ギリシャの Thessaly 平野北西端にそそり立つ岩峰群; 14–16 世紀にかけてこの上に多くの修道院が建てられた》.

me·te·or·ic /mìːṭiɔ́(ː)rɪk, -ɑ́(ː)r- | -tiɔ́r-⁻/ *adj.* **1** 流星の: a ～ stone 流れ星, 隕石(いんせき) / ⇨ meteoric shower. **2** 流星のような, ぱっと現れてすぐ消える; 急速な (swift): The Beatles had a ～ rise to fame. ビートルズは彗星のように出現して一躍有名になった. **3** 大気の, 気象上の. **mè·te·ór·i·cal·ly** *adv.* 〖(*a*1631) □ ML *meteōricus*: ⇨ meteor, -ic¹〗

méteoric íron *n.* 〖天文・地質〗隕鉄(いんてつ)《高い割合の鉄を含む隕石》.

méteoric shówer *n.* 〖天文〗= meteor shower.

méteoric swárm *n.* 〖天文〗= meteor swarm.

me·te·or·ite /míːṭiəràɪt | -tiə-/ *n.* **1** 〖地質〗隕石(いんせき). **2** 〖天文〗流星体. **me·te·or·it·ic** /mìːṭiərítɪk | -tiə-⁻/ *adj.* **mè·te·or·ít·i·cal** /-tɪkəl, -kḷ | -tɪ-⁻/ *adj.* 〖(1812) ← METEOR+-ITE¹〗

me·te·or·it·ics /mìːṭiərítɪks | -tiərít-/ *n.* 〖天文〗流星学. **me·te·or·ít·i·cist** /-təsɪst | -tɪsɪst/ *n.* 〖⇨ ↑, -ics〗

me·te·o·ro- /mìːṭiɔ́ːroʊ | -tiərəʊ/「流星 (meteor); 気象」の意の連結形. ★ 母音の前では通例 meteor- になる. 〖□ F *météoro-* ← Gk *meteōron*: ⇨ meteor〗

me·te·or·o·gram /mìːṭiɔ́ːrəgræ̀m, -ɑ́(ː)r- | -tiɔ́r-/ *n.* 〖気象〗**1** 自記気象計の記録. **2** 気象要素(気温・気圧など)の時間変化図. 〖(1904) ← METEORO(GRAPH)+-GRAM〗

me·te·or·o·graph /mìːṭiɔ́ːrəgræ̀f, -ɑ́(ː)r- | -tiɔ́rəgrɑ̀ːf, -græ̀f/ *n.* 自記気象計. **me·te·or·o·graph·ic** /mìːṭiɔ̀(ː)rəgrǽfɪk, -ɑ̀(ː)r- | -tiɔ̀r-⁻/, **mè·te·òr·o·gráph·i·cal** /-fɪkəl, -kḷ | -fɪ-⁻/ *adj.* 〖(1780) ← METEORO-+-GRAPH〗

me·te·or·oid /míːṭiərɔ̀ɪd | -tiər-/ *n.* 〖天文〗流星体, 隕(いん)星体《太陽系中の小天体で, 地球の大気圏に突入するとき発光して流星となる》. 〖(1865) ← METEOR-+-OID〗

me·te·or·oid·al /mìːṭiərɔ́ɪdḷ | -tiərɔ́ɪdḷ⁻/ *adj.* 〖(1881): ⇨ ↑, -al¹〗

meteorol. 《略》meteorological; meteorology.

me·te·or·o·lite /mìːṭiɔ́(ː)rəlàɪt, -ɑ́(ː)r- | -tiɔ́r-/ *n.* = meteorite. 〖(1812) ← METEORO-+-LITE〗

me·te·or·o·log·ic /mìːṭiərəlɑ́(ː)dʒɪk | -tiərəlɔ́dʒ-⁻/ *adj.* = meteorological. 〖(1760): ↓〗

me·te·or·o·log·i·cal /mìːṭiərəlɑ́(ː)dʒɪkəl, -kḷ | -tiərəlɔ́dʒɪ-⁻/ *adj.* 気象の; 気象学上の: a ～ observatory 気象台 / a ～ phenomena / a ～ report 天気予報, 気象通報 / a ～ station 測候所. **～·ly** *adv.* 〖(1570) ← METEOROLOGY+-ICAL〗

méteorological élement *n.* 気象要素《気象観測の対象となる気温・気圧・風向・風力など》.

méteorological mínima *n. pl.* 〖航空〗最低気象条件 (⇨ weather minima).

Meteorológical Òffice *n.* [the ～] 英国気象庁《英国国防省内の一局で, 各地気象台の報告を集め, 天気予報・暴風警報などを行う; cf. National Weather Service》. 〖1937〗

méteorological sátellite *n.* 気象衛星.

méteorological tíde *n.* 気象潮《気象の変化に伴って起きる海面の昇降》.

mè·te·o·ról·o·gist /-dʒɪst | -dʒɪst/ *n.* 気象学者. 〖(1621): ⇨ ↓, -ist〗

me·te·or·ol·o·gy /mìːṭiərɑ́(ː)lədʒi | -tiərɔ́l-/ *n.* **1** 気象学. **2** (特定の地方の)気象, 天候状態. 〖(1620) □ F *météorologie* ∥ Gk *meteōrología*: ⇨ meteoro-, -logy〗

mèteoro·pathológic *adj.* 〖病理〗気象病理学の.

méteor shòwer *n.* 〖天文〗流星雨《多数の流星が一時的に見られるもの; 流星群の出現の時に著しい; meteoric shower ともいう; cf. meteor swarm》.

méteor swàrm *n.* [通例 *pl.*] 〖天文〗流星群《meteoric swarm ともいう; cf. meteor shower》.

me·te·pa /mətíːpə, mɛ-/ *n.* 〖農業〗メテパ《昆虫の化学不妊剤》. 〖← ME(THYL)+TEPA〗

me·ter¹, 《英》**me·tre¹** /míːṭə | -tə(r/ *n.* メートル《メートル法尺度の単位; 略 m, M》. 〖(1797) □ F *mètre* □ Gk *métron* (⇨ meter³)〗

me·ter² /míːṭə | -tə(r/ *n.* **1 a** (通例, 自動式の)計量器, 計度器, 計器, メーター: an electric [a water] ～ 電気[水道]メーター / turn on [turn off] the gas at the ～ メーターの栓をひねってガスを出す[止める]. **b** = parking meter. **c** 郵便料金メーター (postage meter). **2** 測る人; 計量官. ***féed a méter*** (駐車場などを確保するために)メーターにコインを入れ続ける.
— *vt.* **1** メーターで計る. **2** 〈液体・気体を〉計量して提供する. **3** 《米》〈郵便物を〉(郵便料金メーターで)処理する.
— *vi.* 液体[気体]計量を行う.
〖(*c*1384): ⇨ mete¹, -er¹〗

me·ter³, 《英》**me·tre²** /míːṭə | -tə(r/ *n.* **1** 〖詩学〗 **a** 格調, 韻律《音の強弱または長短によるリズムの規則的な配置; iamb, anapest, trochee, dactyl, amphibrach などの種類がある》. **b** 歩格《詩の 1 行の格調をその中に含まれている詩脚 (foot) の数で呼ぶ呼称; monometer, dimeter, trimeter, tetrameter, pentameter, hexameter, heptameter, octameter などの種類がある; 古典詩学では複詩脚 (dipody) を韻律の単位としたので monometer, dimeter, trimeter はそれぞれ二, 四, 六歩格となる》: ⇨ common meter. **2** 〖音楽〗拍子. 〖(*a*1338) *metir, metre* □ (O)F *mètre* ∽ OE *mēter* □ L *metrum* poetic meter, verse □ Gk *métron* measure ← IE **mē-* to mark off〗

-me·ter¹ /←məṭə | -mɪtə(r/ ★ ただし gasmeter, voltmeter のような合成語では /-mìːṭə | -tə(r/.「…計, 計器」の意の名詞連結形 (cf. -metry): baro*meter*, pedo*meter*, speedo*meter*, thermo*meter*. 〖← NL *-metrum* ← Gk *métron* (↑): cf. meter²〗

-me·ter², 《英》**-me·tre** /←məṭə | -mɪtə(r/ 〖詩学〗「…歩格(の)」の意の形容詞・名詞連結形: penta*meter*, tetra*meter*. 〖□ (O)F *-mètre* □ L *-metrus* □ Gk *-metros*: ⇨ meter³〗

me·ter·age /míːṭərɪdʒ | -tə-/ *n.* **1** 計量, メーターで計ること; メーターで計った量. **2** 計量料, メーター使用料. 〖(1882) ← METER²+-AGE〗

méter-càndle *n.* 〖光学〗メートル燭《1 カンデラの光源で垂直に照らされる 1 m の距離の平面の照度; cf. lux》.

mélered máil *n.* 料金計器による印字で切手の代用をさせ, 切手を貼らない郵便《万国郵便連合で 1920 年に承認; cf. indicia》. 〖1928〗

méter-kílogram-sécond-ámpere sỳstem *n.* 〖物理〗メートル・キログラム・秒・アンペア単位系, mksA [MKSA] 単位系《長さ・質量・時間・電流の単位としてメートル・キログラム・秒・アンペアを用い, これらを基本単位とする; 略 mksA, MKSA》.

méter-kílogram-sécond sỳstem *n.* 〖物理〗メートル・キログラム・秒単位系, mks [MKS] 単位系《長さ・質量・時間の単位としてメートル・キログラム・秒を用い, これらを基本単位とする; 略 mks, MKS》.

méter-kílogram-sécond *adj.* 〖物理〗メートル・キログラム・秒単位系の, mks 単位系の《略 mks, MKS》.

méter màid *n.* 《口語》(パーキングメーターのある所を巡回して違反車を取り締る)駐車違反取締婦人警官, (パーキング)メーター係婦警. 〖1968〗

méter ràte *n.* (電気・ガスなどの)従量料金制.

méter transfòrmer *n.* 〖電気〗計器用変成器.

met·es·trus /metéstrəs | -tíːs-/ *n.* 〖動物〗(哺乳類の)発情後期《発情が止まり生殖器系が発情期の様相を失い始める期間》. **met·és·trous** /-trəs/ *adj.* 〖(1900) ← NL ～ ← META-+ESTRUS〗

méte·wànd *n.* 《文語》計量[評価]の基準. 〖(1440) ← METE¹+WAND〗

méte·yàrd *n.* = metewand. 〖(*a*1387) ← METE²+YARD〗

meth /méθ/ *n.* 《略》《口語》メス (⇨ methamphetamine).

meth. 《略》method; methylated; methedrine.

Meth. 《略》Methodist.

meth- /meθ/ 《母音の前にくるときの》metho- の異形.

meth·ac·ry·late /meθǽkrəlèɪt, -lɪt | -krɪ-/ *n.* 〖化学〗メタクリル酸塩[エステル]. 〖← METHACRYL(IC ACID)+-ATE¹〗

methácrylate résin *n.* 〖化学〗メタクリル樹脂《メタクリル酸エステルの重合物; 特に, メチルエステルの重合物は有機ガラスなど良質のプラスチックとして用途が広い》.

méth·a·cryl·ic ácid /méθəkrɪlɪk-, -θæ-/ *n.* 〖化学〗メタクリル酸 (CH_2=C(CH_3)COOH)《acetone cyanohydrin の硫酸による加水分解で得られる無色針状晶; 水溶性高分子, イオン交換樹脂, 有機ガラスの原料となる》. 〖← METHO-+ACRYLIC〗

meth·a·done /méθədòʊn | -dəʊn/ *n.* (*also* **meth·a·don** /-dɑ̀(ː)n | -dɒn/) 〖薬学〗メタドン ($C_{21}H_{27}NO$)《モルヒネ (morphine) より効能が大きいという合成鎮痛剤; amidone ともいう; heroin 中毒治療の代用薬》. 〖(1947) ← (*di*)*meth*(*yl*)*a*(*mino*) (← DI-¹+METHYL+AMINO-)+D(IPHENYL)+(*heptan*) *one* (← HEPTANE+-ONE)〗

mèt·háemoglobin *n.* = methemoglobin.

mèth·amphétamine *n.* 〖薬学〗メタンフェタミン ($C_6H_5CH_2CH(CH_3)NHCH_3$)《覚醒剤・肥満抑制剤; 覚醒剤としてはしばしば meth ともいう》. 〖(1949) ← METHO-+AMPHETAMINE〗

meth·a·nal /méθənæ̀l/ *n.* 〖化学〗= formaldehyde. 〖← METHANE+-AL³〗

meth·a·na·tion /mèθənéɪʃən/ *n.* 〖化学〗メタン化法《水性ガス (H_2+CO) からメタンを合成する方法》. 〖(1956): ⇨ ↓, -ation〗

meth·ane /méθeɪn | míːθ-/ *n.* 〖化学〗メタン (CH_4)《最も簡単な炭化水素; 天然ガスの主成分》. 〖(1868) ← METH(YL)+-ANE²〗

méthane sèries *n.* [the ～] 〖化学〗メタン列 (⇨ paraffin series).

meth·a·no·ate /mèθənóʊèɪt, -ɪt | -nəʊ-/ *n.* 〖化学〗= formate.

meth·an·o·gen /meθǽnədʒən, -dʒèn/ *n.* 〖生物〗メタン生成微生物. **meth·an·o·gen·ic** /mèθənoʊdʒénɪk | -nə(ʊ)-⁻/ *adj.* 〖(1977): ⇨ methane, -o-, -gen〗

mèth·a·no·génesis /mèθənoʊ- | -nə(ʊ)-/ *n.* 〖生物〗メタン産生《特にメタン細菌による生成》. 〖1969〗

méth·a·no·ic ácid /méθənòʊɪk- | -nəʊ-/ *n.* 〖化学〗= formic acid. 〖1894〗

meth·a·nol /méθənɔ̀(ː)l, -nòʊl | -nɒl/ *n.* 〖化学〗メタノール (⇨ methyl alcohol). 〖(1894) ← METHANE+-OL¹〗

meth·a·nol·y·sis /mèθənɑ́(ː)ləsɪs | -nɒ́lɪsɪs/ *n.* (*pl.* **-y·ses** /-siːz/) 〖化学〗メタノリシス《メチルアルコールを用いてメチルエステルをつくる反応; cf. ethanolysis》. 〖← NL ～: ⇨ ↑, -lysis〗

meth·an·the·line /mɛθǽnθəlìːn, -lɪn | -θɪlìːn, -lɪn/ *n.* 〖薬学〗メタンテリン, 臭化メタンセン ($C_{21}H_{26}BrNO_3$)《胃潰瘍の治療薬》. 〖← METHO-+(X)ANTHE(NE)+(CARBOXY)L(ATE)+-INE³〗

methántheline brómide *n.* 〖薬学〗臭化メタンテリン ($C_{21}H_{26}BrNO_3$)《迷走神経遮断剤》.

me·thaq·ua·lone /meθǽkwəlòʊn | -ləʊn/ *n.* 〖薬学〗メタクアロン ($C_{16}H_{14}N_2O$)《鎮静・催眠薬》. 〖(1961) ← 2-*methyl*-3-*o*-*tolyl*-4(3H)-*quinazolinone*〗

Meth·e·drine /méθədrìːn, -drɪn | -θɪdrìːn, -drɪn/ *n.* 〖商標〗メセドリン (methamphetamine の商品名). 〖(1939) ← METH(AMPHETAMINE)+(EPH)EDRINE〗

me·theg·lin /məθégḷɪn | mɛθéglɪn, mɪ-/ *n.* メセグリン《ウェールズ原産の発酵蜂蜜酒 (mead)》. 〖(1533) □ Welsh *meddyglyn* ← *meddyg* healing, medicinal (□ L *medicus* doctor: ⇨ medical)+*llyn* juice〗

met·he·mo·glo·bin /mèthíːməglòʊbɪn, -hèm-, mèθiːm-, -θɛm- | mèθiːmə(ʊ)glə́ʊbɪn, -θɛm-, mèthìːmə(ʊ)-, -hèm-/ *n.* 〖生化学〗メトヘモグロビン《赤血球の酸化でできる結晶性化合物; ferrihemoglobin, hemiglobin ともいう》. 〖1870〗

met·he·mo·glo·bi·ne·mi·a /mèthìːməglòʊbɪníːmiə, -hèm-, mèθiːm-, -θɛm- | mèθiːməgləʊbɪ-,

-θɛm-, mèthì:m-, -hèm-/ *n.* 〘医学〙メトヘモグロビン血症. 〖(1888) ↑, -emia〗

me·the·na·mine /məθí:nəmì:n | mɛ-, mə-/ *n.* 〘化学〙メテナミン (⇨ hexamethylenetetramine). 〖(1926) ← METH(YL)+-ENE+AMINE〗

meth·e·nyl /méθənìl | -θə-/ *n.* 〘化学〙=methylidyne. 〖(1868) ← METHO-+-ENE+-YL〗

meth·i·cil·lin /mèθəsílən | -θəsílɪn/ *n.* 〘薬学〙メチシリン《抗ペニシリンぶどう状球菌に効果のある合成ペニシリン》. 〖(1961) ← METHO-+(PEN)ICILLIN〗

methicíllin-resístant Staphylocóccus áureus *n.* 〘細菌〙メチシリン耐性黄色ブドウ球菌《略 MRSA》.

me·thinks /mɪθíŋks, mi-/ *vi.* (三単現 ~; 過去形 **me·thought** /-θɔ́:t, -θá:t | -θɔ́:t/)《古》《戯言》…と(私には)思われる, 思うに…である. 〖OE *mē þync(e)þ* it seems to me (← *þyncan* to seem: cog. G *dünken*: ⇨ think): cf. meseems〗

me·thi·o·carb /məθáɪəkɑ̀əb | mɛθáɪəkɑ̀:b, mɛ-, mə-/ *n.* 〘化学〙メチオカルブ ($C_{11}H_{15}NO_2S$)《殺虫剤に用いられる結晶化合物》. 〖(1969) ← ME(THYL)+THIO-+CARB(AMATE)〗

me·thi·o·nine /məθáɪənì:n, -nən | mɛθáɪənì:n, mə-, -nɪn/ *n.* 〘生化学〙メチオニン ($C_5H_{11}NO_2S$)《一種の含硫のアミノ酸; オバルブミンやカゼインなどに多く含まれる》. 〖(1928) ← ME(THYL)+THIO-+-INE[3]〗

meth·o[1] /méθoʊ | -θəʊ/ *n.* 《豪口語》=methylated spirit. 〖1933〗

métho[2] *n.* 《豪》=Methodist.

meth·o- /méθo(ʊ), -θə | -θə(ʊ)/ 〘化学〙「メチル (methyl)」の意の連結形. ★ 母音の前では通例 meth- になる. 〖← METH(YL)+-O-〗

meth·od /méθəd/ *n.* **1** (学問研究または教授法などの理論[組織]立った)方法, 方式, やり方 (cf. approach 4): by a new ~ 新しい方法で / after the English ~ 英国流に / without ~ でたらめに / the inductive ~ ⇨ inductive 2 / a time-worn ~ 古臭い方法 / ~deductive method, direct method, oral method / ~*s* of teaching [instruction] 教授法. **2** (思想・話の内容などの)整然とした[組織立った]順序, (理路)整然; (仕事・方法などの)秩序, 規律正しさ: a man of ~ 几帳面な人 / work with ~ 順序立てて仕事をする / There's ~ in his madness. 彼は見かけほどに気が狂っていない[無謀ではない] (cf. Shak., *Hamlet* 2. 2. 206). **3** 〘生物〙分類法. **4** [the M-]〘演劇〙スタニスラフスキー方式《俳優の思想・感情をより深く追求し完全に配役の人物になり切ることを思想とする方式; Stanislavski Method [System] ともいう》. **5** 〘鳴鐘法〙メソッド《伝統的な数組の転調鳴鐘法》.

method of agréement [the —]〘論理〙一致法, 類同法《J. S. Mill の帰納法の用語》.

méthod of compensátion [the —]〘数学〙補整法.

méthod of dífference [the —]〘論理〙差異法, 差法《J. S. Mill の帰納法の用語》.

méthod of exclúsion [the —]〘論理〙排他[排除]法.

méthod of léast squáres [the —]〘統計〙=least squares.

méthod of résidues [the —]〘数学〙剰余法.

méthod of succésive eliminátion [the —]〘数学〙逐次消去法.

méthod of undetérmined múltiplier [the —]〘数学〙未定乗数法.

〖(?a1425) ◻ (O)F *méthode* // L *methodus* mode of procedure, method ◻ Gk *méthodos* following after, pursuit (of knowledge), method ← *metá* (⇨ meta-)+ *hodós* way (← IE **sed-* to go (L *cēdere*))〗

SYN 方法: **method** あることを行うための秩序だった方法: *methods* of teaching English 英語教授法. **manner** 他と異なる独特で個性的なやり方で, あることがなされたり起こったりする方法《格式ばった語》: This picture is in the *manner* of Raphael. これはラファエル風の絵だ. **mode** 習慣・伝統・自分の好みから従っているやり方《格式ばった語》: his *mode* of living 彼の生活様式. **fashion** 外見的で一時的な方法《格式ばった語》: conduct research in the most systematic *fashion* きわめて組織的に研究を行う. **way** 以上のどの語の代わりにも用いられる最も一般的な語で意味は広いが, ある程度持続的な方法について用いられることが多い: He lives in a frugal *way*. つましく暮らしている.

Method. 《略》Methodist.

mé·thode cham·pe·noise /meɪtóʊdʃɑ̃:(m)pənwá:z, -tʃɑ:m- | -tɔ́d-; *F.* metɔdʃɑ̃pənwa:z/ *n.* 〘醸造〙シャンパン法《ワインを瓶詰めした後, もう一度発酵させて造る sparkling wine の製造法》. 〖(1928) ◻ F ~《原義》'champagne method'〗

me·thod·ic /məθá(:)dɪk, mɛ- | -θɔ́d-/ *adj.* =methodical. 〖(1541) ◻ L *methodicus*: ⇨ method, -ic[1]〗

me·thod·i·cal /məθá(:)dɪkəl, mɛ-, -kl | -θɔ́dɪ-/ *adj.* **1** 順序のある, 秩序立った, 組織的な: a ~ discourse. **2** 〈人・行動が〉きちんとした, 規律正しい, 几帳面な (regular, orderly): a ~ man. **~·ly** *adv.* **~·ness** *n.* 〖(1570): ⇨ ↑, -al[1]〗

Meth·od·ism /méθədɪzm/ *n.* **1** 〘キリスト教〙メソジスト派, メソジスト主義, メソジスト派の教義[信仰, 礼拝, 組織]; メソジスト教会 (Methodist Church)《1729 年, 英国 Oxford で Wesley 兄弟たちによって始められた信仰覚醒運動で, 1795 年一教派として正式に国教会から分かれる; 彼らが方法的に信仰生活を努力したことからこの名称が生まれた》. **2** [m-] **a** 規律正しいやり方. **b** 形式[方法]の偏重. 〖(1739) ← METHOD+-ISM〗

Meth·od·ist /méθədɪst | -dɪst/ *n.* **1** 〘キリスト教〙メソジスト教徒, メソジスト派の人. **2** [m-] **a** 方法[形式]を重んじる人, 方法論者. **b** 《軽蔑》宗教的に堅苦しい人. **c** 〘生物〙系統的分類家. — *adj.* メソジスト派の, メソジスト教徒の. 〖(1593) ← METHOD+-IST: 「宗教上 'new method' を奉ずる人」の意〗

Méthodist Chúrch *n.* [the ~] メソジスト教会《John Wesley にその起源を発するプロテスタント教会の一派; cf. Methodism》.

Meth·o·dis·tic /mèθədístɪk/ *adj.* **1** メソジスト派の, メソジスト教徒の. **2** [m-] 規律[形式]を重んじる, 厳格な. **Mèth·o·dís·ti·cal·ly** *adv.* 〖(1791): ⇨ methodist, -ic[1]〗

Mèth·o·dís·ti·cal /-tɪkəl, -kl | -tɪ-/ *adj.* =Methodistic. 〖(1749): ⇨ ↑, -al[1]〗

Me·tho·di·us /məθóʊdiəs | mɛθəʊdi-, mə-/, Saint *n.* 聖メトディオス《825?–884; モラビア人に布教したギリシャの神学者; St Cyril の兄》.

meth·od·ize /méθədàɪz/ *vt.* **1** 方式化する. **2** 方式[方法]に従って整理する, 組織[秩序, 順序]立てる. **3** [しばしば M-]《まれ》メソジスト教徒にする. — *vi.* [しばしば M-]《まれ》メソジスト教徒らしい言動をする; メソジスト教(派)に傾く. **meth·od·i·za·tion** /mèθədəzéɪʃən | -daɪ-, -dɪ-/ *n.* **méth·od·iz·er** *n.* 〖(1589) ← METHOD+-IZE〗

meth·od·o·log·i·cal /mèθədəlá(:)dʒɪkəl, -kl | -dəlɔ́dʒɪ-/ *adj.* 方法論的な. **mèth·od·o·lóg·i·cal·ly** *adv.* 〖(1849) ← METHODOLOGY+-ICAL〗

mèth·od·ól·o·gist /-dʒəst | -dʒɪst/ *n.* 方法論者. 〖(1865): ⇨ ↓, -ist〗

meth·od·ol·o·gy /mèθədá(:)lədʒi | -dɔ́l-/ *n.* **1 a** (特定の学術などで, 研究や作業の一連のまたは特定の)方法, 手順. **b** (一般に)方法, 手順. **2** 〘論理〙方法論《哲学・科学・技術などで駆使される基本概念・原理・規則などの一群の方法およびこれらの方法の妥当性の研究》. **3** 〘教育〙方法論《教材と教授法の研究》. **4** 〘生物〙系統的分類法. 〖(1800) ← NL *methodologia* // ◻ F *méthodologie*: ⇨ method, -logy〗

méthod stùdy *n.* 〘経営〙方法研究《最も効率的な労務遂行のための作業工程研究》.

meth·o·trex·ate /mèθətrékseɪt, -sət/ *n.* 〘薬学〙メトトレキサート ($C_{20}H_{22}N_8O_5$)《葉酸 (folic acid) の代謝拮抗薬で, 制癌(ガン)剤, 白血病治療薬》. 〖(1955) ← METHO-+*trex-* (? (P)TER(OYLGLULAMI)C (A)C(ID))+-ATE[1]〗

methought *v.* methinks の過去形. 〖OE *mēþūhte*〗

meth·ox·ide /mɛθá(:)ksaɪd | -θɔ́k-/ *n.* 〘化学〙メトキシド《メチルアルコールの水酸基の水素を金属原子で置換した化合物; methylate ともいう》. 〖← METHO-+OXIDE〗

me·thox·y /mɛθá(:)ksi | -θɔ́k-/ *adj.* 〘化学〙メトキシ基 (methoxy group) を含む. 〖← METHO-+OXY-[1]〗

me·thox·y·chlor /mɛθá(:)ksɪklɔ̀ə | -θɔ́ksɪklɔ̀:ʳ/ *n.* 〘化学〙メトキシクロル (($CH_3OC_6H_4)_2CHCCL_3$) (DDT より一層有効な家畜害虫用殺虫剤; methoxy DDT ともいう). 〖(1949) ← METHO-+OXY-[1]+CHLORO-〗

methóxy DDT /-dí:dì:tí:/ *n.* 〘化学〙メトキシ DDT (⇨ methoxychlor).

me·thox·y·flu·rane /mɛθɑ̀(:)ksɪflʊ́ᵊreɪn | -θɔ̀ksɪflʊ́ər-/ *n.* 〘化学〙メトキシフルレン ($C_3H_4Cl_2F_2O$)《クロロフォルムに似た気体状の麻酔剤》. 〖← METHO-+OXY-[1]+FLU(O)R+(ETH)ANE〗

methóxy gròup *n.* 〘化学〙メトキシ基 (CH_3O–).

meths /méθs/ *n. pl.* 《略》《英・豪口語》=methylated spirits. 〖1933〗

méths-drìnker *n.* 《英》変性アルコールを常飲するアルコール中毒患者. 〖1961〗

Me·thu·se·lah /məθú:z(ə)lə, -θjú:- | -θjú:-, -θú:-/ *n.* **1** 〘聖書〙メトセラ《ノア時代以前のユダヤの族長で 969 年間生きたといわれる典型的長命者; cf. *Gen.* 5: 27》: (as) long [old] as ~ 長命な. **2** (メトセラのような)長命者. **3** (ワイン・シャンパン用の)ミシューゼラー瓶《6 リットル入り; 普通の瓶の 8 本分》. 〖◻ Heb. *Mᵉthūšělaḥ*《原義》? man of the dart〗

meth·yl /méθəl/ ★ 化学者の間の発音は /méθaɪl | mí:-/ *n.* 〘化学〙メチル (CH_3). 〖(1844) ◻ G *Methyl* // F *méthyle*《逆成》← *méthylène* 'METHYLENE'〗

méthyl ácetate *n.* 〘化学〙酢酸メチル (CH_3COOCH_3)《溶剤に用いられる》.

meth·yl·al /mèθəlǽl, ←—→ | -θə-/ *n.* 〘化学〙メチラル ($CH_2(OCH_3)_2$)《無色の液体, 溶剤に用いられる; dimethoxymethane, formal ともいう》. 〖(1838) ← METHYL+AL(COHOL)〗

méthyl álcohol *n.* 〘化学〙メチルアルコール; 木精 (CH_3OH) (methanol, wood alcohol ともいう). 〖1847〗

meth·yl·a·mine /mèθələmí:n, -lǽmən, məθíləmì:n, mɛ- | mɛθáɪləmì:n, mèθəlǽmi:n/ *n.* 〘化学〙メチルアミン (CH_3NH_2)《強いアンモニア臭のある可燃性ガス; monomethylamine ともいう; 特に他の化学化合物の合成に使われる》. 〖(1850) ← METHYL+AMINE〗

meth·yl·ase /méθəlèɪs, -lèɪz | -θə-/ *n.* 〘化学〙メチラーゼ《メチル化促進酵素》. 〖← METHYL+-ASE〗

meth·yl·ate 〘化学〙/méθəlèɪt, -lət | -lɪt/ *n.* メチラート (⇨ methoxide). — /méθəlèɪt/ *vt.* **1** (飲用にするのを防ぐため)…にメチルアルコールを混ぜる. **2** メチル化する. **méth·yl·à·tor** /-tə | -tə(ʳ/ *n.* 〖(1835) ← METHYL+-ATE[1]〗

méth·yl·àt·ed spírit /-tɪd- | -tɪd-/ *n.* 〘化学〙変性アルコール《エチルアルコールに 10% のメチルアルコールを混ぜたもの》. 〖*c*1865〗

méthylated spírits *n. pl.* 〘化学〙=methylated spirit.

meth·yl·a·tion /mèθəléɪʃən | -θə-/ *n.* 〘化学〙メチル化.

méthyl átropine *n.* 〘化学〙メチルアトロピン《神経衝動の伝達を抑制する化合物; 鎮静剤》.

méthyl·bénzene *n.* 〘化学〙メチルベンゼン (⇨ toluene). 〖← METHYL+BENZENE〗

méthyl blúe *n.* メチル青《濃青色のトリフェニルメタン系酸性染料; 筆記用インキや生体染色に用いる》.

méthyl brómide *n.* 〘化学〙臭化メチル (CH_3Br)《無色有毒の引火しやすい気体; 溶媒・冷媒; 燻蒸(くんじょう)剤などに用いる》.

méthyl·cátechol *n.* 〘化学〙メチルカテコール (⇨ guaiacol).

méthyl céllulose *n.* メチルセルロース, メチル繊維素《繊維素をメチル化してできる中性無色ゴム状の物質》. 〖1921〗

méthyl chlóride *n.* 〘化学〙塩化メチル (CH_3Cl)《芳香のある無色有毒の気体; 冷媒・局部麻酔剤などに用いる; chloromethane ともいう》.

méthyl chlo·ro·fórm·ate /-klɔ̀:rəfɔ́əmət, -meɪt | -fɔ́:-/ *n.* 〘化学〙クロロ蟻酸メチル ($ClCO_2CH_3$)《無色の液体, 沸点 72°; 窒息催涙性毒ガス》.

mèthyl·cholánthrene *n.* 〘化学〙メチルコラントレン ($C_{21}H_{16}$)《胆汁酸から黄色の結晶として得られ, または合成される強力な発癌(ガン)性物質》. 〖← METHYL+CHOL(IC)+ANTHR(AC)ENE〗

méthyl cótton blùe *n.* =methyl blue.

méthyl cýanide *n.* 〘化学〙シアン化メチル (⇨ acetonitrile).

mèthyl·cyclohéxanol *n.* 〘化学〙メチルシクロヘキサノール ($CH_3C_6H_{10}OH$)《6 種の異性体があり, 溶剤に用いられる》. 〖← METHYL+CYCLOHEXANE+-OL[1]〗

meth·yl·do·pa /mèθəldóʊpə | -θəldə́ʊ-/ *n.* 〘薬学〙メチルドーパ ($C_{10}H_{13}NO_4$)《血圧降下剤》. 〖← METHYL+DOPA〗

meth·yl·ene /méθəlì:n, -lən | -θə-, -lɪn/ *n.* 〘化学〙メチレン (CH_2). 〖(1835) ◻ F *méthylène* ← Gk *méthu* wine+*hū́lē* wood: cf. methyl, -ene〗

méthylene blúe *n.* 〘化学〙メチレンブルー ($C_{16}H_{18}N_3SCl\cdot 3H_2O$)《青色塩基性染料の一つ; methylthionine chloride ともいう》. 〖1890〗

méthylene blúe redúction tèst *n.* 〘化学〙メチレンブルー還元試験 (⇨ reductase test).

méthylene chlóride [dichlóride] *n.* 〘化学〙塩化メチレン (CH_2Cl_2)《無色の液体, 溶剤・染み抜き・冷媒などに用いる; dichloromethane ともいう》. 〖1953〗

méthylene gròup *n.* 〘化学〙メチレン基 (CH_2=).

méthyl éthyl kétone *n.* 〘化学〙メチルエチルケトン ($CH_3COCH_2CH_3$)《溶媒・塗料落し・プラスチック製造に用いる》. 〖1876〗

méthyl fórmate *n.* 〘化学〙蟻酸メチル ($HCOOCH_3$)《無色可燃性の液体》.

méthyl·glyóxal *n.* 〘化学〙メチルグリオキサル (CH_3COCHO)《黄色の液体; pyruvic aldehyde, pyruvaldehyde ともいう》. 〖(1898) ← METHYL+GLYOXAL〗

méthyl gròup *n.* 〘化学〙メチル基 (CH_3–).

meth·yl·hep·te·none /mèθəlhéptənòʊn | -tə-nəʊn/ *n.* 〘化学〙メチルヘプテノン (($CH_3)_2C$=$CH(CH_2)_2COCH_3$)《無色の液体, 香料に用いる》. 〖← METHYL+HEPTENE+-ONE〗

me·thyl·ic /mɛθílɪk/ *adj.* 〘化学〙メチルの, メチルから とった. 〖(1835) ← METHYL+-IC[1]〗

me·thyl·i·dyne /mɛθílədàɪn | -lɪ-/ *n.* 〘化学〙メチリジン《メチン基 CH≡が 1 個の炭素原子と結合して三重結合をつくる基; methenyl ともいう》. 〖← METHO-+-YLI-DYNE〗

methýlidyne gròup [ràdical] *n.* 〘化学〙メチリジン基 (≡CH).

méthyl íodide *n.* 〘化学〙ヨー化メチル (CH_3I)《第三アミンと作用してメチオジドを生成; メチル化試薬用》.

méthyl isobútyl kétone *n.* 〘化学〙メチルイソブチルケトン (⇨ hexone). 〖1888〗

méthyl láctate *n.* 〘化学〙乳酸メチル《酢酸セルロースの溶剤として用いられる無色の液体》.

méthyl·mércury *n.* 〘薬学〙メチル水銀《水俣病 (Minamata disease) の原因となった有毒水銀化合物; 殺虫剤》. 〖⇨ methyl, mercury〗

méthyl methácrylate *n.* 〘化学〙**1** メタクリル酸メチル (CH_2=$C(CH_3)COOCH_3$) (polymethyl methacrylate の単量体). **2** =polymethyl methacrylate. 〖1933〗

méthyl methácrylate résin *n.* 〘化学〙= methyl methacrylate 2.

méthyl·náphthalene *n.* 〘化学〙メチルナフタリン ($C_{11}H_{10}$)《異性体がある》. 〖⇨ methyl, naphthalene〗

meth·yl·ol /méθəlɔ̀(:)l | -θəlɔ̀l/ *n.* 〘化学〙メチロール (–CH_2OH)《有機化学における一価の基》. 〖(1898) ← METHYL+-OL[1]〗

méthyl óleate *n.* 〘化学〙オレイン酸メチル ($CH_3(CH_2)_7CH$=$CH(CH_2)_7CO_2CH_3$)《界面活性剤に使用》.

mèthylol·úrea *n.* 〘化学〙メチロールユリア, メチロール尿素 ($H_2NCONHCH_2OH$)《木材強化に用いる熱可塑性合成樹脂; monomethylolurea ともいう》. 〖⇨ ↑, urea〗

méthyl órange *n.* 〘化学〙メチルオレンジ (($CH_3)_2NC_6H_4N$=$NC_6H_4SO_3Na$)《代表的アゾ色素の一つ; 酸塩基指示薬に用いる; tropeolin D ともいう》. 〖1881〗

méthyl·pár·a·ben /-pǽrəbèn, -pér- | -pǽr-/ *n.*

M

〖化学〗メチルパラベン ($HOC_6H_4COOCH_3$) (p-ヒドロキシ安息香酸 (hydroxybenzoic acid) メチルの米国薬局方名; 主に食品・調合薬の防腐剤に用いる). 〖← METHYL + PARA-¹ + BEN(ZOIC ACID)〗

méthyl·parathíon *n.* 〖薬学〗メチルパラチオン ($C_8H_{10}NO_5PS$) (有機リン系強力殺虫剤).

meth·yl·phen·i·date /mèθəlfénədèɪt | -nə̀-/ *n.* 〖薬学〗メチルフェニデート($C_{14}H_{19}NO_2$) (癲癇(てんかん)・小児精神障害などの治療に用いられる軽い興奮剤). 〖← METHYL + PHENYL + (PIPER)ID(INE) + -ATE¹〗

méthyl phénol *n.* 〖化学〗メチルフェノール (⇨ cresol).

méthyl·phènyl·cár·bi·nyl ácetate /-káəbənɪl- | -ká:-/ *n.* 〖化学〗メチルフェニルカービニルアセテート ($CH_3C_6H_5CHO(OCH_3)$) (ユリに似た香りのする香料; phenylmethylcarbinyl acetate ともいう). 〖← METHYL + PHENYL + CARBO- + -IN² + -YL〗

méthyl phényl éther *n.* 〖化学〗メチルフェニルエーテル (⇨ anisole).

méthyl·prednísolone *n.* 〖生化学〗メチルプレドニゾロン (抗炎症剤として用いられる副腎皮質ホルモン様物質). 〖(1957) ← METHYL + PREDNISOLONE〗

méthyl própyl kétone *n.* 〖化学〗メチルプロピルケトン (⇨ pentanone).

mèthyl·pýridine *n.* 〖化学〗メチルピリジン (⇨ picoline).

méthyl réd *n.* 〖化学〗メチルレッド ($(CH_3)_2NC_6H_4N{=}NC_6H_4COOH$) (指示薬に用いる). 〖1910〗

méthyl rúbber *n.* 〖化学〗メチルゴム (第一次大戦当時ドイツで造られたジメチルブタジエンの重合による合成ゴム). 〖1919〗

méthyl salícylate *n.* 〖化学〗サリチル酸メチル ($HOC_6H_4COOCH_3$) (主としてチューインガム・歯磨き用・香料・消炎剤に用いる冬緑油の生成分). 〖1876〗

méthyl stý·ryl kétone /-stíərəl-/ *n.* 〖化学〗メチルスチリルケトン (⇨ benzylidene acetone).

méthyl súlfate *n.* 〖化学〗硫酸メチル ($(CH_3)_2SO_4$) (有毒の液体, メチル化剤; dimethyl sulfate ともいう).

méthyl·theobrómine *n.* 〖化学〗メチルテオブロミン (⇨ caffeine).

mèthyl·thíonine chlóride *n.* 〖化学〗メチルチオニン塩化物 (⇨ methylene blue). 〖⇨ methyl, thionine〗

méthyl·trinitrobénzene *n.* 〖化学〗メチルトリニトロベンゼン (⇨ trinitrotoluene).

méthyl víolet *n.* 〖化学〗メチルバイオレット ($C_{24}H_{28}ClN_3$) (紫色塩基性染料; 指示薬に用いる; gentian violet ともいう).

méthyl yéllow *n.* 〖染色〗メチルイエロー (⇨ oil yellow 2).

meth·y·pry·lon /mèθəpráɪlɑ(:)n | -lɔn/ *n.* 〖薬学〗メチプリロン ($C_{10}H_{17}NO_2$) (鎮静剤・催眠剤用). 〖← METHY(L) + P(IPE)R(IDINE + DIETH)YL + -ON¹〗

meth·y·ser·gide /mèθəsə́:dʒaɪd | -sə́:-/ *n.* 〖薬学〗メチセルギド ($C_{21}H_{27}N_3O_2$) (セロトニン拮抗薬で偏頭痛治療薬として用いられる). 〖(1962) ← METHY(L) + S(EROTONIN) + ERG(OT) + -IDE²〗

met·ic /métɪk | -tɪk/ *n.* (税金を納めて定住を許可された)古代ギリシャ都市の在留外人. 〖(1808) □ LL *metycus* □ Gk *métoikos* emigrant ← META- + *oîkos* house〗

me·ti·cal /métɪkəl, -kæ̀l; *Port.* mɯtikáɫ/ *n.* (*pl.* ~s, **me·ti·cais** /-kàɪʃ/; *Port.* -káiʃ/) **1** メティカル (モザンビークの通貨単位; =100 centavos; 1980 年 escudo から変更; 記号 MT). **2** メティカル貨. 〖(1980) □ Port. ~ ← Arab. *mithqāl* weight ← *ṯaqula* to be heavy〗

me·tic·u·los·i·ty /mətìkjulɑ́(:)səti | mətìkjulɔ́səti, mɛ-/ *n.* 小心翼々; こせつき, 細心. 〖(1654): ⇨ ↓, -ity〗

me·tic·u·lous /mətíkjələs | mə-, mɛ-/ *adj.* **1 a** 細かいことにこせこせする, 小心翼々とした (⇨ careful SYN). **b** 細心な, 凝り性の: with ~ care 細心の注意を払って. **2** (廃) 臆病な (timid). **~·ly** *adv.* **~·ness** *n.* 〖(1535) □ L *meticulōs-us* full of fear ← *metus* fear: ⇨ -cule, -ous〗

mé·tier /meɪtjéɪ, ⸗⸗ | méɪtièɪ, mét-, -tjeɪ; *F.* metje/ *n.* (*also* **me·tier** /~/) **1** 専門(分野), 得手: Speech is not my ~. スピーチは得意ではない. **2** 適職; 本職; 職業, (trade, occupation). **3** 〖芸術〗メチエ (作家・画家・彫刻家などの職業的な技術・技巧). 〖(1792) □ F ~ 'trade, business' < OF *mestier* < L *ministerium* ministry: MINISTRY と二重語〗

mé·tif /meɪtí:f; *F.* metif/ *n.* (*pl.* ~s /~(s); *F.* ~/) = métis. 〖(1808) □ F ~ (変形) ← *métis* (↓)〗

mé·tis /meɪtí:(s); *F.* metis/ *n.* (*pl.* ~ /-tí:(s), -tí:z; *F.* ~/) **1** 混血児 (half-breed) (特にフランス系カナダ人とアメリカインディアンの); (米) 黒人の血を 8 分の 1 有する混血児 (octoroon). **2** (馬などの)雑種の動物. 〖(1816) □ F ~ < LL *mixtīcius* of mixed race ← L *mixtus* mixed 'MIXED': cf. mestizo〗

Me·tis /mí:tɪs | -tɪs/ *n.* 〖ギリシャ神話〗メティス (Titan 族の女性で, Oceanus とその妻 Tethys との娘; Zeus によって娘 Athena をもうけた). 〖□ Gk *Mētis* (原義) wisdom, skill ← IE **mē-*: ⇨ meter³〗

mé·tisse /meɪtí:s/ *n.* (*pl.* **mé·tiss·es** /~ɪz; *F.* ~/) 混血女性; (特に)フランス人とアメリカインディアンとの混血女性. 〖□ F ~ (fem.) ← MÉTIS〗

met·oes·trus /metéstrəs | -tí:s-/ *n.* =metestrus.

Mét Òffice /mét-/ *n.* [the ~] (英口語) 気象庁 (Meteorological Office).

Me·tol /mí:tɔ(:)l | -tɔl/ *n.* 〖商標〗メトール ($C_7H_9NO{\cdot}{}^1/_2H_2SO_4$) (写真現象主薬の商品名; cf. MQ). 〖(1893) ← *Met(hyl-amino-cres)ol(-sulphate)*〗

Me·tón·ic cýcle /mɪtɑ́(:)nɪk- | -tɔ́n-/ *n.* [the ~] メトン周期 (新月[満月]が再び同じ日に現れる(太陽年) 19 年の周期; ギリシャ暦の基礎となったもの; 復活祭 (Easter) の算出に用いられる golden number はこれに基づく; lunar cycle ともいう). 〖(1881) ← *Meton* (紀元前 5 世紀の Athens の天文学者): ⇨ -ic¹〗

met·o·nym /métənɪm | -tə-/ *n.* 〖修辞〗換喩(かんゆ)語, 転喩語. 〖(1837–8) (逆成) ← METONYMY: cf. paronym〗

met·o·nym·ic /mètənímɪk | -tə-⁻/ *adj.* 〖修辞〗換喩の, 換喩的な. **mèt·o·ným·i·cally** *adv.* 〖(1775): ⇨ ↑, -ic¹〗

mèt·o·ným·i·cal /-mɪkəl, -kl̩ | -mɪ-⁻/ *adj.* 〖修辞〗=metonymic. 〖(1579): ⇨ ↑, -al¹〗

me·ton·y·my /mətɑ́(:)nəmi, mɛ- | -tɔ́n-/ *n.* 〖修辞〗換喩(かんゆ), 転喩 (あるものを表すのにその属性またはそれと密接な関係のあるもので表現する技巧; 原因で結果を, 容器で内容を表すなど; 例: the crown=king / the bottle=drink², wine / fur and feather=beasts and birds; cf. synecdoche). 〖((1547)) (1562) □ F *métonymie* // LL *metōnymia* □ Gk *metōnumía* change of name ← META- + *ónoma* 'NAME'〗

mé·tóo /-tú:/ *adj.* (口語) (対立者の政策などへの)模倣[追従]主義の: a ~ procedure 模倣主義的なやり方. — *vt.* 〈政策上の対立者・競争相手などを〉まねる, 模倣する (imitate). 〖(1745) ← (俗) *me too*〗

mé·tóo·er /-tú:ə | -tú:ə(r)/ *n.* 模倣[追従]主義者. 〖(1959): ⇨ ↑, -er¹〗

mé·tóo·ism /-tú:ɪzm/ *n.* 模倣[追従]主義. 〖(1949): ⇨ me-too, -ism〗

mé·tóo·ist /-tú:ɪst | -ɪst/ *n.* 模倣[追従]主義者. — *adj.* 模倣[追従]主義(者)の.

met·o·pe /métəpì:, -pi, -toup | -təup, -təpi/ *n.* 〖建築〗メトープ, 小間壁 (ドリス式建築で 2 個のトリグリフ (triglyph) の間にはさまれた四角な壁面). 〖(1563) □ L *metopa* □ Gk *metópē* ← META- 'between' + *opḗ* hole (cf. *ṓps* eye)〗

Met·o·pe /métəpi: | -tə-/ *n.* 〖ギリシャ神話〗メトーペー (川の神 Asopus の妻として Aegina, Salamis など多くの女神らを生んだという). 〖□ Gk *Metṓpē*〗

me·top·ic /mɪtɑ́(:)pɪk | -tɔ́p-/ *adj.* 〖解剖〗前頭の, 前額の (frontal). 〖(1878) □ Gk *metōpikós* ← *métōpon* forehead (← META- + *ṓps* eye): ⇨ -ic¹〗

me·to·pi·on /mətóupiən | mɪtə́upiən, mɛ-/ *n.* 〖解剖・人類学〗前額点, 額中点. 〖← NL ~ (↑)〗

met·o·pon /métəpɑ̀(:)n | -təpɔ̀n/ *n.* 〖薬学〗メトポン (モルヒネの誘導体; 塩酸メトポンの形で鎮痛剤に用いる). 〖← MET(HYL + DIHYDR)O- + (MOR)P(HINE) + -ON¹〗

métopon hydrochlóride *n.* 〖薬学〗塩酸メトポン, メトポン塩酸塩 ($C_{18}H_{21}O_3N{\cdot}HCl$) (メトポンの誘導体; 鎮痛薬).

me·to·pro·lol /mətɑ́(:)prəlɔ̀(:)l | mɛtɔ́prəlɔ̀l, mɪ-/ *n.* 〖薬学〗メトプロロール ($C_{15}H_{25}NO_3$) (高血圧・心臓病の治療に用いられるベータ受容体遮断薬). 〖(1974) ← MET(HYL) + -O- + PRO(PRANO)LOL〗

MetR (略) Metropolitan Railway (London の地下鉄).

metr- /mɛtr/ (母音の前にくるときの) metro-² の異形.

me·tral·gi·a /mɪtrǽldʒiə, -dʒə/ *n.* 〖病理〗子宮痛. 〖← NL ~ ← METRO-² + Gk *álgos* pain: ⇨ -ia¹〗

Met·ra·zol /métrəzɔ̀(:)l | -zɔ̀l/ *n.* 〖商標〗メトラゾール (pentylenetetrazol の商品名). 〖(1928) ← G (*Penta*) *met(hylenetet)razol*〗

me·tre¹ /mí:tə | -tə(r)/ *n.* (英) =meter¹.

me·tre² /mí:tə | -tə(r)/ *n.* (英) =meter³.

met·ric¹ /métrɪk/ *adj.* **1** メートルの; メートル法の. **2** 〈国・人が〉メートル(法)を採用している[に慣れている]: go ~ (口語) メートル法を採用する; 〈物品が〉メートル法で扱われる. — *n.* **1 a** 測定の基準. **b** メートル法: in ~. **2** 〖数学〗距離(関数), 計量 (ユークリッド空間の距離の概念を一般化したもの). 〖(1864) □ F *métrique*: ⇨ meter¹, -ic¹〗

met·ric² /métrɪk/ *adj.* =metrical. — *n.* [*pl.*] ⇨ metrics. 〖(1760) □ L *metricus* ← Gk *metrikós* ← *métron* meter³〗

-met·ric¹ /métrɪk/ -meter¹, -metry で終わる名詞に対応する形容詞連結形: baro*metric*, geo*metric*, thermo*metric*. 〖□ F *-métrique* ← *métrique*: ⇨ metric¹〗

-met·ric² /métrɪk/「…歩格の」の意の形容詞連結形: hexa*metric*, tri*metric*. ★ 通例 -meter を形容詞として用い, -metric, -metrical はあまり用いない. 〖← -METER³ + -IC¹〗

met·ri·cal /métrɪkəl, -kl̩ | -trɪ-/ *adj.* **1** 韻律[詩格]の; 韻文の: a ~ unit 韻律の単位 / a ~ romance 韻文のロマンス. **2** 測度の, 測量の, 測度用の: ~ geometry 測量幾何法. **3** 〖数学〗計量的な. **~·ly** *adv.* 〖(1432–50) □ L *metricus* □ Gk *metrikós* metrical ← *métron* measure: ⇨ meter³, -ical〗

-met·ri·cal /métrɪkəl, -kl̩ | -trɪ-/ =-metric².

métrical phonólogy *n.* 〖言語〗韻律音韻論 (主として強勢 (stress) の配置を基に句や文のリズムを扱う音韻論の分野).

métrical psálm *n.* 韻文訳の詩編 (賛美歌として歌う).

met·ri·cate /métrɪkèɪt/ *vi.* メートル法を採用する. — *vt.* =metricize. **met·ri·ca·tion** /mètrɪkéɪʃən/ *n.* 〖(1965) (逆成) ← METRICATION〗

métric céntner *n.* (ドイツの重量単位で) 100 kg.

métric hórsepower *n.* 〖力学〗(mks 単位系で定義された)馬力 (仕事率の単位で 75 kgw-m/s に等しい).

métric húndredweight *n.* (重量単位で) 50 kg.

me·tri·cian /mɛtríʃən, mə-/ *n.* =metrist. 〖(1432–50) □ F *métricien*: cf. *physician*: ⇨ meter³, -ian〗

met·ri·cist /métrəsɪst | -trɪsɪst/ *n.* =metrist. 〖(1881): ⇨ meter³, -ic¹, -ist〗

met·ri·cize /métrəsàɪz | -trɪ-/ *vt.* メートル法に変える, メートル法で表す. 〖(1831): ⇨ meter¹, -ize〗

métric míle *n.* (水泳・陸上競技で) 1500 メートル; [the ~] 1500 メートル競走.

met·rics /métrɪks/ *n.* 韻律学 (prosody). 〖(1892) ← METER³ + -ICS〗

métric spàce *n.* 〖数学〗距離空間 (距離 (metric) が定義されている空間).

métric sýstem *n.* [the ~] メートル法 (meter, gram, liter などを基準とし, それに次の接頭辞をつけて上下の位を表す: kilo- (1,000), hecto- (100), deka- (10), deci- (0.1), centi- (0.01), milli- (0.001) など). 〖1864〗

métric tón [tónne] *n.* メートルトン, 仏トン (⇨ ton¹ 1 a). 〖1924〗

métric topólogy *n.* 〖数学〗距離位相 (距離関数によって定められる位相 (topology)).

me·trid·i·um /mətrídiəm | mɛtríd-, mɪ-/ *n.* 〖動物〗ヒダベリイソギンチャク (六放サンゴ亜綱の, ヒダベリイソギンチャク科とヒダベリイソギンチャク属 (*Metridium*) の動物の総称; *M. senile* など). 〖← NL ~ ← Gk *mētrídios* having a womb ← *mḗtra* womb〗

met·ri·fi·cate /métrəfɪkèɪt | -trɪ-/ *vt.* =metricate.

mét·ri·fì·er *n.* 韻文作者, 作詩家.

met·ri·fy /métrəfàɪ | -trɪ-/ *vt.* 韻文につづる[訳す]; 作詩する, …に韻律を施す. **met·ri·fi·ca·tion** /mètrəfɪkéɪʃən | -trɪfɪ-/ *n.* 〖(1523) □ (M)F *métrifier* □ ML *metrificāre* ← L *metrum* 'METER³' + *-ificāre* '-IFY'〗

met·rist /métrɪst | -trɪst/ *n.* 作詩家; 韻律学者. 〖(1535) □ ML *metrista* ← L *metrum*: ⇨ meter³, -ist〗

me·tri·tis /mətráɪtɪs | mɛtráɪtɪs, mɪ-/ *n.* 〖病理〗子宮(筋層)炎. 〖(1843) ← NL ~ ← Gk *mḗtra* uterus + -ITIS: ⇨ metro-²〗

met·rize /mɪtráɪz, métraɪz | mɛtráɪz/ *vt.* 〖数学〗距離づけする[化する] (与えられた位相が距離位相 (metric topology) になるような距離を見出す).

met·ro¹, M- /métrou, meɪtróu | métrəu; *F.* metʀo/ *n.* (*pl.* ~s) (*also* **mét·ro** /~/) (口語) (パリなどの)地下鉄 (cf. subway, underground, tube). 〖(1904) □ F *métro* (略) ← (*chemin de fer*) *métropolitain* metropolitan (railway)〗

met·ro² /métrou | -trəu/ *n.* **1** 都市. **2** (各地方の)都市政庁(当局), 市庁 (市・町・村・郊外を管轄する). — *adj.* [限定的] **1** 都市の; 首都圏の. **2** [M-] (カナダ) 都市部の (特に Toronto の). 〖(1957) (略) ← METROPOLITAN〗

Met·ro /métrou | -trəu/ *n.* 〖商標〗メトロ (米国製の金属パイプ製の棚).

met·ro-¹ /métrou | -trəu/「度量衡 (measure)」の意の連結形: *metrology*. 〖← Gk *métron* measure〗

met·ro-² /mí:trou, métr- | -trəu/ 〖解剖〗「子宮 (uterus); 髄, 核心 (pith)」の意の連結形: *metrorrhagia*. ★ 母音の前では通例 metr- になる. 〖← Gk *mḗtra* uterus ← *mḗtēr* mother〗

Mét·ro-Gòld·wyn-Máy·er *n.* 〖映画〗メトロ ゴールドウィン メイヤー (米国の映画制作会社; トレードマークは吠えるライオン (愛称 'Leo'); 略 MGM).

metro·land *n.* [しばしば M-] (London の) 地下鉄区, メトロランド (都心部); メトロランドの住民. **~·er** *n.* 〖1926〗

Métro·lìner *n.* (米) (Amtrak 鉄道の)高速列車. 〖← METRO² + LINER¹〗

met·ro·log·i·cal /mètrəlɑ́(:)dʒɪkəl, -kl̩ | -lɔ́dʒɪ-⁻/ *adj.* 度量衡学の. **~·ly** *adv.* 〖(1843) ← METRO-¹ + -LOGY + -ICAL〗

me·tról·o·gist /-dʒɪst | -dʒɪst/ *n.* 度量衡学者. 〖(1843): ⇨ ↓, -ist〗

me·trol·o·gy /mətrɑ́(:)lədʒi | mɪtrɔ́l-, mɛ-/ *n.* 度量衡学, 度量衡. 〖(1816) ← METRO-¹ + -LOGY〗

met·ro·ma·ni·a /mètrouméɪniə | -trə(u)-/ *n.* 作詩狂. 〖(1794) ← NL ~ ← Gk *métron* 'METER³' + MANIA〗

met·ro·ma·ni·ac /mètrouméɪniæ̀k | -rə(u)-/ *n.*, *adj.* 作詩狂の(人). **mèt·ro·ma·ní·a·cal** /-mənáɪəkəl, -kl̩⁻/ *adj.* 〖(1830): ↑〗

met·ro·ni·da·zole /mètrənáɪdəzòul | -dəzə̀ul/ *n.* 〖薬学〗メトロニダゾール ($C_6H_9N_3O_3$) (膣炎治療薬). 〖← ME(THYL) + -*tron*- (← ? NITRO) + (IM)IDE + AZOLE〗

met·ro·nome /métrənòum | -nəum/ *n.* **1** 〖音楽〗メトロノーム: a Maelzel's ~ メルツェル式メトロノーム (1816 年ドイツの J. N. Maelzel が考案した拍節器; メトロノームと言えば普通これを指す; 略 MM). **2** 発信音[光]を出す電動メトロノーム. 〖(1816) ← METRO-¹ + Gk *-nómos* regulating (⇨ nomo-)〗

met·ro·nom·ic /mètrənɑ́(:)mɪk | -nɔ́m-⁻/ *adj.* **1** メトロノームの. **2** 〈テンポなど〉機械的に規則正しい. 〖(1881): ⇨ ↑, -ic¹〗

mèt·ro·nóm·i·cal /-mɪkəl, -kl̩ | -mɪ-⁻/ *adj.* = metronomic. **~·ly** *adv.* 〖(1866): ⇨ ↑, -al¹〗

me·tro·nym·ic /mì:trənímɪk, mètrə-⁻/ *adj.*, *n.* = matronymic. 〖(1868) ← MGk *mētrōnumikós* (⇨ matronymic) + -IC¹〗

Met·ro·plex /métrəplèks/ *n.* [時に m-] 大都市圏. 〖1969〗

mé·tro·pole /métrəpòul | -pə̀ul/ *n.* 首都 (metropolis); 本国, 内地. 〖((*c*1386)) □ OF ~ ← LL *mētropolis* (↓)〗

me·trop·o·lis /mɨtrá(ː)pəlɨs, mɛ- | -trɔ́pəlɪs/ *n.* **1 a** 主要都市, 母都市. **b** 首都 (capital); [しばしば the M-]《英》ロンドン (London). **2** (活動の)中心地, 主要点: a ~ of religion [commerce] 宗教[商業]の中心地. **3 a**〘キリスト教〙大司教[大主教, 大監督]管区. **b**〘カトリック〙首都大司教区. **c**〘東方正教会〙府主教区. **4**〘ギリシャ史〙(植民地の)母都, 本国 (cf. colony 2 c). **5**〘生物〙種族中心地. 〖(1535) ▭ LL *mētropolis* ▭ Gk *mētrópolis* mother state ← *mḗtēr* 'MOTHER' + *pólis* city (⇨ police)〗

met·ro·pol·i·tan /mètrəpá(ː)lətn̩, -tən | -pɔ́lɨtən, -tn̩⁻/ *adj.* **1 a** 主要都市(住民)の; 大都会的な. **b** 首都圏の: a ~ city [town] = metropolis 1 / the ~ police 首都警察, 警視庁. **2**〘キリスト教〙大司教[大主教, 大監督]管区の: a ~ bishop = metropolitan *n.* 3. **3** (植民地でなく)母国の, 母国である; 母国産の (home). — *n.* **1** 首都居住者; 都会人. **2**〘ギリシャ史〙(植民地の)母都民, 本国人. **3 a**〘キリスト教〙大司教, 大主教, 管長, 大教正. **b**〘カトリック〙首都大司教. **c**〘東方正教会〙府主教. ★ カトリックでは archbishop とほぼ同義; 東方正教会では archbishop の上で patriarch の下の位; 英国国教会では Canterbury と York の archbishop のこと. 〖(?a1350) ▭ LL *mētropolitānus*: ⇨ ↑, -ite¹, -an¹〗

métropolitan área *n.* 大都市圏.

métropolitan bórough *n.*《英》首都自治区《the City とともに County of London を構成する 28 の自治区を指す; 1965 年の改革で County of London は廃止され大ロンドン (Greater London Council) の一部 (Inner London) となった; 自治区は London borough と呼ばれる; cf. London *n.* 1》. 〖1963〗

métropolitan cóunty *n.*《英》特別都市, 首都圏都市《イングランドの六つの集合都市 (conurbation) の一つで, 一般の county と同格; 1974 年の地方行政制度改革により発足, 1986 年廃止》. 〖1971〗

métropolitan dístrict *n.*《英》特別都市自治区《metropolitan country の行政区で独自の議会をもつ; 1974 年発足, 1986 年廃止》. 〖1969〗

mèt·ro·pól·i·tan·ism /-tənɪzm, -tn̩- | -tən-, -tn̩-/ *n.* 首都[大都会](的)であること, 首都[大都会]的性格. 〖(1855) ← METROPOLITAN + -ISM〗

met·ro·pol·i·tan·ize /mètrəpá(ː)lətənàɪz | -pɔ́lɨt-/ *vt.* 首都[大都会](的)にする. **met·ro·pol·i·tan·i·za·tion** /mètrəpà(ː)lətənɨzéɪʃən | -trəpɔ̀lɨtənaɪ-, -nɪ-/ *n.* 〖(1855) ← METROPOLITAN + -IZE〗

métropolitan mágistrate *n.*《英》(有給の)ロンドン市治安判事.

Metropólitan Muséum of Árt *n.* [the ~] メトロポリタン美術館《New York 市にある米国最大の美術館; 1870 年創設, 1880 年 Central Park に移転》.

Métropolitan Ópera Hòuse *n.* [the ~] メトロポリタン歌劇場《1883 年に設立された New York 市の歌劇場; 1966 年 Lincoln Center に移転》.

Metropólitan Políce Fòrce *n.* [the ~] (英国の)ロンドン警視庁, 首都警察《the City を除いた London を管轄する英国最大の警察; cf. Scotland Yard》.

Métropolitan Ráilway *n.* [the ~] ロンドン地下鉄道 (略 Met. R.).

me·tror·rha·gi·a /mìːtrəréɪdʒiə, mètrə-/ *n.*〘病理〙(月経時以外の)子宮出血, 不正出血. **mè·tror·rhág·ic** /-rǽdʒɪk⁻/ *adj.* 〖(1879) ← NL ~: ⇨ metro-², -rrhagia〗

me·tro·scope /míːtrəskòʊp, métrə- | -skəʊp/ *n.*〘医学〙子宮鏡. 〖(1855) ← METRO-² + -SCOPE〗

-me·try /⌐ mətri | -mɨtri/ *n.*「測定法[学, 術]」の意の名詞連結形 (cf. -meter¹): *geometry, galvanometry*. 〖▭ Gk *-metría* measurement ← *métron* measure: ⇨ -meter¹, -y¹〗

Met·ter·nich /métənɪk, -nɪx | -tə-; G. mɛ́tɐnɪç/, Prince (**Klemens Wen·zel Ne·po·muk Lo·thar) von** /vɛ́ntsl néːpomuk lóːtar fɔn/ *n.* メッテルニヒ (1773–1859; オーストリアの政治家・外交官; 外相 (1809–48), Vienna 会議議長 (1814–16); 自由主義や革命思想を弾圧).

met·teur en scène /metə́ːɑ̃ː(n)sén, -ɑːn- | -tɜ́ːr-; F. mɛtœʀɑ̃sɛn/ *n.* (演劇などの)演出家, 舞台監督; 映画監督. 〖(1911) ▭ ~ (原義) 'one who puts on the stage'〗

met·tle /métl̩ | -tl̩/ *n.* **1 a** 元気, 勇気, 気概 (spirit); 熱情 (ardor): a man of ~ 気概のある人 / show [prove, display] one's ~ 気概を示す. **b** (馬などの)癇(かん). **2** 気性, 気質 (dispositon) (cf. metal 4 b): the ~ that women are made of 女性本来の気性. **3**《古》金属 (metal). ***on* [*upòn*] *one's méttle*** 発奮して. (1756) ***pùt* [*sèt*] *a person on* [*upòn*] *his méttle*** 人を激励する[奮起させる]. (1786) ***trý a person's méttle*** 人の根性[気概]を試す. (1786) 〖(1581) (異形) ← METAL; もと刀の焼刃の湯加減を示したところから〗

mét·tled *adj.* **1** [通例複合語の第 2 構成素として] (…の)気質の, (…の)元気の: high-*mettled* 元気旺盛な. **2**《廃》= mettlesome. 〖(1598): ⇨ ↑, -ed〗

met·tle·some /métl̩səm | -tl̩-/ *adj.* **1** 元気のある, 勇み立った, 血気盛んな (spirited). **2** 〈馬などが〉癇(かん)の強い. 〖(1662) ← METTLE + -SOME¹〗

me·tyr·a·pone /mətírəpòʊn | mɨtírəpəʊn/ *n.*〘生化学〙メチラポン ($C_{14}H_{14}N_2O$) 《コルチゾール生合成を抑制するホルモン》. 〖(1962) ← (2-)*met(hyl-1, 2-dip)yr(id-3-yl) p(ropan-1-)one* ← METHYL + DI-¹ + *phridyl* + PROPANE + -ONE: *-a-* は語中音挿入〗

Metz /méts; F. mɛs/ *n.* メス《フランス北東部の Moselle 川に臨む都市, Moselle 県の県都》.

meu /mjúː/ *n.* = spignel. 〖1548〗

Meu·mann /mɔ́ɪmɑːn; G. mɔ́ʏman/, **Ernst** *n.* モイマン (1862–1915; ドイツの心理学者).

me·um et tu·um /míːəmettúːəm, -tjúːəm, méɪ-ʊmettúːʊm | -tjúːəm, -túːʊm/ *L.* 私のものと君のもの, 自他の所有(権): confound ~ 自他の権利を混同する. 〖▭ L ~ 'mine and thine'〗

Meung *n.* ⇨ Jean de Meung.

meu·nière /mə(ː)njéə | mɜ̀ːnjéə^(r), mə(ː)njéə^(r); F. mønjɛːʀ/ *adj., adv.* ムニエルの[で], ムニエルにした[して]《魚などに小麦粉をまぶしてバター焼きにした》: sole (à la) ~ シタビラメのムニエル. 〖(1846) ▭ F (*à la*) *meunière* (原義) (in the style of) miller's wife (fem.) ← *meunier* < LL *molīnārrium* 'MILLER'〗

Meur·sault /məsóʊ | mɜ́ːsəʊ; F. mœʀso/ *n.* ムルソー《フランス Burgundy の Meursault 産の辛口白ワイン》. 〖1833〗

Meurthe-et-Mo·selle /mə́ːteɪmouzél | mɜ́ːt-eɪməˈ(ʊ)-; F. mœʀtemozɛl/ *n.* ムルトエモーゼル(県)《フランス東北部のベルギーに接する県; 面積 45,280 km², 県都 Nancy》.

Meuse /mjúːz, mə́ːz | mɜ́ːz; F. møːz/ *n.* **1** ムーズ(県)《フランス東北部のベルギーに接する県; 面積 6,219 km², 県都 Bar-le-Duc /baʀlədyk/》. **2** [the ~] ムーズ(川)《フランス北東部からベルギー・オランダを通り北海に注ぐ川 (950 km); オランダ語名 Maas》.

MEV, MeV, Mev, mev /mév/《略》〘電気〙mega electron volt(s); million electron volt(s) (cf. eV.).

me·vrou /məfráʊ/ *n.*《南ア》既婚女性に使われる敬称 (Mrs. と同じ; 単独で用いられるときは madam に相当). 〖▭ Afrik. ~ ▭ Du. *mevrouw*: Du. は (M)Du. *mijn vrouw* my lady にさかのぼる〗

mew¹ /mjúː/ *vi.* 〈ねこ・かもめ・うみねこなどが〉鳴く, にゃーにゃー鳴く (meow). — *vt.* ねこやうみねこなどが鳴くような声で言う: She ~*ed* her complaints. ねこが鳴くような鼻声で泣きごとを言った. — *n.* にゃーにゃー《ねこ・うみねこなどの鳴き声》. 〖(*a*1325) (擬音語): cf. miaow〗

mew² /mjúː/ *n.*〘鳥類〙カモメ (*Larus canus*) (mew gull ともいう). 〖OE *mǣw* < Gmc **mai(ʒ)wiz* (Du. *meeuw* / G *Möwe*): その鳴き声から〗

mew³ /mjúː/ *n.* **1** [通例 *pl.*; 単数扱い]《英》**a** (一般に路地の両側に並べて建てた)(私設)うまや, 貸馬のうまや. **b** うまやの中の住居; うまやを改造した住居; そのような住居のある路地. **c** [the (Royal) Mews] (London の Buckingham 宮殿の近くにある)王室うまや《もとは Charing Cross の王の鷹かごのあった跡に設けてあったことから》. **2** 隠れ場. **3**《古》(羽換え時に入れる)鷹かご. — *vt.* **1** 閉じ込める (confine) 〈*up*〉: ~ oneself *up* from the world 世を逃れる. **2**《古》(塒(とや)の時に)〈鷹を〉かごに入れる. 〖(*a*1375) *meu(e)* ▭ (O)F ← *muer* to moult: ↓〗

mew⁴ /mjúː/《古》*vt.* **1** 〈鷹などが〉〈羽毛を〉抜け換える (molt). **2** 〈鹿が〉角を落とす. — *vi.* **1** 〈鷹などが〉羽毛を落とす (shed). **2** 〈鹿が〉角を落とす. 〖(*c*1380) *mewe(n)* ▭ F *muer* to shed, molt < L *mūtāre* to change: ⇨ mutate〗

Me·war /meɪwɑ́ə | -wɑ́ː^(r)/ *n.* = Udaipul.

mewl /mjúːl/ *vi.* **1** 〈赤ん坊が〉弱々しく泣く (whimper). **2** 〈ねこが〉にゃーにゃー鳴く. — *vt.* 〈赤ん坊が〉弱い声で泣いて言う[訴える] 〈*out*〉. — *n.* (赤ん坊の)弱い泣き声. — **-er** /-lə | -lə^(r)/ *n.* 〖(1599–1600) ▭ ? F *mouiller* to cry, (原義) to wet (the eyes) (⇨ moil): または mew¹ の反復形か〗

Mex /méks/《米口語》*n.* (*pl.* ~, ~·es) **1** = Mexican. **2** = Mexican dollar. — *adj.* = Mexican. 〖略〗

MEX《記号》〘自動車国籍表示〙Mexico.

Mex.《略》Mexican; Mexico.

Mex·i·cal·i /mèksɪkǽli | -kɑ́ːli, -kǽli; *Am.Sp.* mehikáli/ *n.* メヒカリ《メキシコ北西部, 米国との国境近くの都市; Baja California 州の州都》.

Mex·i·can /méksɨkən | -sɪ-/ *adj.* メキシコ(人)の. — *n.* **1** メキシコ人. **2 a** = Nahuatl 2. **b** メキシコで話されるスペイン語. **3** = Mexican dollar. 〖(1604) ▭ Sp. *Mexicano, mejicano* ← MEXICO: ⇨ -an¹〗

Méxican-Américan *n.* メキシコ系アメリカ人, チカーノ (cf. chicano). — *adj.* メキシコ系アメリカ人の. 〖1953〗

Méxican ápple *n.*〘植物〙= white sapota.

Méxican bambóo *n.*〘植物〙= Japanese knotweed.

Méxican béan bèetle *n.*〘昆虫〙豆の葉を食うテントウムシ科マダラテントウムシ属の昆虫 (*Epilachna varivestis*)《メキシコから米国に移入された》.

Méxican béer *n.*《米俗》ビール (beer).

Méxican blúe pálm *n.*〘植物〙トゲバハクセンヤシ (*Erythea armata*)《メキシコ原産のヤシ; 掌状葉は緑色で葉柄にはとげがあり花は白色》.

Méxican búsh sàge *n.*〘植物〙メキシコ原産の白色の花が咲くシソ科の草本 (*Salvia leucantha*).

Méxican Chícken bùg *n.*〘昆虫〙= adobe bug.

Méxican dóllar *n.* メキシコドル (⇨ peso 2 b).

Méxican dráw *n.* = Mexican standoff.

Méxican fíre plànt *n.*〘植物〙**1** ショウジョウソウ (*Euphorbia heterophylla*)《北米から熱帯アメリカ原産のトウダイグサ科の一年草; 観葉植物》. **2** = summer cypress.

Méxican fíre-vìne *n.*〘植物〙フィリピン原産のオレンジ赤色の花をつけるキク科サワギク属の蔓植物 (*Senecio confusus*).

Méxican frúit flỳ *n.*〘昆虫〙メキシコミバエ (*Anastrepha ludens*)《双翅目ミバエ科のハエ; 幼虫が柑橘(かんきつ)類・マンゴーなどを食い荒らす》. 〖1924〗

Méxican gréase wòod *n.*〘植物〙= grease wood 1.

Méxican háirless *n.* メキシカンヘアレス《メキシコ産の, 頭上と尾の下部以外に毛のない小形のイヌ》. 〖1899〗

Méxican jáde *n.* メキシコ翡翠(ひすい)《縞瑪瑙(しまめのう) (onyx) に着色したもの》.

Mex·i·ca·no /mèksɨkɑ́ːnoʊ | -sɪkɑ́ːnəʊ/《米口語》*n.* **1** メヒカーノ語《ナワトル語 (Nahuatl), 特に現代メキシコで使われている口語》. **2** メキシコ人 (Mexican). — *adj.* = Mexican. 〖(1891) ▭ Sp. ~ 'MEXICAN'〗

Méxican ónyx *n.*〘鉱物〙メキシコ瑪瑙(めのう) (⇨ alabaster 2). 〖1895〗

Méxican órange *n.*〘植物〙メキシコ産の白い花をつけるミカン科の常緑低木 (*Choisya ternata*). 〖1951〗

Méxican Spánish *n.* メキシコスペイン語.

Méxican stándoff *n.* 行き詰まり; 引き分け. 〖1891〗

Méxican súnflower *n.*〘植物〙= tithonia.

Méxican téa *n.*〘植物〙アリタソウ (*Chenopodium ambrosioides*)《北米および熱帯アメリカ産で激臭を放つアカザ科の一年草または多年草; 駆虫剤の原料; American wormseed ともいう; cf. chenopodium oil》. 〖1829〗

Méxican Wár *n.* [the ~] メキシコ戦争《米国とメキシコとの戦争 (1846–48); 米国が Texas 州を合併した (1845) ことが主な原因》. 〖1846〗

Méxican wáve *n.*《英》= wave 9. 〖1986〗

Méxican wéed *n.*〘植物〙= birdeye.

Mex·i·co /méksɨkòʊ | -sɪkəʊ/ *n.* メキシコ, メヒコ: **1** 北米南部の共和国; 面積 1,972,546 km², 首都 Mexico City; 公式名 the United Mexican States メキシコ合衆国; メキシコスペイン語名 México /méhiko/, スペイン語名 Méjico. **2** メキシコ南中部の州; 面積 21,460 km², 州都 Toluca. **3** = Mexico City. 〖▭ Sp. *Méjico* ▭ N-Am.-Ind. (Nahuati) *Mexitli* war-god〗

Méxco, the Gulf of *n.* メキシコ湾《米国南部とメキシコ南東部との間の湾》.

Méxco Cíty *n.* メキシコ シティー《メキシコの首都; 同国中部にあり標高 2,239 m; 公式名 (Ciudad de) México, D.F.》.

México wáve *n.*《英》= wave 9. 〖1986〗

Mex. Sp.《略》Mexican Spanish.

Mey·er /máɪə | máɪə^(r); G. máɪɐ/ *n.* マイヤー (男性名). 〖▭ G *Meier* steward, farmer〗

Mey·er /máɪə | máɪə^(r); G. máɪɐ/, **Adolph** *n.* マイヤー (1866–1950; スイス生まれの米国の精神分析学者).

Meyer, Conrad Ferdinand *n.* マイヤー (1825–98; スイスの詩人・歴史小説家).

Meyer, Joseph *n.* マイヤー (1796–1856; ドイツの出版業者;「マイヤー百科事典」の出版で知られている).

Mey·er·beer /máɪəbɪ̀ə, -bèə | máɪəbɪə^(r), -bèə^(r); G. máɪɐbeːɐ/, **Giacomo** *n.* マイアベーア (1791–1864; ドイツのオペラ作曲家; *Les Huguenots*「ユグノー」(1836), *L'Africaine*「アフリカの女」(1860); 本名 Jakob Liebmann /líːpman/ Meyer Beer).

Mey·er·hof /máɪəhɔ̀ːf | máɪəhɔf; G. máɪɐhoːf/, **Otto (Fritz)** *n.* マイアーホーフ (1884–1951; ドイツの生理学者; 筋肉代謝の研究で有名; Nobel 医学生理学賞 (1922)).

Meyn·ell /ménl, méɪ-, meɪnél/, **Alice (Christiana Gertrude)** *n.* メネル (1847–1922; 英国の女流詩人・随筆家; *The Rhythm of Life* (1893); 旧姓 Thompson, ジャーナリスト Wilfrid Meynell の夫人).

Mey·rick /mérɪk, méɪr-/ *n.* メリック (男性名). 〖← AMERY〗

MEZ /ɛ̀mìːzíː | -zéd; G. ɛ́mɛ̀ːtsɛ́t/《略》Mitteleuropäische Zeit 中央ヨーロッパ標準時 (Central European Time).

mez·ail /mézeɪl/ *n.*〘甲冑〙= mesail.

mé·zair /meɪzéə | -zéə^(r); F. mezɛːʀ/ *n.*〘馬術〙メゼール《高等馬術の地上運動の一つで, ルバード (levade) を連続して行い, 一回毎に前肢を着地させながら歩幅を狭くして一歩ずつ前進する》. 〖(1754) ▭ F ~ ▭ It. *mezzaria* (原義) middle gait〗

mez·cal /mɛskǽl, mɨs- | méskæl, ⌐⌐/ *n.* = mescal.

mez·ca·line /méskəlɨːn | -lɪn, -lìːn/ *n.*〘薬学〙= mescaline. 〖1869〗

me·ze /méɪzeɪ/ *n.* (ギリシャや近東の)オードブル, メゼ《食前酒などと供する》. 〖(1926) ▭ Turk. ~ 'snack, appetizer'〗

me·ze·re·on /mɨzíəriən | -zíər-/ *n.*〘植物〙ヨウシュジンチョウゲ, セイヨウオニシバリ (*Daphne mezereum*)《ヨーロッパ原産ジンチョウゲ科の低木; 樹皮は薬用》. 〖(*c*1477) ▭ ML *mezereon* ▭ Arab. *māzaryūn* camellia〗

me·ze·re·um /mɨzíəriəm | -zíər-/ *n.*〘植物〙= mezereon. 〖(*a*1819) ← NL ~ (変形) ← MEZEREON〗

me·zu·zah /məzúzə, -zúːz-; *Hebrew* məzúːzaː/ *n.* (*pl.* **me·zu·zoth** /-zoʊθ | -zəʊθ/, **me·zu·zot** /-zòʊt | -zəʊt/, ~s) (*also* **me·zu·za** /~/)〘ユダヤ教〙メズーザー《一面には旧約聖書の「申命記」(Deuteronomy) の 2 箇所の聖句 (6: 4–9, 11: 13–21) を記し, 他の面には Saddai (神の名)と記した羊皮紙; これを神の名の方を外側に向けてガラス箱などに入れ, その聖句の教えが実現するように家の入口に取り付ける》. 〖(1650) ▭ Heb. *meᵉzūzāʰ* (原義) doorpost: cf. *Deut.* 6: 9, 11: 20〗

mez·za·nine /mézəniːn, -zn̩-, ⌐⌐⌐ | métsəniːn, mézə-; F. mɛdzanin/ *n.* **1**〘建築〙(階高の低いバルコニー風の)中二階 (entresol)《mezzanine floor ともいう》. **2**〘劇場〙**a**《米・カナダ》中二階のさじき席; 中二階席前面数列の席. **b**《英》舞台下, 奈落. 〖(1711) ▭ F ~ ▭ It.

M

mezzanino (dim.) ← *mezzano* middle < L *mediānum* middle ← *medius*: ⇨ media²〗

mez·za vo·ce /métsɑːvóutʃeɪ, médzɑ:-, -tsə-, -dzə- | -vóu-; *It.* meddzavóːtʃe/ *It. adj., adv.*〘音楽〙メッザボーチェ, 半分の声で《音量を抑制して, ごく柔らかい弱音で歌う場合の指示; 略 m.v.》.〘(1775) ◻ It. ~ 'with middle voice'〙

mezzi-rilievi *n.* mezzo-rilievo の複数形.

mez·zo /métsou, médzou | -tsəu, -dzəu; *It.* méddzo/ *adj., adv.*〘音楽〙なかば(の), 適度の[に], やや (half, moderately). — *n.* (*pl.* ~**s**) **1** =mezzo-soprano. **2**〘版画〙=mezzotint.〘(1811) ◻ It. ~ 'middle' < L *medium* middle: ⇨ mid¹〙

mézzo fórte *adj., adv.*〘音楽〙メゾフォルテ, やや強く, ほどよく強く (moderately loud) (略 mf).〘1811〙

Mez·zo·gior·no /mètsoudʒɔ́ənou | -tsəudʒɔ́ːnəu; *It.* meddzodʒórno/ *n.* メッゾジョルノ《イタリア南部, おおよそ Rome より南の半島部を指す; 農工業の後進地帯で, 統一後いわゆる南部問題が生じた》.〘◻ It. ~ south; midday〙

mézzo piáno *adj., adv.*〘音楽〙メゾピアノ, やや弱く, ほどよく弱く (moderately soft) (略 mp).〘1811〙

mézzo-relíevo *n.* (*pl.* ~**s**)〘美術〙中浮彫り (⇨ demirelief).〘(1598)《変形》↓〙

mézzo-rilíevo *n.* (*pl.* **mez·zi·ri·lie·vi** /métsi:-, médzi:-; *It.* méddzi-/)〘美術〙=mezzo-relievo.〘(1860) ◻ It. *mezzorelievo* half relief: ⇨ rilievo〙

mézzo-sopráno *n.* (*pl.* ~**s**, **-ni**) **1**〘音楽〙メゾソプラノ《女性[児童]の中間音(域); soprano と alto の中間》. **2** メゾソプラノ歌手. — *adj.* [限定的] メゾソプラノの[に適した]; メゾソプラノ歌手の.〘(1753) ◻ It. ~: ⇨ mezzo, soprano〙

mézzo-sopráno clèf *n.*〘音楽〙メゾソプラノ記号《五線譜表の第 2 線上に書かれたハ音記号》.〘1811〙

mez·zo·tint /métsoutɪnt, médzou- | -tsəu-, -dzəu-/〘版画〙*n.* **1** メゾチント彫法[版]《明暗の調子を主とし特殊な濃淡を表す一種の銅凹版》. **2** メゾチント版. — *vt.* メゾチント版に彫る.〘(1738) ◻ It. *mezzotinto* half tint: ⇨ mezzo, tint〙

M

mf《略》〘音楽〙mezzo forte.

mf, MF《略》〘通信〙medium frequency; microfiche.

mF, mf《略》〘電気〙millifarad(s).

MF《略》〘製紙〙machine finish; Middle French.

MF《記号》〘電気〙microfarad(s).

MFA《略》Master of Fine Arts.

mfd《略》manufactured;《俗》〘電気〙microfarad(s).

mfg《略》manufacturing.

MFH《略》Master of Foxhounds; mobile field hospital.

MFI《略》Manufacture of Furniture Institute.

MFlem《略》Middle Flemish.

MFN /émèféń/《略》〘国際法・貿易〙Most Favored Nation 最恵国.

mfr《略》manufacture; manufacturer.

MFr《略》Middle French.

MFS《略》Master of Food Science; Master of Foreign Service; Master of Foreign Study.

mg《略》milligram(s).

mg《記号》Madagascar (URL ドメイン名).

Mg《記号》〘化学〙magnesium.

MG /émdʒíː/ *n.*〘商標〙MG《英国製のスポーツカー》.

MG《略》machine glazed; machine gun; Major General; medical gymnast; military government; mixed grain; motor generator.

MG, mg《略》〘アメフト〙middle guard.

mgal《略》milligal.

MGk《略》Medieval Greek.

M. Glam《略》Mid Glamorgan.

MGM /émdʒìːém/《略》Metro-Goldwyn-Mayer.

Mgr《略》Manager; Monseigneur;〘カトリック〙Monsignor; Monsignore.

MGr《略》Medieval [Middle] Greek.

MGR《略》《英》merry-go-round.

Mgri《略》Monsignori.

MGy Sgt《略》master gunnery sergeant.

mgt《略》management.

mh, mH《略》millihenry(s), millihenries.

mh《記号》Marshall Islands (URL ドメイン名).

MH《略》magnetic heading; main hatch; Master of Horse; Master of Horticulture; Master of Humanities; Master of Hygiene; Medal of Honor; mental health; military hospital; Ministry of Health; mobile home; Most Honorable.

MH《記号》〘航空〙⇨ MAS.

MHA《略》《豪・カナダ》Member of the House of Assembly.

MHC《略》major histocompatibility complex.

MHD《略》〘物理〙magnetohydrodynamics.

mhg《略》mahogany.

MHG《略》Middle High German.

MHK《略》Member of the House of Keys (cf. HOUSE of Keys).

MHL《略》Master of Hebrew Literature.

mhm /m̩hm̩/ *int.* =mm.

mho /móu | máu/ *n.* (*pl.* ~**s**)〘電気〙モー《オーム (ohm) の逆数を表すコンダクタンス (conductance) の単位の旧称; 現在ではジーメンス (siemens) とよぶ》.〘(1883)《逆つづり》← OHM: Lord Kelvin の造語〙

MHR《略》《米・豪》Member of the House of Representatives.

MHW《略》mean high water 平均高水位.

Mhz《記号》megahertz.

mi /míː/ *n.*〘音楽〙**1** (階名唱法の)「ミ」《全音階的長音階の第 3 音; ⇨ do²》. **2** (固定ド唱法の)「ミ」, ホ (E) 音《ハ調長音階の第 3 音》.〘(*a*1450) ◻ ML ~: ⇨ gamut〙

MI《略》malleablee iron; metal industries;〘米郵便〙Michigan (州); middle initial; Military Intelligence; Minister of Information; Mounted Infantry.

mi.《略》mile(s); mileage; mill(s); minute(s).

Mi.《略》minor; Mississippi;〘聖書〙Micah.

mi- /maɪ/ (母音の前にくるときの) mio- の異形.

MI5 /émàɪfáɪv/ *n.* (英国の)〘軍事〙情報部 5 部《国内および英連邦の保安と対情報活動を扱う; 米国の FBI に相当; 1964 年 Security Service と改称》.〘《略》← *M(ilitary) I(ntelligence)*〙

MI6 /émàɪsíks/ *n.* (英国の)〘軍事〙情報部 6 部《外国での情報収集などに従事する; 米国の CIA に相当; 1964 年 Secret Intelligence Service と改称》.〘《略》← *M(ilitary) I(ntelligence)*〙

MIA《略》〘軍事〙missing in action 戦闘後行方不明 (兵);《豪》Murrumbidgee Irrigation Area.

Mi·am·i¹ /maɪǽmi, -ǽmə | -ǽmi/ *n.* マイアミ《米国 Florida 州南東部の海岸都市で避寒地》.〘◻ F ~《変形》← ? N-Am.-Ind. (Chippewa) *omaumeg* peninsula people〙

Mi·am·i² /maɪǽmi, -ǽmə | -ǽmi/ *n.* (*pl.* ~, ~**s**) **1 a** [the ~(s)] マイアミ族《もと米国 Wisconsin 州, Illinois 州北部, Indiana 州などに住んでいた Algonquian 族に属する種族》. **b** マイアミ族の人. **2** マイアミ族の言語, マイアミ語. **Mi·ám·i·an** /-miən/ *n.*〘↑〙

mi·a·mi·a /máɪəmàɪə | mìːəmíːə, máɪəmàɪə/ *n.* (オーストラリア先住民の)仮小屋.〘(1845)《現地語》〙

Miámi Béach *n.* マイアミビーチ《米国 Florida 州南東部, Biscayne 湾をはさんで Miami 対岸の島にある都市; 避寒地》.

Mi·ao /miaʊ; *Chin.* miáu/ *n.* ミャオ族《フモング族の別称; ⇨ Hmong》.〘(1917) ← Chin. *miao* (苗)〙

mi·aow /miáʊ, mjáʊ | mìːáʊ, mi-/ *n., vi.* (*also* **mi·aou** /~/) =meow.〘(1634)《擬音語》: cf. mew¹〙

Mi·ao-Yao /miáujáu/ *n.* ミャオヤオ(苗搖)諸語《インドシナ・タイに分布する言語》.

mi·asm /máɪæzm̩/ *n.* =miasma.〘1650〙

mi·as·ma /maɪǽzmə, mi- | mi-, maɪ-/ *n.* (*pl.* ~·**ta** /~ṭə | ~tə/, ~**s**) **1** (沼沢地などから発散し, マラリアの原因をなすと考えられた)毒気, 瘴気(しょうき). **2** 頽廃[堕落, 腐敗]をもたらす影響力[雰囲気], 悪気: the ~ of vice.〘(1665) ← NL ~ ◻ Gk *míasma* stain, defilement ← *miaínein* to stain, defile〙

mi·as·mal /maɪǽzməl, mi- | , -ml̩ | mi-, maɪ-/ *adj.* =miasmic.〘(1853): ⇨ ↑, -al¹〙

mi·as·mat·ic /màɪəzmǽṭɪk, mìː- | mìːəzmǽt-, màɪæz-, -əz-/ *adj.* =miasmic. **mì·as·mát·i·cal** *adj.* =miasmic.〘1835〙

mi·as·mic /maɪǽzmɪk, mi- | mi-, maɪ-/ *adj.* **1** 瘴気(しょうき)の, 毒気の[のような, による, を生じる]. **2** 有害な, 有毒な (noxious).〘(1822-34): ⇨ miasma, -ic¹〙

mi·aul /miáʊl, -ɔ́ːl, -áːl | -áʊl, -ɔ́ːl/ *vi.* =meow.〘(1632) ◻ F *miauler*: 擬音語〙

mib /míb/ *n.*《米方言》**1** (marbles 戯に用いる)おはじき(玉) (marble). **2** [*pl.*; 単数扱い]《方言》おはじき玉遊戯.〘《変形》← MARBLE〙

mic /máɪk/ *n.* マイク (microphone).〘1961〙

Mic.《略》Micah (旧約聖書の)ミカ書.

mi·ca /máɪkə/ *n.*〘鉱物〙雲母(うんも)《単斜晶系六角板状の結晶をなすケイ酸塩鉱物》.〘(1706) ← NL ~ (特別用法) ← L *mica* crumb, tiny morsel ← IE **smīk-* small ← **smē-* to smear, rub over (Gk *mīkrós* small)〙

mi·ca·ceous /maɪkéɪʃəs/ *adj.* **1 a** 雲母の. **b** 雲母を含む. **2** 雲母のような; 薄板状の (laminated); きらきらする (sparkling).〘(1774): ⇨ ↑, -aceous〙

Mi·cah /máɪkə/ *n.* **1** マイカ《男性名》. **2**〘聖書〙**a** ミカ《紀元前 8 世紀のヘブライの預言者》. **b** (旧約聖書の)ミカ書(略 Mic.).〘ME ◻ LL *Michaeas* ◻ Gk *Mikhaías* ◻ Heb. *Mīkhāh*《短縮》← *Mīkhāyāh*《原義》who is like Yahweh?: cf. Michael¹〙

míca schìst [slàte] *n.*〘岩石〙雲母片岩[粘板岩].

Mi·caw·ber /mɪkɔ́ːbə, -káː- | -kɔ́ːbə(r)/ *n.* なほだ主義の人, 空想的楽天家, のんき屋.〘(1852) ← *Wilkins Micawber* (Dickens の小説 *David Copperfield* 中の人物; 無思慮で絶えず不運にさらされながらいつも幸運を空頼みして日を送る楽天家)〙

Mi·cáw·ber·ish /-bərɪʃ/ *adj.* 空想的楽天主義の, なほだ主義の.〘(1880): ⇨ ↑, -ish¹〙

Mi·cáw·ber·ìsm /-bərìzm/ *n.* (根拠もなしに幸運を期待する)空想的楽天主義, なほだ主義.〘(1971): ⇨ Micawber, -ism〙

mice *n.* mouse の複数形.〘OE *mȳs*〙

MICE /émàɪsìːíː/《略》Member of the Institution of Civil Engineers.

mi·cell /mɪ̀sél, maɪ- | mɪ-, maɪ-/ *n.*〘物理化学〙= micelle.

mi·cel·la /mɪ̀sélə, maɪ- | mɪ-, maɪ-/ *n.* (*pl.* **mi·cel·lae** /-liː/)〘物理化学〙=micelle.

mi·cel·lar /mɪ̀sélə, maɪ- | mɪsélə(r), maɪ-/ *adj.* ミセルの, 膠(こう)質粒子の. **mi·cél·lar·ly** *adv.*〘(1893): ⇨ ↓, -ar¹〙

mi·celle /mɪ̀sél, maɪ- | mɪ-, maɪ-/ *n.* **1**〘物理化学〙ミセル, 膠質粒子. **2**〘生物〙ミセル《分子の集合から成る極微小の細胞の構造単位》.〘(1881) ← NL *micella* (dim.) ← L *mica* crumb + -ELLA: ⇨ mica〙

mich /mítʃ/ *vi.* =mitch.

Mich.《略》Michael; Michaelmas; Michigan.

Mi·chael¹ /máɪkəl, -kl̩; *G.* míçaeːl, -ɛl/ *n.* マイケル《男性名; 愛称形 Mick, Mickey, Mike; 異形 Mitchell》.〘ME ~ ◻ LL ~ ◻ Gk *Mikhaḗl* ◻ Heb. *Mīkhā'ēl*《原義》Who is like God?: ⇨ Micah, El〙

Mi·chael² /máɪkəl, -kl̩/, **Saint** *n.* 大天使ミカエル《Milton の *Paradise Lost* では Adam と Eve を楽園から追放した大天使; ヘブライ伝説では信仰を擁護した四大天使の一人; cf. *Dan.* 10: 13, *Rev.* 12: 7》: ⇨ ORDER of St. Michael and St. George.

Mi·chael³ /máɪkəl, -kl̩/ *n.* ミハイル《1596-1645; ロシア皇帝 (1613-45); Romanov 王朝の祖; ロシア語名 Mikhail Feodorovich》.

Mi·chael I *n.* ミハイ一世《1921- ; Carol II の子でルーマニア最後の王 (1927-30, '40-47); ルーマニア語名 Mihai /mihái/》.

Mi·cháe·lis cónstant /mɪkéɪlɪ̀s-, -káɪ- | -lɪs-; *G.* mɪçaéːlɪs/ *n.*〘生化学〙ミヒャエリス定数《酵素反応の速度と基質濃度との関係式における定数 Km のこと》.〘← *Leonor Michaelis* (1875-1949: ドイツ生まれの米国の生化学者)〙

Mich·ael·mas /míkəlməs, -kl̩-/ *n.* ミカエル祭(日), (Michaelmas Day)《大天使ミカエルの祝日, 9 月 29 日; 英国(スコットランドを除く)では四季支払い日の一つ; その日にガチョウ (Michaelmas goose) を食べる習慣がある》.〘(*a*1121-60) *(Sanct) Michaeles mæsse* (St.) Michael's mass: ⇨ Michael², -mas〙

Míchaelmas dáisy *n.*《英》〘植物〙ミカエル祭ごろに咲く植物の総称《ウラギク, ハマシオン (*Aster tripolium*), ユウゼンギク (*Aster novibelgii*) など》.〘1785〙

Míchaelmas tèrm *n.* **1**〘英法〙ミケルマス開廷期《昔の上級裁判所の 11 月 2 日から 25 日までの開廷期》. **2**〘英大学〙秋学期, 第一学期《Oxford, Cambridge その他の大学で 10 月からクリスマス休暇が始まるまで; cf. Hilary term 2, Easter term 2, Trinity term 1》.〘1721〙

miche /mítʃ/ *vi.*《英方言》こそこそ逃げる, ずるける (skulk): *miching* mallecho こそこそやるいたずら[悪だくみ] (cf. Shak., *Hamlet* 3. 2. 137).〘(*a*1393) *mychen* ◻ OF *muchier* (F. *musser*) to hide, lurk ◻ Gaul. **mukyare* to hide: cf. mooch〙

Mi·che·as /maɪkíːəs, máɪkiəs/ *n.* (Douay Bible での) Micah 2 のラテン語式語形.

Mi·chel /mɪʃél, miː-; *F.* miʃɛl, *Du.* míxəl/ *n.* ミシェル《女性名》.〘◻ F ~ (fem.) ← MICHAEL¹〙

Mi·chel·an·ge·lo /màɪkəlǽndʒəlòu, mìk-, mìː-kəláː-n- | màɪkəlǽndʒɪ̀ləu; *It.* mikelándʒelo/ *n.* ミケランジェロ《1475-1564; イタリア盛期ルネサンスの代表的彫刻家・画家・建築家・詩人; *Last Judgment*「最後の審判」(絵画, 1535-41), *Moses*「モーセ」(彫刻, 1513-16); 本名 Michelangelo Buonarroti》.

Mi·chele /mɪʃél, miː-; *F.* miʃɛl/ *n.* ミシェル《女性名》.〘◻ F ~ (fem.) ← MICHAEL¹〙

Mi·che·let /miːʃléɪ, mìːʃə-; *F.* miʃlɛ/, **Jules** *n.* ミシュレ《1798-1874; フランスの歴史家; *Histoire de France* (1833-67)》.

Miche·lin /míʃəlɪ̀n, mítʃ- | mítʃ(ə)lɪn, míʃ-, miːʃlǽ(ŋ), -lǽŋ; *F.* miʃlɛ̃/ *n.* ミシュラン《フランスの Michelin 社発行の旅行案内書; cf. Baedeker, Blue Guide》.〘*André Michelin* (1853-1931) & *Édouard Michelin* (1859-1940): フランスのタイヤ製造業者, その会社で旅行案内書を発行した〙

Mi·chelle /mɪʃél, miː-; *F.* miʃɛl/ *n.* ミシェル《女性名》.〘◻ F ~ (fem.) ← MICHAEL¹〙

Mich·e·lob /míkəlòub | -ləub/ *n.*〘商標〙ミケロブ《米国産のビール》.

Mi·che·loz·zo /mìːkəlɔ́(ː)tsou | -lɔ́tsəu; *It.* mikelɔ́ttso/ *n.* ミケロッツォ《1396-1472; イタリアの建築家・彫刻家; 本名 Michelozzo di Bartolommeo》.

Mi·chel·son /máɪkəlsən, -kl̩-, -sn̩/, **Albert Abraham** *n.* マイケルソン《1852-1931; ドイツ生まれの米国の物理学者; 干渉計を発明し, 特殊相対性理論の根拠となった地球とエーテルとの相対運動を否定する実験, 光速度の測定などを行った; Nobel 物理学賞 (1907) を受賞した最初の米国人》.

Míchelson-Mór·ley expèriment /-mɔ́əli- | -mɔ́ː-/ *n.* [the ~]〘物理〙マイケルソン モーリーの実験《エーテルの対する地球の相対運動を二つの光線の速度の差から求めようとした実験; 結果は否定的で特殊相対性理論 (special theory of relativity) の根拠となった》.〘← A. A. *Michelson* (↑) & *Edward Morley* (1838-1923: 米国の化学・物理学者)〙

Mich·e·ner /mítʃ(ə)nə | -nə(r)/, **James A(lbert)** *n.* ミッチェナー《1907-97; 米国の小説家; *Tales of the South Pacific* (1947)》.

mích·er *n.* **1**《まれ》ずる休みする人 (truant). **2**《廃》こそどろ.〘(?*a*1200): ⇨ mitch, -er¹〙

Mich·i·gan /míʃɪ̀gən/ *n.* **1** ミシガン《米国北中部の州 (⇨ United States of America 表)》. **2**《米》〘トランプ〙ミシガン《3 人から 8 人で遊ぶ stop 系のゲーム; boodle cards を使うもの》.〘(1835) ◻ F ~ ◻ N-Am.-Ind. (Algonquian)《原義》great water〙

Michigan, Lake *n.* ミシガン湖《北米五大湖 (Great Lakes) の一つで 3 番目に大きい; Michigan 州と Wisconsin 州の間にある; 面積 58,188 km²》.

Míchigan bánkroll *n.*《米俗》(高額紙幣で小額紙幣や贋札(にせさつ)をくるむなどした)にせ札束,「あんこ」.〘(1932) ← *Michigan*《米俗》deceptive¹〙

Mich·i·gan·der /mìʃɪ̀gǽndə | -də(r)/ *adj.* (米国) Michigan 州(人)の. — *n.* Michigan 州人.〘(1848)〙

《混成》← MICHIGAN＋(GAN)DER: Lewis Cass (1782–1866: 米国の弁護士・政治家)のあだ名から》

Mich·i·ga·ni·an /mìʃɪgéɪniən, -gǽn-⁻/ *adj.* 米国 Michigan 州の, Michigan 風の. — *n.* ＝Michigander. 《(1813): ⇨ Michigan, -ian》

Mich·i·gan·ite /míʃɪgənàɪt/ *n.* ＝Michigander. 《⇨ -ite¹》

Mích·ler's kétone /míklɚz- | -lɑz-/ *n.* 〔化学〕ミヒラーのケトン ([$(CH_3)_2N \cdot C_6H_4]_2CO$) 《光沢のある板状晶; オーラミン (auramine) などの染料製造原料》. 《← W. T. *Michler* (1846–89: ドイツの化学者)》

Mi·cho·a·cán /mì:tʃouɑ:kɑ́:n | -tʃəu-; *Am.Sp.* mitʃoakán/ *n.* ミチョアカン《メキシコ南西部の州; 面積 59,000 km²; 州都 Morelia》.

micht /míxt/ 《スコット》＝might¹, might².

Mi·chu·rin /mɪtʃúərɪn | mɪtʃúərɪn; *Russ.* mʲitʃʲúrʲin/, **Ivan Vla·di·mi·ro·vich** /vladʲímʲirəvʲitʃ/ *n.* ミチューリン (1855–1935; ロシアの園芸家・遺伝学者; 環境遺伝説を唱えた).

mick /mík/ *n.* 《豪口語》(two-up で) コインの裏[表]. 《(1919) ← ?》

Mick¹ /mík/ *n.* ミック《男性名》. 《(dim.) ← MICHAEL¹》

Mick², m- /mík/ *n.* 《俗・軽蔑》 **1** アイルランド人 (Irishman). **2** カトリック教徒 (Roman Catholic). 《(1856)《略》← MICHAEL¹ (アイルランド人の代表的名として)》

mick·e·ry /mík(ə)ri/ *n.* (*also* **mick·e·rie** /～/) 《豪》(涸れた川床の)水たまり; 沼沢地. 《(1899) ← Pama-Nyungan (Arabana-Wangganguru)》

mick·ey¹ /míki/ *n.* 《俗》 **1** [しばしば M-]《軽蔑》 **a** アイルランド人. **b** カトリック教徒. **2** じゃがいも (potato). **3** 《カナダ》(12–13 オンス入りの)ウイスキー瓶.
tàke the míckey (*out of a person*) 《英俗》(人を)からかう, ばかにする (make a fool (of)). (1952)
《← ? MICKEY¹: ⇨ Michael¹》

mick·ey² /míki/ *n.* 《豪口語》(野生で焼き印の押されていない)若い雄牛. 《(1881) ↓》

Mick·ey¹ /míki/ *n.* ミッキー《男性名》. 《(dim.) ← MICHAEL¹》

Mick·ey² /míki/ 《俗》 *n.* **1** ミッキーマウスの漫画(映画). **2** [しばしば m-] ＝Mickey Finn. **3 a** 《空軍》＝Mickey Mouse 3. **b** 《米空軍》レーダー利用爆撃照準器. — *adj.* 《米》＝Mickey Mouse 2. 《(1936): ⇨ Mickey Mouse》

Míckey Fínn, m- f- /-fín/ *n.* 《俗》麻薬・下剤などを混ぜた酒; その混入物《Mickey Flynn または単に Mickey, mickey ともいう》. 《(1928) ← ?》

Míckey Flýnn /-flín/ *n.* 《俗》＝Mickey Finn. 《1936》

mick·ey-mouse /míkimáus/ *vi.* (漫画映画などで)動作と音楽を一致させる. — *vt.* 〈フィルム〉に画面の動作に合う背景音楽を入れる.

Mick·ey Mouse /míkimàus | ⁻⁻⁻⁻/ *n.* **1** ミッキーマウスの漫画(映画). **2** 《米俗》 **a** つまらない[不必要な]もの. **b** 《学生俗》楽な[ちょろい]科目(など). **3** 《空軍俗》電気式爆弾投下器. — *adj.* **1** ミッキーマウスの漫画のような. **2** [しばしば m- m-] **a** 《米》〈音楽・楽団など〉(漫画映画の音楽のように)つまらない, 平凡な, 古くさい (trite). **b** 《米俗》つまらない, 役に立たない; 子供だましの. **c** 《学生俗》(大学で)〈科目など〉楽な, ちょろい. 《(*a*1928) ← *Mickey Mouse* (Walt Disney 製作の漫画映画の主人公のネズミの名)》

míckey-tàking *n.* 《英口語》からかうこと.

Mic·kie·wicz /mɪtskjévɪtʃ; *Pol.* mʲitskʲévʲitʃ, -kʲjé-/, **Adam** /ǽdəm/ *n.* ミツキェーヴィチ (1798–1855; ポーランドの詩人; 叙事詩 *Pan Tadeusz*「パン タデウシ」(1834); ロマン主義劇 *Dziady* (1832)).

mick·le /míkl/ 《古・スコット・北英方言》*adj.* (**mick·ler**; **-lest**) 大きい (great); たくさんの (much). — *adv.* 大いに, 非常に. — *n.* たくさん, 多量 (muckle): Many a little [pickle] makes a ～.＝Every little makes a ～. 《諺》「ちりも積もれば山となる」. 《ME (北部方言・スコット) *mikel* < OE *micul* (変形) ← *myċel, miċel* (cog. ON *mykill*): ⇨ much》

mick·y /míki/ *n.* ＝mickey.

Mick·y /míki/ *n.* ミッキー《男性名》. 《(dim.) ← MICHAEL¹》

Mic·mac /míkmæk/ *n.* (*pl.* ～, ～**s**) **1 a** [the ～(s)] ミクマク族《北米 St. Lawrence 湾の南岸地方に住む Algonquian 族に属するアメリカインディアンの一族》. **b** ミクマク族の人. **2** ミクマク語.
《(1830) □ N-Am.-Ind. (Algonquian) *Migmac* (原義) allies》

MICR 《略》〔電算〕magnetic ink character reader 磁気インク文字読取機[装置]; 〔電算〕magnetic ink character recognition 磁気インク文字読取り.

micr- /maɪkr/ (母音の前にくるときの) micro- の異形: *micr*ohm.

mi·cra *n.* micron の複数形.

mi·cri·fy /máɪkrəfàɪ | -krɪ-/ *vt.* 小さくする, 微小化する; つまらないものにする. 《⇨ micro-, -ify: MAGNIFY の類推》

mic·rite /míkraɪt/ *n.* 〔地学〕ミクライト, マイクライト: **1** ある種の石灰岩中に存在する微晶質方解石 (microcrystalline calcite). **2** 主に 1 からなる石灰岩. 《(1959) ← MICR(OCRYSTALLINE)＋-ITE¹》

mi·cro /máɪkrou | -krəu/ *adj.* **1** 極小の. **2** 〈スカートが〉ミニより短い, 超ミニの. — *n.* 超ミニ(スカート) (cf. maxi, midi, mini); ＝microcomputer, microprocessor. 《(1890) ↓》

mi·cro- /máɪkrou | -krəu/ 次の意味を表す連結形: **1** 「小, 微小」の意 (↔ macro-, magni-): *micro*cosm. **2** 「拡大する」の意: *micro*phone. **3** 〔物理〕「100 万分の 1」の意 (記号 μ): *micro*gram. **4** 「顕微鏡を用いる」: *micro*dissection. **5** 「マイクロフィルム[写真]で用いる[と関係した]」: *micro*copy. **6** 〔病理〕「異常な小ささ, 発育不良」の意: *micro*cephaly; *micro*cyte. ★ 母音の前では通例 micr- になる. 《□ Gk *mīkro-* ← (*s*)*mīkrós* small ← IE **smīk-* small ← **smē-* to smear: ⇨ mica》

mìcro·áerophile 〔生物〕*n.* 微好気性生物《発育にわずかの酸素しか要求しない生物で好気性と嫌気性の中間にあるもの》. — *adj.* ＝microaerophilic. 《(1903) ← MICRO-＋AERO-＋-PHILE》

mìcro·aerophílic *adj.* 〔生物〕微好気性の. 《(1903): ⇨ ↑, -ic¹》

mìcro·aerόphilous *adj.* 〔生物〕＝microaerophilic. 《(1900) ← MICRO-＋AERO-＋-PHILE＋-OUS》

mìcro·ámmeter *n.* 〔電気〕マイクロアンペア計. 《(1930) ← MICRO-＋AMMETER》

mìcro·ámpere *n.* 〔電気〕マイクロアンペア《電流の単位; 100 万分の 1 アンペア; 記号 μA》. 《(1904) ← MICRO-＋AMPERE》

mìcro·análysis *n.* **1** 〔化学〕微量分析, 微量法《微量成分の試料で行われる分析法で, 1–10 mg 程度の微量試料を扱う; ↔ macroanalysis》. **2** ミクロ分析; 微視的分析. **mìcro·analýtic** *adj.* **mìcro·analýtical** *adj.* **mìcro·ánalyst** *n.* 《(1856) ← MICRO-＋ANALYSIS》

mìcro·ánalyzer *n.* 〔化学〕微量分析器. 《(1944): ← MICRO-＋ANALYZER》

mìcro·anátomy *n.* ＝histology 1. **mìcro·anatómical** *adj.* 《(1935) ← MICRO-＋ANATOMY》

mìcro·ángstrom *n.* 〔物理〕マイクロオングストローム《長さの単位; 100 万分の 1 オングストローム; 記号 μÅ》.

mìcro·bactérium *n.* 〔細菌〕マイクロバクテリア《*Microbacterium* 属の抗熱性の桿(かん)菌; 酪農製品に多くみられる》. 《(1875) ← NL ～》

mícro·bàlance *n.* 〔化学〕微量天秤(びん). 《(1903) ← MICRO-＋BALANCE》

mícro·bàr *n.* 〔音響・気象〕マイクロバール《1 cm² につき 1 ダインに当たる圧力の単位; 100 万分の 1 バール》. 《(1918) ← MICRO-＋BAR¹》

mìcro·bárogram *n.* 〔気象〕(自記微圧計 (microbarograph) による)微圧記録.

mìcro·bárograph *n.* 〔気象〕自記微圧計. 《(1904) ← MICRO-＋BAROGRAPH》

mi·crobe /máɪkroub | -krəub/ *n.* 微生物 (microorganism); (特に, 病原菌の)細菌 (germ), 黴菌(ばいきん) (bacterium): ～ bombs [warfare] 細菌弾[戦]. **mi·cro·bic** /maɪkróubɪk | -krəu-/ *adj.* **mi·cro·bi·an** /maɪkróubiən | -krəu-/ *adj.* 《(1881) □ F ～ ← MICRO-＋Gk *bíos* life (⇨ bio-): 1878 年フランスの外科医 Sédillot による造語》

mícro·bèam *n.* 〔電子工学〕ミクロ電子放射線《微細な物の加工などに用いられる》. 《(1950) ← MICRO-＋BEAM》

mi·cro·bi·al /maɪkróubiəl | -krəu-/ *adj.* 微生物の; 細菌の[による]. 《(1887): ⇨ microbe, -al¹》

micróbial desulfurizátion *n.* 〔化学〕微生物脱硫《微生物利用による原油中の硫黄除去法》.

mi·cro·bi·cide /maɪkróubəsàɪd | -krəubɪ-/ *n.* 殺菌剤 (germicide). **mi·cro·bi·cid·al** /maɪkròubəsáɪdl | -krəubɪsáɪdl⁻/ *adj.* 《(1887): ⇨ microbe, -cide》

mìcro·biológic *adj.* ＝microbiological.

mìcro·biológical *adj.* 微生物学(的)の; 細菌学(的)の. **～·ly** *adv.* 《(1897): ⇨ ↑, -al¹》

mìcro·biólogist *n.* 微生物学者, 細菌学者. 《(1885) ← MICRO-＋BIOLOGIST》

mìcro·biólogy *n.* 微生物学; 細菌学 (bacteriology). 《(1888) ← MICRO-＋BIOLOGY》

mìcro·bióta *n.* 微生物相《特定の場所[地質学的時期]の微生物》. 《1968》

mi·crob·ism /máɪkroubìzm | -krə(u)-/ *n.* 〔病理〕細菌感染(症). 《(1904) ← MICROBE＋-ISM》

mícro·blàde *n.* 〔考古〕マイクロブレード, 細石刃《旧石器–中石器時代の, 小型の石刃》. 《(1969) ← MICRO-＋BLADE》

mícro·bòdy *n.* 〔生物〕ミクロボディー《細胞質内にあり, 各種の分解酵素を含む微小顆粒; 電子顕微鏡で観察できる》. 《(1954) ← MICRO-＋BODY》

mícro·bòok *n.* 極小本, 豆本《虫めがねを使って読む非常に小さい本》. 《1970》

mìcro·bréccia *n.* 〔地質〕月表面の角礫状岩石. 《(1951) ← MICRO-＋BRECCIA》

mìcro·bréw *n.* microbrewery 製のビール, 小口醸造ビール, 地ビール. **～·er** *n.* **～·ing** *n.* 《1987》

mìcro·brèwery *n.* 小規模[小口]ビールメーカー, 地ビール醸造所[業者]《年産 10,000–15,000 バレル以下の小企業で, 通例地元だけの需要を賄う》. 《1984》

mícro·bùrst *n.* 〔気象〕ミクロバースト, 瞬間突風《激しい局地的下降気流; 雷雨を伴うことが多く飛行機事故の原因となる》. 《1982》

mícro·bùs *n.* マイクロバス. 《(1959) ← MICRO-＋BUS》

mícro·càlorie *n.* 〔物理・生化学〕マイクロカロリー《熱量の単位; 100 万分の 1 カロリー》. 《(1969) ← MICRO-＋CALORIE》

mìcro·calorímeter *n.* マイクロ熱量計.

mìcro·calorímetry *n.* **mìcro·calorimétric** *adj.* 《1931》

mícro·càmera *n.* マイクロカメラ《顕微鏡写真用カメラ》. 《(1928) ← MICRO-＋CAMERA》

mícro·càpsule *n.* (化学製品や薬品の)極小カプセル, マイクロカプセル. 《(1961) ← MICRO-＋CAPSULE》

mícro·càr *n.* マイクロカー《超小型で燃料効率のよい 1 人乗り自動車》. 《1980》

Mícro·càrd *n.* 〔商標〕マイクロカード《約 3×5 インチ大のカードに書籍・雑誌・新聞などの 20–300 ページ分を縮写して焼き込んだもの; これをマイクロリーダーで拡大して読む》. 《(1944) ← MICRO-＋CARD¹》

mícro·cassètte *n.* マイクロカセット《超小型のカセットテープ》; マイクロカセットテープレコーダー. 《1979》

mìcro·céllular *adj.* 微小な細胞を含む[から成る]. 《1909》

mi·cro·ce·phal·ic /màɪkrousəfǽlɪk | -krə(u)sɪ-, -kɛ-, -kɪ-⁻/ *adj.* **1** 〔人類学〕小頭の《頭蓋(とうがい)容量が男では 1,350 cc., 女では 1,150 cc. 以下のものにいう; ↔ megacephalic》. **2** 〔病理〕小頭(性)の, 小頭症の. — *n.* **1** 〔人類学〕小頭の人. **2** 〔病理〕小頭症の人, 小頭奇形者. 《(1856) ← MICRO-＋-CEPHALIC》

mi·cro·ceph·a·lous /màɪkrouséfələs | -krə(u)séf-, -kéf-⁻/ *adj.* ＝microcephalic. 《(1840): ↓》

mi·cro·ceph·a·lus /màɪkrouséfələs | -rə(u)séf-, -kéf-/ *n.* (*pl.* **-a·li** /-làɪ/) **1** 小頭の人. **2** 小頭. 《(1863) ← NL ～ ← Gk *mikroképhalos* small-headed: ⇨ micro-, -cephalous》

mi·cro·ceph·a·ly /màɪkrouséfəli | -krə(u)séf-, -kéf-/ *n.* **1** 〔人類学〕小頭 (↔ macrocephaly). **2** 〔病理〕小頭(症). 《(1863) ← NL *microcephalia* ← Gk *mikroképhalos*: ⇨ ↑, -y¹》

mi·cro·chae·ta /màɪkroukí:tə | -rə(u)kí:tə/ *n.* (*pl.* **-chae·tae** /-ti:/) 〔昆虫〕微刺毛《主として双翅目の体上に生じる微小刺毛; cf. macrochaeta》. 《← NL ～: ⇨ micro-, -chaeta》

mícro·chèck *n.* 〔服飾〕マイクロチェック《ごく小さなチェック模様》.

mìcro·chémistry *n.* 顕微化学, 微量化学. **mìcro·chémical** *adj.* 《(1890) ← MICRO-＋CHEMISTRY》

mícro·chip /máɪkrətʃɪp, -krou- | -krə(u)-/ *n.* 〔電子工学〕極微薄片, マイクロチップ《電子回路構成要素となる微小な機能回路》. 《(1974) ← MICRO-＋CHIP》

Mic·ro·chi·rop·ter·a /màɪkroukaɪɑ́(:)ptərə, -trə | -krəukaɪɔ́p-/ *n. pl.* 〔動物〕小翼手亜目《翼手目の一亜目で, フルーツコウモリ, オオコウモリを除くすべてのコウモリを含む》. 《⇨ micro-, Chiroptera》

mìcro·chronómeter *n.* **1** 秒時計. **2** ＝chronoscope.

mícro·cìrcuit *n.* 〔電子工学〕(コンピューター用の)超小型回路. 《(1959) ← MICRO-＋CIRCUIT》

mícro·cìrcuitry *n.* 〔電子工学〕 **1** ＝integrated circuitry. **2** [集合的] ミクロ回路.

mìcro·circulátion *n.* 〔生理〕微小循環《細動脈, 毛細血管, 細静脈内での血液循環》. **mìcro·círculatory** *adj.* 《(1959) ← MICRO-＋CIRCULATION》

mícro·clìmate *n.* 〔気象〕微気候《小規模の地形や地物の影響による気候; ↔ macroclimate》. **mìcro·climátic** *adj.* **mìcro·climátically** *adv.* 《(1925) ← MICRO-＋CLIMATE》

mìcro·climatólogy *n.* 微気候学《微気候 (microclimate) を研究対象とする学問》. **mìcro·climatológical** *adj.* **mìcro·climatólogist** *n.* 《(1934) ← MICRO-＋CLIMATOLOGY》

mi·cro·cline /máɪkrouklàɪn | -krə(u)-/ *n.* 〔鉱物〕マイクロクリン, 微斜長石 ($KAlSi_3O_8$). 《(1849) □ G *Mikroklin* ← MICRO-＋-*klin* (← Gk *klínein* to incline): ⇨ lean¹》

mi·cro·coc·cus /màɪkroukɑ́kəs | -krə(u)kɔ́k-/ *n.* (*pl.* **-coc·ci** /-kɑ́(:)k(s)aɪ | -kɔ́k-/) 〔細菌〕ミクロコックス, 小球菌 (*Micrococcus* 属の微生物). **mi·cro·cóc·cal** /-kɑ́(:)kəl, -kl | -kɔ́k-⁻/ *adj.* 《(1870) ← NL ～: ⇨ micro-, -coccus》

mícro·còde *n.* 〔電算〕マイクロコード《マイクロプログラミング (microprogramming) に用いるコード》.

mìcro·compúter *n.* マイクロコンピューター, マイコン《1 個ないし数個の集積回路で構成されているような超小型のコンピューター》. 《(1971) ← MICRO-＋COMPUTER》

mìcro·constítuent *n.* (金属・合金の)微視的成分. 《(1901) ← MICRO-＋CONSTITUENT》

mìcro·cóntinent *n.* 〔地学〕(大陸移動によって大陸から離れたと考えられる)大陸型小岩盤. 《1965》

mícro·còpy *n.* マイクロコピー, 縮小複写《新聞・書物などのページを microfilm できわめて小さくした縮小複写》. — *vt.* …の縮小複写をする. — *vi.* マイクロコピー[縮小複写]を作る. 《(1934) ← MICRO-＋COPY》

mìcro·córneal léns *n.* 〔眼科〕(角膜だけを覆う)小型コンタクトレンズ (cf. haptic lens).

mi·cro·cosm /máɪkrəkɑ̀(:)zm | -krə(u)kɔ̀zm/ *n.* **1** 小宇宙 (↔ macrocosm). **2 a** 縮図. **b** 宇宙の縮図としての人間. **3** 小世界《世界を縮小代表する社会・階級・町村など》. **4** 〔生態〕微小生態系. ***in micrócosm*** 小規模に: A school is society *in* ～. 学校は社会の縮図のようなものだ. 《(?*c*1200) □ (O)F *microcosme* // ML *mīcrocosmus* □ LGk *mikròs kósmos* little world: ⇨ micro-, cosmos; cf. macrocosm》

mi·cro·cos·mic /màɪkrəkɑ́(:)zmɪk | -krə(u)kɔ́z-⁻/ *adj.* 小宇宙の; 小世界の; 縮図のような. **mi·cro·cós·mi·cal·ly** /-kəli, -kli/ *adv.* 《(1816) ← NL

microcosmicus: ⇨ micro-, cosmic〗
mícrocosmic sált *n.* 〖化学〗燐(りん)塩 ($NaNH_4HPO_4·4H_2O$)《溶球反応に用いられる》. 〖《1783》《なぞり》← NL *sal microcosmicus*〗
mícro·còulomb *n.* 〖電気〗マイクロクーロン《電気量の単位; 100 万分の 1 クーロン; 記号 μC》. 〖《1892》← MICRO-＋COULOMB〗
mícro·cràter *n.* (月面などの)極微噴火口. 〖《1965》← MICRO-＋CRATER〗
mícro·crỳstal *n.* 〖鉱物〗微小結晶《顕微鏡を使ってようやく見分けられる程度の結晶》. 〖《1886》← MICRO-＋CRYSTAL〗
mìcro·crýstalline *adj.* 〖岩石〗〈火山岩など〉微晶質の《肉眼では見分けられないが, 顕微鏡下では識別できる大きさの結晶についていう; cf. cryptocrystalline, phanerocrystalline》. 〖《1876》← MICRO-＋CRYSTALLINE〗
mícrocrystalline wáx *n.* 〖化学〗ミクロ(クリスタリン)ワックス, 微晶蠟《石油から精製される微結晶状のパラフィン蠟(ろう); たばこ・石鹸などの包装紙・接着剤などに用いる; cf. petroleum wax》. 〖1943〗
mìcro·crystallínity *n.* 〖鉱物〗微少結晶度. 〖《1946》: ⇨ microcrystalline, -ity〗
mícro·cùlture *n.* **1** 〖文化人類学〗 **a** 狭域文化圏《住民が独自の文化・生活様式をもっていると考えられる一国内の狭い地域》. **b** 狭域文化. **2** 〖生物〗極微有機体培養. **mìcro·cúltural** *adj.* 〖《1892》← MICRO-＋CULTURE〗
mícro·cùrie *n.* 〖物理〗マイクロキュリー《放射性をもつ物質の量を表す単位; 100 万分の 1 キュリー; 記号 μCi》. 〖《1911》← MICRO-＋CURIE〗
mi·cro·cyte /máɪkrəsàɪt | -krə(ʊ)-/ *n.* **1** 〖生物〗微小細胞, 微小体. **2** 〖病理〗小赤血球. **mì·cro·cýt·ic** *adj.* 〖《1876》← MICRO-＋-CYTE〗
mícro·densitómeter *n.* 〖写真〗微小濃度計《現像したフィルム・乾板などの微小な部分の濃度を計る》. **mìcro·densitométric** *adj.* **mìcro·densitómetry** *n.* 〖《1935》← MICRO-＋DENSITOMETER〗
mícro·detèction *n.* 〖化学〗微量測定.
M **mícro·detèctor** *n.* 微量[動]測定器.
mìcro·disséction *n.* 顕微解剖. 〖《1915》← MICRO-＋DISSECTION〗
mìcro·distillátion *n.* 〖化学〗微量分留《10 ml 以下の液体の分留》.
mìcro·distribútion *n.* 〖生態〗狭域内定率分布《微小な生息区域内における一種(以上)の微生物の正確な分布(状態); cf. microhabitat》. 〖《1964》← MICRO-＋DISTRIBUTION〗
mi·cro·dont /máɪkrədɑ̀(ː)nt | -krə(ʊ)dɔ̀nt/ *adj.* 〖病理〗矮小歯のある. ― *n.* 矮小歯. 〖《1884》← MICRO-＋-ODONT〗
mi·cro·don·ti·a /màɪkrədɑ́(ː)nʃiə, -ʃə | -krə(ʊ)dɔ́n-/ *n.* 〖病理〗矮小歯, 歯牙矮小. 〖← NL ～: ⇨ microdont, -ia¹〗
mí·cro·dònt·ism /-tɪzm/ *n.* 〖病理〗＝microdontia.
mi·cro·dont·ous /màɪkrədɑ́(ː)ntəs | -krə(ʊ)dɔ́nt-/ *adj.* 〖病理〗＝microdont.
mícro·dòt *n.* **1** (手紙・本・文書などの)極小マイクロ写真. **2** 〖薬学〗(濃縮された LSD のカプセル入り)超小形丸薬[錠剤]. 〖《1946》← MICRO-＋DOT¹〗
mícro·dỳne *n.* 〖物理〗マイクロダイン《力の単位; 100 万分の 1 ダイン; 記号 μdyn》. 〖← MICRO-＋DYNE〗
mìcro·èarthquake *n.* 〖地震〗微小地震《リヒタースケール (Richter scale) 2.5 未満の地震》. 〖《1967》← MICRO-＋EARTHQUAKE〗
mìcro·ecólogy *n.* 〖生物・生態〗ミクロ[狭域]生態学. **mìcro·ecológical** *adj.* 〖《1963》← MICRO-＋ECOLOGY〗
mìcro·económics *n.* ミクロ[微視的]経済学《個々の経済主体(企業や家計)の経済行動の分析をもとに, 資源と所得の配分の仕組みを説明する; ↔ macroeconomics》. **mìcro·económic** *adj.* 〖《1948》← MICRO-＋ECONOMICS〗
mìcro·eléctrode *n.* **1** 〖物理・化学〗微小電極《アマルガム滴下電極・回転白金電極・水銀滴下電極など各種ある》. **2** 〖生物〗ミクロ電極, 微小電極《生物の細胞・組織内に挿し込んだ超小型の電極》. 〖《1917》← MICRO-＋ELECTRODE〗
mìcro·electrónic *adj.* ミクロ電子工学の. **mì·cro·electrónically** *adv.* 〖《1960》: ⇨ microelectronics, -ic¹〗
mì·cro·electrónics *n.* マイクロエレクトロニクス, マイクロ電子工学《電子回路の集積技術などを取り扱う電子工学の一分野》. 〖《1960》← MICRO-＋ELECTRONICS〗
mìcro·electrophorésis *n.* 〖化学〗(顕微鏡観察による)微量電気泳動. **mìcro·electrophorétic** *adj.* **mìcro·electrophorétical** *adj.* **mìcro·electrophorétically** *adv.* 〖《1959》← MICRO-＋ELECTROPHORESIS〗
mìcro·élement *n.* 〖生化学〗微量元素 (⇨ trace element). 〖《1936》← MICRO-＋ELEMENT〗
mìcro·encápsulate *vt.* 〖薬学〗極小[マイクロ]カプセルに包みこむ. 〖《1967》← MICRO-＋ENCAPSULATE〗
mìcro·encapsulátion *n.* 〖薬学〗薬物をマイクロカプセルに詰めること. 〖《1961》← MICRO-＋ENCAPSULATION〗
mìcro·envíronment *n.* 〖生態〗＝microhabitat. **mìcro·environméntal** *adj.* 〖《1954》← MICRO-＋ENVIRONMENT〗
mìcro·evolútion *n.* 〖生物〗小進化《種や種内の進化で, 遺伝子の突然変異や組み換えなどで起こる進化; cf. macroevolution》. 〖《1940》← MICRO-＋EVOLUTION〗
mícro·fàrad *n.* 〖電気〗マイクロファラッド《静電容量の単位; 100 万分の 1 ファラッド; 記号 μF》. 〖《1873》← MICRO-＋FARAD〗
mìcro·fáuna *n.* 〖集合的〗〖生態・動物〗(cf. microflora) **1** (小地域または時代の)動物(群); 小地域動物(分布)相, 小地域動物区系; (ある小区系の)動物誌. **2** (肉眼では見えない)微小動物(類). 〖《1902》← MICRO-＋FAUNA〗 **mìcro·fáunal** *adj.* 〖《1935》: ⇨ ↑, -al¹〗
mícro·fìber *n.* マイクロファイバー《直径数ミクロン程度の超極細合成繊維; 1 本 1 denier 以下》.
mìcro·fíbril *n.* 〖生物〗超微小繊維《超顕微鏡的な微小繊維; 特に植物細胞壁セルロースの繊維束中の一つ; cf. fibril》. **mìcro·fíbrillar** *adj.* 〖《1938》← MICRO-＋FIBRIL〗
mi·cro·fiche /máɪkroʊfìːʃ, -fɪʃ | -krə(ʊ)-/ *n.* (*pl.* ～, ～s) 〖写真〗マイクロフィッシュ《書籍などのページの多数のマイクロ複写を一シートに収め保存に適する形にしたシート状フィルム》. 〖《1950》← MICRO-＋F *fiche* small card〗
mìcro·fílament *n.* 〖生物〗(細胞内の)微細繊維, マイクロフィラメント. 〖1963〗
mìcro·filária *n.* 〖動物〗ミクロフィラリア《フィラリアの幼虫》. **mìcro·filárial** *adj.* 〖《1878》← MICRO-＋*filaria* (← *filum* thread)〗
mi·cro·film /máɪkrəfɪlm | -krə(ʊ)-/ *n.* **1** マイクロフィルム, 縮小写真フィルム《書籍・新聞などの縮小複写用フィルムで普通の映画フィルム大かまたはそれより幅の狭いもの; cf. bibliofilm》. **2** マイクロフィルムへ複写したもの. ― *vt.*, *vi.* マイクロフィルムに写す. **～·a·ble** /-məbl/ *adj.* **～er** *n.* 〖《1927》← MICRO-＋FILM〗
mícrofilm plòtter *n.* 〖電算〗マイクロフィルムプロッター《作図の出力を紙でなくフィルムにする》.
mìcro·fíne *adj.* **1** 〈粉末など〉超微粒の, 細かい. **2** 〈計器など〉非情に正確な, 超精度の.
mìcro·flóra *n.* (*pl.* ～s, ～e) 〖集合的〗〖生態・植物〗(cf. microfauna) **1** (一小区域または時代の)植物(群); 小地域植物(分布)相, 小地域植物区系; (ある小区系の)植物誌. **2** 微小植物(類). **mìcro·flóral** *adj.* 〖《1932》← MICRO-＋FLORA〗
mícro·fòrm *n.* **1** ＝microcopy. **2** マイクロ複写印刷物. ― *vt.* マイクロフィルムに複写する. 〖《1960》← MICRO-＋FORM〗
mìcro·fóssil *n.* 〖古生物〗(顕微鏡でしか観察されないような)微小化石《有孔虫・放散虫・コッコリス・花粉など微小動植物の化石; cf. macrofossil》. 〖《1924》← MICRO-＋FOSSIL〗
mìcro·fúngus *n.* 〖植物〗極微菌, ミクロ菌. **mì·cro·fúngal** *adj.* 〖《1874》← MICRO-＋FUNGUS〗
mìcro·gámete *n.* 〖生物〗小配偶子, 雄性配偶子 (male gamete) (↔ macrogamete). 〖《1891》← MICRO-＋GAMETE〗
mìcro·gamétocyte *n.* 〖生物〗小[雄性]配偶子母細胞. 〖《1905》← MICRO-＋GAMETOCYTE〗
mìcro·gamétophyte *n.* 〖植物〗小配偶子体 (cf. megagametophyte). 〖《1907》← MICRO-＋GAMETOPHYTE〗
mi·crog·a·my /maɪkrɑ́(ː)gəmi | -krɔ́g-/ *n.* 〖生物〗微小接合《原生動物や藻類に見られる小さな配偶子の接合》. 〖← MICRO-＋-GAMY〗
mícro·gàuss *n.* 〖電気〗マイクロガウス《磁場の強さの電磁単位; 100 万分の 1 ガウス》.
mi·crog·li·a /maɪkrɑ́(ː)gliə | -krɔ́g-/ *n.* 〖解剖〗小グリア細胞, 小(神経)膠(こう)細胞. 〖← MICRO-＋Gk *glía* glue〗
mícro·gràm¹ *n.* (*also* **mícro·gràmme**) ミクログラム, マイクログラム《100 万分の 1 グラム; 記号 μg》. 〖《1890》: ⇨ micro-, gram〗
mícro·gràm² *n.* 顕微鏡写真 (micrograph).
mícro·gránite *n.* 〖地学〗マイクロ花崗岩《顕微鏡下でのみ結晶質として識別できる花崗岩》. 〖1888〗
mi·cro·graph /máɪkrəgræ̀f | -krə(ʊ)gràːf, -græ̀f/ *n.* **1** 細書[毛彫り]用具《パントグラフなど》. **2** 顕微鏡写真, 顕微鏡図 (↔ macrograph). **3** 微動拡大測定器. ― *vt.* …の顕微鏡写真を作る. **mì·cro·gráph·ic** /màɪkrəgræ̀fɪk | -krə(ʊ)-ˈ/ *adj.* **mì·cro·gráph·i·cal·ly** *adv.* 〖《1874》← MICRO-＋-GRAPH〗
mi·crόg·ra·pher *n.* 顕微鏡図作成者.
mi·cro·gráph·ics /màɪkrəgræ̀fɪks | -krə(ʊ)-/ *n. pl.* 〖単数扱い〗マイクログラフィックス《microform を用いた微小縮刷(業)》. 〖1968〗
mi·crog·ra·phy /maɪkrɑ́(ː)grəfi | -krɔ́-/ *n.* **1** 顕微鏡による記述, 顕微鏡製図. **2** 顕微鏡検査, 顕微鏡による研究 (cf. macrography). **3** 細書術. 〖《1658》← MICRO-＋GRAPH＋-Y¹〗
mìcro·gràvity *n.* 〖物理〗微[無]重力状態《宇宙船の飛行士が軌道を旋回中に経験するようなほとんど無重力に近い状態》. 〖1974〗
mícro·gròove *n.* **1** LP 用の微細溝《幅は従来の 78 回転レコードの溝の ¹/₃; 33 ¹/₃–45 回転》. **2** 微細溝の長時間用レコード. ― *adj.* 〈レコードが〉微細溝の. 〖《1948》← MICRO-＋GROOVE〗
mìcro·hábitat *n.* 〖生態〗(ある小動物の繁殖・生息するための, 一定の)小生息区, 小繁殖圏《腐朽した(木の)切株・(植物の)根圏 (rhizosphere)・糞塊など; cf. microdistribution》. 〖《1933》← MICRO-＋HABITAT〗
mìcro·hárdness *n.* 〖冶金〗微小硬度. 〖《1921》← MICRO-＋HARDNESS〗
mícro·hènry *n.* 〖電気〗マイクロヘンリー《インダクタンスの単位; 100 万分の 1 ヘンリー; 記号 μH》. 〖《1909》← MICRO-＋HENRY〗
mi·crohm /máɪkròʊm | -kràʊm/ *n.* 〖電気〗マイクロオーム《抵抗の単位; 100 万分の 1 オーム; 記号 μΩ》. 〖《1868》← MICRO-＋OHM〗
mi·cro·hy·lid /màɪkroʊháɪlɪ̀d | -krə(ʊ)háɪlɪd/ *adj.*, *n.* 〖動物〗ヒメアマガエル科の(カエル). 〖← NL *Microhylidae* (↓)〗
Mi·cro·hy·li·dae /màɪkroʊháɪlədìː | -krə(ʊ)háɪlɪ-/ *n. pl.* 〖動物〗ヒメアマガエル科. 〖← NL ～ ← *Microhyla* (属名: ← MICRO-＋*Hyla* (⇨ hyla))＋-IDAE〗
mícro·ìmage *n.* (マイクロフィルムなどで写した)極小図[写真].
mícro·ìnch *n.* マイクロインチ《長さの単位; 100 万分の 1 インチ; 記号 μin》. 〖《1941》← MICRO-＋INCH〗
mìcro·injéction *n.* (顕微鏡下で行う細胞などへの)顕微注射. 〖《1921》← MICRO-＋INJECTION〗
mìcro·instrúction *n.* 〖電算〗マイクロ命令《マイクロプログラミング (microprogramming) の命令》.
mícro·kèrnel *n.* 〖電算〗マイクロカーネル《kernel の個々の基本機能をになうモジュール; kernel を microkernel で構成することにより, 柔軟な設計ができる》.
mícro·làmbert *n.* 〖光学〗マイクロランベルト《輝度の単位; 100 万分の 1 ランベルト》. 〖《1959》← MICRO-＋LAMBERT〗
mìcro·lécithal *adj.* 〖発生〗微卵黄の.
mícro·lèns *n.* 〖写真〗マイクロレンズ《微小画像を記録するための高解像力のレンズ》. 〖《1964》← MICRO-＋LENS〗
Mìcro·lepidóptera *n. pl.* 〖昆虫〗小蛾類《メイガ上科, ハマキガ上科, キバガ上科など小形の蛾類の総称; 多分に概念的で, 分類学的根拠に乏しい; cf. Macrolepidoptera》. **mìcro·lepidópterous** *adj.* 〖《1852》: ⇨ micro-, Lepidoptera〗
mícro·lìght *n.* 〖航空〗超軽量飛行機《重量 150 キロ以下; 翼面積は少なくとも 10 平方メートル; 1 人または 2 人乗りで, 遊覧・競技飛行用》. 〖《1984》: ⇨ LIGHT²〗
mìcro·linguístics *n.* 〖言語〗小言語学《狭義の言語学で, 言語学本来の分野をいう; cf. macrolinguistics》. 〖《1949》← MICRO-＋LINGUISTICS〗
mi·cro·lite /máɪkrəlàɪt | -krə(ʊ)-/ *n.* 〖鉱物〗 **1** 微晶. **2** マイクロライト, 微晶石 ($(Na, Ca)_2Ta_2O_6(O, OH, F)$). 〖《1939》← MICRO-＋-LITE〗
mícro·lìter *n.* ミクロリットル《容量の単位; 100 万分の 1 リットル; 記号 μl》.
mi·cro·lith /máɪkrəlìθ | -krə(ʊ)-/ *n.* **1** 〖鉱物〗＝microlite 1. **2** 〖考古〗マイクロリス, 細石器《中石器時代から新石器時代初頭に多く見られる小形の石器; 取っ手部分はしばしば骨ないし木製》. **3** 〖医学〗小結石. 〖《1879》← MICRO-＋-LITH〗
mi·cro·lith·ic /màɪkrəlíθɪk | -krə(ʊ)-ˈ/ *adj.* **1** 小石を集めて作った (↔ megalithic). **2** 〖考古〗細石器(様)の; 細石器(時代)人の. 〖《1872》: ⇨ ↑, -ic¹〗
mi·crol·o·gy /maɪkrɑ́(ː)lədʒi | -krɔ́l-/ *n.* **1** 微細な点や差異にこだわりすぎること (hairsplitting). **2** 微物研究. 〖《1849》← MICRO-＋-LOGY〗〖《1656》◻ Gk *mīkrología* pettiness: ⇨ micro-, -logy〗
mícro·lùx *n.* 〖光学〗マイクロルックス《照度の単位; 100 万分の 1 ルックス》. 〖← MICRO-＋LUX〗
mìcro·machíning *n.* ミクロ機械加工《集積回路の部品など極小部品の機械加工》. 〖《1960》: ⇨ micro-, machine, -ing¹〗
mìcro·mánage *vt.* 《米》細かいところまで目を配って管理[監督]する. **mìcro·mánagement** *n.* 〖《1976》《逆成》← *micromanagement*〗
mìcro·manipulátion *n.* 〖生物〗顕微操作, 顕微手術, 顕微解剖《顕微鏡下で観察しながら解剖・注射などを行う操作》. 〖《1921》← MICRO-＋MANIPULATION〗
mi·cro·mere /máɪkroʊmɪ̀ə | -krə(ʊ)mɪ̀ə^(r)/ *n.* 〖生物〗小割球《受精卵が不等卵割をした場合の小形の割球をいう; cf. macromere, blastomere》. 〖《1877》← MICRO-＋-MERE〗
mi·cro·me·rit·ics /màɪkroʊmərɪ́tɪks | -krə(ʊ)mɪ̀-rɪ́t-/ *n.* 粉体工学. 〖← MICRO-＋?MERO-¹＋?-ITE¹＋-ICS〗
mícro·mèsh *adj.* 〈ストッキングなど〉網目の非常に細かい, 極微メッシュの. 〖《1959》← MICRO-＋MESH〗
mìcro·méteorite *n.* 〖天文〗 **1** 微小隕石(いんせき)《大気圏通過中摩擦熱の少ないもの》. **2** ＝micrometeoroid. **mìcro·meteorític** *adj.* 〖《1949》← MICRO-＋METEORITE〗
mìcro·meteórogram *n.* 小型気象自記器による記録.
mìcro·meteórograph *n.* (飛行機に搭載できる)小型気象自記器.
mìcro·méteoroid *n.* 〖天文〗(砂粒ほどの)ミクロ流星体, 流星塵《micrometeorite ともいう》. 〖《1954》← MICRO-＋METEOROID〗
mìcro·meteorológical *adj.* 微気象学の. 〖《1942》: ⇨ ↓, -ical〗
mìcro·meteorólogy *n.* 微気象学《大気の最下層の小規模気象を研究する学問; cf. macrometeorology, mesometeorology, macroclimatology, microclimatology》. **mìcro·meteorólogist** *n.* 〖《1930》← MICRO-＋METEOROLOGY〗
mi·crom·e·ter¹ /maɪkrɑ́(ː)mətə | -krɔ́mɪ̀tə^(r)/ *n.* **1** (顕微鏡や望遠鏡に取り付けた)測微計, 測微尺, マイクロメーター. **2** 〖機械〗＝micrometer caliper. 〖《1670》◻ F *micromètre* ← MICRO-＋-*mètre* '-METER¹'〗

micro·mèter², (英) **micro·mètre** *n.* マイクロメートル, ミクロン《100 万分の 1 m; 記号 μm; micron ともいう》. 〖(1880) ← MICRO-＋METER¹〗

micrómeter cáliper *n.* 〖機械〗測微カリパス《micrometer screw により針金・金属板などの厚さを精密に計る器具》.

micrómeter drùm *n.* (六分儀についている)ドラム型副尺《角度を 1/4 分まで読み取るためのもの》.

micrómeter éyepiece *n.* 〖光学〗測微接眼レンズ《視野内に目盛細線が置かれ, 物体の大きさを精密に測定できるようにした顕微鏡・望遠鏡の接眼レンズ》. 〖1835〗

micrómeter micróscope *n.* 測微顕微鏡《測微接眼レンズ (micrometer eyepiece) を備えた顕微鏡》. 〖1849〗

micrómeter scrèw *n.* 〖機械〗測微ねじ. 〖1788〗

micro·mèthod *n.* 〖物理・化学〗測微法《顕微鏡を用いる, または極めて小量のものを対象とする計測法》. 〖(1920) ← MICRO-＋METHOD〗

mìcro·mét·ric /-métrɪk⁻/ *adj.* =micrometrical. 〖1835〗

mic·ro·met·ri·cal /màɪkrəmétrɪ̀kəl, -kḷ | -krə(ʊ)-métrɪ-⁻/ *adj.* 測微計[マイクロメーター]の. 〖(1712): ⇨ micrometer¹, -ical〗

mi·crom·e·try /maɪkrɑ́(ː)mətri | -krɔ́mɪ̀tri/ *n.* 測微法[術]《micrometer を用いて行う計測法》. 〖(1853): ⇨ micrometer¹, -y¹〗

mícro·mhò *n.* 〖電気〗マイクロモー《コンダクタンスの単位の旧称; 100 万分の 1 モー; 記号 μ℧, 現在は microsiemens》. 〖(1919) ← MICRO-＋MHO〗

mìcro·mícro- =pico-.

mìcro·mícrocurie *n.* 〖物理〗マイクロマイクロキューリー《放射性物質の量の単位; 100 万分の 1 マイクロキューリー; 記号 μμCi》. 〖(1961) ← MICRO-＋MICROCURIE〗

mìcro·mícrofarad *n.* 〖電気〗マイクロマイクロファラッド《静電容量の単位; 1 兆分の 1 ファラッド; 記号 μμF; picofarad の俗称》. 〖(1909) ← MICRO-＋MICROFARAD〗

mìcro·mícron *n.* ミクロミクロン《100 万分の 1 ミクロン; 記号 μμ》.

mìcro·mílli- =nano-.

mìcro·míllimeter *n.* 100 万分の 1 mm (millimicron) (記号 μmm). 〖(1884) ← MICRO-＋MILLIMETER〗

mìcro·miniature *adj.* **1** 超小型化した. **2** = microminiaturized. 〖(1958) ← MICRO-＋MINIATURE〗

mìcro·miniaturizátion *n.* 超小型化, 微小化. 〖(1955): ⇨ micro-, miniaturization〗

mìcro·míniaturize *vt.* 〈電子回路などを〉超小型化する (subminiaturize). 〖(1959): ⇨ microminiature, -ize〗

mìcro·míniaturized *adj.* 超小型[微小]化した. 〖(1959): ↑〗

mìcro·módule *n.* マイクロモジュール《超小型の電子回路の単位》. 〖(1959) ← MICRO-＋MODULE〗

mícro·mòle *n.* 〖化学〗ミクロモル《100 万分の 1 モル; cf. mole⁴》. **mìcro·mólar** *adj.*

mìcro·morphólogy *n.* **1** =microstructure. **2** 〖生物〗微量形態学《特に電子顕微鏡を用いるもの》. **mìcro·morphológic** *adj.* **mìcro·morphológical** *adj.* **mìcro·morphológically** *adv.*

mícro·mòtion *n.* 微細動作(分析)《唯一最善の作業方法を目的に案出された時間・動作研究の一方法; 高速度映画撮影機と測時装置とを用いて作業動作をその最小単位で分析するもの; cf. therblig 1》. 〖(1913) ← MICRO-＋MOTION〗

mi·cron /máɪkrɑ(ː)n | -krɒn, -krən/ *n.* (*pl.* **~s, mi·cra** /-krə/) **1** ミクロン《100 万分の 1 m; 記号 μ; 現在の SI 単位系では 1 μm》. **2** 〖物理化学〗(直径 0.2–10 μ 間の)膠(こう)状微粒子. 〖(1880) (1885) ← NL ～ ← Gk *mīkrón* (neut.) ← *mīkrós*: ⇨ micro-〗

mícro·nèedle *n.* 〖生物〗顕微針. 〖(1921) ← MICRO-＋NEEDLE〗

mi·cro·ne·mous /màɪkrəníːməs | -krə(ʊ)-⁻/ *adj.* 〖生物〗短糸のある小繊維をもつ. 〖← MICRO-＋Gk *nêma* thread＋-OUS〗

Mi·cro·ne·sia /màɪkrəníːʒə, -ʃə | -ʒə, -ziə, -siə/ *n.* **1** ミクロネシア《Oceania の一区分; 赤道の北方, 東経 130°–180° の太平洋上にある小島群; Mariana, Caroline, Marshall, Gilbert 諸群島を含む; cf. Melanesia, Polynesia》. **2** ミクロネシア連邦《ミクロネシア Caroline 諸島の 607 の島々からなる国; cf. Yap, Truk, Pohnpei; もと米国の信託統治領で, のち同国と自由連合協定を結び 1991 年独立; 首都 Palikir; 公式名 Federated States of Micronesia; 略 FSM》. 〖(1847): ← MICRO-＋Gk *nêsos* island＋-IA¹〗

Mi·cro·ne·sian /màɪkrəníːʒən, -ʃən | -ʒən, -ziən, -siən⁻/ *adj.* **1** ミクロネシア(人)の. **2** ミクロネシア語(派)の. — *n.* **1** ミクロネシア人《ポリネシア人・メラネシア人・マライ人の混合人種》. **2** ミクロネシア語(派)《オーストロネシア語族 (Austronesian) の一派》. 〖⇨ ↑, -an¹〗

mi·cron·ize /máɪkrənàɪz/ *vt.* (直径数ミクロン程度の)微粉[微小体]にする. **mi·cro·ni·za·tion** /màɪkrənɪ̀zéɪʃən | -naɪ-, -nɪ-/ *n.* 〖(1940): ⇨ micron, -ize〗

mìcro·núclear *adj.* 〖動物〗微小核[副核]の (cf. micronucleus). 〖(1905) ← MICRO-＋UNCLEAR〗

mìcro·núcleate *adj.* 〖動物〗微小核[副核]のある.

mìcro·núcleus *n.* 〖動物〗微小核, 副核《繊毛虫類の細胞中にあって生殖に関係する核; cf. macronucleus》. 〖(1892) ← MICRO-＋NUCLEUS〗

mìcro·nútrient *n.* **1** 〖生化学〗微量養素 (⇨ trace element). **2** 〖生物〗微量栄養《ビタミンのように重要でしかも少量で足りる栄養; cf. macronutrient》. — *adj.* 〖生物〗微量栄養(含有)の. 〖(1943) ← MICRO-＋NUTRIENT〗

mi·cro·or·gan·ism /màɪkrouɔ́ːəgənɪzm | -krəʊɔ́ː-/ *n.* 〖生物〗微生物, 微小動植物《バクテリア・原生動物など; cf. macroorganism》. 〖(1880) ← MICRO-＋ORGANISM〗

mìcro·paleontólogist *n.* 微古生物学者. 〖(1928): ⇨ ↓, -ist〗

mìcro·paleontólogy *n.* 微古生物学. **mìcro·paleontológic** *adj.* **mìcro·paleontológical** *adj.* 〖(1883) ← MICRO-＋PALEONTOLOGY〗

mìcro·párasite *n.* 寄生微生物. **mìcro·parasític** *adj.* 〖(1884) ← MICRO-＋PARASITE〗

mìcro·párticle *n.* 極微粒子. 〖(1969) ← MICRO-＋PARTICLE〗

mìcro·pathólogy *n.* 顕微病理学《罹病した組織・細胞の変化を研究する》. 〖← MICRO-＋PATHOLOGY〗

mìcro·páyment *n.* 小額決済《通常の決済方法では引き合わない程の極めて小額の支払い》.

mi·cro·phage /máɪkrəfèɪʤ, -fɑ̀ːʒ | -krə(ʊ)-/ *n.* 〖解剖〗(血液・リンパ液中の)小食球, 小食細胞, (特に)多核白血球. 〖(1890) ← MICRO-＋-PHAGE〗

mi·croph·a·gous /maɪkrɑ́(ː)fəgəs | -krɔ́f-/ *adj.* 〖動物〗食微性の, 微細食性の《体よりかなり小さな餌を食べる》. 〖(1923) ← MICRO-＋-PHAGOUS〗

mi·cro·phone /máɪkrəfòʊn | -fəʊn/ *n.* マイクロホン, マイク, (放送・拡声装置・電話の)送話器 (transmitter) (cf. mike¹): a crystal ～ クリスタルマイクロホン / speak through [into] a ～ マイクで話す / ⇨ velocity microphone, condenser microphone. **mi·cro·phon·ic** /màɪkrəfɑ́(ː)nɪk | -fɔ́n-⁻/ *adj.* 〖(1683) ← MICRO-＋-PHONE〗

microphone bòom *n.* 〖テレビ〗マイクブーム《マイクロホンをつり下げる腕木》. 〖1931〗

microphónic nóise *n.* 〖電子工学〗=microphonics. 〖1930〗

mi·cro·phon·ics /màɪkrəfɑ́(ː)nɪks | -fɔ́n-/ *n.* 〖電子工学〗マイクロホニック雑音《真空管などの原因によるスピーカーの雑音》. 〖(1929) ← MICROPHONE＋-ICS〗

mi·cro·phon·ism /máɪkrəfòʊnɪzm | -krə(ʊ)-fəʊn-/ *n.* 〖電子工学〗=microphonics. 〖(1947) ← MICROPHONE＋ISM〗

mícro·phòt *n.* 〖光学〗マイクロフォト《照度の単位; 100 万分の 1 フォト》. 〖← MICRO-＋PHOT〗

mìcro·phótograph *n.* **1** マイクロ写真, 微小写真, (書籍・新聞などの)縮小複写《保存場所のスペースの節約を目的に文書の複写などに用いる》. **2** 〖俗用〗顕微鏡写真 (photomicrograph). — *vt.* …のマイクロ写真をとる. **mìcro·photógrapher** *n.* **mìcro·photográphic** *adj.* 〖(1858) ← MICRO-＋PHOTOGRAPH〗

mìcro·photógraphy *n.* マイクロ写真術. 〖1858〗

mìcro·photómeter *n.* 〖写真〗微小物測光器, マイクロフォトメーター《写真原板の微小部分の透過率を求める装置》. **mìcro·photométric** *adj.* **mìcro·photométrically** *adv.* 〖(1899) ← MICRO-＋PHOTOMETER〗

mìcro·photómetry *n.* 微小物測光《マイクロフォトメーターによる測定》. 〖(1937): ⇨ microphotometer, -y¹〗

mi·cro·phyll /máɪkrəfɪ̀l | -krə(ʊ)-/ *n.* 〖植物〗**1** 小葉. **2** 小成葉《ヒカゲノカズラ (clubmoss) の葉のように分枝のない単葉脈をもち葉隙の見えぬ葉; cf. microphyllous》. 〖← MICRO-＋-PHYLL〗

mi·cro·phyl·lous /màɪkrəfɪ́ləs | -krə(ʊ)-⁻/ *adj.* 〖植物〗**1** 小葉の, 葉の小さい. **2** 小成葉 (microphyll) の (cf. macrophyllous). 〖(1840) ← MICRO-＋-PHYLLOUS〗

mìcro·phýsical *adj.* ミクロ物理学(上)の. **mìcro·phýsically** *adv.* 〖(1902) ← MICRO-＋PHYSICAL〗

mìcro·phýsics *n.* 微視的物理学, ミクロ物理学《素粒子・原子・分子などを扱う物理学の一分野》. 〖(1885) ← MICRO-＋PHYSICS〗

mi·cro·phyte /máɪkrəfàɪt | -krə(ʊ)-/ *n.* 〖植物〗(通例寄生性の)微小植物; (特に)バクテリア (bacterium). **mi·cro·phyt·ic** /màɪkrəfɪ́tɪk | -krə(ʊ)fɪt-⁻/ *adj.* 〖(1863) ← MICRO-＋-PHYTE〗

mi·cro·pi·a /maɪkróʊpiə | -krə́ʊ-/ *n.* 〖眼科〗=micropsia.

mìcro·pipétte *n.* (*also* **mìcro·pipét**) **1** 〖化学〗ミクロピペット《微量物(質)を測定するための小型ピペット》. **2** (顕微注射 (microinjection) 用の)小型ピペット. 〖(1918) ← MICRO-＋PIPETTE〗

mìcro·plánkton *n.* (顕微鏡的)微小[小形]プランクトン; (特に)微細プランクトン (nannoplankton). 〖(1903) ← MICRO-＋PLANKTON〗

mìcro·populátion *n.* 〖生態〗**1** (ある特定の生息環境にすむ)微生物集団. **2** 狭域生物集団. 〖(1967) ← MICRO-＋POPULATION〗

mícro·pòre *n.* 微小孔. 〖(1884) ← MICRO-＋PORE〗

mìcro·porósity *n.* 〖冶金〗微小孔構造《金属鋳造の際ガス等の放出により生じる微妙な孔を伴う構造》. 〖(1939) ← MICRO-＋POROSITY〗

mìcro·pórous *adj.* 微小孔のある: chlorinated rubber of ～ structure 微小孔構造の塩化ゴム. 〖(1963) ← MICRO-＋POROUS〗

mícro·print *n.* マイクロプリント, 縮小写真印画《書籍・新聞などを縮写したもの; これを読むには特殊な拡大装置を用いる》. — *vt.* …のマイクロプリントを作製する. 〖(1933) ← MICRO-＋PRINT〗

mícro·prism *n.* 〖写真〗マイクロプリズム《焦点板 (focusing screen) 上にある微小プリズム; 焦点が合っていないと像がぼやける》. 〖1965〗

mícro·pròbe *n.* 〖物理〗ミクロ分析器《通例光学器械を組合わせたミクロ電子線利用の岩石・鉱物・ガラス・合金などの化学成分分析器》. 〖(1960) ← MICRO-＋PROBE〗

mi·cro·pro·ces·sor /máɪkrəprɑ̀(ː)sɛsə, -səsə | -krə(ʊ)prə̀ʊsɛsə^(r), -sɪs-/ *n.* 〖電算〗マイクロプロセッサー, マイクロ処理装置《1 個ないし数個の集積回路で構成されるような超小型コンピューターの処理装置》. 〖(1970) ← MICRO-＋PROCESSOR〗

mícro·prògram *n.* 〖電算〗マイクロプログラム《microprogramming に用いられるルーチン (routine 3)》. — *vt.* 〈コンピューター〉にマイクロプログラムを組み込む. 〖(1953) ← MICRO-＋PROGRAM〗

mícro·prògramming *n.* 〖電算〗マイクロプログラミング《コンピューターにおける基本命令をさらに基本的な動作に分解することによって, 基本命令をプログラムすること》. 〖(1953) ← MICRO-＋PROGRAMMING〗

mìcro·projèctor *n.* 〖光学〗微小物拡大映写機《顕微鏡像を映写して見られるようにした装置》. 〖(1932) ← MICRO-＋PROJECTOR〗

mìcro·propagátion *n.* 〖生物〗マイクロプロパゲーション, 微細繁殖《無菌容器内で植物を栄養繁殖する技術》. 〖1973〗

mìcro·própagate *vt., vi.*

mi·crop·si·a /maɪkrɑ́(ː)psiə | -krɔ́p-/ *n.* (*also* **mi·crop·sy** /máɪkrɑ(ː)psi | -krɒp-/) 〖病理〗小視症, 微視《物体が実際より小さく見える症状; micropia ともいう; cf. macropsia》. 〖(1899) ← NL ～: ⇨ micro-, -opsia〗

mi·crop·ter·ous /maɪkrɑ́(ː)ptərəs | -krɔ́p-/ *adj.* 〖動物〗小翅をもつ; 小さなひれをもつ. 〖(1826) ← MICRO-＋-PTEROUS〗

mi·crop·ter·y·gid /màɪkrɑ(ː)ptérəʤɪ̀d | -krɔ(ː)p-térɪʤɪd/ 〖昆虫〗*adj.* コバネガ(科)の. — *n.* コバネガ《コバネガ科のガの総称》. 〖← NL *Micropterygidae* (↓)〗

Mi·crop·te·ryg·i·dae /maɪkrɑ(ː)ptərɪ́ʤədìː | -krɔptərɪ́ʤɪ-/ *n. pl.* 〖昆虫〗(鱗翅目)コバネガ科. 〖← NL ～ ← *Micropterg-*, *Micropteryx* (属名: ⇨ micro-, ptero-): ⇨ -idae〗

mìcro·publicátion *n.* **1** マイクロフォーム (microform) 出版. **2** マイクロフォーム出版物.

mìcro·públish *vt.* マイクロフォームで出版する. **mìcro·públishing** *n.* **mìcro·públisher** *n.* 〖(1971) ← MICRO-＋PUBLISH〗

mìcro·pulsátion *n.* 〖地球物理〗(地球の磁場の)超短脈動《5 分の 1 秒ないし数百秒の脈動》. 〖(1949) ← MICRO-＋PULSATION〗

mìcro·púncture *n.* **1** 〖医学〗微小穿刺(せんし). **2** 〖病理〗(血管などの)微小破裂.

mi·cro·pyle /máɪkrəpàɪl | -krə(ʊ)-/ *n.* **1** 〖動物〗卵門, 受精孔. **2** 〖植物〗(胚珠(はいしゅ)の)珠孔. **mi·cro·py·lar** /màɪkrəpáɪlə | -krə(ʊ)páɪlə^(r)⁻/ *adj.* 〖(1821) □ F ～ ← MICRO-＋Gk *púlē* gate, orifice: ⇨ pylon〗

mìcro·pyrómeter *n.* 〖物理〗微温計《微小発光[発熱]体の検温器》.

mícro·quàke *n.* =microearthquake.

mìcro·rádiograph *n.* 微細 X 線写真. **mìcro·radiográphic** *adj.* **mìcro·radiógraphy** *n.*

mícro·rèader *n.* マイクロリーダー, マイクロフィルム拡大読取装置. 〖(1949) ← MICRO-＋READER〗

mìcro·reprodúction *n.* **1** マイクロ複製. **2** = microcopy. 〖(1938) ← MICRO-＋REPRODUCTION〗

micros. (略) microscopist; microscopy.

mícro·scàle *n.* 微小な規模[スケール]; (特に)〖化学〗微量分析 (microanalysis) のスケール.

on a microscale 微小な規模で; 〖化学〗微量分析のスケールで. (1931)

〖(1931) ← MICRO-＋SCALE〗

mi·cro·sclere /máɪkrəsklɪ̀ə | -sklɪə^(r)/ *n.* 〖動物〗微小骨片《同一種の海綿の骨片が大小 2 種から成る場合の小さ方の骨片; cf megasclere》. 〖(1887) ← MICRO-＋*sclere* (⇨ sclero-)〗

mi·cro·scope /máɪkrəskòʊp | -skəʊp/ *n.* **1** 顕微鏡: a binocular ～ 双眼顕微鏡 / ⇨ compound microscope / a reading ～ 読取顕微鏡. **2** [the M-] 〖天文〗けんびきょう(顕微鏡)座 (⇨ Microscopium). ***pùt* [*exàmine*] *ùnder the micróscope*** 詳細に分析[調査]する. 〖(1656) ← NL *microscopium*: ⇨ micro-, -scope〗

micróscope slìde *n.* 顕微鏡の載物ガラス[スライド(ガラス)]《単に slide ともいう》.

mi·cro·scop·ic /màɪkrəskɑ́(ː)pɪk | -skɔ́p-⁻/ *adj.* **1 a** 顕微鏡でしか見えない; 極微の, 微細な (cf. macroscopic 1): a ～ organism 顕微鏡的有機体, 微生物. **b** ごく小さい, 超小型の: a ～ pocketbook. **2** 顕微鏡の, 顕微鏡の使用による; 顕微鏡の作用をする; 顕微鏡的な: a ～ examination 顕微鏡検査, 検鏡 / the ～ eye 顕微鏡的な目 / make a ～ study of …を顕微鏡で研究する. **3** 〖物理〗微視的な《原子・分子ないし素粒子の世界に関している; cf. macroscopic 2》. **mì·cro·scóp·i·cal·ly** *adv.* 〖(1671) ← NL *microscopicus*: ⇨ ↑, -ic¹〗

mì·cro·scóp·i·cal /-pɪ̀kəl, -kḷ | -pɪ-⁻/ *adj.* (まれ) =microscopic.

M

mi·cros·co·pist /maɪkrɑ́(ː)skəpɪ̀st | -krɔ́skəpɪst/ *n.* 顕微鏡の(熟練)使用者. 〖(1835–6): ⇨ microscope, -ist〗

Mi·cro·sco·pi·um /màɪkrəskóupiəm | -krə(ʊ)-skə́ʊ-/ *n.* 〘天文〙けんびきょう(顕微鏡)座《南天の小星座で Capricorn の南にある; the Microscope ともいう》. 〖← NL *mīcroscopium*: ⇨ microscope〗

mi·cros·co·py /maɪkrɑ́(ː)skəpi | -krɔ́s-/ *n.* 〘医学・生物〙顕微鏡検査(法), 検鏡. 〖(1664–5) ← MICROSCOPE ＋-Y¹〗

mícro·sècond *n.* マイクロ秒, マイクロセカンド《時間の単位; 100 万分の 1 秒; 記号 μs》. 〖(1906) ← MICRO-＋SECOND²〗

mícro·sèction *n.* 検鏡用薄切片. 〖(1890) ← MICRO-＋SECTION〗

mícro·sègment *n.* 〘言語〙小分節《大分節 (macrosegment) をプラス連接 (plus juncture) のあるところで区切った時に得られる部分; cf. macrosegment》. 〖(1958) ← MICRO-＋SEGMENT〗

mi·cro·seism /máɪkrəsàɪzm, -sm | -krə(ʊ)sàɪzm/ *n.* 〘地球物理〙脈動《地震以外の原因による地殻の微弱な振動》. 〖(1887) ← MICRO-＋SEISM〗

mi·cro·seis·mic /màɪkrəsáɪzmɪk, -sáɪs- | -krə(ʊ)-sáɪz-⁻/ *adj.* 微弱な地殻脈動の. **mi·cro·séis·mi·cal** /-mɪ̀kəl, -kḷ | -mɪ-⁻/ *adj.* 〖(1877): ⇨ ↑, -ic¹〗

mìcro·séismograph *n.* =microseismometer. 〖1881〗

mìcro·seismómeter *n.* 脈動計.

mìcro·seismómetry *n.* 脈動測定法. 〖(1889): ⇨ microseism, -metry〗

mícro·shèet *n.* 〘写真〙=microfiche.

mícro·sìemens *n.* 〘電気〙マイクロジーメンス《コンダクタンスの単位; 100 万分の 1 ジーメンス; 記号 μS》. 〖← MICRO-＋SIEMENS〗

mícro·skìrt *n.* マイクロスカート, 超ミニスカート《ヒップが隠れる程度の短いスカート; cf. miniskirt》. 〖(1966) ← MICRO-＋SKIRT〗

mícro·slèep *n.* 〘生理〙マイクロ睡眠《覚醒時における短時間の睡眠》. 〖1945〗

mícro·slìde *n.* マイクロスライド, 極微スライド《顕微鏡で観察するため微小な被検体を載せるガラス板[プレパラート]》. 〖(1951) ← MICRO-＋SLIDE〗

Mi·cro·soft /máɪkrəsɔ̀(ː)ft, -kroʊ-, -sɑ̀(ː)ft | -krə(ʊ)-sɔ̀ft/ *n.* マイクロソフト(社)《米国のソフトウェア会社; MS-DOS, Windows 関係のソフトウェアを主力製品とする》.

Mícrosoft Wíndows *n.* 〘商標〙マイクロソフトウインドウズ《Microsoft 社製のソフトウェア; マルチウインド環境と GUI を備えた OS》.

mi·cro·some /máɪkrəsòʊm | -krə(ʊ)sə̀ʊm/ *n.* 〘生物〙**1** (細胞質内の)微粒体. **2** ミクロソーム《細胞を破壊して遠心機で分離した時に得られる小粒松; リボソーム, 小胞体の破片などより成る》. **mi·cro·som·al** /màɪkrəsóʊməl, -mḷ | -krə(ʊ)sə́ʊ-⁻/ *adj.* **mi·cro·só·mi·al** /-miəl⁻/ *adj.* **mi·cro·só·mic** /-mɪk⁻/ *adj.* 〖(1885) ← NL *microsōma*: ⇨ micro-, -some³〗

mìcro·spécies *n.* 〘生物〙微細種, 小種《小さな差異によって区別される種; cf. macrospecies》. 〖(1916) ← MICRO-＋SPECIES〗

mìcro·spectrophotómeter *n.* 〘光学〙微小分光光度計《一個の微結晶・細胞などの微小物体の分光特性を測定する光度計》. **mìcro·spectrophoto·métric** *adj.* **mìcro·spectrophotomét·rical** *adj.* **mìcro·spectrophotométri·cally** *adv.* **mìcro·spectrophotómetry** *n.* 〖(1951): ⇨ micro-, spectro-, photo-, meter〗

mìcro·spéctroscope *n.* 顕微分光器《顕微鏡と分光器を組合わせ, 微小物体の分光特性を測定する装置》.

mícro·sphère *n.* **1** 〘生物〙ミクロスフェア《有孔虫類の最初の非常に小さい殻》. **2** 極小球(体). **mìcro·sphérical** *adj.* 〖(1898) ← MICRO-＋SPHERE〗

mìcro·sporángium *n.* (*pl.* **-gia**) 〘植物〙小胞子嚢(のう) (cf. megasporangium). **mi·cro·spo·ran·gi·ate** /màɪkroʊspərǽndʒiɪ̀t | -krə(ʊ)-/ *adj.* 〖(1881) ← NL ～: ⇨ micro-, sporangium〗

mi·cro·spore /máɪkrəspɔ̀ə | -krə(ʊ)spɔ̀ː(r/ *n.* 〘植物〙小胞子; (顕花植物の)花粉粒. **mi·cro·spo·ric** /màɪkrəspɔ́ːrɪk | -krə(ʊ)-⁻/ *adj.* **mi·cro·spo·rous** /màɪkrəspɔ́ːrəs | màɪkrə(ʊ)-⁻/ *adj.* 〖(1856) ← MICRO-＋SPORE〗

Mi·cro·spo·rid·i·a /màɪkrəspɔːrídiə | -krə(ʊ)-spɔːríd-/ *n. pl.* 〘動物〙微胞子虫目. 〖← NL ～ ← MICRO-＋-*sporidia* (⇨ sporo-, -idia)〗

mi·cro·spo·rid·i·an /màɪkrəspərídiən | -krə(ʊ)-spərid-⁻/ *adj., n.* 〘動物〙微胞子虫目の(動物). 〖(1910): ⇨ ↑, -an¹〗

mi·cro·spo·ro·cyte /màɪkrəspɔ́ːrəsàɪt | -krə(ʊ)-/ *n.* 〘植物〙小胞子母細胞. 〖⇨ microspore, -cyte〗

mì·cro·spò·ro·génesis /màɪkrəspɔ̀ːroʊ- | -krə(ʊ)spɔ̀ːrə(ʊ)-/ *n.* 〘植物〙小胞子生殖[生成]. 〖← NL ～: ⇨ microspore, -genesis〗

mìcro·spórophyll *n.* 〘植物〙小胞子葉. 〖(1895) ← MICRO-＋SPOROPHYLL〗

mi·cro·stat /máɪkrəstæ̀t | -krə(ʊ)-/ *n.* 〘写真〙マイクロスタット《複写ネガから直接に作られるマイクロ写真のネガ》. 〖← MICRO-＋-STAT〗

mícro·stàte *n.* 〘政治〙ミクロ国家《国土が狭く人口も少なく資源に乏しい新興独立国; cf. ministate》. 〖(1962) ← MICRO-＋STATE〗

mìcro·stéthoscope *n.* 〘医学〙増幅聴診器.

mìcro·stómatous *adj.* 〘病理〙小口(症)の. 〖*c*1860〗

mi·cro·sto·mi·a /màɪkrəstóʊmiə | -krə(ʊ)stə́ʊ-/ *n.* 〘病理〙小口(症) (cf. macrostomia).

mi·cros·to·mous /maɪkrɑ́(ː)stəməs | -krɔ́s-⁻/ *adj.* 〘病理〙=microstomatous.

mícro·strèss *n.* 〘物理〙微小応力.

mícro·strùcture *n.* **1** 〘生物・解剖〙微小[微細]構造, ミクロ構造. **2** 〘冶金〙ミクロ組織, 顕微鏡組織《顕微鏡によって観察し得るような金属合金の結晶などの微細組織》. **mìcro·strúctural** *adj.* 〖(1885) ← MICRO-＋STRUCTURE〗

mi·cro·sty·lous /màɪkrəstáɪləs | -krə(ʊ)-⁻/ *adj.* 〘植物〙〈花が〉花柱の短い; (特に)花柱が短く花糸が長い (cf. macrostylous). 〖(1887) ← MICRO-＋-STYLOUS〗

mìcro·súrgery *n.* 〘医学〙顕微外科 マイクロサージャリー(処理)《顕微鏡下でレーザー光線・顕微操作器などを用いて行う手術: cf. micromanipulation, nanosurgery》. **mìcro·súrgical** *adj.* 〖(1927) ← MICRO-＋SURGERY〗

mícro·swìtch *n.* (自動制御装置の)高感度スイッチ, マイクロスイッチ. 〖(1958) ← MICRO-＋SWITCH〗

mícro·sỳstem *n.* 〘生物〙微生物(系). 〖(1940) ← MICRO-＋SYSTEM〗

mícro·tèaching *n.* 〘教育〙マイクロティーチング《教育実習生が数名の生徒を対象に 5–20 分の授業を実施するのをビデオテープに録画し, それをもとに実習生の批評・評価が行われる訓練方法; 1963 年に Stanford 大学で開発》.

mícro·tèchnic *n.* (*also* **mìcro·technìque**) マイクロ(操作)技術.《光学, 電子顕微鏡下で行う観察, 実験的操作》. 〖(1892) ← MICRO-＋TECHNIQUE〗

mìcro·technólogy *n.* マイクロ工学《マイクロ電子工学 (microelectronics) などを使う技術》.

mícro·téktite *n.* 〘海洋〙極微テクタイト《海底沈澱物中にある微細な宇宙塵 (cosmic dust) の一種; cf. tektite》. 〖(1967): ⇨ micro-, tektite〗

mícro·tèxt *n.* マイクロテキスト《マイクロフォーム (microform) によるテキスト》. 〖(1944) ← MICRO-＋TEXT〗

mi·cro·therm /máɪkrəθə̀ːm | -krə(ʊ)θə̀ːm/ *n.* 〘植物〙低温植物《生長に年間平均気温 0°–14°C を必要とする植物; cf. megatherm, mesotherm》. 〖(1875) ← MICRO-＋Gk *thérmē* heat〗

mi·cro·tome /máɪkrətòʊm | -tə̀ʊm/ *n.* ミクロトーム《顕微鏡用薄片切断器》. 〖(1856) ← MICRO-＋-TOME〗

mi·crot·o·my /maɪkrɑ́(ː)təmi | -krɔ́t-/ *n.* 〘医学〙顕微鏡用薄片切断術. **mi·cro·tom·ic** /màɪkrətɑ́(ː)mɪk | -tɔ́m-⁻/ *adj.* **mì·cro·tóm·i·cal** *adj.* **mi·crót·o·mist** /-mɪ̀st | -mɪst/ *n.* 〖⇨ ↑, -y¹〗

mícro·tòne *n.* 〘音楽〙微分音《半音よりも狭い音程; またその音; 4 分音, 6 分音など》. **mìcro·tonálity** *n.* **mìcro·tónal** *adj.* **mìcro·tónally** *adv.* 〖(1920) ← MICRO-＋TONE〗

mìcro·túbule *n.* 〘生物〙微小管《細胞で見られる直径 250 オングストロームの微小な管; 細胞の運動や形態の保持などに関係し繊毛・鞭毛(べんもう)・紡錘糸の構成成分でもある》. **mìcro·túbular** *adj.* 〖(1963) ← MICRO-＋TUBULE〗

mìcro·vásculàr *adj.* 〘解剖〙(毛細胞などのような)微小血管の[に関する]. **mìcro·vásculature** *n.* 〖(1959) ← MICRO-＋VASCULAR〗

mi·cro·vil·lus /màɪkroʊvíləs | -krə(ʊ)-/ *n.* (*pl.* **-li** /-laɪ/) 〘生物〙微絨毛, 細絨毛, 絨毛様突起《動物細胞の表面にある細胞質の細かい毛のような突起》. **mi·cro·vil·lar** /màɪkroʊvílə | -krə(ʊ)vílə(r⁻/ *adj.* **mi·cro·vil·lous** /màɪkroʊvíləs | -krə(ʊ)-⁻/ *adj.* 〖1966〗

mícro·vòlt *n.* 〘電気〙マイクロボルト《電圧の単位; 100 万分の 1 ボルト; 記号 μV》. 〖(1868) ← MICRO-＋VOLT〗

mícro·wàtt *n.* 〘電気〙マイクロワット《電力の単位; 100 万分の 1 ワット; 記号 μW》. 〖(1909) ← MICRO-＋WATT〗

micro·wàv·a·ble /-wèɪvəbḷ/ *adj.* =microwaveable.

micro·wave /máɪkrəwèɪv, -kroʊ- | -krə(ʊ)-/ *n.* 〘電気〙**1** マイクロ波《1 m–1 cm の電波; 以前は波長 10 m 以下のものをいった》. **2** 電子レンジ (microwave oven). — *adj.* マイクロ波の, マイクロウェーブの; 電子レンジの: ～ therapy. — *vt., vi.* 電子レンジで調理[加熱]する. 〖(1931) ← MICRO-＋WAVE〗

micro·wàve·a·ble /-wèɪvəbḷ/ *adj.* 電子レンジによる調理向きの. 〖(1982): ⇨ ↑, -ABLE〗

mícrowave bàckground *n.* 〘天文〙マイクロ波背景放射 (cf. background 8)《microwave background radiation ともいう; 略 MBR》.

mícrowave detèctor *n.* 自動車速度記録装置.

mícrowave òven *n.* (調理用)電子レンジ.
日英比較 日本語の「レンジ」は英語の range に由来するが英語では「電子レンジ」の意味ではこの語を用いる. — *vt.* 電子レンジで調理する. 〖1965〗

mícrowave spéctroscope *n.* 〘物理〙マイクロ波分光測定器.

mícrowave spectróscopy *n.* 〘物理〙マイクロ波分光学《マイクロ波によって, 気体・液体・固体の吸収スペクトルを研究する科学》.

mícrowave spèctrum *n.* 〘電子工学〙マイクロ波スペクトル.

mícro·wòrld *n.* 極微世界. 〖(1955) ← MICRO-＋WORLD〗

mícro·wrìter *n.* (特に片手だけで打てる 5, 6 個のキーを備えた)小型のワープロ[コンピューター], 電子手帳.

mi·cro·zo·on /màɪkrəzóʊɑ(ː)n | -krə(ʊ)zə́ʊɔn/ *n.* (*pl.* **-zo·a** /-zóʊə | -zə́ʊə/) 微小動物; (特に)原生動物 (protozoan). 〖(1862) ← MICRO-＋-ZOON〗

mi·cro·zyme /máɪkrəzàɪm | -krə(ʊ)-/ *n.* 発酵微生物. 〖(1873) ◻ F ～: ⇨ micro-, zyme〗

mí·crur·gist /-dʒɪ̀st | -dʒɪst/ *n.* 顕微操作者.

mi·crur·gy /máɪkrəːdʒi | -krəː-/ *n.* **1** 〘生物〙顕微操作法《顕微鏡で見ながら解剖・注射などを行う》. **2** 〘生物・医学〙顕微解剖. **mi·crur·gi·cal** /maɪkrə́ːdʒɪ̀kəl, -kḷ | -krə́ːdʒɪ-/ *adj.* **mi·crúr·gic** /-dʒɪk/ *adj.* 〖(1927) ← MICRO-＋-URGY〗

mic·tion /míkʃən/ *n.* 〘生理〙=micturition. 〖(1663) ◻ LL *mictiō(n-)* ← L *mictus* (p.p.) ← *mingere* to urinate: ⇨ -tion〗

mic·tu·rate /míktʃurèɪt, -tə- | -tjʊ-, -tʃʊ-/ *vi.* 排尿する; 尿意をもよおす. 〖(1842) ← L *micturīre* (↓)＋-ATE³〗

mic·tu·ri·tion /mìktʃuríʃən, -tə- | -tjʊ-, -tʃʊ-/ *n.* 〘生理〙排尿, 放尿 (urination); 頻尿; 尿意: ～ desire 尿意. 〖(1725) ◻ L *micturītiō(n-)* ← *micturītus* (p.p.) ← *micturīre* to desire to make water (desiderative) ← *mingere* to make water: ⇨ -tion〗

mid¹ /míd/ *adj.* **1** 中部の, 中間の, 真ん中の, 中… (middle): the ～ finger 中指 / in ～ April 四月中旬に / in ～ ocean 大洋の真ん中で / in ～ career [course] 中途で / ⇨ midair, midmorning. ★ 今は通例複合語の構成素として用い, それ以外は middle を用いる (⇨ mid-). **2** 〘音声〙〈母音が〉舌の位置が中位の, 中母音の (cf. high 14, low¹ 20): ～ vowels 中母音 (/e/, /ə/, /o/ など). **3** 〈色が〉中間の: ～ brown [gray, etc.]. — *n.* 《古》中央, 中間 (middle). 〖OE *midd*← Gmc **miðja-, *meðjaz* (G *mitte* / ON *miðr* / Goth. *midjis* middle) ← IE **medhyo-* middle (L *medius* / Gk *mésos* / Skt *mádhya-*)〗

mid² /mɪd/ *prep.* (*also* **'mid** /～/) 《詩》=amid¹. 〖(1808) (頭音消失) ← AMID〗

mid. 《略》middle; midnight.

Mid. 《略》Midlands; Midshipman.

mid- /míd/ 「中間 (middle); 中間部分の」の意の連結形: *mid*-Atlantic / in *mid*-Channel イギリス海峡の真ん中で[に] / in the *mid*-nineties of the 19th century 19 世紀 90 年代の中頃に / from *mid*-June to *mid*-August 六月中旬から八月中旬まで. 〖← MID¹〗

mìd·afternóon *n.* 午後の中頃《午後 3 時前後》: in ～. — *adj., adv.* 午後の中頃の[に]. 〖*a*1400〗

mídafternoon práyer, M- P- *n.* 〘カトリック〙九時課 (none).

mìd·áir *n.* 空中, 中空, 虚空(こくう): The parachute was floating in ～. パラシュートが空に浮かんでいた / He gazed at ～, lost in thought. ぼんやり物思いに沈んで宙を見つめていた / a ～ collision of aircraft 飛行機の空中衝突. 〖1667〗

Mi·das¹ /máɪdəs | -dəs, -dæs/ *n.* **1** 〘ギリシャ神話〙ミダス《Phrygia の王; 手を触れる一切のものを金に変える力を Dionysus から与えられたが, 食物も飲料も金になってしまう苦しみから免れることを願って Pactolus 川に水浴したため, その川の砂が金色に変わったという》. **2** 富豪, 大金持ち (cf. Croesus); 金もうけの名人.
(*the*) ***Mídas tòuch*** 何でも金もうけをする能力. (1883)
〖(1568) ◻ L ～ ◻ Gk *Mídas*〗

Mi·das² /máɪdəs | -dəs, -dæs/ *n.* 〘軍事〙ミダス衛星《米国の弾道ミサイル探知用の人工衛星》. 〖(頭字語) ← *mi(ssile) d(efense) a(larm) s(ystem)*〗

mìd-Atlántic *n., adj.* 中部大西洋(の); 英米混成[折衷](語)(の): a ～ speech / ～ states=Middle Atlantic States. 〖(1892): ⇨ mid-, Atlantic〗

Míd-Atlántic Rídge *n.* [the ～] 大西洋中央海嶺《アイスランドから南極に達する大西洋中部の大海底山脈》.

míd·bràin *n.* 〘解剖〙中脳 (mesencephalon). 〖(1875) ← MID¹＋BRAIN〗

míd·chánnel *n.* 水路 (channel) の中程. 〖(1762) ← MID¹＋CHANNEL〗

míd·clavícular líne *n.* 〘医学〙鎖骨中央線《垂直に引いた線で, 記載の規準に用いる》. 〖1902〗

míd·cóntinent *n.* 大陸の中程.

míd·cóurse 〘航空・宇宙〙*n.* **1** (航空機・宇宙船の)コースの中間点. **2** (ロケットの)中間軌道《動力飛行終了から大気圏再突入までの弾道部分》. — *adj.* **1** (航空機・宇宙船の)コースの中間点の. **2** 中間軌道の. 〖(1561) ← MID¹＋COURSE〗

mid·cult /mídkʌ̀lt/ 《口語》*n.* (マスメディア (mass media) によって平均化された)中間文化. — *adj.* 中間文化の (cf. masscult). 〖(1960) ← MID¹＋CULT(URE)〗

mid·day /míddèɪ⁻/ *n.* **1** 正午, 真昼 (noon): at ～ 正午に. **2** 〘カトリック〙=sext 1. — *adj.* [通例限定的] 正午の, 真昼の (cf. midnight): a ～ meal 昼食 / a ～ nap 昼寝. 〖OE *middæg*: ⇨ mid¹, day〗

mídday práyer, M- P- *n.* 〘カトリック〙六時課 (sext).

mid·del·man·ne·tjie /mídəlmæ̀nəki | -dəl-/ *n.* 《南ア》(未舗装の道の)わだちの間の隆起[盛り上がり]. 〖(1934) ◻ Afrik. ～ (dim.) ← *middel* middle＋*man* man〗

mid·den /mídṇ/ *n.* **1** 《古》《英方言》くそ山, こやし山 (dunghill): A cock is bold on his own ～. ⇨ cock¹ *n.* A 1 a. **2** 〘考古〙貝塚 (kitchen midden). **3** 《スコット》ごみ箱 (dustbin). 〖(?*a*1350) *midding myd(d)yng* ◻ Scand. (Dan. *mødding* ← *møg* dung＋*dynge* heap): cf. muck〗

mid·dle /mídḷ | -dḷ/ *n.* **1** [the ~] **a** (位置・時間の)中央, 真ん中, 中央部, 中点: in *the* ~ of the stage, night, etc. / ⇨ MIDDLE of the road / in [at, about] *the* ~ of next month [year] 来月[年]の中頃 / *the* ~ of war 戦争の最中(さなか) / part the hair in *the* ~ 髪を真ん中で分ける. **b** (ある行為の)中途, 間, 最中: in *the* ~ of a meal [a race, one's work] 食事[競走, 仕事]の最中に[途中で]. **2 a** [the ~, one's ~] (人体の)胴中(どうなか), 胴, 腰 (waist) (cf. bottom): a belt round one's ~. **b** (食肉用の家畜の, 頭と四肢を切離した)胴, 胴肉. **c** (ボローニャソーセージ用の)牛の大腸. **3 a** (両極端のいずれにも属さない)中間, 中道(的意見). **b** [集合的] 中間派, 中道派(の人々). **c** 《口語》中流階級の人. **4** 《英》=middle article. **5** 《米南部》(農作物の畝(うね)と畝の間の)溝. **6** 〖文法〗(ギリシャ語などの)中間態 (middle voice) (cf. *adj.* 4). **7** 〖論理〗=middle term 1. **8 a** 〖クリケット〗middle stump を防ぐバットの構え. **b** 〖サッカー〗右[左]翼前衛から前衛線の中央に球を蹴り送ること. **c** 〖カナディアンフットボール〗=tackle 2. **d** 〖野球〗二遊間 (二塁手と遊撃手との間の部分).

down the middle ちょうど半分に: split the cost *down the* ~ 費用を折半する / The issue split the party *down the middle*. その問題で党は真っ二つに割れた. ***in the middle*** 《俗》困って. (1930) ***knóck* [*sénd*] *a person into the middle of néxt wéek*** 《俗》〈人を〉追っ払う; やっつける, 気絶させる. (1821) ***plày bóth énds agàinst the middle*** ⇨ end 成句.

míddle of the róad [the —] 中道, 中庸.

— *adj.* 1 a (空間・数・時間などの)真ん中の, 中央の (central): the ~ point of a line 線の中点 / in one's ~ fifties 五十代半ばで. **b** 中間の, 中程の, 両極端のどちらでもない (intermediate) (cf. medial, median): ⇨ middle course / a ~ opinion 中間的な意見 / take a ~ point of view 中間の見解をとる. **2** 中位の (medium): a box of ~ size 中位の大きさの箱 / a man of ~ height [size] 中背(ちゅうぜい)[中肉]の人. **3** [M-] (言語史で)中期の (cf. early 4 b): ⇨ Middle English, Middle French. **4** 〖文法〗中間態の《ギリシャ語・サンスクリット語などの動詞で, 能動態と受動態の中間に位して再帰の動作または自動詞としての状態の意味を示す; 例えばギリシャ語の gráphō (I write) に対する gráphomai (I write for myself)》: ⇨ middle voice. **5** 〖海事〗**a** 〈予備帆や索具類が〉中檣(ちゅうしょう)の. **b** 〈支索類の上端が〉中檣に留めてある. **6** [M-] 〖地質〗中期の: the *Middle* Jurassic period 中期ジュラ紀. **7** 〖経営〗(top に次いで)中間の: ⇨ middle management.

— *vt.* 1 真ん中[中央]に置く. **2** 〖海事〗〈綱・帆などを〉真ん中から二つに折る (double). **3** 〖クリケット〗バットの真ん中で〈ボールを〉正確に打つ. **4** 〖サッカー〗ウィングからフィールド中央部に〈ボールを〉戻す.

〖OE *middel* < (WGmc) **middila* ← **middi* < Gmc **meðjaz* (OHG *mittil* / ON *meðal* (prep.) amid): ⇨ mid¹, -le²〗

SYN 中央: **middle** 空間的・時間的な中央部: the *middle* of the room 部屋の中央 / the *middle* of April 4月の半ば. **midst** 《古》middle とほぼ同じ意味《通例 in, into, from などの前置詞に導かれる》: He stood in the *midst* of the crowd. 群衆の真ん中に立っていた. **center** 円または球の周囲または表面から等距離にある点《*middle* よりも厳密な語》: the *center* of a circle 円の中心 / the *center* of the earth 地球の中心. **focus** 焦点の意味から, 興味・注意の中心: the *focus* of attention 注意の焦点. **heart** 心臓の意味から, 町・森などの中心部: live in the *heart* of Paris パリの中心部に住む.

---

míddle áge *n.* 中年, 初老《通例 40–65 歳; cf. old age》: a man of ~. 〖*c*1378〗

míddle-áged /-éɪdʒd⁻/ *adj.* 中年の; 中年者らしい[にふさわしい]. 〖(1608) ← MIDDLE+AGE+-ED〗

míddle-àged spréad 《口語》*n.* 中年太り《中年になって胴まわりが太くなること: middle-age spread ともいう》. 〖1931〗

míddle-áger *n.* 中年の人 (cf. teenager). 〖(1949) ← MIDDLE AGE+-ER¹〗

Míddle Áges *n. pl.* [the ~] 〖歴史〗中世紀, 中世《ヨーロッパ史で通例西ローマ帝国の滅亡からルネサンスまで, すなわち 5 世紀末から 15 世紀半ばごろまで; 時には 1500 年ごろまでをもいう; cf. Dark Ages, medieval history》. 〖1616〗

Míddle América *n.* **1 a** 中部アメリカ《メキシコ・中央アメリカ, および通例西インド諸島を含む地域》. **b** 米国中西部. **2** 米国の中産階級《政治的には中道で, 地理的には主に中西部諸州に住む人々》. 〖1898〗

Míddle Américan *n.* **1 a** 中部アメリカ人. **b** (米国)中西部の人. **2** (米国)中産階級の人. **— *adj.* 1 a** 中部アメリカ(人)の. **b** (米国)中西部(人)の. **2** (米国)中産階級(の人)の. 〖1926〗

míddle árticle *n.* 《英》(新聞・週刊紙などの)随筆記事《社説などより時局性の少ない, 中間読み物風の文学的随筆類; 単に middle ともいう》.

Míddle Atlántic Státes *n. pl.* [the ~] (米国の)大西洋沿岸中部諸州 (New York, New Jersey, Pennsylvania の 3 州, または Delaware, Maryland を加えて 5 州; Middle States ともいう).

míddle báse *n.* 〖紋章〗盾の下部中央.

míddle bódy *n.* 〖海事〗中部船体 (cf. afterbody, forebody).

míddle-bórn *adj.* 兄弟姉妹の真ん中の, (特に 3 人の子供の中で)二番目に生まれた. **— *n.*** (兄弟姉妹の)真ん中の子供, (特に 3 人の子供の中で)二番目に生まれた子供.

míddle-bràcket *adj.* (分類表などで)中間に位する, 中間層の (cf. upper-bracket).

míddle·brèaker *n.* 〖農業〗=middlebuster.

míddle·bròw *n.* 《口語・主に軽蔑》 *n.* **1** 教養[学問, 知識など]の中位の人, 知能が人並の人 (cf. highbrow). **2** 因襲[俗物]的な人. **— *adj.*** 教養が中位の, 知識が人並の. **~·ism** *n.* 〖(1925) ← MIDDLE+BROW〗

míddle·bùster *n.* 〖農業〗あぜ作り機 (lister²).

míddle C /-síː/ *n.* 〖音楽〗中央のハ音《低音部譜線上(うえ)第一線ないし高音部譜線下(した)第一線によって示される》. 〖1840〗

míddle chíef *n.* 〖紋章〗盾の上部中央.

míddle-class /mídḷklǽs | -dḷklɑ́ːs⁻/ *adj.* **1** 中産の, 中流階級[社会]の. **2** 中流階級的な, ブルジョアの: a ~ creed / ~ morality / It's ~ to submit. 黙従するのは中流階級的だ. 〖(1848) ← MIDDLE+CLASS〗

míddle cláss *n.* **1** [しばしば the ~(es); 集合的] 中流[中産]階級 (cf. lower class, upper class, working class): (the) lower ~ 中流階級の下層(部) / (the) upper ~ 中流階級の上層(部). **2** 中級, 中等. 〖1766〗

Míddle Cómedy *n.* 中期喜劇《古代ギリシャ(紀元前 4 世紀)の喜劇; Aristophanes の *Plutus* が現存する典型的な作品》.

míddle cómmon ròom *n.* 〖英大学〗(大学院生・一般研究員のための)社交室, 休憩室 (cf. junior [senior] common room). 〖1958〗

Míddle Cóngo *n.* 中央コンゴ《コンゴ人民共和国の旧名; ⇨ Congo》.

míddle cóurse *n.* [*sing.*] 中庸: follow [take, steer] a [the] ~ 中庸の道をとる.

míddle-dístance /mídldístəns⁻/ *adj.* [限定的] 中距離の: a ~ runner 中距離走者. 〖1891〗

míddle dístance *n.* **1** [the ~] 〖美術〗(景色・絵画などの)中景《近景と遠景の中間の位置にある景観; cf. background 1, foreground》. **2** 〖陸上競技〗中距離《400–1500 m まで, または 440 ヤードから 1 マイルまで》. 〖1: (1813); 2: (1891)〗

Míddle Dútch *n.* 中期オランダ語《1100–1500 年ごろ; 略 MD, MDu》.

míddle éar *n.* 〖解剖〗中耳 (tympanum). 〖1887〗

míddle-éarth *n.* 《古・詩》(天国と地獄との間にあるとされる)この世; 地球 (earth). 〖(?*a*1200) *middelerthe*〗

Míddle Éast *n.* [the ~] 中東《Libya から Afghanistan (または Pakistan) におよぶ地域; もと英国では Constantinople から中国国境までの地域を指した; cf. Far East, Near East》. 〖1902〗

Míddle Éastern *adj.* 中東の. 〖1903〗

míddle éight *n.* 〖音楽〗ミドルエイト《32 小節から成るポップソングの 3 番目の対比的な 8 小節》. 〖1966〗

Míddle Émpire *n.* [the ~] =Middle Kingdom 1. 〖1698〗

Míddle Éngland *n.* (保守的な)英国中流層.

Míddle Énglish *n.* 中(期)英語《1100–1500; 略 ME; cf. English *n.* 1 a》. ★ Middle English の年代は Middle Ages とは一致しないので「中世英語」の訳語は用いないようになった. 〖(1822) 1836〗

Míddle-Européan *adj.* 中部ヨーロッパの, 中欧の《ほぼフランスの東部, ロシア連邦の西部にある地域についていう》. 〖1939〗

míddle fínger *n.* 中指 (⇨ hand 挿絵). 〖lateOE *middelfinger*〗

Míddle Frénch *n.* 中期フランス語《14–16 世紀; ⇨ French *n.* 1 a》.

míddle gáme *n.* 〖チェス〗中盤戦 (cf. opening 8, end game). 〖1894〗

Míddle Gréek *n.* =Medieval Greek.

míddle gróund *n.* **1** 〖美術〗=middle distance 1. **2** (立場などの)中庸の立場, 中道. **3** 中洲(なかす)《河川などの浅瀬》. 〖1850〗

míddle guárd *n.* 〖アメフト〗ミドルガード (⇨ nose-guard).

míddle·hànd *n.* 〖トランプ〗(skat など 3 人遊びのゲームで)二番手, なか《配り手の右隣りで二番目に札を配られる人》. 〖(なぞり) ← G *Mittelhand*〗

míddle héavyweight *n.* (重量挙げ・レスリングの)ミドルヘビー級の選手 (⇨ weight 表).

Míddle Hígh Gérman *n.* 中期高地ドイツ語, 中高ドイツ語《1100–1500 年ごろ; ⇨ German² 2》.

míddle-íncome *adj.* 中(間)所得(者)層の.

Míddle Írish *n.* 中期アイルランド語《11–15 世紀》.

Míddle Kíngdom *n.* [the ~] **1** (古代エジプトの)中王国時代《2133?–1778 B.C. の第 11–12 王朝の時代; Middle Empire ともいう; cf. New Kingdom, Old Kingdom》. (1906) **2** (昔の)中国, 中華. 〖(1662) (なぞり) ← Chin. (Mandarin) *Zhong kuo* (中国)〗

míddle lamélla *n.* 〖植物〗中層, 中葉《組織をなしている植物細胞膜の間にはさまれたペクチン質の層》. 〖1925〗

Míddle Látin *n.* 《まれ》=Medieval Latin.

míddle látitude *n.* 〖地理・天文〗中間緯度, 中緯度地帯 (mean latitude). 〖1710〗

míddle lífe *n.* **1** 中年. **2** 《英》中流生活 (cf. middle class). 〖?*a*1300〗

Míddle Lów Gérman *n.* 中期低地ドイツ語, 中低ドイツ語《1100–1500 年ごろ; ⇨ German² *n.* 2》.

mid·dle·man /mídḷmæ̀n | -dḷ-/ *n.* (*pl.* **-men** /-mèn/) **1** (生産者と小売商または消費者との中間に立って自己の責任で取引の仲介をする)問屋, 仲立人, 仲買人, 中間商人, 周旋屋: cut out the ~ 中間業者を省く. **2** 仲人, 仲介者, 媒介者 (intermediary): act as a ~ 仲人[仲介]をする. **3** =interlocutor 2. **4** 中庸を採る[守る]人. 〖(*c*1384) (1795) ← MIDDLE+MAN〗

míddle mánagement *n.* 〖経営〗**1** (企業の)中間管理[職能]. **2** 中間管理職, 中間管理層《最高管理層の次に位する; 次長・課長など; cf. top management》. 〖1957〗

míddle mánager *n.* 中間管理者[職].

míddle márker *n.* 〖航空〗中間マーカー《計器着陸方式において滑走路端から距離を知らせる内側のマーカービーコン》.

míddle màst *n.* 〖海事〗(奇数本のマストにおける)中檣(ちゅうしょう), (五檣船の場合の)第三檣 (mizzenmast). 〖1632〗

míddle·mòst *adj.* (一番)真ん中の (midmost). 〖(*a*1325) *middelmast*: ⇨ middle (adj.), -most〗

míddle náme *n.* **1** 中間名, ミドルネーム (⇨ name *n.* 1). **2** 《口語》(個人の)著しい特徴[性質]: Honesty is his ~. 〖1835〗

míddle-of-the-róad *adj.* **1** (両極端の)中間の, 中道の, 中庸の, 極端に走らない: ~ politics 中道政治. **2** 万人受けのするポピュラー音楽の. 〖1777〗

míddle-of-the-róad·er /-də | -dəʳ/ *n.* 中道を歩む人, 穏健派[主義]の人. 〖1896〗

míddle-of-the-róad·ism /-róudɪzm | -rə́ud-/ *n.* 中道主義, 穏健主義.

míddle óil *n.* 〖化学〗中油 (⇨ carbolic oil).

Míddle Palaeolíthic *n.* 〖考古〗中期旧石器時代《通例 Mousterian を指す》.

míddle pássage *n.* [the ~] 〖歴史〗(アフリカ西岸と西インド諸島との間の)中間航路《大西洋の真ん中で航海日数が長く, 奴隷貿易に利用されて多くの死亡者を出した》. 〖1788〗

Míddle Páth *n.* [the ~] 〖仏教〗中道《放縦と苦行との中間をいく修業の道》.

míddle períod *n.* (特定の文化や作家の創作時期の区分などにおける)中期. 〖1873〗

Míddle Pérsian *n.* 〖言語〗中期ペルシャ語《紀元 300–900 年ごろのペルシャ語》.

míddle píece *n.* 〖動物〗中片《精子の頭部と尾部の中間部》. 〖1817〗

míddle póint *n.* 〖数学〗中点.

mid·dler /mídlə, -dḷə | -dləʳ, -dḷ-/ *n.* **1 a** (三年制神学校の)二年生. **b** (四年制中(等)学校の)二年生または三年生. **c** (私立学校の)中等科 (junior high school) に相当する課程に属する生徒. **2** 《廃》調停者, 仲裁人. 〖(1531) ← MIDDLE+-ER¹〗

míddle ráil *n.* 〖建築〗(ドアの縦框を中間で結ぶ)帯桟, 横桟, 腰桟. 〖1812〗

míddle-ránking *adj.* 中間に位する, 中位の (cf. high-ranking). 〖1959〗

míddle-róad·er /-də | -dəʳ/ *n.* =middle-of-the-roader.

míddle·sàil *n.* 〖海事〗中檣の最下部の帆.

Mid·dles·brough /mídḷzbrə | -dḷz-/ *n.* ミドルズブラ《イングランド北部 Tees 河口の港市》. 〖ME *Mid(e)lesburc* 《原義》Middlemost burg: cf. OE *midleste burg*〗

míddle schòol *n.* (欧米諸国での)中学校《米国では elementary school の高学年と junior high school を含んだものに相当し, 教育制度の 5–8 学年に相当する; 英国では primary school と secondary school の両方にまたがって 8–12 歳, 9–13 歳あるいは 10–14 歳の生徒を収容する公立学校で 1960 年代から徐々に増えている; middle school を設けている所ではその下の学校を first school (初等学校)とよんでいる》. 〖1838〗

Míddle Scóts *n.* 中期スコットランド語《15 世紀後半から 17 世紀の初期ごろまで》.

Mid·dle·sex /mídḷsèks | -dḷ-/ *n.* ミドルセックス《イングランド南東部, 旧 London の西部および北部に接する旧州; 1965 年その大部分が Greater London の一部となる》. 〖OE *Middelseaxe* 《原義》the Middle Saxons〗

Míddle-sízed *adj.* 中位の大きさの; 中型の; 中肉中背の. 〖(1632) ← MIDDLE+SIZE+-ED〗

Míddle Státes *n. pl.* [the ~] =Middle Atlantic States.

Míddle Stóne Àge *n.* 〖考古〗中石器時代 (the Mesolithic).

míddle stúmp *n.* 〖クリケット〗ミドルスタンプ《三柱門の中央の柱; cf. leg stump, off stump》.

Míddle Témple *n.* [the ~] ⇨ INNS of Court.

míddle térm *n.* **1** 〖論理〗中[媒]名辞, 中[媒]概念, 媒語, 媒辞《三段論法 (syllogism) で, 二つの前提中の小概念 (minor term), 大概念 (major term) を媒介して結論を導き出す役割を果すが結論の中には現れない名辞》. **2** 〖数学〗中項.

Mid·dle·ton /mídḷtən | -dḷ-/, **Thomas** *n.* ミドルトン (1570?–1627; 英国の劇作家; *Women Beware Women* (1621 上演)).

míddle·tòne *n.* =halftone 1.

Mid·dle·town /mídḷtàun | -dḷ-/ *n.* ミドルタウン: **1** 米国 Connecticut 州中心部; Connecticut 川沿いの都市. **2** 米国 Ohio 州南西部の都市. **3** 米国 New Jersey 州東の中心部の都市.

míddle vóice *n.* [the ~] 〖文法〗(ギリシャ語などで)中間態.

míddle·wàre *n.* 〖電算〗ミドルウェア《制御プログラムと応用プログラムの中間的なタスクをするソフトウェア》. 〖1970〗

míddle wátch *n.* 〖海事〗=midwatch.

míddle wáy *n.* [the ~] 中庸, 中道 (middle course); [the M- W-] =Middle Path. 〖?*a*1200〗

míddle·wèight *n.* **1** 平均体重の人. **2** (ボクシング・重量挙げ・レスリングの)ミドル級の選手 (⇨ weight 表).

— *adj.* [通例限定的] ミドル級の. 〖1889〗

Míddle Wélsh *n.* 中期ウェールズ語 (1150–1500 年ごろ).

Míddle Wést *n.* [the ~] (米国の)中西部 (東は Allegheny 山脈, 西は Rocky 山脈に境し, 南は Ohio 川と Missouri および Kansas 両州の南端にまでおよぶ地域; the Midwest ともいう). 〖1898〗

Míddle Wéstern *adj.* =Midwestern.

Míddle Wésterner *n.* =Midwesterner.

mid·dling /mídlɪŋ, -lŋ̍ | -dlɪŋ, -dl-/ *adj.* **1** (大きさ・品質・程度・等級など)中位の, 中等の, 並の, 二流の (mediocre): The dinner was ~. 食事はまあまあだった / The place is of ~ size. そこは中位の広さの所だ. **2** [主に叙述的に用いて]《口語》まあまあ丈夫で, どうやら元気で: feel only ~ 気分は中位[まあまあ]だ.
— *adv.* 《口語》まあまあ, かなり, 相当に (fairly): ~ tall, hungry, etc.
— *n.* **1 a** [通例 *pl.*] 中等品, 二級品 (大きさ・品質が中等の商品). **b** [*pl.*; 単数または複数扱い] ふすまの混じった粗挽き小麦粉. **2** [しばしば *pl.*]《米南部・中部》塩漬け豚肉. ***fáir to míddling*** ⇨ fair¹ *adj.* 成句.
〖(1456) ME (北部方言・スコット) *mydlyn*: ⇨ -ling²: cf. OE *mydlinga* moderately〗

míd·dling·ly *adv.* 中位[中程度]に; まあまあ, どうやらこうやら. 〖(1755): ⇨ ↑, -ly¹〗

míddling mèat *n.* 《米南部・中部》=middling 2.

Middlx 《略》 Middlesex.

mid·dórsal *adj.* 《生物》背中部の[にある]: a ~ line 背中線. 〖← MID¹+DORSAL¹〗

Middx. 《略》 Middlesex.

mid·dy /mídi | -di/ *n.* **1** 《口語》=midshipman 2. **2** =middy blouse. **3** 《豪》ミディ (通例, 半パイントのグラスに入れたビール). 〖1: (1830); 2: (1919) ← MID¹ (n.)+-Y²〗

míddy blòuse *n.* ミディブラウス (女性・子供のセーラーカラーのゆったりしたオーバーブラウス).

Míd·éast *n.* 《米》=Middle East. 〖*c*1944〗

Míd·éastern *adj.* =Middle Eastern.

mid·éngined *adj.* 〈車が〉ミッドエンジンの (エンジンが前車軸と後車軸の間の中央に位置する): a ~ sports car.

M

Míd-Européan *adj.* =Middle-European. 〖(1960): ⇨ mid-, European〗

mid·évening *n.* 夜の中頃 (普通 9 時か 10 時ごろ): in ~. — *adj., adv.* 夜の中頃の[に].

míd·fìeld *n.* **1** 《球技》競技場の中央部 (50 ヤードラインを中心に両サイド 40 ヤードラインまで). **2** (ラクロッス (lacrosse) やサッカーの)ミッドフィールド (中央部に位置し攻撃・防御を行う三選手). **míd·fìelder** *n.* 〖(1897): ⇨ mid¹+field〗

Mid·gard /mídgaəd | -gɑːd/ *n.* 《北欧神話》ミドガルド (人間の住む世界; 四方の国々の中央にある; cf. Thor). 〖ON *Miðgarðr* ← *miðr* 'MID¹'+*garðr* 'YARD': cf. OE *middanġeard*〗

Mid·gar·dhr /mídgaəðə | -gɑːðə(r/ *n.* 《北欧神話》=Midgard.

Mídgard sérpent *n.* [the ~] 《北欧神話》ミドガルドの蛇 (大地を囲む大洋の底に横たわり人間の住む世界 (Midgard) を取り巻いていて, 尾を口にくわえるほど長い大蛇; 神々の最期の際, Thor と相打ちになる; cf. Angerboda).

Mid·garth /mídgaəθ | -gɑːθ/ *n.* 《北欧神話》=Midgard.

midge /mídʒ/ *n.* **1** 《昆虫》ユスリカ (ヌカカ科, タマバエ科, ユスリカ科の昆虫の総称; ヌカカ (biting midge), ユスリカ, ブユ (black fly) など); (特に)オオユスリカ (*Chironomidae plumosus*) (その幼虫はアカボウフラ (bloodworm) で釣りや魚類の餌になる; cf. gnat 1). **2** こびと, ちび. **3** 小魚. **mídg·y** /-dʒi/ *adj.* 〖OE *myċġ(e)* < Gmc **mu3joz, *mu3jōn* (cf. Du. *mug* gnat / G *Mücke*) ← IE **mū-* gnat, fly (L *musca* fly / Gk *muîa*)〗

midg·et /mídʒɪt | -dʒɪt/ *n.* **1** 一寸法師, ちび. **2 a** 小型の乗物[飛行機など]. **b** =midget submarine. **3** 小虫. — *adj.* 普通[標準]より小さい; 極小型の: a ~ lamp 豆電灯, 豆ランプ. 〖(1848): ⇨ midge, -et〗

mídget súbmarine *n.* 《海軍》ミゼット[小型]潜水艦 (乗員通例 2 名, 魚雷 1 個を装備し艦船を奇襲する). 〖1933〗

Mid Glamórgan *n.* ミッドグラモーガン (ウェールズ南東部の旧州 (1974–96); 面積 1,019 km², 州都 Cardiff).

míd·gùt *n.* 《生物》**1** (胎児の)中腸 (小腸になる部分; cf. foregut, hindgut 1). **2** (幼虫の)中部栄養管, 中腸. 〖(1875) ← MID¹+GUT〗

míd·héaven *n.* **1** 中空, 中天. **2** 《古》《天文》子午線. 〖1594〗

mid·i /mídi | -di/ *n.* 《口語》ミディ (1970 年代初期に流行したふくらはぎ半ばまでのスカート (midiskirt), コート (midicoat), またはドレス (mididress); cf. maxi, micro, mini).
— *adj.* 〈スカート・コートなど〉ミディの, ふくらはぎ丈の. 〖(1967) ← MID¹+*i* (MINI にならって)〗

Mi·di /miːdíː | mɪ-, miː-; *F.* midi/ *n.* [the ~] **1** フランス南部, 南仏 (southern France). **2** (一般に)南部. 〖(1883) □ F ~ 'midday, the south' ← OF *mi* half (< L *medium*)+*di* day (< L *diem*)〗

MIDI /mídi | -di/ *n.* 《電算・音楽》ミディ (デジタル方式の電子楽器を相互連動させるための統一規格; 広く音声データの加工・処理において利用されている). 〖(1983) (頭字語) ← *M(usical) I(nstrument) D(igital) I(nterface)*〗

mi·di- /mídɪ, -di | -dɪ, -di/ 「ふくらはぎの中程までの長さの」の意の連結形 (cf. mini-): *midiskirt*. 〖⇨ midi〗

Mid·i·an¹ /mídiən | -di-/ *n.* 《聖書》ミディアン (Keturah を母とする Abraham の第 4 子; cf. *Gen.* 25:2). 〖□ Heb. *Midhyān* (原義) contention〗

Mid·i·an² /mídiən | -di-/ *n.* ミディアン (アラビア半島の北西, Aqaba 湾の東にあった古代の地方).

Mid·i·an·ite /mídiənàɪt | -djə-/ *n.* 《聖書》ミディアン人 (Midian の子孫で, 北西アラビアの遊牧民族の人; cf. *Exod.* 2:15–22, *Judges* 6–8). — *adj.* ミディアン人の. 〖(1560): ⇨ ↑, -ite¹〗

MÍDI pòrt *n.* 《電算》MIDI ポート (MIDI 機器を接続するためのコンピューターのポート).

Míd-Índian Rídge *n.* インド洋中央海嶺 (南緯 20 度付近で 2 つに分かれる; 西側は大西洋・インド洋海嶺で東側はインド洋・南極海嶺でオーストラリア南部とつながっている).

mid·i·nette /mɪ̀dɪnét | -dɪn-; *F.* midinɛt/ *n.* (*pl.* ~s /~s; *F.* ~/) (パリの若い)女性売子, 小間物店の女性店員; (特に)針子, 裁縫女 (seamstress). 〖(1909) □ F ~ (短縮) ← *midīdīnette* (原義) (one who) dines at noon ← *midi* midday+*dînette* child's dinner: ⇨ mid-, dinner: 昼食時に大勢で路上に姿を現すことから〗

Mid·i-Pyrénées /mídi- | -di-; *F.* midi-/ *n.* ミディ・ピレネー地方 (フランス南部の地方, 南は Pyrenees 山脈の北斜面, 西は Garonne 川が横切る肥沃な低地帯, 北と東は Massif Central の端にあたる).

míd·ìron *n.* 《ゴルフ》ミッドアイアン (アイアンクラブの一つ; 180–190 ヤードを飛ばすショットに使う; number two iron の古い言い方). 〖(1905) ← MID-+IRON〗

mídi sỳstem *n.* 《英》ミディシステム (コンパクトハイファイ装置). 〖*c*1985〗

MidL, Midl. 《略》 Midlothian.

mid·land /mídlənd/ *n.* **1 a** [通例 the ~] 中部地方, 内陸. **b** [the Midlands] イングランド中部地方 (Bedfordshire, Buckinghamshire, Cambridgeshire, Derbyshire, Leicestershire, Lincolnshire, Northamptonshire, Nottinghamshire, Oxfordshire, Staffordshire, Warwickshire, West Midlands, Hereford, Worcester など). **2** [M-] =Midland dialect 1, 2.
— *adj.* **1 a** (海岸から離れた)中部地方の, 内陸の (inland). **b** [M-] (イングランド)中部地方の: the *Midland* Counties of England=Midlands (⇨ *n.* 1 b). **c** [M-] (米国・英国の)中部方言の. **2** 陸地で囲まれた: ⇨ Midland sea. 〖(1555) ← MID-+LAND〗

Mid·land /mídlənd/ *n.* ミッドランド (米国 Texas 州中西部の都市). 〖Fort Worth と El Paso の中間に位置するところから〗

Mídland díalect *n.* **1** 米国中部方言 (Illinois, Indiana, Ohio, Pennsylvania, New Jersey の諸州の南部, West Virginia 州, Kentucky 州, Tennessee 州東部およびアパラチア山脈南部地方で話される米語). **2** ミッドランド方言 (イングランド中部地方方言; Northern dialect と Southern dialect とにはさまれたイギリス中部地方で話される英語の方言; そのうち London を含む東中部地方 (East Midland) 方言が近代英語の標準語となった).

Mídland séa *n.* [the ~] 《詩》地中海 (the Mediterranean).

míd·lèg *n.* **1** 脚の中央部. **2** 《昆虫》中脚 (3 対の脚の中央の一対の片方). — *adv.* **1** 脚の中程で[に]. **2** 脚の中程まで. 〖1590〗

Míd-Lènt Súnday *n.* 《教会》=Laetare Sunday. 〖*c*1378〗

míd·lìfe *n.* =middle age. 〖1895〗

míd·lìfe crísis *n.* 中年の危機 (青年期の終わりを自覚したときに経験する, 目的と自信の喪失感). 〖1965〗

míd·line *n.* 《動物》(動物の体の)正中線. 〖*c*1859〗

Mid·lo·thi·an /mɪdlóuðiən | -ləu-/ *n.* ミドロジアン: **1** スコットランド南東部の旧州; 州都 Edinburgh. **2** Edinburgh 市の南に隣接する行政区; 1996 年設置; 主都 Dalkeith. 〖← MID-+*Lothian* (Northumbria 王国に属した地方名)〗

míd·màshie *n.* 《ゴルフ》ミッドマシー (アイアンクラブの一つ; 160–175 ヤードを飛ばすショットに使う; number three iron の別称).

mid·mórning *n.* 午前の中ごろ (午前 9 時ごろ): in ~. — *adj., adv.* 午前の中ごろの[に].

míd·mòrning práyer, M- P- *n.* 《カトリック》(7 回の時禱のうち) 3 回目の時禱; 第三時課.

míd·mòst *adj.* **1** 真ん真ん中の, (一番)真ん中の (middlemost): in ~ night 真夜中に. **2** 内奥の, 最奥の (inmost). **3** 極秘の. — *adv.* 中心部に, 真ん中に: ~ in the battle 戦いの最中に. — *prep.* …の真ん真ん中に: It stands ~ a large plain. 大平原の真ん中に立っている. — *n.* 中心部. 〖OE *midmest*: ⇨ mid-, -most: cf. middlemost〗

midn. 《略》 midshipman.

mid·night /mídnàɪt/ *n.* **1** (真夜中の) 12 時; 夜半, 真夜中: at ~ 真夜中(の 12 時)に / (as) dark [black] as ~ 真っ暗な. 日英比較 英語の at *midnight* は「午前 0 時に」の意. 日本語の「真夜中に」は普通 in the middle of the night. **2 a** 暗黒, 真っ暗闇. **b** 暗黒の時間.
— *adj.* **1** 夜半[真夜中]の: the ~ hours, revel, etc. / burn the ~ oil ⇨ oil 成句. **2** 真っ暗闇(の時間)の, 暗い; 深夜のような; 深夜にふさわしい. 〖OE *midniht*: ⇨ mid-, night〗

midnight blúe *n.* 暗青色: a *midnight-blue* suit. 〖1916〗

midnight féast *n.* (寄宿舎の生徒などが) 深夜にこっそり食べるもの. 〖1938〗

míd·nìght·ly *adj.* 真夜中に[毎夜]起こる. — *adv.* 毎晩深夜に. 〖1836〗

Mídnight Máss *n.* 真夜中のミサ (キリストの降誕を祝ってクリスマスイブの深夜に行われるミサ). 〖1665–67〗

mídnight sún *n.* 《気象》(南北両極地圏内で真夏に見られる)真夜中の太陽. 〖1857〗

míd·nóon *n.* 《まれ》真昼, 正午. 〖1580〗

míd·ócean rídge *n.* 《地学》中央海嶺. 〖1961〗

mid óff *n.* 《クリケット》ミッドオフ (投手側の三柱門に近い off 側の守備位置(の野手); ⇨ cricket¹ 挿絵). 〖(1865) (略) ← MID-WICKET+OFF〗

mid ón *n.* 《クリケット》ミッドオン (投手側の三柱門に近い on 側の守備位置(の野手); ⇨ cricket¹ 挿絵). 〖1870〗

míd-Pacífic *n., adj.* 中部太平洋(の).

míd·pòint *n.* **1** (線・空間の)中央, 中心; 中央[中間]地点; (時間の)中間, 中程: The satellite reached the ~ of its voyage. 人工衛星はその行程の半ばに達した. **2** 《数学》= middle point. 〖1369〗

mid·ránge *adj., n.* 中程度[並み, まあまあ]の(もの), 平均[標準](的な). 〖1949〗

mid·rash /mídræʃ, -rɑːʃ; *Hebrew* midʁaːʃ/ *n.* (*pl.* **mid·rash·im** /mìːdrəʃíːm; *Hebrew* midʁaʃíːm/, **mid·rash·oth** /mìːdrəʃóːt; *Hebrew* midʁaʃóːt/) 《ユダヤ教》**1** ミドラシュ (旧約聖書に対する古代ユダヤ人の注釈; その内容は Haggadah と Halakah で, Talmud などに採録された). **2** [the M-] ミドラシュ (旧約聖書に対するミドラシュをまとめて編集した文書; 紀元 4–12 世紀に成立した).

mid·rash·ic, M- /-mɪdrǽʃɪk | -rǽʃ-/ *adj.* 〖(1613) □ Heb. *midhrāš* examination, exposition, commentary ← *dāraš* to seek, inquire〗

míd·rìb *n.* 《植物》**1** (葉の)中肋(ちゅうろく), 主脈, 中央脈. **2** (葉の中肋に似た)分割線. 〖1776–96〗

mid·riff /mídrɪf/ *n.* **1** 《解剖》横隔膜 (diaphragm). **2** 上腹部, 鳩尾(みぞおち)(の周辺部). **3** 《服飾》**a** (婦人服の)上腹部. **b** ミドリフ (鳩尾のあたりまでしかない短い婦人子供服用外衣で主としてリゾート用). — *adj.* [限定的] 〈服が〉胴部の真ん中が開いた, ミドリフの. 〖lateOE *midhrif* ← MID¹+*hrif* belly (< Gmc **χrefiz* (OHG *href* body) ← IE **kʷrep-* body (L *corpus*))〗

mìd·ságittal pláne *n.* 《人類学》(頭蓋(とうがい)をフランクフルト水平 (Frankfurt horizontal) に置いた時の)中央矢状面. 〖(1947): ⇨ sagittal, plane²〗

míd·sèction *n.* **1** 中央部. **2** 《口語》鳩尾(の周辺部) (midriff 2). 〖1936〗

míd·shìp *n., adj.* 《海事》船の中央部(の). 〖n.: (1555) — adj.: (1692) ← n.〗

mídship fráme *n.* 《海事》(船の)中央部で最も船幅の広い部分のフレーム(肋材). 〖1769〗

míd·shìp·man *n.* (*pl.* **-men**) **1** 《米》海軍兵学校学生 (cf. cadet 1). **2** 《英》(兵学校卒業直後から海軍少尉に任官するまでの)海軍少尉候補生 (俗に middy という; cf. naval cadet). **3** 《魚類》バトラコイデス科 *Porichthys* 属の魚類の総称; (特に) *P. notatus* (北米太平洋岸 Lower California から Puget Sound にかけて生息する; 浮袋を動かして音を発するので singing fish ともいう). 〖(廃) *midshipsman*: (帆船時代には戦闘中船の中央部に配置され伝令として服務したことから: ⇨ midships, man¹)〗

mid·ship·mite /mídʃɪpmàɪt/ *n.* 《俗》=midshipman 1, 2. 〖(1833) (混成) ← MIDSHIP(MAN) (↑)+MITE²〗

mídship óar *n.* 《海事》**1** 中央オール (ホエールボート (whaleboat) の 5 本のオールの中で一番長いもの; 左舷中央にある). **2** その漕ぎ手.

míd·shìps *adv. adj.* =amidships. — *n.* 船の中央部. 〖(*c*1828) □ ? LG: cf. Du. *midsheeps* ('mid' + sheeps (gen.) ← *schip* 'ship')〗

mid shót *n.* 《写真》ミッドショット, 中距離撮影(写真). 〖1953〗

míd·sìze *adj.* (*also* **míd·sìze**) 中型の: a ~ car.

míd·sòle *n.* (靴の)中物 (中底 (insole) と表底 (outsole) の間にはさまれた部分). 〖1926〗

midst /mídst, mítst/ *n.* 《古》[通例 the ~, 時に one's ~] (取り囲まれたもの・仲間などの)真ん中, 中央, 中 (⇨ middle SYN); (時間・進行の)ただ中, 最中: from [out of] *the* ~ of …の中から / in [into] *the* ~ of …の中に[へ], …のただ中に[へ] / in [from] *our* [*your, their*] ~ 我々[君たち, 彼ら]の中に[から] / In *the* ~ of life we are in death. 生のただ中にありて我ら死せり (*Common Prayer*). ★ これらの句のうち in the midst of 以外は《まれ》.
— /mɪdst, mɪtst/ *prep.* 《詩》=amidst.
— /mɪdst, mítst/ *adv.* 《詩・古》真中に, 中に.
〖(*a*1325) ME *mid(d)est* ← MID+-*es* (adv. gen.)〗

míd·stréam *n.* **1** (両岸から離れて)流れの中程. **2 a** 中流. **b** (時間・期間の)中程: in the ~ of one's life 人生の半ばで[にさしかかって]. 〖*c*1315〗

mid·sum·mer /mídsʌ́mə | -mə(r/ *n.* **1** 真夏, 盛夏. **2** 中夏 (夏至(げし)のころ). 日英比較 *midsummer* は「夏至のころ」という意味でも使うので, 日本語の「夏の真っ盛り」という意味の「真夏」とは意味が少し違う. — *adj.* [限定的] 真夏の(ような). 〖OE *mid(de)sumor* (cf. G *Mittsommer*): ⇨ mid¹, summer〗

Mídsummer [Mídsummer's] Dáy *n.* 《英》《教会暦》洗礼者ヨハネ (St. John the Baptist) の(誕生の)祝日 (6 月 24 日; 英国(スコットランドを除く)では四季支払い日の一つ; St. John's Day ともいう; cf. quarter day). 〖OE *mid(de)sumeres dæ3*〗

Mídsummer Éve *n.* 《英》Midsummer Day の前夜 (昔は魔女たち (witches) が活躍する時と考えられていた). 〖1426–7〗

midsummer mádness *n.* 底抜けの狂乱, (真夏の暑さ当たりの)大たわけ (cf. Shak., *Twel N* 3. 4. 56). 〖1601–2〗

mídsummer-mèn *n.* =roseroot. 〖1755〗

Mídsummer Níght *n.* =Midsummer Eve.

Mídsummer Nìght's Dréam, A *n.*「夏の夜の夢」《Shakespeare 作の喜劇 (1595–96)》.

míd·tèrm *n.* **1** (学期・任期などの)中間(期), 学期半ば. **2** [しばしば *pl.*] 《口語》(大学などの)中間試験. **3** 懐胎期間の中間期: ～ checkup. — *adj.* [通例限定的] (学期・任期などの)中間(期)の: ～ elections. 〖1869〗

mídterm eléction *n.* 《米》中間選挙《4年ごとの大統領選挙の中間に行われる上・下両院の議員および州知事の選挙》.

míd·tòwn *n.* 《米・カナダ》(山の手 (uptown) と下町 (downtown) の中間の)中山手地域; (住宅地区と商業地区の)中間地区. — *adj.* [限定的] 中山手の; (住宅地区と商業地区の)中間地区の: a ～ hotel. — *adv.* (市・町の)山の手と下町の中間に[へ, で], 中山手に[へ, で]; (住宅地区と商業地区の)中間地区に[へ, で]. 〖1926〗

míd-Victórian *adj.* **1** 《英》〖歴史〗ビクトリア朝中期の《およそ 1850–90 年を指す》. **2 a** [しばしば軽蔑的に] ビクトリア朝中期的な. **b** 旧式な (old-fashioned), 堅い, 謹厳な: ～ writers, ideas, fashions, etc. — *n.* **1** ビクトリア朝中期の人[作家]. **2** ビクトリア朝中期の思想[趣味]の人; 厳格[旧式]な人. 〖1901〗

míd-Victórianism *n.* ビクトリア朝中期的風潮[気風, 価値観]. 〖1923〗

míd vówel *n.* 〖音声〗中母音《発音する際, 舌の表面が口腔内で中間の高さまで上がる母音; [e], [ɛ], [ø], [œ], [ə], [ɜ], [ɐ], [o], [ʌ], [ɤ] など》.

míd·wáll còlumn [shàft] *n.* 〖建築〗壁内柱, 中壁柱. 〖1880〗

míd·wàtch *n.* 〖海事〗夜半直, 深夜直《午前 0 時から 4 時までの当直(員); ⇨ watch *n.* 6》. 〖1535〗

mid·way /mídwéɪ⁻/ *adv.* 中途に, (道の)中程に (halfway): It is situated ～ between A and B. A と B との中間にある / He stopped ～ *of* his speech. 話の中途でやめた. — *adj.* [限定的] 中途の, 中程の; 中道の. — /mídwèɪ/ *n.* **1** 中間の地点, 中途. **2** 《米・カナダ》(縁日・博覧会などで娯楽場や見世物などが並んでいてにぎやかな)中道(なかみち)《1893 年の博覧会の娯楽物として用いられた Chicago の公園の一部より》. **3** 《古》中間の道; (両極端の)中道. 〖OE *midweġ*: ⇨ mid¹, way〗

Míd·way Íslands /mídweɪ-/ *n. pl.* [the ～] ミッドウェイ諸島《北太平洋 Hawaii の北西方 2,100 km にある米領の小群島, 空軍および潜水艦の基地; 太平洋戦争中この近海で日本海軍が敗れた (1942 年 6 月)》.

mid·week /mídwíːk⁻/ *n.* **1** 週の中頃: a day in ～. **2** [M-] (クエーカー教徒間で)水曜日(Wednesday). — *adj.* [限定的] 週の中頃の. 〖n.: 《1707》. — adj.: 《1706》〗

míd·wéekly *adv.* 週の中頃に. — *adj.* =mid-week.

Mid·west /mídwést⁻/ 《米》*n.* [the ～] =Middle West. — *adj.* =Midwestern. 〖《1926》← MID¹+WEST〗

Mídwest Cíty *n.* ミッドウェストシティ《米国 Oklahoma 州 Oklahoma City 東郊の市》.

Mid·western /mídwéstən | -tən/ *adj.* 米国中西部の: a ～ accent. 〖1889〗

Mid·wésterner *n.* 米国中西部の人. 〖1927〗

Míd-Wéstern Stàte *n.* ミッドウェスタン州《Bendel の旧名》.

míd-wícket *n.* 〖クリケット〗**1** ミッドウィケット《square leg と mid on との中間守備位置》. **2** 1の位置にいる野手. 〖1744〗

mid·wife /mídwàɪf/ *n.* (*pl.* **-wives** /-wàɪvz/) **1** 産婆, 助産婦. **2** (事の成立・発起に骨折る)産婆役の人[もの]. — *vt.* (～d, **-wived** /-wàɪvd/; **-wif·ing, -wiv·ing** /-wàɪvɪŋ/; 三単現 ～s, **-wives**) **1** 〈胎児〉の出産を助ける, 〈子供を〉取り上げる. **2** 〈仕事・事業・計画・物事〉の遂行[実現, 成功]を助ける: The Government *midwived* the film. 政府はその映画の製作を援助した. 〖《?a1300》*midwif* ← OE *mid* with (adv.) (cog. G *mit*)+*wīf* 'WIFE, woman'〗

mídwife fróg [tóad] *n.* 〖動物〗サンバガエル (⇨ obstetrical toad). 〖《1901》雄が卵がかえるまで世話をすることから: ↑〗

mid·wife·ry /mɪ̀dwíf(ə)ri, mídwàɪf- | mɪ̀dwíf(ə)ri, ⁻⁻(⁻)⁻/ *n.* **1** 産婆術, 助産術, 助産婦学; 《古》産科学 (obstetrics). **2** (計画などを実現させるための)有効な助力[推進力, 進め方]. 〖《1483》: ⇨ midwife, -ery〗

míd·wìng *adj.* 〖航空〗中翼の《主翼が胴体を貫通する形で取付けられている》. 〖1934〗

mid·wínter *n.* **1** 中冬, 真冬. **2** 冬至のころ. 日英比較 *midwinter* は「冬至(12 月 21 日か 22 日)のころ」という意味でも使うので, 日本語の「真冬」とは少し意味がずれる場合もある. — *adj.* 真冬の(ような). 〖OE *mid(de)winter*: ⇨ mid¹, winter: cf. midsummer〗

mid·yèar *n.* **1** 一年の中頃; 一学年の中頃. **2** [*pl.*] 《米口語》(一学年の中間に行われる)中間試験. — *adj.* **1** 一年の中頃の. **2** 一学年の中間に行われる: the ～ examinations 中間試験. 〖1896〗

mie·lie /míːli/ *n.* 《南ア》トウモロコシ. 〖《1804》《変形》← MEALIE〗

miel·ie·pap /míːlipæ̀p/ *n.* =mealiepap.

mien /míːn/ *n.* **1** 《文語》(性格・感情などの現れとしての)物腰, 様子, 態度 (⇨ bearing SYN): a man of pleasing [haughty, noble] ～ 気持ちのいい[高慢な, 上品な]態度の人. **2** 《文語》様相, 外観 (appearance). **3** 《古》見せかけ (pretense): make ～ 見せかける. 〖《1513》(頭部省略) ← ME *demeine* demeanour ▭ OF ← *demener* 'to DEMEAN²'〗

Mien /mjén:/ *n.* ミエン (Yao³ の別名).

Mie·res /mjéɪreɪs | mɪéərɛs; *Sp.* mjéres/ *n.* ミエーレス《スペイン北部, Oviedo の南にある鉱工業都市》.

mier·kat /míəkæt | míə-/ *n.* 〖動物〗=meerkat.

Mies van der Ro·he /míːzvændəróʊə, míːs- | -də-/, **Ludwig** *n.* ミースファンデルローエ (1886–1969; ドイツ生まれの米国の建築家).

mi·fe·pris·tone /mɪ̀fəprístoʊn | -təʊn/ *n.* 〖薬学〗ミフェプリストン (⇨ RU 486). 〖《1985》▭ Du. *mifepristone*: 化学名からの造語〗

miff /míf/ 《口語》*n.* くだらない喧嘩(けんか); むかっ腹 (huff): in a ～ むっとして, しゃくにさわって. — *vt.* むっとさせる, 怒らせる (offend): be ～ *ed at* …にむっとする, …にむかっ腹を立てる / I'm ～*ed* to think of it. それを思うと腹が立つ. — *vi.* むっとする, むかっ腹を立てる; くだらない喧嘩をする. 〖《1623》《擬音語》?: cf. G *muffen* to sulk〗

miff·y /mífi/ *adj.* (**miff·i·er; -i·est**) **1** 《口語》怒りっぽい, 短気な (touchy). **2** 〖植物〗生長するのによい条件を必要とする. **míff·i·ly** /-fɪ̀li/ *adv.* **míff·i·ness** *n.* 〖《a1700》: ⇨ ↑, -y⁴〗

mig /míg/ *n.* 《方言》**1** (おはじき遊びの的となる)玉. **2** [*pl.*; 単数扱い] おはじき遊び. 〖《変形》← ? MIB〗

MiG, MIG, Mig /míg; *Russ.* mʲík/ *n.* ミグ《Mikoyan と Gurevich の共同設計になるソ連製戦闘機の総称》: *MiG*-25. 〖← *M(ikoyan) i* (=and) *G(urevich)*: ソ連の二人の設計者の名〗

migg /míg/ *n.* 《方言》=mig.

mig·gle /mígl/ *n.* 《方言》=mig. 〖← (方言) *mig* playing marble+-LE¹〗

might¹ /máɪt, màɪt/ *auxil. v.* (may¹ の過去形) (⇨ may¹) ★ 用法は may¹ と多く共通するが, 1–6 は may¹ が時制の一致で might となったもの; 8 の現在用法では総じて may¹ よりも婉曲で控え目な意味を表す.
1 [推量]: I thought it ～ be true. 本当かもしれないと思った / It was possible that he ～ miss the train. 列車に乗り遅れるかもしれなかった.
2 [不確実]: I wondered what he ～ be thinking. 彼が何を考えているのかしらと思った / She inquired what ～ be the price [what the price ～ be]. その値段は一体どの位かしらと尋ねた.
3 [許可]: She said I ～ smoke if I liked. たばこをのみたければのみなさいと彼女は言った / I asked him if I ～ leave. もう帰ってもいいですかと私は彼に尋ねた.
4 [しばしば well を伴って; 妥当性・認容]: He was very angry, and *well* he ～ be [as *well* he ～ be]. 彼はかんかんに腹を立てていたが無理もなかった / ⇨ *might as* WELL¹ … (*as* …).
5 [目的または譲歩を表す副詞節の中で]: I worked hard (so) that [in order that] I ～ succeed. 成功するために精励した / He died that others ～ live. 彼は他の人々を救うために死んだ / Whatever ～ happen, he was determined to do it. どんな事があろうともそれをする決心だった / Run as I ～, I could not overtake him. どんなに走っても彼に追いつけなかった / However much they ～ have denied it, it was still true. どんなに彼らが否定したとしても, それでもなおそれは正しかった.
6 [希望・不安などを表す主節に伴う名詞節の中で]: I hoped it ～ come true. それが実現すればいいと思った / I was afraid he ～ have done it. 彼がそれをしたのではないかと心配だった / I feared that he ～ have fallen ill. 病気にでもなったのではないかと思った / I was afraid lest [that] he ～ fall ill. 彼は病気になるのではないかと心配だった.
7 [仮定文に用いて] **a** [許可]: I would go if I ～. 行っていいのなら行くのだが. **b** [推量]: You ～ believe me if you read it. それを読んだら私を信じて下さるでしょうに / If you had tried a little harder, you ～ have succeeded. もう少し努力したら成功したかもしれないのに. **c** [認容]: I wouldn't do it even if I ～. たとえできても私はそうしない. **d** [希望の名詞節で]: I wish I ～ tell you. 言ってあげられるといいのだが《残念ながら言えない》. **e** [可能]: *Might* I (=If I ～) but tell you! 言ってあげられさえすればなあ.
8 [7 から生じた用法] **a** [may より弱い現在の可能性]: It ～ or ～ not be true. ひょっとしたら本当かもしれないし, 本当でないかもしれない / It's so quiet (that) one ～ hear a pin drop. ピン一本落ちても聞こえそうなほど静かだ / *Might* it not [*Might'n* it] be worth trying a new approach? 新しいやり方はやってみる価値はないんでしょうか / I ～ have been a rich man. (なろうと思えば)金持ちになれたものを (cf. might-have-been) / The accident ～ have killed me! その事故で死ぬところだった ★ この用法では may よりも might のほうが好まれる傾向がある. **b** [may よりも控え目な許可]: *Might* I ask your name? 失礼ですがどなた様でしょうか / Who are you, ～ I ask? お伺いしますがね, あなたは何様ですか《皮肉》. ★ You ～ go. のように肯定文に用いることはない. **c** [穏やかな非難]: You ～ see [～ have seen] the difference. その違いぐらいわかりそうなものだ[だったのに / You ～ offer to go. せめて私が行きましょうと言ってもいいのに / He ～ (at least) have remembered my birthday. (少なくとも)私の誕生日は覚えておいてもらいたかったわ. **d** [依頼]: You ～ post this letter for me. この手紙を出してくれない (=Post this letter for me, will you?). **e** [不確定]: And who ～ you be, pray tell? ところでおたくはどなたでしたっけ.
— *n.* ひょっとするとあるかもしれないこと, 可能性.
〖OE *mihte, meahte* (p.p.) ← *magan* to be able: ⇨ may¹〗

might² /máɪt/ *n.* **1** 力, 勢力, 権力, 実力 (⇨ power SYN); 腕力; 優勢: military ～ 軍事力 / by ～ 力ずくで, 腕ずくで / *Might* is [makes] right. 《諺》力は正義,「勝てば官軍」. **2** 《方言》多量, たくさん: It took *a* ～ *of* time. それにはかなりの時間がかかった. ***with áll one's míght*=*with míght and máin*** 力の限り, 精一杯, 全力を尽くして. 《c1330》
〖OE *miht, meaht* < Gmc **maχtiz* (G *Macht*) ← IE **magh-* to be able, have power: ⇨ may¹, main¹〗

might·ful /máɪtfəl, -fl/ *adj.* 《古》強大な, 偉大な (mighty).

míght-have-bèen /-tə(v)- | -tə(v)-/ *n.* 《口語》あるいはそうなったかも知れないこと; (もっと)偉く[有名に]なったかも知れない人 (cf. might¹ *auxil. v.* 8 a, has-been). 〖1847〗

might·i·ly /-təli, -tli | -tɪ̀li, -tli/ *adv.* **1** 強く, 力をこめて, 勢いよく, 激しく. **2** 《口語》はなはだ, 非常に, 大いに, ひどく: He was ～ bored. えらく退屈した / It pleased him ～. ひどく彼を喜ばせた. 〖OE *mihtelīce*: ⇨ mighty, -ly¹〗

might·i·ness /máɪtinɪ̀s | -ti-/ *n.* **1** 力があること, 強力, 偉大. **2** [M-] [高位の称号として] 閣下, 殿下 (Highness): His *Mightiness* (三人称として)閣下, 殿下 / Good morning, Your *Mightiness*. お早うございます, 閣下[殿下] / Their High *Mightinesses* / his high (and) ～《皮肉》閣下《高慢な人; cf. HIGH and mighty》. 〖《?c1350》ME *mihtinesse*: ⇨ mighty, -ness〗

might·n't /máɪtnt/ 《口語》might not の縮約形.

might've /máɪtə(v) | -tə(v)/ 《口語》might have の縮約形.

might·y /máɪti | -ti/ *adj.* (**might·i·er; -i·est**) **1 a** 力のある, 強い, 強大な (⇨ SYN): a ～ man of valor 豪勇の人 / a ～ ruler 大統治者 / a ～ nation 強国 / ～ works 〖聖書〗力あるわざ, 奇跡 (cf. *Matt.* 11: 20, 21, etc.) / high and ～ ⇨ high *adv.* 成句. **b** 偉大な (great): a ～ poet. **c** [the ～; 名詞的に] 力強い人. **2** 巨大な, がっしりした (huge): a ～ hill, oak, etc. **3** 《口語》並はずれた, 大した, 非常な (extraordinary): a ～ hit 大当たり / a ～ delight 大変な喜び. — *adv.* 《米口語》非常に, 大層, ひどく, とても (mightily): a ～ good thing すばらしい事 / He was ～ pleased. ひどく喜んだ / It is ～ easy. とてもやさしい / It is ～ kind of you. これはまことに御親切さま. 〖OE *mihtiġ*: ⇨ might², -y⁴〗

SYN 強大な: **mighty** 《文語》偉大な力を有している: a *mighty* nation 偉大な国家. **powerful** 非常に大きな力・影響力などを有する: *powerful* engine 強力なエンジン. **potent** 内在的に強い力や影響力のある《格式ばった語》: a *potent* argument 強力な議論. **omnipotent** 〈特に神が〉絶対的な力を有する《格式ばった語》: God is *omnipotent*. 神は万能である. **almighty** [しばしば A-] =*omnipotent*: God *Almighty* 万能の神. **ANT** weak, impotent.

M

mig·ma·tite /mígmətàɪt/ *n.* 〖鉱物〗ミグマタイト, 混成岩《変成岩と火成岩が入り交じった組織をもつ岩石》. 〖《1907》▭ Swed. *migmatit* ← Gk *migmat-, mígma* mixture: ⇨ -ite¹〗

mi·gnon¹ /miːnjɑ́(ː)n, -njɔ́ː(ŋ), -njɔ́ːŋ | míːjɔn, míj-, miːnjɔ̃ː(ŋ), -njɔ̃ːŋ; *F.* miɲɔ̃/ *adj.* 小さくて優美な, きゃしゃできれいな, かわいらしい (dainty) (cf. mignonne). 〖《1556》▭ F ～ 'delicate, sweet, charming' < OF *mignot* (原義) caressing, fondling ← *minet* pussy, kitten: cf. Celt. *mīn* tender, soft〗

mi·gnon² /mínjɑ(ː)n | -njɔn/ *n.* ミニョン《暗紫色の一種》. 〖↑〗

mi·gnon³ /miːnjɑ́(ː)n, -njɔ́ː(ŋ), -njɔ́ːŋ | míːjɔn, míj-, miːnjɔ̃ː(ŋ), -njɔ̃ːŋ; *F.* miɲɔ̃/ *n.* =filet mignon.

Mi·gnon /miːnjɑ́(ː)n, -njɔ́ː(ŋ), -njɔ́ːŋ | míːjɔn, míj-, miːnjɔ̃ː(ŋ), -njɔ̃ːŋ; *F.* miɲɔ̃/ *n.* ミニョン《女性名》. 〖▭ F ～: cf. mignon¹〗

mi·gnon·ette /mɪ̀njənét | ⁻⁻⁻, ⁻⁻⁻/ *n.* **1** 〖植物〗モクセイソウ, ニオイレセダ (*Reseda odorata*)《モクセイソウ科の草》. **2** 灰緑色. **3** ボビンレースの一種《チュールに似た薄くて幅の狭いレース》. — *adj.* **1** 灰緑色の. **2** モクセイソウ科の. 〖《1757》▭ F *mignonnette* (dim.) ← MIGNON¹: ⇨ -ette〗

Mi·gnon·ette /mɪ̀njənét | ⁻⁻⁻, ⁻⁻⁻/ *n.* ミニョネット《女性名》. 〖(dim.) ← MIGNON: ⇨ -ette〗

mígnonette trèe *n.* 〖植物〗シコウカ, ヘンナ (henna).

mi·gnonne /miːnjɑ́(ː)n, -njɑ́(ː)n | míːnjɔn, miː-njɔ́n; *F.* miɲɔn/ *adj.* 〈女性が〉かわいらしい, 愛くるしい. 〖(fem.) ← MIGNON¹〗

mi·graine /máɪgreɪn | míːg-, máɪg-, míg-; *F.* mi-gʀɛn/ *n.* 〖病理〗(通例むかつきを伴う定期発作的な)片頭痛 (megrim, hemicrania). **mi·grain·oid** /màɪ-gréɪnɔɪd | mɪ̀ːg-, màɪg-, mɪ̀g-⁻/, **mi·grain·ous** /màɪgréɪnəs | mɪ̀ːg-, màɪg-, mɪ̀g-⁻/ *adj.* 〖《1373》▭ OF ～ ▭ LL *hēmicrānia* ▭ Gk *hēmikrānía* a pain on one side of the head ← *hēmi-* half+*krānía* head, skull: ⇨ hemi-¹, cranium〗

mi·grant /máɪgrənt/ *adj.* 移住する; (特に)〈鳥が〉移住性の (migratory): a ～ bird 渡り鳥. — *n.* **1** 《主に豪》移住者 (cf. emigrant, immigrant); (取入れ期の)移動労働者, 季節労働者. **2** 移動動物; (特に)渡り鳥, 候鳥 (migrator) (↔ resident). 〖adj.: 《1672》. — n.: 《1760》← adj. ▭ L *migrantem* (pres. p.) ← *migrāre* (↓)〗

mi·grate /máɪgreɪt, ⁻⁻ | ⁻⁻, ⁻⁻/ *vi.* **1** 〈人が〉他の所へ移る, 移住する: **a** (農繁期に)〈出稼ぎ人が〉渡り歩く. **b** 海外に移住する (cf. emigrate, immigrate): the Moors who ～*d from* Africa *into* Spain アフリカからスペインへ移住したムーア人. **c** (英国の大学で)他の学寮 (college) に移る. **2** 〈鳥・魚・動物などが〉(周期的に)移動する, 渡る: These birds ～ northward in spring and southward in fall. これらの鳥は春は北方に秋は南方に移動する.

3 (体内で, またはある物質の内部で)〈患部・寄生虫などが〉転位する, 移動する. 〘(1623) ← L *migrātus* (p.p.) ← *migrāre* to change place ← IE **meigʷ-* to change, go, move (Gk *ameíbein*): -ate³〙

mí·grat·ing /-ṭɪŋ | -tɪŋ/ *adj.* 移住する; 移動する: a ~ balloon 自由気球. 〘1753〙

mi·gra·tion /maɪgréɪʃən/ *n.* **1** 移住, 転住 (cf. emigration, immigration 1 a): the right of ~ 移住権. **2** (鳥・魚などの)移動, 渡り. **3** [集合的] 移住者群, 移住団. **4** 〘化学〙(分子や基の)移動; 泳動 《電気分解中に電極に向かうイオンの移動》; 移染 《色素の移動》; 移行 《織物の樹脂加工の際の樹脂の移動》: ~ of ions. **~·al** /-ʃnəl, -ʃənḷ/ *adj.* 〘(1611) □ L *migrātiō(n-)*: ⇨ migrate, -ation〙

mí·gra·tor /-ṭə | -tə⁽ʳ⁾/ *n.* 渡り鳥, 候鳥.

mi·gra·to·ry /máɪgrətɔ̀ːri | máɪgrətəri, maɪgréɪ-, -tri/ *adj.* **1** 移住の; 移住性の (↔ resident, stationary): the ~ movements of birds 鳥の渡り / a ~ animal 移住動物 / a ~ bird 渡り鳥 / a ~ fish 回遊魚. **2** 漂浪[放浪]性の (nomadic): ~ habits 放浪性. 〘(1753) ← MIGRATE＋-ORY¹〙

mígratory lócust *n.* 〘昆虫〙ダイミョウバッタ (*Locusta migratoria*) 《ヨーロッパ・アフリカ・アジアなどの大陸で大集団をつくって長距離を移動し, 農作物を食い荒す; cf. desert locust》. 〘(1875): (↑)〙

Mi·guel /miːgél, mɪ-; *Sp.* miɣél/ *n.* ミゲル 《男性名》. 〘□ Sp. ~ 'MICHAEL¹'〙

mig·ue·let /mígəlèt/ *n.* =miquelet.

MÍG wèlding /míg-/ *n.* 〘金属加工〙ミグ溶接 《アーク溶接金属が不活性ガスによって大気から保護されている溶接法; cf. TIG welding》. 〘*MIG*: 《頭字語》 ← *m(etal) i(nert) g(as)*〙

Mi·haj·lo·vić /mɪháɪləvɪtʃ/, **Dragoljub** *n.* ミハイロヴィチ (1893–1946; ユーゴスラビアの軍人; 通称 Draza Mihajlović; 1941 年ドイツ軍のユーゴスラビア占領後チェトニク (Chetniks) を率いてゲリラ活動を行った; ユーゴスラビア亡命政府より国防相などに任命されるが, Tito の率いるパルチザンとの不和が深まり, 1946 年に逮捕, 死刑に処せられた).

mih·rab /míːrəb/ *n.* 〘イスラム教〙ミヒラブ, ミーラブ, ミフラブ 《イスラム教寺院 (mosque) の Mecca の方角に向いているコーランを納めた壁龕(へきがん)》. 〘(1816) □ Arab. *miḥrāb*〙

M

mi·ka·do, M- /mɪ̀kɑ́ːdoʊ | -dəʊ/ *n.* **1** 《古》(*pl.* **~s**) (日本の)天皇, 帝(みかど). **2** [The M-]「ミカド」(Gilbert および Sullivan 合作の喜歌劇の名 (1885)). 〘(1727) □ Jpn.〙

mike¹ /máɪk/ *n.* 《口語》マイク: a *mike*-side account 実況放送. — *vt.* (マイクを使って)録音[放送]する; 〈人に〉マイクをつける 〈*up*〉. 〘(1924) 《略》 ← MICROPHONE〙

mike² /máɪk/ *n.* (艦載した軽機砲のフォーク状の)砲座. 〘□ MD *micke* forked stick〙

mike³ /máɪk/ 《英俗》 *vi.* **1** なまける, ぶらぶら遊ぶ (loiter, idle). **2** 去る, 逃げる 〈*off*〉. — *n.* 休息, 休養; なまけ, ぶらぶら遊び: do [have] a ~ なまける / be on the ~ ぶらぶら遊んでいる. 〘(1825) cf. 《方言》 *miche?* ← OF *muchier* to skulk〙

mike⁴ /máɪk/ *n.* =micrometer caliper.

mike⁵ /máɪk/ *n.* 《英俗》=Mick² 1. 〘《変形》 ← MICK²〙

mike⁶ /máɪk/ *n.* 《俗》(LSD などの) microgram 分. 〘1970〙

Mike¹ /máɪk/ *n.* 〘通信〙マイク 《文字 m を表す通信コード》.

Mike² /máɪk/ *n.* マイク 《男性名》. ***for the lóve of Míke*** ⇨ love 成句. 〘(dim.) ← MICHAEL¹〙

Míke Fínk /-fíŋk/ *n.* マイク フィンク (1770/80–1823; 米国のフロンティア開拓者; 超人的な大業を次々に成し遂げたという半伝説的な keelboat の船頭).

míke fright *n.* 《口語》マイクおじけ, マイク恐怖症 (cf. stage fright): have ~. 〘(1937): ⇨ mike¹〙

Mi·kha·il /mɪkáɪl, -xáɪl; *Russ.* mʲixaíl/ *n.* ミハイル 《男性名》. 〘□ Russ. ~ 'MICHAEL¹'〙

Mi·khai·lo·vich /mɪháɪləvɪtʃ, -xáɪ-; *Russ.* mʲixáɪləvʲitʃ, -xájlə-/ *n.* ミハイロヴィチ 《男性の父称》. 〘□ Russ. ~ 《原義》 'son of MIKHAIL'〙

Mi'k·maq /míkmæk/ *n.* =Micmac.

Mí·ko·nos /míːkoʊnɔ̀ːs | -kəʊ-/ *n.* Mykonos のギリシャ語名.

Mi·ko·yan /mìːkoʊjɑ́ːn | -kə(ʊ)-; *Russ.* mʲikajáɲ/, **A·nas·tas** /ənastás/ **Ivanovich** *n.* ミコヤン (1895–1978; ソ連の政治家; 最高会議幹部会議長 (1964–65)).

mi·kron /máɪkrɑ(ː)n | -krɒn, -krɔn/ *n.* (*pl.* **~s, mikra** /-krə/) =micron.

mik·vah /míkvə/ *Heb. n.* (*also* **mik·veh** /~/) (*pl.* **~s**; *Heb.* **mik·voth** /mɪkvɔ́(ː)t | -vɔ́t/) 〘ユダヤ教〙ミクバ 《正統のユダヤ教信者が宗教的儀礼として赴かねばならない沐浴場》. 〘(1843) □ Heb. *miqwāʰ* reservoir〙

mil /míl/ *n.* **1** 〘電気〙ミル 《電線の直径測定などの単位; 1,000 分の 1 インチ》. **2** 〘軍事〙ミル, (旧兵語の)密位(みつい) 《角度の単位で砲術・ミサイル射撃などの用語; 通例 artillery mil と同じ》: artillery ~ 砲兵ミル 《円周の 6,400 分の 1 の弧に対する中心角》 / infantry ~ 歩兵ミル 《砲兵ミルの 1.018 倍に当たる角》. **3** 〘薬学〙=milliliter. **4 a** ミル 《キプロス・マルタの通貨単位; =1/1000 pound》; 1 ミル貨. **b** ミル (パレスチナの旧通貨単位); ミル青銅貨. **5** 千, 1,000: 15 per ~ 1,000 につき 15. 〘(1721) □ L *mille* thousand: ⇨ mile〙

Mil /míl/ *n.* ミル 《女性名》. 〘(dim.) ← MILDRED〙

mil. 《略》 mileage; military; militia; milliliter(s); million.

mi·la·dy /mɪ̀léɪdi | -di; *F.* milɛdi/ *n.* (*also* **mi·la·di** /~/) **1** [ヨーロッパ大陸人の英国貴婦人に対する呼び掛けまたは敬称として] 奥様, 夫人, 貴婦人 (cf. milord). **2** 上流婦人. 〘(1839) □ F ~ □ E *my lady*: cf. milord〙

mil·age /máɪlɪdʒ/ *n.* =mileage.

mi·lah /mɪlɑ́ː, míːlɑː/ *n.* 〘ユダヤ教〙=circumcision. 〘□ ModHeb. *milá* < MHeb. *mīlāʰ* < Heb. *mūlāʰ* ← *māl* to cut < *māhál*: cf. mohel〙

Mi·lan /mɪ̀lǽn, -lɑ́ːn/ **1** ミラノ 《Lombardy 州の州都; イタリアの金融・商工業の中心地で著名な建築物に富む; イタリア語名 Milano》. **2** ミラノ(県) 《イタリア北部 Lombardy 州の一県; 面積 2,784 km²; イタリア語名 Milano》. **3** ミラノ産の麦わら; それから作った麦わら帽. 〘(1495) □ It. *Milano*〙

mil·a·naise /mìlənéɪz; *F.* milanɛːz/ *adj.* 〘料理〙ミラノ風の 《肉にパン粉とパルメザンチーズの衣をつけた; マカロニやスパゲッティなどのパスタをトマトソースとパルメザンチーズなどであえた》: veal cutlets ~ ミラノ風の子牛肉のカツレツ / à la ~ ミラノ風の[に]. 〘□ F ~ (fem.) ← *milanais* of Milan〙

Mil·a·ne·se¹ /mìlənéɪz, -néz | -lənéɪzeɪ, -læ-, -zi; *It.* milanéːze/ 〘料理〙=milanaise.

Mil·a·nese² /mìləníːz, -níːs | -níːz, -néɪz⁻/ *n.* (*pl.* ~) **1** ミラノ人. **2** (イタリア語の)ミラノ方言. **3** [m-] 〘紡織〙ミラニーズ 《絹・レーヨン・ナイロンなどの軽いたてメリヤス; 肌着・セーターなどを作る》. — *adj.* **1** ミラノ (Milan) の. **2** ミラノ人の. **3** ミラノ方言の. 〘(1484) □ It. ~: ⇨ Milan, -ese〙

Mi·la·no /*It.* miláːno/ *n.* ミラノ 《Milan のイタリア語名》.

Mi·laz·zo /mɪláːttsoʊ | -tsəʊ; *It.* miláttso/ *n.* ミラッツォ 《イタリア Sicily 島北東部の港町; 旧名 Mylae》.

milch /míltʃ/ *adj.* **1** 〈牛・山羊など〉乳を出す, 搾乳用の. **2** 《廃》涙で濡れた, 泣いている. 〘(*c*1250) *milche* (OE *-milċe*): cf. milk〙

mílch còw *n.* =milk cow. 〘(1424): (↑)〙

mil·chig /mílkɪk, míltʃɪk/ *adj.* (*also* **mil·chik** /~/) 〘ユダヤ教〙牛乳で作った; 乳製の (cf. fleishig). 〘(*c*1928) □ Yid. ~ ← *milch* 'MILK' ＋-*ig* '-Y¹': cf. G *milchig*〙

mild /máɪld/ *adj.* (**~·er**; **~·est**) **1** (気持ち態度の)温和な, 温厚な, おとなしい, 優しい, 柔和な (⇨ soft **SYN**): (as) ~ as a lamb [a dove, May, milk] 非常に柔和で / be ~ in disposition 気質が優しい / be ~ of manner 態度がおとなしい. **2** 厳しくない, 寛大な (generous), 寛容な; 緩い, 軽い (moderate): a ~ ruler 寛大な統治者 / a ~ attempt 無理のない企て / ~ penalties 軽い刑罰 / a ~ regret 淡い悔恨の情 / ~ curiosity 軽い興味. **3** 〈病気が〉軽い: a ~ case [form] 軽症 / a ~ heart attack 軽い心臓発作. **4 a** 〈気候・天候など〉暖かい, 温暖な (temperate): ~ weather 温暖な天候. **b** 寒くない, 心地よい暖かさの: a ~ winter day. **5 a** 〈味が〉刺激性の弱い, 強くない, 口当たりのいい (bland): a ~ flavor 柔らかい[甘い]味 / ~ cheese. **b** 〈たばこなど〉軽い: a ~ cigar. **c** 〈ビール・エールが〉苦味の少ない, ホップの味の薄い (↔ bitter): ~ ale. **6** 〈薬が〉効き目の緩やかな, 刺激性の少ない; 〈石鹸・洗剤など〉肌に優しい, マイルドな: a ~ medicine / a ~ laxative 緩下剤 / a ~ soap. **7 a** 〈金属が〉鍛冶(たんや)性に富む (malleable): ⇨ mild steel. **b** 《方言》〈木・石など〉柔らかい (soft), 加工しやすい. **8** 《古》親切な, 情深い. ***dráw it mild*** ⇨ draw *v.* 成句.
— *n.* **1** 《英》マイルド (mild beer) (cf. *adj.* 5 c): a pint of ~. **2** [通例 Milds] 上質のコーヒー; ブラジル以外のコーヒー.
~·ness *n.* 〘OE *milde* < Gmc **melðjaz, *milðjaz, *milðiz* (Du. & G *mild*) ← IE **mel-* soft (Gk *malthakós* soft / L *mollis* soft): cf. melt¹〙

míld-and-bítter *n.* 《英》甘口 (mild) と辛口 (bitter) を半々に混ぜたビール. 〘1933〙

mild·en /máɪldən, -dn/ 《まれ》 *vt.* 温和にする, 穏やかにする. — *vi.* 温和になる, 穏やかになる. 〘(1603): ⇨ mild, -en¹〙

mil·dew /míldùː, -djùː | míldjùː/ *n.* **1** べと病, うどん粉病 《病菌が葉など植物体の表面に繁殖し, 白粉を敷いたり組織がくずれたりして一見してその存在が分かる病気の総称; cf. blight 1》; べと[うどん粉]病の病菌. **2** (紙・革・衣類・食物などに生じる)白かび. — *vt.* べと[うどん粉]病にかからせる; …に白かびを生やす: be ~*ed* べと病にかかる, 白かびが生える. — *vi.* べと病にかかる; 白かびが生える. 〘OE *mildēaw, meledēaw* honeydew, nectar (cog. G *Mehltau*) ← Gmc **melip* honey (混成) (← IE **melit-* honey (cf. MEL¹))＋**dauwaz* 'DEW'〙

míl·dewed *adj.* うどん粉病になった; 白かびの生えた. 〘1552〙

míldew·pròof *adj.* べと[うどん粉]病にかからない, 白かびが生えない; 防かび性の. — *vt.* 〈紙・衣類などを〉白かびが生えにくくする; 防かび処理を施す.

mil·dew·y /míldùːi, -djùːi | -djùːi/ *adj.* **1** べと病にかかった, 白かびの生えた. **2** かび臭い. 〘(1835): ⇨ mildew, -y⁴〙

míld·ly *adv.* 温和に, 優しく; 穏やかに; 軽く: put it ~ 控え目に言う. 〘OE *mildelīċe*: ⇨ mild, -ly¹〙

míld-mánnered *adj.* 〈人が〉温厚な, おとなしい. 〘1575–85〙

Mil·dred /míldrɪ̀d, -drɛd/ *n.* ミルドレッド 《女性名; 愛称形 Millie, Milly; 異形 Mildrid》. 〘OE *Mildþrȳð* ← *milde* 'MILD'＋*ðrȳð* power〙

míld sílver prótein *n.* 〘薬学〙マイルドシルバープロテイン, 弱力型プロテイン銀, 緩和銀蛋白 《19–25% の銀を含む蛋白化合物; 防腐・殺菌剤として粘膜性病に用いる》.

míld stéel *n.* 軟鋼 《炭素を 0.05–0.25% 含む鋼; 低炭素鋼 (low carbon steel) ともいい, 構造用材料として広く用いられる》. 〘1868〙

mile /máɪl/ *n.* (*pl.* **~s,** (ときに数字の後で) ~) **1 a** マイル 《陸上距離の単位; 時と所により種々であるが, 英米現用の法定マイル (statute mile) では 5,280 フィート, 1,760 ヤード, 1,609.3 m; 略 mi., m.》: ⇨ Roman mile, Swedish mile / ⇨ air mile, geographical mile, nautical mile, square mile / a long [short] ~ distant たっぷり 1 マイル[小 1 マイル]離れた / cover [do, make] four ~*s* in an hour 1 時間に 4 マイル行く[歩く] / The prairie spread out ~ *upon* ~. 草原は何マイルも続いていた. **b** 海里 (nautical mile): the three ~ limit [belt, zone] 3 マイル境界[帯] 《昔の国際公法上の領海 3 海里》. **2** [通例 *pl.*; 副詞的に用いて] 《口語》かなりの距離[間隔, 程度]: be ~*s* away [out] ひどくかけ離れている(など) / ~*s* away from anywhere [nowhere] 人里離れた所[ど田舎]に[で], 孤立して / It's ~*s* easier [superior]. その方がはるかにたやすい[すぐれている]. **3** 〘競技〙1 マイルレース[競走].
gò the éxtra míle 《米俗》一層の努力をする, もう一頑張りする. ***nòt a húndred [míllion] míles from*** 《戯言》…からあまり遠くない所に, すぐ近くに (very near). ***nòt a húndred miles òff*** 《戯言》ここからあまり遠くない所に, この近くに, ここに. ***rún a míle*** …から逃げ出す, 逃げ腰になる 〈*from*〉. ***sèe [téll] a míle òff [awày]*** 《口語》簡単に[すぐ]わかる: I can *tell* his car *a* ~ *off*. 彼の車ならすぐ分かる. ***stíck óut a míle*** ⇨ STICK² *out* (*vi.*) (2). ***tálk a míle a mínute*** 《口語》(早口に)まくしたてる.
〘OE *mīl*, (pl.) *mīle, mīla* < (WGmc) **mīlja* □ L *mīl(l)ia* a thousand (things), mile (pl.) ← *mīlle* (*passus* or *passuum*) one thousand (of paces): cf. F *mille*〙

mile·age /máɪlɪdʒ/ *n.* **1** 総マイル数; (一定時間内の進行)マイル数, 進行[旅行]里程: the total single track ~ 単線総マイル数. **2 a** 一定の燃料量による自動車の走行距離; (特に)ガソリン 1 ガロン当たりの走行距離. **b** (タイヤなどの)耐用走行距離. **3 a** (公務員などの)マイル当たり旅費[赴任手当]. **b** (鉄道などの)マイル当たり運賃. **4 a** =mileage book. **b** =mileage ticket. **5** (衣服・靴・道具・車・家屋などの)持ち(具合), 耐[有]用性. **6** 《口語》利益 (profit), 恩恵, サービス: get full ~ out of …を十分活用する. **7** 《口語》(利用)価値, 将来性, 取柄, 重要性: There is good ~ in me yet. まだまだ私は元気[現役]だ / some ~ in the objector's arguments 反対論の強み / This scheme has a lot of ~ left. この計画にはなお捨て難い利点が多い. 〘1754〙

míleage allòwance *n.* =mileage 3 a.

míleage bòok *n.* マイル制乗車クーポン帳.

míleage tìcket *n.* **1** =mileage book. **2** (その)クーポン (1 枚で一定マイル数乗車できる).

míle·càstle *n.* 古代ローマの国境壁に沿って等間隔に建てられた小砦. 〘1732〙

Míle-Hígh Cíty *n.* [the ~] Denver の別称.

mile·om·e·ter /maɪlɑ́(ː)məṭə | -lɒ́mɪ̀tə⁽ʳ⁾/ *n.* 《英》(車・自転車の)走行マイル計 《米・カナダでは odometer が普通》. 〘(1953): ⇨ mile, -o-, -meter¹〙

míle·pòst *n.* **1** (路傍に立てる)マイル標, 里程標, 距離標 《英では milestone ともいう》. **2** 〘競馬〙(決勝ラインの手前 1 マイルの競走用コースに立てる)標柱. 〘1768〙

mil·er /máɪlə | -lə⁽ʳ⁾/ *n.* 《口語》 **1 a** マイル競走選手. **b** 〘競馬〙中距離馬, マイラー (1 マイル前後の距離を得意とする馬; cf. sprinter 2, stayer¹ 4). **2** [複合語の第 2 構成素として] **a** …マイルを走る人[馬]: a 12-*miler* 12 マイル走者. **b** …マイルの長さのもの[距離, コース]: The marathon was a twenty-*miler*. マラソンは 20 マイル (のコース)だった. 〘1889〙

míle ràce *n.* 1 マイル競走.

Miles /máɪlz/ *n.* マイルズ 《男性名; 異形 Myles》. 〘□ OF ~, *Milon* □ OHG *Milo* 《原義》 merciful // (dim.) ← MICHAEL¹〙

mi·les glo·ri·o·sus /míːleɪsglɔ̀ːrióʊsəs, -sʊs | -glɔ̀ːriə́ʊ-/ *L. n.* (*pl.* **mi·li·tes glo·ri·o·si** /míːlətèɪsglɔ̀ːrióʊsiː | mìːlɪtèɪsglɔ̀ːriə́ʊ-/) ほら吹き兵士 《特に古典喜劇に登場するお決まりの人物》. 〘(1917) ← L *Miles Glōriōsus* glorious soldier (Plautus (*c*254–184 B.C.) の喜劇の題名)〙

Mi·le·sian¹ /mɪ̀líːʒən, -ʃən | maɪlíːziən, mɪ̀-, -ʒiən/ *adj., n.* **1** ミレトス (Miletus) の(人). **2** 〘哲学〙ミレトス学派の(人) (Thales, Anaximander, Anaximenes of Miletus 等を含むギリシャ最古の哲学学派). 〘(1596) ← L *Milēsius* (□ Gk *Milḗsios* 'of MILETUS')＋-AN¹〙

Mi·le·sian² /mɪ̀líːʒən, -ʃən | maɪlíːziən, mɪ̀-, -ʒiən/ *n.* **1** (アイルランド人の神話的祖先である)ミレシウス (Milesius) の子孫. **2** 《戯言》アイルランド人 (Irishman). — *adj.* **1** ミレシウスの. **2** 《戯言》アイルランドの (Irish). 〘(1550) ← *mīles* soldier: ⇨ Milesius, -an¹〙

mi·le·si·mo /mɪlésəmòʊ, -léɪs- | -sɪ̀məʊ; *Am.Sp.* milésimo/ *n.* (*pl.* **~s**) ミレシモ 《チリの旧通貨単位; =1/1000 escudo, 1/10 centesimo》. 〘□ Sp. ~ ← *milésimo* 1/1000〙

Mi·le·sius /mɪ̀líːʒəs, -ʃəs | maɪlíːziəs, mɪ̀-, -ʒiəs/ *n.* ミレシウス 《紀元前 14 世紀にスペインから来てアイルランドを征服したという伝説的人物》.

Míles Stándish *n.* ⇨ Miles STANDISH.

mile·stone /máɪlstòʊn | -stəʊn/ *n.* **1** (路傍に立てて道程を示す)マイル標石, 里程石, 一里塚. **2** (歴史・人生

milestone 1

などの道標となる)画期的な出来事: This marked another ～ in his life. これがまた彼の生涯の新しい時期を画するものであった. 〚*a*1746〛

Mi·le·tus /maɪlíːtəs, mə- | -təs/ *n.* ミレトス《古代に隆盛を極めた小アジア西岸 Ionia の古都; 紀元前 6 世紀頃ミレトス学派を生んだ; 紀元前 494 年ペルシャに破壊された》.

mil·foil /mílfɔɪl/ *n.* 〘植物〙 **1** ＝yarrow. **2** ＝water milfoil. 〚(?lateOE) □ OF ～ (F *millefeuille*) < L *mīlifolium, millefolium* ← *mille* thousand (⇨ mile) ＋*folium* leaf (⇨ foliate)〛

Mil·ford /mílfəd | -fəd/ *n.* ミルフォード《米国 Connecticut 州南西部, Long Island 海峡に面した, Bridgeport 近くの都市》.

Mílford Háven *n.* ミルフォードヘヴン: **1** ウェールズ南西部の湾. **2** 同湾の北岸にある港市.

Mi·lhaud /miː(j)óʊ | míː(j)əʊ, miːjóʊ; *F.* mijo/, **Darius** *n.* ミヨー《(1892–1974; フランスの作曲家)》.

milia *n.* milium の複数形.

mil·ia·ren·sis /mìljərénsɪs | -sɪs/ *n.* (*pl.* **-ren·ses** /-siːz/) ミリアレンシス《古代ローマの銀貨; 初め Constantine 大帝のもとでは $^1/_{14}$ solidus であったが, Justinian 一世のもとで $^1/_{12}$ solidus となった》. 〚□ LL ～ ← L *mille* thousand〛

mil·i·ar·i·a /mìliéᵊriə | -éər-/ *n.* 〘病理〙 (汗腺の)汗疹(かん), あせも; 粟(ぞく)粒疹; 粟粒疹熱. **mìl·iár·i·al** /-riəl⁻/ *adj.* 〚(1807) ← NL ～ (fem.) ← L *mil(l)iārius* (↓)〛

mil·i·ar·y /mílièri | -liəri/ *adj.* **1** あわ粒状の: the ～ gland 粟粒腺. **2** 〘病理〙 粟粒状の, 粟粒疹を伴う: miliary fever. 〚(1685) □ L *mil(l)iārius* ← *milium* 'MILLET': ⇨ -y¹〛

míliary féver *n.* 〘病理〙 粟粒疹熱 (miliaria). 〚(1737): (↑)〛

míliary tuberculósis *n.* 〘病理〙 粟粒結核(症).

Mil·i·cent /míləsənt, -sn̩t | -lɪ-/ *n.* ミリセント《女性名》. 〚《変形》← MILLICENT〛

mi·lieu /miːljə́ː, -ljúː | míːljəː, ⸗⸗; *F.* miljø/ *n.* (*pl.* ～s, **mi·lieux** /～(z); *F.* ～/) (社会的・文化的な)環境, 状況 (setting, environment). 〚(1854) □ F ～ 'middle, medium, mean, 《原義》middle place' ← *mi* middle (< L *medium*)＋*lieu* place (< L *locum*)〛

milit. 《略》 military.

mil·i·tan·cy /mílətənsi, -tn- | -lɪtən-, -tn-/ *n.* **1** 好戦性, 攻撃[戦闘]精神, 闘志, 闘争本能. **2** 交戦[戦闘]状態. 〚(1648): ⇨ ↓, -cy〛

mil·i·tant /mílətənt, -tn̩t | -lɪtənt, -tn̩t/ *adj.* **1** 戦闘的な, 闘争[好戦]的な (warlike) (⇨ aggressive SYN): a ～ reformer [suffragette] 闘争的改革者[婦選論者] / ～ nationalism 戦闘的民族主義 / ⇨ church militant. **2** 交戦中の, 戦闘中の. ― *n.* **1** 戦闘的[好戦的]な人, 闘士; 交戦者, 闘争者. **2** [M-] ＝Militant Tendency. **～·ly** *adv.* **～·ness** *n.* 〚(1413) □ (O)F ～ □ L *mīlitantem* (pres.p.) ← *mīlitāre* to serve as a soldier ← *mīlit-, mīles* soldier: ⇨ militia, -ant〛

Mílitant Téndency *n.* ミリタントテンデンシー, 戦闘[武闘]派《英国労働党内のトロツキスト左派グループ》. 〚1979〛

mil·i·tar·i·a /mìlətéᵊriə | -lɪtéər-/ *n. pl.* [集合的] (特に過去の)軍用品, 武装用品《銃・軍服・勲章など》. 〚(1964) □ L *mīlitāria* (neut. pl.) ← *mīlitāris* 'MILITARY'〛

mil·i·tar·i·ly /mìlətérəli, ⸗⸗⸗⸗ | mílɪtərɪli, -trɪ-, mìlɪtérɪli/ *adv.* **1** 軍事上(の立場から). **2** 軍隊調[式]に, 軍事的に: interfere ～. 〚1660〛

mil·i·ta·rism /mílətərìzm | -lɪt-/ *n.* **1** 軍国主義, ミリタリズム; 軍事中心政策; 軍国主義的国家体制. **2** 軍国的精神, 戦闘精神 (cf. pacifism). 〚(1864) □ F *militarisme*: ⇨ military, -ism〛

mil·i·ta·rist /-rɪst | -rɪst/ *n.* **1** 軍国主義者 (cf. pacifist 1). **2** 軍事専門家[研究家], 戦技練達者. **3** 《まれ》軍人, 兵士 (soldier). ― *adj.* 軍国主義(者)の. 〚(1602–03): ⇨ military, -ist〛

mil·i·ta·ris·tic /mìlətərístɪk | -lɪtə-⁻/ *adj.* 軍国主義(者)の, 軍国的な, 戦闘精神の: ～ governments. **mìl·i·ta·rís·ti·cal·ly** *adv.* 〚1905〛

mil·i·ta·ri·za·tion /mìlətərɪzéɪʃən | -lɪtəraɪ-, -rɪ-/ *n.* 軍国化; 軍国主義化, 軍国主義[軍事熱]鼓吹. 〚(1881): ⇨ ↓, -ation〛

mil·i·ta·rize /mílətəràɪz | -lɪt-/ *vt.* **1** 軍国化する; …の軍備を整える. **2 a** 軍国主義化する, 好戦的にする; …に軍国主義[戦闘精神]を鼓吹する. **b** 〈国・国民・団体などに〉軍隊的性格を与える, 軍隊化する: ～ the police. 〚(1880): ⇨ military, -ize〛

mil·i·ta·rìzed *adj.* **1** 軍隊が配備された. **2** 《軽蔑》軍国(主義)化された. 〚1922〛

mil·i·tar·y /mílətèri | -lɪtəri, -tri/ *adj.* **1 a** 武の; 軍の, 軍隊の (⇨ martial SYN): ～ arts 武術 / ～ prestige 武威. **b** 軍事(上)の, 軍用の, 戦闘(用)の: ～ might [strength] 軍事力 / ～ actions 軍事行動 / a ～ railway [《米》railroad] 軍用鉄道 / ～ stores 軍需[軍用]品 / ～ training 軍事訓練. **2 a** 陸・海・空軍の, 三軍の: ～ authorities 軍当局 / a ～ review 観兵式 / ⇨ military band. **b** 陸軍の: a ～ officer 陸軍将校[士官] / a ～ cadet 士官候補生 / ⇨ military academy. **c** (海軍に対して)陸・空軍の: a ～ hospital 陸(空)軍病院. **3 a** 軍人の, 軍人に適する, 軍人の行う, 軍隊生活の: the ～ caste [clique] 軍閥 / ～ circles 軍人社会 / ～ discipline 軍紀, 軍律 / ⇨ military age, military government, military governor. **b** 軍人らしい (soldierly): a ～ moustache 軍人ひげ.

Mílitary Knìghts of Wíndsor [the ―] (英国の)ウインザー騎士団《貧困で体面を保つだけの生活のできない殊勲退役軍人の小団体; 特別手当を支給され Windsor Castle の一部に居住させられる; 旧名 Knights of Windsor》. ― *n.* [通例 the ～; 複数扱い] **a** [集合的] 軍人 (soldiers), (特に)陸軍将校たち. **b** 軍, 軍部, 軍隊: *The* ～ were opposed to the plan. 軍部はその案に反対だった / He was in *the* ～. 軍隊にいた. 〚(1460) □ (M)F *militaire* □ L *mīlitāris* of a soldier ← *mīlit-, mīles* soldier: ⇨ militia, -ary〛

mílitary acàdemy *n.* **1** 陸軍士官学校: the Royal *Military Academy* 英国陸軍士官学校 (⇨ Sandhurst) / the United States *Military Academy* 米国陸軍士官学校《New York 州 West Point にある》. **2** 《米》軍隊式高等学校《生徒は常に制服を着用し, 軍隊的訓練を受ける男子の私立予備学校》. 〚1776〛

mílitary áge *n.* 兵役年齢. 〚1920〛

mílitary at·ta·ché /-ǽtəʃèɪ, -ətǽʃeɪ | -ətǽʃeɪ/ *n.* (外国の首都にある)大使[公使]館付き陸軍武官. 〚1857〛

mílitary bánd *n.* 陸軍軍楽隊. 〚1775〛

mílitary brúsh *n.* 男子[紳士]用ブラシ《2本で一組になった柄のないヘアブラシの一方》. 〚1926〛

Mílitary Cróss *n.* (英国の)戦功十字勲章《1915 年制定》. 〚1915〛

mílitary enginéering *n.* 〘軍事〙 工兵学, 軍事工学. 〚1872〛

mílitary féver *n.* 《廃》〘病理〙 ＝typhoid fever. 〚1885–88〛

mílitary fóld *n.* 《米》星条旗の正式なたたみ方《上下に四つ折りにし, それを端から三角にたたみ重ねる》.

mílitary fórk *n.* (14 世紀以降に使用された)二叉槍.

mílitary góvernment *n.* (占領軍の司令官による)軍政府.

mílitary góvernor *n.* (軍政府下の占領地域の)軍政府長官.

mílitary hónours *n. pl.* 〘軍事〙 (士官埋葬時の)部隊軍葬栄誉礼. 〚1778〛

mílitary-indústrial cómplex *n.* (軍部と軍需産業との)軍・産複合体《アイゼンハワー大統領が退任演説で使用》. 〚1961〛

mílitary láw *n.* 軍法《軍隊の組織・統治・規律などに関する法の体系; cf. martial law》. 〚1737〛

mílitary márch *n.* 軍隊行進曲.

mílitary mást *n.* (艦船の)檣楼(しょうろう)マスト《小兵器や観測器具・信号その他作戦機器などがある塔》. 〚1887〛

mílitary órchid *n.* ＝soldier orchid. 〚1934〛

mílitary páce *n.* 〘軍事〙 (米・英陸軍の)高速行進ペース《歩幅約 75 cm で 1 分間 120 歩》.

mílitary pentáthlon *n.* ＝modern pentathlon.

mílitary políce *n.* [(the) ～; 集合的] 憲兵隊, 憲兵《米国では憲兵司令官 (provost marshal) の下にある; 略 MP》. 〚1827〛

mílitary polícemam *n.* 憲兵 (略 MP). 〚1973〛

mílitary polícewoman *n.* 女性憲兵.

mílitary sátellite *n.* 軍事衛星.

mílitary schóol *n.* ＝military academy.

mílitary scíence *n.* 軍事学, 軍事科学; (大学などの)軍事科学科[課程]. 〚*c*1830〛

mílitary sérvice *n.* **1** 兵役. **2** (封建制度下における借地人の)軍役 (cf. knight service). **3** [*pl.*] 軍功, 武功. 〚1818〛

mílitary téstament *n.* (戦場における軍人の)口頭遺言 (cf. nuncupative will). 〚1797〛

mílitary tóp *n.* 〘海軍〙 戦闘檣楼(しょうろう)《軍艦のマストの中程にある円形の座; 射撃管制所・高射砲操作台などを備えた》. 〚(1887): ⇨ top¹ 16〛

mílitary tríbune *n.* ＝tribune¹ 1 b.

mílitary wíll *n.* ＝military testament.

mil·i·tate /mílətèɪt | -lɪ-/ *vi.* **1** 〈事実などが特に不利に〉作用する, 影響する: ～ *against* …〈事または人〉を妨げる[邪魔する] / Ill-health ～*d against* his promotion. 体が弱くて昇進が遅れた / ～ *in favor of* 《まれ》…の助けとなる. **2 a** (ある主義・主張のために)戦う. **b** 《廃》参戦する; 戦う (fight) 〔*against, with*〕. **mil·i·ta·tion** /mìlətéɪʃən | -lɪ-/ *n.* 〚(1625) ← L *mīlitātus* (p.p.) ← *mīlitāre* to serve as a soldier, fight ← *mīles* soldier: ⇨ militia〛

milites gloriosi *n.* miles gloriosus の複数形.

mi·li·tia /məlíʃə/ *n.* [通例 the ～; 集合的] **1** (正規軍に対する)民兵; 市民軍, 在郷軍《軍隊にあり定期的に訓練を受けるが, 非常時だけ兵役に服するもの》. **2 a** 《英》国民軍《古くは各州で徴募した一種の義勇兵軍; 1908 年に一時特別予備軍 (Special Reserve) に合体されたが, 第一次大戦後旧組織に復活した; 1939 年に徴兵制となり, 後 Territorial Army に改組された》. **b** 《米》国民軍《18 歳以上 45 歳までの強壮な男子市民から成る》: the organized ～ (各州の兵籍に入れられた)国防軍《現在は National Guard (州兵軍)という》/ the unorganized [reserve] ～ 予備国民軍《州兵軍または海軍予備軍に属さない一般男子市民》. 〚(1590) □ L *militia* military service, warfare ← *mīlit-, mīles* soldier: ⇨ -ia¹〛

mi·li·tia·man /məlíʃəmən/ *n.* (*pl.* **-men** /-mən, -mèn/) 民兵; 国民兵. 〚(1780) ← ↑＋MAN〛

mil·i·um /míliəm/ *n.* (*pl.* **-i·a** /-liə/) **1** 〘植物〙 イブキヌカボ (*Millium effusum*) 《イネ科》. **2** 〘病理〙 稗粒腫. 〚(1388) ← NL ～ ← L ～ 'MILLET'〛

milk /mílk/ *n.* **1** (人・動物の)乳, 乳汁; (特に)牛乳, ミルク (cow's milk): Cows give (us) ～. 雌牛から乳が採れる / ⇨ condensed milk, evaporated milk, dry milk, skim milk, separated milk, whole milk / spilt ～ こぼれた牛乳; 取り返しのつかない損害[過ち] / It's no use [good] crying over spilt [《米》spilled] ～. 《諺》過ぎ去ったことをくよくよしても仕方がない, 「覆水盆に返らず」/ (as) white as ～ (乳のように)真白で. ★ ラテン語系形容詞: lacteal; ギリシャ語系形容詞: galactic. 日英比較 (1) 日本では時に砂糖を入れたり温めたりして飲むが, 欧米では紅茶に入れる場合は別として, 普通は冷たいまま飲むので, 容器は cup でなく glass を用い, a glass of *milk* のようにいう. また, 子供に適した飲み物とされ, 大人がコーヒーを飲むような場合, 子供に出されることが多い. 日本語の「ミルクコーヒー」は, 英語では coffee with *milk* [cream]; coffee and *milk* [cream], 「ミルクティー」は tea with *milk* [cream] という. (2) ⇨ pack 日英比較 **2** 乳に似た液[汁]: **a** (やしの実やゴムの木などの)乳液. **b** (薬用の)乳剤 (emulsion).

(as) like as milk to milk 《文語》そっくりその通りで.
bring a person to his milk 《米》〈人〉に義務[身のほど, 分際]を思い知らせる; 〈人を〉無理に服従[承服]させる.
còme [gò] hóme with the milk 《英・戯言》(パーティーなどで徹夜して)朝帰りする.
in mílk 〈人・牛が〉乳を出せる状態の[で]: a cow *in* ～ 乳の出る牛.
in the mílk 〈穀物が〉熟していない.
mílk and hóney 〘聖書〙 ミルクと蜜(みつ); 豊かな生活の糧(かて): a land of [flowing with] ～ *and honey* 実りの豊かな土地 (cf. *Exod.* 3:8, *Num.* 16:13).
mílk and wáter (1) 水で割った牛乳. (2) 気の抜けた談義, ふやけた感傷 (cf. milk-and-water).
mílk for bábes (書物・説教・意見などが)子供向きのもの, 初歩のもの (cf. *1 Cor.* 3:2).
mílk of húman kíndness 自然の人情, 優しい思いやり(の心) (cf. Shak., *Macbeth* 1. 5. 17). (1606)
òut of the mílk 〈穀物が〉熟し始めて.
the mílk in the cóconut 《口語》難しい問題[事実]; (問題の)要点, 事件の核心: That fully accounts for *the* ～ *in the coconut.* なるほどそれで十分にわかった.

mílk of álmonds 〘薬学〙 ＝almond milk.

mílk of líme 〘化学〙 石灰乳《消石灰 (calcium hydroxide) の懸濁液》.

mílk of magnésia 〘薬学〙 マグネシウム乳剤《下剤・制酸剤》.

mílk of súlfur 〘薬学・化学〙 ＝precipitated sulfur.

― *vt.* **1 a** 〈牛・山羊などの乳を搾る, 搾乳する: ～ a cow. **b** 〈ミルクを〉〈牛などから〉搾る, 取る 〔*from*〕: ～ pure milk *from* cows. **2 a** 〈樹液などを〉搾り出す, 抜き取る, 流し出す (draw, drain) 〈*out*〉. **b** 〈蛇〉から毒液を搾り出す: ～ a snake 蛇の毒を抜く. **3 a** 《俗》(不当にまたは無理に)…から利益[うまい汁]を搾り取る, 搾取する (exploit): ～ payoffs from firms 会社から賄賂を搾り取る. **b** 〈情報を〉〈…から〉聞き出す (elicit) 〔*from*〕: ～ information *from* him 彼から情報を引き出す / ～ dry 〈金・情報などを〉…から取れるだけ取る. **c** 《俗》〈電話線・電信〉から通信[通話]を盗聴する: ～ a telegram, the wires, etc. **4 a** 〈動物が〉〈子〉に乳を飲ませる (suckle). **b** 《廃》…の母乳を与える. **5** …にミルクを入れる: ～ one's tea. **6** 〘トランプ〙 つまみ切りする《一重ねのトランプを人差し指と親指でつまみ, 上下から一枚ずつ同時に抜き取っては卓上に伏せて積み重ねる切り方》.

― *vi.* **1** 乳を出す, 乳が搾れる: Cows are ～*ing* well this season. この季節には牛の乳がよく出る. **2** 乳を搾る, 搾乳する. **3** 〈天気が〉曇る; 霧がかかる 〈*up*〉.

mílk the búll [rám] 望みのない事業をやっている, 木に縁(よ)って魚を求める.
mílk the márket [stréet] 《米口語》株式市場をうまく操って甘い汁を吸う.

〚OE *milc, meolc* < Gmc **meluk-* (Du. *melk* / G *Milch*) ← **melk-* ← IE **melg-* to rub off, milk (L *mulgēre*) / Gk *amélgein*)〛

Mil·ka /mílkə; *G.* mílka/ *n.* 〘商標〙 ミルカ《スイス製のチョコレート》.

mílk àdder *n.* 〘動物〙 ＝ milk snake.

mílk-and-wáter *adj.* **1** 味のない, 気の抜けた, 気力[生気]のない (insipid). **2** めそめそした, 感傷的な. 〚1551〛

mílk bàr *n.* **1** ミルクバー《ミルク飲料・アイスクリーム・サンドイッチなどの売店》. **2** 《豪》牛乳・食品雑貨店. 〚(1935): ⇨ bar¹ 1 c〛

mílk bòttle *n.* 牛乳瓶. 〚1905〛

mílk càp *n.* 〘植物〙 チチタケ属 (*Lactarius*) のキノコ《チチタケ科; 傷つけると乳液を分泌する》.

mílk chócolate *n.* ミルクチョコレート (cf. plain chocolate). 〚1723〛

mílk chùrn *n.* 《英》大型ミルク缶. 〚1931〛

mílk còw *n.* **1** 乳牛. **2** 《口語》きちんと[たやすく]利益をもたらすもの, 金のなる木, 金づる. 〚1535〛

mílk crùst *n.* 〘病理〙 乳痂(にゅうか)《乳児の顔や頭にできる湿疹》. 〚1890〛

mílk·er *n.* **1** 搾乳者. **2** 搾乳器 (milking machine). **3** 乳牛; (その他)乳を出す家畜. **4** 乳状液を出す樹木. 〚?*a*1500〛

mílk fàt *n.* 乳脂肪 (butterfat).

mílk fèver *n.* **1** 《まれ》授乳熱, 乳熱《産婦の最初の授乳に伴う微熱》. **2** 〘獣医〙 **a** 乳熱《出産直後の乳牛・羊・山羊などが, 授乳によるミネラル不足でかかる熱病; 嗜(し)眠と麻痺を起こす》. **b** (家畜の)ケトン病 (ketosis). 〚1758〛

mílk·fìsh *n.* 〘魚類〙 サバヒー (*Chanos chanos*) 《東南アジアや太平洋の暖海に多産する食用魚; 広く養殖される》. 〚1880〛

mílk·flòat *n.* 《英》ミルクフロート《牛乳配達用の低い台車の電動車; 昔は馬車》. 〚1887〛

mílk glàss *n.* 〘ガラス製造〙 ミルクガラス, 乳色[乳白]ガラス《装飾用》. 〚1874〛

mílk gràvy *n.* ミルクグレービー《ヘット・ミルク・小麦粉などから作る肉ソースの一種》.

milk·i·ness *n.* **1** (液体の)乳状性; 乳白色; 白濁, 不透明. **2** 柔和, 柔弱, 無気力: ～ of temper 気弱(きよわ). 〖1692〗
milk·ing *n.* 搾乳; 一回分の搾乳量. 〖(*a*1398) ← MILK＋-ING[1]〗
milking còw *n.* ＝milk cow 1. 〖1784〗
milking machìne *n.* 搾乳器.
milking pàrlor *n.* 搾乳室.
milking shèd *n.* (乳牛の)搾乳小屋. 〖*a*1930〗
milking stòol *n.* (授乳用の)低い半円形の三脚椅子(いす).
mílk lèg *n.* **1** 〘病理〙(産褥有痛性)白股腫(はくこしゅ). **2** 〘獣医〙リンパ管炎にかかった馬の慢性, 広範囲に膨れ上がった脚. 〖*c*1860〗
mílk-lívered *adj.* 臆病な, 気の小さい (cowardly): a ～ man. 〖1604–05〗
mílk-lòaf *n.* ミルクローフ《水よりもミルクを多く用いて作った白パン》. 〖1910〗
mílk·màid *n.* **1** 《古》乳しぼり女, 搾乳婦 (dairymaid). **2** 《方言》〘植物〙タネツケバナ (⇨ lady's-smock). 〖1552〗
mílk·màn /-mæ̀n, -mən | -mən/ *n.* (*pl.* **-men** /-mɛ̀n, | -mən, -mɛ̀n/) **1** 牛乳屋, 牛乳配達人. **2** 乳搾り人, 搾乳者. 〖1589〗
milk·o /míłkoʊ | -kəʊ/ *n.* (*pl.* ～**s**) 《豪俗》＝milkman 1. 〖(1907) ← MILK＋-O〗
milk pòwder *n.* ＝dry milk. 〖1834〗
milk pròduct *n.* [通例 *pl.*] 乳製品《バター・チーズ・ヨーグルトなど》.
mílk púdding *n.* 《英》ミルクプディング《米・サゴ (sago)・タピオカ (tapioka) などを牛乳に混ぜ, 砂糖・香料を加えて焼いたプディング》. 〖1899〗
mílk pùnch *n.* ミルクパンチ《牛乳・砂糖・香辛料にラム・ウイスキーなどのアルコール飲料を加えた飲み物》. 〖(1704): ⇨ punch[3]〗
mílk rànch *n.* 《米》酪農場. 〖1856〗
mílk ròund *n.* 《英》**1** 牛乳配達人の配達区域. **2** **a** [the ～] (社員募集のため会社や大学を)定期的に訪れること. **b** ＝milk run 2. 〖1952〗
M
mílk ròute *n.* ＝milk round 1. 〖1874〗
mílk rùn *n.* **1** 《口語》**a** 《米》(停車・離着陸の多い)お決まりの列車運行[飛行]. **b** 《英》通い慣れた道, 決まりきった旅程[コース]; 日課. **2** 《空軍俗》「牛乳配達」《安全を期して特に早朝などに定期的に繰返す爆撃[偵察]飛行》. 〖1925〗
mílk shàke *n.* ミルクセーキ《牛乳に香り付けしたシロップと, 時にはアイスクリームを加えてかき混ぜ, 泡立たせた冷たい飲料; cf. frosted》. 〖1889〗
mílk·shèd *n.* 《米》(一都市の牛乳供給の源となる)酪農地域. 〖← MILK＋SHED[1]: cf. watershed〗
mílk sìckness *n.* 《米》〘病理〙戦慄症, 牛乳病《毒草の一種マルフジバカマ (*Eupatorium urticaefolium*) を食べた牛の乳や乳製品を飲食した人に起きる病気》. 〖1823〗
mílk snàke *n.* 〘動物〙ミルクヘビ (*Lampropeltis triangulum*)《米国東部地方に生息するキングヘビ属の無害のヘビ; house snake ともいう》. 〖(1800) ミルクを好むと誤解されていることから; 実はミルク貯蔵所に出るハツカネズミを食う〗
milk·sop /míłksɑ̀(ː)p | -sɔ̀p/ *n.* **1** ミルクに浸したパン切れ. **2** 腰抜け, 弱虫 (mollycoddle). **mílk·sòp·py, ～·ping** *adj.* 〖(*c*1390) ← MILK＋SOP: 《原義》sop dipped in milk; (hence) one who is bred on such food〗
mílk·sòp·ism /-pɪzm/ *n.* 意気地なしの行為, 女々しさ. 〖(1832) ← ↑＋-ISM〗
mílk·stòne *n.* **1** 〘鉱物〙乳石《触れるとその人の乳の出がよくなると信じられたソーダ沸石に似た鉱物》. **2** 〘岩石〙乳白色の岩石. 〖1856〗
mílk stóut *n.* 《英》ミルクスタウト《苦味の残らない甘口スタウト》. 〖1942〗
mílk sùgar *n.* 乳糖, ラクトース (lactose). 〖1846〗
mílk thìstle *n.* 〘植物〙オオアザミ (⇨ lady's-thistle). 〖15C〗
mílk-tòast 《米》*adj.* 活気のない, おとなしすぎる, ぐずの; 弱々しい, 無力な, なまぬるい (ineffectual).
— *n.* 引っ込み思案の人, 気の弱い人 (milquetoast).
mílk tòast *n.* 《米》ミルクトースト《砂糖や塩, こしょう入りの熱いミルクに浸したバターつきトースト》. 〖1855〗
mílk tòoth *n.* 乳歯《哺乳類の最初の生歯期に生じる歯; cf. permanent tooth》. 〖1727–52〗
mílk tràin *n.* **1** 牛乳列車《近隣の牛乳輸送のための早朝運転の各駅停車の列車》. **2** 鈍行列車. **3** 《英空軍俗》早朝の偵察 (dawn patrol). 〖1853〗
mílk vètch *n.* 〘植物〙ヨーロッパ産マメ科レンゲソウ属の草本 (*Astragalus glycyphyllos*)《山羊の乳の分泌を増進させるものと考えられていた》. 〖(1597): ⇨ vetch〗
mílk wàlk *n.* 牛乳配達区域. 〖1805〗
mílk·wèed *n.* 〘植物〙白い乳液を出す植物の総称《タカトウダイ科トウダイグサ属 (*Euphorbia*), ガガイモ科トウワタ属 (*Asclepias*), キク科アキノノゲシ属 (*Lactuca*) などの植物》. 〖1598〗
mílkweed bùg *n.* 〘昆虫〙ナガカメムシ《milkweed の乳液を食用とするナガカメムシ科の昆虫の総称》; (特に)体が黒く赤い斑点のある大型の昆虫 (*Oncopeltus fasciatus*)《実験用に培養される》. 〖1905〗
milkweed bùtterfly *n.* 〘昆虫〙＝monarch[1] 3. 〖1880〗
mílk-whíte *adj.* 乳白色の, 乳色の, 青白色の: ～ pearls. 〖OE *meolchwīt*: ⇨ milk, white〗
mílk whíte *n.* 乳白色, 乳色, 青白色.
mílk wíllow hèrb *n.* 〘植物〙北米産の紫色の花が咲くミソハギ科ミソハギ属の多年草《次の二種を指す; *Lythrum salicaria* または *L. alatum*》.
mílk·wòod *n.* 乳汁を分泌する種々の熱帯植物の総称《熱帯アメリカ産の *Pseudobmedia spuria* など》. 〖1725〗
mílk·wòrt *n.* 〘植物〙**1** **a** ヒメハギ科ヒメハギ属 (*Polygala*) の牧草の総称. **b** タカトウダイ科タカトウダイ属 (*Euphorbia*) の植物の総称. **2** ＝sea milkwort. 〖(1578): 乳量を増すと昔思われていたところから〗
milk·y /míłki/ *adj.* (**milk·i·er**; **-i·est**) **1** (色・質が)乳のような, 乳状の, 乳白色の (milk-white); 〈液体が〉白濁した (cloudy). **2** 乳を含んだ, 乳を混ぜた: a ～ food. **3** 乳を多く出す; 〈植物が〉乳液を出す. **4** 柔和な, 柔弱な, 意気地のない (meek): a faint and ～ heart 意気地なし, 弱虫. **5** 〈カキが〉産卵する. **6** ＝milchig. **mílk·i·ly** /-kɨ̀li/ *adv.* **mílk·i·ness** *n.* 〖(*c*1380) *melky, mylky, milkie*: ⇨ milk (n.), -y[1]〗
Mílky Bár *n.* 〘商標〙ミルキーバー《スイス製のホワイトチョコレートバー》.
mílky disèase *n.* 〘動物〙乳化病《日本から米国に侵入した害虫マメコガネ (Japanese beetle) の幼虫にバクテリアが寄生して起きる病気; マメコガネの幼虫の体が乳白色となって死ぬ》. 〖*c*1940〗
Mílky Wáy *n.* [the ～] 〘天文〙**1** 銀河, 天(あま)の川 (the Galaxy). **2** ＝Milky Way galaxy. **3** [m- w-] ＝galaxy 1 b. 〖(*c*1380) 《なぞり》← L *via lactea*〗
Mílky Wáy gálaxy *n.* [the ～] 〘天文〙銀河系 (the Galaxy).
mill[1] /míł/ *n.* **1** 粉ひき場, 製粉所, 水車場: Much water runs by the ～ that the miller knows not of. 《諺》人の知らぬ間にいろいろな変化が起こるもの / ⇨ windmill 1, water mill. **2** **a** (風力・水力・蒸気などによる)ひき臼, 粉ひき機械, 製粉機, 粉砕機: No ～, no meal. 《諺》まかぬ種は生えぬ (cf. No pains, no gains. ⇨ pain 3) / The ～s of God grind slowly. ⇨ grind *vi.* 3. **b** (コーヒー・こしょうなどをひく)粉ひき器, ミル: a coffee [pepper] ～ コーヒー[こしょう]ひき(器). **3** **a** (単純な動作の反復を伴う)製作機: a planing ～ 平削り機 / ⇨ rolling mill 2, treadmill. **b** (昔使われた)貨幣打出機. **c** (果実・サトウキビなどの汁を搾り出す)圧搾機: a cider [cane] ～ りんご[サトウキビ]圧搾機. **d** (宝石などの)研磨機: a lapidary's ～ 宝石研磨機. **e** 機械的な仕事. **4** **a** 製造所, 製作所, 工場: a cotton [paper, powder, steel, woolen] ～ 紡織[製紙, 火薬, 製鋼, 織維]工場 / ⇨ sawmill. **b** 《口語》機械的に人や物を仕上げる場所, 「工場」: That college is a mere diploma ～. あの大学は単なる免状濫発所だ. **5** (硬貨などの縁の)ぎざぎざ. **6** **a** 《俗》(自動車・モーターボート・飛行機の)エンジン. **b** 《米俗》タイプライター. **7** 《俗》ボクシング試合; なぐり合い. **8** **a** 〘機械〙(捺(なっ)染版・紙幣印刷版などを製する)型押しロール機. **b** (フライス盤 (milling machine) の)カッター (cutter). **9** 〘ダンス〙ミル《フォークダンスで 4 人が片手を中央に集めて水車のように回ること; wagon wheel ともいう》.
in the mill 用意ができて. *through the mill* 《口語》苦しい経験を経て, 辛酸をなめて: put a person *through the* ～ 人に苦しい経験を積ませる / go [pass] *through the* ～ 辛酸をなめる. (1837)
— *vt.* **1** **a** ひき臼でひく, 粉ひき機[製粉機, 水車]にかける: ～ grain 穀物を製粉する / ～ flour 小麦粉を作る. **b** 粉砕機[縮充機, 製材機, フライス盤など]にかける: ～ cloth ラシャを縮充する / ～ paper 製紙する / ～ ore 鉱石を破砕する / ～ steel 鋼鉄を切断して鉄棒を作る / ～ timber 製材する. **2** **a** 〈硬貨〉に浮き縁を付ける (⇨ milled 2). **b** 〈硬貨〉の縁にぎざぎざを付ける. **3** 《まれ》〈チョコレートを〉かき混ぜて泡立たせる: ～ chocolate. **4** 《俗》拳骨を食らわせる; 戦う. — *vi.* **1** ひき臼[製粉機など]を使う[で粉になる]. **2** 〈人・家畜などが〉(群を成して)ぐるぐる[うろうろ]回る 〈*around, about*〉. **3** 《俗》拳骨でなぐり合いをする, 戦う, 拳闘する. **4** 〈鯨が〉急にぐるっと方向を変える.
～·a·ble /míləbl/ *adj.* 〖n.: OE *myl(e)n* < **mulino, -ina* ◻ LL *molina* mill ← *mola* millstone ← *molere* to grind ← IE **mel-* to grind: cf. molar[1]. — v.: (1552) ← (n.)〗
mill[2] /míł/ *n.* 《米》ミル《通貨の計算単位; ＝$^1/_{1000}$ dollar; ＝$^1/_{10}$ cent》. 〖(1786) 《略》← L *millēsimus* 'MILLESIMAL'〗
mill[3] /míł/ *n.* 100 万 (million); 《米俗》百万ドル.
Mill /míł/, **James** *n.* ミル《1773–1836; スコットランドの哲学者・歴史家・経済学者, J. S. Mill の父親; *Analysis of the Phenomena of the Human Mind* (1829)》.
Mill, John Stuart *n.* ミル《1806–73; 功利主義を代表する英国の哲学者・論理学者・経済学者; James Mill の子; *A System of Logic* (1843), *On Liberty* (1859), *Utilitarianism* (1861), *Autobiography* (1873)》.
míll addition *n.* 〘窯業〙ミル添加《ほうろう泥漿を調製する時にボールミル (ball mill) に加えるフリット (frit) 以外の添加物質; 粘土・乳白剤・着色酸化物およびとめ薬が含まれる》.
mill·age /mílɪdʒ/ *n.* 〘税法〙ドル当たり 1,000 分の 1 の課税. 〖(1891) ← MILL[2]＋-AGE〗
Mil·lais /mɪléɪ, ⸗⸗ | ⸗⸗, ⸗⸗⸗/, **Sir John Everett** *n.* ミレー《1829–96; 英国のラファエル前派の画家; Royal Academy 院長 (1896)》.
Mil·lard /mílərd | -ləd, -lɑːd/ *n.* ミラード《男性名》. 〖◻ OF *Emille-hard* flattering and strong〗
Mil·lay /mɪléɪ/, **Edna St. Vincent** *n.* ミレー《1892–1950; 米国の女流詩人; *The Ballad of the Harp-Weaver* (1922)》.
míll blànk *n.* 〘製紙〙ミルブランク《円網抄(しょう)紙機ですき合わせた板紙》.
míll·bòard *n.* 〘製紙〙ミルボード《書籍の表紙などに使うボール紙》. 〖(1712) 《変形》← *milled board*〗
míll·càke *n.* 亜麻仁(あまに)かす (linseed cake). 〖1839〗
míll chìsel *n.* 〘木工〙向こう待ちのみ《穂の長さ 20 cm 以上の木工用のみ》.
míll·dàm *n.* **1** 水車堰(せき). **2** 水車用池 (millpond). 〖(1182) ME *mulnedam*: ⇨ mill[1], dam[1]〗
mille /míł/ *n.* 千 (thousand) (cf. mil 5). ★ 主に次の句で: per ～ 千につき. 〖(1894) ◻ L *mille*: ⇨ mile〗
mil·le- /mílɨ̀/「千…」の意の連結形: *mille*pede. 〖← L *mille* thousand: ⇨ mile〗
milled *adj.* **1** ひき臼[製粉機]にかけた, 粉砕機でひいた. **2** **a** (硬貨などの縁に)ぎざぎざを付けた: a silver dollar with a ～ edge. **b** 貨幣打出機で造った. 〖1622〗
mille-feuille /miːlfə́ːjə, -fwíː | -fɔ́ɪ, -fə́ːjə; *F.* milfœj/ *n.* (*pl.* ～**s** /～(z); *F.* ～/) ミルフィユ《薄い層を幾重にも重ね, 間にジャム・クリームなどをはさんだパイ菓子; 《米》では napoleon という》. 〖(1895) ◻ F ～: ⇨ mille, foliage〗
mil·le·fio·ri /mìləfióːri | -li-; *It.* millefjóːri/ *n.* (*also* **mil·le·fio·re** /-reɪ; *It.* -re/) 〘ガラス製造〙着色ガラス管の束の輪切りにしたものを基調とした装飾ガラス《mosaic glass ともいう》. 〖(1849) ◻ It. ～: ⇨ mill[2], flower〗
mille·fleur /miːlflə́ː, -flúə | -flə́ː(r), -flúə(r); *F.* milflœːʁ/ *adj.* (*also* **mille·fleurs** /～(z); *F.* ～/) 〈つづれ織り・ガラス製品など〉万華模様の. 〖(*a*1850) ↑〗
mil·le·nar·i·an /mìlənéᵊriən | -lɨ̀néər-/ *adj.* **1** 千(年)の. **2** 〘キリスト教〙千年王国の, 千年期[至福千年] (millenium) の: ～ prophecies 千年期予言説. — *n.* 〘キリスト教〙千年王国説を信じる人 (millennialist). 〖(1631): ⇨ millenary, -an[1]〗
mìl·le·nár·i·an·ism /-nìzm/ *n.* **1** 〘キリスト教〙**a** 千年王国説, 至福千年説 (cf. millennium 2 a). **b** 至福千年説信奉[信仰]. **2** (革命・クーデターなどによる)理想社会実現の確信. 〖*c*1847〗
mil·le·nar·y /mílənèri, mɨ̀lénəri | mɨ̀lénəri/ *adj.* **1** **a** 千から成る. **b** 千年(間)の. **2** 〘キリスト教〙千年王国の, 千年期[至福千年]の (millennial). — *n.* **1** **a** 千から成る集団[集合体]. **b** 千年(間); 千年期. **2** 〘キリスト教〙**a** 千年王国, 至福千年 (millennium). **b** 千年王国(説)を信じる人 (millenarian). **3** 千年祭(祝賀). 〖(1550) ◻ LL *millēnārius* containing a thousand ← *millēni* a thousand each ← *mille* thousand: ⇨ mile, -ary〗
millennia *n.* millennium の複数形.
mil·len·ni·al /mɨ̀léniəł/ *adj.* **1** 千年(間)の; 〘キリスト教〙千年王国の, 千年期[至福千年]の. **2** 至福千年期にふさわしい, 至福千年を思わせるような. **～·ly** *adv.* 〖(1664): ← NL MILLENNIUM＋-AL[1]〗
mil·lén·ni·al·ìsm /-lìzm/ *n.* ＝millenarianism.
mil·lén·ni·al·ist /-lɨ̀st | -lɪst/ *n.* ＝millenarian.
mil·len·ni·um /mɨ̀léniəm/ *n.* (*pl.* ～**s, -ni·a** /-niə/) **1** **a** 千年(間). **b** 千年祭 (cf. chiliad). **2** **a** [the ～] 〘キリスト教〙千年王国, 千年期, 至福千年期《世界の終末の審判が来る前に, キリストが再臨してこの地を統治するという神聖な千年間; cf. *Rev.* 20: 1–7》. **b** (未来に予期される)正義と幸福の行き渡る理想的時代. 〖(*a*1638) ← NL ～ ← L *mille* thousand＋*-ennium* (← *annus* years): ⇨ mile, annual: L *biennium* からの類推〗
millénnium bùg [pròblem] *n.* [the ～] (コンピューターの) 2000 年問題.
mil·le·pede /míləpìːd | -lɨ̀-/ *n.* 〘動物〙＝millipede. 〖(1601) ◻ L. *millepeda* woodlouse ← *mille* thousand ＋*ped-*, *pēs* foot. cf. F. mille-pieds〗
mil·le·pore /míləpɔ̀ə | -lɨ̀pɔ̀ː(r)/ *n.* 〘動物〙アナサンゴモドキ《アナサンゴモドキ属 (*Millepora*) のサンゴの総称; アナサンゴモドキ (*M. alcicornis*) など; 多孔質の石灰質の骨格に個虫のための無数の小穴がある》. 〖(1751) ← NL *millepora* 《原義》that which has a thousand passages ← L *mille* thousand: ⇨ mille-, pore[1]〗
mill·er /mílə | -lə(r)/ *n.* **1** (水車や風車を使う)粉屋, 製粉業者: Every ～ draws water to his own mill. 《諺》「我田引水」/ Too much water drowned the ～. 《諺》「過ぎたるはなお及ばざるがごとし」. **2** 〘機械〙＝milling machine 1. **3** 〘昆虫〙〖翅が粉屋の衣服のように粉末に覆われていることから〗翅に粉をもった各種のガの総称. 〖(*a*1376) *millere, mulner* ◻ MLG & MDu. *molner, mulner* (cog. G *Müller*) ◻ LL *molīnārius* ← *molīna* 'MILL[1]': ⇨ -er[1]〗
Mil·ler /mílə | -lə(r)/ *n.* ミラー《男性名》. 〖↑〗
Mil·ler /mílə | -lə(r)/, **Arthur** *n.* ミラー《1915–　; 米国の劇作家; *Death of a Salesman* (1949)》.
Miller, Glenn *n.* ミラー《1904–44; 米国のトロンボーン奏者で作曲家; グレンミラー楽団を結成した》.
Miller, Henry (Valentine) *n.* ミラー《1891–1980; 米国の小説家; *Tropic of Cancer* (1934)》.
Miller, Hugh *n.* ミラー《1802–56; スコットランドの地質学者・著述家; *The Old Red Sandstone* (1841)》.
Miller, Joaquin *n.* ミラー《1839?–1913; 米国の詩人; *Pacific Poems* (1870); Cincinnatus Hiner /háɪnə | -nə(r)/ (*or* Heine) Miller の筆名》.
Miller, Joe *n.* ミラー《1684–1738; 英国の喜劇俳優; John Mottley (1692–1750) による *Joe Miller's Jests* (1739) は彼の言葉とされる笑話集》.
Miller, Jonathan *n.* ミラー《1934–　; 英国の俳優・演出家・作家; *Beyond the Fringe* (レビュー)の共作者で出演した》.
Miller, William *n.* ミラー《1782–1849; 米国の説教家; キリスト再臨派 (Adventist) 教会の創立者》.
Mille·rand /miːlrɑ̃ː(ŋ), -rɑ́ːŋ, mìlə-; *F.* milʀɑ̃/, **Alexandre** *n.* ミルラン《1859–1943; フランスの社会主義者・

政治家; 大統領 (1920–24)》.

Míller ìndex *n.* 〘鉱物〙ミラー指数《結晶面の表示記号の一種》. 〘← W. H. *Miller* (1801–80: 英国の鉱物学者・結晶学者)〙

mil·ler·ite /míləràɪt/ *n.* 〘鉱物〙針(はり)ニッケル鉱 (NiS). 〘《1854》□ G *Millerit* ← W. H. *Miller* (↑): ⇨ -ite[1]〙

Mil·ler·ite /míləràɪt/ *n.* **1** W. Miller の追随者, ミラー派の信者, キリスト再臨派の信者 (Adventist). **2** [the ~s] ミラー派. 〘《1843》← *William Miller*: ⇨ -ite[1]〙

míller's thúmb *n.* **1** 〘魚類〙カジカ《カジカ属 (*Cottus*) の小形淡水魚の総称; ヨーロッパカジカ (*C. gobio*) や日本にいるカジカ (*C. kajika*) など; sculpin ともいう》. **2** 《英方言》(英国産の)キクイタダキ (goldcrest), キタヤナギムシクイ (willow warbler) などの類の小鳥の総称. 〘《15C》*myllarys thowmbe*: ⇨ miller, thumb: 魚の頭が親指に似ていることから〙

Mil·les /míləs; *Swed.* mìl:es/, **Carl** *n.* ミレス《1875–1955; スウェーデン生まれの米国の彫刻家; 人の躍動する姿を好んで彫刻した》.

mil·les·i·mal /mɪ̀lésəməl, -mḷ | mɪ̀lésɪ-/ *adj.* 1,000 分の 1 の, 1,000 分の 1 から成る. — *n.* 1,000 分の 1. **~·ly** *adv.* 〘《1741》← L *millēsimus* thousandth ← *mille* thousand: ⇨ mille-, -al[1]〙

mil·let /mílɪt | -lɪt/ *n.* 〘植物〙 **1 a** キビ (*Panicum miliaceum*)《イネ科の植物; 広く東洋・南ヨーロッパでは食料, 米国では主に家畜の飼料として栽培される》. **b** キビに類するイネ科の植物の総称《African millet, German millet, pearl millet など》. **2** キビ・アワ・ヒエなどの穀粒. 〘《?a1425》□ (O)F ~ (dim.) ← *mil* < L *milium* millet (⇨ mill[1], -et) ∞ OE *mil* □ L〙

Mil·let /mi:jéɪ, mɪléɪ | mí:eɪ, mí:jeɪ; *F.* mijɛ, milɛ/, **Jean François** *n.* ミレー《1814–75; フランスの画家; 素朴な農民の生活を描く; cf. Barbizon school》.

Mil·lett /mílɪt | -lɪt/, **Kate** *n.* ミレット《1934– ; 米国のフェミニスト; *Sexual Politics* (1970)》.

míllet gràss *n.* 〘植物〙イブキヌカボ (*Milium effusum*)《イネ科の植物》. 〘1597〙

míll fèver *n.* 〘病理〙=byssinosis. 〘1889〙

míll·hànd *n.* 製粉所の職人; 工場労働者, 職工. 〘1865〙

Míll Híll Fáther *n.* ミルヒル伝道会師, 聖ヨゼフ外国宣教会員 (Herbert Vaughan が 1866 年に London 北西部の Mill Hill に設立した教団の会員).

míll hòle *n.* 〘鉱山〙=glory hole 4.

míll·hòrse *n.* 碾臼(ひきうす)馬. 〘1552〙

míll·hòuse *n.* (工場の)フライス盤 (milling machine) 置き場. 〘*c*1300〙

mil·li- /mílɪ, -li/ *n.* **1** 「$^1/_{1000}$」の意の連結形: *milli*gram, *milli*roentgen. **2** mille- の異形: *milli*pede. 〘□ F ~ // L *milli-* thousand: ⇨ mile〙

mìlli·ámmeter *n.* 〘電気〙ミリアンペア計《ミリアンペアの単位で小さな電流が計測できる電流計》. 〘1902〙

mìlli·ámp *n.* =milliampere. 〘1923〙

mìlli·ámpere *n.* 〘電気〙ミリアンペア《電流の単位; $^1/_{1000}$ アンペア; 記号 mA》. 〘《1885》← MILLI-+AMPERE〙

mìlli·ángstrom *n.* 〘物理〙ミリオングストローム《長さの単位; $^1/_{1000}$ オングストローム; 記号 mÅ》.

mil·liard /míljəd, -ljɑəd | mìliá:d, ⌐—⌐ —/ 《英古》*n.* 10 億, 10^9 (a thousand million)《今では代わりに billion が用いられる》. — *adj.* 10 億の. 〘《1793》□ F ~ ← L *mille* thousand: ⇨ milli-, -ard〙

mìlli·àre *n.* ミリアール《面積の単位; $^1/_{1000}$ アール》. 〘《1889》□ F ~: ⇨ milli-, are[2]〙

mil·li·ar·y /mílièri | -liəri/ *adj.* **1** 古代ローマの 1 マイル (1,000 歩)の. **2** 1 マイルを表示する. — *n.* (古代ローマの)一里塚, 里程標 (milestone). 〘《1601》□ L *milliārius* containing a thousand ← *mille* thousand: ⇨ milli-, -ary〙

mìlli·bàr *n.* 〘気象〙ミリバール《気圧の単位; $^1/_{1000}$ バール; =10^3 dynes/cm^2》. ★ 現在では hectopascal を用いる. 〘《1910》← MILLI-+*bar* (□ G *Bar* □ Gk *báros*: cf. BARU-)〙

mìlli·bàrn *n.* 〘物理〙ミリバーン《反応や散乱断面積の単位; $^1/_{1000}$ バーン; =10^{-27} cm^2; 記号 mb》. 〘《1955》□ MILLI-+BARN[2]〙

Mil·li·cent /míləsənt, -sn̩t | -lɪ̀-/ *n.* ミリセント《女性名; 愛称形 Millie, Milly; 異形 Milicent, Millecent, Melicent》. 〘□ OF *Melisent* (頭音消失) ← OHG *Amalasuind* ← *amal* work+*suind-* strong: ⇨ Emery, sound[2]〙

mìlli·cóulomb *n.* 〘電気〙ミリクーロン《電気量の単位; $^1/_{1000}$ クーロン; 記号 mC》. 〘← MILLI-+COULOMB〙

mìlli·cúrie *n.* 〘物理〙ミリキュリー《放射性物質の量の単位; $^1/_{1000}$ キュリー; 記号 mCi》. 〘《1910》← MILLI-+CURIE〙

mìlli·degrèe *n.* 〘物理〙1,000 分の 1 度《温度の単位》. 〘1942〙

Mil·lie /míli/ *n.* ミリー《女性名》. 〘(異形) ← MILLICENT, MILDRED〙

mil·lieme /mi:(l)jém; *F.* miljɛm, mijɛm/ *n.* (*pl.* ~s /~(z)/) **1 a** ミリエム《エジプト・スーダンの通貨単位; =$^1/_{1000}$ pound, $^1/_{10}$ piaster》. **b** 1 ミリエム貨. **2** ミリエム《チュニジアの通貨単位; =$^1/_{1000}$ dinar, $^1/_{100}$ dirham》. 〘《1902》□ F *millième* □ L *millēsimus* a thousandth ← *mille* thousand: ⇨ mile〙

mìlli·equivalent *n.* 〘化学・薬学〙ミリグラム当量 (略 meq.). 〘1929〙

mil·lier /mi:ljéɪ; *F.* milje/ *n.* ミリェー, 仏トン (metric ton) (1,000 kg). 〘□ F ~ ← L *mīlle*: ⇨ milli-〙

mìlli·fàrad *n.* 〘電気〙ミリファラッド《静電容量の単位; $^1/_{1000}$ ファラッド, 1000 マイクロファラッド; 記号 mF》. 〘《c1961》← MILLI-+FARAD〙

mìlli·gàl *n.* 〘物理〙ミリガル《加速度の単位; $^1/_{1000}$ ガル》. 〘《1914》← MILLI-+GAL[1]〙

Mil·li·gan /mílɪ̀gən | -lɪ-/, **Spike** *n.* ミリガン《1918– ; アイルランドのコメディアン・作家》.

mil·li·gram, 《特に英》**-gramme** /míləgræ̀m | -lɪ̀-/ *n.* ミリグラム《重量の単位; $^1/_{1000}$ グラム; 記号 mg》. 〘《1810》□ F *milligramme*: ⇨ milli-, gram〙

mìlligram-hóur *n.* 〘医学〙(ラジウムで)ミリグラム時.

mìlli·hènry *n.* (*pl.* **-hen·ries, ~s**) 〘電気〙ミリヘンリー《伝導係数の実用単位; $^1/_{1000}$ ヘンリー; 略 mH, mh》. 〘《1897》← MILLI-+HENRY〙

Mil·li·kan /mílɪ̀kən | -lɪ-/, **Robert Andrews** *n.* ミリカン《1868–1953; 米国の物理学者; Nobel 物理学賞 (1923)》.

mìlli·làmbert *n.* 〘光学〙ミリランベルト《輝度の単位; $^1/_{1000}$ ランベルト; 略 mL》. 〘1916〙

mil·li·li·ter, 《英》**-li·tre** /míləlì:tə | -lɪ̀lì:tə(r)/ *n.* ミリリットル《容積の単位; $^1/_{1000}$ リットル; 略 ml》 〘《1810》□ F *millilitre*: ⇨ milli-, liter〙

mìlli·lùx *n.* 〘光学〙ミリルクス《照度の単位; $^1/_{1000}$ ルクス; 略 mlx》.

mil·lime /mɪ̀lí:m | mɪ-; *F.* milim/ *n.* ミリム《チュニジアの通貨単位; =$^1/_{1000}$ dinar》; 1 ミリムアルミ貨. 〘《c1919》□ F ~ ← *millième*: ⇨ millieme〙

mil·li·me·ter /míləmì:tə | -lɪ̀mì:tə(r)/ *n.* ミリメートル《長さの単位; $^1/_{1000}$ メートル; 記号 mm》. 〘《1807》□ F *millimètre*: ⇨ milli-, meter[1]〙

mìllimeter wáve *n.* 〘電気〙=millimetric wave.

mìl·li·mèt·ric wáve /mìləmètrɪk- | -lɪ̀-/ *n.* 〘電気〙ミリメートル波.

mìlli·mhò *n.* 〘電気〙ミリモー《コンダクタンス (conductance) の単位; $^1/_{1000}$ モー; 記号 m℧; 現在は millisiemens という》.

mil·li·mi·cro- /míləmàɪkroʊ | -lɪ̀màɪkrəʊ/「ミリミクロン, 10 億分の 1」の意の連結形: *millimicro*second 10 億分の 1 秒. 〘⇨ milli-, micro-〙

mìlli·mìcron *n.* ミリミクロン《長さの単位; $^1/_{1000}$ ミクロン; 記号 mμ》. 〘《1904》← MILLI-+MICRON〙

mìlli·mòle *n.* 〘化学〙ミリモル ($^1/_{1000}$ モル; 記号 mmol). 〘《1904》← MILLI-+MOLE[4]〙

mil·line /mílàɪn, ⌐—⌐/ *n.* 〘広告〙 **1** ミル行《新聞の発行部数 100 万部当たりの広告面 1 行のスペース単位; cf. agate line》. **2** =milline rate. 〘← MIL(LION)+LINE[1]〙

mil·li·ner /mílənə | -lɪ̀nə(r)/ *n.* 婦人帽子屋《帽子を仕立てたり売ったりする人, 通例女性》. 〘《1530》← *Milaner* dealer in articles from Milan: ⇨ Milan, -er[1]〙

mílline ràte *n.* 〘広告〙ミルラインレート《1 ミル行 (milline) 当たりの広告料[費]》.

mil·li·ner·y /mílənèri | -lɪ̀n(ə)ri/ *n.* **1** 〘集合的〙婦人帽子屋の商う商品類《帽子・レース・リボンなど》. **2** 婦人帽子[装身具]業[店]. 〘《1679–88》: ⇨ milliner, -y[1]〙

mill·ing /-lɪŋ/ *n.* **1** ひき臼でひくこと, 粉ひき, 製粉. **2** (金属面の)平削り, フライス削り; (ラシャの)縮充 (fulling): a ~ plant フライス工場; (ラシャの)縮充工場. **3** 〘造幣〙(硬貨の縁に)ぎざぎざをつけること; ぎざぎざ; 刻縁(こくえん). **4** 《米方言》一斉に逃げ出す牛を止めるため先導牛をらせん状に内側へ追い込むこと. 〘1466〙

mílling cùtter *n.* 〘機械〙フライス《回転切削工具》. 〘1844〙

mílling machìne *n.* **1** 〘機械〙 **a** フライス盤. **b** 〘紡織〙(ラシャ)縮充機. **2** 〘造幣〙(硬貨の)ぎざぎざ縁刻印機. 〘1876〙

mìlli·òhm *n.* 〘電気〙ミリオーム《電気抵抗の単位; $^1/_{1000}$ オーム; 記号 mΩ》.

mil·lion /míljən | -ljən, -liən/ *n.* (*pl.* ~, **~s**) **1** 100 万, 百万, 10^6; 100 万個, 100 万人, 100 万ドル[ポンドなど]: two ~(*s*) of those women それらの女性たちの 200 万人 / a population of five ~(*s*) 500 万の人口 / two ~ and a half=two and a half ~*s* / many ~*s* of dollars / spend ~*s* 数百万の金を費す / He is worth twenty ~*s*. 2 千万の財産家だ. **2** 100 万 [M̄] の記号[数字]. **3** [*pl.*] 多数, 無数: ~*s* of books 無数の本. **4** [the ~] 一般民衆, 大衆: mathematics for *the* ~ 100 万人の(ための)数学.

a míllion to óne 絶対ありそうもない: *a* ~ *to one* chance ごくわずかな見込み. ***gòne a míllion*** 《豪口語》すっかりだめになって, 絶望で. ***in a míllion*** (1) ごくまれな: a [one] chance *in a* ~ またとない[千載一遇の]チャンス. (2) 〈人・物が〉類のない, すばらしい, 最高の: a man [book] *in a* ~. ***like a míllion*** =*like a* MILLION *dollars*.

— *adj.* **1** 100 [百]万の: a ~ years 100 万年 / three ~ people 300 万人. **2** 多数の: a ~ problems.

like a míllion dóllars 《米口語》(1) とても快調[元気]で, 気分が最高で: feel *like a* ~ *dollars*. (2) 〈人・物が〉ぱりっとして, きちんとして, すてきで: look *like a* ~ *dollars*.

〘《a1376》*millioun* □ (O)F *million* □ It. 《廃》*millione* □ LL *milliōnem* ← L *mille* thousand: ⇨ mile〙

★ 右上の表でもとは左側が《米》用法, 右側が《英》用法であったが, 今では共に左側が用いられる.

mil·lion·aire /mìljənéə, ⌐—⌐— | mìljənéə(r), -liə-/ *n.* 百万長者 (cf. billionaire); 大金持ち, 大富豪. 〘《1826》□ F *millionnaire*: ⇨ million, -ary: cf. billionaire〙

mil·lion·air·ess /mìljənéə^rɪ̀s, ⌐—⌐—⌐ | mìljənéərɪ̀s, -rɛs, mìljənɛərés, -liə-/ *n.* **1** 女性の大金持ち. **2** 大金持ちの妻. 〘《1881》: ⇨ ↑, -ess[1]〙

《米》《英》		《英古》
million	10^6	million
billion	10^9	milliard
trillion	10^{12}	billion
quadrillion	10^{15}	
quintillion	10^{18}	trillion
sextillion	10^{21}	
septillion	10^{24}	quadrillion
octillion	10^{27}	
nonillion	10^{30}	quintillion
decillion	10^{33}	
undecillion	10^{36}	sextillion
duodecillion	10^{39}	
tredecillion	10^{42}	septillion
quattuordecillion	10^{45}	
quindecillion	10^{48}	octillion
sexdecillion	10^{51}	
septendecillion	10^{54}	nonillion
octodecillion	10^{57}	
novemdecillion	10^{60}	decillion
vigintillion	10^{63}	
	10^{66}	undecillion
	10^{72}	duodecillion
	10^{78}	tredecillion
	10^{84}	quattuordecillion
	10^{90}	quindecillion
	10^{96}	sexdecillion
	10^{102}	septendecillion
	10^{108}	octodecillion
	10^{114}	novemdecillion
	10^{120}	vigintillion
centillion	10^{303}	
	10^{600}	centillion

míllion eléctron vólts *n. pl.* 〘電気〙100 万電子ボルト (記号 MeV; cf. electron volt).

míllion·fòld *adj., adv.* 100 万倍の[に]. 〘《1865》← MILLION+FOLD〙

mil·lion·naire /mìljənéə, ⌐—⌐ | mìljənéə(r), -liə-/ *n.* =millionaire.

mil·lionth /míljənθ | -ljənθ, -liənθ/ *adj.* **1** 第 100 [百]万の, 100 万番目の. **2** 100 万分の 1 の: a ~ part 100 万分の 1. — *n.* **1** [the ~] 第 100 万, 100 万番目. **2** 100 万分の 1: a [one] ~. 〘《1673》: ⇨ million, -th[1]〙

mil·li·pede /míləpì:d | -lɪ̀-/ *n.* 〘動物〙ヤスデ《節足動物門倍脚綱の動物の総称; cf. centipede》. 〘《1601》□ L *millepeda* wood louse ← *mīlle* thousand+*ped-*, *pēs* 'FOOT'〙

mìlli·phòt *n.* 〘光学〙ミリフォト《照度の単位; $^1/_{1000}$ フォト》.

mìlli·pòise *n.* 〘物理〙ミリポアズ《粘性率の単位; $^1/_{1000}$ ポアズ》. 〘《1934》← MILLI-+POISE[2]〙

mìlli·ràd *n.* 〘物理〙ミリラド《放射線の単位; $^1/_{1000}$ ラド》. 〘《1954》← MILLI-+RAD[2]〙

mìlli·ràdian *n.* 〘数学〙ミリラジアン《理論的取扱いにおける角度の単位; $^1/_{1000}$ ラジアン》. 〘《1954》← MILLI-+RADIAN〙

mìlli·rèm *n.* 〘医学〙ミリレム《放射線の作用を表す単位; $^1/_{1000}$ レム; 略 mrem》. 〘《1947》← MILLI-+REM〙

mìlli·ròentgen *n.* 〘物理〙ミリレントゲン《X 線とガンマ線の空中放射線量の単位; $^1/_{1000}$ レントゲン; 記号 mR》. 〘《1947》← MILLI-+ROENTGEN〙

mìlli·sècond *n.* 〘物理〙ミリセカンド ($^1/_{1000}$ 秒; 記号 ms). 〘《1909》← MILLI-+SECOND[2]〙

mìlli·sìemens *n.* ミリジーメンス《コンダクタンスの単位; $^1/_{1000}$ ジーメンス; 記号 mS》.

mìlli·vòlt *n.* 〘電気〙ミリボルト ($^1/_{1000}$ ボルト; 記号 mV). 〘1861〙

mìlli·vòltmeter *n.* 〘電気〙ミリボルト計. 〘1907〙

mìlli·wàtt *n.* 〘電気〙ミリワット ($^1/_{1000}$ ワット; 記号 mW). 〘《c1914》← MILLI-+WATT〙

míll matèrial *n.* 〘窯業〙=mill addition.

míll mòtor *n.* 〘電気〙圧延電動機《製鉄所などの圧延用モーター》.

Mil·lón's [Mil·lón] reàgent /mi:ljɔ́:n(z)-, -lɔ́:n(z)-, mi:jɔ̃:(n)(z)-, -jɔ̃:n(z)-; *F.* mijɔ̃-/ *n.* 〘化学〙ミロン試薬《水銀を硝酸に溶かした溶液; チロシン(を含む蛋白質)の検出に用いる》. 〘← *Eugene Millon* (*d.*1865: フランスの化学者)〙

míll òutlet *n.* 製造元直轄の小売店 (mill store ともいう).

míll·pònd *n.* **1** 水車用貯水池; 水車池: (as) calm [smooth] as a ~=like a ~ 〈海面など池のように静か[なだらか]な[で]. **2** 穏やかな水の広がり. 〘1371〙

míll·pòol *n.* =millpond. 〘OE〙

míll·ràce *n.* (水車用の)用水路《導水路 (headrace) または放水路 (tailrace) を指す》; 水車を回す水流. 〘《1478–79》← MILL[1]+RACE[2]〙

míll-rún *adj.* **1** 〘鉱山〙工場から出たままの; 未選別の, 等級づけしてない: ~ steel 未選鋼. **2** 並の, 普通の, 平凡な (ordinary, mediocre) (cf. run-of-the-mill). — /⌐—⌐/ *vt.* 〘鉱山〙〈原鉱 1 トンにつき…だけの量[価格]の精練鉱を生産する.

míll rùn *n.* **1** 〘鉱山〙 **a** 選鉱の操業試験《実際の選鉱操業によって岩石あるいは鉱石から有用成分を採取する試験》. **b** 選鉱によって得られる鉱物. **2** (製材所で作られた)木材. **3 a** (工場を出てくる)普通品, 並等(なみとう)品. **b**

M

並の物; 並の人. **4** =millrace. 〖《1874》: ⇨ run¹ (n.) 16〗

Mills /mɪ́lz/, Sir **John** *n.* ミルズ《1908– ; 英国の俳優・演出家; 本名 Lewis Ernest Watts Mills; *In Which We Serve*「われらの奉仕するところ」(1942), *Ryan's Daughter*「ライアンの娘」(1970) などに出演》.

Mílls & Bóon /-búːn/ *n.* ミルズ アンド ブーン《英国の出版社; 女性向けロマンス小説の出版で有名》: a *Mills and Boon* book [romance]. 〖1912〗

Mílls bòmb *n.* =Mills grenade. 〖1917〗

míll scàle *n.* 〖冶金〗圧延皮膜, ミルスケール《圧延鋼材の表面に付着する黒色の酸化皮膜》. 〖1880〗

Míls grenàde /mɪ́lz-/ *n.* ミルズ手榴弾《重さ約 0.68 kg の強力爆弾; Mills bomb ともいう》. 〖《1916》← *Sir William Mills* (1856–1932: 英国の発明家)〗

míll·stòne *n.* **1** 臼石《runner と bed stone 上下 2 個から成るうちの 1 個》; 石臼用の石材. **2 a** ひき[押し]つぶすもの. **b** 重荷 (cf. *Matt.* 18:6): a ~ around one's neck 首枷(くび)(やっかいなもの). *(as) hárd as the néther míllstone* きわめて冷酷無情で (cf. *Job.* 41:24). *betwèen the úpper and the néther míllstone(s)* どうしようもない羽目になって. *sée [lóok] through [ìnto, fár ìnto] a míllstone=díve ìnto a míllstone* 《皮肉》感覚[視力, 透察力]が恐ろしく鋭い, 目から鼻へ抜ける. 〖lateOE *mylenstān*: ⇨ mill¹, stone〗

míllstone grìt *n.* 〖岩石〗ミルストングリット《英国の Pennine 地方などにある上部石炭紀の珪岩礫を多く含む陸成砂岩》. 〖《1786》← ↑ +GRIT〗

míll stòre *n.* =mill outlet.

míll·strèam *n.* =millrace. 〖OE *milestrēame*〗

míll·tàil *n.* (水車を回した後の)放水溝. 〖1611〗

míll whèel *n.* 製粉機を回す水車. 〖lateOE *mylenhwēol*〗

míll·wòrk *n.* **1** 水車機械, 製造所の機械装置; 水車機械作業, 製造所の機械作業. **2** 製造工場の製品; 工場[機械]製木工品《ドア・窓枠など; cf. cabinetwork》. 〖1770〗

míll wràpper *n.* 〖製紙〗ワンプ《製紙工場で製品を包む紙》.

míll·wright *n.* **1** 水車大工, 水車設計人. **2** (工場の)機械据え付け工; (通例工場の軸系の据え付けや調帯(ベルト)の整備などをする)機械工. 〖《1387》ME *milnewright*: ⇨ mill¹, wright〗

Mil·ly /mɪ́li/ *n.* ミリー《女性名》. 〖(dim.) ← MILDRED, MILLICENT〗

Milne /mɪ́l(n)/, **A(lan) A(lexander)** *n.* ミルン《1882–1956; 英国の随筆家・劇作家・童謡作家・小説家; *If I May* (1920), *Winnie-the-Pooh* (1926)》.

Mílne mèthod *n.* 〖数学〗ミルン法《常微分方程式を数値的に解く方法の一つ》. 〖← *E. A. Milne* (1896–1950: 英国の数学者・天文学者)〗

Mil·ner /mɪ́lnə | -nə^(r)/, **Alfred** *n.* ミルナー《1854–1925; 英国の政治家; 南アフリカやエジプトの問題で活躍; 称号 1st Viscount Milner》.

mi·lo /máɪloʊ | -ləʊ/ *n.* (*pl.* ~s) 〖植物〗マイロ《キビ (millet) に似たモロコシ (sorghum) の類の植物; milo maize ともいう》. 〖《1882》□ Bantu *maili*〗

Mi·lo¹ /*It.* míːlo/ *n.* ミーロ《Melos のイタリア語名》. **Vénus de Mílo** =VENUS of Melos.

Mi·lo² /máɪloʊ | máɪləʊ, míː-; *It.* míːlo/ *n.* マイロ《男性名》. 〖《1086》□ OHG ~ ← ? OSlav. *milu* merciful: cf. Miles〗

mílo disèase *n.* 〖植物病理〗ミロ病《絲状菌類の *Periconia circinata* によって起こるミロ (milo) の腐敗病; milo root rot ともいう》.

mi·lom·e·ter /maɪlɑ́(ː)mətə | -lɔ́mɪtə^(r)/ *n.* 《英》=mileometer.

mi·lord /mɪlɔ́əd | -lɔ́ːd; *F.* milɔːʁ/ *n.* [ヨーロッパ大陸で英国紳士に対する呼び掛けまたは敬称として] 御前, 閣下 (lord, gentleman). 〖《1596》□ F ~ □ E *my lord*: cf. milady〗

Mi·ló·ri blúe /mɪlɔ́ːri-/ *n.* =Prussian blue 2. 〖《1924》← *A. Milori* (19 世紀のフランスの絵の具製造業者)〗

mílo róot ròt *n.* =milo disease.

Mí·los /*Mod. Gk.* míləs/ *n.* ミロス《Melos のギリシャ語名》.

Mi·lo·se·vic /mɪlóʊsəvɪtʃ, -lɑ́(ː)s- | mɪlɔ́ʃəvɪtʃ, -lɔ́s-/, **Slo·bo·dan** /slôbodan/ *n.* ミロシェビッチ《1941–2006; ユーゴスラビア連邦共和国大統領 (1997–2000); セルビア語名 Milošević /milɔ̌ʃevitɕ/》.

mil·pa /mɪ́lpə/ *n.* **1** (中米・メキシコおよびアジアの熱帯地方の)小畑地, ミルパ《ジャングルを焼くなどして切り開いて作物を栽培し数期の後放棄される》: the ~ system ミルパ農耕方式. **2** (中米・メキシコの)トウモロコシ畑; トウモロコシ (maize). 〖《1844》□ Mex.-Sp. ~ □ Nahuatl *milpan* in the fields ← *milli* field, cultivated plot＋*pan* in, on〗

milque·toast /mɪ́lktoʊst | -təʊst/ *n.* 《米・カナダ》(自分の意志・意見をもたない)臆病者, 気の弱い人 (milksop). 〖《1935》← *Caspar Milquetoast* (米国の漫画家 H. T. Webster (1885–1952) の描いた人物の名): ⇨ milk toast〗

mil·reis /mɪ́lrèɪs, -rèɪʃ; *Port.* miɫʁɐ́jʃ, *Braz* miuʁéjs/ *n.* (*pl.* ~ /-rèɪs, -rèɪz; *Port., Braz.* ~/) **1** ミルレース: **a** ポルトガルの旧通貨単位 (=1,000 reis; 1911 年 escudo に変更). **b** ブラジルの旧通貨単位 (=1,000 reis; 1942 年 cruzeiro に変更). **2** 1 ミルレース金貨[銀貨]. 〖《1589》□ Port. ~ ← *mil* thousand (< L *mille*)＋*réis* (⇨ reis)〗

Mil·stein /mɪ́lstaɪn/, **Nathan** *n.* ミルスタイン《1904–92; ロシア生まれの米国のバイオリン奏者》.

milt /mɪ́lt/ *n.* **1** =melt². **2** 〖魚類〗(雄魚の)魚精, 白子. — *adj.* 〈雄魚が〉産卵期の: a ~ herring 産卵期の雄のニシン. — *vt.* 〈雄魚が〉〈卵〉に魚精をかける. 〖OE *milte* < Gmc **miltjaz, *miltjōn* (G *Milz*) ← ? IE **mel-* soft: cf. melt^(1, 2)〗

milt·er /mɪ́ltə | -tə^(r)/ *n.* 〖魚類〗産卵期の雄魚. 〖1601〗

Mil·ti·a·des /mɪltáɪədìːz/ *n.* ミルチアデス《550?–489 B.C.; Athens の将軍・政治家; Marathon の戦いでペルシャ軍を破った (490 B.C.)》.

Mil·ton /mɪ́ltn̩, -tən/, **John** *n.* ミルトン《1608–74; 英国の詩人; *Areopagitica* (1644), *Paradise Lost* (1667), *Paradise Regained* (1671), *Samson Agonistes* (1671)》.

mil·to·ni·a /mɪltóʊniə | -tə́ʊ-/ *n.* 〖植物〗ミルトニア《熱帯アフリカ産ミルトニア属 (*Miltonia*) の常緑性ランの総称; pansy orchid ともいう》. 〖← NL *Miltonia* ← *Viscount Milton* (C. W. W. Fitzwilliam: 1786–1857: 英国の政治家・園芸の後援者でランの栽培者): その人に献じた命名〗

Mil·to·ni·an /mɪltóʊniən | -tə́ʊ-/ *adj.* =Miltonic. 〖《1708》← MILTON＋-IAN〗

Mil·ton·ic /mɪltɑ́(ː)nɪk | -tɔ́n-/ *adj.* ミルトン (Milton) の; 〈文体・心象などが〉ミルトン風の. 〖《1708》: ⇨ Milton, -ic¹〗

Mílton Kéynes /-kíːnz/ *n.* ミルトン キーンズ《イングランド中南部の町, 19 万; 1967 年 new town に指定》.

Mílton Wórk cóunt *n.* 〖トランプ〗ミルトンワーク計算法《ブリッジで ace 4 点, king 3 点, queen 2 点, jack 1 点として持札の強さを計算する》. 〖← *Milton C. Work* (1864–1934: auction bridge の権威)〗

Mil·town /mɪ́ltaʊn/ *n.* 〖商標〗ミルタウン《meprobamate の商品名》. 〖《1954》恣意的造語〗

Mil·wau·kee /mɪlwɔ́ːki, -wɑ́ː- | -wɔ́ːki, -kiː/ *n.* ミルウォーキー《米国 Wisconsin 州南東部にある同州最大の都市, Michigan 湖畔の港; 穀物・石炭の集散地, 製鉄業》. 〖□ F ~ ← N.Am.-Ind. (Algonquian)《原義》good land〗

Mi·lyu·kov /mɪ̀ljʊkɔ́(ː)f, -kɑ́(ː)f, -kɔ́(ː)v | -kɔ́f, kɔ́v; *Russ.* mʲɪlʲʊkóf/, **Pa·vel** /pávʲɪl/ **Nikolaevich** *n.* ミリュコーフ《1859–1943; ロシアの政治家・歴史家》.

mim /mɪ́m/ *adj.* 《英方言》控え目な, 内気な (shy), とりすました (prim). 〖《1641》《擬音語》口をすぼめる形から〗

mim. 《略》mimeograph(ed).

mim- /mɪm/ (母音の前にくるときの) mimo- の異形.

Mi·mas /máɪməs, -mæs/ *n.* **1** 〖ギリシャ神話〗ミマス《オリンポスの神々と戦い Zeus に雷で殺された巨人》. **2** 〖ローマ神話〗ミマス《Aeneas の部下の一人; イタリアに到着後 Mezentius に殺された》. **3** 〖天文〗ミマス《土星 (Saturn) の第 1 衛星》. 〖□ Gk *Mímas*〗

mim·bar /mɪ́mbɑə | -bɑː^(r)/ *n.* =minbar.

mime /máɪm/ *n.* **1 a** (古代ギリシャ・ローマの)ミモス《実生活に取材し, 主に物まねと舞踏から成る一種の滑稽劇》; ミモス用の対話体の作品. **b** ミモスの役者. **2** 道化役者; 物まね師 (buffoon, jester). **3 a** =pantomime 1. **b** パントマイムの役者. **4** 物まね. — *vt.* **1** マイム風に演じる. **2** …の物まねをする, まねる (mimic). — *vi.* **1** マイムをやる; (無言で)道化[物まね]芝居をする. **2** 〖テレビ〗〈歌手などが〉録音に合わせて〉歌う[演奏する]まねをする 〔*to*〕. 〖《1603》□ L *mīmus* □ Gk *mîmos* imitator, actor〗

MIME /máɪm/ *n.* 〖電算〗マイム, MIME《バイナリーファイルを電子メールで送るため, テキストファイルに変換するプログラム》. 〖《略》← *M(ultipurpose) I(nternet) M(ail) E(xtension)*〗

míme àrtist *n.* =mime 3 b.

mim·e·o /mɪ́mioʊ | -miəʊ/ *n.* (*pl.* ~s) 謄写版[ガリ版]出版物《公報・会報・社内報・ニュースレター・覚え書きなど》. — *vt.* =mimeograph. 〖《1943》《略》← *mimeographed*: ⇨ ↓, -ed〗

mim·e·o·graph /mɪ́miəgræ̀f | -miə(ʊ)grɑ̀ːf, -græ̀f/ *n.* **1** 謄写版(器), ガリ版《孔版による印刷器の一種》. **2** 謄写版(印刷)印刷物. — *vt.* 謄写版[ガリ版]で刷る. — *vi.* 謄写版[ガリ版]刷りにする. 〖《1889》《商標名》← *mimeo-* (← Gk *mīmeîsthai* to imitate ← *mîmos* imitator)＋-GRAPH〗

mím·er *n.* 物まね師; 身振り狂言役者, パントマイム[無言劇]役者 (pantomimist). 〖《1755》: ⇨ mime, -er¹〗

mi·me·sis /mɪmíːsɪs, maɪ- | -sɪs/ *n.* **1** 〖芸術・修辞〗ミメシス, 模倣《人・物の言葉・動作・形態の特徴を模倣することによってその対象を実際に表現しようとする修辞法》. **2** 〖生物〗擬態; (特に)隠蔽的擬態《動物が他の動植物に似た目立たない色彩や姿勢をもつこと; cf. mimicry》. **3 a** 〖精神医学〗(ヒステリーなどに起因する)偽狂. **b** 詐病 (simulation)《病人が他の病気の兆候をまねをすること》. **4** 〖社会学〗模倣《ある集団の行動を他の集団が意図的にまねること; 社会変化の一要因》. 〖《1550》□ Gk *mímēsis* imitation ← *mîmos*: ⇨ mime〗

mi·met·ic /mɪmétɪk, maɪ- | -mét-/ *adj.* **1** まねの, 模倣の (imitative): the ~ tendency of infancy 大人のまねをしようとする幼年期の傾向 / the ~ theory (文学は自然の模写だという Aristotle の) 模写文学論. **2** 偽りの, まがいの (mimic, make-believe): a ~ crystal 擬晶. **3** 〖生物〗擬態の. **mi·mét·i·cal·ly** *adv.* 〖《1637》□ Gk *mīmētikós* imitative ← *mīmeîsthai* to imitate ← *mîmos*: ⇨ mime〗

mim·e·tism /mɪ́mətìzm, máɪ-/ *n.* 〖生物〗擬態 (mimicry). 〖《1882》: ⇨ ↑, -ism〗

mim·e·tite /mɪ́mətàɪt, máɪm- | -mɪ-/ *n.* 〖鉱物〗ミメタイト ($Pb_5Cl(AsO_4)_3$)《鉛の鉱石の一種》. 〖《1852》□ G *Mimetit* ← Gk *mimētḗs* imitator: ⇨ mime, mimetic, -ite¹〗

Mim·i /mɪ́mi/ *n.* ミミ《女性名》. 〖(dim.) ← MIRIAM〗

mim·ic /mɪ́mɪk/ *vt.* (**mim·icked; -ick·ing**) **1** (相手を軽蔑して)まねる, まねをしてばかにする (⇨ imitate SYN). **2** (気取って)〈人や人の言動〉をまねる, 猿まねする: ~ a person's voice [walk] 人の声[歩き方]をまねる / Monkeys ~ man. 猿は人のまねをする. **3** …によく似る: The clouds ~ islands in the sea. その雲は海中の島のように見える. **4** 〖動物〗(身を守るため)…に似せて擬態する, …のまねをする. — *n.* **1** 人まねする人; まね[擬態]の巧みな動物《オウムなど》. **2** 模倣者[品]. **3** 物まね師, 道化役者 (mime). — *adj.* **1** まねする, 物まねする, 模倣の (imitative, mimetic): a ~ gesture 手[足]まね / the ~ habit 模倣の習癖. **2** 模造の, にせの (feigned, sham): ~ coloration 〖動物〗擬態色 / ~ tears そら涙. **3** 模擬の (imitated, mock): ~ warfare 模擬戦. 〖《1595–96》□ L *mīmicus* □ Gk *mīmikós* belonging to mimes: ⇨ mime, -ic¹〗

mím·i·cal /-mɪkəl, -kl̩ | -mɪ-/ *adj.* 《古》=mimic. **~·ly** *adv.* 〖《1603》: ⇨ ↑, -al¹〗

mím·ick·er *n.* 人まねする人, 物まね屋. 〖1847〗

mímic pánel *n.* (豆ランプ表示式の)模型地理案内板.

mim·ic·ry /mɪ́mɪkri/ *n.* **1** まね, 物まね, 人まね (imitation). **2** 〖動物〗擬態; (特に)標識的擬態《動物が他の動物に似た目立つ色彩をもつこと》: protective ~ 保身擬態. 〖《1687》← MIMIC (n.)＋-RY〗

Mim·i·dae /mɪ́mədìː | -mɪ-/ *n. pl.* 〖鳥類〗マネシツグミ科. 〖← NL ~ ← *Mimus* (属名) ← L *mīmus* (⇨ mime): ⇨ -idae〗

MIMinE 《略》Member of the Institute of Mining Engineers.

mim·i·ny-pim·i·ny /mɪ́mənipɪ́məni | -mɪnɪpɪ́mɪni/ *adj.* いやに凝る, (好みなどが)ばかにやかましい. 〖《1815》《変形》? ← NIMINY-PIMINY〗

Mi·mir /míːmɪə | -mɪə^(r)/ *n.* 〖北欧神話〗ミーミル《知恵の神, 無常の知恵をもつ巨人; 宇宙樹の根元にある知恵の泉に住居をもつ; Odin は片目と引き換えにその泉の水を飲ませてもらい知恵を授かった》. 〖□ ON *Mímir*〗

mim-mem /mɪ́mmém⁻/ *adj.* 〈外国語学習が〉模倣記憶反復練習の[に関する, による]. 〖← MIM(ICRY)＋MEM(ORIZATION)〗

mim·o- /mɪ́moʊ | -məʊ/「模倣(の)」の意の連結形. ★ 母音の前では通例 mim- になる. 〖□ L ~ □ Gk *mīmo-* ← *mîmos*: ⇨ mime〗

mi·mo·sa /mɪmóʊzə, maɪ-, -sə | mɪmə́ʊ-/ *n.* ミモザ: **1** 〖植物〗マメ科ネムリグサ属 (*Mimosa*) またはアカシア属 (*Acacia*) の植物の総称《温帯地方原産の植物; オジギソウ, ネムリグサ (*M. pudica*) など》. **2** 〖酒〗シャンパンにオレンジジュースを混ぜたカクテル. 〖《1751》← NL ~ ← L *mīmus* 'MIME'＋*-ōsa* (cf. -ose¹): 外観上動物の生態に似ていることから〗

Mim·o·sa·ce·ae /mɪ̀məséɪsiìː, maɪm- | mɪməʊzéɪ-, -séɪ-/ *n. pl.* 〖植物〗ネムノキ科《通常はマメ科の亜科として扱われる》. **mim·o·sá·ceous** /-ʃəs⁻/ *adj.* 〖← NL ~ ← *Mimosa*(属名: ⇨ mimosa): ⇨ -aceae〗

mim·sey /mɪ́mzi/ *adj.* (*also* **mim·sy** /~/) 《英口語》とりすました, しかつめらしい. 〖《1880》← MIM: cf. clumsy, flimsy: L. Carroll《1855》に恣意的造語で unhappy の意の例がある〗

mim·u·lus /mɪ́mjʊləs/ *n.* 〖植物〗ミゾホオズキ属 (*Mimulus*) の多年草の総称《ゴマノハグサ科; 主にアフリカ大陸産; cf. monkey flower》. 〖《1768》← NL *Mimulus* (属名) ← LL ~ 'comic actor' (dim.) ← L *mīmus* 'MIME'〗

MIMunE 《略》Member of the Institution of Municipal Engineers.

min 《略》minimum; minute(s).

min. 《略》mineralogical; mineralogy; minim(s); minima; mining; minister; ministry; minor; minute(s).

Min /mɪ́n/; *Chin.* mǐn/ *n.* 閩(ビン)語《中国福建省 (Fujian) で話される方言》. 〖《1902》□ Chin. *Min* (閩, 福建省の別称)〗

Min. 《略》Minister; Ministerial; Ministry.

mi·na¹ /máɪnə/ *n.* (*pl.* ~s, **mi·nae** /-niː/) ムナー, ミナ: **1 a** 古代バビロニアの通貨単位; =100 sigloi. **b** 古代ギリシャの通貨単位; =1/60 talent. **c** ムナー[ミナ]貨. **2** 古代バビロニア・ギリシャなどでの量目の単位; 約 1/60 talent. 〖《1579–80》□ L ~ □ Gk *mnâ* □ Heb. *mānéʰ* □ Akkad. *manū*〗

mi·na² /máɪnə/ *n.* 〖鳥類〗=myna; (特に) =hill myna. 〖《1769》□ Hindi *mainā*〗

Mi·na /míːnə, máɪnə/ *n.* ミナ《女性名》. 〖(dim.) ← WILHELMINA〗

min·a·ble /máɪnəbl̩/ *adj.* 採掘できる. 〖*c*1570〗

mi·na·cious /mɪnéɪʃəs/ *adj.* 脅迫[威嚇]的な, 脅しの (threatening, menacing). **~·ly** *adv.* **~·ness** *n.* **mi·nac·i·ty** /mɪnǽsəti | -sɪti/ *n.* 〖《1660》← L *mināc-*, *mināx* threatening ← *minārī* to threaten: ⇨ menace)＋-OUS: cf. minatory〗

minae *n.* mina¹ の複数形.

mi·nah /máɪnə/ *n.* 〖鳥類〗=mina².

Mi·na Has·san Ta·ni /míːnəhɑːsɑ́ːntɑ́ːniː/ *n.* ミナハッサン タニ《北西モロッコの Sebou 川沿いの港; Kenitra ともいう; 旧名 Port Lyautey》.

Mi·na·má·ta disèase /mɪ̀ːnəmɑ́ːtə- | -tə-/ *n.* 〖病理〗水俣(みなまた)病 (Mad Hatter's disease ともいう). 〖《1957》□ Jpn.〗

Mi·nang·ka·bau /mìːnæŋkəbàʊ/ *n.* (*pl.* ~, ~s) **1 a** [the ~(s)] ミナンカバウ族《インドネシアの Sumatra 島

中央から西部にかけて居住する民族). **b** ミナンカバウ族の人. **2** ミナンカバウ語《Malay 語と近縁関係にある》. 〘1783〙

mi·nar /mɪ̀nɑ́ə | mɪnɑ́ː(r/ *n.* (インド建築の)ミナール, 小塔. 〘(1665) □ Arab. *manār* lighthouse ← *nur* light〙

min·a·ret /mɪ̀nərét, ⌐—⌐/ *n.* (イスラム寺院の)ミナレット, 光塔(こう)《周囲に露台があってその上から勤行時報係 (muezzin) が祈りの時間を告げる; 通例 4-6 基から成り, 寺院本体を囲んで立つ》. **~·ed** /mɪ̀nərétɪ̀d | -tɪ̀d⌐/ *adj.* 〘(1682) □ F ~ ∥ Sp. *minarete* □ Turk. *manārat* □ Arab. *manāraʰ* (fem.) ← *manār* 'MINAR'〙

minaret

Mí·nas Básin /máɪnəs-/ *n.* [the ~] マイナス湾《カナダ Nova Scotia 州の Fundy 湾北東部の入江; 満干潮の差の激しいことで有名》.

Mi·nas Ge·rais /mìːnəsʒəráɪs; *Braz.* mínaʒeráɪs/ *n.* ミナス ジェライス(州)《ブラジル東部の州; 州都 Belo Horizonte》.

min·a·to·ri·al /mɪ̀nətɔ́ːriəl, màɪn-⌐/ *adj.* = minatory. **~·ly** *adv.* 〘1885〙

min·a·to·ry /mɪ́nətɔ̀ːri, máɪn- | mɪ́nətəri, máɪn-, -tri/ *adj.* 脅迫(的)の, 脅しの. **min·a·to·ri·ly** /mɪ̀nətɔ́ːrəli, màɪn- | mɪ́nətərɪ̀li, máɪn-/ *adv.* 〘(1532) □ OF *minatoire* □ LL *minātōrius* ← L *mināri* to threaten ← *minae* projecting points of walls, (fig.) threats: ⇨ minacious〙

mi·nau·de·rie /miːnóʊdri | -nə́ʊ-; *F.* minodʁi/ *F. n.* [通例 *pl.*] なまめかしい風情, 色っぽい様子. 〘(1763) □ (M)F ~ ← *minauder* to simper + *-erie* '-ERY'〙

mi·nau·dière /mìːnoʊdjéə | -nə(ʊ)djéə(r; *F.* minodjɛːʁ/ *F. n.* ミノーディエール《しばしば宝石などをちりばめた金属製の携帯用化粧品・宝石入れ》. 〘(1940) □ F ~ 《原義》 coquettish〙

min·bar /mɪ́nbɑə | -bɑː(r/ *n.* ミンバール《イスラム寺院の説教壇》. 〘□ Arab. *minbar* pulpit ← *nabara* to raise (a voice)〙

mince /mɪ́ns, mɪ́nts/ *vt.* **1 a** 〈肉などを〉細かく切る, 切り刻む (hash). **b** 細かく分割する, 細分して台無しにする. **2** 控え目に言う, 加減して言う (tone down); 遠回し[婉曲]に言う: a ~*d* oath 弱い[穏やかな]口調ののろし / not ~ matters [the matter, one's words] 飾らないで本当のことを言う, 遠慮なくはっきり言う / He ~*d* no words in his accusation. 少しの仮借もなく責め立てた. **3** 上品ぶって[気取って]する[言う]. — *vi.* **1** (小股に)気取って歩く: ~ one's way 気取って小股に歩く. **2** 気取って振る舞う[話す]. **3** 食物を細かく刻む.
— *n.* **1** = mincemeat 1. **2** 《英》 = minced meat. **3** 気取った話し方[歩き方].
〘(*a*1381) *mynce(n)* □ OF *mincier* (F *mincer*) to make small ← L *minūtia* small piece: ⇨ minutia〙

mínced méat *n.* こまぎれ肉, ひき肉. 〘1578〙

mínced píe *n.* = mince pie.

mínce·mèat *n.* **1** ミンスミート《細かく刻んだ乾燥果物(干しぶどうなど)と果皮・りんご・スーエット (suet)・香辛料・砂糖などを混ぜ, ブランデーやラムを注ぎかけてねかせたもの; パイなどの詰め物として用いる》. **2 a** = minced meat. **b** 細かに刻んだもの.
màke míncemeat (òut) of (1) …を切り刻む. (2) 《口》(議論などで)…をめちゃめちゃ[こてんぱん]にやっつける; 論破する (refute). (1708)
〘(1663) ← *minced meat*〙

mínce píe *n.* ミンスパイ《mincemeat 入りのパイ》. 〘1600〙

mínc·er *n.* 細かく切り刻む人[もの, 機械]; 肉ひき機. 〘1587〙

Minch /mɪ́ntʃ/ *n.* [the ~] ミンチ海峡《スコットランドと Outer Hebrides 諸島との間の海峡; North Minch と Little Minch に分かれる》.

Min·cha /mɪnxɑ́ː/ *n.* 《ユダヤ教》ミンハー《午後の礼拝》. 〘(1819) □ ModHeb. *minḥá* < Heb. *minḥāʰ* gift, offering〙

mínc·ing *adj.* **1** 〈言葉遣い・歩調・態度などが〉気取った, もったい振った, きざな; 小粋(こいき)な. **2** 〈道具など〉細かく切り刻むのに用いる. **~·ly** *adv.* 〘1530〙

míncing machìne *n.* **1** 肉ひき機. **2** 鯨脂切断機. 〘1875〙

mind /máɪnd/ *n.* **1** (身体と区別して, 思考・感覚・感情・意志などの働きをする)心, 精神 (cf. heart, soul, brain): a strong [weak, profound, clear, shallow] ~ 強い[弱い, 深遠な, 明晰な, 浅薄な]心 / a frame [state] of ~ 気分, 気持ち / a turn [cast] of ~ 気立て / apply [bend] one's ~ to …に苦心する, 心を傾ける / bring one's ~ to bear on …に心を向ける / give one's (whole) ~ to …に心[精根]を傾ける / turn [put, set] one's ~ to …に心[注意]を向ける / keep [have] one's ~ on …に心[注意]を集中する, 専念する, …のことを思い続ける / open [close] one's ~ to …を進んで考慮に入れる[考えようとしない] / cast one's ~ back to [over] … (過去)を思い出す / have [bear, keep] in ~ 意図する (cf. 3) / set [keep] one's ~ on …に一心になる, …を熱望する / take one's ~ off …から心をそらす, …のことを忘れる / A sound ~ in a sound body. 《諺》健全な身体に健全な精神(が宿らんことを) (cf. mens sana in corpore sano) / I see my father … In my *mind's* eye. 心の目に父上が見える (cf. Shak., *Hamlet* I. 2. 185).
2 (感情・意志と区別して, 理性を働かせる)知性; 知力, 頭 (↔ will, emotion): have a quick ~ 頭の回転が速い / a man of ~ 知性のある人 / be beyond one's ~ 理解できない / His ~ was not capable of grasping the significance of the problem. 彼の頭では問題の重要性が理解できなかった.
3 記憶(力), 回想 (memory): bear [keep, have] in ~ 心[記憶]に留めている, 記憶している, 覚えている (cf. 1) / with possible danger in ~ 起こるかもしれない危険を考慮して / bring [call] to ~ 思い出す, 思い浮かべる; 思い出させる / come [spring, leap] to [into] ~ 思い浮かぶ / come into [to] one's ~ = cross [enter] one's ~ 思いつく, 心に浮かぶ / flash across [rush upon] one's ~ 急に胸に浮かぶ, さっと心にひらめく / ⇨ *put a person in* MIND *of* / put [get] out of one's ~ わざと忘れる / time out of ~ 人の記憶にない時代[大昔], 太古の時代; 大昔から / It had gone [passed] out of my ~. そのことは私の記憶から消えてしまった (cf. 4) / Out of sight, out of ~. 《諺》「去る者は日々に疎(うと)し」.
4 精神の正常な状態, 理性 (reason), 正気の (sanity): ⇨ PRESENCE *of mind*, ABSENCE *of mind* / of sound ~ 正気の, 気のしっかりした / be in one's right ~ 正気である / out of one's ~ ⇨ 成句 / go out of one's ~ = lose one's ~ 気がふれる, 発狂する / I awoke to my full ~. 目が覚めて気がはっきりした, 正気に返った.
5 a 意見, 考え, 意向, 心, 好み (opinion, inclination): the public ~ 世論 / be of [in] one [a, the same, like] ~ with …と同じ心である, 考えが一致している / in my ~ 私の心[考え]では / I am of your ~. 私は君と同意見だ / change one's ~ 心[考え]を変える / That event changed my ~ completely about him. そのことで私の彼についての考えが変わった / read a person's ~ 人の心を読む / speak one's ~ 考えを打ち明ける, 思うことをずけずけ言う / let a person know one's ~ 人に心中を語る[打ち明ける] / have a ~ of one's own 独自の考えをもっている. **b** 〈…したい気(持ち) (intention) 〈*to do*〉: have a (good, great) ~ *to* do …したい気が(大いに)ある / have half a ~ *to* do …したいような気がする, しようかなと思う / have no [little] ~ *to* do …する気がない[ほとんどない] / have it in ~ *to* do …しようと決めて[するつもりで]いる.
6 a [しばしば集合的] (心の持ち主としての)人間, 人: the greatest ~*s* of today 今日の最大の偉人たち / a great [little, closed, open] ~ 偉人[小人, 偏見を持った人, 偏見のない人] / the artistic [scientific] ~ 芸術的[科学的]精神の持主 / Such things hardly appeal to the modern [popular] ~. こういうことは現代人[一般の人々]には余り訴えるものがない / Great ~*s* think alike. 偉人は同じ考え方をするものだ. **b** 精神的特質, 精神型: So many men, so many ~*s*. 《諺》「十人十色」/ a meeting of ~*s* 意見の一致.
7 [通例否定構文で] 《米口語・方言》注意 (attention): pay someone [something] *no* ~ = *not* pay someone [something] any ~ 注意しない.
8 《哲学》精神, 心 (spirit) (↔ matter).
9 《心理》精神, 心《意識, 無意識を含む心理過程の総称》: the processes [workings] of the ~ 心的過程.
10 《まれ》《カトリック》(死者のために行う)記念祭; 鎮魂[追悼]ミサ(式): ⇨ month's mind, year's mind.
11 [M-] 《クリスチャンサイエンス》心《神のこと; cf. mortal mind》.
at [in] the báck of one's mínd 心の片すみに(ひっかかって), 内心で. ***be áll in the [a person's] mínd*** (病気・問題などが)想像されているだけである, 気のせいである. ***blów a person's mínd*** 《俗》人を(幻覚剤で)幻覚状態に陥れる; 人を極度に興奮させる, 人にショックを与える, 人を恍惚とさせる (cf. mindblower). ***fríghten [scáre, etc.] a person òut of a person's mínd*** = *frighten a person out of a person's* WITS. ***gíve a person a píece of one's mínd*** 〈人に〉直言する; 〈人を〉しかる[とがめる]: I *gave* him *a piece of my* ~ on [about] the matter. その事について彼に率直な意見を述べた. ***knów one's ówn mínd*** はっきりした自分の意見をもっている, 考えがぐらつかない: He doesn't *know his own* ~. 彼には定見がない. (1824) ***màke úp one's mínd*** 決心する, きっぱり決める 〈*to do, that*〉; 〔不可避の事実を〕覚悟する 〔*to*〕: He *made up his* ~ *to* resign [*that* it should be done]. 辞職しようと[それをしようと]決心した / We must *make up our* ~*s* about it [him]. 我々はそれについて[彼について]心を決めなければならない. (1821) ***mínd over mátter*** 物質[関係]に勝る精神(力), 気力の問題. ***of [in] twó minds*** 心が定まらないで, 迷って, ためらって 〔*about, as to, whether, how*〕: I am *of [in] two* ~*s whether* to go or not. 行くか行かぬか決めかねている / He was *of [in] two* ~*s* at first (about) *how* to treat her. 最初彼女をどう扱ってよいのか迷ってしまった. ***off one's mínd*** 心を離れて, 忘れられて: It's a load [weight] *off my* ~ to know that …を知って私はほっとしている / That is *off my* ~. それは今私の気にかかってはいない, そのことは忘れている / He has the matter *off his* ~. 彼はその事を忘れている. ***on [upòn] one's mínd*** 心の[気に]かかって, 念頭を去らないで: have something *on one's* ~ ある事を心配[懸念]している, ある事を気にかけている / It is [weighs] *on my* ~. それが気懸かりだ[心配の種だ] / What's *on your* ~? 何が気にかかっているのか, 言いたい事は何か. ***òut of one's mínd*** (1) 発狂して (cf. 3, 4); (心配などで)頭がおかしくなって, 取り乱して: You must have been *out of your* ~ to have done that! あんなことをするなんて頭がおかしかったに違いない. (2) 《口語》ひどく, とても: be bored [scared, drunk] *out of one's* ~ ひどく退屈して[おびえて, 酔って]いる. (3) 《口語》ひどく酔って. ***púsh bàck of one's mínd*** 〈不愉快なことなどを〉忘れようと努める. ***pùt a person in mínd of*** 〈人〉に…を思い出させる: That story *put* me *in mind of* my father's jokes. その話を聞くと父の冗談を思い出す. ***slíp a person's mínd*** …に忘れられる, 思い出せない. ***stíck a person's mínd*** 〈物・事が〉…の心に刻み込まれている. ***to óne's mínd*** (1) 自分の考え[意見]では (in one's opinion): *To my* ~ the action was premature. 私に言わせればその行動は早計だった. (2) 心にかなって, 好みに合って, 希望通りに: He found life in the country very much *to his* ~. 田舎の生活は非常に彼の気に入った.
— *vt.* **1 a** …に注意[留意]する, 気を付ける, 心にかける, 顧慮する; …の言うことを聞く: *Mind* what I tell you. 私の言うことをよく聞け[忘れるな] / *Mind* what you are about [doing]. めったなことをするな / Don't ~ what other people (may) say [how other people talk]. 他人の言うことを聞くな[構うな] / Don't ~ me. 《しばしば反語》私のことなど構わないで[ほうっておいて]下さい / ~ one's P's and Q's ⇨ P 成句. **b** 気を付けてみる, …に用心[注意]する, 警戒する (watch): *Mind* the dog [car, step, gap]. 犬[車, 足もと, (ホームと電車の間の)すき間]に御用心 / *Mind* your head. [低い所などで] 頭に御用心 / *Mind* that man there. あの男に用心しろ.
2 《米》 **a** 〈指令・規則などを〉守る, …に従う (obey): ~ the rules [regulations] 規則を守る. **b** …の命令に従う: ~ one's father 父親の言う通りにする.
3 a …のことに気を付ける, …の世話をする (look after), …の番をする (tend): ~ the house [door, children, store] 家[玄関, 子供, 店]の番をする (⇨ 成句) / The wife ~*s* the household accounts. 妻は家計をあずかる / He was set to ~ [~*ing*] the sheep. 彼は羊の番をさせられた. **b** 〈仕事などに〉身を入れる, 専心する, 励む: ~ one's task / *Mind* your own business [affairs]! いらぬお世話だ《人の干渉を退ける時の決まり文句》.
4 〈…するように〉心掛ける, きっと…する 〈*that*〉: *Mind* you go. きっと行くんだよ / *Mind* how you go! 《別れの挨拶》達者でな / *Mind that* you post this letter. 忘れずにこの手紙を投函するように.
5 [否定・疑問文で] 気にかける, 心配する; …に構う, 反感をもつ, いやがる (dislike) (cf. *vi.* 4): *Never* ~ the expense! 費用なんか心配するな (cf. *vi.* 3) / It's worth buying, never ~ the price. それは買う価値があるよ. 値段は気にするな / *Never* ~ him. 彼に構うな / I *don't* ~ the cold. 寒さなんか平気だ / I should *not* ~ [I *don't* ~ if I have, I wouldn't ~ having] a glass of beer. ビール一杯飲んでも悪くはない《I should like a glass of beer. の婉曲な言い方》/ Do you ~ my cigar [smoking]? — Not at all [I'm afraid I do]. たばこを吸ってはいけないでしょうか—いいえ, 少しも構いません[たばこはどうも] / Would you ~ my [me] smoking? (= Would you ~ if I smoked?) たばこを吸ってもよろしいでしょうか / Would you ~ closing the window? 窓を閉めていただけませんか / Do [Would] you ~ holding your tongue? どうか黙っていて下さいませんか / I *don't* ~ telling you that …と言ってはばからない. ★応答および否定との対照には肯定文にも用いる: Do you ~ going without dinner? —Yes, I ~ (it) very much. 夕食抜きでは困りますか—ええ大いに困ります / I *don't* ~ hard work, but I do ~ low pay. 仕事はつらくても平気だが給料が少なくては平気でいられない / if you don't ~ my [me] saying so こう言っては失礼ですが, こう申してお気を悪くなさらないといいですが.
6 a 《スコット・英方言》記憶している, 覚えている (remember): I ~ the time when …の時のことを覚えている. **b** 《スコット》〈人〉に〔…のことを〕思い出させる (remind) 〔*of*〕/ 〈*to do*〉: ~ him *of* it 彼にそのことを思い出させる / ~ him *to* do it 彼にそれをやらせるように言う.
7 《古》…に気が付く, 認める (perceive): I passed him without ~*ing* him. 彼に気付かずに通り過ぎた.
8 《廃・方言》〈…しようと〉思う (intend) 〈*to do*〉 (cf. minded 1).
— *vi.* **1** 気を付ける, 注意する, 用心する (attend, pay attention): *Mind*! You'll slip. そら, 滑るぞ / Now ~ and do 《英口語》(=Be careful to do) what you're told. さあ, 言いつけられたことを気を付けてするんだよ / But I have no objection, ~ (you). だからと言って何も異存があるわけではないんだよ, いいね / Mind you, I was much younger then. 言っておくけど, その時はずっと若かったんだよ. **2** 《米》言うことを聞く, 服従する (obey): The children don't ~ well. 子供はあまり言うことを聞かない.
3 心に掛ける, 気にする, 心配する, 構う, 心が動く (care, worry) 〔*about*〕: Never ~ *about* the expense! 費用のことなど心配するな (cf. *vt.* 5) / Never (you) ~! 心配するな, 構うな, 何でもないよ; 君の知ったことではない / He appears happy about leaving home, but he really ~*s* a great deal. 故郷を後にするのをうれしそうな顔をしているが, 内心大いに気にしているのだ. **4** [否定・疑問構文で] いやに思う, 反対する (object) (cf. *vt.* 5): *Mind* [Do you ~] if I smoke? —No, I *don't* ~ a bit [I'd rather you didn't]. たばこを吸っては悪いでしょうか—いいえ, 少しも構いません [吸わないでいただければ有り難いのですが] / I *don't* ~ [Don't ~] if I do. 《口語》('Will you have some?', 'Some more?' など聞かれた場合の生返事として)そうしてもいいですね, まあ悪くはないね / If you *don't* ~ …おいやでなかったら, なんなら… / Do you ~? 《皮肉》(いやでなかったら)どうかやめてほしい. **5** 《スコット》思い出す (remember) 〔*of, on,*

upon〕. **6** 道をあける: Please ~: I can't get past with this suitcase. ちょっとどいてくれませんか, スーツケースが通りませんので.

Mínd awày óut! = ***Mind your báck!*** 《英口語》道をあけて下さい. ***mínd óut*** [しばしば命令形で]《英口語》気を付ける, 注意する (look out)〔*for*〕. ***mínd the shóp*** [《米》 ***stóre***] 事をとりしきる.

〖n.: ME *minde* < OE (*ġe*)*mynd* memory, thought < Gmc **ʒamundiz* (OHG *gimunt* / Goth. *gamunds* memory) **ʒa-* 'Y-' + IE **men-* to think (L *mēns* mind / Gk *ménos* desire, spirit). — v.: 《?*a*1350》 *mynde*(*n*), *minde*(*n*) ← (n.)〗

SYN 精神: **mind** 理知および意志の作用に重きを置いた心: The child has the *mind* of an adult. その子は大人の心を持っている. **intellect** 精神の考える力: a person of great *intellect* 非常に知性のある人. **soul** しばしば死後も残ると考えられている人間の非肉体的な部分: Do plants have *souls*? 植物にも魂があるのか. **heart** 愛情・勇気など感情的な面に重きを置いた心: a broken *heart* うちひしがれた心. **brain** [しばしば複数形で] *intellect* 以上に知力を強調する: He has plenty of *brains*. 彼はとても頭がよい. **intelligence** 人や動物のすばやく理解し学習する能力: Wild animals have *intelligence* if not intellect. 野性動物には知性はともかく知能はある. **spirit** *soul* とほぼ同じ意味で用いられることもあるが, *soul* は body との対照として用いられることが多いのに対して, *spirit* は一切の物質的なものと対立する精神的なものを意味する: the *spirit* of self-sacrifice 自己犠牲の精神.

---

mínd-àltering *adj.* 幻覚を起こさせる, 精神状態に作用する. 〖1972〗

Min·da·nao /mìndənáu -ná:oʊ | -náu⁻/ *n.* ミンダナオ(島)《フィリピン諸島中第二の大島; 面積 94,631 km²》.

Míndanao Déep *n.* [the ~] ミンダナオ海溝《Mindanao 島東方沖にある海淵》.

Míndanao Séa *n.* [the ~] ミンダナオ海《フィリピン南部, Negros, Cebu, Bohol, Leyte, Mindanao などの島に囲まれた内海》.

mínd-bènder *n.* 《俗》 **1** 幻覚剤,「薬(ﾔｸ)」. **2** 幻覚剤常用者. **3** 心[頭]を乱すようなもの. **4** 巧妙な手を使う人. 〖1963〗

mínd-bènding *adj.* 《俗》 **1** 幻覚を起こさせる. **2** 精神を錯乱させる, 心[頭]を乱す. 〖1965〗

mínd-blòw *vt.* 《俗》 **1** 興奮させる, 〈人〉にショックを与える. **2** うっとりさせる. 〖1970〗

mínd-blòwer *n.* 《俗》 **1** 幻覚剤. **2** 幻覚剤常用者. **3** ショッキングな経験[体験]; 恍惚[うっとり]とさせる人[もの]. 〖1968〗

mínd-blòwing *adj.* 《俗》 **1 a** 〈LSD など〉幻覚(症状)を起こさせる (hallucinogenic): a ~ drug. **b** 幻覚(症状)の[による] (psychedelic). **2** 〈事・物が〉とても愉快な[おもしろい], スリリングな; ショッキングな. **3** わかりにくい, まごつかせる. 〖1967〗

mínd-bódy pròblem *n.* 《哲学》心身[身心]問題《精神と肉体(の関係)の問題》. 〖1925〗

mínd-bòggling *adj.* 《口語》 **1** 肝をつぶすような, 信じられないような. **2** わかりにくい, まごつかせる. 〖1964〗

mind càndy *n.* 知的な所のないただおもしろいだけの娯楽.

mínd cùre *n.* (特に, 正統的な医学の領域外で行われる)精神療法. 〖1885〗

mínd dèafness *n.* 《病理》 =word deafness.

mind·ed /máɪndɪ̣d/ *adj.* **1** [叙述的]〈…したい〉気[意向]がある, …したく思って (disposed, inclined)〈*to do*〉: He was not ~ *to* do so. 彼にそれをする気[意向]はなかった. **2** [通例複合語の第 2 構成素として] **a** 《口語》(特に…に)関心をもっている, …に熱心な: war-*minded* 好戦的な / mechanical-*minded* 機械いじりの好きな / ⇨ air-minded. **b** 心[頭]が…の, …気質の: high-[low-] *minded* 心の高潔[卑劣]な / feeble-*minded* 意志薄弱な; 精神薄弱の, 低能の / evil-*minded* 邪心のある / politically-*minded* 政治家肌の. **c** 《俗》…を買いたがる, …道楽の: telephone-*minded* 電話道楽の.

~·ness *n.* 〖《*c*1450》 (1503–4): ⇨ mind, -ed 2〗

Min·del /míndl̩/ *n.* 《地質》ミンデル氷期《アルプス北部のミンデル渓谷で推定された更新世氷河期の第二期; cf. Kansan》. 〖ドイツ Bavaria 州にある Mindel 川にちなむ〗

mínd·er *n.* 《英》 **1 a** (子供・機械・家畜などの)世話人, 番人: the ~ of the house / a baby-*minder* 子守り / ⇨ child-minder / a machine ~ 機械の番人. **b** 印刷工. **2** 《古》(貧民救済法 (poor law) のもとで養い親や孤児院に託された)里子; 委託児《両親の留守中個人・託児所に預けられた子供》. **3** 《俗》(政治家や候補者などの)広報補佐. **4** 《俗》用心棒. 〖1440〗

mínd-expànder *n.* 幻覚剤. 〖1970〗

mínd-expànding *adj.* **1** 〈薬剤など〉意識を拡大する, 幻覚促進的な. **2** 幻覚(症状)の[による]. 〖1963〗

mínd·fùck 《米卑》 *vt.* 〈人を〉あやつる; 混乱させる. **—** *n.* 人をあやつること, ぺてん.

mind·ful /máɪn(d)fəl, -fl̩/ *adj.* **1** [叙述的]〔…を〕心に留めて, 念頭に置いて, 忘れない, 注意して (attentive, observant)〔*of*〕(⇨ aware SYN): be ~ *of* one's duties [health] 職務[健康]を忘れない. **2** (周囲の出来事などを)意識する(性向の): ~ American people. **~·ly** *adv.* **~·ness** *n.* 〖*c*1340〗

mínd gàme *n.* [しばしば *pl.*] 心理操作[戦術], 心理戦. 〖1963〗

mind·less /máɪn(d)lɪ̣s/ *adj.* **1 a** 心のない, 精神をもたない: ~ machinery. **b** 無心の, 無知な, 考えのない, 愚鈍な (stupid): pass ~ hours in idleness 何するともなくぼんやり(数)時間を過ごす / a ~ act [person] 愚かな行為[人]. **2** [叙述的]〔…を〕心に留めない, 気を付けない, 不注意な (careless)〔*of*〕: He is ~ *of* what is to happen. 何が起ころうと先の事には気を留めない. **~·ly** *adv.* **~·ness** *n.* 〖lateOE (*ġe*) *myndlēas*〗

mind-nùmbing *adj.* まったく退屈でつまらない. 〖1898〗

Min·do·ro /mɪndɔ́:roʊ | -rəʊ/ *n.* ミンドロ(島)《フィリピン諸島中部の島; 面積 9,736 km²》.

mínd rèader *n.* 読心術者. 〖1887〗

mínd rèading *n.* 読心術. 〖1882〗

mínd-sèt *n.* 思考態度, 考え方. 〖1934〗

mínd's éye *n.* 心の目, 心眼, 想像力: in my ~ 私の思うところでは (cf. mind *n.* 1). 〖*c*1412〗

Mind·szen·ty /mínts(ə)nti, -tsn̩- | -ti; *Hung.* míntsɛnti/, **Joseph** *n.* ミンツェンティ《1892–1975; ハンガリーのローマカトリック教会の聖職者; 50 年間にわたって全体主義・共産主義に抵抗した》.

mind-your-own-búsiness *n.* 《植物》 =baby's tears.

mine¹ /máɪn/ *pron.* **1** [I に対する所有代名詞] **a** 私のもの: That umbrella is ~. / The game is ~. 勝負は私の勝ちだ / *Mine* is a large family. 私のところは大家族です (★ *My* family is a large *one*. よりも文語的) / He was kind to me and ~ (=my family). 私と私の家族の者たちに親切だった. **b** […of ~ として] 私の…: *that* [*the, a*] friend *of* ~ 私のあの[その, 一]友人 / That is *no* business *of* ~. それは私の知ったことではない. ★ この表現法は「所有格＋指示詞[冠詞, no]＋名詞」という結合を避けるために用いられる一種の迂言形式: *a* friend *of* my father*'s* (cf. my father's friend) / *that* red nose of Tom*'s* (cf. Tom's red nose). **2** 《古・詩》[母音または h- で始まる名詞の前に, または名詞の後に用いて] =my: ~ eyes, heart, etc. / lady ~. ★ 現用では, 特に呼び掛けの時名詞の後に用いて: daughter *mine*. この場合強勢のない mine は舞台では /mɪn, mən | mɪn/ と発音されることがある (cf. lord 3). 〖OE *mīn* (poss. adj. & pron.) < Gmc **mīnaz* (G *mein*) ← IE **me-* (oblique case) + **-no-* (形容詞接尾辞): ⇨ me〗

mine² /máɪn/ *n.* **1 a** 鉱坑; 鉱業場, 鉱山 (cf. quarry¹): a coal ~ 炭鉱 / a silver ~ 銀山 / a diamond ~ ダイヤモンド坑 / ⇨ gold mine / work a ~ 鉱山を採掘[経営]する. **b** (地下または地表の)鉱床. **c** 《英》鉱石; (時に)鉄鉱. **2** (宝の)山, 富源, 宝庫: a ~ of wealth 山ほどの富 / His book is a ~ of valuable information. 彼の本は貴重な情報の宝庫である / The site is a rich ~ of historical data. その遺跡には史料が無尽蔵にある. **3 a** 《軍事》(敵の陣地の下まで掘り地雷を仕掛けるための)坑道, 雷坑. **b** 地雷 (land mine); 機雷, 水雷 (naval mine); (飛行機から落とす)空雷 (aerial mine): an antenna ~ 触角機雷 / a floating [surface] ~ 浮遊機雷 / a magnetic ~ 磁気機雷 / a moored ~ 係留機雷 / a submarine ~ 敷設機雷 / charge a ~ 地[水]雷を装填する / lay [place] a ~ 地雷[水雷]を仕掛ける[敷設する] / place [plant] a field of ~*s* 地雷原を敷設する / strike a ~ 水雷に触れる. **c** 空中で爆発する花火の一種. **4** 《昆虫》潜孔《木の葉の柔組織に潜孔虫 (miner) の幼虫があけた坑道》.

spring a mine on *a person* 〈人〉に不意打ちを食らわせる, …を奇襲する.

— *vt.* **1 a** (鉱石・石炭などを採掘するために)…に坑道を掘る: ~ the ground for coal [gold] 石炭[金]を得るために地面を掘る. **b** 〈鉱石などを〉掘り取る, 採掘する〈*out*〉: ~ gold, coal, copper, etc. **2** 〈劇の素材などを〉ひき出す. **3 a** …に地下道を掘る (burrow). **b** 〈通路などを〉掘る: ~ a passage. **c** 〈昆虫が〉〈葉〉に穴をあける: A larva ~*s* leaves. 幼虫は葉に穴をあける. **4 a** 〈陣地・建造物など〉の下に爆発坑を掘る (undermine, sap). **b** 〈橋・建物・船・鉄道・道路・港湾など〉に地雷[水雷]を仕掛ける; 地雷[機雷]で爆破する: ~ a bridge 橋に地雷を仕掛ける / The ship was ~*d*. 船は機雷で爆破された / The navy ~*d* the Channel. 海軍はイギリス海峡に機雷を敷設した. **5** (秘密の手段・計略などで)ひそかに[徐々に]くつがえす[破壊する], 陰謀をもって失脚させる: His political career was ~*d*. (政府の陰謀で)彼の政治生命が絶たれた.

— *vi.* **1** 坑道を掘る. **2** 採鉱[採炭]する. **3** 地雷[機雷]を敷設する.

〖n.: 《*c*1303》 □ (O)F ~. — v.: 《?*a*1300》 *mine*(*n*) □ (O)F *miner* ← ? *mine*: cf. It. *minare*〗

mine·a·ble /máɪnəbl̩/ *adj.* =minable.

míne detèction *n.* 地雷探知.

míne detèctor *n.* (電磁式)地雷探知機. 〖1943〗

míne dùmp *n.* 《南ア》(金鉱から出る)採鉱残留石を積んだ山. 〖1926〗

mine·field /máɪnfi:ld/ *n.* **1** 《軍事》地雷[機雷]原, 地雷[機雷]敷設区域. **2** 危険がいっぱい潜んでいる場所[状態など]. 〖1886〗

míne·hùnter *n.* 《海軍》機雷掃討艇. 〖1964〗

míne·làyer *n.* 《軍事》機雷敷設艇[投下機]. 〖1909〗

min·er /máɪnə | -nə(r)/ *n.* **1** 採鉱[鉱山]業者, 鉱夫, 坑夫 (cf. mine worker). **2** 《古》《軍事》(地雷を敷設する)地雷工兵 (cf. sapper). **3** 《鉱山》採鉱機. **4** 《昆虫》潜孔虫 (⇨ mine² 4). 〖《*a*1300》 *minour* □ OF *mineor* (F *mineur*): ⇨ mine² -er¹〗

min·er·al /mín(ə)rəl/ *n.* **1** 鉱物《石炭・石油・天然ガスを含む》: metallic ~*s* 金属鉱物. **2** 鉱石, 原鉱 (ore). **3** 無機物 (cf. inorganic matter). **4** [通例 *pl.*] 《英口語》=mineral water. **5** 《廃》鉱床 (mine). **6** 《廃》無機性の薬[毒]. **—** *adj.* [限定的] **1** 鉱物の, 鉱物性の; 鉱物を含んだ: a ~ bath 鉱泉 / a ~ vein 鉱脈 / ⇨ mineral water 1, mineral kingdom. **2** 《化学》無機性の (inorganic). 〖《*a*1393》 □ (O)F ~ // ML *minerāle* ← *minera* mine: ⇨ mine², -al¹〗

mineral. 《略》 mineralogy; mineralogical.

míneral ácid *n.* 鉱酸, 無機酸.

míneral blúe *n.* =azurite blue.

míneral chárcoal *n.* 《地質》天然木炭《瀝青炭に随伴して産する繊維状の木炭様の物質; mother of coal ともいう》.

míneral dréssing *n.* 《鉱山》選鉱. 〖《1939》: ⇨ dressing〗

míneral gréen *n.* =malachite green 2. 〖1815〗

min·er·al·ize /mín(ə)rəlàɪz/ *vt.* **1 a** 鉱化する: ~*d* nitrogen (土中の)鉱化窒素 / Coal is ~*d* vegetation. 石炭は植物が鉱化したものだ. **b** 〈金属を〉鉱石化する. **2** …に鉱物[無機物]を含ませる: ~*d* water 炭酸水. **3** 石化する, 化石にする (petrify): ~*d* leaves 化石になった葉, 葉の化石. **—** *vi.* **1** 鉱物採集をする; 鉱物の研究をする. **2** 鉱(物)化する. **min·er·al·iz·a·ble** /-zəbl̩/ *adj.* **min·er·al·i·za·tion** /mìn(ə)rəlɪ̣zéɪʃən | -laɪ-, -lɪ-/ *n.* 〖《1655》 ← MINERAL + -IZE〗

min·er·al·iz·er *n.* **1** 《化学》造鉱素《金属と化合して鉱石を形成する物質; 方鉛鉱における硫黄など》. **2** 《地質》鉱化剤《岩漿の気成時代において, 鉱床形成の原因となる揮発性物質》. 〖1795〗

míneral jèlly *n.* 《化学》ミネラルゼリー《石油から採るゼリー状の蠟(ﾛｳ); 火薬の安定剤に用いる; cf. petrolatum》. 〖1902〗

míneral kìngdom *n.* [the ~] (自然界の古い分類法による博物学上の)鉱物界 (cf. animal kingdom, plant kingdom). 〖*c*1691〗

míneral lànds *n. pl.* 《米》(通例, 連邦政府が保有する)富鉱地区.

mìn·er·al·o·córticoid /mìn(ə)rəloʊ- | -lə(ʊ)-/ *n.* 《生化学》ミネラルコルチコイド《副腎皮質で合成されるステロイド; 腎臓でのナトリウムの再吸収を促し, 交換的にカリウムと水素イオンの排泄を高める》. 〖1950〗

min·er·al·og·ic /mìn(ə)rəlɑ́(:)dʒɪk | -lɔ́dʒ-⁻/ *adj.* = mineralogical.

min·er·a·log·i·cal /mìn(ə)rəlɑ́(:)dʒɪ̣kəl, -kl̩ | -lɔ́dʒɪ-⁻/ *adj.* 鉱物学(上)の, 鉱物学的な: a ~ collection [examination] 鉱物収集[試験]. **~·ly** *adv.* 〖1791〗

mìn·er·ál·o·gist /-dʒɪ̣st | -dʒɪst/ *n.* 鉱物学者. 〖《1646》: ⇨ ↓, -ist〗

min·er·al·o·gy /mìnərɑ́(:)lədʒi, -rǽl- | -rǽl-/ *n.* **1** 鉱物学. **2** (鉱物学の研究対象となる)鉱物: the ~ of South Dakota. **3** 鉱物学の論文. 〖《1690》 ← MINERA(L) + -LOGY〗

min·er·al·oid /mín(ə)rəlɔ̀ɪd/ *n.* 《鉱物》ミネラロイド《結晶が小さく硬状ゲル状をなす一種の鉱物》. 〖⇨ mineral, -oid〗

míneral òil *n.* **1** 《化学》鉱油, 石油. **2** 《米・カナダ》=liquid paraffin. 〖1805〗

míneral pìgment *n.* 《化学》鉱物質顔料, 無機顔料 (cf. organic pigment).

míneral pìtch *n.* アスファルト (asphalt). 〖1796〗

míneral rèsin *n.* 《化学》鉱物性樹脂.

míneral rìght *n.* 《法律》(一地区内における)鉱業権.

míneral séal òil *n.* 《化学》シール油《鉄道・船舶の信号灯などに用いる灯油とガス油の中間の溜分》. 〖1927〗

míneral spìrit *n.* 《化学》 =petroleum spirit.

míneral sprìng *n.* 鉱泉. 〖1783〗

míneral tàr *n.* 《化学》鉱物タール《石油とアスファルトの中間物; maltha ともいう》. 〖1796〗

míneral wàter *n.* **1** ミネラルウォーター, 鉱(泉)水《鉱物塩またはガスを含む天然水またはそれをまねて作ったもの; 多くは薬用》. **2** [しばしば *pl.*] 《英》(炭酸入り)清涼飲料水 (soda water, ginger-beer など). 〖1562〗

míneral wàx *n.* 《化学》鉱蠟《天然固形アスファルト中, 主としてパラフィン系の炭化水素およびその変化物からなる》. 〖1864〗

míneral wòol *n.* 《化学》鉱滓(ｻｲ)綿, 鉱物綿, ミネラルウール《スラグ (slag) から作られる羊毛状の繊維質; 断熱材・吸音材として用いられる; 石綿・岩綿・グラスウールなど》. 〖1881〗

míner's díal *n.* 《鉱山》 =dial 4.

míner's disèase *n.* 《病理》鉱夫病《十二指腸虫による貧血症》.

míner's ríght *n.* 《豪》採鉱[採鉱]許可証, (特に)金鉱探索許可証. 〖1855〗

míne-rùn *n.* 並の品[もの], 普通のもの, 二流品.

Mi·ner·va /mɪ̣nə́:və | -nə́:-/ *n.* **1** 《ローマ神話》ミネルヴァ《工芸・芸術・戦術・知恵の女神; ギリシャ神話の Athene に当たる》. **2** 並外れて賢い[学識のある]女性. **3** ミネルヴァ《女性名》. 〖《*c*1350》 □ L ~ ← IE **men-* to think: cf. L *mēns* 'MIND'〗

Minérva prèss *n.* **1** [the ~] (18 世紀末 London にあった)ミネルヴァ印刷所. **2** (同所出版の)ミネルヴァ文庫《極端に感傷的な小説類》. 〖《1828》 ↑〗

Mi·ner·vois /mì:nəvwɑ́: | -nə-; *F.* minɛʁvwa/ *n.* ミネルヴォア《南フランスのミネルヴォア地区産のワイン》. 〖1985〗

míne·shàft *n.* 《鉱山》(鉱坑に通じる)立坑. 〖1831〗

min·e·stro·ne /mìnəstróʊni | -nɪ̣stráʊ-; *It.* minestró:ne/ *n.* ミネストローネ《バーミセリ (vermicelli)・マカロニなどのパスタを入れたイタリアの濃い野菜スープ; パルメザンチーズを振りかけて出す》. 〖《1891》 □ It. ~ (aug.) ← *mine-*

stra soup ← *minestrare* < L *ministrāre* 'to MINISTER'〗

míne·swèeper *n.* **1**〘海軍〙掃海艇[艦]《敵の機雷を探知し除去する》. **2**〘陸軍〙地雷清掃ローラー《戦車で押して地雷を爆発させる装置》. 〘1905〙

míne·swèeping *n.*〘海軍〙機雷掃海, 掃海(作業). 〘1904〙

míne thròwer *n.*〘軍事〙迫撃砲 (trench mortar). 〘《1915》《なぞり》← G *Minenwerfer*〙

mi·nette /mɪnét | mɪ-/ *n.*〘岩石〙ミネット《正長石と黒雲母を主成分とする煌(こう)斑岩の一種》. 〘《1878》□ G ～ □ F ～ 'oolitic iron ore': ⇨ mine², -ette〙

min·e·ver /mínəvə | -nɪvə(r)/ *n.* ＝miniver.

míne wàter *n.*〘鉱山〙坑内水.

míne wòrker *n.* 鉱山従業員, 鉱員 (cf. miner 1).

Ming /míŋ; *Chin.* míŋ/ *n.* **1** (中国の)明(朝) (1368–1644). **2** 明朝の陶磁器. **— *adj.*** **1** 明朝の, 明代の; 明朝美術の. **2**〈陶磁器など〉明朝風の: ～ porcelain 明朝陶磁(器). 〘1795〙

minge /míndʒ/ *n.*〘英卑〙[集合的に] **1** 女性の性器. **2** (性の対象としての)女性. 〘《1903》← ?〙

min·gle /míŋgl/ *vi.* **1** 混ざる, 混じる (mix, blend) 〔*with*〕: The colors don't ～ well. 色がうまく調合しない. **2**〈人が〉つき合う, 交際する〔*with, among, in*〕: She seldom ～*d with* the townsfolk. 彼女はめったに町の人と交際しなかった / They ～ very little *in* society. 彼らは余り社交界に出ない. **3** 加わる, 参加する (join, participate) 〔*in*〕: ～ *in* the game [the crowd] ゲーム[群衆]に加わる. **— *vt.*** **1** 混ぜる, 混合する (⇨ mix SYN): ～ whiskey and water / They ～*d* their tears. 彼らは共に泣いた / ～*d* feelings 悲喜こもごもの感情 / with ～*d* pride and sorrow 得意と悲しみが交錯して. **2** 調合する (concoct).

mín·gler /-glə, -glə | -glə(r), -glə(r)/ *n.* 〘《*a*1475》 *myngle(n)*, *mengle(n)* (freq.) ← ME *mengen* < OE *mengan* < Gmc **maŋʒjan* to knead together ← IE **mag-* to knead, fit〙

mín·gled *adj.* 入り交じった. 〘1535〙

min·gle-man·gle /míŋglmǽŋgl/ *n.* 混合, ごたまぜ (medley, hodge-podge): ～ of ideas 雑然と入り交じった諸観念. 〘《1549》《加重》← MINGLE〙

Min·gre·li·an /mɪŋgríːliən, mɪŋ-/ *n.* (*pl.* ～, ～**s**), *adj.* (*also* **Min·grel** /míŋgrəl/) **1** ミングレル[メグレル]族(の)《黒海沿岸に住むグルジア人と近縁の部族》. **2** ミングレル[メグレル]語(の)《南カフカス語族, グルジア語に極めて近い》. 〘《1639》← *Mingrelia* グルジア共和国の西方黒海沿岸の地域: この種族による自らの呼称 margaluri から〙

Ming Tai Zu /míŋtàɪtsúː, -dzúː; *Chin.* míŋtʰàɪtsú/ *n.* 明太祖(ミンタイツー) (1328–98; 朱元璋 (Zhu Yuanzhang) の称号; 明朝の創建者, 皇帝 (1368–98)).

míng trèe /míŋ-/ *n.*〘園芸〙盆栽 (bonsai) (の様式に従って整えた樹形). 〘《1948》← ? MING〙

Min·gus /míŋgəs/, **Charles** *n.* ミンガス (1922–79; 米国のジャズベース奏者; 通称 Charlie Mingus).

min·gy /míndʒi/ *adj.* (**min·gi·er**; **-gi·est**)〘英口語〙けちな, けち臭い. **mín·gi·ness** *n.* 〘《1911》《混成》? ← MEAN²＋STINGY〙

Mi·nho /míːnjoʊ | -njəʊ; *Port.* míɲu/ *n.* [the ～] ミーニョ(川)《スペイン北西部の川; ポルトガルとの国境に沿って大西洋に注ぐ (275 km); スペイン語名 Miño》.

Min·hou /mìnhóʊ | -háʊ; *Chin.* mǐnxóʊ/ *n.* 閩侯(ミンホウ)《中国南東部福建省 (Fujian) の県名》.

min·i /míni/ *n.* **1**〘服飾〙ミニ《1960 年代初期より世界的に流行したひざ上 3 インチ以上の短いスカート (miniskirt), コート (minicoat), ドレス (minidress), またはスーツ (minisuit); cf. maxi, micro, midi》. **2** ＝minicar. **3** ＝minicomputer. **4** 小さい物. **5** [M-]〘商標〙ミニ《英国製の小型乗用車, 1959 年 Austin 社から発売; 現在は新型となって BMW が製造》. **— *adj.*** 非常に小さい; 小型の: a ～ war / the *miniest* skirt. 〘adj.: 《1954》 — n.: 《1961》《略》← MINICAR, MINISKIRT: cf. mini-〙

min·i- /míni/「極小の, 小型の, 極めて短い, 小規模の」の意の連結形 (cf. midi-): *mini*crisis, *mini*movie. 〘← MINI(ATURE)〙

min·i·a·scape /míniəskèɪp/ *n.* (日本の)盆景 (cf. bonsai); 箱庭. 〘← MINIA(TURE)＋-SCAPE〙

min·i·ate /míniènt/ *vt.* **1** 朱で彩る; 朱で描く. **2**〈写本などを〉彩飾する. 〘《1657–83》□ L *miniātus* (↓)〙

min·i·a·ture /míniətʃə, -nə-, -tʃʊə | -nɪtʃə(r), -niə-, -tjʊə(r)/ *n.* **1 a** 縮小画[図]. **b** (物の)縮小形, 極小短縮形, ミニチュア. **c** (テレビ・映画などの)小型舞台装置, 小型のセット. **2** (通例象牙板・羊皮紙などに細密に描かれた)小画像, 豆画, 細密画; 微細画法: a ～ painter 微細[細密]画家[画工]. **3** (写本の)彩飾 (illumination). **4** ＝miniature camera.

in miniature 細密画に描いた; 小規模の[に]: a portrait *in* ～ 微細画の肖像 / America *in* ～ アメリカの縮図 / He is a Hercules *in* ～. 彼は小型のヘラクレスだ.

— *adj.* [限定的] **1** 縮小した; 小規模の, 小型の: a ～ park 小公園 / a ～ decoration 略綬(じゅ), 略章. **2**〈カメラ・フィルムなど〉35 ミリ(以下)の, 小型の: ⇨ miniature camera.

— *vt.* 縮小して描く, 縮写する.

〘《*a*1586》□ It. *miniatura* □ ML *miniātūra* ← L *miniātus* (p.p.) ← *miniāre* to paint in red lead or vermilion: ⇨ minium, -ure〙

miniature cámera *n.*〘写真〙小型カメラ《35 ミリ幅以下のフィルムを用いるカメラ》. 〘1921〙

miniature gólf *n.* ミニゴルフ《putter だけを使って小型のコースで行うゴルフ》. 〘1915〙

miniature photógraphy *n.*〘写真〙(小型カメラによる)スナップ写真(術), 小型カメラ写真術. 〘1956〙

miniature pín·scher /-pínʃə | -ʃə(r)/ *n.* ミニチュアピンシャー《ドイツ原産のイヌ; ミニピンとも呼ばれドーベルマンを小型にしたものに似ている》. 〘1929〙

miniature radiógraphy *n.*〘医学〙(X 線の)小型間接撮影. 〘1959〙

miniature schnáuzer *n.* ミニチュアシュナウザー《ドイツ原産のイヌ; 体高が 11 インチから 11 1/2 インチまでの小型のシュナウザー》. 〘*c*1929〙

miniature túbe *n.*〘電子工学〙ミニチュア管, mT 管《電子管の外形寸法による分類の一つ; 特に小型のもの》.

min·i·a·tur·ist /míniətʃərɪst, -nə-, -tʃʊ(ə)r- | -nɪtʃə-rɪst, -niə-, -tjʊərɪst/ *n.* 細密画家, 豆画師. 〘1851〙

min·i·a·tur·is·tic /mìniətʃərístɪk, -nə-, -tʃʊr- | -nɪtʃər-, -niə-, -tjʊər-ˊ/ *adj.* 細密画的な.

min·i·a·tur·ize /míniətʃəràɪz, -nə- | -nɪtʃər-, -niə-/ *vt.* 小型化する, …の小型を製作する: ～ cameras.

mín·i·a·tur·ized *adj.* **min·i·a·tur·i·za·tion** /mìniətʃərɪzéɪʃən | -nɪtʃəraɪ-, -niə-, -rɪ-/ *n.* 〘1946〙

míni·bàr *n.* ミニバー《ホテルの客室に宿泊客用に備えた飲物入りの冷蔵庫》. 〘1976〙

míni·bèast *n.*〘英口語〙小さな獣《昆虫またはクモなど》.

míni·bìke *n.* 小型[ミニ]バイク. 〘1962〙

míni·brèak *n.* 短い休息[休止], 短期間の休暇.

míni·bùdget *n.* 小型補正予算. 〘1966〙

min·i·bus /míniбʌs/ *n.* ミニバス《比較的短距離用の小型バス; cf. omnibus 1》. 〘1845〙

míni·càb *n.*〘英〙小型タクシー《電話で呼ぶ》. 〘1960〙

min·i·cam /mínikæm/ *n.* ＝miniature camera. 〘《1939》略〙

míni·càmera *n.* ＝miniature camera. 〘《1936》略〙

míni·càmp *n.*〘スポーツ〙ミニキャンプ《春期に行われる短期間のトレーニングキャンプ》.

míni·càr *n.* **1** 小型[軽]自動車, ミニカー. **2** 自動車の模型, ミニカー《子供のおもちゃ》. 〘1948〙

míni·cèll *n.*〘生物〙ミニ細胞《異常分裂で生じる細菌の非常に小さい細胞; 染色体を含まず分裂しない》. 〘1967〙

míni·còach *n.* 小型バス, マイクロバス.

míni·còat *n.* ミニコート《丈がひざ上までの短いコート》. 〘1966〙

min·i·com·put·er /mínikəmpjùːtə, ˊ—ˊ—ˊ | -tə(r)/ *n.* 小型コンピューター, ミニコン. 〘1968〙

Mi·ni·coy /mínɪkɔ̀ɪ/ *n.* ミニコイ島《インド南西岸沖にある Laccadive 諸島の最南端の島; インドの中央政府直轄領 Lakshadweep を構成する》.

Míni·Dìsk *n.*〘商標〙ミニディスク (略 MD). 〘1991〙

míni·drèss *n.* ミニドレス: a bridal ～ (丈がひざ上までの)ミニウエディングドレス. 〘1965〙

Min·i·é bàll /míni-, míniéɪ-, mìnièɪ- | mìnièɪ-; *F.* minje-/ *n.* ミニエ式銃弾《19 世紀の中頃に多く用いられた発射すると中空の基部が膨張する円錐形の銃弾》. 〘《1859》← *C. E. Minié* (1814–79: 発明者であるフランスの軍人)〙

min·i·fy /mínəfàɪ | -nɪ-/ *vt.* **1** 小さくする, 少なくする, 縮小する, 削減する (lessen). **2** (実際より)小さく[少なく]する; 低く評価する, 見くびる (underestimate, belittle); あまり重要でなくする. **min·i·fi·ca·tion** /mìnəfɪkéɪʃən | -nɪfɪ-/ *n.* 〘《1676》← L *minimus* least (⇨ MINIMUM): ⇨ -FY: MAGNIFY の類推から〙

min·i·kin /mínɪkɪn | -nɪkɪn/ *n.* **1** 小さな物, 小人. **2**〘活字〙ミニキン (3 ポイントの最小活字; 米国の excelsior に当たる: ⇨ type¹ 3 ★). **3**〘方言〙いとしい人, かわいい子. **— *adj.*** **1** 小さい, ちびの, きゃしゃな (dainty). **2**〘古〙気取った (affected). **3**〘廃〙〈声が〉かん高い (shrill). 〘《1541》□ Du.〘古〙*minneken* (MDu. *minnekijn*) darling, fondling ← *minne* love＋*-ken* (⇨ -kin)〙

min·i·fun·di·um /mìnɪfʌ́ndiəm/ *n.* (*pl.* **-di·a** /-diə/) (ラテンアメリカの)小規模農地《特に 1 家族を養うにも足りないほどのもの》. 〘《1950》← NL ～ ∥ Sp. *minifundio*: cf. latifundium〙

míni·gòlf *n.* ミニゴルフ (miniature golf).

min·im /mínɪm | -nɪm/ *n.* **1** ミニム《液量の最小単位; ＝1/60 fluidram, 約 1 滴量; 略 min.》: **a**《米》0.003759 立方インチ, 0.061610 cm³. **b**《英》0.003612 立法インチ, 0.05914 cm³. **2**〘音楽〙**a** 二分音符 (half note). **b** 二分休止符 (half rest). **3 a** 最小物, 微小(物) (particle, jot): ～*s* of nature 微小動物. **b** つまらない人[物]: a ～ of a historian 取るに足りない歴史家. **4** 文字の上から下へ書き下す一画 (m, n などの一画). **5** [M-] ミニモ会修道士 (15 世紀に St. Francis of Paula が創設した托鉢修道会 (Ordo Minimorum Eremitarum) の一員). **— *adj.*** 最小の, 微小の. 〘《1440》□ L *minimus* smallest, least (superl.) ← MINOR: もとは最小音符であった〙

minima¹ *n.* minimum の複数形.

min·i·ma² /mínəmə | -nɪ-/ *n.*〘音楽〙ミニマ《中世・ルネサンス期の定量記譜法の音符[休符]; semibrevis の 1/2 または 1/3 の音価をもつ; 記号 𝅗𝅥》. 〘《1663》□ ML ～: ⇨ minim〙

min·i·mal /mínəməl, -ml | -nɪ-/ *adj.* **1** 最小量[数]の (minimum); 最小の, 最低の, 極小の (smallest): ～ distinctions (それ以上小さければ識別できない)最小限の差異. **2** [しばしば M-] minimalism の[に関する]. **3**〘数学〙極小の: a ～ value 極小値. **— *n.***〘美術〙**1** ＝minimal art. **2** 1 の作品. **～·ly** *adv.* 〘《1666》← L *minimus* (⇨ minim)＋-AL¹〙

minimal árt *n.*〘美術〙ミニマルアート《形態・色彩をできる限り簡素・無飾にした造形芸術; 特に単純な幾何学的形象を無機的なスタイルで造形した抽象絵画・彫刻; minimalism, reductivism, rejective art ともいう》. 〘1965〙

minimal ártist *n.* ミニマルアーティスト.

mín·i·mal·ìsm /-lɪzm/ *n.* [時に M-] ミニマリズム《美術・音楽・建築・デザインなどで, 装飾性を極力排し, 最小限の素材や手法を用いて制作する傾向; 特に 1960 年代以降のものを指す; 文学では, 1980 年代米国における, 卑近な題材を用いた短編主体のリアリズム小説を指す》. 〘1969〙

mín·i·mal·ist /-lɪst | -lɪst/ *n.* **1 a** [M-] (旧ロシア社会民主労働党および社会革命党の)一部穏健派. **b** (一般に)穏健な改革主義者. (cf. Russ. *men'shevik*) **2** ミニマリスト《minimalism の創作家》. **— *adj.*** ミニマル芸術(家)の[に関する]. 〘《1907》□ F *minimaliste*: ⇨ minimal, -ist〙

míni·màll *n.*《米・カナダ》ミニモール《店舗数が少なく屋内通路のない小型のショッピングモール》.

minimal músic *n.* ミニマルミュージック《現代音楽の一種; 短いメロディーとリズムを繰り返す催眠術のような単調さを特徴とする》.

minimal páir *n.*〘言語〙最小対立語《pin, bin のように同じ位置を占めるただ一つの音素によって意味の区別が生じる一対の語》. 〘1942〙

míni·màrket *n.* ＝minimart.

míni·màrt *n.*《米》(小規模の)食料雑貨店. 〘1981〙

min·i·max /mínɪmæ̀ks/ *n.*〘数学・経済〙ミニマックス《条件をいろいろに変えて得られる最大値の中の最小値; cf. minimax theorem, maximin》. **— *adj.*** ミニマックス原理の[に関する, に基づく]. **— *vi.*** 最大の損失を最小限を食いとめる. 〘《1918》← MINI(MUM)＋MAX(IMUM)〙

minimax prìnciple *n.*〘数学・経済〙ミニマックス原理《予想される損失額を最小限にとどめる戦略》.

minimax thèorem *n.*〘数学・経済〙ミニマックス定理《予想される最大限の損失の下限は予想される最小限の利益の上限に等しい, というゲームの理論による定理; 経営計画決定に応用される》. 〘1957〙

minimi *n.* minimus の複数形.

min·i·mize /mínəmàɪz | -nɪ-/ *vt.* **1** 最小(限度)にする, できるだけ少なくする (↔ maximize): ～ damage [danger] 損害[危険]を最小限に少なくする. **2** 最小限に評価する, みくびる (underrate) (⇨ disparage SYN): ～ one's sin. **3**〈損害などを〉最低限[控え目]に表現する: ～ the news of defeat 敗北をできるだけ控え目に報道する. **4**〘数学〙最小化する《関数の値を最小値にもっていく》. **— *vi.*** 極小値になる. **min·i·mi·za·tion** /mìnəmɪzéɪʃən | -nɪmaɪ-, -mɪ-/ *n.* 〘《1802》← L *minimus* (⇨ minimum)＋-IZE〙

mín·i·mìz·er *n.* 事を最小に考える人, 過当に低く評価する人; (宗教的教義・哲学的難問などを)簡単に片付けてしまう人. 〘1862〙

mínim rèst *n.*〘音楽〙＝minim 2 b. 〘1622〙

min·i·mum /mínəməm | -nɪ-/ *n.* (*pl.* **-i·ma** /-mə/, ～**s**) **1 a** 最小量[数], 最低(点), 最低限度 (↔ maximum): the ～ of inconvenience 最小の不便 / with a [the] ～ of delay 最小の遅延で / keep the loss to a ～ 損害を最小限に抑える / the maximum of luxury at the ～ of cost 最低費用の最高贅沢 / The thermometer reached the ～ for the year. 寒暖計はその年の最低温度を記録した / Shares stand now at a ～. 株価は今が底値だ. **b** (公道での)最低速度. **2**〘数学〙**a** 最小. **b** 最小値. **3**〘天文〙(変光星の)最小光度(の時). **— *adj.*** [限定的] **1** 最小[最少, 最低]の, 最少限度の: a ～ price [temperature] 最低価格[温度]. **2** 最低点の[に関する, を示す]: ⇨ minimum thermometer. 〘《1663》□ L ～ (neut.) ← *minimus* ← IE **mei-* small (⇨ MINOR)〙

mínimum áccess prògramming *n.*〘電算〙最短時間プログラミング《アクセスの待時間が最短になるようにプログラムを作ること; forced coding ともいう》.

mínimum contról spèed *n.*〘航空〙最小操縦速度《多発機で, ある飛行形態の時に, 作動が止まると最も都合の悪いエンジンが停止した時でも操縦上の多少の余裕を残して直進できる最小速度》.

mínimum dispátch requìrement *n.*〘航空〙運用許容基準《航空機を出発させるために最小限度満たさなければならない基準》.

mínimum dóse *n.*〘処方〙(薬効発生に必要な)最少投薬量.

mínimum lénding ràte *n.*〘経済〙(イングランド銀行の)最低貸出金利《1981 年以後は base rate に切り換えられた; 略 MLR》. 〘1972〙

mínimum léthal dóse *n.*〘処方〙最少致死量 (略 MLD, m.l.d.).

mínimum secúrity prìson *n.* 軽警備の[開放型の]刑務所.

mínimum thermómeter *n.* 最低温度計 (cf. maximum thermometer). 〘1860〙

mínimum válue *n.* 最小値. 〘1885〙

mínimum-wáge *adj.* **1** 最低賃金の[に関する]. **2**〈労働者が〉最低の生活ができるだけの賃金しか支払われていない. **3**〈仕事が〉最低の生活ができるだけの稼ぎにしかならない. 〘1860〙

mínimum wáge *n.* **1** 最低賃金. **2** 生活賃金. 〘1860〙

min·i·mus /mínəməs | -nɪ-/ *n.* (*pl.* **-i·mi** /-màɪ/) **1** 最も小さなもの, 小さな生きもの. **2**〘解剖〙(手・足の)小指. **— *adj.***〘英〙(男子の public school で同姓の生徒中)最年少の, (下の)弟の (⇨ major¹ 5, tertius 2): Jones ～. 〘《1595–96》□ L ～ 'least, smallest': ⇨ minim〙

min·ing /máɪnɪŋ/ *n.* **1** 採鉱, 採掘, 鉱山業, 鉱業: coal [gold, diamond] ～. **2**〘軍事〙地雷[機雷]敷設. **3** [形容詞的に] 鉱山の, 鉱業の[に関する]: a ～ academy

M

鉱業専門学校 / a ～ district [town] 鉱山地方[町] / a ～ engineer 鉱山技師 / ～ industry 鉱業 / ～ rights (鉱山)採掘権. 〖(?*a*1300) 1523〗

míning bée *n.* 〘昆虫〙ヒメハナバチ属 (*Andrena*) のハチの総称 (地中に巣を造る; コハナバチ属 (*Halictus*) を含める場合もある). 〖1893〗

míning clàim *n.* 〘米〙(採掘権が発見者にある)鉱区.

míning engineèring *n.* 採鉱学, 鉱山工学.

míning geòlogy *n.* 鉱山地質学. 〖1906〗

míni·nùke *n.* 〘米俗〙小型核兵器. 〖1975〗

min·ion /mínjən | -njən, -niən/ *n.* **1** 《軽蔑》お気に入り, 寵児(ちょうじ) (darling, favorite); (特に, 王・女王などに屈従的な)寵臣: a ～ of fortune 運命の寵児, 好運児. **2** (奴隷のように仕える)手先, 子分: his ～*s* of the press 彼の手先の新聞記者たち / the ～*s* of the law 獄吏, 看守, 警官. **3** 〘活字〙ミニオン (7 ポイント活字; ⇨ type¹ 3 ★). **4** ミニオン砲 (17 世紀では 4 ポンド砲). — *adj.* 《まれ》きゃしゃな, こぎれいな, 優美な (dainty, elegant). 〖(1500–20) □ F *mignon* (adj.) small, delicate: cf. mignon¹〗

min·ion·ette /mìnjənét/ *n.* 〘米〙〘活字〙ミニオネット (6.5 ポイント活字; 英国の emerald に当たる; ⇨ type¹ 3 ★). 〖(1871) □ F *mignonnette*: ⇨ mignon¹, -ette〗

míni·pàrk *n.* (都市部の)小公園. 〖1967〗

míni·pìg *n.* ミニピッグ, ミニ豚 (科学調査用に飼育された小型の豚). 〖1954〗

míni·pìll *n.* 〘薬学〙ミニピル (少量の合成黄体ホルモン norethindrone のみを含む経口避妊薬). 〖1970〗

míni-ròundabout *n.* 〘英〙ミニロータリー (路面に円形の標識で示した[中央に小さな島状部を設けた]環状交差路).

míni rùgby *n.* ミニラグビー (1 チーム 9 名で行う単純化したラグビー).

míni-sàtellite *n.* 〘生物〙ミニサテライト DNA (非遺伝子 DNA の一部分に見られる超可変的な反復配列からなる領域; DNA 指紋の鑑定の際に利用される).

min·is·cule /mínəskjùːl, mɪnískjuːl | mínɪ̀skjùːl/ *adj.* ＝minuscule. ★ 接頭辞 mini- との連想による誤用から.

míni·sèries *n.* (短期間放映の)連続テレビ番組. 〖1972〗

min·ish /mínɪʃ/ 〘古〙 *vt.* 小さくする, 減じる (diminish). — *vi.* 小さくなる, 減る. 〖(?*a*1350) *mynyssh(e)n*, *menuse(n)* □ OF *menuisier* to lessen < VL **minūtiāre* ← L *minūtus* 'MINUTE²': cf. mince〗

míni·skì *n.* (普通のものより短い, 初心者用または ski-bobbing 用の)ミニスキー. 〖1967〗

míni·skirt *n.* ミニスカート (ひざ上 3 インチ以上の丈の短いスカート; cf. microskirt, midi, maxiskirt). **～·ed** *adj.* 〖(1965) ← MINI-＋SKIRT〗

míni·stàte *n.* ミニ国家 (新たに独立したアフリカやアジアの小国; cf. microstate). 〖1966〗

min·is·ter /mínɪ̀stə | -tə^(r)/ *n.* **1** (英国・ヨーロッパ大陸諸国・日本などの国務大臣, (各省)大臣 (cf. secretary 2): a cabinet ～ 閣僚 / a prime ～ 総理大臣, 首相 / a vice-*minister* 次官 / the *Minister* of Agriculture, Fisheries and Food (英国の)農業水産食糧大臣 / the *Minister* of Defense [Labor] 国防[労働]大臣 / Council of *Ministers* ⇨ council. **2** 公使 (envoy) (ambassador の次位); (外交)使節: a ～ to Russia 駐ロ公使 / ⇨ minister plenipotentiary, minister resident. **3** 聖職者, 教役(きょうえき)者, 教職員, 牧師 (minister of religion ともいう): **a** 〘英〙(非国教会の)牧師. **b** 〘スコット〙(スコットランド教会, または他の新教派の)牧師. **c** 〘カトリック〙(1) 司祭 (ミサの際などに, 司祭の役目を果たす資格のある聖職者). (2) 修道院の副院長 (修士の日常の世話をする); (大学・修道院の)収入役補佐. **4** 代理人 (agent). **5** 〘古〙僕(しもべ), 召使, 家来, 臣 (servant): act as ～ of [to] a person's desires [pleasures, will] 人の希望[好み, 意志]を満たすために力を尽くす.

Mínister of Stàte (1) (英国の)担当大臣 (省大臣の次位でその補佐・代理機能などを行う). (2) (一般に)大臣, 閣僚.

Mínister of the Crówn [the —] (英国の)閣内大臣, 閣僚 (内閣を構成する(国務)大臣).

mínister without portfólio *n.* 無任所大臣.

— *vi.* **1 a** 〔人に〕仕える, 奉仕する (serve) 〔*to*〕: ～ *to* the sick 病人の世話をする. **b** 〔…に〕(必要物などを供給して)力を貸す〔*to*〕: ～ *to* a person's needs 必要な物を与えて人の世話をする, 人に必要な物を供給する / ～ *to* the necessities of the indigent (必要物を与えて)貧困者を救助する / ⇨ ministering angel. **2** 聖職者としての勤めをする. **3** 〘古〙〔…の〕ためになる, 〔…に〕資する〔*to*〕: ～ *to* a person's comfort [amusement, happiness] 人の慰安[娯楽, 幸福]に資する / ～ *to* a person's vanity [whims] 人の虚栄心[気紛れ]を満足させる. — *vt.* 〘古〙 **1** 執行する, 施行する (administer, perform): ～ a rite [sacrament] 儀式[聖餐式]を執行する. **2** 与える, 供給する (afford).

～·shìp *n.* 〖n.: (*c*1300) *ministre* □ (O)F □ L *minister* servant ← *minus* less ← *minor* 'MINOR' (*magister* 'MASTER¹' からの類推). — v.: (*a*1338) *ministre(n)* □ OF *ministrer* □ L *ministrāre* to serve〗

min·is·te·ri·al /mìnəstí^(ə)riəl | -nɪ̀stíər-⁻/ *adj.* **1** [しばしば M-] (英国などで)大臣の, 内閣の, 政府(側)の: ～ changes 内閣の改造 / ～ duties 大臣の任務 / the ～ party 与党 / a ～ conference 閣僚会議 / the ～ benches (英国下院の)閣僚[与党議員]席; 与党 (↔ Opposition benches). **2** 聖職者の, 聖職の. **3** 〘法律〙行政上の; 行政官としての職務上の (executive): the ～ arm of the law 法の執行力[者]. **4** 〘古〙〔…に〕役に立つ, あずかって力ある (instrumental) 〔*to*〕: books ～ *to* intellectual culture 教養に役立つ本. **～·ly** *adv.* 〖(1561) □ F *ministériel* // L *ministeriālis* of a minister or servant: ⇨ ↑, -ial〗

min·is·té·ri·al·ist /-lɪ̀st | -lɪst/ *n.* 〘英〙政府与党支持者, 与党議員. 〖1793〗

mín·is·ter·ing ángel /-stərɪŋ-/ *n.* 救いの天使 (老病者の世話をしてくれる親切な女性や看護婦などにいう; cf. Shak., *Hamlet* 5. 1. 241; *Mark* 1: 13).

min·is·te·ri·um /mìnəstí^(ə)riəm | -nɪ̀stíər-/ *n.* (*pl.* **-ri·a** /-riə/) (一地区の)ルター派牧師団. 〖(1881) □ L ～ 'MINISTRY'〗

mínister plenipoténtiary *n.* (*pl.* **ministers p-**) 全権公使 (cf. envoy¹ 1; plenipotentiary). 〖1796〗

mínister résident *n.* (*pl.* **ministers r-**) 弁理公使. 〖(1848): ⇨ RESIDENT〗

min·is·trant /mínɪ̀strənt/ *adj.* **1** 奉仕する, 世話をする, 補佐する〔*to*〕: the courtiers ～ *to* the queen 女王に仕える廷臣たち / the angels ～ 奉仕の天使. — *n.* 奉仕者, 助力者, 補佐役 (helper, supporter). 〖(1667) □ L *ministrantem* (pres.p.) ← *ministrāre* to serve: cf. minister (v.)〗

min·is·tra·tion /mìnəstréɪʃən | -nɪ̀s-/ *n.* **1** [しばしば *pl.*] (しばしば戯言) 奉仕, 救護, 世話, 看護 (service, care). **2** 聖職者の勤め[職務] (ministry). **3** 〘古〙供給: the ～ of food. **min·is·tra·tive** /mínəstrèɪtɪv | -nɪ̀strət-, -trèɪt-/ *adj.* 〖(*c*1340) □ OF *ministracion* // L *ministrātiō(n-)* service ← *ministrātus* (p.p.) ← *ministrāre* (↑): ⇨ -ation〗

min·is·tress /mínɪ̀strɪ̀s | -trɪ̀s, -très/ *n.* 女性の minister. 〖(1600) ← MINISTER＋-ESS¹〗

min·is·try /mínɪ̀stri/ *n.* **1** 国務大臣の任務[職務, 任期]. **2** [しばしば M-] 内閣 (Cabinet), 諸大臣: The *Ministry* has resigned. 内閣は辞職した / a bureaucratic [party] ～ 官僚[政党]内閣. **3** 聖職者の任務[職務, 任期], 聖職: campus [urban] ～ 大学[都市]での司牧(活動) / enter [go into] the ～ 聖職者[牧師]になる. **4** [集合的] 聖職者, 牧師, 牧界 (clergy). **5** (国の行政組織の)省 (cf. department 2); 省の建物: the *Ministry* of Transport ＝the Transport *Ministry* 運輸省. **6** 《まれ》援助, 奉仕 (ministration, service). **7** 《まれ》代理となるもの[人], 手段となるもの (agency). 〖(*c*1200) *ministerie* □ L *ministerium* office, service: MÉTIER と二重語: ⇨ minister (n.), -y¹〗

míni·sùb *n.* (海中調査・観察用の)小型潜水艦. 〖(1959) (略) ← *mini-sub(marine)*〗

míni·sùit *n.* ミニスーツ (ミニスカートをとり入れた婦人用スーツ). 〖1971〗

míni·tòwer *n.* 〘電算〙ミニタワー (小型のタワー型コンピューター; cf. tower).

míni·tràck *n.* (人工衛星・ロケットの)遠隔追跡装置 (小型送信機の発する標識電波による追跡装置). 〖(1956) (略) ← *minimum-weight tracking*〗

min·i·um /míniəm/ *n.* 〘化学〙鉛丹, 光明丹 (⇨ red lead 1); 鉛丹色, 強い赤味だいだい色. 〖(*a*1398) □ L ～ 'native cinnabar, red lead': cf. Basque *armineá* cinnabar〗

míni·vàn *n.* 小型[ミニ]バン. 〖1960〗

min·i·ver /mínəvə | -nɪ̀və^(r)/ *n.* **1** (中世に装身用として珍重された)白色の毛皮. **2** 〘英方言〙〘動物〙(冬の毛皮が白色の時期の)アーミン (ermine) (その毛皮は公式服に用いられる). 〖(*c*1250) *meniver* □ AF *menuver*＝(O)F *menu-vair* ← *menu* small (⇨ menu)＋*vair* spotted fur (< L *varium* spotted: ⇨ vair)〗

min·i·vet /mínəvèt | -nɪ̀-/ *n.* 〘鳥類〙サンショウクイ (サンショウクイ科の小鳥の総称; サンショウクイ (*Pericrocotus roseus*) など). 〖(1862)?〗

mink /míŋk/ *n.* (*pl.* ～, ～**s**) **1** 〘動物〙アメリカミンク (*Mustela vison*) (北米原産; cf. weasel 1 a). **2** ミンクの毛皮[コート]: a ～ coat ミンクのコート. 〖(1431) ← ? Scand.: cf. Swed. *mänk, menk*〗

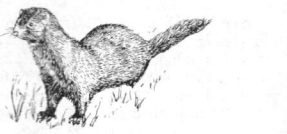

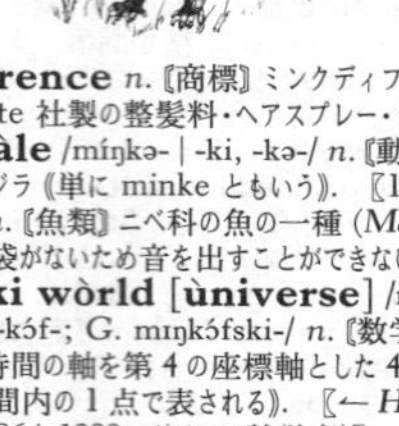

mink 1

Mínk Dífference *n.* 〘商標〙ミンクディファレンス (米国 The Gillette 社製の整髪料・ヘアスプレー・シャンプー).

min·ke whàle /míŋkə- | -ki, -kə-/ *n.* 〘動物〙ミンククジラ, コイワシクジラ (単に minke ともいう). 〖1939〗

mínk·fìsh *n.* 〘魚類〙ニベ科の魚の一種 (*Menticirrhus focaliger*) (浮袋がないため音を出すことができない).

Min·ków·ski wòrld [ùniverse] /mɪŋkɔ́(ː)fski-, -kɔ́(ː)f- | -kɔ́f- ; G. mɪŋkɔ́fski-/ *n.* 〘数学〙ミンコフスキーの世界 (時間の軸を第 4 の座標軸とした 4 次元空間; 1 事象がこの空間内の 1 点で表される). 〖← *Hermann Minkowski* (1864–1909: ドイツの数学者)〗

min min /mínmín/ *n.* 〘豪〙＝will-o'-the-wisp (min min light ともいう). 〖(1956) ← ? Aboriginal〗

Minn. (略) Minnesota.

Min·na¹ /mínə/ *n.* ミナ (女性名; 愛称形 Minnie). ★ スコットランドに多い. 〖□ OHG ～ ← *minna* memory // *min* small〗

Min·na² /mínə/ *n.* ミナ (ナイジェリア中西部の Niger 州の州都, 1973 年創建).

Min·ne·ap·o·lis /mìniǽp(ə)lɪ̀s | -lɪs/ *n.* ミネアポリス (米国 Minnesota 州南東部の工業都市). 〖← *Minnehaha* (この近くにある滝の名) (← Sioux *minne* water＋*haha* waterfall)＋-POLIS〗

min·ne·o·la /mìnióulə | -ə́ulə/ *n.* 〘植物〙ミネオーラ (タンジェロ (tangelo) の一種). 〖← *Minneola* Florida の町〗

min·ner·ich·i /mínərìtʃi/ *n.* (*also* **min·na·ritch·i** /～/) 〘植物〙アカシア属の一種 (*Acacia cyperophylla*) (オーストラリア内陸部の乾燥地に生える小型のアカシアで, 赤みがかった樹皮が薄くはがれて巻き上がる). 〖← ? Austral. (Garuwali)〗

min·ne·sing·er /mínɪ̀sɪŋə, -sɪŋgə | -ŋə^(r), -ŋgə^(r); G. mínəzɪŋɐ/ *n.* ミンネジンガー (12–14 世紀にドイツ諸侯の宮廷を中心に騎士的恋愛詩を歌って遍歴した吟遊詩人; cf. troubadour). 〖(1825) □ G ～ ← *Minne* love＋*Singer* singer〗

Min·ne·so·ta /mìnəsóutə | -nɪ̀sə́utə⁻/ *n.* ミネソタ (米国北中部の州; ⇨ United States of America 表). 〖← Sioux (原義) milky blue water〗

Minnesóta Multiphásic Personálity Ìnventory *n.* 〘教育・心理〙ミネソタ多面人格目録 (多項目の質問に対する ○× 式回答による精密かつ多角的な人格テスト; 通例 MMPI と呼称). 〖(1943) ← *University of Minnesota*〗

Min·ne·so·tan /mìnəsóuṭən, -tṇ | -nɪsə́utən, -tṇ⁻/ *adj.* (米国) Minnesota 州(人)の. — *n.* Minnesota 州人. 〖1880〗

Min·ne·ton·ka /mìnətá(ː)ŋkə | -nɪ̀tɔ́ŋ-/, **Lake** *n.* ミネトンカ湖 (米国 Minnesota 州, Minneapolis 西方の湖; 長さ 19 km; J. M. Cavanass 作詞, T. Lieurance 作曲の "By the Waters of Minnetonka" (1914) で有名).

Min·nie¹ /míni/ *n.* ミニー (女性名). 〖(dim.) ← MARY, MINNA¹, MINERVA, WILHELMINA〗

Min·nie² /míni/ *n.* 〘軍俗〙迫撃砲(弾). 〖(1917) (短縮) ← G *Minenwerfer* minethrower〗

min·nie·bush /mínibùʃ/ *n.* 〘植物〙北米東部産ツツジ科ヨウラクツツジ属の緑色がかった紫の花をつける低木 (*Menziesia pilosa*). 〖← *minnie-* (変形) ← *Archibald Menzies* (1754–1842: スコットランドの植物学者)＋BUSH¹〗

Mínnie Móuse *n.* ミニーマウス (Mickey Mouse のガールフレンド).

min·now /mínou | -nəu/ *n.* (*pl.* ～, ～**s**) **1** 〘魚類〙 **a** ヒメハヤ (*Phoxinus phoxinus*) (ヨーロッパとアジアの一部とに産するコイ科の小魚; 魚釣りの餌にする). **b** コイ科の魚類の総称 (主に細長く小型の種類をいう). **2** (釣りなどでの)小魚, 雑魚. **3** ミノウ (ヒメハヤに似せた擬似餌(ぎじ)). **4** 〘英〙取るに足りない人物[もの], 小人物, さいなもの.

thrów out a minnow to cátch a whále 大利のために小利を捨てる,「肉を切らせて骨を切る」.

〖(*a*1425) *menow, men(a)we* small fish (混成) ← ?OE *myne* (cog. OHG *munewa*)＋F *menu (poisson)* small (fish) < ?OE *mynwe, myne* < Gmc **muniwōn* ← IE **men-* small〗

min·ny /míni/ *n.* 〘方言〙＝minnow.

Mi·ño /míːnjou | -njəu; *Sp.* míɲo/ *n.* ＝Minho.

Mi·no·an /mɪ̀nóuən, maɪ- | -nə́u-/ *adj.* **1** ミノス[クレタ]文明の: ～ civilization [culture] ミノス文明[文化] (エーゲ文明の一つで紀元前 3000–1100 年頃 Crete 島を中心にエーゲ海沿岸や地中海東岸地方に栄えた青銅器時代の文明[文化]). **2** 古代クレタ言語の; (線文字による)ミノス文字[文書]の. — *n.* **1** ミノス人 (太古のクレタ島人). **2** 古代クレタ語. 〖(1894) ← L *Mīnōius* (□ Gk *Mi-nṓios* of Minos)＋-AN¹〗

Mi·nol /máɪnɔ(ː)l | -nɔl/ *n.* 〘商標〙マイノル (松根油の水蒸気蒸留で得られる油; 消毒・殺虫・ペンキ用).

mi·nom·e·ter /mɪ̀ná(ː)mətə, maɪ- | -nɔ́mɪ̀tə^(r)/ *n.* 〘物理〙微放射計 (電離箱と繊維電流計とから成る散乱放射線の検出測定器). 〖← MIN(UTE²)＋-O-＋-METER〗

mi·nor /máɪnə | -nə^(r)/ *adj.* (↔ major) **1** (比較的数量・程度などの)小さい(方の), より少ない (smaller, lesser): ～ faults 小さな過失 / a ～ injury 軽傷 / a ～ offense 微罪 / a ～ angle 〘数学〙劣角 (180° より小さい角) / ⇨ minor planet. **2** (重要度・地位・官職などの)重要でない, 劣った; 低い, 下級の, 二流の, 小… (inferior): a ～ matter 小事 / ～ details (余り重要でない)こまごました点 / a ～ official 下級官吏, 小役人 / a ～ court 下級裁判所 / a ～ poet (優れてはいるが大詩人とまではいえない)小詩人 / ～ cereals 雑穀類. **3** 〈病気など〉軽症の; 小規模な: a ～ operation. **4** (法律による)未成年の, 未丁年の (通例 18 歳または 21 歳未満): a ～ king. **5** 〘米大学〙〈科目・課程が〉副次的な (⇨ *n.* 4): a ～ subject 副専攻科目. **6** 〘音楽〙 **a** 短音程の (長音程 (major interval) より半音狭い): a ～ interval 短音程 / a ～ third [sixth, seventh] 短 3 [6, 7] 度. **b** [名詞の後に置いて] 短調の: a sonata in G ～ ト短調ソナタ. **7** 〘論理〙〈名辞[概念]・前提が〉小…: ⇨ minor term, minor premise. **8** 〘数学〙〈行列式が〉小さい. **9** 〘英〙[名詞の後に置いて] (男子の public school で同姓の生徒中)年下の, 弟の (younger, junior) (⇨ major¹ 5): Jones ～. **10** 〘古〙少数派の: a ～ party 少数党. **11** [名詞の後に置いて] 〘鳴鐘法〙6 個の鐘で鳴らす: grandsire ～.

— *n.* (↔ major) **1** 未成年者, 未丁年者: No ～*s* allowed. 未成年者立入るべからず. **2** 下級[二流]の人[物]. **3** 〘音楽〙短調 (minor key), 短音階 (minor scale), 短旋法 (minor mode), 短和音 (minor chord), 短音程 (minor interval). **4** 〘米大学〙 **a** (学位獲得の主要科目 (major) よりは少ない単位の)副専攻科目[課程]; (一般科目より単位数の少ない)副科目. **b** 副専攻科目[副科目]の受講生. **5** 〘論理〙小名辞, 小概念, 小語 (minor term); 小前提 (minor premise). **6** [the ～s]

《米》=minor leagues. **7**〘数学〙小行列式《与えられた行列式からいくつかの行と列を取り去って得られる小さな行列式》. **8**〘トランプ〙=minor suit. **9** [M-]〘カトリック〙フランシスコ会修道士 (Minorite, Friar Minor).
— *vi.*《米》副専攻科目として受講する (cf. major¹)〔*in*〕: ～ *in* history.
〘(?*a*1200) ME *menour, minor* ◻ L *minor* lesser ← IE **mei-* small (L *minuere* / Gk *meíōn*)〙

mínor arcána *n.* ⇨ arcana.

mínor áxis *n.*〘数学〙(楕円の)短軸. 〘1862〙

Mi·nor·ca¹ /mɪ̀nɔ́ːəkə | -nɔ́ː-/ *n.* ミノルカ(島)《地中海 Balearic Islands 中のスペイン領の島; 面積 702 km², 主都 Mahon; スペイン語名 Menorca》.〘(1760) ◻ Sp. *Menorca* ← *menor* minor: Majorca に次ぐ大きさの島の意〙

Mi·nor·ca² /mɪ̀nɔ́ːəkə | -nɔ́ː-/ *n.* ミノルカ《Minorca 島原産の羽の黒い卵用品種のニワトリ》. 〘(1848) ↑〙

Mi·nor·can /mɪ̀nɔ́ːəkən | -nɔ́ː-/ *adj., n.* ミノルカ島の(住民).

mínor cánon *n.*〘キリスト教〙小キャノン《聖職禄を受けない(大)聖堂参事会員を意味することもあるが, 多くは cathedral や collegiate church に所属して礼拝の手助けなどをする有給の聖職者をいう; cf. major canon, honorary canon》. 〘1679–88〙

mínor cóin *n.* 小額貨幣《クラウン貨より小額の銀貨; 卑金属の硬貨; cf. subsidiary coin》.

mínor cóunty *n.*《英》〘クリケット〙マイナーカウンティー《州チームが州対抗選手権試合 (County Championship) に参加しない州》.

mínor diámeter *n.* (ねじの)谷径(ⓟ)《雄ねじの最小直径》.

mínor divínity *n.* =divinity 5 b.

mínor élement *n.* **1**〘地質〙微量元素《地殻の岩石や鉱物にごく少量含まれる元素; trace element ともいう; cf. major element》. **2**〘生化学〙=trace element. 〘*c*1945〙

Mi·nor·ite /máɪnəràɪt/ *n.*〘カトリック〙=Friar Minor. 〘(1577–87) ← (*Friars*) *Minor* (← L *Frātrēs Minōrēs* Lesser Brethren (自ら他の修道会に対し卑下して呼んだ名)): ⇨ minor, -ite¹〙

mi·nor·i·ty /mɪ̀nɔ́(ː)rəti, maɪ-, -nɑ́(ː)r- | maɪnɔ́rɪ̀ti, mɪ̀-/ *n.* (↔ majority) **1** (多数に対する)少数; 少数派, 少数党: the educated ～ 少数の教養人 / They are in a decided ～. 彼らが少数派であることは間違いない / The ～ must be ruled by the majority. 少数党は多数党に従わなければならない / be [find oneself] in a ～ of one ただ一人の少数派である, 孤立無援である. **2** (一国内での)少数民族; (宗教・言語・文化などの)少数グループ[集団]《minority group ともいう》: the ～ problem 少数民族問題. **3** 未成年, 未丁年; 未成年期: boys still in their ～ まだ未成年の少年たち. **—** *adj.* [限定的] 少数派の: the ～ party 少数党 / the ～ view 少数意見. 〘(1533) ◻ (O)F *minorité* // ML *minōritātem*: ⇨ minor, -ity〙

minórity càrrier *n.*〘物理〙少数キャリアー[担体]《半導体中の担体のうち, 電気伝導に半分未満の寄与しかしないもの; cf. majority carrier》. 〘1951〙

minórity contròl *n.*〘証券〙少数持株支配.

minórity góvernment *n.* 少数党政府, 少数与党政権《議席数が過半数に達しない第 1 党が政権をとった状態; 小党がキャスティングボートを握ることができる》.

minórity gròup *n.* =minority 2. 〘1942〙

minórity lèader *n.*〘米議会〙(上院・下院の)少数党院内総務《議会活動の責任者; cf. majority leader》. 〘1949〙

mínor kéy *n.* **1**〘音楽〙短調《短音階を基礎とする調性; cf. major key》. **2** 陰気な気分, 哀調: a conversation in a ～ 陰気な会話. 〘1776〙

mínor léague *n.* **1** [the ～]《米・カナダ》マイナーリーグ, 小リーグ《野球・アイスホッケー・バスケットボールなどの major league より下位のプロスポーツ連盟》. **2** [形容詞的に] 二流の, さえない: a ～ firm 二流の会社. 〘1889〙

mínor-léaguer *n.*《米》**1** minor league に所属するスポーツ選手. **2** 二流の才能[能力]の人. 〘1906〙

mínor móde *n.*〘音楽〙**1** 短旋法《主音と第 3 度の音が短 3 度となる旋法; cf. major mode 1》. **2** =minor scale. 〘1777〙

mínor órder *n.* [通例 *pl.*]〘カトリック〙下級聖職階[位]《上から侍祭 (acolyte)・祓魔師 (exorcist)・読師 (lector)・守門 (ostiary) の職階があったが, 祓魔師と守門は 1972 年廃止; cf. major order》. 〘1844〙

mínor párty *n.* 小数党《地方政党, または支持者が少なすぎて選挙にあまり影響を与えない全国政党; cf. third party 2》. 〘1949〙

mínor pénalty *n.*〘アイスホッケー〙マイナーペナルティー《選手を 2 分間退場させその間補充を許さない罰則; cf. major penalty》. 〘1936〙

mínor pìece *n.*〘チェス〙ビショップ (bishop) またはナイト (knight) (cf. major piece). 〘1820〙

mínor plánet *n.*〘天文〙小惑星《火星と木星の軌道間を運行する多数の小さな惑星の一つ; 1800 個以上発見されている; asteroid ともいう》. 〘1861〙

mínor prémise *n.*〘論理〙(三段論法 (syllogism) の) 小前提. 〘*c*1741〙

Mínor Próphets *n. pl.* **1** [the ～] (旧約聖書の)小預言書《Hosea, Joel, Amos, Obadiah, Jonah, Micah, Nahum, Habakkuk, Zephaniah, Haggai, Zechariah, Malachi の分量の少ない預言書; cf. prophet 4》. **2** [the ～, the m- p-] 小預言書の作者, 小預言者.

mínor scále *n.*〘音楽〙短音階《主音から数えて第 5 音まで第 2–3 音の間のみが半音; 第 5–8 音間の半音の数と位置によって 3 種類の短音階がある; cf. scale¹ 6》.

mínor séminary *n.*〘カトリック〙小神学校《司祭志望の青少年の中等教育を行い, 大神学校 (major seminary) に送り出す; junior seminary, preparatory seminary ともいう》. 〘*c*1948〙

mínor séntence *n.*〘文法〙短文《主部と述部の 2 つの要素から成っていないかまたはそのどちらかを欠いた文; 例: John! / Look here!》.

mínor shéll *n.*〘物理〙=subshell.

mínor súit *n.*〘トランプ〙(bridge で)マイナースーツ《ダイヤまたはクラブの揃い; cf. major suit》. 〘(1916): ⇨ suit〙

mínor ténace *n.*〘トランプ〙(bridge, whist で)同じスーツのキングとジャックの組合せ (cf. major tenace).

mínor térm *n.*〘論理〙小名辞, 小概念, 小語《三段論法 (syllogism) における結論の主語となる名辞》. 〘1843〙

mínor tránquilizer *n.*〘薬学〙マイナートランキライザー, 緩和精神安定薬《不安・緊張・神経症治療用》. 〘1969〙

mínor tríad *n.*〘音楽〙短三和音《根音とその上の短 3 度音, 完全 5 度音の 3 音によってつくられた和音》.

Mi·nos /máɪnəs, -nɑ(ː)s | -nɔs/ *n.*〘ギリシャ神話〙ミーノース《Zeus と Europa の子で Crete 島の王; Knossos の宮殿に住んだという; Minotaur を迷宮に閉じ込め, 死後黄泉(ⓟ)の国で裁判官をつとめた; cf. labyrinth 1 b》. 〘◻ L *Mīnōs* ◻ Gk *Mínōs*〙

Mi·not /máɪnət/, **George Richards** *n.* マイノット《(1885–1950; 米国の医学者; Nobel 医学生理学賞 (1934)》.

Min·o·taur /mínətɔ̀ə, máɪn- | máɪnətɔ̀ː$^{(r)}$/ *n.* **1**〘ギリシャ神話〙ミーノータウロス《人身牛頭の怪物; Minos により Crete 島の迷宮に閉じ込められ 9 年ごとに 14 人の Athens の青年男女が生贄(ⓟ)として捧げられたが, Theseus に殺された》. **2** 破壊者; むさぼり食う人. 〘(*c*1385) ◻ OF ～ (F *Minotaure*) ◻ L *Mīnōtaurus* ◻ Gk *Mīnṓtauros* ← *Mínōs* Minos + *taûros* bull〙

Minotaur 1

mínotaur bèetle *n.*〘昆虫〙ミツノセンチコガネ (*Typhaeus typhoeus*)《ユーラシア産センチコガネ科の食糞性の黒い甲虫; 胸部に 3 本の角をもつ》.

mi·nox·i·dil /mɪnɑ́(ː)ksədɪl | -nɔ́ksɪ-/ *n.*〘薬学〙ミノキシジル ($C_9H_{15}N_5O$)《高血圧症治療用の末梢血管拡張経口薬, また プロピレングリコール溶液を軽い脱毛症用の毛髪再生薬として局所的に使用する》. 〘(1697) ← (A)MINO- + OX(YGEN) + (PIPER)IDINYL〙

Minsk /mínsk; *Beloruss.* mʲínsk/ *n.* ミンスク《ベラルーシ共和国の首都》.

min·ster /mínstə | -stə$^{(r)}$/ *n.* [主に合成語として] **1** (修道院付属の)教会堂. **2** 大聖堂 (cathedral), 大寺院: ⇨ Westminster¹. 〘OE *mynster* (cog. G *Münster*) ◻ VL **monisterium* = LL *monastērium* 'MONASTERY'〙

min·strel /mínstrəl, mítstrəl/ *n.* **1** (中世の)吟遊楽人《封建領主にかかえられ, または諸地を遍歴して竪琴などに合わせて詩歌を吟じ, あるいは手品・曲芸なども演じた; cf. gleeman, jongleur》. **2**《詩》詩人 (poet); 歌手, 音楽家 (musician). **3 a** [通例 *pl.*] ミンストレルショーの芸人 (Negro minstrel) (cf. blackface 1 b): a ～ song / a band [group] of ～s = a ～ troupe ミンストレルショーの一座 / ⇨ Christy's minstrels. **b** =minstrel show. 〘(?*a*1200) *minstral, menestral* ◻ OF *menestral* (F *ménestrel*) ◻ Prov. *menest(ai)ral* ◻ LL *ministeriālis* servant, retainer, jester: ⇨ minister〙

mínstrel shòw *n.* ミンストレルショー《黒人に扮した白人の芸人一座 (minstrels) の演じる黒人の歌・踊り・滑稽な掛け合いなどからなる演芸[ショー]; 19 世紀前半の米国に始まった》. 〘1870〙

min·strel·sy /mínstrəlsi/ *n.* **1** (中世の)吟遊楽人の芸《吟唱・弾奏》. **2** [集合的] 吟遊詩人たち (minstrels); ミンストレルショーの一座. **3** 吟遊楽人の歌った歌[詩, 民謡]集: a collection of Scottish ～s スコットランド吟唱詩歌集. **4**《詩》詩歌 (poetry); 鳥の歌(声). 〘(?*a*1300) *menestrelsy, minstralcye* ◻ AF *menestralsie* ← OF *menestral* 'MINSTREL'〙

mint¹ /mínt/ *n.* **1**〘植物〙ハッカ《シソ科ハッカ属 (*Mentha*) の植物の総称; オランダハッカ (spearmint), セイヨウハッカ (peppermint), horsemint, ペニロイアルハッカ (pennyroyal), water mint など》. **2** (食後に供される)ハッカの風味をつけた糖果, ミンツ. **—** *adj.* [限定的] ハッカ入りの, ハッカ製の. 〘OE *minte* < (WGmc) **minta* (G *Minze*) ◻ L *menta* ◻ ? Gk *mínthē*〙

mint¹ 1
water mint
(*Mentha aquatica*)

mint² /mínt/ *n.* **1 a** 貨幣鋳造所. **b** [M-] 造幣局: the Royal *Mint* (英国)王立造幣局 / ⇨ Bureau of the Mint. **2**《口語》(金銭などの)巨大な量: a ～ of money 巨額の金, 巨万の富 / a ～ of trouble 山ほどの苦労. **3** (考え・発明・製造などの)もと, 起こり (source). **4**〘郵趣〙未使用切手. **—** *adj.* [限定的] **1** 〈貨幣・切手など〉未使用の; 〈古書など〉刷り[発行し]たての状態の, 真新しい: ～ specimens of postage stamps 郵便切手の刷出し見本 / a ～ copy 発行したての状態のままの古本 / in ～ state [condition] 〈貨幣・切手・印刷物など〉刷りたての(状態で), 真新しい; 極上の状態で. **2** 貨幣鋳造所の[に関する].
— *vt.* **1** 〈貨幣を〉鋳造する. **2** 〈金属を〉貨幣にする: ～ copper *into* coins. **3 a** 〈語句・新語などを〉造り出す (coin). **b** 〈新思想・にせ物などを〉造り出す.
— *vi.* 貨幣鋳造を行う.
mint góld [***móney***] 楽々と大金をもうける.
～·er /-tə | -tə$^{(r)}$/ *n.* 〘n.: OE *mynet* < (WGmc) **munita* (G *Münze*) ◻ L *monēta* mint, money ← *monēre* to remind, warn. — v.: (1546) ← (n.): MONEY と二重語〙

mint³ /mínt/《スコット・北英》*n.* **1** 意図, 目的. **2** 企て, 試み, 努力: make a ～ at …を企てる. **—** *vt.* **1** 企てる, 試みる; 意図する. **2** ほのめかす. **—** *vi.* **1** 狙う〔*at*〕. **2** 暗示する.〔*at*〕. 〘OE *myntan* to intend, think ← *myne* thought, intention < Gmc **muniz* (ON *munr* mind, desire) ← IE **men-*: ⇨ mind〙

mint·age /míntɪdʒ | -tɪdʒ/ *n.* **1 a** 貨幣鋳造, 造幣; 造幣権. **b** [集合的] (一時に鋳造発行される)鋳造貨幣, 鋳貨 (coinage). **2** 造幣費. **3** 造幣極印 (mintmark). **4** 造語. 〘(*c*1570) ← MINT² + -AGE〙

mínt càmphor *n.*〘化学〙ハッカ脳 (⇨ menthol).

mint·ed¹ /-tɪ̀d | -tɪ̀d/ *adj.* ハッカの香りをつけた.

mint·ed² /-tɪ̀d | -tɪ̀d/ *adj.* [次の成句で]: ***néwly*** [***fréshly***] ***minted*** できたばかりの, 新品[新作]の. 〘(1598): ⇨ mint²〙

mínt jèlly *n.* (羊肉料理に用いる)ハッカ入りゼリー. 〘1922〙

mínt júlep *n.*《米》ミントジューレップ《バーボンウイスキーに砂糖・ハッカの葉を入れたカクテル; 氷を入れて飲む; 単に julep ともいう》. 〘1809〙

mínt·màrk *n.* **1** 造幣極印《貨幣面の造幣所を示す極印》. **2** (本物・特徴などの)極印: the ～ of true poetry 真の詩の極印. 〘1797〙

mínt·màster *n.* **1** 造幣局長官. **2**《廃》造語家. 〘1528〙

Min·toff /míntɑ(ː)f | -tɔf; *Maltese* míntɔf/, **Dom(inic)** *n.* ミントフ《1916–2012; マルタの政治家; 首相 (1955–58, 1971–84)》.

Min·ton /míntən, -tn̩ | -tən, -tn̩/ *n.*〘商標〙ミントン(社)《英国の陶磁器メーカー (Minton Ltd.); そのブランド; 現在は Royal Doulton Group の傘下にある》. 〘1857〙

Min·ton /míntən, -tn̩ | -tən, -tn̩/, **Thomas** *n.* ミントン《1766–1836; 英国の製陶家; 柳模様の考案者とされる》.

mínt sàuce *n.* ミントソース《砂糖・酢にハッカの葉を刻んで入れたもの; 小羊のロースト料理に用いる》. 〘1747〙

mint·y /mínti | -ti/ *adj.* (**mint·i·er; -est**) ハッカの香りのする. 〘(1878) ← MINT¹ + -Y¹〙

min·ua·no /mɪ̀nwɑ́ːnou | -nəu; *Braz.* minuɐ́nu/ *n.* (*pl.* ～**s**)〘気象〙ミヌワノ《La Plata 河口付近の突風を伴ったパンペロ (pampero) がブラジル南部まで及ぶ雷雨》. 〘← *Minuanos* (Rio Grande 河付近に住むインディオの名)〙

min·u·end /mínjuènd/ *n.*〘数学〙被減数, 引かれる数 (↔ subtrahend). 〘(1706) ◻ L *minuendus* (gerundive) ← *minuere* to diminish: ⇨ minute²〙

min·u·et /mìnjuét/ *n.* **1** メヌエット《17 世紀中頃フランスに起こった 3 拍子の優雅な舞踏》. **2**〘音楽〙メヌエットの曲 (cf. scherzo). 〘(1673) ◻ F *menuet*《原義》very small (舞踏の小歩調についていう) (dim.) ← *menu* small: ⇨ menu〙

Min·u·it /mínjuɪ̀t | -ɪt/, **Peter** *n.* ミニュイ (1580?–1638; オランダの New Netherland 植民地 (今の米国 New York 州) の初代の知事).

mi·nus /máɪnəs/ (↔ plus) *prep.* **1** マイナスの, …を引いた, …だけ少ない (less): Eight ～ four is [equals, leaves] four. 8 引く 4 は 4. **2** 零下…: The temperature is ～ twenty degrees. 温度は零下 20 度だ. **3**《口語》…を失った, …のない (without): a knife ～ an edge 刃のない小刀 / a book ～ its covers 表紙の取れた本 / He came back ～ an arm. 片腕をなくして帰って来た / I was ～ 50 dollars. 50 ドル棒に振った. **—** *adj.* **1 a** マイナス (—)の, マイナスを示す; 負の; 減法の: ⇨ minus sign / a ～ number 負数 / a ～ quantity 負量, 負数; 《口語》取るに足らない人物 / a ～ value 負量, 負数. **b**〘電気〙負電荷の: ～ charge 負電荷 / ～ electricity 陰電気. **c** マイナスになる, 不利な, 負の: a ～ state マイナスになる状態. **2** [名詞の後に置いて] 少し劣る: a B ～ for his composition 作文で成績が B マイナス / a grade of A ～ [$α^-$] A^- [$α^-$] という評点. **3**《口語》(以前より)損をして: The profits were ～. 収益は赤字だった / He was considerably ～. かなり損をした. **4**〘植物〙〈菌糸体が〉陰性の, 雌性の. **—** *n.* **1**〘数学〙マイナス記号, 負号 (—) (minus sign); 負量, 負数. **2** 不足, 損失, 欠損, マイナス (loss): a terrible ～ 大損失. 日英比較 日本語の「マイナス」は「不利・欠点」の意にも用いるが, 英語では disadvantage, problem などを用い, 「赤字・欠損」の意では, deficit, loss を用いる. 日本語の「マイナスイメージ」「マイナスシーリング」は和製英語. 英語では前者は negative [bad] image, 後者は *minus*-based budget という. **3**《口語》害のある物, 好ましくない物. 〘(1481–90) ◻ L ～ (neut.) ← MINOR〙

M

mi·nus·cu·lar /mɪnʌ́skjʊlə, mə-, maɪ- | mɪnʌ́s-kjʊlə^(r)/ *adj.* =minuscule 2. 《(1756): ⇨ ↓, -ar¹》

mi·nus·cule /mínəskjùːl, m$^{ə}_{ɪ}$nʌ́skjuːl | mín$^{ə}_{ɪ}$skjùːl/ *n.* **1 a** 小文字(書)体《草書体から発達した中世の手書き書体; cf. majuscule》. **b** (手書き書体の)小文字. **c** 小文字字体写本[稿本]. **2** 〘印刷〙小文字, ロアーケース (lowercase letter). — *adj.* **1** 小文字の[で書いた]. **2** 非常に小さい; 取るに足らない (insignificant): ~ amount. 《(1705) ◻ F ~ ∥ L *minuscula* (fem.) ← *minusculus* rather small (dim.) ← 'MINUS': ⇨ -cule》

mínus sìght *n.* 〘測量〙負視 (⇨ foresight 6).

mínus sìgn *n.* **1** 〘数学〙負(符)号, 減号, マイナス記号 (−) (negative sign) (↔ plus sign). **2** 〘論理〙差記号《A, B を任意の二集合とするとき, A−B は A から B の元をすべて引き去った残りとしての集合で, A と B との差(集合)という》. 《1668》

mínus tìck *n.* 前回の引値より安い取引.

min·ute¹ /mín$^{ə}_{ɪ}$t | -nɪt/ *n.* **1 a** (時間単位としての)分《=¹/₆₀ 時間, 記号 ′》: in a few ~*s* 数分間のうちに. **b** 1 分間に行ける距離: five ~*s* from the station 駅から 5 分のところ. **2 a** 寸時, 瞬間, ちょっと (moment): ⇨ last minute / at this very ~ まさにこの瞬間にも / I am expecting him every [any] ~. 今か今かと彼を待っているところです (cf. *every* MINUTE) / The plane is leaving in a ~. 飛行機はすぐ出発です / Just a ~.=Wait (half) a ~. ちょっとお待ち下さい / Come this ~! 今すぐ来て下さい / This did *not* interest her *for* a ~. このことは少しも彼女の興味を引かなかった / (at) any ~ (now) 今すぐにも; 今か今かと / at the ~ 今のところ当座は / within ~*s* すぐに; すぐあとに. **b** [the ~; 接続詞的に] …する瞬間, …するやいなや (as soon as): I knew him *the* ~ (*that*) I saw him. 見たとたんに彼だとわかった. **3 a** [*pl.*] 議事録: the ~*s* of a meeting / It is on the ~*s*. 議事録に載っている. **b** 《文書などの》草稿, 下書き; 覚え書, 手控え: make a ~ [take ~*s*] of a debate 討論の覚え書[手控え]を取る. **c** 《英》覚え書 (memorandum)《官庁の訓令など》. **4** 〘数学〙(角度の単位としての)分《=¹/₆₀ 度, 記号 ′; minute of arc ともいう》: 12°10′ =twelve degrees and ten ~*s*. **5** [*pl.*] 〘建築〙分(ぶ)《円柱の柱脚部の直径寸法を 60 等分あるいは 30 等分した小単位; 古典主義建築の寸法単位に用いる; cf. module 2》.

by the mínute*=*évery mínute*=*mínute by mínute 刻一刻と, 刻々と (cf. 2 a). ***to the mínute*** 1 分も違(たが)わず, きっかり (cf. *to an* HOUR (2)): The train left at six o'clock *to the* ~. 列車は 6 時きっかりに出た. ***ùp to the mínute*** きわめて最新の, 先端的な (up-to-date). 《1912》

— *adj.* [限定的] 急ごしらえの, 速製の, 即席の: ⇨ minute steak.

— *vt.* **1** 精密に…の時間を計る: ~ a race [the speed of a train, the duration of an eclipse] レース[列車のスピード, 日食の持続]の時間を精密に計る. **2 a** 議事録に書く; 覚え書にする, 控えに取る, 記録に取る 〈*down*〉: ~ the proceedings of a meeting 議事録を作る. **b** …の下書きをする, 草稿を作る: ~ a document 文書の下書きをする.

《n.: (*c*1378) ◻ (O)F ~ ∥ ML *minūta* small part or division (fem.) ← L *minūtus* (↓). — v.: (1605) ← (n.)》

SYN 瞬時: **minute** 1 分の意味から, 測定できるきわめて短い時間: The train will start in a *minute*. 列車はすぐ発車します. **moment** きわめて短い時間《*minute* よりも意味が弱い》: Wait a *moment*. ちょっと待ってください. **instant** 知覚できないくらい短い時間: Come this *instant*. いますぐ来なさい. **flash** きわめて短い時間, 瞬間: It disappeared in a *flash*. それはたちまち消えた. **jiffy** 《口語》=*moment*: I'll be back in a *jiffy*. すぐに戻ってきます. **twinkling** まばたきをする時間: The kettle will boil in a *twinkling* (of the eye). お湯はあっという間に沸きます.

mi·nute² /maɪnúːt, -njúːt | -njúːt/ *adj.* (**mi·nut·er, -est; more ~, most ~**) **1** 〈形・目盛り・時間などが〉微小の, 微細な (⇨ small **SYN**): ~ changes [graduations, periods] 微細な変化[目盛り, 時間]. **2** 些細な, ちょっとした, つまらない (petty): ~ particulars of a case 事件の細かな点 / be troubled with ~ differences 些細な差別にくよくよする. **3** 細かく注意する, 細心の, 詳細な, 綿密な, 正確な (meticulous) (↔ broad): a ~ observer 細心な観察者 / ~ criticism 厳密な批評 / a ~ report 詳細な報告 / ~ researches 綿密な調査 / examine with ~ care. **~·ness** *n.* 《(?1440) ◻ L *minūtus* (p.p.) ← *minuere* to make smaller, diminish, lessen ← IE **mei-* small》

mínute bèll *n.* 〘鳴鐘法〙分時鐘《人の死亡を知らせるために 1 分ごとに鳴らす教会の鐘》. 《1827》

mínute bòok *n.* **1** 議事録. **2** 覚え書帳, 控え帳. 《1736》

mínute-glàss *n.* 1 分砂時計. 《1626》

mínute gùn *n.* 分時砲《遭難信号として, または将官の葬儀の際に 1 分ごとに鳴らす号砲》. 《1728》

mínute hànd *n.* (時計の)分針, 長針. 《1726》

mínute-jàck *n.* 《廃》御都合[日和見(ひよりみ)]主義者 (timeserver). 《1607》

min·ute·ly¹ /mín$^{ə}_{ɪ}$tli | -nɪt-/ *adv.* 1 分置きに, 1 分ごとに. — *adj.* 1 分ごとに起こる; 間断のない (continual). 《(1599): ⇨ minute¹, -ly¹》

mi·nute·ly² /maɪnúːtli, -njúːt- | -njúː-/ *adv.* **1** 微細に, 綿密に (exactly). **2** こまぎれに. 《(1599): ⇨ minute², -ly¹》

min·ute·man /mín$^{ə}_{ɪ}$tmæ̀n | -nɪt-/ *n.* (*pl.* **-men** /-mɛ̀n/) **1** 〘米史〙独立戦争当時即座に召集に応じうる準備をした (特に Massachusetts の) 民兵. **2** [M-] ミニットマン《米国の秘密反共ゲリラ組織一員》. 《(1774): ⇨ minute¹, man¹》

mínute màrk *n.* 分(ぷん)の記号 (′) (cf. second mark).

mínute stèak *n.* ミニッツステーキ《すぐ焼ける薄切りのステーキ》. 《1921》

mi·nu·ti·a /m$^{ə}_{ɪ}$núːʃiə, maɪ-, -njúː-, -ʃə | maɪnjúː-, m$^{ɪ}_{ə}$-/ *n.* (*pl.* **-ti·ae** /-ʃiìː, -ʃiàɪ/) [通例 *pl.*] 些細な[細かい]点; 細目, 詳細; 些細な事 (trifles). 《(1751) ◻ L ~ 'smallness' ← *minūtus*: ⇨ minute²》

Min·wax /mínwæks/ *n.* 〘商標〙ミンワックス《米国 Minwax 社製の床磨きワックス》.

minx /míŋ(k)s/ *n.* **1** お転婆, おきゃん, あばずれ女 (hussy). **2** 《廃》みだらな女, 浮気女. **mínx·ish** /~ɪʃ/ *adj.* 《(1542) 《変形》? ← *minikins* ← MINIKIN+-s《親愛の意を添えるための接尾辞》∥ 《音位転換》← LG *minsk* man, impudent woman (cog. G *Mensch* man): ⇨ man¹, -ish¹》

Minya *n.* ⇨ El Minya.

Min·ya Kon·ka /mìnjəkáː(ː)ŋkə | -kɔ́ŋ-/ *n.* ⇨ Gongga Shan.

min·yan /mínjən/ *n.* (*pl.* **min·ya·nim** /mìnjəníːm/, **~s**) 〘ユダヤ教〙ミニヤン《公の礼拝を行うのに必要なユダヤ教徒の数で, 14 歳以上のユダヤ人男性 10 名》. 《(1753) ◻ Mish.Heb. *minyā́n* 《原義》number》

mi·o- /máɪoʊ | máɪəʊ/「より小さい; より少ない; より劣った」の意の連結形. ★ 母音の前では通例 mi- になる. 《← ? NL *meio-* ← Gk *meîōn*》

MIO /ɛ̀màɪóʊ | -ə́ʊ/ 《略》minimum identifiable odor.

Mi·o·cene /máɪəsìːn | -ə(ʊ)-/ 〘地質〙*adj.* 中新世[統]の: the ~ epoch [series] 中新世[統]《第三紀の漸新世 (Oligocene) と鮮新世 (Pliocene) との中間》. — *n.* [the ~] 中新世[統]. 《(1833): ⇨ ↑, -cene》

Mi·o·hip·pus /màɪoʊhípəs | -ə(ʊ)-/ *n.* 〘古生物〙ミオヒッパス属《漸新世の北米にいた小さな馬の一属》. 《(1877) ← NL ~: ⇨ mio-, -hippus》

mi·om·bo /miáː(ː)mboʊ | -ɔ́mbəʊ/ *n.* (*pl.* **~s**) 〘生態〙ミオンボ(林)《東アフリカの乾燥性疎林地帯》. 《(1864) ◻ Swahili ~》

mi·o·sis /maɪóʊs$^{ə}_{ɪ}$s | -ə́ʊsɪs/ *n.* (*pl.* **mi·o·ses** /-siːz/) **1** 〘病理〙縮瞳, 瞳孔縮小 (cf. mydriasis). **2** 〘生物〙= meiosis 1. 《(1819) ← NL ~ ← Gk *múein* to shut (the eyes)》

mi·ot·ic /maɪáː(ː)tɪk | -ɔ́t-/ *adj.* 〘病理〙瞳孔縮小の[を起こす], 縮瞳(状態)の. — *n.* 〘薬剤〙縮瞳薬. 《(1864) ↑: cf. narcosis–narcotic》

m.i.p. 《略》〘冶金〙malleable iron pipe 鍛鉄管[パイプ]; 〘海商〙marine insurance policy 海上保険証券; mean indicated pressure 平均指示圧力; monthly investment plan.

MIPS /míps/ *n.* 〘電算〙ミップス《コンピューターの演算速度の単位; 1 秒間に実行できる命令の回数を 100 万回を 1 としてカウントする》. 《(1973) 《頭字語》← *m*(*illion*) *i*(*nstructions*) *p*(*er*) *s*(*econd*)》

miq·ue·let /míkəlèt/ *n.* **1** (半島戦役 (Peninsular War) でフランスと戦った)スペインのゲリラ兵. **2** (スペイン歩兵連隊の)兵士, スペイン軍歩兵. **3** (スペインの)火打ち石銃. 《(1670) (1827) ◻ Sp. *miquelete* ◻ Catalan *miquelet* ~ ? *Miquel* Michael+-ET》

Miquelon *n.* ⇨ St. Pierre and Miquelon.

mir /míə | míə^(r); *Russ.* mʲír/ *n.* (*pl.* **~s, mi·ri** /míri; *Russ.* mʲirʲí/) 〘ロシア史〙農村共同体, ミール《帝政ロシア以前および帝政ロシアにおいて, 土地を共同体の保有とし, 共同体農民は共同で土地の耕作, 播種や取り入れを行った》. 《(1877) ◻ Russ. ~ 'world': cf. L *mītis* soft》

Mir /míə | míə^(r); *Russ.* mʲír/ *n.* ミール《1986 年 2 月に打ち上げられたソ連の多目的宇宙ステーション》. 《◻ Russ. ~ 《原義》peace》

MIr 《略》Middle Irish.

Mi·ra¹ /máɪrə | máɪ(ə)rə, míːrə/ *n.* 〘天文〙ミラ《鯨座 (Cetus) オミクロン (*o*) 星で変光星; 光度 2.0–10.1 等で周期は約 330 日》. 《← NL ~ ← L *mirus* wonderful》

Mi·ra² /máɪrə | máɪ(ə)rə, míːrə/ *n.* マイラ《女性名》. 《(dim.) ← MIRABEL, MIRANDA ∥ 《変形》← MYRA¹》

Mir·a·beau /mírəbòʊ | -bəʊ; *F.* miʁabo/, **Honoré Gabriel Victor Rique·ti** /ʁikti/ *n.* ミラボー (1749–91; フランス革命当時の政治家・雄弁家).

Mir·a·bel /mírəbɛ̀l/ *n.* ミラベル《女性名; 愛称形 Mira》. 《◻ L *mīrābilis* wonderful》

mir·a·belle /mìrəbɛ́l, ⸗⸗⸗; *F.* miʁabɛl/ *n.* ミラベル(酒)《アルザス (Alsace) 地方産のスモモを発酵させ蒸留して造る無色のブランデー》. 《(1706) ◻ F ~ 《変形》← 《廃》*mirabolan* 'MYROBALAN'》

mi·ra·bi·le dic·tu /m$^{ɪ}_{ə}$ráːbəlidíktuː | mɪráːbəlɛɪ-/ *L.* 語るも不思議な. 《(1831) ◻ L *mīrābile dictū* wonderful to tell》

mirábile ví·su /-víːsuː/ *L.* 見るも不思議な. 《◻ L *mīrābile visū* wonderful to see》

mir·a·bil·i·a /mìrəbíliə/ *L. n. pl.* 不思議な事[物], 奇跡 (marvels, miracles). 《◻ L *mīrābilia* things to be wondered at》

mi·rab·i·lite /m$^{ɪ}_{ə}$rǽbəlàɪt | -b$^{ɪ}_{ə}$-/ *n.* 〘化学〙ミラビル石 ($Na_2SO_4 \cdot 10H_2O$)《水溶性のナトリウムの含水硫酸塩鉱物; cf. Glauber's salt》. 《(1854) ◻ G *Mirabilit* ← NL (*sal*) *mirabile* Glauber's salt, 《原義》wonderful salt (neut.). ← L *mīrābilis* wonderful》

mir·a·ble /máɪrəbl̩ | máɪ(ə)r-/ 《廃》*adj.* すばらしい, 見事な, 驚くべき (marvelous). — *n.* すばらしい[驚くべき]こと. 《(*a*1475) ◻ L *mīrābilis*: ⇨ miracle》

Míra Cé·ti /-síːtaɪ/ *n.* 〘天文〙=Mira¹.

Mi·rach /máɪræk | máɪ(ə)r-/ *n.* 〘天文〙ミラク《アンドロメダ座 (Andromeda) の *β* 星で 2.4 等星》. 《◻ Arab. *marā́qq* loin, abdomen: cf. Merak》

mir·a·cid·i·um /mìrəsídiəm | -di-/ *n.* (*pl.* **-i·a** /-diə | -diə/) 〘動物〙ミラキジウム, ミラシジウム《吸虫類の幼虫》. **mir·a·cíd·i·al** /-diəl | -di-⁻/ *adj.* 《(1898) ← NL ~ ← Gk *meirak-*, *meîrax* girl, boy: ⇨ -idium》

mir·a·cle /mírəkl̩, -rɪ-/ *n.* **1** 奇跡, 神業; 〘聖書〙(キリストの)奇跡: work [do] ~*s* 奇跡を行う (cf. worker 4). **2 a** 不思議[奇跡的]なもの[事, 人], 驚異 (marvel): a ~ of ingenuity [skill] 驚異的な天才[熟練] / a ~ of a woman 奇跡[驚異]的な女性 / His recovery is a ~. 彼の回復は奇跡だ / He escaped by a ~. 奇跡的に[不思議にも]免れた. **b** 賞賛すべきこと, 偉業. **3** 〘演劇・キリスト教〙=miracle play.

to a míracle 《古》奇跡的に, 不思議なほどよく. 《1643》

《(?*a*1160) ◻ (O)F ~ ◻ L *mīrāculum* wonderful thing, marvel ← *mīrārī* to wonder at ← *mīrus* wonderful ← IE **smei-* to laugh, smile: cf. mirror, admire》

míracle drùg *n.* 驚異的に効く薬, (新発見の)特効薬《抗生物質・サルファ剤など》. 《1953》

míracle frùit *n.* **1** 〘植物〙アフリカアカテツ (*Synsepalum dulcificum*)《アフリカ熱帯地方産のアカテツ科の低木》. **2** アフリカアカテツの実《糖蛋白質 (glycoprotein) を含み, 酸味のある物を甘く感じさせる作用がある》. 《1964》

míracle màn *n.* **1** 奇跡を行う(と自称する[いわれる])人. **2** できそうにもないことをする人. 《1572》

míracle plày *n.* 〘演劇・キリスト教〙奇跡劇, 聖史劇《キリスト・聖人・殉教者の事跡・奇跡などを演じた中世の劇形式》. ★ ドイツ・フランスではキリストの事跡を材料としたものを特に mystery play と呼んで, 聖人・殉教者の奇跡を扱った miracle play と区別したが, 英国では通例区別なしに用いる. 《1852》

míracle rìce *n.* 奇跡米《在来種より 2–3 倍も収穫の多い新開発の米》. 《1969》

mi·rac·u·lous /m$^{ɪ}_{ə}$rǽkjʊləs/ *adj.* **1** 奇跡の; 奇跡的な, 超自然的な, 不思議な (supernatural, marvelous) (↔ natural): a ~ recovery [success] 奇跡的な回復[成功]. **2** 奇跡を行う, 不思議な力のある (wonder-working).

~·ly *adv.* **~·ness** *n.* 《(1447) ◻ (O)F *miraculeux* ∥ ML *mīrāculōsus* ← L *mīrāculum* 'MIRACLE': ⇨ -ous》

mir·a·dor /mírədɔ̀ə, ⸗⸗⸗ | mírədɔ̀ː^(r), ⸗⸗⸗; *Sp.* miɾaðóɾ/ *n.* (スペイン建築に特有の)展望塔, (展望用の)露台, 張出し窓. 《(1670) ◻ Sp. ~ ← *mirar* to look at < VL **mīrāre* ← L *mīrārī*: ⇨ miracle》

Mi·ra·flo·res /mìrəflɔ́ːrəs; *Am.Sp.* miɾaflóɾes/, **Lake** *n.* ミラフロレス湖《パナマ運河地帯南部の人工湖》.

mi·rage /m$^{ɪ}_{ə}$ráːʒ | míraːʒ, ⸗⸗; *F.* miʁaːʒ/ *n.* **1** 蜃気楼(しんきろう). **2** 迷妄, 妄想, はかない夢 (⇨ delusion **SYN**). **3** [M-] ミラージュ《フランス空軍の超音速戦闘機》. 《(1837) ◻ F ~ ← (*se*) *mirer* to look at (oneself) in a mirror ◻ L *mīrārī* to wonder at: ⇨ miracle, -age: cf. mirror》

Mi·ran·da¹ /m$^{ɪ}_{ə}$rǽndə/ *n.* **1** ミランダ《女性名; 愛称形 Mira》. **2** 〘天文〙ミランダ《天王星 (Uranus) の第 5 衛星; 5 個の衛星のうち最も内側を回る》. 《◻ L ~ 'admirable (girl)' ← *mīrārī* (↑)》

Mi·ran·da² /m$^{ɪ}_{ə}$rǽndə/ *adj.* 《米》〘法律〙逮捕者の権利を保証する(ことを示すための): ⇨ Miranda card. 《(1967) ← *Ernest Miranda* (1942–76: メキシコ系移民): 彼と Arizona 州が争った裁判で最高裁がこの種の権利を認める判決を下した (1966)》

Mirán·da càrd *n.* 《米》〘法律〙ミランダカード《逮捕した犯人に対して黙秘権・弁護士立会い要求権など憲法上の権利があることを告知する目的で携行され, その旨を印刷したカード》.

MIRAS /máɪrəs, -ræs | máɪ(ə)r-/ 《英》マイラス《住宅金融利子源泉課税軽減措置》. 《(1983) 《頭字語》← *m*(*ortgage*) *i*(*nterest*) *r*(*elief*) *a*(*t*) *s*(*ource*)》

mire /máɪə | máɪə^(r)/ *n.* **1 a** 深い泥, ぬかるみ. **b** 泥沼 (marsh, bog). **2** [the ~] 窮地, 泥沼: be in *the* ~ 苦境にある / drag a person through *the* ~ 人に恥をさらさせる, 人をはずかしめる / stick [find oneself] in *the* ~ 苦境に陥る / wallow in *the* ~ 官能的な享楽にふける. — *vt.* **1** 泥でよごす, 泥だらけにする, …に泥をべたつかせる; よごす, 汚す (defile). **2** 泥の中に突っ込む[はまらせる]. **3** [通例受身に用いて] 〈人・情況を〉苦境に陥らせる, はまり込ませる (entangle): The economy is still deeply ~*d* in depression. 経済は依然不況の泥沼にあえいでいる.

— *vi.* 泥の中にはまる.

《(?*a*1300) *myre* ◻ ON *mȳrr* bog, swamp ← Gmc **meuzjō* ← IE **meus-* ← **meu-* damp》

mire·poix /mɪəpwáː | mɪə-; *F.* miʁpwa/ *n.* (*also* **mire·pois** /~/) (*pl.* ~) ミルポワ《こくのある味と香りづけに用いる料理材料; さいの目切りのにんじん・玉ねぎ・セロリ・ハムなどをいためソースや煮込みに用いる》. 《(1877) ◻ F ~ ← ? *Charles Pierre Gaston François de Lévis, duc de Mirepoix* (18 世紀のフランスの外交官・将軍)》

mi·rex /máɪrɛks | máɪ(ə)r-/ *n.* 〘薬学〙マイレックス ($C_{10}Cl_{12}$)《塩素系殺虫剤》. 《(1962) ← ? (PIS)MIRE+EX(TERMINATOR)》

Mir·fak /míəfæk | míə-/ *n.* 〘天文〙ミルファク《ペルセウス座 (Perseus) の *α* 星で 1.9 等星》. 《◻ Arab. *mírfaq*, *márfaq* elbow》

Mir·i·am /míriəm/ *n.* **1** ミリアム《女性名》. ★ ユダヤ

人に多い. 2 〘聖書〙ミリアム《女預言者; Moses と Aaron の姉; cf. *Exod.* 15: 20, *Num.* 26: 59》. 〖◻Heb. *Miryām*: ⇨ Mary〗

mi·rid /máɪrɪ̈d, mír-｜máɪ(ə)rɪd/ 〘昆虫〙 *adj.* メクラカメムシ(科)の. — *n.* メクラカメムシ (capsid)《メクラカメムシ科の昆虫の総称》. 〖《1941》← NL *Miris* (↓)＋-ID²〗

Mi·ri·dae /máɪrədìː, mír-｜máɪ(ə)rɪ-, mír-/ *n. pl.* 〘昆虫〙(半翅目)メクラカメムシ科. 〖← NL ～ ← *Miris* (属名: ← ?)＋-IDAE〗

mirk /mə́ːk｜mə́ːk/ *n.* ＝murk. — *adj.* (～·**er**; ～·**est**)《古》＝murk.

mirk·y /mə́ːki｜mə́ː-/ *adj.* (**mirk·i·er**; **-i·est**) ＝murky.

mir·li·ton /mə́ːlətən, -tn̩｜mə́ːlɪ̈tən, -tn̩/ *n.* 1 〘植物〙＝chayote. 2 〘音楽〙ミルリトン《薄膜を振動させて鼻にかかったような音を出す楽器; kazoo に似ている》. 〖《1819》◻F ～ ← ?〗

Mi·ró /miːróʊ｜mɪrə́ʊ; *Sp.* miɾó/, **Jo·an** /xoán/ *n.* ミロ《1893–1983; スペインの超現実主義の画家》.

mir·ror /mírə｜-rə^(r)/ *n.* 1 鏡 (looking glass); 反射鏡 (speculum): a sea as smooth [placid] as a ～ 鏡のように静かな海 / a plane ～ 平面鏡 / a concave [convex] ～ 凹(おう)[凸(とつ)]面鏡, 凹[凸]鏡 / ⇨ rearview mirror / She looked at herself in the ～. 鏡に自分の姿を映して見た / She combed her hair in the ～. 鏡に向かって髪をとかした. 2 a 他を忠実に写し[描き]出すもの: hold the ～ up to nature 自然を鏡に写す, 自然のままを写す (cf. Shak., *Hamlet* 3. 2. 24). b《まれ》鑑(かがみ), 模範 (exemplar): the ～ of fidelity 忠実の鑑. 3《古》魔法の鏡《魔法使いや占い師が未来の出来事などを予知するのに用いた鏡や水晶球 (crystal); cf. magic mirror》.
with mirrors 魔法でやったように, 魔術[トリック]を用いて.
— *vt.* 写す, 反映させる (reflect): an old castle ～*ed* in the lake 湖水に映った古城.
～**·like** *adj.* 〖《c1250》*mirour* ◻OF *mir(e)our* (F *miroir*) < VL **mīrātōrium* ← **mīrāre* to look at＝L *mīrārī* to wonder at, admire: ⇨ miracle〗

mírror bàll *n.* ミラーボール《多数の小さい鏡を貼った回転式の飾り球で, ダンスホールなどの天井からつるす》.

mírror cánon *n.* 〘音楽〙鏡の[鏡像]カノン, 反行カノン《後続声部は先行声部を鏡に映してみた形で応答する》.

mírror càrp *n.* 〘魚類〙カガミゴイ(鏡鯉)《側線に光沢のある鱗(うろこ)がある》. 〖1880–84〗

mír·rored *adj.* 鏡のある[の付いた]; (鏡に)写った.

mírror fìnish *n.* 鏡面仕上げ. 〖1897〗

mírror fúgue *n.* 〘音楽〙鏡の[鏡像]フーガ, 反行フーガ《主題に対して応答は主題の反行形を用いる》. 〖1931〗

mírror galvanómeter *n.* 〘電気〙反照[反射]検流計《指針の代わりに小型の鏡を回転させる検流計; 光の反射角で数値を読む; reflecting galvanometer ともいう》.

mírror ímage *n.* 〘物理〙1 鏡像《平面鏡の反射によって形作られた物体の像》. 2 (平)面対称となっている物体. 〖1885〗

mírror léns *n.* 〘写真〙ミラーレンズ《一部に反射鏡を用いた長焦点レンズ》.

mírror sýmmetry *n.* 鏡像対称.

mírror wrìter *n.* 逆書きをする人. 〖1881〗

mírror wrìting *n.* 逆書き, 鏡(映)文字. 〖1776〗

mirth /mə́ːθ｜mə́ːθ/ *n.* 1 (ふざけたり笑ったりする)陽気な騒ぎ, 大喜び, 浮かれ遊び (gaiety, hilarity). 2 a 笑いさざめき (jollity): a matter of ～ 大笑いの種 / make ～(*s*)《廃》笑いさざめく / evoke ～ 笑いを催させる / provoke a lively ～ 大いに興じさせる. b《廃》笑いの種. 〖OE *myr(ǵ)þ, myriǵþ* < Gmc **murʒiþō* ← **murʒjaz* 'MERRY': ⇨ -th²〗

SYN 喜び: **mirth**《文語》笑いを誘うような陽気な騒ぎや楽しい笑い: He suppressed his *mirth* with difficulty. 笑いをこらえるのには骨が折れた. **merriment** 適度に陽気な笑いさざめき《格式ばった語》: The game caused much *merriment*. そのゲームで大いに陽気になった. **glee** 自分に何かよいことが起こったり, ときには他人に何か困ったことが起こったときの満足感や興奮: The child danced about with *glee*. 子供は大喜びして踊り回った / malicious *glee* よこしまな喜び. **hilarity** 酒や興奮などによる度を超した浮かれ騒ぎ: the noise of *hilarity* in the restaurant レストランで浮かれ騒ぐ声.
ANT sadness, depression, dejection.

mirth·ful /mə́ːθfəl, -fl｜mə́ːθ-/ *adj.* 楽しい, 陽気な, 浮かれる, にぎやかな, 笑いさざめく (merry, jolly). ～**·ly** *adv.* ～**·ness** *n.* 〖*a*1325〗

mírth·less *adj.* 楽しくない, 悲しそうな, 陰気な (grim, sad): a ～ smile. ～**·ly** *adv.* ～**·ness** *n.* 〖*c*1380〗

MIRV /mə́ːv｜mə́ːv/ *n.* 〘軍事〙(攻撃用)多弾頭各個目標再突入[各個誘導核]ミサイル; (このようなミサイルの)多弾頭(の一つ) (cf. MRV). — *vt., vi.* (…に)MIRV を装備する. **MIRVed** /～d/ *adj.* 〖《1967》《頭字語》← *m(ultiple) i(ndependently-targeted) r(eentry) v(ehicle)*〗

mir·y /máɪ(ə)ri｜máɪəri/ *adj.* (**mir·i·er**; **-i·est**) 1 泥深い, ぬかる, 泥沼のような (muddy, swampy): a ～ path. 2 泥まみれの, きたない, 不潔な (dirty, filthy). **mír·i·ness** *n.* 〖《*a*1398》← MIRE＋-Y⁴〗

mir·za /míəzə｜mə́ː-/ *n.* ペルシャで姓につける敬称《王族の場合には姓の後に, 官吏・学者などの場合には前につける》. 〖《1613》◻Pers. *mirzā* (原義) son of a lord《尾音消失》← *mīrzād* ← *mīr* (◻ *Arab. amīr* 'EMIR')＋*zād* born〗

MIS /èmàɪés/《略》management information system 経営情報システム; marketing information system マーケティング情報システム.

mis-¹ /mɪs/ *pref.* 動詞・形容詞・名詞などに付いて「誤った, 誤って; 悪い, 悪く」の意または単に否定の意を表す: *mis*appropriate, *mis*construe, *mis*deed, *mis*lead. 〖OE *mis(s)*- (cog. G *miss*-): cf. miss¹ (v.). フランス語起源の語の場合 ME *mis-, mes-* ◻ OF *mes-* < L *minus* less〗

mis-² /mɪs, maɪs/ (母音の前にくるときの) miso- の異形: *mis*anthrope.

mìs·addréss *vt.* (**-addressed, -addrest** /-ədrést/) 1 a 〈人〉の敬称を間違えて呼ぶ, 呼び方を間違える. b 間違えて〔別の人に〕〈言葉などを〉向けて言う 〔*to*〕. 2 〈手紙〉の宛名を間違える. 〖1648〗

mìs·advénture *n.* 1 不運な出来事, 不運, 不幸, 災難 (mishap, mischance): by ～ 運悪く, 誤って / He reached there without any ～. 無事にそこに着いた. 2 〘法律〙偶発事故《過失 (negligence), 故意, 不法行為などによらずに, 人に重傷または死をもたらす事故》.
hómicide [**déath**] **by misadvénture** 〘法律〙偶発事故による殺人 (cf. involuntary manslaughter).
〖《?c1225》*misaventure* ◻ (O)F *mésaventure* ← OF *mesavenir* to turn out badly ← *mes* 'MIS-¹'＋*avenir* to happen (< L *advenire*: ⇨ advent)〗

mìs·advéntured *adj.*《廃》不運な (unfortunate). 〖1595〗

mìs·advíse *vt.* 〈人〉に悪い勧めをする, 誤った助言をする. **mìs·advíce** *n.* 〖《c1395》← MIS-¹＋ADVISE〗

mìs·áim *vt.*《古》狙い損なう, 見当違いをして狙う. 〖1590〗

mìs·alígned *adj.* (*also* **mìs·alíned**) 一列[一直線]になって[並んで]いない, 整列していない. **mìs·alígnment** *n.* 〖1948〗

mìs·allíance *n.* 1 不適当な結合. 2 不相応な縁組 (mésalliance). 〖《1738》← MIS-¹＋ALLIANCE: cf. F *mésalliance*〗

mìs·állocate *vt.* 誤って[不適当に]配分する.

mìs·allocátion *n.* 誤配分, 割当てミス[違い]. 〖1950〗

mìs·allý *vt.* 不相応に縁組[結合]させる. 〖1697〗

mis·an·dry /mísændri, -sən-, -sn̩-｜mɪsǽndri, mísən-, -sn̩-/ *n.* 男嫌い. 〖《1909》◻ Gk *misandría*〗

mis·an·thrope /mísənθròʊp, -sn̩-, -zən-, -zn̩-｜-θrə̀ʊp/ *n.* 人間嫌い(の人), つき合い嫌い, 厭(えん)世家 (cf. philanthropist). 〖《1563》◻ OF ～ ∥ Gk *misánthrōpos* hating mankind: ⇨ miso-, anthropo-〗

mis·an·throp·ic /mìsənθrɑ́(ː)pɪk, -sn̩-, -zən-, -zn̩-｜-θrɔ́p-ˊ/ *adj.* 人間嫌いの, つき合い嫌いの, 厭人的な; 孤独な (cf. philanthropic). 〖1762〗

mis·an·thróp·i·cal /-pɪ̈kəl, -kl̩｜-pɪ-ˊ/ *adj.* ＝misanthropic. ～**·ly** *adv.* 〖1621〗

mis·an·thro·pist /mɪ̈sǽnθrəpɪ̈st, -zǽn-｜mɪsǽn-θrəpɪst, -zǽn-/ *n.* ＝misanthrope. 〖1656〗

mis·an·thro·pize /mɪ̈sǽnθrəpàɪz, -zǽn-｜mɪ-/ *vi.* 人間嫌いになる. 〖1838〗

mis·an·thro·py /mɪ̈sǽnθrəpi, -zǽn-｜mɪ-/ *n.* 人間嫌い (cf. philanthropy). 〖《1656》◻ F *misanthropie* ∥ Gk *misanthrōpía*: ⇨ misanthrope, -y¹〗

mìs·applicátion *n.* 1 誤用, 悪用, 濫用. 2 (公金などの)使い込み, 横領. 〖1607〗

mìs·applíed *adj.* 誤用[悪用]された. 〖1629〗

mìs·applý *vt.* 1 …の用い方を誤る, 誤用する, 濫用する: ～ one's talents [opportunities] 才能[機会]を誤用する. 2 不正に用いる, 悪用する, 〈公金などを〉使い込む: ～ money entrusted 預った金を使い込む. 〖1571〗

mìs·apprehénd *vt.* 思い違いする, 誤解する, 誤認する (misunderstand). 〖*a*1653〗

mìs·apprehénsion *n.* 思い違い, 誤解 (misunderstanding): plain beyond ～ 誤解の余地のないほど明らかな / under a ～ 誤解して. 〖1629〗

mìs·apprehénsive *adj.* 〈人が〉誤解しやすい. ～**·ly** *adv.* ～**·ness** *n.* 〖1646〗

mìs·apprópriate *vt.* 1 …の間違った使い方をする. 2 〈他人の金を〉濫用[着服]する, 横領する. 〖1857〗

mìs·appropriátion *n.* 濫用, 不正流用, 着服; 横領. 〖1794〗

mìs·arránge *vt.* …の配列を誤る, 並べ違える.

mìs·arrángement *n.* 誤った配列, 並べ違い. 〖1784〗

mìs·attríbute *vt.* 誤って別の人[もの]に帰する.

mìs·becóme *vt.* …に似合わない, 適さない, ふさわしくない. 〖1530〗

mìs·becóming *adj.*《古》＝unbecoming. 〖1611〗

mìs·begót *adj.* ＝misbegotten.

mìs·begótten *adj.* 1《文語・方言》庶出の, 私生児の (bastard). 2 発想を誤った, 誤った考えに基づく (ill-conceived): ～ ideas 謬見(びゅうけん) / ～ laws 悪法. 3 a 軽蔑すべき, みっともない. b できそこないの, 不格好な (deformed). 〖?*a*1300〗

mìs·beháve *vi.* 1 a 不品行な事をする: He ～*d with* her. b 不作法なふるまいをする. c 卑怯なふるまいをする. 2 期待はずれの[思わぬ, 当て違いの]事をする: The liquid ～*d* in the experiment. その液体は実験の際に妙な反応を示した. — *vt.* [～ *oneself* で] 不品行[不正]なことをする, 不行跡を働く: People often ～ *themselves* when drunk. 人は酒に酔うとよく不品行なふるまいをする. **mìs·beháver** *n.* 〖1451〗

mìs·beháved *adj.* 品行が悪い, 不品行の, 不行跡な (ill-behaved). 〖1595–96〗

mìs·behávior *n.* 1 不作法; 不品行, 不行跡: sexual ～ 不身持ち. 2《米》〘軍事〙(敵前での)守地放棄の罪. 〖1486〗

mìs·belíef *n.* 1 間違った信仰[考え], 誤信. 2 異教信仰 (heresy) (cf. unbelief). 〖《?c1200》*misbileve*: ⇨ mis-¹, belief〗

mìs·belíeve *vi.*《廃》誤って信じる, 間違った教義を信じる, 異教を信仰する. — *vt.*《古》信じない (disbelieve). 〖《c1300》*misbileve(n)*: cf. OF *mescrere* (F *mécroire*)〗

mìs·belíever *n.* 誤信者; 邪教信者, 異教徒, 異端者. 〖?*c*1425〗

mìs·belíeving *adj.* 誤って信じる; 異教[邪教]を信じる. ～**·ly** *adv.* 〖《?*a*1300》*misbileueand*〗

mìs·beséem *vt.*《古》＝misbecome. 〖1598〗

mìs·bestów *vt.* 不当に授ける, 誤って与える. 〖1532〗

mìs·bírth *n.*《まれ》流産 (abortion). 〖1648–60〗

mìs·bránd *vt.* 1 〈薬品・食品などに〉誤った焼印を押す, 違ったレッテルを張る, 違法なレッテル表示をする. 2 …ににせの商標[商品名]を付ける. 〖*c*1930〗

misc. 《略》miscellaneous; miscellany.

mis·cal·cu·late /mɪ̀skǽlkjulèɪt/ *vt.* 間違えて計算する, 誤算する; …の見込み違いをする. — *vi.* 計算違いをする. **mìs·cálculator** *n.* 〖1697〗

mìs·calculátion *n.* 計算違い, 誤算; 見込み違い. 〖1720〗

mìs·cáll *vt.* 1 呼び誤る, 呼び違える (misname). 2《古・方言》〈人〉の悪口を言う, ののしる. ～**·er** *n.* 〖*a*1398〗

mis·car·riage /mɪ̀skǽrɪdʒ, mìs-, -kér-｜mɪskǽr-, mìs-ˊ-/ *n.* 1 (自然)流産 (abortion)《胎児が生存可能となる以前, 12–28 週の時期の自然流産 (spontaneous abortion) をいう》: have a ～ 流産する. 2 し損ない, 不成功, 失敗; 失策, 誤り (error): ～ of one's plans 計画の不成功 / a ～ of justice 〘法律〙誤審. 3 (品物・郵便物などの紛失による)不着: ～ of goods, a letter, etc. 4《英》(船舶の)積荷間違い[違反]. 5《古》不品行. 6《古》不幸, 災難 (disaster). 〖《1614》← MIS-¹＋CARRIAGE〗

mis·car·ry /mɪ̀skǽri, mìs-, -kéri｜mɪskǽri, mìs-, ˊ-ˊ-/ *vi.* 1 〈妊婦が〉流産する; 〈子供が〉早産で生まれる. 2 〈計画などが〉失敗する, 不成功[不発]に終わる: All his schemes *miscarried*. 3 〈品物・郵便物などが〉届かない, 途中で紛失して不着になる. 4《廃》死ぬ (die). 〖《c1300》*miscarie(n)* ◻ OF *mescarier*: ⇨ mis-¹, carry〗

mìs·cást *vt.* 1 〈俳優を〉不適当な役に割り当てる; 〈劇・役〉にそぐわない俳優の振り当てをする, ミスキャストをする. 2 〈人を〉見当違いな役目につける. 日英比較 日本語で「ミスキャスト」を名詞として用いるのは和製英語. 英語の *miscast* は動詞用法のみで, 名詞は miscasting. 〖《*a*1393》1925〗

mis·ce·ge·na·tion /mɪ̀sèdʒənéɪʃən, mìsɪ̈dʒ-｜mìsɪ̈dʒɪ̈-, mɪ̀sèdʒɪ̈-/ *n.* 〘文化人類学・社会学〙異種族混交; (白人と異人種, 特に黒人との)結婚 (intermarriage). ～**·al** /-ʃnəl, -ʃənl̩ˊ/ *adj.* 〖《1864》← L *miscēre* to mix＋*genus* race (⇨ genus)＋-ATION〗

mis·cel·la·ne·a /mìsəléɪniə, -sl̩-/ *n. pl.* [しばしば単数扱い] (文学作品の)雑集, 雑録. 〖《1571》◻ L *miscellānea* (neut. pl.) ← *miscellāneus* (↓)〗

mis·cel·la·ne·i·ty /mìsələníːəti, -sl̩-｜-ɪ̈ti/ *n.* 雑多であること.

mis·cel·la·ne·ous /mìsəléɪniəs, -sl̩-ˊ/ *adj.* 1 雑多な物から成る, 種々雑多な, 寄せ集めの (heterogeneous): a ～ collection of people, pictures, etc. / one's ～ experiences 雑多な経験 / ～ business 雑務, 雑役 / ～ goods 雑貨 / ～ news 雑報. 2 a 〈人が〉多様な主題を扱う, 雑多なことに興味をもつ, 多面的な (many-sided): a ～ writer 多面的な作家; 雑文家. b 統一性に欠ける, つぎはぎ的な. ～**·ly** *adv.* ～**·ness** *n.* 〖《1637》◻ L *miscellāneus* ← *miscellus* mixed ← *miscēre* to mix: ⇨ -ous: cf. miscellany〗

SYN 種々雑多な: **miscellaneous** いろいろな種類のものが雑然と集められた《格式ばった語》: a *miscellaneous* collection of pictures 種々雑多な絵の収集. **mixed** 雑多なことを表すが, *miscellaneous* ほど多様ではない: a *mixed* voice choir 混声合唱団. **heterogeneous** 異成分から成り, 均一性に欠けた: a *heterogeneous* group of people 雑多な人々のグループ. **promiscuous** いろいろなものが乱雑に集められた《これらの語の中で雑多の度合いがいちばん強い; 格式ばった語》: *promiscuous* reading 手当たり次第の乱読. **motley**《しばしば軽蔑的》あまり好ましくない雑多なものが不調和に集まった: a *motley* crowd of rubberneckers 種々雑多な見物人の群れ.

mis·cel·la·nist /mísəlènɪ̈st｜mɪ̈séləníst/ *n.* 雑録[雑報]記者, 雑文家. 〖1810〗

mis·cel·la·ny /mísəlèɪni, -sl̩-｜mɪ̈séləni/ *n.* 1 雑多, ごたまぜ. 2 a (一巻にまとめた)論文集, 文集; 雑録. b [*pl.*] (論文集・文集に収められた諸種の)論文, 文 (articles, pieces). 〖《1599》◻ F *miscellanées* ◻ L *miscellānea*: ⇨ miscellaneous, -y¹〗

Mi·scha /míːʃə, míʃə; *Russ.* mʲíʃə/ *n.* ミーシャ《男性名》. 〖◻ Russ. ～ 'MICHAEL¹'〗

mìs·chánce *n.* 1 不運, 不幸, 災難 (⇨ misfortune SYN): by ～ 運悪く, 誤って. 2 不運な出来事. 〖《?*a*1300》*meschance* ◻ OF *mesch(e)ance*: ⇨ mis-¹, chance〗

mis·chan·ter /mɪ̈stʃǽntə｜mɪstʃɑ́ːntə^(r)/ *n.*《スコット・北英》＝mishanter. 〖1784〗

mis·chief /místʃɪ̈f｜-tʃɪf/ *n.* (*pl.* ～**s**) 1 a (人に迷惑

M

をかける)いたずら, 悪さ (prank): childish ～ 子供っぽいいたずら / out of pure ～ ほんのいたずら半分に / go [get] into ～ いたずらを始める / Keep out of ～. いたずらするんじゃないよ / up to ～ 悪さをたくらんで, いたずらの最中で / keep children out of ～ 子供たちをいたずらさせないようにしておく. **b** 茶目, 茶目っ気: eyes beaming with ～ 茶目っ気あふれる目つき. **c** 《口語》いたずら者, (特に)いたずらっ子: a regular little ～ 全く手に負えない茶目っ子. **2 a** (人または他の原因によって生じる)損害, 災害, 危害, 被害 (damage, harm, injury): do a person (a) ～ 人に危害を加える[傷を負わせる] / do oneself a ～ 《英戯言》怪我をする / Great ～ was wrought by the storm. あらしの被害は大きかった / One ～ comes on the neck of another. 《諺》「泣き面(つら)に蜂」. **b** (特定の原因によって生じる)害, 害毒; 悪影響, 悪感化: mean ～ 害意を抱く, 腹に一物ある / Thoughtless speech may work great ～. 無思慮な言説は大きな害毒を流しかねない / There is ～ brewing. 何か(悪事が)起ころうとしている / In prison he is out of ～. 刑務所へ入れて置けば彼も悪事ができない. **3** 災害のもと, 困る点, 癪(しゃく)の種, 故障; (身体の)故障, 病気(の原因, 状態): The ～ of it is that it will not last. 困る点はそれが長持ちしないことだ / The ～ is in the spring. 故障はぜんまいにある / The ～ was more deep-seated than the external injuries to the body showed. 故障[病気]は外部の負傷の割には根深いものだった. **4** [the ～; 疑問詞を強めて]《口語》一体 (the devil): Where *the* ～ have you been? 一体全体どこへ行っていたのか. **5** 《廃》不幸.
còme to míschief 災難にあう, 迷惑する. ***gó to the míschief*** 《口語》堕落する. ***like the míschief*** 《口語》とても, 是が非でも. ***màke míschief*** 不和の種をまく, 水を差す: She was always *making* ～ *between* the two lovers. 彼女はいつもその恋人同士を仲たがいさせていた. ***plày the míschief with*** 《口語》…をめちゃくちゃにする, 〈機械など〉に故障を起こさせる; 〈整頓した物〉を混乱させる (disarrange): The wind has *played the* ～ *with* my papers. 風のために書類がめちゃくちゃだ.
〘(?*a*1300) □ OF *meschief* (F *méchef*) ← *meschever* to succeed ill ← *mes-* 'MIS-¹' + *chever* to come to an end (← *chef* head, end (⇨ chief))〙

M **míschief-màker** *n.* (ゴシップやうわさをまいて)人の仲を裂く人, 離間者, 水を差す人. 〘1710〙
míschief-màking *adj., n.* 人の仲を裂く(こと). 〘1715〙
míschief nìght *n.* ハロウィーン (Halloween); その前夜. 〘1865〙
mis·chie·vous /místʃəvəs | -tʃɪ̀-/ ★ /mɪstʃíːvəs/ または /mɪstʃíːviəs/ と発音する人がいるが, 標準的とは認められていない. *adj.* **1** 〈人・行為が〉いたずら[悪さ]をする, 腕白な, いたずら好きの; いたずらの; いたずら気のある, 茶目っ気のある, ちょっと意地の悪い: a ～ boy, monkey, etc. / a ～ prank 悪ふざけ / a ～ glance, look, speech, etc. / It's ～ *of* you not to inform me of your illness. 君の病気のことを僕に知らせないなんて君も人が悪い. **2** 〈事柄が〉害を与える, 有害な (harmful, injurious): ～ gossip 人の悪口 / a ～ statement, rumor, action, etc. / a ～ person 害を与える人 / a ～ influence 悪影響, 害毒. **～·ly** *adv.* **～·ness** *n.* 〘(*a*1338) *meschevous* □ AF *meschevous* ← OF *meschever*: ⇨ mischief, -ous〙
mísch mètal /míʃ-/ *n.* 〘冶金〙ミッシュメタル《セリウム・ランタン・ネオジミウムその他の希土類金属から成る発火合金; 曳(えい)光弾・ライターの着火石などに用いる》. 〘(1916) □ G *Mischmetall*: ⇨ mix, metal〙
mìs·chóice *n.* 間違った選択, 選択の誤り. 〘*a*1684〙
mìs·chóose *vi., vt.* (…の)選択を誤る, 誤って選ぶ. 〘(*c*1250) *mischese*(*n*)〙
mis·ci·bil·i·ty /mìsəbíləti | -sɪ̀bílɪ̀ti/ *n.* 〘化学〙混和性. 〘1754〙
mis·ci·ble /mísəbl̩ | -sɪ̀-/ *adj.* 〘化学〙〔…と〕混和できる〔*with*〕; 混和性の. 〘(1570) ← L *miscēre* 'to MIX' + -IBLE〙
mìs·cíte *vt.* 誤って引用する, …の引用を誤る (misquote). 〘1591〙
mìs·clássify *vt.* 誤って分類する. **mìs·classificátion** *n.*
mìs·códe *vt.* 〘生物〙…に誤った遺伝情報を与える. 〘1965〙
mìs·cólor *vt.* **1** …に不適当な色をつける, …の彩色を誤る. **2** 〈事実などを〉誤って伝える (misrepresent). 〘1809〙
mìs·communicátion *n.* 誤った伝達[連絡], 伝達[連絡]不備[不十分]. 〘1964〙
mìs·comprehénd *vt.* 誤解する. **mìs·comprehénsion** *n.* 〘1813〙
mìs·concéive *vt.* 誤解する. **—** *vi.* 思い違いをする〔*of*〕. **mìs·concéiver** *n.* 〘(*c*1395) ME *misconceive*(*n*)〙
mìs·concéived *adj.* 誤解による, 思い違いによる; 誤っている. 〘1591〙
misconcéption *n.* 思い違い, 誤解; 誤った考え. 〘1665〙
mis·con·duct /mìskɑ́(ː)ndʌkt, -dəkt | -kɔ́n-/ *n.* **1 a** 非行, 不身持, 不行跡. **b** 姦(かん)通, 密通, 不義: commit ～ with …と姦通する. **2** (官吏・弁護士・証人・陪審員などの)違法行為, 職権濫用: ～ in office 在任中の不始末. **3** 誤った管理[経営, 処置] (mismanagement). **—** /mìskəndʌ́kt/ *vt.* **1** …の処置を誤る, やり損なう (mismanage). **2** [～ *oneself* で] **a** 品行が悪い, 不埒(ふらち)なことをする (misbehave): ～ *oneself* in office. **b** 〔…と〕姦通する〔*with*〕. 〘1710〙
mìs·constrúction *n.* **1** 誤った組立て[構成]. **2** 意味の取り違え, 誤解, 曲解 (misinterpretation): place [put] ～ on a person [a person's words] 人の意図[人の言葉]を誤解[曲解]する / be open to ～ 誤解を招く. 〘1513〙
mìs·constrúe *vt.* …の意味[意図]を取り違える, 解釈を誤る (misinterpret); 誤解[曲解]する (misunderstand): ～ blame *into* praise 非難されたのをほめられたと誤解する / You have ～*d* my words. 私の言葉を誤解している. 〘(*c*1385) ME *misconstrue*(*n*)〙
mìs·cópy *vt.* 誤って転記する, 写し間違える. **—** *n.* 誤写, ミスコピー. 〘1825〙
mìs·cóunsel *vt.* …に悪い勧告[誤った助言]をする. 〘(1389) □ OF *mesconseillier*: ⇨ mis-¹, counsel〙
mìs·cóunt *vt., vi.* 数え違える, 誤算する (miscalculate). **—** *n.* 数え違い, 誤算; 集計違い. 〘(*a*1393) □ OF *mesconter*: ⇨ mis-¹, count〙
mis·cre·ance /mískriəns/ *n.* 《古》誤った信仰, 邪教信仰, 異端信仰 (misbelief, heresy). 〘(*a*1393) □ OF *mescreance*: ⇨ miscreant, -ance〙
mis·cre·an·cy /mískriənsi/ *n.* **1** 邪悪, 非道, 下劣 (villainy). **2** 《古》=miscreance. 〘(1611): ⇨ ↓, -cy〙
mis·cre·ant /mískriənt/ *adj.* **1** 邪悪な, 下劣な (villainous). **2** 《古》邪教信仰の, 異端の, 外道の (heretical); 不信心の (unbelieving). **—** *n.* **1** 悪漢, 悪党. **2** 《古》不信心者, 異端者, 外道 (heretic). 〘(?*a*1300) (1593) *miscreaunt* □ OF *mescreant* ← *mes-* 'MIS-¹' + *creant* ((pres.p.) ← *creire* to believe < L *crēdere*): ⇨ creed, -ant〙
mis·cre·ate /mìskriéɪt/ *vt., vi.* 誤って作り出す, 作り損なう, 不具に作る (misform). **—** /mískriɪ̀t, -èɪt/ *adj.* 《古》=miscreated. **mìs·creátion** *n.* 〘1603〙
mìs·creáted *adj.* 出来損ないの, 不具の, 奇怪な形の. 〘1585〙
mìs·cúe *n.* **1** 《口語》(野球などの)エラー, 失策 (error). **2** 〘玉突〙突き損ない, ミス《キューが玉の面で滑ること》. **—** *vi.* **1** 《芝居で》せりふのきっかけに応じ損なう. **2** 〘玉突〙突き損なう. **3** 《俗》〘野球〙エラーする. **—** *vt.* 〘放送〙(レコード・テープの)出だしを間違えてかける. 〘1873〙
mìs·dáte *vt.* …に日付を間違えて書く; …の日付[年代]を誤る. **—** *n.* 間違った日付[年代]. 〘1586〙
mìs·déal 〘トランプ〙*vt.* 〈札を〉配り違える. **—** *vi.* 札を配り違える. **—** *n.* (札の)配り違い《配る順番, 枚数, 配り方などの間違い》; 配り間違えた札. **～·er** *n.* 〘v.: (1481). — n.: (1850)〙
mìs·déaling *n.* 不正行為, 不埒(ふらち)なやり方. 〘1561〙
mìs·déed *n.* 悪い行い, 悪事, 非行, 犯罪 (crime). 〘OE *misdǣd*: ⇨ mis-¹, deed〙
mis·deem /mìsdíːm/ 《古・詩》*vt.* **1** 〈人を〉悪く思う, 疑う (suspect). **2 a** 誤って判断する (misjudge). **b** 誤って思う. **c** 取り違える: ～ a person *for* another. **—** *vi.* 思い違いをする. 〘(*c*1375) ME *misdeme*(*n*)〙
mis·de·mean /mìsdɪ̀míːn/ 《古》*vt.* [～ *oneself* で] 不行跡を働く, 不作法なふるまいをする. **—** *n.* 非行, 不品行, 不行跡. 〘v.: (1558). — n.: (1602)〙
mis·de·mean·ant /mìsdɪ̀míːnənt/ *n.* **1** 不品行な人. **2** 〘法律〙軽罪犯人. 〘(1819): ⇨ ↑, -ant〙
mis·de·mean·or /mìsdɪ̀míːnə | -nə(r)/ *n.* **1** 〘法律〙軽罪《felony に次ぐ》: commit a ～. ★ 英国では 1967 年まで misdemeanor と felony との区別が明確であった; 米国では州により若干異なる. **2** 《まれ》非行, 不行跡, 不品行. 〘(1487) ← MIS-¹ + DEMEANOR〙
mìs·describe *vt.* 不正確に述べる, 誤って記述する. 〘1827〙
mìs·descríption *n.* 不備な[誤った]記述, (特に, 契約書の重要点の)誤記. 〘1848〙
mìs·díagnose *vt. vi.* 誤診する. **mìs·diagnósis** *n.* 〘1928〙
mìs·díal *vi.* (電話の)ダイヤルを回し間違う, 間違い電話をかける. 〘1964〙
mìs·diréct *vt.* **1** 〈手紙〉の宛名[宛て先]を誤る. **2** 〈人に〉道順などを間違って教える. **3** …の狙いを誤る, 打ち損なう: The blow was ～*ed*. その打撃は当たり損なった. **4** 〈精力・才能などを〉誤った方向に向ける, …の向け所を誤る: ～*ed* energies, talents, etc. **5** 〘法律〙〈判事が〉〈陪審員〉に誤った説示を与える: ～ the jury. 〘1603〙
mìs·diréctèd *adj.* 〈手紙などが〉宛て先を誤った; 目標を誤った. 〘1790〙
mìs·diréction *n.* **1** (手紙などの)宛名[宛て先]違い. **2** (場所・道順などの)教え間違い; 誤った指示. **3** 〘法律〙(判事が陪審員に与える)誤った説示. 〘1768〙
mìs·dó *vt.* 間違ってする, 下手にやる. **—** *vi.* 《廃》悪いことをする, 悪事を働く. **～·er** *n.* 〘OE *misdōn*: ⇨ mis-¹, do〙
mìs·dóing *n.* 悪事, 非行. 〘1340〙
mìs·dóubt *vt.* 《古》**1** 疑う, 怪しむ (doubt). **2** 《方言》懸念する〈*that*〉. **—** *vi.* 《方言》懸念を抱く. **—** *n.* 《古》疑い, 疑念 (doubt, suspicion). 〘*c*1540〙
mìs·dréad *n., vi., vt.* 《廃》(凶事への)恐れ(をいだく). 〘*a*1375〙
mise /míːz, máɪz/ *n.* **1** 協定, 協約 (agreement, pact): the *Mise* of Amiens 〘英史〙アミアン協定 《1264 年 1 月に英国王 Henry 三世とフランス王 Louis 九世との間に結ばれた協定》/ the *Mise* of Lewes 〘英史〙ルーイス協定《1264 年 5 月に英国王 Henry 三世と諸侯との間に結ばれた協定》. **2** 〘英史〙(ウェールズ人が新君主の入国ごとに収めた)賦課. **3** 〘法律〙権利令状 (writ of right) の争点. 〘(1422) □ OF ～ (fem. p.p.) ← *mettre* to put, lay < L *mittere* to send: ⇨ mission〙
mìs·éase *n.* **1** 《古》不快, 苦痛, 不安. **2** 《廃》貧困 (poverty). 〘(?*a*1200) □ OF *mesaise*: ⇨ mis-¹, ease〙
mìs·éducate *vt.* 〈人〉に誤った教育をする[施す]. **mìs·educátion** *n.* 〘1827〙
mise-en-scène /mìːzɑ̃ː(ː)nséːn, -zɑːn-, -séːn | -séɪn, -séːn; *F.* mizɑ̃sɛn/ *F. n.* (*pl.* **～s** /～/) **1** 〘演劇〙**a** 舞台装置, 道具立て. **b** 舞台装置と俳優の布置, 演出. **2** (事件などの)周囲の状況, 現場の状況[有様] (setting, surroundings). 〘(1833) □ F ～ 'setting on the stage': ⇨ mise, scene〙
mìs·emplóy *vt.* 間違えて使う, 誤用する, 悪用する: ～ one's money, talents, time, etc. **～·ment** *n.* 〘1609〙
Mi·se·no /miːzéɪnoʊ | -nəʊ; *It.* mizɛ́ːno/ *n.* ミゼノ《イタリア南西部, Naples 湾の北岸の岬; Agrippa が建設した古代 Misenum のあった所》.
mis·éntry *n.* 〘簿記〙(帳簿の)誤記. 〘1602〙
Mi·se·num /maɪsíːnəm/ *n.* ミセヌム《イタリア南西部, 今の Miseno 岬にあった古代ローマの海軍根拠地・保養地》.
mi·ser¹ /máɪzə | -zə(r)/ *n.* **1** けちん坊, しみったれ, 守銭奴, 欲張り; (特に)金を蓄えるためにみじめな生活をする人, 吝嗇(りんしょく)家. **2** 《廃》みじめな人, 哀れな人. 〘(1542) □ L ～ 'wretched, miserable, ill, bad' ← ?〙
mi·ser² /máɪzə | -zə(r)/ *n.* 〘土木〙(軟土層用)大型オーガー (auger). 〘(1842) ← ?〙
mis·er·a·ble /míz(ə)rəbl̩, -zəbl̩ | -z(ə)rəbl̩/ *adj.* **1** 不幸な, みじめな, 悲しい, 悲惨な (unhappy, wretched); 哀れを誘う, 不快[不幸]な気持ちにさせる: feel ～ 悲しく感じる, 情けなくなる / a ～ cold ひどい風邪 / a ～ groan 悲しげなうなり声 / a ～ life みじめな生活 / ～ news 聞くも痛ましいニュース / ～ weather いやな天候. **2 a** みすぼらしい, みじめな; 貧窮の, 窮乏した (needy): a ～ hovel 見る影もないあばら屋 / her ～ dress 彼女のみすぼらしいドレス. **b** 貧弱な, 粗末な; 乏しい, 不十分な (scanty): a ～ pittance はした金 / a ～ dinner 貧弱な晩餐 / You've made a ～ meal, I fear. ご飯がまずかったでしょう. **3 a** くだらない, 力のこもらない, 哀れな, 情けない: a ～ effort [performance] 情けない努力[演技] / a ～ failure みじめな失敗. **b** 不面目な, 破廉恥な, 恥ずかしい(ほどの) (shameful): a ～ scoundrel 破廉恥漢 / It is ～ *of* you to speak ill of him. 彼の悪口を言うなんて君もひどい人だ. **4** 《口語》健康がすぐれない, 体の具合が悪い (ailing). **5** 《スコット・豪》けちな (stingy). **—** *n.* **1** [the ～; 集合的] みじめ[哀れ]な人たち, 不幸な人々. **2** 困窮者. **～·ness** *n.* 〘(*c*1412) □ (O)F ～ // L *miserābilis* pitiable ← *miserārī* to pity ← *miser*: ⇨ miser¹, -able〙
mís·er·a·bly /-bli/ *adv.* **1** 哀れに, みじめに, 悲惨に, 見る影もなく: live ～. **2** みじめなほど, ひどく: ～ inadequate, weak, poor, ill, etc. 〘?*a*1425〙
mi·sère /mɪ̀zέə | mɪzέə(r); *F.* mizɛːʁ/ *n.* 〘トランプ〙ミゼール《solo, whist などで 1 組も取らないという宣言 (bid); cf. nullo》: call a ～ ミゼールでゆくと宣言する. 〘(1830) □ F ～ 'poverty': ⇨ misery〙
Mis·e·re·re /mìzəréᵊreɪ, -réᵊri, -ríᵊri | -ríəri, -réəri, -reɪ/ *n.* **1 a** 〘聖書〙ミゼレーレ《詩篇第 51 篇, Vulgate および Douay 版では第 50 篇; Miserere mei Deus (Have mercy on me, O God) で始まる最も普通に用いられる懺悔(ざんげ)詩篇》. **b** 〘音楽〙ミゼレーレの楽曲. **2** [m-] 嘆願, 哀願. **3** [m-] 〘建築〙=misericord 3. 〘(?*a*1200) □ L *miserēre* have mercy (imper.) ← *miserērī* to have pity on ← *miser* wretched: ⇨ miser¹〙
mi·ser·i·cord /mɪ̀zérɪ̀kɔ̀əd | -rɪ̀kɔ̀ːd/ *n.* (*also* **mi·ser·i·corde** /～/) **1** 〘キリスト教〙(修道士に対する)特免《修道院の戒律で禁じられている食物・衣料を特に与えられること; dispensation ともいう》. **2** 修道院の免戒室《修道士が特免を受けた飲食物をとる修道院内の一室》. **3** 〘建築〙教会の聖職席 (stall) の畳込み椅子の裏に取りつけた持送り《椅子が立て返された時に起立した人が寄りかかるためのもの》. **4** (中世の騎士が右腰に帯びた)短剣, 鎧通(よろいどお)し. 〘(?*a*1200) *misericorde* □ (O)F *miséricorde* □ L *misericordia* mercy, compassion ← *miserērī* (↑) + *cord-*, *cor* heart〙
mí·ser·ly *adj.* けちな, しみったれの, 欲深い (⇨ stingy¹ SYN). **mí·ser·li·ness** *n.* 〘1593〙
mis·er·y /míz(ə)ri/ *n.* **1 a** (精神的)苦痛, 苦悩, 難儀, 不幸. **b** 不幸[苦痛]のもと[種], 苦難(なこと): the *miseries* of human life 人生の苦難 / make (one's) life a ～ 人の生活[人生]を台なしにする, 人を苦しめる[困らせる, 悩ます]. **2** (見た有様のみじめさ, 悲惨な有様, 哀れな境遇, 困窮, 貧苦 (wretchedness, poverty): the ～ of the slums 貧民街の窮状 / fall into great ～ 非常な不幸に陥る. **3** 《方言》(肉体的)苦痛, 耐え難い痛み: I have such a ～ in the head. ひどく頭痛がする. **4 a** 哀れ[みじめ]な人[動物]. **b** 《英口語》不満居士, 不平家. **5** 〘トランプ〙=misère.
pùt … òut of his [***its***] ***mísery*** (1) (病気などで苦しんでいる)〈人・動物〉をひと思いに楽にしてやる. (2) (気をもんでいる)〈人〉にずばり[はっきり]本当のことを言って気を楽にしてやる. 〘(*c*1375) *miserie* □ AF **miserie* = (O)F *misère* // L *miseria* wretchedness: ⇨ miser¹, -y¹〙
mìs·estéem *vt.* 不当に見くびる, 過少評価する. **—** *n.* 過少評価. 〘1611〙
mìs·éstimate *vt.* …の評価を誤る, 不正確に[誤って]評価する. 〘1841〙
mìs·estimátion *n.* 誤った評価. 〘1809〙
mìs·evolútion *n.* (細胞などの)異常生長[進化].
mis·fea·sance /mɪsfíːzəns, -zn̩s/ *n.* 〘法律〙不法行為, 失当行為, 職権濫用《合法的行為を不法または有害な方法で履行すること》; 過失 (negligence) (cf. nonfeasance). 〘(1596) □ OF *mesfaisance* ← *mesfaisant*

(pres.p.) ← *mesfaire* (F *méfaire*) to do wrong ← *mes-* 'MIS-¹'+*faire* to do: ⇨ feasance〗

mis·fea·sor /mɪsfíːzə, -zɔə | -zəʳ/ *n.* 〖法律〗不法行為者, 失当行為者. 〚(1631)□AF *mesfesor*=OF *mesfesour* ← *mesfaire* (↑)〛

mìs·féature *n.* へたな仕様《プログラムや機器に関して, 不良ではないが不便なつくり》.

mìs·féed *vi.* 〈機械が〉紙[材料など]を供給しそこなう.

mìs·field 〖クリケット・ラグビー〗 *vt.* 〈ボールを〉まずくさばく. — *vi.* ボールをまずくさばく. — *n.* まずいボールさばき, フィールディングミス. 〖1870〗

mìs·file *vt.* 間違えて綴(と)じ込む, 綴じ違える; 誤った[不適当な]ところに綴じ込む[整理する].

mìs·fire *vi.* **1 a** (弾薬の不良・火器の故障などにより)不発に終わる. **b** 〈不完全な操作により爆薬・内燃機関が〉点火しない, 着火[発火]しない. **2** 〈批評などが〉的はずれである; 〈作品などが〉意図[期待]された効果をあげない, 失敗に終わる. — /⌐⌐/ *n.* **1 a** (弾薬・火器の)不発. **b** (爆薬・内燃機関の)不点火, 不着火. **2** 意図[期待]した効果をあげないもの, 見込み違いのもの[こと]; 失敗作. 〖v.: 〚1752〛— n.: 〚1839〛〗

mis·fit /mísfɪt, ⌐⌐/ *n.* **1** (社会・環境への)不適応者; (現在の仕事・地位に)不向きな人: There are a lot of social ~*s*. 社会に適応できない人はたくさんいる. **2 a** (着物などの)合わないこと, 不釣合い. **b** 合わないもの《衣服・靴など》: This coat is a ~. — /mɪ̀sfít/ *vt., vi.* (…に)うまく合わない: This coat ~*s* (me). このコートは(私に)合わない. 〖1823〗

mísfit stréam *n.* 〖地理〗不適合河流, 無能河川《流域の谷の規模に比して流量が不つりあいに小さすぎると思われる河流》.

mìs·fórm *vt.* 作り損なう, 不具に作る (misshape).

mìs·fórmed *adj.* 出来損ないの (misshapen). 〖1590〗

mis·fortune /mɪsfɔ́əʧən, -ʧuːn | -fɔ́ːʧən, -ʧuːn, -tjuːn/ *n.* **1** 不運, 不幸 (unhappiness); 逆境 (adversity): bear ~ cheerfully 快活に不運を忍ぶ / a man in ~ 不幸な境遇にある人 / by ~ 不幸にも, 運悪く / He had the great ~ to lose his parents while very young. 大変不幸なことに幼くして両親と死別した. **2** 不幸な出来事, 災難: have [meet with] a ~ 《方言・口語》私生児を産む / *Misfortunes* never [seldom] come singly [single, alone].=One ~ rides upon another's back. 《諺》不幸は続く[重なる]もの,「泣き面に蜂」. 〚(1441) ← MIS-¹ +FORTUNE〛

SYN 不運: **misfortune** 通例大きな不運《一般的な語》: She has suffered a great *misfortune*. 大きな不幸にあった. **mischance** 時に大きな, 通例は軽い不運《格式ばった語》: By *mischance* the firm went bankrupt. 不運にも会社は破産した. **adversity** 深刻で長い不運な状態《一番意味が強い》: He was patient under *adversity*. 苦難によく耐えた. **ANT** happiness, prosperity.

---

mis·give /mɪsgív/ *vt.* …に恐れ[疑い]を起こさせる, 気遣わせる: My heart [mind] ~*s* me about the result. 結果が心配だ / His mind *misgave* him *that* he might fail. 失敗するのではないかと不安になった. — *vi.* 気遣う, 心配する, 不安になる. 〚(1513) ← MIS-¹+GIVE〛

mis·giv·ing /mɪsgívɪŋ, mɪs-/ *n.* [しばしば *pl.*] (特に未来のことについての)不安, 疑い, 疑惑, 気遣い, 心もとなさ (doubt, suspicion): feel [have] ~*s* 疑念[不安]を感じる. 〖1599〗

mis·gótten *adj.* **1**=ill-gotten. **2**=misbegotten. 〖*a*1393〗

mìs·góvern *vt.* …の支配[統治]を誤る; 誤って取り締まる. **mìs·góvernor** *n.* 〖*c*1400〗

mìs·góvernment *n.* 失政, 悪政 (bad rule); まずい[誤った]取り締まり. 〖*c*1384〗

mìs·gráffed *adj.* 《Shak》誤って接ぎ木した (grafted amiss); (縁組みなど)釣合いのとれない. 〚(1595): ⇨ mis-¹, graff〛

mìs·guídance *n.* 間違った[誤った]指導. 〖1640〗

mis·guíde *vt.* …の指導を誤る, 間違った方へ導く, …に心得違いをさせる, 惑わす (mislead). **mìs·guíder** *n.* 〚(*a*1393) ← MIS-¹+GUIDE〛

mis·guid·ed /mɪsgáɪdɪ̀d, mɪs- | -dɪ̀d/ *adj.* **1** 誤り導かれた. **2** 心得違いの; 見当違いの, 間違った: ~ enthusiasts 心得違いをしている熱心家 / ~ opinions 間違った見解. **~·ly** *adv.* **~·ness** *n.* 〖*c*1490〗

mìs·hándle *vt.* **1 a** 誤って[不器用に]取り扱う. **b** 手荒く取り扱う; 虐待する, 酷使する. **2** …の処置を誤る, やり損なう (mismanage): ~ negotiations. 〖*a*1500〗

mi·shan·ter /mɪ̀ʃǽntə | -ʃáːntəʳ/ *n.* 《スコット・北英》不運; 災難. 〚(1742) ← MIS-¹+(*h*)*anter* (< ME *aunter* 《変形》← *aventure* 'ADVENTURE')〛

mis·hap /míshæp, ⌐⌐/ *n.* **1** 災難, 不幸な出来事 (⇨ accident SYN): the haps and ~*s* of life ⇨ hap¹ / without further ~ それ以上何の故障もなく. **2** 《古》不幸, 不運. 〚(?*a*1200)《なぞり》? ← OF *meschance* 'MISCHANCE'〛

Mish·a·wa·ka /mɪ̀ʃəwɔ́ːkə, -wáː- | -wɔ́ː-/ *n.* ミシャウォーカ《Indiana 州北部 South Bend の南東にある市; 五大湖工業地帯の中心地》.

mìs·héar *vt.* 聞き違える, 聞き損なう. — *vi.* 勘違いして聞く, 聞いて誤解する. 〚(OE) (*c*1450) *mishȳran*: ⇨ mis-¹, hear〛

mi·she·gaas /mɪʃùgɑːs/ *n.* =meshugaas.

mìs·hít *vt.* 〈球を〉打ち損なう. — /⌐⌐/ *n.* 打ち損ない, 凡打. 〖1882〗

mish·mash /míʃmæ̀ʃ, -mɑ̀ːʃ | -mæʃ/ *n.* ごた混ぜ, 寄せ集め (medley): a ~ of miscellaneous writings 雑多な文章の寄せ集め. 〚(*c*1475)《加重》← MASH¹: cf. G. *Mischmasch*〛

Mish·mi /míʃmi/ *n.* (*pl.* ~, ~s) **1 a** [the ~(s)] ミシュミ族《インド北東部に住むモンゴロイド系山地民族》. **b** ミシュミ族の人. **2** ミシュミ語《インド北東部のチベットビルマ語》. — *adj.* ミシュミ語の; ミシュミ族人の.

mish·mosh /míʃmɑ̀(ː)ʃ | -mɔ̀ʃ/ *n.* =mishmash.

Mish·nah /míʃnə/ *n.* (*also* **Mish·na** /~/) (*pl.* **Mish·na·yoth** /mɪ̀ʃnɑːjóut, -jóuθ | -jáut, -jáuθ/) 〖ユダヤ教〗**1** [the ~] ミシュナ《2世紀末にユダヤ教の口伝を収集し, 生活・宗教に関する規則を編集したもので, 後に Talmud の基となった》. **2** ミシュナの一節. **Mish·na·ic** /mɪʃnéɪɪk/ *adj.* **Mish·nic** /míʃnɪk/ *adj.* **Mísh·ni·cal** /-nɪ̀kəl, -kl | -nɪ-/ *adj.* 〚(1610)□ Heb. *mišnāh* repetition, study ← *šānāh* to repeat〛

mìs·idéntify *vt.* (他のものとして)誤認する. **mìs·identificátion** *n.* 〖1895〗

mìs·impréssion *n.* 間違った印象. 〖1670〗

mìs·infórm *vt.* …に間違った[虚偽の]情報を伝える, 誤って伝える, 誤報する: I find I was ~*ed* about the date. 日時を聞き違えていたことがわかった. **~·er** *n.* 〚(*a*1393) ME *misenfourme(n)*〛

mìs·infórmant *n.* 間違った情報を伝える人, 誤報者. 〖1860〗

mìs·informátion *n.* 誤った情報, 誤報. 〖1587〗

mìs·in·ter·pret /mɪ̀sɪntə́ːprɪ̀t | -sɪntə́ː-/ *vt.* 誤った解釈をする, 誤解する (misunderstand). **~·er** /-tə | -təʳ/ *n.* 〖1547〗

mìs·interpretátion *n.* 誤った解釈(をすること), 誤釈, 誤解. 〖1576〗

mìs·jóinder *n.* 〖法律〗誤った併合《一つの訴訟に併合すべきでない訴訟原因または当事者を誤って併合すること; cf. nonjoinder》. 〖1847〗

mis·judge /mɪ̀sʤʌ́ʤ/ *vt.* **1** 〈人の性格などを〉判じ誤る, 誤解する. **2** …の見積もり[見当]を誤る: ~ a distance. — *vi.* 判断を誤る. 日英比較 日本語で「ミスジャッジ」を名詞として用いるのは和製英語. 英語の *misjudge* は動詞用法のみで, 名詞は misjudg(e)ment. また, 審判の誤審に当たる英語は一般的には bad call. **mìs·júdg·er** *n.* **mìs·júdgment, ~·ment** *n.* 〖*c*1410〗

mìs·kéy *vt.* 〈語・データを〉間違って入力する.

mìs·kíck *vt.* 〈球を〉蹴り損なう. — *n.* (球の)蹴り損ない. 〖1901〗

Mi·ski·to /mɪ̀skíːtou | mɪskíːtəu; *Am.Sp.* miskíto/ *n.* (*pl.* ~, ~s) **1 a** [the ~(s)] ミスキート族《ニカラグアとホンジュラスの大西洋岸に居住する民族》. **b** ミスキート族の人. **2** ミスキート語. 〖1789〗

mìs·knów *vt.* **1** 〈人を〉認知し損なう. **2** 誤解する (misunderstand). **mìs·knówledge** *n.* 〖?*a*1300〗

Mis·kolc /míʃkoults | -kɔlts; *Hung.* míʃkolts/ *n.* ミシュコルツ《ハンガリー北東部の都市》.

mìs·lábel *vt.* …に間違ったラベル[レッテル]を付ける[張る]. 〖1835〗

mìs·láy *vt.* **1** (偶然に)すぐ見つからない所に置く, 置き[しまい]忘れる. **2** 置き違える (misplace). **~·er** *n.* 〖1402〗

mis·lead /mɪ̀slíːd/ *vt.* **1** 誤り導く, 誤らせる, 迷わせる. **2** 誤解させる, 惑わせる, 欺く (⇨ deceive SYN): be *misled* about a matter ある事について考え違いをする[している]. **3** 悪行に走らせる, 悪影響を与える. **~·er** /-də | -dəʳ/ *n.* 〚(lateOE) (1575) *mislǣdan*: ⇨ mis-¹, lead¹〛

mis·lead·ing /mɪ̀slíːdɪŋ | -dɪŋ⌐/ *adj.* 誤りに導く, 誤らせる, 誤解させる, 惑わせる, 紛らわしい, 誤った印象を与えやすい (deceptive): make a ~ statement 人を惑わしやすい言説を吐く. **~·ly** *adv.* **~·ness** *n.* 〖1638〗

mis·leared /mɪ̀slíəd | -líəd/ *adj.* 《スコット・北英》不躾(ぶしつけ)な, 不作法な, 行儀の悪い; 育ちの悪い (ill-bred). 〚(1560) (p.p.) ← (方言) *mislear* < ME *mislere(n)* < OE *mislǣran* to teach amiss: ⇨ mis-¹, learn〛

mìs·líke 《古》*vt.* **1** 嫌う, いやがる (dislike). **2** …の気にさわる, 怒らせる (displease). — *n.* 嫌うこと, 反感, 不賛成 (dislike, disapproval). **mìs·líker** *n.* 〖OE *mislīcian*: ⇨ mis-¹, like²〗

mis·lo·cate /mɪ̀slóukeɪt, -loukéɪt | mɪ̀slə(u)kéɪt/ *vt.* 置き違える. **mìs·locátion** *n.* 〖1816–30〗

mìs·mánage *vt.* …の管理を誤る, 不当に[まずく]処理する. **mìs·mánag·er** *n.* 〖1690〗

mis·man·age·ment /mɪ̀smǽnɪʤmənt, -nəʤ-/ *n.* 管理[経営]を誤ること, 不始末; やり損ない. 〖1668〗

mìs·márriage *n.* 不釣合いの結婚, 不幸な結婚. 〖1817〗

mìs·mátch *vt.* …の組合わせを誤る; …に不釣り合いな縁組をさせる. — /⌐⌐, ⌐⌐/ *n.* 不適当な組合わせ, 食い違い 〈*between*〉; 不釣り合いな縁組. 〖v.: 〚1599〛— n.: 〚1606〛〗

mìs·máte *vt.* …の組合わせを誤る; …に不似合いな結婚をさせる: a ~*d* match 不似合いな縁組 / ~ oneself 不似合いな結婚をする. — *vi.* 不似合いに組合わされる, 不似合いな結婚をする. 〖1891〗

mìs·méasure *vt.* …の計測[寸法]を間違える. 〖1742〗

mìs·móve *n.* (遊戯などで)間違ったやり方; 誤った処置. 〖1877〗

Mis·na·ged /mɪsnáːgɪ̀d/ *n.* =Mitnaged.

mìs·náme *vt.* **1** 間違った名で呼ぶ, 誤称する (miscall). **2** ののしる (abuse). 〖?*a*1500〗

mis·no·mer /mɪsnóumə, mɪs- | -náuməʳ/ *n.* **1** 誤った名称, 誤称: It is an absurd ~. それは名の実に伴わない一例だ. **2** 呼び違い; (特に, 法律文書中の)人名の誤記. **mis·nó·mered** *adj.* 〚(1455) *misnoumer* □ OF *mesnom(m)er* (不定詞の名詞用法) ← *mes-* 'MIS-¹'+*nommer* to name (< L *nōmināre*: ⇨ nominate)〛

mis·o- /mísou, máɪs- | -səu/「…嫌い」の意の連結形 (cf. philo-). ★ 母音の前では通例 mis- になる. 〖← Gk *mîsos* hatred ← *mīseîn* to hate〗

mis·o·cai·ne·a /mɪ̀soukáɪniə, màɪs-, -kéɪ- | -sə(u)-/ *n.* 新しもの[新思想]嫌い. 〖← NL ~ ← MISO-+-*cainea* (← Gk *kainós* new)〗

mi·sóg·a·mist /-mɪ̀st | -mɪst/ *n.* 結婚嫌いの人. 〚(1706) ← MISO-+Gk *gámos* marriage+-IST〛

mi·sog·a·my /mɪ̀sá(ː)gəmi, maɪ- | -sɔ́g-/ *n.* 結婚嫌い. **mis·o·gam·ic** /mɪ̀səgǽmɪk, màɪs-⌐/ *adj.* 〚(1656) ← NL *misogamia*: ⇨ miso-, -gamy〛

mi·sóg·y·nist /-nɪ̀st | -nɪst/ *n.* 女嫌いの人 (cf. philogynist). 〚(1620) ← Gk *mīsogúnēs* (← MISO-+*gunē* woman)+-IST〛

mi·sog·y·ny /mɪ̀sá(ː)ʤəni, maɪ- | -sɔ́ʤɪ̀-/ *n.* 女嫌い (cf. philogyny). **mi·sog·y·nist·ic** /mɪ̀sà(ː)ʤənístɪk, maɪ- | -sɔ̀ʤɪ̀-⌐/ *adj.* **mi·sog·y·nous** /mɪ̀sá(ː)ʤənəs, maɪ- | -sɔ́ʤɪ̀-/ *adj.* **mis·o·gyn·ic** /mɪ̀səʤínɪk, màɪ-/ *adj.* 〚(1656) □ Gk *mīsogunía*: ⇨ ↑, -y¹〛

mi·sól·o·gist /-ʤɪ̀st | -ʤɪst/ *n.* 議論嫌い[理屈嫌い]の人. 〖1871〗

mi·sol·o·gy /mɪ̀sá(ː)ləʤi, maɪ- | -sɔ́l-/ *n.* 理論嫌い, 理屈嫌い. 〚(1833) □ Gk *misología* hatred of argument: ⇨ miso-, -logy: cf. philology〛

mis·o·ne·ism /mɪ̀səníːɪzm, màɪ- | -sə(u)-/ *n.* 新しもの嫌い, 保守主義. 〚(1886) □ It. *misoneismo* ← MISO-+Gk *néos* new+-*ismo* '-ISM'〛

mis·o·né·ist /-níːɪ̀st | -níːɪst/ *n.* 新しもの嫌いの人.

mis·o·ne·is·tic /mɪ̀səniːístɪk, màɪ-⌐/ *adj.* 〖1891〗

mis·o·pe·di·a /mɪ̀səpíːdiə, màɪs- | -sə(u)píːdiə/ *n.* (親の)子供嫌い. 〖← NL ~ ← MISO-+Gk *paid-*, *paîs* child+-IA¹〗

mis·o·pe·dist /mɪ̀səpíːdɪ̀st, màɪs- | -sə(u)píːdɪst/ *n.* 子供嫌いの人. 〚(1895): ⇨ ↑, -ist〛

mìs·óri·ent *vt.* 〈人・物を〉誤った方向に向ける, 誤った位置[立場]に置く; …への指示[指導]を誤る, …に間違った指示を与える (misdirect). **mìs·orientátion** *n.* 〖1951〗

mìs·percéive *vt.* 誤認する; 誤解する. 〖1924〗

mìs·percéption *n.* 誤認, 誤解 (misunderstanding). 〖1722〗

mìs·píck *n.* (織機の欠陥から生じた)織り違いの一種.

mis·pick·el /míspɪ̀kəl, -kl/ *n.* 〖鉱物〗硫ヒ鉄鉱 (⇨ arsenopyrite). 〚(1683) □ G *Mispickel*〛

mìs·pláce *vt.* **1 a** …の置き場所を誤る, 置き違える: a ~*d* modifier 〖文法〗置き違え修飾語句. **b** 置き忘れる (mislay). **2** [しばしば p.p. 形で] 〈信用・愛情などを〉ふさわしくない対象に間違えて向ける 〈*in, on*〉; 〈言葉・行動の〉タイミングを誤る: ~*d* confidence 誤った(相手への)信頼. **~·ment** *n.* 〖1592–93〗

mis·placed /mɪ̀spléɪst⌐/ *adj.* 〈信用・愛情などが〉見当違いの. 〖1595〗

mìs·pláy *n.* **1** (競技などでの)やり損ない, ミスプレー, エラー. **2** 《ゲームでの》反則, 違反. — *vt.* **1** やり[演じ]損なう; 〈ボールなどの〉処理を誤る, つかみ損なう. **2** 規則違反をして〈札[駒]を〉出す[動かす]. — *vi.* (スポーツで)しくじる. 〖1867〗

mìs·pléad /-plíːd/ *vt., vi.* 不当抗弁[弁護]する. 〖1676〗

mìs·pléading *n.* 〖法律〗誤った訴答《必要な事項の誤記または不十分な記載の訴答》. 〖1532〗

mìs·príce *vt.* …に誤った値段をつける.

mís·prìnt *n.* 印刷の誤り, 誤植, ミスプリント. 日英比較 日本語の「ミスプリント」に該当するが, 英語ではより格式ばった typographic(al) error のほうが普通. — /⌐⌐/ *vt.* …の印刷を誤る. 〖1494〗

mis·prise /mɪ̀spráɪz/ *vt.* =misprize.

mis·pri·sion¹ /mɪ̀spríʒən/ *n.* **1** (公務員の)非行, 職務怠慢 (misdemeanor). **2** 《古》誤解, 間違い (mistake)《特に故意または偶然の誤読, 誤解による ものを指す》. **3** 〖法律〗**a** 犯罪隠匿; (公務上の)職務違反: ~ of felony [treason] 重罪犯[大逆犯]隠匿《知りながらこれを告発しない罪》. **b** 政府[裁判所]侮辱行為. 〚(1425) □ AF *mesprisioun*=OF *mesprison* a mistake, error ← *mesprendre* (F *méprendre*) to take amiss ← *mes-* 'MIS-¹'+*prendre* to take (< L *prehendere*): cf. F *méprise* mistake〛

mis·pri·sion² /mɪ̀spríʒən/ *n.* 《古》軽蔑, 軽視 (contempt) 〈*of*〉. 〚(1586) ← MISPRIZE+-SION〛

mis·prize /mɪ̀spráɪz/ *vt.* 軽蔑する (despise); 見くびる (undervalue). 〚(1481) □ OF *mesprisier* ← *mes* 'MIS-¹'+ *prisier* 'to PRIZE'〛

mìs·pronóunce *vt.* 間違って発音する, …の発音を誤る. — *vi.* 誤って発音する. 〖1593〗

mìs·pronunciátion *n.* 誤った発音(をすること). 〖1530〗

mìs·propórtion *n.* 不釣合い; 不均整. 〖1825〗

mìs·púnctuate *vt.* …に間違った句読(く)点を打つ[施す]. **mìs·punctuátion** *n.* 〖*a*1849〗

mìs·quotátion *n.* 間違った[不正確な]引用(句). 〖1773〗

M

mìs·quóte *vt.* 間違って引用する，…の引用を誤る．**—** *vi.* 間違った引用をする．**—** *n.* 間違った引用．〖1596–97〗

mis·read /mìsríːd/ *vt., vi.* **1** 読み違える．**2** 誤解する (misinterpret).　**～·er** /-dǝ | -dǝ$^{(r}$/ *n.* 〖1809〗

mìs·réading *n.* 読み違え，誤読；誤解．〖1849〗

mìs·réckon *vt., vi.* 数え違える，誤算する (miscalculate).〖1524–25〗

mis·remémber *vt., vi.* **1** 誤って記憶する，…の記憶を誤る．**2**《方言》忘れる (forget).〖1533〗

mis·repórt *vt.* **1** 誤って報告する，…の虚報を伝える．**2**《廃》中傷する (slander).　**—** *n.* 誤報，虚報．**～·er** *n.* 〖n.:《1412–20》. — vt.:《?1405》〗

mis·rep·re·sent /mìsrèprɪ̀zént/ *vt.* **1** 誤り[偽り]伝える，不正確に述べる，事実を曲げて述べる：～ an occurrence / ～ one's age 年齢を偽る / ～ oneself as …と詐称する．**2** …の代表[代理]の任を果たさない．**～·er** *n.* 〖1647〗

mis·representátion *n.* **1** 誤って[偽って]伝えること．**2**〖法律〗不実表示《契約締結を目的とした真実でない表示；情を知ってなす悪意不実表示 (fraudulent misrepresentation) (詐欺ともなる)と，善意不実表示 (innocent misrepresentation)・過失不実表示 (negligent misrepresentation) は区別される；いずれも契約取消しや損害賠償の請求原因となる》．**mis·represéntative** *adj.* 〖1647〗

mis·róute *vt.* 間違ったルートで送る．

mis·rúle *vt.* 下手に[不当に]統治する，…の政治を誤る，…に悪政を行う (misgovern).　**—** *n.* **1** 失政，悪政 (misgovernment).　**2** 無秩序；無政府状態 (anarchy).　**mis·rúler** *n.* 〖《*c*1378》*misreule(n)*: ⇨ mis-¹, rule〗

mis·rún *n.*〖金属加工〗湯回り不良《鋳込温度が低いなどの原因で溶湯が凝固し不完全な鋳物を作ること》．

miss¹ /mís/ *vt.* **1 a** 〈狙った物を〉取り逃がす，打ち損なう (↔ hit): ～ a bird 鳥を射損なう / ～ one's aim 狙いがはずれる；当てがはずれる / ～ one's [the] mark ⇨ mark¹ 成句 / The stone ～*ed* me by an inch. 石は 1 インチの差で私に当たらなかった．**b** 捕え損なう，握り損なう；〈機会などを〉逸する：～ a catch 捕球をしくじる，逸球する / ～ one's hold つかみ損なう，つかんだ手をゆるめる[放す] / ～ one's footing [《スコット》a foot] 足を滑らす，足を踏みはずす / ～ one's way 道に迷う / ～ an opportunity 機会を逸する．**c** 〈目的地などに〉達し[届き]損なう：He ～*ed* the bank and landed in the water. (跳び越えようとしたが)岸に届かないで水の中に落ちた．**d** 〈標準・目的・欲望などを〉達し損なう：～ a prize, a promotion, etc. / ～ one's object [end] 目的を達し損なう．
2 〈義務・約束などを〉果たせ[守れ]ない，〈教会・学校・会などに出席しない，怠る (⇨ neglect SYN): ～ an appointment 約束をすっぽかす / ～ one's classes 授業に欠席する / I never ～*ed* church. 礼拝を欠かしたことは一度もない．
3 a 見つけ損なう，見落とす：～ a person in a crowd / I must have ～*ed* the notice in the paper yesterday. きのう新聞の広告を見落としたに違いない．**b** 聞き損なう：～ a person's recital.　**c** 〈人〉に会い損なう：I was sorry to ～ you when I called. お訪ねした際お目にかかれないで残念でした．
4 気付かない，理解しかねる：I ～*ed* the point of his remark. 彼の話の要点をつかみかねた．
5 a …がない[いない]のに気付く：I ～*ed* my umbrella from the stand. 傘立てに入れた傘がなくなっているのに気付いた．**b** いつもの…が足りない[欠けている]のを寂しく思う；…のない[いない]のを悔む[のに困る，のに不自由する]: I shall ～ our pleasant talks when you leave. 君がいなくなれば今までのような愉快な話もできなくなるね / We shall ～ you badly. あなたがおられなくなるとても寂しくなりましょう / He will be sorely ～*ed* in political circles. 彼の死は政界にとって大打撃となろう．**c** [be ～*ing* として] …を欠いている：We are ～*ing* two members of our class. 二人欠席だ / The child is ～*ing* one tooth. その子供は歯が一本欠けている．
6 〈乗物〉に乗り損なう，乗り遅れる (cf. catch *vt.* 5 a): ～ one's train [boat] by three minutes 3 分のところで列車[船]に乗り遅れる．**7** 落とす，抜かす (omit)〈*out*〉: ～ *out* some verses in a poem (読んでいる)詩の数行を抜かす / Don't ～ my name *out* of your list. 表から私の名を落とさないで下さい．**8** [just, narrowly, etc.＋～＋*doing* で]〈…する〉を避ける，免れる：He *barely* [*just, narrowly*] ～*ed being* killed [*having* a nasty accident]. 危ういところで殺されずに[ひどい事故に遭わずに]すんだ．**9** [*to do* または *doing* を伴って]《古・方言》…し損なう：I ～*ed to* meet him. 彼と会い損ねた．**10**《廃》…なしで済ます (do without).
— *vi.* **1** 的に当たり損なう，はずれる，それる：Aim very carefully, or you'll ～. よく狙いを定めないとはずれるよ．**2** 目的を達し損なう，うまくいかない，失敗する (fail): ～ *in* one's chosen field / You've worked so hard that I am sure you won't ～ again. あんなに勉強をしたのだから今度はしくじることはあるまい．**3** 〈エンジンが〉点火しない，ミスファイヤーする (misfire).　**4**《古》〔…を〕得損なう，受け損なう，〔…に〕届かない〔*of, in*〕．**5** (人と)会い損なう：Then we ～*ed*.
miss fire ⇨ fire 成句．***miss óut*** (1) ⇨ *vt.* 7.　(2) 損をする，〔よい機会を〕失う〔*on*〕(cf. LOSE *out* (2)): She ～*ed out on* a good education. 彼女はよい教育を受ける機会を逸した / You ～*ed out* by not coming with us. 一緒に来ないから損をしたぞ．***miss the bús*** [***bóat***]《口語》好機を逸する．***nót miss a tríck*** ⇨ trick 成句．***nòt miss mùch*** 抜け目がない．
— *n.* **1** はずれ，得損ない，不到達，仕損じ，失敗 (failure): A ～ is as good as a mile.《諺》どんなに成功に近くても失敗は失敗だ / It's hit or ～. 一か八かだ．日英比較 日本語の「ミス」(間違い)は，英語では mistake, error を用いる．**2** 抜かし，脱落．**3** 逃がれ，免れ (omission): a lucky ～ 運よく免れること．**4** (エンジンの)ミスファイア (misfire).　**5**〖玉突〗当て損ない，ミス：give a ～ (in balk) (ボークライン内で)わざと球をミスする．**6**《口語》流産 (miscarriage).　**7**《方言》損失，欠乏 (loss).
give a miss (1) ⇨ 5.　(2)《口語》〈物を〉見逃す，〈人を〉見て見ぬふりをする (pass by)；ほっておく (let alone)；避ける：*give* the lecture *a* ～ その講義を欠席する．《1919》
〖v.: OE *missan* to fail to hit (a mark), escape (notice) < Gmc **missjan* (Du. & G *missen*) ← IE **mit-to-* ← **mei-* to change, go, move (L *mūtāre* 'to MUTATE'). — n.: 《?*c*1175》← (v.)〗

miss² *n.* **1** /mís/ [M-] **a** [年齢に関係なく，Lady または Dame の尊称で呼ばれない未婚女性の名の前につける一般的な敬称として] …嬢：*Miss* Smith スミス嬢 / the *Misses* Smith and Thomas スミスさんとトマスさん．

語法 二人以上の未婚の姉妹で (1) 姉をいう場合は *Miss* Robinson のように姓に，妹は *Miss* Joan Robinson のように姓および洗礼名につけて呼び，(2) 姉妹一緒の場合は the *Miss* Robinsons または古風または形式的な言い方では the *Misses* Robinson のようにいう．日英比較 日本語の「ミス」は独身女性の意であるが，英語では unmarried [single] woman という．英語の *miss* は独身女性の称号もしくは呼び掛けの語．

b [既婚女性の given name につける敬称として] …さん，…様：*Miss* Elizabeth, the wife of Mr. White ホワイト氏夫人のエリザベスさん[様]．**c** [既婚女性の実家の姓につけて] 旧姓…さん：Mrs. White, *Miss* Brown ホワイト氏夫人，旧姓ブラウンさん．
2 /mís/ **a** [召使が主家の娘に，店員が若い女性客に，また一般に見知らぬ若い女性への呼び掛けとして] お嬢さん．**b** [客が若い女性店員への呼び掛けとして] おねえさん；(ねえ)君，ちょっと．**3** /mís/ [《英》では通例戯言・軽蔑的に] 少女，娘，未婚女性：a saucy [pert] ～ 生意気な小娘 / school ～*es* and college girls 女生徒と女子学生 / clothing for ～*es* お嬢さん用衣類《商用語》．**4** /mís/ [M-; 地名・年号・職業などにつけて，その美人コンテスト優勝者の称として] ミス…：*Miss* America ミスアメリカ / *Miss* 1980 ミス 1980 年．**5** /mís/ [*pl.*; 単数または複数扱い] 婦人服標準サイズ《8–20 までのサイズ》．**6** /mís/《古》**a** 売春婦．**b** めかけ，情婦．
〖《1606》《短縮》← MISTRESS: cf. missis〗

Miss.《略》Mississippi.

miss·a·ble /mísǝbḷ/ *adj.* miss¹ しやすい[しがちな，しそうな]．〖1924〗

mis·sa can·ta·ta /mísǝkæntάːṭǝ | -tǝ/ *n.*〖カトリック〗歌ミサ，荘厳ミサ (High Mass).〖《*c*1903》□ ML *missa cantāta* sung Mass〗

mis·sal /mísǝł, -sḷ/ *n.* **1** [しばしば M-]〖カトリック〗ミサ典書．**2** 祈禱書．〖《?*a*1300》□ OF messel ∥ ML *missāle* ← LL *missa* 'MASS': ⇨ -al¹〗

míssal stànd *n.* (祭壇の)典書台．

Mis·sa So·lem·nis /mísǝsoulémnɪs | -sǝulémnɪs/ *n.*〖カトリック〗荘厳ミサ，ミサソレムニス《助祭および副助祭を伴って行われる盛儀ミサ；High Mass ともいう》．〖□ L ～ 'solemn mass'〗

mis·sáy (古) *vt.* 〈人〉の悪口を言う，〈人を〉非難する．**—** *vi.* 間違ったことを言う．〖《?*a*1200》ME *misseye(n)*〗

míssed appróach *n.*〖航空〗進入復行．〖1951〗

mis·sel /mísḷ/ *n.* ＝mistle thrush.

míssel thrùsh *n.* ＝mistle thrush.〖1774〗

mis·sénd *vt.* 誤って送る，送り違える．〖ME *missende(n)*〗

mis·sense /míssèns/ *n.*〖生物〗ミスセンス《突然変異により DNA の暗号が変わり，蛋白質合成の際に本来のアミノ酸とは違うアミノ酸を指定するようになった遺伝暗号》．〖《1961》← MIS-¹＋SENSE: NONSENSE の類推から〗

mis·sént *adj.* 誤配郵便物の．〖1737〗

mis·shape /mɪsʃéɪp, mɪʃ-/ *vt.* 作り損なう，不具にする (misform).　**—** /ˊ–ˋ/ *n.* 作り損ない，不格好な物．

mis·shap·en /mɪsʃéɪpǝn, mɪʃ-, -pn/ *adj.* **1** でき損ないの，不格好な，不具の，奇形の (ill-shaped).　**2** (知的・道徳的に)かたよった，ゆがんだ．**～·ly** *adv.* **～·ness** *n.* 〖《*a*1325》(p.p.) ← MISSHAPE〗

mis·sile /mísǝł, -sḷ | -saɪl/ *n.* **1**〖軍事〗ミサイル；(特に)誘導弾《ロケット爆弾または無線操縦爆弾のように自動推進装置を備えた爆弾；cf. ICBM, IRBM》: ⇨ ballistic missile, guided missile.　**2** 飛び道具《投げ槍・矢・弾丸・石など》．**—** *adj.* **1** ミサイルの[に関する]: a ～ base.　**2** (手または飛び道具で遠くに)投げる[飛ばす]ことができる；投げる[飛ばす]のに適した：a ～ weapon 飛び道具．〖《1606》《1945》□ L *missilis* capable of being thrown ← *missus* (p.p.) ← *mittere* to throw: ⇨ mission〗

mis·sil·eer /mìsǝlíǝ | -saɪlíǝ$^{(r}$/ *n.* ＝missileman.〖《1958》: ⇨ ↑, -eer〗

míssile·màn *n.* ミサイル設計者[製作者，発進係].〖1951〗

mis·sile·ry /mísǝłri, -sḷ- | -saɪl-/ *n.* (*also* **mis·sil·ry** /-sǝłri, -sḷ- | -saɪl-/) **1** ミサイル研究，ミサイル工学《ミサイルの設計・製作・用法などの研究》．**2** [集合的] ミサイル (missiles)；(特に)誘導弾 (guided missiles).〖《1880》: ⇨ missile, -ry〗

miss·ing /mísɪŋ/ *adj.* 見つからない，なくなっている，欠けている，紛失した，行方不明の，〈兵士が〉生死不明の；あるべき所にない[いない]: killed, wounded, or ～ 死傷または行方不明 / The money was ～. お金が紛失していた / There is a page [A page is] ～. 1 ページ欠けている．
amòng the missing (1) (戦争などで)行方不明で．(2)《米口語》欠席して：He was *among the* ～. ***gò missing*** 行方不明になる，消失する．〖《*a*1530》(pres.p.) ← MISS¹＋-ING²〗

míssing línk *n.* **1** 系列上欠けている要素．**2** [the ～; 時に the M- L-]〖人類学〗失われた環[鎖]《類人猿と人類との中間にあったと推定されながら，その化石が発見されていない仮想動物》．〖1851〗

míssing·ly *adv.* (Shak) 残念ながら．

míssing máss *n.*〖物理〗ミッシングマス，見えない質量《存在するはずであるが観測にかからない質量；素粒子実験において観測にかからない生成粒子の質量，宇宙論において理論的に要請されるが観測できない質量を指す；cf. dark matter》．〖1967〗

míssing pérson *n.* **1** (家族から捜索願いの出ている)行方不明者，家出人．**2** [Missing Persons]《警察の》行方不明者捜索課．〖1876〗

mis·si·ol·o·gy /mìsiά(ː)lǝdʒi | -ɔ́l-/ *n.*〖神学〗宣教[布教]学，布教(法)[伝道]研究．〖《1924》← MISSIO(N)＋-LOGY〗

mis·sion /míʃǝn/ *n.* **1** (派遣された人の)使命，任務 (commission)；(自任している)天職，使命 (calling): be sent on a ～ 使命を帯びて派遣される / fulfill one's ～ in life 人生における使命を果たす．**2 a** (外交・政治交渉などのために外国に派遣される)代表(団)，使節(団) (delegation)；技術指導団；文化[教育]使節団：a financial [an economic] ～ to the U.S.A. 派米財政[経済]使節団 / dispatch a special ～ to …へ特使団を派遣する．**b**《米》(外国に派遣した定住的な)使節団；大[公]使館 (embassy): the British ～ at Washington 在ワシントン英国大使館．**3 a**〖軍事〗(軍隊に課せられた主要な持続的)使命．**b** (上級司令部より与えられる戦闘地域または敵地で果たすべき)任務，特定[特別]任務，特命；(特定任務達成のための一機または編隊の)任務飛行，飛行作戦 (flight operation)；作戦任務を受けた飛行隊：fly a ～ 爆撃機を飛ばす．**c** 特務飛行：a ～ to the moon 月世界(探険)飛行．**4 a** 伝道者[宣教師]派遣．**b** 伝道，布教；伝道団体，布教団：⇨ foreign mission, home mission / follow the sacred ～ 宣教師になる．**c** [*pl.*] 伝道[布教]事業[活動]: the ～*s* to seamen 海員伝道．**5** 伝道[布教]区；(特に，在外の)伝道[布教]本部．**6** (伝道のために催す一連の)礼拝，説教：preach a ～ 伝道説教をする．**7** (特定地域に設けた)社会救済施設，隣保団 (settlement).　**8**〖キリスト教〗近接教区の主任司祭に管轄される教会または地区；〖カトリック〗準聖堂区．**9**〖神学〗(神が子を，または子が聖霊を)つかわすこと．**10**〖キリスト教〗(教会が聖職者または主教に与える)福音伝道・聖餐式施行または聖職授任の使命[権能].　**—** *adj.* [限定的] **1** 伝道[布教]団の：～ work 伝道，布教．**2** 〈建築・家具など〉ミッション様式の《昔米国南西部に伝道したスペインのカトリック布教団特有の様式にいう；質素で黒ずんで重々しい》: ～ furniture / the ～ style.　**—** *vt.* **1** 伝道[布教]団として派遣する (commission).　**2** 〈特定地域〉に伝道[布教]をする．〖《1598》□ F ～ ∥ L *missiō(n-)* sending, delegation ← *missus* (p.p.) ← *mittere* to send ← IE **smeit-* to throw〗

mis·sion·ar·y /míʃǝnèri | míʃ(ǝ)nǝri, -ʃǝn(ǝ)ri/ *n.* **1** 伝道師，宣教師；伝道事業家．**2** (ある主義・思想・計画などの)宣伝者 (propagandist).　**3** (政治・外交上の)使節，使者．**—** *adj.* **1** 伝道[布教]の，伝道に関する；伝道に従事する，伝道事業に献身した：a ～ collection [settlement, society] 伝道寄付金[伝道隣保館，伝道協会] / a ～ post [station] 伝道[布教]本部 / ～ work [zeal] 伝道事業[熱].　**2** 使節の[らしい，に適した].　**3**〖カトリック〗布教地の《司教を頭にする教区制がまだ設立されていないローマ直属の布教区についている》．〖《1644》← NL *missiōnārius*: ⇨ ↑, -ary〗

missionary apostólic *n.* (*pl.* **missionaries a-**)〖カトリック〗教皇派遣宣教師．

missionary bíshop *n.*〖米国聖公会〗布教地の主教[監督，司教].〖1866〗

missionary posítion *n.* (性交体位の)正常位．〖1948〗

Míssionary Rídge *n.* ミッショナリーリッジ《米国 Georgia 州北西部から Tennessee 州南東部に及ぶ丘陵地帯；南北戦争時の戦場 (1863)》．〖← *Brainerd Mission* (この地方にいたインディアンのための伝道団)〗

míssionary sàlesman *n.* (製造元が卸店・小売店に派遣する)販売促進員．

míssion contròl *n.* 指令官《全体》，指令部，管制センター．〖1954〗

mís·sion·er /-ʃ(ǝ)nǝ | -nǝ$^{(r}$/ *n.* ＝missionary.

Míssion: Impóssible *n.*「スパイ大作戦」《米国 CBS テレビのスパイアクションドラマ (1966–73, 88–90)；映画化もされた (1996)》．

mis·sion·ize /míʃǝnàɪz/ *vt.* …に福音を伝える，伝道する．**—** *vi.* 伝道師[宣教師]の役を勤める，伝道[布教]を行う．**mís·sion·ìz·er** *n.* **mis·sion·i·za·tion** /mìʃ(ǝ)nɪ̀zéɪʃǝn | -ʃǝnaɪ-, -ʃ(ǝ)nɪ-/ *n.* 〖1826〗

míssion spècialist *n.* (宇宙船の)搭乗運用技術者，ミッションスペシャリスト《船内での実験と船外活動を担当》．〖1977〗

míssion stàtement *n.* (会社・組織の)綱領．〖*c*1991〗

míssion stàtion *n.* 布教[伝道]根拠地，宣教師定住地．

Mission Vi·é·jo /-viéɪhou | -hǝu/ *n.* ミッションビエホ

M

《米国 California 州南西部の都市》.

mis·sis /mísɪ̀s, -zɪ̀s | -sɪz, -sɪs/ *n.* =missus. 〘《変形》← MISTRESS〙

miss·ish /mísɪʃ/ *adj.* (若い女性みたいに)気取った, (つんと)すました: Evelina is a ～ name. エブリーナというのは気取った名前だ. **～·ness** *n.* 〘《1795》← MISS²+-ISH¹〙

Mis·sis·sau·ga /mɪ̀səsɔ́ːgə, -sáː- | -sɪ̀sɔ́ː-/ *n.* ミシソーガ《カナダ Ontario 州南東部, Toronto の南西の郊外都市》.

Mis·sis·sip·pi /mɪ̀səsípi, mɪssípi | mɪ̀sɪ̀-⁻/ *n.* **1** ミシシッピ《米国南中部の州; ⇨ United States of America 表》. **2** [the ～] ミシシッピ(川)《米国 Minnesota 州北部から南方に流れメキシコ湾に注ぐ川; 主流 3,779 km, Missouri 川の水源からは世界第三の長流で 6,210 km; 俗称 Old Man River, Father of Waters》. 〘□F ～ ← N-Am.-Ind. (Algonquian)《原義》big river〙

Mis·sis·sip·pi·an /mɪ̀səsípiən, mɪssíp- | -sɪ̀síp-⁻/ *adj.* **1** (米国) Mississippi 州(人)の. **2** Mississippi 川の. **3**〖地質〗ミシシッピ紀[系]の: the ～ period [system] ミシシッピ紀[系]. ― *n.* **1** Mississippi 州人. **2** [the ～]〖地質〗ミシシッピ紀[系]《北米の石炭紀の前半期; cf. Pennsylvanian 2》. 〘《1775》: ⇨ ↑, -an¹〙

mis·sive /mísɪv/ *n.* **1** 信書, 書状; (特に)公文書. **2**〖スコット法〗(正式の契約書に至る)契約覚え書. **3** 《Shak》使者 (messenger). ― *adj.* **1** 《まれ》送られた, 特送された, 公文の: letters ～ 国王書翰《国王から特殊の団体または個人に発する書状; (特に)国王から副主教などに発する監督候補者指名書》. **2** 《廃》=missile. 〘《1444》□ ML *missīvus* ← L *missus* (p.p.) ← *mittere* to send: ⇨ mission, -ive〙

Mìss Náncy *n.* (*pl.* ～s) 女々しい男, にやけ男 (sissy). **miss-nan·cy·ish** /mɪ̀snǽnsiɪʃ⁻/ *adj.* 〘虚栄心の強かった英国の女優 Anne Oldfield (1683–1730) の呼び名 Miss Nancy にちなむ〙

mìss-nán·cy·ism /-sìɪzm/ *n.* 女々しさ, 女々しい言動 (effeminacy). 〘⇨ ↑, -ism〙

Mis·so·lon·ghi /mɪ̀səlɔ́(ː)ŋgi, -lɑ́(ː)ŋ- | -lɔ́ŋ-/ *n.* メソロンギオン《ギリシャ西岸の港町; Byron 客死 (1824) の地; Mesolonghi ともいう》.

Mis·so·ni /mɪsóuni | -sə́u-; *It.* missóːni/ *n.*〖商標〗ミッソーニ《イタリア Milano の衣料品メーカー; そのブランド; ニットウェアで知られる》.

Mis·sou·ri /mɪ̀zúəri | -zúəri, -súəri/ ★ 現地の発音は /mɪ̀zúərə/. *n.* (*pl.* ～, ～s) **1** ミズーリ《米国北中部の州 (⇨ United States of America 表)》. **2** [the ～] ミズーリ(川)《米国 Montana 州南西部に発し Missouri 州 St. Louis の北方で Mississippi 川に合流する川 (4,317 km)》. **3** **a** [the ～(s)] ミズーリ族《Sioux 語族に属する北米インディアン; もと Missouri 川の流域に住んでいたが現在は死滅》. **b** ミズーリ族の人. **4** ミズーリ語.
be* [*cóme*] *from Missóuri 《口語》証拠を見せられるまで信じない, 疑い深い (be skeptical)《Missouri 州選出代議士 W. D. Vandiner が議会で "I'm from Missouri; you've got to show me." と言ったことから》.
〘《1703》← N-Am.-Ind. (Algonquian)《原義》people of the big canoes〙

Mis·sou·ri·an /mɪ̀zúəriən | -zúər-, -súər-/ *adj.* (米国) Missouri 州(人)の. ― *n.* Missouri 州人. 〘《1820》: ⇨ ↑, -an¹〙

míss·òut *n.* すか投げ《crapsで, 賭け金をとり損なったダイスの投げ》. 〘《1928》← *miss out* (⇨ miss¹ (v.) 成句)〙

mìs·spéak *vt. vi.* **1** (話すときに)〈言葉〉の遣い方[発音]を誤る. **2** [～ *oneself* で] 下手な[要領を得ない]話し方をする. 〘《c1385》*misspeke(n)*〙

mìs·spéll *vt.* …のつづりを間違える, …を誤ってつづる. 〘1655〙

mìs·spélling *n.* 誤ったつづり; つづり[書き]違い. 〘1695–96〙

mìs·spénd *vt.* 〈時間・金〉の使い方を誤る, 空費する, 浪費する: ～ one's youth 青春を無駄に過す. **～·er** *n.* 〘《c1378》*misspende(n)*〙

Mìss Píggy *n.* ミス ピギー《米国のテレビ人形劇 'The Muppet Show' に登場する豚》.

mìs·státe *vt.* 述べ誤る, 間違って[偽って]申し立てる. **mìs·státer** *n.* 〘1643〙

mìs·státement *n.* 間違って[偽って]述べること; 間違った[偽りの]申し立て, 誤説 (untruth). 〘1790〙

mìs·stép *n.* **1** 踏み誤り: make a ～ 踏み誤る, つまずく. **2** 過失, 失策 (error, slip). **3** (女性の)性の過ち; (特に)私生児を産むこと. 〘*a*1800〙

mìs·stríke *n.*〖造幣〗図案のずれた貨幣.

miss·us /mísɪ̀z, -zɪ̀s | -sɪz, -sɪs/ 《口語・方言》*n.* **1** [the ～; 召使が女主人に対する親愛の呼び掛けとして]《口語》奥様 (mistress). **2** [the ～, one's ～ として]《口語》細君, 妻, 家内 かみさん (wife). 〘《1833》《異形》← MISSIS: cf. miss²〙

miss·y /mísi/ *n.* 《米口語》若い娘; [呼び掛けとして] お嬢さん. ― *adj.* 若い娘の[らしい]. 〘《1676》← MISS²+-Y²〙

mist /míst/ *n.* **1** **a** もや, 霧, 霞 (cf. fog¹ 1, haze¹ 1): veiled in a ～ 霧に閉ざされて / The ～ rises. 霧が立ち昇る / The ～ has cleared off [away]. 霧が晴れた. ★ 気象学上では水平面上における視程が 1 から 2 km に及ぶ薄霧をいう (cf. fog¹ 1); 米国では drizzle と同義. **b** もや状のもの: a ～ of dust. **2** (涙・老衰などによる目の)かすみ: She smiled in a ～ of tears. 涙に目をかすませて[曇らせて]ほほえんだ / There was a ～ before his eyes. 目がかすんでいた. **3** 意味をぼんやりさせる[理解を困難にする]もの[事情]: A ～ of prejudice spoiled his judgment. 偏見のゆがみが彼の判断を狂わせた. **4** (香水・薬剤などの)噴霧. **5** ミスト《ウイスキーなどに氷片を入れ, レモンの皮をあしらったアルコール飲料》. **6**〖物理・化学〗懸濁液, ミスト.
cást* [*thrów*] *a mist before a person's éyes 人の目をくらます. ***in a mist*** 当惑して, 迷って.
― *vi.* **1** [it を主語として] 霧がかかる, 霧雨が降る (drizzle): *It's* hardly raining, only ～*ing*. 雨降りというほどではない, ただの霧雨だ. **2** 〈窓ガラスなどが〉曇る 〈*over, up*〉; 〈目が〉かすむ, ぼんやりする 〈*over*〉: eyes ～*ing* with tears 涙でかすんだ目. ― *vt.* **1** 霧で覆う; 〈ガラス面などを〉曇らす 〈*up*〉; 〈目を〉ぼんやりさせる: Their breath ～*ed* the windows of the car. 彼らの息で車の窓が曇った. **2** …の葉に噴霧器で水をやる.
〘OE ～ 'darkness' < Gmc **miχstaz* (Du. *mist* fog / ON *mistr*) ← IE **meigh-* to urinate (Gk *omíkhlē* fog / Skt *mih* mist, *megha* cloud)〙

SYN 霧: **mist** *fog* よりは薄く, *haze* よりは濃い霧: a thick *mist* 濃い霧. **fog** *mist* よりも濃い霧で, 時には透視できないこともある: The *fog* cleared off. 霧が晴れた. **haze** 煙やほこりが薄く拡散して物がぼやけて見える状態: A thin *haze* veiled the hills. 山々がかすみに包まれていた. **smog** 工業都市などに見られる煙と霧の混合物: photochemical *smog* 光化学スモッグ.

mis·tak·a·ble /mɪ̀stéɪkəbl/ (*also* **mis·take·a·ble** /～/) *adj.* 間違いやすい, 誤解されやすい, 紛らわしい. **～·ness** *n.* **mis·ták·a·bly** *adv.* 〘1646〙

mis·take /mɪ̀stéɪk/ *n.* **1** 誤り, 間違い, 失策, 手落ち (⇨ error SYN); 思い違い, 勘違い, 誤解 (misunderstanding): beyond ～ 確かに / by ～ 間違って / labor under ～ ⇨ labor *vt.* 3 / make a ～ 間違いをする, 思い違いをする / 《英古》There is no ～ about it. それに相違はない / There's been a ～ about him [with the dates, in our calculations]. 彼に[日付に, 計算に]関して誤りがあった / He took my umbrella *in* ～ *for* his. 私の傘を間違えて持って行った / We all make ～*s*. だれにも間違いはあるさ. **2**〖法律〗錯誤《表示と内心の意思の不一致を表意者が知らない場合など》.
… and nó mistáke 《口語》[前言を強めて] 間違いなしだ, 確かに (undoubtedly): They have failed *and no* ～. 失敗したことは間違いない. 《1818》 ***màke nó mistáke*** [陳述を強めて] 間違いなしだ, 確かに: The English diet suits us. *Make no* ～ about it. 英国の食事は我々に合っている. それは間違いなしだ / *Make no* ～, he has done it. 確かに彼がやったのだ. ***màke the mistáke of dóing*** …するという誤りを犯す: She *made the* ～ *of* relying on him for help. 彼女が彼に助けを求めたのは間違いだった.
― *vt.* (**mis·took** /-túk/; **-tak·en** /-téɪkən/) **1** 間違える, 思い違いをする, 誤解する (misapprehend): ～ a person's meaning, purpose, intention, etc. / There is no *mistaking* [You can't ～] the fact. その事実は間違えようがない. **2** […と]取り違える [*for*]: I *mistook* him *for* his brother. 彼を弟と間違えた / You ～ licence *for* liberty. 放縦を自由と思い違いしている. **3** 《古》間違って選ぶ, …の選択を誤る: ～ the [one's] road [way] 道を間違える / ～ one's vocation 職業の選択を誤る. ― *vi.* 《古》誤解する, 思い違いをする: if I ～ not (=if I'm not ～*n*) 私の思い違いでなかったら.

mis·ták·er *n.* 〘v.: 《*a*1338》*mistake(n)* □ ON *mistaka* to take in error or by mistake. ― n.: 《*a*1637》← (v.): ⇨ mis-¹, take〙

mis·tak·en /mɪ̀stéɪkən/ *v.* mistake の過去分詞.
― *adj.* 誤った, 間違った, 誤りのある; 考え違いの, 誤解の: a ～ notion 誤った考え / ～ kindness 間違った親切 / ～ identity 人違い / if I'm not ～=unless I'm ～ 私の思い違いでなければ, 確か / You are ～ *about* him. 君は彼を誤解している / You are ～ *in* thinking [if you think] that …と思うのは間違いだ / in the ～ belief that …と誤解して. **～·ly** *adv.* **～·ness** *n.* 〘《1540》(p.p.) ← MISTAKE〙

mis·ták·ing *n.* 間違い (mistake). ― *adj.* 誤った; 誤解した. 〘*c*1300〙

mis·tal /místəl, -tl/ *n.* 《英方言》牛小屋. 〘《1673》← ?〙

Mis·tas·si·ni /mɪ̀stəsíːni/ *n.* ミスタシニ(湖)《カナダ東部 Quebec 州中部の湖; 長さ 160 km, 面積 2,176 km²》.

míst·bòw /-bòu | -bəu/ *n.*〖気象〗霧虹 (fogbow). 〘《1897》← MIST+BOW³〙

míst·còat *n.* ミストコート《塗装などで光沢を出すための噴霧器による上塗り》.

míst cóncentrate spràyer *n.* 濃厚噴霧器 (⇨ concentrate sprayer).

mìs·téach *vt.* 誤り教える, 下手に教える. **～·er** *n.* 〘OE *mistǣcan*: ⇨ mis-¹, teach〙

mìs·téll *vt.* 誤って告げる, 誤報する. 〘《1426》: ⇨ mis-¹, tell〙

mìs·témpered *adj.* 《古》**1** 混乱した, 錯乱した (disordered). **2** 〈武器など〉邪悪な目的のために鍛えられた. 〘1506〙

mis·ter¹ /místə | -tə^(r)/ *n.* (*pl.* **Messrs.** /mésəz | -səz/) **1** /←ー/ …様, さん, 殿, 氏 (cf. master¹ 7). ★ 通例 《米》Mr. または《英》Mr とつづる (⇨ Mr.). **2** **a** 《口語》[単独に呼び掛けとして] だんな, もし, あなた (sir): Look here, ～! もしもし, だんな(さん). **b** 《口語・方言》夫, 主人. **3** (Mr. 以外に敬称を持たない) 平民, ただの人: be he prince or mere ～ 王侯であろうと平民であろうと / He remained a plain ～. 一平民で終わった. **4** [the ～, one's ～ として]《口語》夫, 主人 (husband): Give my kindest regards to your *Mister*. ご主人[だんな]様にくれぐれもよろしく. **5** 《米》[軍隊などで次の階級の人に対する非公式または社交的呼び掛けとして]: **a**〖陸軍〗准尉 (warrant officer), 士官候補生 (cadet). **b**〖海軍〗少佐 (lieutenant commander) 以下の士官. **6**〖海事〗船長以外の高級船員 (officer). **7** 《英》軍医[外科医] (surgeon) に対する正式呼称. **8** (議長などの地位にある)官吏に対する正式呼称: *Mister* Chairman! 議長. **9** [地名, 職業名などに付けて] …界を代表する人物 (⇨ Mr. 2).
― *vt.* 《口語》…に Mr. …と呼び掛ける, …をさんづけで呼ぶ: Don't ～ me any more. さんづけはもうよしてくれ / *Mister* me no misters. さん, さんと呼ぶのはやめてくれ.
〘《1551》ME *Mr* (略) ← *maister* // 《弱形》← *master*〙

mist·er² /místə | -tə^(r)/ *n.* (特に室内植物用の)噴霧器.

Míster Chárlie [Chárley] *n.* 《米俗・しばしば軽蔑》**1** 白人. **2** [集合的に] 白人全体. 〘1960〙

Míster Dónut *n.*〖商標〗ミスタードーナツ《米国のドーナツチェーン店》.

mi·ste·ri·o·so /mɪ̀stèrióusou, -zou | -óusəu, -zəu; *It.* misterjóːzo/ *adj., adv.* *It.*〖音楽〗不思議な[に], 神秘的な[に]. 〘□It. ～ ← *mistero*, 《古》*misterio* < L *mystērium* 'MYSTERY'〙

mìs·térm *vt.* …に間違った名をつける, 誤称する. 〘1579〙

mis·ter·y /místəri, -tri/ *n.* =mystery².

míst·flòwer *n.*〖植物〗北米産キク科ヒヨドリバナ属の多年生草本 (*Eupatorium coelestinum*). 〘1860〙

mist·ful /místfəl, -fl/ *adj.* 霧深い, 霧の立ちこめた, 濛々(もうもう)とした: ～ mountains. 〘1599〙

mìs·thínk 《古》*vi.* 考え違いをする; 悪く思う. ― *vt.* 悪く思う. 〘(?*a*1200) *a*1530〙

Misti, El *n.* ⇨ El Misti.

mis·ti·gris /místɪgrɪ̀s/ *n.*〖トランプ〗**a** 万能札として使える joker または白カード. **b** そのカードを使う draw poker の一種. 〘《1882》□F *mistigri* pussycat, jack of clubs ← *miste, mite* pussycat (? ←《擬音語》)+*gris* gray〙

mìs·tíme *vt.* **1** …の拍子[調子]を取り違える: ～ one's stroke 拍子を乱して漕ぐ[打つ]. **2** …の時[時代]を誤って言う. 〘lateOE *mistīmian*: ⇨ mis-¹, time〙

mìs·tímed *adj.* 《英方言》(食事や睡眠が)時間外れの. 〘(*c*1470) 1687〙

mìs·títle *vt.* …のタイトル[名前]を誤って示す. 〘1618〙

mís·tle thrùsh /mísl-/ *n.*〖鳥類〗ヤドリギツグミ (*Turdus viscivorus*)《ヨーロッパ産のヤドリギ (mistletoe) の実を食べる大型のツグミ; missel thrush, mistletoe thrush, mavis, 《英》では stormcock ともいう》. 〘←《廃》mistle, *missel* < ME *mistel* (↓): その実を食べてその種子を伝播(でんぱ)させる習性から〙

mis·tle·toe /mísltòu | mísltəu, mízl-/ *n.*〖植物〗**1** ヤドリギ (*Viscum album*)《クリスマスの装飾に使う》. **2** 他の近縁の植物の総称《特に American mistletoe (*Phoradendron flavescens*) は米国 Oklahoma 州の州花》. ***kiss under the mistletoe*** ヤドリギの下でキスする《クリスマスのヤドリギ飾りの下では若者は少女にキスしてもよいという習慣がある》.
〘lateOE *misteltān* ← *mistel* mistletoe+*tān* twig: cog. ON *mistilteinn*〙

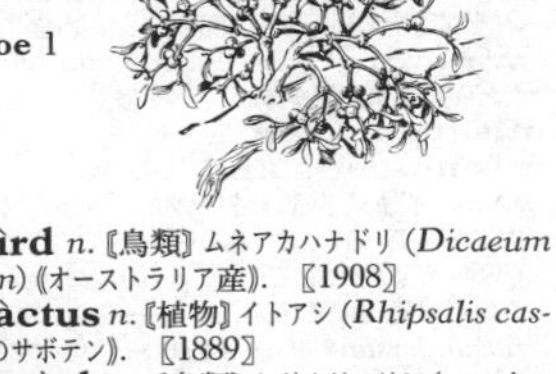

mistletoe 1

místletoe bìrd *n.*〖鳥類〗ムネアカハナドリ (*Dicaeum hirundinaceum*)《オーストラリア産》. 〘1908〙

místletoe càctus *n.*〖植物〗イトアシ (*Rhipsalis cassuha*)《熱帯産のサボテン》. 〘1889〙

místletoe thrùsh *n.*〖鳥類〗ヤドリギツグミ (⇨ mistle thrush). 〘1719〙

mis·took /mɪ̀stúk/ *v.* mistake の過去形.

mis·tral /mɪ̀stráːl, místrəl | místrəl, mɪstráːl; *F.* mistʀal/ *n.*〖気象〗ミストラル《フランスの地中海沿岸地方に吹く乾燥した冷たい北西風》. 〘《1604》□F ～ 'masterwind' □ Prov. ～ 'important' < L *magistrālem* 'MAGISTRAL, masterful'〙

Mis·tral /mɪ̀stráːl, -trǽl | místrəl, mɪstráːl; *F.* mistʀal/, **Frédéric** *n.* ミストラル《1830–1914; フランスの詩人・プロヴァンス文学復興運動の指導者 (cf. Félibrige); Nobel 文学賞 (1904)》.

Mis·tral /mɪ̀stráːl, -trǽl | místrəl, mɪstráːl; *Sp.* mistɾál/, **Gabriela** *n.* ミストラル《1889–1957; チリの女流詩人・教育家; Nobel 文学賞 (1945); 本名 Lucila Godoy de Alcayaga /àlkajáɣa/》.

mìs·transláte *vt.* 誤訳する. **mìs·translá·tion** *n.* 〘1532〙

mìs·tréad·ing /-dɪŋ | -dɪŋ/ *n.* 《廃》悪事 (misdeed). 〘1596〙

mìs·tréat *vt.* 虐待する, 酷使する (maltreat, abuse). **mìs·tréatment** *n.* 〘《*a*1471》? □ MF *mestreitier, mestraitier*: ⇨ mis-¹, treat〙

mis·tress /místrɪ̀s/ *n.* **1** (男から見て)愛人, 情婦, 妾(めかけ): keep a ～ 妾を囲う. **2** **a** (一家の)女主人, 主婦: Is the ～ at home? 奥さんはおいでですか / the ～ of a house 一家の主婦. **b** (奴隷・動物の)女性所有者[飼い主]: the ～ of a slave, dog, etc. **3** **a** 支配権[統治権, 主権]を有する女性, 女性の支配者: a ～ of society at the period 当代社交界の女王 / be one's own ～ 主体的である (cf. own *adj.* 成句) / She is ～ of the situation.

M

局面を支配している, (面倒な)情勢に屈せずにいる. **b** [時に M-] 女王(になぞらえるもの) (cf. queen): the moon, the ~ of the night 夜の女王である月 / the Adriatic アドリア海の女王《Venice の異名》/ the *Mistress* of the Seas 海の女王, 海上の覇者(は)《英国の異名》/ the *Mistress* of the World 世界の女王《ローマ帝国の異名》. **4** 女流大家[名人] (cf. master¹ *n.* 4 c). **5 a** 《英》女教師 (schoolmistress) (cf. master¹ 3 a): a French [music] ~ フランス語[音楽]の女教師. **b** (特殊な技芸の)女教師, 女師匠 (cf. master¹ 3 b): a dancing ~ ダンスの女教師. **6 a** /ㅡ-/ [M-; 敬称として婦人の名につけて] …夫人, …様. ★ 今は方言以外は既婚女性に対しては Mrs. の縮約形で用いられ, 未婚女性に対しては Miss を用いる (⇨ Mrs. 1). **b** [単独に呼び掛け語として] 《古・方言》=madam 1. **7** 《スコット》子爵または男爵の長女 (cf. master¹ 7 b). **8** 《古・詩》恋人, 愛人: O ~ mine! ああいとしき君よ. **9** 《英方言》妻 (wife). **10** (lawn bowling で) 的球(まと) (jack).
místress of céremonies 女性の司会者 (cf. MASTER¹ of ceremonies).
Místress of the Róbes [the —] (英国王室の)女官長《女王[王妃]の衣装管理係》.
〖(?*a*1300) ME *maistresse* ◻ OF *maistresse* (F *maîtresse*) (fem.) ← *maistre* (F *maître*) 'MASTER¹': ⇨ -ess¹〗

místress-shìp *n.* mistress の身分[地位, 職]. 〖(1466) ← ↑ + -SHIP〗

mis·tríal *n.* 〖法律〗**1** (手続上の過誤のある)無効裁判, 誤判; (手続上の過誤のある)無効審理, 誤審理. **2** 《米》(陪審員の意見が一致しない)未終結審理 (inconclusive trial). 〖(1628): ⇨ mis-¹, trial〗

mis·trust /mìstrʌ́st/ *n.* 不信, 不信用 (⇨ unbelief SYN); 疑惑 (suspicion). — *vt.* **1** 信用しない, 疑う, 怪しむ (suspect, doubt): ~ oneself 自信がない. **2** …の真実性[確実性, 効力など]を疑う. **3** …ではないかと思う, 推測する (suspect). — *vi.* 疑っている. **~·er** *n.* 〖(*c*1384) *mistruste(n)*: ⇨ mis-¹, trust〗

mis·trust·ful /mìstrʌ́stfəl, -fl/ *adj.* **1** 疑い深い, 信用しない (suspicious, distrustful) 〔*of*〕: a ~ glance / He is ~ *of* my ability. 彼は私の能力を信用しない. **2** 《廃》不信の多い, うさんくさい. **~·ly** *adv.* **~·ness** *n.* 〖1529〗

mis·trúst·ing *adj.* 信用しない, 疑っている (doubting). **~·ly** *adv.* **~·ness** *n.* 〖1552〗

mis·tryst /mìstríst/ 《スコット》*vt.* 〈人〉との会合の約束を反故(ほご)にする. — *vi.* 約束を反故にする. 〖(1816) ← MIS-¹ + TRYST〗

mist·y /místi/ *adj.* (**mist·i·er, -i·est; more ~, most ~**) **1** 霧[もや]の深い, 霧のかかった[立ちこめた], 霧に包まれた: a ~ morning 霧深い朝 / the ~ weather 霧の立ちこめた天候, 霧空 / the ~ summit of the mountain 霧に包まれた山頂. **2** 〈目が〉(涙または老衰で)かすんだ[曇った]: ~ eyes 涙に曇った目; (老いて)かすんだ目 (cf. misty-eyed 1). **3** 霧を距てた(ような), 朦朧(もうろう)とした, 曖昧な, はっきりしない (obscure): a ~ notion, idea, conception, etc. / a ~ recollection ぼんやりとした思い出.
míst·i·ly /-təli, -tli/ *adv.* **míst·i·ness** *n.* 〖OE *mistig*: ⇨ mist, -y¹〗

místy-éyed *adj.* **1** (涙または老衰で)目がよく見えない. **2** 夢でも見ているような, 涙もろい, 感傷的な, センチメンタルな: He is too ~ to be a good businessman. 夢想家肌だから実業には向かない. 〖1928〗

mis·týpe *vt.* 間違ってタイプする.

mis·un·der·stand /mìsʌ̀ndəstǽnd | -də-/ *vt.* **1** 〈人〉(の言動)を誤解する: We ~ each other. 我々は互いに誤解している. **2** 〈語句・陳述など〉の意味を取り違える, 間違った意味に取る: He *misunderstood* my orders. 私の命令の意味を取り違えた. — *vi.* 誤解する. 〖(*c*1200) *misunderstande(n)*: ⇨ mis-¹, understand〗

mis·un·der·stand·ing /mìsʌ̀ndəstǽndɪŋ | -də-/ *n.* **1** 誤解, 考え違い, 解釈違い (misinterpretation): have ~ about a matter ある事について誤解している. **2** 意見の相違, 不和, けんか (disagreement, quarrel): correct [remove] ~s between [among] …間の誤解を正す[除く]. 〖*c*1443〗

mis·un·der·stood /mìsʌ̀ndəstʊ́d | -də-/ *v.* misunderstand の過去形・過去分詞. — *adj.* **1** 意味を取り違えた, 誤解された: a ~ problem. **2** 正当に理解されない, ありがたがられない (unappreciated): He claims that his work is ~. 作品が正当に理解されていないと主張している. 〖1594〗

mis·usage /mɪsjúːsɪdʒ, -zɪdʒ/ *n.* **1** (語句などの)誤用. **2** 虐待, 酷使 (maltreatment). 〖1532〗

mis·use /mìsjúːs/ *n.* **1** 誤用, 悪用: ~ of words [public funds] 言葉[公金]の不正な使用. **2** 《廃》虐待, 酷使; 不品行. — /mìsjúːz/ *vt.* **1** 〈語句・才能などを〉誤用する, 間違った方面に用いる: ~ one's talents (折角の)才能を間違ったところで発揮する, 才能を悪用する. **2** 〈人・物を〉乱暴に扱う (ill-treat): ~ one's wife [watch]. **3** 《Shak》…について事実を曲げて伝える; 欺く. 〖(*c*1380) ◻ OF *mesuser* ← *mes-* 'MIS-¹' + *user* to use: ⇨ use〗

mis·us·er¹ /mìsjúːzə | -zə(r)/ *n.* 誤用者; 虐待者. 〖(1548): ⇨ ↑, -er¹〗

mis·us·er² /mɪsjúːzə | -zə(r)/ *n.* 〖法律〗(自由権・特権・財産などの)濫用 (abuse). 〖(*a*1625) ◻ AF ~ ← OF *mesuser* 'to MISUSE'〗

mis·válue *vt.* …の評価を誤る; (特に)見くびる (undervalue). 〖1614〗

mis·vénture *n.* 不運な企て[冒険], 災難 (misadventure). 〖(1563) ← MIS-¹ + VENTURE〗

mis·wórd *vt.* 言い誤る, …の言葉遣いを誤る; 不適当な言葉で表す. 〖1883〗

mis·wríte *vt.* 書き誤る. 〖lateOE *miswritan*: ⇨ mis-¹, write〗

MIT /émàɪtíː/ 《略》Massachusetts Institute of Technology.

mit- /maɪt/ (母音の前にくるときの) mito- の異形.

mitch /mɪtʃ/ *vi.* 《英方言》**1** こそこそ逃げる (skulk). **2** 学校をサボる. 〖(1558) ← ? OF *muchier* to lurk〗

Mitch·am /mítʃəm/ *n.* ミッチャム《イングランド Surrey 州にあった都市; 現在は Merton の一部》. 〖OE *Micel-hām* (原義) great village: ⇨ much, home〗

mítch·bòard /mítʃ-/ *n.* 〖海事〗叉(さ)柱《円材を横に置く時に使う Y 型または X 型の台》. 〖(1883) ← *mitch* (← ?: cf. MDu. *micke* forked stick) + BOARD〗

Mitch·ell /mítʃəl, -tʃl/ *n.* ミッチェル《男性名》. 〖(変形) ← MICHAEL¹〗

Mitch·ell /mítʃəl, -tʃl/, **Joni** *n.* ミッチェル《1943– ; カナダ出身のシンガーソングライター; 本名 Roberta Joan Anderson》.

Mitchell, Margaret *n.* ミッチェル《1900–49; 米国の女流小説家; *Gone With the Wind* (1936)》.

Mitchell, Maria *n.* ミッチェル《1818–89; 米国の女性天文学者》.

Mitch·ell /mítʃəl, -tʃl/, **Mount** *n.* ミッチェル山《米国 North Carolina 州西部の山; Mississippi 川東方における米国の最高峰 (2,037 m)》. 〖← *Elisha Mitchell* (1793–1857: 米国の地質学者・植物学者)〗

Mitchell, Peter Dennis *n.* ミッチェル《1920–92; 英国の化学者》.

Mitchell, Reginald Joseph *n.* ミッチェル《1895–1937; 英国の航空技師; Spitfire 戦闘機の設計者》.

Mitchell, S(ilas) Weir /wíə | wíə(r)/ *n.* ミッチェル《1829–1914; 米国の医師・小説家; *Hugh Wynne, Free Quaker* (1897)》.

Mitchell, Sir **Thomas Livingstone** *n.* ミッチェル《1792–1855; スコットランド生まれのオーストラリアの探険家; 通称 Major Mitchell として知られる》.

Mitchell, Wesley Clair *n.* ミッチェル《1874–1948; 米国の経済学者》.

Mitchell, William *n.* ミッチェル《1879–1936; 米国の将軍・第一次大戦の空の勇士; 近代戦における航空兵力の重要性を唱導した先駆者; 通称 Billy Mitchell》.

Mitch·um /mítʃəm/, **Robert** *n.* ミッチャム《1917–97; 米国の映画俳優; *Ryan's Daughter* (1970), *Farewell My Lovely* (1975)》.

mite¹ /máɪt/ *n.* **1 a** ごく小さい物, 小動物, 小さな子供, ちび: a ~ on an elephant 象の背中の小虫《大木に蝉(せみ)》/ a tiny ~ (of a child) ちび / a dear little ~ かわいい小さな子. **b** 《口語》[しばしば a ~ として副詞的に] 微量, ちょっぴり (bit, jot): Alice is *a* ~ taller than Jane. アリスはジェーンよりちょっと高い / not *a* ~ 少しも…で[し]ない. **2** 少額ながら奇特な寄付, 貧者の一灯; 少しながら精一杯の努力, 微力: ⇨ widow's mite / contribute one's ~ to …のため微力を尽くす. **3 a** 小貨幣, 小銭《もとはフランダースの小銅貨; ⇨ lepton¹》. **b** 《英俗》半ファージング (half a farthing). 〖(*a*1375) ◻ MDu. *mīte*: ↓〗

mite² /máɪt/ *n.* 〖動物〗ダニ《ダニ目の動物の総称; 狭義にはマダニ (tick) を除くダニを指す; cf. tick² 1》. 〖lateOE *mite* small insect < Gmc **mitōn* (原義) the biter (MDu. *mīte* (Du. *mijt*)) / OHG *miza* midge, fly) ← IE **mai-* to cut: cf. mad〗

mi·ter, 《英》**mi·tre** /máɪtə | -tə(r)/ *n.* **1** 司教冠, 主教冠, ミトラ, マイター《bishop や時に abbot が祭式の際に戴く冠; その頂上に横の深い溝があって二つの山形を成し, 後ろに 2 本の長いひもが垂れている》: confer [bestow] a ~ upon …に司教冠を授ける, …を司教の位につける. **2** 司教の職[位] (bishopric). **3** (古代ユダヤの)大司祭 (high priest) のかぶり物. **4 a** (古代ギリシャの女性が着けた)髪ひも, リボン (fillet). **b** 見返しや裾などの角の始末, ななめはぎ, 額ぶち始末. **5** 〖木工〗**a** 留形包(とめがたつつみ)打付継ぎ; =miter joint. **b** =miter square. **6** 〖海事〗斜め縫合せ《三角帆の角などで額縁のように帆を斜めに縫い合わせる》. — *vt.* **1** …に司教冠を授ける; 司教に任じる. **2** 〖木工〗留め継ぎ[斜め継ぎ]する; 留め継ぎ[斜め継ぎ]面に切る. **~·er** /-tərə | -tərə(r)/ *n.* 〖(*c*1303) *mitre* ◻ (O)F // L *mitra* cap ◻ Gk *mítrā* belt, headband, head-dress〗

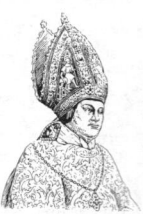

miter 1

míter blòck *n.* 〖木工〗留め (miter joint) を作るための溝付き角材.

míter bòx *n.* 〖木工〗**1** 留め継ぎ箱, 箱型《木材に留め継ぎを作るとき, 適宜な角度でのこぎりを動かせるようになった箱形の道具》. **2** 留め仕口作業用台. 〖1678〗

míter-bòx sàw *n.* 〖木工〗=miter saw.

mí·tered *adj.* **1** 司教冠 (miter) をかぶった; 司教冠を授けられた, 司教の位にある. **2** 司教冠状の頂のある. 〖(?*c*1308) *mitred* (なぞり) ← ML *mitrātus* ← L 'wearing a turban': ⇨ miter, -ed〗

mítered ábbey *n.* 〖カトリック〗司教冠寺院[僧院] 《mitered abbot の主管下にある僧院》. 〖*a*1661〗

mítered ábbot *n.* 〖カトリック〗司教冠司教《教皇によって司教冠を許された司教; 英国の宗教改革以前は上院での議決権をもっていた》. 〖1658〗

mítered jíb *n.* 〖海事〗マイタージブ, 斜め継ぎジブ《帆布を額縁の角のように斜めに縫い合わせた船首三角帆; miter jib, patent-cut jib ともいう》.

mítered sáil *n.* 〖海事〗=angulated sail.

míter gàte *n.* 〖土木〗マイターゲート, 斜接扉, 合掌扉《水門などの開閉に用いられる両開きの扉》.

míter gèar *n.* 〖機械〗マイター歯車《bevel gear の一種; 軸が直交し歯数の等しいもの》.

míter jòint *n.* 〖木工〗留め継ぎ, 斜め継ぎ, 合掌継手《相対する二枚の板が直角その他の角度に交わり, 継ぎ目がその角の二分線上に接合するもの》. 〖1688〗

míter pòst *n.* 〖土木〗マイター柱, 合掌柱《二枚のマイターゲート (miter gate) が互いに触れ合う位置に取り付けた鉛直材; meeting post ともいう》. 〖1838〗

míter sàw *n.* 〖木工〗留め継ぎ用のつり掛けのこぎり《角度を固定して木材を切る》.

míter squàre *n.* 〖木工〗留め継ぎ (miter joint) 用定規, 45 度定規. 〖1678〗

míter whèels *n. pl.* 〖機械〗マイターホイール《互いに斜めになった面をもつ cogwheels》.

míter·wòrt *n.* 〖植物〗**1** チャルメルソウ《ユキノシタ科チャルメルソウ属 (*Mitella*) の植物の総称; その蒴(さく)が司教冠 (miter) に似る; 北米北部産の *M. diphylla* など; bishop's-cap ともいう》. **2** 米国南東部産フジウツギ科の一年生植物 (*Cynoctonum mitreola*). 〖1845–50〗

Mit·ford /mítfəd | -fəd/, **Mary Russell** *n.* ミットフォード《1787–1855; 英国の女流作家; *Our Village* (1824–32)》.

Mitford, Nancy *n.* ミットフォード《1904–73; 英国の作家; 貴族社会の生活をウィットに富んだ筆致で描いた自伝的小説 *Pursuit of Love* (1945), *Love in a Cold Climate* (1949) などで有名》.

mi·thai /mɪtáɪ/ *n.* 《インド》砂糖菓子.

mith·an /míθən/ *n.* (*pl.* ~) 〖動物〗=gaur. 〖(1845) ← Mon-Khmer (Khasi)〗

mith·er /míðə | -ðə(r)/ *n.* 《スコット》=mother¹.

Mith·garth /míðgaəð | -gɑːð/ *n.* =Midgard.

Mith·gar·thr /míðgaəðə | -gɑːðə(r)/ *n.* ミズガルズ 《Midgard のアイスランド語名》.

Mith·ra /míθrə/ *n.* 〖ペルシャ神話〗ミスラ, ミトラ《光と真理の神, 後には太陽の神; ゾロアスター教では至上神と人間の間の調停者; cf. taurobolium 1》. 〖(1551) ◻ L *Mithrās* ◻ Gk *Míthrās* ◻ OPers. *Mithra*: cf. Mitra〗

Mith·ra·da·tes VI /mìθrədéɪtiːz | -θrə-/ *n.* =Mithridates VI.

Mith·rae·um /mɪθríːəm/ *n.* (*pl.* **-rae·a** /-ríːə/, **~s**) ミスラ神殿. 〖(1878) ← NL ← L *Mithrās* 'MITHRA'〗

Mith·ra·ic /mɪθréɪɪk/ *adj.* ミスラ神の, ミスラ信仰の. 〖1678〗

Mith·ra·i·cism /mɪθréɪəsìzm | -réɪɪ-/ *n.* =Mithraism.

Mith·ra·ism /míθreɪìzm, -θrə- | -θrə-/ *n.* ミスラ礼拝[信仰]. 〖1822〗

Mith·ra·ist /míθreɪəst, -θrə- | -ɪst/ *n.* ミスラ信者. 〖1888〗

Mith·ra·is·tic /mìθreɪístɪk, -θrə-ˈ-/ *adj.* =Mithraic. 〖1900〗

Mi·th·ras /míθræs/ *n.* 〖ペルシャ神話〗=Mithra.

mith·ri·date /míθrədèɪt | -θrə-/ *n.* 《廃》解毒剤, 抗毒剤 (alexipharmic). 〖(1528) (古形) *mithridatum* ◻ ML ← LL *mithridātium* antidote ← L 'dogtooth violet (used as an antidote)' ← *Mithridātēs* (↓)〗

Mith·ri·da·tes VI /mìθrədéɪtiːz- | -θrə-/ *n.* ミトリダテース六世 (132?–63 B.C.; 小アジアの Pontus 国の王 (120?–63 B.C.), ローマ軍を連破したのち敗れた (69 B.C.); 通称 Mithridates the Great).

mith·ri·da·tism /mìθrədéɪtɪzm | -θrə-/ *n.* ミトリダート法《毒の服用量を次第に増すことによって免疫を得る方法》. **mith·ri·dat·ic** /mìθrədǽtɪk | -θrədǽt-ˈ-/ *adj.* 〖(1851) ← *Mithridates VI* (↑): 彼はこの方法で免毒性を得たという: ⇨ -ism〗

mith·ri·da·tize /mìθrədéɪtaɪz | -θrə-/ *vt.* (服用量を漸増して)…の免毒性を養う. 〖(1866): ⇨ ↑, -ize〗

MITI /míti | -ti/ 《略》Ministry of International Trade and Industry (日本の)通商産業省, 通産省《2001 年より経済産業省 (Ministry of Economy, Trade and Industry; 略 METI)》.

mi·ti·cid·al /màɪtəsáɪdl | -təsáɪdl-ˈ-/ *adj.* ダニ駆除剤の (acaricidal).

mi·ti·cide /máɪtəsàɪd | -tə-/ *n.* ダニ駆除剤 (acaricide). 〖(1946) ← MITE² + -I- + -CIDE〗

mit·i·ga·ble /mítɪgəbl | -tɪ-/ *adj.* 緩和[軽減]できる; なだめられる; 静められる (appeasable). 〖*a*1677〗

mit·i·gate /mítəgèɪt | -tɪ-/ *vt.* **1 a** 〈苦痛・苛酷さ・苦しみなどを〉和らげる, 緩める, なだめる, 静める (⇨ relieve SYN): ~ a person's pain [hatred, suffering, grief, anger, etc.] / ~ heat [cold] 暑さ[寒さ]を和らげる / ~ the violence of pain 痛みの激しさを和らげる / ~ against …を困難にする, 〈人〉に不利に作用する. **b** 〈刑罰などを〉軽くする, 軽減する, 緩和する (extenuate): ~ a punishment 罰を軽くする. **2** 《まれ》〈人を〉温和に[優しく]する, 〈人の心・気分を〉和らげる. — *vi.* 温和になる, 緩和する (moderate). **mít·i·gà·tor** /-tə | -tə(r)/ *n.* 〖(?*a*1425) ← L *mītigātus* (p.p.) ← *mītigāre* to make soft, pacify ← *mītis* mild, gentle (← IE **mei-* to change, go)+*agere* to drive (⇨ act)〗

mít·i·gat·ing círcumstances /-tɪŋ- | -tɪŋ-/ *n. pl.*〘法律〙(刑罰の)軽減事由.〘1749〙

mit·i·ga·tion /mìtɪ̀géɪʃən | -tɪ-/ *n.* **1** 和らげ(られ)ること, 鎮静; (刑罰などの)軽減, 緩和. **2** 鎮静[緩和]する物.〘(*a*1376) □ (O)F ~ // L *mītigātiō(n-)*: ⇨ mitigate, -ation〙

mit·i·ga·tive /mítɪ̀gèɪtɪv | -tɪgèɪt-/ *adj.* 緩和する, 緩和的な (lenitive).〘(1392) □ OF *mitigatif* // LL *mītigātīvus*: ⇨ mitigate, -ative〙

mit·i·ga·to·ry /mítɪ̀gətɔ̀ːri | -tɪgèɪtəri/ *adj.* =mitigative.〘(1611) ← MITIGATE+-ORY[1]〙

Mi·tí·li·ni /*Mod.Gk.* mitilíni/ *n.* ミティリーニ (Mytilene のギリシャ語名).

mí·tis càsting /máɪtɪ̀s- | -tɪs-/ *n.* 可鍛鉄鋳造; 可鍛鉄鋳物.〘1885〙

mítis mètal *n.*〘冶金〙可鍛鉄, 可鍛鉄鋳物.〘1886〙

Mi·tla /míːtlə; *Am.Sp.* mítla/ *n.* ミトラ (メキシコの Oaxaca 近くにあるサポテクインディアンの都市の遺跡).〘← Nahuatl: 原義は death of the dead; 死者の場所〙

Mit·na·ged /mìtnɑːgéd/ *n.* (*pl.* **Mit·nag·dim** /mìtnɑːgdím/)〘ユダヤ教〙反ハシッド派の正統派ユダヤ教徒 (cf. Hasid).〘□ MHeb. *mitnaggēd* ← *hitnaggēd* to oppose ← Heb. *nèghed* opposite〙

mi·to- /máɪtoʊ | -təʊ/ 次の意味を表す連結形: **1**「糸 (thread)」: *mitome*. **2**「有糸分裂 (mitosis)」: *mitogen*. ★ 母音の前では通例 mit- になる.〘← NL ~ ← Gk ~ ← *mítos* thread〙

mi·to·chon·dri·on /màɪtəkɑ́(ː)ndriən | -tə(ʊ)kɔ́n-/ *n.* (*pl.* **-dri·a** /-driə/)〘生物〙ミトコンドリア (細胞の細胞質内にある小体で, 細胞呼吸が行われている部分; chondriosome ともいう). **mì·to·chón·dri·al** /-driəl-/ *adj.*〘(1901) □ G *Mitochondrion* ← MITO- +Gk *khóndrion* small grain (⇨ chondri-[2])〙

mi·to·gen /máɪtədʒɪ̀n, -dʒèn | -tə-/ *n.*〘生物〙ミトゲン (有糸分裂を導く物質). **mi·to·gen·ic** /màɪtədʒénɪk | -tə-/ *adj.* **mi·to·ge·nic·i·ty** /màɪtədʒɪ̀nísəti | -tədʒɪ̀nísɪ̀ti/ *n.*〘(*c*1951) ← MITO-+-GEN〙

mi·tome /máɪtoʊm | -təʊm/ *n.*〘生物〙ミトーム, マイトーム (細胞を固定したとき細胞質中で見られる繊維性の微細構造).〘(1888) □ G *Mitom*: ⇨ mito-, -ome〙

mi·to·my·cin /màɪtəmáɪsn | -təmáɪsɪn/ *n.*〘生化学〙マイトマイシン (放射菌から得られる制癌作用および抗菌性のある抗生物質).〘(1956) ← MITO-+-MYCIN〙

mi·to·sis /maɪtóʊsɪ̀s | -tə́ʊsɪs/ *n.* (*pl.* **mi·to·ses** /-siːz/)〘生物〙(細胞核の)有糸分裂, 間接核分裂 (karyokinesis ともいう; cf. amitosis, cytokinesis, cell division). **mi·tot·ic** /maɪtɑ́(ː)tɪk | -tɔ́t-/ *adj.* **mi·tót·i·cal·ly** *adv.*〘(1887) ← NL ~ ← MITO-+-SIS〙

mi·tra /máɪtrə/ *n.*〘植物〙**1** (マツタケなど帽菌類の)頭巾(ずきん)状の菌傘(きんさん). **2** 兜(かぶと)状体 (galea). **3** メキシコ産のとげのないサボテンの一種 (*Astrophytum myriostigma*).〘(1638) □ L *mitra* headband, cap: ⇨ miter〙

Mi·tra /míːtrə/ *n.*〘インド神話〙ミトラ (リグヴェーダ (Rig-Veda) の光・正義・契約の神).〘□ Skt *Mitra*: cf. Mithra〙

mi·trail·leur /mìːtreɪjə́ː, -trə- | mìtraɪə́ː(r; *F.* mitʀajœːʀ/ *F. n.* (*pl.* **~s** /~z; *F.* ~/) 機関銃手.〘(1869) □ F ~ ← *mitrailler* (↓)〙

mi·trail·leuse /mìtraɪə́ːz, mìːtreɪ- | mìtraɪə́ːz; *F.* mitʀajøːz/ *F. n.* (*pl.* **mi·trail·leus·es** /~ɪ̀z; *F.* ~/)〘銃砲〙**1** 尻込め式多筒機関銃 (普仏戦争でフランス軍が初めて用いた). **2** 機関銃 (machine gun).〘(1870) □ F ~ (fem.) ← *mitrailler* to fire grapeshot ← *mitraille* pieces of metal, grapeshot (変形) ← OF *mitaille* (dim.) ← *mite* small coin: cf. mite[1]〙

mi·tral /máɪtrəl/ *adj.* **1** 司教冠[マイター] (miter) の; マイター状の. **2**〘解剖〙僧帽弁の.〘(1610) ← MITER (n.)+-AL[1]〙

mítral insufficiency [incómpetence] *n.*〘病理〙僧帽弁閉鎖不全(症).

mítral stenósis *n.*〘病理〙僧帽弁狭窄症.

mítral vàlve *n.*〘解剖〙僧帽弁 (心臓の左心房と左心室の中間にあって, 血液が心房に逆流するのを防ぐ弁; bicuspid valve, left atrioventicular valve ともいう; cf. tricuspid valve).〘(1705) (なぞり) ← NL *mitralis valvula*〙

mitre *n., vt.* (英) =miter.

Mit·ri·dae /mítrədiː | -trɪ-/ *n. pl.*〘貝類〙フデガイ科.〘← NL ~ ← *Mitra* (属名: ⇨ miter)+-IDAE〙

mi·tri·form /máɪtrəfɔ̀ːm | -trɪ̀fɔ̀ːm/ *adj.* 司教冠 (miter) の形をした, 僧帽状の.〘(1830) ← NL *mitriformis* ← L *mitra* turban+-IFORM〙

Mi·tro·pou·los /mɪ̀trɑ́(ː)pələs | mɪtrɔ́p-; *Mod.Gk.* mitrópulɔs/, **Di·mi·tri** /dɪ̀míːtri | dɪ-/ *n.* ミトロプロス (1896–1960; ギリシャ生まれの米国の指揮者).

Mits·'i·wa /mɪtsíːwə/ *n.* ミツィワ (Massaua の別名).

mits·vah /mítsvə, -vɑː/ *n.* (*pl.* **mits·voth** /-voʊθ, -voʊt, -voʊs | -vəʊθ/, **mits·vot** /-voʊt | -vəʊt/, **~s**)〘ユダヤ教〙=mitzvah.

mitt /mít/ *n.* **1 a** (女性用)指なし長手袋 (絹またはレース製; 指先を除いてひじから手首まで覆うもの). **b** =mitten 1. **2 a** (野球用)ミット. **b** (俗) ボクシング用グラブ. **3** (俗) こぶし, 手 (fist, hand).
gét the (frózen) mítt =*get the (frozen)* MITTEN. ***give a person the (frózen) mítt*** =*give a person the (frozen)* MITTEN. ***típ one's mítt*** (米俗) 手のうち[計画, 意向]を見せる, 内報する, 密告する.
〘(1765) (尾音消失) ← MITTEN〙

Mit·tel·eu·ro·pa /mítḷjʊróʊpə, -ɔɪróʊ- | -tḷjʊ(ə)ráʊ-, -ɔɪráʊ-; *G.* mítḷɔʏʀóːpa/ *G. n.* (*also* **Mit·tel-Eu·ro·pa** /~/) =Central Europe. **Mít·tel·eu·ro·pé·an, Mít·tel-Eu·ro·péan** /mítḷ-/ *n., adj.*

Mit·tel·land Canál /mítḷæ̀nt- | -tḷ-; *G.* mítḷant-/ *n.* ミッテルラント運河 (ドイツの Rhine 川と Elbe 川を連絡する運河; 長さ 325 km).

mit·ten /mítn/ *n.* **1** ミトン, 二叉手袋 (親指だけ離れて他は一つの袋になっているもの; cf. glove 1). **2** =mitt 1 a. **3** [*pl.*] (俗) ボクシング用グラブ.
gét the (frózen) mítten (俗) (恋人から)ひじ鉄砲を食う; 首になる. ***give a person the (frózen) mítten*** (俗) 人にひじ鉄砲を食わせる; 人を首にする (dismiss). ***hándle withòut míttens*** 容赦なく取り扱う.
〘(*c*1390) *myteyne* □ (O)F *mitaine* < VL **medietāna* (glove) halved (between thumb and fingers) ← L *medius* middle: cf. medium, media[2]〙

mítten cràb *n.*〘動物〙チュウゴクモクズガニ (*Eriocheir sinensis*) (柔毛でおおわれたはさみをもつ, イワガニ科の緑がかったオリーブ色のカニ; アジア原産で, 他の地方にも移入された).〘1934〙

mítten mòney *n.* (俗)〘海事〙冬季水先割増料金.〘水先人が寒中, ミトンをはめて乗船してくることから〙

Mit·ter·rand /míːtərɑ̀ːn(d), mít- | míːtərɑ̃ː(ŋ), -rɑ̀ːŋ; *F.* mitεʀɑ̃/, **François** *n.* ミッテラン (1916–96; フランスの政治家, 社会党第一書記長 (1971–81); 大統領 (1981–95)).

mit·ti·mus /mítəməs | -tɪ-/ *n.* **1** (英古) 解雇, 免職 (dismissal): get one's ~ 解雇される, 首になる. **2** (英戯言) =magistrate. **3**〘法律〙**a** (刑務所長に当てた)犯人収監令状 (執行官に当てた)犯人護送令状 (いずれも裁判所または治安判事が出すもの). **b** (法廷から法廷への)訴訟[記録]移送令状.〘(1443) □ L ~ 'we send'〙

Mit·ty /míti | -ti/ *n.* (現実ばなれした)甘い夢にふける人. **Mit·ty·esque** /mìtiésk | -ti-/, **~-lìke** *adj.*〘(1950) ← *Walter Mitty* (James Thurber の短篇小説 *The Secret Life of Walter Mitty* (1939) の主人公)〙

Mit·zi /mítsi/ *n.* ミツィ (女性名).〘(dim.) ← MIRIAM〙

mitz·vah /mítsvə, -vɑː/ *n.* (*pl.* **mitz·voth** /-voʊθ, -voʊt, -voʊs | -vəʊθ/, **mitz·vot** /-voʊt | -vəʊt/, **~s**)〘ユダヤ教〙**1** 聖書または律法学者の戒律: ⇨ bar mitzvah. **2** (ユダヤの宗教・法律のために行った)善行; 慈善行為.〘(1650) □ Heb. *miṣwā́h* commandment ← *ṣiwwā́h* to command〙

mix /míks/ *v.* (**~ed**, (古) **mixt** /míkst/) — *vt.* **1** 〈いくつかの物を〉混ぜる, 混合する, かき混ぜる: ~ wine and water ワインと水を混ぜる / ~ water *with* whiskey ウイスキーを水で割る / ~ a little soda *into* the flour 小麦粉の中に重曹を少々入れる. **2** (諸成分を混ぜて)作る, 混成する, 調合する (compound): ~ a drink [cocktail] (いろいろ混ぜて)飲み物[カクテル]を作る / ~ a poison 毒を調合する[盛る]. **3** 一つにする, 結びつける (combine): ~ business *with* pleasure 仕事と遊びを結びつける / ~ feelings of love and pity 愛と哀れみの情を一つにする. **4** 〈人々を〉交わらせる: ~ the boys *with* the girls in a school 学校で少年と少女を交際させる / ~ people of different social worlds 違った社会の人々を交わらせる / ~ oneself *among* the people 人々の仲間にはいる. **5** 異種交配させる (crossbreed). **6**〘映画・放送〙ミキシング録画[録音]する. — *vi.* **1** 混ざる; 混合する (combine): Oil and water will not ~. 油と水は混ざらない / These colors ~ well. これらの色はよく混ざる. **2 a** 〈人が〉交わる (associate); 親密につき合う; 仲よくやっていく, 調子が合う〔*with, in*〕: ~ *in* society 社交界に出入りする / ~ *with* different people いろいろの人と交際する / He doesn't ~ well. つき合いが下手だ. **b** 〔…に〕かかり合う, 参加する (participate)〔*in*〕: ~ *in* the demonstration. **3** 異種交配する. **4** (俗)〘ボクシング〙激しく打ち合う.
míx and mátch 〔衣服などを〕ミスマッチ風に合わせる, 〔多様なものから選んで〕うまく組み合わせる. ***míx ín*** (俗) けんかに加わる. ***míx in with*** 〈人〉とつき合う. ***míx it*** (俗) 問題を引き起こす, 〔…と〕けんかをする〔*with*〕. ***míx it úp*** (俗) 盛んに殴り合う. ***míx úp*** (1) よく混ぜ合わせる, かき[つき]混ぜる; 調合する: ~ *up* one's ideas 十分考えを練る. (2) 混同する, ごっちゃにする: ~ *up* one tune *with* another 二つの曲を混同する / ~ *up* one's business and home telephone numbers 事務所と自宅の電話を混同する. (3) 〔…と〕間違える〔*with*〕: People often ~ him *up with* his brother. 人はよく彼を彼の兄と間違える. (4) [~ *oneself* または受身で]〔悪友などと〕交わる; 〔不正などに〕かかり合う, 関係する〔*with, in*〕: ~ *oneself up in* an affair 事件にかかり合う / Don't get ~*ed up in* politics. 政治にかかり合ってはいけない / He is ~*ed up with* something shady. いかがわしいことに関係している.
— *n.* **1** 混合, 混同 (mixture). **2 a** (料理の)素(もと), ミックス (水などを加えさえすればいろいろな食品ができ上がるもの): a hot cake ~ ホットケーキミックス. **b** =mixer 3. **3** 混合率; 処方. **4** (口語) 混乱 (muddle, mess): I was more in a ~ than ever. 私はますます混乱した. **5** ミキシング録音.

míx·a·ble /-səbḷ/ *adj.* **mix·a·bil·i·ty** /mìksəbíləṭi | -lɪ̀ti/ *n.*〘(1538) (逆成) ← *mixt* 'MIXED'〙

SYN 混ぜる: **mix** いろいろな成分を混ぜ合わせる (成分が識別できる場合もできない場合もある; 一般的な語): *mix* flour and milk 小麦粉とミルクを混ぜる. **mingle** mix と同義のこともあるが, どちらかと言うと各要素が混ざりつつも識別できるという含意がある: her look of *mingled* joy and sorrow 悲喜こもごもの表情. **commingle** 調和よく交じる (格式ばった語): The girls did not *commingle* with the boys. 女の子は男の子としっくりいかなかった. **blend** 異なった成分を混合して調和のとれたものを作る: *blend* teas 茶をブレンドする. **merge** 混合して各成分が合わさって一つになる: Twilight *merged* into darkness. たそがれが暗やみに溶けこんだ. **fuse** 溶かして融合する: *fuse* copper and tin 銅と錫を融合する.

míx·dòwn *n.*〘音響〙ミックス[トラック]ダウン (マルチトラックのマスターテープからよりトラック数の少ないテープを作ること).

mixed /míkst/ *adj.* **1** 混ざった, 混同[混和]した, 混成の, 雑多の, 取り混ぜた (mingled) (⇨ miscellaneous SYN): ~ biscuits [candies, pickles] 各種取り合わせたビスケット[キャンディー, 酢漬け] / a ~ brigade 混成旅団 / ⇨ mixed language / ~ motives 不純な動機 / ~ residence 雑居 / have ~ feelings about ...に複雑な感情[悲喜こもごもの思い]を抱く. **2 a** 男女混成[混合]の: ~ bathing 混浴 / a ~ chorus 混声合唱. **b** 男女共学の (coeducational): a ~ school (男女)共学校. **3** (階級・身分・素性が)種々雑多の人間から成る; 得体の知れない人たちの (promiscuous): a very ~ company, assembly, multitude, etc. **4** [しばしば ~ *up* として] (口語) 頭の混乱した: You are getting ~ *up*. 君は頭が混乱してきてるぞ / He has [is of] a ~ mind. 彼の頭はおかしい. **5** 異種交配した: a horse of ~ blood. **6**〘法律〙(争点・関係などが)複合した, 混合の: ⇨ mixed marriage. **7**〘植物〙〈花序が〉集繖(しゅうさん)花と総状花と混合した: ~ inflorescence 混合花序 / ⇨ mixed bud. **8**〘数学〙混合の: a ~ periodic recurring decimal 混循環小数. **9** (まれ)〘論理〙異種の量化詞 (quantifier) を含んだ. **10**〘音声〙(母音について)中央位の (central): ⇨ mixed vowel. **11**〘数学〙(有理)整数と分数[小数]を含む; 〈代数式が〉多項式と有理分数式から成る: a ~ fraction 帯[混]分数. **míx·ed·ly** /-sɪ̀dli, -st-/ *adv.* **míx·ed·ness** /-sɪ̀dnɪ̀s, míkst-/ *n.*〘(*c*1480) *mixt* □ (O)F *mixte* □ L *mixtus* (p.p.) ← *miscēre* to mix ← IE **meik-* to mix (Gk *mignúnai* to mix)〙

mixed-a·bil·i·ty /mìkstəbíləṭi | -lɪ̀ti-/ *adj.*〘教育〙能力別に分けていない.

míxed ácid *n.*〘化学〙混酸 (2 種以上の酸(特に, 硝酸と硫酸)の混合物).

míxed álphabet *n.* 換字(かえじ)式アルファベット (アルファベットの順序をくずしたり, 一定の間隔を置いてずらせたりした暗号用のアルファベット).〘1931〙

míxed bág *n.* (口語) (人・物などの)無差別に選んだ集まり, いろいろな人[もの]の組合せ: a ~ of books.〘1926〙

míxed bléssing *n.* 利害相半ばすること[もの], ありがたいようなありがたくないようなこと[もの].〘1933〙

míxed-blóod *n., adj.* 混血の人(の) (cf. pureblood).〘1817〙

míxed búd *n.*〘植物〙混芽, 混合芽 (芽が伸びた時, 茎・葉と同時に花も開くもの; cf. blossom bud, flower bud, fruit bud, leaf bud).〘1900〙

míxed crýstal *n.*〘結晶〙混晶, 固溶体.〘1892〙

míxed décimal *n.*〘数学〙帯小数.

míxed dóubles *n. pl.* [単数または複数扱い] (テニスなどの男女)混合ダブルス, ミックスダブルス.

míxed drínk *n.* 混合酒, カクテル.〘1943〙

míxed ecónomy *n.*〘経済〙混合経済 (資本主義を建前とするが, 政府の介入する度合いが大きい経済).〘1938〙

míxed fárming *n.* 混合農業 (農作物・飼料用穀物・家畜類を混合経営する多角的農業).〘1872〙

míxed féed *n.*〘畜産〙混合飼料.

míxed féeding *n.* (母乳栄養と人工栄養の)混合栄養.

míxed-flòw compréssor *n.*〘航空〙軸流遠心圧縮機.

míxed-flòw túrbine *n.*〘機械〙混流タービン.

míxed fóursome *n.*〘ゴルフ〙(二組がそれぞれ男女から成る)混合フォーサム.

míxed fráction *n.*〘数学〙帯分数.〘1706〙

míxed gréens *n. pl.* ミックスサラダ.

míxed gríll *n.* ミックス(ト)グリル (子羊・ソーセージ・レバーなどの肉類と, トマト・マッシュルームなどの野菜を焙り焼きにして取り合わせて皿に盛った料理).〘1913〙

míxed lánguage *n.* 混交言語 (pidgin, creole, lingua franca など).〘1888〙

míxed márriage *n.* (異なった宗教・種族間の)雑婚.〘1698–9〙

míxed-média *adj.* **1** 多くのメディアを用いた[にかかわる, にまたがる]. **2** 混合媒体[複合素材芸術] (mixed media) の[を使う].

míxed média *n.* **1** =multimedia. **2**〘絵画・彫刻〙複合素材芸術 (複数の素材を用いて製作した絵画・彫刻など).〘1962〙

míxed mélting pòint *n.*〘化学〙混融点 (混合物の融点).

míxed métaphor *n.*〘修辞〙混喩(こんゆ) (二つ以上の性質を異にし, しばしば矛盾する隠喩 (metaphor) を混用する修辞法; 例: He embarked early on the sea of public life, where he climbed at last to the very summit of success. 年若くして公人生活の海に乗出しついに成功の絶頂までよじ登った).〘1800〙

míxed nérve *n.*〘解剖〙混合神経 (知覚・運動の両神経繊維からなるもの).〘1878〙

míxed núisance *n.*〘法律〙混合不法妨害 (公的不法妨害 (public nuisance) であると同時に個人生活を脅か

すような不法妨害 (private nuisance) となっているものなど).
míxed númber *n.* 〖数学〗混数《帯小数 (mixed decimal) と帯分数 (mixed fraction) との総称》. 〖1542〗
míxed-ráce *n., adj.* =mixed-blood.
míxed séntence *n.* 〖文法〗混合文.
míxed tráin *n.* (客車と貨車との)混合列車. 〖1838〗
mixed-up /míkstʌ́p⁻/ *adj.* 《口語》 **1 a** 混乱した, ごたごたの. **b** 入り交じった. **2** (精神的に)混乱した, ノイローゼ気味の. 〖1862〗
míxed-úse /-júːs/ *adj.* 〈建物・ホールなど〉多目的の.
míxed vówel *n.* 〖音声〗 **1** 曖昧母音 (obscure vowel). **2** 混合母音《前舌で円唇, または後舌で非円唇の母音; /y/, /œ/, /ɯ/, /ʌ/ など》.
mix·en /míksən, -sn̩/ *n.* 《英古・方言》糞[肥やし]の山 (dunghill). 〖OE *mixen*: cf. OE *mīgan* to urinate / *meox* dung〗
mix·er /míksə | -səʳ/ *n.* **1 a** (料理用の通例電動式の)攪拌器, 泡立て器 (⇨ blender 日英比較). **b** コンクリートミキサー. **2 a** 混合[調合]者. **b** バーテン(ダー) (bartender). **3** ミキサー《混合酒に入れて飲む非アルコール性飲料; ジンジャーエールなど》. **4** 《口語》 **a** 交際の…な人; 社交家: a good [bad] ～ つき合いのよい[悪い]人. **b** 《米》パーティーの参加者が気軽に知り合うためのゲーム[ダンス(など)]: The party began with a ～. **5** 〖音響・ラジオ〗ミキサー, ミクサー: **a** 音量[音声]調整係. **b** 音量[音声]調整装置, ミキシング用装置. **6** 〖テレビ〗映像を適宜切り換えて画面を調整する人; その装置 (cf. video switcher). **7** 〖電子工学〗混合器《周波数の異なる2つの電圧を与え, 出力端子からその両者の差の周波数または和の周波数を取り出す回路または装置》. **8** 〖冶金〗混銑炉. **9** 《俗》いざこざを起こす人. 〖1611〗
míxer tàp *n.* 《英》=mixing faucet. 〖1936〗
míxer tùbe *n.* 〖電気〗混合管《スーパーヘテロダイン受信機の周波数混合回路に用いる電子管》. 〖1936〗
míx·ing *n.* **1** 混合, 混和, 調合. **2** ミキシング, ミクシング: **a** 〖音響・ラジオ〗(音声と音楽などの)混成や調整. **b** 〖テレビ〗映像を適宜切り換え組み合わせて画面を調整すること. 〖1599〗
míxing bòwl *n.* (サラダなどを混ぜる)混ぜ鉢. 〖1887〗
míxing dèsk *n.* ミキシングデスク, 調整卓《レコーディングや放送の際に音信号をミックスするためのコンソール》.
míxing fàucet *n.* 混合蛇口《湯と水が混ざって一つの口から出る蛇口》.
míxing ràtio *n.* 〖気象〗混合比《一定量の乾燥空気と共存する水蒸気の質量比; cf. relative humidity》.
míxing vàlve *n.* 〖機械〗混合弁《蛇口の湯と水を混ぜる調節バルブ》. 〖1902〗
míx·màster *n.* **1** [M-] 〖商標〗ミックスマスター《料理用ミキサー》. **2** ミックスマスター《音楽のミックスにすぐれた録音技師・DJ》. 〖1931〗
mix·o- /míksoʊ | -səʊ/ 次の意を表す連結形: 〖化学〗 **1** 「混合した (mixed)」: *mixo*ploid. **2** 「…の異性体 (isomers) の混合物」(cf. iso-). 〖← Gk ～ ← *mîxis* act of mingling or mixing〗
mix·ól·o·gist /-dʒɪst | -dʒɪst/ *n.* 《米俗・戯言》(カクテル作りの上手な)バーテン. 〖(1856): ⇨ ↓, -ist〗
mix·ol·o·gy /mɪksɑ́(ː)lədʒi | -sɔ́l-/ *n.* 《米俗》カクテル作りの技術. 〖(1948) ← MIX＋-O-＋-LOGY〗
mix·o·lyd·i·an /mìksəlídiən | -di-⁻/ *adj.* 〖音楽〗ミクソリディア旋法の. 〖(1589) ← Gk *mixolúdios* half-Lydian〗
mixolýdian móde *n.* 〖音楽〗ミクソリディア旋法: **a** ギリシャ旋法の一種. **b** 中世の教会旋法の一種《第7旋法; ⇨ mode¹ 4 a》. 〖(1776) (⇨ mixo-, Lydian)＋-AN¹〗
mix·o·ploid /míksəplɔ̀ɪd/ *n.* 〖生物〗混合染色体 (⇨ chimera). 〖(1931) ← MIXO-＋-PLOID〗
mix·o·ploi·dy /míksəplɔ̀ɪdi | -di/ *n.* 〖生物〗混数性. 〖(1931): ⇨ ↑, -y¹〗
mixt *v.* 《古》mix の過去形・過去分詞.
mix·te /míksti/ *adj.* 《(主として女性用の)自転車フレームが》ミクストの《crossbar がなく, ハンドル下部から左右2本のフレームが斜めに伸びて, サドルのある立ちパイプをはさみ, 後輪の車軸部につながる》. 〖□F ～ □L *mixtus* 'MIXED'〗
Mix·tec /miːstɛ́k, ⁻́⁻ | ⁻́⁻/ *n.* (*pl.* ～, ～**s**) (*also* **Mix·te·ca** /miːstɛ́kə/) **1 a** [the ～(s)] ミステク族《メキシコの Oaxaca, Guerrero, Puebla, Mexico 州に住むアメリカインディアン》. **b** ミステク族の人. **2** ミステク語. 〖(1850) □ Am.-Sp. *mixteca* ← N-Am.-Ind.〗
Mix·tec·an /miːstɛ́kən/ *n.* ミステク語族《メキシコの Oaxaca, Guerrero, Puebla, Mexico 州に住むメキシコの土着語族の一つ; Amusgo, Cuicatec, Mixtec 語を含む》. 〖(1968): ⇨ ↑, -an¹〗
Mix·tec·o /miːstɛ́koʊ | -kəʊ/ *n.* (*pl.* ～, ～**s**) = Mixtec.
mix·ter-max·ter /míkstəmǽkstə | -təmǽkstəʳ⁻/ 《スコット》 *n.* ごちゃまぜ(の物) (jumble). — *adj.* ごちゃまぜの, 寄せ集めの. 〖(1786) 《変形反復》 MIXT; cf. MISH-MASH〗
mix·ture /míkstʃə | -tʃəʳ/ *n.* **1** 混合, 混和, 混交 (mixing); 結合: by ～ 混合して / a ～ of grief and anger 悲しみと怒りの入り交じった気持ち. **2** 混入物, 付加物, 混ぜ物 (admixture): with a ～ of …を加味して / English ancestry without ～ 純然たるイングランド系の家柄 / the ～ of Indian and China tea インドと中国の茶の混ぜたもの. **3** 〖紡織〗混紡糸, 交織布: ⇨ heather mixture. **4** 〖薬学〗(内服用)合剤, 水剤, 水薬 (potion). **5** 〖化学・物理〗混合物 (cf. compound¹). **6** 〖音楽〗ミクスチュアストップ《オルガンの混声を出す音栓》. **7** 〖機械〗(内燃機関内の)混合ガス, 混合気; (燃料と空気の)混合比. **8** 〖郵趣〗ミクスチャー《整理されないまま袋または箱に入れて売られる切手; 通例目方で売られる; cf. kiloware》.
the míxture as befóre (1) 〖薬学〗前回通りの処方. (2) 相も変わらぬ対策[処置], 変わり映えのしないもの. 〖(?a1425) □ (O)F // L *mixtūra* mixing: ⇨ mixed, -ure〗
míxture ràtio *n.* 〖機械・航空〗(航空エンジンの吸気の)混合比《内燃機関の混合気中の空気と燃料との比; air-to-fuel ratio ともいう》.
míx-ùp *n.* **1 a** 取り違え, 混乱. **b** 混乱(状態), ごたごた. **2** 混合, 混交 (mixture). **3** 《口語》乱闘, 混戦 (melee). 〖1841〗
Mi·zar /máɪzɑə | -zɑːʳ/ *n.* 〖天文〗ミザル《北斗七星 (Big Dipper) のゼータ (ζ) 星; 熊の尾の中央に見える星; 光度 2.4 等》. 〖□ Arab. *mí'zar* apron, wrapper ← *ázara* to surround〗
miz·en /mízən, -zn̩/ *n., adj.* =mizzen.
Mi·zo /míːzoʊ | -zəʊ/ *n., adj.* (*pl.* ～, ～**s**) **1 a** [the ～(s)] ミゾ族《Mizoram の住人》. **b** ミゾ族の人. **2** ミゾ族の言語《チベットビルマ語》. ★ Lushai ともいう. 〖(1832) □ Lushai ～ 《原義》 'highlander'〗
Mi·zo·ram /mɪzɔ́ːrəm | mɪzɔ́ːr-/ *n.* ミゾラム《インド北東部の州; もと連邦直轄領; 1986年に州に昇格; 州都 Aijal》.
Miz·ra·chi /mɪzrɑ́ːxi/ (*also* **Miz·ra·hi** /～/) *n.* [the ～] ミズラヒ教団《1902年に結成されたイスラエルの宗教団体; Zionism 運動の一翼を担っている》. — *adj.* ミズラヒ教団の. 〖(1911) □ Heb. *mizrāḥî* 《原義》of the east ← *mizrāḥ* east ← *zārāḥ* to rise (sun)〗
miz·zen /mízən, -zn̩/ *n.* 〖海事〗 **1** ミズンスル《後檣(こうしょう)に張る縦帆, 荒天用の小型の縦帆; mizzen sail ともいう》. **2** =mizzenmast. — *adj.* [限定的] 後檣の, 後檣用の: ～ rigging 後檣索具. 〖(1413–20) *meseyn* □ (O)F *misaine* □ It. *mezzana* sail on the poop of a ship (fem.) ← *mezzano* middle ＜ L *mediānum* 'MEDIAN'〗
mízzen lówer tópsail *n.* 〖海事〗ミズンロアートップスル《後檣の下段トップスル》.
mízzen·màst *n.* 〖海事〗ミズンマスト《三檣船の後檣, 四・五檣船などの第三檣》. 〖1413–20〗
mízzen róyal *n.* 〖海事〗ミズンローヤル《後檣のローヤル(帆)》. 〖1841〗
mízzen-róyal stáysail *n.* 〖海事〗ミズンローヤルステースル.
mízzen sàil *n.* 〖海事〗=mizzen 1.
mízzen skýsail *n.* 〖海事〗ミズンスカイスル. 〖1841〗
mízzen stáysail *n.* 〖海事〗ミズンステースル. 〖1757〗
mízzen·tòp *n.* 〖海事〗ミズントップ《後檣のうち最下のマストの上端に作った円形座》. 〖1626〗
mízzen-topgállant sàil *n.* 〖海事〗ミズントゲルンスル《後檣のトゲルンスル》.
mízzen-topgállant stáysail *n.* 〖海事〗ミズントゲルンステースル《後檣のトゲルンステースル》.
mízzen-tópmast stáysail *n.* 〖海事〗ミズントップマストステースル.
mízzen·yàrd *n.* 〖海事〗ミズンヤード《後檣の(最下の)帆桁(ほげた); mizzenmast にかかる最下部の帆桁》. 〖1419–22〗
miz·zle¹ /mízl̩/ 《方言》 *vi.* 小糠(こぬか)雨が降る (drizzle): It ～s. — *n.* 小糠雨, 霧雨. 〖(?c1475) *misele(n)* □ ? LG *miseln* (cf. Du. 《方言》 *miezelen*): cf. mist〗
miz·zle² /mízl̩/ *vi.* 《英俗》逃げる, 逃亡する (decamp). 〖(1781) ← ?〗
miz·zle³ /mízl̩/ *vt.* 《方言》混同する, 一緒くたにする. 〖(1583) ← ?〗
miz·zly /mízli, -zli/ *adj.* 《方言》霧雨[小糠雨]の降る, 霧雨のような. 〖(1566) ← MIZZLE¹＋-Y⁴〗
MJ 《略》Master of Journalism; Ministry of Justice; monkey jacket.
MJB /ɛ̀mdʒèɪbíː/ *n.* 〖商標〗エムジェービー《米国製のコーヒー》.
Mjöll·nir /miɑ́lnɪə | -nɪəʳ/ *n.* 〖北欧神話〗ミョルニル《Midgard の守護神 Thor の持つ槌(つち); 投げると敵に当たって手元に戻ってくる; Thor's hammer ともいう》. 〖□ ON *Mjqllnir*〗
mk 《略》mark《車などの型式》.
Mk 《記号》〖貨幣〗markka, markkaa[markkas]; 《略》〖聖書〗Mark.
mks, MKS 《略》〖物理〗meter-kilogram-second (system) (cf. cgs, fps).
mksA, MKSA 《略》〖物理〗meter-kilogram-second-ampere (system).
mks ùnits /ɛ́mkèɪɛ́s-/ *n. pl.* mks 単位《メートル・キログラム・秒など》.
mkt 《略》market.
mktg. 《略》marketing.
M.K.W. 《略》Military Knight(s) of Windsor.
ml /míləlìːtə(z) | -lɪ̀lìːtəʳ, -təz/ 《略》milliliter(s).
ml 《記号》Mali《URL ドメイン名》.
mL 《略》〖光学〗millilambert(s).
ML 《略》*L.* Magister Lēgum (=Master of Laws); Master of Letters; *L.* Medicīnae Licentiātus (=Licentiate in Medicine); Medieval [Middle] Latin; Ministry of Labour; motor launch; muzzle-loading.
ml. 《略》mail.
MLA 《略》Modern Language Association 近代語協会 (cf. PMLA).
MLC 《略》《インド・豪》Member of the Legislative Council.
MLD, m.l.d. 《略》〖処方〗median lethal dose; minimum lethal dose.
MLF 《略》multilateral (nuclear) force 多角的核戦力. 〖1963〗
MLG 《略》Middle Low German.
M-lìne /ɛ́m-/ *n.* 〖物理〗M 線《電子が M 殻 (M-shell) へ遷移する時に原子が放出する X 線; cf. M-series, M-radiation》.
MLitt 《略》*L.* Magister Lit(t)erārum (=Master of Letters).
Mlle 《略》Mademoiselle.
Mlles 《略》Mesdemoiselles.
MLNS 《略》Ministry of Labour and National Service 《今は ML》.
MLowG 《略》Middle Low German.
MLR 《略》minimum lending rate.
MLS 《略》《米》Major League Soccer; Master of Library Science; 〖映画〗medium long shot 中遠写画面, ミディアムロングショット; 〖航空〗microwave landing system マイクロ波(計器)着陸装置; 〖不動産〗Multiple Listing Service.
MLW 《略》mean low water.
mm /m̩m̩/ ★ 実際の発音については ⇨ humph ★. *int.* むむ, うーむ《あいづち・気のない返事・肯定の返事・ためらいなどの発声》.
mm /míləmìːtə(z) | -lɪ̀mìːtəʳ, -təz/ 《略》millimeter(s).
mm 《記号》Myanmar《URL ドメイン名》.
mm., mm 《略》*L.* millia (=thousands).
mM 《略》〖化学〗millimole(s).
MM 《略》〖音楽〗Maelzel's metronome《音楽の速度記号; 1分間の拍数で示す》; Martyrs; 〖カトリック〗Maryknoll Missioners (米国の)メリーノールミッションの宣教師; Master Mason; Master Mechanic; Master of Music; Medal of Merit; merchant marine; Military Medal; Minister of Mines; Ministry of Munitions; music master.
MM. 《略》(Their) Majesties 両陛下; *F.* Messieurs (= Sirs).
m.m. 《略》*L.* mutatis mutandis (=with the necessary changes).
Mma·ba·tho /məbɑ́ːtoʊ, ɛmmə- | -təʊ/ *n.* ムマバト《南アフリカ共和国北部 North-West 州の州都; 旧 Bophuthatswana の主都》.
MMC 《略》〖金融〗money-market certificate.
Mme 《略》Madame.
MME 《略》Master of Mechanical Engineering; Master of Mining Engineering; Master of Music Education.
Mmes /meɪdɑ́ːm, -dǽm | -dɑ́ːm; *F.* medam/ 《略》Mesdames.
mmf 《略》〖電気〗micromicrofarad(s); magnetomotive force.
mmfd 《略》〖電気〗micromicrofarad(s).
mmHg 《略》millimeter(s) of mercury《水銀柱を1 mm 押し上げる圧力の単位》.
mmm /m̩m̩m̩/ ★ 実際の発音については ⇨ humph ★. *int.* =mm.
MMM 《カナダ》Member of the Order of Military Merit.
MMPI 《略》〖教育・心理〗Minnesota Multiphasic Personality Inventory.
MMR 《略》〖医学〗measles-mumps-rubella《この3種の混合生ワクチン》.
mms /míləmìːtəz | -lɪ̀mìːtəz/ 《略》millimeters.
MMSc 《略》Master of Medical Science.
MMus 《略》Master of Music.
MMusEd 《略》Master of Music Education.
mn 《記号》Mongolia《URL ドメイン名》.
Mn 《記号》〖化学〗manganese.
MN 《略》magnetic north; Merchant Navy; 〖米郵便〗Minnesota (州).
MNA 《略》Master of Nursing Administration; 《カナダ》Member of the National Assembly (of Quebec).
M'Nágh·ten Rùles /məknɔ́ːtən-, -nɑ́ː-, -tn̩- | -nɔ́ːtən-, -tn-/ *n.* =McNaghten Rules.
MNE 《略》Master of Nuclear Engineering.
mne·me /níːmiː, -mi/ *n.* 〖心理〗ムネメ《個人または民族の内奥に根強く残る過去の記憶; 記憶痕跡 (memory trace) の古い呼称》. **mné·mic** /-mɪk/ *adj.* 〖(1913) □ Gk *mnḗmē* memory〗
Mne·me /níːmiː, -mi/ *n.* 〖ギリシャ神話〗ムネメ《記憶の女神》. 〖↑〗
Mne·mon /níːmɑ(ː)n, -mən | níːmɒn, -mən/ *n.* ムネーモーン: **1** 〖ギリシャ伝説〗Achilles の友人で彼に槍で突き殺された. **2** Artaxerxes 二世の通称.
mne·mon·ic /nɪmɑ́(ː)nɪk, niː- | -mɔ́n-/ *adj.* **1** 記憶を助ける, 記憶増進の; 記憶術の: ～ rhymes [verses] (記憶を助ける)覚え歌. **2** 記憶の: a ～ system 記憶法. — *n.* **1** 記憶を助けるもの; 記憶符号. **2** =mnemonics. **3** 〖電算〗ニーモニック《機械語命令に人が覚えやすい文字列を対応させたもの》. **mne·món·i·cal·ly** *adv.* 〖(1753) □ ML *mnēmonicus* □ Gk *mnēmonikós* of memory ← *mnḗmōn* mindful, remembering: ⇨ -ic¹: cf. mind〗
mne·mon·ics /nɪmɑ́(ː)nɪks, niː- | -mɔ́n-/ *n.* [通例単数扱い] 記憶術; 暗記法. 〖(1721): ⇨ ↑, -ics〗
Mne·mos·y·ne /nɪmɑ́(ː)səniː, niː-, -zə- | -mɔ́zɪ-, -mɔ́s-/ *n.* 〖ギリシャ神話〗ムネーモシュネー《記憶の女神; Uranus と Gaea との娘で, Zeus との間に9人の詩神 (Muses) を生む》. 〖□ L *Mnēmosynē* □ Gk *Mnēmo-*

súnē 《原義》 remembrance ← *mnḗmē* (⇨ mneme)〗

mnè·mo·téchnical /nìːmoʊ- | -mə(ʊ)-ˈ-ˈ-/ *adj.* = mnemonic. **~·ly** *adv.* 〖← ? F *mnémotechnique* (⇨ mneme, technique)+-ICAL〗

-mne·sia /(m)níːʒə, -ʒiə | -ziə, -ʒiə/「ある種の記憶の型」の意の連結形: crypto*mnesia*. 〖← NL ~ (頭音消失) ← AMNESIA〗

mngr 《略》 manager.

Mngr. 《略》 Monseigneur; Monsignor.

Mni·a·ce·ae /naɪéɪsiː/ *n. pl.* 〘植物〙 チョウチンゴケ科. 〖← NL ~ ← *Mnium* (属名: ← Gk *mníon* moss)+-ACEAE〗

MNS 《略》 Master of Nutritional Science.

mo[1] /móʊ | máʊ/ *n.* 《英俗》 =moment 1 a: Wait a ~. ちょいと待ってくれ. ***cúrl the mó*** 《豪俗》 大成功を収める. ***hálf a mó*** (1) ごくわずかの時間. (2) ちょっと待て(あることを思いついた). 〖(1896) 《略》〗

mo[2] /móʊ | máʊ/ *n.* 《豪俗》 =moustache. 〖1936〗

Mo 《記号》〘化学〙 molybdenum.

MO /émóʊ | éməʊ/ 《略》〘電算〙 magnet-optical (disk); mass observation; Master of Obstetrics; Master of Oratory; master oscillator; medical officer; Meteorological Office; 〘米郵便〙 Missouri (州); municipal officer; mustered out.

mo. 《略》 month(s).

Mo. 《略》 Missouri; 〘音楽〙 *It.* moderato.

m.o., MO 《略》 mail order; *L.* modus operandi (= mode of operation); money order.

-mo /mòʊ | məʊ/ *suf.* 〘製本〙「(紙の)…折(判)」の意の名詞を造る: 16 *mo*=sixteen*mo* 16 折(判) (符号 16°; cf. folio 2, quarto). 〖(c1716) □ L *-mō* (abl.) ← *-mus* (序数詞に多い語尾)〗

mo·a /móʊə | máʊə/ *n.* 〘鳥類〙 モア《ニュージーランド産モア目のダチョウに似た, 空を飛べない巨鳥の総称; 500 年ほど前に絶滅; オオモア (*Dinornis giganteus*) など大きいものは高さ 4 m に達したといわれている; cf. dinornis, dinornithid》. 〖(1842) ← Maori〗

Mo·ab /móʊæb | máʊ-/ *n.* **1** モアブ国《昔, 死海の東方にあった王国》. **2** 〘聖書〙 モアブ《Lot の息子; cf. *Gen.* 19:37》. 〖□ Gk *Mōáb* □ Heb. *Mō'ābh* (通俗語源) ← *mē* from+*ābh* father〗

Mo·ab·ite /móʊəbàɪt | máʊ-/ *n.* **1** モアブ人《Lot の子モアブの子孫といわれる古代セム人; cf. *Gen.* 19:37》. **2** モアブ語《ヘブライ語に近い北西セム語群の一言語; 今は死滅》. — *adj.* モアブの; モアブ人[語]の. **Mo·ab·it·ess** /móʊəbàɪtɪ̀s | máʊəbàɪtɪ̀s, -tes/ *n.* 〖(1382) □ L *Mōabīta* □ Gk *Mōabítēs*: ⇨ ↑, -ite[1]〗

Móabite Stòne *n.* [the ~] モアブ碑《紀元前約 850 年に Moab 王 Mesha が建てた碑でフェニキア (Phoenicia) 文字で記された最古のもの; 1868 年 Dhiban 地方で発見された; 現在 Louvre 博物館蔵》. 〖1870〗

Mo·a·bit·ic /mòʊəbítɪk | màʊəbít-ˈ-/ *adj.* モアブ人の(ような); モアブ語の(ような). 〖(1882–83): ⇨ Moabite, -ic[1]〗

Mó·a·bìt·ish /-tɪʃ | -tɪʃ/ *adj.* =Moabitic. 〖1611〗

móa hùnter *n.* (採集狩猟時代の)マオリ族 (Maori) 《人類学者による呼称》. 〖1870〗

moan /móʊn | máʊn/ *n.* **1 a** うめき(声), うなり声; (風・海などのうめくような)悲しげな音: with a ~ of pain 苦しみのうめき声を立てて / the ~ of the wind [sea] うめくような風[海]の音. **b** 性的快感を表す声, 善(よ)がり声. **2** 《古》 嘆き, 不平 (lament): make (one's) ~ 嘆く, 不平を訴える. — *vi.* **1** 嘆き悲しむ; 不平をいう 〔*over*〕: ~ and groan 不満をいう, こぼす. **2 a** うめく, うなる; 悲しげな声を出す 〔*about*〕. **b** 〈風・海・木などが〉うめくような音を立てる: He heard the forest ~. 森がうめくような音を立てるのを聞いた. — *vt.* **1** 嘆く, 嘆き悲しむ: ~ one's fate 自分の運命を嘆く / ~ one's lost children なくした子供たちのことを嘆き悲しむ / ~ one's grief うめくような声を出して嘆き悲しむ. **2** 悲しげに[うめくように]言う[歌う] 〈*forth*〉: ~ a song. **~·ing** *adj.* 〖n.: ((?a1200)) (1673) *mōn, man(e)* < OE **mān* ← Gmc **main-* (OE *mǣnan* to lament) ← IE **meino-* opinion, intention. — v.: (c1250) ← (n.): cf. mean[1]〗

moan·er /móʊnə | máʊnə^(r)/ *n.* うめき声をあげる人; 嘆き悲しむ人; 不満家, 不平を言う人. 〖1929〗

moan·ful /móʊnfəl, -fl | máʊn-/ *adj.* 悲しげにうめく; 悲しげな, 哀れな (sad): a ~ song. **~·ly** *adv.* 〖(a1586): ⇨ moan, -ful[1]〗

móan·ing·ly *adv.* うめき声を立てて, うなるように, 悲しげに. 〖1837〗

moat /móʊt | máʊt/ *n.* (都市・城壁・動物園の檻(おり)などのまわりの)堀 (⇨ keep 2, draw bridge 挿絵). — *vt.* 〈城などに〉濠をめぐらす, …の周囲に堀を掘る. **~·lìke** *adj.* 〖(1274) *mote* moat, mound □ OF *mot(t)e* (F *motte*) 'mound, embankment, dike' ← ? Celt. // □ Gmc **motta* heap of earth〗

móat·ed /-tɪ̀d | -tɪ̀d/ *adj.* 堀のある, 堀で囲まれた. 〖1592〗

mob[1] /mɑ́(ː)b | mɔ́b/ *n.* **1** [集合的] **a** 暴徒, 暴民 (⇨ crowd[1] SYN): Rowdy ~*s* gathered in the leading thoroughfares. 暴徒の群れが目抜きの大通りに集まった. **b** [無冠詞で] 《廃》 やじ馬連 (rabble). **2** [the ~] 《軽蔑》 下層民, 民衆, 大衆 (masses). **3 a** (人・物の)群がり, 雑踏, 群衆: not an army but an undisciplined ~ 軍隊ならぬ烏合(うごう)の衆 / a ~ of rioters 暴徒の群れ. **b** [*pl.*] 《口語》 多数, たくさん: ~*s* of people 大勢の人. **c** 《豪》 動物の群れ. **4** [通例 the M-] 《口語》 **a** 組織的犯罪者集団, 暴力団, ギャング (gang): the swell ~ はでに装ったすり仲間. **b** =Mafia 1. **5** 〘社会学〙 モッブ, 乱衆, 活動的群衆. **6** 《俗》〘軍事〙 部隊 (crush). — *adj.* [限定的] **1** 暴徒[群衆]の[特有の]: ~ psychology 群集心理. **2** 大衆向けの: ~ appeal. — *adv.* [~s] 《豪》 とても, 大いに: ~*s* better はるかによい. — *v.* (**mobbed; mob·bing**) — *vt.* **1 a** 群れをなして襲う, …に集団で暴行を加える. **b** (サインなどを求めて)〈人〉に群がる; なだれ[群がり]寄って歓声を浴びせる: Autograph hunters ~*bed* the girl singer. 群衆はサインを求めて少女歌手を取り巻き大騒ぎした / The returning soldiers were ~*bed* in the streets. 帰還兵たちは街路で民衆の歓呼に迎えられた. **c** 〈場所〉に詰めこむ, 群がる: Crowds ~*bed* the square. 群衆が街路の広場を埋め尽くした. **2** 〘狩猟〙 (逃げないように)〈狐などを〉取り巻いて捕える. — *vi.* 〈暴徒が〉群がる, 群がり騒ぐ. **mób·ber** *n.* **mób·bist** /-bɪ̀st | -bɪst/ *n.* 〖(1688) 《略》 ← *mobile* □ L *mōbile (vulgus)* changeable (crowd) ← *mōbilis*: ⇨ mobile〗

mob[2] /mɑ́(ː)b | mɔ́b/ *n.* =mobcap. 〖(1748) (変形) ← *mab* slattern, loose woman 《略》 ← MABEL〗

mób·bish /-bɪʃ/ *adj.* 暴徒のような, 無法な (lawless). **~·ly** *adv.* **~·ness** *n.* 〖1695〗

mób·càp *n.* モブキャップ《女性の屋内用キャップ》. 〖(1795) ← MOB[2]+CAP[1]: cf. Du. *mopmuts* ← *mop* coif +*muts* cap〗

mób-hánded *adj.* 《英俗》 集団で, 大勢で. 〖1934〗

Mo·bil /móʊbɪ̀l, -bl | máʊ-/ *n.* 〘商標〙 モービル《米国の大手石油会社》.

mo·bile /móʊbl, -biːl, -baɪl | máʊbaɪl, -biːl/ *adj.* **1 a** 動きやすい, 可動性の, 移動性の (movable). **b** 機動性のある, 機動力のある, 機動化した: a ~ camp 移動キャンプ / ~ troops 機動化部隊 / ~ police (警察の)機動隊 / a ~ shop (車による)移動売店. **c** 〘電算〙 (電子機器が)携帯型の, モバイルの. **2 a** 表情の変わりやすい: ~ features 表情の豊かな顔. **b** 〈人・心などが〉融通のきく, 変通自在の (versatile); 移り気の, 気まぐれな (fickle): a ~ imagination 変通自在な想像力 / ~ fancies 移ろいやすい心, 気まぐれ. **3** 移住性の, 放浪性の: a restlessly ~ people せわしなく住所を変える民族. **4** 〈水銀・エーテルなど〉流れやすい, 流動性の. **5** 動く彫刻の, モビール(細工)の (⇨ *n.* 2). **6** 〘社会学〙 〈人が〉他の階層[職域]へ移動できる; 〈社会が〉流動的な, 階層[職域]間の移動が可能な: British society is not so ~ as American society. — /móʊbiːl | -baɪl/ *n.* **1** 可動物; (特に)可動装置, 動原. **2 a** 〘美術〙 動く彫刻, モビール《米国の Alexander Calder が 1930 年以後に発達させた抽象彫刻の型; 針金・鉄板・木片などの素材を組み合わせ, 少しの振動にも平衡を保ちながら動くように作られてある; cf. stabile *n.*》. **b** モビール細工《空中に吊り, わずかな微風にも揺れ動くようにした紙・プラスチックなどの装飾品[おもちゃ]》. **3** =mobile phone. **4** 《米》 自動車 (automobile). 〖adj.: (1490) □ (O)F ~ □ L *mōbilis* movable ← *movēre* 'to MOVE'. — n.: ((?a1430) 1936) □ (O)F ~ □ L *mōbile* (neut.) ← *mōbilis*〗

Mo·bile /moʊbíːl, ˈ-ˈ- | məʊbíːl, ˈ-ˈ-/ *n.* **1** [the ~] モービル(川)《米国 Alabama 州南西部, Tombigbee 川と Alabama 川の合流した川; 南流して Mobile 湾に注ぐ(長さ 72 km)》. **2** モービル《米国 Alabama 州南西部, Mobile 河口に臨む Mobile 湾内の港市, 同州最大の都市》. 〖□ F ~ ← N-Am.-Ind. (部族名: 原義不明)〗

-mo·bile /moʊbìːl | mə(ʊ)-/「車 (vehicle)」の意の名詞連結形: auto*mobile*, book*mobile*, club*mobile*, etc. 〖← AUTOMOBILE〗

Móbile Báy *n.* モービル湾《米国 Alabama 州南西部 Mexico 湾内の入江; 長さ 56 km》.

móbile hóme *n.* 《米》 (トレーラー式)移動住宅《motor home より大きいもの》. 〖1949〗

móbile líbrary *n.* 《英》 =bookmobile. 〖1960〗

móbile phóne [télephone] *n.* 移動[携帯]電話 (cellular phone). 〖1965〗

móbile stàtion *n.* 〘通信〙 (船・自動車・飛行機などでの移動(無線)局 (cf. ground station). 〖1927〗

móbile ùnit *n.* (移動図書館・レントゲン車・テレビ中継車・採血車などの)移動車. 〖1935〗

mo·bi·le vul·gus /mɑ́(ː)bəliːválgəs, móʊb- | mɔ́b-, máʊb-/ *L. n* 烏合(うごう)の衆, 愚民, 民衆. 〖(1600) □ L *mōbile vulgus* movable crowd〗

mo·bil·i·ty /moʊbíləṭi | mə(ʊ)bílɪ̀ti/ *n.* **1 a** 動きやすいこと, 移動性, 運動[流動]性, 移りやすさ (movability). **b** 移り気, 気まぐれ (fickleness). **c** (陸上・海上・航空部隊の)機動性, 機動力. **2** 〘社会学〙 (住所・職業・社会的地位などにおける)移動(性): geographic [social] ~ 地理的[社会的]移動性. **3** 〘物理化学〙 移動度, 易動度《電荷をもつ粒子の単位電場中における平均移動速度》. 〖(a1425) □ (O)F *mobilité* □ L *mōbilitātem*: ⇨ mobile, -ity〗

mobílity allòwance *n.* 《英》 (身体障害者に国が給付する)交通費手当.

mobílity hòusing *n.* 歩行障害者用住宅 (cf. wheelchair housing).

mo·bi·li·za·tion /mòʊbəlɪ̀zéɪʃən | màʊbɪ̀laɪ-, -lɪ-/ *n.* **1** 動員: ~ orders 動員令 / industrial ~ 産業動員. **2** (富などを)流動[流通]させること: the ~ of the financial resources of a country 国富の流動化. **3** (不動産の)動産化. **4** 〘医学〙 (器官などの)分離. 〖(1799) □ F *mobilisation*: ⇨ ↓, -ation〗

mo·bi·lize /móʊbəlàɪz | máʊbɪ̀-/ *vt.* **1 a** (戦時に)〈軍隊・艦隊を〉動員する. **b** 〈産業・資源などを〉戦時体制にする, 動員する; 〈精力などを〉結集する, 集める: ~ all the resourses / ~ votes [public opinion] 票[世論]を動員する. **2** 〈富などを〉流通[流動]させる: ~ the riches of Austria オーストリアの富を流動させる. **3** 〈気持ちを〉最高潮に高める, 激しくする: ~ one's hostility. **4** 〘医学〙 **a** 固定[強直]した部分を動くようにする. **b** 〈器官など手術したい部分を〉周囲から分離する. — *vi.* 〈軍隊が〉動員される. **mó·bi·lìz·a·ble** /-zəbl/ *adj.* **mó·bi·lìz·er** *n.* 〖(1838) □ F *mobiliser*: ⇨ mobile, -ize〗

Mö·bi·us /méɪbiəs, móʊ-, mɜ́ː- | máʊ-, mɜ́ː-; *G.* mǿːbiʊs/, **August Ferdinand** *n.* メービウス《1790–1868; ドイツの数学者・天文学者》.

Möbius bánd [stríp] /ˈ-ˈ-ˈ-ˈ-/ *n.* 〘数学〙 メービウスの帯《細長い紙を 180 度ねじってつないで輪としたもの; 表面が一つしかなく, 帯の中央線で切ると一つの大きい輪になる; cf. Klein bottle》. 〖(1904) ↑〗

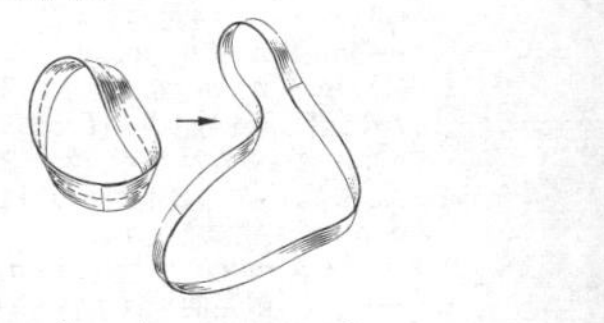

Möbius bands

Möbius transformation /ˈ-ˈ-ˈ-ˈ-ˈ-ˈ-/ *n.* 〘数学〙 メービウス変換 (⇨ linear fractional transformation).

mób làw *n.* 群衆[暴徒]の恣意的な掟[裁き], 暴民支配[政治], 私刑, リンチ (lynch law). 〖1823〗

mob·led /mɑ́(ː)bɪ̀d | mɔ́b-/ *adj.* 《廃・方言》 頭や顔をすっぽり包んだ (cf. *Hamlet* 2. 2. 502). 〖(1600) ← ?: cf. *mob* 《廃》 to muffle〗

mob·oc·ra·cy /mɑ(ː)bɑ́(ː)krəsi | mɔbɔ́k-/ *n.* **1** 暴民[群衆]政治. **2** [集合的] 支配階級としての暴民. 〖(1754) ← MOB[1]+(DEMO)CRACY〗

mob·o·crat /mɑ́(ː)bəkræ̀t | mɔ́b-/ *n.* **1** 暴民政治主義者. **2** 暴民の指導者. **mob·o·crat·ic** /mɑ̀(ː)bəkrǽṭɪk | mɔ̀bəkrǽt-ˈ-/, **mòb·o·crát·i·cal** /-ṭɪ̀kəl, -kl | -tɪ-ˈ-/ *adj.* 〖(1798) ← MOB'+(DEMO)-CRAT〗

mób rùle *n.* =mob law. 〖1869〗

MOBS /mɑ́(ː)bz | mɔ́bz/ *n.* 〘軍事〙 多数軌道爆撃体系, 多数軌道爆弾《人工衛星に積んだ複数の弾頭を地上の目標物に向けて発射し, 在来型レーダーの探知を免れる核兵器体系; FOBS より一歩進んだ方式》. 〖(頭字語) ← *M(ultiple) O(rbit) B(ombardment) S(ystem)*〗

mobs·man /-mən/ *n.* (*pl.* **-men** /-mən/) **1** 暴徒[群衆, 民衆(など)]の一人. **2** 《英古》 =swell-mobsman. 〖(1846) ← MOB[1]+-s[2]+MAN[1]〗

mob·ster /mɑ́(ː)bstə | mɔ́bstə^(r)/ *n.* 《俗》 ギャングの一人[一味] (gangster). 〖(1917) ← MOB[1]+-STER: GANGSTER からの類推〗

Mo·bu·li·dae /məbjúːlədìː | -lɪ-/ *n. pl.* 〘魚類〙 イトマキエイ科. 〖← NL ~ ← *Mobula* (属名)+-IDAE〗

Mo·bu·tu /moʊbúːtuː | mə(ʊ)-/, **Lake** *n.* モブツ湖《アフリカ中部, ウガンダとコンゴ民主共和国との間にある湖でナイル川の水源; 長さ 160 km, 面積 5,346 km², 海抜 610 m; Lake Albert ともいう》.

Mo·bu·tu Se·se Se·ko /məbúːtuːséɪseɪséɪkoʊ | -kəʊ; *Kikongo* mobútusésesékó/ *n.* モブツ (セセ セコ) 《1930–97; ザイール(現コンゴ民主共和国)の政治家; 大統領 (1965–97); 本名 Joseph-Désiré Mobutu》.

Mo·by Dick /móʊbidík | máʊ-/ *n.* モービーディック《Melville の同名の小説 (「白鯨」1851) に登場する巨大な白鯨》.

moc /mɑ́(ː)k | mɔ́k/ *n.* 《俗》 =moccasin 1. 〖1948〗

MoC 《略》 mother of the chapel.

Mo·çam·bi·que /*Port.* musɐ̃bíkɯ/ *n.* モザンビーク《Mozambique のポルトガル語名》.

mo·camp /móʊkæmp | máʊ-/ *n.* (宿泊者用の各種の設備のある)旅行者用キャンプ地. 〖(1967) ← *mo-* (← MOTOR, MOTEL, MOBILE)+CAMP[1]〗

moc·ca·sin /mɑ́kəsɪ̀n | mɔ́kəsɪn/ *n.* (*also* **moc·as·sin** /~/) **1** [通例 *pl.*] **a** モカシン《北米インディアンの用いる鹿革など柔らかい革で作ったかかとのない靴》. **b** 模造モカシン《つま革の部分をモカシンに似せて作った靴》. **c** 甲の柔らかい革を用い縫い目の縁取りのある普段ばきの靴. **2** 《NZ》 羊毛を刈る人がはく履物. **3** 〘動物〙 **a** ヌママムシ (⇨ water moccasin 1). **b** ヌママムシに似たヘビの総称. 〖(1612) ← N-Am.-Ind. (Algonquian): cf. Natick *mokkussin* shoe〗

móccasin flòwer *n.* 〘植物〙 ラン科アツモリソウ属 (*Cypripedium*) の植物の総称《アツモリソウ (*C. macranthum*) など》; (特に), 北米東部産の *C. acaule* 《nerveroot ともいう; cf. lady's slipper》. ★ 米国 Minnesota 州の州花. 〖(1680): 花の形から〗

móccasin tèlegraph *n.* 《カナダ口語》 うわさが広まること, 口コミ (grapevine). 〖1909〗

mo·cha /móʊkə | mɔ́kə, máʊkə/ *n.* **1 a** モカコーヒー《もとアラビアの Mocha から発送された上等のコーヒー》. **b** 《口語》 コーヒー. **2** モカ香料《コーヒーとココアまたはチョコレートとを混ぜて作ったもの; 菓子に用いる》. **3** モカ色, チョコレート色. **4** モカ革《手袋用なめし革》. 〖(1773): ↓〗

Mo·cha /móʊkə | mɔ́kə, máʊkə/ *n.* モカ《イエメン共和国南西部の海港; かつてはモカコーヒーの積み出し港》.

Mócha stòne *n.* 〘鉱物〙 =moss agate. 〖1679〗

mo·chi·la /moʊtʃíːlə | mə(ʊ)-/ *n.* **1** 〘馬具〙 **a** 鞍ポケット (saddle pouch). **b** (鞍袋 (saddlebags) 付きの)皮の鞍袱(ふく)おおい. **2** =knapsack. 〖□ Sp. ~ 'knapsack' ← *mochil* errand boy □ Basque *mutil* servant boy □ L *mutilus* maimed: 召使の頭髪をそり落とす習慣から〗

mock /mɑ́(ː)k, mɔ́(ː)k | mɔ́k/ *vt.* **1** あざける, ばかにする

M

(⇨ ridicule SYN). **2 a** 侮る, 無視する (defy). **b** 無効にする, むだにする, 失敗に終わらせる (defeat): The river ~*ed* all our efforts to cross. 川を渡ろうといろいろ骨を折ってみたが結局むだだった. **3 a** からかって[ふざけて]まねる, まねてばかにする (⇨ imitate SYN): ~ the seriousness of a person's expression 人のまじめくさった顔つきを真似てからかう. **b** まねる, 似せる (mimic). **c** 《Shak》…のふりをする (simulate). **4** 〈希望などを〉くじく (disappoint), だます, 欺く (delude): ~ a person's hopes / be ~*ed* with false hopes はかない夢に欺かれる. — *vi.* 〔…を〕侮る, ばかにする, なぶる (jeer) 〔*at*〕.

mock úp (1) …の実験用模型を作る (cf. mock-up) (2) 〈ページなど〉の見本を作る.

— *n.* **1 a** 侮り: make ~ of = *make a* MOCKERY *of* (1) / in ~ からかって, ふざけて / Fools make a ~ at sin. 愚かなる者は罪を軽んずる (Prov. 14:9). **b** 笑い草: a ~ *to* many 多くの人々の笑い草. **2 a** まね(ること). **b** 模造品, まがいもの. **3** [通例 *pl.*] 《英口語》 模擬試験: take one's ~*s* 模試を受ける.

màke a móck of = *make a* MOCKERY *of* (cf. 1 a).

— *adj.* [限定的] まがいの, 偽りの, にせの, 模造の: a ~ epic 擬似英雄体の叙事詩 / with ~ modesty 猫をかぶって / ~ majesty [praise] 空(から)威張り[せじ] / a ~ trial [battle] 模擬裁判[模擬戦] / ⇨ mock turtle soup.

— *adv.* [通例複合語の第 1 構成素として] ふまじめに, ふざけて, 偽って: *mock*-modest / ⇨ mock-heroic.

~·a·ble /-kəbl/ *adj.* 〖(?*a*1430) *mokke(n)* □ OF *mocquer* (F *moquer*) < VL **moccāre*: 擬音語?〗

móck áuction *n.* **1** (さくらを使って付け値を誘い出す)インチキ競り売り. **2** = Dutch auction. 〖*c*1766〗

móck dúck [góose] *n.* 《口語》 まがいガチョウ 《セージとタマネギを詰めて焼いた豚肉料理》.

móck-épic *n.* = mock-heroic.

mock·er¹ /mɑ́(ː)kə | mɔ́kə(r)/ *n.* **1** 侮る人[もの], あざ笑う人, 滑稽に人まねをする人. **2** 《鳥類》 = mockingbird. 〖1450〗

mock·er² /mɑ́(ː)kə | mɔ́kə(r)/ *n.* 《豪》 **1** 邪魔, 妨害. **2** 衣服. ***pùt the móckerˈ(s) on*** 〈人を〉邪魔する, 〈人に〉迷惑をかける. — *vt.* 着飾る 〈*up*〉. ***áll móckered úp*** 盛装して. 〖(1947) ← ?〗

M

mócker·nùt *n.* 《植物》 北米産クルミ科ペカン属の高木 (*Carya tomentosa*); その食用の実 《mockernut hickory ともいう》. 〖1814〗

mock·er·y /mɑ́(ː)kəri, mɔ́(ː)k- | mɔ́k-/ *n.* **1** 侮り, 冷やかし, あざ笑い (derision, ridicule). **2** あざ笑いの的, なぶりもの, 笑い草: ⇨ *make a* MOCKERY *of*. **3 a** (ひどく)滑稽[下手]なまね, まねごと, 作り替え: the ~ of a trial 名目だけの裁判 / The play was a ~ of the original. その劇は原作とは似ても似つかぬものだった. **b** (物事や行為が)名ばかりのもの, くだらないもの. **4** 骨折り損, むだ骨折り, 徒労: All our efforts were *mockeries*. 我々の努力は水泡に帰した.

hóld up to móckery 〈人・物を〉あざ笑う, 笑い草にする.

màke a móckery of (1) 〈人・物事を〉あざける, ばかにする. (2) 〈行為などが〉〈物事を〉名ばかりの[似て非なる]ものにする. (3) 〈事が〉〈努力などを〉むだ[だめ]にする.

〖(?*a*1430) □ (O)F *moquerie*: ⇨ mock (v.), -ery〗

móck-heróic *adj.* **1** (文体・人物・行動などで)英雄風[体]をまねた: with ~ sadness 英雄気取りに悲しんで. **2** 《文学》 擬似英雄詩の: a ~ poem 模擬英雄詩 (cf. heroic verse). — *n.* **1** 英雄風[体]をまねた[茶化した]作品[行動]. **2** 擬似英雄風[体](の詩). **móck-heróically** *adv.* 〖1711–12〗

mock·ie /mɑ́(ː)ki, mɔ́(ː)ki | mɔ́ki/ *n.* = mocky.

mock·ing /mɑ́(ː)kɪŋ, mɔ́(ː)k- | mɔ́k-/ *adj.* あざける, 侮るような: a ~ smile [glance] あざけるような笑い[視線].

~·ly *adv.* 〖1530〗

mócking·bird *n.* 《鳥類》 マネシツグミ (*Mimus polyglottos*) 《北米南部・西インド諸島産の他の鳥の鳴き声をよくまねるツグミ (thrush) に似た鳥》. 〖1676〗

móck móon *n.* 《気象》 幻月 (⇨ paraselene). 〖1654〗

móck órange *n.* 《植物》 **1** ユキノシタ科バイカウツギ属 (*Philadelphus*) の低木の総称 《syringa, seringa ともいう》. **2** = cherry laurel. **3** = Osage orange. 〖1731〗

móck-sérious *adj.* まじめ[真剣さ]を装った.

móck sún *n.* 《気象》 幻日 (⇨ parhelion). 〖1665–6〗

mock·tail /mɑ́kteɪl | mɔ́k-/ *n.* 《米》 ノンアルコールカクテル.

móck túrtle *n.* 《米》 タートルネックのシャツ[セーター] 《襟の部分があまり高くなくフィットする》. 〖1890〗

móck tùrtle sóup *n.* 擬製うみがめスープ 《小牛の頭などを用いてタートルスープに似せたスープ; cf. green turtle》. 〖1783〗

móck-ùp *n.* **1** モックアップ, 実物大模型, 原寸模型 《構造研究・実験・教授用などのためにベニヤ板・厚紙・粘土などで作った飛行機・器具・機械・装置などの正確な模型》. **2** (印刷物の)レイアウト, 見本. 〖(1920) ← *mock up* (⇨ mock (v.) 成句)〗

mock·y /mɑ́(ː)ki, mɔ́(ː)ki | mɔ́ki/ *n.* 《俗》 [軽蔑的] ユダヤ人 (Jew). 〖(1931) ← ?: cf. Yiddish *makeh* plague〗

mo·cock /moukɑ́(ː)k | məukɔ́k/ *n.* (カバノキの樹皮などで作ったアメリカインディアンの) 食物かご, 箱. 〖(1779) ← Algonquian: cf. Ojibwa *makak* box〗

Moc·te·zu·ma II /mɑ̀(ː)ktəzúːmə- | mɔ̀k-; *Am.-Sp.* moktesúma-/ *n.* モクテスマ二世 《1466?–1520; メキシコ Aztec 王国最後の皇帝 (1502–20); Montezuma II ともいう》.

mod¹ /mɑ́(ː)d | mɔ́d/ 《口語》 *adj.* **1** 現代的な. **2** 〈服装・態度・芸術作品など〉自由な, 型にはまらない, 大胆な, 前衛的な (avant-garde) (cf. yéyé 1). **3** [M-] モッズ族調(的)な. — *n.* **1** [しばしば M-] モッズ族の一人 《1963 年頃から現れた英国の若いビート族; Edward 朝の衣装と風俗を超現代風に気取って着た十代の少年少女; cf. rocker 4》. **2** 因襲にとらわれない服装をした[行動をする]人. **3** 型にはまらない服装[行動]など. 〖(1960) 《略》 ← MODERN〗

mod² /mɑ́(ː)d | mɔ́d/ *n.* 《軍事》 = model 7.

mod³ /móʊd | mɔ́d, móʊd; *Scot.Gael.* moːd/ *n.* (ゲール人の)ミュージカル, 文学年次競技会. 〖(1893) □ Sc.-Gael *mòd* an assembly □ ON *mót*: ⇨ moot (n.)〗

mod⁴ /mɑ́(ː)d | mɔ́d/ *prep.* 《数学》 = modulo. 〖1854〗

mod 《略》 modulo; modulus.

mod. 《略》 moderate; 《音楽》 moderato; modern; modification; modified.

MoD /ɛ́mòudíː | -əʊ-/ 《略》 《英》 Ministry of Defence.

mod·a·cryl·ic /mɑ̀(ː)dəkrílɪk, -æk- | mɔ̀d-/ *adj.* 《紡織》 モダクリルの, アクリル系の, 改質アクリルの. 〖(1959) ← *mod(ified)* + ACRYLIC〗

módacrylic fíber *n.* 《紡織》 モダクリル繊維, アクリル系繊維. 〖1960〗

mod·al /móudl̩ | mə́udl/ *adj.* **1** 様式の, 方式の, 外形の, 形態上の. **2** 《文法》 (動詞の)叙法 (mood) の, 叙法相当の: a ~ adverb 叙法的副詞 《確信を表す副詞, 例えば yes, no; assuredly, certainly, indeed, surely, truly, undoubtedly など》 / ⇨ modal auxiliary. **3** 《音楽》 旋法の (cf. tonal 1); 教会旋法の. **4** 《哲学》 (実態・本質に対して)様態[様相]の. **5** 《論理》 様相の, 様相的な (cf. modality 2): ~ logic 様相論理学 / a ~ proposition 様相命題. **6** 《法律》 (遺言・契約などで)実行方法が指定された: a ~ will, bequest, contract, etc. / a ~ legacy 用途指定遺贈(物). **7** 《統計》 モードの, 並数の, 最頻(ひん)値の (⇨ mode¹ 7). — *n.* 《文法》 法助動詞. **~·ly** /-dl̩i, -dəli | -dəli, -dl̩i/ *adv.* 〖(1569) □ ML *modālis* ← L *modus*: ⇨ mode¹, -al¹〗

módal auxíliary *n.* 《文法》 法助動詞 《通常, 話者の心的態度を表す shall, should; will, would; may, might; can, could; must; ought; need など》. 〖*c*1904〗

Mód·al·ìsm /-dəlɪzm, -dl̩- | -dəl-, -dl̩-/ *n.* 《神学》 様態[モドゥス]論, 三位(さんい)様式説 《三位はただ一神の一時的な顕現様態にすぎないとする教義; Sabellianism, Modalistic Monarchianism ともいう; cf. Trinity 1》. 〖1859〗

mód·al·ist /-dəlɪst, -dl̩- | -dəlɪst, -dl̩-/ *n.* 《神学》 様態[モドゥス]論者, 三位様式論者. 〖1832〗

Mo·dal·ís·tic Monárchianism /mòudəlístɪk-, -dl̩- | mə̀udəl-, -dl̩-/ *n.* 《神学》 モドゥス的モナルキア主義, 様態論的単一神論[独裁神論] (cf. Modalism). 〖(1882–83): ⇨ Monarchianism〗

mo·dal·i·ty /moudǽləti | mə(ʊ)dǽlɪti/ *n.* **1 a** 様式的[形式的, 外形的]であること. **b** (個人・事物・集団などの)固有の属性[特徴]. **2** 《論理》 様相 《真・偽を語れる命題に対して加えられる必然性・可能性・偶然性等の規定》: alethic [epistemic, tense, deontic] ~ 真理[認識, 時制, 義務]様相. **3** 《心理》 (感覚の)様相 《視覚・聴覚など》. **4** 《生理》 (視覚・聴覚などの)感覚組織[形式], 感覚の種類. **5** 《医学》 **a** 《まれ》 物理療法. **b** (類似療法において)薬剤の作用に影響を与えるような条件. **6** 《文法》 法性, 法範疇 《願望・命令・譲歩など種々の心的態度を一定の統語構造によって表現すること; cf. mood² 1》. 〖(*a*1617) □ ML *modālitātem*: ⇨ modal, -ity〗

módal vérb *n.* 《文法》 = modal auxiliary.

mod cons /mɑ́(ː)dkɑ́(ː)nz | mɔ́dkɔ́nz/ *n. pl.* [通例 all ~] 《英口語》 (給湯・暖房など)住宅用最新設備. 〖1934〗

mode¹ /móud | mə́ud/ *n.* **1 a** 方法, 様式, 方式, 形式, 仕方, 流儀 (⇨ method SYN): a ~ of life 生活様式 / ~*s* of thought 思考形式 / a peculiar ~ of doing something ある事をする独特の方法 / Heat is a ~ of motion. 熱は運動の一形式である / be in holiday [work] ~ のんびり[仕事に集中]している. **b** お定まりの[常習的な]やり方: his explanation in the usual sing-song ~ 例によって例のごとき単調な説明ぶり. **2** 《電算》 モード, 様式 《ハードウェアやソフトウェアが行うオペレーションの方式》: conversational ~ 会話様式. **3** 《文法》 法, 位相 (mood). **4** 《音楽》 **a** (教会)旋法 《近代音楽の長調・短調の区別に相当する中世・ルネサンス音楽の調性組織; 8 つ(のちには 12)の旋法からなり, 各々古代ギリシャ音楽に由来する名称をもつ; 主なものは Dorian mode ドリア旋法 《第 1 旋法》, Phrygian mode フリギア旋法 《第 3 旋法》, Lydian mode リディア旋法 《第 5 旋法》, mixolydian mode ミクソリディア旋法 《第 7 旋法》, Aeolian mode エオリア旋法 《第 9 旋法》, Ionian mode イオニア旋法 《第 11 旋法》》: authentic [plagal] ~*s* 正格[変格]旋法. **b** (近代音楽の)音階 (scale): the major [minor] ~ 長[短]音階. **c** リズムモード 《初期多声音楽のリズム体系》. **5** 《哲学》 (実態または本質・属性の特殊な)現れ, 外形, 形式, 様相, 様態; (スピノザ哲学の)様態 (manifestation, form) (↔ attribute). **6** 《論理》 **a** (三段論法の)式, 方式, 様式 (mood). **b** 《まれ》 = modality 2. **7** 《統計》 モード, 並数, 最頻(ひん)値. **8** 《岩石》 (重量または容積百分率で表した)鉱物組成. **9** 《物理》 モード 《波動の姿態, 特に電磁波の進行方向に対する, 電界・磁界の向きや波長などの関係をいうことが多い》. 〖(*c*1380) □ L *modus* measure, due measure, manner ← IE **med-* to take appropriate measures〗

mode² /móud | mə́ud/ *n.* **1** (風俗・服装・言語などの)慣習; 流行, はやり (⇨ fashion SYN): the latest ~ *in* fashion 最新の流行 / be all the ~ 大流行である / follow the ~ 流行を追う / in ~ 流行して, 流行の / out of ~ すたれて, はやらない. 日英比較 英語の *mode* は日本語の「モード」のような「流行の型」という意味ではあまり用いられず fashion のほうが普通: be now in fashion / the latest fashion (トップモード) etc. **2** = alamode. 〖(*c*1645) □ F ~ □ L *modus* (↑)〗

Mod.E. 《略》 Modern English.

móde fìlter *n.* 《電気》 モードフィルター 《特定のモードの電磁波を選択的に通したり阻止する装置》.

mod·el /mɑ́(ː)dl̩ | mɔ́dl/ *n.* **1 a** (実物または作ろうとする物の)模型, 雛形(ひながた), 見本, 縮図: the ~ of a ship, an engine, a cathedral, a mechanical invention, etc. / ⇨ working model / a ~ for a war memorial 戦争記念碑の雛形. **b** (直接に把握しにくい事象を図式化して表す)模型, 模式的仮説. **c** (彫刻品の)原型 (archetype): a clay ~ 粘土原型. **d** 《物理・化学》 (原子などの)模型: ⇨ molecular model. **2** 模範, 典型, 手本, 鑑(かがみ) (example): a ~ of industry, discretion, beauty, etc. / His life was a ~ of Christian virtue. 彼の生活はキリスト教道徳の典型であった / make a ~ of …を手本にする / on the ~ of …を模範として, …にならって / live after foreign ~*s* 外国風に生活する. **3 a** (画家・彫刻家・作家の)作品の題材[モデル]. **b** (画家・彫刻家・写真家のためのポーズをとる)モデル(となる人・物): an artist's ~ 画家のモデル / act as a ~ モデルをする / stand ~ モデル台に上がる, モデルとして立つ. **c** ファッションモデル, マネキン (mannequin). **d** 《婉曲》 売春婦. **4 a** ある型の服飾: a 1980 ~ 1980 年型のドレス. **b** 自動車などのある型[デザイン]: a four-door car of 1980 ~ 1980 年型のフォードア車. **5** 構造様式, 建築様式: build a house on a Western ~ 洋風の家を建てる. **6** 《英》 よく似た人[物], 生き写し (picture): She is a perfect ~ of her mother. あの娘は母親と瓜二つだ. **7** 《軍事》 (武器などの型式記号 (Mark) で分類された原型の)改修型 《mod と略す》. **8** 《数学・論理》 モデル: ⇨ model theory. **9** 《生物》 (擬態の)モデル 《シャクトリムシの擬態対象となる木の枝, コノハチョウに対する枯葉など; cf. mimicry 2》. **10** 《古》 (作品の)要約 (epitome). **11** 《廃》 (建築・庭園などの)基本設計. **12** 《Shak》 鋳型 (mold).

— *adj.* [限定的] **1** 模型の: a ~ car [yacht] 模型自動車[ヨット]. **2** 模範の, 典型的な, 標準的な (exemplary): ~ behavior 模範的態度 / a ~ farm 模範農園 / a ~ wife 模範的な妻, 妻の鑑 / a ~ husband 模範亭主 / ~ prisoners 模範囚.

— *v.* (~**ed**, **-elled**; ~**·ing**, **-el·ling** /-dl̩ɪŋ, -dl- | -dl̩ɪŋ, -dl-/) — *vt.* **1** …の模型[雛形]を作る, 模擬装置]を作る: ~ an airplane. **2** 〈物を〉型に合わせて[模型にならって]作る (mold, shape): ~ a hat on a block 木型に載せて帽子の形を作る / delicately ~*ed* features [limbs] 繊細な顔[手足]. **3** (粘土・蠟などで)〈原型を〉作る, 型どる, 〈物〉の型を粘土(など)で取る: ~ a figure in clay [wax] 粘土[蠟]で肖像を作る. **4** 〔模型・設計図などに従って[則(のっと)って]〕作る, 工夫する (make, plan); 設計する (design) 〔*after, on*〕: ~ a garden *after* the manner of Kew (ロンドンの)キュー植物園風に庭園を造る / The system is ~*ed on* that in use in America. その制度は米国現行のものにならって作られている. **5** (彩色などで)…の立体的な像を描く. **6** 〈行動などを〉〔…に〕合わせる, 模する, 則(のっと)る 〔*on, upon*〕: ~ one's life according to the ideals of Christianity キリスト教の理想に従った生活をする / ~ one's manners *on* those of the old school 旧式の作法にならう / ~ oneself *on* [*upon*] a person 人を手本にする, 人にならう. **7** 〈見本の衣服を〉着てみせる, 着て示す. — *vi.* **1** 模型[雛形]を作る. **2** (粘土などで)原型を作る. **3** モデルになる, マネキンをする. **4** 《美術》 〈製作中の絵が〉鮮やかに浮き立つ, 実体感を生じる.

〖(1575) □ F + *modelle* (F *modèle*) □ It. *modello* (dim.) ← *modo* □ L *modus* 'MODE¹'〗

SYN 手本: **model** ある望ましい性質の手本となる人や物: He is a *model* of integrity. 清廉の鑑だ. **example** 模倣するのに足る人・物・行動; または bad などの形容詞を伴って, 模倣してはならない悪い例: I will follow his *example*. 彼を見習いたい. **pattern** 模倣するにふさわしい例: the *pattern* of good behavior 立派なふるまいのお手本. **ideal** 心に描く理想的な典型, またはそれを具現していると思われる人や事物: She found her *ideal* in her mother. 母に理想像を見出した. **standard** 判断の目安とすべき標準: the *standard* of living 生活水準. **archetype** その後の同種のもののモデルとなる原型: The Wright brothers' plane is the *archetype* of today's airliners. ライト兄弟の飛行機は今日の定期旅客機の原型だ.

mód·el·er /-dlə, -dl̩ə | -dlə(r), -dl̩-/ *n.* 模型[塑像]製作者. 〖1603〗

módel hòme [hòuse] *n.* 《米》 モデルハウス, 展示住宅 (《英》 show house [home]).

mód·el·ing /-dlɪŋ, -dl̩- | -dl-, -dl̩-/ *n.* **1** 模型製作(法, 業). **2** (粘土などによる)塑像術, 彫塑製作. **3** 《美術》 (立体物の)実体感表現法; (彫刻品の)肉づけ 《肉体表面の凹凸(おうとつ)の表現》: the exquisite ~ of Greek sculpture ギリシャ彫刻のすばらしい肉づけ / the ~ of a person's features 人の顔形の肉づけ. **4** ファッションモデルの仕事, モデル業. 〖1581〗

mód·el·ler /-dlə, -dl̩ə | -dlə(r), -dl̩-/ *n.* 《英》 = modeler.

mód·el·ling /-dl̩ɪŋ, -dl- | -dl-, -dl̩-/ *n.* = modeling.

móde-lócked *adj.* 《物理》 〈レーザー (laser) が〉持続時間の短い電波を出すよう光相 (light phase) を調整した. 〖1965〗

módel schòol *n.* **1** (教員養成大学などの)付属小学校. **2** モデル養成学校. 〖1854〗

Módel T /-tíː/ n. [the ～]〘商標〙モデル T 型フォード《米国の Ford 社が製造した (1909–27) 初期の自動車の商品名; cf. tin lizzie》. **—** *adj.* [限定的] **1** 初期段階の. **2** 旧式な, 流行遅れの (old-fashioned). 〘1909〙

módel thèory n.〘論理〙モデル理論《論理・数学等の形式的公理体系の構成(要素)に対し集合論的にその対象をモデルとして解釈する論理学の一部門; cf. semantics 2, proof theory》.

mo·dem /móuḍəm, -dɛm | móudɛm, -dəm/ n.〘電算〙モデム, 変復調装置《データを電話回線などでやりとりするため信号を変換する装置》. 〘(c1952) ← MO(DULATOR) ＋DEM(ODULATOR)〙

Mo·de·na /móuḍənə, mɔ́ː-, máː-, -nàː, -dn̩- | mɔ́dɪnə, mɔdéɪnə, mə-; *It.* mɔ́ːdena/ n. モデナ《イタリア北部の都市》. 〘1822–34〙

mod·er·ate /máː(ː)ḍərɪ̀t, -drɪ̀t | mɔ́dərɪ̀t, -drɪ̀t/ *adj.* **1 a** 〈人・性質・行動など〉極端に走らない, 節度を守る, 節制のある; 穏健な (calm): a ～ man / a ～ request 無理のない要求 / be ～ in drinking 酒に節度がある / a ～ drinker 適度に飲む人 / He is ～ in temper [language]. 気性[言葉遣い]が穏やかだ. **b** 〈天候など〉穏和な, 穏やかな: a ～ winter. **2** (政治・宗教などで)穏和主義の, 穏健派の (↔ extreme): ～ politicians 穏健な政治家 / The party is ～ in views [policy]. その党の政見[政策]は穏健である. **3 a** 〈数量・程度など〉適度な, 頃合の: ～ distance, height, weight, etc. / a ～ income ほどよい収入 / a man of ～ means 中位の資産家 / at ～ speed 頃合の速力で. **b** 高価ではない, ほどほどの値段の (reasonable): ～ prices 格好の値段 / The hotel is ～ in its charges. そのホテルの料金は適当だ. **c** (質が)中位の, 並の, 普通の (mediocre): ～ abilities, skill, health, success, etc. **—** *n.* **1** 穏健な人; (特に, 政治・宗教上の)穏和主義者. **2** [通例 M-] 穏健派の人.
— /máː(ː)ḍərèɪt | mɔ́d-/ *v.* **—** *vt.* **1** …の節度を守る, 適度にする; 加減する, 抑える, 和らげる, 減じる (reduce): ～ one's language [action] 言葉[行動]を慎しむ / ～ one's desire [appetite, temper] 欲望[食欲, 怒り]を抑える / ～ one's policy [views] 政策[意見]を緩和する / ～ one's demands 要求を穏当にする / exercise a *moderating* influence on …に緩和作用を及ぼす, 緩和する / The shower ～*d* the heat. 急な雨のおかげでちょっと涼しくなった. **2** 〈集会などの〉司会をする: ～ a debate. **3**〘物理〙(中性子などの)速度を遅くする. **—** *vi.* **1** ほどよくなる, 穏やかになる, 和らぐ, 減じる: The gale [sea, storm] has ～*d.* / His temper has ～*d.* 彼の怒りはおさまってきた. **2** (…の)司会をする〔*over*〕. **3** (古) 調停者になる. **4** (英・NZ) (中等教育終了試験などの)採点の外部検定委員を務める.
～·ly *adv.* **～·ness** *n.* 〘(1392) □ L *moderātus* (p.p.) ← *moderārī* to moderate ← *modus* 'MODE¹'〙

SYN 節度のある: **moderate** 過度に陥っていない: *moderate* appetite ほどよい食欲. **temperate** 欲望を意図的に抑制して限度を越えない: He is *temperate* in eating and drinking. 飲食に節制がある.
ANT immoderate.

móderate bréeze n.〘気象〙和風 (cf. wind scale). 〘c1881〙

móderate gále n.〘気象〙強風. 〘1704〙

mod·er·a·tion /mὰ(ː)dəréɪʃən | mɔ̀d-/ n. **1** 適度, ほどよさ; 節度, 節制; 平穏, 温和 (mildness): use [exercise] ～ 節制する; 中庸[節度]を守る / *Moderation* is the law of enjoyment. 節度が楽しみの掟である. **2** [M-; *pl.*] (英) (Oxford 大学で) 古典語または数学の BA (Bachelor of Arts) 学位の公式第一次試験《Mods ともいう》. **3**〘長老派教会〙長老会の牧師任命. **4**〘物理〙(中性子などの)減速. **5**〘電算〙穏健化, 調整, 司会《ニュースグループなどでのメッセージから害のあるものなどを除くこと》. ***in moderation*** 適度に, ほどよく, 控え目に. 〘(?a1425) □ (O)F *modération* □ L *moderātiō(n-)*: ⇨ moderate, -ation〙

mód·er·at·ìsm /-dərɪ̀tìzm, -drɪ̀- | -dərɪ̀-, -drɪ̀-/ n. (政治・宗教上の)穏和[穏健]主義. **mód·er·at·ist** /-tɪ̀st | tɪst/ n. 〘(1795) ← MODERATE＋-ISM〙

mod·er·a·to /mὰ(ː)dəráːtou | mɔ̀dəráːtəu; *It.* moderáːto/ *adj., adv.*〘音楽〙モデラート, ほどよい速度で(の) (in moderate time): allegro ～ ほどよく速く. 〘(1724) □ It. ～ ← L *moderātus*: ⇨ moderate〙

mód·er·à·tor /-rèɪtə | -tə(r)/ n. **1 a** 仲裁[調停]者 (mediator). **b** 調節[調整]器 (regulator). **2** (米) **a** (ラジオやテレビなどの討論会やクイズ番組などの)司会者. **b** (町会などの)議長. **3** (英) (Oxford 大学で) 第一次 BA 学位試験 (Moderations) の試験官; (Cambridge 大学で) 数学優等試験の監督官. **4** (英・NZ) 修了認定試験の検定委員. **5**〘キリスト教〙(長老派教会の)教会総会[会議]議長. **6**〘原子力〙減速材《原子炉の中性子減速材》. 〘(a1398) □ L *moderātor* manager, ruler: ⇨ moderate, -or²〙

móderator làmp n. 石油調節灯《石油の流出を調節する装置のあるランプ》. 〘1851〙

móderator·ship n. moderator の職[地位, 任務]. 〘1641〙

mod·ern /máː(ː)dən | mɔ́dn, -dən/ *adj.* (**more ～, most ～**; **～·er, ～·est**) **1 a** 現代の, 当今の, 近頃の (⇨ new SYN): ～ discovery, poetry, etc. / ～ times 現代. **b** 近世の, 近代の: ～ history 近代史, 近世史《ヨーロッパ史ではほぼルネサンス以後; cf. history 1 a》. **2** 新式の, 現代式[風]の, 近代的な, モダンな (↔ antique): ～ ideas, views, fashions, etc. **3** 〈芸術上の様式が〉現代的な, 因習にとらわれない. **4** [M-] (言語史で)近代の (cf. middle 3): ⇨ Modern English, modern languages. **5** 〈人類など〉現生の: ～ man [humans] 現生人類. **6** (廃) ありふれた, 陳腐な (commonplace) (cf. Shak., *Macbeth* 4. 3. 170). **—** *n.* **1** 現代人. **2** 現代的な人, 新思想[趣味]の人. **3**〘活字〙＝modern face. **～·ly** *adv.* **～·ness** *n.* 〘(1500–20) □ (O)F *moderne* ‖ LL *modernus* ← L *modo* just now, lately (abl.) ← *modus* 'MODE'〙

módern cùt n.〘宝石〙モダンカット《emerald cut, ハート型, 半月型, 三角型などのカット》.

módern dánce n. モダンダンス《20 世紀初めに生まれた芸術舞踊の一種; 伝統的バレエと異なる非定型ダンスで Isadora Duncan によって提唱された》. 〘1912〙

mod·ern-day /máː(ː)dəndèɪ | mɔ́dn-, -dən-⁻/ *adj.* 現代の, 今日の. 〘1909〙

mo·derne /moudéən | məudéən; *F.* mɔdɛʁn/ *adj.* **1** 極端に現代風な. **2** (米) (建築・デザインで)直線とクロームメッキのパイプを用いた《1920–30 年代に流行した》. 〘(1955) □ F ～ 'MODERN'〙

Módern Énglish n. 近代英語: Early [Late] ～ 初期[後期]近代英語 (⇨ English *n.* 1 a). 〘1579〙

módern fáce n.〘活字〙モダンフェース《縦線が太く, セリフ (serif) は直線的な活字書体; 単に modern ともいう; cf. old style 2》. 〘1894〙

Módern Frénch n. 近代フランス語. 〘1900〙

Módern Gréats n. *pl.* (Oxford 大学の) 近代学科《哲学・政治学・経済学の 3 科目》. 〘1925〙

Módern Gréek n. 近代[現代]ギリシャ語 (⇨ Greek 3 a). 〘1699〙

Módern Hébrew n. 現代ヘブライ語 (⇨ Hebrew 2 b). 〘1949〙

mod·ern·ism /máː(ː)dənìzm | mɔ́dən-, -dn̩-/ n. **1 a** 現代風; 現代的生活[思考]様式. **b** 現代語法; 現代的慣習; 現代思想. **c** 近代思潮; 近代的方法, 近代主義. **2** [通例 M-] **a**〘カトリック〙現代[近代]主義《カトリック教会内の近代的神学思潮; 1907 年教皇 Pius 十世によって禁圧された》. **b** 近代主義《20 世紀プロテスタントにおける自由主義思想; cf. fundamentalism 1》. **3**〘芸術〙モダニズム, 現代風. 〘1737〙

mod·ern·ist /máː(ː)dənɪ̀st | mɔ́dənɪst, -dn̩-/ n. **1** 現代[近代]主義者, 現代賛美者. **2** [M-]〘カトリック〙現代[近代]主義者. **3**〘芸術〙現代主義者, モダニスト. **—** *adj.* 現代[近代]主義(者)の. 〘1588〙

mod·ern·is·tic /mὰ(ː)dənístɪk | mɔ̀də-, -dn̩-⁻/ *adj.* **1** ＝modernist. **2** [ある種の現代芸術に対して軽蔑的に] 現代的な (⇨ new SYN). **mòd·ern·ís·ti·cal·ly** *adv.* 〘1909〙

mo·der·ni·ty /mə(ː)dɚ́ːnəṭi, mə-, mou- | mɔdɜ́ː-nɪ̀ti, mə-/ n. (↔ antiquity) **1** 現代的であること, 現代性, 近代性, 当世風. **2** 現代的なもの. 〘(1627) □ ML *modernitātem* ← *modernus*: ⇨ modern, -ity〙

mod·ern·i·za·tion /mὰ(ː)dənɪzéɪʃən | mɔ̀dənaɪ-, -nɪ-, -dn̩-/ n. **1** 現代[近代]化. **2** (古典劇などの)現代語版: a ～ of Shakespeare's plays. 〘1770〙

mod·ern·ize /máː(ː)dənàɪz | mɔ́dən-, -dn̩-/ *vt.* **1** 現代的にする, 近代化する, 当世風にする: ～ one's house. **2** 〈古典などを〉現代語法に書き換える. **—** *vi.* 現代[近代]化する; 現代風に行う[書く, 言う]. **mód·ern·ìz·er** *n.* 〘(1748) □ F *moderniser*: ⇨ modern, -ize〙

módern jázz n. モダンジャズ《1940 年代の初めから発達した新しい形式のジャズ》. 〘1955〙

módern lánguages n. *pl.* [単数または複数扱い] (大学の講座としてのヨーロッパの)近代[現代]語 (cf. CLASSICAL languages). 〘1821〙

Módern Látin n. 近代ラテン語 (New Latin).

módern pentáthlon n. [通例 the ～]〘スポーツ〙近代五種(競技)《フェンシング (エペ), 馬術 (5000 m, 30 障害), 射撃 (ピストル, 25 m 距離), 陸上 (4000 m クロスカントリー), 水泳 (300 m 自由形) の 5 種を 1 日 1 種目ずつ 5 日間で行い, 総合得点で順位を決めるオリンピック男子種目競技; cf. decathlon》. 〘c1912〙

módern schòol n. (英) **1** ＝modern side. **2** ＝secondary modern school. 〘1862〙

módern séquence dàncing n. モダン シークエンス ダンス《社交ダンスのステップを元にした様々なダンスを連続して踊るもの》.

módern síde n. (英国の, 中等学校における)近代科《古典語に重きを置かないで自然科学・数学・現代(外国)語を主とする》. 〘1887〙

Mo·dess /moudés, ⁻⁻ | məudés, ⁻⁻/ n.〘商標〙モデス《米国 Personal Products 社製の生理用ナプキン》.

mod·est /máː(ː)dɪ̀st | mɔ́dɪst/ *adj.* **1** 〈人・行動・性質など〉謙遜な, 遠慮がちな (⇨ humble, shy¹ SYN); 内気な: ～ behavior / The more you know, the ～*er* you should be. 多くのことを知れば知るほど謙遜であるべきだ. **2** 〈特に女性が〉(性質・態度・服装など)しとやかな, 上品な, 慎しみ深い (⇨ chaste SYN): a ～ woman / a ～ dress. **3** [しばしば反語] 〈要求・陳述など〉控え目な, 適度の, 穏当な: ～ demands / a ～ wish 控え目な希望. **4** 〈物が〉(外見・量など)大げさでない, ささやかな; ～ pay あまり多くない給料 / a ～ hotel 小さなホテル. **～·ly** *adv.* 〘(1565) □ (O)F *modeste* ‖ L *modestus* keeping due measure ← *modus* 'MODE¹'〙

Mo·des·ta /moudéstə, mə- | mə(u)-/ n. モデスタ《女性名》. 〘□ It. ～ 'MODESTY'〙

mod·es·ty /máː(ː)dɪ̀sti | mɔ́dɪ̀sti/ n. **1** 謙遜, 卑下, 遠慮, 控え目, 慎み(深さ); 内気: virgin ～ 娘らしい慎み(深さ) / in all ～ 自慢する気はないが, 控え目に(言って[見て]も) / *Modesty* forbids that ... こういうと自慢しているように聞こえますが. **2** (言葉・態度・服装などの)慎ましやかさ, 上品, じみ: girls giggling without ～ はしたなく笑う娘たち. **3** (古) ほどよさ, 適度, 穏当. 〘(1531) □ (O)F *modestie* ‖ L *modestia*: ⇨ modest, -y¹〙

Mod·es·ty /máː(ː)dɪ̀sti | mɔ́dɪ̀sti/ n. モデスティー《女性名》. 〘↑〙

módesty pànel n. 前垂れ板, パネル《机に向かって腰かける人の脚を隠すため机の前面に取りつけた板》.

modge /máː(ː)ʤ | mɔ́ʤ/ *vt.* (英方言) 安っぽいやり方で行う; 台なしにする. 〘(1894) ← ?〙

ModGk, Mod.Gk. (略) Modern Greek.

ModHeb, Mod.Heb. (略) Modern Hebrew.

modi n. modus の複数形.

Mo Di /móudíː | máu-; *Chin.* mòtí/ n. 墨翟(ぼくてき) (紀元前 4 世紀ごろの中国戦国時代の思想家; 尊称墨子(ぼくし)「兼愛」,「非攻」,「尚賢」を掲げて, 活発な思想運動を展開した;「墨子」の著者; ⇨ Mozi).

mod·i·cum /máː(ː)dɪ̀kəm, móuḍ- | mɔ́d-/ n. [通例 a ～ of として] 少量, 少額, わずか (a small portion): be satisfied with *a* ～ *of* sleep わずかばかりの睡眠で満足する / get *a* ～ *of* pleasure わずかな楽しみを得る. 〘(c1470) □ L ～ (neut.) ← *modicus* moderate ← *modus* 'MODE¹'〙

mod·i·fi·a·ble /máː(ː)dəfàɪəbl̩ | mɔ́dɪ̀-/ *adj.* 変更[修飾, 限定, 軽減]できる. **mod·i·fi·a·bil·i·ty** /mὰ(ː)dəfaɪəbíləṭi | mɔ̀dɪ̀faɪəbílɪ̀ti/ n. **～·ness** n. 〘1611〙

mod·i·fi·cand /máː(ː)dəfɪ̀kænd | mɔ́dɪ̀fɪ-/ n.〘文法〙被修飾語 (cf. modifier). 〘(a1832) □ L *modificandum* (a thing) to be limited (neut. gerund.) ← *modificāre* (↓)〙

mod·i·fi·ca·tion /mὰ(ː)dəfɪ̀kéɪʃən | mɔ̀dɪ̀fɪ-/ n. **1** 緩和[加減]する[される]こと; 限定, 制限 (limitation). **2** 部分的に変更すること, 改変, 修正: receive important ～*s* 重要な修正を受ける / This law is subject to ～. この法律は修正されるかもしれない. **3** 変形, 変態 (variety). **4**〘生物〙(非遺伝性の)一時的変異 (cf. fluctuation 3, mutation 2, variation 6). **5 a**〘文法〙修飾, 修飾用法[機能]. **b**〘言語〙(ある構造における)形態変化 (('doesn't' における 'not' の 'n't' への変化など). **6**〘言語〙**a** (一国語から他の国語へ移る際の)語形修正. **b** (mutation [umlaut] による)母音変化, 変音; ウムラウト (umlaut) (¨)《母音変化の記号》. **c** 語形の変形. 〘(1502) □ (O)F ～ ‖ L *modificātiō(n-)* ← *modificāre*: ⇨ modify, -ation〙

M

mod·i·fi·ca·tive /máː(ː)dəfɪ̀kèɪṭɪv | mɔ́dɪ̀fɪkèɪt-/ *adj.* ＝modificatory. 〘a1661〙

mod·i·fi·ca·tor /máː(ː)dəfɪ̀kèɪṭə | mɔ́dɪ̀fɪkèɪtə(r)/ n. ＝modifier. 〘1824〙

mod·i·fi·ca·to·ry /máː(ː)dəfɪ̀kətɔ̀ːri | mɔ́dɪ̀fɪkèɪtəri/ *adj.* 緩和する, 加減する; 改変する, 修正する. 〘(1824) ← L *modificātus* ((p.p.) ← *modificāre* 'to MODIFY')＋-ORY¹〙

mód·i·fied Américan plán /máː(ː)dəfàɪd- | mɔ́dɪ̀-/ n. 修正アメリカ方式《ホテルの部屋代・朝食・夕食を含む料金方式; cf. American plan, European plan》.

mód·i·fì·er n. **1** 修正[変更]する人[物]. **2**〘文法〙修飾語(句), 限定語句《形容詞・副詞およびその相当語句; cf. modificand, qualifier 2, quantifier¹》. **3**〘生物〙変更遺伝子《他の遺伝子の働きに変更を与える遺伝子》. 〘(1583): ⇨ ↓, -er¹〙

mod·i·fy /máː(ː)dəfàɪ | mɔ́dɪ̀-/ *vt.* **1** 緩和する, 加減する, 軽減する (moderate): ～ one's tone 口調を和らげる / A light breeze *modified* the heat. 微風のため暑さが緩和された. **2** (部分的に)変更する, 改変する, 修正する (⇨ change SYN): ～ the terms of a contract 契約の条件を一部変更する / ～ the details of a plan 計画の細部を修正する / ～ one's ideas [opinions] 考え[意見]を少々改める. **3**〘文法〙**a** 〈語句〉の意味を修飾する, 限定する (qualify): An adjective *modifies* a noun. 形容詞は名詞を修飾する. **b** 〈母音を〉ウムラウト (¨) によって変化させる: the *modified* o in Göttingen. **4**〘哲学〙〈実体を〉限定する (determine). **5**〘動物〙(新しい目的に適応させるために)〈体の一部を〉根本的に変化[進化]させる. **—** *vi.* 変更[変化]する, 修正される. 〘(c1385) *modifie(n)* □ (O)F *modifier* □ L *modificāre, modificārī* to set limits to ← *modus*: ⇨ mode¹, -ify〙

Mo·di·glia·ni /mòudiljáːni, moudiːli- | mɔ̀dɪljáː-; *It.* modiʎʎáːni, *F.* mɔdiljani/, **A·me·de·o** /*It.* ameːdéːo/ n. モジリアーニ (1884–1920; Paris に在住したイタリアの画家・彫刻家; エコールドパリの代表者の一人).

mo·dil·lion /moudíljən | mə(ʊ)-/ n.〘建築〙(コリント式の建物などで軒蛇腹(のきじゃばら)の中層部の下にある)軒持ち送り, 飾り持ち送り. 〘(1563) □ It. *momodiglione* < VL **mutūliō(n-)* ← L *mūtulus* modillion? ← Etruscan **mut-* projection; to stand out〙

mo·di·o·lus /moudáɪələs | mə(ʊ)-/ n. (*pl.* **-o·li** /-làɪ/)〘解剖〙(内耳の)蝸牛(かぎゅう)軸. 〘(1823) ← NL ～ (dim.) ← *modius* measure for grain ← *modus* 'MODE¹'〙

mod·ish /móudɪʃ | móud-/ *adj.* (軽蔑) 流行の, 流行を追う, 現代風の, モダンな (fashionable): a ～ woman, restaurant. **～·ly** *adv.* **～·ness** *n.* 〘(1660) ← MODE²＋-ISH¹〙

mo·diste /moudíːst | məu-; *F.* mɔdist/ n. 婦人服[帽]調製師, 婦人装身具店. 〘(c1840) □ F ～ ← *mode* 'MODE²', fashion＋*-iste* '-IST'〙

Mo·djes·ka /məʤéskə | mə(ʊ)-/, **Helena** n. マジェスカ (1840–1909; 米国で活躍したポーランドの女優; 旧姓 Opid).

ModL, Mod.L. 《略》Modern Latin.

Mo·doc /móudɑ(:)k | máudɔk/ *n.* (*pl.* ~, ~s) **1 a** [the ~(*s*)] モドック族《米国 Oregon 州南部から California 州北部にかけて住んでいる Lutuamian 族の北米インディアン》. **b** モドック族の人. **2** モドック語.

Mo·dred /móudrɪ̈d, -drɛd | máu-/ *n.* 〘アーサー王伝説〙モルドレッド《Arthur 王の甥で王を裏切り致命傷を負わせる騎士; Mordred ともいう》.

Mods /mɑ́(:)dz | mɔ́dz/ *n. pl.* 《口語》=moderation 2. 〘《1858》《短縮》← *Moderations*〙

mod·u·la·bil·i·ty /mɑ̀(:)dʒuləbíləṭi | mɔ̀djuləbílɪ̈ti, -dʒu-/ *n.* 調整[変調, 転調]可能性. 〘1928〙

mod·u·lar /mɑ́(:)dʒulə | mɔ́djulə^(r), -dʒu-/ *adj.* **1** モジュール (module) の[による]: ~ coordination モジュールによる寸法の調整 / a ~ dimension モジュールによって調整した寸法. **2** 〘教育〙モジュール方式《二つ以上の課題に関連する科目は共通の時間帯に履修する》. **3** 〘物理〙率[係数] (modulus) の. **4** 〘数学〙〈束(そく) (lattice) が〉モジュールの《$a \leqq b$ の時, 任意の c に対して, b と c の下限と a との上限が, a と c の上限と b の下限に等しいという性質をもつ》. **5** 〘電算〙モジュールの: ⇨ module. **~·ly** *adv.* 〘《1798》← NL *modulāris*: ⇨ module, -ar¹〙

módular aríthmetic *n.* 〘数学〙モジュール算数, 時計の算数《一定の数の倍数を無視した算数; 例えばその一定の数として 2 をとれば 1＋1＝0 となるし, 12 をとれば時計の文字盤の上の算数となる》. 〘1959〙

módular cóurse *n.* 《英》〘教育〙特定の科目を選択できる教育コース.

mod·u·lar·i·ty /mɑ̀(:)dʒulǽrəṭi, -lέr- | mɔ̀djulǽrɪ̈ti, -dʒu-/ *n.* 〘電子工学〙モジュール性《コンピューターなどを組み立てる際, その構成要素がどの程度まとまっているかを示す指標》. 〘《1937》: ⇨ modular, -ity〙

mod·u·lar·ize /mɑ́(:)dʒuləràɪz | mɔ́dju-, -dʒu-/ *vt.* モジュール (module) 方式で組み立てる. **mod·u·lar·i·za·tion** /mɑ̀(:)dʒulərɪ̈zéɪʃən | mɔ̀djuləraɪ-, -rɪ-/ *n.* 〘《1959》← MODULAR＋-IZE〙

mód·u·lar·ìzed *adj.* **1** モジュール (module) を含む; モジュールで組み立てられた: ~ electronic equipment 〘電子工学〙モジュール化された電子装置. **2 a** モジュールとして生産された. **b** モジュールに分割された. 〘1959〙

mod·u·late /mɑ́(:)dʒulèɪt | mɔ́dju-, -dʒu-/ *vt.* **1** 調節[調整]する (regulate, adjust); 加減する, 和らげる (soften). **2 a** 〈声を〉(適当に)変える[合わせる]. **b** 詠唱する (intone): ~ a prayer for alms 施しを求めて祈りを詠唱する. **3** 〘音楽〙〈音高や調子を〉変える, 整える; 調子を合わせる (vary, inflect, attune): ~ one's voice, tone, pitch, etc. **4** 〘電子工学〙〈搬送波の振幅・周波数などを〉(信号により)変調する. — *vi.* **1** 〘音楽〙転調する. **2** 〘電子工学〙変調する. 〘《c1557》← L *modulātus* (p.p.) ← *modulārī* to measure ← *modulus* small measure (dim.) ← *modus* 'MODE¹'〙

mod·u·la·tion /mɑ̀(:)dʒuléɪʃən | mɔ̀dju-, -dʒu-/ *n.* **1** 調子を合わせること, 調節, 調整, 加減. **2** (音・声・リズムの)抑揚, 変化 (inflexion). **3** 〘音楽〙転調 (change of key). **4** 〘電子工学〙(搬送波の振幅・周波数の)変調: ⇨ amplitude modulation, frequency modulation. **5** 〘音声〙音調変化, 抑揚. 〘《a1398》□ (O)F ~ // L *modulātiō(n-)* ← *modulātus* (↑): ⇨ -ation〙

modulátion distòrtion *n.* 〘電子工学〙変調ひずみ.

modulátion frèquency *n.* 〘電子工学〙変調周波数. 〘1930〙

modulátion ìndex *n.* 〘電子工学〙変調指数. 〘1930〙

modulátion nòise *n.* 〘電子工学〙変調雑音.

mod·u·la·tive /mɑ́(:)dʒulèɪṭɪv | mɔ́djulèɪt-, -dʒu-/ *adj.* =modulatory.

mód·u·là·tor /-ṭə | -tə^(r)/ *n.* **1** 調節する人[もの]. **2** 〘電子工学〙(搬送波の)変調器. **3** 〘音楽〙モデュレーター, 階名唱法視読表. 〘《c1500》□ L *modulātor*: ⇨ modulate, -or²〙

mod·u·la·to·ry /mɑ́(:)dʒulətɔ̀:ri | mɔ́djulèɪtəri, -dʒu-/ *adj.* 調節的な; 転調[変調]の[を起こさせる]. 〘《1880》← MODULATE＋-ORY¹〙

mod·ule /mɑ́(:)dʒu:l | mɔ́dju:l, -dʒu:l/ *n.* **1 a** (流水測定の)単位. **b** (建築材料・工作物などの)基準寸法, 基本単位, モジュール. **2** 〘建築〙モジュール, 度《古典主義建築のオーダーの割合測定の単位; 円柱の柱脚部における半径などを用いる; cf. diameter 3》. **3 a** 〘電算〙モジュール《規格化され独自の機能をもつ交換可能な構成要素; プログラムの場合は機能別の単位に分割した部分, ハードウェアの場合は交換しやすいように設計された構成要素のこと》: a memory ~ 記憶装置 / a ~ for a computer コンピューター用モジュール. **b** (家具・建築などの)組立てユニット, 規格構造. **c** 〘航空〙モジュール《航空機・宇宙船などの中でそれぞれが独自の機能を果たすように設計されている構成要素》: a lunar ~ 月着陸船 / a command ~ 司令船. **4** 《英》〘教育〙(特定の学科の学習課程がいくつかに分割された)履修単位. **5** 〘数学〙モジュール, 加群《作用域をもつアーベル群; cf. vector space》. **6** 〘時計〙モジュール《時計機能のうち, いくつかの動作ができるまでに組立てられてはいるが, 完成品でないムーブメント (movement)》. **7** 《Shak》姿 (image). 〘《1586》□ F ~ // L *modulus* (dim.) ← *modus* 'measure, MODE¹': MOLD¹ と二重語〙

moduli *n.* modulus の複数形.

mod·u·lo /mɑ́(:)dʒulòu | mɔ́djulàu/ *prep.* 〘数学〙…を法として (cf. modulus 2): 8 is congruent with [to] 15 ~ 7. 8 は 7 を法として 15 と合同である. 〘《1897》← NL ~ (abl.) ← *modulus* (↓)〙

mod·u·lus /mɑ́dʒuləs | mɔ́dju-/ *n.* (*pl.* **-u·li** /-làɪ, -li: | -làɪ/) **1** 〘物理〙率, 係数 (coefficient): the ~ of a machine 機械効率. **2** 〘数学〙 **a** (合同式における)法. **b** (複素数の)絶対値 (absolute value). **c** 法《modular arithmetic で用いる, 異なった数(すう)の個数》. **d** 対数係数.

módulus of elastícity 〘物理〙弾性率[係数]《弾性体に加えられた応力とそれに対するひずみの比を表す定数; coefficient of elasticity ともいう》. 《1807》

módulus of rigídity 〘機械〙=shear modulus.

módulus of rúpture 〘工学〙破壊係数.

〘《1563》□ L ~ 'small measure': ⇨ module〙

mo·dus /móudəs | máud-, mɔ́d-/ *n.* (*pl.* **mo·di** /-di:, -daɪ | -daɪ/, ~·**es**) 方法, 様式. 〘《1590》□ L ~ 'measure, manner'〙

mó·dus o·pe·rán·di /-ɑ̀(:)pərǽndi, -daɪ, -òupərá:n- | -ɔ̀pərǽndi, -daɪ/ *L. n.* (*pl.* **modi o-**) (仕事の)やり方, 手続き, 運用法, 作業計画; (犯罪の)手口. 〘《1654》← NL ~〙

mó·dus pó·nens /-póunɛnz | -páu-/ *n.* (*pl.* **modi po·nen·tes** /-pounέnti:z | -pəu-/) 〘論理〙肯定式《「A ならば B」と「A」という前提から「B」という結論が導出されることを規定する論理の定理, または推理規則; rule of detachment ともいう》. 〘《a1856》← NL ~ 'proposing mode'〙

mó·dus tól·lens /-tɑ́(:)lɛnz | -tɔ́l-/ *n.* (*pl.* **modi tol·len·tes** /-təlέnti:z | -tɔ-, -tə-/) 〘論理〙否定式《「A ならば B」と「B でない」という前提から「A でない」という結論が導出されることを規定する論理の定理, または推理規則》. 〘《a1856》← NL ~ 'removing mode'〙

mó·dus vi·vén·di /-vɪ̈véndi, -di, -daɪ | -vɪvéndi:, -vi:-, -daɪ/ *L. n.* (*pl.* **modi v-**) **1** (人生の)生き方, 生活態度. **2** 暫定協定, 一時的妥協. 〘《1879》← NL ~ 'manner of living'〙

Moe /móu | máu/ *n.* モウ《男性名》. 〘(dim.) ← MORRIS, MOSES¹〙

Móebius bánd [stríp] /móubiəs-, méɪ-, mɑ́:- | máu-, mɜ́:-; *G.* mǿ:bius/ *n.* =Möbius [band strip].

moel·lon /mwɑ:lɔ́:(ŋ), -lɔ́:ŋ; *F.* mwalɔ̃/ *n.* 〘化学〙メロン油《皮革を油なめしする際の副産物; 皮革の加脂仕上げに用いられる》. 〘《1897》□ F ~ ← ? *moelle* marrow: cf. medulla〙

Moe·si·a /mí:ʃiə, -ʃə | -siə, -ʃə/ *n.* モエシア《南欧 Danube 川の南方, 古代 Thrace および Macedonia の北方にあった古代国家; 後にはローマ領 (29 B.C.)》.

Moe·so·goth /mí:səgɑ̀(:)θ, -zə-, -gɔ̀(:)θ | -sə(u)gɔ̀θ, -zə(u)-/ *n.* (*also* **Moe·so-Goth** /~/) ミーソゴート人《4 世紀に Moesia に定住し農業に従事したキリスト教化したゴート人》. **Moe·so·goth·ic** /mì:səgɑ́(:)θɪk, -zə- | -sə(u)gɔ́θ-, -zə(u)-⁻/ *adj.* 〘《1818》← MOES(IA)＋-o-＋GOTH〙

mo·fette /moufέt | məu-; *F.* mɔfɛt/ *n.* (*also* **mof·fette** /~/) 〘地質〙(火山の)炭酸孔. 〘《1822–34》□ F ~ 'gaseous exhalation' □ It. *mofeta* ← Gmc. (cf. G *Muff* mold² (n.))〙

Mof·fat /mɑ́(:)fət | mɔ́f-/, **James** *n.* モファット《1870–1944; 英国の聖書学者・文学者; 新・旧約聖書の独自の口語訳を発表した》.

mo·fo /móufou | máufəu/ *n.* 《卑》=motherfucker.

mo·fus·sil /moufʌ́səl, -sɪ | məufʌ́sɪ̈l, -sɪl/ *n.* (インドで, 都市・総督代理駐在地に対して)地方, 田舎 (countryside). 〘《1781》□ Hindi *mufaṣṣil* □ Arab. *mufáṣṣal* (p.p.) ← *fáṣṣala* to divide, separate〙

mog¹ /mɑ́(:)g, mɔ́(:)g | mɔ́g/ *v.* (**mogged, mog·ging**) 《方言》 — *vi.* **1** 出発する, 去る (depart) 〈*off, on*〉. **2** ゆっくり静かに歩く[前進する]. — *vt.* 移動させる, …に場所を変わらせる. 〘《1674》《混成》? ← M(OVE)＋(J)OG¹〙

mog² /mɑ́(:)g, mɔ́(:)g | mɔ́g/ *n.* 《英俗》=moggy 1.

Mog·a·di·scio /mòugədí:ʃou, mɑ̀(:)g-, -gə-, -díʃ- | mɔ̀gədíʃəu; *It.* mogadíʃʃo/ *n.* (*also* **Mog·a·di·shu** /-ʃu:/) モガディシオ, モガディシュ《アフリカ東部の Somalia の首都, インド洋に臨む港市》.

Mog·a·don /mɑ́(:)gədɑ̀:n | mɔ́gədɔ̀n/ *n.* 〘商標〙モガドン《スイス F. Hoffmann-La Roche & Co. A.G. 製の精神安定剤・鎮静剤》.

Mog·a·dor /mɑ́(:)gədɔ̀ə, ⸗⸗⸗ | mɔ̀gədɔ́:^(r), ⸗⸗⸗; *F.* mɔgadɔ:ʁ/ *n.* モガドール《Essaouira の旧名 (1956 年まで)》.

Mo·gen Da·vid /mɑ́:gəndɔ́:vɪ̈d | -vɪd/ *n.* 〘ユダヤ教〙=Magen David.

mog·gie /mɑ́(:)gi, mɔ́(:)gi | mɔ́gi/ *n.* 《英俗》=moggy 1. 〘《c1911》〙

mog·gy /mɑ́(:)gi, mɔ́(:)gi | mɔ́gi/ *n.* **1** 《英俗》猫. **2** 《英方言》もーもー(ちゃん)《乳牛・子牛の愛称》. **3** 《英方言》だらしない格好の女性 (slattern). 〘《c1825》? ← *Moggy* ← *Mog* 《愛称》← MARGARET)＋-Y²〙

Mo·ghul /móugəl, -gʌl, -gʌl, mougʌ́l | máugl, -gəl, -gʊl, -gʌl/ *n., adj.* =Mogul.

mog·i·graph·i·a /mɑ̀(:)dʒɪ̈grǽfiə | mɔ̀dʒɪ-/ *n.* 〘病理〙書痙(しょけい) (writer's cramp). 〘《1856》← NL ~: ⇨ ↓, -graph, -ia¹〙

mog·i·la·li·a /mɑ̀(:)dʒɪ̈léɪliə | mɔ̀dʒɪ-/ *n.* 〘病理〙(吃音などの)発音困難(症)《molilalia ともいう》. 〘《1878》← Gk *mogilálos* hardly talking (← *mógis* difficultly＋*lálos* babbling)＋-IA¹〙

Mo·gi·lev /mɑ́(:)gəlèf, -lèv | mɔ́gɪ-; *Belaruss.* məgʲɪʲlʲów/ *n.* =Mahilyow.

mo·go /móugou | máugəu/ *n.* 《豪》(先住民の使う)石の手斧(ちょうな). 〘《1823》← Pama-Nyungan (Dharuk)〙

Mo·gol·lon /mɑ̀gəjóun, mòu- | mɑ̀gəjáun, màu-⁻; *Am.Sp.* moɣojón/ *n.* (*pl.* ~, ~s) モゴヨン文化《米国 Arizona 州南東部から New Mexico 州南西部に紀元前 2 世紀から 13 世紀にかけて栄えたインディアンの文化》.

Mógollon Móuntains *n. pl.* [the ~] モゴヨン山脈《New Mexico 州南西部の山脈; 最高峰 Whitewater Baldy (3320 m); Mogollon range ともいう》.

Mogollón Platéau *n.* モゴヨン高原《米国 Arizona 州中東部, Winslow 市の南に広がる高原; 標高 2,135–2,440 m; 南側の急斜面は Mogollon Rim と呼ばれる》.

mo·go·te /məgóuṭə | -gáutə; *Am.Sp.* moɣóte/ *n.* **1** 〘地質〙モゴーテ《石灰岩が浸食されてできる急な崖(がけ)に囲まれた丘》. **2** 《米南西部》繁ったやぶ, 低木の繁み. 〘《1928》□ Am.-Sp. ~ □ Sp. ~? □ Basque *moko* point〙

mo·gra /móugrə | máu-/ *n.* 〘植物〙マツリカ (Arabian jasmine). 〘《1662》□ Hindi *mogrā*〙

mo·gul /móugəl, -gl | máu-/ *n.* 〘スキー〙**1** (スロープ上の)隆起. **2** モーグル《こぶだらけの急斜面を滑り降り, 二か所のジャンプ台で「エア」と呼ばれる空中演技を決める競技; ターンの正確さ, エアの高さ, スピードを競う》. 〘《1959》← Scand.: cf. Norw. 《方言》*muge* heap〙

Mo·gul /móugəl, -gl, -gʌl, mougʌ́l | máugl, -gəl, -gʊl, -gʌl/ *n.* **1** ムガール人: **a** 16世紀にインドを征服した Baber. **b** 13 世紀の Genghis Khan の部下またはその子孫であるモンゴル人. **c** モンゴル人 (Mongol, Mongolian). **d** [the ~] =Great Mogul 1. **2** [m-] 《口語》**a** 大立物, 大御所 (magnate): a political [movie] *mogul*. **b** 大実業家. **3** [m-] 〘鉄道〙モガール型機関車, 2–6–0 型機関車. — *adj.* ムガール[帝国]の. 〘《1588》□ Pers. *Mughul* 'MONGOL'〙

mógul bàse *n.* 〘電気〙(電球・放電灯などの)大形口金.

Mógul Émpire *n.* [the ~] ムガール帝国《16 世紀に Baber を始祖とするインド史上最大のイスラム王朝 (1526–1857); 1857 年土民の反乱に際し英国に滅ぼされた》.

MOH 《略》《英》Master of Otter Hounds; 《英》Medical Officer of Health.

Mo·hács /móuhɑ:tʃ | máu-; *Hung.* móha:tʃ/ *n.* モハーチ《ハンガリー南部 Danube 川に臨む都市》: the Battle of ~ モハーチの戦い《モハーチでのトルコとの 2 度の戦い (1526, 1687)》.

mo·hair /móuhεə | máuhεə^(r)/ *n.* **1 a** モヘヤ《絹のように細いアンゴラヤギの毛; cf. Angora wool》. **b** モヘヤ毛糸. **2** モヘヤ織 (cf. camlet); モヘヤ織の模造品《羊毛と綿との混織》; モヘヤ織の衣服. 〘《1570》*mockaire* □ It. *moccaiaro* □ Arab. *mukháyyar* choice haircloth ← *kháyyara* to choose, select: 今の形は HAIR からの類推による: cf. moire〙

mo·hal·la /moujʌ́lə | məu-/ *n.* 《インド》街区, マハッラ《町や都市の居住区域の単位》. 〘□ Hindi *mohallā, muhallā*〙

Moham. 《略》Mohammedan.

Mo·ham·med /mouhǽmɪ̈d, -hɑ́:m-, -mɛd | mə(u)-/ *n.* =Muhammad.

Mo·ham·med /mouhǽmɪ̈d, -hɑ́:m-, -mɛd | mə(u)-/ *n.* モハメッド《男性名》. 〘↑〙

Mo·ham·med II /mouhǽmɪ̈d-, -hɑ́:m-, -mɛd- | mə(u)-/ *n.* =Mehmet II.

Mohámmed Á·li /-ɑ́:li, -ɑ:lí:; *Arab.* ʕáli/ *n.* = Mehemet Ali.

Mohámmed Áli, Mau·la·na /mɔ:lɑ́:nə/ *n.* モハメッドアリ《1878–1931; インドのジャーナリスト・政治家; イスラム教徒の指導者, 独立運動に活躍した》.

Mo·ham·med·an /mouhǽmɪ̈dən, -dn | məu-hǽmɪ̈dən, -dn/ *adj., n.* =Muhammadan.

Mohámmedan éra *n.* [the ~] =Muhammadan era.

Mo·hám·med·an·ìsm /-dənɪ̀zm, -dn- | -dən-, -dn-/ *n.* =Muhammadanism.

Mo·hám·med·an·ìze /-dənàɪz | -də-/ *vt.* =Muhammadanize.

Mohámmed Ri·zá Páh·la·vi /-rɪzɑ́:pǽləvi:, -pɑ́:l-, -vi | -rí:zəpɑ́:ləvi/ *n.* モハメッド レザ パフラビー《1919–80; イランの国王 (1941–79); 反王制運動のため, 1953 年および 1979 年国外脱出》.

Mo·har·ram /mouhǽrəm | mə(u)-/ *n.* =Muharram.

Mo·ha·ve /mouhɑ́:vi, mə- | mə(u)-/ *n.* (*pl.* ~, ~s) **1 a** [the ~(*s*)] モハービ族《Colorado 川の両岸に住んでいた Yuman 語族の一派であるアメリカインディアン》. **b** モハービ族の人. **2** モハービ語《Yuman 語族に属する言語》. — *adj.* モハービ族の. 〘《1831》□ Mohave *hamokhava* three mountains: cf. Yuman *hamok* three, *avi* mountain〙

Moháve Désert *n.* [the ~] =Mojave Desert.

Mo·hawk¹ /móuhɔ:k, -hɑ:k | máuhɔ:k/ *n.* (*pl.* ~, ~s) **1 a** [the ~(*s*)] モーホーク族《もと New York 州 Mohawk 川の流域定住のアメリカインディアン, Iroquois 五族 (Five Nations) のうちの最東部にいた一族; 今は Canada, New York 州および Wisconsin 州に住む》. **b** モーホーク族の人. **2** モーホーク語. **3** 〘スケート〙モーホーク《figure skating の技の一種で, 一方のフォワードエッジから他方のバックワードエッジに体重を移して半回転すること; cf. Choctaw 3》. — *adj.* モーホーク族の; モーホーク族の言語[文化]の. 〘《1634》← N-Am.-Ind. (Algonquian): cf. Narragansett *mohowaùuck* man-eater, 《原義》they eat animate things〙

Mo·hawk² /móuhɔ:k, -hɑ:k | máuhɔ:k/ *n.* [the ~] モーホーク(川)《米国 New York 州中東部を東流して Hudson 川に合流する川 (238 km)》.

móhawk wèed *n.* 〘植物〙北米東部産ユリ科の多年草 (*Uvularia perfoliata*)《mealy bellwort ともいう》.

Mo·he·gan /mouhíːgən, mə- | mə(ʊ)-/ *n.* (*pl.* ～, ～**s**) **1 a** [the ～(s)] モヒーガン族 (17 世紀に主に Connecticut 州 Thames 河畔に住んだ Algonquian 語族に属するアメリカインディアンの一族). **b** モヒーガン族の人. **2** ＝Mahican 2. ── *adj.* モヒーガン族の. 〘(1643) □ N-Am.-Ind. (Algonquian) *Maingan* (原義) wolf〙

mo·hel /móuəɫ, -heɪɫ | -ɛɫ, -heɪɫ/ *n.* 〘ユダヤ教〙モヘル (儀式に則って割礼を施す者). 〘(1651) □ ModHeb. *mohél* ＜ Heb. *mōhēl* ← *māhál* to circumcise: cf. milah〙

Mo·hen·jo-Da·ro /mouhéndʒoudáːrou | məuhéndʒəudáːrəu/ *n.* モヘンジョダロ (パキスタンの Sind 地方, Indus 川下流の遺跡で, Harappa と共にインダス文明 (*c*3000–1500 B.C.) を代表する都市遺跡; 1922 年 R. D. Banerji により発見).

Mo·hi·can /mouhíːkən, mə- | məuhíː-, móuɪ-/ *n.* **1** ＝Mahican. **2** モヒカン刈り(のヘアスタイル).

Mohican ríg *n.* モヒカン艤装 (米国で行われるモヒカン帆 (Mohican sail) を用いたカヌーの艤装).

Moh·ism /móuɪzm̩ | máu-/ *n.* 墨子 (Mo-tze) の学説 (博愛を唱え, 勤倹力行を説く). 〘← Mo(-TZE)＋-*h*-＋-ISM〙

Moh·ist /móuɪ̯st | məuɪst/ *n.* 墨子 (Mo-tze) の教義の信奉者. ── *adj.* 墨子の教義(の信奉者)の.

Mo·ho /móuhou | máuhəu/ *n.* 〘地質〙モホ面 (⇨ Mohorovičić discontinuity). 〘1952〙

Mo·hock /móuhɑ(ː)k | məuhɔk/ *n.* 〘英史〙モーホック団員 (18 世紀に London 市中を荒らし回った上流子弟の悪党団の一員; cf. Tityre-tu). 〘(1711–12) (変形) ← MOHAWK[1]: cf. apache〙

Mo·hole /móuhòul | máuhəul/ *n.* 〘地質〙モホール (地質研究のため海洋底下の地殻を突き通し, モホロビチッチ不連続面 (Mohorovičić discontinuity) 以下の層まで掘る計画の穴; この計画を Mohole project という). 〘← Mo(HOROVIČIĆ) DISCONTINUITY＋HOLE〙

Mo·ho·ly-Na·gy /məhóulináː(ː)dʒ | -háulinɔ́dʒ; *Hung.* móhojnɔɟ/, **Lász·ló** /lǽslou | láːsləu; *Hung.* láːsloː/ (*also* **La·dis·laus** /láːdʒslàus/) *n.* モホリーナジ (1895–1946; ハンガリー生まれの米国の画家・写真家; Bauhaus の教授 (1923–29)).

Mo·ho·ro·vi·čić discontinúity /mòuhəróuvətʃɪtʃ- | màuhərə́uvɪ̯-/ *n.* 〘地質〙モホロビチッチ不連続面, モホ面 (地殻とマントル (mantle) との境界にあり, 地震波速度が不連続的に変化する面; 大陸下では約 35 km, 海洋底下では約 5 km の深さのところにある; Moho ともいう). 〘(1936) ← *Andrija Mohorovičić* /*Serb.*/*Croat.* moxǒrovitʃitɕ/ (1857–1936: ユーゴスラビアの地震学者)〙

Móhs('s) scàle /móuz(ɪ̯z)-, móus- | máuz-, máus-; *G.* moːs/ *n.* 〘鉱物〙 **1** モーズ硬度計 (cf. hardness 6). ★ 鉱物の硬度測定用のために次の 10 種の鉱物が標準として定められている: 1 talc (滑石), 2 gypsum (石膏), 3 calcite (方解石), 4 fluorite (螢石), 5 apatite (燐灰石), 6 orthoclase (正長石), 7 quartz (石英), 8 topaz (黄玉), 9 corundum (鋼玉), 10 diamond (金剛石). **2** 新モーズ硬度計. ★ モーズ硬度計を修正拡大したもので 15 種の鉱物が標準として定められている: 1–6 は上に同じ, 7 vitreous pure silica (シリカガラス), 8 quartz (石英), 9 topaz (黄玉), 10 garnet (ざくろ石), 11 fused zirconia (合成ジルコン), 12 fused alumina (合成コランダム), 13 silicon carbide (炭化珪素), 14 boron carbide (炭化硼素), 15 diamond (金剛石). 〘(1879) ← *Friedrich Mohs* (1773–1839: ドイツの鉱物学者)〙

mo·hur /móuhə | máuhə^(r)/ *n.* モフール貨 (1899 年まで流通したインドの金貨; ＝15 rupees; 通例 gold mohur という). 〘(1690) □ Hindi *muh(u)r* seal, gold coin □ Pers. *muhr*: cf. Skt *mudrā* seal, token〙

Mo·hur·rum /mouhə́ːrəm | mə(ʊ)hʌ́r-/ *n.* ＝Muharram.

moh·wa /móuə | máuə/ *n.* 〘植物〙＝mahua.

moi /mwáː; *F.* mwa/ *F. pron.* (戯言) ＝me, myself. 〘1977〙

Moi /mɔ́ɪ/, **Daniel Arap** *n.* モイ (1924–　; ケニアの政治家; ケニアアフリカ民族同盟 (KANU) の一党独裁体制を敷く (1982); 大統領 (1978–　)).

MOI (略) (英) Ministry of Information (現在の COI). 〘1939〙

moi·der /mɔ́ɪdə | -də^(r)/ *vt.* [主に p.p. 形で] (英方言) まごつかせる, 悩ます, 困らす. 〘(1674) ← ?: cf. muddle〙 ── *vi.* とりとめなく話す.

moi·dore /mɔ́ɪdɔə, ─́─ | mɔɪdɔ́ː^(r), ─́─; *Braz.* moidóɾi, *Port.* moiðóɾɯ/ *n.* モイドア貨 (ポルトガルおよびブラジルの昔の金貨). 〘(1711) (変形) ← Port. *moeda d'ouro* coin of gold, money ＜ L *monētam de aurum* money of gold〙

moi·e·ty /mɔ́ɪəṭi | mɔ́ɪɪ̯ti/ *n.* **1** (文語) 〘法律〙 **a** (財産などの)半分, 折半したもの. **b** 二分したものの一つ. **2 a** 分けられた一部 (part), 一部分. **b** (廃) わずかな部分 (fraction). **3** 〘文化人類学・社会学〙半族 (一つの社会が外婚単位である二集団から成る時のそれぞれの集団). 〘(1444) *moit(i)e* □ MF *moité* ＜ OF *meitiet* (F *moitié*) ＜ LL *medietātem*, medietās middle, half ← L *medius* middle: cf. medium, median〙

moil /mɔ́ɪɫ/ *vi.* **1** あくせく働く (toil); 激しく動き回る; 渦巻く; 泥まみれ[びしょ濡れ]になって働く: toil and ～ ⇨ toil[1] *vi.* 1. **2** (廃) [主として受身で] くよくよする, 悩む (worry). ── *vt.* (方言) 濡らす, 泥まみれにする. ── *n.* **1** 骨折り, 苦役 (toil): toil and ～ ⇨ toil[1] *n.* 1. **2** 混乱, 騒動; 厄介, 面倒. **3** 〘窯業〙モイル (吹き棹の先端のガラスに付着した金属酸化物, また吹き棹に付着させたガラス). **4** (英方言) 泥, よごれ. **～·er** /-lə | -lə^(r)/ *n.* 〘(*a*1387) *mollen* □ OF *moillier* (F *mouiller*) to wet, moisten ← L *mollis* soft〙

móil·ing /-lɪŋ/ *adj.* **1 a** あくせく働いている: a ～ worker. **b** 骨折りな, 苦しい (toilsome). **2** 混乱した; うるさい (noisy). **～·ly** *adv.* 〘1603〙

Moi·ra[1] /mɔ́ɪrə | mɔ́ɪ(ə)rə/ *n.* 〘ギリシャ神話〙 **1** モイラ (「運命, 宿命」の擬人化). **2** 運命の女神 (Fates) の一人. **3** [m-] (個人の)運命. 〘□ Gk *Moîra* (原義) share, fate〙

Moi·ra[2] /mɔ́ɪrə | mɔ́ɪ(ə)rə/ *n.* モイラ (女性名). 〘(変形) ← Ir. *Maire* 'MARY'〙

Moi·rai /mɔ́ɪraɪ | mɔ́ɪ(ə)r-/ *n. pl.* ＝Fates (⇨ fate 3).

moire /mwáə, mɔ́ə | mwáː^(r), mwɔ́ː^(r); *F.* mwaːʁ/ *n.* **1** (古) (絹または羊毛の)波紋織, モアレ模様の織物. **2** ＝moiré 1 b. 〘(1660) □ F ～ ＜ *mouaire* □ E MOHAIR〙

moi·ré /mwɑːréɪ, mɔ́ːreɪ | mwáːreɪ, mwɔ́ːr-; *F.* mwaʁe/ (*also* **moi·re** /～/) *adj.* 〈絹布・紙・金属面など〉波紋のある. ── *n.* **1 a** (絹布・レーヨン布または金属面の)波紋, 雲紋, モアレ紋様. **b** (絹やレーヨンなど)波紋[雲紋]のある織り地. **2** 〘印刷〙モアレ: **a** 縞目などの幾何学模様. **b** 網点とスクリーンとの重ね合わせの際生じる見苦しい斑点. 〘(1818) □ F ～ (p.p.) ← *moirer* to water silk ← *moire* (↑)〙

moiré effèct /─́──́/ *n.* 〘光学〙モアレ効果 (2 組の曲線群を 45° 以下の角度で交わるように重ね合わせると, 両者の交差点の連なりとして別の曲線群が現れる効果).

Mo·ïse /mouíːz | məu-; *F.* mɔiːz/, **Marcel Joseph** *n.* モイーズ (1889–1984; フランスのフルート奏者).

Moi·se·ev /mɔɪséɪjɛv, -jɛf; *Russ.* məisʲéjif/, **Igor Aleksandrovich** *n.* モイセーエフ (1906–　; ロシアの舞踊家, 1937 年に民族舞踊団を組織した).

Moi·se·i·vich /mɔɪséɪ̯vɪtʃ | -zéɪ-, -séɪ-; *Russ.* məisʲéjivʲitʃ/, **Benno** /bénou | -nəu/ モイセイビッチ (1890–1963; ロシア生まれの英国のピアニスト).

Mo·ism /móuɪzm | máu-/ *n.* ＝Mohism.

Mois·san /mwɑːsɑ́ː(ŋ), -sáːŋ; *F.* mwasɑ̃/, **Henri** *n.* モワサン (1852–1907; フランスの化学者; 電気炉を製作して人工ダイヤモンドの製造にも成功; Nobel 化学賞 (1906)).

moist /mɔ́ɪst/ *adj.* (～·**er**; ～·**est**) **1 a** 水気のある, 湿気のある, 湿った (⇨ wet SYN): ～ ground, leather, etc. / ～ *with* dew 露でぬれた. **b** 湿度の高い, 高湿度の. **2** 〈天候・季節など〉雨の多い, 湿潤な, じめじめした (rainy): ～ weather 湿潤な天気 / a ～ season. **3 a** 涙をためた, 涙ぐんだ (tearful): ～ eyes. **b** 感傷的な, 涙もろい (maudlin). **4** 〘病理〙湿性の, 液体を分泌する, 分泌物の多い: ～ eczema 湿性湿疹(しん). **5** (廃) 液体の. **b** 〈果物など〉多汁の (juicy), 水分の多い: ～ grapes.

móist aròund the édges (俗) 酔っ払って.

── *vt.* (廃) ＝moisten.

～·ly *adv.* **～·ness** *n.*

〘(1373) □ OF *moiste* (F *moite*) moldy ＜ VL **muscidus* (混成) ? ← L *musteus* like new wine, fresh＋L *mūcidus* moldy. ── v.: (*c*1325) ← adj.〙

móist cólor *n.* (ペースト状の)水彩絵具. 〘1885〙

moist·en /mɔ́ɪsən, -sn̩/ *vt.* 湿らせる, じめじめさせる, 濡らす (⇨ wet SYN): ～ one's [the] lips [throat] 一杯やる / ～ a stubby pencil ちびた鉛筆をなめる. ── *vi.* 湿る, 湿気を帯びる, じめじめする. **～·er** /-snə, -snə | -snə^(r), -snə^(r)/ *n.* 〘(1590) ← MOIST＋-EN[1]〙

móist súgar *n.* 湿糖 (糖蜜を完全に分離していないためにべとべとしている未精製の砂糖). 〘1826〙

mois·ture /mɔ́ɪstʃə | -tʃə^(r)/ *n.* **1** 湿気, 湿り, 潤い, 水分. **2** (空気中の)水蒸気, (ガラスの表面などに凝結した)細かい水滴; 汗. 〘(*c*1350) □ OF *moistour* (F *moiteur*): ⇨ moist, -ure〙

móisture equívalent *n.* 〘化学〙(土壌(どじょう)の)水分当量, 含水当量 (飽水土壌に重力の 1000 倍の遠心力をかけても残る水分の重量パーセント).

móisture·less *adj.* 湿気[水気]のない, 乾燥した (dry). 〘1828〙

móisture·pròof *adj.* 防湿の, 耐湿の.

mois·tur·ize /mɔ́ɪstʃəràɪz/ *vt.* 湿らせる, …に水分を与える, …に潤いを与える: She ～*d* her face with lotion. 彼女はローションで顔をしっとりさせた. ── *vi.* 湿気を与える, 湿度を調節する. 〘(1945) ← MOISTURE＋-IZE〙

móis·tur·iz·er *n.* モイスチャライザー (肌に潤いを与える化粧品の一種). 〘1957〙

moist·y /mɔ́ɪsti/ *adj.* 湿った, 湿っぽい. 〘*a*1398〙

moit /mɔ́ɪt/ *n.* (いが・種子・小枝などの)羊毛への混入物. ── *vt.* 〈羊毛〉から混入物を取り除く (mote). 〘(1862) (変形) ← MOTE[1]〙

moi·ther /mɔ́ɪðə | -ðə^(r)/ *vt.* (英方言) ＝moider.

moit·y /mɔ́ɪṭi | -ti/ *adj.* (**moit·i·er**; **-i·est**) 〈羊毛が〉混入物の多い.

mo·jar·ra /mouháːrə | mə(ʊ)-; *Am.Sp.* moháɾa/ *n.* 〘魚類〙中南米産クロサギ科の魚類の総称. 〘(1882) □ (Am.-)Sp. ～ (原義) point of lance □ Arab. *muḥarrab* sharpened: cf. *moharra* (1845)〙

Mo·ja·ve /mouháːvi, mə- | mə(ʊ)-/ *n.*, *adj.* ＝Mohave.

Mojáve Désert *n.* [the ～] モハーベ砂漠 (米国 California 州南部にある砂漠で Great Basin の一部をなす; 面積 38,850 km²).

mo·jo /móudʒou | máudʒəu/ *n.* (*pl.* ～**s**, ～**es**) **1** 護符, 魔力を持つとされるお守り. **2** (米俗) 魔力, 超自然的力. 〘(1926) ← ?: アフリカ起源か: cf. Fulani *moco'o* medicine man〙

moke /móuk | máuk/ *n.* **1** (英俗) ロバ (donkey). **2** [通例軽蔑的に] (米俗) 黒人 (Negro). **3** (豪俗) 駄馬, 老いぼれ馬 (nag). 〘(1848) ← ?: 固有名詞(ろばの名前)からか〙

Mo·kha /móukə | mɔ́kə, máukə/ *n.* ＝Mocha.

mo·ki /móuki | máu-/ *n.* (*pl* ～, ～**s**) 〘魚類〙ユメタカノハダイ (*Latridopsis ciharis*) (ニュージーランド産ユメタカノハダイ科の魚). 〘(1820) □ Maori ～〙

mo·ko /móukou | máukəu/ *n.* (*pl.* ～**s**) (ニュージーランドの)マオリ族の入墨(文様) (特に女性のあごの入墨). 〘(1855) □ Maori ～〙

Mok·po /mɑ́(ː)kpou | məukpáu; *Korean* mokpʰo/ *n.* 木浦(モッポ) (黄海に面する韓国南西部の港町).

mo·ksha /móukʃə | máu-/ *n.* (*also* **mo·ksa** /～/) 〘仏教・ヒンズー教・ジャイナ教〙解脱(げだつ) (mukti ともいう). 〘(1785) □ Skt *mokṣa*: cf Skt *muñcati* he releases〙

mol /móuɫ | máuɫ/ *n.* 〘化学〙＝mole[4]. 〘(1923) □ G *Mol* (略) ← *Molekül* 'MOLECULE'〙

MOL /émòuél | -əu-/ (略) manned orbiting laboratory 有人スカイラブ, 有人軌道実験室.

mol. (略) molecular; molecule.

mo·la[1] /móulə | máu-/ *n.* (*pl.* ～, ～**s**) 〘魚類〙マンボウ (⇨ ocean sunfish). 〘(1678) ← NL ～ ← L ～ 'millstone': その形と皮の粗いことから〙

mo·la[2] /móulə | máu-; *Am.Sp.* móla/ *n.* モーラ (パナマの先住民の作るアップリケのついた織物; 衣服や壁掛けに用いる). 〘(1941) ← Cuna〙

mol·al /móulaɫ | máu-/ *adj.* 〘化学〙 **1** モル (mole) の, グラム分子の, 1 グラム分子 (mole) を含む. **2** 1 重量モル濃度 (molality) の. 〘(1905) ← MOL＋-AL[1]〙

mo·lal·i·ty /moulǽləṭi | məulǽlɪ̯ti/ *n.* 〘化学〙重量モル濃度, モラル濃度 (溶媒 1 kg 中に含まれる溶質のグラム分子数). 〘(1923): ⇨ ↑, -ity〙

mo·lar[1] /móulə | máulə^(r)/ *n.* 臼歯, 奥歯 (molar tooth ともいう; ⇨ tooth 挿絵, cheek tooth): ⇨ first molar, second molar, third molar. ── *adj.* **1 a** ひきつぶす(ことができる). **b** 〈歯が〉かみ砕く: ～ teeth 臼歯. **2** 臼歯の. 〘(*c*1350) ME *molares* (pl.) □ L *molāris* of a mill, grinding ← *mola* 'MILL[1], mill stone': ⇨ -ar[1]〙

mo·lar[2] /móulə | máulə^(r)/ *adj.* **1** 〘物理〙1 モル当たりの (cf. molecular, atomic). **2** 〘化学〙 **a** モルの: ～ conductivity モル伝導率 / ～ fraction モル分率 / ～ latent heat モル潜熱. **b** 1 モル濃度 (molarity) の. 〘(1902) ← L *mōl(ēs)* mass＋-AR[1]: cf. mole[4]〙

mo·lar·i·ty /mouléərəṭi, -lér- | məulǽrɪ̯ti/ *n.* 〘化学〙モル濃度 (溶液 1 リットル中に含まれる溶質のモル数). 〘(1931) ← MOLAR[2]＋-ITY〙

mólar tóoth *n.* ＝molar[1]. 〘1626〙

Mo·lasse /məlǽs | -lǽs/ *n.* 〘地質〙モラッセ (地向斜末期にできた粗粒砂岩や礫岩などからなる地層; cf. flysch). 〘(1796) □ F ～ (変形)? ← *mollasse* soft ← *mou* soft ＜ L *mollem*〙

mo·las·ses /məlǽsɪ̯z | mə(ʊ)-/ *n.* **1** 糖蜜. **2** (米) 甘味の野菜や果物のジュースを煮つめてつくるシロップ ((英) treacle). **3** (米俗) (中古車展示場で客寄せ用の)見かけのよい中古車. 〘(1582) □ Port. *melaço* ＜ LL *mellāceum* must[3] (neut.) ← *mellāceus* honeylike ← L *mel* honey〙

mold[1] /móuɫd | máuɫd/ *n.* **1 a** (塑造または鋳造用)型, 鋳型: ⇨ sand mold. **b** 〘印刷〙紙型, 活字鋳型; 電型. **c** (各種の細工品を作る)型, 台; 〘歯科〙モールド (人工歯の形を指定する); (プディング・ゼリーなどの)型, 流し型: a button ～ ボタン型 / a jelly ～ ゼリー(流し)型. **2** (左官・石工などが使う)型取り工具, 型板. **3** 型に入れて造ったもの; 鋳物 (cast); ゼリー (jelly), ブラマンジェ (blancmange) (など). **4 a** 鋳型でできた形. **b** 形, 格好; 人体, 姿. **5** 特性, 性質, 性格 (character): a man of gentle ～ 優しいたちの人 / be cast in a heroic ～ 英雄肌にできている / be cast in the same ～ 全く同じ性質である / be of quite different ～ たちが全然違っている. **6** (思想などの)原型, 祖型 (prototype). **7** 〘造船〙鋳型, 型板. **8** 〘建築〙モールディング, 繰形 (molding). **9** (廃) 模範 (example). **10** 〘古生物〙雌型 (化石生物が岩石などに印した型).

bréak the móld (従来の)型を破る, 新しいものを作る.

── *vt.* **1** (型に入れて)造る, 型取る; 塑造する, 形作る: ～ a face *in* [*out of*] clay [wax] 粘土[蠟(ろう)]で人の顔を作る / Nature has ～*ed* her form and features with masterly touch. 自然は彼女の容姿をすばらしい手際で作り上げた. **2 a** 〈性格・運命などを〉形作る (fashion); 〔…を手本にして〕作り上げる 〔*on*, *upon*〕: ～ one's own destiny 自分の運命を自分で作る / ～ one's conduct *on* that of good men 善人の行為を手本にして自分の行為を律する / ～ one's style *upon* the best writers 一流作家を手本に文体を鍛える. **b** 〈思考・性格などの形成に大きな影響を及ぼす: His influence has ～*ed* my character [life]. 私の性格[人生]の形成に彼は大きな影響を与えた. **3** 〈液体・展性物質〉に型を与える: ～ the fat *into* candles 脂肪に形を与えてろうそくを作る. **4** 〈服などを〉…の輪郭[形]にぴったり合わせる. **5** 〘建築〙モールディング[繰形]で飾る. **6** (古) こねて[練って]造る: ～ the dough.

── *vi.* 〈服などが〉〔…の〕輪郭[形]にぴったり合う 〔(*a*)*round*, *to*〕: His costume ～*ed* perfectly *to* [*around*] his body. 彼の衣装は彼の体の線を見事に見せていた.

〘(?*a*1200) (音位転換) ← OF *modle* (F *moule*) ＜ L *modulum* module, small measure (dim.) ← *modus* measure: MODULE と二重語: cf. model〙

mold[2] /móuɫd | máuɫd/ *n.* **1** かび: gather ～ かびが生える / ⇨ black mold, blue mold, green mold, iron mold. **2** かび菌, 糸状菌 (fungus). ── *vi.* かびる. ── *vt.* (廃) かびさせる. 〘(*a*1400) *mowlde*, *moulded* (p.p.) ← *moule(n)* to become moldy: cf. ON *mygla* to grow moldy〙

mold[3] /móuɫd | máuɫd/ *n.* **1** (有機物に富む)沃土(よくど),

M

壌土, 耕土 (soil). **2** 《古・詩》地面, 土地; (人間の体が創られたとされる)土 (ground, earth): a man of ～ ⇨ man 成句. ― *vt.* 壌土でおおう, …に土をかぶせる ⟨*up*⟩: ～ *up* potatoes. 〖OE *molde* < Gmc **moldā, *muldō* (OHG *molta* mold, dust) ← IE **mel-* to grind: cf. meal², mill¹〗

Mold /móʊld | máʊld/ *n.* モルド《ウェールズ北東部の町・行政中心地》.

mold·a·ble /móʊldəbl | máʊld-/ *adj.* 型に取れる, 塑(そ)造できる, 鋳られる. **mold·a·bil·i·ty** /mòʊldəbíləṭi | màʊldəbílɪ̣ti/ *n.* 〖1626〗

Mol·dau /G. mɔ́ldaʊ/ *n.* [the ～] モルダウ(川)《Vltava のドイツ語名》. 〖□ G ～ □ ML *Moldava* ← Slav. *mol* black〗

Mol·da·vi·a /mɑ(ː)łdéɪviə | mɔł-/ *n.* モルダビア: **1** ルーマニア東部地方の古名. **2** Moldova の旧名《1940–91; 旧ソ連邦構成共和国の一つで Moldavia 自治共和国とルーマニアから割譲された Bessarabia とで形成された共和国》. 〖□ Rum. *Moldova*: cf. Moldau〗

Mol·da·vi·an /mɑ(ː)łdéɪviən | mɔł-/ *n.* **1** モルダビア人. **2** モルダビア語《モルダビア人の使うルーマニア語》. ― *adj.* **1** モルダビア(人)の. **2** モルダビア語の. 〖1603〗

mol·da·vite /mɑ́(ː)łdəvàɪt | mɔ́ł-/ *n.* 〖岩石〗モルダウ石《隕石(いんせき)ガラスの一種でチェコ産の緑色の天然ガラス; cf. tektite》. 〖(1896) ← *Moldav*(*ia*)+-ITE¹〗

móld-blówn 〖ガラス製造〗*adj.* 型吹きの, 型に入れて吹いた. ― *n.* 型吹き.

móld·bòard, 《英》**móuld·bòard** *n.* **1** (鋤(すき)の)撥土(はつど)板《鋤先 (plowshare) の後部の湾曲した広い部分》. **2** (ブルドーザーの)ブレード. **3** (コンクリートの型枠の)枠板. 〖1508〗

móld brèaker *n.* 型破りの人《従来のやり方を根本的に変える人》.

móld·ed *adj.* 型に取った; 型通りの.

mólded báseline *n.* 〖造船〗(竜骨上面の)基線.

mólded bréadth *n.* 〖海事〗型幅《外板の内側から測った船体の最広部の幅》. 〖(1797) 1867〗

mólded bríck *n.* 〖建築〗(窓・入口などの特殊構造部分に用いる)異形れんが, 型押しれんが.

mólded dépth *n.* 〖造船〗型深さ《船の中央断面で舷側の上甲板ビームの上面から竜骨の上端までの垂直距離》.

mólded displácement *n.* 〖造船〗型排水量《外板による排水量分を除いた船の排水量》.

mólded dráft *n.* 〖造船〗型喫水《船の中央において竜骨の上面から満載吃水線までの垂直距離》.

mólded fórm *n.* 〖造船〗船体内型《甲板や外板の内側で作られる船体の型》.

mólded líne *n.* 〖造船〗型図基準線《線の型図を作る時, 位置寸法の基準用として描く線》.

mold·er¹ /móʊldə | máʊldə^(r)/ *vi.* **1** 朽ちる, 崩れる, 崩壊する (crumble) (⇨ decay SYN): ～ away 崩壊する, 壊滅する / a ～*ing* ruin 荒れ果てて崩れかかった建物など. **2** (道徳的・知的に)朽ち衰える, 堕落する (decline, degenerate); なすこともなく時を過ごす: remain ～*ing* in the country 田舎で無為にくすぶっている. **3** 《古》小さくなる (dwindle). ― *vt.* 《まれ》**1** 朽ちさせる, 崩壊させる. **2** ⟨時を⟩なすこともなく過ごす. 〖(1531) ←? MOLD³ (v.)+-ER⁴ // ← Scand. (cf. Norw. 《方言》*muldra* crumble)〗

móld·er² *n.* **1 a** 型を造る人; 鋳型工, 鋳型製造者. **b** (性格・運命などを)形作る人, 形成者: the ～ of an economic policy. **2** 〖印刷〗(複製用)電気版原版. 〖(*c*1440): ⇨ mold¹, -er¹〗

móld fùngus *n.* 〖菌類〗かび菌, 糸状菌.

mold·ing¹ /móʊldɪŋ | máʊld-/ *n.* **1** 形造ること, 塑造 (modeling), 鋳造; (鋳物砂の)型込め, (鋳型の)造型. **2** 塑造物, 鋳造物. **3** 〖建築〗**a** [しばしば *pl.*] 繰形, モールディング; 繰形板[石]. **b** (長押(なげし)のように壁の上部に長く張った)蛇腹《絵をつるす紐の金具を掛けたり (cf. picture mold), 電線を隠す用などをする》. **4** 〖造船〗モールディング《船体の肋材を外板の内側から船体中心線に向かって測った骨材の寸法; ↔ siding》. 〖(1327): ⇨ mold¹, -ing¹〗

móld·ing² *n.* **1** (植物に)土をかぶせること. **2** 覆い土. 〖1699〗

mólding bòard *n.* **1** (パン・ケーキなどを作る)こね台. **2** 〖金属加工〗鋳型定盤(じょうばん). 〖1327〗

mólding bòok *n.* 〖造船〗船体骨組寸法帳《船体骨組や外板などの寸法を記載する帳簿》.

mólding machìne *n.* 〖機械〗造型機, 面取り盤. 〖1890〗

mólding plàne *n.* 〖木工〗面取鉋(めんとりかんな)《繰形を削り出すための鉋》. 〖1678〗

mólding sànd *n.* 〖金属加工〗鋳物砂《鋳型を作るのに用いる砂と粘土の混合物》. 〖1840〗

mold·i·warp /móʊłdiwɔ̀əp | máʊłdiwɔ̀ːp/ *n.* 《英方言》＝moldwarp.

móld lòft *n.* 〖造船〗現図場《造船所などで船体の形状を現寸で床に書くようにした製図場》. 〖1711〗

Mol·do·va /mɑ(ː)łdóʊvə | mɔłdə́ʊ-; *Rom.* moldóva/ *n.* モルドバ《ルーマニアに隣接する独立国家共同体 (CIS) 加盟国の一つ; 面積 33,700 km², 首都 Kishinev; 公式名 the Republic of Moldova モルドバ共和国》.

mold·warp /móʊłdwɔ̀əp | máʊłdwɔ̀ːp/ *n.* 《英方言》〖動物〗ヨーロッパモグラ (*Talpa europaea*)《ヨーロッパ産の普通のモグラ》. 〖(*a*1325) ME *moldwarp*(*e*) < OE **moldweorp* (原義) earth-thrower: ⇨ mold³, warp〗

móld wàsh *n.* 〖金属加工〗塗型材.

mold·y /móʊłdi | máʊł-/ *adj.* (**mold·i·er**; **-i·est**) **1** かびの生えた, かびた, かび臭い (musty): ～ bread, cheese, etc. / go ～ かびで覆われる. **2** 古臭い, 陳腐な (stale, old-fashioned): ～ tradition 古臭い伝統. **3** 《俗》評判の悪い, いかがわしい; みじめな, つまらない (boring); 退屈な: a ～ offer つまらない申し出 / It's ～ without you. あなたがいないと退屈だ. **móld·i·ness** *n.* 〖*a*1398〗

móldy fíg *n.* **1** 〖音楽〗モルディフィグ《モダンジャズのファンに対して, トラディショナルジャズの愛好者》. **2** 《米俗》時代遅れの人[もの]. 〖1945〗

mole¹ /móʊl | máʊl/ *n.* **1** ほくろ (nevus); あざ, 母斑. **2** 《古》しみ, よごれ (stain). 〖OE *māl* < Gmc **mailam, *mailō* (G *Mal* / Goth. *mail* wrinkle, spot, blemish) ← IE **mai-* to defile (Gk *mainein* to stain)〗

mole² /móʊl | máʊl/ *n.* **1 a** 〖動物〗モグラ《モグラ科の哺乳動物の総称; ヒミズモグラ (shrew mole) など》: (as) blind as a ～ ⇨ blind 成句. **b** 〖昆虫〗＝mole cricket. **c** 〖動物〗メクラネズミ (mole rat). **2 a** 《口語》スパイ. **b** 二重スパイ (double agent). **3** トンネル掘鑿(くっさく)機. **4** 《古》暗闇(くらやみ)[地下]で働く人. ― *vi.* (モグラのように)地に穴を掘る, 穴を掘る (burrow). 〖(1362) ME *molle, mulle* □ MDu. & MLG *mol*: cf. OE *myl* dust: ⇨ mold³, moldwarp〗

mole³ /móʊl | máʊl/ *n.* **1** 半島堤《陸から水上に突き出ていて, 防波堤・防砂堤・桟橋などの役をする丈夫な人工の堤》. **2** (防波堤などに囲まれた)船がかり場 (anchorage), 人工港. 〖(*a*1548) □ F *môle* □ It. *molo* □ LGk *mōlos* □ L *mōlēs* mass, heap, dam〗

mole⁴ /móʊl | máʊl/ *n.* 〖化学〗モル《従来グラム分子 (gram molecule) に等しかったが, 現在は原子・分子・イオンなどに拡張して, 0.012 kg の炭素 12 に含まれる炭素原子と同数の単位粒子を含む素の物質の量》. 〖(1902) (略) ← G *Molekül* 'MOLECULE'〗

mole⁵ /móʊl | máʊl/ *n.* 〖病理〗奇胎. 〖(*a*1398) □ F *môle* □ L *mola* false conception, millstone〗

mo·le⁶ /móʊleɪ | máʊ-; *Am.Sp.* móle/ *n.* 〖料理〗モレ《チリ・チョコレート・トマトなどで風味をつけたメキシコの肉用ソース》. 〖(1932) □ Mex.-Sp. ～ □ Nahuatl *molli* sauce, broth〗

móle·càst *n.* ＝molehill. 〖1707〗

Mo·lech /móʊlɛk | máʊ-/ *n.* ＝Moloch 1.

mol·e·chism /mɑ́(ː)ləkɪzm | mɔ́l-/ *n.* (*also* **mol·e·cism** /～/) 〖医学〗(生きた微生物と生命のない分子の両面を兼備したものとしての)ウイルス《organule ともいう》. 〖← MOLE(CULE)+CHE(MICAL)+(ORGAN)ISM〗

móle cràb *n.* 〖動物〗＝bait bug.

móle crìcket *n.* 〖昆虫〗ケラ《ケラ科の昆虫の総称》. 〖1714〗

mo·lec·u·lar /məlékjʊlə, moʊ- | mə(ʊ)lékjʊlə^(r)/ *adj.* **1** 〖化学〗分子 (molecule) の, 分子から成る, 分子内[間]の, 分子による: ～ force 分子力 / ～ attraction 分子引力. **2** 〖哲学・論理〗(原子的要素から構成された)分子的な. (cf. atomic 5 b): ～ proposition 分子命題. **～·ly** *adv.* 〖(1823) ← NL *mōlēcula* molecule +-AR¹〗

molécular astrónomy *n.* 〖天文〗分子天文学《宇宙空間に存在する分子を取扱う天文学》. 〖1970〗

molécular béam *n.* 〖物理〗分子線.

molécular béam épitaxy *n.* 〖電子工学〗分子線エピタキシー《超真空内で原料物質を加熱蒸発させ, 分子線として飛ばし, 基板上に結晶を成長させるエピタキシー法》.

molécular biólogist *n.* 分子生物学者.

molécular biólogy *n.* 〖生物〗分子生物学《特に, 遺伝および蛋白質合成における分子レベルの研究》.

molécular biológical *adj.* 〖1938〗

molécular clóck *n.* 分子時計《進化の過程で蛋白質のアミノ酸配列に生じる変化; これにより種分化の年化が測定できる》.

molécular clóud *n.* 〖天文〗分子雲《分子状態で存在する星間物質》.

molécular cómpound *n.* 〖化学〗分子化合物.

molécular distillátion *n.* 〖化学〗分子蒸溜《高真空下で行う蒸溜; 低揮発性物質の分離に用いる》.

molécular fílm *n.* 〖化学〗分子膜[層].

molécular fórmula *n.* 〖化学〗分子式 (cf. empirical formula, structural formula). 〖*c*1903〗

molécular fóssil *n.* 〖古生物〗分子化石《既知の最古の化石よりもさらに古い岩石中から摘出された有機物の分子; 地上の生物の初期の進化の研究に用いられる》. 〖1965〗

molécular genétics *n.* 〖生物〗分子遺伝学. 〖1963〗

mo·lec·u·lar·i·ty /məlèkjʊlǽrəṭi, -lér- | mə(ʊ)lèkjʊlǽrɪ̣ti/ *n.* 分子状, 分子性. 〖1842〗

molécular máss *n.* 〖化学〗＝molecular weight. 〖1970〗

molécular módel *n.* 〖物理・化学〗分子構造模型.

molécular órbital 〖物理〗原子[分子]軌道関数. 〖1932〗

molécular ráy *n.* 〖化学〗＝molecular beam.

molécular síeve *n.* 〖化学〗モレキュラーシーブ, 分子ふるい《沸石またはそれに類似の合成物質のように均一細孔径をもってそれを通過する分子を吸着する物質》. 〖1926〗

molécular spéctrum *n.* 〖物理〗分子スペクトル《分子の定常状態の間の遷移によって生じるスペクトル; cf. band spectrum》.

molécular stíll *n.* 〖化学〗分子蒸溜器.

molécular vólume *n.* 〖化学〗分子容, モル体積《1 モル (mol) の固体物質の体積; cf. atomic volume》. 〖1867〗

molécular wéight *n.* 〖化学〗分子量 (cf. formula weight). 〖1880〗

mol·e·cule /mɑ́(ː)lɪ̣kjùːl | mɔ́l-, máʊl-/ *n.* **1** 〖物理・化学〗分子. **2** グラム分子 (gram molecule). **3** 微小 (fragment): a ～ of kindness ごく僅かの親切. 〖(1794) □ F *molécule* ← NL *mōlēcula* (dim.) ← L *mōlēs* mass: ⇨ mole³, -cule〗

móle·dràin *vt.* もぐら鋤(すき) (mole plow) で溝を掘って排水する. 〖1844〗

móle dràin *n.* もぐら暗渠(あんきょ)《もぐら鋤 (mole plow) を用いて造った簡易暗渠》. 〖(1939): cf. mole²〗

móle dràinage [dràining] *n.* もぐら暗渠 (mole drain) による排水設備. 〖1842〗

móle dràiner *n.* ＝mole plow. 〖1859〗

móle fràction *n.* 〖化学〗モル分率.

móle·hìll *n.* **1** もぐら塚. **2** (取るに足りない)困難[障害]. ***màke a móuntain òut of a mólehill*** ⇨ mountain. 〖*c*1450〗

móle plòw *n.* もぐら鋤(すき)《まっすぐな棒の先がとがっている鋤》. 〖(1362): ⇨ mole²〗

móle ràt *n.* **a** 〖動物〗メクラネズミ《地中海東部地方に生息するメクラネズミ科のネズミの総称; 目は皮下に埋まる》. **b** デバネズミ《アフリカ産 Bathyergidae 科》. **c** オニネズミ (bandicoot)《インド産》. 〖1781〗

móle rùn *n.* [通例 *pl.*] 《口語》(核戦争時に用いるための)一連の地下トンネル[部屋]. 〖1844〗

móle sàlamander *n.* 〖動物〗ジムグリサンショウウオ (*Ambystoma talpoideum*)《米国南東部産の茶色がかった黒色の地面にもぐり込むサンショウウオ》.

móle shrèw *n.* 〖動物〗ブラリナトガリネズミ《北米北部にすむブラリナ属 (*Blarina*) のネズミの総称》.

móle·skìn *n.* **1** モグラの毛皮. **2 a** 〖紡織〗モールスキン《ビロード様に織った一種の厚地綿織物; 表面を起毛してなめらかに仕上げてあるため, モグラの毛皮に似ている; 運動選手や労働者用衣服の材料》: a ～ waistcoat. **b** [*pl.*] モールスキンで作った衣服, (特に)ズボン. **3** (粘着性の裏地のついた)脚用包帯布. 〖1668〗

mo·lest /məlést, moʊ- | mə(ʊ)-/ *vt.* **1** 苦しめる, 悩ます. **2** 邪魔する, 妨害する (disturb). **3** ⟨女性・子供⟩にいたずらをする, うるさくからむ, しつこく言い寄る. **mo·les·ta·tion** /mòʊlɛstéɪʃən, mɑ̀(ː)l- | mə̀ʊl-, mɔ̀l-/ *n.* 〖(*c*1385) □ (O)F *molester* < L *molestāre* to annoy, trouble ← *molestus* troublesome ← *mōlēs* mass: cf. mole³〗

mo·lést·er /-ṭə | -tə^(r)/ *n.* **1** 悩ます[邪魔する]人. **2** (女性・子供に)性的にいたずらをする人, 痴漢. 〖1579〗

mol·et /mɑ́(ː)lɪ̣t | mɔ́l-/ *n.* ＝mullet². 〖紋章〗

mo·lid /móʊlɪ̣d | máʊlɪd/ *adj.*, *n.* 〖魚類〗マンボウ科の(魚). 〖↓〗

Mol·i·dae /mɑ́lədìː | mɔ́lɪ-/ *n. pl.* 〖魚類〗マンボウ科. 〖← NL ～ ← *Mola* (属名: ⇨ mola¹)+-IDAE〗

Mo·lière /moʊljéə | mɔ́lɪèə^(r), máʊl-; *F.* mɔljɛːʁ/ *n.* モリエール《1622–73; フランスの喜劇作家; 本名 Jean Baptiste Poquelin /pɔklɛ̃/; *Le Tartuffe*「タルチュフ」(1664), *Le Misanthrope*「人間ぎらい」(1666)》.

mol·i·la·li·a /mɑ̀(ː)ləléɪliə | mɔ̀lɪ̣-/ *n.* 〖病理〗＝mogilalia.

Mo·li·na /məlíːnə; *Sp.* molína/, **Luis** *n.* モリーナ《1535–1600; スペインの神学者》.

Molina, Tir·so de /tírso de/ *n.* モリーナ《Gabriel Téllez の筆名; *El Burlador de Sevilla*「セビリヤの蕩児」(1630) (Don Juan 伝説を初めて扱った文学作品)》.

mo·line /móʊlɪ̣n, moʊláɪn | mə(ʊ)láɪn/ *adj.* 〖紋章〗ひきうすの留金の形をした: ⇨ cross moline. 〖(1562) □ AF **moliné* ← OF *molin* (F *moulin*) < VL **molinum*=LL *molina* 'MILL¹': cf. molar¹: この十字架の先端が石うすの上石を支えている鉄棒に似ていることから〗

Mo·line /moʊlíːn | məʊ-/ *n.* モリーン《米国 Illinois 州の都市, 農機具の製造地》. 〖← Sp. *molino* 'MILL¹'〗

Mo·li·nism /móʊlənɪzm, mɑ́(ː)l- | mɔ́lɪ̣-, mɔ́ul-/ *n.* 〖神学〗モリーナ説《神の恩恵は人の意志的同意によってのみ力があることを唱えた L. Molina の教義; cf. Baianism》. 〖(1669) □ Sp. *molinismo* ← *Luis Molina*〗

Mo·li·nos /məlíːnous | mə(ʊ)líːnəs; *Sp.* molínos/, **Miguel de** *n.* モリーノス《1640?–95?; スペインの神秘主義者; 静寂主義 (quietism) の唱道者》.

Mo·li·se /moʊlíːzeɪ | məʊ-; *It.* molíːze/ *n.* モリーゼ《イタリア中南部の州; 州都 Campobasso》.

moll¹ /mɑ́(ː)ł, mɔ́(ː)ł | mɔ́ł/ *n.* 《俗語》**1** (盗賊・浮浪者・ギャングなどの)情婦 (gun moll ともいう). **2** 売春婦 (prostitute). **3** 《米》女 (woman). 〖(1604) ←? MOLL〗

moll² /mɔ́(ː)ł | mɔ́ł; *G.* mɔ́l/ *n.*, *adj.* 〖音楽〗短調(の) (minor). 〖(*a*1300) □ G ～ ← ML *b molle* b flat〗

Moll /mɑ́(ː)ł, mɔ́(ː)ł | mɔ́ł/ *n.* モル《女性名》. 〖(1567) (dim) ← MARY〗

mol·lah /mɔ́ːlə/ *n.* ＝mullah.

mol·les·cent /məlésənt, mɑ(ː)-, -snt | mɔ-, mə-/ *adj.* 軟化しやすい, 柔らかにする. **mol·lés·cence** /-səns, -sns/ *n.* 〖(1822–34) □ L *mollēscentem* (pres. p.) ← *mollēscere* to become soft ← *mollis*: ⇨ mollify〗

mol·lie¹ /mɑ́(ː)li | mɔ́li/ *n.* 《俗》＝molly¹.

mol·lie² /mɑ́(ː)li | mɔ́li/ *n.* 〖魚類〗＝molly². 〖(略) ← MOLLIENISIA〗

Mol·lie /mɑ́(ː)li | mɔ́li/ *n.* モリー《女性名》. 〖(dim.) ← MARY, MILLICENT〗

mol·li·e·nis·i·a /mɑ̀(ː)liənísiə | mɔ̀l-/ *n.* 〖魚類〗モリエニシア《米国南部産カダヤシ科モリー属 (*Mollienisia*) (現在は *Poecilia* 属に統合されている) の型がメダカに似た卵胎生の観賞用熱帯魚の総称; cf. molly²》. 〖← NL ～ ← *François Nicolas Comte de Mollien* (1758–1850: フランスの政治家)〗

Mól·lier diagram [chárt] /mɔ́(ː)ljeɪ- | mɔ́l-;

G. mɔljéː-/ *n.* 〖物理化学〗モリエ線図《エンタルピー (enthalpy) とエントロピー (entropy) を座標軸にとり, 圧力・温度などを等高線で表した図》. 〖← *Richard Mollier* (*d.* 1935: ドイツの工学者)〗

mol·li·fi·a·ble /mɑ́(ː)ləfàɪəbl̩ | mɔ́lɪ̆-/ *adj.* 和らげ[慰め]られる, 緩和できる. 〖1611〗

mol·li·fi·ca·tion /mɑ̀(ː)ləfɪ̆kéɪʃən | mɔ̀lɪ̆fɪ-/ *n.* (感情などを)和らげること, 慰撫(ぶ), なだめ. 〖(*c*1395) ▭ (O)F ~: ⇨ ↓, -ation〗

mol·li·fy /mɑ́(ː)ləfàɪ | mɔ́lɪ̆-/ *vt.* **1** 〈人〉の気持ちをなだめる, 慰める; 〈感情・気持ちなどを〉なだめる, 和らげる, 静める (⇨ pacify SYN): ~ a person, his anger, etc. **2** 〈堅いものを〉柔らかくする. **mól·li·fì·er** *n.* 〖(1392) ▭ (O)F *mollifier* ▭ LL *mollificāre* to soften ← L *mollis* soft ← IE **mel-* to crush: ⇨ -fy: cf. mill[1]〗

mól·li·fỳ·ing *adj.* 和らげる[静める](ような). **~·ly** *adv.* 〖1590〗

mol·li·sol /mɑ́(ː)ləsɔ̀(ː)l, -sɑ̀(ː)l | mɔ́lɪ̆sɔ̀l/ *n.* 〖土壌〗モリソル《腐植やカルシウム・マグネシウムなどの塩基の割合の高い, 砕けやすい黒っぽい土壌》. 〖(1960) ← L *mollis* soft ＋*solum* soil〗

mol·lusc /mɑ́(ː)ləsk | mɔ́ləsk, -lʌsk/ *n.* 〖動物〗＝mollusk.

mollusca *n.* molluscum の複数形.

Mol·lus·ca /məlʌ́skə | mɔ-, mə-/ *n. pl.* 〖動物〗軟体動物門 (cf. mollusk). **mol·lus·can** /məlʌ́skən | mɔ-, mə-/ *adj.* 〖(1797) ← NL ~: ⇨ mollusk〗

mol·lus·ci·cide /məlʌ́s(k)əsàɪd | -s(k)ɪ̆-/ *n.* 軟体動物駆除剤《ナメクジ駆除剤など》. **mol·lus·ci·cid·al** /məlʌ̀s(k)əsáɪdl̩ | mɔlʌ̀s(k)ɪ̆sáɪdl̩ˈ, mə-/ *adj.* 〖(1947) ← MOLLUSCA＋-I-＋-CIDE〗

mol·lus·coid /məlʌ́skɔɪd | mɔ-, mə-/ *adj., n.* 〖動物〗擬軟体動物(門の). 〖1855〗

Mol·lus·coi·da /mɑ̀(ː)ləskɔ́ɪdə | mɔ̀ləskɔ́ɪdə/ *n. pl.* 〖動物〗＝Molluscoidea.

mol·lus·coi·dal /mɑ̀(ː)ləskɔ́ɪdl̩ | mɔ̀ləskɔ́ɪdl̩ˈ/ *adj.* 〖動物〗擬軟体動物門の. 〖1872〗

Mol·lus·coi·de·a /mɑ̀(ː)ləskɔ́ɪdiə | mɔ̀ləskɔ́ɪdiə/ *n. pl.* 〖動物〗擬軟体動物門. 〖(1855) ← NL ~: ⇨ Mollusca, -oid〗

mol·lus·coi·de·an /mɑ̀(ː)ləskɔ́ɪdiən | mɔ̀ləs-kɔ́ɪd-ˈ/ *adj., n.* 〖動物〗擬軟体動物門の(動物).

mol·lus·cous[1] /məlʌ́skəs | mɔ-, mə-/ *adj.* 〖動物〗貝類の, 軟体動物の. 〖1813〗

mol·lus·cous[2] /məlʌ́skəs | mɔ-, mə-/ *adj.* 〖病理〗軟疣 (molluscum) の[に似た]. 〖1873〗

mol·lus·cum /məlʌ́skəm | mɔ-, mə-/ *n.* (*pl.* **-lus·ca** /-kə/) 〖病理〗軟疣(ゆう). 〖(1813) ← NL ~ (neut.) ← L *molluscus* soft: ⇨ mollusk〗

mollúscum con·ta·gi·ó·sum /-kəntèɪdʒi-óusəm | -dʒiə́u-/ *n.* (*pl.* **mollusca con·ta·gi·o·sa** /-sə/) 〖病理〗伝染性軟疣《主として幼児の皮膚に生じるウイルス性の疣(いぼ)》. 〖(1817) ← NL ~ 《原義》 contagious molluscum〗

mol·lusk /mɑ́(ː)ləsk | mɔ́ləsk, -lʌsk/ *n.* 〖動物〗軟体動物 (cf. Mollusca). **mol·lus·kan** /məlʌ́skən | mɔ-, mə-/ *adj., n.* **~·like** *adj.* 〖(1783) ▭ F *mollusque* ← NL *Mollusca* (neut. pl.) ← L *molluscus* soft (薄殻の木の実にいう) ← *mollis* soft: cf. mollify〗

Möll·wei·de projèction /mɔ́(ː)lvaɪdə- | mɔ́l-vaɪdə-; G. mœ́lvaɪdə-/ *n.* 〖地理〗モルワイデ投影図法 (cf. homolographic projection). 〖(1937) ← *Karl B. Mollweide* (1774–1825: ドイツの数学者・天文学者)〗

mol·ly[1] /mɑ́(ː)li | mɔ́li/ *n.* 《アイル口語・軽蔑》女々しい男[少年], 意気地なし (mollycoddle, milksop). 〖(1719) 《転用》 ← MOLLY[1]〗

mol·ly[2] /mɑ́(ː)li | mɔ́li/ *n.* 〖魚類〗北・中央アメリカ産カダヤシ科 *Poecilia* 属のうち, 旧属名 *Mollienisia* に属していた魚類の総称 (Amazon molly (*P. formosa*), sailfin molly (*P. latipinna*), shortfin molly (*P. mexicana*) など). 〖(*c*1933) 《略》 ← MOLLIENISIA〗

Mol·ly[1] /mɑ́(ː)li | mɔ́li/ *n.* モリー《女性名》. 〖(dim.) ← MARY〗

Mol·ly[2] /mɑ́(ː)li | mɔ́li/ *n.* 〖商標〗モリー《米国 Molly Fastener Group の略; 同社製の各種ボルト型留め金具》.

mol·ly·cod·dle /mɑ́likɑ̀(ː)dl̩ | mɔ́likɔ̀dl̩/ *n.* **1** 甘やかされている男[少年], 女々しい男, 弱虫, 意気地なし (milksop). **2** ＝goody-goody. — *vt.* 甘やかす, 大事にし過ぎる (⇨ indulge SYN). **mól·ly·còd·dler** /-dlə, -dlə | -dlə(r, -dl-/ *n.* 〖(1833) ← MOLLY[1]＋CODDLE〗

mol·ly·dook·er /mɑ́(ː)lidùːkə | mɔ́lidùːkə(r/ *n.* 《豪俗》ぎっちょの人. 〖(1941) ← ? MOLLY[1] or MAULEY＋DUKE＋-ER[1]〗

mol·ly·hawk /mɑ́(ː)lihɔ̀ːk, -hɑ̀ːk | mɔ́lihɔ̀ːk/ *n.* 《NZ》〖鳥類〗ミナミオオセグロカモメ (*Larus dominicanus*) の幼鳥. 〖(1880) 《変形》 ← MOLLYMAWK〗

Molly Ma·guire /mɑ́(ː)liməgwàɪə | mɔ́limə-gwàɪə(r/ *n.* モリーマグワイア党員: **a** 地代支払いを拒否し, その支払い命令を送達する官吏を威嚇するのを目的に 1843 年アイルランドに起こった秘密結社の一員. **b** 1865–77 年米国 Pennsylvania 州東部の炭坑地方に組織されたアイルランド労働者の結社の一員. 〖(1867) *Maguire*: アイルランドによく見られる姓; *Molly* はしばしば女装をして婦人団体に見せかけるために付け加えたもの〗

mol·ly·mawk /mɑ́(ː)limɔ̀ːk, -mɑ̀ːk | mɔ́limɔ̀ːk/ *n.* 《NZ 口語》〖鳥類〗＝mallemuck. 〖1694〗

Mólly Míller *n.* 〖魚類〗イソギンポ科イソギンポ属の魚 (*Blennius cristatus*). 〖← ?〗

Mol·nár /móulnɑə, mɔ́(ː)l- | mɔ́ulnɑː(r, mɔ́l-; Hung. mólnɒːr/, **Fe·renc** /férents/ *n.* モルナール《1878–1952; ハンガリー生まれの米国に帰化した劇作家・小説家; *Liliom* (1909)》.

Mol·ni·ya /móulniːə, mɑ́(ː)l- | mɔ́ul-, mɔ́l-; *Russ.* mólnʲijə/ *n.* モルニヤ《ソ連の衛星の名》. 〖▭ Russ. ~ 《原義》 lightning〗

Mol·och /móulɑ(ː)k, mɑ́(ː)lək | mɔ́ulɔk/ *n.* **1 a** 〖聖書〗モレク《子供を人身御供にして祭ったセム族の神; cf. *Lev.* 18: 21, *2 Kings* 23: 10》. **b** 恐ろしい犠牲を要求するもの: the ~ of human nature 恐ろしい犠牲を強いる人情. **2** [m-] 〖動物〗トゲトカゲ (*Moloch horridus*) 《オーストラリア産トゲトカゲ属の無毒でとげのあるトカゲ》. 〖(1667) ▭ LL (Vulgate) ~ ▭ LGk (Septuagint) *Molókh* ▭ Heb. *Mōlekh* 《変形》 ← *mélekh* king (-ō- は *bōšeth* shame をほのめかすため)〗

Mo·lo·ka·i /mɑ̀(ː)ləkáɪ, mòul-, -káːi | mɔ̀uləu-; *Hawaii.* mɔlɔkáʔi/ *n.* モロカイ(島)《ハワイの Oahu 島東隣の島; 面積 676 km^2; cf. Damien de Veuster》.

Mol·o·kan /mɑ̀(ː)ləkɑ́ːn | mɔ̀l-/ *n.* 〖キリスト教〗モロカン教徒《肉食を断ち牛乳・鶏卵を採る; 禁欲主義的宗派ドゥホボル (Doukhobors) の一分派》. 〖← Russ. *moloko* milk＋-AN[1]: 四旬節の期間中牛乳を飲むことを許される掟から〗

Mo·lo·po /məlóupou | -lə́upəu/ *n.* モロポ(川)《アフリカ南部を流れ, 通常は涸れている; Cape Province の北部に源を発し, 西流して Orange 川に合流する (965 km)》.

mo·los·sid /məlɑ́(ː)sɪ̆d | -lɔ́sɪd/ *adj.* 〖動物〗オヒキコウモリ科の. 〖↓〗

Mo·los·si·dae /məlɑ́(ː)sədìː | -lɔ́sɪ-/ *n. pl.* 〖動物〗オヒキコウモリ科. 〖← NL ~ ← *Molossus* (属名: ← Gk (*kúōn*) *Molossós* 《原義》 (dog) of *Molossia* (古代ギリシャの Epirus の地名))＋-IDAE〗

Mo·lo·tov /mɑ́(ː)lətɔ̀(ː)f, móul-, mɔ́(ː)l-, -tɔ̀(ː)v | mɔ́lətɔ̀f; *Russ.* mólətəf/ *n.* モロトフ《Perm の旧名 (1940–62)》.

Mo·lo·tov /mɑ́(ː)lətɔ̀(ː)f, móul-, mɔ́(ː)l-, -tɔ̀(ː)v | mɔ́lətɔ̀f; *Russ.* mólətəf/, **Vya·ches·lav** /vʲɪtʃʲɪsláf/ **Mi·khai·lo·vich** /mʲɪxájləvʲɪtʃ/ *n.* モロトフ《1890–1986; ソ連の政治家; 人民委員会会議議長 (1930–41); 外相 (1939–49; 1953–56); フルシチョフ政権下で追放 (1964), 再入党 (1984); 旧姓 Skryabin /skrjábʲin/》.

Mólotov bréadbasket *n.* 〖軍事〗モロトフのパン籠爆弾, 親子焼夷弾《第二次大戦中用いられた特殊投下爆弾; いくつも吊るされた Molotov cocktail が落下時の回転運動で広範囲にばらまかれる》. 〖(1940) ← *V. M. Molotov* にちなむ〗

Mólotov cócktail *n.* モロトフカクテル, ガソリン手榴弾, 火炎瓶 (⇨ frangible grenade). 〖(1940) ↑〗

Mol·son /móulsən, -sn̩ | mɔ́ul-/ *n.* モルソン《カナダ Molson Cos., Ltd. の略; 同社製のビール》.

molt, 《英》 **moult** /móult | mɔ́ult/ *vi.* 〈鳥が〉羽毛の抜け替えをする, 生え替わりをする, 〈昆虫などが〉外皮・角などの生え替わりをする, 脱皮する. — *vt.* (生え替わりのため)〈羽毛・毛・外皮などを〉脱ぐ, 落とす (shed): ~ one's feather, skin, etc. — *n.* **1** (羽毛・外皮などの)抜け替わり, 脱皮, 鳥屋(とや). **2** 抜け毛, 脱落した外皮, 抜け殻. 〖(*a*1400) 《変形》 ← lateME *mout(e)* < OE **mūtian* to change (cf. *bimūtian* to exchange for) ▭ L *mūtāre* to change: *-l-* は FAULT, ALTER からの類推: cf. mew[4], mutable〗

mol·ten /móultn̩, -tən | mɔ́ultn̩, -tən/ *v.* melt の過去分詞. — *adj.* **1** 溶けた, 溶解した; 〈金属が〉溶融した (melted): ~ metal 溶けた金属, 「湯」. **2** 熱をもった, ぎらぎら輝いた (heated, glowing). **3** 〈像など〉(溶解して)鋳造した (cast): a ~ image 鋳像. 〖(*c*1300) OE ~ (p.p.) ← *melten* 'to MELT'〗

mólt·er, 《英》 **móulter** /-tə | -tə(r/ *n.* **1** 羽毛の抜け替わった[抜け替え中の]鳥. **2** 脱皮した[中の]昆虫. 〖(*c*1440) ME *mowtare*〗

Molt·ke /móultkə | mɔ́ult-, mɔ́lt-; *G.* mɔ́ltkə/, **Hel·muth** (**Karl Bernhard**), **Graf von** *n.* モルトケ《1800–91; プロイセン軍の陸軍元帥; 普墺・普仏戦争での参謀総長; H. (J. L.) von Moltke の叔父》.

Moltke, Helmuth (**Johannes Ludwig**) **von** *n.* モルトケ《1848–1916; プロイセン軍の将軍, 第一次大戦での参謀総長 (1906–14)》.

mol·to /móultou, mɔ́(ː)l- | mɔ́ltəu; *It.* mólto/ *adv.* 〖音楽〗モルト, 極めて, 非常に (much, very): ~ adagio [allegro] 極めてゆるやかに[速く]. 〖(1801) ▭ It. ~ < L *multum* ← (neut.) ← *multus* much〗

Mo·lúc·ca bálm /məlʌ́kə- | mə(u)-/ *n.* 〖植物〗カイガラサルビア (*Moluccella laevis*) 《アジア西部原産シソ科の一年草; 萼(がく)が鐘形で白い花が咲く; bells of Ireland, shellflower ともいう》. 〖1731〗

Molúcca béan *n.* 〖植物〗＝bonduc 1. 〖*a*1688〗

Mo·luc·cas /məlʌ́kəz, mou- | mə(u)-/ *n. pl.* [the ~] モルッカ[マルク]諸島《東インド諸島中 Celebes, New Guinea 両島間にあるインドネシア領の群島; 面積 84,300 km^2; 歴史的に香料の産地として知られ Spice Islands とよばれた; Molucca Islands ともいう》. **Mo·lúc·can** /-kən/ *adj.*

mol. wt. 《略》 molecular weight.

mo·ly /móuli | mə́u-/ *n.* **1** 〖ギリシャ伝説〗モーリュ《乳白色の花と黒い根のある伝説上の魔草; Homer によれば Mercury が Ulysses に与えて Circe のまじないから救ったという》. **2** 〖植物〗キバナノギョウジャニンニク (*Allium moly*) 《黄色の花をつけるヨーロッパ産ユリ科ネギ属の植物》. 〖(1567) ▭ L *mōly* ▭ Gk *mōlu*: cf. Skt *mūla* root〗

mo·lybd- /məlɪ́bd | mə(u)-, mɔ-/ (母音の前にくるときの) molybdo- の異形.

mo·lyb·date /məlɪ́bdeɪt/ *n.* 〖化学〗モリブデン酸塩[エステル]. 〖(1794) ← MOLYBDO-＋-ATE[1]〗

molýbdate órange *n.* 〖顔料〗明るいオレンジ色の顔料《クロム酸鉛・モリブデン酸鉛・(および, 通例)硫酸鉛から成る顔料》.

mo·lyb·de·nite /məlɪ́bdənàɪt | mə(u)lɪ́bdɪ̆-, mɔ-/ *n.* 〖鉱物〗モリブデナイト, 輝水[硫水]鉛鉱 (MoS_2) 《モリブデンの主鉱石》. 〖(1796) ← MOLYBDEN(UM)＋-ITE[1]〗

mo·lyb·de·no·sis /məlɪ̀bdənóusɪ̆s | mə(u)lɪ̀bdɪ̆-nə́usɪs, mɔ-/ *n.* 〖獣医〗モリブデン中毒症《反芻動物が多量のモリブデン摂取により銅が欠乏してかかる中毒症》. 〖⇨ molybdenum, -osis〗

mo·lyb·de·nous /məlɪ́bdənəs | mə(u)lɪ́bdɪ̆-, mɔ-/ *adj.* 〖化学〗二価のモリブデン ($Mo^{(II)}$) を含む. 〖⇨ ↓, -ous〗

mo·lyb·de·num /məlɪ́bdənəm | mə(u)lɪ́bdɪ̆nəm, mɔ-/ *n.* 〖化学〗モリブデン《金属元素の一つでクロム, タングステンに似た性質の, 動植物代謝作用に必要な微量元素; 記号 Mo, 原子番号 42, 原子量 95.94》. 〖(1816) ← NL ~ ← L *molybdaena* ▭ Gk *molúbdaina* galena ← *mólubdos* lead〗

molýbdenum disúlfide *n.* 〖化学〗二硫化モリブデン (MoS_2). 〖*c*1931〗

molýbdenum trióxide *n.* 〖化学〗三酸化モリブデン, 無水モリブデン (MoO_3) 《無色の粉末, 金属モリブデン・他のモリブデン化合物の製造に用いる; molybdic anhydride, molybdic oxide ともいう》.

mo·lyb·dic /məlɪ́bdɪk | mə(u)-, mɔ-/ *adj.* 〖化学〗三価または六価のモリブデン ($Mo^{(III)}$), ($Mo^{(VI)}$) を含む. 〖(1796) ← MOLYBDO-＋-IC[1]〗

molýbdic ácid *n.* 〖化学〗モリブデン酸 (H_2MoO_4). 〖1796〗

molýbdic anhýdride [**óxide**] *n.* 〖化学〗＝molybdenum trioxide.

mo·lyb·do- /məlɪ́bdou | mə(u)lɪ́bdəu, mɔ-/ 〖化学〗「モリブデン (molybdenum)」の意の連結形. ★ 母音の前では通例 molybd- になる. 〖(1836–4) ▭ L ~ ← Gk *mólubdo-* ← *mólubdos* lead〗

molỳbdo·phosphóric ácid *n.* 〖化学〗モリブドリン酸 (⇨ phosphomolybdic acid).

mo·lyb·dous /məlɪ́bdəs | mə(u)-, mɔ-/ *adj.* 〖化学〗モリブデン (molybdenum) の[を含む]. 〖(1796) ← MOLYBDO-＋-OUS〗

mom /mɑ́(ː)m | mɔ́m/ *n.* 《米口語》＝mamma[1] 1. 〖(1894) 《短縮》 ← MAMMA[1]〗

MOM 《略》 middle of month; 〖薬学〗 milk of magnesia.

móm-and-póp *adj.* [限定的] 《米》 (店など)家族[夫婦]だけで営業の, 零細な: a ~ grocery. 〖(1951): ⇨ mom, pop[2]〗

Mom·ba·sa /mɑ(ː)mbɑ́ːsə, -bǽsə | mɔmbǽsə, -bɑ́ːsə; *Swahili* mombása/ *n.* **1** モンバサ(島)《アフリカ東部 Kenya 南東部インド洋岸の島》. **2** モンバサ《Mombasa 島の港市》.

mome /móum | mə́um/ *n.* 《古》 間抜け, 馬鹿, 薄のろ. 〖(1553)?〗

mo·ment /móumənt | mə́u-/ *n.* **1 a** 瞬間 (⇨ minute[1] SYN): for a ~ ちょっとの間 / at a ~'s notice すぐ / It may rain (at) any ~. いつ何時雨が降ってくるかもしれない / I am expecting him every ~. 今か今かと彼を待っているところです / I'll be back in a ~. すぐ戻ります / Wait a ~.＝One [Just a, Half a] ~. ちょっと待ってくれ / The whole operation only lasted a ~. 手術はほんの一瞬間に行われた / There is not a ~ to lose [to be lost]. 一刻の猶予もならない / I do *not for a* [one] ~ (＝never) suppose that the stories are true. その話が本当だとはちっとも考えない. **b** [the (very) ~; 接続詞的に] …するやいなや (as soon as): He ran away *the* ~ (*that*) I came in. 私が中に入るとすぐに彼は逃げ出した.

2 a (ある特定の)時, 時機, 機会, 場合 (time, occasion); 危機 (crisis): in the ~ of danger [peril] 危険に際して / in a ~ of anger 腹立ちまぎれに / at a critical ~ 危機に際して / at the last ~ いよいよという時に / at this ~ 今, 現在 / at this ~ (in time) 現時点で(は) / arrive at the same ~ 同時に到着する / to the last ~ 最後まで / the happiest ~ in my life 我が生涯の最も幸福な時期 / the fashion at the ~ 一時の流行 / The book of the ~ is …. 今話題の本は…である / The supreme ~ has come. いよいよという時機が到来した / I could not recall his name at the ~. その時はちょっと彼の名が思い出せなかった / Go this (very) ~. 今すぐに行ってくれ / He's the man for the ~. 彼こそこの危急の場に当たれる人だ **b** [the ~] 今, 現在 (present time): at *the* ~ 今 / up to *the* ~ 現在に至るまで / the book of *the* ~ 目下世間の注目を浴びている本 / the man of *the* ~ 時の人 / the problem of *the* ~ 現下の問題 / I have nothing to do for [at] *the* ~. 今差し当たって何もすることはない.

3 [*pl.*] ある時間, ひと時 (period): in leisure [spare] ~*s* 暇な折に / at odd ~*s* ひまひまに / during ~*s* of melancholy 気のふさいでいる時に / in ~*s* of difficulty 困った時に / spend many happy ~*s* with …と一緒に幸福な時を過ごす / He was in one of his didactic ~*s*. 彼のお説教ぐせが始まった.

4 [of ~として] 重要, 緊要, 大事 (⇨ importance SYN): an affair *of* great ~ 重大事件 / It is *of* little [no great] ~. 大したことでない. **5** 〖統計〗積率, モーメント. **6** 〖哲学〗 **a** (事物の)局面 (aspect), 契機. **b** 《廃》契機, 要素 (cf. momentum). **7** 〖機械〗 (軸の回りの)運動率, 回転偶力 (torque), モーメント: the ~ of area [mass] 面積[質量]モーメント / the ~ of stability 安定率 / the ~ of a

magnet=magnetic moment.
at móments 時々, 折々 (now and then). ***háve one's [its] móments*** 《口語》(たまには)調子のよいこともある. ***nòt a móment tòo sóon*** 土壇場になって; 時すでに遅く. ***on [upòn] the móment*** 《まれ》すぐ, 即座に. 《1871》 ***the móment of trúth*** (1) (闘牛で)とどめの一突き(の瞬間). (2) (のるかそるかの)正念場(しょうねんば), 決定的瞬間. 〘《1932》《なぞり》← Sp. *el moment de la verdad*〙 ***to the (véry) móment*** 1 分もたがえずに, ちょうど時間通りに: The clock is timed *to the* ~. 時計はきっかり合っている. 《1754》

móment of a cóuple 〖物理・機械〗偶力のモーメント《大きさが等しく向きが反対の平行 2 力(偶力)の力の大きさと 2 力間の距離との積》. 《1858》

móment of a fórce 〖物理・機械〗力のモーメント, 力率, トルク (torque) 《一つの力がある点のまわりに及ぼす回転の効果を示す量》. 《1830》

móment of inértia 〖物理・機械〗慣性モーメント《質量の中心と与えられた軸との間の距離の自乗とその質量の大きさとの積を, その質量のその軸に関する慣性モーメントという》. 《1830》

móment of moméntum 〖物理〗運動量モーメント (⇨ angular momentum).

móment of sáil 〖造船〗帆のモーメント《帆の効果中心と横抵抗の中心との間の距離に最大安全率を考えた帆の面積を乗じた値》.

〘《c1380》□ (O)F ~ □ L *mōmentum* 'movement, importance, moment of time' ← *movēre* 'to MOVE': MOMENTUM と二重語〙

momenta *n.* momentum の複数形.

mo·men·tal /moʊméntl̩, mə- | mə(ʊ)méntl̩/ *adj.* 〖機械〗運動率[モーメント]の. 〘《1606》□ F ~ □ ML *mōmentālis*: ⇨ moment, -al[1]〙

mo·men·ta·ne·ous /mòʊməntéɪniəs | məʊ-⌐/ *adj.* **1** =momentary 1. **2** 〖文法〗瞬時相の (cf. durative): the ~ aspect 瞬時相 (⇨ perfective aspect). **~·ly** *adv.* **~·ness** *n.* 〘《a1500》□ L *mōmentāneus*, momentary: ⇨ -ous〙

mo·men·ta·ny /móʊmənteni | máʊ-/ *adj.* 《廃》=momentary. 〘《1508》□ F *momentané*: cf. moment〙

M

mo·men·tar·i·ly /mòʊməntérəli, ⌐⌐⌐⌐⌐ | máʊməntərəli, -trə̀li, màʊməntérə̀li/ *adv.* **1** ちょっと, しばらく. **2** 《米》すぐに, 直ちに (very soon). **3** 《まれ》今か今かと, 時々刻々; 今にも. **4** 《まれ》瞬時のうちに. 〘《1654–66》: ⇨ ↓, -ly[1]〙

mo·men·tar·y /móʊməntèri | máʊməntəri, -tri/ *adj.* **1 a** ほんの一時の, 瞬間の, 束の間の, はかない (⇨ transient SYN): ~ joy 束の間の喜び / a ~ hesitation 一瞬のためらい. **b** 《文語》〈生物など〉命の短い, 短命な (ephemeral). **2** 《まれ》絶えず繰り返される, 休む間のない: live in ~ fear of an exposure 始終露見を恐れて生きる. **3** いつでも起こりうる. **mó·men·tàr·i·ness** *n.* 〘《c1460》□ L *mōmentārius*: ⇨ moment, -ary〙

mó·ment·ly *adv.* 《まれ》《文語》**1** 今か今かと, 刻々: a population increasing ~ 刻々増加してゆく人口. **2** (ほんの)しばらく. **3** 直ちに, すぐ. 〘《1676》← MOMENT＋-LY[1]〙

mo·men·to /məméntoʊ | -təʊ/ *n.* =memento. 《1871》

mo·men·tous /moʊméntəs, mə- | mə(ʊ)mént-/ *adj.* 重大な, 重要な, ゆゆしい (weighty, grave): a ~ occasion / a ~ question to decide 決定しなければならない重大問題. **~·ly** *adv.* **~·ness** *n.* 〘《1656》← MOMENT＋-OUS〙

mo·men·tum /moʊméntəm, mə- | mə(ʊ)mént-/ *n.* (*pl.* **mo·men·ta** /-tə | -tə/, **~s**) **1** 勢い, はずみ: gather [gain] ~ はずみがついてくる. **2** (出来事などの)惰性, 惰力. **3** 〖物理・機械〗運動量: ⇨ angular momentum, linear momentum. **4** 〖哲学〗=moment 6. 〘《1610》□ L *mōmentum* movement: MOMENT と二重語〙

Momi, m- *n.* Momus 2 の複数形.

mom·ism, 《米》**M-** /mɑ́(ː)mɪzm̩ | mɔ́m-/ *n.* 母親による過保護《強い母権を伴う》, 母親中心主義, モミズム《1942 年米作家 Philip Wylie の造語》. **móm·ist** /-mə̀st | -mɪst/ *n.* 〘《1942》← MOM＋-ISM〙

mom·ma /mɑ́(ː)mə | mɔ́mə/ *n.* 《米口語》=mamma[1] 1. 《1884》

mom·mick /mɑ́(ː)mɪk | mɔ́m-/ *vt.* 《米俗》混乱させる, めちゃくちゃにする 〈*up*〉. 〘《変形》← ? MAMMOCK〙

Momm·sen /mɑ́(ː)mzən, -zn̩ | mɔ́m-; *G.* mɔ́mzn̩/, **Theodor** *n.* モムゼン (1817–1903; ドイツの歴史家・古典学者; Nobel 文学賞 (1902)).

mom·my /mɑ́(ː)mi | mɔ́mi/ *n.* (*also* **mom·mie** /~/) 《米口語》=mother[1] 1. 《1899》

mómmy tràck *n.* ママ向けコース《女性の出産・育児などに配慮した就労形態; 昇進には不利とみなされる》. 《1989》

Mo·mot·i·dae /məmɑ́(ː)tədìː | mə(ʊ)mɔ́tɪ-/ *n. pl.* 〖鳥類〗ハチクイモドキ科. 〘← NL ~ ← *Momotus* (属名: ← MOTMOT)＋-IDAE〙

mom·pa·ra /mɑ(ː)mpɑ́ːrə | mɔm-/ *n.* 《南ア口語》無器用な黒人, 役立たず, ばか. 〘《1899》← Fangalo〙

mom·ser /mɑ́(ː)mzə | mɔ́mzə(r)/ *n.* =mamzer.

Mo·mus /móʊməs | máʊ-/ *n.* **1** 〖ギリシャ神話〗モーモス《あら探しの神; Nyx の子で Olympus 山から追われた》: a disciple [son, daughter] of ~ 人のあらを探して喜ぶおどけ者. **2** (*pl.* **~·es, Mo·mi** /-maɪ/) [しばしば m-] あら探し屋 (faultfinder). 〘《1563》□ L ~ ← Gk *mômos* ridicule, blame〙

mom·zer /mɑ́(ː)mzə | mɔ́mzə(r)/ *n.* =mamzer.

mon /mɑ́(ː)n | mɔ́n/ *n.* 《スコット・北英》=man[1].

Mon /móʊn | máʊn, mɔ́n/ *n.* (*pl.* ~, **~s**) **1 a** [the ~(s)] モーン族《ミャンマー南部, Pegu 地方の先住民》. **b** モーン族の人. **2** モーン語 (cf. Mon-Khmer). 《1798》

mon. 《略》monastery; monastic; monetary; monitor; monsoon.

Mon. 《略》Monaco; Monaghan; Monastery; Monday; Monmouthshire; Monsignor.

mon- /mɑ(ː)n | mɔn/ (母音の前にくるときの) mono- の異形.

mo·na /móʊnə | máʊ-/ *n.* 〖動物〗モナザル (*Cercopithecus mona*) 《アフリカ西部にすむオナガザル属のサル》. 〘《1774》□ Sp. & Port. ~, *mono* ∥ It. *monna* monkey〙

Mo·na /móʊnə | máʊ-/ *n.* モナ《女性名》. 〘□ Ir. *Muadhnait* (dim.) ← *muadh* noble〙

mon·a·cal /mɑ́(ː)nɪ̀kəl, -kl̩ | mɔ́n-/ *adj.* =monachal.

Mon·a·can·thi·dae /mɑ̀(ː)nəkǽnθədìː | mɔ̀nəkǽnθɪ-/ *n. pl.* 〖魚類〗カワハギ科. 〘← NL ~ ← *Monacanthus* (属名: ← MONO-＋ACANTHUS)＋-IDAE〙

mon·a·chal /mɑ́(ː)nɪ̀kəl, -kl̩ | mɔ́n-/ *adj.* 《まれ》=monastic. 〘《1587》□ (O)F ~ ∥ eccl.L *monachālis* ← LL *monachus* 'MONK[1]': ⇨ -al[1]〙

mon·a·chism /mɑ́(ː)nəkìzm̩ | mɔ́n-/ *n.* 修道院制度. 〘《1577》← LL *monachus* (↑)＋-ISM: cf. F *monachisme*〙

mon·ac·id /mɑ(ː)nǽsɪ̀d | mɔnǽsɪd/ *adj., n* 〖化学〗=monoacid. 《1862》

mon·a·cid·ic /mɑ̀(ː)nəsídɪk, -æs- | mɔ̀nəsíd-, -æs-⌐/ *adj.* =monoacid.

mon·a·cil·lo /mɑ̀(ː)nəsí(ː)(j)oʊ | mɔ̀nəsí(ː)(j)əʊ; *Am.-Sp.* monasíjo/ *n.* (*pl.* **~s** /~z; *Sp.* ~s/) 〖植物〗ヒメフヨウ (*Malvaviscus arboreus*) 《メキシコ原産アオイ科の低木》. 〘□ Am.-Sp. ~ □ Sp. ~ 《原義》altar boy〙

Mon·a·co /mɑ́(ː)nəkòʊ, -nɪ-, mənɑ́ːkoʊ | mɔ́nəkəʊ, mənɑ́ːkəʊ; *F.* mɔnako, *It.* mɔ́ːnako/ *n.* モナコ: **1** 地中海北岸, イタリアとの国境に近いフランス南東部に接する公国; 独立国としてはバチカンに次いで小さい; 1297 年以来 Genoese Grimaldi 家の統治下; 面積 1.89 km^2; 公式名 the Principality of Monaco モナコ公国. **2** 同国の首都. **Mon·a·can** /mɑ́(ː)nəkən, -nɪ-, mənɑ́ːk- | mɔ́nək-, mənɑ́ːk-/ *n., adj.*

mon·ad /móʊnæd, mɑ́(ː)n- | mɔ́n-, máʊn-/ *n.* **1** 〖生物〗**a** 単細胞生物. **b** 一分染色体. **2** 〖動物〗モナド《鞭毛虫類 *Monas* 属の原生動物の総称; 不等の 2 鞭毛をもつ鞭毛虫; 淡水または塩水にすみ, 自由生活性》. **3** 〖化学〗一価元素[原子, 基] (cf. dyad 3, hexad 3). **4** 〖哲学〗モナド, 単子《Leibniz 哲学の用語で実在の究極の単位》; 単子《Bruno の哲学において宇宙を構成する物的心的要素》. **5** 単一, 個体 (unit) (cf. dyad, triad). **mo·nad·ic** /moʊnǽdɪk, mə- | mɔ-, mə(ʊ)-/, **mo·nád·i·cal** /-dɪ̀kəl, -kl̩ | -dɪ-/ *adj.* **mo·nád·i·cal·ly** *adv.* 〘《1615》□ F *monade* ∥ LL *monadem*, *monas* □ Gk *monás* unit ← *mónos* alone, single: ⇨ mono-〙

mon·a·del·phous /mɑ̀(ː)nədélfəs | mɔ̀n-⌐/ *adj.* 〖植物〗〈雄蕊が〉単体の, 単体雄蕊の (cf. diadelphous, polyadelphous). 〘《1806》← MONO-＋-ADELPHOUS〙

monades *n.* monas の複数形.

mon·ad·ism /móʊnədìzm̩, mɑ́(ː)n-, -næ- | mɔ́næ-, máʊ-/ *n.* 〖哲学〗**1** モナド論, 単子論 (cf. monad 4). **2** [しばしば M-] モナド主義《究極の実体としてモナドを考え, 万象を解明しようとするライプニッツ (Leibniz) 哲学の形而上学》. **mo·nad·is·tic** /mòʊnədístɪk, mɑ̀(ː)n-, -næ- | mɔ̀næ-, màʊ-⌐/ *adj.* 〘《1875》← MONAD＋-ISM: cf. F *monadisme*〙

mo·nad·nock /mənǽdnɑ(ː)k | -nɔk/ *n.* 〖地質〗モナドノック, 残丘, 侵食残丘. 〘《1893》《転用》↓〙

Mo·nad·nock /mənǽdnɑ(ː)k | -nɔk/, **Mount** *n.* モナドノック山《米国 New Hampshire 州南西部にある残丘 (965 m)》. 〘← Am.-Ind. ~ 《原義》prominent mountain〙

mo·nad·ol·o·gy /mòʊnədɑ́(ː)lədʒi, mɑ̀(ː)n-, -næ- | mɔ̀nədɔ́l-, màʊ-, -næ-/ *n.* 〖哲学〗モナドロジー, 単子論 (monadism). 〘《1732》□ F *monadologie* (Leibniz の用語): ⇨ monad, -logy〙

Mon·a·ghan /mɑ́(ː)nəhən, -hæ̀n, -nɪ̀gən | mɔ́nəhən, -hæn, -xən/ *n.* モナハン: **1** アイルランド共和国北東部 Ulster 地方の州; 面積 1,291 km^2. **2** 同州の州都.

mon·a·ker /mɑ́(ː)nəkə | mɔ́nəkə(r)/ *n.* =moniker.

mo·nal /mənɔ́ːl, -nɑ́ːl | mɔ́nɔːl/ *n.* 〖鳥類〗ニジキジ《インド北部の山地産ニジキジ属 (*Lophophorus*) のキジ類の総称; 雄は光沢のある極彩色の羽におおわれきわめて美しい; ニジキジ (impeyan pheasant) など》. 〘《1787》□ Nepali *munāl*, *monāl*〙

Mo·na Li·sa /móʊnəlíːsə, -zə | máʊnəlíːzə, -sə; *It.* mɔːnalíːza/ *n.* [the ~] 「モナリザ」《Leonardo da Vinci 作で, 謎のような微笑をたたえた婦人の肖像画; La Gioconda ともいう》: a ~ smile. 〘《1923》□ It. ~ ← *mona* (= *monna*) madam＋*Lisa* (Florence の紳士 Francesco del Giocondo の妻)〙

mon a·mi /mɑ̀(ː)nəmíː, mɔ̀(ː)n-, -næ- | mɔ̀n-; *F.* mɔ̃nami/ *F. n.* [夫・男友だちなどに対する呼び掛け] あなた, ねえ, ねえあなた (my dear). 〘《c1410》□ F ~ 'my friend'〙

mon a·mie /mɑ̀(ː)nəmíː, mɔ̀(ː)n-, -næ- | mɔ̀n-; *F.* mɔ̃nami/ *F. n.* [妻・女友だちなどに対する呼び掛け] お前, ねえ, ねえ君 (my dear). 〘□ F ~ (fem.): ↑〙

mo·nan·drous /mənǽndrəs, mɑ(ː)- | mɔ-, mə-/ *adj.* **1** 〖文化人類学・社会学〗一夫制の, 一夫制的な: the ~ system 一夫制. **2** 〖植物〗〈花が〉一雄蕊(ずい)の; 〈植物が〉一雄蕊花の[をつける] (cf. polyandrous). 〘《1806》← MONO-＋-ANDROUS〙

mon·an·dry /mɑ́(ː)nændri, mənǽn-, mɑ(ː)- | mɔ́næn-, mənǽn-, mə-/ *n.* **1** 〖文化人類学・社会学〗一夫制 (cf. polyandry). **2** 〖植物〗一雄蕊. 〘《1855》: ⇨ ↑, -y[1]〙

mo·nan·thous /mənǽnθəs, mɑ(ː)- | mɔ-, mə-/ *adj.* 〖植物〗単花の. 〘《1858》← MONO-＋-ANTHOUS〙

Mó·na Pássage /móʊnə- | máʊ-; *Am.Sp* móna/ *n.* [the ~] モーナ海峡《西インド諸島の Hispaniola, Puerto Rico 両島間の水路; 幅 130 km》.

mon·arch[1] /mɑ́(ː)nək, -nɑək | mɔ́nək/ *n.* **1 a** 世襲的立憲君主; 王, 女王, 皇帝 (⇨ king SYN): an absolute ~ 専制君主. **b** 独裁的統治者. **2** 王に比すべき人[生物], 王者 (cf. king 3); 大御所, 大立(おおだて)者: the ~ of the forest 森林の王《oak のこと》/ the ~ of the glen 谷間の王《雄鹿のこと》/ the financial ~ of the world 世界の金融王 / I am ~ of all I survey. 私は目に入るすべての土地の王者である (Cowper). **3** 〖昆虫〗オオカバマダラ (*Danaus plexippus*) 《マダラチョウ科のチョウ; 北米では季節的に移動する; California 州南部, メキシコ北部などその越冬地では大群をなして樹木に群がる; 幼虫はトウワタ (milkweed) を食べるので milkweed butterfly ともいう》. **4** [the M-] 〖天文〗ケフェウス座 (⇨ Cepheus 1). 〘《?a1439》ME *monark(e)* □ (O)F *monarque* ∥ LL *monarcha* □ Gk *monárkhēs* ← *mónarkhos* one who rules alone: ⇨ mono-, -arch[1]〙

mon·arch[2] /mɑ́(ː)nək, -nɑək | mɔ́nək/ *adj.* 〖植物〗一原型の《ミズニラなどの根のように放射維管束が 1 木部と 1 師部の構造にいう; cf. diarch, triarch, polyarch》. 〘《1884》← MONO-＋-ARCH[2]〙

mon·arch[3] /mɑ́(ː)nək, -nɑək | mɔ́nək/ *n.* =moniker.

mo·nar·chal /mənɑ́əkəl, moʊ-, -kl̩ | mɔnɑ́ː-, mə-/ *adj.* 王の, 君主の, 王にふさわしい, 君主らしい (royal). **~·ly** *adv.* 〘《a1586》: ← MONARCH[1]＋-AL[1]〙

mo·nar·chi·al /mənɑ́əkiəl, moʊ- | mɔnɑ́ː-, mə-/ *adj.* =monarchal. 《1600》

Mo·nar·chi·an /mənɑ́əkiən, mɑ(ː)- | mɔnɑ́ː-/ *n., adj.* 〖神学〗モナルキア主義者(の), 単一神[独裁神]論者(の). 〘《1765》□ LL *monarchiānus*: ← MONARCHY＋-IAN〙

Mo·nár·chi·an·ìsm /-nìzm̩/ *n.* 〖神学〗モナルキア主義, 単一神論, 独裁神論《2–3 世紀ごろ, 三一神的キリスト論に反対し神は単一であると唱えた異端説; cf. Modalistic Monarchianism, Dynamic Monarchianism》. 《1841》

mo·nar·chic /mənɑ́əkɪk, moʊ- | mɔnɑ́ː-, mə-/ *adj.* =monarchical. 《1612》

mo·nar·chi·cal /mənɑ́əkɪ̀kəl, moʊ-, -kl̩ | mɔnɑ́ːkɪ-, mə-/ *adj.* **1** =monarchal. **2 a** 君主制の, 君主形態の: a ~ government. **b** 君主制主義の. **3** 君主の権力をもつ. **~·ly** *adv.* 《1576》

mon·ar·chism /mɑ́(ː)nəkìzm̩, -nɑə- | mɔ́nə-/ *n.* 君主制[主義]; 君主制主義. 〘《1838》□ F *monarchisme*: ⇨ monarchy, -ism〙

món·ar·chist /-kɪ̀st | -kɪst/ *n.* 君主制主義者. — *adj.* 君主制主義(者)の. 《1647》

mon·ar·chist·ic /mɑ̀(ː)nəkístɪk, -nɑə- | mɔ̀nə-⌐/ *adj.* 君主制主義的な[者の]. 《1833》

Mo·nar·cho /mənɑ́əkoʊ | -nɑ́ːkəʊ/ *n.* 《廃》誇大妄想狂; うぬぼれ屋 (cf. Shak., *Love's LL* 4. 1. 99). 〘《1594》← It. *monarca* 'MONARCH[1]': エリザベス一世の宮廷で全世界の帝王と称したイタリア人のあだ名から〙

mon·ar·chy /mɑ́(ː)nəki, -nɑə- | mɔ́nə-/ *n.* **1 a** 君主政治, 王政, 君主政体 (cf. democracy; ⇨ kingdom SYN): an absolute [a despotic] ~ 専制君主国, 専制君主政体 / a constitutional [limited] ~ 立憲君主国, 立憲君主政体 / an elective ~ 選挙君主国[政体]. **b** 君主国. **c** (絶対的であると, 名目的であるとを問わず)世襲終身制の君主[王, 皇帝]をいただく政府[国家]. **2** 独裁君主制[政治]. 〘《?a1350》ME *monarchi(e)* □ (O)F ~ □ LL *monarchia* □ Gk *monarkhía*: ⇨ monarch[1], -y[1]〙

mo·nar·da /mənɑ́ədə | -nɑ́ːdə/ *n.* 〖植物〗ヤグルマハッカ《北米産シソ科ヤグルマハッカ属 (*Monarda*) の植物の総称; ヤグルマハッカ (wild bergamot) など》. 〘《1712》← NL ~ ← *N. Monardés* (1493–1588: スペインの医師・植物学者)〙

mon·as /mɑ́(ː)næs, móʊn- | mɔ́n-, máʊn-/ *n.* (*pl.* **mon·a·des** /mɑ́(ː)nədìːz | mɔ́n-/) =monad. 〘《1568》□ L ~: ⇨ monad〙

-mo·nas /⌐mənəs/ 〖生物〗「単位, 単純有機体」の意の属名を作る名詞連結形: Lepto*monas*, Tricho*monas*, etc. 〘← NL ~ (↑)〙

mon·as·te·ri·al /mɑ̀(ː)nəstíəriəl | mɔ̀nəstíər-⌐/ *adj.* 修道院の, 僧院の; 僧院生活の. 〘《c1443》□ LL *monasteriālis*: ⇨ ↓, -al[1]〙

mon·as·ter·y /mɑ́(ː)nəstèri | mɔ́nəstəri, -tri/ *n.* **1** (主に男子の)修道院, 僧院 (⇨ cloister SYN). ★ 女子修道院は通例 nunnery または convent という. **2** 修道士の集団. 〘《c1400》ME *monasteri(e)* □ eccl. L *monastērium* □ eccl. Gk *monastḗrion* solitary dwelling ← Gk *monastḗs* living alone, monk ← *monázein* to live alone ← *mónos* alone: MINSTER と二重語: cf. monk[1]〙

mo·nas·tic /mənǽstɪk, moʊ- | mə-, mɔ-/ *adj.* **1** 修道院の, 僧院の, 修道院に関する: ~ rules 修道院の宗規[規約] / ~ architecture 僧院建築. **2** 修道士の; 修道女の, 尼僧の: ~ vows (of poverty, chastity, and obedience) (清貧・童貞・従順の三箇条の)修道誓願 / a ～ order [brotherhood] 修道会, 僧団. **3** 修道生活の; 隠遁的な, 禁欲的な, 厳しい: lead a ～ life 修道[僧院]生活をする. — *n.* 修道士, 修道僧 (monk). 〘(*c*1449) ME *monastik* □ (O)F *monastique* // ML *monasticus* □ eccl.Gk *monastikós* living in solitude: ⇨ ↑, -ic¹〙

mo·nás·ti·cal /-tɨkəl, -kɫ | -tɪ-/ *adj.* 《古》 =monastic. **～·ly** *adv.* 〘1402〙

mo·nás·ti·cìsm /-təsìzm | -tɪ-/ *n.* 修道院[僧院]制度; 僧院[修道]生活, (僧院の)禁欲生活. 〘1795〙

Mo·nas·tir¹ /mà(ː)nəstíə | mɔ̀nəstíə^(r); *F.* mɔnastiʁ/ *n.* モナスティル《チュニジア北東部の港市》.

Mo·nas·tir² /*Turk.* monástiɾ/ *n.* モナスティル《Bitola のトルコ語名》.

Mo·nas·tral /mənǽstrəl/ *n.* 〖商標〗 モナストラル《堅牢性に優れた色素; 塗料・印刷インクなどに用いられる》.

mon·a·tom·ic /mà(ː)nətá(ː)mɪk | mɔ̀nətɔ́m-ˊ/ *adj.* 〖化学〗 **1** 〈分子が〉一原子から成る, 単原子の. **2** 一価の (univalent). **3** 一官能基の, 一置換基の. 〘(1848) ← mono-+atomic〙

mo·naul /mənɔ́ːl, -náːl | mɔ́nɔːl/ *n.* =monal.

mon·au·ral /mɑ(ː)nɔ́ːrəl | mɔn-/ *adj.* **1** 〈レコード・録音・放送など〉(ステレオに対して)モノラルの (monophonic), 単一のチャンネルで再生する (cf. binaural, stereophonic). **2** 片(ｶﾀ)耳の, 片耳用の: ～ deafness 片耳難聴. **～·ly** *adv.* 〘(1888) ← mono-+aural²〙

mon·ax·i·al /mɑ(ː)nǽksiəl | mɔn-/ *adj.* 〖植物〗 **1** 単軸の (uniaxial). **2** 主軸に花を開く. 〘1880〙

Mon·ax·on·i·da /mà(ː)nǽksá(ː)nədə | mɔ̀nǽksɔ́nɪdə/ *n. pl.* 〖動物〗 (海綿動物門尋常海綿綱)単軸海綿目. 〘← NL ～ ← mono-+Gk *áxōn* 'axis¹'+-ida〙

mon·a·zite /mɑ́(ː)nəzàɪt | mɔ́n-/ *n.* 〖鉱物〗 モナザイト, モナズ石 ((Ce, La, Md, Pr, Th) PO_4). 〘(1836) □ G *Monazit* ← Gk *monázein* to be alone+G *-it* '-ite¹'〙

Mon·bod·do /mɑ(ː)nbɑ́(ː)doʊ | mɔnbɔ́dəʊ/, **Lord** *n.* モンボドー (1714–99; スコットランドの裁判官・人類学者; 人間と類人猿の親近性を論じて, 現代の人類学を先取りする説を展開; 本名 James Burnett).

Mön·chen·glad·bach /mʌ́nʃəŋglɑ́ːtbɑːk | -glǽd-; *G.* mœnçəŋglátbax/ *n.* メンヘングラードバッハ《ドイツ西部 North Rhine-Westphalia 州の都市; 鉄道, 繊維工業の中心地》.

mon cher /mɔ̃ː(n)ʃéə, mɔːn- | -ʃéə^(r); *F.* mɔ̃ʃɛːʁ/ *F. n.* [男性に対する呼び掛け] ねえ, あなた. 〘(1680) □ F ～ 'my dear'〙

Monck /mʌ́ŋk/, **George** *n.* =George Monk.

Moncrieff, Scott *n.* ⇨ Scott-Moncrieff.

Monc·ton /mʌ́ŋ(k)tən/ *n.* マンクトン《カナダ New Brunswick 州南東部の都市》.

mon·dain /mɑ(ː)ndéɪn | mɔn-; *F.* mɔ̃dɛ̃/ *F. n.* 社交界の人, 社交家. — *adj.* =mondaine.

mon·daine /mɔ̃ː(n)déɪn, mɔːn-; *F.* mɔ̃dɛn/ *F. n.* 社交界の女性. — *adj.* 世俗的な (worldly), 現代風な, スマートな. 〘(1888) □ F ～ (fem.) 'mundane'〙

Mon·dale /mɑ́(ː)ndeɪl | mɔ́n-/, **Walter (Frederick)** *n.* モンデール (1928– ; 米民主党政治家; 副大統領 (1977–81); 駐日大使 (1993–96)).

Mon·day /mʌ́ndeɪ, -di/ *n.* 月曜日 (略 Mon., Mo., M): ⇨ Black Monday, Easter Monday, Saint Monday. — *adv.* 《口語》 月曜日に. 〘OE *mōn(an)dæg* 'day of the moon' (cog. Du. *maandag* / G *Montag* (なぞり)) ← LL *Lūnae diēs* (cf. F *lundi*) (なぞり) ← Gk *hēméra selḗnēs* (原義) day of the moon〙

Mónday Clùb *n.* 《英》 月曜会 (1961 年設立の保守党右派を会員とするクラブ; もと月曜に昼食会をした). 〘1962〙

Mon·day·ish /mʌ́ndeɪɪʃ, -diɪʃ/ *adj.* 《口語》 (日曜明けの)月曜日の朝に感じるような, 月曜病ぎみの疲れた, 働く気のしない (cf. Black Monday, blue Monday). **～·ness** *n.* 〘1804〙

Mon·day·ize /mʌ́ndeɪàɪz, -di-/ *vt.* (NZ) 法定休日を最も近い月曜日にずらして連休にする. **Mon·day·i·za·tion** /mʌ̀ndeɪɪzéɪʃən, -diɪ- | -deɪaɪ-, -di-, -deɪɪ-, -diɪ-/ *n.*

Mónday mórning disèase *n.* 〖獣医〗 =azoturia.

Mónday mórning quárterback *n.* 《米》 後知恵[結果論]で他人を批判する人《単に Monday quarterback ともいう》. 〘(1941) フットボールなどの試合が普通週末に行われることから〙

Mon·days /mʌ́ndeɪz, -dɪz/ *adv.* 月曜日に (on any Monday), 月曜日毎に (on every Monday). 〘⇨ -s² 1〙

monde /mɔ̃ː(n)d, mɔ̃ːnd; *F.* mɔ̃ːd/ *F. n.* 世界; 世間 (の人たち), 社会 (people, society). 〘(1765) □ F ～ < L *mundum* the world〙

Mónd gás /mɑ́(ː)nd- | mɔ́nd-; *G.* mɔ́nt/ *n.* 〖化学〗 モンドガス《石炭を原料として多量の水蒸気を吹込んで製造するガス; 副産物として多量のアンモニアが得られる》. 〘← *Ludwig Mond* (1839–1900: ドイツの化学者)〙

mon·dial /mɑ́(ː)ndiəl | mɔ́n-/ *adj.* 全世界の. 〘((*a*1500)) (1919) □ F ～ □ LL *mundiālis* worldly ← L *mundus* world〙

mon Dieu /mɔ̃ː(n)djúː, mɔːn-, -djúː | -djúː; *F.* mɔ̃djø/ *F. int.* おや, まあ. 〘(1768) □ F ～ 'my God'〙

mon·do /mɑ́(ː)ndoʊ | mɔ́ndəʊ; *It.* móndo/ *adj., adv.* 《俗》 とんでもない[なく], むちゃくちゃ(な), まったく(の), すごく, すっかり. 〘(1979) □ It. ～ 'world'〙

Mónd pròcess /mɑ́(ː)nd- | mɔ́nd-; *G.* mɔ́nt/ *n.* モンド法《鉱石を一酸化炭素で熱してニッケルを製錬する方法》. 〘← *Ludwig Mond* (1839–1909: ドイツ生まれの英国の化学者)〙

Mon·dri·an /mɔ́(ː)ndriɑ̀ːn, mɑ́(ː)n- | mɔ́ndriɑ̀ːn, ˌ–ˈ–/, **Piet** *n.* モンドリアン (1872–1944; 主に Paris に住んだオランダの画家; de Stijl (オランダを中心とする抽象芸術運動)の創設者の一人; 立体主義から出発し, 垂直線と水平線の不規則な交叉による独特の抽象美を追求した; オランダ語名 Pieter Cornelisz Mondriaan /pítər kɔrnéːlɪs mɔ́ndriɑ̀ːn/; cf. Neo-Plasticism).

mo·ne·cious /məníːʃəs | mɔ-/ *adj.* =monoecious.

Mon·e·gasque /mɑ̀(ː)neɪgǽsk, -nɪ- | mɔ̀nɪ-ˊ; *F.* mɔnegask/ *n.* モナコ人. — *adj.* モナコ(人)の. 〘(1882) □ F ～ □ It. *monegasco* ← 《方言》 *munegascu* ← 《方言》 *Munegu* Monaco〙

mo·nel·lin /moʊnélɪn, mə- | mə(ʊ)nélɪn/ *n.* モネリン《アフリカ産の果実から採れる甘味の蛋白質; 砂糖の 3000 倍の甘みがある》. 〘(1972) ← *Monell Chemical Senses Center* (Philadelphia 所在の研究所): ⇨ -in²〙

Mo·nél [Mo·néll] Mètal /moʊnél- | məʊ-/ *n.* 〖商標〗 モネルメタル《カナダの Sudbury 地方産の鉱石から直接製する, ニッケル (約 67%) と銅 (約 28%) と他の金属 (約 5%) との耐腐性の強い合金の商品名》. 〘← *Ambrose Monell* (?–1921: New York の International Nickel Company がこの合金を作り出した当時 (1905) の同社の社長)〙

mo·neme /móʊniːm | mɔ́n-, máʊn-/ *n.* 〖言語〗 記号素, モネーム《A. Martinet の用語, 英語の Morpheme に対応する》. 〘(1953) □ F *monème*: ⇨ mono-, -eme〙

mon·er·gism /mɑ́(ː)nədʒɪzm | mɔ́nə-/ *n.* 〖神学〗 単働説《霊的更生は神意だけの作用によるという説; cf. synergism 1》. 〘(1867–80) ← mono-+ergo-¹+-ism〙

mo·ne·sia /məníːʒə/ *n.* 〖薬学〗 モネジア《南米産のアカテツ科の樹木 (*Pradosia lactescens*) の樹皮から採れるエキスで収斂(ｼｭｳﾚﾝ)剤》. 〘(1843) □ Am.-Sp. ～〙

Mo·net /moʊnéɪ, mə- | mɔ́neɪ, ˌ–ˈ–; *F.* mɔnɛ/, **Claude** *n.* モネ (1840–1926; フランスの画家; 印象派の代表者).

Mo·ne·ta /moʊnéɪtə | məʊníːtə/ *n.* 〖ローマ神話〗 モネータ《助言者としての女神 Juno の通り名》. 〘□ L *Monēta*〙

Mo·ne·ta /moʊnéɪtə | məʊnéɪtə; *It.* monéːta/, **Ernesto Teodoro** *n.* モネータ (1833–1918; イタリアのジャーナリスト・平和主義者; Nobel 平和賞 (1907)).

mon·e·ta·rism /mɑ́(ː)nətərɪzm, mʌ́n-, -trɪzm | mʌ́nɪtə-, mɔ́n-/ *n.* 〖経済〗 通貨主義《経済の安定成長は通貨量の調整で得られるという理論》. 〘1969〙

món·e·ta·rist /-rɪst | -rɪst/ *n.* 〖経済〗 通貨主義者, マネタリスト (cf. neo-Keynesian, Friedmanite). — *adj.* 通貨主義(者)の. 〘1914〙

mon·e·tar·y /mɑ́(ː)nətèri, mʌ́n- | mʌ́nɪtəri, mɔ́n-, -tri/ *adj.* **1** 貨幣の, 通貨の (⇨ financial syn): a ～ convention 通貨協定 / a ～ policy 通貨[金融]政策 / a ～ standard 貨幣本位 / the ～ system 貨幣制度. **2** 金銭(上)の; 金融の, 財政(上)の: ～ considerations 金銭上の顧慮 / ～ reward 金銭による報酬 / He is in ～ difficulaties. 彼は金に困っている. **mon·e·tar·i·ly** /mɑ̀(ː)nətérəli, mʌ̀n-, ˌ–ˌ––ˈ–– | mʌ́nɪtərɪli, -trɪ-/ *adv.* 〘(1802) □ F *monétaire* // LL *monētārius* ← L *monēta* 'mint², money': ⇨ -ary〙

mónetary ággregate *n.* 〖経済〗 通貨流通量[総量]. 〘1979〙

mónetary ùnit *n.* 〖経済〗 貨幣[通貨]単位《currency unit ともいう》. 〘1864〙

mon·e·tize /mɑ́(ː)nətàɪz, mʌ́n- | mʌ́nɪ-, -mɔ́n-/ *vt.* **1** 貨幣に鋳造する: ～ gold. **2** 通貨と定める, 法貨にする: ～ silver. **mon·e·ti·za·tion** /mɑ̀(ː)nətɪzéɪʃən, mʌ̀n- | mʌ̀nɪtaɪ-, mɔ̀n-, -tɪ-/ *n.* 〘(1879) ← L *monēta* 'money'+-ize〙

mon·ey /mʌ́ni/ *n.* (*pl.* **～s, mon·ies** /～z/) **1** 金銭, 金(ｶﾈ); 通貨 (硬貨 (hard money) および紙幣 (paper money)): a large sum of ～ 大金 / pay in ～ 金で支払う / bent [bowed] ～ 曲げ銭《わざと二つに曲げて愛の表示として与えまたは寺院などに奉納するもの》 / for ready ～ 現金で / small ～ 小銭 / standard [subsidiary] ～ 本位[補助]貨幣 / lend ～ on interest 利子を取って金を貸す / raise ～ (on ...) (...をかたにして)金をこしらえる[算段する] / cost ～ 金がかかる / sink ～ むだ金を使う, 無益な投資をする / put ～ into one's business 事業に金を投資する / throw ～ at ...に(むだな)金を投入する[提供する] / have more ～ than sense (たくさんある)金を無分別に使う, 金をむだ遣いする / I'm not made of ～. 私はそんなに金持ちではない《金のなる木じゃない》 / What's the ～? (値段は)いくらか / *Money* begets [breeds, gets] ～. 《諺》 金が金を産む / *Money* talks. 《諺》 金がものを言う《人間万事金の世の中》 / *Money* is the word! 何でも金だ / *Money* makes the world go round. 金は天下の回りもの / *Money* makes the mare (to) go. ⇨ mare¹ / (The love of) *Money* is the root of all evil. 金は諸悪の根源 / Time is ～. 《諺》 時は金なり (Franklin の言葉) / *Money* is the sinews of war. 《諺》 金が戦いの元手《金がなくてはいくさはできぬ》. ★ ラテン語系形容詞: pecuniary. **2** 財産, 資産, 富 (wealth); もうけ, 利益: have plenty of ～ たくさん金(財産)がある / lose all one's ～ すっかり財産を失う / a pile [pot] of ～ 山ほどの金 / make ～ 金をもうける; 財産を作る / make ～ (out) of ...を金にする, ...でもうける / coin ～ どんどん金をもうける / There's ～ (to be made) *in* it. それは金になる[金がもうかる]. **3** [集合的] 金持ち, 裕福な人々. **4** 《口語》 **a** [集合的] (競馬などで, 1, 2, 3 等の)入賞馬[者]: ⇨ *in the* money. **b** 賞金 (prize money): first [second, third] ～ 1 [2, 3] 等賞の賞金. **5 a** [通例 *pl.*] (特殊な種類・名称の)通貨. **b** [*pl.*] 〖法律〗 金額. **6** 〖経済〗 (物々)交換(用)の物品, 貨物貨幣《アメリカインディアンの wampum, 西アフリカの先住民のタカラガイ (cowrie), 古代スパルタの鉄棒など》.

at the móney (支払った)その金にしては: It is cheap *at the* ～. その値段では安い. ***be éverybody's móney*** [否定構文で] 《口語》 皆の気に入る, 万人向きだ: He [This] *is not everybody's* ～. 彼[これ]はだれにでも好かれるというわけではない. ***for lóve or móney*** ⇨ love *n.* 成句. ***for móney*** (1) 金のために (cf. *for* love): I will do it *for* ～. 金のためならやりましょう. (*c*1300) (2) [ロンドン株式取引所で用いて] 現物取引きで. ***for mý mòney*** 《口語》 (1) 自分の考え[気持]では: *For my* ～ he will go far. 私に言わせれば彼は成功するだろう. (2) 自分の気に入った, あつらえ向きの: He is the man *for my* ～. 彼は私には打ってつけの男だ. ***for the móney*** =*at the* money. ***gét [háve] one's móney's wòrth*** 払った金[努力]に見合うだけのものを得る[楽しむ]. ***hàve [gèt] a (góod) rún for one's móney*** ⇨ run¹ 成句. ***hàve móney to búrn*** 《口語》 捨てる[くさる]ほど金を持っている. ***in the móney*** (1) (競馬などで)入賞して (cf. 4 a); どんどん賞金をかせいで (cf. *out of the* money). (2) 《口語》 〈人・事業など〉金持ちで. ***màke móney hánd òver físt*** 商売で大もうけする. ***márry (ìnto) móney*** 金持ちと結婚する. ***móney dówn*** 既金で, 現金で. ***móney for jám [óld rópe]*** 《英口語》 (1) 楽な[ぼろい]もうけ. (2) 朝飯前の[ぼろい]仕事; 楽に手にはいるもの. ***My móney's on*** ...を確信している: *My* ～*'s on* our victory in the game. 私は我々の試合の勝利を確信している. ***on the móney*** 《米俗》 まさに正確に[で]; 的をついた; ちょうどその場所[時間]に. ***òut of móney*** (1) 金に困って. (2) 〔...だけ〕損をして 〔*by*〕. ***òut of the móney*** 《口語》 入賞外で (cf. *in the* money (1)). ***páy góod móney for*** 《口語》 大金を払って手に入れる. ***prínt móney*** ⇨ print *v.* 成句. ***pút one's móney on*** (1) ...に金を賭ける: I'll *put my* ～ *on* that horse. あの馬に賭けよう. (2) 《口語》 ...の成功を請け合う: I'm *putting my* ～ *on* Brown to win the next by-election. 賭けてもよいが, 今度の補欠選挙では必ずブラウンが勝つ. ***pùt one's móney where one's móuth is*** ⇨ mouth 成句. ***ráise móney for*** ...のために金をひねり出す[集める]. ***shóvel úp [ín] móney*** 金をどしどしもうける. ***there's móney (to be máde) in*** ...は金になる[もうかる]: *There's* no ～ *(to be made) in* music. 音楽をやっても金にはならない. ***thrów góod móney àfter bád*** ⇨ good money 成句. ***thrów one's móney abóut*** 《口語》 金をはでに使う. ***You páys your móney and you tákes your chóice.*** 《口語》 (どれを選んでも同じようなものだから)運を天に任せて好きなように. ★ わざと文法的に誤った言い方.

money of accóunt 《米》 (通貨として発行されない)計算貨幣, 勘定貨幣《英国の guinea, 米国の mill など; unit of account ともいう》. 〘1691〙

money of necéssity (正規貨幣の利用できないときに, 皮・木などを用いて発行する)臨時貨幣.

— *adj.* [限定的] **1** 金銭(上)の: ～ matters 金銭問題. **2** お金を入れるための: ⇨ money belt, money box. **3** 財界で有名な: ～ men's opinions 財界人の意見. 〘(*c*1250) □ OF *moneie* (F *monnaie*) < L *monētam* mint, money ← *Jūno Monēta* Juno the Adviser (その神殿で造幣されたことから): mint² と二重語〙

móney·bàck guarantée *n.* 返金保証《購入した商品に満足できない場合に返金する》.

móney·bàg *n.* **1** 金袋, 財布, 金入れ. **2** [*pl.*; 単数扱い] 《口語》 **a** 富 (riches, wealth). **b** 金持; 守銭奴. 〘1596〙

móney bèlt *n.* 金(ｶﾈ)を入れるポケット付きベルト. 〘1846〙

móney bìll *n.* 財政法案《下院で発議されるもので英国では上院に否決権がない》. 〘*a*1715〙

móney bòx *n.* 《英》 銭箱, 貯金[献金]箱. 〘1585〙

móney bròker *n.* 金融業者. 〘1616〙

móney chànger *n.* **1** 両替商. **2** 《米》 (乗物などの)両替機. 〘*c*1390〙

móney chànging *n.* (特に公式レートで二国間の)通貨交換(業).

móney còwry [còwrie] *n.* **1** キイロタカラガイ (*Cypraea moneta*) 《タカラガイ科の巻貝》. **2** キイロタカラガイの貝殻《アフリカ, 西アジアで貨幣として用いた》. 〘1839〙

móney cròp *n.* =cash crop. 〘1881〙

món·eyed *adj.* **1** 金のある, 金持ちの: a ～ man 金持ち, 資本家 / ～ classes 富裕階級. **2** 金銭から成る, 金銭(上)の: ～ assistance 金銭上の援助. 〘1457〙

móneyed ínterest *n.* **1** 金銭上の利害[利権]. **2** **a** 財界, 金融界. **b** [集合的] 財界[金融]関係者.

món·ey·er /-niə | -niə^(r)/ *n.* **1** 《古》 (もと英国にあった)貨幣鋳造者 (minter). **2** 《廃》 両替屋[商] (money changer), 金貸し(業者) (moneylender). 〘(1207) *a*1325〙

móney·grùbber *n.* 《口語》 (けちけちと金をため込む)蓄財家, 守銭奴. 〘1840〙

móney·grùbbing *adj., n.* 《口語》 蓄財に熱心な(こと). 〘1848〙

móney illùsion *n.* 〖経済〗 貨幣的錯誤《貨幣額表示の金額の大小がそのまま実質購買力の大小であると錯覚すること》.

móney làundering *n.* マネーローンダリング, 資金洗浄《主に麻薬取引など犯罪に関係して不正に取得した資金を, 金融機関との取引や口座を通すことにより資金の出所を分からなくすること》.

móney·lènder *n.* 金貸し, 金融業者; (特に)質屋 (pawn broker). 〘*c*1780〙

M

móney·lènding *n., adj.* 金貸し(業)[金融業](の).〘1765〙
móney·less *adj.* 金のない, 一文なしの.〘*a*1376〙
móney·lòser *n.* 金を失うばかりのビジネス.
móney machìne *n.* **1** =automated teller machine. **2** 金のなる木; ドル箱.
móney·màker *n.* **1** 金をもうけてためる人, 蓄財家. **2** (大当たりをして)金もうけになるもの, 銭になるもの,「ドル箱」.〘(1297) 1834〙
móney·màking *n.* 金もうけ, 蓄財. **—** *adj.* **1** 金もうけのうまい; 収入のある: a ~ person. **2** もうかる, 金になる (profitable, lucrative): a ~ pursuit.〘1739〙
móney·màn /-mæ̀n/ *n.* (*pl.* **-men** /-mɛ̀n/) **1** 財政家 (financier); 資本家, 金持ち. **2** 後援者, パトロン.〘1575–85〙
móney màrket *n.* 金融市場; 金融界.〘1791〙
móney-màrket certìficate *n.*〘金融〙市場金利連動型預金(証書) (略 MMC).
móney màrket fùnd *n.*〘金融〙マネーマーケットファンド, 市場金利連動型投資信託《短期金融市場証券を中心に運用する mutual fund の一種; money market mutual fund ともいう》.〘1977〙
móney·mònger *n.* 金貸し (moneylender).〘1571〙
móney òrder *n.* (米) (送金)為替(かわせ), 郵便為替 (略 m.o., MO) ((英)) post-office order, postal order): a telegraphic ~ 電信為替 / a foreign ~ 外国為替 / by ~ 為替で.〘1802〙
móney pìt *n.* 金ばかりかかって役に立たない事業[計画], 金食い虫.
móney plàyer *n.* (俗語) (競技などの)競り合いに強い者; 大金の賭に強い人.〘1935〙
móney smàsh *n.* (俗語)〘野球〙ホームラン.
móney spìder *n.*〘動物〙コガネグモ科オニグモ属のクモの一種 (*Aranea scenica*)《これが身体を這うと金が手に入り好運が訪れると考えられた》.〘1875〙
móney spìnner *n.* (英) **1**〘動物〙=money spider. **2** =moneymaker.〘1756〙
móney supplỳ *n.* (ある国の経済の特定期間における)通貨供給総量.〘1878〙
móney trèe *n.*〘伝説〙金のなる木《ゆすると金が降ってくる》; (比喩) 金を生むもと, 金づる.
móney wàges *n. pl.*〘経済〙名目賃金《実質購買力とは無関係; nominal wages ともいう; cf. real wages》.〘1817〙
móney-wàshing *n.* =money laundering.
móney·wòrt *n.*〘植物〙コウシュコナスビ (*Lysimachia nummularia*)《ヨーロッパ原産サクラソウ科の吊鉢用多年草; creeping Charlie, creeping Jenny ともいう》.〘1578〙
Mong. (略) Mongol; Mongolia; Mongolian.
'mong /mʌ́ŋ/ *prep.* (詩) =among.〘(?*c*1200) *mang, mong* (頭音消失) ← AMONG〙
mong /mʌ́ŋ, mɑ́(ː)ŋ | mʌ́ŋ/ *n.* (豪口語) =mongrel.〘1903〙
Monge /mɔ̃́ː(n)ʒ, mɔ́ːnʒ; *F.* mɔ̃ːʒ/, **Gaspard** *n.* モンジュ (1746–1818; フランスの数学者·物理学者; 画法幾何学を完成; 称号 Comte de Péluse).
mon·ger /mʌ́ŋgə, mɑ́(ː)ŋ- | mʌ́ŋgə(r)/ *n.* [通例複合語の第 2 構成素として] **1** (英文語) 商人, 小売商人, …屋 (trader, dealer): ⇨ alemonger, cheesemonger, costermonger, fishmonger, ironmonger. **2** (軽蔑) つまらない[くだらない]事に憂き身をやつす人, (事件屋·聞きたがり屋などの)…屋: ⇨ gossipmonger, newsmonger, scandalmonger.〘OE *mangere* (cf. *mangian* to deal in) < Gmc **maŋʒōjan* ← L *mangō* trader ← IE **meng-* to furbish: ⇨ -er¹: /ʌ/ 音は West Midland 方言から〙
món·ger·ing /-g(ə)rɪŋ/ *n.* [主に複合語の第 2 構成素として] **1** 商い, 取引き (dealing). **2** (軽蔑) (つまらない事に)憂き身をやつすこと: ⇨ boroughmongering.〘1846〙
mon·go¹ /mɑ́(ː)ŋgou | mɔ́ŋgəu; *Mongol.* méŋgə/ *n.* (*pl.* ~, ~**es**) **1** モンゴ《モンゴルの通貨単位; =1/100 tugrik》. **2** 1 モンゴー貨.〘(1935) □ Mongol. ~〙
mon·go² /mɑ́(ː)ŋgou | mɔ́ŋgəu/ *n.* (*also* **mon·goe** /~/) =mungo.
Mon·gol /mɑ́(ː)ŋgəl, -gḷ, -goul | mɔ́ŋgəl, -gḷ, -gɔl; *Mongol.* méŋgəl/ *n.* **1** モンゴル人, 蒙古人. **2** モンゴル語, 蒙古語. **3**〘人類学〙=Mongoloid 2. **4** [しばしば m-] (俗用)〘病理〙=Mongolian 3. **—** *adj.* =Mongolian.〘(1698) □ Mongolian ~ ← ? *mong* brave〙
Móngol Émpire *n.* [the ~] モンゴル帝国, 元《13 世紀に Genghis Khan が統治した大帝国; その版図(はんと)はアジアの大部分を含み東欧の Dnieper 川にまで及んだ; 首都は北モンゴルの Karakorum》.
Mon·go·li·a /mɑ(ː)ŋgóuliə, mɑ(ː)n-, -ljə | mɔŋgə́u-/ *n.* **1** モンゴル(国)《北はロシア, 南は中国に接する中央アジア東部の広大な内陸国; 1921 年中国から独立, 1924 年にモンゴル人民共和国 (Mongolian People's Republic) となったが, ソ連邦崩壊後, 1992 年モンゴル(国) (State of Mongolia) に改称; 面積 1,565,000 km²; 首都 Ulan Bator》. **2** モンゴリア《モンゴル族の居住地である中央アジア東中部の広大な地域で, モンゴル国, 中国の内モンゴル自治区 (Inner Mongolia) と ロシア連邦のブリヤート共和国から成る; 面積 2,700,000 km²》.
Mon·go·li·an /mɑ(ː)ŋgóuliən, mɑ(ː)n-, -ljən | mɔŋgə́u-/ *adj.* **1** モンゴル(人)の, 蒙古(人)の; モンゴル語の. **2** モンゴル人種の. **3** [しばしば m-] (俗用)〘病理〙蒙古症の[にかかった] (⇨ Mongolism). **—** *n.* **1** モンゴル人, 蒙古人 (Mongol), 内モンゴル人; モンゴロイド (Mongoloid). **2** モンゴル語《アルタイ語族に属する膠着(こうちゃく)語》. **3** [しばしば m-] (俗用)〘病理〙蒙古症患者 (⇨ Mongolism).〘1706〙
Mongólian fóld *n.*〘解剖〙蒙古ひだ (⇨ epicanthic fold).〘1913〙
mongólian gérbil *n.*〘動物〙スナネズミ (*Meriones unguiculatus*)《モンゴルと中国北部にすむネズミに似た動物; 実験用動物として飼育される》.〘1948〙
Mongólian ídiocy *n.* =Mongolism.
Mongólian Péople's Repúblic *n.* [the ~] モンゴル人民共和国 (Mongolia 1 の旧名 (1924–92); cf. Outer Mongolia).
Mongólian ráce *n.* [the ~]〘人類学〙モンゴル人種《モンゴル人·満州人·中国人·朝鮮人·日本人·安南人·シャム人·ビルマ人およびチベット人を含むアジアのいわゆる黄色人種》.
Mongólian spót *n.*〘医学〙蒙古斑.〘1907〙
Mon·gol·ic /mɑ(ː)ŋgɑ́(ː)lɪk, mɑ(ː)n- | mɔŋgɔ́l-/ *adj.* =Mongoloid 2. **—** *n.* モンゴル語群 (Mongolian languages)《モンゴル語, ブリヤート語 (Buryat), カルムィク語 (Kalmuck) などを含むアルタイ語族の一語群》.〘1834〙
Mon·gol·ism /mɑ́(ː)ŋgəlɪ̀zm | mɔ́ŋ-/ *n.* [しばしば m-] (俗用)〘病理〙蒙古症, モンゴリズム《ダウン症候群 (Down's syndrome) の旧称》.〘1900〙
Mon·gol·oid /mɑ́(ː)ŋgəlɔ̀ɪd | mɔ́ŋ-/ *adj.* **1** モンゴル人に似た. **2**〘人類学〙モンゴロイドの, 黄色人種の. **3** [しばしば m-] (俗用)〘病理〙蒙古症の[にかかった] (⇨ Mongolism). **—** *n.* **1**〘人類学〙モンゴロイド, 類蒙古人種, 準蒙古人種《モンゴル人種よびインドネシアマライ人·アメリカインディアンを含む; cf. stock¹ 15》, モンゴロイド人種. **2** [しばしば m-] (俗用)〘病理〙蒙古症患者 (⇨ Mongolism).〘(1868) ← MONGOL + -OID〙
mon·goose /mɑ́(ː)ŋguːs, mɑ́(ː)n- | mɔ́ŋ-, mʌ́ŋ-/ *n.* (*pl.* **-goos·es**)〘動物〙マングース《マングース属 (*Herpestes*) の肉食動物の総称; エジプトマングース (ichneumon) など; (特に, インド産の)ハイイロマングース (*H. edwardsi*)《毒ヘビを襲ってこれを捕食する習性がある》.〘(1698) □ Marathi *mangūs*〙

mongoose

mon·grel /mʌ́ŋgrəl, mɑ́(ː)ŋ- | mʌ́ŋ-/ *n.* **1** (動植物の)雑種 (cf. hybrid); (特に)雑種犬 (cf. cur 1). **2 a** [通例軽蔑的] 混血児,「ハーフ」. **b** 混交物. **—** *adj.* [限定的] **1** 雑種の, 混血の: a ~ dog 雑種犬. **2** [通例軽蔑的] 混血の, 混交の: a ~ race, language, etc.〘(*c*1460) ← (廃·英方言) *mong* mixture (← *ymong* < OE *ġemong* ← *mengan* to mix) + -REL: /ʌ/ 音については ⇨ among〙
món·grel·ism /-lɪ̀zm/ *n.* 雑種(性).〘1598〙
mon·grel·ize /mʌ́ŋgrəlàɪz, mɑ́(ː)ŋ- | mʌ́ŋ-/ *vt.* **1** 雑種にする. **2** [通例軽蔑的] 〈人種を〉混血化する, あいのこにする, 複雑化する. **mon·grel·i·za·tion** /mʌ̀ŋgrəlɪ̀zéɪʃən, mɑ̀(ː)ŋ- | mʌ̀ŋgrəlaɪ-, -lɪ-/ *n.*〘1629〙
món·grel·ly /-grəli/ *adj.* 雑種の(ような), 雑種に似た.
'mongst /mʌ̀ŋ(k)st, mʌ́ŋ(k)st/ *prep.* (詩) =amongst.〘*c*1590〙
mo·ni·al /móuniəl | məu-/ *n.*〘建築〙=mullion.〘(1330) □ OF *moinel* (F *meneau*) ← *moien, meien* 'MEAN³'〙
mon·ic /mɑ́(ː)nɪk | mɔ́n-/ *adj.*〘数学〙〈多項式が〉最高次の係数が 1 の, 最高巾(べき)の係数が 1 の.〘(1937) ← MONO- + -IC¹〙
mon·i·ca /mɑ́(ː)nɪ̀kə | mɔ́nɪ-/ *n.* =moniker.
Mon·i·ca /mɑ́(ː)nɪ̀kə | mɔ́nɪ-/ *n.* モニカ《女性名; アイルランド形 Monca》.〘□ L ~: cf. *monēre* to advise: Augustine of Hippo を育てた'賢母' *St. Monica* にちなむ〙
mon·ick·er /mɑ́(ː)nɪ̀kə | mɔ́nɪkə(r)/ *n.* =moniker.
mon·ied /mʌ́nid/ *adj.* =moneyed.
Mon·i·er-Wil·liams /mɑ́(ː)niəwíljəmz, mʌ́n- | mʌ́niə-, mɔ́n-/, **Sir Monier** *n.* モニエルウィリアムズ (1819–99; 英国のサンスクリット語学者).
monies *n.* money の複数形.
mon·i·ker /mɑ́nɪ̀kə | mɔ́nɪkə(r)/ *n.* (俗) 名前 (name); (特に)通称, あだ名 (nickname).〘(1851) (混成) ? ← MONO(GRAM) + (MAR)KER: もと盗賊の隠語〙
mo·nil·i·a /mənɪ́liə/ *n.* **1**〘植物〙不完全菌綱モニリア属 (*Monilia*) の菌の総称《現在は狭義に認められ, 2, 3 の子嚢菌の不完全世代として数種が含められる》. **2**〘植物病理〙褐色核菌病, 赤腐れ (monilia disease ともいう).〘(1751) ← NL ~ ← L *monile* necklace (連鎖状の菌細胞の形から): ⇨ moniliform〙
Mo·nil·i·a·ce·ae /mənɪ̀liéɪsiìː/ *n. pl.*〘植物〙(不完全菌類)モニリア科.〘← NL ~ ← *Monilia* (属名: ← L *monile* necklace: ⇨ moniliform) + -ACEAE〙
mo·nil·i·al /mənɪ́liəl/ *adj.*〘植物〙モニリア属 (*Monilia*) の菌の[によって起こる]. ★ 以前は人体·動物寄生性の菌を指したが, 現在これらは *Candida* 属に移され, モニリア症 (moniliasis) などの病名として残る.〘(1947) ← NL *Monilia* (↑) + -AL¹〙
mon·i·li·a·sis /mɑ̀(ː)nəláɪəsɪ̀s | mɔ̀nɪláɪəsɪs/ *n.* (*pl.* **-ses** /-siːz/)〘病理〙モニリア症, カンジダ症; (特に)口腔カンジダ症, 鵞口瘡(がこうそう) (candidasis, thrush).〘(1920) ← NL ~ ← *Monilia* (⇨ Moniliaceae) + -IASIS〙
mo·nil·i·form /mənɪ́ləfɔ̀əm | mə(ʊ)nɪ́lɪ̀fɔ̀ːm/ *adj.* **1** 数珠(じゅず)に似た. **2**〘生物〙〈茎·根·果実·触覚など〉数珠形の, 念珠状の.〘(1802) ← L *monile* necklace (cf. Gk *mánnos* necklace worn by Celtic people / Skt *maṇi* gem, pearl / OE *manu* 'MANE') + -I- + -FORM〙
mon·ish /mɑ́(ː)nɪʃ | mɔ́n-/ *vt.* (まれ) =admonish.〘(*a*1325) *mones, monast* □ OF *monester* (頭音消失) ← *amonester* 'ADMONISH'〙
mo·nism /móunɪzm, mɑ́(ː)n- | mɔ́n-, máun-/ *n.*〘哲学〙**1 a** 一元論《ヒトはただひとつの実体から成り, 精神的および肉体的活動·特質の本質的差を認めないとする説; cf. dualism, materialism, idealism》. **b** 一元論《現実世界は本質的に全体として変化なく, 変化は幻影にすぎないとする説; cf. pluralism》. **2 a** 一元的認識論《意識の対象と所与は同一であるとする》. **b** 一原則主義《一つの原理で物事を説明しようとする考え方》.〘(1862) □ G *Monismus* ← NL ~ ← Gk *mónos* single: ⇨ mono-, -ism〙
mó·nist /-nɪ̀st | -nɪst/ *n.*〘哲学〙一元論者.〘1836–37〙
mo·nis·tic /mounɪ́stɪk, mɑ(ː)- | mɔ-, məu-/ *adj.*〘哲学〙一元論の, 一元論的な.〘1862〙
mo·nís·ti·cal /-tɪ̀kəl, -kḷ | -tɪ-/ *adj.* =monistic. **~·ly** *adv.*
mo·ni·tion /mouníʃən, mə- | mə(ʊ)-, mɔ-/ *n.* **1** 勧告, 注意, 警告. **2** (差し迫る危険などの)警戒, 告示. **3**〘法律〙(民事及び海事事件における裁判所の)召喚, 呼出. **4**〘キリスト教〙(bishop が発する)説諭状, 戒告状.〘(*c*1375) ME *monicioun* □ (O)F ~ // L *monitiō(n-)* ← *monēre* to call to mind, advise, warn ← IE **men-* to think (Gk *mémona* I intend / Skt *mantra* counsel): ⇨ -tion〙
mon·i·tor /mɑ́(ː)nətə | mɔ́nɪ̀tə(r)/ *n.* **1** 警告となる物, 監視装置 (reminder): **a** (機械·航空機などの)監視(制御)装置, モニター. **b** (放射線·有毒ガスなどの)監視装置; (原子力工場従業員の)誘導放射能検出器. **2**〘通信〙**a** モニター《ラジオ·テレビなどの音質·忠実度などを監視するための受信機》. **b** モニター《ラジオ·テレビなどの音質·忠実度などを監視する人》. 日英比較 日本語の「モニターテレビ」は, 英語では TV monitor という. また, 商品や放送番組について意見を述べるように依頼される人を日本語では「モニター」というが, 英語では商品の場合は test user, テレビの場合は test viewer, ラジオの場合は test listener という. **3**〘医学〙モニター, 監視装置《生体内の状態·機能などを観察する装置》. **4**〘電算〙**a** モニター, (ビデオ)表示装置. **b** モニター《コンピューターの管理プログラムあるいはその中心をなす処理装置の管理部》. **5** (国際機関などの)監視員. **6** (情報を得るために任命されて)外国放送を聴取する人, 外電傍受者. **7 a** (人の行為についての)戒告者, 訓戒者. **b**〘教育〙監督生, 助教生, 生徒長, 補佐《教師を助けて校内の秩序を保ち出欠調査などをする生徒, または下級生を指導する上級生; cf. prefect 3》. **8 a**〘海軍〙モニター[モニトル]艦, 低舷甲鉄艦《旋回砲塔に重砲を載せた水線より上の部分が低い, 以前用いられた装甲の厚い米国の沿岸作戦用小型甲鉄艦》. **b** [the M-] モニター《最初の同型軍艦; 1862 年 Virginia 州 Hampton Roads で南部連盟軍の甲鉄艦 Merrimac 号と戦った》. **9** (米) 越屋根, 段屋根, 煙出し《屋根の上に一段付き出た小屋根; 換気·採光用》. **10 a** 自在筒先《消火放水などの時に機械仕掛けで望みの方向に向けられるように筒口に取り付けられたもの; monitor nozzle ともいう》. **b** (水圧採鉱器の)筒口 (giant ともいう). **11**〘動物〙オオトカゲ《アフリカ·南アジア·オーストラリア産オオトカゲ科オオトカゲ属 (*Varanus*) の動物の総称; ワニのいることを警告するとされる; ナイルオオトカゲ (Nile monitor) など; monitor lizard ともいう》.
— *vt.* **1** (監視装置を用いて)〈ラジオ·テレビ〉の送信の音質·忠実度などを監視する. **2 a** 〈機械, 特に, 自動電子装置などの作動状態を〉調節する, 監察する. **b** (レーダーで)〈航空機などを〉追跡する. **3** 〈人·物を〉監督する, 監視する: ~ an examination. **4** (放射線の強さを調べるために)〈空気·物の表面などを〉検査する, …の放射線の強さを測定する: ~ clothing. **5** (政治·軍事·犯罪などの目的で)〈海外放送·電話などを〉傍受する: ~ every newscast. **6** (録音で)〈音〉の音質[量]を調節する. **7**〘医学〙(機器によって)監視する, モニターする. **—** *vi.* monitor として働く[作動する].〘(1546) □ L ~ ← *monitus* (p.p.) ← *monēre* (↑): ⇨ -or²〙
mon·i·to·ri·al /mɑ̀(ː)nətɔ́ːriəl | mɔ̀nɪ̀t-ˈ-/ *adj.* **1** モニター装置による. **2** 監督生 (monitor) の: ~ duties 監督生の職務. **3** =monitory. **~·ly** *adv.*〘(1725) ← L *monitōrius* 'MONITORY' + -AL¹〙
mónitorial sýstem *n.* [the ~]〘教育〙監督生制度, 助教生制度《19 世紀初頭に英国で開発された教育方法で, 教師が監督生 (monitor) と呼ばれる年長の生徒に教え, その内容を監督生がより年少の生徒に教える方式》.
mónitor nòzzle *n.* =monitor 10 a.
mónitor scrèen *n.* 監視用テレビ(画面).〘1944〙
mónitor·shìp *n.* monitor の役[地位, 任期].〘1641〙
mon·i·to·ry /mɑ́(ː)nətɔ̀ːri | mɔ́nɪtəri, -tri/ *adj.* 勧告の, 訓戒の, 警告する, 警戒する (admonitory): a ~ look 注意のまなざし. **—** *n.* =monitory letter.〘(1437) ME *monitorie* □ L *monitōrius* (adj.) warning ← *monitus*: ⇨ monition, -ory¹〙
mónitory létter *n.* (bishop などの発する) 説諭状, 戒告状.〘1696〙
mon·i·tress /mɑ́(ː)nətrɪ̀s | mɔ́nɪ̀trɪ̀s, -trɛ̀s/ *n.* 女性の monitor 7 a, b.〘1648〙

mon·i·trix /má(ː)nətrɪks | mɔ́nɪ-/ *n.* 《まれ》=monitress. 〚1727〛

Mo·niz ⇨ Egas Moniz.

monk[1] /mʌ́ŋk/ *n.* **1** 修道士《修道誓願を立て俗生活を捨てて修道院内に生活するキリスト教修道会の男子; cf. friar》. **2** 《ラマ教・Senussi 派イスラム教または仏教などの》道士, 僧. **3** 〚印刷〛「黒坊主」《ページ中インクぼての部分; 印刷むら; cf. friar 2》. **4** [時に M-] マンク《頭頂に毛がなく, 脚に大きな羽毛をもつ珍種のハト》. 〚OE *munuc* ◻ VL **monicus*=LL *monachus* monk ◻ eccl. Gk *monakhós* living alone, solitary; monk ← *mónos* alone: cf. mono-〛

monk[2] /mʌ́ŋk/ *n.* 《俗》=monkey. 〚(1843)《略》〛

Monk /mʌ́ŋk/, **George** *n.* モンク《1608-70; 英国の軍人; 1660 年 Charles 二世を王位に復帰させるため力を尽くした; 称号 1st Duke of Albemarle》.

Monk, Thelonious (Sphere) *n.* モンク《1920-82; 米国のジャズピアニスト・作曲家》.

Monk, William Henry *n.* マンク《1823-89; 英国のオルガン奏者・作曲家》.

mónk·dom /-dəm/ *n.* 修道士であること; [集合的] 修道士 (monks); 修道士の世界 (domain of monks). 〚1862〛

Mon·kees /mʌ́ŋkiz/ *n. pl.* [The ~] モンキーズ《米国のアイドルポップグループ (1966-69)》.

monk·er·y /mʌ́ŋkəri/ *n.* 《軽蔑》 **1 a** 修道士生活, 修道院制度. **b** [*pl.*] 修道院の慣行. **2 a** [集合的] 修道士 (monks). **b** 修道院, 僧院. 〚(1536) ← MONK[1]+-ERY〛

mon·key /mʌ́ŋki/ *n.* **1** サル(猿)《広義では人間とキツネザル (lemur) 以外の霊長目 (Primates) の哺乳類, 通俗的には小形で尾のある動物; cf. ape》: three (wise) ~*s* (見ざる・聞かざる・言わざるの)三猿(さんえん)(の置物). ★ ラテン語系形容詞: simian. 日英比較 日本語では霊長類を一括して俗には「猿」というが, 英語では尾のある小形の猿を *monkey*, 尾のない大形の猿, すなわちゴリラ・チンパンジーなどを ape と二つに分けてよぶ. **2** [戯れの軽蔑語として] 猿のような人: **a** いたずら小僧. **b** 物まねしたがる人, 人まね乞食(こじき) (mimic). **c** 《俗》こっけいな人, ばか: make a ~ (out) of a person 人をばかにする, だます. **3** (長毛の)サルの毛皮. **4** (杭打ち機の)落とし槌(づち), 分銅. **5 a** (ガラス製造用)小型るつぼ. **b** 首の長い円形陶製水入れ. **6** (炭坑の)小気孔. **7** 《英》癇癪(かんしゃく) (temper). ★ 主に次の句に用いる: get [have] one's ~ up 癇癪を起こす, 怒る / put a person's ~ up 人を怒らせる. **8** モンキー(ダンス)《ツイスト (twist) から派生した踊りの一種; サルの木登りに似た所作をすることから》. **9** 《米俗》麻薬中毒. ★ しばしば次の句に用いる: have a [the] ~ on one's back 麻薬中毒である. **10** 《俗》500 ポンド[ドル]. **11** 《豪俗》羊.

I'll be [I am] a mónkey's úncle. 《口語》驚いたなあ. ***màke a mónkey (òut) of a person*** 人をばかにする, からかう. ***nót gìve [cáre] a mónkey's (fúck, bálls, fárt, tóss)*** 《俗》ちっとも構わない, へっちゃらだ. (1960) ***súck [súp] the mónkey*** 《英俗》(1) 酒樽に小さな穴をあけて管・わらなどを差し込んで飲む: 酒を瓶から飲む, らっぱ飲みをする. (2) ココヤシの実の乳液を抜いた後へ酒を入れて飲む. (1797)

mónkey in the míddle (1) 2 人が投げ合うボールを真ん中の人が取ろうとする遊び. (2) 2 人の間に立って都合の悪い立場にある人.

— *vi.* 《口語》**1** ぶらぶら遊び回る ‹*around, about*›. **2** ふざける, いたずらをする; よけいな手出しをする, いじくり回す (trifle) ‹*around, about*› 〔*with*〕: Don't ~ *about with* the matches. — *vt.* 《猿のように》まねる; からかう. 〚(1530) ←? LG: cf. MLG *Moneke* (中世の動物寓話 *Reynard the Fox* に出る Martin the Ape の息子の名) ← *mone-* (← MIt. *monnicchio* < OIt. *monna* ← Turk. *maymūn* ← Arab. *maymūn* happy: cf. Sp. & Port. *mono* ape)+*-ke* (dim. suf.: ⇨ -kin)〛

mónkey bàrs *n. pl.* =jungle gym. 〚1955〛

mónkey blòck *n.* 〚海事〛よりもどし環 (swivel) 付きの一枚滑車. 〚1794〛

mónkey brèad *n.* **1** バオバブ (baobab) の実《ヒョウタンに似て食用となる》. **2** 〚植物〛=baobab《monkey-bread tree ともいう》. 〚1789〛

mónkey brìdge *n.* 〚海事〛**1** 最上船橋, 最上艦橋 (flying bridge). **2** 機関室内の狭いプラットフォーム. 〚1927〛

mónkey bùsiness *n.* 《俗》**1** いたずら, 悪ふざけ, からかい. **2** いんちき, ごまかし. 〚1883〛

mónkey càge *n.* 《米俗》ブタ箱 (prison).

mónkey càp *n.* モンキー帽《あごひも付きの縁なし小型の帽子》.

mónkey chàtter *n.* 〚通信〛隣接チャネル混信《隣接チャネルで動作している送信機の測波帯が, 受信すべき局の搬送波とうなりを生ずることによって起こる混信》.

mónkey clìmb *n.* 〚レスリング〛モンキークライム《巴投げに似た投げ技の一種; 相手の腕・首をつかみ, 足を腹部に置き, 後ろにのけ反りながら脚を延ばして相手を頭越しに投げる》.

mónkey cùp *n.* 〚植物〛ウツボカズラ属 (*Nepenthes*) の植物の総称《ウツボカズラ (*N. rafflesiana*) など》. 〚1845-50〛

mónkey dòg *n.* =affenpinscher.

mónkey-èating éagle *n.* 〚鳥類〛サルクイワシ (*Pithecophaga jefferyi*)《フィリピン産のオオワシ》. 〚1909〛

mónkey èngine *n.* 《英》杭打ち機.

mónkey-fàced *adj.* 猿のような顔をした. 〚1803〛

mónkey fist *n.* 〚海事〛細索を飛ばすためなどの結び目状の球形重り《猿の握りこぶしを思わせる; monkey's fist ともいう》.

mónkey flòwer *n.* 〚植物〛ゴマノハグサ科ミゾホオズキ属 (*Mimulus*) の植物の総称《ベニミゾホオズキ (scarlet monkey flower), アメリカミゾホオズキ, ニオイホオズキ (*M. moschatus*) など》. 〚1789〛

mónkey fòrecastle *n.* 〚海事〛モンキーフォークスル, 小[短]船首楼, (船首)錨甲板. 〚1873〛

mónkey fòresail *n.* 〚海事〛モンキーフォースル《スクーナー (schooner), スループ (sloop) などの前檣縦帆》.

mónkey gàff *n.* 〚海事〛モンキーガフ《自船の信号が見えやすいようにスパンカーガフ (spanker gaff) の上にさらに斜めに突き出す円材》. 〚1883〛

mónkey hàmmer *n.* 〚機械〛=drop hammer 1. 〚1869〛

món·key·ish /-kiɪʃ/ *adj.* 猿のような, いたずらな (mischievous). **~·ly** *adv.* **~·ness** *n.* 〚1621〛

mónkey ìsland *n.* 《俗》〚海事〛最上船橋塔《海図室や船橋の上にさらに設けた塔状の船橋》. 〚1912〛

mónkey jàcket *n.* **1** =mess jacket. **2** モンキージャケット《昔船乗りが着た引き締まった短い上着》. 〚1830〛

mónkey nùt *n.* 《英》南京豆, 落花生 (peanut). 〚1880〛

mónkey òrchid *n.* 〚植物〛オルキスシミア (*Orchis simia*)《ラン科の多年草; ヨーロッパ・アフリカ原産; 唇弁は 4 裂して内側に巻き込み, サルの姿に似ている》.

mónkey·pòd *n.* **1** 〚植物〛アメリカネム, アメフリノキ (*Samanea saman*)《中米原産で羽状複葉をもち, 淡紅色の球状花をつけるマメ科の高木; 材は細工物用, さやは牧畜飼料; rain tree ともいう》. **2** アメリカネム材. 〚1888〛

mónkey pòop *n.* 〚海事〛(後甲板中央の一段高い位置にある)船尾楼. 〚1929〛

mónkey·pòt *n.* **1** 〚植物〛サプカヨノキ《南米産サガリバナ科の大樹 (*Lecythis grandiflora*) とその果実; 丸いつぼ形で横線によってはっきり区別された上部はふたになっている; 中に多数の nuts を含む; 大樹は硬質なので建築用・家具用》. **2** フリントガラス製造用のるつぼ. 〚1849〛

mónkey pùzzle *n.* 〚植物〛チリマツ, アメリカウロコモミ (*Araucaria araucana*)《南米チリの高地原産のナンヨウスギ科の高木; 密生した枝に堅く鋭い葉を生じるため猿にも登れないという; 実は食用となる》. 〚1866〛

mónkey ràil *n.* 〚海事〛握り棒《帆桁(ほげた)や船べりのレールなどの上に取り付けた人がつかまれる太さの金属棒》. 〚1840〛

mónkey's fist *n.* =monkey fist. 〚1927〛

mónkey·shìne *n.* [通例 *pl.*]《米口語》(猿のするような)ふざけたいたずら, 悪ふざけ (《英口語》monkey trick). 〚*c*1829〛

mónkey spàr *n.* 〚海事〛訓練用小型円材《小型の帆柱や帆桁; 船上で少年に水夫の訓練を施すとき用いる》.

mónkey sùit *n.* 《俗》**1** 制服 (uniform). **2** (男子用)礼服, 夜会服 (tuxedo). 〚1886〛

mónkey's wédding *n.* 《南ア口語》日照り雨, 「狐の嫁入り」. 〚(1949) ←?: Port. *casamento de rapôsa* 'vixen's wedding' との関係が想定されている〛

mónkey·tàil *n.* 〚海事〛**1** フックの先端に取り付けた短い索《フックで物を吊った時はずれないようにこれでフックの口を閉ざすためのもの》. **2** =rudder horn. **3** 手すりの両端に付けた渦巻模様飾り.

mónkey trick *n.* [通例 *pl.*]《英口語》悪ふざけ, いたずら (《米口語》monkeyshine). 〚1653〛

mónkey wrènch *n.* **1** モンキーレンチ, 自在スパナ, モンキースパナ (《英》adjustable spanner). **2** 障害[妨害, 邪魔だて]となるもの: throw a ~ in [into] ...=*throw a* WRENCH *(in [into] the works)*. 〚1858〛

mónk·fìsh *n.* (*pl.* ~, ~·es) 〚魚類〛**1** カスザメ (angel shark). **2** チョウチンアンコウ (angler). 〚1610〛

Món-Khmér *n.* モンクメール語群《ミャンマーの南部, Pegu 地方で使われる Mon 語やカンボジアで使われる Khmer 語などを含む》. — *adj.* モンクメール語群の. 〚1887〛

mónk·hòod *n.* **1** 修道士の身分. **2** [集合的] 修道士 (monks). 〚OE *munuchade*: ← MONK+-HOOD〛

mónk·ish /-kɪʃ/ *adj.* **1 a** 修道士の, 修道生活の, 修道院の. **b** 修道士のための, 修道士用の. **c** 修道士が作った. **2 a** 修道士じみた, 坊さん臭い: ~ manners. **b** ‹行動が›厳格な, 身を持するに堅い, 道心堅固な, お堅い; 禁欲的な (ascetic). **~·ly** *adv.* **~·ness** *n.* 〚1546〛

mónk's clòth *n.* ななこ織りの綿布《カーテン用; もと修道士の服に用いた布》. 〚*c*1847〛

mónk sèal *n.* 〚動物〛モンクアザラシ《地中海・西インド諸島・太平洋中部産》. 〚1841〛

mónk shòes *n. pl.* マンクストラップシューズ《甲の部分にバックル付きの幅広ストラップをわたした靴》.

monks·hood /mʌ́ŋkshʊ̀d/ *n.* 〚植物〛キンポウゲ科トリカブト属 (*Aconitum*) の有毒植物の総称《暗紫色で頭巾型の花が咲く》. 〚(1578) ← MONK[2]+-s[2] 2+-HOOD〛

Monm. 《略》Monmouthshire.

Mon·mouth /mɑ́nməθ | mɔ́n-/ *n.* モンマス《ウェールズ南東部のイングランドに近い町》.

Mon·mouth /mʌ́nməθ | mɔ́n-/, **Duke of** *n.* モンマス《1649-85; 英国王 Charles 二世の庶子, James 二世が即位した年に王位を争う戦いを起こし処刑された; 本名 James Scott》.

Mon·mouth·shire /má(ː)nməθʃə, -ʃɪə | mɔ́nməθʃə[r], -ʃɪə[r]/ *n.* モンマスシャー《ウェールズ南東部の州; 州都 Cwmbran》. 〚← *Monmouth* (< OE *Munuwi mūða* mouth of the Monnow (河の名)《なぞり》)? ← Welsh *Aper Mynuy*)+-SHIRE〛

Mo·net /mounéɪ | mɔ́neɪ; F. mɔnɛ/, **Jean** *n.* モネ《1888-1979; フランスの経済学者; EEC の創設者》.

mon·ni·ker /má(ː)nɪkə | mɔ́nɪkə[r]/ *n.* =moniker.

mon·ni·on /má(ː)niən | mɔ́n-/ *n.* 〚甲冑〛(鎧(よろい)の)肩当《spaulder ともいうが, 特に首甲 (gorget) と一体になったものを指す》. 〚◻ OF *moignon* stump (of a limb)〛

mon·o[1] /má(ː)nou | mɔ́nəu/ 《口語》*adj.* モノフォニックの (monophonic), モノラルの (monaural): a ~ phonograph record モノラルレコード. — *n.* (*pl.* ~s) **1** モノラルレコード. **2** モノラル再生. 〚(1959)《略》〛

mon·o[2] /má(ː)nou, móun- | máunəu, mɔ́n-/ *n.* (*pl.* ~s) モノタイプ. 〚《略》← MONOTYPE〛

mon·o[3] /má(ː)nou | mɔ́nəu/ *n.* (*pl.* ~s) 《口語》**1** 〚解剖〛単球 (monocyte). **2** 〚病理〛(特に, 伝染性)単核症. 〚(1962)《略》← MONONUCLEOSIS〛

mon·o[4] /má(ː)nou | mɔ́nəu/ *n.* (*pl.* ~s) =monosabio. 〚略〛

mon·o[5] /má(ː)nou | mɔ́nəu/ *adj.* 〚化学〛(一分子中に) 1 個の原子[基]を含む. 〚《略》← *monoatomic*〛

mo·no[6] /móunou | máunəu/ *n.* (*pl.* ~s) 〚動物〛= villous howler monkey. 〚◻ Sp. ~ 'MONKEY'〛

mon·o[7] /má(ː)nou | mɔ́nəu/ *n.* (*pl.* ~s) モノ(ボード)《monoboarding 用大型スキー》.

Mo·no /móunou | máunəu/ *n.* (*pl.* ~, ~s) **1 a** [the ~(s)] モノ族《米国 California 州南東部のショーショーニ族 (Shoshoni) の一支族》. **b** モノ族の人. **2** モノ語. 〚◻ Sp. ~ ← N-Am.-Ind.〛

mon·o- /mánou | mɔ́nəu/ 次の意味を表す連結形: **1** 「単独の, 単一の, 一の」(↔ poly-, multi-): *mono*chord. **2** 「一分子の厚さ」: *mono*film 分子膜 / *mono*layer 分子層. **3** 〚化学〛「一原子を含む」: *mon*oxide. ★ 母音の前では通例 mon- になる. 〚← Gk *mónos* alone, single ← IE **men-* small, isolated〛

mòno·ácetin *n.* 〚化学〛モノアセチン (⇨ acetin a). 〚1869〛

mòno·ácid 〚化学〛*adj.* **1** 一酸の; 一酸塩基の: a ~ base 一酸塩基. **2** ‹分子が›一個の酸水素原子をもつ. — *n.* 一個の酸水素原子をもつ酸. 〚1863〛

mòno·acídic *adj.* 〚化学〛=monoacid. 〚*c*1929〛

móno·alphabétic substitútion *n.* 〚通信〛単一置換え法《暗号文字を解読するための置換え用アルファベット表を一種類しか使わない暗号記法; cf. polyalphabetic substitution》.

mòno·amíne *n.* 〚化学〛モノアミン (RNH_2)《アミノ基 1 個をもつアミン》. 〚1951〛

mónoamine óxidase *n.* 〚生化学〛モノアミン酸化酵素《酸化によってモノアミンを脱アミノする反応を触媒する酵素》. 〚1951〛

mónoamine óxidase inhìbitor *n.* 〚薬学〛モノアミン酸化酵素抑制剤《鬱(うつ)病の治療に用いる》. 〚1962〛

mon·o·am·in·er·gic /mɑ̀(ː)nouəmìːnə́ːdʒɪk | mɔ̀nəuəmìnə́ː-ˈ/ *adj.* 〚生化学〛モノアミンを分離または含有する物質の《例えばチラミン・カテコールアミン・セロトニン・ノルアドレナリンなど, 神経での刺激伝達に深く関係する》. 〚(1966) ← MONOAMINE+ERG-+-IC[1]〛

mòno·atómic *adj.* 〚化学〛=monatomic. 〚1874〛

mòno·básic *adj.* **1** 〚化学〛‹酸が›一塩基の: ~ acids 一塩基性酸. **2** 〚生物〛=monotypic 2. **mòno·basícity** *n.* 〚1842〛

mónobasic sódium phósphate *n.* 〚化学〛= sodium phosphate a.

móno·bàth *n.* 〚写真〛モノバス《一浴現像定着液のように 2 種以上の過程を同時に行う溶液》.

mòno·blástic *adj.* 〚植物〛‹胞胚葉が›細胞単層の.

mòno·blòck *adj.* 〚冶金〛一体鋳造の.

móno·bòarding *n.* モノボーディング《両足をそろえて 1 本の幅広のスキーに乗り, 両手を大きく広げてバランスをとりながら滑降する冬のスポーツ; cf. snowsurfing》.

móno·bùoy *n.* 〚海事〛モノブイ, 係船浮標《一般の港に入港できない大型タンカーなどを係留するために, 沖合に設けた浮標》.

móno·càble *n.* 単線ロープウェイ. 〚1926〛

mòno·carboxýlic *adj.* 〚化学〛カルボキシル基 1 個をもった. 〚*c*1909〛

móno·càrp *n.* 〚植物〛一巡植物《一生に一度開花する植物》. 〚(1846) ◻ F *monocarpe*: ⇨ mono-, -carp〛

mòno·cárpellary *adj.* 〚植物〛単心皮の[からなる] (cf. polycarpellary). 〚1863〛

mòno·cárpic *adj.* 〚植物〛一生に一度開花結実する, 一巡の: a ~ plant 一巡植物《主に一年生または二年生植物》. 〚(1849) ← MONOCARP+-IC[1]〛

mòno·cárpous *adj.* 〚植物〛単子房の; (特に) = monocarpellary. 〚(1731) ← NL *monocarpus*: ⇨ mono-, -carpous〛

mòno·cáusal *adj.* 唯一[単一]原因の. 〚1957〛

mòno·céphalous *adj.* 〚植物〛単頭状花序の. 〚1845-50〛

Mo·noc·er·os /mənɑ́(ː)sərəs | mənɔ́sərəs, mɔ-/ *n.* 〚天文〛いっかくじゅう(一角獣)座《オリオン座の東にある南天の星座; the Unicorn ともいう》. 〚(?a1300) ◻ OF ~ ◻ L ~ ◻ Gk *monókeros* ← MONO-+*kéras* horn〛

mòno·chá·si·um /-kéɪziəm, -ʒəm | -ziəm, -ʒiəm/ *n.* (*pl.* **-si·a** /-ʒiə, -ʒə | -ziə, -ʒiə/) 〚植物〛単出集散花序, 単散花序 (cf. dichasium, polychasium). **mòn·o·chá·si·al** /-ʒiəl, -ʒəl | -ziəl, -ʒiəlˈ/ *adj.* 〚(1890) ← NL ~ ← MONO-+Gk *khásis* separation+-IUM〛

mòno·chlamýdeous *adj.* 〚植物〛‹花が›単花被の《萼(がく)か花冠かのどちらか一方を欠く》. 〚1830〛

mòno·chlóride *n.* 〚化学〛一塩化物《分子ごとに一

塩素原子を含む塩化物). 〖1866〗
móno·chloroacétic ácid *n.* 〘化学〙モノクロロ酢酸 (⇨ chloroacetic acid).
mon·o·chord /má(ː)nəkɔ̀ːəd | mɔ́nə(ʊ)kɔ̀ːd/ *n.* **1** 〘物理〙一弦器《長方形の木製の共鳴箱の上に一本の糸を張り, 駒を移動させて高低様々な音を出すもので, 古くから音響の数学的測定に使用された; sonometer ともいう》. **2** 《古》一弦琴. 〖(?c1408) *monocorde* □ (O)F □ L *monochordon* □ Gk *monókhordon* having a single string: ⇨ mono-, chord²〗
mon·o·chro·ic /mà(ː)noʊkróʊɪk | mɔ̀nə(ʊ)krə́ʊ-/ *adj.* 単色の, 一色の. 〖(1890) ← MONO-+-CHROIC〗
mon·o·chro·ma·si·a /mà(ː)noʊkroʊméɪʒiə, -ʒə, -ʒə | mɔ̀nə(ʊ)krə(ʊ)méɪziə, -ʒiə/ *n.* 〘眼科〙一色型色盲.
mon·o·chro·mat /mà(ː)noʊkróʊmæt | mɔ̀nə(ʊ)krə́ʊ-/ *n.* **1** 〘眼科〙全色盲患者, 単色型色覚者 (cf. dichromat, trichromat). **2** 〘光学〙狭い波長域の光に用いられる顕微鏡対物レンズなどの光学部品. **3** 単色フィルター. 〖(1902) □ L *monochrōmatos* □ Gk *monókhrōmatos* having only one color: ⇨ mono-, chromatic〗
mòn·o·chró·mate /-meɪt/ *n.* =monochromat.
mon·o·chro·mat·ic /mà(ː)noʊkroʊmǽtɪk, -nə-, -krə- | mɔ̀nə(ʊ)krə(ʊ)mǽt-/ *adj.* **1** 単色[一色]の, 単彩の. **2** 〘光学〙単色光の. **3** 〘眼科〙単色性色覚の, 全色盲の. **4** 〘物理〙《運動する粒子が》ただ一方向の運動エネルギーをもった. — *n.* 全色盲の人. **mòn·o·chro·mát·i·cal·ly** *adv.* **mon·o·chro·ma·tic·i·ty** /mà(ː)noʊkròʊmətísəṭi, mɑ̀ːn-, -nə- | mɔ̀nə(ʊ)krə̀ʊmətísɪ̀ti/ *n.* 〖(1822): ⇨ ↑, -ic¹〗
mòno·chrómatism *n.* 〘眼科〙単色性色覚, 全色盲. 〖*c*1865〗
mon·o·chro·ma·tor /mà(ː)noʊkróʊmeɪṭə | mɔ̀nə(ʊ)króʊmeɪtə(r)/ *n.* 〘光学〙モノクロメーター, 単色光器《光をスペクトルに分け, 所要の狭い波長域の光だけを取り出す装置》. 〖(1909) ← MONOCHROMAT(IC)+-OR〗
mon·o·chrome /má(ː)nəkròʊm | mɔ́nəkrə̀ʊm/ *n.* **1** 単色画, 単彩画 (cf. polychrome). **2** 単色写真, モノクローム. **3** 単色[単彩]画法: in ~ 単色で. — *adj.* **1** 単色の, 単彩の. **2** 〈テレビ・写真・映画など〉白黒の (black-and-white): a ~ TV set モノクロ[白黒]テレビ受像機. **3** 単調な, 退屈な: Universities these days are desperately ~. 最近の大学はひどくつまらない. 〖(1662) □ ML *monochrōma* □ Gk *monókhrōmos* of one color: ⇨ mono-, chrome〗
mon·o·chro·mic /mà(ː)nəkróʊmɪk | mɔ̀nəkrə́ʊ-/ *adj.* =monochrome. 〖1839〗
mòn·o·chró·mi·cal /-mɪ̀kəl, -kḷ | -mɪ-/ *adj.* = monochromic. **~·ly** *adv.* 〖1890〗
món·o·chròm·ist /-mɪ̀st | -mɪst/ *n.* 単色[単彩]画家, モノクロ写真家; モノクローム主義者. 〖1662〗
mono·chro·my /má(ː)nəkròʊmi | mɔ́nəkrə̀ʊ-/ *n.* =monochrome 3. 〖1855〗
mon·o·cle /má(ː)nɪ̀kḷ | mɔ́nə-/ *n.* 片めがね, 単眼鏡. 〖(1858) □ F ~ □ LL *monoculus* one-eyed: ⇨ monocular〗

monocle

món·o·cled *adj.* 片めがね (monocle) を掛けた.
mon·o·cli·nal /mà(ː)nəkláɪnḷ, -noʊ- | mɔ̀nə(ʊ)-/ 〘地質〙*adj.* 〈地層が〉単傾斜の; 単傾斜した地層の. — *n.* =monocline. **~·ly** *adv.* 〖(1843) ← MONO-+-CLINAL〗
mon·o·cline /má(ː)nəklàɪn, -noʊ- | mɔ́nə(ʊ)-/ *n.* 〘地質〙単傾斜; 単傾斜層. 〖(1879) 《逆成》← MONOCLINAL〗
mon·o·clin·ic /mà(ː)nəklínɪk, -noʊ- | mɔ̀nə(ʊ)-/ *adj.* 〘結晶〙単斜晶系の. 〖*c*1864〗
monoclínic sỳstem *n.* 〘結晶〙単斜晶系《*a* 軸 *c* 軸は一般に斜交し, *b* 軸は *a* 軸 *c* 軸と直交し, 軸長は一般にすべて異なる》. 〖1869〗
mon·o·cli·nous /mà(ː)noʊkláɪnəs, -nə- | mɔ̀nə(ʊ)-/ *adj.* 〘植物〙〈植物が〉雌雄同花の; 〈花が〉両性花の (cf. diclinous). **mon·o·cli·nism** /má(ː)noʊklàɪnɪzm, -nə- | mɔ́nə(ʊ)-/ *n.* 〖(1828) ← NL *monoclinus* ← MONO-+-CLINOUS¹〗
mon·o·clo·nal /mà(ː)nəklóʊnḷ, -noʊ- | mɔ̀nə(ʊ)kləʊ-/ 〘生物〙*adj.* 単一細胞から無性生殖で生成される細胞群の, 単クローン性の, 単一クローンの. — *n.* モノクローナル抗体 (monoclonal antibody). 〖(1914) ← MONO-+CLONE+-AL〗
mónoclonal ántibody *n.* 〘生物〙モノクローナル抗体, 単クローン抗体《培養された細胞群の単一クローンから作る抗体》.
mon·o·clo·nal·i·ty /mà(ː)nəkloʊnǽləṭi, -noʊ- | mɔ̀nə(ʊ)kləʊnǽlɪ̀ti/ *n.* 〘生物〙単一クローン性.
mon·o·coque /má(ː)nəkòʊk, -nə-, -kɑ̀(ː)k | mɔ́nə(ʊ)kɔ̀k, -kə̀ʊk/ *n.* **1** 固定構造《トラック・電車などの車体を車台に固定した車体構造》. **2** 〘航空〙張殻(ちょうかく), モノコック(構造)《甲虫の体のように外殻が全荷重を支えるようにした構造; 圧力容器やロケットなどがこの構造をもち, 飛行機の機体もこれに近い; cf. semi-monocoque》. — *adj.* **1** 固定構造の. **2** モノコック構造の. 〖(1913) □ F ~ ← MONO-+*coque* shell (< L *coccum* □ Gk *kókkos* core)〗
mónocoque constrúction *n.* 〘航空〙モノコック構造 (⇨ shell construction 2).
mon·o·cot /má(ː)nəkɑ̀(ː)t, -noʊ- | mɔ́nə(ʊ)kɔ̀t/ *n.* 〘植物〙=monocotyledon. 〖1890〗
mon·o·cot·yl /má(ː)nəkɑ̀(ː)ṭəl, -noʊ-, -ṭḷ | mɔ́nə(ʊ)kɔ̀tɪ̀l/ *n.* 〘植物〙=monocotyledon.
mon·o·cot·y·le·don /mà(ː)nəkɑ̀(ː)ṭəlíːdn, -noʊ-, -ṭḷ- | mɔ̀nə(ʊ)kɔ̀tɪ̀líːdən, -dṇ/ *n.* 〘植物〙単子葉植物 (cf. dicotyledon). 〖(1727) ← NL ~: ⇨ mono-, cotyledon〗
Mon·o·cot·y·le·do·ne·ae /mà(ː)noʊkɑ̀(ː)ṭələdóʊniìː, -ṭḷ- | mɔ̀nə(ʊ)kɔ̀tɪ̀lɪ̀dəʊ-/ *n. pl.* 〘植物〙単子葉植物綱. 〖← NL ~ 《変形》← *Monocotyledones* ← MONO-+*cotyledones* ((pl.) ← COTYLEDON)〗
mon·o·cot·y·le·don·ous /mà(ː)nəkɑ̀(ː)ṭəlíːḍənəs, -noʊ-, -ṭḷ-, -dṇ- | mɔ̀nə(ʊ)kɔ̀tɪ̀líːdən-, -dṇ-/ *adj.* 〘植物〙子葉が一つの, 単子葉植物の. 〖1770〗
mo·noc·ra·cy /mɑ(ː)ná(ː)krəsi, mə- | mɔnɔ́k-/ *n.* 独裁政治 (autocracy). 〖(1651) ← MONO-+-CRACY〗
mon·o·crat /má(ː)nəkræ̀t, -noʊ- | mɔ́nə(ʊ)-/ *n.* **1** 独裁政治主義者. **2** 《まれ》独裁者 (autocrat). **mon·o·crat·ic** /mà(ː)nəkrǽṭɪk, -noʊ- | mɔ̀nə(ʊ)krǽt-/ *adj.* 〖(1792) ← MONO-+-CRAT〗
mòno·crýstal *n.* 〘結晶〙モノクリスタル《合成単結水晶からなる非常に丈夫なフィラメント》. 〖1926〗
mòno·crýstalline *adj.* モノクリスタルの[で出来た]. 〖1934〗
mo·noc·u·lar /mɑ(ː)ná(ː)kjulə, mə- | mɔnɔ́kjulə(r)/ *adj.* **1** 一眼の, 単眼の: a ~ cataract 〘眼科〙単眼白内障. **2** 一眼[単眼]用の: a ~ microscope 単眼顕微鏡. — *n.* 単眼用(光学)器具《単眼顕微鏡・単眼式望遠鏡など》. **~·ly** *adv.* 〖(1640) ← LL *monoculus* one-eyed+-AR¹: ⇨ mono-, ocular〗
móno·cùlture /-nə-, -noʊ- | -nə(ʊ)-/ *n.* 〘農業〙単一栽培《一種の作物だけを栽培して土地を他に使用しない》. **mòno·cúl·tural** *adj.* 〖1915〗
mo·noc·u·lus /mɑ(ː)ná(ː)kjuləs, mə- | mɔnɔ́k-/ *n.* 〘医学〙**1** 片眼帯. **2** 単眼奇形. 〖(1212) *c*1450〗
móno·cỳcle *n.* 一輪(自転)車. 〖1869〗
mòno·cýclic *adj.* **1** 一輪の; 一輪車の. **2** 〘植物〙〈花など〉単輪の. **3** 〘化学〙単環(式)の. **4** 〘動物〙〈プランクトンなど〉最大繁殖期が年一回の, 一年周期の, 単輪廻性の. 〖1882〗
mon·o·cyte /má(ː)nəsàɪt, -noʊ- | mɔ́nə(ʊ)-/ *n.* 〘解剖〙単球《大型の白血球の一種》; 単核細胞. **mon·o·cyt·ic** /mà(ː)nəsíṭɪk, -noʊ- | mɔ̀nə(ʊ)sít-/ *adj.* 〖1913〗
mon·o·cy·toid /mà(ː)nəsáɪtɔɪd, -noʊ- | mɔ̀nə(ʊ)-/ *adj.* 〘解剖〙単球様細胞.
mon·o·cy·to·sis /mà(ː)nəsaɪtóʊsɪ̀s, -noʊ- | mɔ̀nə(ʊ)saɪtə́ʊsɪs/ *n.* 〘医学〙単球増加症. 〖(1914) ← MONOCYTE+-OSIS〗
Mo·nod /moʊnóʊ | məʊnə́ʊ; *F.* mono/, **Jacques-Lucien** *n.* モノ (1910–76; フランスの分子生物学者; Nobel 医学生理学賞 (1965)).
mon·o·dac·tyle /mà(ː)nədǽktḷ, -noʊ-, -taɪl | mɔ̀nə(ʊ)dǽktɪl/ *adj.* 〘動物〙=monodactylous. 〖1819〗
mon·o·dac·ty·lous /mà(ː)nədǽktɪ̀ləs, -noʊ- | mɔ̀nə(ʊ)-/ *adj.* 〘動物〙一指の, 爪一本の. 〖(1828–32) □ Gk *monodáktulos* ← MONO-+*dáktulos* finger: ⇨ -ous〗
Mon·o·del·phi·a /mà(ː)noʊdélfiə, -nə- | mɔ̀nə(ʊ)-/ *n. pl.* 〘動物〙単子宮下綱, 一子宮下綱 (Eutheria ともいう). 〖← NL ~ ← MONO-+-*delphia* (← Gk *delphús* womb): ⇨ -ia²〗
mon·o·den·tate /mà(ː)noʊdénteɪt, -nə- | mɔ̀nə(ʊ)-/ *adj.* 〘化学〙一座[単](配位)の (cf. multidentate): a ~ ligand 一座[単]配位子《錯体中の中心金属と一原子で配位する配位子; 例: アンモニア, 塩化物イオン》. 〖(1949) ← MONO-+DENTATE〗
mo·nod·ic /məná(ː)ḍɪk | mɔnɔ́d-/ *adj.* 〘音楽〙モノディー (monody) の[に関する]. **mo·nód·i·cal** /-ná(ː)ḍɪ̀kəl, -kḷ | -nɔ́dɪ-/ *adj.* **mo·nód·i·cal·ly** *adv.* 〖(1818) □ Gk *monoidikós*: ⇨ monody, -ic〗
mòno·dimétric *adj.* 〘結晶〙=tetragonal 2. 〖1854〗
mòno·dispérse *adj.* 〘化学〙単分散の《分散質の個々の粒子が均一の大きさである》. 〖1925〗
mon·o·dist /má(ː)nəḍɪ̀st | mɔ́nədɪst/ *n.* monody 作者[歌手]. 〖1751〗
mo·nod·o·mous /məná(ː)ḍəməs | -nɔ́d-/ *adj.* 〘昆虫〙(ある種の蟻のように)一個の巣に集団ですむ, 単巣性の (cf. polydomous). 〖← MONO-+Gk *dómos* house〗
mon·o·don /má(ː)nədɑ̀(ː)n | mɔ́nədɔ̀n/ *n.* 〘動物〙= narwhale. 〖1752〗
móno·dràma *n.* **1** 独演劇, ひとり芝居. **2** (胸中に去来した光景・状況の)劇的表出, (身振り・手振り・顔の表情などによる)感情表現. **3** 独演者による音楽劇. **mòno·dramátic** *adj.* 〖1793〗
móno·dràmatist *n.* 独演劇の作者[作家]. 〖1803〗
mon·o·dy /má(ː)nəḍi | mɔ́nədi/ *n.* **1** (ギリシャ悲劇の)独唱歌; 哀歌, 悲歌 (lament). **2** (友の死を悼(いた)む)哀悼詩, 挽歌(ばんか) (Milton 作 *Lycidas* など). **3** (波などの)単調な音[音色]. **4** 〘音楽〙**a** モノディー《初期バロック音楽の様式で, ルネサンス期のポリフォニーに対して, 簡単な伝奏を伴うが一本の主旋律に音楽的興味を集中させる作曲法》. **b** =homophony 2 b. **c** =monophony 1. 〖(1623) □ ML *monōdia* □ Gk *monōidía* solo, lament ← *monōidós* singing alone ← *mónos* alone+*ōidḗ* song: ⇨ mono-, ode〗
mo·noe·cious /məníːʃəs | mɔ-/ *adj.* **1** 〘植物〙= monoicous. **2** 〘生物〙雌雄同体の (hermaphroditic) (cf. dioecious). **~·ly** *adv.* 〖(1753) ← NL *monoecia* (← MONO-+Gk *oikíon* house, dwelling)+-OUS〗
mo·noe·cism /məníːsɪzm | mɔ-/ *n.* 〘生物〙雌雄同株[同体](性) (cf. dioecism). 〖1875〗
móno·èster *n.* 〘化学〙1 基エステル《1 エステル基 1 個を含むエステル》. 〖1927〗
mon·o·es·trous /mà(ː)noʊéstrəs | mɔ̀nəʊíːs-, -és-/ *adj.* (年一回の)発情期の (cf. estrus). 〖1900〗
mòno·ethanólamine *n.* 〘化学〙モノエタノールアミン ($(HOCH_2CH_2)NH_2$)《溶剤・乳化剤として用いられる; ⇨ ethanolamine》.
mon·o·fil /má(ː)nəfɪ̀l, -noʊ- | mɔ́nə(ʊ)-/ *n.* =monofilament. 〖略〗
mòno·filament *n.* 単繊維一本で最終製品を構成しうるフィラメント. — *adj.* 単繊維の. 〖1940〗
móno·fùel *a.* =monopropellant.
mòno·fúnctional *adj.* 〘化学〙一官能基の《有機化合物を特性づける基を一つもつ; 例: アルコールの OH》. 〖1946〗
monog. 《略》monograph.
mon·o·gam·ic /mà(ː)nəgǽmɪk | mɔ̀nə(ʊ)-/ *adj.* =monogamous. 〖1840〗
mo·nog·a·mist /məná(ː)gəmɪ̀st | mənɔ́gəmɪst, mɔ-/ *n.* 一夫一婦主義[論]者 (↔ polygamist). **mo·nog·a·mis·tic** /mənɑ̀(ː)gəmístɪk | mɔnɔ̀g-, mə-/ *adj.* 〖1651〗
mo·nog·a·mous /məná(ː)gəməs | mənɔ́g-, mɔ-/ *adj.* **1** 〘文化人類学・社会学〙単婚の, 一夫一婦主義の (cf. polygamous 1): ~ practices 一夫一婦主義の実践[慣習]. **2** 〘動物〙一雌一雄の. **~·ly** *adv.* **~·ness** *n.* 〖(1770) □ LL *monogamus* □ Gk *monógamos* ← MONO-+*gámos* marriage: ⇨ ↓, -ous〗
mo·nog·a·my /məná(ː)gəmi | mənɔ́g-, mɔ-/ *n.* **1 a** 〘文化人類学・社会学〙一夫一婦主義[制] (cf. bigamy, polyandry, polygamy). **b** 《まれ》一回結婚主義[制], 一夫一婦主義[制]《再婚を排するもの; cf. deuterogamy, digamy》. **2** 〘動物〙一雌一雄制. 〖(1612) □ F *monogamie* □ LL *monogamia* □ Gk *monógamos* marrying once (↑):〗
mòno·gástric *adj.* 〘動物〙単胃の, 胃を一つだけもつ. 〖(1753) □ F *monogastrique*: ⇨ mono-, gastric〗
Mon·o·ge·ne·a /mà(ː)noʊdʒíːniə, -nə- | mɔ̀nə(ʊ)-/ *n. pl.* 〘動物〙(扁形動物門)単生目《魚のえらや体表などに寄生する》. 〖← NL ~ ← MONO-+Gk *geneá* race, descent〗
mono·ge·ne·an /mà(ː)noʊdʒíːniən, -nə- | mɔ̀nə(ʊ)-/ *adj., n.* 単生目の(動物). 〖1899〗
mono·genesis /mà(ː)nədʒénəsɪ̀s | mɔ̀nədʒénɪ̀sɪs/ *n.* **1** 一元発生. **2** 〘生物〙一元発生説《生物はすべて単一細胞から発達したという説; ↔ polygenesis》. **3** 〘生物〙単性生殖, 無性生殖; 同態発生. **4** 〘言語〙単一起源(説). **mo·nog·e·nous** /məná(ː)dʒənəs | mɔnɔ́dʒɪ̀-, mɔ-/ *adj.* 〖(*c*1859) ← NL ~: ⇨ mono-, -genesis〗
mòno·genétic *adj.* **1** 〘生物〙一元発生の; 単性[無性]生殖の[によって生じる], 単生の (↔ polygenetic). **2** 〘動物〙単生目吸虫(類)の. **3** 〘地質〙単源的な (cf. polygenetic): the ~ volcano 単成火山 / the ~ conglomerate 単源礫岩. **4** 〘土壌〙単一の生成作用による: ~ soil 単元土壌《同一断面において同一種類の土壌生成作用が継続的に働いて生じた土壌; ↔ polygenic》. 〖(1873) ← MONO-+-GENETIC〗
mon·o·gen·ic /mà(ː)nədʒénɪk, -noʊ- | mɔ̀nə(ʊ)-/ *adj.* **1** 〘生物〙単一の因子[遺伝子]の[による, に関する]. **2** 〘生物〙雄[雌]だけを産む. **3** 〘地質〙〈火成岩が〉単一の鉱物種から成る. **mòn·o·gén·i·cal·ly** *adv.* 〖(1873) ← MONO-+-GENIC¹〗
mo·nog·e·nism /məná(ː)dʒənɪzm | mənɔ́dʒɪ̀-, mɔ-/ *n.* 〘人類学〙人類一源説《現存する人類はすべて同一の祖先をもつと考える説; かつて多源説 (polygenism) が唱えられたこともあるが, 現在では一源説が有力》. **mo·nog·e·nis·tic** /mənɑ̀(ː)dʒənístɪk | mənɔ̀dʒɪ̀-, mɔ-/ *adj.* 〖(1865) ← MONO-+-GEN+-ISM〗
mo·nóg·e·nist /-nɪ̀st | -nɪst/ *n.* 人類一源論者. 〖1857〗
mo·nog·e·nous /məná(ː)dʒənəs | mənɔ́dʒɪ̀-, mɔ-/ *adj.* =monogenetic. 〖1856〗
mo·nog·e·ny /məná(ː)dʒəni | mɔnɔ́dʒɪ̀-, mə-/ *n.* **1** 〘人類学〙**a** (人類の)一源派生 (cf. polygeny). **b** = monogenism. **2** 〘生物〙=monogony. 〖1856〗
móno·gèrm *adj.* 〘植物〙1 個の実(*)から 1 本の苗(木)を生じる (cf. multigerm). 〖1950〗
mon·o·glot /má(ː)nəglɑ̀(ː)t | mɔ́nəglɔ̀t/ *adj., n.* 一種類の言語[国語]だけを話す(人). 〖(1830) ← MONO-+-GLOT: POLYGLOT からの類推〗
mòno·glýceride *n.* 〘化学〙モノグリセリド《グリセリンの脂肪酸エステルのうち, 結合している脂肪酸基が 1 個のもの; cf. glyceride》. 〖1860〗
mo·nog·o·ny /məná(ː)gəni | mɔnɔ́g-, mə-/ *n.* 〘生物〙単性[無性]生殖 (asexual reproduction). 〖1873〗
mon·o·gram /má(ː)nəgræ̀m | mɔ́n-/ *n.* モノグラム《アルファベットを 2 文字またはそれ以上組み合わせて作った図案文字; 通例氏名の頭文字を組み合わせたものが多い》: the Christian ~ キリストモノグラム《ギリシャ文字の *ΧΡΙΣΤΟΣ* (=Christ) の初めの 2 字 XP を組み合わせた記号; cf. Chi-Rho》. **mon·o·gram·mat·ic** /mà(ː)nəgrə-

mǽtɪk | mɔ̀nəgrəmǽt-ˈ-/ *adj.* 〖□ LL *monogramma* □ LGk *monógrammon* single-lettered character (neut.) ← *monógrammos*: ⇨ mono-, -gram〗

monogram

món·o·gràmmed *adj.* 組み合わせ文字の入った. 〖1868〗

mon·o·graph /mɑ́(ː)nəgræ̀f | mɔ́nəgrɑ̀ːf, -græ̀f/ *n.* **1 a** モノグラフ, 専攻論文《ある単一の問題またはその一事項についての調査・研究を発表したパンフレット・論文》. **b** 《原義》動植物の一属[一種]に関する論文. **2** 一人物についての伝記的研究書; 一画家[一彫刻家]の作品集. — *vt.* …についてモノグラフを書く. **mon·o·graph·ic** /mɑ̀(ː)nəgrǽfɪk | mɔ̀n-ˈ-/ *adj.* **mòn·o·gráph·i·cal** /-fɪ̀kəl, -kḷ | -fɪ-ˈ-/ *adj.* **mòn·o·gráph·i·cal·ly** *adv.* 〖1821〗

mo·nog·ra·pher /mənɑ́(ː)grəfə | mənɔ́grəfə(r, mə-/ *n.* モノグラフ[専攻論文]執筆者. 〖(1770) ← NL *monographus*＋-ER[1]〗

mo·nóg·ra·phist /-fɪ̀st | -fɪst/ *n.* ＝monographer. 〖1822〗

mon·o·gy·noe·cial /mɑ̀(ː)noudʒɪ̀níːʃəl, -nə-, -gaɪní:-, -siəl, -ʃiəl | mɔ̀nə(ʊ)dʒaɪníːsiəl, -gaɪníː-ˈ-/ *adj.* 《植物》〈果実が〉一本の雌蕊(ずい)から生じる. 〖(1876) ← MONO-＋GYNOEC(IUM)＋-AL[1]〗

mo·nog·y·nous /mənɑ́(ː)dʒənəs | mənɔ́dʒɪ̀-, mɔ-/ *adj.* **1** 一妻制[主義]の. **2** 《昆虫》〈ミツバチなど社会性昆虫が〉生殖能力のある雌を一集団に1匹しかもたない, 単女王生の. **3** 《植物》雌蕊(ずい)が一本の, 単雌蕊の. 〖(1816) ← MONO-＋-GYNOUS〗

mo·nog·y·ny /mənɑ́(ː)dʒəni | mɔnɔ́dʒɪ̀-, mə-/ *n.* **1** 《文化人類学・社会学》一妻(主義); 一妻制 (cf. polygyny). **2** 《昆虫》単女王(生). **3** 《植物》単雌蕊(ずい). **mo·nóg·y·nist** *n.* 〖(1876) ← MONO-＋-GYNY〗

móno·hùll *n.* 《海事》単胴船 (↔ multihull; cf. catamaran, trimaran). 〖(1967) ← MONO-＋HULL[2]〗

mòno·hýbrid 《生物》*n.* 単性雑種, 一遺伝子雑種《1対の対立遺伝子についてのみ異なる個体間の雑種》. — *adj.* 単性雑種の, 一遺伝子雑種の. 〖(1903) ← MONO-＋HYBRID〗

mòno·hýdrate *n.* 《化学》一水化物《炭酸アンモニウムなど1個の水分子をもつ水化物》. **mòno·hýdrat·ed** *adj.* 〖(1853) ← MONO-＋HYDRATE〗

mòno·hýdric *adj.* 《化学》〈アルコール・石炭酸が〉一水酸基を有する (monohydroxy): ~ alcohol 一価アルコール. 〖(1856) ← MONO-＋HYDRIC〗

mòno·hydróxy *adj.* 《化学》〈分子が〉一水酸基を含む, 一水酸化の: ~ alcohol 一価アルコール. 〖(*c*1934) ← MONO-＋HYDROXY〗

mo·noi·cous /mənɔ́ɪkəs | mɔ-/ *adj.* 《植物》雌雄同株の. 〖1822〗

mon·oid /mɑ́(ː)nɔɪd | mɔ́n-/ *n.* 《数学》モノイド, 単位的半群《与えられた演算について閉じていて, 結合法則が成り立ち, かつ単位元をもつような集合; 例えば, 自然数全体は乗法に関して単位的半群である》. 〖(1862) ← MONO-＋-OID〗

mon·o·ki·ni /mɑ̀(ː)nəkíːni | mɔ̀n-/ *n.* **1** モノキニ《トップレスのビキニのパンティ》. **2** モノキニパンツ《男性用の短いパンツ》. 〖(1964) ← MONO-＋(BI)KINI: *bikini* の *bi-* を BI-[1] にかけた戯言的造語〗

mòn·o·kí·nied *adj.* モノキニ(パンツ)を着けた.

mo·nol·a·ter /mənɑ́(ː)lət̬ə | mɔnɔ́lətə(r, mə-/ *n.* 一神崇拝者. 〖1905〗

mo·nól·a·trist /-trɪ̀st | -trɪst/ *n.* ＝monolater. 〖1900〗

mo·nol·a·try /mənɑ́(ː)lətri | mɔnɔ́l-, mə-/ *n.* 一神崇拝, 拝一神教《多数の神の中でただ一神だけを崇拝すること; cf. henotheism 1, monotheism》. **mo·nól·a·trous** /-trəs/ *adj.* 〖(1881) ← MONO-＋-LATRY〗

móno·làyer *n.* 《化学》単一層, 単分子層《分子1個の厚みをもつ層[薄膜]》. 〖(1926) ← MONO-＋LAYER〗

mon·o·lin·gual /mɑ̀(ː)nəlɪ́ŋgwəl, -nou-, -gjuəl | mɔ̀nə(ʊ)-ˈ-; ⇨ lingual ★/ *adj.* 一言語[国語]の; 一言語[国語]しか使用しない: a ~ nation 一言語を用いる国民 / a ~ dictionary 一言語で記述された辞書. — *n.* 一言語しか使用しない人 (cf. bilingual, multilingual). **~·ìsm** /-lìzm/ *n.* 〖(1926) ← MONO-＋(BI)LINGUAL〗

mon·o·lin·guist /mɑ̀(ː)nəlɪ́ŋgwɪ̀st, -nou- | mɔ̀nə(ʊ)lɪ́ŋgwɪst/ *n.* ＝monolingual. 〖1928〗

mon·o·lith /mɑ́(ː)nəlɪθ, -nḷ- | mɔ́nə(ʊ)l-, -nḷ-/ *n.* **1 a** (建築・彫刻用となる相当の大きさの)一本石, モノリス. **b** 一本石の柱[碑, 像, 方尖塔 (obelisk) など]. **2** 〖□ Russ. *monolit*〗一本石に類されるもの, 一枚岩《一本に統制された組織[団体, 設立物など]》. **3** 《土木・建築》(れんが・コンクリート・石積みなどの)中空礎石, (建造物中の)単一体. **~·ism** /-θɪzm/ *n.* 〖(1848) □ F *monolithe* □ L *monolithus* □ Gk *monólithos* made of one stone: ⇨ mono-, -lith〗

mon·o·lith·ic /mɑ̀(ː)nəlɪ́θɪk, -nḷ- | mɔ̀nə(ʊ)l-, -nḷ-ˈ-/ *adj.* **1 a** 一本石の: a ~ column [pillar] 一本石の柱. **b** 多くの一本石からなる: a ~ group. **2 a** 〈組織など〉一本にまとまった, 異論を言う人のいない, 一枚岩的な: a ~ minor party 一致団結した少数党. **b** 〈性格・性格・論旨・主張・綱領など〉一貫した, 水も漏らさぬ: a ~ manifesto 首尾一貫した声明書. **3** 《建築・土木》**a** 継ぎ目なしの, 一体構造の: a ~ concrete building / a ~ ceiling 継ぎ目なしの天井. **b** 〈舗道が〉(上下層)密着舗装の《下層舗装が未乾燥のうちに上層を重ねて密着させる舗装法についていう》. **4 a** 《鉱物》一結晶から成る: a ~ chip 単一結晶片. **b** 《電子工学》単一結晶片を利用した; 半導体集積回路の: ⇨ monolithic circuit. **mòn·o·líth·i·cal·ly** *adv.* 〖1825〗

mónolithic círcuit *n.* 《電子工学》半導体集積回路《一枚の半導体基板上に作りつけられた電子回路で, 集積回路の代表的なもの》. 〖1963〗

mon·o·log /mɑ́(ː)nəlɔ̀(ː)g, -lɑ̀(ː)g, -nḷ- | mɔ́nəlɔ̀g, -nḷ-/ *n.* ＝monologue.

mon·o·log·ic /mɑ̀(ː)nəlɑ́(ː)dʒɪk, -nḷ- | mɔ̀nəlɔ́dʒ-, -nḷ-ˈ-/ *adj.* 独り言の(ような); 独白の, モノローグ(風)の; 長談義の[じみた]. 〖1852〗

mòn·o·lóg·i·cal /-dʒɪ̀kəl, -kḷ | -dʒɪ-ˈ-/ *adj.* ＝monologic. 〖1823〗

mo·nol·o·gist[1] /mənɑ́(ː)lədʒɪ̀st | mənɔ́lədʒɪst, mɔ-/ *n.* **1** 談話[会話]を独占する人. **2** 独白する人, 独り言を言う人. 〖1711〗

mo·nol·o·gist[2] /mənɑ́(ː)lədʒɪ̀st, mɑ́(ː)nəlɔ̀(ː)gɪ̀st, -lɑ̀(ː)g-, -nḷ- | mənɔ́lədʒɪst, mɔ́nəlɔ̀gɪst, -nḷ-/ *n.* (劇の)独白者; 独演者.

mo·nol·o·gize /mənɑ́(ː)lədʒàɪz | mənɔ́l-, mɔ-/ *vi.* **1** 会話を独占する; 独り言を言う. **2** 独白する, 独演者を演じる. 〖1826〗

mon·o·logue /mɑ́(ː)nəlɔ̀(ː)g, -lɑ̀(ː)g, -nḷ- | mɔ́nəlɔ̀g, -nḷ-/ *n.* **1** ただ一人の人物に語らせる形式の文学作品, 独白形式の文学作品. **2** (他人をかまわない)長話, 長談議, 会話の独占. **3** ひとり芝居, 独演劇. **4** 一人ぜりふ, 独白 (soliloquy) (cf. duologue). — *vi.* ＝monologize. 〖(1549) □ F ~ ← MONO-＋-LOGUE: cf. LGk *monólogos* speaking alone〗

mon·o·logu·ist /mɑ́(ː)nəlɔ̀(ː)gɪ̀st, -lɑ̀(ː)g-, -nḷ- | mɔ́nəlɔ̀gɪst, -nḷ-/ *n.* ＝monologist[2]. 〖1865〗

mon·o·logu·ize /mɑ́(ː)nəlɔ̀(ː)gaɪz, -lɑ̀(ː)g-, -nḷ- | mɔ́nəlɔ̀g-, -nḷ-/ *vi.* 独白をする, 独演者を演ずる. 〖1870〗

mo·nol·o·gy /mənɑ́(ː)lədʒi | -nɔ́l-/ *n.* **1** 独語癖. **2** 《廃》＝monologue. 〖(1608) □ Gk *monologíā*: ⇨ monologue, -y[1]〗

mon·o·ma·ni·a /mɑ̀(ː)nəméɪniə, -nou-, -njə | mɔ̀nə(ʊ)-/ *n.* **1** 偏執(へんしゅう)狂, モノマニー, 単一狂. **2** 一事に熱中すること, 凝り固まり, 熱狂 (craze). 〖(1823) ← NL ~: ⇨ mono-, mania〗

mon·o·ma·ni·ac /mɑ̀(ː)nəméɪniæ̀k, -nou- | mɔ̀nə(ʊ)-/ *n.* **1** 偏執狂. **2** 一事に熱中する人: a ~ *about* model airplanes 模型飛行機マニヤ. — *adj.* ＝monomaniacal. 〖1833〗

mon·o·ma·ni·a·cal /mɑ̀(ː)nəmənáɪəkəl, -nou-, -kḷ | mɔ̀nə(ʊ)-ˈ-/ *adj.* 偏執狂(的)の; 一事に熱狂する, 凝り屋の. 〖1833〗

mon·o·mark /mɑ́(ː)nəmɑ̀ək | mɔ́nə(ʊ)mɑ̀ːk/ *n.* 《英》モノマーク《商品名・住所などを特定するために登録された文字や数字の組合わせ》. 〖1925〗

mon·o·mer /mɑ́nəmə | mɔ́nəmə(r/ *n.* 《化学》単量体, モノマー (cf. polymer, dimer). **mon·o·mer·ic** /mɑ̀(ː)nəmérɪk | mɔ̀n-ˈ-/ *adj.* 〖(1914) ← MONO-＋-MER〗

mo·nom·er·ous /mənɑ́(ː)mərəs | mɔnɔ́m-, mə-/ *adj.* **1** 《植物》**a** 〈花が〉1個の輪生体 (whorl) ごとに1輪ずつ咲く《しばしば 1-merous ともつづる》. **b** ＝monocarpellary. **2** 単一の部分から成る. 〖(1826) □ Gk *monomerḗs*: ⇨ mono-, -merous〗

mon·o·me·tal·lic /mɑ̀(ː)noumɪ̀tǽlɪk | mɔ̀nə(ʊ)-mɪ̀-, -mɛ-ˈ-/ *adj.* **1** 一金属, 一金属を使用する. **2** 単本位(制)の (cf. bimetallic): a ~ currency 単本位貨幣 / a ~ basis of gold [silver] 金[銀]による単本位制. 〖1877〗

mon·o·met·al·lism /mɑ̀(ː)noumét̬əlìzm, -tḷ- | mɔ̀nə(ʊ)métəl-, -tḷ-/ *n.* 《経済》(貨幣の)単本位制[主義]; 単本位説 (cf. bimetallism). 〖(1879) ← MONO-＋(BI)METALLISM〗

mon·o·mét·al·list /-t̬əlɪ̀st, -tḷ- | -təlɪst, -tḷ-/ *n.* 《経済》単本位制主義者[論者]. 〖1879〗

mo·nom·e·ter /mənɑ́(ː)mət̬ə, mɑ(ː)- | mɔnɔ́mɪ̀tə(r, -mə-/ *n.* 《詩学》**1** (英詩の)単脚句, 一歩格(の詩)《1行1詩脚からなる詩行; 例: Thus I / Pass by / And die / As one / Unknown / And gone.—Herrick; cf. meter[3] 1 b》. **2** (古典詩の)一複詩脚(の詩), 二歩格. **mo·no·met·ric** /mɑ̀(ː)noumétrɪk, -nə- | mɔ̀nə(ʊ)-ˈ-/ *adj.* **mò·no·mét·ri·cal** /-trɪ̀kəl, -kḷ | -trɪ-ˈ-/ *adj.* 〖(*c*1846) □ LL ~, *monometrum* □ Gk *monómetron*: ⇨ mono-, -meter[2]〗

mòno·methylamíne *n.* 《化学》モノメチルアミン (⇨ methylamine).

mòno·methyloluréa *n.* 《化学》モノメチロール尿素 (⇨ methylolurea).

mo·no·mi·al /mɑ(ː)nóumiəl, mə- | mə(ʊ)nə́ʊ-/ *adj.* **1** 《数学》単項の; 〈行列が〉モノミアルな: a ~ expression 単項式. **2** 《生物》単名法の《例えば「ヒト」の学名は属名は *Homo* の1語から成り, 種名は *Homo sapiens* の2語から成る; cf. binomial》. — *n.* **1** 《数学》単項式. **2** 《生物》単名法. 〖(1706) ← MO(NO)-＋(BI)NOMIAL〗

mon·o·mode /mɑ́(ː)nəmòud | mɔ́nəmə̀ʊd/ *adj.* モノモードの《中心部の直径が10マイクロメーター以下の光ファイバーについていう》.

mòno·molécular *adj.* 《物理化学》**1** 一分子の. **2** 1分子の厚さの. 〖1877〗

mòno·morphémic *adj.* 《言語》〈語など〉単一形態素から成る《lapse は単一形態素から成る語であるが, laps はそれぞれが単一形態素である lap と -s から成る》. 〖1936〗

mon·o·mor·phic /mɑ̀(ː)nəmɔ́əfɪk, -nou- | mɔ̀nə(ʊ)mɔ́ː-ˈ-/ *adj.* **1** 《生物》〈分類群が〉同一構造(性)の (heteromorphic 1, polymorphic 2). **2** 《昆虫》**a** (発育の各段階を通じ)不変態の, 単形の. **b** 〈ハタラキアリなど〉唯一構造形態の, 一定の構造形態をもつ, 同形の. 〖*c*1879〗

mon·o·mor·phism /mɑ̀(ː)nəmɔ́əfɪzm, -nou- | mɔ̀nə(ʊ)mɔ́ː-/ *n.* **1** 《生物》同一構造(性). **2** 《昆虫》不変態. **3** 《数学》単射《injection ともいう; ↔ epimorphism》. 〖1863〗

mon·o·mor·phous /mɑ̀(ː)nəmɔ́əfəs, -nou- | mɔ̀nə(ʊ)mɔ́ː-ˈ-/ *adj.* 《生物・昆虫》＝monomorphic. 〖1839〗

Mo·non·ga·he·la /mənɑ̀(ː)ŋgəhíːlə, -nɑ̀(ː)ŋ-, -héɪ- | -nɔ̀ŋgəhíː-, -nɔ̀ŋ-ˈ-/ *n.* **1** [the ~] モノンガヒーラ(川)《米国 West Virginia 州北部から発し Pennsylvania 州 Pittsburgh で Allegheny 川と合流して Ohio 川となる (206 km)》. **2** モノンガヒーラ《米国 Pennsylvania 州西部で造られるライ麦ウイスキー》. 〖← Algonquian《原義》high-banks-falling-down〗

mòno·núclear *adj.* **1** 《生物》〈細胞が〉単核の. **2** 《化学》＝monocyclic 3. — *n.* 《生物》単核細胞. 〖1886〗

mónonuclear phágocyte sỳstem *n.* ＝reticuloendothelial system.

mòno·núcleate *adj.* ＝mononuclear 1. 〖1957〗

mòno·núcleated *adj.* 《生物・化学》＝mononuclear. 〖1890〗

mon·o·nu·cle·o·sis /mɑ̀(ː)nounùːklióusɪ̀s, -njùː- | mɔ̀nə(ʊ)njùːkliə́ʊsɪs/ *n.* 《病理》単球増加症, 単核細胞増加(症); (特に)伝染性単核症, 腺熱: infectious ~ 伝染性単核症. 〖(1920) ← NL ~: ⇨ mononuclear, -osis〗

mon·o·nu·cle·o·tide /mɑ̀(ː)nounúːkliətàɪd, -njúː- | mɔ̀nə(ʊ)njúː-/ *n.* 《生化学》モノヌクレオチド《核酸の基本分子で, 一分子ずつの有機塩基, 五炭糖と燐酸が結合したもの; cf. nucleotide, nucleoside》. 〖1908〗

mòno·óxygenase *n.* 《生化学》一酸素添加酵素, モノオキシゲナーゼ《分子状酸素の1酸素原子が基質に結合する酸化反応を触媒する酵素》. M

mòno·pétalous *adj.* 《植物》**1** 合生花弁の (gamopetalous). **2** 単花弁の, 単弁の. 〖(1963) ← NL *monopetal-us*: ⇨ mono-, -petalous〗

mon·o·pha·gi·a /mɑ̀(ː)nouféɪdʒiə, -dʒə | mɔ̀nə(ʊ)-/ *n.* 《病理》**1** 単食症《ある一種類の食物だけを食べ(たが)ること》. **2** (一日の食事回数について)一食主義. 〖← MONO-＋Gk *-phagia* (⇨ -phagy)〗

mo·noph·a·gous /mənɑ́(ː)fəgəs, mɑ(ː)- | mɔnɔ́f-, mə-/ *adj.* **1** 《動物》〈昆虫が〉単食性の (cf. oligophagous). **2** 《生物》単食性の《唯一種の寄生をもつ生物にいう》. 〖(1868) ← MONO-＋-PHAGOUS〗

mo·noph·a·gy /mənɑ́(ː)fədʒi, mɑ(ː)- | mɔnɔ́f-, mə-/ *n.* 《動物》単食性《昆虫が単一の種の生物のみを食物として取ること; cf. oligophagy》. 〖(1625) ← MONO-＋-PHAGY〗

mon·o·pha·si·a /mɑ̀(ː)nouféɪʒiə, -ʒə | mɔ̀nəféɪziə, -ʒiə/ *n.* 《病理》単語症, 一語性失語症《一語または一語句だけを繰り返す一種の失語症》. 〖← NL ~ ← MONO-＋-PHASIA: cf. aphasia〗

mon·o·pha·sic /mɑ̀(ː)nouféɪzɪk | mɔ̀nə(ʊ)-ˈ-/ *adj.* **1** 《電気》単相の (single-phase). **2** 《生物》〈動物が〉1日に1回だけ活動する (cf. polyphasic). 〖1883〗

mon·o·pho·bi·a /mɑ̀(ː)nəfóubiə, -nou- | mɔ̀nə(ʊ)fə́ʊ-/ *n.* 《精神医学》孤独恐怖(症). 〖← NL ~ ← MONO-＋-PHOBIA〗

mon·o·phon·ic /mɑ̀(ː)nəfɑ́(ː)nɪk, -nou-, -fóun- | mɔ̀nə(ʊ)fɔ́n-ˈ-/ *adj.* **1** 《音楽》**a** 単(一)声の, 単旋律の (cf. polyphonic 3 a). **b** (一般に) ＝homophonic 2 b; monodic. **2** 〈レコードが〉モノラルの (monaural) (cf. binaural, stereophonic). **mòn·o·phón·i·cal·ly** *adv.* 〖1864〗

mo·noph·o·ny /mənɑ́(ː)fəni, mɑ(ː)- | mɔnɔ́f-, mə-/ *n.* 《音楽》**1** モノフォニー, 単旋律[声](の楽曲). **2** ＝monody 4 a. **3** ＝homophony. 〖(1890) ← MONO-＋-PHONY〗

mon·oph·thong /mɑ́(ː)nəfθɔ̀(ː)ŋ, -θɑ̀(ː)ŋ | mɔ́nəf-θɔŋ/ *n.* 《音声》単母音《bit の /ɪ/, father の /ɑː/ など; cf. diphthong, triphthong》. 〖(1616) □ Gk *monóphthoggos* with one sound ← MONO-＋*phthóggos* sound〗

mon·oph·thon·gal /mɑ̀(ː)nəfθɔ́(ː)ŋ(g)əl, -θɑ́(ː)ŋ-, -gḷ | mɔ̀nəfθɔ́ŋ-ˈ-/ *adj.* 《音声》単母音(性)の (cf. diphthongal, triphthongal). **~·ly** *adv.* 〖1783〗

mon·oph·thong·i·za·tion /mɑ̀(ː)nəfθɔ̀(ː)ŋ(g)ɪ̀zéɪʃən, -θɑ̀(ː)ŋ- | mɔ̀nəfθɔ̀ŋ(g)aɪ-, -(g)ɪ-/ *n.* 《音声》(二重[三重]母音の)単母音(性)化. 〖1880〗

mon·oph·thong·ize /mɑ́(ː)nəfθɔ(ː)ŋ(g)àɪz, -θɑ(ː)ŋ- | mɔ́nəfθɔŋ(g)-/ *vt.* 《音声》〈二重[三重]母音を〉単母音(性)化する. 〖1885〗

mon·o·phy·let·ic /mɑ̀(ː)noufaɪlét̬ɪk, -nə- | mɔ̀nə(ʊ)faɪlét-ˈ-/ *adj.* 《動物》〈一群の動物が〉同一型の祖先から発生した, 単一系の (↔ polyphyletic). 〖(1874) ← MONO-＋PHYLETIC〗

mon·o·phy·le·tism /mɑ̀(ː)noufáɪlət̬ìzm, -fɪl- | mɔ̀nə(ʊ)fáɪlɪ̀-, -fɪl-/ *n.* 《動物》同一[単一]系発生, 単祖発生.

mon·o·phy·le·ty /mɑ̀(ː)noufáɪləti, -nə-, -fɪl- | mɔ̀nə(ʊ)fáɪlɪ̀ti, -fɪl-/ *n.* 《動物》＝monophyletism.

mon·o·phyl·lous /mɑ̀(ː)noufɪ́ləs, -nə- | mɔ̀nə(ʊ)-

⁻/ *adj.* 〘植物〙 **1 a** 単葉の: a ~ calyx 単葉萼(がく). **b** 葉が一枚だけある. **2** 合弁花の. 〖(1746) ◻ Gk *monóphullos*: ⇨ mono-, -phyllous〗

mon·o·phy·o·dont /mὰ(ː)noufáɪədὰ(ː)nt, -nə- | mɔ̀nə(ʊ)fáɪədɒnt/ *adj.* 〘動物〙 不換歯性の《カモノハシ (platypus), クジラ (whale) などのように, 歯の抜け替わらない; cf. diphyodont, polyphyodont》. 〖(1849–52) ← Gk *monophuḗs* (← MONO-＋*phúein* to produce)＋-ODONT〗

Mo·noph·y·site /mənɑ́(ː)fəsὰɪt, mɑ(ː)-, moʊ- | mənɔ́fɪ̀-/ *n.* 〘神学〙 キリスト単性論者《キリストは神性と人性とが一体化したものであると説く論者; cf. Dyophysite, Armenian 3》. — *adj.* キリスト単性論の. 〖(1698) LL *monophysīta* ◻ LGk *monophusítēs* ← MONO-＋Gk *phúsis* nature＋-ITE[1]〗

Mo·nóph·y·sìt·ism /-tɪzm/ *n.* 〘神学〙 キリスト単性論. **Mo·noph·y·sit·ic** /mɑ(ː)nὰ(ː)fəsítɪk, mə- | mənɔ̀fɪ̀sít-⁻/ *adj.* 〖1837〗

móno·pìtch *n.* (話し声・歌声の)高さが一様であること, 一本調子. — *adj.* 〈屋根が〉単一勾配の; 〈建物が〉単一勾配の屋根のある. 〖1939〗

mon·o·plane /mɑ́(ː)nəplèɪn | mɔ́nə(ʊ)-/ *n.* 単葉(飛行)機 (cf. biplane, triplane, multiplane). 〖1907〗

mon·o·ple·gi·a /mὰ(ː)noupliː́dʒiə, -nə-, -dʒə | mɔ̀nə(ʊ)-/ *n.* 〘病理〙 単麻痺(ひ)《左右の脚・腕のうち 1 本だけに起こる麻痺》. 〖(1890) ← NL ~ ← MONO-＋-PLEGIA〗 **mon·o·ple·gic** /mὰ(ː)no(ʊ)pliː́dʒɪk, mòʊn-, -nə- | mɔ̀nə(ʊ)-⁻/ *adj.*

mon·o·ploid /mɑ́(ː)noʊplɔ̀ɪd, -nə- | mɔ́nə(ʊ)-/ 〘生物〙 *adj.* 〈細胞・核など〉〈染色体が〉一倍体の, 一倍数の (cf. haploid 2). — *n.* 一倍体《染色体が 1 ゲノム (genome) だけから成る個体》. 〖(1928) ← MONO-＋-PLOID〗

móno·pòd *n.* (カメラ・釣りざおなどを固定させるための)一本脚の支柱, 一脚, モノポッド.

mon·o·pode /mɑ́(ː)noupòud, -nə- | mɔ́nə(ʊ)pəʊd/ *adj.* 1 本足の (one-footed). — *n.* **1 a** 1 本足の動物. **b** [時に M-] (中世伝説の) 1 本足族の人; (特に)足先を日傘代わりに用いたというエチオピアの単脚人. **2** 〘植物〙 ＝monopodium. 〖(1816) ◻ LL *monopodius* ◻ Gk *monopod-, monópous*: ⇨ mono-, -pod[1]〗

M

mon·o·po·di·um /mὰ(ː)nəpóʊdiəm, -nou- | mɔ̀nə(ʊ)páʊdiəm/ *n.* (*pl.* **-di·a** /-diə | -diə/) 〘植物〙 単軸, 単軸型《松柏類の植物に見られるように側生枝を出しながら主軸がそのまま伸び続けるもの; cf. sympodium》. **mòn·o·pó·di·al** /-diəl | -diəl⁻/ *adj.* **mòn·o·pó·di·al·ly** *adv.* 〖(1807) ← NL ~: ⇨ ↑, -ium〗

mo·nop·o·dy /mənɑ́(ː)pədi, mɑ(ː)- | mənɔ́pədi, mə-/ *n.* 〘詩学〙 一歩格, 単脚律 (cf. dipody, tripody). 〖(1844) ◻ LL *monopodia* ◻ Gk *monopodía*: ⇨ monopode, -y[1]〗

móno·pòle *n.* **1** 〘物理・電気〙 単極《正または負の単独電荷, N または S の仮想の単独磁荷; magnetic monopole ともいう》. **2** 〘ラジオ〙 モノポールアンテナ, 垂直アンテナ《しばしば直立型単一の電波放射素子の型をしたアンテナ》. 〖(1937) ← MONO-＋POLE[2]〗

Monópolies and Mérgers Commìssion *n.* [the ~] 〘英〙 独占・合併管理委員会《独占・合併を監視し管理する政府の諮問委員会; 略 MMC》.

mo·nóp·o·lism /mənɑ́(ː)pəlɪzm | -nɔ́p-/ *n.* 独占[専売]主義[行為, 制度, 組織]. 〖1881〗

mo·nóp·o·list /-p(ə)lɪ̀st | -lɪst/ *n.* 独占[専売](論)者. 〖(1601) ← MONOPOLY＋-IST〗

mo·nop·o·lis·tic /mənὰ(ː)pəlístɪk | -nɔ̀p-⁻/ *adj.* (売手)独占的な, 専売の, 独占主義(者)の. **mo·nòp·o·lís·ti·cal·ly** *adv.* 〖1883〗

monopolístic competítion *n.* 〘経済〙 独占的競争《競争下における製品差別化の結果, 各供給者が差別化された商品の独占的供給者となる状況》. 〖1933〗

mo·nop·o·li·za·tion /mənὰ(ː)pəlɪ̀zéɪʃən | -nɔ̀pəlaɪ-, -lɪ-/ *n.* 独占, 専売, 専有. 〖1727〗

mo·nop·o·lize /mənɑ́(ː)pəlàɪz | -nɔ́p-/ *vt.* **1** …の独占[専売]権を得る[保有する], 独占する. **2** 占有する, 独り占めする (engross): She ~*d* the conversation. (他の人には話させないで)会話を独占した / She will often try to ~ his time. 彼女は彼の時間を独り占めしようとする.

mo·nóp·o·lìz·er *n.* 〖(1611): ⇨ ↓, -ize〗

mo·nop·o·ly /mənɑ́(ː)pəli | -nɔ́p-/ *n.* **1 a** (特定市場における商品・事業などの)専売, (売手)独占 (cf. duopoly 1, oligopoly, duopsony, monopsony): the ~ of [(米) on] the trade 商売の独占 / make a ~ of …を専売[独占]する / have [gain, hold] a ~ on [of, in] …を独占する; …を一手販売する. **b** 独り占め, 専有: the ~ of the conversation 会話の独占 / the ~ of a person's attention 人の注意[関心, 世話]を自分だけに集中させること. **2** 専売権, 独占権: secure a ~ of …の専売権を獲得する / The Government holds a ~ for tobacco. 政府がたばこの専売権をもっている. **3** 専売権をもつ会社[公社], 専売会社[公社], 独占会社[企業]. **4** 専売品[事業]. 〖(1534) ◻ L *monopōlium* ◻ Gk *monopṓlion* right of exclusive sale ← MONO-＋*pōleîn* to sell (← IE **pel-* to sell)〗

SYN 専売: **monopoly** 特定の市場において商品を独占すること. **syndicate** シンジケート《生産割り当て・共同購入販売をするための企業連合; *cartel* の発展した形》. **trust** トラスト《複数の同種の企業が名実ともに一つの企業になっているもの》. **cartel** カルテル《同種の企業が独立性を保ちながら協定に基づいて連合するもの; 独立性を失わない点が *trust* と異なる》.

Mo·nop·o·ly /mənɑ́(ː)pəli | -nɔ́p-/ *n.* 〘商標〙 モノポリー《卓上で行う不動産売買ゲーム》.

mon·o·pol·y·logue /mὰ(ː)nəpɑ́(ː)lɪ̀lɔ̀(ː)g, -lὰ(ː)g | mɔ̀nə(ʊ)pɔ́lɪlɒg/ *n.* 〘演劇〙 (一人でいろいろの役をする)ひとり演芸. 〖(1824) ← MONO-＋POLY-＋-LOGUE〗

mòno·propéllant *n.* 〘宇宙〙 一液性推進薬《液体推進薬の一種で, 一液のみで分解燃焼する形式のもの; cf. bipropellant》. 〖*c*1945〗

mon·o·prot·ic /mὰ(ː)nəpróʊtɪk, -nou- | mɔ̀nə(ʊ)prɔ́t-⁻/ *adj.* 〘化学〙 一塩基酸の: a ~ acid 一塩基酸. 〖← MONO-＋PROT(ON)＋-IC[1]〗

mo·nop·so·ny /mənɑ́(ː)psəni, mɑ(ː)- | mənɔ́p-, mə-/ *n.* 〘経済〙 買手独占《売手は多数だが買手が 1 人のみの需要独占市場; cf. monopoly, oligopsony》. **mo·nop·so·nis·tic** /mənὰ(ː)psənístɪk, mɑ(ː)- | mənɔ̀p-, mə-⁻/ *adj.* 〖(1933) ← MONO-＋Gk *opsōnía* purchase of victuals〗

mòno·psýchism *n.* 〘心霊〙 心霊一元説, 一霊説《あらゆる心霊は一つだけとする》. 〖(1864) ← MONO-＋PSYCHE[1]＋-ISM〗

monoptera *n.* monopteron の複数形.

mo·nop·ter·al /mɑ(ː)nɑ́(ː)ptərəl | mənɔ́p-/ *adj.* 〘建築〙 monopteron (の様式)の. 〖1823〗

mo·nop·te·ron /mɑ(ː)nɑ́(ː)ptərὰ(ː)n | mənɔ́ptərɒn/ *n.* (*pl.* **-te·ra** /-rə/) 〘建築〙 (古代建築における)一列に列柱の巡った円形建造物. 〖(1706) ← NL ~ ← Gk *monópteros* having a single row of columns: ⇨ mono-, -pterous): cf. *monopteros* (1850)〗

mo·nop·te·ros /mɑ(ː)nɑ́(ː)ptərὰ(ː)s | mənɔ́ptərɒs/ *n.* (*pl.* **-roi** /-rɔ̀ɪ/) ＝monopteron. 〖1706〗

móno·ràil *n.* **1** 単軌, 一本レール. **2** 〘鉄道〙 モノレール, 単軌鉄道 (1 本のレールに車体が懸垂するものとまたがるものとがある): by ~. 〖1897〗

mon·or·chid /mɑ(ː)nɔ́əkɪ̀d | mɒnɔ́ːkɪd/ 〘病理〙 *adj.* 単睾丸(こう)の. — *n.* 単睾丸(症)の人. 〖(1822–34) ← Gk *monórchis*: ⇨ mono-, orchis, -id[3]〗

mon·ór·chi·dìsm /-dìzm/ *n.* 〘病理〙 睾丸不全, 単睾丸症. 〖1860〗

mon·o·rhi·nal /mὰ(ː)nəráɪnl̩, -nou- | mɔ̀nə(ʊ)-⁻/ *adj.* 〘動物〙 単鼻孔の《ヤツメウナギなど円口類の魚類にいう》. 〖(1890) ← MONO-＋RHINO-＋-AL[1]〗

mon·o·rhi·nous /mὰ(ː)nəráɪnəs, -nou- | mɔ̀nə(ʊ)-⁻/ *adj.* 〘動物〙 ＝monorhinal. 〖1902〗

móno·rhȳme *n.* 〘詩学〙 同一脚韻詩《各行が同じ脚韻をもつ》. **mòno·rhýmed** *adj.* 〖(1731) ◻ F *monorime*: ← MONO-＋RHYME〗

mo·no·sa·bio /mὰ(ː)nəsɑ́ːbiòʊ | mɔ̀nə(ʊ)sɑ́ːbiəʊ; *Sp.* monosáβjo/ *n.* (*pl.* **~s**) モノサビオ《闘牛の picador の助手》. 〖(1897) ◻ Sp. ~ ← *mono* monkey＋*sabio* wise (← LL *sapidus* ← L *sapere* to have taste, be wise)〗

mòno·sáccharide *n.* 〘化学〙 単糖類《糖類のうちさらに簡単な分子に加水分解されない炭水化物; glucose, fructose, arabinose, ribose など》. 〖1896〗

mon·o·scope /mɑ́(ː)nəskòʊp | mɔ́nə(ʊ)skəʊp/ *n.* 〘テレビ〙 モノスコープ《静写真の映像信号 (video signal) 作成に使用する陰極線管》. 〖1938〗

mon·o·se·my /mɑ́(ː)nousìːmi, -nə-, mənɑ́(ː)sə-, mɑ(ː)- | mɔ́nə(ʊ)sìːmi, mənɔ́sɪ-, mə-/ *n.* 〘言語〙 (語句などの)単義(性) (cf. polysemy). **mon·o·se·mous** /mὰ(ː)nousíːməs, -nə- | mɔ̀nə(ʊ)-⁻/ *adj.* 〖(1951) ← MONO-＋(POLY)SEMY〗

mòno·sépalous *adj.* 〘植物〙 **1** 合生萼(がく)片の (gamosepalous). **2** (単)一萼片の. 〖(1830) ← MONO-＋-SEPALOUS〗

mòno·séxual *adj.* (cf. unisexual) **1** 一方の性だけの[のための]. **2** 男性[女性]だけから成る; 〈学校など〉男女別(制)の, 同性だけの: a ~ school 男性[女性]だけの学校. 日英比較 日本語で外見や行動などの点で男女の区別がつかないことを「モノセックス」というが, これに相当する英語は unisex. **mòno·sexuálity** *n.* 〖(1964) ← MONO-＋SEXUAL〗

mòno·sílane *n.* 〘化学〙 モノシラン (SiH_4) 《無色の気体; 減圧空気中で自然に発火する》.

móno·skì *n.* モノスキー《1 枚に両足で立つ幅広のスキー板》. 〖1953〗

móno·sòdium glútamate *n.* 〘化学〙 グルタミン酸のアルファモノアミド, グルタミン酸ナトリウム (HOOC-$(CH_2)_2(NH_2)$COONa) 《結晶; こんぶだしのうま味などや, 特に肉製品の化学調味料として用いられる; 略 MSG; 単に sodium glutamate ともいう》. 〖1929〗

mónosodium phósphate *n.* 〘化学〙 ＝sodium phosphate a.

mon·o·some /mɑ́(ː)nəsòʊm, -nou- | mɔ́nə(ʊ)səʊm/ *n.* 〘生物〙 **1** モノソーム, 一染色体《相手となるべき相同染色体のない孤独な染色体》. **2** (相手のない) X 染色体. **3** 1 個(以上)の染色体の欠けている個体[細胞]. 〖*c*1909〗

mon·o·so·mic /mὰ(ː)nəsóʊmɪk, -nou- | mɔ̀nə(ʊ)səʊ-⁻/ 〘生物〙 *adj.* 一染色体性の. — *n.* 一染色体性の個体《染色体数が 2 倍数より 1 個少ない》. 〖1926〗

mo·nos·o·my /mɑ(ː)nɑ́(ː)səmi, mə- | mɒnɔ́s-, mə-/ *n.* 〘生物〙 単一染色体性《一対の相同染色体のうち, 一方が欠けて, もう一方のみしか存在していない状態》. 〖(1948): ⇨ monosome〗

mòno·specífic *adj.* 〘医学〙 〈抗体が〉単一特異性の. 〖1951〗

mòno·spérmal *adj.* 〘植物〙 ＝monospermous. 〖1856〗

mòno·spérmous *adj.* 〘植物〙 単種子の. 〖(1727) ← NL *monospermus*: ⇨ mono-, sperm, -ous〗

mon·o·sper·my /mɑ́(ː)nəspə̀ːmi, -nou- | mɔ́nə(ʊ)spə̀ː-/ *n.* 〘生物〙 単精, 単精子受精《ただ 1 個の精子が卵細胞内に侵入しての受精; cf. dispermy, polyspermy》. **mon·o·sper·mic** /mὰ(ː)nəspə́ːmɪk, -nou- | mɔ̀nə(ʊ)spə́ː-⁻/ *adj.* 〖1902〗

mòno·sporángium *n.* 〘植物〙 単胞子嚢. 〖(1892) ← NL ~ ← MONOSPORE＋-*angium* (← Gk *aggeîon*) vessel: ⇨ angio-〗

mon·o·spore /mɑ́(ː)nəspɔ̀ə, -nou- | mɔ́nə(ʊ)spɔ̀ː⁽ʳ⁾/ *n.* 〘植物〙 単胞子《紅藻類などに見られる胞子嚢中にただ 1 個生じる胞子; neutral spore ともいう; cf. tetraspore》. 〖1892〗

mòno·stáble *adj.* 〘電子工学〙 〈バルブ・トランジスターの回路など〉単安定の《二つの状態のうち一方が安定, 他方が不安定の; cf. bistable, astable 2》: a ~ multivibrator 単安定マルチバイブレーター. 〖1952〗

mòno·stéarate *n.* 〘化学〙 モノステアレート.

mon·o·stele /mɑ́(ː)noustìːl, -nə- | mɔ́nə(ʊ)-/ *n.* 〘植物〙 ＝protostele. 〖*c*1900〗

mon·o·stich /mɑ́(ː)nəstɪk, -nou- | mɔ́nə(ʊ)-/ 〘詩学〙 *n.* **1** 単行詩《特に, epigram に多い; cf. hemistich, distich, tristich》. **2** 詩の一行. — *adj.* 単一行からなる. **mon·o·stich·ic** /mὰ(ː)nəstíkɪk, -nou- | mɔ̀nə(ʊ)-⁻/ *adj.* 〖(1577) ◻ LL *monostichum* ◻ Gk *monóstikhon* verse consisting of one line: ⇨ mono-, stich[1]〗

mon·o·sti·chous /mὰ(ː)nəstáɪkəs, -nou- | mɔ̀nə(ʊ)-⁻/ *adj.* 〘植物〙 単列性の. 〖1856〗

mon·o·stome /mɑ́(ː)nəstòʊm, -nou- | mɔ́nə(ʊ)stəʊm/ *adj.* 〘動・植物〙 ＝monostomous. 〖1848〗

mo·nos·to·mous /mənɑ́(ː)stəməs | mənɔ́s-/ *adj.* 〘動・植物〙 単口の, 口[吸盤]が一つの. 〖(1848) ← MONO-＋Gk *stóma* mouth＋-OUS〗

mo·nos·tro·phe /mənɑ́(ː)strəfi, mɑ(ː)-, mɑ́(ː)nəstròʊf | mənɔ́s-, mɔ-, mɔ́nəstrəʊf/ *n.* 〘詩学〙 単律詩《各節[連]が同一の韻律形からなる》. 〖(1890) ◻ Gk *monóstrophos*: ⇨ mono-, strophe〗

mon·o·stroph·ic /mὰ(ː)nəstrɑ́(ː)fɪk, -stróʊf- | mɔ̀nə(ʊ)strɔ́f-⁻/ 〘詩学〙 *adj.* 〈詩が〉単律の. — *n.* [*pl.*] 単律詩. 〖(1671) ◻ Gk *monostrophikós*: ⇨ ↑, -ic[1]〗

mon·o·sty·lous /mὰ(ː)nəstáɪləs, -nou- | mɔ̀nə(ʊ)-⁻/ *adj.* 〘植物〙 単花柱の.

mòno·súbstituted *adj.* 〘化学〙 一置換の.

mon·o·syl·lab·ic /mὰ(ː)nəsɪ̀lǽbɪk, -nou- | mɔ̀nə(ʊ)-⁻/ *adj.* **1** 〈語が〉単音節からなる (cf. polysyllabic). **2 a** 単音節語を話す[使う]. **b** 〈ことばなど〉単音節語だけからなる: He remained ~. 依然として (yes とか no とか well とか h'm とか) 無愛想な口のきき方[返事]しかしなかった. **mòn·o·syl·láb·i·cal·ly** *adv.* 〖1768〗

mon·o·syl·la·bism /mὰ(ː)nəsɪ́ləbìzm, -nou- | mɔ̀nə(ʊ)-/ *n.* **1** 単音節性. **2** 単音節語使用(癖); 単音節語からなること. 〖1804〗

mon·o·syl·la·ble /mɑ́(ː)nəsɪ̀ləbl̩, -nou-, ⁻⁻⁻⁻⁻ | mɔ́nə(ʊ)sɪ̀ləbl̩, ⁻⁻⁻⁻⁻/ *n.* 単音節語 (cf. disyllable, trisyllable, polysyllable): speak [answer] in ~*s* (そっけなく) yes と no ばかり言う[で答える]. 〖(1533) (なぞり) ← F *monosyllabe* ◻ LL *monosyllabum* ◻ Gk *monosúllabos*: ⇨ mono-, syllable〗

mòno·sýllogism *n.* 〘論理〙 単(一)三段論法《複合三段論法 (polysyllogism) に対して一つだけの三段論法》. 〖(1838) ← MONO-＋SYLLOGISM〗

mòno·symmétric *adj.* **1** 〘結晶〙 単斜晶系の (monoclinic). **2** 〘生物〙 左右相称の (zygomorphic). **mòno·sýmmetry** *n.* 〖1880〗

mòno·symmétrical *adj.* ＝monosymmetric. **~·ly** *adv.* 〖1875〗

mòno·symptomátic *adj.* 〘医学〙 単一症状の. 〖(1899) ← MONO-＋SYMPTOMATIC〗

mòno·synáptic *adj.* 〘生理〙 単シナプスの, 神経接合部 1 個だけの: ~ reflex 単シナプス反射. **mòno·synáptically** *adv.* 〖(1942) ← MONO-＋SYNAPSE＋-IC[1]〗

mòno·téchnic *adj.* 〈学問・研究など〉一分野専門[専攻]の, 単科専門の. — *n.* 単科(技術)専門学校. 〖1904〗

mòno·térpene *n.* 〘化学〙 モノテルペン《分子式 $C_{10}H_{16}$ をもつテルペンの総称》.

mon·o·the·ism /mɑ́(ː)nəθiːɪ̀zm, -nou-, -θìːɪzm | mɔ́nə(ʊ)-/ *n.* 一神論, 一神教《ただ一神のみ存在すると唱える教義; cf. pantheism, polytheism, monolatry, henotheism 1》. 〖(1660) ← MONO-＋-THEISM〗

mon·o·the·ist /mɑ́(ː)nəθiːɪ̀st, -nou- | mɔ́nə(ʊ)θiːɪst, -θiːɪst/ *n.* 一神教信者, 一神論者 (cf. polytheist). — *adj.* ＝monotheistic. 〖(1680): ⇨ ↑, -ist〗

mon·o·the·is·tic /mὰ(ː)nəθiːístɪk, -nou-, -θiː- | mɔ̀nə(ʊ)θi-, -θiː-⁻/ *adj.* 一神教の, 一神論的な (cf. pantheistic, polytheistic). 〖1846〗

mòn·o·the·ís·ti·cal /-tɪ̀kəl, -kl̩ | -tɪ-⁻/ *adj.* ＝monotheistic. **~·ly** *adv.* 〖1877〗

Mo·noth·e·lete /mənɑ́(ː)θəlìːt | mɒnɔ́θɪ̀-, mə-/ *n.* 〘神学〙 ＝Monothelite. 〖1880〗

Mo·nóth·e·lèt·ism /-tɪzm/ *n.* 〘神学〙 ＝Monothelitism. 〖1850〗

Mo·noth·e·lite /mənɑ́(ː)θəlàɪt | mɒnɔ́θɪ̀-, mə-/ *n.* 〘神学〙 キリスト単意論者 (cf. Monophysite). 〖(?*a*1439) ME *monachelite* ← ML *monothelita* ◻ MGk *monotheletḗs* ← MONO-＋*theletḗs* one that wills (← *thélein* to will)〗

Mo·nóth·e·lìt·ism /-tɪzm/ *n.* 〘神学〙 キリスト単意論《キリストには神人的なただ一つの意志のみがあるとする説; 680 年の第 3 回コンスタンティノポリス会議(第 6 総会議)に

おいて異端とされる; cf. Dyothelitism). 〖(1765): ⇨ ↑, -ism〗

móno·tìnt *n.* **1** 一色, 単色. **2** =monochrome. 〖1886〗

mo·not·o·cous /mənɑ́(ː)təkəs, mə- | mɔnɔ́t-, mə-/ *adj.* =uniparous 1. 〖1880〗

mon·o·tone /mɑ́(ː)nətòun | mɔ́nətəun/ *n.* **1** (話し方・読み方などの)単調(さ): read in a ～ 一本調子に読む, 棒読みする. **2 a** 単調な音. **b** (礼拝楽または祈禱などの)モノトーン, 単[調]音, 単音旋律 (歌詞誦唱の際の音高の変わらないまたはほとんど同一音高の声音). **c** (祈禱文などの)モノトーンでの誦唱. **d** モノトーンで誦唱する人. **3** (色彩・文体などの)単調(さ), 一本調子 (monotony): in a boring ～ うんざりするような一本調子で. **—** *adj.* [限定的] **1** 単調な (monotonous). **2** 単色の: one's ～ suit 単色の服. **3** 〘数学〙=monotonic 3. **—** *vt., vi.* 単調に話す[読む, 歌う]; 単一音で吟唱する. 〖(1644) ← MONO-＋TONE〗

mon·o·ton·ic /mɑ̀(ː)nətɑ́(ː)nɪk | mɔ̀nətɔ́n-ˉ/ *adj.* **1** 単調な, 一本調子の[に話された]. **2** 〘音楽〙単[調]音の[で歌う] (cf. *monotone* n. 2 b). **3** 〘数学〙〈関数または数列が〉単調な: ～ increase [decrease] 単調増加[減少].

mòn·o·tón·i·cal·ly *adv.* 〖1797〗

mo·not·o·nize /mənɑ́(ː)tənàɪz, -tn̩-, -nɔ́tən-, -tn̩-/ *vt.* 単調[一本調子]にする. 〖(1804) ← MONOTONOUS＋-IZE〗

mo·not·o·nous /mənɑ́(ː)tənəs, -tn̩-, -tn- | -nɔ́tə-nəs, -tn̩-, -tn-/ *adj.* **1** 〈声・音が〉単調な: the ～ droning of insects 虫の単調な鳴き声. **2** 変化のない, 一本調子な, 千篇一律な, 退屈な, 単調な: a ～ occupation, life, etc. **～·ly** *adv.* **～·ness** *n.* 〖(1778) □ LL *monotonus* □ Gk *monótonos* of one tone: ⇨ monotone, -ous〗

mo·not·o·ny /mənɑ́(ː)təni, -tn̩i, -tni | mənɔ́təni, -tn̩i, -tni/ *n.* **1** 無変化な音の連続; 単音, 単調 (monotone). **2** 単調さ, 一本調子; 退屈 (cf. variety 1): the ～ of the scenery, a country life, a long voyage, etc. 〖(1706) □ Gk *monotonía*: ⇨ monotone, -y[1]〗

Mon·o·trem·a·ta /mɑ̀(ː)noutrémətə, -nə- | mɔ̀nə(u)trémətə/ *n. pl.* 〘動物〙(哺乳綱)単孔目. **mòn·o·trém·a·tous** /-təs | -təsˉ/ *adj.* 〖(1833) ← NL ～: ⇨ mono-, trema〗

mon·o·treme /mɑ́(ː)noutrìːm, -nə- | mɔ́nə(u)-/ *n.* 〘動物〙単孔目の動物の総称 (ハリモグラ (echidna), カモノハシ (platypus) など). 〖1835〗

mon·o·trich·ic /mɑ̀(ː)noutríkɪk, -nə- | mɔ̀nə(u)-ˉ/ *adj.* 〘細菌〙=monotrichous.

mo·not·ri·chous /mənɑ́(ː)trɪkəs | mɔnɔ́trɪ-, mə-/ *adj.* 〘細菌〙〈細菌が〉単毛性の, 1 個の極部鞭(べん)毛を有する. 〖← MONO-＋*trich-* (← Gk *thríx* hair)＋-OUS〗

mòno·tríglyph *n.* 〘建築〙モノトリグリフ (ドリス式建築で柱と柱の間にトリグリフ (triglyph) 1 個を有する形式). 〖(1706) □ L *monotriglyphos*: ⇨ mono-, triglyph〗

mòno·tró·phic /-tróufɪk, -trɑ́(ː)f- | -trɔ́(ː)f-, -trəuf-ˉ/ *adj.* 〘動物〙単一栄養の, 単食性の (monophagous). 〖1900〗

mo·not·ro·py /mənɑ́(ː)trəpi, mɑ(ː)- | mɔnɔ́trə-, mə-/ *n.* 〘化学・結晶〙モノトロピー, 単変, 単変二形, 雙変 (多形転位の際不安定相から安定相への み転移可能で逆が起こらない転移の型式; cf. enantiotropy). 〖(1902) ← MONO-＋-TROPY〗

mon·o·type /mɑ́(ː)nətàɪp, -nou- | mɔ́nə(u)-/ *n.* **1** (油絵具・印刷用インキなどによる)単刷版画; 単刷版画製作法 (金属板・ガラス板などに描画または絵筆で描き, それを紙などに写す技法). **2** 〘生物〙単型 (属を構成する唯一の種(しゅ)など; ↔ polytype). 〖(1881) ← MONO-＋-TYPE〗

Mon·o·type /mɑ́(ː)nətàɪp, -nou- | mɔ́nə(u)-, máun-/ *n.* 〘商標〙**1** モノタイプ (欧文活字を一字ずつ鋳造植字する機械; cf. Linotype). **2** モノタイプ活字, モノタイプ組版; モノタイプ印刷. 〖1893〗

mon·o·typ·ic /mɑ̀(ː)nətípɪk, -nou- | mɔ̀nə(u)-ˉ/ *adj.* **1** 単刷版画の. **2** 〘生物〙進化が単型の (cf. polytypic 1): a ～ genus 単型属 (ただ一つの種から成る属). **3** 〘印刷〙モノタイプ(印刷)の. 〖*c*1859〗

mòno·unsáturate *n.* 単一不飽和油脂 (ピーナッツバター, オリーブ油など; cf. polyunsaturate). 〖↓〗

mòno·unsáturated *adj.* 〈脂肪または油が〉不飽和結合一個をもつ. 〖(1939) ← MONO-＋UNSATURATED〗

mon·o·va·lence /mɑ̀(ː)nouvéɪləns, -nə-, ˌ--ˌ-- | mɔ̀nə(u)véɪləns, ˌ--ˌ--/ *n.* **1** 〘化学〙1 価 (univalence). **2** 〘細菌〙(一種類の病菌に対する)抗菌力. 〖1890〗

mon·o·va·len·cy /mɑ̀(ː)nouvéɪlənsi, -nə-, ˌ--ˌ--- | mɔ̀nə(u)véɪlənsɪ, ˌ--ˌ---/ *n.* 〘化学・細菌〙= monovalence.

mon·o·va·lent /mɑ̀(ː)nouvéɪlənt, -nə-, ˌ--ˌ-- | mɔ̀nə(u)véɪlənt, ˌ--ˌ--/ *adj.* **1** 〘化学〙1 価の (univalent). **2** 〘細菌〙〈抗体が〉1 価の, 1 価抗体の (cf. polyvalent): ～ serum 一種類の抗体だけを含む血清. **3** 〘生物〙1 価の, 単価の (univalent). **—** *n.* 〘生物〙1 価[単価]染色体. 〖(1869) ← MONO-＋-VALENT〗

mon·ov·u·lar /mɑ(ː)nɑ́(ː)vjulə, -nóuv- | mɔnɔ́vjulə^(r)/ *adj.* 〘医学〙一卵性の; 一卵性双生児に特有の) (cf. biovular). 〖(1929) ← MONO-＋OVULAR〗

mon·ox·ide /mənɑ́(ː)ksaɪd, mɑ(ː)-, -sɪ̀d | mɔnɔ́k-sàɪd, mə-/ *n.* 〘化学〙一酸化物. 〖1869〗

mòno·zy·gót·ic /-zaɪgɑ́(ː)tɪk, -zɪ̀- | -zaɪgɔ́t-, zɪ-ˉ/ *adj.* 一卵性の: ～ twins 一卵性双生児 (identical twins). 〖(1916) ← MONO-＋ZYGOTE＋-IC[1]〗

mòno·zýgous *adj.* =monozygotic.

Mon·roe /mənróu, mʌn- | mənráu, mʌn-, mʌ́nrəu/ *n.* モンロー (男性名; 異形 Monro, Munro, Munroe). 〖□ Celt. ～ (原義) mouth of the River Roe (Londonderry のそばの川) // Ir.-Gael. *moineruadh* (from) the red swamp: もと家族名〗

Mon·roe /mənróu, mʌn- | -ráu/ *n.* モンロー (米国 Louisiana 州北部の都市).

Mon·roe /mənróu, mʌn- | -ráu/, **Harriet** *n.* モンロー (1860–1936; 米国の女性編集者・詩人・批評家; *Poetry* 誌 (1912) 主宰).

Monroe, James *n.* モンロー (1758–1831; 米国の第五代大統領 (1817–25), モンロー主義 (Monroe Doctrine) の提唱者).

Monroe, Marilyn *n.* モンロー (1926–62; 米国の映画女優; 本名 Norma Jean Mortenson).

Monróe Dóctrine *n.* [the ～] モンロー主義 (James Monroe 大統領が 1823 年議会に発した教書に基づく米国の外交方針; 米国はヨーロッパの問題には関与しない一方, ヨーロッパ諸国が中南米諸国の政治に干渉したりこれを侵略の対象とすることを許さないという主義). 〖1853〗

Mon·ro·vi·a /mənróuviə, mʌn- | mɔnráuviə, mən-/ *n.* モンロビア (アフリカ西部リベリア北西部の海港で同国の首都).

mons /mɑ́(ː)nz | mɔ́nz/ *L. n.* (*pl.* **mon·tes** /mɑ́(ː)ntiːz | mɔ́n-/) 〘解剖〙恥丘: ⇨ mons pubis, mons veneris. 〖(1621) ← NL *mons* ← L 'MOUNTAIN'〗

Mons /mɔ̃ː(n)s, mɔ́ːns | mɔ́nz, mɔ̃ː(n)s, mɔ́ːns; *F.* mɔ̃ːs/ *n.* モンス (ベルギー南西部 Hainaut 州の州都; フラマン語名 Bergen).

Mons (略) Monsieur.

Mon·sar·rat /mɑ̀(ː)nsərɑ́ːt, -rǽt | mɔ̀nsərǽt, ˌ- -ˌ-/, **Nicholas John Turney** *n.* モンサラット (1910–79; 英国の小説家; *The Cruel Sea* (1951)).

Mon·sei·gneur, m- /mɑ̀(ː)nsənjə́ː, -seɪ- | mɔ̀n-seɪnjə́ː^(r); *F.* mɔ̃sɛɲœːʁ/ *n.* (*pl.* **Mes·sei·gneurs, m-** /mèɪsenjə́ː(z), -seɪ- | mèsenjə́ː; *F.* mesɛɲœːʁ/) **1** [フランスの王族・枢機卿・(大)司教などに対する尊称で, 官職名の前につけ, また呼び掛けにも用いて] 閣下, 殿下, 猊下(げいか) (略 Msgr, Mgr, Monsig.): *Monseigneur* the Archbishop. **2** [しばしば m-] この称号を有する[で呼ばれる]人. 〖(1600) □ F ～ ← *mon* my＋*seigneur* lord〗

mon·sieur /məsjə́ː, -sjə́ː, -sjúː | məsjə́ː^(r), mʊ́sjə^(r), -sjə^(r); *F.* məsjø/ *n.* (*pl.* **mes·sieurs** /meɪsjə́ːz, mɛ-, -sjúː, mézəz | meɪsjə́ːz, mɛ-, mésəz; *F.* mesjø/) **1 a** [英語の Mr. または Sir に当たるフランスの敬称語] 氏, ムッシュー (略 M., *pl.* Messrs., MM.): *M.* Briand ブリアン氏. **b** [英語の sir に当たる呼び掛けとして] あなた, もし. ★ 呼び掛けの際には /məsjə | məsjə/ という弱形を使うことも多い. **2** [M-] 〘歴史〙(フランス王)次男または王のすぐ下の弟の称号. 〖(1512) □ F ～ ← *mon* my＋*sieur* sir: もとは高位の男性に用いた: cf. seigneur, sire〗

Monsig. (略) Monseigneur; Monsignor.

Mon·si·gnor, m- /mɑ(ː)nsíːnjə | mɔnsíːnjə^(r); *It.* monsiɲɲóːr/ *n.* (*pl.* **～s, Mon·si·gno·ri** /mɑ̀(ː)nsiː-njɔ́ːri | mɔ̀nsiːnjɔ́ːri; *It.* monsiɲɲóːri/) **1** [教皇が教皇庁の高僧・高官に許す尊称として] モンシニョール (略 Mgr). **2** [しばしば m-] この称号を有する人. 〖(1641) □ It. ～ ← *mon* my＋*signor(e)* lord (⇨ signore): cf. F *monseigneur*〗

Mon·si·gno·re /mɑ̀(ː)nsiːnjɔ́ːreɪ | mɔ̀n-; *It.* monsi-, -ɲɲóːre/ *n.* (*pl.* **Mon·si·gno·ri** /-riː; *It.* -ri/) = Monsignor.

Monsignori *n.* Monsignor, Monsignore の複数形.

Mons Men·sae /mɑ́(ː)nzménsiː | mɔ́nz-/ *n.* 〘天文〙テーブル山座 (Mensa) のラテン語名.

mon·soon /mɑ̀(ː)nsúːn | mɔ̀n-,ˉ mənsúːn/ *n.* **1** 〘気象〙**a** モンスーン (インド洋および南アジアで夏季には南西から, 冬季には北東から吹く季節風; ↔ antimonsoon): the dry ～ 冬(とう)季節風 (10–12 月に吹く北東風) / the wet ～ 夏(か)季節風 (5–9 月に吹く南西風). **b** 季節風. **2** (南西季節風が吹く(インドの)雨期. **～·al** /mɑ̀(ː)nsúːnl̩ | mɔ̀n-ˉ, mən-/ *adj.* 〖(1584) □ Du. (廃) *monssoen* □ Port. *monção* □ Arab. *máwsim* time, season〗

mónsoon lów *n.* モンスーン低気圧 (夏にはインド大陸上で, 冬には California 沖などでみられる).

mons pu·bis /mɑ́(ː)nzpjúːbɪs | mɔ́nzpjúːbɪs/ *n.* (*pl.* **montes p-**) 〘解剖〙(男性・女性の)恥丘, 陰阜(いんぷ) (cf. mons veneris). 〖(*c*1903) ← NL ～ ← L *mōns pūbis* (原義) eminence of the pubes〗

mon·ster /mɑ́(ː)nstə, -ntstə | mɔ́nstə^(r), -ntstə^(r)/ *n.* **1** 怪物, 化け物 (centaur, dragon, sphinx, griffin などの伝説的動物). **2 a** 奇怪な形をした人間[動物, 植物など]. **b** 奇形的な生物. **c** 〘病理〙奇形胎児 (特に四肢やその他の器官に欠陥や異常がある). **3 a** 極悪非道の人, 人非人: a ～ of inhumanity 情知らずの人非人 / a ～ of iniquity 極悪人. **b** 〘通例戯言〙行儀の悪い人, 特に子供: a little ～. **4** 異常に巨大なもの: The apples were regular ～s. そのりんごは全く化け物のように大きかった. **5** 〘アメフト〙決まった位置にいないラインバッカー (monster back, monster man ともいう). **—** *adj.* [限定的] **1** 巨大な, 化け物のような, ばかでかい (enormous): a ～ meeting, ship, potato, etc. **2** 〘米俗〙〈麻薬が〉強力な, きつい. **—** *vt.* **1** 〘豪口語〙〈人・政策などを〉非難する 〈*for*〉. **2** (まれ) 怪物にする; 驚くべきものとして扱う. 〖(*a*1325) ME *monstre* □ (O)F ～ □ L *mōnstrum* omen, prodigy, monster ← *monēre* to remind, advise: cf. monitor〗

mon·ster·a /mɑ́(ː)nstərə, -stɛrə | mɔnstíərə/ *n.* 〘植物〙モンステラ (熱帯アメリカ産サトイモ科モンステラ属 (*Monstera*) の多年草; 異形葉のものが多く観葉植物として栽培される; ホウライショウ (Swiss cheese plant) など). 〖← NL *Mōnstera* (属名) ← ? L *mōnstrum* 'MONSTER'〗

mónster wèed *n.* 〘米俗〙カンナビス (cannabis), 強力なマリファナ.

mon·strance /mɑ́(ː)nstrəns | mɔ́n-/ *n.* 〘カトリック〙顕示台 (聖体を入れて信者に礼拝させる台付きの透明な容器; ostensory ともいう). 〖(*a*1325) ME *mustraunce* □ LL *mōnstrantia* ← L *mōnstrāns-* (pres.p.) ← *mōnstrāre* to show: ⇨ demonstrate, -ance〗

mon·stre sa·cré /mɔ̃ː(n)str(ə)sɑːkréɪ, mɔ́ː(n)-, -sǽk-; *F.* mɔ̃ːstʁəsakʁe/ *n.* (*pl.* **monstres sacrés** /～; *F.* ～/) *n.* 奇行で知られた名士, 天下御免の奇人. 〖(1959) □ F ～ (原義) sacred (=damned) monster〗

mon·stros·i·ty /mɑ(ː)nstrɑ́(ː)səti | mɔnstrɔ́sɪ̀ti, mən-/ *n.* **1 a** (大きさ・形・性質などの)奇怪, 怪異. **b** (動植物の)奇形. **2** 奇怪[異形]なもの, 巨大物, 怪物: a linguistic ～ 奇怪な言語形式. **3** 不埒(ふらち)な行為, 極悪非道. 〖(1402) ME *monstruosite* □ LL *mōnstrōsitātem*: ⇨ ↓, -ity〗

mon·strous /mɑ́(ː)nstrəs, -ntstrəs | mɔ́n-/ *adj.* **1 a** (形・性格などが)奇異な, 奇怪な, 怪物のような (abnormal). **b** 〈動植物が〉奇形の (misshapen). **2** 異常[ばか]に大きい, 巨大な (huge): a ～ beast (大きな)怪獣. **3 a** 不埒な, 極悪非道の (atrocious): a ～ crime, cruelty, etc. **b** 恐ろしい, ぞっとするような (hideous): a ～ scene. **4** [強意語にも用いて] 法外に大きい, 大変な; 途方もない, あきれた, ひどい (⇨ outrageous SYN): a ～ sum 巨額の金 / a ～ blunder 途方もない大へま / It is perfectly ～ to keep me waiting like this. こんなに待たせるなんて全くひどい. **5** (廃) 異様な, 不自然な (strange). **—** *adv.* (主に方言) 非常に, すばらしく, すごく: a ～ fine woman. **～·ly** *adv.* **～·ness** *n.* 〖(*c*1380) ME *monstruous* □ (O)F *monstrueux* // L *monstrōsus* strange: ⇨ monster, -ous〗

mons ve·ne·ris /mɑ́(ː)nzvénərɪ̀s | mɔ́nzvénərɪs/ *n.* (*pl.* **montes v-**) 〘解剖〙(女性の)恥丘, 陰阜(いんぷ) (cf. mons pubis). 〖(1621) ← NL ～ ← L ～ (原義) eminence of Venus〗

Mont. (略) Montana; Montgomeryshire.

mon·ta·dale /mɑ́(ː)nṭədèɪl | -tə-/ *n.* モンタデール (米国産の無角, 顔白の羊; 肉質と厚羊毛が特徴). 〖← MONTANA＋DALE〗

mon·tage /mɑ(ː)ntɑ́ːʒ, mɔ̃ː(n)-, mɔːn-, ˌ- -ˌ | mɔn-tɑ́ːʒ, ˌ- -ˌ, mɔ́ntɪdʒ; *F.* mɔ̃taːʒ/ *n.* **1 a** 〘美術〙モンタージュ (異なった種々の要素を配合して一つの画面にまとめ上げる手法); モンタージュ画, 総合画 (composite picture) (cf. photomontage). **b** 〘写真〙モンタージュ写真, 合成写真. ⇨ Identikit 日英比較 **2** 〘映画・テレビ〙モンタージュ (フィルム編集法の一つ): **a** 相関連するイメージの流れを描出するための画面の連続. **b** いくつかの映像を旋回させながら一つの焦点に導く手法; (その手法によって描写された)モンタージュ画面. **3** 〘ラジオ〙混成音響[音声]効果 (混乱・内省などを描出するため音声や音響を連続的に交錯[混合]させる手法). **4** (音楽・文学で独立の諸要素を並置させる)モンタージュ手法; その手法によって創造される作品. **5** ごたまぜ. **—** *vt.* まとめてモンタージュに作り上げる; モンタージュ手法で描写する. 〖(1929) □ F ～ 'mounting, putting together' ← *monter* 'to MOUNT[1]'＋-AGE〗

Mon·ta·gna /mɑ(ː)ntɑ́ːnjə | mɔn-; *It.* montáɲɲa/, **Bartolommeo** *n.* モンターニャ (1450?–1523; イタリアの画家; ヴィチェンツァ (Vicenza) 派の巨匠で, 力強い色彩の画風を特色とする).

Mon·ta·gnais /mɑ̀(ː)ntənjéɪ | mɔ̀ntə-; *F.* mɔ̃taɲɛ/ *n.* (*pl.* ～ /～(z); *F.* ～/, ～·**es** /～z/) **1** モンタニエ族 (カナダ Quebec 州北部に居住する北米インディアンの一族). **2** モンタニエ語 (アルゴンキン語族 (Algonquian) の一つ). 〖(1625) □ F *montagnais* mountaineer〗

Mon·ta·gnard /mɑ̀(ː)ntənjɑ́ə(d) | -njɑ́ːd, -njɑ́ː^(r); *F.* mɔ̃taɲaːʁ/ *n.* (*pl.* ～, ～**s** /～z; *F.* ～/) **1 a** [the ～(s)] モンタニャード族 (カナダの Rocky 山脈に住む Athapaskan 系アメリカインディアン). **b** モンタニャード族の人. **2** [時に m-] モンタニャード人, モンタニャール人 (ベトナム南部の, カンボジアに接する山地の先住民; Yard ともいう). 〖(1842) □ F ～ 'mountaineer':〗

Mon·ta·gu /mɑ́(ː)nṭəgjùː, mʌ́n- | mɔ́ntə-, mʌ́n-, -tɪ-/, **Charles** *n.* モンタギュー (1661–1715; 英国の政治家; 英国銀行の創設者 (1964); 称号 Earl of Halifax).

Montagu, Lady **Mary Wort·ley** /wə́ːtli | wə́ːtlɪ/ *n.* モンタギュー (1689–1762; 英国の女流文人; Pope の論敵; *Letters* (1763–67)).

Mon·ta·gue[1] /mɑ́(ː)nṭəgjùː, mʌ́n- | mɔ́ntɪ̀-, mʌ́n-/ *n.* モンタギュー (男性名; 愛称形 Monty; 異形 Montagu). 〖← F *Mont Aigu* (Normandy の家族名) ← *Mont Aign* (フランスの山の名) (原義) peaked hill〗

Mon·ta·gue[2] /mɑ́(ː)nṭəgjùː, mʌ́n- | mɔ́ntɪ̀-, mʌ́n-, -tɪ-/ *n.* モンタギュー(家) (Shakespeare 作 *Romeo and Juliet* の主人公 Romeo の生家; cf. Capulet).

Móntague grámmar *n.* 〘論理・言語〙モンタギュー文法 (Richard Merett Montague (1930–71; 米国の論理学者) が始めた理論的文法, 意味理論; 可能(的世)界の意味論をふまえ, 表現の内包的意味論を構成して外延的論理内部の不透明な文脈をも包括する, 日常言語のモデル理論を構築しようとする意味論).

Móntagu's hàrrier *n.* 〘鳥類〙ヒメハイイロチュウヒ (*Circus pygargus*) (ヨーロッパ産のタカ科の肉食鳥). 〖1843〗

Mon·taigne /mɑ(ː)ntéɪn | mɔn-; *F.* mɔ̃tɛɲ/, **Michel Ey·quem** /ekɛm/ **de** *n.* モンテーニュ (1533–92; フランスの随筆家・哲学者; *Essais*「随想録」(1580, '88)).

Mon·ta·le /mɔ(ː)ntɑ́ːleɪ, mɑ(ː)n- | mɔn-; *It.* montáːle/, **Eu·ge·nio** /eudʒɛ́ːnjo/ *n.* モンターレ (1896–1981;

M

イタリアの詩人; Nobel 文学賞 (1975); *Ossi di seppia*「烏賊(いか)の骨」(1925), *Le Occasioni*「機会」(1939), *La bufera e altro*「嵐その他」(1956)》.

Mon·tan·a /mɑ(ː)ntǽnə | mɒntǽnə, -tάːnə/ *n.* モンタナ《米国北西部の州; 略 Mont.; ⇨ United States of America 表》. 〘← Sp. *montaña* mountain land〙

Mon·tan·a /mɑ(ː)ntǽnə | mɒntǽnə, -tάːnə/, **Joe** *n.* モンタナ《(1956– ; アメリカンフットボールのプロ選手; 1979 年度に San Francisco 49ers 入団; 最も完成されたクォーターバックと称される; 本名 Joseph C. Montana, Jr.》.

Mon·tan·an /mɑ(ː)ntǽnən | mɒntǽn-, -tάːn-/ *adj.* (米国) Montana 州(人)の. — *n.* Montana 州人. 〘1870〙

mon·tane /mɑ(ː)ntéɪn, ⌐⌐ | mɒnteɪn/ *adj.* 〘生態〙 **1** 〈生物区系が〉山岳の, 山地性の《特に, 広葉常緑樹の樹木限界線直下の湿涼斜面地帯の》. **2** 山岳地帯の植物[動物]の[に関する] (cf. subalpine, alpine 2): a ~ flora [fauna] 山地(系)植物[動物]. 〘(1863) □ L *montānus* of a mountain: ← MONT[2]+-ANE[1]〙

Mon·ta·nism /mɑ́(ː)ntənɪzm | mɒ́ntə-/ *n.* モンタノス[モンタヌス]主義《2 世紀中頃小アジアの Phrygia で Montanus の唱えたキリスト教の教義; 至福千年到来の信仰と苦行・断食などを説く》. 〘(1597) ← *Montanus*+-ISM〙

mon·tant /mɑ́(ː)ntənt | mɒ́nt-/ *n.* 《廃》〘フェンシング〙上向きの正面突き (cf. Shak., *Merry W* 2. 3. 27). 〘(1597) □ F ~ (pres.p.) ← *monter*: ⇨ mount[1]〙

Mon·ta·nus /mɑ(ː)ntéɪnəs | mɒn-/ *n.* モンタノス, モンタヌス《2 世紀頃の小アジア Phrygia の予言者; 自己を聖霊の御使いと確信し予言者的な活動をなしたが, 異端として退けられた; cf. Montanism》.

món·tan wàx /mɑ́(ː)ntæn- | mɒ́n-/ *n.* モンタン蠟(ろう)《褐炭や泥炭から抽出した暗褐色の瀝青(れきせい)質の蠟; カーボン紙・ろうそく・つや出し剤・電気絶縁材などの原料》. 〘(1908) *montan*: ← L *montānus* of a mountain: cf. montane〙

Mon·tau·ban /mɑ̀ːntoʊbάːn | mɒ̀n-; *F.* mɔ̃tobɑ̃/ *n.* モントーバン《フランス南西部の都市; 16, 7 世紀にはユグノー派の砦; 1629 年リシュリューが奪回》.

Món·tauk Póint /mɑ́(ː)ntɔːk-, -tɑːk- | mɒ́ntɔːk-/ *n.* モントーク岬《米国 New York 州 Long Island 東端の岬; 同州の最東端》.

M

Mont Aux Sources /mɑ̀(ː)ntoʊsúəs | mɒ̀ntəʊsúəs; *F.* mɔ̃tosuʁs/ *n.* スルス山《レソト北部 Drakensberg 山脈の山 (3,298 m); 南アフリカ共和国 KwaZulu-Natal 州との境界にある》.

Mont·be·liard /mɔ̃ː(m)beɪljάə, mɔ̀ːm- | -ljάː(r); *F.* mɔ̃beljaːʁ/ *n.* モンベリアール《フランス東部の工業都市; 元 Burgundy 公国の首都》.

Mont Blanc[1] /mɔ̃ː(m)blάː(ŋ), mɑ̀(ː)mblάːŋ; *F.* mɔ̃blɑ̃/ *n.* **1** モンブラン《フランスとイタリアとの国境にある Alps の最高峰 (4,807 m)》. **2** モンブラントンネル《モンブランの直下を貫通する全長 11 km のトンネル》.

Mont Blanc[2] /mɔ̃ː(m)blάː(ŋ), mɑ̀(ː)mblάːŋ; *G.* mɔ̃blɑ̃/ *n.* 〘商標〙モンブラン《ドイツの筆記具メーカー; その製品 (特に万年筆)》.

mont·bre·ti·a /mɑ(ː)n(t)bríːʃiə, -ʃə | mɒnbríːʃə, mɒm-, -ʃiə/ *n.* 〘植物〙ヒメヒオウギズイセン, モントブレチア (*Tritonia crocosmaeflora*)《アヤメ科ヒメトウショウブ属の多年草; オレンジ色の 6 弁花を総状に咲かせる》. 〘(1899) ← NL ~ ← *Coquebert de Montbret* (1780–1801: フランスの植物学者): ⇨ -ia[1]〙

Mont·calm /mɑ(ː)ntkάː(l)m | mɔ̃ː(ŋ)-, mɔːŋ-; *F.* mɔ̃kalm/, **Louis Joseph de** *n.* モンカルム《(1712–59; フランスの将軍, Quebec で Wolfe 将軍指揮下の英軍に敗れた (1759); 称号 Marquis de Saint-Véran》.

Mont Ce·nis /mɔ̃ː(n)səníː, mɔ̀ːn(t)-; *F.* mɔ̃sni/ *n.* [the ~] モンスニー(峠)《Alps 南西部, イタリアとフランスの国境にある峠, この峠の南西に全長約 13 km の鉄道トンネルがある; 海抜 2,085 m》.

Mont Cer·vin /*F.* mɔ̃sɛʁvɛ̃/ *n.* モンセルバン《Matterhorn のフランス語名》. 〘□ F ~ 《原義》 cervine mountain〙

mont-de-pié·té /mɔ̃ː(n)d(ə)pjeɪtéɪ, mɔ̀ːn-; *F.* mɔ̃d(ə)pjete/ *F. n.* (*pl.* **monts-** /~/) 《フランスの低利で金を貸す》公営質屋. 〘(1854) □ F ~ □ It. *monte di pietà* mountain (fund) of pity, charity bank〙

mon·te /mɑ́(ː)nti | mɒ́nti, -teɪ/ *n.* **1** 〘トランプ〙モンテ《スペイン起源の賭博ゲーム; monte bank ともいう》. **2** = three-card poker. **3** 《豪口語》確実なこと. 〘(1850) □ Sp. ~ 'mountain, pile (of cards)' < L *montem* 'MOUNT[2]'〙

Mon·te Al·bán /mɑ́(ː)nteɪ ɑːlbάːn | mɒ́nteɪæl-; *Am.Sp.* mónteaiβán/ *n.* モンテアルバン《メキシコ南部 Oaxaca 州にある Zapotec 族の古代遺跡; 雄大なピラミッドを残す》.

Mon·te·bel·lo /mɑ̀(ː)ntəbélou | mɒ̀ntɪ̀bélәʊ/ *n.* モンテベロ《米国 California 州, Los Angeles の近郊の都市》. 〘□ It. ~ 'beautiful mountain'〙

Mon·te Car·lo /mɑ̀(ː)ntikάəlou | mɒ̀ntikάːləʊ; *F.* mɔ̃tekaʁlo; *It.* montekárlo/ *n.* モンテカルロ《モナコ公国の自治区; 風光明媚な観光地・避寒地; 豪華な賭博場や自動車レースで有名》. — *adj.* [限定的]〘数学・統計〙モンテカルロ式の《確率論を利用する計算法にいう》: ~ calculations / the ~ method モンテカルロ法. 〘1949〙

Mon·te Cas·si·no /mɑ̀(ː)ntikəsíːnou | mɒ̀ntikəsíːnəʊ; *It.* montekassíːno/ *n.* モンテカシーノ《イタリア中部 Naples 北西方にある山 (519 m); 山頂に 529 年ごろ St. Benedict が創設した修道院があり, 第二次大戦中はドイツ軍の要塞となった; 1944 年連合軍の爆撃によって破壊されたが, 1956 年再建》.

Mon·te Co·glians /mɑ̀(ː)ntikouljάːns | mɒ̀ntikəʊ-; *It.* montekoʎáns/ *n.* モンテコリャンス(山)《オーストリアとイタリアの間に位置する Carnic Alps の最高峰 (2,780 m)》.

Mòn·te Cór·no /-kɔ́ənou | -kɔ́ːnəʊ; *It.* -kórno/ *n.* モンテコルノ《イタリア中部, アペニノ山脈の最高峰 (2,912 m); 別名 Gran Sasso d'Italia (イタリアの大きな岩)》.

Mon·te Cris·to /mɑ̀(ː)ntikrístou | mɒ̀ntikrístəʊ; *F.* mɔ̃tekʁisto/, **Count of** *n.* モンテクリスト伯《Alexandre Dumas (父)作の *Le Comte de Monte Cristo* (1844–45) の主人公; 本名 Edmond Dantès /dɑ̃tɛs/》.

Mon·té·go Báy /mɑ(ː)ntíːgou- | mɒntíːgəʊ-/ *n.* モンテゴベイ《ジャマイカ北西部の港市; リゾート地》.

mon·teith /mɑ(ː)ntíːθ | mɒn-/ *n.* 《18 世紀に用いられた》パンチ用の鉢(はち) (punch bowl)《通例銀製で, 縁にはグラスを掛けるために波型の刻み目が付いている》. 〘(1683) ← *Monsieur Monteith* (外套または上衣のすそを波型にして着用していた 17 世紀のスコットランド人の名)〙

Mon·te·ne·grin /mɑ̀(ː)ntəníːgrɪn, -nég- | mɒ̀ntɪ̀níːgrɪn, -néɪ-⌐/ *adj.* モンテネグロ(人)の. — *n.* モンテネグロの住民. 〘(1840): ⇨ ↓, -in[2]〙

Mon·te·ne·gro /mɑ̀(ː)ntəníːgrou, -nég- | mɒ̀ntɪ̀níːgrəʊ, -néɪ-/ *n.* モンテネグロ《ユーゴスラビア連邦共和国の南部にあるその一共和国; もと王国; 面積 13,812 km², 首都 Podgorica》.

Mon·te·pul·cia·no /mɑ̀(ː)nteɪpʊltʃάːnou, -ti- | mɒ̀nteɪpʊltʃάːnəʊ, -tɪ-; *It.* montepultʃáːno/ *n.* モンテプルチャーノ《イタリア, Tuscany 州 Siena の南東にある町; 極上のワインを産出, またルネサンス時代の建物が多く, 観光地となっている》.

Mon·te·rey /mɑ̀(ː)ntəréɪ | mɒ̀ntɪ̀-/ *n.* **1** モンテレー《米国 California 州西部の都市・漁港; もと California 地方の州都 (1774–1846)》. **2** =Monterey cheese. 〘(1873) □ Sp. (*Puerto de*) *Monterrey* (port of) *Monterrey* (New Spain の太守の名)〙

Mónterey Báy *n.* [the ~] モンテレー湾《米国 California 州西部, 太平洋に臨む入江》.

Mónterey chéese *n.* モンテレーチーズ《もと米国 California 州 Monterey 郡で作られた jack cheese の一種; 単に Monterey ともいう》.

Mónterey cýpress *n.* 〘植物〙米国 California 州産ヒノキ科シダレイトスギ属の高木 (*Cupressus macrocarpa*).

Mónterey Jáck *n.* モンテレージャック《半軟質高水分の全乳チーズ; (半)脱脂乳使用の硬いタイプもある》. 〘1940〙

Mónterey Párk *n.* モンテレーパーク《米国 California 州南西部, Los Angeles 郊外の都市》.

Mónterey píne *n.* 〘植物〙モンテレーマツ (*Pinus radiata*)《米国 California 州 Monterey の海岸地帯原産の常緑針葉高木; cf. radiata pine》.

mon·te·ro /mɑntéə̯rou | mɒntéərəʊ; *Sp.* montéro/ *n.* (*pl.* ~**s** /~z/; *Sp.* ~**s**/) **1** 《狩猟家が愛用するたれぶた付きの丸い》鳥打ち帽子. **2** =huntsman. **3** 《フィリピンの》山林管理人, 森番. 〘(1622) □ Sp. *montera* hunting cap ← *montero* huntsman, 《原義》 mountaineer ← *monte* 'MOUNT[2]'〙

Monte Rosa /mɑ̀(ː)ntiróuzə | mɒ̀ntiráʊzə; *It.* monterɔ́(ː)za/ *n.* モンテローザ(山)《スイスとイタリアの国境, Pennine Alps 中の山で, Alps 中第二の高峰 (4,638 m)》.

Mon·ter·rey /mɑ̀(ː)ntəréɪ | mɒ̀ntɪ̀-; *Am.Sp.* monteréi/ *n.* モンテレイ《メキシコ北東部の都市; Nuevo Leon 州の州都》.

montes *n.* mons の複数形.

Mon·tes·pan /mɔ̃ː(n)tɛspɑ́ː(ŋ), mɔ̀ːntɛspάːŋ; *F.* mɔ̃tɛspɑ̃/, **Marquise de** *n.* モンテスパン侯爵夫人《(1641–1707; フランス貴族; ルイ 14 世の愛人; 本名 Françoise Athénaïs de Rochechouart (de Montemart)》.

Mon·tes·quieu /mɑ̀(ː)ntəskjúː, ⌐⌐⌐ | mɒ̀ntɛskjúː, -kjɜ́ː, ⌐⌐⌐; *F.* mɔ̃tɛskjø/ *n.* モンテスキュー《(1689–1755; フランスの思想家・政治哲学者; *De l'Esprit des Lois*「法の精神」(1748); Charles Louis de Secondat, Baron de la Brède et de Montesquieu》.

Mon·tes·so·ri /mɑ̀(ː)ntəsɔ́ːri | mɒ̀ntɪ̀-, -tɛ-; *It.* montessɔ́ːri/, **Maria** *n.* モンテッソーリ《(1870–1952; イタリアの女性教育家・医師; Montessori method の提唱者 (1907)》.

Montessóri mèthod [sỳstem] *n.* [the ~] 〘教育〙モンテッソーリ教育法《児童自身に自学させることを主眼とし, 特に感覚教育を強調する》. 〘↑〙

Mon·teux /mɔ̃ː(n)tɜ́ː, mɔːn-; *F.* mɔ̃tø/, **Pierre** *n.* モントゥー《(1875–1964; フランス生まれの米国の指揮者》.

Mon·te·ver·di /mɑ̀(ː)ntəvéədi, -vɜ́ː- | mɒ̀ntɪ̀véədi, -vɜ́ː-; *It.* montevérdi/, **Claudio** (**Giovanni Antonio**) *n.* モンテベルディ《(1567–1643; イタリアの作曲家》.

Mont·e·vi·de·o /mɑ̀(ː)ntəvədéɪou, -vídiòu | mɒ̀ntɪ̀vɪdéɪəʊ; *Am.Sp.* monteβiðéo/ *n.* モンテビデオ《ウルグアイ南部の港市で同国の首都》.

Mon·tez /mɑ́(ː)tɛz | mɒ́n-/, **Lola** *n.* モンテス《(1818–61; アイルランド生まれのダンサー; 本名 Marie Dolores Eliza Rosanna Gilbert; ヨーロッパ各地を回り, Munich で Louis 1 世の愛人となり, 世人の批判を招いて王の退位の因となった》.

Mon·te·zu·ma II /mɑ̀(ː)ntəzúːmə- | mɒ̀ntɪ̀zúː-, -zjúː-; *Am.Sp.* montesúma/ *n.* モンテスマ二世 (⇨ Moctezuma II).

Montezúma cýpress *n.* 〘植物〙メキシコヌマスギ, メキシコラクウショウ(落羽松) (*Taxodium mucronatum*)《中央メキシコおよびグアテマラ産マツ科の落葉針葉樹, ahuehuete ともいう》.

Montezúma's revénge *n.* 《俗》《メキシコを旅行する人がかかる》下痢. 〘(1962) ← *Montezma II*〙

Mont·fort /mɑ́(ː)ntfət, -fɔət | mɒ́ntfət, -fɔːt; *F.* mɔ̃fɔːʁ/, **Simon de** /simɔ̃d/ *n.* モンフォール: **1** (1160?–1218) フランスの十字軍戦士; 南フランスの異端 Albi 派 [Cathari 派] に対して十字軍を起こし, Toulon 攻囲中に戦死. **2** (1208?–65) フランス生まれの英国の軍人・政治家; 前者の子; 1264 年貴族の指導者として Henry 三世に反抗し, 王を捕えて最初の Parliament を召集したが, 翌年皇太子 Edward と戦って敗死; Earl of Leicester.

Montg. 《略》Montgomeryshire.

mont·gol·fi·er /mɑ(ː)ntgά(ː)lfiə, -fièɪ | mɒntgɔ́lfiə(r), -fièɪ; *F.* mɔ̃gɔlfje/ *n.* モンゴルフィエ式軽気球《熱気球 (fire balloon) の別称》. 〘(1784–85) ↓〙

Mont·gol·fi·er /mɑ(ː)ntgά(ː)lfiə, -fièɪ | mɒntgɔ́lfiə(r), -fièɪ; *F.* mɔ̃gɔlfje/, **Jacques Étienne** *n.* モンゴルフィエ《(1745–99; ⇨ Joseph Michel MONTGOLFIER》.

Montgolfier, Joseph Michel *n.* モンゴルフィエ《(1740–1810; フランスの製紙業者; 弟 Jacques Étienne Montgolfier と共に熱気球 montgolfier を発明し 1783 年初飛行に成功》.

Mont·gom·er·y[1] /mɑ(ː)n(t)gʌ́m(ə)ri, mən(t)-, -gά(ː)m- | mən(t)gʌ́m(ə)rɪ, mɒn(t)-, -gɔ́m-/ *n.* モントゴメリー《米国 Alabama 州中東部 Alabama 河畔にある同州の州都》. 〘← *Richard Montgomery* (1736–75; 米国独立戦争当時の植民地側の将軍)〙

Mont·gom·er·y[2] /mɑ(ː)n(t)gʌ́m(ə)ri, mən(t)-, -gά(ː)m- | mən(t)gʌ́m(ə)rɪ, mɒn(t)-, -gɔ́m-/ *n.* =Montgomeryshire.

Mont·gom·er·y[3] /mɑ(ː)n(t)gʌ́m(ə)ri, mən(t)-, -gά(ː)m- | mən(t)gʌ́m(ə)rɪ, mɒn(t)-, -gɔ́m-/ *n.* モン(ト)ゴメリー《男性名》. 〘ME *Montgomerie* □ ONF (*de*) *Montgumerie* (Normandy の地名・家族名) 《原義》 hill of a powerful man: ⇨ mount[2], bridegroom〙

Mont·gom·er·y /mɑ(ː)n(t)gʌ́m(ə)ri, mən(t)-, -gά(ː)m- | mən(t)gʌ́m(ə)rɪ, mɒn(t)-, -gɔ́m-/, **Sir Bernard Law** *n.* モンゴメリー《(1887–1976; 英国の陸軍元帥; 第二次大戦で北アフリカ軍司令官, ついで英軍総司令官として殊勲をたてた; 1st Viscount Montgomery of Alamein; 通称 Monty》.

Montgomery, Lucy Maud *n.* モンゴメリー《(1874–1942; カナダの児童文学作家; *Anne of Green Gables* (1908)》.

Mont·gom·er·y·shire /mɑ(ː)n(t)gʌ́m(ə)riʃə, mɑ(ː)n(t)-, -gά(ː)m-, -ʃɪə | mən(t)gʌ́m(ə)rɪʃə(r), mɒn(t)-, -gɔ́m-, -ʃɪə(r)/ *n.* モントゴメリーシャー《ウェールズ中部の旧州; 現在は Powys 州の一部; 面積 2,064 km²; 州都 Welshpool /wɛ́lʃpuːl/; *Welsh* wɛlʃpúːl/》.

month /mʌnθ, mʌntθ/ *n.* (*pl.* ~**s** /mʌnθs, mʌntθs, mʌnts/) **1** (暦の上の)月, 一か月; (漠然と)ひと月: ⇨ calendar month, solar month, sidereal month / a lunar ~ = synodic month / this ~ 今月 / last [next] ~ 先[来]月 / the ~ before last 先々月 / the ~ after next 再(さ)来月 / a ~ ago today 先月の今日 / a ~ from today 《米》=《英》a ~ (from) today 来月の今日 / all ~ (long) ひと月の間に / every ~ 毎月 / every other [second] ~ ひと月おきに / in a ~ or two 1, 2 か月のうちに / by the ~ 月いくらで / for [in] ~*s* past 過去数か月間; もう長い間 / from ~ to ~ 月々 / this day ~ ⇨ day 成句 / It will take a ~ to finish it. それを完成するのにひと月かかろう / He is within a few ~*s* of seventy years. もう二, 三か月で 70 歳になる. [日英比較] 日本語では月を十日単位で区切って「初[上]旬, 中旬, 下旬」と呼ぶが, 英語ではこのような区切り方はなく, the first [second, last] week of a *month* のように週単位で区切る. したがって,「初[下]旬」は the first [last] ten days of a *month*,「中旬」は the middle of a *month* のように意訳するしかないが, 英語では early in [at the beginning of] June (6 月初旬に)のような言い方をするのが普通. **2** …か月《人の妊娠期間の 9 分の 1》: a woman in her 5th ~ 妊娠 5 か月の婦人.

[語法] (1) 形容詞的用法の month は, 原則として複数所有格の形にするか, または無変化のまま, -month として複数の数詞に伴う: a two ~s' vacation=a two-*month* vacation. (2) 次に old などの形容詞が続くときには, -month-old として単数形を用いるのを標準とするが, 米語では複数形を用いることもある: a three-*month*(*s*)-old baby. (3) 数詞が one である時, または数詞を伴わない時には所有格の形にする: a one-*month's* course=a ~'s course. (4) ラテン語形容詞: mensal.

---

a mónth of Súndays ⇨ Sunday *n.* 成句.

mónth àfter mónth 毎月毎月 (cf. DAY *after day*).

mónth by mónth 月ごとに (cf. DAY *by day*).

mónth ín, (***and***) ***mònth óut*** 来る月も来る月も, 毎月毎月 (cf. DAY *in*(,) *day out*).

〘OE *mōnaþ* < Gmc **mǣnōþaz* (G *Monat* month): ⇨ moon, -th[2]〙

Mon·ther·lant /mɔ̃ː(n)tɛəlɑ́ː(ŋ), mɔ̀(ː)ntɛəlάːŋ | -tɛə-; *F.* mɔ̃tɛʁlɑ̃/, **Henri** (**Mil·lon**) /mijɔ̃/ **de** *n.* モンテルラン《(1896–1972; フランスの小説家・劇作家》.

mónth·lóng *adj.* 1 か月続く. 〘1843〙

month·ly /mʌ́nθli, mʌ́ntθ-/ *adj.* **1 a** ひと月の; 毎月の: one's ~ salary 月収 / a ~ visit 毎月の訪問. **b** 月払いの, 月極めの: ~ payment 毎月払い. **c** 月一回の, 月刊の: a ~ magazine 月刊雑誌. **2** 〈特に, 月の運行が〉一か月間の, 一か月で終わる: the ~ revolution of the moon 一か月かかる月の運行. — *adv.* 月一回, 毎月: pay ~. — *n.* **1** 月一回刊行物, 月刊雑誌. **2** [*pl.*] 《口語》月経[生理]期間. 〘(adv.: 1533–34; adj.:

1572): cf. OE mōnaþlič》

mónthly invéstment plàn *n.* 〖証券〗月掛け投資プラン《毎月一定金額を投資し, その収益は積み立てて累積投資していくもの》.

Mónthly Méeting *n.* [単数または複数扱い]〖キリスト教〗(Quaker の) 月会《Quaker の集会組織の中の地区単位》.

mónthly núrse *n.* 《英》産後付き添い看護婦《1か月間が慣習》. 〖1798〗

mónthly róse *n.* 〖園芸〗＝China rose 2《四季咲性》. 〖1664〗

mónth's mínd *n.* **1** 〖カトリック〗(死後一か月目に行う)鎮魂[死者, 追悼]ミサ(式) (cf. Requiem 1). **2** 《英古》愛好, 好み (inclination, liking): You have a ~ to them. 彼らに気があるんだね (Shak., *Two Gent* 1. 2. 137). 〖1466〗

mon·ti·cel·lite /mɑ̀(ː)ntəsélaɪt | mɔ̀ntɪ-/ *n.* 〖鉱物〗モンティセライト ($CaMgSiO_4$)《無色ないし灰色の橄欖(かんらん)石の一種》. 〖(1831) ← *Teodoro Monticelli* (1758–1845; イタリアの鉱物学者): ⇨ -ite¹〗

Mon·ti·cel·lo /mɑ̀(ː)ntətʃélou, -sél- | mɔ̀ntɪtʃéləu/ *n.* モンティセロ《米国 Virginia 州中部, Charlottesville 付近にある Thomas Jefferson の旧宅地; 国有記念物》. 〖◻ It. ~《原義》little mountain〗

mon·ti·cule /mɑ́(ː)ntəkjùːl | mɔ́ntɪ-/ *n.* **1** 側火山, 寄生火山《主な火山の斜面に生じる》. **2** 小山, 小丘 (hillock). **3** 〖動物・解剖〗小丘, 小突起. 〖(1799) ◻ F ~ ◻ LL *monticulus* (dim.) ← L *mont-, mons*: ⇨ mons, mount², -cule〗

mon·til·la /mɑ(ː)ntíːə | mɔn-; *Sp.* montíʎa, -ja/ *n.* モンティラ(ワイン)《スペイン産の辛口で淡色のシェリー酒》. 〖(1793) ◻ Sp. ~ ← *Montilla* (スペインの原産地名)〗

Mont·lu·çon /mɔ̃ː(n)ljuːsɔ̃ː(ŋ), mɔ̀ːnljuːsɔ́ːŋ; *F.* mɔ̃lysɔ̃/ *n.* モンリュソン《フランス中部, Cher 川に沿う都市》.

Mont·mar·tre /mɔ̃ː(m)máːtr(ə), mɔːm- | mɔm-mɑ́ː-; *F.* mɔ̃maʁtʁ/ *n.* モンマルトル《Paris 北部の山手の地区; かつて画家・作家・詩人が多数居住したことで知られ, またナイトクラブやカフェーで有名; 丘の上の Sacré Coeur 聖堂はしばしば画題となる》.

Mont·mo·ren·cy /mɑ̀(ː)ntmərénsi | mɔ̀nt-; *F.* mɔ̃mɔʁɑ̃si/ *n.* 〖園芸〗モンモランシー《真っ赤で酸味が強い, 酸果オウトウ (sour cherry) の品種名》. 〖(1924) ◻ F ~ ← *Montmorency* (原産地名)〗

mont·mo·ril·lo·nite /mɑ̀(ː)ntmərílənàɪt | mɔ̀nt-/ *n.* 〖鉱物〗モンモリロナイト《酸性白土・ベントナイト (bentonite) などの主成分を成す一種の粘土鉱物; 複雑な組成のアルミニウム含水珪酸塩》. 〖(1854) ← *Montmorillon* (フランスの発見地名): ⇨ -ite¹〗

Mon·to·ne·ro /mɑ̀(ː)ntənéəroʊ | mɔ̀ntənéərəu; *Am.Sp.* montonéɾo/ *n.* モントネロ《アルゼンチンの左派ペロン主義者の武装組織の一員》. 〖(1825) ◻ Am.-Sp. ~ ← Sp. *montón* heap, crowd ← *monte* mountain〗

Mont·par·nasse /mɔ̃ː(m)pɑənáːs, mɔ̀ːm-, -nǽs | -pɑː-; *F.* mɔ̃paʁnas/ *n.* モンパルナス《Paris 南西部, Seine 左岸の高台の地区; 作家・画家が多数居住する; カフェが多く, 付近に墓地がある》. 〖◻ F ~ 'Mount Parnassus'〗

Mont·pe·lier /mɑ(ː)ntpíːljə | mɔntpíːliə/ *n.* モントピーリア《米国 Vermont 州中北部にある同州の州都》. 〖↓〗

Mont·pel·lier /mɔ̃ː(m)pəljéɪ, mɔ̀ːm-, -pɛ- | mɔn(t)-péliər, mɔ̃ː(m)-, mɔːm-; *F.* mɔ̃pəlje, -pe-/ *n.* モンペリエ《フランス南部, 地中海岸近くの都市; Hérault 県の県都; 大学・博物館があり, ブランデー・ワインの産地》. 〖1889〗

Mon·tra·chet /mɔ̃ː(n)trɑːʃéɪ, mɔ̀ːn-; *F.* mɔ̃tʁaʃɛ/ *n.* **1** モンラシェ(ワイン)《フランスのブルゴーニュ (Burgundy) 産のこくのある白ワイン》. **2** モンラシェ(チーズ)《同地域の特産, 柔らかい山羊のチーズ》. 〖(1833) ← F ~ (フランスの Côte-d'Or 県にあるぶどう園の名)〗

Mont·re·al /mɑ̀(ː)ntriɔ́ːl, mʌ̀n-, -triɑ́ːl | mɔ̀ntriɔ́ːl/ *n.* **1** モントリオール《カナダ南東部 Quebec 州の St. Lawrence 河中の同名の島にある港市でカナダ最大の都市; 商工業の中心地; フランス語名 Montréal /mɔ̃real/》. **2** モントリオール島 (Montreal Island). **~·er** *n.* 〖◻ F *Montréal* ← *Mont Royal*: ⇨ mount², royal〗

Móntreal Nórth *n.* モントリオールノース《カナダ Quebec 州南西部, Montreal 郊外の都市》.

Mon·treuil /mɔ̃ː(n)trɔ́ːi, mɔːn-; *F.* mɔ̃tʁœj/ *n.* モントルーユ《フランス北中部, パリ郊外の工業都市; 以前は桃の産地》.

Mon·treux /mɑ(ː)ntrɔ́ː, -trúː | mɔntrɔ́ː; *F.* mɔ̃tʁø/ *n.* モントルー《スイス西部 Vaud 州, Geneva 湖沿いの都市・景勝地; 毎年夏にジャズフェスティバルが開催される (1967–)》.

Montréux Góld Róse *n.* [the ~] モントルー ゴールド ローズ(賞)《スイスの Montreux で毎年開催されるテレビ番組コンクールで最優秀作品に与えられる賞》.

Mont·rose /mɑ(ː)ntróuz | mɔntróuz, mɔn-/, lst Marquis of *n.* モントローズ (1612–50; スコットランドの武将・詩人; 清教徒革命に際し, 当初 Charles 一世に反抗, のち支持したが最後は Edinburgh で処刑された; 本名 James Graham).

Mont-Saint-Michel /mɔ̃ː(n)sæ̃(m)miːʃél, mɔ̀ːn-, -sæm- | mɔ̀nsænmɪ-, sæm-; *F.* mɔ̃sɛ̃miʃɛl/ *n.* モンサンミシェル《フランス北海岸西部, St. Malo 湾の入江 (Mont-Saint-Michel Bay) にある岩の小島; 大修道院がある》.

Mont·ser·rat¹ /mɑ̀(ː)ntsəræ̀t | mɔ̀ntsə-, -tsɛ-/ *n.* モントセラット(島)《西インド諸島 Leeward 諸島中の島; 英国植民地, 主都 Plymouth》.

Mont·ser·rat² /mɑ̀(ː)ntsərɑ́ːt | mɔ̀ntsə-, -tsɛ-; *Catalan* muntsərát/ [the ~] モンセラート(山)《スペイン北東部 Barcelona の北西にある山 (1,216 m); 山腹に奇怪な岩山を背景として9世紀創建のベネディクト会の修道院がある》. **~·ian** *adj.*, *n.*

mon·tu·no /mɑ(ː)ntúːnou | mɔntúːnəu; *Am.Sp.* montúno/ *n.* モントゥーノ《パナマ男性の伝統的な衣装で, コットンパンツ・刺繍入りシャツ・帽子などが特徴》. 〖(1951) ◻ Am.-Sp. ~ 'rustic; of mountain' ← *monte*〗

mon·ty /mɑ́(ː)nṭi | mɔ́nti/ *n.* [the full ~ で]《英口語》(期待される[可能な])完全な量, 十分な量; 全裸: do the *full* ~ すっ裸になる. 〖(1985) *full-monty* ← ?〗

Mon·ty /mɑ́(ː)nṭi | mɔ́nti/ *n.* モンティー《男性名》. 〖(dim.) ← MONTAGUE¹〗

mon·u·ment /mɑ́(ː)njumənt | mɔ́n-/ *n.* **1** (故人・事件などの)記念碑, 記念像, 記念門, 記念塔, 記念建造物, モニュメント (memorial): ⇨ national monument / put up [erect] a ~ to the memory of ...のために記念碑を建てる. **2 a** 塔・柱に似た天然記念物《岩石の柱・土柱(どちゅう)など》. **b** 遺物, 遺跡《住居跡・貝塚・化石出土地など》; 戦跡, 史跡; 記念物, (自然の)名所《山・渓谷・湖など》: ancient [natural] ~*s* 史的[天然]記念物. **3 a** (人の死後記念となるような)不朽の功業[著作など], 金字塔: a ~ of learning, research, industry, etc. / The work is one of the great ~*s* of English literature. その作品は英文学不朽の名作の一つである. **b** (故人に対する)頌 (tribute). **c** いつまでも残る証拠[顕著な例]; 《皮肉》愚行や失敗の記念[思い出]となるもの. **4** 記念碑的存在, 英雄的人物; 大人物. **5** 永久的な境界となる自然物または人工の目印《川・湖・森・石柱など》. **6** [the M-] (1666年の) London 大火記念円塔《1671–77年に火元近くに Wren が建立したもので, 高さ 61.6 m; the City にある》. **7** 《古》昔の記録, 古文書. **8** 《廃》**a** 墓. **b** 像 (statue). **9** 《廃》前兆 (prodigy).
— *vt.* /-mènt, -mənt/ **1** ...の記念碑を立てる. **2** 〈場所〉に記念碑を立てる.
〖(*a*1325) ◻ L *monumentum* that which reminds ← *monēre* to remind: ⇨ -ment: cf. monition〗

mon·u·men·tal /mɑ̀(ː)njuméntl | mɔ̀njuméntl/ *adj.* **1** 記念碑の, 記念物として役立つ, 記念となる (memorial): a ~ inscription 碑文 / a ~ sculptor 墓碑彫刻家. **2 a** 記念碑のような; 重々しい, 堂々とした (colossal): a ~ building. **b** 記念碑的な, 不朽の, 不滅な; 史上に名高い: a truly ~ work 真に記念碑的な作品 / ~ men 史上に名高い人々. **3** [強意的に]《口語》途方もない, とてつもない, 大変な (extravagant): ~ stupidity, ignorance, impudence, etc. **4** 〖美術〗記念的な, 壮大な; 実物大以上の (cf. heroic). **5** 《廃》墓の[に関する]. **6** 《廃》形見となる, 身元を証明する (cf. Shak., *All's W* 4. 3. 17). **mon·u·men·tal·i·ty** /mɑ̀(ː)njumən-tǽləṭi, -mɛn- | mɔ̀njumantǽlɪti, -mɛn-/ *n.* **~·ly** *adv.* 〖(1604–05) ◻ LL *monumentālis*: ⇨ ↑, -al¹〗

mónumental bráss *n.* ＝brass 3 a.

mónumental éffigy *n.* 高位者の像を彫刻した墓像《monumental brass 同様, 騎士・聖職者としての衣装・武具などをまとった墓像; 盾や衣服に描かれている紋章が史料として貴重な存在》.

mòn·u·mén·tal·ìsm /-təlɪzm | -tə-/ *n.* 記念碑様式. 〖1902〗

mon·u·men·tal·ize /mɑ̀(ː)njuméntəlàɪz, -tl- | mɔ̀njuméntəl-, -tl-/ *vt.* (記念碑・記録などによって)記念する, 永久に伝える. **mon·u·men·tal·i·za·tion** /mɑ̀(ː)njumèntəlɪzéɪʃən, -tl- | mɔ̀njumèntəlaɪ-, -lɪ-/ *n.* 〖1857〗

monuméntal máson *n.* 墓石の石工, 墓石屋.

mon·u·ron /mɑ́(ː)njurɑ̀(ː)n | mɔ́njurɔn/ *n.* 〖農業〗モニュロン ($C_9H_{11}ClN_2O$)《持続性のある雑草駆除剤; 特に, 広葉の雑草の除草に用いる》. 〖(*c*1957) ← MONO-＋UR(EA)＋-ON¹〗

mon·y /mɑ́(ː)ni | mɔ́ni/ *adj.*, *n.* 《スコット・北英》＝ many.

-mo·ny /-—mòuni | -məni/ *suf.* 結果・状態・動作を表す名詞を造る: acrimony, ceremony, matrimony, testimony. 〖◻ L *-mōnia, -mōnium*: cf. Gk *-mōn* (*mnḗmōn* mindful)〗

Mon·za /mɑ́(ː)ntsaː, mɑ́(ː)nzə | mɔ́nzə; *It.* móntsa/ *n.* モンツァ《イタリア北部, Lombardy 地方の工業都市》.

mon·zo·nite /mɑ́(ː)nzənàɪt | mɔ́n-/ *n.* 〖岩石〗モンゾニ岩《閃(せん)長岩と閃緑岩との中間に位する粗粒の火成岩》. **mon·zo·nit·ic** /mɑ̀(ː)nzənítɪk | mɔ̀nzənít-/ *adj.* 〖(1882) ◻ G *Monzonit* ← *Monzoni* (Alps 山脈中 Tyrol にある山の名): ⇨ -ite¹〗

moo /múː/ *vi.* 〈牛が〉もーと鳴く (low). — *n.* (*pl.* ~*s*) もー《牛の鳴き声》. 〖(1549)《擬音語》〗

mooch /múːtʃ/《口語》*vt.* 《米》**1** 〈物を〉ねだる, たかる (cadge): ~ a cigarette *from* [*off*] a person. **2** 盗む, 失敬する. — *vi.* **1** 《米》物をねだる, 物乞いする. **2 a** ぶらつく, うろつく (hang) 〈*about, along, around*〉. **b** こそこそ歩く (slouch). **3** (飲食の)金を人に払わせて逃げる, ただ食い[飲み]する. — *n.* **1** ぶらぶら歩き: on the ~ ぶらついて. **2** 浮浪者, 乞食. 〖((*a*1460)) (1622) ◻ ? OF *muchier* to skulk: cf. miche〗

móoch·er *n.* 《俗》**1** こそこそ歩きをする人; 浮浪者 (loafer); 乞食. **2 a** こそ泥. **b** たかり屋: a cigarette ~ たばこをねだってばかりいる人. 〖1857〗

móo-còw *n.* 《小児語》牛, モーモー (cow) (cf. baa-lamb). 〖1812〗

mood¹ /múːd/ *n.* **1 a** (その時その時の一時的な)気分, 機嫌, 情調: be of a fickle ~ 気が変わりやすい / in a laughing [melancholy] ~ はしゃいで[しょんぼりして] / She is in a merry ~. 彼女は陽気な気分である / be in a bad [good] ~ 不[上]機嫌である / be in a foul [filthy] ~ 機嫌が悪い / put in a bad [good] ~ 〈人を〉不[上]機嫌にする. **b** (...しようとする)気持ち, 意向 (inclination) 〔*for*〕/ 〈*to do*〉: I was in the ~ *for* singing [*to* sing]. 歌う気になった / I am in no ~ [not in the ~] *for* joking [*to* joke]. 冗談など言う気がしない. **2 a** (広く行き渡っている)ムード, 雰囲気 (aura): The ~ of the meeting was against him. 会のムードは彼に反対であった. 日英比較 英語ではこの意味では atmosphere を用いるのが一般的. 日本語で場の雰囲気を盛り上げる人, また特にスポーツでチームの士気を高める選手のことを「ムードメーカー」というのは和製英語. 英語では前者は person who creates a good atmosphere, 後者は player who raises the morale of the team などという. **b** (作品に表出された)情調, 気分(の表現). **3 a** 不機嫌: be in a ~ 不機嫌だ. **b** [*pl.*] (発作的な)気分の変わりやすさ; ふさぎ込み, 不機嫌: a man of ~*s* 気分の変りやすい人, お天気屋 / be in one of one's ~*s* (例によって)ご機嫌ななめである / have bad ~*s* 機嫌が悪い / have great ~*s* 感情の起伏が激しい. **4** 《古》怒り, 癇癪 (rage): In his ~, he tore the letter. 彼は怒って手紙を破いた. 〖OE *mōd* mind, spirit, mood < Gmc **mōđaz* (Du. *moed* / G *Mut* spirit, courage / ON *mōðr* anger) ← ? IE **mē-* to strive strongly (L *mōs* custom: ⇨ moral)〗

SYN 気分: **mood** 一時的な気分《最も包括的な語》: in a merry *mood* 陽気な気分で. **temper** 一つの強い感情(特に怒り)に支配された気分: He has a hot *temper*. 怒りっぽい. **humor** 《古風》一時の気まぐれな気分: He was in no *humor* for conversation. 会話をする気分ではなかった. **vein** 瞬間的な *mood*: in serious *vein* まじめな気分で.

mood² /múːd/ *n.* **1** 〖文法〗(動詞の)法, 叙法《その表す動作状態に対する話者の心的態度を示す動詞の語形変化》: the indicative [subjunctive, imperative, optative, conditional, potential] ~ 直説[仮定, 命令, 祈願, 条件, 可能]法. **2** 〖論理〗(三段論法を構成する命題の量と質の組み合わせによって変化する)式, 方式 (cf. figure 13). **3** 《廃》〖音楽〗音階法; モードゥス. 〖(1569)《変形》← MODE¹: MOOD¹ との連想による〗

móod drùg *n.* 〖薬学〗ムード薬《興奮剤・精神安定剤など心の状態に影響を与える薬剤》.

móod mùsic *n.* 〖音楽〗ムードミュージック《耳に快く響き, 肩のこらないセミクラシック・ポピュラー音楽の総称》. 〖1940〗

móod swìng *n.* 〖精神医学〗(躁鬱(そううつ)などの)気分の急激な変動. 〖1942〗

mood·y /múːdi | -di/ *adj.* (**mood·i·er**; **-i·est**) **1 a** むっつりした, 不機嫌な, ふさぎ込んだ: a ~ silence. **b** むら気な. 日英比較 英語の *moody* には日本語の「ムーディー」のような「雰囲気のよい」という意味はない. 英語では pleasant あるいは with a nice [good] atmosphere などという. **2** 《廃》怒った, 腹をたてた (angry). — *n.* むっとした怒り, 不機嫌. **móod·i·ly** /-dəli, -dli | -dɪli, -dli/ *adv.* **móod·i·ness** *n.* 〖OE *mōdig*: ⇨ mood¹, -y¹〗

Moo·dy /múːdi | -di/, **Dwight Ly·man** /láɪmən/ *n.* ムーディー (1837–99; 米国の福音伝道者).

Moody, Helen Wills *n.* ムーディー (1905–98; 米国のテニス選手; ウィンブルドン大会で8回優勝).

Moody, William Vaughn *n.* ムーディー (1869–1910; 米国の詩人・劇作家; *The Great Divide* (1906)).

Móody's Invéstors Sérvices *n.* ムーディーズ インベスターズ サービス(社)《米国の金融情報サービス会社; 債券や銀行の格付けを行っている》. 〖← *John Moody* (1868–1958) 米国の企業家・創業者〗

Moog /móug | móug, múːg/ *n.* 〖商標〗ムーグ[モーグ](シンセサイザー)《多種多様の楽音を合成できる電子鍵盤装置》. 〖(1969) ← *R. A. Moog* (米国の技師, 発明者)〗

moo goo gai pan /múːgùːgàɪpǽn; *Cant.* mò-kwūkɐ̄ip 'iːn/ *n.* 〖料理〗蘑菇鶏片《鶏肉のスライスをしいたけ, 野菜などとともにいためた広東料理》.

Móog sýnthesizer *n.* 〖商標〗＝Moog.

mooi /mɔ́ɪ/ *adj.* 《南ア俗》愉快な, 気持ちいい, すてきな. 〖((1797)) (1812) ◻ Afrik. ~ ◻ Du.〗

mool /múːl/ *n.* 《スコット・北英》**1** 腐植土, (有機性物質の多い)沃土(よくど). **2** 墓土; [*pl.*] 墓. 〖(*a*1578)《変形》← MOLD³〗

moo·la /múːlə/ *n.* (*also* **moo·lah** /~/)《俗》ぜに, 金 (money). 〖(1939) ← ? Yid.〗

moo·li /múːli/ *n.* ムーリ《大きくて細長い大根の一種; 東洋料理で用いられる》. 〖(1969) ◻ Hindi *mūlī* radish ← Skt *mūlikā* ← *mūla* root〗

mool·vi /múːlvi/ *n.* (*pl.* ~*es*, ~*s*) ＝maulvi.

Moom·ba /múːmbə/ *n.* 《豪》ムーンバ祭 (1954年以来 Melbourne 市で毎年開催される祭; 正式には Melbourne Moomba Festival という). 〖(1955) ← Aboriginal〗

Moo·min·troll /múːmɪntrɔ̀ul | -trɔ̀ul/ *n.* ムーミン(トロール)《フィンランドの絵本作家 Tove Jansson の絵本に登場するカバに似た架空の生き物; Moomin Valley の人気者》.

moon /múːn/ *n.* **1** 月: an old ~ 旧月, かけ月 / ⇨ full moon, half-moon 1, new moon 1 a / the old ~ in the new ~'s arms 新月のうちの間に月の暗黒面が(地球の反射光のために)かすかに見えるもの / the ~'s age the age of the ~ (新月以後の)月齢. **2** (惑星の)衛星 (satellite). **3** 太陰月; 《詩・文語》一か月 (month): Summer is but three ~*s* long. / many a ~ 幾月も. **4** 月光 (moon-

light): The ~ was full on her face. 月の光が彼女の顔をまともに照らしていた / There is little ~ tonight. 今夜は月明かりがほとんどない. **5** 月形(の物); 新月形(の物). **6** 〘解剖〙 =lunula 3. **7** =mooning 1. **8** 《俗》尻 (buttocks): one's ~(*s*). **9** 〘魚類〙 =platy².
bárk at* [*agàinst*] *the móon*＝*báy* (*at*) *the móon 月に向かってほえる (Shak., *Caesar* 4. 3. 27); 無益な騒ぎ[企て]をする; いたずらに非難する. ***belów the móon*** 月下の, この世の. ***be* [*júmp*] *òver the móon*** 《口語》嬉しくてたまらない, すっかり舞い上がる. ***crý* [*ásk, réach, wísh*] *for the móon*** 得られない物を欲しがる, できない事を望む. ***ónce in a blúe móon*** 《口語》ごくまれに, めったに…ない《大気中の細かいちりのため, まれに月が青く見えることから》. 〘1821〙 ***prómise the móon*** 不可能なことを約束する. ***shóot the móon*＝*thrów a móon*** 《英俗》(家賃を払わずに)夜逃げする.
— *vt.* **1** ぼんやり過ごす ⟨*away*⟩: ~ *away* one's time. **2** ⟨獲物などを⟩月明かりが見定める. **3** 《俗》⟨人⟩に尻を露出してみせる (cf. *n.* 8, mooning 2). — *vi.* 《口語》 **1** (気が触れたように)ふらふらさまよう, うろつく ⟨*about, along, around*⟩. **2** ぼんやり眺める.
móon òver 《口語》…にあこがれて[夢中になって]うわの空である.
~·lìke *adj.* 〘OE < Gmc **mǣnon* (Du. *maan* / OHG *māno* / G *Mond*) ← IE **me(n)s-* moon, month (L *mēnsis* month / Gk *mḗnē* moon & *mḗn* month) ← **mē-* to measure〙

Moon /múːn/ *n.* 盲人用点字体系. 〘(1859) ← *William Moon*〙

Moon /múːn; *Korean* mun/, **Sun Myung** /sánmjʌ́ŋ/ *n.* 文鮮明 (1920– ; 韓国の宗教的指導者; 1954 年世界基督教統一神霊教会を設立).

Moon /múːn/, **William** *n.* ムーン (1818–94; ムーン書記法(盲人用点字体系)を考案した盲目の英国人).

móon·bàll *n.* 〘テニス〙ムーンボール《頭上高く弧を描くショット》.

móon·bèam *n.* 月の光線, 月光. 〘1590〙

móon·blìnd *adj.* **1** ⟨馬が⟩月盲症にかかった (moon-eyed). **2** 〘病理〙⟨人が⟩夜盲症にかかった. 〘(1668): cf. Du. *maanblind* / G *mondblind*〙

móon blìndness *n.* **1** 〘獣医〙月盲症, 間歇(かんけつ)性[周期性]眼炎 (periodic ophthalmia). **2** 〘病理〙夜盲(症), 鳥目(とりめ) (nyctablopia). 〘*c*1720〙

móon bòot *n.* ムーンブーツ《厚く詰め物をした膝までの防寒用ブーツ》.

móon·bòw /-bòu | -bàu/ *n.* 月夜の虹. 〘1871〙

móon·bùg *n.* 《口語》月着陸船. 〘1963〙

móon bùggy *n.* 〘宇宙〙=lunar rover. 〘1971〙

móon·càlf *n.* **1** (先天的)低能《人》, ばか (imbecile). **2** 空想して時を過ごす人, 夢想家 (daydreamer), うろついて時間をつぶす人《特に若者》. **3** 《古》奇形物, 怪物. 〘(1565) 《なぞり》? ← G *Mondkalb*: 《原義》person influenced by the moon: ⇨ moon, calf¹〙

móon càr *n.* 〘宇宙〙=lunar rover. 〘1965〙

móon chìld *n.* 〘占星〙蟹座(かにざ)生まれの人.

móon·cràft *n.* 〘宇宙〙 **1** 月宇宙船. **2** =lunar rover. 〘1962〙

móon cràwler *n.* 〘宇宙〙=lunar rover. 〘1963〙

móon dàisy *n.* 〘植物〙フランスギク (oxeye daisy). 〘1855〙

móon·dòwn *n.* 《米》月の入り (moonset). 〘1797〙

mooned /múːnd, múːnɪ̀d/ *adj.* **1** 月形の, 新月形の (crescent-shaped). **2** 月形[新月形]の飾りのある. 〘(1607) ← MOON (n.)＋-ED 2〙

móon·èye *n.* **1** 〘獣医〙(馬の)月盲症(にかかった目). **2** 〘魚類〙 **a** 米国産ヒオドン科の淡水魚の総称. **b** ムーンアイ (*Hiodon tergisus*) 《Hudson 川, Mississippi 川下流に見られる目が大きくニシンに似た魚》. 〘1607〙

móon-éyed *adj.* **1** (恐怖・驚きなどのため)目を大きく開けた. **2** 〘病理〙=moon-blind 2. 〘1610〙

móon fàce *n.* 〘病理〙満月様(よう)顔貌《副腎皮質障害や同ホルモン剤の副作用などによる》. 〘1855〙

móon-fàced *adj.* 丸顔の. 〘1855〙

móon·fàll *n.* 月面着陸.

móon·fish *n.* 〘魚類〙 **1** 北米および南米沿岸の暖海にすむアジ科の魚 (*Selene vomer, Vomer setipennis* など). **2** (一般に)形が月に似ている魚類の総称《マンボウ (ocean sunfish), マンダイ (opah), プラティ (platy) など》. 〘(1646) 銀色で平べったく月に似ていることから〙

móon·flìght *n.* 月への飛行, 月世界旅行. 〘1963〙

móon·flòwer *n.* 〘植物〙 **1** ヨルガオ, ユウガオ (*Calonyction aculeatum*) 《熱帯アメリカ産ヒルガオ科の植物; 夜かおりのよい白花を開く》. **2** =daisy 2 a. 〘1747〙

moong /mʌ́ŋ, múːŋ/ *n.* 《インド》〘植物〙ヤエナリ, 緑豆(りょくとう) (*Vigna radiata, Phaseolus aureus*) (mung bean) 《インドでは副食のスープに用いる》. 〘(1800) ▭ Hindi *mūṅg* ▭ Skt *mudga*〙

móon gàte *n.* **1** (中国建築の)満月門《壁面を丸くくり抜いた形の門》. **2** 円形の出入り口.

móon·glòw *n.* 月光 (moonlight). 〘1926〙

Moon·ie /múːni/ *n.* **1** 統一教会の信者. **2** [*pl.*; the ~] 統一教会 (Unification Church). 〘(1974) ← *Sun Myung Moon*＋-IE〙

moon·ing /múːnɪŋ/ *n.* **1** ムーニング《フリット磁器 (frit porcelain) などの人工軟磁器に時折みられる素地中の透明な丸い部分》. **2** 《俗》(走っている車の窓などから)尻を露出してみせること (cf. moon *vt.* 3, streaking).

móon·ish /-nɪʃ/ *adj.* **1** (月の影響を受けて)気が変な; 移り気な (capricious). **2** まんまるで柔らかい. **~·ly** *adv.* 〘*c*1407〙

Moon·ism /múːnɪzm/ *n.* 世界基督教統一神霊協会主義, 原理運動. 〘← *Sun Myung Moon*＋-ISM: cf. Moonie〙

móon jèlly *n.* 〘動物〙ミズクラゲ (*Aurelia aurita*) 《旗口水母目の腔腸動物; moon jellyfish ともいう》.

móon knìfe *n.* 〘皮革〙(皮を柔軟にするのに用いる)中空円形のナイフ. 〘1882〙

móon·less *adj.* **1** 月のない, 闇の: a ~ night. **2** 衛星をもたない: a ~ planet. 〘1508〙

moon·let /múːnlɪ̀t/ *n.* 小型の(人工)衛星. 〘1832〙

móon lètter *n.* 〘文法〙(アラビア語の)月文字《先行する定冠詞 al の l の同化を起こさない語頭の非前舌子音字; ⇨ sun letter》. 〘《なぞり》← Arab. (*al-ḥurūf*) *al-qamariyaʰ*: 定冠詞 *al* の *l* が *qámar* moon の *q* (非前舌音)と同化を起こさないことから〙

moon·light /múːnlàɪt/ *n.* 月光: in the ~ 月光を浴びて / travel by ~ 月明かりを頼りに旅行する. ***do a moonlight*** 《英口語》夜逃げをする. — *adj.* [限定的] 月光の, 月夜に行う[起こる]; 月明かりの: a ~ night 月夜 / a ~ ramble 月夜の散歩. — *vi.* **1** 夜襲する. **2** 《口語》夜間の副業[アルバイト]をする, (特に, 昼夜)二つの[掛け持ちの]仕事をする: ~*ing* teachers. 〘(?*a*1366): ⇨ moon, light¹. — v.: 《逆成》↓〙

móon·lìght·er /-tə | -tə(r)/ *n.* **1 a** 月光団員《1881 年アイルランドで Land League が禁止されたのち, その旧団員らが夜陰に乗じて暴行し地上権や小作上などの鬱憤(うっぷん)を晴らした》. **b** 夜襲する人, 夜襲兵. **2** 《口語》(夜間の)副業をもつ人, (特に, 昼夜)二職をもつ人. **3** 《英口語》(家賃を払わず)夜逃げする人. **4** =moonshiner. 〘1882〙

móonlight flít [**flítting**] *n.* 《英口語》夜逃げ《借金を踏み倒してこっそり逃げること》. 〘1721〙

móon·lìght·ing /-tɪŋ | -tɪŋ/ *n.* **1** 夜襲 (night raid) 《特にアイルランドで 19 世紀に土地所有制に抗議して, 夜間殺人や, 地主の家畜を半殺しにしたりすること》. **2** 《口語》(特に, 昼夜二職を兼ねる)副業. 〖日英比較〗「サイドワーク」は和製英語. ⇨ part-time 〖日英比較〗 〘(1881) ← MOONLIGHT (n.)＋-ING¹〙

Móonlight Sonáta *n.* [the ~] 月光のソナタ《Beethoven 作曲のピアノソナタ第 14 番, 作品 27 の 2 の通称》.

móon·lit *adj.* 月明かりの: a ~ night 月夜. 〘(1830): A. Tennyson の用語: ⇨ lit¹〙

móon mònth *n.* 太陰月 (lunar month). 〘1882〙

móon pìllar *n.* 〘天文〙月柱 (cf. sun pillar).

móon pòol *n.* ムーンプール《深海堀削船の船体中央部にある円筒状の立て坑》.

móon·pòrt *n.* 〘宇宙〙月ロケット発射場《月旅行のための発着港》. 〘(1963) ← MOON＋(AIR)PORT〙

móon pròbe *n.* 〘宇宙〙 **1** (無人の)月探索宇宙飛行. **2** 月探測機, 月探索宇宙船. 〘1958〙

móon·quàke *n.* 〘天文〙月面地震, 月震. 〘1940〙

moon·rak·er /múːnrèɪkə | -kə(r)/ *n.* **1** 〘海事〙最上部特設横帆《skysail の上方に掛け, 軽風の時だけに使用する; moonsail ともいう》. **2** 《英》愚か者, とんま, 間抜け (simpleton). 〘(1787): Wiltshire に住む人が池に映った月影を掻き出そうとしたという昔話から〙

móon·ràt *n.* 〘動物〙ジムヌラ (*Echinosorex gymnurus*) 《ハリネズミ科の食虫動物; 東南アジア産》.

móon·rìse *n.* 月の出; 月の出の時刻 (cf. sunrise). 〘1728〙

móon·ròck *n.* 月の石. 〘1969〙

móon ròver *n.* 〘宇宙〙=lunar rover.

móon·ròof *n.* ムーンルーフ《自動車の屋根につけられる透明部分; cf. sunroof》.

móon·sàil /-sèɪl; (海事) -səl, -sl/ *n.* 〘海事〙ムーンスル (⇨ moonraker 1). 〘1841〙

moon·scape /múːnskèɪp/ *n.* 月面風景; 月面写真, 月面風景画. 〘(1926) ← MOON＋(LAND)SCAPE〙

móon·sèed *n.* 〘植物〙コウモリカズラ《ツヅラフジ科コウモリカズラ属 (*Menispermum*) の植物の総称》. — *adj.* コウモリカズラの. 〘(1739) 《なぞり》← NL *mēnispermum* ← Gk *mḗn* moon＋*spérma* seed〙

móon·sèt *n.* 月の入り; 月の入りの時刻 (cf. sunset). 〘1845〙

moon·shee /múːnʃiː/ *n.* 《インド》=munshi. 〘1776〙

móon shèll *n.* 〘貝類〙タマガイ《タマガイ科の球状じ滑らかな表面の巻貝の総称》. 〘1422–1509〙

moon·shine /múːnʃàɪn/ *n.* **1** 《米口語》密造酒《ウイスキー》; 密輸入酒. **2** つまらない[ばかげた]話[考え]; たわごと, くだらないこと, 見せかけ (nonsense). **3** 月光, 月明かり (moonlight). 〘*c*1500〙

móon·shìn·er *n.* **1** 密輸入者 (smuggler). **2** 《米口語》酒類密造[密売]者. 〘1860〙

moon·shin·y /múːnʃàɪni/ *adj.* **1** 月光のような. **2** 月明かりの (moonlit). **3** 無意味な, 空想的な (fictitious). 〘1602〙

móon·shìp *n.* 月宇宙船 (mooncraft). 〘1867〙

móon shòot *n.* =moonshot. 〘1958〙

móon·shòt *n.* (宇宙船の)月への打ち上げ. 〘1958〙

moon·sif /múːnsɪf/ *n.* 《インド》=munsif. 〘1812〙

móon·stòmp *n., vi.* ムーンストンプ(を踊る)《リズミカルに足を重く踏み鳴らす, 形式にとらわれないダンス》.

móon·stòne *n.* 〘鉱物〙月長石, ムーンストーン《正長石 (orthoclase) の一種; 宝石用; cf. adularia, sunstone; ⇨ birthstone》. 〘(1632) 《なぞり》← L *selēnītēs* 'SELENITE'〙

móon·strìcken *adj.* =moonstruck. 〘1820〙

móon·strùck *adj.* **1 a** 気の狂った, 頭がぼんやりした (deranged, dazed) 《占星学では狂気は月光の影響によるとされた; cf. lunatic 3》. **b** 夢想的な, センチメンタルな. **2** =moonlit. 〘1674〙

móon·wàlk *n.* 月面歩行, 月面踏査. **~·er** *n.* 〘1966〙

moon·ward /múːnwəd | -wəd/ *adv.* 月の方へ, 月に向かって[向けて]. 〘(1855) ← MOON＋-WARD〙

móon·wards /-wədz | -wədz/ *adv.* =moonward.

móon·wòrt *n.* 〘植物〙 **1** ハナワラビ属 (*Botrychium*) のシダの総称; (特に)ヒメハナワラビ (*B. lunaria*). **2** =honesty 3. 〘(1578) 《なぞり》← Du. *maankruid* ∥ G *Mondkraut*〙

moon·y /múːni/ *adj.* (**moon·i·er; -i·est**) **1 a** 気のふれたような; 夢想的な. **b** 《英俗》ぼんやりした, 間抜けの. **2** 月の[に関する]. **3 a** 三日月形の. **b** (満月のように)丸い. **4 a** 月に照らされた. **b** 月光に似た. **móon·i·ly** /-nəli, -nɪli | -nɪ̀li, -nɪli/ *adv.* **móon·i·ness** *n.* 〘*a*1586〙

moor¹ /múə | múə(r, mɔ́ː(r/ *n.* **1** 《英》(排水の悪い高原などでヒース・シダなどが一面に生えた泥炭質の)荒野, 荒地, ムア (cf. heath 1). **2** 《米》(草・すげなどに覆われた泥炭質の)湿原 (fen). **3** 《英》 **a** 泥炭土. **b** 雷鳥 (grouse) などの猟場. **c** 荒地の植物《ヒースなど》. 〘OE *mōr* < Gmc **mōraz, *mōram* (Du. *moer* / G *Moor*) ← IE **mā-no-* damp (L *mānāre* to flow)〙

moor² /múə | múə(r, mɔ́ː(r/ *vt.* **1 a** ⟨ブイ・機雷などを⟩繋(つな)ぎ止める; (特に, 2 個以上の錨・綱などで)⟨船を⟩停泊させる: ~ a ship at the pier, to a buoy, etc. **b** ⟨飛行船を⟩係留塔につなぐ. **2** 安定させる, 固着させる. — *vi.* **1** 船を繋ぎ止める; ⟨船が⟩停泊する (secure). **2** しっかり繋がれる, 固定される. — *n.* 係留. 〘(1497) *more(n)* ▭ ? (M)LG *mōren*: cf. OE *mǣrels(rāp)* mooring rope / Du. *meren* to moor〙

Moor /múə | mɔ́ː(r, múə(r/ *n.* **1** ムーア人《アフリカ北西部, Morocco から Mauritania 地方に住むイスラム教徒でベルベル族とアラビア人との混血種族》. **b** (8 世紀にスペインを侵略してそこに定住した)ムーア人. **2** =Berber 1. 〘(1390) *More* ▭ OF *More* (F *More, Maure*) ▭ L *Maurus* ▭ Gk *Maûros* inhabitant of Mauretania ← *maurós* very dark〙

moor·age /mú(ə)rɪdʒ | mɔ́ːr-, múər-/ *n.* **1** (船などの)係留, 停泊. **2** 係船所, 停泊所. **3** 係留[停泊]所使用料. 〘(1648) ← MOOR²＋-AGE〙

móor·bird *n.* 〘鳥類〙=red grouse. 〘1812〙

móor·bùrn *n.* 《スコット》野焼き《ヒースの原野を焼き払い, 牧草用の新芽の発芽を促す, 古来の習慣; muirburn ともいう》. 〘(1424) *murbyrn*〙

móor bùzzard *n.* 《英方言》〘鳥類〙=marsh harrier. 〘1678〙

móor·còck *n.* 《英》〘鳥類〙 **1** アカライチョウ (red grouse) の雄. **2** クロライチョウの雄 (blackcock). 〘(1329–30) ← MOOR¹＋COCK¹〙

Moore¹ *n.* =Mossi.

Moore² /múə, mɔ́ə | mɔ́ː(r, múə(r/ *n.* ムーア《男性名》. 〘▭ OF *Maur* 'MOOR' (ムーア人のように色が黒かったことに由来するあだ名から?)〙

Moore /mɔ́ə, múə | múə(r, mɔ́ː(r/, **Bobby** *n.* ムーア (1941–93; 英国のサッカー選手; イングランドチームの主将として 1966 年のワールドカップを制した; 本名 Robert Frederick Moore).

Moore, Dudley (**Stuart John**) *n.* ムーア (1935–2002; 英国の俳優・ジャズピアニスト).

Moore, Francis *n.* ムーア, モア (1657–?1715; 英国の占星学者; London で医術を学び, 1700 年より *Old Moore's Almanack* を刊行した).

Moore, George *n.* ムーア (1852–1933; アイルランドの小説家・批評家・劇作家; *Esther Waters* (1894), *Hail and Farewell* (1911–14)).

Moore, G(**eorge**) **E**(**dward**) *n.* ムーア (1873–1958; 英国の哲学者; cf. Cambridge school).

Moore, Gerald *n.* ムーア (1899–1987; 英国のピアニスト).

Moore, Henry *n.* ムーア: **1** (1831–96) 英国の海景画家. **2** (1898–1986) 英国の彫刻家.

Moore, Sir **John** *n.* ムーア (1761–1809; 英国の陸軍中将; 半島戦争で奮戦したが戦死).

Moore, Marianne (**Craig**) *n.* ムーア (1887–1972; 米国の詩人).

Moore, Roger *n.* ムーア (1928– ; 英国の映画俳優; 007 シリーズの James Bond 役で知られる).

Moore, Thomas *n.* ムーア (1779–1852; アイルランドの詩人; アイルランド独立運動に参加; *Irish Melodies* (1807–34), *Lalla Rookh* (1817)).

Moore-Brab·a·zon /múəbrǽbəzən, mɔ́ə-, -zɒn | mɔ́ː-, múə-/, **John Theodore Cuthbert** *n.* ムーアーブラバゾン (1884–1964; 英国の飛行家・政治家; 称号 1st Baron Brabazon of Tara).

Móore-Smith convérgence *n.* 〘数学〙ムーアスミスの収束《点列の収束の概念の, ある種の順序集合への拡張》. 〘← *E. H. Moore* (1862–1932: 米国の数学者) & *H. L. Smith*〙

móor·fòwl *n.* 〘鳥類〙=red grouse. 〘1506〙

móor gàme *n.* 〘鳥類〙=red grouse. 〘1653〙

móor gràss *n.* 〘植物〙湿原に生えるイネ科植物《ヨーロッパ産》: **a** ヒースに生えるモリニア カエルレア (*Molinia caerulea*) (purple moor grass). **b** 石灰岩の高地に生えるセスレリア (*Sesleria caerulea*) (blue moor grass). 〘1749〙

móor·hèn *n.* 〘鳥類〙 **1** バン (*Gallinula chloropus*) 《クイナ科バン属の水鳥; 長い足指をもつ》. **2** 《英》アカライチョウ (red grouse) の雌《gorhen ともいう》. 〘(*c*1300) ← MOOR¹＋HEN〙

moor·ing /mú(ə)rɪŋ | mɔ́ːr-, múər-/ *n.* **1** 係留, 係船,

停泊. **2** [通例 *pl.*]〘航海〙係留[係船, 停泊]用具; 係船設備[装置]. **3** [*pl.*]〘航海〙係留所, 係船所, 停泊所: The yacht rides at its [her] ～*s*. ヨットは係留している / take up ～*s* at Buoy No. 1 第一番浮標に係留する. **4** [通例 *pl.*] 精神的なよりどころ, 支え: lose one's ～*s* 心の支えを失う. 〖(1495): ⇨ moor[2], -ing[1]〗

móoring ànchor *n.*〘海事〙ムアリングアンカー《係船浮標を固定しておくための錨》. 〖1820〗

móoring bìtt *n.*〘海事〙=bitt 1.

móoring bùoy *n.*〘海事〙係留ブイ《それに船をつなぐ》. 〖1809〗

móoring màst *n.*〘航空〙飛行船の係留塔[柱]. 〖1919〗

móoring pìpe *n.*〘海事〙ムアリングパイプ《係船索を舷外に導くために舷側に設けた孔》.

móoring pòst *n.*〘海事〙=bollard 1. 〖1864〗

móoring ràck *n.*〘海事〙係船杭《何本かの杭を並べ, その上部を連結してある係船用の杭》.

móoring scrèw *n.*〘海事〙螺旋錨《水底の土中にねじ込んで固定しておく形の一種の錨; screw anchor, screw mooring ともいう》.

móoring swìvel [shàckle] *n.*〘海事〙係船スイベル[シャックル]《鎖がねじれないように船首付近でチェーンケーブルの間に入れる回り継ぎ手》. 〖*c*1860〗

móoring tèlegraph *n.*〘海事〙船渠用通信器《係船に当たっての船橋と船首間の通信器》.

móoring tòwer *n.*〘航空〙=mooring mast.

moor·ish /mʊ́(ə)rɪʃ | mɔ́ːr-, mʊ́ər-/ *adj.*《古》荒地 (moor) の多い; 荒地性の. 〖(1398): ⇨ moor[1], -ish[1]〗

Moor·ish /mʊ́(ə)rɪʃ | mɔ́ːr(-, mʊ́ər-/ *adj.* **1** ムーア人 (Moor) の. **2**〈建築・装飾など〉ムーア式の: ～ decoration / ⇨ Moorish architecture. 〖1434〗

Móorish árchitecture *n.*〘建築〙回教建築, イスラム建築《北アフリカ・スペインに見られる回教徒の建築; cf. Saracenic architecture》. 〖1797〗

Móorish ídol *n.*〘魚類〙アフリカからメキシコに及ぶインド洋・太平洋の暖海にすむツノダシ科の魚類の総称《鮮かな色彩のツノダシ (*Zanclus cornutus*), トゲツノダシ (*Z. canescens* など)》.

móor·land /-lənd, -læ̀nd/ *n.*《英》荒野; (雑草の生い茂る)沼地. 〖OE *mōrland*: ⇨ moor[1], land[1]〗

Móor·som sỳstem /mʊ́əsəm- | mɔ́ː-, mʊ́ə-/ *n.*〘海事〙ムアソン式測度法《商船のトン数計算の一方式で, 密閉部内部容積を 100 立方フィート (1000/353 m³) を 1 トンとして計るもの; 英国の Moorsom 提督により提唱され 1849 年法律化された》.

móor·stòne *n.*《英方言》ムアストーン《特に, Cornwall 地方にある花崗(ｺｳ)岩》. 〖(*c*1600) ← MOOR[1]+STONE〗

móor·wòrt *n.*〘植物〙=bog rosemary. 〖(1776) ← MOOR[1]+WORT[2]: cf. OE *morwyrte* ? sundew〗

moor·y /mʊ́(ə)ri | mɔ́ːri, mʊ́əri/ *adj.* (**moor·i·er; -i·est**) 荒地性の; 沼沢性の (marshy). 〖(*a*1387): ⇨ moor[1], -y[4]〗

moose /múːs/ *n.* (*pl.* ～) **1**〘動物〙アメリカヘラジカ (*Alces alces americanus*)《カナダおよび米国北部産; 雄には掌状の大きい角がある》. **2**〘動物〙(ヨーロッパ)ヘラジカ (elk). **3**〘動物〙オオツノシカ (*A.malchis*)《北欧産》. **4** [M-] 米国の友愛組合 Loyal Order of Moose (1888 年創設; 略 LOOM) の一員. **5** [時に M-]《米》=Bull Moose. 〖(1613) ← N-Am.-Ind (Algonquian)《原義》he strips or eats off: 樹皮をはいで食べる食性から〗

moose 1

móose·bìrd *n.*《カナダ》〘鳥類〙=Canada jay. 〖1832〗

Móose·head Láke /múːshɛd-/ *n.* ムースヘッド湖《米国 Maine 州中部の湖; 面積 310 km²》. 〖(なぞり) ← Am.-Ind.〗

Moose Jaw /múːsdʒɔ̀ː, -dʒɑ̀ː | -dʒɔ̀ː/ *n.* ムースジョー《カナダ西部, Saskatchewan 州の都市; 農産物加工, 石油産出で知られる》.

móose màple *n.*〘植物〙=mountain maple. 〖1839〗

móose·mìlk *n.*《カナダ方言》(密造)ウイスキー; ムースミルク《ウイスキーとミルクをベースにしたカクテル》.

móose·wòod *n.*〘植物〙**1** =striped maple. **2** =leatherwood 1. **3** 北米産スイカズラ科ガマズミ属の植物 (*Viburnum alniforlium*). 〖1778〗

móo shù pórk /múː ʃùː-/ *n.*〘料理〙木樨肉(ﾑｰｼｭｰﾆｰ)《薄切り豚肉を野菜・かき卵とともにふんわりといためた中国料理; 北京ダックに使う薄餅(ﾋﾟﾝ)などのクレープ状生地にくるんで食べることが多い》. 〖*moo shu*: □ Chin. *muxu* (木須) =*muxi* (木犀): かき卵が金木犀の花のように見えることから〗

moot /múːt/ *adj.* **1** 議論の余地がある, 未決の (debatable): a ～ point, question, etc. **2**《米》**a** (もはや)存在しない, 起こりそうもない. **b**〘法律〙実用価値のない, 全く観念的な. **3** 仮想上の: ⇨ moot court. ― *vt.* **1**〈問題などを〉議題にのせる, 提出する: a ～*ed* point 問題点. **2** …から実際的な意義を骨抜きにする; 観念論[学問的]にしてしまう. **3**《古》議する, 論じる (discuss); (特に, 模擬法廷で)弁論する: ～ a case. ― *vi.* 模擬法廷[裁判]で弁論する. ― *n.* **1**〘法律〙(法学院 (Inns of Court) などで学生が仮想的事件について行う)模擬裁判. **2**〘英史〙**a** 民会《アングロサクソン時代に各地区の自由民が公共問題の討議のために開いた会合; cf. witenagemot》. **b** その会合所. **3**《古》議論, 討議 (argument, discussion). **～·er** /-tə | -tə(r)/ *n.* **～·ness** *n.* 〖OE (*ġe*)*mōt* meeting, discussion < Gmc *(*ʒa*)*mōtam* (Du. *gemoet* / ON *mōt*) ← IE **mōd-* to meet: cf. meet[1]〗

móot córt *n.* (法学生などの演習のために催す)模擬法廷. 〖1788〗

móot háll *n.* **1**〘英史〙(昔, moot が行われた)会合所. **2** 町役場, 市役所 (town hall). **3** (法学院 (Inns of Court) で)模擬法廷の開かれるホール. 〖*c*1380〗

mop[1] /mɑ́(ː)p | mɔ́p/ *n.* **1** モップ《長柄付きの吸収性のあるぞうきん》; (水を用いない空ぶき用)モップ: give a ～ モップ[スポンジ]でふく / ⇨ dry mop. **2** モップに似たもの; (髪の毛などの)ぼさぼさの固り: a ～ of hair もじゃもじゃの髪の毛. ***móps and bróoms***《口語》ほろ酔いの, 一杯機嫌の. ― *vt.* (**mopped; mop·ping**) **1** モップでふく, 掃除する: ～ the floor モップで床をふく / ～ the spilled liquid こぼれた液体をモップでふく. **2**〈涙・汗などを〉ぬぐう (wipe): ～ one's face [tears] *with* a handkerchief. **3**《俗》打ちのめす (trounce); 徹底的にやっつける. ― *vi.* モップで掃除する〈*up*〉.

móp úp (*vt.*) (1)〈こぼれ水などを〉ふく, ぬぐい取る. (2)《俗》〈利益・もうけなどを〉がっぽり取る, 吸い取る, しぼり取る,〈賞金を〉ごっそりいただく. (3)《口語》〈仕事などを〉片付ける, やっつける. (4)〘軍事〙〈攻略した敵の陣地・地域などの〉残敵を掃討する: ～ *up* the ground, trenches, town, etc. (5)《英俗》むさぼり飲む[食う]. ― (*vi.*) (1) ⇨ *vi.* (2) 計画を完遂する. (3) 取扱い[取引き]を仕終える. (4)〘軍事〙残敵を掃討する.

móp·per *n.* 〖(1496) *mappe* ← *mappel* □ ? ML *mappula* ← ? L *mappa* 'NAPKIN, cloth': cf. (O)F *mappe*〗

mop[2] /mɑ́(ː)p | mɔ́p/《古・文語》*vi.* (**mopped; mop·ping**) 口をゆがめる, 顔をしかめる. ★ 主に次の句に用いる: ～ and mow しかめ面をする, 顔をしかめる. ― *n.*《古》しかめ面 (grimace). ★ 主に次の句に用いる: ～*s* and mows しかめ面, 渋面. 〖(1567) ← ? LG (擬音語): cf. Du. *moppen* to pout〗

mop[3] /mɑ́(ː)p | mɔ́p/ *n.*《英》〘歴史〙(毎年, 町や村で秋の取入れ時に働き手を雇うために開かれた)募集市[集会]. 〖(1677)《略》← *mop-fair* ← ? MOP[1]+FAIR[2] // または市に集まる雇用志願者がそのしるしとしてモップ, ほうきなどをもっていたことからか〗

Mop *n.* ⇨ Mrs. Mop.

mo·pa·ni /mɑ(ː)pɑ́ːni | mɔ-/ (*also* **mo·pa·ne** /～/) *n.*〘植物〙モーパン, アフリカテツボク (*Colophospermum mopane*)《熱帯アフリカ産マメ科; 堅材を採る》. 〖(1857) □ Bantu (Tswana) *mopane*〗

móp·bòard *n.*《米》〘木工〙(部屋の壁の下部に回した)幅木(ﾊﾊﾞｷ), そうきんずり (baseboard). 〖(1854): cf. mop[1]〗

mope /móup | mə́up/ *vi.* **1** 気を腐らせる, ふさぎ込む. **2** (ふさぎ込んで)ぼんやり歩き回る〈*about, around*〉. **3**《廃・方言》茫然(ﾎﾞｳｾﾞﾝ)としている, あてもなく歩き回る. ― *vt.* **1** [受身または ～ one*self* で] 気を腐らせる, ふさぎ込ませる, 意気消沈させる: be ～*d* to death すっかりしょげ返る / be *moping oneself* in the house 家の中にふさぎ込んでいる. **2** 意気消沈して過ごす〈*away*〉: ～ one's time [life] *away*. ― *n.* **1** 陰気な人, 沈み屋, ふさぎ屋. **2** [the mopes] 憂鬱, 意気消沈 (dumps): have a fit of *the* ～*s* ふさぎ込む, しょげる. **móp·er** *n.* **móp·y** /-pi/ *adj.* 〖(1598–99)《変形》? ← *mopp(e)* fool & *moppish* bewildered ← ? ON: cf. Dan. *maabe* to mope / LG *mopen* to gape〗

mo·ped /móupɛ̀d | mə́u-/ *n.*《英》モペッド, エンジン付き自転車; (50 cc 以下の) 軽量モーターバイク, 原付き自転車. 〖(1956) □ Swed. ～ ← (*tramp-cykel med*) *mo*(*tor och*) *ped*(*alar*) pedal cycle with engine and pedals: cf. G *Moped*〗

mo·per·y /móupəri | mə́u-/ *n.*《俗》ささいな法律違反, 軽犯罪. 〖(1907): ⇨ -ERY〗

mop·ey /móupi | mə́u-/ *adj.* (**mop·i·er; -i·est**) ふさぎ込んだ, 意気消沈した, 陰気な. 〖(1827) ← MOPE+-Y[4]〗

móp fàir *n.* =mop[3].

móp·hèad *n.* **1** モップの先. **2** もじゃもじゃの頭; もじゃもじゃ頭の人. 〖1824〗

mop·ish /móupɪʃ | mə́u-/ *adj.* 意気消沈した, ふさぎ込みがちの. **～·ly** *adv.* **～·ness** *n.* 〖1621〗

mo·poke /móupouk | máupəuk/ *n.* **1**〘鳥類〙=morepork. **2**《豪俗》のろい奴, 哀れな奴. 〖1827〗

Mopp *n.* ⇨ Mrs. Mop.

mop·per-up /mɑ́(ː)pəʌ́p | mɔ́pə(r)ʌ́p/ *n.* (*pl.* **mop·pers-up**) **1** mop する人[物]. **2** (戦闘後の)敗残兵掃討係; 残骸[戦死体]片付け役. 〖(1917) ← *mop up* (⇨ mop[1] (v.) 成句): ⇨ -er[1]〗

mop·pet /mɑ́(ː)pɪ̀t | mɔ́p-/ *n.* **1 a**《口語》おちびさん, 子供 (child). **b** [愛称] お嬢ちゃん, 赤ちゃん《poppet の方がふつう》. **2**《古》**a** 若い女性, 女の子, 娘. **b** はでな身なりの女性; おきゃん. **c** 女々しい男 (fop). 〖(1601) ← *mop* baby, rag doll+-ET〗

móp·ping-úp *adj.* **1** 仕上げの, 後片付けの. **2**〘軍事〙掃討の: a ～ operation (残敵を全部制圧する)掃討作戦. 〖1918〗

móp·stìck *n.* モップの柄. 〖1710〗

móp·ùp *n.* **1** 後始末, 総仕上げ, 最終処理; (山火事などの)後始末. **2**〘軍事〙(残敵を全部制圧する)掃討. 〖(1900) ← *mop up* (⇨ mop[1] (v.) 成句)〗

mop·y /móupi | mə́u-/ *adj.* (**mop·i·er; -i·est**) =mopey.

mo·quette /moukɛ́t | mɔ-, mə(u)-/ *n.* モケット《椅子張りや列車・電車などの座席張りに用いる添毛毛織物》. 〖(1762) □ F ～《変形》←《古》*mo(u)cade*《変形》? ← It. *mocaiardo* mohair〗

mor /mɔ́ə | mɔ́ː(r)/ *n.*〘土壌〙モル《森林土壌の腐植の形態区分の一つで, 寒冷地の針葉樹などに見られ, 落葉・落枝などがあまり分解を受けずに集積したもの, 無機物と混合していない; cf. duff[1] 4》. 〖(1931) □ Dan. ～ 'humus'〗

MOR /ɛ́mòuɑ́ə | -əuɑ́ː(r)/《略》middle-of-the-road《放送》(ラジオ番組の音楽が)イージーリスニングの. 〖1970〗

mor.《略》〘製本〙morocco.

Mor.《略》Moroccan; Morocco.

mo·ra[1] /mɔ́ːrə/ *n.* (*pl.* **mo·rae** /-rìː, -raɪ/, ～**s**) **1**〘古典詩学〙モーラ《普通の 1 短音節に当たる韻律単位; 記号 ◡》. **2**〘言語〙モーラ《音節の長さを計る単位; 通例短母音を含む 1 音節の長さが 1 モーラとなる》. **3**〘ローマ法〙(責められるべき)遅滞, 不履行 (default), 懈怠(ｹﾀｲ). 〖(1569) □ L ～ 'delay' ← IE *(*s*)*mer-* to remain, delay〗

mo·ra[2] /mɔ́ːrə/ *n.* イタリア拳《一人が指を何本か広げて同時に広げられた相手の指の数に合わせようとする遊戯》: play ～. 〖(1706) □ It. ～ ← ?〗

Mo·ra·ce·ae /məréɪsiìː, mɔːr- | mɔːr-/ *n. pl.*〘植物〙クワ科. 〖← NL ～ ← *Mōrus* (属名: ← L *mōrus* mulberry tree ← *mōrum* 'MULBERRY')+-ACEAE〗 **mo·rá·ceous** /-ʃəs/ *adj.*

Mo·ra·da·bad /mərɑ́ːdəbɑ̀ːd, -rǽdəbæ̀d | -də-/ *n.* モラダバード《インド Uttar Pradesh 州の都市》.

morae *n.* mora[1] の複数形.

mo·rain·al /məréɪnl, mɔːr- | mɔr-, mər-/ *adj.* =morainic. 〖1872〗

moráinal dríft *n.*〘地質〙氷礫(ﾋｮｳﾚｷ)土《氷河によって運ばれ堆積(ﾀｲｾｷ)した堆石》.

mo·raine /məréɪn, mɔːr- | mɔr-, mər-/ *n.*〘地質〙氷堆石(ﾋｮｳﾀｲｾｷ)《氷河によって運ばれた丸石・砂利・粘土などの堆積物, またはそれらのつくる地形》. 〖(1789) □ F ～《変形》←《方言》*morêna* heap of earth ← *morre* muzzle < VL **murrum* mound: cf. morion[1] / Sp. *morro* snout〗

mo·rain·ic /məréɪnɪk, mɔːr- | mɔr-, mər-/ *adj.*〘地質〙氷堆石(ﾋｮｳﾀｲｾｷ)の. 〖1836〗

mor·al /mɔ́(ː)rəl, mɑ́(ː)r- | mɔ́r-/ *adj.* **1 a** (行動の善悪の基準となる)道徳(上)の, 倫理的な (ethical); 行動の善悪の判断のできる: a ～ agent [being] 道徳的行為者[主体]としての人 / ～ character 品性 / ～ culture 徳育 / the ～ sense 道徳的感覚[良心] / the ～ code 道徳律 / ～ principles 道義 / ～ obligations 道義上の義務 / ～ standards 道徳的基準 / a ～ tone 気品, 品格 / Christianity as a ～ force 道徳的な力としてのキリスト教. **b** 道徳を教える, 教訓的な: a ～ speaker, book, lesson, poem, etc. / a ～ play 勧善懲悪劇 / a ～ story 道話. **2 a** 道徳を守る, 道徳的な, 品行方正な (virtuous): a ～ man, life, etc. **b** (性的関係で)身持ちのよい (chaste) (↔ immoral), 貞節な. **3** (物質的・自然的・肉体的でなく)精神的な: ～ influence [pressure] 精神的な影響[圧迫] / a ～ victory [defeat] 精神的な勝利[敗北] / ～ support 精神的支援 / ～ courage (肉体的勇気に対して)精神的勇気 / ～ cowardice (世間の非難などを気にする)精神的臆病, 気の弱さ / lack of ～ fiber 勇気のないこと, 臆病 / use a word in its ～ sense 言葉を(文字通りでなくその裏の)精神的意味で用いる. **4 a** 確実な, 公算が大きい: a ～ certainty まず間違いないこと. **b**〘法律〙(証拠など)立証できないが状況などから確実な: ～ evidence 蓋然的証拠.

― *n.* **1** (物語・体験・出来事などに含まれた)寓意, 教訓; 訓言 (maxim): There is more than one ～ to be drawn from this story. この物語からの幾多の教訓がくみとられる / point (*up*) a ～ ⇨ point *vt.* 5. **2** [*pl.*] 修身, 倫理, 倫理学 (ethics). **3** [*pl.*] 風儀, 徳行, 道徳; (特に, 男女間の)品行: public ～*s* 風紀 / social ～*s* 公徳 / a person of doubtful ～*s* 品行のいかがわしい人 / in good ～*s* 徳義上 / a loose person with no ～*s* 道徳観念のない人. **4** [通例 the (very) ～ として]《古》生き写し, うり二つ (resemblance): She is *the very* ～ of her mother. 彼女は母親に生き写しだ. **5**〘演劇〙=morality play. **6**《古》隠された意味; (教訓的)表象. **7** /mərǽl/《まれ》=morale.

〖(*c*1340) □ (O)F ～ // □ L *mōrālis* relating to manners, customs ← *mōr-, mōs* manner, habit: L *mōrālis* は Gk *ēthikós* ethical のなぞり: ⇨ mood[1], -al[1]〗

SYN 道徳的な: **moral** 品性や行動が慣習的な道徳にかなう《一般的な語》: a *moral* way of living 道徳的な生き方. **ethical** 職業上などで倫理的・法的に正しい行動の基準に合致する: an *ethical* lawyer 道義的な弁護士. **righteous**《文語・聖書》〈人や行動が〉正義・公正・高潔である: a *righteous* man 高潔な人. **virtuous** とくに個人的な生活において道徳的に優秀な品性を有する《女性の場合は貞節を暗示する; 格式ばった語》: a *virtuous* woman 貞節な女性.

mo·rale /mərǽl, mɔː- | mərɑ́ːl, mɔ-/ *n.* **1 a** (軍隊・集団の共通の目的に向かう)士気: The ～ of the troops is excellent. 軍隊の士気は大いに上がっている. **b** (ある仕事・事業に対する)意気込み, 志気, 勤労意欲: raise the ～ of employees 従業員の志気を昂揚する. **c** (目的意識・未来の立場などに対する個個人の)安心[安定]感. **2**《まれ》(道徳上の)徳目; 徳行. 〖(1752) □ F ～ (fem.) ← *moral* (adj.): ⇨ moral〗

M

Mo·ra·les /mərǽlɪ̀s, mɔːráːl- | mɔráːlɛz, -lɛs; *Sp.* moráles/, **Luis de** *n.* モラレス《1510?–86; スペインの宗教画家; 通称 El Divino (聖者)》.

móral házard *n.* 〖保険〗道徳的危険《被保険者または保険契約者の不注意・故意など性格的要素に基づく危険; cf. physical hazard》. 〖*c*1917〗

mor·al·ism /mɔ́(ː)rəlɪzm, mɑ́(ː)r- | mɔ́r-/ *n.* **1** 教訓主義, 説法癖, 説法. **2** 修身訓, 訓言. **3** (宗教と区別された)倫理主義, 道徳的実践. 〖1828〗

mór·al·ist /-lɪ̀st | -lɪst/ *n.* **1 a** 道徳[倫理]学者. **b** 道徳[倫理]的作家[思想家, 哲学者], モラリスト. **2** 道徳実践家, 道徳家, 倫理主義者. **3 a** 世人の道徳向上を説く人, 社会教育家, 警世家, 道学者. **b** 《軽蔑》他人の道徳観に干渉したがる人. 〖1621〗

mor·al·is·tic /mɔ̀(ː)rəlɪ́stɪk, mɑ̀(ː)r- | mɔ̀r-˝/ *adj.* **1** 道学的な, 教訓的な. **2** 道徳主義の (didactic). **mò·ral·ís·ti·cal·ly** *adv.* 〖1865〗

mo·ral·i·ty /mərǽləṭi, mɔːr- | mərǽlɪ̀ti, mɔ-/ *n.* **1** 道徳(性), 倫理(性), 道義 (⇨ goodness SYN); 倫理学: the high [low] standard of ～ 高い[低い]道徳水準 / commercial ～ 商業道徳. **2** 徳行, 徳性; (特に, 男女間の)品行方正 (chastity): a man of doubtful ～ 行状のいかがわしい男. **3 a** (行動と密着する)理念, 倫理観. **b** [*pl.*] (特殊の)行動規準, 社会道徳規範. **4** (物語などの)寓意; 訓話, 説教. **5** 〖演劇〗=morality play. 〖(*c*1390) □ (O)F *moralité* □ LL *mōrālitātem*: ⇨ moral, -ity〗

morálity plày *n.* 〖演劇〗道徳劇《英国で miracle play にやや遅れて 15–16 世紀に流行したもの; 擬人化された善と悪が, Mankind とか Everyman の名をもつ主人公に働きかける筋のもの》. 〖1929〗

mor·al·i·za·tion /mɔ̀(ː)rəlɪ̀zéɪʃən, mɑ̀(ː)r- | mɔ̀rəlaɪ-, -lɪ-/ *n.* **1 a** 道徳的説明. **b** 説法, 説教. **2** 教化, 徳化. **3** 道徳的反省. 〖(*c*1420) □ ML *mōrālizātiō(n-)*: ⇨ ↓, -ation〗

mor·al·ize /mɔ́(ː)rəlaɪz, mɑ́(ː)r- | mɔ́r-/ *vt.* **1** 道徳的に説明する, …に道徳的意義を加える, …から教訓を引き出す: ～ a parable 寓話から教訓を引き出す. **2 a** 〈人・社会〉に徳性を与える, 徳化する; (道徳的に)教化する: ～ the heathen 異教徒を教化する. **b** …の道徳を改善する, より道徳的にする: ～ individuals. **— *vi.*** 道徳的な反省をする; 道を説く, 説法する: ～ *over* the story [*on* the event] その物語[事件]に基づいて道を説く / The author ～*s* excessively in this work. 著者はこの本の中で余りにも道徳を説き過ぎている. 〖(?*c*1425) □ (O)F *moraliser* // ML *mōrālizāre* ← L *mōrālis*: ⇨ moral, -ize〗

mor·al·iz·er *n.* 道を説く人, 道学者; 教訓作者. 〖1600〗

mór·al·iz·ing *adj.* 道徳化する, 道理を説く, 教訓的な. **～·ly** *adv.* 〖*c*1422〗

móral láw *n.* 道徳律. 〖1606〗

mór·al·ler *n.* 《廃》=moralizer.

mór·al·ly /-rəli/ *adv.* **1 a** 道徳上, 徳義上; 道徳的な意味で: interpret a story ～ 物語を道徳的に解釈する. **b** 道徳的に, 正しく: act [live] ～ 道徳的に行動する[生きる]. **2** (物質的・肉体的にでなく)精神的に. **3** 実質上, 実際に: feel ～ certain of a safe departure まず間違いなく安全に出発できだろうと思う / I was ～ bound to fail [succeed]. 事実上失敗[成功]するはずのところだった. 〖*a*1396〗

móral majórity, M- M- *n.* **1** 《米史》モラルマジョリティ《プロテスタント根本主義に基づき, 保守的, 権威主義的政策を支持する 20 世紀の政治, 社会運動の団体》. **2** 厳格な道徳, 伝統的価値を信奉する多数派. 〖1979〗

móral philósophy *n.* 道徳哲学, 倫理学 (ethics), 精神科学《古くは広義に心理学・形而(ˊʲ)上学をも含めて用いた; cf. natural philosophy》. 〖1606〗

móral psychólogy *n.* 道徳心理学《道徳・行動に関する心理学》. 〖1859〗

Móral Rè-Ármament *n.* 道徳再武装[運動], エムアールエー(運動)《F. Buchman の主唱に始まる Oxford Group movement の主張を表現した 1938 年以降の呼称; 略 MRA; cf. Buchmanism》. 〖1938〗

móral scíence *n.* =moral philosophy. 〖1828〗

móral sénse *n.* 道徳感覚[観念]《善悪を判別する道徳感覚》.

móral suppórt *n.* 精神的な援助[支持], モラルサポート: give ～ to a person / go to a person for ～. 〖1885〗

móral theólogy *n.* 道徳[倫理]神学《キリスト者の道徳高位の原理を研究する神学の一部門》. 〖1727–41〗

móral túrpitude *n.* **1** 不道徳行為, 堕落; (特に, 性的な)破廉恥行為, 不品行. **2** (刑事犯罪にみられる)道徳的欠陥. 〖1879〗

móral tútor *n.* 《英》モラルチューター《学生の生活相談指導教官》. 〖1932〗

móral vírtue *n.* 〖哲学〗行徳《理性によって欲望を制御する徳; 勇気・節制・寛大など; cf. intellectual virtue》. 〖*c*1386〗

Mo·rand /mɔ(ː)rɑ̃ː(ŋ), -rɑ́ːŋ | mɔ-; *F.* mɔʀɑ̃/, **Paul** *n.* モラン《1888–1976; フランスの小説家・外交官; *Ouvert la nuit*「夜開く」(1922)》.

Mo·rar /mɔ́ːrə | mɔ́ːrə^(r)/, **Loch** *n.* モーラ湖《スコットランド中西部海岸にある英国で最も深い湖 (最大深度 310 m)》.

mo·rass /mərǽs, mɔːr- | mə-, mɔ-/ *n.* **1** 困った立場, 苦境, 難局; 難渋, 困窮, 当惑 (difficulty, perplexity). **2** 低湿地帯; 沼地, 沢地 (bog, marsh). 〖(1655) □ Du. *moeras* (変形) ← MDu. *maras* □ (O)F *marais* ← Gmc: *moeras* ← *maras* の変形は Du. 《廃》*moer* 'MOOR[1]' の影響による: cf. marsh〗

mo·ráss·y /-si/ *adj.* 沼地(性)の. 〖(1699): ⇨ ↑, -y[1]〗

mor·a·to·ri·um /mɔ̀ːrətɔ́ːriəm, mɑ̀(ː)r- | mɔ̀r-/ *n.* (*pl.* ～**s**, **-ri·a** /-riə | -rɪə/) **1** 一時停止[禁止, 延期]: lift a ～ *on* a new experiment 新実験の一時停止を解除する. **2** 〖経済〗**a** モラトリアム《非常事態に際して債権・債務の決済を一時延期すること; cf. Hoover moratorium》. **b** 支払い猶予期間. 〖(1875) ← NL ～ ← LL (neut.) ← *morātōrius* (↓)〗

mor·a·to·ry /mɔ́ːrətɔ̀ːri, mɑ́(ː)r- | mɔ́rətəri, -tri/ *adj.* 〖法律〗支払い猶予[延期]の: a ～ law 支払い猶予法. 〖□ LL *morātōri-us* delaying ← L *morārī* to delay ← *mora* 'delay, MORA[1]'〗

Mo·ra·va /mɔ́ːrəvə | mɔ́ːr-; *Czech, Slovak.* mɔrava, *Serb./Croat.* mǒrava/ *n.* **1** [the ～] モラバ(川)《Moravia を南流し, オーストリア・スロバキアの国境をなす川 (370 km); Danube 川に合流》. **2** [the ～] モラバ(川)《ユーゴスラビア東部を北方に流れる川 (216 km); Danube 川に合流》. **3** モラバ《Moravia のチェコ語名》.

Mo·ra·vi·a /məréɪviə, mɔː- | mə-, mɔ-/ *n.* モラビア《チェコ東部の地方; もとオーストリア領; 主都 Brno; チェコ語名 Morava》. 〖□ ML ～ ← *Morava* (↑)〗

Mo·ra·vi·a /mourɑ́ːviə | məʊ-; *It.* moráːvja/, **Alberto** *n.* モラビア《1907–90; イタリアの小説家; Alberto Pincherle /piŋkerle/ の筆名; *Gli indifferenti*「無関心な人びと」(1929)》.

Mo·ra·vi·an /məréɪviən, mɔː- | mə-, mɔ-/ *adj.* **1** モラビア(人)の. **2** モラビア教会[兄弟団]の, モラビア教徒の. **— *n.*** **1 a** モラビア人. **b** モラビア語《チェコ語の一方言》. **2** モラビア教徒 (⇨ Moravian Brethren). **～·ism** /-nɪzm/ *n.* 〖(1555) □ ML *Moraviānus* ← MORAVIA〗

Morávian Bréthren *n. pl.* [the ～] モラビア兄弟団《15 世紀以降, John Huss の信奉者たちが Bohemia, Moravia で起こした新教徒の集団で, 一時壊滅に近く, 1722 年に再組織されモラビア教会 (Moravian Church) と呼ばれる; もと兄弟団 (Unity of Brethren), ボヘミア兄弟団 (Bohemian Brethren) ともいった》. 〖1739〗

Morávian Chúrch *n.* [the ～] モラビア教会 (⇨ Moravian Brethren).

Morávian Gáte [Gáp] *n.* [the ～] モラビア峠《Sudeten 山脈と Tatra 山脈間の通路, ポーランド南部から Moravia に通じる》.

Mo·rav·ská Ós·tra·va /*Czech* mɔ́rafska:ɔ́strava/ *n.* =Ostrava.

mo·ray /mɔ́ːreɪ, məréɪ | mɔ́reɪ, mɔ́ːr-, məréɪ/ *n.* 〖魚類〗ウツボ科の魚類の総称《暖海のさんご礁間などにすむ太いうなぎ型の魚; ローマ時代以降, 奴隷・罪人を食い殺させるのに用いた; 地中海地方で食用魚として珍重されるヘレンウツボ (*Muraena helena*) など; moray eel ともいう》. 〖(1624) □ Port. *moreia* < L *muraena* □ Gk *(s)múraina*〗

Mor·ay /mɔ́ːri | mʌ́ri/ *n.* マリー《スコットランド北東部の行政区; 1975–95 年は Grampian 州の一部; 主都 Elgin》.

Móray Fírth *n.* マリ湾《スコットランド北東岸の北海の入江》. 〖*moray*: ← ON 《原義》broad firth〗

Mor·ay·shire /mɔ́ːrɪʃə, -ʃɪə | mʌ́rɪʃə^(r), -ʃɪə^(r)/ *n.* マリシャー《スコットランド北東部の旧州; 旧名 Elgin(shire)》. 〖← *moray* (← Gael. *muir* sea) + -SHIRE〗

mor·bid /mɔ́əbɪ̀d | mɔ́ːbɪd/ *adj.* **1 a** 〈精神傾向・思想が〉病的な, 病的に過敏な (oversensitive): ～ fears / a ～ interest in suffering 苦痛に対する病的な興味. **b** 《口語》憂鬱(ʸᵘ)な, 陰気な (gloomy). **2** 気味悪い, 恐ろしい, ぞっとするような: a ～ tale. **3 a** 病気の, 病気がちの, 不健全な. **b** 病気に起因する, 病的な: a ～ growth 病的形成物, 腫瘍(ˢʸᵘ). **c** 《まれ》病気を起こす, 病気の原因となる. **4** 病気に関する, 患部の, 病理学的な: ～ anatomy 病理解剖学. **～·ly** *adv.* **～·ness** *n.* 〖(1656) □ L *morbidus* sickly ← *morbus* disease ← IE **mer-* to rub away, harm (Gk *maraínein* to consume): ⇨ -id[4]: cf. mortal〗

mor·bi·dez·za /mɔ̀əbədétsə | mɔ̀ːbɪ-; *It.* morbidéttsa/ *n.* **1** 〖美術〗(肌色の)柔らかさ, 美しさ, 柔美. **2** (文学・表現などの)繊細さ, 柔らかみ. 〖(1624) □ It. ～ ← *morbido* 'MORBID'〗

mor·bid·i·ty /mɔəbídəṭi | mɔːbídɪ̀ti/ *n.* **1 a** 病的状態, 病的性質. **b** 病的, 不健全, 憂鬱(ʸᵘ). **2** 〖医学〗罹(ʳ)病率, 罹患率. **3** (特定の病気の罹病者に対する)死亡率. 〖1721〗

mor·bif·ic /mɔəbífɪk | mɔː-/ *adj.* 病気を起こす, 病原となる. **mor·bíf·i·cal** /-fɪ̀kəl, -kl̩ | -fɪ-/ *adj.* **mor·bíf·i·cal·ly** *adv.* 〖(1652) ← NL *morbificus* ← L *morbus* disease: ⇨ morbid, -fic〗

Mor·bi·han /mɔ̀əbiɑ́ː(ŋ), -ɑ́ːŋ | mɔ̀ː-; *F.* mɔʀbiɑ̃/ *n.* モルビアン(県)《フランス西北部 Brittany 地方の Biscay 湾に面する県; 面積 6,763 km², 県都 Vannes》.

mor·bil·li /mɔəbílaɪ | mɔː-/ *n. pl.* 〖病理〗麻疹, はしか (measles). 〖(1693) □ ML ～ (pl.) ← *morbillus* (dim.) ← L *morbus* disease〗

mor·ceau /mɔəsóu | mɔːsə́ʊ; *F.* mɔʀso/ *F. n.* (*pl.* **mor·ceaux** /～(z); *F.* ～/, ～**s**) **1** 小片, 断片 (bit). **2** (詩人・音楽などの)小品. 〖(1751) □ F ～: ⇨ morsel〗

mor·cha /mɔ́ətʃɑː | mɔ́ː-/ *n.* 《インド》反政府デモ. 〖□ Hindi *morcā* front (line); fortification〗

mor·da·cious /mɔədéɪʃəs | mɔː-/ *adj.* **1** 噛む, 噛む癖のある. **2** 〈人が〉辛辣(ˢᵘ)な, 激しい (biting); 〈言葉が〉痛烈な (caustic). **～·ly** *adv.* **～·ness** *n.* 〖(1650) ← L *mordāc-*, *mordāx* biting (← *mordēre* to bite) + -IOUS〗

mor·dac·i·ty /mɔədǽsəṭi | mɔːdǽsɪ̀ti/ *n.* **1** 痛烈な皮肉, 毒舌; (気性の)辛辣(ˢᵘ)さ. **2** 《古》噛む[噛みつく]癖(のあること). 〖(1601) □ F *mordacité* □ L *mordācitātem* power of biting ← *mordāx* (↑): ⇨ -ity〗

mor·dan·cy /mɔ́ədənsi, -dn̩- | mɔ́ː-, dən-, -dn̩-/ *n.* =mordacity. 〖(1656): ⇨ ↓, -cy〗

mor·dant /mɔ́ədənt, -dn̩t | mɔ́ːdənt, -dn̩t/ *adj.* **1** 〈言葉・機知など〉皮肉な, 毒舌的な, 辛辣な (biting): ～ sarcasm / a ～ wit, tongue, speaker, etc. **2** 《酸が》腐食性の. **3** 〖染色〗媒染性の (cf. direct *adj.* 10). **4** 〈痛みが〉鋭い: a ～ pain 激痛. **5** 〈犬など〉噛みつく癖のある. **— *n.*** **1** 〖染色〗媒染剤. **2** (金箔などの)粘着剤. **3** (食刻用)腐食剤. **4** 〖音楽〗=mordent. **— *vt.*** **1** 媒染する. **2** 腐食剤で処理する. **～·ly** *adv.* 〖(1474) □ (O)F ～ (pres.p.) ← *mordre* < VL **mordere*=L *mordēre* to bite ← IE **(s)merd-* ← **mer-* to rub away, harm〗

mórdant dýe *n.* 媒染染料.

mórdant róuge *n.* 〖染色〗=red liquor.

Mor·de·ca·i /mɔ́ədɪ̀kàɪ, mɔ̀ədɪ̀kéɪaɪ | mɔ́ːdɪ̀kàɪ, mɔ̀ːdɪ̀kéɪaɪ, mɔ̀ːdɪ̀kɑ́ːri/ *n.* **1** 男性名《愛称 Mordy》. **2** 〖聖書〗モルデカイ《王妃 Esther の従兄に当たるユダヤ人; ペルシャ王 Ahasuerus の家臣 Haman が自分への敬意が足りぬとの理由で国内のユダヤ人の皆殺しを図った時, Esther を助けユダヤ人を救った: *Esth.* 2:15; cf. Purim》. 〖□ Heb. *Mord^ekháy* □ Babylonian *Mardukâ* man of Marduk〗

mor·del·lid /mɔədélɪ̀d | mɔːdélɪd/ 〖昆虫〗*adj.* ハナノミ(科)の. **— *n.*** ハナノミ《ハナノミ科の甲虫の総称》. 〖↓〗

Mor·del·li·dae /mɔədélədìː | mɔːdélɪ-/ *n. pl.* 〖昆虫〗(鞘翅目)ハナノミ科. 〖← NL ～ ← *Mordella* (属名: ← L *mordēre* to bite + -ELLA) + -IDAE〗

mor·dent /mɔ́ədənt, -dn̩t | mɔ́ːdənt, -dn̩t/ *n.* 〖音楽〗モルデント《ある音から急速に 2 度下行し, 再び元の音に返る装飾音; upper mordent と区別するため lower mordent と呼ぶこともある》: a double [long] ～ 複モルデント / an upper ～ =pralltriller. 〖(1806) □ G *Mordent* □ It. *mordente* (pres. p.) ← *mordere* < L *mordēre* to bite: cf. mordant〗

mor·di·da /mɔədíːdə | mɔːdíːdə; *Am.Sp.* morðíða/ *n.* 賄賂, リベート. 〖(1940) □ Am.-Sp. ～ (fem. p.p.) ← *morder* to bite < L *mordēre* (↑)〗

Mor·dred /mɔ́ədrɪ̀d, -drɛd | mɔ́ː-/ *n.* 〖アーサー王伝説〗=Modred.

Mord·vin /mɔ́ədvɪ̀n | mɔ́ːdvɪn/ *n.* (*pl.* ～, ～**s**) **1 a** [the ～(s)] モルドバ族《主にモルドビアに住む, ボルガ川中流域のフィン系の民族》. **b** モルドバ族の人. **2** モルドバ語 《Finno-Ugric 語派に属する》. 〖1736〗

Mord·vin·i·a /mɔədvíniə | mɔːd-/ *n.* モルドビア《ヨーロッパロシア中部 Volga 川中流の南・西部を占める共和国; 面積 26,200 km²; 首都 Saransk; Mordovia /mɔədóuviə | mɔːdə́ʊ-/, Mordovian /-viən/ Republic ともいう》.

Mor·dy /mɔ́ədi | mɔ́ːdi/ *n.* モーディー《男性名》. 〖(dim.) ← MORDECAI〗

more[1] /mɔ́ə | mɔ́ː^(r)/ *adj.* [much, many の比較級; cf. most] **1** (量・程度・数などが)一層多い, 一層大きい, もっと多数[多量]の (↔ less): ～ money, progress, ability, people, books, etc. / ～ *than* enough あり余るほどで[の] / Instead of fewer accidents, there were (many [a lot, lots, plenty, several, a few]) ～. 事故が少なくなるどころか(ずっと[いくらか])多くなった (cf. *pron.*) / The ～, the merrier. 《諺》(集まる)人が多ければ多いほど楽しみを増す,「多々ますます弁ず」《よく宴会などの標語に用いる》/ (The) *More* haste, (the) less speed. 《諺》「急がば回れ」/ three or ～ persons 3 人以上の人 / He's got ～ money than usual. 彼はいつもより多く金を持っている / He's got ～ money than sense. 彼は(たくさんある)金を無分別に使う[金をむだ遣いする]. **2** さらに付加した, その他の, 余分の (additional, further): one ～ apple もう一つのりんご / One word ～. あと一言だけ / How many ～ apples are there? りんごがあといくつあるか / Don't lose any ～ time. これ以上ぐずぐずするな / (Would you like) some [a little, a bit] ～ cheese [beef]? チーズ[牛肉]をもう少しいかがですか / There are ～ books to be written on the subject. この問題についてはもっと多くの本が書かれるべきだ / You couldn't ask for anything ～. 君はこれ以上は何も望まないだろう[これで十分だろう]. **3** 《廃》(地位・身分などが)一層高い[尊い], さらに優位の (↔ less).

(ánd,) whàt* [《文語》*which*] *is móre その上(大事なことには), おまけに (moreover): He learns easily, *and, what is* ～, he remembers what he has learned. 彼はのみこみも早いがその上覚えたことは忘れない / *And—which is* ～ you'll be a Man, my son! そしてさらには, 息子よ, お前は立派な男になるだろう! (Rudyard Kipling, *If—*).

— *adv.* **1** [much の比較級として] **a** さらに多く, 一層大きく; むしろ (cf. most): ～ than anything else 何にもまして, 何よりもまず / I like him ～ *than* her. 私は彼女より彼の方が好きだ / You need to sleep [read] ～ *than* you do now. 君にはもっと睡眠[読書]が必要だ / He was ～ frightened *than* hurt. 怪我より恐怖のほうが大きかった / It is even ～ a poem *than* a picture. 絵というよりはむしろ詩だ / I have walked a mile or ～. 少なくとも 1 マイルは歩いた. **b** [(all) the ～; 通例理由の句または節を伴って] なお一層, ますます多く, かえって (⇨ the *adv.* 1): I was *all the* ～ excited, because I was the only one that solved the problem. その問題を解いたのは自分一人だけだったので一層興奮した / I was excited—(*all*) *the* ～ so, as I had solved the problem. その問題を解いてしまったのでなお一

層興奮した. **2** [主に 2 音節以上の形容詞・副詞の比較級を作って] もっと…, 一層… (⇨ -er[2] *suf.* 1 ★; ↔ less): ~ beautiful, courageous, etc. / ~ rapidly, happily, etc. / Each episode is ~ exciting than the last. 各々のエピソードはすぐ前のより一層おもしろい. **3** その上, なおまた, それ以上, 二度と (further): never ~ もう…しない, これっきり…しない, 今後決して…しない / ⇨ nevermore, *no* MORE (1) / once [twice] ~ もう一度[二度] / Once ~ unto the breach, dear friends, once ~; もう一度突破口へ, 諸君もう一度だ (Shak., *Henry V* 3. 1. 1) / I cannot walk any ~. もうこれ以上歩けない / *More*, he saw me as the embodiment of the mother continent. その上彼は私を母なる大陸の化身とみなした (John Updike, *Couples*).

and nò móre …だけのこと, …に過ぎない: It is your imagination *and no* ~. それは君の気のせい[空耳]でそれだけのことだ. **àny mòre** ⇨ *adj.* 2, *adv.* 3, *pron.* 2, anymore. **little móre than** …に過ぎない, …も同然である; …ぐらいしか, …以上で(ない): He is *little* ~ *than* a child. まだほんの子供だ / It takes *little* ~ *than* half an hour. 30 分ぐらいしかかからない. **móre and móre** ますます, いよいよ, 段々: The story got ~ *and* ~ exciting. 物語はいよいよおもしろくなった / They're sleeping ~ and ~. 彼らはますます眠りこんでいる / They're producing ~ and ~ (films). 彼らは(映画を)ますますたくさん製作している. 《?c1200》 **móre by tóken** ⇨ token *n.* 成句.

móre lìke (すでに述べられている数量よりも)むしろ…に近い.

móre or léss (1) 多少, 幾分: She is ~ *or less* crazy. 多少頭が変だ. (2) 大体, …くらい, …かそこら: It is an hour's journey ~ *or less*. 1 時間ぐらいの旅行だ / She has ~ *or less* finished her book. 彼女は本を大体読み終えた. (3) 一層…であったりまた一層少なく…: His pain was ~ *or less* severe depending on the time of day. 彼の痛みの激しさは時刻によって強くもまた弱くもなった. 《?a 1200》 **móre sò** とても, 非常に. **móre than** [形容詞・副詞・動詞・名詞などの前に添えて] …以上に(の), …より多く(の): 10 is 2 ~ *than* 8. / ~ *than* pleased 十二分に喜んで / ~ *than* usually kind 普通以上に親切で / He drank ~ *than* was good for him. 彼は飲み過ぎた / He has ~ *than* repaid my kindness. 私の親切に報いる以上のことをしてくれた / my ~ *than* brother 《文語》兄弟と言ったのでは言い足りないほど親しい仲 / ~ *than* three books [three-quarters] 3 冊以上の本 [4 分の 3 以上]. 《c1440》 ★ more than three (i) 「3」を含めない. (ii) 日本語の「…以上」は厳密には「3」を含めるが, 一般的には含めないこともある. (⇨ more *pron.* 1 ★; more *adj.* 1). **móre than a líttle** 少なからず, 大いに, きわめて, 非常に. **móre than áll** ことに, 中でも, なかんずく (above all). **móre than éver** いよいよ(多く), ますます(多く). **mùch [stìll] móre** ずっとより[なお]多く; なおさら, まして, いわんや (cf. *much* [*still*] LESS): If you must work so hard, how *much* ~ must I? 君ですらそんなに勉強しなければならないのなら, 私はなおさらだ. **nèither móre nor léss than …** ちょうど…, まさしく… (exactly); …にほかならない: It is *neither* ~ *nor less than* absurd. ばからしいと言うにほかはない. 《c1460》 **nò móre** (1) それ以上…しない, もはや…しない: We saw him *no* ~. それ以来彼に会うことがなかった / There are *no* ~ new continents to explore. 今ではもう新大陸探険ということもなくなった / *Nó Mòre Wár(s)!* もはや戦争はないように! (2) もはや(い)ない, 死んだ: He [Troy] is *no* ~. 彼はもう生きていない[トロイはもう存在しない]. (3) …もまた…でない: She did not come, (and) *no* ~ did he. 彼女も来なかったが, 彼もだ / I shall never agree!—No ~ you shall! 《英》私は決して賛成しない! 君も賛成してはならぬ! **nò móre (…) than …** (1) たったわずかに…, …に過ぎない (only) (cf. *not* MORE *than* (1), *no* LESS *than*): *no* ~ *than* five たった五つ / He is *no* ~ *than* a puppet. 彼は傀儡(かいらい)に過ぎない / I *no* ~ *than* looked [I did *no* ~ *than* look] at him, and he jumped back. 私が彼を見ただけで彼は跳びずさった. (2) …でないのは…でないと同じ, …と同様…でない (cf. *not* MORE *than* (2)): I am *no* ~ mad *than* you (are). 君と同様私も気が狂っていない / He can *no* ~ swim *than* [=He cannot swim any ~ than] a hammer can. かなづち(が泳げない)と同様に彼は泳げない, 彼は全くのかなづちだ / He can *no* ~ beat me *than* fly [*than* I can beat her]. 彼は飛べない[私が彼女をたたけない]と同様に私をたたけない. (3) He is *no* ~ (of) a puppet *than* I am. 彼は私同様に傀儡(かいらい)ではない / He is *no* ~ a duke *than* I am (a dustman). 彼は私(がごみ収集人でない)と同様に公爵でない. **nòt àny móre than** =*no* MORE (…) *than*. **nòt móre (…) than …** (1) …より多くない, 多くて… (cf. *no* MORE *than* (1)): *not* ~ *than* five 多くて五つ《五つまたはそれ以下》. (2) …以上に[ほど]…でない (cf. *no* MORE *than* (2)): I am *not* ~ mad *than* you (are). 君ほど気が狂ってはいない / He is *not* ~ of a puppet *than* I am. 彼は私ほど傀儡(かいらい)でない. **nòt mùch móre than** ただ…にすぎない. **nòt [nòne] the móre** それでもなお(同程度に), やはり(同じく)少しも(増さない). **nòthing móre or léss than** =*neither* MORE *nor less than*. **nòthing móre than** ただ…にすぎない. **stìll móre** =*much* MORE. **the móre … the móre …** …すればするほどますます (cf. *pron.* 1): *The* ~ I saw her, *the* ~ I liked her. 会えば会うほど彼女が好きになった / *The* ~ I asserted my innocence, *the* ~ they disbelieved me [, *the* less they believed me]. 私が無罪であることを主張すればするほどかえって私を疑った.

— *pron.* **1** 一層多くの量[数, 程度]; 一層多くの物[人]: I hope to see ~ *of* you. あなたにまた[もっと(しばしば)]お目にかかりたい / You need to do [read] ~ than you do now. あなたは今よりもっと多くをなす[読書する]必要がある / I should like a little ~ (*of* that excellent) mutton. その結構な羊肉をもう少し頂戴します / I shoud like a few ~ (*of* those excellent) apples. その結構なりんごをもう少し頂戴します / I can't afford ~ than the cheapest seats. 一番安い観客席以上を買う余裕はない / There is ~ in it than you imagine [than meets the eye]. それには君の想像の及ばないところ[目に見える以上のもの]がある / *More* is meant than meets the ear. 言外に意味がある (Milton, *Il Penseroso*) / *More* of us will go there. 我々の多くの人がそちらへ出かけるでしょう / It's even ~ of a poem than a picture. 絵というよりむしろ詩だ / *More* are drowned in the beaker than in the sea. 《諺》海に溺れる者より酒杯に溺れる者多し / Love is ~ than mere friendship. 愛は単なる友情以上のものだ / There's [There are] ~ where that came from! その由来するところはさらに多いのだ! / The ~ he has, the ~ he wants. 彼は持てば持つほどさらに欲しがる / this important principle, about [of] which (I shall say) ~ in due course… この重要な原理, それについてはやがて更に申しますが / a job that offers good pay, pleasant conditions—and (much) ~ (besides)! よい給料, 好条件, その他さらに多くを提供する職! ★ 'more than one＋単数名詞' は単数系の動詞で呼応する: *More than* one person has found it so. そう思い知っている人は一人だけでない. **2** それ以上のこと, なおその他のこと: We don't need any ~ [We need no ~] of your advice. 御忠告はもうたくさんです / No ~ of your jokes. 冗談はもうよせよ. **3** 《廃》一層重要な物[人]: (the) ~ and (the) less 高位の人と低位の人.

think móre of をより高く評価する.

〖OE *māra* greater in size and number < Gmc *maizon (Du. *meerder* / OS & OHG *mēro* / G *mehr*) ← *mais more (OE *mā* / G *mehr*) < IE *mēis ← *mē- big: cf. most〗

mo·re[2] /mɔ́ːreɪ/ *L.* …風に, 流儀で: ~ anglico /ǽŋglɪkòu, -lə- | -glɪkəu/ 英国風に / ~ suo 彼の流儀で. 〖《1600》□ L *mōre* (abl.) ← *mōs* manner, fashion〗

More /mɔ́ə | mɔ́ː(r)/ *n.* 〖商標〗モア《米国 RJR Nabisco 社製の紙巻きたばこ》.

More /mɔ́ə | mɔ́ː(r)/, **Hannah** *n.* モア《1745–1833; 英国の著述家; *Cœlebs in Search of a Wife* (1809)》.

More, Paul Elmer *n.* モア《1864–1937; 米国の教育家・批評家; *Shelburne Essays* (11 vols., 1904–21), *The Greek Tradition* (5 vols., 1922–31)》.

More, Sir **Thomas** *n.* モア《1478–1535; 英国の大法官・著述家; Henry 八世の宗教改革 (Reformation) に際し, これを認めなかったため反逆罪に問われ処刑された; 1935 年聖列に加えられた; *Utopia* (1516)》.

Mo·ré /mɔ́ːri/ *n.* =Mossi.

-more /mɔ̀ə, mɔ́ə | mɔ̀ː(r), mɔ́ː(r)/ *suf.* すでに比較級語尾 -er をもつ副詞に付いて, 主に場所を表す副詞を造る (cf. -most): further*more*, inner*more*, over*more*.

Mo·re·a /mɔːríːə | mɔríə, mə-, mɔː-/ *n.* [the ~] モレア(半島)《Peloponnesus 半島の旧名》. 〖← L *mōrus* mulberry tree〗

Mo·reau /mɔːróu | -rə́u; *F.* mɔʁo/, **Gustave** *n.* モロー《1826–98; フランスの象徴主義の画家; Matisse や Rouault の師》.

Moreau, Jeanne *n.* モロー《1928– ; フランスの舞台・映画女優》.

Moreau, Jean Victor *n.* モロー《1763–1813; フランスの将軍; フランス革命戦争・ナポレオン戦争で活躍》.

More·cambe /mɔ́əkəm | mɔ́ː-/ *n.* モーカム《イングランド北西部, Lancashire 州北西部 Morecambe 湾沿いの港町; 景勝地》.

More·cambe /mɔ́əkəm | mɔ́ː-/, **Eric** *n.* モーカム《1926–84; 英国の喜劇俳優; Ernie Wise とコンビを組み 1960–70 年代に人気を博した; 本名 John Eric Bartholomew》.

mo·reen /məríːn | mɔ-, mə-/ *n.* モリーン《通例波紋りまたは浮出し模様を施した丈夫な羊毛または綿毛交織; カーテン・ペチコートなどに用いる》. 〖《a1691》← ? MOIRE＋-EEN[1]〗

more·ish /mɔ́ːrɪʃ/ *adj.* 《口語》もっと食べたくなる(ほどおいしい)《morish ともつづる》: fruity baked puddings are very ~ フルーティな焼きプリンはとてもうまいからもっと食べたくなる. 〖《1738》← MORE[1]＋-ISH[1]〗

mo·rel[1] /mərél, mɔː- | mɔ-, mə-/ *n.* 〖植物〗アミガサダケ (*Morchella esculenta*)《西洋では食用》. 〖《1672》□ F *morille* □ Du. *morilje*: cf. OHG *morhila* morel (G *Morchel*) (dim.) ← *moraha* carrot〗

mo·rel[2] /mərél, mɔː- | mɔ-, mə-/ *n.* 〖植物〗イヌホオズキ (black nightshade).
〖《c1265》□ OF *morele* (F *morelle*) < VL *maurella (fem.) ← *maurellus dark-colored (dim.) ← L *Maurus* 'Moor'〗

Mo·re·lia /məréljə, mɔː- | mɔ-; *Am.Sp.* morélja/ *n.* モレリア《メキシコ中部の都市; Michoacán 州の州都》.

mo·relle /mərél, mɔː- | mɔ-, mə-/ *n.* =morel[2].

mo·rel·lo /mərélou | mərélәu, mɔ-/ *n.* (*pl.* ~s) **1** 〖園芸〗モレロ群のオウトウ《酸果オウトウ (sour cherry) の品種群の一つ; 果汁は紫黒色で酸味が強い; morello cherry ともいう》. **2** 紫黒色. 〖《a1648》□ It. ~ 'dark-colored' < VL *maurellus ← L *Maurus* 'Moor': cf. morel[2] ∥ □ Flem. *marelle*《頭音消失》← ML *amārellum* (dim.) ← L *amārus* bitter: cf. amarelle〗

Mo·re·los /mɔːréɪlɑ(ː)s | məréɪlɒs, mɔː-; *Am.Sp.* morélos/ *n.* モレロス(州)《メキシコ中部の州; 面積 4,988 km^2, 州都 Cuernavaca /kernabáka/》.

Mo·re·no /məríːnou, mɔː-, -rén- | məríːnəu, mɔ-/, **Jacob Levy** *n.* モレノ《1892–1974; ルーマニア生まれの米国の精神病学者・社会心理学者; 心理劇 (psychodrama) やソシオメトリー (sociometry) の創始者》.

more·o·ver /mɔːróuvə, ⸗⸗⸗ | mɔːróuvə(r), mər-/ *adv.* なお, なおその上に, さらに (further). 〖《c1380》*more ouer*: ⇨ more[1], over〗

more·pork /mɔ́əpɔək | mɔ́ːpɔːk/ *n.* 〖鳥類〗 **1** ゴウシュウガマグチヨタカ (*Podargus strigoides*)《オーストラリア産の夜行性のヨタカ》. **2** =boobook owl. 〖《擬音語》〗

Mo·ré·ra's théorem /mɔːréɪrəz- | mɔːréər-/ *n.* 〖数学〗モレラの定理《コーシーの積分定理 (Cauchy integral theorem) の逆をいう》. 〖← *Giacinto Morera* (1856–1909: イタリアの数学者)〗

mo·res /mɔ́ːreɪz/ *n. pl.* 〖社会学〗《一集団の基本的道徳観を具現した》道徳的慣習《しばしば法律として具現化される》. (cf. folkways). 〖《1907》□ L *mōrēs* (pl.) ← *mōs* customs〗

Mo·res·co /məréskou | -kəu/ *n., adj.* =Morisco.

Mo·resque /mɔːrésk, mə-/ *adj.* 〈建築・装飾など〉ムーア風の (Moorish). — *n.* ムーア様式, 装飾(の作品). 〖《1611》□ F ~ □ It. *Moresco* ← *Moro* 'MOOR': ⇨ -esque〗

Móre·ton Báy chéstnut /mɔ́ətn̩- | mɔ́ː-/ *n.* 〖植物〗 =bean tree 1; その材《黒色で硬く良質》. 〖← *Moreton Bay*: Queensland の湾〗

Móreton Báy fíg *n.* 〖植物〗オオバゴムノキ, オオバゴムビワ (*Ficus macrophylla*)《オーストラリア東部産のクワイ科の常緑高木》.

Móreton Báy píne *n.* 〖植物〗 =hoop pine.

Mor·gain le Fay /mɔ́əgeɪnləféɪ, -gən- | mɔ́ː-/ *n.* 〖アーサー王伝説〗 =Morgan le Fay.

Mor·gan[1]**, m-** /mɔ́əgən | mɔ́ː-/ *n.* モルガン《米国 Vermont 州原産の軽快な馬車用または乗用の一品種の馬》. 〖← *Justin Morgan* (1747–98; その種馬の所有者であった New England 人)〗

Mor·gan[2] /mɔ́əgən | mɔ́ː-/ *n.* モーガン《男性名・女性名》. ★ ウェールズに多い. 〖□ Welsh ~ 《原義》sea dweller ← *mor* sea: cf. Ir. *Muirgen*〗

Mor·gan /mɔ́əgən | mɔ́ː-/, **Charles (Lang·bridge)** /lǽŋbrɪdʒ/ *n.* モーガン《1894–1958; 英国の小説家・批評家・劇作家, もと海軍軍人; *The Fountain* (1932), *The Voyage* (1940)》.

Morgan, Daniel *n.* モーガン《1736–1802; 米国の独立戦争当時の将軍》.

Morgan, Sir **Henry** *n.* モーガン《1635?–88; ウェールズ生まれの英国の海賊, 後 Jamaica 島の総督》.

Morgan, John Hunt *n.* モーガン《1825–64; 米国南北戦争当時の南軍の将軍》.

Morgan, J(ohn) P(ier·pont) /píəpɑ(ː)nt | píəpɒnt/ *n.* モーガン: **1** (1837–1913) 米国の実業家・銀行家; Morgan 財閥を築いた. **2** (1867–1943) 同上の息子, 米国の銀行家.

Morgan, Lewis Henry *n.* モーガン《1818–81; 米国の法学者》.

Morgan, Thomas Hunt *n.* モーガン《1866–1945; 米国の動物学者・遺伝学者; Nobel 医学生理学賞 (1933)》.

Mor·gan·a /mɔəgǽnə | mɔː-/ *n.* **1** 女性名. **2** = Morgan le Fay. 〖(fem.) ← MORGAN[2]〗

mor·ga·nat·ic /mɔ̀əgənǽtɪk | mɔ̀ːgənǽt-/ *adj.* 貴賤(きせん)相婚の: a ~ marriage 貴賤相婚《王族または貴族と低い身分の女性との結婚; 位階・財産はその女性も, 生まれる子供も相続できない》. **mòr·ga·nát·i·cal·ly** *adv.* 〖《1727–41》← NL *morganāticus* ← ML (*mātrimōnium ad*) *morganāticam* (marriage with) morning gift ← *morganāticum* ← OHG *morgan* (*geba*) morning (gift) (cf. G *Morgengabe* / OE *morgengifu*) (このような妻が夫に対して要求できる物は結婚翌朝の贈り物だけとの意から)〗

mor·gan·ite /mɔ́əgənàɪt | mɔ́ː-/ *n.* 〖鉱物〗モルガナイト《ばら色の緑柱石 (beryl)》. 〖《1911》← *J. P. Morgan*: ⇨ -ite[1]〗

Mor·gan le Fay /mɔ́əgənləféɪ | mɔ́ː-/ *n.* 〖アーサー王伝説〗モーガンルフェイ《Arthur 王の異父妹で, 魔力の所有者; Arthur 王に悪意を持ち, 王妃 Guinevere と騎士 Sir Lancelot との関係を密告する; cf. Fata Morgana 2》. 〖《1674》□ OF *Morgain la fée* Morgan the fairy〗

mor·gen /mɔ́əgən | mɔ́ː-/ *n.* (*pl.* ~, ~s) **1** モルゲン《土地面積の単位; 約 2 エーカーに当たる; もとはオランダおよびその植民地で用いられ, 今は南アフリカで用いられる》. **2** モルゲン《約 $^{2}/_{3}$ エーカーに当たる土地面積の単位; 以前プロシア・デンマーク・ノルウェーで用いられた》. 〖□ G *Morgen* ∥ Du. ~ 'morning': 一人で午前中に耕せる土地の面積の意味から〗

Mor·gen·thau /mɔ́əgənθɔ̀ː, -θàː | mɔ́ːgənθɔ̀ː/, **Henry, Jr.** *n.* モーゲンソー《1891–1967; 米国の政治家; 財務長官 (1934–45)》.

morgue[1] /mɔ́əg | mɔ́ːg; *F.* mɔʁg/ *n.* **1 a** 死体公示所. **b** 陰気で気が滅入る場所. **c** 冷蔵庫《ラスタファリアンが用いる》. **2 a** 参考資料室. **b** 参考資料《新聞社の資料室に保管される新聞, 雑誌のバックナンバー, 写真, スクラップなど》. 〖《1821》□ F ~ ← *le Morgue* (Paris にあった死体公示所の建物の名) ← ?: もと入獄する前の囚人を検査するための室の呼称; 「顔」の意の MORGUE[2] の転用か〗

morgue[2] /mɔ́əg | mɔ́ːg; *F.* mɔʁg/ *n.* 傲慢 (pride, hauteur): ~ anglaise /ɑ̃glɛz/ 英国人の傲慢な態度. 〖《1599》□ F ~ 'hauty look, surliness' (cf. *morguer* to grumble, growl) ← ? 《方言》*morre*: cf. moraine〗

MORI /mɔ́ːri | mɔ́ːri, mɔ́ri/ *n.* モリ, 国際市場世論調査機関《1969 年に英米合同で設立》. 〖《1969》《頭字語》 *M*(*arket and*) *O*(*pinion*) *R*(*esearch*) *I*(*nternational*)〗

mor·i·bund /mɔ́(ː)rəbʌ̀nd, mɑ́(ː)r- | mɔ́rɪ̀bʌ̀nd, mɔ́ːr-, -bənd/ *adj.* **1 a** 死にかけている, 精力尽きた. **b** 消滅しかけた, 絶滅寸前の. **2** 停滞[渋滞]した, 休止中の (dormant). **mor·i·bun·di·ty** /mɔ̀(ː)rəbʌ́ndəṭi, mɑ̀(ː)r- | mɔ̀rɪ̀bʌ́ndɪ̀ti, mɔ̀ːr-/ *n.* **～·ly** *adv.* 〘(1721) □ L *moribundus* ← *mori* to die: cf. mortal〙

Mö·ri·ke /mɔ́ːrɪkə, mə́ːr- | mə́ː-; *G.* mǿːʁɪkə/, **Eduard** *n.* メーリケ《1804–75; ドイツの抒情詩人・小説家; *Mozart auf der Reise nach Prag*「プラハへの旅路のモーツァルト」(1855)》.

mo·rine /mərí:n | mɔ-, mə-/ *n.* ＝moreen. 〘*a*1691〙

mo·ri·on[1] /mɔ́ːriɑ̀(ː)n | -iən/ *n.* 〘鉱物〙モーリオン, 黒水晶《ほぼ黒色の煙水晶 (smoky quartz)》. 〘(1748): L *mormorion* が Pliny の *Natural History* の初期の版で誤読されたもの〙

mo·ri·on[2] /mɔ́ːriɑ̀(ː)n | -iən/ *n.* 〘甲冑〙モリオン《16 世紀後半から歩兵がかぶった帽子形のかぶと》. 〘(1563) □ F ～ □ Sp. *morrión* ← *morra* crown of the head < VL **murrum* round object〙

morions

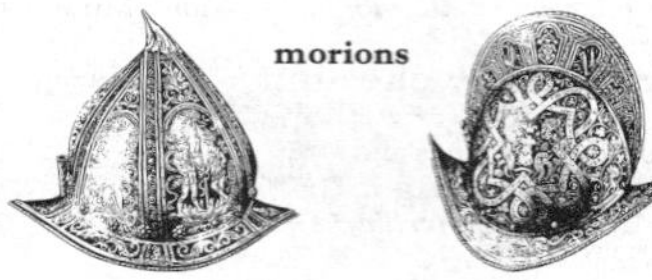

Spanish **Italian**

Mo·ri·o·ri /mɔ̀ːriɔ́ːri | mɔ̀ri-/ *n.* (*pl.* ～, ～**s**) **1 a** [the ～(s)] モリオーリ族《絶滅したポリネシア民族; ニュージーランド, Chatham 諸島のマオリ族 (Maori) の先住民》. **b** モリオーリ人. **2** モリオーリ語《マラヨ・ポリネシア語族》. **—** *adj.* モリオーリ族[語]の. 〘(1865) □ Maori ～〙

mo·ris·ca /mərískə/ *n.* (*also* **mo·ris·co** /-koʊ | -kəʊ/) モリスカ, 戦勝踊り《昔, 十字軍のキリスト教徒がムーア人の軍隊を破った戦勝を祝った踊りで, 今でもスペイン・ポルトガル・ラテンアメリカで行われる祭の際に見られる》. 〘(1561) □ It. *moresca* (fem.) ← *Morisco* (↓)〙

Mo·ris·co /məŕiskoʊ | -kəʊ/ *adj.* ＝Moorish. **—** *n.* (*pl.* ～**s**, ～**es**) **1** (スペインの)ムーア人《特にキリスト教に改宗させられたムーア人》. **2** モリスダンス (morris dance). **3** 《廃》モリスダンスの舞踏者. 〘(1551) □ Sp. ～ ← *Moro* 'MOOR': cf. Moresque〙

mor·ish /mɔ́ːrɪʃ/ *adj.* ＝moreish.

Mor·i·son /mɔ́(ː)rəsən, mɑ́(ː)r-, -sn̩ | mɔ́rɪ̀-/, **Samuel Eliot** *n.* モリソン《1887–1976; 米国の歴史学者》.

Morison, Stanley *n.* モリソン《1889–1967; 英国の印刷技術者 (typographer); 1932 年 New Roman type を考案, *The Times* に使用》.

Mo·ri·sot /mɔ̀(ː)rɪ̀zóu | mɔ̀rɪzóu; *F.* mɔʁizo/, **Berthe** *n.* モリゾ《1841–95; フランス印象派の画家》.

Mor·ley /mɔ́əli | mɔ́ː-/ *n.* モーリー《イングランド北部, West Yorkshire 州の工業都市》.

Mor·ley /mɔ́əli | mɔ́ː-/, **Christopher** (**Darlington**) *n.* モーリー《1890–1957; 米国の詩人・小説家・随筆家; *Where the Blue Begins* (1922)》.

Morley, Edward Williams *n.* モーリー《1838–1923; 米国の化学者》.

Morley, Henry *n.* モーリー《1822–94; 英国の英文学者; Morley's Universal Library や Cassell's National Library の編者》.

Morley, John *n.* モーリー《1838–1923; 英国の政治家・文筆家; *English Men of Letters* シリーズの編者; 称号 Viscount Morley of Blackburn》.

Morley, Thomas *n.* モーリー《1557–1602; 英国のエリザベス朝のマドリガル (madrigal) 作曲家》.

Mor·mon /mɔ́əmən | mɔ́ː-/ *n.* **1** モルモン教徒. **2** モルモン《Joseph Smith によってモルモン経(きょう)に, その黙示が記された予言者》: ⇨ BOOK of Mormon. **—** *adj.* モルモン教(徒)の: ⇨ Mormon Church. 〘(1830) ← (*the Book of*) *Mormon*: Mormon の名は創始者 J. Smith によれば ← MORE[1]＋Egypt. **mon* great, good を意味する〙

Mórmon Chúrch *n.* [the ～] モルモン教会《1830 年 Joseph Smith が神の啓示に基づいて New York 州で設立したキリスト教の一派; 正式には末日聖徒イエスキリスト教会 (the Church of Jesus Christ of Latter-day Saints); モルモン経 (the Book of Mormon) を聖典の一つとするところからこの名で呼ばれるようになった; のち迫害を受けて Utah 州に移った》. 〘1838〙

Mórmon crícket *n.* 〘昆虫〙モルモンクリケット (*Anabrus simplex*)《米国西部の乾燥地帯に生息するキリギリス科の昆虫; 大形で翅がなく穀物の害虫》. 〘(1896) ← MORMON: モルモン教徒の居住地に多く見られることから〙

Mór·mon·ism /-nìzm/ *n.* モルモン教.

mor·my·rid /mɔəmáɪrɪ̀d | mɔːmáɪ(ə)rɪd/ *adj.*, *n.* 〘魚類〙モルミルス科の(魚). 〘↓〙

Mor·myr·i·dae /mɔəmírɪ̀diː | mɔːmírɪ-/ *n. pl.* 〘魚類〙モルミルス科. 〘← NL ～ ← *Mormyrus* (属名: ← Gk *mormúros* sea fish)＋-IDAE〙

morn /mɔ́ən | mɔ́ːn/ *n.* **1** 《詩》朝 (morning); 暁, 夜明け (dawn): at the ～ 夜明けに / from ～ till eve 朝(あした)より夕べまで. **2** [the ～] 《スコット》明日: the ～'s night 明晩. 〘ME *morwen*, *morn* < OE *mor(g)n*-, *morgen* < Gmc **murʒanaz* (Du. *morgen* / G *Morgen*) ← IE **mer*- to flicker〙

morn. 《略》morning.

Mor·na /mɔ́ənə | mɔ́ː-/ *n.* モーナ《女性名; 異形 Myrna》. 〘← Gael. *muirne* beloved〙

mor·nay /mɔənéɪ | mɔ́ːneɪ/ *adj.* [しばしば後置されて] モルネーソースをかけた: eggs ～. 〘(1906) ← ? *Philippe de Mornay* (1549–1623) 当時のフランスプロテスタントの指導者的人物〙

Mor·nay /mɔənéɪ | mɔ́ːneɪ; *F.* mɔʁnɛ/, **Philippe de** *n.* モルネ《1549–1623; フランスの政治家・新教徒指導者; 称号 Seigneur du Plessis-Marly /plɛsimarli/; 通称 Duplessis-Mornay /dyplɛsi-/》.

mornáy sàuce *n.* モルネーソース《おろしたチーズを加えたこってりしたクリーム状ホワイトソース》. 〘1939〙

mor·né /mɔənéɪ | mɔː-; *F.* mɔʁne/ *adj.* 〘紋章〙〈rampant のライオンが〉舌・歯・つめのない. 〘(1722) □ F ～ (p.p.) ← *morner* blunt〙

morn·ing /mɔ́ənɪŋ | mɔ́ːn-/ *n.* **1 a** 朝, 午前, 昼前《通例夜明けから正午または昼食までの間; cf. afternoon, evening, night》: this [tomorrow, yesterday] ～ 今[明, 昨]朝(に) / in the ～ 朝(のうちに), 午前中に; 《口語》明日の朝) / at six (o'clock) in the ～ 午前 6 時に (cf. a.m.) / early [late] in the ～ (of ...) ＝in the early [late] ～ (of ...) (...の)朝早く[遅く] / on an April ～ 4 月のある朝に / on Sunday ～ 日曜日の朝に / on the ～ of the 5th 5 日の朝に / all (the) ～ 朝のうち[午前中]ずっと / before ～ 朝にならないうちに, 未明に / early one fine ～ ＝early on a fine ～ ある晴れた朝早く / of a ～ よく朝のうちに, 朝など に (cf. of[1] 15 b) / from ～ till [to] evening [night] 朝から晩まで / ～ and evening 朝(と)晩に / the other ～ 先日の朝 / at ～ 《古・詩》＝in the ～ / ⇨ mornings / It was soon ～. 間もなく朝になった. 日英比較 (1) 日本語の「朝」は「午前」とは違い, だいたい夜明けから午前 10 時ごろまでをいうのが普通だが, 英語の *morning* は「午前中」の意である. ただし, 前後関係によって, 午前零時から正午までをいう場合と, 漠然と夜明けから正午までをいう場合とがある. いずれも日本語の「朝」とは意味がくい違う. 「朝」に近い英語は early *morning*, 副詞では early in the *morning*. (2) 日本語では朝食用の大型コーヒーカップを「モーニングカップ」というが, 英語では breakfast cup という. また喫茶店などでの朝食の特別サービスを, 日本語では「モーニングサービス」というが, 英語では special breakfast menu という. **b** 《口語》＝good morning. **2** (社交上の催しなどで)昼間. **3** 《文語》(人生などの)初期: the ～ of life 人生の上り坂, 青年時代 / in the ～ of civilization 文明の初期に. **4** 《口語》朝刊. **5** 《詩》**a** 暁 (dawn). **b** [M-] 暁の女神 《Eos, Aurora のこと》.

mórning, nóon, and níght 一日中, 絶え間なく.

the mórning áfter (the) níght befóre ＝morning after.

— *adj.* [限定的] 朝の, 朝用いる[行われる, 現れる]: the ～ hours 朝の時間 / a ～ draught 朝食前の一杯, 朝酒 / ～ coffee モーニングコーヒー / a ～ paper 朝刊《新聞》/ a ～ walk 朝の散歩 / a ～ person 朝型の人.

〘(*c*1250) *morwening* ← *morwen* 'MORN'＋-ING[1]: EVENING にならった造語〙

mórning-áfter *adj.* 《口語》**1** 二日酔いの. **2** アフターピルの (cf. morning-after pill). 〘1884〙

mórning áfter *n.* (*pl.* **mornings a-**) (*also* **mórning-àfter**) 《口語》**1** 二日酔い (hangover). **2** (快楽・放蕩・飲過ぎ・喧嘩などを)しみじみ後悔する時期. 〘1884〙

mórning-áfter pìll *n.* アフターピル《性交後に服用しても効果のある経口避妊薬》. 〘1966〙

mórning càll *n.* **1** (ホテルなどの)モーニングコール《朝電話で起こす[起こしてもらう]こと》. 日英比較 日本語の「モーニングコール」に当たる英語は wake-up call が一般的. **2** 午後の(社交)訪問 (cf. morning visit 2). **～·er** *n.* 〘1811〙

mórning còat *n.* モーニングコート (cutaway)《男性の昼間用正装の上着; cf. dress coat》. 〘1912〙

mórning drèss *n.* **1** モーニング《男性の昼間用礼服; cf. evening dress 1, full dress 1, tuxedo 1》. **2** (女性用のきれいなプリント地でつくられた)家庭着. 〘1700〙

mórning gìft *n.* 朝の贈り物《昔, 結婚の翌朝夫が妻に与えた; cf. morganatic (語源)》. 〘1597〙

mórning glòry *n.* **1** 熱帯アメリカ原産ヒルガオ科イポメア属 (*Ipomea*) の植物の総称; (特に)マルバアサガオ (*I. purpurea*) (cf. Japanese morning glory). **2** ヒルガオ属 (*Calystegia*), サンシキヒルガオ属 (*Convolvulus*) の植物の総称《セイヨウヒルガオ (*Co. arvensis* など)》. 〘1814〙

mórning gún *n.* 〘軍事〙起床号砲, 朝砲; その発砲 《reveille gun ともいう》. 〘1743〙

mórning lìne *n.* 〘競馬〙予想オッズ, 予想賭率《出走前に賭元(ブックメーカー)が発表するレースごとの出馬表と予想賭率表》. 〘1935〙

mórning lòan *n.* ＝day loan.

mórning perfórmance *n.* 《英》昼間興行, マチネー (matinée).

Mórning Práyer, m- p- *n.* **1** 〘英国国教会〙早禱(そうとう), 朝の礼拝 (matins). **2** 〘カトリック〙一日の第二回目の祈禱. 〘1557〙

mórning ròom *n.* (昼間家族の用いる)居間. 〘1816〙

morn·ings /mɔ́ənɪŋz | mɔ́ːn-/ *adv.* 《米口語》朝に; 朝いつも, 毎朝 (cf. evenings, nights). 〘⇨ -s[2] 1〙

mórning sìckness *n.* 〘病理〙朝の吐き気《特に, 妊娠初期に起こる》つわり, 悪阻(おそ). 〘1879〙

mórning stár *n.* **1 a** (日出前東方に現れる)明けの明星; [the ～] (特に)金星 (Venus, Lucifer) (cf. evening star 1). **b** 明星五星の一つ《火, 水, 木, 金, 土星のうちのどれか一つ》. **c** キリスト; 先駆者, 先触れ 〔*of*〕 (cf. *Rev.* 22:16, 2:17). **2** 《なぞり》← G *Morgenstern*》(中世の)星球武器《鎖の先に星形の鉄球をつけたもの; holy water sprinkler ともいう》. **3** 〘植物〙米国 California 州産ロアザ科の黄色の花を開く野草 (*Mentzelia aurea*). 〘(1535) ← MORNING＋STAR ∞ *mornstar*〙

mórning sùit *n.* ＝morning dress 1.

mórning téa *n.* 《豪》午前 (10 時ごろ) のお茶の時に供する軽食付きのティー《英国の elevenses に相当》. 〘1916〙

mórning·tìde *n.* 《古・詩》朝方, 朝. 〘(1530) ← MORNING＋TIDE[1] ∞ ME *morntide* < OE *morgentid*〙

mórning vísit *n.* **1** 朝の訪問. **2** 午後の正式訪問 (cf. morning call 2). 〘1736〙

mórning wàtch *n.* 〘海事〙朝直(ちょう)《午前 4 時から 8 時までの当直(員); ⇨ watch *n.* 6》. 〘1840〙

Mo·ro /mɔ́ːrou | -rəu; *Sp.* móɾo/ *n.* (*pl.* ～, ～**s**) **1 a** [the ～(s)] (フィリピン諸島南部のイスラム教徒マレー族に属する)モロ族. **b** モロ族の人. **2** モロ語. **—** *adj.* モロ族[語]の. 〘(1886) □ Sp. ～《原義》'MOOR'〙

Mo·ro /mɔ́ːrou | -rəu; *It.* mɔ́ro/, **Al·do** /áldo/ *n.* モーロ《1916–78; イタリアのキリスト教民主党の政治家; 首相 (1963–68); テロ組織 Red Brigade に誘拐され殺害された》.

Mo·roc·can /mərɑ́(ː)kən | -rɔ́k-/ *adj.* モロッコ (Morocco) の; モロッコ人の. **—** *n.* モロッコ人. 〘*a*1706〙

mo·roc·co /mərɑ́(ː)kou | -rɔ́kəu/ *n.* (*pl.* ～**s**) モロッコ革《morocco leather ともいう》: **a** 銀面模様をなめし方で粒状にきわだたせた山羊皮; 元来はぬるで (sumac) でなめした Morocco 産の山羊皮: in ～ モロッコ革[表紙]製本の. **b** 羊皮などを使ってモロッコ革に模して作られた革. 〘(1634) ↓: その最初の生産地〙

Mo·roc·co /mərɑ́(ː)kou | -rɔ́kəu/ *n.* モロッコ《アフリカ北西岸の王国; もとフランス地区 (French Zone)・スペイン地区 (Spanish Zone)・国際管理地区 (International Zone) の 3 行政地区に分かれていたが 1956 年独立; 面積 458,730 km², 首都 Rabat; 公式名 the Kingdom of Morocco モロッコ王国; フランス語名 Maroc》. 〘(1664) □ It. *Marocco* ← Arab. *Maghrib-al-áqṣā*《原義》the extreme west ← *mághrib* west＋*al* the ＋*áqṣā* extreme〙

mo·ron /mɔ́ːrɑ(ː)n | -rɔn/ *n.* **1** 〘心理〙軽度の精神遅滞者. **2** 《口語》ばか (fool). **3** (性的)変質者 (sexual pervert). **mo·ron·ic** /mɔːrɑ́(ː)nɪk, mər- | mɔː-rɔ́n-, mə-/ *adj.* **mo·rón·i·cal·ly** *adv.* 〘(1910) □ Gk *mōrón* (neut.) ← *mōrós* foolish, stupid: H. H. Goddard (1866–1957: 米国の心理学者)の造語〙

Mo·ro·ni /mərouni, mɔː- | mərə́uni; *F.* mɔʁɔni/ *n.* モロニ《コモロ (Comoros) の首都, 海港》.

mo·ron·ism /mɔ́ːrɑ(ː)nìzm̩ | mɔ́ːrɔn-/ *n.* ＝moronity.

mo·ron·i·ty /mɔːrɑ́(ː)nəṭi, mər- | mɔːrɔ́nɪ̀ti, mə-/ *n.* **1** 〘心理〙軽度 (IQ 50–69) の精神遅滞《精神年齢 9–11 歳ぐらいまでにしか発達せず, 簡単な作業しかできない状態; 今はこの名称は用いない; cf. mental deficiency》. **2** ＝stupidity.

mo·rose /mərόus, mɔː- | mərə́us, mɔ-/ *adj.* 気難しい, むっつりした, 不機嫌な. **～·ly** *adv.* **～·ness** *n.* 〘(1565) □ L *mōrōsus* peevish, fretful, particular ← *mōs* custom, habit: ⇨ -ose[1]〙

Mor·peth /mɔ́əpɛθ, -pəθ | mɔ́ː-/ *n.* モーペス《英国 Northumberland 州の都市》.

morph[1] /mɔ́əf | mɔ́ːf/ *n.* 〘言語〙**1** ＝allomorph 1. **2** 形態《ある形態素を形成するかまたは形成すると思われる音素またはその連続; cf. morpheme》. 〘(1947)《逆成》← MORPHEME〙

morph[2] /mɔ́əf | mɔ́ːf/ *n.* 〘生物〙**1** モーフ《動植物のある種 (species) の表現型上の一変種》. **2** 変異形《一つの種の様々な表現型》. 〘(1955) ↑〙

morph[3] /mɔ́əf | mɔ́ːf/ *n.*, *vt.* (morphing で) 変形[変身]させる. **—** *vi.* 変身する. 〘← (META)MORPH(OSIS)〙

morph. 《略》morphological; morphology.

morph- /mɔəf | mɔːf/ (母音の前にくるときの) morpho- の異形.

-morph /⌐—mɔ̀əf | -mɔ̀ːf/「...の形[形態]をしたもの」の意の名詞連結形. 〘← -MORPHOUS〙

-mor·pha /mɔ́əfə | mɔ́ː-/ (*pl.* ～) 〘動物〙「...の型をもつ動物」の意の名詞連結形《「属」より大きい分類名に用いる》: Cyno*morpha*. 〘← NL ～ ← *-morphus* '-MORPHOUS'〙

mor·phac·tin /mɔəfǽktɪ̀n | mɔːfǽktɪn/ *n.* 〘化学〙モルファクチン《植物の生長抑制や形態変化を起こさせる合成フッ素化合物》. 〘(1966) ← ? MORPHO-＋L *actus* (⇨ act)＋-IN[2]〙

mor·phal·lax·is /mɔ̀əfəlǽksɪ̀s | mɔ̀ːfəlǽksɪs/ *n.* (*pl.* **-lax·es** /-siːz/) 〘動物〙形態調節, 形態再編. 〘(1901) ← NL ～ ← MORPHO-＋Gk *alláxis* exchange〙

mor·pheme /mɔ́əfiːm | mɔ́ː-/ *n.* 〘言語〙形態素: **a** 意味を担う最小の言語単位《kind, king などの単語および *un*kind, king*ly* における un-, -ly の接辞など; phoneme に対す》. **b** 文中における語と語の関係を示す形態的特徴の単位《例えば前置詞・接続詞・助動詞・抑揚・アクセント・語順など; semanteme に対する》. 〘(1896) □ F *morphème*: ⇨ morpho-, -eme: *phoneme* からの類推〙

mor·phe·mic /mɔəfíːmɪk | mɔː-/ *adj.* 〘言語〙形態素の; 形態素論(上)の. **mor·phé·mi·cal·ly** *adv.* 〘1930〙

mor·phe·mics /mɔəfíːmɪks | mɔː-/ *n.* [単数扱い] 〘言語〙形態(素)論: **a** 言語構造を形態素に基づいて記述・分析する分野《phonemics に対す; ⇨ morpheme a》. **b** 形態(素)研究《言語の形態的特徴 (morpheme b) を研究する分野》. 〘(1947): ⇨ morpheme, -ics〙

Mor·phe·us /mɔ́əfiəs, -fjuːs | mɔ́ː-/ *n.* **1** 〘ギリシャ神話〙モルフェウス《眠りの神 Hypnos の子で夢の神; cf. Somnus》. **2** 眠りの神; 睡魔: in the arms of ～ (ぐっすり)眠って. **Mór·phe·an** /-fiən/ *adj.* 〘(*c*1369) □

L ～ ◻ Gk *Morpheús* god of sleep,《原義》fashioner ← *morphḗ* form: この神は睡眠者に影像を呼び起こすという考えから〗

mor·phi·a /mɔ́ɚfiə | mɔ́:-/ *n.*〘化学〙＝morphine. 〚《1818》← NL ～: ⇨ ↑, -ia[1]〛

-mor·phic /mɔ́ɚfɪk | mɔ́:-/「…の形[形態]をもつ」の意の形容詞連結形: anthropo*morphic*. 〚◻ ? F *-morphique*: ⇨ -morph, -ic[1]〛

mor·phin /mɔ́ɚfɪ̀n | mɔ́:fɪn/ *n.* ＝morphine.

mor·phine /mɔ́ɚfi:n | mɔ́:-/ *n.*〘化学〙モルヒネ, モルフィン ($C_{17}H_{19}NO_3H_2O$)《あへんアルカロイドの一種; 麻酔・鎮痛剤; morphia ともいう》. **mor·phin·ic** /mɔɚfínɪk | mɔ:-/ *adj.* 〚《1828》◻ F ～ ∥ G *Morphin* ← MORPH(EUS)＋*-in* '-INE[2]'〛

morph·ing /mɔ́ɚfɪŋ | mɔ́:f-/ *n.*〘電算・映画〙モーフィング《コンピューターグラフィックスで実写映像をアニメーションのように変形させる特撮技術》. 〚⇨ morph[3]〛

mor·phin·ism /mɔ́ɚfənɪ̀zm | -fɪ̀-/ *n.*〘病理〙(慢性)モルヒネ中毒. **mór·phin·ist** /-nɪ̀st | -nɪst/ *n.* 〚1882〛

mor·phin·ize /mɔ́ɚfənàɪz | mɔ́:fɪ̀-/ *vt.* …にモルヒネを注射[投与]する. 〚1856〛

mor·phi·no·ma·ni·a /mɔ̀ɚfənouméɪniə, -njə | mɔ̀:fɪ̀nə(ʊ)-/ *n.*〘病理〙＝morphinism. 〚《1887》← MORPHINE＋-O-＋MANIA〛

mor·phi·no·ma·ni·ac /mɔ̀ɚfənouméɪniæ̀k | mɔ̀:fɪ̀nə(ʊ)-/ *n.* (慢性)モルヒネ中毒患者. 〚1891〛

-mor·phism /mɔ́ɚfɪzm | mɔ́:-/「…の形態をもっている状態[性質]」の意味の名詞連結形: hetero*morphism*.

mor·pho /mɔ́ɚfou | mɔ́:fəʊ/ *n.* (*pl.* ～s)〘昆虫〙モルフォ《モルフォチョウ科に属するチョウの総称; 南米より中米にかけて多くの種類を含む; 大型種で中でもタイヨウチョウ (太陽蝶) (*Morpho hecuba*) は西半球のチョウの中で最大種; 青色に光り輝く翅で有名である》. 〚《1853》← NL ～ ← Gk *morphṓ* form〛

Mor·pho /mɔ́ɚfou | mɔ́:fəʊ/ *n.*〘ギリシャ神話〙モルポー《Aphrodite にかかる「見目(みめ)よい」の意味のまくらことば》. 〚◻ Gk *Morphṓ*《原義》the shapely ← *morphḗ* form〛

mor·pho- /mɔ́ɚfou | mɔ́:fəʊ/「形態, 組成, 構造」の意の連結形. ★ 母音の前では通例 morph- になる.

mor·pho·gen /mɔ́ɚfədʒən | mɔ́:-/ *n.*〘生物〙モルフォゲン《生物の発生過程において, 特に 濃度勾配を形成することによって形態形成 (morphogenesis) を制御する拡散性化学物質》. 〚《1952》← MORPHO-＋-GEN〛

mòrpho·génesis *n.*〘生物〙形態形成, 形態発生. 〚1890〛

mòrpho·genétic *adj.*〘生物〙形態形成の[に関する]. 〚1884〛

mòrpho·génic *adj.*〘生物〙＝morphogenetic. 〚1890〛

morphol.《略》morphological; morphology.

mor·pho·line /mɔ́ɚfəlì:n, -lɪ̀n | mɔ́:fəli:n, -lɪn/ *n.*〘化学〙モルホリン ($O(CH_2CH_2)_2NH$)《環状アミンの一種, かつてモルヒネと構造が似たものと考えられた; 溶剤》. 〚《1889》← MORPH(INE)＋-OL[1]＋-INE[2]〛

mor·pho·log·ic /mɔ̀ɚfəlɑ́(:)dʒɪk | mɔ̀:fəlɔ́dʒ-ˈ/ *adj.* ＝morphological. 〚1872〛

mor·pho·log·i·cal /mɔ̀ɚfəlɑ́dʒɪ̀kəl, -kl̩ | mɔ̀:fəlɔ́dʒɪ-ˈ/ *adj.* 形態学[論]の, 形態学[論]上の. **～·ly** *adv.* 〚1830〛

morphológical constrúction *n.*〘言語〙形態論的構造《複合語 (complex word) または合成語 (compound word) を構成する形態素の一つながり; 例: un-man-ly, con-ceive, fire-man; cf. syntactic construction》.

mor·phól·o·gist /-dʒɪ̀st | -dʒɪst/ *n.* 形態学[論]者. 〚1845〛

mor·phol·o·gy /mɔɚfɑ́(:)lədʒi | mɔ:fɔ́l-/ *n.* **1 a** 形態, 構造. **b** 形態[構造]研究, 形態学. **2**〘生物〙**a** 形態学. **b** [集合的] 形態, 組織. **3**〘言語〙**a** 形態《屈折・派生・合成を含む語形成の型》. **b** 形態論, 語形論. **4**〘地理〙地形学 (geomorphology). 〚《1830》◻ G *Morphologie*: ⇨ morpho-, -logy〛

mor·phom·e·try /mɔɚfɑ́(:)mətri | mɔ:fɔ́mɪ̀-/ *n.* **1** 外形測定. **2**〘地理〙計測学, 地形計測法《地表の各種形態を定量的に分析・研究する分野》. 〚《1856》← MORPHO-＋-METRY〛

mor·pho·neme /mɔɚfóuni:m | mɔ:fəʊ-/ *n.*〘言語〙＝morphophoneme. 〚1933〛

mor·pho·ne·mic /mɔ̀ɚfouní:mɪk, -fə- | mɔ̀:fə(ʊ)-ˈ/ *adj.*〘言語〙＝morphophonemic. 〚1934〛

mor·pho·ne·mics /mɔ̀ɚfouní:mɪks, -fə- | mɔ̀:fə(ʊ)-/ *n.* [単数扱い]〘言語〙＝morphophonemics.

mòrpho·phóneme *n.*〘言語〙形態音素《同一形態素に属する一群の音素; 例えば kits, kids, kisses の複数語尾 /-s, -z, -əs/, knife, knives の /f, v/ など; また同上の任意の代表形, 例えば複数語尾の -s, /naf/ の F など》. 〚《1934》← MORPHO-＋PHONEME〛

mòrpho·phonémic *adj.*〘言語〙形態音素的, 形態音素論(上)の. **mòrpho·phonémically** *adv.* 〚1939〛

mòrpho·phonémics *n.* [単数扱い]〘言語〙**1** 形態音素論《同一形態素を構成する音素またはそれらの音の交替を研究する部門; 例えば, 英語の複数の形態素 {s} は /ɪ̀z, z, s/ という交替形をもつ》. **2** (ある言語の)形態音素上のデータ. 〚1939〛

mòr·phonólogy /mɔ̀ɚ- | mɔ̀:-/, **mòrpho·phonólogy** *n.*〘言語〙形態音韻論. 〚《1933》← MORPHO-＋PHONOLOGY〛

mòrpho·physiólogy *n.* 形態生理学. **mòrpho·physiológical** *adj.* 〚1857〛

mor·pho·sis /mɔɚfóusɪ̀s | mɔ:fəʊsɪs/ *n.* (*pl.* **-pho·ses** /-si:z/)〘生物〙**1** 形態形成[発生]過程《受精卵が発生を進めて内部に種々の構造が形成される過程》. **2** 異常変異《普通ではほとんど起こらないような異常な環境の影響による非適応的な表現型》. **mor·phot·ic** /mɔɚfɑ́(:)tɪk | mɔ:fɔ́t-ˈ/ *adj.* 〚← NL ～: ⇨ morpho-, -osis〛

-mor·pho·sis /mɔ́ɚfəsɪ̀s | mɔ́:fəsɪs/ (*pl.* **-ses** /-si:z/)「…の形成, 再生」の意の連結形: epi*morphosis*. 〚↑〛

mòrpho·spécies *n.*〘生物〙形態種《形態的差異により他と区別できるような種; cf. physiologic race》.

mòrpho·syntáctic *adj.*〘言語〙形態論と統語論の両方を含む, 形態統語論的な. 〚1959〛

mòrpho·táctics *n.*〘言語〙形態素配列論《形態素の結合様式を取り扱う》. 〚1958〛

mòrpho·to·né·mics /-touní:mɪks | -tə(ʊ)-/ *n.*〘言語〙音調 (tone) に関する形態音韻論.

-mor·phous /mɔ́ɚfəs | mɔ́:-/「…の形[形態]をもつ」の意の形容詞連結形: iso*morphous*. 〚◻ Gk *-morphos* ← *morphḗ* form〛

Mor·phy /mɔ́ɚfi | mɔ́:-/, **Paul** *n.* モーフィ《1837–84; 米国のチェスプレーヤー》.

-mor·phy /mɔ̀ɚfi | mɔ̀:-/「…の形をもつこと; …形態」の意の名詞連結形: hetero*morphy*, homo*morphy*, iso*morphy*. 〚← -MORPH＋-Y[1]〛

mor·ra /mɔ́:rə; *It.* mɔ́rra/ *It. n.* ＝mora[2].

mor·rell /mərɛ́l/ *n.*〘植物〙ユーカリプトス ロンギコルニス (*Eucalyptus longicornis*)《オーストラリア南西部産のフトモモ科ユーカリ属の高木》. 〚《1837》◻ Austral. (Nyungar) *morril*〛

mor·ris[1] /mɔ́(:)rɪ̀s, mɑ́(:)r- | mɔ́rɪs/ *n.* (*also* **mor·rice** /～/)《英》モリスダンス《14 世紀の中ごろ英国に起こった特定の拍子のない男性の仮装舞踏の一種で, 時として歌を伴う; 主に May Day の催しとして行われ, 舞踏者は Robin Hood 伝説中の人物などに扮(ふん)した》. — *adj.* モリスダンスの. 〚《c1450》《変形》← *mor(e)ys* 'MOORISH': cf. Flem. *mooriske dans* / Du. *moorche dans*〛

mor·ris[2] /mɔ́(:)rɪ̀s, mɑ́(:)r- | mɔ́rɪs/ *n.* 《廃》モリス遊び: nine men's ～ 9 人モリス《9 個ずつの駒を使うボードゲームの一種》(cf. Shak., *Mids N D* 2. 1. 98). 〚《1595–96》《転訛》← *merels* (pl.): cf. F. *mérea*〛

Mor·ris /mɔ́(:)rɪ̀s, mɑ́(:)r- | mɔ́rɪs/ *n.* モ(ー)リス《男性名》. 〚⇨ Maurice[1]〛

Mor·ris /mɔ́(:)rɪ̀s, mɑ́(:)r- | mɔ́rɪs/, **Gouv·er·neur** /gʌ̀vənɪ́ə, -və- | gʌ̀vənɪ́ə[r]/ *n.* モリス《1752–1816; 米国の政治家・外交官》.

Morris, Robert *n.* モリス《1734–1806; 英国生まれの米国の財政家・政治家; 独立宣言署名者の一人》.

Morris, William *n.* モリス《1834–96; 英国の詩人・工芸美術家・社会運動家; 印刷工房 Kelmscott Press を作って Chaucer の全集などの美術出版を始めた; *The Earthly Paradise* (1868–70)》.

Mórris cháir *n.* モリスチェア《背部が自由に動き, クッションは取りはずしができる安楽椅子》. 〚《1900》↑〛

mórris dànce *n.* ＝morris[1]. 〚《1458》: ⇨ morris[1]〛

mórris dàncer *n.*《英》モリスダンス (morris) の舞踏者. 〚1507〛

Mórris Jés·up /-dʒésəp/, **Cape** *n.* モリスエサップ岬《Greenland 北端の岬; 地球上の陸地の最北端》.

mórris màn *n.* モリスダンスのチームの一員.

Mor·ri·son /mɔ́(:)rəsən, mɑ́(:)r-, -sn̩ | mɔ́rɪ̀-/ *n.* モリソン《男性名》. ★ スコットランドに多い. 〚ME *Morris(s)on*《原義》son of Maurice〛

Mor·ri·son /mɔ́(:)rəsən, mɑ́(:)r-, -sn̩ | mɔ́rɪ̀-/, **Arthur** *n.* モリソン《1863–1945; 英国の小説家・劇作家・日本美術研究家》.

Morrison, Herbert Stanley *n.* モリソン《1888–1965; 英国労働党の政治家, 内務相 (1940–45)》.

Morrison, Jim *n.* モリソン《1943–71; 米国のロック歌手・ソングライター; the Doors のリードボーカル; 本名 James Douglas Morrison》.

Mor·ri·son /mɔ́(:)rəsən, mɑ́(:)r-, -sn̩ | mɔ́rɪ̀-/, **Mount** *n.* モリソン山 (玉山 (Hsinkao) の英語名).

Morrison, Robert *n.* モリソン《1782–1834; 中国に伝道した英国のプロテスタント宣教師・中国語学者; 漢名 馬礼遜》.

Morrison, Toni *n.* モリソン《1931– ; 米国の小説家; Nobel 文学賞を受賞した (1993) 最初の黒人女性作家; 本名 Chloe Anthony Morrison; *The Bluest Eye* (1970), *Beloved* (1987)》.

Morrison, Van *n.* モリソン《1945– ; 北アイルランド出身のロックシンガー・ソングライター》.

Mórrison Cáve *n.* モリソン洞《Lewis and Clark Caverns の別称》.

Mórrison shélter *n.*《英》(鋼鉄製の)テーブル型室内防空避難所. 〚← *H. S. Morrison*〛

Mórris-pìke *n.* モリス槍《15–16 世紀の歩兵が使った大きな槍》.

Mórris Plàn bànk *n.*《米》モーリス式銀行《もと, 労働者に少額の貸付けをすることを主な目的として設立された私設庶民金融機関》. 〚← *Robert Morris* (1734–1806: 米国の政治家・財政家)〛

Mor·ris·town /mɔ́(:)rəstàun, mɑ́(:)r- | mɔ́rɪ̀s-/ *n.* モリスタウン《米国 New Jersey 州北部の都市; 独立戦争当時 Washington 指揮下の司令部所在地》.

mor·ro /mɔ́(:)rou, mɑ́(:)r- | mɔ́rəʊ; *Am.Sp.* móro/ *n.* (*pl.* ～s) 円丘; 岬 (cf. moraine). 〚◻ Sp. ～ ?〛

Mór·ro Cástle /mɔ́(:)rou-, mɑ́(:)r- | mɔ́rəʊ-; *Am. Sp.* móro-/ *n.* モロ城《キューバの Havana 港の入口にある古い要塞》.

mor·row /mɑ́(:)rou, mɔ́(:)r- | mɔ́rəʊ/ *n.*《古・詩》**1** 朝 (morning) (cf. eve). **2** [the ～] 翌日. **3** (事件の)直後, 後: on the ～ of …の直後に. 〚《c1275》 *morwe* (尾音消失) ← *morwen* < OE *morgen* 'MORNING': cf. morn〛

Mors /mɔ́ɚz | mɔ́:z/ *n.*〘ローマ神話〙モルス《死の擬人化; cf. Thanatos 1》. 〚◻ L ～〛

morse[1] /mɔ́ɚs | mɔ́:s/ *n.*〘動物〙セイウチ (walrus). 〚《1482》◻ Sami *morša*〛

morse[2] /mɔ́ɚs | mɔ́:s/ *n.*〘教会〙(コープ (cope) に用いる宝石入りの)留め金, 玉飾り. 〚《1404》◻ OF *mors* ◻ L *morsus* a biting, bite: ⇨ morsel〛

Morse, m- /mɔ́ɚs | mɔ́:s/ *adj.* モールス符号の; モールス式に似た, モールス風の符号の. — *n.* ＝Morse code. 〚《1858》← *S.F.B. Morse* (↓)〛

Morse /mɔ́ɚs | mɔ́:s/, **Samuel F(in·ley) B(reese)** /fɪ́nli brí:z | -lɪ/ *n.* モース《1791–1872; モールス式電信機を発明した米国人》.

Mórse códe [álphabet] *n.*〘通信〙モールス(式電信)符号《点と線 (dots and dashes) から成る無線電信記号; 現在は主としてアマチュア無線家によって使用されている》: send a message by ～ モールス符号で通信を送る. 〚《1867》↑〛

mor·sel /mɔ́ɚsəɫ, -sl̩ | mɔ́:-/ *n.* **1 a** (食物の)一かじり, 一口: a ～ of food. **b** 少しばかり, わずか, 少量, 小片: a ～ of news / It wasn't a ～ of good. それは少しも役に立たなかった. **2 a** ごちそう; うまい物, 珍味. **b** (見て)気持ちのよい物. **3** 取るに足らぬ人. — *vt.* (**-seled, -selled; -sel·ing, -sel·ling**) 少しずつ分配する, 小部分に分ける. 〚《c1290》◻ OF ～, *morcel* (F *morceau*) (dim.) ← *mors* a bite < L *morsum* (neut. p.p.) ← *mordēre* to bite: cf. mordant, morse[2]〛

Mórse lámp *n.* モールス信号灯.

Mórse táper *n.*〘商標〙モールステーパー《工作機械のドリルなどの先端のテーパー部に用いられる標準型式》. 〚《1894》← ?: 米国の工作機器会社の社名から〛

mort[1] /mɔ́ɚt | mɔ́:t/ *n.* **1**〘狩猟〙獲物の死を報じるらっぱの吹奏. **2**《廃》殺害. 〚《c1330》◻ (O)F ～ < L *mortem* death: cf. mortal〛

mort[2] /mɔ́ɚt | mɔ́:t/ *n.*〘方言〙多量, 多数, たくさん〔*of*〕: a ～ *of* money. 〚《1694》← ? MORTAL ∥《変形》←《北部方言》*murth* ◻ ON *mergð* ← *margr* many〛

mort[3] /mɔ́ɚt | mɔ́:t/ *n.*《英方言》ラードを作る豚の脂肪. 〚《1610》← ? Corn.: cf. Welsh *mēr* marrow〛

Mort /mɔ́ɚt | mɔ́:t/ *n.* モート《男性名》. 〚(dim.) ← MORTIMER, MORTON〛

mort.《略》mortal; mortality; mortar; mortgage; mortuary.

mor·ta·del·la /mɔ̀ɚtədélə | mɔ̀:tə-; *It.* mortadɛ́lla/ *n.* モルタデラ《こしょう・にんにくで味をつけ燻製にしたボローニャソーセージの一種》. 〚《1613》◻ It. ～ ← L *murtātum* ← *murtus* 'MYRTLE'〛

mor·tal /mɔ́ɚtl̩ | mɔ́:tl̩/ *adj.* **1 a** 死ぬべき運命の, 死を免れない, 必滅の (↔ immortal): ～ men / Man is ～. 人は死すべきもの. **b** 人間の (human): beyond ～ ken 人知の及ばない. **c** この世の: this ～ life この世[人生]. **2 a** 一命にかかわる, 人命を奪う, 致命的な (⇨ fatal SYN): a ～ injury [wound] 致命傷 / a ～ disease 死病 / a ～ weapon 凶器 / a ～ place 急所. **b** 死の, 死に伴う[関する], 死に際の: ～ remains 遺体 / ～ agony [throes] 断末魔の苦しみ / the ～ hour [moment] 臨終. **3** 永遠の死を招く, 地獄に落ちる, 許されない (↔ venial 1): ⇨ mortal sin. **4** 殺さずにはすまない, 死ぬまで戦う: a ～ enemy [foe] 不倶(ぐ)戴天の敵 / a ～ combat 決闘, 死闘 / a ～ war 殲滅(せんめつ)戦, 皆殺しの戦い. **5**《口語》**a** 恐ろしい, ひどい, 痛烈な: ～ hatred 激しい憎しみ. **b** 非常な, 大変な (awful): in a ～ fright [funk] 脅え上がって, ぎょっとして / I am not in a ～ hurry. ひどく急いでいるわけじゃない. **c**《口語》長たらしい, 退屈でたまらない: The sermon lasted two ～ hours. 説教はだらだらと 2 時間も続いた. **6** [any, every, no などに伴って] 可能な, 考えられる (possible, conceivable): You can eat *any* ～ thing you like. 何でも好きな物を食べてよい / There was *not* a ～ man in the park. 公園には人っ子一人いなかった.
— *adv.*《方言》ものすごく, とても: be ～ tired, sorry, ill, cold, etc.
— *n.* **1 a** 死ぬべき運命のもの, 死ぬもの. **b** 人間 (human being). **2**《戯言》人, やつ (person): a jolly ～ おもしろいやつ / a thirsty ～ のみ助, 飲んべえ.
〚《c1368》◻ OF ～ (F *mortel*) ∥ L *mortālis* subject to death ← *mort-*, *mors* death ← IE **mer-* to rub away: ⇨ -al[1]: cf. mort[1]〛

Mór·tal·ism /-tə̀lɪzm, -tl̩- | -təl-, -tl̩-/ *n.* 霊魂死滅論. 〚1646〛

mor·tal·i·ty /mɔɚtǽləti | mɔ:tǽlɪ̀ti/ *n.* **1** 死ぬべき運命[性質]: None can escape ～. 何人も死は免れない. **2** (戦争・疫病などによる)大規模な死亡. **3** 死亡数, 死亡率 (death rate) (cf. fertility 3): an infant ～ rate 乳児死亡率 / The disease has a low ～. その病気は死亡率が低い / The ～ from phthisis is falling. 肺結核の死亡率は低下しつつある. **4** 失敗率; 落第率: the high ～ of first-year students 一年生の落第率の高さ. **5** [集合的] 人間, 人類 (humanity): poor [suffering] ～. **6**《廃》死 (death). 〚《c1340》◻ (O)F *mortalité*: ⇨ ↑, -ity〛

mortálity ràte *n.* 死亡率 (death rate). 〚1909〛

mortálity tàble *n.*〘保険〙死亡表, 生命表《ある数 (例えば 10 万人) の 0 歳の人の集団が生存者 0 人になるまでの各年の死亡・生存の状態を統計的にあらわした表; cf. experience table, life table》. 〚1880〛

mór·tal·ly /-təli, -tl̩i | -təli, -tl̩i/ *adv.* **1** 一命にかかわ

M

るほどに, 致命的に: be ～ wounded 致命傷を負う. **2** 《口語》ひどく, 激しく: He was ～ offended. すごく腹を立てていた. 〘(*c*1386): ⇨ mortal, -ly¹〙

mórtal mínd *n.* 〘クリスチャンサイエンス〙死すべき心《生命 (life), 肉体 (substance), 人知 (intelligence) は物質 (matter) であるとする考え; cf. mind 11》. 〘1875〙

mórtal sín *n.* 〘カトリック〙《殺人罪のような地獄行きの》大罪《Thomas Aquinas の神学によれば, こうした大罪を犯した者の魂は神の恩寵を失うという; cf. venial sin》.

mor·tar¹ /mɔ́ətə | mɔ́ːtə^(r)/ *n.* **1 a** 臼砲(きゅうほう), 迫撃砲《口径の割に砲身が短い大砲》. **b** 花火用臼砲. **c** (救命索を打ち出す)救命臼砲. **2 a** 臼, 乳鉢(にゅうばち). **b** 粉砕機. **c** 鉱石粉砕用の鋳鉄製容器. — *vt.* 臼砲で射撃する. 〘n. 2: OE *mortere* ∥ (O)F *mortier* < L *mortārium* mixing vessel, trough ← IE *mer- (⇨ mortal). n. 1, vt.: ← F *mortier* (↓)〙

mor·tar² /mɔ́ətə | mɔ́ːtə^(r)/ *n.* モルタル《生石灰・石膏粉・セメントなどに砂と水を混ぜたれんが; 石工, しっくいまたはコンクリート工事用材料》. — *vt.* 〈れんがなどを〉モルタルでつぐ[塗る]. 〘(*c*1290) ☐ (O)F *mortier* < L *mortārium*: ⇨ mortar¹〙

mórtar·bòard *n.* **1** こて板《石工・れんが積工がモルタルを受けるのに用いるもの》. **2** (大学の)式帽《キャップの上が四角く平らで房飾りがついている》. 〘1876〙

mortarboard 2

mór·tared *adj.* モルタルで塗った[つないだ]. 〘*c*1384〙

mórtar·less *adj.* モルタル抜きの, モルタルを用いない. 〘1667〙

mor·tar·y /mɔ́ətəri | mɔ́ːt-/ *adj.* モルタル(状)の. 〘1805〙

M

Morte Dar·thur /mɔ́ətdɑ́əθə | mɔ̀ːtdɑ́ːθə^(r)/, **Le** /lə/ *n.* 「アーサーの死」《Malory がフランス語作品や ME 頭韻詩に基づき Arthur 王伝説を集大成した散文ロマンス; 1485 年 Caxton によって印刷された》.

mort·gage /mɔ́əgɪdʒ | mɔ́ː-/ *n.* 〘法律〙 **1** (譲渡)抵当(に入れること); 住宅ローン: a double ～ 二重抵当 / ⇨ first mortgage / on ～ 抵当に取って / hold a ～ on …を抵当に取っている / get [take out] a twenty-year ～ on a building ビル(の購入)で 20 年のローンを借りる[組む]. **2** 抵当額, 住宅ローンの額: There is a ～ of 30,000,000 yen on the house. その家は 3,000 万円の抵当に入っている. **3** (抵当に基づく)借金の利子, 住宅ローンの利子. **4** (譲渡)抵当証書. **5** (譲渡)抵当権. — *vt.* **1** 抵当に入れる: ～ one's house *to* a person *for* a million dollars 家を抵当に人から 100 万ドル借りる. **2** (要求・義務などのために)保証としてささげる, 投げ出してかかる: ～ one's life [honor] to … のために一命[名誉]を賭ける. **mort·gage·a·ble** /mɔ́əgɪdʒəbl | mɔ́ː-/ *adj.* 〘(n.: *a*1393; v.: 1530) *morgage* ☐ OF *mor(t)gage* ← *mort* dead + *gage* pledge, gage: ⇨ mortal, gage¹〙

mórtgage bònd *n.* 〘証券〙担保付き債権[社債] (cf. debenture bond). 〘1890〙

mórtgage clàuse *n.* 〘保険〙(火災保険における)抵当権者条項《指定抵当権者に保険金を支払うことを特約した条項》.

mort·gag·ee /mɔ̀əgɪdʒíː | mɔ̀ːgɪ-/ *n.* 〘法律〙抵当権者. 〘(1584): ⇨ mortgage, -ee¹〙

mortgagée clàuse *n.* 〘保険〙 ＝mortgage clause.

mort·gag·er /mɔ́əgɪdʒə | mɔ́ːgɪdʒə^(r)/ *n.* 〘法律〙 ＝ mortgagor.

mórtgage pàyment *n.* ローンの支払い.

mórtgage ràte *n.* 住宅ローンの貸付金利. 〘1935〙

mort·ga·gor /mɔ̀əgɪdʒɔ́ə, mɔ́əgɪdʒə | mɔ̀ːgɪdʒɔ́ː^(r), mɔ́ːgɪdʒə^(r)/ *n.* 〘法律〙抵当権設定者. 〘(1584): ⇨ mortgage, -or²〙

mor·tice /mɔ́ətɪs | mɔ́ːtɪs/ *n.*, *vt.* ＝mortise.

mor·ti·cian /mɔətíʃən | mɔː-/ *n.* 《米》葬儀屋 (funeral director). 〘(1895) ← MORT(UARY) + -ICIAN: PHYSICIAN からの類推〙

Mor·tie /mɔ́əti | mɔ́ːti/ *n.* モーティー《男性名》. 〘(dim.) ← MORTON, MORTIMER〙

mor·ti·fi·ca·tion /mɔ̀ətəfɪkéɪʃən | mɔ̀ːtɪfɪ-/ *n.* **1 a** 屈辱, 悔しさ, 無念, 落胆: in ～ of …を恥じて / I had the ～ of acknowledging myself defeated. 残念ながら負けたことを認めた / to one's ～ 悔しい思いをしたことに(は). **b** 無念の種, 遺憾な事. **2** 〘キリスト教〙苦行, 禁欲: the ～ of the flesh 禁欲, 苦行. **3** 《まれ》〘病理〙壊疽(えそ), 脱疽 (gangrene). 〘(*c*1390) ☐ (O)F ～: ⇨ mortify, -ation〙

mór·ti·fìed *adj.* **1** 悔しがって, 無念に思って (ascetic) (⇨ ashamed SYN). **2** 禁欲的な, 苦行の (ascetic): one's ～ life. **3** 〘病理〙壊疽(えそ)にかかった. 〘(1526): ⇨ ↓, -ed〙

mor·ti·fy /mɔ́ətəfàɪ | mɔ́ːtɪ-/ *vt.* **1** 〈人を〉悔しがらせる, 無念に思わせる, 〈人〉に屈辱を感じさせる (humiliate): be *mortified* at [by] …を悔しがる. **2** 〈情欲を〉制する, 克服する, 苦行浄化する: ～ the flesh [oneself] 禁欲生活[苦行]をする. **3** 《廃》 **a** 殺す: ～ the deeds of the body 体の行為(おこない)を殺す (cf. *Rom.* 8:13). **b** …の活力を失わせる. **4** 〘病理〙壊疽(えそ)[脱疽]にかからせる. — *vi.* **1** 苦行する, 禁欲生活をする. **2** 〘病理〙壊疽[脱疽]にかかる. **mór·ti·fì·er** *n.* **mór·ti·fỳ·ing** *adj.* **mór·ti·fỳ·ing·ly** *adv.* 〘(*c*1384) ☐ (O)F *mortifier* ☐ LL *mortificāre* to kill, destroy ← L *mors* death: ⇨ mortal, -fy〙

Mor·ti·mer /mɔ́ətəmə | mɔ́ːtɪmə^(r)/ *n.* モーティマー《男性名》. 〘☐ AF *Mortemer* (原義) dead sea: Normandy の地名・家族名〙

Mor·ti·mer /mɔ́ətəmə | mɔ́ːtɪmə^(r)/, **John (Clifford)** *n.* モーティマー《1923– ; 英国の弁護士・劇作家・小説家; *Paradise Postponed* (1985)》.

Mortimer, Roger de *n.* モーティマー《1287–1330; 英国の貴族; イングランド王 Edward 二世の妻 Isabella の愛人; 1326 年 Edward 三世を王位につけ, 院政をしいたが, 後に処刑された; 称号 8th Baron of Wigmore, 1st Earl of March》.

mor·tise /mɔ́ətɪs | mɔ́ːtɪs/ *n.* **1** 〘木工〙ほぞ穴《ほぞ (tenon) を差し込む穴》: a ～ and tenon joint ＝mortise joint. **2** 〘印刷〙(版面の)くりぬき穴. — *vt.* **1 a** ほぞ接ぎする. **b** 接合する, 固着[固定]させる. **2** …にほぞ穴を造る. **3** 〘印刷〙〈版面の一部分を〉くりぬく, 版面をくりぬいて〈別の活字などを〉組み込む. **mór·tis·er** *n.* 〘(*c*1400) *mortays* ☐ OF *mortoise* (F *mortaise*) ☐ Arab. *murtázz* made fast〙

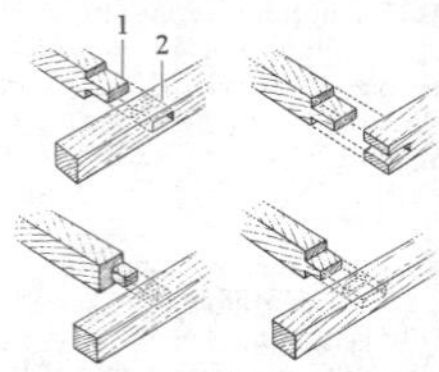

1 tenon 2 mortise
mortise and tenon joints

mórtise chìsel *n.* ほぞのみ《ほぞ穴くりぬきに用いる木工用のみ》. 〘1678〙

mórtise jòint *n.* 〘木工〙ほぞ穴接合, ほぞ継手. 〘1882〙

mórtise lòck *n.* 〘木工〙箱錠, 彫り込み錠《錠箱に収められた錠前》. 〘1780〙

mórtise whèel *n.* 〘機械〙はめば歯車. 〘1843〙

Mort·lake /mɔ́ətleɪk | mɔ́ːt-/ *n.* モートレイク《London 西部 Richmond-upon-Thames 自治区の郊外住宅地; Thames 川での Oxford, Cambridge 両大学のボートレースおよびウィングフィールドスカル競艇の決勝点 (cf. Putney)》. 〘OE *Mortelaga, Murtelac* ← ? *mort* young salmon + ? OE *lacu* stream ∥ ← ? *Morta* (家族名) + ? (方言) *lag* long, narrow marshy meadow〙

mort·main /mɔ́ətmeɪn | mɔ́ːt-/ *n.* **1** 〘法律〙死手譲渡《宗教団体・慈善団体の保有する不動産からは封建領主に利益が生じないので, これらに対する不動産譲渡を禁止した; dead hand ともいう; cf. amortization 2》; 永久土地保有: in ～ 永代所有の, 死手譲渡の. **2** (現在を支配するものとしての)過去の束縛[支配, 影響]: the ～ of the tradition *over* our society. 〘(*c*1450) *morte mayne* ☐ OF *mortemain* (なぞり) ← ML *mortua manus* ← *mortua* ((fem.) ← L *mortuus* dead) + *manus* hand〙

Mor·ton /mɔ́ətn | mɔ́ː-/ *n.* モートン《男性名》. 〘OE *Mōrtun* ← *mōr* 'MOOR¹' + *tun* '-TON': 地名由来の家族名から〙

Mor·ton /mɔ́ətn | mɔ́ː-/, **James Douglas**, 4th Earl of *n.* モートン伯《1516–81; スコットランド王 James VI の摂政; 女王 Mary 追放に中心的役割を果たす》.

Morton, Jelly Roll *n.* モートン《1885–1941; 米国のジャズピアニスト・作曲家; ジャズの創始者のひとり; 本名 Ferdinand Joseph La Menthe Morton》.

Morton, John *n.* モートン《1420?–1500; イングランドの枢機卿・政治家; Canterbury 大司教および大法官に任命された》.

Morton, Thomas *n.* モートン《1764?–1838; 英国の劇作家 (cf. Mrs. Grundy); *The Way to Get Married* (1796)》.

Morton, William Thomas Green *n.* モートン《1819–68; 米国の歯科医; 抜歯時の麻酔に初めてエーテルを使用》.

Mórton's fórk *n.* モートンの二叉(ふたまた)論法《「金持はゆとりがある. 貧しく見える者は蓄財しているはずだ. したがって両者とも税金が払える」という論法》. 〘(1889) ← *John Morton* (*c*1420–1500: これを唱えた Canterbury 大司教, Henry VII の重臣)〙

mor·tu·ar·y /mɔ́ətʃuèri | mɔ́ːtʃuəri, -tʃʊri, -tjuəri, -tjʊri/ *n.* **1** (病院などの)霊安室; 死体安置所, 死体置場. **2** 〘英史〙布施(ふせ)《死者があったとき教区の牧師に納められた故人の財産の一部》. — *adj.* **1** 死の, 死を記念する, 弔いの: a ～ emblem 喪章 / a ～ monument 墓碑. **2** 埋葬の: a ～ chapel 墓地付属礼拝堂 / a ～ urn 骨壺. 〘(*c*1380) ☐ AF *mortuarie* ☐ ML *mortuārium* (neut.) ← L *mortuārius* belonging to the dead ← *mortuus* dead: ⇨ mortal, -ary〙

Mor·ty /mɔ́əti | mɔ́ːti/ *n.* モーティー《男性名》. 〘(dim.) ← MORTIMER, MORTON〙

mor·u·la /mɔ́(ː)rʊlə, mɑ́(ː)r-, -rju- | mɔ́r-/ *n.* (*pl.* **-u·lae** /-lìː, -làɪ | -lìː/) 〘生物〙桑実胚(そうじつはい)《受精卵の分割によってできる桑の実状の細胞群》. **mor·u·lar** /mɔ́(ː)rʊlə, mɑ́(ː)r- | mɔ́r(j)ʊlə^(r)/ *adj.* **mor·u·la·tion** /mɔ̀(ː)rʊléɪʃən, mɑ̀(ː)r-, -rju- | mɔ̀r-/ *n.* 〘(1856) ← NL ～ (dim.) ← L *mōrum* mulberry: ⇨ -ula¹〙

Mor·wen·na /mɔəwénə | mɔː-/ *n.* (*also* **Mor·wen·a** /～/) モーウェナ《女性名; 異形 Morwen, Morwyn; ウェールズに多い》. 〘← Welsh *morwyn* maiden〙

mor·wong /mɔ́əwɔ(ː)ŋ, -wɑ(ː)ŋ | -wɒŋ/ *n.* 〘魚類〙オーストラリア周辺産のタカノハダイ科ケイロダクテュルス属 (Cheilodactylus または Nemadactylus) の魚の総称《タイに似た食用魚; 日本では俗に(ミナミ)フエダイとも呼ぶ》. 〘(1880) ← ? Austral.〙

MOS /mɑ́(ː)s, ɛ́mòʊɛ́s | mɒ́s, ɛ́məʊɛ́s/ 《略》〘電子工学〙 metal oxide semiconductor; military occupational specialty 〘米軍〙特技区分.

mos. 《略》 months.

mo·sa·ic /moʊzéɪɪk | mə(ʊ)-/ *n.* **1 a** モザイク《種々の色の石・ガラス・大理石などの小片の組合わせによる表面装飾の技法》. **b** モザイク画[模様, 装飾]. **2** モザイク風[状]の物[文]: a ～ of memories いろいろな記憶の断片の寄せ集め. **3** 〘植物病理〙モザイク病《ウイルスの作用によって葉に雑色の斑点を生じる伝染病; mottle, mosaic disease ともいう; cf. sugarcane mosaic》. **4** 〘生物〙モザイク (⇨ chimera 3). **5** 〘テレビ〙 ＝mosaic electrode. **6** (航空写真をつないで作った)広大な地域の連続写真. (cf. mosaic map). — *adj.* **1** モザイクの, 象眼の: ～ work モザイク細工. **2** モザイク式の, モザイクに似た, 寄集めの: a ～ pavement モザイク式舗道 / ～ woolwork モザイク式毛糸編物. **3** 〘植物病理〙〈植物が〉モザイク病にかかった. — *vt.* (**mo·sa·icked**; **-ick·ing**) モザイクで飾る[作る]. **mo·sá·i·cal·ly** *adv.* 〘(?*a*1400) ☐ F *mosaïque* ☐ OIt. *mosaico* ☐ ML *mōsaicum, mūsaicum* of the Muses, artistic (変形) ← L *mūsīvum* (neut.) ← *mūsīvus* ← *Mūsa* 'MUSE': ⇨ -ic¹: cf. museum〙

Mo·sa·ic /moʊzéɪɪk | mə(ʊ)-/ *adj.* モーセの, モーセの著作[制定]による. 〘(1662) ← NL *Mosaicus* (*Hebraicus* からの類推か) ← L *Mōsēs* 'MOSES²': ⇨ -ic¹〙

Mo·sá·i·cal /-zéɪɪkəl, -kl | -zéɪk-/ *adj.* ＝Mosaic.

mosáic disèase *n.* 〘植物病理〙モザイク病 (⇨ mosaic 3). 〘1894〙

mosáic eléctrode *n.* 〘テレビ〙モザイク電極《画像信号を電荷に変換して一時的に蓄積するための, テレビカメラのモザイク状微小電極》.

mosáic glàss *n.* ＝millefiori.

mosáic gòld *n.* 〘化学〙 **1** 彩色金, モザイクゴールド, にせ金(きん)《硫化第二スズ (SnS_2) のこと; cf. stannic sulfide》. **2** オルモル (ormolu). 〘1727–41〙

mosáic ímage *n.* 〘昆虫〙複眼像.

mo·sa·i·cism /moʊzéɪəsìzm | məʊzéɪɪ-/ *n.* 〘生物〙組織モザイク《動物の細胞分裂に際し, 染色体が不均等に分離するため生体の組織が体の部分によりモザイク状に異なる現象》. 〘1926〙

mo·sá·i·cist /-sɪst | -sɪst/ *n.* モザイクデザイナー; モザイク工; モザイク(細工)商人. 〘1847〙

Mosáic Láw *n.* [the ～] 〘聖書〙 **1** モーセの律法《旧約聖書最初の五書 (the Pentateuch) とヨシュア記その他に記されてある Moses の制定した古代ユダヤの律法》. **2** ＝Pentateuch. 〘1701〙

mosáic máp *n.* モザイク地図《空中から垂直にまた連続的に写した何枚かの写真をつなぎ合わせて作った写真地図》.

mosáic strúcture *n.* (結晶の)モザイク構造.

Mo·san /móʊsən, -sn | máʊ-/ *n.* 〘言語〙モス語《カナダの British Columbia 州, 米国 Washington 州などで用いられるインディアン語で, Salishan, Wakashan, Chemakuan などの諸語を含む》. 〘(1929) ← N-Am.-Ind. *bos-*, *mos-* four + -AN¹〙

mo·sa·saur /móʊsəsɔ̀ə | máʊsəsɔ̀ː^(r)/ *n.* 〘古生物〙モササウルス《白亜紀後期にヨーロッパ・北米などに生息し, 今では絶滅した海竜》. 〘(1841) ← NL *Mosasaurus* ← *Mosa* (その発見地近くの the river Meuse のラテン語名) + -SAURUS〙

mo·sa·sau·rus /mòʊsəsɔ́ːrəs | məʊ-/ *n.* (*pl.* **-sau·ri** /-raɪ/) 〘古生物〙モササウルス《白亜紀後期に生存したトカゲ類の海竜》. 〘(1830) ← NL *Mosasaurus* (属名) ← L *Mosa* 'MEUSE' (この川の近くで最初に化石が発見された): ⇨ -saur〙

mos·ca·to /mɑ(ː)skɑ́ːtoʊ | mɒskɑ́ːtəʊ/ *n.* (*also* **mos·cat·to**) モスカート《イタリアの甘口デザートワイン; これを造るブドウ; cf. muscat》. 〘(1903) ☐ It. ～: ⇨ muscat〙

mos·chate /mɑ́(ː)skeɪt, -kɪ̀t | mɒ́s-/ *adj.* 麝香(じゃこう)のにおいがする (musky). 〘(1826) ← NL *moschātus* ← ML *moschus* 'MUSK'〙

mos·cha·tel /mɑ̀(ː)skətɛ́l, ←–←́ | mɒ̀skətɛ́l, ←–←́/ *n.* 〘植物〙レンプクソウ, ゴリンバナ (*Adoxa moschatellina*) 《レンプクソウ科の小型の草本》. 〘(1732) ☐ F *moscatelle* ☐ It. *moscatella* ← *moscato* < LL *muscum* 'MUSK': ⇨ -el¹: cf. muscatel〙

Mos·cow /mɑ́(ː)skaʊ, -koʊ | mɒ́skəʊ/ *n.* モスクワ《ロシア連邦の首都; ロシア語名 Moskva》. 〘☐ Russ. *Moskva*: 川の名から〙

Móscow Árt Thèatre [Thèater] *n.* [the ～] モスクワ芸術座《Moscow にある劇場; 1898 年 Stanislavski と Nemirovich-Danchenko (1858–1943) が創立》.

Móscow Internátional *n.* モスクワインターナショナル (⇨ international *n.* 2).

Móscow múle *n.* モスコミュール《ウオッカに少量のライムジュース, ジンジャーエールを混ぜたカクテル》. 〘1963〙

mose /móʊz | máʊz/ *vi.* 《廃》 [mose in the chine で] 鼻疽(びそ) (glanders) を患う. 〘(1593) ← ?〙

Mose /móʊz | máʊz/ *n.* モーズ《男性名》. 〘(dim.) ← MOSES¹〙

Mo·sel /G. móːzl/ *n.* モーゼル《Moselle のドイツ語名》.

Mose·ley /móʊzli | máʊz-/, **Henry Gwyn-Jeffreys** /gwɪ́ndʒɛ́friz/ *n.* モーズリー《1887–1915; 英国の物

理学者; X 線スペクトルにおける Moseley's law を発見).
Móseley's láw *n.* 〘物理〙モーズリーの法則. 〖↑〗
Mo·selle /mouzél | mə(ʊ)-; *F.* mozɛl/ *n.* **1** モーゼル(県)《フランス北東部のドイツに接する県, 旧 Alsace-Lorraine の一部; 面積 6,214 km², 県都 Metz》. **2** [the ~] モーゼル(川)《フランス北東部 Vosges 山脈に発し, ドイツ西部に入り Rhine 川に合流する川 (545 km); ドイツ語名 Mosel》. **3** [時に m-] モーゼル(ワイン)《Moselle 川流域, 特に Trier, Koblenz 間で産する辛口の白ワイン; 緑色の瓶に詰めてある; cf. Rhine wine 1》. 〖(1687) □F ~ □L *Mosella* (dim.) ← *Mosa* (フランスの川の名) ← ?〗
Mo·ses¹ /móuzɨ̀z | máʊ-; G. mó:zəs, -zɛs/ *n.* モーゼス《男性名》. 〖□L *Mōsēs, Moysēs* □Gk *Mō(u)sēs* □Heb. *Mōšéʰ* (通俗語源) ? deliverer, savior ← ? *māšāʰ* to draw out: Egypt. *ms(w)* son (of a god) の借入とする説が有力〗
Mo·ses² /móuzɨ̀z | máʊ-/ *n.* **1** モーセ, モーゼ, モイゼ《紀元前 13 世紀ごろのヘブライの立法者・預言者; イスラエル人を導いてエジプトを去り, Sinai 山で神から十戒 (the Ten Commandments) を授かり (cf. *Exod.* 20), 律法を制定してイスラエルにおける祭政一致制の基を開いた; cf. *Exod.* 2; *Deut.* 34》. **2** 指導者, 立法者. **3** [m-] =moses boat.
Moses, Anna Mary Robertson *n.* モーゼズ《1860–1961; 米国の画家; 78 歳から独学で絵を始める; 素朴で色彩豊かに田園の風景を描いた; 通称 Grandma Moses》.
Móses bàsket *n.* 《英》 =bassinet 1. 〖1945〗
móses bòat *n.* (以前, 西インド諸島で使用された)平底の荷物運搬用の漕ぎ舟. 〖1768〗
mo·sey /móuzi | máʊ-/ *vi.* 《俗》 **1** ぶらぶら歩く, ぶらつく (saunter) ⟨*along, about*⟩. **2** そそくさと立ち去る (decamp). 〖(1829) (変形) ← VAMOOSE〗
MOSFET /má(:)sfɛt | mɔ́s-/ *n.* 〘電子工学〙酸化膜半導体電界効果トランジスター. 〖(1967) (略) ← *m(etal)-o(xide)-s(emiconductor) f(ield)-e(ffect) t(ransistor)*〗
mosh /má(:)ʃ | mɔ́ʃ/ *vi.* (パンクロックやヘビーメタルのコンサートで)激しく体を揺すって踊る, モッシュする. 〖(1983) ← ? MASH¹〗
mo·shav /móuʃɑ:v | máʊ-/ *n.* (*pl.* **mo·sha·vim** /mòuʃəví:m | mə̀ʊ-/) モシャヴ《イスラエルの個人農場を集約した集団共営農場の一種; cf. kibbutz》. 〖(1931) □ModHeb. *mošāv*=Heb. *mōšā́bh* sitting, seat, dwelling ← *yāšábh* to sit〗
Mo·shesh /mɑ(:)ʃéʃ | mə-/ *n.* モシェシュ《1790?–1870; アフリカの指導者; ソト族 (Sotho) の首長で後のレソト王国の基礎を築いた》.
Mo·shi /móuʃi | máʊ-/ *n.* モシ《タンザニア北部 Kilimanjaro 山の南斜面にある都市; コーヒー栽培中心地》.
Mo·shoe·shoe /mɑ(:)ʃú:ʃu: | mə-/ *n.* =Moshesh.
mosk /má(:)sk | mɔ́sk/ *n.* =mosque.
mos·kon·fyt /má(:)skɑ(:)nfèɪt | mɔ́skən-/ *n.* 《南ア》ブドウ液[シロップ]. 〖(1891) □Afrik. ~ ← *mos* must＋*konfyt* jam〗
Mosk·va /*Russ.* maskvá/ *n.* **1** モスクワ《Moscow のロシア語名》. **2** [the ~] モスクワ(川)《Moscow を通り Oka 川に合流する (500 km)》.
Mos·lem /má(:)zləm, má(:)s- | mɔ́zlə̀m, múz-, -lɛm/ *n.* (*pl.* ~, ~**s**, **Mos·lem·in** /~ɨ̀n | ~ɪn/), *adj.* =Muslim. **Mos·lem·ic** /mɑ(:)zlémɪk | mɔz-/ *adj.*
Mós·lem·ìsm /-mìzṃ/ *n.* =Muslemism.
Mos·ley /móuzli | máuz-, mɔ́z-/, Sir **Oswald Ernald** /ɚ́:nɨ̀ld | ɜ́:-/ *n.* モーズリー《1896–1980; 英国の政治家; 英国ファシスト連盟 (British Union of Fascists) (1932–40) を組織し, さらに連盟運動 (Union Movement) を組織 (1948) してファシズムを唱えた》.
Mo·so·tho /musú:tu:/ *n.* (*pl.* ~, ~**s**) モストゥ人, バストゥ人 (Basotho) 《レソトの Sotho 族に属する人》. 〖□Sotho ~ ← *mo-* (sing. pref.)＋*Sotho*〗
mosque /má(:)sk | mɔ́sk/ *n.* モスク《イスラム教の礼拝堂; masjid ともいう》. 〖(*c*1400) *mosquee* □F *mosquée* □OIt. *moschea* □OSp. *mezquita* □Arab. *másjid* temple ← *sájada* to worship ∽ (*c*1400) *moseak, moseache*〗
Mos·qui·ti·a /mɑski:tíːə | məskí:tiə, mɔs-; *Am.Sp.* moskítja/ *n.* =Mosquito Coast.
mos·qui·to /məskí:tou | məskí:təʊ, mɔs-/ *n.* (*pl.* ~**es**, ~**s**) **1** 〘昆虫〙カ《双翅目カ科の昆虫の総称; 幼虫はボウフラ (wiggler), 蛹(さなぎ)はオニボウフラ; cf. house mosquito》. **2** [M ~] モスキート《第 2 次大戦英空軍の木製軽爆撃機[偵察機・夜間戦闘機]》. 〖(*c*1583) □Sp. ~ (dim.) ← *mosca* < L *muscam* a fly〗
Mos·qui·to /məskí:tou | məskí:təʊ, mɔs-; *Am.Sp.* miskíto/ *n.* (*pl.* ~, ~**s**) モスキート族[語] 《Miskito の別名》. 〖1789〗
mosquíto bàr *n.* 《米》 =mosquito net. 〖1828〗
mosquíto·bìll *n.* 〘植物〙米国 California 州産サクラソウ科カタクリモドキ属の多年草 (*Dodecatheon hendersonii*).
mosquíto bòat *n.* 〘米海軍〙 =motor torpedo boat. 〖1914〗
Mosquíto Cóast *n.* [the ~] モスキート海岸《ニカラグアのカリブ海側の海岸》.
mosquíto cràft *n.* [集合的] 〘海軍〙かとんぼ艦艇《水雷艇・魚雷艇・駆潜艇その他の高速小型艦艇》. 〖1944〗
mos·qui·to·ey /məskí:toui | məskí:təui, mɔs-/ *adj.* 蚊(か)の多い, 蚊が一杯いる. 〖1957〗
mosquíto fìsh *n.* 〘魚類〙カダヤシ (*Gambusia affinis*) 《米国南東部に見られるカの幼虫(ボウフラ)を餌とするカダヤシ科の卵胎生の魚; 日本ではかつて誤って topminnow をこう呼んでいた》. 〖1928〗
mosquíto flèet *n.* 〘海軍〙かとんぼ艦隊 《mosquito craft から成る艦隊》. 〖1804〗
mosquíto hàwk *n.* 《米》 **1** 〘昆虫〙トンボ (dragonfly). **2** 〘鳥類〙ヨタカの類 (nighthawk). 〖1709〗
mosquíto nèt *n.* 蚊(か)よけ網, 蚊帳(かや): hang up [take down] a ~ 蚊帳を吊る[はずす]. 〖1745〗
mosquíto nètting *n.* 蚊帳(かや)材料, 蚊帳地. 〖1840〗
moss /mɔ́(:)s, má(:)s | mɔ́s/ *n.* **1 a** 〘植物〙コケ《蘚(せん)綱の小さな隠花植物の総称; スギゴケ (*Polytrichum juniperinum*), オオミズゴケ (*Sphagnum palustre*) など; cf. liverwort》. **b** 一面に生えた苔(こけ) (⇨ rolling stone). **2** 〘植物〙コケに似たある種の地衣 (lichen): ⇨ Iceland moss, clubmoss. **3** [しばしば the ~es] 《スコット・北英》泥, 泥炭地 (cf. mosstrooper 1). ★ 語義 3 はしばしば地名に現れる: Solway *Moss*, Chat *Moss*, etc. — *vt.* 苔(こけ)でおおう: The boughs were ~*ed* with age. 枝々は年を経て苔におおわれていた. **~·lìke** *adj.* 〖OE *mōs* bog < Gmc **musam* (Du. *mos* moss / G *Moos* bog, moss) ← IE **meu-* damp (L *muscus*)〗
Moss /mɔ́(:)s, má(:)s | mɔ́s/ *n.* 男性名. 〖⇨ Moses¹〗
Moss /mɔ́(:)s, má(:)s | mɔ́s/, **Stirling** *n.* モス《1929– ; 英国のカーレーサー》.
Mos·sad /məsá:d, mɑ(:)- | mɔ́sæd/ *n.* モサド《イスラエルの秘密諜報機関》. 〖(1954) □ModHeb. *mosád* institution, foundation < Heb. *mōsā́dh* foundation ← *yāsádh* to found〗
móss àgate *n.* 〘鉱物〙コケメノウ《苔(こけ)状の不純物を含む; Mocha stone ともいう》. 〖1798〗
móss ànimal *n.* 〘動物〙(触手動物)コケムシ綱の動物 (bryozoan). 〖1881〗
móss·bàck *n.* 《米》 **1** 《口語》 **a** 時代遅れの人, 極端な保守家. **b** 田舎者, 未開拓地の住人. **2 a** 背に水藻を生やし年を経た大亀. **b** 野生の老いた鹿[牛]. **c** (muskellunge のような)大きくのろい魚. **~ed** *adj.* 〖1872〗
Möss·bau·er /mɔ́(:)sbauə, má(:)s- | mɔ́sbauə(r); *G.* mœ́sbauɐ/, **Rudolf Ludwig** *n.* メスバウアー《1929–2011; ドイツの物理学者; Nobel 物理学賞 (1961)》.
Mössbauer effèct *n.* [the ~] 〘物理〙メスバウアー効果《結晶内の原子が格子点から動かないでその中心の原子核が γ 線を吸収または放出する共鳴の現象; cf. nuclear resonance》. 〖(1960) ↑〗
moss·bun·ker /mɔ́(:)sbʌŋkə, má(:)s- | mɔ́sbʌŋkə(r)/ *n.* 《米》〘魚類〙 =menhaden. 〖(1792) (転訛) ← Du. *marsbanker* ← ?〗
móss càmpion *n.* 〘植物〙 **1** コケマンテマ (*Silene acaulis*) 《Alps 原産の多年生草本; carpet pink, cushion pink ともいう》. **2** ヒメサクラマンテマ (*Silene schafta*) 《Caucasus 原産ナデシコ科の多年生草本》. 〖1791〗
móss·er *n.* 苔(こけ)採集家. 〖1880〗
móss grèen *n.* 苔(こけ)色, モスグリーン《にぶい黄緑》. 〖1884〗 **móss-gréen** *adj.*
móss-gròwn *adj.* **1** 苔(こけ)の生えた, 苔むした: a ~ wall. **2** 古風な, 時代遅れの.
móss hàg *n.* 《スコット》(泥炭採取後の)泥炭廃坑. 〖1816〗
Mos·si /má(:)si | mɔ́si/ *n.* (*pl.* ~, ~**s**) **1 a** [the ~(s)] モシ族《アフリカ西部, Burkina-Faso 地域に住む農耕民族》. **b** モシ族の人. **2** モシ語《ニジェール コンゴ (Niger-Congo) 語族グル (Gur) 語派に属する》. 〖(1858) □Mossi ~ 'Mossi people'〗
mos·sie¹ /má(:)zi | mɔ́zi/ *n.* 《豪口語》 =mosquito. 〖1936〗
mos·sie² /má(:)si | mɔ́si/ *n.* 〘鳥類〙 =Cape sparrow. 〖(1884) □Afrik. ~: ← Du. *mus, mos*〗
móss làyer *n.* 〘生態〙コケ層, 蘚苔(せんたい)層《植物群落における四層のうちのひとつ; cf. layer》.
móss lócust *n.* 〘植物〙 =bristly locust. 〖1890〗
mos·so /móusou | mɔ́səu; *It.* mɔ́sso/ *adj., adv.* 〘音楽〙動きをもって, 速い (fast), 速く: meno ~ それほど速くなく, もっとゆっくり / più ~ もっと速く. 〖(1876) □It. ~ (p.p.) ← *muovere* to move〗
móss pínk *n.* 〘植物〙シバザクラ, ハナツメクサ (*Phlox subulata*) 《広く栽培されるナデシコ科の園芸植物; 地をはって桃色または白色の花をつける》. 〖1856〗
móss róse *n.* 〘植物〙 **1** モスローズ (*Rosa centifolia* var. *muscosa*) 《バラの園芸種の一種; 萼(がく)と茎がコケのような腺毛におおわれている》. **2** =portulaca. 〖1776〗
móss stìtch 〘刺繍〙かのこ編み《表編みと裏編みを一目ずつかわるがわる編む》.
móss·tròoper *n.* **1** 沼沢馬賊《17 世紀にイングランド・スコットランド国境の沼沢地 (mosses) を荒らした山賊》. **2** 略奪者 (marauder). 〖1651〗
moss·y /mɔ́(:)si, má(:)si | mɔ́si/ *adj.* (**moss·i·er**; **-i·est**) **1** 苔(こけ)が一面に生えた, 苔むした: ~ trees. **2** 苔のような, 苔むしたように見える: ~ green. **3** 《米俗》古臭い, 古めかしい. **4** 《英方言》沼地の. 〖(1565): ⇨ -y⁴〗
móss·i·ness *n.*
mossy·cùp óak *n.* 〘植物〙 =bur oak. 〖1832〗
mossy cý·phel /-sáɪfəl, -fl/ *n.* 〘植物〙ケルレリア《Cherleria 属の黄花をつける菌類で, 欧州の岩山にクッションをつくる》.
mossy lócust *n.* 〘植物〙 =bristly locust.
most /móust | máust/ *adj.* **1** [much, many の最上級として; 通例 the ~] (数・量・大きさ・程度が)最も大きい, 最大多数の, 最大量の, 最高の (cf. more¹): *the* ~ votes 最多票 / Those who have (*the*) ~ money are not always the happiest. 金を一番多く持っている者が一番幸福だとは限らない. **2** [通例無冠詞で] 大概の, 大抵の: *Most* people are aware of it. 大抵の人はそれを知っている / true in ~ (such [typical]) cases 大抵の(そのような[典型的な])場合に本当で.
for the móst pàrt ⇨ part *n.* 成句.
— *pron.* **1** [しばしば the ~] 最大多数, 最大量, 最高額, 最高限度: ask *the* ~ for it それの最高価格を要求する / *The* ~ they can do is to leave him free. 彼らの精々やれることは彼を自由にしておくことだ / get *the* ~ out of life while you can できるうちに人生を最大限に活用する. **2** [通例無冠詞で] 大多数, 大部分 (majority) ⟨*of*⟩: *Most of* the people are aware of it. その人たちは大抵その事を知っている / He has been ill ~ *of* the term [week, time]. 彼は今学期[今週, この期間]中大部分病気だった / He did ~ *of* the talking [of it]. 話す方[それ]はもっぱら彼が引き受けた. **3** [無冠詞で複数に用いて] 大抵の人々 (most people), 大抵のもの (most things of the same kind): He sang better than ~. 大抵の人々よりも上手に歌った / This car runs better than ~. この車は大抵のものよりよく走る. **4** [the ~] 《米俗》(あるものの中での)最高の人[物]: His play [He] was *the* ~. 彼のプレー[彼]が最高だった.
at (the) móst [***at the véry móst***] 精々, 高々, 多くて: I think she was seventeen *at (the)* ~. 精々 17 歳だったろう. ***màke the móst of*** (1) …をできるだけ利用する, 精一杯使う: He *made the* ~ *of* his opportunity. (2) …を誇張してよく[悪く]言う, 精一杯ほめ立てる[悪く言う]: She made the ~ of herself [her education]. 彼女は自分自身[自分の教育]を誇張してよく言う. (1526) ***mòst of áll*** とりわけ: Mozart and Beethoven wrote a lot, but Haydn wrote ~ *of all*. モーツァルトとベートーベンは多くを作曲したが, ハイドンはとりわけ多く作曲した. ***than móst*** その他大部分のものより: the leaves are greener *than* ~ その木の葉は大抵のものより緑が深い.
— *adv.* **1** [much の最上級として] 最も多く (↔ least): He worked (the) ~. / This troubles me (the) ~. これが一番困る. **2** [主に 2 音節以上の形容詞・副詞の最上級を作って] 最も: ~ dangerous, famous, etc. / ~ rapidly, contentedly, etc. / true in the ~ typical cases 最も典型的な場合に本当で / the ~ hard-working [the hardest-working] of the lexicographers 辞書編集者の中で最も勤勉な人 / She works (the) ~ diligently of all. 彼女は皆の中で最も勤勉に働きます. **3** [通例 the を付けず強意語として; 無強勢で] 非常に, きわめて (very): a ~ beautiful woman / ~ certainly [probably] / She was ~ kind to me. 私にとても親切にしてくれた. **4** [尊称の一部として]: His [Her] *Most* Gracious Majesty 仁愛深い陛下[女王陛下] / The *Most* Noble Miles, Duke of Norfolk 高貴なるマイルズ, ノーフォーク公爵 / *Most* Reverend 大主教[大司教] (archbishop, Bishop of Meath (C of E), Apostolic Delegate (RC), bishop (RC in USA) の称号 / the *Most* High いと高き者, 神 (God). **5** [all, every, any などの語を修飾して]《米口語》ほとんど (almost, just about): She was kind to ~ *any* boy. 彼女はほとんどどの少年にも親切だった / She goes there ~ *every* day. ほとんど毎日そこへ行く.
móst and léast 《詩》一人[一つ]残らず, ことごとく, みな. (*c*1250) ***móst of áll*** とりわけ: I like Mozart and Schubert, but I like Bach ~ *of all*. 私はモーツァルトとシューベルトが好きだが, とりわけバッハが好きだ / And ~ *of all*, I'd like to thank my husband for his support. そしてとりわけ私は夫が支持してくれたことに感謝したいと思います.
〖ME *mest, mast* < OE *māst, mǣst* < Gmc **maistaz* (Du. *meest* / G *meist*) ← **maiz* 'MORE'＋**-ista-* '-EST¹': *māst* の *ā* はおそらく比較級 *māra* more, greater の影響〗
-most /mòust | mə̀ust/ *suf.* 主に位置・時・順序を示す形容詞・副詞・名詞の語尾に付いて最上級の形容詞・副詞を造る (cf. -more): fore*most*, inner*most*, ut*most*, top*most*. 〖ME ~ ∽ ME & OE *-mest* (*-ma*＋*-est*: 共に superl. suf.)〗
Mos·ta·ga·nem /mɑstǽgənèm; *F.* mɔstaganɛm/ *n.* モスタガネム《アルジェリア北西部の地中海に面した港湾都市》.
móst cómmon fée *n.* =common fee.
most·est /móustɨ̀st | máustɪst/ *n.* [the ~] 《俗》最大量, 最大級, 極度(のもの). 〖(1885) ← MOST＋-EST¹〗
móst-fávored-nátion *adj.* 最恵国(待遇)の.
móst-fávored-nátion clàuse *n.* 〘国際法〙最恵国民待遇条款《締約国の一方が, その締約国内で最も有利な地位にある第三国国民に与えるのと同等の待遇を相手方の国民に与えることを規定するもの》. 〖1909〗
Móst Hónourable *n.* [the ~] 侯爵, 枢密顧問官, Bath 勲位者に対する敬称 (cf. honorable *adj.* 4.) 〖1583〗
most·ly /móus(t)li | máus(t)-/ *adv.* **1** 大抵, 大概, 多くは: The work is ~ done. その仕事は大部分終了している. **2** 主に, 主として (chiefly). **3** 通例, 普通は (usually). 〖(1594) ← MOST＋-LY¹〗
Móst Réverend *n.* 《英》英国国教会の大主教やローマカトリック教会の大司教 (archbishop) (cf. reverend) の尊称.
móst signíficant bít *n.* 〘電算〙 =most significant digit 2.
móst signíficant dígit *n.* 〘電算〙 **1** 最上位の数字《位取り記数法で, 基数の最も大きい冪(べき)の係数となる数字; 略 MSD; cf. least significant digit》. **2** 最上位のビット《most significant bit ともいう》.
Mo·sul /mousú:l, móusəl, -sl | máusəl, -sl/ *n.* モスル《イラク北部, Tigris 河畔の Nineveh の廃虚の対岸にある都市》.

M

mot[1] /móu | mə́u; *F.* mo/ *n.* (*pl.* ~**s** /~(z) | ~z; *F.* ~/) **1** 警句, 名言. **2** 語 (word): ~ à ~ /móutaː-móu | mə́utaːmə́u; *F.* motamo/ 一語一語, 逐語的に / a ~ d'ordre /móudɔ́ədr(e) | mə́udɔ́ː-; *F.* modɔʀdʀ/ 命令 / ⇨ mot juste. **3** 《廃》標語 (motto). 〖《1586》□F ~ 'word, saying, note of a horn, etc.' VL **mottum*=LL *muttum* uttered sound ← L *muttīre* to mutter: cf. motto〗

mot[2] /mɑ́(ː)t | mɔ́t/ *n.* 《アイル俗》若い女性《mott ともつづる》. 〖《(1773)》《1837》《変形》← *mort* girl; harlot ← ?〗

MOT /ɛ́mòutíː | -əu-/ *n.* **1** 《英・NZ》運輸省《現在は Department of Transport》. **2** 《英口語》**a** 車両検査, 車検《英国で運輸省が 3 年を越した自動車に対して毎年行う検査; MOT test ともいう》. **b** 車検証. 〖《略》← *M(inistry) o(f) T(ransport)*〗

mo·ta·cil·lid /mòutəsílɪ̀d | məutəsílɪd/ *adj., n.* 〘鳥類〙セキレイ科の(鳥). 〖↓〗

Mo·ta·cil·li·dae /mòutəsílədìː | məutəsílɪ-/ *n. pl.* 〘鳥類〙セキレイ科の(鳥). 〖← NL ~ ← NL *Motacilla* (属名: ← L *mōtacilla* wagtail)+-IDAE〗

mote[1] /móut | mə́ut/ *n.* **1** (空中のほこりの)微片, みじん: ~s (of floating dust) in a sunbeam 日光に漂う細かいほこり. **2** 羊毛[綿]に混じりこんだ異物 (moit).
móte and béam ちりと梁(はり), 他人の小過失と自分の大過失. ***the móte in another's éye*** 他人の目にあるほこり《自分の大きな欠点を忘れて他人に見出す小さな欠点; cf. *Matt.* 7:3》.
〖OE *mot* speck ← ?: cf. Du. *mot* dust〗

mote[2] /móut | mə́ut/ *auxil. v.* 《古》=may, might[1]: So ~ it be. そうあれかし. 〖OE *mōt* (pres.) 'MUST[1]'〗

mo·tel /moutɛ́l | məu-/ *n.* モーテル《街道にある自動車旅行者用宿泊所, しばしば幾棟かの施設付きの小家屋から成る; motor court ともいう》. 〖《1925》《混成》← MO(TOR)+(HO)TEL〗

móte spòon *n.* (カップ内の紅茶の葉がらを除くための)穴あきスプーン.

mo·tet /moutɛ́t | məu-/ *n.* 〘音楽〙モテット, 経文歌《聖書の文句などを多声的に取り扱った通例無伴奏の声楽曲》. 〖《*c*1380》□(O)F ~ (dim.) ← *mot* word: ⇨ mot〗

moth /mɔ́(ː)θ, mɑ́(ː)θ | mɔ́θ/ *n.* (*pl.* ~**s** /mɔ́(ː)ðz, mɑ́(ː)ðz, mɔ́(ː)θs, mɑ́(ː)θs | mɔ́θs/) **1** 〘昆虫〙**a** ガ《鱗翅目のうちセセリチョウ上科とアゲハチョウ上科を除く他の種類の総称; 主として夜間活動する; cf. butterfly》. **b** イガ(衣蛾) (clothes moth). **2** 〘植物〙=moth bean 1. **3** 《まれ》少しずつ食い荒らす虫[人]; 誘惑に負けて遊び歩く[飛び回る]人. 〖OE *moþþe* (G *Motte* / Du. *mot*) ← IE **math-* worm〗

moth·ball /mɔ́(ː)θbɔ̀ːl, mɑ́(ː)θ-, -bɑ̀ːl | mɔ́θbɔːl/ *n.* **1** 虫よけ玉《ナフタリン・樟(しょう)脳などで作った球状の防虫剤》. **2** [*pl.*] 長期間にわたる保護, 貯蔵; お蔵入り.
in móthballs (1) しまい込んで, 退蔵して: have vessels in ~s 艦船を退役させ[予備役に入れ]ている. (2) 〈ものの考え・計画など〉再考の価値がないとして見捨てられて, 棚上げして. ***òut of móthballs*** 〈しまい込んだものを〉取り出して.
— *vt.* **1** 虫よけ玉を入れてしまい込む. **2** 〈艦船などを〉予備役に入れる, 退役させる. **3** 〈計画・活動・考えなどを〉棚上げにする.
— *adj.* 活動していない, 退蔵された.
〖1906〗

móthball flèet *n.* 《口語》(数か月間でまた就役可能な状態で退蔵されている)非現役艦隊, (特に)予備艦隊. 〖1946〗

móth bèan *n.* 〘植物〙**1** モスビーン (*Phaseolus aconitifolius*)《東インド地方産のマメ科の植物; 花は黄色で小さく実は円筒状のさやにはいっている; 単に moth ともいう》. **2** モスビーン(の実)《黄褐色の小さい実でインドで牛・馬の飼料用, また肥料にする》. 〖*moth*: 《通俗語源》? ← Marathi *maṭh* moth bean ← Skt *makuṣṭa*〗

móth-èaten *adj.* **1 a** 虫の食った (mothy): ~ cloth. **b** もじゃもじゃの: ~ hair. **2 a** 古びた, 荒廃した. **b** 時代遅れの (out-of-date). 〖*c*1378〗

moth·er[1] /mʌ́ðə | -ðə(r)/ *n.* **1 a** 母, 母親 (⇨ father 1 a ★): become a ~ 子を生む, 母になる / Where is Mother? おかあさんはどこ / She's a ~ of three. 3 人の子供の母親だ. 日英比較 日本語の「マザーコンプレックス」,「マザコン」は和製英語. 英語では Oedipus complex という. **b** 《口語》義母; 継母; 養母. **c** 《口語》[夫が妻に向かって] おかあさん, ママ. **2 a** 実母のように世話をする人; 母と仰がれる女性; 女子修道院長, マザー: ⇨ mother superior / She was (like) a ~ to the poor. 彼女は貧民の慈母であった. **b** [年長の女性に対する Mrs. に当たる呼び掛け, または身分の低い老女に対する親愛語として] おばあさん: *Mother* Jones ジョーンズばあさん / ⇨ Mother Hubbard. **3** (クリスチャンサイエンスで)永遠者としての神. **4** [the ~] 母の慈愛, 母性愛: He appealed to the ~ in her. 彼女の母性愛に訴えた. **5 a** 生み出す[保育する]もの, 本源, 源; 原型: Necessity is the ~ of invention. 《諺》「必要は発明の母」/ our country, ~ of heroes 多くの英雄を生み出した我が国. **b** (レコードの)母盤. **6** (ひな・早産の児[動物]などの)保育器 [artificial mother ともいう]. **7** [通例 my ~ として; 間投詞的に] へえ, 驚いた《驚き・当惑を表す》. **8 a** 《廃》子宮 (womb). **b** 《古》ヒステリー(症状) (hysteria). **9** 《米俗》=motherfucker.
every móther's són だれも彼も, 皆 (everybody) (cf. Shak., *Mids N D* 1. 2. 80). ***méet one's móther*** 《俗》生まれる: He wished he had never *met his* ~. 彼は生まれて来なければよかったと思った. ***the fáther and móther of a*** ⇨ father 成句.

móther of cóal 〘鉱物〙=mineral charcoal.

Móther of Gód [the ―] 神の母《聖母マリア (the Virgin Mary) の尊称》. 《(*c*1122) *c*1410》

Móther of Párliaments [the ―] 議会の母《英国国会のこと》.

Móther of Présidents [the―] 米国 Virginia 州の俗称《Washington, Jefferson, Madison, Monroe, W. H. Harrison, Tyler, Tayler および Wilson の 8 人の大統領の生地であることから》.

Móther of Státes 〖米国最初の植民地であったからとも, また旧 Virginia 植民地が独立後多くの州に分かれたことからともいわれる〗[the ―] 米国 Virginia 州の俗称.

móther of the chápel (英国印刷出版関係の労働組合の)女性職場委員 (略 MoC).

— *adj.* [限定的] **1** 母の, 母たる: ~ arms 母の腕. **2** 母としての, 母にふさわしい: ~ love 母性愛. **3** 生国の, 自国の, 本国の (native): ⇨ mother tongue. **4** 母のような関係の, 源となる, 保育する: ⇨ mother church, mother earth.

— *vt.* **1 a** …の母となる, 産む: ~ three children. **b** …の源となる, 生み出す (produce): Necessity ~*s* invention. 必要は発明の母. **2** 母として世話をする, 保護する, 保育する. **3 a** …の母であることを認める, …の母だと言う: ~ a foundling 捨て子の母だと名乗る. **b** …の作者であると名乗る: ~ a novel. **4** 母親みたいに世話をやく.

〖《15C》~, *mothir* < OE *mōdor* ← Gmc **mōðar-* (Du. *moeder* / G *Mutter*) ← IE **māter-* mother (L *māter* / Gk *mḗtēr* / Skt *mātṛ*)〗

moth·er[2] /mʌ́ðə | -ðə(r)/ *n.* **1** 酢母, 種酢《アルコール液体が酸性発酵を起こす時に生じる厚い上皮; ワインやりんご酒に加えて酢の醸造に使う; mother of vinegar ともいう》. **2** 《廃》かす, おり (dregs). — *vi.* 酢母を生じる. 〖《1538》← ? MDu. *modder* 'MUD' less, dregs (cf. mud[1]): または mother[1] の転用か: cf. G *Moder* mold / Du. *moer*〗

móther álloy *n.* 〘冶金〙母合金《目的とする合金を作るための原料となる合金で, 成分を多量に含む》.

móther·bòard *n.* 〘電算〙マザーボード, 主回路基板《共通バスと受側コネクターを取り付けた基板》. 〖1971〗

Móther Cár·ey's chícken /-kɛ́ə*riz- | -kéəriz-/ *n.* 〘鳥類〙ウミツバメ (⇨ storm petrel). 〖《1767》*Mother Carey*: 《転訛》? ← L *māte cāra* dear Mother (i.e. Blessed Virgin Mary: 水夫の守護神)〗

móther céll *n.* 〘生物〙母細胞 (cf. daughter cell). 〖1845〗

móther chùrch *n.* **1 a** 母教会《地方の本山である cathedral または地方の最古の教会》. **b** [M- C-; 擬人的に] 教会. **2** (若いころ・長い間)通い続けた教会. **3** 《古》〘キリスト教〙=parish church. 〖*c*1325〗

móther cóuntry *n.* **1** (自分・先祖の)母国 (native land, motherland). **2** (植民地から見た)本国. 〖1587〗

móther·cràft *n.* 育児法. 〖1911〗

móther éarth, M- E- *n.* (産物・住民を生む)母なる大地: kiss one's ~ 《戯言》倒れる. 〖*c*1586〗

móther élement *n.* 〘物理〙親元素 (cf. parent element).

móther fígure *n.* =mother image.

móther·fùcker *n.* 《米卑》いやなやつ, 見下げはてたやつ. **móther·fùcking** *adj.* 《米卑》見下げはてた, ひでえ. 〖1956〗

móther góddess *n.* 地母神《生産・豊穣を主な関心事とする原始宗教における根源的な女神; エジプトの Isis, フェニキアの Astarte, フリギアの Cybele, ギリシャの Demeter など》.

Móther Góose *n.* マザーグース《英国の伝承童謡集 *Mother Goose's Nursery Rhymes* または *Mother Goose's Melody* の作者といわれる架空の人物》.

Móther Góose rhỳme *n.* 《米》童歌(わらべうた), (伝承)童謡 (nursery rhyme).

móther hén *n.* 過保護の母親(めいた人).

moth·er·hood /mʌ́ðəhùd | -ðə-/ *n.* **1** 母であること, 母性. **2** [集合的] 母 (mothers): the ~ of the nation 国中の母親たち. 〖1593〗

móther·hòuse *n.* 〘キリスト教〙**1** 母院《一修道会の中心的または最初の修道院》. **2** (修道会総会長 (superior general) あるいは管区長 (provincial) の定住する)修道院. 〖1661〗

Móther Húb·bard /-hʌ́bəd | -bəd/ *n.* **1** ハバードおばさん《英国の童謡の題名・その主人公; Old Mother Hubbard ともいう》. **2** [時に m- h-] (丈の長い)だぶだぶの女性用ドレス《しばしば妊婦服として着用される》. 〖1591〗

móther ímage *n.* 母性像《心の中で母の代わりとして愛情の対象となるイメージ》. 〖1941〗

móth·er·ing /-ð(ə)rɪŋ/ *n.* **1** 里帰り《Lent の第 4 日曜日 (Laetare Sunday) に両親を訪ね贈り物をする英国の田舎の慣習》. **2** 〘心理〙マザリング《幼児に対する母のほおずり・キスなどの愛撫》. — *adj.* **1** 母のように優しく面倒をみる. **2** =motherfucking. 〖《1648》: ⇨ -ing[1, 2]〗

Móthering Súnday *n.* 《英》四旬節 (Lent) 中の第 4 日曜日《この日に母を訪ね母に贈物をする伝統がある; cf. Laetare Sunday》. 〖1845〗

mother-in-law /mʌ́ðərɪnlɔ̀ː, -lɑ̀ː | -ðə(r)ɪnlɔ̀ː/ *n.* (*pl.* **mothers-** /-ðəz- | -ðəz-/) 義母, 姑, しゅうとめ. 〖*c*1440〗

móther-in-law's tóngue *n.* 〘植物〙=sansevieria. 〖1958〗

moth·er·land /mʌ́ðəlæ̀nd | -ðə-/ *n.* **1** 母国, 祖国. **2** (思想・運動などの)発源地, 発祥地. 〖1711〗

móther lánguage *n.*=mother tongue. 〖*a*1397〗

móther·less *adj.* 母のない; 母に死なれた: a ~ child. — *adv.* 《豪》ひどく, とんでもなく: ~ broke すっからかんの.

~·**ness** *n.* 〖lateOE *mōderlēas*: ⇨ mother[1], -less〗

móther·lìke *adj., adv.* 母のような[に], 母らしい[く]. 〖1530〗

móther líquor [líquid] *n.* 〘化学〙母液《主成分が結晶した後に残る溶液; mother water ともいう》. 〖1796〗

móther lòde *n.* 〘鉱山〙(一地方の)主鉱脈, 主脈. 〖*c*1882〗

móther lódge *n.* (入会を許された) Freemason の支部会; (秘密結社などの)地方最古の支部会.

móth·er·ly *adj.* (**-er·li·er; -li·est**) **1** 母のような, 母らしい; 優しい, 情け深い (maternal): a ~ woman. **2** 母にふさわしい; 母(として)の: ~ authority, advice, care, affection, feelings, etc. — *adv.* 母らしく, 母のように.

móth·er·li·ness *n.* 〖OE *mōdorlić*: ⇨ mother[1], -ly[2]〗

móther-náked *adj.* 全裸の, 生まれたままの姿をした. 〖*c*1400〗

Móther Náture *n.* (母なる)自然《万物の創造主としての nature の擬人化; cf. nature 1 b》.

moth·er-of-pearl /mʌ́ðə(v)pə́ːl, -ðrə(v)- | -ðə(r)əv-/ *n.* 真珠層, 真珠母, 青貝《アコヤガイ・アワビ・イガイなどの貝の内層を形成する堅く光沢のある部分; 螺鈿(らでん)・ボタンなどの材料にする; nacre ともいう》. — *adj.* 〈エナメル・釉薬など〉真珠層のような, 真珠のような光沢のある (iridescent). 〖《*a*1510》*mother pearl* 《なぞり》← F 《廃》*mère perle* □ ML *māter perlārum*〗

móther-of-péarl bèad *n.* 種玉《真珠作りの核にする玉》.

móther-of-péarl glàss *n.* =satin glass.

móther-of-péarl mòth *n.* 〘昆虫〙ウコンノメイガ (*Pleuroptya ruralis*)《極小種のメイガ科のガ; 真珠母に似た色をもち, 幼虫はイラクサを食べて成長する》.

móther-of-thóusands *n.* (*pl.* ~) =Kenilworth ivy. 〖1855〗

móther-of-thýme *n.* 〘植物〙=wild thyme. 〖1597〗

móther of vínegar *n.* =mother[2]. 〖1601〗

móther's bòy *n.* 母親べったりの[意気地のない]男(の子), お母さん子,「マザコン」の男. 〖1880〗

Móther's Dày *n.* **1** 《英》=Mothering Sunday. **2** 《米》母の日《通例 5 月の第二日曜日; cf. Father's Day》. 〖1908〗

móther's hélp *n.* 《英》=mother's helper. 〖1881〗

móther's hélper *n.* 子守り, 家政婦.

móther shìp *n.* **1 a** 《英》母艦《潜水母艦・水雷母艦・航空母艦など》. **b** (宇宙船の)母船. **2** (捕鯨船などの)母船. 〖1890〗

Móther Shíp·ton /-ʃíptən, -tṇ/ *n.* **1** マザーシプトン《1488 年に Yorkshire に生まれたという預言者・魔女》. **2** 〘昆虫〙昼行性ヤガ科のガ (*Callistege mi*)《前翅の模様が老婆を連想させたことから命名された》.

móther spléenwort *n.* 〘植物〙コモチヒノキシダ (*Asplenium bulbiferum*)《オーストラリア・インド・熱帯アフリカ原産の常緑のシダ; 葉の表面に不定芽を生じる》.

móther's rúin *n.* 《戯言》ジン (gin). 〖1937〗

móther supérior, M- S- *n.* (*pl.* ~**s, mothers s-**) 女子修道院長.

Móther Terésa *n.* ⇨ Teresa[1].

móther-to-bé *n.* (*pl.* **mothers-**) 妊婦 (pregnant woman). 〖1960〗

móther tóngue *n.* **1 a** 母語《幼時に母親などから自然に習得する言語》. **b** 自国語, 母国語. **2** 〘言語〙祖語 (parent language)《比較言語学で同系列の言語の分岐・発展の元となったと想定される言語; cf. Ursprache》. 〖《*c*1380》: *mother* は元来は無屈折属格〗

móther trèe *n.* 〘植物〙母樹(ぼじゅ).

móther wáter *n.* 〘化学〙=mother liquor. 〖1758〗

Moth·er·well /mʌ́ðəwɛ̀l, -wəl | -ðə-/, **Robert** *n.* マザーウェル《1915–91; 米国の抽象表現主義の画家》.

Moth·er·well /mʌ́ðəwɛ̀l, -wəl- | -ðəwɛ̀l/ *n.* マザーウェル《スコットランド中南部 Strathclyde 州中部の工業都市》. 〖← *Motherwell* (□ Gael. *mathairbhaile* mother's house or village)〗

móther wít *n.* 生来の才知. 〖*c*1440〗

móther·wòrt *n.* 〘植物〙**1** ヨーロッパ原産で米国に移入されたシソ科メハジキ属の植物 (*Leonurus cardiaca*). **2** ヨモギ (mugwort). **3** ナツシロギク (feverfew). 〖《*a*1387》*moderwort*: 月経異状などの薬として用いられたことから: ⇨ mother[1], wort[2]〗

moth·er·y /mʌ́ð(ə)ri | -ðəri/ *adj.* 酢母(さくぼ) (mother) を含む; 酢母のような. 〖《1709》← MOTHER[2]+-Y[4]〗

móth mùllein *n.* 〘植物〙モウズイカ, ニワタバコ (*Verbascum blattaria*)《ゴマノハグサ科モウズイカ属の植物; 滑らかな葉をもち, 白または黄色の花をつける》. 〖《1578》《なぞり》← NL *blattaria* ← L *blatta* moth〗

móth·pròof *adj.* 虫のつかない, 防虫性の. — *vt.* 〈繊維・布地などを〉防虫性にする, 虫よけする. 〖1893〗

moth·y /mɔ́(ː)θi, mɑ́(ː)θi | mɔ́θi/ *adj.* (**moth·i·er; -i·est**) **1** 蛾(が)が多い[いる]. **2** 虫に食われた. 〖《1596》: ⇨ moth, -y[4]〗

Mo Ti /móudíː | mə́u-/ *n.* =Mo Di.

mo·tif /moutíːf | məu-, mə-; *F.* mɔtif/ *n.* **1 a** (文学・芸術作品の)主題, 作因, モチーフ. **b** (服飾・壁紙などのデザインの)主要素, 主調: The cloud is a favorite ~ in Chinese rugs. 雲は中国製のじゅうたんによく見る意匠だ. **2** 主旨, 特色. **3** (民話・文学に頻出する)典型的な物語. **4** 〘音楽〙**a** 動機《主題に展開しうる 2 音以上の旋律または動律の単位》. **b** =leading motive 2. 〖《1848》□F ~: ⇨ motive〗

mo·tile /móʊṭḷ, -taɪl | máʊtaɪl/ *adj.* 〘生物〙 動き得る, 自動力のある. — *n.* 〘心理〙 運動的心象が特に鮮明な人 (cf. audile, tactile, visualizer 2). 〘(1864) ← L *mōtus* ((p.p.) ← *movēre* 'to MOVE')+-ILE¹: cf. motive〙

mo·til·i·ty /moʊtíləṭi | məʊtílɪ̀ti/ *n.* 〘生理〙 運動性, 運動能力, 自動力. 〘1835–6〙

mo·tion /móʊʃən | mə́ʊ-/ *n.* **1 a** 動き, 運動, 移動; 運行 (⇔ rest, station): a rapid ~ 敏速な運動 / the ~ of a top こまの動き / ⇨ slow motion. **b** (機械の)運転: perpetual ~ 無窮動 《仕事の有無にかかわらず絶えず運転し続けていること》. **c** 不安定な動き, 動揺: the rocking ~ of a ship 船の縦揺れ. **2 a** 身振り, 手振り, しぐさ; 挙動, 動作: graceful ~*s* 優美な身振り / a ~ of the hand 手振り / She made ~*s* to him to follow. 彼女は彼について来るように身振りで合図した. **b** [*pl.*] 運動, 活動: Let me know your ~*s* while you are there. そちらでのご動静をお知らせ下さい. **c** 《廃》運動能力. **3 a** 提議, 提案 (⇨ proposal SYN); (議会などでの)動議, 発議 (cf. resolution 1 a): make a ~ to refer to a committee 委員会に付すべきだという動議を出す / on [upon] the ~ of …の動議に基づいて / an urgent ~ 緊急動議 / stand on a ~ 動議提出のために起立する. **b** 《古》発意, 意向; 要望: of one's own ~ 自分の発意で, 自ら進んで[求めて]. **4 a** 便通, 通じ: have a ~ 通じがある. **b** [しばしば *pl.*] 排泄物: pass ~*s* 排泄する. **5** 〘法律〙 (裁判の進行に関して裁判所に対して請求する)命令[決定]の申請, 申立. **6** 〘音楽〙 (旋律の)進行 (melodic progression): a conjunct ~ 順次進行 (cf. disjunct motion) / ⇨ parallel motion 2. **7** 〘機械〙 機構, 装置 (mechanism): a straight-line ~ 直線運動機構, 直動機構. **8** 《廃》 **a** 操り人形 (puppet). **b** 人形芝居 (puppet show). **9** 《廃》動機, 理由.

gó through the mótions of (1) …の身振り[しぐさ]をする, …をする振りをする. (2) (意味・目的もなく)〈あることを〉習慣的に[型通りに]行う. ***in mótion*** (1) 動いている, 運転中の: put [set] a machine *in* ~ 機械を始動させる / set inquiries *in* ~ 捜査を開始させる. (2) 〘アメフト〙 スクラムラインにそって平行に走る.

mótion and tíme stúdy =TIME and motion study.

— *vt.* **1** …に身振り[手真似]で指図する, 合図する: ~ a person *to* a seat 人に席につくように身振りで示す / ~ a person *to* silence with a wave of one's hand 沈黙しろと手を振る / ~ a person *away* 人に去れと合図する / He ~*ed* me *in* [*to* enter]. 彼は私に中に入るように身振りで示した. **2** 《廃》提案する (propose); 引き起こす. — *vi.* 身振りで指図する, 手招きする 〔*to*〕: ~ *to* a person *to* take a seat おすわりなさいと手で椅子を示す.

〘(*a*1387) □ (O)F ~ □ L *mōtiō(n-)* a moving: ⇨ move, -tion〙

SYN 運動: **motion** 動いている行為・過程 《一般的な語で特に抽象的に用いられる》: the *motion* of heavenly bodies 天体の運行. **movement** 特定の方向への動き: the graceful *movements* of a dancer ダンサーの優美な動き. **move** 動き始めること: He made a *move* to go out of the door. 彼はドアから立ち去る動きを見せた. **stir** 静かにしていたものの(かすかな)動き: Not a *stir* was heard. こそとの音もしなかった.

---

mó·tion·al /-ʃnəl, -ʃənḷ/ *adj.* 運動の[に関する]; 運動を起こす. 〘1679〙

mótional impédance *n.* 〘電気〙 モーショナルインピーダンス 《スピーカーなどの振動板が振動することにより電気端子に現れるインピーダンス》. 〘1912〙

mo·tion·less /móʊʃənlɪ̀s | mə́ʊ-/ *adj.* 動かない, 静止している; 動けない: the ~ air. **~·ly** *adv.* **~·ness** *n.* 〘1599〙

mótion pícture *n.* 《米》 **1** 映画, 映画の作品. **2** 映画劇 (photoplay). **3** [*pl.*; the ~s] 映画製作業[技術]. 〘1896〙

mótion-pícture càmera *n.* 映画撮影カメラ.

mótion-pícture projèctor *n.* 映写機.

mótion sìckness *n.* 〘病理〙 動揺病, 乗り物酔い. 〘1942〙

mótion stùdy *n.* =TIME and motion study. 〘1911〙

mótion wòrk *n.* 〘時計〙 日の裏装置 《分針と時針を同軸で回すための歯車輪列; 文字盤の裏側にあり, 筒かな・日の裏車・筒車より成る; dial train ともいう》. 〘1795〙

mo·ti·vate /móʊṭəvèɪt | mə́ʊtɪ̀-/ *vt.* **1** …に動機を与える, に動機付けを行う, 刺激する, 誘導する (impel, induce): A good piece of advice ~*d* the action. 良い忠告を与えたことがその行動を促した / He was ~*d* by a wish to be famous [by a drive for success]. 彼は有名になりたい一心から[成功欲から]行動した. **2** 〈生徒〉に勉強の興味を起こさせる. **mó·ti·và·tor** /-ṭə | -tə^(r)/ *n.* 〘(1885) ← MOTIVE+-ATE³〙

mó·ti·vàt·ed /-ṭɪ̀d | -tɪ̀d/ *adj.* 動機づけられた; やる気のある. 〘1959〙

mo·ti·va·tion /mòʊṭəvéɪʃən | mə̀ʊtɪ̀-/ *n.* **1 a** 動機を与えること, 刺激, 誘導. **b** 動機を与えられていること. **2** 〘心理〙 (行動の)動機づけ, モティベーション (cf. drive 8, incentive 2; ⇨ motive SYN). **~·al** /-ʃnəl, -ʃənḷ/ *adj.* **~·al·ly** *adv.* 〘1904〙

motivátion resèarch *n.* 〘経済〙 モティベーションリサーチ, 動機(付け)調査 《企業が顧客層の購買動機を精神分析学・臨床心理学・社会心理学などの手法を用いて調査すること; motivational research ともいう; 略 MR》. 〘1953〙

mo·ti·va·tive /móʊṭəvèɪṭɪv | mə́ʊtɪ̀vèɪt-/ *adj.* 〘心理〙 動機づけ[モティベーション]のある. 〘(1949) ← MOTIVE +-ATIVE〙

mo·tive /móʊṭɪv | mə́ʊt-/ *n.* **1** (人を行為に駆り立てる)動機, 動因: the ~ of [for] a crime 犯罪の動機 / from different ~*s* いろいろの動機から / of [from] one's own ~ 自分の意志で, 自ら進んで / through [out of] ~*s* of kindness 親切心から / Greed was his only ~ for stealing. 貪欲が彼に盗みをさせた唯一の動機だった / out of humanitarian ~*s* 博愛的動機から / She had an excellent ~ for killing him. 彼を殺す立派な動機がある. **2** 真意, 目的: Her ~ was clear. 目的ははっきり見えた / They had no ulterior ~. なんの底意もなかった. **3** (芸術作品の)主題, 題材, 作因, モチーフ: a favorite ~ with Japanese painters 日本画家常用の題材. **4** /《米》ではまた moʊtíːv/ 〘音楽〙 =motif 4. **5** 《Shak》(人体の動く)器官 《手足や舌など》. — *adj.* [限定的] **1** 動かす, 動かす力のある, 原動力となる, 発動的な: ~ force 原動力, 推進力. **2** 運動の[に関する]. **3** 《まれ》動機の[となる]; 行動を促す. — *vt.* [主に受身に用いて] …に動機を与える, …の動機となる, 動かす, 刺激する: *be* ~*d* by avarice 欲に駆られる. 〘(*a*1376) *motyf, motyve* □ (O)F *motif* (adj.) □ ML *mōtīvus* serving to move ← L *mōtus* (p.p.) ← *movēre* 'to MOVE'〙

SYN 動機: **motive** 人を動かして行動に駆り立てる感情や欲望: His chief *motive* was the desire of gain. 彼の主な動機は金銭欲であった. **motivation** 人が自分の意志で行動しようとする意欲, あるいはその意欲の動機となる事情: the *motivation* behind his behavior 彼の行動の背後にある動機. **incentive** 人を鼓舞して競争に駆り立てる刺激 《格式ばった語》: an *incentive* to an action 行為の誘因. **inducement** 人を誘って行動を起こさせる魅力的な理由 《*incentive* よりも意味が狭い》: Reward is an *inducement* to toil. 報酬は労働の誘因になる. **spur** 拍車の意味から, 人を鼓舞して行動させる外部からの刺激: Fame is an excellent *spur* for the young. 名誉は青年へのすばらしい刺激である. **impulse** 実際に行動に移すか移さないかは別にしてあることをしたいという突然の欲望: I had an *impulse* to kiss her. 彼女にキスしたい衝動に駆られた.

-mo·tive /móʊṭɪv | mə́ʊt-/「動く, 運動の」の意の形容詞連結形: auto*motive*, loco*motive*. 〘↑〙

mótive·less *adj.* 動機[目的]のない, 理由のない: a ~ murder. **~·ly** *adv.* **~·ness** *n.* 〘1817〙

mótive pówer *n* **1 a** 原動力, 推進力. **b** (機械の)発動力, 動力 《蒸気・電気・水力・風力など》. **2** [集合的] 〘鉄道〙 機関車, 索引車. 〘1889〙

mo·ti·vic /móʊṭɪ̀vɪk | mə́ʊtɪ-/ *adj.* 〘音楽〙 モチーフ[動機]の[による]. 〘(1947): ⇨ ↑, -ic¹〙

mo·tiv·i·ty /moʊtívəṭi | məʊtívɪ̀ti/ *n.* 発動力, 原動力, 動力. 〘1690〙

mot juste /móʊʒúːst | mə́ʊ-; *F.* moʒyst/ *F. n.* (*pl.* **mots justes** /~/) 適語, 的確な表現. 〘(1912) □ F ~ 'just or right word'〙

mot·ley /mɑ́(ː)tli | mɔ́t-/ *adj.* **1** 雑多の要素[部分, 性質]から成る, いろいろの, 混成の, ごたまぜの (⇨ miscellaneous SYN): a ~ assembly / a ~ force of mercenaries 寄せ集めの傭兵軍. **2** 雑色の, まだらな: a ~ coat. **3** 〈道化が〉雑色の服を着た: a ~ fool まだら服を着た道化. — *n.* **1 a** 雑色の配合, まじり色の効果. **b** (色などの)ごたまぜ. **2** 雑多な集合 《特に, 相反する要素または異種の組合わせ》. **3 a** (昔, 宮廷の道化師が着た)雑色の服: wear (the) ~ 雑色の服を着る; 道化師[道化役]を務める. **b** 道化(師). **4** (14–17 世紀に英国で生産された)雑色の毛織物. 〘(*c*1371) *motteley* □ ? AF *motelé* ← MOTE¹: ⇨ -ly²〙

mótley-mìnded *adj.* 《Shak》雑多な矛盾した考えを持った (cf. *As Y L* 5. 4. 41).

Mot·ley /mɑ́(ː)tli | mɔ́t-/**, John Lo·throp** /lóʊθrəp | lə́ʊ-/ *n.* モトリー (1814–77; 米国の歴史家・外交官; *The Rise of the Dutch Republic* (1856)).

mot·mot /mɑ́(ː)tmɑ(ː)t | mɔ́tmɔt/ *n.* 〘鳥類〙 ハチクイモドキ 《メキシコ・ブラジル間の熱帯および亜熱帯の森林地方にすむハチクイモドキ科のカケスに似た鳥類の総称; ハチクイモドキ (*Momotus momota*) など》. 〘(1837) ← NL ~ ← Am.-Sp. ~ 《擬音語》〙

mo·to /móʊtoʊ | mə́ʊtəʊ; *It.* mɔ́ːto/ *n.* 〘音楽〙 モート, 運動: ⇨ con moto. 〘(1740) □ It. ~ 'movement'〙

mo·to·cross /móʊtoʊkrɔ̀(ː)s, -krɑ̀(ː)s | mə́ʊtə(ʊ)-krɔ̀s/ *n.* モトクロス 《険しい坂・急カーブ・ぬかるみなどの悪条件下で行われるクロスカントリーオートバイ競走; scramble ともいう》. 〘□ F ~ ← *moto* motorcycle+*cross* (《略》← CROSS-COUNTRY)〙

mo·ton /móʊtn̩ | mə́ʊ-/ *n.* 〘甲冑〙 =besague. 〘(*c*1470) □ F ~〙

mo·to·neu·ron /mòʊṭounʊ́^ərɑ(ː)n, -njʊ́^ər- | mə̀ʊ-tə(ʊ)njʊ́ərən, -njɔ́ːr-/ *n.* (*also* **mo·to·neu·rone** /-rəʊn/) 〘解剖〙 運動ニューロン. **mò·to-néu·ro·nal** *adj.* 〘(1908) ← *moto-* (MOTOR の連結形)+NEURON〙

mo·to per·pe·tuo /móʊṭoʊpəːpétʃuòʊ | mə́ʊtəʊ-pəːpétʃuəʊ; *It.* mɔ́ːtoperpéːtuo/ *n.* 〘音楽〙 =perpetuum mobile 2. 〘(1884) □ It. ~〙

mo·tor /móʊṭə | mə́ʊtə^(r)/ *n.* **1** 動かすもの; 原動力, 動力, 動因. **2** 〘機械〙 **a** 原動機. **b** 内燃機関; ガソリン機関, 発動機, 電動機, モーター. **3** 〘英〙 自動車; モーターボート, 発動機船; オートバイ. **4** 〘解剖〙 運動筋肉, 運動神経. — *adj.* [限定的] **1** 動かす, 原動の, 発動の: ~ power 動力. **2** モーターの, 発動機の, 原動機の; 発動機[原動機]付きの, 発動機[モーター]によって運転される. **3** 自動車(用)の: ~ sport, racing / a ~ highway 自動車道路. **4** 〘解剖・生理〙 (神経中枢または神経節から筋肉へ)運動性インパルス[衝動]を伝える: a ~ nerve 運動神経 (cf. SENSORY nerve) / a ~ impulse 運動インパルス[衝動]. **5** 〘心理〙 運動的な, 運動性の: ~ images 運動心象. — *vi.* **1** 自動車に乗る, 自動車で行く. **2** 《口語》急速に動く, 前進する. — *vt.* 《英》自動車で運ぶ[に乗せる]: Let me ~ you to town. 町まで車でお送りしましょう. **~·less** *adj.* 〘(1586) □ L *mōtor* mover ← *mōtus* (p.p.) ← *movēre* 'to MOVE': ⇨ -or²〙

mo·tor·a·ble /móʊṭərəbḷ | mə́ʊt-/ *adj.* 《英》車で行ける; 車の通れる: a ~ road. 〘1920〙

Mo·to·rail /móʊṭərèɪl | mə́ʊtə-/ *n.* 《英》〘商標〙 モートレール 《カーフェリーのように, 乗客とともにその自動車を運ぶ鉄道》. 〘1968〙

mótor álternator *n.* 〘電気〙 電動交流発電機.

mótor aphàsia *n.* 〘病理〙 運動性[皮質性]失語(症), ブロカ失語(症) 《言語理解は可能だが自発言語表現ができない状態》.

mótor àrea *n.* 〘解剖・生理〙 運動野(*), 運動領 《大脳皮質の運動機能に関係する領域》. 〘1885〙

mótor·bìcycle *n.* =motorbike. 〘1894〙

mo·tor·bike /móʊṭəbàɪk | mə́ʊtə-/ *n.* 《口語》 **1** 《米》(モーター)バイク, 原動機付き自転車. **2** 《英》小型オートバイ. 〘1903〙

mótor·bòat *n.* モーターボート, 発動機船 (autoboat). — *vi.* モーターボートに乗る[を走らせる]. **~·er** *n.* 〘1902〙

mótor·bòat·ing *n.* **1** モーターボート乗り[遊び]. **2** 〘電子工学〙 モーターボーティング 《低周波の局部発振の結果スピーカーから聞こえるモーターボートの排気音に似た雑音; この雑音を発する現象》. 〘1930〙

mótor·bùs *n.* 乗合自動車, バス. 〘1901〙

mo·tor·cade /móʊṭəkèɪd | mə́ʊtə-/ *n.* 《米》自動車行列: a presidential ~ of seven cars 7 台の車を連ねた大統領の一行. 〘(1913) ← MOTOR(CAR)+-CADE〙

mótor càmp *n.* 《NZ》オートキャンプ場 《自動車運転者のためのキャンプ場》. 〘1925〙

mo·tor·car /móʊṭəkɑ̀ə | mə́ʊtəkɑ̀ː^(r)/ *n.* **1** 《英》自動車 (《米》automobile). **2** [通例 motor car] 〘鉄道〙 電動車. 〘*c*1890〙

mótor càravan *n.* 《英》台所・宿泊設備をもつ自動車. 〘1930〙

mótor còach *n.* =motorbus; 《英》長距離バス. 〘1923〙

mótor córtex *n.* 〘解剖〙 運動皮質 《大脳の運動野 (motor area) の皮質; 機能的総体としてみた運動野》. 〘1890〙

mótor cóurt *n.* 《米》=motel. 〘1936〙

mo·tor·cy·cle /móʊṭəsàɪkḷ | mə́ʊtə-/ *n.* オートバイ 《通例 2 輪, ときにサイドカー付き 3 輪のもの》: by ~=on a ~ オートバイで. — *vi.* オートバイに乗る[乗って行く].

日英比較 「オートバイ」は auto- と bicycle からつくった和製英語. 〘1896〙

mótor·cỳclist *n.* オートバイ乗り(人). 〘1902〙

mótor drìve *n.* 〘機械〙 モータードライブ 《機械運転用の電動部で電動機とその補助部》. 〘1906〙

mótor-drìven *adj.* モーターで動く.

mo·tor·drome /móʊṭədròʊm | mə́ʊtədrəʊm/ *n.* 自動車[オートバイ]競走[試走]場 (cf. hippodrome, airdrome). 〘(1908) ← MOTOR+-DROME〙

mótor dỳnamo *n.* 〘電気〙 発電動機 (dynamotor).

mó·tored *adj.* [しばしば複合語の第 2 構成素として] (…の)モーターのある: a bi-*motored* airplane 双発(飛行)機. 〘← MOTOR (n.)+-ED 2〙

mótor ènd pláte *n.* 〘解剖〙 運動終板 《運動神経の末端が筋線維に連絡するところ》.

mótor fìber *n.* 〘解剖〙 運動(神経)線維.

mótor gènerator *n.* 〘電気〙 電動発電機. 〘1887〙

mótor hòme *n.* 《米》モーターホーム 《トレーラー式でなく, それ自体が自動車になっている旅行・キャンプ用の移動住宅自動車; cf. mobile home》. 〘1966〙

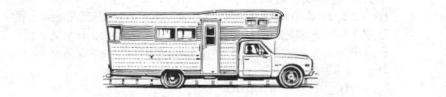

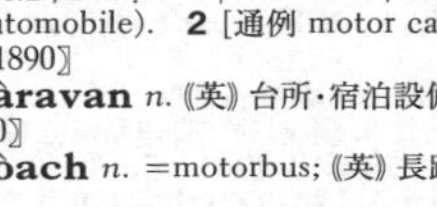

motor home

mótor hotèl *n.* =motel. 〘1965〙

mo·to·ri·al /moʊtɔ́ːriəl | məʊ-/ *adj.* 運動の, 運動を起こす; 運動神経の. 〘(1843) ← L *mōtōrius* moving (⇨ motory)+-AL¹〙

mo·tor·ic /moʊtɔ́(ː)rɪk, -tɑ́(ː)r- | mə(ʊ)tɔ́r-/ *adj.* 筋肉運動の. 〘1930〙 **mo·tór·i·cal·ly** *adv.*

mo·tor·ing /móʊṭərɪŋ, -trɪŋ | mə́ʊtər-, -trɪŋ/ *n.* 自動車運転, ドライブ. — *adj.* 《英》自動車(運転, 運転者)の. 〘1897〙

mótor ìnn *n.* =motor hotel. 〘1967〙

mo·tor·ist /móʊṭərɪ̀st, -trɪ̀st | mə́ʊtərɪst, -trɪst/ *n.* 自動車運転者; (自家用)自動車常用者. 〘(1896): ⇨ -ist〙

mo·tor·i·za·tion /mòʊṭərɪ̀zéɪʃən | mə̀ʊtəraɪ-, -rɪ-/ *n.* 動力化, 自動車化, モータリゼーション. 〘1901〙

mo·tor·ize /móʊṭəràɪz | mə́ʊtə-/ *vt.* **1** 〈乗り物・機械など〉にモーター[動力設備]を備える. **2** …に自動車を備える[配置する]; 自動車化する: ~ a fire department 消防署に自動車を配置する. **3** 〘軍事〙 自動車化する, 車両化する 《兵員・火器・器材のすべてを同時に輸送できる車両を

M

備えること; cf. mechanize): a ~*d* unit 自動車[車両]化部隊. 〖(1913): ⇨ -ize〗
mó·tor·ìzed *adj.* **1** モーターのついた. **2** (軍隊などが)自動車を配備した. 〖1922〗
mótor làunch *n.* 〖海事〗発動機艇. 〖1912〗
mótor lòdge *n.* =motel. 〖1965〗
mótor-lòrry *n.* 《英》=motortruck. 〖1902〗
mótor·man /-mən, -mæ̀n/ *n.* (*pl.* **-men** /-mən, -mɛ̀n/) **1** (電車・電気機関車の)運転手. **2** モーター操作係. 〖1890〗
mótor mìmicry *n.* **1** 模擬運動. **2** 身振り語. **3** 感情移入 (⇨ empathy).
mótor-mìnded *adj.* 〖心理〗運動感覚の鋭敏な (cf. ear-minded, eye-minded). **~·ness** *n.* 〖1897〗
mótor·mòuth *n., adj.* 《口語》おしゃべりな(人). 〖1971〗
mótor nèuron disèase *n.* 〖病理〗運動ニューロン疾患 (運動ニューロンが冒される進行性麻痺症の総称).
mótor pàrk *n.* 《西アフリカ》駐車場. 〖1939〗
mótor pòol *n.* 《米》モータープール (配車センターに駐車している軍用・官庁用の自動車群). 〖1942〗
mótor ròot *n.* 〖解剖〗運動根 (運動線維だけからなる神経根); (特に)(脊髄神経の)腹根. 〖1926〗
mótor sàiler *n.* 〖海事〗(機関と帆を備えた)機帆船. 〖1934〗
mótor scòoter *n.* (モーター)スクーター. 〖1919〗
mótor·shìp *n.* (通例, ディーゼルエンジンによる)発動機船, 内燃機船 (略 MS, M/S). 〖1916〗
mótor shòw *n.* **1** 自動車展示会, モーターショー. **2** [the M- S-] モーターショー (1976 年より英国 Birmingham の National Exhibition Centre で隔年に開かれる新型自動車の国際見本市).
mótor spéech cènter *n.* 〖解剖・生理〗運動性言語中枢, ブロカ中枢 (⇨ Broca's convolution).
mótor spìrit *n.* 《英》内燃機関用燃料; ガソリン (gasoline).
mótor stàrter *n.* (電動機の)始動機, 電流加減抵抗器.
mótor torpédo bòat *n.* 〖米海軍〗(高速哨戒)魚雷艇 (mosquito boat, PT boat ともいう; 略 MTB). 〖1940〗
mótor·trùck *n.* 貨物自動車, トラック. 〖1916〗
mótor ùnit *n.* 〖生理・解剖〗運動単位 (運動ニューロンと筋線維との組合せの 1 単位). 〖1970〗
mótor vàn *n.* 《英》有蓋貨物自動車. 〖1898〗
mótor vèhicle *n.* 自動車(類) (乗用車・トラック・バスなど). 〖1890〗
mótor vèssel *n.* 内燃機船, 発動機船 (略 MV, M/V). 〖1931〗
mo·tor·way /móʊṭəwèɪ | mə́ʊtə-/ *n.* 《英》自動車道路, (特に)高速自動車道路 (《米》superhighway) (略 M.). 〖1903〗
mo·to·ry /móʊṭəri | mə́ʊt-/ *adj.* =motorial. 〖(1691) □ L *mōtōrius* moving ← *mōtus* (p.p.) ← *movēre* 'to MOVE': ⇨ motor, -ory¹〗
Mo·town /móʊtaʊn | mə́ʊ-/ *adj.* 〖音楽〗モータウンの (Detroit の黒人労働者に流行した強いビートのきいたダンス音楽). 〖← *Mo(tor) Town* (Detroit の異名)〗
Mo·tse /mòʊdzə́: | màʊ-/ *n.* =Motze.
mot·ser /mɑ́(:)tsə | -tsə(r)/ *n.* 《豪口語》(ギャンブルなどで得た)多額の金; 確実な賭け. 〖(1936) □ Yid. *matse* bread〗
mott¹ /mɑ́(:)t | mɔ́t/ *n.* 《米南西部》=motte¹.
mott² /mɑ́(:)t | mɔ́t/ *n.* 《アイル俗》=mot².
Mott /mɑ́(:)t | mɔ́t/, **John Raleigh** *n.* モット (1865–1955; 米国の Y.M.C.A. の指導者; Ecumenical Movement の推進者; Nobel 平和賞 (1946)).
Mott, Lucretia *n.* モット (1793–1880; 米国の女性社会改革者, 婦権擁護者; 旧姓 Coffin).
motte¹ /mɑ́(:)t | mɔ́t/ *n.* 《米南西部》(草原地帯の)小森林. 〖(1844) ← Am.-Sp. *matta* ← Sp. ~ 'shrub'〗
motte² /mɑ́(:)t | mɔ́t/ *n.* 〖歴史〗モット (ノルマン時代, 主に木造の城を築いた)小丘[築山]).
mótte and báiley モット(アンド)ベイリー式城郭 (溝と柵で囲まれた築山 (motte) とそれより低く広い bailey とよばれる区画からなり, 全体が 8 字形に似た中世ノルマン人の城郭). (1900)
〖(1884) □ F ~ 'mound'〗
MOT tèst /émòʊtí:- | -əʊ-/ *n.* 《英口語》=MOT 2.
mot·tle /mɑ́ṭl | mɔ́tl/ *vt.* まだらにする, 雑色にする, ぶちにする. — *n.* **1** 斑点, まだら, ぶち; (大理石・石鹸などの雑色の)斑紋. **2** 〖植物病理〗モザイク病 (⇨ mosaic 3).
mót·tler /-tlə, -ṭlə | -tlə(r), -tl-/ *n.* 〖(1676) (逆成) ? ← MOTLEY (adj.)〗
mót·tled *adj.* まだらの, ぶちの, 雑色の, 斑紋のある (blotched): a ~ sky まだら雲の空 / ~ yarn 杢糸(もくいと) (2 色または 3 色の色糸をより合わせた糸). 〖(1676): ⇨ ↑, -ed²〗
móttled enámel *n.* 〖病理〗(歯の)斑(はん)状エナメル質 (歯の成長期に多量のフッ化物を含む水を飲用するために起こる).
mot·to /mɑ́(:)ṭoʊ | mɔ́təʊ/ *n.* (*pl.* **~es, ~s**) **1 a** 座右銘, 標語, モットー (⇨ slogan SYN). **b** 〖紋章〗(大紋章 (achievement) の下部, あるいは上部の scroll に書かれた)銘文. **2** 金言, 格言, 訓言 (⇨ saying SYN). **3** (書物の巻首や各論・各章の冒頭に引用した)題辞, 引用句, 題句. **4** 〖音楽〗反復楽句 (motto theme ともいう). **5** (クリスマスのクラッカーなどに標語や諺などの印刷してある)紙片, 短冊. 〖(1589) □ It. ~ 'word' < Gallo-Roman *mottum=L *muttum* grunt, mutter ← *muttire* to mutter: ⇨ mot〗
Mot·tram /mɑ́(:)trəm | mɔ́trəm/, **Ralph Hale** *n.* モットラム (1883–1971; 英国の小説家; *The Spanish Farm* (1924)).
mot·tram·ite /mɑ́(:)trəmàɪt | mɔ́trə-/ *n.* 〖鉱物〗モットラマイト ($(Cu, Zn)Pb(VO_4)(OH)$) (銅に富むバナジウム鉛鉱, バナジウム鉱石の一種). 〖(1876) ← *Mottram* (英国 Cheshire 州 St. Andrew 市にある地名; この鉱物の発見地)+-ITE¹〗
Mo·tu /móʊtu: | mə́ʊ-/ *n.* (*pl.* ~, **~s**) **1 a** [the ~(s)] モツ[モトゥ]族 (南パプアの先住民の一族). **b** モツ族の人. **2 a** モツ語 (マライ・ポリネシア語族に属する言語). **b** pidgin 化されたモツ語 (Hiri Motu, Police Motu ともいう). 〖1880〗
mo·tu pro·pri·o /móʊtu:próʊpriòʊ | mə́ʊtu:prə́ʊpriə̀ʊ/ *L. n.* 〖カトリック〗教皇自発教令 (brief, rescript とともに教皇令の一種; 通例, 教皇庁の実務に関する決定が含まれる). 〖(1603) □ L *motū proriō* with one's own motive〗
mot·za /móʊtsə | mə́ʊ-/ *n.* =motser.
Mo·tze /mòʊdzə́: | mə̀ʊ-/ *n.* =Mozi.
mouch /mú:tʃ/ *vi., vt., n.* 《英》=mooch.
mou·char·a·by /mu:ʃǽrəbi/ *n.* 〖建築〗(Moorish architecture の)張出し格子窓. 〖(1884) □ F ~ □ Arab. *mašrabīyaʰ* bay window〗
mou·choir /mu:ʃwɑ́ɚ | -ʃwɑ́:(r); *F.* muʃwa:ʁ/ *n.* (*pl.* **~s** /~/) =handkerchief 1. 〖(1690) □ F ~ ← *moucher* to wipe the nose < VL *muccāre ← L *muccus* mucus〗
mouch·ra·bi·eh /mù:ʃrəbí:(j)ə/ *n.* 〖建築〗=moucharaby.
moue /mú:; *F.* mu/ *F. n.* (*pl.* **~s** /~/) ふくれっつら, しかめっつら: make a ~. 〖(1850) □ F ~: cf. mow³〗
mouf·lon /mú:flɑ(:)n | -lɔn; *F.* muflɔ̃/ *n.* (*pl.* ~, **~s**) (*also* **mouf·flon** /~/) 〖動物〗ムフロン (*Ovis musimon*) (Sardinia 島や Corsica 島の高地にすむ野生の羊; 雄は曲がった大角をもつ). 〖(1774) □ F ~ □ It. *muffolone* = Corsican *muffolo* < LL *mufrōnem*〗
mou·illa·tion /mu:jéɪʃən/ *n.* 〖音声〗湿音で発音すること, 湿音化.
mouil·lé /mu:jéɪ; *F.* muje/ *adj.* 〖音声〗湿音の, 口蓋(こうがい)音の (palatal), 口蓋音化した (palatalized) (特にスペイン語の ll /ʎ/, ñ /ɲ/, イタリア語の gl /ʎ/, gn /ɲ/ などの音についていう). 〖(1833) □ F ~ (p.p.) ← *mouiller* to wet, moisten < VL *molliāre ← L *mollis* soft〗
mouil·lure /mu:jʊ́ɚ | -jʊ́ə(r); *F.* mujy:ʁ/ *n.* 〖音声〗=mouillation.
mou·jik /mu:ʒí:k, -ʒík | mú:ʒɪk; *Russ.* muʒɨ́k/ *n.* =muzhik. 〖1568〗
mou·lage /mu:lɑ́:ʒ; *F.* mula:ʒ/ *n.* 型取り (犯罪捜査の一手段としての足跡・タイヤ跡などの石膏の型を取ること); (その型取りで取った)石膏型. 〖(1902) □ F ~ □ *moule* 'MOLD¹': ⇨ -age〗
mould¹ /móʊld | mə́ʊld/ *n., vt.* =mold¹.
mould² /móʊld | mə́ʊld/ *n., v.* =mold².
mould³ /móʊld | mə́ʊld/ *n., vt.* =mold³.
mould·a·ble /móʊldəbl̩ | mə́ʊld-/ *adj.* =moldable.
móuld·bòard *n.* =moldboard.
móuld·ed *adj.* =molded.
mould·er¹ /móʊldə | mə́ʊldə(r)/ *v.* =molder¹.
móuld·er² *n.* =molder².
móuld·ing¹ *n.* =molding¹.
móuld·ing² *n.* =molding².
mould·y¹ /móʊldi | mə́ʊldi/ *adj.* (**mould·i·er; -i·est**) =moldy. 〖*a*1398〗
mould·y² /móʊldi | mə́ʊldi/ *n.* 《英海軍俗》魚雷 (torpedo): squirt a ~ 魚雷を発射する. 〖(1916) ← ? 《スコット・北部方言》*moudie* 'MOLE²'〗
moule /mú:l; *F.* mul/ *F. n.* 〖貝類〗(食用の)ムラサキイガイ (mussel 1), ムール貝. 〖(1890) □ F ~ < L *musculum*: ⇨ MUSCLE〗
moules ma·ri·nières /mu:lmæ̀rɪ̀njéə, -mèr- | -mærinjéə(r); *F.* mulmaʁinjɛ:ʁ/ *n. pl.* 〖料理〗ムール貝の船頭風 (香草入り白ワインの蒸し煮). 〖□ F ~〗
Mou·li /mú:li/ *n.* 〖商標〗ムーリー (米国製の各種の台所用品; (特に)手動式ひき肉機). 〖1937〗
mou·lin /mu:lǽ(ŋ), -læ̃ŋ; *F.* mulɛ̃/ *F. n.* 〖地質〗氷河甌穴(おうけつ) (岩屑を伴う融水の働きで氷河にできた垂直・円筒状の穴). 〖(1860) □ F ~ < LL *molinum* 'MILL¹'〗
Mou·lins /*F.* mulɛ̃/ *n.* ムーラン (フランス中部 Allier 県の県都; Bourbon 家を中心に発達).
Mou·lin Rouge /mù:lænrú:ʒ; *F.* mulɛ̃ʁu:ʒ/ *n.* [the ~] ムーラン ルージュ (19 世紀に Paris の Montmartre 地区にできたミュージックホール). 〖□ F ~ (原義) 'red windmill'〗
Moul·mein /mʊlméɪn, moʊl- | maʊlméɪn/ *n.* モールメイン (ミャンマー南東部, Salween 河口の港市).
moult /móʊlt | mə́ʊlt/ *v., n.* =molt.
moulten /móʊltn̩ | mə́ʊltn̩/ *adj.* 《Shak》羽をもがれた. 〖(1596–97) (p.p.) ← MOLT〗
móult·er /-tə | -tə(r)/ *n.* =molter.
moul·vi /mú:lvi/ *n.* (*pl.* **~es, ~s**) =maulvi.
mound¹ /máʊnd/ *n.* **1** (うず高く盛り上げた)山 (heap): a ~ of hay. **2 a** (自然の)小山, 小丘 (hillock). **b** (人工的な)土手堤, 堤防; 防御用土塁. **3** (廃墟・墓などの)塚; (先史時代・古代の)古墳 (tumulus): the Indian ~s インディアン塚 (Mound Builders が埋葬または要塞用に築いた塚). **4** 〖野球〗マウンド (ピッチャーズプレートがある): take the ~ 〈ピッチャーが〉マウンドに立つ. — *vt.* **1** 土饅頭[山]にする, 土手[土塁]に盛り上げる; 積み上げる (pile). **2** 《古》土手[土塁]で囲む. 〖(1551) □ ? MDu. *mond* protection: cf. OE *mund* hand, protection〗
mound² /máʊnd/ *n.* =orb 1 b. 〖((?*a*1300) 1562) □ (O)F *monde* < L *mundum* world: cf. mundane〗
móund bìrd *n.* 〖鳥類〗ツカツクリ (⇨ megapode). 〖1855〗
móund buìlder *n.* 〖鳥類〗=megapode. 〖1880〗
Móund Buìlders *n. pl.* [the ~] 米国 Mississippi 川流域および南東部諸州に Indian mounds と呼ばれる盛り土の塚を築いた先史時代のアメリカインディアンの諸部族. 〖1838〗
móund dùel *n.* 〖野球〗投手戦. 〖← MOUND¹ (n. 4)〗
móund·ing *n.* 〖医学〗筋膨隆, 筋隆起 (萎縮した筋肉に打撃を加えた場合にその部分に起こる隆起). 〖1891〗
móund láyering *n.* 〖園芸〗盛り土法 (取り木法の一つ; 親木を短く切りつめて多数の枝を発生させたのち, 基部に土を盛り発根させて苗とする).
mounds·man /máʊndzmən/ *n.* (*pl.* **-men** /-mən/) 《米俗》〖野球〗投手 (pitcher). 〖← MOUND¹ (n.) 4+-s² 2+MAN¹: cf. huntsman, craftsman, etc.〗
mount¹ /máʊnt/ *vt.* **1** 〈山・階段・演壇・王位などに〉のぼる, 上がる (⇨ climb SYN): ~ a mountain, hill, stairs, a platform, etc. / ~ the throne 王位に昇る / ~ the ladder ⇨ ladder 成句 / The taxi ~*ed* the pavement. タクシーが歩道に乗りあげた. **2 a** 〈乗物・馬〉に乗る, またがる: ~ a horse, bicycle, etc. **b** 乗物[馬]に乗せる. **c** …に馬(など)を供給する: ~ a regiment 連隊を騎馬隊にする / be well [poorly] ~*ed* よい[悪い]馬に乗っている. **3 a** 〔高所に〕〈物を〉載せる, 上げる 〔*on*〕: be ~*ed on* stilts 竹馬に乗る / The child was ~*ed on* his father's shoulders. 子供は父親の肩車に乗っていた. **b** 据え付ける, 装備する; 〈砲を〉搭載する, 装備する: ~ a gun on a carriage 大砲を砲架に据え付ける / ~ an apparatus 器具を装置する / a ship [fort] ~*ing* thirty guns 砲 30 門を搭載した船[備えた要塞]. **4** 〈催し・運動などを〉準備する, 始める; 〈演劇などを〉(上演できるように)準備する, 上演する; 〈攻撃を〉開始する, 〈攻撃部隊を〉組織[準備]する: ~ a war on inflation インフレ退治のキャンペーンを開始する / The exhibition was ~*ed* in Tokyo. その展示会は東京で開かれた. **5 a** 〈絵・写真・地図などを〉〔台紙に〕張る, 〔額に〕はめる, 掛物にする, 表装する 〔*on*〕: ~ a picture *on* silken cloth 絵を絹で表装する / ~ a map *on* paper 地図を紙で裏打ちする / ~ a stamp *on* an album 切手を(マウントで)アルバムに貼る. **b** 〈像などを〉〔台座などに〕据える 〔*on*〕: ~ a statue *on* a pedestal 像を台に据える. **c** 〈宝石などを〉はめる, ちりばめる; 〈刀などを〉金銀作りにする: ~ a jewel *in* a setting 宝石を台にはめる / a crown ~*ed with* diamonds ダイヤをちりばめた王冠. **6 a** 〈検鏡物を〉スライドに固定する: ~ a specimen [sample] 標本をスライドに載せる. **b** 〈スライドを〉検鏡用に作る: ~ the slide (検鏡物を載せて)スライドを作る. **7** 〖電算〗〈CD-ROM ディスクなどを〉マウントする; 〈ディスクドライブなどのハードウェアを〉装着する, 使用可能な状態にする. **8** 〈動物などを〉剥製にする; 〈骨格・皮膚などを〉標本にする. **9** 〈動物の雄が〉(交尾のため)〈雌〉に乗る. **10** 〈番兵・見張りを〉配置する; …の任につく: ~ guard ⇨ guard *n.* 1. **11** 《古》〈衣装を〉装う, 着てみせる: ~ a costume.
— *vi.* **1 a** (数量・程度などの点で)上がる, 高まる, 増す 〈*up*〉: The costs are steadily ~*ing up*. 費用がどんどんかさんできている / After a time, my anger ~*ed* again. しばらくすると怒りがまたこみ上げてきた. **b** 〔…にまで〕達する, かさむ 〈*up*〉〔*to*〕: His debts ~*ed up to* thousands of dollars. 彼の借金は数千ドルにまでかさんだ. **2 a** 上がる, 立ち上がる 〈*up*〉: The flames ~*ed*. 炎は燃え上がった. **b** 〈鳥などが〉舞い上がる, 上昇する: ~ on mighty pinions 大翼をかって舞い上がる. **c** 〈高層建築が〉そびえ立つ. **d** 〈血が〉頬に上がる: Her blood ~*ed*. 彼女の顔が赤くなった. **3** 〔高い台の上などに〕登る, (特に)〔馬・自転車に〕乗る 〔*on*〕; 馬に乗る: ~ *on* a platform, wall, horse, bicycle, etc. / He ~*ed* and rode away. 彼は馬に乗って去った. **4** 昇進する.
— *n.* **1** 上がる[上げる]こと, 上がり[上げ]方. **2** 物を張る[据え付ける]もの: **a** (絵画・写真などの)台紙, マウント, 表具; (扇の)骨; (宝石をちりばめる)台. **b** (顕微鏡用の)検鏡板, プレパラート, スライド(グラス); スライドに載せた標本. **c** 砲架, 銃架. **d** 〖郵趣〗マウント (切手を入れてアルバムに貼る透明のフィルム); ヒンジ (hinge). **3 a** (乗用の)馬, 車, ジープ(など); 自転車: get down from one's ~ 馬[車]から降りる. **b** 《口語》乗馬; (特に)〖競馬〗(騎手の)騎乗の機会, 騎乗依頼指名; 出走(登録)馬. **4** (家具・刀剣類の)飾り金具. **5** (動物の)交尾. **6** 〖印刷〗版台 (凸版を活字と同じ高さにするための台).
móunt·a·ble /-ṭəbl̩ | -tə-/ *adj.*
〖(?*a*1300) *monte(n)* ← (O)F *monter* to go up a hill < VL *montāre ← L *mōns* mountain: ↓〗
mount² /máʊnt/ *n.* **1 a** 《古・詩》山, 丘. **b** 〖紋章〗(紋章の base に描かれた)山. **c** [M-; 山名につけて] …山 (略 Mt.): *Mount* Etna エトナ山 / *Mt.* Everest エベレスト山. **2** [通例 M-] 〖手相〗宮 (指のつけ根のふくらみ, 掌中七突起の一つ; 気質または性格の特徴を示すという). **3** 《廃》(昔の)要塞防御用土塁. 〖OE *munt* □ L *mont-, mōns* mountain ← IE *men- to project: ME 期に (O)F *mont* から再借入〗
moun·tain /máʊntn̩, -tɪ̀n | -tɪn/ *n.* **1 a** 山, 山岳: climb [go up] a ~ / on [in] a ~. **b** [*pl.*] 山脈, 連山, 山地: the Rocky *Mountains* ロッキー山脈 / It was raining in the ~*s*. 山は雨だった / I like the ~*s* better than the sea. 海より山が好きだ. ★ 通例 1000 フィート以上の

hill よりも大きいものをいうが, 厳格な区別はなく, 平原地方では数百メートルの高さのものでも mountain と呼ばれ, 山岳地方では数千メートルのものでも hill と呼ばれる. **2 a** 山のような物, 山ほど大きな[高い]物; 山ほど(の量), 多量 (heap) 〔of〕: a ～ of ice 氷山 / a ～ of rubbish くずの山 / a ～ of flesh 太った大男 / a ～ of difficulties [debts] 山ほどの困難[負債] / have ～s of work 仕事を山ほどかかえている / The waves ran ～s high. 山のような大波が立った (cf. mountain-high). **b** (値崩れ防止のため市場に出さない)大量の余剰製品[生産物]; (商品の)莫大な滞貨. **3** 〘《なぞり》← F *la Montagne*: この党員が議院内で高い位置の座席を占めていたことから〙 [the M-] 〘歴史〙 山岳党 《フランス革命当時 Danton と Robespierre が率い, 国民公会から Gironde 党を追放し, 恐怖政治を実現した; 党員は総称的に「モンタニャール」les Montagnards /lɛmɔ̃taɲar/ と呼ばれた; cf. plain¹ 3, Jacobin Club》. **4** [M-] 〘鉄道〙 マウンテン型機関車 《先輪 2 軸, 動輪 4 軸, 従輪 1 軸をもった蒸気機関車》. **5** マウンテン(ワイン) 《甘口の Málaga 産白ワイン; mountain wine ともいう》.

Muhámmad and the móuntain 「マホメットと山」の故事 《Muhammad が山を呼び寄せると称し山の動かないのを見て「われ自ら山へ行かん」と高言したこと; 事実がばれても平気でいる思いあがり者[詭弁家]についていう言葉》. ***Muhámmad must gò to the móuntain.*** (先方が来ないと(いうなら)こちらから出かけて行かねばなるまい 《情勢によって方針を転換するときにいう》. ***a móuntain to climb*** 《英》 目標の達成が容易でない課題. ***màke a móuntain òut of a mólehill*** 小事を大袈裟に騒ぐ, 針小棒大に言う. ***móve móuntains*** あらゆる努力を払う: I'll *move* ～s to get it done. ***remóve móuntains*** 山を移す 《奇跡を行う (*1 Cor.* 13:2)》. ***the móuntain in lábor*** 骨ばかり折れて効果の少ないこと, 「大山鳴動してねずみ一匹」 《Horace の「詩学」に由来する: *Parturiunt montēs, nāscē-tur rīdiculus mūs* (The travailing mountains yield a silly mouse 山々が陣痛を起こし, そして生まれてくるものはおかしなネズミ一匹). 同様の出典は Aesop's Fables にもある》.

— *adj.* [限定的] **1** 山の[に関する, から成る, を思わせる]: ～ air / an obscure ～ village 名もなき山村. **2** 山に住む, 山に生える: ～ tribes, plants, etc. **3** 山のような, 巨大な (huge): ～ waves.
〘《?a1200》□ OF *montaigne* (F *montagne*) < VL *montānea(m) (*regiōnem*) mountain (region) ← L *mōns*: cf. mons, mount²〙

móuntain àlder *n.* 〘植物〙 ＝mountain maple.

móuntain andròmeda *n.* 〘植物〙 ＝mountain fetterbush.

móuntain àsh *n.* 〘植物〙 **1** ＝rowan tree 1. **2** オーストラリア産ユーカリ属 (*Eucalyptus*) の木の総称 《特に *E. sieberiana*, *E. regnans*》. **3** ＝western mountain ash. 〘1597〙

móuntain àvens *n.* 〘植物〙 **1** 北半球の寒帯地方に分布するバラ科チョウノスケソウ属 (*Dryas*) の常緑低木の総称; (特に)チョウノスケソウ (*D. octopetala*). **2** 多年生のバラ科ダイコンソウ属 (*Geum triflorum*) の山草). 〘1796〙

móuntain azàlea *n.* 〘植物〙 米国南東部産のツツジ科のじょうご形の桃色または白色の花をつける低木 (*Azalea canesscens*).

móuntain bèaver *n.* 〘動物〙 ヤマビーバー (*Aplodontia rufa*) 《北米太平洋岸の高地にすむリス亜目の穴居性の夜行性齧歯(げっし)動物; sewellel ともいう》. 〘1885〙

móuntain bìcycle [bìke] *n.* マウンテンバイク 《all-terrain bicycle ともいう》.

móuntain bìrch *n.* 〘植物〙 ＝western paper birch.

móuntain blúe *n.* ＝azurite blue.

móuntain blúebird *n.* 〘鳥類〙 北米西部産のツグミ亜科の鳴鳥 (*Sialia currucoides*). 〘1860〙

móuntain blùet *n.* 〘植物〙 ヤマヤグルマギク (*Centaurea montana*) 《ヨーロッパ原産のキク科の青い花の咲く多年草》.

móuntain camèllia *n.* 〘植物〙 北米東部山岳地帯のツバキ科ナツツバキ属の白い花の咲く低木 (*Stewartia ovata*).

móuntain càt *n.* 〘動物〙 **1** cougar の俗称. **2** アカオオヤマネコ (⇨ bay lynx). **3** ＝cacomistle 1. 〘1709〙

móuntain chàin *n.* 山脈, 連山 (mountain range). 〘1821〙

móuntain còck *n.* 〘鳥類〙 ＝capercaillie.

móuntain cránberry *n.* 〘植物〙 コケモモ (*Vaccinium vitis-idaea*) 《北半球の寒地に広く分布するツツジ科の低木; 酸味のある赤い実は食用となる; cowberry, foxberry, lingonberry ともいう》. 〘1848〙

móuntain crèeper *n.* 〘植物〙 インド原産のキツネノマゴ科ヤハズカズラ属の白い花の咲く常緑のやや木質の蔓性草本 (*Thunbergia fragrans*).

móuntain cùrrant *n.* 〘植物〙 ＝alpine currant.

móuntain dáisy *n.* 〘植物〙 ＝mountain sandwort. 〘1857〙

móuntain dámson *n.* 〘植物〙 ＝paradise tree 1. 〘1814〙

Móuntain Dáylight Tìme *n.* 《米》 山岳夏時間 《Mountain time の夏時間; 略 MDT》.

móuntain dèvil *n.* 〘動物〙 ＝Moloch 2. 〘1853〙

móuntain déw *n.* **1** 《口語》 (山中で造った)密造ウイスキー 《本来はスコッチウイスキーの意; 単に dew ともいう》. **2** [M- D-] 〘商標〙 マウンテンデュー 《米国 Pepsi-Cola 社製の清涼飲料》. 〘1816〙

móuntain èbony *n.* 〘植物〙 フイリソシンカ (*Bauhinia variegata*) 《インド東部・中国産の小高木, 花は藤色で赤および黄の斑点がある; 樹皮はなめし革製造の際のあく抜きに用いる; orchid tree ともいう》. 〘1725〙

moun·tain·eer /màuntṇníə, -tṇ- | -tṇníə(r-/ *n.* **1** 山の住人, 山地の人. **2** 登山家, 登山者. — *vi.* 登山する. 〘《1611》← MOUNTAIN＋-EER〙

mòun·tain·éer·ing /-níᵊrɪŋ | -níər-/ *n.* 登山. 〘1823〙

móuntain everlàsting *n.* 〘植物〙 ＝cat's-foot.

móuntain fètterbush *n.* 〘植物〙 ＝fetterbush.

móuntain fìnch *n.* 〘鳥類〙 アトリ (⇨ brambling). 〘1678〙

móuntain flèece *n.* 〘植物〙 Himalaya 原産のタデ科の白またはばら色の花が咲く耐寒性多年草 (*Polygonum amplexicaule*).

móuntain gòat *n.* 〘動物〙 シロイワヤギ (*Oreamnos montanus*) 《北米 Rocky 山脈産の野生ヤギ; 全身に白い毛が密生し, 角がやや後方に曲がっている; Rocky Mountain goat ともいう》. 〘1841〙

móuntain gorìlla *n.* 〘動物〙 マウンテンゴリラ (*Gorilla gorilla beringei*) 《高地生のゴリラ; cf. gorilla 1》. 〘1939〙

móuntain gràpe *n.* 〘植物〙 ヒイラギメギ (⇨ Oregon grape). 〘1756〙

móuntain gréen *n.* ＝malachite green 2. 〘1727–52〙

móuntain gùn *n.* 山砲. 〘1904〙

móuntain hèath *n.* 〘植物〙 エゾノツガザクラ (*Phyllodoce caerulea*) 《北半球の寒冷地方原産のツツジ科の常緑低木; 紅紫色の花をつける》. 〘1846–50〙

móuntain-hígh *adj.* 山のように高い, 山のような, 山なす. 〘1693〙

móuntain hólly fèrn *n.* 〘植物〙 ＝holly fern 1.

móuntain làurel *n.* 〘植物〙 **1** カルミア, ハナガサノキ (*Kalmia latifolia*) 《米国東部産のツツジ科の常緑低木; 花は白色で葉は有毒; American laurel, calico bush ともいう》. ★ 米国 Connecticut 州および Pennsylvania 州の州花. **2** ＝California laurel 1. 〘1759〙

móuntain lèather *n.* 〘鉱物〙 山柔皮(さんじゅうひ) 《なめし革のように強靭(じん)な石綿 (asbestos) の一種》; (特に) ＝palygorskite. 〘1796〙

móuntain lìly *n.* 〘植物〙 ＝sand lily. 〘1664〙

móuntain lìon *n.* 〘動物〙 ＝cougar. 〘1859〙

móuntain lòver *n.* 〘植物〙 米国南東部産のツルウメモドキ科の常緑蔓植物 (*Paxistima canbyi*).

móuntain magnòlia *n.* 〘植物〙 米国高地地方産のモクレン科の高木の総称; 特に *Magnolia acuminata* と *M. fraseri*. 〘1884〙

móuntain mahògany *n.* 〘植物〙 ケルコカルプス 《北米西部産のバラ科 *Cercocarpus* 属の数種の低木・小高木; 浅裂葉と単実性の乾果を持つ》. 〘1810〙

móuntain màple *n.* 〘植物〙 米国東部原産のカエデ科の緑色がかった花が咲く低木 (*Acer spicatum*) 《moose maple, mountain alder ともいう》. 〘1785〙

moun·tain·ous /máuntṇnəs, -tṇ- | -tṇn-, -tṇ-/ *adj.* **1** 山地の, 山の多い, 山がちな: a ～ district [country] 山岳地方[山国]. **2** 山のような, 巨大な (huge): ～ clouds / ～ problems 山積する問題 / a ～ load of debts 山ほどの借金 / The seas reached ～ height. 波は山のような高さになった. **～·ly** *adv.* **～·ness** *n.* 〘《c1384》《1601》: ⇨ mountain, -ous〙

móuntain òyster *n.* 「山の牡蠣(かき)」 《仔牛・猪・羊などの睾丸(こうがん)で食用になる》. 〘1890〙

móuntain pàrtridge *n.* 〘鳥類〙 **1** ＝partridge dove. **2** ＝partridge quail.

móuntain quàil *n.* 〘鳥類〙 ツノウズラ (*Oreortyx picta*) 《米国西部産の額に角状の長い羽毛のあるウズラ》.

móuntain ràilroad [ràilway] *n.* (急勾配を登るための特別の機構を備えた)登山鉄道. 〘1880〙

móuntain rànge *n.* 山脈, 連山 (mountain chain). 〘1831〙

móuntain rìce *n.* 〘植物〙 北米西部の平原や乾燥地帯に生える馬の食糧となるイネ科の草 (*Oryzopsis hymenoides*). 〘1845–50〙

móuntain rósebay *n.* 〘植物〙 ＝catawba rhododendron. 〘1759〙

móuntain sàge *n.* 〘植物〙 **1** キク科ヨモギ属 (*Artemisia*) の数種の植物の総称. **2** ＝wood sage.

móuntain sándwort *n.* 〘植物〙 北半球北部産のナデシコ科ノミノツヅリ属の白い小花をつける草本 (*Arenaria groenlandica*) 《mountain daisy, mountain starwort ともいう》.

móuntain sáxifrage *n.* 〘植物〙 ヨーロッパ・北米の北部原産のユキノシタ属の紫色の花をつける多年草 (*Saxifraga oppositifolia*).

móuntain shèep *n.* 《米》 〘動物〙 **1** ＝bighorn. **2** 山にすむ野生の羊. 〘1802〙

móuntain sìckness *n.* 〘病理〙 高山病, 山酔い 《高山地の稀薄な空気のため, 呼吸困難・頭痛・吐き気などを起こす》. 〘1848〙

mountain·side /máuntṇnsàɪd, -tṇ- | -tṇn-/ *n.* 山腹. 〘c1350〙

Móuntain Stándard Tìme *n.* ＝Mountain time. 〘1935〙

móuntain stárwort *n.* ＝mountain sandwort.

Móuntain Stàte *n.* **1** [the ～] 米国 Montana 州, West Virginia 州の俗称. **2** 米国 Rocky 山脈のまたがる 8 州のいずれか一つ 《Montana, Idaho, Wyoming, Nevada, Utah, Colorado, Arizona または New Mexico; 中でも Montana》.

Móuntain tìme, m- t- *n.* 山地(標準)時 《米国の標準時の一つ; 西経 105° にあり, GMT より 7 時間遅い; 略 MT; ⇨ standard time 1 ★》. 〘1891〙

móuntain·tòp *n.* 山頂. 〘1593〙

Móuntain Vìew *n.* マウンテンヴュー 《米国 California 州中西部の都市》.

móuntain vizcácha *n.* 〘動物〙 ヤマビスカーチャ 《南米の山地に生息するチンチラ科の齧歯(げっし)類》.

móuntain wàve *n.* 〘気象〙 山岳波 《山の影響でできた定常波》. 〘1696〙

móuntain wìnd *n.* 山風 《夜間に谷間を下る冷風; cf. valley wind》. 〘1610〙

móuntain wíne *n.* ＝mountain 5. 〘1744〙

móuntain wínterberry *n.* 〘植物〙 ＝winterberry.

moun·tain·y /máuntṇni, -tṇi | -tṇni, -tṇi/ *adj.* **1** 山の多い, 山がちな (mountainous). **2** 山地に住む, 山と関係のある. 〘1613〙

moun·tant¹ /máuntənt | -tənt/ *adj.* 《廃》 上がっている, 高まる (cf. Shak., *Timon* 4. 3. 135–136). 〘《1525》□ F *montant* (pres.p.): ⇨ montant〙

moun·tant² /máuntənt, -tənt | -tənt, -tṇt/ *n.* (写真などの)台紙貼付け用接着剤; (顕微鏡のスライドとガラスカバーの間の)試料装着のための物質. 〘《1886》: ⇨ mount¹〙

Mount·bat·ten /mauntbǽtṇ/, **Louis** *n.* マウントバッテン (1900–79; 英国の海軍大将; 第二次大戦後期の東南アジア連合軍最高司令官 (1943–46), インド総督 (1947–48); 称号 lst Earl Mountbatten of Burma).

Mòunt Cóok lìly *n.* 〘植物〙 ラヌンクルス リアイイ (*Ranunculus lyallii*) 《キンポウゲ科の大形の多年草; 大きな白い花をたくさんつける; ニュージーランド南島の山岳地帯に生育している》.

Mòunt Desért Ísland /-dɪzə́ːt-, -dézət- | -dɪzə́ːt-, -dézət-/ *n.* マウントデザート島 《米国 Maine 州南東沿岸沖の島; 面積 260 km², 避暑地; Acadia 国立公園に含まれる》.

moun·te·bank /máuntəbæ̀ŋk | -tɪ-/ *n.* **1 a** (大道の壇上で演説や手品をして薬を売りつける)いんちき薬売り; にせ医者. **b** (人集めのため薬売りに雇われた手品師など)芸人. **2** 詐欺師, ペテン師, 山師 (charlatan). — *vt.* 《廃》 ペテンにかける; (詐術を用いて)〈物〉の形を変える. — *vi.* ペテンにかける, いんちきなことをする. 〘《1577》□ It. *montambanco* ← *monta in banco* ← *monta* mount ((imper.) ← *montare* < VL *montāre)＋*in* in, on＋*banco*, *banca* bench: cf. mount¹, bank¹〙

moun·te·bank·er·y /máuntɪbæ̀ŋk(ə)ri | -tɪ-/ *n.* 香具師(やし)的行為, いんちき行為. 〘《1618》: ⇨ ↑, ＋-ERY〙

mount·ed /máuntɪd | -tɪd/ *adj.* **1** 馬(など)に乗った, 騎馬の, 馬上(勤務)の: a ～ bandit 馬賊 / a ～ soldier 騎兵 / ～ police 騎馬警官(隊). **2** 台を付けた, 据え付けた, 組み立てた; (火器を)砲架[銃架]に装着した[据えた], 発射装備の整った: a ～ gun 砲架に据えた大砲. **3** (宝石台に)ちりばめた; 飾りつけた: a ～ gem ちりばめた宝石 / a gold-[silver-]*mounted* sword 金[銀]作りの刀. **4** 〘軍事〙 機動の, (乗物または馬などの)輸送機関を常備した. 〘1582〙

móunt·er /-tə | -tə(r)/ *n.* **1** 乗せる[据え付ける, 取り付ける]人. **2** 宝石などをちりばめる人; 絵などの表装をする人(など). **3** 取付け具. 〘1609〙

Mount·ie /máunti | -ti/ *n.* 《口語》 **1** (カナダの)騎馬警官隊員. **2** [the ～s] カナダ騎馬警官隊. 〘《1914》← *mount(ed policeman)*＋-IE〙

móunt·ing /-tɪŋ | -tɪŋ/ *n.* **1** 乗馬; 登壇. **2** (大砲などの)据え付け; (検鏡物などの)取り付け. **3** (器具の)据え付け(土台); 砲架; 台紙; (宝石などの)台; 枠. 〘c1440〙

móunting blòck *n.* (騎手が馬に乗る時の)踏み台. 〘1659〙

Mòunt Í·sa /-áɪzə/ *n.* マウントアイザ 《オーストラリア Queensland 州の北西部にある銅の町; 銅・鉛・亜鉛・銀を産出する》.

Mòunt McKínley Nátional Párk *n.* マッキンレー山国立公園 《Denali 国立公園の旧名; 1980 年改称》.

Mòunt Rai·nier Nátional Párk /-rəníə-, -réɪnɪə- | -réɪnɪə-, -rəníə-, -reɪ-/ *n.* レーニア山国立公園 《米国 Washington 州中南部 Cascade 山脈中にある; 氷河で有名, 1899 年指定; 面積 976 km²; cf. Rainier》.

Mòunt Rúshmore Nátional Memórial *n.* ラッシュモア山国立記念公園 (⇨ Rushmore).

Mòunt Vér·non /-və́ːnən | -və́ː-/ *n.* マウントヴァーノン 《米国 Virginia 州北東部 Potomac 河畔の地; Washington, D.C. から 24 km 下流; George Washington の居住地で埋葬地》. 〘← *Edward Vernon* (1684–1757: 英国の海軍大将)〙

Mount·y /máunti | -ti/ *n.* ＝Mountie.

mourn /mɔ́ən | mɔ́ːn, múən/ *vi.* **1** 〔不幸などを〕嘆く, 悲しむ 〔for, over〕: ～ *over* one's misfortune 不幸を嘆く. **2 a** 〔死者または死に対して〕悲しみを表す, 哀悼の意を表する 〔over, for〕: ～ *over* [*for*] the death [loss] of one's friend 友の死を悲しむ. **b** 喪に服する; 喪服を着る. **3** 〈鳩が〉悲しげな声で鳴く. — *vt.* **1** 〈人の死・不幸を〉嘆く, 悲しむ (deplore); 弔う, 悼(いた)む: ～ the dead, one's misfortune, etc. **2** 嘆いて[痛ましそうに]言う: ～ one's requiem. 〘OE *murnan* < Gmc *murnan to remember sorrowfully (OHG *mornēn*) ← IE *(s)mer- to remember〙

Móurne Móuntains /mɔ́ən- | mɔ́ːn-/ *n. pl.* [the ～] モーン山地 《北アイルランド南東部の山地; 最高峰 Slieve Donard (852 m)》.

mourn·er /mɔ́ənə | mɔ́ːnə(r), múən-/ *n.* **1** 嘆く人, 悲しむ者, 哀悼者. **2 a** 会葬者, 送葬者: the chief ～ 喪主. **b** 雇われて葬式に連なる供人, 泣き男. **3** 《米》 懺

悔者《信仰復興特別伝道集会で悔い改め救いを求める人》. 〖(c1395): ⇨ ↑, -er¹〗

móurners' bènch *n.* 《米》懺悔(ざんげ)者席《信仰復興特別伝道集会で悔い改める告白者のために設けた最前列の席; anxious bench ともいう》. 〖1885〗

Móurner's Káddish *n.* 〖ユダヤ教〗=Kaddish 2.

mourn·ful /mɔ́ənfəl, -fl | mɔ́ːn-, múən-/ *adj.* **1 a** 悲しみに沈んだ: a ~ person. **b** 悲しげな, 悲しみを表す[催させる], 悲しい: a ~ song, tone, occasion, scene, etc. **2** 陰気な, もの寂しい (dismal, dreary): ~ scenery. **~·ly** *adv.* **~·ness** *n.* 〖1542〗

mourn·ing /mɔ́ənɪŋ | mɔ́ːn-, múən-/ *n.* **1** 悲嘆, 哀悼; 弔い. **2** 喪, 服喪; 喪の期間, 忌中; 喪服, 喪章: ⇨ deep mourning, half mourning, second mourning / go into [put on, take to] ~ 喪に服する, 喪服をつける / put a person into ~ 喪に服させる, 喪服をつけさせる / enter a 30-day period of national ~ 国をあげて 30 日間の喪に服する / leave off [go out of] ~ 喪が明ける. **3** [形容詞的に] 哀悼の[を表す], 喪の, 喪の期間用の, 喪章[喪服]の. ― *adj.* 喪に関する.
in móurning (1) 喪に服して; 喪服を着て. (2) 《俗》〈目のふちが(なぐられて)黒ずんで. (3) 《俗》〈指の爪に〉垢(あか)がたまって.
~·ly *adv.* 〖(?a1200) *murnunge*: ⇨ mourn, -ing¹〗

móurning bànd *n.* 喪章. 〖c1618〗

móurning bòrder *n.* (死亡通知などの)黒枠(わく). 〖1899〗

móurning clòak *n.* 〖昆虫〗キベリタテハ (*Nymphalis antiopa*) 《タテハチョウ科の一種; ヨーロッパから日本に至るユーラシア大陸中北部と北米に分布する; mourning cloak butterfly, Camberwell beauty ともいう》. 〖1898〗

móurning còach *n.* (車も馬も黒色の)葬式用馬車《参列者を墓地へ運ぶ》. 〖1690〗

móurning dòve *n.* 〖鳥類〗ナゲキバト (*Zenaidura macroura*) 《北米に多い悲しげな声で鳴く野鳩の一種》. 〖1833〗

móurning íris *n.* 〖植物〗クロアヤメ (*Iris susiana*). 〖1883〗

móurning pàper *n.* 黒枠(わく)の書簡箋(せん). 〖1800〗

móurning ring *n.* (死者の思い出にはめる)形見の指輪. 〖1703〗

móurning stùff *n.* 喪服地. 〖1889–91〗

móurning wárbler *n.* 〖鳥類〗ノドクロアメリカムシクイ (*Geothlypis philadelphia*) 《北米産の森に生息する鳴鳥; cf. wood warbler》.

mou·sa·ka /muːsɑ́ːkə, mʊ-, mùːsəkɑ́ː | muːsɑ́ːkə, múːsə-; *Mod.Gk.* musaká/ *n.* =moussaka.

mouse /máʊs/ *n.* (*pl.* **mice** /máɪs/) **1** 〖動物〗ハツカネズミ《ネズミ科 *Mus* 属の小ネズミの総称; ヨーロッパハツカネズミ (*M. musculus*) など; cf. rat》. 日英比較 英語ではイエネズミやハツカネズミなど小さめの *mouse* と, クマネズミやドブネズミなど大きめの *rat* を明確に区別するが, 日常的な日本語ではいずれも「ネズミ」である. 一般的に英米の家庭に出没するのが *mouse*, 日本の家庭に出没するのが rat である. **2** ネズミ科の小形種の動物の総称《アカネズミ (*Apodemus speciosus*), カヤネズミ (*Micromys minutes*) など》: ⇨ field mouse, house mouse / The mountains have brought forth a ~. 《諺》「大山(たいざん)鳴動してねずみ一匹」: ⇨ the MOUNTAIN *in labor*. **3** 〖電算〗(*pl.* **mice, mous·es** /máʊsɪ̀z/) マウス《机上などを滑らせて画面上で対応する矢印を動かし, スイッチによって指定箇所の入力操作を行う装置》. **4** 《俗》**a** [若い女性などに対する愛称語として] かわいい子; 若い女性, 娘 (cf. Shak., *Twel N* 1. 5. 63). **b** 腰抜け, 意気地(いくじ)なし. **c** 内気な[おとなしい]女性. **5** 《俗》**a** (目を打たれてできた)黒あざ. **b** 〖ボクシング〗目の下の腫れ. **6** ツイストから派生した踊りの一種. **7** (上げ下げ窓の枠(わく)の中にある)おもり, 分銅. **8** ねずみ色, 灰色. ★ 通例次のような複合語に使う: *mouse*-brown, *mouse*-gray, etc. **9** 〖海事〗=mousing 2.
(as) póor as a chúrch móuse ひどく貧乏な《食べ物のあまりない教会に住みついているねずみにたとえた表現》. *(as) quíet as a móuse* 〈人などが〉とても静かで, おとなしい. *like a drówned móuse* =like a drowned RAT¹. *móuse and mán* あらゆる生き物. *nèither mán nor móuse* 生き物はすべて…(し)ない.
― /máʊz, máʊs | máʊs, máʊz/ *v.* ― *vt.* **1** 《米》熱心に探す; 骨折って見つけ出す[かぎつける] 〈*out*〉. **2** 〖海事〗(フックの口を)細縄でくくり合わす: ~ a hook. **3** 《廃》**a** (猫がねずみを扱うように)手荒く扱う, なぶりものにする; 引き裂く. **b** かじる, 噛む. ― *vi.* **1** 〈猫・ふくろうなどがねずみを捜す[ねらう, 捕える]. **2** (何かを探すように)うろつく, あさり歩く 〈*about*〉.
〖OE *mūs* (pl. *mȳs*) < Gmc **mūs-* (Du. *muis* / G *Maus*) < IE **mūs* (*L mūs* / Gk *mûs* / Skt *mūṣ-*)〗

mouse·bird *n.* 〖鳥類〗ネズミドリ (⇨ coly). 〖1822〗

móuse còlor *n.* ねずみ色, 茶色がかった灰色. 〖1606〗

móuse-còlored *adj.* ねずみ色の. 〖(1687): ⇨ ↑, +-ED〗

móuse dèer *n.* 〖動物〗=chevrotain. 〖1836〗

móuse-èar *n.* 〖植物〗ザラザラした短毛の生えた葉をもつ種々の植物の総称《ヨーロッパ産ミヤマコウゾリナ属のヤマギタンポポの一種 (*Hieracium pilosella*), ワスレナグサ (forget-me-not) など》. 〖(a1300) *mousere*: ⇨ mouse, ear¹〗

móuse-ear chíckweed *n.* 〖植物〗ミミナグサ《ナデシコ科ミミナグサ属 (*Cerastium*) の数種の草本の総称; 特に, *C. vulgatum* と *C. viscosum*; clammy chickweed ともいう》. 〖1731〗

móuse gráy *n.* 茶色がかった灰色. 〖1834〗

móuse hàre *n.* 〖動物〗=pika. 〖1888–91〗

móuse·hòle *n.* **1** ねずみの巣穴; ねずみのかじった穴. **2** 狭い通路, 小さな出入口. **3** 小さい物置[納屋, 納戸]; 狭苦しい住居[部屋]. 〖?a1475〗

móuse-hùnt *n.* 女の尻を追いかける人 (woman-hunter) (cf. Shak., *Romeo* 4. 4. 11). 〖(1601–02): cf. mouse n. 4 a〗

móuse lèmur *n.* 〖動物〗コビトキツネザル (*Microcebus*) 《Madagascar 島産; 数種ある》. 〖1893–94〗

móuse·lìke *adj.* ねずみのような. 〖1838〗

móuse màt *n.* 〖電算〗=mouse pad.

móuse opòssum *n.* 〖動物〗**1** マウスオポッサム (*Marmosa*). **2** フクロヤマネ (dormouse opossum).

móuse pàd *n.* 〖電算〗マウスパッド《mouse 用の下敷き》.

móuse potáto *n.* 《俗》コンピューターばかりいじっているやつ, パソコンおたく, マウスポテト. 〖1994〗

móuse·pòx *n.* 〖獣医〗マウスポックス《ハツカネズミのウイルス病; 四肢が欠損する; ectromelia, infectious ectromelia ともいう》. 〖1947〗

mous·er /máʊzə, -sə | -sə(r), -zə(r)/ *n.* **1** ねずみを捕る動物; (特に)猫: a good ~ よくねずみを捕る猫[犬]. **2** (ひそかに獲物を求めるように)うろつく人, あさり歩く人. 〖(1440) *mawsare*: ⇨ mouse, -er¹〗

móuse·tàil *n.* 〖植物〗花にねずみの尾のように長くのびた花托(かたく)があるキンポウゲ科の植物 (*Myosurus minimus*). 〖1578〗

móuse·tràp *n.* **1 a** ねずみ捕り(器), ねずみ用のわな. **b** =mousetrap cheese 1. **2 a** (人を陥れる)わな, 策略. **b** (買物客の目を引く)新製品, 改良品, 目先の変わった品物. **3** 〖アメフト〗マウストラップ《防御側ラインメンを攻撃側スクリメージライン内に故意に誘い込み, 一方のサイドに防御し, 他方のオープン側にランニングプレーヤーが走るプレー, またはそのプレーを用いること; trap play ともいう》. **4** 《英口語》=mousetrap cheese 2. ― *vt.* **1** わなにはめる, わなで捕える. **2** 〖アメフト〗《防御側の選手に対してマウストラップの戦法を用いる. 〖1440〗

mousetrap chéese *n.* **1** ねずみ捕りの餌に使うチーズ. **2** 《戯言》下等な[まずい]チーズ. 〖1936〗

mous·ey /máʊsi, -zi | -si/ *adj.* (**mous·i·er; -i·est**) =mousy.

mous·ing /máʊzɪŋ, -sɪŋ | -sɪŋ, -zɪŋ/ *n.* **1** ねずみの駆除, ねずみ退治. **2** 〖海事〗マウジング《荷物にかけたフックの口をくくり合わすこと》; (このようにくくり合わせた)細縄 (cf. mouse *vt.* 2). 〖1832〗

mous·que·taire /mùːskətɛ́ə | -tɛ́ə(r); *F.* muskətɛːʁ/ *n.* **1** [M-] フランスのマスケット銃兵, 銃士; (特に, 17–18 世紀のフランスの)近衛騎兵: *Les Trois Mousquetaires*「三銃士」(Alexandre Dumas 作の小説 (1844) の題名). **2** =mousquetaire glove. 〖(1706) ◻ F ~: cf. musketeer〗

mousquetáire glòve *n.* (女性用の)ムスクテール(長)手袋. 〖1881〗

mous·sa·ka /muːsɑ́ːkə, mʊ-, mùːsəkɑ́ː | muːsɑ́ːkə, múːsə-; *Mod.Gk.* musaká/ *n.* 〖料理〗ムサカ《玉ねぎ・香辛料を加えた小羊か牛のひき肉となすまたはじゃがいもを交互に詰め 2 層にし, チーズかカスタードソースをかけてオーブンで焼いたグラタン風のギリシャ・トルコなどの料理》. 〖(1941) ◻ ModGk *mousakás*〗

mousse /múːs/ *n.* **1** 〖料理〗ムース: **a** 泡立てた生クリーム・卵・ゼラチンなどに砂糖・香辛料を加えて冷やしたデザート: chocolate ~ チョコレートムース. **b** 肉や魚などのすり身に泡立てた卵白・生クリームを加えて型に入れ火を通した料理: chicken ~. **2** ヘアムース《エアゾール式の泡状整髪料》. **3** ムース《海上石油流出の際に生ずる暗褐色の乳状流出油; chocolate mousse ともいう》. 〖(1892) ◻ F ~ 'moss, froth' < LL *mulsam* hydromel ← L *mulsus* mixed with honey ← *mel* honey〗

Mous·sec /muːsɛ́k/ *n.* 〖商標〗ムーセック《英国製のスパークリングワイン》.

mousse·line /muːslíːn, mùːsəlíːn | múːslɪn, muːslíːn; *F.* muslin/ *n.* **1** 〖紡織〗モスリン (muslin). **2** 〖料理〗ムースリーヌ: **a** =mousseline sauce. **b** 小型の mousse. **3** レース模様のついた精巧に作られたガラス器[ワイングラス]. ― *adj.* 泡立ちクリームの入った. 〖(1696) ◻ F ~: ⇨ muslin〗

mousselíne de láine /-dəléɪn; *F.* -dəlɛn/ *F. n.* 〖紡織〗モスリン, メリンス, 唐ちりめん《薄地の毛織物; cf. muslin 1》. 〖(1835) ◻ F ~ 'muslin of wool'〗

mousselíne de sóie /-dəswɑ́ː; *F.* -dəswa/ *F. n.* 〖紡織〗絹モスリン. 〖(1850) ◻ F ~ 'muslin of silk'〗

mousselíne sàuce *n.* ムースリーヌ ソース《泡立てたクリームか卵白を加えて作った軽いソース; 特に泡立てたクリームを加えたオランデーズソース (hollandaise sauce) を指す; mousseline ともいう》.

mous·se·ron /múːsərɑ̀(ː)n | -rɒn/ *n.* 〖植物〗ヒカゲウラベニタケ (*Clitopilus prunulus*) 《平らな白い傘, ピンク色のひだ, 粗びき粉のような匂いをもつイッポンシメジ科の食用キノコ; 日本ではほとんど食用にしない》. 〖(a1655) ◻ F ~: 'MUSHROOM'〗

mous·seux /muːsə́ː; *F.* musø/ *adj.* [名詞の後に置いて]〈ワインが〉発泡性の: ⇨ vin mousseux. 〖(1819) ◻ F ~ ← *mousse* 'MOUSSE'〗

Mous·sorg·sky /muːsɔ́əgski, mə-, -zɔ́əg-, -kski | -sɔ́ːgski, -zɔ́ːg-; *Russ.* músərkskʲij/, **Mo·dest** /mədʲést/ **Petrovich** *n.* ⇨ Mussorgsky.

mous·tache /mʌ́stæʃ, məstǽʃ | məstɑ́ːʃ, mʊs-/ = mustache.

móustache cùp *n.* =mustache cup. 〖1886〗

mous·ta·chi·o /məstǽʃiòʊ, -tɑ́ːʃ- | -tɑ́ːʃiəʊ, -tǽʃ-/ *n.* =mustachio.

Mous·te·ri·an /muːstíəriən | -tíər-/ *adj.* (*also* **Mous·tie·ri·an** /~/) 〖考古〗ムスティエ期(文化)の《旧石器時代中期, Acheulean と Aurignacian との中間に位し, ネアンデルタール人の手になったものと考えられる扁(へん)平石器を特徴とする; cf. Paleolithic》. 〖(1890) ◻ F *moustérien* ← *Le Moustier* (同時代の文化を物語る遺物が発見された南フランスの地名): ⇨ -ian〗

mous·y /máʊsi, -zi | -si/ *adj.* (**mous·i·er; -i·est**) **1** ねずみの[に関する, を思わせる]. **2 a** ねずみに荒らされた. **b** ねずみ臭い. **3 a** ねずみ色の: her ~ hair. **b** くすんだ, 精彩のない, さえない: a ~ woman. **c** ねずみのように静かな, 忍び足の; 内気な, 臆病な. **móus·i·ly** /-səli, -zə- | -sə-/ *adv.* **móus·i·ness** *n.* 〖(1812) ← MOUSE+-Y⁴〗

mou·tan /múːtən, -tn̩ | -tən, -tn̩/ *n.* 〖植物〗ボタン (*Paeonia suffruticosa*) (moutan peony, tree peony ともいう). 〖(1808) ◻ Chin. *mudan* (牡丹)〗

mouth /máʊθ/ *n.* (*pl.* **~s** /máʊðz, máʊθs | máʊðz/) **1** 口; 口腔(こう), 口腔器官. ★ ラテン語系形容詞: oral. **2 a** 口もと, 唇 (lips): a pursed [small] ~ おちょぼ口 / kiss her on the ~ 彼女の口にキスをする. **b** しかめつら: make a ~ [~s] at … (不同意・軽蔑の意を示して)…に向かって口をゆがめる[顔をしかめる] (cf. make a FACE) / make a wry ~ 口をゆがめる, 顔をしかめる. **c** (くつわに制御される)馬の口: a horse with a fine [good, tender] ~ はみのよくきく馬, 従順な馬 / a horse with a bad [foul, hard] ~ はみのきかない馬, かんの強い馬. **3 a** (食物を食べ味わう器官としての)口: Good medicine is bitter in the ~. 《諺》良薬は口に苦し. **b** (食物を要するものとしての)人, 動物: hungry ~*s* 飢えたもの[人々] / a useless ~ 自活のできない厄介者, 穀(ごく)つぶし / I have so many ~*s* to feed. 扶養家族が大勢いる. **4 a** (言葉を発する器官としての)口; (そこから発せられる)言葉, 発言, 表現; 口調: open one's ~ 口を開く, 話を始める / put a [one's] hand [fingers] to one's ~ 口に手をあてる《驚きや恐れで息をのんだときの女性のしぐさ》/ shut one's ~ 口を閉じる; 黙る; 口を割らない / Out of the ~ comes evil. 《諺》災いは口から, 口は災いの元 / in everyone's ~ 皆[世間]の噂になって / in the ~ of …の話によると, …に言わせると, …が言うと / in [with] a French [an English] ~ フランス語[英語]流の口調で / have a foul ~ 口が悪い, 口汚ない / It sounds strange in your ~. 君が言うと妙に聞こえる / I'll stop that ~ of his. 奴の口止めをしておこう / Stop your ~. 黙っていろ / Wash your ~ out. その口のきき方は何だ, そんな口のきき方はやめろ / Watch your ~. 《口語》言葉に気をつけろ. **b** 代弁者. **c** [しばしば big [all] ~ として] 《俗》多言, ひと言多いこと, 話し好き: He is *all* ~. やつは全くのおしゃべりだ / me [you] and my [your] big ~ 私[あなた]はまずい[よけいな]ことを言ってしまった. **d** 《俗》生意気な口[言いぐさ]. **e** (犬の)吠え声 (bay): give ~ 〈犬が〉吠え立てる. **5** 口状のもの: **a** (洞窟(くつ)・谷・地下道・鉱山などの)入口, 出口. **b** (支流が本流に)合流する所. **c** 港口. **d** (瓶・管・袋などの)口. **e** 銃口. **f** (炉の)口. **g** (万力・はさみなどの)口. **6** 〖音楽〗歌口: **a** パイプオルガンのパイプの側面の穴. **b** 吹奏楽器の口に当てる部分.
by wórd of móuth ⇨ word *n.* 成句. *corréct in the móuth* 《英》〖獣医〗〈羊が〉永久歯がそろって成熟した. *dówn in* [*at*] *the móuth* 《口語》しょげて, 弱り切って, 意気消沈して. *fíx one's móuth for* …の準備をする. *fóam at the móuth* (1) 〈犬などが〉泡を吹いて怒る. (2) ひどく立腹する, 激怒する. *from hánd to móuth* ⇨ hand *n.* 成句. *from móuth to móuth* (風聞など)口から口へ, 人から人へ; (大勢の人が話す時に)次々に, 順次: It was whispered *from* ~ *to* ~. そのことは人から人へ次々にささやかれた. *gíve móuth to* …を口に出す, …のことを言う: give ~ to one's feelings [thoughts] 感情[考え]を口に出す. *háve a big móuth* 《俗》べらべら[大声で]しゃべる, おしゃべりである. *kéep one's móuth shút* (主に不正について)黙っている, 秘密を守る. *màke* [*pùt on*] *a póor móuth* 貧乏だからと言い訳する. *máke a person's móuth wàter* よだれを出させる; ほしくてたまらなくする: The sight *made his* ~ *water*. それを見るとよだれが出た[ほしくてたまらなくなった]. *ópen one's móuth too wíde* 余り要求[期待]し過ぎる, 貪欲(どんよく)過ぎる, 野望が大き過ぎる. *óut of the móuths of bábes* (*and súcklings*) 《戯言》こんな幼い子の口からも《年齢に似合わない賢いことを言った際に用いる》. *pùt one's móney where one's móuth is* 実際に金で約束を果たす, 口だけでなく金も出す. *pùt wórds into a person's móuth* ⇨ word 成句. *shóot óff one's móuth* ⇨ shoot¹ 成句. (*stráight*) *from* [*óut of*] *the hórse's móuth* ⇨ horse 成句. *láugh on the wróng* [*óther*] *síde of one's móuth* ⇨ side 成句. *with fúll* [*ópen*] *móuth* 大声で. *with óne móuth* 《まれ》異口(いく)同音に, 満場一致で (unanimously) (cf. 2 *Chron.* 18:12).
― /máʊð, máʊθ | máʊð/ *v.* ― *vt.* **1 a** (気取って)大声で言う, 大げさに言う; しゃべる. **b** 演説口調で言う: ~ one's words. **c** 〈自分でもよく分からないことや誠意のないことを繰返して言う, べらべらしゃべる: He's always ~*ing* platitudes. いつも分かり切ったことばかりしゃべっている. **d** 黙って唇で示す: ~ the word "silent". **2 a** 〈食物などを〉口に入れる; (特に)食べる. **b** くわえる, もぐもぐかむ. **c** 口や唇でこする[愛撫する]. **3** 〈馬を〉はみに慣らす, …の口を調教する. **4** [~ it として]〈闘鶏が〉くちばしで戦う. ― *vi.* **1** 《まれ》口をゆがめる, しかめつらをする (grimace). **2 a** 大声で言う, 豪語する, どなる, わめく, 気取った演説調で話す. **b** しゃべる, 話す. **3** 〈支流が〉〈本流・河口に〉注ぐ (debouch) 〔*in, into*〕. **4** 《廃》キスをする 〔*with*〕. *móuth óff* 《俗》大声で[厚かましく]しゃべる; 尊大に述べる, 大口をたたく.
〖OE *mūþ* < Gmc **munþaz* (Du. *mond* / G *Mund*)

← IE *men- to project (L *mōns* 'MOUNTAIN')〗

mouth

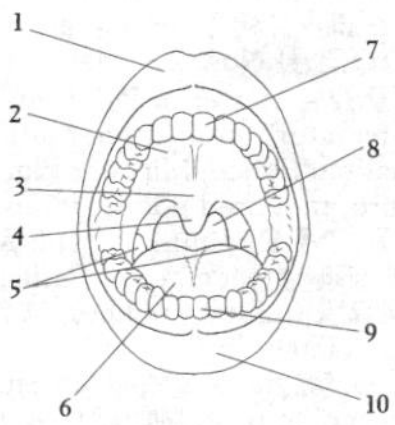

1 upper lip
2 hard palate
3 soft palate
4 uvula
5 tonsils
6 tongue
7 upper incisors
8 pharynx
9 lower incisors
10 lower lip

móuth-brèather *n.* 《米俗》大ばか者, まぬけ, とんま. **móuth-brèathing** *adj.*

móuth·brèeder *n.* (*also* **móuth·bròoder**)〘魚類〙カワスズメ科ハプロクロミス属 (*Haplochromis*) の卵や仔魚を口の中に入れて養う熱帯産の観賞魚の総称《Egyptian mouthbreeder (*H. multicolor*) など》. 〖1927〗

móuth càvity *n.* 〘解剖〙口腔 (oral cavity). 〖1924〗

mouthed /máʊðd, máʊθt/ *adj.* **1** 口のある. **2** [しばしば複合語の第 2 構成素として] **a** 口が…の, …口の: wide-[large-] *mouthed* 口の大きな / a hard-*mouthed* horse はみのきかない馬, かんの強い馬. **b** 言葉が…の: a foul-*mouthed* man 口の悪い人, 毒舌家. **3** 《廃》大きく開いた. 〖(?a1300): ⇨ mouth (n.), -ed 2〗

móuth·er /-ðə, -θə | -ðə^(r)/ *n.* 気取った物言いをする人, 大言壮語する人. 〖1822〗

móuth-fìlling *adj.* 〈誓言・賛辞など〉長ったらしい, 大袈裟(げさ)な, 誇大な: a ~ word [phrase]. 〖1596–97〗

móuth-frìend *n.* 《古》口先だけの友人; おごりを当てにする友人. 〖1607〗

mouth·ful /máʊθfʊ̀l/ *n.* **1 a** (ほお張れるだけほお張った)口一杯. **b** 一口(の量), 一口分(ぶん): a ~ of food / at a ~ 一口で / in a [one] ~ 一口に. **2** 少し, わずか; わずかの食物: Have a ~ of luncheon before you start. 昼飯を一口食べてから行きなさい. **3** 《口語》(言いにくいほど)長い言葉[語句] (floccinaucinihilipilification など). **4** [しばしば皮肉に] 《米俗》適切な言葉, 重要[意味深長]なこと. ★ 通例次の成句に用いる: say a ~ 重要な[聞き捨てならない]ことを言う. **5** 《英口語》口汚い言い返し: give a ~. 〖?a1425〗

móuth hàrp *n.* =mouth organ 1. 〖1903〗

móuth-hònour *n.* 《古》口先だけの尊敬. 〖1606〗

móuth hòok *n.* 〘昆虫〙口鉤(こう)《ハエなどの幼虫の顎の役をする 1 対の突起の一つ》. 〖1937〗

móuth·less *adj.* 口のない, 口なしに見える. 〖OE *mūþlēas*: ⇨ mouth, -less〗

móuth-màde *adj.* 《まれ》口先だけの (cf. Shak., *Antny* 1. 3. 30). 〖1606〗

móuth mùsic *n.* **1** 歌詞をつけない歌(唱)《アイルランドやスコットランド高地で》. **2** =mouth organ. 〖1887〗

móuth òrgan *n.* **1** ハーモニカ (harmonica) (mouth harp ともいう). **2** =panpipe. **3** =mouthpart. 〖a1668〗

móuth·pàrt *n.* [通例 *pl.*] 〘動物〙(昆虫などの)口器 (⇨ trophi). 〖1869〗

mouth·piece /máʊspìːs/ *n.* **1 a** (管楽器の)歌口, 吹管 (⇨ trombone 挿絵); (電話機や伝声管の)送話口: the ~ of a trumpet トランペットの歌口[マウスピース]. **b** (楽器・パイプ・くつわなどの)口にくわえる部分: the ~ of a clarinet クラリネットの歌口[マウスピース]. **c** 〘ボクシング〙マウスピース《ボクサーが歯や舌を保護するため口中にくわえるゴム状の防護物》. **2 a** 代弁人 (spokesman); 世論の代弁者 (新聞など). **b** 《俗》(刑事)弁護士. **3** (容器・管などの)口, 口金; (水道の)蛇口. 〖1683〗

móuth-to-áirway mèthod *n.* 空気管人口呼吸法《空気管を相手の口に入れて行う人口呼吸法》.

móuth-to-móuth *adj.* 口移しの: ~ resuscitation [breathing] 口-口(式)人工蘇生[呼吸]法 / ~ method 口移しの人工呼吸法. 〖1909〗

móuth·wàsh *n.* うがい薬 (collutory). 〖1840〗

móuth-wàtering *adj.* よだれの出そうな, うまそうな, 食欲をそそる (appetizing). **~·ly** *adv.* 〖1822–34〗

mouth·y /máʊði, -θi/ *adj.* (**mouth·i·er**; **-i·est**) **1** 大言壮語する, 誇大な. **2** 多弁な, おしゃべりの.

móuth·i·ly /-ðɪ̀li, -θɪ̀-/ *adv.* **móuth·i·ness** *n.* 〖(1589) ← MOUTH (n.)+-Y¹〗

mou·ton /múːtɑ(ː)n | -tɒn; F. mutɔ̃/ *n.* (毛を短く刈り beaver などの毛皮に似せた)羊の毛皮, ムートン. 〖(1950) □F ~ 'sheep': cf. mutton¹〗

mou·ton·née /mùːtənéɪ, -tn̩- | -tən-, -tn̩-; F. mutɔne/ *adj.* 〘地質〙〈岩塊が〉(氷河作用によって)羊の背のように丸くなった: ⇨ roche moutonnée. 〖(1872) □F ~ 'rounded like a sheep's back' (fem.p.p.) ← *moutonner* ← *mouton* (↑)〗

mou·ton·néed /mùːtənéɪd, -tn̩- | -tən-, -tn̩-/ *adj.* =moutonnée.

mov·a·bil·i·ty /mùːvəbɪ́ləṭi | -lɪ̀ti/ *n.* 動かせること, 可動性. 〖(c1380) □OF *movableté*: ⇨ ↓, -ity〗

mov·a·ble /múːvəbl̩/ *adj.* **1** 動かせる, 固定してない, 移動可能の, 可動性の (↔ immovable). **2** 〈祭日など〉年々変わる, 移動する (↔ immovable): ⇨ movable feast. **3** 〘法律〙〈動産が〉土地に定着していない, 動産の (↔ real): ~ property 動産 / ⇨ movable fixture. **4** 〘病理〙〈器官が〉遊走する: the ~ kidney [spleen] 遊走腎[脾]. **5** 〘印刷〙一文字一本の, 〈活字が〉可動の (⇨ movable type). — *n.* **1** 運ぶことのできる物, 可動物; 家具, 家財 (↔ fixture). **2** [通例 *pl.*] 〘法律〙(有体)動産 (↔ immovable, fixture). **~·ness** *n.* **móv·a·bly** *adv.* 〖(c1380) □OF ~ ← *movoir* 'to MOVE': ⇨ -able〗

móvable-dó sỳstem /-dóʊ- | -dəʊ-/ *n.* 〘音楽〙移動「ド」方式[唱法]《調の変化に伴って各々の調の主音を「ド」として歌う唱法; cf. fixed-do system》.

móvable féast *n.* **1** 移動祝(祭)日, 不定祝日《Easter のように年によって日の異なる祝日; ↔ immovable feast》. **2** 《戯言》一定の決まった時間にとらない食事: Breakfast is a ~ with us. うちでは朝食の時間が一定していない. 〖1430〗

móvable fíxture *n.* 〘法律〙可動定着動産《土地定着動産のうち可動性のあるもの; 不動か, 可動かは相対的な区別; ⇨ fixture 1 b; cf. trade fixture》.

móvable týpe *n.* 〘印刷〙可動活字《Gutenberg が考案した一文字一本の活版用の活字》. 〖1770〗

move /múːv/ *vt.* **1 a** …の位置を変える, 動かす, 移す, 移動させる; 前進させる: ~ the table *to* the center テーブルを真中へ動かす / ~ troops 軍隊を前進させる / ~ a crowd *away* 群衆を立ち去らせる / ~ a thing [person] *aside* 物[人]をわきへやる[退ける] / I could not ~ him *from* the place where he stood. 立っている場所から彼を動かすことができなかった. **b** 〈帽子を〉(挨拶に)持ち上げる: ~ one's hat.
2 a 〈手足を〉動かす: ~ one's legs [fingers]. **b** 〈旗などを〉(左右・上下に)振る, 揺する: ~ the flag up and down 旗を上下に振る. **c** 揺り動かす; じっとさせない: The wind ~*d* the branches of the tree. 風は木の枝々を揺り動かした. **d** 〈機械・器具を〉動き出させる, 運転させる, 始動させる (actuate): The button ~*s* the engine. ボタンを押すとエンジンが動き出す.
3 a 〈人〉の感情[心]を動かす, 感動させる, ほろりとさせる (⇨ affect SYN): be ~*d* with admiration at [for] …を見て[聞いて]感嘆する / The story ~*d* me (profoundly). 私はその物語にはひどく感動した / He ~*d* me with his story [by his devotion]. 彼の話[献身]に私は感動した / I was deeply ~*d* by his devotion. 彼の献身ぶりに深く感動した. **b** 〈人を〉感動させて[…に]させる 〔*to*〕: ~ a person *to* tears [laughter, anger] 人を泣き[笑い, 怒り]出させる. **c** 《古》〈悲しみ・笑い・怒りなどを〉起こさせる: ~ one's blood 激怒させる.
4 〈人〉の気を動かす, 〈人を〉動かして…させる 〔*to*〕/ 〈*to do*〉: ~ a person *to* action 人を奮起させる / be ~*d* by self-interest 私利私欲に駆られる / I felt ~*d to* raise an objection. 異議を唱えたいような気になった / They can't [won't] be ~*d* (on this issue). (この問題に)彼らは心を動かされない[されようとしない].
5 a 〔法廷・審議会などで〕〈動議を〉提出する, 提議する, 発議する 〔*at*〕: ~ (the adoption of) a resolution in a committee 委員会で決議案(の採択)を提議する. **b** 〈…することを〉提議する 〈*that*〉: Mr. Chairman, I ~ *that* the decision (should) be postponed until next Monday. 議長, 採決は月曜日まで延期することを提議します. ★ should を省くのは主に《米》. **c** 〈法廷・審議会などに〉[…のことを求めて]嘆願書を提出する, 上申する 〔*for*〕: ~ the committee *for* reconsideration of the bill 法案の再考を求めて委員会に上申する.
6 〈腹〉に通じをつける: ~ one's bowels (cf. EVACUATE the bowels). **7** [通例 p.p. 形で用いて] 〘商業〙〈商品を〉売る, 売りさばく: The new product was ~*d* quickly. その新製品はすぐに売れた. **8** 〘チェス〙〈駒を〉動かす: ~ a piece.
— *vi.* **1** 体を動かす, 手足を動かす, 動く; 振る舞う: I am so stiff that I can hardly ~. 手足がこわばってしまって動けない / His fingers ~ rapidly over the keyboard. 彼の指は鍵盤の上をすばやく動いた / She ~*d* gracefully. 彼女の物腰は優美であった / You must ~ very carefully. 慎重に振る舞わなければならない.
2 a 〈人が〉位置を変える, 移る, 動く: ~ forward [backward] 前進[後退]する / can't ~ for …で身動きもできない / *Move* this way. こっちへ寄りなさい / ~ out of sight [into view] 視界から消え去る[へ入る]. **b** 転地[転居]する, 引っ越す; 〈民族が〉移動する: They ~*d* (in)to the country [a new house]. 彼らは田舎[新居]に引っ越した / Nomad peoples constantly ~ to new areas in search of pasture. 遊牧民族は絶えず牧草を求めて新たな地域へ移動する. **c** 転勤する, 転職する.
3 a 〈人が〉進む, 前進する, 行進する. **b** 〈列車・汽船などが〉前進する, 進行する: The train ~*d* slowly into the station. 列車は緩やかに駅へ入って来た. **c** 〈事件・事情などが〉進展する, 進む, 変わる: Events are *moving* rapidly. 事件が急速に進展している / We are *moving toward* agreement. 意見一致の方向へ進んでいる.
4 《口語》立ち去る, 出発する (start off, depart) 〈*on*〉: It's time to be *moving on*. そろそろ出かけなければならない時間だ.
5 a 〈物が〉動く, 動揺する, 揺れる: So still was the air that not a leaf was *moving*. 全く風がなくて木の葉一枚動かなかった. **b** 〈器具・機械が〉運転[回転]する: A piston ~*s* by steam pressure. ピストンは蒸気の圧力で動く. **c** 《口語》活気が出て来る, 活動する: Things began to ~. 事態は活気を呈し始めてきた.
6 行動する, 措置を講じる: ~ in an affair 事件にある手を打つ. **7** 〈人・動物が〉生存する; (社交界で)活躍する, 交際する: ~ in the best society [in elite circles] 上流社会に出入りする / ~ among cultivated people 教養のある人々と交わる. **8** 通じがつく[ある] (be evacuated). **9** 提議する; 申請する 〔*for*〕: ~ *for* (an) adjournment 延会を提議する / The plaintiff ~*d for* a retrial. 原告は再審を申請した. **10** 〘チェス〙駒を動かす, 〈駒が〉動く: It is your [black's] turn to ~. 今度は君[黒の持ち手]の(さし)番だ. **11** 〘商業〙〈商品が〉売りさばける, 売れる.
gèt móving 《口語》(1) すぐに始める, 急ぐ. (2) すぐに出発する. (3) 〈物事を〉どんどん進める. *móve abóut* [*aróund*] 動き回る. *móve alóng* 〈野次馬が〉立ち去る: *Move along* there! [警官が野次馬に向かって] そちらの人立ち去って下さい. *móve dówn* (1) …を下[階下]へ移す. (2) …を格下げする 〔*to*〕. (3) (低い地位へ)下がる. (4) (バスなどの)奥へ詰める. *móve héaven and éarth* (あることを達成するために)あらゆる手段を講じる. *móve hóuse* 《英》引っ越す: We ~*d house* last week. *móve ín* 新居に引っ越す[させる], 入居する[させる]; 新しい仕事に就く[就かせる]: The new tenants ~*d in* yesterday. 新しい借家人が昨日入居した. *móve ín on* 《俗》(1) 〈軍隊が〉…を襲撃する; 〈人〉のもとに転がりこむ. (2) (ある目的で)…に近づく, 接近する, 迫る. (3) 〈人・物を〉横取りする, 奪う; 〈事業などを〉手に入れる, 引き継ぐ. *móve ín with* …のところに移り住む. *móve óff* 出発する. *móve ón* (1) どんどん進む[歩く]: *Move on*. 進め, 立ち停まってはいけない《交通巡査の命令》. (2) どんどん進ませる[歩かせる]: The police ~*d* us *on*. 警察が私たちを先へ進ませた. (3) ⇨ *vi.* 4. (4) 話題[仕事など]を変える. (5) …を(軍事)攻撃する. *móve óut* 家を明ける, 引っ越して行く; 〈人〉に家を明けさせる. *móve óver* (左か右へ)席をずらす, (空)席を作る. *móve right dówn* [車掌が乗客に向かって] 〈車〉の中へ詰めて下さい: *Move right down*, please! *móve úp* (1) 昇進する, 出世する: ~ *up* in the world 《しばしば戯言》よい仕事[地位]につく, 出世する. (2) 〈株価などが〉上がる, 上昇する. (3) 〘軍事〙〈軍隊などが〉前線に出る. *móve with* 《アフリカ西部》〈…と〉仲良くする, 一緒に出掛ける.
— *n.* **1** 動くこと, 動き, 運動 (⇨ motion SYN); 移動. **2** 移転, 転居. **3** 措置, 手段, 方法: make a ~ 手段を講じる, 行動する / make a clever [smart] ~ 巧妙な手を打つ, うまくやる / a shrewd ~ to win votes 機敏な投票かき集め策. **4** 〘チェス〙 **a** 駒を動かすこと, 手; 手番: It's your [black's] ~. 今度は君[黒の持ち手]の番だ / the first [opening] ~ 初めの一手. **b** [the ~] 詰手.
be ùp to évery móve (*on the bóard*)=*be ùp to* [*knów*] *a móve or twó* 抜け目がない, 機敏である, 如才ない. *gèt a móve òn* 《口語》[しばしば命令形で] (1) 足を早める, 急ぐ. (2) 出かける. *màke a móve* (1) 動く; 出かける用意をする, 立ち去る: It's time to *make* [*We made*] *a* ~. もう出かける時間だ. (2) ⇨ *n.* 3. (3) 行動を起こす. (4) 《俗》〈女を〉口説く. *on the móve* 《口語》(1) 始終移動して: He is always *on the* ~. 彼はちっともじっとしていない. (2) 〈物事が〉進行[進展]して, 進歩的で, 活動的で.
〖(c1275) □AF *mover*=OF *mo(u)voir* < L *movēre* to move ← IE **meuə-* to push away〗

SYN 移動する: **move** ある場所から他の場所へ動かす (一般的な語): *Move* your chair nearer to the fire. いすを暖炉のもっと近くに動かしなさい. **remove** 人や物を元の位置あるいは通常の場所から新しい場所へ動かす: *remove* a poster from the wall 壁からポスターを撤去する. **shift** 場所や方向を少し変える《不安定・不安を暗示することがある》: The wind has *shifted*. 風向きが変わった. **transfer** 別な場所・仕事・乗り物などに変わる[変わらせる]: *transfer* the office from Boston to New York 事務所をボストンからニューヨークに移す / At Glasgow I *transfered* to another train. グラスゴーで別の列車に乗り換えた.

move·a·ble /múːvəbl̩/ *adj., n.* =movable.

move·less *adj.* 動きのない, 不動の, 固定した. **~·ly** *adv.* **~·ness** *n.* 〖1578〗

move·ment /múːvmənt/ *n.* **1 a** 体の部分を動かすこと, 動き, 運動, 動作, 身振り (⇨ motion SYN): a faint ~ of the lips [eyes] 唇[目]のかすかな動き / a graceful ~ of the hand 優美な手の動き / a ~ of disdain 軽蔑的な身振り / volitional [voluntary] ~ 随意運動 / the ~*s* of dance ダンスの動作 / make a ~ of irritation いらいらした様子をする / the ~ of planets 惑星の運動. **b** [*pl.*] 物腰, 態度, 姿勢: Her ~*s* were easy and dignified. 彼女の物腰はおっとりとして気品があった. **2** [通例 *pl.*] (個人または団体の)行動, 活動, 動静: Let me know all your ~*s* while you are there. そこに御滞在中の動静は逐一お知らせ下さい. **3** 移動; 移住; (人口の)動き, 動態: the ~ of races [population] 種族[人口]の移動 / the ~ of the American people to the West アメリカ人の西部への移動. **4 a** (事態の)動向, 傾向, 動き 〔*toward*〕: the ~ of the times 時勢の動き / in the ~ 時勢に伴って, 風潮に乗じて / a ~ *toward* democracy 民主化への動き. **b** (価格の)変動, 値動き; (市場の)景気, 活況: price ~*s* 物価の動き / considerable ~ in the oil market 石油市場におけるかなりの活況 / an upward [downward] ~ in stock 株式市場の上向[下向]き気配. **5** (政治的・社会的・精神的なある目的に向かっての)運動: the temperance [prohibition] ~ 禁酒運動 / a city-beautiful ~ 都市美化運動 / a religious ~ 宗教運動 / the women's liberation ~ ウーマンリブ運動 / start a ~ *for* [*against*] a policy ある政策に賛成[反対]の運動を起こす. **6 a** (事件の)急な進展, 急転. **b** (物語・劇などで事件の)進展, 変化, 波瀾(らん): a play that lacks ~ 波瀾のない劇. **7** 〘軍事〙(部隊・艦船の)移動, 機動; 行動: a quick ~ of troops 部隊の敏速な移動. **8 a** 便通: have a (bowel) ~ 通じがある / I have regular ~*s*. 便通が規則的にある. **b** 排泄物. **9** 〘音楽〙 **a** (ソナタ・交響曲・協奏曲などの)楽章. **b** 進行; リズム, 律動; 拍子; テンポ (tempo): a dance ~ ダンスのリ

ズム / quick ～ 快速調 / slow ～ 緩徐調. **10** 〖美術〗(彫刻などの)動的効果, 動勢. **11** 〖詩学〗律動, (律動的な)調子. **12** 〖機械〗機械装置, (特に, 時計のように精巧な)仕掛け, からくり; (機械の)運転; 運転状態: the ～ of a watch. **13** 〖時計〗ムーブメント《ケースなどの外装品を取り除いた時計機構の本体》. 〖(c1380) □ (O)F *mouvement* □ ML *movimentum* ← L *movēre* 'to MOVE': ⇨ -ment〗

mov·er /múːvə | -və(r)/ *n.* **1 a** 動かす人[もの]. **b** 《米》(引っ越しの)運送屋. **2** 動く人[もの], 移転者. **3** 発動力; 発動機: the first [prime] ～ 原動力, 発動機. **4** 発(ほ)頭人, 主動者: He is the chief [prime] ～ in the scheme of reform. 彼は改革案の発頭人である. **5** 《口語》進歩している人[物, 考え]. **6** 動議提出者, 発議者. **móver and sháker** 《米口語》(グループなどの)実力者, 指導者, 大物. 〖(c1380): ⇨ move, -er[1]〗

mov·ie /múːvi/ *n.* 《口語》 **1 a** 映画 (cf. film 1 a, picture 3 a): a horror ～ ホラー映画 / go to a ～ 映画を見に行く / see a ～ 映画を見る. **b** 映画向きの作品[素材, 筋] (cf. cinema 4): That's good ～. それは映画にうってつけだ. **2** [*pl.*; 通例 the ～s] **a** 映画上映, 映写会: go to *the* ～*s* 映画(を見)に行く. **b** (娯楽・芸術としての)映画. **c** 映画界[産業]: work in *the* ～*s* 映画界で働く. **3** 映画館 (《英》 cinema). 〖(1912) ← *mov(ing picture)*+-IE: cf. undies〗

móvie càmera 《米》映画カメラ (cine camera). 〖1925〗

móv·ie·dom /-dəm/ *n.* 映画界 (filmdom). 〖(1916) ← MOVIE+-DOM〗

móvie fìlm *n.* 《米》映画フィルム (《英》 cine film). 〖1922〗

móvie·gòer *n.* よく映画を見に行く人, 映画ファン (《英》 cinemagoer). 〖1923〗

móvie·gòing *n.* 映画見物[鑑賞], 映画通い. — *adj.* 映画をよく見に行く, 映画通いをする: the ～ public 映画好きの人たち. 〖1938〗

móvie hòuse *n.* 《米口語》映画館, 映画劇場 (《英》 cinema). 〖1914〗

móvie·lànd *n.* 映画の都 《特に Hollywood》; 映画界 (filmland). 〖1914〗

M

móvie·màker *n.* 映画製作者. 〖1957〗

móvie stàr *n.* 映画スター (《英》 film star). 〖1919〗

móvie thèater *n.* 映画館 (《英》 cinema 1).

Mov·ie·tone /múːvitòun | -tàun/ *n.* 〖商標〗ムービートーン《映画にサウンドトラックを用いた最初の技法》. 〖1927〗

mov·ing /múːvɪŋ/ *adj.* **1** 感動させる, 哀れを感じさせる: a ～ appeal いじらしい哀願 / a ～ scene 感動的な場面. **2** 動く, 動いている; 進行中の, 走行中の. **3** 動かす, 煽動する, 動機となる: a ～ spirit 主動者, 主唱者. **4** 引っ越し(用)の. **～·ness** *n.* 〖(c1400): ⇨ move, -ing[1, 2]〗

SYN 感動的な: **moving** 強い情緒的な反応(憐れみ・同情など)をかき立てる《最も一般的な語》: a *moving* scene in a play 劇中の感動的なシーン. **affecting** 情緒をかき立て涙を誘うような《格式ばった語》: an *affecting* story 哀れな話. **touching** 優しさ・同情・感謝などを引き起こさせる: Her concern for her son was most *touching*. 彼女の息子への気遣いは心温まるものだった. **pathetic** (時に軽蔑を含んで)罪の無い者がひどい目にあうなど哀れみまたは同情の念を引き起こす: a *pathetic* sight 痛ましい光景. **impressive** 強い[よい]印象を与える: an *impressive* speech 深い感銘を与える話.

---

móving áverage *n.* 〖統計〗移動平均過程. 〖1912〗

móving áverage pròcess *n.* 〖統計〗移動平均過程《定常的な確率過程の一種》. 〖1912〗

móving clúster *n.* 〖天文〗運動星団. 〖1928〗

móving-cóil *adj.* 〖電気〗可動コイルの, 可動コイル型の: a ～ (type) ammeter 可動コイル型電流計. 〖1896〗

móving-íron *adj.* 〖電気〗可動鉄片の, 可動鉄片型の: a ～ (type) voltmeter 可動鉄片型電圧計. 〖1908〗

móv·ing·ly *adv.* 感動的に, 涙をそそるように. 〖1591〗

móving párt *n.* (機械の)回転部(分).

móving pávement *n.* 《英》 =moving sidewalk. 〖1960〗

móving pícture *n.* 《米》 =motion picture. 〖1896〗

móving sídewalk *n.* 《米》(ベルト式の)動く歩道.

móving stáircase [stáirway] *n.* エスカレーター (escalator). 〖1910〗

móving tárget ìndicator *n.* 〖電子工学〗移動目標指示装置《レーダーで移動目標だけを表示する装置; 略 MTI》. 〖1966〗

móving vàn *n.* 《米》引っ越し用トラック. 〖1898〗

móving violàtion *n.* (走行中の)交通違反《速度違反・赤信号無視・レーン無視》.

móving wállpaper *n.* 《軽蔑》陳腐な[低級な]テレビ番組.

Mo·vi·ol·a /mùːvióulə | -viəʊ-/ *n.* 〖商標〗ムービオーラ《米国製の映画フィルム編集用の映写機; フィルム送り速度が自由にでき小さなのぞき窓から画面が確認できる》. 〖(1929) ← MOVIE+-OLA〗

mow[1] /móu | mə́u/ *v.* (～**ed**; ～**ed, mown** /móun | mə́un/) — *vt.* **1 a** (大がま・刈取り機で)〈牧草・麦などを〉刈る, 刈り取る: ～ the grass, grain, etc. **b** 〈畑など〉から草や穀物を刈る: ～ a field, the lawn, etc. **2 a** (刀・銃などで)〈群衆・軍勢などを〉倒す, なぎ倒す, 掃射する 〈*down, off*〉; 〈相手を〉やっつける 〈*down*〉: The machine guns ～*ed down* the men. 機関銃が兵士たちを掃射した. **b** 降服させる; 敗走させる, 完敗させる (rout) 〈*down*〉: They ～*ed down* the opposing team. — *vi.* 牧草[穀物]を刈る, 刈入れをする. 〖OE *māwan* < Gmc **mēan* (Du. *maaien* / G *mähen*) ← IE **mē-* (Gk *amân* / L *metere* to reap)〗

mow[2] /máu/ (米・方言) *n.* **1** (納屋の中の)干し草[まぐさ, 穀物]の山 (cf. haymow): a barley ～ 大麦の刈束の山. **2** (納屋の中の)干し草[まぐさ, 穀物]置場. — *vt.* 〈干し草・穀物の刈束などを〉積み入れる, 積み込む 〈*away*〉. 〖OE *mūga, mūha, mūwa* < ? Gmc **mūʒōn-* (ON *múgi* swath) ← IE **mūk-* a heap (Gk *múkōn* heap)〗

mow[3] /móu, máu | máu/ (*also* **mowe** /～/) 《古》 *n.* しかめっつら. ★ 今は次の句だけに用いる: mops and ～*s* ⇨ mop[2]. — *vi.* しかめっつらをする: mop and ～ ⇨ mop[2]. 〖(c1303) □ OF *moe* (F *moue*) pouting, grimace ← Gmc: cf. MDu. *mouwe*〗

MOW 《略》《NZ》Ministry of Works.

mow·burnt /máubə̀ːnt | -bə̀ːnt/ *adj.* 〈乾草やわらなどが〉(過熱のために)納屋焼け[むれ]した. 〖1548〗

mow·er /móuə | mə́uə(r)/ *n.* **1** 草刈り人. **2** 草刈り機, 刈取り機, 芝刈り機. 〖(a1325): ⇨ mow[1], -er[1]〗

mow·ing /móuɪŋ | mə́u-/ *n.* **1** (大鎌または刈取り機でする)草刈り. **2** (一定時の)草の刈取り量, 一回に刈り取った干し草. **3** 《米》牧草地, 草刈り場. 〖(a1425): ⇨ mow[1], -ing[1]〗

mówing machìne *n.* 刈取り機. 〖1884〗

mown /móun | mə́un/ *v.* mow[1] の過去分詞. 〖OE *māwen*〗

mów·rah bùtter [fàt, òil] /máurə-/ *n.* 〖化学〗イリッペ脂《インド産のある種の植物種子から得られる油脂; 石鹸・食用など》. 〖*mowrah*: □ Hindi *mahūā* (木の名) ← Skt *madhūka* ← *madhu* sweet〗

MOX /ɛ́mòuɛ́ks | -əu-/ 《略》〖原子力〗mixed oxide 混合酸化物燃料.

mox·a /mɑ́(ː)ksə | mɔ́k-/ *n.* (灸(きゅう)に用いる)もぐさ. 〖(1677) □ Jpn. もぐさ《転訛》〗

mox·i·bus·tion /mɑ̀(ː)ksəbʌ́stʃən | mɔ̀ks-/ *n.* 灸; 灸療法 (cf. moxa). 〖(1910) ← MOX(A)+-I-+(COM)-BUSTION〗

mox·ie /mɑ́(ː)ksi | mɔ́k-/ *n.* 《米俗》 **1** 精力, 活力, 元気. **2** 気骨, 勇気. 〖(1930) ← *Moxie* (清涼飲料の商標名)〗

moy·a /mɔ́ɪə/ *n.* 〖地質〗火山泥. 〖(1830) 南米エクアドルの Quito 近くの火山の名から〗

moy·en-âge /mwɑ̀ːjənɑ́ːʒ; *F.* mwajɛnɑːʒ, -naːʒ/ *n.* 中世. — *adj.* 中世の[に関する], 中世風の: a ～ costume. 〖(1849) □ F ～ 'middle age'〗

moz /mɑ́(ː)z | mɔ́z/ *n.* =mozz.

Mo·zam·bi·can /mòuzəmbíːkən, -zæm- | mə̀u-⁻/ *n.* モザンビークの人[住民]. — *adj.* モザンビークの; モザンビーク人の. 〖(1875): ⇨ ↓, -an[1]〗

Mo·zam·bique /mòuzəmbíːk, -zæm- | mə̀u-⁻/ *n.* モザンビーク《アフリカ南東部にある共和国; もとポルトガル領植民地で Portuguese East Africa といったが 1975 年独立; 面積 783,030 km², 首都 Maputo (旧名 Lourenço Marqes), ポルトガル語名 Moçambique; 公式名 the Republic of Mozambique モザンビーク共和国》.

Mózambique Chánnel *n.* [the ～] モザンビーク海峡《アフリカ南東部, Mozambique と Madagascar 島との間の水路; 長さ 1,600 km, 幅 400–965 km》.

Moz·ar·ab /mouzǽrəb, -zɛ́r- | məuzǽr-/ *n.* 〖歴史〗モザラブ《ムーア人戦勝 (711 年) 後のスペインでムーア王に服従することを条件に信仰を許されたキリスト教徒》. 〖(1788) □ Sp. *Mozárabe* □ Arab. *mustá'rib* would-be Arab ← *'Arab* Arabs〗

Moz·ar·a·bic /mouzǽrəbɪk, -zɛ́r- | məuzǽr-/ *adj.* **1** モザラブ (Mozarab) 特有の. **2** 〖建築〗モザラブ建築の《スペイン北部の教会建築など馬蹄型アーチのアラビア風のモチーフが多く用いられた》. 〖1706〗

Mo·zart /móutsɑət | mə́utsɑːt; *G.* móːtsaʁt/, **Wolfgang Amadeus** *n.* モーツァルト (1756–91; オーストリアの作曲家).

Mo·zar·te·an /moutsɑ́ətiən | məutsɑ́ːtiən/ *adj.* (*also* **Mo·zar·ti·an** /～/) **1** モーツァルトの, モーツァルト風の, モーツァルトの音楽に関する. **2** モーツァルトの崇拝者[愛好者](の). 〖1845〗

mo·zet·ta /moutsɛ́tə, -zɛ́tə | məutsɛ́tə, -zɛ́tə/ *n.* (*pl.* ～**s**, **-zet·te** /-teɪ/) =mozzetta.

Mo·zi /mòudzə́ː | mə̀u-; *Chin.* mòtsí/ *n.* **1** 墨子(ぼくし) (Mo Di). **2** 「墨子」《墨子の言行を伝えるとされる書物》.

mo·zo /móuzou | mə́uzəu/ *n.* 《米南西部》荷物運搬動物の列の面倒をみる男; 召使, ボーイ. 〖(1836) □ Sp. ～ 《原義》'boy'〗

mozz /mɑ́(ː)z | mɔ́z/ *n.* 《豪俗》魔力, 疫病神, ジンクス: put the ～ on …… に不運[不幸]をもたらす, 〈人の権利・利害・チャンスなど〉を害する, けちをつける. — *vt.* …のじゃまをする, 障害になる. 〖(1924) 《略》← MOZZLE〗

moz·za·rel·la /mɑ̀(ː)tsərɛ́lə | mɔ̀ts-; *It.* mottsarɛ́lla/ *n.* モッツァレラ(チーズ)《柔らかい風味のイタリア製白チーズ》. 〖(1911) □ It. ～ ← *mozza* kind of cheese (← *mozzare* to cut off)+-*rella* -rel〗

moz·zet·ta /moutsɛ́tə, -zɛ́tə | məutsɛ́tə, -zɛ́tə; *It.* mottsétta/ *n.* (*pl.* ～**s**, **-zet·te** /-teɪ; *It.* -tte/) 〖カトリック〗モツェッタ《司教その他の高位聖職者の用いるフード付き肩衣・小合羽》. 〖(1774) □ It. ～ 《略》← *almozetta* 《変形》← ML *almūtia* 'ALMUCE': cf. amice[1], mutch〗

moz·zie /mɑ́(ː)zi | mɔ́zi/ *n.* 《豪》〖昆虫〗カ(蚊) (mosquito). 〖(1939) ← MOS(QUITO)+-Y[2]〗

moz·zle /mɑ́(ː)zl | mɔ́zl/ *n.* 《豪俗》運《特に不運》. 〖(1898) □ ModHeb. *mazāl* luck, fortune < MHeb. *mazzāl* destiny < Heb. 'constellation'〗

mp 《略》〖物理〗melting point; 〖音楽〗mezzo piano.

mp 《記号》Northern Mariana Islands 《URL ドメイン名》.

MP 《略》Master of Painting; Master of Planning; Mercator's projection; Methodist Protestant; Metropolitan Police; Minister Plenipotentiary; motion picture; mounted police; municipal police.

MP, M.P. /ɛ̀mpíː/ *n.* (*pl.* **MPs, M.P.s, M.P.'s**) **1** 下院議院 (Member of Parliament): He is an *MP*. **2** 憲兵隊 (military police); 憲兵 (military policeman). 〖1: (1809); 2: (1917)〗

m.p. 《略》medium pattern; medium pressure; melting pot; mile post; 〖処方〗*L.* modo praescriptō 処方通りに; 〖手形〗… months after payment 支払後…か月.

MPA 《略》Master of Public Accounting; Master of Public Administration.

MPAA 《略》Motion Picture Association of America アメリカ映画協会《著作権者の権利の擁護, 映画のレーティングなどの業務を行う》.

MPC 《略》maximum permissible concentration (放射性物質の)最大許容濃度; 〖電算〗multimedia personal computer マルチメディアパーソナルコンピューター, マルチメディアパソコン《multimedia の処理に必要な機能を備えたパーソナルコンピューター》.

MPD 《略》maximum permissible dose (放射線の)最大許容線量.

MPE 《略》〖物理〗maximum permissible exposure 最大許容露光量.

MPEG /ɛ́mpɛ̀g/ *n.* 〖電算〗MPEG, エムペグ《動画・音声データの圧縮方式; MPEG-1 はビデオ CD, MPEG-2 は DVD の記録方式に採用; 処理の複雑さと圧縮効率とのかねあいでいくつかのレイヤー (layer) が規定される; cf. MP 3》. 〖(1989) 《頭字語》← *M(oving) P(icture) E(xperts) G(roup)*〗

mpg, MPG /ɛ̀mpìːdʒíː/ 《略》miles per gallon.

mph, MPH /ɛ̀mpìːéɪtʃ/ 《略》miles per hour.

MPH 《略》Master of Public Health.

MPhil /ɛ́mfɪl/ 《略》Master of Philosophy.

MPL 《略》Master of Patent Law; Master of Polite Literature; maximum permissible level.

MPLA /ɛ́mplɑ́ː/ /ɛ̀mpìːɛ̀léɪ; *Port.* ɛ̀mpeɛ̀ljá/ 《略》*Port.* Movimento Popular de Libertação de Angola アンゴラ解放人民運動 (Popular Movement for the Liberation of Angola) (cf. FNLA).

mpm, MPM /ɛ̀mpìːɛ́m/ 《略》meters per minute; multipurpose meal.

MPP 《略》《カナダ》Member of Provincial Parliament (of Ontario).

mps, MPS 《略》meters per second.

MPS 《略》Member of the Pharmaceutical Society; Member of the Philological Society; Member of the Physical Society.

MP 3 /ɛ́mpìːθríː/ *n.* 〖電算〗MP 3, エムピースリー: **a** 音声データを効率的に記録する方式; CD 並みの質の音声をその約 1/10 のデータ量で記録できる (cf. MPEG). **b** そのデータ. 〖(1996): 《略》← *MPEG-1 Audio Layer 3*〗

Mpu·ma·lan·ga /əmpùːmɑlǽŋgə | ɛm-/ *n.* ムプマランガ《南アフリカ共和国北東部の州; 面積 78,370 km², 州都 Nelspruit; 旧称 Eastern Transvaal》.

MPX 《略》multiplex.

MQ 《略》〖写真〗metol and quinol [hydroquinone] メトールハイドロキノン現像薬[液].

mr 《記号》Mauritania 《URL ドメイン名》.

mR, mr 《略》milliroentgen(s).

Mr 《略》March.

MR 《略》map reference; Master of the Rolls; motivation(al) research.

Mr., Mr /mɪ́stə | -tə(r)/ *n.* (*pl.* **Messrs.** /mɛ̀səz | -səz/) **1** [男性の姓・姓名または職名の前につけられる敬称として] …氏 (mister の略; cf. master *n.* 7). ★ Lord, Honorable, Sir, Doctor, General などの特別な尊称・称号のつかない男性の名の前につける; また, 職名の前につけて呼び掛けに用いる: *Mr.* Chairman 議長殿 / *Mr.* President 大統領[会長, 学長, 社長]殿. **2** (国・都市・球団・スポーツ・芸能などの名の前につけて)ミスター…, …界を代表する人物: *Mr.* America / *Mr.* Giants ミスタージャイアンツ / *Mr.* Music ミスターミュージック (Bing Crosby の異名) / *Mr.* Television テレビ界の大立物. **3** 〖軍事〗…殿《准尉 (warrant officer), 士官候補生, 下級士官に対する称号》. — /mɪ́stə | -tə(r)/ *vt.* 《口語》〈人を〉ミスター[さん]と呼ぶ: Don't *Mr.* me! 私を「さん」づけにしないで下さい / Don't *Mr.* Jones me. 私を「ジョーンズさん」と(姓で)呼ばないで下さい. 〖(1447–48) 《略》← ME *maister* 'MASTER[1]'〗

m.r. 《略》memorandum receipt; mill run; moment of resistance.

M/R 《略》〖海商〗Mate's Receipt 本船貨物受取証《貨物の船積み直後, 本船側が貨物の受取りを証するための証書》.

MRA /ɛ́mɑ̀əéɪ | -ɑ̀ː(r)éɪ/ 《略》Moral Re-Armament.

M-radiàtion /ɛ́m-/ *n.* 〖物理〗M 放射《電子が M 殻へ遷移する際原子の放射する X 線; cf. M-line》.

Mra·vin·sky /mrɑːvínski; *Russ.* mravʲínskʲij/, **Evgeni Aleksandrovich** *n.* ムラヴィンスキー (1903–88; ロシアの指揮者).

Mr. Bíg *n.* 《米俗》(組織などを牛耳る)実力者, 大立者; (犯罪組織などの)首領, 「ドン」. 〖1940〗

MRBM 《略》medium range ballistic missile 準中距離弾道弾[ミサイル] 《射程 800–1,600 km のもの; cf. ICBM, IRBM, SRBM》. 〖1960〗

Mr. Bónes *n.* =bone[1] 7.

Mr. Bóston *n.* 〘商標〙 ミスターボストン《米国 Glenmore Distilleries 社製のウオツカ》.
MRC 《略》 Medical Registration Council; Medical Research Council; medical reserve corps; model railway club.
MRCA 《略》〘軍事〙 multi-role combat aircraft. 〘1970〙
Mr. Chárlie [Chárley] *n.* 《米俗》 ⇨ charley 6.
Mr. Cléan *n.* **1** 《俗》 正直で高潔な人《特に政治家や公職にある人で》. **2** 〘商標〙 ミスタークリーン《米国 Procter & Gamble 社製の洗剤》. 〘1973〙
MRCOG 《略》 Member of the Royal College of Obstetricians and Gynaecologists.
Mr. Cóol *n.* 《口語》 冷静沈着な人.
MRCP 《略》 Member of the Royal College of Physicians.
MRCS 《略》 Member of the Royal College of Surgeons.
MRCVS 《略》 Member of the Royal College of Veterinary Surgeons.
MRE 《略》 meals ready to eat 簡易[携帯]口糧《兵士や消防士などに支給される》.
Mr. Fixit /-fíksɪt | -sɪt/ *n.* 《俗》 修理・修繕のうまい人, 便利屋; 厄介事の解決人. 〘1925〙
Mr. Good·bar /-gʊ́dbɑə | -bɑː⁽ʳ/ *n.* 〘商標〙 ミスターグッドバー《米国 Hershey Chocolate 社製のピーナッツ入りチョコレートバー》.
MRI 《略》〘医学〙 magnetic resonance imaging [image] 磁気共鳴映像法[映像]. 〘1983〙
MRIA 《略》 Member of the Royal Irish Academy.
mri·dan·ga /mrɪdɑ́ːŋgə, mə̀ːri- | mrɪ-/ *n.* (*also* **mri·dan·gam** /-gəm/) ムリダンガ《インドに古くからある太鼓; 細長い樽形のものを横にして直径の異なる両面を打つ》. 〘(1888) □ Skt *mr̥daṅga* ← ? *mr̥dam ga* (原義) going about while being beaten〙
Mr. Kípling *n.* 〘商標〙 ミスターキップリング《英国 Manor Bakeries 社製の各種ケーキ》.
MRM 《略》 mechanically recovered meat 〘精肉〙 機械処理で取り除かれた肉《低質の肉》.
mRNA 《略》〘生物〙 messenger RNA. 〘1961〙
Mr. Níce Gùy *n.* 《口語》 《寛大で》いい人; 好感のもてる人: No more ～! いいかげんにしろ.
MRP 《略》《英》 manufacturer's recommended price メーカー希望小売価格; Master in [of] Regional Planning; *F.* Mouvement Républicain Populaire (=Popular Republican Movement) 人民共和派《フランスのカトリック民主主義系政党; 1944 年結成; 共産党・社会党と連合して 1945–47 年まで第一党となるが, 50 年代以降衰退》.
Mr. Ríght *n.* 《俗》 (結婚相手として)理想の男性. 〘1922〙
Mrs., Mrs /mísɪ̈z, -sɪ̈s | mísɪz/ ★《米南部》では /mɪ̀zɪ̈z, mìz/ の発音が多い. *n.* (*pl.* **Mmes.** /meɪdɑ́ːm, -dǽm | meɪdɑ̀ːm; *F.* medam/) **1** [既婚女性の名に添えて使う敬称として] …夫人 (Mistress の略): ～ Smith スミス夫人 / ～ John Smith ジョンスミス氏夫人《正式の言い方》/ ～ Mary Smith (Mary は夫人自身の名で, 米国ではこの言い方が普通; 英国では主に商業通信文・法律文書に用い, また未亡人の場合にも用いる). 日英比較 日本語で「ミセス」を既婚女性の意味の名詞として用いるのは和製英語. 日本語の「ミセス」に対応する英語は married woman, housewife などである. **2** [都市・土地・スポーツ・芸能などの名の前につけて] ミセス…: ～ Toronto / ～ Badminton / ～ Homemaker. 〘(1615) (略) ← MISTRESS〙
MRSA 《略》〘細菌〙 methicillin-resistant *Staphylococcus aureus* メチシリン耐性黄色ブドウ球菌《院内感染の原因とされている》.
Mrs Brídges *n.* 〘商標〙 ミセスブリッジズ《スコットランド Hudsons Pantry 社製のジャム・マーマレードなど》.
MRSC 《略》 Member of the Royal Society of Chemistry.
MR scán /ɛ́mɑ̀ə- | -ɑ̀ː-/ *n.* 〘医学〙 磁気共鳴断層撮影, MR スキャン《MR Scanner による検査》; MR スキャン画像. 〘*MR*: ← *m*(*agnetic*) *r*(*esonance*)〙
MR scánner /ɛ́mɑ̀ə- | -ɑ̀ː-/ *n.* 〘医学〙 磁気共鳴断層撮影装置, MR スキャナー. 〘↑〙
Mrs. Móp /-mɑ́(ː)p | -mɔ́p/ *n.* (*also* **Mrs. Mopp** /～/) 《英戯言》 雑役婦 (charwoman). 〘(1948) ← MOP¹〙
Mr. Támbo *n.* =tambo.
MRV 《略》〘軍事〙 multiple reentry vehicle 多弾頭再突入ミサイル (cf. MIRV); moon roving vehicle 月面車.
ms 《略》 millisecond(s).
mS 《略》 millisiemens.
MS 《略》 *L.* Magister Scientiae (=Master of Science); maiden surname; Master of Surgery; medical staff; medium shot; *L.* memoriae sacrum (=sacred to the memory of); mess sergeant; metric system; mid shot; military science; mine sweeper; Minister for Science; Ministry of Supply; 〘米郵便〙 Mississippi (州); 〘音楽〙 *It.* mano sinistra 左手; 〘医学〙 multiple sclerosis 多発性硬化症; municipal surveyor.
MS 《記号》 Egypt Air エジプト航空.
Ms., 《英》 **Ms** /mɪ̀z, mɪ̀s; (強調するときは) míz/ *n.* (*pl.* **Mses., Ms.'s, Mss.** /～ɪ̈z/) [未婚・既婚の区別をせず女性の姓または姓名の前につけて使う敬称として] …さん; ミズ…. 〘(1949) (混成) ← MISS² + MRS.〙
MS., ms. /ɛ́més, mǽnjʊskrɪ̀pt/ 《略》 manuscript.
m.s. 《略》 machinery survey; machine selection; mail steamer 郵船; 〘商業〙 margin of safety 安全余裕度; mass spectrometry; material specification; maximum stress; mild steel; 〘音楽〙 *It.* mano sinistra (=left hand) 左手.
m.s., M/S 《略》〘商業〙 … months after sight 一覧後…月払い; motorship.
MSA 《略》 Maritime Safety Agency.
MSAT 《略》 Minnesota Scholastic Aptitude Test.
MSB 《略》〘電算〙 most significant bit.
MSBA 《略》 Master of Science in Business Administration.
MSBC 《略》 Master of Science in Building Construction.
MSBus 《略》 Master of Science in Business.
MSC 《略》《英》 Manpower Services Commission; 〘電算〙 mass storage control 大量記憶制御機構; Metropolitan Special Constabulary.
MSc /ɛ́mɛ̀ssíː/ 《略》 Master of Science.
MScD 《略》 Doctor of Medical Science.
MSCE 《略》 Master of Science in Civil Engineering.
MSChE 《略》 Master of Science in Chemical Engineering.
MScMed 《略》 Master of Medical Science.
MSCP 《略》 Master of Science in Community Planning.
MSD 《略》 Doctor of Medical Science; Master of Science in Dentistry; 〘電算〙 most significant digit.
MSDent 《略》 Master of Science in Dentistry.
MS-DOS /ɛ́mɛ̀sdɑ́(ː)s | -dɔ́s/ *n.* 〘商標〙 MS-DOS《米国 Microsoft 社のパーソナルコンピューター用の基本ソフト; cf. DOS》.
MSE 《略》 Member of the Society of Engineers; Master of Science in Engineering.
msec 《略》〘物理〙 millisecond(s).
MSEd 《略》 Master of Science in Education.
MSEE 《略》 Master of Science in Electrical Engineering.
MSEM 《略》 Master of Science in Engineering Mechanics; Master of Science in Engineering of Mines.
MSEnt 《略》 Master of Science in Entomology.
M-sèries /ɛ́m-/ *n.* 〘物理〙 M 系列《M 線の一群をいう; cf. M-line》.
MSF 《略》《英》 Manufacturing, Science and Finance 《労働組合》; Master of Science in Forestry.
MSFM 《略》 Master of Science in Forest Management.
MSFor 《略》 Master of Science in Forestry.
MSG 《略》〘軍事〙 Master Sergeant; 〘化学〙 monosodium glutamate.
msg. 《略》 message.
MSGM 《略》 Master of Science in Government Management.
msgr 《略》 messenger.
Msgr 《略》 Monseigneur; Monsignor.
M/Sgt, MSgt 《略》〘米軍〙 Master Sergeant.
MSH 《略》〘生化学〙 melanocyte-stimulating hormone; Mohs scale hardness. 〘1953〙
MSHA 《略》 Master of Science in Hospital Administration.
MSHE 《略》 Master of Science in Home Economics.
M-shèll /ɛ́m-/ *n.* 〘物理〙 M 殻《原子核を取巻く電子殻のうち主量子数 3 をもつもの; cf. K-shell》.
MSHort 《略》 Master of Science in Horticulture.
MSHyg 《略》 Master of Science in Hygiene.
MSI /ɛ́mɛ̀sáɪ/ 《略》〘電子工学〙 medium-scale integration (cf. LSI).
MSIE 《略》 Master of Science in Industrial Engineering.
m'sieur /məsjə́ː, -sjə́ː, -sjùː | məsjə́ː⁽ʳ, mʊ̀sjəː⁽ʳ, -sjə⁽ʳ/ *n.* monsieur の縮約形.
MSJ 《略》 Master of Science in Journalism.
MSL, msl 《略》 Master of Science in Linguistics; mean sea level 平均海抜.
MSM 《略》 Master of Sacred Music; Master of Science in Music; Meritorious Service Medal.
MSME 《略》 Master of Science in Mechanical Engineering.
MSMetE 《略》 Master of Science in Metallurgical Engineering.
MSMgtE 《略》 Master of Science in Management Engineering.
MSN 《略》 Master of Science in Nursing.
MSPE 《略》 Master of Science in Physical Education.
MSPH 《略》 Master of Science in Public Health.
MSPhar 《略》 Master of Science in Pharmacy.
MSPHE 《略》 Master of Science in Public Health Engineering.
MSPHEd 《略》 Master of Science in Public Health Education.
MSR 《略》〘電子工学〙 missile site radar ミサイル基地レーダー; microwave scanning radiometer マイクロ波放射計.
MSS /ɛ́mɛ̀sés/ 《略》 Master of Social Science; Master of Social Service.
MSS, mss /ɛ́mɛ̀sés, mǽnjʊskrɪ̀pts/ 《略》 manuscripts.
Mss. *n.* Ms. の複数形.
MSSc 《略》 Master of Social Science.
MST /ɛ́mɛ̀stíː/ 《略》 Master of Science in Teaching; mean spring tide; Mountain standard time.
MsTh, Ms-Th 《記号》〘化学〙 mesothorium.
MSTS 《略》〘米海軍〙 Military Sea Transportation Service 軍事海上輸送部[業務].
MSW 《略》 Master of Social Welfare; Master of [in] Social Work.
MSY 《略》 maximum sustainable yield (資源の再生力の範囲内での) (年間)最大産出[生産]量.
mt 《記号》 Malta (URL ドメイン名).
Mt¹ 《略》 Matthew (新約聖書の)マタイによる福音書.
Mt² /màʊnt/ 《略》 Mount …山: *Mt* Everest エベレスト山.
MT 《略》 machine translation; mandated territory; Masoretic text; Master of Teaching; mean time; mechanical translation; mechanical transport; megaton(s); Middle Temple; 〘米郵便〙 Montana (州); motor tanker; motor transport; Mountain time.
M/T 《略》 mail transfer.
mt. 《略》 mountain.
m.t., M/T 《略》 metric tons.
MTB 《略》 motor torpedo boat.
MTBF 《略》〘電算〙 mean time between failures 平均故障間隔, 故障間平均時間.
MTech 《略》 Master of Technology.
M'ter 《略》 Manchester.
mtg 《略》 meeting; mortgage.
mtge 《略》 mortgage.
mth 《略》 month.
MTh 《略》 Master of Theology.
mths 《略》 months.
MTI 《略》〘電子工学〙 moving target indicator.
mtl. 《略》 material.
m.t.l. 《略》 mean tidal level.
mtn 《略》 motion; mountain.
MTO 《略》〘軍事〙 Mediterranean Theater of Operations 地中海作戦地域; mechanical [motor] transport officer 自動車輸送隊長.
MTP 《略》〘経営〙 Management Training Program 管理者養成計画.
MtRev 《略》 Most Reverend 《archbishop の尊称》.
Mts, mts 《略》 mountains; mounts.
MTS 《略》 multichannel television sound 音声多重テレビ音声.
MTV /ɛ̀mtìːvíː/ 《略》《米》 music television《ポピュラーミュージック専門の有線テレビ局; 24 時間放送》.
mu /mjúː, múː | mjúː/ *n.* **1** ミュー《ギリシャ語アルファベット 24 字中の第 12 字: Μ, μ (ローマ字の M, m に当たる); ⇨ alphabet 表》. **2** 〘← μ (mu) (micron を表す記号)〙 =micrometer².
mu, mu. 《略》 micron(s); millimicron(s).
mu 《記号》 Mauritius (URL ドメイン名).
MU 《略》〘鉄道〙 multiple unit 総括制御; Musicians' Union.
mu·az·zin /muːǽzɪ̈n, mjuː-, -zn̩ | -zɪn/ *n.* =muezzin.
Mu·bar·ak /muːbɑ́ːræk, -rək | -bǽr-, -bɛ́r-, -rək, -bɑ́ː-; *Arab.* mubáːrak/, **(Muhammad) Hosni** *n.* ムバラク (1929– ; エジプトの政治家; 空軍司令官 (1972–75), 副大統領 (1975–81); 1981 年サダト大統領暗殺に伴ない大統領に就任).
muc- /mjuːk, muːs/ (母音の前にくるときの) muco- の異形.
MU càr /ɛ́mjúː-/ *n.* 〘鉄道〙 =multiple-unit (car).
mu·ced·i·nous /mjuːsédənəs, -dn- | -dɪ̈n-, -dn-/ *adj.* かび (mold, mildew) の[に似た]. 〘(1857) ← L *mucēdin-, mūcēdo* nasal mucus + -OUS〙
much /mʌ́tʃ/ (↔ little; cf. many) *adj.* (**more** /mɔ́ə | mɔ́ː⁽ʳ/; **most** /móʊst | məʊst/) **1** 多くの, 多量の, たくさんの, 多額の: ～ water, snow, wool, cotton, rice, work, money, time, talent, etc.

語法 (1) 《口語》では主に否定文・疑問文に用い, 肯定文では主語, または how, too, as, so に続く場合を除いては多く 'a lot [lots] of,' 'plenty of,' 'a great [large] quantity of,' 'a good [great] deal of' などを代用する: I don't drink ～ wine. ワインはあまり飲まない (cf. He drinks a lot of wine.) / I'm not ～ good at speaking. 話すのはあまり得意のほうではない (cf. I am no GOOD at speaking.) / People don't read ～ Tennyson nowadays. 近ごろの人はあまりテニスンを読まない / *Much* snow has fallen. 降雪多量. (2) しばしば反語として no の意をこめて用いる: *Much* good may it do you! せいぜいためになればよいが / *Much* right has he to interfere with me. 彼には私に干渉する権利がうんとありますからね《少しもありはしない》.

2 [否定構文で叙述的に用いて] 《口語》 すぐれて, 得意で 〔*on*〕: He is *not* ～ *on* history. 歴史は得意ではない.
3 《廃・米方言》 多数の (many) (cf. *Acts* 18:10): ～ people.
a bít múch 《口語》 (少し)ひどすぎる, あんまりな; (…の)手に余る: Their constant complaints are a bit ～! 彼らのひっきりなしの苦情はちょっとひどすぎる. ***sò múch*** (1) 同量の, それだけの: The hut burned like *so* ～ paper. 小屋はまるで紙のように燃えた / It is *so* ～ nonsense. 全く(の)ナンセンスだ. (2) いくらいくらの (cf. *pron.* 成句): mix *so* ～ flour with *so* ～ water 小麦粉いくらを水いくらと混ぜる. ***tòo múch (for)*** ⇨ too 成句.
— *pron.* **1** 多量, 多額, たくさん, どっさり: do ～ to [toward] …に大いに尽くす[貢献する, 役立つ] / gain ～ 大いに得るところがある / have ～ on (するべきことがたくさんあって)忙しい / *Much* of the time was wasted. 時間を大分むだにした / *Much* of this is true. これにはだいぶ真理がある / I

do not see (very) ～ of him. 彼にはあまり会わない / How ～ of the paper will you have? その紙をどれほど欲しいのですか / How ～ are eggs? 卵はいくらですか / *Much* would [will] have more. 《諺》あるが上にも欲しがるのが人情 / It was as ～ as he could do to keep awake. 目を覚ましているのが精いっぱいだった (cf. all *pron.* 1 b) / It was not as ～ of a success as we expected. 我々が期待していたほどの成功ではなかった / He is too ～ of a coward to tell the truth. 彼は非常に臆病なので本当のことは言えまい. ★ 反語として用いて (cf. *adj.* 1 語法 (2)): *Much* you know about me. 私のことなんか何も知らないくせに. **2** [補語に用いて] 大した物[事], 重要な物[事], すぐれた物[事]: The garden is not ～ to look at. その庭は大して見るほどのものではない[見栄えがしない] ★ 反語 (cf. 1 ★): You yawned.—*Much* my company is to you. あくびをしたね—私なんかと一緒にいるとつまらないんだろう.

as múch agáin 2 倍だけ(の量) (twice as much); またそれと同量 (the same amount again) (cf. *as* MANY *again*). ***by múch*** 大いに, ずっと: She is older than I *by* (very) ～. 私よりずっと年上だ. ***màke múch of*** (1) …を(過度に)重んじる, 重視する, 強調する: You *make* too ～ *of* the event. 君は事件を重視しすぎる. (2) 〈人〉にちやほやする, …をもてはやす: The singer was *made* ～ *of* by his admirers. その歌手はファンに大いにもてた. (3) [否定構文で] …を理解する: I can*not make* ～ *of* his argument. 彼の議論はよくわからない《ちょっとおかしい》. (4) …を大いに利用する; …から多くの利益を得る. ***nót mùch of a*** 《口語》たいした…ではない: He is *not* ～ *of a* scholar. 彼は大した学者ではない. ***nót ùp to múch*** 《口語》あまり良くない, たいしたものでない, 質の悪い. ***sò mùch*** いくらいくら (cf. *adj.* 成句 (2)): be taller by *so* ～ いくらいくらだけ(背が)高い / He worked for *so* ～ a week. 1 週間いくらで働いた / He paid them at *so* ～ a head. 彼らに 1 人当たりいくらで支払った. ***sò mùch for …*** (1) …の事はこれだけ(にしておく), …(について)はこれでおしまい《話などを切りあげたり却下したりする時に用いる》: *So* ～ *for* today. 今日はこれでおしまい. (2) 《軽蔑》…とはそんなもの, …はもうだめだ; …するとそんな目にあう: *So* ～ *for* his learning. 彼の学問なんてそんなもの / *So* ～ *for* meddling! いらぬおせっかいを焼くからそんなことになるのだ. ***thát múch*** そこまで, それだけ: I have only done *that* ～ so far. これまでのところそれだけしかしていない. ***think (tòo) múch of*** ⇨ THINK *of* (8). ***this [thús] mùch*** これだけは, ここまでは: *This* ～ is certain. これだけは確かだ.

— *adv.* (**more; most**) **1** [動詞・過去分詞および形容詞・副詞の比較級・最上級を修飾して] 大いに, たいそう, よほど; 頻繁に: He does not swim ～. 彼はあまり泳がない / Thank you [Thanks] very ～. 大変ありがとう / You are ～ too young. 君は若すぎる / He is ～ taller now. もうずっと背が高くなった / This is ～ the better [best]. この方がずっとよい[ずば抜けている] / You can speak English very well.—Not ～ (= Certainly not). 《口語》英語がとてもお上手ですね—そんなことありません《とんでもない》.

語法 (1) afraid, alike, aware などは通例 much で修飾する: I was ～ afraid of earthquakes. (2) 前置詞句を修飾するときに用いる: This is ～ to my taste. (3) very との比較については ⇨ very *adv.* 1 a 語法. (4) 反語的に用いて (cf. *adj.* 1 語法): *Much* I care. 私はどうでも構わない.

---

2 ほとんど, ほぼ, 大体: ～ the same ほぼ同じ / ～ as …ほとんど同じほど… / ～ of an age ほとんど同年輩の[で] / ～ of a size 大体同じ大きさの[で].

as múch ちょうどそれだけ, 等しく: I thought *as* ～. 《口語》そんな事だと思った, 思っていた通りだ. ***as múch as*** …ほど, だけ(多く) (⇨ as[1] *conj.* 1 a): *as* ～ *as* you like いくらでも好きなだけ / *as* ～ *as* possible なるべく, できるだけ(多く). ***as múch as to sáy*** ⇨ say[1] *v.* 成句. ***(as) múch as …*** 大いに…はするが, …するのは山々なのだが (cf. as *conj.* 8): *Much as* I admire his courage, I cannot think he acted wisely. いかにも彼の勇気はすばらしいと思うが賢明な行動をしたとは考えられない. ***mùch léss*** [否定文の後に用いて] まして[いわんや]…ない (⇨ less *adv.*) ***mùch móre*** [肯定文の後に用いて] まして, いわんや (⇨ more[1] *adv.*) ***múch of a múchness*** ⇨ muchness 成句. ***nòt sò mùch (…) as …*** (1) …すら(し)ない (cf. *without so* MUCH *as*): He can*not so* ～ *as* write his own name. 彼は自分の名を書くことすらできない. (2) …ではなくてむしろ…: He is *not so* ～ a scholar *as* a writer. 学者というよりもむしろ作家だ. ***sò mùch*** [(the＋) 比較級に先立って] それだけ(一層): *So* ～ the bétter [wórse] for us! 我々にとって(それだけ)ますますよい[悪い], 我々にはかえってよい[悪い]. ***withòut sò mùch as*** …すらせずに (cf. *not so* MUCH *as* (1)): He went out *without so* ～ *as* saying goodby. さようならも言わずに出て行った.

〘(?a1200) ME *muche, moche* 《尾音消失》← lateOE *myċel, miċel* great, much < Gmc **mikila-* (ON *mikill* / Goth. *mikils*) ← IE **meg(h)-* great (Gk *mega-lo-, mégas* great / Skt *mahā-* great): cf. mickle〙

mu·cha·cha /mu:tʃá:tʃə/; *Sp.* mutʃátʃa/ *n.* 《米南西部》**1** 娘, 少女 (girl). **2** (女性の)使用人, (女の)召使. 〘(1888) □ Sp. ～ (fem.): ↓〙

mu·cha·cho /mutʃá:tʃou | -tʃəu; *Sp.* mutʃátʃo/ *n.* (*pl.* **～s**) 《米南西部》**1** 若者, 少年 (boy). **2** (男性の)使用人, (男の)召使. 〘(1591) □ Sp. ～ ← *mocho* cropped, shorn〙

Múch Adó Abòut Nóthing *n.*「空騒ぎ」《Shakespeare 作の喜劇 (1598–99)》.

múch-héralded *adj.* [限定的] 前評判のやかましい.

múch·ly *adv.* 《戯言》大いに, たいそう《★ 主に thanks muchly の形で使われる》. 〘(1621): ⇨ much, -ly[1]〙

much-maligned /mʌ́tʃməláɪnd⁻/ *adj.* [通例限定的] (不当に)ひどく非難されている.

múch·ness *n.* 多量, 多額, たくさん, どっさり. ***múch of a múchness*** 《英》似たり寄ったり(で). 〘(1728)〙 〘(a1398): ⇨ much, -ness〙

mu·cho /mú:tʃou, mʌ́tʃ- | -tʃəu; *Sp.* mútʃo/ 《米俗》 *adj.* たくさんの, たっぷりの, ふんだんな. — *adv.* とっても, すごく, めちゃくちゃ (very). 〘(1886) □ Sp. ～ 'much, many; very'〙

múch-tráveled *adj.* (外国の)旅行経験が豊富な, 旅を重ねた.

mu·ci- /mjú:sɪ̀, -si/ muco- の異形 (⇨ -i-).

mu·cic /mjú:sɪk/ *adj.* 〖化学〗粘液酸 (mucic acid) の, 粘液酸から得られた. 〘(1809) □ F *mucique* ← L *mūcus* 'MUCUS': ⇨ -ic[1]〙

múcic ácid *n.* 〖化学〗粘液酸, ムチン酸 (HOOC(CHOH)$_4$COOH) 《saccharolactic acid, tetrahydroxyadipic acid ともいう》. 〘c1865〙

mu·cid /mjú:sɪ̀d | -sɪd/ *adj.* 《古》かびた, かび臭い (musty). 〘(1656) □ L *mūcidus* ← *mūcēre* to be moldy: ⇨ mucus, -id[4]〙

mu·cif·er·ous /mju:sɪ́f(ə)rəs/ *adj.* 粘液 (mucus) のある, 粘液を出す; 粘液で満ちた. 〘(1842) ← MUCO-＋-FEROUS〙

mu·ci·gen /mjú:sədʒɪ̀n, -dʒèn | -sɪ̀dʒɪ̀n/ *n.* 〖生化学〗ムチゲン (⇨ mucinogen). 〘(1876) ← MUCO-＋-GEN〙

mu·ci·lage /mjú:səlɪdʒ | -sɪ̀-/ *n.* **1** 〖植物生理〗粘質, 粘液《諸種の植物の種皮などから分泌するゼラチン状物質; ゴム質に似ているが水によって膨張して粘稠(ちゅう)になり水に溶けない; cf gum[1] 3 a》. **2** 《米》ゴムのり, アラビアのり (gum). 〘(1392) □ (O)F ～ □ LL *mūcilāgō* musty juice ← L *mūcus* 'MUCUS'〙

múcilage céll *n.* 〖植物〗粘液細胞.

mu·ci·lag·i·nous /mju:səlǽdʒənəs | -sɪ̀lǽdʒɪ̀-⁻/ *adj.* **1** 粘質[液]の; 粘着性の, 粘液質の (viscous, sticky). **2** 粘液の; 粘液を分泌する. **～·ly** *adv.* **～·ness** *n.* 〘(?a1425) □ LL *mūcilāginōsus*: ⇨ mucilage, -ous〙

mu·cin /mjú:sɪ̀n, -sn̩ | -sɪn/ *n.* 〖生化学〗ムチン, 粘液素《粘液の主成分》. **mú·ci·nous** /-sənəs, -sn̩- | -sɪ̀n-/ *adj.* **mú·ci·nòid** /-sənɔ̀ɪd, -sn̩- | -sɪ̀n-, -sn̩-/ *adj.* 〘(1833–55) ← L *mūcus* MUCUS＋-IN[2]〙

mu·cin·o·gen /mju:sínədʒɪ̀n, -dʒèn | -dʒɪ̀n/ *n.* 〖生化学〗ムチノーゲン, 粘素原《ムチン (mucin) のもとになる母質; mucigen ともいう》. 〘(1886) ← MUCIN＋-o-＋-GEN〙

muck /mʌ́k/ *n.* **1 a** ぬかるみ; 泥. **b** 泥に似たもの; ごみ, 汚物. **2** (しめり気のある柔らかい)堆肥(たいひ), 肥やし, 肥料. **3** 腐敗した泥炭や黒変した沼泥《有機物を多量に含んでいて肥料になる》. **4** 《口語》不潔な状態, 乱雑; 混乱: be in [all of] a ～ 混乱状態になっている / be all of a ～ of sweat 汗みどろになっている. **5** 《英口語》**a** くだらない物, がらくた, ごみくず. **b** くだらない読み物: The last book he wrote was sheer ～. 彼の最後の著書は全くくだらないものだった. **6** 〖鉱山〗廃石. **7** 〖土木〗ずり《トンネル工事の際掘り出した石や土砂》.

(as) cómmon as múck 《英古》下品[粗野]な. ***màke a múck of*** 《英俗》(1) …を不潔にする, きたなくする. (2) …を台なしにする, めちゃめちゃにする. ***Lórd [Lády] Múck*** 《英口語》傲慢な恩着せがましい人.

— *vt.* **1** 〈畑など〉に堆肥をやる: ～ the field. **2** 《口語》**a** よごす, きたなくする 〈*up*〉. **b** 取りちらかす, 乱雑にする 〈*up*〉: ～ the floor. **3** 《英俗》…でへまをやる, …にみそをつける; めちゃめちゃにする, 台なしにする 〈*up*〉: ～ *up* the plan 計画をめちゃめちゃにしてしまう. **4** 《英》〈特に馬小屋を〉きれいにする; (特に)…から汚物を除く 〈*out*〉. **5** 〖土木〗…からずり出しをする. — *vi.* 《英俗》**1** あてもなくふらつく, うろつき回る 〈*about, around*〉. **2** ぶらぶら時を過ごす, のらくらする 〈*about, around*〉. **3** 遊び回る; 〔…を〕いじくる, もてあそぶ 〈*about, around*〉〔with〕: Stop ～*ing about with* my watch. ぼくの時計をいじくり回すのはよせ.

múck in with 《英口語》〈人〉と(住居・食料・仕事などを)共にする, (寝食を)共にする.

〘(c1250) ME *muk* □ ? ON *myki* cow dung < Gmc **meukaz* soft: cf. meek〙

muck-a-muck /mʌ́kəmʌ̀k/ *n.* **1** 《米俗》お偉方, 大物, お偉いさん (high muck-a-muck). **2** 《米北西部》食べ物. — *vi.* 《米北西部》食べ物を平らげる. 〘(1847) □ Chinook Jargon ～〙

múck bàr *n.* 〖冶金〗ムックバー《パッドル炉から取り出された錬鉄, 表面にはまだスラグのついたもの》. 〘1875〙

muck·er[1] /mʌ́kə | -kə$^{(r)}$/ *n.* 《英俗》**1** 下品なやつ, 下種(げす); 育ちの悪いやつ, 俗物; 仲間, 連れ. **2** へまばかりする[言う]人. **múck·er·ish** /-k(ə)rɪʃ/ *adj.* 〘(1891) □ ? G *Mucker* sulky person, hypocrite ← *mucken* to grumble〙

muck·er[2] /mʌ́kə | -kə$^{(r)}$/ *n.* **1** 〖鉱山〗(仕事場の)片付け人夫[工夫]; 廃石取除き人夫; (鉱石の)積込み機械. **2** 《英俗》どしんと落ちること, 墜落 (cropper); 災難.

còme a múcker 《英俗》(1) どしんと倒れる. (2) 失敗する, とんだ災難に遭う. ***gò a múcker*** 《英俗》(1) どしんと倒れる. (2) 大金を使う: *go a* ～ *on [over]* a purchase 買物にやたらに金を使う.

〘(1852) ← MUCK (n.)＋-ER[1]〙

muck·et·y-muck /mʌ́kɪ̀tɪmʌ̀k | -ti-/ *n., vi.* = muck-a-muck.

múck·hèap *n.* 堆肥の山. 〘1303〙

múck·hill *n.* =muckheap.

múck·ing *adj.* 《俗》いまいましい, 実にひどい (damned). 〘(1929) ← MUCK＋-ING[2]〙

muck·le /mʌ́kl̩/ *adj., n.* 《古・スコット》=mickle.

muck·luck /mʌ́klʌk/ *n.* =mukluk.

muck·ment /mʌ́kmənt/ *n.* 《英》**1** 泥, よごれ. **2** だらしのない女; 売春婦.

múck·ràke *vi.* (官吏・公人の)醜聞などを暴いて新聞などに書き立てる. — *vt.* **1** 〈人〉の醜聞をあさりをする. **2** (醜聞あさりに)せっせと調べる. — *n.* **1 a** [the ～] 醜聞あさり. **b** 醜聞記事を載せる新聞[雑誌]. **2** =muckraker. ***the mán with the múckrake*** 醜聞をかぎ回る人《Bunyan, *Pilgrim's Progress* 第 2 部で現世的利益追求の象徴として描かれたもの》. **múck·ràking** *n.* 〘(1684) 《原義》堆肥を掻き集める熊手: ← rake[1]〙

múck·ràker *n.* 醜聞を暴く人; (特に)新聞記者たち. 〘(1601) 1906〙

múck sòil *n.* (肥沃な)黒泥土.

múck·sprèader *n.* 肥料[(特に)こやし]散布機. **múck·sprèading** *n.* 〘1961〙

múck·swèat *n.* 《英口語》汗だく, 汗みどろ, 大汗(でくさい状態). ***in a múcksweat*** 《英俗》(不安や恐怖で)ひや汗びっしょりで; いらいらして. 〘1699〙

múck·ùp *n.* 《英俗》ごたごた, 混乱(状態), めちゃくちゃ; へま, 不手際. 〘1930〙

múck-up dày *n.* 《豪俗》学年最終日《学年末試験の前日で, この日いたずらをしたり他の学生に悪ふざけをしたりする》.

múck·wòrm *n.* **1** 《俗用》糞虫, うじ. **2** 欲張り, けちんぼ (miser). 〘1685〙

muck·y /mʌ́ki/ *adj.* (**muck·i·er, -i·est; more ～, most ～**) **1** 堆肥の(ような); 不潔な, きたない. **2** 《英》いやな, 不愉快な; 卑劣な, 卑猥な. **3** 《口語》〈天候がじめじめしていやな. **múck·i·ly** *adv.* **múck·i·ness** *n.* 〘(1538) ← MUCK (n.)＋-Y[4]〙

múcky-mùck *n.* 《米俗》=muck-a-muck 1. 〘1934〙

múcky-mùck·dom /-dəm/ *n.* 《米俗》お偉方の世界, 大物界.

muc·luc /mʌ́klʌk/ *n.* =mukluk.

mu·co- /mjú:kou | -kəu/「粘液 (mucus); 粘膜の」の意の連結形. ★ 時に muci-, また母音の前では通例 muc- になる. 〘□ L *mūco-* ← *mūcus* 'MUCUS'〙

mùco·cutáneous *adj.* 〖解剖〗皮膚と粘膜の[とから成る, を侵す]. 〘(1898) ← MUCO-＋CUTANEOUS〙

mu·coid /mjú:kɔɪd/ *n.* 〖生化学〗**1** ムコイド《ムチン (mucin) に似た糖蛋白質の一種; 動物の血液や粘性分泌物に含まれる》. **2** =mucoprotein. — *adj.* 粘液状の. 〘(1900) ← MUC(IN)＋-OID〙

mu·coi·dal /mju:kɔ́ɪdl̩ | -dl/ *adj.* =mucoid.

mu·có·i·tin·sulfúric ácid /mju:kóuətɪ̀n- | -kóuɪtɪn-/ *n.* 〖生化学〗ムコイチン硫酸《眼球や胃粘液に見られる粘性多糖類》. 〘(1916) ← *mucoitin* (← MUCO-＋-*itin* (← -ITIC＋-IN[2])＋SULFURIC〙

mu·co·lyt·ic /mjù:kəlítɪk | -tɪk⁻/ *adj.* 〖生化学・生理〗粘液分解の《粘液に含まれるムチン (mucin) を加水分解して粘性を下げる働きにいう》. 〘(1939) ← MUCO-＋-LYTIC〙

mùco·mémbranous *a.* 〖解剖〗粘膜 (mucous membrane) の. 〘1870〙

mùco·péptide *n.* 〖生化学〗粘性ペプチッド《細菌の細胞壁にある複合蛋白質, 抗生物質によってその合成が抑制されていると考えられている》. 〘(1959) ← MUCO-＋PEPTIDE〙

mùco·polysáccharide *n.* 〖生化学〗ムコ[粘質]多糖類《粘稠な糖蛋白質を漠然とさす》. 〘(1938) ← MUCO-＋POLYSACCHARIDE〙

mùco·prótein *n.* 〖生化学〗ムコ蛋白質[プロテイン], 粘性蛋白《炭水化物を含むアミノ属化合物; mucoid ともいう; cf. glycoprotein》. 〘(1925) ← MUCO-＋PROTEIN〙

mùco·púrulent *adj.* 〖医学〗粘液膿性の. 〘(1843) ← MUCO-＋PURULENT〙

mu·cor /mjú:kə, -kɔə | -kə$^{(r)}$, -kɔ:$^{(r)}$/ *n.* 〖植物〗ケカビ《藻菌類ケカビ属 (*Mucor*) のカビの総称; *M. mucedo, M. hiemalis* など》. 〘(1818) ← NL ～ ← L ～ 'moldiness' ← *mūcēre* to be moldy〙

Mu·co·ra·ce·ae /mjù:kəréɪsiì:/ *n. pl.* 〖植物〗ケカビ科. **mù·co·rá·ceous** /-ʃəs⁻/ *adj.* 〘← NL ～: ⇨ ↑, -ACEAE〙

Mu·co·ra·les /mjù:kəréɪli:z/ *n. pl.* 〖植物〗ケカビ目. 〘← NL ～: ⇨ mucor, -ales〙

mu·co·sa /mju:kóusə, -zə | -kə́u-/ *n.* (*pl.* **-co·sae** /-si:, -zi:/, **～, ～s**) 〖解剖〗=mucous membrane. **mu·có·sal** /-səl, -sl̩, -zəl, -zl̩/ *adj.* 〘(1880) ← NL ～ ← L ～ (fem.) ← *mūcōsus* 'MUCOUS'〙

mu·cos·i·ty /mju:kɑ́(:)səti | -kɔ́sɪ̀ti/ *n.* 粘性. 〘(1684) □ F *mucosité*: ⇨ ↓, -ity〙

mu·cous /mjú:kəs/ *adj.* **1** 粘液(性)の; 粘液質[状]の. **2** 粘液を分泌する, 粘液を含む. 〘(1646) □ L *mūcōsus* ← *mūcus*: ⇨ mucus, -ous〙

múcous glánd *n.* 〖解剖〗粘液腺. 〘1727–41〙

múcous mémbrane *n.* 〖解剖〗粘膜 (mucosa). 〘1812〙

mu·co·vis·ci·do·sis /mjù:kouvɪ̀sədóusɪ̀s | -kə(ʊ)vɪ̀sɪ̀dáusɪs/ *n.* 〖病理〗膵(臓)線維症《cystic fibrosis, pancreatic fibrosis ともいう》. 〘← NL ～: ⇨ muco-, viscid, -osis〙

mu·cro /mjú:krou | -krəu/ *n.* (*pl.* **～, mu·cro·nes** /mju:króuni:z | -kráu-/) 〖生物〗(葉の末端などの)小突起, とげ (spine). 〘(1646) ← NL *mucrō* ← L *mucrō* point of a sword〙

mu·cro·nate /mjú:krənɪ̀t, -nèɪt/ *adj.* 〖生物〗〈羽・葉

など〉先端に小突起[とげ状突起]のある, 小突形の. **mu·cro·na·tion** /mjùːkrənéɪʃən/ *n.* 〘(1776) ◻ L *mūcrōnātus* pointed: ⇨ ↑, -ate[2]〙

mú·cro·nat·ed /-nèɪtɪ̀d | -tɪ̀d/ *adj.* 〘生物〙 =mucronate.

mucrones *n.* mucro の複数形.

mu·cus /mjúːkəs/ *n.* (動植物の)粘液, やに: nasal ~ 鼻汁 / dried ~ 鼻くそ. 〘(1661) ◻ L *mūcus* ← IE **meug-* to slip, slippery〙

mud[1] /mʌ́d/ *n.* **1** 泥; ぬかるみ: (as) clear as ~ 《反語・戯言》まるではっきりしない, もやもやして少しもわからない / treat a person as ~ [as the ~ beneath one's feet] 人を泥のようにつまらない[卑しい]者に扱う. **2 a** つまらない[くだらない]物, かす. **b** 《口語》呪われた物[者], 呪わしい物[やつ] (anathema). ★ 主に次の句で用いる: His [Her] name is ~. 彼[彼女]の名声は失墜だ, 彼[彼女]の名は地に落ちている. **3** 悪口, 悪意に満ちた非難 (slander): fling [sling, throw] ~ at …をそしる, 中傷する. **4** 《俗》阿片 (opium).

drág one's náme in* [*through*] *the múd (名声に)泥を塗る, …の名を汚す. ***(Hère's) múd in your éye!*** 《俗》乾杯 (祝杯をあげるときの言葉). ***stick in the múd*** (1) 泥の中にはまり込む; 動きが取れなくなる. (2) ひどく保守的[旧弊]である (cf. stick-in-the-mud).

— *v.* (**mud·ded; mud·ding**) — *vt.* **1** 泥だらけにする, 汚す; 泥をはねる; 濁らせる: The dog ~*ded* the brook. 犬が小川の水を濁らせた / He ~*ded* us with reckless driving. 乱暴な運転をして我々に泥をはねかけた. **2** 〈家・壁・戦車などに〉泥を塗る: Their tanks were cleverly ~*ded* up for camouflage. その戦車は巧みに泥を塗って偽装していた. — *vi.* 〈魚・かに・虫などが〉泥にもぐり込む, 泥の中に逃げる.

〘(*c*1380) *mudde, mode* ◻ MLG *mudde* ← IE **meu-* wet〙

mud[2] /mʌ́d/ *n.* 〘トランプ〙 (bridge で) マッド, 中打ち (bridge の打出し (lead) 法の一つで弱い 3 枚札を中-高-低の順に打出すこと; cf. TOP[1] of nothing). 〘← M(IDDLE) + U(P) + D(OWN[3])〙

MUD 《略》〘インターネット〙 Multi-User Dungeon [Dimension] Game 《複数のユーザーが同時にアクセスして楽しむ role-playing game に似たゲーム》.

mu·dar /mədáə | -dáː[r]/ *n.* (*also* **muddar**) 〘植物〙 マダール (*Calotropis gigantea* または *C. procera*) 《ミャンマー・インド産のガガイモ科の低木; 根皮は発汗剤, 内皮は有用繊維》. 〘(1819) ◻ Hindi *madār*〙

múd·bànk *n.* 泥土堤(でいどてい) 《海岸や湖岸に沿ってあるいは川の中にできた泥質の隆起》. 〘1774〙

múd bàth *n.* **1** 泥ぶろ 《各種の塩分を含む泥を用いる; リューマチなどに有効》. **2** 泥だらけの状態; 泥沼のような状態. 〘1843〙

múd·càp 〘鉱山〙 *n.* マッドキャップ 《破砕した岩塊の上に火薬を載せその上を粘土で被った爆破仕掛け》. — *vt.* …にマッドキャップを仕掛け[爆発させ]る.

múd càt [càtfish] *n.* 〘魚類〙 **1** =flathead catfish. **2** =brown bullhead. 〘1819〙

múd cràck *n.* 乾裂 《干天(かんてん)が続いた時などに干上がった沼や水田の泥土に生じたひびわれ》. 〘1895〙

mud·dar /mədáə | -dáː[r]/ *n.* 〘植物〙 =mudar.

múd dàuber *n.* 膜翅目のうち泥を運んで巣を作るハチの総称 《ジガバチ科の一部(ルリジガバチ・モンキジガバチ・キゴシジガバチ・アメリカジガバチなど, クモを狩る), ベッコウバチ科の一部(ヒメベッコウ類, クモを狩る), およびスズメバチ科のトックリバチ亜科の種類(ガの幼虫を狩る)などが属する》. 〘1856〙

mud·der /mʌ́də | -də[r]/ *n.* **1** 《米》〘競馬〙 重(おも)馬場[ぬかるみ]を得意とする馬. **2** (フットボール等で)泥んこのグラウンドを得意とする選手[チーム]. 〘1903〙

mud·dle /mʌ́dl̩ | -dl/ *vt.* **1 a** 〔…と〕ごたまぜにする, ごっちゃにする 〈*up, together*〉〔*with*〕. **b** 《米》〈カクテルなどの入れたものを〉かき混ぜる: ~ a cocktail. **2** めちゃくちゃにする, 台なしにする: ~ a plan, scheme, piece of business, etc. **3** 〈頭を〉混乱させる, まごつかせる; (特に, 酒などで)ぼんやりさせる: Her brain is ~*d* with drugs. 頭が麻薬でぼんやりしている. **4** 〈言葉を〉不明瞭にする: one's ~*d* speech はっきりしない言葉. **5** 〈色を〉鈍らせる, 濁らせる. **6** 《まれ》泥だらけにする, どろどろにする; 泥で濁らせる: ~ the water. **7** むだにする, 浪費する 〈*away*〉: ~ *away* one's time, money, etc. **8** 〘窯業〙 〈粘土を〉(ガラスにこすりつけて)滑らかにする. — *vi.* もたもたする, でたらめなやり方をする, へまをやる 〔*with*〕: ~ *with* one's work へまな仕事をする.

múddle abóut (1) うろつく, ぶらつく. (2) だらしなく仕事をする. ***múddle ón* [*alóng*]** どうかこうかやっていく, お茶を濁して済ます. ***múddle thróugh*** 《英》なんとか切り抜ける[目的にこぎつける]: ~ *through* without help / ~ *through* to victory なんとかしながら勝利にこぎつける.

— *n.* **1** 混乱, ごたごた, ごたまぜ, 取散らかし: Here is a nice [fine] ~. これはめちゃくちゃだ. **2** (頭の)混乱, 当惑. **3** (論旨などの)支離滅裂.

gèt into a múddle 何が何だかわからなくなる. ***in a múddle*** (1) 雑然と, めちゃくちゃで. (2) ぼんやりして, まごついて. ***màke a múddle of*** …を台なしにする.

múd·dle·ment *n.* **mud·dly** /mʌ́dli, -dli | -dl̩i, -dli/ *adj.* 〘(*a*1550) ← MUD[1] + -LE[3]: 《原義》 to dabble in mud: cf. MDu. *moddelen* to make water muddy〙

múd·dled *adj.* 混乱した (confused). **~·ness** *n.* 〘1624〙

múddle·hèad *n.* 《口語》間抜け, とんま. 〘1853〙

múddle·héaded *adj.* 《口語》頭の混乱した, ぼけっとした; とんまな, 間抜けな. **~·ness** *n.* 〘1759〙

mud·dler /mʌ́dlə, -dlə | -dlə[r], -dl-/ *n.* **1** (飲物の)かき回し棒, マドラー. **2** なんとか切り抜ける人, お茶を濁す人. **3** 〘魚類〙 カジカ (miller's thumb). 〘1880〙

múd·dling *adj.* ごちゃまぜに[混乱]している, ぼんやりしている. **~·ly** *adv.* 〘*a*1732〙

múd drùm *n.* 〘機械〙 泥だめ 《蒸気ボイラー内にある円筒状の部分; 水中の泥状物を集めるのに用いる》. 〘1890〙

mud·dy /mʌ́di | mʌ́di/ *adj.* (**mud·di·er; -di·est**) **1** 泥の多い, 泥深い, ぬかる; 泥だらけの, 泥まみれの: a ~ lane / ~ boots. **2 a** 泥に似た, 泥のような, 泥臭い: a ~ light color / a ~ flavor. **b** 〈液体が〉濁った; 沈澱物のある: ~ water, coffee, etc. / a ~ stream. **3** 〈色・光沢・音声など〉曇った, 冴(さ)えない, 濁った: ~ weather, light, etc. / a ~ complexion つやの悪い顔色 / ~ eyes とろんとした目 / a ~ voice だみ声. **4 a** 〈頭が〉はっきりしない, ぼんやりした: ~ brains. **b** 〈思想・表現・文体など〉不明確な, すっきりしない, 曖昧(あいまい)な: a ~ style 不明瞭な文体 / ~ expressions 曖昧な表現. **5** 《まれ》道徳的に不純な, 卑俗な (base): ~ pleasures. **6** 〘競馬〙 〈コースが〉重(おも)馬場の. **7** 《廃》陰気な, ふさぎ込んだ (gloomy): a ~ look. — *vt.* **1 a** 泥でよごす, 泥だらけにする. **b** 濁す. **2 a** 曇らせる (cloud). **b** 〈頭を〉ぼんやりさせる, まごつかせる (muddle). — *vi.* 泥だらけになる. ***múddy the wáters* [*issue*]** 《軽蔑》事態などを混乱させる. **múd·di·ly** /-dɪ̀li, -dl̩i | -dɪ̀li, -dli/ *adv.* **múd·di·ness** *n.* 〘(1410): ⇨ mud[1], -y[4]〙

múddy-mèttled *adj.* 《まれ》ぐうたらな (dull-spirited). 〘1600〙

múd èel *n.* 〘動物〙 サイレン (*Siren lacertina*) 《米国南部の湿地にすむサイレン科サイレン属の 2 本の前足だけを持つ両生類の一種》. 〘1823〙

Mu·dé·jar /muːdéhɑə | -hɑː[r]; *Sp.* muðéxar/ *n.* (*pl.* **-ja·res** /-hɑːrèɪs; *Sp.* -xares/) 〘歴史〙 ムデーハル 《キリスト教徒に再征服された後もスペインに残ることを許されたムーア人》. — *adj.* **1** ムデーハル人の. **2** 〘建築〙 ムデーハル様式の. 〘(1865) ◻ Sp. *mudéjar* ← Andalusian Arab. *mudajjan, mudajjal* ← *dajjal* to impose (tribute)〙

múd·fìsh *n.* (*pl.* ~, ~·es) 〘魚類〙 泥の中にいる魚類の総称: **a** =bowfin. **b** =mudminnow. 〘1502〙

múd·flàp *n.* (自動車の後輪の後ろに垂らして泥水のはねを防ぐ)泥除け, フラップ. 〘1963〙

múd flàt *n.* (泥土の)平瀬, 干潟(ひがた) (cf. flat[1] 1 a). 〘1871〙

múd flòw *n.* 〘地質〙 泥流, 火山泥流 (cf. volcanic mud). 〘1901〙

múd·guàrd *n.* (車の)フェンダー (fender); 泥除け (mudflap); (靴の)泥除け.

múd·head *n.* 《米俗》テネシー州人 (Tennessean).

múd hèn *n.* 〘鳥類〙 沼地に生息するクイナの類の鳥 《オオバン・バン・クイナなど》. 〘1611〙

múd·hòle *n.* **1** (野原・道路などの)泥穴, 泥だまり. **2** 小さな町. 〘1760〙

múd·hòok *n.* 《俗》錨 (anchor).

Mu·die's /mjúːdiz | -diz/ *n.* ミューディーズ 《London の出版業者 Charles Edward Mudie (1818–90) が始めた (1842) 貸本屋; Mudie's Lending Library ともいう》.

mu·dir /muːdíə | -díə[r]/ *n.* (エジプトの)州知事; (トルコの)村[町]長. 〘(1844) ◻ Arab. *mudīr* governor (ptc.) ← *adāra* to direct〙

múd·làrk *n.* **1** 《口語》(干潮時に)川の泥の中をあさる浮浪児[ばた屋] 《特に Victoria 朝の Thames 川で》. **2** 〘鳥類〙 ツチスドリ (⇨ magpie lark). **3** 《豪俗》〘競馬〙 重(おも)馬場に強い馬. — *vi.* 泥を掘ってあさる; 泥遊びをする. 〘1790–1800〙

múd lùmp *n.* 砂洲(す)などにできる堆積土の円錐形の小丘. 〘1868〙

múd màp *n.* 《豪》棒で地面に描いた地図. 〘1919〙

múd·mìnnow *n.* 〘魚類〙 **1** ユーラシアと北米に分布するウンブラ科のうち, *Novumbra* 属および *Umbra* 属の小魚の総称. **2** ヨーロッパ, 特に Danube 川水系にすむ小魚 (*Umbra krameri*). 〘1882〙

múd·pàck *n.* 泥パック 《美容パック用に漂土・アストリンゼンなどを練ったもの》. 〘1934〙

múd pìe *n.* (子供の作る)泥饅頭(まんじゅう). 〘1788〙

múd pùppy *n.* 〘動物〙 **1** マッドパピー 《北米の湖沼にすみ, 赤いえらをもつ大形のサンショウウオ》. **2** 北米産の大形サンショウウオ 《アメリカオオサンショウウオ (hellbender), アホロートル (axolotle) など》. 〘1889〙

mu·dra /mədráː/ *n.* **1** (古代インドの)印章, 封印. **2** ムドラー 《インド古典舞踊の神秘な手振り; 手首や指先の微妙な動きが一つ一つ何らかの意味を象徴する》. **3** 〘仏教〙 密教で用いる手印, 印契. 〘(1811) ◻ Skt *mudrā* sign〙

múd·ròom *n.* 靴脱(くつぬ)ぎ室 《泥水のはねた服や泥靴などを脱ぐ小部屋; 通例, 地下室や勝手口の近くにある》. 〘1950〙

múd·sìll *n.* **1** (建造物の)敷土台 《通例, 地上または基礎の上に置かれる横材》. **2** 《米》(どん底の)貧乏人. 〘1828–32〙

múd·skìpper *n.* 〘魚類〙 トビハゼ属 (*Periophthalmus*) とムツゴロウ属 (*Boleophthalmus*) の魚類の総称 《トビハゼ (*P. cantonensis*), ムツゴロウ (*B. chinensis*) など; アフリカ・東インド・日本の潟(かた)にすみ, 泥地をはね回る習性がある》. 〘1860〙

múd·slìde *n.* (緩斜面を流れ落ちる)泥流. 〘1923〙

múd·slìnger *n.* (選挙演説の際などの)中傷者 (cf. mudslinging). 〘1896〙

múd·slìnging *n.* (政治[選挙]運動の際などの)中傷, 泥仕合. 〘(1884) ← *sling mud at* (⇨ mud[1] n. 3)〙

múd snàke *n.* 〘動物〙 ヒムネツチヘビ (⇨ hoop snake 2 a).

múd·sprìnger *n.* 〘魚類〙 =mudskipper.

múd·stòne *n.* 〘岩石〙 泥岩, 土丹盤, 土丹 《比較的軟かい粘土質岩; cf. argillite, shale, slate[1] 1 a》. 〘1736〙

múd·sùcker *n.* 〘魚類〙 米国 California 州産のハゼの一種 (*Gillichthys mirabilis*) 《釣りの餌に用いる》. 〘1688〙

múd tùrtle [tòrtoise] *n.* 〘動物〙 **1** ドロガメ 《米国の泥川にすむドロガメ属 (*Kinosternon*) の淡水にいるカメの総称; ドロガメ (*K. subrubrum*) など; 腹甲の前半と後半が可動的に結合し背甲を完全に閉じることができる》. **2** マダライシガメ (*Clemmys marmorata*) 《太平洋岸に生息するイシガメ属のカメ》. **3** スッポン (soft-shelled turtle). 〘1884〙

múd volcáno *n.* 〘地質〙 泥火山 《水を多く含んだ粘土が, 火山ガスなどの噴出で盛り上がった丘》. 〘1817〙

múd wàsp *n.* 〘昆虫〙 =mud dauber. 〘1824〙

múd·wòrt *n.* 〘植物〙 キタミソウ(北見草) (*Limosella aquatica*) 《ゴマノハグサ科》. 〘1789〙

Muel·ler's /mjúːləz, múləz | -ləz/ *n.* 〘商標〙 ミューラーズ 《米国 C. F. Mueller 社製のパスタ; スパゲティ・マカロニ・ラザニアなど》.

Muen·ster /mʌ́nstə, múːn-, mún-, mín- | -stə[r]; *F.* mœstɛːʁ/ *n.* ムンスター(チーズ) 《甘みのある柔らかい白チーズ; Muenster cheese ともいう》. 〘(1902) ← *Münster* (フランス北東部の原産地名)〙

mues·li /mjúːzli, mjúːs- | mjúːz-, múːz-/ *n.* ムースリ 《つぶしたオート麦に刻んだ乾燥果物やナッツなどを混ぜたシリアル; 牛乳をかけて食べる; 主に朝食用》. 〘(1939) ◻ Swiss-G *Müesli* (dim.) ← G *Mus* mousse: cf. OE *mōs* food〙

mu·ez·zin /m(j)uːézɪn, -zn̩ | -zɪn/ *n.* (イスラム寺院の光塔 (minaret) から日に 5 度祈りの時間を声高く呼び知らせる)勤行(ごんぎょう)時報係 (cf. azan). 〘(1585) ◻ Arab. *mu'azzin* 《方言的変形》 ← *mu'ádhdhin* (ptc.) ← *ádhdhana* to call, prayer〙

muff[1] /mʌ́f/ *n.* **1 a** マフ 《内側にウール地や毛皮を使った円筒状のおおい物; 保温のために手を両端から差し込む》. **b** (防音・防寒用)耳覆い (earmuff). **2** 耳羽 《鶏などの頭の側部にある羽の房》. **3** 《俗》**a** 女性の毛深い陰部. **b** 女, 売春婦. **4** 〘機械〙 筒; 筒形継ぎ手. 〘(1599) ◻ Du. *mof* 《略》 ← MDu. *moffel* ◻ ML *muff(u)la*: cf. muffle[1] (n.)〙

muff[1] 1 a

muff[2] /mʌ́f/ 《口語》 *n.* **1** へま, やり損ない: make a ~ of the business [it] 事をやり損なう, へまをやる. **2** (スポーツなどで)へまばかり仕出かす人, 不器用者; とんま, 間抜け: He made a ~ of himself. ばかなことをして笑いものになった. **3** 腰抜け, 弱虫. **4** 〘野球・クリケット〙 捕球の失敗, 落球. — *vt.* **1** …をやり損なう, しくじる, 台なしにする; 〈機会などを〉逃がす. **2** 〘野球・クリケット〙 〈飛球を〉受け損なう, 落球する (cf. fumble 4): ~ a ball, catch, etc. — *vi.* **1** へまをやる, 間抜けなことをする. **2** 〘野球・クリケット〙 落球する. ***muff it*** 《口語》落球する, 好機を逃す. 〘(1837) ← ?: cf. 《方言》 *maffle* to mumble / Du. *mof* German: もとドイツ人に対する軽蔑語として用いた〙

múff-dìver *n.* 《卑》クンニリングス (cunnilingus) をする者. **múff-diving** *n.* 〘1935〙

muf·fe·tee /mʌ̀fətíː, mʊ̀f-/ *n.* (*also* **muf·fa·tee** /~/) 《英》 **1** (首に巻く)マフラー. **2** =wristlet 1. 〘(1706) 《変形》 ← MUFF[1]〙

muf·fin /mʌ́fɪn | -fɪn/ *n.* 〘菓子〙 マフィン: **a** 《英》イースト入りの生地を鉄板で焼いた小円形でふわふわのパン (=English muffin). **b** 《米》卵入りの生地をカップ型に入れて焼いたお茶受け用のパン. **2** (陶器またはガラスの)小皿. 〘(1703) ◻ ? LG *muffen* (pl.) ← *muffe* cake: cf. OF *pain moufflet* soft bread〙

múffin-bèll *n.* 《英》(もと)マフィン売りの鳴らした鈴. 〘1840〙

múffin-càp *n.* 《英》(慈善学校の生徒などがかぶる)マフィン型の帽子. 〘1840〙

muf·fin·eer /mʌ̀fəníə | -fɪ̀níə[r]/ *n.* (マフィンに振り掛ける塩・砂糖を入れる)小型の調味料入れ. 〘(1840) ← MUFFIN + -EER〙

múffin-màn *n.* 《英》マフィン売り 《かつて muffin-bell を鳴らしながら街路を売り歩いた》. 〘1810〙

múffin pàn *n.* マフィン型 《マフィンやカップケーキを一度に多く作れるように凹部を多数並べた焼板》.

múffin stànd *n.* マフィンスタンド 《皿や茶器の置ける 3 段棚の小型の台》.

muf·fle[1] /mʌ́fl̩/ *vt.* **1** (防寒または人に隠すために, 外套・マフラーなどで)〈体・顔・首などを〉包む: ~ (*up*) one's throat [head] in a cloak, shawl, scarf, etc. **2** (声や音を立てないように)包む; (おおいや当て物などをして)…の音を消す: ~ a person 声を立てさせないように布で人の口をおおう / ~ a bell, a drum, a horse's hoofs, etc. / a ~*d* voice 口をおおわれてよく聞こえない声; (浴室などから聞こえてくる)こもった声 / ~*d* curses (口をおおわれて)かすかに聞こえる呪いの言葉 / ~ the oarlocks (オールの音止めに柔らかい材質のもので)オール受けを巻く / She put her hands to her

M

mouth to ~ a giggle. くすくす笑いを抑えるため手を口に当てた. **3** 抑える: ~ one's feelings 感情を抑える. **4** 《まれ》目隠しする (blindfold). — *n.* **1** (音を消すための)おおい. **2** 低くなった[消された]音: the ~ of distant thunder ごろごろと低く聞こえてくる遠雷の音. **3** 《窯業》マッフル《被熱物を直接火炎や燃焼ガスに接触させないために炉内につくられた耐火物製の室や箱》. **4** 《古》《ボクシング》グラブ (boxing glove). 〘《*a*1425》 1761》 ME *muffele(n)* □ OF *mofler* to stuff ← *mo(u)fle* muff〙

muf·fle² /mʌ́fl/ *n.* (哺乳動物の)鼻唇(びしん)部, 鼻先. 〘《1601》□ F *mufle* 《変形》← (O)F *moufle* fat coarse face: cf. muffle¹, muzzle〙

múffle fùrnace *n.* 《窯業》マッフル炉《マッフルを備えた炉; cf. muffle¹ *n.* 3》. 〘1839〙

muf·fler /mʌ́flə | -flə^(r)/ *n.* **1 a** マフラー, 襟(えり)巻き, 首巻き. **b** (婦人用の)顔おおい, ベール. **c** おおい隠すもの. **d** 《廃》目隠し. **2** 《米》(内燃機関の排気ガスなどの音を消す)消音器; マフラー (《英》 silencer); (ピアノの hammer と弦の間に入れ響きを止める)弱音器. **3** 《甲冑》二叉の鎖手袋《鎖帷子(かたびら) (hauberk) の袖と一体になっている》. 〘《1535–36》← MUFFLE¹ (v.)+-ER¹〙

muf·fu·let·ta /mùːfəlɛ́tə | -tə/ *n.* ムーフレッタ《米国 New Orleans のサンドイッチ; 丸いイタリアンブレッドにサラミ・ハム・オリーブやイタリアチーズなどをはさむ》. 〘□ It. 《方言》 ← *muffa* mold ← ? Gmc〙

muf·ti /mʌ́fti/ *n.* **1** (イスラムの)法律学者, (イスラム教国法廷の)宗教解釈官, 法律顧問 (cf. Grand Mufti). **2** (軍人が軍務にない時に着る)平服, 私服 (cf. plain clothes, uniform): in ~ 平服を着て. 〘《1586》□ Arab. *múftī* (act. ptc.) ← *áftā* to expound the law〙

Mu·fu·li·ra /mùːfuːlíᵊrə | -lírə/ *n.* ムフリラ《アフリカ南部, ザンビア北部の鉱山都市》.

mug¹ /mʌ́g/ *n.* **1 a** マグ《陶製・金属の円筒形で取手付きのカップ》. 日英比較 日本語では, ビール用の大型グラスを「ジョッキ」とよんでいるが, 英語では *mug* を用いる. **b** マグ一杯(分の量): a ~ of soup. **2** 《俗》 **a** 顔, つら《湯飲み用の mug がよくグロテスクな人の面相に似せて作られていたことから》; 口; 口辺《口, あご, あごさきの総称》. **b** しかめっつら. **c** (容疑者の)顔写真 (mug shot). **3** 《俗》 **a** 《米》やくざ, ちんぴら (ruffian, punk). **b** 《英》だまされやすいやつ, 「かも」; まぬけ, あほう. **4** =mug's game.

pùt the múg on a person 〈人〉の首を絞めつける (cf. *vt.* 1).

— *v.* (**mugged; mug·ging**) — *vt.* **1** 〈強盗が〉(暗闇などで背後から腕で)〈人〉の喉(のど)を締める; 襲う. **2** 《口語》〈犯罪人・容疑者〉の写真を撮る. — *vi.* **1** 〈強盗が〉背後から人を襲う, 抱きつき強盗をする. **2** 《俗》 **a** (人の注意を引くために)しかめっ面をして見せる. **b** 〈下手な役者などが〉(観客やカメラの前で)大げさな表情[演技]をして見せる. 〘《1570》← ? Scand.; cf. Norw. *mugge* / Swed. *mugg*〙

mug¹ 1 a

mug² 《英俗》 *v.* (**mugged; mug·ging**) — *vt.* 勉強する, …の詰込み勉強をする (cram) 〈*up*〉: ~ (*up*) (*on*) history 歴史を詰め込む[勉強する]. — *vi.* (詰込み主義の)勉強をする (grind) 〈*up*〉. — *n.* がり勉家. 〘《1848》← ?〙

mug³ *vt.* 《英俗・方言》酒をおごる, (酒を飲ませて)だきこむ. 〘《1830》← MUG¹ (n.)〙

Mu·ga·be /mugáːbɪ, -bei/, **Robert Gabriel** *n.* ムガベ《1924–　; ジンバブエの政治家; 1980 年独立後, 首相 (1980–87), 初代大統領 (1987–　)》.

múg bòok *n.* 《米俗》(映画・劇・テレビ用の)写真入り俳優名鑑《役を振り当てるときの参考資料》. 〘1935〙

mug·ful /mʌ́gfʊ̀l/ *n.* マグ 1 杯の量. 〘1838〙

mug·ger¹ /mʌ́gə | -gə^(r)/ *n.* 《俗》 **1** 抱きつき強盗《背後から襲って首を締める強盗》. **2** 《米》表情の大げさな俳優. 〘《1865》← MUG¹ (v.)〙

mug·ger² /mʌ́gə | -gə^(r)/ *n.* (*also* **mug·gar, mug·gur** /~/) 《動物》ヌマワニ, インドワニ (*Crocodylus palustris*) 《体長 5 m に達しインド全域およびセイロンの沼にすむ; 多くのヒンズー教徒尊崇の対象; marsh crocodile ともいう》. 〘《1844》□ Hindi *magar* ← Skt *makara* sea monster〙

mug·gins /mʌ́gɪ̣nz | -gɪnz/ *n.* (*pl.* ~, ~·**es**) **1** 《英口語》間抜け. **2** マギンズ: **a** 《トランプ》(cribbage などで)相手が見落した得点を「マギンズ」と呼んで自分のものにする権利; またその権利を認める各種ゲーム. **b** 並べた両端の数の合計を 5 の係数とするドミノ (dominoes) の遊び方. 〘《1855》 *Muggins* (姓)に MUG¹ (n. 3) をほのめかせたものか〙

mug·gle /mʌ́gl/ *n.* 《俗》 **1** マリファナ巻きたばこ. **2** [通例 *pl.*; 単数扱い] マリファナ(の葉). 〘《1928》?〙

Mug·gle·to·ni·an /mʌ̀gltóuniən | -táu-ˈ/ *n.* 《宗教》マグルトン派(の一員)《英国で 17 世紀に創設され, 19 世紀まで存続した終末論的な宗派; 三位一体説などを否定し, Quakers と対立した》. — *adj.* マグルトン派の. 〘《*a*1670》← *Lodowicke Muggleton* (1609–98) 英国の清教徒指導者〙

mug·gur /mʌ́gə | -gə^(r)/ *n.* 《動物》=mugger².

mug·gy /mʌ́gi/ *adj.* (**mug·gi·er; -gi·est**) 湿気が多く蒸暑い, 暑苦しい, うっとうしい. **mug·gi·ly** /-gɪ̣li/ *adv.* **múg·gi·ness** *n.* 〘《1731》← (方言) *mug* mist (cf. ON *mugga* drizzling mist)+-Y⁴〙

Mu·ghal /múːgaːɫ/ *n.* =Mogul.

mú·gho píne /múːgou-, mjúː- | -gəu-/ *n.* 《植物》ヨーロッパ中部の高地に生えるモンタナマツの栽培種 (*Pinus mugo* var. *mughus*). 〘《*c*1756》 *mugho*: □ ? F ~ □ It. *mugo* mugho pine〙

Mu·gil·i·dae /mjuːdʒílədìː | -lɪ-/ *n. pl.* 《魚類》ボラ科. 〘← NL ~ ← L *mūgil* mullet+-IDAE〙

múg's gàme *n.* 《英口語》ばからしい[むだな]仕事. 〘1910〙

múg-shòot *vt.* (**-shot**) 《米口語》…の顔写真を撮る.

múg shòt *n.* 《口語》(警察の撮った容疑者の)顔写真. 〘1950〙

múg·wòrt *n.* 《植物》ヨモギ (*Artemisia vulgaris*) (cf. moxa). 〘OE *mycgwyrt*: ⇨ midge, wort²〙

mug·wump /mʌ́gwʌmp/ *n.* **1** 自党の政策などに超然として批判的な政治家《1884 年自党から推薦した大統領候補 J. G. Blaine に反対した共和党員》. **2** 形勢を傍観する人; (特に, 政治的に)不決断の人; (ある争点に関して の)中立主義者. **3** 《戯言》大立者, 親分 (boss). **~·ìsm** /-pɪzm/ *n.* **~·ish** /-pɪʃ/ *adj.* 〘《1832》□ N-Am.-Ind. (Algonquian) *mugquomp* great man, leader, chief〙

mug·wump·er·y /mʌ́gwʌmp(ə)ri/ *n.* (政党員の)批判的超然主義. 〘1885〙

Mu·ham·mad /mʊhǽməd, mu:-, mou-, -háːm- | mʊhǽmɪ̣d, mu:-, məu-; *Arab.* muħámmad/ *n.* ムハンマド, マホメット《570?–632; アラビアの預言者, コーランの啓示を受け, 唯一の神に対する絶対服従を説くイスラム教を開いた》. 〘《1615》□ Arab. *Muḥámmad* (p.p.) 《原義》 praised ← *ḥámmada* to praise highly: *Mahomet* はフランス語形〙

Mu·ham·mad /mʊhǽməd, mu:-/, **Elijah** *n.* ムハンマド《1897–1975; 米国の黒人運動指導者; 1934 年以後 Black Muslims の指導者となり, 米国内での黒人自治国家建設を唱えた; 本名 Elijah Poole》.

Mu·ham·mad Ah·mad /mʊhǽmədáːməd/ *n.* ムハンマド アフマド《1844–85; スーダンの宗教・民族主義運動の指導者; Mahdi であることを宣言してジハード運動を展開, 各地でエジプト軍を破り, 1885 年には Gordon 率いる英国の援軍を Khartoum で壊滅させた》.

Mu·ham·mad·an /mʊhǽmədən, mou-, -dṇ | mʊhǽmɪ̣dən, -dṇ/ (*also* **Mu·ham·med·an** /~/) *adj.* ムハンマド[マホメット]の; マホメット[イスラム]教の; マホメット戒律の. — *n.* マホメット教徒, 回教徒, イスラム教徒《教徒以外の人々が用いる言葉》. 〘1681〙

Muhámmadan cálendar *n.* [the ~] マホメット暦 (⇨ Islamic calendar). 〘*c*1889〙

Muhámmadan éra *n.* [the ~] 回教紀元《Muhammad の Mecca から Medina への移住 (Hegira) (A.D. 622) に始まる; cf. Islamic calendar》. 〘1889〙

Mu·hám·mad·an·ìsm /-dənɪzm, -dṇ- | -dən-, -dṇ-/ *n.* マホメット教, 回教, イスラム教《Islam と同じくイスラム教のことであるが, 中世以来の西欧人の偏見によるニュアンスをやや含む》. 〘1815〙

Mu·hám·mad·an·ìze /-dənaɪz | -də-/ *vt.* マホメット教化する, イスラム化する. 〘1828–32〙

Muhámmad Ri·zá Páh·la·vi *n.* =Mohammed Riza Pahlavi.

Mu·har·ram /muːhǽrəm, -hɛ́r- | -hǽr-/ *n.* **1** (イスラム暦の) 1 月 (⇨ Islamic calendar). **2** (上記ムハラムの期間に催される)モスリムの祭り. 〘《1861》□ Arab. *muḥárram* sacred, forbidden〙

Mühl·hau·sen /G. mýːlhauzṇ, ─́─/ *n.* ミュールハウゼン《Mulhouse のドイツ語名》.

muir /mjʊ́ə | mjʊ́ə^(r), mjɔ́ː^(r)/ *n.* 《スコット》=moor¹.

Muir /mjʊ́ə | mjʊ́ə^(r), mjɔ́ː^(r)/, **Edwin** *n.* ミュア《1887–1959; スコットランド生まれの英国の詩人・小説家・批評家》.

Muir, Jean (**Elizabeth**) *n.* ミュア《1928?–95; 英国の婦人服デザイナー; 古典調の衣服が特徴で, シルクジャージ・スエード・レーヨンニットなど布の扱いの巧みさで著名》.

Muir, John *n.* ミュア《1838–1914; スコットランド生まれの米国の博物学者》.

muir·burn /mjʊ́əbəːn | mjʊ́əbəːn, mjɔ́ː-/ *n.* 《スコット》=moorburn.

Múir Glácier /mjʊ́ə- | mjʊ́ə-, mjɔ́ː-/ *n.* [the ~] ミュア氷河《米国 Alaska 州南東部, Fairweather 山から太平洋岸の Glacier Bay に達する氷河; 913 km²》. 〘← *John Muir*〙

muis·hond /máɪshɔ(ː)nt, méɪs- | -hɔnt/ *n.* 《動物》アフリカに生息するイタチに類する動物の総称《ゾリラ (striped muishond) とシロクビゾリラ (snake muishond) の二種がいる》. 〘《1796》□ Afrik. ~ 《原義》 mouse dog〙

mu·ja·hed·in /muːdʒæ̀hɪdíːn, mʊdʒ-, -dʒɑː- | mùːdʒəhɛ-, mʊ̀dʒ-, -dʒɑː-; *Arab.* mudʒahidíːn/ *n. pl.* [the ~; 時に M-] ムジャヒディン, イスラム戦士《特に 1980 年代アフガニスタンにおいて旧ソ連軍とその傀儡(かいらい)政府に抵抗したイスラム教徒ゲリラ; mujaheddin, mujahedeen ともつづる》. 〘《1979》□ Arab. *mujāhidīn* (pl.) ← *mujāhid* fighter ← *jāhada* to fight, wage holy war: cf. jihad〙

mu·jik /muːʒíːk, -ʒík, ─́─ | múːʒɪk; *Russ.* muʒík/ *n.* =muzhik.

muj·ta·hid /muːdʒtáːhɪd/ *n.* 《イスラム教》ムジタヒッド《イスラム教法の解説者》. 〘《1815》□ Arab. *mujtáhid* one who exerts himself ← *jáhada* to endeavor〙

Mu·kal·la /mʊkǽlə/ *n.* ムカッラー《イエメン東部 Aden 湾に臨む港町》.

Muk·den /mʊ́kdən/ *n.* 奉天 (Shenyang (瀋陽(シェンヤン))の旧称).

mukh·tar /mʊ́ktɑə | -tɑː^(r)/ *n.* (アラブまたはトルコの町・村の)選出された長, ムクタール. 〘《1911》□ Arab. *mukhtār* chosen ← *ikhtāra* to choose〙

muk·luk /mʌ́klʌk/ *n.* [通例 *pl.*] (*also* **mucluc**) **1** マクラク《イヌイットがはくオットセイの毛皮で作った長靴の一種》. **2** (ソックスを数足着用した上にはく)ズック製のマクラクに似た長靴《底は柔らかいなめし革》. 〘《1868》□ Yupik *muklok* large seal〙

muk·ti /mʊ́kti/ *n.* 《仏教・ヒンズー教・ジャイナ教》=moksha. 〘《1785》← Skt ~ ← *muñcati* he releases〙

muk·tuk /mʌ́ktʌk/ *n.* (イヌイットの)食用鯨皮. 〘《1835》□ Inuit *maktak*〙

mu·lat·to /məlǽtou, mju:-, -láː- | mju:lǽtəu, mjʊ-/ *n.* (*pl.* ~**es**, ~**s**) ムラート: **1** 純白人と純黒人を両親とする第一代目 (cf. quadroon, octoroon). **2** 白人と黒人の混血児. — *adj.* **1** ムラートの. **2** (ムラートのような)黄褐色の. 〘《1595》□ Sp. & Port. *mulato* of mixed breed ← *mulo* < L *mūlum* mule¹: mule が混血であることから〙

mú·lay sàw /múːli-, mjúː-/ *n.* =muley saw.

mul·ber·ry /mʌ́lbèri | -b(ə)ri/ *n.* **1 a** 《植物》クワ《クワ科クワ属 (*Morus*) の植物の総称; 赤紫の実をつけるアカミグワ (*M. rubra*), 白い実をつけるトウグワ (*M. alba*) など》. **b** クワの実. 日英比較 日本では, 「桑」は蚕の飼料として用いるが, 英米では, 実を食用とするのが一般的である. **2** くわ色, 濃赤紫色. 〘《*a*1300》 ME *mulberi(e)* < OE *mōrberie* ← L *mōrum* mulbery ← IE **moro-* blackberry, mulberry: *-l-* は *r -r* の異化による (cf. G *Maulbeere* < OHG *mūrberi*): cf. *murrey*〙

Mul·ber·ry /mʌ́lbèri | -b(ə)ri/ *n.* (敵前上陸用の)組立て式人工港《第二次大戦で連合軍が Normandy 上陸作戦などで使った; Mulberry Harbour ともいう》. 〘《1945》暗号名〙

múlberry bùsh *n.* 《遊戯》'Here we go round the mulberry bush' と歌いながら身振り・手まねをする子供の遊戯. 〘1897〙

mulch /mʌ́ltʃ/ *n.* 根おおい《植えたての樹木または作物の根を保護するためにその上に木の葉・藁(わら)・土などを広げたもの》. — *vt.* …に根おおいをして根を保護する. 〘《1657》(名詞用法)? ← ME *molsh* soft (異形) ← *melsh* < OE *melsc* mellow, sweet ← Gmc **melsk-* ← IE **mel-* soft: cf. G (方言) *molsch* soft, overripe〙

Mul·ci·ber /mʌ́lsɪ̣bə | -sɪbə^(r)/ *n.* 《ローマ神話》ムルキベル《ウルカヌス (Vulcan) の別名》.

mulct /mʌ́lkt/ *vt.* 《文語》 **1** …に罰金を科する, 科料に処する: ~ a person (*in*) five pounds 人に 5 ポンドの罰金を科する. **2 a** (計略によって)〈金を〉〈人〉から奪う, だまし取る 〔*of*〕: ~ a person (*of*) 100 dollars 人をだまして 100 ドル取る. **b** (計略によって)〈人から〉〈金を〉奪う, だまし取る 〔*from*〕: ~ 10 dollars *from* a person. — *n.* 《古》 **1** 罰金, 科料 (fine, penalty). **2** (金の)強制的な取立て. 〘《?*a*1425》□ L *mulctāre* to punish, fine ← *mulcta* a fine, penalty〙

Mul·doon /mʌɫdúːn/, **Robert David** *n.* マルドゥーン《1921–92; ニュージーランドの政治家; 首相 (1975–84)》.

mule¹ /mjúːɫ/ *n.* **1** ラバ《雄ロバと雌馬との雑種; cf. hinny¹》: (as) obstinate [stubborn] as a ~ 非常に強情[頑固]な. **2** 《口語》強情っぱり, 意地っぱり, 頑固者. **3 a** (通例, 不妊・不結実の)雑種 (hybrid). **b** (雑種・純種を問わず)実を結ばない植物. **c** カナリヤとヒワとの雑種. **4** 《俗》麻薬を売ったり運んだりする人. **5 a** (造船所・鉱山などで用いる)小型電気機関車. **b** (倉庫などで用いる)小型牽引(けんいん)車. **c** 《海事》潮帆(しおほ)《帆状のもので, 潮の強い海でボートの艇首から水中に垂らし, 潮の力で船を進める》. **6** 《紡績》ミュール精紡機《紡績機の一種; 二種の機械の原理を合わせて応用しているためこの名がある》. **7** 《古銭》あいのこコイン, 混刻貨《表と裏に違った額面の金額の刻印された硬貨など》. — *vt.* **1** (あいのこコインを造るため)〈表と裏が別々の刻印を〉組合わせる. **2** 〈硬貨〉に〈表と裏が違っている刻印を〉押す, あいのこコインに刻印する. 〘OE *mūl* □ L *mūlus* (masc.) *mūla* (fem.): cf. F *mule* (fem.), *mulet* (masc.)〙

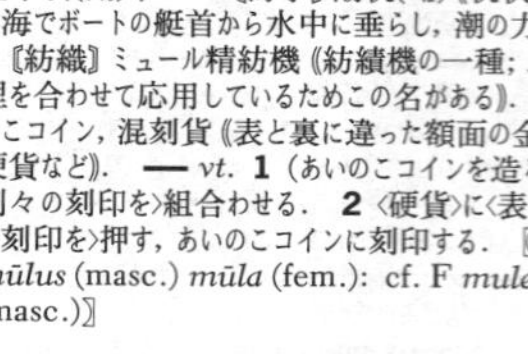

mule¹ 1

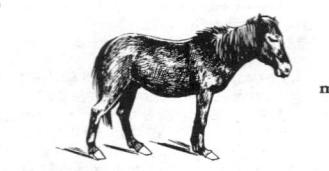

mule² *n.* [通例 *pl.*] つっかけスリッパ, つっかけ靴, 寝室用スリッパ. 〘《*a*1400》□ F ~ □ L *mulleus* shoe of red leather〙

múle·bàck *n.* ラバの背: a boy on ~ ラバに乗った少年. 〘1725〙

múle chèst *n.* (低い枠台に乗った)小だんす. 〘1911〙

múle dèer *n.* 《動物》ミュールジカ (*Odocoileus hemionus*) 《北米西部産のオジロジカに似るが耳が長く, 尾は先端のみ黒く他は上下面とも白い; jumping deer ともいう》. 〘1805〙

múle drìver *n.* =muleteer.

múle fàt *n.* 《植物》米国 California 州産の柳のような葉のあるキク科の低木 (*Baccharis viminea*). 〘その葉が mule deer の餌となることから〙

múle-fòot *adj.* 蹄(ひづめ)が割れていない, 単蹄の: a ~ swine.

múle-fóoted *adj.* =mule-foot.

mules /mjúːlz/ *vt.* 《豪》ミュールズ手術 (Mules operation) を〈羊に〉施す. 〘1946〙

múle skìnner *n.* 《米口語》ラバ追い (muleteer). 〘1870〙

Múles operàtion *n.* 《豪》ミュールズ手術《クロバエの襲撃を防ぐため羊の臀部のひだを除去する手術》. 〘1933〙

mu·le·ta /muːléɪtə, mjuː- | -tə; *Sp.* muléta/ *n.* ムレタ《闘牛で使う棒につけた赤い小布; しとめ役の闘牛士が闘牛の最後の段階で, 大型の赤布の代わりに用いる》. 〘(1838) □ Sp. ～ (dim.) ← *mula* she-mule: ⇨ mule¹〙

mu·le·teer /mjùːlətíə | -lɪ̀tíə(r/ *n.* ラバ追い. 〘(1538) □ F *muletier* ← *mulet* (dim.) ← OF *mul*: ⇨ mule¹, -eer〙

mu·let·ta /muːlétə, mjuː- | -tə/ *n.* 〘海事〙ポルトガルの沿岸で使われる単檣(しょう)に大三角帆を張った小型船《尖った船首の両側には人間の目が描いてある》. 〘□ Port. *muleta* (dim.) ← *mula* she-mule: ⇨ mule¹〙

mu·ley /múːli, mjúː-, múli/ *adj.* 〈動物, 特に牛が〉角のない, 角を切った. **—** *n.* **1** 《米》角を切った動物. **2** [愛称として] 雌牛. 〘(1573)《変形》←《スコット・アイル》*moiley* ← Ir. -Gael. *maol* // Welsh *moel* bald, hornless: ⇨ -y²⁴〙

múley sàw *n.* 《米》(両端を締め具によって固定し, 上下に動かされる)長のこぎり. 〘1875〙

mul·ga /mʌ́lgə, múl-/ *n.* **1 a** 〘植物〙マルガ (*Acacia aneura*)《オーストラリア産のマメ科アカシア属の低木》. **b** マルガ材. **2** マルガ材の(棍)棒[楯]. **3** マルガ地帯《マルガの優勢なオーストラリアの原野; mulga country [scrub] ともいう》; [the ～] (オーストラリアの)奥地. 〘1862〙

múlga wìre *n.* 《豪口語》噂(うわさ), 口コミ. 〘1899〙

Mul·ha·cén /mùːləθéɪn; *Sp.* mulaθén/ *n.* ムラセン(山)《スペイン南東部, Sierra Nevada 山脈中の山, 同国中の最高峰 (3,478 m)》.

Mül·heim an der Ruhr /m(j)úːlhaɪmaːndɛəruə, -də-, -də- | -dɛərúə(r, -də-; *G.* mýːlhaɪmandɐʁúːɐ/ *n.* ミュールハイム(アンデアルール)《ドイツ西部, North Rhine-Westphalia 州 Essen 近くの Ruhr 川に臨む都市》.

Mul·house /məlúːz; *F.* myluːz/ *n.* ミュルーズ《フランス東部, Rhine 川近くの都市》.

mu·li·eb·ri·ty /mjùːliébrəti | -brɪ̀ti/ *n.* 《文語》 **1** 女性であること. **2** 女性らしさ (womanhood), 優しさ (feminity) (↔ virility). 〘(1592) □ L *muliebritātem* ← *mulier* woman: ⇨ -ity〙

mul·ish /mjúːlɪʃ/ *adj.* **1** ラバ (mule) のような. **2** 強情な, 片意地な, 意地っぱりな. **～·ly** *adv.* **～·ness** *n.* 〘(1751) ← MULE¹ + -ISH¹〙

Mul·ki /múlki/ *n.* ムルキ《インドの旧 Hyderabad 州の住民》. 〘□ Hindi *mulkī* ← *mulk* country〙

mull¹ /mʌl/ *vi.* 《米口語》頭をしぼる, 考え抜く〔*about, over*〕: ～ *over* a problem. **—** *vt.* **1** 《米口語》よくよく考える (ponder) 〈*over*〉: ～ a thing *over* あることを熟慮する / He ～*ed* this thought a second. 彼はこのことをちょっと考え込んでみた. **2** 《英口語》 **a** 台なしにする, めちゃめちゃにする, しくじる. **b** 鈍らす, 弱める. **3** 《米》 **a** 粉にする, 砕く, つく (grind). **b** つき混ぜる, よく混ぜ合わせる. **—** *n.* 《英口語》ごちゃまぜ, めちゃめちゃ. ★ 主に次の句に用いる: ***màke a múll of*** … を台なしにする (bungle). 〘(*c*1303) □ ME *mol(ie)* □ ?(M)Du *mul, mol* grit ← IE **mel(ə)-* to grind〙

mull² /mʌl/ *vt.* 〈ビール・ワインなどを〉温め砂糖・香料・卵黄などを加える: ～*ed* ale, cider, wine, etc. 〘(1607) ← ?: cf. F *mollir* to soften (← *mol* soft < L *mollem*)〙

mull³ /mʌl/ *n.* 〘紡織〙マル《薄く柔らかい木綿・絹・レーヨンなどの婦人用服地》. 〘(1798)《短縮》←《古形》*mulmul* □ Hindi & Pers. *malmal*〙

mull⁴ /mʌl/ *n.* 《スコット》岬: the *Mull* of Kintyre /kɪntáɪə | -táɪə(r/ キンタイア岬. cf. 〘(1375) *mole* □ ?Gael. *maol* brow of a rock, cape: cf. G *Maul* snout〙

mull⁵ /mʌl/ *n.* **1** 〘土壌〙精腐植, ムル《森林土壌の腐植の形態区分の一つで, 落葉・落枝が堆積してモル (mor) より分解が進み, 有機物と無機物がよく混合して粒状構造を示すもの; cf. duff¹ 4》. **2** 液体中の微粉末. 〘(1928) □ G *Mull* □ Dan. *muld*: cf. mold³〙

mull⁶ /mʌl/ *n.* 《スコット》嗅(か)ぎたばこ入れ. 〘(1771)《スコット》～ 'MILL¹'〙

mull⁷ /mʌl/ *vt.* 《廃》ぼうっとさせる, 愚鈍にする (stupefy). 〘(1607) ← ?: cf. mull¹〙

Mull /mʌl/ *n.* [the Isle of ～] マル(島)《スコットランドの西方 Hebrides 諸島中最大の島; 山が多い (最高峰 Ben More 966 m); 1909 km²》.

mul·lah /mʌ́lə, múlə/ *n.* (*also* **mul·la** /～/) **1** イスラム法学者《敬称》. **2** (イランなどで)イスラム法裁判官. **3** 《軽蔑》宗教の先生. **～·ism** /-ləɪzm/ *n.* 〘(1613) □ Pers. & Urdu *mullā* □ Arab. *máulā* judge, patron, lord〙

mull·ein /mʌ́lɪ̀n | -lɪ̀n, -leɪn/ *n.* 〘植物〙ゴマノハグサ科モウズイカ属 (*Verbascum*) の植物の総称《purple mullein など》; (特に)ビロウドモウズイカ (great mullein)《candlewick ともいう》. 〘(1373) *moleyn* □ OF *moleine* (F *molène*) ← ?OF *mol* soft < L *mollem*〙

múllein pìnk *n.* 〘植物〙スイセンノウ(水仙翁), フランネルソウ (*Lychnis coronaria*)《ヨーロッパ原産のナデシコ科の多年草, 全株に白い綿毛を生じ, 深紅の花をつける; gardener's-delight, rose campion ともいう》. 〘1846–50〙

mul·len /mʌ́lɪ̀n/ *n.* 〘植物〙= mullein.

mull·er¹ /mʌ́lə | -lə(r/ *n.* **1** (絵の具・粉薬などの)すり棒, すりきね《平たい底のある石またはガラスの棒で平らな石板またはガラス板の上で絵の具などをすりつぶす》. **2** (鉱石などの)粉砕機. 〘(1404)《原義》powderer ← ME *mul* powder < OE *myl* dust: cog. G *Müll*: ⇨ mull¹ (v.): cf. L *molere* to grind〙

múll·er² /-lə | -lə(r/ *n.* マラー《酒を mull² する人[器]》. 〘(1858) ← MULL²〙

Mul·ler /mʌ́lə | -lə(r/, **Hermann Joseph** *n.* マラー《(1890–1967; 米国の遺伝学者; Nobel 医学生理学賞 (1946)》.

Mül·ler /mʌ́lə, mjúːlə, mílə | múlə(r, múː-, mjúː-; *G.* mʏ́lɐ/, **(Friedrich) Max** *n.* ミューラー《(1823–1900; ドイツ生まれで英国に帰化したサンスクリット学者・言語学者・宗教学者, 'Bow-wow theory' の提唱者; *The Sacred Books of the East* の編集者》.

Müller, Johann *n.* = Regiomontanus.

Müller, Johannes Peter *n.* ミュラー《(1801–58; ドイツの生理学者・比較解剖学者》.

Müller, Paul (Hermann) *n.* ミュラー《(1899–1965; スイスの化学者, DDT の量産に成功; Nobel 医学生理学賞 (1948)》.

Mül·le·ri·an /mʌlíᵊriən, mjuː-, mɪ- | mulíər-, muː-, mjuː-/ *adj.* **1** J. P. Müller の(名にちなんだ), ミュラー(式)の. **2** 〘動物〙ミュラー式(擬態)の《同一地域にすんでまずい味や毒を持つ何種類かの動物(チョウ・ハチなどが互いに似通った外見を持つ場合を指す; 捕食者に捕えられる可能性が低くなる》. 〘(1899) ← *Fritz Müller* (1821–97: ドイツの動物学者)〙

Müllérian dúct *n.* 〘動物〙ミュラー管《脊椎動物の発生過程で生じる中胚葉性の管で, 雄では退化し, 雌では輪卵管となる》. 〘(1875) ← *Johannes P. Müller*〙

Mül·ler-Ly·er illùsion /mʌ́ləláɪə-, mjúːlə-, mílə- | múləláɪə(r)-, múːlə-, mjúːlə-; *G.* mʏ́lɐláɪɐ/ *n.* ミュラーリエル錯視《同一の長さの 2 本の線を並行に並べ, 一方の線の両端には内向きの矢印を, 他方には外向きの矢印をつけた場合, 前者の方が短く見える現象》. 〘← F.C. *Müller-Lyer* (1857–1916) ドイツの心理学者・社会学者〙

Müller's larva /ˊ–ˊ–/ *n.* 〘動物〙ミュラー幼虫《扁形動物渦虫綱多岐腸目の動物の受精卵が孵化した幼生; 8 個の葉状突起をもって浮遊生活をし, のちに変態して成体になる》. 〘← *Johannes P. Müller*〙

Müller-Thúr·gau /-túəgau | -túə-; *G.* -túːɐgau/ *n.* ミュラートゥルガウ《ブドウの品種名; Riesling 種と Silvaner 種の交配で作られる; 主にドイツで白ワイン醸造に用いられる》. 〘← *H. Müller-Thurgau* (1850–1927) スイスの植物生理学者〙

mul·let¹ /mʌ́lɪ̀t/ *n.* (*pl.* ～, ～s) 〘魚類〙 **1** ボラ科の食用の魚類の総称《ボラ (*Mugil cephalus*) など; 灰色なので gray mullet ともいう》. **2** = red mullet. **3** 米国産サッカー科の魚類の総称. 〘(1393) *molet* □ OF *mulet* (dim.) ← L *mullus* red mullet □ Gk *múllos* kind of fish ← IE **mel-* dark-colored (Gk *mélās* black): ⇨ -et〙

mul·let² /mʌ́lɪ̀t/ *n.* 〘紋章〙(紋章図形としての)星《三男を示す血統マーク (cadency mark); cf. estoile》. 〘(*c*1400) *molet* □ (O)F *mollete* rowel of a spur (dim.) ← *meule* millstone ← ? L *mola* grindstone (cf. mill¹): ⇨ -et〙

mul·ley /múli, m(j)úːli/ *adj., n.* = muley.

mul·lid /mʌ́lɪ̀d | -lɪd/ *n.* 〘魚類〙ヒメジ科の魚 〘↓〙

Mul·li·dae /mʌ́lədiː | -lɪ-/ *n. pl.* 〘魚類〙ヒメジ科. 〘← NL ～ ← L *Mullus* (属名: ⇨ mullet¹) + -IDAE〙

mul·li·gan /mʌ́lɪ̀gən | -lɪ-/ *n.* **1** 《米》マリガン《肉・野菜などのごった煮; もと浮浪者の食物; mulligan stew ともいう》. **2** 〘ゴルフ〙マリガン《非公式の試合で最初のティーショットが失敗した時許される 2 度目のショット》. 〘アイルランドの人名から?〙

mul·li·ga·taw·ny /mʌ̀lɪ̀gətɔ́ːni, -tɑ́ːni | -tɔ́ː-/ *n.* 〘料理〙マリガトーニ(スープ)《東インド地方の鶏肉を入れたカレースープ》. 〘(1784) □ Tamil *milagutaṇṇir* pepper water〙

mul·li·grubs /mʌ́lɪgrʌ̀bz/ *n. pl.* [単数または複数扱い]《口語》 **1** ふさぎ, 憂鬱(ゆううつ) (blues); 不機嫌 (sulks). **2** 疝痛(せんつう), 腹痛. 〘(1599) ← *mully* dusty, powdery + GRUB: 腹痛は寄生虫のせいと考えられたため〙

Mul·li·ken /mʌ́lɪ̀kən | -lɪ-/, **Robert Sander·son** /sǽndəsn | sɑ́ːndə-/ *n.* マリケン《(1896–1986; 米国の物理・化学者; Nobel 化学賞 (1966)》.

Mul·lin·gar /mʌ̀lɪŋgɑ́ə | -gɑ́ː(r/ *n.* マリンガー《アイルランド中北部の町; Westmeath 県の県都》.

mul·lion /mʌ́ljən, -liən/ *n.* **1** 〘建築〙マリオン《窓の縦仕切り; cf. transom 1 a》, 中方(なかほう)立て; 丸窓の放射状仕切り. **2** 〘地学〙ムリオン《棒状に割れる岩石片》. **—** *vt.* …にマリオンを付ける, マリオンで仕切る. **múl·lioned** *adj.* 〘(1567)《音位転換》← ME *moin(i)el* 'MONIAL'〙

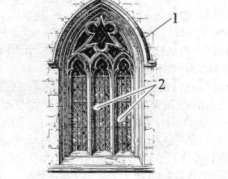

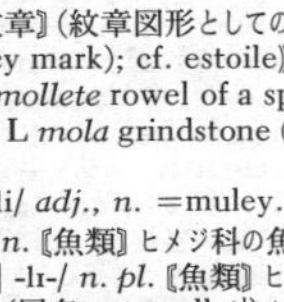

mullions
1 dripstone
2 mullions

mull·ite /mʌ́laɪt/ *n.* 〘化学・鉱物〙ムライト, ムル石 ($Al_4OSi_2Al_2O_{12}$)《斜方晶系柱状または針状の結晶で, 耐熱・耐酸性がつよく, 合成品は種々の容器の材料となる》. 〘← *Mull* (その発見地): ⇨ -ite¹〙

mul·lock /mʌ́lək/ *n.* **1** 《豪》(金鉱の)廃石土砂; 金を含まない土砂. **2** 《豪・英方言》がらくた, くず, かす; がせネタ. **3** 《英方言》混乱, めちゃくちゃな状態.
póke múllock at 《豪口語》…をあざ笑う, ばかにする.
〘(*c*1390) ←《方言》*mull* dirt, refuse (cf. muller¹) + -OCK〙

mul·lo·way /mʌ́ləwèɪ/ *n.* 〘魚類〙マラウェイ (*Sciaena antarctica*)《オーストラリア産ニベ科の大形の食用魚》. 〘(1846) □ Austral. (Yaralde) *malowe*〙

mul·ly·grubs /mʌ́lɪgrʌ̀bz/ *n. pl.* 《口語》= mulligrubs. 〘1599〙

Mu·lock /mjúːlɑ(ː)k | -lɔk/, **Dinah Maria** *n.* マロック《(1826–87; 英国の小説家; *John Halifax, Gentleman* (1856); 通称 Mrs. Craik》.

Mul·rea·dy /mʌlrédi | -di/, **William** *n.* マルレディー《(1786–1863; アイルランドの画家; 郵便用封筒のデザインでも有名》.

Mul·ro·ney /mʌlróuni | -ráu-/, **(Martin) Brian** *n.* マルルーニ《(1939– ; カナダの政治家; 首相 (1984–93)》.

mult- /mʌlt/ (母音の前にくるときの) multi- の異形: *mult*angular.

Mul·tan /multɑ́ːn | mʌl-/ *n.* ムルタン《パキスタン中部, Chenab 川沿いの都市》.

mult·an·gu·lar /mʌltǽŋgjulə | -lə(r/ *adj.* 多角の. 〘1679〙

mul·te·i·ty /mʌltíːəti | -tíːɪ̀ti/ *n.* = multiplicity.

mul·ti- /mʌ́lti, -taɪ, -tɪ̀ | -ti, -tɪ̀/「多い; 多数[量]の; 多種の; 多数倍の」などの意の連結形 (↔ mono-, uni-) (cf. poly-): *multi*color, *multi*media, *mult*iply. ★ 母音の前では通例 mult- になる. 〘← L ～ ← *multus* much, many ← IE **mel-* strong, great〙

mùlti·áccess *adj.* 〘電算〙二人(以上)の使用者による 1 台のコンピューターの共同利用の[に関する], 共同利用(型)の. 〘1966〙

mùlti·ángular *adj.* = multangular.

mùlti·áxial *adj.* 多軸の[をもつ], 多軸性の. 〘1864〙

mùlti·bánd *adj.* マルチバンドの: **1** 〘通信〙複数の周波帯(用)の. **2** 〘光学〙異なる波長帯[波長域](用)の: a ～ camera. 〘1969〙

múlti·càst 〘インターネット〙 *vi., vt.* マルチキャストする《インターネット上で, 特定の複数の人へ同時に情報を送る》. **—** *n.* マルチキャスト.

mùlti·céllular *adj.* 多細胞の. **mùlti·cellu·lárity** *n.* 〘1857〙

mùlti·chánnel *adj.* 〘通信〙多重通話[通信]路の; 多重[マルチ]チャンネルの. 〘1930〙

múltichannel ánalyzer *n.* 〘電子工学〙波高分析器.

mùlti·chòice *adj.* = multiple-choice.

mùlti·cìde *n.* 大量殺戮(りく).

mùlti·còil *adj.* 〈電気装置が〉コイルが 2 個以上ある, 多線輪の. 〘1877〙

mùlti·collineárity *n.* 〘統計〙多重共線性. 〘1934〙

múlti·còlor *n.* 多種配色: a stamp in ～. **—** *adj.* **1** 〘印刷〙多色刷りの(できる): a ～ press 多色印刷機. **2** = multicolored. 〘*a*1849〙

mùlti·cólored *adj.* 多色の; 多色刷の, 多色織りの: a ～ carpet, kimono, etc. 〘1845〙

mùlti·cómpany *n.* 〘経営〙多角化企業, 多角経営企業《多業種に属する各事業を同時に営む大型企業》.

mùlti·compónent *adj.* 多構成の. 〘1934〙

mùlti·cúltural *adj.* **1** 数種類の文化をもつ, 多文化の: a ～ nation, district, etc. **2** 多種類の教科[学科]をもつ: a ～ curriculum (共通目標への)多領域[広域]学科課程. 〘1941〙

mùlti·cul·tur·al·ism /-kʌ́ltʃ(ə)rəlɪzm/ *n.* 多文化主義, 文化的多元主義《同一社会に多様な文化が存在するのがよいとする考え方》. 〘1965〙

mùlti·cúl·tur·al·ist /-lɪ̀st | -lɪst/ *n.* 多文化主義者, 文化的多元主義者.

mùlti·cýlinder *adj.* 〈内燃機関・蒸気機関など〉2 本以上のシリンダーを有する, 多シリンダーの, 多気筒の. 〘1884〙

mùlti·cýlindered *adj.* = multicylinder.

mùlti·déntate *adj.* **1** 多歯の, 歯状突起の多い. **2** 〘化学〙多座配位の (cf. monodentate): a ～ ligand 多座配位子《中心金属と二つ以上の箇所で配位する配位子》. 〘1819〙

mùlti·diménsional *adj.* 多次元の. **mùlti·dimensionálity** *n.* 〘1884〙

mùlti·diréctional *adj.* **1** 多方面の. **2** 〘電気・通信〙多方向に広がる, 多方向性の, 広域…. 〘1942〙

mùlti·dísciplinary *adj.* 多くの学問領域にわたる, 集学的な: a ～ approach to sociology (関連諸科学の方法を用いた)社会学への総合的アプローチ. 〘1949〙

mùlti·eléctrode tùbe *n.* 〘電子工学〙多極管《4 極以上の電子管》.

mùlti·éthnic *adj.* 多民族[人種]用の: a ～ textbook (人種平等主義に立つ)多民族共用テキスト《通例二人の白人の生徒 (Dick と Jane) を黒色[褐色, 黄色]人種とアメリカインディアンの生徒が仲良く囲んでいる絵が描かれているもの》. 〘1967〙

mùlti·fáce·ted /-tɪ̀d | -tɪ̀d/ *adj.* **1** 〈宝石など〉多面体の. **2** 多岐にわたる: a ～ problem. **3** 多才な: a ～ scholar, actor, etc. 〘1870〙

mùlti·fáctor *adj.* = multifactorial.

mùlti·factórial *adj.* **1** 多要素から成る, 多元的な: a ～ approach, study, etc. **2** 〘遺伝学〙多因性の. **～·ly** *adv.* 〘1920〙

mùlti·fáith *adj.* [限定的] 多宗教の, 異なる宗教が混在[共存]する. 〘1969〙

mùlti·fámily *adj.* 《米》多家族の, 多家族用の: a ～ dwelling. 〘1965〙

mul·ti·far·i·ous /mʌ̀ltəféᵊriəs | -fέər-ˊ-/ *adj.* **1** 種々の, 多種多様の, 雑多の: ～ activities 多方面の活動. **2** 〘法律〙不当請求併合の《別個独立の請求を不当

M

に併合して, 一人または複数の被告に対して請求するエクイティー上の訴答について用いられる). **～·ly** *adv.* **～·ness** *n.* 〘(1593) □ L *multifārius* ← *multifāriam* in many places ← MULTI-＋-*fāriam* (cf. *facere* to do): ⇨ -ous〙

mul·ti·fid /mʌ́ltɪ̀fɪd/ *adj.* 〘生物〙多裂の, 多弁の, 多節の: a ～ leaf 多裂葉. **～·ly** *adv.* 〘(1752) □ L *multifidus* ← MULTI-＋*fid-* (← *findere* to sprit): ⇨ -ous〙

mul·tif·i·dous /mʌltífədəs | -fɪ̀d-/ *adj.* 〘生物〙＝multifid. 〘1646〙

mul·ti·fil /mʌ́ltɪ̀fɪ̀l/ *n.* 〘紡織〙＝multifilament. 〘略〙

mùlti·fílament *n.* 〘紡織〙多繊維, マルチフィラメント《単繊維 (monofilament) を多数引きそろえて作った糸》. 〘(1937) ← MULTI-＋FILAMENT〙

mùlti·flásh 〘写真〙*adj.* 多閃光(せん)撮影の《2 個以上の閃光電球をシャッターを開くと同時に発光させる写真撮影にいう》: a ～ photograph 多閃光写真. ― *n.* 多閃光撮影装置. 〘1945〙

mùl·ti·fló·ra róse /mʌ̀ltɪ̀flɔ́:rə- | -flɔ́:rə-/ *n.* 〘植物〙ノイバラ(野茨) (*Rosa multiflora*)《日本・朝鮮原産で香りのよい群がった花をつける; 多くの栽培品種の原種; 生垣などに使う; Japanese rose ともいう》. 〘(1829) *multiflora*: ← NL *multiflōra* ← ML (fem.) ← *multiflōrus*: ⇨ multi-, flora〙

mul·ti·flo·rous /mʌ̀ltɪ̀flɔ́:rəs/ *adj.* 〘植物〙多花の. 〘(1760): ⇨ multiflora (↑), -ous〙

mùlti·fócal *adj.* 〘写真〙〈レンズが〉多焦点の; 〘医学〙多病巣性の. 〘1920〙

múlti·fòil 〘建築〙*n.* 多弁アーチ《多弁装飾のアーチの一種》. ― *adj.* 〈アーチ・窓など〉多弁形の.

mul·ti·fold /mʌ́ltɪ̀fòuld | -fəuld/ *adj.* 多種多様な, 雑多な, 多方面の (manifold). 〘1806〙

mùlti·fóliate *adj.* 〘植物〙多葉の, 小葉の多い. 〘1856〙

mùlti·fónt *adj.* 〘印刷〙マルチフォントの, 数種類の活字の[を用いた, を読解できる]: ～ composition マルチフォント植字 / a ～ compositor マルチフォント植字(熟練)工 / a ～ OCR [optical character recognition] system マルチフォント文字認識システム. 〘1961〙

mul·ti·form /mʌ́ltɪ̀fɔ̀əm | -fɔ̀:m/ *adj.* 多形の, 多様の. 〘(1603) □ F *multiforme* // L *multiformis*: ⇨ multi-, -form〙

mul·ti·form·i·ty /mʌ̀ltɪ̀fɔ́əməṭi | -fɔ́:mɪ̀ti/ *n.* 多様性 (↔ uniformity). 〘(1589) □ LL *multiformitātem*: ⇨ ↑, -ity〙

mùlti·fúnction *adj.* [限定的] 多機能の. 〘1967〙

mùlti·fúnctional *adj.* [限定的] ＝multi-function.

mùlti·generátional *adj.* 複数世代の, 多世代の[にわたる]. 〘1965〙

mùlti·gérm *adj.* 〘植物〙多数の苗(木)を生ずる房状の果実をもっている[つくる] (cf. monogerm). 〘1950〙

múlti·gràde *n.* **1** マルチグレード(オイル)《広い温度範囲で粘性が安定なエンジンオイル》. **2** 《米》〘商標〙マルチグレード《感度の異なる 2 種の感光乳剤を用いた印画紙; さまざまのレベルのコントラストをもつプリント作成が可能》. 〘1959〙

mùlti·gráin *adj.* 〈パンが〉2 種以上の穀物でできた.

mul·ti·graph /mʌ́ltɪ̀græ̀f | -grɑ̀:f, -græ̀f/ *vt.* マルティグラフ (Multigraph) で印刷する. 〘1905〙

Mul·ti·graph /mʌ́ltɪ̀græ̀f | -grɑ̀:f, -græ̀f/ *n.* 〘商標〙マルティグラフ《小型輪転印刷機》.

mul·ti·grav·i·da /mʌ̀ltɪ̀grǽvədə | -tɪgrǽvɪ̀də/ *n.* 〘医学〙(妊娠 2 回以上の)経妊婦 (cf. multipara). 〘(1890) ← NL ～: ⇨ multi-, gravid〙

múlti·gỳm *n.* (一台で各種の筋肉鍛錬ができる)多機能ウェートトレーニング装置[器具], マルチジム.

mùlti·húll *adj.* 〘海事〙二つ以上の船体を一つの甲板で連結した, 多胴型の: a ～ boat 多胴船《双胴船, カタマラン (catamaran) など》. ― *n.* 多胴(帆)船 (↔ monohull). 〘1956〙

mùlti·índustry *adj.* 〘経営〙多角経営の, 多産業にわたる: a ～ company.

múlti·jèt *adj.* 〘航空〙マルチジェットの, 複数のジェットエンジンを装備した. 〘1963〙

mùlti·láminate (*also* **mùlti·láminated**) *adj.* 多くの薄層[薄葉]から成る.

mùlti·láne *adj.* 多車線の, 車線が何列も並んでいる: a ～ freeway 多車線(式)高速道路. 〘1961〙

mùlti·láned *adj.* ＝multilane.

mùlti·láteral *adj.* **1** 〘数学〙多辺の. **2** 〘政治〙(3 か国以上の)多数の国が参加[関係]している, 多国間の: a ～ agreement 多国間協約. **3** 〘教育〙(学校が) 3 つ以上のコースを設けた《modern, technical, grammar の 3 課程を併設》. **～·ly** *adv.* 〘1696〙

mùlti·láteralism *n.* 多角[多辺]主義: ～ in trade 多角的貿易主義. 〘1928〙

mùlti·láteralize *vt.* 〘政治〙多国間のものとする, …に複数の国の参加を認める, 多角化する. 〘1950〙

múltilateral tráde *n.* 多角[多辺]的貿易《同時に数か国を相手とする》.

mùlti·láyer *adj.* **1** 幾層もある, 多層から成る, 多層(式)の. **2** 〘写真〙〈カラーフィルムの乳剤面など〉多層式の. ― *n.* 〘物理化学〙多層, 多分子層《二層以上の単分子層から成る層》. 〘1923〙

mùlti·láyered *adj.* ＝multilayer.

mùlti·lével *adj.* 重層の, 多くの階層から成る, 多層式の: a ～ interchange 多層立体(式)交差点. 〘1952〙

mùlti·léveled *adj.* ＝multilevel.

mùlti·líneal *adj.* 多線の. 〘*a*1800〙

múlti·lìnear fórm *n.* 〘数学〙多重線形形式《いくつかの変数のおのおのについて線形であるような関数》.

mùlti·língual *adj.* **1** 多数の言語の[による]: a ～ broadcast 言語多重放送 / a ～ dictionary 多国語辞典. **2** 多数の言語が使える[話せる]: a ～ guide 多国語(のできる)案内人. **3** 多種の言語で書かれた. ― *n.* 数か国語を話せる[わかる]人, 多言語使用者. **～·ly** *adv.* 〘1838〙

mùlti·língualism *n.* (一民族・一国民などの)数か国語常用; 多国語使用. 〘1940〙

mùlti·línguist *n.* ＝multilingual.

mùlti·lóbular *adj.* 〘植物〙小裂片[小葉]の多い. 〘1874〙

mùlti·lócular *adj.* 〘生物・解剖〙多胞(性)の, 多房(性)の, 多室(性)の. 〘1815〙

mul·til·o·quence /mʌltíləkwəns/ *n.* 多弁. 〘(1760) □ LL *multiloquentia*: ⇨ multi-, eloquence〙

mul·til·o·quent /mʌltíləkwənt/ *adj.* 多弁な. 〘1656〙

mùlti·mámmate móuse [rát] *n.* 〘動物〙マストミス《熱帯アフリカに分布する齧歯目ネズミ科のマストミス属 (*Mastomys*) のネズミの総称; クマネズミ属 (*Rattus*) に近縁でネズミ類の中で最も乳頭の数が多く実験動物にされる》. 〘(1955) *multimammate*: ← MULTI-＋MAMMATE〙

múlti·màn *n.* 多国籍企業で働く男性 (cf. multiwoman). 〘1951〙

mùlti·márket *adj.* 〘経営〙＝multi-industry.

mul·ti·me·di·a /mʌ̀ltɪ̀mí:diə | -tɪ̀mí:d-⁻/ *n. pl.* マルチメディア《文字・映像・音声などのメディアを複合したもの》. ― *adj.* **1** マルチメディアの. **2** (一つの場所で)多様な伝達手段を使う: a ～ exhibition 多様化展示[博覧]会. 〘1962〙

mul·tim·e·ter /mʌltíməṭə | -mɪ̀tə(r)/ *n.* マルチメーター《電圧・電流・抵抗など多くの電気量が測定できる多目的計器で多くは電子式》. 〘(1910) 商標名〙

mùlti·míllion *adj.* 〈金額が〉数百万の: ～-dollar [pound] 数百万ドル[ポンド](相当)の. 〘1948〙

mùlti·millionáire *n.* 億万長者, 大富豪. 〘1858〙

mùlti·módal *adj.* **1** 多様な. **2** 〘統計〙多モードの. **3** ＝intermodal. 〘1902〙

mul·ti·na·tion·al /mʌ̀ltɪ̀nǽʃnəl, -ʃənḷ⁻/ *adj.* **1** 三か国以上にわたって営業部門をもつ, 多国籍の: a ～ company [corporation, enterprise] 多国籍会社[企業]. **2** 三か国以上にまたがる[に関係のある], 多くの国籍から成る: a ～ force [group] 多国籍から成る軍隊[グループ]. ― *n.* 多国籍企業. **～·ism** *n.* 〘1926〙

mùlti·nó·mi·al /-nóumiəl | -nə́u-⁻/ 〘数学〙*adj.* 多項の. ― *n.* 多項式 (polynomial). 〘1608〙

mùlti·nóminal *adj.* 名の多い, 多名の. 〘1656〙

mùlti·núclear *adj.* 〘生物〙＝multinucleate.

mùlti·núcleate *adj.* (*also* **mùlti·núcleated**) 〘生物〙〈細胞が〉多核の. 〘1877〙

múlti·pàck *n.* マルチパック《複数(の品目)を一つにパックしたもの; 個々に買うより割安になる》. 〘1967〙

mul·tip·a·ra /mʌltípərə/ *n.* (*pl.* **-a·rae** /-rì:/) 〘医学〙(2 回以上出産経験のある)経産婦 (cf. multigravida, nullipara, primipara). 〘← NL ～ (fem.) ← *multiparus* (↓)〙

mul·tip·a·rous /mʌltípərəs/ *adj.* **1** 〘動物〙複産の, 一度に多数の子を産む (↔ uniparous). **2** 出産経験のある, 経産の (cf. primiparous). **3** 〘植物〙〈集繖(さん)花が〉側生軸の多い. **mul·ti·par·i·ty** /mʌ̀ltɪ̀pǽrəṭi, -pér- | -pǽrɪ̀ti/ *n.* 〘(1646) ← NL *multiparus* ← MULTI-＋L *parere* to produce, bring forth: ⇨ -ous〙

mùlti·pártite *adj.* **1** 多部(分)に分かれた. **2** 〈協定など〉多数の国が参列している. 〘(1721) □ L *multipartitus* ← MULTI-＋*partitus* ((p.p.) ← *partire* to divide ← *pars* 'PART')〙

mùlti·párty *adj.* 三つ以上の党の[に関係のある], 三つ以上の党から成る, 多党の. 〘1909〙

mùlti·páth *adj.* 〘電気〙多重通路の: ～ reflection 多重反射. 〘1936〙

mul·ti·ped /mʌ́ltɪ̀pɛ̀d/ *adj.* 多足の. ― *n.* 《まれ》多足動物, 多足昆虫. 〘(1601) □ L *multipeda*: ⇨ multi-, -ped〙

mul·ti·pede /mʌ́ltɪ̀pì:d/ *adj., n.* ＝multiped.

múlti·phàse *adj.* 〘電気〙多相の (polyphase): a ～ electrical system 多相交流. 〘1890〙

mùlti·phásic *adj.* **1** 多面的な, 多方面から観察する: a ～ test. **2** 〘電気〙多相の. 〘1940〙

múlti·plàne *n.* 多葉(式飛行)機《複葉機, 三葉機など; cf. monoplane》. 〘1909〙

múlti·plàyer *n.* **1** [通例形容詞的に]〈コンピューターゲームが〉マルチプレーヤーの《数人でプレーする》: a ～ game / a ～ server / be designed for either a single player or ～s. **2** (いろいろなメディアを再生できる)マルチプレーヤー《音楽 CD とゲーム CD-ROM など》. **3** (数枚のディスクを装填できる)マルチディスクプレーヤー. **múlti·plày** *adj.*

mul·ti·ple /mʌ́ltəpḷ | -tɪ̀-/ *adj.* **1 a** 多数の[から成る], 多様の: a ～ birth 多胎出産《双生児, 三つ児, 五つ児などが生まれること》. **b** 複合の, 複式の. **c** 種々の. **d** 大勢が参加[共有]する: ～ ownership 共同所有権 / ～ rape 輪姦. **2** 〘電気〙**a** 〈回路が〉並列した数本の導線から成る, 多重の, 複合の: a ～ circuit 複合回路. **b** 複合回線の《一本の電話に同時に数ケ所からかけることができる》. **3** 〘植物〙〈果実が〉集合性の (collective): ⇨ multiple fruit. **4** 〘数学〙倍数の. ― *n.* **1** 〘数学〙倍数, 倍量: 15 is a ～ of 5 / ⇨ common multiple, least commn multiple. **2** 〘電気〙並列: in ～ (複合回路が)並列して. **3** ＝multiple store. 〘(1647) □ F ～ □ LL *multiplus*＝L *multiplex* manifold: cf. multiplex〙

multiple-áccess *adj.* 〘電算〙＝multi-access. 〘1966〙

múltiple ágriculture *n.* 多角(経営)農業《作物栽培・養鶏・養豚・酪農・果樹栽培などを兼営する農業》.

múltiple alléle *n.* 〘生物〙複対立遺伝子, 複対立因子 (multiple allelomorph ともいう). 〘1938〙

múltiple allélism *n.* 〘生物〙遺伝子複対(状態).

múltiple allélomorph *n.* 〘生物〙＝multiple allele.

múltiple-béam interferómeter *n.* 〘光学〙多重光束干渉計.

múltiple-chóice *adj.* 多数の選択肢(し)から成る, 多肢選択(式)の: a ～ question 多肢選択(式)試問[問題] / a ～ test (多肢選択式試問による)○×式テスト. 〘1926〙

múltiple correlátion coefficient *n.* 〘統計〙重相関係数《変量 $X_1, X_2 \ldots, X_n$ がある時, X_i と $X_1 X_2, \ldots, X_n$ の一次式との相関係数の最大値を X_i の $X_1, X_2, \ldots, X_n$ に対する重相関係数という》.

múltiple crópping *n.* 〘農業〙多毛作《同じ畑から年 2 回以上作物を栽培する耕作法》.

múltiple divísion *n.* 〘生物〙多分裂, 複分裂.

múltiple dríll *n.* 〘機械〙複式ボール盤.

múltiple écho *n.* 〘物理〙多重反響 (⇨ flutter echo). 〘1727–52〙

múltiple fáctor *n.* 〘遺伝〙**1** [*pl.*] 多因子, 同義因子. **2** ＝multiple allele. 〘1945〙

múltiple físsion *n.* 〘生物〙多分裂, 複分裂 (1 個の母体から一時に多数の娘個体に分かれる現象; cf. binary fission). 〘1912〙

múltiple frúit *n.* 〘植物〙複(合)果, 多花果《桑の実・パイナップルなどの実; collective fruit, syncarp ともいう; cf. aggregate fruit》. 〘1831〙

múltiple íntegral *n.* 〘数学〙重積分, 多重定積分《多変数関数の定積分》. 〘1841〙

múltiple màrk *n.* 〘印刷〙掛け算[乗法]記号 (×). 〘1888〙

múltiple myelóma *n.* 〘病理〙多発性骨髄腫. 〘1897〙

múltiple neurítis *n.* 〘病理〙多発(性)神経炎.

múltiple-párty sỳstem *n.* 〘政治〙多党制.

múltiple personálity *n.* 〘心理〙多重人格 (cf. double personality). 〘1901〙

múltiple-poind·ing /-pɔ́ɪndɪŋ, -pɪ́nd- | -pɔ́ɪnd-, -pɪ́nd-/ *n.* 〘スコット法〙競合権利者確認手続き《差押えられた財産に対して数人の権利請求者がいる場合, いずれが正当な請求者かを決める手続き; cf. interpleader[1]》. 〘(1693): ⇨ poind〙

múltiple póint *n.* 〘数学〙重複点《曲線が自分自身と交わる点》. 〘1842〙

múltiple regréssion *n.* 〘統計〙多重回帰. 〘1938〙

múltiple sclerósis *n.* 〘医学〙多発(性)硬化症. 〘1885〙

múltiple shóp *n.* 《英》連鎖[チェーン]店 (《米》chain store). 〘1903〙

múltiple stár *n.* 〘天文〙多重星, 複星 (cf. binary star). 〘1850〙

múltiple stóre *n.* 《英》＝multiple shop. 〘1929〙

múltiple swítchboard *n.* 〘電気〙(電話の)複式交換機. 〘1891〙

mul·ti·plet /mʌ́ltɪ̀plɪ̀t/ *n.* 〘物理〙**1** 複合分光線, (スペクトルの)多重線. **2** 多重項《物理的な特性を共有する原子核・素粒子などの一定の群; cf. supermultiplet》. 〘(1922) ← MULTIPL(E)＋-ET〙

múltiple telégraphy *n.* 〘通信〙＝multiplex telegraphy. 〘1877〙

múltiple thréad *n.* 〘機械〙多条ねじ.

múltiplet líne *n.* 〘物理〙＝multiplet 1.

múltiple-únit càr *n.* 〘鉄道〙総括制御車《列車のいずれの自走式車両からでも操作可能なように装備された車両; multiple-unit, MU car ともいう》.

múltiple-válued *adj.* 〘数学・論理〙＝many-valued. 〘1882〙

múltiple vóting *n.* 〘政治〙複数投票: **a** 同じ有権者が二つ以上の選挙区で行う不正投票. **b** 一人で数選挙区に資格をもつ有権者が同一選挙で行う複数の投票.

mul·ti·plex /mʌ́ltəplɛ̀ks | -tɪ̀-/ *adj.* **1** 多様の, 複合の: the ～ moods between lovers 恋人同士の間にある複雑な気持. **2** 〘通信〙(同一回路による)多重送信の (cf. simplex 2, duplex 3): ⇨ multiplex telegraphy. ― *vt.* 多重送信する; 〘電子工学〙多重系にする. ― *vi.* 〘通信〙多重送信する. ― *n.* **1** 〘通信〙多重送信電子システム. **2** マルチプレクス式余色立体投影機《空中写真から地形図を作製するのに用いる多灯式の投影作図機械》. **3** マルチプレックスシネマ, 複合型映画館《複数の映画館に飲食店・娯楽施設を併設した施設; multiplex cinema ともいう》. **～·er, ～·or** /-sə | -sə(r)/ *n.* 〘(1557) □ L ～ 'manifold' ← MULTI-＋-*plex* (← *plicāre* to fold)〙

múltiplex telégraphy *n.* 〘通信〙多重電信システム《同一電信線で多くの通信を同時送電する方式; cf. duplex telegraphy, QUADRUPLEX telegraphy》. 〘1886〙

mul·ti·pli·a·ble /mʌ́ltəplàɪəbḷ | -tɪ̀-/ *adj.* 増加できる; 乗じられる, 倍になる. 〘(1625) □ F ～: ⇨ multiply[1], -able〙

mul·ti·plic·a·ble /mʌ̀ltəplíkəbḷ | -tɪ̀-⁻/ *adj.* ＝multipliable. 〘1471〙

mul·ti·pli·cand /mʌ̀ltɪ̀plɪ̀kǽnd | -plɪ-/ *n.* 〘数学〙

M

被乗数, 掛けられる数, 実 (cf. multiplier 2). 〖(1594) □ L *multiplicandus* to be multiplied (gerundive) ← *multiplicāre* 'to MULTIPLY[1]'〗

mul·ti·pli·cate /mʌ́ltəplɪ̀kèɪt | -plɪ-/ *adj.* 《まれ》 多数から成る, 複合[多様]の (manifold). 〖(1432–50) □ L *multiplicātus* (p.p.) ← *multiplicāre* 'to MULTIPLY[1]': ⇨ -ate[2]〗

mul·ti·pli·ca·tion /mʌ̀ltəplɪ̀kéɪʃən | -plɪ-/ *n.* **1** 増加, 増殖, 繁殖. **2** 〘数学〙 乗法, 掛け算 《記号 ×; ⇨ division》. **～·al** /-ʃnəl, -ʃənl/ *adj.* 〖(?c1350) □ (O)F ～ □ L *multiplicātiō(n)*: ⇨ multiply[1], -ation〗

multiplication fàctor [cònstant] *n.* 〘物理〙 《核分裂の連鎖反応における中性子の》増倍係数, 増倍率. 〖1941〗

multiplicátion sìgn *n.* 乗法記号 《times sign (×), dot (·), プログラミング言語では asterisk (*) など》. 〖1907〗

multiplicátion tàble *n.* 《九九の表のような》掛け算表 《英米では 1×1=1 から, 12×12=144 まである》. 〖1674〗

1	2	3	4	5	6	7	8	9	10	11	12
2	4	6	8	10	12	14	16	18	20	22	24
3	6	9	12	15	18	21	24	27	30	33	36
4	8	12	16	20	24	28	32	36	40	44	48
5	10	15	20	25	30	35	40	45	50	55	60
6	12	18	24	30	36	42	48	54	60	66	72
7	14	21	28	35	42	49	56	63	70	77	84
8	16	24	32	40	48	56	64	72	80	88	96
9	18	27	36	45	54	63	72	81	90	99	108
10	20	30	40	50	60	70	80	90	100	110	120
11	22	33	44	55	66	77	88	99	110	121	132
12	24	36	48	60	72	84	96	108	120	132	144

multiplication table

★ 英語では次のように読む: Twice four is [makes, equals, are, make] eight (2×4=8), Seven times five is [makes, equals, are, make] thirty-five (7×5=35), Twelve times eleven is [makes, equals, are, make] one [a] hundred (and) thirty-two (12×11=132).

mul·tip·li·ca·tive /mʌ̀ltəplíkəṭɪv←, mʌ́ltəplɪ̀kèɪṭɪv | mʌ̀ltɪ̀plíkət-←, mʌ́ltɪ̀plɪkèɪt-/ *adj.* **1** 増加しがちな, 繁殖性の; 増殖力のある. **2** 〘数学〙 乗法の, 掛け算の, 乗法的な. **3** 〘文法〙 倍数詞の: ～ numerals 倍数詞. ― *n.* 〘文法〙 倍数詞 《single, double, twofold, treble, tripel など》. **～·ly** *adv.* 〖(1653) □ LL *multiplicātīvus*: ⇨ multiplication, -ative〗

multíplicative áxiom *n.* 《英》〘数学〙 選択公理 (⇨ AXIOM of choice).

multíplicative gróup *n.* 〘数学〙 乗法群 《演算が乗法であるような群 (group)》.

multíplicative idéntity *n.* 〘数学〙 乗法単位元 《乗号 (×) で表された演算に関して, 通常の乗法における 1 の役割を果たす元》. 〖1958〗

multíplicative ínverse *n.* 〘数学〙 《与えられた数の》逆数 《積が 1 となる二つの数の一方を他方に対していう; 例えば $^2/_3$ と $^3/_2$ の一方; reciprocal ともいう》. 〖1958〗

mul·ti·pli·ca·tor /mʌ́ltəplɪ̀kèɪṭə | -tɪ̀plɪkèɪtə^(r)/ *n.* **1** 〘物理〙 倍率器 (multiplier). **2** 〘数学〙 乗法子, 乗数, 法. 〖(1542) □ LL *multiplicator*: ⇨ -or[2]〗

mul·ti·plic·i·ty /mʌ̀ltəplísəṭi | -tɪ̀plísɪ̀ti/ *n.* **1** 多数性, 多様性: the ～ of one's duties, ideas, etc. **2** 多数 〔*of*〕: a ～ *of* people 多数の[さまざまの]人々 / a ～ *of* uses 数多くの用途. **3** 〘物理・電子工学〙 状態数, 準位数, 重数, 多重度 《量子力学系で同一のエネルギー準位近くに存在する状態の数》. 〖(c1454) □ OF *multiplicité* □ LL *multiplicitātem*: ⇨ multiply[1], -ity〗

mul·ti·pli·er /mʌ́ltəplàɪə | -tɪ̀plàɪə^(r)/ *n.* **1 a** 増加[増殖]させる人[物]. **b** 掛算の機械, 乗算機. **2** 〘数学〙 乗数, 掛ける数, 法 (cf. multiplicand). **3** 〘物理〙 《熱・電流・振動などの》効力増強装置, 倍率器. **4** 〘経済〙 乗数 《新たな支出増加が総所得にもたらす拡大効果比率》. **5** 〘園芸〙 =multiplier onion. 〖(1470–85): ⇨ multiply[1], -er[1]〗

múltiplier effèct *n.* 〘経済〙 乗数効果. 〖1957〗

múltiplier ónion *n.* 〘園芸〙 =potato onion.

múltiplier phóto tùbe *n.* 〘電子工学〙 光電子増倍管. 〖1950〗

mul·ti·ply[1] /mʌ́ltəplàɪ | -tɪ̀-/ *vt.* **1 a** 増す, 増加させる (⇨ increase SYN): Efficiency would be *multiplied* severalfold. 《そうすれば》能率が幾層倍にも増大するだろう / Such examples can be *multiplied*. このような例はいくらでも追加できる. **b** 《動・植物を》繁殖させる; 増殖させる. **2** 〘数学〙 …に乗じる, 掛ける: ～ 5 by [into] 3 5 に 3 を乗じる / 8 *multiplied* by 5 makes 40. 8 に 5 を掛ければ 40 になる. ― *vi.* **1 a** 増す, 増加する, 増大する: Cares ～ as one gets older. 歳をとるにつれて苦労が増える. **b** 増える, 増殖する, 繁殖する: Flies ～ enormously. はえは恐ろしく増える. **2** 〘数学〙 掛け算をする. ― *n.* 〘電算〙 掛算; 掛算器. 〖(?c1150) □ (O)F *multiplier* □ L *multiplicāre*: ⇨ multiplex〗

mul·ti·ply[2] /mʌ́ltəpli | -tɪ̀-/ *adv.* 多様に, いろいろと, 複合的に: a ～ applicable tool いろいろと使い途のある道具. 〖(1881) ← MULTIPL(E)+-LY[1]〗

mul·ti·ply[3] /mʌ̀ltɪ̀pláɪ←/ *adj.* 数個[数本, 数枚]のひだ[撚(よ)り, 重ね]から成る: a ～ nylon cord 八重撚(やえよ)りのナイロンコード / ～ glass 多重板ガラス. 〖(1940) ← MULTI-+PLY[1] (n.)〗

múltiply-connécted /mʌ́ltəpli- | -tɪ̀-/ *adj.* 〘数学〙 複連結の, 多重連結の. 〖1893〗

múl·ti·ply·ing gèar *n.* 〘機械〙 増速歯車[ギヤ]; 増速装置 (↔ reduction gear). 〖1876〗

mùlti·pólar *adj.* **1** 〘物理〙 多極の: a ～ generator 多極発電機. **2** 〘解剖〙 《細胞分裂・神経細胞など》多極性の. **mùlti·polárity** *n.* 〖1859〗

múlti·pòle *n.* 〘物理〙 多重極 《双極子, 4 極子などの総称》. 〖1916〗

mul·tip·o·tent /mʌltípəṭənt | -tənt/ *adj.* 《まれ》 強力な, 多能の. 〖1601〗

mùlti·poténtial *adj.* 〘生物〙 《細胞が》多型潜在性の 《成熟して数種の細胞型のいずれにもなる可能性がある》. 〖1913〗

mùlti·pròcessing *n.* 〘電算〙 多重プロセッシング 《記憶装置を共有する複数の演算処理装置により多数のプログラムを同時に実行させること》. 〖1961〗

múlti·prócessor *n.* 〘電算〙 多重プロセッサー 《複数個のプロセッサーから成るコンピューター》. 〖1961〗

mùlti·prógrammed *adj.* 〘電算〙 多重プログラミングされた. 〖1959〗

mùlti·prógramming *n.* 〘電算〙 多重プログラミング 《一つのコンピューターで同時にいくつかのプログラムを実行すること》. 〖1959〗

mùlti·prónged *adj.* **1** 《槍など》幾つも叉(また)のある, 幾つにも分かれた. **2** 幾つかの要素[面]のある, 多岐にわたる: a ～ problem 多面[多角]的な問題. 〖1957〗

mùlti·púrpose *adj.* 多様の目的に用いる, 多目的の (cf. general-purpose): ～ furniture 万能家具 / a ～ casserole 万能焼き鍋(なべ) / a ～ dam 多目的ダム. 〖1935〗

mùlti·rácial *adj.* 多民族の[から成る]: the ～ population of Malaysia / a ～ society. 〖1923〗

mùlti·rácialism *n.* 多民族共存主義; 多民族共存主義政治[社会]組織. 〖1958〗

mùlti·resístant *adj.* 〘生物〙 《細菌など》多種の抗生物質に対して抵抗性[耐性]のある, 多耐性の. **mùlti·resístance** *n.*

mùlti·róle *adj.* 数多くの役割を果す; 万能の. 〖1970〗

mùlti·scréen *adj.* 〘映画〙 映写画分割(方式)の, マルチスクリーンの 《スクリーンに 4 場面, 8 場面などが対位的に分割映写される方式の》. 〖1967〗

mùlti·sénse *adj.* 多義の: a ～ word. 〖1957〗

mùlti·sénsory *adj.* 多感覚併用の, 多感覚的な 《視覚・聴覚その他の感覚器官を同時に使用する》. 〖1949〗

mùlti·séssion *adj.* 〘電算〙 マルチセッション(対応)の 《CD 上のデータが何回かの追記を経て記録された; またドライブがそのような記録方式に対応した》.

mùlti·spéctral *adj.* 〘写真〙 多スペクトル感応性の: a ～ camera [film] 多スペクトルカメラ[フィルム] 《可視光線・赤外線・超短波のスペクトル放射などに感応するカメラ[フィルム]》. 〖1965〗

mùlti·stáble *adj.* 〘精神医学〙 《知覚が》多肢(た)選択受容の. **mùlti·stabílity** *n.* 〖1952〗

múlti·stàge *adj.* **1** 多段式の (cf. single-stage): a ～ rocket, turbine, etc. **2** 段階的な: a ～ examination 段階的実験. 〖1904〗

mùlti·státe *adj.* **1** 《米》 数州にまたがる(部門をもつ), 多州籍の: a ～ enterprise 多州籍企業. **2** =multinational. 〖1944〗

múlti·stèp hýdroplane *n.* 〘海事〙 多段式水上滑走艇 《船底が前上りの傾斜面平板の数段から成っており, 速力が出るに応じて前から順次水面を離れ, 滑走する方式のモーターボート》.

mùlti·stórey *adj.* 《英》 =multistory.

mùlti·stóried *adj.* =multistory. 〖1918〗

mùlti·stóry *adj.* 《米》 多階の, 高層の: a ～ hotel / a ～ parking lot 多層式駐車場, 立体駐車場. ― *n.* 立体駐車場 (multistory car park). 〖1918〗

mùlti·syllábic *adj.* =polysyllabic.

múlti·sỳllable *n.* =polysyllable. 〖1659〗

múlti·tàsking *n.*, *a.* 〘電算〙 マルチタスク(の) 《1 つの CPU で複数の処理を同時に実行できる利用環境》. 〖1966〗

mùlti·tráck *adj.* 《録音テープが》多重トラックの, マルチトラックの: The echo chamber and the ～ recording offer new technical means of composing. 反響室やマルチトラック録音は作曲上の新しいテクニックを提供している. 〖1958〗

mùlti·túbular *adj.* 多管の. 〖1862〗

mul·ti·tude /mʌ́ltətù:d, -tjù:d | -tɪ̀tjù:d/ *n.* **1** 多数であること: stars in ～ 無数の星 **2** [通例 a ～ of として] 多数: a ～ *of* friends 多数の友人 / a ～ *of* cares 数多い苦労 / In the ～ *of* counselors there is wisdom. 三人寄れば文殊の知恵 (cf. *Prov.* 11:14). **3** 群衆, 大勢(の人), 人込み (⇨ crowd[1] SYN): A great ～ gathered in the streets. 大変な群衆が街路に集まった / amid cheerful ～*s* 群衆歓喜の中で. **4** [the ～] [軽蔑的に] 庶民, 民衆: *the* uneducated ～ 無学な大衆.

cóver a múltitude 《物事が》多くのニュアンス[難点]を隠す[含む] (cf. *1 Pet* 4:8); ありふれた口実に(は)なる.

〖(a1325) □ (O)F ～ ∥ L *multitūdinem*, *multitūdō* ← *multus* much, many: ⇨ multi-, -tude〗

mul·ti·tu·di·nism /mʌ̀ltətú:dənɪ̀zm, -tjú:-, -dn- | -tɪ̀tjú:dɪ̀-, -dn-/ *n.* 《個人よりも多数の利益を優先とすべきであるとする》多数福利主義. 〖(1860): ⇨ multitude, -ism〗

mul·ti·tu·di·nous /mʌ̀ltətú:dənəs, -tjú:-, -dn- | -tɪ̀tjú:dɪ̀nəs, -dn-←/ *adj.* **1** 《まれ》 多数の, おびただしい. **2** 多項目[多部分, 多要素]から成る. **3** 《詩・古》 人込みの, 人だかりの (crowded). **4** 《詩・文語》 広大な (vast): the ～ seas incarnadine ⇨ incarnadine *vt.* **～·ly** *adv.* **～·ness** *n.* 〖(1606) ← L *multitūdin-*, *multitūdō* (⇨ multitude)+-OUS〗

mùlti·únit tùbe *n.* 〘電子工学〙 複合管.

mùlti·úser *adj.* 〘電算〙 マルチユーザーの 《多数のユーザーの仕事を同時にこなす(システム), 多勢が同時に参加できる(ゲーム)など》. 〖1964〗

mul·ti·va·lence /mʌ̀ltɪ̀véɪləns/ *n.* (*also* **mul·ti·va·len·cy** /-si/) **1** 価値の多面性. **2** 〘化学〙 多原子価 (polyvalence). **3** /《米》 mʌltívələns/ 多義性. **4** 〘生物〙 《染色体の》多価性. 〖1882〗

mul·ti·va·lent /mʌ̀ltɪ̀véɪlənt←/ *adj.* **1** 〘化学〙 多原子価の, 多価の (polyvalent). **2** 〘生物〙 多価の: a ～ chromosome 多価染色体 《細胞の減数分裂の時に相同染色体が 2 個ずつ接着するのが普通であるのに, 相同染色体が二つ以上あってそれらが全部一つに接着したもの》. **3** /《米》 mʌltívələnt/ 多義的な. ― *n.* 〘生物〙 多価染色体群. 〖1929〗

mùlti·válued *adj.* **1** 多くの[さまざまの]価値をもつ. **2** 〘数学・論理〙 =many-valued. 〖1934〗

múlti·vàlve 〘動物〙 *adj.* 《貝類が》多弁の. ― *n.* 多弁の軟体動物; 多弁の貝類. 〖1755〗

mùlti·váriable *adj.* 〘統計〙 =multivariate.

mùlti·váriate *adj.* 〘統計〙 多変数[量]の[から成る]: ～ analysis 多変量解析 / ～ normal distribution 多変数の正規分布. 〖1928〗

múlti·vèndor *adj.* 〘電算〙 マルチベンダーの 《異なるメーカーのものを扱う》: ～ networking マルチベンダーネットワーキング / a ～ environment マルチベンダー環境.

múlti·vèrse /-vɜ̀:s | -vɜ̀:s/ *n.* 多元的宇宙 《単一の秩序や原理のない宇宙世界; 特に William James などの多元論で用いられる概念》. 〖(1895) ← MULTI-+(UNI)VERSE〗

mul·ti·ver·si·ty /mʌ̀ltɪ̀vɜ́:səṭi, -sti | -tɪ̀vɜ́:sɪ̀ti/ *n.* 《米》 マルティバーシティ 《(しばしば分散した)多くの学部・公開講堂・キャンパス・校舎などを持つ大規模な大学》, マンモス大学 (polyversity). 〖(1963) ← MULTI-+(UNI)VERSITY: Clark Kerr (1911– : 米国の教育家)の造語〗

mùlti·víbrator *n.* 〘電気〙 マルチバイブレーター 《弛張発振器の一種で各種の方形波を発生するデジタル電子回路の一基本回路》. 〖1919〗

mùlti·vítamin *adj.* 数種のビタミンを含有した. ― *n.* 総合ビタミン剤. 〖1942〗

mul·tiv·o·cal /mʌltívəkəl, -kl/ *adj.* **1** 多種の意味を表す, 多義の, 意味の曖昧な. **2** やかましい, 騒がしい (clamorous). 〖(1810) ← MULTI-+VOCAL〗

mul·ti·vol·tine /mʌ̀ltɪ̀vóʊlti:n | -vɔ́ʊlti:n←/ *adj.* 《昆虫が》多次繁殖(性)の: ～ insects 多次繁殖性の昆虫 《一シーズン中に何度も繁殖する昆虫》. 〖(1874) ← MULTI-+(BI)VOLTINE〗

mùlti·vólume *adj.* 何巻もから成る, 数冊から成る: a ～ atlas 浩瀚(こうかん)な地図書.

mùlti·vólumed *adj.* =multivolume. 〖1963〗

múlti·wày *adj.* 複数の回路[通路]をもつ.

mùlti·wíndow *n.* 〘電算〙 マルチウインドー 《ディスプレー上に複数の独立した領域(ウインドー)を設け, 複数のアプリケーションソフトを同時に利用できるようにした表示方法》.

múlti·wòman *n.* 多国籍企業で働く女性 (cf. multiman).

mul·toc·u·lar /mʌltá(:)kjʊlə | -tɔ́kjʊlə^(r)/ *adj.* 〘生物〙 多眼の. 〖← MULTI-+OCULAR〗

mul·tum in par·vo /mʊ́ltəmɪnpá:voʊ, -tum-, mʌ́ltəm- | -pá:vəʊ/ *L.* 《書物・詩・文章など》形が小さくて中身が多い(こと); 言葉少なで含蓄豊か(に). 〖(1732) □ L *multum in parvō* much in little〗

mul·ture /mʌ́ltʃə | -tʃə^(r)/ *n.* 《英古・スコット》 《粉ひき場の持主に払う》粉ひき場使用料 《通例, 委託する麦またはできた粉の一部》; それを取り立てる権利. 〖(c1300) □ OF *moulture* (F *mouture*) < VL **molitūram* a grinding (of corn) ← *molere* to grind: ⇨ meal[2], mill[1], -ure〗

mul·ty /mʌ́lti/ *n.* 《スコット》 高層アパート.

mum[1] /mʌ́m/ *adj.* [叙述的] 口をつぐんだ, 物を言わない: stand ～ 黙って立っている / (as) ～ as a mouse 少しも口をきかない, 黙りこくって / Keep ～ about this. この事はだれにも言うな. ― *n.* 口をつぐむこと, 沈黙: *Mum's* the word! 黙っているんだぞ, 他言無用. ― *int.* 黙れ, しっ (hush!). 〖(a1376) 《擬音語》 ?: cf. G *mumm*〗

mum[2] /mʌ́m/ *vi.* (**mummed**; **mum·ming**) (cf. mummer) **1** 無言(仮面)劇に出る[を演じる]. **2** 《クリスマス・祭日などに》仮装して出歩く[浮かれて歩く]: go ～-*ming*. 〖(1530) ← MUM[1]: cf. OF *momer* to act in dumb show / Du. *mommen* to mask〗

mum[3] /mʌ́m/ *n.* 《口語》 菊, 菊の花. 〖(1917) 《略》 ← CHRYSANTHEMUM〗

mum[4] /mʌ́m/ *n.* 《英口語》 =mummy[2]. 〖1823〗

mum[5] /mʌ́m/ *n.* 《英俗》 =madam, ma'am.

mum[6] /mʌ́m/ *n.* 《廃》 マム 《ドイツの Brunswick 原産の強いビール》. 〖(1640) □ G *Mumme* ← ? *Christian Mumme* (15 世紀のドイツの醸造業者)〗

Mum·bai /*Hindi* mʊmbaɪ/ *n.* ムンバイ 《Bombay のヒンディー語名で, 1995 年から公式名》.

mum·ble /mʌ́mbl/ *vi.* **1** 《口の中で》もぐもぐ言う, ぶつぶつ言う: ～ to oneself ぶつぶつひとり言を言う. **2** 《まれ》 もぐもぐかむ. ― *vt.* **1** 《はっきりしない発音で》ぶつぶつ[もぐもぐ]言う (⇨ murmur SYN): ～ the answer [an apology] もぐもぐ返事をする[詫びを言う]. **2** 《まれ》 もぐもぐ口を動かす[動かしてかむ]. **3** 唇で愛撫する: ～ a person's cheek. ― *n.* 低くはっきりしない言葉. 〖(c1325) *momele(n)* □ (M) Du *mommelen*: ⇨ mum[1], -le[3]: cf. G *mummeln*〗

mum·ble·de·peg /mʌ́mbldipèg/ *n.* =mumblety-peg.

M

múmble-nèws *n.* 《廃》 告げ口屋 (tale-bearer) (cf. Shak., *Love's L L* 5. 2. 464). 〘*a*1553〙

múmble pèg *n.* =mumblety-peg. 〘*a*1652〙

múm·bler /-blə, -blə | -blə⁽ʳ, -bḷ-/ *n.* **1** 口の中でぶつぶつ言う人; 口をもぐもぐ動かす人. **2** 《英》 =glass-blower. 〘1543〙

múmble-the-pèg *n.* =mumblety-peg. 〘1627〙

mum·ble·ty-peg /mʌ́mbḷtipɛ̀g/ *n.* 《米》 (男の子の) ジャックナイフ投げ 《刃が地面に刺さるように投げる遊戯》. 〘(1627) (変形) ← *mumble-the-peg*: もと他の者がナイフの柄で地面に打ち込んだ木釘 (peg) を負けた者が歯でかみ抜いたことから〙

múm·bling /-blɪŋ, -bḷ-/ *adj.* もぐもぐ言っている[かんでいる]. **～·ly** *adv.* 〘*c*1440〙

mum·bo jum·bo /mʌ́mboʊdʒʌ́mboʊ | -bəʊdʒʌ́m-bəʊ/ *n.* (*pl.* **～s**) **1 a** 何を言っているのか判らない言葉, ちんぷんかんぷん (gibberish). **b** 人を煙に巻く(訳の判らない)行動. **2 a** 呪術的崇拝物. **b** 恐怖の対象. **3** 無意味な儀式. **4** [M- J-] マンボージャンボー 《アフリカの西スーダン地方の黒人部落の守護神; 仮面の男の姿で表される》. 〘(1738) ← ?: cf. Niger-Congo (Mandingo *mā-mā-gyo-mbō* ← *mā-mā* grandmother＋*gyo* trouble＋*mbō* to leave)〙

mum·chance /mʌ́mtʃæns | -tʃɑ̀ːns/ *n.* **1** 《英方言》 だんまり屋(の薄のろ). **2** 《廃》 (昔の)賽(さい)を用いてするゲーム 《賽 (dice) を振る側では勝負相手を選べない; cf. hazard》. ― *adj.* 《古·方言》 黙っている, 無言の (silent). ― *adv.* 《古·方言》 無言で, 黙ったまま. 〘(1528) *mome-chance* ▭ MLG *mummenschanze* a game of dice ← *mummen* to mum＋*schanze* (▭ F *chance* 'CHANCE')〙

mú-méson *n.* 《廃》 《物理》 =muon. 〘(1952) ← MU＋MESON¹〙

Mú·mètal *n.* 《冶金》 ミューメタル 《ニッケル·鉄·銅の高透磁率合金》. 〘(1924) 《略》 ← MUNTZ METAL〙

Mum·ford /mʌ́mfəd | -fəd/, **Lewis** *n.* マンフォード 《1895–1990; 米国の建築·文明評論家; *Technics and Civilization* (1934)》.

mumm /mʌ́m/ *vi.* =mum².

mum·mer /mʌ́mə | -mə⁽ʳ/ *n.* **1 a** パントマイム役者. **b** 《古俗·軽蔑》 役者 (actor). **2** 仮装無言劇 (mummer's play) を演じて歩く(旅)役者. 〘(*c*1405) ▭ OF *momeur* ← *momer* 'to MUM²'〙

M

Mum·mer·set /mʌ́məsɛ̀t | -mə-/ *n.* 《演劇》 ママセットなまり 《役者による, 英国西部の発音を模した田舎なまりの方言》. 〘(1951) ← ? MUMMER＋SOMERSET(SHIRE)〙

múmmer's plày *n.* 仮装無言劇 (mumming play) 《伝統的なイングランドの民間劇; クリスマスに関連したものが多く, 18 世紀および 19 世紀初期に人気があった》.

mum·mer·y /mʌ́məri/ *n.* **1** (パントマイム役者の演じる)だんまり狂言. **2** 《軽蔑》 仰々しい儀式[風習]. 〘(1530) ▭ OF *momerie*: ⇨ mummer, -ery〙

mum·mi·chog /mʌ́mɪtʃɔ̀(ː)g, -tʃɑ̀(ː)g | -mɪtʃɒg/ *n.* 《魚類》 米国産卵生メダカの一種 (*Fundulus heteroclitus*). 〘(1787) ▭ N-Am.-Ind. (Algonquian) *moamitteaúg* 《原義》 they swarm〙

mum·mi·fi·ca·tion /mʌ̀mɪ̀fɪkéɪʃən | -mɪf̬ɪ-/ *n.* ミイラにすること, ミイラ化. 〘(1800) ← MUMMIFY¹＋-FICATION〙

mum·mi·form /mʌ́məfɔ̀əm | -mɪ̀fɔːm/ *adj.* ミイラ状の. 〘(1856) ← MUMMY¹＋-FORM〙

mum·mi·fy /mʌ́məfàɪ | -mɪ̀-/ *vt.* **1** 〈遺体を〉ミイラにする, 防腐保存する. **2** [通例 p.p. 形で] 〈組織·器官を〉ミイラのようにする, 干からびさせる: the *mummified* tissue (ミイラのように)干からびた組織. ― *vi.* ミイラのようになる, 干からびる. 〘(1628) ▭ F *momifier*: ⇨ ↓, -fy〙

mum·ming /mʌ́mɪŋ/ *n.* **1** 伝統的な無言劇の上演 (mumming play). **2** (クリスマスなどの祭りの)変装したお祭り騒ぎ. 〘1417〙

mum·my¹ /mʌ́mi/ *n.* **1** (古代エジプトの)ミイラ. **2 a** ミイラ化した死体. **b** 干からびたもの. **3** やせこけた人; (特に)衰弱した人. **4** 《廃》 ミイラ薬 《古代のミイラの粉末から作った傷薬》. **5** ミイラ褐色 《ピッチ·骨などから調製される暗褐色の絵の具》. **6** (菌性の病気で)萎縮した果実[球根]. **7** 《廃》 死体.

béat to a múmmy 打ちのめす, ぐにゃぐにゃ[めためた]になるまでたたく.

― *vt.* =mummify.

〘(1392) *mum(m)ie* ▭ (O)F *momie* ▭ ML *mumia* ▭ Arab. *mūmiyāʰ* ← Pers. ← *mūm* wax〙

mum·my² /mʌ́mi/ *n.* 《英小児語》 =mamma¹ 1. 〘(1784) (変形) ← MAMMY〙

múmmy càse *n.* (エジプトの)ミイラの棺. 〘1830〙

múmmy clòth *n.* **1** (エジプトで)ミイラを包んだ麻布. **2** 《米》 綿[絹]毛交織のクレープ地. 〘1843〙

múmmy's bòy *n.* 《英》 =mamma's boy. 〘1927〙

múmmy whèat *n.* 《植物》 =poulard wheat. 〘(1842) エジプトのミイラの棺の中から発見されたのにちなむ〙

mump¹ /mʌ́mp/ 《方言》 *vi.* **1** 《英方言》 口をゆがめてしかめっつらをする; ふくれる, すねる. **2** 《英古》 ふさぎ込む, 黙り込む. ― *vt.* 《英方言》 もぐもぐ[ぶつぶつ]言う. ― *n.* 《廃》 しかめっつら (grimace) (⇨ mumps 2). 〘(*a*1586) ← ?Scand. ← IE **mu-* (擬音語): cf. Du. *mompelen* 《変形》 ← *mommelen* to mumble〙

mump² /mʌ́mp/ *vi.* 《英古·方言》 (泣き言を言って)乞食(こじき)をする; だます. 〘(1651) ▭ Du. 《廃》 *mompen* to cheat〙

mump·er /mʌ́mpə, mʌ́m- | -pə⁽ʳ/ *n.* 《英方言》 (泣き言を言って人をだます)乞食. 〘(1673) ← MUMP²＋-ER¹〙

mump·ish /mʌ́mpɪʃ/ *adj.* 不機嫌な, ふさぎ込んだ. 〘1721〙

mumps /mʌ́mps/ *n. pl.* **1** [単数扱い] 《病理》 (流行性)耳下腺炎, ムンプス, おたふくかぜ (epidemic parotitis): develop (the) ～ おたふくかぜにかかる. **2** [the ～] ふくれっつら, 不機嫌: have the ～ すねる, ふくれる. 〘(1598) (pl.) ← MUMP¹ (n.): この病気による顔面のはれをふくれっつらに喩えたもの〙

mump·si·mus /mʌ́mpsɪ̀məs | -sɪ-/ *n.* (*pl.* **～·es**) 謬見(びゅうけん)拘泥者; 頑固にしみついている誤謬, 因習的僻見. 〘(1530) ▭ L *sūmpsimus* we have taken (1st pl. perf. ind.) ← *sūmere* to take; ある司祭がミサ中に誤用したが, 誤りを指摘されても自説を曲げなかったという〙

mum·sy /mʌ́mzi/ *adj.* 《英口語》 〈女性が〉心の温い, 母親のような, おふくろさんのような. ― *n.* [戯言的] おふくろ, 母さん. 〘1961〙

múm-to-bé *n.* 《英口語》 =mother-to-be.

mu·mu /múːmuː/ *n.* =muumuu. 〘1930〙

mun /(弱) mən; (強) mʌ́n/ *auxil.* 《英方言》 =must¹, may¹. 〘▭ ? ON *muna* to remember〙

mun. 《略》 municipal; municipality.

munch /mʌ́ntʃ/ *vt.* 〈食べ物を〉(うまそうに)むしゃむしゃ[ばりばり(音を立てて)]食べる: ～ a cake, an apple, etc. ― *vi.* むしゃむしゃ[ばりばり(音を立てて)]食べる: ～ *at* [*on*] a muffin, doughnut. ― *n.* **1** (音を立てて)食べること; むしゃむしゃ[ばりばり]食べる音. **2** 一かじり. **～·er** *n.* 〘(*a*1325) 《擬音語》?: cf. mumble〙

Munch /mʊ́ŋk; *Norw.* mʊ́ŋk/, **Ed·vard** /ɛ́dvad/ *n.* ムンク 《1863–1944; ノルウェーの表現主義の画家》.

Münch /mʊ́nʃ; *F.* mynʃ/, **Charles** *n.* ミュンシュ 《1891–1968; フランスの指揮者》.

Mun·chau·sen /mʌ́ntʃaʊzən, mʊ́n-, -tʃɔː-, -zn̩ | mʌ́ntʃaʊ-, mʊ́n-, -tʃhàʊ-/, Baron *n.* ミュンヒハウゼン(男爵) (Rudolph Erich Raspe (1737–94) 作の冒険談 *Münchhausen, Narrative of his Marvellous Travels* (1785) の主人公の大ぼら吹きの男). ― *adj.* ミュンヒハウゼンの語る奇抜な冒険談の(ような); 奇抜な, 奇想天外な, 荒唐無稽な. 〘(1854) G *Münchhausen* の英語名〙

Mún·chau·sen·ism /-zənɪ̀zm̩, -zn̩-/ *n.* ほら話, 大ぼら. 〘(1850): ⇨ ↑, -ism〙

Múnchausen('s) sỳndrome *n.* 《精神医学》 ミュンヒハウゼン症候群 《入院治療を受けたくて患者がもっともらしく劇的病状をつくる状態》. 〘(1951) ← *Baron Munchausen*〙

Múnchausen('s) sỳndrome by próxy *n.* 《精神医学》 代理(による)ミュンヒハウゼン症候群 《我が子供を病気だと偽って不必要な治療をしたり, わざと虐待して医師の関心を引こうとするもの》.

Mün·chen /*G.* mʏ́nçn̩/ *n.* ミュンヘン (Munich のドイツ語名).

munch·kin /mʌ́ntʃkɪ̀n | -kɪn/ *n.* 《米》 こびとのような(かわいらしい)人[子供], おちびちゃん; 取るに足らない人, 些事で忙しくしている人. 〘(1900): *The Wonderful Wizard of Oz* に登場するこびとの一族 Munchkin から〙

mun·chies /mʌ́ntʃiz/ *n. pl.* 《口語》 **1** スナック, 軽食. **2** [the ～] 空腹感, 食欲: have the ～ 腹ぺこだ. 〘(1917) *munchie* ← MUNCH＋-IE〙

Mun·cie /mʌ́nsi/ *n.* マンシー 《米国 Indiana 州東部の都市; Lynd 夫妻が Middletown /mɪ́dɪtàʊn/ という仮名で社会調査を行った都市》. 〘← *Munsee* (アメリカインディアンの部族名)〙

Mun·da /mʊ́ndə/ *n.* 《言語》 ムンダ語群 《アウストロアジア語族 (Austroasiatic) に属しインド中東部および南部で用いられる》.

mun·dane /mʌndéɪn, ―́―/ *adj.* **1 a** 現世の, 浮世の, 世俗的な (worldly) (cf. spiritual, heavenly): ～ affairs 俗事 / ～ vanity 世俗的な虚栄. **b** 日常の, 平凡な (⇨ earthly SYN). **2** 世界の, 宇宙の (cosmic): the ～ era 世界創成紀元. **～·ly** *adv.* **～·ness** *n.* 〘(1509) ▭ LL *mundānus* of the world ← L *mundus* universe (← ?) ∽ (?*c*1451) *mondeyne* ▭ (O)F *mondain* ▭ LL: ⇨ -ane¹〙

mun·di·fy /mʌ́ndəfàɪ | -dɪ̀-/ *vt.* 《医学》 〈傷口などを〉洗う, 洗浄する. 〘(1504) ▭ (O)F *mondifier* ∥ LL *mundificāre* ← L *mundus* clean: ⇨ -ify〙

mun·dun·gus /mʌndʌ́ŋ(g)əs/ *n.* 《まれ》 **1** くず, がらくた. **2** モルドンゴ 《悪臭のある固形[かみ]たばこ》. 〘(1637) ▭ Sp. *mondongo*〙

mung¹ /mʌ́ŋ/ *n.* 《植物》 =mung bean.

mung² /mʌ́ŋ/ 《米俗》 *n.* きたないもの, 不潔なもの, どろっとした[ぐちゃっとつぶれた]いやなもの; LSD による不快な気分. ― *vt.* 〈ファイルに〉変更を加える 《しばしば大規模な, また通例原状に戻しえない変更にいう》; 〈ファイル機器を〉だめにする, こわす: ～ up きたなくする, よごす; めちゃくちゃにする.

mun·ga /mʌ́ŋgə/ *n.* 《豪俗·NZ俗》 食物. 〘(1918) ← ? F *manger* to eat ∥ It. *mangiare*〙

múng bèan /mʌ́ŋ-/ *n.* 《植物》 ヤエナリ, ブンドウ(文豆), リョクトウ(緑豆) (*Phaseolus aureus*) 《インド原産のアズキの類で, 特に中国では食用·飼料として盛んに栽培される; その粉ははるさめの原料; green gram ともいう》. 〘(1955) *mung*: (変形) ← Tamil *mūngu* ▭ Skt *mudga*〙

mun·geet /mʌndʒíːt/ *n.* 《植物》 =munjeet.

mun·go /mʌ́ŋgoʊ | -gəʊ/ *n.* (*pl.* **～s**) ムンゴー 《縮絨(しゅくじゅう)された毛織物から回収した再生羊毛; cf. shoddy 1》. 〘(1857) ← 《方言》 *mungo* ← ? MUNGO (↓)〙

Mun·go /mʌ́ŋgoʊ | -gəʊ/ *n.* マンゴー 《男性名》. ★ スコットランドに多い. 〘▭ Gael. ～ 《原義》 amicable〙

mun·goos /mʌ́ŋguːs/ *n.* (*also* **mun·goose** /～/) 《古》 《動物》 =mongoose. 〘← ?〙

mu·ni¹ /mjúːni/ 《米口語》 *adj.* 市営の (municipal). ― *n.* =municipal 1.

mu·ni² /mʊ́ni/ *n.* 《インド》 ムニ 《ヒンズー教や仏教の聖者·苦行者》. 〘(1785) ▭ Skt ～ ← *manyate* he thinks〙

mu·ni·a /mjúːniə/ *n.* 《鳥類》 カエデチョウ科の厚いくちばしをもつアジア産の数種の小鳥 《ギンパラ (*Lonchura malacca*) やベニスズメ (*Amandava amandava*) など》. 〘▭ Hindi *muniyā*〙

Mu·nich¹ /mjúːnɪk/ *n.* ミュンヘン 《ドイツ南部 Bavaria 州の州都; ドイツ語名 München》.

Mu·nich² /mjúːnɪk/ *n.* (外国の圧迫に対する)宥和(ゆうわ), 譲歩; 屈辱的宥和政策 (cf. Munich Agreement).

～·ism /-kɪzm̩/ *n.* 〘(1938) ↓〙

Múnich Agrèement [Pàct] *n.* [the ～] ミュンヘン条約 《1938 年 9 月 29 日 Sudetenland をドイツに割譲することなどを定めたドイツ·英国·フランス·イタリア四国間の条約》. 〘1939〙

mu·nic·i·pal /mjuːnísəpəl, mjʊ-, -pḷ | -sɪ̀-/ *adj.* **1** 自治都市の, 市政の, 市制の, 市営の, 市の: the ～ authorities 市当局 / a ～ bond 市債券 / a ～ debt [loan] 市債 / a ～ council 市会 / a ～ election 市会(議員)選挙 / ～ government 市政, 市当局 / ～ ownership 市有 / a ～ university 市立大学. **2** 一地方に限定された, 小範囲の. **3** 《まれ》 《法律》 内政の, 内治の, 国内の: ～ law 国内法 (cf. international law, natural law). **4** 《ローマ史》 自由市 (municipium) としての権利のある. ― *n.* **1** [通例 *pl.*] 州債, 市債 《州·市地方自治体の発行する公債》. **2** 《ローマ史》 自由市の住民. 〘(*c*1540) ▭ (O)F ∥ L *mūnicipālis*: ⇨ municipium, -al¹〙

munícipal corporátion *n.* 地方[都市]自治体 《市·町など国または州から自治権を認められた統括団体; 国や州に代って公共政策を行う責任がある》.

munícipal cóurt *n.* 《米法》 (訴額の少ない民事事件および警察裁判所と同じ刑事事件の裁判権を持つ)市裁判所. 〘1828〙

munícipal enginéer *n.* 都市設計技師.

munícipal enginéering *n.* 都市設計工学.

mu·níc·i·pal·ism /-lɪ̀zm̩/ *n.* 市·町の自治制, 地方自治主義. 〘1851〙

mu·níc·i·pal·ist /-lɪ̀st | -lɪst/ *n.* 市·町の自治制主義者[専門家], 市制[町制]主義者; 市政通. 〘1859〙

mu·nic·i·pal·i·ty /mjuːnɪ̀səpǽləṭi, mjʊ- | -sɪ̀-pǽlɪ̀ti/ *n.* **1** 都市自治体 (municipal corporation), 自治都市. **2** 市当局; [集合的] 全市民. 〘(1790) ▭ F *municipalité*: ⇨ municipal, -ity〙

mu·nic·i·pal·i·za·tion /mjuːnɪ̀s(ə)pəlɪ̀zéɪʃən, mjʊ- | -nɪ̀sɪ̀pəlaɪ-, -lɪ-/ *n.* **1** 市制を敷くこと, 自治制施行. **2** 市有化, 市営化. 〘1884〙

mu·nic·i·pal·ize /mjuːnísəpəlàɪz, mjʊ- | -nísɪ̀-/ *vt.* **1** …に市制を敷く, 市にする. **2** 市の監督に委ねる, 市有[市営]にする: ～ the subways 地下鉄を市営にする. 〘1880〙

mu·níc·i·pal·ly /-səp(ə)li | -sɪ̀pəli/ *adv.* 市政上, 市制上: be ～ managed 市営である. 〘(*a*1842): ⇨ municipal, -ly¹〙

mu·ni·ci·pi·um /mjùːnəsípiəm | -nɪ̀-/ *n.* 《ローマ史》 自治都市 《本来独立の都市国家であったが, ローマに服属するようになると内政上特定の自治権を与えられた》. 〘(1720) ▭ L *mūnicipium* ← *mūniceps* citizen of a municipium ← *mūnia* civic duties＋*cep-* (← *capere* to take: cf. captive): ⇨ -ium〙

mu·nif·i·cence /mjuːnífəsəns, -sns | -fɪ̀-/ *n.* (惜しげなく与える)気前のよさ: by [through] the ～ of …の好意(ある寄付)によって. 〘(*c*1425) ▭ (O)F ～ ▭ L *mūnificentia* bounty, generosity ← *mūnificus* bountiful, liberal 《原義》 present-making ← *mūnus* duty, gift＋*-ficus* (← *facere* to make, do): ⇨ -ence〙

mu·nif·i·cent /mjuːnífəsənt, -snt | -fɪ̀-/ *adj.* **1** 惜しげなく与える, 鷹揚(おうよう)な, 気前のよい (openhanded, liberal). **2** (贈物が)豪華な. **～·ly** *adv.* **～·ness** *n.* 〘(1583) ← L *mūnificent-* ← *mūnificus* (↑): ⇨ -ent〙

mu·ni·ment /mjúːnəmənt | -nɪ̀-/ *n.* **1** [通例 *pl.*] 《法律》 (権利·特権などを証明する)証書, 不動産権利証書; 記録. **2** 《まれ》 防御(手段), 保護. **3** 《古》 備え付け家具, 備品. **4** 《廃》 装備 (furnishing). 〘(1425) ▭ (O)F ～ ▭ ML *mūnīmentum* document, title deed, (in L) fortification, protection ← L *mūnīre* to protect ← IE **moini-* ← **mei-* (⇨ mural)〙

múniment ròom *n.* 《英》 記録保管室[倉庫] 《大聖堂·大学·大邸宅などに付属し, 地券その他の重要書類を保管する堅固な室》. 〘1661〙

mun·ion /mʌ́njən/ *n.* 《建築》 =munnion.

mu·ni·tion /mjuːníʃən, mjʊ-/ *n.* [しばしば *pl.*; 時に単数動詞と共に] **1** (武器·弾薬·補給品などすべての)軍需品, 軍用品, 資材: ～*s* of war 軍需品 / the Minister of *Munitions* 軍需大臣. **2** [通例 *pl.*] (事業遂行上などの)必要品, 資金. **3 a** 《古》 防備のたしになる施設 《壁·堀など》. **b** 《廃》 要塞, 胸壁. ― *vt.* …に軍需品を供給する: ～ an army. **～·er** /-ʃ(ə)nə | -nə⁽ʳ/ *n.* 〘(1448) ▭ (O)F ～ ▭ L *mūnītiō(n-)* fortification, defense ← *mūnītus* (p.p.) ← *mūnīre* to fortify, defend〙

munítion àrmor *n.* 《甲冑》 (官給の)兵卒用甲冑, 貸し具足.

munítion fàctory *n.* 軍需工場. 〘1909〙

mun·jeet /mʌndʒíːt/ *n.* 《植物》 インドアカネ (⇨ Indian madder 1). 〘(1813) ▭ Hindi *mañjīṭh* < Skt *mañjiṣṭhā*〙

Mun·ká·csy /mʊ́nkɑːtʃi; *Hung.* múnkaːtʃi/, **Mi·há·ly von** /míhaːlj fɔn/ *n.* ムンカーチ 《1844–1900; ハンガリーの画家; 本名 Michael Lieb》.

Mun·nings /mʌ́nɪŋz/, Sir **Alfred James** *n.* マニングス 《1878–1959; 英国の画家; 馬やスポーツの絵を得意とした; ロイヤル·アカデミー(美術家協会)会長 (1944–49)》.

mun·nion /mʌ́njən/ *n.* 《古》〔建築〕=mullion 1. 〖1593–94〗

Mun·ro /mənróu, mʌn- | -ráu/ *n.* (*pl.* ~s)〔登山〕3,000 フィート以上の高峰《本来はスコットランドの山に限られていたが, 現在は英国全土の山についていう》. 〖(1903) ← *H. T. Munro* (1891 年に一覧を発表した)〗

Mun·ro /mənróu, mʌn- | mʌnráu, mən-, mʌ́nrəu/, **H**(ector) **H**(ugh) *n.* マンロー《1870–1916; 英国の小説家; *Reginald* (1904), 筆名 Saki》.

Mun·róe effèct /mənróu-, mʌn- | -ráu-/ *n.*〔軍事〕マンロー効果《弾丸の先端に円錐形または半球形のくぼみを作っておくと鋼鉄[コンクリート]製等の目標物の表面に衝撃波が集中し, 大きな損害を与える効果》. 〖← *C. E. Munroe* (1849–1938: 米国の化学者・発明家)〗

Mún·sell scàle /mʌ́nsəl-, -sḷ-/ *n.* マンセル表色尺度. 〖← *A. H. Munsell* (1858–1918) 米国の画家〗

mun·shi /múːnʃi/ *n.* **1** (インド人の)通訳; 語学教師. **2** (インド人の)書記, 秘書. 〖(1776) ◻ Hindi *munshī*〗

mun·sif, moon·sif /múːnsɪf/ *n.* 《インド》下級判事, ムンスィフ《英領時代にインド人の就任が許された最も下のランクの判事職》. 〖(1812) ◻ Urdu & Pers. ~ ◻ Arab. *múnṣif* (原義) just (*adj.*).〗

Mun·ster /mʌ́nstə | -stə^(r)/ *n.* マンスター《アイルランド共和国南西部の地方; Clare, Cork, Kerry, Limerick, Tipperary, Waterford の 6 州から成る; 面積 24,125 km², 主都 Cork》.

Mün·ster /mʊ́nstə | -stə^(r); *G.* mʏ́nstɐ/ *n.* ミュンスター《ドイツ North Rhine-Westphalia 州の商工業都市; Westphalia 条約締結地 (1648)》.

Mün·ster·berg /mʊ́nstəbə̀ːg | -təbə̀ːg; *G.* mʏ́nstɐbɛʁk/, **Hugo** *n.* ミュンスターベルク《1863–1916; 米国に住んだドイツの心理学者・哲学者》.

munt /mʊ́nt/ *n.* 《南ア・軽蔑》黒人, ズールー人. 〖(1948) ◻ Bantu *umuntu*〗

Mun·the /mʊ́nṭə | -tə; *Swed.* muntə/, **Alex Martin Fredrik** *n.* ムンテ《1857–1949; スウェーデンの精神分析医・作家》.

mun·tin /mʌ́ntṇ, -tɨn | -tɪn/ *n.*〔建築〕**1** 組子(くご), 桟, 中方立《(英) glazing bar, sash bar》《窓・障子・格子(こうし)などで組合わせになった細い桟》. **2** (昔の)窓サッシにはいった縦の桟(さん), マリオン (mullion). **3** (戸・窓・障子などの)縦框(かまち). 〖(1611)《変形》←《古形》*munting, montant* ◻ F *montant* (pres.p.) ← *monter* 'to MOUNT¹'〗

munt·jac /mʌ́n(t)dʒæk, mʌ́ntʃæk/ *n.* (*also* **muntjak** /~/)〔動物〕ムンチャク, ホエジカ, キョン (*Muntiacus muntjak*)《中国・チベット産の小ジカ; その声はイヌの吠え声に似ているので barking deer ともいう》. 〖(1798) ◻ Malay *menjangan* deer〗

Múntz mètal /mʌ́nts-/ *n.*〔冶金〕マンツメタル, 四六黄銅《亜鉛 40% と銅 60% の合金で真鍮の一種; 高温加工用で板・パイプなどにされる; yellow metal, yellow brass ともいう》. 〖(1842) ← *G. F. Muntz* (1794–1857: 1832 年その特許を取った英国人発明者)〗

mun·ye·roo /mʌ̀njərúː/ *n.* 《豪》〔植物〕スベリヒユ科の小さな多汁の草 (*Claytonia balonnensis*)《オーストラリア中央部の先住民が, 黒い種をすりつぶして水で練ったものを食料にしていた》. 〖(1896) ← Pama-Nyungan (Diyari)〗

mu·on /mjúːɑ(ː)n | -ɔn/ *n.*〔物理〕ミューオン, ミュー粒子, μ 粒子《電子の約 207 倍の静止質量をもち, 平均寿命 2.2×10^{-6} sec で自然崩壊する荷電粒子; 軽粒子 (lepton) の一員; 記号 μ; mu-particle ともいう》. 〖(1953) ← MU +(MES)ON²: cf. mesotron〗

mu·on·ic /mjuːɑ́(ː)nɪk | -ɔ́n-/ *adj.*〔物理〕ミュー粒子 (muon) の[を含む, を作り出す] (cf. kaonic, pionic). 〖(1955): ⇨ ↑, -ic¹〗

mu·o·ni·um /mjuːóuniəm | -ə́u-/ *n.*〔物理〕ミューオニウム《陽電荷のミュー粒子と電子から成る水素の同位元素》. 〖(1957) ← MUON+-IUM〗

mú·pàrticle *n.*〔物理〕ミュー粒子 (⇨ muon).

Mup·pet /mʌ́pɨt | -pɪt/ *n.* **1** [しばしば m-] マペット《*Sesame Street* などに出るような, 腕と手指で操られる人形》. **2** [The ~s] マペットショー《米国のテレビバラエティー; The Muppet Show ともいう》. 〖(1970)《変形》? ← PUPPET: cf. marionette〗

mu·rae·nid /mjʊríːnɨd | -nɪd/〔魚類〕*adj.* ウツボ科の. — *n.* =moray. 〖↓〗

Mu·rae·ni·dae /mjʊríːnədìː, -rén- | -nɪ-/ *n. pl.*〔魚類〕ウツボ科. 〖← NL ~ ← L *muraena* (◻ Gk *múraina* sea-eel, lamprey)+-IDAE〗

mu·rage /mjúᵊrɪdʒ | mjúər-/ *n.*〔英史〕城壁税《都市の城壁建築・修繕のために市民に課した税金》. 〖(1423) ◻ (O)F ~ // ML *mūrāgum* ← L *mūrus* wall: ⇨ ↓, -age〗

mu·ral /mjúᵊrəl | mjúər-, mjɔ́ːr-/ *n.* **1** 壁画, 壁飾り; (天井などの)壁面. **2** 《廃》壁. — *adj.* **1 a** 壁の, 壁上の; 壁にかかった, 壁に描いた: a ~ painting 壁画 / a ~ decoration 壁飾り. **b** 壁を思わせる, (壁のように)険しい: a ~ precipice 絶壁. **2** 〈昔の観測儀類が〉壁面に取り付けられた: a ~ quadrant 壁面四分儀 / ⇨ mural circle. 〖(?*a*1439) ◻ (O)F ~ ◻ L *mūrālis* of a wall ← *mūrus* wall ← IE **mei-* to build fences: ⇨ ↑, -al¹〗

múral círcle *n.*〔天文〕壁環《壁に取り付けて用いた昔の観測儀の一種》. 〖1867–77〗

múral crówn *n.* **1** 城壁冠《古代ローマで敵の城壁に一番乗りしてその頂上に軍旗を押し立てた勇士に与えられた胸壁形の金冠; mural coronet ともいう》. **2** 〔紋章〕城壁冠《1 に由来するが, Paris の紋章など都市の紋章のアクセサリーとしての盾の上に配されることが多い》. 〖(1546)《なぞり》← L *corōna mūrālis*〗

mú·ral·ist /-lɨst | -lɪst/ *n.* 壁画家.

mu·rám·ic ácid /mjʊrǽmɪk- | mjʊ(ə)r-, mjɔːr-/ *n.*〔化学〕ムラミン酸 ($C_9H_{17}NO_7$)《酸細胞壁中に存在する》. 〖(1957) *muramic*: ← L *mūrus* wall (⇨ mural)+AM(INE)+-IC¹〗

Mu·ra·no /muːrɑ́ːnou | -nəu; *It.* muráːno/ *n.* ムラノ《イタリア Venice 北部の一地区; ベネツィアラグーナ (Lagoon of VENICE) の 5 つの小島から成り, 橋で連絡している; ガラス製品で知られる》.

Mu·rat¹ /muːrɑ́ːt; *Turk.* muɾat/ *n.* [the ~] ムラート(川)《トルコ東部を西方に流れ Euphrates 川となる川 (722 km)》.

Mu·rat² /mjʊrɑ́ː; *F.* myʀa/, **Joachim** *n.* ミュラ《1767–1815; フランスの元帥, Napoleon 一世の義弟で将軍, Naples 王 (1808–15)》.

Mur·chi·son /mə́ːtʃɨsən, -sṇ | mə́ːtʃɪ-, -kɪ-/, Sir **Roderick Impey** *n.* マーチソン《1792–1871; スコットランドの地質学者》.

Múrchison Fálls *n.* [the ~] マーチソン滝《Kabalega Falls の別称》.

Mur·cia /mə́ːʃə, -ʃiə | mə́ːʃiə, -ʃə; *Sp.* múrθja/ *n.* ムルシア: **1** スペイン南東部の地方, 旧王国. **2** 同地方の都市.

Mur·cott /mə́ːkɑ(ː)t, -kət | mə́ːkɔt/ *n.*〔園芸〕マーコット《実が赤く皮のむきやすい米国産タンゴール (tangor) の品種名; Murcott orange ともいう》. 〖← *C. Murcott Smith* (Florida のオレンジ栽培家)〗

mur·da·bad /múədɑːbɑ̀ːd | múə-/ *vt.* 《インド》(スローガンで)…を倒せ, 打倒… (cf. zindabad). 〖◻ Hindi *murdābād* ← *murdā* dead+*-bād* (precative suf.)〗

mur·der /mə́ːdə | mə́ːdə^(r)/ *n.* **1 a** 謀殺, (凶悪な)殺人, 殺害 (⇨ homicide SYN); 殺意による殺人罪: ~ in the first degree=first-degree ~ 《米法》第一級謀殺《情状酌量の余地のないもので死刑が科される》/ ~ in the second degree=second-degree ~ 《米法》第二級謀殺《情状に幾分酌量の余地あるもので懲役刑が科される》/ do [commit] ~ 人殺しをする / *Murder!* 人殺し / cry '~' 《戯言》大変だと叫ぶ / *Murder* will out [cannot be hid]. 《諺》悪事は必ず露顕する,「天網恢々(かいかい)疎にして漏らさず」/ The ~ is out. 秘密がばれた, 謎が解けた / Sending troops on such an errand is sheer ~. そういう使命で部隊を派遣するのは全くの人殺しだ / War is mass ~. 戦争とは大量殺人である. **b** 殺人事件. **2** 《口語》とても難しい[厄介な, 危険な]仕事, すごくいやなこと: This heat is ~. この暑さはたまらない. **3** 〔遊戯〕殺人遊び《室内の明りを消して擬似殺人を犯したのち, 明りをつけて一人が探偵役になって他の者に質問して犯人を当てる遊び》.

crý [scréam, shóut] blúe múrder 《俗》(不満・反対の)大声をあげる, 大騒ぎする. (*c*1874) ***gèt awáy with múrder*** 《俗》悪いことをしても何事もなく済む, うまく逃れる; 好き勝手なことをする. (1921) ***like blúe múrder*** 《口語》全速力で, 一目散に. (1914)

— *vt.* **1** (犯意をもって)殺す, 殺害する, 惨殺する (⇨ kill¹, 日英比較 SYN). **2 a** 〈語句・言葉遣い・歌・役などを〉(下手な扱い方で)台なしにする, 傷つける, めちゃくちゃにする: ~ a song, the English language, etc. / The actor ~*ed* the part he had to play. その俳優は下手な演技で自分の役を台なしにした. **b** いじめる. **3** 破滅させる. **4** 《口語》徹底的にやっつける. — *vi.* **1** 人殺しをする. **2** 《英口語》うまそうに[がつがつ]食べる[飲む]. ***I could múrder*** …が食べたくて[飲みたくて]たまらない.

〖(*a*1325) *murdre, morthre* < OE *morþor* < Gmc **murþram* (cf. Du. *moord* / G *Mord*) ← IE **mer-* to rub away, harm (L *mors* death): ME *-d-* は OF *murdre* (F *meurtre*) の影響: cf. murther〗

mur·der·ee /mə̀ːdəríː | mə̀ː-/ *n.* 殺人の犠牲者[被害者], 殺された[殺される]人,「害者」. 〖(1920): ⇨ ↑, -ee¹〗

mur·der·er /mə́ːdərə, -drə | mə́ːdərə^(r), -drə^(r)/ *n.* 殺人者[犯人], (殺人の)下手人. 〖(*a*1325): ⇨ murder, -er¹〗

mur·der·ess /mə́ːdərɨs, -drɨs, mə̀ːdərés | mə́ːdərɪs, -drɪs, mə̀ːdərès, ⌐–⌐/ *n.* 女性殺人者. 〖(*a*1393): ⇨ murder, -ess¹〗

mur·der·ous /mə́ːdərəs, -drəs | mə́ːdərəs, -drəs/ *adj.* **1 a** 人殺しの, 殺人の, 殺害の目的をもった; 殺人を引き起こす: a ~ deed [act] 殺人行為, 人殺し / a ~ assault 殺人目的の襲撃 / ~ intent [intention] 殺意. **b** 凶行用の: a ~ weapon 凶器. **2** 人殺しでもしそうな, きわめて残忍な: a ~ ruffian. **3** 《口語》殺人的な, ものすごい; ひどい, すごい, すさまじい: a ~ climate / ~ heat 殺人的な暑さ. **~·ly** *adv.* **~·ness** *n.* 〖(1535): ⇨ murder, -ous〗

Mur·doch /mə́ːdɑ(ː)k | mə́ːdɔk/ *n.* マードック《男性名》. 〖◻ Gael. ~ 'sea man'〗

Mur·doch /mə́ːdɑ(ː)k | mə́ːdɔk/, **(Jean) Iris** *n.* マードック《1919–99; アイルランド生まれの英国の小説家; *Under the Net* (1954)》.

Murdoch, (Keith) Rupert *n.* マードック《1931– ; オーストラリア生まれの新聞社主》.

Murdock, William *n.* マードック《1754–1839; 英国の技師・発明家; James Watt の弟子でガス灯を発明した (1802)》.

mure¹ /mjúə | mjúə^(r), mjɔ́ː^(r)/ *vt.* 《古・詩》壁で囲む, 幽閉する (immure). 〖(1471) ◻ (O)F *murer* < LL *mūrāre* to wall in ← *mūrus* wall: ⇨ mural〗

mure² /mjúə | mjúə^(r), mjɔ́ː^(r)/ *n.* 《廃》壁. 〖(1471) ◻ (O)F *mur* ◻ L *mūrum*: ⇨ mural〗

mu·re·in /mjúᵊriɨn, -riːn | mjúəriɪn, mjɔ́ːr-, -riːn/ *n.*〔化学〕ミュレイン《ムラミン酸ゲルコサミンからなる高分子で細胞壁をつくる》. 〖(1964) ← L *mūrus* wall (⇨ mural)+(PRO)TEIN〗

Mu·reş /múːrɛʃ; *Ruman.* múreʃ/ *n.* [the ~] ムレシュ(川)《ルーマニアの中部を西方に流れハンガリーの南部で Tisza 川に合する川 (885 km); ハンガリー語名 Maros》.

mu·rex /mjúᵊrɛks | mjúər-, mjɔ́ːr-/ *n.* (*pl.* **mu·ri·ces** /-rəsìːz | -rɪ̀-/, ~**·es**) **1** 〔貝類〕アクキガイ《海産のアクキガイ属 (*Murex*) の巻貝の総称; 古代人がそれらから紫色の染料を採った; ツロツブリボラ (*M. trunculus*), シリアツブリボラ (dye murex) など; cf. purple 2》. **2** (海神 Triton が持っている)ほら貝. **3** 赤紫色. 〖(1589) ◻ L *mūrex* purple fish, purple dye〗

mu·rex·ide /mjʊréksaɪd | mjʊ(ə)r-/ *n.*〔化学〕ムレキシド, アンモニウムプルプラート ($C_8H_8N_6O_6$)《緑色の光沢を有する赤色結晶, 水溶液は紫赤色を呈する金属指示薬》. 〖(1838): ⇨ ↑, -ide²〗

muréxide reàction [tèst] *n.*〔生化学〕ムレキシド反応《尿酸誘導体に対する試験法の一つ》.

Mur·frees·bor·o /mə́ːfriːzbə̀ːrə, -fiːz-, -bə̀ːrou | mə́ːfriːzb(ə)rə/ *n.* マーフリーズボロ《米国 Tennessee 州中部の都市》.

mur·geon /mə́ːdʒən | mə́ː-/ *n.* 《スコット》**1** しかめつら, 仏頂づら. **2** (体を曲げる)曲芸. 〖(*a*1400–50) ← ?〗

mu·ri·ate /mjúᵊrièɪt, -riɨt | mjúər-/ *n.*〔化学〕塩化物; (特に)(肥料用)塩化カリウム (potassium chloride). 〖(1790)《逆成》← MURIATIC〗

mu·ri·at·ed /mjúᵊrièɪṭɨd | mjúərièɪt-, mjɔ́ːr-/ *adj.* **1** 〈鉱泉など〉塩化物を含んだ. **2** 鹹水(かんすい)に漬けられた. 〖(1789): ⇨ -ed²〗

mú·ri·at·ic ácid /mjúᵊriǽṭɪk- | mjúəriǽt-, mjɔ́ːr-/ *n.* 塩酸 (hydrochloric acid)《商用語》. 〖(1790) *muriatic*: ◻ L *muriāticus* pickled in brine ← *muria* brine (cf. L *mare* sea): ⇨ -ic¹〗

mu·ri·cate /mjúᵊrəkèɪt, -kɨt | mjúərɪ-, mjɔ́ːr-/ *adj.*〔生物〕堅い刺(とげ)でおおわれた. 〖(1661) ◻ L *mūricātus* ← *mūrex* purple fish+*-ātus* '-ATE²'〗

mú·ri·càt·ed /-kèɪṭɨd | -tɪd/ *adj.* =muricate. 〖1707〗

murices *n.* murex の複数形.

mu·ri·cid /mjúᵊrəsɨd | mjúərɪsɪd, mjɔ́ːr-/ *adj.*, *n.*〔貝類〕アクキガイ科の(貝). 〖(1861): ↓〗

Mu·ric·i·dae /mjʊrísədìː | mjʊ(ə)rísɪ-, mjɔːr-/ *n. pl.*〔貝類〕アクキガイ科. 〖← NL ~ ← L *muric-*, *mūrex* purple fish+-IDAE〗

mu·rid¹ /mjúᵊrɨd | mjúərɪd, mjɔ́ːr-, mú-/ *n.* 《イスラム神秘主義における》弟子. 〖(1815) ◻ Arab. *murīd* ← *rāda* to seek, want〗

mu·rid² /mjúᵊrɨd | mjúərɪd, mjɔ́ːr-/ *adj.*, *n.*〔動物〕ネズミ科の(動物). 〖(1815): ↓〗

Mu·ri·dae /mjúᵊrədìː | mjúərɪ-, mjɔ́ːr-/ *n. pl.*〔動物〕ネズミ科. 〖← NL ~ ← L *mur-*, *mūs* mouse+-IDAE〗

Mur·i·el /mjúᵊriəl | mjúər-, mjɔ́ːr-/ *n.* ミュリエル《女性名》. 〖← ? Celt. ~ (原義) sea-bright: cf. Ir. *Murigheal* (家族名) ← *muir* sea+*geal* bright〗

Mu·ril·lo /mjʊrílou, muríːou, mjʊ- | mjʊ(ə)ríləu, -ríljəu; *Sp.* muríʎo, -jo/, **Bartolomé Esteban** *n.* ムリリョ《1617–82; スペインの宗教画画家》.

mu·rine /mjúᵊraɪn | mjúər-/ *adj.*, *n.*〔動物〕ネズミ科の(動物). 〖(1607) ◻ L *mūrīnus* of a mouse ← *mūs* mouse: ⇨ -ine¹〗

Mu·rine /mjʊríːn/ *n.*〔商標〕ミュリーン《米国 Murine 社製の目薬》.

múrine opòssum *n.*〔動物〕ナミマウスオポッサム, コモリネズミ (*Marmosa murina*)《南米産オポッサム科のネズミに似た顔の有袋目の動物; mouse opposum ともいう》.

múrine týphus *n.*〔病理〕(リケッチア性)発疹熱 (endemic typhus)《リケッチア病原体 (Rickettsia mouseri) によって起こり, ネズミのノミによって人体に伝染し, 頭痛を起こさせる発疹チフス》. 〖1933〗

Mur·ji'·ite /mə́ːdʒiàɪt | mə́ː-/ *n.*〔イスラム教〕ムルジア派《イスラム教徒は死後その信仰のみによって評価されると唱えたイスラム教の一派》. 〖← Arab. *murji'ah* believers in suspension of judgment+-ITE¹〗

murk /mə́ːk | mə́ːk/ *n.* 《文語》暗黒, 陰気. — *adj.* (~·er; ~·est) 《古》暗い, 陰気な (dark, gloomy). 〖lateOE *mirke* ◻ ON *myrkr* gloom: cf. OE *myrce* dark〗

murk·y /mə́ːki | mə́ːki/ *adj.* (**murk·i·er**; **-i·est**) **1 a** (雲がかぶさったように)暗い, 陰気な (⇨ dark SYN). **b** 霧深い; 曇った. **2** 〈意味・表現など〉曖昧な: ~ official rhetoric お役所風の曖昧な[わかりにくい]表現. **3** ほこりをかぶった, よごれた. **4** 後ろ暗い, 恥ずべき: a man with a ~ past. **múrk·i·ly** /-kɨli/ *adv.* **múrk·i·ness** *n.* 〖(*c*1340): ⇨ ↑, -y⁴〗

Múr·man Cóast /múəmən- | múə-; *Russ.* múrmən/ *n.* [the ~] ムルマン沿岸《ロシア連邦北西部の Kola 半島一帯の北極海沿岸地方》.

Mur·mansk /muəmɑ́ːnsk, -mǽnsk, ⌐–⌐ | mə(ː)mɑ́ːnsk; *Russ.* múrmənsk/ *n.* ムルマンスク《ロシア連邦北西部, Murman 沿岸地方にある不凍港》.

mur·mur /mə́ːmə | mə́ːmə^(r)/ *n.* **1** (波・木の葉などの)ざわめき, さらさらいう音: the ~ of a stream [brook] 小川のさらさら流れる音 / make a ~ かすかな音を立てる. **2** かすかな人声, ささやき: a ~ of voices / the ~ of conversation. **3** (ぶつぶつ言う)つぶやき, 不平の声: without a ~ 一言も不平を言わないで. **4** 〔医学〕(聴診して聞える)心雑音 (heart murmur ともいう). **5** 〔音声〕**a** つぶやき(声)《声門の締めつけがゆるく有声の程度が不完全な状態で発せられる音》. **b** 曖昧母音 ([ə] のこと; murmur vowel ともいう; ⇨ schwa 1). **6** 《Shak》うわさ (rumour). — *vi.*

M

1 〈波・葉などが〉ざわめく, さらさら音を立てる: The breeze ～*ed* in the pines. 松風がさらさら音を立てた. **2** 小声で話す, 私語する, ささやく. **3** ぶつぶつとつぶやく, こぼす, ぐずぐず言う〔*at, against*〕. — *vt.* 小声で言う: He ～*ed* words of love in her ear. 彼は愛の言葉を彼女の耳元にささやいた. **～·er** /-mərə | -rə^{r}/ *n.* 〖(*c*1380) □ (O)F *murmure* // L *murmur* (n.) & *murmurāre* (v.): cf. Du. *murmelen*〗

SYN つぶやく: **murmur** 他の人には聞こえないくらい低い声で話す: The little boy *murmured* in his sleep. 男の子は眠りながらつぶやいた. **mutter** 聞き取りにくい低い声で(通例不平・怒りの言葉を)つぶやく: He *muttered* complaints. ぶつぶつと不平を言った. **mumble** 口をあまり開けないで不明瞭に言う: The old man *mumbled* a prayer. 老人はもぐもぐ祈りを唱えた.

---

mur·mur·a·tion /mə̀ːməréiʃən | mə̀ː-/ *n.* **1** 《文語》 ざわめき, つぶやき, ぶつぶつ不平を言うこと〔*of*〕. **2** 《ホシムクドリ (starling) の》群れ〔*of*〕. 〖(*c*1390) □ (O)F ～: ⇨ ↑, -ation〗

múr·mur·ing /-m(ə)rɪŋ/ *adj., n.* ざわめく(音), ささやく(声), つぶやく(声). 〖(*c*1380): ⇨ murmur, -ing^{1,2}〗

múr·mur·ing·ly *adv.* つぶやいて, つぶやくように. 〖(1611): ⇨ ↑, -ly^{1}〗

mur·mur·ous /mə́ːm(ə)rəs | mə́ː-/ *adj.* **1** ざわめく, さらさらいう: the ～ rustle of leaves さらさらという葉擦れの音 / the air subtly ～ with the girls' chorus かすかに少女たちの歌声を伝えてくる空気. **2** ささやく, 低声の; ぶつぶつ言う. **～·ly** *adv.* 〖(1582): ⇨ murmur (n.), -ous〗

Mur·nau /múənau | múə-; G. múʁnau/, **F. W.** *n.* ムルナウ (1889–1931; ドイツの映画監督; 本名 Friedrich Wilhelm Plumpe; 人物の感情の動きをとらえるためにカメラを自由に移動させ, 映画の表現に革命をもたらした; *Der letzte Mann*「最後の人」(1924), *Sunrise*「サンライズ」(1927)).

mur·phy /mə́ːfi | mə́ː-/ *n.* 《口語》 じゃがいも. 〖← *Murphy* (アイルランドに多い家族名: 当地の農夫の主食であることから) 《原義》 sea warrior's descendant〗

Mur·phy /mə́ːfi | mə́ː-/, **William Parry** *n.* マーフィー (1892–1987; 米国の医学者; Nobel 医学生理学賞 (1934)).

Múrphy bèd *n.* 《米・カナダ》 マーフィーベッド《折り畳み式の, または壁に畳み込めるベッド》. 〖(1925) ← W. L. *Murphy* (1876–1959: 米国の発明家)〗

Múrphy gàme *n.* 《米俗》 マーフィーゲーム《売春婦の世話をするとか麻薬の入手方法を教えるなどと言って詐欺的な手段で金を巻きあげる信用詐欺》. 〖1959〗

Múrphy's Láw *n.* マーフィーの法則《経験から生まれた種々のユーモラスな知恵; うまくいかない可能性のあるものはうまくいかない, たいていの仕事は予想したより時間がかかる, など; Sod's law ともいう》. 〖(1958): *Ed Murphy* (米空軍大尉)にちなむとする説もあるが不詳〗

mur·ra /mə́ːrə | márə/ *n.* ムラ石, 蛍(ほたる)石, 半宝石《古代ローマで美しく高価な壺・酒杯などの材料に用いられた飾り石》. 〖(1598) □ L *murr(h)a*: ⇨ murrhine〗

mur·ragh /mə́ːrə | márə/ *n.* 《昆虫》 トビケラ (*Phrygranea grandis*) 《釣り仲間の呼称; マスの好物の虫》. 〖《変形》 ← ? MURREY〗

mur·rain /mə́ːrɨ̀n | márɨ̀n, -reɪn/ *n.* **1** 《獣医》 瘟疫(おんえき) 《家畜の伝染病; 炭疽(たんそ)熱・鵞口瘡(がこうそう)・テキサス牛疫など》. **2** 《古》 疫病 (plague, pestilence): A ～ on [to] you! = *Murrain* take you! [ののしりの言葉として] 疫病にでも取っつかれろ, こん畜生め. 〖(*c*1303) *moreine, moryne* plague □ OF *moraine* (F *morine*) ← VL **morire* = L *mori* to die〗

Mur·ray /mə́ːri | mári/ *n.* [the ～] マレー(川)《オーストラリア Victoria, New South Wales 両州の境界を流れ South Australia 州南東部からインド洋に注ぐオーストラリア最長の川 (2,590 km)》.

Mur·ray /mə́ːri | mári/ *n.* マーリー《男性名》. 〖《スコット》 ～ 《変形》 ← *Murphy*: ⇨ murphy〗

Mur·ray /mə́ːri | mári/, **(George) Gilbert (Aimé)** *n.* マレー (1866–1957; オーストラリア生まれの英国の古典学者; ギリシャ戯曲の翻訳家; *The Rise of the Greek Epic* (1907)).

Murray, Sir **James Augustus Henry** *n.* マレー (1837–1915; 英国の英語学者・辞書編集家; *The Oxford English Dictionary* (1884–1928) の初代編集長).

Murray, Lindley *n.* マレー (1745–1826; 米国生まれの英国の文法家).

Múrray cód *n.* 《魚類》 Murray 川産のスズキの類の食用淡水魚 (*Oligorus macquariensis*). 〖1875〗

murre /mə́ː | mə́ː^{r}/ *n.* (*pl.* ～, ～s) 《米》 《鳥類》 **1** ウミガラス《北方の海に生息するウミスズメ科ウミガラス属 (*Uria*) の潜水性をもつ鳥類の総称; ウミガラス (*U. aalge*), ハシブトウミガラス (*U. lomvia*) など; cf. guillemot》. **2** オオハシウミガラス (razor-billed auk). 〖(1602) ← ? Celt.〗

mur·ree /mə́ːri | mári/ *n.* 《豪》 オーストラリアの先住民, アボリジニー. 〖(1884) □ ? Austral. (Gamilaraay etc.) *mari* (aboriginal) person〗

murre·let /mə́ːlɨ̀t | mə́ː-/ *n.* 《鳥類》 ウミスズメ《北太平洋などに見られるウミスズメ科の潜水性をもつ水鳥の総称》. 〖(1872): ⇨ murre, -let〗

mur·rey /mə́ːri | mári/ *n., adj.* 《英古》 桑の実色(の), 暗紅色(の). 〖(1403) □ OF *morée* ← ML *mōrātus* mulberry-colored ← L *mōrum* 'MULBERRY'〗

mur·rha /mə́ːrə | márə/ *n.* 《まれ》 = murra.

mur·rhine /mə́ːrɨ̀n, -raɪn | márɪn, -raɪn/ *adj.* ムラ石 (murra) 製の: a ～ cup, goblet, vase, etc. — *n.* ムラ石 (murra). 〖(1579) □ L *murr(h)inus* ← *murr(h)a* murra ← ? Iranian: ⇨ -ine^{1}〗

múrrhine gláss *n.* **1** マリーンガラス《古代ローマの主として蛍石でつくったコップに類似していると信じられているガラス器》. **2** 花入りガラス《透明なガラス器で, その中に金属・宝石・色ガラスの花などを封入したもの》.

mur·ri /mə́ːri | mári/ *n.* 《豪》 = murree. 〖1884〗

mur·rine /mə́ːrɨ̀n, -raɪn | márɪn, -raɪn/ *adj., n.* = murrhine.

Mur·row /mə́ːrou | márəu/, **Edward Egbert R(oscoe)** *n.* マロー (1908–1965; 米国のニュースキャスター; 第 2 次世界大戦中ロンドンからドラマチックで正確な報道をしたことで有名).

Mur·rum·bidg·ee /mə̀ːrəmbídʒi | mʌ̀rəm-/ *n.* [the ～] マランビジー(川)《オーストラリア南東部を西方に流れ Murray 川に合流する川 (1,690 km)》.

Mur·ry /mə́ːri | mári/ *n.* マーリー《男性名》. 〖⇨ Murray〗

Mur·ry /mə́ːri | mári/, **John Middleton** *n.* マーリー (1889–1957; 英国の評論家; Katherine Mansfield の夫; *The Problem of Style* (1922)).

mur·ther /mə́ːðə | mə́ːðə^{r}/ *n., v.* 《廃・方言》 = murder. **múr·ther·er** /-ðərə | -rə^{r}/ *n.* 〖OE *morþor*: ⇨ murder〗

mu·ru·mu·ru /mərùːmərúː/ *n.* **1** 《植物》 ムルムル (*Astrocaryum muru muru*) 《ブラジル産のとげの多いヤシの一種》. **2** 《化学》 ムルムル油《murumuru の実の種子から採る油; 主に石鹸の原料になる》. 〖(1853) □ Port. *murumurú* ← Tupi〗

Mu·ru·ro·a /mùːrurόuə | mùrəráuə/ *n.* ムルロア(環礁)《南太平洋のフランス領ポリネシアにある環礁 (atoll); 1966 年以来フランスが核実験場として使用》.

Mur·zuk /múəzuk | múə-/ *n.* ムルズーク《リビア南西部のオアシス集落; Fezzan 地方の中心地》.

mus. 《略》 museum; music; musical; musician.

Mu·sa·ce·ae /mjuːzéɪsiìː/ *n. pl.* 《植物》 バショウ科《大きな葉, 長い果実の房のある熱帯性の植物; バナナなどがある》. 〖← NL ～ ← *Mūsa* (属名: ← Arab. *máwzah* banana) + -ACEAE〗

mu·sa·ceous /mjuːzéɪʃəs/ *adj.* 《植物》 バショウ科 (Masaceae) の[に属する]. 〖(1852): ⇨ ↑, -aceous〗

mu·saf /múːsəf/ *n.* 《ユダヤ教》 ムーサフ《安息日と祝祭日の朝の礼拝の直後の儀式》. 〖□ Mish. Heb. *mūsāph* additional prayer ← Heb. *yāsáph* to add〗

Mu·sa·ge·tes /mjùːsədʒíːtiːz/ *n.* 《ギリシャ神話》 ムーサゲテース《Apollo の呼称の一つ; Muses の守護神であったことからこう呼ばれた》.

MusB, Mus.B, MusBac, Mus.Bac 《略》 *L.* Musicae Baccalaureus (=Bachelor of Music).

musc- /mʌsk/ (母音の前にくるときの) musco- の異形.

Mus·ca /máskə/ *n.* 《天文》 はえ(蠅)座《南天の小星座で南十字星とカメレオン座との間にある; the Fly ともいう》. 〖□ L ～ 'a fly'〗

mus·ca·delle /mʌ̀skədél, ←―/ *n.* (*also* **mus·ca·del** /～/) = muscatel. 〖(?*a*1400) □ OF *muscadel* ← OProv. (dim.) ← *muscat* 'MUSCAT'〗

Mus·ca·det /mʌ́skədèɪ | ←―, ―←; F. myskade/ *n.* ミュスカデ: **1** フランス北西部 Nantes 近くで採れるブドウの一品種. **2** そのブドウから造られる辛口の白ワイン. 〖(1920) □ F ～ ← *muscade* nutmeg □ Prov. *muscada* ← *musc* 'MUSK'〗

mus·ca·dine /mʌ́skədàɪn, -dɨ̀n | -dàɪn, -dɪn/ *n.* **1** 《植物》 米国南部産のブドウの一品種 (*Vitis rotundifolia*) (bullace ともいう; cf. muscat 1). **2** 《古》 = muscatel. 〖(1541) ← ? Prov. MUSCAT: ⇨ -INE^{1}〗

mus·cae vo·li·tan·tes /mʌ́s(k)iːvὰ(ː)lɨ̀tǽntiːz, mʌ́skaɪvòulətáːnteɪs | mʌ́s(k)iːvɔ̀lɪtǽntiːz, mʌ́skaɪvɔ̀lɪtáːnteɪs/ *L. n. pl.* 《眼科》 飛蚊(ひぶん)症 (myodesopsia ともいう). 〖(1797) ← NL ～ 'flies flying about'〗

mus·ca·rine /mʌ́skəriːn, -rɨ̀n | -riːn, -rɪn/ *n.* 《化学》 ムスカリン ($C_8H_{19}NO_3$) 《ベニテングダケ・腐った魚肉などに含まれるアルカロイド; 有毒物質の一つ》. **mus·ca·rin·ic** /mʌ̀skərínɪk←/ *adj.* 〖(1872) □ G *Muskarin* ← NL (*Amanita*) *muscaria* fly (agaric) ← L *muscārius* (adj.) ← *musca* a fly: ⇨ -ine^{3}〗

mus·cat /mʌ́skæt, -kət | -kət, -kæt/ *n.* **1** 《園芸》 マスカット《ヨーロッパ種 *Vitis vinifera* に属する栽培品種のブドウの総称; muscatel の原料》. **2** = muscatel. 〖(*a*1578) □ (O)F ～ □ Prov. ～ (adj.) ← *musc* musk < LL *muscus*: そのにおいが麝香(じゃこう)に似ていることから〗

Mus·cat /mʌ́skæt, -kət | mʌ́skæt, ―←; *Arab.* másqaṭ/ *n.* マスカット《オマーン北東部にある海港で同国の首都》.

Múscat and Omán *n.* マスカットオマーン《オマーンの旧名》.

mus·ca·tel /mʌ̀skətél/ *n.* **1** マスカテル(ワイン)《芳香ある甘口のマスカット (muscat) から造る白ワインで, デザートワイン (dessert wine) にする》. **2** マスカット; マスカットの干しぶどう《房のまま干す》. 〖(?*a*1400) 《異形》 ← MUSCADELLE: cf. OF *muscatel* / It. *moscatello*〗

mus·ca·va·do /mʌ̀skəváːdou, -véɪ- | -dəu/ *n.* (*pl.* ～s) = muscovado. 〖1642〗

Mus·ci /mʌ́saɪ/ *n. pl.* 《植物》 蘚綱. 〖← NL ～ (pl.) ← L *muscus* moss〗

mus·ci- /mʌ́sɨ̀, -si/ musco- の異形 (⇨ -i-).

Mus·ci·cap·i·dae /mʌ̀səkǽpədìː | -sɪkǽpɪ-/ *n. pl.* 《鳥類》 ヒタキ科. **mus·cic·a·pine** /məsíkəpàɪn, -pɨ̀n | -pàɪn, -pɪn/ *adj.* 〖← NL ～ ← *Muscicapa* (属名: ← L *musca* a fly + *capere* to take) + -IDAE〗

mus·cic·o·lous /məsíkələs/ *adj.* 《植物》 〈植物が〉コケ類の枯死体の上に生える. 〖(1856) ← MUSCO- + -CO-LOUS〗

mus·cid /mʌ́sɨ̀d | -sɪd/ 《昆虫》 *adj.* イエバエ(科)の. — *n.* イエバエ《イエバエ科のハエの総称》. 〖(1895) ↓〗

Mus·ci·dae /mʌ́sədìː | -sɪ-/ *n. pl.* 《昆虫》 (双翅目) イエバエ科. 〖← NL ～ ← L *musca* fly〗

mus·cle /mʌ́sl/ *n.* **1** 筋肉; 筋組織 (⇨ neuron 挿絵): ⇨ voluntary muscle, involuntary muscle / not move a ～ (顔の)筋一つ動かしもしない, びくともしない. **2 a** 筋力, 腕力: a man of ～ 腕力のある人. **b** 力, 強制, 圧力: military ～ 軍事力 / economic ～ 経済力 / put ～ into …に圧力をかける; 〈政策などを〉強行する. **c** 肝要部, 核心: cut the ～ from an article 論説から主要部を削る. **3** (肉の)赤身.

— *vt.* **1** [通例 ～ one's way として] 《口語》 腕ずくで押しのける, 強引に押し進む: He ～*d his way to* the front of the crowd [to the top]. しゃにむに群集の前に進み出た[最高位にのし上がった]. **2** …に筋力をつける; 強健にする, …に力をつける: Playing tennis will ～ our arms. — *vi.* **1** 《口語》 **a** 強引に押し進む: ～ *through* a crowd しゃにむに群衆の中を割って進む. **b** 腕ずくで押し入る〔*in, into*〕: ～ *into* the queue. **2** [～ in として] 《俗》 〈他人の領分などに〉割り込む, 縄張りを荒らす〔*on*〕: They tried to ～ *in on* our territory. 彼らは我々の領分に侵入しようとした.

fléx one's múscles (1) 力[肉体]を誇示する; 能力[影響力]を見せつける. (2) 筋肉をほぐす. ***múscle óut*** 《米俗》 追い出す; 除名する (eject). (1950)

〖(1392) □ (O)F ～ // L *mūsculus* little mouse, muscle (dim.) ← *mūs* 'MOUSE': 筋肉の運動が鼠が動くのに似ていることから: ⇨ -le^{1}〗

múscle·bòund *adj.* **1** (運動過多で)筋肉が肥大して弾性を失った. **2** 弾力性に欠ける, 硬直した, こわばった (stiff). 〖(1879): ⇨ BOUND^{1}〗

múscle càr *n.* 《米口語》 スポーツカー《1960 年代の, 車体の割に強力なエンジンを搭載した車》. 〖1969〗

mús·cled *adj.* **1** 筋肉のある, 筋肉の強い. **2** [複合語の第 2 構成素として] …の筋肉の, 筋肉が…の: strong-*muscled* 筋力の強い / a hard-*muscled* arm 筋骨隆々たる腕. 〖(1644) ← MUSCLE (n.) + -ED 2〗

múscle fìber *n.* 《解剖》 筋線維.

múscle·hèad *n.* 《米俗》 鈍物; 腕っぷしの強いやつ.

múscle·less *adj.* 筋肉のない; 弱々しい, ぐにゃぐにゃした. 〖(1841) ← MUSCLE (n.) + -LESS〗

múscle·màn /-mæ̀n/ *n.* (*pl.* **-men** /-mèn/) **1** 《口語》 筋骨隆々たる男《特にボディービルをしている人》. **2** 《俗》 暴力団の手先《おどし屋, 取立て屋, 用心棒など》. 〖1929〗

múscle sènse *n.* 《心理》 筋感覚 (kinesthesia). 〖1895〗

múscle shìrt *n.* (筋骨のたくましさを誇示する)袖なしの T シャツ.

Múscle Shòals /mʌ́sl-/ *n.* [the ～] マッスルショールズ《米国 Alabama 州北西部 Tennessee 川にあった早瀬; Wilson Dam のため水没した》.

múscle spìndle *n.* 《解剖》 筋紡錘(すい) 《筋中に存する感覚神経の末梢器官》. 〖1894〗

múscle sùgar *n.* 《生化学》 筋肉糖 (⇨ inositol 1). 〖1857〗

mus·cly /mʌ́sli, -sli/ *adj.* (特に腕や胸が)筋骨隆々とした. 〖1594〗

mus·co- /mʌ́skou | -kəu/ 「苔(こけ) (moss)」の意の連結形. ★ 時に musci-, 母音の前では通例 musc- になる. 〖← L *muscus* 'MOSS'〗

mus·coid /mʌ́skɔɪd/ *adj.* 苔(こけ)状の. 〖(1841) ← L *muscus* moss + -OID〗

mus·cól·o·gist /-dʒɨ̀st | -dʒɪst/ *n.* 苔(こけ)学者. 〖1818〗

mus·col·o·gy /mʌskά(ː)lədʒi | -kɔ́l-/ *n.* 蘚苔(せんたい)学, 蘚学 (bryology); (特に)苔(こけ)学. **mus·co·log·ic** /mʌ̀skəlά(ː)dʒɪk | -lɔ́dʒ-←/ *adj.* **mùs·co·lóg·i·cal** /-dʒɨ̀kəl, -kl̩ | -dʒɪ-←/ *adj.* 〖(1818) ← NL *muscologia*: ⇨ musco-, -logy〗

mus·cone /mʌ́skoun | -kəun/ *n.* 《化学》 ムスコン ($C_{16}H_{30}O$) 《麝香(じゃこう)の芳香成分; 香料製造に用いる》. 〖← LL *muscus* 'MUSK' + -ONE〗

mus·co·va·do /mʌ̀skəváːdou, -véɪ- | -dəu/ *n.* (*pl.* ～s) 黒砂糖. 〖(1642) □ Sp. (*azúcar*) *mascabado* // Port. (*açucar*) *mascabado* (sugar) of inferior quality, unrefined (p.p.) ← *mascavar* to diminish〗

mus·co·vite /mʌ́skəvàɪt/ *n.* 《鉱物》 白雲母 ($KAl_3Si_3O_{10}(OH)_2$) 《絶縁体に用いる》. 〖(1850) ← *muscovy* (*glass*) + -ITE^{1}〗

Mus·co·vite /mʌ́skəvàɪt/ *n.* **1 a** モスクワ (Moscow) 市民, モスクワの人[住民]. **b** 《古》 ロシア人. **2** 《ロシア史》 モスクワ大公国 (Muscovy) の住民. — *adj.* **1 a** モスクワ(人)の. **b** 《古》 ロシア(人)の. **2** モスクワ大公国(住民)の. 〖(1555) ← NL *Muscovita*: ⇨ Muscovy, -ite^{1}〗

Mus·co·vit·ic /mʌ̀skəvítɪk | -tɪk←/ *adj.* 《古》 = Muscovite.

Mus·co·vy /mʌ́skəvi/ *n.* **1 a** モスクワ大公国 (1271 年ごろ旧モスクワ市を中心に建てられた大公国, のちのロシア帝国の母体; Grand Duchy of Muscovy ともいう). **b** 《古》 ロシア. **2** 《鳥類》 = Muscovy duck. 〖(1573) □ F 《廃》 *Muscovie* (*moscovie*) □ Russ. *Moskva* 'Moscow'〗

Múscovy dúck *n.* 《鳥類》 バリケン (*Cairina moschata*) 《南米産のカモの一種; 肉用として広く飼養される; musk duck ともいう》. 〖(1657) 《変形》 ← *musk duck*: MUSCOVY との連想による〗

mus·cul- /mʌ́skjʊl/ (母音の前にくるときの) musculo- の異形.

mus·cu·lar /mʌ́skjʊlə | -lə$^{(r}$/ *adj.* **1** 筋肉の[による, から成る, に影響を与える]: the ～ system 筋肉組織 / ～ motion [movement] 筋肉運動 / ～ strength 腕力. **2** 筋骨たくましい, 筋骨隆々とした, 強い: a ～ young man. **3 a** 〈表現などが〉線の太い, 力感あふれる, 力強い: ～ music. **b** 〈文体などが〉《繊細さ・優雅さには欠けるが》大胆で迫力のある, 荒削りの: ～ prose. **4** 肉体運動[労働]の, 力仕事の. **～·ly** *adv.* 〘(1681) ← NL *mūsculus* 'MUSCLE'＋-AR¹〙

múscular Christiánity *n.* 筋肉的キリスト教《信仰を盛んにすると同時に肉体を強健にして快活に世を送ることを主義とする》. 〘1857〙

múscular dýstrophy *n.* 〘病理〙筋ジストロフィー, 筋異栄養症《筋萎縮(いしゅく)・脱力・運動障害を来たす疾患群, 単に dystrophy ともいう》. 〘1886〙

mus·cu·lar·i·ty /mʌ̀skjʊlǽrəṭi, -lέr- | -lǽrɪ̝̀ti/ *n.* 筋骨のたくましさ; 強壮, 強健. 〘(1681): ⇨ muscular, -ity〙

múscular rhéumatism *n.* 〘病理〙筋肉リウマチ.

mus·cu·la·ture /mʌ́skjʊlətʃə, -tʃʊ̀ə | -tʃə$^{(r}$, -tjʊ̀ə$^{(r}$/ *n.* 〘解剖〙筋(肉)系. 〘(1875) ◻ F ～: ⇨ muscle, -ate², -ure〙

mus·cu·lo- /mʌ́skjʊloʊ | -ləʊ/「筋(肉) (muscle); 筋肉と…との (muscular and …)」の意の連結形. ★ 母音の前では通例 muscul- になる. 〘◻ LL *musculo-* ← L *mūsculus* 'MUSCLE'〙

mùsculo·skéletal *adj.* 〘解剖〙筋骨の[に関する]. 〘(1944): ⇨ ↑, skeletal〙

MusD, MusDoc, MusDr 《略》*L.* Musicae Doctor (＝Doctor of Music).

muse /mjúːz/ *vi.* **1** 熟考する, 沈思する, 黙想に耽(ふけ)る 〔*on, upon, over*〕 (⇨ ponder SYN): ～ *on* his remark 彼の言葉をじっと考える / ～ *over* past memories 過去の思い出に静かに耽る. **2** 《古》つくづく眺める 〔*on, upon*〕: ～ *upon* a distant view. **3** 《古》驚く; いぶかしむ 〔*at*〕. — *vt.* **1** 熟考する. **2** よく考えて言う. **3** 《古》不思議に思う. **4** 《廃》…に驚く. — *n.* 《古》沈思, 黙想: be lost in a ～ 深い黙想に沈んでいる. 〘(1340) ◻ (O)F *muser* to ponder, loiter ← *muse* (F *museau*) < ML *mūsum* 'MUZZLE': cf. amuse〙

Muse /mjúːz/ *n.* **1** 〘ギリシャ神話〙 **a** ミューズ, ムーサ 《Zeus と Mnemosyne との間に生まれた文芸・学術を司る 9 人の姉妹神の一人; ⇨ Calliope 2, Clio, Erato, Euterpe, Melpomene, Polyhymnia, Terpsichore, Thalia, Urania》. **b** [the ～s] ミューズ[ムーサ]の神々: woo *the* ～*s* 詩神の愛を求める, 詩作に耽(ふけ)る. **2 a** [しばしば m-] (詩人の詞藻の源泉としての)詩神; (その詩神の)詩体, 詩風, 詩才: His ～ became dumb. 彼の詩神は黙した《詩想が湧かなくなった》. **b** 霊感の源泉《特に芸術家に影響を与えた女性》. **3 a** [the ～, the m-] 詩. **b** [the ～s, the muses] 《古》文芸, 美文学 (liberal arts). **4** [m-] 《詩》詩人, 歌人. 〘(*c*1380) ◻ (O)F ～ // L *Mūsa* ◻ Gk *Moûsa* ← ?〙

Mu·see d'Or·say /mjuːzéɪdɔəséɪ | -dɔː-; *F.* myzedɔʀsε/ *n.* [the ～] オルセー美術館《Paris にある美術館; 旧 Orsay 駅の建物を修復して造られた; 写真・工芸なども含めた 19 世紀後半以降の美術を総合的に収蔵; 特に印象派絵画は有名》.

muse·ful /mjúːzfəl, -fl/ *adj.* 《古》物思いに沈んだ, 黙想的な (meditative). **～·ly** *adv.* 〘(*a*1618) ← MUSE (n.)＋-FUL〙

mu·se·og·ra·phy /mjùːziá(ː)grəfi | ziɔ́g-/ *n.* 博物館[美術館]展示物分類[目録作成]学. 〘(1904) ← MUSEUM: ⇨ -o-, -graphy〙

mu·se·ol·o·gy /mjùːziá(ː)lədʒi | -ɔ́l-/ *n.* 博物館学. **mu·se·o·log·i·cal** /mjùːziəlá(ː)dʒɪ̝̀kəl, -kl | -lɔ́dʒɪ-/ *adj.* **mù·se·ól·o·gist** /-dʒɪ̝̀st | -dʒɪst/ *n.* 〘(1885) ← MUSE(UM)＋-O-＋-LOGY〙

mús·er *n.* 沈思者, 黙想者. 〘(*c*1395): ⇨ muse, -er¹〙

mu·sette /mjuːzét, mjʊ-; *F.* myzεt/ *n.* **1 a** ミュゼット, 小風笛《特に 18 世紀にフランスで流行したバグパイプに似た楽器》. **b** 小型のオーボエ (musette pipe ともいう). **2** 風笛曲《風笛の音を模した歌曲》; ミュゼット舞曲《牧歌的な 3 拍子の曲》. **3** ＝musette bag. 〘(*a*1393) ◻ (O)F ～ (dim.) ← *muse* bagpipe ← ML *mūsum* muzzle: ⇨ -ette: cf. muse〙

musétte bàg *n.* 《米》ミュゼットバッグ《ハイキングや行軍の際に食糧などを入れて肩からつるす小型の携帯バッグ》. 〘1934〙

mu·se·um /mjuːzíːəm, mjʊ-/ *n.* 博物館; 記念館; 美術館: a historical [an art, a science] ～ 歴史[美術, 科学]博物館 / the Burns *Museum* (ロバート)バーンズ記念館 / ⇨ British Museum. 〘(1615) ◻ L *Mūsēum* ◻ Gk *Mouseîon* temple of the Muses, place of study, library ← *Moûsa* Muse〙

muséum bèetle *n.* 〘昆虫〙幼虫が博物館などの乾燥標本類を食い荒らすカツオブシムシ科の甲虫 (dermestid).

muséum piece *n.* **1 a** (博物館に保存する価値のある)重要美術品. **b** 逸品, 珍品, 珍重すべき人. **2** 《軽蔑》古風な[時代遅れの]人物, 骨董品. 〘1901〙

Mu·se·ve·ni /mùsəvéni/, **Yoweri Kaguta** *n.* ムセベニ《1944– ; ウガンダの政治家; 大統領 (1986–)》.

Mús·grave Ránges /mʌ́zgreɪv-/ *n. pl.* [the ～] マズグレーブ山脈《オーストラリアの Northern Territory と South Australia の境界に連なる山脈》.

mush¹ /mʌ́ʃ/ *n.* **1** 柔らかい塊り: ～ of snow 解けかかった雪. **2** 《米》とうもろこし粥(がゆ)《とうもろこしの粗挽き粉を水または牛乳で煮た濃い粥》. **3** 《口語》女々しい感傷, 安っぽい涙もろさ, 甘ったるい言葉. **4** 〘海事〙砕氷群. **5** (ラジオの)受信時の(シーという)雑音. **6** 《英俗》口 (mouth), 面(つら). *make a músh of* 《口語》…を台なしにする, めちゃめちゃにする, …でへまをやる. — *vt.* **1** 《英方言》つぶす, ぐにゃぐにゃにする 〈*up*〉. **2** 《俗》感傷的にする 〈*up*〉. — *vi.* **1** くずれる, ぐにゃぐにゃになる. **2** 〈飛行機が〉半ば失速状態で飛ぶ, ふらふら飛ぶ. **3** 《俗》感傷的になる. 〘(1671) 《変形》? ← MASH¹〙

mush² /mʌ́ʃ/ 《カナダ》*vi.* **1** 犬橇(そり)で雪原を旅行をする. **2** (雪や氷の中を)進む, 行く. — *n.* 犬橇による雪原旅行. — *int.* 進め《犬橇の犬をけしかける発声》. 〘(1897) 《変形》← ? F *marchons* let's go ← *marcher* to advance // ◻ Canad.-F *mouche!* run! (imper.) ← F *mouch* fly < L *musca* fly〙

mush³ /mʊ́ʃ/ *n.* 《英俗》〘呼び掛けに用いて〙奴; 君, おい, こら (man). 〘(1936) ← ?〙

mush⁴ /mʌ́ʃ/ *n.* 《俗》こうもり傘. 〘(1821) 《略》← MUSHROOM〙

mush⁵ /mʌ́ʃ/ *n.* 《軍俗》営倉 (prison), 監禁室 (guardroom). 〘(1917) ← ? MUSH¹ (v.)〙

mush⁶ /mʌ́ʃ/ *n.* 《俗》＝moustache. 〘(1967) 《略》← MOUSTACHE〙

mu·shai·ra /mʊʃáɪᵊrə | -ʃáɪərə/ *n.* 《インド》詩会, ムシャーエラー《詩の朗読のコンテスト》. 〘◻ Hindi *muśāīra*〙

músh·er¹ *n.* 犬橇(そり)旅行者. 〘(*c*1900): ⇨ mush², -er¹〙

mush·er² /mʌ́ʃə | -ʃə$^{(r}$/ *n.* 《俗》自営[個人]タクシーの運転手. 〘(1887) 《短縮》← MUSHROOM: 早起きして働くことから〙

músh·hèad *n.* 《俗》ばか, 不器用なやつ.

músh·mòuth *n.* 《米俗》もぐもぐものを言うやつ, 口ごもる人, 言葉のはっきりしない人. 〘cf. mush¹〙

mush·room /mʌ́ʃruːm, -rʊm | -rʊm, -ruːm/ *n.* **1** 〘植物〙キノコ《担子菌亜門の主に担子菌類の褶菌類に属する肉質のキノコの総称》: **a** マッシュルーム《ハラタケ科の食用キノコの総称; cf. toadstool》; (特に)ハラタケ, シャンピニオン (meadow mushroom ともいう); dried ～*s* 干ししいたけ. **b** ＝fungus 1. **2** 形がキノコに似たもの: **a** 《俗》こうもり傘. **b** (昔流行したきのこ形の)婦人用麦藁(わら)帽子. **c** ＝mushroom anchor. **d** ＝mushroom cloud. **3** 急速に成長するもの; 成上がり者, にわか成金. — *adj.* [限定的] **1** きのこの, きのこで作った: a ～ sauce. **2 a** きのこに似た, きのこのような, きのこ形の. **b** (きのこのように)急に成長する, 雨後の筍(たけのこ)式の, 成り上がりの: ～ growth 急速な成長 / a ～ millionaire 成金の百万長者 / a ～ town (特に鉄道沿線の)新興都市. **c** (きのこのように)短命の: ～ existence, fame, etc. — *vi.* **1** きのこを集める, きのこ狩りをする: go ～*ing* きのこ取り[きのこ狩り]に行く. **2** きのこのように早く生じる[広まる, 増える]: The town ～*ed* overnight. その町は一夜にして発生した. **3 a** きのこ形をしている, きのこ状になる. **b** 〈弾丸が〉(物にあたって)平らにひしゃげる. **c** 〈火事がぱっと燃え広がる 〈*out*〉. **～·ing** *n., adj.* 〘(*a*1400) *muscheron* ◻ OF *moisseron* (F *mousseron*) ◻ LL *mussirio(n-)*〙

múshroom ànchor *n.* 〘海事〙きのこ形錨(いかり). 〘1845〙

múshroom clòud *n.* きのこ雲, 原子雲《核爆発の際に生じ, しばしば成層圏にまで達する》. 〘1958〙

múshroom slàb constrùction *n.* 〘建築〙フラットスラブ構造, 無梁(りょう)板構造.

múshroom spàwn *n.* きのこの種菌《馬糞と藁(わら)の堆肥または人工培地の中に菌糸を培養し, 乾かしてれんが状にして商品にしたもの》. 〘1753〙

múshroom vàlve *n.* 〘機械〙きのこ弁. 〘1877〙

múshroom vèntilator *n.* 〘海事〙きのこ形通風筒.

mush·y /mʌ́ʃi/ *adj.* (**mush·i·er**; **-i·est**) **1 a** 粥(かゆ)状の, (粥のように)柔らかい. **b** はっきりしない, ぼやけた (blurred). **2** 《口語》**a** 弱々しい, 女々しい, 涙もろい, 感傷的な (sentimental): ～ stories. **b** 色っぽい, 甘ったるい. **músh·i·ly** /-ʃɪ̝̀li/ *adv.* **músh·i·ness** *n.* 〘(1839) ← MUSH¹＋-Y⁴〙

múshy péas *n. pl.* 《英》煮つぶした豆(料理)《英北部で食される》.

mu·sic /mjúːzɪk/ *n.* **1 a** 音楽: teach ～ / play [make] ～ 音楽を奏する / vocal [instrumental] ～ 声[器]楽 / ⇨ absolute music, program music. **b** [集合的] 音楽作品, 楽曲: the ～ of Wagner / play [discourse, perform, render] ～ 楽曲を演奏する / compose ～ 作曲する / set a song to ～ 歌に曲をつける / ～ while you work (工場などで)仕事中に流し続ける軽音楽. **c** 伴奏: sing to the ～ 音楽に合わせて歌う / a play to the ～ 音楽劇. **2** 楽譜; [集合的] 楽曲集: play without ～ 楽譜なしで弾く, 暗譜で弾く / Have you brought your ～? 楽譜をお持ちになりましたか. **3** 快い調子, 調子のよい音: the ～ of the birds 鳥の歌声 / the ～ of the brook 小川の楽の音 / The birds make ～ all the day. 鳥は終日音楽をかなでる / Her voice was ～ to his ears. 彼女の声は耳に快かった. **4** 音楽鑑賞力, 音感: the man that hath no ～ in himself [in his soul] 音楽を解する心のない者 (cf. Shak., *Merch* V 5. 1. 83). **5** [集合的] 《まれ》楽隊, 合唱隊. **6** 《口語》大喧嘩, 大騒ぎ: rough ～ (ことに, いやがらせの)大騒ぎ. **7** 〘狐狩〙猟犬の吠え声.
fáce the músic 《口語》(過失・浅慮などで自ら招いた)事態に進んで当たる, 報いを甘んじて受ける; 堂々と批判を受ける. 〘1850〙 *màke* (*béautiful* [*swéet*]) *músic* (*togéther*) 《俗》愛の音楽を合奏する (cf. 1 a); 性交する. 〘1969〙
músic of the sphéres [the ―] (神々だけに聞こえ, 人間には聞こえないという)天球の音楽《天球層 (⇨ sphere 6) の運動によって生じる妙音; Pythagoras 学派の説による; cf. HARMONY of the spheres》. 〘1698〙
〘(*c*1250) *musik* ◻ (O)F *musique* ◻ L *mūsica* ◻ Gk *mousikḗ* (*tékhnē*) (art) of the Muses ← *Moûsa* Muse〙

mu·si·ca fic·ta /mjúːzɪ̝̀kəfíktə | -zɪ-/ *n.* 〘音楽〙ムジカ フィクタ《10 世紀から 16 世紀にかけての対位法音楽において半音階的変化音を用いること》. 〘(1800) ◻ ML *mūsica ficta* 《原義》feigned music〙

mu·si·cal /mjúːzɪ̝̀kəl, -kl | -zɪ-/ *adj.* **1** 音楽の, 奏楽の: a ～ composer 作曲家 / a ～ performance 演奏 / a ～ instrument 楽器 / ～ intervals 音程 / a ～ organization 音楽家[好楽家]の団体, 楽団 / ～ scales 音階 / a ～ evening [soirée] 音楽の夕べ, 音楽会. **2** 音楽を伴う, 音楽入りの: a ～ play 音楽劇. **3** 音楽的な, 調子のよい, 音のよい: a ～ voice, sound, etc. **4** 音楽好きの; 音楽の才ある, 音楽を解する: be of a ～ turn 音楽の才がある, 音感がすぐれている. **5** 音楽家の; 音楽愛好家の. — *n.* **1 a** ミュージカル《軽い筋を歌と踊りで運ぶ音楽劇; musical comedy, musical drama, musical play ともいう》. **b** ＝musical film. **2** 《古》＝musicale. **～·ness** *n.* 〘(?*c*1421) ◻ (O)F ～ // ML *mūsicālis* ← L *mūsica* music: ⇨ ↑, -al¹〙

músical áccent *n.* 〘音声〙＝pitch accent.

músical bòx *n.* 《英》＝music box. 〘1829〙

músical búmps *n. pl.* [単数扱い] 〘遊戯〙お歌でドスン《椅子取りゲーム (musical chairs) と同じだが, 椅子は使わない; 音楽が終わった時に地面に腰をおろすのが一番おそかった人がゲームから除かれる》. 〘1932〙

músical cháirs *n. pl.* [単数扱い] **1** 椅子取りゲーム《人数に一脚足りない椅子の周囲を音楽に合わせて回り, 音楽が止んだ瞬間に椅子の奪い合いをする; 座り損ねた者は順次ゲームから除外される》. **2** (成算なく)いろいろ手を打つこと, (多数の者が)限られた利益を競い求めること: play ～ with stocks 株をやたらに売買する. 〘1877〙

músical cómedy *n.* ＝musical 1 a. 〘1765〙

músical dirèctor *n.* ＝music director. 〘1829〙

músical dràma *n.* ＝musical 1 a.

mu·si·cale /mjùːzɪ̝̀kǽl | mjùːzɪkáːl, -kǽl/ *n.* 《米》(社交的催しとしての)音楽会, 音楽パーティー. 〘(1883) ◻ F (*soirée* or *matinée*) *musicale* (fem.) musical (evening or afternoon)〙

M

músical fìlm *n.* ミュージカル映画.

músical glásses *n. pl.* 〘音楽〙＝glass harmonica. 〘1766〙

mu·si·cal·i·ty /mjùːzɪ̝̀kǽləṭi | -zɪkǽlɪ̝̀ti/ *n.* **1** 音楽的なこと, 音楽性. **2** 音楽的才能. 〘(1853): ⇨ musical, -ity〙

mu·si·cal·ize /mjúːzɪ̝̀kəlàɪz | -zɪ-/ *vt.* 〈歌詞・オペラ台本など〉に曲をつける, 節(ふし)をつける. **mu·si·cal·i·za·tion** /mjùːzɪ̝̀kəlɪ̝̀zéɪʃən | -zɪkəlaɪ-, -lɪ-/ *n.* 〘(1919) ← MUSICAL＋-IZE〙

mú·si·cal·ly *adv.* **1** 音楽的に, 美しい音[声]で. **2** 音楽的には[としては]. 〘(1477): ⇨ musical, -ly¹〙

músical plày *n.* ＝musical 1 a.

músical sánd *n.* 鳴き砂.

músical sáw *n.* 音楽鋸(のこぎり), ミュージカルソー《洋式鋸を浅くまた深く曲げ, これを弓で弾くか桴(ばち)で打って楽器として用いる》. 〘1927〙

mù·si·cassétte /mjùːzi-/ *n.* ミュージックカセット(テープ). 〘(1966) ← MUSIC＋CASSETTE〙

músic bòx *n.* 《米》**1** オルゴール. ★「オルゴール」はオランダ語からの借用語. **2** ＝jukebox. 〘1773〙

músic càse *n.* 楽譜ばさみ. 〘1841〙

músic cènter *n.* 《英》コンポーネントステレオ《プレーヤー, チューナー, カセットテープレコーダーを一つのユニットに組み込んだステレオシステム》.

músic dèafness *n.* 〘病理〙音痴 (tone deafness), 失音楽症.

músic dirèctor *n.* (オーケストラなどの)音楽監督, 指揮者.

músic dràma *n.* 〘音楽〙楽劇《Richard Wagner が創始した歌劇の一形式; 指[示]導動機を多用するなどして劇と音楽の緊密な一体化をはかり, 総合芸術としての表現を目指す; 詠唱・叙唱の区別はなく劇の進行を阻害する各幕(場)中の休止はない; cf. leading motive 2, number opera》.

músic hàll *n.* **1** 《米》音楽会場. **2** 《英》**a** (歌・踊り・寸劇などの)ミュージックホール, 演芸場. **b** ミュージックホールのショー, 演芸 (cf. vaudeville 1). 〘1842〙

mu·si·cian /mjuːzíʃən, mjʊ-/ *n.* **1** 音楽家, 音楽のうまい人《特に楽器演奏者をいう》: be a good [poor] ～ 音楽がうまい[へたである] / a street [strolling] ～ 街頭[門付けの]音楽師. **2** ミュージシャン, 作曲家; 演奏者, 演奏家; 指揮者: a jazz ～. 〘(*c*1380) ◻ (O)F *musicien*: ⇨ music, -ian〙

mu·sí·cian·ly *adj.* 音楽家らしい; 音楽の才能[趣味]のある. 〘(1864): ⇨ ↑, -ly²〙

musícian·shìp *n.* 音楽技能[技術], 音楽上の見識, 音楽的感覚[才能]. 〘(1867) ← MUSICIAN＋-SHIP〙

músic lỳre *n.* 〘音楽〙(行進中の楽隊などが楽器や楽員の腕に取り付けて用いる)楽譜台《小型のパート譜を挟む部分が竪琴の形をしている》.

mù·si·cól·o·gist /-dʒɪ̝̀st | -dʒɪst/ *n.* 音楽学者. 〘(1915): ⇨ ↓, -ist〙

mu·si·col·o·gy /mjùːzɪ̝̀ká(ː)lədʒi | -zɪkɔ́l-/ *n.* 音楽学, 音楽理論《特に音楽の特定分野の歴史的研究》. **mu·si·co·log·i·cal** /mjùːzɪ̝̀kəlá(ː)dʒɪ̝̀kəl, -kl | -zɪkəlɔ́dʒɪ-/ *adj.* 〘(1909) ← MUSIC＋-OLOGY〙

músic pàper *n.* 楽譜用紙, 五線紙. 〘1769〙

músic ròll *n.* ミュージック[ピアノ]ロール (piano roll)《自

動ピアノ (player piano) を動かす音楽が打ち抜き式に記録された巻紙). 〘1890〙
músic schòol *n.* 音楽学校. 〘1638〙
músic stànd *n.* 楽譜[譜面]台. 〘1762〙
músic stòol *n.* 演奏用腰掛け《高さを調節できるピアノ演奏者用の椅子》. 〘1834〙
músic thèater *n.* 音楽劇場, ミュージックシアター《伝統的オペラとは異なる現代的な形で音楽と劇を組み合わせたもの; 小人数で演じられることが多い》.
músic vìdeo *n.* ミュージックビデオ《主としてポピュラー音楽で, 曲に合わせて演奏風景やイメージ映像をつけたビデオ》. 〘1981〙
músic wìre *n.* ピアノ線. 〘1823〙
Mu·si·gny /mjù:zi:njí:; *F.* myziɲi/ *n.* ミュジーニ(ワイン)《フランスの Burgundy 地方に産する辛口の赤ワイン》. 〘(1833) ← *Chambolle-Musigny* (フランスの原産地名)〙
Mu·sil /mú:zɪl, -sɪl; *G.* mú:zɪl/, **Robert** *n.* ムージル《1880–1942; オーストリアの作家; *Der Mann ohne Eigenschaften*「特性のない男」(1930–43)》.
mus·ing /mjú:zɪŋ/ *n.* 沈思, 熟考, 黙想. **— *adj.*** 物思いに耽(ふけ)った, 黙想的な. **~·ly** *adv.* 〘(*a*1393): ⇨ muse, -ing[1,2]〙
mu·sique con·crète /mju:zí:kkɔ̃:(ŋ)krét, mjʊ-, -kɔ:ŋ-; *F.* myzikkɔ̃kʀɛt/ *F. n.* 〘音楽〙 ミュジックコンクレート, 具体音楽《川の流れる音・小鳥のさえずり・車の走る音など具体的に存在する音なら何でも素材としてテープなどに録音し, これを機械的・電気的に加工・処理して作品に作り上げたもの; cf. electronic music》. 〘(1952) □ F ~ 'concrete music'〙
mu·sit /mjú:zɪt | -zɪt/ *n.* 《廃・方言》塀の割れ目, (ウサギなどが通り抜ける)穴. 〘(1592) □ OF *mucette* ← *muce* hiding place〙
mus·jid /mʌ́sdʒɪd | -dʒɪd/ *n.* =masjid.
musk /mʌ́sk/ *n.* **1** 麝香(じゃこう)《雄のジャコウジカの腹部から得られる分泌物; 香料に用いる》; 合成麝香. **2 a** 麝香の(ような)香り. **b** 麝香に似た動物分泌物《ジャコウネコ・ジャコウネズミ・カワウソなどの分泌物》. **3** 〘動物〙 ジャコウジカ (musk deer). **4** 〘植物〙 麝香の芳香を発する種々の植物の総称《ミゾホオズキ (monkey flower), ヤマイバラ (musk rose), ムスカリ (grape hyacinth) など》. 〘(*a*1394) □ (O)F *musc* ∥ LL *muscus* □ LGk *móskos, móskhos* □ Pers. & Arab. *mušk* ← ? Skt *muṣka* testicle (dim.) ← *muṣ* 'MOUSE'〙
mus·kal·lunge /mʌ́skəlʌ̀ndʒ/ *n.* (*pl.* ~, ~s) 〘魚類〙 =muskellunge. 〘1794〙
mus·kat /mʌ́skæt, -kət | -kət, -kæt/ *n.* =muscat.
músk bàg *n.* 〘生物〙 麝香(じゃこう)分泌腺《musk gland ともいう》. 〘1681〙
músk càt *n.* **1** 〘動物〙 **a** =civet cat. **b** =genet[1]. **2** 《廃》 **a** =courtesan. **b** 洒落(しゃれ)男, 洒落者. 〘1551〙
músk dèer *n.* 〘動物〙 ジャコウジカ (*Moschus moschiferus*)《中部・東部アジアに産する角なし小鹿; 雄は腹部から麝香を分泌する》. 〘1681〙
músk dùck *n.* 〘鳥類〙 **1** バリケン (⇨ Muscovy duck). **2** ニオイガモ (*Biziura lobata*)《オーストラリア産のカモで交尾期に麝香(じゃこう)のにおいを発する》. 〘1774〙
mus·keg /mʌ́skɛg, -keɪg | -kɛg/ *n.* 《米国北部・カナダなどの, 一面に水苔(ごけ)が発生している》沼地, 湿原. 〘(1865) ← N-Am.-Ind. (Ojibwa) 《原義》grassy bog〙
Mus·ke·gon /məskí:gən/ *n.* マスキーゴン《米国 Michigan 州西部, Michigan 湖畔の港市》. 〘□ Algonquian *Maskegon* 《原義》marsh dwellers: ↑〙
mus·kel·lunge /mʌ́skəlʌ̀ndʒ/ *n.* (*pl.* ~, ~s) 〘魚類〙 カワカマスの一種 (*Esox masquinongy*)《北米東部・中西部産淡水魚; cf. pike[4], pickerel》. 〘(1794) □ N-Am.-Ind. (Ojibwa) *maskinoje* ← *mas* great + *kinoje* pike[1]〙
mus·ket /mʌ́skɪ̣t/ *n.* **1** マスケット銃《16 世紀に用いられ始めた銃腔(こう)に施条(しじょう)のない歩兵銃; rifle の前身》; 小銃. **2** 〘鳥類〙 コノリ《ハイタカ (sparrow hawk) の雄》. 〘(*c*1587) □ F *mousquet* □ It. *moschetto* arrow for a crossbow, 《原義》little fly (dim.) ← *mosca* fly < L *muscam*: ⇨ -et〙
mus·ke·teer /mʌ̀skətíə | -kɪ̣tíə^(r)/ *n.* **1** マスケット銃兵[銃士]. **2** 飲み仲間[友達], 仲良し (A. Dumas の小説 *Les Trois Mousquetaires* から). 〘(1590): ⇨ musket, -eer: cf. F *mousquetaire*〙
mus·ke·toon /mʌ̀skətú:n | -kɪ̣-/ *n.* (銃腔が大きく銃身の短い昔の)マスケット短銃. 〘(1638) □ F *mousqueton* □ It. *moschettone*: ⇨ musket, -oon〙
mus·ket·ry /mʌ́skɪtri, -kət-/ *n.* **1** [集合的] マスケット銃 (muskets); マスケット銃隊. **2** 小銃操法[射撃術]. 〘(1646) □ F *mousqueterie*: ⇨ musket, -ery〙
músket shòt *n.* 小銃弾; 小銃射程. 〘1590〙
músk·flòwer *n.* 〘植物〙 =musk plant.
músk glànd *n.* 〘生物〙 =musk bag.
Mus·kho·ge·an /mʌskóugiən, məs- | -kəʊ-/ *n.* =Muskogean. 〘1891〙
mus·kie /mʌ́ski/ *n.* 《カナダ口語》〘魚類〙 =muskellunge. 〘(短縮)〙
Mus·kie /mʌ́ski/, **Edmund** (**Sixtus**) *n.* マスキー《1914–96; 米国民主党の政治家: Maine 州知事 (1955–59), 同州出身上院議員 (1958), 国務長官 (1980–81)》.
Múskie Àct *n.* [the ~] マスキー法《自動車の排ガス規制などを盛り込んだ大気清浄法 (Clean Air Act) の通称; 1970 年施行》. 〘↑〙
músk màllow *n.* 〘植物〙 **1 a** ジャコウアオイ (*Malva moschata*)《ヨーロッパ産のアオイ科の植物; musk rose ともいう》. **2** トロロアオイモドキ (⇨ abelmosk). 〘1785〙
músk·mèlon *n.* 〘園芸〙 **1 a** マスクメロン (*Cucumis melo* var. *reticulatus*)《芳香の強い網メロン; フユメロン (winter melon) を含める場合もある》. **b** マスクメロン《その実》. **2** =cantaloupe 1. **3** マスクメロンに類したウリ《カサバ (casaba) など》. 〘1573〙
Mus·ko·ge·an /mʌskóugiən, məs- | -kəʊ-/ *n.* **1** マスコギアン語族《米国南東部に行われる Choctaw, Chickasaw および Creek の諸族の言語を含むアメリカインディアン語族中の主要な語族》. **2** [the ~s] マスコギアン族. **— *adj.*** マスコギアン語族の. 〘(1891) その代表種族の名〙
Mus·ko·gee /mʌskóugi, məs- | -kəʊ-/ *n.* (*pl.* ~, ~s) **1 a** [the ~(s)] マスコギー族《米国 Georgia 州, Alabama 州東部など出身の混血インディアン》. **b** マスコギー族の人. **2** マスコギー語. **3** マスコギー《米国 Oklahoma 州東部の都市》. 〘(1775) ← N-Am.-Ind. (? Algonquian)〙
mus·kone /mʌ́skoun | -kəun/ *n.* 〘化学〙 =muscone.
músk òrchid *n.* 〘植物〙 クシロチドリ (*Herminium monorchis*)《ラン科ムカゴソウ属》.
músk òx *n.* 〘動物〙 ジャコウウシ (*Ovibos moschatus*)《グリーンランドと北米の不毛地にすむ》. 〘1744〙

musk ox

músk pàrrot *n.* 〘鳥類〙 ジャコウインコ (*Prosopeia tabuensis*)《Fiji 諸島産の芳香を発するインコ》.
músk plànt *n.* 〘植物〙 ジャコウミゾホオズキ (*Mimulus moschatus*)《ゴマノハグサ科の草本》. 〘1785〙
músk·ràt *n.* (*pl.* ~, ~s) **1** 〘動物〙 マスクラット, ニオイネズミ (*Ondatra zibethica*)《北米各地の水辺に生息する; ヨーロッパ・日本の本州では野生化している; muskrat beaver ともいう》. **2** マスクラットの毛皮: a ~ coat. 〘1620〙
músk ròse *n.* 〘植物〙 **1** ヤマイバラ (*Rosa moschata*)《地中海地方産の芳香のあるバラ科の植物》. **2** ジャコウアオイ (⇨ musk mallow 1). 〘1577〙
músk shrèw *n.* 〘動物〙 ジャコウネズミ (*Crocidura*)《東南アジア・九州産》. 〘1834〙
músk thìstle *n.* 〘植物〙 ユーラシア大陸原産で北米にも自生するキク科のヤハズアザミの一種 (*Carduus nutans*). 〘1731〙
músk trèe *n.* 〘植物〙 オーストラリア産の各種の麝香(じゃこう)の木の総称《ジャコウノキ (muskwood) など》. 〘1848〙
músk tùrtle *n.* 〘動物〙 カミツキガメ科ニオイガメ属 (*Sternotherus*) またはドロガメ属 (*Kinosternon*) のカメの総称; (特に)ニオイガメ (*S. odoratus*)《北米・中米の淡水産のカメ; 麝香のような強い芳香を発する》. 〘1885〙
músk·wòod *n.* 〘植物〙 **1 a** ジャコウノキ (*Olearia argophylla*)《オーストラリア産キク科の樹木》. **b** ジャコウノキ材《芳香のある白色の家具材》. **2 a** アメリカジャコウノキ (*Guarea trichilioides*)《熱帯アメリカ産センダン科の樹木》. **b** アメリカジャコウノキ材《赤褐色で芳香がありマホガニー材の代用品となる》. 〘1725〙
musk·y[1] /mʌ́ski/ *adj.* (**musk·i·er; -i·est**) 麝香のような(香りのする). **músk·i·ness** *n.* 〘(*c*1610 ← MUSK + -Y[4])〙
mus·ky[2] /mʌ́ski/ *n.* 《口語》〘魚類〙 =muskellunge. 〘(1894): ⇨ muskellunge〙
Mus·lem /mʌ́zlə̣m, mʌ́s-, múz-, mús- | múz-, mús-, mʌ́s-/ *n.* (*pl.* ~s, ~) =Muslim 1. **— *adj.*** =Muslim.
Mús·lem·ìsm /-mìzm/ *n.* =Islam.
Mus·lim /mʌ́zlə̣m, mʌ́s-, múz-, mús- | múz-, mús-, mʌ́s-/ *n.* (*pl.* ~s, ~) **1** イスラム教徒 (Muhammadan)《イスラム教徒自身の用いる語》. **2** =Black Muslim. **— *adj.*** イスラム教(徒)の; イスラム文明[律法]の: ~ lands イスラム教国. 〘(1615) □ Arab. *múslim* one submitting, i.e. one accepting Islam ← *áslama* to submit oneself: cf. Islam〙
Múslim Bróthерhood *n.* [the ~] ムスリム同胞団《1928 年に組織されて第 2 次大戦後のエジプトで大きな勢力をもった, イスラム教的な社会改革を目指す政治結社》.
Múslim cálendar *n.* =Islamic calendar.
Múslim éra *n.* [the ~] =Muhammadan era.
Mús·lim·ìsm /-mìzm/ *n.* =Islam.
Múslim Léague *n.* [the ~] ムスリム連盟《パキスタンの政党; 1906 年, インドのイスラム教徒の権利を守るために結成された; 1940 年以後はパキスタン独立の推進力となり, 47 年独立後は与党として政権を担当》.
mus·lin /mʌ́zlɪ̣n/ *n.* 〘紡織〙 **1** 綿モスリン, 新モス《経(たて), 緯(よこ)に単糸を用いた柔らかい織物》. **2** 《米》木綿地, キャラコ. **3** [集合的]《古・俗》女: a bit of ~ 女, 女の子. 〘(1609) □ F *mousseline* □ It. *mussolina* muslin ← *Mussolo* Mosul (メソポタミアにある最初の製造地): cf. mousseline〙
múslin deláine *n.* 〘紡織〙 =delaine 1. 〘1835〙
mus·lin·et /mʌ̀zlɪ̣nét, ―⌣―/ *n.* (*also* **mus·lin·ette** /~/) 《古》〘紡織〙 厚手の綿モスリン. 〘(1787): ⇨ muslin, -et〙
múslin kàil *n.* 《スコット》大麦の粥(かゆ); 大麦と野菜から作ったスープ. 〘(1785) ? MUSLIN (その薄さから)〙
MusM 《略》 *L.* Musicae Magister (=Master of Music).
mu·so /mjú:zou | -zəʊ/ *n.* (*pl.* ~s) 《英口語》 **1** (技巧に走る)ミュージシャン; ロックミュージシャン. **2** 熱狂的な音楽ファン. 〘← MUS(ICIAN) + -O〙
Mu·so·phag·i·dae /mjù:səfǽdʒədì: | -dʒɪ-/ *n. pl.* 〘鳥類〙 エボシドリ科. **mu·soph·a·gine** /mju:sɑ́(:)fədʒàɪn, -dʒɪ̣n | -sɔ́fədʒàɪn, -dʒɪn/ *adj.* 〘← NL ~ ← *Musophaga* (属名: ← *mūsa* (□ Arab. *máwza^h* banana) + *-phaga* (⇨ -phage) + -IDAE〙
Mu·sorg·ski /mu:sɔ́əgski, mə-, -zɔ́əg-, -kski | -sɔ́:gski, -zɔ́:g-; *Russ.* músərkskʲij/ *n.* =Mussorgsky.
Mus·pel·heim /múspəlhèrm, -pɪ̣-/ *n.* 〘北欧神話〙 ムスペルヘイム《南の火の燃えさかる酷熱の国; Niflheim の対極に位置し, それらの間に Ginnungagap がある》. 〘□ ON *Mūspells-heimr*〙
mus·quash /mʌ́skwɑ(:)ʃ, -kwɔ(:)ʃ | -kwɔʃ/ *n.* **1** =muskrat 1. **2** 《英》=muskrat 2. 〘(1624) ← N-Am.-Ind. (Abnaki, Ojibwa) 《原義》it is red; red animal, muskrat〙
muss /mʌ́s/ 《米・カナダ口語》 *n.* **1** 乱雑, 混乱, ごったがえし. **2** 《方言》騒動, けんか. **3** 《廃・方言》物拾いゲーム《小さな物を投げてそれを争って拾う遊び》. **— *vt.*** **1** 乱雑にする, めちゃめちゃにする, きたなくする; 混乱させる ⟨*up*⟩. **2** ⟨衣服・髪などを⟩くしゃくしゃにする ⟨*up*⟩. **3** 手荒く扱う, たたく ⟨*up*⟩. 〘(1837)《変形》← ? MESS〙
mus·sal /məsɑ́:l/ *n.* 《インド》たいまつ. 〘(1698) □ Urdu *mas(h)āl* ← Arab. *máš'al* lamp, torch ← *šá'ala* to kindle〙
mus·sel /mʌ́səl, -sl/ *n.* 〘貝類〙 **1** ムラサキイガイ (*Mytilus edulis*)《イガイ科ムラサキイガイ属の食用の海産二枚貝; moule ともいう》. **2** イシガイ科ドブガイ属 (*Anodonta*), *Unio* 属などの淡水産二枚貝の総称. 〘lateOE *mus(c)le* < (WGmc) **muskul* (Du. *mossel* / G *Muschel*) □ VL **muscula* =L *mūsculus* 'MUSCLE'〙
mússel cràb *n.* 〘動物〙 カクレガニ科のカニの一種 (*Pinnotheres maculatus*)《ムラサキイガイなどの外套腔中に寄生する》. 〘1895〙
mússel scàle *n.* 〘昆虫〙 マッセル スケール《観賞植物に有害なカイガラムシ (*Lepidosaphes ulmi*) の一種》. 〘1853〙
Mus·set /mju:séɪ; *F.* mysɛ/, **Alfred de** *n.* ミュッセ《1810–57; フランスの詩人・劇作家・物語作家; 本名 Louis Charles Alfred de Musset》.
mus·si·ta·tion /mʌ̀sətéɪʃən | -sɪ̣-/ *n.* **1** 〘病理〙 呟語(げんご)《重症患者に見られる発語のない口唇の運動》. **2** つぶやき, 口ごもり. 〘(1649) □ L *mussitātiō(n-)* ← *mussitāre* to mutter (freq.) ← *mussāre*: ⇨ -ation〙
Mus·so·li·ni /mùsəlí:ni, mʊ̀s- | mùs-, mʌ̀s-; *It.* mussolí:ni/, **Benito** *n.* ムッソリーニ《1883–1945; イタリアの政治家・国家ファシスタ党 (Fascisti) の首領, 独裁首相 (1922–43); パルチザンによって逮捕処刑された; 通称 Il Duce》.
Mus·sorg·sky /mu:sɔ́əgski, mə-, -zɔ́əg-, -kski | -sɔ́:gski, -zɔ́:g-; *Russ.* músərkskʲij/, **Mo·dest** /mədést/ **Petrovich** *n.* ムソルグスキー《1839–81; ロシアの作曲家; *Boris Godunov*「ボリスゴドゥノフ」(オペラ, 1869–72), *Pictures at an Exhibition*「展覧会の絵」(1874)》.
Mus·sul·man /mʌ́səlmən -sl-/ *n.* (*pl.* ~s, -men /-mən/) 《古》イスラム教徒 (Muslim). 〘(1563–83) □ Pers. *musulmān* ← *muslim* Moslem (□ Arab. *múslim* 'MUSLIM') + *-ān* (pl. suf.)〙
mus·sy /mʌ́si/ *adj.* (**muss·i·er; -si·est**) 《米口語》 **1** 乱雑な, ごたごたした, だらしない; くしゃくしゃの. **2** 混乱した. **mús·si·ly** /-sə̣li/ *adv.* **mús·si·ness** *n.* 〘(1859) ← MUSS (n.) + -Y[4]〙
must[1] /(弱) məs(t); (強) mʌ́st/ *auxil. v.* (現在・過去形 **must**; 否定 **must not**, 《口語》 **mustn't** /mʌ́sn(t)/) **1** [必要] …ねばならない: We ~ eat to live. 人は生きるために食べなければならない / Boys ~ amuse themselves somehow. 子供には何らかの遊びが必要だ / One ~ live long to see how short life is. 長生きしてみないと人生がいかに短いかわからないものだ.

語法 (1) 否定は need not, do not have to, haven't got to. (2) 過去・未来・完了などの形の欠けたものは have to で補う: I ~ [shall *have to*] go today [tomorrow]. 今日[明日]行かなければならない / I *had to* go yesterday. きのう行かなければならなかった / I have *had to* go three times already. 今まで三度行かなければならなかった / I won't *have to* go there. 私は行かなくてもいいでしょう. (3) 過去の場合でも間接話法または回想的な意味では must を用いる: I told him what he ~ [had to] do. 彼に何をすべきか教えてやった / It was too late to go back; we ~ go on or fail. もう引き返すわけにはいかなかった, そのまま続けていくか失敗するかのどちらかだった. (4) 《古・詩》では方向の副詞語句の前で go, get など運動の動詞を略すことがある: I ~ (go) away. 去らなければならない / I ~ (go) down to the seas again. また海へ行かねばならぬ (John Masefield, *Sea Fever*).

---

2 a [強制・命令] …ねばならない: You ~ do as you are told. 言いつけられたようにしなさい / You ~ hear my side of the story. こっちの話も聞いてくれなくちゃ困る / It ~ be found. それは捜し出さなければならない. **b** [must not で禁止] …してはいけない: You ~ *not* tell lies. 嘘を言ってはいけない / It ~ *not* be done. そんな事はしてはいけない. **3** [義務] …べきである: We ~ obey the rules. その規約には従わねばならない / You ~ see what can be done. 何ができるか確かめるべきである / I ~ ask you to retract that. それを取り消すようにお願いします / You ~ know. 知っておいてもらおう / I ~ say (…). (…と)言わざるを得ない / Your cooking especially lovely, I ~ say [admit]! きょうの君の料理は本当に特にすばらしいよ / It ~ be remembered

[noted] that ...は注目に値する.
4 [主張] どうしても…しなければならない: He ~ always have his own way. 彼はいつも自分の思い通りにしなければ承知しない / Why ~ you be so stubborn? どうしてそんなに強情を張るのか / *Must* you slam the door? ドアをばたんと閉めないと気が済まないのかね《皮肉》/ If you ~, you ~. ぜひと言うなら仕方がない / Do it if you ~. どうしてもやりたいのならやれ / If you really ~ know, I love him deeply. どうしても知りたいと言うなら言いますけど, 私は彼を深く愛しているんです. ★ must に強勢がある; 過去も同形: She said she (simply [absolutely]) ~ see the manager. (単に[ぜひ])支配人に会いたいと言った.
5 [論理的な推定] …に相違ない, きっと…だろう: He ~ (surely) be aware of this. 彼はこれを知っているにちがいない / He ~ be out of his mind to say that. そんなことを言うなんて彼は気が違っているに相違ない / You ~ be tired. さぞお疲れのことでしょう / You ~ be joking. きっと冗談をおっしゃっているんでしょう.

語法 (1) この用法の must は通例進行形・完了形の不定詞を伴うことが多いが,「義務」を表すこともある: She ~ have been a beauty in her day. 若い時はさぞかし美人であったろう / What a sight it ~ have been! さぞ壮観であったろう / I ~ not [~n't] have been listening. きっと私はよく聞いていなかったのだろう (cf. 2 b). / I ~ be going now. もうおいとましなければなりません. (2) 疑問文には用いない. (3) 過去も同形: You ~ (=would surely) have caught the ball if you had run. もし走ったら君はきっとボールがとれたであろうに / I said he ~ have lost his way. 彼は道に迷ったに違いないと私は言った. (4) 否定は cannot [could not] (have+p.p.) で表される. ただし,《米》ではこの意味で must not を用いることがある: It *cannot* be true. 本当であるはずがない / She looks ill; she ~ not [can't] be eating enough. 彼女は病気らしい. きっとあまり食べられないのでしょう.

---

6 [必然] 必ず…する: All men ~ die. すべての人間は必ず死ぬ / War ~ (necessarily [inevitably]) follow. 必ず戦争になる, 戦争は避けられまい / You ~ lose, whatever happens. どっちみち君の損[負け]になる.
7 《口語》[過去のあいにくの出来事] あいにく…した: Just when I was dropping off, a door ~ bang. ちょうどうとうとしかけたとき意地悪くも戸がばたんと音をたてた / Just as I was busiest, he ~ come worrying. 時もあろうに一番忙しい時に彼が邪魔しに来たとは(いまいましい). ★ この用法は過去時制または史的現在時制と考えられる.
8 《方言》=may, shall 《主に疑問文で用いられる》.
— *vi.* 《古》行かねばならない: I ~ to Coventry. コベントリーに行かねばならない (Shak.)
〚ME *moste* < OE *mōste* (pret.) ← *mōt* may, can, am free to (cf. mote[2]) < Gmc **mōtan* (Du. *moet* / G *muss* (lst & 3rd pers.) ← *müssen* to be obliged) ← ? IE **med-* to take appropriate measures〛
must[2] /mʌ́st/ *adj.* 《口語》絶対必要な, 肝要な: ~ legislation 必要な立法 / ~ reading 必読の記事 / a ~ book 必読書 / ~ bills 重要法案. — *n.* 《口語》絶対必要なもの[こと]; 〔新聞〕(必ず掲載するべき)重要記事《原稿に 'must' と書く》: This article is a ~. / A good map is an absolute ~ *for* tourists. よい地図は旅行者に絶対必要なものである.
must[3] /mʌ́st/ *n.* 発酵前のブドウ液, 新ワイン. 〚OE ~ □ L *mustum* 《原義》new 《略》← *vīnum mustum* fresh wine〛
must[4] /mʌ́st/ *n.* かび臭いこと; かび. — *vi.* かびる. 〚《1602》《尾音消失》← MUSTY〛
must[5] /mʌ́st/ *n.*, *adj.* =musth.
must[6] /mʌ́st/ *n.* 麝香(じゃこう) (musk). 〚《1488》□ OF *must* 《変形》← *musc* 'MUSK'〛
mus·tache /mʌ́stæʃ, məstǽʃ | məstɑ́:ʃ, mus-/ *n.* **1** [しばしば *pl.*] 上髭(ひげ), (特に上下の)口髭 (⇨ beard 挿絵): wear a ~ [a pair of ~s] 口髭を生やしている. **2** (動物の)髭. **3** 〔鳥類〕 **a** (目の下の)色の筋. **b** (頭の側面の)伸びた羽毛. **~d** *adj.* 〚《1585》□ F ~ □ It. *mostaccio* ← MGk *moustaki* ← Gk *mústax* jaw, upper lip, moustache: cf. masticate〛
mústache cùp *n.* 髭(ひげ)よけ茶わん《髭を濡らさないように内側の上部に髭支えのついたカップ》.
mus·ta·chi·o /məstǽʃiòu, -tɑ́:ʃ- | -tɑ́:ʃiəu, -tǽʃ-/ *n.* (*pl.* **~s**) =mustache. **~ed** *adj.* 〚《1551》: ⇨ moustache〛
Mús·ta·fa Kemál /mú:stəfɑ:- | mʊ́stəfə-; *Turk.* mustafákemál/ *n.* ⇨ Kemal Atatürk.
mus·tang /mʌ́stæŋ/ *n.* **1** ムスタング《米国平原地帯に産するスペイン種小形の半野生馬; cf. bronco》: (as) wild as a ~ 《米口語》〈人が〉全く手に負えない. **2** 《米海軍俗》兵卒あがりの海軍士官. **3** [M-] 〔商標〕マスタング《米国 Ford 社製のスポーティーな乗用車》. **4** [M-] マスタング《第 2 次大戦で米軍が使用した単座戦闘機 P-51 の愛称》. 〚《1808》□ Mex.-Sp. *mestengo* wildor masterless cattle ← Sp. belonging to graziers, wild ← *mesta* company of graziers < L *mixtam* (fem. p.p.) ← *miscēre* to mix〛
mústang gràpe *n.* 〔植物〕米国南西部産の小粒の渋い赤ブドウ (*vitis candicans*). 〚1846〛
mus·tard /mʌ́stəd | -təd/ *n.* **1** 〔植物〕辛味のあるアブラナ属 (*Brassica*) の植物の総称《クロガラシ (black mustard), シロガラシ (white mustard), カラシナ (leaf mustard) など》. **2** 芥子(からし), マスタード: ⇨ French mustard. **3** 《米俗》効き目のあるもの, 刺激剤; 熱意. **4** 芥子色, 暗黄色.
(*as*) ***kéen as mústard*** 《口語》すごく熱心で, 熱中して, 熱烈な. 《《1672》商品 'Keen's mustard' にかけたしゃれ》
cút the mústard 《米口語》〈芸能人・選手などが〉期待通り[以上]の成績をあげる. 《1907》
mustard and créss 《英》貝割れ(菜), マスタードクレス《サラダ用》.
— *adj.* 〔植物〕アブラナ科の.
〚《1289》□ OF *mo(u)starde* (F *moutarde*) ← VL **mosto*=L *mustum* 'MUST[3]': 《原義》must[3] に混ぜた芥子(からし)粉〛
mústard gàs *n.* 〔化学〕マスタードガス, イペリット ($(ClCH_2CH_2)_2S$)《激しい芥子(からし)臭を放ち強烈な刺激性および発泡性のある油状の毒ガス; 第一次大戦にドイツ軍が Ypres で使用した; yperite, dichloroethyl sulfide, sulfur mustard ともいう》. 〚1917〛
mústard gréens *n. pl.* 《米》カラシナの葉《サラダ用》.
mústard òil *n.* 芥子(からし)油. 〚1850〛
mústard plàster *n.* 芥子(からし)軟膏(こう), 芥子泥(でい)《湿布用》. 〚1810〛
mústard pòt *n.* (食卓用)芥子入れ. 〚*c*1380〛
mústard pòwder *n.* 芥子(からし)粉.
mústard sèed *n.* **1** カラシナの種子. **2** 《米》(小鳥猟用)小散弾. ***a gráin of mústard sèed*** ⇨ grain[1] 成句. 〚1352〛
mus·tard·y /mʌ́stədi | -tədi/ *adj.* 芥子(からし)色の, 芥子の風味のある. 〚1852〛
múst-dó *n.* [a ~] 《米口語》ぜひともすべきこと, 見のがせないこと.
mus·tee /mʌstí:, ←́/ *n.* **1** (黒人の血を 1/8 含む)黒白混血児 (octoroon). **2** 混血児. 〚《1699》← Sp. *mestizo* 'MESTIZO'〛
mus·te·lid /mʌ́stəlɨd | -tɪlɪd/ *adj.*, *n.* 〔動物〕イタチ科の(動物). 〚《1910》: ↓〛
Mus·tel·i·dae /mʌstélədì: | -lɪ-/ *n. pl.* 〔動物〕イタチ科. 〚《1859–62》← NL ~ ← L *mustēla* (↓)+-IDAE〛
mus·te·line /mʌ́stəlàin, -lɨn | -làin, -lɪn/ *adj.* **1** 〔動物〕イタチ科の. **2** イタチのような; (夏のイタチの毛のように)黄褐色の. — *n.* イタチ科の動物. 〚《1656》□ L *mustēlīnus* ← *mustēla* weasel ← *mūs*: cf. mouse〛
mus·ter /mʌ́stə | -tə(r/ *vt.* **1** 〈勇気などを〉奮い起こす, 鼓舞する 〈*up*〉: ~ (*up*) one's courage, strength, etc. / I can't ~ an appetite. どうしても食欲がわかない. **2** (戦闘・演習・査察などのため)〈軍隊などを〉集合させる, 呼集する (⇨ gather SYN). **3** 《米》〈人を〉入隊させる 〈*in*〉. **4** **a** 〈人・物などを〉寄せ集める, かき集める. **b** 《豪》〈羊・牛を〉寄せ集める. **5** 〔海事〕(乗組員を集めて)…の人員点呼をする; …の総員名簿を読んで点検する. **6** 〈数が〉…になる[達する]. — *vi.* **1** (戦闘・演習・査察などのため)〈軍隊が〉集合する, 集まる, 応召する: ~ at attention 登舷礼を行う. **2** 《豪》羊・牛を寄せ集める.
***múster in* [*óut*]** 入隊[除隊]させる. 《1834》
— *n.* **1** 召集, 点呼: make a ~ 呼集[点呼]する. **2** **a** 集合人員, 総員数. **b** =muster roll. **3** **a** (人・動物などの)集合, 群れ: a ~ of peacocks. **b** 《豪》〈羊・牛を〉寄せ集めること. **4** 検閲. **5** 〔商業〕見本, 雛(ひな)形.
páss múster (1) 検閲を通過する. (2) 標準に達する, 目的にかなう, 適切である 〈*as*, *for*〉: ⇨ *pass muster in a* CROWD[1] / It can hardly *pass* ~ *for* a yacht. それはヨットとしてはちょっと通用しない. 《1575》
〚《*a*1325》 *mostre(n)* □ OF *mostre(r)* (F *montrer*) < L *mōnstrāre* to show ← *mōnstrum*: cf. monster〛
múster bòok *n.* (軍隊または軍艦乗組員の)点呼簿. 〚1587〛
mús·ter·er /-tərə | -rə(r/ *n.* 《豪》羊・牛を寄せ集める人. 〚1863〛
múster-file *n.* 《廃》=muster roll.
múster-màster *n.* 〔歴史〕(軍隊・艦船などの)検閲官, 兵員簿管理官. 〚1579〛
múster-óut *n.* (*pl.* **musters-**) 除隊.
múster ròll *n.* (軍隊・艦船の)総員名簿. 〚1640〛
musth /mʌ́st/ *n.* (雄象・雄ラクダの)盛り狂い, 発情: in [on] ~ 〈雄象が〉盛り狂って. — *adj.* 〈雄象が〉盛り狂っている. 〚□ Hindi *mast* intoxicated, rutting ← Pers.〛
must-have /mʌ́sthæ̀v/ *adj.*, *n.* 《口語》どうしても欲しい(もの), ぜひ必要な(もの).
Mus·tique /mʌstí:k, mu:s-; *F.* mystik/ *n.* ムスティーク《カリブ海の Grenadines 諸島北部, St. Vincent 島の南にある小島; 高級リゾート地》.
must·n't /mʌ́sn(t)/ 《口語》must not の縮約形.
múst-réad *n.* 《俗》必読書[記事].
múst-sée *n.* 《口語》必見のもの, ぜひ見るべきもの《映画など》.
múst-wín *adj.*, *n.* 《口語》どうしても勝ちたい(試合).
mus·ty /mʌ́sti/ *adj.* (**mus·ti·er**; **-ti·est**) **1** かびた, かび臭い: a ~ smell. **2** **a** かびの生えたような, 古臭い, 陳腐な: ~ old books. **b** 時代遅れの: ~ rules. **3** 活気のない, 元気のない, 感じの鈍い.
gò músty and fústy 陳腐に[古臭く]なる, かびが生える.
mús·ti·ly /-təli, -tli | -tɪli, -tli/ *adv.* **mús·ti·ness** *n.* 〚《1530》《変形》? ← *moisty* ← MOIST+-Y[4]〛
Mu·sul·man /mʌ́səlmən, -sl-/ *n.* (*pl.* **~s**, **-men** /-mən/) =Mussulman.
mut[1] /mʌ́t/ *n.* 《俗》=mutt.
mut[2] /mʌ́t/ *n.* 〔印刷〕=mutton[2].
Mut /mú:t/ *n.* 〔エジプト神話〕ムート《天空の女神; 太陽神 Amen-Ra の妻で, 神々の母》.
mut. 《略》mutilated; mutual.
mu·ta- /mjú:tə | -tə/「突然変異, 変化」の意の連結形. 〚← MUTATION, MUTANT〛
mu·ta·bil·i·ty /mjù:təbíləti | -təbílɪti/ *n.* (世の中・人の心の)変わりやすさ, 有為(うい)転変; 不定, 無常. 〚《*c*1380》□ (O)F *mutabilité*: ⇨ ↓, -ity〛
mu·ta·ble /mjú:təbl | -tə-/ *adj.* **1** 変わりやすい, 不定の, 無常の. **2** 気の変わりやすい, 移り気の. **3** 〔占星〕変易相の《双子座・処女座・人馬座・双魚座の四宮に関係した》. **~·ness** *n.* **mú·ta·bly** *adv.* 〚《*c*1380》□ L *mūtābilis* ← *mūtāre* to change: ⇨ mutate, -ble〛
mu·ta·fa·cient /mjù:təféɪʃənt | -tə-/ *adj.* 〔生物〕〈細胞内の遺伝子が〉突然変異を起こしうる (cf. mutagenic). 〚← MUTA-+-FACIENT〛
mu·ta·gen /mjú:tədʒən, -dʒèn | -tə-/ *n.* 〔生物〕突然変異誘発要因, 突然変異原《突然変異を誘発する原因となる各種の物質や放射能など》. 〚《1946》← MUTATION+-GEN〛
mu·ta·gen·e·sis /mjù:tədʒénəsɨs | -tədʒénɪsɪs/ *n.* 〔生物〕変化[変異]の誘発[発生]. 〚《1953》← NL ~: ⇨ muta-, -genesis〛
mu·ta·gen·ic /mjù:tədʒénɪk | -tə-/ *adj.* 〔生物〕〈化学薬品・放射線などのような細胞外因子が〉突然変異を起こさせる (cf. mutafacient). **mù·ta·gén·i·cal·ly** *adv.* 〚《1946》← MUTAGEN+-IC[1]〛
mu·ta·ge·nic·i·ty /mjù:tədʒənísəti | -tədʒənísɪti/ *n.* 〔生物〕**1** 突然変異誘発性[力]. **2** 突然変異誘発要因の使用. 〚《1956》: ⇨ ↑, -ity〛
mu·ta·gen·ize /mjú:tədʒənàɪz | -tədʒɪ-/ *vt.* 〔生物〕〈細胞・生物〉に突然変異誘発要因を与える. 〚《1966》← MUTAGEN+-IZE〛
mu·tant /mjú:tnt/ 〔生物〕*adj.* 突然に変化した, 突然変異による. — *n.* 突然変異体, 変種. 〚《1901》□ L *mūtantem* (pres.p.) ← *mūtāre* to change〛
Mu·ta·re /mu:tɑ́:ri/ *n.* ムタレ《ジンバブエ東部, モザンビークとの国境に接する都市; 旧名 Umtali (1982 年まで)》.
mu·ta·ro·tase /mjù:tərə́uteɪs, -teɪz | -tərə́uteɪs/ *n.* 〔生化学〕ムタロターゼ《糖の旋光性を変更する酵素》. 〚← MUTAROT(ATION)+-ASE〛
mùta·rótate *vi.* 〔物理化学〕変旋光する. 〚《1951》《逆成》↓〛
mùta·rotátion *n.* 〔物理化学〕変旋光. 〚《1899》← MUTA-+ROTATION〛
mu·tase /mjú:teɪs, -teɪz/ *n.* 〔生化学〕ムターゼ, 転位酵素《基を分子内の他の位置に移す反応を触媒する酵素; cf. phosphoglucomutase》. 〚《1914》← MUTA-+-ASE〛
mu·tate /mjú:teɪt, ←́ | ←́/ *vi.* **1** 変化[変質]する. **2** 〔生物〕突然変異を起こす. **3** 〔音声〕〈母音が〉変化する. — *vt.* 〔音声〕(ウムラウトにより)〈母音を〉変化させる (cf. mutation 4). 〚《1818》← L *mūtātus* (p.p.) ← *mūtāre* to change〛
mu·ta·tion /mju:téɪʃən/ *n.* **1** **a** 変化, 変形, 変質. **b** 人世の浮沈, 盛衰. **2** 〔生物〕**a** 突然変異 (cf. fluctuation 3, modification 4, variation 6). **b** 変異体, 変種 (mutant). **3** 〔生理〕声変わり. **4** 〔音声〕母音変異, 曲音, ウムラウト (⇨ umlaut). **5** 〔言語〕(ケルト語における語結合の)語頭音変化. **~·al** /-ʃnəl, -ʃənl/ *adj.* **~·al·ly** *adv.* 〚《*c*1380》□ OF *mutacion* // L *mūtātiō(n-)* ← *mūtāre* to change: ⇨ ↑, -tion〛
mutátion plúral *n.* 〔言語〕ウムラウト複数, 変母音複数《man—men, foot—feet, goose—geese のような母音変化による複数形》.
mutátion prèssure *n.* 〔生物〕突然変異圧《突然変異が起こり, そのために集団の遺伝子組成に変化を与える度合》. 〚1931〛
mutátion stòp *n.* 〔音楽〕(オルガンの)ミューテーション[倍音]ストップ. 〚1855〛
mu·ta·tis mu·tan·dis /mu:tɑ́:tɨsmu:tɑ́:ndɨs, mju:téɪtɨsmju:tǽndɨs | mu:tɑ́:tɪsmu:tǽndɪs, mju:téɪtɪsmju:tǽndɪs/ *L.* 必要な変更を加えて: apply the law ~ 法律を準用する. 〚《1498》□ L *mūtātīs mūtandīs* things being changed which should be changed〛
mu·ta·tive /mjú:tətɪv | -tət-/ *adj.* **1** 〔生物〕変異を起こしがちな. **2** 〔文法〕〈動詞が〉(場所・状態の)変移を表す: a ~ verb 変移動詞 (arrive, come, depart, die, fall, flee, go, grow, set などの自動詞). 〚《1743》□ ML *mūtātīv-us*: ⇨ mutate, -ive〛
mú·ta·tor géne /mjú:teɪtə- | mju:téɪtə-/ *n.* 〔生物〕突然変異誘発遺伝子《他の遺伝子の突然変異を増加させる働きをもつ遺伝子》. 〚1943〛
Mu·ta·zi·lite /mu:tɑ́:zəlàɪt | -zɪ-/ *n.* 〔イスラム教〕ムータジラ派(の人)《8 世紀から 10 世紀ごろに栄えた先駆的なイスラム神学の一派》. 〚□ Arab. *al-mu'tázila[h]* ← *i'tázala* to isolate oneself, withdraw〛
mutch[1] /mʌ́tʃ/ *n.* 《スコット》(リンネル製の)老女または小児用帽子. 〚《1473》□ MDu. *mutse* (Du. *muts*) □ ML *almūcia*: cf. amice[1] / G *Mütze* cap〛
mutch[2] /mʌ́tʃ/ *vt.* 《方言》物乞いをする, ねだる. — *vi.* =mitch. 〚*vt.*: 《変形》← ? MOOCH〛
mutch·kin /mʌ́tʃkɨn | -kɪn/ *n.* **1** 《スコット》マチキン《昔のスコットランドの液量単位; =《英》3/4 pint》. **2** 同量の入るしろめ製の容器. 〚《?1425》□ Du. 《古形》*mudseken* measure (dim.) ← *mudde* bushel □ L *modius*: ⇨ -kin〛
mút dàsh *n.* 〔印刷〕=em dash. 〚⇨ mut[2]〛
mute[1] /mjú:t/ *adj.* (**mut·er**; **-est**) **1** **a** 無言の, 沈黙した: He stood perfectly ~ while I talked to him. 私が話をしている間彼は一言も言わずに立っていた / be ~ with wonder 驚異の余り言葉が出ない. **b** 〈行動・感情など〉言葉に表さない, 音を出さない: a ~ appeal 無言の訴え / a ~ sympathy 口には出さない同情[共感]の気持 / His eyes dwelt on her in ~ apology. 無言のまま詫びるように彼女を見た. **2** **a** 《やや古》口のきけない, ものを言えない (cf.

dumb¹ 1 ★). **b** 〈ある種の鉱物が〉打っても鳴らない. **3** 〘狩猟〙〈猟犬が〉吠えない. **4** 〘法律〙〈告発された被告人が〉(罪状認否手続き (arraignment) において)答弁しない: stand ~ (自己に不利な質問などに対して)黙秘する《無罪 (not guilty) の抗弁とされる; cf. self-incrimination). **5** 〘音声〙〈文字が〉黙字の: a ~ letter 黙字《column, knot, honest の 'n', 'k', 'h' など). ★ make の e のようにそれ自体は黙字であるが, 前の a を長く発音することを示す場合にも用いる. **— n. 1 a** 物が言えない人: a deaf ~ 聾唖(ろうあ)者. **b** しゃべらない人. **c** 《古》(台詞のつかない)だんまり役者. **d** (トルコなどで特に選んで使う)口のきけない従者. **e** 《廃》(葬儀屋が供給する)葬式の供人. **2** 〘法律〙 答弁を拒む被告人 (cf. *adj.* 4). **3** 〘音声〙 黙字; 閉鎖音. **4** 〘楽器〙(弦楽器・金管楽器・ティンパニ・ピアノなどに用いる)弱音器 (sordino) (cf. resonator 2).

múte of málice 〘英法〙 故意に答弁しないこと, 黙秘権を行使すること. 《1906》

— vt. 1 (他の色を加え)…の色調を弱める. **2** 〘音楽〙…に弱音器をつける: with ~*d* strings 弦に弱音器をつけて.

~·ly *adv.* **~·ness** *n.* 〘《1513》□ L *mūtus* silent, dumb ∽ 《*c*1385》 *muet* □ (O)F (dim.) ← OF *mu* // *mūtum* silent, dumb〙

mute² /mjúːt/ 《古》 *vi.* 〈鳥が〉糞をする. **— n.** 鳥の糞. 〘《*c*1450》□ OF *meutir* 《頭音消失》← *esmeutir* □ Frank. **smeltjan* to smelt²〙

múte bùtton *n.* 消音ボタン《電話などで一時的に音声を切るためのボタン》.

mút·ed /-ṭɪ̀d | -tɪ̀d/ *adj.* **1** 黙っている, ものを言わない; 潜めた: ~ voice 潜めた声, 低めた声. **2** 〘音楽〙 **a** 弱音器をつけた: a ~ violin. **b** 弱音器をつけて奏した, 弱音効果を出した. **~·ly** *adv.* 〘《1861》: ⇨ mute¹, -ed 2〙

múte swán *n.* 〘鳥類〙 コブハクチョウ (*Cygnus olor*) 《ヨーロッパや西アジアなどの飼い慣らされた普通のハクチョウ; 低い声で鳴く》. 〘《1785》← MUTE¹〙

muth /mʌ́θ/ *n.* =math³.

muth·a /mʌ́ðə | -ðə^(r)/ *n.* 《米俗》 **1** マリファナ; マリファナの売人. **2** =motherfucker.

mu·ti /múːṭi | -ti; *Zulu* (u)múːtʰi/ *n.* 《南ア》 薬《呪医が与える伝統的な薬(草)》. 〘《1831》□ Zulu *umuthi* tree, medicine〙

M

Mu·ti /múːti | -ti; *It.* múːti/, **Ric·car·do** /rikkárdo/ *n.* ムーティ 《1941– ; イタリアの指揮者》.

mu·tic /mjúːṭɪk | -tɪk/ *adj.* **1** 〘動物〙 無突起の, 無装備の《とげ・つめなどとがったものをもたない》. **2** 〘植物〙 = muticate. 〘《1777》□ L *mūticus* curtailed: ⇨ mutilate, -ic¹〙

mu·ti·cate /mjúːṭəkèɪt, -tɪkɪ̀t | -tɪ-/ *adj.* 〘植物〙 無突起の, 芒(のぎ)のない. 〘《1860》: ⇨ ↓, -ate²〙

mu·ti·cous /mjúːṭɪkəs | -tɪ-/ *adj.* 〘植物〙 =muticate. 〘《1856》□ L *mūticus* curtailed: ⇨ ↓, -ous〙

mu·ti·late /mjúːṭəlèɪt, -tḷ- | -tɪ̀l-, -tl-/ *vt.* **1** 〈人・動物などの手足を切断する; 〈樹木〉の枝を払う; (手・足などを切り取って)〈身体を〉不具にさせる (⇨ maim SYN): ~ a person, tree, etc. **2** 〈文学作品など〉の主要部を削除して不完全にする, 骨抜きにする: ~ a book, picture, etc.

mú·ti·là·tor /-ṭə | -tə^(r)/ *n.* 〘《1532》□ L *mutilātus* (p.p.) ← *mutilāre* to mutilate ← *mutilus* maimed: ⇨ -ate³〙

mu·ti·la·tion /mjùːṭəléɪʃən, -tḷ- | -tɪ̀l-, -tl-/ *n.* (手足などの)切断, 切除. 〘《1646》□ LL *mutilātiō(n)*: ⇨ ↑, -ation〙

mu·ti·la·tive /mjúːṭəlèɪṭɪv, -tḷ- | -tɪ̀lèɪt-, -tl-/ *adj.* 手足[枝]を切り取る; 不具[骨抜き]にする[しがちな]. 〘《1883》← MUTILATE+-IVE〙

mu·til·lid /mjuːtɪ́lɪ̀d | -lɪd/ 〘昆虫〙 *adj.* アリバチ(科)の. **— n.** アリバチ《アリバチ科のハチの総称》. 〘《1910》↓〙

Mu·til·li·dae /mjuːtɪ́lədìː | -lɪ-/ *n. pl.* 〘昆虫〙(膜翅目)アリバチ科. 〘← NL ~ ← *Mutilla* (属名: ← L *mūtilus* maimed)+-IDAE: cf. mutilate〙

mu·tine /mjúːtɪn, -tṇ | -tɪn/ *n.*, *v.* 《廃》 =mutineer.

mu·ti·neer /mjùːṭəníə, -tṇ- | -tɪ̀níə^(r), -tṇ-/ *n.* 暴動[反乱]者, 反徒; (特に, 陸海軍人の)上官抵抗者. **— vi.** 暴動[反乱]を起こす, 上官に抵抗する[楯(たて)突く]. 〘《1611》□ F 《廃》 *mutinier* ← *mutin* rebellious: ⇨ mutiny, -eer〙

mu·ti·nous /mjúːṭənəs, -tṇ- | -tɪ̀n-, -tṇ-/ *adj.* **1 a** 暴動を起こしがちな. **b** 抑えがたい, 抑制できない: ~ passions. **2** (上官の命令などに対して)反抗的な: ~ sailors, acts, conduct, etc. **~·ly** *adv.* **~·ness** *n.* 〘《1578》←《廃》 *mutine* (↓)+-OUS〙

mu·ti·ny /mjúːṭəni, -tṇi | mjúːtɪ̀ni, -tṇi/ *n.* **1** (官憲・権力・規則などに対する)反抗・反乱, 暴動; (特に, 陸海軍人)抗命 (⇨ rebellion SYN): start [quell] a ~ 暴動を起こす[鎮圧する] / the *Mutiny*=Indian Mutiny. **2** 《廃》 騒動, 争闘. **— vi. 1** 暴動[反乱]を起こす, 反抗する, (上官に)抗命する 〔*against*〕. **2** 《Shak》 争う. 〘《1567》← 《廃》 *mutine* mutinous (□ F *mutin* ← OF *muete* (F *meute*) < VL **movita* ← L *movēre* 'to MOVE': ⇨ -y¹〙

mút·ism /-tɪzm/ *n.* **1** 口がきけないこと[状態]. **2** 〘精神医学〙 無言(症), 緘(かん)黙症《話す器官に欠陥はないが話せないこと》. 〘《1824》□ F *mutisme* ← L *mūtus*: ⇨ mute¹, -ism〙

mu·ton /mjúːtɑ(ː)n | -tɒn/ *n.* 〘生物〙 ムートン, ミュートン 《突然変異の単位》. 〘《1957》← MUT(ATION)+-ON²〙

mu·to·scope /mjúːṭəskòʊp | -təskəʊp/ *n.* (初期ののぞきめがね式)活動映写機《少しずつ変化した多数の写真を貼りつけた紙を回転させて動作するように見せた仕掛け》. 〘《1899》← *muto-* (《連結形》← L *mūtāre* to change)+-SCOPE〙

mutt /mʌ́t/ *n.* 《俗》 **1** 《軽蔑》 雑種犬, 野良犬. **2** ばか, あほう, のろま. 〘《1901》《略》← MUTTONHEAD〙

mut·ter /mʌ́ṭə | -tə^(r)/ *vi.* **1** ささやく, つぶやく; (特に)ぶつぶつ言う, ぐずぐず言う 〔*at, against*〕: ~ to oneself ぶつぶつひとり言を言う. **2** 〈雷などが〉低い騒音を立てる. **— vt.** 〈不平などを〉ぶつぶつ言う, 聞き取りにくい声で言う (⇨ murmur SYN): ~ certain words to oneself ぶつぶつと何やらひとり言を言う. **— n. 1** ぶつぶつ[聞き取りにくい声で]言うこと, つぶやき; 不平, 不満. **2** 低い騒音: a ~ of thunder. **~·er** /-ṭərə, -trə | -tərə^(r), -trə^(r)/ *n.* 〘《*a*1325》 *motere(n)* (freq.) ? ← IE **mū-*, **mut-* 《擬音語》 (L *muttīre*): ⇨ -er⁴〙

mút·ter·ing /-ṭərɪŋ, -trɪŋ | -tərɪŋ, -trɪŋ/ *adj.* ささやくような, つぶやくような, ぶつぶつ言う. **~·ly** *adv.* 〘《1567》: ⇨ ↑, -ing²〙

mut·ton¹ /mʌ́tṇ/ *n.* **1** 羊肉, マトン (cf. lamb 3 a): (as) dead as ~ 完全に死んで. **2** 《まれ・戯言》 羊. **3** [通例 *pl.*] 現在の重大[関心]事, 今大切なこと, 本題: ⇨ RETURN *to one's muttons*. **4** [集合的] 《俗》 売春婦たち (prostitutes).

éat [táke] *one's* **mútton with** 《古》 …と食事を共にする. 《1856》 **mútton dréssed as lámb** (1) 子羊肉に見せかけた羊肉. (2) 《英口語・軽蔑》 若造りの大年増(おおどしま). 《1895》

〘《?*a*1300》 *moton* □ OF *moton* (F *mouton*) // ML *multōnem* sheep ← Celt.: cf. Ir. *molt* ram〙

mutton

A American method of cutting mutton
1 leg 2 loin 3 rib 4 shank 5 breast 6 neck 7 shoulder

B English method of cutting mutton
1 leg 2 loin 3 best end of neck 4 middle of neck 5 breast 6 scrag end of neck 7 shoulder

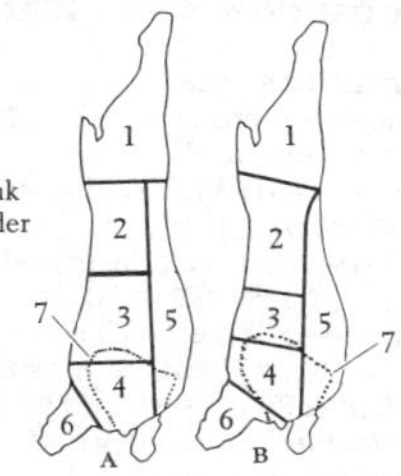

mut·ton² /mʌ́tṇ/ *n.* 〘印刷〙 =em 2 a. 〘↑: em (M) の符号〙

mútton bìrd *n.* 〘鳥類〙 《豪》 (マオリ族が羽毛・脂・肉などを利用する)ミズナギドリの総称《特に, ハシボソミズナギドリ, ハイイロミズナギドリ》. 〘1790〙

mútton-bìrd·er /-ḍə | -də^(r)/ *n.* 《豪》 ミズナギドリのハンター. 〘1881〙

mútton chòp *n.* 羊肉片《あばらの部分からとり, あぶり焼きなどにする》. 〘1720〙

mútton·chòps *n. pl.* 羊肉形のほおひげ《上部を細く下部を広くそりそろえたもの; muttoonchop whiskers ともいう》. 〘《1865》: ↑〙

muttonchops

mútton clòth *n.* 〘紡織〙 マトンクロス《目の粗い, 素朴に織った綿の布地》. 〘1923〙

mútton·fìsh *n.* 〘魚類〙 **1** 大西洋の暖海にすむフエダイ属の魚の一種 (*Lutjanus analis*) 《食用・魚釣り用; mutton snapper ともいう》. **2** 北米東部沿海のゲンゲ類の一種 (*Zoarces anguillaris*). 〘《1735》: その味から〙

mútton fìst *n.* **1** 大きなごつごつした手[拳骨(げんこつ)]. **2** 《古》 =fistnote. 〘1664〙

mútton hàm *n.* 《スコット》 マトンハム. 〘*a*1791〙

mútton·hèad *n.* 《俗》 間抜け. 〘《1803》: ↓〙

mútton·hèaded *adj.* 《口語》 間抜けな. 〘1768〙

mútton snàpper *n.* 〘魚類〙 =muttonfish 1. 〘1867〙

mútton spànker *n.* 〘海事〙 三角スパンカー.

mut·ton·y /mʌ́tṇi, -tni | -tṇi/ *adj.* 羊肉[マトン]のような. 〘《1858》: ⇨ mutton¹, -y⁴〙

Mut·tra /mʌ́trə/ *n.* Mathura の旧名.

mu·tu·al /mjúːtʃuəl, -tʃəl | -tʃuəl, -tʃəl, -tjuəl/ *adj.* **1 a** 〈関係・感情など〉(二者以上の)相互間に見られる[取りかわされる], お互いの: ~ affection [esteem, hostility] お互いに相手に抱く愛情[敬意, 敵意] / a *mutual*(-aid) society 共済組合 / ⇨ mutual fund / a ~ admiration society 仲間ほめ協会《お互いに相手ほめ合う仲間を皮肉った名称》 / by ~ consent 合意の上で. **b** 〈人が〉相互に…の関係にある: They are ~ friends [enemies]. 二人は互いに友人[敵]である. **2** 共同の; 共通の: ~ efforts 協力 / our ~ friend 我々の共通の友人[味方] / our ~ interest in music 音楽に対する共通の趣味 / matters of ~ benefit 相方に利益になる事柄. **3** 相互保険制度の: the ~ plan 相互保険制《保険契約者が保険会社の社員となり利益分配を受けるもの》 / ⇨ mutual insurance. **4** 《Shak》 懇意な, 親しい (intimate). **— n. 1** 相互保険会社. **2** =mutual fund. **~·ly** *adv.* **~ness** *n.* 〘《1477》□ (O)F *mutuel* ← L *mūtuus* borrowed, exchanged, reciprocal ← *mūtāre* to change: ⇨ mutate, -al¹〙

SYN 共通の: **mutual** 〈感情が〉通例二人の間で相互にかつ平等に交換されている: *mutual* affection 相互に抱いている愛情. ★ 次の表現では *common* の意味だが, 確立している: John is our *mutual* friend. ジョンは我々の共通の友人だ. **reciprocal** 二人の人の間で互恵的な《格式ばった語》: *reciprocal* help 相互の助け合い. **common** 二人(以上)に平等に所有されている: a *common* interest 共通の利害. ⇨ common.

---

mútual áid *n.* 相互扶助. 〘1539〙

mútual condúctance *n.* 〘電気〙 相互コンダクタンス《異なるものの電流と電圧との比》.

mútual fúnd *n.* 《米》〘経済〙 ミューチュアルファンド, 投資信託 (cf. unit trust). 〘1950〙

mútual impédance *n.* 〘電気〙 相互インピーダンス (cf. impedance 2). 〘1969〙

mútual indúctance *n.* 〘電気〙 相互インダクタンス (cf. inductance 1). 〘1943〙

mútual indúction *n.* 〘電気〙 相互誘導, 相互感応. 〘1865〙

mútual insúrance *n.* 〘保険〙 (営利保険に対して)相互保険: a ~ company 相互保険会社.

mú·tu·al·ìsm /-lìzm/ *n.* **1** 相互扶助論[主義]. **2** 〘生物〙 (関連のある二有機物が相互に扶助し合う)相利共生 (cf. symbiosis). 〘《1849》: ⇨ mutual, -ism〙

mú·tu·al·ist /-lɪ̀st | -lɪst/ *n.* **1** 相互扶助論[主義]者. **2** 〘生物〙 共生動物. 〘《1848》: ⇨ mutual, -ist〙

mu·tu·al·is·tic /mjùːtʃuəlístɪk, -tʃəl- | -tʃuəl-, -tʃəl-, -tjuəl-ˊ/ *adj.* 相互扶助論[主義](者)の. 〘1885〙

mu·tu·al·i·ty /mjùːtʃuǽləṭi | mjùːtʃuǽlɪ̀ti, -tju-/ *n.* **1** 相互関係, 相関, 相互依存. **2** 心の通い合い, 共感. 〘《*a*1586》: ⇨ mutual, -ity〙

mu·tu·al·ize /mjúːtʃuəlàɪz, -tʃəl- | -tʃuəl-, -tʃəl-, -tjuəl-/ *vi.* **1** 相互的にする. **2** 〈会社を〉相互会社にする. **mu·tu·al·i·za·tion** /mjùːtʃuəlɪ̀zéɪʃən, -tʃu- | -tʃuəlaɪ-, -tʃəl, -tjuə-, -lɪ-/ *n.* 〘《1812》: ⇨ mutual, -ize〙

mútual sávings bànk *n.* 相互貯蓄銀行《米国の州法免許を得て営業する貯蓄銀行; 株式会社組織とは異なり各預金者が所有する形をとる》.

mu·tu·el /mjúːtʃuəl, -tʃəl | -tʃuəl, -tʃəl, -tjuəl/ *n.* 《米》 =pari-mutuel. 〘1908〙

mu·tule /mjúːtʃuːl | -tjuːl/ *n.* 〘建築〙 ミューチュール《ドリア式オーダーで軒蛇腹(のきじゃばら)の下にある持送り; 他の古典主義建築のオーダーの modillion に当たる》. 〘《1563》□ F ~ □ L *mūtulus* modillion〙

muu·muu /múːmuː; *Hawaii.* múʔumúʔu/ *n.* **1** ムームー《ハワイの婦人の用いる派手な柄のゆったりしたドレス》. **2** ムームー型のホームドレス. 〘《1923》□ Hawaiian *mu'u mu'u* 《原義》 cut-off: 最初は襟肩がとってあったため〙

mux /mʌ́ks/ 《米・方言》 *vt.* 台なしにする. **— n.** 乱雑; 混乱(状態). 〘《1806》← ? *mucksy* 《方言》← 'MUCKY'〙

Muy·bridge /máɪbrɪdʒ/, **Eadweard** *n.* マイブリッジ 《1830–1904; 英国の写真家; 映写機を製作; 本名 Edward James Muggeridge》.

Mu·zak /mjúːzæk/ *n.* 〘商標〙 ミューザック《有線またはラジオで事務所・レストランなどに提供されるバックグラウンドミュージック》. 〘《1938》《変形》← MUSIC〙

mu·zhik /muːʒíːk, -ʒík, ˊ–ˋ | múːʒɪk; *Russ.* muʒík/ *n.* (*also* **mu·zjik** /~/) (ロシア帝政時代の)農民, 百姓. 〘《1568》□ Russ. ~ 'peasant' (dim.) ← *muzh* man, husband〙

Mu·zo·re·wa /mùːzəréɪwə/, **Abel** (**Tendekayi**) *n.* ムゾレワ 《1925– ; ジンバブエのメソジスト派の司教・政治家; 1971 年よりアフリカ民族会議議長; (ジンバブエとして独立する前の)ローデシア首相 (1979)》.

Muz·tag /muːstáːg/ *n.* ムズターグ《中国新疆(しんきょう)ウイグル自治区南西部の山 (7282 m); 崑崙 (Kunlun) 山脈の高峰》.

muzz /mʌ́z/ 《英俗》 *vt.* (たわいなく)酔わせる, ぼんやりさせる. **— vi. 1** が勉する 〈*over*〉. **2** ぶらぶらする. 〘《1775》《逆成》← MUZZY〙

muz·zle /mʌ́zl/ *n.* **1** (犬・猫・狐・猿などの)鼻口部, 鼻づら (⇨ dog 挿絵). **2** (動物が噛みついたり, 食べたりしないように口にはめる)はめ口具, 口輪. **3** 銃口, 砲口. **4** (自由な発言・討論を阻む)口枷(かせ). **— vt. 1** 〈動物(の口)〉に口輪をかける. **2** 口止めする, 沈黙させる; 〈言論を〉抑圧する: The government ~*d* the press. **3** 〈豚などが〉鼻先で押す[こする]. **4** 〘海事〙〈ヨットの帆を〉畳む. 〘《*c*1385》 *mosel* □ OF *musel* (F *museau*) < VL **mūsellum* (dim.) ← ML *mūsum* snout〙

múzzle bràke *n.* マズルブレーキ, 砲口制退器《発射後の反動の軽減と爆風が後座するのを止めるための装置》.

múz·zled *adj.* 〘紋章〙 (熊に)口輪をはめた. 〘《1530》: ⇨ ↑, -ed〙

múzzle lòader *n.* 前装銃[砲], 口装銃[砲], 先込(さきごめ)銃[砲]《銃[砲]口から弾薬を装填する旧式のもの; cf. breechloader》. 〘1858〙

múzzle-lòading *adj.* 〈銃砲が〉前装(式の), 口装(式)の, 先込(さきごめ)の (cf. breechloading). 〘1858〙

múz·zler /-zlə, -zlə | -zlə^(r), -zl-/ *n.* **1** 動物に口輪をかける人. **2** 〘海事〙 強い船首風, 向かい風, 逆風《dead muzzler, nose ender ともいう》 〘《1653》: ⇨ muzzle, -er¹〙.

múzzle velócity *n.* 〘銃砲〙 (弾丸が銃[砲]口を離れる瞬間の)初速, 銃[砲]口速度. 〘1879〙

muz·zy /mʌ́zi/ *adj.* (**muz·zi·er; -zi·est**) 《口語》 **1** 頭が混乱した, 頭がすっきりしない, もうろうとした: be ~ with drink. **2** だるい; 気の滅入りそうな: a ~ day. **3** かすんだ, ぼんやりした. **múz·zi·ly** /-zɪ̀li/ *adv.*

múz·zi·ness *n.* 〘《1727–28》《混成》? ← MU(DDY)+(FU)ZZY〙

mv, mV《略》millivolt(s).
mv《記号》Maldives《URL ドメイン名》.
Mv《記号》〘化学〙mendelevium.
MV《略》main verb; megavolt(s); motor vessel; merchant vessel.
m.v.《略》market value; mean variation 平均偏差; medium voltage; muzzle velocity; 〘音楽〙*It.* mezza voce.
MVA《略》Missouri Valley Authority.
MVO《略》《英》Member of the Royal Victorian Order.
MVP《略》most valuable player〘野球〙最優秀選手, 最高殊勲選手.
MVS《略》Master of Veterinary Surgery.
MVSc《略》Master of Veterinary Science.
mw《記号》Malawi《URL ドメイン名》.
mW, mw《略》〘電気〙milliwatt(s).
MW《略》Master of Wine; medium wave; Middle Welsh; 〘化学〙molecular weight; Most Worshipful; Most Worthy; 〘自動車国籍表示〙Malawi.
MW, Mw《略》〘電気〙megawatt(s).
M/W《略》measurement or weight; midwife.
MWA《略》Modern Woodmen of America.
mwa·li·mu /mwɑːlíːmuː/ *n.*〘アフリカ東部〙先生 (teacher).〖□ Swahili〗
M-wày /ém-/《略》《英》motorway.
Mwe·ru /mwéᵊruː | mwéər-/ *n.* ムウェル(湖)《アフリカのザンビアとコンゴ民主共和国国境にある湖; 長さ 122 km》.
mx《記号》Mexico《URL ドメイン名》.
Mx.《略》maxwell(s); Middlesex.
mxd.《略》mixed.
my /maɪ, máɪ; (弱) mᵻ/ *pron.* [I の所有格; cf. mine[1]] **1** 私の: *my* [《俗》*mine*] and her father 私と彼女の(共通の)父 / *my* [《俗》*mine*] and her father(s) 私の父と彼女の父 / *my* dismissal of him [主語関係] 私が彼を解雇したこと / *my* dismissal by him [目的語関係] 彼が私を解雇したこと. **2** [親しみを表す呼び掛けに用いて]: *my* boy, friend, man, son, daughter, etc. / *my* dear, darling, love, etc. / *my* dear fellow＝*my* good man おい君 / *my* Lord ⇨ lord *n.* 3. —— /máɪ/ *int.*《口語》[単独でまたは名詞を修飾して; 驚き・狼狽(ろうばい)・不信を表して]: Oh, *my*! ＝*My* goodness!＝*My* eye!＝*My* word! おや, まあ, なんと, あら / *My, my,* this is interesting. やーやー, こいつはおもしろ.〖(lateOE) *mi*《尾音消失》← *mīn* 'MINE[1]'〗
my, m.y.《略》〘地質〙million years 100 万年 (cf. by): 10^3 *my* 10 億年《1 by ともいう》.
my《記号》Malaysia《URL ドメイン名》.
My《略》May.
MY《略》motor yacht.
My.《略》*Du.* Maatschappij (＝Company).
my- /maɪ/ (母音の前にくるときの) myo- の異形.
-my·a /máɪə/「筋肉組織」の意の名詞連結形.〖← NL ～ ← Gk *mûs* mouse〗
My·ac·i·dae /maɪǽsədìː | -sɪ-/ *n. pl.*〘貝類〙エゾオオノガイ科.〖← NL ～ ← L *myac-, mya* mussel (← Gk *mûs* mouse)＋-IDAE〗
my·al·gi·a /maɪǽldʒiə, -dʒə/ *n.*〘病理〙筋痛, 筋肉痛. **my·al·gic** /maɪǽldʒɪk/ *adj.*〖(1860) ← NL ～ ← MYO-＋-ALGIA〗
myálgic encephalomyelítis *n.*〘病理〙筋肉痛性脳脊髄炎《急性ウイルス感染後に起こる; 慢性の頭痛・発熱・筋肉痛に加えて鬱症状や疲労を伴う》.〖1956〗
my·al·ism /máɪəlìzm/ *n.* 西インド諸島の先住民間に行われる一種の魔術 (cf. obeah). **mý·al·ist** /-lᵻst | -lɪst/ *n.*〖(1843) ← ? W-Afr. *myal* (adj.)＋-ISM〗
my·all /máɪɔːl, -ɑːl | -ɔːl/ *n.* **1 a**〘植物〙オーストラリア産マメ科アカシア属 (*Acacia*) の樹木の総称. **b** その木材《堅く香気があって, 先住民は槍に使い, 一般には brier の代用としてパイプ材に使う; myall wood ともいう》. **2** オーストラリア先住民. —— *adj.*《豪》未開の, 野蛮な.〖(1835) □ (Austral. (Dharuk)) *mail* the blacks〗
My·an·mar /mjáːənmàː | mjǽnmɑː(r; *Burmese* mjǎmáː/ *n.* ミャンマー(連邦)《インドシナ半島西部, Bengal 湾に臨む国; 面積 678,034 km², 首都 Yangon; 公式名 the Union of Myanmar ミャンマー連邦; 旧名 Burma (1989 まで)》.
my·as·the·ni·a /màɪəsθíːniə/ *n.*〘病理〙筋無力症. **my·as·then·ic** /màɪəsθénɪk←/ *adj.*〖(1856) ← NL ～: ⇨ myo-, asthenia〗
myasthénia grávis *n.*〘病理〙重症筋無力症《特に顔や頸の》.〖(1900) ← NL ～: ⇨ ↑, grave[2]〗
my·a·to·ni·a /màɪətóuniə | -tə́u-/ *n.*〘病理〙筋無緊張(症).〖← NL ～: ⇨ myo-, atony〗
myc.《略》mycological; mycology.
myc- /maɪs, maɪk/ (母音の前にくるときの) myco- の異形.
mycelia *n.* mycelium の複数形.
my·ce·li·oid /maɪsíːlìɔɪd/ *adj.*〘植物〙菌糸体 (mycelium) 状の.〖(1857) ← MYCELI(UM)＋-OID〗
my·ce·li·um /maɪsíːliəm/ *n.* (*pl.* **-li·a** /-liə/)〘植物〙菌糸体《菌糸の集まったもの》. **my·cé·li·al** /-liəl/ *adj.*〖(1836) ← NL ～ ← MYCO-＋Gk *hēlos* nail, wart＋-IUM〗
my·cel·la /maɪsélə/ *n.* ミセラ(チーズ)《デンマーク産ブルーチーズの一種》.〖← NL *mycēlla* ← Gk *múkōs* fungi〗
my·ce·loid /máɪsəlɔ̀ɪd | -sᵻ-/ *adj.*〘植物〙＝mycelioid.〖← MYCEL(IUM)＋-OID〗
My·ce·nae /maɪsíːni, -niː/ *n.* ミュケーナイ《ギリシャ南東部 Peloponnesus 半島, Argolis の古都, 青銅器時代 Mycenae 文明の中心地; 紀元前 2000 年ごろから 1500 年ごろ最盛期を迎え, 紀元前 1120 年ごろ Dorian 人により潰滅; 1876–77 年に H. Schliemann により遺跡が発掘された》.
My·ce·nae·an /màɪsəníːən | -sᵻníːən←/ *adj.* (*also* **My·ce·ni·an** /maɪsíːniən | -niən, -njən/) **1** ミュケーナイ (Mycenae) の. **2** (紀元前約 1400–1100 年にギリシャ文明に先立って地中海沿岸諸国に栄えた)ミュケーナイ文明の. —— *n.* **1** ミュケーナイ人. **2** ミュケーナイ人の使った古代ギリシャ語.〖((1598)) (1797) ← L *Mycēnaeus* (← *Mycenae*)＋-AN[1]〗
Myc·e·ri·nus /mìsəráɪnəs/ *n.* ミケリノス《2600?–2570 B.C.; 古代エジプト古王国時代, 第 4 王朝第 5 代の王; Giza の第 3 ピラミッドの建造者》.
my·cet- /maɪsíːt/ (母音の前にくるときの) myceto- の異形.
-my·cete /máɪsiːt, maɪsíːt/〘植物〙「菌 (fungus)」の意の名詞連結形.
-my·ce·tes /maɪsíːtiːz/〘植物〙「菌類 (fungi)」の意の複数名詞連結形《主に分類の綱や亜綱の名称に用いる》: Ascomycetes.〖← NL ～ ← Gk *mukētes* (pl.) ← *múkēs* fungus〗
my·ce·to- /maɪsíːtou | -təu/「菌 (fungus)」の意の連結形. ★ 母音の間では通例 mycet- になる.〖↑〗
my·ce·to·cyte /maɪsíːtəsàɪt | -tə(ʊ)-/ *n.*〘昆虫〙菌細胞《昆虫の体内にあり, 微生物が共生している細胞》.〖(1924): ⇨ ↑, -cyte〗
my·ce·tol·o·gy /màɪsətɑ́(ː)lədʒi | -sᵻtɔ́l-/ *n.* ＝mycology.〖(1856) ← MYCETO-＋-LOGY〗
my·ce·to·ma /màɪsətóumə | -sᵻtə́u-/ *n.* (*pl.* **～s, ～·ta** /～tə | ～tə/)〘病理〙**1** 菌腫. **2** 足菌腫 (maduromycosis). **3** ノカルジア症 (nocardiosis).〖(1874) ← NL ～: ⇨ myceto-, -oma〗
my·ce·tome /máɪsətòum | -sᵻtə̀um/ *n.*〘昆虫〙菌細胞塊, 菌器《昆虫体内で微生物が共生した菌細胞が塊状になったもの》.〖(1924): ↑〗
my·ce·toph·a·gid /màɪsətɑ́(ː)fədʒɪd | -sᵻtɔ́f-/〘昆虫〙*adj.* コキノコムシ(科)の. —— *n.* コキノコムシ《コキノコムシ科の甲虫の総称》.〖↓〗
My·ce·to·phag·i·dae /maɪsìːtəfǽdʒədìː | -tə(ʊ)-fǽdʒɪ-/ *n. pl.*〘昆虫〙コキノコムシ科.〖← NL ～: ⇨ myceto-, -phagous, -idae〗
my·ce·toph·a·gous /màɪsətɑ́(ː)fəgəs | -sᵻtɔ́f-←/ *adj.*〘動物〙食菌性の (givorous).〖(1906) ← MYCETO-＋-PHAGOUS〗
my·ce·toph·i·lid /màɪsətɑ́(ː)fəlᵻd | -sᵻtɔ́fᵻlɪd/〘昆虫〙*adj.* キノコバエ(科)の. —— *n.* キノコバエ《キノコバエ科のハエの総称》.〖(1899): ↓〗
My·ce·to·phil·i·dae /maɪsìːtəfílədìː | -tə(ʊ)fílɪ-/ *n. pl.*〘昆虫〙(双翅目)キノコバエ科.〖← NL ～: ⇨ myceto-, -philia, -idae〗
My·ce·to·zo·a /maɪsìːtəzóuə | -tə(ʊ)zə́uə/ *n. pl.*〘植物〙動菌類《動菌 (slime mold) を動物とする分類上の名称; cf. Myxomycetes》.〖(1880) ← NL ～: ⇨ myceto-, -zoa〗
my·ce·to·zo·an /maɪsìːtəzóuən | -tə(ʊ)zə́u-←/〘植物〙*adj.* 動菌類の. —— *n.* 動菌《動菌類の一個体》.〖(1881): ↑〗
-my·cin /máɪsᵻn, -sn | -sɪn/「菌類から得た(抗生)物質」の意の名詞連結形.〖⇨ ↓, -in[2]〗
my·co- /máɪkou | -kəu/「菌 (fungus), きのこ」の意の連結形. ★ 母音の前では通例 myc- になる.〖← NL ～ ← Gk *múkēs* fungus〗
mỳco·bactérium *n.* (*pl.* **-ria**)〘生物〙マイコバクテリウム《結核菌・癩(らい)菌など *Mycobacterium* 属の菌の総称》. **mỳco·bactérial** *adj.*〖(1909) ← NL ～: ⇨ ↑, bacterium〗
mỳco·flóra *n.*〘植物〙菌類相《緑色植物の植物群 (flora) に相当する名称》.〖← NL ～: ⇨ myceto-, flora〗
mycol.《略》mycological; mycology.
my·co·lóg·ic /màɪkəlɑ́(ː)dʒɪk | -lɔ́dʒ-←/ *adj.* 菌学の. **my·co·lóg·i·cal** /-dʒᵻkəl, -kl | -dʒɪ-←/ *adj.* **my·co·lóg·i·cal·ly** *adv.*〖(1846): ⇨ mycology, -ic[1]〗
my·cól·o·gist /-dʒᵻst | -dʒɪst/ *n.* 菌学者.〖(1836): ⇨ ↓, -ist〗
my·col·o·gy /maɪkɑ́(ː)lədʒi | -kɔ́l-/ *n.* **1** 菌学, 菌類学. **2** (ある地域の)菌群; 菌の生態.〖(1836) ← NL *mycologia*: ⇨ myco-, -logy〗
my·coph·a·gist /maɪkɑ́(ː)fədʒᵻst | -dʒɪst/ *n.* 菌類[きのこ]を食べる人[動物].〖(1861): ⇨ mycophagy, -ist〗
my·coph·a·gous /maɪkɑ́(ː)fəgəs | -kɔ́f-/ *adj.* 菌類を常食する, 食菌性の.〖(1922): ⇨ ↓, -ous〗
my·coph·a·gy /maɪkɑ́(ː)fədʒi | -kɔ́f-/ *n.* 菌類嗜食[常食].〖(1865) ← MYCO-＋-PHAGY〗
mỳco·plásma *n.* (*pl.* **～s, ～ta**)〘生物〙マイコプラズマ《*Mycoplasma* 属の動物の病原微生物; 細菌の類とみなされるが細胞壁を欠く》. **mỳco·plásmal** *adj.*〖(1955) ← NL ～: ⇨ myco-, -plasma〗
mỳco·prótein *n.* 菌蛋白質《特に人間が消費するため, 菌類から得た蛋白質》.〖1885〗
mỳ·cor·rhíza *n.* (*pl.* **-rhizae, ～s**) (*also* **mỳ·co·rhíza**)〘植物〙菌根. **mỳ·cor·rhí·zal** /-ráɪzəl, -zl←/ *adj.* **mỳ·cor·rhízic** *adj.*〖(1895) ← NL ～ ← MYCO-＋-RHIZA〗
my·co·sis /maɪkóusᵻs | -kə́usɪs/ *n.* (*pl.* **my·co·ses** /-siːz/)〘病理〙**1** 真菌症《カビの仲間による病気》. **2** (体の内部・外部における)真菌の寄生. **my·cot·ic** /maɪkɑ́(ː)tɪk | -kɔ́t-/ *adj.*〖(1876) ← NL ～: ⇨ myco-, -osis〗
mỳco·sózin *n.*〘生化学〙ミコソジン《寄生菌類を殺す寄生体内の蛋白質; cf. toxosozin, sozin》.〖← MYCO-＋SOZIN〗
my·co·stat /máɪkəstæ̀t | -kə(ʊ)-/ *n.* カビ予防[滅菌]剤.
My·co·stat·in /màɪkəstǽtᵻn, -tn | -kə(ʊ)stǽtɪn/ *n.*〘商標〙マイコスタチン《nystatin の商品名》.
my·cos·ter·ol /maɪkɑ́(ː)stərɔ̀(ː)l | -kɔ́stərɔ̀l/ *n.*〘生化学〙菌類ステロール《菌類から出されるエルゴステロールなどのようなステロイドアルコールのこと; cf. zoosterol》.
mỳco·toxicósis *n.*〘病理〙カビ毒症, 真菌中毒症.〖1948〗
mỳco·tóxin *n.*〘薬学〙マイコトキシン《菌類, 特にカビ類もつ毒性物質; cf. aflatoxin》. **mỳco·tóxic** *adj.* **mỳco·toxícity** *n.*〖(1962): ⇨ myco-, toxin〗
my·cot·ro·phy /maɪkɑ́(ː)trəfi | -kɔ́trə-/ *n.*〘植物〙(菌根における)共生. **my·co·troph·ic** /màɪkətrɑ́(ː)fɪk | -ko(ʊ)trɔ́f-←/ *adj.*
myc·to·phid /míktəfᵻd | -fɪd/ *n.*〘魚類〙ハダカイワシ科の魚.〖(1931): ↓〗
Myc·toph·i·dae /mɪktɑ́(ː)fədìː | -tɔ́fɪ-/ *n. pl.*〘魚類〙ハダカイワシ科.〖← NL ～ ← *Myctophum* (属名: ← Gk *muktḗr* nose＋*óphis* snake)＋-IDAE〗
my·dri·a·sis /mᵻdráɪəsᵻs, maɪ- | maɪdráɪəsɪs, mɪ-/ *n.*〘病理〙散瞳, 瞳孔(どうこう)散大 (cf. miosis).〖((1657)) (1805) □ L ～ □ Gk *mudríāsis* ← ?〗
myd·ri·at·ic /mìdriǽtɪk | -tɪk←/ *adj.* 瞳孔(どうこう)散大の[を起こす], 散瞳症[性]の. —— *n.* 瞳孔散大薬《ベラドンナ剤など》.〖(1855): ⇨ ↑, -atic〗
my·el- /máɪəl/ (母音の前にくるときの) myelo- の異形.
my·el·en·ceph·a·lon /màɪəlᵻnséfəlɑ̀(ː)n, -len-séf-, -lən | -lenkéfəlɒn, -lɪn-, -séf-, -lən/ *n.* (*pl.* **～s, -a·la** /-lə/)〘解剖〙**1** 髄脳, 終脳 (afterbrain). **2** ＝medulla oblongata. **my·el·en·ce·phal·ic** /màɪəlensᵻfǽlɪk | -kᵻf-, -sᵻf-←/ *adj.*〖(1866) ← NL ～: ⇨ myelo-, encephalon〗
my·e·lin /máɪəlᵻn | -lɪn/ *n.*〘解剖〙ミエリン《髄鞘(ずいしょう) (medullary sheath) を構成する類脂質》. **my·e·lin·ic** /màɪəlínɪk←/ *adj.*〖(1867) □ G *Myelin*: ⇨ myelo-, -in[2]〗
my·e·lin·at·ed /máɪələnèɪtᵻd | -lᵻnèɪt-/ *adj.*〘解剖〙〈神経線維が〉髄鞘(ずいしょう)のある, 有髄の (medullated).〖(1899): ⇨ myelin, -ate[3], -ed〗
my·e·lin·a·tion /màɪələnéɪʃən | -lᵻ-/ *n.*〘解剖〙髄鞘(ずいしょう)形成, 有髄化.〖(1899): ⇨ myelin, -ation〗
my·e·line /máɪəlᵻn, -lìːn | -lɪn, -lìːn/ *n.*〘解剖〙＝myelin.
myélin shèath *n.*〘解剖〙(神経の)髄鞘(ずいしょう) (⇨ neuron 挿絵).〖1896〗
my·e·li·tis /màɪəláɪtᵻs | -tɪs/ *n.* (*pl.* **-lit·i·des** /-lítədìːz | -tɪ-/)〘病理〙脊髄炎. **my·e·lit·ic** /màɪəlítɪk | -tɪk←/ *adj.*〖(1835) ← NL ～: ⇨ ↓, -itis〗
my·e·lo- /máɪəlou | -ləu/「髄, 脊髄, 骨髄, 髄鞘」の意の連結形: *myeloma*. ★ 母音の前では通例 myel- になる.〖← NL ～ ← Gk *muelós* marrow ← *mûs* 'MOUSE, muscle'〗
my·e·lo·blast /máɪələblæ̀st | -lə(ʊ)-/ *n.*〘解剖〙骨髄芽球 (cf. erythroblast, lymphoblast). **my·e·lo·blas·tic** /màɪələblǽstɪk | -lə(ʊ)-←/ *adj.*〖(1904): ⇨ ↑, -blast〗
my·e·lo·cyte /máɪələsàɪt | -lə(ʊ)-/ *n.*〘解剖〙骨髄球, ミエロサイト. **my·e·lo·cyt·ic** /màɪələsítɪk | -lə(ʊ)sít-←/ *adj.*〖(1866): ⇨ myelo-, -cyte〗
mỳelo·fibrósis *n.*〘病理〙骨髄線維症. **mỳelo·fibrótic** *adj.*〖⇨ myelo-, fibrosis〗
mỳelo·génic *adj.*〘医学〙＝myelogenous.〖(1875): ⇨ myelo-, -genic[1]〗
my·e·log·e·nous /màɪəlɑ́(ː)dʒənəs | -lɔ́dʒᵻ-←/ *adj.*〘医学〙骨髄性の.〖(1875): ⇨ myelo-, -genous〗
myelógenous leukémia *n.*〘病理〙骨髄性白血病《骨髄組織の増殖と循環血液中における顆粒球・骨髄球・骨髄芽球の異常な増加を特徴とする白血病; granulocytic leukemia ともいう》.〖1904〗
my·e·lo·gram /máɪəlougræ̀m | -lə(ʊ)-/ *n.*〘医学〙**1** 脊髄造影図[像]. **2** 骨髄像.〖(1937): ⇨ myelo-, -gram〗
my·e·log·ra·phy /màɪəlɑ́(ː)grəfi | -lɔ́g-/ *n.*〘医学〙脊髄造影法, ミエログラフィー. **my·e·lo·graph·ic** /màɪəlougrǽfɪk | -lə(ʊ)-←/ *adj.* **mỳ·e·lo·gráph·i·cal·ly** *adv.*〖(1937): ⇨ myelo-, -graphy〗
my·e·loid /máɪəlɔ̀ɪd/ *adj.*〘解剖〙**1** 骨髄の; 骨髄状の; 骨髄性の. **2** 脊髄の.〖(1857) ← MYELO-＋-OID〗
my·e·lo·ma /màɪəlóumə | -lə́u-/ *n.* (*pl.* **～s, ～·ta** /～tə | ～tə/)〘病理〙骨髄腫(しゅ). **mỳ·e·ló·ma·tous** /-təs | -təs/ *adj.*〖(1857): ⇨ myelo-, -oma〗
my·e·lop·a·thy /màɪəlɑ́(ː)pəθi | -lɔ́p-/ *n.*〘病理〙ミエロパシー, 脊髄障害. **my·e·lo·path·ic** /màɪəlo(ʊ)pǽθɪk | -lə(ʊ)-←/ *adj.*〖(1891): ⇨ myelo-, -pathy〗
mỳelo·prolíferative *adj.*〘病理〙骨髄増殖性の.
my·e·lo·sis /màɪəlóusᵻs | -lə́usɪs/ *n.*〘病理〙**1** 骨髄症; 骨髄性白血病. **2** 脊髄症.〖(1891) ← NL ～: ⇨ myelo-, -osis〗
my·en·ter·ic /màɪentérɪk←/ *adj.*〘解剖〙腸管筋の.〖⇨ myo-, enteric〗
My·ers /máɪəz | -əz/, **Frederic William Henry** *n.* マイヤーズ《1843–1901; 英国の心霊現象研究家・随筆家・詩人; *St. Paul* (1867)》.
My Fáir Lády *n.*「マイ フェア レディ」《G. B. Shaw の喜劇 *Pygmalion* をもとにしたミュージカル (1956)》.
My·fan·wy /mᵻvǽnwi, -fǽn-; *Welsh* məvánwi,

-nui/ *n.* ミバンウィ《女性名》. ★ ウェールズで一般的. 〖← Welsh *mi fanwy* my rare one〗
myg. 《略》 myriagram(s).
my·ia·sis /máɪəsɪs | -sɪs/ *n.* (*pl.* **-ia·ses** /-sìːz/) 〖病理〗 蠅(ʰᵉ)幼虫症. 〖← NL ～ ← Gk *muîa* a fly＋-ASIS〗
My·i·dae /máɪədìː/ *n. pl.* 〖貝類〗 ＝Myacidae. 〖← NL ～ ← L *mya* mussel (← Gk *mûa*)＋-IDAE〗
My·ko·la·yiv /mɪ̀kəláɪf; *Ukr.* mɪkolájiw/ *n.* ミコライウ《ウクライナ南部の港湾都市; 別称 Nikolayev, 旧称 Vernoleninsk》.
My·ko·nos /míːkənɑ̀(ː)s, mík- | -nɒ̀s/ *n.* ミコノス(島)《エーゲ海の Cyclades 諸島北東部にあるギリシャ領の島; 花崗岩からなる乾燥した島で観光保養地; 面積 91 km²; 現代ギリシャ語名 Míkonos /*Mod.Gk.* míkonɔs/》.
myl. 《略》 myrialiter(s).
myl- /maɪl/ (母音の前にくるときの) mylo- の異形.
My Lai /máɪláɪ, míː-/ *n.* ミーライ《ベトナム南部の村; 1968 年米軍が住民の大量虐殺を行った》.
My·lar /máɪlɑə | -lɑː(r)/ *n.* 〖商標〗 マイラー《米国 Du-Pont 社製の, 磁気テープ・フィルム・繊維などに用いる強化ポリエステルフィルム》.
myl·i·o·bat·id /mɪ̀liɑ́(ː)bətɪd | -ɔ́bətɪd/ *adj., n.* 〖魚類〗 トビエイ科の(エイ). 〘(1859–62): ↓〙
Myl·i·o·bat·i·dae /mɪ̀lioubǽtədìː | -ə(ʊ)bǽtɪ-/ *n. pl.* 〖魚類〗 トビエイ科. 〖← NL ～ ← *Myliobatis* (属名: ← Gk *múlē* mill＋*batis* flat fish)＋-IDAE〗
my·lo- /máɪlou | -ləu/「臼歯 (molar)」の意の連結形. ★ 母音の前では通例 myl- になる. 〖← NL ～ ← Gk *múlē* mill, (pl.) molar teeth〗
my·lo·don /máɪlədɑ̀(ː)n | -dɒ̀n/ *n.* ミロドン《南米に近代まで生息していたミロドン科ミロドン属 (*Mylodon*) の哺乳類の総称》. 〘(1839) ← NL ～: ⇨ ↑, -odon〙
mỳlo·hýoid 〖解剖〗 *adj.* 顎舌(ᵍᵉⁿ)骨の, 臼歯舌骨の. — *n.* 顎舌骨筋. 〘(1694) ← NL ～: ⇨ mylo-, hyoid〙
my·lo·nite /máɪlənàɪt, míl-/ *n.* 〖岩石〗 ミロナイト, 圧砕岩. 〘(1886) ← Gk *mulṓn* mill＋-ITE¹〙
mym. 《略》 myriameter(s).
my·mar·id /maɪmǽrɪd, -mér- | -mǽrɪd/ 〖昆虫〗 *adj.* ホソバネヤドリコバチ(科)の. — *n.* ホソバネヤドリコバチ《ホソバネヤドリコバチ科のハチの総称》. 〘↓〙
My·mar·i·dae /maɪmǽrədìː, -mér- | -mǽrɪ-/ *n. pl.* 〖昆虫〗 (膜翅目)ホソバネヤドリコバチ科. 〖← NL ～ ← *Mymar* (属名: ← Gk *mômos* blame)＋-IDAE〗
My·men·singh /màɪmənsɪ́ŋ/ *n.* マイメンシン《バングラデシュ中北部の都市》.
my·na /máɪnə/ *n.* (*also* **my·nah** /～/) 〖鳥類〗 東南アジア産ムクドリ科の鳥類の総称《カーレン属 (*Acridotheres*) のカバイロハッカ (*A. tristis*), ムクドリ属 (*Sturnus*) の鳥, *Gracula* 属のキュウカンチョウ (hill myna) などのような飼鳥も含まれる》. 〘(1769) ◻ Hindi *mainā* starling ← Skt *madana(ka)*〙
Myn·heer /mɪnéə, -níə | mənɪ́ə(r), maɪnhíə(r), -hɛ́ə(r); *Du.* mənéːr, *Afrik.* mənéːr/ *n.* **1** [Mr. または Sir に当たるオランダ語の敬称として] …氏. **2** 《口語》 オランダ人の紳士; オランダ人男性. 〘(1652) ◻ Du. *mijnheer* ← *mijn* mine¹＋*heer* lord, master, gentleman〙
my·o- /máɪou | máɪəu/「筋肉 (muscle)」の意の連結形. ★ 母音の前では通例 my- になる. 〖← NL ～ ← Gk *mûs* 'MUSCLE'〗
M.Y.O.B. 《略》 mind your own business.
my·o·blast /máɪəblæ̀st | máɪə(ʊ)-/ *n.* 〖解剖〗 筋原細胞, 筋芽細胞. 〘(1884) ← MYO-＋-BLAST〙
myocardia *n.* myocardium の複数形.
mỳo·cár·di·al /-kɑ́ədiəl | -kɑ́ːd-⁻/ *adj.* 〖解剖〗 心筋の. 〘(1880): ⇨ myocardium, -al¹〙
myocárdial infárction *n.* 〖病理〗 心筋梗塞(ᵏᵒᵘ)(症).
mỳo·cárdiograph *n.* 〖医学〗 心筋運動計.
mỳo·carditis *n.* 〖病理〗 心筋炎. 〘(1866): ⇨ ↓, -itis〙
mỳo·cárdium *n.* (*pl.* **-dia**) 〖解剖〗 心筋(層). 〘(1866) ← NL ～: ⇨ myo-, -cardium〙
my·oc·lo·nus /maɪɑ́(ː)klənəs | -ɔ́k-/ *n.* 〖病理〗 ミオクロヌス, ミオクロニー, 筋クロヌス, 筋間代(ᵏᵃⁿ), 間代性筋痙攣(ᵏᵉⁱ). **my·o·clon·ic** /màɪəklɑ́(ː)nɪk | -ə(ʊ)klɔ́n-⁻/ *adj.* 〖← NL ～: ⇨ myo-, clonus〗
my·o·coel /máɪəsìːl/ *n.* (*also* **my·o·coele** /～/) 〖生物〗 筋腔. 〘(1889): ⇨ myo-, -coel〙
my·o·cyte /máɪəsàɪt/ *n.* 〖解剖〗 (括約筋などに見られる)伸縮性細胞. 〘(1887): ⇨ myo-, -cyte〙
my·o·des·op·si·a /màɪədesɑ́(ː)psiə | -ə(ʊ)dɛsɔ́p-/ *n.* 〖眼科〗 飛蚊(ᵇᵘⁿ)症《目の前を蚊の群れがちらちら飛び交っているような感じの症状》. 〖← NL ～ ← Gk *muioeidēs* like a fly＋-OPSIA〗
mỳo·eléctric *adj.* 〖医学〗 筋肉によって起こった電気の[に関する, を利用する], 筋電性の: ～ prosthesis 筋電補綴(ᵗᵉᵗˢᵘ)《義手・義足などを動かす際, 筋肉の収縮によって生じる電流を利用する方式》. 〘(1955): ⇨ myo-, electric〙
mỳo·eléctrical *adj.* 〖医学〗 ＝myoelectric. **～·ly** *adv.*
mỳo·fibril *n.* 〖解剖・動物〗 筋原線維. 〘(1898) ← NL *myofibrilla*: ⇨ myo-, fibril〙
mỳo·fibrillar *adj.* 〖解剖・動物〗 筋原線維の. 〘(1927): ⇨ ↑, -ar¹〙
mỳo·filament *n.* 〖解剖・動物〗 ミオフィラメント《筋原線維 (myofibril) を構成している個々のアクチンやミオシンの線維》. 〘(1949) ← MYO-＋FILAMENT〙
my·o·gen /máɪədʒɪn, -dʒèn/ *n.* 〖生化学〗 ミオゲン《筋の自動収縮を引き起こすもの》. 〘(1896) ← MYO-＋-GEN〙
my·o·ge·nic /màɪədʒénɪk | -ə(ʊ)-⁻/ *adj.* 〖生理〗 筋肉からの, 筋組織から生じる[生じた], 筋原性の. 〘(1876): ⇨ ↑, -ic¹〙
my·o·ge·nic·i·ty /màɪədʒənísəṭi | -ə(ʊ)dʒɪnísɪṭi/ *n.* 〖生理〗 筋原性.
mỳo·glóbin *n.* 〖生化学〗 ミオグロビン, 筋肉ヘモグロビン《血液のヘモグロビン (hemoglobin) に比較されるべき筋肉の色素》. 〘(1925) ← MYO-＋GLOBIN〙
my·o·glo·bi·nu·ri·a /màɪouglòubɪnjúəriə, -njúər- | -ə(ʊ)glə̀ubɪnjúər-/ *n.* 〖病理〗 ミオグロビン尿(症). 〖← NL ～: ⇨ ↑, -uria〗
my·o·gram /máɪəgræ̀m | máɪə(ʊ)-/ *n.* 〖生理〗 筋運動(記録)図, ミオグラム. 〘(1890) ← MYO-＋-GRAM〙
my·o·graph /máɪəgræ̀f | -ə(ʊ)grɑ̀ːf, -græ̀f/ *n.* 〖生理〗 ミオグラフ, 筋運動(記録)器. **my·o·graph·ic** /màɪəgrǽfɪk | -ə(ʊ)-⁻/ *adj.* **mỳ·o·gráph·i·cal·ly** *adv.* 〘(1867) ← MYO-＋-GRAPH〙
my·og·ra·phy /maɪɑ́(ː)grəfi | -ɔ́g-/ *n.* 〖生理〗 筋運動描記法. 〘(1721) ← MYO-＋-GRAPHY〙
mỳo·hémoglobin *n.* 〖生化学〗 ＝myoglobin. 〘(1924) ← MYO-＋HEMOGLOBIN〙
mỳo·i·nó·si·tol /-ɪnóusətɔ̀(ː)l | -ɪnə́usɪtɔ̀l/ *n.* 〖生化学〗 ミオイノシトール《生体内にみられるイノシトール (inositol) の異性体; metainositol ともいう》. 〘(1951) ← MYO-＋INOSITOL〙
my·o·kym·i·a /màɪəkímiə | màɪə(ʊ)-/ *n.* 〖病理〗 ミオキミア, 筋波動(症). 〖← MYO-＋Gk *kûm(a)* something swollen＋-IA¹〗
my·ól·o·gist /-dʒɪst | -dʒɪst/ *n.* 筋学者. 〘(1808): ⇨ ↓, -ist〙
my·ol·o·gy /maɪɑ́(ː)lədʒi | -ɔ́l-/ *n.* **1** 筋肉学《解剖学の一分科》. **2** (動物の)筋肉組織. **my·o·log·ic** /màɪəlɑ́(ː)dʒɪk | -lɔ́dʒ-⁻/ *adj.* **mỳ·o·lóg·i·cal** *adj.* 〘(1649) ← NL *myologia*: ⇨ ↑, -LOGY〙
my·o·ma /maɪóumə | maɪə́u-/ *n.* (*pl.* **～s, ～·ta** /～ṭə | ～tə/) 〖病理〗 筋腫(ˢʰᵘ). 〘(1875) ← NL ～: ⇨ myo-, -oma〙
my·o·ma·tous /maɪóuməṭəs, -ɑ́(ː)m- | -ə́umət-, -ɔ́m-/ *adj.* 〖病理〗 筋腫の. 〘(1876): ⇨ ↑, -ous〙
my·o·mere /máɪəmɪə | -mɪə(r)/ *n.* 〖解剖・動物〗 筋節. 〘(1887) ← MYO-＋-MERE〙
my·o·me·tri·um /màɪoumíːtriəm/ *n.* (*pl.* **-tri·a** /-triə/) 〖解剖〗 子宮筋層. 〘(1900) ← MYO-＋NL *metrium* (子宮の層): ⇨ metro-², -ium〙
my·o·neme /máɪəniːm/ *n.* 〖動物〗 糸筋, 筋糸《原生動物の細胞内の収縮性の原纖維》. 〘(1901) ← NL *myonema* ← MYO-＋Gk *nêma* thread〙
mỳo·néural *adj.* (特に筋纖維の末端の)筋と神経の[に関する]. 〘(1905) ← MYO-＋NEURAL〙
my·op·a·thy /maɪɑ́(ː)pəθi | -ɔ́p-/ *n.* 〖病理〗 ミオパシー, ミオパチー, 筋障害. **my·o·path·ic** /màɪəpǽθɪk | màɪə(ʊ)-⁻/ *adj.* 〘(1849) ← MYO-＋-PATHY〙
my·ope /máɪoup | -əup/ *n.* 近(視)眼の人. 〖◻ F ～ ◻ LL *myops* (↓)〗
my·o·pi·a /maɪóupiə | -ə́u-/ *n.* **1** 〖病理〗 近視 (↔ hyperopia). **2** (考え方の)近視眼的なこと, 視野の狭さ: intellectual ～ 知的近視眼, 愚鈍. 〘(1727–52) ← NL ◻ LGk *muōpíā* ← Gk *muṓps* short-sighted ← *múein* to close＋*ṓps* eye: ⇨ -ia¹〙
my·op·ic /maɪɑ́(ː)pɪk, -óup- | -ɔ́p-, -ə́up-/ *adj.* **1** 〖病理〗 近視(性)の: ～ eyes. **2** 近視眼的な, 短見の, 浅慮の. **my·óp·i·cal·ly** *adv.* 〘(1800): ⇨ ↑, -ic¹〙
My·op·o·ra·ce·ae /maɪɑ̀(ː)pəréɪsiìː | -ɔ̀p-/ *n. pl.* 〖植物〗 ハマジンチョウ科. **my·òp·o·rá·ceous** /-ʃəs⁻/ *adj.* 〖← NL ～ ← *Myoporum* (属名: ← Gk *múein* to close＋*póros* 'PORE¹')＋-ACEAE〗
my·o·py /máɪəpi | -ə(ʊ)pi/ *n.* 〖病理〗 ＝myopia.
my·o·sin /máɪəsɪn, -sn | -ə(ʊ)sɪn/ *n.* 〖生化学〗 ミオシン《筋組織中の蛋白質》. 〘(1869) ← MYO-＋-OS(E)²＋-IN²〙
my·o·sis /maɪóusɪs | -ə́usɪs/ *n.* ＝miosis 1. 〘(1819) ← NL ～ ← Gk *múein* to close (the eyes)＋-OSIS〙
my·o·si·tis /màɪəsáɪṭɪs | -ə(ʊ)sáɪtɪs/ *n.* 〖病理〗 筋炎. **my·o·sit·ic** /màɪəsíṭɪk | -ə(ʊ)sít-⁻/ *adj.* 〘(1819) ← NL ～ ← Gk *mûos* (gen.), *mûs* muscle＋-ITIS〙
my·o·sote /máɪəsòut | -sə̀ut/ *n.* 〖植物〗 ＝myosotis. 〘(1879): ↓〙
my·o·so·tis /màɪəsóuṭɪs | -ə(ʊ)sə́utɪs/ *n.* 〖植物〗 **1** [M-] ワスレナグサ属《ムラサキ科の一属》. **2** ワスレナグサ (⇨ forget-me-not 1). 〘(1706) ← NL ～ ← L *myosōtis* mouse ear ◻ Gk *muosōtis* ← *mûs* mouse＋*ōt-*, *oûs* ear〙
my·ot·ic /maɪɑ́(ː)ṭɪk | -ɔ́t-/ *adj., n.* 〖病理・薬剤〗 ＝miotic. 〘(1864): ⇨ myosis, -ic¹〙
my·o·tis /maɪóuṭɪs | -ə́utɪs/ *n.* 〖動物〗 ホオヒゲコウモリ属 (*Myotis*) の各種のコウモリ《ヒナコウモリ科; 世界中に広く分布している主に小型のコウモリで, 種類が多い; 建物や洞窟などで普通に見られる種を含む》. 〖← MYO-＋*-otis* (← Gk *ōt-*, *oûs* ear)〗
my·o·tome /máɪətòum | -tə̀um/ *n.* **1** 〖動物〗 筋節, 筋板《骨格・筋肉の発生のもとになる胚の体節の一部》. **2** 〖動物〗 体節のある無脊椎動物の体節にある筋肉. **3** 〖外科〗 筋切開刀, 筋切開用メス. 〘(1846) ← MYO-＋-TOME〙
my·ot·o·my /maɪɑ́(ː)ṭəmi | -ɔ́t-/ *n.* 〖外科〗 筋切開, 筋(肉)切り術. 〘(1676) ← MYO-＋-TOMY〙
my·o·to·ni·a /màɪətóuniə | -tə́u-/ *n.* 〖病理〗 ミオトニー, 筋緊張(症). **my·o·ton·ic** /màɪətɑ́(ː)nɪk | -tɔ́n-⁻/ *adj.* 〘(1886) ← MYO-＋-TONIA〙
My·ra¹ /máɪrə | máɪ(ə)rə/ *n.* マイラ《女性名》. 〖英国の詩人 Fulke Greville (1554–1628) の造語か〗
My·ra² /máɪrə | máɪ(ə)rə/ *n.* ミラ《小アジア南西部, Lycia の古都; cf. *Acts* 27:5》.
myr·cene /mə́ːsiːn, -sn | mə́ːsiːn, -sɪn/ *n.* 〖化学〗 ミルセン ($C_{10}H_{16}$)《ベイ油・ホップ油などに含まれるモノテルペン炭化水素の一つ》. 〘(1895) ← NL *myrcia* (《変形》 ← L *myrtus* 'MYRTLE')＋-ENE〙
Myr·dal /mjúədɑːl | mjúə-; *Swed.* mýːdɑːl/, **Al·va** /ǽlvə/ *n.* ミュー(ル)ダール (1902–86; スウェーデンの社会学者・外交官; 旧姓 Reimer; Nobel 平和賞 (1982)).
Myrdal, (Karl) Gunnar /(kɑ́ːl)gʊ́nɑːr/ *n.* ミュー(ル)ダール (1898–1987; スウェーデンの経済学者; Alva の夫; Nobel 経済学賞 (1974)).
myr·i- /míri/ (母音の前にくるときの) myrio- の異形.
myr·i·a- /míriə/「1 万」「無数」の意の連結形《主にメートル法で使う》. 〖◻ F ～ ← Gk *mūriás* (↓)〗
myr·i·ad /míriəd/ *n.* **1** [通例 a ～ of または ～s of として] 無数, 巨万; 無数の人[物]: *a* ～ *of* planets 無数の惑星 / ～*s of* fireflies 無数のほたる. **2** 《古》 1 万. — *adj.* **1** [限定的] 無数の; 多様な. **2** 《まれ》 1 万の. 〘(1555) ◻ LL *mȳriad-*, *mȳrias* ◻ Gk *mūriad-*, *mūriás* ten thousand ← *mūríos* countless〙
mýriad-lèaf *n.* 〖植物〗 フサモ, キツネノオ (*Myriophyllum verticillatum*)《北温帯原産のアリノトウグサ科の多年生水草》.
mýriad-mínded *adj.* (人生の)万事万端(ᵇᵃⁿ)に通じた: our ～ Shakespeare わが才気縦横のシェークスピア (Coleridge, *Biographia Literaria*). 〘1817〙
myr·i·a·gram /míriəgræ̀m/ *n.* 1 万グラム, 10 キログラム. 〘(1810) ← MYRIA-＋GRAM²〙
myr·i·a·li·ter /míriəlìːṭə | -tə(r)/ *n.* 1 万リットル. 〘(1811) ← MYRIA-＋LITER〙
myr·i·a·me·ter /míriəmìːṭə | -tə(r)/ *n.* 1 万メートル, 10 キロメートル. 〘(1804) ← MYRIA-＋METER〙
myr·i·a·pod /míriəpɑ̀(ː)d | -pɒ̀d/ 〖動物〗 *n.* 多足類の動物《ムカデなど》. — *adj.* ＝myriapodous. 〘(1826): ↓〙
Myr·i·ap·o·da /mɪ̀riǽpədə | -də/ *n. pl.* 〖動物〗 (節足動物門)多足類. 〘(1828) ← NL ～: ⇨ myria-, -poda〙
myr·i·ap·o·dan /mɪ̀riǽpədən, -dn | -dən, -dn/ *adj., n.* 〖動物〗 多足類の(動物). 〘(1887): ↑〙
myr·i·ap·o·dous /mɪ̀riǽpədəs | -dəs⁻/ *adj.* 〖動物〗 多足類の, 多足の. 〘(1856): ⇨ myriapod, -ous〙
myr·i·are /mírièə, -àə | -rìɑː(r), -rìɛə(r)/ *n.* 1 万アール (cf. are²). 〘(1810) ← MYRIA-＋ARE²〙
myr·i·ca /mɪráɪkə | mɪ-/ *n.* 〖植物〗 **1** [M-] ヤマモモ属. **2** ヤマモモ属に属する低木の総称. **3** シロヤマモモ (wax myrtle), ヤマモモ (bayberry) の樹皮. 〘(1706) ← NL ～ ← L ～ 'shrub, tamarisk' ◻ Gk *muríkē* tamarisk ← ? Sem.〙
Myr·i·ca·ce·ae /mɪ̀rəkéɪsiìː | -rɪ-/ *n. pl.* 〖植物〗 ヤマモモ科. **mỳr·i·cá·ceous** /-kéɪʃəs⁻/ *adj.* 〖← NL ～: ⇨ ↑, -aceae〗
Myr·i·ca·les /mɪ̀rəkéɪliːz | -rɪ-/ *n. pl.* 〖植物〗 ヤマモモ目. 〖← NL ～: ⇨ myrica, -ales〗
mýr·i·cyl álcohol /mírəsɪl- | -rɪ-/ *n.* 〖化学〗 ミリシルアルコール ($CH_3(CH_2)_{29}OH$)《エステルの形で蜜蠟(ʳᵒᵘ)の中に存在する高級アルコール; melissyl alcohol ともいう》. 〘(1868) *myricyl*: ⇨ myrica, -yl〙
myr·in·got·o·my /mɪ̀rɪŋgɑ́(ː)ṭəmi, -dʒɑ́(ː)t- | mɪ̀rɪŋgɔ́t-, -dʒɔ́t-/ *n.* 〖医学〗 鼓膜切開(術), 鼓室開放. 〘(1879) ← *myringo-* (NL *myringa* eardrum)＋-tomy〙
myr·i·o- /míriou | -riəu/「1 万」「無数」の意の連結形. ★ 母音の前では通例 myri- になる. 〖◻ Gk *mūrio-*: ⇨ myriad〗
myr·i·o·pod /míriəpɑ̀(ː)d | -pɒ̀d/ *n., adj.* 〖動物〗 ＝myriapod.
myr·i·o·ram·a /mɪ̀riərǽmə, -rɑ́ːmə | -rɑ́ː-/ *n.* ミリオラマ, 万景画《昔, 多くの小画を徐々に組み合わせて作り出した見せもの》. 〘(1824) ← MYRIA-＋Gk *hórāma* sight, spectacle: cf. panorama〙
my·ris·tate /mɪrísteɪt | mɪ-/ *n.* 〖化学〗 ミリスチン酸塩[エステル]. 〘(1848) ← myristic (← NL *Myristica* (↓))＋-ATE¹〙
My·ris·ti·ca·ce·ae /mɪrìstəkéɪsiìː | mɪrìstɪ-/ *n. pl.* 〖植物〗 ニクズク科. **my·ris·ti·cá·ceous** /-ʃəs⁻/ *adj.* 〖← NL ～ ← *Myristica* (属名: ◻ LGk *muristikḗ* (fem.) ← Gk *múron* perfume)＋-ACEAE〗
my·ris·tic ácid /mɪrístɪk- | mɪ-/ *n.* 〖化学〗 ミリスチン酸 ($CH_3(CH_2)_{12}COOH$)《グリセリドの形で動植物油脂中にある脂肪酸; tetradecanoic acid ともいう》. 〘(1868) *myristic*: ⇨ myristate, -ic¹〙
myr·mec- /mə́ːmək | mə́ːmɪk/ (母音の前にくるときの) myrmeco- の異形.
myr·me·co- /mə́ːməkou | mə́ːmɪkəu/「アリ (ant)」の意の連結形. ★ 母音の前では通例 myrmec- になる. 〖← Gk *múrmēx* ant ← IE **morwi-* ant.〗
mỳr·me·cól·o·gist /-dʒɪst | -dʒɪst/ *n.* アリ研究者, アリ学者. 〘(1901): ⇨ ↓, -ist〙
myr·me·col·o·gy /mə̀ːməkɑ́(ː)lədʒi | mə̀ːmɪkɔ́l-/ *n.* アリ研究, アリ学. **myr·me·co·log·i·cal** /mə̀ːməkəlɑ́(ː)dʒɪkəl | mə̀ːmɪkəlɔ́dʒɪ-⁻/ *adj.* 〖← MYRMECO-＋-LOGY〗
Myr·me·co·phag·i·dae /mə̀ːməkoufǽdʒədìː | mə̀ːmɪkə(ʊ)fǽdʒɪ-/ *n. pl.* 〖動物〗 アリクイ科. 〖← NL ～: ⇨ myrmeco-, -phag, -a², -idae〗
myr·me·coph·a·gous /mə̀ːməkɑ́(ː)fəgəs | mə̀ːmɪkɔ́fə-⁻/ *adj.* アリを食う; 〈顎(ᵃᵍᵒ)・歯など〉アリを食うのに適した. 〘(1840): ⇨ ↑, -ous〙

myr·me·co·phile /mə́ːməkoufàɪl | -mɪkə(ʊ)-/ *n.* 〘昆虫〙蟻(あり)動物, 愛蟻(あいぎ)動物《特に蟻の巣にすむ習性のあるアリヅカコオロギ》. 〖(1898) ← MYRMECO-＋-PHILE〗

myr·me·coph·i·lism /mə̀ːməkɑ́(ː)fəlìzm | mə̀ː-mɪkɔ́fɪ̀-/ *n.* 〘昆虫〙愛蟻(あいぎ)現象. 〖1959〗

myr·me·coph·i·lous /mə̀ːməkɑ́(ː)fələs | -mɪ-kɔ́fɪ̀-⁻/ *adj.* **1** 〈ある種の昆虫が〉アリを好む, アリと共生する. **2** 〈植物が〉アリのよくつく. 〖(1866): ⇨ myrmecophile, -ous〗

myr·me·coph·i·ly /mə̀ːməkɑ́(ː)fəli | mə̀ːmɪkɔ́fɪ̀-/ *n.* 〘昆虫〙アリ共生関連《アリと客昆虫との間における関連》. 〖(1898): ⇨ myrmecophile, -y¹〗

myr·me·co·phyte /mə́ːməkoufàɪt | mə́ːmɪkə(ʊ)-/ *n.* アリ植物《ある種のアリと共生する植物; ant plant ともいう》. 〖(1902) ← MYRMECO-＋-PHYTE〗

Myr·me·le·on·i·dae /mə(ː)mìːliɑ́(ː)nədìː | mə(ː)-mìːliɔ́nɪ-/ *n. pl.* 〘昆虫〙＝Myrmeleontidae. 〖← NL ～ ← *Myrmeleon* (属名: ← Gk *murmekoléōn* ant-lion: ⇨ myrmeco-, lion)＋-IDAE〗

Myr·me·le·ont·i·dae /mə(ː)mìːliɑ́(ː)ntədìː | mə(ː)mìːliɔ́ntɪ-/ *n. pl.* 〘昆虫〙(脈翅目)ウスバカゲロウ科. 〖← NL ～ ← *Myrmeleont-*, *Myrmeleon* (↑)＋-IDAE〗

Myr·mi·don /mə́ːmədɑ̀(ː)n, -dən, -dn | mə́ːmɪdən, -dn, -dɔ̀n/ *n.* (*pl.* ～**s**, **Myr·mid·o·nes** /məːmídəniːz, -dn- | məːmídən-, -dn-/) **1** 〘ギリシャ神話〙ミュルミドーン人《Achilles に従って Troy 戦争に参加した勇武で野蛮な Thessaly 人; cf. *Iliad* 2. 684》. **2** [m-]《命令を容赦なく遂行する》鬼のような手下; おかかえごろつき, 用心棒: the *myrmidons* of the law《軽蔑・戯言》少しも容赦しない法の執行者《巡査・執行吏など》. 〖(?a1400) □ L *Myrmidones* (pl.) □ Gk *Murmidónes* (pl.)〗

Myr·na /mə́ːnə | mə́ː-/ *n.* マーナ《女性名; 異形 Mirna, Moina, Morna》. 〖← Ir.-Gael. *muirna* polite, gentle〗

my·rob·a·lan /maɪrɑ́(ː)bələn | -rɔ́b-/ *n.* 〘植物〙 **1** ミロバラン《熱帯アジア産シクンシ科の落葉高木ミロバランノキ (*Terminalia chebula*) の乾燥した果実; 多量のタンニンを含み染料・製革用およびインクの原料になる》. **2** ミロバランスモモ (⇨ cherry plum 1). 〖(1530) □ F ～ □ L *myrobalanum* □ Gk *murobálanon* ← *múron* unguent＋*bálanos* acorn〗

my·ron /máɪrɑ(ː)n, míːrɔ(ː)n | máɪərɔ̀n, míːrɔn/ *n.* 〘東方正教会〙聖(香)油 (chrism). 〖□ Gk *múron* (↓)〗

My·ron /máɪrən | máɪ(ə)r-/ *n.* **1** マイロン《男性名》. **2** ミュロン《紀元前 5 世紀のギリシャの彫刻家; *Discobolus*「円盤を投げる男」: ⇨ discobolus 挿絵》. 〖□ Gk *Múron*《原義》sweet juice extracted from plants〗

myrrh¹ /mə́ː | mə́ː(r)/ *n.* **1** 没薬(もつやく), ミルラ《アフリカ東部およびアラビア産のカンラン科ミルラノキ属 (*Commiphora*) の植物から浸出される香気ある樹脂; 香料・薬用になる; cf. *John* 19:39》. **2** 没薬をとる木. **myr·rhic** /mə́ːrɪk | mə́ːr-, mír-/ *adj.* 〖OE *myrre* □ L *myrrha, murra* □ Gk *múrrā* ← Sem. (Heb. *mōr* / Arab. *murr*《原義》bitter(ness)): cf. myrtle〗

myrrh² /mə́ː | mə́ː(r)/ *n.* 〘植物〙＝sweet cicely 1. 〖(1597) □ L *murris*〗

myrrh·y /mə́ːri | mə́ːri/ *adj.* 没薬(もつやく) (myrrh) の香りのする. 〖(1842) ← MYRRH¹＋-Y⁴〗

Myr·si·na·ce·ae /mə̀ːsənéɪsiiː | mə̀ːsɪ-/ *n. pl.* 〘植物〙ヤブコウジ科. **mỳr·si·ná·ceous** /-ʃəs⁻/ *adj.* 〖← NL ～ ← *Myrsine* (属名: ← Gk *mursínē* myrtle)＋-ACEAE〗

Myr·ta·ce·ae /məːtéɪsiiː | məː-/ *n. pl.* 〘植物〙フトモモ科. 〖← NL ～ ← *Myrtus* (属名: ← L *myrtus* 'MYRTLE'＋-ACEAE〗

myr·ta·ceous /məːtéɪʃəs | məː-/ *adj.* 〘植物〙 **1** フトモモ科の. **2** ギンバイカ (myrtle) の[に似た]. 〖(1835): ⇨ ↑, -aceous〗

Myr·ta·les /məːtéɪliːz | məː-/ *n. pl.* 〘植物〙テンニンカ目. 〖← NL ～ ← L *myrtus* 'MYRTLE'＋-ALES〗

Myr·ti·flo·rae /mə̀ːtəflɔ́ːriː | mə̀ːtɪ-/ *n. pl.* 〘植物〙＝Myrtales. 〖← NL ～ ← L *myrtus* 'MYRTLE'＋-I-＋*florae* ((pl.) ← *flōra*: ⇨ flora)〗

Myr·til·la /məːtílə | məː-/ *n.* マーティラ《女性名》. 〖(dim.) ← Myrtle〗

myr·tle /mə́ːtl | mə́ːtl/ *n.* **1** 〘植物〙 **a** ギンバイカ (*Myrtus communis*)《南ヨーロッパ産のフトモモ科の常緑低木; 花は白色で芳香があり, 愛の象徴として古く Venus の神木と見なされた》. **b** 熱帯産のフトモモ科の植物の総称. **2** 〘植物〙 **a** 《米》ヒメツルニチニチソウ (*Vinca minor*)《キョウチクトウ科ニチニチソウ属の植物; periwinkle とも》. **b** ＝California laurel 1. **3** 青味がかった濃い緑《myrtle green ともいう》. — *adj.* 〘植物〙フトモモ科の. 〖(1392) □ OF *mirtile, myrtille* myrtle berry (dim.) ← L *myrtus, murtus* □ Gk *múrtos*: cf. myrrh¹〗

Myr·tle /mə́ːtl | mə́ːtl/ *n.* マートル《女性名; 愛称形 Myrtilla》. 〖↑ (1)〗

mýrtle bèrry *n.* ギンバイカ (myrtle) の実. 〖1579〗

mýrtle wàrbler *n.* 〘鳥類〙ノドジロアメリカムシクイ (*Dendroica coronata*)《森に生息する北米産の鳥; cf. mourning warbler》. 〖1892〗

mýrtle wàx *n.* シロヤマモモ (wax myrtle) から採った蠟(ろう). 〖1763〗

my·self /maɪsélf, mɪ̀-/ *pron.* (*pl.* **our·selves** /ɑəsélvz, àuə- | àuə-, ɑː-/) ★ (1) myself の文中のアクセントについては ⇨ oneself. (2) /mɪ̀sélf/ はごくくだけた会話にしか使わない. [一人称単数複合代名詞: ⇨ oneself, himself] **1** [強意用法] 私自身, 私自ら: I saw it ～. 私は自分で[この目で]それを見た / I ～ will see to it. その事は私自身でします / as for ～ 私自身は / I felt lack of confidence in ～. 自分の体の中から自信が消え失せたのを感じた / I did it (*for*) ～ [*by* ～]. 自分で[一人で]した / It was ～. 私自身だった (cf. It was *me.*) / It does not concern ～. 私自身には関係がない (cf. It does not concern *me.*) **2** [再帰用法]: I have hurt ～. 怪我をした / I won't blame ～. 私は自分を責めない. **3** 《身体的・精神的に》いつもの[正常な]私, 本来の自分: I am not ～ today. 今日は体[頭]の具合が本当でない. 〖(?a1200) *mi self*《変形》← *me self* ＜ OE *mē selfum* (dat.), *mē selfne* (acc.) (⇨ me, self): cf. herself〗

Mys·i·a /míʃiə, -ʃə | mísiə, -ʃə/ *n.* ミュシア《小アジア北西部の古代の国》. **Mýs·i·an** /-ən/ *adj.*, *n.*

my·sid /máɪsɪ̀d | -sɪd/ *n.* 〘動物〙アミ《アミ科の甲殻類の動物の総称; cf. shrimp 1》. 〖(1941): ⇨ Mysidae〗

Mys·i·da·ce·a /mìsədéɪʃiə | -sɪdéɪsiə, -ʃiə/ *n. pl.* 〘動物〙アミ目. 〖← NL *Mysid-*, *Mysis* (↓)＋-ACEAE〗

Mys·i·dae /mísədìː | -sɪ-/ *n. pl.* 〘動物〙アミ科. 〖← NL ～ ← *Mysis* (属名: □ Gk *músis* a closing ← *múein* to close)＋-IDAE〗

my·sis /máɪsɪ̀s | -sɪs/ *n.* 〘動物〙あみ期《節足動物, 甲殻類のうち主として十脚類の発生でメタゾアの次の時期の幼生; mysis stage ともいう; cf. metazoea, protozoea, zoea》. 〖(1842) ← NL ～: ⇨ mysid〗

my·so·phil·i·a /màɪsəfíliə/ *n.* 〘精神医学〙汚物異常嗜好, 不潔嗜好症. 〖← NL ～ ← Gk *músos* filth＋-PHILIA〗

my·so·pho·bi·a /màɪsəfóubiə | -fə́ʊ-/ *n.* 〘心理〙汚物恐怖[嫌悪], 不潔恐怖症. **mỳ·so·phó·bic** /-fóubɪk | -fə́ʊ-⁻/ *adj.* 〖(1879) ← NL ～: ⇨ ↑, -phobia〗

My·sore /maɪsɔ́ə | -sɔ́ː(r)/ *n.* **1** マイソール《インド南部, Karnataka 州の都市で商業中心地》. **2** マイソール(州)《Karnataka 州の旧名》.

my·sost /míːsɔ(ː)st | -sɔst/ *n.* ミスオスト《ノルウェー産の甘みのあるバター状のチーズ》. 〖□ Norw. ～ ← *myse* whey＋*ost* cheese〗

myst. 《略》 mystery, mysteries.

Mys·ta·co·car·i·da /mìstɪ̀koukǽrədə, -kér- | -kə(ʊ)kǽrɪdə/ *n. pl.* 〘動物〙ヒゲエビ亜綱. 〖← NL ～ ← Gk *mustak-*, *mústax* upper lip, moustache ＋ NL *carida* (← L (pl.) ← *caris*)〗

Mys·ta·co·ce·te /mìstɪ̀kousìːtiː | -kə(ʊ)-/ *n. pl.* (*also* **Mys·ta·co·ce·ti** /-taɪ/) 〘動物〙＝Mysticeti. 〖(1883) ← NL ～《変形》← MYSTICETI〗

mys·ta·gog·ic /mìstəgɑ́(ː)dʒɪk | -gɔ́dʒ-⁻/ *adj.* 奥義説明の, 秘法解明の, 神秘説明の. **mỳs·ta·góg·i·cal** /-dʒɪ̀kəl, -kl | -dʒɪ-⁻/ *adj.* **mỳs·ta·góg·i·cal·ly** *adv.* 〖(1631): ⇨ mystagogue, -ic¹〗

mys·ta·gogue /místəgɑ̀(ː)g, -gɔ̀(ː)g | -gɔ̀g/ *n.* 《古代ギリシャのエレウシスの秘儀 (Eleusinia) などでの》秘儀伝授者, 秘法説明者, 密教解説者. 〖(a1550) □ L *mystagōgus* □ Gk *mustagōgós* ← *mústēs* initiate, 《原義》one whose lips are closed (← *múein* to close)＋*agōgós* leading, leader (← *ágein* to lead)〗

mys·ta·gog·y /místəgɑ̀(ː)dʒi, -gòudʒi | -gɔ̀dʒi/ *n.* 奥義解明, 秘法伝授. 〖(1579): ⇨ ↑, -y¹〗

mys·te·ri·ous /mɪ̀stí(ə)riəs | -tíər-/ *adj.* **1** 神秘の[に関する], 神秘に包まれた; 不可思議な, 不可解な; 不明な: ～ symbols 神秘な表象 / a ～ disease 不可解な病気 / a ～ event 不思議な出来事 / God moves in a ～ way. 神意[神のなさること]は測り知りがたい (William Cowper, *Hymns*). **2** わけのありそうな, 謎めいた, 神秘的な; 神秘的な傾向のある: a ～ look, smile, hint, etc. **～·ly** *adv.* **～·ness** *n.* 〖(1616) □ F *mystérieux*: ⇨ -ous〗

SYN 神秘的な: **mysterious** 理解・説明ができない: her *mysterious* smile 彼女のなぞめいた微笑. **inscrutable** 探知不可能で絶望感を与える: the *inscrutable* ways of Providence 測り知れない神のやり方. **mystical** 霊的・宗教的に不可解で神秘的な: a *mystical* experience 神秘的な体験.

mys·te·ri·um /mɪ̀stí(ə)riəm | -tíər-/ *n.* 〘天体物理〙ミステリウム《銀河系の数か所で特徴のある無線周波を送っている発射源; 励起された水酸基と考えられている》. 〖(1965) □ L *mystērium* (↓)〗

mys·ter·y¹ /místəri, -tri/ *n.* **1** 不可解性, 神秘, 不可思議, 秘密, 不明, 謎(なぞ): lend ～ to …に神秘性を添える / the *mysteries* of nature 自然界の神秘 / the *mysteries* of feminine psychology 女性心理の謎 / the ～ of La Gioconda's smile ジョコンダ[モナリザ]の神秘な微笑 / the ～ of iniquity 不法[悪]の秘密の力 (2 *Thess.* 2:7) / matters wrapped [shrouded] in ～ 神秘に包まれた事柄 / the ～ of a murder 殺人(事件)の謎 / The ～ still remains to be explained. 秘密はまだ解けないでいる / solve a ～ 謎を解く / make a ～ of 〈簡単・明瞭なこと〉を神秘化する, …を秘密にする, 隠す / make no ～ of …を秘密にしない, 平気で示す. **2 a** 《説明できないが好奇心をそそるような》不思議な事件[物, 人]. **b** [通例 *pl.*]《職業・技芸などの》秘伝, 奥義(おうぎ); 《古代の異教で秘伝を受けた者だけ知り得た》秘法奥義: learn the *mysteries* of the trade 商売の秘伝を学ぶ / be initiated into the *mysteries* of the art その道の奥義を授かる. **c** ミステリー (mystery story [film]). **3** [通例 *pl.*]《原始民族の》秘教, 秘教儀式; 《秘密結社・団体・職人仲間などの》秘密の儀式: the Eleusinian *mysteries* 《古代ギリシャの》Eleusis の秘教祭式 / the sacred *mysteries* of savage tribes 野蛮種族の宗教儀式. **4** 〘キリスト教〙 **a** [しばしば *pl.*] 神秘的教義, 玄義《三位一体説・受肉[託身]説など》. **b** 《カトリック教会での》《洗礼式・ミサ聖祭などの》秘跡; [*pl.*] 聖体 (Eucharist). **c** [しばしば *pl.*]《キリストまたは聖人の生涯における》神秘的事件, 秘儀: the *mysteries* of the Passion キリスト受難の神秘. **d** ロザリオ 15 玄義(の一つ)《ロザリオの祈りの際に黙想されるイエスキリストと聖母マリアの生涯における 15 玄義の出来事《処女懐胎, キリスト降誕, はりつけ, 聖母被昇天など》の一つ》. **5** 〘演劇・キリスト教〙＝mystery play. 〖(a1333) □ AF *misterie＝OF *mistere* (F *mystère*) // L *mystērium* □ Gk *mustḗrion* secret rite ← *mústēs* one initiated into the mysteries, 《原義》one whose eyes are closed ← *múein* to close (lips or eyes) ← IE **mū-* 《擬音語》《唇を結んだ時に出る音》〗

SYN なぞ: **mystery** 原因・起源が隠れていて理解できないもの: the *mysteries* of life 生命の神秘. **riddle** 逆説や矛盾を含んでいて推測されることを目的としたなぞ《比喩的にも》: guess a *riddle* なぞを解く / the *riddle* of the universe 宇宙のなぞ. **puzzle** 理解したり答えるのに難しい問題; 特に難解でその解決に利発さを必要とする問題: investigate a *puzzle* なぞを探る. **enigma** 言及があいまいで意味が隠されているもの《比喩的にも》: a puzzling *enigma* 不可解ななぞ / the *enigmas* of history 歴史のなぞ. **conundrum** 特にしゃれやごろ合わせを含むなぞ・ジョーク《格式ばった語》; 難しい問題: guess a *conundrum* なぞを解く.

mys·ter·y² /místəri, -tri/ *n.* **1** 《古》職業, 手工業: the art and ～ 職業技術, 技芸《年期証文で用いた句》. **2** 《古》職業組合. **3** 《廃》秘訣; 専門技能, 手腕 (skill) (cf. Shak., *All's W* 3. 6. 65). 〖(a1325) *misterye* □ ML *misterium*《混成》← L *ministerium* 'MINISTRY' ← *mystērium* (↑): cf. F *métier*〗

mýstery bòat *n.* ＝Q-boat.

mýstery clòck *n.* 《機械仕掛けのないように見える》魔法の時計.

mýstery màn *n.* 不思議な人物, 怪人物, 謎の男. 〖1865〗

mýstery nòvel *n.* ＝mystery story.

mýstery plày *n.* **1** 〘演劇・キリスト教〙聖史劇, 奇跡劇 (⇨ miracle play). **2** 推理劇. 〖1852〗

mýstery shìp *n.* ＝Q-boat. 〖1914〗

mýstery stòry *n.* 怪奇小説; 《特に》推理小説, ミステリー. 〖1908〗

mýstery tòur [trìp] *n.* 行先を伏せた行楽旅行. 〖1947〗

mýstery vòice *n.* 〘ラジオ・テレビ〙《クイズゲームの答えを知らせる》陰の声.

mýstery wòman *n.* 不思議な女性, 謎の女. 〖1913〗

mys·tic /místɪk/ *adj.* **1** 秘法の, 秘義の; 秘教の; 秘教的儀式の: a ～ art 秘術 / ～ rites 秘教の儀式. **2 a** 神秘的な, 不可解な, 謎めいた, 幽玄な: ～ conduct. **b** 神秘主義的な. **c** 魔力のある: a ～ number＝a sacred number (⇨ sacred 4). **d** 畏怖すべき, 驚嘆の念を抱かせる: a ～ voice. **3** ＝mystical 1: the ～ dove《宗教画に描かれる》精霊を象徴する鳩. — *n.* **1** 秘法伝授者. **2** 神秘論[主義]者, 神秘家. 〖(a1333) □ (O)F *mystique* // L *mysticus* □ Gk *mustikós* mystic, secret: ⇨ mystery¹, -ic¹〗

mys·ti·cal /místɪ̀kəl, -kl | -tɪ-/ *adj.* **1** 精神的意義のある, 精神的象徴の. **2** 神秘説の, 神秘主義的な; 神秘的経験[霊感]による: ～ doctrines 神秘的教義 / ～ rapture 神人霊交の法悦(ほうえつ) / the ～ experience of the Inner Light《クエーカー教徒が実在の神として心中に感じる》「内なる光」の神秘な体験. **3** 《まれ》不可思議な, 謎めいた (⇨ mysterious SYN). **～·ly** *adv.* **～·ness** *n.* 〖(?1471): ⇨ ↑, -al¹〗

mýstical theólogy *n.* 神秘神学. 〖1613〗

Mys·ti·ce·ti /mìstəsíːtaɪ | -tɪ-/ *n. pl.* 〘動物〙ヒゲクジラ亜目 (cf. Odontoceti). 〖← NL ～ (pl.) ← *mysticetus* Greenland whale ← Gk *mustikētos* whale《変形》? ← *ho mûs tò kêtos* the mouse, the whale＝the whale called the mouse〗

mys·ti·cism /místəsìzm | -tɪ̀-/ *n.* **1** 神秘説, 神秘主義, 神秘論《独特の神秘的な直観・体験・冥合等によって真理や絶対者を知りうるとする説》. **2** 《軽蔑》漠然とした思弁[思考], 根拠のない信念. 〖(1736) ← MYSTIC＋-ISM〗

mys·ti·cize /místəsàɪz | -tɪ̀-/ *vt.* 謎めかす, 神秘化する. — *vi.* 神秘的なことを書く[述べる]. 〖(1680) ← MYSTIC＋-IZE〗

mys·ti·fi·ca·tion /mìstəfɪ̀kéɪʃən | -tɪ̀fɪ-/ *n.* **1** 人の心を迷わせること, 瞞着(まんちゃく); 神秘化. **2** 人の心を迷わせるもの, ごまかし. 〖(1815) □ F ～: ⇨ ↑, -ation〗

mys·ti·fy /místəfàɪ | -tɪ̀-/ *vt.* **1** …の心を迷わせる, 煙に巻く, 瞞着する. **2** 神秘的にする, 不可解にする; 神秘化する. **mýs·ti·fi·er** *n.* **～·ing** *adj.* **～·ing·ly** *adv.* 〖(1814) □ F *mystifier* ← *mystère* 'mystery¹': ⇨ mystic, -fy〗

mys·tique /mɪstíːk/ *n.* **1** 《教祖・教義などにまつわる》神秘性, 神秘的雰囲気. **2** 神秘的な崇拝の対象[象徴]. **3** 《深い感銘を与える職業上の》奥義(おうぎ), 秘法, 秘技. 〖(1891) □ F ～ □ L *mysticus*: ⇨ mystic〗

myth /míθ/ *n.* **1 a** 《一つの》神話, 神代物語 (⇨ story¹ SYN): the Greek ～s ギリシャ神話. **b** [集合的] 神話 (mythology). **2** 神話的人物[事物]; 架空の人物[事物]: The unicorn is a ～. 一角獣は神話的動物だ. **3** 作り話, でっち上げ, 根拠のない話: the ～ of his superiority. **4** 《文学においてある概念を表現する》主題[人物]. **5**

社会的迷信[通念]《例えば人種差別を正当化するための人種優劣論のような歪んだ通念など》. 〖(1830) ← NL *mȳthus* ← LL *mȳthos* ◻ Gk *mûthos* word, speech, fable〗

myth. 《略》mythological; mythology.

mythi *n.* mythus の複数形.

myth·ic /míθɪk/ *adj.* 《詩》=mythical. 〖(1669) ◻ LL *mythicus* ◻ Gk *muthikós*: ⇨ myth, -ic¹〗

myth·i·cal /míθɨkəl, -kl̩ | -θɪ-/ *adj.* **1** 神話(について)の; 神話に基づく; 神話を取り扱う: the ~ age 神話時代, 神代 / a ~ historian 神話的手法を多く用いる歴史家. **2** 神話以外には実在しない, 神話上の, 架空の, 想像上の (⇨ fictitious SYN): a ~ monster 神話上の[架空の]怪獣. **~·ly** *adv.* 〖(1678): ⇨ ↑, -al¹〗

mýth·i·cìsm /-θəsìzm | -θɨ-/ *n.* 神話説, 神話主義《超自然的物語に神話的解釈を施す》. 〖(1840) ← MYTHIC+-ISM〗

mýth·i·cist /-sɨst | -sɪst/ *n.* 神話説[主義]者. 〖(1871) ← MYTHIC+-IST〗

myth·i·cize /míθəsàɪz | -θɨ-/ *vt.* 神話にする, 神話化する; 神話として扱う, 神話的に解釈する. **mýth·i·cìz·er** *n.* **myth·i·ci·za·tion** /mìθəsɨzéɪʃən | -θɨsaɪ-, -sɪ-/ *n.* 〖(1840) ← MYTHIC+-IZE〗

myth·i·fy /míθəfàɪ | -θɪ-/ *vt.* 〈人・場所・伝説などを〉神話化する, 神話(的)にする. 〖(1906): ⇨ myth, -ify〗

mýth·màker *n.* 神話の作者. **mýth·màking** *n.* 〖1871〗

myth·o- /míθoʊ | míθəʊ/「神話 (myth)」の意の連結形. 〖← Gk *mûthos* 'MYTH'〗

myth·o·clast /míθəklæ̀st/ *n.* 神話破壊者, 神話毀損者, 神話をけなす人. 〖(1890) ← MYTHO-+-CLAST〗

mỳtho·génesis *n.* (*pl.* **-eses**) 神話成立, 神話化, 神話の起源. 〖(1887) ← MYTHO-+-GENESIS〗

mỳtho·génic *adj.* 神話成立の[に関する], 神話の起源に関する; 神話を生み出す.

my·thog·o·ny /mɨθɑ́(ː)gəni | mɨθɔ́gəni, maɪ-/ *n.* 神話起源研究. 〖(1889) ◻ Gk *mūthogonía*: ⇨ mytho-, -gony〗

my·thog·ra·pher /mɨθɑ́(ː)grəfə | mɨθɔ́grəfə(r), maɪ-/ *n.* 神話作家, 神話を収集記録する人. 〖(1660) ← Gk *mūthográphos* mythographer (⇨ mytho-, -graph)+-ER¹〗

my·thog·ra·phy /mɨθɑ́(ː)grəfi | mɨθɔ́g-, maɪ-/ *n.* **1** (神話を絵画・彫刻などに表す)神話芸術; 神話集. **2** 神話の記述; (科学的な)神話編纂(さん); 記述神話学. 〖(1851) ◻ Gk *mūthographía*: ⇨ mytho-, -graphy〗

mythoi *n.* mythos の複数形.

mythol. 《略》mythological; mythology.

my·thól·o·ger /-dʒə | -dʒə(r)/ *n.* =mythologist. 〖(1610): ⇨ mythology, -er¹〗

myth·o·log·ic /mìθəlɑ́(ː)dʒɪk | mìθəlɔ́dʒ-, màɪ-⁻/ *adj.* =mythological. 〖(1664) ◻ LL *mȳthologicus* ◻ Gk *mūthologikós*: ⇨ mythology, -ic¹〗

myth·o·log·i·cal /mìθəlɑ́(ː)dʒɨkəl, -kl̩ | mìθəlɔ́dʒɪ-, màɪ-⁻/ *adj.* **1** 神話学(上)の; 神話(上)の. **2** 神話的な; 作り話の. **~·ly** *adv.* 〖(1614): ⇨ ↑, -ical〗

my·thól·o·gist /-dʒɨst | -dʒɪst/ *n.* **1** 神話学者. **2** 神話作者. 〖(1642) ← Gk *mūthológos* teller of the myths (⇨ mytho-, logo-)+-IST〗

my·thol·o·gize /mɨθɑ́(ː)lədʒàɪz | mɨθɔ́l-, maɪ-/ *vt.* 神話(的)にする, 神話化する; 神話的に解釈する. — *vi.* **1** 神話を語る; 神話を作る. **2** 神話を解説[分類]する, 神話について書く. **my·thól·o·gìz·er** *n.* **my·thol·o·gi·za·tion** /mɨθɑ̀(ː)lədʒɨzéɪʃən | mɨθɔ̀lədʒaɪ-, maɪ-, -dʒɪ-/ *n.* 〖(1603) ◻ F *mythologiser*: ⇨ mythology, -ize〗

my·thol·o·gy /mɨθɑ́(ː)lədʒi | mɨθɔ́l-, maɪ-/ *n.* **1 a** 神話学, 神話研究: comparative ~ 比較神話学. **b** 神話についての論文. **2 a** [集合的] 神話 (myths), (特にある神・伝説的人物に関する, またはある民族に伝わる)神話体系: Greek [Scandinavian] ~ ギリシャ[北欧]神話 / the ~ of Apollo アポロ神話. **b** 神話集[誌]. 〖(*a*1420) (O)F *mythologie* // LL *mȳthologia* ◻ Gk *mūthología*: ⇨ mytho-, -logy〗

myth·o·ma·ni·a /mìθoʊméɪniə, -njə | -θə(ʊ)-/ *n.* 〖精神医学〗虚言症. 〖(1909) ← NL ~: mytho-, -mania〗

myth·o·ma·ni·ac /mìθoʊméɪniæ̀k | -θə(ʊ)-/ *n.*, *adj.* 虚言症患者(の). 〖(1857): ⇨ ↑, -ic¹〗

myth·o·poe·ia /mìθəpíːə | -θə(ʊ)-/ *n.* 神話作り, 神話作成. 〖(1959) ◻ LL *mȳthopoeia* (↓)〗

myth·o·poe·ic /mìθəpíːɪk | -θə(ʊ)-⁻/ *adj.* **1 a** 神話を作る, 神話形成の: the ~ activity. **b** 神話を生み出す: a ~ event. **2** 神話的な事柄にとらわれた. 〖(1846) ← Gk *mūthopoiós* (← MYTHO-+*poieîn* to make)+-IC¹〗

myth·o·poe·ism /mìθəpíːɪzm | -θə(ʊ)-/ *n.* =mythopoeia. 〖(1899): ⇨ mythopoeia, -ism〗

mỳth·o·póe·ist /-píːɨst | -ɪst/ *n.* 神話作者. 〖(1873): ⇨ mythopoeia, -ist〗

myth·o·po·e·sis /mìθəpoʊíːsɨs | -θə(ʊ)pəʊíːsɪs/ *n.* =mythopoeia.

mỳtho·póet *n.* 神話詩人. 〖(1873) ← MYTHO-+POET〗

mỳtho·poétic *adj.* =mythopoeic 1 a. 〖(1880) ← MYTHO-+POETIC〗

mỳtho·poétical *adj.* =mythopoeic 1 b. 〖(1900) ← MYTHO-+POETICAL〗

mỳtho·póetry *n.* 神話詩. 〖(1869) ← MYTHO-+POETRY〗

my·thos /máɪθɑ(ː)s, míθ- | -θɒs/ *n.* (*pl.* **my·thoi** /-θɔɪ/) **1** 〖社会学〗ミュトス《ある社会集団の直観的・主体的世界観・信仰洋式; cf. ethos 2》. **2 a** 神話 (myth). **b** 神話体系 (mythology). **3** 〖文学〗構想, 筋 (plot). 〖(1753) ◻ Gk *mûthos*: ⇨ myth〗

my·thus /máɪθəs, míθ-/ *n.* (*pl.* **my·thi** /-θaɪ/) 《古》= myth, mythos. 〖1825〗

Myt·i·le·ne /mìtəlíːni, -tl̩-, -niː | mìtɪlíː-, -tl̩-/ *n.* ミュティレネ, ミティリーニ **1** Lesbos 島の別名. **2** Lesbos 島の主都; 廃墟となった同名の古都の近くにある《旧名 Kastro; ギリシャ語名 Mitilíni》.

myt·i·lid /mítəlɨd, -tl̩- | -təlɪd, -tl̩-/ *adj.*, *n.* 〖貝類〗イガイ科の(貝). 〖↓〗

My·til·i·dae /maɪtílədiː | -lɪ-/ *n. pl.* 〖貝類〗イガイ科. 〖← NL ~ ← L *Mȳtilus* (属名: ← L ◻ Gk *mútilos* mussel)+-IDAE〗

myx- /mɪks/ (母音の前にくるときの) myxo- の異形.

myx·as·the·ni·a /mìksæsθíːniə, -səs-/ *n.* 〖病理〗粘液分泌欠乏(症). 〖← MYXO-+ASTHENIA〗

myx·e·de·ma /mìksədíːmə | -sɪ-/ *n.* 〖病理〗粘液水腫(しゅ). **mỳx·e·dém·a·tous** /-démətəs, -díːm- | -təs⁻/ *adj.* **mỳx·e·dém·ic** /-démɪk, -díːm-⁻/ *adj.* 〖(1877) ← NL ← MYXO-+Gk *oidēma* swelling〗

myx·o /míksoʊ | -səʊ/ *n.* 《豪俗》=myxomatosis.

myx·o- /míksoʊ | -səʊ/「粘液 (mucus); 粘液腫 (myxoma)」の意の連結形. ★ 母音の前では通例 myx- になる. 〖← NL ~ ← Gk *múxa* slime, mucus〗

myx·oe·de·ma /mìksədíːmə | -sɪ-/ *n.* 〖病理〗= myxedema.

myx·oid /míksɔɪd/ *adj.* 〖医学〗粘液様の. 〖← MYXO-+-OID〗

myx·o·ma /mɪksóʊmə | -sə́ʊ-/ *n.* (*pl.* **~s**, **~·ta** /~tə | ~tə/)〖病理〗粘液腫(しゅ). **myx·ó·ma·tous** /-sóʊmətəs, -sɑ́(ː)m- | -sɔ́mət-/ *adj.* 〖(1870) ← NL ~: ⇨ myxo-, -oma〗

myx·o·ma·to·sis /mɪksòʊmətóʊsɨs | mìksə(ʊ)mətə́ʊsɪs/ *n.* (*pl.* **-to·ses** /-siːz/) **1** 〖病理〗(多発性)粘液腫(しゅ)症. **2** 〖獣医〗粘液腫症《ウイルスによる猛烈なうさぎの伝染病; infectious myxomatosis ともいう》. 〖(1927) ← NL ~: ⇨ ↑, -osis〗

myxo·mycete /mìksoʊmáɪsiːt, ⏤⏤⏤ | mìksə(ʊ)máɪsiːt, ⏤⏤⏤/ *n.* 〖植物〗粘菌, 変形菌《変形菌綱の一個体; 朽材などに生じる微小なキノコ状の菌》. **myx·o·my·ce·tous** /mìksoʊmaɪsíːtəs | -sə(ʊ)maɪsíːt-⁻/ *adj.* 〖(1877) ↓〗

Myx·o·my·ce·tes /mìksoʊmaɪsíːtiːz | -sə(ʊ)-/ *n. pl.* 〖植物〗変形菌綱, 粘菌綱《動菌 (slime mold) を植物とする分類上の名称; cf. Mycetozoa》. 〖(1877) ← NL *Myxomycētēs* (pl.): ⇨ myxo-, -mycete〗

mỳxo·neurósis *n.* 〖精神医学〗粘液疝痛. 〖← MYXO-+NEUROSIS〗

Myx·o·phy·ce·ae /mìksəfísiìː/ *n. pl.* 〖植物〗藍藻類 (⇨ Cyanophyceae). **myx·o·phy·ce·an** /mìksəfísiən | -sə(ʊ)-⁻/ *adj.* 〖← NL ~: ⇨ myxo-, -phyceae〗

Myx·o·spon·gi·da /mìksəspɑ́ndʒɨdə, -spɑ́(ː)n- | -sə(ʊ)spɑ́ndʒɪ-, -spɔ́n-/ *n. pl.* 〖動物〗ノリ海綿目. 〖← NL ~: ⇨ myxo-, sponge, -ida〗

Myx·o·spo·rid·i·a /mìksəspərídiə | -sə(ʊ)spərídiə, -spɔr-/ *n. pl.* 〖動物〗(原生動物胞子虫綱極嚢胞子虫亜綱)粘液胞子虫目. 〖← NL ~: ⇨ myxo-, sporo-, -idia〗

mýxo·vìrus *n.* 〖病理〗ミクソウイルス《インフルエンザ・おたふくかぜなどのウイルスを含む RNA 含有大型ウイルス》. **mỳxo·víral** *adj.* 〖(1955) ← MYXO-+VIRUS〗

my·zo- /máɪzoʊ | -zəʊ/「吸う; 吸うもの」の意の連結形.

mz 《記号》Mozambique (URL ドメイン名).

mzee /mzéɪ/ *n.* 《アフリカ東部》老人. — *adj.* 年をとった. 〖← Swahili〗

mzun·gu /mzúŋguː/ *n.* 《アフリカ東部》白人. 〖← Swahili〗

N n

N, n /én/ n. (pl. **N's, Ns, n's, ns**) **1** 英語アルファベットの第14字. ★ 通信コードは November. **2** (活字・スタンプの)N または n 字. **3** [N] N 字形(のもの): an N girder N 字桁(けた). **4** 文字 n が表す音 (name, sun などの /n/). **5** 《印刷》=en[1]. **6** (連続したものの)第14番目(のもの); (J を数に入れない時は)第13番目(のもの): Table N N 号表. **7** 中世のローマ数字の 90. 〘OE N, n ◻ L (Etruscan を経由) ◻ Gk N, ν (nû) ◻ Phoenician ｿ: cf. Heb. נ (nūn) 《原義》? fish: ⇨ A[1] ★〙

n 《略》 nano-.

n 《記号》《物理》 neutron; 《数学》 負でない整数を表す変数 (⇨ nth): the second power of n n の 2 乗; 《生物》 染色体数の半数; 《光学》 屈折率 (index of refraction).

N, N. 《略》 November.

N, N., n, n. 《略》 name; nomen; north; northern.

N 《記号》《チェス》 knight; 《電気》 neutral; 《物理》 neper, newton; 《貨幣》 ngultrum(s); 《化学》 nitrogen; 《自動車国籍表示》 Norway.

₦ 《記号》《貨幣》 naira(s).

n. 《略》 *L.* nātus (=born); nephew; net; neuter; new; night; nominative; note; noun; number.

N. 《略》 national; Nationalist; 《処方》 *L.* nocte (=at night); Norse.

N., n. 《略》 navigation; navigator; navy; new; noon; 《化学》 normal.

'n'[1] /n̩/ conj. (also **'n'**) 《口語》 =and: rock 'n' roll. 〘短縮〙

'n'[2] /n̩/ conj. 《口語》 =than. 〘短縮〙

'n'[3] /n̩/ prep. 《口語》 =in. 〘短縮〙

n- 《略》 negative.

N- 《略》 nuclear.

-n /n, n̩/ suf. -en[2] の異形.

na 《スコット》 /(強) ná:; (弱) nə/ adv. **1** =no. **2** [主に接尾辞的に助動詞とともに用いて] =not (cf. nae): can*na* =cannot / would*na* =would not / mau*na* =must not. — /nə/ conj. **1** =nor. **2** =than. 〘ME 《北部方言》 na < OE nā never ← ne not + ā ever: cf. no[1], nay〙

na 《記号》 Namibia (URL ドメイン名).

Na 《記号》《化学》 sodium (← natrium).

NA 《略》 Narcotics Anonymous; National Academician; National Academy; National Airlines; National Army; National Assembly; Nautical Almanac; Naval Academy; naval architect; naval attaché; naval auxiliary; naval aviator; North America; North American; not applicable; not available; numerical aperture.

NA 《自動車国籍表示》 Netherlands Antilles.

Na. 《略》 Nahum (旧約聖書の) ナホム書.

N/A, n/a 《略》《銀行》 no account 取引なし; nonacceptance; not applicable; not available.

NAA 《略》 National Aeronautic Association 全米飛行家協会; National Association of Accountants 全米会計士協会; National Automobile Association 全米自動車協会; 《物理》 neutron activation analysis.

n.a.a. 《略》《海運》 not always afloat 〈船の停泊場所の条件が〉必ずしも十分安全な水深でない.

NAACP /ɛ̀ndʌ̀b(ə)lèisì:pí:/ 《略》 National Association for the Advancement of Colored People 全米有色人向上協会 (1909 年設立).

Naaf·i /nǽfi/ n. (pl. ~s) 《英口語》 **1** ナーフィ, (英国) 陸海空軍厚生機関 (酒保・売店・娯楽施設などを経営). **2** (ナーフィ経営の)酒保, 食堂 (cf. PX). 〘(1927) 《頭字語》 ← *N(avy), A(rmy and) A(ir) F(orce) I(nstitutes)*〙

NAAFI /nǽfi/ 《略》《英》 Navy, Army and Air Force Institute(s) (⇨ Naafi).

naan /ná:n/ n. =nan[1].

naart·jie /náːətʃi | ná:-; *Afrik.* ná:rtʃi/ n. 《南ア》 = tangerine 1. 〘(1790) ◻ Afrik. ~ ◻ ? Tamil *nārattai* citrus〙

Naas /néis, ná:s | néis/ n. ネース (アイルランド東部 Kildare 県の県都).

NAAU /ɛ̀nèièijú:/ 《略》 National Amateur Athletic Union 全米アマチュア体育連盟.

nab /nǽb/ vt. (**nabbed; nab·bing**) 《口語》 **1** 〈人を〉(不意に)とっつかまえる; (特に)〈警官が〉取り押さえる, 逮捕する. **2** 〈物を〉ひったくる; (特に)かっさらう (steal); せしめる: ~ a seat 席をものにする. — n. 《米俗》 **1** おまわり, 「ポリ公」. **2** 逮捕. 〘(1686) 《転訛》 ← 《方言》 *nap* to seize: ⇨ kidnap〙

NAB 《略》 National Alliance of Businessmen 全米実業家同盟; National Association of Broadcasters; naval air base; New American Bible.

Na·bal /néibəl, -bḷ/ n. **1** 《聖書》 ナバル (Abigail の夫; David 王に貢物を拒んだ裕福なカレブ人 (Calebite); cf. *1 Sam.* 25:3). **2** [時に n-] 《主にスコット》 けち, けちん坊, しみったれ. 〘(1604) ◻ Heb. *Nābhāl*〙

Nab·a·te·a /næ̀bətí:ə/ n. (also **Nab·a·tae·a** /~/) ナバタ (現在のヨルダン西部にあった古代アラブ王国; 首都 Petra). 〘◻ L *Nabataea* ◻ Gk *Nabataîa* ◻ Arab. *Nábaṭ*: cf. Heb. *Nᵉbājōth* (*Gen.* 25:13)〙

Nab·a·te·an /næ̀bətí:ən⁻/ adj., n. (also **Nab·a·tae·an** /~/) ナバタの(人[言語]). 〘1601〙

nabe /néib/ n. 《米俗》 (都心の映画館などに対し)近所[土地]の映画館. 〘(1935) 《短縮》 ← NEIGHB(ORHOOD)〙

Na·be·rezh·nye Chel·ny /ná:bərèʒnjətʃelní:; *Russ.* nábʲirʲiʒnijitʃʲilní/ n. ナーベレジヌィエチェルヌィ (ロシア連邦西部 Tatarstan 共和国, Kazan の東にある都市; Kama 川に臨む工業都市; 旧名 Chelny (1930 年まで), Brezhnev (1982–88)).

Na·beul /nɑ:bə́:l | næ-; *F.* nabœl/ n. ナーブル, ナブール (チュニジア北東部 Cape Bon 半島の付け根の南端部にあるリゾートタウン; アラビア語名 Nābul).

Na·bi /ná:bi/ n. ナビ派の画家 (⇨ Nabis). 〘1931〙

nab·id /nǽbɨd, néib- | -bɪd/ 《昆虫》 adj. マキバサシガメ(科)の. — n. マキバサシガメ (マキバサシガメ科の昆虫の総称). 〘↓〙

Nab·i·dae /nǽbədì: | -bɪ-/ n. pl. 《昆虫》 (半翅目)マキバサシガメ科. 〘← NL ~ ← *Nabis* (属名: L 《原義》 giraffe) + -IDAE〙

Na·bis, n- /nɑ:bí:; *F.* nabi/ n. pl. [the ~] 《美術》 ナビ派 (1890–1900 年頃に P. Bonnard, P. Sérusier らを中心にしてフランスに起こった絵画集団; cf. Synthetism). 〘(1931) ◻ F ~ (pl.) ← *Nabi* ◻ Heb. *nābhī'* prophet〙

Na·bis·co /nəbískou, næ- | -kəu/ n. ナビスコ (米国 RJR Nabisco 社製のビスケット・クラッカーなど).

nab·la /nǽblə/ n. 《数学》 =del[2]. 〘(1837) ◻ Gk *nábla*〙

nab·lab /nǽblæb/ n. アルコール分の(ほとんど)ないビール.

Nab·lus /ná:bləs, nǽb-/ n. ナブルス (ヨルダン西部の都市; 古代 Samaria の首都; 古名 Shechem).

na·bob /néibɑ(:)b | -bɔb/ n. **1 a** ナボブ, インド帰りの大金持ち (18 世紀および 19 世紀初めの東洋, 特にインドで大金持ちになって帰国したヨーロッパ人). **b** 大金持ち, 大富豪, 成金. **c** [時に軽蔑的に] お偉方, 名士. **2** ナボブ (インドの Mogul 帝国時代におけるイスラム教徒の地方長官の官名); インド太守. 〘(1612) ◻ Hindi *nabāb*, *nawwāb* ◻ Arab. *nuwwāb* (pl.) ← *nā'ib* deputy, governor: cf. nawab〙

na·bob·er·y /néibɑ(:)bəri, ⎯⎯⎯ | néibɔb-, ⎯⎯⎯/ n. ナボブ (nabob) の特質; お大尽ぶり, 豪奢. 〘1834 ← NABOB + -ERY〙

na·bob·ess /neibɑ(:)bés | -bɔ-/ n. 女性の nabob; nabob の妻. 〘1767〙

ná·bob·ish /-bɪʃ/ adj. ナボブ (nabob) らしい, お大尽ぶった, 豪奢な. 〘1767 ← NABOB + -ISH[1]〙

ná·bob·ism /-bìzm/ n. =nabobery. 〘1884〙

Na·bo·kov /nəbɑ́(:)kɑ(:)f, nɑ:bɔ̀:kɔ(:)f, nǽb-, -kɔf | nǽbəkɔ̀f, nəbóu-; *Russ.* nabókəf/, **Vladimir** (**Vla·di·mi·ro·vich** /vladʲímʲirəvʲitʃʲ/) n. ナボコフ (1899–1977; ロシア生まれの米国の小説家・詩人; *Lolita* (1955)).

Nab·o·kov·i·an /næ̀bəkóuviən | -kə́u-⁻/ adj. ナボコフ(風)の. 〘1959〙

Na·bo·ni·dus /næ̀bənáidəs | -dəs/ n. 《聖書》 ナボニドス (d. 539? B.C.; バビロニア (Babylonia) 最後の王 (556–539 B.C.); ペルシャ王 Cyrus に滅ぼされた).

Na·both /néibɑ(:)θ, -bouθ | -bɔθ/ n. 《聖書》 ナボテ (Jezreel の人; その所有したぶどう畑を Ahab 王が望んだが応じなかったため王の妻 Jezebel の企みで罪に陥れられ殺された; cf. *1 Kings* 21). 〘◻ LL ~ ◻ Heb. *nābhōth* 《原義》? elevation〙

Nábothʼs víneyard n. (ナボテのぶどう畑のように)是が非でも欲しい物, 垂涎(すいぜん)の的. 〘↑〙

Nab·u·cho·don·o·sor /næ̀bjukoudɑ́(:)nəsɔ̀ə | -kə(u)dɔ́nəsɔ̀:(r)/ n. (Douay Bible での) Nebuchadnezzar のラテン語式語形.

Nā·bul /nɑ:búl/ n. ナーブル (Nabeul のアラビア語名).

NAC /ɛ̀nèisí:/ 《略》 National Advisory Council (on International Monetary and Financial Problems) (国際通貨金融問題)国家諮問委員会.

NACA /ɛ̀nèisì:éi/ 《略》 National Advisory Committee for Aeronautics アメリカ航空諮問委員会 (1915 年創設; 1958 年 NASA として発展的解散).

nac·a·rat /nǽkəræ̀t/ n. **1** 鮮やかな赤橙色. **2** 赤橙色の薄手リネンやクレープ地 (婦人服用). 〘(1727–38) ◻ F ~ < MF *nacarade* ◻ Sp. & Port. *nacarado* ← *nácar* 'NACRE'〙

na·celle /nəsél | nə-, næ-/ n. **1** 《航空》 ナセル (飛行機・飛行船のエンジン収容部[発動機房]; 飛行船の乗務員・乗客室). **2** (軽気球の)つりかご (gondola). 〘((1483)) (1901) ◻ F ~ LL *naucellam* = LL *nāvicella* (dim.) ← L *nāvis* ship: cf. naval〙

nach·as /ná:xəs/ n. **1** (とくに自分の子供の成績に対する)誇らしい満足感. **2** [間投詞的に] おめでとう (congratulations). 〘◻ Yid. *nakhes* ◻ Heb. *naḥath* satisfaction〙

nach·es /ná:xəs/ n. =nachas.

na·cho /ná:tʃou | ná:-, nǽtʃ-/ n. (pl. ~s) 《料理》 ナチョ (ひき肉や揚げた豆などをのせ香辛料をふりかけチーズで覆って焼いたトルティーヤ (tortilla) (の小片)). 〘(1949) ◻ Mes.-Sp. ~ (dim.?) ← *Ignacio* (人名) // 《変形?》 ← *ñato* flat-nosed〙

NACNE /nǽkni:/ 《略》 National Advisory Committee on Nutrition Education 全英栄養教育諮問委員会.

NACODS /néikɑ(:)dz | -kɔdz/ n. 全英炭坑従業員協議会. 〘《頭字語》 ← *N(ational) A(ssociation of) C(olliery) O(vermen), D(eputies, and) S(hotfirers)*〙

na·cre /néikə | -kə(r)/ n. **1** 真珠層 (⇨ mother-of-pearl). **2** 《古》 真珠貝. 〘(1598) ◻ (O)F ~ ◻ Arab. *naqqāra*[h] small drum ← *náqara* to hollow out: cog. It. *nacchera* / Sp. *nácar*〙

ná·cred adj. (貝殻の内側に)真珠層のある, 真珠層のような.

na·cre·ous /néikriəs/ adj. **1** 真珠層の: the ~ layer 真珠層. **2** 真珠層のような, 真珠光沢の. 〘(1819) ← NACRE + -OUS〙

nácreous clóud n. 《気象》 真珠雲 (20–30 km の高空に起こる真珠光沢雲).

nácreous pígment n. 真珠箔.

na·crite /néikrait/ n. 《鉱物》 ネークライト, 真珠高陵土 ($Al_2Si_2O_5(OH)_4$) (陶土 (kaolin) に含まれ, kaolinite と同じ組成であるが, 結晶構造を異にする). 〘(1808) ◻ F ~: ⇨ nacre, -ite[1]〙

NACRO, Nac·ro /nǽkrou | -rəu/ n. 全英犯罪者更生協会. 〘《頭字語》 ← *N(ational) A(ssociation for the) C(are and) R(esettlement of) O(ffenders)*〙

NACU /ɛ̀nèisì:jú:/ 《略》 National Association of Colleges and Universities 全米大学協会.

NAD 《略》《米》 National Academy of Design; naval aircraft department; naval air divison; nicotinamide adenine dinucleotide 《生化学》 ニコチンアミドアデニンジヌクレオチド (旧称 DPN).

n.a.d. 《略》 no appreciable difference [disease]; nothing abnormal detected [discovered].

na·da /ná:də | -də; *Sp.* náða/ *Sp.* n. 非存在の状態[世界], 無, 虚無, ナダ. 〘(1913) ◻ Sp. ~ ← L (*rēs*) *nāta* (thing) born, small thing〙

Na·dab /néidæb/ n. 《聖書》 ナダブ (Aaron の息子; *Lev.* 10:1–5).

Na·dar /nɑ:dɑ́ə, næ- | -dɑ́:(r); *F.* nada:ʁ/ n. ナダール (1820–1910; フランスの写真家・作家・漫画家; 本名 Gaspard Félix Tournachon).

Na-De·ne, Na-d- /nɑ̀:déni, -déni/ n. (also **Na-Dé·né, Na-d-** /~/) ナデネ大語族 (Athapaskan, Tlingit, Haida 諸語から成るアメリカインディアン語族). 〘(1915) ← Haida *na* to dwell & Tlingit *na* people + Athapaskan *dene* person, people〙

Na·der /néidə | -də(r)/, **Ralph** n. ネーダー (1934– ; 米国の法律家・消費者保護運動家; *Unsafe at Any Speed* (1965)).

Ná·der·ìsm /-dərìzm | -dər-/ n. 消費者保護主義[運動], ネイダー運動. 〘1969〙

NADH n. 《生化学》 NAD の還元型. 〘(1965) ← NAD + H(YDROGEN)〙

Na·dine /neidí:n, nə-; *F.* nadin/ n. ナディーヌ (女性名; 異形 Nada). 〘◻ F ~ ← Russ. *Nadezhda* 《原義》 hope〙

na·dir /néidɪə, nǽdɪə | -dɪə(r), -də(r)/ n. **1** (沈滞・逆境などの)最下点: at the ~ of adversity [despair] / His fortune was at its ~. 彼の運命はどん底にあった. **2** [the ~] 《天文》 天底 (天頂 (zenith) の正反対の点, 天体を観測する人の真下の天球上の点). 〘(1391) ◻ (O)F ~ ◻ Arab. *naẓīr* (*as-samt*) corresponding or opposite (to the zenith) ← *nāẓara* to look at〙

NADP n. 《生化学》 ニコチン(酸)アミドアデニン ジヌクレオチド燐酸 (nicotinamide adenine dinucleotide phosphate) (旧称 TPN). 〘1962〙

NADPH n. 《生化学》 NADP の還元型. 〘(c1966) ← NADP + H(YDROGEN)〙

nae /néi/ 《スコット・北英》 adv. =no; not. — adj. = no. 〘(1725) 《変形》 ← NA〙

NAEB /ɛ̀nèiì:bí:/ 《略》 National Association of Educational Broadcasters 全米教育放送者協会.

nae·thing /néiθɪŋ/ n., pron., adv. 《スコット》 =nothing.

naevi n. naevus の複数形.

nae·void /ní:vɔɪd/ adj. 《医学》 =nevoid.

nae·vus /níːvəs/ *n.* (*pl.* **nae·vi** /-vaɪ/)〘医学〙= nevus. 〘1693〙

NAFE /nǽf/ 《略》 National Association for Female Executives 全米女性経営者協会《米国最大の女性実業家の組織》.

naff[1] /nǽf/ *adj.* 《英俗》 **1** 価値のない, 役に立たない. **2** センスのない, 趣味の悪い. 〘(1969) ← ?〙

naff[2] /nǽf/ *vi.* 《英俗》 [*off* を伴って; 通例命令文で] 離れる, 行ってしまう (go away). 〘(1959) ← ?〙

naff·ing /nǽfɪŋ/ *adj., adv* 《英俗》 すごい, ひどい; すごく. 〘1959〙

NAFTA /nǽftə/ 《略》 North American Free Trade Agreement; North Atlantic Free Trade Area 北大西洋自由貿易地域.

Na·fud /næfúːd, nə-/ *n.* [the ～] ネフド(砂漠)《アラビア半島北部の砂漠; 面積 100,000 km²》.

nag[1] /nǽg/ *v.* (**nagged; nag·ging**) — *vt.* **1** 〈女性などが〉〈夫などに〉始終小言を言ってうるさがらせる, しつこく文句を言って悩ませる: She ～*ged* her husband to death. 彼女はがみがみ文句を言って夫をうんざりさせた. **2** 〈心配ごとなどが〉絶えず悩ます, …に(しつこく)付きまとう: He was ～*ged* by a thought. — *vi.* **1** 〈女性などが〉うるさく小言を言う, 絶えずがみがみののしる〔*at*〕: John's wife began ～*ging at* him. **2** 〈痛み・心配ごとなどが〉絶えず悩ます, しつこく苦しめる〔*at*〕: The trouble has been ～*ging at* me for days. 何日もその心配ごとに悩まされてきた. — *n.* **1** うるさい小言. **2** 《口語》 =nagger. 〘(1825) □ ? Norw. & Swed. *nagga* to grumble < ON *gnaga* to bite ← Gmc **ʒnazan*: cf. gnaw〙

nag[2] /nǽg/ *n.* **1** 《口語》 馬; (特に, 年を取った)やくざ馬, 駑馬(ど): an old ～ 老いぼれ馬 / a wretched ～ ひどいやくざ馬. **2** (乗馬用の)小馬. **3** 《口語》 (弱い・だめな)競走馬. 〘(?a1400) *nagge* □ MDu. *negghe* horse (Du. *negge, neg*) ← ? Gmc **χnajj-, *gnajj-, *knajj-* 'to NEIGH' 《擬音語》〙

na·ga[1] /náːgə/ *n.* **1** 〘インド神話〙 ナーガ《竜・蛇を擬人化・神格化したもの; 雨・川などの神霊》. **2** 蛇; (特に)コブラ (cobra). 〘(1785) □ Skt *nāga* serpent〙

na·ga[2] /náːgə/ *n.* ナーガ《ヒンズー教の裸の苦行僧で, 特に武器を携えて傭兵ともなる宗派の者》. 〘(1828) □ Hindi *nāgā* □ Skt *nagnaka* ← *nagna* naked〙

Na·ga /náːgə/ *n.* (*pl.* ～, ～**s**) **1 a** [the ～(s)] ナガ族《Nagaland に住む; 20 世紀初頭まで首狩りを行っていた》. **b** ナガ族の人. **2** ナガ語. 〘(1828) □ Skt *naga* mountain // *nagna* naked〙

Na·ga·land /náːgəlæ̀nd/ *n.* ナガランド《インド北東部, ミャンマーと境を接する州; 面積 16,488 km², 州都 Kohima》.

na·gá·mi kúmquat /nəgáːmi-/ *n.* 〘植物〙 ナガ(ミ)キンカン (*Fortunella margarita*)《中国原産で長卵形の実がなる》. 〘← *nagami*: ← Jpn. 長実〙

na·ga·na /nəgáːnə/ *n.* 〘獣医〙 ナガナ病《ツェツェバエにより媒介されるアフリカの家畜のトリパノソーマ病; tsetse disease ともいう》. 〘(1895) □ Zulu *u-nakane*〙

Na·ga·ri /náːgəri; *Hindi* nəgəriː/ *n.* **1** ナーガリー文字《古代インドでサンスクリットを書き表すのに用いた梵字の一種; 北方系に属し, 現代サンスクリットのほかヒンディー語などの表記に広く用いられる Devanagari 文字の母胎となったもの》. **2** =Devanagari. 〘(1776) □ Skt *nāgarī* 《原義》(writing) of the city〙

Na·gar·ju·na /nɑːgɑ́ədʒʊ̀ːnə | -gɑː-/ *n.* ナーガールジュナ, 竜樹(りゅうじゅ) (fl. 150?–250; インド大乗仏教中観派 (Madhyamika) の祖; 南インドのバラモン出身).

nág·ger *n.* 始終小言を言う人; (特に)口うるさい女性. 〘⇨ nag[1]〙

nág·ging *adj.* **1** 口やかましい, がみがみ言う: a ～ woman / ～ criticism 小うるさい文句[批評]. **2** 〈痛み・恐怖などが〉付きまとって離れない, しつこい: a ～ pain [headache]. **～·ly** *adv.* **～·ness** *n.* 〘⇨ nag[1]〙

nág·gish /-gɪʃ/ *adj.* 小言をいう, 口やかましい. 〘⇨ nag[1]〙

nag·gy /nǽgi/ *adj.* (**nag·gi·er; -gi·est**) **1** =naggish. **2** 《英方言》 怒りっぽい (irritable); 意地が悪い. 〘(1697) ← NAG[1]+-Y[4]〙

nag·maal /náːxmaːl/ *n.* 《アフリカ》 **1** オランダ改革派教会の聖晩餐(さん)(式) [聖餐式]. **2** 夕食, 晩餐. 〘(1835) □ Afrik. ～ □ MDu. *nachtmael*: ⇨ night, meal[1]〙

na·gor /néɪgɔə | -gɔː(r)/ *n.* 〘動物〙 マウンテンリードバック, ネイゴー (*Redunca redunca*)《アフリカ原産のリードバック属のレイヨウ》. 〘(1780) □ F ～ 《変形》 ← *nanguer* antelope: Comte de Buffon (1707–88) の造語〙

Na·gor·no-Ka·ra·bakh /nəgɔ́ənoʊkàːrəbɑ́ːk | -gɔ́ːnəʊkærəbǽk/ *n.* ナゴルノカラバフ《アゼルバイジャンの一地域; キリスト教徒のアルメニア人が集中し, イスラム教徒との間に紛争が起こっている》.

Nag·pur /nɑːgpʊ́ə | nægpʊ́ə(r)/ *n.* ナグプル《インド中部, Maharashtra 州の都市》.

nags·man /nǽgzmən/ *n.* (*pl.* **-men** /-mən, -mèn/) 馬の調教[競売時の展示]に雇われる専門家. 〘← NAG[2]+-s[2]+-MAN〙

na·gual /nə(g)wáːl; *Am.Sp.* náγwal/ *n.* (*pl.* ～**s, na·gua·les** /nə(g)wáːleɪs; *Am.Sp.* naγwáles/) ナグワル《メキシコ・中米のインディアンの間における守護霊》. 〘□ Sp. ～ □ N-Am.-Ind. (Nahuatl) *na(h)ualli* ← *nahua* to dance with tied hands〙

nág·wàre *n.* 《俗》〘電算〙 (ユーザー登録が完了するまで毎回警告する)うるさいシェアウェア.

Na·gy /nɑ́ː(d)dj, nɑ́dʒ | nɔ́dj, nɔ́dʒ; *Hung.* nɔ́j/, **Im·re** /ímrɛ/ *n.* ナジ (1896–1958; ハンガリーの政治家; 首相 (1953–55, 56); 秘密裏に処刑され, 国際問題となった).

Nagy·sze·ben /nɔ́dʒsɛːbɛ̀n; *Hung* nɒɟsɛbɛn/ ナジセベン 《Sibiu のハンガリー語名》.

nah /nǽː, nɑ́ː | nǽː/ *adv.* 《非標準》 =no[1].

Nah. 《略》 Nahum 《旧約聖書の》ナホム書.

Na·hal /nəhɑ́ːl/ *n.* **1** ナハル《開拓も行うイスラエル軍の青年部隊》. **2** [n-] ナハル入植地. 〘(1961) □ Mod-Heb. *naḥál* 《頭字語》 ← *no'ár ḥaluṣí loḥém* ← *no'ár* young people+*ḥalusí* pioneering+*loḥém* soldier〙

nah·co·lite /nɑ́ːkəlàɪt/ *n.* ナーコライト《ナトリウムの炭酸水素塩鉱物》. 〘(1928) ← $NaHCO_3$(重炭酸ナトリウムの化学式)+-LITE〙

NAHT 《略》《英》 National Association of Head Teachers 全英校長協会.

Na·huat /nɑ́ːwɑːt/ *n.* (*pl.* ～**s**, ～) =Nahuatl.

Na·hua·tl /nɑ́ːwɑːtl̩ | nɑ́ːwɑːtl̩, ─ ─́ ─; *Am.Sp.* náwatl/ *n.* (*pl.* ～, ～**s**) **1 a** [the ～(s)] ナワ族《メキシコ南部・中米に住む, Aztec 族を含む先住民族》. **b** ナワ族の人. **2** ナワトル語《メキシコ中部の多くの地方で用いられる Aztec 語を含む Uto-Aztecan 語族に属する言語》. — *adj.* ナワ族の; ナワトル語の. 〘(1822) □ Sp. ～ □ Nahuatl ～ ← *Nahua* (北・中米インディアン部族の名)+*-tl* (sing. suf.)〙

Na·huat·lan /nɑ́ːwɑːtlən | ─ ─́ ─, ─ ─́ ─/ *n.* **1** ナワトル語族《Aztec 語を含む Uto-Aztecan 語族》. **2** = Nahuatl. — *adj.* ナワトル語族の.

Na·hum /néɪ(h)əm | -həm, -hʌm/ *n.* **1** ネイハム《男性名》. **2** 〘聖書〙 **a** ナホム《紀元前 7 世紀のヘブライの預言者, Nineveh の没落を預言した》. **b** 《旧約聖書の》ナホム書 (略 Nah.). 〘□ LL ～ □ Gk *Nahoúm* □ Heb. *Naḥūm* 《原義》 consoling: cf. Nehemiah〙

NAI /ɛ̀nèɪáɪ/ 《略》《英》 nonaccidental injury.

NAIA /ɛ̀nèɪàɪéɪ/ 《略》 National Association of Intercollegiate Athletes 全米大学運動選手協会.

nai·ad /néɪæd, náɪ-, -əd | nάɪæd/ *n.* (*pl.* ～**s, nai·a·des** /néɪədìːz, náɪ- | náɪ-/) **1** [しばしば N-] 〘ギリシャ・ローマ神話〙 ナーイアス《川・泉・湖・沼に住む美少女の姿の水の精; cf. dryad》. **2** 非常に泳ぎの上手な女の子 (cf. mermaid 2). **3** 〘植物〙 イバラモ《イバラモ属 (*Naias*) [イバラモ科] の水草の総称; water nymph ともいう》. **4** 〘昆虫〙 ナイアッド《原変態類の若虫; トンボ・カゲロウなどの幼虫》. **5** 〘貝類〙 淡水産のある種の二枚貝 (mussel). 〘(1611–12) □ F ～ // L *Nāiad-, Nāias* □ Gk *Nāiad-, Nāiás* water nymph ← *nân* to flow: cf. natation〙

Na·ia·da·ce·ae /nèɪədéɪsiìː, nàɪə-/ *n. pl.* 〘植物〙 (沼生目)イバラモ科. **nà·ia·dá·ceous** /-ʃəs⁻/ *adj.* 〘← NL ～: ⇨ ↑, -aceae〙

Na·ia·da·les /nèɪədéɪliːz, nàɪə-/ *n. pl.* 〘植物〙 沼生目. 〘← NL ～: ⇨ naiad, -ales〙

naiades *n.* naiad の複数形.

nai·ant /néɪənt/ *adj.* 〘紋章〙 〈魚が〉水平に泳いだ姿の (cf. hauriant, urinant). 〘(1562) □ AF **naiant*=OF *noiant* (pres. p.) ← OF *noier* to swim (F *noyer* to drown) < L *natāre*: cf. natant〙

naice /néɪs/ *adj.* 《軽蔑・戯言》 お上品な. 〘(1925) 《変形》 ← NICE〙

Nai·da /néɪdə | -də/ *n.* ネイダ《女性名》. 〘⇨ naiad〙

Nai·du /náɪduː/, **Sa·ro·ji·ni** /sɑ̀ːroʊdʒíːni | -rəʊ-/ *n.* ナーイドゥ (1879–1949; インドの詩人・社会改革家; ガンジーの信奉者で女性解放運動の指導者).

na·if /nɑːíːf | naɪíːf, nɑːíːf; *F.* naif/ *adj., n.* (*also* **na·if** /～/) 《まれ》 =naïve. 〘(1598) □ F ～ (masc.) ← *naïve* 'NAÏVE'〙

nail /néɪl/ *n.* **1 a** 釘, 鋲(びょう): a shoe ～ / a carpet ～ じゅうたん用鋲釘 / (as) right as ～*s* (釘のように)まっすぐな, 全く正しい / The ～ is fast [loose]. 釘がきいている[いない]. **b** (機能や形が)釘のようなもの. **c** 《俗》 (麻薬用の)注射針. **2 a** (指の)爪: cut one's ～*s* / (as) sure as ～*s* ⇨ sure 成句/ ⇨ fingernail, toenail. 日英比較 日本語の「爪」は人間をはじめ, 動物のものも含めて広い範囲のものを指すが, 英語の *nail* は通例人間および霊長類の爪をいい, 猫の爪は claw, 鷹, 鷲のような猛禽類の爪は talon という. また, 英語で単に *nail* といえば普通は手の爪を指すので,「足の爪」ということをはっきりさせたいときは toenail という. また, 手の爪でも親指の爪はとくに thumbnail という. ⇨ finger 日英比較. **b** 〘動物〙 (霊長類の)平爪, (哺乳類・鳥類・爬虫類の)爪, かぎづめ, ひづめ (cf. claw 1 a, talon 1 a). **3** ネール《布地測定の古い尺度の単位; =1/16 ヤード, 2¼インチ, 約 5.715 cm》.

(*as*) ***hárd*** [***tóugh***] ***as náils*** (特に体が)がっしり引き締まった, 全く強健な; 冷酷な, 無情な. ***bite one's náils*** (不安・緊張・欲求不満などから)(神経質に)爪をかむ (cf. nail-biting). 〘(1577)〙 ***By náils and by blóod!*** 何ということだ, 畜生 (罵り・驚きなどを表す). ***drive the náil hóme*** [***to the héad***] 徹底的に[とことんまで]やる. 〘(1560)〙 ***hít the*** (***ríght***) ***náil on the héad*** (言うべきまたはなすべき)正にその事を言う[する]; 〈議論などが〉要点をつく, 図星を指す. 〘(a1529)〙 ***a náil in*** [***ínto***] ***a pérson's cóffin*** 命を縮めるもとなるもの, 命取り: drive [put] *a* ～ *in* [*into*] *one's coffin* 寿命を縮める; 破滅を早める / It was a final ～ *in* the Government's *coffin*. それが政府の致命傷となった. 〘(1792)〙 ***náils in móurning*** あかのたまった指の爪. ***óff at the náil*** 《スコット》 狂って. ***on the náil*** 《口語》 (1) 即座に (on the spot): cash *on the* ～ 現金[即金]で / pay *on the* ～ 即金で支払う. (2) さし当たって関係のある, 問題となっている, 目下の (under discussion): the subject *on the* ～ 当面の問題. 〘(1596)〙 ***tóoth and náil*** ⇨ tooth *n.* 成句. ***to the*** [***a***] ***náil*** きちんと; 完全に, 徹底的に.

— *vt.* **1 a** 釘で打ち付ける, 釘で固定する〔*on, to*〕: ～ a plate *to* the door ドアに表札を打ち付ける / ～ the cover *on* a box 箱にふたを打ち付ける / ～ a shelf *to* the wall 壁にたなを釘付けする[つる]. **b** 《古》 〈人〉に釘を突き刺す. **2 a** 動けなくする (fix): Surprise ～*ed* him to the spot. 驚きのあまりその場に釘付けになった / The shopman is ～*ed* all day behind the counter. 店員は一日中カウンターのうしろから離れられない. **b** 〈目・注意を〉じっと注ぐ〔*to, on*〕: She ～*ed* her eyes *on* the diamond. 彼女の目はそのダイヤモンドに釘付けになった. **3** 《口語》 〈うそなどを〉(それ以上広まらないように)見つけて暴く, すっぱ抜く. **4 a** 《口語》 〈悪事をしている人を〉つかまえる (catch); 取り押さえる (arrest): ～ a person *in* steal*ing* money 人が金を盗んでいるところをつかまえる / *Nail* the man before he leaves! その男を逃げないうちにつかまえろ. **b** 《俗》 手に入れる, 盗む, かっぱらう (steal): ～ an apple. **5 a** 《口語》 …に命中させる (hit): He ～*ed* a bird in flight. 飛んでいる鳥に当てた. **b** 《米口語》 なぐる (strike): ～ a person *on* the head 人の頭をなぐる. **6** 〘野球〙 〈走者を〉刺殺する, 刺す.

náil dówn (1) 釘付けにする, 釘[鋲]で留める: ～ *down* a carpet, the lid of a box, etc. (2) 〈事を〉決定的にする, 確実にする; 〈人(の性格など)〉をはっきりつかむ[させる]: ～ *down* a contract. (3) 〈人を〉〈約束などに〉縛り付ける, のっぴきならないようにする (bind)〔*to*〕: ～ a person *down to* his promise 人に確実に約束させる. (4) 〈人〉に考えていることをはっきり言わせる. 〘(1669)〙 ***náil one's cólors to the mást*** ⇨ color *n.* 成句. ***náil togéther*** 〈仮小屋などを〉(ぞんざいに)釘でたたきつけて造る. 〘(1836)〙 ***náil to the cóunter*** [***bárn dóor***] にせものとして世間にさらす《悪貨を店の帳場に釘付けにしたことから》; 〈うそを〉暴く. ***náil úp*** (1) 〈戸・窓などを〉(開かないように)釘付けにする: ～ goods *up* in a box 品物を箱に詰めて釘付けにする. (2) 〈掲示などを〉(壁などの高い所に)釘で打って留める. 〘(1530)〙

〘n.: OE *næ̆g(e)l* (n.) fingernail, metal nail < Gmc **naʒlaz* (G *Nagel* / Du. *nagel*) ← IE **onogh-* nail (L *unguis* / Gk *ónux*). — v.: OE *næ̆glian* ← (n.)〙

nail·a·ble /néɪləbl̩/ *adj.* 釘の打てる, 釘の利く. 〘1954〙

náil bèd *n.* 〘解剖〙 爪床(そうしょう).

náil-bìter *n.* 《口語》 はらはら[どきどき]させるもの《ゲーム・ドラマなど》. 〘1893〙

náil-bìting *adj.* [限定的] 《口語》 〈話・試合など〉不安を起こさせる, はらはらさせる. — *n.* **1** (不安・緊張・欲求不満などから)爪をかむこと, 爪をかむ癖[習慣]. **2** 《口語》 (どうしようもない)不安 (nervousness); 行き詰まり, 停頓状態. 〘1893〙

náil bòmb *n.* 釘爆弾《ゼリグナイト (gelignite) の棒の回りを長い釘でくるんで作る都市ゲリラが用いる凶器》.

náil brùsh *n.* (マニキュア用の)爪ブラシ. 〘1802〙

náil clìppers *n. pl.* 爪切り. 〘1945〙

náil enàmel *n.* 《米》 =nail polish.

náil·er /-lə | -lə(r)/ *n.* **1** 釘[鋲]製造人. **2** 釘を打つ人[職人]; 自動釘[鋲]打ち機. **3** 《俗》 **a** 逸品, すばらしく優秀な物[動物, 人]. **b** 〔仕事などに〕熱心な人〔*on, to*〕; 〔競技などの〕名人〔*at*〕: a ～ *on* one's work 仕事に熱心な人 / a ～ *at* golf ゴルフの名人. 〘(1310) ← NAIL+-ER[1]〙

nail·er·y /néɪləri/ *n.* 釘[鋲]製造所. 〘(a1798) ← NAILER+-Y[1]〙

náil fìddle *n.* =nail violin.

náil fìle *n.* (マニキュア用の)爪やすり. 〘1881〙

náil gàll *n.* 〘植物〙 爪こぶ《フシダニの一種 (*Eriophyes tiliae*) がシナノキの葉につくる, 爪の形をしたこぶ》. 〘1879〙

náil gùn *n.* 《英》〘機械〙 釘[鋲]打ちガン.

náil·hèad *n.* **1** 釘[鋲]の頭. **2** 鋲(びょう)飾り《布地や皮ベルトに取り付ける小さな様々な形の装飾品》. **3** 〘建築〙 (ノルマン建築などの)釘(くぎ)頭装飾.

náil-hèaded *adj.* 釘(くぎ)頭状の: ～ characters くさび形文字.

náil-hòle *n.* **1** 釘穴《釘を抜いた跡》. **2** (折り畳み式ナイフの)爪がかり.

náil·ing /-lɪŋ/ *n.* **1** 釘[鋲]打ち; 釘[鋲]造り. **2** [形容詞的に] 釘打ち用の: a ～ machine 釘[鋲]打ち機 / a ～ strip (コンクリートなどの固い面に取り付けた)釘[鋲]打ち用当て木. 〘(c1390 ← NAIL+-ING[1])〙

náil·less *n.* **1** 爪のない. **2** 釘[鋲]止め不要の.

náil nìppers *n. pl.* =nail-scissors.

náil plàte *n.* 〘解剖〙 爪甲, 爪板.

náil pòlish *n.* (マニキュア用の)ネールエナメル (《米》 nail enamel, 《英》 nail varnish). 〘1907〙

náil pùller *n.* 釘抜き. 〘1880〙

náil pùnch *n.* =nail set. 〘1899〙

náil-scìssors *n. pl.* 爪切り(ばさみ).

náil sèt *n.* (大工の用いる)釘締め.

náil-sìck *adj.* **1** 〈板など〉釘がきかなくなった. **2** 〘海事〙 〈木造船が〉鉄腐蝕した, 釘くされした, 鉄腐蝕で漏水する.

náil-tàil *n.* 〘動物〙 =nail-tailed wallaby.

náil-tàiled wállaby [**kangaróo**] *n.* 〘動物〙 ツメオワラビー《オーストラリア産カンガルー科ツメオワラビー属 (*Onychogalea*) の動物の総称》. 〘1896〙

náil vàrnish *n.* 《英》 =nail polish.

náil violìn *n.* ネールバイオリン《18 世紀に考案された楽器で, 釘状の金属片などを弓で擦って音を出す》.

nain·sook /néɪnsʊk/ *n.* ネーンスック《柔らかい薄地の綿平織物》. 〘(1804) □ Hindi *nainsukh* ← *nain* eye+*sukh* delight〙

Nai·paul /náɪpɔːl, -pɑːl | -pɔːl/, Sir **V**(**idiadhar**) **S**(**urajprasad**) *n.* ナイポール (1932– ; トリニダード (Trinidad) 生まれの英国の作家; ノーベル文学賞 (2001); *A House for Mr. Biswas* (1961), *In a Free State* (1971)).

Na·ir /nɑ́ːɪə, náɪə | nɑ́ːɪə(r), náɪə(r)/ *n.* (*pl.* ～, ～**s**) = Nayar.

nai·ra /náɪrə/ *n.* **1** ナイラ《ナイジェリアの通貨単位; = 100 kobo; 記号 N̶》. **2** 1 ナイラ紙幣. 〚(1972)《変形》← *Naigeria*〛

NAÍ règister *n.* 〖英〗〖社会福祉〗(地方自治体などで行われる)虐待される危険性のある児童のリスト《cf. NAI; child abuse register ともいう》.

Nairn /néən | néən/ *n.* =Nairnshire. 〚ME *Narne*《短縮》← *Inuernaren* ◻ Gael. *Inbhir Narunn*《原義》the mouth of the *Nairn* (=submerging river)〛

Nairne /néən | néən/, **Carolina** *n.* ネアン《(1766–1845; スコットランドの詩人・歌謡作者; 旧姓 Oliphant; 称号 Baroness Nairne》.

Nairn·shire /néənʃə, -ʃɪə | néənʃə^(r), -ʃɪə^(r)/ *n.* ネアンシャー《スコットランド北東部の旧州》. 〚← NAIRN + -SHIRE〛

Nai·ro·bi /naɪróubi | -rə́u-/ *n.* ナイロビ《ケニア南西部にある同国の首都》.

Nairóbi disèase *n.* 〖獣医〗ナイロビ病《アフリカ東部地方の羊・山羊の出血性胃腸炎; 節足動物媒介性ウイルスによる》.

NAIRU /náɪru:, néᵊr- | náɪ(ə)r-, néər-/ 《略》〖経済〗non-accelerating inflation rate of unemployment インフレ率を高めない失業率.

Nai·smith /néɪsmɪθ/, **James** *n.* ネイスミス《(1861–1939; カナダ生まれの米国の体育学教師; バスケットボールの創始者 (1891)》.

Náismith's rúle *n.* 〖登山〗ネイスミス法《距離 3 マイルにつき, また高度 2 千フィートにつき各 1 時間を見込む登山時間計算法》. 〚W. W. *Naismith* (1856–1935) スコットランドの登山家; この計算法を考案した〛

nais·sance /néɪsəns, -sn̩s/ *n.* 《まれ》起源, 誕生, 始まり. 〚(1490) ◻ F ~ 'birth' ← *naître* to be born < VL **nāscere*=L *nascī*: ⇨ -ance: cf. nascent〛

nais·sant /néɪsənt, -sn̩t/ *adj.* **1** 〖紋章〗=jessant. **2** 《まれ》=nascent 1. 〚(1572) ◻ F ~ (pres.p.) ← *naître* (↑)〛

na·ïve /nɑːíːv, naɪíːv | nɑɪ-, nɑː-; *F.* naiːv/ *adj.* (*also* **na·ive** /~/) **1 a** 純真な, 素朴な, あどけない, 天真爛漫(らんまん)な, 率直な (simple, childlike). **b** 若くて経験の浅い, うぶな. **c** 人を疑うことを知らない, 批判力のない, 信じやすい, だまされやすい. 日英比較 日本語の「ナイーブ」は「純粋無垢な」という意で用いられるが, 英語の *naive* は「愚直な, だまされやすい」という軽蔑的な意味で使われる. 日本語の「ナイーブ」に当たる英語は innocent あるいは simple and honest など. **2** (特定の)学問・知識の裏づけのない: a ~ argument. **3** 〈動物が〉まだ実験に使用されたことのない. **~·ly** *adv.* **~·ness** *n.* 〚(1654) ◻ F ~ (fem.) ← *naïf* < L *nātīvum* inborn, natural: ⇨ native〛

SYN 純真な: **naive** (若いか無経験のため)言葉やふるまいがありのままで無邪気な: *naive* remarks 素朴な意見. **ingenuous** 《しばしば軽蔑》単純で率直で無経験な: an *ingenuous* smile 無邪気な笑い. **artless** たくらみがなく自然な: her *artless* beauty 彼女の飾り気のない美しさ. **unsophisticated** 無経験で世俗的な知恵に欠けている: an *unsophisticated* girl うぶな娘. **innocent** けがれがなく天真らんまんな: an *innocent* child 純真な子供. **simple** 《よい意味で》正直で気取らない; 《悪い意味で》お人好しで: I like his *simple* manners. 彼の気取らない態度が好きだ / She is too *simple* to see through his lies. お人好しだから彼のうそが見抜けない. **unaffected** 気取りがなく, 自然で正直な: She is friendly and *unaffected*. 優しくて気取りがない.

---

naïve painting /⸗⸗⸗/ *n.* 〖絵画〗素朴絵画《アカデミックな習練を経ない画家の素朴な絵画》.

naïve realism /⸗⸗⸗⸗⸗/ *n.* 〖哲学〗素朴実在論《外界は我々が認識する通りに実在するという立場; cf. immediatism, representationalism》. 〚1882〛

na·ïve·té /nɑ̀ːiːvtéɪ, nɑːíːvtèɪ, naɪ-, ⸗⸗⸗ | nɑːíːvətèɪ, naɪíːvteɪ; *F.* naifte/ *n.* (*also* **na·ive·té** /~/, **na·ïve·te** /~/) **1** 単純素朴, ばか正直, うぶ, 純真. **2** 単純素朴な行為[言葉]. 〚(1673) ◻ F ~: ⇨ naïve, -ity〛

na·ïve·ty /nɑːíːvəti, naɪ-, -vti | naɪíːvəti, nɑːíːv-/ *n.* (*also* **na·ive·ty** /~/) =naïveté. 〚1673〛

Na·ja·da·ce·ae /nèɪdʒədéɪsiː/ *n. pl.* 〖植物〗=Naiadaceae.

Najaf, An *n.* ⇨ An Najaf.

Najd /nǽdʒd, nɑ́ʒd/ *n.* =Nejd.

na·ked /néɪkɪ̣d/ *adj.* **1 a** 〈人・身体が〉裸の, 裸体の (cf. nude 1 a) (⇨ bare¹ SYN): (as) ~ as my mother bore me 生まれたままの丸裸 / be stark ~ 全裸である / strip a person ~ 人を裸にする / go ~ (常に)裸体でいる, 裸で暮らす. **b** 〈体の一部が〉露出した, むき出しの (exposed): ~ feet 素足 / ~ hands 素手 / with ~ fists (ボクシングのグラブをつけないで)素手で. **2 a** 〈木・枝など〉葉がない: ~ branches 葉が落ちた裸の枝. **b** 〈土地が〉草木の生えていない; 地肌が露出した (bare), 開墾してない, 不毛の (barren): ~ land fields, sands, etc. / a ~ vein 露出した鉱脈. **c** 〈部屋・壁など〉家具・装飾物などのない, むき出しの: a ~ attic / a ~ wall (額などを掛けてない)むき出しの壁 / ⇨ naked floor. **3 a** 覆いのない: a ~ light 裸火, 裸電灯[球], 裸の[覆いのない]照明 / a ~ electric wire 裸電線, 裸線. **b** 〈刀など〉さやを抜いた: a ~ blade [sword] 抜身(の刀). **c** 眼鏡[光学機械]に頼らない: ⇨ naked eye. **4** (攻撃・危険に)さらされた, 無防備の〔*to*〕: a ~ city 無防備都市 / ~ *to* the invaders. **5** 〔…の〕ない, 欠けている (destitute)〔*of*〕: be ~ *of* clothing 着物を着ないで裸である / be ~ *of* comfort 慰安がない / trees ~ *of* leaves 葉の落ちた裸の木. **6 a** 飾らない, ありのままの; それだけの (mere): a ~ outline of the facts 事実のありのままの概略 / a ~ confession ありのままの告白 / a ~ heart 真心 / He said, 'No.'—Did he explain?—He gave me just the ~ word. 彼は「いや」だと言った—説明したのか—ただ「いや」の一言さ. **b** 〈事実など〉あからさまな, 赤裸々な: the ~ truth 赤裸々な事実 / to tell the ~ truth 本当の事をありのままに言えば / ~ force 公然たる暴力. **7** 〖法律〗確証する[裏付ける]もののない, 根拠のない, 確認されない; 無償の (nude), 無効な (invalid): a ~ assertion (大した根拠のない)単に思い付きの断定 / a ~ contract 無約因契約 / a ~ debenture 《英》無担保社債. **8** 〖植物〗**a** 〈茎・葉など〉軟毛のない; 〈花が〉(萼片(がくへん)・花弁などの)花被がない. **b** 裸出の: a ~ bud 裸芽, 夏芽 / ⇨ naked flower. **9** 〖動物〗毛[羽, 殻, うろこなど]がない. **~·ly** *adv.* 〚OE *nacod* < Gmc **naquaðaz*, **-eðaz* (Du. *naakt* / G *nackt*) < IE **nog^wodhos* ← **nog^w-* (L *nūdus*): cf. nude〛

náked bárley *n.* 〖植物〗ボウズオオムギ (*Hordeum vulgare* var. *coelestre*)《粒と籾(もみ)の離れるムギ》.

náked bát *n.* 〖動物〗ハダカオヒキコウモリ (*Cheiromeles torquatus*)《東南アジア産; hairless bat ともいう》.

náked bóys *n.* (*pl.* ~)〖植物〗=meadow saffron.

náked éye *n.* [the ~] (眼鏡など器具の助けを借りない)肉眼, 裸眼: see with [by] *the* ~ 肉眼で見る.

náked fífth *n.* 〖音楽〗空虚五度《三和音から三度を欠いた完全五度音程; 根音と五度のみから成る; open fifth, open triad ともいう》.

náked flóor *n.* 〖建築〗荒床(あらゆか), 捨床(すてゆか)《床板を張っていない床組構造》.

náked flówer *n.* 〖植物〗無被花, 裸花《萼(がく)と花弁がない花》.

na·ked·ize /néɪkɪ̣dàɪz/ *vt.* 裸にする. — *vi.* 裸である, 裸になる. 〚1858〛

náked lády *n.* 〖植物〗=meadow saffron.

náked móle ràt *n.* 〖動物〗ハダカデバネズミ (*Heterocephalus glaber*)《アフリカ東部の乾燥ステップ・サバンナにすむデバネズミ科のほとんど体毛のない齧歯類; 社会性昆虫のように土中でコロニーをつくり, たった 1 組の雄と雌が繁殖を行い, 他はさまざまな階級に分かれる》.

ná·ked·ness *n.* **1 a** 裸の状態; むき出し, 露出. **b** 不毛 (barrenness). **2** 赤裸々(な状態), あからさま, ありのまま: the truth in all its ~ 全く赤裸々な事実. **3 a** 無防備(の状態): the ~ of the land 国の無防備状態 (cf. *Gen.* 42:9). **b** 無資力, 赤貧 (extreme poverty). **4** 〖聖書〗陰部 (privates): cover one's ~ 裸をおおう, 恥部を隠す (cf. *Gen.* 9:23). 〚OE〛

náked óat *n.* 〖植物〗ハダカエンバク (*Avena nuda*)《エンバクの栽培種; 果実が花穎(かえい)から離れやすい》.

náked óption *n.* 〖証券〗ネイキッド[裸の]オプション《原[基礎]証券を所有していない売手が提供するオプション》.

náked singulárity *n.* 〖天文〗裸の特異点《時空の特異点のうち event horizon で囲まれておらず外部の観測者から見えるもの; cf. black hole》. 〚1969〛

náked smút *n.* 〖植物病理〗大麦裸黒穂病菌.

na·ker /néɪkə | -kə^(r)/ *n.* 《古》=kettledrum 1. 〚(c1333–52) ◻ OF *nacre, nacaire*: ⇨ nacre〛

Na·khi·che·van /nɑ̀ːkɪ̣tʃəvɑ́ːn | -kɪ-/ *n.* ナヒチェバン《アゼルバイジャンに属する自治共和国; アルメニアを隔ててアゼルバイジャンの飛び地になっている》.

Na·khod·ka /nɑːkɔ́(ː)tkə, -xɔ́(ː)t- | -kɔ́t-, -xɔ́t-; *Russ.* naxótkə/ *n.* ナホトカ《ロシア連邦東部 Vladivostok 東南東の日本海に臨む港市》.

Na·ku·ru /nəkúːruː/ *n.* ナクル《ケニア西部 Nakuru 湖畔の町》.

Nal·chik /nɑ́ːltʃɪk; *Russ.* nálʲtʃɪk/ *n.* ナリチク《ロシア連邦南西部 Caucasus 山脈のふもとにある Kabardino-Balkaria 共和国の首都》.

na·led /néɪlɛd/ *n.* 〖化学〗ナレド ($C_4H_7BR_2Cl_2O_4P$)《殺虫剤の一種》. 〚(1963) ← ?〛

NALGO /nǽlgou | -gəu/ 《略》National and Local Government Officers' Association 全英国家・地方公務員組合.

ná·li·dix·ic ácid /néɪlədɪksɪk- | -lɪ-/ *n.* 〖薬学〗ナリジクス酸 ($C_{12}H_{12}N_2O_3$)《尿路感染症治療用抗生物質》. 〚(1964) *nalidixic*: ← ? *na(phthyr)idi(ne)* '$C_8H_6N_2$' (← NAPHTH(ALENE) + (P)YRIDINE) + (CARBO)X(YL) IC〛

na·lor·phine /nǽləfiːn, nælɔ́ːfiːn | nǽləfiːn, nælɔ́ːfiːn/ *n.* 〖薬学〗ナロルフィン ($C_{19}H_{21}NO_3$)《モルヒネなどの麻酔薬による呼吸麻痺の治療に使用する呼吸興奮薬》. 〚(1953) ← NL (← NITROGEN) + AL(LYL) + (M)ORPHINE〛

nal·ox·one /nəlɑ́(ː)ksoun, nǽləksòun | nəlɔ́ksəun, nǽləksə̀un/ *n.* 〖薬学〗ナロキソン ($C_{19}H_{21}NO_4$)《麻薬, 特にモルヒネの拮抗薬として麻薬の作用を消すのに使用する》. 〚(1964) ← *nal-* (⇨ nalorphine) + (HYDR)OX(YL) + -ONE〛

nal·trex·one /næltréksoun | -səun/ *n.* 〖薬学〗ナルトレキソン ($C_{20}H_{23}NO_4$)《麻薬, 特にヘロインの拮抗薬》. 〚(1973) ↑; *-tre-* は恣意的構成素〛

Nam /nɑ́ːm, nǽm/ *n.* (*also* **'Nam** /~/) 《口語》= Vietnam.

NAM /ɛ́nèɪɛ́m/ 《略》National Association of Manufacturers 全米製造業者協会.

N. Am. 《略》North America(n).

Na·ma /nɑ́ːmə/ *n.* (*pl.* ~, ~s) **1 a** [the ~(s)] ナマ族《Namaqualand のコイコイ族》. **b** ナマ族の人. **2** ナマ語《Khoikhoi 語の一方言》. 〚cf. *adj.* (1864)〛

nam·a·ble /néɪməbl̩/ *adj.* =nameable.

na·mad /nʌ́məd/ *n.* =numdah.

Na·ma·land /nɑ́ːməlæ̀nd/ *n.* =Namaqualand.

Na·man·gan /nɑ̀ːməngɑ́ːn, nə- | næ̀mæŋgɑ́ːn; *Russ.* nəmangán/ *n.* ナマンガン《ウズベキスタンの都市; 綿の主要生産地》.

Na·ma·qua /nəmɑ́ːkwə/ *n.* (*pl.* ~, ~s) =Nama. 〚1670〛

Na·ma·qua·land /nəmɑ́ːkwəlæ̀nd/ *n.* ナマカランド《ナミビア南西部と南アフリカ共和国北西部にまたがる地域; Orange 川以北を大ナマカランド(ナミビア領), 以南を小ナマカランド(南アフリカ共和国領)という》.

Namáqualand dáisy *n.* 〖植物〗アフリカキンセンカ (*Dimorphotheca sinuata*)《広く栽培されるキク科ディモルフォセカ[アフリカキンセンカ]属の一年草》.

na·ma·skar /nəmʌ́skɑə | -kɑː^(r)/ *n.* =namaste. 〚1930〛

na·ma·ste /nʌ́məstèɪ/ *n.* 両手を合わせ親指を胸に当て頭を下げるヒンズー教徒の挨拶. 〚(1948) ◻ Hindi ~ ◻ Skt *namas* a bow (← IE **nem-* to bend) + *te* for you〛

nam·ay·cush /nǽmɪkʌʃ, -meɪ-/ *n.* 〖魚類〗=lake trout 1. 〚(1785) ◻ N-Am.-Ind. (Algonquian) *namekus* (dim.) ← *namew* fish〛

nam·by-pam·by /nǽmbipǽmbi⁻/ *adj.* **1** 〈政策など〉優柔不断な, 弱気の, 消極的な. **2** いやに感傷的な. **3** 〈人が〉男らしくない, 弱々しい, 柔弱な. — *n.* **1** いやに感傷的な詩文[話]. **2** 柔弱な男. 〚(1726) ← *Namby Pamby*: 英国の感傷的田園詩の作者 Ambrose Philips に対してその名をもじって H. Carey と A. Pope が付けたあだ名〛

nám·by-pám·by·ism /-bìɪzm̩/ *n.* いやに感傷的なこと; 弱気, 消極性.

Nam Co /nɑ́ːmkɔ́ː/ *n.* ナム湖《チベット南東部にある塩湖; 面積 1800 km²; Nam Tso, Na-mu Lake ともいう; 別名 Tengri Nor》.

name /néɪm/ *n.* **1** 名, 名称, (事物の)呼称, 呼び名; (人の)名, 名前, 姓名: one's Christian [first, given] ~ 洗礼名, (姓に対し)名 (cf. surname 1, family name 1) / one's middle [last] ~ 中間[最後]の名 / "What's your ~?" "(My ~ is) John Stuart Mill [Mill, John Mill, John] (, but everybody calls me Johnnie)." 「お名前は」「(私の名前は)ジョン スチュアート ミル[ミル, ジョン ミル, ジョン]です(が, 皆からジョニーと呼ばれています)」《★ 'John Stuart Mill' では John と Stuart は共に Christian [given] name, Mill は surname [family name] であるが, John, Stuart, Mill をそれぞれ first name, middle name, last name ともいう》/ a common ~ ありふれた名前, 通称, 一般名(称), (固有名に対して)普通名 (⇨ common name) / a personal ~ (地名などに対して)人名, (姓などに対して個人を特定する)個人名 / an assumed ~ 仮名, 偽名 / a false ~ 偽名 / ⇨ brand name, pen name, scientific name, stage name / a pet ~ 愛称 / give [say] one's ~ 名前を言う[告げる] / send in one's ~ 名刺を差し出す / put one's ~ to a document 文書に記名する / lend one's ~ to an enterprise 企業に名を貸す / transfer the property to the ~ of Mr. A 財産を A 氏の名義に換える / put one's ~ down [《英》enter one's ~] for a subscription 寄付の申し込みをする / take one's ~ off (学校・クラブなどの)名簿から名を削る / Her maiden ~ was Smith, but her married ~ is Jones. 結婚前の名はスミスだったけれど結婚後はジョーンズになっている / I'll take your ~ and tell you when it's your turn. お名前を控えておいて順番が来たらお知らせします / Samuel Clemens adopted [assumed] the ~ (of) Mark Twain. サミュエル クレメンズはマーク トウェインの名を使った / May I have [ask] your ~, please? お名前は何とおっしゃいますか / What ~, please? = What ~ shall I say? お名前は《取次人の常用句》/ What's in a ~? 名前なんか何だ(ただの符牒(ふちょう)でしかない) (Shak., *Romeo* 2. 2. 43) / There is no ~ *for* such unspeakable behavior. そんな言語道断なふるまいは何とも呼びようがない.
日英比較 (1) 日本語では「氏名」「姓名」といい, 名前を姓, 名の順に並べるが, 英語をはじめ欧米の言語では逆に名, 姓の順に並べる. ただし, 人名の検索に便利なように, 人名リストなどでは姓, 名の順に並べ, 姓と名をコンマで区切ることもある. 日本では英語の場合は英語の習慣にしたがって名, 姓方式をとるのが一般的だったが, 最近は日本式に姓, 名の順にすべきだという意見が優勢になっている. (2) 日本語の「住所, 氏名」は英語では順序が逆で, *name* and address となる.
2 名ばかり, 虚名, 見せかけ, 名目 (semblance): ⇨ *in* NAME.
3 a [通例 a [one's] ~ として] (世間的な)名, 評判 (reputation); (特に)名声 (fame): *a* good ~ 令名 / *a* great ~ 偉大な名声 / *a* bad ~ 悪名, 不評判, 醜名 / get *a* ~ (for oneself) 名を上げる, (特に)悪名をはせる / get [give] *a* bad [good] ~ 評判を落とす[あげる] / give one's ~ to (自分の考案[発明]品)に名を残す[自分の名を残す] / have *a* bad ~ 悪い評判をとる / leave *a* ~ behind [in history] 後世[歴史]に名を残す[留める] / make [win] *a* ~ (for oneself) (as a politician) (政治家として) 名を成す[上げる] / Her first novel made her ~. 彼女は最初の小説で有名になった / The town has *a* ~ as a health resort. その町は保養地として知られている / He has *a* ~ *for* honesty. 彼は正直で評判になっている / He had *a* ~ *as* an eccentric. 彼は変人で通っていた / His [Her] ~ is mud. ⇨ mud¹ 2 b. **b** [通例, 形容詞を伴って] 有名な人[もの], 著名な人, 名士; 名物: the great ~*s* of past ages 過去の偉人たち / the greatest ~ *in* English literature 英文学史上最大の人 / *drop* NAMES / ⇨ big name.
4 家門, 氏族, 家系 (lineage): the last of his ~ 彼の氏族の最後の人 / uphold the honor of one's ~ 家門の名

誉を保持する / Their ~ goes back to the Conquest. 彼らの家はノルマン征服時代にさかのぼる.
5 [通例 *pl.*] 悪口, 雑言(ぞう): Sticks and stones may break my bones, but ~*s* will never hurt me. 《諺》棒切れや石じゃ傷ついても悪口はどんなに言われても平気だ《特に子供の間で悪口に対する文句》/ ⇨ *call* (*a person*) NAMES.
6 a 〔論理〕名辞 (term). **b** 〔文法〕名詞 (noun).
7 [the ~] (神・キリストの)御名(みな): Praise *the Name* of the Lord 主の御名をほめたたえよ (*Ps.* 148:12).
8 [ときに N-] ネーム《Lloyd's 保険協会の個人の保険引受人; 無限責任が原則》.
ánswer to the náme of ...という名である, と呼ばれる (be called) (cf. answer *vi.* 1): The dog *answers to the* ~ *of* Rover. 犬の名は「ローバー」だ / I know of no one *answering to* that ~. 私はそういう名前の人はだれも知らない. ***by náme*** (1) 名指しで, 名前で: mention [refer to] a person *by* ~ 人を名指しで言う[人の名を呼ぶ] / She knows all her employees *by* ~. 全従業員の名前を知っている. 《lateOE》 (2) (顔は知らないが)名前だけは (cf. *by* SIGHT): I know her only *by* ~. 彼女は名前だけなら知っている. 《*c*1384》 ***by the náme of*** ...という名の[で], と称する: a man *by the* ~ *of* Brown ブラウンという名の人 / go *by the* ~ *of* X 通称 X である. 《1676》 ***cáll*** (*a person*) (***bád***) ***námes*** (人の)悪口を言う, ののしる: He *called* me [us] ~*s*. 《1697》 ***cléar one's*** [*a person's*] ***náme*** 自分[人]の汚名をすすぐ, 疑いを晴らす. ***drág a person's náme through the múd*** 人の評判を落とす. ***dróp námes*** (相手を感心させるために)有名人の名を口にする (⇨ name-drop). ***give a dóg a bád náme*** ⇨ dog 成句. ***Give it a náme.*** 《口語》何がいいか言いなさい《人に酒(など)をおごる時に言う》. 《1854》 ***háve a person's náme on it*** = *have a person's* NUMBER *on it*. ***in áll but náme*** (名前はともかく)実質的に(は). ***in náme*** 名義上(の), 名目上(の) (cf. *in* FACT, *in* REALITY): a king *in* ~ only 名目上だけ[名ばかり]の王 / a wife only *in* ~名ばかりの妻 / We are free in fact as well as *in* ~. 名実共に自由だ. ***in one's*** (***ówn***) ***náme*** 自分の名義で, 独立で: do it *in* one's own ~ (他から名義を借りないで)自分の名義で[独立で]やる / It stands *in my* ~. それは私の名義になっている. ***in the náme of*** (1) ...の名にかけて, ...に誓って: *in* God's *name* = *in the* ~ *of* God [heaven] 神の御名にかけて, 神に誓って, 後生だから / *in the* ~ *of* common decency 一般の良識のために. (2) [疑問を強めて] 一体全体: What *in the* ~ *of* God happened to you? 一体全体君に何が起こったのだ. (3) ...の名において, ...の権威をもって: *in the* ~ *of the* law / Open! *in the* King's ~. 御用だ, あけろ. (4) ...の名義で; ...に代わって, ...の代理として (on behalf of); ...のために (for the sake of); ...の名目の, ...としての: deposit money *in the* ~ *of* one's son 息子の名義で預金する / vote *in the* ~ *of* another 他人の代わりに投票する / murder *in the* ~ *of* mercy 慈悲という名目での殺人. 《9C》 ***náme námes*** (事件の関係者などの)名を挙げる, 名前を明らかにする: They *named* no ~*s*. 《cf. *name no names* 《1792》》 ***of the náme of*** = *by the* NAME *of*. ***... or my náme isn't ...*** [自分の名前を伴って] 絶対に...する[だ] 《決意などを強調する》: I'll write a treatise on economy *or my* ~ *isn't* John Stuart Mill! 絶対に経済学の論文を書くぞ. ***pùt a náme to*** ...を思い出す, 言う; ...をうまく表現する. ***táke a person's náme in váin*** ⇨ *in* VAIN (2). ***the náme of the gáme*** (1) 《口語》肝心な点; (本当の)目的, ねらい: In driving, carefulness is *the* ~ *of the game*. 車の運転では慎重が一番肝心だ. (2) 《口語》よくあること. 《1966》 ***to one's náme*** 自分の物というべき, 所有している: He doesn't have a penny *to his* ~. 自分の金は一銭も持っていない. 《1876》 ***únder the náme*** (***of***) (1) ...の名称の下に, ...という名の[で] (by the name of): go *under the* ~ (*of*) H.I.H.I. の名で通っている. (2) ...の名義で: *under* one's own [another] ~ / trade *under the* ~ *of* one's father 父の名義で商売する.
— *vt.* **1 a** ...に名をつける, 命名する: ~ a child, a new plant, etc. / The boy was ~*d after* [《米》*for*] his uncle. 少年の名は叔父の名を取ってつけたものだ / England was ~*d after* the Angles. イングランドの名はアングル族の名にちなむ / *Name* this child. この幼な子に名をつけよ (*Prayer Book*, 'Baptism'). **b** [目的補語を伴って] ...と名付ける: We ~*d* the cat Felix. 猫をフィリックスと名付けた / The baby was ~*d* John. / a city ~*d* Wellington *after* [*in honor of*] the Duke ウェリントン公にちなんでウェリントンと呼ばれる都市.
2 a ...の(正しい)名を言う: He can ~ all the flowers in the garden. **b** ...の名を挙げる: Two government officials were ~*d* in the report. 二人の高官の名が報告書に挙げられていた / The journalist refused to ~ her sources. ジャーナリストは情報源を明かさなかった. **c** ...の名を挙げて紹介する. **d** (離婚訴訟で)〈原告が〉〈人を〉共同被告として名指す.
3 指名する, 任命する (select, appoint): He has been ~*d for* the vacancy. その後任者として任命された / Dr. Jones was ~*d* (*as* [*to be*]) chancellor of the university. ジョーンズ博士は大学の総長に任命された / The chief ~*d* his eldest son *to* succeed him. 長男を後継者に指名した / Has the candidate been ~*d* yet? 候補者はもう指名されましたか.
4 a 〈値段・日時などを〉指定して言う (specify): ~ a price / ~ the day ⇨ day 4 a. **b** [通例 ~ it として] 《口語》口にする, 話す (mention): You ~ *it*. [通例列挙の後に用いて] 何でも[どんなことでも] (言ってみなさい) 《何でもある[知っている, やる], など》.
5 a 名指しで非難する: ~ the villain その悪党を名指しで非難する. **b** 《英》(下院で)〈議長[全院委員長]が〉〈出席停止の前提として〉〈不穏当な議員〉の名を呼ぶ.
— *vi.* 《英》名指しで呼ぶ[言う] (cf. *vt.* 5 b): *Name! Name!* 名指しで言え《議場で議員が議長に, ある議員を名指しで呼べと要求する叫び, または演説者が言及したある者の名を明示せよという聴衆の叫び》.
to náme (***but*** [***only***]) ***a féw*** [通例, 物・人を列挙した後で] 少数[二, 三]の例を挙げれば.
— *adj.* [限定的] **1** 名前を記入するための, 名をつけた: ⇨ name tag / ⇨ name tape. **2** (詩集・論説などの)書名[題名]となっている: ⇨ name piece. **3** 《米》 **a** 〈製品など〉有名品の, メーカーものの, 一流銘柄の: a ~ brand メーカーもの, 有名品 (cf. brand name) / a ~ product メーカー品 / ~ merchandise 有名商品. **b** 一流の, 一級の: a ~ hotel, pianist, etc.
〖n.: OE *nama* < Gmc **namōn*, **namon* (Du. *naam* / G *Name*) < IE **nŏmen-* ← **en*(*o*)*mn̥-* (L *nōmen* / Gk *ónoma* / Skt *nāman-*, *nāma*). — v.: OE (*ġe*)*namian* ← (n.)〗
name·a·ble /néɪməbl/ *adj.* **1** 名指しで言える. **2** 名を言う価値がある; 記憶に残るような (noteworthy). **3** (礼を失しないで)人前で言える, はばかることなく口で言える.
nàme·a·bíl·i·ty /-məbíləṭi | -lɪ̀ti/ *n.* 〖1780〗
náme·bòard *n.* **1** 〔海事〕(舷側の)船名板. **2** (店などの)看板 (signboard); (各種の)名称表示板. 〖1846〗
náme-càll *vt.* 〈人〉の悪口を言う. **~·er** *n.* 〖《逆成》↓〗
náme-càlling *n.* 悪口(を言うこと), 罵言 (cf. *call* NAMES). 〖1853〗
náme-chèck *n.* 公に人[物]の名前を挙げること.
— *vt.* ...の名を挙げる.
náme-chìld *n.* ある人の名にちなんで命名された子供: my [his] ~ / a ~ *of* the President 大統領の名にちなんで名付けられた子供.
named *adj.* **1** 名を挙げられた, 言及された; 指定された: on the ~ day 指定日に. **2** 名のよく知られた, 有名な: a ~ scholar. **3** 〈動植物など〉名付けられた, はっきりと名称のついた[ある]: ~ roses. 〖1467〗
náme dày *n.* **1** 聖名祝日《当人と同名の聖人の祝日》. **2** 命名日《洗礼を受けて洗礼名をもらう日》. **3** 《英》〔証券〕=ticket day. 〖1721〗
náme-dròp *vi.* 有名人の名を挙げて友人のように言い触らす. **náme-dròp·per** *n.* 〖《逆成》↓〗
náme-dròpping *n.* (自分を偉そうに印象づけるため)有名人の名前をさも親しそうに挙げて友人のように言いふらすこと. 〖1950〗
name·less /néɪmlɪs/ *adj.* **1** 名のない, 名のついていない: a ~ island 名のついていない島. **2** 名を明かしていない, 匿名の (anonymous): a ~ letter, writer, etc. / He prefers to be ~. 名を出したがらない / a well-known person who shall be ~ (名前はお知らせしないが)某名士. **3** 世に知られていない, 名もない: die ~ 無名で死ぬ. **4** (だれと)名前のわからない, 無名の: a ~ grave, soldier, etc. / the ~ dead 無名の死者たち. **5** (父の)名をつぐ正当の権利がない, 私生の (illegitimate): a ~ child 庶[私生]子. **6 a** 説明しにくい, 名状しがたい (unnamable): a ~ charm, horror, etc. **b** 言語道断の, 言うに忍びない, 公言をはばかる: a ~ vice, crime, etc. **~·ly** *adv.* **~·ness** *n.* 〖*c*1311〗
name·ly[1] /néɪmli/ *adv.* **1** すなわち, 言い換えれば (that is to say): two boys, ~, Peter and Tom. **2** 《廃》特に (especially). 〖? lateOE: cf. G *nämlich*: ⇨ name, -ly[1]〗
náme·ly[2] *adj.* 《スコット》有名な. 〖《1440》: ⇨ -ly[2]〗
Na·men /*Flemish* náːmə/ *n.* ナーメン《Namur のフラマン語名》.
náme pàrt *n.* =title part.
náme pìece *n.* =title piece 1.
náme·plàte *n.* **1** 名札, 標札. **2** =masthead 2 a. 〖1859〗
nám·er *n.* **1** 名をつける人, 命名者. **2** 名を呼ぶ人, 指名者. 〖1627〗
náme·sàke *n.* **1** (ある人の)名をもらった人. **2** 同名の人[物]. 〖《1646》← *for name's sake*: 原義は「(同一の)名前故に一緒にされた人・物」〗
náme tàg *n.* 名札. 〖1946〗
náme tàpe *n.* 名札テープ, 名前テープ《個人の持物に貼る布製のテープ》. 〖1899〗
NAMH 《略》(米国の) National Association of Mental Health.
Nam·hoi /nàːmhɔ́ɪ/ *n.* 南海《Nanhai[1] の広東語名》.
Ná·mib Désert /náːmɪb-/ *n.* [the ~] ナミブ砂漠《アフリカ南西部の大西洋岸に沿って細長く続く砂漠》.
Na·mib·i·a /nəmíbiə/ *n.* ナミビア共和国《もと南西アフリカ (South-West Africa) と呼ばれた; 1990 年南アフリカ共和国より独立; 面積 827,057 km²; 首都 Windhoek》. 〖1968〗
Na·mib·i·an /nəmíbiən/ *adj.* ナミビアの[に属する].
— *n.* ナミビア人. 〖1958〗
Na·mi·er /néɪmiə | -miə⁽ʳ⁾/, Sir **Lewis Bernstein** *n.* ネイミア《1888–1960; ポーランド生まれの英国の歴史家; *The Structure of Politics at the Accession of George III* (1929)》.
nam·kin /nʌmkíːn/ *n.* 《インド》ナムキン《塩味の利いたスナック》. 〖□ Hindi *namkīn* salted (food), salty □ Pers. *namakīn*〗
nam·ma /nǽmə/ *n.* 《豪》〔地質〕=gnamma 《namma hole ともいう》.
nam·mad /nʌ́məd/ *n.* =numdah.
Nam·po /nǽmpou, náːm- | -pəʊ; *Korean* nampʰo/ *n.* 南浦(ナムポ)《北朝鮮西部の港市; 旧名鎮南浦 (Chinnampo)》.
Nam Tso /náːmtsóu | -tsə́ʊ/ *n.* ナム湖 (⇨ Nam Co).
Ná·mú Láke /náːmúː-/ *n.* ナム海 (⇨ Nam Co).
Na·mur /nəm(j)ʊ́ə | næm(j)ʊ́ə⁽ʳ⁾; *F.* namyːʁ/ *n.* **1** ナミュール(州)《ベルギー南部の州; 面積 3,660 km²》. **2** ナミュール《Namur 州の州都, Sambre 川と Meuse 川との合流点; フラマン語名 Namen》.
nan[1] /náːn; *Hindi* naːn/ *n.* ナーン, ナン《精白粉を発酵させて薄く楕円形にして焼いたインドのパン; nan bread ともいう》. 〖《1967》□ Hindi *nān* □ Pers. ~〗
nan[2] /nǽn/ *n.* 《英口語》おばあちゃん (one's grandmother). 〖*c*.1700〗
Nan /nǽn/ *n.* ナン《女性名; 異形 Nancy, Nannie, Nanny》. 〖(dim.) ← ANNA // ANNE[1]〗
nan- /næn, neɪn | næn/ (母音の前にくるときの) nano- の異形.
na·na[1] /nǽnə, náː- | nǽnə/ *n.* 《口語》おばあちゃん (one's grandmother). 〖*c*1844〗
na·na[2] /náːnə/ *n.* 《豪俗》 **1** ばか (fool). **2** 頭 (head). ***dó one's nána*** ものすごく怒る, 頭にくる. ***òff one's nána*** 頭がおかしくなって. 〖《1941》← BANANA〗
Na·nai·mo /nənáɪmou, næ- | -məʊ/ *n.* ナナイモ《カナダ British Columbia 州 Vancouver 島南東部の都市》.
Na·nak /náːnək/ *n.* ナーナク《1469–1539; インドの宗教家; シーク教 (Sikhism) の教祖》.
Na·nanne /naːnǽn, næ-; *F.* nanan/ *n.* ナナン《女性名》. 〖□ F ~ (cf. *nanar* something very pleasant)〗
nán brèad *n.* =nan[1].
nance /nǽns/ *n.* 《俗》 **1** 女々しい男. **2** 女性役の男性の同性愛者. 〖《1824》《略》← NANCY[1]〗
Nan·chang /nàːntʃáːŋ | næ̀ntʃǽŋ; *Chin.* nántʂʰāŋ/ *n.* 南昌(ナンチャン)《中国南東部江西省 (Jiangxi) の省都》.
Nan·ching /nàːntʃíŋ | næ̀n-/ *n.* =Nanjing.
Nan·chong /nàːntʃɔ́ːŋ | næ̀n-; *Chin.* nántʂʰʊ̄ŋ/ *n.* 南充(ナンチョン)《中国四川省 (Sichuan) 中東部, 長江の支流嘉陵江 (Jialing Jiang) の中流西岸にある都市》.
nan·cy /nǽnsi/ 《俗》 *n.* [しばしば N-] =nance.
— *adj.* 〈男が〉女々しい; 同性愛的傾向のある. 〖《1904》《転用》↓〗
Nan·cy[1] /nǽnsi/ *n.* ナンシー《女性名》. 〖(dim.) ← ANNA // ANNE[1]〗
Nan·cy[2] /nɑ́ː(n)si, náːn-; *F.* nɑ̃si/ *n.* ナンシー《フランス北東部の都市, Meurthe-et-Moselle 県の県都; 大学がある; 戦跡 (1477, 1914, 1944)》.
náncy-prètty *n.* 〔植物〕ヒカゲユキノシタ (*Saxifraga umbrosa*) 《スペイン・ポルトガル・コルシカ原産; London pride, none-so-pretty ともいう》.
nán·cy stòry /nǽnsi-/ *n.* **1** クモのお話《アフリカ黄金海岸の黒人およびその西インド諸島の子孫たちの民話; クモのアナンセ (Anancy, Twi ananse) が知恵をはたらかせて難題[難敵]にうち勝つ話》. **2** 《カリブ》(手の込んだ)言いのがれ, うそ. 〖《*a*1818》← Niger-Congo (Twi) *ananse* spider〗
NAND /nǽnd/ *n.* 〔電算〕ナンド, 論理積の否定《アンド回路の出力にノット回路を付けたもの》. 〖《1958》← N(OT)+AND〗
Nan·da De·vi /nʌ́ndədéɪvi/ *n.* ナンダデビ(山)《インド北部, ヒマラヤ山脈中の山 (7,820 m)》.
NÁND circuit [**gàte**] *n.* 〔電算〕ナンド回路《入力信号が一つでもゼロであれば, 出力信号 1 を出す回路》.
Nan·di /nʌ́ndi/ *n.* 〔ヒンズー教〕ナンディー《Shiva 神の乗り物である雄牛》. 〖《1807》□ Skt ~ 《原義》'the happy one' ← *nandati* he is delighted〗
Nán·di béar /náːndi-/ *n.* ナンディグマ《アフリカ東部にすむといわれるクマに似た正体不明の恐ろしい猛獣; spotted hyena の誤認と推測される; うわさの出所であるケニアの民族名から》. 〖← ? *Nandi*〗
Nan·di·dae /nǽndədìː | -dɪ-/ *n. pl.* 〔魚類〕(スズキ目)ナンダス科. 〖← NL ~ ← *Nandus* (属名: ← ? Skt *nāndī* joy)+-IDAE〗
nan·din /nǽndɪn | -dɪn/ *n.* 〔植物〕=nandina.
nan·di·na /nændáɪnə, -díː-/ *n.* 〔植物〕ナンテン (*Nandina domestica*) 《ナンテン属の低木; nandin, sacred bamboo ともいう》. 〖《1890》□ Jpn. 南天〗
N & Q 《略》Notes and Queries.
nan·du /nǽnduː/ *n.* (*also* **nan·dow** /~/) 〔鳥類〕レア (⇨ RHEA). 〖《1840》□ Port. *n(h)andu* & Sp. *ñandú* ← S-Am.-Ind. (Tupi-Guaranian)〗
nane /néɪn/ *pron., adv., adj.* 《スコット》=none[1]. 〖《スコット》*nain* < OE *nān* 'NONE[1]'〗
Na·nette /nænét, nə-/ *n.* ナネット《女性名》. 〖(dim.) ← ANNA // ANNE[1]: ⇨ -ette〗
Nan·ga Par·bat /nʌ́ŋgəpə́ːbət, næ̀ŋ- | -pɑ́ː-, -pɑ́ː-/ *n.* ナンガ パルバット(山)《インド Kashmir 地方北西部にあるヒマラヤ山脈中の山 (8,126 m)》.
Nan·hai[1] /nàːnhái | næ̀n-; *Chin.* nánxǎi/ *n.* 南海(ナンハイ)《中国南部広東省 (Guangdong) の市》.
Nan·hai[2] /nàːnhái | næ̀n-; *Chin.* nánxǎi/ *n.* =South China Sea.
na·nism /néɪnɪzm, nǽn-/ *n.* 〔病理〕小人(こびと)症, 矮小発育 (dwarfism) (cf. giantism 2 a). 〖《1856》□ F *nanisme* ← L *nānus* □ Gk *nânos* dwarf: ⇨ -ism〗
Nan·jing /nàːndʒíŋ | næ̀n-; *Chin.* nántɕɪŋ/ *n.* 南京(ナンキン)《中国江蘇省 (Jiangsu) の省都; 長江に臨む都市; 中国の旧首都 (1928–37, 1946–49)》.
nan·keen /nænkíːn/ *n.* **1** 南京木綿《もと南京産の手織りの茶がかった黄色の強い綿布》. **2** [*pl.*] 南京木綿製ズボン. **3** [しばしば N-] 茶がかった黄色《nankeen [Nankeen] yellow ともいう》. **4** [通例 N-] =Nankeen

porcelain. 〖(1755) ← Nanking (産地名)〗

Nánkeen pórcelain *n.* **1** 南京磁器《呉須(ごす)で絵付けした白色磁器に主に用いる名称》. **2** 中国磁器《南京から船積みされる製品》.

nan·kin /nɑ̀ːnkíːn | næ̀n-⁻ˊ/ *n.* =nankeen.

Nan·kin /næ̀nkín⁻ˊ/ *n.* =Nanjing.

nan·king /nɑ̀ːnkíŋ | næ̀n-⁻ˊ/ *n.* =nankeen.

Nan·king /nɑ̀ːnkíŋ | næ̀n-⁻ˊ/ *n.* =Nanjing.

Nan Ling /nɑ̀ːnlíŋ | næ̀n-; *Chin.* nánlǐŋ/ *n.* [the ~] 南嶺(なんれい)(山脈)《中国南東部の山脈で, 長江と西江の分水嶺》.

nann- /næn/ (母音の前にくるときの) nanno- の異形.

nan·na /nǽnə/ *n.* =nana[1].

Nan·na /nɑ́ːnɑː/ *n.* 〖北欧神話〗ナンナ《Balder の妻; 夫の死後悲嘆のあまり死んだ》.

Nan·nette /nænét, nə-/ *n.* ナネット《女性名》. 〖(dim.) ← NAN: cf. -ette〗

nan·nie /nǽni/ *n.* =nanny.

Nan·ning /nɑ̀ːnníŋ | næ̀n-; *Chin.* nánníŋ/ *n.* 南寧(なんねい)《中国南部, 広西チワン族自治区の区都; 旧名 邕寧 (Yongning)》.

nan·no- /nǽnoʊ | -nəʊ/「微小の (dwarf)」の意の連結形. ★ 母音の前では通例 nann- になる. 〖← Gk *nânos* dwarf〗

nànno·fóssil *n.* ナンノ化石, 超微化石《特に nannoplankton の化石》. 〖1963〗

nànno·plánkton *n.* 〖生物〗微細プランクトン, 微細浮遊生物《プランクトンネットの網目を通り抜けるような微小プランクトン》. **nànno·planktónic** *adj.* 〖1912〗

nan·ny /nǽni/ *n.* **1** 《英》 **a** 乳母, ばあや. **b** おばあちゃん. **c** 過保護に甘やかす人. **2** 《口語》=nanny goat. — *vt.* 《英》 **1** 〈子供〉の乳母をする. **2** 過保護に甘やかす. 〖(1795): ↓〗

Nan·ny /nǽni/ *n.* ナニー《女性名》. 〖(dim.) ← ANNA // ANNE[1]〗

nánny·bèr·ry /-bèri | -b(ə)ri/ *n.* 〖植物〗=sheepberry 1.

nan·ny·gai /nǽnigàɪ/ *n.* 〖魚類〗キンメダイ科キンメダマシ属の赤色の食用海産魚 (*Centroberyx affinis*)《豪州産》. 〖(1871) ← Aboriginal〗

nánny gòat *n.* 《口語》雌ヤギ (cf. billy goat). 〖1788〗

nánny stàte *n.* 《軽蔑》福祉国家《政府が一定水準の生活を保障する代わりに国民を統制管理することから》. 〖1965〗

nan·o /nǽnoʊ | -nəʊ/ *n.* 《口語》=nanotechnology.

nan·o- /nǽnoʊ | -nəʊ/ 次の意味を表す連結形: **1**「微小の, 矮小の (dwarf)」: *nanosomia*. **2**「10 億分の 1」(略 n): *nanogram*. ★ 母音の前では通例 nan- になる. 〖← L *nānus* dwarf ◻ Gk *nânos*〗

náno·àmp *n.* 〖電気〗ナノアンプ《10 億分の 1 アンペア》.

náno·àtom *n.* (ある元素の) 10 億分の 1 原子.

náno·cùrie *n.* 〖物理〗ナノキューリー《10 億分の 1 キューリー; 略 nC, nc》.

náno·fàrad *n.* 〖電気〗ナノファラッド《10 億分の 1 ファラッド; 略 nF, nf》.

nàno·fóssil *n.* =nannofossil.

náno·gràm *n.* ナノグラム《10 億分の 1 グラム; 略 ng》. 〖1951〗

náno·hènry *n.* 〖電気〗ナノヘンリー《10 億分の 1 ヘンリー; 略 nH》.

nan·oid /nǽnɔɪd, néɪn- | nǽn-/ *adj.* **a** 〖医学〗小人(こびと)様の (dwarfish). **b** 微小の: a ~ star 〖天文〗微小星. 〖(1856) ← NANO-+-OID〗

na·no·me·ter /nǽnoʊmìːtə, nænɑ́(ː)mətə | nǽnə(ʊ)mìːtə[r], nǽnɔ̀mɪ̀tə-/ *n.* ナノメートル《10 億分の 1 メートル; 略 nm》. 〖1963〗

náno·mòle *n.* 〖化学〗ナノモル《10 億分の 1 モル》.

na·nook /nǽnuːk, -nʊk/ *n.* 《カナダ》ホッキョクグマ (polar bear). 〖(1854) ← Inuit〗

nàno·plánkton *n.* 〖生物〗=nannoplankton.

náno·sècond *n.* ナノセカンド, ナノ秒《10 億分の 1 秒; 略 ns, nsec》. 〖1959〗

nan·o·so·mi·a /nǽnəsóʊmiə | -sə́ʊ-/ *n.* 〖病理〗=nanism. 〖← NANO-+SOMA[1]+-IA[1]〗

nàno·súrgery *n.* 〖外科〗電顕外科, ナノサージャリー《電子顕微鏡を使って行う細胞・組織などの外科手術; cf. microsurgery》.

nàno·technólogy *n.* 微小工学, ナノテクノロジー《微小な機械の加工など分子・原子のオーダーの材料を扱う技術》. 〖1974〗

náno·tùbe *n.* 〖化学〗ナノチューブ《炭素原子が結合して直径数ナノメートルの円筒をなしたフラーレン (fullerene) のような分子》.

náno·vòlt *n.* 〖電気〗ナノボルト《10 億分の 1 ボルト; 略 nV》.

náno·wàtt *n.* 〖電気〗ナノワット《10 億分の 1 ワット; 略 nW》.

Nan·sen /nǽnsən, nɑ́ːn-, -sn | nǽn-; *Norw.* nánsn/, **Fridtjof** /fríːdjɔf/ *n.* ナンセン《1861–1930; ノルウェーの北極探検家・博物学者・政治家; 国際連盟の難民高等弁務官 (1920–22); Nobel 平和賞 (1922)》.

Nánsen bòttle *n.* 〖海洋〗ナンセン採水器《予定の深さの所で水の見本や温度記録を採集する装置》. 〖↑〗

Nánsen pàssport *n.* ナンセン旅券《第一次大戦後発生した難民に国際連盟から発行された旅券》. 〖(1925) ← F. Nansen〗

Nan Shan /nɑ̀ːnʃɑ́ːn | næ̀nʃǽn; *Chin.* nánʂān/ *n.* [the ~] **1** 南山(山脈)《祁連山 (Qilian Shan) の別名》. **2** 南山《南嶺山脈 (Nan Ling) にある山》.

Nan·sha Qun·da·o /nǽnʃɑ̀kwʌndɑ́ːoʊ, nɑ́ːn- | -dɑ́ːəʊ/ *n. pl.* [the ~] =Spratly Islands.

Nan·terre /nɑ̃ː(n)téə, nɑːn- | -téə[r]; *F.* nɑ̃tɛːʁ/ *n.* ナンテール《フランス, Paris 郊外の都市》.

Nantes /nɑ̃ː(n)t, nɑ́ːnt, nǽnts; *F.* nɑ̃ːt/ *n.* ナント《フランス北西部, Loire 河口の海港都市; Loire-Atlantique 県の県都》: ⇨ Edict of Nantes.

Nan·ti·coke[1] /nǽntɪkòʊk | -tɪkə̀ʊk/ *n.* (*pl.* ~, ~**s**) **1 a** [the ~(s)] ナンティコーク族《Maryland 州東部および Delaware 州に居住していた北米インディアン》. **b** ナンティコーク族の人. **2** ナンティコーク語《ナンティコーク族が使用したアルゴンキン語族の言語》. **3** ナンティコーク人《Delaware 州南部のインディアン・白人・黒人の混血民》.

Nan·ti·coke[2] /nǽntɪkòʊk | -tɪkə̀ʊk/ *n.* ナンティコーク《米国 Pennsylvania 州東部の都市》.

Nan·ti·coke[3] /nǽntɪkòʊk, -kòʊ | -tɪkə̀ʊk/ *n.* ナンティコーク《カナダ Ontario 州南東部, Erie 湖岸の都市》.

Nan·tong /nɑ̀ːntɔ́ːŋ | næ̀n-; *Chin.* nántʰʊ̄ŋ/ *n.* 南通(なんつう)《中国江蘇省 (Jiangsu) の都市》.

Nan·tuá sàuce /nɑ̃ː(n)twɑ́ː-, nɑːn-; *F.* nɑ̃tɥa-/ *n.* 〖料理〗ナンチュアソース《エビ・甘類で風味をつけたクリームソース》. 〖(c1961) ← *Nantua* フランス東部 Ain 県の町〗

Nan·tuck·et /næntʌ́kɪ̀t | -kɪt/ *n.* ナンタケット《米国 Massachusetts 州沖, Cape Cod 南方の島; 避暑地; 昔は捕鯨基地があった; 面積 148 km²》. 〖◻ N-Am.-Ind. ~《原義》? faraway land〗

Nan·tung /nɑ̀ːntʊ́ŋ | næ̀n-/ *n.* =Nantong.

naoi *n.* naos の複数形.

Naoi·se /níːsi, néɪ- | níːʃə/ *n.* 〖アイル伝説〗ニーシー《Ulster の勇士で王 Conchobar の甥(おい); 王妃と定められた Deirdre に恋し王によって殺された; cf. Deirdre》.

Na·o·mi /neɪóʊmi, néɪoʊmi: | néɪəmi:, neɪə́ʊmi:/ *n.* **1** ネイオーミ《女性名》. **2** 〖聖書〗ナオミ《Ruth の姑(しゅうとめ); cf. Ruth 1:2》. 〖◻ Heb. *Noʿomî*《原義》my delight ← *nāʿam* to be pleasant〗

Nao·ro·ji /naʊróʊdʒi | -rə́ʊ-/, **Dadabhai** *n.* ナオロージー《1825–1917; インドの政治的指導者; 国民会議派の創設者で, 英国下院議員になった最初のインド人 (1892)》.

na·os /néɪɑ(ː)s | -ɒs/ *n.* (*pl.* **na·oi** /néɪɔɪ/) **1** 〖建築〗=cella. **2** 《まれ》神殿. 〖(1775) ← NL ~ ← Gk *nāós* temple: cf. nostalgia〗

nap[1] /nǽp/ *n.* (日中の)仮眠, 昼寝; うたた寝, 居眠り (doze): take [have] a ~ うたた寝する, 昼寝する.
— *v.* (**napped; nap·ping**) — *vi.* **1** 仮眠する; うたた寝[居眠り]する. **2** 油断する. ★ しばしば次の句で: catch [take] a person ~*ping* 人の油断に乗じる, 人の不意を打つ. — *vt.* [通例 ~ *away* として] うたた寝[居眠り]して過ごす: ~ *away* a few hours. 〖v.: OE *hnappian* (v.) ← ?: cog. OHG (*h*)*naffezan*. — n.: (*a*1325)〗

nap[2] /nǽp/ *n.* **1 a** (ビロード・カーペットなどに立てた)けば; (表面の)柔かい短い毛, けば立たせた面 (cf. pile[3]): raise a ~ *on* cloth 布にけばを立てる. **b** (ビロードなどの)毛の寝ている方向: with [against] the ~ けばを立てずに[立てて]. **2** (植物などのけばのような)柔毛におおわれた面. **3** 《豪口語》寝具類 (bedcloth(es)).
— *v.* (**napped; nap·ping**) — *vt.* 〈布など〉にけばを立てる. — *vi.* けばを立てる 〔*on*〕: ~ *on* cloth.
〖(*c*1440) *nappe, noppe* < ? OE *-hnoppa* (cf. *wullcnoppa, wullhnoppa* tuft of wool): cog. Du. *noppe*: cf. OE *hnoppian* to pluck〗

nap[3] /nǽp/ *n.* **1** 〖トランプ〗=napoleon 3 a, b. **2** 〖貨幣〗=napoleon 2. **3** 《英》〖競馬〗(ある馬の)本命だという予想.
gò náp (1) 〖トランプ〗(ナポレオンで)全勝を企てる《5 組全部取ることで成功すれば賭金が倍になる》. (2) 〔…に〕有り金全部を賭ける, 大ばくちを打つ; 〔…に〕すべてを賭ける, 一かハかやってみる 〔*on*〕. (3) 《口語》〔…を〕固く信じる; 絶対保証する 〔*on*〕. (*c*1884) ***gò náp on*** [否定構文で]《豪口語》…に熱意がない, 関心がない. ***náp or nóthing*** 一か八か.
— *vt.* (**napped; nap·ping**) 《英》〖競馬〗〈ある本命馬〉の名を挙げる.
〖(1820)《略》← NAPOLEON〗

nap[4] /nǽp/ *vt.* (**napped; nap·ping**) 〈料理〉にソースをかける. 〖← F *napper* ← *nappe*: ⇨ NAPPE〗

nap[5] /nǽp/ *vt.* (**napped; nap·ping**) 《俗》ひっつかむ, ひったくる. 〖(1673) ← ?〗

nap[6] /nǽp/ *vi.* 〈馬が〉(普段から)なかなか騎手の指示に従わない, 反抗する. 〖← ? NAPPY[4]〗

NAP /ɛ́nèɪpíː/《略》naval aviation pilot.

Nap. 《略》Naples; Napoleonic.

nap·a /nǽpə/ *n.* 白菜 (Chinese cabbage). 〖(1980) ◻ Jpn. 菜っ葉〗

Nap·a /nǽpə/ *n.* ナパ《米国 California 州中西部の都市; ナパ渓谷(けいこく)(Napa Valley) にあるブドウ栽培の中心地で, ワイン生産で有名》.

náp·a lèather /nǽpə-/ *n.* ナッパ革《手袋用の羊または子羊革の一種; 単に napa, 《英》nappa ともいう》. 〖(1897) ← *Napa* (米国 California 州の原産地名)〗

na·palm /néɪpɑːm | néɪpɑːm, nǽp-/ *n.* **1** 〖化学〗ナパーム《ガソリンのゼリー化剤; ナフテン酸アルミニウムとアルミニウム石鹸との混合物で, 油脂焼夷(しょうい)弾・火炎放射器用またはゼリー化燃料用》. **2** ナパーム製濃厚ガソリン.
— *vt.* 〈陣地などを〉ナパーム弾で攻撃する. 〖(1942) ← NA(PHTHENE)+PALM(ITATE)〗

nápalm bòmb *n.* ナパーム弾《強力な油脂焼夷(しょうい)弾》. 〖1945〗

nape /néɪp/ *n.* [通例 the ~ of the neck として] うなじ, えり首, 首筋. ★ ラテン語系形容詞; nuchal. 〖(?*a*1300) *naupe, nape* < ? OE *cnæpp* top: cf. knap[1]〗

Na·per·ville /néɪpəvɪ̀l | -pə-/ *n.* ネーパビル《米国 Illinois 州北東部, Chicago 西方の都市》.

na·per·y /néɪpəri/ *n.* [集合的]《スコット・古》家庭用リネン製品; (特に)食卓用リネン類 (table linen). 〖(?*c*1378) ◻ OF *naperie* ← *nape* (F *nappe*) tablecloth < L *mappam* 'NAPKIN': ⇨ -ery〗

náp hànd *n.* **1** 〖トランプ〗nap が打てるような手. **2** 冒険をすれば勝てそうな機会. 〖(1862) ← NAP[3]〗

na·phaz·o·line /næfǽzəlìːn/ *n.* 〖薬学〗ナファゾリン《血管収縮薬・鼻腔充血除去剤》. 〖← NAPH(THALENE)+(IMID)AZOLE: ⇨ -ine[3]〗

Naph·ta·li /nǽftəlàɪ/ *n.* 〖聖書〗 **1** ナフタリ《Jacob の第 6 子; cf. *Gen.* 30:7–8》. **2** ナフタリ族《ナフタリを祖とするイスラエル十二支族の一つ; cf. *Num.* 1:15, 43》. **3** ナフタリ族の領土《イスラエル北部の Galilee 丘陵地帯》. 〖◻ LL *Nephthali* ◻ Gk *Nephthaleím* ◻ Heb. *Naphtālī*《原義》? wrestling one〗

Naph·ta·lite /nǽftəlàɪt/ *n.* ナフタリ族の人, ナフタリ人(じん).

naphth- /næfθ, næpθ/ (母音の前にくるときの) naphtho- の異形.

naph·tha /nǽfθə, nǽpθə/ *n.* **1** ナフサ, ナフタ《原油を蒸留した際の軽質留分; 石油化学の基本原料》. **2** ナフサや揮発油に類した液体; 石油. 〖(1572) ◻ L ~ ◻ Gk *náphtha* ◻ Aram. *naphṭā', nephṭā'* ◻ ? Pers. *naft* (ペルシャで発見された油状液体の名)〗

naph·tha·cene /nǽfθəsìːn, nǽpθə-/ *n.* 〖化学〗ナフタセン ($C_{18}H_{12}$)《衝撃を加えると爆発し, 雷管の点火薬に用いる; コールタール中に微量含まれる》.

naph·tha·lene /nǽfθəlìːn, nǽpθə-/ *n.* 〖化学〗ナフタレン, ナフタリン ($C_{10}H_8$). 日英比較 日本語では「ナフタリン」という化学名をそのまま防虫剤の意味で使うが, 英語では防虫剤は一般に mothballs という. **naph·tha·len·ic** /nǽfθəlénɪk, nǽpθə-⁻ˊ/ *adj.* 〖(1821)《変形》← NAPHTHALINE: ⇨ -ene〗

náphthalene·acètic ácid *n.* 〖化学〗ナフタリン酢酸, ナフチル酢酸 ($C_{10}H_7CH_2$-COOH) (*α*, *β* の 2 種があり, *α* は植物成長ホルモンの類似物質). 〖(1917) ACETIC〗

naph·tha·line /nǽfθəlìːn, nǽpθə-/ *n.* (*also* **naph·tha·lin** /-lɪ̀n | -lɪn/) 〖化学〗=naphthalene. 〖(1821) ← NAPHTHA+-*l*- (無意味の連結字)+-INE[3]: 英国の化学者 J. Kidd (1775–1851) の命名〗

naph·thene /nǽfθiːn, nǽp-/ *n.* 〖化学〗シクロパラフィン, ナフテン《一般式 (C_nH2_n) で表され, シクロペンタンやシクロヘキサンなどのシクロパラフィンやその誘導体》. **naph·the·nic** /næfθíːnɪk, næp-, -θén-/ *adj.* 〖(1849) ← NAPHTHO-+-ENE〗

naphthénic ácid *n.* 〖化学〗ナフテン酸《ナフテン系原油中にあるナフテン核をもったカルボン酸類の混合物; この金属塩はペンキの乾燥剤に用いる》.

náph·thi·on·ic ácid /nǽfθiɑ̀(ː)nɪk-, nǽp- | -θiɔ̀n-/ *n.* 〖化学〗ナフチオン酸 ($C_{10}H_6(NH_2)SO_3H$)《無色の結晶でアゾ染料の原料に用いる》. 〖← NAPHTHY(LAMINE)+(SULF)ONIC〗

naph·tho- /nǽfθoʊ, nǽp- | -θəʊ/「ナフサ (naphtha); ナフタリン (naphthalene)」の意の連結形. ★ 母音の前では通例 naphth- になる. 〖⇨ naphtha〗

naph·thó·ic ácid /næfθóʊɪk-, næp- | -θə́ʊ-/ *n.* 〖化学〗ナフトエ酸, ナフタレンカルボン酸 ($C_{10}H_7COOH$). 〖← NAPHTHO-+-IC[1]〗

naph·thol /nǽfθɔ(ː)l, nǽp- | -θɒl/ *n.* 〖化学〗 **1** ナフトール ($C_{10}H_7OH$)《防腐剤・染料の原料用; *α*, *β* の 2 種がある》. **2** ナフトール誘導体《特に染料についてよくみられる》. 〖(1849) ← NAPHTHO-+-OL[1]: J. Kidd (⇨ naphthaline) の命名〗

Náphthol ÁS *n.* 〖化学〗ナフトール AS ($HOC_{10}H_6$-$CONHC_6H_5$)《2, 3- ヒドロキシナフトエ酸にアニリンを縮合させたもの; ナフトール染料のカップリング成分》.

Náphthol Yéllow Ś *n.* 〖化学〗ナフトールエロー S ($C_{10}H_4N_2Na_2O_8S·3H_2O$)《ジニトロナフトールスルホン酸のナトリウム塩; 黄色の酸性染料》.

nàphtho·quinóne *n.* 〖化学〗ナフトキノン ($C_{10}H_6O_2$)《黄色または赤色の結晶; 染料に用いる》. 〖(1870) ← NAPHTHO-+QUINONE〗

naph·thyl /nǽfθɪl, nǽp-/ *n., adj.* 〖化学〗ナフチル基 ($C_{10}H_7$) (の). 〖(1866) ← NAPHTHO-+-YL〗

naph·thyl·a·mine /næfθɪ́ləmìːn, næp-/ *n.* 〖化学〗ナフチルアミン ($C_{10}H_7NH_2$): **a** *α*- ナフチルアミン《針状晶; 染料に用いる》. **b** *β*- ナフチルアミン《葉状晶; 染料に用いる》. 〖(1857) ← NAPHTHYL+AMINE〗

naph·tol /nǽftɔ(ː)l, nǽp- | -tɒl/ *n.* 〖化学〗=naphthol.

Na·pi·er /néɪpiə | -piə[r]/ *n.* ネーピア《ニュージーランド北島東部の海港》.

Na·pi·er /néɪpiə, nəpíə, | néɪpiə[r], nəpíə[r]/, **Sir Charles James** *n.* ネーピア《1782–1853; 英国の将軍; インドの Sind 地方を征服して英領にした》.

Napier (*also* **Ne·per** /~/), **John** *n.* ネーピア《1550–1617; スコットランドの数学者; 対数の発明者 (⇨ neper)》.

Napier, Robert Cornelis *n.* ネーピア《1810–90; 英国の陸軍元帥; インドでシーク戦争 (1845, 1848–49) やインド暴動 (1857–59) の際に活躍した; 称号 1st Baron Napier of Magdala》.

ná·pi·er gràss /néɪpiə- | -piə[r]-/ *n.* 〖植物〗ネピアグラス《イネ科チカラシバ属の丈の高い牧草 (*Pennisetum purpureum*); elephant grass ともいう》. 〖(1914) ← *Napier* (南アフリカの地名)〗

Na·pí·er·i·an lógarithm /nəpíˑriən-, neɪ- | -píər-/ *n.* 〖数学〗ネーピアの対数, 自然対数 (⇨ natural logarithm). 〖(1816) ← (*John*) *Napier*+-IAN〗

Nápier's bónes *n. pl.* 〖数学〗ネーピアの計算棒

N

《John Napier が発明したポケット型乗除用計算器; 11 個の長方形の骨片[木片]から成る》. 〖*a*1658〗

na·pi·form /néɪpəfɔ̀ːəm | -pɪ̀-fɔ̀ːm/ *adj.* 〘植物〙〈根が〉かぶら形の. 〖(1846–50) ← L *nāp(us)* turnip＋-ɪ-＋-FORM〗

nap·kin /nǽpkɪn | -kɪn/ *n.* **1** (食卓用の)ナプキン (table napkin). ★ 英国では 3 の意味の連想を避けるため serviette がよく用いられる. **2** (リンネルや木綿の)小さなタオル. **3** 《英》[婉曲的] (育児用)おしめ, おむつ (nappy). **4** 《米》=sanitary napkin. **5** 《スコット・北英》ハンカチ (nappy). **6** 《スコット》ネッカチーフ. ***híde*** [***láy úp, wráp úp***] ***in a nápkin*** 〈才能などを〉活用しないでしまっておく, 持ち腐れにする (cf. *Luke* 19: 20). 《1598》 **— *vt.*** ナプキンで包む[ぬぐう]. 〖(1384–85) *napekyn* □ OF *nappekin* (dim.) ← *nap(p)e* tablecloth, cloth < L *mappam* napkin, cloth: ⇨ -kin: cf. map〗

nápkin ràsh *n.* =nappy rash.

nápkin rìng *n.* ナプキンリング《ナプキンを巻いて通しておく銀・象牙・骨製などの小さい円筒形の輪》. 〖1686〗

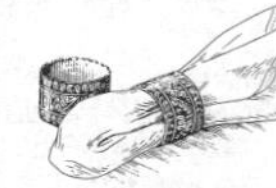

napkin ring

Na·ples /néɪplz/ *n.* ナポリ《イタリア南西部の都市; イタリア語名 Napoli; cf. Neapolitan》: See ~ and (then) die. ナポリを見て死ね,「日光見ずして結構というなかれ」. 〖□ It. *Napoli* < L *Neopolis* □ Gk *Neápolis* 《原義》new town: ⇨ neo-, -polis〗

Naples, the Bay of *n.* ナポリ湾《イタリア南西部の風光明媚な湾》.

náp·less *adj.* (生地に)けばのない; 〈衣服などが〉すり切れた (threadbare). **~·ness** *n.* 〖(1596) ← NAP²＋-LESS〗

Náples yéllow *n.* **1** ネープルスイエロー《アンチモン酸鉛; 酸化スズや酸化亜鉛と混ぜて陶磁器用の黄色釉や琺瑯(ほうろう)顔料に用いる》. **2** 灰色がかった黄色. 〖1738〗

Na·po /náːpoʊ | -pəʊ; *Am.Sp.* nápo/ *n.* [the ~] ナポ(川)《エクアドル中北部アンデス山脈の Cotopaxi 山近くに発し, エクアドルとペルーにまたがって貫流し, アマゾン川に合流する; 全長 885 km》.

N **na·po·le·on** /nəpóʊliən, -ljən | -pə́ʊ-/ *n.* **1** 《米》ナポレオン (⇨ mille-feuille). **2** ナポレオン《フランスで 1805–15 年に発行された金貨; Napoleon 一世または三世の肖像がついていた; =20 francs》. **3** 〘トランプ〙ナポレオン《通例 nap という》: **a** 2–6 人が各自 5 枚の手札で取得する組 (trick) 数を競うゲーム. **b** このゲームで 5 組全部を勝ち取るという宣言. **4** [通例 *pl.*] ナポレオン《元来ナポレオンが着用し, 19 世紀に流行した男ものトップブーツ; napoleon boot ともいう》. **5** ナポレオン《年代が古く品質優秀なブランデー(の等級)》. **6** [N-] 〘園芸〙ナポレオン《オウトウ(桜桃)の品種名; 代表的な品質優秀品種》. **7** [N-] (特定の分野でナポレオンに似た)大立物, 巨頭: a ~ of finance 財界の大立物. 〖(1814) ← *Napoleon I*〗

Na·po·le·on /nəpóʊliən, -ljən | -pə́ʊ-/ *n.* ナポレオン《男性名》. 〖□ Corsican ~ (i)? ← Gmc (cf. Nibelungen) ∥ (ii) ← Gk *Neápolis* 'NAPLES': 通俗語源では It. *Napoli*＋*leone* 'Lion of Naples'〗

Napoleon I *n.* ナポレオン一世 (1769–1821; Corsica 島生まれのフランスの将校; フランス皇帝 (1804–15); 本名 Napoléon Bonaparte).

Napoleon II *n.* ナポレオン二世 (1811–32; Napoleon 一世と Marie Louise の子; フランスを統治したことはない; 本名 François Charles Joseph Napoléon Bonaparte, 別名 Duc de Reichstadt).

Napoleon III *n.* ナポレオン三世 (1808–73; Napoleon 一世の甥(おい); フランス大統領 (1848–52); フランス皇帝 (1852–70); 普仏戦争に敗れた; 通称 Louis Napoleon, 本名 Charles Louis Napoléon Bonaparte).

napóleon bóot *n.* =napoleon 4.

Napóleon cóllar *n.* ナポレオンカラー《Napoleon 一世や彼の時代の人が着用した軍服のカラー; 台カラーに上カラーがつく; 現在は婦人用コートにも用いる》.

Na·po·le·on·ic /nəpòʊliɑ́(ː)nɪk | -pə̀ʊliɔ́n-ˊ/ *adj.* **1** Napoleon 一世の, Napoleon 一世時代の; Napoleon 一世のような[風の]. **2** 《まれ》Napoleon 三世の. **Na·pò·le·ón·i·cal·ly** *adv.* 〖1863〗

Napóleonic Códe *n.* [the ~] ナポレオン法典.

Napóleonic Wárs *n. pl.* [the ~] ナポレオン戦争《Napoleon 一世が 1804 年末に皇帝となって以来 1815 年の Waterloo の戦いに至るまで, ヨーロッパ制覇(せいは)を企てた数次の戦争の総称》.

Na·pó·leon·ìsm /-nɪ̀zm/ *n.* ナポレオン主義, 絶対支配主義. **Na·pó·leon·ist** /-nɪ̀st | -nɪst/ *n.* 〖1831〗

Na·po·li /*It.* náːpoli/ *n.* ナポリ《Naples のイタリア語名》.

na·poo /nɑpúː/ (*also* **na·pooh** /~/) 《英俗》*int.* だめだ, しまった, やられた. **— *adj.*** [限定的] だめな, むだな, くだらない (useless); やられた (dead). **— *vt.*** やっつける, 殺す (kill). **— *vi.*** くたばる (die). 〖(1915) ← F (*il n'y e)n a plus* (there is) no more: 第一次大戦中フランスで英兵が用いだした俗語: cf. G *naplii*〗

nap·pa¹ /nǽpə/ *n.* 《英》=napa leather.

nap·pa² /nǽpə/ *n.* =napa.

nappe /nǽp/ *n.* **1** 〘地質〙ナッペ, デッケ (cf. G *Decke*)《低角度の衝上断層や横臥褶曲によって他の岩石の上に衝上した大きな岩塊; cf. decollement 2》. **2** 〘土木〙ナップ, 越流水脈《堰(せき)を越流する水脈》. **3** 〘数学〙面葉《曲面の連結した部分》; 半円錐《円錐面を頂点を通る平面で真二つに分けたものの一つ》. 〖(1892) □ F ~ 'tablecloth': ⇨ napkin〗

napped¹ *adj.* けば (nap) のある, 起毛した. 〖(1440): ⇨ nap²〗

napped² *adj.* 〈食物が〉〔ソースを〕かけて供された〔*with*〕. 〖⇨ nap⁴〗

náp·per¹ *n.* **1** うたた寝する人. **2** 《英俗》頭 (head). 〖(*c*1400) ← NAP¹＋-ER¹〗

náp·per² *n.* **1** けばを立てる人. **2** けば立て機 (gig). 〖(1769) ← NAP²＋-ER¹〗

nap·pie /nǽpi/ *n.* =nappy¹.

nap·py¹ /nǽpi/ *n.* 《英》(赤ん坊の)おしめ, おむつ (《米》diaper): change *nappies* おむつを(取り)かえる. 〖(1927) ← NAP(KIN)＋-Y²〗

nap·py² /nǽpi/ *n.* 《米》(丸い平底の, 回りが傾斜した)小皿《陶製・ガラス製》. 〖(1864) (dim.) ← 《英方言》*nap* wooden bowl < OE *hnæpp* (cog. G. *Napf*): ⇨ -y²〗

nap·py³ /nǽpi/ *adj.* (**nap·pi·er**; **-pi·est**) **1** けばでおおわれた, 綿毛の生えた (downy). **2** 〈黒人の毛髪など〉細かく縮れた (kinky): ~ hair. **náp·pi·ness** *n.* 〖(1499) ← NAP²＋-Y²〗

nap·py⁴ /nǽpi/ *adj.* (**nap·pi·er**; **-pi·est**) **1** 《英》〈エール (ale) など〉強い, 頭へ来る (heady); 泡の立つ (foaming). **2** 《スコット・古》少々酔った, ほろ酔いの (tipsy). **3** 〈馬が〉反抗する, いらいらしている. **— *n.*** 《スコット》強いアルコール性飲料; (特に)エール. 〖(*a*1592) 《転用》← ?NAPPY³〗

náppy-héaded *adj.* 《米俗》ばかな, あほな, とろい.

náppy lìner *n.* =liner² 2 c. 〖1970〗

náppy ràsh *n.* おむつかぶれ. 〖1959〗

nap·ra·path /nǽprəpæ̀θ/ *n.* マッサージ師, あんま(療法家). 〖《逆成》↓〗

na·prap·a·thy /nəprǽpəθi/ *n.* ナプラパシー, マッサージ[あんま]療法. 〖(1909) ← Czech *napra(va)* correction (cf. Russ. *napravit'* to direct, guide)＋-PATHY〗

na·prox·en /nəprɑ́(ː)ksən, -sn̩ | -prɔ́k-/ *n.* 〘薬学〙ナプロキセン《リウマチ性疾患の治療に用いる非ステロイド性抗炎症薬・鎮痛薬》. 〖(1971) ← NA(PHTHA)＋PR(OPIONIC ACID)＋ox(y)＋*-en* (← ?)〗

Nap·ster /nǽpstə | -tə^r/ *n.* 〘電算〙ナップスター《ネットワークを介してユーザー同士が MP3 の音楽ファイルを交換するためのソフトウェア》.

na·pu /náːpuː/ *n.* 〘動物〙オオマメジカ (*Tragulus napu*)《スマトラ・タイなどに分布》. 〖(1820) □ Malay *nāpu*〗

nar. 《略》narrow.

nar·as /nǽrəs, nɛ́r- | nǽr-/ *n.* 〘植物〙西南アフリカ産の根の深いとげのあるウリ科の低木 (*Acanthosicyos horrida*); その実《メロンに似た食用果物》. 〖□ Khoikhoi 《方言》*bnarab*〗

Na·ra·yan /nəráɪjən/, **R**(**asipuram**) **K**(**rishnaswami**) *n.* ナラヤン (1906–2001; 英語で書くインドの小説家; *Swami and Friends* (1935), *The World of Nagaraj* (1990)).

Na·ra·yan·ganj /nərɑ́ːjəŋgɑ̀ndʒ | nəráɪjən-/ *n.* ナラヤンガンジ《バングラデシュ中部の都市》.

Nar·ba·da /nəbɑ́ːdə | nəbɑ́də/ *n.* [the ~] ナルバダ(川)《インド中央部からアラビア海に流れる川 (1,288 km); Narmada ともいう》.

Nar·bonne /nɑəbɑ́(ː)n, -bɔ́(ː)n, -bɑ́n | nɑːbɔ́n; *F.* naʀbɔn/ *n.* ナルボンヌ《フランス南部の都市; ローマ時代の重要な港》.

narc /nɑ́ək | nɑ́ːk/ *n.* 《米俗》麻薬取締係[捜査官]; 情報提供者, たれ込み屋. **— *vi.*** =nark¹. 〖(1967) 《略》← *narcotic(s)*〗

narc- /nɑək | nɑːk/ (母音の前にくるときの) narco- の異形.

nar·ceen /nɑ́əsiːn | nɑ́ː-/ *n.* 〘化学〙=narceine.

nar·ce·ine /nɑ́əsiìːn, -siɪ̀n | nɑ́ːsiìːn, -siɪn/ *n.* 〘化学〙ナルセイン ($C_{23}H_{27}NO_8$)《アヘン中に含まれる麻酔性アルカロイド》. 〖(1834) □ F *narcéine* ← L *narcē* □ Gk *nárkē* numbness: ⇨ -ine³: フランスの化学者 Pierre-Joseph Pelletier (1788–1842) の造語〗

nar·cism /nɑ́əsɪzm | nɑ́ː-/ *n.* =narcissism.

narcissi *n.* narcissus の複数形.

nar·cis·sism /nɑ́əsəsɪ̀zm | nɑ́ːsɪ̀sɪ̀zm, nɑːsísɪzm/ *n.* **1** 〘精神分析〙自己愛, 自己陶酔, ナルシ(シ)ズム《リビドー (libido) が他者へ向けられず自己に向けられていること》. **2** (本能的な)自愛, 自己中心主義. 〖(1822) □ G *Narzissismus*: ← NARCISSUS＋-ISM〗

nár·cis·sist /-sɪ̀st | -sɪst/ *n.* 自己陶酔者, ナルシ(シ)スト. 〖1930〗

nar·cis·sis·tic /nɑ̀əsəsístɪk | nɑ̀ːsɪ̀-ˊ/ *adj.* 自己愛的な, ナルシ(シ)ズム的な; 自己中心主義の. 〖1916〗

nar·cis·sus /nɑəsísəs | nɑː-/ *n.* (*pl.* ~, ~·**es**, **-cis·si** /-saɪ/) 〘植物〙スイセン《スイセン属 (*Narcissus*) の植物の総称; キズイセン (jonquil), ラッパズイセン (daffodil), フサザキズイセン (polyanthus), タチベニズイセン (poet's narcissus) など》. 〖(1548) □ L ~ □ Gk *nárkissos* (?地中海起源): その強い香りが感覚をしびれさせると考えられたため Gk *nárkē* numbness と連想された: cf. narcotic〗

Nar·cis·sus /nɑəsísəs | nɑː-/ *n.* **1** ナルキッソス《男性名》. **2 a** 〘ギリシャ神話〙ナルキッソス《泉に映った自分の姿を美しい泉の精だと思って恋い焦がれ, 水仙の花に化したという美青年》. **b** 美貌でうぬぼれの強い青年. 〖(1606–07) ↑〗

narcíssus flỳ *n.* 〘昆虫〙スイセンハナアブ (bulb fly). 〖1903〗

nar·cist /nɑ́əsɪ̀st | nɑ́ːsɪst/ *n.* =narcissist.

nar·cis·tic /nɑəsístɪk | nɑː-/ *adj.* =narcissistic.

nar·co /nɑ́əkoʊ | nɑ́ːkəʊ/ *n.* (*pl.* ~**s**) =narc.

nar·co- /nɑ́əkoʊ | nɑ́ːkəʊ/「麻酔 (narcosis), 睡眠 (sleep), 麻痺 (stupor)」の意の連結形. ★ 母音の前では通例 narc- になる. 〖← Gk *nárkē*: ⇨ narcotic〗

nàrco·análysis *n.* 〘精神医学〙麻酔分析《抑制除去のため麻酔を使う精神療法》.

nàrco·diagnósis *n.* 麻酔診断《診断目的の麻酔薬投与》.

nárco·dòllars *n. pl.* 麻薬ドル《コカインや麻薬の不法な輸出で得た米ドル》.

nàrco·hypnósis *n.* 〘精神療法〙麻酔催眠《麻酔薬投与状態に施す催眠療法》.

nar·co·lep·sy /nɑ́əkəlèpsi | nɑ́ːkə(ʊ)-/ *n.* 〘病理〙ナルコレプシー, 睡眠発作. 〖(1880) □ F *narcolepsie*: フランスの医師 J. Gelineau (1859–1928) の造語: ⇨ narco-, -lepsy〗

nar·co·lep·tic /nɑ̀əkəléptɪk | nɑ̀ːkə(ʊ)-ˊ/ 〘医学〙*adj.* ナルコレプシー (narcolepsy) の[にかかった]. **— *n.*** ナルコレプシー患者. 〖1904〗

nar·co·ma /nɑəkóʊmə | nɑːkə́ʊ-/ *n.* (*pl.* ~**s**, ~·**ta** /~tə | ~tə/) 〘医学〙麻酔性昏睡, ナルコーマ. 〖← NL ~ ← Gk *narkoûn* to benumb〗

nar·co·ma·ni·a /nɑ̀əkəméɪniə, -njə | nɑ̀ːkə(ʊ)-/ *n.* **1** (麻薬の)禁断症状, 麻薬嗜癖. **2** (麻薬の飲み過ぎによる)麻薬中毒; 麻薬による精神異常. 〖(1888) ← NL ~: ⇨ narco-, -mania〗

narcomata *n.* narcoma の複数形.

Nar·co·me·du·sae /nɑ̀əkoʊmɪ̀dúːsiː, -djúː- | nɑ̀ːkə(ʊ)mɪ̀djúːziː, -mɛ-/ *n. pl.* 〘動物〙コワクラゲ亜目. 〖← NARCO-＋*medusae* ((pl.) ← MEDUSA)〗

nar·cose /nɑ́əkoʊs | nɑ́ːkəʊs/ *adj.* 昏睡状態の, 意識混濁した. 〖⇨ -ose¹〗

nar·co·sis /nɑəkóʊsɪ̀s | nɑːkə́ʊsɪs/ *n.* (*pl.* **-co·ses** /-siːz/) 〘医学〙麻酔(法); 麻酔状態, 昏睡状態. 〖(1693) ← NL ~ ← Gk *nárkōsis* numbness: ⇨ narotic, -osis〗

nàrco·sýnthesis *n.* 〘精神医学〙麻酔統合, 麻酔合成《第二次大戦中の精神病の麻酔療法で, 実質的には narcoanalysis に同じ》.

nàrco-térrorism *n.* 麻薬テロ《麻薬取引にかかわる者によるテロ活動》. 〖1987〗

nàrco-térrorist *n., adj.* 麻薬テロ(リスト)(の).

nàrco·thérapy *n.* 〘精神医学〙麻酔療法《麻酔薬を用いて行う心理療法; narcoanalysis よりも広い意味》.

nar·cot·ic /nɑəkɑ́(ː)tɪk | nɑːkɔ́t-/ *n.* **1** 麻酔薬, 麻薬. **2** 眠くなる物; (苦痛などを)やわらげる物. **3** 麻薬常用者. **4** [*pl.*; 形容詞的に] 麻薬の: a ~*s* charge 麻薬使用[売買]の容疑. **— *adj.*** **1 a** 〈薬剤など〉麻酔性の; 麻酔の(ような). **b** 催眠性の (soporific); 眠くなるような: a ~ lecture, sermon, book, etc. **2** (アヘン・モルヒネなどを)麻酔薬の; 麻薬使用の. **3** 麻酔中毒者(治療)の[ための]. **nar·cót·i·cal·ly** *adv.* 〖(*c*1385) □ (O)F *narcotique* □ ML *narcōticus* □ Gk *narkōtikós* ← *narkoûn* to benumb: ⇨ -ic¹〗

nar·co·tine /nɑ́əkətiːn, -tn̩ | nɑ́ːkətiːn/ *n.* 〘化学〙ナルコチン ($C_{22}H_{23}NO_7$)《アヘンアルカロイドの一つ; 解熱剤用》. 〖□ F ~: ⇨ ↑, -ine³〗

nar·co·tism /nɑ́əkətɪ̀zm | nɑ́ː-/ *n.* **1** 麻酔(作用, 状態). **2** 麻薬常用[中毒], 麻薬嗜癖. 〖(1831) □ F *narcotisme*: ⇨ narcotic, -ism〗

nár·co·tist /-tɪ̀st | -tɪst/ *n.* 麻薬常用者. 〖(1860) ← NARCOTIC＋-IST〗

nar·co·tize /nɑ́əkətàɪz | nɑ́ː-/ *vt.* **1** …に麻酔薬を投与する, 麻酔をかける. **2** 麻酔[昏迷]状態にする. **— *vi.*** 麻酔薬として働く[作用する]. **nar·co·ti·za·tion** /nɑ̀əkətɪ̀zéɪʃən | nɑ̀ːkətaɪ-, -tɪ-/ *n.* 〖(1843) ← NARCOTIC＋-IZE〗

nard /nɑ́əd | nɑ́ːd/ *n.* **1** 〘植物〙ナルド, 甘松(かんしょう). **2** (古代人が珍重した)ナルドの香油《Himalaya 産の spikenard から採った芳香樹脂(甘松香)のことだと考えられる》. 〖(lateOE) □ OF *narde* (F *nard*) □ L *nardus* □ Gk *nárdos* □ Heb. *nērd* nard □ Skt *naladā*〗

Nar·da /nɑ́əḍə | nɑ́ːdə/ *n.* ナーダ《女性名》. 〖↑〗

nar·doo /nɑədúː | nɑː-/ *n.* (*also* **nar·do** /-dóʊ | -də́ʊ/) (*pl.* ~**s**) 〘植物〙**1** オーストラリア産のデンジソウ属 (*Marsilea*) の水生シダ類の総称; (特に) *M. drummondii* と *M. hirsuta*. **2** デンジソウ類の果胞嚢《胞子嚢の入った袋でオーストラリア先住民が食用とした》. 〖(1861) □ Austral. 《現地語》*ngárdū*, *ardoo*〗

nares *n.* naris の複数形.

Na·rew /náːrɛf, -rɛv; *Pol.* nárɛf/ *n.* [the ~] ナレフ(川)《ポーランド北東部の川; Bug 川の支流 (476 km)》.

nar·gi·leh /nɑ́əgəlèɪ, -li | nɑ́ːgɪ̀-/ *n.* (*also* **nar·ghi·le**, **nar·gi·le** /~/) (東洋の)水ぎせる (hookah). 〖(1758) □ F *narghileh*, *narguilé* ∥ □ Pers. *nārgīleh* ← *nārgīl* coconut: もとヤシの実で作ったことから〗

nar·i·al /nɛ́ᵊriəl | nɛ́ər-/ *adj.* 〘解剖〙鼻孔の. 〖← NAR(IS)＋-IAL〗

nar·ine /nɛ́ᵊrɪn, -raɪn | nɛ́ərɪn, -raɪn/ *adj.* 〘解剖〙= narial.

na·ris /nɛ́ᵊrɪs | nɛ́ərɪs/ *n.* (*pl.* **na·res** /-riːz/) 〘解剖〙鼻孔. 〖□ L *nāris* nostril: cf. OE *nasu* 'NOSE'〗

na·ri·yal /nɑ́ːriəl/ *n.* 《インド》=coconut. 〖□ Hindi *nāriyal*〗

nark¹ /nɑ́ək | nɑ́ːk/ *n.* **1** 《英俗》**a** (警察の)手先,「いぬ」: a copper's ~ サツのいぬ. **b** (不平ばかり言って)人をいらいらさせる人. **2** 《豪俗》**a** 興ざめ. **b** 不愉快[興ざめ]なやつ. **—** 《英俗》*vt.* **1** …のことを密告する. **2** 〈人を〉怒らせる, いらだたせる: be ~*ed at* [*by*] …に腹を立てる. **— *vi.*** **1** 他人の密告をする; スパイをする. **2** (人をいらいらさせるほど)不平を言う.

Nárk it! 《英俗》やめろ; 黙れ. (1936)

〘(1846) □ Romany *nāk* nose □ Hindi < Prakrit *nakka-, nakka-* (cf. nose)〙

nark[2] /náək | ná:k/ *n.* 《米俗》 =narc.

nark·y /náəki | ná:-/ *adj.* 《英俗》 怒りっぽい, 短気な; いら立った. 〘(1895) ← NARK[1] (vi. 2)+-Y[4]〙

Nar·ma·da /nəmάdə | nəmάdə/ *n.* =Narbada.

Nar·mer /náəmə | ná:mə[r]/ *n.* ナルメル (⇨ Menes).

N-àrms /én-/ *n.* 核兵器. 〘⇨ N-〙

Nar·ra·gan·set /nærəgǽnsɪt, nèr- | nærəgǽnsɪt⁻/ *n.* (*also* **Nar·ra·gan·sett** /~/) (*pl.* ~, ~**s**) **1 a** [the ~(s)] ナラガンセット族 《昔 Rhode Island に居住した Algonquian 語系のアメリカインディアン; 今は絶滅》. **b** ナラガンセット族の人. **2** ナラガンセット語 《Algonquian 語族に属する言語》. 〘(1622) 《変形》 ← N-Am.-Ind. (Algonquian) *naiaganset* ← *naiagans* very small point of land+*-et* on, in, along〙

Nárragansett Báy *n.* ナラガンセット湾 《米国 Rhode Island 州南東部の大西洋に臨む入江; 長さ 45 km》.

nar·ras /nǽrəs, nér- | nǽr-/ *n.* 〘植物〙 =naras.

nar·ra·tage /nǽrətɪdʒ, nér- | nǽrət-/ *n.* 〘演劇〙 ナラタージュ 《劇・映画・テレビなどで, 画面外の語り手の言葉につれて場面が展開して行く表現手法》. 〘(1948) 《混成》 ← NARRA(TION)+(MON)TAGE ∥ ← NARRATE+-AGE〙

nar·rate /nǽreɪt, nér-, −́ | nəréɪt, næ-/ *vt.* 〈事実・出来事などを〉(順序立てて物語風に)述べる, 物語る, 話す (⇨ tell[1] SYN); 〈映画・放送番組などの語り手[ナレーター]を務める. — *vi.* 語り手[ナレーター]を務める; 語る. **nár·rat·a·ble** /-təbl | -tə-/ *adj.* 〘(1656) ← L *narrātus* (p.p.) ← *narrāre* to relate, tell ← *(*g*)*nārāre* ← (*g*)*nārus* acquainted with ← IE **gnəro-* ← **gno-* to know: ⇨ -ate[3]〙

nár·rat·er /-tə | -tə[r]/ *n.* 《古》 =narrator.

nar·ra·tion /næréɪʃən, nə- | nə-, næ-/ *n.* **1 a** 物語ること, 叙述: the manner of ~ 話[叙述]の仕方. **b** (詩やドラマの)第三者による語り(の部分), ナレーション. **2** 話, 物語, 談話. **3** 〘文法〙 話法 (《米》 discourse, 《英》 speech): ⇨ direct narration, indirect narration. **4** 〘修辞〙 (7 段階からなる古典的弁論形式の)第 2 段階 《問題の経緯の解明》. ~**·al** /-ʃnəl, -ʃənl/ *adj.* 〘(?a1425) □ (O)F ~ 'a relating, narrating' ∥ L *narrātiō(n-)* ← *narrāre*: ⇨ narrate, -ation〙

nar·ra·tive /nǽrətɪv, nér- | nǽrət-/ *n.* **1 a** (出来事・体験などの)話, 物語, 説話 (⇨ story[1] SYN): a personal ~ 身の上話 / give a ~ of one's journey 旅行談をする. **b** 〘文学〙 (出来事や経験を基にした)物語, 説話, 文学作品. **2** 話術: a master of ~ 話術の大家. **3** 〘美術〙 物語絵 《物語・歴史などに題材をとって説明的に表現した作品》. **4** 〘スコット法〙 (証書などで当事者や作成理由などを記した)説明部 (recital). — *adj.* **1** 物語体[風]の: a ~ poem 物語詩 / ~ literature 説話文学. **2** 物語の, 説話の; 話術の: ~ skill 話術のうまさ / a writer of great ~ power 物語の描写力に秀でた作家. **3** 〘美術〙 叙事的な, 説明的な: ~ painting 物語絵. 〘(1561) □ (O)F ~ (fem.) ← *narratif* □ LL *narrātīvus* suitable for narration ← L *narrāre* 'to NARRATE'〙

nár·ra·tive·ly *adv.* **1** 物語のように; 物語[説話]体で. **2** 物語としては. 〘1651〙

nárrative préterit *n.* 〘文法〙 説話過去 (⇨ past definite).

nar·ra·tiv·i·ty /nærətívəti, nèr- | nærətívɪti/ *n.* 物語性. 〘(1973) □ F *narrativité*〙

nar·ra·tiv·ize /nǽrətɪvàɪz, nér- | nǽrətɪv-/ *vt.* 〈経験・理論などを〉物語風に語る, 物語として解釈する.

nar·ra·tol·o·gy /nærətά(:)lədʒi, nèr- | nærətɔ́l-/ *n.* 物語論 《文学における物語形式の理論と研究》. 〘(1974) □ F *narratologie* ← *narratif* 'NARRATIVE'〙

nar·ra·tor /nǽreɪtə, nér-, −́− | nəréɪ-, nærətə, nér- | nəréɪtə[r], næ-/ *n.* 物語る人, 語り手, ナレーター. 〘(1611) □ L *narrātor* ← *narrātus* (p.p.) ← *narrāre* 'to NARRATE': ⇨ -or[2]〙

nar·ra·tress /nǽreɪtrɪs, nǽrə-, nér- | nəréɪ-, nær-/ *n.* 《まれ》 女性の narrator. 〘1798〙

nar·resh·keit /nά:rɛʃkàɪt/ *n.* 《米俗》 ばからしさ, あほらしさ, 取るに足りないこと. 〘□ Yid. ~ □ *Närrischkeit* ← *närrisch* foolish ← *Narr* fool〙

nar·row /nǽroʊ, nér- | nǽrəʊ/ *adj.* (~**·er**; ~**·est**) **1 a** (長さに比べ)幅の狭い, 細い (↔ broad, wide): a ~ table, path, room, ribbon, etc. 日英比較 日本語の「狭い」は「幅が狭い」「面積が小さい」の二つの意味で使われるが, 英語の *narrow* は「幅が狭い」の意で, 「面積が小さい」場合には small を用いる. したがって, 日本語の「狭い部屋」は, 英語では small room という. **b** 〈織物が〉(18 インチ未満の)細幅[小幅]の: ~ goods 細幅物, 小幅物 《リボン・タイ類》 / ⇨ narrow cloth. **2 a** (空間的に)余地の少ない, 狭苦しい: a ~ space 狭い場所 / a ~ scope for one's energies 不十分な活動範囲. **b** 範囲の限られた, 範囲の狭い (limited): a ~ group of friends 限られた友人仲間 / in a ~ sense 狭義で. **3** 〈資力・収入が〉乏しい, 〈暮らしなどが〉苦しい, 貧しい: in ~ means [resources, circumstances] 窮乏[困窮]して. **4 a** 度量の狭い, 狭量な, 偏狭な, 偏屈な (prejudiced): a ~ mind 偏狭な心 (⇨ narrow-minded) / ~ interests 狭く片寄った趣味 / take ~ views 偏屈な物の見方をする / be ~ *in* one's opinion 見解が狭い. **b** 《英方言》 けちな, しみったれた (stingy): be ~ *with* one's money [*in* one's dealings] 金に[取引きが]細かい. **5** やっとの, かつかつの, きわどい (near): a ~ victory きわどい勝利, 辛勝 / a ~ majority (選挙などで)かろうじての過半数 / ⇨ narrow escape. **6** 〘音声〙 **a** 〈音声表記が〉精密な 《音素の異音 (allophone) の別まで示す; cf. broad 7 b》: a ~ transcription 精密表記(法). **b** = tense[1] 2 b. **7** 〈調査など〉細密[精密, 綿密]な (minute): make a ~ search 綿密に捜査する. **8** 〘経済〙 〈株式・証券取引が〉小幅の: a ~ market 小幅市況 / a ~ price range 小幅の物価変動. **9** 《米》 〘農業〙 〈家畜の飼料が〉(普通より脂肪・炭水化物が少なくて)蛋白質分の多い (cf. wide 12).

— *vi.* **1** 狭くなる: The sea ~*s into* a strait. 海は狭まって海峡となる. **2** 〈目が〉細くなる. — *vt.* **1** 狭くする. **2** 制限する (restrict) 〈*down*〉: ~ an argument *down to* a few points 議論を 2, 3 の要点だけに局限する[しぼる]. **3** 〈心を〉偏狭[かたくな]にする.

— *n.* **1** (道路・谷間・狭い道などの)狭い部分[所]. **2** [通例 *pl.*; しばしば単数扱い] 海峡, 隘路 (cf. Narrows).

~**·ness** *n.* 〘ME *narwe, naru* < OE *nearu* < Gmc **narwaz* (Du. *naar* unpleasant / OHG *narwa* (G *Narbe*) scar) 《原義》 twisted up, shriveled up ← IE *(*s*)*ner-* to turn, twist: cf. snare[1]〙

nárrow·bànd *adj.* 〘通信〙 狭(周波数)帯域の 《比較的データ送信が遅い》. 〘1956〙

nárrow béd *n.* =narrow house.

nárrow bòat *n.* 《英》 (幅 7 フィート未満の)運河用の細長い舟. 〘1951〙

nárrow·càst *vt.* 〈テレビ[ラジオ]番組を〉(限られた視聴者に)有線放送する. — *vi.* テレビ[ラジオ]を(限られた視聴者に)有線放送する. — *n.* 有線放送. 〘(1972) ← NARROW+(BROAD)CAST〙

nárrow·càsting *n.* (テレビ・ラジオの)有線放送. 〘1932〙

nárrow céll *n.* =narrow house.

nárrow clóth *n.* 小幅織物 《米国では 18 インチ未満, 英国では 52 インチ未満のもの》.

nárrow escápe *n.* (もう少しで)危いところ, 危機一髪, 九死に一生 (tight [narrow] squeeze) 〔*from*〕: have a ~ *from* an accident [drown*ing*] 危うく事故に遭う[溺れる]ところを助かる / It was a ~. 危いところだった. 〘1581〙

nárrow-físted *adj.* けちな, にぎり屋の (closefisted).

nárrow-gáge *adj.* 〘鉄道〙 =narrow-gauge.

nárrow gáge *n.* 〘鉄道〙 =narrow gauge.

nárrow-gáged *adj.* 〘鉄道〙 =narrow-gauge 1.

nárrow-gáuge *adj.* **1** 〘鉄道〙 狭軌の: a ~ railway. **2** 《口語》 偏狭な (narrow-minded). 〘1844〙

nárrow gáuge *n.* 〘鉄道〙 狭軌鉄道[軌道, 車両] (cf. gauge 3).

nárrow-gáuged *adj.* =narrow-gauge.

nárrow hóuse *n.* 《米俗》 墓 (grave). 〘1810〙

nár·row·ly *adv.* **1** 狭く. **2** つめて, 窮屈に. **3** わずかに, やっと, 辛うじて: He ~ escaped drowning. すんでのことに溺れるところだった. **4 a** 精細に, つぶさに: examine a thing ~ / watch a person ~. **b** あまりにも厳密に, きびしく. **5** 偏狭に. 〘OE *nearolīce*〙

nárrow-mínded *adj.* 心の狭い, 偏狭な, 頑迷固陋(ころう)な (bigoted). ~**·ly** *adv.* ~**·ness** *n.* 〘1625〙

nárrow móney *n.* 《英》 狭義の通貨, ナローマネー 《通貨供給量の M0 (=M zero) の通称; cf. broad money》. 〘1981〙

Narrows /nǽroʊz, nér- | nǽrəʊz/ *n.pl.* [the ~; しばしば単数扱い] ナロウズ海峡: **1** New York 港に通じる Staten Island と Long Island との間の海峡; 最狭部幅約 2 km; ここに Verrazzano-Narrows Bridge がかかっている. **2** Dardanelles 海峡の最狭部; 幅約 1.2 km. 〘⇨ narrow (n.)〙

nárrow séas *n. pl.* [the ~] 《英》 (英本土から見た)狭い海峡 《アイルランド海 (Irish Sea) またはイギリス海峡 (English Channel) をいう》.

nárrow squéak *n.* [a ~] 《口語》 **1** 間一髪, やっとの成功. **2** [形容詞的に] かろうじての, やっとの (cf. narrow *adj.* 5): a ~ majority 僅差(きんさ).

nárrow wáy *n.* [the ~] 〘聖書〙 狭く困難な道, 正義 (cf. *Matt.* 7: 14).

NARTB 《略》 National Association of Radio and Television Broadcasters 全米ラジオ・テレビ放送業者協会.

nar·thex /nάəθɛks | nά:-/ *n.* 〘建築〙 **1** ナルテックス, 玄関廊, 拝廊 《バシリカ式教会堂の西側前面の柱廊玄関; 懺悔(ざんげ)者や洗礼志願者など本堂に入ることを許されない人のための場》. **2** ナルテックス 《中世の教会堂の前面に設けられた入口部分》. 〘(1673) □ L ~ □ Gk *nárthēx* giant fennel ← ? Skt *naḍa* reed (cf. nard): そのうつろな蘆(あし)のような茎が建物の形と似ているところから?〙

Nar·va /nάəvə | nά:-; *Eston.* nárva/ *n.* ナルヴァ 《エストニア北東端, Narva 川がフィンランド湾に流出する河口の近くにある都市》.

Nar·vá·ez /nɑəvά:εθ, -εs | nɑ:-; *Sp.* narβáeθ/, **Pánfi·lo de** /pámfilo ðe/ *n.* ナルバエス 《1480?–1528; スペインの軍人; 米国に渡り, キューバ征服に活躍し, メキシコで Cortés に敗れた》.

Nar·vik /nάəvɪk | nά:-; *Norw.* nάrvi:k/ *n.* ナルヴィク 《ノルウェー北部の海港; 鉄鉱石の輸出港; 1940 年の 2 度の大海戦の舞台》.

nar·whal /nάəwəl, nάə(h)wɑ:l, -(h)wɔ:l | nά:wəl/ *n.* (*also* **nar·wal** /-wəl/, **nar·whale** /-(h)weɪl/) 〘動物〙 イッカク (unicorn). 〘(1658) 《変形》 ← Dan. *narhval* ∥ Swed. *narval* < ON *nāhvalr* ← *nār* corpse+*hvalr* 'WHALE[1]': 腹部が人の死骸のような色をしているところから〙

nar·y /néəri | néəri/ *adj.* [~ a [an] として] 《方言》 ただの…もない, 少しも…ない: There is ~ *a* doubt about it. それは何の疑いもない. 〘(1746) 《転訛》 ← *ne'er a* never a〙

NAS /ènèɪés/ 《略》 National Academy of Sciences 全米科学アカデミー; naval air station 《米》海軍航空基地; Noise Abatement Society (英国の)騒音防止協会.

nas- /neɪz/ (母音の前にくるときの) naso- の異形.

NASA /nǽsə | nǽsə/ *n.* (米国の)航空宇宙局, ナサ 《軍関係以外の宇宙科学・航空学の研究および宇宙船の開発を推進している政府機関》. 〘(1958) 《頭字語》 ← *N*(*ational*) *A*(*eronautics and*) *S*(*pace*) *A*(*dministration*)〙

na·sal /néɪzəl, -zl/ *adj.* **1** 鼻の[に関する]: ⇨ nasal bone / ~ catarrh 鼻カタル / the ~ organ 《戯言》 鼻. **2 a** 〘音声〙 鼻音の: ~ sounds 鼻音. **b** 鼻声の, 鼻にかかる: in a ~ tone [twang] 鼻声で. **3** 〘音楽〙 半音高い, シャープの (sharp). — *n.* **1** (かぶとの)鼻当て (nosepiece). **2** 〘音声〙 鼻音 《[m] [n] [ɲ] [ŋ] など; cf. oral 2》. **3** 〘解剖〙 =nasal bone. 〘adj.: (?a1425) □ F ~ ∥ ← ML *nāsālis* ← L *nāsus* 'NOSE'+*-ālis* '-AL[1]'. — n. 1: (?c1300) □ OF ~, *nasel* □ ML *nāsāle*) 2 : (1669) ← *adj.*〙

násal bóne *n.* 〘解剖〙 鼻骨 (⇨ skull[1] 挿絵).

násal cápsule *n.* 〘解剖〙 鼻嚢 《胎児にある軟骨嚢で将来鼻になるもの》.

násal cávity *n.* 〘解剖〙 鼻腔(びこう) (⇨ throat 挿絵).

násal índex *n.* 〘人類学〙 鼻指数 《頭蓋(とうがい)上または顔面上で鼻幅最広部の鼻高に対する百分率》.

na·sal·ism /néɪzəlìzm, -zl-/ *n.* 〘音声〙 鼻にかかった発音, 鼻音性.

na·sal·i·ty /neɪzǽləti | neɪzǽlɪti, nə-/ *n.* 〘音声〙 鼻音性. 〘□ F *nasalité*〙

na·sal·i·za·tion /nèɪzəlɪzéɪʃən, -zl- | -zəlaɪ-, -lɪ-, -zl-/ *n.* 〘音声〙 鼻音化. 〘1855〙

na·sal·ize /néɪzəlàɪz, -zl-/ 〘音声〙 *vt.* 鼻にかけて発音する, 鼻音化する: ⇨ nasalized vowel. — *vi.* 鼻音化して発音する, 鼻にかけて話をする. 〘(1846) ← NASAL+-IZE〙

násalized stóp *n.* 〘音声〙 鼻音化閉鎖音 《鼻音 (nasal) のこと》.

násalized vówel *n.* 〘音声〙 鼻(音化)母音 《フランス語の [ɛ̃], [ɑ̃], [ɔ̃], [œ̃] など; nasal vowel ともいう》.

ná·sal·ly /-zəli, -zli/ *adv.* 鼻音的に; 鼻にかけて. 〘1847〙

násal plósion [reléase] *n.* 〘音声〙 鼻腔破裂 《topmost, submit の [p], [b] におけるように, 破裂が口腔で行われずに口蓋垂が下がって呼気が鼻腔へ抜けること》.

násal séptum *n.* 〘解剖〙 鼻中隔.

násal spéculum *n.* 〘医学〙 鼻鏡.

násal twáng *n.* 〘音声〙 鼻声 (twang). 〘1784〙

násal vówel *n.* 〘音声〙 鼻母音 (⇨ nasalized vowel).

Nas·by /nǽzbi/, **Petroleum V.** *n.* ナズビー 《1833–88; 米国のジャーナリスト; 本名 David Ross Locke》.

NASCAR /nǽskɑə | -kɑ:[r]/ 《略》 National Association for Stock Car Auto Racing 全米ストックカーレース協会.

nás·cence /-səns, -sns/ *n.* =nascency.

nas·cen·cy /nǽsənsi, néɪs-, -snsi/ *n.* 発生しかけていること; 発生. 〘(1682) ← NASCENT+-ENCY〙

nas·cent /nǽsənt, néɪs-, -snt/ *adj.* **1** 生まれようとする, 発生しようとする; 発生しかけている, 初期の (incipient). **2** 〘化学〙 〈元素が〉発生期にある, 発生期の: a ~ state [condition] 発生期 《元素が化合物から遊離した瞬間の反応性に富む状態》. 〘(a1624) □ L *nāscentem* (pres.p.) ← *nāscī* to be born: cf. natal[1]〙

NASDAQ /nǽzdæk/ *n.* 〘証券〙 ナスダック: **1** 全米証券業協会が運営する株式店頭市場の気配置のコンピューターによる情報システム. **2** 米国の店頭市場. 〘(1968) 《頭字語》 ← *N*(*ational*) *A*(*ssociation of*) *S*(*ecurities*) *D*(*ealers*) *A*(*utomated*) *Q*(*uotations*)〙

nase /néɪz/ *n.* =naze.

nase·ber·ry /néɪzbèri | -b(ə)ri/ *n.* 〘植物〙 =sapodilla. 〘(1698) 《転訛》 ← Sp. & Port. *néspera* < L *mespilam* 'MEDLAR': BERRY と連想〙

Nase·by /néɪzbi/ *n.* ネーズビー 《イングランド中部 Northamptonshire 州の村; Charles 一世の王党軍 (Royalists) が Fairfax に敗れた地 (1645)》. 〘OE *Navesberie* 《原義》 '*Hnæf's* burg (Hnæf はゲルマンの武将の名)'〙

Nash /nǽʃ/, **John** *n.* ナッシュ 《1752–1835; 英国の建築家; London の Regent Street の計画 (1811 年着手)などを行った》.

Nash, Ogden *n.* ナッシュ 《1902–71; 米国のユーモア詩人》.

Nash, Paul *n.* ナッシュ 《1889–1946; 英国の画家; 戦争画と風景画で有名》.

Nash, Richard *n.* ナッシュ 《1674–1762; 英国のだて男; 鉱泉町 Bath の管理者として豪奢で風流な社交生活を流行させた; 通称 Beau Nash, King of Bath》.

Nash, Sir **Walter** *n.* ナッシュ 《1882–1968; ニュージーランドの政治家; 首相 (1957–60)》.

Nashe /nǽʃ/ (*also* **Nash** /~/), **Thomas** *n.* ナッシュ 《1567–1601; 英国の諷刺作家・劇作家・小説家; *The Unfortunate Traveller* (1594)》.

nash·o /nǽʃoʊ | -ʃəʊ/ *n.* (*pl.* ~**s**) 《豪俗》 徴兵 《1972 年廃止》; 徴兵にとられた青年. 〘(1966) ← *national serviceman*〙

Nash·u·a /nǽʃuə/ *n.* ナシュア 《米国 New Hampshire 州南部の都市; Merrimack 川に沿った工業都市》.

Nash·ville /nǽʃvɪl, -vəl | -vɪl/ *n.* ナッシュビル 《米国 Tennessee 州中部にある同州の州都》. 〘← *Francis Nash* (1742–77; 独立戦争時の英雄): ⇨ -ville〙

Náshville wárbler *n.* 〘鳥類〙 ズアカアメリカムシクイ (*Vermivola ruficapilla*) 《北米産; 雄は頭頂が赤褐色》.

na·si- /néɪzɪ, -zi/ naso- の異形 (⇨-i-).

N

na·si go·reng /náːsigóːrɛŋ; *Malay* násigórεŋ/ *n.* ナシゴレン《マレーシア料理; 肉や魚を入れていためた焼飯》.〖(1958) □ Malay ～ ← *nasi* cooked rice＋*goreng* fried〗

Na·sik /náːsɪk/ *n.* ナーシク《インド西部 Maharashtra 州の都市; ヒンズー教の聖地》.

na·si·on /néɪziɑ̀(ː)n | -ziən, -ziɔ̀n/ *n.*〖人類学〗ナジオン《頭蓋(ずがい)の顔面上で鼻根上方と正中矢状面との交点; cf. facial angle》. **ná·si·al** /-ziəl/ *adj.*〖(1889) ← NL ～ ← L *nāsus* 'NOSE' ＋Gk *-ion* (dim. suf.)〗

Nas·ka·pi /nǽskəpi/ *n.* (*pl.* ～, ～s) **1 a** [the ～(s)] ナスカピ族《カナダの Labrador 半島内陸の台地及び Quebec 州北部のインディアン》. **b** ナスカピ族の人. **2** ナスカピ語《アルゴンキン語族の一つで, Montagnais 語と方言関係にある》.〖1849〗

Na·smyth /néɪsmɪθ, néɪz-/, **Alexander** *n.* ネイスミス, ナズミス《1758–1840; スコットランドの画家; R. Burns の友人》.

Nasmyth, James *n.* ネイスミス, ナズミス《1808–90; スコットランドの技師・発明家; A. Nasmyth の息子》.

Nasmyth, Patrick *n.* ネイスミス, ナズミス《1787–1831; スコットランドの風景画家; A. Nasmyth の息子》.

na·so- /néɪzou | -zəu/「鼻の」の意の連結形. ★ 時に nasi-, また母音の前では通例 nas- になる.〖(17C) ← L *nāsus* 'NOSE'〗

nàso·fróntal *adj.*〖解剖〗鼻骨前頭骨の.

nàso·gástric *adj.*〖医学〗経鼻胃の《胃に鼻から管を通すことにいう》: a ～ tube 経鼻胃管.〖1958〗

nàso·lábial súlcus *n.*〖解剖〗鼻唇溝《小鼻のわきから唇の端にかけて走る溝; cf. philtrum》.

nàso·lácrimal *adj.*〖解剖〗鼻涙の: the ～ duct 鼻涙管.

na·sol·o·gy /neɪzɑ́(ː)lədʒi | -zɔ́l-/ *n.* 鼻(科)学.〖← NASO-＋-LOGY〗

nàso·pálatal *adj.*〖解剖〗＝nasopalatine.

nàso·pálatine *adj.*〖解剖〗鼻口蓋の.

nàso·pharyngítis *n.*〖医学〗鼻咽頭炎.

nàso·phárynx *n.* (*pl.* **-pharýnges**, ～**es**)〖解剖〗鼻咽頭(いんとう), 上咽頭. **nàso·pharýngeal** *adj.*〖(1877) ← NL ～: ⇨ naso-, pharynx〗

na·so·scope /néɪzəskòup | -skə̀up/ *n.*〖医学〗鼻鏡.

Nas·sa·ri·i·dae /næ̀səráɪədiː | -ráɪ-/ *n. pl.*〖貝類〗オリイレヨフバイ科.〖← NL ～ ← *Nassarius* (属名: ← L *nassa* fish basket)＋-IDAE〗

Nas·sau[1] /nǽsɔː, -sɑː | -sɔː/ *n.* ナッソー《西インド諸島バハマの New Providence 島にある同国の首都・海港》.

Nas·sau[2] /náːsau, nǽs- | nǽsau; *G.* násau/ *n.* ナッサウ《ドイツ中西部の地域; もと公国 (1806–66), 現在は Hesse および Rhineland-Palatinate 州の一部》.

Nas·sau[3] /náːsau, nǽs- | nǽsɔː, -sau; *G.* násau/ *n.* ナッサウ家 (⇨ Orange[3]).

Nas·sau[4] /nǽsɔː, -sɑː | -sɔː/ *n.*〖ゴルフ〗ナソー《18 ホールマッチにおいて初めの 9 ホール, 次の 9 ホール, 全体の 18 ホールにおけるそれぞれの一番スコアの良いプレーヤーに 1 点が与えられること》.〖← *Nassau*[1]〗

Nas·ser /nǽsə, náːsə | -sə^r; *Arab* náːsɪr/, **Ga·mal Ab·del** /gəmáːl áːbdl/ *n.* ナセル《1918–70; エジプトの陸軍将校; 大統領 (1956–58); アラブ連合共和国の初代大統領 (1956–70); スエズ運河 (the Suez Canal) の国有化実施 (1956)》.

Nas·ser /nǽsə, náːsə | -sə; *Arab.* náːsɪr/, **Lake** *n.* ナセル湖《エジプト南部およびスーダン北部にまたがる人造湖; 1960 年代の Aswan High Dam 建設によりできたもの; 湖底に Abu Simbel など多数の遺跡が没している》.

Nás·ser·ìsm /-sərɪzm/ *n.* ナセル主義《アラブ連合共和国の Nasser 大統領の唱えた全アラブ民族の統一と, 西欧諸国の経済支配および封建制度の打破を目標とする主義》.〖1958〗

Nast /nǽst/, **Thomas** *n.* ナスト《1840–1902; 米国の政治漫画家; 民主・共和両党のシンボル(ロバとゾウ)の作者》.

nas·tic /nǽstɪk/ *adj.*〖植物〗傾性の《細胞圧力によって軸を偏傾させることにいう》.〖(1908) ← Gk *nast(ós)* squeezed together (← *nássein* to press)＋-IC[1]〗

-nas·tic /nǽstɪk/ -nasty に終わる名詞の形容詞語尾.〖← -NASTY＋-IC[1]〗

nástic móvement *n.*〖植物〗傾性運動《植物器官の運動の方向が器官の構造によって定まっているもの; cf. tropism》.

nas·tur·tium /nəstə́ːʃəm, næs- | nəstə́ː-/ *n.*〖植物〗キンレンカ《ノウゼンハレン科, キンレンカ属 (*Tropaeolum*) の美しい黄色または朱色の花を開く園芸植物の総称; キンレンカ (*T. majus*) など; 葉と実は食用; cf. capuchin capers》.〖((lateOE)) (1629) □ L *nāsturtium* ← *nāsus* 'NOSE'＋*tortus* (p.p.) ← *torquēre* to twist)＋-IUM: その葉や根に臭味があり人の顔をしかめさせるところから〗

nas·ty /nǽsti | náːsti/ *adj.* (**nas·ti·er**; **-ti·est**) **1** 胸が悪くなるほどきたない, ひどく不潔な: a ～ pigsty of a house きたならしい豚小屋みたいな家. **2** 〈味・においなどがいやでたまらない, むかつくような (offensive): a ～ smell, taste, etc. / ～ medicine 実に飲みにくい薬 / ⇨ *leave a nasty* TASTE *in the mouth*. **3 a** 不愉快な, いやな (objectionable): a ～ child, rain, sight, etc. **b** みだらな, わいせつな (obscene): a ～ book, story, play, language, etc. **4 a** 意地の悪い, 悪意のある, 卑劣な: a ～ dog 意地悪なやつ / a ～ remark 邪険な言葉 / turn [get] ～ 意地悪くなる / play a person a ～ trick 人を意地悪くだます[裏切る] / Don't be so ～ to me. そう意地悪するな / *It was* ～ *of* him *to* say it to you. そんなことを君に言うとは彼もひどい男だ. **b** 怒りっぽい (spiteful): a ～ temper 不機嫌, かんしゃく / turn ～ 怒る. **5** 険悪な, 危険な (threatening); 荒れ模様の (stormy): ～ weather いやな天候 / a ～ look in one's eye 険険な目つき / Things look ～ for me. 私には雲行きが怪しくなって来た / A ～ storm is coming on. ひどいあらしがやって来そうだ / There was a ～ sea. 海が荒れていた. **6** 痛い, ひどい, 激しい (painful): a ～ cut ひどい仕打ち / a ～ illness 大病 / a ～ one ひじ鉄砲; ひどい一打ち / He had a ～ fall from the tree. 木から落ちてひどい目にあった. **7** 始末に負えない, 厄介な, 困った (annoying): a ～ rock to climb 登りにくい岩壁 / a ～ situation [position] 厄介な立場, 苦境 / get oneself into a ～ mess 困ったはめに陥る. **8** 安ぴかの, 下等な: cheap and ～ ⇨ cheap *adj.* 1 a.

a násty pìece* [*bit*] *of wórk* [*góods*]** (1) 意地悪な行為, 悪だくみ. (2)《口語》意地の悪い人; 下品な人, いかがわしい行状の人. (1923) ***násty, brútish, shórt 不潔で野蛮で短命な (Thomas Hobbes, *Leviathan* 中の句). ***sòmething násty in the wóodshed*** ⇨ woodshed 成句.

— *n.* 意地悪[険険]な人; ひどくいやなもの.

nás·ti·ly /-təli, -tḷi | -tɪ̀li, -tḷi/ *adv.* **nás·ti·ness** *n.*〖(c1390) *naxti, nasti* ← ?: cf. Du. *nestig* dirty, 《原義》fouled like a dirty bird's nest / Swed.《方言》*naskug*〗

-nas·ty /nǽsti/〖植物〗「傾性運動 (nastic movement)」の意の名詞連結形: epi*nasty*, hypo*nasty*.〖← Gk *nast(ós)* squeezed together ＋-Y[1]〗

násty-mínded *adj.* みだらな心をもった; 意地の悪い.
～·ness *n.*〖1921〗

násty-níce *adj.* 丁寧にみえて意地の悪い.

NAS/UWT《略》(英国の) National Association of Schoolmasters/Union of Women Teachers.

Nat[1] /nǽt/ *n.* ナット《男性名》.〖(dim.) ← NATHAN // NATHANIEL〗

Nat[2] /nǽt/ *n.* 《NZ口語》国民党 (the National Party) の党員; 国民党の国会議員.〖1934〗

nat.《略》national; native; natural; naturalist; naturalized.

Nat.《略》Natal; Nathan; Nathaniel; National; Nationalist; Natural.

na·tal[1] /néɪtl | -tl/ *adj.* **1** 出生の, 誕生の; 出生時からの: one's ～ day 誕生日 / one's ～ star 誕生の運星 / ～ influences 出生者の運命を決定する天体からの影響. **2** 《文語》〈土地が〉生まれ故郷の (native): one's ～ place 出生地.〖(c1385) □ L *nātālis* ← *nātus* (p.p.) ← *nāscī* to be born: ⇨ -al[1]〗

na·tal[2] /néɪtl | -tl/ *adj.*〖解剖〗臀部の, 尻の.〖(1876) ← L *natis* buttock＋-AL[1]〗

Na·tal /nətǽl, -táːl/ *n.* **1** ナタール《南アフリカ共和国北東部の旧州; 現 KwaZulu-Natal 州の一部; 面積 86,967 km², 州都 Pietermaritzburg》. **2** /*Braz.* natáɫ/ ナタール《ブラジル東部の大西洋に臨む都市; Rio Grande do Norte 州の州都》.〖□ Port. ～ ← NL *Terra Nātālis* land of Christmas (⇨ natal[1]): Vasco da Gama が 1497 年クリスマスの日にその海岸を発見したのにちなむ〗

na·ta·le so·lum /nətéɪlisóuləm, nɑːtáːleɪsóulʊm | nətéɪlisə́uləm, nɑːtáːleɪsə́ulʊm/ *n.* 母国, 故郷.〖□ L *nātāle solum* native soil〗

Na·ta·li·a /nətéɪliə, -ljə/ *n.* ナタリア《女性名》.〖↓〗

Nat·a·lie /nǽtəli, -tḷi | -təli, -tḷi; *F.* natali/ *n.* ナタリー《女性名; 愛称形 Nat, Nattie; 異形 Natalia, Nathalie, Noel, Natasha》. ★ キリスト降誕祭 (12 月 25 日) に生まれた子供につけられることが多い.〖□ F ～ □ LL *Nātālia* ← L *nātālis* (*dies*) 'NATAL[1] (day)'〗

Na·ta·lins /néɪtəlɪ̀nz, -tḷ- | -təlɪnz, -tḷ-/ *n.*〖商標〗ナタリンズ《米国製の妊産婦用ビタミン・ミネラル剤》.

na·tal·i·ty /neɪtǽləti, nə- | -lɪ̀ti/ *n.* 出生率 (birthrate).〖(1483) ← NATAL＋-ITY〗

Natál òrange *n.*〖植物〗アフリカ中・南部産ストリクノス属の低木 (*Strychnos spinosa*)《実は黄緑色で食用》.

Natál plùm *n.*〖植物〗オオバナカリッサ (*Carissa grandiflora*)《アフリカ南部産キョウチクトウ科の低木》; その実《紅色で食用》.

na·tant /néɪtənt, -tnt | -tənt, -tnt/ *adj.* **1**〖植物〗〈水草の葉が〉水に浮かぶ. **2**《まれ》水に泳いでいる[漂う].
～·ly *adv.*〖(1707) □ L *natantem* (pres.p.) ← *natāre* to swim: ⇨ natation, -ant〗

Na·tan·tia /nətǽnʃə/ *n. pl.*〖動物〗遊泳亜目《クルマエビなど泳ぐ型のエビ類など; cf. Reptantia》.〖← NL ～ (neut. pl.) ← L *natant-, natāns* (pres. p.) ← *natāre* (↑): ⇨ -ia[2]〗

Na·ta·sha /nətáːʃə | -tǽʃə; *Russ.* natáʃə/ *n.* ナターシャ《女性名》. ★ 19 世紀末から英国でも使われるようになった.〖□ Russ. ～ (dim.) ← NATALIE〗

na·ta·tion /neɪtéɪʃən, næ- | nə-, neɪ-/ *n.*《文語》遊泳, 水泳; 遊泳術 (art of swimminng). **～·al** /-ʃnəl, -ʃənḷ/ *adj.*〖(1542) □ L *natātiō(n-)* a swimming ← *natāre* (freq.) ← *nāre* to float, swim: ⇨ -ation〗

natatoria *n.* natatorium の複数形.

na·ta·to·ri·al /nèɪtətɔ́ːriəl, næ̀t- | -tə-/ *adj.* **1**〖動物〗泳ぎに適した: ～ birds 水鳥 / ～ organs 遊泳器官. **2** 泳ぎの[に関する]: ～ skill.〖(1816) ← LL *natātōri-(us)* (← L *natātus* (p.p.) ← *natāre* to swim)＋-AL[1]〗

na·ta·to·ri·um /nèɪtətɔ́ːriəm, næ̀t- | -tə-/ *n.* (*pl.* ～**s**, **-ri·a** /-riə/) 《米》(主に屋内の)水泳プール.〖(1890) □ LL *natātōrium* ← L *natāre* (↑): ⇨ -orium〗

na·ta·to·ry /néɪtətɔ̀ːri, nǽt- | -təri, -tri/ *adj.* ＝natatorial.〖(1799) □ LL *natātōrius*: ⇨ natatorial〗

natch /nǽtʃ/ *adv.*《口語》もちろん,「もち」(of course).〖(1945)《短縮》← NATURALLY〗

Natch·ez[1] /nǽtʃɪz/ *n.* (*pl.* ～) **1 a** [the ～] ナチェス族《昔 Mississippi 川の下流に住んでいた Muskogean 語系アメリカインディアン》. **b** ナチェス族の人. **2** ナチェス語.〖(1775) □ F ～ ← N-Am.-Ind.: この部族の住む土地の名から〗

Natch·ez[2] /nǽtʃɪz/ *n.* ナチズ《米国 Mississippi 州南西部の都市; 農業地帯の交易の中心地》.

Nátchez Tráce *n.* [the ～] ナチズ道《19 世紀初期に造られ, Natchez から Nashville にかけて通っていた道; 交易商人が使用した; 全長 725 km》.

Nate /néɪt/ *n.* ネイト《男性名》.〖(dim.) ← NATHAN // NATHANIEL〗

NATE /néɪt/《略》National Association for the Teaching of English 全英英語教育協会; National Association of Teachers of English 全米英語教員連盟 (cf. NCTE).

na·tes /néɪtiːz/ *n. pl.* **1**〖解剖〗尻, 臀部 (buttocks). **2**〖解剖〗四丘体前部の一対. **3**〖動物〗(二枚貝の)殻頂 (umbones).〖(1681) □ L *natēs* (pl.) ← *natis* rump, buttock〗

Nath.《略》Nathan; Nathaniel.

Nath·a·lie /nǽtəli, -tḷi | -təli, -tḷi/ *n.* ナタリー《女性名》.〖《異形》← NATALIE〗

Na·than *n.* **1** /néɪθən | -θən, -θæn; *Swed.* náːtan/ ネイサン, ナータン《男性名; 愛称形 Nat, Nate》. ★ 特にユダヤ人に多い. **2** /néɪθən | -θən, -θæn/〖聖書〗ナタン《Uriah を殺しその妻を奪った David 王を非難した預言者; *2 Sam.* 12:14 etc.》.〖□ Heb. *Nāthān* ← *nāthán* He (＝God) has given〗

Nathan, George Jean *n.* ネイサン《1882–1958; 米国の劇評家・編集者・著作家; *Since Ibsen* (1933)》.

Nathan, Robert (**Grun·tal**) /grʌ́ntḷ | -tḷ/ *n.* ネイサン《1894–1985; 米国の小説家・詩人; *Portrait of Jennie* (1940)》.

Na·than·ael /nəθǽnjəl/ *n.*〖聖書〗ナタナエル《イエスの弟子, 誠実公明な人; 十二使徒の一人 Bartholomew と同一人物であるとされることがある; cf. *John* 1: 45–51》.〖□ LL *Nathanaēl* □ Gk *Nathanaḗl* □ Heb. *N^ethan'ēl* 《原義》God has given: cf. Nathan, Dorothea〗

Na·than·iel /nəθǽnjəl/ *n.* ナサニエル《男性名; 愛称形 Nat, Nate》.〖↑〗

nathe·less /néɪθlɪ̀s/《古》*adv.* それでも (nevertheless).
— *prep.* …にもかかわらず (notwithstanding).〖ME *natheles* < OE *nāþēlǣs, nāþlēs* ← *nā* (← *ne* not＋*ā* ever)＋*þē, þȳ* ((*instr.*) ← *se* 'THE')＋*lǣs* 'LESS': cf. nevertheless〗

nat. hist.《略》natural history.

nath·less /nǽθlɪ̀s/ *adv., prep.* ＝natheless.

Na·tic·i·dae /nətɪ́sədiː | -sɪ-/ *n. pl.*〖貝類〗タマガイ科.〖← NL ～ ← *Natica* (属名: ← LL (dim.) ← L *natis* buttock)＋-IDAE〗

Na·tick /néɪtɪk | -tɪk/ *n.* ナティック語《Massachuset 語の一方言》.

na·tion[1] /néɪʃən/ *n.* **1 a** [集合的; 単数扱い] (通例一政府の下で社会を構成し, 共通の祖先・文化・言語などを有する)国民 (⇨ people SYN): the British [French] ～ イギリス[フランス]国民 / the voice of the ～ 国民の声, 世論 / The Japanese are a receptive ～. 日本人は受容性に富んだ国民である / The ～ votes and the ～ rules. 国民が投票し国民が統治する. **b** [the ～s]《詩》世界諸国民, 全人類.
2 (1 a の意味での国民から成る)国家 (cf. state 3 a): the Western ～*s* 西洋諸国 / the most favored ～ 最恵国 (cf. most-favored-nation clause) / the law of ～*s* ⇨ law[1] / the League of Nations ⇨ league[1] *n.* / ⇨ United Nations.
3 a 民族, 種族; 部族: the Jewish ～ ユダヤ民族 / the Scottish ～ スコットランド種族 / the Welsh ～ ウェールズ種族 / a ～ without a country 国をもたない民族 (かつてのユダヤ人など). **b** [the Nations *or* ～s]〖聖書〗(ユダヤ人以外の)異教徒 (the Gentiles).
4 a インディアン種族, 北米インディアン族; 部族連合: the Shawnee ～ ショーニー部族 / ⇨ Five Nations, Six Nations. **b**《米》インディアンの領地.
5《英》(中世の大学で)同国[同地方]の学生団体.

nátion of shópkeepers [a ―] 商人国民《Napoleon 一世が英国民を軽んじて呼んだと伝えられるが, これは元来 Adam Smith, *Wealth of Nations* (1776) にある句》.

Nátion of Íslam [the ―] ネーション オブ イスラム《米国の黒人イスラム教団体 Black Muslims の別称; Black Nationalism の代表的組織》.

〖(?a1300) *nacioun* □ OF *nacion* □ L *nātiō(n-)* race, people, 《原義》birth ← *nātus* (p.p.) ← *nāscī* to be born: ⇨ natal[1], -tion〗

na·tion[2] /néɪʃən/《方言》*n.* ＝damnation: Where in the ～ are you going? 一体どこへ行こうってんだい.
— *adv.* きわめて (very): a ～ long time. — *adj.* 大きい, すごい (great): a ～ sight of people すごくたくさんの人々.〖(1765)《略》← DAMNATION〗

Na·tion /néɪʃən/, **Carry** (**Amelia**) *n.* ネイション《1846–1911; 米国 Kansas 州の女性禁酒運動指導者; 旧姓 Moore; 斧で酒場を破壊してまわった》.

na·tion·al /nǽʃnəl, -ʃənḷ/ *adj.* **1** 国民の, 国民的な; 国民特有の; 国民全体の: ～ character 民族的性格, 国民性 / ～ customs 国民の習慣, 国民的行事 / ～ education 国民教育 / a ～ language 国語 / ～ literature 国民文学 / ～ spirit [genius] 国民精神. **2 a** 国家の; 国家特有の; 国家全体の; 国家的な: the ～ forces (一国の)陸海空軍 / ～ power 国力 / ～ prestige 国威 / ～ affairs 国務, 国事 / ⇨ national debt. **b** 一国家を象徴する: a ～ flower 国花 / a ～ game [sport] 国技 / ⇨ national

anthem. c 全国的な, 全国向けの: a ～ magazine [newspaper] 全国誌[紙]. 3 国有の, 国立の, 国定の; 連邦政府の[による]: a ～ enterprise 国営企業 / ～ railroads 国有鉄道 / a ～ theater 国立劇場 / ⇨ national forest, national park. 4 愛国的な; 国家主義(者)の (nationalist).
— *n.* 1 (ある国の)国民; (特に, 外国に居住する)同国人, 同胞 (countrymen) (⇨ citizen SYN): Japanese ～s living abroad 海外に居住する日本人. 2 [the N-] 《英》 = Grand National. 3 [通例 *pl.*] 《米》 (競技などの)全国大会. 4 (全国組織の労組などの)本部. 5 全国紙. 6 [N-] 〖商標〗 ナショナル 《米国製のオフィス用家具》. 〖(1597) ▭ F ～〗

nátional accóunting *n.* =social accounting.

Nátional Aeronáutics and Spáce Administràtion *n.* ⇨ NASA.

nátional agréement *n.* (雇用条件に関する国家レベルでの)産別協定.

nátional ánthem [áir] *n.* 国歌: Gentlemen, the ～! 皆さん, 国歌斉唱です. ★ 米国の *The Star-Spangled Banner*, 英国の *God Save the Queen* など. 〖1819〗

Nátional Assémbly *n.* [the ～] 1 (1946 年以来の)フランス下院 (⇨ CHAMBER of Deputies). 2 〖フランス史〗 国民議会 《1789–91, 1848, 1871 年などの議会で, 新憲法 (1946) 以前の立法府; 1789–91, 1848, 1945–46 年のものは Constituent Assembly ともいう》.

nátional assístance *n.* [the ～] 《英》 国民生活扶助費, 国家扶助 《現在は income support がこれに代わっている》.

Nátional Assístance Àct *n.* [the ～] 〖英法〗 国民生活扶助法 《1947 年制定; ⇨ poor law》.

Nátional Associátion for the Adváncement of Cólored Pèople *n.* [the ～] ⇨ NAACP.

nátional bánk *n.* 1 国立銀行 《政府が所有・運営権をもつ》. 2 (米国の)国法銀行 《National Bank Act によって組織され連邦政府の認可を得た商業銀行; 以前は紙幣の発行権を持っていた; cf. state bank 2》. 〖1838〗

Nátional Bánk Àct *n.* [the ～] (米国の)国法銀行法 《国法銀行の設立と規律を定めた 1863 年の法律》.

Nátional Bóok Awàrds *n. pl.* 全米図書賞 《米国で出版された年度再優秀作品に与えられる賞; 略 NBA》.

nátional bránd *n.* 製造業者[製造元]商標, ナショナルブランド 《製造業者がつけた商標; cf. private brand》.

Nátional Búreau of Stándards *n.* [the ～] (米国の)国立標準局 《度量衡単位の制定・維持を行う商務省の一局; 1901 年設立; ⇨ British Standards Institution, International Organization for Standardization; 略 NBS》.

nátional cémetery *n.* 《米》 (連邦政府によって管理される)国立墓地 《勲功のあった軍人を埋葬する》.

Nátional Certíficate *n.* (英国の)技術者能力証明.

nátional cháirman *n.* 《米》 全国委員長 《政党の全国委員会の議長で選挙戦で総指揮を執る》.

nátional chúrch *n.* 1 国民教会, 民族教会 《国家的規模で組織・管理され, 外国や国際的宗教団体から独立した教会; その一国内で広く受け入れられているもの》. 2 国教会, 国立教会 (cf. established church). 〖1651〗

Nátional Cíty *n.* ナショナルシティ 《米国 California 州南西部, San Diego 郊外の都市》.

nátional códe *n.* =Australian Rules.

Nátional Cóngress *n.* [the ～] (インドの)国民会議派 (⇨ Indian National Congress).

Nátional Convéntion *n.* [the ～] 1 〖フランス史〗 国民公会 《王政を廃止し共和制を布いて革命を独裁した (1792–95)》. 《1792》 2 〖英史〗 チャーティストたち (Chartists) の 1839 年の集会. 《1848》 3 [n- c-] 〖米政治〗 全国党大会 《各州予備選挙で選出した代議員で構成する政党大会; 正副大統領候補者や党の政綱を決定する》.

nátional cóstume *n.* 民族衣装.

Nátional Cóvenant *n.* [the ～] (スコットランドの)国民盟約 《1638 年 Charles 一世の企図した監督制度 (Episcopalianism) に対して長老制 (Presbyterianism) を擁護するために国民の多数が署名した盟約; cf. SOLEMN League and Covenant》. 〖1650〗

nátional currículum *n.* [the ～] 《英》 ナショナルカリキュラム 《1988 年の教育改革法で導入されたカリキュラム; イングランド・ウェールズの公立学校に適用される》. 〖1964〗

nátional débt *n.* 〖財政〗 国債 《中央政府の金銭債務; public debt ともいう》.

nátional dréss *n.* =national costume.

nátional económic accóunting *n.* 〖経済〗 国民経済計算 《国民経済活動を総合的に把握するための体系的経済勘定》.

Nátional Económic Devélopment Cóuncil *n.* [the ～] (英国の)国民経済開発審議会 《政府・経営者・労組代表から成る経済政策に対する助言機関; 1962 年設立; 略 NEDC》.

nátional ecónomy *n.* 国民経済 《近代市民社会と共に成立した一国を単位とする経済体系》.

Nátional Enquírer *n.* [the ～] 「ナショナルエンクワイアラー」 《米国で発行されている週刊紙; 1926 年創刊》.

nátional énsign *n.* =ensign 1.

Nátional Énterprise Bòard *n.* [the ～] (英国の)国家企業庁 《基幹産業国有化の母体; 経済の効率改善と国際競争力強化を図った; 1975 年設立; 略 NEB; 1981 年 National Research Development Corporation と合併して British Technology Group を形成した》.

Nátional Exécutive Commíttee *n.* [the ～] (英国)労働党全国執行委員会 《毎年党大会で選出される党執行機関》.

Nátional Fílm Thèatre *n.* [the ～] ナショナルフィルムシアター 《1951 年 London の South Bank に設立; 略 NFT》.

Nátional Fíre Sèrvice *n.* (もと英国内務省管轄の)全国消防庁 《1948 年に地方的団体に解体した》.

nátional flág *n.* 国旗 (cf. ensign 1, merchant flag).

nátional fóotball *n.* 《豪》 =Australian Rules.

Nátional Fóotball Lèague *n.* [the ～] ナショナルフットボールリーグ 《略 NFL》.

nátional fórest *n.* 《米》 (連邦政府によって管理保存されている)国有林. 〖1905〗

Nátional Fórmulary *n.* [the ～] 国民医薬品集 《米国薬局方所収でない医薬品を集録記載したもの; 5 年ごとに改訂され, 法的典拠とされる; 略 NF; 英国のものは British National Formulary (略 BNF)》.

Nátional Frónt *n.* [the ～] (英国の)国民戦線 《極右の国家主義政党; 略 NF》. 〖1967〗

Nátional Gállery *n.* [the ～] (英国)国立美術館 《London の Trafalgar Square にある; 1838 年開設》.

Nátional Gállery of Árt *n.* [the ～] (米国)国立美術館 《Washington, D.C. にあり Smithsonian Institution の事業の一部; 1941 年開設》.

Nátional Geográphic *n.* [the ～] 「ナショナル ジオグラフィック」 《米国の月刊誌; 世界各地の珍しい自然や風俗・動物などを写真を中心に紹介する》.

nátional góvernment *n.* 1 挙国一致内閣 《戦争・大不況などに際し超党派で作る内閣》. 2 [the N- G-] (英国の)第一次大戦の Lloyd George 内閣, 1931 年の MacDonald 内閣, 第二次大戦の Churchill 内閣. 〖1931〗

nátional gríd *n.* [the ～] 《英》 1 〖電気〗 全国電力系統網. 2 〖地理〗 (Scilly 諸島西方の地点を基点とする英国陸地測量部地図の)距離座標系.

Nátional Guárd *n.* [(the) ～] 1 〖軍事〗 州兵, 州兵軍 《米国各州, 準州, Washington, D.C. で編成される陸軍・空軍の予備部隊およびその隊員; 国家非常の際は大統領の命により合衆国軍隊に編入されるが通常はそれぞれの州・準州に所属する; 略 NG; cf. militia 2 b》. 2 〖フランス史〗 国民軍 《1789年に結成され, 1871 年まで断続的に存続した, 民兵組織の市民軍》.
Nátional Guárd of the Uníted Státes [the —] 〖軍事〗 合衆国州兵 《すべての州, 準州, および Washington, D.C. の州兵の総称》.
〖1793〗

Nátional Héalth Insùrance *n.* (英国の)国民健康保険 《National Health Service の前身; 略 NHI》. 〖1935〗

Nátional Héalth Sèrvice *n.* [the ～] (英国の)国民保健制度 《1946 年に制定, 1948 年から実施; 診察も加療もすべて無償で行われたが, 1957 年から若干の費用負担が課せられている; 略 NHS; 単に National Health ともいう》. 〖1946〗

Nátional Héritage *n.* (英国の)ナショナル ヘリテージ 《博物館などの機関が歴史的価値のある物品を購入したり歴史的建造物を保守したりするのを援助するための基金 (the National Heritage Memorial Fund) を運用する組織》.

nátional hóliday *n.* 1 (政府の決定した)国の祝祭日, 国定休日 《米国では特に, 建国記念日・独立記念日を指す; cf. bank holiday, legal holiday》. 2 国民的[全国的]祝祭日.

Nátional Húnt *n.* [the ～] ナショナル ハント 《英国のスティープルチェイス競争 (steeplechasing) およびハードル競争を統括する団体; National Hunt Committee ともいう》. 〖1866〗

nátional hýmn *n.* =national anthem.

nátional íncome *n.* 〖経済〗 国民所得 (cf. gross national product, net national product). 〖1878〗

Nátional Indústrial Recóvery Àct *n.* [the ～] (米国の)全国産業復興法 《1933 年に成立した New Deal 初期の産業復興法; 1935 年連邦最高裁の判決により失効; 略 NIRA》.

Nátional Insúrance *n.* 1 (英国の)国家保険制度 《1911 年に制定された被用者の疾病・失業に対する強制保険》. 2 (英国の)国民保険制度 《1946 年制定, 1948 年実施; 失業・疾病・退職給付・出産・寡婦手当を規定》.

Nátional Insúrance Fùnd *n.* [the ～] (英国の)国民保険資金.

Nátional Insúrance Nùmber *n.* 《英》 国民保険番号 《労働年齢に達した全国民に与えられる番号》.

na·tion·al·ism /nǽʃ(ə)nəlɪzm/ *n.* 1 a 国家主義, 国粋主義, 国民主義, 民族主義, ナショナリズム (cf. internationalism). b 狂信的愛国主義 (chauvinism). c 愛国心, 愛国運動. 2 民族自決主義; (もとのアイルランドの)民族独立[自治]主義. 3 (社会主義的政策としての)産業国有主義. 〖1836〗

na·tion·al·ist /nǽʃ(ə)nəl̩ɪst | -lɪst/ *n.* 1 a 国家[国粋, 民族]主義者. b 狂信的愛国主義者 (chauvinist). 2 民族自決主義者; (アイルランド独立前の)民族独立[自治]論者. 3 産業国有主義者. — *adj.* 1 国家[国粋, 民族]主義(者)の: ～ ideals 国家主義的理想 / ～ propaganda 国家主義の宣伝 (cf. Nationalist Party). 2 民族自決主義(者)の. 〖1715〗

Nátionalist Chína *n.* (台湾の)国民党政府 《台湾の非公式名》.

Nátionalist Góvernment *n.* [the ～] (台湾の)国民政府.

na·tion·al·is·tic /næ̀ʃ(ə)nəlístɪk⁺/ *adj.* 民族[国家]主義的な; 国家の, 国家的な. **nà·tion·al·ís·ti·cal·ly** *adv.* 〖1866〗

Nátionalist Pàrty *n.* [the ～] (中国)国民党 《1912 年孫文によって結成された中国の政党, 1949 年に中国本土を追われ, 蔣介石の下に台湾に逃れた; cf. Nationalist China; 中国語名 Kuomintang》.

na·tion·al·i·ty /næ̀ʃənǽləṭi | -l̩ɪ̀ti/ *n.* 1 国籍; (財産などの)国家所属: of Japanese ～ 日本国籍[国家所属]の / What is his ～?=What ～ is he?(=What is he?) 彼の国籍はどこか, 彼はどこの国の人か / He is an American in ～, but a German in blood. 国籍はアメリカ人だが血統はドイツ人だ / the ～ of a ship 船籍. 2 国民性; 国民的感情; 民族意識. 3 a 国家的存在, 国家[民族]的独立[自立]: ～ achieved by Greece ギリシャが達成した国家的独立. b =nationalism. 4 (通例一政府の下で社会を構成し, 共通の祖先・文化・言語などを有する)国民; 国家 (nation); 民族 (race): men of all *nationalities* 世界各国の人々 / delegates representing twenty *nationalities* 20 か国を代表する代議員[代表団]. 5 (一国家内の)民族集団. 〖(1691) ← NATIONAL ＋-ITY〗

nationálity gròup *n.* =nationality 5.

na·tion·al·i·za·tion /næ̀ʃ(ə)nəl̩əzéɪʃən | -laɪ-, -lɪ-/ *n.* 1 国民化, 全国化, 国家的制定; 民族自立, 国民形成. 2 国有化, 国営: ～ of land, railroads, industries, etc. 〖1801〗

na·tion·al·ize /nǽʃ(ə)nəlàɪz/ *vt.* 1 一国家と成す, 独立国家とする. 2 …に国家的[国民的]性格を付与する, 国家的にする; 国中に及ぼす, 全国的規模に拡大する: ～ a holiday 国の祝祭日を制定する / ～ the Gaelic language in Scotland スコットランドでゲール語を国語化する. 3 国有[国営]にする, 国有化する: ～ land, railroads, industries, etc. 4 帰化させる (naturalize). **ná·tion·al·iz·er** *n.* 〖(1800) ▭ F *nationaliser*〗

Nátional Lábor Relátions Àct *n.* [the ～] 〖米法〗 全国労働関係法 (⇨ Wagner Act).

Nátional Lábor Relátions Bòard *n.* [the ～] (米国の)全国労働関係委員会 (略 NLRB).

Nátional Lábour Pàrty *n.* [the ～] (英国の)挙国派労働党 《1931 年労働党を除名された MacDonald 派議員が作った政党; 事実上保守党の一翼となった》.

nátional lákeshore *n.* [時に N- L-] (米国の)国立保養湖岸 《連邦政府が管理をするレクリエーション地域》. 〖1972〗

Nátional Lampóon *n.* 「ナショナルランプーン」 《米国の雑誌; 若い読者を対象にし, 有名人をからかったりすることで知られている》.

Nátional Léague *n.* [the ～] ナショナルリーグ 《米国の二大プロ野球連盟の一つで 1875 年設立; 次の 16 チームからなる: 東地区 Atlanta Braves, Florida Marlins, Montreal Expos, New York Mets, Philadelphia Phillies; 中地区 Chicago Cubs, Cincinnati Reds, Houston Astros, Milwaukee Brewers, Pittsburgh Pirates, St. Louis Cardinals; 西地区 Arizona Diamondbacks, Colorado Rockies, Los Angeles Dodgers, San Diego Padres, San Francisco Giants; 各地区の 1 位チームに, 2 位チーム中最高勝率を上げた 1 チームを加えた計 4 チームで, 5 回戦のプレーオフを行い, さらに勝ち残った 2 チームが 7 回戦のプレーオフを行って, リーグ優勝を決める; cf. American League, major league 1》.

Nátional Liberátion Frònt *n.* [the ～] 民族解放戦線; (特に)南ベトナム民族解放戦線 《革命を推進するため 1960 年組織された政治団体, ベトナム統一後他の組織と統合; 正式には National Liberation Front of South Vietnam という》.

ná·tion·al·ly /-ʃ(ə)nəli/ *adv.* 1 国家的に, 国として. 2 全国民によって, 挙国一致して. 3 国家的見地から, 国家本位に; 公共の立場から (publicly). 4 国中に[を], 全国的に, 全国的規模で. 〖1649〗

Nátional Mílitary Estáblishment *n.* [the ～] (米国)国防総省 (Department of Defense) の前身.

nátional minórity *n.* (国家内で多数を占める民族に対する)少数民族, 国内少数民族. 〖1921〗

nátional mónument *n.* 《米》 (国有財産として連邦政府により保存維持されている)国有記念物. 〖1916〗

Nátional Organizátion for Wómen *n.* [the ～] 全米女性機構 《1966 年 Betty Friedan によって設立された女性解放運動組織; 略 NOW》.

nátional párk *n.* 国立公園. 〖1868〗

Nátional Párty *n.* [the ～] 1 (NZ) 国民党 《ニュージーランドの保守政党》. 2 《豪》 国民党 《オーストラリアの政党; 旧称 National Country Party》. 3 《南ア》 国民党 《南アフリカのアパルトヘイト時代の最大政党》.

Nátional Phýsical Labóratory *n.* [the ～] (英国の)国立物理学研究所 《1900 年設立》.

Nátional Pórtrait Gállery *n.* [the ～] (London の)国立肖像画美術館 《1856 年創設》.

Nátional Pówer *n.* ナショナルパワー 《PowerGen と並ぶ英国の二大電力会社の一つ》.

nátional próduct *n.* 〖経済〗 国民生産 《1 年間に新たに生産された財・サービスの総計; 減価償却分込みか否かで粗 (gross) か純 (net) かを区別するのが普通》.

Nátional Prohibítion Àct *n.* [the ～] (米国の)禁酒法 (⇨ Volstead Act).

Nátional Públic Rádio *n.* ナショナルパブリックラジオ 《非営利ラジオ局のために番組を制作・配給する米国の組織; 本部 Washington, D.C.; 略 NPR》.

Nátional Recóvery Administràtion *n.* [the ～] (米国の)全国復興庁 《New Deal 政策の一環として 1933 年に産業復興・失業率低下を目的に設立された機関; 略 NRA》.

Nátional Repúblican *n.* 《米》国民共和党員《Jefferson の率いた共和党が 1824 年の大統領選挙をめぐって分裂してできた一派に属した人; John Quincy Adams, Henry Clay を支持し, Andrew Jackson と対立した; 1824 年の選挙では Adams が当選したが, 28 年には敗れた; 32 年 Clay が高関税, 合衆国銀行の存続を掲げて出馬したものの, ふたたび Jackson に敗れたあとは他の勢力と合同して Whig 党を結成した》.

Nátional Rífle Associàtion *n.* [the ～] 全米ライフル協会《国民が銃器を購入・保持する権利を擁護する米国の組織; 略 NRA》.

Nátional Sávings Bànk *n.* [the ～] 《英国の》国民貯蓄銀行《少額貯蓄者のために郵便局などを窓口にして業務を行う; 略 NSB》.

Nátional Sávings Certíficate *n.* 《英国の》国民貯蓄証券《略 NSC》.

nátional schóol *n.* **1** 《アイルランドの》公立小学校《就学前部門を併設しているものもある》. **2** 《英国の》国民学校《もと貧困者の教育を助長するために設立された (1811 年)国民協会 (National Society) 経営の初等学校》. 〘1819〙

nátional séashore [時に N- S-] *n.* 《米》国定海岸公園《海岸に隣接し連邦政府の管理するレクリエーション地帯》. 〘1962〙

Nátional Secúrity Àct *n.* [the ～] 《米国》国家安全保障法《1947 年制定; 1949 年修正》.

Nátional Secúrity Àgency *n.* [the ～] 《米国の》国家安全保障局《略 NSA》.

Nátional Secúrity Còuncil *n.* [the ～] 《米国の》国家安全保障会議《米国の安全保障を確立するため, 内外政策と軍事政策とを統合調整する最高の国防会議; 正副大統領・国務長官・国防長官その他で構成; 略 NSC》.

Nátional Sérvice, n- s- *n.* 《英国の》国民兵役, 義務兵役, 徴兵《18-41 歳までの体格上適任の男子に課せられた; 1958 年廃止; cf. selective service》: ～ men 国民兵. 〘1916〙

Nátional Sócialism, n- s- *n.* 《ドイツの》国家社会主義, ナチズム (cf. Nazism). 〘《なぞり》← G *Nationalsozialismus*〙

Nátional Sócialist, n- s- *n.* 《ドイツの》国家社会主義者, ナチ党員, ナチス. **— *adj.*** 《ドイツの》国家社会主義者の, ナチ党の; ナチズム的な. 〘《なぞり》← G *Nationalsozialist, -tisch*〙

N

Nátional Sócialist Gérman Wórkers' Pàrty *n.* [the ～] 国家社会主義ドイツ労働者党 (⇨ Nazi Party).

nátional státe *n.* ＝nation-state.

nátional superannuátion *n.* 《NZ》国民老齢年金. 〘1935〙

Nátional Théatre *n.* [the ～] 英国国立劇場, ナショナルシアター《Thames 南岸に 1976 年に開設; 前身は Old Vic 劇場》.

Nátional Trúst *n.* [the ～] ナショナル トラスト《1895 年に設立されたイングランド・ウェールズ・北アイルランドの史跡・自然美保存のための民間団体》. 〘1893〙

Nátional Únion *n.* [the ～] 《英国》保守党全国連合《保守党の全国組織; 公式名 the National Union of Conservative and Unionist Associations》.

Nátional Vocátional Qualificátion *n.* 《英国の》全国職業資格認定《職業科目における多様なレベルに区分された資格; 略 NVQ》. 〘1987〙

Nátional Wéather Sèrvice *n.* [the ～] 国立気象局《米国商務省に属し, 国内の気象データを集め天気予報・警報などを発表・発令する; 旧名 Weather Bureau; cf. Meteorological Office》.

nátion·hòod *n.* **1** 国民であること, 国民の身分. **2** 独立国家としての地位: achieve ～ 国家的独立を達成する. 〘1850〙

na·tion-state /néɪʃənstèɪt | ⸗⸗/ *n.* 《政治》《近代の》民族国家. 〘1918〙

na·tion·wide /nèɪʃənwáɪd⁻/ *adj.* 国家全般にわたる; 全国的な, 全国的規模の (cf. countrywide): a ～ hookup 全国中継放送 / arouse ～ interest 全国的な関心を呼び起こす. 〘1912〙

na·tive /néɪṭɪv | -tɪv/ *adj.* **1 a** 出生地の, 自国の: one's ～ land [soil] 生国, 本国, 故国 / one's ～ town 故郷(の町). **b** 〈人がある[特定の]土地[国]生まれの: a ～ Bostonian＝a person ～ *to* Boston 生粋のボストン人 / a ～ American citizen 本国生まれの米国市民. **c** 〈言語・習慣など〉出生地[国]の: one's ～ language [tongue] 母語 / a ～ word (借用語に対して)本来語. **2** 《外国のものでなく》その土地本来の, その土地生まれの, 土着の, 土産(ど)の (indigenous) 〔*to*〕: Potatoes are ～ *to* South America. じゃがいもは南米が原産地である / the ～ British black cat 英国原産の黒猫 / ～ plants 土着の植物 / ～ strawberries 土地産のイチゴ / ～ art 郷土芸術, 民芸 / fruits ～ and foreign 内外の果物. **3** [しばしば軽蔑的に] **a** 《通例, ヨーロッパ人の立場から》土着民の, 先住民の (aboriginal); 土着民独特の; 《まれ》非白人の: ～ troops in India (独立前の)インドの現地民軍 / ～ customs [dress] 先住民の風俗[服装]. **b** 先住民の住んでいる: a ～ quarter 現地人地区. **4 a** 先天的な, 生得の, 生まれつきの, 本来の (inborn) 〔*to*〕: ～ genius [wit] 天賦の才 / ～ cheerfulness 生まれつきの快活さ / Such an ability is ～ *to* her. そういう能力は彼女には生まれつき備わっている. **b** 《古》〈権利など〉生得の: ～ rights 生得権 (⇨ natural right). **5 a** 自然に従った 〔*to*〕. **b** 自然のままの, 飾り気のない; 純真な, 素朴(ぼく)な: ～ beauty, colors. **6 a** 《ある物の》元の素材を構成する: return to ～ dust 元の土に戻る. **b** 〈鉱物など〉自然のままの, 天然の: ～ rock 天然石. **c** 〈金属が〉(化合物の形で産出しないで)純粋の, 自然の: ～ copper 自然銅. **7** 〈牛・皮革が〉焼印の付いてない (unbranded). **8** 《豪》(特定の英国種に似ているが)土着の, オーストラリア産[種]の. **9** 《古》密接な関係のある (cognate) 〔*to*〕: The head is not more ～ *to* the heart than … 頭は…ほど心臓に近しくはない (cf. Shak., *Hamlet* 1. 2. 47–48). ***gò nátive*** 《口語》〈白人・観光客などが〉(文化の低い)現地人と同じ生活をする. 〘1901〙
— *n.* 1 a …生まれの人 (⇨ citizen SYN): a ～ of Chicago, Hungary, etc. **b** (旅行者・外国人と区別して)土地の人, 土着の人, 土地っ子: I am not a ～ here. 私はここの生まれのものでない. **c** 《豪》オーストラリア生まれの白人. **d** 《アフリカ南部》アフリカ黒人. **2 a** 土着の動植物 (aborigine). **b** 《英》英国近海養殖のカキ (oyster). **3** [しばしば軽蔑的に] (ヨーロッパ人から見て新発見地・開拓地などの)先住民, 土着民: South African ～*s* 南アフリカ先住民[黒人]. **4** 《占星》ある星の下に生まれた人.
～·ly *adv.* **～·ness** *n.* 〘《16C》□ L *nātīvus* born, innate ← *nātus* born ∞ 《*c*1385》 *natif* □ (O)F: ⇨ nation¹, -ive: NAÏVE と二重語〙

SYN 土着の: **native** 人や物がある土地に生まれついた[起源を持つ] (↔ foreign, alien): A *native* New Yorker ニューヨーク生まれの人 / *native* plants 土着の植物. **indigenous** 〈人や物が〉ある土地に土着の (↔ exotic) 《格式ばった語》: Are chrysanthemums *indigenous* to Japan? 菊は日本に土着のものですか. **aboriginal** 《特にオーストラリアについて》先住民の: an *aboriginal* race 先住民族.
ANT alien, foreign, exotic.

Nátive Américan *n., adj.* 先住アメリカ人(の) (cf. Amerindian), アメリカインディアン(の). ★ American Indian に代わる標準的な名称となっている. ただし Indian は専門用語として一般に使われている. 〘1925〙

nátive béar *n.* 《豪》＝koala (cf. native *adj.* 8).

nátive-bórn *adj.* その土地[国]生まれの, はえぬきの, 生粋の: a ～ American. 〘1500–20〙

nátive búsh *n.* 《NZ》原生林. 〘1853〙

nátive càt *n.* 《動物》フクロネコ (⇨ dasyure).

nátive compánion *n.* 《豪》《鳥類》＝brolga.

nátive dóg *n.* 《豪》《動物》＝dingo.

nátive hén *n.* 《鳥類》オグロバン (*Gallinula ventralis*), タスマニアオグロバン (*G. mortierii*)《それぞれオーストラリア, Tasmania 産のクイナ科の一種; 一般に water hen, gallinule などと呼ばれるもの》. 〘1848〙

nátive óak *n.* 《豪》《植物》＝casuarina.

nátive slóth *n.* 《豪》＝koala.

nátive són *n.* 《米》その土地[州]生まれ[出身]の人.

nátive spéaker *n.* 母語[第一言語]話者, ネイティブスピーカー: a ～ of English 英語を母語とする[第一言語として話す]人 (cf. a NONNATIVE speaker of English).

Nátive Státes, n- s- *n. pl.* [the ～] ＝Indian States.

Nátive Títle Àct *n.* 《豪》先住権原法 (⇨ Mabo).

nátive wíllow *n.* 《植物》＝poisonberry tree.

ná·tiv·ìsm /-ṭɪ̀vìzm | -tɪ-/ *n.* **1** 《米》《政治》《移住民に対する》先住民保護主義. **2** 土着文化の維持・存続を計る立場 (cf. acculturation 1). **3** 《哲学》生得説, 先天説 (cf. innate ideas). 〘1845〙

ná·tiv·ist /-ṭɪ̀vɪ̀st | -tɪvɪst/ *n., adj.* **1** 《米》《政治》先住民保護主義者[論者](の). **2** 《哲学》生得説論者(の).

na·tiv·is·tic /nèɪṭɪ̀vístɪk | -tɪ-⁻/ *adj.*

na·tiv·i·ty /nətívəṭi, neɪ- | nətívɪ̀ti/ *n.* **1** [the N-] **a** キリストの降誕; キリスト降誕祭 (Christmas). **b** 聖母マリアの誕生(祭)《9 月 8 日》. **c** 聖ヨハネ (John the Baptist) の誕生(祭)《6 月 24 日》. **2** [N-] キリスト降誕の図[浮彫り, 彫刻]. **3** 《占星》(その人の誕生時の)天宮図 (horoscope): calculate one's ～ (星占いをして)運勢を見る. **4** 出生, 誕生 (birth): a man of Irish ～ アイルランド生まれの人. 〘《?*a*1200》 *nativite* □ (O)F *nativité* □ LL *nātīvitātem* birth: ⇨ native, -ity〙

natívity plày *n.* [しばしば N-] キリスト降誕劇.

natívity scène *n.* (クリスマスに飾る)キリスト降誕図[像, 模型].

natl 《略》national.

NATO, Nato /néɪṭoʊ | -təʊ/ *n.* ナトー, 北大西洋条約機構 (cf. SEATO). 〘《1950》《頭字語》← *N*(*orth*) *A*(*tlantic*) *T*(*reaty*) *O*(*rganization*)〙

Na·torp /nɑ́ːtɔəp | -tɔːp; *G.* náːtɔʁp/, **Paul Gerhard** *n.* ナトルプ《1854–1924; ドイツの哲学者, 新カント学派のマールブルク学派を代表する一人》.

natr- /neɪtr, nætr/ (母音の前にくるときの) natro- の異形.

na·tri·um /néɪtriəm/ *n.* 《化学》＝sodium《記号 Na》. 〘《1842》← NL ～ ← NATR(ON)＋-IUM〙

na·tri·u·re·sis /nèɪtrijuríːsɪ̀s, nætrɪ- | -juríːsɪs/ *n.* 《医学》ナトリウム尿排泄亢進. **na·tri·u·ret·ic** /nèɪtrijurétɪk | -rét-⁻/ *adj.* 〘《1957》← NATRI(UM)＋NL *uresis* (□ Gk *ourēsis* ← *ourein* to urinate (cf. urine))〙

na·tro- /néɪtroʊ, nǽtroʊ | -trəʊ/「天然炭酸ソーダ (natron); ナトリウム (sodium)」の意の連結形. ★ 母音の前では通例 natr- になる. 〘□ G ～: ⇨ natron〙

nat·ro·lite /nǽtrəlàɪt, néɪ-/ *n.* 《化学》ソーダ沸石, 天然アルミノケイ酸ソーダ ($Na_2Al_2Si_3O_{10}·2H_2O$). 〘《1805》← NATRON＋LITE〙

na·tron /néɪtrɑ(ː)n, -trən | néɪtrən, -trɒn/ *n.* 《化学》天然炭酸ソーダ ($Na_2CO_3·10H_2O$)《洗濯ソーダ・石鹸・ガラスの原料の一つ》. 〘《1684》□ F & Sp. ～ □ Arab. *naṭrūn* □ Gk *nítron* natron: ⇨ niter〙

Na·tron /néɪtrən, -trɑ(ː)n | -trən, -trɒn/, **Lake** *n.* ナトロン湖《タンザニア北部, ケニアとの国境にある湖; 大地溝帯の東部帯にあり, 湖底に塩分・天然ソーダが堆積している》.

NATS /énèɪtìːés, néɪts/ 《略》Naval Air Transport Service (米国)海軍航空輸送部 (cf. MATS).

NATSOPA /nætsóʊpə | -tsə́ʊ-/ *n.* 《英国の》National Society of Operative Printers, Graphical and Media Personnel.

Nat·ta /nɑ́ːṭə | -tə; *It.* nátta/, **Giu·lio** /dʒúːljo/ *n.* ナッタ《1903–79; イタリアの化学者; 高分子の立体規則概念を確立; Nobel 化学賞 (1963)》.

nat·ter /nǽṭə | -tə(r)/ 《英口語》 *vi.* **1** ぺちゃくちゃしゃべる (chatter). **2** ぶつぶつ言う, 文句を言う (grumble). **— *n.*** おしゃべり. **～·er** *n.* 〘《1829》《変形》←《廃・方言》 *gnatter* □ ? Fris. *gnattern* ← Gmc《擬音語》〙

Nát·ter·er's bát /nǽṭərəz-, -trəz- | -tərəz-, -trəz-/ *n.* 《動物》タイリクノレンコウモリ (*Myotis nattereri*)《ヨーロッパ・北アフリカ・シベリアに分布するヒナコウモリ科のコウモリ》. 〘《1889》 *Johann Natterer* (1787–1843: オーストリアの博物学者)〙

nat·ter·jack /nǽṭədʒæ̀k | -tə-/ *n.* 《動物》ナタージャックヒキガエル (*Bufo calamita*)《背に黄条のあるヨーロッパ産のヒキガエル》. 〘《1769》← ? NATTER (その大きな鳴き声から)＋JACK¹ 《方言》newts, flies〙

nat·tiér blúe /nətjéɪ-, *F.* natje/ *n.* 淡青色 (soft azure). 〘《1912》← *J. M. Nattier* (1685–1766: この色彩を多く用いたフランスの画家)〙

nat·tock /nǽṭək | -tək/ *n.* 《動物》イタチキツネザル (weasel lemur).

nat·ty /nǽṭi | -ti/ *adv.* (**nat·ti·er; -ti·est**) 〈服装・風采など〉小ぎれいな, さっぱりした, いきな (trim): a ～ white suit. **nát·ti·ly** /-ṭəli, -ṭḷi | -tḷi, -tɪli/ *adv.* **nát·ti·ness** *n.* 〘《1557》《変形》←《廃》 *netty* ← ME *net* (□ (O)F *net*: ⇨ neat¹)＋-Y⁴〙

nátty dréad *n.* 《黒人英語》 **1** [*pl.*] ＝dreadlocks. **2** 髪を dreadlocks にしたラスタファリアン (Rastafarian). 〘1974〙

Na·tu·fi·an /nətúːfiən/ *adj. n.* 《考古》ナトゥフ文化(期)の(人間)《シリア・パレスチナ地方の中石器文化(の人間)をいう; 種々の細石器, 動物の絵を彫った骨・石などの出土品がある; 穀物を収穫した最初の文化とされた》. 〘《1932》← *Wadi en-Natuf* (パレスチナにある谷の名)＋-IAN〙

na·tu·ra /nətúːrə | -tjúərə, -tʃɔ́ːrə/ *L. n.* 自然. 〘□ L *nātūra* 'NATURE'〙

nat·u·ral /nǽtʃ(ə)rəl/ *adj.* **1** 天然[自然]の, 自然界の; 自然界を取り扱う: ～ beauty 自然の美観, 自然美 / ～ forces [phenomena] 自然力[現象]《嵐・雷鳴など》/ the ～ world 自然界 / ⇨ natural day. **2 a** 自然のままの, 加工しない; 未開墾の; 〈動植物が〉野生の (undomesticated): a ～ spring 天然泉 / ～ food 自然食(品) / ～ weapons 天然の武器《爪・歯・こぶしなど》/ ⇨ natural gas, natural resources, natural rubber / land in its ～ state 未開地 / a ～ growth of timber 自然の立木 / The buffalo can live its ～ life in Yellowstone Park. イエローストーン公園では野牛は自然のままの生活ができる. **b** 〈人が〉精神的に更生していない, 天啓を受けていない (unregenerate): ⇨ natural man. **3 a** 自然の過程による, 自然的な: a ～ process 自然の過程 / a ～ death (老齢・病気による)自然死 (cf. violent 4) / die a ～ death 自然な死に方をする / a ～ increase of population 人口の自然増 / a ～ explanation of miracles 奇跡の自然的理法による解明 / ⇨ natural life, natural magic. **b** [the ～; 名詞的に] 自然(的)なもの. **4 a** 《論理的に》当然の (normal): a ～ mistake / the ～ consequences of an action ある行動の当然の結果 / It is only ～ that economic difficulties (should) follow war. 経済的困難が戦争の後に続くのはきわめて当然のことである / It was ～ for you to refuse his offer. 君が彼の申し出を断わったのは当然だった. **b** (人情・人倫として)当然の: ～ affection [feeling] 自然の人情 / ⇨ natural justice / ～ duties [obligations] 人として当然の義務《親に対する子の扶養義務など》/ It is ～ that children (should) love their parents. 子が親を慕うのは自然である. **5** 〈態度など〉ごく自然な, 飾り気のない, 気取らない (↔ artificial, affected): speak in a ～ voice (いつもの)自然の声で話す / a ～ pose (特に気取らない)自然な姿勢 / a ～ expression of face 自然な[飾り気のない]表情. **6** 〔…にとって〕普通の, 平常の (⇨ normal SYN); 独特の, 持ち前の (characteristic) 〔*to*〕: a manner ～ *to* a soldier 軍人として自然な態度 / with the bravery that is ～ *to* him 持ち前の勇敢さで / It is hardly ～ for him to remain silent. 彼が黙っているのは普通なことではない《変だ》/ Her flushed face didn't look ～. 彼女の紅潮した顔は尋常とは見えなかった / He is not in a ～ state of mind. 彼の精神状態は普通ではない. **7** 生き写しの, 真に迫った (lifelike); 実物通りの, 原物の: a most ～ representation of past time 過去の実に生き生きとした描写 / drawn to ～ scale 実物大に描いた. **8** 生まれつきの, 生得の (innate) (cf. acquired); 生来の, 天性の (born): ～ abilities, instincts, charm, etc. / a ～ poet [pianist] 生まれながらの詩人[ピアニスト] / a ～ fool 生まれながらのばか者 / a ～ enemy 《生物》天敵 / ⇨ natural right. **9** [通例限定的] **a** 〈親子など〉血縁関係のある, 実の, 生みの (cf. adopted, foster): Where do his ～ parents live? 彼の生みの親はどこに住んでいるのか. **b** 《まれ》私生の, 婚外の, 非嫡出の (illegitimate): ⇨ natural child. **10** 《音楽》 **a** 本位の《嬰(えい)記号も変記号もつかない》: a ～ key ハ長調《またはイ短調》. **b** 本位の《先行の嬰記号または変記号を取り消す》: ⇨ natural sign. **c** 本位の《本位記号で音の高さが幹音に復帰する》: B ～ 本位ロ音. **d** 〈ホルン・トランペットなどの金管楽器など〉無弁の《弁も鍵もついていない》: a ～ horn [trumpet] ナチュラルホルン[トランペット]. **11**

アフロヘアーの; アフロスタイルの (Afro). **12**〖トランプ〗**a**〈札が〉ジョーカーでも自由札でもない;〈続き札など〉自由札を含んでいない. **b**〈ブリッジでのビッドが〉コンベンションでない(⇨ convention).

còme nátural to《口語》〈事が〈人〉にとってごく自然[容易]である, たやすい: Singing *comes* ～ *to* him. 彼にとって歌を歌うのはわけないことだ.《1589》

— *n.* **1** 生まれつき上手な[才能のある]人; 成功受合いの人[もの]; (役割・行為などに)打ってつけの人[もの]〔*for*〕: He was a ～ *as* a wrestler. レスラーになるために生まれてきたような男だった / You are a ～ *for* the job. 君はその仕事に打ってつけだ. **2**《英口語》寿命: for [in] (all) one's ～ 生涯. **3**〖音楽〗**a** 本位記号, ナチュラル (♮) (cf. *adj.* 10 b). **b** 本位音. **c** (ピアノなどの)白鍵(ᵏᵉⁿ). **4** (黒人の)アフロヘアー; アフロスタイル. **5 a**〖トランプ〗ナチュラル《(twenty-one で, 初めから ace と絵札(または 10)で 21 点になっている最高の手で, 即座に上がりとなる; blackjack ともいう)》. **b** ナチュラル《(craps などで第 1 回目のさいころ投げで勝ちとなる手)》. **6**《古》(生来の)白痴 (fool).

～·ness *n.* **nat·u·ral·i·ty** /nætʃərǽləti | -lɪ̀ti/ *n.* 〖《c1250》⫽ (O)F *naturel* ⫽ L *nātūrālis* by birth, in accordance with nature ← *nātūra* 'NATURE': ⇨ -al[1]〗

nátural áids *n. pl.*〖馬術〗＝aid 4.

nátural-bórn *adj.* 生まれつき…の権利[身分, 性格]を持った, 生まれつきの, 生得の: a ～ citizen 出生によって市民権を有する市民《(米国憲法第 2 条 1 節 5 項にある言葉)》 / ～ genius / a ～ stylist 生まれつきの名文家.《1583》

nátural brídge *n.*〖地理〗(岩石海岸または石灰岩地域にみられる)天然橋《(橋の形をした自然の岩)》.

Nátural Brídges *n. pl.* ナチュラル ブリッジズ《(米国 Utah 州南東部にある三つの天然橋から成る天然記念物; 最大のものの高さ(川底から) 98 m, 径間 82 m)》.

nátural cemént *n.* 天然セメント《(粘土質石灰岩を焼成し, 粉末にした水硬性セメント; 現在はほとんど製造されない; cf. portland cement)》.

nátural chíld *n.* **1** (養子に対して)実子. **2**《まれ》非嫡出子.

nátural chíldbirth *n.* (薬物・催眠などに頼らない)自然分娩.《1933》

nátural classificátion *n.* **1**〖生物〗＝natural system. **2**〖植物〗自然分類《(フランスの植物学者 A. L. de Jussieu /ʒysjø/ (1748–1836) による形の類似性を標準に種類を目 (natural order) に配列した分類法)》.

nátural dáy *n.* 自然日《(日の出から日の入りまで)》; 一昼夜.《1391》

nátural dedúction *n.*〖論理〗自然演繹《(公理の代わりに基本的推理規則のみから証明図によって定理を導出する, より自然に近い論理的演繹(の体系))》.《1950》

nátural dýe *n.* 天然染料《(天然の動植物から得られる染料)》.

nátural fámily plánning *n.* 自然家族計画《(基礎体温などから排卵期を予測して性交を控えるもの)》.

nátural fréquency *n.*〖電気・機械〗固有周波数, 固有振動数《(減衰作用を受けない振動系が自由振動をする時, 単位時間内に振動する回数; cf. forcing frequency)》.

nátural gás *n.* 天然ガス (cf. casinghead gas).《1825》

nátural gásoline *n.* 天然ガソリン《(天然ガスまたは油井ガス (casinghead gas) を圧縮液化して得られるガソリン; casinghead gasoline ともいう)》.

nátural génder *n.*〖文法〗自然的性《(現代英語におけるように代名詞 he, she などの選択が指示物の生物学的な性別により決定されるもの; cf. grammatical gender)》.

nátural guárdian *n.*〖法律〗血縁後見人《(未成年者 (minor) の(財産の管理を含まない)後見人; コモンロー (Common Law) では父・母・祖父母または直近の親族の順とされた)》.

nátural harmónic *n.*〖音楽〗自然倍音《(弦楽器の開放弦の生み出す倍音)》.

nátural históriạn *n.* 自然史[博物学]研究家; 自然誌[博物誌]の著者.《1665》

nátural hístory *n.* **1 a** 自然史, 博物学《(今は動物・植物・鉱物学などに分化)》. **b** (専門外の人の非組織的な)自然史[博物]研究. **c** 自然誌, 博物誌. **2 a** 発達史[経路], 沿革史〔*of*〕: a ～ *of* Boston. **b** (病状などの)自然発達〔*of*〕: a ～ *of* tuberculosis.《1555》

Nátural Hístory Musèum *n.* [the ～] 自然史博物館《(London の South Kensington にある博物館; 動物学・昆虫学・古生物学・植物学・鉱物学の 5 部門に分かれている)》.

nátural immúnity *n.*〖生物〗自然免疫《(生来または無意識的に得た免疫; cf. acquired immunity)》.

nat·u·ral·ism /nǽtʃ(ə)rəlɪzm/ *n.* **1** (自然的本能や欲望に従って行動する)自然主義, 本能主義. **2**〖哲学〗自然主義《(自然を重視し超自然的なものを軽視する世界観; 特にすべての現象は科学的法則によって説明し尽くされ, 目的論的自然観は無価値であるとする説)》. ★ 実証主義 (positivism), 経験論 (empiricism), 唯物論 (materialism), 機械観 (mechanism) などはそれぞれある意味で自然主義である. **3**〖倫理〗自然主義: **a** 人間の自然的本性を重視して道徳的規範を立て, それを抑圧する規範を否定する立場; 何を基本の本性と見るかによって立場は分かれる; Epicurus の快楽主義, Aristotle らの幸福主義, 自然の理法への服従を力説する Stoa 派, 力への意志に基づく Nietzsche の超人道徳その他がある. **b** 価値・規範の(言葉・命題)は自然的事実(の言葉・命題)で説明され, それに還元されるとする倫理学説. **4**〖神学〗自然論《(宗教的真理は天啓からではなく自然界(の探究)から得られるとする説)》; 自然崇拝. **5**〖文芸〗自然主義: **a** 19 世紀後半の文学で Zola, Flaubert, Maupassant, George Moore, Hardy などによって代表され, 客観描写を主張する一種の写実主義. **b** 特に英文学において用いられる名称で自然を主材とする文学, またその手法. **c** (芸術作品において)自然の実態に則して表現すること.〖《a1641》□ F *naturalisme*: ⇨ natural, -ism〗

nat·u·ral·ist /nǽtʃ(ə)rəlɪ̀st | -lɪst/ *n.* **1** 博物学者; (特に)生物学者 (biologist). **2 a**《英》愛玩動物商人, 小鳥商人. **b** 剝製(ᵇᵃᵏᵘˢᵉⁱ)師 (taxidermist). **3**〖哲学・文芸〗自然主義者. **4**〖神学〗自然論者. — *adj.* ＝naturalistic.〖《1587》□ F *naturaliste*〗

nat·u·ral·is·tic /nætʃ(ə)rəlístɪk⁻/ *adj.* **1** 自然に従った; 自然主義的な, 写実的な (realistic): ～ fallacy 自然主義的誤謬《(G. E. Moore の用語で, 価値・当為などを事実に還元する誤謬)》 / ～ principles in art 芸術における自然主義. **2** 博物学(者)的な. **3**〖神学〗自然論的な.

nàt·u·ral·ís·ti·cal·ly *adv.*《1838》

nat·u·ral·i·za·tion /nætʃ(ə)rəlɪ̀zéɪʃən | -laɪ-, -lɪ-/ *n.* **1** (外国人の)帰化: a British subject by ～ 帰化英国人. **2 a** (外国語・外国の習慣などの)移入, 同化. **b** (外国産動植物の)帰化. **3** 自然化.〖《1578》□ F *naturalisation*〗

nat·u·ral·ize /nǽtʃ(ə)rəlàɪz/ *vt.* **1**〈外国人を〉帰化させる, …に市民権[国籍]を与える: a ～*d* citizen [Japanese] / become ～*d* as a Japanese subject [in Japan] 日本に帰化する. **2 a**〈外国語・外国の習慣などを〉取り入れる, 移入[同化]する: ～ foreign words 外国語を自国語に取り入れる / ～*d* words 外来語 / a French word that has been ～*d* in English 英語に取り入れられた[十分に英語化した]フランス語. **b**〈外国産動植物を〉風土[環境]に慣らす, 帰化させる, 馴化させる (acclimate); 天然植物に仕立てる: a ～*d* plant 帰化植物 / become ～*d* 帰化する. **3 a** 自然的にする, 自然に従わせる. **b** …につき自然な見方をする, (神秘的でなく)自然律で説明する: ～ miracles. — *vi.* **1 a** 帰化する. **b** 馴化する, 風土に馴れる. **2** 博物学を研究する.〖《1571》□ F *naturaliser*: ⇨ natural, -ize〗

nátural jústice *n.*〖法律〗自然的正義《(司法的判断を下す際の指導原理; 裁判官が偏見を持たないこと, 公正な告知・聴聞・公開審理などが要求される)》.

nátural kíller cèll *n.*〖免疫〗ナチュラルキラー細胞《(あらかじめ感作(ᵏᵃⁿˢᵃ)されることなく腫瘍細胞・ウイルス感染細胞を殺すことができる大型顆粒リンパ球; NK cell ともいう)》.《1979》

nátural lánguage *n.* 自然言語《(Esperanto や FORTRAN などの人工語に対し, 日本語・英語などの自然の言語; cf. artificial language, machine language)》.《1774》

nátural láw *n.* **1**〖法律〗(実定法に対する)自然法《(自然の理法や人間本性に基づく法; cf. positive law)》. **2**〖哲学〗＝LAW of nature (1).

nátural líberty *n.* [通例 *pl.*] 自然的自由《(自然律以外のものの制約を受けない自由; cf. civil liberty)》.

nátural lífe *n.* (人の)寿命, 天寿: for the term of one's ～ 寿命のある限り, 生涯.《1483》

nátural lógarithm *n.*〖数学〗自然対数《(底を "e＝2.71828182845 …" とするもの; Napierian logarithm ともいう; cf. common logarithm)》.《1816》

nat·u·ral·ly /nǽtʃ(ə)rəli/ *adv.* **1** 自然に, 自然の力で: die ～. **2** 無理がなく, 楽々と: take to swimming ～ 苦もなく泳ぎができるようになる / Swimming comes ～ to him. 彼には泳ぎはわけはない (cf. *come* NATURAL *to*). **3** 生来, 生まれつき; 性に合って: be ～ clever, indolent, etc. / do what comes ～ 性に合ったことをする / come ～ to a person 人の性に合っている (cf. 2). **4** ありのままに, 飾らずに, 気取らずに: behave ～. **5** 当然; もちろん, …も道理. ★ 文全体を修飾し, 通例文頭にくるが, 位置はかなり自由: He was ～ disappointed. 失望するのが当然だった / *Naturally* he accepted her kind offer. もちろん彼は彼女の親切な申し出を受け入れた / Did you go there?—*Naturally*! そこへ行きましたか—もちろんですよ. **6** 真に迫って, 生写しに (realistically).《*c*1275》

nátural mágic *n.* (霊や神の力によらない)奇術 (cf. black magic).《1477》

nátural mágnet *n.* ＝magnet 1.

nátural mán *n.* **1** (天啓を受けず動物的に行動する)自然児[人]. **2** 未開人.

nátural mínor scále *n.*〖音楽〗自然的短音階 (cf. scale[1] 6).

nátural mutátion *n.*〖生物〗自然(的)突然変異《(自然に起こる突然変異で, 人為突然変異に対する語)》.

nátural númber *n.* 自然数《(1, 2, 3, …のような正の整数; 0 を含めることもある)》.《1763》

nátural órder *n.* **1** 自然律, 自然界の秩序. **2**〖植物〗(植物分類上の)目 (order). ★ 古くは今の family (科)の意味に用いられた.《1697》

nátural períod *n.*〖天文・物理〗自然周期, 固有周期.

nátural pérson *n.*〖法律〗(権利能力を認められた)自然人 (cf. juristic person).

nátural philósopher *n.* 自然(哲)学者; (特に)自然科学者.

nátural philósophy *n.* 自然哲学《(科学と哲学が未分化であった時代, 今日の自然科学をさす言葉, 現在ではスコットランドの大学でのみ用いられる; cf. moral philosophy, nature philosophy)》; (特に) ＝physical science.《1456》

nátural phonólogy *n.*〖言語〗自然音韻論《(広義には Chomsky and Halle, *Sound Pattern of English* (1968) に要約された生成音韻論の欠陥を是正しようとする音韻論を指すが, 狭義には特に David Stampe /stǽmp/ の主唱する音韻論を指す)》.

nátural prémium *n.*〖保険〗自然保険料《(生命保険で, 死亡率に比例し年齢の増加に伴って毎年増加していく保険料)》.

nátural príce *n.*〖経済〗自然価格《(生産原価に平均利潤を加えたもの)》.

nátural relígion *n.*〖哲学〗自然宗教《(啓示の神秘性を否定し, 自然や理性と両立する限りにおいて神を認めようとする立場; cf. positive religion, revealed religion, deism)》.《1675》

nátural résin *n.* 天然樹脂 (cf. synthetic resin).

nátural résources *n. pl.* 天然[自然]資源.《1870》

nátural ríght *n.*〖哲学〗自然権《(人が生まれながらに有する権利; cf. legal right)》.

nátural rúbber *n.* 天然ゴム (cf. synthetic rubber).

nátural scíence *n.* 自然科学. **nátural scíentist** *n.*《1425》

nátural selêction *n.*〖生物〗(ダーウィンの進化論でいう)自然選択, 自然淘汰(ᵗᵒᵘᵗᵃ) (cf. artificial selection, SURVIVAL of the fittest).《1857》

nátural sìgn *n.*〖音楽〗本位記号, ナチュラル (♮) (natural).

nátural slópe *n.*〖土木〗自然勾配《(表土が滑り落ちない土手の最大傾斜角)》.

nátural sýstem *n.*〖生物〗自然分類, 系統分類《(生物界をその進化の系統に従って組織的に分類した体系; natural classification ともいう; cf. artificial system)》.

nátural theológian *n.* 自然神学者.《1840》

nátural theólogy *n.* 自然神学《(啓示によらず, 理性や自然に基づく神学的教説; cf. revealed theology)》.《1677》

nátural uránium *n.*〖原子力〗天然ウラン (cf. enriched uranium).

nátural vegetátion *n.* 自然植生《(一地方に固有で, 人間の生活による変化をこうむっていない植物群)》.

nátural vírtues *n. pl.*〖哲学〗(古代哲学およびスコラ哲学での)自然の徳《(justice, prudence, temperance, fortitude の四元徳をいう; cf. cardinal virtues, theological virtues)》.

nátural wástage *n.* (労働力の)自然減 (attrition).《1943–44》

nátural wávelength *n.*〖電気〗固有波長《(伝播速度を固有周波数 (natural frequency) で割ったもの)》.

nátural wíne *n.* ナチュラルワイン《(ブランデーなどによってアルコール分を強化してないぶどう酒; cf. fortified wine)》.

nátural yéar *n.* 自然年, 太陽年 (solar year).《1679》

na·tu·ra na·tu·rans /nətúᵊrənətúᵊrænz, -tjúᵊr- | nətjúərənətjúər-/ *n.* 創造された自然.〖《*c*1818》□ L *nātūra nātūrāns* ← *nātūra* (↓) ＋*nātūrāns* ((pres.p.) ← *nāscī* to be born)〗

natúra na·tu·rá·ta /-nɑ̀ːturéɪtə, -turɑ́ː-, -tjur- | -nɑ̀ːtjuəréɪtə, -tjuərɑ́ː-/ *n.* 創造的自然.〖《*c*1818》□ L *nātūra nātūrāta* ← *nātūra* 'NATURE' ＋*nātūrāta* (p.p.) ← *nāscī* (↑)〗

na·ture /néɪtʃə | -tʃə(r/ *n.* **1 a** 自然, 天然, 自然界; 自然力, 自然現象: the study of ～ / *Nature's* God 自然を造り出した神 (Alexander Pope, *Essay on Man*) / God is the author of ～. 神は万物の創造主 / leave the cure of an illness to ～ 病気の治癒(ᶜʰⁱʸᵘ)を自然に任せる / *Nature* is the best physician.《諺》自然は最良の医者 / *Nature* is commanded by obeying her. 自然はそれに従うことによって支配できる / in the course of ～ 自然の成り行きで. **b** [しばしば N-] 造化, 造物主, 自然の女神《★ しばしば女性代名詞で受ける; ⇨ Mother Nature》: *Nature's* engineering 造化の巧み / *Nature*, that kindly mother of humanity 人類のやさしき母なる自然 / by provision of ～ 自然の摂理により / one of *Nature's* gentlemen 生まれは卑しいが本性気高く思いやりの深い人;《反語》無教養な無作法者《(gentlemen の代わりに saints, noblemen, nephews などともいう)》. **2 a** (人為によらない)自然のままであること, 自然[原始]状態; 自然物, 実物 (reality): true to ～ 真に迫った, 本物[実物]通りに / sketch [draw, paint] a thing from ～ 実物を写生する / ⇨ *in a* STATE *of nature*. **b** 自然の風景《(動植物も含む)》: preserve [destroy] ～ 自然の景観を保存[破壊]する. **3 a** (人間の)本来の姿, 原始的状態: a return to ～ 自然への復帰《(J. J. Rousseau の言葉)》. **b** 簡素な生活様式, 原始的生活. **4 a** (人・物の)天性, 本性, 性情, 性質 (inherent character) (⇨ temperament SYN): the animal ～ 動物性, 獣性 / in the ～ of man 人間性において / the rational [moral] ～ 理[道徳]性 / ⇨ human nature, second nature / a man of good [ill] ～ 人のいい[悪い]人, やさしい[意地悪な]人 / be of a generous ～ 大らかな性質である / One touch of ～ makes the whole world kin. ⇨ touch *n.* 9 / It is in her ～ to be kind to the poor. 貧しい人に親切なのは彼女の天性だ / It is out of [not in] my ～ to be cruel to animals. 私の性質として動物にむごいことはできない. **b** 本質, 特質, 特徴 (characteristic): the ～ of love, steel, atomic energy, etc. / the noncommercial ～ of the enterprise その事業の非営利性 / It is the ～ of fire to burn. 燃えるのが火の特質である. **c** [通例修飾語を伴って] 気性の…な人: sanguine ～*s* 楽天的な人々, 楽天家 / Some ～*s* cannot appreciate poetry. 詩のわからない人がある / He is a retiring ～. 彼は引っ込みがちな人だ. **5** (基本的特質から区別された)種類 (⇨ type[1] SYN): a book of the same ～ 同種の本 / events of this ～ この種の出来事. **6 a** 活力, 体力, 生活作用:

Nature is exhausted. 体力が尽きた. **b** 《婉曲·戯言》生理的要求: (answer) a call of ～ 自然の(生理的)要求(に応じる) / interference with ～ 生理的要求の妨害 / ease [relieve] ～ 大[小]便をする. **7** 《古》やさしい感情. **8** 〖神学〗(天啓を受けない)精神的未更生の状態. **9** 〖生物〗(有機体の)発生的特質, 本質, 素質.
agàinst* [*cóntrary to*] *náture (1) 自然の理に反した[反して], 不自然な[に]; 人道にもとる[もとって]; 不道徳な[に]: ⇨ CRIME against nature. (2) 奇跡的な[に]. 《1500–20》 ***áll náture*** 万物; だれもかれも (everybody), 何もかも (everything): *All* ～ looks gay. (春景色など)万物が歓喜にあふれている, 鳥歌い花笑う. 《1819》 ***by one's* (*véry*) *náture*** 本質的に. ***by náture*** 生まれつき, 生まれながらに, 生来, 本来 (innately): He is endowed *by* ～ for a musician. 彼は生まれつき音楽家の才がある. 《1615》 ***by the líght of náture*** ⇨ light¹ 成句. ***cóntrary to náture*** ＝*against* NATURE. ***gó the wáy of áll náture*** ⇨ way¹ 成句. ***in a státe of náture*** ⇨ state 成句. ***in náture*** (1) 現存して; 事実 (in real fact): There is, *in* ～, such a thing as hell. 地獄というものは実際にあるのだ. (2) [最上級·否定·疑問を強調して] 世界中で, どこに(も), 一体全体 (at all): *What in* ～ do you mean? 一体何事だ / It was *the most* brilliant diamond *in* ～. それは燦然(さんぜん)と輝くダイヤモンドであった. 《1605》 ***in* [*of*] *the náture of*** …の性質を帯びて, …と同種の, …に似た (like): Your request is *in* [*of*] *the* ～ *of* a command. 君の頼みはまるで命令のようだ. 《1598》 ***in* [*by, from*] *the* (*véry*) *náture of things* [*the càse*]** (事物の)本質から考えて, 道理上, 当然, 必然的に. 《1584》 ***like áll náture*** 《米口語》全く, 完全に. 《1824》
〚(*c*1275) □ (O)F ～ □ L *nātūra* 《原義》 birth, natural character, nature ← *nātus* (p.p.) ← *nāscī* to be born: ⇨ -ure〛

Na·ture /néɪtʃə | -tʃə^(r)/ *n.* 「ネイチャー」《英国の科学専門誌; 週刊; 1869 年創刊》.
náture bòy *n.* 《米俗》精悍な男; 髪がぼさぼさの男.
náture cùre *n.* 自然療法 (naturopathy). 〚1876〛
ná·tured *adj.* [通例複合語の第 2 構成要素として] 性質の…な, 気性の…な: good-[ill-]*natured* 人のいい[悪い]. 〚(1577) ← NATURE＋-ED 2〛
náture dèity *n.* [通例 *pl.*] 自然神 《自然物や自然現象を神とするもの》. 〚1875〛
náture gòd *n.* ＝nature deity.
náture mỳth *n.* 自然神話(説) 《神話の起源は自然現象と自然物の起源·由来などを説明化したものと考える説》. 〚1871〛
náture-núrture còntroversy *n.* [the ～] 遺伝·環境論争 《人間の生育に及ぼす影響は遺伝と環境のいずれが大きいかという論争》.
náture philòsophy *n.* (Socrates 以前の古代ギリシャやルネサンス期の)自然(哲)学 (cf. natural philosophy). 〚1855〛
náture prìnting *n.* 〖印刷〗ナチュラルプリンティング 《織物などを金属板に押しあててできた織目などの凹模様を製版して印刷する方法》.
náture ràmble *n.* ＝nature walk.
náture resèrve *n.* 自然保護地域. 〚1915〛
náture's càll *n.* 《口語》生理的要求 (call of nature) (cf. nature 6 b).
náture strìp *n.* 《豪口語》(植栽のある)中央分離帯. 〚1948〛
náture stùdy *n.* 自然観察 《初等教育の教科としての動植物·自然現象などの観察》. 〚1896〛
náture tràil *n.* (自然を観察できるように作った)自然歩道.
náture wàlk *n.* (自然観察を目的とする)自然散策. 〚1932〛
náture wòrship *n.* 自然[天然]崇拝 《自然の事物や現象を神として崇拝すること》. 〚1850〛
na·tur·ism /néɪtʃərɪzm/ *n.* **1** (宗教上の)自然主義 (naturalism). **2** 自然[天然]崇拝(説) 《宗教の起源は自然崇拝だとする》. **3** ＝nudism. 〚(1847) □ F *naturisme*〛
ná·tur·ist /-rɪ̈st | -rɪst/ *n.* **1** (宗教上の)自然主義者. **2** 自然崇拝者. **3** ＝nudist. 〚(1685) ← NATURE＋-IST〛
na·tu·ro·path /néɪtʃərəpæ̀θ, nǽtʃər- | -rə(ʊ)-/ *n.* 自然療法の実践者, 自然療法医. 〚(1937) 《逆成》 ↓〛
na·tu·rop·a·thy /nèɪtʃərɑ́(ː)pəθi, nætʃ- | -rɔ́p-/ *n.* 自然療法(主義) 《化学薬物を用いず, 主として食事·運動·薬草·空気·水などにより自然治癒力を引き出す療法》. **na·tu·ro·path·ic** /nèɪtʃərəpǽθɪk, nǽtʃ- | -rə(ʊ)-⁻/ *adj.* 〚(1901) ← L *nātūra* 'NATURE'＋-PATHY〛
nauch /nɔ́ːtʃ, nɑ́ːtʃ | nɔ́ːtʃ/ *n.* ＝nautch.
nau·co·rid /nɔ́ːkərɪ̈d, nɑ́ː- | nɔ́ː-/ 〖昆虫〗 *adj.* コバンムシ(科)の. ― *n.* コバンムシ 《コバンムシ科の昆虫の総称》. 〚↓〛
Nau·cor·i·dae /nɔːkɔ́(ː)rədìː, nɑː-, -kɑ́(ː)r- | nɔː-kɔ́rɪ-/ *n. pl.* 〖昆虫〗(半翅目)コバンムシ科. 〚← NL ～ ← *Naucoris* (属名: ← Gk *naûs* ship＋*kóris* bedbug)＋-IDAE〛
Nau·cra·tis /nɔ́ːkrətɪ̈s, nɑ́ː- | nɔ́ːkrətɪs/ *n.* ナウクラティス 《エジプト北部 Nile 川の三角州上にあった古代ギリシャの植民市; Sir Flinders Petrie により発掘された (1885)》. 〚□ Gk *Naúkratis*〛
Naug·a·hyde /nɔ́ːgəhàɪd, nɑ́ː- | nɔ́ː-/ *n.* 〖商標〗ノーガハイド 《室内装飾に用いる人工革》. 〚(1937) ← ? *Nauga*(*tuck*) (Connecticut 州中部にある工業都市)＋*hyde* 《変形》 ← HIDE²〛
naught /nɔ́ːt, nɑ́ːt | nɔ́ːt/ (*also* **nought**) *n.* **1** 《古·文語》無 (nothing) (cf. aught): all for ～ 全くむだに, いたずらに / come to [go for] ～ 〈計画などが〉だめになる, 失敗に終わる / bring a plan to ～ 計画をだめにする[失敗に終わらせる]. **2** 〖数学〗零, 0, ゼロ (cipher, zero). ★《英》ではこの意では nought が普通. ***sét at náught*** 《古·文語》軽蔑する, 無視する (defy). 《1303》
― *adj.* 《叙述的》 **1** 《廃》崩壊した, 滅びた (ruined). **2** 《古》無価値の, 無用の (worthless): find one's wealth ～ 富をつまらないものと思う. **3** 《廃》(道徳的に)悪い (bad), よこしまな (wicked).
― *adv.* 《古》少しも…しない (not at all): care ～ for a person 少しも人をかまわない[相手にしない].
〚OE *nāht, nāwiht* (n., adj., adv.) ← *nā* 'NO¹'＋*wiht* thing: ⇨ nought, wight¹, whit〛
náughts-and-crósses *n. pl.* [単数扱い] 《英》〖遊戯〗＝ticktacktoe.
naugh·ty /nɔ́ːti, nɑ́ː- | nɔ́ːti/ *adj.* (**naugh·ti·er**; **-ti·est**) **1** (子供または子供のふるまいについて)いたずら好きな, 腕白な, 手に負えない (mischievous): a ～ boy / That's very ～ *of* you. それはひどいいたずらだ. ★ 戯言的に大人についてもいう. **2 a** 《婉曲》いかがわしい, わいせつな, 下品な: a ～ word, story, etc. **b** 浮気な, ふしだらな: a ～ woman. **3** 《古》邪悪な. ― *n.* [しばしば *pl.*] 《主に豪俗》性交. **náugh·ti·ly** /-təli, -tɪ̈li | -tɪ̈li, -tɪli/ *adv.* **náugh·ti·ness** *n.* 〚(*c*1378) ← NAUGHT 《廃》wickedness: ⇨ -y⁴〛
náughty bíts *n. pl.* 《俗·婉曲》いけないところ, 性器. 〚英国のテレビのコメディー番組 *Monty Python's Flying Circus* での造語〛
náughty níneties *n.* [the ～] 《戯言》(奢侈放蕩(しゃしほうとう)のため)悪名高い 90 年代 《英国の 1890 年代》. 〚1930〛
náughty páck *n.* 《古》ならず者; (特に)身持ちの悪い女. 〚(1530) cf. pack¹ 《廃》a person of worthless character〛
nau·ma·chi·a /nɔːméɪkiə, nɑː- | nɔː-/ *n.* (*pl.* **-chi·ae** /-kiìː/, ～s) (昔ローマの市民に観覧させた)模擬海戦; 模擬海戦場 《特に場所を作るかまたは円形劇場などを用いた》. 〚(1596) □ L ～ □ Gk *naumakhía* ← *naûs* ship＋*mákhē* battle: cf. naval, -machy〛
nau·ma·chy /nɔ́ːməki, nɑ́ː- | nɔ́ː-/ *n.* ＝naumachia. 〚□ F *naumachie*: ↑〛
Nau·mann /náʊmɑːn; G. náʊman/, **Edmund** *n.* ナウマン (1850–1927; ドイツの地質学者; 来日 (1875–85)して日本列島の地質調査をし, 東大教授, 地質調査所創立者として, わが国の地質学の発展に大きな貢献をした; ナウマンゾウは彼にちなんで命名された).
Náumann élephant *n.* 〖古生物〗ナウマンゾウ 《第四紀更新世後期に日本にいたゾウ》. 〚↑〛
nau·pli·us /nɔ́ːpliəs, nɑ́ː- | nɔ́ː-/ *n.* (*pl.* **-pli·i** /-pliàɪ/) 〖動物〗ノープリウス, ナウプリウス 《甲殻類の発生でふつう第 1 期に現れる幼生; cf. metanauplius》. 〚(1836) ← NL ～ ← L 'a kind of shellfish' □ Gk *Naúplois* (海神 Poseidon の息子) ← *naûs* ship＋*pleîein* to sail: 殻を船とみて名付けたもの〛
Na·u·ru /nɑːúːruː | nɑrúː, naʊ-/ *n.* ナウル 《太平洋上 Gilbert 諸島の西方の島; 英連邦内の共和国; もとオーストラリア·ニュージーランド·英国 3 国の国連信託統治領であったが 1968 年独立; 燐鉱の産地として有名; 面積 21 km², 首都 Nauru; 旧名 Pleasant Island; 公式名 the Republic of Nauru ナウル共和国》.
Na·u·ru·an /nɑːúːruːən | nɑrúːən, naʊ-/ *n., adj.* ナウル共和国(の). 〚1921〛
nau·se·a /nɔ́ːziə, nɑ́ː-, -siə, -ʒə, -ʃə | nɔ́ːsiə, -ziə, -ʒə/ *n.* **1** 吐き気, 嘔吐, むかつき (qualm): feel ～ むかつく, 吐きそうになる. **2** 大きらい, 嫌悪 (loathing). 〚(?a1425) □ L ～, *nausia* □ Gk *nausíā, nautíā* seasickness ← *naûs* ship, *naútēs* sailor: cf. naval〛
nau·se·ant /nɔ́ːʒiənt, nɑ́ː-, -ʃiənt, -ziənt, -siənt | nɔ́ːsiənt, -ziənt, -ʒiənt/ *adj.* 吐き気を催させる. ― *n.* 催吐剤. 〚(1846) □ L *nauseantem* (pres.p.) ← *nauseāre* to feel sick: ⇨ ↑, -ant〛
nau·se·ate /nɔ́ːʒièɪt, nɑ́ː-, -ʃi-, -zi-, -si- | nɔ́ːsièɪt, -zi-, -ʒèɪt/ *vt.* **1** …に吐き気を起こさせる. **2** …にひどくいやな感じを与える (disgust): His hypocrisy ～s me. 彼の偽善的な態度には吐き気がする. **3** 《まれ》非常にきらう. ― *vi.* **1** 吐き気を催す 〔*at*〕: ～ *at* food 食物で胸が悪くなる. **2** いやでたまらない 〔*at*〕: ～ *at* work 仕事がいやでたまらない. **náu·se·àt·ed** /-tɪ̈d | -tɪd/ *adj.* **nau·se·a·tion** /nɔ̀ːʒiéɪʃən, nɑ̀ː-, -ʃi-, -zi-, -si- | nɔ̀ːsi-, -zi-, -ʒi-/ *n.* 〚(1640) ← L *nauseātus* (p.p.) ← *nauseāre*: ⇨ ↑, -ate³〛
náu·se·àt·ing /-tɪŋ | -tɪŋ/ *adj.* 吐き気を起こさせる(ような); 実にいやな感じを与える. **～·ly** *adv.* 〚(1645) ← NAUSEATE＋-ING²〛
nau·seous /nɔ́ːʃəs, nɑ́ː-, -ziəs | nɔ́ːsiəs, -ziəs, -ʃəs, -ʒəs/ *adj.* **1** 吐き気を起こさせるような (nauseating): a ～ taste, smell, etc. / The food is ～ to the taste. その食物はいやな味がする. **2** 《米口語》むかつく, 吐き気を催す: feel ～. **3** けがらわしい, いやらしい: a ～ sight. **～·ly** *adv.* **～·ness** *n.* 〚(1604) □ L *nauseōsus* ← *nausea* 'NAUSEA': ⇨ -ous〛
Nau·sic·a·ä /nɔːsíkiə, nɑː-, -keɪə | nɔː-/ *n.* 〖ギリシャ伝説〗ナウシカアー 《Phaeacia の王 Alcinoüs の娘; 難船した Odysseus を父の宮廷に案内した》. 〚□ L *Nausicaa* □ Gk *Nausikáa* 《原義》? burner of ships ← *naûs* ship＋*kaíein* to burn〛
naut. 《略》nautical.
-naut /←–(–)nɔ̀ːt, -nɑ̀ːt | -nɔ̀ːt/ *n. suf.* 「航行する人」, 「推進者」の意を表す名詞を造る: aquanaut, Argonaut, astronaut, cosmonaut, Reaganaut, videonaut.
nautch /nɔ́ːtʃ, nɑ́ːtʃ | nɔ́ːtʃ/ *n.* インドの nautch girl の挑発的な舞踊 (nautch dance ともいう). 〚(1809) □ Hindi *nāc* ＜ Prakrit *nacca* ← Skt *nṛtya* a dancing ← *nṛt-* to dance〛
náutch gìrl *n.* (インドの職業的な)踊り子.
nau·tic /nɔ́ːtɪk, nɑ́ː- | nɔ́ːtɪk/ *n.* 《英俗》(特に英国海軍の)水兵. ― *adj.* 《詩》＝nautical. 〚(1909) □ F *nautique* ∥ L *nauticus* (↓)〛
nau·ti·cal /nɔ́ːtɪ̈kəl, nɑ́ː-, -kḷ | nɔ́ːtɪ-/ *adj.* 船舶の; 海員の; 航海(術, 学)の; 海事の (maritime): a ～ almanac 航海暦, 航海年表 / ～ terms 海語, 海事用語 / a ～ yarn 航海奇談. 〚(1552) □ L *nautic*(*us*) □ Gk *nautikós*, of ships or sailors ← *naútēs* sailor＋-AL¹〛
náutical archaeólogy *n.* 海洋考古学.
náutical astrónomy *n.* 航海天文学 《航海および航空に応用される天文学》.
náu·ti·cal·ly *adv.* 航海上(から), 海事上; 航海(術, 学)的に.
náutical míle *n.* 〖海事〗海里: **a** 英国海軍省の公定で 6,080 フィート (1,853.2 m) 《Admiralty mile ともいう》. **b** 米国沿岸測量部のかつての公定で 6,080.20 フィート (1,853.248 m). **c** 国際海里 (international nautical mile) 《1959 年 7 月 1 日以降米国で公用; 日本と同様で 6,076.11549 フィート (1,852 m)》. 〚1834〛
náutical tábles *n. pl.* 航海表 《航海術計算に必要な数表》.
nau·tics /nɔ́ːtɪks, nɑ́ː- | nɔ́ːt-/ *n.* 《まれ》航海術. 〚(1793) ← NAUT(ICAL)＋-ICS〛
nautili *n.* nautilus の複数形.
Nau·til·i·dae /nɔːtíləd iː, nɑː- | nɔːtílɪ-/ *n. pl.* 〖動物〗オウムガイ科. 〚← NL ～: ⇨ nautilus, -idae〛
nau·ti·loid /nɔ́ːtəlɔ̀ɪd, nɑ́ː-, -tḷ- | nɔ́ːtɪl-, -tḷ-/ *n., adj.* 〖動物〗オウムガイ目の(軟体動物). 〚(1847): ↓〛
Nau·ti·loi·de·a /nɔ̀ːtəlɔ́ɪdiə, nɑ̀ː-, -tḷ- | nɔ̀ːtɪlɔ́ɪdiə/ *n. pl.* 〖動物〗オウムガイ目. 〚← NL ～: ⇨ ↓, -oidea〛
nau·ti·lus /nɔ́ːtələs, nɑ́ː-, -tḷ- | nɔ́ːtɪl-, -tḷ-/ *n.* (*pl.* **～·es, -ti·li** /-təlàɪ, -tḷ- | -tɪl-/) 〖動物〗 **1** オウムガイ 《熱帯インド洋·太平洋産のオウムガイ属 (*Nautilus*) の四鰓頭足類の総称; 特に pearly nautilus; chambered nautilus ともいう》. **2** ＝paper nautilus. 〚(1601) ← NL ～ (属名) ← L ～ □ Gk *nautílos* sailor ← *naûs* ship〛
Nau·ti·lus /nɔ́ːtələs, nɑ́ː-, -tḷ- | nɔ́ːtɪl-, -tḷ-/ *n.* [the ～] ノーチラス(号) 《米国海軍原子力潜水艦第一号; 1954 年進水》. 〚↑: J. Verne の科学小説の潜水艦にちなむ〛
NAV 《略》〖証券〗net asset value.
nav. 《略》naval; navigable; navigation; navigator; navy.
Nav·a·ho /nǽvəhòʊ, nɑ́ːv- | -hàʊ/ *n.* (*pl.* **～, ～s, ～es**), *adj.* ＝Navajo.
nav·aid /nǽveɪd/ *n.* 〖海事·航空〗航法支援施設 《船や航空機に自分の位置を正確に知る手段を提供し, あるいは電波などを使って目的地点に直接誘導するなどの機能をもつ施設》. 〚(1956) ← *nav*(*igation*) *aid*〛
Nav·a·jo /nǽvəhòʊ, nɑ́ːv- | nǽvəhəʊ/ *Am.Sp.* naβáho/ *n.* (*pl.* **～, ～s, ～es**) **1 a** [the ～((e)s)] ナバホ族 《Athapaskan 系アメリカインディアンの南部の主要部族; Arizona, New Mexico, Utah, Colorado 各州にまたがる保留地 (reservation) に居住し, 今日米国最大の部族集団を成す; 鮮やかな幾何学的模様の毛布 (Navaho blanket) を織る技術と銀細工で有名》. **b** ナバホ族の人. **2** (ナバホ族の用いる)ナバホ語. ― *adj.* ナバホ族(特有)の; ナバホ語の. 〚(1780) □ Sp. (*Apache de*) *Navajó* Apache of Navaho □ Am.-Ind. (Tewa) *Navahú* great planted-fields (もと Tewa の部落 (pueblo), 転じてその農耕地に侵入したナバホ人をいう)〛
Návajo Nátional Mónument *n.* ナバホ国定記念物 《Arizona 州北部 Monument Valley 地方の南西にある岩窟住居跡保存区域》.
na·val /néɪvəl, -vḷ/ *adj.* **1 a** 海軍に[に関する], 軍艦の (cf. military, civil): a ～ (building) plan 建艦計画 / ～ power 海軍力, 制海権 / a ～ review 観艦式. **b** 海軍の行う[による]: a ～ battle [engagement] 海戦 / a ～ blockade 海上封鎖 / a ～ bombardment 艦砲射撃 / ～ maneuvers 海軍の演習. **c** 海軍[軍艦]をもっている: ～ forces 海軍[海上]部隊 / a ～ port 軍港 / a ～ power 海軍国. **2** 《廃》船の, 船舶用の, 海運の. 〚(?a1425) □ (O)F ～ ∥ L *nāvālis* of ships ← *nāvis* ship: ⇨ navy, -al¹〛
nával acàdemy *n.* **1** 海軍兵学校 (cf. naval college). **2** [the N- A-] (米国)海軍兵学校 《正式には the United States Naval Academy と称し, Maryland 州 Annapolis にある; cf. Royal Naval College》.
nával árchitect *n.* 造船技師. 〚1885〛
nával árchitecture *n.* 造船学.
naval attaché /←–←–←| ←–←–←/ *n.* (大使[公使]館付き)海軍武官.
nával báse *n.* 海軍基地, 海軍根拠地. 〚1906〛
nával brigáde *n.* (海軍の)陸戦隊. 〚1883〛
nával cadét *n.* 海軍生徒, 海軍将校生徒 《海軍士官養成機関の生徒》; (特に, 1882–1902 年の米国海軍兵学校の)士官[少尉]候補生 (cf. midshipman 2).
nával còllege *n.* 《英》海軍兵学校 (cf. naval academy, Royal Naval College).
nával crówn *n.* 〖紋章〗海洋冠 《古代ローマ時代海上輸送の功績者に与えられた冠; 港市の紋章の盾の上部に加えられることが多い》.
ná·val·ism /-vəlɪzm/ *n.* (国策としての)海軍第一主義, 海国主義.
ná·val·ist /-lɪ̈st | -lɪst/ *n.* 海軍第一主義者.

ná·val·ly /-vəli/ *adv.* 海軍の立場から, 海軍式に.

nával ófficer *n.* **1** 海軍士官. **2** 《米》税関吏.

nával shípyard *n.* 《米》海軍工廠(こうしょう), 海軍造船所 (navy yard; 《英》(naval) dockyard).

nával stàtion *n.* 海軍要港, 海軍補給地, 海軍基地.

nával stòres *n. pl.* **1** (兵器以外の)海軍軍需品. **2** 〘海事〙船用需品《すべての艦船用特需品; 特に樹脂およびその製品, チャン・タール・アスファルトなどの塗料》. 〖1678〗

Nav·an /nǽvən/ *n.* ナヴァン《アイルランド東部 Meath 県の県都》.

Na·va·na·gar /nʌ̀vənʌ́gə | -gə^(r)/ *n.* ナヴァナガル《Jamnagar の別名》.

nav·ar /nǽvɑə | -vɑː^(r)/ *n.* 〘航空・通信〙ナバー《地上に設置したレーダーにより空港管制空域内のすべての飛行機の位置と機名を決定すると共に, それぞれの飛行機に必要な情報を与える航法および管制用レーダーシステム》. 〖← *nav(igational) (rad)ar*〗

Na·va·ra·tra /nʌ̀vərʌ́trə/ *n.* (*also* **Na·va·ra·tri** /-tri/)〘ヒンズー教〙九夜祭《Asin 月 (9–10 月) に 9 日間行れる Durga の祭》. 〖□ Hindi *navrātri* // Skt *navarātra* ← *nava* nine＋*rātri* night〗

na·varch /néɪvɑək | -vɑːk/ *n.* (古代ギリシャの)艦隊司令長官, 提督. 〖(1828–32) □ L *nāvarchus, nauarchus* □ Gk *naúarkhos* the master of a vessel ← *naûs* ship＋*arkhós* leader: ⇨ *-arch*¹〗

nav·a·rho /nǽvəròʊ | -rəʊ/ *n.* 〘航空・通信〙ナバロー《低周波の電波を利用する古典的な航空機用距離無線航法方式》. 〖← *nav(igation) a(id)*＋*rho* (航行距離を表すギリシャ文字 ρ)〗

nav·a·rin /nǽvərɪ̀n | -rɪn/ *n.* 〘料理〙ナバラン《(子)羊の肉を根菜類と煮込んだシチュー》. 〖(1877) □ F ～ ← *navet* turnip ← OF *nef*: ⇨ navew: F の語尾は Navarin (↓のフランス語名)との語呂合わせ〗

Na·va·ri·no /næ̀vəríːnoʊ | -nəʊ/ *n.* ナバリノ《ギリシャ南西部, Peloponnesus 半島の要塞(さい)海港; ギリシャ独立戦争で英仏露の同盟軍がトルコ・エジプトの艦隊を破った海戦場 (1827); ギリシャ語名 Pylos》.

Na·varre /nəvɑ́ə | -vɑ́ː^(r); *F.* navaːʁ/ *n.* ナバラ《フランス南西部およびスペイン北部に存在したバスク王国 (9–13 世紀); 首都 Pamplona; 農業中心の山岳地帯; スペイン語名 Navarra /*Sp.* naβára/》.

nave¹ /néɪv/ *n.* 〘建築・教会〙(十字形教会またはバシリカ教会の)ネーブ, 身廊 (⇨ church). 〖(1642) □ ML *nāvis* nave of a church, (L) ship: 教会を船に見立てたもの (cf. G *Schiff* / Du. *schip*)〗

nave² /néɪv/ *n.* ボス, 軸頭, こしき, ハブ (boss, hub)《歯車・車輪・ベルト車などの軸のはまる部分; ⇨ wheel 挿絵》. 〖OE *nafu, nafa* < Gmc **naƀō* (Du. *naaf* / G *Nabe* / ON *nǫf*) < IE **nobh-* (↓)〗

na·vel /néɪvəl, -vḷ/ *n.* **1 a** 臍(へそ) (umbilicus). **b** [形容詞的に] 臍の: a ～ cord [string] 臍の緒(お). **2** 中心(点), 中央. **3** ＝navel orange. **4** 〘紋章〙＝nombril. ***cóntemplate*** [***gáze at, regárd***] ***one's nável*** (戯言) (行動せずに)瞑想にふける (cf. navel gazing). (1966) 〖OE *nafela* < Gmc **naƀalon* (OFris. *navla* / Du. *navel* / G *Nabel*) ← IE **nŏbh-*, **ombh-*(L *umbō* boss of shield / Gk *omphalós* navel)〗

nável gàzing *n.* (無益な[独りよがりな])内省, 瞑想(めいそう). 〖1963〗

nável ìll *n.* 〘獣医〙(*Actinobacillus equuli* の臍帯(さいたい)感染による)子牛や子羊の膿性敗血症《生後 2–3 日で斃死するがしばしば慢性経過をとり関節炎を起こす; joint evil ともいう》.

nável òrange *n.* 〘園芸〙ネーブル(オレンジ) (*Citrus sinensis* var. *brasiliensis*)《sweet orange の一変種; 果頂部が臍(へそ)状を呈する; 単に navel ともいう》. 〖1846〗

nável·wòrt *n.* 〘植物〙 **1** ヨーロッパ産ベンケイソウ科コチレドン属の草本 (*Cotyledon umbilicus*)《kidneywort ともいう》. **2** ルリソウ《ヨーロッパ・アジア産ムラサキ科ルリソウ属 (*Omphalodes*) の草本の総称》. 〖← NAVEL＋WORT²〗

na·vette /nævét; *F.* navɛt/ *n.* (*pl.* **～s** /～s/; *F.* ～/) 〘宝石〙＝marquise 2. 〖(1908) □ F ～ 'weaver's shuttle, incense boat' (dim.) ← *nef* ship < L *nāvem, nāvis*: ⇨ nave¹, -ette〗

na·vew /néɪvjuː/ *n.* カブ (turnip). 〖(1533) □ (O)F 《今は方言》*naveau* ← OF *nef* < L *nāpum*; cf. neep〗

nav·i·cert /nǽvəsɜ̀ːt | -vɪsɜ̀ːt/ *n.* 〘海事〙航海証明書, 封鎖海域通過許可書《中立国に駐在する戦時下国の領事が発給し, その中立国の商船が戦事禁制品を積載していないことを証明する》. 〖(1923) ← *navi(gation) cert(ificate)*〗

Na·vic·u·la·ce·ae /nəvɪ̀kjuléɪsiː/ *n. pl.* 〘植物〙(羽状珪藻目)ハネケイソウ科. 〖← NL ～ ← L *nāvicula* (↓)＋-ACEAE〗

na·vic·u·lar /nəvíkjulə | -lə^(r)/ 〘解剖〙 *adj.* 舟状の (boat-shaped): ⇨ navicular bone. ── *n.* (*also* **na·vic·u·lar·e** /nəvɪ̀kjuléəri, -léːri | -léəri, -léːriː/) ＝navicular bone. 〖(?*a*1425) □ F *naviculaire* // LL *nāviculāris* ← L *nāvicula* small boat (dim.) ← *nāvis* ship＋*-cula* '-CULE': ⇨ -ar¹〗

navícular bóne *n.* 〘解剖〙舟状骨《手掌・足蹠のつけ根にある舟状の手根骨・足根骨の一つで, 狭義には足のものだけを指し, 手のものは scaphoid bone という》.

navícular disèase *n.* 〘獣医〙(馬の)舟状関節炎. 〖1828〗

navig. 《略》navigation; navigator.

nav·i·ga·bil·i·ty /næ̀vɪ̀gəbíləti | -vɪgəbílɪ̀ti/ *n.* **1** (海・川・水路などが)航行できること, 可航性. **2** (船・ミサイルなどが)操縦のきくこと, 耐航性.

nav·i·ga·ble /nǽvɪ̀gəbl | -vɪ-/ *adj.* **1** 〈海・川・水路などが〉航行できる, 船の通れる, 可航の: a ～ sea 可航海 / a ～ channel [canal] 可航水路 / The river is ～ for large steamers. その川は大型の汽船が通れる. **2** 〈船・ミサイルなど操縦のきく (dirigible): a ～ ship, balloon, etc. **～·ness** *n.* **náv·i·ga·bly** *adv.* 〖(1464) □ F ～ // L *nāvigābilis* ← *nāvigāre* 'to NAVIGATE'＋*-ābilis* '-ABLE'〗

návigable sémicircle *n.* 〘海事〙可航半円《熱帯性低気圧の進行方向に向かって風の吹いている区域; 北半球では低気圧の進行方向に向かって左半分の区域; 低気圧の中心から逃げるのに船舶が追い風で航行可能》.

návigable wáters *n. pl.* 〘法律〙可航水路[域].

nav·i·gate /nǽvəgèɪt | -vɪ̀-/ *vt.* **1** 〈船・航空機・自動車を操縦する, 運航する (steer): ～ a ship, an airplane, etc. **2** 〈人・船などが〉〈海・川を〉航行する, 航海する (sail over); (航空機で)〈空を〉飛ぶ: ～ the sea, air, etc. **3** 《米》(確かな足取りで)〈場所を〉歩いて行く. **4** 〈方策・議会などを〉進行させる, 切り抜けさせる: ～ a bill *through* Parliament [Congress] 法案を無事議会で通過させる. ── *vi.* **1 a** 〈船・航空機を〉操縦する. **b** 〈車の同乗者が〉運転の助手を務める. **2 a** 〈船・航空機が〉通う: Steamers ～ *between* the ports. 両港間を汽船が通う. **b** 《まれ》船で行く, 航行する: ～ *around* the world 世界を周航する. **3** 《口語》〈病人・酔った人が〉(確かな足取りで)歩いて行く: I can ～ all right. ちゃんと歩けますよ. 〖(1588) ← L *nāvigātus* (p.p.) ← *nāvigāre* ← *nāvis* ship＋*agere* to drive: cf. naval, act〗

náv·i·gàt·ing òfficer /-tɪŋ- | -tɪŋ-/ *n.* **1** 〘海事〙(軍艦の)航海長, 航海士; (商船の)航海士. **2** 〘航空〙航空士.

nav·i·ga·tion /næ̀vəgéɪʃən | -vɪ̀-/ *n.* **1** 航行, 運行; 航海, 航空: aerial ～ 空中飛行, 航空 (cf. 2) / inland ～ (河川・運河による)内陸航行. **2** 航法, 航海学[術], 航空学[術]: aerial ～ 航空術 (cf. 1). **3 a** (船舶・航空機の)交通(量). **b** 《米まれ》海運, 水運. **4** 《英方言》水路 (passage). **5** 《古》船旅 (voyage). **～·al** /-ʃnəl, -ʃənḷ⁻/ *adj.* **～·al·ly** *adv.* 〖(1527) □ (O)F ～ // L *nāvigātio(n-)* ← *nāvigātus* (p.p.) ← *nāvigāre*: ⇨ navigate, -ation〗

Navigátion Àcts *n. pl.* [the ～] 〘英史〙航海法《英国海運業を保護し貿易の拡張を図るためのもの総称; 1651 年 O. Cromwell の発布したものが最も有名, 1849 年に廃止》.

navigátion àids *n. pl.* 〘航空・海事〙航法援助施設.

navigátion còal *n.* 〘海事〙＝steam coal.

navigátion làws *n. pl.* 〘海運〙航海法規《船舶の航行に関する法律》.

navigátion lìght *n.* **1** 〘海事〙航海灯《航海中の船舶がその所在や進行方向を示すための灯火》. **2** 〘航空〙航空灯《夜間飛行中の航空機が所在・進行方向などを示すための灯火》.

navigátion sàtellite *n.* 航行衛星《天体・気象に関するデータを地上に送信して航行を支援する人工衛星; 略 NAVSAT》. 〖1961〗

nav·i·ga·tor /nǽvəgèɪtə | -vɪ̀gèɪtə^(r)/ *n.* **1** 航海者; 航海に長じた人. **2 a** 航海士, (軍艦の)航海長, (商船では特に)二等航海士. **b** (航空機の)航空士. **c** (運転者に道を教える)ナビゲーター. **3** 海洋探検家: Arctic ～*s* 北極探検家 / Henry the *Navigator* エンリケ航海王子 (⇨ Henry of Portugal). **4** ナビゲーター《航空機やミサイルの進路を自動調整する装置》. **5** 《英》＝navvy 1. 〖(1590) □ L *nāvigātor* sailor: ⇨ navigate, -or²〗

Návigators Íslands *n. pl.* [the ～] ナビゲーター諸島《Samoa の旧名》.

Nav·pak·tos /*Mod.Gk.* náfpaktɔs/ *n.* ナウパクトス《Lepanto のギリシャ語名》.

Nav·ra·ti·lo·va /næ̀vrætɪ̀lóʊvə | nævrætɪróʊvə, nævrə-; *Czech* návra:cɪlɔva:/, **Martina** *n.* ナブラチロワ (1956–　; チェコ生まれの米国のテニス選手; Wimbledon で優勝 (1978, 79, 82–87, 90)).

Náv·star Glóbal Posítioning Sỳstem /nǽvstɑə- | -stɑː^(r)-/ *n.* (米国の)ナブスター全地球位置把握システム《航行衛星を用い, 宇宙船・航空機・船舶・陸上車の精密な位置・速度・時間を測るシステム》. 〖*Navstar* ← *nav(igation) s(ystem using) t(ime) a(nd) r(anging)*〗

nav·vy /nǽvi/ *n.* 《英口語》**1** (鉄道・道路・運河建設などの)未熟練土木作業員: a mere ～'s work (頭のいらない)労役 / work like a ～ (いやな仕事を)骨折ってやる. **2** ＝steam shovel. 〖(1832–34) 《短縮》← NAVIGATOR: ⇨ -y²: cf. navigation 4〗

na·vy /néɪvi/ *n.* **1** [しばしば the N-] **a** 海軍, 海軍力: *the* Royal [British] *Navy* 英国海軍 / *the* US *Navy* 米国海軍 / the Secretary of the *Navy* (米国の)海軍長官《英国では First Lord of the Admiralty》/ He is in [went into, joined] *the* ～. 彼は海軍にいる[はいった]. **b** 海軍省. **2** [集合的] (一国の)全海軍艦隊; 海軍軍人. **3** 《古・詩》**a** 艦隊 (fleet). **b** 《英》商船隊: the ～ of Venice ベニスの商船隊. **4** (*pl.* **～s**) ＝navy blue. 〖(*a*1338) *navie* fleet □ OF □ VL **nāvia* ← L *nāvis* ship〗

návy bèan *n.* 《米》米国海軍の貯蔵食料となる白いインゲンマメ. 〖1897〗

návy blúe *n.* (英国海軍制服の)濃紺色, ネービーブルー《紫・灰色の混ざった濃紺色; 単に navy ともいう》. **návy-blúe** *adj.* 〖1840〗

Návy Cróss *n.* 〘米海軍〙海軍勲功章, 特功十字章《戦功により米海軍, 海兵隊 (Marine Corps), 沿岸警備隊 (Coast Guard) の戦闘員に対し授与される》. 〖1919〗

návy cùt *n.* 《英》ネービーカット《薄切りの固形たばこ (cake tobacco); パイプ用》.

Návy Depàrtment *n.* [the ～] 《米》海軍省 (the Department of the Navy). 〖1824〗

Návy Exchánge, N- e- *n.* 〘米海軍〙(基地内または艦内の)販[購]売部, 売店, 酒保 (cf. Post Exchange).

Návy Lìst *n.* [the ～] 《英》海軍要覧《士官および艦船名簿》.

návy yàrd *n.* 《米》＝naval shipyard. 〖1771〗

naw /nɔ́ː, nɑ́ː | nɔ́ː/ *adv.* 《米俗》＝no¹. 〖1906〗

na·wab /nəwɑ́ːb, -wɔ́ːb | -wɑ́ːb/ *n.* **1** [N-] ナワーブ《インド・パキスタンのイスラム教徒の王侯・名士に対する尊称 (cf. Nizam, raja)》. **2** 《まれ》＝nabob 2. 〖(1758) □ Hindi *naw(w)āb, nabāb*: ⇨ nabob〗

Nax·a·lite /nǽksəlàɪt/ *n.* ナクサライト《毛沢東主義を標榜するインドの極左テロリストグループの党員; 1967 年に西ベンガルで革命運動を開始; 地名 Naxalbari から命名》. ── *adj.* ナクサライトの, ナクサライト党(員)の: ～ extremism ナクサライト過激主義.

Nax·çi·van /nɑ̀ːxtʃɪ̀vɑ́ːn | -tʃɪ-/ *n.* ＝Nakhichevan.

Nax·os /nǽksɑs, -sɑ(ː)s | -sɔs; *Mod.Gk.* náksos/ *n.* ナクソス(島)《エーゲ海南部のギリシャ領の島, Cyclades 諸島中最大のもの; 面積 427 km²》.

nay /néɪ/ (↔ yea) *adv.* **1** [接続詞的に; 前言をさらに強めて] いや(それどころか), というよりもむしろ: It is difficult ─ ～, impossible. 困難, いや不可能だ. **2** 否(いな) (no). ★ 今は反対投票の場合に用いる以外は《まれ》. ── *n.* **1** 否(という語, 答え); 否定, 拒絶 (denial): say a person ～＝say ～ to a person 人の願いを拒絶する, 人にいけないと言う / I won't take ～. いやだと言わせない / Let your yea be yea and your ～ be ～. 賛否をはっきり言え. **2** 反対投票(者): the yeas and ～*s* 賛否(の数). 〖?lateOE *nai, nei* □ ON *nei* no ← *ne* not＋*ei* ever: ⇨ aye², na, no¹〗

na·ya pai·sa /nəjɑ́ːpaɪsɑ́ː/ *n.* (*pl.* **na·ye pai·se** /nəjèɪpaɪséɪ/) ナヤーパイサー《1957–63 年間のインドの補助通貨単位; ＝¹⁄₁₀₀ rupee; 現在は paisa を用いる》. 〖(1956) □ Hindi *nayā paisā* 《原義》new pice〗

Na·yar /nɑ́ːɪə, nɑ́ɪə | nɑ́ːɪə^(r), nɑ́ɪə^(r)/ *n.* (*pl.* **～, ～s**) **1 a** [the ～(s)] (インドの Kerala 州の)ナヤール族《もと Malabar Coast 地方の上流武家階級で母系社会を形成していた》. **b** ナヤール族の人. **2** ナヤール語. 〖(1582) □ Malayalam *nāyar* ← Skt *nāyaka-* 《原義》leader〗

Na·ya·rit /nɑ̀ːjɑːríːt; *Am.Sp.* najaɾí(t)/ *n.* ナヤリット《メキシコ西部の太平洋沿岸の州; 州都 Tepic /*Am.Sp.* tepí(k)/》.

náy·sày *n.* (完全な)否定, 拒絶. ── *vt.* (完全に)否定する. **～·er** *n.*

náy·ward /-wəd | -wəd/ *n.* 《Shak》否定. 〖(1610–11): ⇨ -ward〗

náy·wòrd *n.* **1** 《まれ》合言葉 (watchword). **2** 《廃》格言, 決まり文句. 〖(1597) ← ?〗

Naz·a·rene /næ̀zəríːn⁻/ *n.* **1 a** ナザレ人(びと). **b** [the ～] イエスキリスト (Jesus Christ) (cf. *Matt.* 2: 23). **c** (ユダヤ人, あるいは特にイスラム教徒が軽蔑して言った)キリスト教徒. **2** ナザレ派, ナザレ教徒 (1–4 世紀にユダヤ教の典礼を守ったユダヤ教的キリスト教徒). **3** [the ～s] 〘絵画〙ナザレ派《19 世紀初頭, 宗教芸術の特性を回復しようとしたドイツの画派》. ── *adj.* ナザレ(人)の; ナザレ派の. 〖(*a*1225) □ LL *Nazarēnus* □ Gk *Nazarēnós* born in Nazareth (← *Nazarét* Nazareth) □ Aram. *nāṣᵉrāyâ'*: 語源の過程で NAZARITE と混合〗

Naz·a·reth /nǽzər(ɪ)θ/ *n.* ナザレ《Palestine 北東部の都市; 聖書でキリストが少年時代を過ごした地》: Can any good come out of ～? ナザレ(のような取るに足りない所)から何のよいものが出ようか《不評を受けた一家や土地などからは, ろくな人物は出ないの意; cf. *John* 1: 46》. 〖↑〗

Naz·a·rite /nǽzəràɪt/ *n.* **1** 〘聖書〙ナジル人(びと)《古代イスラエル人の間で, 信仰の純化をめざして特に酒を断ち, 髪を切らずに神に献身した誓願者; cf. *Num.* 6, *Judges* 13: 2–7》. **2** 《まれ》ナザレ人(びと). **3** 《まれ》＝Christ. **4** 《廃》＝Christian¹ 1. 〖(1535) ← LL *Nazaraeus* (□ Gk *Naziraîos* □ Heb. *nāzīr* ← *nāzár* to separate oneself, abstain from)＋-ITE¹〗

Naz·ca /nɑ́ːskə | nǽz-; *Am. Sp.* náska/ *adj.* ナスカ文化の《中央アンデス地帯[現在のペルー]で西暦紀元前後から約 500 年間栄えたインカ文化以前の古代文化; 精巧で色彩豊かな陶器や巨大地上絵を残した》. 〖← *Nazca* ペルー南部を流れる Rio Grande の支流, その流域の町〗

naze /néɪz/ *n.* 岬, 崎(さき) (promontory). 〖(1774) ? ← *The Naze* (Essex 州の地名): cf. ness〗

Naze /néɪz/, **The** *n.* ネーズ(岬) (⇨ Lindesnes).

Na·zi /nɑ́ːtsi, nǽtsi | nɑ́ːtsi, nɑ́ːzi; *G.* náːtsi/ *n.* **1 a** (ドイツの)国家社会主義者, ナチ党員, ナチ. **b** [the ～s] ＝Nazi Party. **2** ドイツ国家社会主義(運動)支持者; (オーストリアなどでの)親独党員. **3** [しばしば n-] 全体主義的国粋論者; 人種差別主義者. ── *adj.* ナチ党の, ナチズムの: the ～ regime ナチ体制. 〖(1930) □ G ～ 《短縮》← *Na(tionalso)zi(alist)* National Socialist: または *Nati-* の発音から〗

Ná·zi·dom /-dəm | -dəm/ *n.* ナチ支配[体制].

na·zi·fy, N- /nɑ́ːtsɪ̀fàɪ, nǽtsɪ̀- | nɑ́ːtsɪ-, nǽtsɪ-, nɑ́ːzɪ-/ *vt.* ナチスの支配に従わせる, …にナチ思想を吹き込む. **na·zi·fi·ca·tion, N-** /nɑ̀ːtsɪ̀fɪkéɪʃən, næ̀tsɪ̀- | nɑ̀ːtsɪfɪ-, næ̀tsɪ-, nɑ̀ːzɪ-/ *n.*

Ná·zi·ìsm /-tsiìzm | -tsi-, -zi-/ *n.* ＝Nazism.

Názi Pàrty *n.* [the ～] ナチ党《1919 年創立; Adolf Hitler を総統とする独裁主義の下に人民の文化・経済および政治的活動をすべて統制し, ドイツの世界支配権の確立を目指したが, 第二次大戦によって倒壊した; 正式名 the National Socialist German Workers' Party》.

na·zir /nɑ́ːzɪə | -zɪə^(r)/ *n.* **1** (イスラム教諸国の)役人. **2** (英印の)法廷の役人《令状を送達したり会計係などをし

N

た). 〘(1678) □ Arab. *nāẓir* overseer, inspector ← *nāẓara* to look, examine〙
Naz·i·rite /nǽzəràɪt/ *n.* ＝Nazarite.
Názi salúte *n.* ナチス式敬礼《右手をななめ上方に伸ばし, 手のひらを開く》.
Na·zism /nɑ́ːtsɪzm, nǽts- | nɑ́ːtsɪzm, nǽtsɪ-, nɑ́ːzɪ-/ *n.* **1** ナチズム, 《ドイツの》国家社会主義《Hitler ないしナチ党・ナチスの主義主張・行動; 指導者原理・人種主義に立ち全体主義的なテロ支配・暴力による他民族支配を唱えかつ実行した; cf. Fascism 1》. **2** ナチズム運動. 〘1934〙
Ná·zist /-tsɪ̀st | -tsɪst, -zɪst/ *adj.* ナチズム(的)の.
Nb 《記号》〘化学〙 niobium.
NB 《略》 naval base; Nebraska; New Brunswick; North Borneo; northbound; North Britain.
NB, nb /ɛ́nbíː, nóutəbéneɪ, -tɑː-, -bíːni | ɛ́nbíː, nə́utəbíːni, -tɑːbéneɪ/ 《略》 nota bene.
n.b. 《略》〘クリケット〙 no-ball.
NBA 《略》 National Bar Association; National Basketball Association; National Boxing Association; National Book Awards; Net Book Agreement.
NBC /ɛ̀nbìːsíː/ 《略》《米》 National Broadcasting Company (⇨ ABC, CBS); nuclear, biological and chemical weapons 核・生物・化学兵器.
NbE 《略》 north by east.
NBG, nbg 《略》 no bloody good 《英口語》 全然だめ, 処置なし (cf. NG).
NBL 《略》《英》 National Book League.
Ń-bòmb *n.* ＝neutron bomb.
NBPI 《略》〘経済〙 National Board for Prices and Incomes (英国の)物価・所得委員会《通例 PIB》.
NBS 《略》 National Bureau of Standards 米国規格標準局.
NBV 《略》〘会計〙 net book value.
NbW 《略》 north by west.
nC, nc 《略》 nanocurie(s).
NC 《略》 national certificate; national congress; national council; New Caledonia; New Church; no change; no charge; no connection; no credit; 〘米郵便〙 North Carolina (州); northern command; 〘電算〙 numerical control; 〘電算〙 numerically controlled; nurse corps.
n.c. 《略》 new charter; new crop.
N/C, n/c 《略》〘化学〙 nitrocellulose.
NCA 《略》《英》 National Cricket Association; no copies available.
NCAA 《略》 National Collegiate Athletic Association 全米大学競技協会.
NCB 《略》 National Coal Board (英国の)石炭庁《1947 年創設》.
NCC 《略》 National Council of Churches; 《英》 National Computing Centre; 《英》 Nature Conservancy Council; 《英》 National Curriculum Council.
NCCJ 《略》 National Conference of Christians and Jews.
NCCL 《略》《英》 National Council for Civil Liberty.
NCCM 《略》《米》 National Council of Catholic Men.
NCCW 《略》《米》 National Council of Catholic Women.
NCE 《略》 New Catholic Edition.
NCI 《略》《米》 National Cancer Institute.
NCNA 《略》 New China News Agency.
NCO 《略》《口語》 noncommissioned officer. 〘1810〙
NCR 《略》〘商標〙 National Cash Register 《米国のキャッシュレジスター・コンピューター・OA機器などのメーカー》; no carbon required カーボン紙不要.
NC-17 /ɛ́nsìːsèvəntíːn/ 《記号》《米》〘映画〙 17 歳未満お断わりの(映画). 〘《略》← *n(o) c(hildren under)* 17 *(admitted)*〙
NCT 《略》《英》 National Childbirth Trust 《出産・育児に関する知識の普及をはかり, 自然分娩や母乳による育児の奨励を行っている団体》.
NCTE 《略》 National Council of Teachers of English 全米英語教師協会《幼稚園から大学院までの英語教員を会員とし, 感謝祭の行われる週末に全国大会を開催する; 1911 年創立; 本部は University of Illinois の構内にある; cf. NATE》.
NCU 《略》《英》 National Cyclists' Union.
NCV, n.c.v. 《略》 no commercial value.
NCVO 《略》《英》 National Council for Voluntary Organizations.
NCW 《略》《英》 National Council of Women.
Nd 《記号》〘化学〙 neodymium.
ND 《略》 national debt; no date; 〘米郵便〙 North Dakota (州); Notre Dame.
n.d. 《略》 no date; no drawing; not dated; not drawn; nuclear detonation.
-nd[1] 2 および (12 以外の) 2 に終わる数字に添えて序数を表す: *2nd, 72nd*.
-nd[2] /nd/ *suf.* OE の現在分詞語尾の *-ende* に由来し, 若干の動作主名詞 (agent noun) に残る: fie*nd*, frie*nd*.
-nd[3] /nd/ *suf.* **1** ラテン語の動詞状形容詞 (gerundive) (*-andus, -endus, -undus*) に由来する名詞および形容詞を造り「…すべき(もの) ((thing) to be done)」の意を表す: deoda*nd*, divide*nd*. **2** ラテン語の動詞状形容詞に由来する形容詞語尾: jocu*nd*, moribu*nd*.
-n·da /ndə/ *suf.* ラテン語の中性複数の動詞状形容詞 (gerundive) から造られた名詞の語尾となる: age*nda* (＝things to be done). 〘⇨ -nd[3], -a[2]〙
N Dak 《略》 North Dakota.
NDE 《略》 near-death experience.
NDEA 《略》 National Defense Education Act (米国の)国防教育法《1958 年成立》.
Nde·bel·e /əndə̩bɛ́leɪ, ṇdəbéɪli; *Ndebele* ndebéːle/ *n.* (*pl.* ～**s**, ～) ＝Matabele. 〘1913〙
Ndja·me·na /ɛ̀ndʒəméɪnə | əndʒæ-; *F.* ndʒamena/ *n.* (*also* **N'Dja·me·na** /～/) ヌジャメナ《アフリカの中部チャド共和国南西部にある同国の首都; 旧称 Fort-Lamy》.
Ndo·la /ɛndóulə | əndə́u-/ *n.* ヌドラ《ザンビア北部の都市》.
NDP 《略》《エジプト》 National Democratic Party 《1978 年結成》; 〘経済〙 net domestic product; 《カナダ》 New Democratic Party.
NDPS 《略》 National Data Processing Service.
NDT 《略》〘工学〙 nondestructive testing.
NDV 《略》〘獣医〙 Newcastle disease virus.
ne 《記号》 Niger (URL ドメイン名).
Ne 《記号》〘化学〙 neon.
NE 《略》〘米郵便〙 Nebraska (州); North-Eastern 《London 郵便区の一つ》; naval engineer; new edition; New England; news editor; northeast; northeastern; nuclear explosion.
N/E 《略》〘銀行〙 no effects (⇨ effect *n.* 3).
né /néɪ; *F.* ne/ *adj.* (*also* **ne** /～/) もとの名は《男性の改名後, もとの名の前につける; cf. née》: Muhammad Ali, *né* Cassius Clay. 〘(1905) □ ～ 'born' (fem. p.p.) ← *naître*〙
ne- /niː | niː, nɪ/ (母音の前にくるときの) neo- の異形.
NEA /ɛ̀niːéɪ/ 《略》 National Education Association 全米教育協会; Newspaper Enterprise Association 新聞事業協会.
Neagh /néɪ/**, Lough** /lɑ́(ː)x, lɑ́(ː)k | lɔ́k, lɔ́x/ *n.* ネイ湖《北アイルランド中部の淡水湖; イギリス諸島中の最大の湖; 面積 388 km^2》.
Neal /níːl/ *n.* ニール《男性名; 異形 Nial, Neale, Neil, Niels》. 〘《変形》← NEIL〙
Neal, Sir **John Earnest** *n.* ニール《1890–1975; 英国の歴史家; Elizabeth 朝史の権威; *Virgin Queen* (1934)》.
Ne·an·der·thal /niǽndəθɔ̀ːl, -θɑ̀ːl, -tɑ̀ːl | niǽndətɑ̀ːl, neɪ-, -θɔːl; G. neándɐtaːl/ *adj.* **1** 〘人類学〙 ネアンデルタール人の. **2** 《口語》〈人・行動など〉ネアンデルタール人のような; 原始人的な, 野蛮な. — *n.* **1** 〘人類学〙 ＝Neanderthal man. **2** 《口語》 原始人的な人, 粗野な人, 無骨者, 頑迷な人. **～·er** /-lə | -lə(r)/ *n.* 〘(1861) □ G ～ (原義) Neander valley ← *Joachim Neander* (1650–80; ドイツの聖歌作者) + *Tal*, 《廃》 *Thal* 'DALE'〙
Neánderthal màn *n.* 〘人類学〙 ネアンデルタール人 (*Homo sapiens neanderthalensis*) (更新世中期にヨーロッパおよびその周辺に住んでいた; 遺伝的には現代人とチンパンジーの中間に位置し, その祖先は 60 万年前に現代人と共通の祖先から枝分かれした). 〘(1863): 1856 年ドイツの Neanderthal の谷で頭蓋骨が最初に発見されたのにちなむ〙
Ne·án·der·tha·lòid /-lɔ̀ɪd/ 〘人類学〙 *adj.* ネアンデルタール人的な. — *n.* 類ネアンデルタール人. 〘⇨ (1887): -oid〙
ne·an·ic /niǽnɪk/ *adj.* **1** 〘動物〙 青年期の, 若い. **2** 〘昆虫〙 さなぎの段階にある. 〘(1892) □ Gk *neānikós* youthful ← *neāniás* youth: ⇨ -ic[1]: cf. new〙
ne·an·throp·ic /nìːænθrɑ́(ː)pɪk | -θrɔ́p-ˈ/ *adj.* 〘人類学〙 新人類の《ネアンデルタール人などの旧人類に対応する現代人 (*Homo sapiens*) にいう; cf. palaeoanthropic》. 〘(1894) ← NEO-+ANTHROPIC〙
neap[1] /níːp/ *adj.* 潮の干満の差が最小の, 満潮が最低の, 小潮の: ⇨ neap tide. — *n.* 小潮 (neap tide): Tides are at the ～. 潮は小潮だ. — *vi.* 〈潮が〉小潮に向かう; 〈潮が〉小潮の頂点に達する. 〘← OE *nēp(flōd)* neap (flood) ← ?〙
neap[2] /níːp/ *n.* 《ニューイングランド》 (二頭立馬車などの)ながえ (pole). 〘(1553) ← ? Scand.: cf. Norw. 《方言》 *neip* forked pole〙
neaped *adj.* 《英》〘海事〙〈船が〉小潮のために擱座(ｶｸｻﾞ)している, 座礁している (stranded): The ship was ～. 船は小潮のため(次の大潮[満潮]まで)進行できなかった. 〘(1704) (p.p.) ← NEAP[1]〙
Ne·a·pol·i·tan /nìːəpɑ́(ː)lətṇ, -tən | nìːəpɔ́lɪtən, nɪə-, -tṇˈ/ *adj.* ナポリ (Naples) の. — *n.* **1** ナポリ人. **2** ＝Neapolitan ice cream. **3** 小さい長方形のチョコレート. 〘(*a*1420) □ L *Neāpolitānus* of Naples ← *Neāpolis* 'NAPLES': ⇨ -an[1]〙
Néapolitan íce crèam *n.* ナポリ(タン)アイスクリーム《色と味の違った数種のアイスクリームを層にしたもの; 《英》では単に Neapolitan ice ともいう》. 〘1895〙
Néapolitan síxth *n.* 〘音楽〙 ナポリ六度《下属音上の短三度, すなわち半音低くされた第 2 音》; ナポリ六度の和音《下属音上の短三度と短六度によって構成される和音》. 〘1871〙
Néapolitan víolet *n.* 〘植物〙 八重咲きニオイスミレ.
néap tìde *n.* (月が上弦および下弦の時に起こる)小潮 (cf. spring tide).
near /nɪ́ə | nɪ́ə(r)/ *adv.* (～·**er**; ～·**est**) (↔ far) (cf. nearby, next) **1** (場所・時間が)近く, 接して (close) (*to*): stand ～*(er) to* the door (もっと)ドアの近くに立つ / come ～ 近寄る, 接近する / draw ～ 近寄る; 〈時が〉近づく, 切迫する / He drew ～*er*. 近寄って来た / It was (getting) very ～ *to* Christmas. もうすぐクリスマスだった / I live ～*er to* the school than you. 君の家より私の家の方が学校に近い / The day is getting ～. その日が切迫している. **2** (関係が)接近して (closely) (*to*): His conduct came ～ *to* treachery. 彼の行為は裏切りと言ってもいいくらいだった / It was ～ *to* being hysterics. それはヒステリーに近かった / That's the ～*est* I've ever come *to* crying. 最も泣きそうになったのはそのときだ (cf. *come* NEAR *to* doing). **3** 《米口語・英古》 **a** ほとんど (nearly): a period of ～ fifty years 約 50 年の期間 / I was very ～ dead. 死んだも同然だった / Pity is ～ akin to love. 哀れみは恋愛に近い. **b** [否定語に伴って] まだまだ…でない, …とは大違いで: The bus was *not* (anywhere) ～ full. バスはとても満員とは言えなかった / ⇨ NOWHERE *near*. **4** 《古》 つましく, けちくさく (thriftily): live ～.
(as) néar as one can dó …し得る限りでは. *as néar as can bé to dóing* 危うく…しそうで: He *was as* ～ *as could be to getting* drowned. 危うくおぼれ死ぬところだった. *(as) néar as dámmit*＝*as néar as màkes nò dífference* [*mátter*] 《英口語》 ほとんど (virtually): It was right *as* ～ *as dammit*. それはほとんど当たっていた. *còme* [*gò*] *néar to dóing* 今少しで…するところだ (cf. *prep.* 成句): That loss *went* ～ *to ruining* him. その損失で彼は危うく破産するところだった. *dámn néar* 《口語》 (1) ＝NEAR *enough*. (2) [動詞を修飾して] もう少しで…するところだ. *néar and fár* ⇨ far 成句. *néar at hánd* ⇨ *at* HAND. *néar enóugh* 《口語》 ほとんど, ほぼ(そう言える), …といったところ: It was right, (or) ～ *enough*. それはほぼ当たっていた. *néar upòn* [*on*] 《方言》 (時間的に)ほとんど…, もう少しで…(nearly, nigh on): It [The time] is ～ *on* six o'clock. もう少しで 6 時だ. *sò néar (and) yét sò fár* 〈人・物が〉近くて遠い存在で; うまく行きそうに見えて結局だめで《目標達成が失敗したときの文句》: "He seems *so* ～ *and yet so far*." (Tennyson, *In Memoriam*, xcvii)
— *prep.* (～·**er**; ～·**est**) **1** (場所・時間・関係など)…の近くに, …に近く (close to): villages ～ the lake その湖に近い村々 / stand ～*(er)* the door (もっと)ドアの近くに立つ / Keep ～ me. 私のそばから離れないで / Bring your chair ～*(er)* the fire. 椅子を(もう少し)火のそばへ寄せなさい / ～ the end of the month 月末ごろに / be ～ sixty years of age 60 歳に近い / live ～ the school [here] 学校 [ここ] の近くに住む / She lives ～*er* here than there. 彼女の住まいはそこよりここに近い / The time is getting [drawing] ～ Christmas. クリスマスが近づいている / We are a little ～*er* the end of our journey. 旅の終わりに段々近づいて来た / Who comes ～*est* him in strength? 強さにかけて彼に次ぐのはだれか / Which stop is ～*est* my hotel? ホテルの最寄りの停留所はどこですか / Which answer is ～*est* [～*er*] the truth? どちらの答えが最も[より]真相に近いですか / He never goes ～ a pub. 彼はパブに近寄りすらしない / He ran away from ～ London. 彼はロンドン付近から逃げた / It kept him awake till ～ morning. そのため明け方近くまで寝付けなかった / Is Italian the Romance language ～*est* Latin? イタリア語はラテン語に最も近いロマンス語ですか.
2 〈ある状態〉に近く, …しかけて, しそうで: The work is ～ completion. 仕事は完成に近づいている / The sun is ～ setting. 日が沈みかけている / He is ～ death. 死期に近づいている / His hopes came ～ fulfillment. 希望がどうやら達せられそうになった / We are no ～*er* the end. 少しも終わりに近づいてない / I won't go ～ anything risky. 危なっかしいことには手を出さない / Nobody comes anywhere [ever comes] ～ her at swimming. 水泳にかけては彼女にかなうものはいない / It's as ～ what you asked for as makes no difference. それはほぼ君の要求した通りだ (cf. *adv.* 成句). **3** …に似て: The picture comes ～ the orginal. その絵は本物に似ている.
còme [*gò*] *néar dóing* 危うく[ほとんど]…しそうである (cf. *adv.* 成句): She *came* ～ *being* drowned. 危うくおぼれるところであった / His plan *came* ～ *being* realized. 彼の計画はもうすぐ実現しそうだった. *néar a person's heart* ⇨ heart 成句. *sáil néar the wínd* ⇨ wind[1] 成句.
— *adj.* (～·**er**; ～·**est**) **1** 〈場所・時間が〉近い, 手近な, 間近い: the ～ meadows 近くの牧場 / How ～ is the station from [to] here? 駅はここから[まで]どれくらいの近さですか / Which stop is ～*est to* my hotel? ホテルの最寄りの停留所はどこですか / Spring is ～. 春は近い / in the ～ future 近い将来に / ～ work (目を近寄せてする)精密な仕事 / get a ～*er* view of …を近寄って見る / one's ～*est* neighbor 一番近い隣人. **2** 〈道が〉真直な (direct); 距離が近い, 短い: the ～ road 近道 / go by the ～*est* way 一番の近道を通る. **3** 縁の近い, 血族の, 近親の (closely akin): a ～ relative [relation] 近親者 (cf. *one's* NEAREST *and dearest*). **4** 親しい, 親密な (intimate). **5** [通例限定的] (利害)関係の深い: a matter of ～ consequence to me 私にとって大切なこと / That is a very ～ concern of his. それは彼にとってきわめて関係の深いことだ. **6** よく似た, (原物を)よくまねた, 本物に近い; 代用の: a ～ translation 原文に忠実な訳 (cf. free 10) / a ～ guess 当たらずとも遠からぬ推測 / ～ silk まがいものの絹, 人絹 / This is the ～*est* (thing [equivalent]) we have to a dry martini. これはドライマーティーニに最も近いものです / ⇨ near-, near beer, near miss. **7** [限定的] やっとの, きわどい, 危うい (narrow): a ～ race いずれとも勝負の決し難い競走, 接戦 / a ～ escape＝narrow escape / ⇨ *a near* THING. **8 a** (二つのものの)近い方の (↔ far): the ～ side of the mountain 山のこちら側. **b** 《もと 2 頭立ての御者は馬の左側について歩いたことから》 左側の (left) (↔ off): the ～ foreleg 左側の前脚 / the ～ wheel (馬車の)左側の車輪 / the ～ ox (左右一対の中)左側の牛 / ⇨ nearside. **9** 《婉曲》 けちな, しみったれの (stingy): a ～ man / be ～ *with* one's money 金銭に細かい. **10** (紫[赤]外線の一種で)可視光線に最も近い.
néar and déar 親密な. *one's néarest and déarest* [複数扱い]《戯言》 最も親しい人たち《近親・恋人・親友など》. *to the néarest* [後に数を伴って] 概算, 約: to the ～*est* $10 約 10 ドル.

— *vt.* 〈人・場所・時などに近づく, 接近する (approach): ～ one's end 死期に近づく / The train was ～*ing* Waterloo. 列車はウォータールーに近づいていた / The work ～*ed* completion. 仕事は完了間近だった. — *vi.* (時間的・場所的に)近づく, 近寄る, 切迫する〔*to*〕: as the day ～*s* その日が近づくにつれて.
〘OE *nēar* (compar.) ← *nēah* 'NIGH' < Gmc **nēχwiz*: cog. OF ris. *niar* / G *näher* / ON *nǣr*〙

near- 「ほとんど」の意の複合語第1構成素: *near*-freezing conditions, a *near*-Shakespearian genius / ⇨ near-death experience.

néar béer *n.* ニアビア《モルトで造るアルコール分 0.5% 未満のビールに似た飲物》. 〘1909〙

near·by /nìəbáɪ, | nɪə-ˊ/ *adv.* 近くに[で]: sit ～. — /ˊ‐ˊ, ˊ‐/ *prep.* …の近くに (near): live ～ a university. — *adj.* 〈場所など〉近くの; 〈時など〉近い: a ～ river, house, etc. / ～ future 近い将来. 〘ME *nerby*, *nere by*: ⇨ near (adv.), by[1] (adv.)〙

néarby écho *n.* 〘通信〙近接エコー《送信アンテナなどの近接物体からの反射電波によるエコーで通信の妨害となる》.

Ne·arc·tic /nìːáəktɪk, -áɑːtɪk | -áːktɪk-ˊ/ *adj.* 〘生物地理〙新北亜区の (cf. Holarctic): the ～ subregion 新北亜区《動物地理学上の区分でメキシコ高地以北, 北緯 50° 以南の北米の温帯・寒帯地方と Greenland などを含む》. 〘(1858) ← NEO-+ARCTIC〙

néar-dèath expérience *n.* 臨死体験《仮死状態での意識の体外離脱など; 略 NDE》.

néar dístance *n.* [the ～] (絵画の)近景.

Néar Éast *n.* [the ～] 近東《南西アジア・エジプトおよびときに Balkan 諸国など; もとオスマン帝国 (Ottoman Empire) に占領されていた諸地域; 今は Middle East ということが多い; cf. Far East, Middle East》. **Néar Éastern** *adj.* 〘1869〙

néar gále *n.* 〘気象〙強風 (⇨ wind scale). 〘*c*1975〙

néar gó *n.* 《英口語》間一髪での回避, きわどいところ (near miss). 〘1827〙

néar hànd 《スコット・英方言》*adv.* **1** 手近に (close by). **2** ほとんど (nearly). — *prep.* …の近くで[の] (close to); …の隣りに[の] (next to). — *adj.* 近くの; 手近の. 〘(*c*1303) *ner(e)hand*: ⇨ near (adv.), hand (n.)〙

néar ínfrared ráys *n. pl.* 〘電気〙近赤外線《波長が数十 μm より短い, 可視光線に近い赤外線; cf. far infrared rays》. 〘cf. *near-infrared* (1950)〙

near·ish /níᵊrɪʃ | níər-/ *adj.* やっとの, 辛うじての: a ～ escape. 〘(1853) ← NEAR (*adj.*)+-ISH〙

near·ly /níəli | níə-/ *adv.* **1 a** ほとんど, ほぼ (⇨ almost SYN): It was ～ five o'clock. かれこれ 5 時だった / It is ～ time to go. もうそろそろ行く時間だ / The letter is ～ finished. 手紙はほぼ書き終わった. **b** 危うく(…するところで), 辛うじて(…せずに済む) (narrowly): She ～ fell into the river. 彼女は危うく川に落ちるところだった. **2** 《まれ》**a** 密接に, 親密に, 関係が深く (intimately): be ～ related 近い身内だ / The matter concerns me ～. その事は私に深い関係がある. **b** よく(似るなど): resemble ～ よく似る / correspond ～ よく符合する / a case ～ approaching this one この事件とよく似た事件. **3** 《まれ》精密に, 綿密に (carefully). **4** 《古》(場所的に)近く(に). **5** 《古》けちけちして (stingily). ***nòt néarly*** …に近いどころではない, …とはほど遠い, なかなか[まだまだ, 到底, 全然]…でない (far from): It is *not* ～ so pretty as it was before. 前の美しさには遠く及ばない / They are *not* ～ enough. まだまだ足りない. ***prètty néarly*** ほとんど (almost). 〘(1540) ← NEAR (*adj.*)+-LY[1]〙

néar-màrket *adj.* 〈研究などが〉メーカーに直接的利益をもたらす.

néar míss *n.* **1** (爆撃・射撃などで命中はしないが損害を与えるような)近い当たり, 有効な近接爆撃, 至近弾. **2** 成功に近いもの, 惜しい出来, 「いま一歩」. **3** 〘航空〙異常接近, ニアミス (《英》airmiss). 〘1940〙

néar móney *n.* 準通貨, 近似貨幣《すぐに現金化できる流動性の高い金融資産; 定期性預金・政府証券など》. 〘1948〙

néar·ness *n.* **1** 近接, 手近: the ～ of the house to the sea 家が海に近いこと. **2** (時間的な)近さ: the ～ of these events to our own time この事件が我々の時代に近いこと. **3** 親しさ: his ～ to her. **4** 縁[関係]の近さ: the ～ of relationship. **5** つましさ, けち (parsimony). 〘(1444) *nernes*: ⇨ near (adj.), -ness〙

néar pòint *n.* 〘眼科〙近点《目が明瞭に物を見うる最短距離の点; cf. far point》. 〘1876〙

néar rhỳme *n.* 〘詩学〙=slant rhyme.

néar-shóre *adj.* 岸から延びている, 岸に沿ってある, 沿岸の. 〘1896〙

néar·sìde *n.*, *adj.* 《英》[通例限定的] **1** (動物の体・車の)左側(の) (↔ offside). **2** 《英》(道路・一組の動物の)左側(の) (cf. near *adj.* 8 b). 〘1840〙

néar-síght *n.* 《米》〘病理〙=short sight.

néar·sìghted *adj.* 〘病理〙=shortsighted (↔ farsighted). **～·ly** *adv.* **～·ness** *n.* 〘1686〙

néar-térm *adj.* 《米》近々の, 目先の; 短期の. 〘1958〙

néar thíng *n.* [a ～] 《英口語》危機一髪; きわどいこと[行為]; 接戦 (⇨ thing[1] 成句). 〘1751〙

ne·ar·thro·sis /nìːɑəθróʊsɪs | -ɑːθráʊsɪs/ *n.* (*pl.* **-thro·ses** /-siːz/) 新関節 (pseudoarthrosis).

néar-últraviolet ráys *n. pl.* 〘電気〙近紫外線《波長が 200 nm よりも長い, 可視光線に近い紫外線; cf. far ultraviolet rays》. 〘cf. *near-ultraviolet* (1951)〙

neat[1] /níːt/ *adj.* (～·er; ～·est) **1 a** 〈場所など〉こぎれいな, きちんとした (clean): a ～ room / His desk is always ～. 彼の机はいつもきちんと整頓されている. **b** 〈人・習慣など〉きれい好きな, 身だしなみのよい, 几帳面な: a ～ girl, habit, etc. / be ～ in one's person 身だしなみがよい. **c** 〈服装など〉さっぱりとして感じのよい, 端正な, 上品な (tasteful): a ～ figure 端正な姿. **2** 〈言葉・文体など〉適切な, 要領を得た (apt); 〈仕事など〉手際のいい, 巧妙な, 器用な, 達者な, 腕ききの (dexterous): a ～ retort 巧みな受答え / a ～ style 簡潔な文体 / a ～ piece of work 見事な仕事 / a ～ description 手際のいい描写 / ～ handwriting 見事な筆跡 / a ～ workman, speaker, etc. / make a ～ job of it 手際よく仕上げる. **3** 《米口語》すてきな, すばらしい (wonderful): What a ～ dinner! なんてすばらしいごちそう. **4 a** 混ぜ物のない, 純粋の (pure). **b** 〈酒など〉水などで割らない, 生(き)の (《米》straight): drink [take] whiskey ～ ウイスキーを生(き)で飲む. **c** 〈生糸が〉節やきずのない: ～ silk 純絹. **d** 〈セメントが〉砂などを混ぜない; 純の; 〈石膏(せっこう)が〉(混入物がなく)クリーム(状)の: ～ cement 純セメント / ～ plaster クリームプラスター. **5** 《まれ》〈利益など〉正味の (net): a ～ profit 純益.
(as) néat as a (néw) pín ⇨ pin 成句. ***néat (but) nòt gáudy*** 〈服装など〉ごてごてしないで, こざっぱりした; 〈文章など〉飾り立てないでそつがない (cf. gaudy[1] 2). 〘1700〙
— *adv.* 《口語》=neatly.
～·ness *n.* 〘(1542) □ (O)F *net* clean, neat < L *nitidum* clear, fine, trim ← *nitēre* to shine ← IE **nei-* to shine: cf. natty, net[2]〙

SYN きちんとした: **neat** 清潔で整っている: He is always *neat* in appearance. いつも身なりがきちんとしている. **tidy** 丹精をこめてきちんと整頓してある: He keeps his room *tidy*. 部屋をきちんとしておく. **trim** きちんとして外観がすっきりしている: a *trim* garden きちんと手入れがゆきとどいている庭. **orderly** 物や場所が規則的に順序立ってきちんと整理されている: Her dressing table is very *orderly*. 彼女の鏡台はとてもきちんとしている. **spick-and-span** 〈衣服や部屋が〉こざっぱりした: a *spick-and-span* kitchen こざっぱりした台所. **ANT** filthy.

neat[2] /níːt/ *n.* (*pl.* ～) [集合的]《古・方言》畜牛 (cattle); (1 頭の)牛: a ～'s foot [tongue] (食用の)牛の足[舌] / ～'s leather 牛の革 / ⇨ neat's-foot oil. 〘OE *nēat* bovine animal < Gmc **nautam* (OFris. *nāt* / ON *naut* cattle / OHG *nōʒ*) ← IE **neud-* to make use of, enjoy: cf. OE *nēotan* to use, enjoy〙

neat·en /níːtn/ *vt.* **1** 〈物を〉きちんと整える, 順序よく置く; こぎれいにする 〈*up*〉. **2** 〈針仕事などの仕上げをする. 〘(1898) ← NEAT[1]+-EN[1]〙

neath /níːθ/ *prep.* (*also* **'neath** /～/) 《詩・方言》= beneath. 〘(1611) 《短縮》〙

Neath /níːθ/ *n.* ニース《ウェールズ南部の町》.

néat-hánded *adj.* 手先の器用な, 手早い, 巧みな (deft, dexterous). **～·ness** *n.* 〘(1632): ⇨ neat[2]〙

néat·hèrd *n.* 牛飼い (cowherd). 〘(*c*1384) *netherde*: ⇨ neat[1], herd[1]〙

néat-hòuse *n.* 《英》牛小屋. 〘⇨ neat[2]〙

neat·ly /níːtli/ *adv.* こぎれいに; 手際よく, 適切に; 巧妙に. 〘1570〙

neat·nik /níːtnɪk/ *n.* 《米俗》身だしなみにうるさい人, なんでもきちんとしていないと気が済まない人.

neat·o /níːtoʊ | -təʊ/ *adj.* 《米俗》とてもいい, 抜群の.

néat's-fòot òil /níːtsfʊt-/ *n.* 牛脚油《牛の足やすねの骨を煮て取った薄黄色の不揮発性油脂; 潤滑油・製革油として用いる》. 〘(1787): ⇨ neat[2]〙

neb /néb/ *n.* **1** 《主にスコット・北英》(帽子の)頂部. **2** 《方言》(鳥などの)くちばし (beak); (動物などの)鼻 (snout). **3** (人間の)口, 鼻. **4** (物の)尖端, とがった先: the ～ of a pen. 〘OE *neb(b)* beak, nose, face < Gmc **nabja-* (ON *nef* / MDu. & MLG *nebbe* / G *Schnabel* beak): cf. nib nipple〙

NEB, N.E.B. 《略》New English Bible; National Enterprise Board.

Neb. 《略》Nebraska.

Neb·bi·o·lo, n- /nèbióʊloʊ | -ɔ́uləʊ; *It.* nebbiɔ́ːlo/ *n.* ネッビオーロ《イタリア製の赤ワインおよび原料となるブドウ》. 〘(1833) □ It〙

neb·bish /nébɪʃ/ 《口語》*n.* 意気地のない人, つまらない人, 相手にされない人. — *adj.* 迫力のない, つまらない, 意気地のない. 〘□ Yid. *nebach*, *nebich* poor thing (感投詞的に使用) ← Slav. (Czech *neboh* wretched)〙

NEbE 《略》northeast by east.

Ne·bi·im /nebiː́m, nə-/ *n. pl.* [the ～] 〘聖書〙預言書 (the Prophets)《旧約聖書の第二部; ⇨ Torah ★》. 〘□ Heb. *nᵉbhīʼīm* (pl.) ← *nābhīʼ* prophet, 《原義》the man who calls or is called (cf. Akkad. *nabû* to call)〙

Ne·blí·na Péak /nəblíːnə-/ *n.* ネブリナ山《ブラジル北部 Amazonas 州のベネズエラ国境付近にある山; ブラジルの最高峰 (3,014 m)》.

NEbN 《略》northeast by north.

Ne·bo /níːboʊ | -bəʊ/, **Mount** *n.* 〘聖書〙ネボ山 (⇨ Mount PISGAH).

Nebr. 《略》Nebraska.

Ne·bras·ka /nɨbrǽskə/ *n.* ネブラスカ《米国中部の州; ⇨ United States of America 表》. 〘□ N-Am.-Ind. (Siouan) *ni-brath-ka* 《原義》shallow water: Platte 川の Siouan 名から〙

Ne·bras·kan /nɨbrǽskən/ *adj.* **1** (米国) Nebraska 州(人)の. **2** 〘地質〙ネブラスカ期の. — *n.* **1** Nebraska 州人. **2** 〘地質〙ネブラスカ期《更新世 (Pleistocene) 中の北米の氷河時代の第 1 氷期》. 〘(1875): ⇨ ↑, -an〙

neb·ris /nébrɨs | -rɪs/ *n.* (古代ギリシャで)子鹿の皮《Bacchus とその祭司や信者が着た》. 〘(1776) □ L ～ □ Gk *nebrís* fawnskin ← *nebrós* fawn〙

Neb·u·chad·nez·zar /nèbəkədnézə, -bju- | -bjukədnézə(r)/ *n.* (*also* **Neb·u·chad·rez·zar** /-drézə | -zə(r)/) **1** ネブカドネザル(二世), 〘聖書〙ネブカデネザル (?–562 B.C.; Babylon の王 (605?–562 B.C.); Jerusalem を破壊し (586 B.C.) ユダヤ人を捕虜とした (⇨ Babylonian Captivity); cf. 2 *Kings* 24–25, *Dan* 1:1). **2** (ワイン用の)ネブカドネザルびん《約 20 quarts 入り; 普通のびんの 20 本分》. 〘□ Heb. *Nᵉbhūkhadhneṣṣár*, *Nᵉbhūkhadhreṣṣár* □ Akkad. *Nabū-kudurri-uṣur* 《原義》? Nabu, protect the son〙

neb·u·la /nébjʊlə/ *n.* (*pl.* **-u·lae** /-liː/, ～**s**) **1** 〘天文〙**a** (銀河系内)星雲: a ring ～ 環状星雲 / ⇨ extragalactic nebula, planetary nebula, Dumbbell Nebula. **b** (銀河系外)星雲: a spiral ～=spiral galaxy. **2** 〘病理〙角膜白濁. **3** 〘病理〙尿中綿状物. **4** 〘薬学〙噴霧状にして用いる液体薬物; 噴霧液, 噴霧剤. **néb·u·lar** /-lə | -lə(r)/ *adj.* 〘((*a*1449)) (1661) ← NL ～ ← L 'vapor, cloud': cf. Gk *nephélē*, *néphos* cloud ← IE **mebh-* cloud〙

nébular hypóthesis [théory] *n.* [the ～] 〘天文〙星雲説《太陽系は回転しながら漸次冷却収縮した星雲に由来するという Laplace の説》. 〘1837〙

neb·u·lat·ed /nébjʊlèɪtɨd, | -tɪd/ *adj.* 〈鳥・動物など〉ぼんやりとした斑点のある. 〘(1486) ← LL *nebulātus* ← L *nebula* (↑): ⇨ -ed〙

neb·u·lé /nèbjʊléɪ, -líː-ˊ/ *adj.* **1** 〘紋章〙〈分割線・図形が〉雲形の. **2** 〘建築〙〈繰形(くりかた)が〉下端が波状の曲線を描く《ノルマン式建築に見られる》. 〘(*a*1550) □ F *nébulé*: ⇨ nebula〙

ne·bu·li·um /nɪ̀bjúːliəm, nɛ-/ *n.* 〘化学〙ネブリウム《もとガス状星雲中に存在すると考えられた仮想上の元素》. 〘(1898) ← NL ～: ⇨ nebula, -ium〙

neb·u·li·za·tion /nèbjʊlɨzéɪʃən | -laɪ-, -lɪ-/ *n.* **1** 〘薬学〙噴霧化. **2** 〘医学〙噴霧療法.

neb·u·lize /nébjʊlàɪz/ *vt.* **1** (薬剤処理で)〈薬液を〉霧状にする. **2** 〘医学〙〈患部に〉噴霧療法を適用する. 〘(1872) ← NEBULA (↑)+-IZE〙

néb·u·lìz·er *n.* 〘医学〙ネビュライザー, 噴霧器.

neb·u·lose /nébjʊlòʊs | -ləʊs/ *adj.* 《まれ》=nebulous 2.

neb·u·los·i·ty /nèbjʊlá(ː)səti | -lɔ́sɨti/ *n.* **1** 星雲[星霧]状. **2** 星雲状物質; 星霧 (nebula). **3** (思想・表現などの)ぼんやりしていること, 曖昧さ (vagueness). 〘(1761) □ F *nébulosité* ∥ LL *nebulōsitātem* ← L *nebulōsus* (↓): ⇨ -ity〙

neb·u·lo·sus /nèbjʊlóʊsəs | -ləʊ-ˊ/ *adj.* 〘気象〙〈雲が〉霧状の. 〘□ L *nebulōsus* (↓)〙

neb·u·lous /nébjʊləs/ *adj.* **1 a** 〈境界・記憶など〉ぼんやりした (vague), 不明瞭な (indistinct): a ～ memory. **b** 〈思想・表現など〉形を成さない, はっきりしない (formless): a ～ hope, idea, etc. **2** 〘天文〙星雲(状)の (nebular): a ～ cluster 星雲群[団]. **3** 《まれ》雲の多い; 霧の多い (foggy). **4** 濁った. **～·ly** *adv.* **～·ness** *n.* 〘(*c*1386) □ F *nébuleux* ∥ L *nebulōsus* cloudy: ⇨ nebula, -ous〙

neb·u·ly /nébjʊli/ *adj.* 〘紋章・建築〙=nebulé. 〘(1838) □ F *nébulé*: ⇨ nebulé〙

NEC /ènìːsíː/ 《略》(英国の) National Executive Committee.

n.e.c. 《略》not elsewhere classified.

né·ces·saire /nèsɛséə | -séə(r); *F.* nesesɛːʁ/ *n.* (小物を入れる)小箱, 化粧品入れ, 裁縫箱. 〘(1800) □ F ～: ⇨ necessary〙

nec·es·sar·i·an /nèsɨsέᵊriən | nèsəséər-, nèsɛ-ˊ/ *n.*, *adj.* =necessitarian. 〘(1777) ← NECESSARY+-AN[1]〙

nèc·es·sár·i·an·ìsm /-riənɪzm/ *n.* =necessitarianism.

nec·es·sar·i·ly /nèsɨsérəli, ˊ‐ˊ‐‐ | nèsɨsérɨli, nésɨs(ə)rəli/ ★《英》でも《米》式の発音が多数を占める. *adv.* **1** 必然的に, 必ず (unavoidably), 余儀なく, やむを得ず (inevitably); もちろん (of course). **2** [否定語を伴って] 必ずしも(…でない): It is *not* ～ so. 必ずしもそうとは限らない. 〘(*c*1385) ← ↓+-LY[1]〙

nec·es·sar·y /nésɨsèri | -sɛri, -s(ə)ri/ ★《英》でも《米》式の発音が多数を占める. *adj.* **1 a** 必要な, なくてはならない (⇨ essential SYN): when (it is) ～ 必要な場合に(は) / ⇨ IF *necessary* / Your help is absolutely ～. 御援助は絶対に必要です / Sleep is ～ *to* [*for*] health. 睡眠は健康に必要なものである / make all the ～ arrangements 必要な準備をすべてやる / Passports are ～ *for* all who visit foreign countries. 旅券は外国へ行く者にはだれにも必要である / It is ～ for me to go.=It is ～ that I (should) go. 私はどうしても行かなければならない / The crisis made it ～ (for us) to emigrate. その危機にあって(我々は)移住が必要になった / Don't do any more than what is strictly [absolutely] ～. 絶対に必要なこと以外はしないように. **b** 《まれ》(他からの)強制による, 必要に迫られた, 必須の: a ～ agent 必須作因. **2** (当然の結果として)避け難い, 必定の (inevitable): a ～ evil 避け得ない(だから忍ばなければならない)災い, 必要悪 / the ～ consequence of an action 行為の必然的結果 / Heat is a ～ result of friction. 熱は摩擦の結果当然起こる現象である. **3** 〘論理〙〈命題・結論など〉否めない, 否定しえない, 必然的な (unavoidable)《modality の一種; cf. contingent, possible》: a ～ truth 必然的(な)真(理) / a ～ conclusion [inference] 必然的(な)結論[推論]. **4** 《古》〈女性など〉身

N

辺の必要な仕事をしてくれる: a ~ woman 召使の女性. **—** *n.* **1 a** [しばしば *pl.*] なくてはならないもの, 必要品: daily *necessaries* 日用品 / the *necessaries* of life 生活必需品. **b** [*pl.*]〘法律〙(未成年者・精神病者・妻など独立生活力のない者にとっての)生活必需品. **2** [the ~]〘英口語〙(ある目的に)必要な行為; (特に)金 (money): do *the* ~ 必要なことをする / provide [find] *the* ~ 先立つもの(金)を工面する, 金策する. **3**〘英方言・ニューイングランド〙便所 (privy).
〖(*c*1380) adj.: □(O)F *nécessaire* ∥ L *necessārius* ← *necesse* needful ← *ne-* not＋ OL **cessis* withdrawal (← *cēdere* to give way, yield). — n. (*c*1340): □L *necessāria* (neut. pl.): ⇨ cede, -ary〗

nécessary condítion *n.*〘論理・哲学〙必要条件《任意の 2 命題 p, q が「p ならば q」という論理的条件で結ばれている時, q を p の必要条件という; cf. sufficient condition》.

nécessary hòuse *n.*〘方言〙便所 (privy).

nécessary stòol *n.* 室内用便器 (closestool).

ne·ces·si·tar·i·an /nɪ̀sèsətéˀriən | nɪ̀sèsɪ̀téəri-, nɛ-/ *n.*〘哲学〙必然論者, 宿命論者 (fatalist), 決定論者 (determinist). **—** *adj.* 必然[宿命]論(者)の (cf. libertarian 1). 〖(1796) ← NECESSIT(Y)＋-ARIAN〗

ne·cès·si·tár·i·an·ism /-nìzm/ *n.* 必然論, 決定論 (determinism), 宿命論 (fatalism).

ne·ces·si·tate /nɪ̀sésətèɪt | nɪ̀sésɪ̀-, nɛ-/ *vt.* **1** 〈物事が〉〈ある事を〉必要にする, 要する; 〈ある結果を〉伴う, もたらす (involve): The rise in prices ~*d* greater thrift. 物価騰貴でさらに節約しなければならなくなった / Your proposal ~*s* changing my plan [a change in my plan]. 君の提案によれば私の計画を変更しなければならないことになる / These assumptions ~ different conclusions. そう仮定すれば当然の結果として違った結論が出てくる. **2** [*to* do を伴い, 通例 受身で]〘米〙〘まれ〙余儀なくさせる, 強いる (compel): He was ~*d to* consent. 承諾を余儀なくされた. 〖(1628) ← ML *necessitātus* (p.p.) ← *necessitāre* to make necessary ← L *necessitās* 'NECESSITY': ⇨ -ate³〗

ne·ces·si·ta·tion /nɪ̀sèsətéɪʃən | nɪ̀sèsɪ̀-, nɛ-/ *n.* 余儀なくさせること; 強制.

ne·ces·si·ta·tive /nɪ̀sésətèɪtɪv | nɪ̀sésɪ̀tèɪt-, nɛ-/ *adj.* 必要とする; 強制的な.

ne·ces·si·tous /nɪ̀sésətəs | nɪ̀sésɪ̀təs, nɛ-/ *adj.* **1** 困窮している, 貧乏な: ~ persons 貧民 / in ~ circumstances 困窮して / ~ areas 貧民地区. **2** 必然的な; 避けられない. **3** 緊急の, 差し迫った. **~·ly** *adv.* **~·ness** *n.* 〖(1611) □F *nécessiteux* ← *nécessité* 'NEECESSITY'＋*-eux* '-OUS'〗

ne·ces·si·ty /nɪ̀sésəṭi, -sti | nɪ̀sésɪ̀ti, nɛ-/ *n.* **1 a** (絶対的)必要, 必須, 緊急の必要 (⇨ need **SYN**): a work of ~ (安息日でもすることを許される)必要な仕事 / bow [submit] to ~ 運命に服従する, 仕方がないとあきらめる / in case of ~ 緊急な場合には / by ~ やむを得ず, 必要に迫られて / from [out of] (sheer) ~ (全く)必要に迫られて / be under the ~ *of doing* …しなければならない必要に迫られている, やむを得ず…する / There is no ~ *to* do so [*for* that]. 何もそうする必要はない / *Necessity* is the mother of invention.〘諺〙必要は発明の母 (1658) / *Necessity* knows [has] no law.〘諺〙必要の前に法律はない (cf.「出物はれ物所きらわず」,「背に腹は代えられぬ」). **b**〘まれ〙(自然的または論理的法則としての)必然(性): the ~ of death / Such a conclusion follows as a ~ from the premises. その前提からは必然的にこのような結論が生まれる. **c**〘論理・哲学〙必然性《modality の一種; cf. possibility》; 必然, 宿命; (理由と帰結や因果の)必然的関連性: logical ~ 論理的必然 / physical ~ 物理的必然, 因果律. **2** 必要物, 必需品: Clothing is a ~ of life. 衣服は生活必需品だ / Harmful drugs once indulged in soon become *necessities*. 有害な麻薬は一度それにふければじきに欠かせなくなってしまう. **3 a** (生活上の)窮乏, 困窮, 貧困: be *in* dire ~ 悲惨な窮乏状態にある. **b** [通例 *pl.*] 窮境, 窮状.
màke a vírtue of necéssity ⇨ virtue 成句. ***of necéssity*** 必然的に, 当然; やむを得ず, 余儀なく: It must *of* ~ be so. 必然的にそうならざるを得ない / I went *of* ~. やむを得ず行った. (*c*1385)
〖(*c*1380) *necessite* □(O)F *nécessité* □L *necessitātem* necessity, compulsion ← *necesse* 'NECESSARY': ⇨ -ity〗

necéssity defénce *n.*〘法律〙緊急待避の抗弁《急迫した危難を避けるために, やむを得ず行った行為であるとの抗弁; 犯罪の成立が阻却される; その行為から生じた害が避けようとした害の程度を超えない場合に認められる》.

Ne·ches /néɪtʃɪ̀z/ *n.* [the ~] ネチェズ(川)《米国 Texas 州東部を南流し, Sabine 湖に注ぐ (450 km)》.

neck¹ /nék/ *n.* **1 a** 首: make a long ~ 首を伸ばす / ⇨ stiff neck. ★ ラテン語系形容詞: cervical. 日英比較 日本語の「首」は頭と胴をつなぐ細い部分と「頭部」という両方の意味で使われるが, 英語の *neck* は前者の意味のみである. したがって「首を横に振る」という日本語の「首」は英語では shake one's head のように head となる. **b** (衣服の)頸(けい)部, 襟(えり), ネック; ネックライン: a low ~ (襟ぐりの深い)ローネック / ⇨ V neck. **c** (羊などの)頸肉 (⇨ beef 挿絵, mutton¹ 挿絵): ~ of mutton. **2 a** 首を思わせる細[狭]い部分. **b** (容器などの)頸状部, ネック: the ~ of a bottle [retort, gourd] びん[レトルト, ひょうたん]のくび. 日英比較 日本語の「ネック」は「物事の進行を妨げる事物」という比喩的な意味で使われるが, 英語では bottleneck という. **c** (バイオリン・ギターなどの)棹, ネック《渦巻き (scroll) と胴部との中間; 指盤・上駒・糸倉(いとぐら)から成る細長い部分》. **d** (ゴルフクラブの)くび, ネック《頭部の柄が差し込んである部分》. **e** (道・峡谷などの)隘路(あいろ). **f** 小海峡; 地峡 (isthmus): a ~ of land 地峡. **3**〘口語〙(競走馬などの)首の長さ; わずかの差: win [lose] by a ~ 首(一つ)の差で勝つ[負ける]; 辛勝する[きわどいところで負ける]. **4**〘口語〙ずうずうしさ, 横柄な言動: have a lot of ~ ひどくずうずうしい / He has the ~ to ask me to do it. 私にそれをやってくれとは彼もずうずうしい. **5**〘建築〙(柱頭の)頸部 (gorgerin)《柱頭の echinus の下の部分》. **6**〘解剖〙(骨・器官などの)くびれた部分, 頸(部): the ~ of the femur, uterus, etc. / the ~ of a tooth 歯頸《歯冠のエナメル質と歯根のセメント質との接合部》. **7**〘植物〙(シダ類などの造卵器の)頸部. **8**〘活字〙＝beard *n.* 5 a. **9**〘地質〙岩頸《パイプ状のマグマの通路を満たした火山岩や火砕岩が侵食に取り残されてできた塔状岩体》.
bréak one's néck (1) 首の骨を折る[折って死ぬ]. (2)〘口語〙非常に急ぐ[努力する] (cf. breakneck): Don't *break your* ~ on the work. その仕事で無理して働くなよ. (1387) ***bréak the néck of***〘口語〙〈仕事など〉の峠を越す: *break the* ~ *of* the day's work 1 日の仕事の峠を越す. ***bréathe down** a person's **néck***〘口語〙(1) 人に後ろから迫る. (2) (競走などで)相手に肉薄する. (3) 人のしている事を(監視するように)じっと見ている. (cf. *breathing down the back of your neck* (1946)) ***déad from the néck úp***〘俗〙知性のかけらもなく, 全く愚かな. (1930) ***escápe with one's néck*** 命からがら逃げる. ***gét* [*cátch*] *it in the néck***〘口語〙(1) ひどく攻撃される[罰せられる, 叱られる]. (2) ひどい目に遭う, 大きな打撃を受ける. (1887) ***give it in the néck***〘俗〙(1) ひどく攻撃する[叱る]. (2) ひどい目に遭わせる. ***hárden the néck*** 一層頑固になる, 反抗的になる. ***in the néck of***〘方言〙…のすぐ後に, …に踵(くびす)を接して. ***in this néck of the wóods***〘口語〙こんな所で[に]《思いがけなく会ったときのことば》. ***néck and cróp***〘口語〙身ぐるみ, そっくり (bodily); 完全に (completely): bowl a person ~ *and crop* (クリケットで)打者を完全にアウトにする / throw [turn] a person out ~ *and crop* 人を有無を言わさずたたき出す. ***néck and héels***〘口語〙完全に; しっかりと: tie a person ~ *and heels* 人をがんじがらめに縛る. (*a*1734) ***néck and néck***〘口語〙(競技・コンテストで)相並んで, 負けず劣らず, 互角で《競馬用語から》. (1799) ***a néck of the wóods*** (1) (米国南西部の)森林の開拓地. (2)〘米口語〙近所, 界隈, 地域, 地方 (region). (1780) ***néck or nóthing* [*náught*]** 命がけで, 死物狂いで: Away they went, ~ *or nothing*. 必死になって逃げ去った / It is ~ *or nothing*. 一か八か[のるかそるか]だ. ((1715): 競馬用語から) ***on the néck of*** ＝*in the* NECK *of*. ***a páin in the néck*** ⇨ pain 成句. ***pùt one's néck into the nóose*** ⇨ noose 成句. ***pùt one's néck òut*** ＝*stick one's* NECK *out*. ***rísk one's néck*** 命[首]を賭ける. ***róund one's néck*** 重荷[足手まとい]になって: She had the sick child *round her* ~ all the time. 病弱な子供がいつも重荷だった. ***rúb the báck of one's néck*** 首の後ろに手をやる《いらだちを抑えているしぐさ》. ***sáve one's néck***〘口語〙(1) 絞首刑を免れる; 命拾いをする. (2) (犯罪・過失などから)罰[責任]をのがれる. ***stíck one's néck òut***〘口語〙危険を冒す, 冒険をする; 物議をかもすようなことをする[言う]. (1926) ***táke it in the néck*** ＝*get it in the* NECK. ***tálk through* (*the báck of*) *one's néck***〘口語〙途方もない[わけのわからない]ことを言う, 大ぼらを吹く. (1899) ***tréad on the néck of*** …を圧制する, しいたげる. ***upòn the néck of*** ＝*in the* NECK *of*. ***úp to the* [one's] *néck*** (1)〔水などに〕首までつかって[はまって]〔*in*〕. (2)〘口語〙〔仕事などで〕動きがとれないで, 〔…に〕没頭して〔*in*〕. (1923) ***wring a person's néck***〘口語〙[時に戯言] 人の首をへし折る, 人を締め殺す: Shut up, or I'll *wring your* ~. 黙れ, さもないと首をへし折るぞ.
— *vt.* **1** 〈計器などを〉細くする, 狭くする〔*down, in*〕. **2**〘口語〙〈異性〉とネッキングする, …の首に抱きついてキスや愛撫をする (⇨ caress **SYN**). **3** …の首をはねる (behead); 〈鶏などの〉首を切る[締める]. **—** *vi.* **1**〘口語〙〈男女が〉ネッキングする. **2** 細く[狭く]なる.
〖OE *hnecca* nape of the neck < Gmc **xnekkōn-* neck, a narrow or compressed part (Du. *nek* / G *Nacken* nape / ON *hnakki*) ← ? IE **ken-* to compress; something compressed (L *nux* 'NUT')〗

neck² /nék/ *n.*〘英方言〙(畑で刈る)最後の麦束《イングランド南西部には収穫祭にこれを刈り取って運び, 時に飾ったり保存したりする慣習がある》. ***crý the néck***〘英方言〙刈り終わった最後の麦束に歓声を上げる《そのあと祝いの酒宴を張る》. 〖(1688) ?〗

Neck·ar /nékə, -kaə | -kə^(r), -kɑː^(r); G. nékaʁ/ *n.* [the ~] ネッカー(川)《ドイツ南西部の川; Black Forest に発し, 北東に流れて Rhine 川に注ぐ (395 km)》.

néck·bànd *n.* **1** バンドのようなカラー, カラーをとじつける[ボタン留めする]台カラー; (セーターなどの)襟ぐり線. **2** ネックバンド《首に回す飾りひも》. 〖(1446) *nekbande*: ⇨ neck¹, band¹〗

néck·bèef *n.* 牛の頸肉(けいにく). 〖(1662) ← NECK²＋BEEF〗

néck·brèaking *adj.* ＝breakneck.

néck canál cèll *n.*〘植物〙(造卵器の)頸溝(けいこう)細胞《頸細胞 (neck cell) の中央に 1 列になって存在する細胞》. 〖(なぞり) ← G *Halskanalzelle*〗

néck cèll *n.*〘植物〙頸細胞《コケ類およびシダ類の造卵器の頸部の盲端をもった筒状を成している 4 列 1 層の細胞; cf. neck canal cell》.

néck·clòth *n.* **1 a** (18–19 世紀に男性が用いた装飾用の)首巻き. **b** ＝neckerchief. **2**〘古〙＝cravat 1 a; necktie 1. 〖(1639) ← NECK¹＋CLOTH〗

néck-déep *adj., adv.* **1** 〈水など〉首までの深さの[で]. **2** 〔水などに〕首まで没して[入って]〔*in*〕: ~ *in* water 首まで水につかって. **3**〔困難・仕事などに〕深く巻き込まれて, 全く動きがとれなくなって, 忙殺されて〔*in, into*〕(cf. *up to the* NECK): be ~ *in* trouble すっかり困っている / fall ~ *into* difficulties 極度の窮境[財政困難]に陥る.

necked *adj.* **1** 首のある: ~ barnacles 首のある鼻ばさみ. **2** [複合語の第 2 構成素として] …(の)首の, 首が…である: short-*necked* 短い首の, 首の短い / a tall-*necked* vase 長首の花びん. 〖(*a*1398) ← NECK¹＋-ED〗

Nec·ker /nékə | -kə^(r); F. nɛkɛːʁ/, **Jacques** *n.* ネッケル (1732–1804; スイス生まれのフランスの政治家・財政家; Louis 十六世の財務総監; 彼の罷免が 1789 年 7 月 14 日の群衆によるバスティーユ牢獄の襲撃の原因となる; Madame de Staël の父).

neck·er·chief /nékətʃɪ̀f, -tʃìf, -tʃìːf | -kətʃɪ̀f, -tʃìːf/ *n.* (*pl.* **~s,**〘米〙**-er·chieves** /-tʃìːvz, -tʃɪ̀vz/) ネッカチーフ《首に巻く四角い布地》. 〖(*c*1384) *nekkerchef*: ⇨ neck¹, kerchief〗

Nécker cùbe *n.* ネッカーの立方体《透明な立方体図; 二通りの向きに見える》. 〖← *Louis Albert Necker* (1786–1861: スイスの博物学者)〗

néck·ing *n.* **1**〘口語〙ネッキング《男女が首に抱きついて愛撫すること》 **2**〘建築〙**a** 柱頭頸(けい)部の繰形. **b** 柱身と柱頭との接合部 (gorgerin). 〖((1450)) (1804) ← NECK¹ (n., v.)＋-ING¹〗

neck·lace /néklɪ̀s/ *n.* **1** 首飾り, ネックレス. **2** (猫などの首から胸にかけての)首飾り形のぶち《毛》. **3**〘戯言〙絞首索. 〖(*c*1590) ← NECK¹＋LACE〗

nécklace póplar *n.*〘植物〙＝cotton wood.

nécklace shèll *n.*〘貝類〙タマガイ科タマガイ属 (*Natica*) の貝《総称; 砂中の二枚貝を襲って殻に穴を開けて食べる; ビーズを連ねたような卵塊を産む》.

nécklace trèe *n.*〘植物〙マメ科ベニマメノキ属 (*Ormosia*) の常緑高木の総称; (特に) ＝jumby bean 1.

neck·let /néklɪ̀t/ *n.* **1** (ぴったりした)首飾り. **2** (毛皮の)襟巻き. **3** ワイン瓶口ラベル《銘柄・醸造年月日等を記載》. 〖(1865) ← NECK¹＋-LET〗

néck·line *n.* **1** ネックライン《衣服の襟ぐりの線》. **2** 襟足. 〖((1672)) (1904) ← NECK¹＋LINE〗

néck·pìece *n.* **1** (毛皮・羽毛の)小さい襟巻き; (鎧(よろい)・頭巾などの)首被い. **2** 首を防護する物, 首当て.

néck-rèin〘馬術〙*vi.* 〈馬が〉首の押し手綱によく従う. **—** *vt.* 〈馬を〉首の押し手綱であやつる[御する]. 〖1935〗

néck swèetbread *n.* (食用となる子牛などの)胸腺.

néck·tìe *n.* **1** ネクタイ; (特に)結び下げネクタイ (four-in-hand). ★ 現在では tie の方が普通. **2** (首や襟もとで結ぶ)細いバンド, スカーフ. **3**〘米俗〙絞首索. 〖1838〗

nécktie pàrty *n.*〘米俗〙(リンチによる)縛り首, つるし首; 絞首, 絞殺.

néck·vèrse *n.* 免罪詩《黒字体で印刷されたラテン語の聖書詩編第 50 編(一般の訳では第 51 編)の冒頭の 1 節で, *Miserere mei* (＝have mercy upon me) に始まる; cf. BENEFIT of clergy》. 〖(*a*1450): 昔これを読めた者は手を焼かれただけで絞首刑を免れたことから〗

néck·wèar *n.* [集合的]〘商用語〙首の回りにつける服飾品の総称《カラー・ネクタイ・襟巻き・スカーフなど》. 〖1879〗

necr- /nekr/ (母音の前にくるときの) necro- の異形.

nec·ro /nékroʊ | -krəʊ/ *n.*〘獣医〙＝necrotic enteritis. 〖略〗

nec·ro- /nékroʊ | -rəʊ/「死; 死体; 壊死(えし); 壊疽(えそ)」の意の連結形. ★ 母音の前では通例 necr- になる. 〖□ Gk *nerk-*, *nekro-* ← *nekrós* dead body, corpse ← IE **nek-* death (L *nex*)〗

nèc·ro·bac·il·ló·sis /-bæ̀səlóʊsɪ̀s | -lə́ʊsɪ̀s/ *n.* (*pl.* **-ses** /-siːz/)〘獣医〙壊死(えし)桿(かん)菌病症《壊死桿菌 (*Spherophorus necrophorus*) の感染によって壊死性病変を呈する疾病》. 〖(1907) ⇨ ↑, bacillus, -osis〗

nèc·ro·bi·ó·sis *n.*〘病理〙類壊死(えし) (cf. necrosis 1). 〖(1880) ← NL ~: ⇨ necro-, -biosis〗

nèc·ro·gén·ic *adj.*〘病理〙死体[腐肉]から発生する; 壊死を引き起こす. 〖1899〗

ne·crol·a·try /nɪ̀krɑ́(ː)lətri, nɛ- | nekrɔ́l-/ *n.* 死者[死霊]崇拝. 〖(1826) □ LGk *nekrolatreía*: ⇨ necro-, -latry〗

nec·ro·log·i·cal /nèkrəlɑ́(ː)dʒɪ̀kəl, -kl̩ | nèkrəlɔ́dʒɪ-←/ *adj.* 死亡の, 死者の (obituary). **~·ly** *adv.* 〖(1803): ⇨ ↓, -ist〗

ne·cról·o·gist /-dʒɪ̀st | -dʒɪst/ *n.* (新聞などの)死亡記事係; 死亡者名簿編集者.

ne·crol·o·gy /nɪ̀krɑ́(ː)lədʒi, nɛ- | nekrɔ́l-/ *n.* **1** 死亡者表[名列], (寺院の)過去帳. **2** 死亡記事 (obituary); 故人追悼文; 故人略歴. 〖(1727–38) □ ML *necrologium* ∥ F *nécrologie*: ⇨ necro-, -logy〗

nec·ro·man·cer /nékrəmæ̀nsə | -rə(ʊ)mæ̀nsə^(r)/ *n.* **1** 巫(ふ)術者, 占い師 (diviner). **2** 魔法使い (wizard). 〖(*a*1548) ← NECROMANCY＋-ER¹ ∽ (*a*1325) *nigromancer* □ OF *nigromansere* ← *nigromancie* (↓)〗

nec·ro·man·cy /nékrəmæ̀nsi | -rə(ʊ)-/ *n.* **1** 巫(ふ)術, 降霊術, (死者との交霊によって未来を占う)占い (⇨ magic **SYN**). **2** 妖術, 魔術. **nec·ro·man·tic** /nèkrəmǽntɪk | -rə(ʊ)mǽnt-←/ *adj.* **nèc·ro·mán·ti·cal·ly** *adv.* 〖(1522) □ L *necromantīa* □ Gk *nekromanteía* ← *nekrós* corpse＋*manteía* oracular response, divination ∽ (?*a*1300) *-maunce* □ OF □ ML *nigromantia* magic, black art (L *niger* black との混同による変形) ← L *necromantia*: ⇨ necro-, -mancy〗

nec·ro·ma·ni·a /nèkrouméɪniə, -njə | -krə(ʊ)-/ *n.*〘精神医学〙＝necrophilia.

nec·ro·pha·gi·a /nèkrəféɪdʒiə, -dʒə | -rə(ʊ)féɪdʒiə/ *n.* 死肉嗜食(しょく)《死肉(特に腐肉)を食べること》.

〖← NL ～: ⇨ necro-, -phagy〗
ne·croph·a·gous /nəkrɑ́(ː)fəgəs, nɛ- | nɛkrɔ́f-, nə-/ *adj.* 〈昆虫・細菌など〉死[腐]肉を常食とする. 〖(1835) □ Gk *nekrophágos*: ⇨ necro-, -phagous〗
ne·croph·a·gy /nəkrɑ́(ː)fədʒi, nɛ- | nɛkrɔ́f-, nə-/ *n.* =necrophagia.
nec·ro·phile /nékrəfàɪl | -rə(ʊ)-/ *n.* 〘精神医学〙死姦者, 死体性愛者. 〖(1892): ⇨ -phile〗
nec·ro·phil·i·a /nèkrəfíliə | -rə(ʊ)-/ *n.* 〘精神医学〙死姦, 死体性愛. **nec·ro·phil·ic** /nèkrəfílɪk | -rə(ʊ)-ˊ/ *adj.* **nec·ro·phil·i·ac** /nèkrəfíliæ̀k | -rə(ʊ)-ˊ/ *adj.* 〖(1892) ← NL ～: ⇨ necro-, -philia〗
ne·croph·i·lism /nəkrɑ́(ː)fəlɪzm, nɛ- | nɛkrɔ́fɪ-, nə-/ *n.* 〘精神医学〙=necrophilia. 〖1864〗
ne·croph·i·ly /nəkrɑ́(ː)fəli, nɛ- | nɛkrɔ́fɪ-, nə-/ *n.* 〘精神医学〙=necrophilia. 〖1897〗
nec·ro·pho·bi·a /nèkrəfóubiə | -rə(ʊ)fə́ʊ-/ *n.* 〘精神医学〙死恐怖症; 死体恐怖症. **nèc·ro·phó·bic** /-bɪk-ˊ/ *adj.* **nec·ro·phobe** /nékrəfòub | -krə(ʊ)fə̀ʊb/ *n.* 〖(1833) ← NL ～: ⇨ necro-, -phobia〗
ne·crop·o·lis /nəkrɑ́(ː)pəlɪs, nɛ- | nɛkrɔ́pəlɪs, nə-/ *n.* (*pl.* ～·es, -o·les /-lìːz/, -leis /-lèɪs/, -li /-lài, -liː/) **1** (古代都市または有史前の遺跡の)埋葬地. **2** (大)共同墓地. **3** (廃墟となった)死の町. 〖(1819) ← LL ～ ← Gk *nekrópolis* city of the dead: ⇨ necro-, -polis〗
nec·rop·sy /nékrɑ(ː)psi | -rɔp-/ *n.* 検死, 剖検. — *vt.* 〈死体を〉検死する. 〖n.: (1856): v.: (1927) ← NECRO-+(AUTO)PSY〗
ne·cros·co·py /nəkrɑ́(ː)skəpi, nɛ- | nɛkrɔ́s-, nə-/ *n.* =necropsy.
ne·crose /nəkróus, nɛ-, -róuz, nékrous, -rouz | nɛkrə́ʊs, ˊ-ˋ/ 〘病理〙*vt.* 〈組織・器官などを〉壊死(え)に至らせる. — *vi.* 〈組織・器官などが〉壊死に至る. 〖(1873) 《逆成》 ↓〗
ne·cro·sis /nəkróusɪs, nɛ- | nɛkrə́ʊsɪs, nə-/ *n.* (*pl.* **ne·cro·ses** /-siːz/) **1** 〘病理〙壊死(え); 脱疽(だっそ) (cf. gangrene 1, necrobiosis). **2** 〘植物病理〙ネクローシス, 頽壊(たいえ) (漸進的腐朽). **ne·crot·ic** /nəkrɑ́(ː)tɪk, nɛ- | nɛkrɔ́t-, nə-/ *adj.* 〖(1665) ← NL ～ ← Gk *nékrōsis* state of death: ⇨ necro-, -osis〗
nècro·spér·mi·a /-spə́ːmiə | -spə́ː-/ *n.* 〘病理〙精子死滅症, 死精子症. 〖← NL ～: ⇨ necro-, sperm-, -ia¹〗
necrótic enterítis *n.* 〘獣医〙(豚の)壊疽(え)性腸炎.
ne·cro·tize /nékrətàɪz/ 〘病理〙*vt.* 〈組織・器官などを〉壊死(え)に至らせる, …に壊死を起こす. — *vi.* 壊死に至る, 壊死を起こす, 壊死する. **nec·ro·ti·za·tion** /nèkrətɪzéɪʃən | -taɪ-, -tɪ-/ *n.* 〖(1873) ← NECROTIC+-IZE〗
néc·ro·tìz·ing *adj.* 〘医学〙壊死(え)を引き起こす[に関係した], 壊死性の, 壊死を起こしている: ～ infections / ～ tissue 壊死組織. 〖1899〗
nécrotizing fasciítis *n.* 〘医学〙壊死性筋膜炎.
ne·crot·o·my /nəkrɑ́(ː)təmi, nɛ- | nɛkrɔ́tə-/ *n.* 〘医学〙**1** 死体解剖. **2** 壊死組織除去(術). **3** 腐骨摘出(術). **nec·ro·tom·ic** /nèkrətɑ́(ː)mɪk | nèkrətɔ́m-ˊ/ *adj.*
nect- /nɛkt/ (母音の前にくるときの) necto- の異形.
nec·tar /néktə | -tə(r)/ *n.* **1** 〘ギリシャ神話〙ネクタール, 神酒 (神々の飲む酒; 飲めば不老不死となる: cf. ambrosia 1). **2 a** 甘美な飲料. **b** (米) (濃厚な)果汁; (種々の果汁を混ぜた)フルーツ(ミックス)ジュース. **3** 〘比喩〙喜ばしいもの, 歓迎すべきこと. **4** 〘植物〙(植物の分泌する)花蜜. 〖(1555) □ L ～ □ Gk *néktar* drink of the gods, esp. wine ← ? Sem.〗
nec·tar·e·an /nektέ(ə)riən | -tέər-/ *adj.* (古) =nectarous. 〖(1624) ← L *nectareus* like nectar+-AN¹〗
néc·tared *adj.* (古) **1** ネクタール (nectar) を満たした[混ぜた]. **2** (ネクタールのように)甘美な. 〖c1595〗
nec·tar·e·ous /nektέ(ə)riəs | -tέər-/ *adj.* =nectarous. 〖(1708) □ L *nectareus* □ Gk *nektáreos*: ⇨ nectar, -eous〗
nec·tar·i·al /nektέ(ə)riəl | -tέər-/ *adj.* **1** 〘植物〙蜜槽[蜜腺]の(ような). **2** 〘昆虫〙蜜管の(ような). 〖(1808): ⇨ nectary, -al¹〗
nec·tar·if·er·ous /nèktəríf(ə)rəs-ˊ/ *adj.* 〘植物〙蜜を分泌する. 〖(1760) ← NECTAR+-I-+-FEROUS〗
nec·tar·ine /nèktəríːn, ˊ-ˋ- | néktərìːn, -ɪn/ *n.* **1** 〘植物〙ズバイモモ, ネクタリン, 油桃 (*Prunus persica* var. *nucipersica*) (外果皮が無毛の桃の種類; しばしば普通の桃の変種). **2** ネクタリン(実). 〖(1664) (名詞用法) ← ～ (adj.) (古) sweet as nectar: ⇨ nectar, -ine¹〗
Nec·ta·ri·ni·i·dae /nèktərənáɪədiː | -rɪnáɪɪ-/ *n. pl.* 〘鳥類〙タイヨウチョウ科. 〖← NL ～ ← *Nectarinia* (属名: ⇨ nectar, -ine¹, -ia²)+-IDAE〗
nec·ta·riv·o·rous /nèktərív(ə)rəs/ *adj.* 〈動物が〉花蜜食性の. 〖(1898) ← NECTAR+-I-+-VOROUS〗
nec·tar·ous /nékt(ə)rəs/ *adj.* ネクタール (nectar) のような; 甘美な. 〖(1667) ← NECTAR+-OUS: cf. nectareous〗
nec·ta·ry /nékt(ə)ri/ *n.* **1** 〘植物〙蜜槽, 蜜腺. **2** 〘昆虫〙(アブラムシ (aphid) などの)蜜管. 〖(1598) ← NL *nectarium*: ⇨ nectar, -ary〗
nec·to- /néktou | -təʊ/「水泳(の)」の意の連結形. ★ 母音の前では通例 nect- になる. 〖← NL ～ ← Gk *nēktós* swimming ← *nḗkhein* to swim〗
nec·ton /néktən, -tɑ(ː)n | -tən/ *n.* 〘動物〙=nekton.
ned /néd/ *n.* 《スコット俗》ちんぴらやくざ, よた者, 不良. 〖(1959) ← ? *Ned* (↓)〗
Ned /néd/ *n.* ネッド (男性名; 愛称形 Neddy). 〖(dim.) ← EDWARD¹, EDMUND, EDGAR²: *n*- は *mine Ed* → *my Ned* の異分析から〗
NEDC (略) (英) National Economic Development Council (cf. neddy²).
ned·dy¹, N- /nédi | -di/ *n.* **1** (英口語) **a** ろば (donkey). **b** ばか (fool). **2** (豪俗) (競走)馬. 〖(a1790) ← NEDDY〗
ned·dy², N- /nédi | -di/ *n.* (英口語) =NEDC.
Ned·dy /nédi | -di/ *n.* ネディー (男性名). 〖(dim.) ← NED〗
Ne·der·land /Du. néːdərlɑ̀nt/ *n.* ネーデルラント (Netherlands のオランダ語名).
née /néɪ; F. ne/ *adj.* (*also* **nee** /～/) **1** 旧姓は (既婚女性の名の後に付け, 実家の姓を示す): Mrs. Ward, ～ Arnold ウォード夫人, 旧姓アーノルド. **2** [地名に用いて] 旧名は, 以前…と呼ばれた: Tokyo ～ Edo. 〖(1758) □ F ～ (fem.) ← *né* born (p.p.) ← *naître* to be born < VL *nāscere*=L *nāscī*: cf. nascent〗
need /níːd/ *vt.* **1** 要する, …の必要がある; 〈人〉に…してもらう必要がある; 〈物など〉が…である[される]必要がある (⇨ lack SYN): We ～ money (for our work). / We badly ～ a vacation. ぜひとも休暇が必要だ / a much [badly, sorely] ～*ed* vacation ぜひとも必要な休暇 / I ～ you. 私には君が必要だ / I ～ her as [*to* be] my assistant. 助手に彼女が必要だ / That's just what I ～*ed*. それはまさに私に必要なものだった / That's the last thing I ～(*ed*)! そんなのは願いさげにしてもらいたい (⇨ *all* a person NEEDS) / This will ～ some explanation [explaining]. これには少々説明が必要だ / The book ～*s* correction. その本は訂正を要する / This house ～*s* repairing [to be repaired]. この家は修繕が必要だ (cf. 2 a) / You don't [hardly] ～ me *to* remind you that… あなたに…と念を押す必要はないでしょう. **2 a** [*to* do を伴って] …する必要がある, …しなければならない: He ～*s to* study. 彼は勉強しなければならない / It ～*s to* be done with care. それは注意してしなければならない / He didn't ～ *to* be told twice. 彼は二度言われるまでもなかった / You only ～*ed to* ask. 頼みさえすればよかった. **b** [否定文・疑問文で助動詞的に] (英) ★ need not は「必要」の must の否定に当たる: He ～ *not* come. 彼は来るに及ばない / I ～ hardly remind you that… あなたに…と念を押す必要はないでしょう / He ～ *not* have done it. =He doesn't ～ [have] to do it. それをするには及ばなかった(のにした) (cf. He didn't ～ [have] to do it. する必要がなかった(のでしなかった)) / You ～*n't* go yet, ～ you? まだ帰らなくてもいいでしょう / *Need* you go yet? もう帰らなければならないの / Don't be [take] longer than you ～. できるだけ早くして下さい / Why ～ it be today? なぜ今日でなければならないのか / It ～ not (necessarily) be true. それは(必ずしも)正しいとは限らない / *Need* there be so much misery in the world? =Does there ～ [have] to be so much misery…? 世の中にこんなに不幸がなければならないのか.
— *vi.* **1** 〈人が〉困窮している: Give to them [those] that ～. 貧しき者には施せ. **2** [通例非人称構文に用いて] (古) 必要である: more than ～*s* 必要以上に / *It* ～*s not that* your stay be long. 長く滞在する必要はない / There ～*s* no apology. 弁解には及ばない.
áll a person néeds [***néeded***] (皮肉) 願いさげにしたいもの[こと, 人], 困った[耐えがたい]もの (the last straw) (いやなことが続いたときなどの文句): That's *all* I ～(*ed*)! そんなの願いさげにしたい, 最悪だな. ***Néed I sày móre*** [***gò ón***]? もっと言う[続ける]必要はないでしょう, もうわかったでしょう. ***Whó nèeds …?*** (主に戯言) …なんか必要ない: Who ～*s* it [him]? そんなものなどいるものか[だれが彼を必要とするものか].
— *n.* **1** 入用, 必要, 要求, 欲求 (requirement) 〔*of*, *for*〕〈*to* do〉: in case of ～ 必要な場合には / He felt the ～ *of* a rest. 休息の必要を感じた / the ～ *for* birth control 産児制限の必要性 / a ～ *for* affection 愛情に対する欲求 / There is a great [an acute, a crying, an urgent] ～ *of* money. ぜひ金がいる / Is there any ～ *to* hurry? 急ぐ必要がありますか / What ～ is there *to* go? 行く必要がどこにあるか / There is [We have] no ～ *for* haste. 急ぐ必要はない / There is no ～ (*for* him) *to* work. (彼が)働く必要はない / Your ～ is greater than mine. あなたのほうが私より必要としているのだから(あなたに優先権がある). **2** [通例 *pl.*] 必要なもの: daily ～*s* 日用(必需)品 / bodily [spiritual, basic] ～*s* 肉体的[精神的, 基本的]要求 / the most pressing ～*s* of the economy 経済の最も差し迫った要求 / That will meet [serve] my ～*s*. それだけあれば間に合う / My ～*s* are few. 私の必要とする物は少ない. **3** 危急の際, まさかの時, 難局 (emergency): in time [the hour] of ～ まさかの時には / They failed him in his ～. まさかの時に彼を見捨てた / A friend in ～ is a friend indeed. (諺) まさかの時の友こそ真の友. **4** 窮乏, 貧困 (⇨ poverty SYN): He is in (great, dire, real) ～. (大層)困窮している. **5** [形容詞的に叙述的に用いて] (まれ) 必要な (necessary). **6** 〘心理〙欲求, 要求 (生理的・心理的に充足・満足が得られていない状態; cf. drive 8): ⇨ need condition.
at néed (古) まさかの時に. (?c1200) ***be*** [***stánd***] ***in néed of*** …を必要としている: She *is* (badly [desperately]) *in* ～ *of* help. 彼女は(ひどく)援助を必要としている / The ship *stands in* ～ *of* repairs. その船は修理が必要である. ***had néed*** (***to***) ***dó*** (古) なすべきである, …する必要がある (ought to). (1340) ***have néed*** [***no need***] ***of*** … が必要である[必要でない]: I have *no* ～ *of* a cook. コックは必要としない. (?c1200) ***if néed*** [***néeds***] ***bé*** (1389) (文語) =***if*** [***when***] ***the néed aríses*** 必要とあれば, やむを得なければ: I shall come *if* ～ *be*. 必要とあれば参りましょう.
～·er *n.* 〖n.: OE *nēd, nīed, nēod* inevitableness < Gmc *nauðiz (Du. *nood* / G *Not*) ← IE *nāu- to be exhausted; death. — v.: OE *nēodian* ← *nēod* (n.)〗

SYN 必要: **need** 欠乏に対して痛感される必要 (*necessity* よりも主観的): in *need* of money 金が必要で. **necessity** *need* と同義だが, より意味が強い (やや格式ばった語): He bought a personal computer out of *necessity*. 彼は必要に迫られてパソコンを買った. **exigency** 緊急な事態の結果生じた必要 (格式ばった語): meet the *exigencies* of the times 時勢の急務に対処する.

néed condìtion *n.* 〘心理〙欲求状態 (欲求が意識されその充足・満足のための行動が求められる状態).
néed-dispositìon *n.* 〘社会学〙要求傾向.
néed·fìre *n.* **1** 浄火 (昔チュートン族の間で牛疫流行の時に清めのために木を摩擦して起こしたもの; 悪霊を払い家畜病に効験ありとされた). **2** 合図ののろし, かがり火. **3** 自然発火. **4** (腐朽した材木などの)発光. 〖(1535) ← NEED (n.)+FIRE: cf. OE *nīedfȳr*〗
need·ful /níːdf(ə)l/ *adj.* **1** 入用な, 必要な: ～ supplies of food 食糧の必要な供給 / the one thing ～ ただ一つ無くてはならぬもの, 絶対に必要なただ一つのもの (cf. *Luke* 10: 42) / It is ～ that …することが必要である / They found it ～ to seek a new job. 新しい職を求めることが必要だと思った. ★ necessary, requisite に比べ意味が弱く, やや古風な語. **2** (古) 貧困な, 貧窮の (needy). — *n.* **1** [the ～] (口語) (必要な)金 (money): have *the* ～ *for* a car 車を買う金がある. **2** [the ～] 必要なこと, なすべきこと: do *the* ～ 必要なことをする. **3** 必要なもの, 必需品: summer ～*s* 夏の必需品. **～·ness** *n.* 〖adj.: (a1175) *nedeful*: ⇨ need, -ful¹. — n.: (1771)〗
néed·ful·ly /-fəli, -fli/ *adv.* 必然的に, やむなく. 〖c1340〗
Need·ham /níːdəm | -dəm/, **Joseph** *n.* ニーダム (1900–95; 英国の生化学者・科学史家; *Science and Civilisation in China* (1954)).
néed·i·ness *n.* 貧窮, 困窮 (poverty). 〖a1382〗
nee·dle /níːdl | -dl/ *n.* **1** 針, 縫針, 編物針, (網すき・クローシェ用)かぎ針: ⇨ darning needle, knitting needle, netting needle / a packing ～ =pack needle / a ～ and thread 糸を通した針 / a ～'s eye=the eye of a ～ 針のめど[穴]; ごく小さいすきま, 不可能な企て (cf. *Matt.* 19: 24) / (as) sharp as a ～ 非常に鋭い; 目から鼻へ抜けるような / clever with one's ～ 針仕事が上手 / make a living by ～ 針仕事で暮らしを立てる. 日英比較 この語が日本語と一致しているのは「縫い針, レコードプレーヤーの針, 注射器の針」などの場合で, 日本語の「時計の針」には hand, 「釣り針」には hook を用いる. **2 a** (医学用の)針 (穿刺針(せんしん)・切開針・縫合針・注射針など種々のものがある). **b** (口語) (皮下)注射. **c** (俗) 麻薬注射. **3 a** (食刻用)彫刻針 (etching needle). **b** レコードの針 (stylus). **4 a** 磁針, 羅針(らしん) (magnetic needle). **b** (電信機の)針, (計器の)指針, (電位計の)可動子. **5 a** とがったもの. **b** とがり岩. **c** 方尖(せん)塔 (obelisk): ⇨ Cleopatra's Needle. **6** 〘植物〙針状葉: ⇨ pine needle. **7** 〘動物〙骨片, 針骨 (spicule). **8** 〘鉱物〙針状結晶体, 針晶. **9** 〘建築〙修繕用横木 (土台の修理などの際一時的に壁を支えるために用いられる横木), 天秤梁. **10** [通例 the ～] (口語) いらだち (irritation); 敵意 (enmity), 激しい闘争心; あざけり, からかい (teasing). ★ 主に次の句で: get [have] *the* ～ (to…) (…に)いらだつ, 怒る; とても不安になる, おじけづく / give a person *the* ～ 人をいらだたす, 怒らす; あざける.
lóok for [***trỳ to fínd***] ***a néedle in a háystack*** [***búndle of háy***] (一束の乾草の中に針を捜すように)望みのない捜しものをする, むだ骨を折る. (1855) ***on the néedle*** (米俗) 麻薬を常用して (cf. 2 c). (1955) ***páss through the eye of a néedle*** ⇨ eye 成句. ***thréad the néedle*** 困難なことをやり遂げる.
— *vt.* **1** 針で縫う, …に針を通す. **2 a** (医療で, 針で)刺す, 穿刺(せんし)する, 〈白内障などを〉針で治療する. **b** …に注射する. **3** [～ one's way として] 縫って進む 〔*through*, *between*〕: He ～*d his way through* the crowd. 群衆の間を縫うように進んだ. **4** (口語) **a** 〈人を〉からかう; いらだたせる. **b** 〈人を〉煽動する, 挑発する, そそのかす 〔*into*〕: ～ a person *into* going 人をそそのかして行かせる. **5 a** (米俗) (アルコール分を加えて)〈ビールなどを〉強める: ～ beer ビールのアルコール分を強くする. **b** 〈話・講義などに〉味をつける, 効果的にする: ～ a speech *with* humor ユーモアを交えて話を面白くする. — *vi.* **1** 針を使う, 針仕事をする 〔*on*〕. **2** 〘鉱物〙針状に結晶する. **3** 〘外科〙穿刺する.
— *adj.* [限定的] (英) 〈競技・試合など〉たまらなくおもしろい, 手に汗を握る[はらはらする]ような; 激烈な: a ～ contest, game, match, etc.
〖OE *nǣdl, nēdl* < Gmc *nēþlō (Du. *naald* / G *Nadel*) < IE *nētlā ← *(s)nē- to sew (L *nēre* to spin / Gk *nêma* thread)〗
néedle·bàr *n.* (ミシン・編機の)針を支える棒, 針竿.
néedle bàth *n.* (水が細かく噴出する)針状シャワー.
néedle bèam *n.* 〘建築〙=needle 9. 〖1875〗
néedle bèaring *n.* 〘工学〙針軸受, ニードルベアリング (減摩用ころ軸受). 〖1930〗
néedle bìopsy *n.* 〘医学〙針生検 (針を用いて生体組織の小片を採り, 診断材料とする方法).
néedle·bòok *n.* (本のように開いたり閉じたりできる)針入れ. 〖1693〗
néedle·bùsh *n.* 〘植物〙ハケア ロイコプテラ (*Hakea leucoptera*) (オーストラリア産ヤマモガシ科の低木). 〖1889〗
néedle-càse *n.* 針入れ. 〖c1440〗

néedle·còrd *n.* コール天よりうねのつまったけばの平たい絹地. 〘1959〙
néedle·cràft *n.* =needlework. 〘(*c*1384) *nedle craft*〙
néedle exchànge *n.* 針交換所《麻薬常用者が使用済みの針を新しい針と交換する施設》.
néedle·fèlt *n.* 針編みじゅうたん. 〘1957〙
néedle fìle *n.* 共柄(ともえ)やすり《小さな仕事に用いる細いやすり》.
néedle·fìsh *n.* 〘魚類〙 **1** ダツ科モトダツ属 (*Belone*) の魚類の総称《嘴(くちばし)が鋭く, 歯は針のようになっている; モトダツ (*B. belone*) など》. **2** あごの突き出た細長い魚の総称《halfbeak, pipefish など》. 〘1601〙
néedle flỳ *n.* 〘昆虫〙 レウクトラ属 (*Leuctra*) の小カワゲラ.
nee·dle·ful /níːdḷfʊ̀l, -fḷ | -dḷ-/ *n.* 〘糸の〙一針分の長さ〔*of*〕. 〘1611〙
néedle gàp *n.* 〘電気〙 針先ギャップ《放電実験などに用いる先端の尖った電極を用いた空隙》. 〘1916〙
néedle hòlder *n.* 〘医学〙 持針器, 把針器.
néedle ìce *n.* 晶氷 (frazil).
néedle jùniper *n.* 〘植物〙 ネズ (*Juniperus rigida*).
néedle làce *n.* =needlepoint lace.
néedle·lìke *adj.* 針のような, 針のように尖(とが)った: a ~ spire, leaf, etc.
néedle·lòom *n.* 針編み織機《杼 (shuttle) がなくかぎ針でよこ糸を入れる機(はた)》. 〘*a*1877〙
néedle·pòint *n.* **1** 針先; (針状物の)先, 尖端. **2** =needlepoint lace. **3 a** ニードルポイント刺繍(ししゅう)《(cross-stitch, tent stitch などを使う刺繍》. **b** その刺繍をした壁掛け・椅子カバーなど. — *adj.* [限定的] 針編みの. 〘*a*1700〙
néedlepoint láce *n.* ニードルポイントレース, 針編みレース《模様紙の上を手縫い針を用い, buttonhole stitch や blanket stitch で模様を刺しつぶしたレース》. 〘1882〙
néedle·pùnch *n.* =needlefelt.
née·dler /-dlə, -dḷ- | -dl-, -dḷ-/ *n.* **1** 針を造る人, 針を使う人; 針を商う人. **2** 《口語》 いつも鋭い言葉を浴びせて人を刺激する人, 辛辣(しんらつ)な人. 〘1: (1362) ← NEEDLE (n.) +-ER[1]. 2: (1829) ⇨ NEEDLE (v.)+-ER[1]〙
néedle scràtch *n.* =surface noise.
néedle shòwer *n.* =needle bath. 〘1935〙
need·less /níːdlɪ̀s/ *adj.* 必要のない, むだな, 余計な. ***néedless to sáy*** [*ádd*] [通例文頭に用いて] 言うまでもなく, もちろん. ((1530)) (1770) **~·ly** adv. **~·ness** *n.* 〘(*a*1300) *nedeles*: ⇨ need, -less〙
néedle stìck *n.* (エイズ感染者などに使用した)注射針を誤って刺してできた刺傷.
néedle·tàil *n.* 〘鳥類〙 ハリオアマツバメ《アジア産アマツバメ科ハリオアマツバメ属 (*Hirundapus*) の総称; 鳥類のうちで最高の飛翔速度をもつといわれる》.
néedle tìme *n.* 《英》〘ラジオ・テレビ〙 レコード音楽の時間. 〘1962〙
néedle tòoth *n.* (新生豚の)鋭い黒歯, 狼歯.
néedle vàlve *n.* 〘機械〙 ニードル弁, 針弁《弁体を針状にして水・空気などの流量の微細調整ができるようになっている弁》. 〘1903〙
néedle·wòman *n.* 針仕事をする女性; お針子: a good [bad] ~ 針仕事のうまい[下手な]女性. 〘1535〙
néedle·wòrk *n.* 針仕事(品), 裁縫(物); (特に)刺繍, 針編 (embroidery): be [sit] at ~ 針仕事をしている[座っている]. 〘(*c*1384) *nedle werk*: ⇨ needle, work〙
néedle·wòrker *n.* 針仕事をする人, 裁縫師. 〘1611〙
née·dling /-dlɪŋ, -dḷ-/ *n.* **1** 《口語》 からかうこと, いらだたせ. **2** 運針(手順). 〘1854〙
néed·ly *adv.* 《古》 必然的に, どうしても (necessarily). 〘(?*c*1200): ⇨ -LY[1]〙
need·ments /níːdmənts/ *n. pl.* 《古》 必要品; (特に, 旅行に携帯する手荷物などの)必需品. 〘(1590) ← NEED (n. or v.) +-MENT: requirements との類推〙
need·n't /níːdn̩(t)/ 《口語》 need not の縮約形. 〘1865〙
needs /níːdz/ *adv.* 《古》 どうしても, 必ず, ぜひ. ★ 今は must と共に次の成句で: ***mùst néeds dó*** (1) 強情にも[愚かにも]…すると言ってきかない[きかなかった]: He *must* ~ come. ぜひ来ると強情を張ってきかない[きかなかった]. (2) =NEEDS *must do*: It *must* ~ be so. きっとそうに違いない. (*c*1330) ***néeds mùst*** *do* …せざるを得ない, 必ず…しなければならない: A man ~ *must* (=cannot but) lie down when he sleeps. 人は眠るにはいやでも横にならなければならぬ / *Needs must* when the devil drives. ⇨ devil 1 a. (*a*1393) 〘OE *nēdes* (gen.) ← *nēd* 'NEED': ⇨ -s[2]〙
néeds tèst *n.* 《英》 必要性調査《社会福祉手当・サービス給付の資格を決めるため, 資産よりも肉体的・社会的状況を調べる; cf. means test》.
need·y /níːdi | -di/ *adj.* (**need·i·er; -i·est**) **1** 貧乏な (⇨ poor SYN): a ~ family. **2** [the (poor and) ~; 名詞的に; 複数扱い] 貧困者たち, 貧窮階級《時には 1 人にも用いる》. 〘? lateOE: ⇨ need, -y[1]〙
Né·el /neɪél; F. neɛl/, **Louis** *n.* ネエル (1904–2000; フランスの物理学者; 磁気の研究で著名; Nobel 物理学賞 (1970)).
Néel temperature /ーーーー/ *n.* 〘物理〙 ネール温度《反強磁性体の常磁性状態への磁気転移温度; 磁化率がこの温度で最大となる; Néel point ともいう》. 〘(1952) ↑〙
neem /níːm/ *n.* 〘植物〙 インドセンダン (⇨ margosa) (neem tree, nim tree ともいう). 〘(1813) □ Hindi *nīm* ← Skt *nimba*〙
neep /níːp/ *n.* 《スコット・英方言》〘植物〙 カブ (turnip). 〘OE *nǣp* □ L *nāpus*〙
ne'er /néə | néə(r)/ *adv.* 《詩》 =never: ~ the less それにもかかわらず / ~ a ただ一つの…もない. 〘(?*a*1200) *ner, nere* (中音消失) ← NEVER: cf. e'er〙
Ne'er·day /néədeɪ | néə-/ *n.* 《スコット》 **1** 元旦, 新年 (New Year's Day). **2** [n-] 新年の贈物, お年玉. 〘(1897) (転訛) ← *New Year's Day*〙
né'er-do-wèel /-wìːl/ *n., adj.* 《スコット》 =ne'er-do-well. 〘(1773) (異形) ↓〙
né'er-do-wèll *n.* やくざ者, 穀つぶし. — *adj.* やくざな, 役に立たない, 無能な. 〘(1736) ← *ne'er do well*〙
ne ex·e·at /nìːéksiæ̀t/ *L. n.* 〘法律〙 離国禁止令状《訴訟の被告が国外へ退去するのを禁じる》. 〘□ L ~ 'let him not leave'〙
neeze /níːz/ *vi.* 《スコット・北英》 くしゃみをする (sneeze). 〘(?*a*1325) *nese(n)* □ ON *hnjósa*〙
nef /néf/ *n.* (中世や近世の王侯・貴族の食卓を飾り, 格式を示す)金銀細工の船形の装飾箱《食塩・香料・さじ・ナイフなどを入れる》. 〘(1687) □ F ~ 'boat-shaped vessel' < L *nāvem, nāvis* ship: cf. nave[1]〙
ne·fan·dous /nɪfǽndəs, nɛ-/ *adj.* 《古》 実にいやな, 言語道断の. 〘(1640) □ L *nefandus* ← *ne-* not+*fandus* to be spoken〙
ne·far·i·ous /nɪféəriəs, nɛ- | -féər-/ *adj.* 極悪な, ふらちな, 非道な (⇨ vicious SYN): ~ purposes, practices, etc. **~·ly** *adv.* **~·ness** *n.* 〘(1604) □ L *nefārius* ← *nefās* wrong ← *ne-* not+*fās* right, divine law: ⇨ -ous〙
Nef·er·ti·ti /nèfətíːti | -fətíːti/ *n.* (*also* **Nef·re·te·te** /nèfrətíːti | -frɪtíːti/) ネフェルティティ《紀元前 14 世紀のエジプトの王妃; Amenhotep 四世の妻》.
Ne·fud /nəfúːd/ *n.* [the ~] =Nafud.
neg /nég/ *n.* 《口語》《写真の》ネガ. 〘(1874) (略) ← NEGATIVE〙
neg. (略) negation; negative; negatively; negotiate.
neg·a- /négə/ 《口語》 (エネルギーなどの単位につけて)「節約分」の意の連結形. 〘← NEGATIVE〙
ne·gate /nɪgéɪt, nɛ-/ *vt.* **1** …の存在[真実など]を否定する, 否認する. **2** 取消す, 無効にする (⇨ nullify SYN). **3** 〘文法〙 〈否定語などが〉〈語句などを〉否定的な意味にする. — *vi.* 否定する; 拒否する. **ne·gát·er** /-tə | -tə(r)/ *n.* 〘(1623) ← L *negātus* (p.p.) ← *negāre* to deny ← *neg-* no, not ← IE **ne* not〙
ne·ga·tion /nɪgéɪʃən, nɛ-/ *n.* **1** 否定, 否認, 打消し. **2 a** 非実在, 無, 欠如 (absence)《実在・存在の反対》: a moral ~ 道義の欠如. **b** (積極に対する)消極, (消極的)反対: Death is the ~ of life. 死は生の反対. **3** 〘文法〙 否定 (↔ affirmation). **4** 〘論理〙 否定《任意の命題・主張を '…でない' と打消すこと; 記号では, ~, ¬, → などで表す》. **~·al** /-ʃnəl, -ʃənḷ/ *adj.* 〘(?*a*1425) □ (O)F *négation* // L *negātiō(n-)* ← *negāre*: ⇨ ↑, -ation〙
ne·gá·tion·ist /-ʃ(ə)nɪst | -nɪst/ *n.* 否定[消極]主義者《積極的代案がなくて, 従来の説の否定だけを繰返す消極的立場の信奉者》. 〘(1856) ← NEGATION+-IST〙
neg·a·tive /négətɪv | -tɪv/ *adj.* **1 a** 否定の, 否定的な, 否認の, 打消しの: a ~ statement 否定の陳述 / a ~ assertion 否定的な断定 / be ~ *of* …を否定する. **b** (提案・行動などに)反対の, 賛成しない; 拒否的な, 拒絶の[を示す]: a ~ vote 反対投票 / the ~ side [team] (討論会の)反対者側 / make a ~ reply to a proposal 提案に反対の返事をする / assume a ~ attitude 拒否[反対]の態度をとる. **c** 〈命令など〉禁止的な (prohibitory): a ~ order [command] 禁止命令. **2 a** 積極性を欠いた, 消極的な, 非協調的な; 引っ込み勝ちの, 控え目の (↔ positive): a ~ character 消極的な性格 / ~ criticism 非建設的批評 / on ~ lines 消極的な / a ~ virtue (悪事をしないという)消極的美徳. **b** 効果がない: a ~ search. **3** 〘論理・文法〙 否定的な (↔ affirmative): a ~ proposition 否定命題 / the ~ mode 否定様式 / a ~ particle 否定(小)辞 / a ~ sentence 否定文. **4 a** 〘数学・物理〙 マイナスの, 負の (minus) (↔ positive): a ~ number 負数 / a ~ quantity 負量; (戯言) 無 (nothing) / the ~ negative sign. **b** 時計の針と同方向に回る, 右回りの: a ~ angle 〘数学〙 負の角《任意の方向(通例時計回り)と逆向きに動く半直線のなす角》. **5** 〘医学〙 **a** 〈検査・反応の結果が〉陰性の《検査の結果, 特定の病源体・物質などが見つからなかったり, 反応が起こらなかったりした場合にいう; ↔ positive》: ⇨ false negative. **b** =Rh negative. **6** 〘電気〙 陰電気の[を生じる], 相対的に低電位の, 負の (electronegative) (cf. neutral; ↔ positive): a ~ electrode 負極 / ⇨ negative electricity, negative glow, negative pole. **7** 〘化学〙 〈元素・基が〉陰電気性, 陰性の, 負の (electronegative) (↔ positive). **8 a** 〘写真〙 陰画の, ネガの (↔ positive). **b** 〘光学〙 〈レンズが〉負の, 凹の: ⇨ negative lens. **9 a** 〘生物〙 負の, 陰性の《動植物が刺激に対し反作用的な》. **b** 〘生化学〙 陰性の (↔ positive). **10** 〘占星〙 陰性宮の[に支配された]《受容[受動]的とされる》.
— *n.* **1 a** 〘文法〙 否定語(句) (no, not, nor, in no way など); 否定的な表現: ⇨ double negative / Two ~*s* make an affirmative. 否定が二つ重なると肯定となる. **b** 〘論理〙 否定(命題, 様式). **2** 否定[拒否]の言葉[答え]; 反対, 拒否 (refusal): return a ~ 否定と答える, 拒絶する / answer with a ~ 否と答える / My request received [met with] a ~. 私の要求は拒絶された. **3** [the ~] (採決・討論会などで)反対[否定]者側(の人) (↔ affirmative): There were five votes for the ~. 反対投票は 5 票だった. **4** (性格などの)消極性, 消極的な性質. **5** 〘写真〙 陰画, 原板, ネガ. **6** 〘数学〙 負数, 負量; 負号. **7** 〘電気〙 (ボルタ電池または電解槽の)陰極板, 陰電気. **8 a** 《古》 拒否権 (veto). **b** 《廃》 反対投票.
in the négative 否定で[の], 否定的に[の], 拒否で[の] (↔ in the affirmative): answer [reply] *in the* ~ 否と答える, 否定[拒絶]する / an answer *in the* ~. (1598)
— *adv.* 《口語》 いや, ちがう (no)《否定の返事を明確にするための無線・放送用語から》.
— *vt.* **1** 〈提案・動議などを〉拒否[拒絶]する, 否認[否決]する, 否定する (deny): ~ a proposal, bill, etc. **2** 反証する; …の誤りであることを証明する (disprove): Experience ~*s* the theory. 経験によってその説の誤りであることがわかる. **3** 無効[むだ]にする (counteract): The deep mud ~*d* all efforts to advance. 深いぬかるみのため前進しようとする努力も皆むだであった.
~·ness *n.* 〘(?*c*1380) □ (O)F *négatif, -ive* // L *negātīvus*: ⇨ negate, -ive〙
négative accelerátion *n.* 〘物理〙 減速度《作用の伝達速度が有限であるための遅れ; retardation ともいう; cf. positive acceleration》.
négative catálysis *n.* 〘化学〙 負触媒作用《反応速度を減少させる働きをする触媒作用》. 〘1904〙
négative cátalyst *n.* 〘化学〙 負触媒. 〘1904〙
négative crýstal *n.* **1** 〘鉱物〙 空晶《鉱物固有の結晶と同形をした結晶内の空洞》. **2** 〘光学〙 負結晶, 負晶《常光線の屈折率が異常光線の屈折率より大きい単軸性結晶; cf. positive crystal》. 〘1831〙
négative electrícity *n.* 〘電気〙 陰電気, 負電気. 〘1755〙
négative équity *n.* マイナスのエクイティー, 担保割れ《住宅ローンなどで担保物件の時価下落により負債額が担保評価額を上回っている状況》. 〘1958〙
négative eugénics *n.* 消極的優生学《遺伝形質に欠陥をもつ人は子供を持たないように勧めるなどして好ましい形質の遺伝を増加させようとする; ↔ positive eugenics》. 〘1908〙
négative évidence *n.* 〘法律〙 (犯罪がないという)消極的証拠, 反証《積極的に犯罪のあることを証明しないで, その反対のことが存在しないことを証明する》.
négative féedback *n.* 〘電気〙 負帰還, 負フィードバック《出力の一部を入力として加えることにより安定化させる手法; cf. positive feedback》. 〘1934〙
négative féeder *n.* 〘電気〙 負饋(き)電線, 負饋電線《電気鉄道でレールと並列に接続される電線で, 列車走行用電流の変電所への帰路となる》. 〘1909〙
négative flàg *n.* 〘海事〙 否定旗, N 旗《「否定」または「直前の信号を否定の意味に解されたい」の意を示す国際信号旗》. 〘1909〙
négative glów *n.* 〘電気〙 負グロー, 陰極グロー《グロー放電の特に陰極の前に生じる光》. 〘1890〙
négative hallucinátion *n.* 〘心理〙 負の幻覚《実際に存在するものが知覚できないこと》.
négative íncome tàx *n.* 逆所得税《定額以下の所得者に対して政府から支給される補助金; 略 NIT; guaranteed (annual) income ともいう》. 〘1966〙
négative ínstance *n.* 〘法律〙 消極的事例《個々の消極的証拠 (negative evidence)》.
négative íon *n.* 〘物理化学〙 陰イオン (anion).
négative léns *n.* 〘光学〙 負のレンズ (⇨ diverging lens).
nég·a·tive·ly *adv.* **1** 否定的に, 打消して, 拒否的に, 反対して: answer ~ 否と答える, 拒絶する / shake one's head ~ 首を横に振る / It was decided ~. 否決された. **2** 消極的に: be ~ friendly 仲が(よくはないが)悪いというほどではない. **3** 〘電気〙 陰電気で: ~ charged. 〘(*c*1559) ← NEGATIVE (adj.)+-LY[1]〙
négative modulátion *n.* 〘通信〙 負変調 (negative transmission).
négative óption *n.* ネガティブオプション, 購入中止選択権《通信販売で, 定期的に送られてきた品物を不要と通知しないかぎり引き受けなければならないという取り決め条項》. 〘1972〙
négative philósophy *n.* 〘哲学〙 消極哲学《Schelling の用語; 従来の哲学を, 物の本質を問うだけで実存に至らないとして, 否定的に捉えた名称》.
négative pláte *n.* 〘電気〙 (電池の)陰極板, 陰極.
négative polárity *n.* 〘文法〙 否定極性《通常, 意味的[統語的]に否定[疑問]の文脈でしか用いられない語句 (ever, any, budge, care to など) の文法的特性》.
négative póle *n.* 〘電気〙 陰極, 負極 (cathode).
négative-pósitive *adj.* 〘写真〙 ネガポジ法の《撮影してまずネガをつくり, これをプリントしてポジを得る方法; 普通の写真法についていう》. 〘1936〙
négative prescríption *n.* 〘法律〙 消滅時効 (⇨ prescription 3). 〘1838〙
négative préssure *n.* 負圧《大気圧より低い圧力》.
négative próton *n.* 〘物理〙 反陽子 (antiproton).
négative-ráising *n.* 〘生成文法〙 否定辞繰り上げ, 否定辞繰り上げ変形《例えば, I think he won't come at five. において, 埋め込み文中の否定辞 not を, I don't think he will come at five. におけるように否定辞を主節に移す変形をいう》.
négative reinfórcement *n.* 〘心理〙 負の強化《不快な刺激によって反応を条件付けること》.
négative resístance *n.* 〘物理〙 負抵抗《負の量として表される力学的抵抗または電気抵抗》. 〘1896〙
négative sígn *n.* 〘数学〙 =minus sign 1. 〘1704〙
négative stáining *n.* 〘化学〙 媒質着色法.
négative táx *n.* =negative income tax. 〘1963〙
négative témperature *n.* 〘物理〙 負温度《原子や分子のエネルギー分布で, 高いエネルギーにより多くの確率で分布している状態; 電磁波の増幅・発振に利用される》.

négative theólogy *n.* 消極神学, (中世での)否定神学《究極的実在に関しては人知を超えたものとしてただ否定的に述べられるだけとする神学; cf. positive theology》.

négative tránsfer *n.* 〘心理〙負の転移 (negative transfer effect ともいう; ⇨ transfer 8). 〖1921〗

négative transmíssion *n.* 〘通信〙=negative modulation.

neg·a·tiv·ism /négətɪvɪzm | -tɪ-/ *n.* **1** 〘哲学〙否定主義, 消極主義, 非実証主義《不可知論・懐疑論など; cf. positivism》. **2** 〘心理〙拒絶症, 反抗癖; (特に, 子供に多い命令や示唆に対する)反対癖: passive ~ (求められた行為をしない)受動的反対癖 / active ~ (求められた行為と反対の行為をする)能動的反対癖. 〖(1824) ← NEGATIVE (adj.)+-ISM〗

nég·a·tiv·ist /-vɪst | -vɪst/ *n.* 否定[消極]主義者 (negationist). — *adj.* =negativistic. 〖(1873): ⇨ ↑, -IST〗

neg·a·tiv·is·tic /nègətɪvístɪk | -tɪ-ˊ-/ *adj.* **1** 〘哲学〙否定[消極]主義(者)の. **2** 〘心理〙(命令や示唆に対する)反抗的態度の. 〖(1902) ← ↑, -ISTIC〗

neg·a·tiv·i·ty /nègətívəti | -tívɪti/ *n.* 否定性; 消極性; 陰性. 〖(1854) ← NEGATIVE (adj.)+-ITY〗

neg·a·ton /négətɑ̀(ː)n | -tɔ̀n/ *n.* =negatron.

ne·ga·tor /nɪgéɪtə, nɛ- | -tə(r)/ *n.* **1** 否定をする人; 否定を示す語 (negative); 〘文法〙否定辞《not など》. **2** 〘電算〙否定素子. 〖(1805): ⇨ -or²〗

neg·a·to·ry /négətɔ̀ːri, -təri, -tri | -təri/ *adj.* 否定[反対]的な; 消極的な (negative). 〖(1580) □ F *négatoire* ∥ LL *negātōrius*: ⇨ negate, -ory¹〗

neg·a·tron /négətrɑ̀(ː)n | -trɔ̀n/ *n.* 《まれ》〘物理・化学〙=electron《陽電子 (positron) の対として考えた呼称》.

néga·wàtt *n.* 節約電力: a 10-*negawatt* device 10 ネガワットの機器《従来より 10 ワット節約できる機器》.

neg·en·tro·py /nɛgéntrəpi/ *n.* 〘物理〙負のエントロピー《エントロピーに負号を付したもので, 秩序・情報量の増大を表す》. **neg·en·trop·ic** /nègɛntróʊpɪk, -trɑ́(ː)p- | -trɔ́p-ˊ-/ *adj.* 〖(1950) ← NEG(ATIVE)+ENTROPY〗

Neg·ev /négɛv/ *n.* (also **Neg·eb** /-gɛb/) ネゲブ《イスラエル南部の砂漠地帯で, 三角のくさび形をなし, Aqaba 湾に至る; イスラエル領土の半分以上を占める; 面積 12,820 km²; 主都 Beersheba》.

ne·glect /nɪglékt/ *vt.* **1 a** 構わずにおく, おろそかにする (slight): ~ one's family 家族を放っておく / ~ one's appearance [oneself] 身なりを構わない, だらしない格好をする. **b** 無視する; 軽視する: ~ criticism [worries] 批判[心配事]を無視する / a ~*ed* genius 世に顧みられない天才. **2** 〈義務・命令などを〉怠る, ゆるがせにする: ~ one's duties. **3** [*to* do, do*ing* を伴って]〈…すべきことを〉(不注意または意図的に)しないでおく (omit): ~ wind*ing* (up) [*to* wind (up)] a clock 時計(のねじ)を巻くのを忘れる. — *n.* **1** 打ち捨てて構わないこと, 粗略; 無視, 軽視 (disregard): ~ *of* one's home [children] 家庭[子供]を顧みないこと / ~ *of* consequences 結果の無視 / with ~ 粗略に. **2** ゆるがせにすること, 怠慢 (⇨ negligence SYN): ~ *of* one's duties, etc. **3** 構われない[相手にされない]こと[状態]: The children were in a terrible state of ~. 子供たちはひどく構われないでいた.
~·a·ble /-təbl/ *adj.* **~·er, ne·glèc·tor** /-tə | -tə(r)/ *n.* 〖(1529) ← L *neglēctus* (p.p.) ← *neglegere, neclegere* to disregard ← *neg* not +*legere* to choose, pick up: cf. select〗

SYN 怠る: **neglect** 意図的または非意図的に仕事や義務をおろそかにする: He *neglected* his family. 家族をほったらかしにした. **disregard** 意図的に無視する: She *disregards* the wishes of her mother. 母親の希望を無視する. **ignore** わざと考慮しない: My plea was blatantly *ignored*. 私の嘆願はにべもなく無視された. **omit** 見落とし・不注意・夢中などのためすっかり怠る《格式ばった語》: I stupidly *omitted* to tell him this. うっかりして彼にこのことを言うのを忘れた. **miss** *omit* と同義だが, より口語的: He never *missed* lectures. 講義は一度も欠かさなかった. **slight** 軽蔑して軽んじる: She felt *slighted* because she was not invited. 招かれなかったので侮辱されたような気がした. **ANT** cherish.

ne·glect·ful /nɪgléktfəl, -fl/ *adj.* 怠慢な, 投げやりな (⇨ negligent SYN); 〔…に〕不注意な, 無頓着な, 〔…を〕構わない (indifferent) 〔*of*〕: a ~ father 子供に無頓着な父 / be ~ *of* one's duties 職務怠慢である / be ~ *of* one's family 家族を放っておく. **~·ly** *adv.* **~·ness** *n.* 〖(1624) ← NEGLECT (n.)+-FUL〗

ne·glec·tion /nɪglékʃən/ *n.* 《廃》=negligence. 〖(1589): ⇨ -tion〗

neg·li·gee /nègləʒéɪ, ˊ-ˊ-ˋ | néglɪʒeɪ, -liː-, ˊ-ˊ-ˋ/ *n.* (also **nég·li·gé(e), neg·li·gé(e)** /~/; F negliʒe/) **1** ネグリジェ《女性用の丈の長い部屋[化粧]着》. 日英比較 日本語の「ネグリジェ」に当たる英語は nightdress. *negligee* はその nightdress の上にはおる丈の長い部屋着をいう. **2** 打ち解けた[無造作な]服装: in ~ 着流しで, 略装で. — *adj.* [限定的] 打ち解けた[無造作な]服装をした. 〖(1756) □ F *négligée* (fem.p.p.) ← *négliger* □ L *negligere* 'to NEGLECT'〗

neg·li·gence /néglɪdʒəns, -dʒənts/ *n.* **1** 怠慢, 等閑 (neglect), 不注意, 粗漏 (carelessness); 無頓着 (indifference); (芸術作品などの)法則の無視, 自由奔放: ~ *in* dress [manner] 服装[態度]に無頓着なこと / His ~ *in* doing his duty is blamable. 彼の義務怠慢は責められるべきである / It happened through his ~. それは彼の怠慢から起こった. **2** 不注意[怠慢]な行為: one's past ~*s*. **3** 〘法律〙(不注意による)過失: slight [ordinary, gross] ~ 軽[普通, 重]過失 / ⇨ contributory negligence. — *adj.* [限定的]〘法律〙(助成)過失の: a ~ suit 過失訴訟 / a ~ award 過失裁定額. 〖(*c*1340) □ (O)F *négligence* ∥ L *neglegentia*: ⇨ ↓, -ence〗

SYN 怠慢: **negligence** 常習的に適切な注意や用心をしないこと: The accident was due to *negligence*. 事故は不注意によるものだった. **neglect** 仕事や義務を果たさないでいること: He was dismissed for *neglect* of his duties. 職務怠慢のために免職された. **carelessness** うっかりして十分な注意を払わないこと: It was sheer *carelessness* on my part. それは私のまったくの怠慢でした. **ANT** attention, solicitude.

neg·li·gent /néglɪdʒənt/ *adj.* **1** 怠慢な, 不注意な, 不行き届きな (inattentive) (↔ diligent): He is ~*of* [*in* attending to] his duties. 職務怠慢である / Some of the drivers are ~ *about* traffic regualtions. 運転者の中には交通規則を無視しているものもいる. **2** 投げやりな, 無頓着な (indifferent), 屈託のない (offhand): be ~ in dress 身なりを構わない. **~·ly** *adv.* 〖(*c*1380) □ (O)F *négligent* ∥ L *negligentem* (pres. p.) ← *negligere* 'to NEGLECT'〗

SYN 怠慢な: **negligent** (しばしば習慣的に)十分な注意を払わない《格式ばった語》: He is *negligent* of his duties. 自分の職務に怠慢だ. **remiss** 自分がするべきことについて不注意で怠慢な《格式ばった語》: He is *remiss* in his duties. 職務怠慢だ. **neglectful** 故意に任務などを無視する《*negligent* よりも非難の意味が強い》: be *neglectful* of one's studies わざと勉強を怠っている. **lax** しつけや道徳を厳格に守らない《格式ばった語》: *lax* in morals 素行がだらしない. **slack** 厳格でなくぞんざいな: *slack* discipline in the school 校内のだらけた規律. **ANT** attention, solicitude.

négligent misrepresentátion *n.* 〘法律〙過失不実表示 (cf. misrepresentation 2).

neg·li·gi·ble /néglɪdʒəbl | -dʒɪ-/ *adj.* **1** 〈人・物・事など無視してよい, 取るに足らない, つまらない: a ~ person 取るに足らない人. **2** 〈数量など〉ごく僅かな: a ~ amount ごく少量. **nég·li·gi·bly** *adv.* **~·ness** *n.*
nèg·li·gi·bíl·i·ty /-dʒəbíləti | -bílɪti/ *n.* 〖(1829) ← L *neglig(ere)* 'to NEGLECT'+-IBLE〗

né·go·ciant /nèɡoʊsiɑ́ː(ŋ), -ɑ́ːŋ | -ɡəʊ-; *F.* negɔsjɑ̃/ *n.* ワイン商人. 〖(1910) □ ~ 'merchant' ← *négocier* 'to NEGOTIATE'〗

ne·go·ti·a·bil·i·ty /nɪgòʊʃiəbíləti, -ʃə- | -ɡəʊʃiəbílɪti, -ʃə-/ *n.* **1** (談判・交渉などによって)協定できること. **2** 《口語》**a** (道路・山などが)通行できること. **b** (困難・傷害などが)克服できること, 切り抜けられること. **3** 〘商業〙(証券・手形などが)譲渡できること, 流通し得ること, 流通性. 〖(1828–32) ← ↓ +-ITY〗

ne·go·ti·a·ble /nɪgóʊʃiəbl, -ʃə- | -ɡə́ʊ-/ *adj.* **1** 交渉できる; 協定[商議]できる. **2** 〘商業〙〈手形・証券など〉譲渡できる: ~ instruments 流通証券《為替手形・小切手・約束手形など》/ "not ~" 譲渡を禁ず. **3** 《口語》**a** 〈道・山など〉通行可能な: a ~ road, pass, etc. **b** 〈困難・傷害など〉克服できる, 切り抜けられる: a ~ situation 克服できる状況. 〖(1758) ← NEGOTI(ATE)+-ABLE〗

ne·go·ti·ant /nɪgóʊʃiənt, -ʃənt | -ɡə́ʊ-/ *n.* =negotiator. 〖(1611) □ L *negōtiantem* trader (pres.p.) ← *negōtiārī* (↓)〗

ne·go·ti·ate /nɪgóʊʃièɪt | -ɡə́ʊ-/ *vi.* 〈人・国などが〉〔…を〕交渉する, 商議する 〔*about, for, on, over*〕: ~ *for* peace 和平交渉をする / ~ *for* the purchase of a house 家屋売買の交渉をする / ~ *with* a foreign ambassador *for* a treaty 外国大使と条約の交渉をする / be at the *negotiating* table 交渉の席に着いている. — *vt.* **1** (協商・交渉などによって)〈条約などを〉取り決める, 協定する (arrange) 〔*with*〕: ~ a loan 融資について条件を話し合い契約する / ~ terms of peace *with* the U.S. Government 米国政府と講和条件を協定する. **2 a** 〈道路の危険箇所や山などをうまく通り抜ける, 乗り越える, 通り抜ける, 飛び越す (traverse): ~ a mountain, a fence, a dangerous road, etc. / ~ a turn [corner] cautiously 曲がり角を慎重に通り抜ける / ~ the steep stairs with [without] difficulty 苦労して[わけなく]急な階段を登る. **b** 〈困難・傷害などを〉うまく切り抜ける, やってのける (get over): ~ an obstacle, a difficulty, etc. **3** 〘商業〙**a** 〈手形・証券・小切手などを〉譲渡する, 換金する, 売却する: ~ a bill of exchange 為替手形を裏書して譲渡する / ~ securities 証券を売り[譲り]渡す. **b** 〈貸付を〉取り決める. 〖(1598–99) ← L *negōtiātus* (p.p.) ← *negōtiārī* to trade ← *negōtium* business ← *neg, nec* not+*ōtium* leisure〗

ne·go·ti·a·tion /nɪgòʊʃiéɪʃən | -ɡəʊ-/ *n.* **1** [しばしば *pl.*] 協商, 交渉, 商議, 折衝: ~*s for* an agreement, a treaty, etc. / enter into [open, start] a ~ *with* …と交渉を開始する / be in ~ *with* …と交渉中である / under ~ 交渉中で / a mode of ~ 交渉の仕方 / carry on [break off] ~*s* 交渉を続ける[打ち切る]. **2** 《口語》**a** 乗り越え[通り抜け, 飛び越える]こと. **b** (困難・障害などを)克服すること, 切り抜けること. **3** 〘商業〙譲渡, 流通, (手形を)切ること. 〖(?*a*1425) □ L *negōtiātiō(n-)*: ⇨ ↑, -ation〗

ne·go·ti·a·tor /nɪgóʊʃièɪtə | -ɡə́ʊʃièɪtə(r)/ *n.* **1** 交渉者, 折衝者, 商議者. **2** (手形などの)譲渡人, 裏書人. 〖(1598) □ L *negōtiātor* tradesman ← *negōtiātus*: ⇨ negotiate, -or²〗

ne·go·ti·a·to·ry /nɪgóʊʃiətɔ̀ːri, -təri, -tri | -ɡə́ʊʃiətəri/ *adj.* 交渉[商議]の[に関する]. 〖(1727) ← NEGOTIATE (v.)+-ORY¹〗

ne·go·ti·a·tress /nɪgóʊʃiətrɪs | -ɡə́ʊʃiətrɪs, -très/ *n.* 《まれ》女性の negotiator. 〖1827〗

ne·go·ti·a·trix /nɪgóʊʃiətrɪks | -ɡə́ʊʃiə-/ *n.* =negotiatress. 〖(1624) □ LL *negōtiātrix*: ⇨ negotiator, -trix〗

Ne·gress /níːɡrɪs | -ɡrɪs, -ɡrɛs/ *n.* 《通例軽蔑》黒人の女 (cf. Nigger). 〖(1786) □ F *négresse*: ⇨ Negro, -ess¹〗

Né·gri bòdy /néɪɡri-; *It.* néːɡri-/ *n.* 〘医学〙ネグリ小体, 狂犬病封入小体《狂犬病にかかった動物の脳のアンモン角の神経細胞に見出される微小体; 狂犬病の正確な診断に役立つ》. 〖cf. *Negri's bodies* (1904) ← *Adelchi Negri* (1876–1912: 発見者であるイタリアの医師)〗

Ne·gril·lo /nɪɡrílou, -ɡrí(ː)joʊ | nɪɡrílәʊ, nɛ-; *Am. Sp.* neɣríjo/ *n.* (*pl.* **~s, ~es,** ~) ネグリロ《アフリカ中南部に住む背の低い準黒色人種; Negroid のうち Pygmy, Bushman をいう; cf. Negrito》. 〖(1853) □ Sp. ~ (dim.) ← *Negro* 'black, NEGRO'〗

Ne·gri Sem·bi·lan /néɡrisəmbíːlæn, -lən; *Malay* nəɡrisəmbílan/ *n.* ネグリスンビラン《西マレーシア南部の州; 面積 6,708 km², 州都 Seremban》.

Ne·grit·ic, n- /nɪɡrítɪk | nɪɡrít-, nɛ-/ *adj.* **1** 黒人の. **2** ネグリト (Negrito) の. 〖1: (1878) ⇨ Negro+-itic. 2: ⇨ Negrito, -ic¹〗

Ne·gri·to /nɪɡríːtoʊ, nə- | nɪɡríːtəʊ, nɛ-/ *n.* (*pl.* **~s, ~es**) ネグリト《特にオセアニアやアジア東南部に住む背の低い準黒色人種で身長 1–1.5 m くらい; cf. Negrillo》. 〖(1812) □ Sp. ~ (dim.) ← *Negro* 'black, NEGRO'〗

neg·ri·tude, N- /néɡrətùːd, níːɡ-, -tjùːd | -tjùːd/ *n.* **1** 黒人としての自覚[誇り]. **2** [集合的]黒人の特質. **3** 黒人であること. 〖(1950) □ F *négritude* (アフリカの詩人・政治家 Léopold Senghor の造語) ← *nègre* (□ Sp. & Port. *negro* 'NEGRO'): cf. nigritude〗

Ne·gro /níːɡroʊ | -ɡrəʊ/ *n.* (*pl.* **~es**) **1** 黒人; (特に, アフリカのコンゴやスーダン地方に住む)黒色人種の人《縮れた頭髪・突き出た厚い唇・広い平たい鼻が特徴; 俗には Bantu, Pygmy, Khoikhoi, Bushman などを含む一般アフリカ黒人をもいう》: an American ~ アメリカの黒人. ★ 1960 年代の後半からは米国では black (もと軽蔑語)のほうが人種的誇りをもって多く用いられるようになり, 今日では Negro もしばしば軽蔑的含みをもつようになった. **2** (アフリカ黒人の血を受けた)黒人の (black man). — *adj.* 黒人の, 黒人種の; 黒人の住む[のための, に関する]: a ~ school 黒人学校 / the ~ question (米国の)黒人問題 / the ~ race 黒人種 / a ~ song 黒人の歌 / a ~ woman 黒人の女性 / ⇨ Negro spiritual, Negro minstrel. **~·ness** *n.* 〖(1555) □ Sp. & Port. ~ 'black, Negro' < L *nigrum, niger* black ← ?〗

N

Ne·gro /néɪɡroʊ | -ɡrəʊ, néɡ-; *Sp.* néɣro, *Braz.* néɡru/, **Rí·o** /ríːoʊ | ríːəʊ; *Am.Sp.* río, *Braz.* ʁíu/ *n.* [the ~] リオネグロ, ネグロ川: **a** コロンビア東部からブラジル北部を通り Amazon 川に合流する川 (2,253 km). **b** アルゼンチン中南部の Andes 山中から東方に流れ大西洋に注ぐ川 (1,044 km). **c** ブラジル南部からウルグアイ中部を流れる, Uruguay 川の支流 (467 km).

négro ànt *n.* 〘昆虫〙クロヤマアリ (*Formica fusca*). 〖1816〗

négro clòth [còtton], N- c- *n.* 粗い綿布の一種. 〖(1769): もと黒人奴隷の衣服に使われたため〗

Négro Énglish *n.* =Black English.

négro·hèad *n.* **1 a** 黒色の板[かみ]たばこ. **b** 粗悪ゴムの一種. **2** 〘地質〙=niggerhead 2. 〖1781〗

Ne·groid, n- /níːɡrɔɪd/ *adj.* (人種または特徴から見て)黒色人種の, 黒色人種と関係がある, 黒色人種の特徴を示す. — *n.* ネグロイド, 黒色人種《黒色人種および準黒色人種を含む; cf. stock¹ 15 a》. 〖(1859): ⇨ -oid〗

Né·gro·ìsm, n- /-ɡroʊɪzm | -ɡrəʊ-/ *n.* **1** 黒人主義[擁護]. **2** (英語の使用における)黒人の言語風習, 黒人なまり, 黒人語法. 〖(1847) ← NEGRO+-ISM〗

Ne·gro·ize, n- /níːɡroʊàɪz | -ɡrəʊ-/ *vt.* **1** 黒人的にする, 黒人化する. **2** …に黒人主義をしみ込ませる.

Négro·lànd *n.* (アフリカ・米国南部の)黒人地方. 〖1756〗

Négro mínstrel *n.* =minstrel 3 a.

ne·gro·ni, N- /nɪɡróʊni | nɪɡrə́ʊni, nɛ-/ *n.* ニグローニ《甘口のベルモット・ジン・ビターズをいれたカクテル》. 〖(1950) ← It.〗

Ne·gro·phile, n- /níːɡroʊfàɪl | -ɡrə(ʊ)-/ *n.* (also **Ne·gro·phil** /níːɡroʊfɪl | -ɡrə(ʊ)-/), *adj.* 黒人びいきの(人), 親黒人派の(人). 〖(1803): ⇨ -phile〗

Ne·groph·i·lism, n- /nɪɡrɑ́(ː)fəlɪzm | nɪɡrɔ́fɪ-, nɛ-/ *n.* 黒人びいき. **Ne·gró·phi·list, n-** /-lɪst | -lɪst/ *n.* 〖(1846) ← ↑ +-ISM〗

Ne·gro·phobe, n- /níːɡrəfòʊb, -roʊ- | -ɡrə(ʊ)fəʊb/ *n., adj.* 黒人を恐れる[こわがる](人), 黒人ぎらいの(人), 反黒人主義の(人). 〖(1900): ⇨ -phobe〗

Ne·gro·pho·bi·a, n- /nìːɡrəfóʊbiə, -roʊ- | -ɡrə(ʊ)fə́ʊ-/ *n.* 黒人恐怖症, 黒人ぎらい. **Ne·gro·pho·bic, n-** /nìːɡrəfóʊbɪk, -roʊ- | -ɡrə(ʊ)-ˊ-/ *adj.* 〖(1819) ← NL ~: ⇨ Negro-, -phobia〗

Neg·ro·pont /néɡrəpɑ̀(ː)nt | -pɔ̀nt/ *n.* ネグロポント (Euboea の英語名).

Ne·gros /néɪɡroʊs, néɡ- | -ɡrəʊs; *Sp.* néɣros/ *n.* ネグロス(島)《フィリピン諸島中部の島; 面積 12,753 km²》.

Négro spíritual *n.* 黒人霊歌.

Négro Státe *n.* 奴隷州《南北戦争以前奴隷売買の行われた米国南部の州》.

ne·gus[1] /níːgəs/ *n.* **1** エチオピア王の尊称. **2** [N-] エチオピア皇帝. 〖《1594》□ Amharic *nĕgūsh* king〗

ne·gus[2] /níːgəs/ *n.* ニーガス《ぶどう酒に湯・砂糖を入れ, それにしばしばナツメグおよびレモンを加えた飲料》: port wine ～. 〖《1743》← *Colonel Francis Negus* (*d.* 1732: 最初にそれを作った英国人)〗

Neh. 《略》Nehemiah ネヘミヤ記.

Ne·he·mi·ah /nìː(h)ɪ̀máɪə | nìː-, nèɪ-/ *n.* **1** ニーヘマイア《男性名》. **2** 〖聖書〗 **a** ネヘミヤ《紀元前5世紀のヘブライの指導者; エルサレム (Jerusalem) の城壁を再建した》. **b** (旧約聖書の)ネヘミヤ記 (The Book of Nehemiah) (略 Neh.). 〖□ Heb. *Nᵉḥemyāh* 《原義》Yahweh comforts〗

Ne·he·mi·as /nìː(h)ɪ̀máɪəs | nìː-, nèɪ-/ *n.* (Douay Bible での) Nehemiah のラテン語式語形.

Neh·ru /néɪruː, néɪruː | néəruː; *Hindi* ṇehruː/, **Ja·wa·har·lal** /dʒəwɑ́ːhəlɑ̀ːl | -hə-/ *n.* ネルー, ネール《1889–1964; インドの政治家; 独立運動における国民会議派の政治的指導者; インド共和国初代首相 (1947–64); Indira Gandhi の父》.

Nehru, Mo·ti·lal /mòʊṭɪlɑ́ːl, -ṭl- | mə̀ʊtəl-, -tl-/ *n.* ネルー《1861–1931; インドの法律家・政治家; J. Nehru の父》.

n.e.i. 《略》〖法律〗 non est inventus; not elsewhere included [indicated].

N.E.I., NEI 《略》Netherlands East Indies.

neigh /néɪ/ *vi.* 〈馬が〉いななく (whinny). ― *vt.* (いななくように)言う, しゃべる. ― *n.* いななき. 〖OE *hnǣgan* ← Gmc **hnaij-, *gnaij-, *knajj-* 'to NEIGH' (擬音語) (MHG *nēgen*). ― *n.* 《1513》 cf. nag[2]〗

neigh·bor, 《英》**neigh·bour** /néɪbə | -bə(r)/ *n.* **1 a** 隣人, (同町・同村など)近隣の人: next-door ～*s* 隣同士 / one's left-hand ～ 左隣の人. ★ 2 a の意味にも使う / a good [bad] ～ 近所づき合いのよい[悪い]人 / He is (a) ～ to me. 彼は私の隣の人だ, 隣の人のように親しい間柄だ. **b** [通例 *pl.*] 近隣地域の人, 隣国人: our ～*s* across the Channel 海峡の向こうの隣国人《英国から見たフランス国民》. **2 a** 隣席の人: one's ～ at dinner 食卓で隣の人. **b** (同種で)隣にある物: a tree towering above its ～*s* 群を抜いてそびえる大木. **3 a** 同胞 (fellowman): Thou shalt love thy ～ as thyself. おのれのごとくなんじの隣を愛すべし (*Matt.* 19:19) / one's duty to one's ～ 博愛の義務 / Every man is my ～. 人は皆私の隣人だ. **b** (仲間に)親切な人; (仲間の)助けになる人. **4** [名前のわからない相手の人に親しみをこめた呼び掛けに用いて] お隣さん.
― *adj.* [限定的] 隣の (neighboring), すぐ側にある (nearby): one's ～ countries 隣国, 近隣諸国.
― *vt.* **1** 〈人・物・場所に〉隣り合う, 隣接する, …の近くにある (adjoin): The wood ～*s* the lake. **2** 《古》…に近づく (approach). ― *vi.* **1** 〔…の〕近くに住む[いる, ある] 〔*by, on, upon*〕: ～ *on* the park. **2** 〔…と〕隣同士の仲である, 親しい間柄である 〔*with*〕: ～ *with* the Browns.
〖OE *nēahġebūr* ← *nēah* 'near, NIGH' + *ġebūr* dweller, peasant (cf. boor): cf. G *Nachbar*〗

néigh·bored *adj.* 隣人が…である, 近所[周囲]が…である: a friendly ～ place 親切な隣人のいる所. 〖《1562》: ⇨ -ed 2〗

neigh·bor·hood, 《英》**neigh·bour·hood** /néɪbəhʊ̀d | -bə-/ *n.* **1 a** [修飾語を伴って] (ある特定の性格をもつ)地域, 地区, 近辺: We live in a fashionable [healthy] ～. 我々の住んでいる地域は上流の人が多い[健康的である]. **b** (自宅との距離とは関係なく同種の住宅や商店が数多く立ち並ぶ)住宅[商店]街; 街《特に《米口語》で少数民族出身者など, 比較的貧しい人々がコミュニティー意識を持って住む, いわゆる下町》. **2 a** 近所 (vicinity): in the ～ of the town [river] その町[川]の近くに. **b** [one's ～] (自分の住む)近隣: Our ～ has a library. 私たちの住んでいる近くに図書館がある. **3** [集合的] 地域[近隣]の人々 (neighbors): a friendly [sociable] ～ 親しい[愛想のいい]近所の人たち / the laughingstock of the ～ 近所の笑い草. **4** 隣人のよしみ, 善隣の情; 隣人としてのつき合い: In a town one misses the *good* ～ of a country village. 都会では田舎のような近所づき合いのないのが寂しい. **5** 接近していること (proximity): The ～ of the railroad is a drawback. 鉄道の近いのが欠点だ. **6** 〖数学〗 近傍《与えられた点を含む開集合, ないしはそのようなものを含む集合》: a ～ system 近傍系 / an open ～ 開近傍. ***in the néighborhood of*** (1) ⇨ 2 a. (2) 約…, ほぼ (nearly): *in the* ～ *of* £100 約100ポンドで[の]. 《1857》
― *adj.* [限定的] 近所の, その地域の: a ～ meeting, school, shop, store, etc. / a ～ gang 近所の遊び仲間 / a ～ road 地方道路《一地域[集落]単位で維持されている道路》. 〖《*a*1425》← NEIGHBOR (n.) + -HOOD〗

néighborhood hòuse *n.* 《米》隣保館 (settlement).

néighborhood wátch *n.* 近隣住民による自警.

neigh·bor·ing /néɪb(ə)rɪŋ/ *adj.* 近所の, 近隣の; (互いに)隣接した (⇨ adjacent SYN): ～ houses, villages, countries, etc. 〖1599〗

néighbor·less *adj.* 隣人のない, 孤独な (solitary).

néigh·bor·ly *adj.* 隣人らしい, 隣人としての; 親切な, 人づき合いのよい (sociable): live on ～ terms with …と仲よく暮らす. ― *adv.* 《古》隣人らしく, むつまじく.

néigh·bor·li·ness *n.* 〖《1558》: ⇨ -ly[2]〗

néighbor·ship *n.* 《古》 **1** 隣り合っていること. **2** 隣人関係. 〖*a*1325〗

neighbour *n., adj., v.* = neighbor.

néighbourhood ùnit *n.* 《英》近隣住区《学校・商店・公民館などの施設をもつ人口約1万の地域で, 都市計画上の単位; cf. neighborhood 1 b》.

Neil /níːl/ *n.* ニール《男性名; 異形 Nel, Neal, Neale, Nial, Niels, Nigel, アイルランド語形 Niall》. 〖ME *Nel(e), Neel* < OE *Nel* ∥ ONF *Nele* □ ON *Njal* □ OIr. *Níall* (*Néill* (gen.)) 《原義》brave〗

Nei·la /níːlə/ *n.* ニーラ《女性名》. 〖(fem.) ← NEIL〗

Neill /níːl/, **A(lexander) S(utherland)** *n.* ニール《1883–1973; スコットランドの教育者; 自由主義的な教育の実践のために Summerhill 校を設立 (1921)》.

Neil·son /níːlsən, -sn/ *n.* ニールソン《男性名》. 〖⇨ Neil, -son〗

Neilson, James Beaumont *n.* ニールソン《1792–1865; スコットランドの発明家; 熱風炉の使用によって製鉄法を改良》.

Neilson, William Allan *n.* ニールソン《1869–1946; スコットランド生まれの米国の英語英文学者; *Webster's New International Dictionary* (第2版)の編集主幹》.

Néi Móngol /néɪ-/ *n.* = Inner Mongolia.

nein /náɪn; G. náɪn/ *G. adv.* いいえ (no) (cf. ja). 〖□ G ～〗

Neis·se /náɪsə; G. náɪsə/ *n.* [the ～] ナイセ(川)《チェコ北西部からドイツ・ポーランドの国境を流れる Oder 川の支流 (225 km); ポーランド語名 Nysa; cf. Oder-Neisse line》.

Neis·ser /náɪsə | -sə(r); G. náɪsɐ/, **Albert Ludwig Siegmund** *n.* ナイサー《1855–1916; ドイツの医師; 淋菌の発見者》.

neis·se·ri·a /naɪsí(ə)riə | -síəriə/ *n.* 〖細菌〗 ナイセリア《ねじ釘の頭のように見える *Neisseria* 属のいわゆる双球菌; 淋菌・髄膜炎菌・カタル球菌などを含む》. 〖← NL ～: ⇨ ↑, -ia[1]〗

Ne·ith /níːɪθ/ *n.* 〖エジプト神話〗 ネイト《戦争・知恵の女神, 太陽神 Ra の母; ギリシャ神話の Athena に当たる》. 〖□ L *Nēith* □ Gk *Nēith* ← Egypt.〗

nei·ther /níːðə, náɪ- | náɪðə(r), níː-/ *conj.* **1** [相関的に ～ … nor … として] …でもなく(また…でもない), …もせず(また…もしない)(cf. either … or …). ★ 動詞は最後の名詞または代名詞に一致するのが原則だが, 口語体では単数形の代わりに複数形の動詞を使うことが多い: *Neither* he *nor* I want it. = *Neither* I *nor* he want(s) it. 彼も私もどちらも望んでいない / I remember ～ him *nor* his mother. 私は彼も彼の母も覚えていない / I ～ know *nor* care (to know it). それを知らないしまた知りたくもない / This is ～ more *nor* less than that. これはそれと全く同じである / *Neither* you *nor* I *nor* anybody else has seen it. 君も私もまた他のだれだってそれを見たものはない. **2** [否定を含む文または節に続いて] …もまた…しない[…でない] (nor): The first one wasn'*t* good, and ～ was the second. 初めのもよくなかったが次のもよくなかった / It wasn't good, but ～ was it bad. よくはなかったが悪くもなかった / If you do *not* go, ～ shall I. 君が行かなければ私も行かない / I am *not* at all happy.—*Neither* am I. [《口語》 Me ～.] 私はちっとも幸福でない—私も / Consider the lilies of the field, how they grow; they toil *not*, ～ do they spin. 野のゆりのいかに育つかを思え, 労せず紡(つむ)がざるなり (*Matt.* 6:28).
nèither hére nor thére ⇨ here 成句.
― *adj.* (二者の)どちらの…も…でない[しない] (not either): *Neither* story is true. どちらの話も本当でない / He took ～ side in the dispute. その論争でどっちの味方もしなかった / In ～ case can I agree. どっちにしても賛成できない.
― *pron.* (二者の)どちらも…でない[しない]: I believe ～ of the statements. どちらの話も信じない / Which will you have?—*Neither*, thank you. どちらをお取りになりますか—いや, どちらもけっこうです.

語法 (1) "～ + of + 複数(代)名詞" が主語の場合, 複数扱いにするのは《口語》; これを変則とする人もある (cf. none[1] *pron.* 語法): *Neither* of them knows [know] me. 彼らのどちらも私を知らない / *Neither* of the stories is true. どちらの話も本当ではない. (2) "～ + of + 複数人称代名詞" が強調的に主語の同格語として用いられることがある: We were ～ *of us* agreed. 我々はどちらも同意していなかった.

― *adv.* 《口語》[前出の否定語を再度強調して] また…しない, …でもない (either): He has *no* strength, (n)or sense ～. 彼は体力もなければ分別もない.
〖《*c*1200》 *neither* (← *ne* not + EITHER) ∽ ME *nauther* < OE *nā(w)ðer* 《短縮》← *nāhwæðer* ← *nā* 'NO[1]' + *hwæðer* 'either, WHETHER'〗

Nejd /néʤd, néʒd/ *n.* [the ～] ナジュド, ネジド《サウジアラビア中部の地方; 主都 Riyadh》.

NEJM 《略》New England Journal of Medicine.

nek /nék/ *n.* 《南ア》(峰の間の)山道. 〖《1834》□ Du. ～ 'NECK[1]'〗

Ne·kra·sov /neɪkrɑ́ːsɔ(ː)f, -sɑ(ː)f | -səf, -sɔv; *Russ.* nʲɪkrásəf/, **Nikolai Alekseevich** *n.* ネクラーソフ《1821–78; ロシアの詩人・出版編集者》.

nek·ton /néktɑ(ː)n, -tən | -tɒn, -tən/ *n.* [集合的] 〖動物〗 遊泳生物, ネクトン《魚類・頭足類・エビ類・水生哺乳類など, みずから泳いで移動する能力を持つ生物の総称; cf. benthos, plankton》. **nek·ton·ic** /nektɑ́(ː)nɪk | -tɒ́n-/ *adj.* 〖《1893》← NL ～ ← G *Nekton* □ Gk *nēktón* (neut.) ← *nēktós* swimming ← *neîn* to swim〗

NEL 《略》(英国の) National Engineering Laboratory.

Nel·da /néldə/ *n.* ネルダ《女性名》. 〖← ? OE *Æt-þeneldre* from a home at the elder-tree〗

Nell /nél/ *n.* ネル《女性名》. 〖(dim.) ← ELLEN, ELEANOR, HELEN〗

nel·lie, N- /néli/ *n.* = nelly[1].

Nel·lie /néli/ *n.* ネリー: **1** 男性名: ⇨ nervous Nellie. **2** 女性名. 〖1: (dim.) ← NELSON[2]. 2: ← NELL + -IE〗

Nel·lore /nɛlɔ́ə | -lɔ́ː(r)/ *n.* ネロール《インド南部 Andhra Pradesh 州南部, Madras の北にある港町》.

nel·ly[1], **N-** /néli/ *n.* ★ 次の成句で: ***Nót on your nélly!*** 《英俗》とんでもない, そんなばかな(こと). 《1941》 ***sít néxt to [by, with] Nélly*** 《英俗》(職場などで)ほかの人たちのやりかたを見て仕事を覚える. 〖Nelly Duff《押韻俗語》puff, breath〗

nel·ly[2] /néli/ *n.* 〖鳥類〗 **1** = giant petrel. **2** = sooty albatross. 〖← ? NELLY 2〗

Nel·ly /néli/ *n.* ネリー: **1** 男性名: ⇨ nervous Nelly. **2** 女性名: ⇨ nice Nelly. 〖1: (dim.) ← NELSON[2]. 2: NELL + -Y[2]〗

nel·son /nélsən, -sn/ *n.* 〖レスリング〗 ネルソン《首攻め・首固めの総称》: ⇨ full nelson, half nelson, quarter nelson. 〖《1889》← NELSON[2]〗

Nel·son[1] /nélsən, -sn/ *n.* **1** [the ～] ネルソン(川)《カナダ中部, Manitoba 州の川; Winnipeg 湖から北東方に流れ Hudson 湾に注ぐ (644 km)》. **2** ネルソン《ニュージーランド South Island 北部の港市》.

Nel·son[2] /nélsən, -sn/ *n.* ネルソン《男性名; 異形 Nealson, Nilson》. 〖← ME *Nel* 'NEIL' + SON[1]: もと家族名〗

Nel·son /nélsən, -sn/, **Horatio** *n.* ネルソン《1758–1805; 英国の提督; Trafalgar 沖で Napoleon 一世の海将 Villeneuve の指揮するフランス・スペイン連合艦隊を破ったが, 自らは戦死; 称号 Viscount Nelson; cf. Lady Emma HAMILTON》.

Nelson, Willie ネルソン《1933– ; 米国のカントリーシンガー》.

Nel·so·ni·an /nelsóʊniən | -sə́ʊ-/ *adj.* ネルソン提督の(ような); (特に)障害(物)を承知で無視する. 〖1913〗

Nélson's Cólumn *n.* ネルソン記念碑《London の Trafalgar Square にある高さ 56 m のネルソン提督の記念碑》.

Nélson tóuch *n.* [the ～] 《英》ネルソン流の手際[手腕]《難局に対する心憎い対応》. 〖《1805》: ← *H. Nelson*〗

Nel·spruit /nélsprɔɪt/ *n.* ネルスプライト《南アフリカ共和国北東部 Mpumalanga 州の州都》.

ne·lum·bo /nɪ̀lʌ́mboʊ | -bəʊ/ *n.* (*pl.* ～**s**) 〖植物〗 ハス(スイレン科ハス属 (*Nelumbo*) の植物の総称; cf. lotus 1). 〖《1794》← NL ～ ← Singhalese *neḷumbu*〗

nem- /nɛm/ (母音の前にくるときの) nema- の異形.

nem·a /némə/ *n.* 〖動物〗 = nematode. 〖← NL ～ ← Gk *nêma* thread〗

nem·a- /némə/ = nemato-. 〖↑〗

Ne·ma·li·o·na·les /nɪ̀mèɪliənéɪliːz/ *n. pl.* 〖植物〗 ウミゾウメン目. 〖← NL ～ ← *Nemalion* (属名: ← Gk *nêma* thread) + -ALES〗

Nem·an /némən; *Russ.* nʲémən/ *n.* [the ～] ネマン(川)《ベラルーシ共和国に発しバルト海に注ぐ川 (937 km); ポーランド語名 Niemen, リトアニア語名 Nemunas; 下流はドイツ語名で Memel ともいう》.

Nem·a·sto·ma·ce·ae /nèmastoʊméɪsiiː | -stə(ʊ)-/ *n. pl.* 〖植物〗 (スギノリ目)ヒカゲノイト科. 〖← NL ～ ← *Nemastoma* (属名: ⇨ nema-, -stoma[1]) + -ACEAE〗

nem·at- /némət/ (母音の前にくるときの) nemato- の異形.

nem·a·thel·minth /nèməθélmɪnθ/ *n.* 線形[円形]動物. 〖《1890》: ↓〗

Nem·a·thel·min·thes /nèməθelmínθiːz/ *n. pl.* 〖動物〗 線形動物門, 円形動物門. 〖← NL ～: ⇨ ↓, helminth〗

nem·a·thel·min·thi·a·sis /nèməθèlmɪnθáɪəsɪ̀s | -sɪs/ *n.* 〖病理〗 線虫症《回虫症・鉤虫症など》. 〖← NL ～: ⇨ nemato-, helminthiasis〗

ne·mat·ic /nɪ̀mǽtɪk, nɛ- | -tɪk/ *adj., n.* 〖物理・結晶〗 ネマチック状態(の)《液晶の細長い分子が, 層状を成さず平行方向に揃っているが, 重心の分布が無秩序な状態; cf. smectic, cholesteric》. 〖《1923》: ⇨ nemato-, -ic[1]〗

nem·a·ti·cid·al /nèməṭəsáɪdḷ, nɪ̀mæ̀ṭ- | -tɪ̀sáɪdḷ⁻/ *adj.* 〖薬学〗 = nematocidal.

nem·a·ti·cide /néməṭəsàɪd, nɪ̀mǽṭ- | -tɪ̀-/ *n.* 〖薬学〗 = nematocide. 〖《1933》← NEMAT(ODE) + -ICIDE〗

nem·a·to- /néməṭoʊ, nɪ̀mǽṭ- | -təʊ/ 次の意味を表す連結形: **1** 「糸のある, 糸に似た」. **2** 〖動物〗 「線虫 (nematode) の」. ★ 母音の前では通例 nemat- になる. 〖← NL ～ ← Gk *nĕmat-, nêma* thread〗

nem·a·to·blast /néməṭəblæ̀st | -tə(ʊ)-/ *n.* 〖生物〗 刺細胞《クラゲ・イソギンチャクなどの腔腸動物において, 刺胞を作り出す細胞》. 〖1886〗

nem·a·to·cid·al /nèməṭəsáɪdḷ, nɪ̀mæ̀ṭ- | -təsáɪdḷ⁻/ *adj.* 線虫を駆除できる.

nem·a·to·cide /néməṭəsàɪd, nɪ̀mǽṭ- | -tɪ̀sàɪd/ *n.* 〖薬学〗 線虫駆除剤. 〖《1898》: ⇨ nemato-, -cide〗

nem·a·to·cyst /néməṭəsɪst, nɪ̀mǽṭ- | -tə-/ *n.* 〖動物〗 刺胞《腔腸動物特有の器官; nettle cell ともいう; cf. trichocyst》. **nem·a·to·cys·tic** /nèməṭəsístɪk, nɪ̀mæ̀ṭ- | -tə-⁻/ *adj.* 〖《1875》: ⇨ -cyst〗

Nem·a·to·da /nèmətóʊdə | -tə́ʊdə/ *n. pl.* 〖動物〗 線虫綱《袋形動物門の一綱; 独立した一門ともする》. 〖← NL ～: ⇨ nemato-, -oidea〗

nem·a·tode /némətòʊd | -təʊd/ 〖動物〗 *adj.* 線虫綱の. ― *n.* 線虫《線虫綱の動物; 回虫・酢線虫など; nemadote worm また略して nema ともいう; cf. golden nematode》. 〖《1861》: ↑〗

nem·a·tol·o·gy /nèmətɑ́(ː)ləʤi | -tɒ́l-/ *n.* 〖動物〗 線虫学. **nem·a·to·log·i·cal** /nèməṭəlɑ́(ː)ʤɪ̀kəl, -kḷ | -təlɒ́ʤɪ-⁻/ *adj.* **nèm·a·tól·o·gist** /-ʤɪ̀st |

-dʒɪst/ *n.* 〖(*c*1916) ← NEMAT(ODE)＋-OLOGY〗

Nem·a·to·mor·pha /nèmət̬oumɔ́əfə, nɪ̀mæ̀t- | -tə(ʊ)mɔ́ː-/ *n. pl.*〘動物〙(袋形動物門)線形虫綱《ハリガネムシなどを含む》. **nèm·a·to·mór·phan** /-fən⁻/ *adj., n.* 〖← NL ～: ⇨ nemato-, -morpha〗

Nem·bu·tal /némbjʊtɔ̀ːl, -tàːl, -tæ̀l | -tæ̀l, -tɑ̀ːl/ *n.*〘商標〙ネンブタール《pentobarbitone sodium の商品名》. 〖(1930) ← N(*a*) (=sodium)＋E(THYL)＋M(ETHYL)＋BU(TYL)＋(BARBI)TAL〗

nem. con. /némkɑ́(ː)n | -kɔ́n/《略》nemine contradicente. 〖1588〗

nem. diss. /némdís/《略》nemine dissentiente. 〖1791〗

Ne·me·a /níːmiə | nɪ̀míːə, nɛ-, némiə, níː-/ *n.* ネメア《ギリシャ南東部, 古代 Argolis の谷; ⇨ Nemean games》. **Né·me·an** /-ən/ *adj.* 〖(1594–95): ⇨ -an¹〗

Némean gámes *n. pl.* [the ～]《古代ギリシャの》ネメア競技《2 年ごとに Nemea の Zeus の神殿で催されたギリシャの四大競技祭の一つ; 他の三つは Olympian games, Pythian games, Isthmian games》. 〖1656〗

Némean líon *n.* [the ～]〘ギリシャ神話〙ネメアの獅子(し)《Hercules に殺されたという Peloponnesus 半島の Nemea の谷の獰猛(どうもう)なライオン》. 〖1594–95〗

Nem·e·rov /némərɔ̀(ː)f, -rɔ̀(ː)v | -rɔ̀f/, **Howard** *n.* ネメロフ (1920–91; 米国の詩人・小説家).

Ne·mer·te·a /nɪ̀mɔ́ːt̬iə | nɪmɔ́ːtiə/ *n. pl.*〘動物〙＝Nemertinea. 〖← NL ～ ← *Nēmertēs* (属名: ← Gk *Nēmertḗs* (Nereid の一人の名): ⇨ -a²)〗

ne·mer·te·an /nɪ̀mɔ́ːt̬iən | nɪmɔ́ːti-/〘動物〙*adj.* 紐形動物門の. — *n.* ヒモムシ《紐形動物門の動物の総称; ribbon worm ともいう》. 〖(1861): ⇨ ↑, -an¹〗

Nem·er·ti·na /nèmətáɪnə, -tíː- | -mə-/ *n. pl.*〘動物〙＝Nemertinea. 〖← NL ～: ⇨ -ina¹〗

nem·er·tine /némətàɪn, -tìːn | -mə-/ *adj., n.*〘動物〙＝nemertean. 〖(1851) ↑〗

Nem·er·tin·e·a /nèmətíniə | -mə-/ *n. pl.*〘動物〙紐形動物門. 〖← NL ～: ⇨ ↑, -a²〗

nem·er·tin·e·an /nèmətíniən | -mə-⁻/ *adj., n.*〘動物〙＝nemertean. 〖⇨ ↑, -an¹〗

Nem·er·ti·ni /nèmətáɪnaɪ, -tíːniː | -mə-/ *n. pl.*〘動物〙＝Nemertinea.

ne·me·si·a /nɪ̀míːʒiə, -ʒə/ *n.*〘植物〙ネメシア《ゴマノハグサ科ネメシア属 (*Nemesia*) の草本の総称; 花は黄色・白色・すみれ色など雑多; 南アフリカ産》. 〖(1815) ← NL *Nemesia* ← Gk *nemésion* catchfly〗

Nem·e·sis /néməsɪ̀s | -mɪ̀sɪs/ *n.* (*pl.* **-e·ses** /-sìːz/, **～·es**) **1**〘ギリシャ神話〙ネメシス《応報天罰の女神; 傲慢(ごうまん)な者・不義にして富む者などを見のがさずに罰した》: play the ～ 復讐する. **2** [n-] **a** 懲罰を加える人. **b** 応報, 因果, 天罰. **3** [n-] **a** (歯が立たない)強敵, 大敵. **b** 克服できないもの. 〖(1576) ▭ L ～ ▭ Gk *Némesis* (原義) righteous indignation ← *némein* to deal out what is due〗

nem·e·stri·nid /nèməstráɪnɪ̀d | -nɪd⁻/〘昆虫〙*adj.* ツリアブモドキ(科)の. — *n.* ツリアブモドキ《ツリアブモドキ科の昆虫の総称》. 〖↓〗

Nem·e·strin·i·dae /nèməstrínədìː | -mɪstrínɪ-/ *n. pl.*〘昆虫〙(双翅目)ツリアブモドキ科. 〖← NL ～ ← *Nemestrinus* (属名: ← ? LL *Nemestrinus* god of groves)＋-IDAE〗

Nem·ich·thy·i·dae /nèmɪkθáɪədìː | -θáɪɪ-/ *n. pl.*〘魚類〙シギウナギ科. 〖← NL ～ ← *Nemichthys* (属名: ⇨ nema-, ichthyo-)＋-IDAE〗

ne·mi·ne con·tra·di·cen·te /némənikɑ̀(ː)ntrədɪ̀sénti | -mɪnikɔ̀ntrədɪséntɪ/ *L. adv.* 一人の反対者もなく, 満場一致で (unanimously) (略 nem. con.): The bill was carried ～. 議案は満場一致で通過した. 〖(1662) ← NL ～ 'no one contradicting'〗

némine dis·sen·ti·én·te /-dɪ̀sèntiénti | -dɪ̀sèntiénti/ *L. adv.* ＝nemine contradicente (略 nem. diss.). 〖← NL ～ 'no one dissenting'〗

ne·mo /níːmou | -məʊ/ *n.* (*pl.* **～s**)〘ラジオ・テレビ〙(スタジオ外の)実況放送, 現場中継放送 (pickup). 〖(1937) ← ? remote〗

nem·o- /némou | -məʊ/ nema- の異形.

ne·mo dat quod non ha·bet /níːmoudáːtkwɑ́(ː)dnɑ́(ː)nháːbɛt | -məudǽt (kwɔ́dnɔn-)/ *L.*〘法律〙みずから持たざる物を与えることはできない (＝no one gives what he or she does not have).

ne·moph·i·la /nɪ̀mɑ́(ː)fələ, nɪ̀- | -mɔ́fɪ̀-/ *L. n.*〘植物〙ルリカラクサ《北米原産のハゼリソウ科ルリカラクサ属 (*Nemophila*) の草本の総称; five-spot など》. 〖(1838) ← NL ～ ← Gk *némos* wooded pasture: ⇨ -phila〗

ne·mop·ter·id /nɪ̀mɑ́(ː)ptərɪ̀d | -mɔ́ptərɪd/〘昆虫〙*adj.* オナガカゲロウ(科)の. — *n.* オナガカゲロウ《オナガカゲロウ科の昆虫の総称》. 〖↓〗

Nem·op·ter·i·dae /nèmə(ː)ptérədìː, nìːm- | -mɔptérɪ-/ *n. pl.*〘昆虫〙(蜉蝣目)オナガカゲロウ科. 〖← NL ～ ← *Nemoptera* (属名: ⇨ nemo-, -ptera)＋-IDAE〗

nem·o·ral /ném(ə)rəl/ *adj.* 森の[に関する, に住む]. 〖(1656) ▭ L *nemorālis* ← *nemor-*, *nemus* wood, grove (cf. Gk *némos*: ⇨ nemophila): ⇨ -al¹〗

ne·mou·rid /nɪ̀múᵊrɪ̀d | -múərɪd/〘昆虫〙*adj.* オナシカワゲラ(科)の. — *n.* オナシカワゲラ《オナシカワゲラの昆虫の総称》. 〖↓〗

Ne·mou·ri·dae /nɪ̀múᵊrədìː | -múərɪ-/ *n. pl.*〘昆虫〙(襀翅(せきし)目)オナシカワゲラ科. 〖← NL ～ ← *Nemoura* (属名: ← NEMO-＋Gk *ourá* tail)＋-IDAE〗

Ne·mu·nas /njémunɑ̀ːs | njǽmunəs/ *n.* [the ～] ニェムナース(川)《Neman 川のリトアニア語名》.

ne·ne /néɪneɪ; *Hawaii.* néːnéː/ *n.* (*pl.* ～)〘鳥類〙ハワイガン (*Branta sandvicensis*)《ハワイ産; 絶滅しかけている》. 〖(1902) ▭ Hawaiian *nēnē*〗

Ne·nets /nénets; *Russ.* nʲjénʲits/ *n.* (*pl.* **～**, **Nen·tsy**, **Nen·tsi** /néntsi/) **1 a** [the ～] ネネツ族《西シベリアからヨーロッパロシア最北部にかけてのツンドラ地帯に住むトナカイ遊牧民; Samoyed 系の代表的な民族》. **b** ネネツ族の人. **2** ネネツ語. 〖(1944) ▭ Russ. ～〗

N. Eng.《略》New England; Northern England.

Nen·ni·us /néniəs/ *n.* ネンニウス《800 年ころのウェールズの作家; ブリトン人の歴史を神話仕立てにして扱った; Arthur 王についての最初の記述がある *Historia Britonum* の作者とされる》.

nen·u·phar /nénjʊfɑ̀ə | -fɑ̀ː(r)/ *n.*〘植物〙スイレン (water lily); (特に) ＝Egyptian lotus 1. 〖(?*a*1325) ← ML ← Arab. & Pers. *ninūfar*, *nīlūfar* ▭ Skt *nīlotpala* ← *nīla* blue＋*utpala* lotus, water lily〗

ne·o-, Ne·o- /níːou | níːəʊ/ 次の意味を表す連結形: **1**「新しい (new); 近代の (modern)」. **2**〘化学〙「ネオ《少なくとも一つの炭素原子が他の四つの炭素原子に結合している炭化水素にいう》」. ★ 母音の前では通例 ne- になる. 〖← Gk *néos* 'NEW'〗

nèo·anthrópic *adj.*〘人類学〙＝neanthropic.

nèo·arsphénamine *n.*〘薬学〙ネオアルスフェナミン ($C_{12}H_{11}As_2N_2O_2CH_2SO_2Na$)《梅毒治療剤》.

nèo·baróque *adj.*〘建築〙ネオバロックの《19 世紀に行われたバロック様式復興のスタイルにいう》.

Nèo-Cámbrian *adj.*〘地質〙カンブリア紀後期の.

Nèo-Cátholic *adj.* **1** 新カトリック派の《英国国教会内のカトリック教会の教義・典礼を支持する一派の教徒にいう》. **2** (フランスの)現代主義 (modernism) を奉じるカトリック教徒の. — *n.* **1** (英国の)新カトリック教徒. **2** (フランスの)現代主義カトリック教徒.

Nèo-Cathólicism *n.* 新[現代]カトリック主義.

Ne·o·cene /níːəsìːn | níːə(ʊ)-/ *adj., n.*〘地質〙＝Neogene. 〖← NEO-＋-CENE〗

Nèo-Christiánity, nèo-C- *n.* 新キリスト教(主義)《その時代の主要な思想・哲学(例えば 18 世紀の啓蒙主義)によって新しく解釈されたキリスト教》.

nèo·clássic *adj.* ＝neoclassical. 〖1881〗

ne·o·clas·si·cal /nìːouklǽsɪ̀kəl, -kl̩ | nìːəuklǽsɪk⁻/ *adj.* **1**〘建築〙ネオクラシシズムの, 新古典主義の (⇨ neoclassicism). **2**〘文学〙新古典主義の. **3** [N-]〘美術〙新古典主義の. **4**〘音楽〙新古典主義の. 〖1877〗

nèo·clássicism, N- *n.* **1** 新古典主義, ネオクラシシズム: **a**〘文学〙17–18 世紀に流行した文学思潮; (ギリシャ・ローマの)古典から抽出された規範を守り, 節度・均斉・統一ある型式美を重視する. **b**〘美術〙ギリシャ・ローマの作品を範として, 主に 18–19世紀に発達した絵画・彫刻・工芸の様式. **c**〘音楽〙後期ロマン派の主情主義への反動として第一次大戦後に起こった 20 世紀音楽の一傾向; 主観や情緒を排除し, 17–18 世紀の古典的技法・形式・精神を現代音楽に生かそうとする客観的創作態度をとる. **d**〘建築〙18–19 世紀中頃に行われた古典主義建築様式; 考古学的に正確なギリシャやローマの様式を用いる傾向と, 思弁的に理想的建築形態を追求する傾向とをもつ. **2** 芸術・文学における新古典主義に基づいた様々な運動. 〖(1893) ← NEO-＋CLASSICISM〗

nèo·clássicist *n.* 新古典主義者. — *adj.* 新古典主義(者)の. 〖1930〗

nèo·colónial *adj.* 新植民地主義の. 〖(1961) ← NEO-＋COLONIAL〗

nèo·colónialism *n.* 新植民地主義《強国がかつての植民地に対し経済進出・傀儡(かいらい)政権の樹立などにより間接的に支配力を保とうとする政策にいう》. 〖1961〗

nèo·colónialist *n.* 新植民地主義者. — *adj.* 新植民地主義(者)の.

Ne·o·co·mi·an /nìːoukóumiən | nìːəukóu-⁻/ *adj.*〘地質〙(中生代白亜紀の)ネオコミア世の. 〖▭ F *Néocomien* ← *Neocomium* (← NEO-＋Gk *kṓmē* village)《ラテン語形》← *Neuchâtel* (スイスにあるネオコミア世の岩石の産地): ⇨ -an¹〗

neo·con /nìːoukɑ́(ː)n | -ə(ʊ)kɔ́n/ *adj., n.* ＝neoconservative. 〖1979〗

Nèo-Confúcian, nèo-C- *adj.* 新儒教の《12–16 世紀の, 道教と仏教の要素を儒教に織り込んだ思想運動にいう》. — *n.* 新儒教信者, 新儒者. **～·ism** *n.*

Nèo-Confúcianist, nèo-C- *adj.* 新儒教信者の, 新儒者の, 新儒教の. — *n.* 新儒教信者, 新儒者.

nèo·consérvatism *n.* 新保守主義《自由主義・左翼思想に対抗して 1970 年代末に形成された思想的・政治的運動; 個人主義・伝統的価値観・反共的外交政策などを唱えた》.

nèo·consérvative *adj.* 新保守主義の. — *n.* 新保守主義者.

nèo·córtex *n.*〘解剖〙新皮膚, ネオコルテックス. **nèo·córtical** *adj.* 〖1909〗

Nèo-Dáda, nèo-D- *n.*〘文学・芸術〙新ダダイズム, ネオダダ《1950 年代の終わりから 60 年代に起こったダダイズムに似た反芸術運動; ダダイズムより対象そのものに関心を置く; ⇨ Dada》.

Nèo-Dádaism, nèo-D- *n.* ＝Neo-Dada.

Nèo-Dádaist, nèo-D- *n.* 新ダダイズムの芸術家, 新ダダイスト. — *adj.* 新ダダイズムの.

Nèo-Darwínian, nèo-D- *n.* 新ダーウィン説[派]の. — *n.* 新ダーウィン派の学者. 〖1895〗

Nèo-Dárwinism, nèo-D- *n.* 新ダーウィン説, ネオダーウィニズム《生物進化を自然選択と集団遺伝学で説明し, 特に後天性形質の遺伝の可能性を否定する; Weismann が中心となって提唱した進化論; cf. Neo-Lamarckism, Weismannism》. 〖(*c*1900) ← NEO-＋DARWINISM〗

Nèo-Dárwinist, nèo-D- *n.* ＝Neo-Darwinian.

ne·o·dym·i·um /nìːoudímiəm | nìːə(ʊ)-/ *n.*〘化学〙ネオジム《希土類金属元素の一つ; 記号 Nd, 原子番号 60, 原子量 144.24》. 〖(1885) ← NL ～ ← NEO-＋(DI)DYMIUM〗

Nèo-Expréssionism, nèo-E- *n.*〘美術〙新表現主義《1970 年代末から 80 年代にかけてドイツ・イタリア・米国などで生じた具象絵画の傾向; minimalism への反動として主観性・情念性の強い奔放な作風を示す》. **Nèo-Expréssionist, nèo-E-** *n., adj.*

Nèo-fáscism, nèo-f- *n.* ネオファシズム. **Neo-fascist** *n., adj.*

Nèo-Fréudian, nèo-F- *n.* 新フロイト(学)派の人《人格の形成を生物学的要因によって解明しようとする Freud 主流派に対し, 社会・文化的要因を強調する Sullivan, Horney, Fromm などの精神分析学者》. 〖1945〗

Ne·o·gae·a /nìːədʒíːə | nìːə(ʊ)-/ *n.* (*also* **Ne·o·ge·a** /～/)〘生物地理〙新界《動物分布三大区分の一つ; 南アメリカ・西インド諸島・熱帯北アメリカを含む地域をいう; cf. Arctogaea, Notogaea》. **Nè·o·gáe·an** /-dʒíːən⁻/ *adj.* **Nè·o·gé·an** /-dʒíːən⁻/ *adj.* 〖← NL ～: ⇨ neo-, -gaea〗

Ne·o·gene /níːədʒìːn | níːə(ʊ)-/〘地質〙*adj.* (Miocene と Pliocene を含む)新第三紀の (cf. Paleogene): the ～ period [system] 新第三紀[系]. — *n.* [the ～] 新第三紀 (cf. tertiary). 〖(1878) ← NEO-＋Gk *-genēs*: ⇨ -gen〗

nèo·génesis *n.* **1**〘生理〙(組織の)新生. **2**〘生物〙ネオゲネシス《個体発生の初期の変化が原因となる進化》. **nèo·genétic** *adj.* 〖(1903) ← NL ～: ⇨ neo-, -genesis〗

Nèo-Géorgian, nèo-G- *adj.* **1**〘建築〙ネオジョージアン式の《1920–30 年代にかけて英国で作られたジョージ朝風の穏健なスタイルにいう》. **2**〘文学〙(英国の) George 五世時代の. **～·ism** *n.*

nèo·glaciátion *n.*〘地質〙第四紀氷河時代の終末期に一時的に起こった氷河形式. **nèo·glácial** *adj.* 〖(1951) ← NEO-＋GLACIATION〗

Nèo-Góthic, nèo-G- *adj.* **1**〘建築〙(18 世紀末から 19 世紀末に欧米に復興した)ネオゴシック(様)式の. **2**〘美術〙(19 世紀中ごろ欧米に流行した)新ゴシック式の, ネオゴシックの《London の国会議事堂が好例》. 〖1892〗

nèo·grammárian *n.*〘言語〙青年文法家, 少壮文法学派の人《A. Leskien, K. Brugmann, H. Paul などによって代表される 19 世紀後半のドイツの印欧語学者のグループの人; 印欧語の歴史的研究で音変化の規則性を主張した; young grammarian ともいう》. 〖(1885)《なぞり》← G *Junggrammatiker*: ⇨ neo-, grammarian〗

Nèo-Gréek, nèo-G- *n.* 近代ギリシャ語 (⇨ Greek *n.* 2 a). — *adj.* **1**〘美術〙(19 世紀中ごろの J. L. Hamon などフランスの画家にみられる)新ギリシャ派の (cf. neoclassicism 1 b). **2**〘建築〙(19 世紀中ごろの新古典主義の中にみられる)ネオグリーク(様)式の.

Nèo-Hebráic, nèo-H- *n., adj.* ＝Neo-Hebrew.

Nèo-Hébrew, nèo-H- *n.* (聖書時代以後の文献, 特に Talmud などに用いられた)後期ヘブライ語 (cf. Hebrew 1). — *adj.* 後期ヘブライ語の.

Nèo-Hegélian, nèo-H- *n.* 新ヘーゲル主義者. — *adj.* 新ヘーゲル主義の.

Nèo-Hegélianism, nèo-H- *n.*〘哲学〙新ヘーゲル学派[主義](の哲学)《19–20 世紀のドイツ・英・米などで Hegel の観念論を鼓吹した哲学者やその学派》.

Nèo-Héllenism, nèo-H- *n.* 新ギリシャ主義.

nèo·héxane *n.*〘化学〙ネオヘキサン ($(CH_3)_3CC_2H_5$)《航空機などに用いられる高オクタン価燃料》.

nèo·húmanism *n.*〘哲学・文学〙＝New Humanism. **nèo·húmanist** *n.*

nèo·impérial *adj.* 新帝国主義の.

nèo·impérialism *n.* 新帝国主義. **nèo·impérialist** *n.*

Nèo-Impréssionism, nèo-i- *n.*〘美術〙新印象主義《1886 年ごろ Seurat に始まり印象派の手法をさらに科学的に厳正なものにしようとした; 色調の分割を徹底し点描画法 (pointillism) を特徴とする; cf. Postimpressonism, impressionism 1》. 〖(*c*1886) ▭ F *néo-impressionisme*〗

Nèo-Impréssionist, nèo-i- *n.* 新印象主義者[画家]. — *adj.* 新印象主義(者)の. 〖▭ F *néo-impressionist*〗

ne·o·ism /níːouìzm | níːəu-/ *n.* (美術・政治などにおける)新思想, 革新的な考え. 〖(1982) ← NEO-＋-ISM〗

nèo·isolátionism *n.*〘政治〙新孤立主義《特に, ベトナム戦争後米国政府のとった方針》.

nèo·isolátionist〘政治〙*n.* 新孤立主義者. — *adj.* 新孤立主義の.

Nèo-Kántian, nèo-K-〘哲学〙*adj.* 新カント学派の. — *n.* 新カント学派の哲学者.

Nèo-Kántianism, nèo-K- *n.*〘哲学〙新カント学派の哲学[主義]《19–20 世紀ドイツを中心にカント哲学を復興し, 新しい解釈と意味を与えて唯物論・観念論に反対した哲学的運動と学派》. 〖《なぞり》← G *Neukantianismus*〗

nèo-Kéynesian *adj.*〘経済〙新ケインズ主義者の《現代経済の諸問題の解決には Keynes の理論のままでは不十分とは認めつつも, 財政支出・金融政策等における政府の役割を積極的に認める立場をいう; cf. monetarist》. — *n.* 新ケインズ主義者.

neol.《略》neologism.

N

ne·o·la·li·a /nìːoʊléɪliə | nìːə(ʊ)-/ *n.* 〘精神医学〙新語濫造症. 〘← NL ～: ⇨ neo-, -lalia〙

Nèo-Lamárckian, nèo-L- *adj.* 新ラマルク説の. — *n.* 新ラマルク派の学者.

Nèo-Lamárckism, nèo-L- *n.* 〘生物〙新ラマルク説, ネオラマルキズム《ラマルク説を修正し, 獲得形質 (acquired characters) もまた遺伝すると説くなど Darwin の進化論に反対する主張; cf. Lamarckism, Neo-Darwinism, Lysenkoism》.

Nèo-Lamárckist, nèo-L- *n.* ＝Neo-Lamarckian.

Nèo-Látin, nèo-L- *n.* **1** ＝New Latin. **2** ロマンス語 (Romance). — *adj.* **1** New Latin の[に関する]. **2** ロマンス語の[に関する]. 〘1850〙

nèo·líberal *n.* 新自由主義者, ネオリベラル《リベラリズムの伝統的な立場を変えて実践的な方法を採用しようとするリベラル派》. — *adj.* 新自由主義の, ネオリベラルの. **～·ism** *n.* 〘1966〙

Ne·ol·i·go·chae·ta /niːɑ̀(ː)lɪɡoʊkíːtə | -ɔ̀lɪɡə(ʊ)-kíːtə/ *n. pl.* 〘動物〙新貧毛類. 〘← NL ～ ← NEO-＋*Oligochaeta* (⇨ oligo-, -chaeta)〙

ne·o·lith /níːəlɪθ | níːə(ʊ)-/ *n.* 〘考古〙新石器. 〘(1882)《逆成》↓〙

Ne·o·lith·ic /nìːəlíθɪk, nìːə- | nìːə(ʊ)-ˊ/ *adj.* **1** [時に n-]〘考古〙新石器時代の (cf. Eolithic, Paleolithic): a ～ man 新石器時代の人 / the ～ (era) 新石器時代《中石器時代 (Mesolithic era) に続く時代; 定住生活に入り, 磨製石器を用い, 農耕・牧畜・織物・製陶などの文化を発達させた》. **2** [n-] 非常に旧式の, 大変時代遅れな. 〘(1865) ← NEO-＋-LITHIC〙

ne·o·lo·gi·an /nìːəlóʊdʒiən, -dʒən | nìːə(ʊ)lóʊ-ˊ/ 〘神学〙*adj.* 新教義 (neology) を採用[支持]する. — *n.* ＝neologist 2. 〘(1831) ← NEOLOGY＋-AN[1]〙

ne·o·log·i·cal /nìːəlɑ́(ː)dʒɪkəl, -kl̩ | nìːə(ʊ)lɔ́dʒɪ-ˊ/ *adj.* ＝neologistic. **～·ly** *adv.* 〘(1754) □ F *néologique*: ⇨ neology, -ical〙

ne·ol·o·gism /niɑ́(ː)lədʒìzm | -ɔ́l-/ *n.* **1 a** 新語, 新造語句; 新語義で用いられる語句. **b** ＝neology 1. **2** 〘← NEO-＋LOGO-＋-ISM〙《まれ》〘神学〙＝neology 2. **3** 〘精神医学〙言語新作, 造語症; それによって造られた意味のない語. 〘(1800) □ F *néologisme* ← *néologie*: ⇨ neology, -ism〙

ne·ól·o·gist /-dʒɪst | -dʒɪst/ *n.* **1** 新語を造る人, 新語[新語義]使用者. **2** 〘神学〙新教義主張者. 〘(1785) □ ? F *néologiste* ← *néologisme* (↑): ⇨ -ist〙

ne·ol·o·gis·tic /niɑ̀(ː)lədʒístɪk | -ɔ̀l-ˊ/ *adj.* **1** 新語使用者の. **2** 〘神学〙新教義主張者の. **ne·òl·o·gís·ti·cal** *adj.* **ne·òl·o·gís·ti·cal·ly** *adv.*

ne·ol·o·gize /niɑ́(ː)lədʒàɪz | -ɔ́l-/ *vi.* **1** 新語[新語義]を造る[使用する]. **2** 〘神学〙新教義を採用する. 〘(1846): ⇨ ↓, -ize〙

ne·ol·o·gy /niɑ́(ː)lədʒi | -ɔ́l-/ *n.* **1** 新語[新語義]の使用[創造, 借入]. **2** 〘神学〙**a** ネオロギー, 新学説神学, 新教義 (new doctrine)《啓蒙時代におけるドイツ神学の第2期 (1750 年以後)に起こった合理的な神学上の主張》. **b** 新教義の採用[支持]. 〘(1797) □ F *néologie*: ⇨ neo-, -logy〙

Nèo-Lútheran *adj., n.* 新ルター主義(者)の; 新ルター主義者.

Nèo-Lútheranism *n.* 新ルター主義《19 世紀にドイツ・北欧・北米で起こった Luther の宗教改革の精神を復興させようという神学的・教会的運動》.

Nèo-Malthúsianism, nèo-M- *n.* 新マルサス主義《産児制限による人口調節を唱える》. **Nèo-Malthúsian** *adj., n.* 〘1896〙

nèo-Márxist *adj.* 〘政治〙新マルクス主義の《マルクス主義の思想を世界経済・福祉国家などの現代的な課題に対応できるように改めた政治哲学についていう》. — *n.* 新マルクス主義者. 〘1971〙

Nèo-Melanésian, nèo-M- *n., adj.* ネオメラネシア語(の)《主として New Guinea と隣接諸島で話される混成英語 (Creole English); Beach-la-Mar ともいう》. 〘1971〙

ne·o·mort /níːəmɔ̀ət | -mɔ̀ːt/ *n.* 新死体《脳死状態であるが, 人工的手段で臓器は機能しつづけている人体》. 〘(1974) ← NEO-＋L *mortuus* dead〙

ne·o·my·cin /nìːoʊmáɪsɪn, nìːə-, -sn̩ | nìːəʊmáɪsɪn/ *n.* 〘生化学〙ネオマイシン《放線菌から得られる抗生物質の一種; A, B, C の 3 種からなり, 種々の細菌に対して効果がある; 日本ではフラジオマイシン (fradiomycin) ともいう》. 〘(1949) ← NEO-＋-MYCIN〙

ne·on /níːɑ(ː)n | níːɔn, -ən/ *n.* **1** 〘化学〙ネオン《希ガス元素の一つ; 記号 Ne, 原子番号 10, 原子量 20.179》. **2** ネオンランプ (neon lamp); ネオンサイン (neon sign); ネオン照明. — *adj.* **1** ネオンを使った[のはいった]. **2** ネオンランプを用いた: a ～ sign ネオンサイン. **3** ネオンランプのような. **4** 《口語》繁華街の, 安っぽい盛り場の. **～ed** *adj.* 〘(1898) ← Gk *néon* (neut. sing.) ← *néos* new: 発見者のスコットランドの化学者 Sir W. Ramsay および英国の化学者 Morris William Travers (1872–1961) の造語〙

nèo·nátal *adj.* 〘医学〙新生児の. **～·ly** *adv.* 〘1902〙

ne·o·nate /níːənèɪt, níːoʊ- | níːə(ʊ)-/ *n., adj.* 〘医学〙新生児(の)《生後一か月以内の乳児》. 〘(1932) ← NL *neonāt(us)* ← NEO-＋L *nātus* born ((p.p.) ← *nāscī* to be born)〙

ne·o·na·tol·o·gy /nìːənèɪtɑ́(ː)lədʒi | nìːə(ʊ)neɪtɔ́l-/ *n.* 〘医学〙新生児学. **nè·o·na·tól·o·gist** /-dʒɪst | -dʒɪst/ *n.* 〘(1960): ⇨ ↑, -logy〙

Nèo-Názi *n.* ネオナチ, 新ナチ主義者. — *adj.* 新ナチ主義(者)の. 〘1938〙

Nèo-Názism *n.* ネオナチズム, 新ナチ主義《ナチス復興を掲げる極右運動》.

néon lámp [líght] *n.* (広告などに用いられる)ネオンランプ, ネオン放電管 (neon tube ともいう).

néon-líghted[-lít] *adj.* ネオン(ランプ)に照らされた, ネオンの光で明るい: a ～ street.

néon tétra *n.* 〘魚類〙ネオンテトラ (*Hyphessobrycon innesi*)《体に鮮明な緑青色と赤の縞のある 3 cm くらいのカラシン科の熱帯魚》.

ne·on·tol·o·gy /nìːɑ(ː)ntɑ́(ː)lədʒi | -ɔntɔ́l-/ *n.* 現世生物学 (↔ paleontology). **ne·on·to·log·i·cal** /nìːɑ(ː)ntəlɑ́(ː)dʒɪkəl, -kl̩ | -ɔntə(ʊ)lɔ́dʒɪ-ˊ/ *adj.* **nè·on·tól·o·gist** /-dʒɪst | -dʒɪst/ *n.* 〘(1889) ← NEO-＋ONTOLOGY〙

néon túbe *n.* ＝neon lamp.

nèo·órthodoxy *n.* 〘神学〙新正統主義, 新正統派学説《Paul, Augustine, Luther などを結ぶ福音主義的伝統に基づいた現代の有力な神学的傾向の一つ; 特に米国の神学界で用いられる語; cf. crisis theology》. **nèo·órthodox** *adj.* 〘1946〙

nèo·págan *adj.* 新[復興]異教主義の. — *n.* 新[復興]異教主義者. **nèo·páganism** *n.*

Nèo·paleozóic 〘地質〙*n.* [the ～] 新古生代《デボン紀・石炭紀・ペルム紀を含む》. — *adj.* 新古生代の.

nèo·péntane *n.* 〘化学〙ネオペンタン ($(CH_3)_4C$)《石油ナフサ中に存在する揮発性の液状炭化水素》.

nèo-Pentecóstal *adj., n.* 《米》新ペンテコステ派の(信者)《プロテスタントとカトリック教会においてペンテコステ派の信仰と慣行を重んじる一派》. 〘1963〙

ne·o·phil·i·a /nìːəfíliə | nìːə(ʊ)-/ *n.* 新奇なものの愛好癖, 新しもの好き, 新しがり. 〘(1932) ← NEO-＋-PHILIA〙

ne·o·phil·i·ac /nìːəfíliæ̀k | nìːə(ʊ)-/ *n.* 新しいもの好きの人, 新しがり屋. 〘1966〙

ne·o·pho·bi·a /nìːoʊfóʊbiə | -ə(ʊ)fə́ʊ-/ *n.* 新しいもの嫌い. **ne·o·phobe** /níːoʊfòʊb | -ə(ʊ)fə̀ʊb/ *n.* **nè·o·phó·bic** /-bɪk-ˊ/ *adj.* 〘1886〙

ne·o·phyte /níːəfàɪt, níːoʊ- | níːə(ʊ)-/ *n.* **1** 初心者, 初学者, 新参者. **2** (カトリック教会の)新参の聖職者, (修道院の)修練士. **3** 新改宗者; (特に, 原始キリスト教会の)新洗礼者. **nè·o·phý·tic** /-fítɪk | -tɪk-ˊ/ *adj.* 〘(*a*1400) □ eccl. L *neophytus* □ MGk *neóphutos* (原義) newly planted: ⇨ neo-, -phyte〙

ne·o·pi·li·na /nìːoʊpaɪláɪnə, -líː- | nìːə(ʊ)-/ *n.* 〘貝類〙ネオピリナ《単板綱ネオピリナ属 (*Neopilina*) のカサガイに類似した貝類の総称; 太平洋・紅海・南大西洋古生代に栄えた種類の生き残りで生きている化石 (living fossil) といわれる》. 〘← NL ～ ← NEO-＋*Pilina* (属名)〙

ne·o·pla·si·a /nìːəpléɪʒiə, -ʒə | nìːə(ʊ)pléɪziə, -ʒiə/ *n.* 〘病理〙(腫瘍(しゅよう)の)新生; 腫瘍状態. 〘(1890) ← NL ～: ⇨ neo-, -plasia〙

ne·o·plasm /níːəplæ̀zm̩ | níːə(ʊ)-/ *n.* 〘病理〙新生物, 腫瘍(しゅよう). 〘(1864) ← NEO-＋Gk *plásma* formation〙

ne·o·plas·tic /nìːəplǽstɪk | nìːə(ʊ)-ˊ/ *adj.* **1** 〘病理〙新生(物)の, 腫瘍(しゅよう)性の. **2** [しばしば N-]〘美術〙ネオプラスティシズムの, 新造型主義の. 〘1: (1890) ← NEO-＋-PLASTIC. 2: (1934)《逆成》↓〙

ne·o·plas·ti·cism, Nèo-P- /nìːoʊplǽstəsìzm | -ə(ʊ)plǽstɪ-/ *n.* 〘美術〙ネオプラスティシズム, 新造型主義《Piet Mondrian の提唱する抽象画の一種; 左右不整の直線の組合わせを特徴とする》. 〘(1920)《なぞり》← Du. *nieuwe beelding* new form-construction: ⇨ neo-, plastic, -ism〙

nè·o·plás·ti·cist, Nèo-P- /-sɪst | -sɪst/ *n.* 新造型主義者.

ne·o·plas·ty /níːoʊplæ̀sti | níːə(ʊ)-/ *n.* 〘医学〙(ある局部の)形成(手)術.

Nèo·platónic, Nèo-P- *adj.* 新プラトン主義の. 〘(1836–37) ← NEO-＋PLATONIC〙

Nèo·plátonism, Nèo-P- *n.* 新プラトン主義《Plato の哲学にオリエント思想などが混入して, 神学的・形而上学的傾向が強められた思想; 古代ギリシャ哲学の最後を飾り, キリスト教にも影響を与え, ルネサンス期などにも流行をみた; cf. emanation theory》. 〘(1845) ← NEO-＋PLATONISM〙

Nèo·plátonist, Nèo-P- *n.* 新プラトン主義者.

Nèo·prágmatism *n.* 〘哲学〙新プラグマティズム《古典的プラグマティズム (⇨ pragmatism 2) の伝統を新しい科学的知識で補強し発展させようとして 1950 年以降の米国で盛んになった傾向》.

ne·o·prene /níːəprìːn | níːə(ʊ)-/ *n.* 〘化学〙ネオプレン《耐油[熱]性の大きい合成ゴム (synthetic rubber) の一種》. 〘(1937) ← NEO-＋(CHLORO)PRENE, (ISO)PRENE〙

Ne·op·tol·e·mus /nìːɑ(ː)ptɑ́(ː)ləməs | -ɔptɔ́l-/ *n.* 〘ギリシャ伝説〙ネオプトレモス《Achilles の息子; トロイ戦争で Priam を殺す; Pyrrhus とも呼ばれる》. 〘□ L ～ □ Gk *Neoptólemos*〙

Nèo-Pythagoréanism *n.* 〘哲学〙新ピタゴラス主義《復活したピタゴラス学説にプラトンやペリパトス学派・ストア学派哲学などの要素が加わったもの》.

nèo·réalism *n.* **1** 〘映画〙ネオリアリズム, ネオレアリズモ, 新現実主義《第二次大戦後, 解放されたヨーロッパ諸国の現実を直接カメラが写し出させることによってリアリズムの原点に帰ろうとした劇映画の傾向; イタリアに発する》. **2** 〘芸術〙ネオリアリズム《第二次大戦後に徹底的な写実を通じて人間の内面を描こうとした絵画の一傾向》. **3** 〘哲学〙新実在論《Hegel 哲学の観念論への批判として 19 世紀末から 20 世紀にかけて欧米に起こった実在論の諸立場》. **nèo·réalist** *n., adj.* **nèo·realístic** *adj.*

Ne·o·ri·can /nìːoʊríːkən | -əʊ-/ *n.* 《軽蔑》プエルトリコ系ニューヨーク市民, ニューヨーク帰りのプエルトリコ人; 合衆国本土在住のプエルトリコ人, 本土帰りのプエルトリコ人. 〘← ? neo- (← Sp. *neoyorquino* New Yorker) & NEO-＋PUERTO RICAN〙

Ne·or·ni·thes /nìːɔ́ənəθìːz | -ɔ́ːnɪ-/ *n. pl.* 〘動物〙真鳥亜綱. 〘← NL ～ ← NEO-＋*órnithes* ((pl.) ← Gk *órnis* bird)〙

Nèo-Románticism, nèo-r- *n.* 〘美術・文芸〙新ロマン主義《郷愁や幻想感を表す情景設定や人間の姿態によって特徴づけられる 19 世紀後半に発達した絵画や文学の様式》. 〘1882〙

Nèo·sálvarsan *n.* 〘商標〙ネオサルバルサン《梅毒治療剤; neoarsphenamine の商品名》.

Nèo-Scholástic, nèo-s- *adj.* 新スコラ哲学(者)の.

Nèo-Scholásticism, nèo-s- *n.* 新スコラ哲学《スコラ哲学を現代に復興しようとする立場; cf. Neo-Thomism》. 〘*c*1909〙

Ne·o·sho /nióʊʃoʊ | -ə́ʊʃəʊ/ *n.* [the ～] ネオショ(川)《米国 Kansas 州南東部から Oklahoma 州北東部に南流し, Arkansas 川に合流する川 (740 km); Oklahoma 州では Grand 川とも呼ぶ》.

Ne·o·spo·rid·i·a /nìːoʊspəríːdiə | nìːə(ʊ)spərídiə/ *n. pl.* 〘動物〙新胞子虫類. 〘← NL ～: ⇨ neo-, sporo-, -idia〙

ne·o·stig·mine /nìːəstíɡmiːn/ *n.* 〘薬学〙ネオスチグミン《眼科用および筋無力症の診断・治療用》. 〘(1941) ← NEO-＋(PHYSO)STIGMINE〙

néo·style *n.* ネオスタイル《謄写版の一種》. — *vt.* ネオスタイル(謄写版)で複写する.

nèo·surréalism *n.* 〘芸術〙ネオシュールレアリスム《1970 年代後半から 80 年代にかけて pop art と結び付いて再興した surrealism》. **nèo·surréalist** *n.* **nèo·surrealístic** *adj.*

ne·o·te·ny /niɑ́(ː)təni, -tn̩i | -ɔ́təni, -tn̩i/ *n.* 〘動物〙**1** ネオテニー, 幼形生殖, 幼形成熟《幼形で性的成熟に達する状態; メキシコにすむサンショウウオの類の axolotl などはその例; cf. fetalization》. **2** 幼態保持《成熟後も幼生時代の特徴 (paedogenesis) を備えていること》. **ne·o·ten·ic** /nìːəténɪk-ˊ/ *adj.* **ne·o·te·nous** /niɑ́(ː)tənəs, -tn̩- | -ɔ́tən-, -tn̩-ˊ/ *adj.* 〘(1901) ← NL *neotēnia* ← NEO-＋Gk *teínein* to keep, extend＋-IA[1]〙

ne·o·ter·ic /nìːətérɪk | nìːə(ʊ)-ˊ/ *adj.* 《信仰・慣習・作家など》現代の, 最近の, 新式の. — *n.* 現代人; 現代作家[思想家]. **nè·o·tér·i·cal·ly** *adv.* 〘(1577) □ LL *neōtericus* □ Gk *neōterikós* youthful, fresh ← *neṓteros* (comp.) ← *néos* new: ⇨ -ic[1]〙

Nèo-Thómism *n.* 〘哲学〙新トマス主義《現代諸領域の問題解決のために, Thomas Aquinas の哲学への帰還, その復興を唱える新スコラ哲学の中心的な立場; cf. Neo-Scholasticism》. **Nèo-Thómist** *n.* **Nèo-Thomístic** *adj.* 〘1915〙

Nèo·trópic *adj.* ＝Neotropical.

Nèo·trópical *adj.* 〘生物地理〙新熱帯区の: the ～ region 新熱帯区《北回帰線以南のアメリカ大陸における》. 〘(1858) ← NEO-＋TROPICAL〙

néo·type *n.* 〘生物〙新基準標本, 新模式標本《基準標本が失われた場合に, 代用として補充された新標本》. 〘(1905): ⇨ neo-, type〙

nèo·vítalism *n.* 〘生物〙新生気論, 新生気説.

nèo·yttérbium *n.* 《廃》〘化学〙＝ytterbium.

Ne·o·zo·ic /nìːəzóʊɪk | nìːə(ʊ)zə́ʊ-ˊ/ *adj.* 〘地質〙新生代の (Cenozoic の旧名). 〘(1852) ← NEO-＋-ZOIC[2]〙

NEP /nép/ 《略》New Economic Policy.

Nep. 《略》Nepal; Neptune.

Ne·pal /nɪpɔ́ːl, nɛ-, -pɑ́ːl, -pǽl | nɪpɔ́ːl, nɛ-, -pɑ́ːl; *Nepali* nepaːl/ *n.* ネパール《インド北部ヒマラヤ山脈南側の王国; 面積 140,797 km², 首都 Katmandu; 公式名 the Kingdom of Nepal ネパール王国》.

Nep·a·lese /nèpəlíːz, -líːs | -pəlíːz, -pɔː-, -pɑː-ˊ/ *adj.* **1** ネパールの. **2** ネパール人[文化, 語]の. — *n.* (*pl.* ～) ＝Nepali 1. 〘(1819) ← ↑＋-ESE〙

Ne·pa·li /nɪpɔ́ːli, nɛ-, -pɑ́ːli, -pǽli | -pɔ́ː-, -pɑ́ː-/ *n.* (*pl.* ～, ～s) **1** ネパール人. **2** ネパール語《近代インドアーリア語; ネパール王国のほか, Assam, West Bengal でも使用される》. — *adj.* **1** ネパール(人)の. **2** ネパール語の. 〘(*c*1885) □ Hindi *naipālī* □ Skt *naipālīya* ← *Nepāla* Nepal〙

Nep·en·tha·ce·ae /nèpənθéɪsiìː/ *n. pl.* 〘植物〙(ヘイシソウ目)ウツボカズラ科. 〘← NL ～ ← *Nepenthes* (属名): ⇨ ↓, -aceae〙

ne·pen·the /nɪpén(t)θi | nɪ-, nɛ-/ *n.* **1** 《詩》ネペンテス《古代人が使ったという苦痛や憂さを忘れさせる薬》. **2** 《比喩》憂さを除く物; 憂さを忘れさせる薬のもとになる植物. **～·an** /-θiən/ *adj.* 〘(1580) ← NEPENTHES〙

ne·pen·thes /nɪpén(t)θiːz | nɛ-, nɪ-/ *n.* (*pl.* ～) **1** ＝nepenthe. **2** 〘植物〙ウツボカズラ《主に東インド諸島産ウツボカズラ属 (*Nepenthes*) の植物の総称; cf. pitcher plant 1》. 〘(1580) □ L *nēpenthes* □ Gk *nēpenthès* (*phármakon*) grief banishing (drug) (neut.) ← *nēpenthḗs* ← *nē-* not＋*pénthos* grief ← IE **kʷent(h)-* to suffer: cf. pathos〙

ne·per /níːpə, néɪ- | néɪpə(r), níː-/ *n.* 〘物理〙ネーパー《減衰量を表す単位; 元の値の 1/*e* (*e* は自然対数の底で約 2.718) に減衰する場合に減衰量が 1 neper (＝8.686 dB) であるという》. 〘(1924)《変形》← *napier* ← *J. Napier*〙

nep·e·ta /népətə | -tə/ *n.* 〘植物〙＝catnip. 〘(1915) ← NL *Nepeta* (属名) ← L *nepeta* calamint〙

neph·a·nal·y·sis /nèfənǽləsɪs | -fənǽlɪsɪs/ *n.* (*pl.*

-y·ses /-sìːz/)〘気象〙**1** ネファナリシス《天気図を雲形・雨量の分布に着目して行う解析》. **2** ネファナリシス方式の天気図. 〚(1945) ← NEPHO-＋ANALYSIS〛

neph·el- /néfəl | -fɪ̀l/ (母音の前にくるときの) nephelo- の異形.

Neph·e·le /néfəli | -fɪ̀li/ *n.*〘ギリシャ神話〙ネペレー《Athamas の妻で Phrixus と Helle の母》. 〚□ L *Nephelē* □ Gk *Nephélē* (cf. *nephélē* cloud)〛

neph·e·line /néfəlìːn, -lɪ̀n | néfɪ̀lìːn, -lɪn/ *n.*〘鉱物〙かすみ石, ネフェリン ($KNa_3Al_4Si_4O_{16}$). **neph·e·lin·ic** /nèfəlínɪk | -fɪ̀-ˈ-/ *adj.* 〚(1814) □ F *néphéline*: ⇨ nephelo-, -ine³〛

nèpheline-sýenite *n.*〘岩石〙かすみ石閃長岩(せんちょうがん)《閃長岩に似ているが, かすみ石を含み, 石英を欠く深成岩》. 〚1892〛

neph·e·lin·ite /néfəlɪ̀nàɪt | -fɪ̀lɪ-/ *n.*〘岩石〙かすみ(石)岩《主にかすみ石と輝石からなる火山岩》. 〚(1863) □ ? G *Nephelinit*: ⇨ nephelo-, -ite¹〛

neph·e·lite /néfəlàɪt | -fɪ̀-/ *n.*〘鉱物〙=nepheline. **neph·e·lit·ic** /nèfəlítɪk | -fɪ̀lít-/ *adj.* 〚(1868) ← NEPHELO-＋-ITE¹〛

neph·e·lo- /néfəloʊ | -fɪ̀ləʊ/「雲 (cloud)」の意の連結形. ★ 母音の前では通例 nephel- になる. 〚← Gk *nephélē* cloud〛

neph·e·lom·e·ter /nèfəlá(ː)mətə | -fɪ̀lɔ́mɪ̀tə(r)/ *n.* **1**〘細菌・化学〙比濁計. **2**〘気象〙雲量計. 〚(1884): ⇨ nephelo-, -meter¹〛

neph·e·lo·met·ric /nèfəloʊmétrɪk | -fɪ̀lə(ʊ)-ˈ-/ *adj.*〘化学〙比濁分析による: ～ analysis 比濁分析. 〚1905〛

neph·e·lom·e·try /nèfəlá(ː)mətri | -fɪ̀lɔ́mɪ̀-/ *n.*〘化学〙比濁分析.

neph·ew /néfjuː | -fjuː, -vjuː/ *n.* **1** 甥(おい) (cf. niece 1); 養理の甥. **2**《婉曲》(聖職者の)私生児 (cf. nepotism 2, niece 2). **3**《廃》**a** 孫. **b** 男の子孫, 親戚の男子. **c** いとこ. 〚(a1250) *neveu* □ (O)F < L *nepōtem, nepōs* grandson, descendant, nephew ← IE **nepōt-* ∽ ME *neve* < OE *nefa* □ L〛

neph·o- /néfoʊ | -fəʊ/「雲」の意の連結形. 〚← Gk *néphos* cloud〛

neph·o·gram /néfəgræ̀m/ *n.* 雲の写真. 〚⇨ ↑, -gram〛

neph·o·graph /néfəgræ̀f | -gràːf, -græ̀f/ *n.* 雲写真機《雲の高さと位置を写真撮影する機械》.

ne·phol·o·gy /nɛfá(ː)ləʤi | -fɔ́l-/ *n.* 雲学《気象学の一部門》. **neph·o·log·cal** /nèfəlá(ː)ʤɪ̀kəl, -kɫ | -lɔ́ʤɪ-ˈ-/ *adj.* **neph·ól·o·gist** /-ʤɪ̀st | -ʤɪst/ *n.* 〚(1890) ← NEPHO-＋-LOGY〛

ne·phom·e·ter /nɛfá(ː)mətə | -fɔ́mɪ̀tə(r)/ *n.*〘気象〙=nephelometer 2. 〚(1910) □ F *néphomètre*: ⇨ nepho-, -ometer〛

neph·o·scope /néfəskòʊp | -skəʊp/ *n.*〘気象〙測雲器《雲の速力・方向などを測定するのに用いる》. **neph·o·sco·pic** /nèfəská(ː)pɪk | -skɔ́p-ˈ-/ *adj.* 〚(1881) ← NEPHO-＋-SCOPE〛

nephr- /nɛfr/ (母音の前にくるときの) nephro- の異形.

ne·phral·gi·a /nɪ̀frǽlʤiə, nɛ-, -ʤə | nɛ-/ *n.*〘病理〙腎(臓)痛, 腎疝(せん)痛. **ne·phrál·gic** /-ʤɪk/ *adj.* 〚(1800) ← NL ～: ⇨ nephro-, -algia〛

ne·phrec·to·mize /nɪ̀fréktəmàɪz, nɛf- | nɛf-, nɪ̀f-/ *vt.*〘医学〙…に腎摘出を施す. — *vi.* 腎摘出を行う. 〚(1900): ⇨ ↓, -ize〛

ne·phrec·to·my /nɪ̀fréktəmi, nɛ- | nɛ-, nɪ̀-/ *n.*〘医学〙腎摘出(術), 腎摘. **ne·phréc·to·mized** *adj.* 〚(1880) ← NEPHRO-＋-ECTOMY〛

neph·ric /néfrɪk/ *adj.* 腎(臓)の[に関する] (renal). 〚(1887) ← NEPHRO-＋-IC¹〛

ne·phrid·i·o·pore /nɪ̀frídiəpɔ̀ə, nɛ- | nɛfrídiəpɔ̀ː(r), nɪ̀-/ *n.*〘動物〙(無脊椎動物の)外腎門. 〚(1888): ⇨ ↓, -pore〛

ne·phrid·i·um /nɪ̀frídiəm, nɛ- | nɛfrídi-, nɪ̀-/ *n.* (*pl.* -i·a /-diə | -diə/)〘動物〙**1** 腎管《無脊椎動物の排出器官》. **2** 排出器官; (特に)腎単位 (nephron). **ne·phríd·i·al** /-diəl | -di-/ *adj.* 〚(1877) ← NL ～: ⇨ nephro-, -idium〛

neph·rite /néfraɪt/ *n.*〘鉱物〙軟玉《ある種の角閃石からなる玉(ぎょく)の一種; cf. jade¹, jadeite》. 〚(1794) □ G *Nephrit* ← Gk *nephrós* kidney (昔腎臓病に効能があると信じられたところから): ⇨ -ite¹〛

ne·phrit·ic /nɪ̀frítɪk, nɛ- | nɛfrít-, nɪ̀f-/ *adj.* **1** 腎(臓)を冒す[から生じる]. **2** 腎炎の[に関する]. 〚(1580) □ LL *nephrīticus* □ Gk *nephritikós* ← *nephrós* kidney〛

nephrític stóne *n.*〘鉱物〙=nephrite.

ne·phri·tis /nɪ̀fráɪtɪ̀s, nɛ- | nɛfráɪtɪs, nɪ̀-/ *n.* (*pl.* **ne·phrit·i·des** /-rítədìːz | -tɪ-/, ～·es)〘病理〙腎炎 (cf. Bright's disease). 〚(1580) □ LL ～ □ Gk *nephrîtis*: ⇨ ↓, -itis〛

neph·ro- /néfroʊ | -rəʊ/「腎(臓)」の意の連結形. ★ 母音の前では通例 nephr- になる. 〚← Gk *nephrós* kidney ← IE **negʷhro-* kidney〛

nèphro·génic *adj.* =nephrogenous. 〚⇨ ↑, -genic¹〛

ne·phrog·e·nous /nɪ̀frá(ː)ʤənəs, nɛ- | nɛfrɔ́ʤɪ̀-, nɪ̀-/ *adj.* **1**〘病理〙腎(臓)の中の要因によって起こる, 腎(原)性の, 腎原発の. **2**〘生物〙腎臓(組織)を形成する.

neph·ro·le·pis /nèfrəlíːpɪ̀s | -pɪs/ *n.*〘植物〙ネフロレピス《ツルシダ科タマシダ属 (*Nephrolepis*) のシダ植物》. 〚← NEPHRO-＋-LEPIS: 包膜の形状から〛

neph·ro·lith /néfrəlɪθ | -frə(ʊ)-/ *n.*〘病理〙腎石 (renal calculus).

nèphro·lithíasis *n.*〘病理〙腎(結)石症. 〚← NL ～: ⇨ nephro-, lithiasis〛

neph·ro·li·thot·o·my /nèfrəlɪ̀θá(ː)təmi | -rə(ʊ)lɪθɔ́tə-/ *n.*〘外科〙腎切石(術)《腎石を除去する手術》. 〚← *nephrolith*＋-o-＋-TOMY〛

ne·phról·o·gist /-ʤɪ̀st | -ʤɪst/ *n.* 腎(臓)専門医.

ne·phrol·o·gy /nɪ̀frá(ː)ləʤi, nɛ- | nɛfrɔ́l-, nɪ̀-/ *n.* 腎臓(病)学. 〚(1842) ← NEPHRO-＋-LOGY〛

neph·ron /néfrɑ(ː)n | -rɔn/ *n.* (*also* **neph·rone** /-roʊn | -rəʊn/)〘解剖・動物〙ネフロン, 腎単位《解剖学的にみた腎機能の単位成分》. 〚(1932) □ G *Nephron* ← Gk *nephrós* kidney〛

ne·phrop·a·thy /nɪ̀frá(ː)pəθi, nɛ- | nɛfrɔ́p-, nɪ̀-/ *n.*〘病理〙ネフロパシー, 腎症, 腎傷害. **ne·phro·pa·thic** /nèfrəpǽθɪk-ˈ-/ *adj.* 〚c1900〛

neph·ro·pex·y /néfrəpèksi/ *n.*〘医学〙腎固定(術). 〚(1897): ⇨ -pexy〛

ne·phroph·thi·sis /nɪ̀frá(ː)fθəsɪ̀s, nɛ- | nɛfrɔ́fθɪ̀sɪs, nɪ̀-/ *n.*〘病理〙腎結核(症). 〚← NEPHRO-＋Gk *phthísis* wasting〛

ne·phro·sis /nɪ̀fróʊsɪ̀s, nɛ- | nɛfrə́ʊsɪs, nɪ̀-/ *n.* (*pl.* **ne·phro·ses** /-siːz/)〘病理〙ネフローゼ《炎症を伴わないが腎臓実質の著しい変性を示す疾患で, 通例ひどい浮腫・蛋白尿を伴う》. 〚(1900) ← NL ～: ⇨ nephro-, -osis〛

neph·ro·stome /néfrəstòʊm | -stə̀ʊm/ *n.*〘解剖・動物〙腎口《無脊椎動物の腎管や脊椎動物の前腎・中腎の体腔への開口部》. 〚(1888) ← NL *nephrostoma*: ⇨ nephro-, -stome〛

ne·phrot·ic /nɪ̀frá(ː)tɪk, nɛ- | nɛfrɔ́t-, nɪ̀-/ *adj.*〘病理〙ネフローゼの. 〚1928〛

ne·phrot·o·my /nɪ̀frá(ː)ṭəmi, nɛ- | nɛfrɔ́t-, nɪ̀-/ *n.*〘外科〙腎切開(術). 〚(1696) ← NL *nephrotomia*: ⇨ nephro-, -tomy〛

nèphro·tóxic *adj.*〘医学〙腎毒性の. 〚(1902) ← NEPHRO-＋TOXIC〛

Neph·ta·li /néftəlàɪ/ *n.* =Naphtali.

Neph·thys /néfθɪ̀s | -tɪs/ *n.*〘エジプト神話〙ネフティス《死の女神》. 〚□ Gk *Néphthus* □ Egypt. *Nebt-ḥet* (原義) the lady of the house〛

nep·id /népɪ̀d, níːp- | -pɪd/〘昆虫〙*adj.* タイコウチ(科)の. — *n.* タイコウチ《タイコウチ科の昆虫の総称》. 〚↓〛

Nep·i·dae /népədìː | -pɪ-/ *n. pl.*〘昆虫〙(半翅目)タイコウチ科. 〚← NL ～ ← *Nepa* (属名: ← L 'scorpion')＋-IDAE〛

ne plus ul·tra /níːplʌ̀sʌ́ltrə, néɪplʊ̀sʊ́ltrɑː, -ʊ́l- | néɪplʊ̀sʊ́ltrɑː, niː-, -plʌs-, -ʌ́ltrə/ *L. n.* (*pl.* ～s) **1** 最終点, 極点; 最高到達点, 極致 (acme): the ～ *of* civilized society 文明社会の極致. **2 a** 前進禁止(令). **b** 越え難い障害, 大難関. 〚(1638) □ L ～ (let there) not (be) more (sailing) beyond (Gibraltar 海峡東端の Pillars of Hercules に刻んであったと伝えられる銘)〛

Ne·pos /níːpɑ(ː)s, nép- | -pɔs/, **Cornelius** *n.* ネポス (99?–?24 B.C.; 古代ローマの歴史家, 伝記作者).

ne·pot·ic /nɛpá(ː)tɪk, nɪ̀- | -pɔ́t-/ *adj.* 縁故採用をしがちな. 〚(1847) □ L *nepōt-, nepōs* (↓)＋-IC¹〛

nep·o·tism /népətɪzm/ *n.* **1** (官職任用の際などの)縁故採用, 同族登用, 身びいき. **2** (中世にローマ教皇がその私生児を nephew と称してこれに与えた)特別の愛顧.

nep·o·tis·tic /nèpətístɪk-ˈ-/ *adj.* 〚(1662) □ F *népotisme* □ It. *nepotismo* ← *nepote* < L *nepōtem, nepōs* 'descendant, NEPHEW': ⇨ -ism〛

nép·o·tist /-tɪ̀st | -tɪst/ *n.* 縁故採用をしがちな人, 身びいきの人. 〚(1837): ⇨ ↑, -ist〛

Nep·tune /néptuːn, -tjuːn | -tjuːn, -tʃuːn/ *n.* **1**〘ローマ神話〙ネプトゥーヌス, ネプチューン《海神; ギリシャ神話の Poseidon に当たる》: a son of ～ 船乗り. **2** 海, 大洋 (sea, ocean). **3**〘天文〙海王星《衛星 Triton, Nereid; 1982 年 2 本の環 (ring) を発見》. 〚(c1386) □ L *Neptūnus* ← ? IE **nebh-* cloud (L *nebula* mist, cloud)〛

Néptune's cúp [góblet] *n.*〘動物〙尋常海綿類の一種 (*Poterion neptuni, P. amphitritae*).

Nep·tu·ni·an /nɛptúːniən, -tjúː- | -tjúː-, -tʃúː-/ *adj.* **1** ネプトゥーヌス (Neptune) の. **2** 海王星の. **3** [しばしば n-]〘地質〙水成の; 水成論(者)の (cf. Plutonic 2). 〚(1656) ← L *Neptūnius*: ⇨ Neptune, -an¹〛

neptúnian díke *n.*〘地質〙ネプチュニアンダイク《岩脈のように堆積層を貫く砂の堆積; 水底に開口した断裂を埋め立てて形成される》.

nep·tun·ism /néptuːnɪ̀zm, -tjuːn- | -tjuːn-, -tʃuːn-/ *n.*〘地質〙水成論《岩石がすべて水中の堆積物から成るとみなした説; cf. plutonism》. 〚(1905): ⇨ Neptune, -ism〛

nép·tun·ist /-nɪ̀st | -nɪst/ *n.*〘地質〙水成論者. 〚(1593) 1802〛

nep·tu·ni·um /nɛptúːniəm, -tjúː- | -tjúː-, -tʃúː-/ *n.*〘化学〙ネプツニウム《人工放射性元素; 記号 Np, 原子番号 93》. 〚(1877) ← NL ～ ← NEPTUNE (海王星)＋-IUM: 元素周期表でこの元素が uranium の次に来るので, それを Uranus–Neptune の軌道の関係にたとえたもの〛

neptúnium sèries *n.*〘化学〙ネプツニウム系列《ネプツニウムから出発する放射壊変系列》.

ne·ral /nɪ́ᵊræl, níːr- | níər-/ *n.*〘化学〙ネラール《citral のシス形》. 〚(1939) ← NER(OL)＋-AL³〛

Ner·bud·da /nəːbʌ́ḍə | nəːbʌ́də/ *n.* [the ～] = Narbada.

NERC /ènìːàəsíː | -ɑː-/《略》《英》Natural Environment Research Council 自然環境調査局.

Ner·chinsk /néətʃɪnsk | néə-; *Russ.* nʲértʃʲinsk/ *n.* ネルチンスク《ロシア連邦東部 Chita の東方 300 km のシベリア鉄道沿線の都市; ロシア・清間の条約 (1689 年のネルチンスク条約) 締結地》.

nerd /nə́ːd | nə́ːd/ *n.*《俗語》ばか, ぐず; ダサい[やぼったい, つまらない]やつ; (社会性がなく趣味・研究・仕事にのめり込んだ)専門ばか, おたく; (特に)コンピューターおたく. **nérd·ic** /-dɪk | -dɪk/, **nérd·ish** /-dɪʃ | -dɪʃ/, **nérd·y** /-di | -di/ *adj.* 〚(1951) ← ?〛

ne·re·id /nɪ́ᵊriɪ̀d | nɪ́əriɪd/ *adj., n.*〘動物〙ゴカイ科の(動物). 〚(1840) ← NEREIDAE〛

Ne·re·id /nɪ́ᵊriɪ̀d | nɪ́əriɪd/ *n.* **1**〘ギリシャ神話〙ネーレイス《海の精, 海の女神; Nereus の 50 人または 100 人の娘たちの共通名》. **2**〘天文〙ネレイド《海王星 (Neptune) の第 2 衛星; 外側を回る; cf. Triton》. 〚(1513) □ L *Nērēid-, Nērēis* □ Gk *Nērēid-, Nērēis* ← *Nēreús* 'NEREUS': ⇨ -id¹〛

Ne·re·i·dae /nɪ̀ríːədìː | -ríːɪ-/ *n. pl.*〘動物〙(環形動物門多毛綱)ゴカイ科. 〚← NL ～ ← *Nērēis* (属名: ↑)＋-IDAE: ↓〛

ne·re·is /nɪ́ᵊriɪ̀s | nɪ́əriɪs/ *n.* (*pl.* **ne·re·i·des** /nɪ̀ríːədìːz | nɪríːɪ-, nɪə-/)〘動物〙ゴカイ《ゴカイ科の環虫; cf. ragworm》. 〚(1752) ← NL ～: ⇨ Nereid〛

Ne·re·us /nɪ́ᵊriəs, -rjuːs | nɪ́əriuːs, -riəs/ *n.*〘ギリシャ神話〙ネーレウス《海底の神; Nereids の父》. 〚□ L *Nēreus* □ Gk *Nēreús*: cf. Nereid〛

Ne·ri /nɪ́ᵊri, néri, néɪri | nɪ́əri; *It.* néːri/, **Saint Philip** *n.* ネリー (1515–95; イタリアの聖職者; オラトリオ会 (Oratory) の創設者 (1564); 1622 年聖列に加えられた; イタリア名 Filippo de' Neri).

ne·ri·ne /nɪ̀ráɪni | -ríː-/ *n.*〘植物〙ヒメヒガンバナ, ネリネ《ヒガンバナ科ネリネ属 (*Nerine*) の草本; 南アフリカ原産》. 〚(1820) ← NL *Nērīnē* ← L ～ 'Nereid'〛

ner·ite /nɪ́ᵊraɪt | nɪ́ər-/ *n.*〘貝類〙=neritid. 〚(1708) ← L *nērita* □ Gk *nērítēs*〛

ne·rit·ic /nɪ̀rítɪk | -tɪk/ *adj.*〘海洋・生態〙〈地域・生物が〉浅海(底)の, 浅瀬の[にすむ]《水際から水深約 200 m までをいう; cf. pelagic 3》. 〚(1891) ← Gk *nērít(ēs)* sea snail (← *Nēreús* 'NEREUS')＋-IC¹〛

ne·ri·tid /nɪ̀ráɪtɪ̀d, -rɪ́ṭ- | -tɪd/ *adj., n.*〘貝類〙アマオブネガイ科の(カイ). 〚↓〛

Ne·rit·i·dae /nɪ̀ríṭədìː | -tɪ-/ *n. pl.*〘貝類〙アマオブネガイ科. 〚← NL ～ ← *Nērita* (属名: ← Gk *nērítēs* seamussel ← *Nēreús* 'NEREUS'＋-IDAE〛

nerk /nə́ːk | nə́ːk/ *n.*《俗》ばか, まぬけ, いやなやつ, つまらないやつ. 〚(1966) ← ?〛

ner·ka /nə́ːkə | nə́ː-/ *n.*〘魚類〙ベニマス (blueback salmon, sockeye). 〚(1764) ← ?〛

Nernst /néənst | néənst; *G.* nɛ́ʁnst/, **Wal·ther** /váltɐ/ **Hermann** *n.* ネルンスト (1864–1941; ドイツの物理学者・化学者; Nobel 化学賞 (1920)).

Nérnst efféct *n.*〘物理〙ネルンスト効果《熱流と垂直方向に磁場をかけると, この両者に垂直方向に電位差を生じる効果》. 〚(1901) ← *W. H. Nernst*〛

Nérnst héat thèorem *n.*〘物理化学〙ネルンストの熱定理, 熱力学第三法則《絶対温度 0 度ではエントロピーが 0 になるとする定理; ⇨ LAW of thermodynamics》. 〚← *W. H. Nernst*〛

Ne·ro /nɪ́ᵊroʊ, níːr- | nɪ́ərəʊ/ *n.* ネロ (37–68; ローマの皇帝 (54–68); 残虐・淫蕩(いんとう)の暴君; 母と妃を殺し, キリスト教徒を迫害した; 本名 Nero Claudius Caesar Drusus /drúːsəs/ Germanicus /ʤə(ː)mǽnɪkəs, -nə- | ʤə(ː)mǽnɪ-/, または Lucius Domitius /do(ʊ)míʃiəs, -ʃəs | də(ʊ)míʃiəs, -ʃəs/ Claudius Nero).

ne·ro an·ti·co /néɪroʊæntíːkoʊ, -ɑːn- | -rəʊæntíːkəʊ, -ɑːn-; *It.* néːroantíːko/ *It. n.* (古代ローマの建築物の遺跡中に発見された)濃黒色の大理石. 〚□ It. ～ ← *nero* black＋*antico* ancient〛

Néro Déep /nɪ́ᵊroʊ- | nɪ́ərəʊ-/ *n.* [the ～] ネロ海淵《太平洋上 Guam 島付近の深海; 深さ 9,580 m》.

ne·rol /néᵊrɔ(ː)l, nɪ́ᵊr- | nɛ́ərɔl, nɪ́ər-/ *n.*〘化学〙ネロール ($C_{10}H_{17}OH$) (neroli oil に含まれる一種のテルペンアルコール; 橙花香がある). 〚(1869): ⇨ ↓, -ol¹〛

ner·o·li /nérəli/ *n.*〘薬学〙ネロリ油, 橙(とう)花油《オレンジの花から得られる精油で香水原料; neroli oil, orange-flower oil ともいう》. 〚(1676) □ F *néroli* □ It. *neroli*: 17 世紀イタリアの王国 Nerole の王女にちなむ〛

Ne·ro·ni·an /nɪ̀róʊniən | -rə́ʊ-/ *adj.* **1** ローマ皇帝ネロ (Nero) (時代)の. **2** ネロのように残虐[放埒(ほうらつ)], 専横]な. 〚(1598) □ L *Nerōniānus* ← *Nerōn-, Nero*: ⇨ Nero, -ian〛

Ne·ron·ic /nɪ̀rá(ː)nɪk | -rɔ́n-/ *adj.* =Neronian. 〚1901〛

Ne·ro·nize /nɪ́ᵊroʊnàɪz, níːr- | nɪ́ərəʊ-/ *vt.* 暴君ネロのように支配[圧制]する, …に暴政を行う. 〚(1673) ← L *Nerōn-, Nero*: ⇨ Nero, -ize〛

nerts /nə́ːts | nə́ːts/ *int.* (*also* **nertz** /～/)《俗》=nuts: *Nerts to you!* 〚(1932)《擬音語》∥《変形》? ← NUTS〛

Ne·ru·da /neɪrúːḍə | -də; *Am.Sp.* nerúða/, **Pa·blo** /*Am.Sp.* páβlo/ *n.* ネルーダ (1904–73; チリの詩人・外交官; Nobel 文学賞 (1971); 本名 Neftalí Ricardo Reyes Basualto /rrikárdo rréjes baswálto/).

nerv- /nəːv | nəːv/ (母音の前にくるときの) nervo- の異形.

Ner·va /nə́ːvə | nə́ː-/, **Marcus Coc·ce·ius** /kɑ(ː)ksíːjəs | kɔk-/ *n.* ネルウァ (32?–98; ローマの皇帝 (96–98); 五賢帝の最初の皇帝).

ner·val /nə́ːvəl, -vɫ | nə́ː-/ *adj.* 神経(系)の[に関する]. 〚(1636) □ F ～ ∥ □ L *nervālis* ← *nervus*: ⇨ nerve, -al¹〛

Ner·val /nɛəvάːl | nɛə-; *F.* nɛʁval/, **Gérard de** *n.* ネルバル (1808–55; フランスの詩人・作家; 本名 Gérard Labrunie /labʁyni/).

ner·vate /nə́ːveɪt | nə́ː-/ *adj.*〘植物〙〈葉が〉葉脈のある

N

(nerved). 〖(1866) ← NERVE (n.) + -ATE²〗

ner·va·tion /nəːvéɪʃən | nəː-/ *n.* 〖生物〗(葉または昆虫の羽の)脈状, 脈相, 脈系 (venation). 〖(1721): ⇨ ↑, -ation〗

ner·va·ture /nə́ːvətʃʊ̀ə, -tʃə | nə́ːvətʃə(r)/ *n.* =nervation.

nerve /nə́ːv | nə́ːv/ *n.* **1** 神経; 神経線維 (nervous fiber): autonomic ~s 自律神経 / ⇨ optic nerve. ★ ギリシャ語系形容詞: neural. **2 a** 剛気, 勇気; 大胆さ (boldness); 活力, 精力 (vigor): a man of ~ 強健[精力的]な男 / a man of weak ~s 気の弱い人 / have ~s of steel [iron]=have iron ~s 豪胆である / get up [regain] one's ~ 勇気を奮い起こす[取り戻す] / keep up one's ~ おじけないでいる / lose one's ~ 気後れする, しり込みする / It is trying to my ~. 神経にこたえる[が疲れる] / Climbing calls for strength and ~. 登山には体力と気力がいる. **b** 《口語》ずうずうしさ, 厚かましさ, 傲慢(ごう): He had the ~ *to* say to me. 彼は厚かましくも私にそう言ったのだ / of all the ~ (ずうずうしさを強調して)ぬけぬけと / He has a ~, trying to go there himself. 自分でそこへ出かけようとするとはふてぶてしい / The ~ of her! 彼女も大した度胸だ. **c** (活力・推進力の)根源, 中枢: Banks are the ~*s* of commerce. 銀行は商業活動の中枢である. **3** [*pl.*] 神経過敏, ヒステリー (hysteria); 憂鬱(ゆう), 気のふさぎ (depression): a bundle [《英》bag] of ~*s* 《口語》非常に神経質[不安でいっぱい]になっている人 / a fit [an attack] of ~*s* (発作的な)神経興奮, いらだち / a war of ~*s* 神経戦 (⇨ WAR of nerves) / get on a person's ~*s* 人の神経にさわる / give a person ~*s* 人をいらいらさせる / hit [touch] a (raw [sensitive]) ~ 人の気にしている[気にさわる]ことをいう / soothe a person's ~*s* 人の神経を静める / suffer from ~*s* 神経過敏である / have no ~*s* (危険などに臨んで)平気でいる, 大胆である / live on one's ~*s* (極度に神経を使って)緊張そのものの生活をする / set a person's ~*s* on edge ⇨ *on* EDGE (1) / He does not know what ~*s* are. 彼はこわいということを知らない / She is all ~*s*. 彼女はひどく神経過敏だ. **4 a** (感覚の)鋭敏な箇所. **b** (人の心を刺激する)微妙な点. **5** 《詩・古》筋 (sinew), 腱(けん) (tendon). ★ 主として次の句で: strain every ~ あらゆる努力をする. **6 a** 〖植物〗葉脈. **b** 〖昆虫〗翅脈 (vein). **7** 〖解剖〗歯髄, 《俗に》神経 (dental pulp). **8** 〖数学〗脈体 (体相空間の被覆からつくられた単体的複体).
— *vt.* …に力[勇気]をつける, 活気を与える (⇨ encourage SYN): ~ oneself 元気[勇気]を出す, 奮起する / The thought ~*d* me *for* [*to* make] another effort. そう考えると勇気が出てもう一度努力してみようという気になった.
〖(*c*1385) □ L *nervus* sinew, tendon ∽ ME *nerf* □ (O)F *nerf*: cf. neuro-〗

nérve àgent *n.* 〖軍事〗=nerve gas.

nérve blòck *n.* 〖医学〗神経ブロック(法) (局部麻酔の一方法; 神経周囲に麻酔薬を浸潤させて知覚の伝達を遮断する). 〖1923〗

nérve cèll *n.* 〖解剖〗神経細胞 (neuron) (時にその突起を含めない神経細胞体 (cell body) をさすこともある). 〖1858〗

nérve cènter *n.* **1** 〖解剖〗神経中枢. **2** (団体・組織などの)中枢(部), 首脳部. 〖1868〗

nérve còrd *n.* 〖生物〗神経索 (特に, ミミズなどの無脊椎動物に見られる神経索で, 神経節と結びついた一対の腹部神経). 〖1877〗

nerved *adj.* **1** [しばしば複合語の第2構成素として] **a** 神経が…な: strong-*nerved* 神経の強い, 豪胆な. **b** 〖植物〗葉脈のある; 〖昆虫〗翅脈のある: five-*nerved* 5 本の葉[翅]脈のある. **2** 活気[元気]のある, 大胆な. 〖(1800) ← NERVE (n.) + -ED〗

nérve dèafness *n.* 〖医学〗神経性難聴 (perceptive deafness) (聴覚神経異常による難聴). 〖1899〗

nérve ènding *n.* 〖解剖〗(軸索の)神経終末. 〖*c*1890〗

nérve fìber *n.* 〖解剖〗神経線維. 〖1839–47〗

nérve gàs *n.* 〖軍事〗神経ガス (神経系統(特に呼吸器を支配する神経)を侵す毒ガスの一種). 〖1940〗

nérve gròwth fàctor *n.* 〖生化学〗神経生長因子 (神経細胞の分化・成長・維持にホルモンのように作用する蛋白質). 〖1966〗

nérve ìmpulse *n.* 〖生理〗神経インパルス (cf. action potential). 〖1900〗

nérve-knòt *n.* 《古》〖解剖〗神経節 (ganglion). 〖1834〗

nérve·less *adj.* **1 a** 活気[勇気]のない; 無気力な (inert); 力の抜けた, 弱い (feeble): His arm fell ~ to his side. 力が抜けて腕がぐったりと垂れた. **b** 〈文体が〉締まりのない, 弱々しい. **2** 冷静な, 落着いた (calm): a ~ champion. **3 a** 〖解剖〗神経のない. **b** 〖植物〗葉脈 (nervure) のない. **c** 〖昆虫〗翅脈 (nervure) のない. **~·ly** *adv.* **~·ness** *n.* 〖(1735) ← NERVE (n.) + -LESS〗

nérve nèt *n.* 〖解剖〗神経網 (散在した神経細胞が網状に連結されている原始的神経系統). 〖1904〗

nérve-ràcking *adj.* 神経を痛めつける[すり減らす]ような, ひどくいらいらさせる, しんが疲れる: The exam was a ~ experience. 試験は神経がすり減るようだった. 〖1812〗

nérve·ròot *n.* =moccasin flower.

nérve trùnk *n.* 〖解剖〗神経幹. 〖1851〗

nérve wàr *n.* 神経戦 (⇨ WAR of nerves). 〖1941〗

nérve-wràcking *adj.* =nerve-racking.

Ner·vi /néəvi | néə-; *It.* nérvi/, **Pier** /pjéːr/ **Luigi** *n.* ネルビ (1891–1979; イタリアの建築技師; 鉄筋コンクリートを装飾材に用いた先駆者).

ner·vi- /nə́ːvɪ, -vi | nə́ː-/ nervo- の異形 (⇨ -i-).

ner·vine /nə́ːviːn, -vaɪn | nə́ː-/ *adj.* 〈薬が〉神経に作用する, 神経を鎮める. — *n.* 神経鎮静剤. 〖(1661) ← NERV(E) + -INE¹〗

nérv·ing *n.* 〖獣医〗切神術, 神経切除 (知覚神経をその上部で切断し, 患者の疼痛を消失させる). 〖← NERVE (n.) + -ING¹〗

ner·vo- /nə́ːvoʊ | nə́ːvəʊ/「神経 (nerve), 神経と…との (nerve and ...)」の意の連結形. ★ 時に nervi-, また母音の前では通例 nerv- になる. 〖← L ~ ← *nervus* 'NERVE'〗

ner·vos·i·ty /nəːvɑ́(ː)səti | nəːvɔ́sɪti/ *n.* 〖病理〗神経質, 神経過敏. 〖(1611) □ L *nervōsitāt-*, *nervōsitās* strength ← *nervōsus* (↓): ⇨ -ity〗

ner·vous /nə́ːvəs | nə́ː-/ *adj.* **1** 〈人が〉神経質な, 怒りっぽい; 興奮しやすい; 臆病な, 気の弱い, くよくよする, 苦労性の (timid): a ~ smile 神経質な[不安そうな]微笑 / a ~ temperament 神経質 / a nervous wreck ⇨ wreck *n.* 1 / feel ~ *about* the result 結果を心配する[苦にする] / get ~ そわそわする, あがる / make a person ~ 人をいらいらさせる[不安にする] / be ~ *of doing* 《英》…するのに気後れする, …するのを恐れる[こわがる]. **2** 神経の; 神経組織から成る; 神経(の作用)による; 神経に作用する: a ~ disease [disorder] 神経病 / ~ debility 神経衰弱 / ~ energy 神経力, (体力に対して)気力 / by sheer ~ energy ただ気力だけで / a ~ headache 神経性の頭痛 / ~ tension 神経の緊張 / ⇨ nervous breakdown, nervous prostration. **3 a** 〈時局など〉極めて不安定な, 切迫した, 重大な: a ~ period 危機の時代. **b** 〈物が〉不安定な, 危っかしい (⇨ steady SYN): a ~ boat. **4** 〈思想・感情・文体など〉力強い, きびきびした (terse): paint with ~ strokes 力強い筆遣いで描く. **5** 《古》筋骨のたくましい (sinewy), 力の強い (vigorous): strong ~ arms. **~·ly** *adv.* **~·ness** *n.* 〖(*a*1400) □ L *nervōsus* sinewy, vigorous ← *nervus*: ⇨ nerve, -ous〗

nérvous bréakdown *n.* **1** 神経衰弱(症) (neurasthenia), 《俗に》ノイローゼ: have [suffer] a ~ 神経衰弱になる. **2** 《婉曲》精神病. 〖1905〗

nérvous Néllie [Nélly], N- N- *n.* 《米口語》**1** 臆病者, 意気地なし; ろくでなし. **2** (はっきりした根拠もないのに)くよくよする人. 〖1926〗

nérvous prostrátion *n.* 〖病理〗=neurasthenia.

nérvous sỳstem *n.* 〖解剖・生理〗神経系(統): a central ~ 中枢神経系 / ⇨ autonomic nervous system, cerebrospinal nervous system, neuron, peripheral nervous system. 〖1740〗

ner·vule /nə́ːvjuːl | nə́ː-/ *n.* 〖昆虫〗=nervure 1. 〖⇨ nerve, -ule〗

ner·vure /nə́ːvjʊə | nə́ːvjʊə(r)/ *n.* **1** 〖昆虫〗翅脈. **2** 〖植物〗葉脈. 〖(1816) □ F ~ ← L *nervus*: ⇨ nerve, -ure〗

nerv·y /nə́ːvi | nə́ːvi/ *adj.* (**nerv·i·er; -i·est**) **1** 《米口語》**a** 神経の太い, 勇気のある (bold); 勇気を必要とする. **b** 厚かましい, ずうずうしい (impudent). **2** 《英口語》**a** 神経質な, 神経過敏な, 興奮しやすい (nervous). **b** 神経にさわる. **3** 《古・詩》筋骨のたくましい (sinewy), 力の強い (strong), 元気のある (vigorous). **nérv·i·ly** /-vɪli/ *adv.* **nérv·i·ness** *n.* 〖(1607–8) ← NERVE + -Y⁴〗

n.e.s., N.E.S. 《略》not elsewhere specified [stated].

Nes·bit /nézbɪt/, **Edith** *n.* ネズビット (1858–1924; 英国の少年読物作家; Mrs. Hubert Bland の筆名; The Fabian Society 創立者の一人; *The Treasure Seekers* (1899)).

Nes·ca·fé /néskəfèɪ, -kæ-, ⁻⁻⁻ | ⁻⁻⁻/ *n.* 〖商標〗ネスカフェ (スイス Nestlé 社製のインスタントコーヒー).

nes·cience /néʃəns, -ʃiəns | nésiəns/ *n.* **1** 無知, 無学 (ignorance). **2** (まれ) 〖哲学〗無知, 不可知, 不可知論 (agnosticism). 〖(1612) □ LL *nescientia* ← L *nescient-*, *nesciēns* (pres.p.) ← *nescīre* to be ignorant ← *ne-* not + *scīre* to know: cf. nice, science〗

nes·cient /néʃənt, -ʃiənt | nésiənt/ *adj.* **1** 〔…に〕無知な, 〔…を〕知らない (ignorant) 〔*of*〕. **2** 〖哲学〗不可知の, 不可知論的な (agnostic). — *n.* 不可知論者 (agnostic). 〖(1626) □ L *nescient-*, *nesciēns* (↑): ⇨ -ent〗

nesh /néʃ/ *adj.* 《方言》**1** 柔らかい, 多汁の. **2** きゃしゃな, 虚弱な. **3** 臆病な, びくついた. 〖OE *hnesce*: cf. Goth. *hnasqus* soft〗

ne·so- /níːsoʊ, nés- | -səʊ/「島」の意の連結形. 〖← NL ~ ← Gk *nêsos* island〗

nèso·sílicate *n.* 〖鉱物〗ネソ珪酸塩 (SiO_4 四面体が頂点を共有せず独立に存在しているもの; cf. cyclosilicate). 〖← ? NESO- + SILICATE〗

Nes·quik /néskwɪk/ *n.* 〖商標〗ネスクイック (スイス Nestlé 社製の, 牛乳に溶かして飲むココアなどの粉末飲料).

ness /nés/ *n.* 岬(みさき), 岬(こう)角, 小半島 (cape). ★ 今は主に接尾辞として地名の一部を成す: Dungeness, Holderness, Sheerness, etc. 〖OE *næs(s)*, *ness* < Gmc **nasja-* (cog. ON *nes* / MLG *ness*): cf. OE *nasu* 'NOSE'〗

Ness /nés/ *n.* [the ~] ネス川 (スコットランド北部 Ness 湖から北流し, Moray Firth に注ぐ (36 km)). 〖↑〗

Ness, Loch *n.* ネス湖 (スコットランド北部 Highland の湖; 長さ 36 km, 深さ 229 m; ⇨ Nessie).

-ness /nɪ̀s/ ★ 歌では /nes/ と発音されることが多い. *suf.* 形容詞・分詞・複合形容詞などに付いて性質・状態・程度などを表す名詞を造る: bitter*ness*, loveli*ness*, tired*ness*, tongue-tied*ness*, get-at-able*ness* / up-to-date*ness* / show them many kind*nesses* / rub off the dim*ness* from a glass ガラスの曇りを拭き取る. ★ (1) 本来は英語起源の語に付けられるが, 臨時的には外来語にも自由に付けられる: silent*ness* (=silence) / à-la-mode*ness*. (2) -y /i/ で終わる形容詞に -ness が付いた時には y が i に変わるが母音は変わらない: happy /hǽpi/ → happ*iness* /hǽpinɪs/. 〖OE *-nes(s)*, *-nis*, *-nys*: cog. Du. *-nis* / G *-nis(s)*〗

Nes·sel·rode /nésəlròʊd | -rəʊd/ *n.* ネスルロード (リキュールなどで香りをつけた栗や果物の砂糖漬けなどの詰め物を用いた料理につける名称; 特に, 冷凍のプディング・パイ・アイスクリームなどに用いる): ~ pie, pudding, etc. 〖(1845) ← *K. R. Nesselrode* (↓): その料理係の発案〗

Nes·sel·rode /nésəlròʊd | -rəʊd; *Russ.* nesselʲróde/, Count **Karl Rob·ert** /róbʲɪrt/ *n.* ネセルローデ (1780–1862; ロシアの外交官・政治家).

Nes·sie¹ /nési/ *n.* ネッシー (女性名). 〖□ Welsh ~ (dim.) ← AGNES〗

Nes·sie² /nési/ *n.* ネッシー (Ness 湖にすむといわれた怪獣; その存在を示す科学的裏付けはない; Loch Ness monster ともいう). 〖1945〗

Nés·sler's reágent [solútion] /nésləz- | -ləz-; *G.* nέslɐ/ *n.* 〖化学〗ネスラー試薬[溶液] (アンモニアの検出・定性・定量に用いる). 〖← *Julius Nessler* (1827–1905: ドイツの化学者)〗

Néssler tùbe *n.* 〖化学〗ネスラー管 (底の平らな透明ガラス管を用いる比色管). 〖(1913) ← *J. Nessler* (↑)〗

Nes·sus /nésəs/ *n.* 〖ギリシャ神話〗ネッソス (Hercules の妻 Deianira を奪おうとして Hercules に射(い)殺された半人半馬 (centaur)). 〖(1606–07) □ L ~ □ Gk *Néssos*〗

nest /nést/ *n.* **1** (鳥の)巣; (昆虫・魚・爬(は)虫類・ねずみ・うさぎなどの)巣: build [make] a ~ 巣を作る / leave a ~ 巣立つ. **2** [集合的] **a** 巣の中のもの (卵・ひななど); 一かえりのひな (brood); (鳥・虫・ねずみなどの)群れ (swarm): sit on a ~ of eggs 〈雌鳥が〉卵を温める / take a ~ 巣から卵[ひな]を盗む / a stolen ~ 雌鳥が自分の巣以外の場所に生んだ一腹の卵. **b** (同様なものの)一群, 集まり 〔*of*〕: a ~ *of* hills. **3** (居心地のよい)避難所, 休み場所, ねぐら: make a comfortable ~ for one's old age 老後のための心地よいねぐらをつくる. **4 a** (悪党などの)隠れ場, 巣窟 (haunt); (悪事などの)温床 (hotbed): a ~ of pirates, spies, thieves, etc. / a ~ of crime 犯罪の温床. **b** (悪党などの)一味, 一団. **5** (入れ子式の器物の)一組, 入れ子[組重ね]式セット: a ~ of bowls, boxes, etc. / a ~ of measuring cups [spoons] 一組の計量カップ[スプーン] / a ~ of tables (中へ順次はいっていく)組みテーブル, ネストテーブル. **6** 砲床基地; 誘導ミサイル基地. **7** 〖地質〗鉱巣.
a nést of singing birds (叙情)詩人の一群 (主に英国のこと; J. Boswell's *Life of Johnson* 中の句). ***be on the nést*** 《英俗》(新婚の)新床の喜びを味わう. ***féather one's nést*** (通例不正手段によって)金持ちになる, 私腹をこやす, 私利をはかる. 〖(1553)〗 ***flý [léave] the nést*** 〈子供が〉親元を離れる (cf. *fly the* COOP). ***fóul [befóul] one's ówn nést*** (1) 家名を汚すようなことをする. (2) 自分の勤め先(など)のことを悪く言う. 〖(*a*1250) ← *It's an ill bird that fouls its own nest.*: (諺)〗 ⇨ foul (*vt.* 1)〗
— *vi.* **1 a** 巣を作る; 巣につく, 巣ごもる 〔*in*〕: a ~*ing* site [ground] (鳥の)営巣地. **b** 〈考えなどが〉〔…に〕宿る, 収まる (settle) 〔*in*〕. **2** 鳥の巣を探す: go ~*ing* 鳥の巣探しに行く. **3** ぴったり重なる[収まる]; 入れ子になる.
— *vt.* **1** …に巣を作ってやる; 巣に入れる. **2** 〈箱・テーブルなどを〉入れ子にする, 組み重ね式にする.
nest·ful /néstfʊ̀l/ *n.* **nést·like** *adj.* **~·a·ble** *adj.* 〖n.: OE ~ ← Gmc **nist-* (Du. *nest* / G *Nest*) ← IE **nizdo-* (原義) place where a bird sits down (L *nīdus*) ← **ni-* down + **sd-*, **zd-* (← **sed-* 'to SIT'). — v.: (?*a*1200) *nest(i)e(n)* ← (n.) ∽ OE *nist(i)an*〗

Nest /nést/ *n.* ネスト (女性名). 〖□ Welsh ~ (dim.) ← AGNES〗

Nes·ta /néstə/ *n.* ネスタ (女性名). 〖□ Welsh ~ (↑)〗

nést bòx *n.* **1** 巣箱. **2** 一組の入れ子箱.

n'est-ce pas? /nɛspɑ́ː; *F.* nɛspa/ *F.* そうだろう, そうじゃありませんか. 〖□ F ~ 'isn't it (so)?'〗

nést·ed *adj.* **1** 巣ごもった. **2 a** 〈器物が〉入れ子の, 組み重ね式の. **b** 〖電算〗〈サブルーチンが〉繰り込まれた, 入れ子にされた. **3 a** 〖数学〗縮小の (各項が直前の項に含まれ, 直径が限りなく小さくなるような集合の列についていう). **b** 〖文法〗繰り込まれた: a ~ construction 繰り込み構文 (A, B という同一レベルの構造があり, A が B の内部に繰り込まれた時, A は B に繰り込まれ, B は A を繰り込むという; 例: I called *the woman who came to see me yesterday* up.). 〖1729〗

nést ègg *n.* **1 a** (将来のための)蓄え, 積立金(など). **b** (何かの元となる)備蓄. **2** 擬卵, 巣守り卵 (雌鳥に同じ巣に卵を産ませるように仕向けるため巣に置いておく本物または人工の抱き卵). 〖1611〗

nést·er *n.* **1** 巣を作るもの (鳥など). **2** 《米西部》[軽蔑的] (公有の牧草地域への)無断入植[入居]者. 〖1880〗

nésting bòx *n.* =nest box 1. 〖1873〗

nes·tle /nésl/ *vi.* **1 a** (鳥が巣にいるように)気持よく横たわる[すわる]: ~ down in bed 寝床にくるまって寝る. **b** 体をすり寄せる, より添う (cuddle): She ~*d* close *to* him. 彼にぴったり寄り添った / The child ~*d* (up) *against* his mother's breast. 子供は母親の胸に抱きついた. **2** 〈家などが〉奥まった所にある, 快適な場所にある: a village *nestling* cosily *in* a mountain nook 山ふところに抱かれた村. **3** 《古》**a** 巣を作る, 巣ごもる, 巣を営む (nest). **b** 家庭を作る, 居を構える; 家に落着く. — *vt.* **1** 〈鳥などを〉巣に入れる, かくまう (shelter): ~ oneself in bed 寝床にくるまる. **2** 〈頭・顔・肩などを〉(甘えてまたは心地よさそうに)すりつける, すり寄せる: ~ one's head *against* a person. **nés·tler** /-slə, -slə | -slə(r), -sl-/ *n.* 〖OE

N

nestlian to build a nest (cog. Du. *nestelen*): ⇨ nest, -le³〕

Nest·lé /nésleɪ, -sli, -sḷ/ *n.* 〖商標〗ネスレ《スイスの食品メーカー Nestlé S.A. の通称; インスタントコーヒー (Nescafé), 粉乳 (Nido) などを製造》.

nest·ling /nés(t)lɪŋ/ *n.* **1** (かえりたてで)巣立ちのできないひな. **2** 幼児. 〖(1399) ← NEST＋-LING¹〗

Nes·tor /néstə, -tɔə | -tɔː(ʳ, -tə(ʳ/ *n.* **1** 〖ギリシャ神話〗ネストール, ネスター《Pylos の王でトロイ戦争 (Trojan War) におけるギリシャ軍の賢明な老顧問》. **2** [時に n-] 賢明な老人, 長老; 大家, 第一人者: the ~ of Greek philosophy. 〖(1594–5) ◻ L ~ ◻ Gk *Néstōr*〗

Nes·to·ri·an /nɛstɔ́ːriən/ *adj.* ネストリウス[ネストリオス](教派, 教徒)の. — *n.* ネストリウス教徒, 景教徒. 〖(*c*1449) ◻ LL *Nestoriānus*: ⇨ Nestorius, -ian〗

Nes·tó·ri·an·ìsm /-nɪzm/ *n.* ネストリウス[ネストリオス]の教義, ネストリウス主義, ネストリウス派《キリストが神性と人間性を別に持っていたことを主張し, 431 年 Ephesus の宗教会議で異端の宣告を受けた; 中国には景教の名で伝わった; cf. Nestorius》.

Nes·to·ri·us /nɛstɔ́ːriəs/ *n.* ネストリウス, ネストリオス (?–?451; シリアの聖職者; Constantinople の総主教[司教] (428–431); cf. Nestorianism).

net¹ /nét/ *n.* **1 a** 網, ネット: ⇨ hairnet, mosquito net. ★ ラテン語系形容詞: reticular. **b** (テニス・防虫などの)ネット: a tennis [badminton] ~. **c** (カーテン・装飾などの)網状織物, 網レース, 網細工品. **2 a** (魚・鳥・昆虫などを捕える)網: a fishing ~ 漁網 / an insect ~ 捕虫網 / cast [throw] a ~ 網を打つ (cf. 成句) / lay [spread] a ~ 網を仕掛ける / draw in a ~ 網を引く / All is fish that comes to his ~. 《諺》網にはいるものはみんな魚; なんでもござれ,「転んでもただは起きない」. **b** くもの巣 (spider's web). **3** (道徳的・知能的な)わな, 計略, 落し穴 (snare): an amorous ~ 色仕掛け / He was caught in the ~ of wicked men. 彼は悪人たちのわなにかかった. **4 a** (血管・電線などの)網状組織 (network). **b** 通信網; 放送網, ネット(ワーク) (network). **c** [the ~; the N-] =Internet. **5** 〖スポーツ〗**a** (ラケットを使う競技で)ネット《ボール・シャトルコック (shuttlecock) がネットにかかること; cf. net ball 1》; そのボール[シャトルコック]. **b** 《口語》=let² 2. **6 a** [しばしば *pl.*] (ホッケー・サッカー・ラクロス (lacrosse) で)網を張ったゴール. **b** [(the) ~s] 〖クリケット〗《網で仕切った》練習区域; そこでの練習(時間). **7** [the N-] 〖天文〗=Reticulum.

cást one's [*the*] *nét wíde* [*wíder*] (捜査・考慮などの)対象を広げる, (…を求めて)手広く捜す, 網を広く打つ (*for*). *fáll through the nét* =*slip through the* NET (1). *slip through the nét* 《英》(1) 〈救済などの対象の人が〉(制度などの)網の目からもれる, こぼれ落ちる (cf. *fall through the* CRACKS). (2) 〈犯人・禁制品などが〉(取締りの)網の目を逃れる [くぐり抜ける].

— *v.* (**net·ted; net·ting**) — *vt.* **1 a** 網で捕える: ~ fish, birds, etc. **b** 〈川などに〉網を仕掛ける, 網を打つ. **c** 手に入れる, 物にする (gain) (cf. net² *vt.*): ~ a rich wife (*for* oneself) 首尾よく金持ちの女性を妻にする. **2** 〈果樹などを〉網で覆う, …に網を張る: ~ strawberries いちごに網をかぶせる / ~ a tennis court テニスコートにネットを張る. **3** 〈財布・ハンモックなどを〉網細工で作る, 網に作る, 編む. **4** [p.p. 形で] 網状にする: ⇨ netted 2. **5** 〈犯人などを〉(わなにかけて)捕える. **6 a** (テニスなどで)〈ボールを〉ネットに(ひっ)かける, ネットする: ~ a ball. **b** (ホッケー・サッカーなどで)〈ボールを〉ゴール内に打ち[蹴り]込む《成功すれば得点》. **7** =network 2 b. — *vi.* **1** 網を編む, 網細工をする. **2** 網目をなす. **3** (テニスなどで)打球をネットする.

~·like *adj.* 〖OE *net(t)* < Gmc **natjan* (Du. & ON *net* / G *Netz*) ← IE **ned-* to bind, twist, knot〗

net² /nét/ *adj.* **1** (掛値[割引]のない)正味の, (諸費を引いた)正味の, (風袋・減損見積などを含めない)正味の (↔ gross): a ~ investment 純投資 / a ~ price 正価, 正札 / a ~ profit [gain] 純益 / ~ proceeds 純手取金 / ~ weight 正味目方, 純量 / at 10 dollars ~ 正価 10 ドルで / ⇨ net income, net tonnage. **2** 基本的な, 根本的な (basic); 最終の, 結局の (final): the ~ result 最終結果. **3** 《古》小ぎれいな (trim).

nét amóunt at rísk 〖保険〗正味危険保険金額 (cf. AMOUNT at risk): (1) 保険金額と既に積み立てられた保険料積立金の差額. (2) 原保険金額と再保険金額との差額.

— *n.* **1** 純量, 純益, 正味; 正価. **2** (問題の)本質, 要点, 骨子. **3** 〖ゴルフ〗ネット《ハンディ付きのゲームで, 総合スコアからハンディ分を差し引いたスコア》.

— *vt.* (**net·ted; net·ting**) **1** …の純益を得る[あげる] (yield) (cf. net¹ 1 c): ~ £1,000 a year / ~ a hand some [large] profit たんまりもうける / The sale ~*ted* me a good profit [a good profit *for* me]. その売買でたっぷり純益があった. **2** 〈事が〉(結局)〈人〉に…を与える[もたらす]: It ~*ted* him a good lesson. 彼にはいい教訓となった. 〖(?*a*1300) ◻ (O)F ~ 'NEAT¹', clean'〗

NET /ènìːtíː/ 《略》(米国の) National Educational Television.

ne·ta /néɪtɑː/ *n.* 《インド》政治的指導者. 〖◻ Hindi *netā*〗

Net·an·ya·hu /nɛ̀tənjɑ́ːhuː, -tæn- | nɛ̀tənj-, -tṇ-, -tæn-/, **Benjamin** *n.* ネタニヤフ (1949– ; イスラエルの政治家; 首相 (1996–99)).

nét ásset vàlue *n.* 〖証券〗**1** 純資産価額《企業の資産総額から負債総額を差し引いたもの; 略 NAV》. **2** 正味資産価額《1 株あたりの純資産価額; 略 NAV》.

nét·bàll *n.* ネットボール《1 チーム 7 人で行うバスケットボールに似た球技; バスケットと違うところはボールを受けた人がパスするまで動けないこと》. 〖(1900) ← NET¹＋BALL¹〗

nét bàll *n.* **1** (テニス・バレーボールなどで)ネットボール《サービスボールがネットに触れてサービスコートに入った場合で, テニスではサービスのやり直し, 6 人制バレーではアウトになる》. **2** 〖テニス〗ネット(ボール)《ネットにかかって手前に落ちた打球; 失点となる》.

NetBEUI 《略》〖電算〗NetBIOS Extended User Interface ネットビューイ《ネットワークで使われる protocol のひとつで, ファイルやプリンターの共有に際して使われる》.

nét bóok *n.* (割引きなしで売る)定価本.

nét còrd *n.* 〖テニス〗ネットコード: **a** ネットの上端を支えるワイヤーロープ. **b** ネットの上端に当たって相手コートに入るショット. 〖1844〗

nét doméstic próduct *n.* 〖経済〗国内純生産《国内総生産から固定資本減耗を差し引いたもの; 略 NDP》.

Ne Te·me·re, n- t- /nìːtémərìː/ *L. n.* [the ~] 〖カトリック〗ネテメレ《1907 年発布の公会議聖省令; カトリック教徒の結婚は証人 2 名以上の立会のもとで司祭によって挙式されない限り無効とする; 後に教会法典に取り入れられた》. 〖◻ L ~ 'not blindly': ラテン語教書文頭の二語〗

NETFS 《略》《米》National Educational Television Film Service.

net·ful /nétfʊ̀l/ *n.* 網一杯分(のもの) (*of*): a ~ *of* fish.

Neth. 《略》Netherlands.

neth·er /néðə | -ðə(ʳ/ *adj.* [限定的] **1 a** 地下の, 地獄の (infernal): the ~ world [regions] 冥府; 地獄 (hell); 来世 (cf. netherworld). **b** (天上に対し)下界の, 地上の: this ~ world 下界, 地上, この世. **2** 《文語・戯言》下の (lower, under): one's ~ lip 下くちびる / ~ garments 《戯言》ズボン / the ~ man [person] 《戯言》脚. 〖OE *neoþera, ni(o)þer(r)a* lower (cog. Du. *neder* / G *nieder*) ← *niþer* (adv.) down(ward) < Gmc **niþeraz* ← IE **ni* down (Skt *ni* down): ⇨ -er²〗

Neth·er·land·er /néðələndə, -lǽn- | néðələndə(ʳ, -lǽn-/ *n.* ネーデルランド人, オランダ人《ベルギー建国以前は Flanders および Belgium の住民をも含めていった》. 〖(1610) ◻ Du. *Nederlander* ← *Nederland* Netherland, (原義) lower country: ⇨ -er¹〗

Néth·er·lànd·ish /-dɪʃ/ *adj.* オランダの (Dutch); オランダ人[語]の. — *n.* オランダ語. 〖1600〗

Neth·er·lands /néðələndz | -ðə-/ *n.* [the ~] **1** [通例単数扱い] オランダ《ヨーロッパ北西部, 北海に臨む王国; 面積 41,160 km², 首都 Amsterdam, 政府所在地 The Hague; 時に Holland ともいう; オランダ語名 Nederland; 公式名 the Kingdom of the Netherlands オランダ王国》. **2** 《古》=Low Countries. 〖← Du. *Nederlanden* (pl.) Nederland〗

Nétherlands Antílles *n. pl.* [the ~] オランダ領アンチル諸島《西インド諸島 Lesser Antilles の中, Curaçao 島など六つの島からなるオランダの植民地; もと Curaçao, Dutch West Indies といった; 面積 993 km², 主都 Willemstad》.

Nétherlands Èast Índies *n. pl.* [the ~] オランダ領東インド諸島《Sumatra, Java, Celebes, Borneo および New Guinea の大部分, Molucca 諸島その他から成る; もと Dutch East Indies または単に Netherlands Indies ともいった; 1949 年独立してインドネシア共和国 (Republic of Indonesia) となる》.

Nétherlands Guiána *n.* オランダ領ギアナ《Suriname の旧名》.

Nétherlands Índies *n. pl.* [the ~] ⇨ Netherlands East Indies.

Nétherlands Nèw Guínea *n.* オランダ領ニューギニア《West Irian の旧名》.

néther·mòst *adj.* 《文語》最も下の: the ~ hell 地獄の底 (cf. *Ps.* 86:13). 〖*a*1325: ⇨ -most〗

néther·stòck *n.* 《廃》靴下 (stocking). 〖1565〗

neth·er·ward /néðəwəd | -ðəwəd/ *adv., adj.* = downward.

néth·er·wards /-wədz | -wədz/ *adv.* =netherward.

néther·wòrld *n.* [the ~] **1 a** 冥府; 地獄 (cf. nether 1 a). **b** あの世, 来世. **2** =underworld 1. 〖1930〗

Né·thou /neɪtúː; *F.* netu/, **Pic de** /pikd/ *n.* ネトゥー山 (Pico de ANETO のフランス語名).

nét íncome *n.* 〖経済〗純収入 (cf. gross income).

net·i·quette /nétɪkɪ̀t, -kèt | nétɪkèt, -kət, nɛ̀tɪkét/ *n.* ネチケット《ネットワーク上で情報交換する際の礼儀》. 〖(混成) ← NET¹＋ETIQUETTE〗

net·i·zen /nétɪ̀zən, -zṇ, -sən, -sṇ | -tɪ̀zən, -zṇ/ *n.* ネットワークの住民, ネチズン. 〖(混成) ← NET¹＋CITIZEN〗

nét·kèeper *n.* =goalkeeper.

nét·làyer *n.* 〖海軍〗(対潜水艦用の)防潜網敷設艦. 〖1930〗

nét lèvel prémium *n.* 〖保険〗平準純保険料.

nét·man /-mæ̀n, -mən/ *n.* (*pl.* **-men** /-mɛ̀n, -mən/) **1** テニスをする人. **2** 〖テニス〗ネットマン《ダブルスの前衛》. **3** (網漁で)魚網係.

nét mèlon *n.* 〖植物〗=netted melon.

nét nátional próduct *n.* 〖経済〗国民純生産《国民総生産から減価償却額を控除したもの; 国民所得(市場価格表示)に等しい; 略 NNP; cf. national income, gross natonal product》.

nét prémium *n.* 〖保険〗純保険料《営業保険料のうち, 保険金の支払に充てるように計算された保険料部分; 経営上の費用を負担するための付加保険料を含まない》.

Nét·scape Návigator /nétskeɪp-/ *n.* 〖商標〗ネットスケープナビゲーター《米国 Netscape 社が開発した WWW (world wide web) 閲覧用ソフト; 単に Netscape ともいう》.

néts·man /-mən/ *n.* (*pl.* **-men** /-mən, -mɛ̀n/) = netter.

ne·tsu·ke /nétski, -tsʊkèɪ | nétskeɪ, -ki, -tsʊki, -kèɪ/ *n.* (*pl.* ~, ~**s**) (たばこ入れ・財布などの)根付け. 〖(1876) ◻ Jpn.〗

nét·sùrf·ing *n.* ネットサーフィン《インターネットのサイトを次々に見て回ること》. **nét·sùrf·er** *n.*

nett /nét/ *adj.* 《英》=net².

Net·ta·stom·i·dae /nɛ̀təstɑ́(ː)mədiː | -təstɔ́mɪ-/ *n. pl.* 〖魚類〗クズアナゴ科. 〖← NL ~ ← *Nettastoma* (属名: ← Gk *nêtta* duck＋-STOMA²)＋-IDAE〗

net·ted /nétɪ̀d | -tɪ̀d/ *adj.* **1 a** 網で包んだ; 網を張った: a ~ window. **b** 網で捕えた. **2** 網状の: the ~ wings of an insect. **3** 網細工の: ~ fabrics.

nétted mélon *n.* 〖植物〗アミメロン (*Cucumis melo* var. *reticulatus*)《外皮に網目のある, 芳香の強いマスクメロンの一種; net melon, nutmeg melon ともいう》.

nét·ter /-tə | -tə(ʳ/ *n.* (魚・鳥などを捕えるのに)網を使う人, 網打ちする人. 〖(1481–90) ← NET¹ (v.)＋-ER¹〗

Net·tie /néti | -ti/ *n.* ネッティ《女性名; 異形 Netty》. 〖(スコット) ~ (dim.) ← JANET, JEANNETTE, ANTOINETTE, HENRIETTA〗

nét·ting /-tɪŋ | -tɪŋ/ *n.* **1** 網すき, 網織. **2** [集合的] 網織物, 網製品, 網細工 (network): fish ~ 魚網 / mosquito ~ 蚊帳(☆)地 / ⇨ wire netting. **3** 網打ち, 網漁; 網漁権. 〖(1567) ← NET¹ (v., n.)＋-ING¹〗

nétting knòt *n.* 〖海事〗ネッティングノット《結索法の一つ; 網を編む結び方》.

nétting nèedle *n.* 網すき針.

net·tle /nétḷ | -tḷ/ *n.* 〖植物〗イラクサ《イラクサ属 (*Urtica*) の植物の総称; 葉にとげがあって皮膚にささると炎症を起こす》: He who handles a ~ tenderly is soonest stung. 《諺》いらくさを優しく扱うものが一番早く刺される, 難物をやさしく扱えばひどい目に遭う. *cást* [*thrów*] *one's fróck to the néttles* ⇒ frock 成句. *grásp the néttle* 恐れずに困難と戦う[難局に当たる]. (1884) *on néttles* いらいらして. (*a*1700)

— *vt.* **1 a** いらくさで[いらくさのように]刺す. **b** [~ oneself で] いらくさに刺される. **2** いらいらさせる, じらす, 怒らせる (vex) (⇨ irritate¹ SYN).

nét·tler /-tlə, -tḷə | -tlə(ʳ, -tḷə(ʳ/ *n.* 〖n.: OE *net(e)le, netel* < Gmc **natilōn* (Du. *netel* / G *Nessel*) (dim.) ← **natōn* (OHG *nazza*) ← IE **ned-* to bind. — v.: (?*c*1400) ← (n.)〗

néttle cèll *n.* =nematocyst.

néttle crèeper *n.* 〖鳥類〗**1** =whitethroat 1. **2** =blackcap 1.

néttle ràsh *n.* 〖病理〗蕁麻疹(じんましん) (urticaria). 〖(1740) ← NETTLE＋RASH〗

net·tle·some /nétḷsəm | -tḷ-/ *adj.* **1** いらいらさせる, いら立たせる. **2** いらいらしがちな, 短気な. 〖(1766): ⇨ -some¹〗

néttle trèe *n.* 〖植物〗**1** エノキ属 (*Celtis*) の木《甘い実がなる》. **2** ウラジロエノキ属 (*Trema*) の木. **3** ムカゴイラクサ属 (*Laportea*) の木《豪州産; 葉に刺毛がある》. 〖1548〗

nét tón *n.* (船舶の)純トン (⇨ ton¹ 3 b).

nét tónnage *n.* (商船などの)純トン数, 登簿トン数《機関室・船員室など利益を生じない部分を gross tonnage から差し引いたトン数; ⇨ tonnage》.

net·ty¹ /néti | -ti/ *adj.* (**net·ti·er; -ti·est**) 網状の; 網細工の (netted). 〖(*a*1628): ⇨ net¹, -y¹〗

net·ty² /néti | -ti/ *n.* 《英方言》便所 (lavatory).

Ne·tu·rei Kar·ta /nətúreɪkɑ́ətɑː | -kɑ́ːtɑː/ *n.* 〖ユダヤ教〗ネトゥレイカルタ派《現在のような世俗的ユダヤ国家建設に反対する急進的正統派グループ》. 〖◻ ModHeb. *natore kartá* ∥ Aram. *nāṭōrēy qartā'* (原義) guardians of the city〗

nét-véined *adj.* 〈葉, 昆虫の翅(はね)が〉網状脈の. 〖1861〗

nét-wínged *adj.* 〖昆虫〗翅(はね)に網状の翅脈のある. 〖*c*1890〗

net·work /nétwɚ̀ːk | -wɔ̀ːk/ *n.* **1** 網細工, 網織物. **2** 網状組織, 連絡網; (商店などの)チェーン: a ~ of telegraph wires [railroads] 電線[鉄道]網 / a ~ of falsehoods うそ八百 / an intelligence ~ 情報網. **3** 〖電気〗回路網. **4** 〖電算〗ネットワーク《複数のコンピューター・端末・データベースなどを相互に接続したシステム》. **5** 〖ラジオ・テレビ〗放送網, ネットワーク; キーステーション: TV ~*s* テレビ放送網. — *vt.* **1** 〈ある地域〉に網の目のように配置する[張りめぐらす] (*with*): a region ~*ed with* creeks クリークが縦横に走っている地方. **2 a** …に放送網を設ける. **b** ネットワークを通じて放送する. **3** 〖電算〗〈端末などを〉接続してネットワークを形成する. — *vi.* **1** 〖電算〗ネットワークを形成する. **2** (ビジネスなどで)情報網 [ネットワーク] をつくる. — *adj.* ネットワークを通じて放送される: a ~ program. 〖(1560) ← NET¹ (n.)＋WORK〗

nétwork análysis *n.* **1** 〖数学〗回路(網)解析. **2** 〖経営〗ネットワーク分析《前者の方法を利用してプロジェクトの計画・管理をするもの》. 〖1930〗

nétwork ánalyst *n.* ネットワーク分析専門家.

Nétwork Énglish *n.* =Network Standard.

nét·wòrk·er *n.* **1** 〖電算〗コンピューターネットワークに加入している人. **2** 職業的[社会的]ネットワークのメンバー. 〖(1976): ⇨ -er¹〗

net·work·ing /nétwɚ̀ːkɪŋ | -wɔ̀ːk-/ *n.* **1** 〖電算〗ネットワーク形成. **2** 人脈づくり, ネットワークづくり. 〖1940〗

Nétwork Stándard *n.* 〔音声〕放送網標準語《米国本土のテレビ放送などで使われる，地域的な色彩の薄い標準的な米語発音; 従来 General American と呼ばれてきたものに大体相当する; ⇨ Received Pronunciation》.

nétwork thèory *n.* 〔電気〕回路網理論《回路の接続状態と動作との関係を論じる理論》.

nét wórth *n.* 〔会計〕正味財産，純財産，正味身代.

Neu·bran·den·burg /nɔ̀ɪbrǽndənbə̀ːg, -dŋ- | -bɜ̀ːg; G. nɔʏbʁándŋbʊʁk/ *n.* ノイブランデンブルク《ドイツ北東部 Mecklenburg-West Pomerania 州の都市; 14 世紀の市壁がある》.

Neu·châ·tel /nùːʃətél, njùː-, nə̀ː- | nə̀ːʃætél, -ʃə-; F. nøʃatɛl/ *n.* **1** ヌーシャテル(州)《スイス西部の州; 面積 798 km²; ドイツ語名 Neuenburg》. **2** ヌーシャテル《Neuchâtel 湖畔にある Neuchâtel 州の州都》.

Neuchâtel, the Lake of *n.* ヌーシャテル湖《スイス西部の湖; 面積 218 km²》.

Neu·e Sach·lich·keit /nɔ́ɪəzáːlɪkkàɪt, -záːx-lɪç-; G. nɔ́ʏəzáxlɪçkaɪt/ *n.* [the ～]〔芸術〕新即物主義《第一次大戦後のドイツで表現主義などへの反動として生じた，絵画などの具象的傾向; Otto Dix, George Grosz などが代表的存在》. 〘(1929) □ G ～ 'new objectivity'〙

Neuf·châ·tel /nùːʃətél, njùː-, nə̀ː- | nə̀ːʃætél, -ʃə-; F. nøʃatɛl/ *n.* ヌーシャテル(チーズ)《柔らかい白色のチーズ; Neufchâtel cheese ともいう》. 〘□ F ～ (フランス北部の産地名から)〙

Neu·haus /nɔ́ɪhaʊs/ *n.* 〔商標〕ノイハウス《ベルギー製の高級チョコレート》.

Neuil·ly-sur-Seine /nə́ːjiːsuəséɪn, -sén | -s(j)ʊə-; F. nøjisyʁsɛn/ *n.* ヌイイ(シュルセーヌ)《フランス北部, Paris 近郊の工業都市》.

neuk /núːk, njúːk | njúːk/ *n.* 《スコット》=nook.

neum /núːm, njúːm | njúːm/ *n.* 〔音楽〕=neume.

Neu·mann /núːmən, njúː-, nɔ́ɪ- | njúː-, nɔ́ɪ-; G. nɔ́ʏman/, **Alfred** *n.* ノイマン《1895–1952; ドイツの歴史小説家》.

Neumann, Carl [Karl] Gottfried *n.* ノイマン《1832–1925; ドイツの数学者; F. E. Neumann の子》.

Neumann, Franz Ernst *n.* ノイマン《1798–1895; ドイツの物理学者》.

Neumann, (Johann) Balthasar *n.* ノイマン《1687–1753; ドイツのロココの建築家; Bavaria の十四聖人巡礼教会 (Vierzehnheiligen) などが有名》.

N

Neumann, John von *n.* ⇨ von Neumann.

neume /núːm, njúːm | njúːm/ *n.* (*also* **neum**)〔音楽〕ネウマ: **a** 中世の単旋聖歌 (plainsong) の唱音の高低・律動などを表示した記号; 近代の楽譜の母体となった. **b** 中世の plainsong で，特に旋律の終わりの一音節または一母音を数個の音からなるメリスマ的な装飾を加えて歌う楽句; pneuma ともいう. **neu·mat·ic** /nuːmǽtɪk, njuː- | njuːmǽt-/ *adj.* **neu·mic** /núːmɪk, njúː- | njúː-/ *adj.* 〘(*a*1398) □ (O)F ～ □ ML(P) *neuma, neupma* □ Gk *pneûma* 'breath, PNEUMA'〙

Neu·mün·ster /nɔɪmʊ́nstə, -mʌ́n- | -stə(r; G. nɔʏmʏ́nstɐ/ *n.* ノイミュンスター《ドイツ北部, Kiel に近い工業都市》.

neur- /nʊ̀ᵊr, njʊ̀ᵊr | njʊ(ə)r, njɔːr/ (母音の前にくるときの) neuro- の異形.

neu·ral /nʊ́ᵊrəl, njʊ́ᵊr- | njʊ́ər-, njɔ́ːr-/ *adj.* 〔解剖・動物〕 **1** 神経の，神経系の，神経中枢の: ～ tissue 神経組織. **2** 身体の脳や脊髄の部分[側]の，背の側にある (cf. hemal 2). **～·ly** *adv.* 〘(1839–47) ← NEURO-＋-AL¹〙

néural árch *n.* 〔動物〕神経弓《脊髄を囲んだ一対の神経突起が背方で合してつくる弓状構造》. 〘*c*1860〙

néural canál *n.* 〔解剖・動物〕=neural tube.

néural crést *n.* 〔動物〕神経冠，神経堤《脊髄動物の胚の神経管の上でみられる細胞集団》. 〘*c*1885〙

neu·ral·gia /nʊrǽldʒə, njʊ- | njʊ(ə)r-, njɔːr-/ *n.* 〔病理〕神経痛. **neu·ral·gic** /nʊrǽldʒɪk, njʊ- | njʊ(ə)r-, njɔːr-/ *adj.* 〘(1822–34) ← NL ～: ⇨ neuro-, -algia〙

neu·ral·gi·form /nʊrǽldʒəfɔ̀ːm, njʊ- | njʊ(ə)-rǽldʒɪ̀fɔ̀ːm, njɔːr-/ *adj.* 〔病理〕神経痛(様)の. 〘⇨ ↑, -form〙

néural nétwork [nét] *n.* 〔電算〕神経回路網，ニューラルネットワーク《脳の神経系をモデルにしたコンピューターの情報処理システム》. 〘1950〙

néural pláte *n.* 〔解剖・動物〕神経板《胎児の発生初期にできる外胚葉の背側中央の肥厚部で，後に神経管になる; cf. neural tube》. 〘1888〙

néural túbe *n.* 〔解剖・動物〕神経管，髄管《脊椎動物と原索動物の発生初期に，神経板が閉じて造る管状体; 後に中枢神経系になる; cf. neural plate》. 〘1888〙

néural túbe dèfect *n.* 〔医学〕神経管欠損《神経管の不完全な閉鎖による先天性異常で，脊椎披裂 (spina bifida) など》.

néur·a·min·ic ácid /nʊ̀ᵊrəmìnɪk-, njʊ̀ᵊr- | njʊ̀ər-, njɔ̀ːr-/ *n.* 〔生化学〕ノイラミン酸 ($C_9H_{17}O_8H$). 〘(1942): ⇨ neuro-, amine, -ic¹〙

neur·a·min·i·dase /nʊ̀ᵊrəmínədèɪs, njʊ̀ᵊr-, -dèɪz | njʊ̀ərəmínɪdèɪs, njɔ̀ːr-/ *n.* 〔生化学〕ノイラミニダーゼ《糖蛋白質などのグリコシド結合を切る加水分解酵素の一種; sialidase ともいう》. 〘(1956): ⇨ ↑, -ide², -ase〙

neur·as·the·ni·a /nʊ̀ᵊrəsθíːniə, njʊ̀ᵊr-, -ræs- | njʊ̀ər-, njɔ̀ːr-/ *n.* 〔病理〕神経衰弱. 〘(1856) ← NL ～: ⇨ neuro-, asthenia〙

neur·as·then·ic /nʊ̀ᵊrəsθénɪk, njʊ̀ᵊr-, -ræs-, -θíːnɪk | njʊ̀ər-, njɔ̀ːr-⁻/ *adj., n.* 神経衰弱の(患者). **nèur·as·thén·i·cal·ly** *adv.*

Neu·rath /nɔ́ɪrɑːt; G. nɔ́ʏʁaːt/, Baron **Konstantin von** *n.* ノイラート《1873–1956; ドイツの外交官・政治家》.

neu·ra·tion /nʊréɪʃən, njʊ- | njʊ(ə)r-, njɔːr-/ *n.* 〔昆虫〕翅脈(しみゃく). 〘(1826) ← NEURO-＋-ATION〙

neu·rec·to·my /nʊréktəmi, njʊ- | njʊ(ə)r-, njɔːr-/ *n.* 〔医学〕神経切断(術) 〘(1856) ← NEURO-＋-ECTOMY〙

neu·ri- /nʊ́ᵊrɪ̀, njʊ́ᵊr-, -ri | njʊ́ər-, njɔ́ːr-/ neuro- の異形 (⇨ -i-).

neu·ri·lem·ma /nʊ̀ᵊrəlémə, njʊ̀ᵊr- | njʊ̀ərɪ̀-, njɔ̀ːr-/ *n.* (*pl.* **～s, ～·ta** /～tə | ～tə/)〔解剖〕神経線維鞘(しょう)，シュワン鞘《末梢神経線維の最外層にある被膜》. **neu·ri·lem·mal** /nʊ̀ᵊrəléməl, njʊ̀ᵊr-, -mḷ | njʊ̀ərɪ̀-, njɔ̀ːr-⁻/ *adj.* **neu·ri·lem·mat·ic** /nʊ̀ᵊrələmǽtɪk, njʊ̀ᵊr- | njʊ̀ərɪ̀lɛmǽt-, njɔ̀ːr-⁻/ *adj.* **neu·ri·lem·ma·tous** /n(j)ʊ̀ᵊrəlémətəs | njʊ̀ərɪ̀lémət-, njɔ̀ːr-⁻/ *adj.* 〘(1825) ← NL ～ (Gk *lémma* peel, rind の影響による変形) ← *neurilēma* ← NEURO-＋Gk *eilēma* a covering (cf. lemma²)〙

neu·rine /nʊ́ᵊriːn, njʊ́ᵊr-, -rɪ̀n | njʊ́əriːn, njɔ́ːr-, -rɪn/ *n.* 〔生化学〕ニューリン (CH_2=$CHN(CH_3)_3OH$)《卵黄・脳・胆汁および死体などに発見されるコリン誘導体で，シロップ状の有毒物》. 〘(1839–47) ← NEURO-＋-INE³〙

neu·ri·no·ma /nʊ̀ᵊrənóʊmə, njʊ̀ᵊr- | njʊ̀ərɪnə́ʊ-, njɔ̀ːr-/ *n.* (*pl.* **～s**)〔病理〕神経鞘腫. 〘← NEURO-＋(CARC)INOMA〙

neu·ris·tor /nʊrístə, njʊ- | njʊ(ə)rístə(r, njɔːr-/ *n.* 〔電子工学〕ニューリスター《ニューロンのような信号伝達特性をもたせた電子回路の機能ブロックにつけられた名で，特定の素子があるわけではない》. 〘(1960)《混成》← NEUR(ON)＋(TRANS)ISTOR〙

neu·rite /nʊ́ᵊraɪt, njʊ́ᵊr- | njʊ́ər-, njɔ́ːr-/ *n.* 〔解剖〕神経突起，軸索(突起) (axon). 〘(1894) ← NEURO-＋-ITE¹〙

neu·rit·ic /nʊrítɪk, njʊ- | njʊ(ə)rít-, njɔːr-/ *adj., n.* 神経炎の(患者). 〘1725〙

neu·ri·tis /nʊráɪtɪ̀s, njʊ- | njʊ(ə)ráɪtɪs, njɔːr-/ *n.* (*pl.* **-ri·ti·des** /nʊrítədìːz, njʊ- | njʊ(ə)rít-, njɔːr-/, **～·es**)〔病理〕神経炎. 〘(1840) ← NL ～: ⇨ neuro-, -itis〙

neu·ro- /nʊ́ᵊroʊ, njʊ́ᵊr- | njʊ́ərəʊ, njɔ́ːr-/「神経(の); 神経と…との」の意の連結形. ★ 母音の前では通例 neur- になる. 〘← NL ～ ← Gk *neûron* 'NERVE'〙

nèuro·áctive *adj.* 〔医学〕神経活性のある，神経組織を刺激する. 〘1961〙

nèuro·anátomy *n.* 神経解剖学. **nèuro·anatómic** *adj.* **nèuro·anatómical** *adj.* **nèuro·anátomist** *n.* 〘1899〙

nèuro·biólogy *n.* 神経生物学. **nèuro·biológical** *adj.* **nèuro·biólogist** *n.* 〘1906〙

neuro·blast /nʊ́ᵊrəblæ̀st, njʊ́ᵊr- | njʊ́ərə(ʊ)-, njɔ́ːr-/ *n.* 〔生物〕神経芽細胞《脊椎動物の胎児にあり，将来神経細胞に分化する細胞》. 〘(1892): ⇨ neuro-, -blast〙

neu·ro·blas·to·ma /nʊ̀ᵊroʊblæstóʊmə, njʊ̀ᵊr- | njʊ̀ərə(ʊ)blæstə́ʊ-, njɔ̀ːr-/ *n.* (*pl.* **～s, ～·ta** /～tə | ～tə/)〔病理〕神経芽(細胞)腫. 〘(1910): ⇨ ↑, -oma〙

nèuro·chémistry *n.* 神経化学. **nèuro·chémical** *adj.* **nèuro·chémist** *n.* 〘1924〙

nèuro·círculatory *adj.* 〔医学〕神経循環系統の.

neurocírculatory asthénia *n.* 〔病理〕神経循環無力症《心臓神経症 (cardiac neurosis) とほぼ同義》.

neu·ro·coele /nʊ́ᵊrəsìːl, njʊ́ᵊr- | njʊ́ərə(ʊ)-, njɔ́ːr-/ *n.* (*also* **neu·ro·coel, neu·ro·cele** /～/)〔生物〕神経腔(こう)《脊椎動物や原索動物の発生初期の中央神経系統の内腔》. 〘(1889) ← NEURO-＋-COELE〙

néuro·compùter *n.* 〔電算〕ニューロコンピューター《neural network によって処理作業をするコンピューター》.

nèuro·depréssive *adj.* 〔薬学〕神経抑制作用の.

nèuro·éndocrine *adj.* 〔生化学〕神経性内分泌の《神経から分泌される，または神経の活動に影響を与えるホルモンについていう; cf. adrenaline》. 〘1922〙

nèuro·endocrinólogy *n.* 〔医学〕神経内分泌学. **nèuro·endocrinológical** *adj.* **nèuro·endocrinólogist** *n.* 〘1922〙

nèuro·epithélium *n.* 〔解剖〕神経[感覚]上皮; 〔発生〕神経外胚葉上皮. **nèuro·epithélial** *adj.* 〘1885〙

nèuro·fíbril *n.* 〔解剖〕神経原線維《神経細胞体の核のまわりにある繊維状物質》. **nèuro·fibríllary** *adj.* 〘(1898) ← NL *neurofibrilla*: ⇨ neuro-, fibril〙

nèuro·fibróma *n.* (*pl.* **～s, ～·ta** /～tə | ～tə/)〔医学〕神経線維腫(良性腫瘍). 〘1892〙

nèurofi·bro·ma·tó·sis /-faɪbròʊmətóʊsɪ̀s | -brəʊmətə́ʊsɪs/ *n.* (*pl.* **-ses** /-siːz/)〔医学〕神経線維腫症 (Recklinghausen's disease)《常染色体優勢の遺伝病; 特に 皮膚の色素沈着斑，末梢神経鞘からの神経線維腫などを特徴とするもの》. 〘(1896): ↑, osis〙

néuro·fìlament *n.* 〔解剖〕神経フィラメント《神経原線維を形成する微小な糸状体》. 〘1955〙

nèuro·génesis *n.* 〔生物・医学〕神経発生，神経組織発生. **nèu·ro·ge·nét·ic** *adj.* **nèu·ro·ge·nét·i·cal·ly** *adv.* 〘1900〙

neu·ro·gen·ic /nʊ̀ᵊrədʒénɪk, njʊ̀ᵊr- | njʊ̀ərə-, njɔ̀ːr-⁻/ *adj.* 〔医学〕神経(原)性の，神経(組織)から起こる; 神経系障害に起因する. **nèu·ro·gén·i·cal·ly** *adv.* 〘(1901) ← NEURO-＋-GENIC¹〙

neu·rog·e·nous /nʊrɑ́(ː)dʒənəs, njʊ- | njʊ(ə)rɔ́dʒɪ-, njɔːr-/ *adj.* 〔医学〕=neurogenic.

neu·ro·gli·a /nʊróʊgliə, njʊ-, -rɑ́(ː)-, -rəglíːə, -rəgláɪə | njʊ(ə)rɔ́gliə, njɔːr-/ *n.* 〔解剖〕グリア(神経)膠(こう)，神経支持質《神経系特有の支持組織で，発生はノイロン (neuron) と同じく外胚葉性》. 〘(1873) ← NL ～ ← NEURO-＋Gk *glía* glue〙

neu·ro·gli·al /nʊróʊgliəl, njʊ-, -rɑ́(ː)g- | njʊ(ə)rɔ́g-, njɔːr-/ *adj.* 〔解剖〕グリア(神経)膠(こう)の，神経支持質から起こる.

neu·ro·gli·ar /nʊróʊgliə, njʊ-, -rɑ́(ː)g- | njʊ(ə)-rɔ́gliə(r, njɔːr-/ *adj.* =neuroglial.

neu·rog·li·o·ma /nʊ̀ᵊrɑ(ː)gláɪəmə, njʊ̀ᵊr- | njʊ̀ə-rɔg-, njɔːr-/ *n.* 〔病理〕神経膠腫，グリオーム. 〘⇨ neuroglia, -oma〙

néuro·gràm *n.* 〔精神医学〕神経像，残遺印象《過去の神経活動や学習によって脳に残るといわれる印象の変化》. 〘(1914) ← NEURO-＋-GRAM〙

néuro·hèmal órgan *n.* 〔動物〕神経血管器官《神経分泌系の末端が毛細血管の周囲で終わっている部分》. 〘*c*1935〙

nèuro·hormónal *adj.* 〔生理〕神経内分泌性の《神経性と内分泌性双方の機構に関係した》. 〘1949〙

nèuro·hórmone *n.* 〔生理〕神経ホルモン《神経末端から分泌されるホルモン，または神経機構を刺激するホルモン》. 〘(1935) ← NEURO-＋HORMONE〙

nèuro·húmor *n.* 〔生理・医学〕神経(体)液，神経ホルモン《神経終末で放出され神経興奮の伝達に関与する物質; acetylcholine など》. 〘(1932) ← NEURO-＋HUMOR〙

nèuro·húmoral *adj.* 〔生理・医学〕神経(体)液性の: the ～ theory=neurohumoralism. 〘F *neuro-humoral* ← *neuro*-NEURO-＋*humoral* HUMORAL〙

nèuro·húmoralism *n.* 〔生理・医学〕神経体液(学)説《神経刺激の伝達は neurohumor によるとする説》.

neurohúmoral regulátion *n.* 〔生理〕神経体液性調節《神経と体液性物質による生体の全体的統御》.

nèuro·hypóphysis *n.* 〔解剖〕神経下垂体. **nèuro·hypophýseal, nèuro·hypophýsial** *adj.* 〘(1912) ← NEURO-＋HYPOPHYSIS〙

nèuro·kínin *n.* 〔生化学〕ニューロキニン《偏頭痛を起こす毛細血管拡張性のキニン; cf. bradykinin》.

neurol. 《略》neurological; neurology.

nèu·ro·lém·ma *n.* = neurilemma.

neu·ro·lept·an·al·ge·si·a /nʊ̀ᵊrəlɛptæ̀nəldʒíː-ʒiə, njʊ̀ᵊr-, -nḷ-, -ʒə | njʊ̀ərə(ʊ)lɛptæ̀nəldʒíːziə, -ʒiə, njɔ̀ːr-/ *n.* 〔薬学〕ニューロレプト無痛(法)〔麻酔〕《神経弛緩薬と鎮痛薬とを併用して行う麻酔》. **neu·ro·lept·an·al·ge·sic** /nʊ̀ᵊrəlɛptæ̀nəldʒíːzɪk, njʊ̀ᵊr-, -nḷ-, -sɪk | njʊ̀ərə(ʊ)-, njɔ̀ːr-⁻/ *adj.* 〘← NL ～: ⇨ ↓, analgesia〙

neu·ro·lep·tic /nʊ̀ᵊrəléptɪk, njʊ̀ᵊr- | njʊ̀ərə(ʊ)-, njɔ̀ːr-⁻/ *n., adj.* 〔薬学〕神経弛緩薬(の). 〘(1958) ← NEURO-＋-LEPSY: ⇨ -IC¹: cf. F *neuroleptique*〙

nèuro·linguístics *n.* 神経言語学《人間の神経組織と言語運用との関係を研究する》. **nèuro·linguístic** *adj.* 〘1961〙

neu·ról·o·gist /-dʒɪ̀st | -dʒɪst/ *n.* 神経学者; 神経科専門医. 〘(1832) ← NEURO-＋-LOGIST〙

neu·rol·o·gy /nʊrɑ́(ː)lədʒi, njʊ- | njʊ(ə)rɔ́l-, njɔːr-/ *n.* 〔医学〕神経(病)学. **neu·ro·log·ic** /nʊ̀ᵊrəlɑ́(ː)dʒɪk, njʊ̀ᵊr- | njʊ̀ərəlɔ́dʒ-, njɔ̀ːr-⁻/ *adj.* **nèu·ro·lóg·i·cal** *adj.* **nèu·ro·lóg·i·cal·ly** *adv.* 〘(1681) ← NL ～ ← NGk *neurologia*: ⇨ neuro-, -logy〙

neu·rol·y·sis /nʊrɑ́(ː)ləsɪ̀s, njʊ- | njʊ(ə)rɔ́lɪ̀sɪs, njɔːr-/ *n.* **1**〔病理〕神経組織崩壊; 神経疲労《神経エネルギーの消耗》. **2**〔外科〕神経(癒着)剥離(術). 〘← NL ～: ⇨ neuro-, -lysis〙

neu·ro·lyt·ic /nʊ̀ᵊrəlítɪk, njʊ̀ᵊr- | njʊ̀ərəlít-, njɔ̀ːr-⁻/ *adj.* **1** 神経剥離の. **2** 神経を破壊する.

neu·ro·ma /nʊróʊmə, njʊ- | njʊ(ə)rə́ʊ-, njɔːr-/ *n.* (*pl.* **～s, ～·ta** /～tə | ～tə/)〔病理〕神経腫. **neu·ro·ma·tous** /nʊrɑ́(ː)mətəs, njʊ- | njʊ(ə)rɔ́mət-, njɔːr-/ *adj.* 〘(1839–47) ← NL ～: ⇨ neuro-, -oma〙

neu·ro·mast /nʊ́ᵊrəmæ̀st, njʊ́ᵊr- | njʊ́ər-, njɔ́ːr-/ *n.* 〔動物〕神経小丘《感覚器の構造を成す神経上皮群; 魚類の側線や水生・両生類の皮膚にある》. 〘(1912) ← NEURO-＋Gk *mastós* hillock, breast〙

neuromata *n.* neuroma の複数形.

neu·ro·mere /nʊ́ᵊrəmɪ̀ə, njʊ́ᵊr- | njʊ́ərəmɪ̀ə(r, njɔ́ːr-/ *n.* 〔解剖〕神経分節《脊髄動物の胚で，神経管前端の脳形成部位に見られる小分節》. 〘(1866) ← NEURO-＋-MERE〙

nèuro·mótor sỳstem *n.* 〔動物〕運動支配系，神経支配系. 〘1940〙

nèuro·múscular *adj.* 〔解剖〕神経筋の，神経や筋肉に関する.

néuromùscular spíndle *n.* =muscle spindle.

neu·ron /nʊ́ᵊrɑ(ː)n, njʊ́ᵊr- | njʊ́ərɔn, njɔ́ːr-/ *n.* (*also* **neu·rone** /-roʊn | -rəʊn/)〔解剖〕ノイロン，ニューロン，神経単位;(神経全突起を含めて)神経細胞，神経元.

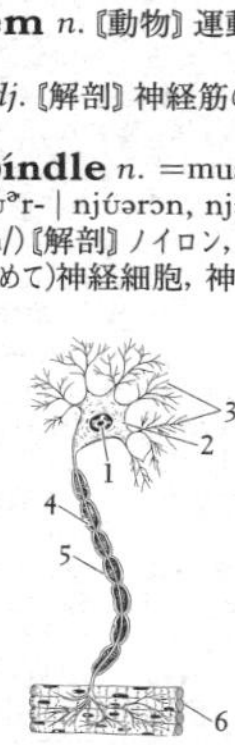

neuron
1 nucleus
2 cell body
3 dendrites
4 axon
5 myelin shealth
6 muscle

néu·ro·nal /-rənḷ/ *adj.* **neu·ron·ic** /nʊrɑ́(ː)nɪk, njʊ- | njʊ(ə)rɔ́n-, njɔ:r-/ *adj.* 〘《1884》← NL ~ ← Gk *neûron* nerve〙

neu·ro·path /nʊ́ᵊrəpæ̀θ, njʊ́ᵊr- | njʊ́ərə(ʊ)-, njɔ́:r-/ *n.* 〘精神医学〙 神経病患者; 病的に神経過敏な人, 神経病(素)質者. 〘《1890》← NEURO-＋-PATH〙

neu·ro·path·ic /nʊ̀ᵊrəpǽθɪk, njʊ̀ᵊr- | njʊ̀ərə(ʊ)-, njɔ̀:r-⁻/ *adj.* 神経病の[にかかった]. **nèuro·páth·i·cal·ly** *adv.* 〘1857〙

nèuro·pathólogist *n.* 神経病理学者.

nèuro·pathólogy *n.* 神経病理学. **nèuro-pathológical** *adj.* 〘《1853》← NEURO-＋PATHOLOGY〙

neu·rop·a·thy /nʊrɑ́(:)pəθi, njʊ- | njʊ(ə)rɔ́p-, njɔ:r-/ *n.* 〘精神医学〙 ニューロパシー, 神経病質《主に末梢神経系の機能障害》. 〘《1857》← NEURO-＋-PATHY〙

nèuro·péptide *n.* 〘生化学〙 神経[ニューロ]ペプチド《神経細胞体で合成され, 神経伝達[調整]物質や神経ホルモンとして機能するペプチド》. 〘1975〙

nèuro·pharmacólogy *n.* 〘医学〙 神経薬理学. **nèuro·pharmacológic** *adj.* **nèuro-pharmacológical** *adj.* **nèuro·pharmacólogist** *n.* 〘1950〙

nèuro·physiólogy *n.* 神経生理学. **nèuro-physiológic** *adj.* **nèuro·physiológical** *adj.* **nèuro·physiológically** *adv.* **nèu-ro·physiólogist** *n.* 〘1868〙

neu·ro·pil /nʊ́ᵊrəpɪ̀ł, njʊ́ᵊr- | njʊ́ər-/ *n.* 〘解剖〙 神経網, 神経絨(しんけいじゅう). 〘《1899》← NEURO-＋*-pil* (← Gk *pîlos* felt)〙

neu·ro·plasm /nʊ́ᵊrəplæ̀zṃ, njʊ́ᵊr- | njʊ́ər-, njɔ́:r-/ *n.* 〘病理〙 神経形質, 軸索形質《神経細胞, 特にその軸索突起部の原形質》. 〘《1894》← -NEURO-＋-PLASM〙

nèuro·pódium *n.* 〘動物〙 腹肢, 腹枝《環形動物のゴカイなどにあるいぼ足 (parapodium) の腹側の部分》. 〘《1870》← NL ~: ⇨ neuro-, -podium〙

néuro·pòre *n.* 〘生物〙 神経孔《脊索動物の発生途上で, 神経管が形成される際に, 完全に閉じないで残る孔》. 〘《1884》← NEURO-＋PORE[1]〙

nèuro·psychíatrist *n.* 神経精神病学者[病医].

nèuro·psychíatry *n.* 神経精神病学. **nèuro-psychiátric** *adj.* **nèuro·psychiátrical-ly** *adv.* 〘《1918》← NEURO-＋PSYCHIATRY〙

nèuro·psýchic *adj.* 精神活動の中枢に関する. 〘1891〙

nèuro·psýchical *adj.* ＝neuropsychic.

nèuro·psychólogy *n.* 神経心理学. **nèuro-psychólogist** *n.* 〘1893〙

Neu·rop·ter·a /nʊrɑ́(:)ptərə, njʊ- | njʊ(ə)rɔ́p-/ *n. pl.* 〘昆虫〙 脈翅目. 〘《1752》← NL ~: ⇨ neuro-, -ptera〙

neu·rop·ter·an /nʊrɑ́(:)ptərən, njʊ- | njʊ(ə)rɔ́p-, njɔ:r-/ *adj., n.* (*pl.* **~s, -ter·a** /-tərə/) 脈翅目の(昆虫). 〘1842〙

neu·róp·ter·ist /-rɪ̣st | -rɪst/ *n.* 脈翅目の研究家[専門家].

Neu·rop·ter·oi·de·a /nʊrɑ̀(:)ptərɔ́ɪḍiə, njʊ- | njʊ(ə)rɔ̀ptərɔ́ɪdiə, njɔ:r-/ *n. pl.* 〘昆虫〙 脈翅群《Neuroptera, Mecoptera, Trichoptera などの目を含む昆虫の主目》. 〘← NL ~: ⇨ Neuroptera, -oidea〙

neu·rop·ter·on /nʊrɑ́(:)ptərən, njʊ- | njʊ(ə)rɔ́p-, njɔ:r-/ *n.* ＝ neuropteran.

neu·rop·ter·ous /nʊrɑ́(:)ptərəs, njʊ- | njʊ(ə)rɔ́p-, njɔ:r-/ *adj.* 〘昆虫〙 脈翅の(ような); 細かい脈のある薄い翅(はね)をもった.

nèuro·scíence *n.* 神経科学《神経に関する一切の学問の総称》. **nèuro·scíentist** *n.* 〘1963〙

nèuro·secrétion *n.* 〘生理〙 神経分泌. 〘1941〙

nèuro·sénsory *adj.* 〘医学〙 知覚神経の.

neu·ro·sis /nʊróʊsɪ̣s, njʊ- | njʊ(ə)rə́ʊsɪs, njɔ:r-/ *n.* (*pl.* **-ro·ses** /-si:z/) **1** 〘病理〙 神経症, ノイローゼ (cf. psychoneurosis): suffer from (a) ~. **2** (社会などの)神経症的状態: The world is in a ~. 〘《1776–84》← NL ~: ⇨ neuro-, -osis〙

neu·ros·po·ra /nʊrɑ́(:)sp(ə)rə, njʊ- | njʊ(ə)rɔ́s-, njɔ:r-/ *n.* 〘植物〙 球殻菌科アカパンカビ属 (*Neurospora*) の耐熱性に強くパンに発生して紅色を呈する子嚢(のう)菌植物《遺伝研究の好材料》. 〘《1928》← NL ~: ⇨ neuro-, -spora〙

nèuro·súrgeon *n.* 神経外科医.

nèuro·súrgery *n.* 神経外科(学). **nèuro·súrgical** *adj.* **nèuro·súrgically** *adv.* 〘1904〙

nèuro·sýphilis *n.* 〘医学〙 脳梅毒. 〘1878〙

neu·rot·ic /nʊrɑ́(:)ṭɪk, njʊ- | njʊ(ə)rɔ́t-, njɔ:r-/ *adj.* **1 a** 神経症にかかった; 神経症的な. **b** 神経過敏な. **2 a** 神経症の[に関する]. **b** 神経の[に関する]. — *n.* **1** 神経症患者. **2** 情緒不安定な人. **3** 《古》 神経刺激剤. **neu·rót·i·cal·ly** *adv.* 〘《1661》← NEUROSIS＋-OTIC[1] (cf. hypnotic)〙

neu·rót·i·cìsm /-ṭəsɪ̀zṃ | -tɪ̣-/ *n.* 神経症的状態[性格, 特質]. 〘《1900》← ↑ ＋-ISM〙

neu·ro·tom·ic /nʊ̀ᵊrətɑ́(:)mɪk, njʊ̀ᵊr- | njʊ̀ərə(ʊ)tɔ́m-, njɔ̀:r-/ *adj.* 〘外科〙 神経切除の.

neu·rot·o·my /nʊrɑ́(:)ṭəmi, njʊ- | njʊ(ə)rɔ́təmi, njɔ:r-/ *n.* 〘外科〙 **1** 神経切除(術). **2** 神経解剖学. **neu·rót·o·mist** /-mɪ̣st | -mɪst/ *n.* 〘《1704》← NEURO-＋-TOMY〙

nèuro·tóxic *n.* 〘医学〙 神経毒の. **nèuro·toxícity** *n.* 〘1903〙

nèuro·tóxin *n.* 神経毒. 〘1902〙

nèuro·transmíssion *n.* 〘生化学〙 神経伝達. 〘1961〙

nèuro·transmítter *n.* 〘生化学〙 神経伝達物質《神経線維の末端から出され神経興奮を伝達させるもの; acetylcholine や norepinephrine など》. 〘《1961》← NEURO-＋TRANSMITTER〙

nèuro·tróphic *adj.* 〘医学〙 **1** 神経組織栄養の, 神経と栄養の. **2** ＝neurotropic. 〘《1887》← NEURO-＋-TROPHIC〙

neu·rot·ro·phy /nʊrɑ́(:)trəfi, njʊ- | njʊ(ə)rɔ́tr-, njɔ:r-/ *n.* 神経栄養.

nèuro·trópic *adj.* 〘医学〙 神経向性の, 神経組織親和性の (cf. organotropic). 〘《1903》← NEURO-＋-TROPIC〙

neu·rot·ro·pism /nʊrɑ́(:)trəpɪ̀zṃ, njʊ- | njʊ(ə)rɔ́t-, njɔ:r-/ *n.* 〘医学〙 神経向性の, 神経組織親和性の《薬物や病原微生物についていう》. 〘1905〙

nèuro·váscular *adj.* 〘解剖〙 神経や血管の, 神経脈管の. 〘1888〙

neu·ru·la /nʊ́ᵊrələ, njʊᵊr- | njʊ́ər-, njɔ́:r-/ *n.* (*pl.* **~s, -ru·lae** /-lì:, -làɪ/) 〘動物〙 神経胚. 〘《1888》← NL ~: ⇨ neuro-, -ula[1]〙

Neu·satz /G. nɔ́ʏzats/ *n.* ノイザッツ《Novi Sad のドイツ語名》.

Neuse /nú:s, njú:s | njú:s/ *n.* [the ~] ニュース(川)《米国 North Carolina 州東部を南東に流れて Pamlico 湾に注ぐ川 (418 km)》.

Neu·sie·dler See /nɔ́ɪzi:dləzéɪ | -dlə-; G. nɔ́ʏzi:dlɐzè:/ *n.* ノイジードラー湖《オーストリア東部とハンガリー北西部の間のステップ地帯にある浅い湖》.

Neuss /nɔ́ɪs; G. nɔ́ʏs/ *n.* ノイス《ドイツ西部 North Rhine-Westphalia 州の工業都市》.

neus·ton /nú:stɑ(:)n, njú:- | njú:stɔn/ *n.* [集合的] 〘生物〙 ノイストン, ニューストン《水面に浮遊する微生物》. **neus·ton·ic** /nu:stɑ́(:)nɪk, nju:s- | nju:stɔ́n-/ *adj.* 〘《1928》□ G *Neuston* □ Gk *neustón* (neut.) ← *neustós* swimming ← *neîn* to swim〙

Neus·tri·a /nú:striə, njú:s- | njú:s-/ *n.* ネウストリア《フランク王国の西部地方; 今のフランス北部および北西部 (Meuse 川と Loire 川との間)に当たる》. **Neús·tri·an** /-triən/ *adj.* 〘□ LL ~ 《原義》 the newest conquest (of the Franks) ← Frankish *niust* (superl.) ← *niu* new: ⇨ -ia[1]〙

neut. 《略》 neuter; neutral.

neu·ter /nú:ṭə, njú:- | njú:tə^(r)/ *adj.* **1** 〘文法〙 中性の (cf. masculine, feminine); 〈古典語の動詞が〉自動の (intransitive), 中間態の (middle): the ~ gender 中性 / a ~ noun 中性名詞. **2** 〘植物〙 無[中]性の (asexual): ~ flowers 無[中]性花, あだ花. **3** 〘動物〙 生殖器官不完全の, 生殖不能の. **4** 《古》 中立の (neutral): stand ~ 中立を維持する, 中立の立場をとる. — *n.* **1** 〘文法〙 中性名詞[代名詞, 形容詞]; 中性 (neuter gender); 自動詞 (intransitive verb). **2** 〘動物〙 中性雌《働きバチ[アリ]などで代表される》; 去勢動物, (特に)去勢ネコ. **3** 〘植物〙 無[中]性植物. **4** 《古》 中立者 (neutral). — *vt.* **1** 〈雄の動物を〉去勢する; 〈雌の動物〉の卵巣を取り除く. **2** 〘文法〙 中性化する. **3** 〈目立った特徴・生気などを〉取り去る, なくす.
〘《*a*1398》□ (O)F *neutre* ∥ L *neuter* 'neither' (← *ne*- not＋*uter* either of two (cf. whether)) 《なぞり》← Gk *oudéteros* ← *oudé* not even＋*héteros* one of two〙

neu·ter·cane /nú:ṭəkèɪn, njú:- | njú:tə-/ *n.* 〘気象〙 亜熱帯サイクロン《生成の機構はハリケーン・前線低気圧と同じであるが, 規模が小さく直径は普通 200 km 以下》. 〘← L *neuter* neither (⇨ neuter)＋(HURRI)CANE: その分類が困難であるところから〙

neu·tral /nú:trəł, njú:- | njú:-/ *adj.* **1 a** 〈国など〉(特に戦争で)中立の, 局外中立の: a ~ nation [power, state] 中立国 / a ~ territory 中立地帯 / ⇨ neutral zone / keep [remain] ~ 中立を維持する. **b** 中立国の: a ~ vessel 中立国の船舶. **2** 〈人など〉不偏不党の, 公平無私の, えこひいきのない (impartial): a ~ attitude, opinion, etc. **3 a** 特徴がない, はっきりしない, 中間的な (indefinite): a ~ sort of person (著しい特徴のない)平凡な人. **b** 〈色が〉くすんだ, 灰色の (gray); 無色の (achromatic); 他の色の混じっていない: ~ colors / ~ blue 純青色. **4** 〘植物・動物〙 無[中]性の, 雌雄別のない (asexual). **5** 〘化学〙 中性の《酸性でもアルカリ性でもないことにいう; cf. acid 2 a, alkaline 1》. **6** 〘電気〙 中性の, 帯電しない, 磁気を帯びない《陰性でも陽性でもない; cf. positive 11, negative 6》. **7** 〘建築・機械〙 中立の《梁(はり)などの曲げにおいて引張り応力から圧縮応力に移る点にいう》: the ~ line [surface] 中立の線[面]. **8** 〘音声〙 **a** 弛唇(しん)の, 弛み口の《唇が張唇 (spread) でも円唇 (rounded) でもない》: ~ vowels 弛唇母音《/a/, /ɑ/ など》. **b** 〈舌の位置が〉中性の, 中間の《前寄りでも後ろ寄りでもなく, また高くも低くもなく, 中位 (mid) で中舌 (central) の》: ~ vowels 中性[中間]母音《/ə/ など》.
— *n.* **1** 中立者; 中立国(の人). **2** 灰色; 無色. **3** (自動車などの変速機の)中立の位置, ニュートラル《伝動装置の連結部の動力のかかっていない位置; neutral gear ともいう》: slip the gear into ~ ギヤをニュートラルに入れる. **4** 〘電気〙 中性線; 中性点. ***in néutral*** (1) 〈ギヤが〉かかっていない, 中立[ニュートラル]の位置にあって. (2) 〈人など〉態度不明で. 《1925》
~·ly *adv.* **~·ness** *n.* 〘《n.: *c*1449; adj. 1471》□ OF ~ ∥ L *neutrālis*: ⇨ neuter, -al[1]〙

néutral áxis *n.* 〘建築・機械〙 (梁(はり)・軸などの)中立軸《曲げモーメントを受ける部材の断面において, 引張り領域と圧縮領域の境界線; この線上では引張りも圧縮も生じない》.

néutral brándy *n.* ニュートラルブランデー《170 以上 190 proof 未満のブランデー; ワインの強化や果実ブランデーのベースに利用; cf. neutral spirits》.

néutral condúctor *n.* 〘電気〙 中性線《零電位とみなすべき電位にある導体》.

néutral córner *n.* 〘ボクシング〙 ニュートラルコーナー《両選手のコーナー以外のコーナー》. 〘1952〙

néutral-dénsity filter *n.* 〘光学〙 中性[灰色]フィルター《色の変化なしに光の強度を減少させる光学フィルター; gray filter ともいう》.

néutral fláme *n.* 〘金属加工・化学〙 (ガス溶接の)中性炎.

néutral géar *n.* ＝neutral *n.* 3.

neu·tral·ism /nú:trəlɪ̀zṃ, njú:- | njú:-/ *n.* **1** 中立; (特に, 国際問題に対する)中立主義[政策]. **2** 中立の態度[表明]. **3** 〘哲学〙 ＝neutral monism. 〘《1579》← NEUTRAL＋-IST〙

néu·tral·ist /-lɪ̣st | -lɪst/ *n.* 中立主義者. **neu·tral·is·tic** /nù:trəlístɪk, njù:- | njù:-⁻/ *adj.* 〘《1623》← NEUTRAL＋-IST〙

neu·tral·i·ty /nu:trǽləṭi, nju:- | nju:trǽlɪ̣ti/ *n.* **1** 中立(状態), 局外中立, 不偏不党 (cf. nonbelligerency): the ~ of a port, ship, etc. **2** 〘国際法〙 中立: the permanent ~ of Switzerland スイスの永世中立 / armed [strict] ~ 武装[厳正]中立. **3** 〘化学・電気〙 中性. 〘《*c*1475》□ (O)F *neutralité* ∥ ML *neutrālitātem* ← L *neutrālis*: ⇨ neutral, -ity〙

neu·tral·i·za·tion /nù:-trəlɪ̣zéɪʃən, njù:- | njù:-trəlaɪ-, -lɪ-/ *n.* **1** 中立(状態); 中立化. **2** 無効化, 骨抜き. **3** 〘化学〙 中和. **4 a** 〘電気〙 中性化. **b** 〘電子工学〙 (増幅回路の内部帰還の)中和. **5** 〘言語〙 中和《異なる音素が同一の音声となって現れる現象; 例えばドイツ語では語末において [p/b], [t/d], [k/g] の対立が中和してすべて無声となる》. 〘1808〙

neutralizátion nùmber *n.* 〘化学〙 中和価《脂肪酸 1 g を中和するのに要する水酸化カリウムのミリグラム数》.

neutralizátion titràtion *n.* 〘化学〙 中和滴定.

neutralizátion vàlue *n.* 〘化学〙 ＝neutralization number.

neu·tral·ize /nú:trəlàɪz, njú:- | njú:-/ *vt.* **1** (戦時に)〈地域・国などを〉中立と宣言する; 中立地帯にする, 中立化する. **2 a** …の特色を奪う, 骨抜きにする, 無効にする; (反対の作用で)…の効力を消す: ~ the effect 効果をなくする / ~ a poison 毒を消す. **b** 〈敵〉の戦闘力(など)を無力化する, 麻痺させる, 制圧する; 〈地雷・爆弾などを〉安全化する, 安全処理を施す. **3** (補色の色を混ぜて)〈色を〉くすんだ色[灰色]にする. **4** 〘化学〙 中和する: a *neutralizing* agent 中和剤. **5 a** 〘電気〙 中性にする. **b** 〘電子工学〙 中和する《不要な信号などを打ち消すような信号を加える》. **6** 〘眼科〙 中和する《レンズの屈折力を他のレンズと組み合わせてゼロにする》. — *vi.* **1** 中立になる. **2** 無効になる. 〘1665〙

néu·tral·ìz·er *n.* **1** 中立化するもの, 無効にするもの. **2** 中和剤. 〘1628〙

néutral méson *n.* 〘物理〙 中性中間子《電気的に中性の中間子》.

néutral mónism *n.* 〘哲学〙 中立的一元論《究極的実在を物心のいずれもを超えた根本的なものに求める哲学的一元論》. 〘1914〙

néutral pláne *n.* 〘建築・機械〙 中立面《曲げモーメントを受ける部材の, 引張り領域と圧縮領域の境界面》.

néutral póint *n.* 〘電気〙 中性点《電気回路の零電位とみなすべき点》. 〘1892〙

néutral réd *n.* 〘化学〙 ニュートラルレッド ($C_{15}H_{17}ClN_4$)《酸・塩基指示薬の一つ》. 〘1890〙

néutral spírits *n. pl.* [単数または複数扱い] ニュートラルスピリット《190 proof 以上のエチルアルコール; 穀物や糖蜜から造られ, ジンやリキュールなどを作るのに用いられる; cf. neutral brandy》. 〘1919〙

néutral spóre *n.* 〘植物〙 ＝monospore.

néutral tínt *n.* (補色の混ざったような)くすんだ色, 灰色. **néutral-tínted** *adj.* 〘1835〙

néutral zòne *n.* **1** 中立地帯. **2** 〘アメフト〙 ニュートラルゾーン《守備・攻撃両チームのスクリメージラインの間の地帯で, ボールの長さ (11–11 1/4 インチ)に等しい》. **3** 〘アイスホッケー〙 中央氷域, ニュートラルゾーン《2 本の青い線の間の氷域》. **4** 〘電気〙 中立帯《自動制御において, 制御動作が起こらない動作信号の特定範囲; dead band ともいう》.

neu·tret·to /nu:trɛ́ṭoʊ, nju:- | nju:trɛ́təʊ/ *n.* (*pl.* **~s**) 《廃》 〘物理〙 ＝neutral meson. 〘← NEUTR(ON)＋It. *-etto* (dim. suf.: cf. -et)〙

neu·tri·no /nu:trí:noʊ, nju:- | nju:trí:nəʊ/ *n.* (*pl.* **~s**) 〘物理〙 ニュートリノ, 中性微子《電荷 0, 質量の極めて小さいスピン 1/2 の素粒子; 弱作用で荷電軽粒子 (e, μ, τ) とくむ 3 種類のものが知られている; 記号 ν または ν_e, ν_μ, ν_τ》. 〘《1934》□ It. *neutrino* ← *neutrone* (? □ E NEUTRON)＋*-ino* '-INE[5]'〙

neu·tro- /nú:troʊ, njú:- | njú:trəʊ/ 次の意味を表す連結形: **1** 「中性の (neutral)」. **2** 〘解剖〙 「好中球 (neutrophil)」. 〘□ LL ~ ← L *neutr-*, *neuter*: ⇨ neuter〙

Neu·tro·ge·na /nù:trədʒí:nə, njù:- | njù:-/ *n.* 〘商標〙 ニュートロジーナ《米国製のスキンケア・ヘアケア用品, 入浴剤》.

neu·tron /nú:trɑ(:)n, njú:- | njú:trɔn/ *n.* 〘物理〙 中性子《原子核の構成要素; 陽子とほぼ等しい質量をもつが, 電気的には中性である》. 〘《1899》← NEUTR(AL) neither positive nor negative＋-ON[2]: cf. electron, proton〙

néutron activàtion anàlysis *n.* 〘物理〙 中性子(誘導)放射化分析《試料を中性子で照射し, 生じた放射能を調べて, 試料を分析すること; 略 NAA》. 〘1951〙

néutron bòmb *n.* 中性子爆弾《普通の原爆に比べ熱線や爆風が少ないが, 少量で大量殺戮(さつりく)が可能な中性子線を放射する; N-bomb ともいう》. 〖1959〗
néutron càpture *n.* 〖物理〗中性子捕獲《原子核が中性子を吸収すること》. 〖1945〗
néutron detèctor *n.* 〖物理〗中性子検出器.
néutron diffràction *n.* 〖物理〗中性子回折《中性子の波動性を利用した回折現象》. 〖1949〗
néutron flùx *n.* 〖物理〗中性子束《中性子線の流束》. 〖1947〗
néutron nùmber *n.* 〖物理〗(原子核の)中性子数. 〖1955〗
néutron radiògraphy *n.* 〖写真〗中性子線構造解析学. 〖1948〗
néutron stàr *n.* 〖天文〗中性子星《中性子のみからなる恒星で超高密度をもつ; 恒星進化の最終段階の一つと考えられている》. 〖(1934) その核が neutron のみからなるとする仮説から〗
neu·tro·pe·ni·a /nù:trəpí:niə, njù:- | njù:-/ *n.* 〖病理〗好中球減少(症). 〖← NL ～: ⇨ neutro-, -penia〗
neu·tro·phil /nú:trəfɪl, njú:- | njú:-/ *n.* 〖解剖〗好中球《白血球の中でもっとも多い種類で顆粒(かりゅう)が中性の色素によく染まる種類のもの》. ── *adj.* 〖生物〗好中性の, 中性親和(性)の. 〖(1897) ← NEUTRO-＋-PHIL〗
nèutro·phílic *adj.* ＝neutrophil. 〖1893〗
neu·tro·phile /nú:trəfàɪl, njú:- | njú:-/ *adj.* 〖生物〗＝neutrophil. ── *n.* 〖解剖〗＝neutrophil. 〖(*c*1890): ⇨ ↑, -phile〗
neu·tro·phil·i·a /nù:trəfíliə, njù:- | njù:-/ *n.* 〖病理〗好中球増加(症). 〖← NL ～: ⇨ ↑, -ia¹〗
Nev. 《略》Nevada.
Ne·va /ní:və, néɪ- | néɪ-, ní:-; *Russ.* nʲɪvá/ *n.* [the ～] ネバ(川)《ロシア連邦北西部の Ladoga 湖から発し, St. Petersburg を貫流して Finland 湾に注ぐ川 (74 km)》.
Ne·vad·a /nəvǽdə, -vá:- | nəvá:də, nɛ-/ *n.* ネバダ《米国西部の州; ⇨ United States of America 表》. 〖← (*Sierra*) *Nevada* (山脈の名) ◻ Sp. ～ 'snow-clad (mountain range)': cf. névé〗
Ne·vad·an /nəvǽdn, -vá:- | nəvǽdn, -vá:-/ *adj.* (米国)Nevada 州(人)の. ── *n.* Nevada 州人.
Ne·vad·i·an /nəvǽdiən, -vá:- | nəvá:di-, nɛ-/ *adj.*, *n.* ＝Nevadan.
N
né·vé /neɪvéɪ, ⸗⸗ | ⸗⸗; *F.* neve/ *n.* (氷河の上層部をなす)粒状氷雪; (粒状の氷雪からなる)万年雪, 万年雪の原 (firn). 〖(1843) ◻ Swiss-F ～ < VL **nivātum* ← L *niv-*, *nix* 'SNOW¹'〗
nev·er /névə | -və(r)/ *adv.* **1** かつて…(し)ない, 決して…することがない: He ～ gets up early. 彼は早起きをすることがない / I have ～ (before [yet]) been abroad. まだ一度も外国へ行ったことがない / It ～ has been used before. 今までに[いまだかつて]使われたことがない (★ It has ～ been used before. より強調的) / She was ～ seen again. 彼女は二度と姿を現さなかった / *Never* (before) have I seen the like! そんなものは見たことがない / Better late than ～. 《諺》遅くともしないよりはまし / *Never* [It is ～] too late to mend. 《諺》過ちて改むるにはばかることなかれ / "*Never*" is a long word [day, time]. 《諺》もう決してなどとはめったに言わぬこと, 物事を簡単にあきらめるな. **2 a** 決して…しない, 少しも…しない: I'll do it, ～ fear! きっとするから心配するな / *Never* (《口語》you) mind! おかまいなく, 気にするな, 何でもない, (そんなこと)君の知ったことじゃない(聞かないでくれ) / *Never* say die! 弱音を吐くな (cf. never-say-die) / He is ～ the one to pay. なかなか金を払う男じゃない / *Never* again! (そんなこと)二度としない / *Never* shall I go home again! 二度と家に帰ることはないだろう / No, I ～! 《英口語》絶対に違う[そんなことしていない]《子供が使う言い回し》. **b** [疑い・驚きを表して]《口語》まさか…ではあるまい (surely not): He has swallowed it. — *Never!* 彼はそれを飲んでしまった — まさか / I should ～ have believed it. まさかそんなことはあるまいと思った, ちょっと考えられないことだった / You were ～ such a fool. まさかそんなばかではなかったろう / Well, I ～! ＝I ～ did! そんなこと見たことも聞いたこともない, あきれたね, まさか, これは驚いた / You ～ said *that* to him, did you? まさかあのことを彼に言ってはいないだろうね / That will ～ do! そんなのだめだ / He ～ even said "thank you." 彼は「ありがとう」と言ったことさえない. **3** [複合語の第 1 構成素として] いつまでも…しない: *never*-ceasing 永遠に終わることのない, 果てしのない / *never*-dying 不死の, 不滅の, 不朽の (undying) / *never*-fading 決して衰えない, いつまでも新鮮な / *never*-failing 永久に尽きることのない, 無尽蔵の; いつまでも変わらない / *never*-enough-regretted いくら悔いても悔い足りない[取り返しがつかない] / on that *never*-to-be-forgotten day あの永久に忘れることのできない(記念すべき)日に.
***néver a* (*óne*)** ただ一つ[一人]も…ない (not a single): He said ～ *a* word. 彼はただの一言(ひとこと)も言わなかった (★ He ～ said *a* word. より文語的) / *Never a one* of them failed. そのうちただの一つ[一人]も失敗したものはなかった.
néver éver [never の強意形] 絶対に…ない. ***néver so*** [譲歩節中で]《古》たとえいくら…でも (ever so, no matter how): She would not marry him, though he were ～ *so* rich. いくら金持ちであっても彼と結婚するのはいやだった.
néver so múch as …すら(し)ない (not even): He ～ *so much as* said "thank you!" 彼はお礼を言ったことさえない. ***nèver the …*** [比較級を伴って] …にもかかわらず少しも…ない (none the): ～ *the* less＝nevertheless / I am ～ *the* wiser for it. それでもいっこうにわからない, わからないことはもとどおりだ.
〖OE *nǣfre* ← *ne* 'NOT'＋*ǣfre* 'EVER'〗
nev·er-end·ing /névəéndɪŋ | -və(r)én⁻/ *adj.* 終わりのない, 果てしない, 永久の[に続く].
néver·mínd *n.* [通例否定構文で]《米方言》**1** 注意, 用心 (attention): make [pay] *no* ～ 注意しない, 構わない. **2** (大事な)仕事, 職責: That's *no* ～ of yours. 君などの知ったことではない. 〖(1795) ← *never mind*〗
néver·móre *adv.* 《文語》もう…しない, 二度と(再び)…しない (never again). 〖ME: ⇨ never, more¹〗
néver-néver¹ *n.* [the ～]《英口語》分割払い式購買法 (hire-purchase system): weekly payments on the ～ (plan, system) 分割式の週払い. 〖(1926): この購買法がしばしば契約不履行に終わることから〗
néver-néver² *n.* **1** [Never-Never]《豪》Queensland 州北部および西部《遠くてめったに行く人がない所の意から; Never-Never Land [Country] ともいう》. **2** 遠くて人のあまり住まない不毛の地. **3** 現実には存在しない想像上[理想]の場所. ★ 2, 3 は never-never land [country] ともいう. ── *adj.* [限定的] 架空の, 想像上の, 理想の, 幻想の. 〖(1882): cf. ← *Never-Never Land* (J. M. Barrie 作 *Peter Pan* (1904, 1908) 中の架空の国の名)〗
Ne·vers /nəvέə | -vέə(r; *F.* nəvɛːʁ/ *n.* ヌベール《フランス中部 Nièvre 県の県都; Loire 川に臨む》.
néver-sày-díe *adj.* 負けん気の, 不屈の: a ～ spirit 負けじ魂. 〖(1837) ← *never say die* (⇨ never 2 a)〗
never·the·less /nèvəðəlés | -və-/ *adv.* それにもかかわらず, やはり, それでも (notwithstanding) (⇨ but¹ SYN): What she did was all right; ～, he could not approve of her. 彼女のしたことは間違ってはいなかった, にもかかわらず彼は賛成できなかった. 〖(*a*1325) *never the lesse* ∽ *notheless*, *natheless* 'NATHELESS'〗
néver-wás *n.* (*pl.* **-weres**)《口語》今までに名をあげた[有為な働きをした]ことのない人; 芽の出なかった人. 〖(1923) ← *never was*〗
nevi *n.* nevus の複数形.
Ne·vi·im /nèvií:m, nəvi:ím/ *n. pl.* ＝Nebiim.
Nev·ille /névəl, -vɪl | -vəl, -vɪl/ *n.* ネビル《男性名; 異形 Nevil, Nevile》. 〖ME *Newill* ◻ (O)F *Néville* new city: Normandy の地名に由来する家族名から〗
Neville, Richard *n.* ⇨ Earl of WARWICK.
Nev·in /névɪn | -vɪn/ *n.* ネビン《男性名; 異形 Niven》. 〖◻ Gael. *Giollanaebbin* worshipper of the saint〗
Nevin, Ethelbert Woodbridge *n.* ネビン《1862–1901; 米国の作曲家; *The Rosary* (1898)》.
Nev·ins /névɪnz | -vɪnz/, **Allan** *n.* ネビンズ《1890–1971; 米国の歴史家・伝記作者; *Ordeal of the Union* (1947)》.
Nev·in·son /névɪnsən, -sn | -vɪn-/, **Henry Woodd** /wúd/ *n.* ネビンソン《1856–1941; 英国の新聞記者・著述家; Boer 戦争, Balkan 戦争の戦場で記事を書いた》.
Ne·vis /ní:vɪs | -vɪs/ *n.* **1** ネビス(島)《西インド諸島, Leeward 諸島の一島で, St. Christopher-Nevis を成す; 面積 129 km²》. **2** ＝Ben Nevis.
ne·void /ní:vɔɪd/ *adj.* 〖医学〗母斑様の, あざ[母斑]の(ような). 〖← NL *nevus* ∥ L *naevus*: ⇨ nevus, -oid〗
Nev·ski, Alexander *n.* ⇨ Alexander Nevski.
ne·vus /ní:vəs/ *n.* (*pl.* **ne·vi** /-vaɪ/) 〖医学〗母斑, (生まれつきの)あざ[ほくろ]. 〖← NL ～ ＝L *naevus* blemish, mole, wart〗
new /nú:, njú: | njú:/ *adj.* (～·**er**; ～·**est**) **1 a** 新しい, 新たに現れた[できた], 新規の: a ～ book, building, idea, etc. / the ～ supplement 新補遺 / ⇨ new face / Nothing [There is nothing] ～ under the sun. 《諺》日の下に新しきものなし, どんな物[事]にももとがある (cf. *Eccles* 1:9) / What's ～? ＝Anything ～? どうです, 調子は《親しい人同士の挨拶(あいさつ)》/ *New* lords, ～ laws. 《諺》領主が変われば掟(おきて)も変わる. **b** [the ～; 名詞的に] 新しいもの: Ring out the old, ring in *the* ～. 古きを打ち出し, 新しきを打ち入れよ (Tennyson, *In Memoriam*). **2 a** 初めて発見された, 初めて知った: a ～ planet, element, etc. **b** 〈階級・家族など〉新興の; 新種の, 改良種の: the ～ aristocracy 新興貴族. **3** 新しく手に入れた; 初めて使う, まだ使ってない, さらの (unused) (cf. shabby); 〈土地が〉未開墾の, 新開の: a ～ carpet, house, towel, etc. / a ～ suit of clothes 新調の服 / It is as good as ～. それは新品同様のものだ / *New* brooms sweep clean. 《諺》買いたてのほうきはきれいに掃ける, 新任者は改革に熱心 (cf.「今参り二十日」). **4 a** 新任の, 今度の: the ～ bishop, Cabinet, servant, teacher, etc. **b** 新たに始まる, 次の (succeeding): a ～ chapter / begin a ～ game. **5** 新鮮な, できたての, 取りたての: ～ milk, potatoes, wine, etc. **6** [通例 the ～] 現代[近代]的な, 当世風な, 新流行の (modern): *the* ～ linguistics 新言語学 / *the* ～ theater 新劇 / ⇨ New Criticism, new woman, etc. **7** (肉体的・精神的に)一新した, 更正した: lead a ～ life (これまでの習慣などをやめて)新しい生活にはいる / The holiday has made a ～ man of me. 休暇のおかげで元気がよみがえった / ⇨ new man. **8** [N-] (言語史で) **a** 近代の; 近代後期の (Modern): ⇨ New High German, New English. **b** 〈古典語など〉現代に行われる: ⇨ New Latin. **9 a** 〈人・動物が〉(…に)まだ慣れない, 経験のない, 新参の (inexperienced) 〔*to*, *at*〕: I am ～ *to* the work. その仕事にまだ新米です / She is perfectly ～ *to* life. 全く世間知らずだ / The horse is ～ *to* harness [the saddle]. その馬はまだ馬具[鞍(くら)]に慣れていない / They were ～ *at* the business. 彼らはその仕事は初めてだった / He is ～ *from* the country. 田舎から出て来たてだ. **b** 〈物が〉(…に)耳新しい (novel), 初めての, 慣れない (unfamiliar) 〔*to*〕: The work is ～ *to me*. その仕事は私には初めてです / The information was ～ *to* him. それは彼には初耳だった / An old dog cannot learn ～ tricks. 《諺》年をとってからは新しいことは覚えられない.
as* [*like*] *néw (中古品などについて)新品同然で: The furniture offered for sale was all *as* ～. 売りに出されている家具類はみな新品同様のものばかりだった.
── *adv.* [複合語の第 1 構成素として] 新しく, 新たに (newly); 最近に, 近ごろ (recently): ⇨ new-blown, newborn, new-married, new-mint, etc.
── *n.* 《豪》新参者, 初心者 (novice).
～·ness *n.* 〖OE *nīwe*, *nēowe* < Gmc **newjaz* (Du. *nieuw* / G *neu*) < IE **newo-* new (L *novus* / Gk *né(w)os*)〗

SYN 新しい: **new**「新しい」を意味する一般的な語: *new* timetable 新しい時刻表. **fresh** 新鮮さを失っていない: *fresh* eggs 新鮮な卵 / a *fresh* memory 生々しい記憶. **novel** 新しく珍奇な: a *novel* dress 新奇なドレス. **recent** 時期的につい先ごろの: a guide book for *recent* mothers 新しく母親になった人のためのガイドブック. **hot** くだけた表現で, ニュースなどが最新で新しい: *hot* news 最新のニュース. **newfangled** 軽蔑的な意味合いで, 物や思想などが新しいがあまりよくない: *newfangled* ideas 新奇な考え. **modern** 人や物が現代に属する, 特に現代の特徴を有する: *modern* music 現代音楽. **modernistic** 軽蔑的な意味合いで, 現代的だが永続性がない: *modernistic* art 現代的な芸術. **original** 新しくてその種で最初の: an *original* plan 初めての計画. **ANT** old.

---

néw Ádam *n.* [the ～] 新しきアダム (⇨ second Adam).
Néw Áge, n- a- *n.* **1** ニューエイジ《1980 年代以降の新しい思想的潮流; 西洋の合理主義的価値観・文化を批判し, 宗教・哲学・医学・環境・占星術などの分野で生じた全体論的・精神主義的傾向を指す》: the ～ movement ニューエイジ運動. **2** (*also* **Néw Àge Músic**) ニューエイジ(ミュージック)《クラシック・ジャズ・ロック・民族音楽などの要素を混合し, シンセサイザーやアコースティック楽器を主体として自然回帰などの癒しの感覚を表現した, 新しいタイプのイージーリスニング音楽; 1980 年代米国で生まれた》. 〖1971〗
Néw Àge tráveller *n.* [通例 *pl.*] ニューエイジの旅人《英国で一般社会の価値観を拒絶してトレーラーハウスなどで各地を転々とする人》. 〖1986〗
Néw Américan Bíble *n.* [the ～] 新訳アメリカ聖書《カトリック系の学者たちによって訳された原語に基づく英語訳聖書; 1970 年出版; 略 NAB》.
Nèw Ámsterdam *n.* ニューアムステルダム《New York 市の旧名; 1664 年までオランダ人が用いた名; ⇨ New Netherland》.
New·ark /nú:ək, njú:- | njú:ək/ *n.* ニューアーク: **1** イングランド Nottinghamshire 州東部の都市. **2** 米国 New Jersey 州北東部にある同州最大の都市. 〖ME *Newerc* (原義) 'new work (＝castle)': cf. Newcastle〗
Néwark chárging sỳstem *n.* [the ～] 〖図書館〗ニューアーク式貸出法《図書館の図書貸出方法の一つ; ブックポケット中のブックカードを貸出券とさしかえ, 前者は図書館が, 後者は利用者が保管する方法》. 〖1910〗
Néw Árt, n- a- *n.* [the ～] ＝Art Nouveau. 〖1903〗
Néw Austrália *n.* 新オーストラリア《William Lane が 1893 年にパラグアイに社会主義に基づいて開いたコロニー》.
Néw Austrálian *n.* 《豪》オーストラリアの新移民《特にヨーロッパ人》.
Nèw Bédford *n.* ニューベッドフォード《米国 Massachusetts 州南東部の港市; もと捕鯨基地》. 〖*William Russell, Duke of Bedford* (1639–83) にちなむ〗
Néw·ber·y Médal /nú:bɛri-, njú:- | njú:b(ə)ri-/ *n.* [the ～] ニューベリ賞《米国の児童文学賞; 1921 年創設; cf. Carnegie Medal》. 〖← *John Newbery* (1713–67: 英国の児童図書出版者)〗
new·bie /nú:bi, njú:- | njú:-/ *n.* (コンピューターやインターネットなどの)初心者, 新米. 〖(1970) ← NEW: *-bie* は freebie などの類推か〗
néw biólogy *n.* 新生物学 (molecular biology).
néw bírth *n.* 〖キリスト教〗＝regeneration 3.
néw-blówn *adj.* 咲きたての.
New·bolt /nú:boʊlt, njú:- | njú:bəʊlt/, **Sir Henry (John)** *n.* ニューボウルト《1862–1938; 英国の詩人・愛国歌作者; *Admirals All* (1897)》.
new·born /nú:bɔ́ən, njú:- | njú:bɔ́:n⁻/ *adj.* **1** 生まれたばかりの, 生まれたての: a ～ baby. **2** 生まれ変わった, 再び生まれた, 新生の; 改心した: a ～ hope 新たな希望. ── *n.* (*pl.* ～, ～**s**) 新生児. 〖*a*1325〗
néw bóy *n.* ＝new chum. 〖1847〗
Nèw Brítain *n.* **1** ニューブリテン(市)《米国 Connecticut 州中部の都市》. **2** ニューブリテン(島)《南太平洋 Bismarck 諸島中の最大の島; 面積 36,500 km²; 主都 Rabaul》.
Nèw Brúnswick *n.* ニューブランズウィック: **1** カナダ南東部の州, 米国 Maine 州の東部に接する; 面積 73,437 km², 州都 Fredericton; 略 NB. **2** 米国 New Jersey 州中部の都市. 〖*George II, Duke of Brunswick* にちなむ〗
néw·building *n.* **1** (*also* **néw·build**) 新しく建造された船舶, 新建造船. **2** 造船.
néw-búilt *adj.* 新築の. 〖1593–94〗
New·burg /nú:bə:g, njú:- | njú:bə:g/ *adj.* (*also* **New·burgh** /～/) ニューバーグ風の《クリーム・バター・卵黄・シェリー酒などで作ったソースを用いた料理にいう》. ★ 通例, 魚や貝の名のあとにつけて用いる: shrimp ～. 〖(1902)《変形》← *Nenburg* (このソースの考案を依頼した顧客の名?)〗
New·burgh /nú:bə:g, njú:- | njú:(ə)rə/ *n.* ニューバーグ《米国 New York 州南東部, Hudson 河畔の都市》.

〖スコットランドの地名にちなむ: ⇨ burgh〗
New·by /núːbi, njúː- | njúː-/, **(George) Eric** ニュービー《1919– ; 英国の旅行作家》.
Nèw Caledónia *n.* ニューカレドニア: **1** オーストラリアの東方約 1,300 km の南西太平洋上の島; 面積 16,120 km². **2** New Caledonia 島および他の小島を含むフランスの海外県; もと囚人流刑地; 面積 19,100 km², 県都 Nouméa. 〖1774 年に Captain Cook が, スコットランドの海岸線に似ているのにちなんで命名〗
néw cándle *n.* 新燭《古い光度の単位; 燭 (candle) に対し, 新しい光度の単位 candela のことをいう; 現在この語は用いない》.
Nèw Castíle *n.* 新カスティリャ, カステリヤ ラ ヌエバ《スペイン中部の地方; 面積 72,363 km²; スペイン語名 Castilla la Nueva /-la nwéba/; ⇨ Castile 1》.
New·cas·tle[1] /núːkæsl, njúː- | njúːkɑːsl/ ★ 現地の発音は /njuːkǽsl/. *n.* ニューカースル《イングランド北東部, Tyne 川に臨む港市; 造船業の中心地; 石炭の積み出し港; Newcastle-upon-Tyne ともいう》. ***cárry côals to Néwcastle*** ⇨ coal 成句. 〖《なぞり》← L *Novum Castellum* new castle〗
New·cas·tle[2] /núːkæsl, njúː- | njúːkɑːsl/ *n.* ニューカースル《オーストラリア New South Wales 州東岸の港市》.
New·cas·tle /núːkæsl, njúː- | njúːkɑːsl/, 1st Duke of *n.* ⇨ Pelham-Holles.
Néw Càstle *n.* ニューキャッスル: **1** 米国 Pennsylvania 州西部の都市. **2** 米国 Indiana 州東部の都市.
Néwcastle disèase *n.* 〖獣医〗ニューカースル病《鳥類のウイルス病で, 特に鶏にその被害が多い; アジア型とアメリカ型があり, 前者は斃死(へいし)率 100%, 後者は呼吸器症状・神経症状を主徴として病勢は弱い; (avian) pneumoencephalitis ともいい, 前者は Ranikhet disease ともいう》. 〖《1927》← NEWCASTLE[1]: この地方で流行した際に報告されたことから〗
Néwcastle-under-Lýme /-láɪm/ *n.* ニューカースルアンダライム《イングランド中部 Staffordshire 州北西部の都市; Stoke-on Trent の西に隣接する》. 〖cf. *lyme* elm wood (▭ Celt.); *under* は near の意〗
Néwcastle-upon-Týne *n.* =Newcastle[1]. 〖cf. *Tyne*《原義》water, river ← Celt. *ti-* to dissolve, flow〗
néw chúm *n.* 《豪》新入り; (特に, 英本国からオーストラリアへの)新移民.
Néw Chúrch *n.* [the ～] 新教会《New Jerusalem Church の通称》.
Néw Códe *n.* [the ～] 〖カトリック〗=Codex Juris Canonici.
néw-cóined *adj.* 〈貨幣・語句など〉新造の. 〖1598〗
Néw Cóllege *n.* ニューカレッジ《Oxford 大学の古い学寮の一つ; 1379 年創立》.
New·comb /núːkəm, njúː- | njúː-/, **Simon** *n.* ニューカム《1835–1909; カナダ生まれの米国の天文学者》.
new·cóme *adj.* 新着の, 新来の, 新参の. 〖ME *new-cum* < OE *nīwe cumen* (p.p.)〗
Néw Cómedy *n.* 新喜劇《紀元前 4 世紀の終わりころ起こったギリシャ喜劇; 当時のアテナイの市民生活を題材にしたもの; 代表的作者は Menander》. 〖1589〗
New·com·en /nuːkʌ́mən, njuː- | njuː-/, **Thomas** *n.* ニューカメン《1663–1729; 英国の機械技師; 水揚げ蒸気ポンプの発明者》.
new·com·er /núːkʌ̀mə, njúː- | njúːkʌ̀mə(r)/ *n.* 新来者, 新参者, 新顔《事物にも用いる》: a ～ in the country, to the city, etc. 〖*c*1450〗
Néw Cómmonwealth *n.* [the ～; 集合的] 新英連邦《第二次大戦以後に独立した英連邦加盟諸国の呼称; それ以前の白人諸国に対し非白人・多民族の共同体; cf. Commonwealth of Nations》. 〖1960〗
néw cóvenant *n.* [the ～] **1** 〖神学〗新約《イエスキリストによって成就された神と人間との間の新しい救いの契約; キリスト教の解釈で, 律法によらず恩寵により, 部族よりも個人と神との間に交わされる》. **2** [N- C-] 新約聖書 (New Testament).
Néw Crític, n- c- *n.* 〖文学〗新批評家.
Néw Críticism, n- c- *n.* [通例 the ～] 〖文学〗新批評, ニュークリティシズム《歴史的批評・社会(学)的批評に対して, 文学の審美的な面を重んじる批評態度で, 個々の作品の形象・シンボルなどの要素の分析に主眼をおく; 米国の Cleanth Brooks, J. C. Ransom, Allen Tate, R. P. Warren などがその代表者》. 〖1941〗 **Néw Crítical, n- c-** *adj.*
Néw Déal *n.* [the ～] ニューディール(政策)《米国民主党進歩派の主義, 特に F. D. Roosevelt 大統領が 1933 年経済復興と社会保障を増進するために採った新政策》. **Néw Déal·ish** *adj.* 〖1932〗
Néw Déal·er /-lə | -lə(r)/ *n.* ニューディール支持者; F. D. Roosevelt 大統領の支持者.
Néw Déal·ism /-lɪzm/ *n.* ニューディール主義[政策]. 〖1939〗
Nèw Délhi *n.* ニューデリー《インド北部 Delhi 地方の都市, インド共和国の首都》.
Néw Democrátic Pàrty *n.* [the ～] (カナダの)新民主党《社会民主主義政党; 略 NDP》.
New·di·gate /núːdɪgeɪt, -gət, njúː- | njúːdɪ-/, Sir **Roger** *n.* ニューディゲート《1719–1806; 英国の好古家; Newdigate Prize の創設者; 称号 5th Baronet》.
Néwdigate Príze *n.* [the ～] ニューディゲート賞《Oxford 大学在学生から募集した英詩の詩の最優秀作品に毎年与えられる》. 〖《1856》← *R. Newdigate*〗
new drúg *n.* 〖薬学〗新薬《安全性や有効性がまだ専門家に公式に認められていない》. 〖*c*1951〗
Néw Económic Pólicy *n.* [the ～] 新経済政策, ネップ《1921–27 年にソ連政府が戦時の共産主義的非常対策に代えて採用した政策; 小工場の個人所有を許し, 個人の商業活動を合法化し, 賃金制度を復活させた; 略 NEP》. 〖《なぞり》← Russ. *Novaya Ekonomicheskaya Politika*〗
néw económics *n.* [the ～] 新経済学(説)《ケインズ (Keynes) 経済学説の論理的発展で, 適切な金融財政政策の組合わせによる経済運営を行う; 米国の Kennedy および Johnson 政権が採用》. 〖1928〗
Néw Egýptian *n.* **1** コプト語 (Coptic). **2** 新エジプト語 (1600–1500 B.C. ごろ用いられた).
new·el /núːəl, njúː- | njúː-/ *n.* 〖建築〗 **1** らせん階段の中心となる)親柱, 軸柱: ⇨ hollow newel, solid newel. **2** (階段の最上または最下部の)欄干柱, 親柱. 〖《1362》*nowell* ▭ OF *nouel, noel* (F *noyau*) kernel < VL *nōdellu(m)* (dim.) ← L *nōdus* knot (⇨ node)〗
Newell /núːəl, njúː- | njúː-/ *n.* ニューエル《男性名; 異形 Newall》. 〖OE *Nīwe-heall*《原義》(dweller at) the new hall ∥《変形》← NOEL[2]〗
néwel pòst *n.* 〖建築〗=newel. 〖1798〗
néwel stàir *n.* (親柱をもつ)らせん階段. 〖1667〗
Néw Émpire *n.* [the ～] =New Kingdom.
Nèw Éngland *n.* ニューイングランド: **1** 米国北東部地方; Connecticut, Massachusetts, Rhode Island, Vermont, New Hampshire, Maine の 6 州を含む. **2** オーストラリア New South Wales 州の北部台地にある地区. **～·er** *n.* 〖*Captain John Smith* (1580–1631: 英国の冒険家)による命名 (1614)〗
Nèw Éngland áster *n.* 〖植物〗ネバリノギク, アメリカシオン (*Aster novae-angliae*). 〖1814〗
Nèw Éngland bóiled dínner *n.* =boiled dinner. 〖1936〗
Nèw Éngland clám chòwder *n.* ニューイングランドクラムチャウダー《はまぐり・塩漬け豚肉・野菜に牛乳を加えて作った濃厚なスープ; cf. Manhattan clam chowder》.
Nèw Éngland Jóurnal of Médicine *n.* [the ～]「ニュー イングランド ジャーナル オブ メディシン」《米国の権威ある医学専門誌; 1812 年創刊》.
Nèw Éngland Ránge *n.* ニューイングランド山脈《オーストラリア南東部の山脈; Great Dividing Range の一部; 最高峰 Ben Lomond (1520 m)》.
Nèw Éngland theólogy *n.* ニューイングランド神学, 新英州神学《Jonathan Edwards (1703–58) 提唱の修正されたカルヴァン主義; 1730–1880 年にかけて New England で支配的だった》. 〖1899〗
Nèw Énglish *n.* **1** =Modern English. **2** (構造主義に立った)新英文法.
Nèw Énglish Bíble *n.* [the ～]「新英語聖書」《新約は 1961 年, 旧約と外典は 1970 年に英国で出版; 略 NEB》. 〖1957〗
Newf. 《略》Newfoundland.
néw fáce *n.* **1** 新顔, 新人, ニューフェース: That's a ～. / That play has a ～. あの劇には新顔が一人出ている. **2** ⇨ face 7 a. 〖1900〗
néw-fállen *adj.* 《詩》〈雪など〉降りたての, 降ったばかりの; 〈枯れ葉など〉落ちたばかりの. 〖1592〗
new·fan·gled /núːfǽŋgld, njúː- | njúː-/ *adj.* **1** [戯言または軽蔑的]〈物事・考えなど〉新しい, 新奇の, 最新流行の; 新奇をてらった (↔ oldfangled) (⇨ new SYN): ～ ideas. **2** 《まれ》〈人が〉新奇を好む, 初物食いの. **～·ly** *adv.* **～·ness** *n.* 〖《*a*1470》《変形》← ME *neue-fangel* ← *neue* 'NEW'+*-fangel* ready to catch (← OE *fangen* (p.p.) ← *fōn* to take, catch: ⇨ fang, -le[3])〗
néw·fáshioned *adj.* 新式の, 新型の, 最新流行の. 〖1592〗
Néw Féderalism *n.* 新連邦主義《Nixon 大統領の唱えた州権拡大政策》. **Néw Féderalist** *n.*
New·fie /núːfi, njúː- | njúː-/ *n.* 《カナダ口語》 **1** Newfoundland の人. **2** =Newfoundland[1]. **3** Newfoundland[2]. 〖1942〗
Nèw Fórest *n.* [the ～] ニューフォレスト《イングランド南部, Hampshire 州にある森林で国立公園; 1079 年 William the Conqueror の命で造られた; 面積 383 km²》.
new·found /núːfáund, njúː- | njúː-/ *adj.* 新発見の, 最近得た: ～ friends 新しく見つけた友人 / ～ freedom 最近得た自由. 〖*c*1496〗
New·found·land[1] /núːfən(d)lənd, njúː-, -lænd, nùːfaun(d)lǽnd, njùː-, nuːfáun(d)-, njuː- | njúːfən(d)lənd, -lænd, njuːfáun(d)-, njùːfən(d)lǽnd/ ★ 現地の発音は /nùːfən(d)lǽnd, njùː-/. また〖英海事〗の発音は /njùːfən(d)lǽnd/. *n.* ニューファンドランド(島)《カナダの東方, St. Lawrence 湾頭にある島; Labrador と共にカナダの一州を成す; 面積 112,300 km², 州都 St. John's; 略 Nfld》. 〖1497 年にイタリアの航海家 Giovanni Caboto (⇨ J. Cabot) が '新しく発見した土地' (↑) の意で命名〗
New·found·land[2] /núːfən(d)lənd, njúː-, -lænd, nuːfáun(d)-, njuː- | njuːfáun(d)lənd/ *n.* ニューファンドランド《水に慣れたふさふさ漆黒の毛の大形の作業犬; Newfoundland dog ともいう》. 〖《1773》1827〗
New·found·land·er /núːfən(d)ləndə, njúː-, -ləndə-, nuːfáun(d)-, njùː-, nuːfáun(d)-, njuː- | njúːfən(d)ləndə(r), -lənd-, njuːfáun(d)-, njùːfən(d)lǽnd-/ *n.* Newfoundland[1] の人[船]. 〖1611〗
Néwfoundland Stándard Tìme *n.* ニューファンドランド標準時《GMT より 3 時間半遅い》.
Néw Fránce *n.* ニューフランス《北米大陸におけるフランスの統治下地域 (1763 年まで)の呼称; 現在のカナダ東部, 五大湖地域, Mississippi 流域を含む》.
Néw Frontíer *n.* [the ～] ニューフロンティア政策《John F. Kennedy 大統領と民主党の政策上の根本方針; 対外的には米国の威信回復と平和を, 国内では繁栄・福祉・人種平等などを主張した》. 〖《1934》1960〗
New·gate /núːgeɪt, -gət, njúː- | njúː-/ *n.* ニューゲート監獄《London の旧市街 City にあった監獄; 1902 年に取り壊された; 跡地に the Central Criminal Court がある》.
Néwgate bìrd *n.* 《古》囚人 (jailbird). 〖1607〗
Néwgate Cálendar *n.* [the ～] ニューゲート監獄暦報《Newgate の重罪囚人の経歴の記録; 18 世紀から 19 世紀初めに至る》. 〖1836〗
Néwgate fríll [frínge] *n.* 顔のへり[(特に)あごの下]にだけ生やしたひげ. 〖1885〗
Néwgate knócker *n.* 《英》(魚や野菜の行商人が生やす)耳の前のまき毛. 〖1851〗
Néw Géneral Catalogue *n.* [the ～] 〖天文〗ドレイヤーのカタログ《デンマークの天文学者 J. L. E. Dreyer /dráɪə | dráɪə(r)/ (1852–1926) が著した星団・星雲のカタログ, 1888 年刊; 現在でも最も標準的なカタログの一つ; 略 NGC; cf. Messier Catalogue》.
new-generátion *adj* 〈電気製品・コンピューターなど〉新世代の, 最新式の.
Nèw Geórgia *n.* ニュージョージア: **1** Solomon 諸島中の島群. **2** New Georgia 島群中の最大の島.
Nèw Granáda *n.* ヌエバ[ニュー]グラナダ: **1** 南米北西部のスペインの旧領地; 現在のエクアドル・ベネズエラ・コロンビア・パナマの諸共和国を含む. **2** パナマ分離前のコロンビアの旧名.
Nèw Gréek *n.* 近代ギリシャ語 (⇨ Greek *n.* 2). 〖*c*1958〗
néw·grówth *n.* 〖病理〗新生物, 腫瘍 (neoplasm).
Nèw Guínea *n.* ニューギニア《オーストラリアの北方にある世界第二の大島; 西半分はインドネシア領の West Irian, 東半分はパプアニューギニアに分かれている; 面積 777,000 km²; Papua, またインドネシアでは Irian ともいう》. **Nèw Guínean** *adj., n.*
Nèw Guínea, the (Trust) Territory of *n.* ニューギニア信託統治領《New Guinea 島北東部および, Bismarck 諸島, Bougainville 島その他の島々を含む旧オーストラリア信託統治領で, 現在はパプアニューギニアの一部; 面積 238,694 km²》.
Nèw Guínea mac·ro·phý·lum /-mækrouf áɪləm | -rə(ʊ)-/ *n.* =Trans-New Guinea phylum.
Nèw Guínea Pídgin *n.* =Neo-Melanesian.
New·ham /núːəm, njúː-, nuːhǽm, njuː- | njúːəm, nuːhǽm/ *n.* ニューアム《London 中東部の自治区》. 〖lateOE *Neuhām*《原義》new village: ⇨ home〗
Nèw Hámp·shire[1] /-hǽm(p)ʃə, -ʃɪə | -ʃə(r), -ʃɪə(r)/ *n.* ニューハンプシャー《米国北東部 New England の一州 (⇨ United States of America 表)》. 〖1629 年この土地を与えられた英国の政治家 John Mason (1586–1635) の出身地 Hampshire にちなんで命名〗 **Nèw Hámp·shir·ite** /-ʃəràɪt, -ʃɪ°r- | -ʃər-, -ʃɪər-/ *n.*
Nèw Hámpshire[2] *n.* ニューハンプシャー《米国原産の卵肉兼用品種のニワトリ》.
Nèw Hámpshire·man /-mən/ *n.* New Hampshire 州の人.
Nèw Hánover *n.* ニューハノーバー《Bismarck Archipelago の島; Lavongai ともいう》.
Nèw Hármony *n.* ニューハーモニー《米国 Indiana 州南西部の町; 1825 年 Robert Owen が社会主義的共同体を建設したところ》.
Nèw Há·ven /-héɪvən/ *n.* ニューヘブン《米国 Connecticut 州南岸, Long Island 海峡に臨む港市, 同州最大の都市; Yale 大学の所在地》. 〖'新しく発見された港' の意で 1640 年に命名〗
Nèw Háven theólogy *n.* [the ～] 〖神学〗ニューヘブン神学 (⇨ Taylorism[1]).
Nèw Hébrew *n.* 現代ヘブライ語 (⇨ Hebrew 2 b).
Nèw Hébrides *n. pl.* [the ～] ニューヘブリディーズ《Vanuatu の旧名》.
Nèw Hìgh Gérman *n.* 新高(地)ドイツ語 (⇨ German[2] *n.* 2).
Néw Húmanism *n.* [the ～] 〖哲学・文学〗新人文主義《Irving Babbitt と P. E. More を主唱者として 1920 年代の米国で行われた文学批評および哲学上の運動で, ロマン主義・自然主義に反対して人間の倫理的な面を強調する》. **Néw Húmanist** *n.* 〖1928〗
Ne Win /néwín/ *n.* ネウィン《1911–2002; ミャンマーの軍人・政治家; 首相 (1958–60)・革命評議会議長 (1962–74), 大統領 (1974–81)》.
Néw Internátional Vérsion *n.* [the ～] 新国際訳聖書, ニュー インターナショナル バージョン《1973–78 年に刊行された現代英語訳聖書; 英語圏の福音派教会諸派を代表する学者たちによる合作; 略 NIV》.
Nèw Íreland *n.* ニューアイルランド(島)《南太平洋上 New Guinea の北東方 Bismarck 諸島中の島; 面積 9,600 km²》.
new·ish /núːɪʃ, njúː- | njúː-/ *adj.* やや[まだ]新しい. **～·ly** *adv.* **～·ness** *n.*
néw íssue *n.* 〖証券〗(株式・公社債などの)新規発行; 新規発行の証券.
Nèw Jér·sey /-dʒə́ːzi | -dʒə́ː-/ *n.* ニュージャージー《米国東部大西洋沿岸の州 (⇨ United States of America 表)》. **Nèw Jér·sey·an** /-ziən/ *n.* 〖← JERSEY: 17 世紀の英国の提督でこの土地を与えられた Sir George Carteret の出身地 Jersey 島にちなんで 1664 年に命名〗
Nèw Jér·sey·ite /-ziaɪt/ *n.* New Jersey 州の人.
Nèw Jérsey téa *n.* 〖植物〗ソリチャ (*Ceanothus americanus*)《米国東部産クロウメモドキ科の落葉低木; 葉

N

は卵形で白い小花をつける). 〖米国独立戦争中にその葉を茶の代用品として用いたことから〗

Néw Jerúsalem *n.* [the ~] **1** 〘聖書〙新しきエルサレム《天の都, 聖都 (Heavenly or Celestial City); 神とその聖徒の居住地; cf. *Rev* 21: 2, 10》. **2** [時に n-] 天国のような所, ユートピア. 〖1535〗

Néw Jerúsalem Chúrch *n.* [the ~] 新エルサレム教会, スウェーデンボルグ[スヴェーデンボリ]派教会《通称 New Church; ⇨ Swedenborgian》.

Néw Jóurnalism, n- j- *n.* ニュージャーナリズム《従来の客観的・簡潔な手法に対し, レポーターの個人的関わり・反応, 小説的描写・会話などを織り込んで記述するのが特徴; 特に 1960 年代米国に顕著な傾向を指す; Tom Wolfe などが代表的存在》. 〖1972〗

Néw Kíngdom *n.* [the ~] (古代エジプトの)新王国(時代)《1570–1085 B.C. の第 18–20 王朝の時代; cf. Middle Kingdom, Old Kingdom》.

Néw Lád *n.* 《英》新青年《New Man と異なり伝統的男性の立場を重視する若者》.

néw-láid *n.* 〈卵が〉産み立ての, 新しい: a ~ egg. 〖(1528): ⇨ lay[2]〗

New·lands /núːləndz, njúː- | njúː-/, **John Alexander Reina** *n.* ニューランズ《1837–98; 英国の化学者; 元素を原子量によって 8 列に配する 'law of octaves' を発表, 事実上周期律の発見を先取りした》.

Néw Látin *n.* 近代ラテン語 (⇨ Latin *n.* 1). 〖*c*1889〗

néw léarning *n.* [the ~] **1** (15–16 世紀の英国における)新学問《聖書および古典原文, 特にギリシャ語・ラテン語の研究を中心とした》. **2** 英国の宗教改革教義.

Néw Léft, n- l- *n.* [the ~] ニューレフト, 新左翼《1960 年代に起こった若い知識人による急進的な政治運動で新マルクス主義・社会主義・アナーキズム・サンディカリズム・平和主義などを含む; cf. New Right》. 〖1960〗

Néw Léftist, n- l- *n.* 新左翼の人[活動家]. — *adj.* 新左翼(人)の. 〖1967〗

Néw Líght *n.* **1** (植民地時代の米国の宗教上)新派(自由主義派)の人 (↔ Old Light). **2** (スコットランド分離派教会の)新派《宗教と国家の関係について旧派 (Auld Licht) よりは自由な立場をとる》. 〖1650〗

Nèw Lóndon *n.* ニューロンドン《米国 Connecticut 州南東部, Thames 川に臨む港市; 海軍基地》.

N

néw lóok *n.* **1** [the N- L-] ニュールック《1947 年に C. Dior が発表し流行したシルエット; 肩にパッドが入り, ウエストがくびれて長いたっぷりしたスカートが特長》. **2** 《口語》**a** (服装などの)最新(流行)型, ニュールック: the ~ of hairdos ヘアスタイルのニュールック / a ~ *in* heating 暖房の最新型. **b** (時局・政策などの)一新, 刷新: a financial ~ 財政上の刷新(面). **3** 新しい見解[立場] 〔*at*〕. **néw-lóok** *adj.* 〖1947〗

new·ly /núːli, njúː- | njúː-/ *adv.* **1** 近ごろ, このごろ, 最近 (recently): a guest ~ come from France フランスから最近来られたお客 / a ~ married couple 新婚夫婦. **2** 新たに, 改めて: The gate has been ~ painted. 門は新しく塗られた. **3** 新しい方法[形式]で. 〖OE *nīwlīce*: ⇨ new, -ly[1]〗

Néw·lyn dátum /núːlɪ̀n-, njúː- | njúːlɪn-/ *n.* = ordnance datum.

néwly·wèd *n.* 《口語》新婚の人; [*pl.*] 新婚夫婦. — *adj.* 新婚の: a ~ couple. 〖1918〗

New M 《略》New Mexico.

néw-máde *adj.* **1** 作りたての, できたての. **2** 作りかえた. 〖*c*1400〗

néw mán *n.* **1** (新しい経験・病気回復などによって)別人のようになった人: I feel a ~. 生まれ変わったような気持ちだ. **2** [しばしば N- M-] 新しい男《仕事よりも家庭を重んじ, 家事・育児を進んで分担する》. **3** [the ~] 〘聖書〙新しき人, 回心した人 (*Ephes.* 2: 15) (↔ old man): put on *the* ~ 回心して信仰にはいる (*Ephes.* 4: 24, *Col.* 3: 9).

New·man /núːmən, njúː- | njúː-/, **Barnett** *n.* ニューマン《1905–70; 米国の抽象表現主義の画家; minimal art に影響を与えた》.

Newman, John Henry *n.* ニューマン《1801–90; 英国の神学者・著述家; Oxford movement を指導, 後に国教会からカトリックに転じ (1845), 枢機卿(すうきけい)となる; 通称 Cardinal Newman; *Apologia pro Vita Sua*「我が生涯の弁」(1864)》.

New·man, Paul *n.* ニューマン《1925– ; 米国の映画俳優・監督; *The Hustler* (1961), *Butch Cassidy and the Sundance Kid* (1969)》.

Néw·man·ism /-mənìzm/ *n.* 〘神学〙ニューマン主義《J. H. Newman の神学的主張に基づくもので, 英国国教会の 39 か条 (Thirty-nine Articles) の教義はローマ教会の教義に反するものではなく, その悪弊に反対したものであるとし, 両教会の信仰は両立しうるとする見解》. 〖(1838): ⇨ ↑, -ism〗

New·man·ize /núːmənàɪz, njúː- | njúː-/ *vi.* ニューマン主義を採用する, ニューマン主義者となる. 〖(1836) ← NEWMAN+-IZE〗

New·mar·ket[1] /núːmɑ̀ːkɪ̀t, njúː- | njúːmɑ̀ːkɪt/ *n.* **1** [しばしば n-] (19 世紀に着用されたぴったり身体に合う)婦人用の床までの長さのオーバーコート, 紳士用の乗馬コート. **2** 〘トランプ〙=Michigan 2. 〖((1837)) (1843) ← *Newmarket Tail, Newmarket Cut* (↓)〗

New·mar·ket[2] /núːmɑ̀ːkɪ̀t, njúː- | njúːmɑ̀ːkɪt/ *n.* ニューマーケット《イングランド東部, Suffolk 州西部の町; 競馬で有名》. 〖(なぞり) ← L *novum mercatum*: ⇨ market〗

Néwmarket còat *n.* =Newmarket[1] 1.

néw-màrried *adj.* 新婚の. 〖*c*1540〗

néw mathemátics [《米》**máth,** 《英》**máths**] *n.* [通例 the ~] 〘数学〙新しい数学《算数・数学を発見的・創造的なものとして教えようとし, 現代数学的な内容を積極的にとり入れていこうとする新しい教授体系, およびその教育内容; 1950 年代に初等教育で試みられ始めたもの》. 〖1958〗

Nèw Méxican *adj.* (米国) New Mexico 州(人)の. — *n.* New Mexico 州人. 〖(1834): ⇨ ↓, -an[1]〗

Nèw México *n.* ニューメキシコ《米国南西部の州でメキシコと接する; ⇨ United States of America 表》.

néw míddle cláss *n.* 新中産階級, 新中間層.

néw-mínt *vt.* **1** 〈貨幣を〉新しく鋳造する. **2** 〈単語などに〉新しい意味を与える. 〖(1593): ⇨ mint[2]〗

néw-módel *vt.* 改造する, …の型を新しくする, 新たに形成する, 編成し直す. — *adj.* 新型の. 〖*c*1665〗

Néw Mòdel Ármy *n.* 〘英史〙[the ~] (英国の)新型軍《1645 年清教徒革命中に Cromwell の Ironsides を中心として新編成された議会軍》.

néw móney *n.* **1** にわかに手に入れた大金; (手に入れた)新財源, 新資金. **2** にわか成金連. 〖1961〗

néw móon *n.* **1** [the ~, a ~] **a** 新月, 三日月 (cf. waning moon). **b** 朔(さく). **2** 〘聖書〙ヘブライ人の新月祭 (cf. *Isa.* 1: 13). 〖OE *nīwe mōna*〗

néw-mówn *adj.* 刈りたての: ~ hay, grass, etc. 〖*a*1470〗

Néw Músical Expréss *n.* [the ~]「ニューミュージカルエクスプレス」《英国の週刊ポピュラー音楽紙; 略 NME》.

Nèw Néth·er·land /-néðələnd | -ðə-/ *n.* ニューネーデルランド《米国 Hudson, Delaware 両川周辺のもとオランダ植民地; 1664 年以後英領の New York, New Jersey, Delaware などの植民地になる; 主都 New Amsterdam (現在の New York)》.

néw-óld *adj.* (再興・修理・模倣などによって)古くて新しい, 新しくもあり古くもある. 〖1662〗

néw órder *n.* **1** (政治・攻撃・作業などの)新体制, 新秩序. **2** [the N- O-] (ドイツのナチ党の政策の)新秩序《ドイツ民族によるヨーロッパ諸国の再編成と支配を企てた計画と体制》.

New Or·le·ans /nùːɔ̀əlænz, njùː-, -liənz, -ɔəlíːnz | njùːɔ́ːliənz, -lənz, -ɔːlíːnz/ *n.* ニューオーリンズ《米国 Louisiana 州南東部, Mississippi 河畔の港市; 南部の中心的商業都市で綿の大市場; もとフランスの Louisiana 植民地の主都》. **Nèw Or·léa·ni·an** /-ɔəlíːniən | -ɔː-/ *n.* 〖(なぞり) ← F *Nouvelle Orléans*: Duc d'Orléans とフランス Loiret 県の Orléans を記念して命名〗

Nèw Órleans Jázz *n.* ニューオーリンズジャズ《20 世紀初めに New Orleans で始まった初期ジャズのスタイル; ブラス主体の多声部による即興演奏が特徴》.

néw pénny *n.* =penny 1 [語法] (1). 〖1966〗

néw philharmónic pítch *n.* 〘音楽〙新演奏会用標準調子 (cf. philharmonic pitch).

Néw Pláce *n.* ニュープレース《Shakespeare が 1598 年から 1616 年まで住んでいた Stratford-on-Avon の屋敷》.

néw plánets *n. pl.* 〘天文〙新惑星《冥王星 (Pluto), 海王星 (Neptune), 天王星 (Uranus)》.

Nèw Plýmouth *n.* ニュープリマス《ニュージーランド北島西部の港市》.

néw póor *n.* [the ~; 集合的; 複数扱い] 最近落ちぶれた人たち,「斜陽族」(cf. new rich). **néw-póor** *adj.* 〖1942〗

New·port /núːpɔət, njúː- | njúːpɔːt/ *n.* ニューポート(市): **1** ウェールズ南東部, Severn 河口近くの港市. **2** イングランド南部 Wight 島の行政中心地. **3** 米国 Kentucky 州北部の都市; Ohio 川を境に Ohio 州の Cincinnati に相対し, 製鉄・製鋼業が盛ん. **4** 米国 Rhode Island 州南東部の港市・避暑地; 海軍基地がある. 〖earlyME *Niweport* (原義) new town ← *niwe* 'NEW' +OE *port* town (with market rights), harbor (□ L *portus* 'PORT[1]')〗

Néwport Béach *n.* ニューポートビーチ《米国 California 州南西部の都市》.

Néwport Jázz Fèstival *n.* [the ~] ニューポートジャズフェスティバル《1954 年に米国 Rhode Island 州の Newport で初めて開催されたが, 今は毎年 New York 州内の 3 か所で行われるジャズの祭典》.

Néwport Néws *n.* ニューポートニューズ《米国 Virginia 州南東部の港市; 海軍基地がある》.

Nèw Próvidence *n.* ニュープロビデンス《西インド諸島, Bahama 諸島中の一島; バハマ連邦の首都 Nassau がある; 面積 150 km[2]》.

new psychólogy *n.* [the ~] 新心理学《19 世紀の実験心理学や, 人間行動の無意識の動機に重点を置いた 20 世紀の心理学研究などを指して用いる語》. 〖1899〗

Nèw Quebéc *n.* ニューケベック《カナダ Quebec 州の北部を占める地域》.

Néw Réalism, n- r- *n.* 〘哲学〙=neorealism.

Néw Réd Sándstone *n.* 〘地学〙新赤(色)砂岩(層)《石炭紀末から二畳紀にかけてできた中部ヨーロッパ南部の陸成赤色岩(層)》.

Néw Revised Stándard Vérsion *n.* [the ~] 新改訂標準訳聖書《Revised Standard Version に基づく現代英語訳聖書; 1990 年刊行; 略 NRSV》.

néw-rích *adj.* **1** 〈人が〉にわか成金の. **2** 成金特有の: ~ vulgarity. 〖1886〗

néw rích *n.* [the ~; 集合的; 複数扱い] 成金(連中) (cf. new poor). 〖(1886) (なぞり) ← F *nouveaux riches*: cf. nouveau riche〗

Néw Ríght, n- r- *n.* [the ~] ニューライト, 新右翼《内外の共産主義運動に反対して組織された保守主義のさまざまな政治運動; 反国家統制・反民族優越の点でファシズムと, 一定の現実主義と合理性を備える点で伝統的保守主義と区別される; cf. New Left》. **Néw Ríghtist** *n.* 〖1966〗

Nèw Ro·chélle /-rəʃél, -roʊ- | -rə(ʊ)-/ *n.* ニューロシェル《米国 New York 州南東部, New York 市近くの都市》. 〖フランスの La Rochélle にちなむ〗

Néw Romántic *adj.* ニューロマンティックの《1980 年代初めに London のライブハウスを中心に流行したロックミュージック・ファッションについていう; 男女を問わず派手なメーキャップ・服装をした》. — *n.* ニューロマンティックの演奏家[ファン].

Nèw Róm·ney /-rɑ́(ː)mni, -rʌ́m- | -rɔ́mni, -rʌ́m-/ *n.* ニューロムニー《イングランド南東部 Kent 州の海港 (⇨ Cinque Ports); 旧名 Romney》. 〖OE *Rumenea?* ← *rūm* spacious (⇨ room)+*ēa* river〗

New·ry and Mourne /núːrianmɔ́ən, njúː- | njúəriənmɔ́ːn/ *n.* ニュリーアンドモーン《北アイルランドの行政区》.

news /núːz, njúːz | njúːz/ *n.* [通例単数扱い] **1 a** (新)報道, (新)情報, 新消息, ニュース: This is good [bad] ~. これは吉報[凶報]だ / Here is *an* interesting *piece of* ~. おもしろいニュースがあるよ / be in the ~ (新聞などに)発表されている. **b** 音信, 便り, 消息 (tidings); うわさ (rumor): Let me have now and then some ~ from you. 時々お便り下さい / The ~ *of* his death [*that* he died] was a great shock to his mother. 彼の死の知らせは母親に大きなショックだった / No ~ is good ~. 《諺》便りのないのはよい便り / Ill ~ comes [flies, runs] apace. = Bad ~ travels quickly. 《諺》悪いうわさは伝わるのが早い,「悪事千里を走る」. **2 a** (新聞・雑誌・ラジオ・テレビの)ニュース(番組): foreign [home] ~ 海外[国内]ニュース / ~ from London ロンドン通信. **b** ニュースの種, おもしろそうな[一般受けする]新聞記事; 興味のある事件; 変わった事柄; ニュースになる人[物]: make (the) ~ 新聞種になるようなことをしでかす / break the ~ to… 《口語》(悪い)知らせを…に最初に伝える / Is there any ~? = What is the ~? 何かおもしろい[変わった]事はありませんか / That is no ~. そんなことは珍しくもない / That's ~ to me. それは初耳だ (I'm very surprised.) / This is quite ~ *to* me. これは全く初耳だ / Dogs are ~ now. どこへ行っても今は犬の話で持ちきりだ. **3 a** [N-; 新聞紙の名] =newspaper: Daily *News*. **b** =newscast. **c** =newsprint. **d** =newsboard.
— *vt.* 《方言》ニュースとして伝える, うわさする (report): It was ~*ed* about that …というニュースが広まった.
— *vi.* 《方言》うわさ話をする (gossip).
~·less *adj.* 〖(*c*1384) *neues* (pl.) ← *neue* 'NEW' ((adj.) の名詞用法): cf. OF *noveles, nuveles* (F *nouvelles*) ((pl.) ← *novele* 'NOVEL[1]') / L *nova* news ((neut. pl.) ← *novus* new)〗

SYN ニュース: **news** 新しい情報: This is good *news*. これは吉報だ. **report** 公式・非公式を問わず, 伝達される事柄: unconfirmed *reports* 未確認情報. **intelligence** 特に重大な報道: receive *intelligence* of the enemy's movements 敵の動静に関する情報を受ける. **advice** 遠隔地からの外交・政治・商業上の情報: receive *advices* from Tokyo 東京からの情報に接する.

---

néw-sád *adj.* 《古》まじめに生まれ変わった. 〖1594〗

néws àgency *n.* **1** 通信社《ニュースを取材して契約下の新聞社・雑誌社・放送局などに配信する企業; cf. press association》. **2** 新聞雑誌販売業[所] (cf. newsdealer). 〖1873〗

néws·àgent *n.* 《英》=newsdealer. 〖1851〗

néws ànalyst *n.* ニュース[時事]解説者.

néws·bèat *n.* 《米》(新聞記者の)担当範囲, 持ち場《単に beat ともいう》.

néws·bòard *n.* 《米》=bulletin board.

néws·bòy *n.* 新聞売り[配達]の少年, 新聞少年. 〖1764〗

néws·brèak *n.* **1** 報道価値のある事柄[事件]. **2** 〘テレビ・ラジオ〙ニュースブレーク《番組間に挿入されるニュース短信》. 〖1944〗

néws bùlletin *n.* (新聞・ラジオ・テレビの)ニュース速報 (cf. bulletin 1 a, flash[1] 4 a).

néws càse *n.* 〘印刷〙活字箱.

news·cast /núːzkæ̀st, njúːz- | njúːzkɑ̀ːst/ *n.* (ラジオ・テレビの)ニュース放送[番組]. — *vi.* ニュースを放送する. 〖1930〗 **~·ing** *n.*

news·cast·er /núːzkæ̀stə, njúːz- | njúːzkɑ̀ːstə(r)/ *n.* **1** ニュース放送者, ニュースキャスター (cf. news commentator, commentator 1). [日英比較] 日本語で「ニュースキャスター」を単に「キャスター」というのは和製英語. **2** 《英》電光ニュース(装置). 〖1930〗

néws cìnema *n.* 《英》=news theater. 〖1935〗

néws còmmentator *n.* ニュース[時事問題]解説者 (cf. commentator 1).

néws cònference *n.* =press conference. 〖1946〗

Néw Scótland Yárd *n.* ⇨ Scotland Yard.

news·deal·er /núːzdìːlə, njúːz- | njúːzdìːlə(r)/ *n.* 《米》新聞雑誌小売業者(の店の店員) (《英》newsagent). 〖1861〗

néws dèsk *n.* ニュースデスク《新聞・テレビその他のメディアの一部署; 最新のニュースや重要な速報記事などを編集する》. 〖1950〗

néws èditor *n.* (新聞・雑誌・テレビ・ラジオの)報道部長《社会部長・編集[整理]部長などをさす場合もある》. 〖*a*1883〗

néws flàsh *n.* ニュース速報, ニュースフラッシュ《特に通常の番組を中断して流されるもの; 単に flash ともいう》. 〖1904〗

néws·gìrl *n.* 新聞売り[配達]の少女. 〖1868〗

néw·gròund *n.*《米南部・中南部》新開地.

néws·gròup *n.*〘インターネット〙ニュースグループ《加入者間で情報交換をする共通の関心をもつ集団》. 〖1983〗

néws·hàwk *n.*《米口語》(新聞・時事雑誌などの)記者, 報道員. 〖《1931》⇨ hawk^2〗

néws·hèn *n.*《米口語》女性記者.

néws·hòund *n.* =newshawk. 〖1918〗

Néw Sibérian Íslands *n. pl.* [the ~] ノボシビルスク諸島《ロシア連邦東部, 東シベリア海とラプテフ海にはさまれた北極海上の諸島; Sakha 共和国の一部; ロシア語名 Novosibirskie Ostrova》.

news·ie /nú:zi, njú:- | njú:-/ *n.* =newsy.

news·let·ter /nú:zlɛ̀ṭə, njú:z- | njú:zlɛ̀tə$^{(r)}$/ *n.* **1** (特約購読者に送る)時事通信, 時事解説. **2** (会社・政府機関などが従業員や一般向けに出す)社報, 回報. **3** [通例 news-letter] 手紙新聞《17 世紀に London から地方の購読者に時事を書いて送った週刊の書状式新聞で, 現代の新聞の前身》. 〖1674〗

néws·màgazine *n.* **1** (通例週刊の)報道雑誌, 時事週刊誌《*Time, Newsweek* など》. **2** (ラジオ・テレビの)ニュース番組《ニュース解説なども行う》. 〖1923〗

néws·màker *n.*《米》報道価値[ニュースバリュー]のある人[出来事], 話題の人.

néws·man /-mæ̀n, -mən/ *n.* (*pl.* **-men** /-mɛ̀n, -mən/) **1** 新聞配達人, 新聞売り. **2** 新聞記者; (ラジオ・テレビの)レポーター. 〖1596〗

néws·mònger *n.*《古》うわさ話の好きな人; おしゃべり, 金棒(かなぼう)引き. 〖1596〗

néws·mònger·ing *n.* うわさ話をすること; 金棒引き. 〖1822〗

Néw Sóuth *n.*《豪口語》=New South Wales.

Néw Sòuth Wáles *n.* ニューサウスウェールズ《オーストラリア南東部の州; 面積 801,421 km^2, 州都 Sydney》.

Néw Spáin *n.* ヌエバエスパーニャ《現在のメキシコ・パナマ以北の中米・スペイン領西インド諸島・米国南西部・フィリピンからなったスペインの副王領 (1521–1821)》.

news·paper /nú:zpèɪpə, njú:z-, nú:s-, njú:s- | njú:zpèɪpə$^{(r)}$, njú:s-/ *n.* ★《英》でも最近は /njú:z-/ がやや多数を占める. **1** 新聞《単に paper ということも多い》: a daily [weekly] ~ 日[週]刊新聞 / a ~ office 新聞社 / a ~ report 新聞の報道 / ~ work 新聞の仕事[業務] / take (in) a ~ 新聞を取る[購読する] / found a ~ 新聞(社)を創設する (cf. 3) / I saw it in the ~(*s*). 新聞で見た / The matter was reported in the ~*s*. その問題は(各)新聞に報道された. **2** 新聞紙; 新聞印刷用紙 (newsprint): a sheet of (old) ~ (古)新聞紙一枚 / a package wrapped in ~ 新聞紙でくるんだ包み. **3** (企業体としての)新聞社: work for a ~ 新聞社に勤める. — *vi.*《米・まれ》新聞の業務[経営]にたずさわる. 〖1670〗

néwspaper·bòy *n.*《米》=newsboy. 〖1848〗

néws·pà·per·dom /-ḍəm | -dəm/ *n.* 新聞界. 〖《1882》← NEWSPAPER+-DOM〗

néws·pà·per·ing /-pərɪŋ/ *n.* 新聞の経営[業務, 仕事]. 〖1862〗

néwspaper·màn /-mæ̀n/ *n.* (*pl.* **-men** /-mɛ̀n/) **1** 新聞記者. **2** (新聞・月刊ニュース誌などの)職業的寄稿家. **3** 新聞経営者. 〖1806〗

néwspaper stànd *n.* =newsstand. 〖1893〗

néwspaper·wòman *n.* (*pl.* **-women**) **1** 女性新聞記者. **2** 女性の新聞経営者. 〖1881〗

néw·spèak *n.* ニュースピーク《政府役人などが世論操作・政治宣伝のために用いる言葉で, わざとあいまいな[婉曲な]表現を使って人を惑わしたりするもの; cf. oldspeak》. 〖← NEW+SPEAK: G. Orwell が小説 *Nineteen Eighty-Four* (1949) の中で用いた造語〗

néws pèg *n.*〘新聞〙社説・特別記事・諷刺漫画などのもとになるニュース記事や事件《単に peg ともいう》. 〖1960〗

néws·pèople *n. pl.* 記者, レポーター (newspersons). 〖1972〗

néws·pèrson *n.* 記者, レポーター. 〖1972〗

néws pìcture *n.* ニュース写真.

néws·prìnt *n.* 新聞(印刷)用紙. 〖1843〗

néw-sprúng *adj.* 新しく誕生した; 急に生まれた. 〖1592〗

néws·rèader *n.*《英》=newscaster 1. 〖1925〗

néws·rèel *n.* ニュース映画. 〖1916〗

néws relèase *n.*〘新聞〙=press release.

news·room /nú:zrù:m, njú:z-, -rʊ̀m | njú:z-/ *n.* **1** (新聞社・放送局の)ニュース編集室. **2**《英》新聞(雑誌)閲覧室. **3**《米》=newsstand. 〖1817〗

néws sàtellite *n.* 通信衛星.

néws sèrvice *n.* =news agency 1.

néws·shèet *n.* (簡単な)一枚新聞; 時事通信 (newsletter). 〖1841〗

néws·stànd *n.* (駅・路傍などの)新聞(雑誌)売店 (cf. bookstall). 〖1872〗

néws stòry *n.* ニュース記事.

néw stár *n.*〘天文〙=nova.

néws thèater *n.*《古》ニュース映画館 (《英》news cinema).

Néw Stóne Àge *n.* [the ~] 新石器時代 (Neolithic Age).

Néw Stýle *n.* [the ~] (グレゴリオ暦による)新暦《英国では 1752 年に採用; 略 NS; cf. Gregorian calendar, old style 3》. — *adj.* 新暦の. 〖1615〗

néws vàlue *n.* 報道価値, ニュースバリュー. 〖1906〗

néws·vèndor *n.* (街角などで)新聞(または時に雑誌)を売る人, 新聞売り(人). 〖1834〗

News·week /nú:zwi:k, njú:z- | njú:z-/ *n.*「ニューズウィーク」《米国のニュース週刊誌; 1933 年創刊》.

néws·wèekly *n.* 時事週刊誌; 週刊新聞. 〖1947〗

néws wìre *n.* ニュースワイヤー《インターネットによるニュースの速報サービス》.

néws·wòman *n.* (*pl.* **-women**) **1** 女性(新聞・雑誌)記者, (テレビ・ラジオの)女性報道記者. **2** 新聞・雑誌販売[配達]の女性. 〖1928〗

néws·wòrthy *adj.* 報道価値[ニュースバリュー]がある, 新聞種となる. **néws·wòrthiness** *n.* 〖1932〗

néws·wrìter *n.* 新聞記者, ニュース報道者.

néws·wrìting *n.* 新聞編集. 〖1916〗

news·y /nú:zi, njú:- | njú:-/ *adj.* (**news·i·er; -i·est**)《口語》**1 a** ニュースの多い, 話題の豊富な: a ~ letter いろいろなことの書いてある手紙. **b** おしゃべりな (gossipy): a ~ woman. **2** 〈婦人服のスタイルなど〉ニュース[評判]になりそうな. — *n.*《米口語》記者 (newsperson);《米口語・豪口語》新聞売りの少年 (newsboy). **néws·i·ness** *n.* 〖《1832》← NEWS+-Y^4〗

newt /nú:t, njú:t | njú:t/ *n.*〘動物〙イモリ《サンショウウオ類のうちで, 皮膚にぬめりがなく粗雑な感じのするものをいう; イモリ科のうちにも salamander と呼ばれる種類があり, 分類学上の名称とは一致しない》. 〖《*a*1425》*neut*(*e*)《異分析》← ME (*a*)*n ewt*, *evet* < OE *efete* 'EFT^1': cf. nickname, nonce, notch〗

Néw Térritories *n. pl.* [the ~] 新界《1898–1997 年英国が中国から租借した, 香港の大部分を占める九竜市の後背地》.

New Test.《略》New Testament.

Néw Téstament *n.* [the ~] **1**「新約聖書」《イエスの死後に記された聖書の後半の部分で, 四福音書・「使徒行伝」・書簡集・「ヨハネの黙示録」よりなる 27 書; cf. Old Testament 1》. **2** 新約《神がイエスキリストを通じて人間に与えた救済の約束》.

néw theólogy *n.*〘神学〙(プロテスタントの)新神学《厳格な正統的信仰からの離反, 特に 19 世紀後期における米国のプロテスタント神学の自由主義運動に関連して使われた言葉》.

néw thíng, N- T- *n.* [the ~] **1**《俗》斬新なもの. **2**〘ジャズ〙ニューシング《特定のテンポや調性によらない自由で即興的なジャズ》. 〖1928〗

Néw Thóught *n.* 新思想《人間の神性を強調し, 正しい思考が病気と過失を抑制しうるという一種の精神治療法》. 〖1887〗

new·ton /nú:tṇ, njú:- | njú:-/ *n.*〘物理〙ニュートン《SI 単位系における力の単位; 質量 1 kg の物体に 1 m/sec^2 の加速度を生じる力, すなわち 10^5ダイン; 記号 N》. 〖《1904》← *Isaac Newton*〗

New·ton /nú:tṇ, njú:- | njú:-/ *n.* ニュートン《男性名; 異形 Newt》. 〖英国の地名に由来する家族名から〗

New·ton /nú:tṇ, njú:- | njú:-/, Sir **Isaac** *n.* ニュートン《1642–1727; 英国の物理学者・天文学者・数学者・哲学者, 万有引力および微積分法の発見者; *Philosophiae Naturalis Principia Mathematica*「プリンキピア(自然哲学の数学的原理)」(1687)》.

Néwton's láw of cóoling〘物理化学〙ニュートンの冷却の法則《物体が放射によって失う熱量は, その物体と周囲との温度の差にほぼ比例するという法則》.

Néwton's láw of gravitátion ニュートンの重力の法則《2 つの物質は質量の積に比例し, 距離の二乗に反比例する力で引き合う》.

Néwton's láw of mótion〘物理〙ニュートンの運動法則 (⇨ LAW of motion).

New·ton /nú:tṇ, njú:- | njú:-/ *n.* ニュートン: **1** 米国 Massachusetts 州 Boston 近郊の都市. **2** 月面南極付近の深いクレーター.

New·to·ni·an /nu:tóʊniən, nju:- | nju:tə́ʊ-/ *adj.* ニュートン(学説)の; ニュートンの発明[考案]の. — *n.* **1** ニュートンの学説を奉じる人. **2** =Newtonian telescope.

Newtónian flúid *n.*〘物理〙ニュートン流体《Newton の粘性の法則に従う流体》.

Newtónian fráme *n.*〘物理〙ニュートン座標系 (⇨ inertial system).

Newtónian líquid *n.*〘物理〙=Newtonian fluid.

Newtónian mechánics *n.*〘物理〙ニュートン力学, 古典力学《相対性理論・量子力学に対していう》.

Newtónian poténtial *n.*〘物理〙ニュートンポテンシャル《万有引力や電荷間のクーロン力のように距離の二乗に反比例する中心力を与えるポテンシャル》.

Newtónian télescope *n.*〘光学〙ニュートン式望遠鏡《Newton が考案した反射望遠鏡の一形式; 主として天体観測に用いられる》. 〖1761〗

New·ton·ic /nu:tá(:)nɪk, nju:- | nju:tɔ́n-/ *adj.* =Newtonian.

New·ton-John /nú:tṇdʒá(:)n, njú:- | njú:tṇdʒɔ́n/, **Olivia** *n.* ニュートンジョン《1948– ; 英国生まれのポピュラー歌手; オーストラリアに移住したが, 米国で主に活動》.

Néwton's crádle *n.* ニュートンの揺りかご《並んでつるされた 5 個の金属球のうち 1 [2, 3, 4] 個が振れるとそれが衝突した残りの 4 [3, 2, 1] 個が振れ, はじめに振れた球が止まるようになっている玩具》.

Néwton's dísk *n.* ニュートン円板《扇形に色分けした円板で, 回転すると色が混じって白色に見える》.

Néwton's méthod *n.*〘数学〙ニュートンの方法《方程式の根の近似値を求める方法の一つ》.

Néwton's ríngs *n. pl.*〘光学〙ニュートン環《曲率半径の大きい凸レンズの凸面を平面ガラスに接触させると, 接触点を中心に現れる多数の光の干渉縞》. 〖1835〗

néw tòwn *n.* **1** ニュータウン《第二次大戦後の人口過密化緩和のため英本国各地に建設された計画都市》. **2** ニュータウン, 新都市《大規模な住宅地域と商工業地帯を合わせて企画開発された大都市近郊の中小都市; cf. satellite town》: ~ blues ニュータウン住民の憂鬱(ゆううつ). **~-er** *n.* 〖1918〗

New·town·ab·bey /nù:tṇǽbi, njù:- | njù:-/ *n.* ニュートナビー《北アイルランド東部にある北アイルランド第三の都市; 織物などの軽工業の中心地》.

New·town St. Bos·wells /nú:taʊnseɪn(t)bá(:)zwəlz, njú:- | njú:taʊnsən(t)bɔ́z-, -sṇ(t)-/ *n.* ニュータウンセントボズウェルズ《スコットランド南東部の村; 旧 Border 州の州都》.

néw-týpe *adj.* 新型の, 新式の: a ~ car / a ~ test 新傾向のテスト.

néw wáve, N- W- *n.* [the ~] **1** (芸術・政治などの)新しい波, 新しい運動[傾向, 流行]: **a**〘映画〙=nouvelle vague. **b**〘音楽〙ニューウェーブ《punk rock 以後スタイルを洗練しながら多様化した 1970 年代後期のロックの傾向》. **2** [集合的] new wave 運動の指導者[代表者]たち. 〖《1960》《なぞり》← F NOUVELLE VAGUE〗

Nèw Wéstminster *n.* ニューウェストミンスター《カナダ British Columbia 州南西部, Fraser 河口付近の港市; もと同州の州都 (1860–66)》.

Nèw Wíndsor *n.* =Windsor^1 1.

néw wóman *n.* [the ~] 新しい女性《特に, 19 世紀末の, 因襲を排斥し男女同権を求めた女性》.

néw wóol *n.* =virgin wool.

néw wórking clàss *n.* 新労働者階級《知識を労働手段としている技術労働者や科学労働者の階級》.

Néw Wórld *n.* [the ~] (Columbus 以後に発見された)新世界《南北アメリカ大陸, 西半球 (the Western Hemisphere) の陸地部分; ↔ Old World》. 〖(1555) *a*1855〗

Néw Wòrld mónkey *n.*〘動物〙新世界ザル《中南米に生息するオマキザル科 (Cebidae) のサル; 広鼻類のサル (platyrrhine) に同じ; cf. Old World monkey》.

néw yéar *n.* **1** 新年. **2** [N- Y-] 正月《正月の数日間》; 元日, 元旦: a *New Year's* gift お年玉 / the *New Year's* greetings [wishes] 年賀 / (A) Happy *New Year!* 新年おめでとう. ★ 返事は The same [Same] to you. と言う. 〔日英比較〕日本語の年末年始の挨拶では, 年内は「どうぞよいお年を」, 年始は「新年おめでとう」だが, 英語の (A) happy you year! はいずれにも用いられる. 日本語の年始の言葉は年が明けたことを寿ぐ内容だが, 英語の挨拶は文頭に "I wish you" が省略されており,「来る年[今年]がよい年でありますように」の意味. **3** [N- Y-]〘ユダヤ教〙新年祭 (⇨ Rosh Hashanah). **néw-yéar** *adj.* 〖《?*c*1200》*new*(*e*)*ȝere*: cog. Du. *nieuwjaar* / G *Neujahr*〗

Néw-Yéar hónours *n. pl.*《英》元日に行われる叙爵・叙勲 (cf. birthday honours). 〖1910〗

Néw Yèar's *n.*《米・カナダ》=New Year's Day: on ~.

Néw Yèar's Dáy *n.* 元日, 元旦, 1 月 1 日《米国・英国・カナダで法定休日; cf. bank holiday》. 〖《?*c*1200》*newȝeres day*: cf. Du. *nieuwjaarsday* / G *Neujahrstag*〗

Néw Yèar's Éve *n.* 大晦日(みそか), 12 月 31 日. 〖《?*c*1390》*newȝeres even*〗

New York /nù:jɔ́ək, njù:- | njù:jɔ́:k/ *n.* **1** =New York State. **2** =New York City. 〖《1714》*Duke of York* (のちの英国王 James 二世)にちなむ〗

Néw Yòrk áster *n.*〘植物〙ユウゼンギク (*Aster novibelgii*)《米国北東部産のキク科の多年草》.

Nèw Yórk Báy *n.* ニューヨーク湾《米国 Hudson 河口の大西洋に面する湾; Long Island の西, Staten Island および New Jersey 州の東に当たる》.

Néw Yòrk Cíty *n.* ニューヨーク市《米国 New York 州南東端, Hudson 河口にある港市; Manhattan, the Bronx, Brooklyn, Queens, Staten Island の 5 自治区 (boroughs) から成る; 世界的金融・貿易の中心地; 略 NYC; cf. Greater New York》. ★ 単に Nèw Yórk と言うことも多い; そのため New York State と区別するため正式には New York, NY と書く.

Nèw Yórk cùt *n.*《米》ニューヨークカット《骨なし, ヒレ肉の最上のステーキ; New York strip [steak] ともいう》.

New York·er /nù:jɔ́əkə, njù:- | njù:jɔ́:kə$^{(r)}$/ *n.* **1** (米国) New York 州人; New York 市民. **2** [The ~]「ニューヨーカー」《1925 年創刊された米国の週刊誌; ユーモアやウイットに富み高級文芸誌として知られる》. 〖1756〗

New York·ese /nù:jɔəkí:z, -kí:s, njù:- | njù:jɔ:kí:z/ *n.* ニューヨークなまり. 〖《1894》← NEW YORK+-ESE〗

Néw Yòrk Hérald Tríbune *n.* [the ~]「ニューヨーク ヘラルド トリビューン」《米国共和党系の日刊紙; 1966 年廃刊; ⇨ International Herald Tribune》.

Néw Yòrk Philharmónic *n.* [the ~] ニューヨークフィルハーモニック《1842 年に創立された米国で最も歴史のあるオーケストラ》.

Néw Yòrk póint *n.* (浮き彫り式の)旧式点字. 〖1892〗

Néw Yòrk Póst *n.* [the ~]「ニューヨークポスト」《New York 市で発行されているタブロイド版の朝刊紙》.

Néw Yòrk's fín·est /-fáɪnɪ̀st/ *n.* [複数扱い]《米俗》ニューヨーク市警 (⇨ finest).

Néw Yòrk Státe *n.* ニューヨーク州《米国東部の州 (⇨ United States of America 表)》.

Néw Yòrk Státe Bárge Canàl *n.* [the ~] ニューヨーク州運河網《米国 New York 州中部 Hudson

川と Erie 湖を結ぶ, Erie 運河を中心とした州有の運河組織; 全長 845 km; ⇨ Erie Canal).

Nèw Yórk stèak *n.* 《米》ニューヨークステーキ (⇨ New York cut).

Néw Yòrk Stóck Exchànge *n.* [the ～] ニューヨーク証券取引所 《Wall Street にある世界最大の取引所; 1792 年設立; 略 NYSE》.

Nèw Yórk strìp *n.* 《米》ニューヨークストリップ (⇨ New York cut).

Néw Yòrk Tímes *n.* [the ～]「ニューヨークタイムズ」《New York 市で発行される米国民主党系の日刊紙; 1851 年に Henry Raymond が創刊》.

New Zea·land /nùːzíːlənd, njùː-, nʊ-, njʊ- | njùː-, nʊ-/ ★ 現在では /-zílənd/ の発音も聞かれる. *n.* ニュージーランド 《南太平洋オーストラリアの南東方にある英連邦内の国; 1947 年独立; 間に Cook Strait を隔てた北島 (North Island) と南島 (South Island) とを主島とする; 面積 268,675 km^2, 首都 Wellington》. 〖□ Du. *Nieuw Zeeland*: オランダの昔の属領であった ZEELAND にちなむ〗

Nèw Zéaland brámble *n.* 〔植物〕ニュージーランドイバラ (*Rubus australis*) 《ニュージーランド産のバラの一種; bush lawyer, wait-a-bit ともいう》.

New Zea·land·er /nùːzíːləndə, njùː- | njùːzíː-ləndə$^{(r)}$/ *n.* ニュージーランド人. 〖1773〗

Nèw Zéaland fláx [hémp] *n.* 〔植物〕ニュウサイラン, マオラン, ニュージーランドアサ (*Phormium tenax*) 《ニュージーランド原産ユリ科の多年草; 観賞用, 葉は繊維原料となる; flax lily ともいう》. 〖1811〗

Nèw Zéaland flátworm *n.* 〔動物〕ニュージーランド産の茶色いまだらの渦虫の一種 (*Artioposthia triangulata*) 《英国に持ち込まれてミミズの個体群を破壊しつつある》.

Nèw Zéa·land·ìsm /-dɪ̀zm/ *n.* ニュージーランド英語特有の語句[表現]. 〖(1957) ← NEW ZEALAND＋-ISM〗

Nex·ø /néksəː; *Dan.* négsøː'/, **Martin Andersen** *n.* ネクセー《1869–1954; デンマークの小説家》.

next /nékst/ *adj.* **1** 〈時が〉(現在を起点にして)この次の, 来…; [しばしば the ～] (過去を起点にして)その次の, 翌…: ～ week [month, year] 来週[月, 年] / *the* ～ week [month, year] その翌週[月, 年] / ～ Friday＝on Friday ～ 次[今度]の金曜日に《必ずしも来週ではないが, 今週の金曜日であれば通例 on Friday, this Friday, (on) Friday this week などのようにいう》/ (on) Friday ～ week 来週の金曜日に / (*the*) ～ day [morning] その翌日[朝] / *the* Sunday ～ before Easter 復活祭のすぐ前の日曜日 / ～ time 次回(に), 今度 (⇨ time 3 a ★). ★ 以上は前置詞なしにしばしば副詞句として用いられる / Not till ～ time. この次まではやめておこう《禁酒禁煙の冗談の誓い》/ the ～ world ⇨ world 6.
2 〈順序・配列が〉次の: What is the ～ article? 次に御入用の品は何でございますか《商人が客に対して言う決まり文句》/ He was the ～ man that died [to die]. 次に死んだのが彼だった / I will ask the ～ person I meet. だれかに会ったら早速聞いてみよう / the ～ chapter 次章 / the ～ two [three] pages 次の 2[3] ページ (⇨ last^1 *adj.* 2 [語法]) / He is ～ before [after] me. 彼は私のすぐ前[後]です.
3 〈位置が〉一番近い (nearest); 〔…の〕隣の〔*to*〕(⇨ adjacent SYN): in the ～ house 隣の家で / He is my ～ neighbor. 隣に住んでいる / the shop ～ *to* the corner 角から二軒目の店 / the flesh ～ *to* the skin 皮膚のすぐ下の肉 / the chair ～ *to* the fire 炉に一番近い椅子.
4 〈性質・価値・規模など〉次位の; 〔…に〕次ぐ〔*to*〕: the ～ prize 次点 / the person ～ *to* him in age [rank] 年[位]が彼に次ぐ人 / ⇨ next best.
as ... as the néxt féllow* [*mán, wóman*, etc.]** だれにも劣らず…: He is *as* brave *as the* ～ *fellow* [*man*]. だれにも劣らず勇敢だ. 《1857》 ***be a néxt thíng to …に近い, ほとんど…である. ***gèt néxt*** 《米俗》(1) 〔人と〕親しくなる, 〔人に〕取り入る; 〔女と〕ねんごろになる〔*to*〕: *Get* ～ *to* him. 彼に取り入れ. (2) 〔…を〕知る[感づく]ようになる〔*to*〕: I *got* ～ *to* his meaning. 彼の言わんとすることがわかった. (3) ＝*get next to oneself*. ***gèt néxt to onesélf*** 《米俗》己れの愚を悟る, 賢くなる. ***néxt ... but óne* [*twó*]** ひとつ[ふたつ]おいて 2 番目の: The post office is ～ door *but one*. 郵便局は一軒おいて隣だ. ***néxt to*** (1) [通例否定的な意味を伴って] ほとんど: It is ～ *to* a miracle. それは奇跡とも言うべきだ / That is ～ *to* impossible. それはほとんど不可能だ / possess ～ *to* nothing ほとんど無一物である / I bought it for ～ *to* nothing. ただ同然の値段で買った / in ～ *to* no time ⇨ *in no* TIME. (2) 《米俗》〈計画などを〉知っている (cf. *put a person* NEXT *to*). (3) 《米俗》〈人〉と親しくなって, 〈人〉に取り入って; 〈女〉とねんごろになって (cf. *get* NEXT): be ～ *to* a person. ***pùt a person néxt to*** 《米俗》〈人〉に…を知らせる[悟らせる]: *Put* me ～ *to* the game. 私にその計画を教えて下さい. ***(the) néxt thíng*** ⇨ thing^1 成句.
— *adv.* **1** (時・場所・段階・程度など)次に, 次いで, 隣に, 一番近くに〔*to*〕: ～ above [below] 〈…の〉すぐ上位[下位]に[の] / He ～ tried to open it. 次にそれを開こうとした / *Next* came a stranger. 次に来たのは見知らぬ人だった / He placed his chair ～ *to* mine. 彼は椅子を私の椅子の隣に置いた / I like this best and that ～. これが一番好きで次はそれだ / the ～ best thing 次に最もよいもの, 次善の策 / *Next to* Tom, Ann is the tallest. トムに次いで一番背の高いのはアンだ / What comes ～? その次は何. **2** この次に, 今度: When shall we meet ～? 今度はいつ会おうか.
in the néxt plàce 第二に. ***Whát* [*Whatéver*] *néxt!*** 《口語》驚いたね, あきれたね, けしからん(話だ): Wearing a topless bathing suit! *What* ～! トップレスの水着を着てるなんて, あきれたね《「次にこれ以上にひどいことが起こり得るだろうか」の意から》.
— /nɛkst/ *prep.* 《英古・米古》…の次の[に], …の隣の[に], …に最も近い[く]: a seat ～ the window 窓に最も近い席 / the house ～ mine うちの隣家 / stand ～ him 彼の隣に立つ / Who did you sit ～ at dinner? 食事の時だれの隣に座ったか / Don't wear flannel ～ your skin. フランネルは肌にじかに着てはいけない.
— *n.* **1** 次の人[物]: He will be the ～ to go. 次は彼が行く番になるだろう / His ～ was a girl. 次の子は女だった / Her ～ was a policeman. 次の夫は警官だった / *Next*, please! お次は, お次の方(どうぞ); 次の質問は. **2** 次の手紙[本, 号など]: I will tell you in my ～. 次の手紙で申し上げます / We look forward to his ～. 彼の次の作品が待望される / To be concluded in our ～. 次号にて完結. **3** 次の週[月, 年など]: the Sunday [week, month, year] after ～.
néxt of kín (1) [通例 the —]〔法律〕最近親 (nearest relative(s)) 《無遺言死亡の際に財産を相続する血縁者》: He is ～ *of kin* to me [*the* ～ *of my kin*]. (2) [複数扱い] 近親者: His ～ *of kin* have been informed of his death. 近親者は彼の死を知らされた.
〖OE *nēxt, nēhst, nīehst* < **nēahist* (superl.) ← *nēah, nēh* 'NIGH': ⇨ -est^1: cog. Du. *naast* / G *nächst*〗

nèxt bést *n.* ＝second best.

next-door /néks(t)dɔ́ə | -dɔ́ː$^{(r)}$/ *adj.* 隣家の, 隣の: one's ～ neighbor, baker, etc. **— *adv.*** ＝next door.

nèxt dóor *adv.* 隣家に, 隣に: live ～ / the people ～ 隣家の人々. ***nèxt dóor to*** (1) …の隣に: He lives ～ *to* us. 彼はうちの隣に住んでいる. (2) 〈ある状態〉に接近して, 近く; [副詞的に否定の意味をもつ語の前において] ほとんど…で (next to): He is ～ *to* a madman. 彼はほとんど狂人だ / That is ～ *to* impossible. それはほとんど不可能だ. ***the bóy* [*gírl*] *nèxt dóor*** 隣家の少年[娘]; (特に恋愛などの相手として)堅実だが面白味に欠ける男性[女性]. 〖1529〗

néxt fríend *n.* 〔法律〕近友《未成年者および精神異常者が訴えを提起する場合に, 代理人としなければならない成年者; 多くは親族がこれに当たる》. 〖(1579) (なぞり) ← AF *prochein* (F *prochain*) *ami*: ⇨ prochein〗

néxt-generátion *adj.* 〈機械・コンピューターなど〉次世代の.

néxt-ín, fírst-óut *n.* 〔会計〕次入れ先出し法《倉庫から商品[材料, 製品など]を出庫する時, その再調達原価で払出額を計算する方法; 頭文字をとり NIFO, Nifo, next-in, first-out method ともいう; cf. last-in, first-out》.

néxt-to-lást *adj.* 最後の 1 つ前の (penultimate).

nex·us /néksəs/ *n.* (*pl.* ～·**es**, ～) **1** 結び, つながり (link); 関連〔*with, between*〕: the causal ～ 因果関係 / ⇨ cash nexus. **2** (事物・観念の)関連のある一連のもの, 連鎖連合. **3** 中心(地), 中枢. **4** 〔文法〕ネクサス (Jespersen の用語; 例えば *Dogs bark.* や I think *him honest.* の斜体語間に見られる統語関係; cf. junction 6). 〖(1663) □ L ～ 'bond, tie' (p.p.) ← *nectere* to bind, tie, join〗

Ney /néɪ; *F.* nɛ/, **Michel** *n.* ネイ《1769–1815; Napoleon 一世麾下のフランスの元帥 (1805–15); 称号 Duc d'Elchingen, Prince de la Moskova》.

Nez Percé /nézpə́ːs | -pɑ́ːs; *F.* nepɛʀse/ *n.* (*pl.* ～, ～**s** /～ɪz, ～əz/) (*also* **Nez Perce** /～/) **1 a** [the ～(s)] ネズパース族《もと米国 Idaho 州中部, Oregon 州北東部および Washington 州南東部に住んだ Shahaptian 族の中で最も著名な北米インディアン》. **b** ネズパース族の人. **2** ネズパース語 (Shahaptian 語の一つ). 〖(1812) □ F ～ 'pierced nose': 貝殻製の飾りをはさむために鼻に穴をあける習慣があったといわれることによる: ⇨ nose, pierce〗

nf 《略》〔商業〕nonfundable.

nF, nf 《略》nanofarad.

NF 《略》〔薬学〕National Formulary; 《英》National Front; New Forest; Newfoundland (州); New French; Norman French; Northern French.

N/F, NF 《略》〔銀行〕no funds 預金なし, 資金なし.

n.f. 《略》〔文法〕noun feminine 女性名詞.

NFC 《略》《米》National Football Conference.

NFL 《略》《米》National Football League.

Nfld 《略》Newfoundland (州).

NFS 《略》《英》National Fire Service; not for sale.

NFT 《略》National Film Theatre.

NFTC 《略》National Foreign Trade Council 全米外国貿易協議会.

NFU 《略》《英》National Farmers' Union 全国農業組合.

NG 《略》National Gallery; National Government; National Guard(sman); New Granada; New Guinea; 《記号》〔化学〕nitroglycerin; North German.

NG, n.g. 《略》no good 《俗》だめ (cf. OK, NBG).

Ng. 《略》Norwegian.

NGA 《略》《英》National Geographical Association.

ngai·o /náɪoʊ| -əʊ; *Maori* ŋáio/ *n.* (*pl.* ～**s**) 〔植物〕ニュージーランド産ハマジンチョウ属の低木 (*Myoporum laetum*) 《材質は白くて頑丈; 実は食用》. 〖(1853) ← Maori ～〗

nga·ti /náːtiː/ *n.* (*pl.* ～) 《NZ》部族. 〖(1856) □ Maori〗

N gàuge *n.* N ゲージ《鉄道模型の軌間; 約 9 mm》.

Ng·ban·di /(ə)ŋbǽndi/ *n., adj.* ヌグバンディ語(の)《コンゴ民主共和国北部に分布する言語; Bantu 諸語に属する》.

NGC 《略》〔天文〕New General Catalogue.

NGk 《略》New Greek.

NGO 《略》nongovernmental organization 非政府組織, 民間活動団体. 〖1946〗

Ngo Dinh Diem /ŋóʊdíːndjém | ŋəʊ-; *Viet.* ŋōː$^?$dìnziəm/ *n.* ゴディンディエム《1901–63; 旧南ベトナムの政治家; 初代大統領 (1955–63)》.

ngo·ma /(ə)ŋgóʊmə, -gá(ː)mə | -gə́ʊmə-, -gɔ́mə/ *n.* 《アフリカ東部》ンゴマ《ドラムの一種》. 〖(1926) □ Swahili ～ 'drum, dance, music'〗

Ngo·ni /əŋgóʊni | -gə́ʊ-; *Zulu* ŋgóːni/ *n.* (*pl.* ～, ～**s**) **1 a** [the ～(s)] ヌゴニ族《Nguni 族に属する数グループの総称》. **b** ヌゴニ族の人. **2** ヌゴニ語. 〖(1883) ← Bantu〗

NGr 《略》New Greek.

ngul·trum /(ə)ŋgʊ́ltrʊm, (ə)ŋgʌ́ltrəm | (ə)ŋgʊ̀ːl-/ *n.* ニュルタム《ブータンの通貨単位; ＝100 chetrums; 1974 年導入; 記号 N》. 〖← Bhutanese〗

Ngu·ni /əŋgúːni; *Zulu* ŋgúːni/ *n.* (*pl.* ～, ～**s**) **1 a** [the ～(s)] ヌグニ族《アフリカ南・東部に住む集団; Swazi, Ndebele, Xhosa, Zulu などの各部族を含む》. **b** ヌグニ族の人. **2** ヌグニ諸語. 〖(1929) ← Zulu〗

Ngu·yen Cao Ky /^{n}ŋgúːjənkáʊkíː; *Viet.* ŋwiə̆n-kāːwkìː/ *n.* グエンカオキ《1930– ; 南ベトナムの軍人・政治家; 首相 (1965–67), 副大統領 (1967–71)》.

ng·wee /(ə)ŋgwíː | -gwéɪ/ *n.* (*pl.* ～) **1** ヌグウェー《ザンビアの通貨単位; ＝$^1/_{100}$ kwacha》. **2** 1 ヌグウェー青銅貨. 〖(1966) □ Afr. 《現地語》～ 《原義》bright〗

nH 《略》nanohenry.

NH 《略》〔郵趣〕never hinged; 〔米郵便〕New Hampshire (州).

NHA 《略》National Housing Agency 米国住宅建設庁.

Nha Trang /njàːtráːŋ, nàː-; *Viet.* ɲāːcāːŋ/ *n.* ニャチャン《ベトナム南東部の港市》.

N.Heb. 《略》New Hebrew; New Hebrides.

NHG 《略》New High German.

NHI 《略》《英》National Health Insurance.

NHL 《略》National Hockey League ナショナルホッケーリーグ《米・カナダのプロアイスホッケーリーグ》.

NHP, nhp 《略》nominal horsepower.

NHR 《略》National Hunt Rules.

NHS 《略》《英》National Health Service.

NHS number *n.* 《英》NHS 番号《国民保健制度で使用される個人識別番号》.

Nhu·lun·buy /nùːlənbáɪ, njùː- | njùː-/ *n.* ニューランバイ《オーストラリア北部, Northern Territory の Arnhem Land 北東端の海岸の地で, ボーキサイトの採鉱地》.

ni 《記号》Nicaragua (URL ドメイン名).

Ni 《記号》〔化学〕nickel.

NI /ɛ́náɪ/ 《略》《英》National Insurance; Naval Intelligence; Northern Ireland; 《NZ》North Island.

ni·a·cin /náɪəsɪ̀n, -sn̩ | -sɪn/ *n.* 〔生化学〕ナイアシン (⇨ nicotinic acid). 〖(1942) 《混成》← *ni*(*cotinic*) *ac*(*id*)＋-IN^2〗

Ni·ag·a·ra^1 /naɪǽg(ə)rə/ *n.* **1** [the ～] ナイアガラ(川) 《米国 New York 州の西部とカナダ Ontario 州との境界を流れ, Erie, Ontario 両湖を連ねる川 (56 km)》. **2** ＝Niagara Falls 1. **3** [しばしば n-; 通例 a ～ of として] 大滝[急流, 大氾濫(はんらん)]のように多量な: *a* ～ *of* curses 滔々(とうとう)とまくしたてる呪詛(じゅそ) / *a* ～ *of* mail 殺到する郵便物. ***shóot Niágara*** (1) ナイアガラの滝を下る. (2) 冒険[無謀なこと]を企てる. 〖□ N-Am. -Ind. (Iroquoian) ～ 《原義》point-of-land-cut-in-two: 元来は川が湖に注ぎこむ地点の名称〗

Ni·ag·a·ra^2 /naɪǽg(ə)rə/ *n.* 〔園芸〕ナイアガラ《米国のブドウの品種名; 果皮は薄い緑色》.

Niagara, Fort *n.* ナイアガラ要塞《米国 New York 州西部, Niagara 河口にあった砦(とりで)の旧跡》.

Niágara Fálls ★ 現地では Niágara Fálls と発音することも多い. *n. pl.* **1** [しばしば単数扱い] ナイアガラ瀑(ばく)布, ナイアガラの滝《カナダ滝 (Horseshoe Falls, 高さ 49 m, 幅 792 m) とアメリカ滝 (American Falls, 高さ 51 m, 幅 305 m) とから成る》. **2** ナイアガラフォールズ《Niagara 瀑布の New York 州側の都市》. **3** ナイアガラフォールズ《Niagara 瀑布のカナダ側の都市》.

NIAL /ɛ̀náɪèɪél/ 《略》National Institute of Arts and Letters 米国芸術協会 (cf. AAAL).

ni·al·a·mide /naɪǽləmàɪd/ *n.* 〔薬学〕ニアラミド ($C_{16}H_{18}N_4O_2$) 《抗鬱薬》. 〖(1959) ← *ni*(*cotinic acid*)＋A(MY)L＋AMIDE〗

Nia·mey /niáːmeɪ, nìːəméɪ | niáːmeɪ; *F.* njamɛ/ *n.* ニアメー《ニジェール南西部 Niger 川に沿った港市で, 同国の首都》.

nib /nɪ́b/ *n.* **1 a** (普通の)ペンの二つに割れた先端(の一方). **b** ペン先: a hard ～. **c** 鵞(が)ペンの先端. **2** 尖(とが)った部分, 先端. **3** (鳥の)嘴(くちばし) (beak). **4** [*pl.*] (殻を取った)カカオ[コーヒー]豆. **5** 《英方言》(鎌の)にぎり手.
— *vt.* (**nibbed; nib·bing**) **1** 〈鵞ペンの先を尖らせる[削り直す]. **2** 〈ペン軸〉にペン先をさす. **nibbed** *adj.* **～·like** *adj.* 〖(1585) □ MDu. ～ // MLG *nibbe* 《変形》← *nebbe* beak または《変形》← NEB: cf. OE **hnybba* point〗

nib·ble /nɪ́bl/ *vt.* **1 a** 少しずつ嚙(か)み取る[嚙む] 〈*away, off*〉: ～ leaves *off*. **b** 〈ねずみ・うさぎ・魚などが〉少しずつ嚙み取って食べる: ～ a cracker / Caterpillars ～*ed* the twigs bare. 毛虫が小枝を裸にしてしまった. **2** 〈財産などを〉少しずつなくす[減らす]〈*away, off*〉. **— *vi.*** **1 a** 少しずつ嚙む[嚙んでみる]; 少しずつ嚙んで食べる〈*away, off*〉/〔*at, on*〕: ～ *away at* one's food / ～ *on* a piece of bread パンをかじる. **b** 〈ねずみ・魚などが〉ちょっと[そっと, 用心深く]つつく, かじる〔*at*〕. **2** 〈財産などを〉少し

ずつなくする[減らす]〈*away, off*〉/〔*at*〕. **3** 〔申し出などに対して〕気のあるような様子をする，〔誘惑などに〕危険と知りながら戯れる，ちょっと手を出してみる〔*at*〕: ～ *at* an offer, a temptation, etc. **4** つまらぬ非難をする，あら探しをする，難癖をつける〔*at*〕: ～ *at* another's book.
— *n*. **1** (食物の)一嚙み[一かじり](の量). **2 a** 少しずつ嚙むこと. **b** (魚が餌(え)を)ちょっと[そっと]嚙むこと;〘釣〙魚の当たり; (申し出などに対する)一応の関心，気のあるそぶり: a glorious day for a ～ 絶好の釣り日和(びより). **3** [通例 *pl*.]《英》(パーティなどで口にする)軽い食事《ビスケット・ポテトチップス・ピーナッツなど》. **4** 〘電算〙ニブル (½バイト＝通例4ビット). 〘(*a*1460) *nebille*(*n*) ▭ ? MLG *nibbelen*: cf. Du. *knibbelen* to squabble〙

níb·bler /-blə, -blə | -blə(r, -bl-/ *n*. **1 a** 嚙む物[人]. **b** (物事に)気のあるそぶりを見せる人，思わせぶりな人. **2** 〘魚類〙＝cunner. **3** 〘機械〙金属板を切ったり穴をあけたりする機械 (nibbling machine ともいう). 〘1598〙

Ni·be·lung /níːbəlʊŋ | -bʊ̀-; G. níːbəlʊŋ/ *n*. Nibelungs の単数形.

Ni·be·lung·en /níːbəlʊŋən | -bʊ̀-; G. níːbəlʊŋən/ *G*. *n*. *pl*. 〘ドイツ・北欧伝説〙＝Nibelungs.

Ni·be·lung·en·lied /níːbəlʊŋənlìːt, -lìːd | -bʊ̀-; *G*. níːbəlʊŋənliːt/ *n*. [the ～]「ニーベルンゲンの歌」《5 世紀 Hun 族の Attila 王支配下にあった Burgundy 王国の伝説を基に，13 世紀前半南ドイツの無名作家によって作られた忠誠と復讐をテーマにした中世ドイツの大叙事詩; Wagner の歌劇などの素材になっている》. 〘▭ G ～ 'song of the Nibelungs': ⇨ ↓, lied〙

Ni·be·lungs /níːbəlʊ̀ŋz | -bʊ̀-/ *n*. *pl*. (*sing*. **Ni·be·lung** /-lʊ̀ŋ; *G*. -lʊŋ/)〘ドイツ・北欧伝説〙**1** ニーベルング族《霧の子で小人族; Siegfried は彼らの宝と指輪を手に入れた》. **2** Siegfried の一味. **3** (「ニーベルンゲンの歌」における) Burgundy の諸王; Gunther の一族. 〘▭ G ～《原義》children of the mist ← ? MHG *Nebulones* (部族名) ← OHG *nëbul* mist < Gmc **nibla-* (OE *nifol* / ON *nifl* mist) ← IE **nebh-* cloud (L *nebula* cloud, mist): cf. Niflheim〙

nib·let /níblɪ̀t/ *n*. 1 個の小さな食べ物《トウモロコシの豆など》. 〘← NIB OR NIBBLE＋-LET〙

nib·lick /níblɪk/ *n*. (*also* **nib·lic** /～/)〘ゴルフ〙ニブリック《傾斜が 45 度以上ある丸くて重いアイアンクラブ; number nine iron の別名》. 〘(1857) ← ?〙

Ni·blungs /níːblʊŋz/ *n*. *pl*. (*sing*. **Ni·blung** /níː-blʊŋ/) ＝Nibelungs.

nibs /níbz/ *n*. (*pl*. ～) [通例 his ～, His N- として; しばしば軽蔑的に]《俗》えらい人，親分，ボス，御仁(ごじん). 〘(1821)《変形》? ← NOB²〙

NIC¹《略》《英》National Insurance contribution 国民保険分担金; /ník/〘電算〙Network Information Center《IP アドレスなどのネットワーク情報を管理するボランティア組織; 国・地域ごとにあり，日本は JPNIC》; newly industrialized [industrializing] country 新興工業国 (cf. NICS).

NIC²〘自動車国籍表示〙Nicaragua

ni·cad /náɪkæd/ *n*. ニッカド電池《ニッケルカドミウム電池 (nickel-cadmium battery)》. 〘(1955) ← NI(CKEL)＋CAD(MIUM)〙

Ni·cae·a /naɪsíːə/ *n*. ニカイア，ニケーア《小アジア北西部 Bithynia の古都; Byzantine 王家の在住地 (1205–61); Nicene Council の開催地; 現代トルコ語名 Iznik》.

Ni·cae·an /naɪsíːən/ *adj*. ＝Nicene. 〘1706〙

Ni·cam, NICAM /náɪkæm/ *n*. ナイカム《高音質のステレオサウンドと共にビデオ信号を送るテレビのデジタル方式; 英国で採用されている》. 〘(1986)《略》← *n*(*ear*) *i*(*nstantaneously*) *c*(*ompanded*) *a*(*udio*) *m*(*ultiplex*)〙

Nic·a·ra·gua /nɪ̀kərɑ́ːgwə | -kərǽgjuə, -gwə; *Am.Sp*. nikaɾáɣwa/ *n*. ニカラグア《中米の共和国; 面積 128,875 km², 首都 Managua; 公式名 the Republic of Nicaragua ニカラグア共和国》. 〘1703〙

Nicaragua, Lake *n*. ニカラグア湖《ニカラグア西部の湖; 面積 8,264 km²》.

Nic·a·ra·guan /nɪ̀kərɑ́ːgwən | -kərǽgjuən, -rɑ́ː-, -gwən⁻/ *adj*. ニカラグア(人)の. — *n*. ニカラグア人.

nic·co·lite /níkəlàɪt/ *n*.〘鉱物〙紅ヒニッケル鉱 (NiAs)《copper nickel ともいう》. 〘(1868) ← NL *niccol*(*um*) 'NICKEL'＋-ITE¹〙

Nic·co·lò /nìkoulɔ́ː | -kə(ʊ)-; *It*. nikkolɔ́/ *n*. ニッコロー《男性名》. 〘It. ～ 'NICHOLAS¹'〙

nice /náɪs/ *adj*. (**nic·er; -est**) **1 a** よい，結構な，すてきな，見事な，うまい，楽しい，おもしろい (agreeable) (⇨ delicious SYN): a ～ book, cigar, room, song, etc. / ～ weather よい天気 / ～ cooking おいしい料理 / a ～ visit 楽しい訪問 / a ～ income 結構な[かなりの]収入 / a ～ shot 見事な一撃; ナイスショット / ～ work 手際よくいった仕事，上出来 / ～ work if you can get it (他人の幸運な仕事について)うらやましい限りだ / We had a ～ time yesterday. きのうは楽しかった / *Nice* [It's been ～] seeing [meeting] you. お会いできてよかった《別れる時に言う言葉》/ Have a ～ day.《米口語》さようなら，(店で客が帰るときに)ありがとうございました. **b** 〈人が〉感じのよい (pleasing); 思いやりのある，親切な (kind); 丁寧な，上品な; 教養のある，育ちのいい; ちゃんとした，まともな (respectable): in the ～*st* way possible 最大限愛想よく / How ～ *of* your mother *to* give you this! あなたにこれをくださるとは随分優しいお母さんですね / That's very ～ *of* you. それはどうもありがとう. **c** 〈作法・言葉づかい・服装など〉ふさわしい，礼儀にかなった (fitting): That isn't a ～ word to use in class. そんな言葉は教室で使うべきではない. **2**《反語》大変な，困った，いやな (nasty) (cf. pretty 6): Here is a ～ mess. 困ったことになった / You're a ～ fellow, I must say. 君は本当にひどいやつだな. **3 a** 気難しい，えり好みする，やかましい (⇨ dainty SYN): be ～ *in* one's dress 着る物にやかましい. **b** 厳格な，几帳面な (scrupulous): the ～ courtesy 謹厳そのものの礼儀 / He is too ～ *in* his dealings. 取引が几帳面過ぎる. **4 a** 微妙な，細かい，精妙な (subtle); 鋭敏な，敏感な (sensitive); 精密な (accurate): a ～ point of law 法律の微妙な点 / a ～ inquiry [observation] 精密な調査[観察] / a ～ distinction 微細な区別 / ～ shades of meaning 意味の微妙な差 / a ～ ear for sounds 鋭敏な聴覚 / a ～ eye for distances 遠目の利くいい目 / a ～ sense of color 鋭敏な色彩感覚 / It was weighed in the ～*st* scales. この上もなく精密に計量された. **b** 細かい神経のいる，手の込んだ，難しい: a ～ argument 難しい議論 / ～ workmanship 手の込んだ[細かい]技術 / negotiations needing ～ handling 細かい配慮を要する交渉. **5**《廃》**a** みだらな，浮気な (lewd). **b** はにかむ，内気な (coy). **c** 愚かな，ばかな. **6**《廃》ささいな，つまらない (trifling).
màke níce (表面上は)愛想をよくする. ***nice and ...*** /nàɪsən, -sṇ/《口語》申し分なく…，とても… (satisfactorily) (cf. GOOD *and* ..., RARE *and* ...): The place is ～ *and* healthy. そこはとても健康によい所だ / The dish is ～ *and* warm. この料理は温かくてけっこうだ. ★ and を略して nice だけを副詞的にも用いる: This is a ～ long one. これは長くていい. (1846) ***Nice òne***《英口語》(巧みな[こっけいな]言動に対して)でかした，うまい，結構結構. ***Nice wòrk!***《英》よくやった; でかした.
— *adv*.《口語・方言》＝nicely.
〘(*c*1300) *nyce* foolish ▭ (O)F ～ 'simple, stupid, dull' (現在は方言) < L *nescium* ignorant ← *ne* not＋*scīre* to know (cf. science, nescience): argeeable の意味が生じたのは 18 C〙

Nice /níːs; *F*. nis/ *n*. ニース《フランス南東地中海沿岸の港市・避寒地; Alpes-Maritimes 県の県都; ⇨ Riviera》.

nice·ish /náɪsɪʃ/ *adj*. ちょっと(感じの)いい. 〘1835〙

níce-lòoking *adj*.《口語》(見たところ)よさそうな，おいしそうな; きれいな (pretty); 愛敬のある，愛くるしい (attractive). 〘1807〙

nice·ly /náɪsli/ *adv*. **1** よく，りっぱに (very well)，心地よく (agreeably): do ～ りっぱにやる / talk ～ 心地よく話す. **2** 気難しく (fastidiously)，几帳面に (punctiliously). **3** 微細に，鋭敏に，精巧に，入念に. **4** きちんと，うまく (exactly): That will suit me ～. それは私には好都合だ / She's doing ～. うまくやっている; 快方に向かっている. 〘(*a*1338) *niceli* foolishly〙

Ni·cene /náɪsiːn⁻/ *adj*. **1** ニカイア[ニケーア] (Nicaea) (人)の. **2** ニカイア会議の[に関する]. 〘(*a*1387) ▭ LL *Nicēnus, Nicaenus* ← *Nicēa, Nicaea* ▭ Gk *Nikaia* Nicaea〙

Nice 'n Eas·y /nàɪsəníːzi, -sṇ-/ *n*.〘商標〙ナイスンイージー《米国 Clairol 社製の毛染め剤》.

Nícene Council *n*. [the ～] ニカイア[ニケーア]会議《Nicaea で開かれた宗教会議》: **a** 325 年に Arius の異端を論じてニカイア信条 (Nicene Creed) を議定したもの. **b** 787 年に偶像の問題を審議したもの. 〘(1450) 1526〙

Nícene Créed *n*. [the ～] ニカイア[ニケーア]信条[信経]《325 年のニカイア会議で議定した信条; 今日一般に用いられているのは 381 年のコンスタンチノープル会議で多少の変更を加えたもの》. 〘1569〙

níce-nél·ly, níce-N- /-néli⁻/ *adj*.《米・カナダ口語》**1** 上品ぶった，淑女ぶった. **2** 婉曲(的)な. 〘(1925) ← *nice Nelly*〙

níce nélly, níce N- *n*.《米・カナダ口語》**1** (ひどく)上品ぶった人[女]，淑女ぶった女. **2** 婉曲な言葉，上品な表現. 〘⇨ Nelly〙

níce-nél·ly·ism, níce-N- /-néliɪzm/ *n*.《米・カナダ口語》**1** ひどく上品[淑女]ぶること (prudery). **2** 婉曲[上品]な言い回し (euphemism). 〘(1936): ↑, ism〙

níce·ness *n*. **1** 心地[感じ]よさ. **2** (判断などの)精密さ，繊細; 綿密. **3** 気難しさ，几帳面. **4**《廃》内気さ. 〘*c*1530〙

Ni·ceph·o·rus I /naɪséfərəs/ *n*. ニケフォロス一世 (?–811; ビザンチン皇帝 (802–11)).

Nicephorus II *n*. ニケフォロス二世 (912?–69; ビザンチン皇帝 (963–69)).

ni·ce·ty /náɪsəṭi | -sɪ̀ti/ *n*. **1** (知覚・識別の)正確さ，精密さ: the ～ of one's powers of observation / The job called for ～ of judgment. その仕事は判断の正確さを必要とした. **2 a** (処理の)微妙さ，精妙さ; 扱いにくさ，困難さ: a point [matter, question] of extreme ～ きわめて微妙な点[事柄，問題] / the ～ of diplomatic talks 外交会談の微妙な[きわどい]駆け引き. **b** [通例 *pl*.] 微妙[精妙]な点; 詳細，委細: *niceties* of workmanship 細工の細かさ / observe *niceties* of syntax 文法の細かい点を守る / the *niceties* of an argument [evidence] 議論[証拠]の詳細 / He left the *niceties* of composition to his secretary. 彼は文の細かなところは秘書に任せた. **3** (趣味・感情の)繊細，潔癖，気難しさ (fastidiousness): her *niceties* of [about] dress 着る物について好みのうるさいこと. **4** [通例 *pl*.] 雅致のあるもの，優雅なもの; 美味なもの，美食，好物: the *niceties* of life (高雅な)ぜいたく品 / enjoy the *niceties* of modern life 近代生活の優雅さを楽しむ. **5**《廃》過度の上品さ，いやに内気ぶること，はにかみ (shyness). ***to a nicety*** きちんと，正確に (exactly): The coat fits me *to a* ～. その上着はきっちり合う[ぴったりだ]. 〘(*c*1303) *nycete* folly ▭ OF *niceté* ← *nice*: ⇨ nice, -ty²〙

níc·ey-níce(y) /náɪsi-/ *adj*.《口語》よすぎる，お上品な.

niche /nítʃ, níːʃ | níːʃ, nítʃ/ *n*. **1** ニッチ，壁龕(へきがん)《像・花瓶などを置く壁のくぼみ》. **2** (人の才能・力量に適した)地位，活動範囲; (物の性質にふさわしい)所: He found [carved, created, made] a ～ for himself. 彼は適所を得た. **3** (トンネル・高速道路などの)待避所. **4**〘生態〙生態的地位，ニッチェ《生物がその属する群集や生態系の中で占める地位》. **5**〘商業〙市場の隙間，ニッチ《市場内で従来の製品・サービスではカバーしてなかった，小規模だが収益性のある特定領域》: ～ marketing 隙間市場への販売活動，ニッチマーケティング. **6**〘医学〙ニッシェ《臓器の内壁の陥凹で，胃・十二指腸潰瘍(かいよう)の代表的なレントゲン所見》.
find a niche in the témple of fáme 不朽の名を得る.
— *vt*. **1** [通例 p.p. 形で]〈像などを〉壁龕に安置する，…のために壁龕を設ける. **2** [通例 p.p. 形または ～ *oneself* で] (適当な所に)置く，落ち着ける (settle): ～ *oneself* in a corner すみの方に落ち着く. **3** …に壁龕を設ける.
〘(1611) ▭ (O)F ～ ← *nichier* (F *nicher*) to make a nest, nestle < VL **nīdicāre* ← L *nīdus* 'NEST'〙

Nich·o·las¹ /ník(ə)ləs/ *n*. ニコラス《男性名; 愛称形 Nick, Nicky; 異形 Nicol, Nicolas, Cole》. 〘▭ F *Nicolas* ▭ L *Nic*(*h*)*olaus* ▭ Gk *Nikólāos*《原義》prevailing among the people ← *níkē* victory＋*lāós* people〙

Nich·o·las² /ník(ə)ləs/ *n*. ニコライ (1856–1929; ロシアの大公，第一次大戦におけるロシア総司令官; 称号 Grand Duke Nicholas; 本名 Nikolai Nikolaevich).

Nicholas, Saint *n*. ニコラウス (?–?345; 小アジア Myra の司教，ロシアの守護聖人で，また旅人・船乗り・子供の守護聖人; 祝日 12 月 6 日; この伝説はオランダから米国に入って Santa Claus となる).

Nicholas I *n*. ニコライ一世 (1796–1855; ロシアの皇帝 (1825–55); クリミア戦争を起こした (1853); 本名 Nikolai Pavlovich).

Nicholas I, Saint *n*. ニコラウス[ニコラ]一世 (800?–67; イタリアの聖職者; 教皇 (858–67); 祝日 11 月 13 日; 通称 Nicholas the Great).

Nicholas II *n*. **1** ニコライ二世 (1868–1918; ロシアの Romanov 王朝最後の皇帝 (1894–1917); 日露戦争を始め (1904 年)，1905 年の革命を契機に国会の開設を余儀なくされた; 1917 年の革命後 Ekaterinburg で幽閉された家族と共に過激派に銃殺された; 本名 Nikolai Aleksandrovich). **2** ニコラウス[ニコラ]二世 (980–1061; イタリアの聖職者; 教皇 (1059–61)).

Nicholas III *n*. ニコラウス[ニコラ]三世 (1216–80; イタリアの聖職者; 教皇 (1277–80); 本名 Giovanni Gaetano Orsini /orsíːni/).

Nicholas IV *n*. ニコラウス[ニコラ]四世 (?–1292; イタリアの聖職者; 教皇 (1288–92); タタール (Tartary)，中国へフランシスコ会伝道師 John of Monte Corvino を派遣，本名 Girolamo Masci /dʒiróːlamo máʃʃi/).

Nicholas V *n*. ニコラウス[ニコラ]五世 (1397?–1455; イタリアの聖職者・人文学者; 教皇 (1447–55); Frederick 三世をローマ最後の皇帝に即位させた; 本名 Tommaso Parentucelli /tommáːzo parèntutʃélli/).

Níchola of Cú·sa /-kjúːzə/ *n*. ニコラウス クサヌス，クサのニコラウス (1401–64; ドイツ生まれの神秘思想家・哲学者・神学者・枢機卿(すうきけい); ドイツ語名 Nikolaus von Cusa /níːkolaus fɔn kúːza/).

Nich·ols /níkəlz, -kḷz/, **Robert** (**Malise Bow·yer** /bóujə | bə́ujə(r/) *n*. ニコルズ (1893–1944; 英国の詩人・劇作家; 東京大学で英文学を講じた (1921–24)).

Nich·ol·son /níkəlsən, -kḷ-, -sṇ/, **Ben** *n*. ニコルソン (1894–1982; 英国の抽象画家).

Nicholson, Sir Francis *n*. ニコルソン (1655–1728; 英国のアメリカ植民地行政官).

Nicholson, Jack *n*. ニコルソン (1937–　; 米国の映画俳優・監督; *Easy Rider* (1969), *One Flew Over the Cuckoo's Nest* (1975), *Terms of Endearment* (1983), *As Good As It Gets* (1997)).

Nícholson's hydrómeter *n*.〘化学〙ニコルソン比重計，ニコルソン浮秤《上下に受け皿のついた円筒形の比重計で，水に浮かせて上下の皿に物体を置いたときの浮力の差から比重を求めるもの; cf. gravimeter》. 〘← *William Nicholson* (1753–1815; 英国の科学者)〙

Ni·chrome /náɪkroum | -krəʊm/ *n*.〘商標〙ニクロム《高度の電気抵抗力と高温度における安定性をもつニッケルとクロムを主成分とする合金》. 〘(1911)《混成》← NI(CKEL)＋CHROME〙

nicht /níxt/ *n*.《スコット》＝night.

Ni·ci·as /níʃiəs, -siəs | -siəs, -ʃiəs/ *n*. ニキアス (470?–413 B.C.; アテネの政治家・将軍; Syracuse で殺された).

nic·ish /náɪsɪʃ/ *adj*. ＝niceish.

nick /ník/ *n*. **1 a** (木・金属・陶器の端や表面に数・時刻・目印などのため刻みつけた) 刻み目 (notch): put ～*s in* the trees to be felled 倒す木に刻み目をつける. **b** (陶器などの)欠け目: ～*s* in a razor かみそりの刃こぼれ. **2** (出来事の)決定的な時[瞬間]: *in the* ～ *of* doing something ちょうど何かをしている際に / ⇨ *in the* NICK *of time*. **3**《英俗》刑務所 (prison); 警察署 (police office). **4** 〘活字〙ネッキ《活字の腹にある細長い溝》. **5**〘スポーツ〙ニック《スカッシュのコートの角(へのショット)》. **6** ＝edge 6. **7** (さいころ遊び (hazard) で)勝ち目の出ること，ニック《投げ手の言う数と同点または一定の組合わせになるさいの目が出ること》. ***in good*** [***póor, bád***] ***nick***《英俗》〈身体などが〉よい[悪い]状態に[で]，調子がよく[悪く]て. ***in the*** (***véry***) ***nick of time***《口語》危うく間に合って，ぎりぎりの時に，きわどい時に. (1643) ***òut of áll nick***《廃》数えきれないほど，この上なく.
— *vt*. **1 a** …に刻み目[切れ目]をつける，刻みつける (notch). **b** (棒に刻み目をつけて)〈勘定などを〉付けておく (tally); 書き留める，記録する (record). **2 a** 〈陶器・刃などに〉欠け目を作る，欠く (chip). **b** (浅く)傷つける，…にかすり傷をつける: The razor ～*ed* his cheek. かみそりでほお

N

にかすり傷を作った. **c** …に軽く当たる, 軽く打つ, かすめる. **3 a** 〈事実などを〉突き止める, ぴたりと言い当てる (hit): ～ the truth / You ～ it. その通りだ, 図星だ. **b** 〈時間・乗物など〉にちょうど間に合う (catch): ～ the time / ～ a bus, train, etc. **c** 〈好機などを〉うまく捕える: ～ a good opportunity. **4 a** 〈事が〉〈予算などを〉切り詰めさせる. **b** 〈感情などを〉抑える (check). **5** (馬に尾を高く上げさせるために)〈尾〉の根もとの腱(けん)に切れ目を入れる; 〈馬〉の尾もとを切る: ～ a horse's tail [a horse]. **6 a** 《俗》〈人〉に不当な代金を要求する (overcharge) 〔*for*〕: He ～*ed* me (*for*) ten dollars. 私に不当にも 10 ドルも請求した. **b** 《米・カナダ俗》欺く; 〈人を〉だまして〔…を〕巻き上げる〔*of*〕: He ～*ed* me *of* the money. 私からその金をだまし取った. **7 a** 《英俗》捕える (arrest): ～ a thief, criminal, etc. **b** 《英俗》盗む: ～ a watch 時計を盗む. **8** (さいころ遊びで)〈勝ち目のさいを〉振り出す.
— *vi.* **1** 軽く攻撃する, やっつける〔*at*〕. **2 a** (狩猟で)近回りして先に出る; (競馬で)前の馬を追い越してインコースにはいる, コースの内側を回って先に立つ. **b** [～ in として] 《口語》〈車が〉急に前の車の前に割り込む (cut in). **3** 〈家畜が〉(育種上)交尾して良い結果を得る〔*with*〕. **4** [～ off として] 《俗》急いで行ってしまう, ずらかる.
〖(*a*1450) *nik* 《変形》← ? *nokke* 'NOCK': cf. Du. *nikken* & G *nicken* to nod, beckon〗

Nick[1] /nɪ́k/ *n.* ニック《男性名; 異形 Nic》. 〖(dim.) ← NICHOLAS[1]〗

Nick[2] /nɪ́k/ *n.* ＝Old Nick. 〖(dim.) ← NICHOLAS[1]: cf. G *Nickel* goblin〗

Níck Cárter *n.* ⇨ Nick CARTER.

nick·el /nɪ́kəl, -kl̩/ *n.* **1** 〖化学〗ニッケル《金属元素の一つ; 記号 Ni, 原子番号 28, 原子量 58.70》. **2** 《米・カナダの》ニッケル貨, 5 セント白銅貨 (five-cent piece) (cf. dime 1, penny 3, quarter A 3 b). **3 a** 5 セント. **b** 少額の硬貨, わずかな金. **— *vt.*** (**nick·eled, -elled; -el·ing, -el·ling**) ニッケルめっきする, …にニッケルをかぶせる. 〖(1755) 《略》← Swed. *kopparnickel* niccolite □ G *Kupfernickel* 《原義》copper demon ← *Kupfer* 'COPPER' + *Nickel* demon, dwarf (《短縮》← *Nikolaus* 'NICHOLAS[1]'): cf. Nick[2]: niccolite は銅に似ていながら銅を含まないことから: Baron A. F. von Cronstedt (1722–65: スウェーデンの鉱物学者)の用語〗

níckel ácetate *n.* 〖化学〗酢酸ニッケル ($Ni(CH_3CO_2)_2 \cdot 4H_2O$)《緑色結晶; 媒染剤に用いる》.

nick·el-and-dime /nɪ́kələndáɪm, -kl̩-/ 《米口語》 *adj.* けちな, しみったれた; つまらない. **— *v.*** (**nickeled-and-dimed, ～d; nickeling-and-diming, nickel-and-diming**) **— *vt.*** **1** 少しずつ出費させて困らせる, じわじわと弱らせる; ささいなことで悩ます[苦しめる]. **2** けちる; …にしみったれた扱いをする. **3** (少しずつ)ためる. **— *vi.*** けちる. 〖1935〗

níckel blóom *n.* 〖鉱物〗ニッケル華 (annabergite).

níckel bráss *n.* ニッケル黄銅《銅・亜鉛・ニッケルの合金》.

níckel-cádmium bàttery *n.* 〖電気〗ニッケルカドミウム(蓄)電池 (nicad).

níckel cárbonyl *n.* 〖化学〗ニッケルカルボニル《一酸化炭素をニッケル塩粉末に作用させると得られる無色揮発性の有毒な液体; 触媒として用いられる》.

nick·el·ic /nɪkélɪk, nɪ́kəl-/ *adj.* 〖化学〗ニッケルの; (特に)三価のニッケル (Ni^{III}) を含む. 〖1832〗

nickélic óxide *n.* 〖化学〗酸化ニッケル (III) (Ni_2O_3)《灰黒色の粉末で, 蓄電池の製造に用いる; nickel sesquioxide ともいう》.

nick·el·if·er·ous /nɪ̀kəlɪ́fərəs˗/ *adj.* 〈鉱石など〉ニッケルを含む[産する]. 〖(1821) ← NICKEL + -I- + -FEROUS〗

níckel núrser *n.* 《米俗》しみったれ, けちん坊. 〖(1926) ← NICKEL (n.) 3〗

nick·el·o·de·on /nɪ̀kəlóʊdiən | -lə́ʊd-/ *n.* 《米》 **1** 5 セント劇場《20 世紀初頭の入場料 5 セントの映画館・演芸場など》. **2** (5 セント)ジュークボックス (jukebox); (昔, 5 セントで動いた)自動ピアノ. 〖(1907) ← NICKEL (n.) 2 + (MEL)ODEON〗

nick·el·ous /nɪ́kələs/ *adj.* 〖化学〗ニッケルの; (特に)二価のニッケル (Ni^{II}) を含む, 第一ニッケルの. 〖1880〗

níckel óxide *n.* 〖化学〗酸化ニッケル (NiO)《水に溶けない緑色粉末》.

níckel-pláte *vt.* ニッケルめっきする. 〖(1884) ↓〗

níckel pláte *n.* ニッケル板; ニッケルめっき. 〖1875〗

níckel pláting *n.* ニッケルめっき(法). 〖1875〗

níckel sesquióxide *n.* 〖化学〗＝nickelic oxide.

níckel sílver *n.* 〖冶金〗洋銀, 洋白《銅・亜鉛・ニッケルの合金; German silver, albata ともいう》. 〖1860〗

níckel stéel *n.* 〖化学〗ニッケル鋼《鉄と 0.5–5% のニッケルとの合金; 略 n.s.》. 〖1884〗

níckel súlfate *n.* 〖化学〗硫酸ニッケル ($NiSO_4$)《緑黄色結晶で, ニッケルめっきに用いる; single nickel salt ともいう》. 〖1868〗

níckel tetracárbonyl *n.* 〖化学〗＝nickel carbonyl.

níckel·tỳpe *n.* 〖印刷〗ニッケル電鋳版《ニッケルの電鋳によって作った電鋳版; steelfaced electrotype ともいう》.

nick·er[1] /nɪ́kə | -kə(r)/ *n.* 刻み目をつける人. 〖← NICK + -ER[1]〗

nick·er[2] /nɪ́kə | -kə(r)/ 《スコット・北英》 *vi.* **1** 〈馬が〉(静かに)いななく. **2** くすくす[静かに]笑う. **— *n.*** **1** いななき. **2** くすくす笑い, 忍び笑い. 〖(1641) 《変形》← *nicher, neigher* (freq.) ← NEIGH: ⇨ -er[4]〗

nick·er[3] /nɪ́kə | -kə(r)/ *n.* (*pl.* ～, ～s) 《英俗》ニッカー《1 ポンド英貨》. 〖(1910) NICKER[1] の特殊用法?〗

nick·er[4] /nɪ́kə | -kə(r)/ *n.* 《古》(伝説的な)海[水]の怪物. 〖OE *nicor* water monster < Gmc **nikwes*, **nikwus* (MLG *necker* / ON *nykr*) ← IE **neigʷ-* to wash (Gk *nízein*): cf. nix[2]〗

Nick·laus /nɪ́kləs | -laʊs, -ləs/, **Jack** *n.* ニクラウス《1940–　; 米国のプロゴルファー》.

nick·le /nɪ́kl̩/ *n.* ＝nickel 2.

nick·nack /nɪ́knæ̀k/ *n.* ＝knickknack.

nick·name /nɪ́knèɪm/ *n.* **1** あだ名, ニックネーム, 異名《John Bull, Fatty (でぶ), Shorty (ちび)など》: give a person a ～ 人にあだ名をつける. **2** (Christian name を短縮した)愛称, 略称《家庭内や親友同士での呼び名で Elizabeth, Edward に対する Bess, Ned など》. **3** (地名や物に対する)異名, 俗称《Hawaii を Aloha State, Paradise of the Pacific と呼ぶなど》. **— *vt.*** **1** …にあだ名をつける, あだ名で呼ぶ; 愛称[略称]で呼ぶ: The boy is ～*d* Jack. その少年はジャックという愛称で呼ばれている. **3** 《まれ》誤称する (misname): They ～ patience cowardice. 忍耐を卑怯と誤って言っている. **níck·nàm·er** *n.* 〖(1440) (*a*) *nekename* 《異分析》← ME *an ekename* an additional name: ⇨ eke[2], name: cf. newt〗

níck·pòint *n.* 《米》＝knickpoint. 〖1954〗

Nick·y /nɪ́ki/ *n.* ニッキー《女性名》. 〖(dim.) ← NICOLA〗

nick·y-tam /nɪ́kitæ̀m/ *n.* 《スコット》ニッキータム《ひざ下に巻くズボン留め》. 〖1911〗

nic·nac /nɪ́knæ̀k/ *n.* ＝knickknack.

Nic·o·bar·ese /nɪ̀kəbɑːríːz, -ríːs | -ríːz/ *n.* (*pl.* ～) **1** ニコバル諸島の人. **2** ニコバル語《Mon-Khmer 語族に属する》. 〖(1875): ⇨ ↓, -ese (cf. *Nicobarian* 《廃》)〗

Níc·o·bar Íslands /nɪ́kəbɑ̀ː- | nɪ́kə(ʊ)bɑː-/ *n. pl.* [the ～] ニコバル諸島《Malay 半島の西方 Bengal 湾内の小島群; Andaman 諸島と共にインド共和国の連邦政府直轄領を成す; 面積 1,624 km²》.

Nic·o·de·mus /nɪ̀kədíːməs | -kə(ʊ)-/ *n.* 〖聖書〗ニコデモ《Sanhedrin のメンバーで隠れたイエスの弟子; Joseph of Arimathea を助けてイエスを葬る; cf. *John* 3:1–21; 7:50–52; 19:39》. 〖□ Gk *Nikódēmos* 《原義》victory of the people ← *níkē* victory + *dêmos* people: cf. democracy〗

ni·çoise /niːswɑ́ːz; *F.* niswaːz/ *adj.* **1** (フランスの)ニース (Nice) 風[様式]の. **2** 〈料理が〉ニース風の《トマト・アンチョビー・黒オリーブ・ケーパーなどで調味した[が付け合わされた]》. 〖□ F *niçois(e)*〗

Nic·ol /nɪ́kəl, -kl̩/ *n.* 〖光学〗＝Nicol prism. 〖1875〗

Ni·co·la /nɪkóʊlə | -kə́ʊ-; *It.* nikɔ́ːla, *F.* nikɔla/ *n.* ニコーラ, ニコラ: **1** 女性名《愛称形 Nicky; 異形 Nicole, Nicolette, Colette》. **2** 男性名. 〖□ It. ～ (fem.): ⇨ Nicholas[1]〗

Nic·o·lai /nɪ́kəlàɪ; *G.* nikoláɪ, níkolaɪ/, (**Carl**) **Otto** (**Eh·ren·fried** /éːʁənfʁiːt/) *n.* ニコライ《1810–49; ドイツの作曲家; 歌劇 *The Merry Wives of Windsor* (1849)》.

Nic·o·lai /nɪ́kəlàɪ/ *n.* 〖商標〗ニコライ《カナダ Seagram 社製のウオツカ》.

Nic·o·las /nɪ́kələs; *F.* nikɔla/ *n.* ニコラス《男性名》. 〖《変形》← NICHOLAS[1]〗

Nic·o·lay /nɪ̀kəléɪ, ⸗⸗⸗/, **John George** *n.* ニコレイ《1832–1901; ドイツ生まれの米国の伝記作家; *Abraham Lincoln: a History* (10 vols., 1890) (John Hay と共著)》.

Ni·cole /nɪkóʊl, niː- | -kə́ʊl; *F.* nikɔl/ *n.* ニコル《女性名》. 〖《変形》← NICOLA〗

Ni·co·lette /nɪ̀kəlét; *F.* nikɔlɛt/ *n.* ニコレット《女性名》. 〖□ F ～ (fem.): ⇨ ↑, -ette〗

Ni·colle /niːkɔ́(ː)l | -kɔ́l; *F.* nikɔl/, **Charles Jean Henri** *n.* ニコル《1866–1936; フランスの医学者; Nobel 医学生理学賞 (1928)》.

Ni·co·lò /nìːko(ʊ)lóʊ | -kə(ʊ)-; *It.* nikoló/ *n.* ニコロー《男性名》. 〖← Niccolò〗

Nícol prism *n.* 〖光学〗ニコルプリズム《直線偏光を作るのに用いる方解石製の二重プリズム; 単に Nicol ともいう》. 〖(1843) ← *William Nicol* (1768?–1851: スコットランドの物理学者)〗

Nic·ol·son /nɪ́kəlsən, -kl̩-, -sn̩/, Sir **Harold** (**George**) *n.* ニコルソン《1886–1968; 英国の外交官・伝記作家・批評家; V. M. Sackville-West の夫; *Byron: The Last Journey* (1924)》.

Ni·cop·o·lis /nɪkɑ́(ː)pəlɪs, naɪ- | nɪkɔ́pəlɪs/ *n.* ニコポリス《イオニア海 (Ionian Sea) 近くの古代 Epirus の都市》. 〖□ Gk *Nikópolis* 《原義》city of victory〗

Nic·o·si·a /nɪ̀kəsíːə, -koʊ- | -kə(ʊ)-; *Mod.Gk.* nikɔsía/ *n.* ニコシア《キプロス中北部にある同国の首都》.

ni·co·tian /nɪkóʊʃən | -kə́ʊ-/ 《古》 *adj.* たばこの; 喫煙と関係のある. **— *n.*** たばこを吸う人 (smoker). 〖(1825) ← NICOT(INE) + -IAN〗

ni·co·ti·a·na /nɪkòʊʃiǽnə, -ɑ́ːnə | nɪkə̀ʊʃiɑ́ːnə/ *n.* 〖植物〗＝flowering tobacco. 〖(1600) ← NL (*herba*) *nicotiana* Nicot's (herb): ⇨ nicotine〗

nic·o·tin·a·mide /nɪ̀kətíːnəmàɪd, -tɪ́n-, -mɪ̀d | -màɪd/ *n.* 〖生化学〗ニコチン酸アミド ($C_5H_4NCONH_2$)《水溶性ビタミン B 複合体の一成分; 医薬品, ペラグラの予防治療用》. 〖(1895) ← NICOTINE + AMIDE〗

nicotinamide-ádenine dinúcleotide *n.* 〖生化学〗ニコチンアマイドアデニン ジヌクレオチド (略 NAD) (⇨ diphosphopyridine nucleotide). 〖1961〗

nicotinamide-ádenine dinúcleotide phósphate *n.* 〖生化学〗ニコチンアマイドアデニン ジヌクレオチドリン酸 (略 NADP) (⇨ triphosphopyridine nucleotide). 〖(1962): ⇨ ↑, phosphate〗

nic·o·tine /nɪ́kətiːn, ⸗⸗⸗/ *n.* 〖化学〗ニコチン ($C_{10}H_{14}N_2$)《たばこの中に含まれるアルカロイド》. 〖(1819) (1839) □ F ～ ← NL *nicotiāna* (*herba*) Nicot's (herb) (＝tobacco) ← *Jean Nicot* (?1530–1600: 1560 年にたばこをポルトガルから国内に紹介したフランスの外交官): ⇨ -ine[3]〗

níc·o·tìned *adj.* 〈指など〉たばこのやにで染まった[よごれた]. 〖1889〗

nícotine pàtch *n.* ニコチンパッチ《ニコチンを含ませた禁煙用貼り薬; これを体に貼るとニコチンが血液に吸収され, 喫煙欲をやわらげる》.

nic·o·tin·ic /nɪ̀kətɪ́nɪk, -tíːn-˗/ *adj.* 〖化学〗ニコチンの; ニコチン酸の; ニコチン酸(の作用)による. 〖1873〗

nicotínic ácid *n.* 〖生化学〗ニコチン酸 ($C_6H_5NO_2$)《ビタミン B 複合体の一成分; niacin ともいう》. 〖1873〗

nic·o·tin·ism /nɪ́kətiːnɪzm̩, nɪ̀kətíːn-/ *n.* (慢性の)ニコチン中毒. 〖1892〗

NICS /ɛ́nàɪsìːz/ 《略》newly industrialized [industrializing] countries (1970 年代以降の)新興工業国, ニックス《現在は NIES の呼称を採用》.

nic·tate /nɪ́kteɪt/ *vi.* ＝nictitate. 〖(1691) ← L *nictāt-* (p.p.) ← *nictāre* to wink〗

nic·ta·tion /nɪktéɪʃən/ *n.* 〖病理〗＝nictitation. 〖(1623) ← L *nictātiōnem* winking: (↑)〗

nic·ti·tate /nɪ́ktətèɪt | -tɪ-/ *vi.* まばたきする. 〖(1822–34) ← ML *nictitātus* (p.p.) ← *nictitāre* (freq.) ← L *nictāre* to wink: ⇨ -ate[3]: cf. connive〗

níc·ti·tàt·ing mémbrane /-tɪŋ- | -tɪŋ-/ *n.* 〖動物〗瞬膜《鳥・ワニなどのまぶたの内側にある第三のまぶた; 横にすばやく眼球をおおう; third eyelid, haw ともいう》. 〖(1713): ⇨ ↑, membrane〗

níctitating spásm *n.* 〖病理〗瞬目痙攣(けいれん). 〖(1899): ⇨ nictitate, spasm〗

nic·ti·ta·tion /nɪ̀ktətéɪʃən | -tɪ-/ *n.* 〖病理〗(痙攣(けいれん)性)瞬目, まばたき. 〖(1784–86): ⇨ nictitate, -ation〗

ni·cy /náɪsi/ *n.* 《英》 **1** 《小児語》お菓子, うまうま (sweet); おしゃぶりあめ, あめ玉 (lollipop). **2** 《口語》すてきな人[物]. 〖(1859) ← NIC(E) + -Y[4]〗

ni·da·men·tal /nàɪdəméntl̩ | -tl̩˗/ *adj.* 〖動物〗(軟体動物などの)卵を入れる, 卵巣の: ～ glands 卵包腺 / ～ capsules 卵巣被囊(のう). 〖(1835–6) ← L *nīdāmentum* materials of a nest ← *nīdus* nest: ⇨ nidus, -al[1]〗

ni·da·tion /naɪdéɪʃən/ *n.* 〖生理〗(卵)着床《受精卵が子宮内膜に定着結合すること》. 〖(1874) ← L *nīd(us)* (↑) + -ATION〗

nid·der·ing /nɪ́dərɪŋ, -drɪŋ | -dərɪŋ, -drɪŋ/ 《古》 *n.* 臆病者, 卑怯者. **— *adj.*** 臆病な, 卑怯な, 卑劣な. 〖(1596) 《変形》← *nithing* < OE *nīðing* infamous man, villain □ ON *nīðingr* ← *nīð* envy, hatred: 1596 年 William of Malmesbury の刊本で *niðing* を *nid'ing* と誤読したことから〗

nid·dle-nod·dle /nɪ́dl̩nɑ̀(ː)dl̩ | nɪ́dl̩nɔ̀dl̩/ *adj.* (頭部が)こっくりこっくり[ぐらぐら]している (nodding): a ～ figure 首振り人形. **— *vt.*** (居眠りなどで)〈頭を〉こっくりこっくりさせる. **— *vi.*** 〈頭が〉こっくりこっくり動く (sway). 〖(1761) 《加重》← NODDLE[2]〗

nide /náɪd/ *n.* 《英》(きじの)巣; (きじの)巣の中の(一かえりの)ひな (brood). 〖(1679) □ L *nīdus* 'NEST'〗

nid·er·ing /nɪ́dərɪŋ, -drɪŋ | -dərɪŋ, -drɪŋ/ *n., adj.* ＝niddering.

nid·get /nɪ́dʒɪt | -dʒɪt/ *n.* 《古》ばか, 愚か者. 〖(1579–80) 《変形》← 《廃》*nidiot* 《異分析》← *an idiot*: ⇨ idiot〗

nidi *n.* nidus の複数形.

ni·dic·o·lous /naɪdɪ́kələs/ *adj.* 〖鳥類〗 **1** 留巣性の, 巣棲の《孵化(ふか)してから一定期間巣の中にいる; cf. nidifugous》. **2** よその巣に住む. 〖(1902) ← L *nīd(us)* 'NEST' + -I- + -COLOUS〗

nid·i·fi·cate /nɪ́dəfɪkèɪt | -dɪfɪ-/ *vi.* 巣を作る. **nid·i·fi·ca·tion** /nɪ̀dəfɪkéɪʃən | -dɪfɪ-/ *n.* 〖(1816) ← L *nīdificātus* (p.p.) ← *nīdificāre* to build a nest ← *nīdus* 'NEST' + *-ficāre* (← *facere* to make): ⇨ -ate[3]〗

ni·dif·u·gous /naɪdɪ́fjʊgəs/ *adj.* 〖鳥類〗離巣性の《孵化(ふか)してからすぐに巣を去る; cf. nidicolous》. 〖(1902): ⇨ nidus, -fuge, -ous〗

nid·i·fy /nɪ́dəfàɪ | -dɪ-/ *vi.* ＝nidificate. 〖(1656) □ L *nīdificāre* 'to NIDIFICATE': ⇨ -fy〗

nid-nod /nɪ́dnɑ̀(ː)d | -nɔ̀d/ *vi.* (眠くて)こっくりこっくりやる. 〖(*c*1787) 《加重》← NOD〗

ni·dor·ous /náɪdərəs | -də-/ *adj.* 《古》〈においが〉(肉・ヘットの焦げたような)不快きわまる. 〖(1626) □ L *nīdōrōsus* ← *nīdor* strong smell〗

Nid·u·lar·i·a·ce·ae /nɪ̀dʒʊlɛ̀əriéɪsiìː | -djʊlèər-/ *n. pl.* 〖植物〗チャダイゴケ科. **nìd·u·làr·i·á·ceous** /-ʃəs˗/ *adj.* 〖← NL ～ ← *Nidularia* (属名: ← L *nīdulus* small nest + -ARIA[1]) + -ACEAE: ⇨ nidus〗

ni·dus /náɪdəs | -dəs/ *n.* (*pl.* **ni·di** /-daɪ/, ～·**es**) **1** (昆虫・クモ・カタツムリなどの)卵を産みつける巣, 孵卵所. **2** (動植物内の病菌・寄生虫などの)発生所, 病巣. **3** 〖植物〗芽胞巣《胞子が発達する所》. **4** (性質・主義などの)培う所, 根源 (source). **ni·dal** /náɪdl̩ | -dl̩/ *adj.* 〖(1742) □ L *nīdus* 'NEST'〗

Nid·wal·den /níːtvɑ̀ːldən, -dn̩; *G.* níːtvaldn̩/ *n.* ニートワルデン《スイス中部, 旧 Unterwalden 州が 2 分されてできたうちの東側の準州; cf. Obwalden》.

Nie·buhr /níːbʊə | -bʊə(r); *G.* níːbuːɐ/, **Bar·thold** /bártɔlt/ **Georg** *n.* ニーブール《1776–1831; ドイツの古代史家・政治家》.

Nie·buhr /níːbʊə | -bʊə(r)/, **Helmut Richard** *n.* ニーバー《1894–1962; 米国の牧師・神学者; R. Niebuhr の弟》.

N

Niebuhr, Reinhold *n.* ニーバー《1892–1971; 米国の牧師・神学者; *The Nature and Destiny of Man* (vol. I, 1941; vol. II, 1943)》.

niece /níːs/ *n.* **1** 姪(めい) (cf. nephew 1); 義理の姪. **2** 《婉曲》(聖職者の)私生児 (cf. nephew 2). **3** 《廃》 **a** 孫娘 (granddaughter). **b** 女性の子孫, 親戚の女子. 〖《c1300》 *nece* □ OF *ni(e)ce* (F *nièce*) < VL *neptia(m)=L *neptis* granddaughter, niece ∞ ME *nift* < OE < Gmc *niptiz (G *Nichte*) ← IE *nepōt-: cf. nephew〗

Nie·der·ös·ter·reich /G. níːdɐøːstəʀaɪç/ *n.* ニーダーエースターライヒ《Lower Austria のドイツ語名》.

Nie·der·sach·sen /G. níːdɐzàksṇ/ *n.* ニーダーザクセン《Lower Saxony のドイツ語名》.

nielli *n.* niello の複数形.

ni·él·list /-lɪ̀st | -lɪst/ *n.* 黒金(くろ)象眼師, ニエロ細工師. 〖⇨ ↓, -ist〗

ni·el·lo /niélou | -ləu; *It.* njɛ́llo/ *n.* (*pl.* **ni·el·li** /-laɪ; *It.* -li/, ~s) **1** ニエロ, 黒金(くろ)《硫黄に銀・銅・鉛などを加えた濃黒色の合金; 金銀細工品の象眼に用いる》. **2 a** ニエロ細工; ニエロ[黒金]象眼細工《niello work ともいう》. **b** ニエロ象眼細工品. — *vt.* ニエロで象眼する. 〖《1816》□ It. ~ < VL *nigellu(m) kind of black enamel=L *nigellus* (dim.) ← *niger* black: cf. Negro〗

Niels /níːls; *Dan.* néls/ *n.* ニールス, ネールス《男性名》. 〖□ Dan. ~《原義》son of Neil: ⇨ Neil〗

Niel·sen /níːlsən, -sṇ; *Dan.* nélsən/, **Carl** (**August**) *n.* ニルセン《1865–1931; デンマークの作曲家》.

Níel·sen ràting /níːlsən-, -sṇ-/ *n.* ニールセン視聴者数調査, ニールセン格付け《米国のマーケットリサーチ会社 A. C. Nielsen Co. によるテレビ番組の視聴者数調査》. 〖1951〗

Nie·men /*Pol.* ɲémɛn/ *n.* [the ~] ニェメン(川)《Neman 川のポーランド語名》.

Nie·mey·er /níːmaɪə | -maɪə(r; *Braz.* niméier/, **Oscar** /oskár/ *n.* ニーマイア《1907–2012; ブラジルの建築家》.

Nie·möl·ler /níːmʌlə, -mələ | -lə(r; *G.* níːmœlɐ/ (*also* **Nie·moel·ler**), (**Friedrich Gustav Emil**) **Martin** *n.* ニーメラー《1892–1984; ドイツの反ナチのプロテスタント神学者》.

ni·en·te /niéntei/ *adv., adj.* 〚音楽〛音がしだいに小さくなって消えるように[な], ニエンテ(で[の]). 〖《1920》□ It ~ nothing〗

Niepce /njéps, niéps; *F.* njɛps/, (**Joseph-**)**Nicéphore** *n.* ニエプス《1765–1833; フランスの発明家; 写真術の発明者》.

Nier·stein·er /níəstaɪnə, -ʃtaɪ- | níəstaɪnə(r; *G.* níːɐʃtaɪnɐ/ *n.* ニールシュタイナー(ワイン)《白ぶどう酒》. 〖□ G ~ (adj.) ← *Nierstein* (ライン河畔の産地名)〗

NIES, NIEs /énàiːz/ *n.* 新興工業経済地域, ニーズ《1988 年の Toronto サミットで NICS に代わる呼称として採用された》. 〖《頭字語》← *n(ewly) i(ndustrializing) e(conomie)s*〗

Nie·tzsche /níːtʃə, -tʃi | -tʃə; *G.* níːtʃə, níːtsʃə/, **Friedrich Wilhelm** *n.* ニーチェ《1844–1900; ドイツの哲学者・詩人; *Also sprach Zarathustra*「ツァラトゥストラはかく語りき」(1883–85)》.

Nie·tzsche·an /níːtʃiən/ *adj.* ニーチェ哲学の, ニーチェ哲学に基づいた (⇨ Nietzscheanism). — *n.* ニーチェ哲学[主義]者. 〖《1904》← ↑ +-an[1]〗

Nie·tzsche·an·ism /-nɪ̀zm/ *n.* (*also* **Nie·tzsche·ism** /-tʃiːɪzm/) ニーチェの哲学説, ニーチェ哲学[主義]《キリスト教的道徳を排撃して個人および社会の主動力として権力への意志 (will to power) を強調し, 強者の道徳によってのみ人は超人 (superman) の域に達することができると説く》. 〖《1908》← ↑ +-ism〗

nieve /níːv/ *n.* 《スコット・北英》 **1** 拳(こぶし), げんこつ. **2** 手. 〖《c1300》 *neve, nefe* □ ON *hnefi, nefi* fist ← ?〗

Niè·vre /njéːvʀ(ə); *F.* njɛːvʀ/ *n.* ニェーブル《フランス中部の県; 面積 6,887 km^2, 県都 Nevers》.

Nife, n- /náɪf, náɪfi/ *n.* 〚地質〛ニフェ《ニッケル (Ni) と鉄 (Fe) から成ると想定された地球の中心核 (core)》. 〖《1909》← Ni+Fe〗

ni·fed·i·pine /naɪfédəpìːn | -dɪ-/ *n.* 〚薬学〛ニフェジピン ($C_{17}H_{18}N_2O_6$)《カルシウム拮抗薬; 高血圧や狭心症の治療に用いる》. 〖《1974》← ni(tro-)+-fe- (<phenyl)+di-[1]+p(yrid)ine〗

niff /nɪ́f/ 《英俗》 *n.* いやなにおい, 悪臭. — *vi.* いやなにおいがする (stink). 〖《1903》? ← (s)niff〗

nif·fer /nɪ́fə | -fə(r/ 《スコット》 *vt., vi.* 物々交換する (barter). — *n.* 物々交換. 〖《1612》《転訛》? ← nieve〗

nif·fy /nɪ́fi/ *adj.* 《英俗》いやなにおいのする. 〖《1903》L niff+-y[1]〗

Ni·fl·heim /nɪ́vəlhèɪm, -vl-/ *n.* 〚北欧神話〛ニヴルヘイム《新エッダによれば Ginnungagap の北側にある寒冷な霧の立ち込める国で, Muspelheim に対する; また女神 Hel に支配される死者の国であり, Niflhel や Hel の別名》. 〖□ ON *Niflheimr*《原義》home of mist ← *nifl* mist+*heimr* 'home': cf. Nibelungs〗

Ni·fl·hel /nɪ́vəlhèl, -vl-/ *n.* 〚北欧神話〛ニヴルヘル《北方の地下にある黄泉国の処罰所で, 寒冷な霧に覆われている》. 〖⇨ Nibelungs, hell〗

NIFO, Ni·fo /náɪfou | -fəu/ 《略》〚会計〛next-in, first-out.

nif·ty /nɪ́fti/ 《口語》 *adj.* (**nif·ti·er; -ti·est**) **1** 粋な, 気のきいた; すてきな. **2** 手際のよい, 見事な; 素早い, 敏捷な: a ~ landing. — *n.* **1** 気のきいた言葉[冗談, 考え(など)]. **2** すてきな人[物]. **níft·i·ly** /-təli, -tli | -tɪ̀li, -tli/ *adv.* **níft·i·ness** *n.* 〖《1865》《短縮》? ← magnificent // 《頭音消失》← *snifty* 《米俗》having a pleasant smell ← *snift* to sniff《擬音語?》: もと演劇俗語〗

nig /nɪ́g/ *n.* 《軽蔑》=nigger 1 〖《1832》《略》← nigger〗

NIG /náɪdʒ, ènaɪdʒíː/ 〚自動車国籍表示〛Niger.

Nig. 《略》Nigeria; Nigerian.

Ni·gel /náɪdʒəl, -dʒl/ *n.* ナイジェル《男性名》. ★ スコットランドに多い. 〖← *Nigellus*《ラテン語形》← Neil〗

ni·gel·la /naɪdʒélə/ *n.* 〚植物〛ヨーロッパ産のキンポウゲ科クロタネソウ属 (*Nigella*) の草本の総称; 特にクロタネソウ (⇨ love-in-a-mist). 〖← NL ~ ← LL ~ 'black caraway' ← L *nigellus* blackish (dim.) ← *niger* black: cf. niello〗

ni·ger /náɪdʒə | -dʒə(r/ *n.* 〚製本〛ニゲル(モロッコ)革《アフリカの Niger が起源のモロッコ革の一種; 上質の製本材》. 〖《1898》← Niger[2]〗

Ni·ger[1] /náɪdʒə | nɪdʒéə(r; *F.* niʒɛːʀ/ *n.* **1** ニジェール《アフリカ中西部の共和国; もと French West Africa の一部であったが, フランス共同体 (French Community) 内の共和国を経て 1960 年独立; 面積 1,267,000 km^2, 首都 Niamey; 公式名 the Republic of the Niger ニジェール共和国》. **2** ニジェール《ナイジェリア中西部の州; 州都 Minna; 面積 65,037 km^2》.

Ni·ger[2] /náɪdʒə | -dʒə(r; *F.* niʒɛːʀ/ *n.* [the ~] ニジェール(川)《アフリカ西部の川 (4,185 km); ギニアに発し, マリ, ニジェール, ナイジェリアを流れて Guinea 湾に注ぐ》.

Ní·ger-Cóngo /náɪdʒə- | -dʒə-/ *n.* ニジェールコンゴ語族《アフリカの大語族 Congo-Kordofanian に属し, Kwa, Mande, Voltaic, Bantu 語などを含む》. — *adj.* ニジェールコンゴ語族の. 〖《c1950》⇨ Niger (↑), Congo: いずれも川の名〗

Ni·ge·ri·a /naɪdʒɪ́(ə)riə | -dʒɪə-/ *n.* ナイジェリア《アフリカ中西部, Guinea 湾に臨む英連邦内の共和国; もと英国の植民地・保護領, 1960 年独立, 1961 年 British Cameroons の北部を併合した; 面積 923,768 km^2, 首都 Abuja; 公式名 the Federal Republic of Nigeria ナイジェリア連邦共和国》.

Ni·ge·ri·an /naɪdʒɪ́(ə)riən | -dʒɪə-/ *adj.* ナイジェリアの; ナイジェリア人の. — *n.* ナイジェリア人. 〖1860〗

Ni·ge·ri·en /naɪdʒɪ̀(ə)riɛ́n, niːʒɪ́(ə)riən | niːʒɪ́əriən, naɪdʒɪ̀əriɛ́n; *F.* niʒeʀjɛ̃/ *adj.* ニジェールの; ニジェール人の. — *n.* ニジェール人.

níger morócco *n.* 〚製本〛=niger.

níger sèed *n.* ニジェールシード《ramtil の種子で, それから採った油 (niger-seed oil) は食用, 石鹸・ペンキ製造用》. 〖《1889》← ? Niger[2] (原産地)〗

nig·gard /nɪ́gəd | -gəd/ *n.* **1** けちで欲深い人, けちんぼう (miser). **2** 出し惜しみする人〔*of*〕: a ~ *of* money. — *adj.* =niggardly. — *vi.* 《Shak》けちけちする. 〖《c1384》 *nigart, negarde* ← *nig* niggard, miser (← ? ON: cf. Swed.《方言》*nygg* stingy)+-ard〗

níg·gard·ly *adj.* **1** [軽蔑的に] けちな; 〔…を〕物惜しみする〔*of*〕(⇨ stingy SYN): be ~ *of* money 金銭にけちけちする / Nature is ~ *with* Japan in resources. 日本は資源に恵まれていない. **2** わずかな, 乏しい: a ~ sum. — *adv.* けちけちして; 欲深そうに; 不承不承に. ★ 米国では nigger との連想で避けられることもある. **níg·gard·li·ness** *n.* 〖1571〗

nig·ger /nɪ́gə | -gə(r/ *n.* **1** 《軽蔑》 **a** (アメリカ)黒人 (Negro). ★ 黒人同士の場合は別として, 特に米国ではこの意味にこの語を使用することは社会的タブーである (cf. Negro *n.*). **b** (インド・オーストラリアなどの)黒人. **2** 社会的に恵まれない人, 一人前に扱われない人. **3** 〚昆虫〛(カブラハバチなどの)黒色の幼虫. **4** =minstrel 3 a. **5** 《古》=nigger-brown. ***a* [*the*] *nigger in the wóodpile*** [《米》 ***fénce***] 《俗》隠(さ)れた動機, 思惑; 隠(さ)れた事実[欠点, 障害, 要因],「伏兵」; 隠(さ)れた人物. 《1852》 ***wórk like a nigger*** あくせく働く. 《1836》
— *adj.* [限定的]《軽蔑》黒人の: a ~ minstrel=minstrel 3 a / a ~ melody 黒人の歌.
〖《1786》《変形》←《古形》*neger, neeger* □ F *nègre* □ Sp. *negro* 'Negro'〗

nígger-brówn 《古》 *n.* 暗褐色. — *adj.* 暗褐色の. 〖1915〗

nígger·fìsh *n.* 〚魚類〛=coney 4. 〖1876〗

nígger·hèad *n.* **1** 《軽蔑》=negrohead 1 a. **2** 〚地質〛ニガーヘッド炭《球状炭; negrohead ともいう》. **3** 〚海事〛係船柱 (bollard), ウィンチの巻胴. **4** 〚製本〛=collating mark. 〖1843〗

nígger héaven *n.* 《米俗・軽蔑》(劇場の)天井桟敷(さじき) (cf. god 5). 〖1878〗

nígger lúck *n.* 《米俗・軽蔑》非常な幸運,「ばかつき」. 〖1851〗

nígger·tòe *n.* 《米口語》〚植物〛=Brazil nut 2. 〖1896〗

nig·gle /nɪ́gl/ *vi.* **1 a** 〔人に〕(絶えず)こうるさく文句を言う, けちをつける (carp)〔*at*〕. **b** 〈ささいな事が〉常にいらいらの種となる, いつまでもひっかかる〔*at*〕. **2 a** つまらないことに時間[労力]を浪費する, くだらないことにこだわる[文句をつける]〔*about, over*〕. **b** いいかげんに仕事をする, もてあそぶ (trifle)〔*with*〕. **3** ちびちび与える, けちる. — *vt.* **1** 〈人を〉(絶えず)いらいらさせる, 悩ます. **2** ちびちび与える, けちる. — *n.* 《英》 **1** つまらない文句; 小さな批判, 不満. **2** 一抹の不安, 疑念. **3** 小さな痛み. **níg·gler** /-glə, -glə | -glə(r, -gl-/ *n.* 〖《1599》← ? Scand.: cf. Norw. *nigla* to be busy over trifles〗

níg·gling /-glɪŋ, -gl-/ *adj.* **1** (絶えず)いらいらさせる, 気障りな. **2** つまらないことにこだわる[くよくよする], 気の小さい: a ~ person. **3** ささいな; 細か過ぎる, こまごました (meticulous): a ~ task. **4** 手の込み過ぎた (overelaborate); 〈筆跡などが〉いじけた: ~ handwriting. — *n.* 細か過ぎる[手間取る]仕事. **~·ly** *adv.* 〖1599〗

nig·gly /nɪ́gli, -gli/ *adj.* (**nig·gli·er; -gli·est**) =niggling. 〖1840〗

nigh /náɪ/ 《古・文語・方言》 *adv.* (**~·er; ~·est;** 《古》 **near, next**) **1** 近く(へ[に]), 接近して (near): come [stand] ~ / be ~ unto death 死にかけている / ~ on [onto] 60 years かれこれ 60 近くになって / Night was drawing ~. 夜が近づいてきた / ~ and far 遠近を問わず, 至る所に / ~ at hand 手近に, 間近に. **2** ほとんど (nearly): ~ worn out with fatigue 疲労のためほとんど力尽きて.
— *adj.* (**~·er; ~·est;** 《古》 **near, next**) **1** 近い, 接近した; 近親の (near). **2** 直接の, 短い, 近い (direct): the ~*est* road 一番の近道. **3 a** 〈動物・乗物など〉左側の (cf. near *adj.* 8). **b** (荷)鞍のある: the ~ horse. **4** けちな (parsimonious).
— *prep.* …の近くに: stand ~ me / be ~ death.
— *vt.* …に近づく. — *vi.* 接近する (approach).
〖OE *nēah, nēh* near < ? Gmc *nēχwa (Du. *na* / G *nah*): cf. next, neighbor〗

night /náɪt/ *n.* **1 a** 夜, 夜間, 晩《特に, 陽光の見えない日没ごろから日の出ごろまで: cf. morning 1 a, afternoon, evening》: ⇨ good night / the ~ away 一晩中, 終夜 / the other ~ 数日前の晩[夜] / last thing at ~ 寝る直前に / at [in the] dead of ~ ⇨ dead *n.* 2 / ⇨ *spend the* NIGHT *with* / (as) dark [black] as ~ 真っ暗[黒]で / *Night* falls. 日が暮れる / far [deep] into the ~ 夜ふけまで / *on a* dark ~ 暗い夜に / a starry [windy] ~ 星月夜[風の強い夜] / *on* the ~ of one's departure 出発の夜に / put up *for* the ~ 夜の宿を取る / I woke three times *in* a ~. 一晩に 3 度目を覚ました. 語法 (1) 通例副詞句をなして: last ~ 昨夜 / the ~ before last 一昨夜[晩] / all ~ (long) =all the ~ through=all through the ~ 終夜, 夜通し / The patient won't last the ~. 患者は朝まではもつまい / ⇨ nights. (2) ラテン語系形容詞: nocturnal. **b** (時間の単位としての)夜: have the same dream for three ~*s* running 三晩続けて同じ夢を見る / a few ~*s* ago 幾晩か前に / ⇨ fortnight, sennight. **2 a** (社交上の催しなどの)夜, (…の)夕べ; 夜の部[公演]: an amateur ~ しろうと(演芸)の夕べ / a Mozart ~ モーツァルトの夕べ《音楽会》/ hold a ladies' ~ at the club 集会室で夜の婦人会を開く. **b** (特別の日の)夜 (cf. eve 1): on New Year's *Night* 元日の夜に. **3 a** 夜の闇, 夜陰, 暗黒 (darkness): under (the) cover of ~ 夜陰に乗じて / go forth into the ~ 夜の暗闇の中に入って行く. **b** 日暮れ (nightfall). **c** 《文語》(夜の闇に似た)無知蒙昧(もうまい)(の状態); 失意[沈滞]の時: be wrapped in the ~ of ignorance [barbarism] 無知[野蛮]の闇に閉ざされている. **4** 夜の休息, 眠り: have a good [bad] ~ よく眠れる[眠れない].
áll right on the night (上演などが)当日は問題がない, 本番ではうまくやれる. ***a night óff*** 仕事を休む夜, 非番の夜, 自由な夜. ***a night óut*** (1) 外で浮かれ過ごす夜: He had a ~ *out*. 彼は一夜を浮かれ過ごした. (2) (使用人などが暇をもらって)外出できる夜. ***as night fòllows dáy*** (昼のあとに夜が来るように)必ず, 必然的に (cf. *Hamlet* 1. 3. 79). ***at níght*** (1) 日暮れに. (2) 夜分に, 夜間に《特に夕方 6 時から夜半までの時間にいう; cf. *in the* NIGHT》: ten (o'clock) *at* ~ 夜 10 時に / late *at* ~ 夜遅く / sit up *at* ~ 夜(寝ずに)起きている. ***at níghts*** 夜分に, 夜な夜な (cf. nights). ***by níght*** 夜(分)に[は] (cf. *by* DAY); 夜にまぎれて: It is not a place to visit *by* ~. そこは夜行く所ではない. ***dúring the níght*** =*in the* NIGHT. ***háve an éarly* [*a láte*] *níght*** (いつもより)夜早く[遅く]寝る. ***in the níght*** 夜中に (cf. *at* NIGHT): The fire broke out *in the* ~. 火事は夜中に起こった. ***màke a níght of it*** 一夜をにぎやかに遊び[飲み]明かす. 《1602》 ***níght àfter níght*** (同じ状態が)次の夜も次の夜も, 毎夜 (cf. DAY *after day*). ***níght and dáy*=*dáy and níght*** 日夜, 四六時中, 休み[絶え間]なく, 常に. 《OE》 ***níght by níght*** (変化が)一晩一晩と, 夜ごとに (cf. DAY *by day*). ***of a níght*** よく夜に; 夜分に. ***of níghts*** 《古》=*of a* NIGHT. ***o' níghts*** 《米口語・英古》よく夜に, 夜分に時々: I cannot sleep o' ~*s* for thinking of that. それを思うと夜も眠れない. (⇨ o' 2) ***óver níght*** 《古》=overnight. ***spénd the níght with*** (1) 〈人〉のもとに一泊する. (2) 〈異性〉と一夜を共にする. ***tùrn níght into dáy*** 夜遅くまで[一晩中]働く; 夜遊びする. ***únder níght*** 《スコット》夜間, 夜陰に乗じて. ***a wóman of the níght*** ⇨ woman 成句.
— *adj.* [限定的] **1 a** 夜の[に関する, 特有の]: a ~ breeze 夜風. **b** 夜に用いる, 夜に行われる, 夜間の: ~ duty 夜勤, 当直 / ~ fishing 夜釣 / a ~ baseball (野球の)ナイター / a ~ flight 夜間飛行. **2 a** 夜勤の: ⇨ night nurse, night shift, night sister. **b** 夜間に運行する: a ~ train 夜行列車 / a ~ express 夜の急行列車 / a ~ boat 夜間航行の客船. **3** 〈動物など〉夜行性の, 夜活動する: ⇨ night bird / a ~ person 夜型の人.
Night of the Lóng Knives [the —] 血の粛清事件, レーム事件《1934 年 6 月 30 日 Hitler の命令で突撃隊参謀長 Ernst Röhm と幹部が虐殺された事件》.
〖OE *niht, neaht* ← Gmc *nahts (Du. *nacht* / G *Nacht*) ← IE *nekʷt- night (L *noct-, nox* / Gk *nukt-, núx*)〗

níght àpe *n.* 〚動物〛ヨザル (*Aotes trivergatus*)《中南米産, 広鼻猿中唯一の夜行性のサル》. 〖1863〗

níght bàg *n.* =overnight bag. 〖1667〗

níght bèll *n.* 《英》(医師の家などの)夜間用ベル. 〖1832〗

night bìrd *n.* **1** 夜鳥, 夜活動する鳥《owl, nightingale など》. **2** =nighthawk 2. 〘*c*1546〙

níght-blìnd *adj.* 鳥目の, 夜盲症の. 〘(1898)《逆成》↓〙

night blìndness *n.* 〘病理〙夜盲(症), 鳥目 (nyctalopia) (↔ day blindness). 〘1754〙

níght-blòoming céreus *n.* 〘植物〙 **1** ヨルザキサボテン (*Selenicereus grandiflorus*)《夜間白い芳香のある大花を開く》. **2** 夜間に花を開くサボテンの総称. 〘1832〙

night bòmber *n.* 夜間爆撃機. 〘1918〙

níght·càp *n.* **1** 《口語》《夜寝る前に飲む》寝酒, 熱い飲物. **2** ナイトキャップ《夜寝る時にかぶる帽子; 今はあまり用いられない》. **3** 《米口語》〘スポーツ〙最後の試合; 《特に》競馬の最終レース, (野球のダブルヘッダーの)第二試合《夜間に行われなくても午後でもよい》. **4** 山頂に浮かぶ雲. 〘1378〙

night càrt *n.* (夜間の)屎尿(しにょう)運搬車 (cf. night soil). 〘1851〙

níght-cèllar *n.* 《英古》(夜間営業の)地階の安酒場. 〘1743〙

night chàir *n.* =nightstool. 〘1404〙

níght·clòthes *n. pl.* (パジャマなどの)夜着, 寝間着. 〘1602〙

níght·club /náɪtklʌ̀b/ *n.* ナイトクラブ. — *vi.* ナイトクラブへよく行く[でよく遊ぶ]: go ~*bing*. 〘1882〙

níght·clùbber *n.* ナイトクラブの常連. 〘(1952)(↑)〙

night commòde *n.* =nightstool.

night cóurt *n.* 《米》(即決事件を扱う大都市の)夜間(刑事)裁判所.

night cràwler *n.* 《米》(夜はい回る)大ミミズ《釣餌用》. 〘1924〙

night cròw *n.* 《古》夜鳴き鳥; フクロウやヨタカの類《昔, 不吉とされた; cf. night raven》. 〘1340〙

night crỳ *n.* (赤ん坊の)夜泣き.

night dàncer *n.* (ウガンダの)死霊使い《死者の助けを借りて他人を殺すと信じられている》.

night depòsitory *n.* 《米》=night safe.

night dòg *n.* 《英古》夜間用猟犬. 〘1597〙

níght·drèss *n.* **1** 《英》=nightgown. **2** =nightclothes. 〘(1622) 1712–14〙

night·ed /náɪtɪ̀d | -tɪ̀d/ *adj.* **1** 《まれ》行き暮れた (benighted). **2** 《古》真っ黒な, 真っ暗な. 〘(1600–1) ← 《廃》*night* to become night (< ME *nighte*(*n*)) + -ED 1〙

night èditor *n.* (新聞社や通信社の)夜間編集者《新聞社では朝刊の編集に責任をもつ》.

night effèct *n.* 〘通信〙夜間効果《無線による方向探知において夜になると電離層の影響で測定した方向に誤差が大きくなる現象》. 〘1914〙

night·er·y /náɪtəri | -təri/ *n.* 《米口語》=nightclub. 〘← NIGHT + -ERY 4〙

night expòsure *n.* 〘写真〙夜間撮影.

níght·fàll *n.* 日暮れ, 夕方 (evening): at ~ 日暮れに. 〘1700〙

night fìghter *n.* 夜間戦闘機(のパイロット). 〘1941〙

night flòwer *n.* 〘植物〙夜開き昼閉じる花《ツキミソウなど》. 〘1731〙

night flỳ *n.* 〘昆虫〙(夜間飛ぶ)ハエ, ガ. 〘1598〙

níght-flỳing *n.* (航空機の)夜間飛行. — *adj.* **1** 夜間飛行をする. **2** (ハエ・ガなど)夜間飛ぶ. 〘1831〙

night fòssicker *n.* 《豪》(昔の)夜の砂金[石英]泥棒. 〘1853〙

night gàme *n.* 夜間試合, ナイター. 日英比較 日本語の「ナイター」は和製英語.

night glàss *n.* **1** (主に海上用)夜間用望遠鏡《光明度が高いもの》. **2** [*pl.*] (光明度の高い)夜間用双眼鏡. 〘1779〙

níght·glòw *n.* 〘気象〙夜光《夜間に見られる大気光 (airglow)》. 〘1951〙

níght·gòwn *n.* **1** (女性用のゆったりとした通例長い)寝間着 (nightdress). **2** =nightshirt. **3** 《古》=dressing gown. 〘*a*1400〙

night hàg *n.* 《まれ》 **1** (夜間空中を駆けると考えられた)魔女. **2** 夢魔 (nightmare). 〘1666〙

níght·hàwk *n.* **1** 〘鳥類〙 **a** アメリカヨタカ (*Chordeiles minor*)《北米産ヨタカ科の鳥; cf. bullbat, mosquito hawk 2》. **b** =nightjar. **c** 《豪》=morepork. **2** 《口語》 **a** 夜遅くまで起きている人, 宵っぱり (night owl). **b** 夜出歩く人; 夜盗. **3** 《米口語》夜間の流しタクシー. 〘1611〙

night hèron *n.* 〘鳥類〙 **1** ゴイサギ (*Nycticorax nycticorax*). **2** ゴイサギ属 (*Nycticorax*) の鳥の総称. 〘1784〙

night hòrse *n.* **1** 《豪》夜間用牧畜馬《夜働くように訓練された馬》. **2** 《戯言》夢魔《nightmare の mare を horse に変えたもの》. 〘1904〙

night·ie /náɪti | -ti/ *n.* 《口語》(女性・子供用の)寝間着 (nightgown). 〘(1871) ← NIGHT + -IE〙

night·in·gale /náɪtŋgèɪl, -tɪŋ- | -tɪŋ-/ *n.* **1** 〘鳥類〙 **a** ナイチンゲール, サヨナキドリ (*Luscinia megarhyncha*)《ヨーロッパ産ツグミ科の鳥; 雄は春の夕方から夜にかけて美しい声で鳴く》. **b** ナイチンゲールに似た夜鳴き鳥類の総称: ⇨ Japanese nightingale. **2** 美声の歌手[演説家]. 〘(*c*1250) *nightyngale*《鼻音化変形》← ME *nightegale* < OE *nihtegale* ← *nihte* 'NIGHT' + *gale* singer (← *galan* to sing: cf. yell): cog. G *Nachtigall*〙

Night·in·gale /náɪtŋgèɪl, -tɪŋ- | -tɪŋ-/, **Florence** *n.* ナイチンゲール《1820–1910; イタリアの Florence に生まれた英国の女性博愛家; クリミア戦争に従軍して傷病兵看護に尽くし, 近代的看護技術の開拓者となった; the Lady of [with] the Lamp として知られる》.

níghtingale flòor *n.* (日本建築の)うぐいす張りの床(ゆか). 〘1959〙

Nightingale wàrd *n.* ナイチンゲール型病棟《両側にベッドのある長方形の共同病室でナースステーションが中央にある》. 〘1964〙

níght·jàr *n.* 〘鳥類〙ヨタカ (goatsucker); 《特に》ヨーロッパヨタカ (*Caprimulgus europaeus*). 〘(1630) ← NIGHT + JAR[1]: 日暮れ時に蛾などの昆虫を追う際, 耳ざわりな音を出すところから〙

night jàsmine *n.* 〘植物〙 **1** =hursinghar. **2** ヤコウカ, ヤコウボク (*Cestrum nocturnum*)《熱帯アメリカ・西インド諸島産のナス科の低木で, 夜に黄緑色の花を咲かせ香気を放つ》. 〘1866〙

Níght Jòurney *n.* 〘イスラム〙夜の旅《Muhammad が天馬で Mecca から Jerusalem まで飛んだ旅; そこから天に昇り, 神の御座にひれ伏した》.

night kèy *n.* ナイトラッチ (night latch) 用の鍵(かぎ). 〘1860〙

night làtch *n.* ナイトラッチ, 夜錠 (night lock)《外側からは鍵で開け内側からは手で開かれるばね仕掛けの掛け金》. 〘1854〙

níght·less *adj.* 夜のない. **~·ness** *n.* 〘1613〙

night lètter [lèttergram] *n.* 《米》夜間割引電報《100 語以内; 翌朝通常の電報配達の合間に配達され, 低料金; 現在は廃止; cf. day letter》. 〘1912〙

níght·lìfe *n.* **1** (ナイトクラブや劇場での)夜の娯楽[社交生活]. **2** 夜の歓楽街. **níght·lìfer** *n.* 〘1852〙

níght-lìght *n.* **1 a** (病人・子供などのための)常夜灯, 終夜灯《太くて短いろうそくまたは小電球を用いる》. **b** (船舶の)夜間灯. **2** 夜の微光. 〘1648〙

níght·lìke *adj.* 夜のような. 〘1821〙

night lìne *n.* 餌をつけ夜間水中に放っておくのべなわ・はえなわの類. 〘1848〙

night lìzard *n.* 〘動物〙ヨルトカゲ《北米南西部・キューバ産のヨルトカゲ科 (Xantusiidae) の数種のトカゲ; 胎生でほとんどが夜間に活動する》.

night lòck *n.* =night latch.

níght·lòng *adj.* 終夜の, 徹夜の, 夜通しの: a ~ study. — *adv.* 終夜, 徹夜で. 〘1850〙

night·ly /náɪtli/ *adj.* **1** 毎夜の, 夜々の: ~ visits 夜ごとの訪問. **2** 夜の, 夜出る[生じる, 行われる, に特有の]: ~ revels 夜の酒宴. **3** 《文語》夜のように暗い, 夜に似た, 夜にふさわしい. — *adv.* **1** 夜ごとに, 夜な夜な (every night). **2** 夜に. 〘OE *nihtlic*〙

níght·man /-mən/ *n.* (*pl.* **-men** /-mən/) **1** (夜間の)屎尿(しにょう)処理作業員 (cf. night soil). **2** =night man. 〘1606〙

night màn *n.* 夜の職業の人, 夜勤の人; 《特に》夜警. 〘1851〙

night·mare /náɪtmɛ̀ə | -mèə[r]/ *n.* **1** うなされる夢, 悪夢: have a ~ うなされる. **2** 悪夢のような印象[経験], 恐ろしい事, 不快な人[物]; いやな予感, 恐怖[不快]感. **3** 夢魔《昔睡眠中の人を窒息させると想像された悪魔; cf. incubus, succubus 1》. — *adj.* [限定的] **1** 悪夢[夢魔]の[に関する]. **2** =nightmarish. 〘(*c*1300): ⇨ night, mare[2]: cf. G *Nachtmahr*〙

níght·màr·ish /-mɛ̀ərɪʃ | -mɛ̀ər-/ *adj.* 悪夢のような, 恐ろしい. **~·ly** *adv.* **~·ness** *n.* 〘(1834) ← ↑ + -ISH[1]〙

night mònkey *n.* 〘動物〙=night ape. 〘1871〙

níght-níght *int.* 《口語》=nighty-night. 〘1896〙

night nùrse *n.* 夜間付き添い看護婦. 〘1764〙

night òffice *n.* 〘カトリック〙《聖務日課の》朝課と賛課 (matins and lauds)《1971 年まで修道院で夜半と午前 4 時との間に誦(とな)えた》. 〘1767〙

night òwl *n.* **1** 〘鳥類〙=nighthawk 1. **2** 《口語》=nighthawk 2 a. 〘1592〙

night pèople *n. pl.* **1** 夜型生活者. **2** 《米俗》社会通念などに従わない人々. 〘1957〙

night pìece *n.* 夜景画; 夜想曲; 夜景文[詩]. 〘1605〙

night pòrter *n.* 《英》(ホテルの)夜間勤務のボーイ.

night pràyer, N- P- *n.* 〘カトリック〙=compline.

night ràil *n.* 《古》(女性のゆったりとした)寝間着 (nightdress); 化粧着 (dressing gown). 〘1554〙

night ràte *n.* (電信・電話などの)夜間料金.

night ràven *n.* **1** 《詩》夜間鳴く鳥. **2** 〘鳥類〙ゴイサギ (night heron). 〘OE *nihthræfn*〙

night rìder *n.* 《米》 **1** (夜間に報復や恐喝の目的で横行する)覆面騎馬暴力団の一人《特に, 南北戦争後の南部の白人》. **2** Ku Klux Klan の一員. 〘1877〙

níght-rìding *n.* 《米》覆面騎馬暴力団の夜間の横行 (cf. night rider 1). 〘1875〙

níght-ròbe *n.* 《米・カナダ》=nightgown 1. 〘1553〙

níght-rùle *n.* 《Shak》夜の楽しみ[娯楽]. 〘1595〙

nights /náɪts/ *adv.* 《米口語》夜分に; 夜にはいつも, 夜な夜な, 毎夜 (cf. mornings, evenings): work ~ 夜勤をする. 〘OE *nihtes*: ⇨ -s[2] 1: cf. G *nachts*〙

night sàfe *n.* (銀行の)夜間金庫. 〘1930〙

night scène *n.* **1** 夜の場面. **2** 夜景. 〘1684〙

night schòol *n.* 夜間学校, 夜学 (evening school) (cf. day school): go to ~. 〘1529〙

night sèason *n.* [the ~] 《古》夜分 (nighttime).

níght·shàde *n.* 〘植物〙 **1** ナス属 (*Solanum*) の種々の植物の総称《イヌホウズキ (black nightshade), bittersweet など》. **2** =belladonna 1 a. **3** =henbane. **4** =enchanter's nightshade. 〘OE *nihtscada*: ⇨ night, shade: cf. G *Nachtschatten*〙

night shìft *n.* **1** (昼夜交替で働く労働者の)夜間勤務(時間), 夜勤 (cf. day shift): *on* a ~. **2** [集合的] 夜勤の労働者たち: one of the ~. 〘1710〙

níght·shìrt *n.* (ワイシャツ型で長いゆるやかな)寝間着《主に男性用; cf. nightgown》. 〘1857〙

níght·sìde *n.* **1** (人・物事の)裏面, 醜い面. **2** 月[惑星]の裏側《太陽に面していない面》. **3** 〘新聞〙夜勤者グループ; 朝刊要員 (cf. dayside). 〘1848〙

night sìght *n.* (銃の)夜間照準器. 〘1971〙

night sìster *n.* 《英》夜間看護婦長. 〘1886〙

night sòil *n.* 《婉曲》(通例, 夜間汲み取る)屎尿(しにょう) (cf. nightman, night cart). 〘1770–74〙

night sòng *n.* 〘カトリック〙=compline. 〘1844〙

níght·spòt *n.* 《口語》=nightclub. 〘1936〙

níght·stànd *n.* =night table. 〘1961〙

night stìck *n.* 《米》警棒《警官が持ち歩く長く太い棍(こん)棒》. 〘1887〙

níght·stòol *n.* 夜間寝室用便器 (closestool). 〘1854〙

night swèat *n.* [しばしば *pl.*] 寝汗, 盗汗. 〘*a*1754〙

night tàble *n.* ナイトテーブル《ベッドのそばに置く小卓[物置台]》. 〘1788〙

night tèrror *n.* 〘病理〙(幼児の)夜驚(症). 〘1897〙

níght·tìde *n.* **1** 夜の潮. **2** 《古》夜分. 〘*c*1300〙

night·time /náɪttàɪm/ *n.*, *adj.* 夜間(の), 夜分(の) (↔ daytime): in the ~ 夜分に / at ~ 夜間は[に]. 〘*a*1393〙

níght·tòwn *n.* (歓楽の)夜の町; 街の夜景. 〘1922〙

night vìsion *n.* 夜間視力, 暗視視力. 〘1822–34〙

níght·wàlker *n.* **1** 《まれ》夜間うろつく人《盗賊・売春婦など》. **2 a** 夜行性動物. **b** 《米北部》=night crawler. 〘1467〙

night wàtch *n.* **1 a** 夜番, 夜警; 夜警(勤務)の時間. **b** [集合的にも用いて]夜番人, 夜警員. **2 a** [通例 *pl.*] (ヘブライ人・古代ギリシャ人・ローマ人などの)夜間の区切り (cf. watch *n.* 5 a). **b** [the ~es] 《文語》(夜)眠れない時間: in *the* ~*es* 夜の更(ふ)くるままに, 夜眠れない時に, 小夜の寝ざめに (*Ps.* 63:6). 〘OE〙

night wátchman *n.* **1** 夜まわり; (工場・事務所などの)夜警(員) (night watch). **2** 〘クリケット〙(同時に出ている 2 人の打者のうち得点能力のあるパートナーに打たせながら)プレーのイニングを引き延ばし守備的な打法をする打者. 〘1863〙

níght·wèar *n.* 寝間着 (nightclothes).

níght·wòrk *n.* 夜業, 夜勤, 夜なべ仕事 (↔ daywork). 〘OE〙

níght·wòrker *n.* 夜業者, 夜勤者 (↔ dayworker).

night·y /náɪti | -ti/ *n.* 《口語》=nightie. 〘(1871) ← NIGHT + -Y[2]〙

nighty-níght *int.* 《口語》おやすみなさい; さようなら. 〘1876〙

nig-nog /nígnɑ̀(:)g | -nɔ̀g/ *n.* 《英俗》 **1** ばか, 間抜け. **2** (軍隊などの)新兵. **3** 《軽蔑》=nigger. 〘(1953)《短縮》← *nigmenog* fool ← ?〙

ni·gres·cent /naɪgrésənt, -snt/ *adj.* 次第に黒くなる; 〈髪・膚など〉黒ずんだ, 黒みがかった (blackish). **ni·grés·cence** /-səns, -sns/ *n.* 〘(1755) ◻ L *nigrēscentem* (pres. p.) ← *nigrēscere* to grow black ← *niger* black〙

nig·ri·fy /nígrəfàɪ | -rɪ̀-/ *vt.* 《まれ》黒くする. **nig·ri·fi·ca·tion** /nɪ̀grəfɪ̀kéɪʃən | -grɪ̀fɪ̀-/ *n.* 〘(1656) ◻ LL *nigrificāre* ← *niger* black + *facere* to make: ⇨ -fy〙

nig·ri·tude /nígrətù:d, -tjù:d | -grɪ̀tjù:d/ *n.* **1** 黒さ, 真黒, 漆黒; 真暗闇. **2** 《古》黒いもの. 〘(1651) ◻ L *nigritūdō* blackness ← *niger* black: ⇨ -tude〙

ni·gro·sin /náɪgrəsɪ̀n, -sn | -sɪn/ *n.* =nigrosine.

ni·gro·sine /náɪgrəsì:n, -sɪ̀n | -sì:n, -sɪn/ *n.* 〘化学〙ニグロシン《アニリン酸化により得られる濃紺や黒の染料》. 〘(1892) ← L *nigr-*, *niger* black + -OSE[1] + -INE[3]〙

NIH 《略》National Institutes of Health (米国)国立衛生研究所.

NIHE 《略》National Institute for Higher Education (アイルランド)国立高等教育研究所.

ni·hil /náɪhɪl, ní:-/ *n.* 《まれ》 **1** 虚無, 無, 空(くう). **2** 無価値な物. 〘(1579) ◻ L 'nothing' ← *nihilum* < **ne-hīlum*《原義》not even a trifle ← *ne* not + *hīlum* small thing〙

níhil ad rém /-ædrém/ *L. adj.* 不得要領の, 見当違いの, 全く不適切な. 〘◻ L ~ 'nothing to the point'〙

ni·hil·ism /náɪ(h)əlɪ̀zm, ní:-, -h(ɪ̀)-/ *n.* **1** 〘哲学〙ニヒリズム, 虚無主義《伝統的思想・理論・真理・知識・信仰・規範や価値を一切否定する主義; 特に道徳的規範の否定に関する場合は ethical nihilism ともいう》; 極端な懐疑論. **2** [N-] (19 世紀後半から 20 世紀にかけてのロシアの革命派の唱えた)ニヒリズム, 虚無主義《新社会制度を作り出すためにはあらゆる破壊や暴力行為をも肯定する》. **3** 暴力革命主義 (terrorism); 無政府主義 (anarchism). **4** 薬物無効論. 〘(*a*1817) ◻ G *Nihilismus* ← L *nihil* 'NIHIL' + *-ismus* '-ISM': ドイツの哲学者 F. H. Jacobi (1743–1819) の造語〙

ní·hil·ist /-lɪ̀st | -lɪst/ *n.* **1** 〘哲学〙ニヒリスト, 虚無主義者; 極端な懐疑論者. **2** [N-] (ロシアの)虚無党員. **3** 無政府主義者, 暴力革命主義者. **ni·hil·is·tic** /nàɪ(h)əlístɪk, nì:-, -h(ɪ̀)-/ *adj.* 〘(1836–37) ◻ F *nihiliste*: ⇨ nihil, -ist〙

ni·hil·i·ty /naɪhíləti | -lɪ̀ti/ *n.* **1** 虚無, 無 (nothingness). **2** つまらないこと, 取るに足らぬこと. 〘(1678) ◻ F *nihilité* ◻ ML *nihilitas*: ⇨ nihil, -ity〙

níhil ób·stat /-ɑ́(:)bstæt, -stɑ:t | -ɔ́b-/ *n.* **1** 〘カトリック〙(公の検閲官によって検閲した上で道徳上, また信仰上異

議なしと認められた)書物の出版許可, 無害証明. **2** (芸術作品の)公式認可. 〖(1886) ◻ L ～ 'nothing stands in the way': ⇨ obstacle〗

NII 《略》National Information Infrastructure Initiative 全国情報インフラストラクチャー構想《米国の光ファイバーケーブルによる通信基盤整備構想》; nuclear installations inspectorate (英国の)核施設査察局.

Ni·i·ha·u /níːhaʊ/; *Hawaii.* níʔìhaʊ/ *n.* ニーハウ(島)《米国 Hawaii 州の島; Kauai 島の南西 28 km にある; 面積 187 km²》.

Ni·jin·ska /nɪ̀dʒínskə, -ʒín-; *F.* niʒinska/, **Bro·nis·la·va** /brɑ̃(ː)nɪslɑ́ːvə | brɔ̀n-/ *n.* ニジンスカ《1891–1972; ポーランド生まれの, 特にフランスで活躍したロシアのバレエダンサー・振付け師; Nijinsky の妹; ポーランド語名 Bronisława Ni·żyń·ska /brɔɲiswáva ɲiʒíɲska/》.

Ni·jin·sky /nɪ̀dʒínski, -ʒín-; *F.* niʒinski/, **Was·law** *or* **Vas·law** /vatsláf/ *n.* ニジンスキー《1889–1950; ポーランド生まれの特にフランスで活躍したロシアのバレエダンサー・振付け師; ポーランド語名 Wac·ław Ni·żyń·ski /vátswaf ɲiʒíɲsk'i/》.

Nij·me·gen /náɪmeɪgən | ⁻⁻⁻, ⁻⁻⁻; *Du.* néime:xə(n)/ *n.* ナイメーヘン《オランダ東部, Waal 河畔の都市; フランス・オランダ間の講和条約の締結地 (1678–79), 第二次大戦の戦場》.

-nik /nɪk, nɪk/ *suf.* 《口語・俗》しばしば軽蔑的に社会の標準的な価値観を否定して「…を行う者, …の特徴をもつ者, …に関係する者」「…を愛好する人」の意を表す名詞を造る: beat*nik*, gambler*nik*, jazz*nik*, peace*nik*, Viet*nik*. 〖(1945) ◻ Yid. & Russ. ～ '-er¹'〗

ni·kah /nɪkɑ́ːhə/ *n.* 〘イスラム〙結婚, ニカーフ.

Ni·kar·i·a /nɪkέ°riə, naɪ- | -kέər-/ *n.* ＝Ikaria.

ní·kau pàlm /níːkaʊ-/ *n.* 〘植物〙ナガバケヤシ《ニュージーランド産のハケヤシ属 (*Rhopalostylis*) のヤシ; Maori 族はその葉を用いて小屋を作る》. 〖(1831) ◻ Maori〗

Ni·ke[1] /náɪkiː/ *n.* 〘ギリシャ神話〙ニーケー, ニケ《勝利の女神; 片手に花輪, もう一方の手に棕櫚(しゅろ)の枝を持った翼のある女の姿で現される; ローマ神話の Victoria に当たる》.

Níke of Sámothrace [the ―] サモトラケのニーケー《1836 年 Samothrace 島で発見された女神像; 現在は Paris の Louvre 美術館収蔵; 高さ 2.45 m, Paros 島産大理石立像で, シリアの Antiochus 三世に対するロードス人 (Rhodians) の勝利の記念碑として 190 B.C. ごろ建立されたといわれる; Winged Victory ともいう》.

〖(1867) ◻ L ～ ◻ Gk *Níkē* 《原義》victory; cf. Nicholas¹〗

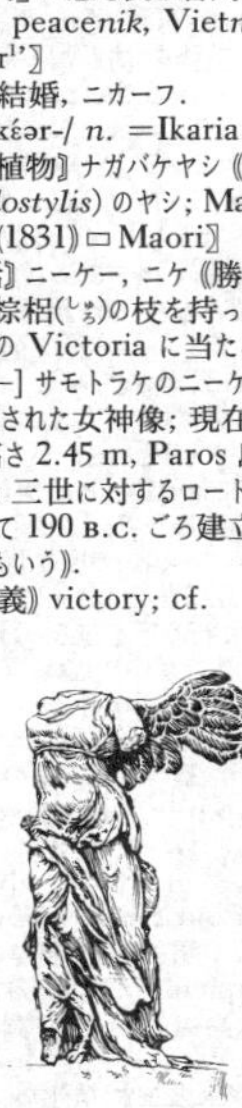

Nike of Samothrace

Ni·ke[2] /náɪki: | náɪkiː, náɪk/ *n.* 〘商標〙ナイキ《米国のスポーツ用品メーカー; 特にスポーツシューズで有名》.

nik·eth·a·mide /nɪkέθəmàɪd, -mɪd | nɪkέθəmàɪd, -mɪd/ *n.* 〘薬剤〙ニケタミド ($C_5H_4NCON(C_2H_5)_2$)《呼吸および循環器系興奮剤》. 〖(1940) ← *nic(otinic acid)*＋(DI)ETH(YL)AMIDE〗

Nik·kei áverage [index] /níːkeɪ- | nɪ́k-/ *n.* [通例 the ～]〘証券〙日経平均株価. 〖1974〗

Ni·ko·la·ev /nìkəláɪεf; *Ukr.* mɪkolájiw, *Russ.* nʲikalájif/ *n.* ニコラエフ《ウクライナ南部 Bug 河口の海港・要塞港市》.

Ni·ko·la·e·vich /nìkəláɪəvɪtʃ; *Russ.* nʲikalájivʲitʃʲ/ *n.* ニコラエビチ《男性の父称》. 〖◻ Russ. ～ (原義) 'son of NIKOLAI'〗

Ni·ko·la·evsk /nìkəláɪəfsk; *Russ.* nʲikalájifsk/ *n.* ニコラエフスク《ロシア連邦東部 Khabarovsk 地方北部, Amur 河口近くの港市; 尼港事件 (1920 年)発生地》.

Ni·ko·lai /nìːkəlάɪ; *Russ.* nʲikaláj/ *n.* ニコライ《男性名》. 〖◻ Russ. ～ 'NICHOLAS'〗

Ni·ko·la·ie·vich /nìkəláɪəvɪtʃ; *Russ.* nʲikalájivʲitʃʲ/ *n.* ＝Nikolaevich.

Ni·ko·la·yev /nìkəláɪεf; *Russ.* nʲikalájif/ *n.* ＝Nikolaev.

nil /nɪ́l/ *n.* **1** 無, 皆無 (nothing). **2** 《英》(競技などで)零, ゼロ, 零点 (zero): three goals to ～ 3 対零. ― *adj.* 皆無の, 存在しない (nonexistent). 〖(1833) ◻ L ～ 《短縮》← NIHIL〗

nil ad·mi·rá·ri /-ædmɪrέ°raɪ, -à:dmɪrɑ́:ri: | -rέər-, -rɑ́:r-/ *L.* **1** 何事にも驚かないこと, 無頓着, 無関心 (nonchalance). **2** つまらない事に無頓着な人. 〖(1748) ◻ L ～ 'to wonder at nothing': ⇨ ↑, admire〗

níl dès·pe·rán·dum /-dèspərǽndəm, -dèspərɑ́:ndʊm/ *L.* 何事にも失望すべからず, 失望するなかれ (never despair). 〖(1617) ◻ L ～ 'nothing to be despaired of': ⇨ nil, desperate〗

Nile /náɪl/ *n.* **1** [the ～] ナイル(川)《アフリカ東部, Victoria 湖から北流して地中海に注ぐ大河 (5,760 km, Kagera 川の水源からは 6,690 km で世界第一の長流); Tana 湖からエチオピアを流れて Khartoum で Nile の本流に合流するまでの部分を Blue Nile (青ナイル) (1,600 km), Khartoum から上流のナイルの本流を White Nile (白ナイル) (1,900 km) という》: ⇨ BATTLE of the Nile. **2** [n-] ＝ Nile green. 〖(1860) ◻ L *Nīlus* ◻ Gk *Neîlos* ← ? Egypt. *nwy* water, river: cf. Egypt. *Aur-Aa* 《原義》great river〗

Níle blúe, n- b- *n.* 緑がかった薄青色. **Níle-blúe, níle-b-** *adj.* 〖(1873) (↑)〗

Níle crócodile *n.* 〘動物〙ナイルワニ (*Crocodylus niloticus*)《人を襲うこともある》. 〖1898〗

Níle gréen, n- g- *n.* 黄色[青み]がかった薄緑色. **Níle-gréen, níle-g-** *adj.* 〖1871〗

Níle mónitor *n.* 〘動物〙ナイルオオトカゲ (*Varanus niloticus*)《アフリカ産の半水生のオオトカゲ; 体長 1.5 m に達する; 魚・ワニの卵を主食とし, シロアリの巣の中に産卵する》. 〖1900〗

Níle pérch *n.* 〘魚類〙ナイルアカメ (*Lates niloticus*)《アフリカ北部・中部淡水産の 90 kg を超えることもある大形食用魚》. 〖1931〗

nil·gai /nɪ́lgaɪ/ *n.* (*pl.* ～**s**, ～) (*also* **nil·ghau** /nɪ́lgɔː/, **nil·ghai** /～/) 〘動物〙ニルガイ (*Boselaphus tragocamelus*)《インド産の大きなレイヨウで成長した雄の色は青灰色》. 〖(1770) ◻ Hindi & Pers. *nīlgāw* ← *nīl* blue＋*gāw* 'bull, cow'〗

nilgai

Níl·gi·ri Hílls /nɪ́lgəri- | -gɪ-/ *n. pl.* [the ～] ニルギリ丘陵《インド南部 Tamil Nadu 州にある山群; the Nilgiris ともいう》.

nill /nɪ́l/ *vi., vt.* 《古》好まない, いやだ. ★ 今は次の場合に限られる: will he, ～ he いやでも応でも (cf. willy-nilly). 〖OE *nyllan* to be unwilling ← *ne* not＋*wyllan* to will: cf. willy-nilly〗

níl ní·si bó·num /-náɪsaɪbóʊnəm, -níːsiːbóʊnʊm | -bə́ʊ-/ *L.* よいことだけ. 〖◻ L ～ 'nothing but good': ⇨ nil, bonus〗

níl nórm *n.* 《英》〘経済〙賃上げ規制標準《原則として超えることを許されない賃上げの上限》. 〖1966〗

Ni·lo- /náɪloʊ | -ləʊ/「ナイル川(流域)の; ナイル言語群の (Nilotic)」の意の連結形: *Nilo*meter. 〖← NILOTIC〗

Nìlo-Hámite *n.* ナイロハム族の人《東アフリカの Masai 族などを含む先住民族》. 〖(1932) ← NILO(TIC)＋HAMITE〗

Nìlo-Hamític *adj., n.* ナイロハム語族(の)《ナイル言語群 (Nilotic) の東部群をなし, スーダン南部, ウガンダ北部と東部, ケニア西部, タンザニア北部などに話される幾つかの言語からなる》. 〖1883〗

Ni·lom·e·ter, n- /naɪlɑ́(ː)mətə | -lɔ́mɪtə(r/ *n.* ナイル川増水測定用水位標. 〖(1707) ◻ Gk *Neilométrion* ← *Neîlos* 'the NILE'＋*métron* measure: ⇨ meter³〗

Nìlo-Sahàran *adj., n.* ナイロサハラ語族(の)《アフリカ言語群の大きな語族の一つ》. 〖← NILO(TIC)＋SAHARAN〗

Ni·lot /náɪlɑ(ː)t, -lət | -lɔt, -lət/ *n.* (*pl.* **Ni·lo·tes** /-loʊtiːz | -ləʊ-/) ナイロット《アフリカの Nile 川上流地帯に住む先住民; ナイル系語族》. 〖(1893) ↓〗

Ni·lot·ic /naɪlɑ́(ː)tɪk | -lɔ́t-/ *adj.* **1** Nile 川(流域)の, Nile 川流域に住む(人々の); (特に) White Nile 川流域に住む背の高い黒人の. **2** ナイル言語群の (cf. Nilo-Hamitic). ― *n.* ナイル言語群《White Nile 川流域で使用される言語》. 〖adj.: (1653); ―n.: (1924) ◻ L *Nīlōticus* ◻ Gk *Neilōtikós* 'of the NILE': ⇨ -otic¹〗

nil·po·tent /nɪlpóʊtənt, -tnt | -pə́ʊtənt, -tnt/ *adj.* 〘数学〙冪(べき)ゼロの. 〖(1870) ← NIL＋L *potent-*, *pōtens* power〗

níl retúrn *n.* (有額回答要求に対する)ゼロ回答.

Nils /nɪ́ls; *Swed.* nɪ́ls/ *n.* ニルス《男性名》. 〖◻ Swed. ～: ⇨ Neil〗

Nils·son /nɪ́lsən, -sn; *Swed.* nɪ́lsɔn/, **(Mär·ta) Bir·git** /mǽrtːa bírgɪt/ *n.* ニルソン《1918–2005; スウェーデンのソプラノ歌手; 特に Wagner の作品で有名》.

Ni·lus /náɪləs/ *n.* ナイロス《Nile (川)のラテン語名》. 〖← L *Nīlus*〗

nim[1] /nɪ́m/ *vt., vi.* (**nimmed; nim·ming**) 《古》かっぱらう, 盗む, こそどろする. 〖OE *niman* to take ＜ Gmc **neman* (G *nehmen*) ← IE **nem-* to take (Gk *némein* to allot)〗

nim[2], **N-** /nɪ́m/ *n.* ニム《2 人でマッチ棒のような小さな物を幾つかの山に分け, その一山から交互に取り合って最後のものを相手に何とか取らせようとする, または自分で取ろうとするゲーム》. 〖(1901) ↑〗

nimb /nɪ́m, nɪ́mb/ *n.* ＝nimbus 1, 2. **～ed** /nɪ́md/ *adj.*

nimbi *n.* nimbus の複数形.

nim·ble /nɪ́mbl/ *adj.* (**nim·bler; -blest**) **1** 〈人・動作などが〉すばやい, はしこい, 敏活な (⇨ agile SYN): ～ fingers / be ～ *of* foot [on one's feet] 足が速い / be ～ *in* climb*ing* trees するすると木に登(れ)る. **2** (頭の働き・反応などが)素早い, 呑み込みが早い; 〈応答など〉機知に富む, 賢い, 如才ない, 気の利いた; 融通のきく, 多才な: a ～ wit 敏捷な機知 / a ～ mind 鋭敏な心 / a ～ thinker 多才な思想家 / a ～ answer [jest] 気の利いた返答[冗談]. **3** 〈筋書などが〉巧みに仕組まれた, 巧妙な. **4** 《古》〈貨幣が〉流通が速い: the ～ sixpence [ninepence, shilling] 流通の速い金; 薄利速売. **ním·bly** *adv.* **～·ness** *n.* 〖ME *nimel*, *nemel* ＜ OE *numol*, *næmel* quick at taking ← *niman* (⇨ nim¹)＋-*ol* '-LE²': *-b-* は 15 C 以後の挿入 (cf. thimble)〗

nímble-fíngered *adj.* 手先が器用な; 〈すりが〉盗みのうまい. 〖(1621): ⇨ fingered 1〗

nímble-fóoted *adj.* 足の速い. 〖(1594): ⇨ footed 2 a〗

nímble·wìt *n.* 機敏な人, 頭の回転の速い人.

nímble-wítted *adj.* 機敏な, 才走った, ものわかりの早い. 〖(1613–16): ⇨ witted〗

nim·bo- /nɪ́mboʊ | -bəʊ/ 《気象》「乱雲, 雨雲 (nimbus)」の意の連結形. 〖← L *nimbus*: ⇨ nimbus〗

nìmbo·strátus *n.* 〘気象〙乱層雲《略 Ns; ⇨ cloud 挿絵》. 〖(1887) ← NIMBO-＋STRATUS〗

nim·bus /nɪ́mbəs/ *n.* (*pl.* **nim·bi** /-baɪ/, ～**·es**) **1** (昔, 神話で神が地上に現れた時その周囲を囲んだという)光の雲, 後光. **2** (人や物の周囲に感じられる)輝かしい雰囲気, 魅力, 「後光」. **3** 〘美術〙(神・聖人・帝王などの身から発する光輝の象徴で主として像の頭の回りに表す)輪光, 光輪, 光背, 円光 (halo) (cf. aureole 2). **4** 〘気象〙乱雲, 雨雲 (rain cloud). **～ed** *adj.* 〖(1616) ◻ L ～ 'rain (storm), cloud': cf. nebula / Gk *néphos* cloud, mist〗

NIMBY, nim·by /nɪ́mbi/ *n.* エゴ住民, ニンビー《刑務所・ごみ処理場など地域環境にとって好ましくないものについて, よそでなら結構だがわが家の近隣は絶対にごめんだとする》. ― *adj.* ニンビー的な. **～·ism** *n.* 〖(1980)《頭字語》← *n(ot) i(n) m(y) b(ack)y(ard)*〗

Nîmes /níːm; *F.* nim/ *n.* ニーム《フランス南部 Gard 県の県都; 古代ローマ円形劇場の廃址(し)がある》.

NIMH 《略》National Institute of Mental Health (米国)国立精神衛生研究所.

ni·mi·e·ty /nɪmáɪəṭi | -máɪɪti, -máɪə-/ *n.* 《文語》過度, 過剰. 〖(*a*1564) ◻ LL *nimietātem* ← L *nimius* too much〗

nim·i·ny-pim·i·ny /nɪ́mənipɪ́məni/ *adj.* 気取った, すまし込んだ (affected); 柔弱な, 女々しい (effeminate). 〖(1786)《擬音語》気取り屋の言葉遣いをまねた語; cf. namby-pamby〗

nim·i·ous /nɪ́miəs/ *adj.* 〘スコット法〙過度の. 〖(*c*1485) *nymyos* ◻ L *nimius*: ⇨ -ous〗

Nim·itz /nɪ́mɪts | -mɪts/, **Chester William** *n.* ニミッツ《1885–1966; 米国海軍元帥; 第二次大戦時の太平洋艦隊司令長官 (1941–45)》.

Ni·món·ic álloys /nɪmɑ́(ː)nɪk- | nɪmɔ́n-/ *n. pl.* ニモニック合金《80% ニッケル, 20% クロムのような高ニッケル・クロムの合金; 耐食性大で, 高温度で安定のため, ガスタービン翼などの耐熱用材料として用いられる》. 〖(1941) *Nimonic* 《商標名》〗

N

n'im·porte /nǽ(m)pɔ́ət, nǽm- | -pɔ́:t; *F.* nɛ̃pɔʁt/ *adj. F.* 問題ではない, 気にするな (no matter). 〖(1775) ◻ F〗

Nim·rod /nɪ́mrɑ(ː)d | -rɔd/ *n.* **1** 〘聖書〙ニムロデ《Cush の子, Noah の曾孫で狩の名人; cf. *Gen.* 10: 8–9》. **2** [時に n-] 《文語》狩人; 狩猟好きの人, 狩猟狂.

Nim·rod·i·an /nɪmrɑ́(ː)diən | -rɔ́d-/ *adj.*

Nim·ród·ic /-rɑ́(ː)dɪk | -rɔ́d-/ *adj.* 〖(1545) ◻ Heb. *Ninrōdh* 《原義》?: cf. Akkad. *Ninurta* a god of hunting and war〗

Nim·rud /nɪmrúːd/ *n.* ニムルード《紀元前 1250 年ごろ建設され, 紀元前 612 年に滅びたアッシリアの古代都市 Calah の遺跡; 今日のイラク北部 Mosul 近くにある》.

ním trèe *n.* 〘植物〙インドセンダン (neem).

Nim·we·gen /*G.* nɪ́mve:gn/ *n.* ＝Nijmegen.

Nim·zo·witsch /nɪ́mzəvɪtʃ/, **Aaron Isayevich** *n.* ニムゾビッチ《1886–1935; ラトビア生まれのチェス選手・理論家; 序盤の戦法をいろいろ編み出した》.

Nin /nɪ́n, níːn | níːn; *F.* nin/, **A·na·ïs** /anais/ *n.* ニン《1903–77; フランス生まれの米国の小説家・批評家; *The House of Incest* (1936), *The Diary of Anaïs Nin* (1966–76) (6 巻)》.

Ni·na /níːnə, náɪ- | níː-; *Russ.* nʲínə/ *n.* ニーナ《女性名; 愛称形 Ninnetta, Ninnette》. 〖◻ Russ. ～ (dim.) ← ANNA〗

Ni·ña /níːnjə; *Sp.* niɲa/ *n.* [the ～] ニーニャ(号)《Columbus がアメリカ発見の航海に用いた三隻の帆船のうち一番小さな船; cf. Santa Maria, Pinta》.

Ni·na Ric·ci /níːnərítʃi; *F.* ninaʁitʃi, *It.* níːnaríttʃi/ *n.* 〘商標〙ニナリッチ《フランスの婦人物ファッション製品のメーカー; そのブランド》.

nin·com·poop /nɪ́nkəmpùːp, nɪ́ŋ-/ *n.* ばか, 間抜け. **nín·com·pòop·e·ry** /-pəri/ *n.* **～·ish** /-p(ə)rɪʃ/ *adj.* 〖(1676)《転訛》? ← L *nōn compos (mentis)* not sound of mind // ← L *Nicodem(us)* (cf. F *nicodème* simpleton)＋POOP⁵: cf. ninny〗

nine /náɪn/ *n.* **1** 9; 9 個; 9 人; 9 歳; 9 時: at ～ 9 時に / *nine*-fifteen 9 時 15 分 / a child of ～ 9 歳の子 / ～ and twenty 《古》29 / ⇨ NINE *to five*. **2** 9 [IX] の記号[数字]. **3** 9 人[個]一組; 《米》野球チーム. **4** (トランプなどの) 9 点の札: the ～ of hearts ハートの 9. **5** 9 号サイズの衣服: wear a ～. **6** [the N-] ミューズ九女神 (the Muses). **7** [the N-; 複数扱い] EEC [CM] 加盟 9 か国《1973–81; 1957 年以来の 6 か国に 1973 年に英国, アイルランド, デンマークが加わって 9 か国となった》. **8** 〘ゴルフ〙(18 ホールの前半または後半の) 9 ホール: the front [back] ～. ***cást óut nínes*** (掛け算・割り算・足し算・引き算で)得た結果を九去(きゅうきょ)法で検算する. ***dial 999*** ⇨ nine-nine-nine. ***nine to five*** 朝 9 時から夕方 5 時までの勤務時間 (cf. nine-to-five). ***(up) to the nines*** 《口語》(1) 十分に, 完全に; 見事に: feed a person *up to the* ～*s* 人にたらふく食べさせる. (2) 凝りに凝って; 派手に: dressed *up to the* ～*s* 盛装を凝らして, めかしこんで.

— *adj.* 9 の, 9 個の, 9 人の; [叙述的] 9 歳で: ～ per cent 9%, 9 分, 9 パーセント / ～ years old [of age] 9 歳で[の] / ⇨ nine-tenths / A cat has ～ lives. ⇨ cat 1 / Possession is ～ points of the law. ⇨ possession 2. ***nine times* [*in nine cases*] *out of tén*** 十中八九, たいてい. (1809)
〖ME ～, *nizen* < OE *nigon, nigen* < Gmc **nizun* ← **niwun* (Du. *negen* / G *Neun*) < IE **enewen* (L *novem* / Gk *ennéa* / Skt *nava*): cf. noon, November〗

nine-bànded armadíllo *n.* 〘動物〙ココノオビアルマジロ (*Dasypus novemcinctus*) 《アルゼンチンから米国南部まで分布し, 9 本の帯状の骨質板がある》. 〘(1909): ⇨ nine, banded[1]〙

níne·bàrk *n.* 〘植物〙バラ科アメリカシモツケ属 (*Physocarpus*) の落葉低木の総称 《庭園に栽培する; 樹皮は薄くはがれる》.

níne dàys' wónder *n.* [a ～] (一時人の注意を引くだけで)すぐに忘れられる物事 《うわさ・醜聞など; cf.「人のうわさも七十五日」》. 〘(1594): The greatest wonder lasts but nine days. という諺から〙

níne·fòld *adj.* **1** 九部分[部門, 要素]のある, 九重(ここのえ)の. **2** 9 倍の. — *adv.* 九重に, 9 倍に. 〘OE *nigonfeald*: ⇨ nine, -fold〙

níne·hòles *n. pl.* [単数扱い] **1** ナインホールズ 《一種の玉ころがし遊び; 土または板に作られた穴に玉をころがして入れる遊戯》. **2** 《米俗》困難, 苦境. ★ 通例次の句で: get [put a person] *in the* ～ 困難に陥る[人を陥れる]. 〘1573〙

900 (nùmber) /náɪnhʌ́ndrəd(-)/ *n.* 《米》《日本のダイヤル Q[2] に相当する有料電話情報サービス》.

níne íron *n.* 〘ゴルフ〙9 番アイアン (⇨ niblick).

9-Lives /náɪnlàɪvz, ⌐⌐/ *n.* 〘商標〙ナインライブズ 《米国 Star-Kist Foods 社製のキャットフード; ⇨ cat 1 a》.

níne mèn's mórris *n.* ナインメンモリス 《2 人が白と黒の駒 (men, pegs) を 9 個ずつ持ち, 交互に板上の穴に駒を置く; 直線上に 3 つ駒が並べば相手の駒が 1 つ取れる; 駒を 7 つ取るか, 相手を詰めて動けなくすれば勝ちになる; 古代エジプト・ギリシャ・ローマからあるゲームで, 駒の数は当初は 3 つだった》. 〘1595〙

999 /náɪnnàɪnnáɪn/ *n.* 《英》(電話の) 999 番, 緊急電話番号 《この番号を回して警察・救急車・消防署につないでもらう》: a ～ call / dial ～ 999 番を回す. 〘1937〙

911 /náɪnwʌ̀nwʌ́n/ *n.* 《米》(電話の) 911 番, 緊急電話番号 《警察・救急車・消防署を呼ぶ番号; nine one one または nine eleven と読む; 地方によっては番号が異なる》.

nine·pence /náɪnpéns | náɪnpɪns, -pí:⌐, -pəns, -pns/ ★ 発音・用法その他については ⇨ penny 1. *n.* (*pl.* ～, **-penc·es**) **1** (英国の) 9 ペンス(の価): the nimble ～ ⇨ nimble 4 / (as) neat as ～ とてもさっぱり[きちん]とした / (as) right as ～ 全く元気で[になって]; 申し分のない. **2 a** (昔のアイルランドの)シリング貨幣 《16 世紀に通用した; 英国の 9 ペンスに相当》. **b** 《米》(昔のスペインの) 9 ペンス貨幣 (12½ セントに相当する小銀貨). 〘1546〙

nine·pen·ny /náɪnpéni | náɪnpɪni, -pí:⌐, náɪnp(ə)ni, -pni/ ★ 発音・用法その他については ⇨ penny 1. *adj.* **1** 9 ペンスの. **2** 〈釘が〉2¾ インチ(の長さ)の. 《もと 100 本につき 9 ペンスしたことから》 〘1830〙

níne·pìn *n.* 《英》 **1** [*pl.*; 単数扱い] 九柱戯 《9 本の木柱を並べ球を転がしてこれを倒すボウリングに似たゲーム; skittles ともいう; cf. tenpin 1》. **2** 九柱戯の木柱[ピン] 《とっくり形の柱》: fall [be knocked] over like a lot of ～*s* 将棋倒しに転ぶ[倒される]. 〘1580〙

níne-pòint círcle *n.* 〘数学〙九点円 《三角形の各辺の中点, 三つの垂線の足, 垂心と各頂点を結ぶ線分の中点の九つの点を通る円; Euler circle, Feuerbach's circle ともいう》. 〘1865〙

nine·teen /nàɪntí:n⌐/ *n.* **1** 19; 19 歳; 19 個. **2** 19 [XIX] の記号[数字]. **3** 19 人[個]一組. **4** 19 号サイズの衣服. ***nineteen to the dózen*** 《英》(のべつ幕なしに, (早口に)べらべらと: talk [wag, speak, chat away] ～ *to the dozen* / His tongue went ～ *to the dozen.* 彼はべらべらしゃべった. 〘(1852) 12 語で足りるところを 19 語も使うの意から〙 — *adj.* 19 の; [叙述的] 19 歳で.
〖OE *nigontȳne*: ⇨ nine, -teen〗

ninetéen èighty-fóur *n.* (*also* **1984**) (悪夢のような)超全体主義的社会[国家]. 〘(1959) G. Orwell の小説 *Nineteen Eighty-Four* (1949) より〙

nine·teenth /nàɪntí:nθ⌐/ *adj.* **1** 第 19 の, 19 番目の (19th). **2** 19 分の 1 の: a ～ part 19 分の 1. — *n.* **1** [the ～] 第 19, 19 番目, 第 19 位; (月の)(第) 19 日: *the* ～ [*19th*] of April 4 月 19 日. **2** 19 分の 1. **3** = nineteenth hole. 〖OE *nigontēoþa*: ⇨ nineteen, -th[1]〗

Nineteenth Améndment *n.* [the ～] (米国)憲法修正第 19 条 《1920 年の婦人参政権を認めた修正》.

nineteenth hóle *n.* [the ～] 《戯言》ゴルフ場内のクラブハウス; (特に)クラブハウスのバー[レストラン](での一杯) 《単に nineteenth ともいう》. 〘(1901) 18 holes からなる 1 ラウンドの終了後回る場所の意から〙

nineteenth mán *n.* **1** 〘豪式フットボール〙第 1 補欠, 補欠順位第 1 位の選手. **2** (一般に)補欠交代要員, 代理人.

nine-ténths *n. pl.* 10 分の 9; ほとんど全部.

nine·ti·eth /náɪntiɪθ | -ti-/ *adj.* **1** 第 90 の, 90 番目の (90th). **2** 90 分の 1 の. — *n.* **1** [the ～] 第 90, 90 番目. **2** 90 分の 1. 〖OE *nigontigoþa*: ⇨ ninety, -th[1]〗

níne-to[till]-fíve *adj.* [限定的] **1** 朝 9 時から夕方 5 時まで働く勤め人[定時間労働者]の. **2** 朝 9 時から夕方 5 時までの仕事の. 〘1960〙

níne-to[till]-fíver *n.* 朝 9 時から夕方 5 時まで働く勤め人, 定時間労働者. 〘(1959) ← ↑ + -er[1]〙

Ni·nette /nɪnét | nɪ-, ni:-/ *n.* ニネット 《女性名》. 〘(dim.) ← ANNA & NINA〙

nine·ty /náɪnti | -ti/ *n.* **1** 90; 90 個; 90 人; 90 年[歳]: be over ～ 90 歳以上である. **2** 90 [XC] の記号[数字]. **3** 90 人[個]一組. **4** [*pl.*] 90 代, 90 年代[歳代]: a man in *one's nineties* 90 代の人. — *adj.* 90 の, 90 個の, 90 人の: [叙述的] 90 歳で. 〖OE *nigontig*: ⇨ nine, -ty[1]〗

ninety·fòld *adj.* **1** 90 倍の. **2** 90 の部分からなる. — *adv.* 90 倍に.

ninety-níne *n.*, *adj.* 99 (の); 99 人[個, 歳](の). ***ninety-nine out of a húndred*** ほとんど全部(の) (nearly all): ～ times [in ～ cases] *out of a hundred* ほとんどいつも (nearly always).

Nin·e·veh /nínəvə | -nɪ̀-/ *n.* ニネベ 《古代 Assyria 帝国の首都; 紀元前 612 年にメディア人およびバビロニア人に滅ぼされた; その廃墟はイラク北部 Tigris 河畔の Mosul の対岸にある》.

Nin·e·vite /nínəvàɪt | -nɪ̀-/ *n.* ニネベ人. 〘(1550) □ LL *Ninivitae* (pl.): ⇨ ↑, -ite[1]〙

Ning·bo /nìŋbóu | -bə́u; *Chin.* níŋpō/ *n.* 寧波(ニンポー) 《中国東部浙江省 (Zhejiang) の港市》.

Ning·hsia /nìŋʃiá:/ *n.* = Ningxia.

ning-nong /níŋnɔ̀(:)ŋ, -nɑ̀(:)ŋ | -nɔ̀ŋ/ *n.* 《豪俗》ばか者, 能なし. 〘(1832) ← 《英方言》 *ning-nang* a fool〙

Ning·po /nìŋpóu | -pə́u/ *n.* = Ningbo.

Ning·sia /nìŋʃiá:/ *n.* = Ningxia.

Ning·xia /nìŋʃiá:; *Chin.* níŋɕià/ *n.* **1** 寧夏(ニンシャー) 《中国中北部の旧省》. **2** = Ningxia Hui Autonomous Region.

Ningxia Hui Autónomous Région /nìŋʃiə:hwí:-; *Chin.* niŋɕiàxuí-/ *n.* 寧夏回(ニンシャーホイ)族自治区 《中国中北部の自治区; 区都 銀川 (Yinchuan)》.

nin·hy·drin /nɪnháɪdrɪ̀n | -drɪn/ *n.* 〘化学〙ニンヒドリン ($C_9H_4O_3(OH)_2$) 《無色柱状晶; 蛋白やアミノ酸の検出確認定量に用いられる》. 〘(1913) 〘商標〙〙

ninhýdrin reàction *n.* 〘化学〙ニンヒドリン反応 《アミノ酸の呈色反応》. 〘(1962) ⇨ ↑, reaction〙

Nin·i·an /níniən/ *n.* ニニアン 《男性名》. ★ スコットランドに多い. 〘← St. *Ninian* (360?–?432: スコットランドの聖徒)〙

nin·ja /níndʒə/ *n.* (*pl.* **～s**, ～) 忍者. 〘(1964) □ Jpn.〙

nin·ny /níni/ *n.* ばか者, 間抜け (fool). **～·ish** /-niɪʃ/ *adj.* 〘(1593) 《転訛》? ← *an innocent*: cf. It. *ninno, ninna* baby, child〙

nínny·hàmmer *n.* = ninny. 〘(1592): ⇨ ↑, hammer〙

ni·non /ní:nɑ(:)n | ní:nɔn, náɪ-; *F.* ninɔ̃/ *n.* 薄絹, (特に)ニノン織 《平織りの丈夫な軽い絹布または絹ボイル (silk voile); 婦人服・カーテン用》. 〘(1911) □ ? F *Ninon* (dim.) ← ANNE[1]〙

ninth /náɪnθ/ *adj.* **1** 第 9 の, 9 番目の (9th). **2** 9 分の 1 の: a ～ part 9 分の 1 / a ～ part of a man 《戯言》仕立屋, 裁縫師 《Nine tailors make a man. という諺から》. **3** 〘音楽〙九度音程の. — *adv.* = ninthly. — *n.* (*pl.* **～s** /náɪnθs, náɪnts/) **1** [the ～] 第 9, 9 番目, 第 9 位; (月の)(第) 9 日: on *the* ～ [*9th*] of April 4 月 9 日に. **2** 9 分の 1. **3** 〘音楽〙九度, 九度音程 《オクターブに二度を加えた複合音程》; 九度の音, 九度の和音. 〖ME *nynþ, nizonþe* ∽ ME *nyþe* < OE *nig(e)oða*: ⇨ nine, -th[1]〗

Nínth Améndment *n.* [the ～] (米国)憲法修正第 9 条 《憲法に列挙された権利は国民の他の権利を否定・軽視するものと解釈されてはいけないとする条項; 1791 年権利章典の一部として成立》.

nínth chòrd *n.* 〘音楽〙九の和音 《三度音程を五音重ねて構成される和音; 根音, 三度, 五度, 七度, 九度の五つの音から成る》. 〘(1845): ⇨ ↑, chord〙

nínth cránial nèrve *n.* 〘解剖〙第 9 脳神経 (⇨ glossopharyngeal nerve).

nínth·ly *adv.* 第 9 に, 9 番目に.

nínth nèrve *n.* 〘解剖〙= ninth cranial nerve.

Ni·nus[1] /náɪnəs/ *n.* 〘ギリシャ伝説〙ニノス 《Nineveh の伝説的創設者, Semiramis の夫》. 〘□ L ～ □ Gk *Nínos*〙

Ni·nus[2] /náɪnəs/ *n.* = Nineveh. 〘□ L ～: ⇨ Nineveh〙

ni·o·bate /náɪəbèɪt/ *n.* 〘化学〙ニオブ酸塩[エステル] 《酸化ニオブと塩基性酸化物とから成る塩; columbate ともいうが, 正式名でない》. 〘← NIOB(IUM) + -ATE[1]〙

Ni·o·be /náɪoubi:, náɪə- | -ə(u)-/ *n.* **1** 〘ギリシャ神話〙ニオベー, ナイオビ 《Tantalus の娘で, Amphion の妻; 7 男 7 女を二人しか子のない Leto に誇ったため, Leto の子 Apollo と Artemis によってその子の全部を殺された; Zeus は悲嘆に暮れる Niobe を石に化したが, なお泣きやまなかったという》: Like ～, all tears ニオベーのように涙にかきくれて (Shak., *Hamlet* 1. 2. 149). **2** 《文語・詩》(Niobe のように) 子を失って悲嘆に暮れている母親. 〘(1589) □ L *Niobe, Niobē* □ Gk *Nióbē* □ ? Heb. *ne'eyābhāh* (fem.) ← *ne'eyābh* the object of enmity (for the gods) ← *āyábh* to be hostile to〙

Ni·o·be·an /naɪóubiən | -ə́u-/ *adj.* ニオベー (Niobe) の; ニオベーのような[ように悲しむ]. 〘1847〙

ni·o·bic /naɪóubɪk | -ə́ub-/ *adj.* 〘化学〙5 価のニオビウム (Nb^v) を含んだ (columbic). 〘(1845) ⇨ niobium, -ic[1]〙

niòbic ácid *n.* 〘化学〙ニオブ酸 ($Nb_2O_5 \cdot nH_2O$). 〘(1845): ⇨ ↑, acid〙

ni·o·bite /náɪəbàɪt/ *n.* 〘鉱物〙= columbite. 〘1854〙

ni·o·bi·um /naɪóubiəm | -ə́u-/ *n.* 〘化学〙ニオブ, ニオビウム 《金属元素の一つ; 記号 Nb, 原子番号 41, 原子量 92.9064; 比 8.55; cf. columbium》. 〘(1845) ← NL ～: tantalum に似ているため Tantalus の娘 NIOBE から名を得たもの: ドイツの化学者 Heinrich Rose (1795–1864) の造語: ⇨ -ium〙

ni·o·bous /naɪóubəs | -ə́ub-/ *adj.* 〘化学〙 **1** (塩化ニオビウム ($NbCl_3$) のように) 3 価ニオビウムを含んだ. **2** ニオビウムの. 〘(1863) ⇨ ↑, -ous〙

Ni·o·brar·a /nàɪəbrέ(ə)rə | -bréərə/ *n.* [the ～] ナイオブレーラ(川) 《米国 Wyoming 州東部, Nebraska 州北部を東流し, Missouri 川に合流する川 (694 km)》.

Niord /njɔ́əd | njɔ́:d/ *n.* 〘北欧神話〙ニョルド 《Frey, Freya の父で, 交易・航海・漁労・繁栄の神; Njord, Njorth ともいう》. 〘□ ON *Njǫrðr*〙

Niort /niɔ́ə | -ɔ́:[r]; *F.* njɔ:ʁ/ *n.* ニオール 《フランス西部の都市; Deux-Sèvres 県の県都; 商業の中心地》.

nip[1] /níp/ *v.* (**nipped**; **nip·ping**) — *vt.* **1** (強く)はさむ, 締める, つねる; 噛(か)む; (噛んだりはさんだりして)離さない, 締めつける: The dog ～*ped* him *on* the arm. 犬は彼の腕を噛んで離さなかった. **2 a** 〈芽などを〉摘み取る, はさみ取る, ちぎる 〈*off, out*〉: ～ *off* the buds of flowers, dead leaves, etc. / ～ the side shoots *off* a tree 木の側枝を切り取る. **b** 〈衣服の一部を〉詰める 〈*in*〉: ～ *in* the waist ウエストを詰める. **c** …の進行[発達など]を阻止する, …の成長を止める, くじく: ～ a person's plot / A chilly reception ～*ped* the first enthusiasm. 冷たい反響に最初の熱もさめてしまった / ⇨ nip in the BUD[1]. **3 a** 〈寒風などが〉〈ほお・膚・身などを〉刺す, 凍えさす (benumb). **b** 〈風・霜などが〉〈植物を〉枯らす, 〈芽・花などを〉傷める (blight): The frost ～*ped* the plants. 霜で植物が枯れた. **4** 《俗》 **a** ひったくる (snatch). **b** くすねる (pinch). **c** 逮捕する (arrest). **5** 《米》(競技で)〈相手を〉小差で負かす. **6** 〘海事〙 **a** (氷海で)〈氷が〉〈船を〉締めつける: The ship was ～*ped* by the ice. 船が氷にはさまれた. **b** つまむ: ～ the cable 錨綱をつまむ 《作業上錨の重さを肩代わりするため》. **7** 〘製本〙 **a** 〈紙・折丁〉に加圧する, ならす. **b** 〈バンド〉のかどをたてる. **8** 《古》痛烈に非難する, 酷評する. — *vi.* **1** つねる, はさむ, 噛む 〈*at*〉: The dog ～*ped* (*away*) *at* my bag. 犬が私のかばんに噛みつこうとした. **2** 《英口語》さっと動く, さっさと行く: ～ *in* [*out*] ひらりと飛び込む[出る] / ～ *up* [*down*] さっと飛び上がる[降りる] / ～ *along* 急いで行く / ～ *away* [*off*] さっさと去る[逃げる] / ～ on a bus バスに飛び乗る / ～ *on* ahead 走って追い越す.
nip in 《英口語》 (1) ⇨ *vi.* 2. (2) 急に(人の前に)出る, 不意に行く手を遮る: He ～*ped in* just in front of me. (3) (話の途中に)急に言葉を差しはさむ: ～ *in* with a smart question [retort] とっさに気のきいた質問[返答]を差しはさむ.
— *n.* **1** はさむこと, つねること; ひとつねり; 強い一噛み (sharp bite): He gave me a ～ *on* my arm. 私の腕をぎゅっとつねった. **2 a** はさみ[摘み]取った一部分. **b** [通例 a ～ of として] 一小片, ごく少し (a little bit): He went out for *a* ～ *of* air. 一息入れるために外に出た. **3** (風や寒さなどの)身を切るような厳しさ, 身にしみる寒さ (sharp cold); (特に)霜害: a nasty ～ in the air 膚を刺すような冷気. **4** (食物などの)強い味[風味]; チーズの強い味 (tang): the ～ of Mexican cooking. **5** 〘海事〙 **a** (船の両側に及ぼす)結氷の強圧. **b** (物に巻き付けた索の)締まり, 締まった部分, ロープの先端処理 (seizing) をした部分: freshen the ～ (ロープの)摩擦部ずらしをする (cf. freshen *vt.* 3). **6** 〘地質〙 **a** 波の浸食によってできた海岸の低い崖(がけ). **b** 過去の海食崖の基部(もとの海面の位置)にできているくぼみ. **7** 《古》痛烈な批評, 鋭い当てこすり, 諷刺, 酷評 (sarcasm).
nip and túck 《米》(競走・競技で)負けず劣らず, 互角に[の], 五分五分で[の] (neck and neck) (cf. NIP[1] and tuck). (1857) ***pùt the níps in*** 《豪口語》金の融通を頼む, (金を)借りる, たかる (borrow).
níp and túck 《口語》美容外科手術 (cf. NIP[1] *and tuck*). (1832)
〘(?a1387) *nippe(n)* □ ? MLG & MDu. *nipen* to pinch ∥ ON *hnippa* to prod: cf. Du. *nijpen* to pinch〙

nip[2] /níp/ *n.* **1** 《口語》(ビール・ワイン以外のアルコール性飲料の)一飲み, 一口, 微量 (sip): take a ～ of whiskey ウイスキーを一口飲む. **2** 《英》ニップ 《酒類の液量単位; = 1/6 gill》; (ワイン・ビールなどの)小瓶 (1/3 パイント入り).
— *vi.*, *vt.* (**nipped**; **nip·ping**) ちびりちびり飲む.
〘(1796) 《短縮》? ← 《廃》 *nipperkin* measure of half a pint or less ← Du. *nippertje* ← *nippen* to sip〙

nip[3] /níp/ *n.* 《英方言》〘植物〙= catnip.

Nip /níp/ *n.*, *adj.* 《俗・軽蔑》= Nipponese. 〘《略》〙

ni·pa /ní:pə/ *n.* **1** 〘植物〙ニッパヤシ (*Nipa fruticans*) 《東インド・フィリピン・オーストラリア産; 樹液は砂糖の原料; nipa palm ともいう》. **2** ニッパヤシの葉 《先住民の屋根ふきの材料》. **3** (ニッパヤシでふいた)ニッパ屋根: a ～ house. **4** ニッパ(酒) 《ニッパヤシの樹液を発酵させて造る》.
〘((1588)) (1779) □ Sp. & Port. ～ □ Malay *nipah*〙

níp·chèese *n.* **1** 《俗》(船の)事務長, パーサー (purser). **2** 《方言・古》けちん坊. 〘(1785) ← NIP[1] + CHEESE[1]〙

Nip·i·gon /nípɪ̀gɑ̀(:)n | -pɪgɔn/, **Lake** *n.* ニピゴン湖 《カナダ南部 Ontario 州, Superior 湖の北にある湖; 面積 4,843 km²》.

Nip·is·sing /nípɪ̀sɪŋ | -pɪ-/, **Lake** *n.* ニピシング湖 《カナダ南東部 Ontario 州, Georgian Bay の北東にある湖; 面積 855 km²》. 〘□ F ～ □ N-Am.-Ind. (Algonquian) ～ 《原義》 at the little lake〙

nip·per /nípə | -pə[r]/ *n.* **1** つねる人, はさむ人. **2 a** はさむもの, 噛むもの. **b** [通例 *pl.*] ニッパー 《針金などを切ったり, はさんだりする小型の道具で pliers, pincers, forceps

などの総称); 爪切り: a pair of ～s ニッパー1丁. **c** [*pl.*]《古》眼鏡,(特に)鼻めがね (pince-nez). **d** [*pl.*]《俗》手錠 (handcuffs), 足かせ. **3 a** (カニ・エビの)大はさみ (pincer). **b** (馬の)切歯 (incisor). **4**《英口語》**a** 少年, 小僧, 小娘, 子供. **b** 呼売商人の小僧. **5**《英俗》すり (pickpocket). **6**〘海事〙**a** ニッパー, つかみ綱 (錨鎖(索)を緩めて作業をする際, キャプスタン (capstan) からの補助索へ重量を肩代わりするための短い索). **b** ニッパー, つかみ器具 (錨鎖やロープをがっちりはさむ鉄製ペンチ状のねじ付き器具). **7 a**〘魚類〙=cunner. **b**〘動物〙ヨーロッパ産のカニの一種 (*Polybius henslowii*) (nipper crab ともいう). **—** *vt.*〘海事〙ニッパーで〈錨鎖を〉つまむ. ***nípper óff***〘海事〙錨鎖をつかんでその重量をキャプスタンからの補助索の方へ肩代わりして止める.
〘(1535) ← NIP¹(v.) ＋-ER¹〙

nípper cràb *n.*〘動物〙=nipper 7 b.

níp·ping *adj.* **1**〈風・寒さなど〉厳しい, 身を切るような, 膚を刺すような: a ～ frost, wind, etc. **2** 鋭い, 痛烈な, 皮肉な: a ～ tone, speech, etc. **～·ly** *adv.* 〘1547〙

nip·ple /nípḷ/ *n.* **1 a** (哺乳動物の雌雄の)乳頭; (特に, 女性の)乳首 (teat). **b** (哺乳びんの)乳首. **c**《米口語》(赤ん坊の)おしゃぶり (pacifier). **d** ニップル (穴を通る液体の流れを調節する道具). **2** (皮膚・ガラス・金属面などの)乳頭状突起. **3**《米》接管, ニップル (両端にねじを切ったごく短いパイプで, バルブの接合などに用いる). **4**〘機械〙ニップル (grease nipple) (機械に油やグリースを入れるための穴のあいた突起). **5 a** (山頂などのような)自然の突起物. **b** (昔の銃砲の)火門座. 〘(17C)《変形》← (1530) *neble, nible*《原義》a small projection (dim.)? ← NEB: cf. nib〙

nípple shìeld *n.* 乳首あて, シールド (授乳時の保護用). 〘(1799): ⇨ ↑, shield〙

nípple·wòrt *n.*〘植物〙ヤブタビラコ (*Lapsana communis*) (北米産キク科ヤブタビラコ属の草本). 〘(1640) 女性の乳首のできものの治療に用いられた事から〙

Nip·pon /nípɑ(ː)n, ─́─̀ | nípɔn/ *n.* 日本. 〘(1727) ◻ Jpn.〙

Níppon chrysánthemum *n.*〘植物〙ハマギク (*Chrysanthemum nipponicum*).

Nip·pon·ese /nìpəníːz, -níːs | -níːz⁻/ *n.* (*pl.* ～) 日本人. **—** *adj.* 日本の; 日本人の; 日本語の. 〘(1859): ⇨ Nippon, -ese〙

Nip·po·ni·an /nɪpóuniən | -páu-/ *adj.* =Nipponese. 〘(1909): ⇨ Nippon, -ian〙

Nip·pur /nɪpúə | -púə^(r)/ *n.* ニップール (紀元前 3,000 年紀に現在のイラク南東部, Euphrates 河畔に栄えた Sumer の都市・巡礼地; 1889–1900 年に発掘された).

nip·py /nípi/ *adj.* (**nip·pi·er**; **-pi·est**) **1 a**〈風・寒さなど〉厳しい, 身を切るような (nipping): a ～ wind. **b** 冷え冷えする, うすら寒い (chilly): a ～ morning. **2**〈食物など〉味[風味]の強い, 辛い (pungent): ～ cheese. **3** つねりたがる, つねりがちな; 噛む癖のある: a ～ dog. **4**《英口語》**a**〈人・動作など〉すばしこい, 活発な, 機敏な, 手早い (nimble). **b**〈自動車が〉小型だが高性能な. **—** *n.* [N-]《英口語》(もと London の J. Lyons 社の経営する食堂・喫茶店の)ウェートレス; (安食堂の)ウェートレス. **níp·pi·ly** /-pḷli/ *adv.* **níp·pi·ness** *n.* 〘(1575) ← NIP¹＋-Y⁴〙

ni. pr.《略》nisi prius.

níp·ùp *n.* ニップアップ (あおむけに寝た位置から跳び上がって両足で立つ体操). 〘(1938): ⇨ nip¹ (vi.) 2〙

N.Ir.《略》Northern Ireland.

NIRA, Ni·ra /náɪ^ərə | náɪərə/《略》《米》National Industrial Recovery Act.

NIRC /ènàɪɑ̀ɚsíː | -ɑ̀ː-/《略》《英》National Industrial Relations Court.

N.Ire.《略》Northern Ireland.

Ni·ren·berg /nírənbə̀ːg | -bə̀ːg/, **Marshall Warren** *n.* ニーレンバーグ (1927–2010; 米国の生化学者, Nobel 医学生理学賞 (1968)).

NIREX /náɪreks | náɪ(ə)r-/ *n.*《英》ナイレックス (原子力産業の放射性廃棄物処理を行う会社). 〘(1982)《頭字語》← *N(uclear) I(ndustry) R(adioactive Waste) Ex(ecutive)*〙

nir·va·na, N- /nɪəváːnə, nəː-, -vǽnə | nɪəváːnə, nəː-; *Hind.* nɪrvaːn/ *n.* **1 a**〘仏教〙涅槃(ねはん), 入寂, 寂滅 (一切の煩悩(ぼんのう)を絶った至福の境地): attain [enter into] *Nirvana* 入寂する. **b**〘ヒンズー教〙ニルヴァーナ, 生の炎の消滅; 梵との合一 (reunion with Brahma). **2**《俗用》**a** (苦痛・悩み・世俗からの)超脱, 解脱; 安息の地. **b** 望んでも明らかに達成できない目標, 夢. **nir·vá·nic** /-nɪk/ *adj.* 〘(1836) ◻ Skt *nirvāṇa* extinction, a blowing out (as of a light) ← *nirvā* to blow ← *nir-, nis-* out＋*vāti* (it) blows〙

nirvána prìnciple *n.* [しばしば N- p-]〘精神分析〙涅槃原則 (内的興奮による緊張を減じて, その量をゼロに近づけようとする心的傾向; 死の欲動 (death instinct) の現れとされる).

Niš /níʃ, níːʃ; *Serb.* / *Croat.* níːʃ/ *n.* (*also* **Nish** /～/) ニーシュ (Serbia 共和国の都市; もと Serbia 王国の首都, 昔の要塞(さい)商都, ギリシャ正教主教管区).

Ni·san /niːsáːn, ─́─̀, nísən, -sṇ | náɪsæn, nís-, -sɑːn/ ★ 英国のユダヤ人の間では /nísɑːn/. *n.* (*also* **Nis·san** /～/)〘ユダヤ暦〙ニサン (政暦の第 7 月, 教暦の第 1 月; グレゴリオ暦の 3–4 月に当たる; バビロン捕囚前は Abib と呼ばれた; ⇨ Jewish calendar). 〘(1395) ◻ Heb. *Nīsān* ◻ Akkad. *Nisannu*《原義》? intercalary month〙

Ni·sei, ni- /niːséɪ, ─́─̀ | ─́─̀/ *n.* (*pl.* ～, ～**s**)《米》二世 (米国に移住した両親の間に生まれ米国で育った日系米国市民; cf. Issei). 〘(1943) ◻ Jpn.〙

Nish *n.* =Niš.

Ni·sha·pur /nìːʃɑːpúə | -púə^(r)/ *n.* ニシャプル (イラン北東部の町, Omar Khayyám の出生地).

ni·si /náɪsaɪ, níːsiː/ *L. conj.* …にあらざれば (unless). ★ 法律用句として次の各項参照: ⇨ decree nisi, rule nisi, judgment nisi, order nisi. **—** *adj.*〘英法〙一定期間に条件が満されない限り効力を発する. 〘(1817) ◻ L ～ 'unless' ← *ne-* not＋*sī* if: ⇨ not, so¹〙

nisi pri·us /náɪsaɪpráɪəs, níːsiːpríːəs/ *L. n.*〘法律〙**1**《米》(陪審つきの)第一審裁判所 (nisi prius court ともいう). **2**《英》**a** 巡回判事の陪審裁判(制度) (もとは指定時日前に巡回判事が到着していない場合に, 陪審員を London に出頭させる旨の令状中の文句): a ～ record 巡回裁判記録. **b** 刑事法院 (Crown Court), または, (歴史的に) 巡回裁判所における裁判官による民事事件の審理. 〘((1347)) (1447) ◻ L ～ 'unless before': ⇨ ↑, prior¹〙

Nis·roch /nísrɑ(ː)k, -rouk | -rɔk, -rəuk/ *n.*〘聖書〙ニスロク (Nineveh の神殿に祭られていたアッシリアの神; cf. 2 *Kings* 19:37; *Isa.* 37:38). 〘◻ Heb. *Nisrōkh*〙

Nissan *n.* =Nisan.

Nís·sen hùt /nísən-, -sṇ-/ *n.*〘軍事〙(第一次大戦中に英軍が用い始めた)かまぼこ型組立兵舎, かまぼこ家屋 (cf. Quonset). 〘(1917) ← *Lieut. Col. P. N. Nissen* (1871–1930: 考案者の英国人)〙

Nís·sl bòdies /nísḷ-/ *n. pl.*〘解剖〙色素親和体, チグロイド物質, 豹紋物質, ニッスル小体 (神経細胞の細胞質にあって塩基性の色素で染まる大型粒状のもの). 〘(1898) ← *Franz Nissl* (1860–1919: ドイツの神経科医)〙

ni·sus /náɪsəs/ *L. n.* (*pl.* ～) (目的達成のための)努力, 奮起, 企図 (effort, exertion). 〘(1699) ◻ L ～ 'effort' ← (p.p.) ← *nītī* to strive〙

nit¹ /nít/ *n.* **1** (髪の毛・衣服の毛などに付いた)しらみ・寄生虫などの卵; (しらみ・寄生虫などの)幼虫. **2**《廃・軽蔑》やつ. 〘OE *hnitu* louse's egg ＜ (WGmc) **χnitō* (G *Niss(e)*) ＜ IE **knidā* (Gk *konid-, konís* dust) ← **knid-* egg of a louse〙

nit² /nít/ *n.*《英口語》あほう, 間抜け. 〘(1594–95)《略》← NITWIT〙

nit³ /nít/ *n.*〘電算〙ニット (情報量の単位; =1.44 bits). 〘← *N(apierian dig)it*〙

nit⁴ /nít/ *n.*〘光学〙ニット (輝度 (luminance) の単位; 観測方向に垂直な投影面積 1 m² につき光度が 1 candela である面の輝度). 〘(1593) ← L *nitor* brightness: cf. nitid〙

nit⁵ /nít/《豪口語》*int.* (人が)来たぞ, 気を付けろ. **—** *n.* ★ 次の成句で: ***kèep nít***《豪俗》〈悪人などが〉見張り[張り番]をする (keep watch). 〘1899?〙

NIT /ènàɪtíː/《略》National Intelligence Test; National Invitation Tournament; negative income tax.

Ni·ta /níːtə | -tə; *Sp.* níta/ *n.* ニータ (女性名). 〘《略》← JUANITA // (dim.) ← ANNE¹, JANE〙

nite /náɪt/ *n.*《米俗》=night.

ni·ter,《英》**ni·tre** /náɪtə | -tə^(r)/ *n.*〘化学〙硝酸カリ(ウム) (⇨ potassium nitrate); (特に, 天然に産する)硝石 (火薬製造用; ⇨ sodium nitrate). 〘(*c*1400) *nitre* ◻ (O)F ◻ L *nitrum* ◻ Gk *nítron* natron, native sodium carbonate ◻ Heb. *nérher* // Egypt. *nṯr(y)*〙

nit·er·ie /náɪtəri | -təri/ *n.* =nitery.

Ni·te·rói /nìːtərɔ́ɪ | -tə-; *Braz.* niterɔ́i/ *n.* ニテロイ (ブラジル南東部の港市, Guanabara 湾に臨み Rio de Janeiro の対岸にある).

nit·er·y /náɪtəri | -təri/ *n.*《口語》=nightclub. 〘(1934) ← nite＋-ery〙

nit·id /nítɪ̣d | -tɪd/ *adj.*《文語》きらきら光る, つやつやした, 明るい, 光沢のある. **ni·tid·i·ty** /nɪtídəṭi | -dɪ̣ti/ *n.* 〘(1656) ◻ L *nitidus* ← *nitēre* to shine: cf. neat¹〙

ni·tid·u·lid /nɪ̣tídʒʊlɪ̣d | nɪtídjʊlɪd/ *n.*〘昆虫〙*adj.* ケシキスイ(科)の. **—** *n.* ケシキスイ (ケシキスイ科の昆虫の総称). 〘↓〙

Nit·i·du·li·dae /nìṭədúːlədiː, -djúː- | -tɪdjúːlɪ-/ *n. pl.*〘昆虫〙(鞘翅目)ケシキスイ科. 〘← NL ～ ← *Nitidula* (属名: ← LL *nitidulus* (dim.) ← L *nitidus* (⇨ nitid))＋-IDAE〙

nit·i·nol /nítṇɔ̀(ː)l, -tṇ- | -tɪnɔ̀l/ *n.*〘化学〙ニチノール (ニッケルとチタンから成る合金; 変形しても, ある温度以上に加熱すると元の形に戻るという性質をもつ). 〘(1968) ← NI(CKEL)＋TI(TA)N(IUM)＋-OL¹〙

ni·ton /náɪtɑ(ː)n | -tɔn/ *n.*〘化学〙ニトン (radon の旧名; 記号 Nt). 〘(1911) ← NL ～ ← L *nitēre* to shine: 英国の化学者 William Ramsay (1852–1916) による argon, etc. にならった造語〙

nít·pìck《口語》*vi.* 細かい[つまらない]ことをあら探しをする, 重箱の隅をつつく. **—** *n.* =nit-picking. **～·er** *n.* **～·y** *adj.* 〘(1971)《逆成》↓〙

nít·pìcking *n.*《口語》細かい[つまらない]ことをあら探しすること. 〘(1951) ← NIT¹＋PICKING〙

ni·tr- /naɪtr/ (母音の前にくるときの) nitro- の異形.

ni·tra·mine /nàɪtrəmíːn, naɪtrǽmɪ̣n | náɪtrəmìːn, -mɪn/ *n.*〘化学〙ニトロアミン, ニトラミン (一般式 RNH NO₂ および R₂NNO₂ で表される化合物の総称). 〘← NITRO-＋AMINE〙

ni·tra·mi·no /nàɪtrəmíːnou, -træ-, naɪtrǽmənòu | nàɪtrəmíːnəu, -træ-, naɪtrǽmɪ̣nəu/ *adj.*〘化学〙ニトロアミノ基を含む. 〘← NITRO-＋AMINO〙

nitramíno gròup [ràdical] *n.*〘化学〙ニトロアミノ基, ニトロアミノ団 (ニトロアミン[ニトラミン]に含まれている 1 価の原子団, –NHNO₂).

ni·tran·i·line /naɪtrǽnəlɪ̣n, -làɪn, -nḷ- | -nɪ̣liːn, -lɪn, -nḷ-/ *n.*〘化学〙=nitroaniline. 〘(1846) ← NITER＋ANILINE〙

ni·trate /náɪtreɪt, -trɪ̣t/ *n.*〘化学〙**1** 硝酸塩, 硝酸エステル; 硝酸カリ(ウム)[ソーダ]: ～ of silver=silver nitrate / ～ of potash=potassium ～ 硝酸カリ. **2** 硝酸塩類化学肥料. **3** ニトロセルロース製品. **—** /náɪtreɪt/ *vt.* **1** 硝酸(塩)と化合させる, 硝酸(塩)で処理する. **2** 硝酸塩に変える, 硝化する, ニトロ化する. **ní·tra·tor** /-treɪṭə | -tə^(r)/ *n.* 〘(1794) ◻ F ～: ⇨ niter, -ate¹〙

nítrate bactérium *n.*〘細菌〙硝酸細菌 (亜硝酸を硝酸に酸化する働きをする土壌細菌).

ni·tra·tion /naɪtréɪʃən/ *n.*〘化学〙硝化, ニトロ化. 〘(1887) ← niter＋-ation〙

ni·traz·e·pam /naɪtrǽzɪ̣pæm, -tréɪz-/ *n.*〘化学〙ニトラゼパム ($C_{15}H_{11}N_3O_3$) (黄白色の結晶; 鎮静作用があり睡眠薬などに使用される). 〘(1965) ← NITRO-＋AZO-＋-*epime* (← EPI-＋-INE³)＋AMIDE〙

nitre *n.* =niter.

ni·tric /náɪtrɪk/ *adj.* **1**〘化学〙窒素の; (特に)五価の窒素 (N^V) を含む (cf. nitrous). **2** 硝石 (niter) の. 〘(1794) ◻ F *nitrique*: ⇨ niter, -ic¹〙

nítric ácid *n.*〘化学〙硝酸 (HNO_3) (無色の腐食性液体; 古くは aquafortis と呼ばれた). 〘(1794): ⇨ ↑, acid〙

nítric bactéria *n. pl.*〘細菌〙=nitrobacteria.

nítric óxide *n.*〘化学〙一酸化窒素 (NO). 〘(1807): ⇨ nitric, oxide〙

ni·tride /náɪtraɪd, -trɪ̣d | -traɪd/ *n.*〘化学〙窒化物, ニトリド. **—** *vt.*〘冶金〙〈鉄鋼を〉窒化する. 〘n.: (1850) ← NITRO-＋-IDE². — v.: (1928)〙

ní·trid·ing /-dɪŋ | -dɪŋ/ *n.*〘冶金〙窒化処理 (鉄鋼の表面を硬化するため, アンモニア気流中で加熱して表面に窒化物層を作る操作). 〘(1928) ← ↑＋-ing¹〙

ni·tri·fi·ca·tion /nàɪtrəfɪ̣kéɪʃən | -trɪ̣fɪ-/ *n.*〘化学〙**1** 硝化作用, 硝化 (土壌中のバクテリアがアンモニア化合物を亜硝酸塩にまた更に硝酸塩に変じる作用; cf. nitrobacteria). **2** (有機化合物への)ニトロ基導入; (有機化合物中の他の基の)ニトロ基置換. 〘(1827) ◻ F ～: ↓, -fication〙

ni·tri·fy /náɪtrəfàɪ | -trɪ̣-/ *vt.*〘化学〙**1 a**〈アンモニア化合物などを〉(特にバクテリアで)硝化する, (亜)硝酸塩に変える. **b**《廃》硝石に変える. **2**〈土壌などに〉硝酸塩をしみこませる. **ní·tri·fi·a·ble** *adj.* **ní·tri·fi·er** *n.* 〘(1827) ◻ F *nitrifier*: ⇨ niter, -fy〙

ni·trile /náɪtrḷ, -traɪl | -traɪl/ *n.* (*also* **ni·tril** /náɪtrɪ̣l | -trɪl/)〘化学〙ニトリル (一般式 RCN で表される有機化合物の総称); 《俗用》=cyanide. 〘(1848) ← NITRO＋-ILE¹〙

N

ni·trite /náɪtraɪt/ *n.*〘化学〙亜硝酸塩, 亜硝酸エステル. 〘(1800) ← NITRO-＋-ITE³〙

nítrite bactérium *n.*〘細菌〙亜硝酸細菌 (アンモニアを亜硝酸に酸化する働きをもつ土壌細菌).

ni·tro /náɪtrou | -trəu/ *adj.*〘化学〙ニトロの; ニトロ基 (–NO₂) の, ニトロ化合物の. **—** *n.* (*pl.* ～**s**)《俗》=nitroglycerin. 〘adj.: (1892) — n.: (1935) ↓〙

ni·tro- /náɪtrou | -trəu/〘化学〙次の意味を表す連結形: **1**「一価の基 –NO₂ を含む」: *nitro*benzene. **2**「窒素」,「硝酸塩[窒素]を含む」: *nitro*bacteria, *nitro*meter. ★ 母音の前では通例 nitr- になる. 〘← Gk *nítron* 'NITER'〙

nìtro·ácid *n.*〘化学〙ニトロ酸 (ニトロ基 (–NO₂) およびカルボキシル基 (–COOH) を有する化合物). 〘(1857) ← ↑＋ACID〙

nìtro·ániline *n.*〘化学〙ニトロアニリン ($H_2NC_6H_4NO_2$) (黄色の結晶; アゾ染料の中間体として用いられる). 〘(1892) ← NITRO-＋ANILINE〙

nìtro·bactéria *n. pl.*〘細菌〙硝化バクテリア, ニトロバクテリア (土壌中でアンモニア化合物を硝化する種々のバクテリア; cf. nitrification). 〘(1891) ← NL ～: ⇨ nitro-, bacteria〙

nìtro·bénzene *n.*〘化学〙ニトロベンゼン, ニトロベンゾール ($C_6H_5NO_2$) (アニリン製造原料・中間体・溶剤として用いられる). 〘(1868) ← NITRO-＋BENZENE〙

nìtro·céllulose *n.*〘化学〙硝酸[ニトロ]セルロース (火薬として用いられる場合, 硝化綿・綿火薬ということが多い; 化学の専門用語としては cellulose nitrate; 略 N/C). **nìtro·cellulósic** *adj.* 〘(1882) ← NITRO-＋CELLULOSE〙

nítro·chàlk *n.*《英》〘化学〙硝安石灰 (化学肥料の一種; 炭酸カルシウムと硝酸アンモニウムの混合物; 通例有効窒素 10% を含む). 〘(1927) ← NITRO-＋CHALK〙

nìtro·chlóroform *n.*〘化学〙ニトロクロロフォルム (⇨ chloropicrin).

nítro còmpound *n.*〘化学〙ニトロ化合物. 〘(1857) ← NITRO-＋COMPOUND¹〙

nìtro·cótton *n.* 綿火薬 (⇨ guncotton). 〘(1897) ← NITRO-＋COTTON〙

nìtro·explósive *n.* ニトロ爆発物.

nìtro·fúran *n.*〘化学〙ニトロフラン (ニトロ基のあるフラン誘導体). 〘(1930) ← NITRO-＋FURAN〙

ni·tro·fu·ran·to·in /nàɪtroufjʊrǽntouɪ̣n | -trə(ʊ)fjʊrǽntəuɪn/ *n.*〘化学〙ニトロフラントイン ($C_8H_6N_4O_5$) (ニトロフランのヒダントイン誘導体; 尿路感染の抗菌剤). 〘(1953) ← NITROFURAN＋(HYDAN)TOIN〙

ni·tro·ga·tion /nàɪtrəgéɪʃən/ *n.* アンモニア灌漑(かんがい)(法) (灌漑用水の中に適量の無水アンモニアを入れて土地産出量の増加を図ること). 〘← NITRO-＋(IRRI)GATION〙

ni·tro·gen /náɪtrədʒən | -trɪ̣-/ *n.*〘化学〙窒素 (気体元素の一つ; 記号 N, 原子番号 7, 原子量 14.0067). 〘(1794) ◻ F *nitrogène*: ⇨ nitro-, -gen〙

ni·trog·en·ase /naɪtrɑ́(ː)dʒənèɪs, -nèɪz | -trɔ́dʒɪ̣nèɪs/ *n.*〘化学〙ニトロゲナーゼ (生物による窒素固定に重要な役割を果たす酵素). 〘(1934) ← NITROGEN＋-ASE〙

nítrogen bàlance *n.* 〖生理〗窒素出納《生体が採り入れる窒素量と排出する窒素量との差引き; cf. nitrogen equilibrium》. 〖1944〗

nítrogen cỳcle *n.* [the ~]〖生物〗窒素循環《自然界で窒素化合物が生物を通して循環すること》. 〖1908〗

nítrogen dióxide *n.* 〖化学〗二酸化窒素 (NO_2)《赤味がかった褐色の猛毒性のガス》. 〖(1885): ⇨ nitrogen, dioxide〗

nítrogen equilíbrium *n.* 〖生理〗窒素平衡《生体の採り入れる窒素量と排出する窒素量との平衡状態; cf. nitrogen balance》.

nítrogen fixàtion *n.* 〖化学〗窒素固定(法)《空中窒素を化学的方法またはバクテリア作用により爆薬・肥料などの化合物に変えること》. 〖(1895) ⇨ nitrogen, fixation〗

nítrogen fìxer *n.* 〖細菌〗空中窒素固体物[固定細菌]《マメ科植物の根にできる根瘤バクテリア》. 〖(1912): ⇨ nitrogen, fixer〗

nítrogen-fìxing *adj.* 〖化学〗(空中)窒素固定力のある: ~ bacteria. 〖(1899): ⇨ nitrogen, fixing〗

ni·trog·en·ize /naɪtrɑ́(ː)dʒənàɪz, náɪtrədʒ- | naɪtrɔ́dʒ-, náɪtrədʒ-/ *vt.* 〖化学〗窒素と化合させる, 窒素(化合物)で飽和する. **ni·trog·en·i·za·tion** /naɪtrɑ̀(ː)dʒənɪzéɪʃən, nàɪtrədʒ- | naɪtrɔ̀dʒənaɪ-, nàɪtrədʒ-, -nɪ-/ *n.* 〖(1896) ← NITROGEN＋-IZE〗

nítrogen monóxide *n.* 〖化学〗 **1** =nitrous oxide. **2** =nitric oxide.

nítrogen mùstard *n.* 〖化学〗 **1** ナイトロジェンマスタード ($CH_3N(CH_2CH_2Cl)_2$)《mustard gas の硫黄の代わりに窒素を含む刺激性・発泡性の毒ガス; 癌の治療にも利用される》. **2** [*pl.*] ナイトロジェンマスタード類 ($RN(CH_2CH_2Cl)_2$ の一般式を有する一群の有機物の総称). 〖(1943): ⇨ nitrogen, mustard gas〗

nítrogen narcòsis *n.* 〖病理〗窒素麻酔, 潜函病《深海の潜水夫などが窒素が体内で増加し, 浮上に伴って塞栓症を起こすために生じる思考や行動能力の減退; rapture of the deep [the depth] ともいう; cf. caisson disease》. 〖(1937): ⇨ nitrogen, narcosis〗

ni·trog·e·nous /naɪtrɑ́(ː)dʒənəs | -trɔ́dʒ-/ *adj.* 窒素の, 窒素を含む. 〖(1836) ← NITROGEN＋-OUS〗

nítrogen óxide *n.* 〖化学〗窒素酸化物 (N_2O, NO, NO_2, NO_3, N_2O_5 など各種窒素酸化物の一種を指す, またはこれらの総称). 〖(c1934): ⇨ nitrogen, oxide〗

N

nítrogen peróxide *n.* 〖化学〗過酸化窒素《二酸化窒素, 四酸化窒素およびその平衡混合気体; ただし呼び方としては正しくない》.

nítrogen tetróxide *n.* 〖化学〗四酸化二窒素 (N_2O_4)《無色有毒のガス》. 〖(1885): ⇨ nitrogen, tetroxide〗

nítrogen trichlóride *n.* 〖化学〗三塩化窒素 (NCl_3)《刺激臭のある黄色油状液体; cf. agene》.

nìtro·glýcerin *n.* (*also* **nìtro·glýcerine**)〖化学〗ニトログリセリン ($C_3H_5(ONO_2)_3$)《ダイナマイトや無煙火薬の原料; 狭心症治療薬; glonoin ともいう; 正式名 glyceryl trinitrate》. 〖(1857) ← NITRO-＋GLYCERIN〗

nítro gròup *n.* 〖化学〗ニトロ基 ($-NO_2$). 〖1886〗

nìtro·hydrochlòric ácid *n.* 〖化学〗王水 (⇨ aqua regia). 〖(1836–41) ← NITRO-＋HYDROCHLORIC〗

ni·tro·lic /naɪtróulɪk, -trɑ́(ː)l- | -tróul-, -trɔ́l-/ *adj.* 〖化学〗ニトロール酸類の. 〖(1892) ← NITRO-＋-OL[1]＋-IC[1]〗

nitrólic ácid *n.* 〖化学〗ニトロール酸《一般式 RC(=NOH)NO_2 で表される弱酸の総称》. 〖(1892): ⇨ acid〗

nítro·lìme *n.* 〖化学〗石灰窒素《カルシウムシアナミドと炭素の混合物; 窒素肥料》. 〖(1908) ← NITRO-＋LIME[1]〗

ni·tro·mer·sol /nàɪtrəmə́ːsɔ(ː)l | -trə(ʊ)mə́ːsɔl/ *n.* 〖化学〗ニトロメルソール ($C_7H_5HgNO_3$)《黄色の粉末; 水溶液にして防腐剤・消毒剤に用いる》. 〖← NITRO-＋MER(CURIC)＋(CREO)SOL〗

ni·trom·e·ter /naɪtrɑ́(ː)mətə | -trɔ́mɪtə(r)/ *n.* 窒素計. **ni·tro·met·ric** /nàɪtroumétrɪk | -trə(ʊ)-/ *adj.* 〖(1828–32) ← NITRO-＋METER〗

nìtro·méthane *n.* 〖化学〗ニトロメタン (CH_3NO_2)《無色の水溶性の液体; 溶剤やロケット燃料用》. 〖(1872) ← NITRO-＋METHANE〗

nìtro·páraffin *n.* 〖化学〗ニトロパラフィン, ニトロアルカン《ニトロ基で置換されたパラフィン; $C_nH_{2n+1}NO_2$ で表される》. 〖(1892) ← NITRO＋PARAFFIN〗

nìtro·phénol *n.* 〖化学〗ニトロフェノール《フェノールをニトロ基で置換した化合物》. 〖(1852) ← nitro-＋phenol〗

ni·troph·i·lous /naɪtrɑ́(ː)fələs | -trɔ́f-/ *n.* 〖植物〗窒素性土壌を好む. 〖← NITRO-＋-PHILOUS〗

nítro pòwder *n.* 〖化学〗ニトロ火薬. 〖(1892) ← NITRO-＋POWDER[1]〗

nìtro·prússide *n.* 〖化学〗ニトロプルシド, ペンタシアノニトロソ鉄 (III) 酸塩. 〖(1849) ← NITRO-＋NL *prussia* Prussian blue＋-IDE[2]〗

nítro ràdical *n.* 〖化学〗=nitro group.

ni·tros- /naɪtróus | -tráus/ (母音の前にくるときの) nitroso- の異形.

ni·tros·a·mine /nàɪtrousəmíːn, -sǽ-, -ǽmiːn | -trə(ʊ)səmíːn, -mɪn, -səmíːn/ *n.* (*also* **ni·tros·ám·in** /-sǽmɪn | -mɪn/)〖化学〗ニトロサミン《一般式 R_2NNO の構造の化合物の総称》. 〖(1878) ← NITROSO-＋AMINE〗

ni·tro·so /naɪtróusou | -tráusəu/ *adj.* 〖化学〗ニトロソ基 (nitroso group) を含む. 〖□ L *nitrōsus* full of natron ← *nitrum* native soda, natron: ⇨ niter〗

ni·tro·so- /naɪtróusou | -səu/ 〖化学〗「ニトロソ基 (–NO) を含む」の意の連結形. ★ 母音の前では通例 nitros- になる. 〖↑〗

nitròso·bactérium *n.* =nitrite bacterium.

nitróso gròup [ràdical] *n.* 〖化学〗ニトロソ基《有機ニトロソ化合物中の一価の基 –N=O》. 〖(1906): ⇨ nitroso, group〗

ni·tro·som·o·nas /nàɪtrousɑ́(ː)mənəs, -næs | -trə(ʊ)sɔ́m-/ *n.* 〖細菌〗=nitrite bacterium. 〖← NL ~: ⇨ nitroso-, -monas〗

ni·tro·syl /náɪtrəsɪl | -trə(ʊ)-/ *n.* 〖化学〗ニトロシル基 (NO–). — *adj.* ニトロシル基を含む. 〖(1866) ← NITROSO-＋-YL〗

nitrósyl·sulfùric ácid *n.* 〖化学〗ニトロシル硫酸, ニトロソ硫酸 ($NOHSO_4$)《鉛室法による硫酸製造の際に, 水分の不十分な鉛室の中にできる結晶》. 〖(1836): ⇨ ↑, sulfuric〗

nìtro·tóluene *n.* 〖化学〗ニトロトルエン ($CH_3C_6H_4NO_2$)《toluene を濃硝酸と濃硫酸で処理して生じる化合物; 染料, 医薬合成の中間体; ニトロ化が進むと trinitrotoluene になる》. 〖(1871) ← NITRO-＋TOLUENE〗

ni·trous /náɪtrəs/ *adj.* 〖化学〗(特に)三価の窒素 (N^{III}) を含む (cf. nitric 1). 〖(1601) □ L *nitrōsus* full of natron: ⇨ niter, -ous〗

nítrous ácid *n.* 〖化学〗亜硝酸 (HNO_2). 〖(1676): ⇨ ↑, acid〗

nítrous bactérium *n.* 〖細菌〗=nitrite bacterium.

nítrous éther *n.* 〖化学〗=ethyl nitrite. 〖(1811): ⇨ nitrous, ether〗

nítrous óxide *n.* 〖化学〗亜酸化窒素, 一酸化二窒素 (N_2O)《麻酔剤に用いる; cf. laughing gas》. 〖(1800): ⇨ nitrous, oxide〗

ni·trox·yl /naɪtrɑ́(ː)ksɪl | -trɔ́ksɪl/ *n.* 〖化学〗=nitryl. 〖(1869) ← NITRO-＋OXY-[1]＋-YL〗

ni·tryl /náɪtrɪl, -trɪl/ *n.* 〖化学〗ニトリル (NO_2 で表される中性または正 1 価の基). 〖(1876) ← NITRO-＋-YL〗

Nit·ti /níti, níːti | -ti; *It.* nítti/, **Francesco Sa·ve·rio** /savέːrjo/ *n.* ニッティ《1868–1953; イタリアの政治家・政治評論家・経済学者; 首相 (1919–20)》.

nit·ty[1] /níti | -ti/ *adj.* (**nit·ti·er; -ti·est**) しらみの卵だらけの. 〖(1570) ← NIT[1]＋-Y[4]〗

nit·ty[2] /níti | -ti/ *adj.* (**nit·ti·er; -ti·est**)〖英俗〗ばかな. 〖(1570) ← NIT[2]＋-Y[4]〗

nit·ty-grit·ty /nítigríti | nítigríti/ 〖俗〗 *n.* [通例 the ~] 実情, 現状; (厳しい)現実; (問題の)根底, 核心: get down [come] to *the* ~ 問題の本質にはいっていく. — *adj.* 本質的な, 根本的な. 〖(1961) ← *nitty* (? ← NIT[1]: cf. nitpick)＋GRITTY〗

nit·wit /nítwìt/ *n.* 〖口語〗ばか, あほう, まぬけ. **nit·wít·ted** /-tɪd | -tɪd/ *adj.* 〖(1922) ← *nit*〖米俗〗none (□ G *nit*〖方言〗(=G *nicht* not))＋WIT[1]: cf. nit[2]〗

Nitzsch·i·a·ce·ae /nɪtʃiéɪsiiː/ *n. pl.* 〖植物〗ニッチア科. 〖← NL ~ ← *Nitzschia* (属名: ← *Christian L. Nitzsch* (1782–1837: ドイツの博物学者)＋-IA[2])＋-ACEAE〗

Ni·u·e /niúːeɪ | njúːeɪ, niúːeɪ/ *n.* ニウーエイ(島)《南太平洋上 Tonga, Cook 両諸島間にある島, ニュージーランドの自治領; 1744 年 Cook によって発見された; 面積 263 km²; Savage Island ともいう》.

Ni·u·e·an /niúːeɪən | njúːiən, niúːeɪən/ *adj.* ニウーエイ島(人)の. — *n.* **1** ニウーエイ島人. **2** ニウーエイ語《ニウーエイ島人が話す言語》. 〖(1901): ⇨ ↑, -an[1]〗

NIV 《略》New International Version.

ni·val /náɪvəl, -vl/ *adj.* 雪の多い; 雪の中に住む, 雪の下に生える. 〖(1656) □ L *nivālis* ← *nix* snow〗

ni·va·tion /naɪvéɪʃən/ *n.* 〖地質〗雪食《堆雪の溶解・再凍結の繰返しがもたらす岩石の浸食・破砕作用》. 〖(1900) ← L *niv-*, *nix* snow＋-ATION〗

Ni·ve·a /níviə, -viè/ *n.* 〖商標〗ニベア《英国 Smith & Nephew 社, 米国 Beiersdorf 社製のスキンクリーム》.

Niv·en /nívən/, **David** *n.* ニブン《1909–83; 英国の映画俳優・作家; 映画 *The Guns of Navarone* (1961), *The Pink Panther* (1964); 自伝 *The Moon's a Balloon* (1971)》.

niv·e·ous /níviəs/ *adj.* 雪の[に関する]; 雪のような, 雪白の. 〖(1623) □ L *niveus* snow-white ← *niv-*, *nix* snow: ⇨ -eous〗

Ni·ver·nais /nìːvənéɪ | -və-; *F.* nivɛʀnɛ/ *n.* ニベルネ《フランス中央部の地域; 旧州名; 主都 Nevers /nəvɛːr/》.

Nivkh /níːfk, níːfx/ *n.* (*pl.* ~, ~**s**, **Niv·khi** /-ki, -xi/) =Gilyak.

Ni·vôse /niːvóuz | -váuz; *F.* nivoːz/ *n.* 雪月《フランス革命暦の第 4 月; ⇨ Revolutionary calendar》. 〖(1802) □ F ~ □ L *nivōsus* snowy ← *niv-*, *nix* snow〗

nix[1] /níks/ 〖米俗〗 *n.* **1** 無, 皆無. **2** 拒絶, 拒否. **3** =nixie[1]. — *adv.* いや (no); だめ, いけない. ***nix on ...*** 〖俗〗…はもう十分だ, よしたがよい: I said ~ *on* it. もうやめなさいと言ったのに(やめないか). — *int.* [仲間などへの警戒の合図として] やめろ, 気をつけろ, 来たぞ. — *vt.* 拒絶[拒否]する, …に賛成しない; 禁止する. 〖(1789) □ G ~〖方言・口語〗〖転訛〗← *nichts* < MHG *nihtes* (gen.) ← *niht* nothing < OHG *niwiht*, *neowiht*: cf. OE *nāwiht* naught〗

nix[2] /níks; G. níks/ *n.* (*pl.* ~·**es**, **nix·e** /-níksə; G. níksə/)〖ゲルマン伝説〗ニクス《水の精; cf. nixie[2]》. 〖(1833) □ G *Nix* < MHG *nickes* < OHG *nihhus* < Gmc **nikwiz*, **nikuz* (OE *nicor* fabulous sea monster) ← IE **neigʷ-* to wash: cf. nicker[4]〗

nixe *n.* nix[2] の複数形.

nix·er /níksə | -sə(r)/ *n.* 〖ダブリン方言〗穴埋め仕事, アルバイト. 〖← G〖俗〗*nix* =*nicht* nothing〗

nix·ie[1] /níksi/ *n.* 〖米俗〗配達[返送]不能の郵便物 (dead letter). 〖(1890) ← NIX[1]＋-IE〗

nix·ie[2] /níksi/ *n.* 〖ゲルマン伝説〗ニクセ《女の水の精; cf. nix[2]》. 〖(1816) □ G *Nixe* (fem.) ← *Nix* 'NIX[2]': ⇨ -ie〗

Níxie tùbe *n.* 〖電子工学〗=digitron.

Nix·on /níksən, -sn/, **Richard M(il·hous)** /mɪ́lhaus/ *n.* ニクソン《1913–94; 米国の政治家; 第 37 代大統領 (1969–74); Watergate 事件により任期中に辞任》.

Níxon Dóctrine *n.* [the ~] ニクソン主義, ニクソンドクトリン《他国の内戦に米国は地上部隊を介入させないという原則》.

Ni·zam /nɪzɑ́ːm, naɪ-, -zǽm | nɪzɑ́ːm, naɪ-, -zǽm/ *n.* **1** ニザム《18 世紀初めから 1948 年までのインド Hyderabad の君主の称号》. **2** [n-] (*pl.* ~) オスマン帝国軍団の正規兵. 〖((1601)) (1768) □ Hindi *nizām* □ Arab. *niẓām* organization ← *náẓma* to arrange: cf. nazim〗

Ni·zám al-Múlk /-æ̀lmʊ́lk/ *n.* ニザムアルムルク《1018–92; ペルシャの政治家; セルジューク朝の宰相 (1063–92); 暗殺される; Abu Ali Hasan Ibn Ali の称号》.

ni·zam·ate /nɪzɑ́ːmeɪt, naɪ-, -zǽm- | nɪzɑ́ːm-, nɪ-, naɪ-, -zǽm-/ *n.* Nizam 1 の地位[領地].

Ni·za·ri /nɪzɑ́ːri | nɪ-/ *n.* 〖イスラム〗(イスマイル派の一派) ニザール派の信徒. 〖← *Nizar* (1045?–?1096: ファーティマ朝第 8 代カリフの息子の一人で, 一度 後継者に指名されたのち廃されたが, イラン・シリアで支持された)〗

Nizh·ny [Nizh·ni] Nov·go·rod /*Russ.* nʲíʒnʲijnóvgərət/ *n.* ニジニーノヴゴロド《ロシア連邦 Moscow 東方, Oka 川と Volga 川の合流点にある市; 旧名 Gorky (1932–89)》.

Nizh·ny [Nizh·ni] Ta·gil /níʒnitəgíl | -tə-; *Russ.* nʲíʒnʲijtagʲíl/ *n.* ニジニータギル《ロシア連邦西部 Ural 山脈の東斜面にある都市》.

Ni·żyń·ska /*Pol.* ɲiʒíjska/ *n.* ニジンスカ《Nijinska のポーランド語名》.

Ni·żyń·ski /*Pol.* ɲiʒíjɲski/ *n.* ニジンスキ《Nijinsky のポーランド語名》.

NJ 《略》〖米郵便〗New Jersey (州).

Njord /njɔ́ːəd | njɔ́ːd/ *n.* 〖北欧神話〗=Niord.

Njorth /njɔ́ːəθ, njɔ́ːəð | njɔ́ːθ, njɔ́ːð/ *n.* 〖北欧神話〗=Niord.

NḰ cèll *n.* 〖免疫〗=natural killer cell.

NKGB 《略》*Russ.* Narodnyi Komissariat Gosudarstvennoi Bezopasnosti 国家保安人民委員部 (People's Commissariat of State Security)《ソ連の秘密警察 (1943–46)》.

Nko·mo /(ə)ŋkóumou | -kə́uməu; *Ndebele* ŋk'ɔːmɔ/, **Joshua** *n.* ヌコモ《1917–99; ジンバブウェの政治家; ジンバブウェアフリカ人民同盟 (ZAPU) 議長 (1961–87), 愛国戦線共同議長 (1976–80), 副大統領 (1990–99)》.

Nkru·mah /(ə)ŋkrúːmə/, **Kwa·me** /kwɑ́ːmi/ *n.* エンクルマ《1909–72; ガーナの政治家; 首相 (1957–60), 大統領 (1960–66)》.

nl 《略》〖印刷〗new line 改行せよ; *L.* nōn licet(=it is not permitted or lawful); non liquet; *L.* nōn longē(=not far).

nl 《記号》Netherlands《URL ドメイン名》.

NL 《略》National League (cf. AL); New Latin, Neo-Latin; night letter; north latitude;〖英〗National Labour; National Liberal;〖豪〗no liability.

NL 〖自動車国籍表示〗Netherlands.

N. Lat. 《略》north latitude.

NLC 《略》National Liberal Club (英国の)国民自由党クラブ.

NLF 《略》National Liberation Front (of South Vietnam).

NLLST 《略》〖英〗National Lending Library for Science and Technology.

NLP 《略》natural language processing 自然言語処理; neurolinguistic programming.

NLRA 《略》〖米〗National Labor Relations Act (⇨ Wagner Act).

NLRB 《略》National Labor Relations Board 全国労働関係局.

NLS 《略》National Library of Scotland.

NLT 《略》night letter.

NLW 《略》National Library of Wales.

nm 《略》nanometer; nuclear magneton.

Nm 《略》〖聖書〗Numbers.

NM 《略》nautical mile;〖米郵便〗New Mexico (州); night message; no mark.

n/m 《略》no mark.

n.m. 《略》nautical mile;〖処方〗*L.* nocte et mane (=night and morning); nonmetallic;〖文法〗noun masculine.

NME 《略》New Musical Express.

N. Mex. 《略》New Mexico.

NMHC 《略》〖化学〗non-methane hydrocarbons.

NMI 《略》no middle initial.

NMR 《略》〖物理〗nuclear magnetic resonance.

NMSQT 《略》〖米〗National Merit Scholarship Qualifying Test.

NMU 《略》National Maritime Union 米国海運労働者組合.

nn. 《略》names; notes; nouns.

NNE, nne 《略》north-northeast.

NNP 《略》〖経済〗net national product.

NNW, nnw 《略》north-northwest.

no[1] /nóu | nə́u/ *adv.* **1** [否定の答えとして] いいえ (↔ yes): Will you come?—No, I won't. おいでになりますか—いいえ, 行きません / He said (that) *no*, he wouldn't. 彼はいいえしませんと言った. 語法 (1) 否定の問いに応じて否定の答えをする時にも no を用いる: You haven't finished yet?—No, sir. まだ終わらないんだね—ええ, まだです.

(2) 驚き・疑い・失望の意を表すことがある: He threatened to strike me.—*No!* (=Really!)—Yes, he did. 私を殴ろうとしたんだよ—まさか—いや本当なんだ / She hasn't arrived home.—*No?* 彼女はまだ家に帰っていないよ—まさか / Oh *no!* Not him again! いやだ, またあいつか. (3) 相手の同意を求めるために付加することがある: He's clever, *no* (=isn't he)? 彼は利口だよ, 違うか. (4) 嫌悪・いらだち・強い非難の気持ちを表すときには米国では /nɔ́ː/ と発音されることが多い.

2 [形容詞またはその比較級の前に用いて] 少しも…ない (not any, not at all): It was *no small* [*easy, light*] task. それは少しも簡単な仕事ではなかった, かなり大変な仕事だった / She showed me *no small* kindness. ひとかたならず[大層]親切にしてくれた / I have *no great* regard for him. 彼には大して敬意を払ってはいない / That is *no different* from this. それはこれとちっとも変わらない / She is *no better than* she should be. 彼女は素行がいかがわしい / Things are *no better* (*than* before). 万事相変わらず悪い / Things have gotten *no easier,* but *no harder,* either. 状況は少しも好転していないが悪くもなっていない / I can walk *no farther.* もうこれ以上歩けない.

3 a [not または nor に先立ち否定を強めて] いや (nay): There is none righteous, *no, not* one. 義人なし, 一人だになし (*Rom.* 3:10) / One man cannot lift it, *no, nor* half a dozen. ひとりでは持ち上げられない, いや, 6 人かかったってだめだ. **b** [前言を拡充するため, または的確にするために用いて] いやむしろ (or rather, nay): He is careful, *no,* meticulous is the word. 彼は注意深い, いや, 細心というべきだ.

4 《文語》[スコットランド方言の場合以外は, 常に … *or no* として] =not: Pleasant *or no,* it is true. 愉快であろうとなかろうと事実なのだ / Cold *or no,* you must go today. 寒かろうとなかろうと君は今日行かなければならない/ whether *or no* ⇨ whether 成句.

Nó can dó. 《口語》そんなことはできない[だめだ].

— *adj.* [限定的] **1 a** ない, 一つ[一人]もない (not any, not one): I have *no* money with [on] me. 金の持ち合わせがない / *No* seats are left. 空席がない (cf. *Not a* seat is left. 席は一つも残っていない) / *No* man is without his faults. どんな人でも欠点はある[ない者はない] / There is *no* such thing (as that). そのようなものはない / There is *no* time like the present. 《諺》今よりいい時はない, するなら今だ / *No* two brothers are more alike. あんなに似た兄弟はない / *No* one [single] person could have done more. だれも一人ではそれ以上に多くのことをすることはできなかっただろう / *No* reasonable person would disagree. 道理をわきまえた人なら反対しないだろう / *No* good will [can] come of it. そんなことをしてもよい結果は生まれない. **b** [通例, 掲示・省略文で] …してはならない, …せず: *No* (=Let there be *no*) surrender [compromise]! 降伏[妥協]してはならない / *No* admittance except on business. 無用の者はいるべからず / *No* thoroughfare. 通行禁止, 通り抜けお断わり / *No* entry. 進入禁止, 立入り禁止 / *No* credit. 掛売りお断わり / *No* cards. (新聞広告で)本広告をもって葬儀の御通知に代えます / *No* flowers. (新聞の死亡広告などで)御供花御辞退 / *No* scribbling on the walls! 壁に落書き無用 / *No* smoking! 禁煙 / *No* parking. 駐車禁止.

2 [通例 be の補語としての名詞の前に用いて] 決して…でない: He is *no* fool [genius]. 決してばか[天才]などではない (★ He is *not a* fool [genius]. より強意的) / It's *no* joke. 冗談じゃない / It is *no* distance from here. ちっとも遠くない, すぐそこだ / King or *no* king, he has no right to interfere. 国王であろうと何であろうと彼には干渉する権利はない.

There is nó dóing ⇨ there 成句. ***nó wáy*** =noway.

— *n.* (*pl.* **~es, ~s**) **1** 「いいえ」という言葉, 否; 否定, 否認, 拒絶: I will not take *no* for an answer. 否という返事は受け取らない, いやとは言わせない / Two *noes* make a yes. 否定が二つあると肯定となる. **2** 反対投票, 否決; [通例 *pl.*] 反対投票者 (cf. aye¹): Ayes 5 and *noes* 10. 可とする者 5, 否とする者 10 / The *noes* have it. 反対投票(者)多数《議案は否決された》.

〖adj.: ME *no, na* < OE *nā* (本来は子音の前で用いられた形) ← *nān* ← *ne* not +*ān* 'ONE': cf. none¹. — adv.: OE *nā* ← *ne* not+*ā* 'ever, AYE²': cog. ON *ne, nē*〗

No, no² /nóʊ | nəʊ/ *n.* (*pl.* ~) (日本の)能, 能楽: a *No* play / a *No* stage 能舞台. 〖(1871) □ Jpn.〗

no 《略》〖クリケット〗not out 一日のプレーの後アウトになっていない残留選手の状態.

no 《記号》Norway (URL ドメイン名).

No 《記号》〖化学〗nobelium.

No /nóʊ | nəʊ/, **Lake** *n.* ノー湖 (スーダン中南部の湖; ここでジェベル川 (Bahr el Jebel) がガザル川 (Bahr el Ghazal) と合流して White Nile 川となる).

NO 《略》〖植物〗Natural Order; naval officer; naval operations; navigation officer; New Orleans.

No., N°, no. /nʌ́mbə | -bə^(r)/ (*pl.* **Nos., N^os, nos.** /~z/) 《略》*L.* numerō (=in number) (⇨ number *n.* 2 b). 〖(1661)〗

No. 《略》《米》north; 《米》northern; Noah; Norway; Norwegian.

No. 1 /nʌ́mbəwʌ́n | -bə-/ *n., adj.* =number one.

No. 10 /nʌ́mbətén | -bə-/ *n.* =Number Ten.

no·a /nóʊə | nə́ʊə/ *adj.* 〈語句が〉タブーでない: a ~ word. 〖(1925) □ Hawaiian, Tahitian & Maori〗

NOAA /nóʊə | nə́ʊə/ *n.* (米国)海洋大気庁 (商務省内の一庁; cf. ESSA). 〖(頭字語) ← *N*(*ational*) *O*(*ceanic and*) *A*(*tmospheric*) *A*(*dministration*)〗

nó-accòunt 《米口語》*adj.* 無能な (worthless); 取るに足らぬ, つまらぬ. **—** *n.* 能なしの人間, ろくでなし. 〖(1845) ← *of no account* (⇨ account)〗

No·a·chi·an /nouéɪkiən | nəʊ-/ *adj.* **1** 〖聖書〗ノア(時代)の: the ~ deluge ノアの大洪水. **2** 太古の; すごく古めかしい, 老朽の. 〖(1678): ⇨ Noah, -ian〗

No·ach·ic /nouǽkɪk | nəʊ-/ *adj.* =Noachian. 〖(*a*1722): ⇨ ↓, -ic¹〗

no·ah /nóʊə | nə́ʊə/ *n.* 《豪俗》サメ (shark). 〖(1945) *Noah's ark*: 押韻俗語〗

No·ah /nóʊə | nə́ʊə/ *n.* **1** ノア (男性名). **2** 〖聖書〗ノア (Adam から 10 代目のユダヤ人の父祖の名; cf. *Gen.* 5: 28–10: 32; ⇨ Noah's ark; cf. Deucalion). 〖□ Heb. *Nōaḥ* ← ? (通俗語源) ← *nūaḥ* rest)〗

Nóah's árk *n.* **1** 〖聖書〗ノアの箱舟 (神の命により Noah が造った船; 洪水の際これに乗って家族および多くの動物と共に難を免れたという; cf. *Gen.* 6–8). **2** (ノアの箱舟に型どった)おもちゃの箱舟 (中に Noah とその家族とさまざまな動物のおもちゃが入っている). **3** 旧式の大型トランク [大型車]. **4** 舟形の飛雲. **5** 〖貝類〗フネガイの一種 (*Arca noae*). **6** 〖植物〗 **a** =lady's slipper. **b** ヨウシュトリカブト (*Aconitum napellus*). **7** 〖押韻俗〗 **a** =nark. **b** 《豪》=noah. 〖(1611): ⇨ ↑, ark〗

Nóah's Dóve *n.* 〖天文〗=Columba. 〖(1594): ⇨ Noah, dove〗

Nóah's níghtcap *n.* 〖植物〗=eschscholtzia.

nob¹ /nɑ́(ː)b | nɔ́b/ *n.* **1 a** 《口語》頭 (head). **b** 頭への一撃. **2** [one's ~(s)] 〖トランプ〗(cribbage で) 山札のアップカード (upcard) と同じスーツ (suit) のジャック (この札を持っている者は one for his ~ とコールして 1 点を得る). **— *v.*** (**nobbed; nob·bing**) **— *vt.*** (ボクシングで)…の頭を打つ. **— *vi.*** 頭をなぐる. 〖(*a*1700) (変形) ← ? KNOB〗

nob² /nɑ́(ː)b | nɔ́b/ *n.* 《英口語》(富と社会的地位のある)お偉い人, 上流人: the ~ of the first water 最高級のお偉方. 〖(1755): ↑ の転用か〗

NOB 《略》naval operating base.

nó-báll *n.* **1** 〖クリケット〗反則投球 (投球の際に腕が伸びていないことや三柱門の線を越えて投球することなど; 敵に 1 点を与える; cf. ball¹ 2 c); 〖ラウンダーズ〗反則投球 (高過ぎるか低過ぎる投球). **2** 〖クリケット・ラウンダーズ〗(審判による)反則投球の宣告. **— *vt.*** 〖クリケット〗〈審判が〉〈投手〉の投球を反則投球と宣告する. **— *vi.*** 〈投手が〉反則投球をする. 〖(1862) (↓)〗

nob·ble /nɑ́(ː)bl̩ | nɔ́bl/ *vt.* 《英口語》**1 a** (麻薬を飲ませるなどして)〈競走馬を〉勝たせないようにする (cf. dope *vt.* 3). **b** 〈騎手を〉買収して八百長させる. **2 a** 買収する (win over). **b** 〈金品などを〉盗む, くすねる (steal). **c** 詐取する (swindle); 不正手段で手に入れる: ~ money, a prize, etc. **3** 〈犯人などを〉捕える, 逮捕する (nab). **4** 誘拐する. 〖(1841) (freq.) ← ? NAB: ⇨ -le³〗

nób·bler¹ /-blə, -blə | -blə^(r), -bl-/ *n.* 《英俗》**1** 競走馬を勝たせないようにする人, 騎手を買収する人. **2** 詐欺師. 〖(1854) ← NOBBLE+-ER¹〗

nob·bler² /nɑ́(ː)blə | nɔ́blə^(r)/ *n.* 《豪》一杯のビール[酒]. 〖(1852) ?〗

nob·bler³ /nɑ́(ː)blə | nɔ́blə^(r)/ *n.* (まれ) 頭への一撃. 〖(1888) ← (方言) *nobble* to strike on the head (⇨ nob¹, -le³)+-ER¹〗

nob·but /nɑ́(ː)bət | nɔ́b-/ *adv.* 《英方言》…にすぎない (nothing but, only). 〖(?*c*1380) *no but*: ⇨ no¹ (adv.), but¹〗

nob·by /nɑ́(ː)bi | nɔ́bi/ *adj.* (**nob·bi·er; -bi·est**) 《英俗》貴族らしい, 一流の, 上等の; いきな; しゃれた, はでな (stylish). **nób·bi·ly** /-bɪ̀li/ *adv.* **nób·bi·ness** *n.* 〖(1788)〗 (1810) ← NOB²+-Y⁴〗

nó-béing *n.* 《古》非実在 (nonexistence). 〖(1651): ⇨ no, being〗

No·bel /noubél | nəʊ-/ *n.* ノーベル (男性名). 〖(変形) ← *Noble* 'NOBLE'〗

No·bel /noubél | nəʊ-⁻; *Swed.* nobéːl/, **Alfred** /ǽlfred/ (**Bern·hard** /bǽːnhad/) *n.* ノーベル, ノベッル (1833–96; スウェーデンの化学者; ダイナマイトの発明 (1862) 者・爆薬の製造業者; cf. Nobel Prize).

No·bel·ist, n- /noubélɪst | nəubélɪst/ *n.* ノーベル賞受賞者. 〖(1941) ← ↑ +-IST〗

no·bel·i·um /noubíːliəm | nə(ʊ)-/ *n.* 〖化学〗ノーベリウム (人工放射性元素; 記号 No, 原子番号 102). 〖(1957) ← *A. B. Nobel*: ⇨ -ium〗

Nóbel mán [láureate] *n.* =Nobelist.

Nóbel Príze *n.* ノーベル賞 (Alfred B. Nobel の遺言により毎年世界の物理学・化学・生理学医学・文学・平和・経済学 (1969 年新設) に貢献した人々に与えられる賞; 最初の授賞は 1901 年): a ~ *for* physics ノーベル物理学賞. 〖(1900): ⇨ Nobel, prize〗

No·bi·le /nóubɪlèɪ | nə́ʊ-; *It.* nɔ́ːbile/, **Umberto** *n.* ノビーレ (1885–1978; イタリアの航空技師・北極探険家).

no·bil·i·ar·y /noubíliəri, -ljəri | nə(ʊ)bíliəri/ *adj.* 貴族の[に関する]: ~ pride, rank, etc. 〖(1727–38) □ F *nobiliaire* ← L *nōbilis* 'NOBLE': ⇨ -ary〗

nobíliary préfix [párticle] *n.* 姓名の前に置いて貴族であることを示す語 (フランス語の de, ドイツ語の von など). 〖(1762): ⇨ ↑, prefix〗

no·bil·i·ty /noubíləti | nə(ʊ)bíləti/ *n.* **1 a** (人格・精神などの)高潔, 気高さ: ~ of character. **b** (物の)尊さ, 高い価値, 貴重さ: the ~ of gold. **2** 荘厳, 崇高: the ~ of the cathedral その寺院の厳粛さ. **3** 貴族の生まれ[身分]; 貴族気質. **4 a** [the ~; 集合的] (一国内の貴族階級を構成している)貴族たち; (特に, 英国の)貴族 (peerage). **b** [a ~; 集合的] 貴族階級; 貴族たち. 〖(*a*1398) *nobilite* □ (O)F *nobilité* // L *nōbilitātem* ← *nōbilis* noble: ⇨ ↓, -ity〗

no·ble /nóubl̩ | nə́ʊ-/ *adj.* (**no·bler; -blest**) **1** 〈品性・行為など〉高潔な, 高尚な, 気高い; 〈思想・表現など〉崇高な, 気品の高い: a ~ sentiment, action, life, thought, etc. / a ~ soul 品性高尚な人 / a ~ poem 気品の高い詩 / a man of ~ mind 高潔な精神の持ち主. **2 a** (外観が)堂々たる, 雄大な, 壮大な (⇨ grand SYN): a ~ edifice, mountain, view, etc. **b** (品質・属性が)りっぱな, 見事な (excellent): a ~ countenance, horse, tree, etc. **3** (地位・身分が)高い, 高貴の, 身分の高い; 貴族の (aristocratic): a ~ personage, family, etc. / be of ~ birth [blood] 高貴の生まれ[貴族の出]である / my ~ friend ⇨ friend 4. **4** 〈人・行為など〉有名な, 著名な (famous): the ~ names of chivalry 騎士道の誉高い面々. **5 a** 〈金属が〉高価な, 貴重な (precious); (特に)耐化学薬品性の, 腐食しない (cf. base² 2 b): ⇨ noble metal. **b** 〖化学〗〈気体が〉不活性の: ⇨ noble gas. **6** 〖鷹狩〗〈鷹が〉(一度の急降下で獲物に襲いかかれる)長い翼をもった (↔ ignoble); 〈獲物が〉特定の鷹にふさわしい.

nóble árt [science] of (sélf-)defénse [the —] 《古》=noble art.

— *n.* **1** [しばしば *pl.*] 貴族; 《英》爵位保有者. **2 a** ノーブル金貨 (1344 年 Edward 三世が初めて鋳造し 1461 年まで 6 シリング 8 ペンス (¹/₃ ポンド)の価で通用した英国の古金貨). **b** ノーブル銀貨 (6 シリング 8 ペンスの英国銀貨). **3** 《米俗》ストライキ破りの指導者.

〖(?*a*1200) □ (O)F ~ □ L *nōbilis* famous, highborn < *gnōbilis* (原義) knowable (cf. (*g*)*nōscere* to know) ← IE **gnō-* to know: cf. ignoble: ⇨ -ble〗

nóble árt *n.* [the ~] 拳闘, ボクシング (boxing, noble science). 〖(1749) (略) ← *noble art of* (*self-*)*defense*〗

Nóble Éightfold Páth *n.* [the ~] 〖仏教〗八支(はし)聖(しょう)道, 八聖(せい)道, 八正(しょう)道 (正見・正思・正語・正業・正命・正精進・正念・正定の八つ).

nóble fír *n.* **1** 〖植物〗ノーブルモミ (*Abies nobilis*) (米国西部に生育する常緑高木; 高さ 90 m に達する). **2** ノーブルモミ材.

nóble gás *n.* 〖化学〗貴ガス (⇨ inert gas). 〖1902〗

nóble·man /-mən/ *n.* (*pl.* **-men** /-mən/) 貴族, 華族. 〖?*a*1200〗

nóble métal *n.* 貴金属 (金・銀・白金のように空気中で熱しても酸化せず, 無機酸で化学変化を受けることの少ない金属または合金; cf. base metal). 〖1398〗

nóble-mínded *adj.* 心の高潔な, 気高い; 心の大きい (magnanimous). **~·ly** *adv.* **~·ness** *n.* 〖1586〗

nó·ble·ness *n.* **1** 高潔, 高尚, 気高さ. **2** 身分の高いこと, 高貴. **3** 《廃》堂々たること, 壮大. 〖*c*1384〗

nóble rót *n.* 貴腐 (ボトリチス シネレア菌 (*Botrytis cinerea*) によるブドウの変質状態; これから貴腐ワインを造る). 〖((1924)) (1935): ⇨ noble, rot〗

nóble sávage *n.* [the ~] 気高い未開人 (Montaigne に始まり, 特に Rousseau から Romanticism 時代の初期にかけてヨーロッパの文学でたたえられた文明に汚されぬ素朴な原始人の理想的典型; cf. Dryden, *The Conquest of Granada* Pt I, I. i.). 〖1670–72〗

nóble scíence *n.* [the ~] =noble art. 〖(*c*1588) (略) ← *noble science of* (*self-*)*defense*〗

no·blesse /noublés | nəʊ-; *F.* nɔblɛs/ *n.* **1** (フランスの)貴族たち, 貴族社会 (nobility). **2** 高貴の生まれ[身分]. 〖(?*a*1200) □ (O)F ~ < VL **nōbilitia* ← L *nōbilis* 'NOBLE': ⇨ -ess²〗

no·blesse o·blige /noublésoublíːʒ | nə(ʊ)blésəʊ-blíːʒ, ⁻⁻—⁻; *F.* nɔblɛsɔbliːʒ/ *n.* (しばしば皮肉) 高い身分に伴う義務 (身分の高い者は当然勇気・仁慈・高潔・寛大などの徳を備えねばならないという考え方から生まれたもの). 〖(1837) □ F ~ 'nobility obliges': ⇨ ↑, oblige〗

nóble·wòman *n.* 貴族の女性. 〖1575〗

nó·bly /-bli/ *adv.* **1** 高潔に, 高尚に, 気高く. **2** りっぱに, 堂々と (splendidly); 雄々しく (bravely). **3** 高貴の地位に, 貴族の生まれ[身分]で: be ~ born 貴族(の家)に生まれる. 〖?*a*1300〗

no·bod·y /nóubɑ̀(ː)di, -bʌ̀di, -bədi | nə́ubədi, -bɔ̀di/ *pron.* だれも…ない (not anyone): There was ~ present. / *Nobody* ever did his [their] work better. 自分の仕事をこれほどりっぱにやった者はいない / ~'s fool ⇨ fool *n.* 2 / Anybody's guess is ~'s guess. ⇨ anybody's GUESS / Everybody's business is ~'s business. ⇨ business 5 a. ★ (1) 《口語》では nobody を複数の they, their, them で受けることもある. (2) no one (*pron.*) よりも形式ばらない語. **— *n.*** 取るに足らない人, つまらない人, 無名の人. 〖*c*1303〗

nó-bòttom sóunding *n.* 〖海事〗底なし測深 (測深鉛のロープの長さに対して海が深過ぎて鉛が海底に届かない場所での測深).

nó-bràin·er /-bréɪnə | -nə^(r)/ *n.* 《米口語》簡単にできること, 頭の要らない仕事. 〖1973〗

nob·ut /nɑ́(ː)bət | nɔ́b-/ *adv.* 《英方言》=nobbut.

NOC /énòusìː | -əʊ-/ 《略》National Olympic Committee (IOC に加盟する各国の)国内オリンピック委員会.

n.o.c. 《略》〖保険〗not otherwise classified その他.

no·car·di·a /noukɑ́ədiə | nə(ʊ)kɑ́ːdiə/ *n.* 〖細菌〗ノカルジア (放線菌目 *Nocardia* 属の好気性菌で, 一部のものは病原性がある). 〖← NL ~ ← *Edmond I. E. Nocard* (1850–1903: フランスの生物学者)+-IA¹〗

no·car·di·o·sis /noukɑ̀ədióusɪs | nə(ʊ)kɑ̀ːdiə́usɪs/ *n.* 〖医学〗ノカルジア症 (真菌の一種 nocardia による). 〖(1907) ← NL ~: ⇨ ↑, -osis〗

no·cent /nóusənt, -sn̩t | nə́u-/ *adj.* **1** 有害な (harmful). **2** 《古》有罪の (guilty) (↔ innocent). 〖ME □ L *nocentem* (pres. p.) ← *nocēre* to hurt〗

no·ci- /nóusᵻ, -si | nóu-/「苦痛 (pain)」の意の連結形. 〖← L *nocēre* (↑)〗

no·ci·cep·tive /nòusiséptɪv | nòu-ˊ/ *adj.* 〘生理〙侵害受容の, 障害感受性の, 痛覚の. 〖← NOCI-＋(RE)CEPTIVE〗

no·ci·cep·tor /nóusɪsèptə | nóusɪsèptə(r)/ *n.* 〘生理〙侵害受容器, 痛覚器官. 〖(1906) ← NOCI-＋CEPTOR〗

no·ci·re·cep·tor /nóusɪrᵻsèptə | nóusɪrᵻsèptə(r)/ *n.* 〘生理〙＝nociceptor.

nock /nɑ́(ː)k | nɔ́k/ *n.* **1 a** 弓筈(ゆはず)《弓の両端の弦を掛ける所》. **b** 矢筈(やはず)《弦につがえる矢の頭(かしら)》. **c** (弓筈・矢筈の)刻み目, みぞ. **2** 〘海事〙ノック, 縦帆の前部上端 (throat). — *vt.* **1** 〈弓・矢に〉弓筈[矢筈]をつける (notch). **2** 〈矢を〉つがえる. 〖(*a*1398) *nok(-ke)* ◻ ? MDu. *nocke* (Du. *nok* tip of a sail) ← Gmc **hnukk-* sharp projection, tip (LG *nokk*) ← IE **ken-* to compress〗

nóck·ing *n.* 〘アーチェリー〙矢つがえ《広義では矢をつがえ, 弓を張り, 正しく目標に向く動作を含む》. 〖(1545) ← ↑＋-ING〗

nócking pòint *n.* 〘アーチェリー〙ノッキングポイント《弦の矢筈(やはず)を掛ける場所; ⇨ bow[1] 挿絵》. 〖1856〗

nó-cláim bònus *n.* 《英》〘保険〙無事故割引《自動車保険などで一定期間保険金の請求がない場合の優遇割引; no-claims bonus ともいう》.

nó-cláims dìscount *n.* 〘保険〙＝no-claim bonus.

nó cónfidence *n.* (内閣の)不信任: a vote of ～ 不信任投票. **nó-cónfidence** *adj.*

nó-còunt *adj., n.* 《米口語》＝no-account. 〖(1853)《頭音消失》〗

noct- /nɑ(ː)kt | nɔkt/ (母音の前にくるときの) nocto- の異形.

noc·tam·bu·lant /nɑ(ː)ktǽmbjulənt | nɔk-/ *adj.* ＝noctambulous. 〖(1819): ⇨ ↓, -ant〗

noc·tam·bu·la·tion /nɑ(ː)ktæ̀mbjuléɪʃən | nɔk-/ *n.* 〘病理〙＝noctambulism. 〖(1721) ← NOCTO-＋AMBULATION〗

noc·tam·bu·lism /nɑ(ː)ktǽmbjulìzm | nɔk-/ *n.* 〘病理〙夢遊(症), 夢中歩行 (somnambulism). 〖(1860) ◻ ? F *noctambulisme*: ⇨ ↑, -ism〗

noc·tám·bu·list /-lᵻst | -lɪst/ *n.* 夢中歩行者, 夢遊病者 (somnambulist). **noc·tam·bu·lis·tic** /nɑ(ː)ktæ̀mbjulístɪk | nɔk-ˊ/ *adj.* 〖(1731): ⇨ ↑, -ist〗

noc·tam·bu·lous /nɑ(ː)ktǽmbjuləs | nɔk-/ *adj.* 夜歩く, 夢遊の. 〖(1731): ⇨ noctambulation, -ous〗

noc·ti- /nɑ́(ː)ktᵻ, -ti | nɔ́k-/ nocto- の異形 (⇨ -i-).

noc·ti·flo·rous /nɑ̀(ː)ktəflɔ́ːrəs | nɔ̀ktɪ-ˊ/ *adj.* 〘植物〙夜花を開く. 〖(1886) ← NOCTO-＋L *flōr-, flōs* 'FLOWER'＋-OUS〗

noc·ti·lu·ca /nɑ̀(ː)ktəlúːkə | nɔ̀ktɪlúː-, -ljúː-/ *n.* (*pl.* **-lu·cae** /-lúːsiː | -lúː-, -ljúː-/, **～s**) 〘動物〙ヤコウチュウ《海面に浮遊して夜間発光する鞭毛虫亜門 *Noctiluca* 属の原生動物の総称; ヤコウチュウ (*N. miliaris*) など》. 〖(1680) ← NL ～ ← L 'moon, lantern' ← NOCTO-＋*-lūca* shiner (→ L *lūcēre* to shine), cf. lux〗

noc·ti·lu·cence /nɑ̀(ː)ktəlúːsəns, -sṇs | nɔ̀ktɪlúː-, -ljúː-/ *n.* (ヤコウチュウ・ホタル・キノコなどの生物による)夜間発光, 生物発光 (bioluminescence). 〖⇨ ↑, -ence〗

noc·ti·lu·cent /nɑ̀(ː)ktəlúːsənt, -sṇt | nɔ̀ktɪlúː-, -ljúː-ˊ/ *adj.* **1** 夜間発光の, 生物発光の (bioluminescent). **2** 〘気象〙夜(暗中に)光る. 〖(1890): ⇨ ↑, -ent〗

nóctilucent clóud *n.* 〘気象〙夜光雲《薄い巻雲に似て, 夜に青または銀色に光る雲; 高緯度地帯で見られる; 高さは約 80 km》. 〖(1910): ⇨ ↑, cloud〗

noc·ti·pho·bi·a /nɑ̀(ː)ktəfóubiə | nɔ̀ktɪfóu-/ *n.* 〘病理〙暗夜恐怖(症). 〖← NOCTO-＋-PHOBIA〗

noc·tiv·a·gant /nɑ(ː)ktívᵻgənt | nɔk-/ *adj.* 夜出て歩く. **noc·tiv·a·ga·tion** /nɑ(ː)ktìvəgéɪʃən | nɔk-/ *n.* 〖(*c*1620) ← L *noctivagus* night-wandering ← NOCTO-＋*vagus* (← *vagārī* to wander): ⇨ -ant)〗

noc·tiv·a·gous /nɑ(ː)ktívᵻgəs | nɔk-/ *adj.* ＝noctivagant.

noc·to- /nɑ́(ː)ktou | nɔ́ktə(u)/「夜; 夜中に」の意の連結形. ★ 時に nocti-, また母音の前では通例 noct- になる. 〖(17C) ← L *noctis, nox* night〗

noc·to·vi·sion /nɑ́(ː)ktəvìʒən | nɔ́k-/ *n.* 暗視装置《赤外線を利用して暗夜や霧の中の物体を見る装置》. 〖《混成》← NOCTO-＋(TELE)VISION〗

noc·tu·ar·y /nɑ́(ː)ktʃuèri | nɔ́ktjuəri/ *n.* 《古》夜間事件の記録. 〖← L *noctū* by night ((adv.) ← *nox*: cf. nocto-)＋-ARY: DIARY との類推〗

noc·tu·id /nɑ́(ː)ktʃuᵻd | nɔ́ktjuɪd/ 〘昆虫〙*adj.* ヤガ(科)の. — *n.* ヤガ《ヤガ科の総称; owlet moth ともいう; cf. cutworm, armyworm》. 〖(1880) ← NL *Noctuidae* (pl.) ← L *noctua* night owl (属名: ← *nox* night)〗

Noc·tu·i·dae /nɑ(ː)ktúːədìː, -tjúː- | nɔktjúːɪ-/ *n. pl.* 〘昆虫〙(鱗翅目)ヤガ科. 〖↑〗

noc·tule /nɑ́(ː)ktʃuːl | nɔ́ktjuːl/ *n.* 〘動物〙ヨーロッパヤマコウモリ (*Nyctalus noctula*)《大木の樹洞にすむ食虫性のヒナコウモリ科のコウモリ》. 〖(1771) ◻ F ～ ◻ It. *nottola* bat ← L *noctua* night owl ← *nox* night: ⇨ -ule〗

noc·tu·ri·a /nɑ(ː)ktú(ə)riə | nɔktjúər-/ *n.* 〘病理〙夜間多尿《心臓病などの主要症状の一つ》. 〖(1911) ← NL ～: ⇨ nocto-, -uria〗

noc·turn /nɑ́(ː)ktəːn | nɔ́ktəːn, –ˊ/ *n.* **1** 〘カトリック〙宵課(しょうか)《聖務日課の朝課 (matins) の 3 区分のうちの一つで, もとは夜中と午前 4 時の間, 今は夕方に行われる》. **2** ＝nocturne. 〖(?*a*1200) ◻ (O)F *nocturne* ◻ ML *nocturna* (fem.) ＝L *nocturnus* (↓)〗

noc·tur·nal /nɑ(ː)ktə́ːnḷ | nɔktə́ː-/ *adj.* **1** 夜の[に関する, 行われる, 起こる] (↔ diurnal): ～ sounds, habits, wanderings, etc. **2** 〘動物〙〈動物など〉夜出歩く, 夜間に活動する, 夜行性の (↔ diurnal): ～ birds, insects, etc. / ～ habits 夜行性. **3** 〘植物〙〈花が〉夜開く. **4** 〘音楽〙ノクターン[夜想曲]風の, ノクターンを思わせる. — *n.* **1** (星の位置による昔の)夜間時刻[位置]測定器. **2** 夜出歩く人 (nightwalker)《売春婦など》. **3 a** ＝night piece. **b** 夜などを示す照明度の低い舞台での劇. 〖(1485) ◻ F // LL *nocturnālis* ← L *nocturnus* of or by night ← *nox* night: ⇨ -al[1]〗

noctúrnal emíssion *n.* 〘生理〙夢精 (wet dream). 〖(1821): ⇨ ↑, emission〗

noctúrnal enurésis *n.* 〘病理〙夜尿(症).

noc·tur·nal·i·ty /nɑ̀(ː)ktənǽləṭi | nɔ̀ktəːnǽlᵻti/ *n.* 夜行性; 夜間開花.

noc·túr·nal·ly /-nəli, -nḷi/ *adv.* 夜分に, 夜間に; 毎夜.

noc·turne /nɑ́(ː)ktəːn | nɔ́ktəːn, –ˊ; *F.* nɔktyʁn/ *n.* **1** 〘音楽〙**a** 夜曲《一般に夜の静かな情緒を表す曲》. **b** (ピアノの)ノクターン, 夜想曲《夢幻的な器楽曲》. **2** 〘絵画〙夜景画. 〖(1862) ◻ F ～: ⇨ nocturn〗

noc·u·ous /nɑ́(ː)kjuəs | nɔ́k-/ *adj.* 有害な, 有毒な (poisonous). **～·ly** *adv.* **～·ness** *n.* 〖(1635) ← L *nocu(us)* harmful (← *nocēre* to harm)＋-OUS: cf. noxious〗

nod /nɑ́(ː)d | nɔ́d/ *v.* (**nod·ded; nod·ding**) — *vi.* **1 a** (承諾・了解・貞認・命令・注意などの意を示して)うなずく; うなずいて承知する: ～ in assent 承知だとうなずく. **b** 会釈する: ～ *to* [*at*] a person in the street / be on ～*ding* terms with a person (人と)会えば会釈を交わす程度の知り合いである / ⇨ nodding acquaintance. **c** (眠くて)こっくりする, 居眠りする: sit ～*ding* こくりこくりしながら座っている / ～ over one's work 仕事をしながら居眠りする. **2** 〈木・花・羽毛などが〉揺れる, なびく (sway); 〈建物などが〉傾く, ぐらつく (totter): trees ～*ding* in the wind 風に揺れる樹木 / The house is ～*ding* to its fall. 家は今にも倒れそうに傾いている. **3** 油断する, うっかりしくじる: catch a person ～*ding* 人のすきに乗じる / (Even) Homer sometimes ～*s*. ⇨ Homer[2]. — *vt.* **1 a** 〈頭を〉うなずかせる: ～ the head in assent 承知したとうなずく (cf. shake 1 a). **b** 〈同意・承諾などを〉うなずいて示す: ～ approbation [assent] うなずいて賞賛[承諾]の意を表す / He ～*ded* me a welcome.＝He ～*ded* a welcome *to* me. 彼はうなずいて歓迎した / He ～*ded to* me *that* it was all right. それは結構だと彼は私にうなずいて示した. **c** [通例動作を示す副詞を伴って] うなずいて招く[去らせる] 〈*to, out, away*, etc.〉: ～ a person *back* [*away*] into the room うなずいて人を部屋に戻ら[去ら]せる. **2** 曲げる, たわませる, 揺るがす, なびかす.

nód óff 《口語》(つい)居眠りをする. ***nód óut*** 《俗》(麻薬で)朦朧(もうろう)となる.

— *n.* **1 a** (承諾・了解・命令・注意などの意を示す)うなずき; 合図のうなずき: call a person by a ～ うなずいて人を呼ぶ / A ～ is as good as a wink. ⇨ wink[1] 2. **b** 会釈, 黙礼: greet a person with a ～ (of the head) 軽く首を垂れて挨拶する / exchange ～*s* with …と会釈を交す. 日英比較 *nod* は日本語の「会釈」と異なり, 相手を認めたという合図としての動作で, 遠慮を置く間柄の人に対しては多少失礼な方法である. 英米で日本語の「会釈」に当たるのは, Hello; Good morning などの言葉での挨拶である. **c** (眠くてする)こっくり; 居眠り, うたた寝. **2** (枝やこずえなどの)揺らぎ, 揺れ. **3** 《まれ》うっかりしたし損ない.

at a person's nód 人の意のままに動かされて: The kingdom was *at his* ～. 王国は彼の意のままであった. ***give*** [***gèt***] ***the*** [***a***] ***nód*** (1) 同意を与える[得る]: The committee *gave the* ～ *to* the proposal. 委員会はその提案を承認した. (2) 〘ボクシング〙判定をする[受ける]. ***on the nód*** (1) 《英口語》(売買など)信用で, 掛けで,「顔」で (on credit). (2) 《英口語》(投票などによらず)暗黙の了解で. (3) 《俗》(麻薬で)朦朧(もうろう)として, うとうとして. 〖(1882)〗

Lánd of Nód [the —] ⇨ land[1].

nód·der *n.* 〖(*c*1390) *nodde(n)* ← ? LG: cf. MHG *notten* (G *notteln*) to move about, shake〗

Nod /nɑ́(ː)d | nɔ́d/ *n.* **1** 〘聖書〙ノド, ノデ《Cain が行って住んだ Eden の東の地; cf. *Gen.* 4:16》. **2** ＝LAND of Nod (1). 〖◻ Heb. *nōdh* (原義) (country of) homelessness〗

nod·al /nóudḷ | nóudḷ/ *adj.* node の(ような); node のところ[近く]の. **～·ly** *adv.* **no·dal·i·ty** /noudǽləṭi | nə(u)dǽlᵻti/ *n.* 〖← NODE＋-AL[1]〗

nódal pláne *n.* 〘光学〙(レンズの)節平面《節点 (nodal point) を通り光軸に垂直な平面》.

nódal póint *n.* 〘光学〙(レンズなどの)節点《光学系において角倍率が＋1 になる光軸上の共役点》. 〖(1845): ⇨ nodal, point〗

nódal rhýthm *n.* 〘生理〙(心臓の)結節(性)リズム[調律, 律動].

nó dáte *n.* (図書の出版年などの)日付不明 (略 n.d.).

nód·ding /-dɪŋ | -dɪŋ/ *adj.* **1** 〈植物・羽毛など〉先端が下に垂れた, 先端が揺れている: ～ flowers. **2** 眠たげな. 〖1595–96〗

nódding acquáintance *n.* **1 a** 会えば会釈する程度の面識: I have (only) a ～ *with* him. 彼とはちょっとした知り合いだ. **b** ちょっとした知人. **2** わずかな[ちょっとした]知識: have a ～ *with* Greek literature ギリシャ文学をちょっと知っている. 〖(1711): ⇨ nod, acquaintance〗

nódding dónkey *n.* 《口語》〘機械〙ノディングドンキー《油井から石油を汲み上げるのに用いる往復運動をするポンプの一種》.

nódding lílac *n.* 〘植物〙中国産のライラックの一種 (*Syringa reflexa*)《花は外側は赤く内側は白い》.

nódding spásm *n.* 〘病理〙点頭痙攣(けいれん)《繰り返してうなずくような形の(胸鎖乳突筋の収縮による)痙攣》.

nódding tríllium *n.* 〘植物〙ユリ科エンレイソウ属の多年生植物 (*Trillium cernuum*)《北米産; 波状の花弁と反曲した茎を有し薄いピンクの花を咲かせる》. 〖(1857): ⇨ nodding, trillium〗

nod·dle[1] /nɑ́(ː)dḷ | nɔ́dḷ/ *n.* 《口語》おつむ, 頭 (head): be cracked in the ～ 頭が変だ / Use your ～! 頭を使え. 〖(*a*1425) *nodel* ◻ L *nōdulus* (small) knot: cf. 《古》*noll* < OE *hnoll* crown of the head〗

nod·dle[2] /nɑ́(ː)dḷ | nɔ́dḷ/ *vt., vi.* 《英古》うなずく; (眠気などで)〈頭を〉こっくりこっくりさせる[する] (nod). 〖(1733–34) (freq.) ← NOD: cf. niddle-noddle〗

nod·dy /nɑ́(ː)di | nɔ́di/ *n.* **1** とんま, まぬけ, ばか者 (fool). **2** 〘鳥類〙クロアジサシ (*Anous stolidus*)《熱帯海域に広く分布する海鳥》; *Anous* 属のクロアジサシ類の総称. 〖(*a*1530 ← ?) (廃) *noddy* (adj.) silly← ? NOD＋-Y[4]: cf. noodle[1]: 2 は 1 の転用〗

Nod·dy /nɑ́(ː)di | nɔ́di/ *n.* ノディー《英国の児童読物作家 Enid Blyton の人気シリーズ (1949–　) の主人公で, 話すときはいつもうなずく子供の人形》.

nóddy sùit *n.* 《口語》防護服《核兵器・生物化学兵器使用の戦争に備えた兵士用》.

node /nóud | nə́ud/ *n.* **1** 結び目, こぶ, ふくれ (swelling). **2** 〘植物〙ふし, 節(せつ)《茎の葉を生じる部分; cf. internode》. **3** 〘解剖〙**a** 結節: gouty ～ 痛風結節 / ⇨ lymph node. **b** 指関節. **4** 〘物理〙波節, 振動の節《振動体の静止点; cf. antinode》. **5** 〘天文〙交点《天球上で天体の軌道が黄道と交わる点》: ⇨ ascending node, descending node. **6** 〘数学〙結節点《曲線が自分自身と交わる点; crunnode ともいう》. **7** 〘電算〙ノード: **a** ネットワークシステムにおける接続中継点(となる端末・機器). **b** データベースなどのツリー構造における分岐点. **8** 〘文法〙(生成文法で, 句構造標識 (P-marker) の)節点. **9** (各部分の集まる)中心点; 中核, 中枢. **10** (劇・物語・事件などの)筋のもつれ, 紛糾, 葛藤 (complication) (cf. nodus 2).

nóde of Ran·vièr /-rɑ̃ː(n)vjéɪ, -rɑːn- | -rɑ̃́(ː)nvièɪ, rɑ́ːn-; *F.* -ʁɑ̃vje/ 〘生物〙ランビエ節《神経繊維の軸索を囲む髄鞘が欠如している部分》. (← *Louis A. Ranvier* (1835–1922: フランスの組織学者))

〖(?*a*1425) ◻ L *nōdus* 'knot, NODUS'〗

nóde hòuse *n.* ノードハウス《石油採掘用リグを建造する間溶接作業員が使用するプレハブ小屋》.

nodi *n.* nodus の複数形.

nod·i·cal /nɑ́(ː)dᵻkəl, nóuḍ- | nɔ́dɪ-, nə́ud-/ *adj.* 〘天文〙交点の: the ～ revolution of the moon 月が交点を通過してから再びその交点に達する一周; またその運動. 〖(1839) ← NODE 5＋-ICAL〗

nódical mónth *n.* 〘天文〙交点月《月が一つの交点から出発して同じ交点に帰って来るのに要する時間で, 平均太陽時の 27 日 5 時間 5 分 35.8 秒に当たる; draconic month [period] ともいう》. 〖(1839): ⇨ ↑, month〗

no·dose /nóudous | nə́udəus/ *adj.* 〘植物〙(茎に)ふしのある, 結節性の, ふし[こぶ]の多い. 〖(1721) ◻ L *nōdōsus* full of knots: ⇨ node, -ose[1]〗

no·dos·i·ty /noudɑ́(ː)səṭi | nə(u)dɔ́sᵻti/ *n.* 多節; 節, こぶ. 〖(1601) ◻ F *nodosité* // LL *nōdōsitātem* ← L *nōdōsus* 'NODOSE'〗

no·dous /nóudəs | nə́ud-/ *adj.* 〘植物〙＝nodose. 〖(1646) ◻ L *nōdōsus*: ⇨ node, -ous〗

nod·u·lar /nɑ́(ː)dʒulə | nɔ́djulə(r)/ *adj.* **1** ふし[こぶ]の(ある), ふし[こぶ]状の: a ～ structure. **2** 〘地質〙団塊のある, 瘤塊のある. **3** 〘植物〙(茎や根に)節のある, 結節性[状]の. 〖(1794) ← NODULE＋-AR[1]〗

nod·u·lat·ed /nɑ́(ː)dʒulèɪtᵻd | nɔ́djulèɪt-/ *adj.* **1** ふしのある. **2** 〘地質〙団塊の (nodular). **3** 〘植物〙結節性の. 〖(1835–36) ← NODULE＋-ATE[3]＋-ED〗

nod·u·la·tion /nɑ̀(ː)dʒuléɪʃən | nɔ̀dju-/ *n.* **1** ふしを生じること; 結節. **2** ＝nodule. 〖(1872): ⇨ nodule, -ation〗

nod·ule /nɑ́(ː)dʒuːl | nɔ́djuːl/ *n.* **1** 小さなふし, 小瘤, 小塊. **2** 〘地質〙団塊, 瘤塊. **3** 〘植物〙小結節, 根瘤 (tubercle, root nodule). **4** 〘解剖〙小(結)節《小さなできもの・神経節など》: a lymphatic ～ リンパ(小)節. 〖(*a*1425) ◻ L *nōdulus* (dim.) ← *nōdus* 'knot, NODE': ⇨ -ule〗

noduli *n.* nodulus の複数形.

nod·u·lose /nɑ́(ː)dʒulòus | nɔ́djulə̀us/ *adj.* 小節[小塊]の多い. 〖(1828) ← NODULE＋-OSE〗

nod·u·lous /nɑ́(ː)dʒuləs | nɔ́dju-/ *adj.* ＝nodulose. 〖(1841) ← NODULE＋-OUS〗

nod·u·lus /nɑ́(ː)dʒuləs | nɔ́dju-/ *n.* (*pl.* **nod·u·li** /-làɪ/) 〘解剖〙小節, 小結節, 小脳小結節. 〖◻ L ～ 'small knot': cf. nodule〗

no·dus /nóudəs | nə́ud-/ *n.* (*pl.* **no·di** /-daɪ/) **1** 結び目, ふし (knot). **2** 難点 (difficulty); (話の筋の)もつれ, 紛糾 (complication)《文学の場合は node よりこの語の方が普通に用いられる》. **3** 〘解剖〙＝node 3. 〖(*c*1400) ◻ L *nōdus* 'knot, NODE'〗

No·e /nóuə | nə́uə/ *n.* (Douay Bible での) Noah のラテン語式語形. 〖《変形》← NOAH〗

n.o.e. 《略》not otherwise enumerated.

nò·e·génesis /nòui- | nə̀ui-/ *n.* 〘心理〙(観察・感覚・経験などからの)新知識の生産, ノエジェネシス (cf. noesis 2). **nòe·genétic** *adj.* 〖(1923) ← NL ～ ← Gk *noe-* (← *nóēsis* intelligence // *nóēma* perception, thought)+GENESIS〕

No·el[1] /nouél | nəu-/ *n.* (*also* **No·ël** /～/) **1** クリスマス; クリスマスの季節 (Christmas season). **2** [n-] クリスマス祝歌, クリスマスキャロル (Christmas carol). 〖(?c1390) ◻ OF *noel, nael* (F *noël* Christmas carol, *Noël* Christmas) < L *nātālem* (*diem*) birthday, 《原義》 of birth ← *nātus* (p.p.) ← *nāscī* to be born: ⇨ nowel: cf. natal[1]〗

No·el[2] /nóuəl, nóuł | nə́uəl, -eł; *F.* nɔɛl/ *n.* ノエル: **1** 男性名. **2** 女性名. ★ クリスマスの日(近く)に生まれた子に付けられる《異形 Noël, Noelle》. 〖◻ OF *no(u)el* ◻ L *nātālem* (↑)〗

No·el-Ba·ker /nóuəłbéɪkə, nóuł- | nə́uəłbéɪkə[(r)]/, **Philip John** *n.* ノエルベイカー《1889–1982; 英国の政治家; Nobel 平和賞 (1959)》.

no·e·ma /nouí:mə | nəu-/ *n.* (*pl.* **～·ta** /-ṭə | -tə/) 〘哲学〙知的直観の対象; (現象学の)ノエマ (cf. noesis). 〖(1931) ← NL ～ ← Gk *nóēma* thought: ⇨ noetic〗

no·e·mat·ic /nòuimǽṭɪk | nə̀ui:mǽt-˜/ *adj.* 〘哲学〙 noema の[に関する, 的な]. 〖(1860) ◻ Gk *noēmatikós*: ⇨ ↑, -ic[1]〗

nó éntry *adj.* [限定的] 立入り禁止の. 〖1967〗

no·e·sis /nouí:sɪs | nəuí:sɪs/ *n.* (*pl.* **no·e·ses** /-si:z/) **1** 〘哲学〙ノエシス: **a** 古代ギリシャ哲学における純粋知性による認識作用, 知的直観; cf. noema, dianoia. **b** 現象学, 特に Husserl が意識の客観面をいう noema に対して, その志向的作用面を表すのに使った用語. **2** 〘心理〙知性の機能, 認識 (cf. cognition). 〖(1881) ◻ Gk *nóēsis* perception: ↓〗

Noe·ther /nə́:ṭə, néɪ- | nə́:tə[(r)]; *G.* nǿ:tɐ/, **(Amalie) Emmy** *n.* ネーター《1882–1935; ドイツの数学者; 抽象代数学を確立》.

no·et·ic /nouéṭɪk | nəuét-/ *adj.* **1** 心の, 知力の; 純粋知性に基づく[による]; 知性によってのみ理解しうる. **2** 知的で抽象的な(思索をする): a ～ thinker. **—** *n.* 純粋知性のある人[物]. 〖(1644) ◻ Gk *noētikós* of intelligence ← *noētós* perceptible by the mind ← *noeîn* to perceive ← *nóos, noûs* mind〗

no·et·ics /nouéṭɪks | nəuét-/ *n.* 〘論理〙純粋思惟(しい)論, 知性論. 〖(1875): ⇨ ↑, -ics〗

nó-fáult *adj.* [限定的] 《米》 **1** 〘保険〙ノーフォールトの《自動車保険で加害運転者が無過失であっても, 被害者が一定の損害について賠償を受けられる制度についていう》. **2** 〘法律〙(離婚法で)当事者双方が結婚解消の責任がない. 〖1967〗

nó-fìnes cóncrete *n.* 〘建築〙等粒コンクリート《細かい砂利を入れずに粗い砂利とセメントのみで造ったコンクリート; 断熱材として用いる》. 〖(1946) ← NO[1] (adj.)+*fines* (⇨ fine[1] (n.) 1)〗

nó-flý zòne *n.* 飛行禁止区域. 〖1988〗

Nof·re·te·te /nɑ̀(:)frɪtí:ṭi | nɔ̀frɪtí:ti/ *n.* =Nefertiti.

nó-fríIls *adj.* [限定的] 〈物事が〉(飾り気や余計なサービスなど全くなく)実質的な: ～ airline service. 〖1960〗

nog[1] /nɑ́(:)g | nɔ́g/ *n.* **1** 木れんが (wood brick)《釘受けとしてれんがや石壁に中にはめ込まれる木片》. **2** 木釘, 木栓. **3** =nogging piece. **4** 樹木のふし[こぶ]. **—** *vt.* (**nogged**; **nog·ging**) **1** 木釘で支える, …に木れんがを詰める. **2** 木骨にれんがを積んで〈家を〉建てる. 〖(1611) 《変形》← ? 《廃》 *knag* (cf. ME *knagge* spur, peg)〗

nog[2] /nɑ́(:)g | nɔ́g/ *n.* (*also* **nogg** /～/) **1** 《英》ノッグ《昔 Norfolk 地方で造られた強いエール》. **2** =eggnog. 〖(1693) ?〗

nog·al /nɑ́(:)xæl | nɔ́x-/ *adv.* 《南ア口語》しかも, おまけに.

nog·gin /nɑ́(:)gɪn | nɔ́gɪn/ *n.* **1 a** 小杯, 小型ジョッキ (small mug): a ～ of milk. **b** 《米方言》手おけ (pail), バケツ (bucket). **2** (アルコール飲料の)ノッギン《液量単位; =¼パイント, 《英》0.142 リットル, 《米》0.1183 リットル》. **3** 《口語》人の頭, 脳天 (head). 〖(1630) ← ?: cf. Ir. *noigin* wooden vessel / nog[1, 2]〗

nóg·ging *n.* **1** 木骨れんが積み《木骨の軸組の間にれんがを詰める工法[技術]》; 詰めれんが. **2** =nogging piece. **3** 木骨造りの壁の柱と柱の間をつなぐ水平材. 〖(1825) ← NOG[1]+-ING[1]〗

nógging pìece *n.* (木骨れんが積みの補強用の小さな)横木.

nó-gó *adj.* [限定的] **1** 《口語》不首尾な, 不調な, だめな (cf. go[1] *n.* 3 a). **2** 〈市内などの地域が〉(対立するグループの一方のバリケードなどのため)〈他方の者に〉立入りを許さない 〔*for*〕: ⇨ no-go area. 〖1870〗

nó-gó àrea *n.* **1** (都会の)無法地帯; 立入り禁止区域. **2** タブーである話題. 〖1971〗

nó-gó gàge *n.* 〘機械〙止まりゲージ《機械部品の寸法検査において部品が通過してはいけない方; cf. go gage》. 〖← no go: ⇨ go[1] (n.)〗

nó-góod *adj., n.* 《口語》何の役にも立たない(人, 物), 何の価値もない(人, 物), 成功する見込みのない(人). **～·er** *n.* 〖adj.: (1908). — n.: (1924) ← *no*+*good*〗

nó-gròwth *adj.* **1** ゼロ成長志向の. **2** 成長抑制的な. 〖1972〗

No·gu·chi /nougú:tʃi | nəu-/, **I·sa·mu** /í:sɑ:mù:/ *n.* ノグチ《1904–88; 米国生まれの彫刻家; 父は詩人野口米次郎, 母は米人作家; 代表作に Paris の UNESCO 本部の庭園がある》.

Noh, n- /nóu | nə́u/ *n.* =No.

nó-hìt *adj.* 〘野球〙〈試合など〉(一方のチームが)ノーヒットの, 無安打の; 〈投手が〉無安打試合を達成した: a ～ game ノーヒットゲーム, 無安打試合 (cf. perfect game 1) / a ～ pitcher 無安打完投投手. 〖1827〗

nó-hítter *n.* 〘野球〙無安打試合 (no-hit game) (cf. hitter 2). 〖(1947) ← NO[1] (adj.)+HITTER〗

nó-hóper *n.* 《豪・英口語》(理想も野心も持たない)無能な人, 成功の見込みのない人; 勝つ見込みのない馬. 〖(1943) ← NO+HOPER〗

nó·hòw *adv.* 《方言》[通例 can を伴って] 決して…ない (in no way): I *can't* do it ～. どうしてもできない. **—** *adj.* [しばしば all を伴って] 加減の悪い, 元気のない; 混乱して (confused): be [feel] *all* ～ 全く気分が悪い / look *all* ～ 全く顔色が悪い. 〖(1775) ← NO[1] (adj.)+HOW[1] (adv.): cf. somehow, anyhow〗

noil /nɔ́ɪl/ *n.* 梳毛(そもう)および絹糸紡績工程で出る短毛, ノイル (紡毛やフェルトの材料; cf. hards). **noil·y** /nɔ́ɪli/ *adj.* 〖(1623–24) ◻ ? OF *noel* < ML *nōdellum* (dim.) ← L *nōdus* 'knot, NODE'〗

noir /nwɑ́ə | nwɑ́:[(r)]; *F.* nwa:ʁ/ *n.* **1** (ハードボイルドの)犯罪小説. **2** =film noir. **noir·ish** /nwɑ́:rɪʃ/ *adj.*

noise /nɔ́ɪz/ *n.* **1 a** 騒音 (⇨ sound[1] SYN): deafening ～*s* 耳を聾(ろう)する騒音 / the ～ of a jet plane ジェット機の騒音 / ～ in the ear 耳鳴り / Who is making a ～ [that ～]? だれだ音[そんな音]を立てているのは. **b** 物音: I heard a little ～ in the wood. 森の中で小さな物音を聞いた. **2 a** 大きな叫び声; 大騒ぎ, 騒がしさ: make a shrill loud ～ かん走った大きな声を立てる / Don't make so much ～. そんなに騒ぐな. **b** [*pl.*] (ある意見・感情を表す)言葉, 主張; (何か口の中で言う)言葉, 声. ★ 通例次の成句で: ⇨ *make* NOISES. **3** 《口語》おしゃべり; うわさ, 評判 (rumor); (特に)悪評, 醜聞 (scandal): The ～ goes *that* …という評判[うわさ]だ / ⇨ big noise. **4** 〘電気・電子工学〙雑音《音に限らず必要な信号に対して不要なまたは妨害となる信号をいう》. **5** 〘ラジオ・テレビ〙ノイズ, 雑音, 騒音: visual ～ テレビの画面のちらつき. **6** 〘電算〙(文献検索の場合など)必要な情報に混ざって出て来る無関係な[必要でない]データ. **7 a** 《まれ》音楽. **b** 《廃》楽隊.
màke a nóise (1) (大きな)音を立てる, 騒ぐ. (2) やかましくしゃべり立てる, 大いに論ずる; 不平をもらす: *make a* ～ *about* something ある事をやかましく騒ぎ立てる. (3) 世間の評判になる, (しばしば悪いことで)世間のうわさに上る: *make a* ～ in the world 世間の評判になる, 有名になる. (1662) ***màke nóises*** 《口語》[通例形容詞を伴って] (ある考え・気持ちを)口に出す, 打ち出す〔*about*〕; (何か月並なことを)口の中で言う: *make* welfare ～*s* 福祉(政策)を唱える / *make* soothing ～*s* なだめるような声を出す. ***nóise(s) óff*** 〘演劇〙(1) 舞台裏の音《擬音; ト書き用語》. (2) 舞台裏の音響効果.
— *vt.* 言いふらす, 言い広める 〈*about, around, abroad*〉: ⇨ NOISE *abroad*. **—** *vi.* 《まれ》 **1** 音を立てる, 騒ぐ, 大声で叫ぶ. **2** 大いに話す, かましくしゃべる〔*of*〕.
nóise abróad 《まれ》〈うわさなどを〉言いふらす, 評判を立てる (cf. *Luke* 1:65): ～ a person's fame *abroad*=～ *abroad* a person's fame / It is ～*d abroad* that the murderer has been arrested. 殺人犯がつかまったというわさがもっぱらである.
〖(?a1200) ◻ (O)F ～ 'outcry, disturbance, noisy dispute' < L *nauseam* sea-sickness ◻ Gk *nausía* ← *naûs* ship: cf. Prov. *noisa, nauza, nausa* noise: 船酔いで大騒ぎすることからか: 17C までは快い音にも用いられた〗

SYN 騒音: **noise** 不快なやかましい音: Don't make a *noise*. 騒ぐな. **din** 耳をつんざくような連続する(金属的な)騒音: the *din* of the street 街の騒音. **clatter** 物がぶつかりかたかた[がちゃがちゃ]と連続してきこえる騒音: the noisy *clatter* of his boots upon the pavement 舗道を歩く彼のブーツのかたかたというるさい足音. **uproar** 特に多数の人の混乱した声: Instantly the whole place was in an *uproar*. たちまちその場は大騒ぎになった. **clamor** 抗議や要求をするやかましい声: a growing *clamor* of protest 高まる抗議の声. **hubbub** 活動する多くの人々の雑然と入り乱れた声: the usual urban *hubbub* いつもの都会の喧騒. **racket** 口語的な表現で, やかましい音: make a dreadful *racket* ひどくやかましい音を立てる.
ANT silence.

---

nóise fàctor *n.* 〘電子工学〙雑音指数《増幅器などの電子回路が発生する雑音(有害な電気信号)の量を表す指数; noise figure ともいう》. 〖(1937): ⇨ noise, factor〗

nóise fìeld inténsity *n.* 〘電子工学〙雑音電界強度.

nóise fìgure *n.* 〘電子工学〙=noise factor. 〖(1952): ⇨ noise, figure〗

nóise gènerator *n.* 〘電子工学〙雑音発生器《計測器や受信機の雑音に対する応答を測定するために使う雑音源》.

nóise·less *adj.* **1** 音のしない, ひっそりした, 消音の, 静かな (⇨ still[2] SYN): a ～ footstep 音を忍ばせた足取り. **2** 〈録音など〉雑音の少ない; 〈タイプライターなど〉普通より音の小さい: a ～ typewriter. **～·ly** *adv.* **～·ness** *n.* 〖(1602–03) ← NOISE+LESS〗

nóiseless recórding *n.* 無雑音録音. 〖1931〗

nóise lèvel *n.* 〘通信〙雑音レベル《伝えたい信号に対して妨害となるそれ以外の信号(雑音)の強さを示す程度》. 〖(1925): ⇨ noise, level〗

nóise lìmiter *n.* 〘電子工学〙雑音抑制器, ノイズリミッター. 〖(1972): ⇨ noise, limiter〗

nóise·màker *n.* **1** 《米》(お祭りや試合などで)音を立てる人[物]. **2** (Halloween, 大晦日などの祝祭に鳴らす)角笛(つのぶえ) (horn), 鳴る子 (clapper), がらがら (rattle).

nóise-màking *adj.* 〖(1574): ⇨ noise, maker〗

nóise pollùtion *n.* 騒音公害《自動車・飛行機・機械類などの騒音による害; sound pollution ともいう》. 〖(1966): ⇨ noise, pollution〗

nóise·pròof *adj.* 防音の (soundproof).

nóise redùcer *n.* 〘電子工学〙雑音抑制器.

nóise supprèssor *n.* 〘電子工学〙 **1** =squelch 3. **2** =noise reducer.

nóise trèatment *n.* 〘航空〙(航空エンジンに装備する)騒音低減処置.

noi·sette /nwɑ:zét; *F.* nwazɛt/ *n.* **1** [通例 *pl.*] ノワゼット《一口大に切り取った食べ物の総称》: **a** 牛や子羊のヒレ肉など柔らかい肉の一片. **b** くり抜いた丸いジャガイモをバターで色づくまで炒(いた)めたもの. **2** はしばみ色《noisette brown, hazel ともいう》. **3** はしばみの実で作ったチョコレート. **4** [N-] =Noisette rose. **—** *adj.* はしばみの実で味つけした, はしばみの実で作った. 〖(1891) ◻ F ～ (dim.) ← *noix* nut < L *nucem, nux* 'NUT'〗

Noisétte róse *n.* 〘園芸〙ノワゼットローズ《China rose と musk rose の雑種; 単に Noisette, また Champney rose ともいう》. 〖(1837) ← *Philippe Noisette* (1817 年にこの新種を初めて栽培した人)〗

noi·some /nɔ́ɪsəm/ *adj.* 《文語》 **1** 〈匂いなど〉いやな, むっとするような; 不快な, 気にくわない (offensive): a ～ odor いやなにおい / a ～ sight 不快な光景. **2** 有害な (harmful); 健康によくない (unhealthy): a ～ environment. **～·ly** *adv.* **～·ness** *n.* 〖(c1384) ← 《廃・方言》*noy* (《頭音消失》← ANNOY)+-SOME[1]〗

nois·y /nɔ́ɪzi/ *adj.* (**nois·i·er**; **-i·est**) **1 a** 〈人が〉やかましい, 騒々しい(音[声]を立てる); ざわざわした: a ～ engine, animal, crowd, laugh, etc. **b** 〈行為が〉騒音を伴う: a ～ game. **2** 〈場所など〉騒々しい: a ～ street, house, etc. **3** 〈色彩・服装・文体など〉はでな, けばけばしい: a ～ suit. **nóis·i·ly** /-zəli/ *adv.* **nóis·i·ness** *n.* 〖(1693) ← NOISE+-Y[4]〗

SYN 騒々しい: **noisy** この意味で最も一般的な語. 騒々しい音を立てる: *noisy* children 騒々しい子供たち. **boisterous** (特に子供などが)陽気で騒がしい: *boisterous* laughter 騒々しい笑い声. **blustering** 大声でどなりちらす: a *blustering* diplomatist どなりちらす外交官. **clamorous** 大声で抗議・要求してやかましい《格式ばった語》: *clamorous* children やかましくねだる子供たち. **vociferous** 〈人が〉大声で叫んだり, 発言が声高になって騒々しい《格式ばった語》: *vociferous* complaints やかましい不平の声. **ANT** silent.

---

nóisy míner *n.* 〘鳥類〙クロガオミツスイ, ズグロミツスイ (*Manorina melanocephala*)《オーストラリア東部に生息するミツスイ科の鳥; 羽毛は灰白色で翼は褐色, 鳴き声はやかましい》.

Nók cúlture /nɑ́(:)k- | nɔ́:k-/ *n.* [the ～] ノク文化《ナイジェリア北部にみられる紀元前 5 世紀から後 2 世紀ごろの文化; テラコッタ製の人頭像が発掘されている》. 〖← *Nok* (最初にテラコッタが発見された村)〗

nó-knòck 《米》 *adj.* (警官が逮捕・捜索のために身分を示さずに)無断で立入り[家宅捜索]できる. **—** *n.* 無断で行う立入り[家宅捜索]. 〖1970〗

No·la /nóulə | nə́u-/ *n.* ノラ (女性名). 〖◻ LL *Nola* 《原義》 small bell〗

No·lan /nóulən | nə́u-/ *n.* ノーラン (男性名; 異形 Noland). 〖◻ Gael. *Nuallan* 《原義》 famous〗

Nolan, Sir Sidney (Robert) *n.* ノーラン《1917–92; オーストラリアの画家; *Paradise Garden* (1972)》.

Nol·de /nɑ́(:)łdə, nóuł- | nɔ́ł-; *G.* nɔ́ldə/, **Emil** *n.* ノルデ《1867–1956; ドイツの Brücke 派の画家・版画家》.

nole /nóul | nə́ul/ *n.* 《廃》 =noll.

nó-lèad gásoline /-lèd-/ *n.* 無鉛ガソリン《鉛化合物無添加のガソリン》.

no·lens vo·lens /nóulɛnsvóulɛns | nə́ulɛnzvə́ulenz/ *adv.* 《文語》いや応なしに (willy-nilly). 〖(1593) ◻ L *nōlēns volēns* ← *nōlēns* ((pres. p.) ← *nōlle* to be unwilling)+*volēns* willing((pres. p.) ← *velle*: cf. voluntary)〗

no·li me tan·ge·re /nóulimeɪtǽŋgəri, -mi:-, -tǽndʒəri | nə́u-/ *n.* (*pl.* **～s**) **1** 接触[干渉]を禁じる警告: He carries a ～ in his face. 彼はおせっかいは御免という顔をしている. **2** ノリメタンゲレ《復活後墓場で Jesus が Mary Magdalene に姿を表した時の図; その時イエスが与えた「われに触れるな」という警告の言葉から; cf. *John* 20:17》. **3** 手を触れてはならない人; よそよそしい[近づきにくい]人. **4** 〘植物〙キツリフネ (⇨ touch-me-not 1). **5** 〘病理〙潰瘍(かいよう)性狼瘡(ろうそう), 悪性潰瘍《へたに治療すると急激に悪化するため》. **—** *adj.* 〈態度・様子など〉よそよそしい, 人を近づけないような (repellent): a ～ manner, look, etc. 〖(a1398) ◻ L *nōlī mē tangere* 'touch me not' ← *nōlī* ((imper.) ← *nōlle* (↑))+*mē* me+*tangere* to touch (cf. tangent)〗

noll /nóuł | nə́uł/ *n.* 《廃・英方言》頭, 脳天 (nole, nowl, noul(e) などともつづる). 〖OE *hnoll* crown of the head ← ?: cf. MHG *nulle* backpart of the head〗

Noll /nɑ́(:)ł | nɔ́ł/ *n.* ノル (男性名). 〖(dim.) ← OLIVER〗

nol·le /nɑ́(:)li | nɔ́li/ *vt.* 《米》 =nolle-pros. 〖1871〗

Nol·le·kens /nɑ́(:)ləkɪnz | nɔ́ləkɪnz/, **Joseph** *n.* ノレケンズ《1737–1823; 英国の彫刻家; 名士の胸像や墓石, 神話を題材にした作品などが多い》.

nólle-prós /-prɑ́(:)s | -prɔ́s/ *vt.* 《米》〘法律〙 =nolle-pros. 〖(1880) 《略》 ↓〗

nolle pros. 《略》 nolle prosequi.

nol·le pros·e·qui /nɑ́(:)liprɑ́(:)səkwàɪ, -kwì: | nɔ́lɪprɔ́sɪ-/ *n.* 〘法律〙(原告の)訴えの取下げ; (検察官の)公訴中止の申立て(の法廷記録) (略 nol. pros., nolle pros.;

N

cf. nol-pros, non prosequitur). 〖(1681)□L *nōlle prōsequī* 'to be unwilling to PROSECUTE'〗

no·lo /nóuloʊ | náʊləʊ/ *n.* (*pl.* **~s**) 《米》〘法律〙=nolo contendere. 〖《略》← *nolo contendere*〗

nó-lóad *adj.* [限定的] **1** 〈投資信託が〉(手数料を取らないで)正価格で売られた. **2** 〘電気〙無負荷の. 〖(1907): ⇨ no, load〗

no·lo con·ten·de·re /nóuloukənténdəri, -rèɪ | náʊləʊ-/ *n.* 《米》〘法律〙不抗争の答弁《刑事訴訟で被告人が有罪を自認しないが, 検事の主張にも反対しない旨の答弁; 起訴事実を承認したという効果はあるが, 別の訴訟で自己に不利益な証拠とされない》. 〖(1872)□L *nōlō contendere* 'I do not wish to CONTEND'〗

nólo e·pis·co·pár·i /-ɛpìskəpéᵊraɪ | -péər-/ *n.* **1** 〘キリスト教〙主教[司教]の任命を(形式上一旦)辞退する決まり言葉. **2** 責任ある地位への任用を辞退すること. 〖□L *nōlō episcopari* 'I do not wish to become a BISHOP'〗

nó-lóse *adj.* 《口語》〈情況・方針などが〉成功確実な.

nol-pros /ná(ː)lprá(ː)s | nɔ̀lprɔ́s/ *vt.* (**nol-prossed; -pros·sing; -pros·ses**) 《米》〘法律〙(裁判所に記録として残した上で)〈原告が〉〈訴訟の一部[全部]を〉取り下げる; 〈検察官が〉〈公訴〉の中止を申し立てる (cf. nolle prosequi). 〖《短縮》← NOLLE PROSEQUI〗

nol. pros. 《略》nolle prosequi.

nom. 《略》nomenclature; nominal; 〘文法〙nominative.

no·ma /nóumə | náʊ-/ *n.* 〘病理〙水癌(ㇲ)《真の癌ではなく, 壊疽(ㇲ)性口内炎 (gangrenous stomatitis) や陰門壊疽などを含む》. 〖(1834) ← NL ~ ← Gk *nomḗ* a feeding, 《原義》pasturage, food from pasturage〗

NOMA /nóumə | náʊ-/ 《略》National Office Management Association 全米事務管理協会.

no·mad /nóumæd | náʊ-/ *n.* **1** (食物や牧草地を求めて住居を移動しながら生活する)遊動民, 遊牧民, ノマド. **2** 放浪者. **— *adj.*** =nomadic: a ~ tribe 遊牧部族. 〖(1587)□F *nomade* // □L *nomadem, nomas* wanderer □Gk *nomás* roaming about for pasture ← *némein* to pasture: cf. nome〗

no·mad·ic /noumǽdɪk | nə(ʊ)mǽd-/ *adj.* **1** 遊動[遊牧](生活)の; 遊動[遊牧]民の (⇨ itinerant SYN). **2** 漂泊的な, 放浪(性)の: live [lead] a ~ life 放浪生活を送る. **no·mád·i·cal·ly** *adv.* 〖(1799)(1818)□Gk *nomadikós*: ⇨ nomad, -ic¹〗

nó·mad·ism /-dìzm/ *n.* 遊動[遊牧]生活; 漂泊生活, 放浪生活. 〖(1841) ← NOMAD+-ISM〗

no·mad·ize /nóumædàɪz | náʊm-/ *vi.* 遊動[遊牧]生活をする; 放浪する. **— *vt.*** **1** 遊牧民[放浪者]にする. **2** 〈ある場所に〉遊牧民[放浪者]を住まわせる. 〖(1799) ← NOMAD+-IZE〗

no·mad·y /nóumədi | náʊmædi/ *n.* 遊動[遊牧]民の生活[状態]. 〖← NOMAD+-Y¹〗

nó·màn *n.* (*pl.* **-men**) 《口語》容易に同調しない人, 無愛想な人, 依怙地(ぃこ)者 (↔ yes-man). 〖(1953): ⇨ no, man〗

no-man's-land /nóumænzlæ̀nd | náʊ-/ *n.* **1 a** (国境に設けられる)無人の地域, 無人地帯; 所有主のない土地《しばしば紛争の種となる》. **b** 〘陸軍〙《彼我両軍の第一線が相対する》中間地帯. **2** 中間地帯[領域], 性格のはっきりしない分野: a ~ of science. **3** 《口語》(テニス・ハンドボールなどのコート内の)戦術上不利な場所《テニスではサービスラインとベースラインとの中間の場所》. **4** 《米軍俗》婦人部隊営舎. 〖(1320): ⇨ no, man, land〗

nom·arch /ná(ː)mɑək | nɔ́mɑːk/ *n.* (古代エジプトまたは現代ギリシャの)県[州]知事. 〖(1656)□Gk *nomárkhēs, nómarkhos*: ⇨ nome, -arch¹〗

nom·ar·chy /ná(ː)mɑəki | nɔ́mɑː-/ *n.* nomarch の管区. 〖(1656)□Gk *nomarkhía* district, province: ⇨ ↑, -y¹〗

nom·bles /nʌ́mblz/ *n. pl.* 《古》=numbles.

nom·bril /ná(ː)mbrəl | nɔ́mbrɪl/ *n.* 〘紋章〙ノンブリル《盾の下半分の中心点; nombril point ともいう》. 〖(1562)□F ~ 'navel' 《異化》← OF *lombril* ← *l'ombril* (*l'*=*le* the) < VL **umbiliculum* ← L *umbilīcus* 'NAVEL'〗

nom de guerre /ná(ː)mdəgéə | nɔ̃ː(m)dəgéə^(r), nɔ́ːm-, nɔ́m-; *F.* nɔ̃dgɛːʁ/ *F. n.* (*pl.* **noms de guerre** /ná(ː)m(z)- | nɔ̃ː(m)(z)-, nɔ́ːm(z)-, nɔ́m(z)-; *F.* ~/) 仮名, 変名, 筆名. ★ pseudonym, pen name のほうがよく用いられる. 〖(1679)□F ~ 《原義》'name of war' (もとフランスの応召兵が本名以外に用いた名の意味)〗

nom de plume /ná(ː)mdəplúːm | nɔ̃ː(m)-, nɔ́ːm-, nɔ́m-; *F.* nɔ̃dplym/ *F. n.* (*pl.* **noms de plume** /ná(ː)m(z)- | nɔ̃ː(m)(z)-, nɔ́ːm(z)-, nɔ́m(z)-; *F.* ~/, **~s**) 筆名, 雅号 (⇨ pseudonym SYN). 〖(1823)□F ~ 《原義》'name of feather (i.e. pen)': ↑ にならった英国起源の造語: ⇨ plume〗

nome /nóum | náʊm/ *n.* ノモス《古代エジプトまたは現代ギリシャの県・州》. 〖(1727)□Gk *nomós* territorial division, pasture ← *némein* to distribute, allot: cf. nomad〗

Nome /nóum | náʊm/ *n.* ノーム《米国 Alaska 州西部 Nome 岬の近くにある港市; もと鉱山町》. 〖↓〗

Nome, Cape *n.* ノーム岬《米国 Alaska 州西部 Seward 半島の南側の岬》. 〖《変形》← NAME: 地名不詳のため地図の原稿に ?*name* と疑問符 (query) をしておいたのが誤解されたもの〗

No·me·i·dae /no(ʊ)míːədiː | nə(ʊ)míːɪ-/ *n. pl.* 〘魚類〙(スズキ目)エボシダイ科. 〖← NL ~ ← *Nomeus* (属名: □Gk *nomeús* herdsman → *némein* to allot: cf. nome)+-IDAE〗

no·men /nóumɛn | náʊ-/ *n.* (*pl.* **nom·i·na** /ná(ː)mənə, nóum- | nɔ́mɪ-/) **1** (古代ローマ人の)第二名, 族名《身分ある者の有する三つの名の中の第二名で, その人の属する氏族を示す; 例えば Gaius Julius Caesar の *Julius*; 略 N; cf. agnomen 1, cognomen 1, praenomen》. **2** 《古》名 (name). **3** 〘文法〙名詞 (noun), 実詞《名詞の機能を有する文法形式》. 〖(*c*1890)□L *nōmen* 'NAME'〗

no·men·cla·tor /nóumənklèɪtə | náʊmənklèɪtə^(r), -mən-/ *n.* **1 a** (人または物の)名を呼ぶ人. **b** 《古》客などの名を呼び上げる役の者. **2** (分類学上の)学名命名者. **3** (古代ローマの)氏名告知奴隷《選挙立候補中の主人につき添って出会った市民の名を主人に告げる奴隷[従者]》: 宴会の座席を割り当てる案内人. **4** 単語集, 語句集. 〖(1585)□L *nōmenclātor* caller of a name ← *nōmen* 'NAME'+-*clātor* caller (← *calāre* to call): ⇨ -or²〗

no·men·cla·ture /nóumənklèɪtʃə, noʊménklətʃʊə | nə(ʊ)méŋklətʃə^(r), náʊmənklèɪtʃə^(r), nɔ́m-, -mɛn-/ *n.* **1 a** (科学・文芸上, または特殊な団体などが用いる)組織的命名法[称呼]. **b** (分類上の)学名命名法: the ~ of botany ⇨ binomial nomenclature. **2 a** 名称 (name). **b** (村や通りなど同部類内の)名. **3** [集合的] 学名, 専門語, 術語. **4 a** 目録 (catalog), 一覧表 (register). **b** 《廃》語句集, 辞書 (dictionary).

no·men·cla·tur·al /nòumənkléɪtʃ(ə)rəl | nə(ʊ)méŋklətʃər-, nàʊmənkléɪtʃ(ə)r-, -mɛn-⁻/ *adj.* **no·men·cla·to·ri·al** /noumènklətɔ́ːriəl | nəʊ-⁻/ *adj.* 〖(1610)□F ~ □L *nōmenclātūra* calling of names: ⇨ ↑, -ure〗

nómen con·ser·ván·dum /-kɑ̀(ː)nsəvǽndəm | -kɔ̀nsə(ː)-/ *n.* (*pl.* **nomina con·ser·van·da** /-də/) 〘生物〙保留名《分類上の属名で, 通常の原則には合わないが, 長く慣用されていたためにその使用が認められているもの》. 〖(1925) ← NL *nōmen cōnservāndum* name to be kept: ⇨ nomen, conserve〗

nómen dú·bi·um /-dúːbiəm, -djúː- | -djúː-/ *n.* (*pl.* **nomina du·bi·a** /-biə/) 〘生物〙疑問名《正式でない記載の生物の学名》. 〖(1937) ← NL *nōmen dubium* dubious name〗

no·men·kla·tu·ra /nəmənkla·túᵊrə | nɔmɛ̀nklətjʊ́ərə; *Russ.* nəmʲinklatúra/ *n.* 《軽蔑》ノーメンクラトゥーラ《旧ソ連・東欧の共産主義体制における幹部, 特権階級》. 〖(1963)□Russ. □L *nōmenclātūra* 'NOMENCLATURE'〗

nómen nó·vum /-nóuvəm | -náʊ-/ *n.* (*pl.* **nomina no·va** /-və/) 〘生物〙新名《既存の名称が先取されたとき有効となる代わりの新しい名称》. 〖□L *nōmen novum* new name〗

nómen nú·dum /-núːdəm, -njúː- | -njúːdəm/ *n.* (*pl.* **nomina nu·da** /-də | -də/) 〘生物〙無資格名《説明書なしに発表された名》. 〖(1900)□L *nōmen nūdum* (原義) 'naked NAME': ⇨ nude〗

No·mex /nóumɛks | náʊ-/ *n.* 〘商標〙ノーメックス《耐熱性の高い繊維; 消防士や飛行士の耐火服などに使われる》.

nom·ic /ná(ː)mɪk, nóum- | náʊm-, nɔ́m-/ *adj.* **1 a** 在来の, 普通の (customary). **b** 〈つづり方が〉正字法の (orthographic): ~ spelling 普通のつづり方法 (cf. PHONETIC spelling). **2** 自然の法則に従った, 一般に妥当な: a ~ statement. 〖(1870)□Gk *nomikós* legal, customary ← *nómos* usage, law, custom: ⇨ -ic¹: cf. nome〗

-nom·ics /ná(ː)mɪks, nóum- | náʊm-, nɔ́m-/ 特定の経済政策を表す名詞連結形: urban*omics*, Reagan*omics*. 〖(1969) ← ECONOMICS〗

nomin. 《略》〘文法〙nominative.

nomina *n.* nomen の複数形.

nomina conservanda *n.* nomen conservandum の複数形.

nomina dubia *n.* nomen dubium の複数形.

nom·i·nal /ná(ː)mənl | nɔ́mɪ-/ *adj.* **1 a** (実在せず)名ばかりの, 名義だけの, 有名無実の; 公称の, 名目上の (↔ actual, practical): ~ peace / the ~ head of the office その官庁の名目上の長官. **b** (実際の価値とは裏腹に)しるしばかりの, ごくわずかの (slight): a ~ fee, rent, sum, etc. **c** 〈価格が〉額面(上)の, 名目の: ⇨ nominal value. **2 a** 名の, 名称上の: a ~ error. **b** 名から成る, 名を連(ら)ねた, 名を示す: a ~ index 名で引く索引 / a ~ register [roll] 名簿[名列] / a ~ list of officers 職員名簿. **c** 〈株式など〉記名の: ~ shares 記名配当株. **3** 計画通りの, 順調な, 申し分のない (satisfactory): Everything is ~. 万事計画通りいっている. **4** 〘文法〙名詞(用法)の: ~ declension 名詞の格変化 / ~ roots 名詞語根 / a ~ expression 名詞表現. **5** 〘電気・物理〙公称の: ~ horsepower 公称馬力.
— *n.* 〘文法〙**1** 体言《名詞・形容詞の総称》: the ~ clause 体言節, 名詞形容詞節《all those *present here* のように節としての形式を欠くが意味・機能上節に相当するもの》. **2** 名詞的語句, 名詞類《形態論でなく, 統語論の段階で認められる名詞相当語句》. **3** 〘鳴鐘法〙打った鐘の 1 オクターブ上の倍音.
〖(*c*1430)□L *nōminālis* belonging to a name ← *nōmin-, nōmen* 'NAME'+-AL¹〗

nóminal aphásia *n.* 〘医学〙名詞失語(症)《名詞を使用する能力の喪失, および語・シンボル・記号などの意味の了解障害》.

nóminal cápital *n.* 〘経済〙名目[公称]資本 (cf. authorized capital).

nóminal dámages *n. pl.* 〘法律〙名目的損害賠償(額). 〖1799〗

nóminal definítion *n.* 〘論理〙唯名的定義《言葉の言い換えによる定義; cf. ostensive definition, real definition》. 〖(1697): ⇨ nominal, definition〗

nóm·i·nal·ism /-nəlìzm, -nl-/ *n.* 〘哲学〙唯名論, 名目論《抽象的普遍概念の実在を否定し, それを名前・記号に過ぎないと考える立場; cf. conceptualism, realism》. 〖(1836)□F *nominalisme*: ⇨ nominal, -ism〗

nó·mi·nal·ist /-nəlɪst, -nl- | -nəlɪst, -nl-/ *n.* **1** 〘哲学〙唯名[名目]論者. **2** 〘経済〙(貨幣論における)名目主義者 (cf. metalist). **— *adj.*** =nominalistic. 〖(1654) ← NOMINAL+-IST〗

nom·i·nal·is·tic /nɑ̀(ː)mənəlístɪk, -nl- | nɔ̀mɪ-⁻/ *adj.* 唯名[名目]論的な. **nòm·i·nal·ís·ti·cal·ly** *adv.* 〖(1863) ← ↑ +-IC〗

nom·i·nal·i·za·tion /nɑ̀(ː)mənələzéɪʃən | nɔ̀mɪnəlaɪ-, -lɪ-, -nl-/ *n.* 〘文法〙名詞化(形)《もとは文の形であったものが変形規則の適用を受けて名詞表現となること, またはなったもの》.

nom·i·nal·ize /ná(ː)mənəlàɪz | nɔ́mɪ-/ *vt.* 〘文法〙名詞化する, 名詞的に用いる (cf. verbalize). 〖(1659) ← NOMINAL+-IZE〗

nóm·i·nal·ly /-nəli, -nli/ *adv.* **1** 名目[名義]上は, 名ばかりで, 有名無実に (cf. really). **2** 名は, 名に関して. 〖1665〗

nóminal príce *n.* 〘商業〙名目[公称]値段, 唱え値 (cf. NET² price). 〖1776〗

nóminal scále *n.* 〘統計〙名義尺度《銀行の口座番号・学生の学籍番号のように他と区別するために与えられた数; 量的な意味をもたない. cf. ordinal scale, interval scale, ratio scale》.

nóminal séntence *n.* 〘文法〙名詞文《繋合詞 (copula) を欠く文; 例: *Happy the man!*》. 〖(1924) Jespersen の用語〗

nóminal válue *n.* (株券などの)額面[名目]価格 (par value). 〖(*c*1901): ⇨ nominal, value〗

nóminal wáges *n. pl.* 〘経済〙名目賃金 (money wages) (cf. real wages). 〖(1898): ⇨ nominal, wages〗

nomina nova *n.* nomen novum の複数形.

nomina nuda *n.* nomen nudum の複数形.

nom·i·nate /ná(ː)mənèɪt | nɔ́mɪ-/ *vt.* **1** 〈人を〉任命する (appoint) 〔*for, as*〕/〈*to* be〉: be ~*d for* an office ある職に任命される / The President ~*d* him *as* [*to* be] Secretary of State. 大統領は彼を国務長官に任命した. **2 a** 〔選挙に〕(候補者として)指名[推薦]する, 届け出る 〔*for*〕: He was ~*d for* President. 彼は大統領候補として指名された. **b** 〔地位・名誉・受賞などに〕〈人を〉推薦する 〔*for, as, to*〕: ~ George *for* the job ジョージをその職に推薦する / He was ~*d to* the Upper House. 彼は上院議員に推薦された. **3** 《古》…と呼ぶ, 称する, 名づける (name). **4** 〈日時・場所を〉指定する, 決める (fix); 明記する (specify). **5** 〘競馬〙〈競走馬を〉出走記録する, 出走馬にする. **— *vi.*** 《豪》立候補する.
— /ná(ː)mənɪt | nɔ́mɪ-/ *adj.* **1** 《まれ》特定の名称をもっている, (特殊な)名のある. **2** 《スコット》〘法律〙(ある職などに)任命された.
〖(1545) ← L *nōminātus* (p.p.) ← *nōmināre* to nominate ← *nōmen* 'NAME': ⇨ -ate³〗

nom·i·na·tion /nɑ̀(ː)mənéɪʃən | nɔ̀mɪ-/ *n.* **1 a** 任命, 指名; 推薦: the ~ of a person *to* a post ある地位への人の任命 / the ~ of candidates for the governorship 知事候補者の指名推薦. **b** 任命[推薦]を受けること. **2** 任命権, 指名権: the ~ of a clergyman *to* a benefice 牧師任命権 / have the ~ of a candidate in one's hands 候補者指名権を持っている / I have a ~ at your service. 私は君を推薦してあげることができる. **3** 《古》命名, 呼称. **4** 〘競馬〙(競走馬の)出走登録. 〖(1412) *nominacioun* □(O)F *nomination* // L *nōminātiō(n-)* naming: ⇨ ↑, -ation〗

nominátion dày *n.* (議員選挙などの)候補者推薦[指名]期日.

nom·i·na·ti·val /nɑ̀(ː)m(ə)nətáɪvəl, -vl | nɔ̀m(ə)n-, -mɪ-⁻/ *adj.* =nominative 2. 〖1843〗

nom·i·na·tive /ná(ː)m(ə)nətɪv | nɔ́mɪ(ə)nət-, -mɪ-/ *adj.* **1** 指名[推薦]された (nominated) (cf. elective 2): a ~ official (選挙でなく)指名によって任命される役人 / Is it ~ or elective? その地位は指名によるか選挙によるか. **2** 〘文法〙主格(形態)の: the ~ case 主格. **3** 〈株券などが〉名前入りの: ~ shares.
— *n.* 〘文法〙**1** 主格; 主格形態. **2** 《まれ》主語.
nóminative of address 〘文法〙呼び掛けの主格, 呼格.
~·ly *adv.* 〖(*a*1387)□(O)F ~ // L (*casus*) *nōminātīvus* (case) of a name, serving to name (→ *nōminātus* (p.p.) ← *nōmināre* 'to NOMINATE')+-*īvus* '-IVE') 《なぞり》← Gk *onomastikḗ* (*ptôsis*) nominative (case)〗

nóminative ábsolute *n.* 〘文法〙(独立分詞構文の)絶対主格(句)《文中で他の要素と文法的に関係せず孤立的に用いられる主格; OE, ME の dative absolute に当たる; 例: *That done*, he went out. / *She being away*, I can do nothing》. 〖1843〗

nóm·i·nà·tor /-tə | -tə^(r)/ *n.* 指名[推薦]者, 任命者, 叙任者. 〖(1659)□LL *nōminātor* ← L *nōminātus* (p.p.): ⇨ nominative, -or²〗

nom·i·nee /nɑ̀(ː)məníː | nɔ̀mɪ-/ *n.* **1** 指名[推薦]された者, 被任命者; (公認)候補者. **2** (年金・下賜金などの)受取り名義人. **3** (株券などの名目だけの)名義人. 〖(1664) ← NOMIN(ATE)+-EE¹〗

no·mism /nóumɪzm | náʊ-/ *n.* 〘宗教〙**1** 律法(厳守)主義《宗教生活の行動規定を法典の遵奉に置く説》. **2** (宗教行為の)律法遵守, 法典遵奉. 〖(1905) ← Gk *nóm(os)* law＋-ISM: cf. nome〕

no·mis·tic /noumístɪk | nəu-/ *adj.* 〈行為など〉宗教法典にかなった, 律法(厳守)主義的な. 〘《1877》← NOM(OS)＋-ISTIC〙

nom·o- /nɑ́(ː)mou, nóum- | nɔ́məu, nə́um-/「法, 法律 (law); 慣習 (usage)」の意の連結形: *nomography.* 〘← Gk *nómos* law〙

no·mo·can·on /nòuməkǽnən | nəu-/ *n.* ノモキャノン, 教会関係国法集《古代の東方教会とビザンチン帝国の法律の中から教会の行政についての項目を要約したもの》. 〘《1727–38》□ MGk *nomokanōn*: ⇨ ↑, canon[1]〙

no·moc·ra·cy /nɑ(ː)mɑ́(ː)krəsi, nou- | nɔmɔ́k-, nə(ʊ)-/ *n.* (恣意・恐怖などによらない)法治(主義)政治. 〘《1837》: ⇨ -CRACY〙

nom·o·gram /nɑ́(ː)məgræ̀m, nóum- | nɔ́m-, nə́um-/ *n.* 〘数学〙 **1** ノモグラム, ノモグラフ, 計算図表《一種の早見計算表; 直定規などを使って与えられた独立変数の値に対する従属変数の値が読み取れるようになっているグラフ; alignment chart ともいう》: a ～ scale ノモグラム スケール. **2** 数や量などの関係の図式表示. 〘《1907》← NOMO-＋-GRAM〙

nom·o·graph /nɑ́(ː)məgræ̀f, nóum- | nɔ́məgrɑ̀ːf, nə́um-, -græ̀f/ *n.* ＝nomogram. 〘《1909》← NOMO-＋GRAPH〙

no·mog·ra·phy /noumɑ́(ː)grəfi | nɔmɔ́g-, nəu-/ *n.* **1** 計算図表学, ノモグラム理論, ノモグラフ作製[使用](法) (cf. nomogram 1). **2** 《まれ》 **a** 法律を起草する手順[方法]. **b** 法律起草に関する書物, 法律論文. **no·mog·ra·pher** *n.* **nom·o·graph·ic** /nɑ̀(ː)məgrǽfɪk, nòum- | nɔ̀m-, nə̀um-⁻/ *adj.* **nòm·o·gráph·i·cal** *adj.* **nòm·o·gráph·i·cal·ly** *adv.* 〘《1909》□ Gk *nomographía*: ⇨ nomo-, -graphy〙

nom·o·log·i·cal /nɑ̀(ː)məlɑ́(ː)dʒɪkəl, nòum-, -kḷ | nɔ̀məlɔ́dʒɪ-, nə̀um-⁻/ *adj.* nomology の; 法則的な, 法則に従った[適合した]. 〘1845〙

no·mol·o·gy /noumɑ́(ː)lədʒi | nɔmɔ́l-, nəu-/ *n.* **1** 法律学, 立法学. **2** 〘哲学〙 法則論. **3** 心則論, 精神法則論《心の法則を研究する学問》. **no·mól·o·gist** /-dʒɪst | -dʒɪst/ *n.* 〘《1845》← NOMO-＋-LOGY〙

nom·o·thet·ic /nɑ̀(ː)məθétɪk | nɔ̀məθét-⁻/ *adj.* **1 a** 立法の, 法律制定の (legislative). **b** 法に基づく. **2** 〘哲学〙 法則定立的な《一回限りの出来事の個性記述に対して, 反復的・普遍的・法則的な形式の抽象, 定立に関する; ↔ idiographic》. **nòm·o·thét·i·cal** *adj.* 〘《1658》← Gk *nomothetikós*: ⇨ nomo-, thetic〙

-no·my /⁻nəmi/「…学, …法」などの意の名詞連結形: astro*nomy*, eco*nomy*. 〘□ Gk *-nomía* ← *nómos* custom, law: ⇨ -ia[1]〙

non /nɑ́(ː)n | nɔ́n/ *L. adv.* なし, あらず (not). 〘□ L ～ (↓)〙

non-[1] /nɑ́(ː)n | nɔ́n/ *pref.*「非・不・無」などの意. ★ (1) in- (il-, im-, ir-), un- などが積極的に「反対」の意を含むことがあるのに対し, non- は通例消極的に「否定・欠如」の意を表す: *non*human, *in*human; *non*logical, *il*logical; *non*moral, *im*moral; *non*religious, *ir*religious; *non*-Christian, *un*christian. 時にその名に全く値しないということをもったいをつけて言うような場合にも用いる: *non*hero. (2) 本辞典では non- で始まる複合語では non- に第二強勢を記してあるが, 対照や強調およびアクセント移動《⇨ 発音解説》の場合には第一強勢をとることもある: bellígerent and *nón*belligerent / *nòn*stándard → *nón*stàndard Énglish. 〘ME □ AF *noun-*＝OF *non-*, *nom-* < L *nōn-* ← *nōn* not < OL *noenum* ← *ne* 'NO[1]'＋*oinom* 'ONE'〙

non-[2] /nɑ(ː)n, noun | nəun, nɔn/「第 9 (ninth)」の意の連結形. ★ 時に nona- になる. 〘□ L ～ ← *nōnus* ninth: ⇨ noon〙

no·na /nóunə | nə́u-/ *n.* 〘病理〙 ノーナ病《一種の嗜眠性脳炎; 1889–90 年南ヨーロッパで流行した》. 〘←L *nōna* (*hōra*) ninth (hour): 今の午後 3 時に当たる; キリストが十字架で死んだ時刻になぞらえたものか〙

No·na /nóunə | nə́u-/ *n.* ノーナ《女性名》. 〘□ L ～ (fem.) ← *nōnus* ninth: cf. nonus, Octavia〙

non·a- /nɑ́(ː)nə, nóunə | nə́unə, nɔ́nə/ non-[2] の異形.

nòn·abílity *n.* **1** 不能, 無能(力) (inability). **2** 〘法律〙 **a** 訴訟無能力. **b** 訴訟無能力を理由とする抗弁. 〘(*c*1477): ⇨ non-[1], ability〙

nòn·abstáiner *n.* 飲酒家, 不節制家. 〘《1882》: ⇨ non-[1], additive〙

nòn·accéptance *n.* **1** 不承知. **2** 〘商業〙 (手形の)引受け拒絶. 〘《1682》: ⇨ non-[1], acceptance〙

nòn·áccess *n.* 〘法律〙 (夫が出征・航海中などのための)無交接《夫婦間で性交の行われていない状態》. 〘《1799》: ⇨ non-[1], access〙

nón·accidèntal ínjury *n.* 〘社会福祉〙 児童・老人に対する虐待 (略 NAI; cf. child abuse).

nòn·áddict *n.* (中毒になっていない)麻薬使用者, 非常用者. 〘《1955》: ⇨ non-[1], addict〙

nòn·addícting *adj.* ＝nonaddictive.

nòn·addíctive *adj.* 〈麻薬など〉常用性をもたらさない, 非常用性の, 非中毒性の.

nòn·ádditive *adj.* **1** 足した[加えた]ことにならない, 足しただけの結果が出ない. **2** 〘遺伝〙 非相加の. **nòn·additívity** *n.* 〘《1926》: ⇨non-[1], additive〙

non·age /nɑ́(ː)nɪdʒ, nóun-, -neɪdʒ | nə́unɪdʒ, nɔ́n-/ *n.* **1** 〘法律〙 未成年(期), 未丁年《英米では 18 歳未満》: be in one's ～ 未成年である. **2** 幼稚, 未熟, 発達初期. 〘《(1314–15)》《(*c*1399)》 *nounage* □ AF＝OF *nonage*: ⇨ non-[1], age〙

non·a·ge·nar·i·an /nɑ̀(ː)nədʒənέ*ə*riən, nòun- | nə̀unədʒɪnέər-, nɔ̀n-⁻/ *adj.* 90 歳代(の人)の. — *n.* 90 歳代の人. 〘《1804》□ L *nōnāgēnārius* containing ninety (← *nōnāgēnī* ninety each ← *nōnāginta* ninety (← *nōnus* ninth＋*-gintā* ten times))＋-AN[1]〙

nòn·aggréssion *n.* 不侵略. 〘《1903》: ⇨ non-[1], aggression〙

nónaggrèssion páct [tréaty] *n.* 不可侵条約. 〘《1935》: ⇨ ↑, pact〙

non·a·gon /nɑ́(ː)nəgɑ̀(ː)n, nóun- | nɔ́nəgən, nə́un-, -gɔ̀n/ *n.* 〘数学〙 九角形, 九辺形 (enneagon). **no·nag·o·nal** /nɑ(ː)nǽgənḷ, nou- | nɔ-, nəu-/ *adj.* 〘(*c*1639) ← NON-[2]＋*-agon* (← Gk *gōnía* angle): HEXAGON, etc. にならった造語〙

nòn·agricúltural *adj.* 非農業の. 〘《1848》: ⇨ non-[1], agricultural〙

nòn·alcohólic *adj.* 〈飲料が〉アルコールを含まない. 〘《1907》: ⇨ non-[1], alcoholic〙

non·a·ligned /nɑ̀(ː)nəláɪnd, -nḷ- | nɔ̀nəl-, -nḷ-⁻/ *adj.* 〘国際法〙 (他国, 特に列強と)連合していない, 非同盟の, 非提携の: ～ nations 非同盟諸国. 〘《1960》: ⇨ non-[1], aligned〙

nòn·alígnment *n.* 〘国際法〙 非同盟, 非提携. 〘《1934》: ⇨ non-[1], alignment〙

nòn·allélic *adj.* 〘生物〙 〈遺伝子など〉対立遺伝子[相対形質]として行動しない. 〘《1945》: ⇨ non-[1], allelic〙

nòn·allergénic *adj.* 非アレルギゲン(性)の, 非アレルギー誘発性の.

nòn·allérgic *adj.* 非アレルギー(性)の. 〘《1936》: ⇨ non-[1], allergic〙

nò-náme *adj.* 商標のない, ノーブランドの; 〈人が〉無名の. 〘1977〙

no·nane /nóuneɪn, nɑ́(ː)n- | nə́un-, nɔ́n-/ *n.* 〘化学〙 ノナン (C_9H_{20})《炭素数 9 のメタン系炭化水素; $CH_3(CH_2)_7CH_3$ を意味する場合と, その異性体を含める場合がある; 芳香のある液体》. 〘《1868》← NON-[2]＋-ANE[2]〙

nón·a·no·ic ácid /nɑ́(ː)nənòuɪk- | nɔ́nənəu-/ *n.* 〘化学〙 ＝pelargonic acid. 〘← NONANE＋-O-＋-IC[1]〙

nón-À, nón-B̀ hepatítis *n.* 〘医学〙 非 A 非 B 型肝炎《輸血によって起こる肝炎で, A 型でも B 型でもないもの; cf. hepatitis C》. 〘1976〙

nòn·appéarance *n.* 〘法律〙 (法廷への当事者または証人の)不出頭, 不出廷. 〘《1475》: ⇨ non-[1], appearance〙

nòn·áqueous sólvent *n.* 〘化学〙 非水溶媒.

nón·arrèstable offénse *n.* 〘法律〙 軽微な犯罪《制定法上絶対的な刑罰の定めある犯罪《例えば今日では謀殺 (murder) と反逆罪 (treason) などに限られる重大な犯罪》に対して使われる》.

nòn·árt *n.* 〘芸術〙 非芸術; (特に) ＝anti-art. 〘1936〙

no·na·ry /nóunəri, nɑ́(ː)n- | nə́un-, nɔ́n-/ *adj.* **1** 9 つからなる. **2** 〘数学〙 九進法の. — *n.* **1** 9 個で一組をなすもの. **2** 〘数学〙 九進法の数. 〘《1666》← L*nōnus* ninth: ternary などになった造語〙

nòn·assértive *adj.* 非断定的な. 〘《1901》: ⇨ non-[1], assertive〙

nòn·asséssable *adj.* 課税されない, 非課税の.

non as·sump·sit /nɑ́(ː)nəsʌ́m(p)sɪt | nɔ́nəsʌ́m(p)sɪt/ *n.* 〘法律〙 (引受訴訟 (assumpsit) における)被告の契約否認の答弁. 〘《1631》□ LL *nōn assumpsit* 《原義》 he did not undertake: ⇨ non-[1], assume〙

nòn·atténdance *n.* 不参, 欠席; (特に, 義務教育法にそむく)不就学. 〘《1687》: ⇨ non-[1], attendance〙

nòn·attríbutable *adj.* (原因などに)帰することのできない. **nòn·at·tríb·ut·a·bly** *adv.*

nòn·bánk *adj.* 銀行以外の, 銀行でなされない: ～ lenders. 〘1939〙

nòn·béaring partítion [wáll] *n.* 〘建築〙 非耐力間仕切[壁]《建物の荷重を支えない, 空間分割だけを目的とした間仕切[壁]》.

nòn·béing *n.* ＝nonexistence: being and ～. 〘(*c*1449): ⇨ non-[1], being[1]〙

nòn·belíever *n.* 信じない人; 無信仰な人.

nòn·bellígerency *n.* 非交戦(状態); (国としての)非交戦的態度[政策]《公然と参戦はしないが, 交戦国の一方を支持したり, 援助したりする; cf. neutrality》. 〘《1940》: ⇨ non-[1], belligerency〙

nòn·bellígerent *n., adj.* 非交戦国[者](の). 〘《1909》: ⇨ non-[1], belligerent〙

nòn·bio·degrádable *adj.* 非生物分解性の. 〘1967〙

nòn·biológical *adj.* **1 a** 非生物学的な. **b** 〈親が〉血のつながっていない. **2** 〈洗剤が〉酵素を含まない.

nòn·bónding órbital *n.* 〘化学〙 非結合(性)軌道.

nón·bòok *n.* (場当たり的な)くだらない本, 本といえないような(つまらない)本. — *adj.* 〈資料など〉図書でない, 本の形になっていない: ～ materials 非図書資料《原稿・マイクロフィルム・地図など》. 〘n.: 《1960》 — adj.: 《1949》: ⇨ non-[1], book〙

nòn·búsiness *adj.* 仕事と関係のない, (特に)自分の本職と無関係の. 〘《1927》: ⇨ non-[1], business〙

nòn·calcáreous *adj.* 石灰を含まない[の少ない], 無石灰質の: ～ soils. 〘《1934》: ⇨ non-[1], calcareous〙

nòn·calóric *adj.* 無[低]カロリーの. 〘《1950》: ⇨ non-[1], caloric〙

nòn·cáncelable *adj.* 〈保険契約など〉解約不可能な.

nòn·cándidate *n.* 候補者でない人; (特に)立候補しないと表明した人. **nòn·cándidacy** *n.* 〘《1967》: ⇨ non-[1], candidate〙

nòn·canónical *adj.* **1** 規範にない, 規則にない. **2** (聖書の)正典にない.

nòn·cápital *adj.* 〘法学〙 〈罪が〉死刑を科しえない, 非極刑の. 〘1898〙

non cau·sa pro cau·sa /nɑ́(ː)nkɔ́ːzəproukɔ́ːzə, -kɑ́ːzə-, -káusɑː- | nɔ̀nkɔ́ːzəprəukɔ́ː-/ *L. n.* 〘論理〙 誤謬原因[不当理由]の虚偽《十分な当理由がないのにある事物を他の事物の原因と考える虚偽》. 〘□ L *nōn causa prō causā* 'no CAUSE for cause': ⇨ non-[1], pro-[1]〙

nonce[1] /nɑ́(ː)ns | nɔ́ns/ *n.* [the ～] その時, その場. ★ 主に次の成句で: ***for the nónce*** 《文語》さし当たって, 当分. 〘(1589)〙 — *adj.* 臨時の, そのとき限りの: a ～ use 臨時用法 / a ～ noun [verb] 臨時名詞[動詞]《その場限りにおいて名詞[動詞]として用いられている語; 例: *But* me no *buts*.「しかし, しかし」は御免だよ》/ ⇨ nonce word. 〘(?*a*1200) *nones, nanes* ← (*for þe*) *nanes* 《異分析》← *for þen anes* 'for the ONCE': cf. ME *þen* < OE *þām* (dat.) ← *þe* 'THE, THAT[1]'〙

nonce[2] /nɑ́(ː)ns | nɔ́ns/ *n.* 《英俗》 強姦犯, 性犯罪者《刑務所の隠語》. 〘《1975》← ?〙

nòn·cellulósic *adj.* 非セルロースの《植物に由来しない物質から作られた合成繊維》. 〘1931〙

nónce wòrd *n.* 臨時語《その場限りのために造られ用いられるが, 広く一般に使用されるに至らない語》. 〘《1884》: ⇨ nonce[1], word〙

non·cha·lance /nɑ̀(ː)nʃəlɑ́ːns, nɑ̀(ː)ntʃə-, ⁻⁻⁻ | nɔ́nʃələns, nɔ́ntʃə-/ *n.* 無頓着 (unconcern); 平気 (coolness) (⇨ equanimity SYN); のん気: with ～ 平気で; 何気ないふうに; のん気に. 〘《1678》□ F ～ ← *nonchalant*: ⇨ ↓, -ance〙

non·cha·lant /nɑ̀(ː)nʃəlɑ́ːnt, nɑ̀(ː)ntʃə-, ⁻⁻⁻ | nɔ́nʃələnt, nɔ́ntʃə-/ *adj.* 無頓着な, 無造作な; 平気な; 何気ない; のん気な: a ～ manner, air, etc. / be ～ in the face of danger 危険に直面して平然としている. **～·ly** *adv.* 〘(*c*1734) □ F ～ (pres.p.) ← *nonchaloir* to neglect ← *non* not＋*chaloir* to glow, have concern for (< L *calēre* to be warm)〙

nòn-Chrístian *adj.* 非キリスト教(徒)の. — *n.* 非キリスト教徒. 〘《1671》: ⇨ non-[1], Christian〙

nòn·chromosómal *adj.* 〘生物〙 染色体を含まない; 染色体に位置しない. 〘《1960》: ⇨ non-[1], chromosomal〙

nòn·cítizen *n.* (ある国・町の)国民[市民]でない人, 非市民.

nòn·cláim *n.* 〘法律〙 請求懈怠(けたい)《所定期間内に請求すべき者が請求を怠って権利を失うこと》. 〘ME *noun cleime* □ AF *nounclaim*: ⇨ non-[1], claim〙

nòn·clássified *adj.* 機密扱いではない. 〘1958〙

nòn·clérical *adj.* 非事務職の〈仕事・人〉; (教会の)聖職者たちに関係しない[属さない].

nòn·códing *adj.* 〘生物〙 非暗号性の《遺伝暗号を指定しない》: ～ DNA 非暗号性 DNA.

nòn·collégiate *adj.* **1** college に属していない; (特に, Oxford または Cambridge 大学で) 学籍があるだけでどの学寮 (college) にも属さない. **2** 〈大学が〉学寮制度でない. **3** 〈学力が〉大学水準以下の. — *n.* **1** (Oxford または Cambridge 大学で)どの学寮にも属さない大学生. **2** college 出でない人. 〘《1683》: ⇨ non-[1], collegiate〙

non·com /nɑ́(ː)nkɑ̀(ː)m | nɔ́nkɔ̀m/ *n.* 《口語》 ＝noncommissioned officer. 〘《1747》《略》〙

nòn·cómbat *adj.* 非戦闘の, 戦闘しない. 〘《1944》: ⇨ non-[1], combat〙

nòn·combátant *n.* **1** 〘軍事〙 非戦闘員《従軍の牧師, 行政・補給・医療関係の人たちなど; cf. combatant 2》. **2** 非戦闘員《戦時における一般市民》. — *adj.* 非戦闘(員)の, 戦闘用でない. 〘《1811》: ⇨ non-[1], combatant〙

nòn·combústible *adj.* 不燃性の. — *n.* 不燃性物質. 〘《1969》: ⇨ non-[1], combustible〙

non·com·e·do·gen·ic /nɑ̀(ː)nkɑ̀(ː)mədoudʒénɪk | nɔ̀nkɔ̀mɪdəu-⁻/ *adj.* 〘医学〙 面皰 (comedo) を生じない, 非面皰形成性の.

nòn·commércial *adj.* 非営利的な, 非商業的な. 〘《1901》: ⇨ non-[1], commercial〙

nòn·commíssioned *adj.* 任命されていない, (特に)将校の辞令を受けていない. 〘《1703》: ⇨ non-[1], commissioned〙

nóncommìssioned ófficer *n.* (軍隊の)下士官《corporal, sergeant, petty officer など; 略 NCO, noncom; cf. commissioned officer》. 〘《1703》: ⇨ ↑, officer〙

nòn·commíttal *adj.* **1** はっきりした意見[断定的なこと]を言わない, 言質を与えない, どっちつかずの (cf. commit 3 a). **2** あいまいな, 漠然とした (⇨ obscure SYN): a ～ answer 当たり障りのない返事. **3** これといった特徴のない. — *n.* 旗幟(きし)を鮮明にすることの拒否[回避], 言質を与えないこと. **～·ly** *adv.* 〘《1829: ⇨ non-[1], committal〙

nòn·communícable *adj.* 〈病気が〉非伝染性の, (特に)直接接触で感染しない.

nòn·commúnicant *n.* 聖餐にあずからない人, 聖体拝領を受けない人, 教会に出ない人. 〘《1602》: ⇨ non-[1], communicant〙

nòn-Cómmunist *adj.* 共産主義者以外の, 非共産主義の. 〘《1920》: ⇨ non-[1], Communist〙

nòn·compétitive *adj.* 競争に関係しない, 競争[競争心]のない〈活動・人〉.

nòn·complíance *n.* 従わないこと, 不従順, 不承諾 〔*with*〕. **nòn·complíant** *adj.* 〘《1687》: ⇨ non-[1], compliance〙

non com·pos men·tis /nɑ́(ː)nkɑ̀(ː)mpəsméntɪs | nɔ́nkɔ̀mpəsméntɪs⁻/ *L. adj.* 〘法律〙 精神異常の[で], 精神障害の[で]《取引行為などの性質・効果を理解する精神状態を全く欠いていることにいう; 略して non compos ともいう;

N

cf. compos mentis). 〘(1607) ◻ L *nōn compos mentis* not of sound mind: ⇨ non, mental[1]〙
Noncon (略) Nonconformist. 〘1681〙
non-con (略) noncontent. 〘1847〙
nòn·concúrrence *n.* 不同意, 同意拒否; 不一致. 〘(*a*1691): ⇨ non-[1], concurrence〙
nón·condènsing éngine [túrbine] *n.* 〘機械〙復水器なし機関, 不凝気機関. 〘(1841): ⇨ non-[1], condensing, engine〙
nòn·condúcting *adj.* 〘物理〙非伝導の, 非導電性の: ～ material 不導体. 〘(1771): ⇨ non-[1], conducting〙
nòn·condúctor *n.* (電気・熱・音などの)絶縁体 (cf. conductor 2 a). 〘(1751): ⇨ non-[1], conductor〙
nòn·cónfidence *n.* 不信任: a vote of ～ 不信任投票.
nòn·confórm *vi.* 従わない, 国教を奉じない. **～·er** *n.* 〘(1681): ⇨ non-[1], conform〙
nòn·confórmance *n.* 従わないこと; 国教不遵奉. 〘(1843): ← ↑ +-ANCE〙
nòn·confórming *adj.* 従わない, 遵奉しない; (特に) 国教を奉じない, 非国教徒の: a ～ minister 非国教派の牧師. 〘(1646): ⇨ non-[1], conforming〙
nòn·confórmism *n.* **1** 非協調主義. **2** [しばしば N-] (英) 非国教主義. 〘(1844): ⇨ ↑, -ism〙
nòn·confórmist *n.* **1** (国教などを)奉じない人, 一般社会規範に従わない人, 非協調[順応]主義者. **2** [しばしば N-] (英) 非国教徒[派] (1662 年 Act of Uniformity に反発して英国国教会から離脱した(新教徒の)聖職者・教徒; 旧教徒は含まない; cf. conformist 2, dissenter 2, recusant 2). **—** *adj.* **1** 非協調(主義)の: his ～ spirit 彼の反逆精神. **2** [しばしば N-] (英) 非国教徒の: the ～ conscience 非国教徒の良心. 〘1619〙
nòn·confórmity *n.* **1** 不一致, 不調和; 矛盾, 食い違い 〔*to, with*〕. **2** [しばしば N-] (英) **a** (新教徒の)国教反対, 国教非遵奉; 非国教主義. **b** [集合的] 非国教徒[派] (cf. nonconformist 2). **3** 社会規範[慣習]に従わないこと. 〘1618〙
nòn·contént *n.* (英) (上院で)反対投票(者). 〘(1778): ⇨ non-[1], content[2]〙
nòn·conténtious *adj.* 論争を起こさない, 争点とならない; 〘法律〙争いのない, 対立しない.
nòn·contradíction *n.* 〘論理〙矛盾がないこと, 無矛盾. 〘(1836–37): ⇨ non-[1], contradiction〙
nòn·contrástive *adj.* **1** 非対照[比]的な. **2** 〘言語〙〈二つの要素が〉非対立的な (相補分布 (complementary distribution), 自由変異 (free variation) の関係にある): ～ distribution 非対立的分布. 〘(1964): ⇨ non-[1], contrastive〙
nòn·contríbutory *adj.* **1** 寄付によらない; 〈保険・年金などが〉全額使用者[国庫]負担の. **2** 何の役にも立たない, 寄与しない; 〘医学〙診断の役に立たない. 〘(1911): ⇨ non-[1], contributory〙
nòn·controvérsial *adj.* 議論の必要のない, 議論をよばない. 〘1928〙
nòn·cooperátion *n.* **1** 非協同, 非協力, 協力拒否. **2 a** (政府に対する)反抗的非協力. **b** [しばしば N-] (インドで Gandhi 派の)非協力政策 (英国貨物の排斥, 政令に対する不服従, 納税および参政の拒否などによる消極的排英運動). (cf. civil disobedience) **nòn·coöperátionist** *n.* **nòn·coóperative** *adj.* **nòn·coóperator** *n.* 〘(1795): ⇨ non-[1], cooperation〙
nón·còunt *adj.* 〘文法〙不可算の〈名詞〉.
nòn·crédit *adj.* 卒業[修了]必須単位に算入されない: ～ courses. 〘(1965): ⇨ non-[1], credit〙
nòn·cróssover *adj.* 〘生物〙非乗換型の (遺伝的な乗換に関与しない染色体をもつ個体についていう). 〘(1916): ⇨ non-[1], crossover (cf. crossing-over)〙
nòn·crýstalline *adj.* 〘鉱物〙非晶質の. 〘(1851): ⇨ non-[1], crystalline〙
non cul. (略) *L.* non culpabilis (=not guilty).
nòn·cúmulative *adj.* (優先株式の)優先配当の不払分を累積しない. 〘(1908): ⇨ non-[1], cumulative〙
nòn·custódial *a.* 〈親が(法的に)子供の保護監督権を持たない, 監督権のない. 〘1973〙
non·da /nɑ́(ː)ndə | nɔ́n-/ *n.* **1** 〘植物〙ノンダ (*Parinari nonda*) (オーストラリア Queensland 産の食用になる黄色い実のつくバラ科の木). **2** ノンダの実. 〘(1847) ← ? Austral.〙
nòn·dáiry *adj.* ミルク[乳製品]を含まない. 〘(1968): ⇨ non-[1], dairy〙
nòn·decréasing *adj.* **1** 減少しない. **2** 〘数学〙非減少の; (広義に)増加する (increasing).
nòn·dedúctible *adj.* 差し引けない; (特に)所得税から控除できない. **nòn·deductibílity** *n.* 〘(1943): ⇨ non-[1], deductible〙
nòn·defénse *adj.* 非軍事用の. 〘(1961): ⇨ non-[1], defense〙
nòn·delívery *n.* 引渡し[配達]しないこと.
nòn·de·nóm·i·nàt·ed /-tɪ̀d | -tɪd/ *adj.* 〈切手が〉金額が印刷されていない.
nòn·denominátional *adj.* 特定の宗教に限られない. 〘(1908): ⇨ non-[1], denominational〙
nòn·dénse *adj.* 〘数学〙疎の (↔ dense).
non·de·script /nɑ̀(ː)ndɪ̀skrɪ́pt← | nɔ́ndɪskrɪpt/ *adj.* **1 a** たやすく分類できない; はっきりと区別できない. **b** これといった特徴のない, あまり印象に残らない; 漠然とした. **2** (古) 今まで記述[描写]されたことのない. **—** *n.* **1** 得体の知れない人[物], 特徴のない人[物]. **2** (たばこの)最下級品, 等外品. **3** (古) (植物・鉱物などで)今まで記述されたことのないもの. 〘(1683) ← NON-[1]+L *dēscrīpt(us)* ((p.p.) ← *dēscrībere* 'to DESCRIBE')〙
nòn·destrúctive *adj.* (調査研究中の物質を)破壊しない, 非破壊の: ～ testing 非破壊検査 (略 NDT). **～·ly** *adv.* **～·ness** *n.* **nòn·destructívity** *n.* 〘(1926): ⇨ non-[1], destructive〙
nòn·diabétic *adj., n.* 糖尿病 (diabetes) にかかっていない(人).
nòn·diapáusing *adj.* 〘動物〙休眠しない; 休眠状態にない (cf. diapause). 〘(1963): ⇨ non-[1], diapausing〙
nòn·diréctional *adj.* 方向のない, 非方向性の, 無指向性の, 全方向性の (omnidirectional): a ～ beacon 〘航空〙無指向性航路標識 (電波による航空機用の灯台ともいうべきもので, 古典的な航法援助装置の一つ). 〘(1903): ⇨ non-[1], directional〙
nòn·diréctive *adj.* 〘心理〙非指示的な (心理療法で, 治療者が来談者に直接指示を与えず, 来談者の自発性によって自ら治すように方向づける非指示療法についていう): ～ therapy 非指示療法. 〘(1931): ⇨ non-[1], directive〙
nòn·disclósure *n.* (重要な情報の)非開示, 秘匿. 〘1908〙
nòn·discriminátion *n.* 差別(待遇)をしないこと, 非差別.
nòn·discríminatory *adj.* 差別(待遇)をしない, 人種差別のない. 〘(1961): ⇨ non-[1], discriminatory〙
nòn·disjúnction *n.* 〘生物〙(染色体の)不分離 (減数分裂で, 対をなす相同染色体が分離せず, 同一極に移動する現象). **～·al** *adj.* 〘(1913): ⇨ non-[1], disjunction〙
nòn·dispérsive ínfrared gás ànalyzer *n.* 〘化学〙非分散型赤外ガス分析計 (排気ガス分布などに用いられる簡便型赤外分光計).
nòn·distínctive *adj.* **1** 不明瞭な, はっきりした区別のない. **2** 〘言語・音声〙〈ある音声的特性が〉非弁別的な, 意味の区別をしない (↔ distinctive). 〘(1916): ⇨ non-[1], distinctive〙
nòn·divíding *adj.* 〘生物〙〈細胞が〉分裂しない. 〘1945〙
nòn·dómiciled *adj.* 生まれた国に居住していない.
nòn·dórmant *adj.* 〘植物〙**1** 〈種子が〉発芽可能になった. **2** 〈植物が〉生長しはじめた. 〘(1940): ⇨ non-[1], dormant〙
nòn·drínker *n.* 酒を飲まない人, 禁酒家. 〘1899〙
nòn·drínking *n.* 酒を飲まないこと, 禁酒. **—** *adj.* 酒を飲まない, 禁酒の: a ～ family 禁酒家庭.
nòn·dríp *adj.* 〈塗料が〉不滴下性の
nòn·dríver *n.* 車を運転しない人. 〘1953〙
nòn·drýing óil *n.* 〘化学〙不乾性油.
nòn·dúrable *adj.* 非耐久性の.
nón·dùrable góods *n. pl.* =nondurables.
nòn·dúrables *n. pl.* 非耐久財 (食料・衣料・石油など消耗品; ↔ durables).
none[1] /nʌ́n/ *pron.* **1** だれも…ない (no person(s)). ★ no one, nobody よりも文語的; 今は通例複数扱い: There *were* ～ present. / *None* but fools *have* ever believed it. ばかでなければそれを信じた者はいまだかつていない / *None* but a fool would believe it. ばかでなければそれを信じないだろう / *None* but the brave *deserves* the fair. 勇者でなければ美女を得る資格がない (Dryden, *Alexander's Feast*). **2** [～ of として] **a** 〈…の〉どれも[何も, だれも]…ない (not any).

語法 of のあとに複数形の名詞・代名詞が続く場合には, 今は複数形または単数形の述語動詞と一致するが, 一般的に複数形の方は口語的 (cf. neither *pron.* ★ (1); of のあとに Uncountable Noun や単数形の代名詞がくる場合には, none は単数に扱われる: *None of* them are [is] here. / *None of* those projects was [were] adopted. それらの計画はどれも採用されなかった / I saw ～ *of* the people I wanted to see. 会いたい人にだれにも会えなかった / There is ～ *of* the money left. 金は少しも残っていない.

b 少しも[全然]…ない (nothing): It [That] is ～ *of* your business. 君の知ったことではない (余計なお世話だ) / *None of* this concerns me. このことは私にはちっとも関係がない / He would have ～ *of* it. どうしてもそれを受け入れようと[考えてみようと]しなかった / I'll have ～ *of* it. 〘口語〙それはまっぴらだ / *None* [I want ～] *of* your impudence. 生意気言うな / *None of* that! それはやめろ. **3** ['no ＋既出の名詞' に代わって] 少しも[決して]…ない (cf. one 4 b): You have money and I have ～ (=no money) at all. 君には金があるが私には少しもない / Half a loaf is better than ～ (=no loaf). (諺) パン半切れでもないよりましだ / These articles are second to ～. これらの品はどれにも劣らない / Do you have any children?—No, I have ～. 子供さんはおありですか—いいえ, おりません / Then put down '*none*' (on the form). では(用紙に)「なし」と書いてください.
nóne óther than [〘文語〙 ***but***] …にほかならぬ, まさしく…その人で: She was ～ *other than* the princess. それは何と王女その人だった. (1880) ***nóne***＋比較級＋***than …*** 〘文語〙…より～な人は他にいない (比較級のところにも第 1 アクセントがくる): Dick is aware, ～ *better than* he, of the man's contempt for him. その男に軽蔑されているのがディックには誰よりもよくわかっている.
— *adv.* **1** [the ＋比較級, または too [(英) so] の前に用いて] 少しも[決して]…ない (in no way): He is ～ *the happier* [～ *the more* content] for his wealth. 金があってもその割に少しも幸福では[満足していない / He is ～ *the wiser.* 彼はやはり少しも知らない / ～ *the less* ⇨ nonetheless / ～ *the worse* ⇨ worse *adj., adv.* 成句 / ⇨ *none* TOO. **2** (古) 全然…しない (not at all): I slept ～ that night. その夜は一睡もしなかった.
— *adj.* (古) 少しの…もない (no).

語法 (1) もと母音または h の前, または次に続くべき名詞から引き離して用いられたが, 今では no がこれに代わる: make … of ～ effect …を無効にする / Thou shalt have ～ other gods before me. 汝わが顔の前に何物をも神とすべからず (*Deut.* 5: 7). (2) 強意のため文頭に出された名詞に対し同格的に用いられることがある (この場合の none は *pron.* 3 とも解される): Silver and gold have I ～. 金銀はわれになし (cf. *Acts* 3: 6) / Poetry we have almost ～. 詩と称すべきものはほとんどない / Remedy there was ～. 療法とてはさらになかった.

〘OE *nān* ← *ne* not＋*ān* 'ONE': cog. OF ris. *nēn* / ON *neinn* / (OH) *nein* no (adv.): cf. no[1] (adj.)〙
none[2] /nóʊn | nə́ʊn/ *n.* [しばしば Nones; 単数または複数扱い] 〘カトリック〙(聖務日課の) 9 時課 (もと古代ローマの計時法で日の出後第 9 時, すなわち午後 3 時に行ったが, 今ではしばしばより早い時刻に行う; cf. canonical hour 1). 〘(1656) ◻ (O)F ～ // L *nōna* (*hōra*) ninth (hour): cf. nones, noon〙
nòn·económic *adj.* 経済的でない; 経済的重要性[意味]がない. 〘(1920): ⇨ non-[1], economic〙
nòn·efféctive *adj.* **1** 効力のない, 役に立たない. **2** 〘軍事〙〈兵士など〉戦闘力のない, 軍務に適さない, 兵役に耐えられない: a ～ officer. **—** *n.* (病気・負傷のため)軍務に適さない軍人, (傷病による)事故者. 〘(1756): ⇨ non-[1], effective〙
nòn·égo *n.* (*pl.* ～s) 〘哲学〙非我, (自我・主観に対する)客観(的実在); 外界 (external world). 〘(1829) (なぞり) ← G *Nichtich*: ⇨ non-[1], ego〙
nòn·elástic *adj.* 弾性のない, 非弾性の.
nòn·eléctrolyte *n.* 〘化学〙非電解質 (砂糖・ベンゼンのように溶液にした場合イオンを生じない物質). 〘(1891): ⇨ non-[1], electrolyte〙
nòn·émpty *adj.* 〘数学〙〈集合が〉空(くう)でない (要素を少なくとも一つ含むことをいう; cf. empty 4). 〘(1937): ⇨ non-[1], empty〙
nòn·enfórceable *adj.* 施行可能でない[不可能な]. **nòn·enforceabílity** *n.*
nòn·éntity *n.* **1** 非実在, 非存在, 虚無 (nonexistence). **2** 非実在物, 想像物, 虚構, 作り事. **3** 取るに足らない人[物], つまらない人[物]. 〘*c*1600〙
nòn·enzymátic *adj.* 〘生化学〙酵素の活動を含まない. **nòn·enzymátically** *adv.* 〘(1960): ⇨ non-[1], enzyme, -atic〙
nòn·énzyme *adj.* 〘生化学〙=nonenzymatic.
nòn·enzýmic *adj.* 〘生化学〙=nonenzymatic. 〘(1946): ⇨ non-[1], -ic〙
nòn·equívalence *n.* 不等(性), 不同(性). 〘*1894*〙
nones /nóʊnz | nə́ʊnz/ *n. pl.* [通例 the ～; 単数または複数扱い] **1** (ローマ暦で) ides の日も含めて 9 日前の日 (1 月・2 月・4 月・6 月・8 月・9 月・11 月・12 月の第 5 日およびそれ以外の月の第 7 日). **2** [しばしば N-] 〘カトリック〙⇨ none[2]. 〘(*c*1300) ◻ (O)F ～ ◻ L *nōnae* (*diēs*) ninth (days) (fem. pl.) ← *nōnus* ninth〙
nóne-so-prétty *n.* 〘植物〙=nancy-pretty. 〘*c*1700〙
non es·se /nɑ́(ː)nési | nɔ́n-/ *L. n.* =nonexistence. 〘(1654) ◻ L *nōn esse* (原義) not to be〙
nòn·esséntial *adj.* **1** 非本質的な, 必ずしも肝要でない. **2** 〘生化学〙可欠の, 非必須の: ～ amino acids 非必須アミノ酸. **—** *n.* 非本質的な事物, 肝要でない事物[人], つまらない事物[人]. 〘(1751): ⇨ non-[1], essential〙
non est /nɑ́(ː)nést | nɔ́n-/ *adj.* [叙述的] 〘口語〙〈人・物が〉見当たらない, (い)ない (absent): He [It] was ～. 〘(1865) ◻ L *nōn est* 'it is not' (略) ↓〙
nón èst fác·tum /-fǽktəm/ *n.* 〘法律〙証書(作成)否認の答弁. 〘(1607) ◻ L ～ 'it was not done'〙
nón èst in·vén·tus /-ɪnvéntəs | -təs/ *n.* (*pl.* **～·es**) 〘法律〙所在不明報告 (逮捕を命ぜられた執行官がその管轄区内で被疑者を発見できなかった旨を答える報告書). 〘(*c*1475) ◻ L *nōn est inventus* he is not found: ⇨ invent〙
nóne·sùch *n.* **1** (古) 無類の人[物]; 最上品, 絶品; 模範, 典型. **2** 〘植物〙=black medic. **—** *adj.* 無比の, 無類の. 〘(1590) ← NONE[1]＋SUCH〙
no·net /nounét | nəʊ-, nɔ-/ *n.* **1** 〘音楽〙九重奏[唱] (9 種の楽器または 9 人の歌手による合奏[重唱]; cf. solo); 九重奏[唱]曲; 九重奏[唱]団. **2** 〘物理〙九重項 (SU (3) 対称性にもとづくハドロンの分類学に現れるもので, ベクトル中間子のように 9 個の組をなすもの). 〘(1865) ◻ It. *nonetto* ← *nono* ninth ← L *nōnus*: ⇨ -et〙
none·the·less /nʌ̀nðəlés← / *adv.* それでもなお, それにもかかわらず (cf. none the less ⇨ less *adv.* 成句). 〘(1847) ← *none the less*: NEVERTHELESS からの類推〙
nòn-Euclídean, nòn-e- *adj.* 〘数学〙非ユークリッドの: ～ geometry 非ユークリッド幾何学. 〘(1864): ⇨ non-[1], Euclid, -ean〙
nòn-Européan *adj.* 非ヨーロッパ(人)の. **—** *n.* (特に南アフリカの)非白人 (nonwhite). 〘(1907): ⇨ non-[1], European〙
nòn·evént *n.* **1** 前宣伝ほどでない[期待はずれの]行事[出来事]. **2** 公式には無視された事柄[出来事]. **3** (前宣伝ばかりで)実際には起こらなかった出来事. 〘(1962): ⇨ non-[1], event〙
nòn·exécutive *adj.* 執行の職能[役目]をもたない, 非

執行職の: a ～ chairman. ── *n.* 執行上の責任をもたない人, 非執行役員.

nòn·exístence *n.* **1** 非存在, 非実在. **2** 非実在物. 〖(1646): ⇨ non-¹, existence〗

non·ex·is·tent /nà(ː)nɪ̀gzístənt, -ɛg-, -tn̩t | -ɪ̀gz-, -ɛgz-, -ɪ̀ks-, -ɛks-⁻/ *adj.*, *n.* 存在[実在]しない(人[物]): Medical facilities were virtually ～ in these areas. これらの地域では医療施設は事実上皆無だった. 〖(1658): ⇨ non-¹, existent〗

nòn·éxpert *n.* 専門家でない人, しろうと. 〖(1884): ⇨ non-¹, expert〗

nòn·exportátion *n.* 輸出しないこと, 輸出拒否. 〖(1774): ⇨ non-¹, exportation〗

nòn·fáctive *adj.* 〖言語〗非叙実型の《その従属節の内容が事実として前提されていない動詞についていう; believe など》.

nòn·fáctual *adj.* 事実に基づかない, 反事実の: a ～ conditional 反事実的条件文. 〖(1934): ⇨ non-¹, factual〗

nòn·fárm *adj.* **1** 非農業の. **2** 非農産物の.

nòn·fát *adj.* 脂肪のない, 脱脂の: ～ milk 脱脂牛乳. 〖(1926): ⇨ non-¹, fat〗

nòn·fáttening *adj.* 〈食品が〉肥満をもたらさない.

non·fea·sance /nà(ː)nfíːzəns, -zns | nɔ̀n-/ *n.* 〖法律〗義務不履行, 不行為, 懈怠(けたい) (cf. malfeasance, misfeasance). 〖(1596) ← NON-¹+(廃) *faisance* doing (□ OF ← *faire* to do)〗

nòn·féeding *adj.* 食物を摂取しない《休眠中の動物・昆虫などについていう》.

nòn·férrous *adj.* 鉄以外の; 鉄を含まない: ～ metals 非鉄金属. 〖(1887): ⇨ non-¹, ferrous〗

nòn·fíction *n.* **1** ノンフィクション《虚構の物語・小説ではなく事実に基づく伝記・歴史記録・紀行・随筆などの散文文学》: a best-seller in ～ / a ～ novel. **2** [集合的] ノンフィクション作品. **～·al** *adj.* **～·al·ly** *adv.* 〖(1909): ⇨ non-¹, fiction〗

nòn·fígurative *adj.* 〖美術〗＝nonobjective. 〖(1927): ⇨ non-¹, figurative〗

nòn·fínite *adj.* 〖文法〗非定形の; 有限でない, 無限の. 〖1923〗

nòn·flám *adj.* ＝nonflammable. 〖(1906) ← NON-¹+FLAM(MABLE)〗

nòn·flámmable *adj.* 〈建物・フィルムなど〉不燃性の (⇨ inflammable ★). **nòn·flammabílity** *n.* 〖(1915)《逆成》↑〗

nòn·flówering *adj.* 〖植物〗花を生じない; 〈特に, 蘚苔類・シダ類など〉生活環中に開花時期をもたない. 〖(1934): ⇨ non-¹, flowering〗

nòn·flúent *adj.* 〈弁舌が〉流暢でない, 下手な. **nòn·flúency** *n.*

nòn·fóod *adj.* 食物[食料品]以外の. 〖1946〗

nòn·fórfeiture bènefit *n.* ＝nonforfeiture value.

nonfórfeiture clàuse *n.* 〖保険〗不可没収約款《nonforfeiture value の利用方法を定めた条項》.

nonfórfeiture vàlue *n.* 〖保険〗不可没収価格《生命保険の契約者が保険料の払い込みを継続できなくなった場合に利用できる, 過去に払い込んだ保険料の蓄積分》.

nòn·fréezing *adj.* 不凍性の.

nòn·fulfíllment *n.* (義務・約束などの)不履行. 〖(1802–12): ⇨ non-¹, fulfillment〗

nòn·fúnctional *adj.* 特定の機能をもたない; 機能しない. 〖1926〗

nong /nɔ́(ː)ŋ, nɑ́(ː)ŋ | nɔ́ŋ/ *n.* 《豪俗》ばかな人, 無能な人. 〖(1944)《略》← NING-NONG〗

nòn·genétic *adj.* 非遺伝的な.

nòn·gláre *n.* 〖ガラス製造〗防眩, 無反射: ～ glass 防眩ガラス.

nòn·góvernment *adj.* ＝nongovernmental.

nòn·governméntal *adj.* 政府以外の, 非政府の, 民間の: a ～ organization 非政府組織《略 NGO》.

nòn·gráded *adj.* 〖米教育〗〈学校が〉学年制のない: a ～ class.

nóngraded schòol *n.* 〖米教育〗(特定の学科に対する生徒の能力を基盤として各学習群に編成する)無学年制学校 (⇨ open school).

nòn·gráduate *n.* 卒業生でない人.

nòn·grammátical *adj.* 非文法的な, 非文的な, 破格の. 〖(1955): ⇨ non-¹, grammatical〗

nòn·grávity *n.* 無重力, 無引力.

nòn·gréen *adj.* 〖植物〗緑色でない; 葉緑素を含んでいない. 〖1897〗

nòn·ha·bít·u·at·ing *adj.* 〈薬剤など〉非習慣性の.

nòn·harmónic *adj.* 〖音楽〗非和声の《掛留音・経過音・装飾音・補助音など和音に属さない音の総称についていう》: a ～ tone 非和声音.

nòn·héro *n.* 〖文学〗＝anti-hero. 〖1940〗

nòn·hístone *adj.* 〖生化学〗〈蛋白質など〉非ヒストンの, アミノ酸に富む《染色体を構成する酸性の蛋白質についていう》. 〖(*c*1966): ⇨ non-¹, histone〗

nòn-Hódgkin's lymphòma *n.* 〖医学〗非ホジキンリンパ腫《ホジキン病 (Hodgkin's disease) 以外の悪性リンパ腫の総称; バーキットリンパ腫 (Burkitt's lymphoma) など》.

nòn·hóst *n.* 〖植物〗宿主[寄主]のつかない寄生植物.

nòn·húman *adj.* 人間でない, 人類以外の (cf. inhuman); 人間のものでない: ～ animals. 〖1839〗

nòn·idéntical *adj.* **1** 同一でない, 異なった. **2** 〖生物〗二卵性の. 〖(1890): ⇨ non-¹, identical〗

no·nil·lion /nounɪ́ljən | nəunɪ́ljən, -liən/ *n.* 10^{30}; 《英古》10^{54} (⇨ million 表). ── *adj.* nonillion の. 〖(1690) □ F ～ ← NON-²+(M)ILLION: BILLION からの類推〗

no·nil·lionth /nounɪ́ljənθ | nəunɪ́ljənθ, -liənθ/ *adj.* 《米》第 10^{30} の; 《英古》第 10^{54} の. ── *n.* [the ～] 《米》第 10^{30} 番目; 《英古》第 10^{54} 番目.

nòn·immúne *adj.*, *n.* 免疫性のない(人).

nòn·importátion *n.* 輸入しないこと, 輸入拒否. 〖(1770): ⇨ non-¹, importation〗

nòn·incréasing *adj.* **1** 増加しない. **2** 〖数学〗非増加の; (広義に)減少する (decreasing). 〖(1962): ⇨ non-¹, increasing〗

nòn·indúctive *adj.* 〖電気〗無誘導性の, インダクタンスを持たない: ～ resistance. **～·ly** *adv.* **nòn·inductívity** *n.* 〖(1896): ⇨ non-¹, inductive〗

nòn·infécted *adj.* 病菌に感染したことがない[汚染されていない], 無感染の.

nòn·inféctious *adj.* 〈病気など〉非感染性の, 非伝染性の. 〖1909〗

nòn·inflámmable *adj.* ＝nonflammable. 〖1849〗

nòn·insecticídal *adj.* **1** 殺虫力のない. **2** 殺虫剤を使っていない.

nòn·ínsulin-depèndent diabétes *n.* 〖医学〗非インシュリン依存性糖尿病.

nòn·íntegrated *adj.* 統合されていない, 非統合的な.

nòn·íntercourse *n.* (国際間の政治・経済的)相互関係の停止. 〖(1809): ⇨ non-¹, intercourse〗

nòn·interférence *n.* (政治上の)不干渉, 不介入, 放任(主義). **nòn·interferéntial** *adj.* 〖(1830): ⇨ non-¹, interference〗

nòn·interláced *adj.* 〖テレビ・電算〗インターレースなしの《走査線の飛び越しを行わない》.

nòn·intervéntion *n.* 〖外交〗(他国または他管轄地区への)内政不干渉, 不介入: a ～ pact 内政不干渉条約. **～·al** *adj.* 〖(1831): ⇨ non-¹, intervention〗

nòn·intervéntionist *n.* 不干渉[不介入]主義者. ── *adj.* 不干渉[不介入]主義(者)の. 〖(1859) ← ↑+-IST〗

nòn·intrúsion *n.* 〖スコット教会〗牧師の天降り任命拒否, 侵入拒否《聖職授与者は信者の歓迎しない牧師を就任させてはならないとする原則》. **～·ism** *n.* 〖(1840): ⇨ non-¹, intrusion〗

nòn·invásive *adj.* 〖医学〗**1** 非侵襲性の《針や管などを体内に挿入しないで行う診断法についていう》. **2** 〈腫瘍などが〉拡張しない. 〖1968〗

nòn·invólvement *n.* 傍観(主義). 〖(1940): ⇨ non-¹, involvement〗

nòn·iónic 〖物理・化学〗*adj.* 非イオン(性)の. ── *n.* 非イオン物質[洗剤]. 〖(1929): ⇨ non-¹, ionic〗

nonióníc detérgent *n.* 〖物理・化学〗非イオン洗剤.

nòn·íron *adj.* 〈生地・衣類が〉ノーアイロンの. 〖(1957): ⇨ non-¹, iron〗

non·ism /nɑ́(ː)nɪzm | nɔ́n-/ *n.* ノンイズム《心身の健康に悪いと思われる活動・物質をすべて避ける生き方; 極端な禁欲主義》.

nòn·íssue *n.* たいして重要でない問題, どうでもいい問題. 〖1965〗

no·ni·us /nóuniəs | nə́u-/ *n.* 副尺(ふくしゃく) (vernier). 〖(1732) ← NL ～ ← *Pedro Nuñes* (1492–1577: ポルトガルの数学者)〗

nòn·jóinder *n.* 〖法律〗(当事者の)不併合《共同の原告または被告になるべき当事者がなっていないこと; cf. misjoinder》. 〖(1833): ⇨ non-¹, joinder〗

nòn·judgméntal *adj.* (個人的基準に基づいた)判断を避ける. 〖(1952): ⇨ non-¹, judgmental〗

non·ju·ring /nɑ̀(ː)ndʒʊ́ə-rɪŋ | nɔ̀ndʒʊ́ər-⁻/ *adj.* 臣従の誓いを拒む. 〖(1691) ← ↓+-ING²〗

nòn·júror *n.* **1** (忠誠などの)拒誓者, 宣誓拒否者 (cf. juror 2). **2** [しばしば N-] 忠誠拒誓者《英国で 1688 年の名誉革命後 William 三世と Mary 二世に対して忠誠の誓いを拒んだ英国国教会の聖職者; 約 400 名》. 〖(1691): ⇨ non-¹, juror〗

nòn·júry *adj.* 〖法律〗陪審を要しない, 陪審によらない. 〖(1897): ⇨ non-¹, jury〗

nòn·léad /-lɛ́d/ *adj.* ＝nonleaded.

nòn·léad·ed /-lɛ́dɪ̀d | -dɪ̀d/ *adj.* 〈自動車用ガソリンが〉無鉛の (unleaded). 〖(1955): ⇨ non-¹, leaded〗

nòn·légal *adj.* 非法律的な, 法律的性質をもたない (cf. illegal).

nòn·léthal *adj.* 〈援助などが〉武器を含まない, 非軍事的な. 〖1930〗

non li·cet /nɑ́(ː)nláɪsɪ̀t | nɔ́nláɪsɪt/ *adj.* 許されない, 非合法の. 〖(1628) □ L ～ 'it is not permitted'〗

nòn·lífe *n.* 生命を持たないこと, 無生(の状態). 〖1733〗

nòn·lífe insùrance *n.* 損害保険.

nòn·línear *adj.* **1** 直線[線状]でない. **2** 〖数学・電気・化学〗非線形の: a ～ molecule 非直線(状)分子. 〖(1844): ⇨ non-¹, linear〗

nòn·lineárity *n.* 〖数学・電気〗非線形性, 非直線性. 〖(1929) ← ↑+-ITY〗

nòn·linguístic *adj.* **1** 非言語的な, 言語外の, 言語によらない. **2** 語学[外国語]の才能のない. **3** 非言語学的な. 〖(1927): ⇨ non-¹, linguistic〗

non li·quet /nɑ́(ː)nláɪkwɪ̀t | nɔ́nláɪkwɪt/ *L.* *n.* **1** (事の判断の)不明な状態. **2** 〖ローマ法〗(審理後も権利関係が不明確なとき裁判官の行う)判決回避. ── *adj.* 〖ローマ法〗〈訴訟事実など〉不明確な. 〖(1656) □ L *nōn liquet* it is not clear: ⇨ liquid〗

nòn·líterate *adj.* **1** 文字[書き言葉]をもたない, 書記言語を欠いた. **2** 文字文化以前の, 原始的な. ── *n.* 文字[書き言葉]をもたない人, 文字を書けない人. 〖(1947): ⇨ non-¹, literate〗

nonlíterate socíety *n.* 〖社会学〗未開社会, 無文字社会.

nòn·lógical *adj.* 論理以外の方法による, 直観[無意識]的な. 〖(1845): ⇨ non-¹, logical〗

nòn·máilable *adj.* **1** 郵送できない. **2** 〈物品が〉(法律上)郵送を許されない.

nòn·malígnant *adj.* 〖医学〗非悪性の〈腫瘍〉.

nòn·mátching *adj.* 釣り合わない.

nòn·matérial *adj.* **1** 非物質的な. **2** 精神的な, 霊的な. **3** 教養のある, 文化的な; 美的な. 〖(1937): ⇨ non-¹, material〗

nónmaterial cúlture *n.* 〖社会学〗非物質文化 (cf. material culture).

nòn·mémber *n.* 会員[党員, 組合員]外の人, 非会員, 非党員, 非組合員. **～·shìp** *n.* 〖1650〗

nonmémber bànk *n.* (米国の)非加盟銀行《連邦準備制度 (Federal Reserve System) に非加盟の銀行; cf. member bank》.

nòn·métal *n.* 〖化学〗非金属. 〖(1864): ⇨ non-¹, metal〗

nòn·metállic *adj.* **1** 〖化学〗非金属の: a ～ element 非金属元素. **2** 非金属性の. 〖(1815) ← ↑+-IC¹〗

nòn·méthane hydrocárbons *n. pl.* 〖化学〗非メタン炭化水素《メタンを除いた炭化水素の総称; 公害に関連して用いられる; 略 NMHC》.

nòn·mílitary *adj.* 非軍事の: ～ nuclear fuel.

nòn·míscible *adj.* 混和できない, 混和しない. **nòn·miscibílity** *n.*

nòn·mónetary *adj.* 非貨幣の; 通貨を含まない. 〖(1951): ⇨ non-¹, monetary〗

nòn·móral *adj.* 道徳[倫理]に無関係の, 道徳の範疇(はんちゅう)外の, 超道徳的な (amoral) (cf. immoral). 〖(*c*1866): ⇨ non-¹, moral〗

nòn·násal *adj.* **1** 鼻に関係のない. **2** 〖音声〗非鼻音の, 鼻音でない. 〖(1879): ⇨ non-¹, nasal〗

nòn·nátive *adj.* その土地生まれでない: a ～ speaker of English 英語を母語としない人. ── *n.* その土地の生まれでない人, 土着でない人. 〖(1909): ⇨ non-¹, native〗

nòn·nátural *adj.* **1** 自然の理法にそむく, 自然に従わない. **2** 不自然な, わざとらしい (cf. unnatural). 〖(1621): ⇨ non-¹, natural〗

nòn·náturalism *n.* 〖哲学〗非自然主義. 〖1939〗

nòn·négative *adj.* 〖数学〗非負の, マイナス[負]でない《0, またはそれより大きい》. 〖(1885): ⇨ non-¹, negative〗

nòn·negótiable *adj.* 〖商業〗譲渡禁止の, 非流通の. 〖(1927): ⇨ non-¹, negotiable〗

nòn·neoplástic *adj.* 〖病理〗新生物[腫瘍]でない, 新生物が原因でない.

Nónne's sỳndrome /nɑ́(ː)nz- | nɔ́nz-/ *n.* 〖病理〗＝cerebellar syndrome.

nòn·nét *adj.* 〖図書館〗〈本など〉正価を割った: a ～ book [price]. 〖(1939) ⇨ net²〗

nòn·nitrógenous *adj.* 〖化学〗無窒素の. 〖(1873): ⇨ non-¹, nitrogenous〗

non no·bis /nɑ́(ː)nnóubɪ̀s | nɔ́nnə́ubɪs/ *L.* われらに帰するなかれ《神の恵みを感謝する句, 勝利は自分の力によるものでなく神の賜物であるとの意; cf. *Ps.* 115: 1》. 〖□ L *nōn nōbīs* not unto us〗

nòn·núclear *adj.* **1** 核爆発を起こさない[伴わない]: a ～ bomb. **2** 核エネルギーを使用しない[で運転されない]. **3** 核[原子]爆弾を使用しない, 非核の: a ～ war. **4** 非核武装の: a ～ country. ── *n.* 核兵器を所有していない国, 非核国. 〖(1920): ⇨ non-¹, nuclear〗

nòn·núll *adj.* 空(くう)でない. 〖(1959): ⇨ non-¹, null〗

No·no /nóunou, nɔ́ː- | nə́unəu, nɔ́ː-; *It.* nɔ́ːno/, **Luigi** *n.* ノーノ (1924–90; イタリアの作曲家).

nó-nò *n.* (*pl.* **～'s, ～s**) 《口語》受け入れがたいもの, 禁じられたこと; 失敗. 〖(1942)《加重》〗

nòn·obédience *n.* 不服従. 〖(1582): ⇨ non-¹, obedience〗

nòn·objéctive *adj.* **1** 非客観的な. **2** 〖美術〗非具象的な, 非写実的な, 抽象的な (abstract)《自然界に存在する物体を描写せず抽象的な形象を造形することにいう》. **nòn·objectívity** *n.* 〖(1905): ⇨ non-¹〗

nòn·objéctivism *n.* 〖美術〗非具象主義, 非具象性. 〖(1952) ← ↑+-ISM〗

nòn·objéctivist *n.* 〖美術〗非具象主義者. 〖(1946) ← NONOBJECTIVE+-IST〗

non obs 《略》non obstante.

nòn·obsérvance *n.* (規則などを)守らないこと, 不遵奉; 違反. 〖(1741): ⇨ non-¹, observance〗

non obst. 《略》non obstante.

non ob·stan·te /nɑ́(ː)nəbstǽnti | nɔ́nəbstǽnti/ *L.* *prep.* (法律の規定がある)にもかかわらず《略 non obst., non obs》. 〖(*c*1400) □ L *nōn obstante* 'notwithstanding': ⇨ non, obstacle〗

nòn·occúrrence *n.* 出来事が起こらぬこと, 不発生. 〖(1807): ⇨ non-¹, occurrence〗

no-non·sense /nounɑ́(ː)nsɛns, -səns, -sns, -sɛnts, -sənts, -snts | nəunɔ́nsəns, -sns, -sənts, -snts⁻/ *adj.* **1** 現実的な, 実際的な, まじめな: a ～ attitude to business 仕事に対するまじめな姿勢. **2** ばかげたことをしない[許さない], まじめ一方の: a ～ teacher ふざけたことを許さない先生. **3** フリルなどの余計な飾りが付いていない.

nòn·óperating *adj.* **1** 〈鉄道従業員が〉非現業の. **2** 〖会計〗営業外の.

N

nòn·óperating expénse *n.* 〖会計〗営業外費用.

nón·òperating révenue *n.* 〖会計〗営業外収益《企業の生産・販売活動以外の, 財務活動その他の経常的活動から生じる収益; cf. operating revenue》.

nòn·operátional *adj.* **1** 現場勤務でない. **2** 非運転中の, 非操業中の. 〘1942〙

nòn·orgánic *adj.* **1** 臓器とは関係のない. **2** 非有機の: **a** 〈食品・農法が〉有機農法によらない, 有機生産物を含まない: ~ free-range hens' eggs / ~ pesticides 非有機殺虫剤. **b** 生物質でない, 生物体に由来しない.

nòn·orgásmic *adj.* オルガスムを経験できない, 不感症の. **—** *n.* オルガスムを経験できない人, 不感症の人. 〘1973〙

nòn·paramétric *adj.* 〖統計〗〈統計的方法が〉ノンパラメトリックの, 非母数の《広範囲の分布に適用可能なように工夫されていることにいう》. 〘(1942): ⇨ non-¹, parametric〙

non·pa·reil /nɑ̀(ː)npəréɪl | nɔ́np(ə)rəl, nɔ̀npəréɪl⁻/ *n.* **1** 《米》ノンパレイユ: **a** ケーキやクッキーなどの飾りに使う着色した小粒の砂糖. **b** 着色した小粒の砂糖で飾った平たくて丸い一口大のチョコレート. **2** 無比の人[物]; 最上[極上]品, 絶品 (nonesuch); 典型 (paragon). **3** 〖活字〗ノンパレル《約 6 アメリカンポイントの活字; ⇨ type¹ 3 ★》; ノンパレル《6 ポイント行間の込め物[インテル]》. **4** 〖鳥類〗 **a** ＝painted bunting. **b** 《豪》ナナクサインコ (rosella). **—** *adj.* 無上の, 比類のない, 天下一品の (peerless). 〘(*c*1450) ▭ F ~ ← *non* not＋*pareil* equal (＜ VL **pariculu(m)* (dim.) ← L *pār* equal)〙

nòn·párous *adj.* 〖医学〗子を生んだことのない: a ~ woman 未産婦.

nòn·partícipant *n.* 無関心な人; 参加しない人, 不参加者. 〘(1883): ⇨ non-¹, participant〙

nòn·partícipating *adj.* **1** 参加しない, 不参加の. **2** 〖保険〗利益[剰余金]配当を受ける権利のない, 無配当の: ~ insurance 無配当保険.

nòn·participátion *n.* 無関心, 無関係; 不参加.

nòn·pártisan *adj.* **1 a** どの党派も支持しない, 無所属の. **b** 党派の統制を受けない, 超党派の: ~ diplomacy 超党派外交. **2** 党派心のない, 客観的な. **—** *n.* 党派に属さない人, 無所属の人. **~·ship** *n.* 〘(1885): non-¹, partisan〙

nonpártisan prímary *n.* 《米》〖政治〗超党派直接予選会《通例一つの役職に対して選ばれた高位 2 名の候補者に投票する; 候補者の所属政党はふせられる》.

nòn·pártizan *adj.* ＝nonpartisan.

nòn·párty *adj.* **1 a** 政党に加入していない, 党人でない. **b** 政党に無関係の. **2** 党派心のない, 不偏不党の. 〘(1880): ⇨ non-¹, party〙

nòn·pásserine *adj.* 〖鳥類〗非スズメ目の, スズメ目の鳥類 (passerine) でない. 〘(1909): ⇨ non-¹, passerine〙

nòn·pathogénic *adj.* 〖医学〗非病原性の (cf. avirulent). **nòn·pathogenícity** *n.* 〘(1884): ⇨ non-¹, pathogenic〙

non·pay·ment /nɑ̀(ː)npéɪmənt | nɔ̀n-⁻/ *n.* (負債などの)不[未]払い, 未納, 滞納, 支払い不能; 支払い拒絶: ~ of rent 賃貸料の未払い. 〘1423〙

nòn·pénetrative *adj.* 〈性行為が〉非挿入の《ペニスの挿入が行われない》.

nòn·perfórmance *n.* 不履行, 不実行. 〘1509–10〙

nòn·périshable *adj.* 〈食物が〉腐敗しにくい, 長期保存がきく: ~ food 保存食品. **—** *n.* [通例 *pl.*] 腐敗しにくい物[食品]. 〘(1922): ⇨ non-¹, perishable〙

nòn·pérmanent *adj.* 〖政治〗非常任の《特に国連安全保障理事会の 15 理事国の中, 常任理事国(米・英・フランス・中国・ロシア)を除く 10 か国の非常任理事国(任期 2 年で引続く再選は禁止)についていう》.

nòn·persístent *adj.* **1** 〈薬品など〉(環境作用によって)急速に分解する, 一時性の: ~ insecticides. **2** 〖生物〗〈ウイルスなど〉非永続型の《媒介生物が体内にもち込んでから比較的短時間のみ伝染能力をもつ》. 〘(1900): ⇨ non-¹〙

nòn·pérson *n.* **1** 存在を無視される人, 社会[法律]的弱者. **2** (共産圏などの)失脚した指導者, 完全に存在を無視された過去の人 (unperson). 〘1909〙

nòn·pérsonal *adj.* 非個人の; 非人身の: ~ injury, losses, etc.

nòn·phýsical *adj.* 非物質的な; 非肉体的な; 触知できない, 無形の.

non·pla·cet /nɑ́(ː)npléɪsɪ̀t | nɔ́npléɪsɪt/ *vt.* …に異議を申し立てる, 反対投票する; 〈議案を〉否決する. 〘(1807) (↓)〙

non pla·cet /nɑ́(ː)npléɪsɪ̀t | nɔ́npléɪsɪt/ *L. n.* 異議あり《教会または大学の集会で否決投票をする際の決まり文句》; 反対投票 (negative vote). 〘(1582) ▭ *nōn plācet* it does not please: ⇨ placate¹〙

nòn·plánar *adj.* 〖化学〗非平面状の: ~ structure 非平面構造. 〘(1934): ⇨ non-¹, planar〙

nòn·plástic *adj.* 〖化学〗非塑性の.

nòn·pláying *adj.* 試合には出ない, 非出場の: a ~ manager, captain, etc. 〘(1898): ⇨ non-¹, play, -ing²〙

non·plus /nɑ̀(ː)nplʌ́s | nɔ̀n-/ *n.* (*pl.* **~·es, -plus·ses**) [通例 a ~] 全く途方に暮れること, 困惑, 窮地 (perplexity): put [reduce] a person to *a* ~ 人を当惑させる / stand at *a* ~ 当惑する, 進退きわまる. **—** *vt.* (**non-plussed, ~ed; -plus·sing, ~·ing; -plus·ses, ~·es**) [通例受身で] 途方に暮れさせる, 全く当惑させる: He was ~*ed* by [*to* hear] the news. その知らせを聞いて途方に暮れた. 〘(1582) ▭ L *nōn plūs* not more, no further: ⇨ plus〙

nòn·plússed *adj.* **1** 〈人が〉当惑した, 途方に暮れた. **2** 《カナダ・米口語》〈人が〉落ち着いた, 平静な.

non plus ul·tra /nɑ́(ː)nplʌ̀sʌ́ltrə, -plʊ̀sʊ́ltrɑː, -ʊ́l- | nɔ́nplʊ̀sʊ́ltrɑː, -plʌ̀s-, -ʌ́ltrə/ *L. n.* ＝ne plus ultra. 〘(1608) ▭ L *nōn plūs ultrā* not more beyond: ⇨ ↑, ultra〙

nòn·pólar *adj.* 〖物理化学〗無極性の: a ~ liquid 無極性液体. 〘(1892): ⇨ non-¹, polar〙

nòn·polítical *adj.* 非政治的な, 政治に関係しない (cf. unpolitical): ~ students ノンポリ学生. 〘(1860): ⇨ non-¹, political〙

nòn·pollúting *adj.* 汚染を起こさない. 〘(1967): ⇨ non-¹, pollute, -ing²〙

nòn·pósitive *adj.* 〖数学〗プラス[正]でない《0, またはそれより小さい》.

non pos·su·mus /nɑ́(ː)npɑ́(ː)sʊməs | nɔ́npɔ́s(j)ʊ-/ *L. n.* 〖法律〗(ある行為・事柄についての)無能力の申し立て: They met the request with a blank ~. 彼らはその要求に対してできないとはっきり答えた. 〘(1883) ▭ L *nōn possumus* we cannot (do): ⇨ posse〙

nòn·prescríption *adj.* 〈薬など〉医者の処方箋なしで買える. 〘(1958): ⇨ non-¹, prescription〙

nòn·príce competítion *n.* 〖商業〗非価格競争, 価格外競争.

nòn·pró *adj., n.* 《口語》＝nonprofessional.

nòn·prodúctive *adj.* **1 a** 非生産的な (unproductive); 結果が思わしくない: a ~ vineyard / ~ labor. **b** 〈社員など〉直接生産に関係しない. **2** 〈せきが〉痰(たん)を伴わない (dry). **~·ly** *adv.* **~·ness** *n.* **nòn·productívity** *n.* 〘(1906): ⇨ non-¹, productive〙

nòn·proféssional *adj.* **1** 専門の仕事に関係のない[をもたない], 職業を離れての (cf. unprofessional): a ~ visit (医者の往診などに対し)単に社交的な訪問. **2** 専門家[本職]でない. **—** *n.* 非専門家, しろうと; 非職業選手, ノンプロ (⇨ amateur **SYN**). **~·ly** *adv.* 〘(1802–12): ⇨ non-¹, professional〙

nòn·profíciency *n.* 未熟, しろうと芸. **nòn·profícient** *adj.* 〘(1592): ⇨ non-¹, proficiency〙

non·profit /nɑ̀(ː)nprɑ́(ː)fɪ̀t | nɔ̀nprɔ́fɪt⁻/ *adj.* 営利を追求しない, 非営利的な: a ~ hospital 営利を追求しない病院. 〘(1903): ⇨ non-¹, profit〙

nòn·prófit-màking *adj.* 《英》＝nonprofit. 〘(1933): ⇨ non-¹, profit, make, -ing²〙

nonprófit organizátion *n.* 民間非営利組織《法人格を有し, 公共サービスを行う団体; 医療・福祉・環境保全・災害復興などさまざまな分野で活動; 略 NPO》.

non·pro·lif·er·a·tion /nɑ̀(ː)nprəlɪ̀fəréɪʃən, -proʊ- | nɔ̀nprəʊ-/ *n.* **1** 非増殖, 増殖停止. **2** (核兵器の)拡散防止, 非拡散: the (nuclear) ~ treaty 核拡散防止条約《非核保有国が核兵器を保有すること, および保有国が非保有国に核兵器を引き渡すことを禁止する条約; 1970 年 3 月 3 日発効; 略 NPT》. 〘(1964): ⇨ non-¹, proliferation〙

nòn·propríetary *adj.* 非専売の, 独占販売権のない; 商標登録されていない.

non·pros /nɑ́(ː)nprɑ́(ː)s | nɔ́nprɔ́s/ 〖法律〗 *n.* ＝non prosequitur. **—** *vt.* (**non·prossed; -pros·sing; -pros·ses**) 〈訴訟手続きを怠った原告を〉欠席裁判で敗訴させる. 〘(1755) 《略》← NON PROSEQUITUR〙

non pros. 《略》non prosequitur.

non pro·se·qui·tur /nɑ́(ː)nproʊsékwɪ̀tə | nɔ́n-prəʊsékwɪtə⁽ʳ⁾/ *L. n.* 〖法律〗訴訟手続きを怠った原告を敗訴させる欠席裁判 (略 non pros.; cf. nonpros, nolle prosequi). 〘(1768) ▭ LL *nōn prōsequitur* 'he does not PROSECUTE'〙

nòn·prótein *adj.* 蛋白質でない, 蛋白質由来でない. **nòn·proteináceous** *adj.* 〘(1926): ⇨ non-¹, protein〙

nòn·províded *adj.* 《英古》〈地方の小学校など〉非公立の. 〘(1918): ⇨ non-¹, provided〙

nòn·rácial *adj.* 非人種的な, 人種差別のない.

nòn·radioáctive *adj.* 非放射性の, 放射能を含まない. 〘(1904): ⇨ non-¹, radioactive〙

nòn·rándom *adj.* 無作為でない. 〘(1942): ⇨ non-¹, random〙

nòn·ráted *adj.* **1** 等級のない. **2** 〖米海軍〗(下士官でない)水兵の.

nòn·rátional *adj.* 理性に基づかない; 不合理な. 〘(*a*1871): ⇨ non-¹, rational〙

nòn·réader *n.* 読めない人, 読書しない人; (特に)読めるようになるのが遅い児童. 〘1924〙

nòn·recognítion *n.* 認知しないこと, 非承認, 不認可. 〘(1838): ⇨ non-¹, recognition〙

nòn·recómbinant *n., adj.* 〖生物〗非組換え型(の)《遺伝子型が両親のもののいずれかと全く同じで, 組換えがみられないもの》. 〘(1962): ⇨ non-¹, recombinant〙

nòn·refléxive *adj.* 〖論理〗非反射的な. 〘1947〙

nòn·refúndable *adj.* 払い戻しの不可能な, 〈公債など〉借り換えの不可能な: a ~ bond. 〘(1963): ⇨ non-¹, refundable〙

nòn·re·gárd·ance /-rɪ̀gɑ́ːədəns | -gɑ́ːd-/ *n.* 《Shak》無視. 〘(1601): ⇨ regard, -ance〙

nòn·régent *n.* (英大学で) regent の職を終了した文学修士. 〘(1504): ⇨ non-¹, regent〙

nòn·relativístic *adj.* 〖物理〗 **1** 非相対論的な: ~ quantum mechanics 非相対論的量子力学. **2** 〈物体が〉相対論的速度よりも低い速度で動く. **nòn·relativístically** *adv.* 〘(1930): ⇨ non-¹, relativistic〙

nòn·renéwable *adj.* 〈資源・エネルギー源などが〉再生不可能な.

non rep. /nɑ̀(ː)nrép | nɔ̀n-/ 《略》 *L.* non repetātur 〖処方〗繰り返さない (it should not be repeated).

nòn·representátional *adj.* 〖美術〗非描写的な, 非模倣的な, 抽象的な (abstract)《自然界の形象にとらわれずに造形することにいう》. **~·ism** *n.* 〘(1923): ⇨ non-¹, representational〙

nòn·reprodúctive *adj.* 再生しない; (特に)再生できない. 〘(1832): ⇨ non-¹, reproductive〙

nòn·résident *adj.* (ある所に)居住していない, 不在の; 任地[学区]に定住していない; 〈聖職者が〉管区に住まない[住んでいない]: a ~ member / a ~ taxpayer / a ~ landlord 不在地主. **—** *n.* **1** (ある所に)居住していない人; 任地[学区]に定住しない人; 管区に住まない聖職者, 不在聖職禄所有者. **2** (ホテルで)宿泊者(など)でない人: The tearoom is open to ~*s*. 喫茶室は宿泊者以外でも入れる. **nòn·résidence** *n.* **nòn·résidency** *n.* **nòn·residéntial** *adj.* 〘(1540): ⇨ non-¹, resident〙

nòn·resístance *n.* (権力・法律・暴力などに対する積極的な)無抵抗(主義); (消極的な)屈従, 服従. 〘(1643): ⇨ non-¹, resistance〙

nòn·resístant *adj.* **1** 無抵抗(主義)の; (特に 17 世紀イングランドにおいて)王権に対して無抵抗(主義)の. **2** 〖医学〗(有害因子の)影響を受ける, 抵抗力のない. **—** *n.* (権利などに対する)無抵抗(主義)者. 〘(1702): ⇨ non-¹, resistant〙

nòn·restráint *n.* **1** 非抑制, 無拘束. **2** 〖精神医学〗(精神病者の)無拘束治療(法).

nòn·restríctive *adj.* 〖文法〗〈語・節が〉非制限的な (cf. restrictive): a ~ relative clause 非制限関係節《例えば The man *who was here yesterday* is a farmer. における関係節が restrictive であるのに対し, Mr. Brown, *who was here yesterday*, is a farmer. におけるような関係節をいう》. 〘(1916): ⇨ non-¹, restrictive〙

nónrestrictive cláuse *n.* 〖文法〗非制限節《先行詞を制限するのではなく, 先行詞のもつ性質を描写したり, 付加的に説明する節; cf. restrictive clause》. 〘(1916): ⇨ ↑, clause〙

nòn·retúrn *adj.* 逆流を阻止する構造の. 〘1906〙

nòn·retúrnable *adj.* 返還できない; (特に)〈容器が〉(小売店に)返すことのできない[返しても代金のもらえない]. 〘(1903): ⇨ non-¹, returnable〙

nonretúrn vàlve *n.* 〖機械〗＝check valve.

nòn·rhótic *adj.* 〖音声〗非 R 性的な《語末および子音の直前の r が発音されない英語の方言についていう; cf. r-less》. **nòn·rhotícity** *n.* 非 R 音性.

nòn·rígid *adj.* **1** 堅くない. **2** 〖航空〗軟式の《ガスの圧力で形態を保つことにいう》: a ~ airship 軟式飛行船. **—** *n.* 〖航空〗軟式飛行船. **nòn·rigídity** *n.* 〘(1909): ⇨ non-¹, rigid〙

Non·ru·mi·nan·ti·a /nɑ̀nrùːmənǽnʃiə/ *n. pl.* 〖動物〗不反芻(はんすう)類. 〘← NL ~ (← NON-¹＋L *rūminant-, rūminans* ((pres. p.) ← *rūmināre*))＋-IA²: ⇨ ruminant〙

non sanz droict /nɑ́(ː)nsɑ̃ːnzdrɔ́ɪt | nɔ́n-/ 権利なくもなし《Shakespeare 家の紋章の motto》. 〘▭ OF ~ (F *non sans droit*) not without right〙

nòn·schéduled *adj.* **1** 予定にない, 期日のない. **2** 不定期航空の: a ~ airline 不定期航空路線[会社]. 〘(1946): ⇨ non-¹, scheduled〙

nòn·scéne *adj.* 〈同性愛者が〉ノンシーンの《同性愛者のたまり場・集まりを忌避する》.

nòn·scíence *n., adj.* 非科学(の), 科学でない分野(に属する). 〘(n.: (1855) — adj.: (1944)): ⇨ non-¹, science〙

nòn·scientífic *adj.* 科学(的方法)に基づかない[関係しない], 非科学的な; 非科学者の.

nòn·secrétor *n.* 〖生理〗非分泌者 (cf. secretor). 〘(1944): ⇨ non-¹, secretor〙

nòn·sectárian *adj.* どの宗派にも属さない, 無宗派の. 〘(1831): ⇨ non-¹, sectarian〙

nòn·sed·i·mént·a·ble /-sèdəméntəbl | -dɪ̀-méntə-⁻/ *adj.* 沈澱作用を受けない.

non·sense /nɑ́(ː)nsens, -səns, -sn̩s, -sents, -sənts, -sn̩ts | nɔ́nsəns, -sn̩s, -sənts, -sn̩ts/ *n.* **1** 無意味; 無意味な言葉, ばかげたこと[考え], たわごと, ナンセンス (absurdity): talk ~ / sheer ~ 全くの無意味[たわごと] / It is a pack of ~. まるでたわごとだ / The plan was all (stuff and) ~. その計画は全くばかげたものだった / the ~ of an idea 考えのばからしさ / This passage makes ~. この一節は意味をなさない《無意味だ》. **2 a** ばかげた行為; ごまかし: None of your ~ now! もうばかなまねはよせ / She has no ~ about her. 彼女にはうわついたところが少しもない《非常にしっかりしている; cf. no-nonsense》. **b** 無礼なふるまい: I will stand no [won't stand any] ~ from him. 彼に無礼なまねは許さないぞ. **3** つまらない物, がらくた, くだらないこと: pins, pencils and other ~ ピンや鉛筆やその他のくだらないもの. **4** 〖生物〗ナンセンス《いずれのアミノ酸にも対応しない遺伝暗号》.

knóck the nónsense òut of 〈人〉からわがままの虫[甘い考え]をたたき出す. ***màke nónsense of*** ＝《英》***màke a nónsense of*** …を無意味な[ばかげた]ものにする, だめにする, ぶちこわす (spoil).

— *int.* ばかな, くだらない: Oh, ~! ばかばかしい.

— *adj.* [限定的] **1 a** 〈詩文・語句など〉(正常な)意味をもたない, 無意味な; 戯詩の: a ~ song / ~ poetry 戯詩, 狂歌 / a ~ book ナンセンス本, 滑稽本, 狂歌本. **b** 《古》＝nonsensical. **2** 〖生物〗ナンセンスの (⇨ *n.* 4). 〘(1614) ← NON-¹＋SENSE: cf. F *nonsens*〙

nónsense correlátion *n.* 〖統計〗ナンセンス相関

《データとしては存在しうるが現実的根拠のない相関;「テレビ所有者とかぜの患者」など》.

nónsense sýllable *n.* **1** 〘心理〙無意味綴り《知識や連想に左右されないアルファベットの無意味綴りで, 記憶実験の材料》. **2** =nonsense word 1. 〖(1890): ⇨ ↑, syllable〗

nónsense vérse *n.* 〘文学〙ノンセンス詩, 戯詩《奇抜な連想・テーマで, 曖昧ではあるが喚情力の豊かな造語などを使って書かれた詩》. 〖(1799): ⇨ nonsense, verse〗

nónsense wórd *n.* **1** 無意義語《発音練習のためなどにわざと造った語[音節]》. **2** 〘心理〙=nonsense syllable 1. 〖(1919): ⇨ nonsense, word〗

non·sen·si·cal /nɑ(ː)nsénsɪ̀kəl, -kl̩ | nɔnsénsɪ-/ *adj.* 無意味な; ばかげた, 愚にもつかない, 途方もない (ridiculous). **～·ly** *adv.* **～·ness** *n.* **non·sen·si·cal·i·ty** /nɑ(ː)nsènsɪ̀kǽləṭi | nɔnsènsɪkǽlɪ̀ti/ *n.* 〖(1655): ⇨ ↑, -ical〗

non seq. 《略》non sequitur.

non se·qui·tur /nɑ́(ː)nsékwɪ̀ṭə | nɔ́nsékwɪ̀tə$^{(r)}$, nə́ʊn-/ *L. n.* **1** 〘論理〙(与えられた前提からは導出できない結論を導き出す)不当な推理《三段論法における誤謬推理の一種》; その帰結. **2** (今までの話と)関係のない発言. 〖(1533) ◻ L *nōn sequitur* 《原義》it does not follow: ⇨ sequent〗

nòn·séxist *adj.* **1** 性による差別をしない: ～ hiring policies 性差別をしない雇用方針. **2** 特に男性[女性]用と区別しない: ～ toys.

nòn·séxual *adj.* 性とは無関係の; 性的でない, 無性の.

nòn·significant **1** 取るに足らない, つまらない. **2** 無意味な. **3** 〘統計〙有意でない. **～·ly** *adv.* 〖(1902): ⇨ non-[1], significant〗

nòn·síngular *adj.* 〘数学〙非特異の; 正則の (regular). 〖(1877): ⇨ non-[1], singular〗

non·sked /nɑ̀(ː)nskéd | nɔ̀n-/ 《口語》*adj.* =nonscheduled. **—** *n.* 不定期航空機[会社]. 〖(1949) 《短縮》← *nonscheduled*〗

nòn·skíd *adj.* 〈自動車のタイヤ・道など〉滑らない, 滑り止め装置付きの. 〖(1904): ⇨ non-[1], skid〗

nòn·slíp *adj.* 〈舗装道路など〉滑り止めの, ノンスリップの. 〖(1903): ⇨ non-[1], slip〗

non·smok·er /nɑ̀(ː)nsmóʊkə | nɔ̀nsmə́ʊkə$^{(r)}$/ *n.* **1** たばこを吸わない人, 禁煙家. **2** 《英》(列車内の)禁煙室. 〖(1846): ⇨ non-[1], smoker〗

nòn·smóking *adj.* 禁煙の: ～ areas, seats, etc. 〖(1891): ⇨ non-[1], smoking〗

nòn·sócial *adj.* **1** 非社交的な. **2** 社会と関係のない, 社会的でない (⇨ unsocial SYN). 〖(1902): ⇨ non-[1], social〗

nòn·sólvent *n.* 〘化学〙非溶剤, 非溶媒. 〖(1625): ⇨ non-[1], solvent〗

nòn·specífic *adj.* 〘医学〙非特異(性)の, 非特異的な《病気・検査・反応・治療などが特定の要因に結びつくものでない場合をいう》: ～ immunity 非特異性免疫 / ～ therapy 非特異的療法. 〖(1938): ⇨ non-[1], specific〗

nonspecífic urethrítis *n.* 〘医学〙非特異性尿道炎《性行為感染症としての非淋菌性尿道炎》.

nòn·spécular refléction *n.* 〘物理〙(音・光の)乱反射.

nòn·spórting *adj.* **1** 猟犬らしくない. **2** 〘生物〙突然変異の少ない. 〖(1852): ⇨ non-[1], sporting〗

nòn·stándard *adj.* **1** 〈製品など〉標準[規準]外の. **2** 〘言語〙〈言語・発音など〉非標準的な (cf. substandard 3): ～ English. 〖(1923): ⇨ non-[1], standard〗

nòn·stárter *n.* 《口語》**1 a** (競馬で)出走取消しの馬. **b** 予定通り行われない計画[行事]. **2** 見込みのない人. **3** 考慮に値しない考え. 〖(1902): ⇨ non-[1], starter 5〗

nòn·státive 〘文法〙*adj.* 〈動詞が〉非状態的な (active) (cf. stative). **—** *n.* 非状態動詞.

nòn·stéroid *n., adj.* 〘薬学〙非ステロイド(の)《ステロイド系化合物でない薬物; たとえば抗炎症剤》. **nòn·ste·róidal** *adj.* 〖(1964): ⇨ non-[1], steroid〗

nòn·stíck *adj.* **1** 粘着しない. **2** 〈鍋など〉食べ物が付着しない. 〖(1958): ⇨ non-[1], stick[2]〗

nòn·stóichiometric cómpound *n.* 〘化学〙不定比化合物《成分元素の比が化学量論組成に合わない化合物》.

non·stop /nɑ̀(ː)nstɑ́(ː)p | nɔ̀nstɔ́p$^{(\prime)}$/ *adj.* **1** 途中で止まらない, 無停車の, 直行の, 無着陸の: a ～ train, bus, etc. / a ～ flight to New York ニューヨークまで無着陸飛行. **2** 休止[間断]なく行われる, ぶっ通しの: a 3-hour ～ meeting 3 時間ぶっ続けの会議. **—** *adv.* **1** 直行で, 無着陸で. **2** 間断なく: talk ～ のべつまくなしにしゃべる. **—** *n.* 直行列車[バス], 無着陸飛行機; 直行運転. 〖1902〗

nòn·stríated *adj.* 筋のない (smooth); 〈筋肉が〉横紋のない: a ～ muscle.

nòn·stríker *n.* **1** ストライキ不参加者. **2** 〘クリケット〙(2 人の打手のうち)投球を受けていない方の打手. 〖(1874): ⇨ non-[1], striker〗

nòn·such /nʌ́n-, nɑ́(ː)n- | nʌ́n-, nɔ́n-/ *n., adj.* = nonesuch.

Nón·such Pálace /nʌ́nsʌtʃ-, nɑ́(ː)n- | nʌ́n-, nɔ́n-/ *n.* ノンサッチ宮殿《1538 年 Henry 八世のために London の Cuddington に建てられた王宮; 現在は礎石のみが残る》.

nòn·súit 〘法律〙*n.* 訴えの却下; 訴えの取下げ. **—** *vt.* 〈原告〉の訴えを却下する. 〖(1308–9) ◻ AF *no(u)nsuit*: ⇨ non-[1], suit〗

nòn·súlfide *adj.* 〈鉱物が〉硫化物でない.

nòn·suppórt *n.* **1** 〘法律〙(扶養義務者の)扶養義務不履行. **2** 不支持. 〖(1909): ⇨ non-[1], support〗

nòn·swímmer *n.* 泳げない人. 〖1932〗

nòn·syllábic 〘音声〙*adj.* 非音節主音的な, 非成節的な, 音節副音的な (↔ syllabic). **—** *n.* 非音節主音 (nonsyllabic sound). 〖(1909): ⇨ non-[1], syllabic〗

nòn·symmétric *adj.* 〘論理・数学〙非対称的な[の].

nòn·sýstem *n.* 効果的に組織化されていないシステム.

nòn·tárget *adj.* 〘薬学〙標的外の, (薬の効果などの)目標としていない. 〖(1945): ⇨ non-[1], target〗

nòn·tàriff bárrier *n.* 〘経済〙非関税障壁《関税以外の方法による輸入制限策; 略 NTB》.

nòn·téaching *adj.* 教授と関係のない, 教えない. 〖1963〗

nòn·téchnical *adj.* 非専門的な, 非技術的な; 専門術語を用いない, 専門知識を必要としない. 〖1833〗

nòn·ténured *adj.* 保有権[終身在職権]をもたない.

nòn·títle *adj.* ノンタイトルの, 選手権試合でない. 〖(1968): ⇨ non-[1], title〗

nòn·tóxic *adj.* 非毒性の; 〘医学〙〈甲状腺腫が〉非中毒性の《甲状腺機能亢進を伴わない》.

nòn·transférable *adj.* 譲渡不可の.

nòn·tránsitive *adj.* 〘論理〙非推移の. 〖1914〗

nòn·tréaty *adj.* 《米》〈アメリカインディアンが〉政府と取り決めた条約に従わない.

nòn·trívial *adj.* **1** 重要な, 些細でない. **2** 〘数学〙自明でない《常に存在することが証明されているもの以外のものについていう》. 〖(1915): ⇨ non-[1], trivial〗

nòn·trópical sprúe *n.* 〘病理〙=celiac disease.

non trop·po /nɑ̀(ː)ntrɑ́(ː)poʊ, nòʊn-, -tróʊp- | nɔ̀ntrɔ́pəʊ, nəʊn-; *It.* nontrɔ́ppo/ *adv., adj.* 〘音楽〙ほどよく[い], 度を過ごさずに[ない]: presto [lento] ～ 早[遅]過ぎず. 〖(*c*1854) ◻ It ～ 'not too much'〗

nòn-Ú *adj.* 《英口語》〈語句など〉上流階級的でない, 非上流階級的な, 庶民的な《例えば table napkin の代わりに使われる serviette など; ⇨ U》. 〖(1954) ← NON-[1] + *U*(*pper class*)〗

nòn·úniform *adj.* 一様[均一]でない, 多様な. 〖1886〗

nòn·únion *adj.* **1** 労働組合に加入しない, 非労働組合の; 労働組合の条件[規約]に応じない: ～ labor / a ～ man 非労働組合員. **2** 労働組合を認めない, 労働組合加入者を排斥する: a ～ factory, plant, shop, etc. **3** 〈製品が〉労働組合不加入者の製造した. **—** *n.* **1** 団結[合同]しないこと. **2** 〘医学〙(骨折の)癒着不良. 〖(1863): ⇨ non-[1], union〗

nòn·únionism *n.* 反労働組合主義, 労組無視. 〖(1895): ⇨ ↑, -ism〗

nòn·únionist *n.* **1** 労働組合反対者, 反労働組合主義者. **2** 非労働組合員. 〖(1861): ⇨ nonunion, -ist〗

nonúnion shòp *n.* **1** 反労組事務所《労働組合を認めず, 組合員を雇用しない工場・会社など》. **2** 非ユニオンショップ《組合が組合員に雇用受諾を禁じている事務所; cf. union shop》.

non·u·ple /nɑ́(ː)njuːpl̩ | nɔ́n-/ *adj.* 九重の, 9 倍の. 〖◻ F ～ ← L *nōnus* ninth: *-uple* の語尾は QUADRUPLE, QUINTUPLE などからの類推〗

no·nus /nóʊnəs | nə́ʊ-/ *adj.* 《英》第 9 の (⇨ primus[1] 2): Smith ～. 〖◻ L *nōnus* ninth〗

nòn·úsage *n.* =nonuse.

nòn·úse /-júːs/ *n.* 使用しない[されない]こと, 不使用. 〖(1542): ⇨ non-[1], use[2]〗

nòn·úser *n.* **1** (利用できる公の施設や有害な薬剤などを)使用しない人, 非[不]使用者. **2** 〘法律〙権利不行使, 権利放棄, 棄権《一定期間行使しないことによって権利の消滅する場合に用いられる》. 〖(1650): ↑, -er[1]〗

nòn·utílity *adj.* 〈衣服など〉実用本位でない. 〖(1948): ⇨ non-[1], utility〗

nòn·váscular *adj.* 〘解剖〙血管を含まない; 非血管性の. 〖(1857): ⇨ non-[1], vascular〗

nòn·véctor *n.* (病原体を媒介しない)非媒介動物. 〖1956〗

nòn·vérbal *adj.* **1** 言葉を用いない[必要としない], 言語以外の, 非言語的な: ～ communication 非言語的コミュニケーション《手まね・表情・身振りなど》. **2** 言葉を最小限しか用いない. **3** 言語能力の低い, 言葉のへたな. **～·ly** *adv.* 〖(1924): ⇨ non-[1], verbal〗

nòn·víable *adj.* **1** 〘生物〙〈胎児・細菌など〉生活[生育]不能な. **2** 〈理論など〉発展不可能な. **3** 〈国など〉経済的に存立できない. 〖(1879): ⇨ non-[1], viable〗

nòn·víntage *adj.* 〈ぶどう酒が〉ノンビンテージの《年号物ではないがそれに近づけてブレンドしたものにいう》: a ～ wine. 〖(1924): ⇨ non-[1], vintage〗

nòn·víolence *n.* **1** 非暴力(主義). **2** 非暴力デモ. 〖(1920): ⇨ non-[1], violence〗

nòn·víolent *adj.* 非暴力の: ～ protests 暴力に訴えない抗議. **～·ly** *adv.* 〖(1920): ⇨ non-[1], violent〗

nòn·vócoid *n.* 〘音声〙=contoid. 〖(1943): ⇨ non-[1], vocoid〗

nòn·vólatile *adj.* **1** 不揮発性の. **2** 〘電算〙〈記憶(装置)など〉不揮発性の《電源を切っても失われることのない》: a ～ memory 不揮発性記憶(装置)《電源を切っても保持されるもの》. 〖(1866): ⇨ non-[1], volatile〗

nòn·vóter *n.* **1** 投票しない人, 棄権者. **2** 投票無資格者.

nòn·vóting *adj.* **1** 投票しない, 棄権(者)の. **2** 〘証券〙〈株式が〉議決権を持たない.

nòn-Wéstern *adj.* 非西洋の; 非西洋諸国の. 〖(1902): ⇨ non-[1], Western〗

non·white /nɑ̀(ː)n(h)wáɪt | nɔ̀n-$^{\prime\prime}$/ *adj.* 白人でない. **—** *n.* **1** 非白人, 白色人種でない人. **2** [the ～; 集合的] 非白色人. 〖(1921): ⇨ non-[1], white〗

nòn·wórd *n.* 無意味な[存在しない, 是認されない]語, 非語. 〖1961〗

nòn·wórker *n.* **1** 働かない人. **2** 自営業者. 〖(1851): ⇨ non-[1], worker〗

nòn·wóven *adj.* 〈織維が〉織られたものでない, 不織の, 生成のままの. 〖(1945): ⇨ non-[1], woven〗

non·yl /nɑ́(ː)nɪl, nóʊn-, -nìːl | nɔ́n-, nə́ʊn-/ *n.* 〘化学〙ノニル《nonane から誘導される一価のアルキル基 (C_9H_{19}–)》. 〖(1866) ← NON(ANE) + -YL〗

nónyl álcohol *n.* 〘化学〙ノニルアルコール ($C_9H_{19}OH$)《香料・調味料に使用》. 〖(1868): ⇨ ↑, alcohol〗

nònyl·phénol *n.* ノニルフェノール《フェノールに炭素数が 9 個の分子鎖がついた化合物; 工業用洗剤の原料として広く使われている; 環境ホルモンの疑いが持たれている》.

nòn·zéro *adj.* 〘数学〙ゼロでない, ゼロ以外の価値をもつ. 〖(1905): ⇨ non-[1], zero〗

noodge /nʊ́dʒ/ 《口語》*vt.* (質問したりせき立てたりして)〈人を〉いらいらさせる. **—** *vi.* いらいらする; ぶつぶつ小言を言う.

noo·dle[1] /núːdl̩/ *n.* [通例 *pl.*] ヌードル《小麦粉と卵で作ったリボン状の細長い麺類(めんるい)の総称》: eat ～s. 〖(1779) ◻ G *Nudel* vermicelli ← ?: cf. F *nouilles*〗

noo·dle[2] /núːdl̩/ *n.* **1** あほう, ばか者 (blockhead, simpleton). **2** 《米俗》頭, 「どたま」(head). 〖(1753) 《変形》? ← NODDLE[1]: (F)OO(L[1]) との類推による〗

noo·dle[3] /núːdl̩/ *vi.* 《口語》**1** 〘音楽〙(演奏の前に楽器を調整するために)楽器を軽く奏する, 楽器をもてあそぶ. **2** アイディアを探る, 考え出す. 〖(1937) 《転用》? ← NOODLE[2] // 《変形》? ← DOODLE[1, 2]〗

noo·dle[4] /núːdl̩ | -dl̩/ *vt.* 《豪》〈廃石〉からオパールを探す. 〖(1902) ← ?〗

nóodle·hèad *n.* 《俗》ばか, とんま, うすのろ. 〖← NOODLE[2] + HEAD〗

Noo·góo·ra búrr /nəgúːrə-, nʊ-/ *n.* 《豪》キク科オナモミ属の植物 (*Xanthium pungens*)《家畜に有害》. 〖1883〗

nook /nʊ́k/ *n.* **1** (部屋などの)隅 (corner)《特に, 炉のそば》: a ～ in a room, garden, etc. / look in every ～ and cranny [corner] 隅から隅まで捜す. **2** 引込んだ所, 奥まった所, 人目につかない所, 辺鄙(へんぴ)な土地, 僻(へき)地 (recess). **3** 《スコット》**a** (正方形の)角. **b** (建物などの)突出部. 〖(?*c*1300) *noke* ← ?: cf. OE *hnecca* neck & *hnocc* hook(?) / Norw. 《方言》*nok*(*ke*) hook〗

nook·er·y /nʊ́kəri/ *n.* 居心地のよい場所[部屋], 安心できる部屋[場所]. 〖(1824): ⇨ ↑, -ery〗

nook·ie[1] /nʊ́ki/ *adj.* (**nook·i·er**; **-i·est**) **1** 角[隅]の多い, 多角の. **2** 隅のような. 〖(1813) ← NOOK + -IE 2〗

nook·ie[2] /nʊ́ki/ *n.* 《卑》**1** 性行為. **2** 女, 「すけ」. 〖(1928) ← ? NOOK // 《俗語》*nug* to fondle, coit with: ⇨ -ie 1〗

nook·shot·ten /nʊ́kʃɑ̀(ː)tn̩ | -ʃɔ̀tn̩/ *adj.* 《古・方言》〈海岸線など〉ぎざぎざの (jagged). 〖(1599): ⇨ nook〗

nook·y[1] /nʊ́ki/ *adj.* =nookie[1].

nook·y[2] /nʊ́ki/ *n.* =nookie[2].

no·ol·o·gy /noʊɑ́(ː)lədʒi | nəʊɔ́l-/ *n.* 〘哲学〙精神論. 〖(1811–31) ← Gk *nóo*(*s*) mind + -LOGY〗

noon /núːn/ *n.* **1** 正午, 真昼: at (high) ～ (かっきり)正午[12 時]に (cf. high noon 1) / before ～ 午前に / shortly after ～ 正午過ぎもなく / one ～ ある日の正午ごろ(に) / (at) this ～ 今日の昼に / at the height of ～ ちょうど正午に. **2** 《詩》**a** 夜半 (midnight). ★ 主に次の句で: (the) ～ of night 真夜中. **b** 真夜中の月の位置. **3** [the ～] 最高点; 全盛期, 絶頂: *the* ～ of life 壮年期 / at *the* ～ of one's career 生涯の最盛期で. **—** *adj.* [限定的] 真昼[正午]の: a ～ meal [recess] 昼の食事[休憩]. **—** *vi.* **1** 《米方言》昼休み[昼食]をとる. **2** 絶頂に達する. 〖OE *nōn* 《原義》'日の出から数えて 9 時間目' ◻ L *nōna* (*hōra*) ninth (hour) (fem.) ← *nōnus* ← *novem* 'NINE': cf. none[2], nones〗

nóon·bàsket *n.* 《米》弁当箱 (lunch basket). 〖1865〗

nóon·dày *n.* 〘文語〙正午, 真昼 (midday): (as) plain [clear] as ～ きわめて明白で / Vice stalks about at ～. 悪事が白昼横行する. **—** *adj.* [限定的] 真昼[正午]の: the ～ heat 真昼の暑さ. 〖(1535) ← NOON + DAY: cf. ONorw. *nóndagr*〗

no one /nóʊwʌn | nə́ʊ-/ *pron.* だれも…ない (nobody): I met ～ else. ほかのだれにも会わなかった / *No one* was in, were they? だれもいなかったかい. 〖1601–02〗

noon·er /núːnə | -nə$^{(r)}$/ *n.* 《米俗》昼下がりの情事, 昼間のセックス.

nóon·flòwer *n.* 〘植物〙=goatsbeard. 〖1856〗

noon·ing /núːnɪŋ/ *n.* 《米方言》**1** 昼, 正午 (noontide). **2** 昼休み時間. **3** 昼食. 〖(*c*1460): ⇨ noon (n.), -ing[3]〗

noo·noo /núːnuː/ *n.* (*pl.* **～s**) =nunu.

nóon·tìde *n.* **1** 《詩》正午, 真昼 (noonday). **2** 《文語》真夜中 (midnight); 真夜中の月の場所, 月の最も高い時: the ～ of the moon. **3** [the ～] 《詩》頂点, 極点: *the* ～ of glory, one's prosperity, etc. 〖OE *nōntid*: cog. MDu. *noentijd* / MHG *nōn*(*e*)*tīd*: ⇨ noon, tide[1]〗

nóon·tìme *n.* 正午, 真昼 (noontide). 〖(*c*1378) ← NOON + TIME〗

Noord·bra·bant /*Du.* noːrtbráːbɑnt/ *n.* ノールトブラーバント(州)《North Brabant のオランダ語名》.

Noord·hol·land /*Du.* noːrthólɑnt/ *n.* ノールトホラント(州)《North Holland のオランダ語名》.

noose /núːs/ *n.* **1 a** (首つりなわ・輪なわなどの)引けば締

まる結び方をした輪, 引き[わな]結び. **b** [the ～] (同上の輪を作った)絞首刑用のなわ; 絞首刑: *the* (hangman's) ～ 絞首刑(用の首つりなわ). **2** (自由を束縛するものとしての夫婦の)きずな (bond): the marriage ～ 結婚のきずな. ***pùt one's néck [héad] into the nóose*** 自ら危地[のっぴきならぬ破目]に陥る. ***The nóose is hánging.*** 用意がすべて整った, 皆首を長くして待っている. — *vt.* **1 a** 〈輪なわを〉掛ける: ～ a rope round the neck. **b** 絞首刑にする. **2** 輪なわで捕える; わなにかける, 陥れる (snare): ～ a snake. **3** 〈なわの先を輪にする, 輪なわを作る: ～ a cord, rope, etc. 〘n.: (*a*1450) *nose* □? OF *no(u)s* (nom. sing. & acc. pl.) <L *nōdus* 'knot, NODE': cf. F *nœud*. — v.: (?*c*1600) ← (n.)〙

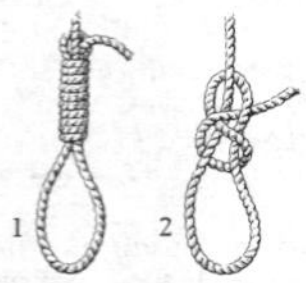

nooses 1 a
1 hangman's noose
2 nautical noose

no·o·sphere /nóuəsfɪə | náuəsfɪə^(r)/ *n.* [the ～] **1** 〘生態〙 ヌースフィア (人間の活動によって意識的または無意識に変えられる生物圏). **2** 人間の知的活動の総体. 〘(1953) □ F *noösphere* ← Gk *nóos* mind + SPHERE〙

Noot·ka /nútkə, nú:t-/ *n.* (*pl.* ～, ～s) **1 a** [the ～(s)] ヌトカ族 (Wakashan 語族の一派; カナダの Vancouver 島から米国 Washington 州の太平洋岸に住む). **b** ヌトカ族の人. **2** ヌトカ語 (Wakashan 語族に属する). 〘(1846) □ N-Am.-Ind. ～〙

Nóotka cýpress *n.* 〘植物〙 =yellow cedar 1.

no·o·tro·pic /nòuətróupɪk, -trá(:)p- | nàuətráup-, -tróp-⁻/ *adj.* 精神向性の (認知記憶改善と学習促進の). — *n.* 向知性薬, 脳機能改善薬. 〘(1972) ← *noo-* mind (連結形) (← Gk *noûs* mind) + -TROPIC〙

n.o.p. /énòupí: | -àu-/ 《略》 not otherwise provided for 他に規定がなければ; not our publication 当社の出版物ではない.

NOP /énòupí: | -àu-/ 《略》 National Opinion Polls (英国の)全国世論調査会社.

no·pal /nóupəl, -pl̩, noupá:l, -pǽl | náupəl, -pl̩/ *n.* 〘植物〙 **1** ノパルサボテン (メキシコ産の *Opuntia* 属または *Nopalea* 属のサボテンの総称; 洋紅を採取する cochineal insect を繁殖させるために栽培される). **2** =prickly pear. 〘(1730) □ F ～ // Sp. ～ □ Mex. *nopalli* cactus〙

no·pal·ry /nóupəlri, -pl̩- | náu-/ *n.* (メキシコの cochineal insect を繁殖させる)ノパルサボテン農場. 〘(1783): ⇨ ↑, -ry〙

nó-pàr *adj.* 〈株式など〉額面価格のない: a ～ stock 無額面株式. 〘← *no par (value)*〙

nó-pàr-válue *adj.* =no-par.

nope /nóup, nóuʔ | náup, náuʔ/ ★ /p/ は破裂しない (⇨ yep). *adv.* 《米口語》 =no¹. 〘(1888) 《強調転訛》 → NO¹ (adv.): cf. yep〙

no·place /nóuplèɪs | náu-/ *adv.* 《米口語》 =nowhere. 〘1934〙

nor¹ /(強) nɔ́ə | nɔ́:^(r); (弱) nə | nə^(r)/ *conj.* **1 a** [neither と相関的に] …もまた…ない, また…ない (or not): He can *neither* read ～ write. 読むことも書くこともできない. ★ 動詞は nor の次の名詞・代名詞に一致する: *Neither* he ～ his children *were* there. 彼も彼の子供たちもそこにいなかった. **b** 《古》 [先行すべき neither が表されない場合]: Thou ～ I have made the world. あなたも私もこの世を造ったのではない (Tennyson, *The Last Tournament*). **c** 《古・詩》 [～ (=neither) … ～ …として]: *Nor* heaven ～ earth have been at peace to-night. 今夜は天も地も平和ではなかった (Shak., *Caesar* 2. 2. 1). **2** [not, no, never などの後で] …もまた…ない: They did *not* wait for you, ～ for me, ～ for anybody. 君をも, ぼくをも, またたれをも待ちはしなかった / I had *no* experience in politics, ～ did it interest me. 私には政治の経験がなかったし, 興味もなかった / I *never* saw him again, ～ did I regret it. 彼にはその後再び会うことはなかったが, 私は悔みもしなかった. **3** 《文語》 [肯定の後に] =and not: The tale is long, ～ have I heard it out. その話は長いし終わりまで聞いたことがない. 〘(*a*1325) 《短縮》 ← *nother* < OE *nōðer* (pron.) ← *ne* not + *ōðer* (《短縮》 ← *ōhwæðer* either): cf. neither〙

nor² /(強) nɔ́ə | nɔ́:^(r); (弱) nə | nə^(r)/ *conj.* 《方言》 = than. 〘(*c*1400) ← ? NOR¹〙

NOR /nɔ́ə | nɔ́:^(r)/ *n.* 〘電算〙 ノア, 論理和の否定 (オア回路 (OR) の出力にノット回路 (NOT) を付けたもの; ⇨ NOR circuit). 〘(1957) ← *n(ot) or*〙

nor. 《略》 normal; north; northern.

Nor. 《略》 Norman; North; Northern; Norway; Norwegian; Norwich.

nor- /nɔ́ə | nɔ́:^(r)/ 〘化学〙「ノル(マル) (normal)」の意の連結形: **1** ノル(マル)構造をもつ化合物: *nor*leucine. **2** 側鎖を除いた有機化合物の母体: *nor*bornane, *nor*camphane. **3** CH_2 だけ低位のステロイドまたはアルカロイドの同族体: *nor*cholane, *nor*nicotine. 〘(略) ← NOR(MAL)〙

nor'- /nɔ́ə | nɔ́:^(r)/ north の省略形の連結形. ★ 他の方位を示す語と複合語を造る: *nor'*easter, *nor'*wester, etc. 〘略〙

No·ra /nɔ́:rə/ *n.* ノラ (女性名; 異形 Norah, Noreen). 〘□ Ir. ～ (dim.) ← ELEANORA / HONORIA // LEONORA〙

NORAD /nɔ́:ræd/ *n.* 北米防空(宇宙防衛)総司令部 (1957 年創設の米国とカナダの共同防衛機構). 〘(1959) 《頭字語》 ← *Nor(th) (American) A(ir) D(efense) (Command)*〙

nor·ad·ren·a·lin /nɔ̀:rədrénəl̩ɪn, -nl̩- | -ɪn/ *n.* (*also* **nor·ad·ren·a·line** /～/) 〘生化学〙 ノルアドレナリン (⇨ norepinephrine). 〘(1932) ← NOR- + ADRENALINE〙

nor·ad·re·ner·gic /nɔ̀:rædrənə́:dʒɪk | -nɔ́:-⁻/ *adj.* 〘生化学〙 ノルアドレナリン作用(性)の. 〘(1963): ⇨ ↑, -ergy, -ie¹〙

Nor·aid /nɔ́:reɪd/ *n.* ノーレイド (アイルランド共和軍 (IRA) を支持する米国の組織). 〘(1974) 《短縮》 ← *(Irish) Nor(thern) Aid (Committee)*〙

Nor·bert /nɔ́əbət | nɔ́:bət/ *n.* ノーバート (男性名). 〘□ OHG *Norberht* brilliant hero // ON *Njǫrðr-biartr* 'brilliance of NIORD'〙

Nor·bert /nɔ́əbət | nɔ́:bət; F. nɔʁbɛ:ʁ/, Saint /sɛ̃/ *n.* ノルベール (1085?–1134; フランスの聖職者; Magdeburg 大司教; プレモントレ修道会 (⇨ Premonstratensian, 1119) の創始者).

Nor·ber·ta /nɔəbə́:tə | nɔ:bɔ́:tə/ *n.* ノーバータ (女性名). 〘(fem.) ← NORBERT〙

Nor·bert·ine /nɔ́əbətɪ̀n, -tàɪn | nɔ́:bətɪn, -tàɪn/ *adj.*, *n.* プレモントレ会士(の) (Premonstratensian). 〘(1674) ← *Saint Norbert*〙

nòr·bórnane *n.* 〘化学〙 ノルボナン (⇨ norcamphane). 〘← NOR- + BORNANE〙

nòr·cámphane *n.* 〘化学〙 ノルカンファン (C_7H_{12}) (カンファン類の基本体に相当する炭化水素; norbornane ともいう). 〘← NOR- + CAMPHANE〙

NÓR cìrcuit *n.* 〘電算〙 ノア回路 (すべての入力端子に 0 が入力されたときだけ出力端子に 1 を出力する).

Nord /nɔ́ə | nɔ́:^(r); F. nɔ:ʁ/ *n.* ノール(県) (フランスの最北端の, 北海に面しベルギーに接する県; 第二次大戦の戦跡; 面積 5,774 km², 県都 Lille). 〘⇨ Nordic〙

Nor·dau /nɔ́ədau | nɔ́:-; G. nɔ́ʁdau/, **Max** (**Simon**) *n.* ノルダウ (1849–1923; ハンガリー生まれのドイツの医師・著述家; シオニズム (Zionism) の唱道者).

Nór·den·felt machíne gùn /nɔ́ədn̩fèlt- | nɔ́:-; *Swed.* nǔ:dn̩fèlt-/ *n.* ノルデンフェルト機関銃 (魚雷艇攻撃用の火器). 〘(1880) ← *T. W. Nordenfelt* (1842–1920: その発明者であるスウェーデンの技師)〙

Nor·den·skjöld /núədn̩ʃɔ̀ld, -ʃòld, -ʃì:ld | nɔ́:-; *Swed.* nǔ:dn̩ɧœld/, Barson **Nils Adolf Erik** /níls á:dɔlf ě:rɪk/ *n.* ノルデンショルド (1832–1901; フィンランド生まれのスウェーデンの地質学者・北極地方探検家; 北東航路 (Northeast Passage) を発見 (1878–79)).

Nórdenskjöld Séa *n.* [the ～] ノルデンショルド海 (Laptev Sea の旧名).

Nord·hau·sen /nɔ́əthàuzən, -zn̩ | nɔ́:t-; G. nɔ́ʁthauzn̩/ *n.* ノルトハウゼン (ドイツ中部 Thuringia 州北部, Harz 山脈のふもとにある; 第二次大戦中ナチスの強制収容所があった).

Nórdhausen ácid *n.* 〘化学〙 ノルトハウゼン酸 (⇨ oleum 2). 〘(1849): ↑ (その最初の製造地)〙

Nord·hoff /nɔ́ədhɔ(:)f, -ha(:)f | nɔ́:dhɔf/, **Charles Bernard** *n.* ノードホフ (1887–1947; 米国の小説家; *Mutiny on the Bounty* (1932) (J. N. Hall と合作)).

Nor·dic /nɔ́ədɪk | nɔ́:dɪk/ *n.* **1** 北欧ゲルマン系の人, 北欧人種の人, 北欧人, ノルディック (白色人種群に属し, スカンジナビア人・ブリトン人によって最もよく代表されるヨーロッパ北西部のゲルマン系の人; 長身・金髪・青眼・長頭を特徴とする). **2** (広義の)スカンジナビア人 (ノルウェー・スウェーデン・デンマーク・アイスランド・フィンランド人が含まれる). — *adj.* **1** 北欧ゲルマン系の, 北欧人種型の, ノルディックの. **2** (広義の)スカンジナビアの. **3** [ときに n-] 〘スキー〙 ノルディック競技の (クロスカントリーとジャンプに関する; cf. alpine 5). 〘(1898) □ F *nordique* ← *nord* 'NORTH' (< OF □ OE *norð*) + *-ique* '-IC¹'〙

Nórdic combíned *n.* [the ～] 〘スキー〙 ノルディック複合競技 (ジャンプと距離競技の複合競技; cf. Alpine combined).

Nór·di·cism /-dɪ̀sìzm̩ | nɔ́:dɪ-/ *n.* =Nordic theory. 〘(1923) ← NORDIC + -ISM〙

Nórdic thèory *n.* [the ～] ゲルマン民族至上説[主義] (ゲルマン民族は世界中で最も優秀であるとしたナチスの説).

Nord·kapp /*Norw.* nó:rkap:/ *n.* North Cape 1 のノルウェー語名.

Nórd·kyn Cápe /nɔ́əkɪ̀n- | nɔ́:kɪn-; *Norw.* nú:rçyn-/ *n.* ノールキューン岬 (ノルウェー北東部の岬; North Cape の東方, ヨーロッパ本土の最北端).

Nörd·lin·gen /nɔ́:dlɪŋən | nɔ́:d-; G. nœ́ʁdlɪŋən/, **the Báttles of** *n. pl.* ネルドリンゲンの戦い (Thirty Years' War 中に Bavaria 地方の Nördlingen で行われた二つの戦い; 一回目 (1634) は Hapsburg 軍がスウェーデン軍を破り, 二回目 (1645) はフランス軍が Hapsburg 軍を破った).

Nord-Pas-de-Ca·lais /nɔ́əpà:dəkæléɪ | nɔ́:pà:dəkæleɪ; *Fr.* nɔʁpɑdəkalɛ/ *n.* ノルパドカレ (ドーバー海峡沿いのフランス北部の地域圏; 面積 12,414 km²).

Nord·rhein-West·fa·len /G. nɔ́ʁtraɪnvɛstfá:lən/ *n.* ノルトラインウェストファーレン (州) (North Rhine-Westphalia のドイツ語名).

Nore /nɔ́ə | nɔ́:^(r)/ *n.* **1** [the ～] ノア(川) (アイルランド共和国の南東部を南東に流れ, Barrow 川河口近くで同川に合流する川 (113 km)). **2** ノア (イングランド Thames 河口の中央にある砂洲).

nor'-east /nɔ̀:rí:st⁻/ *n.*, *adj.*, *adv.* 〘海事〙 =northeast. 〘(1836–48) 《短縮》: ⇨ nor'-〙

nor'east·er /nɔ̀:rí:stə | -tə^(r)/ *n.* =northeaster. 〘《短縮》: ⇨ nor'-〙

Nor·een /nɔ:rí:n, ⁻⁻ | ⁻⁻, ⁻⁻⁻/ *n.* ノーリーン (女性名). 〘□ Ir. *Nōirin* (dim.) ← NORA〙

No·rel·co /nɔ:rélkou | -kəu/ *n.* 〘商標〙 ノレルコ (米国 North American Philips 社製の家庭用小型電気製品; 電気かみそり・コーヒーメーカーなど).

nor·ep·i·neph·rine /nɔ:rèpənéfrɪ̀n | -èpɪnéfri:n, -frɪn/ *n.* 〘生化学〙 ノルエピネフリン ($(HO)_2C_6H_3CH(OH)CH_2NH_2$) (副腎中に存在するホルモン; arterenol, levarterenol, noradrenaline ともいう). 〘(1948) ← NOR- + EPINEPHRINE〙

nor·eth·in·drone /nɔ:réθɪ̀ndròun | -θɪndràun/ *n.* 〘薬学〙 ノルエシンドロン (経口避妊薬にも用いる合成ホルモン). 〘← NOR- + *ethin(yl)* (《異形》 ← ETHYNYL) + *-dr-* (↓) + (TESTOSTER)ONE〙

nor·e·thy·no·drel /nɔ̀:rəθáɪnədrəl, nɔ:rèθənədrèl | -drɪ̀l, -drèl/ *n.* 〘薬学〙 ノルエシノドレル (norethindrone と構造が類似しているホルモン物質; 経口避妊薬にも用いる). 〘(1957) ← NOR- + *ethyno-* (← ETHYNYL) + *-dr-* (← ? ANDROGEN) + *-el* (《変形》 ← -AL³)〙

Norf. 《略》 Norfolk.

Nor·folk¹ /nɔ́əfək | nɔ́:-/ *n.* ノーフォーク (イングランド東部の北海に面する州; 面積 5,353 km², 州都 Norwich). 〘OE *Norðfolc*: ⇨ north, folk〙

Nor·folk² /nɔ́əfək, -fɔ:k, -fouk | nɔ́:fək/ ノーフォーク (米国 Virginia 州南東部の港市・工業都市; 米国大西洋岸最大の海軍基地). 〘↑〙

Nór·folk Bróads /nɔ́əfək- | nɔ́:-/ *n.* [the ～] ノーフォークブローズ (イングランド東部 Norfolk 州の湖沼地方; ⇨ broad *n.* 2).

Nórfolk cóat *n.* =Norfolk jacket.

Nórfolk dúmpling *n.* 《英》 **1** ノーフォーク風蒸しだんご (Norfolk 名物料理). **2** ノーフォーク人. 〘*c*1600〙

Nórfolk Ísland *n.* ノーフォーク島 (New Caledonia 島と New Zealand との間にあるオーストラリア領の島; Cook が 1774 年に発見した; 面積 34 km²). 〘1778〙

Nórfolk Ísland píne *n.* 〘植物〙 シマナンヨウスギ (*Araucaria excelsa*) (Norfolk Island およびオーストラリア産の針葉樹で, 木材・観賞用に用いられる; Norfork pine ともいう). 〘1803〙

Nórfolk jácket, n- j- *n.* ノーフォークジャケット, ノーフォーク型上衣 (前と後に箱ひだがあり腰にベルトの付いたシングルの上衣). 〘(1866) ← NORFOLK¹〙

Nórfolk píne *n.* 〘植物〙 =Norfolk Island pine.

Nórfolk plóver *n.* 〘鳥類〙 =stone curlew. 〘1768〙

Nórfolk réed *n.* 〘植物〙 ヨシ (common reed) (*Phragmites australis* (=*communis*)) (イングランド東部で屋根を葺(ふ)くのに栽培される).

Nórfolk térrier *n.* ノーフォークテリア (英国原産の耳の折れた肢(あし)の短い小さなテリア). 〘1964〙

Nórfolk trótter *n.* ノーフォークトロッター (イングランド Norfolk 地方で古くから生産されており, のちに hackney 種の祖先となった馬).

NÓR gàte *n.* 〘電算〙 =NOR circuit.

Nor·ge /*Norw.* nɔ́rgə/ *n.* ノルゲ (Norway のノルウェー語名).

no·ri·a /nɔ́:riə; *Sp.* nórja/ *n.* (スペインや東洋で水を汲むのに用いる)バケツの付いた下射式水車 (cf. waterwheel 2). 〘□ Sp. ～ □ Arab. *nā'ūra^h*〙

Nor·i·cum /nɔ́(:)rɪkəm, ná(:)r- | nɔ́r-/ *n.* ノリクム (古代ヨーロッパ中部にあったローマの州; ほぼ現在のオーストリアの Danube 川以南の地に当たる).

No·rie·ga /nɔ:riéɪgə | nɔr-; *Am.Sp.* norjéɣa/, **Manuel Antonio** *n.* ノリエガ (1934?–　; パナマの軍人・政治家; 同国の最高実力者となるが, 1989 年米軍の侵攻をうけ, 翌年投降).

nor·ite /nɔ́:raɪt/ *n.* 〘岩石〙 ノーライト (曹灰長石・斜方輝石を主成分とする一種の斑糲(はんれい)岩). 〘(1878) □ Norw. *norit* ← *Norge* Norway + *-it* '-ITE¹'〙

nork /nɔ́ək | nɔ́:k/ *n.* [通例複数形で] 《豪口語》 乳房, おっぱい. 〘(1962) ?〙

nor·land /nɔ́ələnd | nɔ́:-/ *n.* 《古》 =northland. **～·er** *n.* 〘(*a*1578) ← NOR'- + LAND¹〙

nor·leu·cine /nɔəlú:si:n, -sɪ̀n, -sn̩ | nɔ:lú:si:n, -ljú:-, -saɪn/ *n.* 〘生化学〙 ノルロイシン, α-アミノマルカプロン酸 ($CH_3(CH_2)_3CH(NH_2)COOH$) (アミノ酸の一種で leucine や isoleucine の異性体). 〘← NOR- + LEUCINE〙

norm /nɔ́əm | nɔ́:m/ *n.* **1 a** 標準, 規準 (standard); 規範, 模範, ノルム: ⇨ social norm. **b** 一般標準, 平均水準. **c** (特定人間集団の)典型的行動様式. **2** (労働者が一日分の賃金を得るために必要な仕事の)労働規準量, 責任量, ノルマ: fulfil the ～ (仕事の)規定量を仕上げる / production ～s 責任生産量. **3** 〘数学〙 ノルム (数の絶対値やベクトルの大きさを一般化した概念). **4** 〘教育〙 **a** (一定の年齢・学歴などの多数の人々の平均値による)知能発達規準, 平均. **b** (特定グループの同一テストによる)平均成績[学力]. **5** 〘岩石〙 ノルム (岩石の化学組成より一定の方式に従って算出した鉱物の重量百分率). 〘(1821) 《転訛》 ← NORMA〙

Norm /nɔ́əm | nɔ́:m/ *n.* **1** ノーム (男性名; Norman の愛称). **2** 《豪》 筋骨たくましくないオーストラリア男性の典型. 〘(1975): 健康増進キャンペーンに使われた漫画のキャラクターから〙

norm. 《略》 normal; normalized.

Norm. 《略》 Norman.

norm- /nɔəm | nɔ:m/ (母音の前にくるときの) normo- の異形.

nor·ma /nɔ́əmə | nɔ́:-/ *n.* (*pl.* **nor·mae** /-mi:/) **1** = norm. **2** [N-] 〘天文〙 じょうぎ(定規)座 (南天の星座; the Rule, the Square (level) ともいう). 〘(1: *a*1676; 2:

1840)▭L *nōrma* carpenter's square, rule, pattern: cf. normal〗

Nor·ma /nɔ́ːəmə | nɔ́ː-; *It.* nɔ́rma/ *n.* ノーマ《女性名》. ★ Bellini のオペラ *Norma*「ノルマ」(1831) の成功以来一般化した名; 米国に多い. 〖← ? L *nōrma* (↑)〗

normae *n.* norma の複数形.

nor·mal /nɔ́ːəmət, -mɫ | nɔ́ː-/ *adj.* **1** 〈物・事が〉規格通りの, 標準的な (standard); 正規の (regular); 正常の, 尋常[普通]の (usual); 平均の (average): a ~ condition 常態 / the ~ procedure 正規の手続き / the ~ temperature (人体の)平温, 平熱 / ~ times 平時 / ~ working hours 平均[標準]労働時間 / the ~ year 平年. **2** 標準となる, 代表的な, 典型的な (typical): a ~ child of seven years 7 歳の標準児. **3** 〘数学〙 **a** 〈線が〉直角をなす, 垂直の (perpendicular). **b** 正規の; 標準の: a ~ form 標準形 / ⇨ normal equation. **c** 〈行列が〉正規の《自分自身の共役転置行列と交換可能な行列についていう》. **4** 〘生理・医学〙 **a** 〈実験動物が〉正常の, 実験処置を受けていない: a ~ animal. **b** (伝染・接種などの結果でなく) 自然に発生する. **5** 〘心理〙 **a** 〈知力・性情などの心理的特性が〉一般並みの, 平均的な: the ~ intelligence 平均的な知能. **b** 〈精神状態が〉異常のない, 正常な, 常態の (sane). **6** 〘化学〙 **a** 〈溶液濃度が〉規定の《記号 N》: ⇨ normal solution. **b** 〈脂肪・炭化水素が〉炭素直鎖をもつ (cf. nor-). **c** 〈塩が〉正の: a ~ salt 正塩.
— *n.* **1** 標準, 典型 (standard). **2** 常態 (normality); 平均, 中庸 (average); 平温, 平熱: be back to ~ again 再び常態[正常]に戻る. **3** 〘数学〙 垂線, 垂直面; 法線 (normal line). **4** 〘教育〙 =normal school. **5** 〘心理〙 **a** (心理的特性が)一般並みの人. **b** 正常な知能. **6** 〘物理〙 平均量. **7** 〘化学〙 規定. ***abòve* [*belòw*] *nórmal*** 標準以上[以下]で: His temperature is *above* [*below*] ~. 体温は平熱以上[以下]だ.
〖(1530)▭L *nōrmālis* made according to a norm: ⇨ norma, -al[1]〗

SYN 普通の: **normal** 確立された規範と一致している (↔ abnormal): *normal* growth 正常な発育. **regular** 規定された標準に合致する (↔ irregular): Eight o'clock is my *regular* hour of rising. 8 時が私の普通の起床時間である. **general** 特殊・専門的でなく一般的で普通の: This book is not for *general* readers. この本は一般の読者向きではない. **natural** ある人にとって普通の: with the bravery that is *natural* to him 持ち前の勇敢さで. ⇨ usual. **ANT** abnormal, irregular.

nórmal áxis *n.* 〘航空〙 上下軸 (⇨ axis[1] 7).

nórmal céll *n.* 〘電気〙 =standard cell.

nórmal cúrve *n.* 〘統計〙 正規曲線 (⇨ Gaussian curve). 〖1893〗

nórmal cút *n.* 〘電気〙 =X-cut.

nor·mal·cy /nɔ́ːəmətsi, -mɫ- | nɔ́ː-/ *n.* 常態: a return to ~ 常態への復帰. ★ 主に米国で政治・経済状態について用いる. 〖(1857) ← NORMAL＋-CY〗

nórmal dispérsion *n.* 〘物理〙 正常分散, 常分散, 正分散《波の振動数の増加に伴って位相速度が単調に減少する分散》.

nórmal distribútion *n.* 〘統計〙 正規分布 (⇨ Gaussian distribution). 〖1897〗

nórmal distribútion fùnction *n.* 〘統計〙 正規分布関数《正規分布をなす確率変数の分布関数》.

nórmal divísor *n.* 〘数学〙 =normal subgroup.

nórmal equátion *n.* 〘数学〙 正規[標準]方程式.

nórmal equívalent dèviate *n.* 〘統計〙 正規偏差値《正規分布関数 (normal distribution function) $F(x)$ に対し, $F(x)=x$ を満たす値》.

nórmal fáult *n.* 〘地質〙 正断層《上盤が下盤に対して相対的にずり下がった断層; cf. reverse fault》. 〖1876〗

nórmal fórm *n.* 〘論理〙 標準形《論理式の特定な形の一種》: a conjunctive [disjunctive, prenex] ~ 連言[選言, 冠頭]標準形. 〖1948〗

nor·mal·i·ty /nɔəmǽləṭi | nɔːmǽlɨ̀ti/ *n.* **1** 正規, 常態. **2** 〘化学〙 規定度《溶質の溶液 1 リットル中のグラム当量数で表した溶液の濃度》. 〖(*a*1849) ← NORMAL＋-ITY: cf. F *normalité*〗

nor·mal·i·za·tion /nɔ̀əməlɨ̀zéɪʃən, -mɫ- | nɔ̀ːməlaɪ-, -lɪ-, -mɫ-/ *n.* **1** 標準化. **2** 正常化: the ~ of Sino-Japanese relations 日中関係の正常化. **3** 〘冶金〙 焼きならし. **4** 〘社会福祉〙 ノーマリゼーション《障害者を社会から隔離しないで, 正常者と同じ日常生活の中でケアしようとする福祉運動》. 〖(1882): ⇨ ↓, -ation〗

nor·mal·ize /nɔ́əməlàɪz, -mɫ- | nɔ́ː-/ *vt.* **1 a** 標準的にする, 標準に一致させる, 常態にする. **b** 〈関係・国交などを〉正常化する: ~ relations with China 中国との国交を正常化する. **2** 〘冶金〙 〈鋼などを〉焼きならしする《組織の均一化などのために, 加熱後大気中に放冷する》. **3 a** 〘数学・統計〙 正規化する, 規準化する. **b** 〘電算〙 〈浮動小数点数の仮数部を〉正規化する《1.0 より小さく 0.1 以上の値となるようにする》. — *vi.* 〈価格などが〉標準[正常]化する.
nór·mal·ìz·a·ble *adj.* 〖(1865) ← NORMAL＋-IZE〗

nór·mal·ìz·er *n.* **1** 標準化するもの[人], 規格化するもの[人]. **2** 〘数学〙 正規化群《群の部分集合 S に対し, $S=x^{-1}Sx$ となるような x のつくる部分群のこと》. 〖(1926): ⇨ ↑, -er[1]〗

nor·mal·ly /nɔ́əməli, -mɫi | nɔ́ː-/ *adv.* **1** 標準的に, 順当に; 正常に; 正規に (regularly). **2** 常態[普通]では; 一般に, 通常. 〖(1597) ← NORMAL＋-LY[1]〗

nórmally áspirated *adj.* 〈エンジンが〉自然吸気の《ターボチャージャー[スーパーチャージャー]を装備していない》.

nórmal magnificátion *n.* 〘光学〙 基準倍率《顕微鏡・望遠鏡など光学機械の射出瞳の直径が瞳口径に等しい時の光学機械の倍率; 明るさの点で有利な倍率で, efficient magnification ともいう》.

nórmal mátrix *n.* 〘数学〙 正規行列.

nórmal móisture capàcity *n.* 〘土壌〙 =field capacity.

nórmal orthógonal *adj.* 〘数学〙 =orthonormal.

nórmal pítch *n.* 〘機械〙 (インボリュート歯車の)法線ピッチ.

nórmal príce *n.* 〘経済〙 正常価格《長期的に見た平均価格; normal value ともいう; cf. market price》.

nórmal prófit *n.* 〘経済〙 正常利潤.

nórmal ránge *n.* 〘医学〙 (検査成績などの)正常範囲, 正常域.

nórmal sáline solùtion *n.* 〘医学〙 生理食塩液[水]. 〖1924〗

nórmal schòol *n.* 〘教育〙 師範学校《high school 卒業後 2 年課程の学校; 主にヨーロッパ大陸での呼称; 英国には昔からなく, 米国では 19 世紀半ばから 20 世紀にかけて存在し, 今は 4 年制で teachers college と改称; cf. COLLEGE of education》. 〖(1834)《なぞり》← F *école normale*〗

nórmal shóck *n.* 〘物理・航空〙 垂直衝撃波《マッハ数 1 に近い超音速で飛ぶ物体の先端近くにできる進行方向に垂直の衝撃波; normal shock wave ともいう; cf. oblique shock》.

nórmal solútion *n.* 〘化学〙 規定液《溶液の濃度を当量濃度で表したもの; 濃度記号に 'N' を用いる》. 〖1863〗

nórmal spáce *n.* 〘数学〙 正規空間《交わらない二つの閉集合が, 常にそれらを含む開集合で分離される位相空間 (topological space); cf. completely normal space》.

nórmal státe *n.* 〘物理〙 =ground state. 〖1914〗

nórmal súbgroup *n.* 〘数学〙 正規部分群《群の部分群 H のうち, どのような x に対しても $H=x^{-1}Hx$ を満たすようなもの; normal divisor ともいう》.

nórmal tàx *n.* 標準課税.

nórmal válue *n.* 〘経済〙 =normal price.

nórmal Zéeman effèct *n.* 〘物理・光学〙 正常ゼーマン効果《磁場中においた物質の 1 本のスペクトル線が単純な 3 本のスペクトル線に分裂するなどの(軌道角運動量にかかわる)現象; cf. Zeeman effect》.

nor·man /nɔ́ːəmən | nɔ́ː-/ *n.* 〘海事〙 ノーマン: **a** ロープがはずれるのを防ぐために, ビットや支柱に差し込む棒. **b** 舵の脱落を防ぐために舵頭に差し込む栓. 〖← ?: cf. Du. *noorman* / G *Normann*〗

Nor·man[1] /nɔ́əmən | nɔ́ː-/ *n.* **1** ノルマン民族の人, ノルマン人《もと Scandinavia に住み, 10 世紀初めに Normandy を征服してそこに定住した Norseman》. **2** ノルマンフランス人, ノルマン人《1066 年に英国を征服したノルマン人とフランス人の混合民族》. **3** Normandy 地方の先住民. **4** ノルマン語, ノルマンフランス語 (Norman French).
— *adj.* **1** ノルマンディー (Normandy) の; ノルマン民族の (cf. n. 1): ~ kings. **2** 〘建築〙 ノルマン式建築の, ノルマン様式の (cf. Norman architecture). 〖(?*a*1200)▭OF *Normans, Normanz* Northmen (pl.) ← *Normant* (F *Normand*)▭ON *Norðmaðr, -menn* (pl.) (cf. OE *Norþmann, -menn* (pl.)): ⇨ north, man[1]: cf. Northman〗

Nor·man[2] /nɔ́əmən | nɔ́ː-/ *n.* ノーマン《男性名》. ★ 元来スコットランドで Gael. *Tormod* の代用として一般的に用いられ, 19 世紀よりイングランドでも一般化した. 〖OE *Norðman* (原義) 'NORTHMAN'〗

Nor·man[3] /nɔ́əmən | nɔ́ː-/ *n.* ノーマン《米国 Oklahoma 州中部の都市》.

Nor·man /nɔ́əmən | nɔ́ː-/, **Greg(ory John)** *n.* ノーマン《1955– ; オーストラリアのゴルファー》.

Norman, Jessye *n.* ノーマン《1945– ; 米国のソプラノ歌手; 力強い歌唱で知られる》.

Norman, Montagu Collet *n.* ノーマン《1871–1950; 英国の財政家; イングランド銀行総裁 (1920–44); 称号 1st Baron Norman of St. Clere》.

Nórman árch *n.* 〘英〙 ノルマンアーチ《半円形アーチ; 特にイングランドのノルマン人が発達させたもの; Roman arch ともいう》.

Nórman árchitecture *n.* 〘建築〙 ノルマン式建築《1000 年頃に Normandy 地方を中心に多数建てられた後期ロマネスクの様式; 英国ではノルマン人の征服(1066 年)以後伝わり 11 世紀末まで続いた; 半円アーチ・太い柱などを特徴とする》.

Nórman Cónquest *n.* [the ~] ノルマン人の征服《1066 年ノルマンディー公 William (the Conqueror) の率いるノルマン人の軍が上陸し, Hastings の戦いで Anglo-Saxons を打ち破ってイングランドを征服した; 単に the Conquest ともいう》. 〖1605〗

Nor·mande /nɔəmǽnd | nɔːmáːnd; *F.* nɔʁmɑ̃ːd/ *adj.* 〈料理が〉ノルマンディー風の《りんご, りんご酒, または Calvados を使って料理された》. 〖(*c*1929)▭F (fem.) ← *normand* 'NORMAN[1]'〗

Nor·man·din /nɔ́əmɑ̃ː(n)dǽ(ŋ), -dǽŋ | nɔ́ː-; *F.* nɔʁmɑ̃dɛ̃/ *n.* 〘商標〙 ノルマンダン《フランス産のコニャック》.

Nor·man·dy /nɔ́əməndi | nɔ́ː-/ *n.* ノルマンディー《イギリス海峡に面したフランス北西部地方; 10 世紀初めに侵入してきたバイキングによって公国が成立, Norman Conquest 以後はイングランドの王室御料地となったが, 1450 年フランスに併合; 第二次大戦末期に連合国軍が対独反攻上陸作戦を行った (1944)》.

Nórman dýnasty *n.* [the ~] ノルマン朝《1066 年 Norman Conquest により即位した William 一世を開祖とし, 1154 年まで続いたイングランドの王朝》.

Nórman Énglish *n.* ノルマン英語《Norman Conquest 後に Norman-French の影響を受けた英語》. 〖1589〗

Nor·man·esque /nɔ̀əmənésk | nɔ̀ː-/ *adj.* 〘建築〙 ノルマン式の (cf. Norman architecture). 〖(1844): ⇨ -esque〗

Nórman-Frénch *n.* **1** ノルマンフランス語: **a** ＝Anglo-Norman 2. **b** ＝law French. **2** (現代の) Normandy 地方のフランス語方言. 〖1605〗

Nór·man·ìsm /-nìzm/ *n.* **1** ノルマン風; ノルマン主義, ノルマン人びいき. **2** ノルマン的語法. 〖(1647) ← NORMAN＋-ISM〗

Nor·man·ize, n- /nɔ́əmənàɪz | nɔ́ː-/ *vt.* 〈流儀・性格・文化・言語などを〉ノルマン風にする, ノルマン化する. — *vi.* ノルマン風になる. **Nor·man·i·zation, n-** /nɔ̀əmənɨ̀zéɪʃən | nɔ̀ːmənaɪ-, -nɪ-/ *n.* 〖vi.: (1623); vt.: (*a*1861)〗

Nórman-shíeld *n.* 〘紋章〙 =heater-shield.

Nórman stýle *n.* 〘建築〙 =Norman architecture.

nor·ma·tive /nɔ́əməṭɪv | nɔ́ːmət-/ *adj.* **1** 標準[規準]の, 標準[規準]を定める. **2** 〘文法〙 慣用規準に関する, 規範に従う, 規範的な (prescriptive): ~ grammar 規範文法. **3** 〘哲学・倫理〙 規範に関する, 規範的な: ~ ethics 規範(的)倫理学 / ~ science 規範(科)学 / ~ law 規範(的)法則. **4** 〘岩石〙 ノルムの[に関する]. **~·ly** *adv.* **~·ness** *n.* 〖(1880)▭F *normatif, -ive* ← *norme* norm▭L *nōrma* carpenter's rule: ⇨ norma, -ative〗

nórmative míneral *n.* 〘鉱物〙 ノルム鉱物《岩石の化学組成より一定の方式に従って算出した仮想の鉱物; standard mineral ともいう》.

normed *adj.* 〘数学〙 ノルムの定義された《絶対値ないし長さに相当する概念の定義されたベクトル空間についていう》. 〖(1935) ← NORM＋-ED〗

nórmed spáce *n.* 〘数学〙 ノルム空間《各ベクトルにノルム (norm) が定義されているベクトル空間》. 〖1972〗

nor·mo- /nɔ́əmoʊ | nɔ́ːməʊ/「正常な (normal); 標準 (norm)」の意の連結形. ★ 母音の前では通例 norm- になる. 〖← L *nōrma*〗

nor·mo·blast /nɔ́əməblæ̀st | nɔ́ː-/ *n.* 〘解剖〙 正赤芽球《正赤血球の前段階の細胞》. 〖(1890): ⇨ ↑, -blast〗

nor·mo·cyte /nɔ́əməsàɪt | nɔ́ː-/ *n.* 〘解剖〙 正赤血球《普通の大きさ・構造の赤血球》. 〖(1900) ← NORMO-＋-CYTE〗

nòrmo·glycémia *n.* 〘医学〙 正常血糖《血中のブドウ糖濃度が正常であること; cf. hyperglycemia, hypoglycemia》.

nòrmo·ténsive 〘医学〙 *adj.* 正常血圧の, 正圧性の, 常圧性の (cf. hypertensive, hypotensive). — *n.* 正常血圧者. 〖(1941) ← NORMO-＋TENSIVE〗

nor·mo·ther·mi·a /nɔ̀əməθə́ːmiə | nɔ̀ːməθə́ː-/ *n.* 〘医学〙 正常体温, 平熱. **nor·mo·ther·mic** /nɔ̀əməθə́ːmɪk | nɔ̀ːməθə́ː-/ *adj.* 〖(1959) ← NL ~ ← NORMO-＋*thermia* (← Gk *thérmē* heat＋L *-ia*: ⇨ therm, -ia[1])〗

nórm-rèferenced *adj.* 〘教育〙 集団準拠の《各測定値を基準集団の示す測定の分布の中で相対的に位置づける測定方式; cf. criterion-referenced》.

Norn[1] /nɔ́ən | nɔ́ːn/ *n.* [通例 the (three) ~s] 〘北欧神話〙 (三人の)ノルン《運命の女神; 宇宙樹 (Ygdrasil) の根元の泉のわきに住む; 過去を司る Urd, 現在を司る Verdandi, 未来を司る Skuld の三女神》. 〖(1770) ← ON *norn* (原義) the whisperer ← ? Gmc **snor-* ← IE **(s)ner-* to snarl, mutter: cf. sneer, snore〗

Norn[2] /nɔ́ən | nɔ́ːn/ *n.* ノルン語《Orkney 諸島, Shetland 諸島およびスコットランド北部で使用された中世西スカンジナビア語; 1750 年までに死滅した》. 〖(*a*1688)▭ON *norrœnna* ← *norðr* north〗

nòr·nícotine *n.* 〘化学〙 ノルニコチン ($C_9H_{12}N_2$)《ケンタッキー種たばこの葉に含まれるニコチン近縁のアルカロイド; 殺虫剤に用いる》. 〖← NOR-＋NICOTINE〗

nor'-nor'-east /nɔ̀ənɔːríːst | nɔ̀ː-/ *n., adj., adv.* 〘海事〙 =north-northeast. 〖(1594) ← NOR'-〗

nor'-nor'-west /nɔ̀ənɔəwést | nɔ̀ː-/ *n., adj., adv.* 〘海事〙 =north-northwest. 〖← NOR'-〗

Norodom Sihanouk *n.* ⇨ Sihanouk.

Nor·pace /nɔ́əpeɪs | nɔ́ː-/ *n.* 〘商標〙 ノーペイス《米国 G. D. Searle 社製の抗不整脈剤; 一般名はリン酸ジソピラミド (disopyramide phosphate)》.

Nor·plant /nɔ́əplæ̀nt | nɔ́ːplɑ̀ːnt/ *n.* 〘商標〙 ノルプラント《合成黄体ホルモンの結晶を短小マッチ棒大のミニカプセルに封入した皮下埋込み式避妊薬》.

Nor·ris /nɔ́(ː)rɨs, nɑ́(ː)r- | nɔ́rɪs/ *n.* ノリス《男性名》. 〖ME *Norreis*▭AF *nor(r)eis* northerner〗

Nor·ris /nɔ́(ː)rɨs, nɑ́(ː)r- | nɔ́rɪs/, **(Benjamin) Frank(lin)** *n.* ノリス《1870–1902; 米国の小説家; C. G. Norris の兄; *McTeague* (1899), *The Octopus* (1901)》.

Norris, Charles Gilman *n.* ノリス《1881–1945; 米国の小説家・編集者》.

Norris, George William *n.* ノリス《1861–1944; 米国の上院議員 (1913–43); 憲法修正第 20 条 (俗称 Lame Duck Act) の成立に貢献》.

Norris, Kathleen *n.* ノリス《1880–1966; 米国の小説家; C. G. Norris の妻; 旧姓 Thompson》.

Nor·rish /nɔ́(ː)rɪʃ, nɑ́(ː)r- | nɔ́r-/, **Ronald (George Wrey·ford** /réɪfəd | -fəd/**)** *n.* ノリッシュ《1897–1978; 英国の化学者; Nobel 化学賞 (1967)》.

Norr·kö·ping /nɔ́əʃəːpɪŋ | nɔ́ː-; *Swed.* nɔ̂rɕø̀ːpɪŋ/ *n.* ノルヒューピング《スウェーデン南東部の港市》.

Norr·land /nɔ́ələnd | nɔ́ː-; *Swed.* nɔ̌rːlànd/ *n.* ノルランド《スウェーデン北部の地方; 面積 243,262 km^2》.

Nor·roy /nɔ́(ː)rɔɪ, nɑ́(ː)r- | nɔ́r-/ *n.* 〘紋章〙 ⇨ NORROY and Ulster King of Arms, NORROY King of Arms.

Nórroy and Úlster Kíng of Árms [the —] (英国の紋章院 (College of Arms) の)ノロイ アルスター紋章官《上級紋章官 (King of Arms) の職名の一つで, 1943 年以降 Trent 川以北のイングランドと北アイルランドを管轄する; 単に Norroy ともいう; cf. NORROY King of Arms, ULSTER King of Arms》.

Nórroy Kíng of Árms [the —] 〘1485〙 (英国紋章院のもと)ノロイ紋章官《Trent 川以北のイングランドを管轄した上級紋章官; 単に Norroy ともいう; cf. NORROY and Ulster King of Arms》.
〖《1485》□ AF **norroi* ← *nor-* north＋*roy* king (⇨ royal)〗

Norse /nɔ́əs | nɔ́ːs/ *adj.* **1** 古代スカンジナビア(人, 語)の: ～ mythology 北欧神話. **2** 西スカンジナビア (Norway, Iceland, the Faeroe Islands) (語)の; (特に)ノルウェー(人, 語)の (Norwegian). — *n.* **1** [(the) ～; 複数扱い]古代スカンジナビア人; 西スカンジナビア人; (特に)ノルウェー人 (Norwegians). **2** 古期スカンジナビア語, 西スカンジナビア語; (特に)ノルウェー語 (Norwegian): ⇨ Old Norse.
〖《1598》□ Du. 《古形》 *noorsch* Scandinavian, Norwegian (Du. *Noors* Norwegian) 《変形》 ← *noordsch* (Du. *Noords*) northern ← *noord* 'NORTH': cf. Norw., Swed. & Dan. *Norsk* Norwegian, Norse〗

Norse·land /nɔ́əslənd | nɔ́ːs-/ *n.* Norse 人の国《ノルウェー (Norway) の異称》. 〖1840〗

Norse·man /nɔ́əsmən | nɔ́ːs-/ *n.* (*pl.* **-men** /-mən, -mɛ̀n/) **1** 古代スカンジナビア人, 古代北欧人《特に, 8–11 世紀に英国やフランスの北辺を侵略した海賊; Northman ともいう》. **2** スカンジナビア人, 北欧人 (Scandinavian); (特に)ノルウェー人 (Norwegian). 〖1817〗

Norsk /nɔ́əsk | nɔ́ːsk/ *adj.*, *n.* ＝Norse. 〖《1851》□ Norw., Swed. & Dan. ～〗

nor·te·ña /nɔətéɪnjɑː | nɔː-; *Am.Sp.* nɔrtéɲa/ *n.* (*also* **nor·te·ño** /-njoʊ | -njəʊ; *Am.Sp.* -ɲo/) 〘音楽〙 ノルテーニャ《Texas 州南部・メキシコ北部のにぎやかなポルカに似た民族音楽; スペイン語の歌詞が入り, アコーディオン・12 弦ギター・バイオリン・サキソフォーンなどで演奏される》. 〖□ Am.-Sp. ～ 'northern(er)' ← *norte* north □ (O)F *nord* □ OE *norþ* (↓)〗

nor·te·no /nɔətéɪnjoʊ | nɔːténjəʊ; *Am.Sp.* nɔrtéɲo/ *n.* **1** ノルテーニョ《メキシコ北部の住人》. **2** ＝norteña.

N

north /nɔ́əθ | nɔ́ːθ/ *n.* **1** [通例 the ～] 北, 北方, 北部 (略 N); 北部地方 (cf. arctic, boreal): ⇨ magnetic north / The cardinal points are ～, south, east and west. 基本方位は北・南・東・西(東西南北)である.
[日英比較] 英語では「東西南北」は通例この順序でいう / in [on, to] *the* ～ of …の北部に[北に接して, 北方に]. **2** [the N-] **a** ＝North Country. **b** 《米》北部諸州《南北戦争のとき北軍側についた Mason and Dixon's line と Ohio 以北の地方); (南北戦争のときの)北軍. **c** 北部気質. **3** [the N-] 先進国 (cf. south 3). **4** [しばしば N-] 北半球, (特に)北極地方: the frozen ～ 北方の極寒地帯. **5** 《詩》北風 (north wind). **6** [しばしば N-] 〘トランプ〙 (ブリッジなどで)ノース, 北家《テーブルで北の席にすわる人》. **7** (祭壇に向かって)教会堂の左側.
nórth by éast 北微東 (略 NbE).
nórth by wést 北微西 (略 NbW).
— *adj.* **1** 北の; [しばしば N-] (大陸・国などの)北部の, 北にある: the ～ latitude 北緯 / the ～ coast 北部海岸 / the *North* Atlantic 北大西洋. **2** 北に面した, 北向きの: ⇨ north light / a ～ window (画家などのアトリエに普通にある)北窓 / a house with a ～ aspect 北向きの家. **3** 〈風が〉北から吹く: a ～ wind 北風.
tóo fàr nórth 《英俗》 利口すぎる, 目から鼻に抜ける《England 北部の Yorkshire の住民は値切るとき抜け目がないといわれていることから》. 《1748》
— *adv.* 北に[へ], 北方に[へ]; 北部に: sail [go, look] ～ / due ～ 真北に / up ～ 北(の方)へ[に] / ～ of …の北方に / lie ～ and south 南北にわたって横たわる. ★ 風について言う時, 形容詞との連想からまれに「北から」を意味することがある: The wind is blowing ～. 風は北へ[(まれ) 北から] 吹いている. — *vi.* 北へ向かう; 北方へ針路を取る.
〖adj., adv.: OE *norþ* ← Gmc **narþ* north (Du. *noord* / G *Nord* / ON *norðr*) ← IE **nṛt(r)o-* ← **ner-* on the left; below. — n. 《c1200》 ← (adj.)〗

North /nɔ́əθ | nɔ́ːθ/, **Christopher** *n.* John Wilson の筆名.

North, Frederick *n.* ノース《1732–92; 英国の政治家, 首相 (1770–82); George 三世の寵臣で, 首相在任中アメリカ植民地の独立を招いた; 称号 2nd Earl of Guilford /gɪ́lfəd | -fəd/; 通称 Lord North》.

North, Sir **Thomas** *n.* ノース《1535?–?1601; 英国の翻訳家; *Plutarch's Lives* を Amyot の仏訳から英訳した (1579)》.

Nórth África *n.* 北アフリカ《特に熱帯雨林地帯の北の地域; モロッコ・アルジェリア・チュニジア・リビア・エジプトから成る》.

Nórth Áfrican *n.* 北アフリカ人. — *adj.* 北アフリカの; 北アフリカ人の.

North·al·ler·ton /nɔəθǽlətən, -tn | nɔːθǽlətən, -tn/ *n.* ノーサラトン《イングランド北部の都市; North Yorkshire 州の州都》.

Nórth América *n.* 北アメリカ(大陸), 北米《カナダからパナマまでの大陸地方および通例 Greenland, West Indies などの島も含む; 面積 24,258,000 km²; 狭義ではカナダとアメリカ本土; 略 NA》.

Nórth Américan *n.* 北アメリカ人, 北米人. — *adj.* 北米の; 北米人の: a ～ Indian.

Nórth Américan Énglish *n.* 北米英語《アメリカ英語およびカナダ英語》.

Nórth Américan Frée Tráde Agrèement *n.* [the ～] 北米自由貿易協定 (略 NAFTA).

North·amp·ton /nɔəθǽm(p)tən, nɔəθhǽm(p)- | nɔːθ-/ *n.* ノーサンプトン: **1** イングランド中部の都市; Northamptonshire 州の州都. ★ 現地の発音は /nəθǽm(p)tən/. **2** ＝Northamptonshire. **3** 米国 Massachusetts 州中部の都市. 〖OE *Hāmtūn* 《原義》 home farm: 11 世紀半ばに *Southampton* と区別するために *North-* がつけられた: ⇨ north, home, -ton〗

North·amp·ton·shire /nɔəθǽm(p)tənʃə, nɔəθhǽm(p)-, -ʃɪə | nɔːθǽm(p)tənʃə^(r), nɔːθhǽm-, -ʃɪə^(r)/ ★ 現地の発音は /nəθǽm(p)tən-/. *n.* ノーサンプトンシャー《イングランド中部の内陸州; 製靴業・農牧業が盛ん; 面積 2,370 km², 州都 Northampton》. 〖⇨ -shire〗

North·ants. /nɔ́əθænts | nɔ́ː-, ―⸗/ 《略》 Northamptonshire.

Nórth Atlántic Cúrrent [Dríft] *n.* [the ～] 北大西洋海流《Newfoundland 島沖から Norway 海に至る暖流; Gulf Stream ともいう》.

Nórth Atlántic Ócean *n.* [the ～] 北大西洋.

Nórth Atlántic Tréaty [Páct] *n.* [the ～] 北大西洋条約《西欧諸国集団防衛のため 1949 年 4 月, 米・英・カナダ・フランス・ベルギー・オランダ・ルクセンブルグ・ノルウェー・デンマーク・アイスランド・イタリアおよびポルトガルの 12 か国によって Washington, D.C. で結ばれた条約; 1952 年ギリシャ・トルコ, 55 年西ドイツ(現ドイツ), 82 年スペイン, 99 年チェコ・ハンガリー・ポーランド, 2004 年エストニア・ラトヴィア・リトアニア・ブルガリア・ルーマニア・スロヴァキア・スロヴェニアが加わった; Atlantic Pact ともいう》.

Nórth Atlántic Tréaty Organizàtion *n.* [the ～] 北大西洋条約機構 (略 NATO).

Nórth Báy *n.* ノースベイ《カナダ Ontario 州南東部の都市》.

Nórth Bórneo *n.* 北ボルネオ《Sabah の旧名》.

nórth·bòund *adj.* 北行きの, 北回りの; 〈貨物列車・船が〉北行きの便の: a ～ trip [train]. 〖1903〗

Nórth Brabánt *n.* ノルトブラバント(州)《オランダ南部の州; 面積 4,970 km², 州都 's Hertogenbosch; オランダ語名 Noordbrabant》.

Nórth Brítain *n.* スコットランド (の別称) (略 NB). ★ ただしスコットランド人はこの名称を嫌う. 〖1708〗

Nórth Bríton *n.* スコットランド人 (Scot). 〖1717〗

Nórth Cameróons *n.* 北カメルーン《旧英領カメルーン北部; 1961 年以降 Nigeria の一部: ⇨ Cameroon》.

Nórth Canádian Ríver *n.* [the ～] ノースカナディアン川《Oklahoma 州を東南東に流れる川; Oklahoma City を通って Eufaula Reservoir で Canadian 川に合流する》.

Nórth Cápe *n.* **1** ノールカップ(岬), ノール岬《ノルウェー北岸沖 Mageröy 島の岬; この東にヨーロッパ本土の最北端 Cape Nordkyn がある》. **2** ノース岬《ニュージーランド北島の北端》.

Nórth Carolína *n.* ノースカロライナ《米国南東部大西洋岸の州 (⇨ United States of America 表)》.

Nórth Carolínian *adj.* (米国) North Carolina 州(人)の. — *n.* North Carolina 州人.

Nórth Cascádes Nátional Párk *n.* ノースカスケード国立公園《米国 Washington 州北部にあり, 山岳・湖・氷河などで有名, 1968 年指定; 面積 2,044 km²》.

Nórth Cáucasus *n.* [the ～] 北カフカス《ロシア連邦南西部, 黒海の東方の地域; 農牧業が行われる; 面積 293,200 km²》.

Nórth Chánnel *n.* [the ～] ノース海峡《スコットランドと北アイルランドとの間の海峡》.

Nórth Chárleston *n.* ノースチャールストン《米国 South Carolina 州南東部の港市》.

North·cliffe /nɔ́əθklɪf | nɔ́ːθ-/, 1st Viscount *n.* Alfred Charles William HARMSWORTH の称号.

Nórth Cóuntry, n- c- *n.* [the ～] **1 a** イングランド北部, 北イングランド《イングランド Humber 川以北の地方》. **b** Britain 島北部. **2** 米国 Alaska 州とカナダの Yukon 地方を含む地域. 〖1297〗

Nórth-Cóuntryman, North-c- *n.* (*pl.* **-men**) 《英》 北イングランドの人. 〖1706〗

Northd 《略》 Northumberland.

Nórth Dakóta *n.* ノースダコタ《米国北中部の州 (⇨ United States of America 表)》.

Nórth Dakótan *adj.* (米国) North Dakota 州(人)の. — *n.* North Dakota 州人.

Nórth Dówns *n. pl.* [the ～] ⇨ Downs.

north·east /nɔ̀əθíːst | nɔ̀ːθ-⸗/ ★ 《海事》の発音は /nɔ̀ːríːst⸗/ *n.* **1** [通例 the ～] 北東 (略 NE); 北東部[地方]. **2** [the N-] **a** 米国北東部, (特に) New England 地方. **b** 《英》 イングランド北東部, (特に) Northumberland と Durham 地方. **3** 《詩》 北東風.
northéast by éast 北東微東 (略 NEbE).
northéast by nórth 北東微北 (略 NEbN).
— *adj.* (*also* **northeastern**) **1** 北東(方)の, 北東にある. **2** 北東に面した[に向かう], 北東向きの. **3** 〈風が〉北東から吹く: a ～ wind.
— *adv.* 北東(方)へ[に] (⇨ north ★).
〖OE *norðēast*〗

north·east·er /nɔ̀əθíːstə | nɔ̀ːθíːstə^(r)/ *n.* 北東の強風. 〖《1774》: ⇨ ↑, -er¹〗

nòrth·éast·er·ly *adj.* 北東の; 〈風が〉北東から吹く. — *adv.* 北東へ[から]. — *n.* 北東風. 〖《1739》: ⇨ ↑, -ly^(1,2)〗

north·east·ern /nɔ̀əθíːstən | nɔ̀ːθíːstən⸗/ ★ 《海事》の発音は /nɔ̀ːríːstən | -tən⸗/ *adj.* **1** 北東の, 北東にある[に面した], 北東への[に向かう]; 〈風が〉北東から吹く. **2** [N-] 《米》 米国北東部の, 北東部特有の; (特に)ニューイングランド地方(特有)の. **south·éast·ern·mòst** /-mòʊst | -məʊst/ *adj.* 〖《1841》 ← NORTH＋EASTERN〗

North·east·ern·er /nɔ̀əθíːstənə, -tə- | nɔ̀ːθíːstənə^(r)/ *n.* **1** 北東部出身者. **2** 《米》 米国北東部の住民.

Nórth Éast Frontíer Àgency *n.* [the ～] 北東辺境特別行政地域《Arunachal Pradesh の旧名》.

Nórtheast Pássage *n.* [the ～] 北東航路《北大西洋からユーラシア大陸の北岸に沿って太平洋に出る航路で, 一時は東洋への新航路と考えられた; cf. Nordenskjöld, Northwest Passage》.

north·east·ward /nɔ̀əθíːstwəd | nɔ̀ːθíːstwəd⸗/ ★ 《海事》の発音は /nɔ̀ːríːst-⸗/ *adv.* 北東(方)へ[に]. — *adj.* 北東にある, 北東に向いた, 北東側の. — *n.* [通例 the ～] 北東(方) (northeast). 〖《1553》 ← NORTH-EAST＋-WARD〗

nòrth·éast·ward·ly *adv.*, *adj.* ＝northeasterly. 〖《1796》: ⇨ ↑, -ly^(1,2)〗

nòrth·éast·wards /-wədz | -wədz/ *adv.* ＝northeastward. 〖⇨ -wards〗

Nórth Equatórial Cúrrent *n.* [the ～] 北赤道海流《太平洋・大西洋の赤道の北に生じ, 西流する海流》.

north·er /nɔ́əðə | nɔ́ːðə^(r)/ *n.* **1** (強い)北風. **2** 《米》 ノーザー《冬期に米国 Texas 州南西部平原またはメキシコ湾一帯に吹く寒冷北風; cf. blue norther》. 〖《1827》 ← NORTH＋-ER¹〗

nórth·er·ly *adj.* **1** 北寄りの, 北方[側]の, 北向きの: a ～ course. **2** 〈風が〉北から吹く: a ～ wind 北風. — *adv.* **1** 北方に[へ], 北側へ, 北寄りに. **2** 〈風が〉北から吹く: The wind blows ～. — *n.* 北風. **nórth·er·li·ness** *n.* 〖《1551》 ← ? 《廃》 *norther* (< OE *norþerra* (compar.) ← *norþ* 'NORTH' (adv.))＋-LY^(1,2)〗

north·ern /nɔ́əðən | nɔ́ːðən/ *adj.* **1 a** 北の, 北にある; 北寄りの. **b** 北へ向かう, 北へ進む. **2** [しばしば N-] 北部地方の, 北部出[産]の; 北部[国]独特の: ～ people [habits] 北国の人々[風習]. **3** 〈風が〉北から吹く (northerly): a ～ wind. **4** [N-] 《米》 北部諸州(から)の: the *Northern* States (米国)北部諸州. **5** 〘天文〙 天球赤道[黄道帯]より北方の, 北天の: a ～ constellation 北天の星座. **6** [N-] 北部方言[語]の. — *n.* [N-] 《米》 **1** 北部語《New England, New York 州, New Jersey 州北部, Ohio, Indiana, Illinois, Iowa, South Dakota 各州の北部および Michigan, Wisconsin, Minnesota, North Dakota の各州で用いられる; Northern dialect ともいう; cf. southern 1》. **2** 《方言》 ＝Northerner.
〖OE *norþern(e)*: ⇨ north, -ern〗

North·ern /nɔ́əðən | nɔ́ː-/ *n.* ノーザン《南アフリカ共和国北東部の州; 面積 123,280 km², 州都 Pietersburg; 旧名 Northern Transvaal (1993–95)》.

Nórthern blót *n.* 〘生物〙 ノーザンブロット法《アガロースゲル電気泳動で RNA 断片を分離し, ニトロセルロースに移して, DNA または RNA プローブを用いて検出する方法》.

Nórthern Cápe *n.* [the ～] 北ケープ, ノーザンケープ《南アフリカ共和国西部の州; 面積 361,800 km²; 州都 Kimberley》.

Nórthern Cír·cars /-sə́ːkɑəz | -sə́ːkɑːz/ *n.* ノーザンサーカーズ《インド東部 Andhra Pradesh 北東部地域の歴史的名称; Krishna 川以北の Bengal 湾に沿った地域; 1766 年英国に割譲された》.

Nórthern Cóalsack *n.* [the ～] 〘天文〙 北の石炭袋《白鳥座にある暗黒星雲》.

Nórthern Cróss *n.* [the ～] 〘天文〙 きたじゅうじ (北十字)座《はくちょう座 (Cygnus) の六つの星が形作る; cf. Southern Cross》. 〖*c*1909〗

Nórthern Crówn *n.* [the ～] 〘天文〙 きたのかんむり(北の冠)座 (⇨ Corona Borealis). 〖1594〗

Nórthern díalect *n.* ＝northern *n.* 1.

Nórthern Dviná *n.* [the ～] 北ドビナ(川)《ロシア連邦北西部を北に流れて, 白海の Dvina 湾に注ぐ川 (744 km)》.

North·ern·er, n- /nɔ́əðənə, -ðə- | nɔ́ːðənə^(r)/ *n.* 北部[国]人; (特に米国の)北部諸州の人, 北部人. 〖《1831》 ← NORTHERN＋-ER¹〗

nórthern hárrier *n.* 〘鳥類〙 ハイイロチュウヒ (*Circus cyaneus*)《タカ科の鳥; ヨーロッパ・アジア北部・北米に分布; hen harrier, marsh harrier, marsh hawk ともいう》. 〖1980〗

Nórthern Hémisphere, n- h- *n.* [the ～] **1** 北半球. **2** 〘天文〙 (天の)北半球《天球赤道より北方の半球》. 〖*c*1771〗

Nórthern Íreland *n.* 北アイルランド《アイルランド島北東部を占める地域で英国の一部; 英国残留を望むプロテスタント多数派とアイルランドへの併合を求める IRA などカトリック少数派の紛争が激しい; 面積 14,121 km², 主都 Belfast; ⇨ United Kingdom》.

Nórthern Ísles *n. pl.* [the ～] スコットランド北部の島々《Orkney 諸島と Shetland 諸島》.

North·ern·ism /nɔ́əðənɪzm | nɔ́ːðə-/ *n.* イングランド北部語法[訛(なま)り]《イングランド北部に特有な語・句・表現・発音; cf. Southernism 1》. 〖《1930》: ⇨ -ism〗

north·ern·ize /nɔ́əðənàɪz | nɔ́ːðə-/ *vt.* 《米》 北部的にする.

nórthern kíngfish *n.* 〘魚類〙 米国大西洋岸産のニベ科の魚 (*Menticirrhus saxatilis*).

nórthern líghts *n. pl.* [the ～] 北極光 (⇨ aurora borealis). 〖*c*1385〗

nór·thern·ly *adj.* 《まれ》 ＝northerly. 〖《1574》 ← NORTHERN＋-LY²〗

nórthern mámmoth *n.* 〖動物〗マンモス (⇨ mammoth 1).

Nórthern Mariána Íslands *n. pl.* [the ～] 北マリアナ諸島《Guam 島を除く Mariana 諸島の島々; 1947–76 年 Pacific Islands 信託統治領に属したが, 86 年以降米国の自治領 the Commonwealth of the Northern Mariana Islands (北マリアナ(諸島)連邦) を形成する; 行政の中心地は Saipan》.

nórthern·mòst *adj.* 最も北の, 最北端の. 〚1719〛

nórthern óriole *n.* 〖鳥類〗＝Baltimore oriole. 〚1974〛

Nórthern Paiúte *n.* **1** **a** [the ～(s)] ノーザンパイウート族《米国の California, Nevada, Oregon 州に住む Uto-Aztec 系の北米インディアンの一部族; cf. Paiute 1 a》. **b** ノーザンパイウート族の人. **2** ノーザンパイウート語《ショショーニ語群に属する》.

nórthern párula *n.* 〖鳥類〗アサギアメリカムシクイ (parula warbler).

nórthern phálarope *n.* 〖鳥類〗アカエリヒレアシシギ (*Phalaropus lobatus*)《北極圏で繁殖し, その期間以外はほとんど海上生活をするシギ類の一種》.

nórthern píke *n.* 〖魚類〗カワカマス (⇨ pike[1] 1). 〚1856〛

nórthern pórgy *n.* 〖魚類〗＝scup.

nórthern rèd cúrrant *n.* 〖植物〗アカフサスグリ (*Ribes rubrum*)《ヨーロッパからアジア北東部原産ユキノシタ科スグリ属の落葉低木; 赤い実は食用》.

Nórthern Rhodésia *n.* 北ローデシア《ザンビアの旧名 (1964 年まで)》.

Nórthern Sótho *n.* 北ソト諸語《バンツー系の Sotho 諸語のうち南アフリカ共和国北部で話される言語群; Pedi 語など》.

Nórthern Spórades *n. pl.* [the ～] 北スポラデス諸島 (⇨ Sporades 2).

Nórthern Spý *n.* 〖園芸〗キミガソデ《米国のリンゴの品種名; 赤い縞がある》. 〚1847〛

Nórthern Stár *n.* [the ～]〖天文〗＝North Star. 〚1600〛

Nórthern Térritories *n. pl.* 北部州《アフリカ西部にあった旧英国保護領 (1897–1957); 現在はガーナの北部地域》.

Nórthern Térritory *n.* [the ～] ノーザンテリトリー《オーストラリア中央北部の亜熱帯地方, 連邦政府の直轄地; 砂漠と大草原が多い; 略 NT; 面積 1,347,519 km^2, 主都 Darwin》.

nórthern whíte cédar *n.* 〖植物〗ニオイヒバ (*Thuja occidentalis*)《北米東部産ヒノキ科の高木》. 〚1926〛

Nórth Frígid Zòne *n.* [the ～] 北方寒帯《北極圏と北極との間の地域; ⇨ zone 挿絵》.

Nórth Frísian Íslands *n. pl.* [the ～] 北フリジア諸島 (cf. Frisian Islands).

Nórth Germánic *n.* 北ゲルマン語群《ゲルマン語族の一区分で, Icelandic, Faeroese, Norwegian, Swedish, Danish を含む》. 〚*c*1930〛

Nórth Hólland *n.* 北オランダ(州), ノルトホラント(州)《オランダ西部の州; 面積 2,912 km^2, 州都 Haarlem; オランダ語名 Noordholland》.

north·ing /nɔ́əθɪŋ, -ðɪŋ | nɔ́ː-/ *n.* **1** 〖測量・海事〗北航行程; 北距《ある地点とその後北寄りに進んで達した地点との緯度差; マイルで示す》: The ship made two miles' [very little] ～. (航海中に)船は 2 マイル北に寄った《北距 2 マイル》[ほとんど北に寄らなかった《北距 0 マイル程度》] (cf. easting). **2** 〖海事〗北航, 北進. **3** 〖天文〗北偏, 北方偏向 (north declination)《惑星が北天にある時, 赤道から北へ測った角》. 〚(1669) ← NORTH＋-ING[1]〛

Nórth Ìsland *n.* [the ～] ノースアイランド《ニュージーランドの 2 主島中の北島; 南端に首都 Wellington がある; 面積 114,729 km^2; cf. South Island》.

Nórth Koréa *n.* 北朝鮮《朝鮮半島の 38 度線以北を占める人民共和国; 面積 120,538 km^2, 首都 Pyongyang; 公式名 the Democratic People's Republic of Korea 朝鮮民主主義人民共和国; cf. South Korea》.

Nórth Koréan *adj.* 北朝鮮の(人の). ── *n.* 北朝鮮の人.

north·land, N- /nɔ́əθlænd, -lənd | nɔ́ːθlənd/ *n.* **1** **a** [the ～(s)] 北国. **b** [the ～] 極北. **c** (国の)北部地方. **2** [N-] ＝Scandinavian Peninsula. **3** カナダ最北部. **～·er** *n.* 〚OE *norðland*〛

Nórth Làs Végas *n.* ノースラスベガス《米国 Nevada 州南東部, Las Vegas の北にある都市》.

Northld. 《略》Northumberland.

nórth líght *n.* **1** 北光線《北半球で画家のアトリエなどで, 一日中変化が少ないので喜ばれる北からの光線》. **2** 北窓《北光線の入るようにつくられた窓・明かり採り》. 〚1: (1706); 2: (1904)〛

Nórth Líttle Ròck *n.* ノースリトルロック《米国 Arkansas 州中央部の都市》.

North·man /nɔ́əθmən | nɔ́ːθ-/ *n.* (*pl.* **-men** /-mən, -mèn/) **1** ＝Norseman 1. **2** [しばしば n-] 北方[北部]に住む人. 〚OE *Norðman*: ⇨ north, man[1]: cf. Norman[1]〛

Nórth Miámi *n.* ノースマイアミ《米国 Florida 州南東岸, Miami の郊外都市》.

Nórth Miámi Béach *n.* ノースマイアミビーチ《米国 Florida 州南東部のリゾート都市》.

Nórth Mínch *n.* ⇨ Minch.

nórth·mòst *adj.* ＝nothernmost. 〚(1564): cf. OE *norðmest*〛

nórth-northéast *n.* ★〖海事〗の発音は /nɔ́ənɔ̀ːríːst | nɔ̀ː-/. [通例 the ～] 北北東 (略 NNE). ── *adj.* **1** 北北東の, 北北東にある[に面した, 向きの]. **2** 〈風が〉北北東から吹く. ── *adv.* 北北東(方)へ[に] (⇨ north ★). 〚15C〛

nórth-northéastward *adv.* 北北東へ[に]. ── *adj.* 北北東にある[向いた]. ── *n.* [通例 the ～] 北北東(方).

nórth-northwést ★〖海事〗の発音は /nɔ́ənɔ̀əwést | nɔ̀ːnɔ̀ː-/ *n.* [通例 the ～] 北北西(略 NNW). ── *adj.* **1** 北北西の, 北北西にある[に面した, 向きの]. **2** 〈風が〉北北西から吹く: I am but mad ～. わしは風が北北西の時だけ(断続的に)狂っているのだ (Shak., *Hamlet* 2. 2. 396). ── *adv.* 北北西(方)へ[に] (⇨ north ★). 〚*c*1380〛

nórth-northwéstward *adv.* 北北西へ[に]. ── *adj.* 北北西にある[向いた]. ── *n.* [通例 the ～] 北北西(方). 〚1784〛

Nórth Ossétia *n.* 北オセティア《ロシア, 北 Caucasus にある共和国; 首都 Vladikavkaz》.

Nórth Pacífic Cúrrent *n.* [the ～] 北太平洋海流《黒潮の末流で東へ流れる暖流》.

Nórth Plátte *n.* [the ～] ノースプラット(川)《米国 Colorado 州北部に発して北流し Wyoming 州に入り, 東流して Nebraska 州で Platte 川に合する川 (1,094 km)》.

nórth pólar *adj.* 北極の (Arctic): the ～ regions / a ～ expedition 北極探検. 〚1784〛

nórth póle *n.* **1** [the N- P-] (地球の)北極(点). **2** [the ～]〖天文〗(天の)北極《地球自転軸の北端の延長が天球と交わる点; north celestial pole ともいう》. **3** [the ～] (磁石の)北極, N 極 (north magnetic pole ともいう). 〚*a*1398〛

Nórth Rhíne-Westphália *n.* ノルトラインウェストファーレン(州)《ドイツ北西部の州; 面積 34,040 km^2, 州都 Düsseldorf; ドイツ語名 Nordrhein-Westfalen》.

Nórth Ríding ⇨ North Yorkshire. 〚(1295–96): ⇨ riding[2]〛

Nórth Ríver *n.* [the ～] ノース川《米国 New York 市から New Jersey 州に至る Spuyten Duyvil Creek の接合点より下流の Hudson 川》.

Nórth Róad *n.* [the ～] ノースロード《London から北部に通じる街道》.

Nor·throp /nɔ́əθrəp | nɔ́ː-/, **John Howard** *n.* ノースロップ《1891–1987; 米国の生化学者; Nobel 化学賞 (1946)》.

Nórth Saskátchewan *n.* [the ～] ⇨ Saskatchewan.

Nórth Séa *n.* [the ～] 北海《Great Britain とヨーロッパ本土との間にある大西洋の入江, English Channel から Orkney Islands に至る; 570,000 km^2, 最深部 609 m; 旧名 German Ocean》. 〚(*c*1300) *North-se(a)*: cf. OE *norþ sǣr* the Bristol Channel〛

Nórth Séa gás *n.* 北海天然ガス《北海の海底から産出する天然ガス; 英国の家庭・企業が使うガスの大半を供給している》. 〚1965〛

Nórth Séa Óil *n.* 北海原油.

nórth síde *n.* [the ～] (教会堂の)北側 (gospel side)《祭壇に向かって左側》. 〚ME *norðside*〛

Nórth Sótho *n.* ＝Northern Sotho.

Nórth-Sóuth *adj.* 南北(間)の; 先進国と発展途上国の (cf. south *n.* 3): ～ problems 南北問題 / the ～ divide《英》南北区分《イングランド南部 (特に東南部) とイングランド北部およびスコットランドとの賃金・生活水準などの格差》.

Nórth Stár *n.* [the ～]〖天文〗北極星 (⇨ Polaris). 〚ME *north sterre*〛

Nórth Stár Stàte *n.* [the ～] 米国 Minnesota 州の俗称.

Nórth Témperate Zòne *n.* [the ～] 北温帯《北回帰線と北極圏との間の地帯; ⇨ zone 挿絵》.

Northumb. 《略》Northumberland.

North·um·ber·land /nɔəθʌ́mbələnd, -bə- | nɔːθʌ́mbə-, nə-/ *n.* ノーサンバランド《イングランド最北部の州; 面積 5,229 km^2, 州都 Morpeth; Northumbria ともいう》. 〚OE *Norþhymbralond* (原義) land of the Northumbrians: ⇨ Northumbria, land[1]〛

Northúmberland Nátional Párk *n.* ノーサンバランド国立公園《英国 Northumberland 州の Hadrian's Wall から Cheviot Hills に至る丘陵地帯; 歴史上の遺跡に富む, 1956 年指定; 面積 1,030 km^2》.

North·um·bri·a /nɔəθʌ́mbriə | nɔːθ-/ *n.* **1** ノーサンブリア王国《6 世紀頃アングル人が建てた王国; Humber 川から Firth of Forth に及んだ; cf. heptarchy 2 b》. **2** Northumberland の別名. 〚OE *Norþhymbre* ← *norþ-* 'NORTH'＋*Humbre* 'the river HUMBER': ⇨ -ia[1]〛

North·um·bri·an /nɔəθʌ́mbriən | nɔːθ-/ *adj.* **1** **a** (昔の)ノーサンブリア王国の. **b** ノーサンブリア人の. **c** ノーサンブリア方言の. **2** **a** Northumberland 州の. **b** Northumberland 州人の. **c** ノーサンバランド方言の. ── *n.* **1** **a** ノーサンブリア人. **b** (古英語の)ノーサンブリア方言 (cf. Anglian, Mercian). **2** **a** ノーサンバランド人. **b** (現代英語の)ノーサンバランド方言. 〚(1612): ⇨ ↑, -ian〛

Northúmbrian búrr *n.* イングランド Northumberland 州地方の *r* の発音 [ʀ] (cf. burr[1] 7 a).

Nórth Ú·ist /-júːɪst/ *n.* ノースユーイスト(島)《スコットランドの Outer Hebrides 諸島の島で, Harris 島の南に連なる》.

Nórth Vietnám *n.* 北ベトナム (⇨ Vietnam).

north·ward /nɔ́əθwəd | nɔ́ːθwəd/ *adv.* 北方へ[に], 北方に向かって. ── *adj.* 北方への; 北向きの. ── *n.* [通例 the ～] 北方, 北部. 〚(*a*1121–60): ⇨ -ward〛

nórth·ward·ly *adj.* **1** 北方の. **2** 〈風が〉北から吹く. ── *adv.* 北向きに, 北方へ; 北方から. 〚adj.: (*c*1682); adv.: (1796): ⇨ ↑, -ly[1,2]〛

north·wards /nɔ́əθwədz | nɔ́ːθwədz/ *adv.* ＝northward. 〚OE *norþweardes*: ⇨ -wards〛

north·west /nɔ̀əθwést | nɔ̀ːθ-/ ★〖海事〗の発音は /nɔ̀əwést | nɔ̀ː-/ *n.* **1** [通例 the ～] 北西, 西北 (略 NW; ⇨ compass card); 北西部[地方]. **2** [the N-] **a** 米国北西部《特に Washington, Oregon, Idaho の諸州》. **b** 《英》イングランドの北西部《特に Lancashire と the Lake District》. **c** カナダの北西部. **d** ＝Northwest Territory. **e** ＝Northwest Territories. **3** 《詩》北西風.

northwést by nórth 北西微北 (略 NWbN).

northwést by wést 北西微西 (略 NWbW).

── *adj.* **1** 北西(方)の, 北西にある. **2** 北西に面した[に向かう], 北西向きの. **3** 〈風が〉北西から吹く: a ～ wind. ── *adv.* 北西(方)へ[に] (⇨ north ★). 〚OE *norðwest*〛

Nórth-Wést *n.* ノースウェスト, 北西州《南アフリカ共和国北部の州; 面積 116,190 km^2; 州都 Mmabatho》.

Nórthwest Áirlines *n.* ノースウエスト航空《米国の国際線航空会社; 1926 年設立》.

north·west·er /nɔ̀əθwéstə | nɔ̀ːθwéstə(r)/ ★〖海事〗の発音は /nɔ̀əwéstə | nɔ̀ːwéstə(r)/ *n.* 北西の強風. 〚(1737): ⇨ ↑, -er[1]〛

nòrth·wést·er·ly *adj.* 北西方の; 〈風が〉北西から吹く. ── *adv.* 北西へ[から]. ── *n.* 北西風. 〚(1611) ← NORTHWEST＋(WEST)ERLY〛

north·west·ern /nɔ̀əθwéstən | nɔ̀ːθwéstən/ ★〖海事〗の発音は /nɔ̀əwéstən | nɔ̀ːwéstən/ *adj.* **1** 北西の, 北西にある[に面した]; 北西への[に向かう]. **2** 〈風が〉北西から吹く. **3** [N-]《米》米国北西部の, 北西部特有の.

north·wést·ern·mòst 〚1612〛

North·west·er·ner /nɔ̀əθwéstənə, -tə- | nɔ̀ːθwéstənə(r)/ *n.* **1** 北西部出身者. **2** 《米》米国北西部の住民. 〚1955〛

Northwéstern Univérsity *n.* ノースウェスタン大学《米国 Illinois 州 Evanston にある総合大学; 1851 年創立》.

Nórth-Wést Fróntier Pròvince *n.* [the ～] ノースウエストフロンティア州《インドと国境を接するパキスタン北西辺境州; 面積 101,742 km^2; 州都 Peshawar》.

Nórthwest Móunted Políce *n.* [the ～] (カナダの)騎馬警察隊《1873 年創設; 1904 年 the Royal Northwest Mounted Police と命名; 1920 年再編成して the Royal Canadian Mounted Police と改称》.

Nórthwest Órdinance *n.* [the ～] (米国の)北西部領地条令《北西部の公有地条令で, 1784 年, 1785 年, 1787 年のものの中, 特に 1787 年のものを指す》.

Nórthwest Pássage *n.* [the ～] 北西航路《北大西洋から北アメリカ大陸の北岸に沿って太平洋に出る航路; cf. Amundsen, Northeast Passage》. 〚1600〛

Nórthwest Térritories *n. pl.* [the ～; 単数扱い] ノースウェストテリトリーズ《カナダ北部, Yukon Territory と Nunavut にはさまれた北緯 60 度以北の部分からなる準州; 以前は Mackenzie, Keewatin, Franklin の三地区に分かれていた; 面積 3,379,700 km^2, 州都 Yellowknife; 略 NWT》.

Nórthwest Térritory *n.* [the ～] ノースウェストテリトリー《米国 Ohio 川以北の地方; Ohio, Indiana, Illinois, Michigan, Wisconsin, および Minnesota の一部を含む; もとカナダ領で, 独立戦争後の 1783 年英国から譲渡され 1787 年議会により制定された》.

north·west·ward /nɔ̀əθwéstwəd | nɔ̀ːθwéstwəd/ ★〖海事〗の発音は /nɔ̀əwést- | nɔ̀ː-/ *adv.* 北西(方)へ[に]. ── *adj.* 北西にある, 北西に向いた, 北西側の. ── *n.* [通例 the ～] 北西(方) (northwest). 〚adv.: (1387); n.: (1760) ← (adv.)〛

nòrth·wést·ward·ly *adv., adj.* ＝northwesterly. 〚1796〛

nòrth·wést·wards /-wədz | -wədz/ *adv.* ＝northwestward. 〚⇨ -wards〛

Nórth Yórk Móors Nátional Párk *n.* ノースヨークムアズ国立公園《イングランドの North Yorkshire 州北東部を中心とする荒野の台地および海岸, 1952 年指定; 面積 1,430 km^2》.

Nórth Yórkshire *n.* ノースヨークシャー《イングランド北東部の州; 1974 年に新設; 大部分はもとの Yorkshire 州 North Riding に相当; 面積 8,321 km^2, 州都 Northallerton》.

Nor·ton /nɔ́ətn | nɔ́ː-/ *n.* ノートン (男性名). 〚ME *Nordtone* (原義) north village or farm: ⇨ north, town〛

Nor·ton /nɔ́ətn | nɔ́ː-/, **Charles Eliot** *n.* ノートン《1827–1908; 米国の教育家・著述家》.

Norton, Thomas *n.* ノートン《1532–84; 英国の劇詩人・弁護士; *Gorboduc* (1562) (T. Sackville との合作)》.

nor·trip·ty·line /nɔətríptəlìːn | nɔːtríptɪ-/ *n.* 〖薬学〗ノルトリプチリン ($C_{19}H_{21}N$)《三環系抗鬱薬》. 〚← NOR(MAL)＋*tript-* (⇨ tryptophan)＋-YL＋-INE[3]〛

nòr·váline *n.* 〖生化学〗ノルバリン, α-アミノバレリン酸 ($H_3C(CH_2)_2CH(NH_2)COOH$)《バリンの異性体》. 〚← NOR-＋VALINE〛

Norvic. 《略》*ML.* Norvicēnsis (＝of Norwich)《Bishop of Norwich が署名に用いる; ⇨ Cantuar 2》.

Norw. 《略》Norway; Norwegian.

Nor·walk /nɔ́əwɔːk, -wɑːk | nɔ́ːwɔːk/ *n.* ノーウォーク:

N

1 米国 California 州南西部の都市; Los Angeles の郊外. 2 米国 Connecticut 州南西部 Long Island Sound に臨む都市.

nor·ward /nɔ́əwəd | nɔ́ːwəd/ *adv., adj., n.* 〘海事〙 = northward. 〘*a*1618〙

nór·wards /-wədz | -wədz/ *adv.* 〘海事〙 =norward.

Nor·way /nɔ́əweɪ | nɔ́ː-/ *n.* ノルウェー《ヨーロッパ北部, スカンジナビア半島西部の王国; 面積 324,220 km², 首都 Oslo; 公式名 the Kingdom of Norway ノルウェー王国; ノルウェー語名 Norge》. 〘OE *Norweġ* ◻ ON *Norvegr* ← *nor, norðr* 'NORTH'＋*vegr* 'WAY¹, region'〙

Nórway lóbster *n.* 〘動物〙 =Dublin Bay prawn. 〘1777〙

Nórway máple *n.* 〘植物〙 ノルウェーカエデ (*Acer platanoides*) 《ヨーロッパ産エカエデ科の高木; 米国などでしばしば庭園樹として栽培される》. 〘1797〙

Nórway píne *n.* 〘植物〙 北米東部産のマツ (*Pinus resinosa*); その材. 〘*a*1817〙

Nórway rát *n.* 〘動物〙 =brown rat. 〘1753–9〙

Nórway sáltpeter *n.* 〘化学〙 ノルウェー硝石《主成分を硝酸カルシウム (calcium nitrate) とする窒素肥料の商品名; ノルウェーで生産された》.

Nórway sprúce *n.* 〘植物〙 ドイツトウヒ, ヨーロッパトウヒ (*Picea excelsa*) 《しばしば庭園樹として栽培される針葉樹》. 〘1797〙

Nor·we·gian /nɔəwíːdʒən | nɔː-/ *adj.* **1 a** ノルウェーの; ノルウェー人の. **b** ノルウェー産[式]の, ノルウェー特有の: ～ steam 《俗》〘海事〙 人力, 筋肉の力. **2** ノルウェー語の. **—** *n.* **1** ノルウェー人. **2** ノルウェー語《ゲルマン語派の北ゲルマン語群に属し, 中世末以来公用語であったデンマーク語から派生したもの (Dano-Norwegian または 'Book Language' (⇨ Bokmål) と呼ばれるノルウェー標準語)と西部のより保守的な方言から 1850 年ごろ造られたもの ('New Norwegian' (⇨ Nynorsk) と呼ばれる)の二つに分かれる; 略 Norw; cf. Old Norwegian》. 〘《1605》← ML *Norvegia* 'NORWAY'＋-AN¹〙

Norwégian élkhound, N- E- *n.* ノルウェージャンエルクハウンド《ノルウェー原産の大鹿狩りや熊狩用のイヌ》.

Norwégian sáltpeter *n.* =Norway saltpeter.

Norwégian Séa *n.* [the ～] ノルウェー海《大西洋のアイスランドとノルウェー間の部分》.

nor'-west /nɔ̀əwést | nɔ̀ː-⁻/ *n., adj., adv.* 〘海事〙 = northwest. 〘《14..》(短縮): ⇨ nor-¹〙

N

nor'west·er /nɔ̀əwéstə | nɔ̀ːwéstə(r⁻/ *n.* 〘海事〙 **1** =northwester. **2 a** グロッグ酒, 火酒. **b** = sou'wester 2 a, b. 〘《1689–90》(短縮): ⇨ nor'-〙

Nor·wey·an /nɔəwéɪən | nɔː-/ *adj.* 《まれ》 =Norwegian. 〘《1606》: ⇨ Norway, -an¹〙

Nor·wich *n.* **1** /nɔ́(ː)rɪdʒ, nɑ́(ː)r-, -rɪtʃ | nɔ́r-/ ノリッジ《イングランド東部, Norfolk 州の主都; 有名な大聖堂がある》. **2** /nɔ́əwɪtʃ | nɔ́ː-/ ノーウィッチ《米国 Connecticut 州南東部の都市》. 〘OE *Norðwīc* (原義) north town: ⇨ north, -wick¹〙

Nór·wich Schòol /nɔ́(ː)rɪdʒ-, nɑ́(ː)r-, -rɪtʃ- | nɔ́r-/ *n.* [the ～] 〘絵画〙 ノリッジ派《19 世紀の英国風景画の一派》. 〘1816〙

Nórwich térrier *n.* ノリッジテリア《英国原産の, 肢(ぁし)が短く背が低い小型のイヌ》. 〘1931〙

Nor·wood /nɔ́ːwʊd | nɔ́ː-/ *n.* ノーウッド《米国 Ohio 州南西端, Cincinnati の北東, ほぼ同市域に囲まれるようにしてある都市》.

Nórwood repórt *n.* [the ～] ノーウッド報告《1943 年に出された中等教育および試験に関する報告》. 〘← Sir Cyril *Norwood* (1875–1956) 英国の教育家: 報告を作成した委員会の長〙

Nos., nos. /nʌ́mbəz | -bəz/ 《略》 numbers (cf. No., Nº, no.; number *n.* 2 b).

n.o.s. 《略》 not otherwise specified.

nos- /nɑ(ː)s | nɒs/ (母音の前にくるときの) noso- の異形.

nó-scòre dráw *n.* 無得点引分け《サッカーの試合, 特にサッカー賭博で score draw と区別して使われる》.

nose /nóʊz | náʊz/ *n.* **1 a** 鼻(部); (動物の)鼻口部, 鼻面 (muzzle): the bridge of the ～ 鼻柱, 鼻筋 / an aquiline [a hooked] ～ かぎ鼻, わし鼻 / a Roman ～ ローマ鼻 / a pug [snub, turned-up] ～ しし鼻 / blow one's ～ 鼻をかむ《しばしば涙を隠すために》/ pick one's ～ 鼻をほじくる / hold one's ～ (臭いので)鼻をつまむ / a bloody [running, runny] ～ 鼻血[鼻水]を出している鼻 / His ～ is bleeding. 彼は鼻血が出ている / a cold in the ～ 鼻かぜ / (as) plain as the ～ on one's face 全く明白で / The aroma of coffee greeted his ～. コーヒーの芳香が鼻にぷーんときた / ⇨ parson's [pope's] nose.

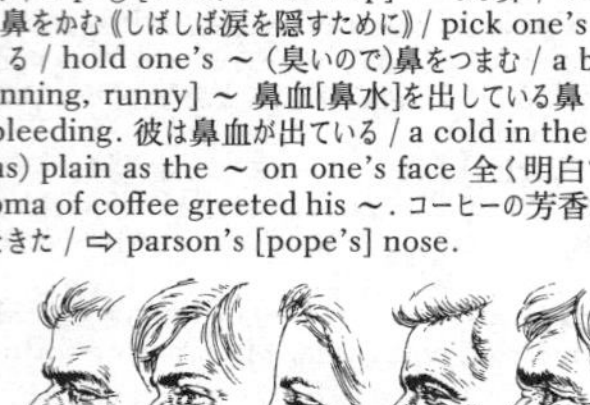

1 2 3 4 5

noses 1
1 aquiline nose 2 bulbous nose 3 Grecian nose 4 Roman nose 5 pug [snub] nose

★ ラテン・ギリシャ語系形容詞: nasal, rhinal. 日英比較 日本語の「高い鼻」に当たる英語は a long [large] *nose*, 「低い鼻」に当たる英語は a short [small] *nose* である. **b** (好奇心・おせっかいの象徴としての)鼻: poke [put, shove, stick, thrust] one's ～ into …に干渉する / keep one's ～ out of …に干渉しない, いらぬ口出しをしない / have a ～ round …を見回す, 調べてみる / have one's ～ in a book (口語) 本を熱心に読んでいる.
2 [a ～] **a** 嗅(きゅう)覚 (sense of smell): a dog with *a* good [poor] ～ 鼻がきく[きかない]犬. **b** 直覚的識別力, 直観力, (物事をかぎつける)鼻, 勘 (flair, instinct): a ～ *for* news, a mystery, scandal, etc. / He has *a* good ～ *for* discovering first editions. 初版本を掘り出すいい勘を持っている / You must have *a* keen ～ to detect it. それをかぎ出すとはよほど鼻がきかなければならない. **3 a** (鼻を思わせる)突出部, 突端, 先端 (edge). **b** (飛行機の)機首; 船首 (prow); 自動車[水雷(など)]の先端: keep the ～ up [down] 機首を上げて[下げて]おく / She pointed her car's ～ west and drove off. 彼女は車の鼻先を西に向け走り去った / ～ to tail 《英》〈交通が〉渋滞して, じゅずつなぎになって. **c** (管・筒などの)先, (ふいご・ランビキ・レトルトなどの)口 (nozzle). **d** 《英》(ゴルフクラブの)ヘッドの先端 (toe).
4 〘競馬〙 (馬の)鼻(の差): ⇨ *by a* NOSE. **5 a** (干し草などの)におい (smell), (茶・たばこなどの)香り (aroma): the ～ of hay, tea, etc. **b** (ワインなどの)芳香 (bouquet).
6 《英俗》(警察の)いぬ, 手先.
befòre a person's nóse =*in front of a person's* NOSE. ***bíte a person's nóse òff*** =*bite a person's* HEAD *off.* ***búry one's nóse in*** 〈本・仕事・書類など〉に没頭する. ***by a nóse*** (1) 〘競馬〙 鼻の差で: win *by a* ～. (2) 《俗》かろうじて, すれすれで《合格するなど》. ***cóunt nóses*** (口語) (1) (賛成者・出席者などの)人数を数える. (2) (問題を)単に数で決める《もと馬を数えるときの言い方から》. 《1691》 ***cùt óff one's nóse to spíte one's fáce*** 腹立ちまぎれに(意地悪をしたりして)自分の損になることをする (cf.「短気は損気」). ***fóllow one's nóse*** (1) (鼻の向いた方に)まっすぐに行く. (2) 本能のままに進む, 前後の見境もなく行動する. 《1591》 ***gèt úp a person's nóse*** (英口語) 人をひどくいらいらさせる. ***in frónt of a person's nóse*** 人の面前で, 真正面に. ***kèep one's nóse clèan*** 《俗》悪い事をしないようにする, 警察の世話にならないようにする. 《1887》 ***kéep [háve, hóld] a person's [one's] nóse to the gríndstone*** 休む暇もなく働かせる[働く], ぎゅうぎゅう言うほど勉強させる[こつこつ勉強に励む]: We have to *keep our* ～(*s*) *to the grindstone.* (いやでも)せっせと働かなければならない. ***léad a person by the nóse*** (口語) 〈人を〉思うままにする[あやつる], 牛耳る, 自由に引き回す (cf. Shak., *Othello* 1. 3. 407). ***lóok dówn one's nóse (at)*** (口語) (…を)軽蔑の[非難の, 不遜な]目でじろりと見る. 《1921》 ***màke a lóng nóse at*** =*thumb one's* NOSE *at.* 《1868》 ***nóse in (the) áir*** =*with one's* NOSE *in the air.* ***a nóse of wáx*** 《古》(1) 他人の言いなりになる人. (2) どうにでもなる[形の変わる]物. ***nóse to nóse*** 向かい合って, 顔と顔をくっつけて (cf. FACE *to face,* TOE *to toe*). 《1732》 ***nò skín off óne's nóse*** ⇨ skin 成句. ***on the nóse*** (1) 《米・カナダ口語》正確に[で], 的確に[で], ぴったり(で); (時間)きっかりに: hit *on the* ～ …にうまく命中[的中]する[させる] / Her answer was right *on the* ～. 彼女の答えはまさに的を射たものであった. (2) 〘競馬・ドッグレース〙 一着になる[優勝する]ものとして: *play* a horse *on the* ～ ある馬の一着に賭ける. (3) 《豪》悪臭がして, 臭くて. 《1937》 ***páy through the nóse*** (口語) 法外な代価を払う[取られる], ぼられる 〔*for*〕. 《1672》 ***pówder one's nóse*** (口語) 〈女性が〉トイレに行く, 用を足す. ***pùt a person's nóse out of jóint*** (口語) (人の計画などをつぶしたり, 地位や愛情を横取りしたりして)人の鼻を明かす, 人を失望[あわて]させる, 人の気を悪くさせる. 《1581》 ***pùt a person's nóse to the gríndstone*** =*keep a person's* NOSE *to the grindstone.* ***rúb a person's nóse in it [the dírt]*** (口語) 人の心配などを遠慮なく注意[指摘]する: He was late again for the meeting, so I *rubbed his* ～ *in it.* 彼がまた会合に遅刻したので私はひどく言ってやった. 《1963》 ***sée beyònd (the ènd [léngth] of) one's nóse*** [否定文・条件文・疑問文に用いて] 先見の明[洞察力]がある. ***sée nò fúrther than (the énd of) one's nóse*** (1) ひどい近眼である. (2) 先見の明がない, 洞察力がない. ***shów one's nóse*** ⇨ show 成句. ***snáp a person's nóse òff*** =*bite a person's* HEAD *off.* ***téll nóses*** =*count* NOSES. 《1657》 ***through one's nóse*** 鼻声で: speak [talk] *through one's* ～ 鼻のつまった声で話す《[m, n] が [b, d] と響く》. ***thúmb one's nóse at*** (1) …に向かって親指を鼻先に当て他の 4 本の指を広げて見せる (cf. snook¹). (2) (口語) …をばかに(したふるまいを)する (cf. nose-thumbing). 《1903》 ***tùrn úp one's nóse at*** (口語) …を軽蔑する, 鼻先であしらう. 《1818》 ***ùnder a person's (véry) nóse*** (口語) 人のすぐ目の前[面前]で, 鼻っ先に[で]; 人が気づかぬうちに: She found her eyeglasses *under her very* ～. 彼女は(探していた)眼鏡をすぐ目の前に見つけた / The man snatched the article right *from under our* ～*s*. その男は私たちの見ている目の前でその品をかっぱらった. 《*a*1548》 ***with one's nóse in the áir*** 傲慢な態度で, 偉そうに (cf. *turn up one's* NOSE *at*).
— *vt.* **1** かぐ, かぎつける, かぎ出す, 鼻先で[においで]知る (smell); 捜し出す, 看破する (detect) 〈*out*〉: ～ a secret *out of* a person 人の秘密をかぎ出す / He will ～ *out* a scandal anywhere. 彼はどこからでも醜聞をかぎつける. **2** …に鼻を(こ)すりつける (nuzzle). **3 a** ～ で押す[押し進める] 〈*aside, open, etc.*〉: The dog ～*d* the door *open.* 犬はその戸を鼻で押し開けた. **b** 〈自動車など(の鼻先)を〉〔…の方へ〕ゆっくり進める 〔*into, to, through*〕: ～ a car *around* a corner 車をゆっくり進めて角を曲がる. **c** [～ one's way として] (鼻先・船首などを前にして)進む, ゆっくり前進する: The ship was *nosing its way into* the harbor. 船は港に入って来るところだった. **4 a** 〘競馬〙 鼻の差で…に勝つ 〈*out*〉. **b** (わずかの差で)〈相手を〉打ち負かす, …に辛勝する 〈*out*〉. **5** 《古》〈人・物事を〉横柄に扱う, 侮蔑する; …にふてぶてしく抵抗する. **—** *vi.* **1** かぐ, かぎつける, かぎ回る (sniff) 〔*at, about, around*〕: 犬は庭中をくんくんかぎ回った. The dog kept *nosing around* the garden. 犬は庭中をくんくんかぎ回った. **2 a** 捜す (seek) 〔*after, for*〕. **b** (物珍しそうに)穿鑿(せんさく)する (pry) 〔*about, around, into*〕; (おせっかいに)干渉する (meddle) 〔*into, with*〕: He is always *nosing into* what does not concern him. 彼はいつも自分にかかわりのないことにおせっかいをしている. **3** 〈船などが〉(船首・鼻先を向けて)ゆっくり前進する (advance) 〔*to, toward*〕: The boat ～*d in toward* the shore. ボートは岸に向かってゆっくり進んだ. **4** 〘地質〙 〈地層・岩脈などが〉傾斜する (dip) 〈*in*〉; 露出する (basset) 〈*out*〉. **5** 《英俗》警察の手先として働く.
nóse dówn (*vi.*) 〈航空機が〉機首を下げる. (*vt.*) 〈航空機〉の機首を下げる: ～ a plane *down.* 《1916》 ***nóse óver*** 〘航空〙 機首を突いてひっくり返る, とんぼ返りをする. ***nóse úp*** (*vi.*) 〈航空機が〉機首を上げる. (*vt.*) 〈航空機〉の機首を上げる: ～ a plane *up.*
～·like *adj.* 〘n.: OE *nosu* < Gmc **nasō* (Du *neus* / G *Nase*)← IE **nas-* nose (L *nāsus*, nose, *nārēs* nostrils / Skt *nāsā*). — v.: 《1577》← (n.): cf. naze, ness, nostril, nozzle〙

nóse àpe *n.* 〘動物〙 =proboscis monkey.

nóse bàg *n.* **1** かいば袋 (feed bag)《飼料を入れて馬などの首に掛け鼻先に下げる》. **2** 《俗》(紙袋に入れて配られる)食物; (遊山などの)弁当(箱); 食物, 食事. ***pùt [gèt] ón the nóse bàg*** 《俗》(急いで)食べる. 《1874》 〘1796〙

nóse·bànd *n.* (馬具の)鼻革, 鼻勒(びろく) (⇨ bridle). **～·ed** *adj.* 〘1611〙

nóse·blèed *n.* **1** 鼻血(が出ること): I had a bad ～ this morning. 今朝ひどく鼻血が出た. **2** 《15C》: ⇨ nose, bleed〙 〘植物〙 **a** エンレイソウの一種 (*Trillium erectum*). **b** =Indian paintbrush. 〘1848〙

nóse bòb *n.* 《米俗》 =nose job.

nóse càndy *n.* 《俗》鼻から吸入する麻薬, コカイン. 〘1935〙

nóse-càp *n.* **1** 銃口蓋, 銃口のふた[キャップ]《金属製》. **2** (砲弾または爆弾の弾頭に装置し時限信管を調節するための装置の入った)弾頭蓋[キャップ]. 〘1844〙

nóse còne *n.* 〘宇宙〙 円錐形頭部, ノーズコーン《ロケットやミサイルの先端をなし空気流の影響を防ぐ円錐状の保護カバー》. 〘1949〙

nóse còunt *n.* (口語) **1** 人数の計算. **2 a** 投票の集計. **b** (賛成者などの)数による決定[評価]; 多数決. 〘《1938》← *count noses* (⇨ nose (n.) 成句)〙

nosed *adj.* [通例複合語の第 2 構成素として] …の(ような)鼻の: bottle-*nosed*, pug-*nosed*, red-*nosed*, snub-*nosed*. 〘《1505》← NOSE (n.)＋-ED 2〙

nóse-dìve *vi.* (**-dived,** 《米》 **-dove; -dived**) **1** 〈飛行機が〉急降下する. **2** 〈株価などが〉暴落する; 急に低下[減少]する. 〘《1915》↓〙

nóse dìve *n.* **1** (飛行機の)急降下. **2** (株価などの)暴落; 急激な低下[減少]. **3** 《米俗》突然のひどい不運. **4** 《米俗》伝道集会で信仰を受け入れること《無料で食べ物がもらえる》. 〘1912〙

nóse dròps *n. pl.* 点鼻薬. 〘1942〙

no-see-um /nousíːəm | nəʊ-/ *n.* 《米》〘昆虫〙 =biting midge. 〘《1848》← *You don't see'em.*: 北米インディアンの英語〙

nóse flùte *n.* (タイ人やミクロネシア人などが用いる)鼻笛. 〘1775〙

nose·gay /nóuzgeɪ | náuz-/ *n.* **1** 《文語》 (香りの高い花でつくった小さな)花束 (bouquet). **2** 《古》香水 (perfume). 〘《*c*1420》← NOSE＋《廃》*gay* something bright (← GAY (adj.)): (原義) something pretty for the nose, i.e. to smell〙

nóse gèar *n.* 〘航空〙 前脚, ノーズギア《機首にある脚》.

nóse glàsses *n. pl.* =pince-nez. 〘1888〙

nóse·guàrd *n.* 〘アメフト〙 ノーズガード (middle guard) 《ライン中央のオフェンスのセンターと相対し, ディフェンスタックル間にいるディフェンスプレーヤー》. 〘1976〙

nóse hàbit *n.* 《米俗》麻薬常用.

nóse-hèavy *adj.* 〘航空〙 〈航空機が〉ノーズヘビーの《重心が前方にある状態をいう; cf. tail-heavy》.

nóse-hèrb *n.* 《Shak》香りのよいハーブ. 〘1602〙

nóse·hòle *n.* 《英方言》鼻の穴 (nostril). 〘1527〙

nóse jòb *n.* (口語) 鼻の美容整形 (rhinoplasty): have a ～ 鼻の整形手術をする. 〘1963〙

nóse lànding géar *n.* 〘航空〙 (飛行機の)前脚.

nóse lèaf *n.* 〘動物〙 鼻葉(びよう)《種々のコウモリの鼻にみられる葉状の皮膚の突起; 空気の振動をキャッチするといわれている》. 〘1837〙

nóse·less *adj.* 鼻のない. 〘1398〙

no·se·ma /nousíːmə | nə(u)-/ *n.* 〘生物〙 ノゼマ《微胞子虫類の *Nosema* 属に属する原生動物; ハチに寄生して病気を起こす》. 〘1911〙

noséma disèase *n.* 〘昆虫〙 ノゼマ病《原生動物 *Nosema apis* の寄生によるハチの病気》. 〘1914〙

nóse-mònkey *n.* 〘動物〙 =proboscis monkey. 〘1883〙

nóse·pìece *n.* **1 a** 鼻おおい; (よろいの)鼻当て (nasal). **b** =noseband. **2** (顕微鏡の)対物レンズ(を取り付ける)台《通例数個のレンズを取付け, 回転させて使用レンズを交換しうるようになっている》. **3** 眼鏡の縁の鼻に当たる部分, 橋梁(きょうりょう)部 (bridge). **4** (ホース・水道管・ふいごなどの)筒先, 口, 鼻 (nozzle). **5** (縫いぐるみの)動物の鼻を形づくるために入れる木片. 〘1611〙

nóse·pìpe *n.* (管・容器・パイプなどの)口; (溶鉱炉の)送風管口. 〘1784–85〙

nóse pùtty *n.* ノーズパテ《俳優がメーキャップで鼻(など)の形を変えるのに使うパテ状の物質》. 〘1960〙

nós·er *n.* 《古》 **1** (ボクシングなどで)鼻に対する一撃; 顔から倒れる[落ちる]こと. **2** 向かい風 (headwind): a dead ～ 強い逆風. 〘(1851) ← NOSE (n.)＋-ER¹〙

nóse·ràg *n.* 《英俗》鼻ふき, ハンカチ (handkerchief). 〘1838〙

nóse-rìde *vi.* (**-rode; -ridden**) サーフボードの先端に乗る[で妙技を演じる]. **nóse-rìder** *n.* 〘1965〙

nóse rìng *n.* **1** (牛・豚などの)鼻輪. **2** (先住民の)鼻輪《装飾用》. 〘1778〙

nóse tàckle *n.* 〘アメフト〙=noseguard. 〘1977〙

nóse-thùmbing *n.* 鼻先に親指を当ててあざけりの仕草をすること (cf. *thumb one's* NOSE *at*). 〘1959〙

nóse·whèel *n.* 〘航空〙(飛行機の)前輪, 前車輪, 前脚車輪. 〘1934〙

nóse·wìng *n.* 鼻翼 (nasal ala), 小鼻.

nos·ey /nóuzi | náuzi/ *adj.* (**nos·i·er**; **-i·est**) =nosy. — *n.* =nosy. 〘1836〙

Nósey Párker, n- p- *n.* =Nosy Parker.

nosh /ná(ː)ʃ | nɔ́ʃ/ *vi.* **1** 《口語》 **a** 食べる; 軽食をとる. **b** 《米》間食する. **2** 《卑》フェラチオ (fellatio) をする. — *vt.* **1** 《口語》 **a** 食べる; …の軽食をとる. **b** 《米》…の間食をする. **2** 《卑》…にフェラチオをする. — *n.* 《口語》 **1 a** 軽い食事, 軽食. **b** 《米》間食 (snack). **2** 《英》食べ物, 飲み物; 食事. **3** =nosh bar. **～·er** *n.* 〘*n.*: (1917) 《略》← Yiddish *nosherai* tidbits ◻ G *naschen* to nibble, taste. — v.: (1957) ← n.〙

nósh bàr [hòuse] *n.* 《英口語》レストラン, スナックバー.

nosh·er·y /ná(ː)ʃəri | nɔ́ʃ-/ *n.* 《口語》食堂, レストラン. 〘(1963): ⇨ -ERY〙

nó-shów *n.* **1** 無断不乗旅客《旅客機・船・列車などの座席の予約をしておきながら, キャンセルもせず最後まで現れない人》. **2** 《米》(約束の場所に)姿を見せない人[こと]. 〘1941〙

nósh-ùp *n.* 《英口語》ごちそう; 食事: have a ～. 〘(1963): ⇨ nosh〙

nó síde *n.* 〘ラグビー〙ノーサイド《審判がゲーム終了を宣するときの用語》. 〘1857〙

nós·ing *n.* **1** 〘建築〙 **a** (階段の)段鼻(だんばな)《蹴込みより突き出た階段の踏板の先端部》. **b** (雨押えの)水切りに外へ突き出た部分. **2** 〘金属加工〙 **a** ノーズ《鋳型の突き出た先端》. **b** ノージング《パイプ・底付容器などの開口端の口絞り成形》. 〘(1775) ← NOSE (n.)＋-ING¹〙

nos·o- /ná(ː)sou, nóus- | nɔ́səu/「病気」の意の連結形. ★ 母音の前では通例 nos- になる. 〘◻ Gk *noso-* ← *nósos* disease ← ?〙

nos·o·co·mi·al /nà(ː)səkóumiəl | nɔ̀səkə́u-ˉ/ *adj.* 〘医学〙〈病気など〉病院内で発生の, 院内の: ～ infection 院内感染. 〘(1855) LL *nosocomium* hospital ◻ Gk *nosokomeîon*: cf. 《廃》*nosocome* hospital〙

nos·ode /ná(ː)soud | nɔ́səud/ *n.* ノソード《ホメオパシーで, 病気の進行中に分泌された物質で造った製剤で, その病気の治療に用いる》.

nòso·génesis *n.* 〘医学〙病因 (pathogenesis).

nòso·geógraphy *n.* 疾病地理学, 疾病分布学. **nòso·geográphic** *adj.* **nòso·geográph·ical** *adj.* 〘← NOSO-＋GEOGRAPHY〙

no·sog·ra·phy /nousá(ː)grəfi | nəsɔ́grəfi/ *n.* 疾病(記述)学. **no·sóg·ra·pher** *n.* **nos·og·ra·phic** /nà(ː)səgrǽfɪk, nòus- | nɔ̀s-ˉ/ 〘1888〙 *adj.* 〘(1654) ← NOSO-＋-GRAPHY〙

no·sól·o·gist /-dʒɪst | -dʒɪst/ *n.* 疾病分類学者. 〘(1777–84): ⇨ ↓, -ist〙

no·sol·o·gy /nousá(ː)lədʒi, -zá(ː)l- | nɔsɔ́l-/ *n.* **1** 疾病分類(学); 疾病分類表. **2** (診断の基礎となる)病気の特性[兆候]. **nos·o·log·ic** /nà(ː)səlá(ː)dʒɪk, nòus- | nɔ̀sələ́dʒ-ˉ/ *adj.* **nòs·o·lóg·i·cal** *adj.* **nòs·o·lóg·i·cal·ly** *adv.* 〘(1721) ← NL *nosologia*: ⇨ noso-, -logy〙

nos·o·pho·bi·a /nà(ː)səfóubiə, nòus- | nɔ̀səfə́u-/ *n.* 〘精神病理〙疾病恐怖(症). 〘(1889) ← NOSO-＋-PHOBIA〙

nos·tal·gia /na(ː)stǽldʒə, nəs-, nɔ(ː)s-, -dʒiə | nɔs-/ *n.* **1 a** 郷愁, ホームシック (homesickness). **b** (強度の)郷愁病. **2** 懐旧(の念), 郷愁, ノスタルジア (*for*). 〘(1770) ← NL ～ ← Gk *nóstos* return home＋-ALGIA: 1668 年 Johannes Hofer が G *Heimweh* を訳して造ったラテン語〙

nos·tal·gic /na(ː)stǽldʒɪk, nəs-, nɔ(ː)s- | nɔs-/ *adj.* **1** 郷愁の; 郷愁を抱く[にふける]. **2** 郷愁を起こさせる. **nos·tál·gi·cal·ly** *adv.* **nos·tál·gist** /-dʒɪst | -dʒɪst/ *n.* 〘(1806): ⇨ ↑, -ic¹〙

nos·tal·gie de la boue /nà(ː)stælʒíːdəlabúː | nɔ̀stælʒíːdə-; F. nɔstalʒidlabu/ F. *n.* 土への郷愁《文明社会を離れた原始的・野生的な生活にあこがれること》. 〘(1897) ◻ F ～ (原義) nostalgia of the mud〙

nos·toc /ná(ː)stɑ(ː)k | nɔ́stɔk/ *n.* 〘植物〙ネンジュモ《ネンジュモ属 (*Nostoc*) の藻の総称; しばしば湿地の石の上などにゼリー状の群体をなす淡水性の藍藻類》. 〘(1650) ← NL ～: Paracelsus の造語〙

Nos·to·ca·ce·ae /nà(ː)stəkéɪsiìː | nɔ̀s-/ *n. pl.* 〘植物〙(藍藻類ネンジュモ目)ネンジュモ科. 〘← NL ～: ⇨ ↑, -aceae〙

nos·tol·o·gy /na(ː)stá(ː)lədʒi | nɔstɔ́l-/ *n.* 老年学, 長寿学 (gerontology). **nos·to·log·ic** /nà(ː)stəlá(ː)dʒɪk | nɔ̀stəlɔ́dʒ-ˉ/ *adj.* **nòs·to·lóg·i·cal** *adj.* **nòs·to·lóg·ical·ly** *adv.* 〘← Gk *nóstos* (↓)＋-LOGY〙

nos·to·ma·ni·a /nà(ː)stəméɪniə, -njə | nɔ̀s-/ *n.* 〘精神病理〙強烈な郷愁, 懐郷病《親しい場所に帰りたいという異常な欲望》. 〘(1855): ⇨ ↓, -mania〙

nos·tos /ná(ː)stɑ(ː)s, nó(ː)stɑ(ː)s | nɔ́stɔs/ *n.* 帰郷の詩, 帰還の歌. 〘(1883) ◻ Gk *nóstos* return to home〙

Nos·tra·da·mus /nà(ː)strədá(ː)məs, nòus-, -déɪ- | nɔ̀s-; F. nɔstʁadamys/ *n.* **1** ノストラダムス《フランスの占星家・医師 Michel de Notredame /nɔtrədam/ (1503–66) のラテン語名; 予言集 *Centuries*「諸世紀」(1555) は出版後物議をかもした》. **2** 〘1688〙予言者, 占者, 易者 (soothsayer). **Nos·tra·dam·ic** /nà(ː)strədǽmɪk | nɔ̀strədǽm-ˉ/ *adj.*

nó-strìke *adj.* 〈労働契約などが〉ストライキ禁止の. 〘1942〙

nos·tril /ná(ː)strəl | nɔ́strɪl/ *n.* **1** 鼻孔. **2** 鼻翼, 小鼻. ***the breath of one's nostrils*** ⇨ breath 成句. ***stink in a person's nostrils*** 〈物事が〉ひどく不愉快である, 鼻持ちならない (cf. *Amos* 4:10). 〘OE *nosterl*, *nospȳrl* ← *nosu* 'NOSE'＋*pȳr(e)l* 'hole, THIRL¹'〙

nós·triled *adj.* (*also* **nós·trilled**) **1** 鼻孔のある. **2** [複合語の第 2 構成素として] (…の)鼻孔をした: wide-*nostriled* 鼻孔の大きい. 〘(1909): ⇨ ↑, -ed 2〙

nóstril flỳ *n.* 〘昆虫〙ヒツジ・ヤギ・シカの鼻孔に卵を産むヒツジバエ科のハエ《幼虫が前頭洞と咽頭に寄生する; ヒツジバエ (*Oestrus ovis*) (sheep nostril fly) や *Cephenemyia* 属のハエ (deer nostril fly) など》.

nós·tro accòunt /ná(ː)strou- | nɔ́strəu-/ *n.* 〘銀行〙当方勘定, ノストロ勘定《銀行が外国にある取引先銀行に保有する当該外国通貨建て預金勘定で, 外国為替取引の決済に使う; cf. vostro account》. 〘*nstro*: ◻ It. ～ 'our' < L *nostrum*〙

nos·trum /ná(ː)strəm | nɔ́s-/ *n.* **1** (秘密調合による)ごまかしの特効薬, 売薬; (実効の疑わしい)妙薬, 万能薬, 秘薬. **2** (社会問題などを解決するいわゆる)妙案, 妙策 (panacea) (*for*): a political [social] ～. 〘(1602) ◻ L ～ (neut. sing.) ← *noster* ours ← *nōs* we: ⇨ us, our〙

nos·y /nóuzi | náuzi/ *adj.* (**nos·i·er**; **-i·est**) **1** 《口語》鼻の大きい. **2** 《俗》穿鑿(せんさく)好きな (⇨ curious SYN); おせっかいな (meddling). **3** 《古》 **a** 蒸(む)れて悪臭を放つ, かびくさい: ～ hay, corn, etc. **b** 〈茶など〉芳しい. **4** 《古》〈鼻が〉(悪臭に)敏感な. — *n.* 《俗》 **1** 鼻の大きい人; [N-] (あだ名として)「鼻」. **2** 穿鑿好きな人. **nós·i·ly** /-zəli/ *adv.* **nós·i·ness** *n.* 〘(1620) ← NOSE＋-Y¹〙

Nósy Párker, n- p- *n.* 《英口語》おせっかい, ほじくり屋, やじ馬. 〘(1907) ? ← nosy＋Parker (人名)〙

not /ná(ː)t | nɔ́t; (1 a ではまた) n̩t, nt, n̩, n/ *adv.* **1** [述語全体を否定して] **a** (…で)ない; (…し)ない.

語法 (1) 助動詞および be 動詞に伴ってそれを否定し, しばしば n't となって動詞と合する: Did you ～ [Didn't you] tell me? 私に言わなかったか / Do ～ [Don't] cry. / He will ～ [He won't, He'll ～] come. 彼は来ないだろう / I can*not* [can't] swim. / She is ～ [isn't] here. / You are twenty now, aren't you? 君は今二十歳(はたち)だね / Am I ～ [《口語》*An't* I, *Ain't* I, 《皮肉》*Aren't* we] smart? 私すてきでしょう (cf. an't 2, ain't 1). (2) 古文体では通例動詞の後に置きそれを否定する: I know [knew] ～. 《古》=I do [did] ～ know / Say ～ so. 《古》=Do ～ say so. / I felt it ～. (*Prov.* 23:35) =I didn't feel it.

---

b [否定の文・節・動詞などの省略代用語として]: Are you ill?—*Not* at all. 君は病気か?—まったく何ともない / It seems [appears] ～. そうではないようだ / I believe [think, suppose] ～. 私はそう思わない / I would as soon do it as ～. どちらかと言えば私はそうしたいほうだ / If he asks, I shall give it; if ～, ～. くださいと言うならばやるが, そうでなければやらない / You can't go there.—Why (ever) ～? そこへ行けないよ—どうして(いけないの) / Is he a soldier?—Perhaps ～. 彼は軍人なのか—多分そうじゃないだろう / Old-fashioned or ～, it is very good. 古風であろうとなかろうとそれはとてもよいのだ. **c** [否定の陳述の後に強調のため添えるかまたは否定の答えを強めるために主語としての代名詞の前に置く]: The French will ～ fight, ～ they. フランス人は戦うまい, 戦うものか / Will you fight?—*Not* me [I]! 戦うか—私はいやだ.

2 a [後に続く語句・節を否定して]: *Not* better than before—but ～ worse, either. 前よりよくはないが悪いわけでもない / He is ～ my son, but my nephew. 彼は私の息子でなくて, 甥だ / He is my nephew, (and) ～ my son. 彼は私の甥で, 息子ではない / It is ～ that I am unwilling but that I have no time. いやだからではなく時間がないためだ / *Not* that it matters. ⇨ matter *vi.* 1 / The poem is bad, but ～ because it is allegorical. その詩はよくないが, 寓意詩だからというわけではない / The poem isn't bad because it's allegorical. (but because it's silly) その詩は寓意詩だからよくないのでは(なくばかげているのでよくない). **b** [不定詞・動名詞・分詞を否定して]: I begged him ～ *to* go out. 外出しないように彼に頼んだ / He reproached me for ～ hav*ing* told it to him. そのことを言わなかったのが悪いと私を非難した / *Not* knowing, I can*not* say [I didn't say]. 知らないから言えない[黙っていた]. **c** [婉曲的に意図している意味とは反対の意味を持つ語に先立って]: ～ a few 少なからず / ～ a little 少なからず / ～ once or [nor] twice 一度や二度でなく, 再三, 幾度も / ～ reluctantly (いやいやどころか)大喜びで, 二つ返事で / ～ seldom 往々, しばしば / ⇨ *not* TOO.

3 [all, both, every などと共に用いて部分否定を表す]: *All* is ～ [*Not* all is] gold that glitters. ⇨ glitter *vi.* 1 / I do ～ know *all* [*both*] of them. 彼らを皆[どちらも]知っているわけではない / *Every* part of the story is ～ true. その話はどこからどこまで全部本当とは限らない《★ この場合 *Not* every part of the story is true. の意味のほかに「その話はどこも本当ではない (No part of the story is true.)」の意味にもなりうる》/ It is ～ *altogether* bad. 全く悪いというわけではない / He is ～ *always* here. いつもここにいるわけではない / Such a thing is ～ found *everywhere*. =*Not* everywhere is such a thing to be found. そういう物はどこにでもあるというものではない.

nòt a* [*óne*]** …ただ一人[一つ]の…も…ない: *Not a* [*one*] (single) hair of her head shall be touched. 彼女の頭の毛一本にだって触れてはいけない / *Not a* man answered. 一人として答える者はなかった. ***not but 《古》=NOT *but that* [*what*]. ***nòt but thát*** [***whát***] ⇨ but¹ *conj.* 成句. ***nòt hálf*** ⇨ half *adv.* 成句. ***nót that*** ⇨ that 2 a.

〘(*c*1340) *no(h)t*, *nought* (短縮) ← OE *nōwiht*, *-wuht* (n. & adv.) ← *ne* not＋*ōwiht* 'AUGHT¹': cf. nought, naught〙

NOT /ná(ː)t | nɔ́t/ *n.* 〘電算〙ノット, 否定《入力と出力の "1", "0" を反転する回路》. 〘(1947) ↑〙

not. (略) notice.

Not. (略) notary.

not-¹ /nóut | náut/ (母音の前にくるときの) noto-¹ の異形.

not-² /nóut | náut/ (母音の前にくるときの) noto-² の異形.

nota *n.* notum の複数形.

no·ta be·ne /nóuṭəbéneɪ, -tɑː-, -bíːni | nə́utɑːbéneɪ, -tébiːni/ *L.* (次のことに)注意せよ (略 NB, nb). ★ 注記を書く初めに用いる. 〘(*a*1721) ◻ L ～ 'note well': ⇨ note (v.), bene-〙

no·ta·bil·i·a /nòuṭəbíliə | nə̀ut-/ *n. pl.* 注意すべき事項; 著名な事物. 〘◻ L *notābilia* (neut. pl.) ← *notābilis* notable ← *notāre* 'to NOTE'〙

no·ta·bil·i·ty /nòuṭəbíləṭi | nə̀utəbíləti/ *n.* **1** 注目するだけの価値; 著名, 顕著: names of historical ～ 史上に名のある人物. **2** 著名な人, 名士 (notable person): *notabilities* in literary circles 文壇の名士たち. **3** 《古》(主婦としての)家政的手腕. 〘(*a*1380) ◻ OF *notabilite* (F *notabilité*): ⇨ ↓, -ity〙

no·ta·ble /nóuṭəbl | nə́ut-/ *adj.* **1 a** 〈人・物事が〉注目に値する, 著しい (noteworthy): a ～ event, success, etc. **b** 顕著な, 有名な, 著名な (distinguished) (*for, as*): a ～ person / The district is ～ *for* its pottery. その地方は陶器で有名だ. **2** 《古》〈主婦が〉家政のうまい, 所帯もちのよい, よく働く. — *n.* **1** 名士, 要人; 上流階級の人. **2** [*pl.*; しばしば N-] (フランスの昔の)名士議会員: the Assembly of *Notables* 名士議会《革命前フランス王が危急の際に招集した全国の上層身分の名士からなる諮問機関》. **3** 《廃》著名な事[物]. **～·ness** *n.* 〘(*c*1340) ◻ (O)F ～ ◻ L *notābilis* ← *notāre* 'to NOTE': ⇨ -able〙

N

no·ta·bly /nóuṭəbli | nə́ut-/ *adv.* **1** 注目に値するほど[ように]; 著しく, 非常に (remarkably): *Notably*, only a few errors were found. 注目すべきことにはほんの少しの事例しか見出せなかった. **2** 特に, とりわけ (especially). **3** はっきりと, 明白に (conspicuously). 〘(*c*1380): ⇨ ↑, -ly¹〙

no·ta·canth /nóuṭəkæ̀nθ | nə́utə-/ *n.* 〘魚類〙ソコギス科の魚類の総称. 〘← NL *Notacanthus* ← NOTO-¹＋Gk *ákantha* thorn: ⇨ acantho-〙

No·ta·can·thi·dae /nòuṭəkǽnθədìː | nə̀utəkǽnθɪ-/ *n. pl.* 〘魚類〙ソコギス科. 〘→ NL ～ ← *Notacanthus* (↑)＋-IDAE〙

NOTAM, no·tam /nóutæm | nə́u-/ *n.* 〘航空〙(乗組員に対する)航空情報, ノータム. 〘(1946) (頭字語) ← *notice to airmen*〙

no·tan·dum /noutǽndəm | nəu-/ *L. n.* (*pl.* **no·tan·da** /-də/, **～s**) **1** 注意すべき記入事項, 注意事項. **2** 覚え書 (memorandum). 〘(1605) ◻ L ～ (neut. gerundive) ← *notāre* 'to NOTE'〙

no·taph·i·ly /noutǽfəli | nəutǽfɪ-/ *n.* (趣味としての)紙幣収集. 〘(1970): ⇨ note, -phily〙

no·tar·i·al /noutέ(ə)riəl | nəutέər-/ *adj.* 公証人の; 公証人の作成した: a ～ deed 公正証書. **～·ly** /-riəli/ *adv.* 〘(1482) ← L *notāri(us)* 'NOTARY'＋-AL¹〙

no·ta·rize /nóuṭəràɪz | nə́utə-/ *vt.* 〈公証人が〉〈文書を〉認証する, 証明する, 公正証書にする (attest): ～ a document, contract, etc. **no·ta·ri·za·tion** /nòuṭərɪzéɪʃən | nə̀utəraɪ-, -rɪ-/ *n.* 〘(1926) ← NOTARY＋-IZE〙

no·ta·ry /nóuṭəri | nə́ut-/ *n.* 公証人《英国では特別許可裁判所 (court of faculties), 米国では行政部が任免する》. **～·shìp** *n.* 〘(1303) ◻ (O)F *notaire* ◻ L *notārius* shorthand writer, clerk, secretary ← *notāre* to make a note of ← *nota* 'NOTE (n.)': ⇨ -ary〙

nótary públic *n.* (*pl.* **notaries public, ～s**) =notary. 〘1494〙

no·tate /nóuteɪt | nəutéɪt/ *vt.* 記号で表す, 記号で示す; 記録する; 〘音楽〙楽譜に記す. 〘(1903) (逆成) ↓〙

no·ta·tion /noutéɪʃən | nə(u)-/ *n.* **1** (普通の書記法によらない特殊な文字・符号・数字などによる)表示法, 記号法, 記数法, 記法, 表音法; (特殊な)表記, 表示: chemical ～ 化学記号法 / ⇨ decimal notation / musical ～ 〘音楽〙記譜法; 音符 / a broad [narrow] (phonetic) ～ 〘音声〙簡略[精密]表記(法). **2** 《米》注釈, 注解 (note). **3 a** 記録すること, メモを取ること. **b** 《米》記録, メモ, 覚書. **～·al** /-ʃnəl, -ʃənl/ *adj.* 〘(1570) ◻ (O)F ～ ∥ L *notātiō(n-)* a marking ← *notātus* (p.p.) ← *notāre* 'to NOTE': ⇨ -ation〙

nót-béing *n.* 不[非]存在 (nonexistence). 〘*a*1586〙

notch /ná(ː)tʃ | nɔ́tʃ/ *n.* **1 a** ノッチ, 切欠き (*in, on*)《細い棒や板のへりなどにつけた V 字形の刻み目; 昔は各種の計

算・得点などの覚えに用いた; cf. tally[1] 1). **b** (本・カードなどの)切込み《爪かけなど》. **c** (襟などの) V 字カット. **d** 《まれ》(クリケットの)得点, 点 (run). **2** 級, 段, 等 (degree): a ~ below average 平均より一桁(ひとけた)下 / move up a ~ 一段階上がる / take a person down a ~ or two 少々人の高慢の鼻をへし折ってやる / He is a ~ above [higher than] the others. 彼は他の者より一段上だ. **3** 《米》[しばしば地名に用いて] (深く狭い)山あい, 峡谷 (defile); 峠, …越え (pass): Crawford *Notch*. **4** 矢筈(やはず), 弓筈(ゆはず) (nock).

— *vt.* **1 a** …に刻み目[切込み]をつける: ~ a stick. **b** 〈物〉に刻み目をつけて〈…を〉作る 〈*into*〉: ~ a piece of steel *into* a saw 鋼に目を立ててのこぎりにする. **2 a** 〈勘定・得点・獲物などを〉刻み目をつけて記録する (score) 〈*up, down*〉 (cf. *n.* 1 a): ~ items (*down*) *on* a tally 項目を一つ一つ割符に記す. **b** 《口語》〈獲物・勝利・地位などを〉得(させ)る, 収め(させ)る 〈*up*〉: ~ *up* a series of victories 連戦連勝する / The book ~*ed* him a big income. その本は彼に大きな収入をもたらした. **3** 〖建築・木工〗〈部材を〉切欠きで接合する. **4** 〈矢を〉つがえる: ~ an arrow.

~·er *n.* **~·y** *adj.* 〖*n.*: (1577)《異分析: cf. AF *noche*》← *an otch* ◻ OF *oche* (F *hoche*)← *o(s)chier* (F *hocher*) to notch < L *obsecāre* to cut off← OB- +*secāre* to cut. — v.: (1597) ← (n.): cf. ME *oche* (◻ OF *o(s)chier*): cf. newt, nickname〗

nótch·bàck *n.* 〖自動車〗 **1** ノッチバック《車体後部に段がついている車体のスタイル; cf. fastback 1 a》. **2** ノッチバック車. 〖1965〗

nótch·bòard *n.* 〖建築〗川桁(かわげた)《階段板を切欠きに差込んで両側から支える斜めに渡された桁》. 〖1823〗

notched /ná(ː)tʃt | nɔ́tʃt/ *adj.* **1** 刻み目[切欠き]のある. **2** 〖生物〗のこぎり歯の形をした, 鋸(きょ)歯形の, V 字形の切込みがある. 〖(1602) ← NOTCH+-ED〗

nótch effèct *n.* 〖金属加工〗切欠き効果《切欠き部分で金属疲労が増すこと》. 〖1925〗

nótch fìlter *n.* 〖電子工学〗ノッチフィルター《周波数応答曲線上に鋭い切込み (notch) を生ずるフィルター》. 〖1962〗

nótch·wìng *n.* 〖昆虫〗ヨーロッパ産ハマキガ科のガの一種 (*Peronia caudana*). 〖1819〗

notch·y /ná(ː)tʃi | nɔ́tʃi/ *adj.* **1** 刻み目のある. **2** 〈手動式ギアチェンジ装置が〉正確なレバー操作を必要とする. 〖(1850): ⇨ -y[4]〗

N

NOT circuit *n.* 〖電算〗否定回路.

note /nóut | nə́ut/ *n.* **1** 覚え書, 手控え, メモ (memorandum); [しばしば *pl.*] (講演などの)草稿, 文案, 下原稿: ~*s* for a speech [sermon] 演説[説教]の覚え書[草稿] / make [take] a ~ *of* …を筆記する, 書き留める, …のノートをとる / take ~*s* (講義・会議などで)記録をする, ノートをとる / read [speak] from ~*s* 原稿を朗読する[見ながら演説する] / preach from ~*s* 原稿を見て説教する / He spoke for an hour without a ~. 彼は一切原稿なしで 1 時間話をした. 日英比較 英語の *note* には日本語の「ノート」に当たる「帳面」の意味はない. **2 a** (略式の)短い手紙, 短信: a ~ of invitation 招待状 / write a ~ to …に一筆書き送る. **b** (外交上の公式な)通牒, 通達, 覚え書 (communication): a diplomatic ~ 外交文書. **3** [通例 *pl.*] **a** (印象・出来事などの)記録 (record), 印象記, 手記: take ~*s on* [*of*] one's journey 旅行記を書く. **b** (新聞・雑誌の)短い記事, 雑録: household ~*s* (新聞・雑誌の)家庭欄, 家事メモ. **4 a** 注, 注解, 注釈 (annotation): ~*s on* [*to*] a passage, chapter, text, etc. / a marginal ~ 欄外の注 (cf. footnote 1) / There is a ~ *on* the word. **b** (芸術作品などの)解説: the program ~*s for* a concert 音楽会の解説つきプログラム. **c** 〖図書館〗(著者・書名など目録カードの基本的な記載事項を補記した)注記. **5 a** (簡単な)陳述書, 声明書, 報告書. **b** (学術誌などの短い)研究ノート. **6 a** 《英》紙幣 (《米》bill): £20 in ~*s* 紙幣で 20 ポンド / ⇨ banknote. **b** 手形, 預り証; 約束手形: a promissory ~ =NOTE of hand / ⇨ circular note. **c** 《古》勘定書 (account). **7 a** (主として楽器の)音 (sound), 楽音 (musical sound): the funeral ~ of a bell 葬儀を告げる鐘の音 / give two or three ~*s* on a bugle 二吹き三吹きらっぱを吹き鳴らす. **b** (鳥の)鳴き声, 叫び声, 呼び声 (cry): a bird's merry ~ 楽しげな鳥の鳴き声 / the raven's ~ 大がらすの鳴き声. **c** 〖音楽〗音符; (ピアノなどの)鍵(けん) (key); (音符の表す)音: sound the ~*s* of the scale 音階の音を奏する / strike the ~*s* (ピアノなどの)鍵を打つ. **d** 《古・詩》調べ, 旋律, 歌 (melody): cannot sing a ~ 全く歌が歌えない. **8 a** (人の)声音(こわね), 語気, 語調, 口調 (tone); 話し振り, 考え方 (mood): a ~ of censure 非難するような口調 / change one's ~ 話振り[語調]を変える; (急に)態度を変える / Her voice struck a ~ of concern. 彼女の声は不安そうな調子を帯びていた / sound [strike] a ~ of warning 警告を発する / sound the ~ of war 戦意を伝える, 主戦論を唱える. **b** 特徴, 特色; 要素: Frankness is the chief ~ in his character. 率直が彼の性格の主な特徴だ / The work has the ~ of antiquity. その作品は古色を帯びている / There is a ~ of pessimism in his writings. 彼の著作には悲観主義の色がある. **9** 注意, 注目, 留意 (notice): take ~ [no ~] *of* …に注意する[しない], …に気が付く[付かない] / an event worthy [deserving] of ~ 注目に値する事件. **10 a** 著名, 令聞 (distinction); 重要, 重大 (importance): a family of ~ 名門 / names of great ~ 令名の高い人々 / a man of no great ~ 大して有名でない人 / things of ~ 重大な事. **b** 知らせていること, 周知 (knowledge): a matter of ~ 周知のこと. **11** 《米口語》思いがけない事, 大変な事, ひどい事. **12** (句読点などの)符号, 記号, しるし (mark): a ~ of interrogation 疑問符 / a ~ of exclamation [admiration] 感嘆符. **13** 《古》汚名, 恥辱.

a héll of a nóte ⇨ hell 成句. ***compáre nótes*** 意見を交換する, 感想を述べ合う. (1708) ***stríke* [*sóund*] *a discórdant nóte*** 〈物事が〉場違いである; 〈人が〉異を唱える. ***stríke* [*sóund*] *a fálse nóte*** 見当違いなことを言う; 不調和なことをする (cf. 7 c). ***stríke* [*hít*] *the ríght nóte*** (相手の)共鳴を呼ぶようなことを言う[する] (cf. 7 c).

nóte of hánd 〖商業〗約束手形 (promissory note). (1766)

— *vt.* **1 a** 心に留める, …に注意する, 注目する: ~ a person's warning [gestures] 人の警告[身振り]に注意[注目]する / *Note* what I say. 私の言葉をよく聞きなさい / *Note* well how to do it. どんな具合にやるかをよく注意していなさい / It must be ~*d that* …ということは注意すべきである / It is important [interesting] to ~ *that* …ということに注目してみることは大切である[興味深いことだ]. **b** 書き留める, 書きつける, 控えておく 〈*down*〉: I ~*d down* every word he said. 彼の言ったことを一言一句漏らさず書き留めた. **2** …に気が付く, 認める (perceive): One may ~ some errors in his writings. 彼の著作には多少の誤りが認められるであろう. **3 a** (文中で)特に…に言及する[触れる]: The report ~*s* a drop in sales. その報告は売上げの減少に言及している / He ~*s* the problem in the preceding chapter. 前の章でその問題に触れている. **b** 指示する, 示す (indicate): The letter ~*s* the absence of his sincerity. 手紙から彼の誠実でないことがわかる. **4** …に注をつける, 注釈する (annotate): ~ a book, passage, etc. **5** 〖音楽〗音符で書く, …に音符をつける.

nót·er /-tə | -tə(r)/ *n.* 〖n.: (?a1200) ◻ (O)F ~ ◻ L *nota* mark, letter. — v.: (?a1250) *note(n)* ◻ (O)F *noter* ◻ L *notāre* to make a note ← *nota*〗

note·book /nóutbùk | nə́ut-/ *n.* **1** 筆記帳, ノート, 手帳, 備忘録. **2** (約束)手形記入帳 (bill book). 〖1579〗

nótebook compúter *n.* 〖電算〗ノートブック型コンピューター, ノートパソコン.

nóte bròker *n.* 《米》商業手形を売り買いする人; 約束手形仲買人. 〖1870〗

nóte càrd *n.* 《米》(普通は表に絵がかかれた二つ折りの)短い手紙用の小さなカード.

nóte·càse *n.* 《英》札入れ (wallet) (cf. billfold). 〖1838〗

nóte clùster *n.* 〖音楽〗=tone cluster. 〖1934〗

not·ed /nóutɪ̆d/ *adj.* **1** 有名な, 著名な (⇨ famous SYN): a ~ writer, traveler, etc. / He is ~ *as* a poet [*for* his bravery]. 詩人として[勇敢なので]有名だ. **2** 注目に値する, 目立った (noticeable): a ~ increase in the population 人口の著しい増加. **3** 〖音楽〗楽譜付きの. **~·ness** *n.* 〖(c1380): ⇨ note (v.), -ed 1〗

nót·ed·ly *adv.* 著しく, 目立って, 特に. 〖(1604): ⇨ ↑, -ly[1]〗

nóte·hèad *n.* **1** 書簡用紙頭部の印刷文字 (cf. letterhead 1). **2** 頭部に印刷文字を刷込んだ書簡用紙. 〖1909〗

nóte·hèading *n.* =notehead.

nóte·hòlder *n.* 商業手形の所有者. 〖1927〗

nóte·less *adj.* **1** 人目を引かない, 平凡な, 無名の (inconspicuous). **2 a** 音調の悪い, 音楽的でない. **b** 声[音]のない (voiceless). **~·ly** *adv.* **~·ness** *n.* 〖a1616〗

note·let /nóutlɪ̆t | nə́ut-/ *n.* **1** 短信. **2** 表に絵や図柄の入った二つ折りのカード[紙]《内側に短信が書ける》. 〖(1824): ⇨ -let〗

nóte pàd *n.* 《英》はぎ取り式メモ用紙, メモ用紙とじ. 〖1922〗

nóte·pàper *n.* (通例私用の)書簡用紙, 便箋. 〖1849〗

nóte ròw /-ròu | -rəu/ *n.* 《英》〖音楽〗=series 9. 〖1955〗

Nótes and Quéries *n.* 主に英語英文学に関する考証的資料を提供する英国の月刊誌 (略 N & Q).

nóte shàver *n.* 《米俗》手形を高利で割引きする人; 高利貸 (usurer). **nóte-shàving** *n.* 〖1816〗

notes i·né·gales /nóutsɪneɪgáːl, -gǽl | nə́uts-; F. nɔtinegal/ *n. pl.* 〖音楽〗不等音符《バロック期の演奏法上の習慣で, 付点音符化して奏される均等の時価で書かれた音符》; そのような演奏法. 〖(1927) ◻ F ~〗

nótes páyable a/c /-əkáunt/ *n. pl.* 〖会計〗支払手形勘定.

nótes recéivable a/c *n. pl.* 〖会計〗受取手形勘定.

nóte·tàker *n.* ノートを取る人. 〖1886〗

nóte-tàking *n.* ノートを取ること, 筆記. 〖1496–97〗

nóte vàlue *n.* 〖音楽〗=time value. 〖1915〗

note ver·bale /nóutvɛəbáːl, -bǽl | nə́utvɛə-; F. nɔtvɛʀbal/ *F. n.* (*pl.* **notes ver·bales** /~/) 〖外交〗口上書き; 無署名覚え書. 〖(1855) ◻ F ~ 'verbal note'〗

note·wor·thy /nóutwə̀ːði | nə́utwəː-/ *adj.* 注目するに足る, 注意すべき (notable); 著しい, 顕著な, 著名な (remarkable). **nóte·wòr·thi·ly** /-ðɪ̆li/ *adv.* **nóte·wòr·thi·ness** *n.* 〖(1552) ← NOTE (n.)+WORTHY (adj.)〗

nót-for-prófit *adj.* 非営利的な (nonprofit). 〖1966〗

NÓT gàte *n.* 〖電算〗=Not circuit.

nót-gò gàge *n.* 〖機械〗=no-go gage. 〖(1934) (頭音消失) ← ANOTHER〗

noth·er, 'noth·er /nʌ́ðə | -ðə(r)/ *adj., pron.* 《方言・口語》=another. 〖(1934) (頭音消失) ← ANOTHER〗

noth·ing /nʌ́θɪŋ/ *pron.* **1** 何物[何事]も…ない (not anything): I have ~ to say. 何も言うことはない / There is ~ that can be done about it. それについては何の手立てもない / I've got ~ against him, but… 彼に何の含むところもないが… / *Nothing* ventured, ~ gained. 《諺》危険を冒さなければ何も得られない,「虎穴に入らずんば虎児を得ず」/ He has [There is] ~ of the poet in him. 彼には詩人の素質は全くない / There is ~ the matter [~ wrong] with the car. 車は別にどこも何ともない / It is good for ~ except [but] the garbage can. ごみ入れにしか役立たない / ⇨ *There is* NOTHING *in* [*to*] *it*. ★ nothing を修飾する形容詞は後置する: This is ~ new. これは何も目新しいことではない / *Nothing* great is easy. 大事業には必ず困難が伴う. **2** 無, 空, 虚無 (nonentity, nothingness); 無価値, 無意味: fade away to ~ 次第に消えてなくなる / *Nothing* comes (out) of ~. 《諺》無より有を生ぜず / He is five feet [foot] ~. 身長は 5 フィートきっかり / He has ~ *in* him. 彼には何の取柄もない《からっぽな人間だ》/ That means ~ *to* me. それは私にはどうでもいいことだ; それは私にはわからない. **3** つまらない[取るに足らない]もの; つまらない[取柄のない]人 (cf. *n.* 2); どの宗派にも属さない人, 無神論者 (cf. nothingarian): It is ~ to speak of. それは言うほどのことではない《つまらないことだ》/ She is ~ without her money. 金がなければ相手にされない女だ / His failure is ~ *to* me. 彼が失敗したところで私には痛くもかゆくもない / She is [means] ~ *to* me. あの女のことなんか私は何とも思っていない / My trouble is (as) ~ (compared) to theirs. 私の苦労など彼らの苦労に比べれば何でもない / ⇨ NOTHING *if not*.

áll or nóthing ⇨ all 成句. ***áll to nóthing*** 《古》十二分に. (1742) ***còme to nóthing*** むだに終わる, だめになる (fail utterly): The plan has *come to* ~. その計画は水泡に帰した. (1568) ***cóunt for nóthing*** 価値が認められない, 益がない. ***for nóthing*** (1) 無益に, いたずらに (in vain): He has not traveled the world *for* ~. 彼はいたずらに世界旅行をしたわけではない《しただけのことはある》/ We had all that trouble *for* ~. すべてが骨折り損だった. (1560) (2) 無料で, ただで (gratis, for free): I got it *for* ~. ただでもらった. (1611) (3) 理由(もなく), いわれなく: They quarreled *for* ~. 彼らは理由もなく口論した / It's not *for* ~ that Ivan IV was called "the Terrible." = Ivan IV wasn't called "the Terrible" *for* ~. =Not *for* ~ was Ivan IV called "the Terrible." イワン四世が「雷帝」と呼ばれたのにはそれなりの理由がある. (1592–94) ***gò for nóthing*** =*count for* NOTHING. ***háve* (*gòt*) *nóthing ón*** (1) 何の約束[予定]もない. (2) 何も身につけていない, 裸である (⇨ cf. *with* NOTHING *on*). (3) …に不利な情報をつかんでない; 〈人を〉有罪とするような証拠をもたない. ***háve* [*be*] *nóthing to dò with*** …に関係がない (⇨ HAVE *something* [*nothing*] *to do with*). ***in nóthing flát*** 《口語》あっと言うまに, たちまち, すぐに. ***It's* [*It wás*] *nóthing.*** 礼には及びません, どういたしまして; 何でもない, 大したことはない. ***knów* [*nòt knów*] (*from*) *nóthing*** 《米俗》全く無知だ. (1936) ***like nóthing on éarth* [*in the wórld*]** 《口語》(1) この世のものとも思われない, またとなく, この上もなく, ひどく(変で, みじめで, など): feel *like* ~ *on earth* とてもみじめな気持ちがする, ひどく気分が悪い / look *like* ~ *on earth* ひどく変に[みじめに, 気分悪そうに, みっともなく]見える. (2) 非常に珍しい: This bird is *like* ~ *on earth*. この鳥は非常に珍しいものだ. ***máke nóthing of*** (1) …を何とも思わない, 物ともしない; 平気で…する: He *makes* ~ *of* his illness. 彼は自分の病気のことなど何とも思っていない / He makes ~ *of* doing it by himself. それを一人でやることを何とも思っていない. (2) [can を伴って] 理解できない: I *can make* ~ *of* what he says. 彼の言うことはちっともわからない. (3) …を利用できない, しくじる: He could *make* [He *made*] ~ *of* his talents [job]. 彼は才能を発揮できなかった[仕事をし損じた]. (1632) ***néxt to nóthing*** ⇨ NEXT *to* (1). ***nóthing but*=*nòthing élse than* [*but*]** ただ…のみ, …に過ぎない, 全く…だ: It was ~ but [*else than*] my own shadow. それはただ私自身の影だった. (c1384) ***Nóthing dóing!*** 《口語》だめだ《失敗・失望・拒絶などのときに言う》; There is nothing doing (here)! の略; ⇨ do[2] *vi.* 6): Let's go to the movies.—*Nothing doing!* 映画に行こうよ—いやだ. (1870) ***nóthing if nòt*** (1) [形容詞(句)に先行して] この上もなく, 実に (cf. Shak., *Othello* 2. 1. 120): He is ~ *if not* punctual. 実によく時間を守る; きちょうめんなのが取柄だ. (2) [名詞に先行して] 典型的な, 全くの (quite): He was ~ *if not* a businessman. 彼こそ典型的な実業家だった. (1604) ***nóthing líke*** (⇨ *adv.* 成句) (1) …に及ぶものはない: There is ~ (quite) *like* home. わが家ほどいいところはどこにもない / There's ~ *like* speaking frankly. 率直に話すのが一番よい / There is ~ [*Nothing*] *like* leather. ⇨ leather 成句. (2) …に似た[類する]ものはない: You can find ~ *like* this piece of china. このような陶器は見つかりませんよ. ***nóthing múch*** 大したことはない, ごく少ない (⇨ *adv.* 1). ***Nóthing óff!*=*Nóthing to lóse!*** 〖海事〗落とすな《詰開きで帆走中の「たとえさらに風上に向けても決して船首を風下に落とさぬように舵を取れ」という意味の号令》. (1846) ***nóthing òther than*** =NOTHING *but*. ***sày nóthing to*** 〈人〉を感動させない. ***stóp* [*stíck*] *at nóthing*** どんなことでもやりかねない (⇨ stop *vi.* 2, stick[2] *vi.* 6). ***there is nòthing (èlse) fór it but to dó*** …するよりしかたがない (cf. FOR *it*): *There was* ~ *for it but* to obey. 服従するよりほか仕方がなかった. ***There is nóthing in* [*tó*] *it.*** (1) (情報などが)全くうそだ, いい加減だ. (2) どうでもいい事だ, 大した事でない. (3) 容易なことだ, 何でもない. (1934) (4) [in を用いて] (競馬などで)どちらも五分五分だ: *There's* ~ much in it. 大差ない. (1927) ***thínk nóthing of*** (1) …を軽んじる: *think* ~ *of* a person's work 人の仕事を軽蔑する / *Think* ~ *of it*. どうか気にしないで下さい《失礼を詫びる相手に》; 「ありがとう」に対し

て)どういたしまして. (2) 〈普通ではないと思われるようなこと〉を何とも思わない: *think* ～ *of* (telling) a lie うそをつくことを何とも思わない / I *think* ～ *of* working all night. 徹夜するのは平気だ. 《1802》 ***to sày nóthing of*** …のことは言うまでもなく, …はさておき (cf. *not to* SAY[1]): The exploration will be expensive, *to say* ～ *of* the danger. 危険なことはもちろん, その探検は金がかかる. 《1934》

— *n.* 1 零, ゼロ (zero, naught, nil): Multiply 6 by ～, and the result is (still) ～. 6 に 0 を掛ければその積は 0 である / They won (by) 6–～ [6 to ～]. 《米》彼らは 6 対 0 で勝った. **2** つまらない物[言葉]; 取るに足らない人: the little ～*s* of life この世のささいな事ども / airy ～*s* ⇨ airy 4 c / The new boss was a mere ～. 新任の主任は全くの無能者だった.

nò nóthing [否定語を並べた後に]《口語》(…も)何もない: There is *no* bread, *no* butter, *no* cheese, *no* ～. パンもバターもチーズも何もない. 《1835》 ***swéet nóthings*** 《口語》(恋人同士が交わす)甘い言葉: He whispered *sweet* ～*s in her ear*. 彼女の耳に恋をささやいた. ***with nóthing ón*** (ほとんど)何も着ないで, 裸で. 《1719》

— *adv.* 1 少しも…ない, 決して…ない (not at all): ～ daunted 《文語》少しも恐れることなく / avail [help] ～ 《文語》何にも役に立たない, 何の益もない / care ～ about … を少しもかまわない, …が念頭にない / He is ～ *more than* a dreamer. 彼は夢想家にすぎない (cf. NOTHING *but* (*pron.* 成句)) / It is ～ *less than* [～ *short of*, 《文語》～ *other than*] madness. 全く狂気の沙汰(さた)だ / It is [There is] ～ *much*. 大したことではない[ことはない]. ★ 最後の 3 例における nothing を後の more, less, short, much に修飾される *pron.* とみなすこともできる. **2** 《口語》[前文の主要語を強く打ち消して] …でも何でもない (no … at all): "It's a testimony to her character." "Character ～: it's a testimony to her persistence."「それは彼女の性格をよく示している」「性格なんて(笑わすな), 頑固なだけだよ」.

nóthing like 少しも…のようでない (⇨ pron. 成句): It was ～ *like* what we expected. 期待とは全く異なったものとなった《こんな結果になるとは夢にも思わなかった》. 《*c*1412》 ***nóthing like* [*nèar*] *as* [*so*] … *as*** とても…に及ばない: This is ～ *like* [*near*] *as* [*so*] good *as* that. これはあれにははるかに劣る.

— *adj.* 《口語》1 価値のない, つまらない; 〈衣服が〉控え目な, 目立たない: a ～ game, place, idea, etc. **2** (宗教・政治的に)どこにも属さない.

〖OE *nā*(*n*) *þing*: ⇨ no[1] (adj.), thing[1]〗

noth·ing·ar·i·an /nʌθɪŋé(ə)riən | -ŋéər-/ *n.* 無信仰者, 無神論者 (atheist). 〖(1789): ⇨ ↑, -arian〗

nóth·ing·ness *n.* **1 a** 無, 空, 無存在, 非実在; 消滅 (extinction): pass into ～ 無に帰する, 消滅する. **b** 人事不省; 死 (death): lapse into ～ 人事不省に陥る. **2 a** 全くつまらないこと, 無価値, 無用, 空しさ: realize one's own ～ 自分のつまらなさを悟る. **b** つまらないもの, 無価値なもの (trifle). **3 a** 空所, 空虚. **b** 《哲学》虚無. 〖(*a*1631): ← NOTHING＋-NESS〗

no·tho·saur /nóuṭəsɔ̀ə, -θə- | nə́utəsɔ̀ː(r, -θə-/ *n.* 《古生物》偽竜[ノトサウルス]亜目の海生爬虫類《沿岸で生活した原始的な海生爬虫類で, 長頸竜 (plesiosaur) に似るがより小さい; 欧州・アジア西南部の三畳紀に生息》. 〖(1933): ⇨ noto-[2]〗

no·tice /nóuṭɪs | nə́utɪs/ *vt.* **1 a** [しばしば目的語＋doing (または原形)を伴って] …に気がつく, 認める (⇨ discern SYN): The baby ～*s* everything now. 赤ん坊は今は何にでも気がつくようになった / I couldn't help *noticing* some mistakes in your records. あなたの記録の中のいくつかの間違いがどうしても目についた / I ～*d* her eagerness.＝I ～*d* the eagerness in her. 彼女の熱意に気づいた / I ～*d* a man *leaving* the house. 男が家を出て行くところを認めた / Did you ～ anyone *leave* the house? だれか家を出ていくのに気がついたか / I ～*d that* a man had left the house. 男がその家を出ていることに気付いた. **b** …に注意[注目]する, 気をつける 〈*that, how,* etc.〉: I didn't ～ her shoes. / It is worthwhile to ～ [*noticing*] *that* …ということは注目に値する / I didn't ～ *how* he was dressed. 彼がどんな服装をしていたか気をつけて見なかった. **2 a** 知っているふりをする, 知っていると言う; …に挨拶する. **b** 丁重に取り扱う, 歓待する, 厚遇する. **3 a** …に言及する, 指摘する. **b** 〈書物・劇などを〉論評[短評]する. **4** 《米》…に報知[通告]する 〈*that*〉.

— *vi.* 1 気をつける, 注意する: It happened without my *noticing*. それが起きたことに気付かなかった. **2** (書物・劇などの)論評[短評]を書く.

nót sò às* [*sò's*] *you'd nótice 《口語》気付かれない程度に. 〖1937〗

— *n.* 1 a 注意, 注目, 認知 (attention): ⇨ *take* NOTICE / worthy *of* ～ 注目に値する / come [be brought] to someone's ～ 人の注意を引く, 目に留まる / That will bring you *into* public ～. そんなことをすると人目についてしまう / Such men are *beneath* ～. こんな連中は取るに足らない / The event attracted scant [little] ～. その事件はあまり注目されなかった / The error escaped (my) ～. その誤りを見逃した / It deserves (a) passing ～. それは一通り注意する価値がある. **b** 特に目をかけること, 厚遇, 愛顧 (favor), 丁重 (civility).

2 掲示, (告示用の)はり紙, ビラ; 告示文: an obituary ～ (略伝付きの)死亡告示, 死亡記事 / a birth [marriage] ～ 出生[結婚]告示 / a ～ of an engagement 婚約記事 / put a ～ in the papers 新聞に広告する / put up [post] a ～ on a board 掲示板に掲示を出す / There is a ～ posted on the door saying … とドアにはり紙がしてある.

3 a 予告, (事前の)警告 (warning): (a) final ～ 最後の警告 / *at* [《米》*on*] short ～ 急に, すぐに / *at* a moment's ～ 即座に / without (previous [prior, advance]) ～ 予告なしに / I am ready to start *at* a minute's ～. 通知があり次第出発する用意ができている / *upon* [*on*, subject to] reasonable ～ 相当の予告期間をおいた上で / What [How much] ～ is required? どの位の予告期間が必要か / A day's ～ is required. 通知は一日前に出すことが必要だ / He gave me very short ～ *of* his visit. 彼はやって来る間ぎわに急に知らせて来た. **b** 契約解除の通知[予告]《特に, 家主・地主と借家人・借地人との間に, また雇主と使用人との間になされるもの》: written ～＝～ in writing 書面による通告 / The landlord gave them ～ [served ～ on them] to leave [that they were to leave]. 地主は彼らに立ち退きの予告をした / give [hand] in one's ～ 退職を申し出る / He gave his employer a month's ～. 彼は雇主にひと月後にやめさせてほしいと申し出た / You will get a week's ～. やめてもらう時には一週間前に予告します / He is *under* [《米》*on*] ～. 彼は解雇[立ち退き]の予告を受けている / We put them *on* ～ *that* they should leave within a year. 彼らに一年以内に立ち退くように通知しておいた / She was dismissed *without* ～. だしぬけに暇を出された. **c** (公式の)通知, 通報, 告知 (announcement); 通知書, 告知書: a ～ of dishonor [protest] 《商業》(手形)不渡り[支払拒絶]通知書 / give ～ to … に届け出る / give [serve] ～ *of* … の通知をする / I (hereby) give you ～ *that* … の旨(むね)御通知申し上げます / have [receive] ～ *of* …の通知を受ける / till [until] further ～ 追って通知[何分の沙汰(さた)]があるまで. **4** (新刊書・劇などの)短評, 紹介; 書評 (review); 批判, 評価: a brief [short] ～ 短評 / Of these publications some were selected for ～. これらの出版物のうち数点が批判の対象に取り上げられた / The concert got [had] good [bad, rave] ～*s*. そのコンサートは良い[悪い, べたぼめの]評価を受けた.

sit úp and tàke nótice ⇨ sit 成句. ***tàke nótice*** (1) 注意する, 目を留める: *take* no ～ *of* …を顧みない, 無視する / *take* ～ *that* …するように注意する; …であることに気がつく / It may have happened, but frankly I wasn't *taking* much ～ at the time. それは起こったことかも知れないが, 正直のところその時はあまり注意していなかった. (2) 〈赤ん坊が〉(物事に対し)興味を示す: The baby began to *take* ～ 赤ん坊は回りのことに関心を持つようになった. 《1592–93》

〖*n.*: (1483) ☐ (O)F ～ ☐ L *nōtitia* knowledge ← *nōtus* (p.p.) ← (*g*)*nōscere* 'to KNOW[1]': ⇨ -ice. — v.: (*c*1410) ← (n.)〗

no·tice·a·ble /nóuṭɪsəbl | nə́utɪs-/ *adj.* **1** 人目を引く, 容易に目につく; きわ立った, 顕著な: a ～ difference 顕著な差異. **2** 注目すべき, 重要な (significant). **no·tice·a·bil·i·ty** /nòuṭɪsəbíləṭi | nəutɪsəbílɪti/ *n.* 〖(1796): ⇨ ↑, *-able*〗

SYN 目立つ: **noticeable** 顕著ですぐ目につく: *noticeable* improvement 目に見える改善. **remarkable** 異常なまたは例外的な性質のために注目に値する: a *remarkable* coincidence 驚くべき符合. **prominent** まわりのものと比べて一段と目立つ; 傑出した: a *prominent* nose 突き出た鼻 / a *prominent* writer 傑出した作家. **conspicuous** きわめて明白ですぐ気づかれる: *conspicuous* bravery 目立つ勇気. **outstanding** 同類の中で際立ってすぐれている: an *outstanding* dissertation 卓越した博士論文. **striking** 見るものの心に強い印象を与える: a woman of *striking* beauty 一際目立つ美人. **arresting** 人の注意を引いて放さない: an *arresting* work of art 人目を引く美術品. **marked** 一見して気がつくほどはっきりとして目立っている: a *marked* difference 目立った相違. **signal** 普通のものとは異なっていて, 異彩を放つ: a *signal* victory めざましい勝利.

no·tice·a·bly /nóuṭɪsəbli | nə́ut-/ *adv.* 人目を引くほど[ように]; 著しく: be ～ dressed 人目を引くような服装をしている / not ～ different 目につくほどは違っていない / *Noticeably* there is a gradual decline in birthrate. 注目すべきことは次第に出生率が低下していることだ. 〖(1855): ⇨ ↑, -ly[1]〗

nótice-bòard *n.* 《英》掲示板, 告示板, 立札 (《米・カナダ》bulletin board). 〖1854〗

nó·ti·cing *adj.* 注意深い: a very ～ man. 〖1843〗

No·tid·a·ni /noutídənàɪ | nəutíd-/ *n. pl.* 《魚類》カグラザメ類. 〖← NL ～ (pl.) ← *Notidanus* ☐ Gk *nōtidanos* small shark ← NOTO-[1]＋*idanos* comely (← *idêin* to see)〗

no·ti·fi·a·ble /nóuṭəfàɪəbl, ⏑–⏑–⏑– | nə́utɪfàɪəbl, ⏑–⏑–⏑–/ *adj.* **1** 通知すべき. **2** 〈伝染病など〉届け出義務のある: a ～ infectious disease 届出を要する伝染病. 〖(1889) ← NOTIFY＋-ABLE〗

no·ti·fi·ca·tion /nòuṭəfɪkéɪʃən | nəutɪfɪ-/ *n.* **1** (正式の)通知, 通報, 公告, 告示 (notice). **2** 通知書, 公告[告示]文, 届書. **3** 出生届; 死亡届; (伝染病などの)発病届. 〖(?*c*1380) ☐ (O)F ～ // ML *nōtificātiō*(*n*-) ← *nōtificāre* 'to NOTIFY': ⇨ -ation〗

nó·ti·fì·er *n.* 通知[通報]者, 届出人; 告知者. 〖(1738): ⇨ ↓, -er[1]〗

no·ti·fy /nóuṭəfàɪ | nə́utɪ-/ *vt.* **1 a** 〈人に〉(正式に)通知[通報]する (inform) 〔*of*〕/〈*that*〉: ～ a person *of* one's address 人に住所を通知する / I have been *notified that* … 私は…という通知を受けた. **b** 〈物事を〉〔…に〕通知[通報]する 〔*to*〕: ～ one's intentions *to* the party concerned 当方の意図を相手方に通知する. **c** 〈伝染病・出生などを〉届け出る: ～ a birth. **2** 《英》〈ある事柄を〉発表する, 掲示する, 公示する, 広告する: ～ a sale in the newspaper 売却を新聞に発表する.

〖(*c*1385) *notifie*(*n*) ☐ (O)F *notifier* ☐ L *nōtificāre* to make known ← *nōtus* known: ⇨ notice, -ify〗

SYN 知らせる: **notify** 正式に通知して知らせる《格式ばった語》: He *notified* the post office of his change of address. 郵便局に住所変更を通知した. **tell** 最もくだけた意味で, 一般的に使われる: She *told* me you were sick in bed. 彼女はあなたが病気だと知らせてくれた. **inform** ある状況についての知識・情報を与えるの意味で一般的. tell よりやや格式ばった語: He *informed* me of the fact. その事実を知らせてくれた. **announce** 広く世間に発表・公表して知らせる: *announce* the birth of a princess 王女誕生を発表する. **advise** 《商業》相手にとって重要なことを通告・通知する《格式ばった語》: I wish to be *advised* of my legal rights. 私の法的権利をお知らせください.

nó-tìll *n.* ＝no-tillage.

nó-tíllage *n.* 《農業》不耕起栽培.

no·tion /nóuʃən | nə́u-/ *n.* **1** 観念, 概念; 説 (theory), 信念 (belief); (漠然とした)考え, 意見, 見解 (⇨ idea SYN): have a ～ *that* … という考えを持っている / Such is the common ～. これが世間一般の考えです / have no [a good] ～ *of* economy 経済とは何であるかまるで知らない[よく知っている] / I have not the haziest [slightest] ～ *of* what he means. 彼が何を言っているのか私にはさっぱりわからない / The ～ *of* my marrying her is absurd. 私が彼女と結婚するなんて思っただけでもばかばかしい.

2 a [*of doing* または *to* do を伴って] 意向, 意志, …したい気 (intention): I have no ～ *of* resigning. 辞職の意志はない / I have a ～ *to* travel in Hokkaido. 北海道旅行でもしてみようと思っている. **b** 好み, 好き (liking): take a ～ to … が好きになる, …を気に入る. **3** ばからしい考え, 気まぐれ (whim): Try and get this ～ out of your head. こんな考えは頭から追い出すように. **4 a** 器用な考案物, 発明品. **b** [*pl.*] 《米》(安価で気の利いた)雑貨 (general goods), 小間物 (knicknacks); (特に, ピン・針・糸・ひもなどの)小型実用品 (cf. haberdashery 2 a): buy ～*s* at a store. **5** 《哲学》考え, 概念, 思念, 想念: the first [second] ～ 第 1 次[2 次]的一般概念. **6** 《廃》心, 知性.

〖(1567) ☐ L *nōtiō*(*n*-) recognition, idea ← *nōtus*: ⇨ notice, -tion〗

nó·tion·al /-ʃ(ə)nəl, -ʃənl | -ʃənl/ *adj.* **1** 観念上の, 概念上の, 観念[概念]的な. **2** 抽象的な, 純理論的な, 思弁的な (speculative). **3** 想像的な, 架空の, 空想上の, 非現実的な (unreal). **4** 《米》(愚かな)空想にふける, 幻想に満ちた, 気まぐれな (whimsical). **5** 《言語》**a** (言語形式の表す)意味の. **b** (それ自身が意味を持った)概念語の (cf. relational 3): a ～ word 概念語 (content word). **c** 概念を表象する (presentive). **no·tion·al·i·ty** /nòuʃənǽləṭi | nəuʃənǽlɪti/ *n.* **～·ly** *adv.* 〖(1597) ☐ LL *nōtiōnālis*: ⇨ ↑, -al[1]〗

nó·tion·al·ist /-ʃ(ə)nəlɪst / -lɪst/ *n.* 《古》理論家 (theorist). 〖(*a*1677): ⇨ ↑, -ist〗

no·tit·i·a /noutíʃiə, -ʃə | nəutíʃiə/ *n.* (*pl.* **-ti·ae** /-ʃiìː/) (特に教区の)記録簿. 〖(1798) ☐ L *nōtitia*: ⇨ notice〗

no·to-[1] /nóuṭou | nə́utəu/「背, 背中 (back)」の意の連結形: notochord, notopodium. ★ 母音の前では通例 not- になる. 〖(17C) ← NL ～ ← Gk *nôton* back: cog. L *natēs* (pl.) rump: cf. nates〗

no·to-[2] /nóuṭou | nə́utəu/「南 (south); 南の (southern)」の意の連結形: Notogaean. ★ 母音の前では通例 not になる. 〖← NL ～ ← Gk *nótos* south (wind)〗

nòto·bránchiate *adj.* 《魚類》背にえらのある. 〖(1870) ← NOTO-[1]＋BRANCHIATE〗

nóto·chòrd *n.* 《動物》脊索(せきさく)《系統的にも発生学上も脊椎の基礎を形成する髄管内を走る軟骨様の中軸》. **nòto·chórdal** *adj.* 〖(1848) ← NOTO-[1]＋CHORD[2]〗

no·to·don·tid /nòuṭədá(ː)ntɪd | nəutədɔ́ntɪd/ 《昆虫》*adj.* シャチホコガ(科)の. **— *n.*** シャチホコガ《シャチホコガ科のガの総称》. 〖↓〗

No·to·don·ti·dae /nòuṭədá(ː)ntədìː | nəutə(u)dɔ́ntɪ-/ *n. pl.* 《昆虫》(鱗翅目)シャチホコガ科. 〖← NL ～ ← *Notodonta* (属名: ← NOTO-[1]＋-ODONTA)＋-IDAE〗

No·to·gae·a /nòuṭədʒíːə | nəutə-/ *n.* (*also* **No·to·ge·a** /～/) 《生物地理》南界《動物分布三大区分の一つ; オーストラリア・ニュージーランド・ニューギニア・西南太平洋諸島を含む地域; cf. Arctogaea, Neogaea》. **Nò·to·gáe·an, Nò·to·gé·an** /-dʒíːən/ *adj.* 〖(1868): ⇨ noto-[2], -gaea〗

no·tom·ma·tid /nətá(ː)mətɪd | nə(u)tɔ́mətɪd/ *adj.*, *n.* 《動物》セナカワムシ科の(動物). 〖↓〗

no·to·nec·tal /nòuṭənéktəl | nəutə-/ *adj.* 《昆虫》マツモムシ(科)の. 〖← NOTONECT(IDAE)＋-AL[1]〗

no·to·nec·tid /nòuṭənéktɪd | nəutənéktɪd/ *n.* 《昆虫》マツモムシ《マツモムシ科の昆虫の総称》. 〖↓〗

nòto·pódium *n.* (*pl.* **-dia**) 《動物》背肢, 背枝《環形動物のゴカイなどのいぼ足 (parapodium) の背側の部分》. 〖(1870) ← NOTO-[1]＋-PODIUM〗

no·to·ri·e·ty /nòuṭəráɪəṭi | nəutəráɪəti/ *n.* **1** (主に悪い意味で)有名, 評判; 悪名, 悪評: gain an evil ～ 悪評を得る. **2** 《英》悪名高い人; 評判の人, 話題の人, 有名人. 〖(1592) ☐ F *notoriété* ☐ ML *nōtōrietātem*: ⇨ ↓, -ity〗

no·to·ri·ous /noutɔ́ːriəs, nə- | nə(u)-/ *adj.* **1** (通例悪い意味で)有名な, 評判の高い, 名うての, 札つきの; 周知の (⇨ famous SYN): a ～ thief, gambler, etc. / a ship ～ *for* ill luck 運の悪いので有名な船 / The place is ～ *for* its luxury. その土地はぜいたくで有名だ. **2** 《まれ》名高い,

N

周知の: ～ facts / It is ～ that ... ということは周知のことである, すっかり評判である. **～·ly** *adv.* **～·ness** *n.* 〘(1548–49) ← ML *nōtorius* well known (← L *nōtus* (p.p.) ← *nōscere* 'to KNOW[1]')+-OUS: cf. notice〙

no·tor·nis /noutɔ́ənɪ̀s, nə- | nə(ʊ)tɔ́ːnɪs/ *n.* (*pl.* ～) 〘鳥類〙ノトルニス (*Notornis mantelli*) 《ニュージーランド産の飛行力を失った大型のクイナ; 絶滅の危険がある》. 〘(1848) ← NL ～ ← NOTO-[2]+Gk *órnis* bird〙

no·to·the·ri·um /nòutəθíəriəm | nə̀utə(ʊ)θíər-/ *n.* 〘古生物〙ノトテリウム《更新世に生存したサイの大きさくらいの草食性有袋動物; wombat に近い絶滅種》. 〘⇨ noto-[2]〙

No·to·un·gu·la·ta /nòuṭouʌ̀ŋgjuláːṭə, -léɪ- | nə̀utəuʌ̀ŋgjuláːtə, -léɪ-/ *n. pl.* 〘動物〙南蹄(なんてい)目, 南米有蹄目《今は絶滅した草食哺乳類, 暁新世から更新世にかけて広く南米に分布した》. 〘← NL ～ ← NOTO-[2]+*ungulata* ((neut. pl.) ← LL *ungulatus* 'UNGULATE')〙

nòto·úngulate *adj., n.* 〘動物〙南蹄目の(動物, 化石). 〘← NOTO-[2]+UNGULATE〙

no·tour /nóuṭə | nə́utə(r)/ *adj.* 〘スコット法〙=notorious. 〘1474〙

nótour bánkrupt *n.* 〘スコット法〙公然の破産者《裁判所の認める支払い猶予期間内に借金の返済を怠った者》. 〘1696〙

nót-óut 〘クリケット〙 *adj.* 〈打者が〉アウトにならない《相手方の審判に対してのアピールが却下された時など》; 〈打者が〉(一日のプレーの後に)イニングスが未終了の. **—** *n.* (一日のプレーの後に)イニングスが未終了の打者. 〘1860〙

nót-páted *adj.* 《Shak》いがぐり頭の; でくのぼうの. 〘(1596–97) ← *nott* (方言) close-chopped+-pated〙

No·tre Dame /nòuṭədáːm, nòutrə-, -déɪm | nə̀utrədáːm, nɔ̀trə-; *F.* nɔtʀədam/ *n.* **1** 聖母マリア. **2** 聖母教会[聖堂]. **3** ノートルダム寺院《Paris にある初期ゴシック風の大聖堂, 1163 年着工, 1257 年完成; 正式名 Notre Dame de Paris》. 〘□F ～ 'our Lady': ⇨ dame〙

nó-trúmp 〘トランプ〙 *adj.* (ブリッジで)ノートランプの, ノートランプ型の, ノートランプに向いた. **—** *n.* (*pl.* ～, ～s) (ブリッジで)ノートランプ, ノートラ《どの種類 (suit) の札も切り札にしないで何組か取るという宣言 (bid), 契約 (contract), またその手》. 〘1899〙

nó-trúmp·er *n.* 〘トランプ〙(ブリッジで)ノートランプ型の手《4 種の札の枚数が平均している手》; ノートランプの契約でプレーする[したがる]人. 〘(1899): ⇨ ↑, -er[1]〙

nó-trúmps *n.* 〘トランプ〙=no-trump.

nót-sélf *n.* 〘哲学〙非我 (nonego). 〘1839〙

nót-sò *adv.* [形容詞を修飾して]《口語》あまり...でない (cf. not so ⇨ so[1] *adv.* 2): a ～ cold day あまり寒くない日, わりあいに暖かい日 / in the ～ distant future あまり遠くない[比較的近い]将来に. 〘1935〙

Not·ting·ham /nɑ́(ː)ṭɪŋəm | nɔ́t-/ *n.* ノッティンガム: **1** イングランド中部の都市; Nottinghamshire 州の政庁があるが, 行政上は州から独立した自治体 (unitary authority) となっている. **2** =Nottinghamshire. 〘OE *Snotengaham* 《原義》village of Snot's (← *Snot* (人名)) people: ⇨ -ing[3], home〙

Nóttingham láce *n.* ノッティンガムレース《機械編みの平たんなレース》.

Not·ting·ham·shire /nɑ́(ː)ṭɪŋəmʃə, -ʃɪə | nɔ́tɪŋəmʃə(r), -ʃɪə(r)/ *n.* ノッティンガムシャー《イングランド中部の州; Robin Hood 伝説の舞台の Sherwood の森があった; 面積 2,164 km², 政庁は Nottingham にある》. 〘⇨ ↑, -shire〙

Nót·ting Híll /nɑ́(ː)ṭɪŋ- | nɔ́t-/ *n.* ノッティングヒル《London の Kensington Gardens の西北の地区; 西インド諸島などからの移民が多く, 毎年 8 月彼らによってカーニバルが開催される》.

Nottm 《略》Nottingham.

Notts /nɑ́(ː)ts | nɔ́ts/ 《略》Nottinghamshire.

not·tur·no /nətúənou, nou- | nə(ʊ)túənəu, nɔ-; *It.* nottúrno/ *n.* (*pl.* **-tur·ni** /-niː; *It.* -ni/) 〘音楽〙**1** ノットゥルノ《セレナーデ, ディヴェルティメント (divertimento) に似た 18 世紀の器楽合奏曲》. **2** =nocturne 1. 〘□It. ～ 'of the night' < L *nocturnus* ← *nox* 'NIGHT': cf. nocturn〙

no·tum /nóuṭəm | nə́ut-/ *n.* (*pl.* **no·ta** /-ṭə | -tə/) 〘昆虫〙(胸)背板《胸部背面をおおうキチン (chitin) 板; cf. tergite》. 〘(1877) ← NL ～ ← Gk *nôton* the back〙

nót-ùnder-commánd[-contról] lìghts *n. pl.* 〘海事〙運転不自由灯《運転不自由のとき船の掲げる上下 1.83 m の間隔をおいた紅灯 2 個; breakdown lights ともいう》.

No·tun·gu·la·ta /nouṭʌ̀ŋgjuláːṭə, -léɪ- | nəutʌ̀ŋgjuláːtə, -léɪ-/ *n. pl.* 〘動物〙=Notoungulata.

no·tun·gu·late /nouṭʌ́ŋgjulɪ̀t, -lèɪt | nəu-/ *adj., n.* 〘動物〙=notoungulate.

No·tus /nóuṭəs | nə́ut-/ *n.* 〘ギリシャ神話〙ノトス《南風の神》. 〘(*c*1380) □L ～ □Gk *Nótus*: *nótos* south wind の擬人化〙

notwg 《略》notwithstanding.

not·with·stand·ing /nɑ̀(ː)twɪ̀θstǽndɪŋ, -wɪð- | nɔ̀t-/ *prep.* ...にもかかわらず: We went on, ～ the storm. 嵐にもかかわらず前進し続けた. ★ この語は現在分詞に由来するため, 時に独立分詞構文的に用いられる: We went on, the storm ～. **—** *adv.* それにもかかわらず, それでも (nevertheless): The truth must be told, ～. やはり本当のことを話さなければならない. **—** *conj.* 《古》[時に that を伴って] ...にもかかわらず: I went ～ (*that*) he told me not to (go). 彼が行くなと言ったにもかかわらず私は行った. 〘(prep.: ?*c*1378; adv. *c*1440; conj. *a*1420)《なぞり》← (O)F *nonobstant*: ⇨ not, withstand: cf. non obstante〙

SYN ...にもかかわらず: **notwithstanding** 障害があることを暗示する《最も意味が弱い; 格式ばった語》: They started *notwithstanding* the bad weather. 悪天候にもかかわらず出発した. **in spite of** 積極的な反対を含意する《最も意味が強い》: He persevered *in spite of* their criticism. 彼らの批判にもかかわらず頑張った. **despite** *in spite of* よりも格式ばった表現だが意味は弱い: They carried out their plan *despite* the opposition. 彼らは反対があるにもかかわらずその計画を実行した.

Noua·dhi·bou /nuàːdɪbúː | -dɪ-; *F.* nwadibu/ *n.* ヌアディブー《アフリカ西部モーリタニア西部の港市》.

Nouak·chott /nùːɑːkʃɑ́(ː)t, ―⌐― | -ækʃɔ́t; *F.* nwakʃɔt/ *n.* ヌアクショット《アフリカ西部モーリタニアの首都》.

nou·gat /núːgət, -gɑː | núːgɑː; *F.* nuga/ *n.* ヌガー《ナッツなどが入った柔らかいあめ》. 〘(1827) □F ～ □OProv. *nogat* confection of nut < VL **nucātum* ← L *nux* 'NUT': ⇨ nux vomica〙

nou·ga·tine /nùːgətíːn; *F.* nugatin/ *n.* ヌガーを芯(しん)にしたチョコレート. 〘(1894): ⇨ ↑, -ine[5]〙

nought /nɔ́ːt, nɑ́ːt | nɔ́ːt/ *n., adj., adv.* =naught. 〘OE *nōwiht* ← *nā* 'NO'+*ōwiht* 'AUGHT[1]': cf. naught, not〙

nóught féet *n.* 〘航空〙超低空飛行. 〘1945〙

nóughts-and-crósses *n. pl.* [単数扱い]《英》〘遊戯〙三目並べ (⇨ ticktacktoe 1, crisscross). 〘*a*1660〙

nouilles /núːi; *F.* nuj/ *n. pl.* 〘料理〙ヌードル. 〘□F ～ (pl.) ← *noille* ← G *Nudel* noodle〙

noul /nóul | nə́ul/ *n.* (*also* **noule** /～/) =noll.

Nou·mé·a /nuːméɪə, -méɪə; *F.* numea/ *n.* ヌメア《フランス領 New Caledonia 島南東部の海港で主都》.

noumena *n.* noumenon の複数形.

nou·men·al /núːmənl̩, náu- | -mɪ̀n-/ *adj.* 〘哲学〙本体(noumenon) (的)の《特殊な(認識)能力や要請によってのみ理解される》, 現象(界)的でない. **nou·men·al·i·ty** /nùːmənǽləṭi, nàu- | -mɪ̀nǽlɪ̀ti/ *n.* **～·ly** *adv.* 〘(1803) ← NOUMEN(ON)+-AL[1]〙

nóu·men·al·ìsm /-nəlìzm/ *n.* 〘哲学〙本体論, 超現象主義《Plato のイデアや Kant の物自体のような本体を考える立場; ⇨ noumenon》. 〘(1902): ⇨ ↑, -ism〙

nóu·men·al·ist /-lɪ̀st | -lɪst/ *n.* 〘哲学〙本体論者, 超現象主義者 (cf. noumenalism). 〘(1904) ← NOUMENAL +-IST〙

nou·me·non /núːmənɑ̀(ː)n, náu- | -mɪ̀nən, -nɔ̀n/ *n.* (*pl.* **-me·na** /-nə/) 〘哲学〙**a** (Plato のイデア, Aristotle の神のように, 生成消滅する世界を超越しその原因である)実在, 実体, 本体. **b** 〘カント哲学〙本体, 物自体 (thing-in-itself, Ding an sich), 英知界《経験的現象界を超え, またその背後に原因として考えられ, 悟性や理論理性では捉えられない要請された世界; cf. phenomenon》. **～·al** /-nl̩/ *n.* 〘(1796) □G *Noumenon* □Gk *noúmenon* (neut. pres.p. pass.) ← *noeîn* to perceive, apprehend ← *nóos* mind: cf. nous〙

noun /náun/ 〘文法〙*n.* **1** 名詞: abstract [collective, common, material, proper] ～s 抽象[集合, 普通, 物質, 固有]名詞 / a ～ of multitude 衆多名詞《集合名詞中, 一つのまとまった集合体をさす場合に対し, その個々の構成要素に重点がおかれ, 複数として扱われるもの; 例えば All my *family* are lovers of music. の family など; cf. collective noun》. **2** 名詞代用語[相当語] (nominal). **3** 《古》実词《名詞と形容詞との総称; ⇨ substantive *n.*, *adj.* 4》: a ～ adjective 形容詞 / a ～ substantive 実詞, 名詞.

— *adj.* [限定的] 名詞(的)の, 名詞用法の: a ～ phrase [clause] 名詞句[節] / a ～ infinitive 名詞的不定詞《名詞の働きをする to 不定詞》.

～·al /-nl̩/ *adj.* **～·al·ly** *adv.* **～·less** *adj.* 〘(*a*1398) *nowne* □AF *noun*=OF *nun*, *num* (F *nom*) < L *nōmen* 'NAME': cf. Gk *ónoma*〙

noup /núːp/ *n.* 《スコット》切り立った岬. 〘OE〙

nou·rice /núːrɪ̀s | -rɪs/ *n.* 《スコット》乳母(うば) (nurse). 〘(?*a*1200)《異形》← NURSE[1]〙

nour·ish[1] /nə́ːrɪʃ | nʌ́r-/ *vt.* **1 a** ...に滋養物を与える, (滋養物を与えて)養う (feed) (*with*): ～ an infant *with* milk 牛乳で幼児を養う. **b** (肥料を与えて)〈土地を〉肥やす (enrich): ～ the land. **2** 〈習慣などを〉助長する, 育成する, はぐくむ (foster): Freedom ～*es* self-respect. 自尊心は自由によって培われる. **3** 〈感情・計画などを〉心に抱く: ～ an illusion [a feeling of hatred] 錯覚[憎悪心]を抱く. **4** 《古》〈動物を〉育てる; 〈植物を〉栽培する: ～ an animal, plants, etc. **～·er** *n.* 〘(*c*1300) *norishe*(*n*), *norisse*(*n*) □OF *noris*(*s*)- (stem) ← *norir*, *nurir* (F *nourir*) < L *nūtrīre* to foster, feed, maintain: ⇨ nutriment, nurse[1]〙

nour·ish[2] /nə́ːrɪʃ | nʌ́r-/ *n.* 《廃》=nurse[1].

nóur·ish·ing *adj.* 〈食品など滋養になる, 滋養分の多い (nutritious). **～·ly** *adv.* 〘(*c*1300): ⇨ ↑, -ing[2]〙

nour·ish·ment /nə́ːrɪʃmənt | nʌ́r-/ *n.* **1** 滋養物 (nutriment), 食物 (food): take ～ 栄養をとる, 何かを食べる / solid [liquid] ～ 固形[流動]食. **2** 滋養を与えること; 栄養状態: imperfect ～ 栄養不良. **3** 養うこと, 養育; 育成, 助長, 向上. 〘(1485) □OF *norissement*: ⇨ nourish, -ment〙

nous /núːs, náus | náus/ *n.* **1 a** 知恵, 機知 (intelligence). **b** 《口語》世才, 常識 (common sense). **2** 〘哲学〙ヌース《古代哲学以来しばしば非物質的・英知的で理性的な万象の原理, 精神の至高の能力などとして考えられてきたもの》. 〘(1678) □Gk *noûs* 《短縮》← *nóos* mind, intellect: cf. noetic〙

nou·veau /nuːvóu | núːvəu; *F.* nuvo/ *adj.* 新しく出現[発達]した, 新しい. 〘(1955): art nouveau, nouveau riche などから〙

nou·veau pau·vre /nuːvóupóuvr(ə), -pɔ́ː- | -vəupə́u-, -pɔ́ː-; *F.* nuvopoːvʀ/ *F. n.* (*pl.* **nou·veaux pau·vres** /～; *F.* ～/) 急に貧乏になった人, 斜陽族の人. 〘(1965) □F ～ 'NEW POOR': ⇨ novel[2]〙

nou·veau riche /núːvouríːʃ | -vəu-; *F.* nuvoʀiʃ/ *F. n.* (*pl.* **nou·veaux riches** /～; *F.* ～/) [しばしば the ～s] (にわか)成金 (cf. new rich). **—** *adj.* にわか成金の[的な]. 〘(1813) □F ～ 'NEW-RICH': ⇨ novel[2], rich〙

nou·veau ro·man /nuːvóuroumɑ̃ː(ŋ), -mɑ́ːŋ | -vəurəu-; *F.* nuvoʀɔmɑ̃/ *F. n.* (*pl.* **nou·veaux ro·mans** /～; *F.* ～/) ヌーボーロマン《小説の構成や人物描写などの伝統的な技法に反発して, 人物の関係も明確でないような新しい小説のあり方を実験的に試みたもの; 主にフランスで 1960 年代に流行した》. 〘(1961) □F ～ 'new novel': ⇨ roman〙

nou·veau·té /nùːvoutéɪ | -vəu-; *F.* nuvote/ *F. n.* (*pl.* ～s /～, *F.* ～/) 新しい物 (new thing). 〘□F ～ 'newness, NOVELTY'〙

nouveaux pauvres *n.* nouveau pauvre の複数形.

nouveaux riches *n.* nouveau riche の複数形.

nouveaux romans *n.* nouveau roman の複数形.

nou·velle /nuːvél; *F.* nuvɛl/ *F. n.* =novella 2. 〘□F ～ 'news, short story'《なぞり》← It. *novella*: ⇨ novel[1]〙

Nou·velle-Ca·lé·do·nie /*F.* nuvɛlkaledɔni/ *n.* New Caledonia のフランス語名.

nou·velle cui·sine /nuːvélkwɪ̀zíːn | nùːvɛlkwɪzíːn, ―⌐―⌐―; *F.* nuvɛlkɥizin/ *n.* ヌーベルキュイジーヌ《新様式のフランス料理(法); 素材の持ち味を生かし, 脂肪の使用を控えめにし, 斬新な組合わせにより盛り合わせるなどの特徴がある》. 〘(1975) □F ～ 'new cooking'〙

nouvelle vague, N- V- /nuːvélváːg; *F.* nuvɛlvag/ *n.* (*pl.* **nou·velles vagues** /～; *F.* ～/) [通例 the ～] ヌーベルバーグ, 新しい波 (new wave)《1960 年代初期のフランスやイタリア映画などの前衛的傾向》. 〘(1959) □F ～ 'new wave'〙

nov. 《略》novel; novelist; novice; novitiate.

Nov., Nov 《略》November.

no·va /nóuvə | nə́u-/ *n.* (*pl.* **novae** /-viː, -vaɪ | -viː/, ～s) 〘天文〙新星《突然数万ないし数十万倍も光輝を増し, 次第に薄れて数か月ないし数年してもとに復する変光星; new star ともいう; cf. supernova》. **～·lìke** *adj.* 〘(1877) ← NL ～《略》← L *nova* (*stēlla*) new (star) (fem.) ← *novus* 'NEW'〙

No·va·chord /nóuvəkɔ̀əd | nə́uvəkɔ̀ːd/ *n.* 〘商標〙ノーバコード《電気で種々の音色を出す米国 Hammond Organ 社製の楽器; cf. Hammond organ》. 〘(1940): ⇨ ↑, -chord〙

no·vac·u·lite /nouvǽkjulàɪt | nə(ʊ)-/ *n.* 〘岩石〙ノバキュライト《非常に堅い白色の珪質砂岩; 砥石(といし)に用いられる》. 〘(1796) ← L *novācula* sharp knife, razor (← *novāre* to whet+-*cula* (instr. suf.))+-ITE[1]〙

novae *n.* nova の複数形.

Nó·va Gó·a /nóuvəgóuə | nə́uvəgə́uə; *Port.* nɔ́vəγóə/ *n.* ノバゴア《旧ポルトガル領 Goa の主都》.

No·va I·gua·çu /nóuvəìːgwəsúː | nə́u-; *Braz.* nɔ́vaìgwasú/ *n.* ノバイグアス《ブラジル南東部 Rio de Janeiro の郊外都市》.

No·va·lis /nouváːlɪs | nə(ʊ)-; *G.* nováːlɪs/ *n.* ノバーリス《Friedrich von HARDENBERG の筆名》.

No·va Lis·bo·a /nóuvəliːʒbóuə | nə́uvəliːʒbə́uə; *Port.* nɔ́βəliʒβóɐ/ *n.* ノバリズボア《Huambo の旧名》.

No·va·ra /nouváːrə | nəu-; *It.* nováːra/ *n.* ノバーラ《イタリア北西部 Piedmont 県の都市; 絹・綿・機械類を産する; 1849 年 Sardinia 王 Charles Albert が Radetzky のオーストリア軍に敗れた地》.

No·va Sco·tia /nòuvəskóuʃə | nə̀uvəskə́u-/ *n.* ノバスコシア《カナダ南東部の州; 同名の半島と Cape Breton Island を含む(半島は 1713 年までフランス領 Acadia の一部, その後英領); 湖・河川・森林が多く漁業が盛ん; 略 NS; 面積 55,490 km², 州都 Halifax》. 〘□L ～ 'New Scotland'〙

No·va Sco·tian /nòuvəskóuʃən | nə̀uvəskə́u-/ *adj.* Nova Scotia 州の[に関する]; Nova Scotia 人の[に関する]. **—** *n.* Nova Scotia の人. 〘(1866) ↑〙

no·va·tion /nouvéɪʃən | nəu-/ *n.* **1** 〘法律〙更改《現債務を消滅させ, 新債務でこれに代えること; またその契約》. **2** 《まれ》=innovation. 〘(1533) □L *novātiō*(*n*-) renewal ← *novātus* (p.p.) ← *novāre* to renew ← *novus* 'NEW'〙

No·va·to /nouváːtou | nə(ʊ)váːtəu/ *n.* ノバート《米国 California 州西部 San Francisco の北にある都市》.

No·va·ya Zem·lya /nóuvəjəzɛ́mliə | nə́u-; *Russ.* nóvəjəzʲimlʲá/ *n.* ノバヤゼムリャ《ロシア連邦の北方, 北極海上で Kara 海と Barents 海とを隔てる二大島と多くの小島から成る; 総面積 82,600 km²》. 〘□Russ. ～《原義》new land〙

nov·el[1] /nɑ́(ː)vəl, -vl̩ | nɔ́v-/ *n.* **1 a** 長編小説 (cf. fiction, short story 1, novelette 1 a): a historical ～ 歴史小説 / a popular [realistic] ～ 大衆[写実]小説 / a detective [an adventure] ～ 推理[冒険]小説. **b** [the ～] (文学形式としての)小説, 小説文学: *the* modern ～ 現代小説. **2** [通例 *pl.*]《古》=novella 1. **3** 〘音楽〙抒情的歌曲, 恋歌. 〘(1566) □It. *novella* new things < L *novella* (*narrātiō*) new (kind of story) (neut. pl.)

← *novellus* ← *novus* (↓): cf. F *nouvelle* short story〗

SYN 小説: **novel** 近代の長編小説: 架空のまたは歴史的な人物に関する長い散文の物語. **romance** ロマンス: 遠隔または昔の時代の実生活とはかけ離れた恋愛や冒険の物語. **short story** 短編小説: 人生の断片を描いた短い小説. **novelette** 中編小説: *novel* よりは短く *short story* よりは長い小説. **novella** 短編物語; 現代では, 中編物語: *short story* よりも長く *novelette* よりも短い. **fiction** 事実の記述ではなく, 想像力による物語で, 以上のジャンルの総称.

nov·el² /ná(ː)vəl, -vl̩ | nɔ́v-/ *adj.* **1** 新しい, 新奇な (⇨ new **SYN**). **2** 見[聞き]なれない, 普通でない, 異常な (unusual). 〘(*c*1420) □ OF ～ (F *nouvel, nouveau*) < L *novellum* (dim.) ← *novus* 'NEW'〙

nov·el³ /ná(ː)vəl, -vl̩ | nɔ́v-/ *n.* **1** [通例 the Novels]〖ローマ法〗法典発布以後の勅令, 新法, 付律, 補律; (特に) (ユスティニアヌス法典 (Justinian Code) 以後 582 年までに発せられた)新勅法《ローマ法典の第 4 部に当たる》. **2**〖民法〗修正法令. 〘(1612) □ LL *novella* (略) ← *novella constitūtiō* new regulation〙

nov·el·ese /nὰ(ː)vəlíːz, -líːs | nɔ̀vəlíːz/ *n.* 低級な小説の文体, 三文小説的文体 (cf. journalese). 〘(1900) ← NOVEL¹＋-ESE〙

nov·el·ette /nὰ(ː)vəlét | nɔ̀v-/ *n.* **1 a** 中編小説《通例 3–5 万語程度のもの; long-short story ともいう; ⇨ novel¹ **SYN**》. **b** 《英》[しばしば軽蔑的] 感傷的な軽い(恋愛)小説. **2**〖音楽〗ノベレッテ《物語風のロマンティックなピアノ小品》. 〘(1814) ← NOVELLA＋-ETTE // □ It. *novelletta*〙

nov·el·et·tish /nὰ(ː)vəlétɪʃ | nɔ̀vəlét-ˊ/ *adj.* 《英》[しばしば軽蔑的] 感傷的な (sentimental). 〘(1904): ⇨ ↑, -ish¹〙

nov·el·ist /ná(ː)vəl̩ɪst | -lɪst/ *n.* **1** 小説家, (小説の)作家. **2** 《廃》改新者, 新奇を好む人. 〘(1: 1728; 2: 1583) ← NOVEL¹＋-IST: cf. F *nouvelliste*〙

nov·el·is·tic /nὰ(ː)vəlístɪk | nɔ̀v-ˊ/ *adj.* **1** 小説の, 小説的な. **2** 小説によくあるような. **nòv·el·ís·ti·cal·ly** *adv.* 〘(1835) ← NOVEL¹＋-ISTIC〙

nov·el·ize /ná(ː)vəlàɪz | nɔ́v-/ *vt.* 〈戯曲·事実などを〉小説体にする, 小説に仕組む, 小説化する (fictionize). **nov·el·i·za·tion** /nὰ(ː)vəl̩ɪzéɪʃən | nɔ̀vəlaɪ-, -lɪ-/ *n.* 〘(1642) ← NOVEL²＋-IZE〙

no·vel·la /nouvélə; *It.* novélla/ *It. n.* (*pl.* **～s, no·vel·le** /-liː, -leɪ; *It.* -le/) **1** 短編物語《Boccaccio 作の *Decameron* 中の物語のような小品物語》. **2** 中編物語 (⇨ novel¹ **SYN**). 〘(1902) □ It. ～ 'NOVEL¹'〙

No·vel·lo /nəvélou | -ləu/, **Ivor** *n.* ノベロ《1893–1951; ウェールズの俳優·作曲家·作詞家·劇作家; 本名 Ivor Novello Davies》.

nov·el·ty /ná(ː)vəlti, -vl̩- | nɔ́vəlti, -vl̩-/ *n.* **1** 目新しさ, 珍しさ: while the ～ lasts 珍しい間は. **2** 目先の変わった出来事, 新しい物, 新しい経験; 革新 (innovation): It is a welcome ～ to find that …ということは新しい風潮で結構なことだ. **3 a** [通例 *pl.*] (商品の)新案物, 新型, 珍奇な商品 (novel articles)《おもちゃ·服飾などの一風変わった気のきいた, 特に非常に安い目先の変わった商品にいう》: the latest *novelties* 最新型. **b** (ある季節·場合だけに着用される)はでな意匠の織物[衣服]. **— *adj.*** [限定的] 最新型の, 最新の, 新型の, 新製品の. 〘(*c*1395) □ OF *novelte* (F *nouveauté*) < LL *novellitātem* newness ← L *novellus*: ⇨ novel², -ty²〙

nóvelty sìding *n.*〖建築〗＝drop siding.

nóvel·wright *n.* 小説家 (novelist).

No·vem·ber /nouvémbə, nə- | nə(ʊ)vémbə^(r)/ *n.* **1** 11 月《略 Nov., N.》. **2**〖通信〗ノヴェンバー《文字 n を表す通信コード》. 〘(*c*1300) □ (O)F *Novembre* □ L *November* (*mēnsis*) the ninth (month) (古代ローマ暦の第 9 月) ← *novem* 'NINE': cf. lateOE *nouembre*: 数の食い違いについては ⇨ December〙

no·vem·de·cil·lion /nòuviːmdɪsíljən | nəʊviːmdɪsíljəu, -liən/ *n.* 10⁶⁰; 《英古》10¹¹⁴ (⇨ million 表). **— *adj.*** novemdecillion の. 〘← L *novemdec(im)* nineteen (← *novem* (↑)＋*decem* ten)＋(M)ILLION〙

no·ve·na /nouvíːnə | nə(ʊ)-/ *n.* (*pl.* **no·ve·nae** /-niː/, **～s**)〖カトリック〗9 日間の祈り[勤行]: make a ～. 〘(1853) □ ML *novēna* (fem.) ← L *novēnus* nine each ← *novem* (↑)〙

no·ver·cal /nouvə́ːkəl, -kl̩ | nə(ʊ)vɔ́ː-/ *adj.* 《まれ》継母の[に関する], らしい]. 〘(1623) □ L *novercālis* ← *noverca* stepmother ← ? *novus* new: ⇨ -al¹〙

No·verre /nɔ(ː)véə | nɔːvéə^(r); *F.* nɔvɛːʁ/, **Jean-Georges** *n.* ノヴェール《1727–1810; フランスの舞踊家·振付師; バレエの改革者で, テクニック至上主義に対して演劇的表現の重要性を強調した》.

Nov·go·rod /ná(ː)vgərὰ(ː)d | nɔ́vgərɔ̀d; *Russ.* nóvgərət/ *n.* ノブゴロド《ロシア連邦北西部の都市; Novgorod 公国の首都 (1136–1478); St. Sophia 大聖堂および中世の二つの修道院がある》. 〘□ Russ. ～ (原義) new city〙

No·vi·al /nóuviəl | nə́ʊ-/ *n.* ノービアル《デンマークの言語学者 Jespersen が考案 (1928) した国際補助語; ⇨ international auxiliary language》. 〘(1928) ← *nov-* (cf. L *novus* new)＋I(NTERNATIONAL)＋A(UXILIARY)＋L(ANGUAGE)〙

nov·ice /ná(ː)vɪs | nɔ́vɪs/ *n.* **1** 新参者, 未熟者, 初心者 (beginner): a ～ golfer / a ～ *in* politics 新参[駆け出し]の政治家 / He is no ～ *at* the art. その技術にかけては玄人(くろうと)だ. **2 a** (特にボート競技で)入賞経験のない選手, 一定レベルに達していない選手. **b** (競技·品評会などで)まだ一度も受賞したことのない動物, 初出場の馬[犬]. **3 a** 修練士[女]《修道会の一員ではあるが, 修道誓願を立てておらず見習い期にあるもの》, 見習い僧[尼]. **b** (キリスト教への)新帰依者, 新信者 (neophyte). 〘(14C) *novise* □ (O)F *novice* □ ML *novīcius* ← L *novus* 'NEW'〙

Nov·ice /ná(ː)vɪs | nɔ́vɪs/ *n.* ノビス《男性名》. 〘↑〙

no·vi·ciate /nouvíʃiɪt, nə-, -ʃiɪt, -ʃièɪt | nə(ʊ)víʃiɪt, nə-, -ʃièɪt/ *n.* 《英》＝novitiate. 〘(1600) □ F *noviciat* // ML *novīciātus* ← LL *novītius*＝L *novīcius* new: ⇨ novice, -ate¹〙

novi homines *n.* novus homo の複数形.

nov·i·lla·da /nòuvijáːdə | nəʊvi(l)jáːdə; *Sp.* noβiʎáða, -jáða/ *n.* (子牛相手の)見習い闘牛 (cf. novillero). 〘(1897) □ Sp. ～ ← NOVILLO〙

no·vi·lle·ro /nòuviéᵊrou | nəʊvi(l)jéərəʊ; *Sp.* noβiʎéro/ *n.* (*pl.* **～s** /～z; *Sp.* ～s/) (matador の資格をもっていない)見習い[子牛の]闘牛士 (cf. novillada). 〘(1921) □ Sp. ～ ← *novillo* (↓)〙

no·vi·llo /nouvíː(j)ou | nəʊvíː(j)əʊ; *Sp.* noβíʎo/ *n.* (*pl.* **～s** /～z; *Sp.* ～s/) 子牛《特に, 3 歳以下の闘牛》. 〘(1838) □ Sp. ～ 'young bull' ← L *novellus* 'new, NOVEL²'〙

No·vi Sad /nóuvisáːd | nɔ́v-; *Serb.* / *Croat.* nɔ̂visaːd/ *n.* ノビサド《セルビア共和国 Vojvodina 州の州都》.

no·vi·tiate /nouvíʃiɪt, nə-, -ʃiɪt, -ʃièɪt | nə(ʊ)víʃiɪt, nə-, -ʃièɪt/ *n.* **1 a** 見習い修道士[女]であること. **b** 修練士[女]修練期間. **c** 見習い修道士[女], 修練士[女]. **2 a** 初心者[新参者]であること. **b** 見習い期間 (apprenticeship). **c** 初心者, 新参者. **3** 修練院《見習い修道士[女]が訓練を受けたり寄宿したりする所》. 〘(1600): ⇨ noviciate〙

no·vo·bi·o·cin /nòuvəbáɪəsɪ̀n, -sn̩ | nəʊvə(ʊ)báɪəsɪn/ *n.*〖薬学〗ノボビオシン ($C_{31}H_{36}N_2O_{11}$)《薄黄色, 結晶状の抗生物質; 主としてグラム陽性菌に抑制作用を示す》. 〘(1956) ← *novo-* (⇨ novocaine)＋(ANTI)BIO(TIC)＋(STREPTOMY)CIN〙

No·vo·cain /nóuvəkèɪn | nə́ʊvə(ʊ)-, nɔ́v-/ *n.*〖商標〗ノボカイン《novocaine の商品名》. 〘(1905) □ G *Novokain*: ↓〙

no·vo·caine /nóuvəkèɪn | nə́ʊvə(ʊ)-, nɔ́v-/ *n.*〖薬学〗ノボカイン, 新コカイン ($C_{13}H_{20}N_2O_2HCl$)《局所麻酔剤として使用される中毒性の少ないコカイン代用品; procaine hydrochloride ともいう》. 〘(1905) ← *novo-* (《連結形》← L *novus* 'NEW')＋(CO)CAINE〙

No·vo·kuz·netsk /nòuvoukuznétsk, -və- | nəʊvə(ʊ)-; *Russ.* nəvəkuzn^jétsk/ *n.* ノボクズネツク《ロシア連邦中央部 Novosibirsk 南東にある都市; 冶金·金属工業の中心地》.

No·vo·ros·sisk /nòuvourəsíːsk, -və- | nəʊvə(ʊ)-; *Russ.* nəvərəs^jísk/ *n.* ノボロシースク《ロシア連邦南西部, 黒海沿岸の港市でセメント工業の中心地; 第二次大戦の激戦地の一つ》.

No·vo·si·birsk /nòuvousɪ̀bíəsk, -və- | nəʊvə(ʊ)sɪ̀bíəsk; *Russ.* nəvəs^jib^jírsk/ *n.* ノボシビルスク《ロシア連邦中央部 Ob 河畔の都市》.

No·vo·si·bir·ski·ye O·stro·va /*Russ.* nəvəs^jib^jírsk^jijiastravá/ *n. pl.* [the ～] ノボシビルスク諸島 (New Siberian Islands のロシア語名).

nó vóte *n.* 反対投票.

No·vot·ný /nóuvə(ː)tniː | nɔ́vɔt-; *Czech* nóvotniː/, **Antonín** *n.* ノヴォトニー《1904–75; チェコスロバキアの政治家; 党第一書記 (1953–68), 大統領兼任 (1957–68)》.

no·vum /nóuvəm | nə́ʊ-/ *n.* 《廃》5, 6 人でするさいころ遊び. 〘(1594–95) (転訛) ← ? L *novem* 'NINE'〙

No·vum Or·ga·num /nóuvəmɔ́ːgənəm, -ɔə-gǽn- | nə́ʊvəmɔ́ːgən-, -ɔːgáːn-/ *n.* [the ～]「新機関」, 「ノブムオルガヌム」《Francis Bacon の未完の企画 *Instauratio Magna*「大改革」の第二部 (1620) に当たり, Aristotle の古い演繹的論理学の書 *Organon* に対する new organon の意で, 科学的帰納法を提唱した書; cf. organon 2》. 〘□ L ～ 'new organ'〙

no·vus ho·mo /nóuvəshóumou, ná(ː)vushá(ː)m- | nə́ʊvəshə́ʊməʊ, nɔ́vushɔ́m-/ *L. n.* (*pl.* **no·vi ho·mi·nes** /nóuvaɪhá(ː)mənìːz, nóuviːhóumɪnèɪs | nə́ʊvàɪhɔ́mɪnìːz, nəʊviːhə́ʊmɪnèɪs/) **1** 貴族の出ではなく, 初めて高位官職に就任した人. **2** 新人, 成り上がり者 (upstart). 〘(1589) □ L ～ 'new man'〙

no·vus or·do se·clo·rum /nóuvəsɔ́ədousɛklɔ́ːrəm | nə́ʊvəsɔ́ːdəʊsɛk-/ *L. n.* 世紀の新秩序《米国の国璽(こくじ)の裏面および 1935 年発行の 1 ドル貨幣に記されたモットー》. 〘□ L *novus ōrdō sēclōrum* 'a new order of the ages': Virgil の *Eclogues* 4.5 からの引用で米国新時代の発足を象徴する〙

now /náu/ *adv.* **1** 今, 目下, 現今; たった今, 今しがた: then and ～ 昔も今も / even ～ 今でも, 今でさえ / The bell is ～ ringing. 鐘が今鳴っている / It is ～ over. もう済んだ / not ～ (依頼に対して)今はだめ. **2** 今では, 目下の事情では: After what has happened it is ～ impossible to go on. こんなことが起こった以上(今となっては)もう続けることはできない. **3** 今すぐ, さっさと (at once): Do it ～. **4 a** [時間を示す語句とともに用いて] 現在まで, もう, 今や (up to the present): I haven't met him for years ～. もう何年も彼に会っていない / It's ～ three months since she died. 彼女が亡くなってもう 3 か月だ. **b** [any moment [minute, day], any time などの後に用いて] 現在からみて, 今や: She will enter the stadium *any moment* ～! 彼女はもうすぐにもスタジアムに姿を見せるでしょう. **5** [通例, 物語の中で, 特定の時点を指して] 今や, その時, それから, 次に (then): Hannibal was ～ crossing the Alps. ハンニバルはその時アルプス越えをしていた / It was ～ clear. 今やそれははっきりした / *Now* I know. ようやくわかった. **6 a** [接続詞的に, 陳述·疑問などの切出しまたは話題の転換を示して] さて, そこで, ところで, では: and ～ さて, それで / *Now* Barabbas was a robber. さてバラバは強盗なり (*John* 18: 40) / *Now* what do you mean by that? ところで, どんなつもりでそんなことを言う[する]のか. **b** [間投詞的に, 命令·懇願·慰め·威嚇などの意を添えて] さあ, まあ, おい: No nonsense ～! もうくだらないことを言うのはよせ / *Now* hear me! まあ, 聞きなさい / *Now* for a nice cool drink. さあ冷たいものを一杯飲もう / Really ～!＝*Now* really! へえ, まさか, 驚いたね. **7** [相関的に ～…～…として] 時には…また時は…; あるいは…あるいは… (cf. NOW… *then*): It was ～ very cold, ～ very hot.

cóme (on) nòw さあさあ; まあ, これ, さあ《人を誘い促すのに用いるか, または単に驚き·非難·疑惑などの意を表して》: *Come* ～, we must plan. さあ計画しなければならない / Oh, *come* ～! まあ, これ. ***(èvery) nów and thén [agáin]*** 時々, 折々, しばしば (occasionally). 〘(*a*1533)〙 ***jùst nów*** ⇨ just¹ *adv.* 成句. ***nów for it*** ＝NOW or never. ***now and forever*** これからずっと, いつまでも. ***nów, nów＝nów thèn＝thére nòw*** これこれ, こらこら《親しみをもって抗議·注意などをする時に添えて》: *Now*, ～, a little less noise, please! これこれ, もう少し静かにしてくれ / *Now then*, what mischief are you up to? こらっ, 何をいたずらしているんだ. ***nów or néver*** 今しなければまたと機会がない, 今こそ (if ever). 〘(1560)〙 ***nów … thén …*** ある時は…またある時は… (cf. 7): *Now* he laughs, *then* he weeps. 今笑ったかと思うとすぐまた泣く. 〘(1590–91)〙

— *conj.* [しばしば that を伴って] 今…であるからには, …である[した]以上は, …して見ると (since): *Now* (*that*) I am a man, I think otherwise. 今はおとなになったからそうは考えない / *Now* I think of it, …今思うと….

— *n.* 今, 現今 (the present): *Now* is the chance [time]! 今こそそのチャンス[時機]だ. ★ 通例次のような前置詞のあとに用いる: by ～ 今ごろまでには, 今までに / ere ～ 以前に / from ～ (on) これから先, 今後 / from ～ till doomsday 今から世の終わりまで / till [up to] ～ 今まで, 今日に至るまで. ***às of nów*** 現在の時点では. ***for nów*** 当分は, ここしばらくは; では: Goodbye *for* ～ ではまた, さようなら.

— *adj.* **1** [限定的に] 今の, 現在の: the ～ king 現国王. **2** 《俗》現代的感覚の,「ナウな」: ～ clothes 最先端をゆく衣装 / the ～ generation ナウな世代.

〘OE *nū* < Gmc **neujam* (Du. *nu* / G *nun* / ON *nū* / Goth. *nu*) < IE **nu-* (L *num, nunc* / Gk *nu, nûn* / Skt *nū(nam)*): cf. new〙

NOW /náu/ National Organization for Women.

NOW account /náu-/ *n.* 《米》小切手当座預金口座《小切手が切れても利息がつく》. 〘1973: *NOW* (頭字語) ← *negotiable order of withdrawal*〙

now·a·day /náuədèɪ/ *adv., adj.* ＝nowadays. 〘(*a*1393) ↓〙

now·a·days /náuədèɪz/ *adv.* このごろは, 今日は, 当節は (in these days): *Nowadays* many people travel by plane. **— *adj.*** [限定] 今日の, 当節の. **— *n.*** 現今, 今日, 当節 (the present): the sports of ～. 〘(*a*1376) *nou adaies* (*a daies*) ← *nou* 'NOW'＋A-¹＋*dai* 'DAY'＋-*es* '-s² 1'〙

no·way *adv.* **1** /ˊ-ˋ/ ＝no WAY (2). **2** /ˋ-ˊ/ ＝no WAY (3). 〘*a*1325〙

no·ways /nóuwèɪz/ *adv.* ＝noway 1. 〘(?*a*1200): ⇨ ↑, -s²〙

now·ed /nóuˑd | náud/ *adj.*〖紋章〗結んだ形の. 〘(1572) ← (M)F *noué* ((p.p.) ← *nouer* to knot)＋-ED: ⇨ nowy〙

now·el /nouél | nəu-/ *n.* (*also* **now·ell** /～/)《古》＝Noel¹. 〘(?*c*1390) □ OF *no(u)el* (F *noël*): ⇨ Noel¹〙

nó·whènce *adv.* 《古》どこからともなく (from no place). 〘(*a*1767) ← NO＋WHENCE〙

no·where /nóu(h)wὲə | nə́u(h)wὲə^(r)/ *adv.* **1** どこにも[へも]…ない: The book is ～ to be had. その本はどこにも売っていない / Where did you go?—*Nowhere*. どこへ行ったのですか—別にどこへも. **2** 全く[少しも]…しない (not at all): ～ like ready 少しも用意できていない / ⇨ NOWHERE near.

be [còme in] nówhere (1) (競馬で)入賞しない, 大敗する. (2) 《口語》〈人などが〉(競争で)てんで問題にならない, 全くだめだ: The rest (*is*) ～. あと(の者)は全然お話にならない. 〘(1755)〙 ***gèt nówhere*** ⇨ get *v.* 成句. ***léad [táke] nówhere*** 何の成果も上がらない[出ない], 何にもならない. ***nówhere néar*** (1) 近い所にはどこも…ない. (2) 《口語》なかなか…ない, …どころでない (far from): It is ～ *near* so good. とてもそれには及ばない / That's ～ *near* enough. いいどころではない《まだまだ不十分》. 〘(1413)〙

— *n.* **1** どこにもない所 (no place): appear from [out of] ～ どこからともなく現れる / He came from ～. どこからともなくやって来た / He has ～ to go. 彼には行きどころがない. **2** 名もない場所[状態], 無名 (obscurity): come from [out of] ～ 無名から身を起こす; 突然頭角をあらわす. ***in the middle of nówhere*** 《1960》＝***miles from nówhere*** 《口語》どこからも遠い, (はるか)人里離れた. 〘(1908)〙

〘OE *nāhwǣr*: ⇨ no¹, where〙

nówhere-dénse *adj.*〖数学〗疎の.

nó·whères /-(h)wὲəz | -(h)wὲəz/ *adv.* 《米口語·方言》＝nowhere. 〘(1884): ⇨ nowhere, -s²〙

nó·whither *adv.* 《文語》どこへも…ない (to no place). 〘OE *nāhwider*: ⇨ no¹, whither〙

no-win /nóuwín | nə̀u-ˊ/ *adj.* **1** (何をしようとも)(勝っ)

見込みのない; うまく行きそうにない: a ~ situation 見込みのない状態. 2 勝敗を争わない, 非競争的な. 〖1962〗
nó·wise *adv.* 《文語》 =noway 1. 〖(1375) *nawyse*: ⇨ no¹, -wise〗
nowl /nóʊl | náʊl/ *n.* 《廃》 =noll.
nów·ness *n.* 現在性. 〖(1674) ← NOW+-NESS〗
nów-nów *adv.* 《南ア口語》今すぐ, たった今.
nowt¹ /náʊt/ *n.* (*pl.* ~) 《スコット·北英》 **1** [通例 *pl.*] 畜牛, 雄牛 (ox). **2** 武骨者, 田舎者, 野人 (lout). 〖(*c*1200) *nowte, noyt* □ ON *naut* < Gmc **nautam* 'NEAT²'〗
nowt² /nóʊt | náʊt/ *n.* 《口語·方言》 =naught. 〖《変形》← NAUGHT〗
now·y /náʊi, nóʊi | náʊi, nə́ʊi/ *adj.* 〖紋章〗盾の分割線などの中間が半円形になっている. 〖(1562) □ OF *noé* (F *noué*) (p.p.) ← *no(u)er* □ L *nōdāre* ← *nōdus* knot〗
Nox /ná(ː)ks | nɔ́ks/ *n.* 〖ローマ神話〗ノクス《夜の女神; cf. Nyx》. 〖(1567) □ L ~: *nox* night の擬人化〗
NOx 《略》 nitrogen oxide(s).
nox·al /ná(ː)ksəl, -sɫ | nɔ́k-/ *adj.* 〖ローマ法〗 **1** 《奴隷·家畜が》損害を与える (injurious). **2** 《奴隷や家畜による》損害(賠償)の. 〖(1605) □ L *noxālis* harmful ← *noxa* injury (↓)〗
nox·ious /ná(ː)kʃəs | nɔ́k-/ *adj.* **1** (身体に)有害な, 有毒な (⇨ harmful SYN): a ~ vapor, gas, weed, etc. **2** (精神的·道徳的に)不健全な, 害毒を流す: a ~ doctrine, idea, influence, etc. **3** いやな, 不快な (obnoxious): a ~ scandal. **~·ly** *adv.* **~·ness** *n.* 〖(1612) □ L *noxius* ← *noxa* harm, injury ← *nocēre* to injure: cf. L *necāre* to kill / Gk *nékus* corpse: ⇨ necro-, -ous〗
Nox·ze·ma /na(ː)kzíːmə, -síː- | nɔk-/ *n.* 〖商標〗ノグゼマ《米国 Noxell 社製の湿疹·日焼け治療用のスキンクリーム》.
no·yade /nwɑːjáːd; *F.* nwajad/ *F. n.* **1** 溺死刑《受刑者を底の開く舟に乗せて急に底を開き水中に落として溺死させる刑》. **2** [the Noyades] ナントの大量溺死刑《フランスの恐怖政治時代に, 過激革命派の山岳党が Nantes で多数の政治犯に行った溺死刑 (1793)》. 〖(1822) □ F ~ 'a drowning' ← *noyer* to drown < L *necāre* to kill, (LL) to drown〗
noy·ance /nɔ́ɪəns/ *n.* 《廃》 =annoyance. 〖(*a* 1338) 《頭音消失》〗
no·yau /nwaɪóʊ | nwáɪəʊ; *F.* nwajo/ *F. n.* (*pl.* **no·yaux** /~(z) | ~z; *F.* ~/) =crème de noyau. 〖(1787) □ F ~, 《廃》 *noiel* kernel < VL **nucāle* (neut.) ← LL *nucālis* of or like a nut ← L *nux* 'NUT'〗
Noyes /nɔ́ɪz/, **Alfred** *n.* ノイズ《1880–1958; 英国の詩人; *Drake* (1906–08)》.
Nóz·ze di Fígaro /ná(ː)tseɪdiː-, nɔ́(ː)ts- | nɔ́ts-; *It.* nɔ́ttsedi-/ *n.* [Le /leɪ; *It.* le/ ~] 「フィガロの結婚」《Mozart の歌劇 (1786); ⇨ Figaro》.
noz·zle /ná(ː)zɫ | nɔ́zɫ/ *n.* **1 a** (ホースなどの)筒口, 吹き口, 管先, ノズル: the ~ of a hose, a pipe, etc. **b** (きゅうすの)口. **c** (ろうそく立ての)受け口. **2** 《俗》鼻 (nose). 〖(1608) ← NOSE+-LE¹: cf. nuzzle〗
nózzle·man /-mən/ *n.* (*pl.* **-men** /-mən, -mɛ̀n/) (消防などにおけるホースの)筒口係. 〖1885〗
np 《記号》 Nepal (URL ドメイン名).
Np 《記号》〖電気〗neper; 〖化学〗neptunium.
NP 《略》 neuropsychiatric; neuropsychiatry; noun phrase 名詞句.
NP, n.p. 《略》〖印刷〗new paragraph; 〖法律〗*L.* nisi prius (=unless before); 〖銀行〗no protest 拒絶証書不要; notary public.
n/p 《略》〖商業〗net proceeds.
n.p. 《略》 net personalty 純動産; 〖商業〗net proceeds; nickel-plated; 〖印刷〗no paging [pagination]; 〖図書館〗no place (of publication); no printer; no publisher; normal pitch; 〖金融〗notes payable 支払い手形.
NPA 《略》 Newspaper Publishers' Association.
n.p.f. 《略》 not provided for.
NPL 《略》 National Physical Laboratory (英国の)国立物理学研究所. 〖*a*1912〗
NPN 《略》〖化学〗nonprotein nitrogen 非蛋白性窒素.
n.p.n.a. 《略》 no protest for nonacceptance.
NPO 《略》 nonprofit organization.
n.p. or d. 《略》 no place or date.
NPR 《略》《米》 National Public Radio.
NPT 《略》 (nuclear) nonproliferation treaty.
NPT 《略》〖物理〗normal pressure and temperature (=NTP).
NPV 《略》〖会計〗net present value 正味現在価値, 正味現価. 〖1964〗
nr 《略》 near.
nr 《記号》 Nauru (URL ドメイン名).
NR 《略》 Northern Rhodesia; North Riding.
NRA 《略》《米》 National Recovery Act [Administration]; 《米》 National Rifle Association. 〖1933〗
Ń-rays *n. pl.* 〖物理〗N 線《1903 年フランスの Nancy 大学の教授 R. Blondlot が発見した超紫外線》. 〖(1903) ← *N(ancy)* (フランスの大学)+RAY¹ 3〗
NRC 《略》《米》 National Research Council; Nuclear Regulatory Commission.
NRDC 《略》《英》 National Research Development Corporation. 〖1954〗
NRSV 《略》〖聖書〗New Revised Standard Version.
NRT, n.r.t. 《略》 net registered tonnage.
NRTA 《略》《米》 National Retired Teachers Association 全国退職教員協会.
ns 《略》 nanosecond(s).
Ns 《略》〖気象〗nimbostratus.
NS 《略》 natural science; New School; New Side; 〖暦法〗New Style (cf. OS); North Sea; not sufficient (funds); Nova Scotia; 《英》 Numismatic Society 貨幣協会; nuclear ship.
ns, n/s 《略》 nonsmoker, nonsmoking 《個人広告で用いる》.
n.s. 《略》〖海事〗near side; new series; nickel steel; *L.* non satis (=not sufficient); not specified.
NSA 《略》 National Security Agency; National Shipping Authority; National Standards Association; 《英》 National Student Association.
NSB 《略》《英》 National Savings Bank.
NSC 《略》 National Savings Certificate; National Security Council.
nsec 《略》 nanosecond(s).
NSF 《略》《米》 National Science Foundation.
N/S/F, NSF, n.s.f. 《略》〖銀行〗not sufficient funds 資金不足 (cf. NF).
Ń-shèll *n.* 〖物理〗N 殻《原子核を取り巻く電子殻のうち, 主量子数 4 をもつもの; cf. K-shell》.
NSPCA 《略》《英》 National Society for the Prevention of Cruelty to Animals 動物愛護協会《現在は RSPCA》. 〖*a*1912〗
NSPCC 《略》《英》 National Society for the Prevention of Cruelty to Children 全国児童虐待防止協会. 〖1895〗
n.s.p.f. not specifically provided for 特別に規定がなければ.
NSU 《略》〖医学〗nonspecific urethritis.
Ń-sùb /ɛ́nsʌ̀b/ *n.* 原子力潜水艦, 原潜. 〖《短縮》← *n(uclear-powered) sub(marine)*〗
NSW 《略》 New South Wales. 〖1889〗
Nt 《記号》〖化学〗niton.
NT 《略》 National Teacher (アイルランドの) national school の先生; National Trust; neap tide; New Testament; New Translation; 《豪》 Northern Territory; no-trump(s); not titled.
n.t. 《略》 net tonnage; normal temperature.
-n't /n̩t, nt, n̩, n/ *adv.* (*also* **-nt** /~/) not の縮約形. ★ 助動詞, be 動詞, have 動詞に続けて書き, 単独には用いない; *isn't, don't, can't, couldn't, etc.*
NTA 《略》 nitrilotriacetic acid ニトリロ三酢酸.
NTB 《略》〖経済〗nontariff barrier.
NTE 《略》 National Teacher Examination 全米教員試験 (ETS が行う).
Ń tèrminus [tèrminal] *n.* 〖生化学〗N 末端, アミノ末端《遊離 α-アミノ基をもつペプチドあるいはポリペプチドの末端》.
nth /ɛ́nθ/ *adj.* **1** 〖数学〗n 番目の, n 倍の, n 次の (cf. n): the ~ degree [power] n 次[乗]. **2** 無限の, 極度の, 極端な (extreme): the ~ degree [power] 極端な程度〔*of*〕. **3** 《口語》(一連の物事のなかで)最後の, 最新の, 極限の. ***to the nth degree [power]*** (1) 〖数学〗n 次[乗]まで. (2) 《口語》無限の, 極度に, どこまでも (to the utmost). (1897) — *n.* [the ~] =nth degree [power] (⇨ *adj.*). 〖(1852): ⇨ n, -th¹〗
Nth 《略》 North.
Nthmb. 《略》 Northumberland.
nthn 《略》 northern.
NTP 《略》〖物理〗normal temperature and pressure 《常温常圧 (0°C, 1 気圧); cf. STP》.
n.t.p. 《略》 no title page.
NTS 《略》 National Trust for Scotland.
NT$ 《記号》〖貨幣〗New Taiwan dollar(s).
NTSC 《略》〖テレビ〗National Television System Committee NTSC 方式《色信号を色副搬送波 (color subcarrier) により位相変調を与えるようにしたカラーテレビ方式; cf. PAL》. 〖1957〗
n-tuple /ɛ́ntùːpɫ, -tjùː-, ─⌐─, ɛ́ntʌpɫ | ɛ́ntjùːpɫ/ *n.* 〖数学〗*n*-組《*n* 個 (*n* は正の整数)の対象の集合, または *n* 個の対象に順序をつけて一列に並べたもの; 後者を ordered n-tuple ともいう》. 〖(1863) ← *-tuple*: QUINTUPLE などからの連想〗
nt. wt. 《略》 net weight.
Ń-tỳpe, ń-t- *adj.* **1** 〖電気〗N 字形の《負性抵抗の分類で, 電圧·電流特性が N 字形をしているもの; cf. S-type》. **2** 〖電子工学〗N 形の, n 形の《半導体の分類で, 主として電子が導電に寄与しているもの; cf. P-type》. 〖1946〗
nu¹ /núː, njúː | njúː/ *n.* ニュー, ヌー《ギリシャ語アルファベット 24 字中の第 13 字: Ν, ν (ローマ字の N, n に当たる); ⇨ alphabet 表》. 〖□ Gk *nû* ← Sem. (cf. Heb. *nūn*): ⇨ N〗
nu² /núː/ *int.* へえー, やれやれ; それで, ほんとうかね, それがどうした (Well!, Well?, So?, So what?) 《驚き, 賛意, 黙認, 断念, あるいは疑問などを表す》. 〖(1892) □ Yiddish ~ □ Russ. 《原義》 'well (now)'〗
Nu¹ /núː/ *n.* 〖聖書〗(旧約聖書の)民数記 (Numbers).
Nu² /núː/ *n.* 〖エジプト神話〗=Nunu.
NU 《略》 National Union; *F.* Nations Unies (=United Nations); Naval Unit; Northern Union.
NUAAW 《略》《英》 National Union of Agricultural and Allied Workers.
nu·ance /núːɑːns, njúː-, -ɑːnts, ─⌐ | njúːɑːns, -ɑːnts, ─⌐; *F.* nɥɑ̃ːs/ *n.* (*pl.* **nu·anc·es** /~ɪ̣z; *F.* ~/) **1** (色彩·音調·意味·感情などの微妙な)濃淡, 陰影, 差異, ニュアンス (shade); (微妙な)色合, 特徴, あや, ニュアンス (nicety): emotional ~*s* 感情的な陰影 / the ~*s* of American and British usage 英米語法上のニュアンス. **2** (ニュアンスに対する)敏感さ, 微細さ. — *vt.* …にニュアンスをつける. 〖(1781) □ F ~ ← *nuer* to shade ← *nue* cloud < VL **nūbam*=L *nūbēs*: ⇨ -ance〗
nú·anced *adj.* 〈表現·音調·感情など〉(種々の)ニュアンスを含む. 〖(1920): ⇨ ↑, -ed〗
nub /nʌ́b/ *n.* **1** こぶ, 結び目, 節 (knob, knot). **2** (石炭の)かたまり (lump), 小片 (small piece). **3** [the ~] 《口語》(物語·事件·問題などの)核心, 要点 (gist). ***to the [a] nub*** へとへとになるまで. (1963) 〖(1594) 《変形》← 《方言》 *knub* 'KNOB'〗
Nu·ba /núːbə/ *n.* (*pl.* ~**s**, ~) **1** =Nubian. **2 a** [the ~(s)] ヌーバ族《スーダン南部の黒人種族の一つ》. **b** ヌーバ族の人. **3** ヌーバ語. 〖(1827) □ LL ~ (sing.) ← L *Nūbae* Nubians: ⇨ Nubia〗
nub·bin /nʌ́bɪ̣n | -bɪn/ *n.* 《米》 **1 a** (鉛筆などの)はしくれ. **b** 小さいかたまり: ~*s* of coal. **2** (トウモロコシの)小型の[未熟な, いじけた]穂; 小さい[未熟な, できそこないの]果物. **3** =nub 3. 〖(1692) (dim.) ← NUB〗
nub·ble /nʌ́bɫ/ *n.* (石炭などの)小塊; 小さい節[こぶ]. 〖(1818) ← NUB+-LE¹: cf. knobble〗
núb·bly /-bli, -bḷi/ *adj.* (**nub·bli·er**; **-bli·est**) **1** 節[こぶ]だらけの; 小塊状の. **2** =nubby 2. 〖(1829): ⇨ ↑, -y⁴〗
nub·by /nʌ́bi/ *adj.* (**nub·bi·er**; **-bi·est**) **1** =nubbly 1. **2** 〈織物が〉糸の結び目のある, 節のある. **núb·bi·ness** *n.* 〖(1876) ← NUB+-Y⁴〗
NUBE 《略》 National Union of Bank Employees 英国銀行員組合.
nu·bec·u·la /nuːbɛ́kjʊlə, njuː- | njuː-/ *n.* (*pl.* **-u·lae** /-liː/) **1** 《古》〖医学〗ヌベクラ, 角膜片雲. **2** [N-] 〖天文〗=Magellanic cloud. 〖1: (1699); 2: (1842) □ L *nūbēcula* (dim.) ← *nūbēs* cloud: cf. nuance〗
nu·bi·a /núːbiə, njúː- | njúː-/ *n.* ヌビア《柔らかい毛糸で粗目に編んだ婦人用の大きなスカーフ》. 〖(1881) □ L *nūb(ēs)* cloud +-IA¹〗
Nu·bi·a /núːbiə, njúː- | njúː-/ *n.* ヌビア《エジプト南部 Aswan から南方のスーダンの Khartoum に至る地方, Sahara 砂漠から紅海に及び, 大部分は砂漠; 古代の王国; 面積 725,200 km²》. 〖□ ML *Nūbia* ← L *Nūbae* □ Gk *Noûbai*〗
Nu·bi·an /núːbiən, njúː- | njúː-/ *adj.* **1 a** ヌビアの. **b** ヌビア人の. **2** ヌビア語の. — *n.* **1** ヌビア人; (特に, エジプトとアビシニアとの間の地域を支配した)ヌビア黒人; ヌビア人奴隷. **2 a** ヌビア語 (Khartoum より下流の Nile 川流域地方で話される言語). **b** ヌーバ語 (Nuba). **3** ヌビア馬《アラビア馬の一種; Nubian horse ともいう》. 〖(1727–46) □ ML *Nūbiānus* (↑)〗
Núbian Désert *n.* [the ~] ヌビア砂漠《アフリカのスーダン北東部, Nile 川以東の砂漠》.
nu·bi·form /núːbəfɔ̀ːm, njúː- | njúːbɪ̣fɔ̀ːm/ *adj.* 雲形[雲状]の. 〖(1874) ← L *nūb(ēs)* cloud+-I-+-FORM〗
nu·bile /núːbɪ̣l, njúː-, -baɪl | njúːbaɪl/ *adj.* 《主に戯言》 **1** 〈女性が〉(年齢·肉体的に)適齢期の, 年ごろの. **2** 〈女性が〉色っぽい, セクシーな. 〖(*a*1642) □ F ~ // L *nūbilis* ← *nūbere* to be married: cf. nuptial〗
nu·bil·i·ty /nuːbíləṭi, njuː- | njuːbílɪ̣ti/ *n.* (女性の)婚期, 年ごろ. 〖(1813): ⇨ ↑, -ity〗
nu·bi·lous /núːbələs, njúː- | njúːbɪ̣-/ *adj.* **1** 曇った; 霧深い (foggy). **2** あいまいな, ぼんやりした (obscure). 〖(1533) ← L *nūbil(us)* (← *nūbēs* cloud)+-OUS〗
nu·buck /núːbʌk, njúː- | njúː-/ *n.* ヌバック《肉面 (flesh side) をこすってスエード様に短くけば立たせて仕上げた牛革》. 〖← ? NEW+BUCK(SKIN)〗
nu·cel·lus /nuːsɛ́ləs, njuː- | njuː-/ *n.* (*pl.* **nu·cel·li** /-laɪ/) 〖植物〗珠心, 胚珠心, 芽核《胚嚢を含む薄い細胞壁の細胞のかたまりで, 胚珠の珠皮に包まれた部分》. **nu·cel·lar** /nuːsɛ́lə, njuː- | njuːsɛ́lə^(r)/ *adj.* 〖(1882) ← NL ~ ← L *nucella* (dim.) ← *nux* 'NUT': cf. nucleus〗
nu·cha /núːkə, njúː- | njúː-/ *n.* (*pl.* **nu·chae** /-kiː/) 〖解剖·動物〗 **1** 項部, 後頸部, えり元 (nape). **2** (昆虫の)胸部 (thorax) の裏側, 背頸部. 〖(*c*1400) □ ML *nūcha* spinal marrow □ Arab. *nukhā'*: 意味上 Arab. *núqraʰ* nape of the neck と混同〗
nu·chal /núːkəl, njúː-, -kɫ | njúː-/ *n.* 〖解剖·動物〗項部; 〖昆虫〗背頸部. — *adj.* 〖解剖·動物〗項部の; 〖昆虫〗背頸部の. 〖1835〗
nu·ci- /núːsɪ̣, njúː-, -si | njúː-/ 「堅果」の意の連結形. 〖← L *nucis, nux* 'NUT'〗
nu·cif·er·ous /nuːsíf(ə)rəs, njuː- | njuː-/ *adj.* 〖植物〗堅果を結ぶ. 〖(1668): ⇨ ↓, -ferous〗
nu·ci·form /núːsəfɔ̀əm, njúː- | njúːsɪ̣fɔ̀ːm/ *adj.* 堅果状の. 〖(1857) □ F *nuciforme*: ⇨ nuci-, -form〗
nu·civ·or·ous /nuːsívərəs, njuː- | njuː-/ *adj.* 堅果を(常)食とする. 〖(1835) ← NUCI-+-VOROUS〗
nu·cle- /núːkli, njúː- | njúː-/ (母音の前にくるときの) nucleo- の異形.
nu·cle·al /núːkliəl, njúː- | njúː-/ *adj.* =nuclear. 〖1840〗
nu·cle·ar /núːkliə, njúː- | njúːkliə^(r)/ ★ 教育程度の高い人のなかで /núːkjʊlə, njúː- | njúːkjʊlə^(r)/ と発音する人が増えているが, 標準的とみなさない人が多い. *adj.* **1 a** (原子)核の[に関する]: a ~ charge 原子核の陽電荷 / ⇨ nuclear energy. **b** 原子力の[に関する, を利用する, で動く]: ⇨ nuclear power 1 / the ~ age 核時代 / ~ ship 原子力船. **c** 核兵器の[に関する, による]: a ~ base 核基地 / ~ parity 核(戦力)の均衡 / the ~ umbrella 核の傘 / ~ war [warfare] 核(兵器)戦争 / ~ weapons [arms] 核兵器. **2** 〈国家が〉原子爆弾保有の, 核保有の: a ~ nation 核保有国 / a ~ club 核兵器保有国群, 核クラブ / go ~ 核装備する. **3** 〖生物〗(細胞)核の, 核を成す: ~

division 核分裂 / a ～ net 核網. **4**〖解剖〗**a** (細胞)核の. **b** 神経核の. **c** (眼の水晶体の)核の: ～ cataract 核性白内障. **5**〖社会学〗〈家族など〉基礎単位の: ⇨ nuclear family. **6**〖言語・音声〗〈語・音など〉中核をなす《例えば音節 (syllable) における母音のように》. **— *n.*** **1** 核兵器; 《特に, 核弾頭を装備した》ミサイル. **2** 核(兵器)保有国 (↔ non-nuclear). **3** 核エネルギー, 原子力. **～·ly** *adv.* 〖(1846) ← NUCLEO-＋-AR[1]〗

núclear állergy *n.* 核アレルギー.

núclear-ármed *adj.* 核武装の[した]. 〖1957〗

núclear bómb *n.* 核爆弾.

núclear chémistry *n.* 核化学 (radiochemistry). 〖1934〗

núclear detérrence *n.* 核抑止《核兵器保有による戦争の抑止》.

núclear detérrent *n.* [the ～] 《戦争抑止力としての》核兵器.

núclear detérrent pówer *n.* 核抑止力.

núclear disármament *n.* 核軍縮.

núclear emúlsion *n.*〖写真〗原子核乳剤《荷電粒子の飛跡を記録するための濃厚な極微粒子写真乳剤》. 〖1949〗

núclear énergy *n.*〖物理〗核エネルギー, 原子力 (atomic energy) (cf. nuclear power). 〖1930〗

núclear énvelope *n.*〖生物〗＝nuclear membrane.

núclear fámily *n.*〖社会学〗核家族《夫婦と独立前の未婚の子供から成る一代家族; cf. extended family》. 〖1947〗

núclear físsion *n.*〖物理・化学〗核分裂 (fission). 〖1889〗

núclear físsion bòmb *n.* 核分裂爆弾, 原子爆弾.

núclear flásk *n.* 放射性核廃棄物輸送[貯蔵]用の容器《単に flask ともいう》.

núclear fórce *n.*〖物理〗**1** 核力《原子核を構成する核子 (nucleon) 間の強力な力》. **2** ＝strong interaction. 〖1935〗

núclear-frée *adj.* 非核の. 〖1958〗

núclear fréeze *n.* 核(兵器製造)凍結.

núclear-frèe zóne *n.* 非核地帯.

núclear fúel *n.* 原子(核)燃料, 核燃料. 〖1935〗〖1946〗

núclear fúsion *n.*〖物理・化学〗核融合 (⇨ fusion 3). 〖1900〗

núclear fúsion bòmb *n.* 核融合爆弾, 水素爆弾.

nu·cle·ar·ism /núːkliərìzm, njúː- | njúː-/ *n.* 《戦争抑止策・政治的目的を達成する手段としての》核兵器重視, 核兵器主義. **nú·cle·ar·ist** /-rɪ̀st | -rɪst/ 〖1952〗〖(1969) ← NUCLEAR＋-ISM〗

núclear ísomer *n.*〖物理〗＝isomer 2. 〖1968〗

núclear isómerism *n.*〖物理〗＝isomerism 2. 〖1938〗

nu·cle·ar·ize /núːkliəràɪz, njúː- | njúː-/ *vt.* **1** 〈国〉に核兵器を備える, 核化する. **2** 核家族化する. 〖(1960) ← NUCLEAR＋-IZE〗

núclear magnétic móment *n.*〖物理〗核磁気モーメント《原子核のもつ磁気的二重極能率》.

núclear magnétic résonance *n.*〖物理〗核磁気共鳴《原子核の磁気共振; 略 NMR》. 〖1942〗

núclear magnétic résonance scànner *n.*〖医学〗核磁気共鳴走査装置 (cf. MR scanner).

núclear mágneton *n.*〖物理〗(原子)核磁子《原子核の磁気モーメントの単位; 略 nm》. 〖1935〗

núclear médicine *n.*〖医学〗核医学《放射線核種または放射性同位元素を利用する診断および治療法》. 〖1952〗

núclear mémbrane *n.*〖生物〗核膜《核と細胞質の界面にある薄い膜》.

núclear míssile *n.* 核ミサイル(兵器).

núclear móment *n.*〖物理〗＝nuclear magnetic moment. 〖1935〗

núclear nonproliferátion *n.* 核拡散防止: the *Nuclear Nonproliferation* Treaty 核拡散防止条約《略 NPT》.

núclear phýsicist *n.* (原子)核物理学者. 〖1936〗

núclear phýsics *n.* (原子)核物理学. 〖1933〗

núclear plánt *n.* 原子力発電所.

núclear pláte *n.*〖生物〗核板 (⇨ equatorial plate).

núclear pówer *n.* **1** 《動力としての》原子力 (cf. nuclear energy): ～ generation 原子力発電 / a ～ plant 原子力発電所. **2** 核兵器保有国. 〖1926〗

núclear-pówered *adj.* 原子力を利用した (nuclear): a ～ submarine 原子力潜水艦. 〖1948〗

núclear-propélled *adj.* 核推進の.

núclear reáction *n.*〖物理〗＝reaction 13.

núclear reáctor *n.*〖原子力〗＝reactor 1. 〖1945〗

Núclear Régulatory Commíssion *n.* [the ～] 《米国》原子力規制委員会《1975 年創設; 略 NRC》.

núclear résonance *n.*〖物理〗(原子)核共鳴《原子核が特定のエネルギーの γ 線(または他の粒子)を吸収して励起状態になること; cf. Mössbauer effect》. 〖1940〗

núclear rócket *n.* ＝nuclear missile.

núclear sáp *n.*〖生物〗＝karyolymph. 〖1887〗

núclear spécies *n.*〖物理・化学〗核種 (⇨ nuclide).

núclear spín *n.*〖物理〗核スピン, スピン角運動《原子核がもっている固有の角運動量の大きさを角運動量の単位 ħ で表したもの》.

núclear tést *n.* 核実験: a ～ ban 核実験禁止.

núclear thréshold *n.* 核(使用)の敷居, 核使用限界点《戦争において交戦国が核兵器使用に踏み切る限界点》.

núclear-típped *adj.* 核弾頭を備えた[付けた]: a ～ missile. 〖1959〗

núclear wárhead *n.* 核弾頭.

núclear wáste *n.* 核廃棄物, 放射性廃棄物 (radioactive waste). 〖1974〗

núclear wínter *n.* 核の冬《核戦争によるちりや煙による日光の防害によってひき起こされる地球上の暗さや極端な低温の状態》. 〖1983〗

núclear yíeld *n.* 核出力《TNT 火薬に換算して, メガトン・キロトンで表す》.

nu·cle·ase /núːklièɪs, njúː-, -èɪz | njúːklièɪs/ *n.*〖生化学〗ヌクレアーゼ, 核酸分解酵素《核酸をヌクレオチドに加水分解する酵素》. 〖(1902) ← NUCLEO-＋-ASE〗

nu·cle·ate /núːkliɪ̀t, njúː-, -klièɪt | njúː-/ *adj.* **1** 〈細胞など〉核のある (nucleated). **2**〖化学〗〈沸騰など〉核において発生する. **—** /núːklièɪt, njúː- | njúː-/ *v.* **— *vt.*** **1 a** 核状にする, 凝集させる. **b** 密集させる. **2** …の核となる, 核を成す. **3** …に核を与える. **— *vi.*** **1** 核となる, 核を成す. **2** 凝集する; 密集する (cluster). **— *n.*** 〖生化学〗ヌクレイン酸塩[エステル]. **nú·cle·à·tor** /-tə | -tə[(r)]/ *n.* 〖(1864) □ L *nūcleātus* having a kernel or stone (p.p.) ← *nucleāre* to become kernelly or hard: ⇨ nucleus, -ate[2,3]〗

nú·cle·àt·ed /-tɪ̀d | -tɪd/ *adj.* **1** ＝nucleate. **2** 密集した. 〖1845〗

nu·cle·a·tion /nùːkliéɪʃən, njùː- | njùː-/ *n.* **1** 《結晶・水滴などの》核形成; 《人工降雨のための》氷晶形成 (作用). **2** 人工降雨法. **3** 密集. 〖1861〗

nuclei *n.* nucleus の複数形.

nu·cle·i- /núːkliɪ̀, njúː-, -klii | njúː-/ nucleo- の異形 (⇨ -i-).

nu·clé·ic ácid /nuːklíːɪk-, njuː-, -kléɪɪk- | njuː-/ *n.*〖生化学〗核酸, ヌクレイン酸《多数のヌクレオチドが重合した高分子物質で, 遺伝物質とされている; 単純蛋白質と結合して核蛋白質を作る; cf. DNA, RNA》. 〖(1892) *nucleic*: ← NUCLEO-＋-IC[1]〗

nu·cle·in /núːkliɪ̀n, njúː- | njúːkliɪn/ *n.*〖生化学〗ヌクレイン《核蛋白質が分解したもの; 細胞質中にも存在する》. 〖(1878) ← NUCLEO-＋-IN[1]〗

nu·cle·in·ase /núːkliɪ̀nèɪs, njúː-, -nèɪz | njúːkliɪnèɪs/ *n.*〖生化学〗ヌクレイナーゼ《核酸を核酸基に分解する酵素》. 〖⇨ ↑, -ase〗

nu·cle·o- /núːklioʊ, njúː- | njúːkliəʊ/ 次の意味を表す連結形: **1**「核, 核の」: *nucleo*plasm. **2**「核酸 (nucleic acid)」: *nucleo*protein. ★ 時に nuclei-, また母音の前では通例 nucle- になる. 〖□ F *nucléo-* ← NL *nucleus* 'NUCLEUS'〗

nùcleo·cápsid *n.*〖生物〗ヌクレオカプシド《ウイルス内の核酸とそれを取り巻く蛋白質の皮膜》. 〖← NUCLEO-＋*capsid* (← NL *Capsidae* ← *Capsus* (属名) ← Gk *kápsis* gulping)〗

nùcleo·chronólogy *n.* 核[放射線]年代学《放射性核種の存在比を利用する年代測定法》. 〖1970〗

nùcleo·chronómeter *n.* 核年代測定物質 (nucleochronology に用いられる核種). 〖(1972): ⇨ ↑, -meter〗

núcleo·còsmo·chronólogy *n.* 核[放射線]宇宙年代学. 〖(1972)〗

nùcleo·cytoplásmic *adj.*〖生物〗核細胞質の. 〖1905〗

nùcleo·génesis *n.*〖物理〗＝nucleosynthesis. 〖1952〗

nu·cle·oid /núːkliɔ̀ɪd, njúː- | njúː-/ *n.*〖生化学〗ヌクレオイド, 核様体《原核生物の細胞の DNA 含有構造体》. 〖(1938): ⇨ -oid〗

nu·cle·ol- /nuːklíːəl, njuː- | njuː-/ 《母音の前にくるときの》nucleolo- の異形.

nu·cle·o·lar /nuːklíːələ, njuː-, nùːklióʊlə, njùː- | njuːklíːələ[(r)], njùːkliə́ʊlə[(r)]/ *adj.*〖生物〗仁(じん) (nucleolus) の. 〖(1861) ← NUCLEOL-＋-AR[1]〗

nu·cle·o·late /nuːklíːəlèɪt, njuː-, núːkliəl-, njúː-, -lɪ̀t | njuːklíːəl-, njúːkliəl-/ *adj.* ＝nucleolated. 〖(1890) ← NUCLEOL-＋-ATE[2]〗

nu·cle·o·lat·ed /nuːklíːəlèɪtɪ̀d, njuː-, núːkliəl- | njuːklíːəlèɪt-, njúːkliəl-/ *adj.*〖生物〗仁(じん)のある. 〖(1846): ⇨ ↑, -ed〗

nu·cle·ole /núːkliòʊl, njúː- | njúːkliə̀ʊl/ *n.*〖生物〗＝nucleolus. 〖1846〗

nucleoli *n.* nucleolus の複数形.

nu·cle·o·lo- /nuːklíːəloʊ, njuː- | njuːklíːələʊ/「仁(じん) (nucleolus)」の意の連結形. ★ 母音の前では通例 nucleol- となる. 〖← NUCLEOL(US)＋-O-〗

nu·cle·o·lo·ne·ma /nuːklìːələníːmə, njuː- | njuːklìːələ(ʊ)-/ *n.* (*also* **nu·cle·o·lo·neme** /nuːklíːələnìːm, njuː- | njuːklíːələ(ʊ)-/)〖細胞〗核小体系, 仁系《仁における網状構造の総称》. 〖(1952) ← NL ～ ← NUCLEOLO- ＋ Gk *nēma* thread〗

nu·cle·o·lus /nuːklíːələs, njuː-, nùːkliə-, njùː- | njuːkliə́ʊ-/ *n.* (*pl.* **-o·li** /-klíːəlàɪ | -klíːəlàɪ, -klíəlaɪ/)〖生物〗仁(じん), 核小体, 小核, 核仁《細胞核内にある 1 つないし数個の小球体》. 〖(1845) ← NL ～ ← L 'little nut' (dim.) ← *nucleus* 'NUCLEUS'〗

nucléolus òrganizer *n.*〖生物〗仁形成体《細胞分裂の終期で, 仁が形成される染色体の特定の部分》.

nu·cle·on /núːkliɑ̀(ː)n, njúː- | njúːkliɒn/ *n.*〖物理・化学〗核子《原子核の構成要素である陽子と中性子の総称; cf. baryon》. **nu·cle·on·ic** /nùːkliɑ́(ː)nɪk, njùː- | njùːkliɔ́n-/ *adj.* **nù·cle·ón·i·cal·ly** *adv.* 〖(1923) ← NUCLEO-＋(ELECTR)ON〗

nu·cle·on·ics /nùːkliɑ́(ː)nɪks, njùː- | njùːkliɔ́n-/ *n.* [単数または複数扱い]〖物理〗原子核工学, 核工学《核物理学を基礎にして核分裂・融合反応を利用する際に必要な統合工学》. 〖(1945): ⇨ ↑, -ics〗

nu·cle·o·ni·um /nùːklióʊniəm, njùː- | njùːkliə́ʊ-/ *n.*〖物理〗ニュークレオニウム《物質と反物質の接触で生じる素粒子で, 核子と反核子から成る》. 〖(1956) ← NUCLEON＋*-onium* (← POSITRONIUM)〗

núcleon nùmber *n.*〖理学〗質量数, 核子数 (mass number).

nu·cle·o·phile /núːkliəfàɪl, njúː- | njúː-/ *n.*〖化学〗求核試薬 (cf. electrophile). 〖(1953) ← NUCLEO-＋-PHILE〗

nu·cle·o·phil·ic /nùːkliəfílɪk, njùː- | njùː-⁻/ *adj.*〖化学〗求核性の (cf. electrophilic): a ～ reagent 求核試薬《有機化学反応で相手分子の電子密度の小さいところを攻撃しやすい試薬》/ ～ reaction 求核反応. **nù·cle·o·phíl·i·cal·ly** *adv.* **nu·cle·o·phi·lic·i·ty** /nùːkliəfɪ̀lísəti, njùː- | njùːkliəfɪ̀lísɪ̀ti/ *n.* 〖(1933) ← NUCLEO-＋-PHILIC〗

nu·cle·o·plasm /núːkliəplæ̀zm, njúː- | njúːkliə(ʊ)-/ *n.*〖生物〗核質, 核原形質 (karyoplasm). **nu·cle·o·plas·mat·ic** /nùːkliəplæzmǽtɪk, njùː- | njùːkliə(ʊ)plæzmǽt-⁻/ *adj.* **nu·cle·o·plas·mic** /nùːkliəplǽzmɪk, njùː- | njùːkliə(ʊ)-/ *adj.* 〖(1889) ← NUCLEO-＋-PLASM〗

nùcleo·prótein *n.*〖生化学〗ヌクレオプロテイン, 核蛋白質《プロタミン・ヒストンなどの蛋白質と核酸との結合した酸性の複合蛋白質; 染色体・ミトコンドリア・ウイルスなどを構成する》. 〖(1907) ← NUCLEO-＋PROTEIN〗

nu·cle·o·sid·ase /nùːkliəsáɪdeɪs, njùː-, -deɪz | njùːkliə(ʊ)sáɪdeɪs/ *n.*〖生化学〗ヌクレオシダーゼ《ヌクレオシドを五炭糖と有機塩基(ピリミジンとプリン)に分解する酵素の総称》. 〖(1911): ⇨ ↓, -ase〗

nu·cle·o·side /núːkliəsàɪd, njúː- | njúːkliə(ʊ)-/ *n.*〖生化学〗ヌクレオシド《プリン塩基またはピリミジン塩基と五炭糖とが結合した配糖体の総称; 特に DNA または RNA に見いだされる》. 〖(1911) ← NUCLEO-＋-OSE[2]＋-IDE[2]〗

nu·cle·o·some /núːkliəsòʊm, njúː- | njúːkliəsə̀ʊm/ *n.*〖生化学〗ヌクレオソーム《真核生物の核内にあるクロマチン(chromatin)の構成単位》. 〖(1975): ⇨ -SOME[3]〗

nùcleo·sýnthesis *n.*〖物理〗核合成, 元素合成《陽子から出発しいろいろな核反応により宇宙に存在する元素を合成すること》. **nùcleo·synthétic** *adj.* 〖(1960) ← NL ～: ⇨ nucleo-, synthesis〗

nu·cle·o·tid·ase /nùːkliətáɪdeɪs, njùː-, -deɪz | njùːkliə(ʊ)táɪdeɪs/ *n.*〖生化学〗ヌクレオチダーゼ《nucleotide を分解して nucleoside とリン酸にする酵素》. 〖(1911): ⇨ ↓, -ase〗

nu·cle·o·tide /núːkliətàɪd, njúː- | njúːkliə(ʊ)-/ *n.*〖生化学〗ヌクレオチド《リン酸基 $-PO_3H_2$ がヌクレオシドの糖に結合したリン酸エステルの総称; DNA と RNA の構成単位》. 〖(1908)《変形》← NUCLEOSIDE〗

nù·cle·o·ti·dyl·tránsferase /nùːkliətáɪdəl-, njùː-, -dl- | njùːkliə(ʊ)táɪdɪ̀l-, -dl-/ *n.*〖生化学〗ヌクレオチジルトランスフェラーゼ《ヌクレオチド基を他の化合物に転移する反応を触媒する酵素の総称》. 〖⇨ ↑, -yl, transferase〗

nu·cle·us /núːkliəs, njúː- | njúː-/ *n.* (*pl.* **nu·cle·i** /-kliàɪ/, ～**·es**) **1** 中心, 核心; 《物がだんだんふえてゆく元となる》土台, 基点 (starting point): the ～ of a library [collection] 蔵書[収集]の土台 / the ～ of a theory 学説の中心点 / In some countries the family is the ～ of the community. 家族が地域社会の中核をなす国もある. **2 a**〖生物〗(細胞内の)核: a yolk ～ 卵黄核. **b**〖植物〗＝nucellus. **3**〖解剖〗**a** (細胞)核. **b** (特に)神経核 (⇨ neuron 挿絵). **c** (眼の水晶体の)核. **4 a**〖物理・化学〗原子核 (atomic nucleus). **b**〖化学〗《錯塩における》核原子, 中心原子; 《有機化合物の》環 (ring). **5**〖天文〗《彗星(すいせい)や銀河系外星雲などの》核. **6**〖気象〗核《凝結核・凍結核などに用いる》. **7**〖地質〗石核《石器製造の際に割り取られる側の石塊; 例えば石斧》. **8**〖音声〗**a** 核音節《音調群 (tone group) の中で最も強い強勢を受け, かつそこでピッチの変動が起こる音節》. **b** 音節核, 音節主音 (syllabic). **9**〖言語〗核《音節・語・合成語・句・文において, その中核となる部分; 例えば文における主語と述語, boyishness の boy- など》. 〖(1704) □ L *nuc(u)leus* 'kernel, nut' (dim.) ← *nuc-*, *nux* 'NUT': ⇨ nux vomica〗

núcleus cóunter *n.* ＝dust counter.

nu·clide /núːklaɪd, njúː- | njúː-/ *n.*〖物理・化学〗核種, 核の種類《特定の原子番号と質量数をもつ原子または原子核; nuclear species ともいう》. **nu·clid·ic** /nuːklídɪk, njuː- | njuːklíd-/ *adj.* 〖(1947) ← NUCLEO-＋-IDE[2]〗

nu·cu·la /núːkjʊlə, njúː- | njúː-/ *n.*〖植物〗小堅果. 〖(1849) ← NL ～ ← L 'nutlet' ← *nuc-*, *nux* 'NUT'＋*-ula* '-ULE'〗

Nu·cu·lan·i·dae /nùːkjʊlǽnədiː, njùː- | njùːkjʊlǽnɪ-/ *n. pl.*〖貝類〗シワロウバイガイ科. 〖← NL ～ ← *Nucula* (属名: ⇨ ↑, -ana)＋-IDAE〗

Nu·cu·li·dae /nuːkjúːlədiː, njuː- | njuːkjúːlɪ-/ *n. pl.*〖貝類〗マメクルミガイ科. 〖← NL ～ ← *Nucula* (属名: ⇨ nucula)＋-IDAE〗

Nu·da /núːdə, njúː- | njúːdə/ *n. pl.*〖動物〗《有櫛(ゆうしつ)動物門》無触手綱. 〖← NL ～ ← L (neut. pl.) ← *nūdus*: ⇨ nude〗

N

nuda pacta *n.* nudum pactum の複数形.

nud·dy /nʌ́di | -di/ *n.* [次の成句で] ***in the núddy*** 《英口語・豪口語》裸で. 〘(1953) ← ? nude+-y³〙

nude /núːd, njúːd | njúːd/ *adj.* (**nud·er**; **nud·est**) **1 a** 〈モデルなど〉衣服を着ていない, 裸の, 裸体の (cf. naked 1 a). **b** 〈映画・写真など〉ヌードの (⇨ bare¹ SYN): a ~ figure 裸像 / a ~ movie ヌード映画. **2** おおいのない, 装飾[家具]のない, 草木のない (bare): a ~ room, mountain, etc. **3** 〈靴下など〉肉色の, 肌色の (flesh-colored). **4** 〘法律〙 **a** 〈契約が〉無償の, 約因のない: a ~ pact [contract] 無償契約, 単なる合意 (nudum pactum). **b** 法律的な要件を備えていない. **5** 〘植物〙 葉のない. **6** 〘動物〙 鱗(うろこ)[羽, 毛など]のない. **7** 〘医学〙〈マウスが〉毛がなく胸腺成形不全を伴う, ヌードの: ⇨ nude mouse. — *n.* **1 a** (絵画や彫刻に表された)裸体. **b** ヌード写真; 裸体モデル(のポーズ). **c** 裸の人, 裸体の人. **2** [the ~] 裸体の状態: in *the* ~ 裸体で (undraped); 包み隠しなく; 明白で (manifest). **3** 褐色がかったピンク色, 肌色. **4** 〘医学〙 =nude mouse. **~·ly** *adv.* **~·ness** *n.* 〘(1531) □ L *nūdus* < *now(e)dos, *nogwedos 'NAKED, bare'〙

núde móuse *n.* 〘医学〙 ヌードマウス 《先天的に胸腺と体毛を欠損し, T 細胞機能を欠き, 移植実験などに用いられるマウス》. 〘1974〙

núde páct *n.* 〘法律〙 =nudum pactum. 〘1875〙

nudge /nʌ́dʒ/ *vt.* **1 a** (注意を引いたり暗示をしたりするために)人をひじでそっと突く: ~ a person in the ribs 人の脇腹をひじで小突く / He ~*d* me *to* stand up. 彼はそっと私をひじでつついて立つように合図した. **b** そっと[少しずつ]押す[動かす]. **c** [~ one's way で] (ひじで)押し分けて進む 〔*through*〕. **2** 〈船などを〉(引いたりして)動きやすくする, 進みよくする (ease along). **3** …に接近する. — *vi.* **1** (ひじなどで)そっと突く 〔*at*〕: ~ *at* a person. **2** 〔…を〕押し分けて進む 〔*through*〕. — *n.* (ひじなどの)軽い一突き (jog): give a friendly ~ 親しそうにひじでそっと突く. **núdg·er** *n.* 〘(1675) ← ? Scand.: cf. Norw. *nugga*, *nyggja* to push, rub〙

núdge bàr *n.* ナッジバー 《bullbar の別名》.

núdge-núdge *adj.* みだらな, 卑猥な.

nu·di- /núːdɪ̀, njúː-, -di | njúːdɪ̀, -di/「裸の (naked)」の意の連結形. 〘← L *nūdus* 'NUDE'〙

nu·di·branch /núːdəbræ̀ŋk, njúː- | njúːdɪ-/ *n.* (*pl.* ~s) 〘動物〙 裸鰓(らさい)目の軟体動物 (sea slug) 《色彩の美しいアオウミウシ (*Glossodoris festiva*) など》. — *adj.* 裸鰓目の. 〘(1844) □ F *nudibranche* ← NUDI-+*branche* gills (□ L *branchia* gill)〙

Nu·di·bran·chi·a /nùːdəbrǽŋkiə, njùː- | njùːdɪ-/ *n. pl.* 〘動物〙 裸鰓(らさい)目. 〘← NL ~: ⇨ nudi-, branchia〙

nu·di·bran·chi·ate /nùːdəbrǽŋkiɪ̀t, njùː-, -kièɪt | njùːdɪ-/ 〘動物〙 *n.* =nudibranch. — *adj.* 裸鰓目の. 〘(1847–49): ⇨ ↑, branchiate〙

nu·di·caul /núːdəkɔ̀ːl, njúː-, -kɑ̀ːl | njúːdɪkɔ̀ːl/ *adj.* 〘植物〙 茎に葉のない. 〘← NUDI-+L *caul(us)* stem〙

nu·di·cau·lous /nùːdəkɔ́ːləs, njùː-, -kɑ́ː- | njùːdɪkɔ́ː-ˈ-/ *adj.* =nudicaul.

nud·ie /núːdi, njúː- | njúːdi/ 《俗》 *n.* **1** ヌード映画[ショー, など], ポルノ映画 (skin flick). **2** ヌードショーの女, ヌード女優[ダンサー]; ヌードモデル. **3** ポルノ雑誌. — *adj.* ヌードの, 裸体の: ~ films, magazines, etc. 〘(1935) ← NUDE+-IE〙

nud·ism /núːdɪzm, njúː- | njúːd-/ *n.* 裸体主義, ヌーディズム 《自然との調和を求めて裸体で集団生活をする》. 〘(1929) ← NUDE+-ISM〙

núd·ist /-dɪ̀st | -dɪst/ *n.* 裸体主義者, ヌーディスト (cf. nudism). — *adj.* 裸体主義(者)の, ヌーディストの: a ~ colony [camp] ヌーディスト村. 〘(1929) ← NUDE+-IST〙

nu·di·ty /núːdəti | njúːdɪ̀ti/ *n.* **1** 裸(であること), 裸体; 赤裸々: in complete ~ 丸裸で. **2** 《まれ》裸の物; (特に)裸体像. 〘(1611) □ F *nudité* // L *nūditātem*, *nūditās* nakedness ← *nūdus* 'NUDE': ⇨ -ity〙

nud·nick /núdnɪk/ *n.* (*also* **nud·nik** /~/) 《米俗》 うるさい[退屈な]やつ, 厄介者 (pest). 〘(1947) □ Yid. ~ ← Russ. *nudnyĭ* boring+*-nik* '-NIK'〙

nu·dum pac·tum /núːdəmpǽktum, núːdəmpǽktəm, njúː- | núːdumpǽːktum, njúːdəmpǽktəm/ *L. n.* (*pl.* **nu·da pac·ta** /núːdəpǽktə, njúː- | -də-/) 〘法律〙 裸の契約 《約因のない契約で, 捺印証書 (deed) によらなければ契約は成立しない》. 〘□ L *nūdum pactum*: ⇨ nude, pact〙

Nu·e·ces /nuːéɪsəs, njuː-, -seɪs | njuː-; *Am.Sp.* nwéses/ *n.* [the ~] ニュエセス(川) 《米国 Texas 州南部を南東に流れて Mexico 湾内 Corpus Christi 湾に注ぐ川 (507 km)》.

nuée ar·dente /njúːeɪɑədɑ́ː(n)t, -dɑ́ːnt | -ɑː-; *F.* nɥeaʀdɑ̃ːt/ *n.* (*pl.* **nuées ar·dentes** /njúːeɪzɑə-dɑ́ː(n)t, -dɑ́ːnt | -ɑː-; *F.* nɥezaʀdɑ̃ːt/) 〘地質〙 ヌエアルダン, 熱雲 《過熱水蒸気と小型の火山岩塊からなる密度の大きい高温火砕流》. 〘(1904) □ F ~ 《原義》 burning cloud〙

Nu·er /núːə | núːəʳ/ *n.* (*pl.* ~, ~s) **1 a** [the ~(s)] ヌエール族 《スーダンやエジプト国境の Nile 川流域に住む牧畜民族》. **b** ヌエール族の人. **2** ヌエール語 《Nilotic 語の一種》.

Nu·e·vo La·re·do /nuéɪvouləréɪdou, nwéɪ- | -vəuləréɪdəu; *Am.Sp.* nwéβolaréðo/ *n.* ヌエボラレド 《メキシコ北東部, Rio Grande 河畔の都市》.

Nu·e·vo Le·ón /nuéɪvouleɪóun, nwéɪ- | -vəuleɪ-ə́un; *Am.Sp.* nwéβoleón/ *n.* ヌエボレオン(州) 《メキシコ北東部の州; 面積 64,555 km², 州都 Monterey》.

nu·é·vo sól /nuéɪvou-, nwéɪ- | -vəu-; *Am.Sp.* nwé-βo-/ *n.* ヌエボソル 《1991 年に導入されたペルーの通貨単位; 1 nuevo sol=1,000,000 intis》.

nuff /nʌ́f/ (*also* **nuf**, **'nuf**, **'nuff** /~/) *adj.*, *n.*, *adv.*, *int.* 《口語》 =enough. ***nuff sáid* [*séd*, *céd*]** 《口語》 それでよし, よしもうわかった, 結構 (all right). 〘(1840) ← *Enough (has been) said*〙 〘(1840) 《頭音消失・変形》 ← ENOUGH〙

Nuf·field /nʌ́fiːld/, **Sir William Richard Morris** *n.* ナフィールド (1877–1963; 英国の実業家; 自動車会社 Morris 社の創業者, 慈善家; 医学・教育の研究に援助を行うナフィールド財団 (~ Foundation) を設立 (1943)》. — *adj.* 《英》 ナフィールド教育過程の.

Núffield téaching prôject *n.* 《英》 ナフィールド教育プロジェクト 《数学・理科・言語などにおける教育プログラム》.

nuf·fin /nʌ́fɪ̀n | -fɪn/, **nuf·fink** /nʌ́fɪŋk/ *pron.*, *n.*, *adv.*, *adj.* 《非標準》 =nothing. 〘(1877) 《変形》 ← NOTHING〙

nu·ga·cious /nuːgéɪʃəs, njuː- | njuː-/ *adj.* つまらない, ささいな, 重要でない, 無価値な. **nu·gac·i·ty** /nuːgǽsəti, njuː- | njuːgǽsɪ̀ti/ *n.* 〘(1652) ← L *nugāc-*, *nugax* incompetent+-ous〙

nu·gae /núːdʒiː, njúː-, núːgaɪ | njúːdʒiː/ *L. n. pl.* **1** つまらないたわごと, 冗談. **2** ささいなこと, くだらないこと. 〘(1710) □ L *nūgae* light jests, trifles〙

nu·ga·to·ry /núːgətɔ̀ːri, njúː- | njúːgətəri, njuːgéɪ-, -tri/ *adj.* **1** 無価値の, 役に立たない, つまらない: a ~ point. **2** 効力のない, 無効の (futile); (法律上)無効の (invalid): a ~ statute 効力のない法令. 〘(1603) □ L *nūgātōrius* ← *nūgātor* jester, chatterer ← *nūgārī* to jest ← *nūgae* (↑)〙

nug·gar /nʌ́gə | -gɑ́ːʳ/ *n.* (Nile 川上流で用いる)幅の広い荷足(にたり)船 《1 本マストに四角帆を斜に張った小帆船》. 〘(1870) □ Arab. *nuqqār*〙

nug·get /nʌ́gɪ̀t | -gɪt/ *n.* **1** (小さくて堅い)かたまり; (特に, 金など天然産貴金属の)かたまり: a ~ of gold 天然金塊. **2** (天然金塊のように)小さいが貴重なもの: ~*s* of information ちょっとした貴重な情報. **3** 黄色がかったブロンズ色. **4** 〘金属加工〙 ナゲット 《溶接時の溶けた金属》. **5** 《豪》 ずんぐりしてがっちりした動物[人間]. **6** [N-] 〘商標〙 ナゲット 《ニュージーランド製の靴墨(ぐ)》. — *vt.* **1** 《豪》 鉱物の表面から〈金塊を〉取り出す. **2** 《NZ 口語》〈靴を〉磨く. 〘(1852) ? ← 《方言》 *nug* lump, block+-ET // ? ← (*a*) *niggot* 《異分析》 ← *an ingot* (⇨ ingot)〙

nug·get·y /nʌ́gɪ̀ti | -gɪti/ *adj.* (*also* **nug·get·ty** /~/) **1** (堅い)かたまりの, かたまり状の. **2** 《豪》〈人が〉ずんぐりした, がっしりした. 〘1852〙

NUGMW 《略》 《英》 National Union of General and Municipal Workers.

nui·sance /núːsəns, njúː-, -sənts, -sn̩ts | njúː-/ *n.* **1** 人に迷惑を与える行為, 迷惑, 損害; 迷惑な事[物]; 困った事情: without ~ *to* others 他人に迷惑をかけずに / Gas works are often a ~ *to* the neighborhood. ガス工場は往々近所迷惑となる / What a ~! まあうるさい / Commit no ~. [掲示] 小便無用; ごみ捨てるべからず. **2** 不愉快な人, 厄介な人, うるさい人: ⇨ public nuisance / make a ~ of oneself=make oneself a ~ (騒いだりして)人の迷惑[邪魔]になる, 人にきらわれる. **3** 〘法律〙 不法妨害, 生活妨害: ⇨ private nuisance, attractive nuisance / abate a ~ 〈被害者が〉(自力で)不法妨害となる事情を除去する 《隣家から突き出た木の枝を切るなど》. 〘(*c*1410) *nusa(u)nce* □ OF *nuisance* hurt ← *nuire* to harm < L *nocēre*: ⇨ -ance〙

núisance gròunds *n. pl.* 《カナダ》 ごみ捨て場.

núisance parámeter *n.* 〘統計〙 ニューサンスパラメーター 《標本統計量の分布に関係しない母集団の統計量》.

núisance per sé *n.* 〘法律〙 当然の不法妨害 《時・所を問わず当然不法妨害とされるもの》. 〘⇨ per se〙

núisance tàx *n.* 少額消費税 《通例消費者が支払う少額の税》. 〘(1933): 取扱いが面倒なところから〙

núisance vàlue *n.* **1** (軽い妨害などのもつ)抑制的価値, いやがらせの価値[効果]. **2** 〘軍事〙 (小規模な爆撃などの)妨害効果. 〘1933〙

Nuit /nʌ́t, núːt | nʌ́t/ *n.* 〘エジプト神話〙 =Nut.

nuit blanche /nwíːblɑ́ː(n)ʃ, -blɑ́ːnʃ; *F.* nɥiblɑ̃ːʃ/ *F. n.* (*pl.* **nuits blanches** /~/) 眠れない夜. 〘(1853) □ F ~ 'white night'〙

Nuits-Saint-Georges /nwíːsæ̃(n)ʒɔ́əʒ, -sæn-, -dʒɔ́ədʒ | -ʒɔ́ːʒ-, -dʒɔ́ːdʒ; *F.* nɥisɛ̃ʒɔʀʒ/ *n.* ニュイサンジョルジュ 《フランス東部の Burgundy 地方 Nuits-Saint-Georges 産の極上の赤ワイン》.

NUJ /ɛ́njùːdʒéɪ/ 《略》 《英》 National Union of Journalists.

Nu Ji·ang /nùːdʒiáːŋ | -dʒiǽŋ; *Chin.* nùtɕi̯ɑ̄ŋ/ *n.* 怒江(ぬーこう) 《中国チベット自治区 (Xizang Autonomous Region) 東部および雲南省 (Yunnan) を流れ, ミャンマー (Myanmar) を経てインド洋に注ぐ川; 全長 3,200 km (中国領域内 2,000 km); Lu Jiang とも呼ばれる; ミャンマーでは Salween と呼ばれる》.

Nu·jol /núːdʒɑ(ː)l, njúː- | njúːdʒɔl/ *n.* 《米》 〘商標〙 ヌジョール 《調剤で乳化剤として, また赤外分光光度法で展膏剤として使われるパラフィン油》.

nuke /núːk, njúːk | njúːk/ 《口語》 *n.* **1 a** 核兵器[爆弾]. **b** 核攻撃. **2 a** 原子力; 原子核. **b** 原子力発電所, 「原発」. — *vt.* …に核攻撃を加える. 〘(1959) 《短縮》 ← *nuc(lear)*〙

Nu·ku·a·lo·fa /nùːkuːəlòufə, ˌ–––ˈ–– | -ləu-; *Tongan* núkualofa/ *n.* (*also* **Nu·ku·'a·lo·fa** /~/) ヌクアローファ 《南西太平洋の Tongatapu 島の港町; トンガ王国の首都》.

Nu·kus /nuːkúːs; *Russ.* nukús/ *n.* ヌクス 《ウズベキスタン共和国西北部, Kara-Kalpak 自治共和国の首都》.

null /nʌ́l/ *adj.* **1** (法律上)無効の (void). **2 a** 無価値の, つまらない (insignificant). **b** 特徴[個性]のない; 無表情の (expressionless): a ~ face. **3 a** 存在しない, ない (nonexistent). **b** 人のいない (empty). **4** 〘数学・論理〙 **a** 要素[元]が零の: a ~ matrix 零行列 / a ~ symbol ゼロ記号 (∅). **b** 極限が零の: ⇨ null sequence. **c** 要素のない: ⇨ null set. **5** 〘ラジオ〙 (ダイヤルを回しても)受信できない. **6** 〘電気計測〙 零位法の, 零位調整の. ***núll and vóid*** 〘法律〙〈契約など〉(瑕疵(かし)があって法律上)(全く)無効である. 〘1669〙 — *n.* **1** カムフラージュ字[語] 《暗号文の解読を困難にするために入れる無意味な字または語》. **2** 〘通信〙 **a** (ダイヤルの上で)どの放送も全然はいらない点. **b** ラジオビーコン消失点 《ラジオビーコンでダイヤルに 180 度隔てて現れる 2 光点の一つ》. **3 a** 〘数学〙 零. **b** 〘電算〙 =null character. **4** 〘電気計測〙 (計器などの)零の目盛り, 零度 (zero); (受信機の)零位. **5** 〘トランプ〙 **a** =nullo. **b** (skat で)ナル 《切札なしで 1 組も取らないという宣言 (bid)》. — *vt.* **1** 無に帰せしめる; 滅ぼす (destroy). **2** 無効にする (nullify). 〘(1563–67) □ (O)F *nulle* (fem.) ← *nul* // □ L *nūllus* none, not any ← *ne* not+*ūllus* any〙

nul·la¹ /nʌ́lə/ *n.* 〘印刷〙 零, ゼロ (zero). 〘《変形》 ↑〙

nul·la² /nʌ́lə/ *n.* 《豪》 (先住民が狩猟などに用いる)堅い木の棍棒. 〘(1881) 《略》 ← *nulla-nulla* □ Austral. (Dharuk) *ngalla-ngalla*〙

nul·la bo·na /nʌ̀ləbóunə | -bə́unə/ *n.* 〘法律〙 差押動産不在証明書 《強制執行令状を受けた当事者が, 差し押えるべき物を持っていない時に, その旨を証明する郡保安官などの発行するもの》. 〘(1807) ← NL ~ 'no goods'〙

nul·lah /nʌ́lə; *Hindi* naːlaː/ *n.* 《インド》 (しばしば水の枯れる)水路, 川筋 (watercourse); 峡谷 (ravine). 〘(1776) □ Hindi *nālā* brook, rivulet〙

núlla-nùlla *n.* 《豪》 =nulla. 〘1838〙

Núl·lar·bor Pláin /nʌ́ləbɔə- | -ləbɔː-/ *n.* [the ~] ナラーボア平原 《オーストラリア South Australia 州および Western Australia 州の南岸沿いの平原; 東西 700 km, 南北 400 km にわたる大不毛地帯》.

núll chàracter *n.* 〘電算〙 空[ヌル]文字 《すべてのビットが 0 である文字; データ処理における充填用制御文字》.

núll clàss *n.* 〘論理〙 空(くう)クラス (⇨ null set 2).

núll hypòthesis *n.* 〘統計〙 帰無仮説 《標本調査によって捨てられることが期待される仮説; cf. alternative hypothesis》. 〘1935〙

nul·li- /nʌ́lɪ̀, -li/「無」の意の連結形. 〘□ LL ~ ← L *nūllus* no, none: cf. null〙

nul·li·fi·ca·tion /nʌ̀ləfɪ̀kéɪʃən | -lɪ̀fɪ-/ *n.* **1** (法律的な)無効, 破棄, 取消し. **2** [しばしば N-] (米国で)州内における連邦法の実施拒否. 〘(1630) □ LL *nullificāti-ō(n-)* contempt ← *nullificātus* (p.p.) ← *nullificāre* to despise: ⇨ ↑, -fication〙

nùl·li·fi·cá·tion·ist /-ʃ(ə)nɪ̀st | -nɪst/ *n.* **1** 無効に[破棄]する人. **2** [しばしば N-] (米国で)州内連邦法実施拒否主義者. 〘(1862): ⇨ ↑, -ist〙

nul·li·fid·i·an /nʌ̀ləfɪ́diən | -lɪ̀fɪ́d-/ *n.* 《古》 無信仰者, 無信心者; 懐疑論者 (skeptic). — *adj.* 無信仰の; 懐疑(論)的な. 〘(1564–78) ← NULLI-+L *fīd(ēs)* faith+-IAN〙

núl·li·fì·er *n.* **1** 無効にする人, 破棄者. **2** [N-] = nullificationist 2. 〘(1832): ⇨ ↓, -er¹〙

nul·li·fy /nʌ́ləfàɪ | -lɪ̀-/ *vt.* **1** (法律上)無効にする: ~ a law. **2** 破棄する, 取り消す (cancel): ~ a contract 契約を取り消す. **3** 無にする, だめにする, くじく: ~ all one's efforts すべての努力をむだにする. 〘(1595) □ LL *nullificāre* to make null, despise: ⇨ nulli-, -fy〙

SYN 無効にする: 以下の語はすべて格式ばった語. **nullify** あるものの効果を無くする: *nullify* a decision 決定したことを無効とする. **invalidate** 法的効果を無効にする: The last will *invalidates* all others. 最後の遺言は他のすべてを無効にする. **annul** 法的に無効にする: *annul* a marriage 結婚を無効にする. **abrogate** 法律・特権などを廃止する[取り消す]: *abrogate* a law 法律を廃止する. **void** 〘法律〙 =*annul*. **negate** 効果を失わせ, 無効にする: This *negates* all our work. これで我々のすべての仕事が帳消しになる.

núll ìnstrument *n.* 〘工学〙 零位調整装置.

nul·lip·a·ra /nʌlɪ́pərə, nə- | nʌ-/ *n.* (*pl.* **~s**, **-a·rae** /-rìː/) 〘医学〙 未産婦 (cf. primipara, multipara).

nul·líp·a·rous /-rəs/ *adj.* 〘(1872) ← NL ~ ← NULLI-+L *para* ((fem.) ← *parus* ← *parere* to bring forth): cf. -parous, parent〙

nul·li·pore /nʌ́ləpɔ̀ə | -lɪpɔ̀ːʳ/ *n.* 〘植物〙 サンゴモ 《サンゴモ科の藻の総称》. 〘(1840) ← NULLI-+PORE¹〙

nul·li se·cun·dus /núlisekúndus, nʌ́lisəkʌ́ndəs/ *adj.* だれにも劣らない, 第一の (second to none). 〘(1869) □ L *nullī secundus*: ⇨ null, second〙

nul·li·some /nʌ́ləsòum | -lɪsəum/ *n.* 〘生物〙 =nullisomic. 〘(1944) ← NULLI- + -SOME³〙

nul·li·so·mic /nʌ̀ləsóumɪk | -lɪsə́u-ˈ-/ 〘生物〙 *n.* 零染色体の個体 《染色体数が倍数染色体 (diploid) よりも 2 個 [1 対]少ない個体》. — *adj.* 零染色体をもつ, 零染色体的な. 〘(1932) 《なぞり》 ← MONOSOMIC: ⇨ ↑, -IC¹〙

nul·li·ty /nʌ́ləti | -lɪ̀ti/ *n.* **1** (法律上の)無効 (invalidity), 取り消し (annulment); 無効な文書[行為]: ~ of marriage 結婚の無効 / an action of ~ (契約などの)無効請求訴訟 / a ~ suit 結婚無効訴訟. **2** 取るに足りない

人[物], 微々たるもの. **3** 取るに足りないこと, 無価値, 無, 皆無 (nothingness). **4**〘数学〙退化次数《行列の次数と階数との差; 一次変換の定義域の次元と値域の次元との差》. 〚《1570》□(O)F *nullité* // ML *nūllitātem*: ⇨ nulli-, -ity〛

nul·li·us fi·li·us /nʌ́liəsfíliəs, nʊ́liʊ̀sfíːliʊ̀s/ *L. n.*〘法律〙嫡出でない子, 私生子 (bastard). 〚← NL ～ ← L *nūllius filius*: ⇨ nulli-, filial〛

nūllius jú·ris /-dʒʊ́ᵊrɪs, -jʊ́ᵊrɪs | -dʒʊ́ərɪs, -jʊ́ərɪs/ *L. adj.*〘法律〙法的効力のない, 法的に無効な. 〚□ ML ～ =L *nūllius iūris*: ⇨ nulli-, just²〛

núll lìnk *n.*〘電算〙ヌルリンク《参照先のないリンク》.

núll-mànifold *n.*〘数学〙=null-space.

núll mèthod *n.*〘電気〙零位法《天秤で重量を測るときのように被測定量に標準量を平衡させて行う測定法; 電気測定で多く用いられる》. 〚1971〛

nul·lo /nʌ́loʊ | -ləʊ/ *n.* (*pl.* ～**s**)〘トランプ〙一般に組 (trick) を取らないことを目的とするゲーム; (特に, auction bridge で)規定数 (6) より少なく取るという宣言, またそのプレー: bid (two) ～s 5 組以上は取らないと宣言する. 〚《1914》□ It. ～ □ L *nūllus* 'NULL'〛

núll sèquence *n.*〘数学〙零列《0 に収束する数列または関数列》.

núll sèt *n.* **1**〘数学〙零集合《測定 (measure) が 0 の集合》. **2**〘数学・論理〙空(くう)集合《要素を一つももたない集合; empty set, null class ともいう》.

núll-spàce *n.*〘数学〙零空間《一次変換によって 0 に移されるベクトルの集合を, その一次変換に対していう》. 〚1884〛

Nu·lon /núːlɑ(ː)n, njúː- | njúːlɔn/ *n.*〘商標〙ニューロン《英国 Reckitt & Colman 社製のハンドクリーム》.

num. 《略》number; numeral(s).

Num. 《略》Numbers (旧約聖書の)民数記, 民数紀略.

NUM /ènjùːém/ 《略》National Union of Manufacturers (英国の)全国製造業者連盟《現在は CBI》; National Union of Mineworkers (英国の)全国鉱山労働者組合; New Ulster Movement.

Nu·man·ti·a /nuːmǽnʃiə, njuː-, -ʃə | njuːmǽntiə, -ʃiə; *Sp.* numánʃia/ *n.* ヌマンシア《スペイン北部中央の古都; Scipio the Younger に包囲攻略された (134–133 B.C.)》. **Nu·mán·ti·an** /-ʃiən, -ʃən | -tiən, -ʃiən/ *adj., n.*

Nu·ma Pom·pil·i·us /núːməpɑ(ː)mpíliəs, njúː- | njúːməpɔm-/ *n.*〘ローマ神話〙ヌマポンピリウス《?–?672 B.C.; 伝説的なローマ第二代の王; 森の泉の精 Egeria に教えられて祭儀を制定したといわれる; cf. Romulus》.

numb /nʌ́m/ *adj.* **1** (寒さのため)感覚を失った, かじかんだ, 凍えた, しびれた (benumbed): be ～ *with* cold 寒さでかじかんでいる, 凍えている. **2** (衝撃・疲労などのため)感じなくなった, 何もできない: He was ～ *with* grief. 彼は悲しみのあまりぼうぜんとしていた. **3** 無感覚な, 鈍い; 麻痺した: a ～ mind, feeling, etc. / a ～ hand《口語》不器用者. **4** 《Shak》感覚を失わせるような. — *vt.* [しばしば p.p. 形で] …の感覚をなくする, 凍えさせる, しびれさせる (benumb) 〔*with*〕. — *vi.* 感覚がなくなる, 麻痺する. **～·ly** *adv.* **～·ness** *n.* 〚《*a*1400》*nome, nume* seized, overcome (尾音消失) ← *nomen, numen* (p.p.) ← *nime(n)* < OE *niman* to take < Gmc **neman* (Du. *nemen* / G *nehmen*) ← IE **nem-* to assign, take (Gk *némein* to distribute): 非語源的 *-b* の添加 (cf. thumb) は 16C ごろから: cf. G *benommen* stunned〛

Numb. 《略》Numbers (旧約聖書の)民数紀, 民数記略.

num·bat /nʌ́mbæt/ *n.*〘動物〙フクロアリクイ (⇨ banded anteater). 〚《1923》← Austral. (現地語)〛

num·ber /nʌ́mbə | -bəʳ/ *n.* **1 a** (抽象概念としての)数; 総数, 合計 (total): an even [odd] ～ 偶[奇]数 / a high [low] ～ 大きい[小さい]数 / a known ～〘数学〙既知数 / an integral ～ =whole number / ⇨ cardinal number, ordinal number, golden number / a sense of ～ 数の概念 / the theory of ～s〘数学〙=number theory / the ～ of eggs in a nest 巣の中の卵の数 / the whole ～ of senators 上院議員の総(定)数 / The ～ of unemployed men is growing apace. 失業者数が急速に増加している / The ～ has fallen greatly. 数が非常に減った. **b** 数を表す記号; 数詞: She examined the ～s on the doors. ドアの数字を調べた. **c** [*pl.*] 算数, 算術 (arithmetic): the science of ～s 算数, 算術 / be good at ～s 算数に強い / skill in ～s 算数[計算]の力. **d**〘文法〙数(すう): the singular [plural, dual] ～ 単[複, 双]数 / Greek has three ～s. ギリシャ語には三つの数がある.

2 a 番地(の人, 物); 番号; 番号札, (自動車の)ナンバー, ナンバープレート (cf. number plate); 電話番号 (telephone number): a house ～ 戸番, 番地 / a license ～ (運転)免許番号 / the ～ of a room in a hotel / He dialed a ～ on the telephone. ある電話番号を回した / *Number's* engaged. 《英》(電話で)話し中 (《米》Line's busy.). **b** (*pl.* **Nos., Nᵒˢ**) [通例ラテン語 numero (=in number) の略字 No., Nº または符号 # の形で数字の前に用いて] 第…番[号, 巻, 部, 番地]: *No.* 20 / *Nos.* 8–12 / apartment #30 30 号室 / RFD #2 地方無料配達便 2 号 / *No.* 9 (pill)《英俗》〘軍事〙⇨ number nine / *No.* 10 (Downing Street) ⇨ Number Ten. ★ 住所を書く場合英米共に戸番の数字の前に No. は付けない.

3 a (雑誌などの)…号, (詩歌集の中の)一編: ⇨ back number / the May ～ (雑誌の)五月号 / a story issued *in* ～s 分冊で[数回に分けて]発表される物語. **b** (プログラムなどの第 1 部・第 2 部の)部 (part); 曲目 (musical number); (劇・ショーの)くだり, (…の)部: the solo ～s of an opera 歌劇の独唱部.

4 a (人・物の)群; [*pl.*] 多数 (many): a ～ of ⇨ 成句 / ～s of …多数の, 多くの / quite a ～ *of* eggs 随分たくさんの卵 / There were large ～s of cars on the road. 道路にはたくさんの車が駐車していた / The ～s of foreign workers are increasing. 外国人労働者の数が増えている / There are ～s who believe it. それを信じる人がたくさんいる / in great [small] ～s 多数[少数]で.

〖語法〗(1) 4 a の意味の number は単数形の場合でも複数形の動詞で受ける: A ～ *of people* were swimming in the lake. 多くの人が湖で泳いでいた. (2) ただし, The number of＋複数名詞は単数形の動詞で受ける: *The* ～ *of deaths* from traffic accidents is increasing. 交通事故による死亡者の数が増えている.

b [*pl.*] 数の上の優勢: make up by ～s 数でこなす / win by (force of) ～s 多勢の力で勝つ / The enemy relied on ～s. 敵は衆を頼んだ / There is safety in ～s. ⇨ safety 1 a. **c** [*pl.*] 数値, 数量的データ (statistics); 率 (ratings). **d** (経費・利益などの)金額を示す数字: last year's ～s 前年の数値.

5 仲間, 連中 (company): the head of our ～ 仲間の頭(かしら) / He is not of our ～. われわれの仲間[味方]ではない / He is among the ～ of the dead. 彼はなき数にはいった《死んだ》. **6** 《口語》[通例修飾語を伴って] **a** (楽しみ・利点などを与える)もの: a cushy ～ 楽なこと[仕事] / drive around in a fast little ～ 速くて小さなやつを乗りまわす. **b** 商品, 売り物; (特に)衣服, ドレス: The dress she bought was a smart ～. 彼女の買った服はスマートなものだった. **c** (特定の)人; (特に, 若い)女性: He had a date with a cute little ～. 彼はかわいらしい女の子とデートした / ⇨ opposite number. **d** 《米俗》よく口にすること; (個人・集団の)やり方, 考え方. **7** [the ～s; 単数または複数扱い]《米》数当て富くじ《新聞などに発表される日々の株式市場の統計・競馬の総かけ金などの最後の 3 けたの数字などに小銭をかける不法賭博(とばく)》; numbers game [pool, racket] ともいう》: play *the* ～s. 《1897》 **8** 《俗》大麻[マリファナ]タバコ. **9** 《古》**a** 拍子の規則正しい反復, 律動 (rhythm): in full harmonic ～ きわめてよく整った拍子で. **b** [*pl.*] 楽句, 楽節. **10** 《廃》[*pl.*]〘詩学〙**a** 韻律 (meter), 詩行 (verse). **b** (特定の格調をそなえた)詩句, 韻文 (verses): in ～s 韻文で, 詩で.

a númber of いくらかの…, 一群の… (some); 多数の…, 多くの… (many) (⇨ *n.* 4 a 〖語法〗): *a* ～ *of* students, things to do, etc. 《*c*1390》 ***àny númber of*** 多くの, 沢山の (many); いくつかの (several): *any* ～ *of* times 何度でも; 何回も, 度々. ***beyònd númber*** =*without* NUMBER. ***by númber*** 番号は: I know the rooms *by* ～. ***by númbers*** ⇨ 4 b. ***by the númbers*** 《米》=《英》***by númbers*** (1)〘号令〙〘軍事〙呼唱に合わせて《密集教練で下す予令; 行進とか執銃訓練などの一連の動作を教練教官の号令に合わせて, 一歩一歩着実に実施すべきことを指令するもの》; 歩調をそろえて, 一歩一歩 (step by step). (2) 予定通りに, 規則的に, 機械的に. ***dò [rún] a númber on a person*** 《米俗》人をだます, あざける, こけにする, やっつける; (策略などを弄して)人を傷つける. ***gèt [hàve] a person's númber*** 《口語》人の本心[人物]を見抜く, 正体を見破る. 《1853》 ***hàve a person's númber òn it*** 《俗》〈弾丸などが〉必ず人を殺すようになっている[運命づけられている]. ***in númber*** (1) 統計で, 全部で (in all). (2) 数で言えば (numerically): They exceed us *in* ～. 彼らは数では我々にまさる. 《*a*1375》 ***in númbers*** (1) ⇨ 3 a, 4 a, b, 10 b. (2) 大勢で, 大挙して. 《1757》 ***lóse the númber of one's méss*** 《俗》死ぬ, 殺される. 《《1818》もと英海軍俗》 ***màke one's númber*** 《口語》(1) (到着の報告などのために)〔必要な筋に〕出頭する, 顔出しする, 挨拶(あいさつ)に行く (report oneself) 〔*with, at*〕. (2) 〔必要な人に〕自己紹介をする, 挨拶する〔*with*〕. (3)〘海事〙〈船が〉数字信号によって自船の存在や到着(など)を知らせる. ***one's númber is [has còme] ùp*** (cf. lose the NUMBER of one's mess)《口語》死ぬ[罰を受ける]時が来る, 運が尽きる: He knew that *his* ～ *was up*. 彼はもう助からぬ(命)と知っ(てい)た. 《1806》 ***òut of númber*** =*without* NUMBER. ***tàke a person's númber*** =*get a person's* NUMBER. ***to the númber of*** …の数だけ (as many as): Books, *to the* ～ *of* five at one time, may be taken out of the library. 本は一回に 5 冊まで館外へ貸出しができる. 《1470–85》 ***withòut númber*** 無数の (innumerable): stars *without* ～ 数知れぬ星 / times *without* ～ 何度も, 再三再四.

Númber of the Béast [the ―]〘聖書〙獣の数字《666 のことで, 神秘的な数 7 に達し得ず, 悪を象徴すると考えられた; また Hebrew, Greek などの文字がそれぞれ数を表すので, Nero Caesar つまり皇帝ネロを Hebrew 文字にして, その数を足すと 666 になるので, ネロを象徴するとも解釈された; cf. *Rev.* 13:18》.

— *vt.* **1** 番号で区別する, …に番号[ノンブル]をつける: ～ the pages in a book 本の丁づけをする / ～ the houses in a street 町の家屋に番号を付ける. **2 a** (…の数を)数える (count): He ～*ed* the crowd *at* about 500. 群集を約 500 人と数えた. **b** 〔…の中に〕数える, 入れる〔*among, in, with*〕: He ～*ed* me *among* his supporters. 彼は私も彼の支援者の一人に数えた. **3 a** (…の数)に達する, (総計…)となる (total): a crew ～*ing* fifty men 50 名から成る乗組員 / The population ～s 50,000. 人口 5 万である. **b** 〈ある数のものを〉含む, 有する (comprise): The town ～s twenty thousand inhabitants. 町には 2 万の住民がいる. **4** [受身で] …の数[期間]を限る: His days [years] are ～*ed*. 彼は余命いくばくもない. **5** …年生きている, …歳である: He ～s more than eighty years. 彼は 80 歳を超えている. **6** 《古》割り当てる (apportion); 分割する 〔*into*〕. — *vi.* **1** 数を数える (count). **2** 〔…の〕数に達する, 合計〔…に〕なる〔*in*〕: Such people ～ *in* the hundreds. そのような人は何百という数に上る. **3** 〔…に〕数えられる, 含まれる〔*among, in, with*〕. ***númber (óff)***〘英軍〙(1) 〈兵士が〉(整列して)番号を言う[つける]: *Number off!* [号令] 番号 (《米》count off). (2) 〈曹長などが〈兵士〉に〉番号をかけさせる.

～·a·ble /-bərəbl/ *adj.* 〚n.: 《*c*1300》*nombre, numbre* □ AF *numbre*=(O)F *nombre* < L *numerum* number. — v.: 《*c*1300》*nombre(n)* □ (O)F *nombrer* < L *numerāre* to count, number ← *numerus*: cf. Gk *némein* to divide (⇨ numb)〛

númber-crùncher *n.*《口語》数値演算専用大型高速コンピューター; 複雑で長い計算をこなす機械[人], 数値計算屋《証券アナリスト・統計学者・会計士など》.

númber-crùnch·ing *adj., n.* 〚1966〛

númbered accóunt *n.* 番号口座《番号のみ登録する銀行口座》. 〚1963〛

númber éight *n.* (*also* **No. 8** /～/) 《NZ》=number eight wire. 〚1876〛

númber éight ìron *n.*〘ゴルフ〙8 番アイアン (⇨ pitching niblick).

númber éight wìre *n.* 《NZ》**1** 8 番線《フェンス用の針金の規格; 4 mm 径》. **2** 応急修理用ワイヤー《8 番線規格の針金, またはこれに代わるもの》. 〚1876〛

núm·ber·er /-bərə | -rəʳ/ *n.* 番号をつける人; 数える人, 計算者. 〚《1594》← NUMBER(v.)＋-ER¹〛

númber fìeld *n.*〘数学〙数体《複素数体の部分体》.

númber fìve ìron *n.*〘ゴルフ〙5 番アイアン (⇨ mashie).

númber fóur ìron *n.*〘ゴルフ〙4 番アイアン (⇨ mashie iron).

númber fóur wòod *n.*〘ゴルフ〙4 番ウッド (⇨ baffy).

núm·ber·ing machìne /nʌ́mb(ə)rɪŋ-/ *n.* 番号印字器, ナンバリング. 〚1860〛

númber·less *adj.* **1** 数えきれない(ほどの), 無数の (⇨ many SYN). **2** 番号の(ついてい)ない. **～·ly** *adv.* **～·ness** *n.* 〚1573〛

númber lìne *n.*〘数学〙数直線《数を目盛った直線; 直線上に一点 O を定め, その右側の各点 P には線分 OP の長さ x を, またその左側の各点 Q には線分 OQ の長さ x の符号を変えたもの $-x$ を目盛ることによって得られる》. 〚1960〛

N

númber nìne *n.* 《英俗》〘軍事〙第 9 号丸薬《下剤, 通じ薬で しばしば万能薬とされる; No. 9 (pill), Nº9 (pill) ともいう》. 〚1916〛

númber nìne ìron *n.*〘ゴルフ〙9 番アイアン (⇨ niblick).

númber óne *n.* (*also* **No. 1** /～/) **1** 第 1 番[号]. **2** 《口語》(利己的な立場から)自分, 自己 (oneself); 自分の利害 (one's own interests): look after [take care of] ～ 自分ばかり大事にする, 自分の利益だけ追求する / He thinks only of ～. 彼は自分のことばかり考えている. **3** 《口語》最も重要な人[物], 一級品, 最高級品. **4** 《口語》ポピュラーミュージックの週間ベストセラー CD. **5** 《小児語》おしっこ, 小便 (cf. number two 2): do ～. — *adj.* **1** 《口語》第一の; 第一等[流]の, 飛び切りの (first-rate): A ～ ⇨ A 1. **2** 《口語》(ポピュラーミュージックで)ベストチャートのトップに到達した. 〚n.: 1704–05; adj.: 1839〛

númber óne ìron *n.*〘ゴルフ〙1 番アイアン (⇨ driving iron).

númber óne wòod *n.*〘ゴルフ〙1 番ウッド (⇨ driver 7).

númber òpera *n.*〘音楽〙番号オペラ《個々に独立した叙唱・詠唱・重唱・合唱などからなる伝統的なイタリア風オペラ; 各曲には初めから順に番号がつけられている; cf. music drama》. 〚1947〛

núm·ber·plate /nʌ́mbəplèɪt | -bə-/ *n.* **1** 《英》(車の)ナンバープレート (《米》license plate) (⇨ car 挿絵). **2** (家屋の)地番表示板, 番号板[札]. 〚1869〛

Num·bers /nʌ́mbəz | -bəz/ *n. pl.* [単数扱い]〘旧約聖書〙民数記, 民数紀略《モーセ五書 (Pentateuch) の第四書; Nu ともいう; 略 Num., Numb》. 〚《なぞり》← L *Numerī* 《なぞり》← Gk *Arithmoí* (cf. arithmetic)〛

númber séven ìron *n.*〘ゴルフ〙7 番アイアン (⇨ mashie niblick).

númbers gàme *n.* [the ～] =number *n.* 7. 〚1935〛

númber sìgn *n.*〘電算〙ナンバーサイン (=pound sign).

númber síx ìron *n.*〘ゴルフ〙6 番アイアン (⇨ spade mashie).

númbers pòol [ràcket] *n.* [the ～] =number *n.* 7.

númber sỳstem *n.* [the ～]〘数学〙数系《自然数全体・整数全体・実数全体などのようなまとまった数の体系》. 〚1924〛

Númber Tén *n.* (*also* **No. 10** /～/) 《口語》英国首相官邸《London の Downing Street 10 番地にある》. 〚1880〛

númber tén ìron *n.*〘ゴルフ〙10 番アイアン (⇨ wedge 9).

númber thèory *n.*〘数学〙(整)数論《整数の性質を研究する理論; theory of numbers ともいう》. 〚1912〛

númber thrée ìron *n.*〘ゴルフ〙3 番アイアン (⇨ mid-mashie).

númber thrée wòod *n.*〘ゴルフ〙3 番ウッド (⇨ spoon¹ 6).

númber twó *n.* **1** 《口語》2 番目の実力者; 次席者.

2 《小児語》うんち, 大便 (defecation) (cf. number one 5): do ～. 〖1908〗

númber twó ìron *n.* 〚ゴルフ〛2 番アイアン (⇨ mid-iron).

númber twó wòod *n.* 〚ゴルフ〛2 番ウッド (⇨ brassie).

númber wòrk *n.* 算数, (簡単な)計算 (sums). 〖1911〗

númb·fìsh *n.* 〚魚類〛シビレエイ (electric ray). 〖(1711) ← NUMB (adj.)+FISH¹: その捕える餌食(ᵉˢ)を電気でしびれさせるところからいう〗

númb·ing /-mɪŋ/ *adj.* しびれさせる(ような), 気の遠くなるような: at ～ length ぞっとするほど長々と. **～·ly** *adv.* 〖(1598) ← NUMB (v.)+-ING¹〗

num·bles /nʌ́mblz/ *n. pl.* 《古》食用臓もつ《特に, 鹿の心臓・肺臓・肝臓など》. 〖(c1320) *noumbles* □ OF *nombles* 《異化》← **lombles* (pl.) < L *lumbulum* (dim.) ← *lumbus* 'LOIN': cf. humble pie〗

númb·skùll *n.* =numskull.

num·dah /nʌ́mdə, -dɑː; *Hindi* nəmdaː/ *n.* **1** (インドやペルシャの)厚手のフェルト地《鞍(ᵏᵘʳᵃ)敷きなどにする》; (フェルト地の)鞍敷き. **2** (フェルト地の)刺繍, 模様を織り込んだ敷物. 〖(1876) □ Hindi *namdā* □ Pers. *namad* carpet, rug: cf. numnah〗

nu·men /núːmɪn, njúː- | njúːmɛn/ *n.* (*pl.* **nu·mi·na** /-mənə | -mɪ-/) **1** (物活論者 (animist) によって自然物に宿ると信じられている)神霊, 守護神. **2** 根源力, 創造力, 内在力. 〖(1628) □ L *nūmen* divine will ← *nuere* to nod: cf. Gk *neúein* to incline the head〗

nu·mer·a·ble /núːm(ə)rəbl, njúː- | njúː-/ *adj.* 数えられる, 計算(することの)できる. **nú·mer·a·bly** *adv.* 〖(1570) □ L *numerābilis* ← *numerāre* 'to NUMBER': ⇨ -able〗

nu·mer·a·cy /núːm(ə)rəsi, njúː- | njúː-/ *n.* 理数系の基礎知識 (cf. numerate *adj.*, literacy 1). 〖(1959) ← NUMERATE+-ACY〗

nu·me·raire /nùːmərέə, njùː- | njùːmərέə(r)/ *n.* (*also* **nu·mé·raire** /～; *F.* nymeʀɛːʀ/) 〚経済〛ニューメレール, 通貨交換比率基準. 〖(1964) □ F ～〗

nu·mer·al /núːm(ə)rəl, njúː- | njúː-/ *adj.* **1** 数の; 数を表す: a ～ letter [character, symbol] 数字 / a ～ word 数詞. **2** 数[数字]から成る. — *n.* **1 a** 数字: the Arabic ～*s* アラビア数字 (1, 2, 3 など) / ⇨ Roman numerals. **b** 数詞: the cardinal ～ =cardinal number 1 / the ordinal ～ =ordinal number 1. **2** [*pl.*] 《米》 **a** 卒業予定の年号, 数字布《米国では学年を入学年次ではなく卒業予定年次(通例最後の二けたの数字)で呼ぶ》. **b** (学校の課外活動での優秀な成績の者に与えられる年度別の布製の)選手賞, 年度賞. **～·ly** *adv.* 〖(1530) □ (O)F *numéral* // LL *numerālis* of numbers ← L *numerus* 'NUMBER': ⇨ -al¹〗

nu·mer·ar·y /núːmərèri, njúː- | njúːm(ə)rəri/ *adj.* 数の, 数に関する. 〖(1726) □ ML *numerārius* ← L *numerus* 'NUMBER': ⇨ -ary〗

nu·mer·ate /núːmərèɪt, njúː- | njúː-/ *vt.* **1** 〈数学の式を〉唱数法で読む. **2** =enumerate. — /núːm(ə)rɪ̀t | njúː-/ *adj.* 《英》理数系の基礎知識のある (cf. numeracy, literate 1 a). 〖((1432–50)) (1721) □ L *numerātus* (p.p.) ← *numerāre* 'to count, NUMBER'〗

nu·mer·a·tion /nùːməréɪʃən, njùː- | njùː-/ *n.* **1** 数えること, 計算, 勘定 (calculation); 数え方, 計算法: decimal ～ 十進法. **2** 〚数学〛数読み, 唱数法, 命数法: a ～ table 数字表《数字とその読み方を並記した表》. **3** 数値解釈法. **nu·mer·a·tive** /núːm(ə)rətɪv, njúː-, -mərèɪt- | njúːm(ə)rət-/ *adj.* 〖(1432–50) □ L *numerātiō(n-)* counting: ⇨ ↑, -ation〗

nú·mer·à·tor /-tə | -tə(r)/ *n.* **1** 〚数学〛(分数の)分子 (↔ denominator): 2 is the ～ of ²/₃. **2** 計算者; 計算機. 〖(1542) □ F *numérateur* // LL *numerātor* one who counts: ⇨ numerate, -or²〗

nu·mer·ic /nuːmέrɪk, njuː- | njuː-/ *adj.* **1** =numerical. **2** 数字の. 〖((1663)) (1949) □ F *numérique* // ML *numericus* ← L *numerus* 'NUMBER': ⇨ -ic¹〗

nu·mer·i·cal /nuːmέrɪ̀kəl, njuː-, -kl | njuːmέrɪ-/ *adj.* **1** 数の, 数を表す, 数で示す; (代数で)数字で表した (cf. literal 5): a ～ coefficient 数係数 / a ～ equation 数(字)方程式《既知数がすべて数字であるような方程式》/ in ～ order 番号順に / a ～ statement 統計 / ～ strength 人数 / the ～ system of rating 〚保険〛点数査定法. **2** 数学の技能の. **3** 〚数学〛数の; 絶対値の: ⇨ numerical value. 〖(1624): ⇨ ↑, -al¹〗

numérical análysis *n.* 〚数学・統計〛数値解析《数値計算の方法についての理論》. 〖1930〗

numérical áperture *n.* 〚光学〛開口数《入射ひとみの半径が物点において張る角の正弦と物空間の絶対屈折率との積で, 光学系の明るさまたは解像力を表す; 略 NA》. 〖1878〗

numérical contról *n.* 〚電算〛数値制御《工作機械などの自動制御(装置); 略 NC》. 〖1952〗

numérical fórecasting *n.* 〚気象〛(天気の)数値予報 (numerical weather prediction ともいう).

numérical idéntity *n.* 〚論理〛数的同一性《任意の 2 関係項を表す名辞が同一対称を指示するときの両項間の関数》.

nu·mér·i·cal·ly *adv.* 数で, 数字によって; 数の上で(は): ～ superior [inferior] 数では優勢[劣勢]の[で]. 〖(1628) ← NUMERICAL+-LY¹〗

numérically contrólled *adj.* 〚電算〛〈工作機械など〉コンピューターによって数値制御された.

numérical notátion *n.* 〚音楽〛数字記譜法《数字を用いて楽音の高低・長短を表す記譜法》.

numérical taxónomy *n.* 〚生物〛数量分類学《生物の形質の違いを数量的に記号で表し, それをもとに生物を分類する学問》. 〖1963〗

numérical válue *n.* 〚数学〛(単位を除いた, あるいは式の)数値としての値.

numérical wéather prediction *n.* 〚気象〛=numerical forecasting.

numéric kéypad *n.* 〚電算〛=keypad.

nu·mer·ol·o·gy /nùːmərɑ́(ː)lədʒi, njùː- | njùːmərɔ́l-/ *n.* 数秘学, 数占い《誕生の年月など数が人の運命に及ぼす影響などを研究する》. **nu·mer·o·log·i·cal** /nùːm(ə)rəlɑ́(ː)dʒɪ̀kəl, njùː-, -kl | njùːm(ə)rəlɔ́dʒɪ-ˉ/ *adj.* **nù·mer·ól·o·gist** /-dʒɪ̀st | -dʒɪst/ *n.* 〖(1911) ← L *numer(us)* 'NUMBER'+-O-+-LOGY〗

nu·me·ro u·no /núːməròuːnoʊ, njúː- | njúːmərə̀uːnəʊ/ *n.* 《口語》自分の利害, 自分; 第一人者, 一級品, 第一のもの (number one). 〖(1963) □ It. 'number one'〗

nu·mer·ous /núːm(ə)rəs, njúː- | njúː-/ *adj.* **1** [複数名詞と共に用いて] きわめて多数の, おびただしい (⇨ many SYN): ～ cases, errors, etc. / They are too ～ to enumerate. それらは枚挙にいとまがない. **2** [単数形集合名詞と共に用いて] 多数から成る, 多数の, 大勢の: a ～ acquaintance, army, class, family, collection of books, etc. **3** 《古》 **a** 多数[大勢]の人々の: the ～ voice of the people 国民多数の声, 世論. **b** (人が)群がっている, 大勢いる (thronged): a ～ dinner, country, etc. **4** 《古・詩》韻律的な, 音調のなめらかな, 調子のよい (melodious): ～ verse. **～·ly** *adv.* **～·ness** *n.* 〖(1586) ← L *numerōs(us)* (← *numerus* 'NUMBER'+-OUS)〗

nu·me·rus clau·sus /núːmərʊsklάʊsʊs/ *L. n.* 《米》(ある人種・階級に属する者に対する)入学許可割当数. 〖(1925) □ L ～ 'closed or restricted number'〗

Nu·mid·i·a /nuːmídiə, njuː- | njuːmídiə/ *n.* ヌミディア《アフリカ北部の古王国, 紀元前 46 年ローマ領となった; ほぼ今の Algeria に当たる》. 〖□ L ～ ← *Numida* Numidian, 《原義》'NOMAD': ⇨ -ia¹〗

Nu·mid·i·an /nuːmídiən, njuː- | njuːmíd-/ *adj.* ヌミディアの. — *n.* **1** ヌミディア人. **2** ヌミディア語《ヌミディア人の用いた Berber 語》. 〖(1600) ← L *Numidia* (↑)+-AN¹〗

Numídian cráne *n.* 〚鳥類〛=demoiselle 1. 〖1893〗

numina *n.* numen の複数形.

nu·mi·nous /núːmənəs, njúː- | njúːmɪ̀-/ *adj.* **1 a** 神霊 (numen) の; 超自然的な. **b** 神聖な. **c** 神秘的な. **2 a** 神に身を捧げた, 高徳の. **b** 高尚な, 気高い. — *n.* [通例 the ～] 霊感, 神来《神との霊的交渉において感じる恍惚と畏怖の交錯した感情》. 〖(1647) ← L *nūmin-, nūmen* 'NUMEN'+-OUS〗

numis, numism. 《略》numismatic; numismatical; numismatics; numismatology.

nu·mis·mat·ic /nùːməzmǽtɪk, -məs- | njùːmɪz-mǽt-ˉ/ *adj.* **1** 貨幣[古銭]の, メダルの: a ～ collection 貨幣・メダル類の収集. **2** 貨幣[古銭]学の. **nù·mis·mát·i·cal** *adj.* **nù·mis·mát·i·cal·ly** *adv.* 〖(1792) □ F *numismatique* ← L *numismat-, numisma* coin (□ Gk *nómisma* current coin ← *nomízein* to have in use ← *nómos* usage, custom)+F *-ique* '-IC¹'〗

nu·mis·mat·ics /nùːməzmǽtɪks, njùː-, -məs- | njùːmɪzmǽt-/ *n.* 貨幣学, 古銭学《紙幣・メダル類をも含む研究》. 〖(1829–32): ⇨ ↑, -ics〗

nu·mis·ma·tist /nuːmízmətɪ̀st, njuː-, -mís- | njuːmízmətɪst/ *n.* **1** 貨幣・メダル類を研究する者, 貨幣[古銭]学者. **2** 貨幣・メダル・古銭などの収集家. 〖(1799) ← NUMISMATIC+-IST〗

nu·mis·ma·tog·ra·phy /nuːmìzmətɑ́(ː)grəfi, njuː-, -mìs- | njuːmìzmətɔ́g-/ *n.* 貨幣誌, 古銭誌. 〖(1853) ← NUMISMAT(IC)+-O-+-GRAPHY〗

nu·mis·ma·tól·o·gist /-dʒɪ̀st | -dʒɪst/ *n.* =numismatist. 〖(1835): ⇨ ↓, -ist〗

nu·mis·ma·tol·o·gy /nuːmìzmətɑ́(ː)lədʒi, njuː-, -mìs- | njuːmìzmətɔ́l-/ *n.* =numismatics. 〖(1815) ← NUMISMAT(IC) + -O- + -LOGY〗

num·ma·ry /nʌ́məri/ *adj.* **1** 貨幣の, 金銭の, 貨幣[金銭]に関する. **2** 金銭を扱う. 〖(1660) □ L *nummārius* ← *nummus* coin □ Gk *nómimos* lawful, legal ← *nómos* law: ⇨ -ary: cf. numismatic〗

num·mu·lar /nʌ́mjʊlə | -lə(r)/ *adj.* **1** 貨幣[金銭]に関する (nummary). **2** 〚病理〛貨幣状の(外傷の): ～ sputa 貨幣状の痰(ᵗᵃⁿ), 銭状痰. 〖(1731) □ F *nummulaire* // L *nummulārius* ← *nummulus* (dim.) ← *nummus* coin: ⇨ nummary, -ar¹〗

num·mu·lar·y /nʌ́mjʊlèri | -ləri/ *adj.* 《古》=nummary. 〖(1767): ⇨ ↑, -ary〗

num·mu·lite /nʌ́mjʊlàɪt/ *n.* 〚古生物〛貨幣石《新生代第三紀初期に存在した Nummulitidae 科に属する高等有孔虫の化石で, 大きさや形が貨幣に似ている》. 〖(1811) ← NL *nummulītēs* ← L *nummulus*: ⇨ nummular, -ite¹〗

num·mu·lit·ic /nʌ̀mjʊlítɪk | -tɪkˉ/ *adj.* 貨幣石から成る: ～ limestone 貨幣石石灰岩. 〖(1833): ⇨ ↑, -ic¹〗

num·my /nʌ́mi/ *adj.* 《口語》〈食べ物が〉おいしい, うまい. 〖《変形》← YUMMY〗

num·nah /nʌ́mnə/ *n.* (フェルトまたは羊毛製などの)鞍敷き, 鞍型ゼッケン (numdah). 〖(1859) □ Hindi *namdā*: cf. numdah〗

num-num /nʌ̀mnʌ́m/ *n.* 〚植物〛キョウチクトウ科カリッサ属 (*Carissa*) の低木《果実は食用》. 〖(1882) □ Afrik. ～ ← Khoikhoi〗

num·skull /nʌ́mskʌ̀l/ *n.* **1** 《口語》ばか, あほう, とんま. **2** (ばか者の)頭, ぼんくら頭,「どたま」. **～ed** *adj.* 〖(1717): ⇨ numb, skull¹〗

nun¹ /nʌ́n/ *n.* **1** 〚キリスト教〛修道女, 尼僧《修道誓願を立てて修道院に生活する女子の修道者; カトリックの教会法では Sister と区別して荘厳誓願 (solemn vow) を立てる修道女を指す》. **2** 《英》〚鳥類〛 **a** =blue tit. **b** = smew. **c** [通例 N-] ドイツ産のイエバト. **3** 〚昆虫〛= nun moth. **4** 〚海事〛=nun buoy.

Núns of the Visitátion (of Our Lády [of the Bléssed Vírgin Máry]) [the —] 〚カトリック〛=ORDER of the Visitation.

〖OE *nunne* □ LL *nunna, nonna* old lady, nun (fem.) ← *nonnus* old man, father, monk ← IE 《小児語》**nana* nurse, female adult (Gk *nánna* aunt / Skt *nanā* mother)〗

nun² /nuːn, nʊ́n; *Heb.* nuːn/ *n.* ヌーン《ヘブライ語アルファベット 22 字中の第 14 字: נ (ローマ字の N に当たる); ⇨ alphabet 表》. 〖□ Heb. & Arab. *nūn* 《原義》? fish: cf. N〗

Nun¹ /núːn/ *n.* 〚エジプト神話〛=Nunu.

Nun² /núːn; *Nigerian* nū/ *n.* [the ～] ヌン(川)《ナイジェリア南部 Niger 川河口分流の主要水路》.

nun·a·tak /nʌ́nətæ̀k/ *n.* 〚地質〛(極地などに見られる)氷河に囲まれた小丘[尖峰]. 〖(1882) □ ? Dan. ← Inuit (Greenlandic)〗

nu·na·tion /nʌnéɪʃən/ *n.* 〚文法〛=nunnation.

Nun·a·vut /núːnəvùːt/ *n.* ヌナブット《カナダ北部, 従来の Northwest Territories のほぼ東半分を分割して設けられたイヌイット管理の準州; 1999 年設置; 州都 Iqaluit》. 〖□ Inuit ～ 'our land'〗

nún bìrd *n.* 〚鳥類〛クロアマドリ《南米産クロアマドリ属 (*Monasa*) の鳥数種の総称》. 〖1881〗

nún bùoy /nʌ́n-/ *n.* 〚海事〛(金属製)菱形浮標, ナンブイ《水面上が円錐になっているもので水路を指示する; 単に nun ともいう; cf. can buoy》. 〖(1703) ← 《廃》*nun* spinning top 《転用》← ? NUN¹〗

nunc /nʌ́ŋk, nʊ́ŋk/ *L. adv.* 今. 〖□ L ～ 'NOW'〗

Nunc Di·mit·tis /nʌ́ŋkdɪmítɪs, nʊ́ŋk- | -dɪmít-, -daɪ-/ *n.* **1** 〚キリスト教〛シメオン (Simeon) の賛歌《「主よ, 今こそあなたはお言葉どおりこのしもべを安らかに去らせてくださいます」に始まる頌歌; cf. *Luke* 2: 29–32》. **2** /n- d-/ **a** 退去の許可. **b** (人生を全うし終えたか, または長い任務を忠実に果たしおおせた人の)告別: sing one's ～ (欣然(ᵏⁱⁿᶻᵉⁿ)として)別れを告げる; この世を去る. 〖(1552) □ L ～ 'now thou lettest depart' (シメオンの頌の冒頭の句): cf. now, demission〗

nun·cha·ku /nʌntʃάːkuː/ *n.* [通例 *pl.*] ヌンチャク《2 本の棍棒(ᵏᵒⁿᵇᵒ)(長さ約 35 cm) を短い生皮・鎖などでつなぎ, 一方を手でにぎり, 他方を振り回して戦う武器; 相手を窒息させるのにも使う》. 〖(1970) □ Jpn. (沖縄方言)〗

nun·cheon /nʌ́nʃən/ *n.* (*also* **nun·chion** /～/) 《英方言》(午前または午後の)軽い食事. 〖(1353) *noneschenche* noon drink ← *nōne* 'NOON'+*schench(e)* draught (< OE *scenċ*)〗

nun·ci·a·ture /nʌ́nsiətjʊ̀ə, -ʃiə-, -tʃə | -siətjʊ̀ə(r), -tʃə(r)/ *n.* **1** ローマ教皇大使[使節] (nuncio) の職[任期]. **2** (nuncio を長とする)ローマ教皇使節団. 〖(1652) □ It. *nunziatura* ← *nunzio* (↓)〗

nun·ci·o /nʌ́nsiòʊ, nʊ́n-, -ʃiòʊ | nʌ́nsiəʊ, -ʃiəʊ/ *n.* (*pl.* **～s**) **1** ローマ教皇大使[使節] (papal ambassador) 《外国の宮廷[政府]に対してローマ教皇を代表する; cf. internuncio 1, legate¹ 1》. **2** 《廃》使者 (messenger). 〖(1528) □ It. *nuncio, nunzio* □ L *nūntius* messenger, 《原義》announcing〗

nun·cle /nʌ́ŋkl/ *n.* 《英方言》=uncle. 〖(c1589) 《異分析・変形》← *an [mine] uncle*: cf. newt〗

nun·cu·pate /nʌ́ŋkjʊpèɪt/ *vt.* 〚法律〛〈遺言などを〉(公に)口頭で述べる, 口述する《特に, 勤務中の軍人や航海中の船員が臨終に際して十分な数の証人(ローマ法では 7 名)を前にして口述し, 後に遺言書の形に作成する》. 〖(1550) ← L *nuncupātus* (p.p.) ← *nuncupāre* to name, declare ← *nōmen* name+*capere* to take〗

nun·cu·pa·tion /nʌ̀ŋkjʊpéɪʃən/ *n.* 〚法律〛臨終口頭遺言. 〖(1387–88) □ L *nuncupātiō(n-)*: ⇨ ↑, -ation〗

nun·cu·pa·tive /nʌ́ŋkjʊpèɪtɪv, nʌŋkjúːpətɪv | -tɪv/ *adj.* 〚法律〛〈遺言など〉口頭の, 口述による (oral): ⇨ nuncupative will. 〖(1546) □ LL *nuncupātīvus* nominal ← L *nuncupātus*: ⇨ nuncupate〗

núncupative wíll *n.* 〚法律〛臨終口頭遺言 (cf. holographic will). 〖1546〗

Nun·ea·ton /nʌníːtn/ *n.* ナニートン《イングランド Warwickshire 州北部の都市》. 〖ME *Nun Eton* ← NUN¹+OE *Ēatun* (← *ēa* river+*tūn* 'village, TOWN') ∽ OE *Etone, Eaton*〗

nún·hòod *n.* **1** 修道女[尼]であること, 修道女の身分. **2** [集合的] 修道女, 尼僧. 〖1812〗

nún·lìke *adj.* 修道女に似た, 尼のような. 〖1589〗

nún móth *n.* 〚昆虫〛ノンネマイマイ (*Lymantria monacha*) 《ヨーロッパ産のドクガ科のガ; 針葉樹に害を与える》.

nun·na·tion /nʌnéɪʃən/ *n.* 〚文法〛(アラビア語名詞の語尾変化で, また転じて中(期)英語などの名詞変化で)語尾に歴史的に存在しなかった n を付けること. 〖(1776) ← NL *nunnātiō(n-)* ← Arab. *nūn* 'NUN²'+-ATION〗

nun·ner·y /nʌ́nəri/ *n.* **1** 女子修道院, 尼僧院, 尼寺 (⇨ cloister SYN): Get thee to a ～. 尼寺に行け (*Hamlet* 3. 1. 122). ★ 今ではこの語は軽蔑的にしか用いず, 代わ

りに convent という. **2** 修道女[尼僧]会 (sisterhood). 〖(?*a*1200): ⇨ nun[1], -ery: cf. F *nonnerie* convent〗

nun·nie /nʌ́ni/ *n.* 《米俗》お尻. 〖(1981) ← ?〗

nún·nish /-nɪʃ/ *adj.* 修道女の, 尼僧(特有)の, 尼僧らしい. 〖(1570) ← NUN[1]＋-ISH[1]〗

nún·ny bàg /nʌ́ni-/ *n.* 《カナダ》オットセイなどの毛皮で作った雑嚢(ざつのう) 《主に Newfoundland で用いられる》. 〖1842〗

nún's clóth *n.* ＝nun's veiling. 〖1884〗

nún·shìp *n.* ＝nunhood. 〖1624〗

nún's thréad *n.* 細い白色の縫糸 《レース用の糸》. 〖1766〗

nún's véiling *n.* ナンズベイリング 《柔らかくて薄い毛[絹]織物; もと修道女の頭巾(ずきん)用; 今は夏服用婦人服地》. 〖1883〗

nu·nu /núːnuː/ *n.* 《南ア口語》虫, 昆虫.

Nu·nu /núːnuː/ *n.* 〖エジプト神話〗ヌヌ 《太古の混沌・海を擬人化した神; そこから世界が形造られたとされる; Nu, Nun ともいう》. 〖□ Egypt. *nwnw*〗

nuoc mam /nwɔ́(ː)kmáːm | nwɔ́k-; *Viet.* nɯ́ək-ᵓmám/ *n.* ヌオックマム, ニュオクマム 《ベトナム料理で使う魚醤(ぎょしょう)》. 〖(1919) ← Vietnamese〗

Nu·pe /núːpeɪ/ *n.* (*pl.* ～, ～s) **1 a** [the ～(s)] ヌーペイ族 《ナイジェリア中西部に住む》. **b** ヌーペイ族の人. **2** ヌーペイ語 《Kwa 語に属する》. 〖(1829) Niger 川と Benue 川の合流点付近にあった古い王国の名から〗

NUPE /núːpi, njúː- | njúː-/ 《略》《英》National Union of Public Employees. 〖1931〗

Nu·per·cain /núːpəkèɪn, njúː- | njúːpə-/ *n.* 〖商標〗ヌペルカイン 《dibucaine 製剤》.

nu·phar /núːfə, njúː- | njúːfəʳ/ *n.* 〖植物〗コウホネ(河骨) 《スイレン科コウホネ属 (*Nuphar*) の植物の総称; cf. spatterdock》. 〖(1845) 《頭音消失》← NENUPHAR〗

nu·plex /núːplɛks, njúː- | njúː-/ *n.* 原子力工業団地[コンビナート]. 〖(1968) ← NU(CLEAR)＋(COM)PLEX〗

nup·tial /nʌ́pʃəl, -ʃl, -tʃəl, -tʃl/ ★ 英米ともに /nʌ́pʃuəl, -tʃuəl/ と発音する人がいるが, 標準的とはされていない. *adj.* **1** 結婚の; 結婚式の, 婚礼の: the ～ bed, day, feast, etc. / a ～ ceremony 結婚式, 婚礼 / a ～ song 結婚の祝歌 / the ～ knot 《廃》夫婦の契り. **2** 〖昆虫〗つがう頃の, 交尾期の. — *n.* [通例 *pl.*] 《文語》(豪華な)結婚式, 婚礼: celebrate the ～s 華燭の典を挙げる. **～·ly** *adv.* 〖(1490) □ L *nuptiālis* of marriage or wedding ← *nuptiae* wedding ← *nuptus* (p.p.) ← *nūbere* to marry〗

núptial flíght *n.* 〖昆虫〗(社会性のシロアリ・ハチ・アリなどの)結婚飛行, 婚姻飛行, 結婚飛翔 《有翅の雄と雌の交尾飛翔》.

nup·ti·al·i·ty /nʌ̀pʃiǽləti, nʌ̀ptʃi- | -lɪ̀ti/ *n.* 婚姻率. 〖□ F *nuptialité*: ⇨ nuptial, -ity〗

núptial máss *n.* 〖カトリック〗結婚式のミサ 《結婚式の一部》.

núptial pád *n.* 〖動物〗婚姻隆起, 拇指隆起 《ある種のカエル[ヒキガエル]の雄の手の内側に現れる隆起で, 交接時の捕捉に役立つ》.

núptial plúmage *n.* 〖鳥類〗生殖羽, 婚羽, 婚衣 《繁殖時に美しく変化した鳥の羽毛で, 特に雄に著しい; breeding plumage ともいう; cf. basic plumage, eclipse plumage》. 〖1840〗

NUR /ɛ́njùːɑ́ə | -ɑ́ːʳ/ 《略》《英》National Union of Railwaymen.

nu·ragh /nuːráːg | núəræg/ *n.* (*pl.* **nu·ra·ghi** /nuráːgiː/) ＝nuraghe.

nu·ra·ghe /nuːráːgeɪ; *It.* nuráːge/ *n.* (*pl.* **nu·ra·ghi** /-giː; *It.* -gi/, ～s) ヌラーゲ 《イタリアの Sardinia で発見された青銅器時代のものとされる石造の円形塔状建築物》. 〖(1828) □ It. (Sardinian) ～ ← ? *Nur(r)a* (Sardinia 地方の地名)〗

nurd /nə́ːd | nə́ːd/ *n.* ＝nerd.

Nu·rem·berg /nʊ́ᵊrəmbə̀ːg, njʊ́ᵊr- | njʊ́ərəmbə̀ːg/ *n.* ニュルンベルク 《ドイツ南部の都市; ゴシック式およびバロック式建築物で有名; Nuremberg trials が行われた地; ドイツ語名 Nürnberg》. 〖□ G *Nürnberg*〗

Núremberg égg *n.* 〖時計〗ニュルンベルクエッグ 《16 世紀の初め Nuremberg で作られた小型時計; 携帯時計の初期のもの》. 〖(1960): 一説では egg という形容は誤訳に基づくという〗

Núremberg Láws *n. pl.* [the ～] ニュルンベルク法 《1935 年ナチスが Nuremberg での党大会で公表・発布したユダヤ人迫害を合法化した法律》. 〖1937〗

Núremberg tríals *n. pl.* [the ～] ニュルンベルク裁判 《1945–46 年に Nuremberg で行われたナチスの指導者に対する国際軍事裁判》.

Nu·re·yev /nʊ́ᵊrièf, nurétjef | njúərièf, -reɪ-, njuəréɪɛf; *Russ.* nurʲéjɪf/, **Rudolf** *n.* ヌレーエフ 《1938–93; ロシア生まれのオーストリアのバレエダンサー; Margot Fonteyn のパートナー》.

Nu·ri /nʊ́ᵊri | nʊ́əri/ *n.* (*pl.* ～s, ～) **1 a** [the ～(s)] ヌリ族 (Kafir) 《パキスタンの Nuristan 近辺に住む民族》. **b** ヌリ族の人. **2** ヌリ語 (Kafiri) 《印欧語族 Indo-Iranian 語派の一つ》.

nurl /nə́ːl | nə́ːl/ *n.*, *vt.* ＝knurl.

Nu·ris·tan /nʊ̀ᵊrɪstǽn, -táːn | nʊ̀ərɪstáːn, -tǽn/ *n.* ヌーリスタン 《アフガニスタン東部の山岳地帯; Hindu Kush の南側の山麓; 旧名 Kafiristan》.

Nur·mi /nə́ːmi | nə́ː-; *Finn.* núrmi/, **Paa·vo** /páːvɔ/ *n.* ヌルミ 《1897–1973; フィンランドの長距離選手; 1924 年の Paris オリンピックで 1500, 5000, 10,000 メートルを制す》.

Nürn·berg /*G.* nʏ́ʁnbɛʁk/ *n.* ニュルンベルク 《Nuremberg のドイツ語名》.

Nu·ro·fen /nuːróʊfən, nʊr-, nʊ́ᵊrəfɛ̀n, njʊ́ᵊr- | njʊ́ərə(ʊ)fɛ̀n, njɔ́ːr-/ *n.* 〖商標〗ニューロフェン 《ibuprofen 製剤; 消炎・鎮痛・解熱薬》.

nurse[1] /nə́ːs | nə́ːs/ *n.* **1** 看護婦[士, 兵]; 産婦看護婦 《★ かかりつけの看護婦などの意味では無冠詞で用い, 呼びかけるときは Nurse!, 英国では Sister! という》: a hospital ～ / a Red Cross ～ 赤十字社看護婦 / a male ～ (精神病院などの)男子看護士. ★ 米国では看護婦には registered nurse (正看護婦), (licensed) practical nurse (準看護婦), nurse's aide (補助看(護婦)) がある. 看護婦教育機関を卒業した人を graduate nurse, 途中の人を undergraduate nurse という. また医師から独立した practicing nurse (開業看護婦)があり, 老人・慢性病患者などを対象に健康管理・予防看護に当たっている. **2 a** (乳児に乳を与える)乳母(うば) (wet nurse). **b** (普通授乳しないで乳児の世話をする)育児婦, 保母 (dry nurse). ★ (1) 今では nurse といえば dry nurse をさすのが普通: The child is under a ～'s charge. 子供は保母につけてある. (2) ⇨ father 1 a ★. **3** (ある性質・状態などを)養成[育成, 助成]する人[物]; 養成所 (nursery): England, the ～ of liberty 自由をはぐくむイングランド / Difficulty is the ～ of greatness. 《諺》苦労は偉大さを育てる, 「艱難(かんなん)なんじを玉にす」/ The college has been the ～ of many famous men. その大学からは多くの名士が輩出した. **4** 〖動物〗**a** 保母虫 《社会的集団をつくる昆虫群の中で幼虫を保護する昆虫, 働きバチ・働きアリなど》. **b** 哺乳用動物 《その動物の子でないものに授乳する》. **c** (ホヤ類などの)栄養[哺育]細胞. **5** 〖林業〗保護樹 (⇨ nurse tree). **6** 〖玉突〗寄せ玉 《続けて玉を突けるように玉を寄せ集めること; ⇨ *vt.* 8》.
at núrse 乳母[育児婦]に預け(られ)て, 里子に出して[出されて]: Her baby is *at* ～. 彼女の赤ん坊は乳母に預けてある. 〖1557〗 ***pùt (óut) to núrse*** (1) 〈赤ん坊を〉乳母に預ける, 里子に出す. (2) 〈土地などを〉管財人の手に委ねる. 〖1590–91〗
— *vt.* **1 a** 〈病人を〉看護する, 看病する (attend): ～ a child through measles はしかの子供をずっと看病してやる / ～ a person back to life 人を介抱して生き返らせる. **b** (養生して)〈病気・傷などの〉治療に努める, いたわる, 大事にする: ～ a cold / ～ a scratch in one's nose 鼻のかき傷の手当てをする. **2 a** 〈赤ん坊に〉乳を飲ませる, 授乳[哺乳]する: ～ an infant, one's baby, etc. **b** 〈赤ん坊が〉〈母親などの〉乳を飲む. **c** …の乳をもらう, …の乳で育つ. **3 a** 〈幼児〉の守(も)りをする, 世話をする, 〈子供〉の養育をする (⇨ raise SYN): ～ a child. **b** [受身で] (ある状態・境遇・場所で)育てる, 養う: *be* ～*d* in luxury ぜいたくに育つ. **4 a** 〈草木を〉育てる, 栽培する, 手入れする (foster): ～ a plant, young tree, etc. **b** 〈物を〉はぐくむ, 培養する; 〈事業・芸術などを〉育成する, 発達させる, (保護)奨励する, 振興する, 養成する. **5** 〈恨み・望みなどを〉(心に)抱く (cherish): ～ a grudge, hope, plan, etc. **6 a** 〈物を〉大切に使う[扱う]; 〈土地・財産などを〉大事に(管理)する; 〈精力などを〉節約する; いたわる: ～ an estate 土地を大切に管理する / ～ a fire 火を絶やさないように番をする (cf. 6 c) / ～ one's resources [finances] 資源[財源]を節約する. **b** 〈酒などを〉ゆっくり[ちびりちびり]飲む: ～ a glass of whiskey 一杯のウイスキーをゆっくり飲む. **c** 〈赤ん坊などを〉あやす; 抱く, 抱きしめる (fondle): ～ a cat / ～ one's knees in one's lap (手持ちぶさたに)ひざを抱く / ～ the fire (抱くようにして)火に当たる (cf. 6 a). **7** 《英》(長期にわたって)〈選挙区(民)〉のきげんを取る, 歓心を買う, 地盤を築く: ～ a constituency (選挙前に色々世話などして)選挙区[地盤]を大事にする. **8** 〖玉突〗(続けてキャノン (cannons) が突けるように)〈玉を〉寄せ集める (cf. nursery 5).
— *vi.* **1** 看護婦として勤める, 病人を看護する. **2 a** 幼児に乳を飲ませる, 授乳する. **b** 〈幼児が〉母乳を飲む.
〖n.: (*a*1387) *nurice, no(u)rice* □ OF *nor(r)ice, nurrice* (F *nourrice*) < LL *nūtrīciam* nurse (fem.) ← *nūtrīcius* nursing ← *nūtrīc-, nūtrix* nurse ← *nūtrīre* 'to NOURISH'. — v.: (1526) ← (n.): cf. nutritious〗

nurse[2] /nə́ːs | nə́ːs/ *n.* 〖魚類〗＝nurse shark. 〖(1499) 《変形》← 《古形》*nusse* 《異分析》← *an*＋《廃》*huss* dogfish: cf. newt〗

núrse cèll *n.* 〖動物〗栄養細胞, 哺育細胞. 〖1896〗

núrse-child *n.* **1** (母の手によらず)乳母(うば)に育てられている子. **2** もらい子, 養子 (foster child). 〖1560〗

núrse fròg *n.* 〖動物〗サンバガエル (⇨ obstetrical toad).

núrse·hòund *n.* 〖魚類〗マダラトラザメ (*Scyliorhinus stellaris*) 《ヨーロッパ産トラザメ属のサメ》. 〖1848〗

nurse·ling /nə́ːslɪŋ | nə́ːs-/ *n.* ＝nursling. 〖← NURSE[1]＋-LING[1]〗

núrse·màid *n.* **1** 子守女 (nurserymaid, nurse). **2** 育成[養成]者, 世話係. — *vt.* 養成する, …の世話をする. 〖1657〗

núrse-mídwife (*pl.* **-wives**) *n.* 看護助産婦 《分娩の介助, 産前・産後の世話をする登録看護婦》. 〖1952〗

núrse practítioner *n.* 臨床看護婦 《一定の医療行為をする資格をもった登録看護婦》. 〖1966〗

núrs·er *n.* **1** 乳母(うば), 養育者. **2** 養成[奨励]者. **3** ＝nursing bottle. 〖(*c*1395): ⇨ nurse[1] (v.), -er[1]〗

nurs·er·y /nə́ːs(ə)ri | nə́ː-/ *n.* **1 a** 子供部屋, 育児室, 保育室; 託児室. **b** (病院の)新生児室. **c** ＝day nursery. **d** ＝nursery school. **2** (植物の)苗床, 苗しろ, 種苗場; 苗木仕立場, 植木畑, 養樹園; 養魚場; 動物養殖場; (微生物などの)繁殖場所. **3 a** (人・物事を培(つちか)いはぐくむ)訓育[教育]の場所; 育成事情[環境制度]; (犯罪などの)温床: Commerce is the ～ *of* seamen. 貿易は海員を育成する / That school was a ～ *for* statesmen. あの学校から多くの政治家が出た / Universities are the *nurseries of* rising talent. 大学は将来有望な俊才を養う所だ / Idleness is the ～ *of* vice. 怠惰は悪の温床だ. **b** (運動選手の)養成所. **4** 《廃》育児 (nursing); 養育 (fosterage). **5** 〖玉突〗キャノン (cannons) を打つため一か所に寄せ集めた玉; (玉を寄せ集めて突く)キャノンの連続 (cf. nurse[1] *vt.* 8, nursery cannon): a ～ of cannons. **6** 〖競馬〗2 歳馬のハンディキャップレース. — *adj.* [限定的] **1** 子供部屋の; 育児の: a ～ book 幼児の絵本 / a ～ word 小児(用)語 / a ～ room＝nursery 1 a, b. **2** 苗床の: a ～ bed 苗床. 〖(*c*1300) *norserie*: ⇨ nurse[1], -ery〗

núrsery cànnon *n.* 〖玉突〗クッション付近に寄せた 3 個の玉を打つキャノン(の連続) (cf. nursery 5).

núrsery clàss *n.* ⇨ nursery school.

núrsery gàrden *n.* 苗木仕立場, 苗木畑, 植木畑. 〖1757〗

núrsery gàrdener *n.* ＝nurseryman. 〖1766〗

núrsery gòverness *n.* 幼児養育係, 保母兼家庭教師. 〖1820〗

núrsery·màid *n.* ＝nursemaid. 〖1657〗

núrsery·man /-mən/ *n.* (*pl.* **-men** /-mən, -mɛ̀n/) 養樹園主; 養樹係(の職人); 苗木屋, 種苗園経営者. 〖1672〗

núrsery nùrse *n.* 《英》保母, 保育士. 〖1947〗

núrsery ràce *n.* 〖競馬〗3 歳馬競走.

núrsery rhỳme *n.* 童歌(わらべうた), 伝承童謡 《《米》Mother Goose rhyme》; 韻文で書かれた子供向けの話 《*Mother Goose's Nursery Rhymes* など》. 〖1832〗

núrsery schòol *n.* **1** 保育学校 《低年齢(通例 1 歳半–4 歳)の幼児に対する教育施設; 英国では 1918 年教育法以来一種の公立学校 (2–5 歳); 小学校に付設のものは nursery class という (3–5 歳); 米国では preschool ともいう》. **2** 《俗用》託児所, 保育所 (day nursery). 〖1835〗

núrsery slòpes *n. pl.* 《英》〖スキー〗初心者向き(滑降)コース.

núrsery stàkes *n. pl.* 〖競馬〗2 歳馬の競走[レース].

núrsery stòck *n.* [集合的] 苗木.

núrsery tàle *n.* おとぎ話, 童話. 〖1741〗

núrse's áide *n.* 《米》看護助手, 補助看(護婦) 《ベッド作り・患者の入浴など看護婦の手助けをする》. 〖1943〗

núrse shàrk *n.* 〖魚類〗テンジクザメ科のサメの総称; (特に)アメリカテンジクザメ (*Ginglymostoma cirratum*) 《全長 4 m, 体重 200 kg もある大型のサメ》. 〖1851〗

núrses' stàtion *n.* ナースステーション.

núrse trèe *n.* 〖林業〗保護樹 《幼樹を風や寒気から保護するために植えられる; 単に nurse ともいう》. 〖1805〗

nurs·ey /nə́ːsi | nə́ːsi/ *n.* 《小児語》ばあや, ねえや (nurse). 〖(*a*1814) ← NURSE[1]＋-EY〗

nurs·ie /nə́ːsi | nə́ː-/ *n.* 《小児語》＝nursey.

nurs·ing /nə́ːsɪŋ | nə́ːs-/ *n.* 育児, 保育; 授乳; 看護, 看病; 看護婦の仕事[職]: the ～ profession [service] 看護婦としての職[勤め]. — *adj.* 養育[保育]する: ⇨ nursing father [mother]. 〖(*c*1532) ← NURSE (v.)＋-ING[1,2]〗

núrsing bòttle *n.* 《米》(育児用の)哺乳びん (feeding bottle [baby]).

núrsing càre *n.* (病人などの)介護, 看護, 看病.

núrsing fàther *n.* 〖聖書〗養父 (foster father). 〖1535〗

núrsing hòme *n.* ナーシングホーム: **a** 老人・慢性病患者などを収容する私設ホーム[療養院]. **b** 《英》hospital (公立病院)よりも小規模で家庭的な私立病院; (特に)私立産院. 〖1896〗

núrsing mòther *n.* **1** 乳飲み子の母. **2** 〖聖書〗養母 (foster mother). 〖1535〗

núrsing òfficer *n.* 《英》上級看護婦, 看護主任.

núrsing òrder *n.* 〖カトリック〗看護修道会.

nurs·ling /nə́ːslɪŋ | nə́ːs-/ *n.* **1** 乳母(うば)に育てられる乳幼児; 乳飲み子; 乳離れしていない動物の子. **2** 被保護者, 養育されている子. **3** 大事に育て上げた人[物]; 秘蔵子[物]: a ～ of …に育てられた人[物], …で育った人[物]. 〖(1557) ← NURSE[1]＋-LING[1]〗

nur·tur·ance /nə́ːtʃərəns | nə́ː-/ *n.* 〖心理〗養育.

nur·tur·ant /nə́ːtʃərənt | nə́ː-/ *adj.* 〖(1938): ⇨ ↓, -ance〗

nur·ture /nə́ːtʃə | nə́ːtʃəʳ/ *vt.* **1** 〈子供を〉養育する, 育てる (⇨ raise SYN). **2** 養成する (train up), 教育する (educate), 指導する, 仕込む. **3** …の発達を促進する, 育てる. — *n.* **1** 滋養物 (nourishment), 食物 (food); 食料, 糧(かて). **2 a** (子女などの)養育 (bringing up): nature and ～ 氏と育ち. **b** 養成, 教育, しつけ. **3** [集合的]〖社会学〗環境(条件), 好環境. **4** 〖生物〗遺伝素因修飾因子. **nur·tur·a·ble** /nə́ːtʃərəbl/ *adj.* **núr·tur·al** /-tʃərəl/ *adj.* **núr·tur·er** /-tʃərə | -rəʳ/ *n.* 〖(*c*1330) □ OF *nourture* 《略》*nourriture* (F *nourriture*) < LL *nūtrītūram* nursling ← L *nūtrīre* 'to nurse, NOURISH': cf. nurse[1]〗

NUS /ɛ́njùːɛ́s/ 《略》《英》National Union of Students; National Union of Seamen.

Nu·sa Teng·ga·ra /núːsə tɛŋgáːrə; *Indon.* núsatəŋgára/ *n.* ヌサテンガラ 《Lesser Sunda Islands のインドネシア語名》.

nut /nʌ́t/ *n.* **1** 木の実, 堅果, ナッツ 《クリ・クルミ・カシの実など; cf. berry 1》; (桃・アーモンド (almond) などの堅果中の)仁(じん) (nutmeat) (cf. fruit 1 b): ⇨ Brazil nut, cashew nut, chestnut, hazelnut, peanut, walnut, etc. **2** (機械・工具などの)ナット, 留めねじ (cf. bolt[1] 1): a bolt and ～ ボルトにはめたナット / ⇨ NUTS *and bolts*. **3** 《口語》**a** 熱狂者, 大のファン, マニア: a hifi ～. **b** 奇人, 変人; ばか者 (cf. nuts *adj.*). **c** 《軽蔑》男, やつ. **d** 《古》(若い)しゃれ者, だて者 (dandy). **4** [*pl.*] 《口語》ばかげたこと (nonsense) (⇨ nuts *int.*): talk ～*s*. **5** [*pl.*] 《卑》睾

N

丸(ﾀﾏ), きんたま (testicles). **6** 〘英口語〙 頭 (head): ⇨ *off one's* NUT. **7 a** 扱いにくい人, 御し難い人; 難問, 難事業: ⇨ *a (hard [tough])* NUT *to crack*. **b** (問題などの)核心, 根本. **8** 〘米口語〙 **a** (演劇上演などの)運転資金, 総経費. **b** (ある額の)金. **9 a** [the ~s] 〘米俗〙 すてきな人[物(事)]. **b** 〘米俗〙 (警官への)わいろ (bribe). **c** [*pl.*] 〘古俗〙 すてきなもの, 大好きなもの 〔*to, for*〕 (cf. nuts *adj.*). **10** 〘楽器〙 **a** (弦楽器の)糸受け, 糸枕, 上駒(ｶﾐｺﾏ) (弦を指板から浮かせるために, 指板の上端に取付けられている低い枕). **b** (弦楽器の弓の)ナット, 毛留(ｹﾄﾞﾒ) (弓の下端にあり, 馬毛の張力を加減する部分). **11** 〘登山〙 索導チョック (chock) (安全のために岩隙に打ち込まれる金属くさびで, ワイヤーまたはロープのループがつく). **12** 〘印刷〙 =en[1] 2. **13** (ショウガで味付けした)ビスケット. **14 a** (バターなどの)小さなかたまり. **b** [*pl.*] 〘英〙 (家庭用の)石炭の小さなかたまり. **15** 〘海事〙 錨のかんざし部 (stock) の両端の丸い球.
a (hárd [tóugh]) nút to cráck 難問題, 難物; 持て余し者: I have *a* ~ *to crack with* you. 君と議論すべきことがある. ((1886)) ***(as) swéet as a nút*** 〘口語〙 一糸乱れずに; 気持ちがよいほど楽に. ***dó one's [the] nút*** 〘英口語〙 = *do one's* HEAD. ((1919)) ***for núts*** [否定構文で] 〘英口語〙 どうしても, まがりなりにも, さっぱり (at all): I can't swim *for* ~*s*. 水泳は全然できない. ((1895)) ***núts about [on, òver]*** ⇨ nuts *adj.* 成句. ***núts and bólts*** 〘口語〙 (1) [the を付けて] (物事の)基本, 根本, 土台. (2) 実地の運営, 実際問題. ((1960)) ***óff one's nút*** 〘英口語〙 気が狂って; 逆上して: go *off one's* ~ 気が狂う. ((1860))
— *v.* (**nut·ted**; **nut·ting**) — *vi.* **1** [通例 ~*ing* で] 木の実を拾う[捜す]: go ~*ting* 木の実拾いに行く. **2** 〘英俗〙 頭を使う, 考える 〔*over*〕. — *vt.* 〘英俗〙 **1** 考える 〈*out, up*〉. **2** …に頭突きをくらわす; 〈人〉の頭をなぐる.
~·lìke *adj.* 〖OE *hnutu* < Gmc **χnut-* (Du. *noot, neut* / G *Nuss*) ← IE **ken-* to squeeze together (L *nux*)〗

Nut /nú:t/ *n.* 〘エジプト神話〙 ヌート (古代エジプトの天空神; 夫である大地神 Geb の上に立つ大気の神 Shu に支えられる; 背中に太陽の神 Ra を画いた雌牛として表される; Nuit ともいう). 〖□ Egypt. *Nw·t*〗

NUT /ènjù:tí:/ 〘略〙 National Union of Teachers 全英教員組合.

nu·tant /nú:tṇt, njú:- | njú:-/ *adj.* 〘植物〙 〈花が〉下垂性の (drooping), 下向きについた (nodding). 〖((1751)) □ L *nūtantem* (pres. p.) ← *nūtāre* (↓)〗

N

nu·tate /nú:teɪt, njú:- | nju:téɪt/ *vi.* **1** 〘植物〙 〈茎などが〉下垂する, 下向きになる (nod, droop). **2** 〈こま・パラボラアンテナなどが〉章動する. 〖((1880)) ← L *nūtātus* (p.p.) ← *nūtāre* to nod (freq.) ← **nuere*〗

nu·ta·tion /nu:téɪʃən, nju:- | nju:-/ *n.* **1** (不本意に)頭を垂れる[うつむく]こと. **2** 〘天文〙 章動 (地球自転軸が空間に対し比較的短期間で方向を変える現象; 歳差と同種の原因による): diurnal [lunar, solar] ~ 日周[太陰, 太陽]章動. **3 a** こま軸の章動, こま軸のみそすり運動 (垂直線に対するジャイロスコープ (gyroscope) などの軸方向の変動). **b** 〘通信〙 アンテナ・ビームなどの歳差運動と同様の動き. **4** 〘植物〙 (生長中における茎の先端の自動的)生長[転頭]運動 (cf. circumnutation). **5** 〘病理〙 点頭(症) (特に, 不随意的な首の上下運動). 〖((1612)) □ L *nūtātiō(n-)* a nodding ← *nūtāre* (↑): ⇨ -ation〗

nu·tá·tion·al /-ʃnəl, -ʃənḷ/ *adj.* **1** 下垂の, 下向きの, 下向性の. **2** 〘天文〙 章動の. **3** 〘植物〙 生長[転頭]運動の. 〖((1881)): ⇨ ↑, -al[1]〗

nút-brówn *adj.* 〈若い女性(の顔)・髪・ビールなど〉栗色の, はしばみ色の, 赤褐色の (reddish brown): ~ ale / a ~ maid 栗色の乙女. 〖*a*1325〗

nut·burg·er /nʌ́tbə̀:gə | -bə̀:gə[r]/ *n.* 木の実パイ (挽いた木の実のはいった小型パイ). 〖((1934)) ← NUT＋BURGER 2〗

nút-bùtter *n.* 木の実で作ったバター. 〖1907〗

nút·càke *n.* **1** ナッツ入りのケーキ. **2** 〘ニューイングランド〙 ドーナッツ (doughnut). 〖*a*1800〗

nút càse *n.* 〘口語〙 狂人. 〖cf. nut (n.) 3 b, case[1] (n.) 3 c〗

nút·cràcker *n.* **1** [〘英〙 では通例 *pl.*] くるみ割り器: a pair of ~*s*. **2** (生まれつきもしくは歯が抜けたために)あごと鼻が近寄っている顔; くるみ割り器のような顔. **3** 〘鳥類〙 **a** ホシガラス (*Nucifraga caryocatactes*) (寒帯や高山にすみ, ハイマツの実を食すカラス). ((1758)) (なぞり) ← G *Nussbrecher*〗 **b** =Clark nutcracker. **c** =nuthatch.
— *adj.* [限定的] 〈人の顔などが〉くるみ割り器のような (cf. n. 2): a ~ face / ~ jaws.

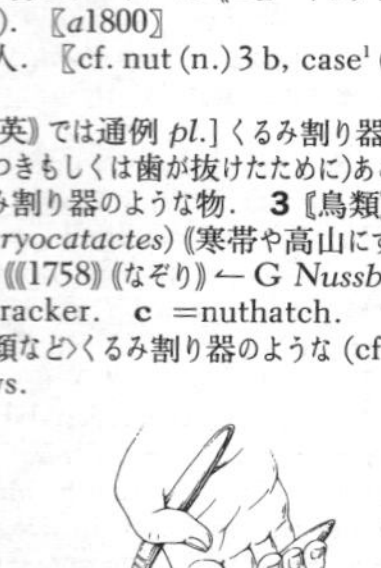

nutcracker 1

nútcracker màn *n.* 〘人類学〙 =zinjanthropus. 〖((1959)): クルミを歯でかみ割るほど頑丈なあごをもつ人の意〗

nút cútlet *n.* 〘英〙 ナッツ カツレツ (刻みナッツとパン粉, その他の材料を入れた塩味の平たい揚げもの).

nút dàsh *n.* 〘活字〙 =en dash.

nút·gàll *n.* 〘植物病理〙 ふし(五倍子), 没食子(ﾓｯｼｮｸｼ) (カシなどの葉にできる木の実形の虫こぶ; ⇨ gall[3]). 〖1595〗

nút gràss *n.* 〘植物〙 ハマスゲ (*Cyperus rotundus*) (スゲ科; 木の実状の塊根はもと香附子(ｺｳﾌﾞｼ)と称し, 薬用; nut-sedge, coco grass ともいう). 〖1775〗

NUTGW 〘略〙 〘英〙 National Union of Tailors and Garment Workers.

nút·hàtch *n.* 〘鳥類〙 ゴジュウカラ科の鳥の総称. 〖((*c*1340)) *notehache, nuthage, nuthake* nut hacker (nut を割って食べるのが巧みなことから): cf. hatch[3], hack[1]〗

nuth·ing /nʌ́θɪŋ/ *pron., n. adv. adj.* 〘非標準〙 = nothing.

nút·hòok *n.* **1** 高枝引き寄せ棒 (木の実摘みで枝を引き下ろすための先の曲がった棒). **2** 〘廃〙 警官, 巡査. 〖?*a*1425〗

nút hòuse *n.* 〘俗〙 精神病院 (mental hospital). 〖((1929)): cf. nut (n.) 3 b〗

nút kèy *n.* 〘登山〙 ナットキー (使用済みのナット・チョックなどを岩隙から引き抜く道具). 〖1844〗

nut·let /nʌ́tlɪ̀t/ *n.* **1** 小堅果. **2** (モモ・アンズなどのような)核果の種 (stone). 〖((1856)) ← NUT＋-LET〗

nút márgarine *n.* ナッツマーガリン (主にココナツとピーナツの油で作る).

nút·mèat *n.* (食用になる)堅果の中の仁(ｼﾞﾝ) (kernel). 〖1913〗

nut·meg /nʌ́tmɛg/ *n.* **1** ナツメッグ, ニクズク (ニクズクの木の堅くて芳香のある種子, 香味料や薬用に用いる; cf. mace[2]). **2** 〘植物〙 **a** ニクズクノキ (*Myristica fragrans*) (熱帯アジア原産の常緑高木; 高さは約 10 m; nutmeg tree ともいう). **b** ニクズクノキに類似した樹木の総称. **3** [N-] 〘米〙 Connecticut 州の住民 (あだ名; cf. Nutmeg State). **4** 灰色がかった茶色. 〖((?*a*1300)) *notemuge* (部分訳・変形) ← OF *nois muguede* (F *noix muscade*) =Prov. *notz muscada* ((fem.) ← MUSCAT): ⇨ nut, musk〗

nútmeg àpple *n.* ニクズクの木の実. 〖1871〗

Nut·meg·ger /nʌ́tmɛgə | -gə[r]/ *n.* 〘米〙 Connecticut 州の住民[出身者].

nútmeg geránium *n.* 〘植物〙 シロバナニオイテンジクアオイ (*Pelargonium odoratissimum*) (南アフリカ原産フウロソウ科の低木, 白い花が咲く).

nútmeg líver *n.* 〘病理〙 にくずく肝 (割面がまだら色を呈する病的な肝臓). 〖1876〗

nútmeg mèlon *n.* 〘植物〙 =netted melon.

nútmeg òil *n.* 〘化学〙 にくずく油 (ニクズクの実を水蒸気蒸留して得られる油; 成分は各種のテルペン混合物; 淡黄色で強い香りがある). 〖1849〗

Nútmeg Stàte *n.* [the ~] 米国 Connecticut 州の俗称. 〖((1859)): この土地の商人が木製のニクズクを本物だと言って売りつけたという話から〗

nút òil *n.* 堅果油: **a** くるみ油 (walnut oil). **b** 桐油(ﾄｳﾕ) (tung oil) (塗料に用いる). 〖1664〗

nút pàlm *n.* 〘植物〙 ソテツの一種 (*Cycas media*) (オーストラリア産; 実は食用). 〖1889〗

nút·pick *n.* 〘米〙 ナットピック (クルミの実をほじり出すきり状の食卓用具). 〖1889〗

nút pìne *n.* 〘植物〙 実が食用になるマツ属 (*Pinus*) の木の総称 (piñon, stone pine, Swiss pine など; cf. pine nut 2). 〖1845〗

nút quàd *n.* 〘活字〙 =en quad.

nu·tra·ceu·ti·cal /nù:trəsú:tɪ̀kəl, njù:-, -sjú:-, -kḷ | njù:trəsjú:tɪ-/ *n.* =functional food. 〖((1990)) 〘混成〙 ← *nutr(ition)*＋*(pharm)aceutical*〗

Nu·tra·Sweet /nú:trəswì:t, njú:- | njú:-/ *n.* 〘商標〙 ニュートラスウィート (米国 Monsanto 社製の人工甘味料アスパルテーム (aspartame)).

nu·tri·a /nú:triə, njú:- | njú:-/ *n.* **1** 〘動物〙 ヌートリア (⇨ coypu). **2** ヌートリアの毛皮 (薄茶色で耐久性が強く, 染めて beaver の毛皮に似せることがある). **3** オリーブグレー色 (olive gray). 〖((1836)) □ Sp. ~ 'otter' (鼻音化変形) ← *lutria* < L *lūtra*〗

nu·tri·ent /nú:triənt, njú:- | njú:-/ *adj.* **1** 滋養[栄養]になる (nourishing): ~ salts 栄養塩. **2** 栄養素を含む. — *n.* **1** 〘生化学〙 栄養素, 養素 (食物として摂取される物質の中で体内の代謝に重要な役割をもつ物質; 特に緑色植物では無機化合物); 滋養物, 栄養分. **2** 栄養剤. 〖((1650)) □ L *nūtrientem* (pres. p.) ← *nūtrīre* 'to NOURISH': cf. nurse[1], nurture〗

nu·tri·lite /nú:trəlàɪt, njú:- | njú:trɪ̀-/ *n.* 〘生化学〙 必須栄養素子 (ビタミンや発育因子 (growth factor) など普通の代謝と成長のためごく微量ながら必要なもの). 〖← NUTRI(MENT)＋(METABO)LITE〗

nu·tri·ment /nú:trəmənt, njú:- | njú:trɪ̀-/ *n.* **1** 滋養物, 栄養分 (nourishment); 食物. **2** 成長[発育]を促進するもの, 栄養剤, 栄養食料品. 〖((1541)) □ L *nūtrimentum* ← *nūtrīre*: ⇨ nutrient, -ment〗

nu·tri·men·tal /nù:trəméntḷ, njù:- | njù:trɪ̀méntḷ[←]/ *adj.* =nutritious. 〖((1483)): ⇨ ↑, -al[1]〗

nu·tri·tion /nu:tríʃən, nju:- | nju:-/ *n.* **1** 栄養を取る[与える]こと, 栄養摂取(過程); 栄養(状態, 作用): the ~ of patients 患者に栄養を与えること, 病人の栄養. **2** 栄養, 栄養物 (nutriment); 食物 (food). **3** 栄養学.
~·ar·y /-ʃənèri | -ʃ(ə)nəri/ *adj.* 〖((1551)) □ F ~ // ← L *nūtrīt(us)* ((p.p.) ← *nūtrīre* 'to NOURIST'＋-TION)〗

nu·tri·tion·al /nu:tríʃnəl, nju:-, -ʃənḷ | nju:-/ *adj.* 栄養(学)上の: the ~ value of foods 食物の栄養価.
~·ly *adv.*

nu·trí·tion·al·ist /-ʃ(ə)nəlɪ̀st | -lɪst/ *n.* =nutritionist.

nu·trí·tion·ist /-ʃ(ə)nɪ̀st | -nɪst/ *n.* 栄養学者; 栄養士. 〖((1926)): ⇨ ↑, -ist〗

nu·tri·tious /nu:tríʃəs, nju:- | nju:-/ *adj.* (大いに)栄養になる, 滋養分の多い, 発育を増進する (nourishing).
~·ly *adv.* **~·ness** *n.* 〖((1665)) ← L *nūtrīci(us)*, *nūtrītius* (← *nūtrix* nurse)＋-OUS〗

nu·tri·tive /nú:trətɪv, njú:- | njú:trɪ̀tɪv/ *adj.* **1** 栄養になる, 滋養分のある (nutritious); 発育を増進する: ~ food. **2** 栄養の, 栄養に関する: ~ functions 栄養作用 / ~ value 栄養価. — *n.* 栄養物. **~·ly** *adv.*
~·ness *n.* 〖((*c*1430)) □ (M)F *nutritif*, ~ (fem.) □ ML *nūtrītīvus* ← L *nūtrītus*: ⇨ nutrition, -itive〗

nútritive rátio *n.* 栄養比[率] (食料・飼料中の他の栄養分に対する消化され得る蛋白質の比率). 〖1897〗

nu·tri·to·ry /nú:trətɔ̀:ri, njú:- | njú:trɪ̀təri/ *adj.* = nutritive. 〖((1883)) □ LL *nūtrītōrius*: ⇨ -ory〗

nút ròast *n.* ナッツロースト (ひいた[刻んだ]ナッツと野菜, ハーブを混ぜて焼いたベジタリアン料理).

nuts /nʌ́ts/ *pred. adj.* 〘口語〙 気が変で, 狂って (crazy); ばかで (foolish); 熱中して, ほれこんで: drive a person ~ 人の気を狂わせる; 人を逆上させる, ひどく怒らせる / go ~ 気が狂う; かんかんになる; ひどく興奮する; 熱中する, 首ったけになる. ***(déad) núts on*** 〘口語〙 (1) =NUTS *about*. (2) …が上手で; …の名人で. ***núts about [on, òver]*** 〘口語〙 …が大好きで, …に熱中して; …に首ったけで: be ~ *about* jazz, a girl, etc. ((1785))
— *int.* 〘俗〙 ばかな, 畜生, くだらない, ちえっ (nonsense, nerts) (憎悪・軽蔑・失望・拒絶などを表す; cf. nut *n.* 4): *Nuts to* you [it]! てめえ[それ]が何だというのだ, ばかを言え, くそくらえ.
〖((1617)) (pl.) ← NUT (n.) 3: cf. nerts〗

núts-and-bólts *adj.* **1** 基本的な, 根本の. **2** 実地の, 実際的な (cf. NUTS *and bolts*). 〖1960〗

nút·sèdge *n.* 〘植物〙 ハマスゲ (⇨ nut grass).

nut·shell /nʌ́tʃɛ̀l/ *n.* **1** (クルミなど)堅果の殻. **2** (クルミ殻のように)ごく小さい物[量, 大きさ, 長さなど]; ごく狭い場所: a ~ *of* a house ごく小さい家 / a little ~ *of* students ごく少しばかりの学生. **3** 〘廃〙 つまらない[無価値な]もの.
in a nútshell ごく簡潔に, ほんの一言で(言うと): put the matter *in a* ~ 事柄をかいつまんで述べる / I can give it to you *in a* ~. それを一言で言うことができる / This, *in a* ~, is the situation. 要するに[簡単に言えば]事情はこうです. ((1831)) ***líe in a nútshell*** (1) 場所を取らない. (2) 〈物事が〉一言で説明できる, 簡単だ. ((1760)) — *vt.* 要約する, 簡潔にする; 要約して[簡潔に]述べる: ~ a plan. 〖?*a*1200〗

nut·so /nʌ́tsou | -tsəu/ *n.* 〘米俗〙 狂ったやつ, 奇人.

nuts·y /nʌ́tsi/ *adj.* (**nuts·i·er**; **-i·est**) 〘俗〙 狂った, 狂人じみた (crazy). 〖((*a*1941)) ← NUTS＋-Y[4]〗

nút·ter /-tə | -tə[r]/ *n.* **1** 堅果[木の実]を拾う人. **2** = nut-butter. ((1906)) 〘混成〙 ← NUT＋(BUT)TER〗 **3** 〘英口語〙 熱狂者, マニア, おたく; 狂人, 変人. 〖((1483)) ← NUT＋-ER[1]〗

nút·ting /-tɪŋ | -tɪŋ/ *n.* 木の実拾い, クルミ拾い, ハシバミ (hazel) の実取り. 〖((1824)) ← NUT＋-ING[1]〗

nút trèe *n.* 堅果をつける樹木; (特に)ハシバミ (hazel). 〖1390〗

nut·ty /nʌ́ti | -ti/ *adj.* (**nut·ti·er**; **-ti·est**) **1** 堅果[木の実]の多い, 堅果を結ぶ. **2** 木の実のような (nutlike); 〈ぶどう酒など〉木の実のような味がする, 風味[香味]の豊かな: ~ ale, sherry, etc. **3** 〘俗〙 **a** 気の変な, 狂った (crazy); ばかな, ばかげた. **b** 熱中した, 首ったけの 〔*about, on, over*〕. **c** 〘英〙 ぱりっとした, いきな (smart). **d** 〈物事が〉痛快な, 味のある (piquant). ***(as) nútty as a frúitcake*** 〘口語〙 全く気が狂って, 狂気の沙汰で. **nút·ti·ly** /-təli, -tḷi | -tɪ̀li, -tḷi/ *adv.* **nút·ti·ness** *n.* 〖((1662–7)) ← NUT＋-Y[4]〗

nút wèevil *n.* 〘昆虫〙 シギゾウムシ類の昆虫の総称 (クリの実に巣食うクリシギゾウ (*Curculio dentipes*) など). 〖1802〗

nút·wòod *n.* 堅果をつける樹木 (walnut, hickory など); その木材. 〖1701〗

Nuuk /nú:k; *Greenlandic* nú:k/ *n.* ヌーク (Greenland 南西部にある同島の主都; 旧名 Godthaab (1979 年改称)).

nú-vàlue *n.* 〘光学〙 ヌーバリュー (物質, 特に透明光学材料の光の分散, すなわち光の波長による屈折率の変化を表す量; 屈折率を n, その波長による変化を Δn にする時 ν=(n−1)/Δn; relative dispersion ともいう; ⇨ Abbe number).

nux vom·i·ca /nʌ́ksvɑ́(:)mɪ̀kə | -vɔ́mɪ-/ *n.* (*pl.* ~) **1 a** 番木鼈(ﾊﾞﾝﾎﾞｸﾍﾞﾂ), マチン子, ボミカ (インド・シャンマー・インドシナ地方に産するマチンの有毒な種子; 主にストリキニーネとブルチン (brucine) から成るアルカロイドを含み薬剤の原料). **b** 〘植物〙 マチン (*Strychnos nuxvomica*). **2** 〘薬学〙 ホミカ (胃腸薬・食欲増進薬). 〖((1578)) ← NL ~ 'vomiting nut' ← L *nux* 'NUT'＋NL *vomica* (← L *vomere* 'to VOMIT')〗

nuz·zle /nʌ́zl/ *vi.* **1** 〈豚などが〉鼻で穴を掘る. **2** 〈犬などが〉鼻をすりつける[押しつける] 〈*up*〉 〔*against, at*〕; 鼻を突っ込む 〔*into*〕; くんくんかぐ (sniff): The pup ~*d up* close to the boy. 小犬がその少年に鼻をすりつけてきた. **3** 心地よく寝る, 寄り添って寝る (nestle). — *vt.* **1** 鼻で掘る. **2** …に鼻をこすりつける, (鼻で)つつく[触れる]. **3 a** …に鼻を突っ込む: ~ the ground. **b** 〈鼻・頭などを〉突っ込む (thrust): ~ one's nose [head] into something. **4 a** 抱き寄せる, 抱いてかわいがる (fondle): ~ a child. **b** [~ *oneself* で] 心地よく寝る, 寄り添って寝る.
— *n.* 抱擁, 抱き締め. 〖((*c*1425)) *nosele* (freq.) ← NOSE 'to bring the nose to the ground': ⇨ -le[3]: 意味の上で nestle と混同: cf. nozzle〗

NV 〘略〙 〘米郵便〙 Nevada (州); New Version.

n.v. 〘略〙 nonvoting (stock) 〘商業・法律〙 議決権のない(株式); nonvintage.

n.v.d. 〘略〙 no value declared.

NVI 〘略〙 〘郵便〙 no value indicated (金額は書いてないが,

受けることができる郵便サービスが表示されている).
NVM 《略》 Nativity of the Virgin Mary.
NVQ 《略》《英》 National Vocational Qualification. 〘1987〙
nW 《略》〘電気〙 nanowatt(s).
NW 《略》 **1** northwest; northwestern. **2** Northwestern 《London の郵便区の一つ》.
NWA 《略》 Northwest Airlines.
N̄-wàr *n.* =NUCLEAR war.
NWbN 《略》 northwest by north.
NWbW 《略》 northwest by west.
N̄-wèapon *n.* =NUCLEAR weapon.
NWP 《略》 Northwest(ern) Provinces (India).
NWT 《略》 Northwest Territories (Canada).
n.wt. 《略》 net weight.
NY /ɛ́nwáɪ/ 《略》 new year; 〘米郵便〙 New York (州); New York; no year.
NYA 《略》 National Youth Administration (米国)青少年局.
nyaff /njǽf/ *n.* 《スコット》 小さい人, 見下げはてた人. 〘(1808) ← ?〙
nya·la /njɑ́ːlə, niɑ́ː-/ *n.* (*pl.* ~, ~s) **1** 〘動物〙 ニアーラ (*Tragelaphus angasii*) 《アフリカ南東部産のレイヨウ; 赤褐色または青褐色の地色に白い横縞がある》. **2** マウンテンニアーラ (mountain nyala) (*T. buxtoni*) 《エチオピアの高地森林にすむ》. 〘(1899) ☐ Bantu ~〙
Nyam·we·zi /njæmwéɪzi/ *n.* (*pl.* ~, ~s) **1 a** [the ~(s)] ニャムウェジ族 《タンザニア西部に居住する Bantu 語系農耕民》. **b** ニャムウェジ族の人. **2** ニャムウェジ語. — *adj.* ニャムウェジ族[語]の.
Ny·an·ja /niǽndʒə, njǽn-; *Nyanja* ɲándʒa/ *n.* (*pl.* ~, ~s) **1 a** [the ~(s)] ニャンジャ族 《中央アフリカの主としてマラウィに居住する黒人部族》. **b** ニャンジャ族の人. **2** ニャンジャ語 《Bantu 諸語の一つ》. 〘(1865) ← Bantu ~ lake〙
ny·an·za /niǽnzə, njǽn-, naɪǽn-; *Bantu* ɲánza/ *n.* (東アフリカで)湖. 〘↑〙
Ny·a·sa /naɪǽsə, niǽsə, njǽsə/, **Lake** *n.* ニアサ湖 (Lake MALAWI の旧名).
Ny·a·sa·land /naɪǽsəlæ̀nd, niǽsə-, njǽsə-/ *n.* ニアサランド (⇨ Malawi). **~·er** *n.*
Ny·as·sa /naɪǽsə, niǽsə, njǽsə/ *n.* =Nyasa.
nyb·ble /níbl̩/ *n.* 〘電算〙 =nibble 4.
NYC 《略》 New York Central; New York City.
nyck·el·har·pa /níkəlhɑ̀ːpə, -kl̩- | -hɑ̀ː-; *Swed.* nÿkːlhàrpa/ *n.* ニッケルハルパ 《ハーディガーディ (hurdy-gurdy) に似ているが弓で奏するスウェーデンの古い弦楽器》. 〘☐ Swed. ~ ← *nyckel* 'FRET²'+*harpa* 'HARP'〙
nyct- /nɪkt/ (母音の前にくるときの) nycto- の異形.
Nyc·ta·gi·na·ce·ae /nɪ̀ktədʒənéɪsiìː | -dʒɪ-/ *n. pl.* 〘植物〙(中心子目)オシロイバナ科. **nỳc·ta·gi·ná·ceous** /-ʃəs⁻/ *adj.* 〘← NL ~ ← *Nyctagin-*, *Nyctāgō* (属名: ← NYCTO-+*-agin-*, *-ago* (⇨ plantain¹))+-ACEAE〙
nyc·tal·gi·a /nɪktǽldʒiə, -dʒə/ *n.* 〘医学〙 夜痛症 《睡眠中に起こる疼痛》. 〘⇨ nycto-, -algia〙
nyc·ta·lo·pi·a /nɪ̀ktəlóupiə | -lə́u-/ *n.* 〘病理〙 **1** 夜盲(症), 鳥目 (night blindness) (cf. hemeralopia 1). **2** 《俗》 =hemeralopia 1. **nyc·ta·lop·ic** /nɪ̀ktəlɑ́(ː)pɪk | -lɔ́p-⁻/ *adj.* 〘(1684) ☐ LL ~ ← Gk *nuktálōps* blind by night (← NYCTO-+Gk *alaós* blind+*ṓps* eye)+-IA¹: ⇨ optic〙
nyc·te·rib·i·id /nɪ̀ktərɪ́biɪ̀d | -biɪd/ 〘昆虫〙 *adj.* クモバエ(科)の. — *n.* クモバエ 《クモバエ科の昆虫の総称》. 〘↓〙
Nyc·te·ri·bi·i·dae /nɪ̀ktərəbáɪədìː | -rɪ̀báɪɪ-/ *n. pl.* 〘昆虫〙 (双翅目)クモバエ科. 〘← NL ~ ← *Nycteribia* (属名: ← Gk *nukterís* bat+-BIA)+-IDAE〙
nyc·ti- /níktɪ̀, -ti/ nycto- の異形 (⇨ -i-).
nyc·ti·nas·ty /níktənæ̀sti | -tɪ-/ *n.* 〘植物〙 就眠運動, 昼夜運動 《昼夜の変化に応じて起こる葉の上下運動や花の開閉運動》. **nyc·ti·nas·tic** /nɪ̀ktənǽstɪk | -tɪ-⁻/ *adj.* 〘← NYCTI-+Gk *nastós* close-pressed〙
nyc·ti·tro·pic /nɪ̀ktətróupɪk, -trɑ́(ː)p- | -tɪtrɔ́p-⁻/ *adj.* 〘植物〙 夜間方向[位置]を変える性質のある, 夜間屈性運動をする. 〘(1880) ← NYCTO-+-TROPIC〙
nyc·tit·ro·pism /nɪktítrəpɪ̀zm/ *n.* 〘植物〙 (葉などが)夜間方向[位置]を変える傾向[性質]. 〘(1880): ⇨ ↑, -ism〙
nyc·to- /níktou | -təu/ 「夜(の) (night)」の意の連結形. ★ 特に nycti-, また母音の前では通例 nyct- になる. 〘☐ Gk ~ ← *núx* night〙
nyc·to·pho·bi·a /nɪ̀ktəfóubiə | -fə́u-/ *n.* 〘精神医学〙 暗闇恐怖. **nỳc·to·phó·bic** /-bɪk⁻/ *adj.* 〘⇨ ↑, -phobia〙
nyc·tu·ri·a /nɪktúᵊriə, -tjúᵊr- | -tjúər-/ *n.* 〘病理〙 = nocturia. 〘← NL ~: ⇨ nycto-, -uria〙
n.y.d. 《略》 not yet diagnosed.
Ny·dra·zid /náɪdrəzɪ̀d | -zɪd/ *n.* 〘商標〙 ニドラジド 《結核治療薬 isonicotinic acid hydrazide の商品名》. 〘cf. hydrazide〙
nye /náɪ/ *n.* きじの群れ (nide).
Nye /náɪ/ *n.* ナイ 《男性名》. 〘(dim.) ← Aneirin, *Aneurin* (ウェールズ語の男性名)〙
Nye, Edgar Wilson *n.* ナイ 《1850–96; 米国のユーモア作家; 通称 Bill Nye》.
Nye·man /*Russ.* nʲémən/ *n.* =Neman.
Nye·re·re /njəréᵊri, nir- | njəréəri, nɪər-, -réri/, **Julius Kam·ba·ra·ge** /kɑːmbɑ́ːrəgə/ *n.* ニエレレ 《1922–99; タンザニアの政治家; 大統領 (1964–85); ザンジバルとの合併以前のタンガニーカの首相 (1961), 大統領 (1962–64); OAU の中心的人物》.
nyet /njét; *Russ.* nʲét/ *Russ. adv.* いいえ (no), いや (cf. da²). 〘☐ Russ. ~〙
Nyí·re·gy·há·za /nìːrɛtʃhɑ́ːzə; *Hung.* ɲíːrɛɟhaːzɒ/ *n.* ニーレジュハーザ 《ハンガリー北東部の都市; 古くからの交通の要衝で, 周辺地域の農産物の集散地》.
Ny·kø·bing /níːkəbɪŋ; *Dan.* nýkøːˀbeŋ/ *n.* ニュキェビング 《デンマークの Falster 島西岸の港町》.
nyl·ghai /nílgaɪ/ *n.* (*pl.* ~s, ~) 〘動物〙 =nilgai.
nyl·ghau /nílgɔː, -gɑː | -gɔː/ *n.* (*pl.* ~s, ~) 〘動物〙 = nilgai.
ny·lon /náɪlɑ(ː)n | -lɔn/ *n.* **1** ナイロン 《合成繊維》. **2 a** ナイロン製品. **b** [*pl.*] 《口語》 ナイロンストッキング. 〘(1938) ? ← (VI)NYL +(RAY)ON; Du Pont 社による造語〙
Ny·man /náɪmən/, **Michael** *n.* ナイマン 《1944– ; 英国の作曲家; 映画監督 Peter Greenaway の作品の映画音楽が有名》.
nymph /nímf/ *n.* **1** 〘ギリシャ・ローマ神話〙 ニュムペー, ニンフ 《海・川・泉・小山・森などに住む半神半人の少女; cf. dryad, hamadryad 1, naiad, Nereid, Oceanid, oread, salamander 2 b》: ⇨ water nymph 1, wood nymph 1. **2 a** 《詩》 (ニンフのような)美しい少女; 《文語》 少女, 乙女. **b** 品行の悪い女性. **3** 〘昆虫〙 **a** 若虫(わかむし), ニンフ 《不完全変態昆虫の幼虫》. **b** 《まれ》 さなぎ (pupa). **4** 〘釣〙 ニンフ 《幼虫期の水生昆虫に似せた毛針》. 〘(*a*1390) ☐ OF *nimphe* (F *nymphe*) ☐ L *nympha* ☐ Gk *númphē* bride, nymph, pupa〙
nymph- /nɪmf/ (母音の前にくるときの) nympho- の異形.
nym·pha /nímfə/ *L. n.* (*pl.* **nym·phae** /-fiː/) **1** 〘昆虫〙 =nymph 3 a. **2** [*pl.*] 〘解剖〙 小陰唇 (labia minora). 〘(1601) ☐ L ~: ⇨ nymph〙
nymphaea *n.* nymphaeum の複数形.
Nym·phae·a·ce·ae /nɪ̀mfiéɪsiìː/ *n. pl.* 〘植物〙 (キンポウゲ目)スイレン科. **nỳm·phae·á·ceous** /-ʃəs⁻/ *adj.* 〘← NL ~ ← L *nymphaea* water lily (属名: ⇨ nymphaeum)+-ACEAE〙
nym·phae·um /nɪmfíːəm/ *n.* (*pl.* **-phae·a** /-fíːə/) **1** 休憩室, 休みの場, 憩いの場, ニンファエウム 《噴水があり花や彫刻で飾られたローマの建物や部屋》. **2** 〘考古〙 ニンフを祭った社, ニンフの神殿. 〘(1770) ☐ L ~ ☐ Gk *numphaîon* ← *númphē* 'NYMPH'〙
nymph·al /nímfəl, -fl̩/ *adj.* **1** ニンフの (nymphean). **2** 〘昆虫〙 若虫(わかむし) (nymph)の; さなぎの (pupal). 〘(1656) ☐ F ~ ∥ L *nymphālis* belonging to nymphs ← *nympha* 'NYMPH': ⇨ -al¹〙
nym·pha·lid /nímfəlɪ̀d | -lɪd/ 〘昆虫〙 *adj.* タテハチョウ(科)の. — *n.* タテハチョウ 《タテハチョウ科のチョウの総称》. 〘(1895) ↓〙
Nym·phal·i·dae /nɪmfǽlədìː | -lɪ-/ *n. pl.* 〘昆虫〙 (鱗翅目)タテハチョウ科. 〘← NL ~ ← *Nymphālis* (属名: ⇨ nymphal)+-IDAE〙
nym·phe·an /nímfiən, nɪmfíːən/ *adj.* **1** ニンフの(ような). **2** ニンフが住む. **3** ニンフのように美しい. 〘(*a*1758) ← Gk *numphaî(os)* of a nymph (← *númphē* 'NYMPH'+-AN¹)〙
nym·phet /nɪmfét, nímfɪ̀t | nɪmfét, nímfɪ̀t, -fɛt/ *n.* (*also* **nym·phette** /~/) **1** ニンフェット 《若くて特に美しいニンフ》. **2** (10–14 歳ぐらいの)早熟な[ませた]色っぽい娘; ふしだらな若い女性. 《V. Nabokov *Lolita* (1955) 中の用語から》 **nym·phet·ic** /nɪmféṭɪk | -tɪk/ *adj.* 〘(1612): ⇨ -et〙
nym·phi- /nímfɪ̀, -fi/ nympho- の異形 (⇨ -i-).
nymph·ic /nímfɪk/ *adj.* =nymphean. 〘1890〙
nýmph·ish /-fɪʃ/ *adj.* ニンフのような. 〘(1578) ← NYMPH+-ISH¹〙
nýmph·like *adj.* ニンフのような, ニンフのように美しい. 〘*a*1586〙
nym·pho /nímfou | -fəu/ *n.* (*pl.* ~s) 《俗》 =nymphomaniac. 〘《短縮》 ← NYMPHOMANIAC〙
nym·pho- /nímfou | -fəu/ 「ニンフ (nymph); 小陰唇 (nymphae)」の意の連結形. ★ 時に nymphi-, また母音の前では通例 nymph- になる. 〘☐ Gk *numpho-*: ⇨ nymph, -o-〙
nym·pho·lep·sy /nímfəlèpsi/ *n.* **1** (ニンフに魅せられた者が陥るといわれる)有頂天, 狂喜 (ecstasy). **2** (得られないものを得ようとする欲求から来る)逆上, 熱狂 (frenzy). 〘(1775) ☐ Gk *numphólēptos* caught by nymphs, in a state of rapture (⇨ nympho-, -lepsy): EPILEPSY にならった造語〙
nym·pho·lept /nímfəlèpt/ *n.* nympholepsy に陥っている人, 狂喜[逆上]している人. 〘(1813) ↑〙
nym·pho·lep·tic /nɪ̀mfəléptɪk⁻/ *adj.* nympholepsy に陥った; 熱狂した (frenzied). 〘(1818): ⇨ ↑, -ic¹〙
nym·pho·ma·ni·a /nɪ̀mfəméɪniə, -njə/ *n.* 〘病理〙 ニンフォマニア, 女子色情症 《女性の病的な性欲亢進状態; cf. satyriasis》. 〘(1775) ← NYMPHO-+-MANIA〙
nym·pho·ma·ni·ac /nɪ̀mfəméɪniæ̀k/ *n.* ニンフォマニアの患者. — *adj.* 〈女性が〉ニンフォマニアの. **nym·pho·ma·ni·a·cal** /nɪ̀mfəmənáɪəkəl, -kl̩⁻/ *adj.* 〘(1867) ← NYMPHO-+MANIAC〙
nýmph pínk *n.* 紫がかった赤, 赤紫色.
Ny·norsk /njúːnɔəsk | -nɔːsk; *Norw.* nýːnɔrʃk/ *n.* 〘言語〙 ニューノシュク 《2 種類あるノルウェー公用語のうちの一つ; 北西ノルウェー方言に基づく; Landsmål ともいう; cf. Bokmål》. 〘(1937) ☐ Norw. ~ ← *ny* new+*norsk* Norwegian〙
NYO 《略》 National Youth Orchestra.
Nyo·ro /njɔ́ːrou | -rəu/ *n.* **1 a** [the ~(s)] ニョロ族 《ウガンダ西部に居住する黒人部族》. **b** ニョロ族の人. **2** ニョロ語 《Bantu 諸語の一つ》.
NYP 《略》 not yet published 未刊; 未発表.
ny·pa /níːpə/ *n.* 〘植物〙 =nipa.
Ný·quist critèrion /náɪkwɪ̀st- | -kwɪst-/ *n.* 〘電子工学〙 ナイキストの安定条件 《フィードバック系の安定性判別のための条件》. 〘↓〙
Nýquist diagram *n.* 〘電気〙 ナイキスト線図 《帰還増幅器や自動制御系の安定性判別に用いられる線図》. 〘← *Harry Nyquist* (1889–1976): これを創案した米国の電気技師〙
Nýquist frèquency [ràte] *n.* 〘電子工学〙 ナイキスト周波数 《信号を完全に再現するために必要な標本化周波数; Shannon の定理により, 元信号の最高周波数成分の 2 倍に等しい》.
Ny·sa /*Pol.* nísa/ *n.* [the ~] ニサ(川) 《Neisse のポーランド語名》.
NYSE 《略》 New York Stock Exchange.
nys·tag·mus /nɪstǽgməs/ *n.* 〘病理〙 眼振, 眼球振盪(とう)(症) 《眼球が不随意的に急速な運動をする症状》. **nys·tag·mic** /nɪstǽgmɪk/ *adj.* 〘(1822) ← NL ~ ← Gk *nustagmós* drowsiness, nodding ← *nustázein* to be sleepy or drowsy〙
nys·ta·tin /nístətɪ̀n | -tɪn/ *n.* 〘薬学〙 ナイスタチン ($C_{46}H_{77}NO_{19}$) 《病原性糸状菌を阻止する薄黄色の抗菌物質》. 〘(1952) ← *N(ew) Y(ork) Stat(e)*+-IN²〙
NYT 《略》 New York Times.
ny·tril /náɪtrəl/ *n.* ナイトリル, ニトリル繊維 《主としてビニリデンジニトリルを重合して造った柔らかくて弾性のある合成繊維》. 〘← (*vi*)*ny*(*lidene*) (*dini*)*tril*(*e*) (← DI-¹+NITRILE)〙
Nyun·gar /njúŋgə | -gəʳ/ *n.* ニュンガル語 《オーストラリア先住民の言語の一つ》.
Nyx /níks/ *n.* 〘ギリシャ神話〙 ニュクス 《夜の女神; Chaos の娘, Hemera と Aether の母; cf. Nox》. 〘☐ L ~ ☐ Gk *Núx*: *núx* night の擬人化: cf. Nox〙
nz 《記号》 New Zealand 《URL ドメイン名》.
NZ /ɛ́nzíː | -zɛ́d/ 《略》 New Zealand.
NZBC 《略》 New Zealand Broadcasting Corporation.
NZCER 《略》 New Zealand Council for Educational Research.
N. Zeal. 《略》 New Zealand.
NZEF 《略》 New Zealand Expeditionary Force.
NZEFIP 《略》 New Zealand Expeditionary Force in the Pacific.
NZEI 《略》 New Zealand Educational Institute.
NZLR 《略》 New Zealand Law Reports.
NZMA 《略》 New Zealand Medical Association.
NZR 《略》 New Zealand Railways.
NZRFU 《略》 New Zealand Rugby Football Union.
NZRN 《略》 New Zealand Registered Nurse.
NZ$ /ɛ́nziːdɑ́(ː)lə(z) | -zɛ̀ddɔ́ləʳ, -ləz/ 《記号》〘貨幣〙 New Zealand dollar(s).

O o

O, o /óʊ | ə́ʊ/ *n.* (*pl.* **O's, Os, o's, os, oes** /~z/) **1** 英語アルファベットの第 15 字. ★ 通信コードは Oscar. **2** (活字・スタンプなどの) O または o 字. **3** [O] O 字形(のもの); 円形: an *O* / a round *O*. **4** 文字 o が表す音: a short *o* 短音の o (hot, box などの /ɑ(:) | ɔ/; ⇨ short *adj.* 10 a) / a long *o* 長音の o (hope, lone などの /oʊ | əʊ/; ⇨ long *adj.* 11). **5** (連続したものの)第 15 番目(のもの); (J を数えない時は)第 14 番目(のもの). **6** (中世ローマ数字の) 11. 〚OE *O, o* ▭ L (Etruscan を経由) ▭ Gk (*ò mīkrón* 〘原義〙 short 'o') ▭ Phoenician ○: cf. Heb. ע (*'áyin*) 〘原義〙 eye: 古代ヘブライ語では有声咽頭摩擦音 [ʕ] を表した〛

o 〘記号〙〘気象〙 overcast sky.

o, O 〘略〙 ocean; 〘処方〙 *L.* octārius パイント (pint); old; order; overseer.

O /óʊ | ə́ʊ/ *int.* **1** [特に詩的な, またはいかめしい表現で呼掛けの名の前に] ああ, おお: *O* Lord, help us! おお, 主よ, われらを助けたまえ. **2** ああ, おや, まあ 《驚き・恐怖・苦痛・悲嘆・感嘆・願望などを表す》: *O* dear me! おやまあ / *O that* I might see him again! ああ, 彼にもう一度会えたならなあ. **3** [肯定・否定の語などの前に]: *O* yes. そうだとも / *O* no. とんでもない(ことです); だめです; (相手の否定表現に賛成して)そうですとも. ★ 大文字で書かれ, そのすぐ後はコンマまたは! などの句読点がくることはまれ (cf. oh).
Ó for …! 〘詩・文語〙 ああ…が欲しい: *O for* wings!
— *n.* おお(という叫び), 嘆声.
〚?lateOE *O* ▭ (O)F *ô* ▭ L *ō*: 擬音語: cf. ah〛

O 〘記号〙 **1** 零. **2** (ABO 式血液型の) O 型. **3** 〘論理〙 particular negative. **4** 〘化学〙 oxygen. **5** 〘地球物理〙 center of earth. **6** 〘米陸・海・空軍〙 observation plane 観測機.

O **O, O.** 〘略〙 observe; observer; occiput; occupation; octavo; October; oculus; office; officer; Ohio 〘非公式〙; Old Fellows; Ontario; operation(s); orange; ordinary; Orient; Oriental; 〘音楽〙 *It.* Ottava (=octave); owner.

o. 〘略〙 occasional; octavo; off; ohm(s); only; *L.* optimus (=best); 〘紋章〙 or; organ; 〘野球〙 out(s); 〘クリケット〙 over(s); overcast.

o' /ə/ *prep.* **1** of の略: Jack-*o'*-lantern, will-*o'*-the wisp, man-*o'*-war, 〘口語〙 cup *o'* tea / ⇨ *o'*clock. **2** 〘方言〙 on の略: *o'*nights. 〚?c1200〛

O' /ə, oʊ | ə(ʊ)/ *pref.* アイルランド系の人名(姓)の前に付いて son of の意を表す (cf. Fitz-, Ibn-, Mac-, -son 2, -s² 3): *O'*Brien, *O'*Connell, *O'*Connor, *O'*Hara. 〚(1730) ▭ Ir. *O'* ← *ō* descendant, grandson < OIr. *au(e)*: cf. Gael. *oe, oy* grandchild〛

o-¹ /ə, oʊ | ə(ʊ)/ *pref.* (m の前にくるときの) ob- の異形: omit.

o-² /oʊ | əʊ/ (母音の前にくるときの) oo- の異形.

o-³ 〘略〙〘化学〙 ortho-.

-o /oʊ, òʊ | əʊ, ə̀ʊ/ *suf.* **1** 語または語の省略形に添えて, 口語[俗語]的表現を造る: lie doggo (← dog) / abo (← aborigine, aboriginal) / ammo (← ammunition) / Commo (← Communist). **2** 他の品詞から間投詞を造る: cheer(i)o, righto. 〚← ? OH: cf. hello〛

-o- /oʊ, ə, ɑ́(:) | ə(ʊ), ɔ́/ 本来ギリシャ語系合成語の連結辞であったが, 今では広く科学用語その他に用いる: **1** ギリシャ語(およびラテン語)系の合成語の第 1 要素と第 2 要素を結ぶ連結辞 (cf. -i-): aristocracy, philosophy, technology. **2** 一般的に合成語の連結辞: dramaticomusical, jazzophile. **3** 合成語の第 1 要素と第 2 要素の間において同格その他の関係を示す: Franco-British, Russo-Japanese. 〚ME *-o-* ▭ (O)F ▭ L ▭ Gk (名詞・形容詞の語幹形成母音)〛

o/a, O/A 〘略〙 on account; on or about.

OAA 〘略〙 old-age assistance 老齢者補助制度.

oaf /óʊf | ə́ʊf/ *n.* (*pl.* **~s, oaves** /óʊvz | ə́ʊvz/) **1** 薄のろ, (からだばかり大きくて役に立たない)武骨者, 田舎者, 「うどの大木」. **2** 〘昔, 美しい顔の子は妖精がねたんで自分の生んだ醜い子と取り替えた, という伝説から〙〘廃〙 **a** (神隠しの)取替え子 (changeling). **b** 奇形児, 白痴の子. 〚(1625) 〘異形〙 ← 〘廃〙 *auf* < ME *alfe* ▭ ON *ālfr* 'ELF'〛

óaf·ish /-fɪʃ/ *adj.* ばかな, 間抜けな. **~·ly** *adv.* **~·ness** *n.* 〚1610〛

OAG 〘略〙 Official Airlines [Airways] Guide.

O·a·hu /oʊɑ́:hu: | əʊ-; *Hawaii.* oʔáhu/ *n.* オアフ(島) 《米国 Hawaii 州ハワイ諸島の主島; 面積 1,564 km²; 南岸に Honolulu がある》. 〚▭ Hawaiian *O'ahu* ← ?〛

oak /óʊk | ə́ʊk/ *n.* (*pl.* **~s, ~**) **1** 〘植物〙 オーク 《カシワ・ナラ・カシなどブナ科コナラ属 (*Quercus*) の樹木の総称; 英国自生のものはヨーロッパナラ[イギリスナラ] (*Q. robur*) であるが, 他のヨーロッパ諸国にも見られる; わが国のミズナラ・カシワなどに似ているが, はるかに大木となる; 材は堅く木目が美しいので家具の材料となり, また造船の良材; 果実は acorn》: Little strokes fell great ~*s*. ⇨ stroke² *n.* 2. ★ ラテン語系形容詞: quercine. **2** オーク材 (oak timber): ⇨ *a* HEART *of oak*. **3 a** オークに似た木 《ウルシ属の木 (poison oak), ヤマモガシ (silky oak) など》. **b** 〘豪〙 モクマオウ属の低木 (casuarina) 《desert oak, swamp oak, she-oak など》. **4** (装飾用の)オークの葉 (cf. Oak-apple Day): a crown [wreath] of ~ オークの葉の冠[飾り環] / wear ~ オークの葉を頭に着ける. **5** オーク色, 黄褐色. **6 a** オーク製品 《ドアや家具類》. **b** 〘英〙 (Oxford, Cambridge 大学の私室入口の堅固な)オーク材のドア. ★ 特に次の句に用いる: sport one's ~ 《大学生が》留守[面会謝絶]のしるしに戸を閉める; (一般に)面会を謝絶する. **c** オークの船材; 〘詩〙 (オーク材の)木造船. **d** [形容詞的に] オーク(製)の: an ~ bed, chair, door, etc. / ~ furniture / an ~ leaf. 〚OE *āc* < Gmc **aiks* (Du. *eik* / G *Eiche* / ON *eik*) ← ? IE **aig-* (Gk *aigílōps* a kind of oak / L *aesculus* Italian oak)〛

óak àpple *n.* かしわ没食子(もっしょくし), ふし(五倍子) 《ヌルデなどの葉にフシムシが作ったこぶ; 以前はインクの材料》. 〚1440〛

Óak-apple Dày *n.* 英国王政復古記念日 《Charles 二世が王政復古 (1660) で London に入京した日であり同時に王の誕生日でもある 5 月 29 日; Worcester の戦いに敗れたとき王がオークに隠れて助かったことを記念し, オークの葉で作った服などを着てこの日を祝う; Royal Oak Day ともいう; cf. royal oak》.

óak-bàrk *n.* オークの樹皮 《皮なめし用》. 〚1666〛

óak èggar [ègger] *n.* 〘昆虫〙 ヨーロッパクヌギカレハ (*Lasiocampa quercus*) 《カレハガ科のガ》. 〚1859〛

oak·en /óʊkən | ə́ʊk-/ *adj.* **1** オーク材の[で作られた], オーク製の: an ~ chair / ~ paneling オーク材の腰板. **2** 〘古〙 **a** オークの. **b** オークの木から成る: an ~ forest. **c** オークの葉[小枝]で作った. 〚(1393): ⇨ -en²〛

óak fèrn *n.* 〘植物〙 ウサギシダ (*Gymnocarpium dryopteris*) 《オシダ科のシダ; 北半球の亜寒帯・温帯産》. 〚1548〛

óak gàll *n.* =oak apple.

Oak·ham /óʊkəm | ə́ʊk-/ *n.* オーカム 《イングランド中東部 Leicestershire の市場町》.

Oak·land /óʊklənd | ə́ʊk-/ *n.* オークランド 《米国 California 州西部, San Francisco 湾に臨む港湾都市》. 〘この地に繁茂していたオークの林にちなむ〙

Óak Láwn *n.* オークローン 《米国 Illinois 州北東部, Chicago の郊外の村》.

óak-lèaf clúster *n.* 〘米陸軍〙 槲葉(かしわば)章 《葉 4 枚と実 3 個をあしらったオークの小枝を表し, 勲章のリボンにつけて同一勲章の再度の授与を表彰する; 青銅製 5 個が銀製 1 個に相当する》. 〚1918〛

óak lèaf (lèttuce) *n.* 〘植物〙 オークリーフレタス 《葉の周囲が粗い鋸歯状の葉レタス; 色は赤または緑で, わずかに苦みがある》.

óak lèather *n.* **1** 〘植物〙 暖皮 《種々の樹皮の内側にキノコ類の菌糸が増殖して皮革状になったもの; 工芸品材料に用いられた》. **2** 〘皮革〙 オークの樹皮のタンニン (tannin) でなめした革. 〚1754〛

óak-lèaved geránium *n.* 〘植物〙 カシワバテンジクアオイ (*Pelargonium quercifolium*) 《南アフリカ共和国原産の葉がカシワに似た多年草》.

Oak·ley /óʊkli | ə́ʊk-/ *n.* **1** オークリー 《男性名》. **2** 〘俗〙 =Annie Oakley. 〚〘原義〙 oakwood〛

Oakley, Annie *n.* オークリー (1860–1926; 米国の女性射撃名手; Buffalo Bill の 'Wild West Show' 中のスター; 本名 Phoebe Anne Oakley Mozee).

oak·ling /óʊklɪŋ | ə́ʊk-/ *n.* オークの若木. 〚(1664) ← OAK+-LING〛

óak·mòss *n.* 〘植物〙 ツノマタゴケ (*Evernia prunastri*) 《オークなどの樹皮上に生じる地衣; 染料の原料》. 〚1921〛

Óak Párk *n.* オークパーク 《米国 Illinois 州北東部, Chicago 郊外の住宅地; Ernest Hemingway の生地》.

Óak Rídge *n.* オークリッジ 《米国 Tennessee 州, Knoxville 近くの都市; 原子力関係の諸研究機関がある》.

Oaks /óʊks | ə́ʊks/ *n.* [the ~] **1** 〘競馬〙 オークス 《英国五大競馬の一つ; Derby の翌々日(金曜日)イングランドの Epsom 競馬場で, 3 歳の牝馬(ひんば)によって行われる; 距離 1½ マイル; 第 12 代 Derby 伯により 1779 年創設; cf. classic races 1》. **2** オークスに準じた競馬. 〚Epsom に近い私有地の呼び名から〛

óak tàg *n.* ポスターや紙ばさみ用の厚紙[ボール紙].

óak trèe *n.* =oak 1. 〚OE *āctrēo*〛

oa·kum /óʊkəm | ə́ʊ-/ *n.* まいはだ, まきはだ(槙肌), オーカム, ホーコン 《古い麻綱などをほぐして麻くずのようにしたもの; 木造船の板などの間に詰めて漏水を防ぐ》: pick ~ まいはだを作る 《昔の囚人などの仕事》; 苦役に服する. 〚lateOE *ācum(a), ācumba* ← *ā-* off + **camb-* (← *cemban* 'to COMB¹')〛

Oak·ville /óʊkvɪl | ə́ʊk-/ *n.* オークビル 《カナダ Ontario 州南東部の都市; Toronto に近く, Ontario 湖に臨む》.

óak wilt *n.* 〘植物病理〙 カシ類萎凋(いちょう)病 《オークの木のクワイカビ (*Ceratocystis fagacearum*) によるしおれ病》. 〚1942〛

óak·wòod *n.* **1** オーク材. **2** オークの森, オーク林. **3** 〘米〙 オーク色 《赤みを帯びた栗色》. 〚1504〛

oak·y /óʊki | ə́ʊ-/ *adj.* 《ワインなど》オーク樽の香りのする.

o. alt. hor. 〘略〙〘処方〙 *L.* omnibus alternis hōris 1 時間おきに (every other hour) (cf. o. bih.).

OAM 〘略〙 Medal of the Order of Australia.

Óam·a·ru stóne /ɑ́(:)mərù:, ɔ́(:)m- | ɔ́m-/ *n.* オマルー石 《ニュージーランド南島の町 Oamaru 産の建築資材である石灰岩》.

O & M 〘略〙 operations and maintenance.

Ó & Ḿ, Ó and Ḿ 〘略〙〘経営〙 organization and methods 業務改善活動. 〚1958〛

OAP /òʊèɪpí: | əʊ-/ 〘略〙 old-age pension 〘英〙 老齢年金; old age pensioner 〘英〙 老齢年金受給者.

OAPC 〘略〙 Office of Alien Property Custodian 居留外人資産管理局.

OAPEC /oʊéɪpɛk | əʊ-/ 〘略〙 Organization of Arab Petroleum Exporting Countries アラブ石油輸出国機構 (cf. OPEC). 〚1969〛

oar /ɔ́ə | ɔ́:ʳ/ *n.* **1 a** オール, 櫂(かい), 櫓(ろ): back the ~*s* (ボートを後退させるように)逆に漕(こ)ぐ, 逆漕ぎする / bend to the ~*s* 力を入れて漕ぐ, 力漕(りきそう)する / toss the ~*s* オールを空中に直立させる 《敬礼のしるし》 / trail the ~*s* (漕ぐのを止め)オールを流す. **b** [*pl.*; 号令として] 漕ぎ方用意[休め]! 《スカルなどで, オールをボートの側面と直角かつ水平に, またブレード端を水面と平行にさせる; 漕ぎ出す前あるいは漕いでいる途中に言う》. **2** 〘古〙 オールのように動くもの 《鳥の翼・魚のひれ・人間の腕など》. **3** 漕ぎ手 (oarsman): a good [practiced, young, poor] ~ 優秀な[熟練した, 未熟な, へたな]漕ぎ手 / first ~*s* (ボートの)整調(手). **4** [通例 *pl.*] 〘古〙 漕ぎ舟, ボート: a pair of ~*s* 二人で漕ぐ舟.
be cháined to the óar(s) (昔のガレー船の奴隷のように)働きづめに働かされる. ***háve an óar in évery mán's bóat*** だれのことにでもおせっかいをする[干渉する]. ***hàve [plý, púll, táke] the láboring óar*** (他の人より)苦しい仕事を受け持つ, 最も骨の折れる役を引き受ける. ***lie [rést, 〘米〙 láy] on one's [the] óars*** (1) オールを水から上げて漕ぐのを休む. (2) (仕事を中止[完成]して)ひと休みする. 〚1836〛 ***púll a góod óar*** じょうずに漕ぐ. ***púll a lóne óar*** (1) 一人だけ調子のはずれたオールを漕ぐ. (2) 一人で漕ぐ, (協力者なしで)一人でやっていく. ***pùt [shóve, stick] one's óar in*** いらぬ世話を焼く, くちばしを入れる. 〚1886〛 ***túg at the [an] óar*** (ガレー船の奴隷となって)櫂を漕ぐ; あくせく[せっせと]働く.
— *vt.* 〘詩〙 **1 a** オールで漕ぐ, オールを漕いで進める (row): ~ a boat. **b** [~ *one's way* として] オールを漕ぐように進む: The swan ~*ed its way* gracefully. 白鳥は優美に泳いで行った. **2** 〘古〙 《両手を》泳ぐように動かす: ~ one's hands round. **—** *vi.* 〘詩〙 **1** オールを漕ぐ[漕いで行く]. **2** オールを漕ぐように進む.
~·like *adj.* 〚OE *ār* < Gmc **airō* (ON *ār* / Dan. *åre*)〛

oar·age /ɔ́:rɪdʒ/ *n.* 〘古〙 **1** 漕ぎ方; オールに似た手足の動き(方). **2** 漕艇具. **3** (動き・形状が)オールに似た物 《列をなして飛ぶ鳥など》. 〚(1762): ⇨ ↑, -age〛

óar blàde *n.* オールの扁平部[水搔き]. 〚1849〛

oared *adj.* [しばしば複合語第 2 構成素として] …本オールの: an eight-*oared* boat. 〚(1748): ← OAR (n.)+-ED 2〛

óar·fìsh *n.* (*pl.* **~, ~·es**) 〘魚類〙 リュウグウノツカイ (*Regalecus glesne*) 《ヨーロッパ・アジア・米大陸太平洋沿岸に産するリュウグウノツカイ科の扁平な帯状の魚; 体長 5–10 m に達する; king-of-the herrings ともいう》. 〚(1860): 舟の櫂(かい)の形に似ていることから〛

óar·less *adj.* オールのない. 〚1591〛

óar·lòck *n.* 〘米〙 (ボートの)オール受け, 櫂(かい)受け (rowlock). 〚OE *ārloc*: ⇨ oar, lock¹〛

óars·man /-mən/ *n.* (*pl.* **-men** /-mən/) (ボートの)漕(こ)ぎ手; (特に)上手な漕ぎ手. 〚(1701) ← OAR+-s² 2+MAN¹〛

óarsman·shìp *n.* **1** 漕ぎ手の技量[腕前]. **2** 漕ぎ方, 漕(そう)法. 〚1873〛

óars·wòman *n.* 女性の漕ぎ手. 〚1882〛

óar·wèed *n.* 〘植物〙 大形の褐藻, (特に)コンブ (laminaria). 〚(1586) ← 〘方言〙 *ore* seaweed+WEED〛

oar·y /ɔ́:ri/ *adj.* 〘詩・古〙 **1 a** オールのような形の; オールの働きをする. **b** 左右に広げた: ~ wings of a bird. **2** オールを備えた. 〚1667〛

OAS /òʊèɪés/ 〘略〙 **1** old age security; on active service; Organization of American States. **2** Organisation de l'Armée Secrète (Secret Army Organization) 秘密軍組織 《1961 年に結成されたフランスの右翼団体; テロ

活動などによりアルジェリア政策に反抗》.

OASDHI 《略》Old Age, Survivors, Disability and Health Insurance 《米》老齢者・遺族・廃疾者年金および健康保険(制度)《OASDI と老齢者・廃疾者健康保険との総称; 病院保険給付などを内容とし, 通称 Medicare と呼ばれる》.

OASDI 《略》Old Age, Survivors, and Disability Insurance 《米》老齢者・遺族・廃疾者年金保険(制度).

oases *n.* oasis の複数形.

OASI /oʊèɪèsáɪ | əʊ-/ 《略》〘保険〙Old Age and Survivors Insurance (米国社会保障制度における)老齢遺族保険.

o·a·sis /oʊéɪsɪ̣s | əʊéɪsɪs/ *n.* (*pl.* **-a·ses** /-siːz/) **1** オアシス《砂漠の中で水・緑地のある小さな沃地》. **2** (寂しい[単調な]生活の中に時としてある)憩いの場所[時]. **3** 〘天文〙オアシス点《火星の多くの「運河」の交差点に見られる丸い小点》. **4** [O-]〘商標〙オアシス《生け花で切り花を挿したりするのに用いる軟らかい吸水性のブロック》.

an oásis in the désert 退屈なもの[こと]からの好ましい変化; ほっとさせてくれるもの[こと].

〘《1613》□ F ～ // □ LL ～ □ Gk *Óasis* ← ? Egypt.: cf. Egypt. *Uakht* the Great Oasis, 《原義》fertile region & *uakh* to be green, bloom / Coptic *ouahe* dwelling place〙

o·a·sit·ic /òʊəsítɪk | əʊəsít-/ *adj.* オアシスの[に関する, に似た]. 〘1896〙

oast /oʊst | əʊst/ *n.* 《英》 **1** (ホップ・麦芽・たばこなどの)乾燥がま. **2** ホップ乾燥所《oasthouse ともいう》. 〘OE *āst* kiln < Gmc **aistaz* (Du. *eest*) ← IE **aidh-* to burn (L *aestus* heat / Gk *aîthos* burning heat)〙

óast·hòuse ＝oast 2. 〘1764〙

oat /oʊt | əʊt/ *n.* **1** 〘植物〙 **a** エンバク(燕麦), オートムギ, マカラスムギ (*Avena sativa*)《イネ科カラスムギ属の栽培植物; ⇨ wheat 挿絵》. **b** 同属の雑草の総称; (特に)カラスムギ (wild oat). **2 a** [*pl.*; 単数または複数扱い] (穀物・作物としての)オート麦, 燕麦: eat much ～*s* / The ～*s* are poor this year. 今年は燕麦の出来が悪い. ★ Dr. Johnson がその辞書で与えた oats の定義 "A grain which in England is generally given to horses, but in Scotland supports the people" (イングランドでは普通馬の飼料であるがスコットランドでは人の食料となる穀物)は有名. **b** [単数扱い] ＝oatmeal. **3** 《詩・古》 **a** 麦笛 (oaten pipe). **b** 牧歌.

féel one's óats 《米口語》(1) 〈人が〉元気いっぱいである, 張り切っている《オート麦を食べた馬が元気がよくてはねかえることから》. (2) うぬぼれている, 得意になる (feel cocky). 《1831》 ***gét one's óats*** 《英口語》性交する. ***knów one's óats*** 《口語》よく知っている, 詳しい. ***óff one's óats*** 《英口語》食欲がなく(なって); 《戯言》性欲がなく(なって). 《1890》 ***sméll one's óats*** (いよいよ最後だと思って)急に元気づく, 勇み立つ《馬が厩に近づくと勇み立つことから》. ***sów one's óats*** ＝sow one's WILD OATS. 《1576》

〘OE *āte* ← ?: cf. IE **oid-* to swell (Gk *oidein*)〙

óat·càke *n.* オートケーキ《オートミールで作ったビスケットの一種》. 〘*a*1376〙

-o·ate /oʊèɪt | əʊ-/ 〘化学〙-oic で終わる名称をもつカルボキシル酸の「塩, エステル」を表す名詞連結形: caproate, octanoate. 〘⇨ -oic, -ate¹〙

oat·en /óʊtn̩ | əʊtn̩/ *adj.* **1** オート麦の[で作った]: ～ bread オート麦パン. **2** オート麦の茎で作った: an ～ pipe 麦笛. **3** オートミールで作った. 〘1381〙

oat·er /óʊtə | əʊtə(r)/ *n.* 《米俗》＝oat opera. 〘1951〙

Oates /oʊts | əʊts/, **Joyce Carol** *n.* オーツ《1938– ; 米国の女流小説家; *Them* (1969)》.

Oates, Lawrence Edward Grace *n.* オーツ《1880–1912; 英国の探検家; Scott の第 2 次南極探検の一員として参加し遭難死》.

Oates, Titus *n.* オーツ《1649–1705; 英国国教会の聖職者 (⇨ Popish Plot)》.

óat gràss *n.* 〘植物〙 **1** ＝wild oat 1 a. **2** エンバクに似た草本の総称《カニツリグサ (*Trisetum bifidum*) やオオカニツリ (*Arrhenatherum elatius*) など》. 〘1578〙

oath /oʊθ | əʊθ/ *n.* (*pl.* **～s** /oʊðz, oʊθs | əʊðz, əʊθs/) **1 a** (神・神聖なものにかけての)誓い, 宣誓(の形式): make (an) [take (an), swear an] ～ 宣誓する / bind a person by ～ 誓わせて人を束縛する / break an ～ 誓いを破る / put a person on (his) ～ 人に誓いを立てさせる / He took (his) ～ that he had never been there before. 彼は宣誓をしてそこには一度も行ったことがないと言った / (be) under [on, upon] ～ (*to* do) (真実を告げると)宣誓して(いる) / on (one's) ～ 誓って, 確かに / a false ～ 偽誓 / an ～ of allegiance 恭順[忠誠]の誓い / an ～ of office ＝ an official ～ (公務員規律を守るという)就任の宣誓 / the ～ of a juror 陪審員の宣誓 / take the ～ (法廷などで)宣誓をする《証人などが聖書に手を触れて偽りを申し立てないことを神に誓うこと》. **b** (宣誓した上での)証言, 誓約. **2 a** (のろい・怒り・悪口などの場合の)神名濫用 (God damn you!, Jesus Christ! など). **b** 冒瀆的[みだら]な言葉, のろい (curse); ののしり, 悪ばわり: a mild ～ 軽いののしり(の言葉). 〘OE *āþ* < Gmc **aiþaz* (Du. *eed* / G *Eid*) < ? IE **oitos* 《原義》advancing to take an oath ← ? **ei-* to go (L *eō* / Gk *eîmi* I go)〙

oat·meal /óʊtmiːl, ⌐⌐ | əʊtmiːl/ *n.* **1** オートミール, ひき割りからす麦 (ground oats): ～ porridge オートミールのかゆ《通例牛乳と砂糖を加えて朝食に食べる》. **2** 《米》朝食用オートミールのかゆ (《英》porriage). **3** くすんだベージュ色の: an ～ skirt. 〘1381〙

óat òpera *n.* 《米俗》西部劇 (horse opera). 〘1942〙

OAU /oʊèɪjúː | əʊ-/ 《略》Organization of African Unity. 〘1963〙

Oa·xa·ca /wəhάːkə; *Am.Sp.* oahάka/ *n.* **1** オアハカ(州)《メキシコの南部太平洋岸の州》. **2** オアハカ《同州の州都; 公式名 Oaxaca de Juárez /-dehwάres/》.

ob /ɑ(ː)b | ɔb/ *n.* 《俗》〘気象〙気象観測. 〘《略》← OBSERVATION〙

Ob /oʊb, ɑ(ː)b, ɔ(ː)b | ɔb; *Russ.* ópʲ/ *n.* [the ～] オビ(川)《ロシア連邦中央部シベリア西部の大河; ウラル山脈の東方を流れてオビ湾に注ぐ》.

Ob, the Gulf of *n.* オビ湾《ロシア連邦シベリア北西部, 北極海のカラ海 (Kara Sea) の湾》.

OB 《略》Old Bailey; Old Boy; outside broadcast; 《米》obstetrics.

ob. 《略》obiit; obiter (dictum); obligation; oboe; observation; obsolete; obstetric; obstetrician; obstetrics.

Ob. 《略》〘聖書〙Obadiah.

ob- /ɑ(ː)b, əb | ɔb, əb/ *pref.* ラテン語系の語に付いて次の意味を表す: **1** 「…に向かって, 面して」: *ob*verse. **2** 「…に反対して」: oppose, *ob*stinate. **3** 「…を覆って, …の上に」: *ob*fuscate, *ob*scure. **4** 「完全に」: *ob*durate, *ob*solete. **5** 「…の邪魔をして」: *ob*stacle, *ob*struct. **6** 〘科学用語で〙「逆に」: *ob*ovate, *ob*conic. ★ c, f, m, p, t の前ではそれぞれ oc-, of-, o-, op-, os- となる; *oc*cur, *of*fer, *o*mit, *op*press, *os*tensible. 〘□ L *ob-* ← *ob* toward, against: cf. epi-〙

o/b 《略》outboard.

ob·a /ɑ(ː)bə | ɔbə/ *n.* (ナイジェリアで)族長(の称号). 〘《1903》← Yoruba〙

Obad. 《略》〘聖書〙Obadiah (旧約聖書の)オバデヤ書.

O·ba·di·ah /òʊbədáɪə | əʊ-/ *n.* **1** オバデヤ《男性名》. **2** 〘聖書〙 **a** オバデヤ《紀元前 6–5 世紀ごろのヘブライの預言者》. **b** (旧約聖書の)オバデヤ書 (略 Obad.). 〘□ Heb. *'Obhadhyāh* 《原義》servant of Yah (＝YAHWEH)〙

O·ban /óʊbən, -bn̩ | əʊ-/ *n.* オーバン《スコットランド西部の Lorn 湾に臨む港町; 保養地》.

obb. 《略》〘音楽〙obbligato.

obbl. 《略》〘音楽〙obbligato.

ob·bli·ga·to /ɑ(ː)bləgάːtoʊ | ɔblɪgάːtəʊ; *It.* obbligáːto/ 〘音楽〙 *adj.* [楽譜の指示に用いて] 〈伴奏などが〉必ず伴う, 省けない (cf. ad libitum 2). — *n.* (*pl.* **～s, -ga·ti** /-tiː; *It.* -ti/) オブリガート, (不可欠な)声部, (特にアリアなどで器楽の)助奏, (主旋律に対して, 装飾的な)副旋律. 〘《1724》□ It. ～ 'obliged, obligatory' < L *obligātum*: ⇨ obligate〙

OBC 《略》old boys' club.

ob·con·ic /ɑ(ː)bkά(ː)nɪk | ɔbkɔ́n-/ *adj.* 〘植物〙〈蒴(さく) (capsule) など〉倒円錐形の. 〘1819〙

ob·cón·i·cal /-nɪkəl, -nə-, -kl̩ | -nɪ-/ *adj.* 〘植物〙 ＝ obconic.

ob·cor·date /ɑ(ː)bkɔ́ədeɪt, -dl̩t | ɔbkɔ́ːdeɪt, -dl̩t/ *adj.* 〘植物〙〈葉が〉倒心臓形の. 〘1775〙

obdt 《略》obedient.

ob·duce /ɑ(ː)bdúːs, -djúːs | ɔbdjúːs/ *vt.* [命令形で]〘処方〙覆う, 包む. 〘《1657》□ L *obdūcere* ← OB- + *dūcere* to lead〙

ob·duc·tion /ɑ(ː)bdʌ́kʃən | ɔb-/ *n.* 〘地質〙のし上げ, オブダクション《リソスフェア (lithosphere) のプレートが, 隣接するプレートのへりの上にのし上がること》. 〘《1971》□ L *obductiō(n-)* ← *obdūcere* (↑)〙

ob·du·ra·cy /ά(ː)bdurəsi, -djur- | ɔ́bdjur-/ *n.* **1** 頑固, 強情 (stubbornness). **2** 冷酷. 〘《1597》: ⇨ ↓, -acy〙

ob·du·rate /ά(ː)bdurɪ̣t, -djur- | ɔ́bdjur-/ *adj.* **1 a** 道徳的な説得になかなか応じない; 悔い改めようとしない: an ～ sinner. **b** 頑固な, 強情な (stubborn) (⇨ inflexible SYN). **2** 情に動かされない, 無慈悲な, 冷酷な. **～·ly** *adv.* **～·ness** *n.* 〘《c1450》□ L *obdūrātus* (p.p.) ← *obdūrāre* ← OB- + *dūrāre* to harden: cf. durable〙

OBE /òʊbìːíː | əʊ-/ 《略》Officer (of the Order) of the British Empire; out-of-the-body experience.

o·be·ah /óʊbiə | əʊ-/ *n.* [しばしば O-] **1** オービア(魔術)《西インド諸島の黒人やアフリカ原住民間に行われる一種の魔術》. **2** (オービア魔術に用いる)物神(ぶっしん) (fetish), 護符 (charm). 〘《1760》← Niger-Congo (Twi)〙

óbeahman /-mən/ *n.* (**-men** /-mən/) オービア魔術師.

o·be·che /oʊbíːtʃi | ə(ʊ)-/ *n.* 〘植物〙熱帯アフリカ産アオギリ科の高木 (*Triplochiton scleroxylon*); その材《軽くて堅牢; 特に家屋内装, 家具に用いられる》. 〘《1908》← W-Afr.: Nigeria における呼称〙

o·be·di·ence /oʊbíːdiəns, əb- | ə(ʊ)bíːd-/ *n.* **1** 服従 (submission); 従順, 忠順 (↔ disobedience): active [willing] ～ 自発的な服従 / blind ～ 盲従 / humble ～ 恭順 / passive ～ 消極的[非協力的]服従; 無抵抗服従, 黙従 / hold a person in ～ 人を心服させている / in ～ to his will 彼の意志[遺書]に従って / swear [refuse] ～ to … に対して恭順を誓う[拒む]. **2** 〘カトリック〙 **a** (教会が信者に要求する)忠順, 従順 (⇨ poverty 1 b); (信者に忠順を要求する教会の)権威, 支配, 管区. **b** [集合的] (教会に忠順を誓う)信者団: the Roman ～ カトリック信者(全体). 〘《?a1200》ME ～ □ (O)F *obédience* □ L *obēdientia*: ⇨ obedient, -ence〙

O·be·di·ence /oʊbíːdiəns, əb- | ə(ʊ)bíːd-/ *n.* オービーディアンス《女性名》. 〘↑〙

o·be·di·ent /oʊbíːdiənt, əb- | ə(ʊ)bíːd-/ *adj.* 従順な, 忠順な (dutiful), 孝順な (filial), 素直な 〔*to*〕: an ～ temper / be ～ *to* one's parents 両親の言うことに従う / ～ *to* the laws 国法に従って / your (most) ～ servant 《古》敬具《格式ばった手紙の結句》. 〘《?a1200》ME ～ □ OF *obédient* □ L *obēdientem* (pres.p.) ← *obēdīre* 'to OBEY'〙

SYN 従順な: **obedient** 権威を持つ人の命令によく従う: an *obedient* child 従順な子供. **docile** 素直でおとなしく御しやすい: This dog is very *docile*. この犬はとてもおとなしい. **tractable** 人や動物や物が取り扱いやすい《*docile* のような素直さを暗示しない》: Horses are more *tractable* than mules. 馬はラバよりも扱いやすい. **compliant** 自己主張がなく人の言いなりになる《格式ばった語》: a *compliant* little boy おとなしく人の言いなりになる小さい男の子. **yielding** 言いなりで従順な: in a *yielding* mood 従順な気持ちで. **biddable** 〈主に子供が〉従順な: a very *biddable* child とてもおとなしい子供.

ANT disobedient, refractory.

---

o·be·di·en·tia·ry /oʊbìːdiénʃ(ə)ri, əb- | ə(ʊ)bìːd-/ *n.* (中世の修道院の供給部・会計・聖歌隊などの)管理役員, 役僧. 〘《c1540》□ ML *obēdientiārius*: ⇨ ↑, -ary〙

o·be·di·ent·ly *adv.* 従順に; 素直に. ***Yours obédiently*** 《古》敬具《公式の手紙の結句》. 〘*a*1398〙

o·bei·sance /oʊbéɪsəns, əb-, -bíː-, -sn̩s | ə(ʊ)-/ *n.* **1** (敬意・従順を体で表す)お辞儀 (bow), 会釈 (salutation): do [make (an), pay] ～ *to* …に会釈する / a profound ～ 深々としたお辞儀. **2** 尊敬 (deference), 臣従(の礼) (homage) (⇨ honor SYN): make [do, give, pay] ～ *to* …に(臣下としての)敬意を表する, …に敬礼する. **3** 《廃》従順 (obedience). 〘《c1384》ME *obeisaunce* □ (O)F *obéissance* obedience ← *obéissant* (↓): ⇨ -ance〙

o·bei·sant /oʊbéɪsənt, əb-, -bíː-, -sn̩t | ə(ʊ)-/ *adj.* **1** 丁寧な, 敬意を表する (respectful). **2** 敬礼をしている. **3** 追従(ついしょう)的な; 卑屈な (servile). **4** 《廃》従順な (obedient). **～·ly** *adv.* 〘《c1300》ME *obeisaunt* □ (O)F *obéissant* (pres.p.) ← *obéir* 'to OBEY': ⇨ -ant〙

obeli *n.* obelus の複数形. 〘《a1387》□ LL *obelī*〙

o·be·lia /oʊbíːljə, -liə | ə(ʊ)-/ *n.* 〘動物〙オベリア《腔腸動物門ヒドロ虫綱オベリア属 (*Obelia*) のヒドロ虫の総称》. 〘《1868》← NL ～ ← ? Gk *obelías* roll or loaf toasted on a spit ← *obelós* spit: ⇨ -ia²〙

O·be·lia /oʊbíːljə, -liə | ə(ʊ)-/ *n.* オベリア《女性名》. 〘← Gk *obelías* (↑)〙

ob·e·lisk /ά(ː)bəlɪsk, óʊb- | ɔ́bɪ̣-/ *n.* **1 a** オベリスク, 方尖塔《先細のピラミッド形の頂上をした方形の一本石; 古代エジプトなどの記念碑》. **b** オベリスク状のもの. **2** ＝ obelus 1. **3** 〘印刷〙＝dagger 2: a double ～ ＝double dagger. — *vt.* 〈語句などに〉ダガー(マーク)を付ける.

ob·e·lis·cal /ɑ(ː)bəlískəl, òʊb- | ɔ̀bɪ̣-/ *adj.* **ob·e·lis·koid** /ɑ(ː)bəlískɔɪd, òʊb- | ɔ̀bɪ̣-/ *adj.* 〘《1549》□ F *obélisque* // L *obeliscus* □ Gk *obelískos* (dim.) ← *obelós* spit, pointed pillar: cf. obelus〙

ob·e·lize /ά(ː)bəlàɪz, óʊb- | ɔ́bɪ̣-/ *vt.* 〈語句などに〉疑句標 (obelus) を付ける. 〘《1611》□ Gk *obelízein* ← *obelós* spit: ⇨ obelus, -ize〙

ob·e·lus /ά(ː)bələs, óʊb- | ɔ́bɪ̣-/ *n.* (*pl.* **ob·e·li** /-làɪ, -liː/) **1** 疑句標《古代の写本で疑問のある章句の初めに付けた — または ÷》. **2** 〘印刷〙＝dagger 2. 〘《c1384》ME ～ □ LL ～ □ Gk *obelós* spit: cf. obelisk〙

O·ber·am·mer·gau /òʊbəάːməgàʊ | əʊbə(r)-ǽmə-; G. oːbɐámɐgau/ *n.* オーバーアマーガウ《ドイツ Bavaria 州南部, ミュンヘン (Munich) の南南西にある町; 10 年に 1 回行われるキリスト受難劇 (Passion play) で有名》.

O·ber·hau·sen /óʊbəhàʊzən, -zn̩ | əʊbə-; G. óːbɐhauzn̩/ *n.* オーバーハウゼン《ドイツ North Rhine-Westphalia 州 Ruhr 地区の工業都市》.

O·ber·land /óʊbəlæ̀nd | əʊbəlæ̀nd; G. óːbɐlant/ *n.* [the ～] オーバーラント《スイス中央部の山岳地方; Bernese Alps にほぼ相当する; 最高峰 Finsteraarhorn (4,273 m); Bernese Oberland ともいう》.

O·ber·on /óʊbərὰ(ː)n, -rən | əʊbərɔ̀n, -rən/ *n.* **1** 〘中世伝説〙オベロン《妖精の王; Shakespeare 作の *A Midsummer Night's Dream* では Titania の夫》. **2** 〘天文〙オベロン《天王星 (Uranus) の第 4 衛星; 5 個の衛星のうち最も外側を回る》. **3** オベロン《男性名》. 〘□ F *Obéron* < OF *Auberon* (cf. G *Alberich* elf-ruler) ← ? Gmc.: cf. elf, oaf〙

O·ber·ös·ter·reich /G. óːbɐøːstəraɪç/ *n.* オーバーエースターライヒ (Upper Austria のドイツ語名).

O·berth /óʊbə(ː)t | əʊbə(ː)θ; G. óːbɛʁt/, **Hermann Julius** *n.* オーベルト《1894–1989; ルーマニア生まれのドイツの物理学者; 1917 年に液体推進ロケットを開発》.

o·bese /oʊbíːs | ə(ʊ)-/ *adj.* (**o·bes·er**; **o·bes·est**) (病的に)肥満の, 太りすぎの (⇨ fat SYN): an ～ body 肥満体. **～·ly** *adv.* **～·ness** *n.* 〘《1651》□ L *obēsus* (p.p.) ← **obedere* to eat away ← OB- + *edere* 'to EAT¹'〙

o·be·si·ty /oʊbíːsəṭi | ə(ʊ)bíːsəti, -sɪ-/ *n.* (病的な)肥満, 太りすぎ. 〘《1611》□ F *obésité* // L *obēsitātem*: ⇨ ↑, -ity〙

OBEV 《略》Oxford Book of English Verse.

o·bey /oʊbéɪ, əb- | ə(ʊ)b-/ *vt.* **1 a** 〈命令・指令〉に従う: ～ a person's commands, summons, etc. **b** 〈人(の命令)〉に従う: ～ one's parents 両親(の命令)に従う. **2** 〈自然の法則など〉に従う, 〈理性など〉に従って行動する; 〈衝動など〉のままに動く: ～ one's conscience, the laws of nature, etc. / Animals ～ their instincts. 動物は本能のままに行動する / A ship ～*s* the compass. 船は羅針盤の指示に従う. — *vi.* **1** 言われた通りにする, 従順である. **2** 《廃》服従する 〔*to*〕. **～·er** *n.* 〘《?a1300》ME *obeien* □ (O)F *obéir* < L *obēdīre*, *oboedīre* to

O

hearken to, obey ← OB-+*audīre* to hear: cf. audible〕

ob·fus·cate /ɑ́(ː)bfəskèɪt, -fʌs-, ɑ(ː)bfʌ́skeɪt, əb- | ɔ́bfʌskèɪt, -fəs-/ *vt.* **1** 暗くする (darken);〈問題などを〉不明瞭にする,〈頭・判断などを〉曇らせる. **2**〈人〉の心を惑わせる, 途方に暮れさせる. **ob·fus·ca·tion** /ɑ̀(ː)bfʌskéɪʃən, -fəs- | ɔ̀b-/ *n.* 〘(1536) ← LL *obfuscātus* (p.p.) ← *obfuscāre* ← OB-+L *fuscāre* to darken ← *fuscus* dark: cf. fuscous〙

ob·fus·ca·to·ry /ɑ(ː)bfʌ́skətɔ̀ːri, əb- | ɔ́bfʌskèɪtəri, -tri, -fəs-/ *adj.* 不明瞭にさせる, ぼやけさせる, 混乱させるような.

ob-gyn, ob/gyn /óubíːdʒíːwàɪén | ɔ́u-/ 《略》 obstetrical-gynecological 産婦人科の; obstetrician-gynecologist 産婦人科医; obstetrics-gynecology 産婦人科(学).

o·bi[1] /óubi | ɔ́u-/ *n.* =obeah.

o·bi[2] /óubi | ɔ́u-/ *n.* 帯. 〘(1876) ⇨ Jpn.〙

o. bid. 《略》〘処方〙*L.* omnī bidus 2 日ごとに (every two days).

O·bie[1] /óubi | ɔ́u-/ *n.* オービー賞, オフブロードウェイ賞《米国のオフブロードウェイの劇場で上演された演劇に対して新聞社が提供する各種の賞; Obie Award ともいう; 正式名 The Village Voice Off-Broadway Award》. 〘(1965) *O.B.* (《略》← *off-Broadway*) の文字の発音〙

O·bie[2] /óubi | ɔ́u-/ *n.* オービー《男性名》. 〘⇨ Obadiah〙

o. bih. 《略》〘処方〙*L.* omnī bīhōra 2 時間ごとに (every two hours) (cf. o. alt. hor.).

ob·i·it /óubiɪt, ɑ́(ː)b- | ɔ́ub-, ɔ́b-/ *L.* (彼[彼女]は)死せり. ★ 通例 ob, ob. と略し死亡の年月日の前に付ける: *ob.* 1810 1810 年没. 〘□ L *obiit* he (or she) died ← *obīre* to die: ↓〙

o·bit /óubɪt, —ˊ | ɔ́bɪt, ə(u)bít/ *n.* **1** 《口語》死亡告示 (obituary). **2** (創立者などの)命日の追悼式. **3** 《廃》 **a** 葬式. **b** 鎮魂ミサ (requiem mass). 〘(*c*1384) ME ~ □ (O)F ~ □ L *obitus* death ← (p.p.) ← *obīre* to go down, die ← OB-+*īre* to go〙

o·bi·ter /óubɪtə, ɑ́(ː)b- | ɔ́bɪtə(r)/ *L. adv.* 付随的に, ついでに (incidentally). — *n.* =obiter dictum. 〘(1573) □ L ~ ← OB-+*iter* way (← *īre* to go)〙

óbiter díc·tum /-díktəm, -tʊm/ *L. n.* (*pl.* **obiter dic·ta** /-díktə/) **1** 折にふれての言説. **2** 〘法律〙(裁判官が判決の中に述べる)付随的意見, 傍論《dictum ともいう》. 〘(1812) □ L ~ 'word(s) said by the way'〙

o·bít·u·àr·ist /-rɪst | -rɪst/ *n.* 故人略伝記者[執筆者]. 〘1792〙

o·bit·u·ar·y /əbítʃuèri, oub-, -tʃəri | ə(u)bítʃuəri, ɔb-, -tjuri/ *n.* **1** (新聞紙上の故人の略伝を伴う)死亡告示, 死亡記事. **2** 〘キリスト教〙死亡者名簿, 命日表, 過去帳. — *adj.* [限定的] (人の)死亡の[に関する, を記録する]: an ~ notice 死亡告示 / the ~ columns of the daily press 日刊新聞の死亡告示[記事]欄. 〘(1725) □ ML *obituārius* ← L *obitus* death: ⇨ obit, -ary〙

obj. 《略》object; objection; objective.

ob·ject /ɑ́(ː)bdʒɪkt, -dʒekt | ɔ́bdʒekt, -dʒɪkt/ *n.* **1** (知覚できる)物体, 事物, もの: a bulky [tiny] ~ 大きな[小さな]物 / a luminous ~ 発光体 / an ~ of art=objet d'art. **2** (思想・行為・愛情などの)対象; (研究などの)対象: a proper ~ *of* [*for*] charity 慈善を受けるに適当な人 / be the ~ *of* universal respect 一般世人の尊敬の的となる / an ~ *of* tax 課税の対象, 被課税物件 / an ~ *of* study 研究の対象 / an ~ *for* consideration 考えなければならない問題, 考慮の対象. **3 a** (見る人に同情・嫌悪感・興味などを引き起こす)もの, 対象物, 的: an ~ of pity [curiosity] 憐憫[好奇心]の的. **b** 《口語》変(てこ)な人[物], (みじめな)ざま, 哀れな[おかしな, ばかげた]もの: a disgusting ~ 見るもいやな風をした人 / a pitiable ~ 哀れな人 / What an ~ you have made of yourself! 何というだらしのないことになったのだ. **4** 目的, 目標 (⇨ intention SYN): the ~ of one's ambition [life] 野心の的[人生の目標] / with the ~ of earning money 金を稼ぐ目的で / have an ~ in view もくろみがある. **5** 重要な関心事. **6** 〘電算〙オブジェクト: **a** 図形などで操作の対象となる単位. **b** データと, それに対する操作・処理の種類の指定などをひとまとまりとしてとらえたもの; object-oriented programming の構成単位. **c** =object code. **7** 〘哲学〙対象, 客観, 客体 (↔ subject). **8** 〘文法〙目的語《動詞または前置詞に支配される名詞または名詞相当語句; cf. subject 6, predicate 1》: a direct [an indirect] ~ 直接[間接]目的語. **9** 〘電算〙オブジェクト: **a** 図形などで操作の対象となる単位. **b** object-oriented programming で操作の対象となる単位. **c** =object code.

nò óbject 《口語》(広告などで)…は問わない, どうでもよい: Distance (is) *no* ~. (応募者などの)距離は問わない, 遠近を問わず / Money (is) *no* ~. 金は問題としない, 報酬に対し特別要求はない. ***the óbject of the éxercise*** 事の目的[要点].

— /əbdʒékt, ɑ(ː)b- | əb-/ *v.* — *vi.* **1** 反対(論)を唱える, 異議を申し立てる〔*to*〕(⇨ oppose SYN): I ~ *to* the argument on scientific grounds. 科学上の根拠からその説に異議がある / I ~ *to* that question being asked. その質問をすることには反対だ / I ~. 《英》異議あり《下院議場用文句》. **2** 不服である, 反感を持つ, 嫌う〔*to*〕: I ~ *to* a wet summer. 雨の多い夏はまっぴらだ / I don't ~ *to* a good glass of wine. 上等のワインを一杯やるのは悪くないね / I ~ *to* being treated like this. こんな待遇をするとはけしからん / He ~*ed to* my marrying her. 彼は私が彼女と結婚することに反対した / I think I'll have a smoke, if you don't ~. お差支えなければ一服やりたい. — *vt.* **1** 〈…といって〉反対する〈*that*〉: Someone ~*ed* [*It was* ~*ed*] *that* the weather was too bad. 天気が悪いという反対が出た / I ~*ed* (against him) *that* his plan was far-fetched. 私は彼の計画は無理であると(彼に)反対した. **2** 《古》反論として持ち出す.

〘n.: (*a*1398) □ (M)L *objectum* 《原義》something thrown before (the mind) (neut. p.p.) ← *objicere* to throw against, put before ← OB-+*jacere* to throw, put: ⇨ jet². — v.: (?*c*1400) ← L *objectus* (p.p.) ← *objicere* // ← L *objectāre* to oppose ← *objectus*〙

óbject bàll *n.* 〘玉突〙的玉(まと) (cf. cue ball). 〘1856〙

óbject chòice *n.* 〘精神分析〙対象選択《欲動愛の対象として選ばれた人[もの]》. 〘1920〙

óbject còde *n.* 〘電算〙目的コード, オブジェクトコード《コンパイラーやアセンブラーによって生成される, 機械が直接実行できるプログラムコード》. 〘1961〙

óbject-fìnder *n.* 対象ファインダー: **1** 望遠鏡に付属した小型で広視野の見出し望遠鏡. **2** 顕微鏡でスライド上の対象物を早く見つけるためその位置を記録しておく装置.

óbject glàss *n.* 〘光学〙=objective lens. 〘1665〙

ob·jec·ti·fy /əbdʒéktəfàɪ, ɑ(ː)b- | əbdʒéktɪ-/ *vt.* **1** 客観化[対象化]する; 客体化する. **2** 〘心理〙外的原因に帰する. **ob·jec·ti·fi·ca·tion** /əbdʒèktəfɪkéɪʃən, ɑ(ː)b- | əbdʒèktɪfɪ-/ *n.* 〘1836–37〙

ob·jec·tion /əbdʒékʃən, ɑ(ː)b- | əb-/ *n.* **1** 不服を唱えること, 異議申し立て; 異論, 異議; 不満, 嫌気〔*to, against*〕: feel an ~ *to* (doing) …(すること)に嫌気を感じる / have an [no] ~ *to* [*against*] …に対して異議がある[は少しもない] / make [raise, voice, lodge] an ~ *to* …に対して不服[異議]を唱える / raise ~*s* いろいろ不服[異議]を唱える / utter [lodge] an ~ *against* …に対して異議を申し立てる / He voiced strong ~*s* to the resolution. その決議に対して強く抗議した / There is no ~ *to* your leaving at once. 今すぐお発ちになっても差支えありません. **2** 反対[不満]の理由; 難点, 欠点 (drawback)〔*to*〕: The chief ~ *to* this book is its great length. この本の主な難点は長過ぎることだ. 〘(*c*1387) ME *objeccioun* □ (O)F ~ // LL *objectiō(n-)*: ⇨ object (v.), -tion〙

ob·jec·tion·a·ble /əbdʒékʃ(ə)nəbḷ, ɑ(ː)b- | əb-/ *adj.* **1** 異議の余地がある, 文句の出そうな. **2** 好ましくない, 不愉快な, いやな (offensive): an ~ book 不愉快な[いかがわしい]本 / an ~ smell 不快なにおい. **ob·jec·tion·a·bil·i·ty** /əbdʒèkʃ(ə)nəbíləti, ɑ(ː)b- | əbdʒèkʃ(ə)nəbɪ́ləti, -lɪ-/ *n.* **~·ness** *n.* **ob·jéc·tion·a·bly** *adv.* 〘1781〙

ob·jec·ti·val /ɑ̀(ː)bdʒɪktáɪvəl, -dʒek-, -vḷ | ɔ̀bdʒɪk-, -dʒek-ˊ/ *adj.* 〘文法〙目的格[語]の.

ob·jec·tive /əbdʒéktɪv, ɑ(ː)b- | əb-, ɔb-/ *n.* **1** (努力の向けられる)目標, 目的 (⇨ intention SYN): with no special ~ 別になんという目的もなく. **2** 〘軍事〙目標《行軍・攻撃によって到達・占領すべき地域・地物, または撃破すべき敵兵力; 作戦の所期の成果 (objective point)》. **3** 〘光学〙=objective lens. **4** 〘文法〙目的格 (objective case); 目的格の語. **5 a** 〘哲学〙客観(体)[性], 外在, 外界. **b** 客観的現実.

— *adj.* **1** 外界の (external), 物質的な (material), 実在の (real): the ~ world 外界, 自然界. **2 a** 〘哲学〙客観的な (cf. subjective 4): ~ validity 客観的妥当性 / ~ reality 客観的実在 / an ~ method (主観を交えない)客観的方法. **b** 個人的感情を入れない, 事実による (⇨ fair¹ SYN): an ~ report of an accident 事故の実証[客観]的報告. **c**〈書物・絵画・議論など〉客観的な, 客観主義の. **3** 《米》〈テストが〉客観形式の: ⇨ objective test. **4** 目的の[に関する]: an ~ point (軍隊の)目標地点; 目的(地). **5** (描写される)対象に属する[に関係のある]. **6** 〘医学〙〈症状が〉他覚的な, 本人以外の人にも認められる: ~ symptoms 他覚症状. **7** 〘光学〙〈レンズが〉対象に近い, 対物の: ⇨ objective lens. **8** 〘文法〙目的格の, 目的格関係にある (cf. subjective 2): the ~ case 目的格. **~·ly** *adv.* **~·ness** *n.* 〘(*c*1325) (1620) □ ML *objectīvus* (adj.): ⇨ object, -ive〙

objéctive cómplement *n.* 〘文法〙**1** 目的(格)補語《例: We found him *dead.* における *dead*; cf. subjective complement》. **2** 目的格補文《変形文法の用語; 目的語の位置に埋め込まれた文; 例: I think (that) *John is mad.* における斜体部》. 〘1870〙

objéctive correlátive *n.* 〘文学〙客観的相関物《読者にある特定の感情を引き起こす力を持つ情況・(一連の)事件など; T. S. Eliot の用語 (1919) として有名だが, もとは W. Allston が用いた (1850)》.

objéctive dánger *n.* 〘登山〙客観的危険《落石・雪崩など登山技術とは関連のない危険》.

objéctive génitive *n.* 〘文法〙目的格属格《目的語の役目をしている属格; 例: *Caesar's* murderers; cf. subjective genitive》.

objéctive idéalism *n.* 〘哲学〙客観的観念論《客観は主観の意識内容を越えたイデー, 本源的な宇宙精神などの現れとする説; cf. subjective idealism》.

objéctive léns *n.* 〘光学〙対物レンズ, 対物鏡《顕微鏡・望遠鏡などの光学器械において最初に物体の像を作るレンズ; 単に objective ともいう》.

objéctive prédicate *n.* 目的格叙述語 (objective complement) 《Curme の用語》.

objéctive spírit *n.* 〘哲学〙(Hegel 哲学における) 客観的精神《精神を主観的・客観的・絶対的の三つに分け, 客観的精神は法・道徳・人倫の 3 形態に分けられるとした; cf. absolute spirit, subjective spirit》.

objéctive tést *n.* 客観テスト《多項目選択式, ○×式もしくは 1 語か 2 語を補うものにいう; cf. essay examination》.

ob·jec·tiv·ism /əbdʒéktɪvɪzm, ɑ(ː)b- | əbdʒéktɪ-/ *n.* **1** 〘哲学〙客観主義《実在・真理・価値・規範などの客観性を承認する立場; cf. subjectivism》. **2** 〘倫理〙客観論[主義]《価値・規範等を主観の所産でなく, なんらかの客観的な妥当性をもつものと見なす立場》. **3** 〘芸術〙客観主義《作者の思想感情よりも対象の客観的・写実的表現を重んじる主義》. 〘1854〙

ob·jéc·tiv·ist /-vɪst | -vɪst/ *n.* 〘哲学・芸術〙客観主義者. 〘1876〙

ob·jec·tiv·is·tic /əbdʒèktɪvístɪk, ɑ(ː)b- | əbdʒèktɪ-, ɔb-ˊ/ *adj.* 客観主義(的)の[に関する]. **ob·jèc·tiv·ís·ti·cal·ly** *adv.* 〘1883〙

ob·jec·tiv·i·ty /ɑ̀(ː)bdʒektívəti, -dʒək- | ɔ̀bdʒɪktívəti, -dʒek-, -vɪ-/ *n.* 客観的[普遍的]妥当性, 客観性, 対象性 (cf. subjectivity). 〘1803〙

ob·jec·tiv·ize /əbdʒéktɪvàɪz, ɑ(ː)b- | əbdʒéktɪ-/ *vt.* =objectify.

óbject lànguage *n.* **1** 〘言語〙対象言語《言語研究の対象となっている言語; cf. metalanguage, target language》. **2** 〘電算〙オブジェクト言語《コンパイラーなどの翻訳先の言語》. 〘1935〙

óbject lèns *n.* 〘光学〙=objective lens.

óbject·less *adj.* **1** 目的のない, 無目的の, あてのない (aimless): an ~ mode of life (別にこれという)目的のない生活様式. **2** 〘文法〙目的語をもたない. **~·ly** *adv.* **~·ness** *n.* 〘1805〙

óbject lèsson *n.* **1** 実物[直観]教授《事物や現象を観察・実験させ, 生徒の感覚に訴えて学習させる教育方法》. **2** (ある原理の)具体的実例; 教訓となる戒め: Many automobile accidents are ~*s* in the dangers of speeding. 自動車事故の多くはスピード違反の危険を具体的に教えてくれる. 〘1831〙

ob·jéc·tor *n.* 異議を唱える人: ⇨ conscientious objector. 〘1640〙

óbject-óriented prógramming *n.* 〘電算〙オブジェクト指向プログラミング《データとそれに対する操作を一体化したオブジェクトを単位とするプログラミング様式》.

óbject-plàte *n.* (顕微鏡の)検鏡板. 〘1667〙

óbject prògram *n.* 〘電算〙目的プログラム《プログラマーの書いたプログラムをコンパイラーまたはアセンブラーにより機械語に翻訳したもの》. 〘1959〙

óbject relàtionship *n.* 〘精神分析〙対象関係《自我とその精神作用の対象との間に成立する関係》.

óbject spàce *n.* 〘光学〙物空間《光学系による結像において, 光線が光学系に入射する側の空間; cf. image space》.

óbject-stàff *n.* 〘測量〙箱尺, 準尺.

óbject tèaching *n.* 実物[直観]教授(法) (cf. object lesson). 〘1860〙

óbject wòrld *n.* 対象世界《具体的な対象を通じて理解される, 自己の外部の世界》. 〘1880〙

ob·jet d'art /ɑ̀(ː)bʒeɪdɑ́ə, ɔ̀(ː)b- | ɔ̀bʒeɪdɑ́ː(r); *F.* ɔbʒɛdaːʁ/ *F. n.* (*pl.* **ob·jets d'art** /~/) **1** 美術品《芸術価値のある小絵画・装飾的器物など》. **2** 古美術品, 骨董品 (curio). 〘(1865) □ F ~ 'object of art'〙

ob·jet de ver·tu /ɑ(ː)bʒéɪdəvəːtúː, ɔ(ː)b- | ɔbʒéɪdəvəː-; *F.* ɔbʒɛdvɛʁty/ *n.* (*pl.* **ob·jets de ver·tu** /~/) (仕上げの優秀さ・古さ・稀少性などの理由による)珍品, 逸品. 〘□ F ~ 《原義》object of virtu: ↑ にならった英国起源の造語; ただし F *vertu* には virtu の意はない〙

ob·jet trou·vé /ɑ̀(ː)bʒeɪtruːvéɪ, ɔ̀(ː)b- | ɔ̀b-, ˌ—ˌ—ˊ—; *F.* ɔbʒɛtʁuve/ *F. n.* (*pl.* **ob·jets trou·vés** /~/) 〘美術〙=found object. 〘(1937) □ F '~ object found'〙

ob·jure /ɑ(ː)bdʒúə | ɔbdʒúə(r)/ *vt., vi.* 《まれ》誓う.

ob·ju·ra·tion /ɑ̀(ː)bdʒəréɪʃən | ɔ̀b-/ *n.* 〘(1613) □ L *objūrāre* to bind by an oath ← OB-+*jūrāre* to swear (⇨ jury¹)〙

ob·jur·gate /ɑ́(ː)bdʒəgèɪt, əbdʒə́ːgeɪt | ɔ́bdʒə(ː)-/ *vt.* 《文語》ひどく[きびしく]叱る, 非難する. **ob·jur·ga·tion** /ɑ̀(ː)bdʒəgéɪʃən | ɔ̀bdʒə(ː)-/ *n.* **ob·jur·ga·tive** /əbdʒə́ːgətɪv | əbdʒə́ːgət-, əb-/ *adj.* **ób·jur·gà·tor** /-tə | -tə(r)/ *n.* 〘(1616) ← L *objūrgātus* (p.p.) ← *objurgāre* to chide, rebuke ← OB-+*jurgāre* to quarrel, scold (< 《古形》*jūrigāre* ← *jūre, jūs* law, right+*agere* to do, act)〙

ob·jur·ga·to·ry /əbdʒə́ːgətɔ̀ːri | ɔbdʒə́ːgətəri, əb-, -tri, ɔbdʒə(ː)géɪtəri, -tri/ *adj.* きびしく叱る, とがめだてする. 〘(1576) □ L *objurgātōrius*: ⇨ ↑, -ory¹〙

obl. 《略》oblique; oblong.

ob·lan·ce·o·late /ɑ(ː)blǽnsiəlèɪt, -lɪt | ɔb-/ *adj.* 〘植物〙〈葉が〉倒披(ひ)針形の. 〘(1850) ← OB-+LANCEOLATE〙

ob·last /ɑ́(ː)blæst, ɔ́(ː)b-, -lɑːst | ɔ́blɑːst, -læst; *Russ.* óbləstʲ/ *n.* (*pl.* ~**s**, **ob·las·ti** /-ti; *Russ.* óbləstʲij/) **1** (ソ連・ロシアの)州《最大の行政区画》. **2** 地域, 地方 (region, province). 〘(1886) □ Russ. *oblast'* ← OB-+*vlast'* government, dominion〙

ob·late[1] /ɑ(ː)bléɪt, oub-, ɑ́(ː)bleɪt | ɔ́bleɪt, əbléɪt, əub-/ *adj.* **1** 上下の両極で凹んだ[偏平な]. **2** 〘数学〙扁円の, 扁球の, 回転楕円面の (spheroidal) (cf. prolate 1): ⇨ oblate sphere. **~·ly** *adj.* **~·ness** *n.* 〘(1696) ← NL *oblātus* ← OB-+L *lātus* carried: cf. prolate〙

ob·late[2] /ɑ́(ː)bleɪt | ɔ́b-/ *adj.* 〘キリスト教〙聖別された; (非聖職者ながら)修道院に身を置き修道生活をする. — /《英》ɔ́bleɪt/ *n.* 〘カトリック〙**1** 献身者《修道院規則の束縛を全面的には受けないが修道院に身を置き修道生活に献身する非聖職者》. **2** [O-] (特に, 無原罪聖母)献身会士 (Oblate Fathers の一員; cf. OMI). 〘(1756) □ ML *oblātus* ← (p.p.) ← L *offerre* 'to OFFER'〙

óblate sphére *n.* 扁球《地球のように真の球体でなく両極の方向に縮んだ球体》.

ob·la·tion /əbléɪʃən, oʊb-, ɑ(ː)b- | ə(ʊ)b-, ɔb-/ *n.* **1** [O-]〘聖体の〙奉献(式); 聖餐式 (Eucharist). **2 a** 献身 (sacrifice); 奉納, 寄進 (offering). **b** 〘神への〙厳粛な捧げ物, 供物(くもつ): the ～ of thanks. **c** 〘慈善的〙寄付, 喜捨. **～·al** /-ʃnəl, -ʃənl/ *adj.* 〘(a1400) ◻ (O)F ～ // LL *oblātiō(n-)*: ⇨ oblate², -ation〙

ob·la·to·ry /ɑ́(ː)blətɔ̀ːri | ɔ́blətəri/ *adj.* 奉納の, お供えの. 〘(1611) ◻ ML *oblātōrius*: ⇨ oblate², -ory〙

ob·lie·tjie /ɑ(ː)blíːki | ɔb-/ *n.* 〘南ア〙オブリーキー《巻いた薄いクッキー》. 〘(1890) ◻ Afrik. ～ (dim.) ← Du. *oblie* wafer〙

ob·li·gate /ɑ́(ː)bləgèɪt | ɔ́blɪ-/ *vt.* **1** [通例 ～ *oneself* または p.p. 形で] **a** 〈人〉に〈…すべき〉〘法律上または道徳上の〙義務を負わせる 〈*to do*〉: We are ～*d to* do the work. その仕事をする義務がある. **b** 〘米〙〈人〉に恩義を施す, ありがたく思わせる (oblige) 〔*to*〕: We feel ～*d to* him for his kindness. 彼の親切をありがたく思っている. **2** 〘米〙〈資金・財産などを〉債務(など)の返済[担保]に当てる.
— /ɑ́(ː)blɪgɪt/ *adj.* **1** 〘米〙必要な, 必須の (necessary), 肝要な (essential), 不可避な (unavoidable). **2** 〘廃〙制約された, 義務を負わされた (bound). **3** 〘生物〙無条件的な, 絶対の, 真正の, 〈寄生菌・寄生虫など〉特定の環境だけに生存できる (cf. facultative): an ～ parasite 真正寄生虫[菌] / an ～ saprophyte 真正死物寄生菌.
ob·li·ga·ble /ɑ́(ː)blɪgəbl | ɔ́b-/ *adj.* **ób·li·gà·tor** /-tə | -tə(r)/ *n.* **～·ly** *adv.* 〘(?a1425) ME ～ ◻ L *obligātus* (p.p.) ← *obligāre* 'to OBLIGE'〙

ób·li·gàt·ed /-tɪd | -tɪd/ *adj.* 〘米〙〘法律・道徳上の〙義務を負った. 〘1741〙

obligati *n.* obligato の複数形.

ob·li·ga·tion /ɑ̀(ː)bləgéɪʃən | ɔ̀blɪ-/ *n.* **1 a** 〘法律上または道徳上の〙義務; 〘契約・約束・良心などの〙拘束力 / the ～*s* of conscience 〘義務を果たさせる〙良心の拘束力 / of ～ 義務上当然の, 義務的の / You are under no ～ to answer our questions. あなたは我々の質問に答える義務はありません《警官・検事があらかじめ被告などに黙秘権のあることを伝える言葉》. **b** 〘法律上または道徳上〙拘束力を有する人[物]. **c** 〈…すべき〉義務, 責務 〈*to do*〉: discharge [evade] one's ～*s* 責務を果たす[回避する] / lay an ～ upon a person 人に義務を負わせる / without ～ 〘購入などの〙義務はなく / Everybody has an ～ *to* provide for his family. 人は皆家族を養う義務がある. **2** 義理, 恩義, 恩顧 (favor); ありがたく思うこと, 感謝の念: be [lie] under an ～ *to* a person 人に世話になった恩義[義理]がある / I feel my ～ *to* all these kind friends of mine. これらの親切な友人たちの皆に深い感謝の念を覚える / lay [place, put] a person under an ～ 人に義務を負わす, 人に恩義を施す / fulfill [repay] an ～ 恩に報いる. **3** 〘法律〙 **a** 債務, 債権[債務]関係, 債務証書. **b** 債券, 証券 (bond). **c** 負債, 債務額, 担保額 (liability): The firm was unable to meet its ～*s*. 会社は負債の支払いができなかった. **～·al** /-ʃnəl, -ʃənl⁻/ *adj.* 〘(c1300) ME *obligacioun* ◻ (O)F *obligation* ◻ L *obligātiō(n-)*: ⇨ obligate, -ation〙

ob·li·ga·tive /ɑ́(ː)bləgèɪtɪv | ɔblígətɪv, ɔb-/ *adj.* 義務を課す, 義務的な. 〘1596〙

ob·li·ga·to /ɑ̀(ː)bləgɑ́ːtoʊ | ɔ̀blɪgɑ́ːtəʊ/ *adj., n.* (*pl.* ～**s, -ga·ti** /-tiː/) 〘音楽〙 =obbligato. 〘1794〙

o·blig·a·to·ry /əblígətɔ̀ːri, ɑ(ː)b-, ɑ́(ː)blɪg- | əblígətəri, ɔb-, -tri, ɔ̀blɪgéɪtəri, -tri/ *adj.* **1** 〈出席・寄付など〉義務的な (↔ voluntary); 〈科目など〉必須の: an ～ subject 必修科目 / the ～ term 義務年限 / an ～ primary and middle school education 小中学校の義務教育 / Attendance is expected but not ～. 出席は期待されるが強制はされない. **2 a** 〘法律上または道徳上〙拘束力のある, 義務としてなすべき (cf. facultative, optional): an ～ promise どうしても果たさなければならない約束. **b** 〔人に〕義務としてかかる 〔*on, upon*〕: duties ～ *on* all 万人の果たすべき義務. **3** 〈証書など〉〘法律上の〙権利義務を生じる. **4** 〘しばしば戯言〙〈衣服・動作など〉いつもの, ありきたりの, 習慣による: wear the ～ hat. **5** 〘生物〙 =obligate 3. **o·blig·a·to·ri·ly** /əblìgətɔ́ːrəli, ɑ(ː)b-, ɑ̀(ː)blɪg-, -tɔ́ːr- | əblígətərɪli, ɔb-, ɔ̀blɪgéɪtər-, -trɪ-/ *adv.* 〘(c1400) ◻ LL *obligātōrius* ← L *obligātus* (p.p.): ⇨ oblige, -ory¹〙

obligatory reinsúrance *n.* 〘保険〙義務再保険《元受保険者は出再を, 再保険者は受再を, それぞれ義務づけられている再保険; cf. facultative reinsurance》.

o·blige /əbláɪdʒ, oʊ- | ə-, əʊ-/ *vt.* **1** [通例 *to do* を伴って] **a** 〘物理的・道徳的・法律的な力で〙〈人〉に〈…することを〉余儀なくさせる, 強いる (⇨ force¹ SYN); 〈人〉に〈…する〉義務を負わせる: I won't ～ you *to* stay here any longer. もうここにいなくてもよろしい. **b** [～ *oneself* または p.p. 形で] …せざるを得ない: We are ～*d to* yield to the times. 時節に従うのはやむを得ない / We ～*d ourselves to* pay off his debt. 彼の借金を払わなければならなかった / Necessity ～*d* him *to* this crime. 彼はやむを得ぬ事情でこの罪を犯した. **2 a** …に恩恵[恩義]を施す; 〔あること(をすること)によって〕…の願いをいれてやる 〔*with, by doing*〕: You would ～ us if you could finish it by tomorrow. あすまでに仕上げて下されば幸いです / *Oblige me by* closing the door. どうぞドアを閉めて下さい / *Oblige* us *with* your company at dinner. どうぞ晩餐においで下さい / She ～*d* us *with* a song. 彼女は〘我々の願いをいれて〙歌を歌ってくれた. **b** [受身で] ありがたく思う, 感謝に耐えない: Much ～*d*. どうもありがとう, 恐縮です / My father says he *is* much ～*d to* you *for* your hospitality. 父はおもてなしにあずかり大変恐縮だと申しております / I *am* much ～*d* (*to* you) *for* your assistance. ご助力に対して深く感謝しております. **c** …に親切にしてやる: He is always ready to ～ his friends. いつでも友だちのために尽くしてやろうという人だ / Will any gentleman ～ a lady? どなたかご婦人に席をお譲り願えませんか / I am only too willing to ～ you in this matter. この件では喜んでご援助申し上げたいと思っております. **d** 〈人〉に〔金などを〕貸してやる, 融通してやる 〔*with*〕: Could [Can] you ～ me *with* a match [some small change]? マッチを1本[小銭を少し]貸していただけませんか. — *vi.* 〘口語〙好意を示す; 願いをいれる 〔*with*〕: She ～*d with* a song. 彼女は歌を歌ってくれた / Send me a copy, and ～. 一部お送り下されば幸いです. **o·blíg·er** *n.* 〘(c1300) ME *oblige(n)* ◻ OF *obligier* (F *obliger*) ◻ L *obligāre* to bind or tie around ← OB-+*ligāre* to bind (cf. ligament)〙

ob·li·gee /ɑ̀(ː)blədʒíː | ɔ̀blɪ-/ *n.* **1** 恩義を受け(ている)人. **2** 〘法律〙債権者〘債務証書上の権利者; cf. obligor〙. 〘(1574): ⇨ ↑, -ee¹〙

o·blige·ment /əbláɪdʒmənt, oʊ- | ə-, əʊ-/ *n.* 〘主にスコット〙義務, 恩義, 親切, 好意. 〘1584〙

o·blíg·ing *adj.* **1** よく人の世話をする, よく尽くす[協力する], 親切な (accommodating, kind) (⇨ amiable SYN). **2** 〘古〙 =obigatory. **～·ly** *adv.* **～·ness** *n.* 〘1632〙

ob·li·gor /ɑ̀(ː)bləgɔ́ə, -dʒɔ́ə, ⏑⏑⏑ | ɔ̀blɪgɔ́ː(r)/ *n.* 〘法律〙債務者〘債務証書上の義務者; cf. obligee〙. 〘(1541) ← OBLIGE+-OR²〙

o·blique /oʊblíːk, əb- | ə(ʊ)-/ *adj.* **1** 斜めの, はすの: an ～ glance 横目. **2** 〘道徳的に〙曲がった, 不正な, ごまかしの: ～ dealings 不正取引. **3** 間接の, 遠回しの: an ～ praise, hint, etc. **4** 〘数学〙斜角の; 斜線[面]の: an ～ circle [plane] 斜円[面] / ⇨ oblique circular cone, oblique cone / an ～ section 斜切面. **5 a** 〘文法〙斜格の: ⇨ oblique case. **b** 〈話法が〉間接の: ～ narration [speech] 間接話法. **6** 〘植物〙〈葉など〉不等辺の, 形のゆがんだ. **7** 〘解剖〙〈筋肉など〉斜めに走っている: an ～ muscle 斜筋. **8** 〘写真〙〘航空機上から〙カメラを水平または斜めに向けて撮影した, 斜角撮影の. **9** 〘製図〙斜投象の (cf. cabinet 7): ～ projection 斜投象, 斜投影法.
— *vi.* **1** 斜めに傾く, はすになる. **2** ★ 米軍内での発音は /oʊbláɪk, əb-/. 〘軍事〙〘昔は, 基準線に 45 度の角度で〙斜行進する, (今は)顔を右[左]に向けて直進する.
— /(米軍)では -láɪk/ *adv.* 〘軍事〙45 度の角度で, 45 度(角)の斜方向に.
— *n.* **1** 斜めのもの; 斜線. **2** 〘解剖〙〘特に腹壁の〙斜筋. **3** 〘文法〙斜格 oblique case. **4** =diagonal 3. **5** 〘航海〙進路を鈍角 (90 度以内) に変更すること. **6** 〘写真〙〘機上から斜方向に写した〙斜(空中)写真《oblique air [aerial] photograph ともいう》.
～·ness *n.* 〘(c1387) *oblike* ◻ (O)F *oblique* // L *oblīquus* slanting ← OB-+*līquus* bent (IE **lei-* to bend)〙

oblíque ángle *n.* 〘数学〙斜角《直角 (right angle) 以外の角度; 鋭角 (acute angle) または鈍角 (obtuse angle)》. 〘1695〙

oblíque cáse *n.* 〘文法〙斜格《主格 (nominative) および呼格 (vocative) 以外の格》. 〘1530〙

oblíque círcular cóne *n.* 〘数学〙斜円錐 (cf. right circular cone).

oblíque círcular cýlinder *n.* 〘数学〙斜円柱 (cf. right circular cylinder).

oblíque cóne *n.* 〘数学〙斜錐.

oblíque coórdinates *n. pl.* 〘数学〙斜交座標《座標軸が直交しない座標》.

oblíque fáult *n.* 〘地質〙斜交断層《断層面の走向が地層の走向と斜交する断層》.

o·blíque·ly *adv.* **1** 斜めになって, 斜方向へ. **2** 間接的に, 遠回しに: refer only ～ to the facts 事実を遠回しに述べる(にとどめる). 〘1506〙

oblíque mótion *n.* 〘音楽〙斜行《一声部が同一音度を持続または反復しているとき他の一声部が斜めに進行すること》. 〘1811〙

oblíque projéction *n.* **1** 〘数学〙斜投影法. **2** 〘地理〙斜軸投影図法.

oblíque sáiling *n.* 〘海事〙〘子午線に対しての〙斜航《正北[南, 東, 西]以外への航行》. 〘1706〙

oblíque shóck *n.* 〘物理・航空〙斜め衝撃波《弾丸など超音速で飛ぶ物体の先端や肩から斜め後ろに出る衝撃波; oblique shock wave ともいう; cf. normal shock》.

oblíque-slíp fáult *n.* 〘地質〙斜め移動断層《実移動が傾斜移動と走向移動の両成分をもつ断層》.

oblíque stróke *n.* 斜線.

o·bliq·ui·tous /oʊblíkwətəs, əb- | ə(ʊ)blíkwɪtəs, ɔb-/ *adj.* 〘道徳的・精神的に〙曲がった, ひねくれた, 不正な. 〘(1864): ⇨ ↓, -ous〙

o·bliq·ui·ty /oʊblíkwəṭi, əb- | ə(ʊ)blíkwəti, ɔb-, -kwɪ-/ *n.* **1** 傾斜していること; 傾斜(度). **2 a** 〘道徳的な〙不正, 不正直: the ～ of conduct [mind] 行動[心]の不正. **b** 不正な行為; 不倫, 不徳. **3** 〘故意に〙ぼやかした陳述[表現], 曖昧な記述[言葉]. **4** [the ～] 〘天文〙 = OBLIQUITY of the ecliptic.
oblíquity of the ecliptic [the —] 〘天文〙黄道傾斜[傾角]《黄道面の赤道面に対する傾き; 約 23°27′》.
〘(?a1425) ◻ (O)F *obliquité* // L *oblīquitātem* ← *oblīquus* 'OBLIQUE': ⇨ -ity〙

o·blit·er·ate /əblíṭərèɪt, oʊb- | əblít-/ *vt.* **1** 〈文字などを〉消す, 抹消する, 抹殺する: ～ one's signature. **2 a** 〈痕跡をなくす (⇨ erase SYN); 〈記憶などを〉消す: ～ one's fingerprints, footprints, memories, etc. **b** 除去する, 消滅させる. **c** 〘病理・外科〙〈管腔を〉閉塞させる; 〈疾病・手術などによって組織を〉除去する. **3** 〈切手・収入印紙〉に消印[押印]する. **4** 〈切手の図案の中で好ましくないものを〉加刷 (overprint) によって消す. 〘(1600) ← L *oblit(t)erātus* (p.p.) ← *oblit(t)erāre* to erase something written ← OB-+*lit(t)era* 'LETTER²'〙

o·blit·er·a·tion /əblìṭəréɪʃən, oʊb- | əblɪt-/ *n.* **1** 抹消, 抹殺. **2** 〘病理・外科〙〘管腔の〙閉塞, 遮断; 〘疾病・手術などによる組織の〙除去. 〘(1658) ◻ L *oblit(t)erātiō(n-)*: ⇨ ↑, -ation〙

o·blit·er·a·tive /əblíṭərèɪṭɪv, oʊb-, -rəṭ- | əblítərèɪt-, -rət-/ *adj.* **1** 抹消[除去]を引き起こす. **2** 〘病理〙閉塞を引き起こす. **3** 〘動物〙目立たなくするような, 消去型の. 〘1802–12〙

o·blít·er·à·tor /-ṭə | -tə(r)/ *n.* **1** 消す人, 抹殺者, 破棄者. **2** 〘郵便切手の〙消印器具《1900 年頃までの主として手で押した時代のもの》. 〘(1895) ◻ LL *oblit(t)erātor*: ⇨ obliterate, -or²〙

o·bliv·i·on /əblíviən, oʊb-, ɑ(ː)b- | əblív-, ɔb-, əʊb-/ *n.* **1** 忘却 (⇨ memory SYN): try to snatch a moment's ～ from the pain of life 浮世の苦労をつかの間忘れようとする. **2** 忘れられている状態: be buried in ～ 忘却されている / fall [go, pass, sink] into ～ 〘世に〙忘れられる. **3** 〘法律〙〘古〙大赦: the Act of *Oblivion* 大赦法. 〘(a1393) ME *oblivioun* ◻ (O)F ～ // L *obliviō(n-)* forgetfulness ← *oblīvīscī* to forget, 《原義》slip from the mind ← OB-+? *lēvis* light, quick (← IE **lei-* slimy, slippery)〙

o·bliv·i·ous /əblíviəs, oʊb-, ɑ(ː)b- | əblív-, ɔb-, əʊb-/ *adj.* **1** 忘れっぽい; 〔…を〕忘れてしまう 〔*of*〕: ～ old age 物忘れする老年 / be ～ *of* one's duty 義務を忘れがちである / He is absolutely ～ *of* his own safety. 身の安全などすっかり忘れている. **2** 〔…に〕気がつかない, 〔…を〕気に止めない 〔*of, to*〕: He was ～ *to* [*of*] the noise around him. まわりの音に気がつかなかった. **3** 〘詩・古〙忘れさせる: ～ slumber 忘却の眠り. **～·ly** *adv.* **～·ness** *n.* 〘(c1450) ◻ L *oblīviōsus* forgetful: ⇨ ↑, -ous〙

ob·long /ɑ́(ː)blɔ(ː)ŋ, -lɑ(ː)ŋ | ɔ́blɒŋ/ *adj.* **1** 〈紙・本・切手など〉横長の; 長方形の. **2** 長円形の; 〈円が〉長円の, 楕円(だえん)の; 〈球面が〉扁長の: an ～ mirror 楕円形の鏡.
— *n.* 横長の形; 長方形. 〘(?a1425) ◻ L *oblongus* rather long, longish ← OB-+*longus* 'LONG¹'〙

ob·lo·quy /ɑ́(ː)bləkwi | ɔ́b-/ *n.* **1** 〘世間の〙悪口, そしり. **2** 悪評, 汚名, 不面目 (⇨ disgrace SYN). 〘(?a1438) ◻ LL *obloquium* contradiction ← OB-+L *loquī* to speak〙

ob·mu·tes·cent /ɑ̀(ː)bmjutésənt, -snt | ɔ̀b-⁻/ *adj.* 〘古〙どうしても口をきかない. **ob·mu·tes·cence** /ɑ̀(ː)bmjutésəns, -sns | ɔ̀b-/ *n.* 〘(1646) ◻ L *obmūtēscentem* (pres.p.) ← *obmūtēscere* to become dumb ← OB-+*mutus* dumb (cf. mute¹)〙

ob·nounce /ɑ(ː)bnáuns | ɔb-/ *vi.* 〘古代ローマで公の催し事に対して〙凶兆を告げる. 〘(1741) ◻ L *obnūntiāre* ← OB-+*nūntiāre* to tell: cf. announce, pronounce〙

ob·nox·ious /əbnɑ́(ː)kʃəs, ɑ(ː)b- | əbnɔ́k-, ɔb-/ *adj.* **1** いやな, 不愉快な (⇨ hateful SYN): an ～ action / a man ～ *to* his neighbors 近所の人たちの嫌われ者. **2** 〘古〙〔危害・非難などを〕受けやすい, 免れない (liable) 〔*to*〕: behavior ～ *to* censure 非難を免れないふるまい. **3** 〘古〙非難[罰]に値する, 非難されるべき. **～·ly** *adv.* **～·ness** *n.* 〘(1581) ← L *obnoxiōsus* ← *obnoxius* exposed to harm: ⇨ ob-, noxious〙

ob·nu·bi·late /ɑ(ː)bnúːbəlèɪt, -njúː- | ɔbnjúːbɪ-/ *vt.* 〘文語〙**1** 曇らす, 暗くする. **2** もうろうとさせる, 麻痺させる. **ob·nu·bi·la·tion** /ɑ(ː)bnùːbəléɪʃən, -njùː- | ɔbnjùːbɪ-/ *n.* 〘(1583) ← L *obnūbilātus* (p.p.) ← *obnūbilāre* to cover with clouds or fog: ⇨ ob-, nubilous, -ate³〙

obo 〘略〙or best offer または最高付け値.

OBO /óubìːóu, óubou | əʊbìːəʊ, əʊbəʊ/ 〘略〙〘海事〙ore-bulk-oil carrier 撒積(ばら)鉱石兼油送船《収貨状況により上記三様に使える船》.

o·boe /óubou | əʊbəʊ/ *n.* **1** オーボエ, オーボー《高い音域をもち旋律を演奏するのに適した複弁木管楽器》. **2** 〘オルガンの〙オーボー音栓. **3** 〘オーケストラの〙オーボエ奏者. 〘(c1700) ◻ It. ～ ◻ F *hautbois* 'HAUTBOY'〙

O·boe /óubou | əʊbəʊ/ *n.* 〘航空〙オーボー, オーボエ《二つの地上局がレーダーで航空機を無線誘導する方法》. 〘←? OBOE: 通信で O 字を表す記号として OBOE が用いられることから〙

óboe da các·cia /-dɑkɑ́ːtʃə | -kǽtʃə; *It.* ɔːboedakáttʃa/ *n.* オーボエダカッチャ《オーボエ族の古い楽器; イングリッシュホルンの前身》. 〘(1876) ◻ It. ～ '《原義》hunting oboe'〙

óboe d'a·mó·re /-dɑmɔ́ːri, -reɪ | -dæmɔ́ːr-; *It.* -damɔ́ːre/ *n.* オーボエダモーレ《オーボエより短 3 度低い; 主としてバロック音楽の演奏に用いる》. 〘(1876) ◻ It. ～ 《原義》oboe of love〙

o·bo·ist /óubouɪst | əʊbəʊɪst/ *n.* (*also* **o·boe·ist** /～/) オーボエ (oboe) 吹奏者. 〘(1863) ← OBOE+-IST: cf. It. *oboista*〙

ob·ol /ɑ́(ː)bəl, óub-, -bl | ɔ́bəl, əʊb-, -bl/ *n.* オボル: **1** 古代ギリシャの銀貨 (=¹/₆ drachma). **2** 古代ギリシャの重量単位 (=11¹/₄ grains; =0.73 gram). **3 a** = obole. **b** 昔ヨーロッパで通用した各種の小硬貨. 〘(1579) ◻ L *obolus* ◻ Gk *obolós*: cf. obolus〙

ob·ole /ɑ(ː)bóul | ɔbəʊl; *F.* ɔbɔl/ *n.* オボール《中世の ¹/₂ ドゥニエ貨 (denier) の総称; ガリアの最も古い小銭, メロビング, カロリング朝の低品位銀貨; ハンガリーでは 16 世紀まで存在した》. 〘(1601) ◻ F ～ ◻ L *obolus* (↓)〙

ob·o·lus /ɑ́(ː)bələs | ɔ́b-/ *n.* (*pl.* **-o·li** /-làɪ/) **1** オボラス

O

《現代ギリシャの重量単位; =0.73 gram》. **2** =obol 1. **3** =obol 3. 〚(*a*1398) ME ～ □ L ～ □ Gk *obolós*《変形》← *obelós* spit: cf. obelus〛

O·bo·te /oubóutei, -ti | əubáutei, -ti/, **(Apollo) Milton** *n.* オボテ《1924–2005; ウガンダの政治家; 首相 (1962–66)・大統領 (1966–71; 1980–85)》.

ob·o·vate /ɑ(ː)bóuveit | ɔbáuveit, -vɨt/ *adj.*〖植物〗〈葉が〉倒卵形の. 〚(1785) ← OB-+OVATE〛

ob·o·void /ɑ(ː)bóuvɔid | ɔbáu-/ *adj.*〖植物〗〈果実が〉倒卵形[体]の (cf. ovoid). 〚(1819) ← OB-+OVOID〛

O·bre·gón /òubrəgɔ́(ː)n | ɔ̀ubrəgɔ́n; *Am.Sp.* oβreɣón/, **Ál·va·lo** /álβaro/ *n.* オブレゴン《1880–1928; メキシコの将軍・政治家, 大統領 (1920–24); 暗殺された》.

O·bre·no·vich /oubrénəvitʃ | əu-/ *n.* オブレノビッチ《1815–1903 年にわたってセルビアを支配した王家; セルビア語名 Obrenović /*Serb.* obrěnovitɕ/》.

ob·rep·tion /ɑ(ː)brépʃən | ɔb-/ *n.* **1**〖教会法〗特免詐取《虚偽の申告をして, 教会から特免を受けること, また受けようと試みること》. **2**《まれ》〖スコット法〗詐欺による不動産復帰権取得 (cf. subreption 3). **ob·rep·ti·tious** /ɑ(ː)brεptíʃəs | ɔ̀b-ˈ-/ *adj.* **òb·rep·tí·tious·ly** *adv.* 〚(1611) □ F ～ // L *obreptiō(n-)* ← *obrēpere* to creep up to, deceive ← OB-+*rēpere* to creep〛

O'·Bri·en /oubráiən | ə(ʊ)-/, **Edna** *n.* オブライエン《1932?–　; アイルランドの小説家; *The Country Girls* (1960)》.

O'Brien, Flann *n.* オブライエン《1911–66; アイルランドの小説家・エッセイスト; Brian O'Nolan のペンネーム; *The Third Policeman* (1967)》.

O'Brien, William Smith *n.* オブライエン《1803–64; アイルランドの政治家・民族主義者》.

ob·ro·gate /ɑ́(ː)brəgèit | ɔ́b-/ *vt.*〖大陸法〗(新法施行により)〈法律を〉(一部または全部)改正する, 修正する. 〚(1656) ← L *obrogātus* (p.p.) ← *obrogāre* ← OB-+*rogāre* to ask, propose〛

ob·ro·ga·tion /ɑ̀(ː)brəgéiʃən | ɔ̀b-/ *n.*〖大陸法〗(新法施行に伴う, 旧法の)失効, 廃止; 修正, 改正. 〚1658〛

obs. 《略》obscure; observation; observatory; observe; observer; obsolescent; obsolete; obstetric; obstetrician; obstetrics.

ob·scene /əbsíːn, ɑ(ː)b- | əb-, ɔb-/ *adj.* (**ob·scen·er; ob·scen·est**) **1** 猥褻(わいせつ)な, 劣情を刺激する; 風俗壊乱の: ～ books 猥褻本 / ～ pictures 春画; 猥褻写真[映画] / ～ language 卑猥な言葉(遣い) / an ～ phone call いかがわしいいたずら電話. **2 a** 見苦しい, みっともない. **b** 非道な, ぞっとするような; 不埒(ふらち)な, けしからぬ. **～·ly** *adv.* **～·ness** *n.* 〚(1593) □ F *obscène* // L *obscēnus* ill-omened, filthy ← *obs-* 'OB-'+*caenum* filth〛

ob·scen·i·ty /əbsénəṭi, ɑ(ː)b-, -síːn- | əbsénəti, ɔb-, -síːn-, -nɪ-/ *n.* **1 a** 猥褻(わいせつ): ～ of language. **b** 猥談, 猥褻な行為[言葉, 絵, 写真]: utter a foul ～ 卑猥なことを口にする. **2** 《古》醜悪, 不潔. 〚(1589) □ F *obscénité* // L *obscēnitātem*: ⇨ ↑, -ity〛

ob·scur·ant /əbskjúᵊrənt, ɑb- | ɔbskjúər-, əb-/ *n.* 反啓蒙主義者; 非明晰主義者. **— *adj.*** **1** (故意に)あいまいにさせる. **2** 反啓蒙主義(的)の[に関する]; 非明晰主義の[に関する]. 〚(1799) □ L *obscūrantem* (pres.p.) ← *obscūrāre* 'to OBSCURE': ⇨ -ant〛

ob·scu·ran·tic /ɑ̀(ː)bskjuræ̀ntɪk | ɔ̀bskjurǽnt-ˈ-/ *adj.* =obscurant. 〚1926〛

ob·scur·an·tism /əbskjúᵊrəntìzm, əb-, ɑ̀(ː)bskjuræ̀ntìzm | ɔ̀bskjuᵊrǽntɪzm, ɔbskjúərəntìzm, əb-/ *n.* **1** 反啓蒙主義. **2**〖文学・芸術〗非明晰主義; あいまいな文体[表現]. **ob·scúr·an·tist** /-ṭɨst | -tɪst/ *n., adj.* 〚1834〛

ob·scu·ra·tion /ɑ̀(ː)bskjuréiʃən | ɔ̀b-/ *n.* **1** あいまい(な状態); 朦朧(もうろう). **2** (知・霊の光などを)ぼんやりさせること, (真理・語意などを)曖昧にすること. **3** 《まれ》〖天文〗掩蔽(えんぺい), 食 (occultation, eclipse). 〚(1471) □ L *obscūrātiō(n-)* ← *obscūrāre* 'to OBSCURE': ⇨ -ation〛

ob·scure /əbskjúə, ɑ(ː)b- | əbskjúəʳ, ɔb-, -skjɔ́ːʳ/ *adj.* (**ob·scur·er; ob·scur·est**) **1 a** 世に知られない, 無名の: an ～ work by a forgotten author (人に知られぬまま埋もれた)名もない著者の作品 / a host of ～ writers 数知れぬ無名作家たち / an ～ politician 無名の政治家 / He is of ～ origin [birth]. 素性が卑しい. **b** 〈場所など〉(奥深く隠れて)人目につかない, 引っ込んだ, 辺鄙(へんぴ)な, 片田舎の: an ～ village 人里離れた村 / an ～ retreat 幽居. **2 a** 意味のはっきりしない, 理解し難い, あいまいな, よくわからない, 原因不明な: ～ words etc. / an ～ style, speaker, writer, etc. / an ～ malady 原因不明の病気. **b** 〈音・形などが〉はっきり感知できない, かすかな, ぼんやりした, 不鮮明な: an ～ voice, figure, etc. **3 a** 光の不足した, 暗い, 薄暗い (⇨ dark SYN); 暗がりの; (どんより)曇った, 朦朧(もうろう)とした: ～ darkness / an ～ night, day, etc. / the ～ recess of a cave ほら穴の暗い奥. **b** 〈色が〉どす黒い, どんよりした, 鈍い: ～ yellow. **4**〖音声〗〈母音が〉あいまいな, あいまい母音 /ə/ を成す, /ə/ に近い; あいまい母音の: an ～ vowel あいまい母音 (cf. schwa 1).

— *n.* 《詩》暗黒 (darkness), 夜陰 (night).

— *vt.* **1 a** 覆い隠す, 覆う (hide): be ～*d* by mists, curtains, etc. / ～ the view 展望を妨げる / ～ a person's judgment 判断を妨げる / ～ the facts 事実を隠蔽する / ～ something *from* view ある物を見えなくする. **b** 〈主題などを〉不明瞭にする, あいまいにする. **c** 〈名声などを〉覆い隠す, (対照的に)〈他の人〉の光輝を奪う, 顔色なからしめる: ～ one's predecessor, rival, etc. / His fame was ～*d* by that of his greater father. 彼の名声はより偉大であった父の名声の前ではかすんでしまった. **2** 暗くする, 曇らす (darken); ぼんやりさせる (dim). **3**〖音声〗〈発音などを〉不明確にする, 〈母音を〉あいまいな音にする.

～·ly *adv.* **～·ness** *n.* 〚adj.: (?*a*1400) □ (O)F *obscur* < L *obscūrum* dark, unknown,《原義》covered over ← OB-+IE *(*s*)*keu-* to cover (cf. sky). — v.: (?*a*1425) ← (adj.) または □ (O)F *obscurer* // L *obscūrāre* ← *obscūrus*〛

SYN あいまいな: **obscure** 真の意味が隠されていてわかりにくい: *obscure* passages 意味のはっきりしない文章. **vague** 態度などが正確さ・精密さを欠いてはっきりしない: *vague* promises 漠然とした約束. **noncommittal** 態度・意見などがどっちつかずであいまいな《やや格式ばった語》: a *noncommittal* answer あいまいな返事. **ambiguous** 二つ以上の解釈を含むのであいまいな: an *ambiguous* sentence あいまいな文. **equivocal** 人をだましたり言い抜けたりするためにわざとあいまいにした: an *equivocal* expression 二つの意味にとれる表現.
ANT distinct, obvious.

---

obscúre gláss *n.* つや消しガラス (frosted glass), 曇りガラス, すりガラス《砂吹きつけやフッ化水素酸で腐食させてつや消しをしたガラス》.

ob·scu·ri·ty /əbskjúᵊrəṭi, ɑ(ː)b- | əbskjúərəti, ɔb-, -skjɔ́ːr-, -rɪ-/ *n.* **1 a** 世に知られないこと, 隠遁: retire into ～ 隠棲(いんせい)する, 片田舎に引っ込む / sink into ～ 世に埋もれる[忘れられる], 低い境遇に陥る. **b** 無名, 低い身分; 無名の地[物]: rise from ～ to fame 無名から身をおこして名を成す. **2** 意味不明, あいまい (ambiguity); 不明瞭な箇所, 不可解な言葉, 疑わしい[あいまいな]意味: the *obscurities* of early Greek poets 古代ギリシャ詩人たちの不明瞭な辞句. **3** 暗さ, 朦朧(もうろう) (dimness); 暗所. 〚(*a*1398) ME *obscurite* □ (O)F *obscurité* // L *obscūritātem* ← *obscūrus*: ⇨ obscure, -ity〛

ob·scu·rum per ob·scu·ri·us /ɑ(ː)bskjúᵊrumpεəɑ(ː)bskjúᵊrius | ɔbsjúərəmpɔ:(r)ɔbskjúəriəs/ *L.* 不明なことを一層不明なことで説明すること, (説明されるものより)一層わからない説明《ignotum per ignotius ともいう》. 〚(1616) 1892〛

ob·se·crate /ɑ́(ː)bsəkrèit | ɔ́bsɨ-/ *vt.* 《古》〈人〉に嘆願[哀願]する (supplicate). 〚(1597) ← L *obsecrātus* (p.p.) ← *obsecrāre* ← OB-+*sacrāre* 'to make SACRED'〛

ob·se·cra·tion /ɑ̀(ː)bsəkréiʃən | ɔ̀bsɨ-/ *n.* **1** 嘆願, 哀願 (supplication). **2**〖英国国教会〗嘆願 (the Litany) の中で 'by' で始まる一連の文句. **3**〖修辞〗嘆願法《神・人に嘆願する形式; cf. apostrophe 2》. 〚(*c*1384) ME *obsecracioun* □ L *obsecrātiō(n-)* entreaty: ⇨ ↑, -ation〛

ob·se·quence /ɑ́(ː)bsəkwəns | ɔ́bsɨ-/ *n.* へつらい, こび. 〚(1603) □ L *obsequentia*: ⇨ obsequious, -ence〛

ob·se·quent /ɑ́(ː)bsəkwənt | ɔ́bsɨ-/ *adj.* **1**〖地理〗〈河川が〉逆従する, 逆従の《地表面の一般的な傾斜に対して逆に流れる; cf. consequent 4, subsequent 3》: an ～ stream 逆従川. **2** 《廃》従順な, 素直な (obedient); こびるような (obsequious). 〚(1520): ⇨ ↑, -ent〛

ob·se·qui·al /əbsíːkwiəl, ɑ(ː)b- | əb-, ɔb-/ *adj.* 葬式の (funereal). 〚(*a*1693): ⇨ obsequy, -al[1]〛

ob·se·qui·ous /əbsíːkwiəs, ɑ(ː)b- | əb-, ɔb-/ *adj.* **1** こびへつらう, 追従(ついしょう)的な (⇨ servile SYN): an ～ smile へつらうような笑顔 / be ～ *to* the great 権門にこびる. **2** 《古》従順な, 忠実な (obedient). **～·ly** *adv.* **～·ness** *n.* 〚(*a*1450) □ L *obsequiōsus* compliant ← *obsequium* compliance ← *obsequī* to comply with ← OB-+*sequī* to follow (cf. sequence): ⇨ -ous〛

ob·se·quy /ɑ́(ː)bsəkwi | ɔ́bsɨ-, əbsíː-/ *n.* [通例 *pl.*] 葬式; (特に)埋葬式. 〚(*c*1385) ME *obsequi* □ AF *obsequie(s)* = OF *obsèque* (F *obsèques* (pl.)) □ ML *obsequiae*《混成》← L *obsequium* service (↑)+*exsequiae* 'funeral rites, EXEQUIES'〛

ob·serv·a·ble /əbzɔ́ːvəbl | -zɔ́ːv-/ *adj.* **1** 観察できる, 目につく. **2** 注目すべき. **3**〚□ F《廃》～〛守るべき: manners ～ in social intercourse 社交上守るべき作法. **— *n.*** 〖物理〗オブザーヴァブル《量子力学で, 原理的に観測可能と考えられる量》. **～·ness** *n.* **ob·sèrv·a·bíl·i·ty** /-vəbíləṭi | -ləti, -lɪ-/ *n.* 〚1608〛

ob·sérv·a·bly /-vəbli/ *adv.* 目立って, 顕著に, 際立って; 認知できるほどに. 〚1646〛

ob·ser·vance /əbzɔ́ːvəns, -vənts | -zɔ́ː-/ *n.* **1** (法律・義務・儀式・慣例などを)守ること, 遵奉, 遵守: strict ～ of the rule 規則の厳守. **2** [しばしば *pl.*] **a** 慣習, 慣例 (custom); しきたり, 行事 (practice). **b** 儀式; (宗教上の)礼典, 式典: the ～ of one's birthday 誕生祝い. **3** 観察 (observation). **4**〖カトリック〗**a** (修道会の)規律; (その規律を守る)修道院[会]. **b** [O-] (フランシスコ修道会の中で, 特に戒律に忠実な厳修派の修道士の)厳守すべき規律. **5** 《古》敬意, 恭順. 〚(?*a*1200) □ (O)F *observance* □ L *observantia* attention, notice: ⇨ observe, -ance〛

ob·ser·vant /əbzɔ́ːvənt | -zɔ́ː-/ *adj.* **1 a** 注意深い: an ～ gaze 注意深い凝視. **b** すぐに気がつく, 抜け目のない, 油断のない. **c** 〔…を〕よく気をつける, 〔…に〕目を放さない〔*of*〕. **2** 〈法律・習慣などを〉厳守する〔*of*〕: You should be ～ *of* the traffic rules. **— *n.*** **1** 忠実な従者. **2** [O-] =Observantine. **～·ly** *adv.* 〚(*a*1470) □ L *observantem* (pres.p.) ← *observāre*: ⇨ observe, -ant〛

Ob·ser·van·tine /əbzɔ́ːvəntɨn, -tiːn | -zɔ́ːvəntɪn, -tiːn/ *n.* (フランシスコ会の中で特に戒律を厳守する)厳修派の修道士 (Observant) (cf. conventual 2). 〚□ F *Observantin*: ⇨ observant, -ine[1]〛

ob·ser·va·tion /ɑ̀(ː)bzəvéiʃən, -sə- | ɔ̀bzə-, -sə-/ *n.* **1 a** 観察, 注目; 監視, 偵察: come [fall] under one's ～ 目につく / one's power of ～ 観察[注意]力. **b** 観察力[眼]: a man *of* narrow [keen] ～ 観察力の乏しい[鋭い]人. **c** 観察[注目]されること, 観察[監視]をされている状態: a person under ～ 監視下の人, 注意人物 / escape ～ 人目につかない / keep a person under ～ 〈容疑者・患者を〉監視[看護]する / He sought to avoid ～. 彼は人目につかぬように努めた. **2 a** (科学者がしばしば精密機具を用いて行う)観察, 観測, 実測: an astronomical [a meteorological] ～ 天体[気象]観測 / make ～*s* of the sun 太陽の観測をする. **b** [しばしば *pl.*] 観測の結果[報告]: publish one's ～*s* of temperature 気温の観測を発表する / build a theory on ～*s* 観察の結果に基づいて理論を組み立てる / My ～ is that ... 観察によって知りえたことは…ということである. **3 a** (観察に基づく)言説, 所見 (⇨ remark[1] SYN): ～*s on* the habits of ants アリの習性に関する観察[所見] / make a few ～*s on* …に関して二, 三所見を述べる. **b** 発言, 言葉 (utterance): a witty [just, foolish] ～ 気のきいた[正当な, ばかげた]言葉. **4** 《廃》(法律・儀式・慣例などの)遵守 (cf. observance 1). **5** 恭順 (cf. observance 5). **6**〖海事〗(船の位置を測定するための)天体の観測, 天測; 天測の結果: get [take] an ～ 天体を観測する / work out an ～ 天測の結果を計算する[計算して船位を出す].

— *adj.* [限定的] 観察に用いられる, 観測用の; 展望用の: an ～ tower 展望塔 / an ～ balloon 観測気球. 〚(*c*1384) *observacioun* □ L *observātiō(n-)*: ⇨ observe, -ation〛

òb·ser·vá·tion·al /-ʃnəl, -ʃənḷ/ *adj.* 観察[観測]上]の; 視察の, 監視の; 観察[観測]に基づく; 実測的な (cf. experimental). **～·ly** *adv.* 〚1834〛

observátion càr *n.*〖鉄道〗展望車. 〚1872〛

observátion dèck *n.* 展望台[デッキ].

observátion pòst *n.*〖軍事〗(弾着)観測所, 監視所[哨], 展望所[哨]; 対空監視所 (略 OP). 〚1909〛

ob·ser·va·to·ry /əbzɔ́ːvətɔ̀ːri | -zɔ́ːvətri, -təri/ *n.* **1** 観測所; (特に)天文台, 気象台, 測候所: an astronomical [a meteorological] ～ 天文[気象]台. **2** 展望台, 望楼, 物見台 (lookout). 〚(1676) ← NL *observātōrium* // F *observatoire*: ⇨ ↓, -ory[2]〛

ob·serve /əbzɔ́ːv | -zɔ́ːv/ *vt.* **A** (cf. observation) **1 a** 観察する, 注視する; 監視する (⇨ see[1] SYN): ～ a person's behavior 人の行動を観察する / *Observe how* I do this. どうしてやるかよく見てなさい. **b** 〈天体・気象などを〉観測する, 実測する: ～ the sun's altitude [an eclipse of the sun] 太陽の高度[日食]を観測する. **2** [しばしば原形不定詞, 分詞または *that*-clause を伴って] 認める, 見る, (特に, 観察によって)…に気づく, 看取する (notice, perceive): Didn't you ～ the difference? その違いに気づきませんでしたか / I did not ～ him leave the room. 彼が部屋を出て行くのに気がつかなかった / She ～*d* him trying to force the lock of the door. 彼がドアの錠をこじ開けようとしているのを見て取った / He ～*d that* the sky was becoming overcast. 空がどんどん暗くなってくるのに気づいた. **3** 敬意を払う; 機嫌をとる (humor): the ～*d* of all observers すべての人の尊敬の的である人 (Shak., *Hamlet* 3. 1. 162). **4** (所見として)〈…と〉述べる, 評する (remark) 〈*that*〉; (何気なしに)口にする: Allow me to ～ *that* ... 私の評言をお許し下さるなら… / I have very little to ～ on what has been said. 今承ったことについてほとんど何も申し上げることはありません. **5** (占う目的で)注目する, 調べる (inspect).

B (cf. observance) **1** 遵守する, 遵奉する: ～ good manners 礼儀を守る / ～ silence 沈黙を守る[続ける]. **2** 〈祭礼・儀式などを〉挙行する, 執行する, (慣例通り)行う (⇨ celebrate SYN): ～ Christmas [one's birthday] クリスマス[誕生日]を祝う / ～ the Sabbath 安息日を祝う《仕事を休んで教会へ行く》.

— *vi.* **1** 観察する, 注目する, 気をつける: ～ keenly 観察が鋭い. **2** 傍聴する, オブザーバーとして出席する. **3** 〔…について〕所見を述べる, 短評する〔*on, upon*〕: strange to ～ 申し上げるのも変ですが / ～ *on* what he said 彼の言ったことについて論評する.

〚(*c*1390) *observe(n)* □ (O)F *observer* □ L *observāre* to watch, observe ← OB-+*servāre* to heed, watch (← IE *ser-* to protect: cf. conserve)〛

ob·serv·er /əbzɔ́ːvə | -zɔ́ːvəʳ/ *n.* **1** 観察者; 観測者: an astronomical ～ 天体観測者. **2** 監視者; 目撃者 (witness); 傍観者 (looker-on). **3** (会議の)オブザーバー《傍聴のために派遣される代表者で発言権はなく正式に会議に参加はしない》. **4** 国連派遣調査団員《一定地域の情況を視察しその結果を国連の委員会へ持ち帰って報告する》. **5** 意見を述べる人, 評者. **6** (法律・儀式などの)遵守者. **7**〖軍事〗(地上または空中から砲兵射撃の射弾観測をする)(機上)観測員; 航空[機上]偵察員; 気象観測員; 気球観測[偵察]員;〖米空軍〗航空特技搭乗員《操縦士 (pilot) 以外の航空特技者の級別で, 例えば航法士 (navigator), レーダー手 (radar operator), 爆撃手 (bombardier) など; aircraft observer, air observer ともいう》. **8** [O-] オブザーバー《英国のニュース週刊紙》. 〚*c*1550〛

ob·sérv·ing *adj.* 観察的な, 注意深い; 観察力の鋭い. **～·ly** *adv.* 〚1601–02〛

ob·sess /əbsés, ɑ(ː)b- | əb-, ɔb-/ *vt.* [しばしば p.p. 形で] **1** 〈ある考えなどが〉〈人〉に付きまとう: The mothers were ～*ed with* the idea of getting their children the best education. 母親たちは子供たちに最善の教育を受けさせる考えに取り憑(つ)かれていた. **2** 〈妄想などが〉〈人〉に取り憑く, 〈人〉に乗り移る; 《古》〈魔物などが〉〈人〉に取り憑いて悩ます: be ～*ed by* [*with*] a demon [delusion, fixed idea]

悪魔[妄想, 固定観念]に取り憑かれる / He is ～*ed by* conscience. 良心の呵責にさいなまれている. — *vi.* 《米口語》〔…を〕(不必要なほど)気にする, くよくよする〔*about*〕: ～ *about* trifles つまらない事を気[苦]にする. 〖《1503》← L *obsessus* (p.p.) ← *obsidēre* to sit down before, occupy ← OB-＋*sedēre* 'to SIT'〗

ob·ses·sion /əbséʃən, ɑ(:)b- | əb-, ɔb-/ *n.* **1** 取り憑(つ)くこと; 魔物に取り憑かれていること; (観念などが)頭につきまとうこと (cf. possession 5 a): be under an ～ of …に取り憑かれている. **2 a** 憑きまとって離れない苦悩, 妄想, 妄念, 固定観念: get ～*s* 妄想に取り憑かれる / suffer from an ～ 強迫観念に悩む / Making a great deal of money is an ～ with him. 大もうけをすることがいつも彼の頭から離れない. **b** 〖精神医学〗強迫(観念). **3** 《廃》包囲. **～·al** /-ʃnəl, -ʃənl/ *adj.* **～·al·ly** *adv.* 〖《1513》□ L *obsessiō(n-)* ← *obsessus*: ⇨ ↑, -sion〗

obséssional neurósis *n.* 〖精神医学〗強迫神経症 (強迫症状を主徴とする神経症[ノイローゼ]). 〖1918〗

ob·ses·sive /əbsésɪv, ɑ(:)b- | əb-, ɔb-/ *adj.* **1** 憑(つ)きまとって離れない: one's ～ worry. **2 a** 妄想を引き起こす. **b** 過度の, 異常なほどの: one's ～ care. — *n.* 妄想に取り憑かれている人; 強迫神経症にかかっている人. **～·ly** *adv.* **～·ness** *n.* 〖《1901》← OBSESS＋-IVE〗

obséssive-compúlsive 〖精神医学〗*adj.* 強迫の. — *n.* 強迫神経症患者. 〖1927〗

obséssive-compúlsive neurósis *n.* 〖精神医学〗強迫神経症. 〖1941〗

ob·sid·i·an /əbsídiən, ɑ(:)b- | ɔbsíd-, əb-/ *n.* 〖岩石〗黒曜岩, 十勝石(とかちいし). 〖《a1398》 ME *obsianus* ← NL *obsidiānus* ← L *Obsidiānus* (*lapis*) (stone) of Obsidius: *Obsiānus* (← *Obsius*: その発見者)の誤読による: ⇨ -ian〗

ob·si·di·o·nal /əbsídiənl | -diə-/ *adj.* **1** 攻略[攻囲]の[に関する]. **2** 〈貨幣が〉緊急発行された: an ～ coin ＝siege coin. 〖《1542》□ L *obsidiōnālis* ← *obsidiō* siege ← *obsidēre* to besiege: ⇨ obsess〗

ob·so·lesce /à(:)bsəlés | ɔ̀b-/ *vi.* すたれる, すたれかける, 次第にすたれていく. 〖《1873》□ L *obsolēscere*: ⇨ obsolete〗

ob·so·les·cence /à(:)bsəlésəns, -sns | ɔ̀b-/ *n.* **1** すたれ(かけ)ていること. **2** 〖生物〗(器官の)退行, 萎縮. **3** 〖言語〗(語の)準廃用. 〖《a1828》: ⇨ ↓, -ence〗

ob·so·les·cent /à(:)bsəlésənt, -snt | ɔ̀bsə-ˊ-/ *adj.* **1** 次第にすたれていく: an ～ word, custom, etc. **2** 〖生物〗〈器官・部分など〉退行性の. **～·ly** *adv.* 〖《1755》□ L *obsolēscentem* (pres.p.) ← *obsolēscere* (↓)〗

ob·so·lete /à(:)bsəlíːt, ˊ-ˊ-ˋ | ɔ́bsəlìːt, ˊ-ˊ-ˋ/ *adj.* **1 a** もはや使用されていない, すたれた (disused): an ～ word 廃語. **b** 時代遅れの (out-of-date): an ～ ironclad 旧式の甲鉄艦. **2** すり減って消えた. **3** 〖生物〗(萎縮によって)退化した, 痕跡だけの (vestigial). — *n.* すたれたもの[語句], 廃語 — *vt.* 《米》すたれさせる, 時代遅れにする (antiquate). **～·ly** *adv.* **～·ness** *n.* 〖《1579》□ L *obsolētus* (p.p.) ← *obsolēscere* to wear out, grow old: *solēre* to become accustomed の影響を受けたもの〗

óbsolete rhýme *n.* 〖詩学〗古体韻 (綴り字・発音ともに異なっているが, 古くは同一音をもっていた語[音節]による押韻; 例: join, dine).

ob·so·let·ism /à(:)bsəlìːtɪzm | ɔ́b-/ *n.* **1** 廃用; 陳腐. **2** 廃語; すたれた慣習. 〖1799〗

o.b.s.p. 《略》*L.* obiit sine prōle 嗣子なくして死す (he (or she) died without issue).

ob·sta·cle /á(:)bstəkl | ɔ́b-/ *n.* **1** 障害(物), 邪魔(もの): an ～ to progress 進歩への障害. **2** 〖馬術〗(障害飛越用の)障害柵. **3** 《廃》反対, 抵抗. 〖《c1340》□ (O)F ～ // L *obstāculum* ← *obstāre* to withstand, resist ← OB-＋*stāre* 'to STAND'〗

SYN 障害: **obstacle** 前進を妨げる物質的・非物質的な障害: overcome an *obstacle* 障害に打ち勝つ. **difficulty** 物事を遂行する上での困難なこと, 障害となる点: One *difficulty* after another arose during the construction of the airport. 空港建設には次々と障害が起こった. **obstruction** 通路をふさぐもの: an *obstruction* on the road 道の邪魔物. **block** 交通・流れなどの障害となるもの: get over a *block* 障害を回避する. **bar** 道路の遮断棒; 比喩的に, 障害: a *bar* to progress 進歩の障害.

óbstacle còurse *n.* **1 a** (障害物競走の)一連の障害物. **b** 《米》〖軍事〗(各種の障害物通過訓練のための)障害物(訓練)場 (《英》assault course). **2** (目標達成のために乗り越えなければならない)一連の障害[困難], 難関. 〖1943〗

óbstacle ràce *n.* 障害物競走. 〖1869〗

obstet. 《略》obstetric; obstetrician; obstetrics.

ob·stet·ric /əbstétrɪk, ɑ(:)b- | əb-, ɔb-/ *adj.* 産科(学)の[に関する]; 助産の[に関する]: an ～ instrument [operation] 産科器械[手術] / an ～ nurse 産科看護婦, 助産婦. 〖《1742》← NL *obsterīcus* ← L *obstetrīcius* (adj.) ← *obstetrix* midwife, 《原義》woman who stands before ← OB-＋*stāre* 'to STAND'〗

ob·stét·ri·cal /-trɪkəl, -trə-, -kl | -trɪ-/ *adj.* ＝obstetric. **～·ly** *adv.* 〖1775〗

obstétrical tóad *n.* 〖動物〗サンバガエル (南ヨーロッパに生息するスズガエル科のカエルの総称; サンバガエル (*Alytes obstetricans*) とイベリアサンバガエル (*A. cisternasi*) の 2 種がいる; 幼生になるまで卵塊を雄が腰部につけて歩く習性がある; midwife frog, nurse frog ともいう).

ob·ste·tri·cian /à(:)bstətríʃən, -stɛ- | ɔ̀bstɪ̀-, -stɛ-/ *n.* 産科医. 〖《1828》← L *obstertricia* midwifery＋-AN[1]: ⇨ obstetric〗

obstetrícian gynecólogist *n.* 産婦人科医 (略 ob-gyn).

ob·stet·rics /əbstétrɪks, ɑ(:)b- | əb-, ɔb-/ *n.* [単数または複数扱い] 産科(学) (tocology); 動物産科学 (略 OB): obsterics and gynecology 産婦人科学. 〖《1819》: ⇨ obstetric, -ics〗

ob·sti·na·cy /á(:)bstənəsi | ɔ́bstɪ̀-/ *n.* **1** 頑固, 強情: with ～ 強情に. **2** 頑固な言行. **3** (疾病などの)難治(性). 〖《a1393》 ME *obstinaci* □ ML *obstinātia*: ⇨ ↓, -cy〗

ob·sti·nate /á(:)bstənɪ̀t | ɔ́bstɪ̀-/ *adj.* **1** 頑固な, 強情な (⇨ stubborn SYN); 頑強な: ～ resistance 頑強な抵抗 / be ～ in argument 議論をするとしつこい / shake an ～ head 頑固に首を振る / (as) ～ as a mule おそろしく頑固な. **2 a** なかなか手に負えない. **b** 〈病気など〉難治の: an ～ disease, fever, etc. **～·ly** *adv.* **～·ness** *n.* 〖《c1340》□ L *obstinātus* (p.p.) ← *obstināre* to persist in ← OB-＋*stāre* 'to STAND'〗

ob·sti·pa·tion /à(:)bstəpéɪʃən | ɔ̀bstɪ̀-/ *n.* 《まれ》〖病理〗(頑固な)便秘. 〖《1597》□ LL *obstīpātiō(n-)* ← OB-＋L *stīpāre* to pack: cf. constipation〗

ob·strep·er·ous /əbstrép(ə)rəs, ɑ(:)b- | əb-, ɔb-/ *adj.* **1** 騒がしい (noisy): an ～ noise, roaring, merriment, etc. **2 a** 〈子供など〉うるさくて手に負えない. **b** 暴れる, 荒れる: an ～ animal. **～·ly** *adv.* **～·ness** *n.* 〖《c1600》□ L *obstreperus* clamorous ← *obstrepere* to cry out ← OB-＋*strepere* to roar: ⇨ -ous〗

ob·strop·o·lous /əbstrá(:)pələs, ɑ(:)b- | əbstrɔ́p-, ɔb-/ *adj.* 《方言》＝obstreperous.

ob·struct /əbstrʌ́kt, ɑ(:)b- | əb-/ *vt.* **1** 〈入口・通路などに障害物を置く[で塞(ふさ)ぐ] (block up); 〈流通・交通などを〉妨げる (⇨ prevent SYN): ～ the flow of water [the traffic] 水の流れ[交通]を妨げる. **2** 〈光・音・眺めなどを〉遮る (shut out): ～ a light, a sound, one's sight, etc. / There was nothing to ～ the view. 眺めを遮るものは何もなかった. **3** 〈議事などの〉進行を妨害する (retard, impede): ～ the proceedings in a meeting [a bill in Parliament] 会議の進行[議会で法案の通過]を妨害する. — *vi.* 妨害[邪魔]をする. **ob·strúc·tor** *n.* **ob·strúct·er** *n.* 〖《1590》← L *obstructus* (p.p.) ← *obstruere* ← OB-＋*struere* to build, block (cf. structure)〗

ob·struc·tion /əbstrʌ́kʃən, ɑ(:)b- | əb-, ɔb-/ *n.* **1 a** 妨害; 障害, 支障 (hindrance): a policy of ～ 妨害政策 / without further ～ それ以上の妨害[支障]なしに / ～ of traffic 交通妨害. **b** (長い発言・牛歩戦術などによる)議事妨害 (cf. filibuster 1 a). **2** (光・気流・音響などの)障害(物); (管などの)故障, 詰まり物; (路上などの)邪魔物 (⇨ obstacle SYN): an ～ in a pipe, on the railroad, etc. **3** 〖野球〗走塁妨害; (サッカーなどで)オブストラクション, 反則となる妨害. **4 a** 〖病理〗詰まり, 閉塞: intestinal ～ 腸閉塞 / ～ in the throat のどの詰まり, 咽喉閉塞. **b** 生活機の停止. **～·al** *adj.* **ob·strúc·tion·al·ly** *adv.* 〖《1533》□ L *obstructiō(n-)* ← *obstructus*: ⇨ ↑, -tion〗

obstrúction-guàrd *n.* (機関車の)排障器. 〖1898〗

ob·strúc·tion·ìsm /-ʃənɪ̀zm/ *n.* 組織的妨害 (議会での議事進行妨害など). 〖1879〗

ob·strúc·tion·ist /-ʃ(ə)nɪ̀st | -nɪst/ *n.* (組織的)妨害(主義)者; (特に, 議会での)議事進行妨害者: ～ tactics 妨害戦術. **ob·struc·tion·ís·tic** /əbstrʌ̀kʃənístɪk, ɑ(:)b- | əb-, ɔb-ˊ-/ *adj.* 〖1846〗

obstrúction lìght *n.* 〖航空〗航空障害灯. 〖1934〗

obstrúction màrking *n.* 〖航空〗航空障害標識.

ob·struc·tive /əbstrʌ́ktɪv, ɑ(:)b- | əb-, ɔb-/ *adj.* **1** 妨害する; 〔…に〕邪魔となる〔*of, to*〕: That will be ～ *of* the progress. それは進行の妨げとなろう. **2** 〖医学〗閉塞性の[に関する]; 鬱滞(うったい)性の; 鬱血性の. — *n.* **1** 妨害物. **2** (議事などの)妨害者. **～·ly** *adv.* **～·ness** *n.* 〖《1611》: ⇨ obstruct, -ive〗

obstrúctive jáundice *n.* 〖医学〗閉塞性黄疸 (胆石や腫瘍により胆管が閉塞して起こる黄疸).

ob·stru·ent /á(:)bstruənt | ɔ́b-/ *adj.* **1** 《古》閉塞する, 通過を妨げる. **2** 〖音声〗阻害音の, 閉塞音の. **3** 〖医学〗閉塞を起こす. — *n.* **1** 〖医学〗閉塞剤. **2** 〖音声〗阻害音, 閉塞音 (閉鎖音および摩擦音; cf. sonorant). 〖《1669》□ L *obstruentem* (pres.p.) ← *obstruere* 'to block up, OBSTRUCT': ⇨ -ent〗

obt 《略》obedient.

ob·tain /əbtéɪn, ɑ(:)b- | əb-, ɔb-/ *vt.* **1** [時に二重目的語を伴って] 手に入れる, 得る; 獲得する, 勝ち取る (⇨ get[1] SYN): ～ a prize / ～ a box (in the theater) (劇場で)ボックス席を手に入れる / ～ entrance (建物などの)中に入れてもらう / ～ an appointment [a position] 職[地位]を得る / ～ a high price 高い値がつく, いい値で売れる / The experience ～*ed* him the appointment.＝The experience ～*ed* the appointment *for* him. 経験を買われて彼はその地位に任命された. **2** 《古》〈目的などを〉達成する. **3** 《廃》保有[占有]する. — *vi.* **1 a** 〈制度・法律・風習などが〉行われる (prevail), 存在する (exist): The custom has long ～*ed* [still ～*s*]. その慣習は長い間行われてきた[まだ行われている]. **b** 〈意見などが〉広く行き渡っている: This ～*s with* most people. これは多くの人々の認めるところだ. **2** 《古》成功する. **3** 《廃》到着する〔*to, unto*〕.

obtáining by decéption 〖法律〗詐欺罪.

～·er *n.* **～·ment** *n.* 〖《c1412》 *obteine(n)* □ (O)F *obtenir* □ L *obtinēre* to take hold of ← OB-＋*tenēre* to hold: cf. tenable〗

ob·tain·a·ble /əbtéɪnəbl, ɑ(:)b- | əb-/ *adj.* 手に入れられる, 入手[獲得]できる; 買える. **ob·tàin·a·bíl·i·ty** /-nəbíləṭi | -lɪti, -lɪ-/ *n.* 〖1617〗

ob·tect /əbtékt/ *adj.* 〖昆虫〗〈さなぎが〉皮殻のある (cf. exarate): an ～ pupa 皮殻に包まれたさなぎ. 〖《c1902》□ L *obtectus* (p.p.) ← *obtegere* to cover over ← OB-＋*tegere* to cover: cf. tegument〗

ob·téct·ed *adj.* 〖昆虫〗＝obtect. 〖1816〗

ob·ten·tion /əbténʃən, ɑ(:)b- | əb-/ *n.* 獲得, 入手 (obtainment). 〖《1624》□ LL *obtentiō(n-)* ← L *obtentus* (p.p.) ← *obtinēre* 'to OBTAIN': ⇨ -tion〗

ob·test /ɑ(:)btést | ɔb-/ *vt.* 《まれ》**1** 〈人を〉証人として呼ぶ, 〈神〉の照覧を求める. **2** [*to* do または *that*-clause を伴って] 〈神・聖なるもの〉に嘆願する (beseech): She ～*ed* him *that* he should help her. 彼女は助けて下さいと彼に頼んだ. **3** 〈…といって〉反対する (object) 〈*that*〉. — *vi.* 《まれ》**1** 嘆願する. **2** 抗議する〔*against, with*〕: ～ *against* a person 人に抗議する. 〖《a1548》□ L *obtestārī* to call to witness ← OB-＋*testārī* to bear witness (← *testis* witness: cf. testament)〗

ob·tes·ta·tion /à(:)btɛstéɪʃən | ɔ̀b-/ *n.* 《まれ》**1** 嘆願, 神の照覧を求めること (supplication). **2** 抗議 (protestation). 〖《1531》□ L *obtestatiō(n-)*: ⇨ ↑, -ation〗

ob·trude /əbtrúːd, ɑ(:)b- | əb-, ɔb-/ *vt.* **1 a** 〈意見などを〉〈人に〉押しつける, 無理強いする〔*upon, on*〕: ～ one's opinions *upon* others 自分の意見を他人に無理強いする. **b** [～ *oneself* で] 〔…に〕でしゃばる〔*on, upon*〕: She ～*d herself on* the notice of the people. わざと人目につくようにでしゃばった. **2** 押し出す, 突き出す: ～ one's head. — *vi.* でしゃばる〔*on, upon*〕: ～ *on* a person's privacy 人のプライバシーを犯す. **ob·trúd·er** /-də | -də[r]/ *n.* 〖《c1555》□ L *obtrūdere* to push forward ← OB-＋*trūdere* 'to THRUST'〗

ob·trun·cate /ɑ(:)btrʌ́ŋkeɪt | ɔb-/ *vt.* 《文語》〈樹木などの頭を切り取る. 〖《1623》← L *obtruncātus* (p.p.) ← *obtruncāre* to cut off, lop away ← OB-＋*truncāre* to cut off (← *truncus* 'TRUNK')〗

ob·tru·sion /əbtrúːʒən, ɑ(:)b- | əb-, ɔb-/ *n.* **1** (意見などを)押しつけること, 無理強い: the ～ *of* opinions *on* [*upon*] others. **2** でしゃばり. **3** 無理強いされた[押しつけられた]もの. 〖《1579》□ LL *obtrūsiō(n-)* ← L *obtrūsus* (p.p.) ← *obtrūdere*: ⇨ obtrude, -sion〗

ob·tru·sive /əbtrúːsɪv, ɑ(:)b- | əb-, ɔb-/ *adj.* **1 a** 押しつけがましい, 無理強いの (forcible). **b** でしゃばりな, 出過ぎた (intrusive): ～ behavior. **2** 〈物が〉ひどく目立つ, どぎつい. **3** 突き出た, 出っ張った: an ～ edge. **～·ly** *adv.* **～·ness** *n.* 〖《1667》: ⇨ ↑, -ive〗

ob·tund /ɑ(:)btʌ́nd | ɔb-/ *vt.* 《まれ》**1** 〈刃先・激しさなどを〉鈍らせる. **2** 〖医学〗〈感覚・機能などを〉鈍くする; 〈苦痛を〉軽減する. 〖《a1400》□ L *obtundere* to beat against, blunt ← OB-＋*tundere* to beat: cf. obtuse〗

ob·tund·ent /ɑ(:)btʌ́ndənt | ɔb-/ *adj.* 〖医学〗(苦痛などを)軽くする, 緩和する. — *n.* 〖医学〗緩和剤, 鎮静剤 (demulcent). 〖《1753》: ⇨ ↑, -ent〗

ob·tu·rate /á(:)btʊrèɪt, -tju- | ɔ́btjʊr-/ *vt.* **1** (発砲の際, ガスが漏れないように)〈砲尾などの〉隙間を密閉する, 閉塞する, 緊塞する. **2** 《まれ》〈口・穴を〉塞(ふさ)ぐ. **ob·tu·ra·tion** /à(:)btʊréɪʃən, -tju- | ɔ̀btjʊr-/ *n.* 〖《1657》← L *obtūrātus* (p.p.) ← *obtūrāre* to stop up ← OB-＋? IE **tūrōs* compressed (← **tēu-* to swell)〗

ób·tu·rà·tor /-ṭə | -tə[r]/ *n.* **1** 閉塞物, 密閉材料, 閉塞具. **2** 〖解剖〗閉鎖筋. **3** 〖医学〗(口蓋破裂を塞(ふさ)ぐ)栓子; 発音補助装置. 〖1727–41〗

óbturator forámen *n.* 〖解剖〗閉鎖孔 (恥骨と坐骨の間にある大きな孔). 〖1842〗

ob·tuse /ɑ(:)btúːs, əb-, -tjúːs | əbtjúːs, ɔb-/ *adj.* **1 a** 〈刃・角など〉鈍い, とがっていない (blunt): the ～ end of an oval 卵形の丸みの大きい方 / an ～ weapon 鈍器. **b** 〈感覚・苦痛・音など〉が鈍い (dull); 鈍感な, 愚鈍な: an ～ pain 鈍痛 / be ～ *in* understanding 理解が鈍い[遅い] / Don't be ～. 血のめぐりが悪いぞ. **2** 〖数学〗鈍角の (↔ acute) (⇨ dull SYN). **3** 〖植物〗鈍形の (〈葉・花弁などが先端に丸みを帯びたものにいう). **～·ly** *adv.* **～·ness** *n.* 〖《?a1425》□ L *obtūsus* (p.p.) ← *obtundere* 'to blunt, OBTUND'〗

obtúse ángle *n.* 〖数学〗鈍角 (↔ acute angle). **obtúse-ángled** *adj.* **obtúse-ángular** *adj.*

obtúse bisèctrix *n.* 〖結晶〗鈍等分線 (2 本の光軸間の鈍角の二等分線).

obtúse tríangle *n.* 〖数学〗鈍角三角形.

ob·tu·si·ty /ɑ(:)btúːsəṭi, əb-, -tjúː- | əbtjúːsəti, ɔb-, -sɪ-/ *n.* 鈍感, 愚鈍. 〖《1823》□ ML *obtūsitātem*: ⇨ obtuse, -ity〗

Ób-Úgrian *adj., n.* (*also* **Ób-Úgric**) オビ ウゴル諸語(の) 《ウラル (Uralic) 語族に属するフィン ウゴル (Finno-Ugric) 語派の下位区分; 西シベリアのハンティ語 (Khanty) およびマンシ語 (Mansi) がこれに入る; ハンガリー語と近縁》. 〖1933〗

ob·um·brant /ɑ(:)bʌ́mbrənt | ɔb-/ *adj.* 〖動物〗(他の部分の上に)張り出している, 突き出ている. 〖《1826》□ L *obumbrantem* (pres.p.) ← *obumbrāre* ← OB-＋*umbrāre* to shade (cf. umbra)〗

obv. 《略》obverse.

ob·verse /á(:)bvəːs, ɑ(:)bvə́ːs, əb- | ɔ́bvəːs/ *n.* **1** (表裏のような)相対物; 正反対のもの, 逆〔*of*〕. **2 a** (メダル・貨幣などの主要な図案・刻字のある)表(おもて), 表面 (↔ reverse, verso). **b** (物の)表, 前面. **3** 〖論理〗換質命題.

— /ɑ(:)bvə́:s, əb-, ɑ́(:)bvə:s | ɔ́bvə:s/ *adj.* **1** (表裏のように)相補的な, 相対する. **2** 表面の. **3** 〈道具など〉頂部より基部の狭い. **4** 〘植物〙 **a** 鈍頭形の, 倒生の: an ~ leaf. **b** 〈胚の幼根が〉珠柄(しゅへい)の方に向かう. **~·ly** *adv.* 〘(*a*1656) □ L *obversus* (p.p.) ← *obvertere* 'to OBVERT': cf. verse¹〙

ob·ver·sion /ɑ(:)bvə́:ʒən, -ʃən | ɔbvə́:ʃən/ *n.* **1** (別の面が見えるように)向きを変えること. **2** 〘論理〙 換質(法). 〘(1864) □ LL *obversiō(n-)* ← L *obvertere*: ⇨ ↓, -sion〙

ob·vert /ɑ(:)bvə́:t, əb- | ɔbvə́:t, əb-/ *vt.* **1** (別の面が見えるように)…の向きを変える, 様相[外観]を変える: ~ a mirror *to* the sun 鏡を太陽に向ける. **2** 〘論理〙 (換質法によって)〈命題を〉換質する. 〘(1623) □ L *obvertere* ← OB-+*vertere* to turn: cf. obverse〙

ob·vi·ate /ɑ́(:)bvièɪt | ɔ́b-/ *vt.* 〈危険・障害・困難などを〉取り除く, (策を講じて)未然に防ぐ, 不要にする: ~ the necessity of doing it それをする必要のないようにする. **ob·vi·a·tion** /ɑ̀(:)bviéɪʃən | ɔ̀b-/ *n.* 〘(1598) ← LL *obviātus* (p.p.) ← *obviāre* to meet in the way ← OB-+*via* way: cf. obvious〙

ob·vi·a·tive /ɑ́(:)bvièɪṭɪv | ɔ́bviət-/ *adj.* 〘文法〙 弁別的な《同一文脈中に用いられる二つの三人称の語のうち初めの語から区別されるあとの語の形態にいう; 北米インディアン語にその形態を備えるものがあるが, 英語でも this と that による区別が機能上それに相当》. 〘1877〙

ob·vi·os·i·ty /ɑ̀(:)bviɑ́(:)səṭi | ɔ̀bviɔ́səti, -sɪ-/ *n.* 明白なこと[もの]. 〘1959〙

ob·vi·ous /ɑ́(:)bviəs | ɔ́b-/ *adj.* **1 a** すぐ知覚できる, 見やすい, 明白な: an ~ drawback 明白な弱点 / His disappointment was ~. 失望の色がはっきり顔に出ていた. **b** 容易に理解できる, 明白な, わかりやすい (⇨ evident SYN): an ~ meaning. **c** 〈感情・冗談など〉見えすいた, 露骨な: one's ~ joke. **2 a** すぐ目に見えるところに置かれた, 目立つ: an ~ signboard すぐ目につく看板. **b** 《古》目の前にある[見える], 正面の. **3** [the ~; 名詞的に; 単数扱い] 明白な[わかりきった]事(柄). **~·ness** *n.* 〘(1586) □ L *obvius* in the way, ready: ⇨ obviate, -ous〙

ob·vi·ous·ly /ɑ́(:)bviəsli | ɔ́b-/ *adv.* 明らかに, はっきり, 目立って, いかにも: She is ~ able as a writer. 彼女は作家として明らかに才能がある / You ~ have not read the book. あなたがその本を読んだことがないのは明白だ. 〘1627–77〙

ob·vo·lute /ɑ́(:)bvəlù:t | ɔ́bvəlù:t, -ljù:t/ *adj.* **1** 巻いた, 巻き込んでいる (convolute). **2** 〘植物〙 〈葉芽が〉半分ずつ重なり合っている, 半跨(こ)状の. **ob·vo·lu·tion** /ɑ̀(:)bvəlú:ʃən | ɔ̀bvəlú:-, -ljú:-/ *n.* **ob·vo·lu·tive** /ɑ́(:)bvəlù:ṭɪv | ɔ́bvəlù:t-, -ljù:t-/ *adj.* 〘(1760) □ L *obvolūtus* (p.p.) ← *obvolvere* to wrap round: ⇨ ob-, volute〙

O

Ob·wal·den /ɔ́(:)pvɑ:ldən, -dn | ɔ́p-; *G.* ɔ́pvaldn̩/ *n.* オプバルデン《スイス中部, 旧 Unterwalden 州西半部の準州》.

o.c. 《略》 office copy; official classification; 〘建築〙 on center 心心《中心から中心までの距離》; on course; opere citato (=in the work cited); over the counter.

oc., Oc. 《略》 ocean.

OC 《略》 Observer Corps; Office of Censorship; officer candidate; officer commanding; Officer of the Order of Canada; Order in Council; *L.* Ōrdō Chāritātis (=Order of Charity); *L.* Ōrdō Cistercium (=Cistercian Order); overseas command.

o/c, oc 《略》 〘海運〙 old charter 旧用船契約; 〘海運〙 open charter 普通用船契約; 〘海上保険〙 open cover; 〘海運〙 optional cargo 揚荷港荷主選択荷物; 〘海運〙 overcharge 積荷超過.

oc- /ɑ(:)k, ək | ɔk, ək/ *pref.* (c の前にくるときの) ob- の異形: occur.

o·ca /óukə | ə́u-/ *n.* 〘植物〙 オカ《アンデス高地で栽培されるカタバミ属 (*Oxalis*) の 2 種の植物 (*O. crenata*, *O. tuberosa*); 根茎は原住民の食用》. 〘(1604) □ Sp. ~ □ Quechua *ókka*〙

OCA 《略》 Old Comrades Association.

oca. 《略》 〘音楽〙 ocarina.

O·cal·a /oukǽlə | əu-/ *n.* オカラ《米国 Florida 半島北部の都市》.

OCAM /óukæm | ə́u-/ 《略》 *F.* Organisation commune africaine et mauricienne アフリカ モーリシャス共同機構.

oc·a·ri·na /ɑ̀(:)kərí:nə | ɔ̀k-/ *n.* オカリナ《陶製または金属製の簡単な吹奏楽器; 《米口語》では sweet potato ともいう; 略 oca.》. 〘(1876) □ It. ~ ← *oca* goose (□ LL *auca*=VL **avica* 《逆成》← L *avicula* small bird (dim.) ← *avis* bird)+*-ina* (dim. suf.): その形から〙

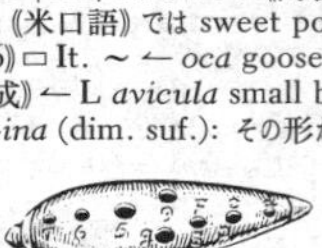
ocarina

OCAS /óukəs, òusì: èɪés | ə́ukəs, ə́u-/ 《略》 Organization of Central American States 中米機構.

O'Ca·sey /oukéɪsi | ə(u)-/, **Sean** *n.* オケーシー《1880–1964; アイルランドの劇作家; *Juno and the Paycock* (1924), *The Plough and the Stars* (1926)》.

O.Catal. 《略》 Old Catalan.

Oc. B/L 《略》 〘海運〙 Ocean Bill of Lading 海洋船荷証券.

occ. 《略》 occident; occidental; occupation.

Oc·cam /ɑ́(:)kəm | ɔ́k-/ (*also* **Ockham**), **William of** *n.* オッカム《1285–1439?; 英国のスコラ哲学者; 唯名論 (nominalism) を唱え, Doctor Invincibilis (必勝博士)と呼ばれた》. **Oc·cam·is·tic** /ɑ̀(:)kəmístɪk | ɔ̀k-⁻/ *adj.*

Óccam's rázor *n.* 〘哲学〙 オッカムのかみそり《Entia non sunt multiplicanda praeter necessitatem.「存在は必要もなく増やしてはならない」という格言; 無用な複雑化を避け, 最も簡潔な理論を採るべきだという理論; Ockham's razor, the principle of economy ともいう》. 〘1836–37〙

occas. 《略》 occasion; occasional; occasionally.

oc·ca·sion /əkéɪʒən/ *n.* **1 a** [通例 on … ~ で] (ある事の起こった)場合, 時 (⇨ opportunity SYN): *on* all ~*s* いかなる場合にも / *on* the ~ *of* her death 彼女の死んだ時に / *on* this [that] ~ この[その]時には / *on* this happy [sad] ~ このめでたい[悲しい]日に / *on* one [an] ~ ある時, かつて / We met *on* several ~*s*. 何度も会った / a sense of ~ 時と場所をわきまえた良識. **b** 出来事; (式などのある)特別な時, 行事, 盛儀, 式典, 祭礼: *on* great ~*s* 特別な行事で / His wedding was a great ~. 彼の結婚式は盛大なものだった. **2 a** (適当な)時機, 好機, ふさわしい時 〔*for*〕 / 〈*to* do〉: choose one's ~ 好機を選ぶ / improve the ~ 機会を利用する / profit by the ~ 事に臨んで利する / This is not an ~ *for* laughter. 今は笑ったりする時ではない / I should like to take (the [this]) ~ *to* ask your favor. この機会を利用してお願いを申し上げます. **b** [しばしば O-] (擬人的に)好機(の女神)《後頭部のはげた女性とされる》: ⇨ *take* [*seize*] *an occasion by the* FORELOCK¹. **3** (つけこむ)すき. **4 a** (他の事の原因となる)きっかけ, 誘因, (偶然の)近因 (⇨ cause SYN): Avoid all ~*s of* quarrel. 争いの原因となるような事は一切避けよ. **b** 〔…すべき〕根拠, 理由 〔*for*〕 / 〈*to* do〉: by ~ of …の理由により / There is [You have] no ~ *to* be angry. 腹を立てる理由は少しもない / His success in the examination is ~ *for* rejoic*ing* [celebration]. 彼の合格は喜ばしい[祝うべき]ことだ. **5** (特定の情況から生じる)必要: if the ~ arises=should the ~ arise そういう場合は, いざという時には / as ~ arises [demands, requires] 必要に応じて, 臨機に / He had little ~ *for* anxiety. 心配する必要はほとんどなかった. **6 a** [*pl.*] 《古》仕事, 業務, 用事. ★ 今は主に次の句で: one's lawful ~*s* 必要な仕事, 用事, 用向き / go about one's lawful ~*s* 仕事にはげむ, 用事をする (cf. *Prayer Book*, 'Forms of Prayer to be Used as Sea'). **b** [通例 *pl.*] 《廃》(個人的)必要, 要望 (requirements).
for* [*on, upòn*] *a pérson's occásion 人のために. 《1656》 ***give occásion to*** …を引き起こす: That *gave* ~ *to* a burst of laughter. その事[言葉]が爆笑を誘った. ***on* [*upòn*] *occásion(s)*** 折りにふれて, 時折 (occasionally). 《1590》 ***ríse to the occásion*** 難局に対処する[手腕を振るう].
— *vt.* **1** [しばしば二重目的語を伴って] …の誘因となる, (…が機縁で)引き起こす (cause): I don't like to ~ my parents the least anxiety. 両親には心配をかけたくない / The typhoon ~*ed* much damage. その台風で多大の被害が出た. **2** [*to* do を伴って] 〈人〉に…させる: This situation ~*ed* me to leave the town. この事情のため私は町を去ることになった.
〘n.: (*c*1384) □ (O)F ~ // L *occāsiō(n-)* ← *occāsus* (p.p.) ← *occidere* to fall down ← *oc-* 'OB-'+*cadere* to fall: ⇨ -sion: cf. case¹. — v.: (*c*1445) ← (n.)〙

oc·ca·sion·al /əkéɪʒnəl, -ʒənl/ *adj.* **1 a** 折々の, 時折の (⇨ rare SYN): an ~ visit, visitor, etc. / ~ thunderstorms / He takes an ~ trip. 時折旅行に出かける. **b** 〈刊行物など〉不定期の. **2 a** 臨時に使う, 予備の: an ~ table [chair] (平常は部屋の隅などに置いて必要な時に出して使う)予備テーブル[椅子]. **b** 臨時雇いの; 特定の場合に働く: an ~ workman 臨時雇いの職人 / an ~ speaker 時に応じて頼まれる講演者. **c** 〈法令など〉特別の場合のための, 臨時の: ~ decrees 臨時特別法令 / an ~ licence 《英》(時間・場所の制限付き)臨時酒類販売許可. **d** 〘教育〙 〈大学生が〉学位や証書のために学んでいるのではない. **3** 〈詩文など〉特殊な場合に臨んで[のために]作った: ~ verses, music, etc. / ~ remarks 折にふれて言った言葉. 〘*a*1398〙

occásional cáuse *n.* 〘哲学〙 機会原(原因), 偶因. 〘1727–41〙

oc·cá·sion·al·ìsm /-ʒ(ə)nəlìzm/ *n.* 〘哲学〙 偶因論, 機会原因論《デカルト哲学における心身の関係を説明するために Malebranche, Geulincx らが説いた学説; 精神と身体が直接に影響し合うように見えても, 実は一方は他方を生み出すべき神の働きの「機会原因」にすぎないと説く》. 〘1842〙

oc·cá·sion·al·ist /-ʒ(ə)nəlɪst | -lɪst/ *n.* 〘哲学〙 偶因論者, 機会原因論者. 〘1705〙

occásional lícence *n.* 《英》 期限付きアルコール販売許可.

oc·ca·sion·al·ly /əkéɪʒ(ə)nəli/ *adv.* 時々, 時折: He smokes only [just, very] ~. 〘?*a*1400〙

oc·ci·dent /ɑ́(:)ksədənt, -dn̩t, -dènt | ɔ́ksɪ̆dənt, -dn̩t/ *n.* **1** [the O-] **a** (ヨーロッパと米国を含めて)西洋 (the West) (cf. orient 2). **b** 西半球 (the Western Hemisphere). **2** 《詩》 [the ~] 西方, 西部地方. 〘(*c*1375) □ (O)F ~ □ L *occidentem* quarter of the setting sun, west (pres.p.) ← *occidere* to fall down, set: ⇨ occasion, -ent〙

oc·ci·den·tal /ɑ̀(:)ksədénṭl, -dénl | ɔ̀ksɪ̆déntl⁻/ *adj.* **1** 《詩》 [O-] 西洋の (Western); 西洋人の: *Occidental* civilization, customs, etc. **2** 西方の (western).
— *n.* [通例 O-] 西洋人. 〘(1391) □ (O)F ~ // L *occidentālis*: ⇨ ↑, -al¹〙

Òc·ci·dén·tal·ìsm /-ṭəlìzm, -ṭl̩- | -təl-, -tl̩-/ *n.* 西洋風, 西洋趣味(の特徴); 西洋気質(かたぎ), 西洋精神. 〘1839〙

Òc·ci·dén·tal·ist, o- /-ṭəlɪst, -ṭl̩- | -təlɪst, -tl̩-/ *n.* **1** 西洋文化[趣味]愛好者, 西洋通. **2** 西洋語[文化]研究者. 〘1877〙

Oc·ci·den·tal·i·za·tion, o- /ɑ̀ksədènṭəl̩ɪ̆zéɪʃən, -ṭl̩- | ɔ̀ksɪ̆-dèntəlaɪ-, -lɪ-, -tl̩-/ *n.* 西洋化, 西欧化, 欧米化. 〘1888〙

Oc·ci·den·tal·ize, o- /ɑ̀(:)ksədénṭəlàɪz, -ṭl̩- | ɔ̀ks-ɪ̆déntəl-, -tl̩-/ *vt.* 西洋化する, 西洋風にする. 〘1870〙

òc·ci·dén·tal·ly /-ṭəli, -ṭl̩i | -təli, -tl̩i/ *adv.* 西洋式に, 西洋風に. 〘1833〙

óccidental tópaz *n.* 〘鉱物〙 黄玉 (⇨ topaz 1). 〘1796〙

oc·cip·it- /ɑ(:)ksípət | ɔksípɪ̆t/ 〘解剖〙 (母音の前にくるときの) occipito- の異形.

occipita *n.* occiput の複数形. 〘□ L ~〙

oc·cip·i·tal /ɑ(:)ksípəṭl̩ | ɔksípɪ̆tl̩/ 〘解剖〙 *adj.* 後頭の, 後頭部の. **—** *n.* =occipital bone. **~·ly** *adv.* 〘(1541) □ F ~ □ ML *occipitālis*: ⇨ occiput, -al¹〙

occípital bòne *n.* 〘解剖〙 後頭骨 (cf. frontal bone, parietal bone; ⇨ skull¹ 挿絵). 〘1679〙

occípital cóndyle *n.* 〘解剖・動物〙 後頭顆(か), 後頭関節丘, 後頭突起. 〘1860〙

occípital lòbe *n.* 〘解剖〙 (脳の)後頭葉. 〘*c*1890〙

oc·cip·i·to- /ɑ(:)ksípəṭou | ɔksípɪ̆təu/ 〘解剖〙「後頭, 後頭の」の意の連結形. ★ 母音の前では通例 occipit- になる. 〘(1890) ← L *occiput* (↓)〙

occìpito·témporal *adj.* 〘解剖〙 後頭葉側頭葉の.

oc·ci·put /ɑ́(:)ksəpʌ̀t, -pət | ɔ́ksɪ̆-/ *n.* (*pl.* **~s, oc·cip·i·ta** /ɑ(:)ksípəṭə | ɔksípɪ̆tə/) 〘解剖〙 後頭, 後頭部 (cf. sinciput). 〘(1398) □ L ~ ← *oc-* 'OB-'+*caput* head (cf. capital¹)〙

Oc·ci·tan /ɑ́(:)ksəṭən, -tn̩ | ɔ́ksɪ̆tən, -tn̩; *F.* ɔksitɑ̃/ *n., adj.* オクシタン語(の)《Provençal の別名; 南フランスの多数の方言の総称; ラング ドック (langue d'oc) ともよばれる》. **Oc·ci·ta·ni·an** /ɑ̀(:)ksətéɪniən | ɔ̀ksɪ̆-⁻/ *n., adj.* 〘(1940) □ F *occitan*〙

Oc·cleve /ɑ́(:)kli:v | ɔ́k-/, **Thomas** *n.* =Thomas HOCCLEVE.

oc·clude /əklú:d, ɑ(:)k- | ək-, ɔk-/ *vt.* **1** 閉じる; 〈通路などを〉塞(ふさ)ぐ, 遮(さえぎ)る: ~ a passage, an opening, etc. / ~ light 光線を遮る, 遮光する. **2** 妨害する, 邪魔する 〔*from*〕. **3** 〘物理・化学〙 吸蔵する (cf. occlusion 2). **4** [主に p.p. 形で] 〘気象〙 閉塞する《寒冷前線が次第に温暖前線に追いつき暖気団を地表から分離する》: ⇨ occluded front. **5** 〘歯科〙 〈上下(じょうげ)〉顎の歯を〉咬(か)み合うようにする, 咬合させる. **—** *vi.* **1** 〘歯科〙 〈上下顎の歯が〉咬み合う, 咬合する. **2** 〘気象〙 閉塞する.

oc·clud·ent /əklú:dn̩t, ɑ(:)k- | ək-, ɔk-/ *adj.* 〘(1597) □ L *occlūdere* to shut up ← *oc-* 'OB-'+*claudere* 'to CLOSE'〙

occlúded frónt *n.* 〘気象〙 閉塞前線《温暖前線に寒冷前線が追いついたあと, 地表面にできる前線》. 〘*c*1938〙

oc·clu·sal /əklú:səl, -sl̩, ɑ(:)k-, ɔk-, -zəl, -zl̩ | əklú:zəl, ɔk-, -zl̩/ *adj.* 〘歯科〙 咬合(面)の[に関する]. 〘(1897) ← L *occlūsus* (↓)+-AL¹〙

oc·clu·sion /əklú:ʒən, ɑ(:)k- | ək-, ɔk-/ *n.* **1** 閉塞; 遮ること, 遮蔽. **2** 〘物理・化学〙 吸蔵《気体が固体に吸収されてその内部に入りこむ現象》. **3** 〘歯科〙 咬合 (cf. malocclusion). **4** 〘気象〙 **a** 閉塞 (cf. occlude *vt.* 3). **b** =occluded front. **5** 〘音声〙 閉鎖 (closure). 〘(*c*1645) ← ? NL *occlūsiō(n-)* ← L *occlūsus* (p.p.) ← *occlūdere*: ⇨ occlude, -sion〙

oc·clu·sive /əklú:sɪv, ɑ(:)k-, -zɪv | əklú:s-, ɔk-/ *adj.* **1** 閉塞させる, 閉塞作用の. **2** 〘音声〙 閉鎖音の.
— *n.* 〘音声〙 閉鎖音 (stop). **~·ness** *n.* 〘(1888) ← L *occlūs(us)*+-IVE〙

oc·cult /əkʌ́lt, ɑ(:)k-, ɑ́(:)kʌlt | ɔ́kʌlt, ɔkʌ́lt, ək-/ *adj.* **1 a** 人間の理解を越えた, 玄妙不可解な, 神秘的な. **b** 超自然的な, 不可知な, 魔術的な, オカルトの: ~ sciences 秘学, 神秘学《神秘的な力または魔術的方法によって究明される学問: 魔術・錬金術・占星術など》 / ~ arts 秘術《錬金術・占星術・魔術などの技術》. **2** 秘密にされた, 秘伝を受けた人だけに伝えられる, 秘伝の; 密教的な. **3** 〘医学〙 肉眼では見えない, ごく微量な. **—** *n.* [the ~] **1** 神秘的な事象. **2** 秘学, 神秘学. **—** *vt.* /əkʌ́lt, ɑ(:)k- | ək-, ɔk-/ **1** おおい隠す. **2** 〘天文〙 掩蔽(えんぺい)する, 星食する, 食する (eclipse). **—** *vi.* /əkʌ́lt, ɑ(:)k- | ək-, ɔk-/ **1** 隠れる, 見えなくなる. **2** 〈光, 特に灯台のライトが〉規則的に点滅する. **~·er** *n.* **~·ly** *adv.* **~·ness** *n.*
〘adj.: (1533) □ L *occultus* (p.p.) ← *occulere* to cover over ← *oc-* 'OB-'+**celere* to hide (cf. L *cēlāre* to hide). — v.: (*a*1500) □ L *occultāre* (freq.) ← *occulere*〙

oc·cul·ta·tion /ɑ̀(:)kʌltéɪʃən, -kʌl- | ɔ̀k-/ *n.* **1** 隠すこと; 隠れて見えなくなること[状態], 隠蔽(いんぺい) (concealment). **2** 〘天文〙 掩蔽(えんぺい), 星食. 〘(?*a*1425) □ L *occultātiō(n-)*: ⇨ ↑, -ation〙

occúlt bálance *n.* 〘芸術〙 神秘的均斉《中国・日本の絵画などに見られるような左右の不均斉から生じる神秘的な美》.

occúlting líght *n.* 〘海事〙 明暗光《航路標識の一種で, 光で周期的に消滅するもの》. 〘1892〙

oc·cult·ism /əkʌ́ltɪzm, ɑ(:)k-, ɑ́(:)kʌltɪzm | ɔ́kʌlt-ɪzm, ɔ́kl̩-, ɔ́kʌl-, ɔkʌ́ltɪzm, ək-/ *n.* 秘学; 神秘論; 神秘主義 (mysticism). 〘1881〙

oc·cúlt·ist /-tɪst/ *n.* 秘学者; 神秘主義者, 神秘家. 〘1881〙

oc·cu·pance /ɑ́(ː)kjupəns | ɔ́k-/ *n.* ＝occupancy. 〖1814〗

oc·cu·pan·cy /ɑ́(ː)kjʊpənsi | ɔ́k-/ *n.* **1 a** (土地・家屋などの)占有; 占有期間. **b** 保有[在職, 在任](期間): during the ～ of one's post 在職中に. **2 a** (建物などの)使用; 使途, 用途. **b** (建物の)使用部分; 使用されている建物, 占有建築物: the ～ rate of a hotel ホテルの客室利用率. **3** 〖法律〗 占拠 《正当な権利に基づかない不法な占有》. 〖1596〗

oc·cu·pant /ɑ́(ː)kjʊpənt | ɔ́k-/ *n.* **1 a** (土地・家屋などの)占有者, 居住者, 現住者. **b** (ある地位を)占めている人, 保有者, 在職者: At present its sole ～*s* are rats. 今のところそこにすんでいるのはネズミだけだ. **2** 〖法律〗 占拠者. 〖(1596) □ F ～ ∥ L *occupantem* (pres.p.) ← *occupāre* 'to OCCUPY': ⇨ -ant〗

oc·cu·pa·tion /ɑ̀(ː)kjʊpéɪʃən | ɔ̀k-/ *n.* **1 a** 従事している活動, 仕事: for want of ～ 仕事がないので. **b** (生計を立てるために従事する)業務, 職業 (vocation): men out of ～ 失職[失業]者 / He is a carpenter by ～. 職業は大工です. **c** 《軽蔑》(肉体)労働. **2 a** (土地などの)占有; 占有権, 占有期間; 居住: during the ～ of the house その家の占有期間中 / be ready for ～ (家が)落成して居住できる. **b** (職・地位などの)保有, (仕事への)従事, 就業: continual ～. **3 a** 占領, 占拠: the ～ of a town by the enemy 敵の都市占領 / the army of ～＝the ～ army 占領軍, 進駐軍 / Austria under four-power ～ 4 国占領下のオーストリア. **b** [しばしば the O-; 単数または複数扱い] 占領軍(の政策). 〖(*c*1290) *occupacioun* □ (O)F ～ □ L *occupātiō(n-)* ← *occupātus* (p.p.) ← *occupāre* 'to OCCUPY': ⇨ -ation〗

SYN 職業: **occupation** 生計を立てるための仕事 《やや格式ばった語で, 職業を表す最も一般的な語》: He is a teacher by *occupation*. 職業は教師だ. **job** 通例収入を伴う仕事で, 永久的・臨時的のどちらでもよい: He's out of *job*. 失業している. **work** *job* と同義の一般的な語: What's your *work*? お仕事は何ですか. **career** 一生をかけてする職業: I want to make a *career* in music. 私は音楽を自分の職業とするつもりです. **trade** 手を使ってする熟練した仕事: He is a printer by *trade*. 職業は印刷工だ. **profession** 弁護士や医者のような特殊な訓練と高い教育を必要とする専門職: the *profession* of law 弁護士の職. **calling** 教職・看護婦のように使命感の強い理由から就く職業 《格式ばった語》: Teaching is a sacred *calling*. 教職は神聖な職業だ. **vocation** 自分が特に適していると思う職業: Medicine is my *vocation*. 医業が私の職業です.

---

oc·cu·pa·tion·al /ɑ̀(ː)kjʊpéɪʃnəl, -ʃənl | ɔ̀k-⁻/ *adj.* **1 a** 職業の, 職業による, 業務の: ～ fatigue 仕事のし過ぎからくる心身疲労, 過労 / ～ guidance 職業指導 / ⇨ occupational disease, occupational hazard. **b** 職業意識的な: with an ～ air 職業意識的に, 事務的に. **2** 占領の: ～ troops 占領軍. **～·ly** *adv.* 〖1850〗

óccupational cáncer *n.* 〖病理〗 職業癌.

occupátional diséase *n.* **1** 職業病. **2** (職業意識から生じる)職業病的な特徴[傾向, 態度]: His meticulousness is an ～. 彼の凝り性は一種の職業病だ. 〖1901〗

óccupational házard *n.* **1** 職種に固有な災害の危険性 《炭鉱爆発など》. **2** 仕事[活動]に伴う危険[もの]. 〖1952〗

óccupational médicine *n.* 職業医学, 労働医学. 〖1970〗

óccupational pénsion *n.* 企業年金.

occupational pénsion schème *n.* 企業年金制度.

occupátional psychólogy *n.* 職業心理学 《職場の仕事に関する個人の適性, 職業集団における人間関係・生産性の向上などを研究する心理学》.

occupátional representátion *n.* 〖政治〗 職能代表 (⇨ functional representation).

óccupational thérapist *n.* 作業療法士 《作業療法の専門家; 略 OT》. 〖1922〗

óccupational thérapy *n.* 〖医学〗 作業療法 《精神・身体障害者に作業を与え治療効果をあげようとする》. 〖1915〗

occupátion brìdge *n.* (土地の所有者のための)私用橋 《広い農地などを鉄道・公道・河川・運河などが横断している場合, その両側を結ぶ専用の橋》. 〖1837〗

occupátion frànchise *n.* 《英》 借地人投票権 《tenant または occupier としての下院選挙投票権》. 〖1884〗

occupátion làyer *n.* 〖考古〗 (特定の単一民族文化標識となる)居住(遺跡)層. 〖1953〗

occupátion ròad *n.* (土地所有者のための)私用路. 〖1852〗

óc·cu·pied *adj.* [叙述的] **1** 〈場所・建物など〉占居[使用]された; 《米》 トイレが使用中で (《英》 engaged). **2** 〈仕事に〉従事中で, 専心して, 忙しい (⇨ busy SYN). **3** 〈国・地域などが〉占領[占拠]された.

oc·cu·pi·er /ɑ́(ː)kjʊpàɪə | ɔ́kjʊpàɪə^(r)/ *n.* **1** 占有者; 占拠者; 占領軍人, 進駐軍人. **2** 《英》 借地人, 借地保有者 《下院議員の選挙権がある》. 〖(*a*1325) *occupiour* □ AF ～: ⇨ ↓, -er¹〗

oc·cu·py /ɑ́(ː)kjʊpàɪ | ɔ́k-/ *vt.* **1** 〈空間・時間・場所を〉占める, 塞(ふさ)ぐ; 〈心配などが〉〈心を〉占める: The school *occupies* five acres of ground. 学校は 5 エーカーの地を占めている / Cares and anxieties *occupied* his mind. 彼の心は心配や苦労で一杯だった. **2** [通例 ～ *oneself* または p.p. 形で] 専心[従事]させる 〔*in, with*〕: He is *occupied in* translating [*with* a translation of] an American novel. アメリカの小説の翻訳にとりかかっている / He began to ～ *himself with* [*by*] solving those problems. それらの問題解決に取り組み出した. **3** 〈国・都市など〉を占領[占拠]する: ～ a country, town, etc. **4** 〈地位・役を〉占める, 〈職業〉についている: ～ a post, position, etc. / ～ an important position 要職にある. **5** 〈家など〉に居住する, 借用する; 〈事務所などを〉使用する; 占有する: ～ a house 家を占有する, 家に住む / ～ two rooms [an office] 2 室[事務所]を使っている / The house is not *occupied*. その家には人が住んでいない / ⇨ occupied / Let's ～ the whole table. この食卓は我々だけで使おう. **6** 《古》 用いる (use) (cf. Judges 16:11). **7** 《古》 交易[商売]する (trade with) (cf. *Luke* 19:13). **8** 《廃》 性的関係をもつ. 〖(*a*1325) *occupie(n)* □ (O)F *occuper* □ L *occupāre* to take possession of ← *oc-* 'OB-'＋*capere* to seize (cf. capture): 語尾 -y (＜ ME *-ie(n)*) は非語源的挿入〗

oc·cur /əkə́ː | əkə́ː^(r)/ *vi.* (**oc·curred**; **-cur·ring** /əkə́ːrɪŋ | əkə́ːr-/) **1** 〈事が〉(自然にまたは偶然に)起こる, 発生する (⇨ happen SYN): if anything should ～ 万一何か起こったら / This must not ～ again. こんなことは二度とあってはならない. ★ occur と take place は交換可能だが, 前者は計画されていない出来事に, 後者は計画された出来事に用いられることが多い. 会話では普通 happen を用いる. **2** 〈動植物・鉱物が〉見出される, 存在する; 出る, 現れる: These plants ～ only in the tropics. これらの植物は熱帯にだけ産する / Black sheep ～ in all families. 厄介者はどこの家にもいる. **3** 〔人の〕心[記憶]に浮かぶ, 〔人に〕思い出される 〔*to*〕: This idea ～*s to* me from time to time. その考えが時折胸に浮かぶ / His name does not ～ *to* me at present. 彼の名は今思い出せない / Didn't *it* ～ *to* you *to* write to him? 彼に手紙を出すことは考えつかなかったのか / *It* never ～*red to* him *that* she should be angry at it. 彼女がそのことに腹を立てるとは彼は思いもしなかった. 〖(1513) □ L *occurrere* to run toward, meet, befall ← *oc-* 'OB-'＋*currere* to run (cf. current)〗

oc·cur·rence /əkə́ːrəns | əkʌ́r-/ *n.* **1 a** (事件が)起こること, 発生 (happening): an accident of frequent [rare] ～ しばしば[まれに]起こる事故. **b** 見出されること, 存在; 現れること, 出現 (cf. occur 2). **2** 出来事, 事件 (accident): daily ～*s* 日常の出来事 / a most mysterious ～ 世にも不思議な事件[出来事]. **3** (天然資源などの)存在: the ～ of oil. 〖(1539) □ F ～〗

SYN 出来事: **occurrence** 起こったこと 《一般的な語》: an unusual *occurrence* 異常な出来事. **happening** 思いがけない出来事. 前者より平易な語: a strange *happening* 奇妙な出来事. **event** 比較的重要なまたは注目すべき出来事: What were the chief *events* of last year? 去年の主な出来事は何でしたか? **incident** あまり重要でない出来事で, 偶然に, または重要な *event* に付随して起こったもの: the *incidents* of a journey 旅の出来事. **episode** 一連の *event* の中の一つの *event*: an *episode* in one's life 生涯の挿話的な事件.

---

oc·cur·rent /əkə́ːrənt | əkʌ́r-/ *adj.* **1 a** 現在起こっている, 現行の (current). **b** 偶然の, 偶発的な (incidental). **2** 偶発事件の[に関する]. — *n.* (連続事件[事項]に対して)偶発事件[事項]. 〖(*c*1440) □ F ～ ∥ L *occurentem* (pres.p.) ← *occurrere* 'to OCCUR': ⇨ -ent〗

OCD 《略》 〖精神医学〗 obsessive-compulsive disorder 強迫性障害; Office of Civil Defense.

OCDM 《略》 Office of Civil and Defense Mobilization.

o·cean /óʊʃən | ə́ʊ-/ *n.* **1 a** 大洋, 海洋. **b** 《詩》 大海, 海 (sea). **2** (五大洋の)…洋: the Atlantic [Pacific, Indian, Arctic, Antarctic] *Ocean* 大西洋[太平, インド, 北氷, 南氷]洋. ★ the Atlantic, the Pacific などのようにしばしば Ocean が省かれる. **3 a** (大海のような)広々とした広がり; (…の)海: the boundless ～ *of* Eternity 無窮の永遠 / a vast ～ *of* foliage 一面の青葉の海. **b** [しばしば *pl.*] 《口語》 たくさん: an ～ *of* difficulties 数限りない困難 / ～*s* of money おびただしい金.

Ócean of stórms 嵐の海 《月面で最大の暗黒部; Oceanus Procellarum ともいう》.

— *adj.* [限定的] 海の, 海洋の: an ～ pollution 海洋汚染 / ⇨ ocean liner.

〖(*c*1300) *occean* □ OF ～ (F *océan*) □ L *ōceanus* □ Gk *ōkeanós* the great river encompassing the earth ← ? Skt *āśayāna* 'lying over against'〗

o·cea·nar·i·um /òʊʃənέ^əriəm | ə̀ʊʃənέər-/ *n.* (*pl.* **～s, -i·a** /-riə/) (大規模な)海洋水族館. 〖(1938): ⇨ ↑, -arium〗

o·cea·naut /óʊʃənɔ̀ːt, -nɑ̀ːt | ə́ʊʃənɔ̀ːt/ *n.* ＝aquanaut 1. 〖(1962) ← OCEAN＋*-naut* (cf. astronaut, aquanaut)〗

ócean bàsin *n.* 〖地理〗 ＝basin 4 c. 〖1886〗

ócean bèd *n.* 〖海洋〗 海洋底.

ócean engineéring *n.* 海洋工学 《海洋環境に関する設計・工事・保全などを取扱う工学》. 〖1965〗

ócean flòor spréading *n.* 海洋底拡大 (seafloor spreading). 〖1972〗

ócean·frònt *n.* (保養地などの)海岸通り. — *adj.* [限定的] 海岸通りの, 臨海(地)の: an ～ hotel 海沿いのホテル. 〖1919〗

ócean·gòing *adj.* 外洋航行の (cf. coasting): an ～ ship. 〖1885〗

ócean-grèyhound *n.* 快速遠洋(航路)汽船, 外洋快速船, (特に)定期快速旅客船. 〖1891〗

O·ce·an·i·a /òʊʃiǽniə, -ɑ́ːn-, -éɪn- | ə̀ʊʃiéɪn-, -si-, -ɑ́ːn-/ *n.* オセアニア, 大洋州 《南太平洋上に散在する諸島から成る; Polynesia, Micronesia, Melanesia の 3 地域に分けられる》. ★ Australasia を含めることもある. 〖(1849) ← NL ～ ← F *Océanie* ← OCEAN＋-IA¹〗

O·ce·an·i·an /òʊʃiǽniən, -ɑ́ːn-, -éɪn- | ə̀ʊʃiéɪn-, -si-, -ɑ́ːn-⁻/ *adj.* **1** オセアニア[大洋州]の. **2** オセアニアの(原)住民の. — *n.* オセアニアの(原)住民. 〖(1831) □ F *océanien*: ⇨ ↑, -ian〗

o·ce·an·ic /òʊʃiǽnɪk | ə̀ʊʃi-, ə̀ʊsi-⁻/ *adj.* **1 a** 大洋の[に関する, に生じる]. **b** 大洋性の: an ～ climate 大洋性気候[風土]. **2** 大洋に似た; 広大な; 莫大な. **3** [O-] ＝Oceanian. **4** 〖海洋・生態〗 〈地域・生物が〉大洋産の, 遠海にすむ (cf. pelagic 3). **5** [O-] マレーポリネシア語族の. — *n.* [O-] マレーポリネシア語族(の言語). 〖(1656) □ ML *ōceanicus*: ⇨ ocean, -ic¹: cf. F *océanique*〗

O·ce·an·i·ca /òʊʃiǽnɪkə | ə̀ʊʃiǽnɪ-/ *n.* ＝Oceania. 〖(1832) ← NL ～ ← F *Océanique* (↑)〗

oceánic bonito *n.* 〖魚類〗 カツオ (⇨ bonito).

óceanic crúst *n.* 〖地質〗 海洋(性)地殻, 海底地殻 《薄い堆積層の下に玄武岩質層がある》.

óceanic ísland *n.* 洋島 《ハワイ諸島・ミクロネシア諸島のように, 大陸から遠い洋上に浮かび, 新しい地質時代の火山や珊瑚礁から成る島; cf. continental island》.

o·ce·a·nic·i·ty /òʊʃiənísəṭi | ə̀ʊʃiənísɪ̀ti/ *n.* 〖気象〗 海洋度 《気候に及ぼす海洋の影響の度合を数量的に表現したもの; cf. continentality 2》. 〖1946〗

óceanic rídge *n.* (マグマの上昇によってできる海底山脈の)海嶺 (cf. seafloor spreading).

o·ce·an·ics /òʊʃiǽnɪks | ə̀ʊʃi-, ə̀ʊsi-/ *n.* ＝ocean engineering. 〖← OCEAN＋-ICS〗

óceanic trénch *n.* 海溝.

O·ce·a·nid /oʊsíːənɪ̀d | ə(ʊ)síənɪd/ *n.* (*pl.* **～s, O·ce·an·i·des** /òʊsiǽnədìːz | ə̀ʊsiǽnɪ-/) 〖ギリシャ神話〗 オーケアニス 《Oceanus の娘で海の nymph, その数 3,000 といわれる》. 〖(1869) □ Gk *Ōkeanid-*, *Ōkeanís* ← *Ōkeanós* 'OCEANUS': cf. ocean〗

Ócean Ísland *n.* オーシャン島 (Banaba 島の別名).

ócean làne *n.* 〖海事〗 大洋航路 (lane). 〖1842〗

ócean lìner *n.* 遠洋定期船. 〖1939〗

ócean maríne insùrance *n.* 《米》 〖保険〗 海上保険 (cf. inland marine insurance).

oceanog. 《略》 oceanography.

o·cean·og·ra·pher /òʊʃənɑ́(ː)grəfə, -ʃiə- | ə̀ʊʃənɔ́grəfə^(r), -ʃiə-/ *n.* 海洋学者. 〖1886〗

o·cean·og·ra·phy /òʊʃənɑ́(ː)grəfi, -ʃiə- | ə̀ʊʃənɔ́g-, -ʃiə-/ *n.* 海洋学. **o·cean·o·graph·ic** /òʊʃ(ə)nəgrǽfɪk, -ʃiə- | ə̀ʊʃ(ə)nə(ʊ)-, -ʃiə-⁻/ *adj.* **ò·cean·o·gráph·i·cal** *adj.* **ò·cean·o·gráph·i·cal·ly** *adv.* 〖← OCEAN＋-O-＋-GRAPHY〗

ò·cean·ól·o·gist /-dʒɪ̀st | -dʒɪst/ *n.* ＝oceanographer. 〖1954〗

o·cean·ol·o·gy /òʊʃənɑ́(ː)lədʒi, -ʃiə- | ə̀ʊʃənɔ́l-, -ʃiə-/ *n.* **1** 海洋研究 《海洋学, 海底開発など海洋に関するあらゆる調査・研究の総称》. **2** ＝oceanography. **o·cean·o·log·ic** /òʊʃənəlɑ́(ː)dʒɪk, -ʃiə- | ə̀ʊʃənəlɔ́dʒ-, -ʃiə-⁻/ *adj.* **ò·cean·o·lóg·i·cal** *adj.* **ò·cean·o·lóg·i·cal·ly** *adv.* 〖(*c*1864) ← OCEAN＋-OLOGY〗

ócean pòut *n.* 〖魚類〗 ＝eelpout.

ócean·sìde *adj.* 海辺の.

O·cean·side /óʊʃənsàɪd | ə́ʊ-/ *n.* オーシャンサイド 《米国 California 州南西部, San Diego 近くの都市》.

ócean sprày *n.* 〖植物〗 米国西部産の白い花の咲くバラ科の低木 (*Holodiscus discolor*) (arrowwood, creambush ともいう). 〖1906〗

Ócean Stàte *n.* [the ～] 大洋州 《米国 Rhode Island 州の俗称》.

ócean státion vèssel *n.* 〖海事〗 定点観測船 《一定の位置に配属され, 天候観測・航空機のための標識・難船救助などに従事する船》.

ócean súnfish *n.* 〖魚類〗 マンボウ (*Mola mola*) 《熱帯・温帯の海にすむマンボウ科の魚; headfish, mola ともいう》. 〖1629〗

ócean tràmp *n.* 〖海事〗 ＝tramp 5. 〖1891〗

O·ce·a·nus /oʊsíːənəs | ə(ʊ)síːə-, -ʃíː-/ *n.* 〖ギリシャ神話〗 **1** オーケアノス 《海洋の神で, 天神 Uranus と地神 Gaea との子; Tethys との間に多くの河川と Oceanids を生んだ》. **2** オーケアノス 《大陸を取り巻く大河で, これから多くの河川・湖沼が分かれてできた; 本質的には 1 と同じもので, 1 は 2 の擬人化》. 〖□ L *Ōceanus* □ Gk *Ōkeanós*: ⇨ ocean〗

ócean·vìew *adj.* 海の見える.

o·cel·lar /oʊsélə | ə(ʊ)sélə^(r)/ *adj.* 〖動物〗 単眼[眼点] (ocellus) の[に関する]. 〖(1889) ← ? NL *ocellāris* ← L *ocellus* 'OCELLUS': ⇨ -ar¹〗

o·cel·late /ɑ́(ː)səlèɪt, -lɪ̀t | ɔ́sɪ̀-/ *adj.* 〖動物〗 ＝ocellated. 〖← ? NL **ocellātus*: ⇨ ocellus＋-ate²〗

oc·el·lat·ed /ɑ́(ː)səlèɪṭɪ̀d | ɔ́sɪ̀lèɪt-/ *adj.* 〖動物〗 **1** 〈斑点など〉目のような, 眼状の, 眼状紋のある. **2** 単眼[眼点]のある. 〖1713〗

ócellated túrkey *n.* 〖鳥類〗 ヒョウモンシチメンチョウ (*Agriocharis ocellata*) 《南ヨーロッパ・北アフリカ産; 尾に目玉模様の斑点がある》. 〖1864〗

oc·el·la·tion /ɑ̀(ː)səléɪʃən | ɔ̀sɪ̀-/ *n.* 目玉模様 (ocellus). 〖(1846) ← ? NL **ocellātiō(n-)*: ⇨ ocellate, -ation〗

o·cel·lus /oʊséləs | əʊ-/ *n.* (*pl.* **o·cel·li** /-laɪ, -liː/) 〖動物〗 **1 a** (昆虫・クモ類などの)単眼. **b** (下等動物にある)

O

眼点 (eyespot). **2** (クジャクの尾・チョウの翅などの)眼状紋. **3** 〖植物〗 **a** 葉の肥大退色した細胞. **b** (ある種の菌類の)胞子嚢(のう)上の膨隆. 〖((1819)) ← NL ~ ← L ~ (dim.) ← *oculus* eye: cf. ocular〗

oc·e·lot /ɑ́(ː)səlɑ̀(ː)t, óʊs- | ɔ́slɔ̀t, ɔ́ʊs-/ *n.* **1** 〖動物〗オセロット (*Leopardus pardalis*) (中南米産でヒョウに似た大きな斑紋がある, ネコ亜科に属するヤマネコの一種; 夜行性で木に登るのがうまい). **2** オセロットの毛皮. 〖((1774)) □ F ~ □ Nahuatl *ocelotl*: *Comte de Buffon* (1707–88; フランスの博物学者)による命名〗

ocelot 1

OCelt (略) Old Celtic.

och /ɑ́(ː)x | ɔ́x/ *int.* (スコット・アイル) **1** ああ, おお (oh) (驚き・遺憾・悲しみなどを表す). **2** ええーと, その (発言の前や時間かせぎのために用いる). 〖((1528)) □ Ir.-Gael. & Sc.-Gael. ~: cf. G *ach*〗

oche /ɑ́(ː)ki | ɔ́ki/ *n.* (英) (ダーツの)投擲(てき)線 (投げる時にプレイヤーが立つ仕切り線). 〖((1934)) *hockey* ← ?〗

o·cher /óʊkə | ə́ʊkə(r)/ *n.* **1** 黄色土 (鉄の酸化物を含む帯黄色土で黄色または赤色絵の具の原料). **2** 黄土色, オークル, オーカー. **3** (俗) お金; (特に)金貨. — *adj.* [限定的] オークル色の. — *vt.* オークル色で塗る. 〖((*a*1398)) *oker* □ (O)F *ocre* □ L *ōchra* □ Gk *ōkhra* yellow ocher ← *ōkhrós* pale yellow〗

o·cher·ous /óʊk(ə)rəs | ə́ʊ-/ *adj.* **1** 黄土の[に関する]. **2** 黄土色の. 〖(*a*1728)〗

o·cher·y /óʊk(ə)ri | ə́ʊ-/ *adj.* =ocherous.

och·le·sis /ɑ(ː)klíːsɪs | ɔklíːsɪs/ *n.* 〖病理〗 密集病, 雑踏病. 〖((1857)) □ Gk *ókhlēsis* disturbance ← *ókhlos* (↓)〗

och·loc·ra·cy /ɑ(ː)klɑ́(ː)krəsi | ɔklɔ́k-/ *n.* 衆愚[愚民]政治 (mobocracy), 愚民支配. **och·lo·crat·ic** /ɑ̀(ː)kləkrǽtɪk | ɔ̀kləkrǽt-ˈ/ *adj.* **òch·lo·crát·i·cal** *adj.* **òch·lo·crát·i·cal·ly** *adv.* 〖((1584)) □ F *ochlocratie* □ Gk *okhlokratía* mob-rule ← *ókhlos* populace, mob＋*-kratia* '-CRACY'〗

O **och·lo·crat** /ɑ́(ː)kləkræ̀t | ɔ́k-/ *n.* 愚民政治家[主義者]. 〖((1880)) □ F *ochlocrate* (逆成) ↑〗

och·lo·pho·bi·a /ɑ̀(ː)kləfóʊbiə | ɔ̀kləfə́ʊ-/ *n.* 〖精神医学〗 群集恐怖症, 雑踏恐怖症. 〖((1894)) ← NL ~ ← Gk *okhlophóbia* ← *ókhlos* mob＋*phobía* '-PHOBIA'〗

O·cho·a /oʊtʃóʊə | ə(ʊ)tʃə́ʊə; *Sp.* otʃóa/, **Se·ve·ro** /səvé(ə)roʊ | sɪvéərəʊ; *Sp.* seβéro/ *n.* オチョア (1905–93; スペイン生まれの米国の生化学者; リボ核酸の合成により Nobel 医学生理学賞 (1959)).

och·one /ɑ(ː)xóʊn | ɔxə́ʊn/ *int.* (スコット・アイル) おお, ああ (主としてゲール語話者が用い, 後悔・悲しみなどを表す). 〖((1593)) *ochane* □ Ir.-Gael. & Sc.-Gael. *ochōin*〗

o·chra·tox·in /òʊkrətɑ́(ː)ksɪn, -sn | ə̀ʊkrətɔ́ksɪn/ *n.* 〖生化学〗 オクラトキシン (コウジカビの一種 *Aspergillus ochraceus* からつくられるマイコトキシン). 〖((1972)) ← NL *ochraceus* (← L *ōchra* 'OCHER'＋*-aceus* '-ACEOUS': Aspergillus の種小名)＋TOXIN〗

o·chre /óʊkə | ə́ʊkə(r)/ *n., adj.* [限定的], *vt.* =ocher.

och·re·a /ɑ́(ː)kriə, óʊk- | ɔ́k-, ə́ʊk-/ *n.* (*pl.* **och·re·ae** /ɑ́(ː)kriìː, óʊk- | ɔ́k-, ə́ʊk-/) =ocrea.

o·chre·ous /óʊk(ə)rəs, óʊkriəs | ə́ʊkriəs, ə́ʊk(ə)rəs/ *adj.* =ocherous.

o·chrey /óʊk(ə)ri | ə́ʊ-/ *adj.* =ocherous.

o·chroid /óʊkrɔɪd | ə́ʊ-/ *adj.* オークル色のような. 〖((1897)) □ Gk *ōkhroeidēs* pallid: ⇨ ocher, -oid〗

o·chrous /óʊkrəs | ə́ʊ-/ *adj.* =ocherous.

o·chry /óʊkri | ə́ʊ-/ *adj.* =ocherous.

Ochs /ɑ́(ː)ks | ɔ́ks/, **Adolph Simon** *n.* オックス (1858–1935; 米国の新聞経営者; 現在の New York Times を育て上げた).

-ock /ək, ɑ(ː)k, ɪk | ək, ɔk, ɪk/ *suf.* 指小辞: hillock, bullock. 〖OE *-oc, -uc*〗

Ock·e·ghem /ɑ́(ː)kəgèm | ɔ́k-; *Du.* ɔ́kəɣəm/, **Joannes** *n.* オーケヘム (1410?–?97; フランドルの作曲家; 教会音楽の発展に重要な役割を果たす).

ock·er, O- /ɑ́(ː)kə | ɔ́kə(r)/ *n.* (豪口語) (特に, 自分の国民性を強く出す)オーストラリア人 (恐らくテレビの登場人物 Oscar より). — *adj., adv.* (自分の国民性を強く出す)オーストラリア人特有の[特有に]. **~·dom** /-dəm | -dəm/ *n.* **~·ish** /-kərɪʃ/ *adj.* **~·ism** /-kərɪzm/ *n.* 〖(1916)〗

Ock·ham /ɑ́(ː)kəm | ɔ́k-/, **William of** *n.* =William of OCCAM.

Óckham's rázor *n.* =Occam's razor.

o'clock /əklɑ́(ː)k | əklɔ́k/ *adv.* **1** 時計によると, …時: seven ~ 7 時 / What ~ is it? 今何時か. **2** (羅針盤・標的などの目盛盤を時計の文字盤と見なして)…時: hit the target at three ~ 的の輪の 3 時の所(右の真横)に命中する.

knów* [*fínd*] *whát o'clóck it is 実情を知る, 万事心得ている. ***like óne o'clóck*** (俗) 活発に, すばやく, 猛烈に. 〖((1534)) (短縮) ← ME *of the clokke* of the clock: cf. ((15C)) *a clock*〗

Oc·múl·gee Nátional Mónument /oʊkmʌ́lgi- | əʊk-/ *n.* オクマルギ国定記念物 (米国 Georgia 州中央部 Ocmulgee 河岸の Macon 市にある政府指定保留地; 先住民の遺跡などがある).

Oc·nus /ɑ́(ː)knəs | ɔ́k-/ *n.* 〖ローマ伝説〗 **1** オクノス (縄をなってゆくそばからろばにその縄を食われた男). **2** オクヌス (Tuscany の河神と女予言者 Manto の息子で Mantua の町の建設者).

the rópe* [*córd*] *of Ócnus オクノスの縄, むだ骨 (cf. *the stone of* SISYPHUS).

〖□ L ~ □ Gk *Óknos* sloth, hesitation〗

Ò Cóme, Áll Yé Fáithful *n.* 「おお来たれ, 信仰篤き者皆」(有名なクリスマスキャロル; 「神の御子は今宵しも」の詞で知られる).

O'Con·nell /oʊkɑ́(ː)nl | ə(ʊ)kɔ́nl/, **Daniel** *n.* オコンネル (1775–1847; アイルランドの民族運動指導者, アイルランドの英国との併合に反対し, カトリック教徒解放に尽力した; The Liberator と呼ばれる).

O'Con·nor /oʊkɑ́(ː)nə | ə(ʊ)kɔ́nə(r)/, **Fear·gus** /fə́ːgəs | fə́ː-/ **Edward** *n.* オコナー (1794–1855; アイルランドの人民憲章運動 (Chartism) の指導者; 1848 年の最後のデモを組織).

O'Connor, Frank *n.* オコナー (1903–66; アイルランドの短編小説作家・批評家; 本名 Mickael O'Donovan).

O'Connor, Mary Flan·ner·y /flǽn(ə)ri/ *n.* オコナー (1925–64; 米国の女流小説家; *A Good Man Is Hard to Find* (1955)).

O'Connor, Sandra Day *n.* オコナー (1930–　; 米国の法律家; 女性初の合衆国最高裁陪席裁判官).

O'Connor, Thomas Power *n.* オコナー (1848–1929; アイルランドの政治家・ジャーナリスト; 通称 Tay Pay /téɪpéɪ/).

o·co·ti·llo /òʊkətíːljoʊ, -tíːoʊ | ə̀ʊkətíːljəʊ, -tíːəʊ; *Am.Sp.* okotíjo/ *n.* (*pl.* ~s /~z; *Am.Sp.* ~s/) 〖植物〗 フーキエリア スプレンデンス, 尾紅龍(おこうりゅう) (*Fouquieria splendens*) (米国南部・メキシコ産のとげの多い多肉性の低木; 赤い花が咲くハナシノブ科に近縁のフーキエリア科の candlewood の一種). 〖((1856)) □ Mex.-Sp. ~ (dim.) ← *ocote* a kind of pine □ Nahuatl *ocotl*〗

OCR (略) 〖電算〗 optical character reader; 〖電算〗 optical character recognition. 〖(1966)〗

-oc·ra·cy /-ɑ́(ː)krəsi | -ɔ́k-/ (連結辞 -o- を伴った) -cracy の異形.

-o·crat /-əkræ̀t/ (連結辞 -o- を伴った) -crat の異形.

oc·re·a /ɑ́(ː)kriə, óʊk- | ɔ́k-, ə́ʊk-/ *n.* (*pl.* **oc·re·ae** /ɑ́(ː)kriìː, óʊk- | ɔ́k-, ə́ʊk-/) **1** 〖植物〗 (タデなどに見る)さや形托葉, はかま, さや, 葉鞘(しょう) (sheath). **2** 〖甲冑〗 (古代ローマの)脛当(すねあて). 〖((1830)) ← NL ~ ← L ~ 'a greave or legging (worn by foot soldiers, hunters, and country people)' ← ? Gk *ókris* jagged point〗

oc·re·ate /ɑ́(ː)kriɪ̀t, óʊk-, -rièɪt | ɔ́k-, ə́ʊk-/ *adj.* **1** 〖植物〗 さや形托葉 (ocrea) のある. **2** 〖鳥類〗 (脛骨に)羽毛の生えた (booted). 〖((1830)) ← NL *ocreātus*: ⇨ ↑, -ate[2]〗

O·cri·si·a /əkráɪʃiə, -siə, -ʃiə/ *n.* 〖ローマ神話〗 オクリシア (Tarquin の后 Tanaquil の侍女で Vulcan (一説に Lar) との間に Servius Tullius を産んだ). 〖□ L *Ocrisia, Ocrēsia*〗

OCS (略) Officer Candidate School.

OCSO /óʊsìːèsóʊ | ə́ʊsìːèsə́ʊ/ (略) Order of Cistercians of the Strict Observance 〖カトリック〗 厳律シトー修道会 (トラピスト修道会とも呼ばれる).

oct. (略) octavo.

Oct. (略) Octavius; October.

oct- /ɑ(ː)kt | ɔkt/ (母音の前にくるときの) octa- の異形.

oc·ta- /ɑ́(ː)ktə | ɔ́k-/ 「八 (eight)」の意の連結形. ★ 時に octo-, また母音の前では通例 oct- になる. 〖□ Gk *okta-* ← *oktṓ* 'EIGHT': *-a-* は *hepta-, deca-* などとの類推による; ギリシャ語の連結形としては OCTO- より多く用いられる〗

oc·ta·chord /ɑ́(ː)ktəkɔ̀əd | ɔ́ktəkɔ̀ːd/ *n.* **1** 八弦琴. **2** 〖音楽〗 八音音階; 八の和音; (八度音程の)全階音. — *adj.* 八弦の. 〖((1760)) □ L *octachordus* □ Gk *oktákhordos* ← *okta-* 'OCTA-'＋Gk *khordḗ* string, CORD: cf. chord[1]〗

oc·ta·chor·dal /ɑ̀(ː)ktəkɔ́ədl | ɔ̀ktəkɔ́ːdlˈ/ *adj.* 〖音楽〗 八音音階の, 八の和音の. 〖(1882)〗

oc·tad /ɑ́(ː)ktæd | ɔ́k-/ *n.* **1** 〖数学〗 8 個の数の一組, 8 (個)の一群. **2** 〖化学〗 八価元素. **oc·tad·ic** /ɑ(ː)ktǽdɪk | ɔktǽd-/ *adj.* 〖((1845)) □ L *octad-, octas* □ Gk *oktad-, -oktás* a group of eight〗

óc·ta·dec·a·no·ic ácid /ɑ́(ː)ktədèkənòʊɪk- | ɔ́ktədèkənə̀ʊ-/ *n.* 〖化学〗 オクタデカン酸 (⇨ stearic acid). 〖← *octadecane* (← OCTA-＋DECANE)＋-OIC〗

oc·ta·gon /ɑ́(ː)ktəgɑ̀(ː)n | ɔ́ktəgən/ *n.* **1** 八辺形, 八角形. **2** 八角形のもの; 八角建築物. 〖((1639)) □ L *octagōnos* □ Gk *oktágōnos* eight-cornered: ⇨ octa-, -gon〗

oc·tag·o·nal /ɑ(ː)ktǽgənl | ɔk-/ *adj.* 八角形の, 八辺形の: an ~ table. **~·ly** *adv.* 〖((1571)) (古形) *octogonal* ← NL *octogōnālis* ∥ □ F *octogonal*〗

óctagon scàle *n.* 〖木工〗 八角定規 (各種の大きさの八角形を設計するための定規).

octahedra *n.* octahedron の複数形.

oc·ta·he·dral /ɑ̀(ː)ktəhíːdrəl | ɔ̀ktəhíːdrəl, -hédrəlˈ/ 〖数学・結晶〗 *adj.* 八面体の: ~ crystals 八面結晶体. **~·ly** *adv.* 〖((1758)) ← OCTAHEDRON＋-AL[1]〗

oc·ta·he·drite /ɑ̀(ː)ktəhíːdraɪt | ɔ̀ktəhíːdraɪt/ *n.* 〖鉱物〗 =anatase. 〖□ F *octaédrite*: ⇨ -ite[1]〗

oc·ta·he·dron /ɑ̀(ː)ktəhíːdrən | ɔ̀ktəhíːdrən, -hédrən/ *n.* (*pl.* ~s, **-he·dra** /-drə/) 〖数学・結晶〗 八面体: a regular ~ 正八面体. 〖((1570)) ← NL ~ ← Gk *oktáedron* (neut. adj.) eight-sided (figure) ← OCTA-＋-HEDRON〗

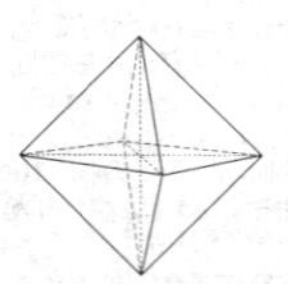
regular octahedron

oc·tal /ɑ́(ː)ktl | ɔ́k-/ *adj.* **1** 8 の; 8 から成る. **2** 八進法の. **3** 〈真空管が〉接続ピンが 8 本の. — *n.* 〖詩学〗 = octonary 2. 〖(1936)〗

óctal notátion *n.* 八進法.

oc·tam·er·ous /ɑ(ː)ktǽm(ə)rəs | ɔk-/ *adj.* **1** 八つの部分に分けられる, 八つの部分から成る. **2** 〖植物〗 〈輪成体が〉八つから成る. 〖((1864)) ← Gk *oktamerḗs* of eight parts: ⇨ octa-, -merous〗

oc·tam·e·ter /ɑ(ː)ktǽmətə | ɔktǽmɪtə(r)/ 〖詩学〗 *n.* 八歩格(の詩) (1 行八詩脚から成る詩行; cf. meter[1] 1 b). — *adj.* 八歩格の. 〖((*a*1828)) □ LL ~, *octametrum* □ Gk *oktámetron*: ⇨ octa-, -meter[2]〗

oc·tan /ɑ́(ː)ktən | ɔ́k-/ 〖病理〗 *adj.* 〈熱が〉8 日ごとに出る. — *n.* 八日熱 (cf. quotidian). 〖((1897)) ← OCTA-＋-AN[1]〗

oct·an·dri·ous /ɑ(ː)ktǽndriəs | ɔk-/ *adj.* 〖植物〗 8 雄蕊の, 8 雄蕊植物の. 〖← NL *octandria* (⇨ OCTA-, -ANDRIA)＋-OUS〗

oc·tane /ɑ́(ː)kteɪn | ɔ́k-/ *n.* 〖化学〗 **1** オクタン (C_8H_{18}) (石油の中の無色の液体炭化水素; 異性体がある). **2** オクタン価 (国際化学用語). 〖((1872)) ← OCTA-＋-ANE[2]〗

óc·tane·di·o·ic ácid /ɑ́(ː)kteɪndaɪòʊɪk- | ɔ́kteɪndaɪə̀ʊ-/ *n.* 〖化学〗 =suberic acid.

óctane nùmber [ràting] *n.* 〖化学〗 オクタン価 (ガソリンのアンチノック性を示す指数; cf. cetane number, high-octane). 〖(1931)〗

oc·tan·gle /ɑ́(ː)ktæ̀ŋgl | ɔ́k-/ *n.* 八角形 (octagon). — *adj.* (古) 八角(形)の (octagonal). 〖((1613–14)) □ L *octangulus*: ⇨ octa-, angle[1]〗

oc·tan·gu·lar /ɑ(ː)ktǽŋgjʊlə | ɔktǽŋgjʊlə(r)/ *adj.* = octangle. 〖(1644)〗

oc·tan·o·ate /ɑ̀(ː)ktənóʊeɪt, -nóʊeɪt | ɔ̀ktənə́ʊ-/ *n.* 〖化学〗 =caprylate. 〖⇨ ↓, -ate[1]〗

óc·ta·no·ic ácid /ɑ́(ː)ktənòʊɪk- | ɔ́ktənə̀ʊ-/ *n.* 〖化学〗 オクチル酸 (⇨ caprylic acid). 〖((1909)) ← OCTANE＋-OIC〗

oc·ta·nol /ɑ́(ː)ktənɔ̀(ː)l | ɔ́ktənɔ̀l/ *n.* 〖化学〗 オクタノール ($C_8H_{17}OH$) (無色透明で特有の芳香のあるアルコールのいずれか一つ): **a** 1-オクタノール ($CH_3(CH_2)_6CH_2OH$) (香水・可塑剤に用いる; octyl alcohol ともいう). **b** 2-オクタノール ($CH_3(CH_2)_5CH(OH)CH_3$) (香水・溶剤・可塑剤に用いる). 〖((1905)) ← OCTANE＋-OL[1]〗

Oc·tans /ɑ́(ː)ktænz | ɔ́k-/ *n.* 〖天文〗 はちぶんぎ (八分儀) 座 (南天の星座で, 天の南極を含む; the Octant ともいう). 〖□ LL *octāns* (↓)〗

oc·tant /ɑ́(ː)ktənt | ɔ́k-/ *n.* **1** 〖海事〗 八分儀 (六分儀の前身で, 太陽の高度などを測るのに用いた; cf. sextant, quadrant). **2** 〖数学〗 **a** 八分空間, オクタント (互いに直角に交わる 3 つの平面で分割された 8 つの空間の 1 つ). **b** 八分円 (45 度の弧). **3** 〖天文〗 (ある天体が他の天体に対して)離角 45 度の位置にあること. **4** [the O-] 〖天文〗 はちぶんぎ(八分儀)座 (⇨ Octans). **oc·tan·tal** /ɑ(ː)ktǽntl | ɔktǽntl/ *adj.* 〖((1690)) □ L *octant-, octāns* a half quadrant ← *octō* 'EIGHT': QUADRANT からの類推〗

oc·ta·pep·tide /ɑ̀(ː)ktəpéptaɪd | ɔ̀k-/ *n.* 〖生化学〗 オクタペプチド (8 個のアミノ酸から成るポリペプチド (polypeptide)). 〖(1961)〗

oc·ta·phon·ic /ɑ̀(ː)ktəfɑ́(ː)nɪk | ɔ̀ktəfɔ́n-ˈ/ *adj.* 8 チャンネル方式(録音再生)の (cf. monophonic, stereophonic, quadraphonic). 〖(1978)〗

oc·ta·ploid /ɑ́(ː)ktəplɔ̀ɪd | ɔ́k-/ *adj.* 〖生物〗 =octoploid.

oc·tar·chy /ɑ́(ː)ktɑəki | ɔ́ktɑː-/ *n.* **1** 八頭[八人]政治. **2** [しばしば the O-] 〖英史〗 八王国政治 (Anglo-Saxon 時代の「七王国」(Heptarchy) のことで, Northumbria を 2 国と見なす場合に用いる). 〖((1799–1805)) ← OCTA-＋-ARCHY: cf. heptarchy〗

oc·ta·roon /ɑ̀(ː)ktərúːn | ɔ̀k-/ *n.* =octoroon.

oc·ta·style /ɑ́(ː)ktəstàɪl | ɔ́k-/ 〖建築〗 *adj.* (正面に) 8 本の円柱をもつ, 八柱式の (cf. distyle). — *n.* 八柱式建築. 〖((1706)) □ L *octastȳlos* □ Gk *oktástūlos*: ⇨ octa-, -style[1]〗

oc·ta·sty·los /ɑ̀(ː)ktəstáɪlɑ(ː)s | ɔ̀ktəstáɪlɔs/ *n.* 〖建築〗 八柱式建築. 〖← OCTASTYLE〗

Oc·ta·teuch, o- /ɑ́(ː)ktətùːk, -tjùːk | ɔ́ktətjùːk/ *n.* [the ~] (旧約聖書の最初の)八書(はっしょ) (モーセ五書とヨシュア記・士師記・ルツ記; cf. Pentateuch). 〖((1677)) □ LL *octateuchus* □ Gk *oktáteukhos* containing eight books ← *okta-* 'OCTA-'＋*teûkhos* book〗

oc·ta·val /ɑ(ː)ktéɪvəl, ɑ́(ː)ktəv-, -vl | ɔktéɪv-, ɔ́ktəv-/ *adj.* **1** 〖音楽〗 オクターブ (octave) の. **2** 8 個[人]一組の. 〖(1884)〗

oc·ta·va·lent /ɑ̀(ː)ktəvéɪlənt | ɔ̀k-ˈ/ *adj.* 〖化学〗 八価の. 〖(1880)〗

oc·tave /ɑ́(ː)ktɪv, -teɪv | ɔ́ktɪv, -teɪv/ *n.* **1** 8 個[人]の一組. **2** (英) **a** 13½ ガロン入りのワイン樽. **b** その酒樽一杯の液量 (pipe の ⅛; cf. pipe 7). **3** 〖音楽〗 オクターブ; 八度音程, 第八度[音]; (オルガンの)オクターブ音栓. **4** 〖キリスト教〗 (祝日から起算して)八日目 (祝日と同一曜日); (祝日から起算した)八日間 〔*of*〕. ★ この意味では (英) では

/ɔ́ktɪv/ のほうが普通. **5** 〘詩学〙八行連句《特に Italian sonnet の最初の 8 行; octet ともいう》. **6** 〘フェンシング〙オクターブ, 第八の構え《受けの構えの一つ; 相手の右翼への突きに対する防備の姿勢; cf. guard 6》. — *adj.* **1** 8 の; 8 行の. **2** 〘音楽〙1 オクターブ高音の. 〖(1278) ME ~ □ (O)F ~ □ L *octāva* (*diēs*) eighth (day) (fem.) ← *octāvus* eighth ← *octō* 'EIGHT'〗

óctave còupler *n.* =coupler 2. 〖1880〗

óctave flùte *n.* **1** =piccolo. **2** (パイプオルガンの) 4 フィートフルート音栓. 〖1798〗

Oc·ta·vi·a /ɑ(ː)ktéɪviə | ɔktéɪ-, -tɑ́ː-/ *n.* オクタビア: **1** 女性名. **2** (?-11B.C.) マルクス アントニウスの妻, アウグストゥスの姉. 〖(fem.) ← OCTAVIUS〗

Oc·ta·vi·an /ɑ(ː)ktéɪviən | ɔktéɪ-, -tɑ́ː-/ *n.* **1** オクタビアン《男性名》. **2** オクタビアヌス《Augustus の皇帝になる前の名; ラテン語名 Octavianus》. **3** 〘英〙Edward 八世 (後の Duke of Windsor) の支持者. 〖(1596) ← L *Octāvus* (↓)+-IAN〗

Oc·ta·vi·us /ɑ(ː)ktéɪviəs | ɔktéɪ-, -tɑ́ː-/ *n.* オクタビアス《男性名; 異形 Octavus》. 〖□ L ~ 'the eighth born' ← *octāvus* (↓): ローマの家族名〗

oc·ta·vo /ɑ(ː)ktéɪvoʊ, -tɑ́ː- | ɔktéɪvəʊ, -tɑ́ː-/ *n.* (*pl.* ~**s**) **1** 八折(判), オクタボ《8 丁(16 ページ)になるように, 全紙を 3 回折ってできた紙の大きさ; この大きさの紙[ページ] (8 vo, 8° と書くことがある); cf. format 1 a》. **2** 八折本. **3** 〘古〙8 インチ×5 インチ (20.3 cm×12.7 cm) のサイズの紙. — *adj.* 八折(判)の, オクタボの; 八折本の. 〖(1582) □ L (*in*) *octāvō* (in) an eighth (of a sheet) ← *octāvus* eighth ← *octō* 'EIGHT'〗

oc·ta·vus /ɑ(ː)ktéɪvəs, -tɑ́ː- | ɔk-/ *adj.* 〘英〙第 8 の (⇨ primus[1] 2): Smith ~ (同姓の男子生徒中の) 8 番目のスミス. 〖← OCTAVO〗

oc·ten·ni·al /ɑ(ː)kténiəl | ɔk-/ *adj.* **1** 8 年ごとの; 8 年ごとに起こる. **2** 8 年間の[続く]. **~·ly** *adv.* 〖(1656) ← LL *octenni(um)* a period of eight years (← OCTA- + *annus* year)+-AL[1]〗

oc·tet /ɑ(ː)ktét | ɔk-/ *n.* (*also* **oc·tette** /~/) **1** 八つ組, 八つ揃い. **2** 〘音楽〙八重奏[唱](曲); [単数または複数扱い] 八重奏[唱]団 (cf. solo). **3** 〘詩学〙8 行の詩; (特に sonnet の最初の) 八行連句. **4** 〘化学〙(原子価の理論における)八重項, 八隅子 (cf. Lewis-Langmuir theory). **5** 〘物理〙八重項: **a** 原子などの準位で八重に縮退したもの. **b** ハドロンの分類学において 8 個の素粒子が組をなすもの. **6** 〘電算〙オクテット《情報量の単位で 8 ビット》. 〖(1864) ← OCTA-+-ET: DUET などからの類推〗

octét thèory *n.* **1** 〘化学〙八隅子説《G. N. Lewis の提案した古典的原子価理論》. **2** 〘物理〙八道説《SU(3) 対称性にもとづくハドロンの分類学の一種; 擬スカラー中間子や重粒子が八重項として現れるのでこの名をつけた》.

oc·til·lion /ɑ(ː)ktíljən | ɔktíljən, -liən/ *n.* 10^{27}; 〘英古〙10^{48} (⇨ million 表). — *adj.* octillion の. **oc·tíl·lionth** /~θ/ *n., adj.* 〖(1690) □ F ~: ⇨ octa-, million〗

oc·to- /ɑ́(ː)ktoʊ | ɔ́ktəʊ/ octa- の異形. 〖□ L *octō-* // Gk *oktō-* ← *oktṓ* eight: cf. octa-〗

Oc·to·ber /ɑ(ː)któʊbə | ɔktə́ʊbə[r]/ *n.* **1** 10 月《略 Oct., O》. **2** 〘英古〙10 月醸造のビール, 秋ビール《特に良質とされた》. 〖lateOE ~ □ L *Octōber* (*mēnsis*) 《原義》 the eighth month (F *octobre*) ← *octō* 'EIGHT': 古代ローマ暦の第 8 月, 暦の食い違いについては ⇨ December〗

Octóber Revolútion *n.* [the ~] 十月革命《ロシア暦 1917 年 10 月 25 日(西暦 11 月 7 日)ロシアの Kerensky 臨時政府が倒され Lenin の率いる Bolsheviks が政権を握った革命; Russian Revolution ともいう》. 〖1917〗

Oc·to·brist /ɑ(ː)któʊbrɪ̈st | ɔktə́ʊbrɪst/ *n.* **1** 十月党員, オクチャブリスト党員《1905 年の 10 月宣言の立場にたった穏健な立憲君主主義政党の党員》. **2** (ソ連の)共産少年[少女]同盟員《ピオネール (Pioneer) に入る前の満 7–9 歳の児童を対象とした組織; cf. Komsomol》. 〖(1906) ← *Octobr-* (← OCTOBER)+-IST 《なぞり》 ← Russ. *oktyabrist*〗

oc·to·cen·ten·a·ry /à(ː)ktoʊsɛnténəri, -sɛ́ntənèri, -tṇ- | ɔ̀ktə(ʊ)sɛntíːnəri, -sən-, -tén-⌐/ *n.* 八百年祭. 〖1889〗

oc·to·cen·ten·ni·al /à(ː)ktoʊsɛnténiəl, -sən-, -sṇ- | ɔ̀ktə(ʊ)-/ *n.* =octocentenary. 〖1889〗

oc·to·de·cil·lion /à(ː)ktoʊdɪ̈síljən | ɔ̀ktə(ʊ)dɪsíljən, -liən/ *n.* 10^{57}; 〘英古〙10^{108} (⇨ million 表). — *adj.* octodecillion の. 〖(1939) ← L *octōdecim* (↓)+(M)ILLION〗

oc·to·dec·i·mo /à(ː)ktoʊdésəmòʊ | ɔ̀ktə(ʊ)désɪ̈məʊ/ *n.* (*pl.* ~**s**) =eighteenmo. — *adj.* =eighteenmo. 〖(1858) □ L (*in*) *octōdecimō* (in) an eighteenth (of a sheet) ← *octōdecimus* eighteenth ← *octōdecim* eighteen ← OCTO-+*decem* 'TEN'〗

oc·to·foil /ɑ́(ː)ktəfɔ̀ɪl | ɔ́k-/ *n.* 〘紋章〙八つ葉《イングランドでは第 9 子を示す血統マーク; double quatrefoil ともいう》.

oc·to·ge·nar·i·an /à(ː)ktədʒɪ̈néəriən, -toʊ- | ɔ̀ktə(ʊ)dʒɪ̈néər-⌐/ *adj.* 80 歳代の. — *n.* 80 歳代の人. 〖(1815) ← L *octōgēnārius* containing eighty, aged eighty (← *octōgēnī* eighty each)+-AN[1]〗

oc·tog·e·nar·y /ɑ(ː)ktɑ́(ː)dʒənèri | ɔktɔ́dʒɪ̈nəri/ *adj., n.* =octogenarian.

oc·to·nal /ɑ́(ː)ktənl | ɔ́k-/ *adj.* **1** 八進法の. **2** 〘詩学〙八詩脚の. 〖(1883) ← L *octōnī* eight at a time (⇨ octo-)+-AL[1]〗

oc·to·nar·i·an /à(ː)ktənéəriən | ɔ̀ktə(ʊ)néər-/ 〘詩学〙 *adj.* 八詩脚の, 8 音歩の. — *n.* 八詩脚の詩行. 〖(1891) ← L *octōnārius* (*versus*) (↓)+-AN[1]〗

oc·to·nar·y /ɑ́(ː)ktənèri | ɔ́ktənəri/ 《まれ》 *adj.* 8 の; 8 からなる. — *n.* **1** 8 の数; 8 個[人]一組. **2** 〘詩学〙八行詩; 8 行の連《特に, 聖書の詩編第 119 番の各 stanza》. 〖(1535) □ L *octōnārius* containing eight ← *octōnī* (⇨ octonal)〗

oc·to·pa·mine /ɑ(ː)któʊpəmìːn, -mɪ̈n | ɔktə́ʊpəmìːn, -mɪn/ *n.* 〘生化学〙オクトパミン《交感神経興奮性アミン》. 〖(1948) ← OCTOP(US)+AMINE〗

octopi *n.* octopus の複数形. 〖← NL ~〗

octo·ploid /ɑ́(ː)ktəplɔ̀ɪd | ɔ́k-/ 〘生物〙 *adj.* 〈細胞・核など〉(染色体数が)八倍性の, 八倍体の. — *n.* (染色体数の)八倍体. 〖1925〗

ócto·plòid·y /-di | -di/ *n.* 〘生物〙 =octoploid. 〖1934〗

oc·to·pod /ɑ́(ː)ktəpɑ̀(ː)d | ɔ́ktəpɔ̀d/ *n.* 〘動物〙八腕体, 八腕目 (Octopoda) の動物の総称; (特に) =octopus 1 a. — *adj.* **1** 八本足[脚, 腕]の. **2** 〘動物〙八腕目の.

oc·top·o·dous /ɑ(ː)ktɑ́(ː)pədəs | ɔktɔ́pəd-/ *adj.* 〖(1826) □ Gk *oktōpod-*, *oktṓpous* (↓)〗

Oc·top·o·da /ɑ(ː)ktɑ́(ː)pədə | ɔktɔ́pədə/ *n. pl.* 〘動物〙八腕目《タコ類》. **oc·tóp·o·dan** /-dṇ/ *adj., n.* 〖← NL ~ ← Gk *oktṓpoda* (neut. pl.) ← *oktṓpous* 'OCTOPUS'〗

oc·to·pole /ɑ́(ː)ktəpòʊl | ɔ́ktəpəʊl/ *n.* =octupole.

oc·to·pus /ɑ́(ː)ktəpəs, -pʊ̀s | ɔ́k-/ *n.* (*pl.* ~·**es**, **oc·to·pi** /-pàɪ/) **1** 〘動物〙 **a** タコ《八腕目タコ属 (*Octopus*) の動物の総称》. ★ 英国人はほとんど食べないが, イタリア系やギリシャ系の米国人は食用にする. **b** 八腕目の動物 (octopod). **2** タコに似たもの; (特に)多方面にわたって勢力をふるう連合組織[黒幕]. **3** 〘英〙荷押さえ用のゴムバンド《引っかける部分が中心から八方に出ている》. 〖(1758) ← NL ~ ← Gk *oktṓpous* eight-footed ← *oktō-* 'OCTO-' +*poús* 'FOOT': cf. -pod[1]〗

oc·to·push /ɑ́(ː)ktəpʊ̀ʃ | ɔ́ktə(ʊ)-/ *n.* オクトプッシュ《プールで行う一種の水中ホッケー》. **~·er** *n.* 〖(1970) ← OCTO(PUS)+PUSH (*n.*)〗

oc·to·roon /à(ː)ktərúːn | ɔ̀k-/ *n.* 八分の一混血児《黒人の血を 8 分の 1 伝えている黒白混血児》. 〖(1861) ← OCTO-+(QUAD)ROON〗

oc·to·syl·lab·ic /à(ː)ktəsɪ̈lǽbɪk, -toʊ- | ɔ̀ktə(ʊ)-⌐/ *adj.* 8 音節の(詩行)から成る. — *n.* 8 音節の詩行. 〖(*a*1771) ← OCTO-+SYLLABIC 《なぞり》 ← LL *octōsyllabus* □ Gk *oktasúllabos*〗

oc·to·syl·la·ble /ɑ́(ː)ktəsɪ̀ləbl, -toʊ-, ⌐–⌐–– | ɔ́ktə(ʊ)sɪ̀ləbl, ⌐–⌐––/ *adj.* =octosyllabic. — *n.* 8 音節語[詩行] (cf. *in* EIGHTS). 〖(1775–78) ↑〗

oc·to·thorp /ɑ́(ː)ktəθɔ̀əp | ɔ́ktə(ʊ)θɔ̀ːp/ *n.* (*also* **oc·to·thorpe** /~/) ナンバー記号 (♯). 〖(1971) ← OCTO-+*thorp* (← ?)〗

oc·troi /ɑ́(ː)ktrɔɪ | ɔ́ktrwɑː, -trɔɪ; *F.* ɔktʀwa/ *n.* (*pl.* ~**s** /~z; *F.* ~/) **1** (フランス・インドなどの)物品入市税. **2 a** 入市税納入所. **b** [集合的] 入市税徴収員. **3** 勅許, 特権譲与. 〖(1614) □ F ~ 'privilege, concession' ← *octroyer* to grant < VL **auctōricāre* ← LL *auctōrāre* to grant ← L *auctor* 'master, AUTHOR'〗

OCTU /ɑ́(ː)ktuː, -tjuː | ɔ́ktjuː/ *n.* 〘英軍〙士官候補生訓練隊. 〖(1942) 《頭字語》 ← *O(fficer) C(adets) T(raining) U(nit)*〗

oc·tu·ple /ɑ́(ː)ktʊpl, -tjʊ-, ɑ(ː)ktúː-, -tjúː- | ɔ́ktjʊpl/ *adj.* **1** 八重の, 8 倍の (eightfold). **2** 八つの要素から成る. — *n.* **1** 8 倍. **2** 〘漕艇〙8 人漕(こ)ぎのスカル型ボート. — *vt.* 8 倍する. — *vi.* 8 倍になる. 〖(1603) □ L *octuplus* eightfold ← *octu-* 'OCTO-'+*-plus* '-fold, -PLE': cf. L *duplus* 'DOUBLE'〗

oc·tup·let /ɑ(ː)ktʌ́plɪ̈t, -túːp-, -tjúː-, ɑ́(ː)ktʊ- | ɔ́ktjʊp-, ɔktjúː-/ *n.* **1** 8 個から成る一団, 八つ組. **2 a** 八つ子の一人 (cf. twin). **b** [*pl.*] 八つ子. **3** 〘音楽〙八連音. 〖(1852) ⇨ ↑, -et: cf. sextuplet〗

óctuple tíme *n.* 〘音楽〙8 拍子.

oc·tu·pli·cate /ɑ(ː)ktúːplɪ̈kɪ̈t, -tjúː-, -pləkèɪt | ɔktjúːplɪ̈-/ *adj.* 8 部から成る, 八重の (eightfold). — *n.* (文書などの) 8 部, 8 通: typed in ~ 8 部タイプして(ある). — *vt.* …の写しを 8 通作製する. 〖← L *octuplicātus*: *quadruplicātus* (⇨ quadruplicate) からの類推: ⇨ octuple, -ate[1,2,3]〗

oc·tu·pole /ɑ́(ː)ktəpòʊl | ɔ́ktəpəʊl/ *n.* 〘電気〙八重極 (cf. dipole, quadrupole). 〖(1929) ← OCTO-+POLE[2]: *-u-* は QUADRUPOLE からの類推〗

OCTV 《略》 open-circuit television 開回路テレビジョン.

oc·tyl /ɑ́(ː)ktl̩, -tɪl | ɔ́ktaɪl, -tɪl/ *n.* 〘化学〙オクチル (C_8H_{17}) 《オクタンから誘導されるアルキル基》. 〖1866–77〗

óctyl álcohol *n.* 〘化学〙オクチルアルコール (⇨ octanol a). 〖(1871) *octyl*: ← OCTANE+-YL〗

óctyl phénol *n.* 〘化学〙オクチルフェノール ($C_6H_4(C_8H_{17})OH$) 《白色の結晶; 異性体が各種あるが, p-t-オクチルフェノールが腐食[酸化]防止剤・殺虫剤などとして用いられる》.

oc·ul- /ɑ́(ː)kjʊl | ɔ́k-/ (母音の前にくるときの) oculo- の異形.

oc·u·lar /ɑ́(ː)kjʊlə | ɔ́kjʊlə[r]/ *adj.* **1** 視覚上の (visual): an ~ organ 視覚器官, 目. **2 a** 目[眼球]の[に関する]: ~ movements 目の運動. **b** (形・機能などが)目に似た; 〈蝶などの翅の模様が〉目のような, 目のように見える. **c** 目による, 目に訴える: an ~ demonstration [proof] 人の目にはっきり見える証明. — *n.* **1** (望遠鏡・顕微鏡などの)接眼レンズ, 接眼鏡《対物レンズ (objective lens) による像を拡大して見るためのレンズ; eyepiece ともいう》. **2** 〘戯言〙目 (eye). **~·ly** *adv.* 〖(*c*1575) □ F *oculaire* □ LL *oculāris* of the eyes ← L *oculus* 'EYE': ⇨ -ar[1]〗

óccular dóminance *n.* 〘眼科〙眼優位, 利き目《眼の使用・視力における一方の眼の他方に対する優位》.

óc·u·lar·ist /-lərɪ̈st | -rɪst/ *n.* 義眼製造者. 〖(1866) □ F *oculariste*: ⇨ ↑, -ist〗

ócular micrómeter *n.* 接眼マイクロメーター (⇨ eyepiece micrometer).

ócular wítness *n.* 〘法律〙目撃証人 (cf. auricular witness). 〖1608〗

oc·u·late /ɑ́(ː)kjʊlɪ̈t, -lèɪt | ɔ́k-/ *adj.* =ocellated. 〖□ LL *oculātus*〗

oculi *n.* oculus の複数形. 〖□ L *oculī*〗

oc·u·list /ɑ́(ː)kjʊlɪ̈st | ɔ́kjʊlɪst/ *n.* **1** 眼科医 (ophthalmologist の旧称). **2** 検眼医, 視力測定医 (optometrist). 〖(1615) □ F *oculiste* ← OCUL-+-IST〗

Óc·u·li Súnday /ɑ́(ː)kjʊlàɪ- | ɔ́k-/ *n.* 〘キリスト教〙四旬節 (Lent) の第 3 日曜日. 〖← *oculī meī* my eyes (⇨ oculi): この日の入祭文で歌われるラテン語訳聖書 *Ps.* 24: 15 がこの語で始まることから〗

oc·u·lo- /ɑ́(ː)kjʊloʊ | ɔ́kjʊləʊ/「目 (eye); 目と…との」の意の連結形. ★ 母音の前では通例 ocul- になる. 〖□ L ~ ← *oculus* 'EYE'〗

òculo·mótor 〘解剖〙 *adj.* 眼球を動かす, 動眼作用をする; 動眼神経の. — *n.* =oculomotor nerve. 〖1881〗

oculomótor nèrve *n.* 〘解剖〙動眼神経 (⇨ brain 挿絵). 〖1881〗

oc·u·lus /ɑ́(ː)kjʊləs | ɔ́k-/ *n.* (*pl.* **-u·li** /-làɪ/) **1** 目 (eye). **2** 〘建築〙(ドームなどの頂部の)円形窓, 眼窓. 〖(1848) □ L ~ 'EYE'〗

od /ɑ́(ː)d, óʊd | ɔ́d, ə́ʊd/ *n.* 〘古〙オッド《磁石・化学作用・動物磁気・催眠現象などを説明するために自然界に遍在すると主張された仮想自然力》. 〖(1850) □ G *Od* ← ODIN: ドイツの化学者 Baron Karl von Reichenbach (1788–1869) の造語〗

o.d. /óʊdíː | ə́ʊ-/ 《略》 olive drab; outside dimensions 外法(そとのり); 〘処方〙*L.* oculus dexter 右眼 (right eye); outside diameter 外径.

Od, 'Od /ɑ́(ː)d | ɔ́d/ *int.* 〘古〙=God《誓い・のろいなどの場合に不敬を避けるための代用語》. ★ しばしば所有格の形で用いる: *Od's* body! (十字架上のイエスの)御(み)からだに誓って / *Od's* vengeance! 畜生 / *Od's* wounds = zounds. 〖(1597) 《頭音消失》 ← GOD〗

OD /óʊdíː | ə́ʊ-/ 《俗》 *n.* (*pl.* **ODs, OD's**) **1** (麻薬の)過量, 飲みすぎ〔*of*〕. **2** 麻薬の飲みすぎの[で死んだ]人. — *vi.* 麻薬の飲みすぎで病気になる[死ぬ]. 〖(1960) 《略》 ← OVERDOSE〗

OD /óʊdíː | ə́ʊ-/ 《略》 Doctor of Opthalmology; Doctor of Optometry 視力検定学博士; Doctor of Osteopathy; 〘陸軍〙Officer of the Day; ordnance datum; Old Dutch; 〘海事〙ordinary seaman (=OS).

o/d, O/D 《略》 on demand; overdraft; overdrawn.

ODA /óʊdìːéɪ | ə́ʊ-/ 《略》 Official Development Assistance 政府開発援助; 〘英〙Overseas Development Administration 海外開発局.

o·dal /óʊdl̩ | ə́ʊdl̩/ *n.* (中世以前の, チュートン族の)自由私有地. 〖(1755) □ Norw. ~ < ON *ōðal* ← Gmc **ōþ-*, **aþ-* (OE *æþel* native land): cf. atheling〗

o·da·lisque /óʊdəlɪ̀sk, -dl̩- | ə́ʊdəl-, ɔ́d-, -dl̩-/ *n.* (*also* **o·da·lisk** /~/, **o·da·lisc** /~/) **1** (イスラム教国の宮廷で使われる)オダリスク, 女性の奴隷, (トルコ君主の)側室. **2** 〘美術〙オダリスク画《オダリスク風に横臥のポーズをとらせた女性裸体画; Ingres, Renoir, Matisse などに作品が多い》. 〖(1681) □ F ~ ← Turk. *odaliq* chambermaid ← *oda* chamber+*-liq*, *-lik* (n. suf.)〗

ODan 《略》 Old Danish.

odd /ɑ́(ː)d | ɔ́d/ *adj.* (~·**er**, ~·**est**; **more** ~, **most** ~) **1 a** 常軌を逸脱した, 異常な, 異様な, 風変わりな; 奇妙な, 奇態な (⇨ strange SYN): an ~ expression 変な表現[言葉] / ⇨ odd fish / an ~ habit 妙な癖 / He looks ~. = He is ~ *in* his appearance. 風采が変だ. **b** わけのわからない, 不思議な: It's ~ (*that*) she wasn't there. 彼女がそこにいなかったのはおかしい. **2** (二つ一組の)片方の; (一定数の組・双書などの)半端(はんぱ)な, 不ぞろいの: an ~ glove 手袋の片方 / an ~ pair of shoes 左右不ぞろいの靴 / ~ volumes [numbers] (そろいの巻・雑誌の)端(は)本 / ⇨ odd lot / Coming without my wife, I found myself the ~ guest at the party. 妻を連れずに来たのでパーティーでは一人だけ半端な客になってしまった. **3 a** 余分の; 端数の: two dollars and some ~ cents 2 ドルとなにがしセント / I have some ~ change in my pocket. ポケットにいくらか小銭をもっている / He made a few ~ pounds during the vacation. 休暇中に数ポンドかせいだ. ★ (1) 端数のない数に odd を添えて端数のあることを示すにはもとは 500 *and* ~ men のような表現法を用いたが, 今はハイフンでつないで複合形を用いるのが普通: 500-*odd* men 500 人余りの人 / She is 50-*odd* years old. 彼女は 50 幾つです / I paid him 30-*odd* pounds. 彼に 30 ポンドいくら払った. (2) 数詞のあとに単位を表す名詞を置く場合には次のように言う: It cost ten dollars ~. それは 10 ドルとちょっとだった / a woman of forty (years) ~ 40 幾つの女性. **b** 〈金など〉残りの, 使い残しの: I spent a few ~ dollars for entertainment. 娯楽に残りの数ドルを使った. **4 a** 奇数の; 奇数番号をもつ, 奇数字の (↔ even): ~ numbers 奇数 / ~ months (31 日ある)大の月 / the ~ houses (in a street) (町の)奇数戸番の家々 / The festival is held in the ~ years. 祝祭は奇数年に行われる / see every ~ page of an album アルバムの奇数ページを 1 枚 1 枚見る. **b** 〘数学〙〈関数が〉奇の: ⇨ odd function. **5 a** 合間の, 時たまの, たまたまの; 偶然の: at ~ moments 時たま, ひまひまに / at ~ times 折にふれて / an ~ stroke of luck 全くの僥倖(ぎょうこう) / I'll see you again some ~ day. いずれまたそのうちにお会いしましょう / She has the ~ drink. 〘英〙彼

O

女は時々酒を飲む. **b** 臨時の (occasional): at an ~ session 臨時会議で / ⇨ odd job / an ~ hand 臨時雇い / ⇨ odd man. **c** 〈上着などそろいでない, ふだん着の (casual). **6** 断片的な, 細々した, ばらばらの, 雑多な: ~ bits of knowledge / I found a few ~ references to my book. 時たま二, 三私の著書に言及している所を見つけた. **7** かけ離れた, 辺鄙(ぴ)な (remote): in some ~ corner どこか人目につかない片隅に.
— *n.* (⇨ odds). **1** 〘ゴルフ〙オッド: **a** [the ~] (それを打つことで)相手よりスコアが多くなる 1 打: play *the* ~ 相手より 1 打多くたたく. **b** (弱い方のプレーヤーに 1 hole に許す) ハンディキャップの 1 打 (cf. odds 1 b): two ~*s* (各 hole) 2 打のハンディキャップ. **2** 半端物, 余分な物, 残り者: this ~ and that end あれやこれや細々した物[事].
ódd or [and] éven「丁か半か」(一種の当て事遊戯).
〘(*c*1280) ⇐ ON *odda-* (cf. *odda-maðr* odd man, *odda-tala* odd number) ← *oddi* point, triangle < Gmc **uzdaz*: 三角形の頂点が奇数であることから: cf. OE *ord* point of a weapon / G *Ort* place〙

Odd /ɑ́(ː)d | ɔ́d/ *n.* =Od.

ódd·báll (米俗) *n.* 奇人, 変人, 変わり者, 反骨者.
— *adj.* 変な, 風変わりな, 奔放な (eccentric): an ~ scheme 型破りな計画. 〘(1948) ← ODD+BALL[1]〙

ódd bòd *n.* (英口語) =oddball. 〘1955〙

ódd còlor *n.* 風変わりな[型破りの]毛色をした馬.
ódd-còlored *adj.*

ódd-còme-shórt *n.* (古) **1 a** (布の)小切れ, 切れっ端. **b** [*pl.*] 残りくず. **2** =odd-come-shortly. 〘1836〙

ódd-còme-shórtly *n.* (*pl.* **~s, odd-come-shortlies**) (古) 近いうち, いずれそのうち: one of these *odd-come-shortlies* 近いうちに. 〘1738〙

ódd-éven nùcleus *n.* 〘物理〙奇偶核 (奇数個の陽子と偶数個の中性子とからなる(原子)核; cf. even-even nucleus). 〘cf. *odd-even* (1936)〙

Ódd Fèllow *n.* オッドフェロー (Independent Order of Odd Fellows (Freemason にならって 18 世紀に英国に創立された秘密共済組合; 略 IOOF) の会員). 〘1795〙

ódd fìsh *n.* (*pl.* ~) (口語) =oddball.

ódd fúnction *n.* 〘数学〙奇関数 (恒等的に $f(-x) = -f(x)$ という関係を満足させる関数; cf. even function).

ódd harmónics *n.* 〘電気〙奇数次調波 (cf. even harmonics).

ódd·ish /-dɪʃ | -dɪʃ/ *adj.* 一風変わった. 〘1705〙

odd·i·ty /ɑ́(ː)dəṭi | ɔ́dəti, ɔ́dɪ-/ *n.* **1** 風変わり, 奇異: ~ of behavior. **2** 変わった癖[行動], 奇行 (⇨ idiosyncrasy SYN). **3** 風変わり[奇妙]なもの; 変人, 奇人. 〘1713〙

O

ódd jób *n.* [通例 *pl.*] 雑用, 半端仕事: do ~*s* 片手間仕事をする. **ódd-jóbbing** *n.* 〘*c*1770〙

ódd-jóbber *n.* (家庭内の修理など)半端な仕事をする臨時雇い, 便利屋 (handy man).

ódd-jób·man /-mæ̀n/ *n.* (*pl.* **-men** /-mèn/) =odd-jobber.

ódd-lòoking *adj.* (見た目に)風変わりな, 変な, 奇妙な. 〘1774〙

ódd-lót *adj.* 端物(もの)の, 半端物の.

ódd lót *n.* (米) **1** 端物, 半端物. **2** 〘証券〙端株(はかぶ) (cf. round lot). 〘1897〙

ódd-lót·ter /-lɑ́(ː)tə | -lɔ́tə[r]/ *n.* 端株投資[投機]家.

odd·ly /ɑ́(ː)dli | ɔ́d-/ *adv.* **1** 奇妙に(も) (strangely): *Oddly* (enough), he rejected our proposal. 不思議なことに彼は私たちの提案を断わった / behave ~ 妙なふるまいをする. **2** 半端(はんぱ)に, 残りとして, 奇数で: ~ even [odd] 奇数と偶数[奇数]の積 (an oddly even [odd] number の略). **3** ふぞろいに, 不公平に (unevenly). 〘?*c*1380〙

ódd màn *n.* **1** (賛否同数の時の)決裁投票者, 仲裁者. **2** (英) **a** 日雇い[渡り鳥]労働者. **b** 臨時雇い. 〘1487–88〙

ódd màn [òne] óut, ódd òne óut *n.* **1** (*pl.* **odd men out**) 残り鬼で選ばれた[除(の)けられた]人. **b** 仲間外れの人; 他の人と溶け合わない人, 偏屈な人. **c** 異質な物. **2** 残り鬼 (銭投げなどによってだれか一人を選ぶ[除ける]方法[遊戯]). 〘1889〙

odd·ment /ɑ́(ː)dmənt | ɔ́d-/ *n.* **1** [通例 *pl.*] **a** 残り物; 半端物; (図書のセット物の)端本, ばら; つまらないもの. **b** ふだん着. **c** [*pl.*] =ODDS *and ends.* **2** 風変わりなもの[こと]; 妙なもの[こと]. **3** 〘印刷〙**a** [通例 *pl.*] (英) 小物 (書物で本文以外の部分; 口絵・索引など). **b** ばら折丁 (丁合い後, 中途半端に余った折丁). **4** [*pl.*] (NZ) (ばら売りされる)半端物の羊毛. 〘1796〙

ódd·ness *n.* **1** 奇妙さ, 奇異. **2** 半端(はんぱ)なこと. 〘*a*1398〙

ódd núcleus *n.* 〘物理〙奇核 (質量数が奇数の原子核; cf. even nucleus).

ódd-ódd núcleus *n.* 〘物理〙奇奇核 (奇数個の陽子と奇数個の中性子とからなる(原子)核; cf. even-even nucleus). 〘1937〙

ódd permutátion *n.* 〘数学〙奇置換 (奇数個の互換の合成として表される置換; cf. even permutation). 〘1929〙

ódd-pínnate *adj.* 〘植物〙〈葉が〉奇数羽状の (先端の小葉が奇数になっているものにいう). **~·ly** *adv.* 〘*c*1890〙

ódd prícing *n.* 端数価格(付け[設定]) (商品に安い印象を与えるため, 100 ドルとせずに 99 ドルとするような価格設定).

odds /ɑ́(ː)dz | ɔ́dz/ *n. pl.* [通例複数扱い] **1 a** 優劣[過不足]の差: win the race by considerable ~ かなりの差をつけてレースに勝つ. **b** (優劣を対等にするために弱者に与える)有利条件, ハンデ(ィキャップ) (cf. odd *n.* 1 b): give [receive, take] ~ ハンディキャップを与える[つけてもらう]. **c** 賭け率, 歩(ぶ), オッズ; 確率: lay [give, offer] ~ of three *to* one 1 に対して 3 の歩を与える (勝てば 1 を得るが負ければ 3 を払う) / I will lay [give] (you) ~ of 7 *to* 3. 七三で行こう / at ~ of 7 *to* 3 七三のオッズで / His doctor put the ~ against his survival at 100 to 1. 彼の医者はもちこたえる確率は 100 にひとつしかないと言った. **d** (米) 恩恵, ひいき: I ask no ~ of them. 彼らから恩恵は求めない. **2 a** 見込み, ありそうな公算: lengthen [(米) decrease] the ~ on …の可能性が弱くなる / shorten the ~ in=(米) increase the ~ on …の可能性が強くなる, 見込みが高まる / It's ~ on that …(口語) たぶん…だろう / *The ~ are that* he will succeed. 彼は恐らく成功するだろう / It is ~ that [(古) but] he will come. 恐らく彼は来るだろう / It sounds a bit over the ~. ちょっとありそうもない / within the ~ どうやら見込みのある, ありそうな / ⇨ *by* (*all* [*long*]) ODDS (1). **b** 勝算, 勝ち目: strive against fearful [heavy] ~ 強敵に立ち向かう / even the ~ 勝ち目は五分である / There is no fighting against such ~. そんな強い者と戦っても勝つ見込みはない, 衆寡敵し難いものがある / We have fought against longer ~. もっと大勢の敵と戦ったことがある / The ~ are in his favor [against him]. 彼の方が勝ち[負け]そうだ / The ~ are 7 to 3. 勝ち目[見込み]は七分三分というところだ. **3 a** (英) [時に単数扱い] 差異: It [That] makes [is] no ~. (どっちにしても)大差はない / What's the ~? そんなことどうでもいいじゃないか / ⇨ *by* (*all* [*long*]) ODDS (2). **b** (古) 不平等, 不均等, 優劣: make ~ even 不均等をならす / Death makes the ~ all even. 死は万人を平等にする.
agàinst áll* (*the*) *ódds 猛烈な困難[抵抗]にもかかわらず.
at ódds 相争って, 不和で: set a person *at* ~ with another 他の人と争わせる / She is now *at* ~ with fate. 彼女は今運命と戦っている / They are always *at* ~ about some little thing. 彼らはいつもつまらない事で争っている.
by* (*áll* [*lóng*]) *ódds (1) 恐らく, どう見ても, 十中八九は (in all probability): It is *by* ~ the best. 恐らくまずそれが一番よかろう / *By all* [*long*] ~ it was a heart attack. 死因は恐らく心臓麻痺だったのだろう. (2) 飛び離れて, はるかに, ずっと (by far): This is *by* ~ the easier way. この方がずっと容易な方法だ. ***give lóng ódds on* [*agàinst*]** …の可能性がある[ない]と思う. ***ódds and énds*** 残り物; 寄せ集め物, がらくた: ~ *and ends* of time ちょっとした[半端(はんぱ)な]時間 / ~ *and ends* of information on gardening 園芸についてのこまぎれの知識 / a brain filled with all kinds of ~ *and ends* いろんなつまらない事が一杯詰まった頭. 〘*c*1746〙 ***over the ódds*** (英口語) (支払いなどで)予想[必要]以上に[の]; 度を越して, 法外に[な], 不当に[な]: I had to pay *over the* ~ for the one I wanted. 欲しいものを手に入れるのに法外な金を払わねばならなかった. ***shórt* [*lóng*] *ódds*** 可能性の大きいこと[見込みの薄いこと].
Whát's* [*Whát're*] *the ódds? (英口語) かまうものか, そんなことどうでもいいじゃないか. ***ódds and sóds*** (英口語) = odds and ends. ***ódds or évens*** =ODD or even.
〘(1500–20) (pl.) ← ODD: adj. の名詞用法: cf. news〙

ódd·sìde *n.* 〘金属加工〙捨て型 (鋳型を平面で分割できないときに用いる型で, 分割線まで埋めたもの; false part, follow board ともいう). 〘1836〙

ódds·màker *n.* 賭け率を設定する人[業者], オッズ屋. 〘*c*1949〙

odds-on /ɑ́(ː)dzɑ́(ː)n | ɔ́dzɔ́n⁻/ *adj.* **1** 五分五分以上の勝目がある: an ~ nominee 成功率の高い被指名者 / an ~ favorite 有力な本命馬; ほぼ当選確実の候補者. **2** 危険[リスク]の少い, ほぼ大丈夫な; 〈競馬・選挙など〉優勝[当選]しそうな. **—** *n.* [通例 at ~ で] 勝味, 勝目: He won the game *at* ~. 彼はそのゲームに楽勝した. 〘(1890): ⇨ odds 2 b: on which odds are laid の意から〙

ódd-sóunding *adj.* (聞いてみて)変な, 風変わりな. 〘1670〙

ódd-tòed úngulate *n.* 〘動物〙奇蹄目 (Perissodactyla) の動物 (ひづめをもった哺乳類のグループで, ウマ・バク・サイが含まれる; 指の数が 1 または 3; cf. even-toed ungulate).

ódd tríck *n.* 〘トランプ〙(ホイスト・ブリッジで)規定数 (6) より余分に取ったトリック (ホイストではこの数がそのまま得点の単位となる). 〘1897〙

ode /óud | ə́ud/ *n.* **1** (古代ギリシャ劇で)オーイデー, 頌歌(しょうか) (合唱隊が音楽やダンスを伴って歌うための作法のきわめて複雑な詩歌): a choral ~ 合唱歌. **2** オード, 賦, 頌 (厳粛高雅な思想を荘重な表現を用い, 多く呼び掛けの形式で歌った通例 150 行以下の押韻(時に無韻)の叙情詩): ⇨ Pindaric ode, Cowleyan ode, Horatian ode / Keats's *Ode to Autumn* キーツの「秋に寄する歌」/ Wordsworth's *Ode to Duty* ワーズワースの「義務頌(しょう)」.
Bóok of Ódes ⇨ book.
〘(1589) ⇐ F ~ ⇐ LL *ōda* ⇐ Gk *ōidḗ, aoidḗ* song ← *aeídein* to sing ← IE **wed-* to speak (Skt *vadati* he speaks)〙

-ode[1] /oud | əud/ *suf.* 「…の性質・形状をもった(物)」の意の形容詞・名詞を造る: geode, phyllode. 〘⇐ Gk *-ṓdēs* -like ← *-oeidḗs*: ⇨ -oid〙

-ode[2] /oud | əud/ 次の意味を表す名詞連結形: **1**「道, 通路」: *an*ode, electr*ode*. **2** 〘電子工学〙「電極 (electrode)」: di*ode*. 〘⇐ Gk *-odos* ← *hodós* way〙

odea *n.* odeum, odeon の複数形. 〘⇐ L *ōdēa*〙

-o·de·a /óuḍiə | ə́ud-/ 〘動物〙(分類学上の名前で)「…の性質・形状をもった動物」の意の複数名詞連結形. 〘← NL ~ ← Gk *-ṓdēs* '-ODE[1]'〙

O·de·lia /oudíːljə, əd-, -liə | ə-, ə(ʊ)-/ *n.* オーディーリア (女性名). 〘⇨ Odile〙

O·dell /oudéɫ | ə(ʊ)-, ə́(ʊ)dɫ/ *n.* オーデル (男性名). 〘← OE *wād-hyll* woad-hill〙

O·dels·ting /óuḍlstɪŋ | ə́ud-; *Norw.* úːdəlstiŋ/ *n.* (*also* **O·dels·thing** /~/) (ノルウェー国会の)下院 (cf. Lagting, Storting). 〘⇐ Norw. ~ ← *odel* noble + *ting* parliament: cf. odal, thing[2]〙

O·den·se /óudnsə | ə́u-; *Dan.* óːˀðənsə/ *n.* オーゼンセ (デンマーク Fyn 島北部の港湾都市; H. C. Andersen の生まれた地).

o·de·on /oudíːən, óuḍiən | əudíːə, ə́udiən/ *n.* (*pl.* **~s, o·de·a** /oudíːə, óuḍiə | əudíːə, ə́udiə/) =odeum.

O·de·on /óuḍiən | ə́ud-/ *n.* オーディオン (英国 Odeon Cinemas Ltd. の所有する映画館).

O·der /óuḍə | ə́udə[r]; G. óːdɐ/ *n.* [the ~] オーダー(川) (ヨーロッパ中部の川; ドイツとポーランドとの国境をなしバルト海に通じる (903 km); ポーランド語・チェコ語名 Odra).

Óder-Néisse Lìne *n.* [the ~] オーダーナイセ線 (現在のポーランドとドイツとの国境線 (Oder 川と Neisse 川に沿う); ポツダム協定によって規定され, 1950 年に旧東ドイツ・ポーランドは最終的国境線とし, 1970 年に旧西ドイツもこれを認めた).

-odes /óudiːz | əu-/ 〘生物〙(分類学上の属名に用いて)「…に似た動物[植物]」の意の名詞連結形: Goniodes. 〘← NL ~ ← Gk *-ṓdēs* '-ODE[1]'〙

O·des·sa[1] /oudésə | ə(ʊ)-; *Ukr.* odésa, *Russ.* adʲésə/ *n.* (*also* **O·de·sa** /~/) オデッサ (黒海に面するウクライナ共和国の港湾都市).

O·des·sa[2] /oudésə | ə(ʊ)-/ *n.* オデッサ (米国 Texas 州中西部の都市).

O·dets /oudéts | əu-/, **Clifford** *n.* オデッツ (1906–63; 米国の劇作家; *Waiting for Lefty* (1935)).

O·dette /oudét | əu-; *F.* ɔdɛt/ *n.* **1** オデット (女性名). **2** オデット(姫) (Tschaikovsky 作曲の *Swan Lake*「白鳥の湖」の女主人公の名). 〘⇐ F ~ (dim.) ← ODILE: ⇨ -ette〙

o·de·um /oudíːəm, óuḍiəm | əudíːəm, ə́udiəm/ *n.* (*pl.* **~s, -de·a** /oudíːə, óuḍiə | əudíːə, ə́udiə/) **1** (古代ギリシャ・ローマの)奏楽堂, オーディーアム. **2** 音楽堂; 劇場. 〘(1603) ⇐ L *ōdēum* ⇐ Gk *ōideîon* music hall ← *ōidḗ* singing: ⇨ ode〙

od·ic[1] /óuḍɪk | ə́ud-/ *adj.* オーイデー[オード] (ode) の[に関する, 風の]: ~ stanzas. 〘1863〙

od·ic[2] /ɑ́(ː)dɪk, óud- | ɔ́d-/ *adj.* オッド (od) の[に関する].

o·dif·er·ous /oudíf(ə)rəs | əu-/ *adj.* =odoriferous. 〘*a*1500〙

O·dile /oudíːl | əu-/ *n.* オーディール (女性名; 異形 Odette, Odille, Odilla, Ottilia, Ottilie). 〘⇐ F ~ // G *Odila* (原義) (girl of) the father land〙

O·dil·la /oudílə | əu-/ *n.* オーディラ (女性名). 〘↑〙

O·din /óudn̩, -dn | ə́udɪn/ *n.* 〘北欧神話〙オーディン (万物の神で戦争・死・詩歌・魔法・知能などを司る最高神; cf. Wodan). 〘⇐ ON *Ōðinn*: cf. OE *Woden* / G *Wotan*〙

o·di·ous /óuḍiəs | ə́ud-/ *adj.* 憎悪を起こさせる[に値する], 憎らしい, いやな (⇨ hateful SYN); いやらしい, いやでたまらない (repulsive): Comparisons are ~. (諺) (人と)比較(されるの)はいやなもの. **~·ly** *adv.* **~·ness** *n.* 〘(*c*1384) ⇐ OF ~. *odieus* (F *odieux*) ⇐ L *odiōsus* hateful ← *odium* (↓): ⇨ -ous〙

o·di·um /óuḍiəm | ə́ud-/ *n.* **1** 憎しみ, 憎悪 (hatred). **2** 不評, 悪評 (unpopularity); 汚名 (opprobrium); 非難: expose a person to ~ 人を(世の)非難にさらす / incur the ~ of …に汚名を被る / bring a person into ~ =bring ~ upon a person 人の評判を落とす. **3** 憎まれる[非難される]もの[行為]. 〘(1602) ⇐ L ~ 'hatred' (cf. *ōdī* I hate) ← IE **od-* to hate〙

ódium the·o·lóg·i·cum /-θiːəlɑ́(ː)dʒɪkəm | -θiːlɔ́dʒɪ-, -θiə-/ *L. n.* (説の合わない)神学者間の(激しい)反感[憎悪]. 〘(1734) ← NL ~ 'theological hatred'〙

odly (略) orderly.

ODM (略) Ministry of Overseas Development (英) 海外開発省 (1970 年に Foreign and Commonwealth Office に統合).

O·do·a·cer /òuḍouéɪsə, ⸗-⸗-⸗ | ɔ̀dəuéɪsə[r], əu-dəu-/ *n.* オドアケル (434?–493; ゲルマンの族長で西ローマ帝国のゲルマン傭兵隊長; 西ローマ帝国を滅ぼし (476), イタリアを支配した (476–493)).

o·do·graph /óuḍəgræ̀f | ə́udəgrɑ̀ːf, -græ̀f/ *n.* **1 a** =odometer. **b** =pedometer. **2** 〘海事〙針路航程記録器. 〘(1846) ← *odo-* (← Gk *hodós*: ⇨ -ode[2]) + -GRAPH〙

o·dom·e·ter /oudɑ́(ː)məṭə | əudɔ́mɪtə[r], ɔd-/ *n.* (米・カナダ) (車の)走行距離計, 走程記録計, オドメーター (hodometer, また (英) では mileometer ともいう; cf. cyclometer). 〘(1791) ⇐ F *odomètre* ⇐ Gk *hodómetron*: ⇨ -ode[2], -meter[1]〙

o·dom·e·try /oudɑ́(ː)mətri | əudɔ́mɪtri, ɔd-/ *n.* 路程測定(法). 〘1846〙

-o·don /⸗oudɑ̀(ː)n, -dən | ⸗ə(ʊ)dɔ̀n, -dən/ 「…の歯をもつ動物」の意の名詞連結形: iguanodon, mastodon, etc. 〘← NL ~ ← Gk *odṓn* 'TOOTH'〙

O·do·na·ta /òuḍənéɪṭə, -nɑ́ː-, -dn̩- | ə̀udənɑ́ːtə, -néɪ-/ *n. pl.* 〘昆虫〙(節足動物門)蜻蛉(せいれい)[トンボ]目. 〘← NL ~ ← Gk *odṓn* tooth + -ATA〙

o·do·nate /óuḍənèɪt, -nɪt, -dn̩- | ə́ud-/ 〘昆虫〙*n.* 蜻蛉(せいれい)[トンボ]目の昆虫. **—** *adj.* 蜻蛉[トンボ]目の. 〘(1947) ↑〙

o·dont- /oudɑ́(ː)nt | ɔdɔ́nt/ (母音の前にくるときの) odonto- の異形.

-o·dont /⸗dɑ̀(ː)nt, oud- | ⸗ə(ʊ)dɔ̀nt/「…の性質の歯

をもった; 歯が…の性質の」の意の形容詞連結形. 〖⇨ odonto-〗

-o·don·ta /⌐ədɑ́(ː)ntə, ⌐oʊd- | ⌐ə(ʊ)dɔ́ntə/ (*pl.* ～) 〘動物〙(分類学上で)「…の歯をもつ動物」の意の名詞連結形. 〖← NL ～: ⇨ odonto-〗

o·don·tal·gi·a /òʊdɑ(ː)ntǽlʤiə, -ʤə | ɔ̀dɔn-/ *n.* 〘歯科〙歯痛 (toothache). **o·don·tal·gic** /òʊdɑ(ː)ntǽlʤɪk | ɔ̀dɔn-⌐/ *adj.* 〖(1651) ← NL ～ ← *Odontalgia*: ⇨ odonto-, -algia〗

-o·don·ti·a /⌐ədɑ́(ː)nʃiə, ⌐oʊ-, -ʃə | ⌐ə(ʊ)dɔ́nʃiə/ 次の意味を表す名詞連結形: **1** 〘動物〙「…の歯をもつ動物」: Anomo*dontia*. **2** 〘歯科〙「歯の治療(法)」: ortho*dontia*. 〖← NL ～: ⇨ -odont, -ia²〗

o·don·ti·a·sis /òʊdɑ(ː)ntáɪəsɪs | ɔ̀dɔntáɪəsɪs/ *n.* ＝dentition 1.

o·don·tic /ədɑ́(ː)ntɪk | ɔdɔ́nt-/ *adj.* 歯の: the ～ nerve 歯神経. 〖(1657) ← ODONTO-＋-IC¹〗

o·don·to- /oʊdɑ́(ː)ntoʊ | ɔdɔ́ntəʊ/「歯」の意の連結形. ★ 母音の前では通例 odont- になる. 〖□F ～ □Gk ～ ← *odónt-, odoús* tooth: cf. denti-〗

odónto·blàst *n.* 〘歯科〙象牙芽細胞, 造歯細胞. **odònto·blástic** *adj.* 〖1878〗

O·don·to·ce·ti /oʊdɑ̀(ː)ntəsíːtaɪ | ɔdɔ̀ntə(ʊ)-/ *n. pl.* 〘動物〙歯鯨(はくじら)亜目 (cf. Mysticeti). 〖← NL ～ ← ODONTO-＋L *cētī* ((pl.) ← *cētus* whale)〗

o·don·tog·e·ny /òʊdɑ(ː)ntɑ́(ː)ʤəni | ɔ̀dɔntɔ́ʤɪni/ *n.* 〘歯科〙生歯, 歯牙発生. **o·don·to·gen·ic** /oʊdɑ̀(ː)ntəʤénɪk | ɔdɔ̀ntə-⌐/ *adj.*

o·don·to·glos·sum /oʊdɑ̀(ː)ntəglɑ́(ː)səm, -glɔ́(ː)s- | ɔdɔ̀ntəglɔ́s-/ *n.* 〘植物〙ホシチドリ《中・南米山地産のホシチドリ属 (*Odontoglossum*) のランの総称》. 〖(1880) ← NL ～ ← ODONTO-＋Gk *glôssa* tongue (cf. glossa)〗

o·don·to·graph /oʊdɑ́(ː)ntəgræ̀f | ɔdɔ́ntəgrɑ̀ːf, -græ̀f/ *n.* 〘機械〙歯形規《歯車の輪郭を描く器械》. 〖1857〗

o·don·toid /oʊdɑ́(ː)ntɔɪd | ɔdɔ́n-/ 〘解剖・動物〙 *adj.* **1** (第二頸椎の)歯状突起の[に関する]. **2** 歯状の (toothlike). ― *n.* ＝odontoid process. 〖(1706) □ Gk *odontoeidḗs* toothlike: ⇨ odonto-, -oid〗

odóntoid prócess *n.* 〘解剖・動物〙(第二頸椎の)歯状突起.

o·don·to·lite /oʊdɑ́(ː)ntəlàɪt | ɔdɔ́ntəl-/ *n.* 〘地質〙歯玉石《動物の骨・歯の化石が燐酸鉄によって青色になったもの; bone turquoise, fossil turquoise ともいう》. 〖□F ～: ⇨ odonto-, -lite〗

ò·don·tól·o·gist /-ʤɪst | -ʤɪst/ *n.* 歯科医学者; 歯科医 (dentist). 〖1788〗

o·don·tol·o·gy /òʊdɑ(ː)ntɑ́(ː)ləʤi | ɔ̀dɔntɔ́l-, ɔ̀ʊd-/ *n.* **1** 歯科学; 歯科医学 (dentistry). **2** 歯科医術. **o·don·to·log·i·cal** /oʊdɑ̀(ː)ntəlɑ́(ː)ʤɪkəl, -ʤə-, -kl̩ | ɔdɔ̀ntəlɔ́ʤɪ-⌐/ *adj.* **o·dòn·to·lóg·i·cal·ly** *adv.* 〖(1819) □F *odontologie*: ⇨ odonto-, -logy〗

o·don·to·phore /oʊdɑ́(ː)ntəfɔ̀ə | ɔdɔ́ntəfɔ̀ː/ *n.* 〘動物〙歯舌突起《軟体動物の歯舌 (radula) を支えている突起》. **o·don·toph·o·ral** /òʊdɑ(ː)ntɑ́(ː)f(ə)rəl | ɔ̀dɔntɔ́f-⌐/, **o·don·toph·or·ous** /òʊdɑ(ː)ntɑ́(ː)f(ə)rəs | ɔ̀dɔntɔ́f-⌐/ *adj.* 〖1870〗

o·don·to·rhyn·chous /oʊdɑ̀(ː)ntərɪ́ŋkəs | ɔdɔ̀ntə-⌐/ *adj.* 〈鳥が〉くちばし内に歯状突起部のある. 〖1892〗

o·dor, (英) **o·dour** /óʊdə | ə́ʊdə(r)/ *n.* **1 a** (物質のもつ特有の)におい, 臭気 (⇨ smell SYN): the personal ～ 体臭. **b** (嗅覚に訴える)におい; (特に)芳香, 香気 (fragrance): a sickly ～ 吐き気を催すほどの悪臭 / a sweet ～ 芳香. **2** (主に軽蔑)(ある物[事]を暗示する)特有のにおい; 気味: The word has an ～ of antiquity about it. その言葉にはどことなく古風においがある. **3** 評判; 人気, 人望: fall into ill [bad] ～ 評判が悪くなる / be in good [bad, ill] ～ with …に人気がある[ない], …の受けがよい[悪い]. **4** (古) 芳香を発するもの, 香水.

ódor of sánctity 聖者の香り; (軽蔑) 聖人[信心]ぶること, 抹香くささ: die in the ～ *of sanctity* 高徳の誉れを残して死ぬ / He had an ～ *of sanctity* about him. 身辺に聖者らしい雰囲気が漂っていた. 〖臨終の聖者は身辺から芳香を放つという伝説から〗

～·less *adj.* 〖(*a*1300) □ AF & OF *odour* (F *odeur*) □ L *odōrem, odor* ← IE **od-* to smell (Gk *osmḗ* smell & *ózein* to smell / L *olēre* to smell): cf. ozone〗

o·dor·ant /óʊdərənt | ə́ʊ-/ *n.* 発臭剤《都市ガスに臭気をつけたりする》. 〖(*a*1465) ← (adj.) □F ～ □L *odōrantem* (pres.p.) ← *odōrāre* to perfume: ⇨ ↑, -ant〗

ó·dored *adj.* [通例複合語の第 2 構成素として] (…の)においのする: sweet-*odored*.

o·dor·if·er·ous /òʊdərɪ́f(ə)rəs | ə̀ʊd-, ɔ̀d-⌐/ *adj.* **1** 芳香を放つ: an ～ flower. **2** 悪臭のある, くさい: ～ smoke. **3** (道徳的に)不快な, けしからぬ. **～·ly** *adv.* **～·ness** *n.* 〖(?*a*1475) ← L *odōrifer* spreading odors (← *odor* 'ODOR')＋-(I)FEROUS〗

o·dor·im·e·ter /òʊdərɪ́mətə | ə̀ʊdərɪ́mɪtə(r)/ *n.* 〘化学〙＝odorometer. 〖1898〗

o·dor·ize /óʊdəràɪz | ə́ʊd-/ *vt.* …ににおい[香り]をつける; (安全のために)〈ガスなど〉に発見可能なにおいを加える. **o·dor·i·za·tion** /òʊdərɪzéɪʃən | ə̀ʊdəraɪ-, -rɪ-/ *n.* 〖1884〗

o·dor·om·e·ter /òʊdərɑ́(ː)mətə | ə̀ʊdərɔ́mɪtə(r)/ *n.* 〘化学〙臭度計.

o·dor·ous /óʊdərəs | ə́ʊd-/ *adj.* ＝odoriferous 1, 2. **～·ly** *adv.* **～·ness** *n.* 〖(?*a*1425) □ L *odōrus* emitting a scent: ⇨ odor, -ous〗

o·dour /óʊdə | -də(r)/ *n.* ＝odor.

O·do·va·car /òʊdoʊvéɪkə, ⌐⌐⌐⌐ | ɔ̀ʊdə(ʊ)véɪkə(r), ɔ̀d-/ *n.* (*also* **O·do·va·kar** /～/) ＝Odoacer.

O·dra /*Pol., Czech* ɔ́drə/ *n.* [the ～] オドラ(川)《Oder 川のポーランド語名およびチェコ語名》.

ODu 《略》 Old Dutch.

-o·dus /⌐ədəs | -dəs/ 〘動物〙(分類学上の属名に用いて)「歯が…の動物」の意の名詞連結形: Cerato*dus*, Gyro*dus*. 〖← NL ～ ← Gk *odoús* tooth: cf. -odon〗

od·yl /ɑ́(ː)dl̩, óʊdl̩ | ɔ́dɪl, ɔ́dɪl/ *n.* (*also* **od·yle** /～/) ＝od. **o·dyl·ic** /oʊdɪ́lɪk | əʊ-/ *adj.* 〖← OD＋Gk *hū́lē* wood, timber: ⇨ -yl〗

-o·dyn·i·a /ədɪ́niə, oʊ- | ə(ʊ)-/「…の痛み」の意の名詞連結形: omo*dynia*. 〖← NL ～ ← Gk *-odunía* ← *odúnē* pain: ⇨ -ia¹〗

O·dys·se·an¹ /oʊdɪ́siən | ə(ʊ)dɪ́siən, ɔ̀dɪsíːən/ *adj.* (*Odyssey* の主人公) オデュッセウス (Odysseus) の(ような), 知勇兼備の. 〖(*a*1711) ← L *Odyssēa* □ Gk *Odússeia* ← *Odusseús*: ⇨ ↓, -an¹〗

Od·ys·se·an² /ɑ̀(ː)dəsíːən | ɔ̀dɪ-⌐/ *adj.* (Homer の) オデュッセイア (*Odyssey*) の(ような)長期放浪の, 長い冒険の旅の, (苦難に満ちた)遍歴の.

O·dys·se·us /oʊdɪ́siəs, -dɪ́ʃəs, -dɪ́sjuːs | ə(ʊ)dɪ́sjuːs, ɔd-, -siəs/ *n.* 〘ギリシャ伝説〙オデュッセウス《Ithaca の王で Trojan War に参加した知勇兼備のギリシャの武将; Ulysses ともいう; cf. Odyssey》. 〖(1701) □ Gk *Odusseús* ← ? *odússasthai* to hate: cf. odium〗

Od·ys·sey /ɑ́(ː)dəsi | ɔ́dɪsi/ *n.* **1** [the ～]「オデュッセイア」《古代ギリシャの詩人 Homer の作と言われる長編叙事詩で Odysseus が Troy の落城後自国 Ithaca の宮廷へ帰るまで 10 年間の漂浪の途中の冒険を描いたもの; cf. Iliad》: the first ～ オデュッセイア(全 24 巻の)第 1 巻. **2** [しばしば o-] (Odysseus の漂浪に似た) 長期の放浪, 長い冒険(の旅), (苦難に満ちた)遍歴. **3** (研究・辞書などの完了に到る)知[精神]的探求[彷徨]. 〖(1592) □ L *Odyssēa* □ Gk *Odússeia*: ⇨ ↑, -y¹〗

œ /ɛ, iː | iː/ o と e の合字 (digraph). ★ また oe と離しても書き, しばしば(ことに米国では)簡略化されて e となる: *Œ*dipus, amoeba, ameba. 〖□L *oe* □Gk *oi*〗

Oe 《略》〘物理〙 oersted(s).

OE 《略》 Old English.

o.e. 《略》〘商業〙 omissions excepted 脱漏は除外.

Oe·a /íːə/ *n.* オエア《リビアの Tripoli の古代名》.

OEC 《略》 oxygen-enriched combustion.

oec- /ɛk, iːk | iːk/ (母音の前にくるときの) oeco- の異形 (⇨ eco-).

OECD /óʊìːsìːdíː | ə́ʊ-/ 《略》 Organization for Economic Cooperation and Development 経済協力開発機構《OEEC 解消のあとを受けて 1961 年に発足》.

-oe·ci·a /íːsiə, -ʃiə/ 〘植物〙(分類学上で)「(ある特定の)共通模式の植物」の意の複数名詞連結形: Mono*ecia* 雌雄同株植物類. 〖← NL ～ Gk *oikía* building ← *oîkos* house〗

oe·cist /íːsɪst | -sɪst/ *n.* (古代ギリシャの)植民地開拓者, 植民家. 〖(1846) □ Gk *oikistḗs* ← *oikízein* to settle as a colonist ← *oîkos* house (cf. economy): ⇨ -ist〗

oec·o- /ékoʊ, íːk- | iːkəʊ/ ＝eco-¹.

oe·col·o·gy /iːkɑ́(ː)ləʤi, ɪk-, ɛk- | iːkɔ́l-/ *n.* ＝ecology. **oe·co·log·i·cal** /iːkəlɑ́(ː)ʤɪkəl, èk-, -ʤə-, -kl̩ | ìːkəlɔ́ʤɪ-⌐/ *adj.* **òe·col·ó·gi·cal·ly** *adv.* **oe·cól·o·gist** /-ʤɪst | -ʤɪst/ *n.*

oec·u·men·ic /èkjʊménɪk | ìːk-⌐/ *adj.* ＝ecumenic.

òec·u·mén·i·cal /-nɪkəl, -nə-, -kl̩ | -nɪ-⌐/ *adj.* ＝ecumenical.

òe·cu·mén·i·cal·ìsm /-lɪzm/ *n.* ＝ecumenicalism.

OED /óʊìːdíː | ə́ʊ-/ 《略》 Oxford English Dictionary 《旧称 NED》.

oe·de·ma /ɪdíːmə, iːd-/ *n.* (*pl.* **～s, -ma·ta** /-mətə | -mətə/) ＝edema. **oe·dem·a·tose** /ɪdémətòʊs, iːd-, -díːm- | ɪdíːmətə̀ʊs, iːd-/ *adj.* **oe·dem·a·tous** /ɪdémətəs, iːd-, -díːm- | ɪdíːmətəs, ɪd-/ *adj.*

oed·i·pal, O- /édəpəl, íːd-, -pl̩ | íːdɪ-/ *adj.* 〘精神分析〙エディプスコンプレックス (Oedipus complex) の[に基づく], エディプス的な《同性に対する反発を表すような態度や行動についていう》: ～ situations エディプス的境遇 / an ～ conflict エディプス的葛藤. **～·ly** *adv.* 〖(1939) ← OEDIPUS＋-AL¹〗

Oed·i·pe·an /èdəpíːən, ìːd- | ìːdɪ-⌐/ *adj.* オイディプス (Oedipus) の; 〘精神分析〙エディプスコンプレックス (Oedipus complex) の. 〖1621〗

Oed·i·pus /édəpəs, íːd- | íːdɪ-/ *n.* 〘ギリシャ伝説〙オイディプス《Thebes の王 Laius と Jocasta の子; 神託による宿命によって, 父とは知らずに父を殺し, Sphinx の謎を解いて母国 Thebes の王となり, 知らずに母を妃としたが, のち真相を知って悲嘆のあまり自ら短刀で目を突き, 娘 Antigone に手を引かれて Attica に去り, そこで死ぬ》. ― *adj.* 〘精神分析〙＝oedipal. 〖(1557) □L ～ □Gk *Oidípous* (原義) swollen-footed ← *oidein* to swell (← IE **oid-* to swell)＋*poús* 'FOOT' (羊飼いに拾われたとき足が腫れていたことから)〗

Óedipus còmplex *n.* **1** 〘精神分析〙エディプスコンプレックス, 親母(ぼ)複合《幼年期の男児が同性である父親に反発を示し, 母親に対して思慕の情を抱く無意識的な傾向; cf. Electra complex》. **2** 子(特に息子)が異性の親につく素質. 〖1910〗

oe·dom·e·ter /iːdɑ́(ː)mətə | -mɪtə(r)/ *n.* 〘土木〙圧密試験機. 〖(1915) ← Gk *oídēma* swelling＋-OMETER〗

OEEC /óʊìːìːsíː | ə́ʊ-/ 《略》 Organization for European Economic Cooperation ヨーロッパ経済協力機構《第二次大戦後, 米国のヨーロッパに対するマーシャルプラン受入れ機関として 1948 年設けられたが, 1960 年解消し, 代わって OECD が発足した》.

Oeh·len·schlä·ger /óʊlənʃlèɪgə | ə́ʊlənʃlèɪgə(r); *Dan.* ǿːˀlənslɛːjʌ/, **Adam Gott·lob** /gɑ́dlʌb/ *n.* エーレンシュレーヤ(ー)《1779–1850; デンマークの詩人・作家; *The Golden Horns* (1913)》.

oeil-de-boeuf /ʌ̀dəbʌ́f | ə̀ːidəbə́ːf; *F.* œjdəbœf/ *F. n.* (*pl.* **oeils-de-boeuf** /～/) 〘建築〙(特に, 17–18 世紀建築の)円窓. 〖(1826) □F ～ (原義) eye of ox〗

oeil·lade /əːjɑ́ːd; *F.* œjad/ *F. n.* (*pl.* **～s** /～(z); *F.* ～/) 色目, 秋波. 〖(1592) □F ～ ← *œil* eye: ⇨ -ade〗

OEM, oem 《略》 original equipment manufacturer 他社製部品組込み製品製造販売会社. 〖1968〗

oen- /iːn/ (母音の前にくるときの) oeno- の異形.

oe·nán·thic éster /iːnǽnθɪk-/ *n.* 〘化学〙＝enanthic ester.

Oe·ne·us /íːniəs, -njuːs, -njuːs | íːnjuːs, -niəs/ *n.* 〘ギリシャ伝説〙オイネウス《Calydon の王, Meleager の父; 初めて地上にぶどうの樹を栽培したが, Artemis への敬意を欠いたことから Artemis の放ったいのししに土地を荒らされた; のち Calydon は Oeneus の甥たちに奪われたが, 孫の Diomedes が祖父のかたきを討った》. 〖□L ～ □Gk *Oineús* ← *oînos* wine〗

Oe·no /íːnoʊ | -nəʊ/ *n.* 〘ギリシャ神話〙オイノー《Delos 島の Apollo の神官 Anius の娘で, Dionysus からすべてのものをぶどう酒に変える力を与えられた》. 〖← OENO-〗

oe·no- /íːnoʊ | -nəʊ/「ぶどう酒 (wine)」の意の連結形. ★ 母音の前では通例 oen- になる. 〖(1652) □Gk *oino-* ← *oînos* wine〗

oe·noch·o·e /iːnɑ́(ː)koʊi | -nɔ́kəʊi/ *n.* (*pl.* **～s, -o·ae** /-kòʊiː | -kəʊiː/) (*also* **oinochoe**) オイノコエ《古代ギリシャの水差し; 三葉型の口で取っ手付きの酒器》. 〖(1871) □Gk *oinokhóē* ← *oînos* wine＋*khoḗ* action of pouring out (← *kheîn* to pour)〗

oe·no·cyte /íːnəsàɪt/ *n.* 〘動物〙エノサイト, 扁桃細胞《多くの昆虫の腹部にある外胚葉起源の大形の細胞》. 〖1891〗

oe·nól·o·gist /-ʤɪst | -ʤɪst/ *n.* ぶどう酒醸造者; ぶどう酒学[研究]者, ぶどう酒通(つう). 〖1865〗

oe·nol·o·gy /iːnɑ́(ː)ləʤi | -nɔ́l-/ *n.* ＝enology. **oe·no·log·i·cal** /ìːnəlɑ́(ː)ʤɪkəl, -ʤə-, -kl̩ | -nəlɔ́ʤɪ-⌐/ *adj.* 〖← OENO-＋-LOGY〗

Oe·nom·a·us /ìːnɑ́məs | -nə(ʊ)-/ *n.* 〘ギリシャ神話〙オイノマオス《Elis の王, Hippodamia の父》. 〖□L ～ □Gk *Oinómaos*〗

oe·no·mel /íːnəmèl/ *n.* **1** (古代ギリシャの)ぶどう酒に蜜を混ぜた飲み物. **2** (詩) 力と甘美に満ちたもの《言葉・思想など》. 〖(1574) □LL *oenomeli* □Gk *oinómeli* ← *oînos* wine＋*méli* honey〗 O

Oe·no·ne /iːnóʊni | iːnə́ʊniː, -ni/ *n.* 〘ギリシャ神話〙オイノーネー《Troy に近い Ida 山に住む予言の術と薬草の知識をもつ nymph; Paris の妻であったが, 彼が Helen の魅力のとりことなったため捨てられた》. 〖□L ～ □Gk *Oinṓnē* ← *oînos* wine〗

oe·no·phile /íːnəfàɪl | -nə(ʊ)-/ *n.* ワイン愛好家[鑑定家]. 〖1930〗

oe·noph·i·list /iːnɑ́(ː)fəlɪst | -nɔ́fɪlɪst/ *n.* ＝oenophile. 〖1859〗

oe·no·the·ra /ìːnəθíˀrə | -θíərə/ *n.* 〘植物〙マツヨイグサ (*Oenothera odorata*) 《アカバナ科マツヨイグサ属 (*Oenothera*) の多年草の総称で, アメリカ大陸を中心に世界中に分布; evening primrose ともいう》. 〖(1601) ← NL *Oenothēra* (属名) ← Gk *oinothḗrās* ← *oînos* wine＋*-thḗrās* -catcher〗

OEO 《略》(米) Office of Economic Opportunity.

OEP 《略》(米) Office of Economic Preparedness.

o'er /ɔə, óʊə | ɔ̀ː(r), óʊə(r)/ *prep., adv.* (詩) ＝over. 〖(1592) (中音消失) ← OVER: cf. e'er〗

Oer·li·kon /ə́ːləkɑ̀(ː)n, -lə- | ə́ːlɪkɔ̀n; *G.* œ́rlikoːn/ *n.* 〘軍事〙エリコン 20 ミリ高射砲; (航空機搭載用)エリコン 20 ミリ機関砲[機銃]. 〖(1944) これが初めて用いられたスイスの Zurich 郊外の地名〗

oer·sted /ə́ːstɛd | ə́ːstɪd, -stɛd/ *n.* 〘物理〙エルステッド《磁界の強さの cgs 単位; もとは磁気抵抗の単位に用いた; 略 Oe》. 〖(1879) ↓〗

Oer·sted /ə́ːstɛd | ə́ːstɪd, -stɛd; *Dan.* œ̀ɐsdɛð/, **Hans** /hɑ́nˀs/ **Christian** /kʁɛ́sdjan/ *n.* エルステッド, エアステズ《1777–1851; デンマークの物理学者; 電流の磁気作用を発見 (1820)》.

OES /óʊìːés | ə́ʊ-/ 《略》 Office of Economic Stabilization (米国の)経済安定局.

oe·soph·ag- /ɪsɑ́(ː)fəg, iːs-, -fəʤ | iːsɔ́f-, ɪs-/ ＝esophag-.

oesophagi *n.* oesophagus の複数形.

oe·soph·a·gi·tis /ɪsɑ̀(ː)fəʤáɪtɪs, iːs- | iːsɔ̀fəʤáɪtɪs, ɪs-/ *n.* 〘病理〙＝esophagitis.

oe·soph·a·go- /ɪsɑ́(ː)fəgoʊ, iːs- | iːsɔ́fəgəʊ, ɪs-/ ＝esophago-.

oe·soph·a·gus /ɪsɑ́(ː)fəgəs, iːs- | iːsɔ́f-, ɪs-⌐/ *n.* (*pl.* **-a·gi** /-gàɪ, -ʤàɪ/) 〘解剖・動物〙＝esophagus. **oe·soph·a·ge·al** /ɪsɑ̀(ː)fəʤíːəl, iːs- | -sɔ̀f-, ɪs-⌐/ *adj.* 〖(1543) ← NL *oesophagus* ← Gk *oisophágos* ← ? *oísō* ((fut.) ← *phérein* to bear, carry)＋*phageîn* to eat ∽ (*a*1398) *ysophagus* □ OF *ysophague*〗

oestr- /ɛstr, iːs- | iːs-/ (母音の前にくるときの) oestro- の異形.

oes·tra·di·ol /èstrədáɪɔ(ː)l | ìːstrədáɪɒl/ *n.* 〘生化学〙＝estradiol.

oes·trid /ɛ́strɪd, íːs- | íːstrɪd/ 〘昆虫〙 *adj.* ヒツジバエ(科)

の. — *n.* ヒツジバエ《ヒツジバエ科のハエの総称》. 〘⇨ es-trus, -id²〙

oes·trin /ɛ́strɪ̀n, íːs- | íːstrɪn/ *n.* =estrin.

oes·tri·ol /ɛ́straɪɔ̀(ː)l, íːs- | íːstriɔ̀l/ *n.* =estriol.

oes·tro- /ɛ́strou, íːs- | íːstrəu/ =estro-.

oes·tro·gen /ɛ́strəʤ̀ən, íːs-, -ʤɛ̀n | íːstrə(u)ʤən, ɛ́s-, -ʤɛ̀n/ *n.* =estrogen. **oes·tro·gen·ic** /ɛ̀strə-ʤɛ́nɪk, ìːs- | ìːs-⁻/ *adj.* **òes·tro·gén·i·cal·ly** *adv.*

oes·trone /ɛ́stroun, íːs- | íːstrəun/ *n.* =estrone.

oes·trous /ɛ́strəs, íːs- | íːs-/ *adj.* =estrous.

oes·tru·al /ɛ́struəl, íːs- | íːs-/ *adj.* =estrual.

oes·trum /ɛ́strəm, íːs- | íːs-/ *n.* =estrum.

oes·trus /ɛ́strəs, íːs- | íːs-/ *n.* =estrus.

óestrus cỳcle *n.* =estrous cycle.

oeu·vre /ɜ́ːvr(ə)/; *F.* œːvʁ/ *F. n.* (*pl.* **oeu·vres** /~/) **1** [集合的] (作家・作曲家などの)全作品. **2** (個々の)作品; (主要な)作品. 〘《1875》□F ~ 'work' < L *operam* ← *opus* 'OPUS'〙

of¹ /əv, (母音の前ではまた) v, (有声子音の前ではまた) ə, v, (無声子音の前ではまた) ə, f; áv, ʌ́v | ɔ́v/ *prep.* **1** [所有・所属関係] …の, …の有する, …に属する: the son *of* my friend 友人の息子 / the wife *of* the man in black 黒い服を着た男の妻 / people *of* that time その当時の人々 / the secret *of* success 成功の秘訣 / the end *of* a hero 英雄の最期 / the Queen *of* England イギリス女王 / the master *of* the house その家の主人 / the stillness *of* the night 夜の静けさ / the color *of* her hair 彼女の髪の毛の色 / the cover *of* the book [*of* it] その本の[その]カバー / a topic *of* conversation 話題 / the cause [effect] *of* it それの原因[結果] / a thing *of* the past 過去の物.

語法 (1) the wife of Smith は夫の名を強調し, Smith's wife は wife を強調する. (2) a picture of the king's は,「王様の(所有している)一枚の絵」の意である (cf. 7 b, 8 a) が「王様が描いた一枚の絵」の意にもなる.

2 [部分] …の(一部分), …の中の, …の中から: Take part *of* it, not the whole [all] *of* it. 一部分を取りなさい, 全部でなく / some *of* us 我々の中の数人 / five *of* us 我々の中の 5 人 (cf. 6 a) / That he *of* all men should betray me! 人もあろうに彼が私を裏切ろうとは / here *of* all places 場所もあろうにここで / *Of* all the impudence! あつかましいにもほどがある / the 29 th *of* February 2 月 29 日 / He is the most dangerous *of* our enemies. (敵の中でも)最も危険な敵だ / Which *of* you is the older [oldest]? 君たちのうちでどちらが年上[最年長]ですか / the bravest *of* the brave 勇者の中の勇者 / the Book *of* Books 聖書 / ⇨ *King of* KINGS / the holy *of* holies (ユダヤ人の)至聖所 / ⇨ SONG *of* Songs / She had the sweetest *of* smiles. 彼女はこの上もなく美しい微笑の持主であった / His temper is *of* the quickest. 彼はすごく短気だ / The bread was *of* the whitest. そのパンは最も白いものだった / drink [taste] *of* 《古》…を飲む[味わう].

3 [起源・出所] …(の出身)の, …から: a girl *of* good family 良家の少女 / men *of* the south 南部の人たち / He comes *of* good stock. 彼はいい家柄の出だ / He was born *of* poor parents. 貧しい家に生まれた / ask [beg, demand, crave, entreat] a thing *of* a person 人に物を尋ねる[請い求める, 要求する, 切望する, 懇願する] / learn [expect] a thing *of* a person 人に物を学ぶ[期待する] / borrow [buy, gain, win, receive, hire] a thing *of* a person 《古》人から物を借りる[買う, 得る, 勝ち取る, 受け取る, 賃借りする].

4 [物質・材料など] …の; …で作った, …から成る (cf. out of 4, from 6): a cup *of* tea お茶一杯, 一杯のお茶 / a pound *of* sugar 砂糖 1 ポンド / a piece *of* meat 一片の肉 / a dress *of* silk 絹の衣装 / a family *of* five 5 人家族 / a house (built) *of* brick れんが造りの家 / a floor *of* wood [tiles] 木[タイル]の床 / a bridge *of* boats 船橋 / a sort [several sorts] *of* dictionary 一種[何種類か]の辞書 / The book consists *of* six chapters. その本は 6 章から成り立っている / ⇨ *make a* FOOL¹ *of*, *make* MUCH *of*, *make the* BEST *of*.

5 [記述的な形容詞句を造る]: a farm *of* 100 acres 100 エーカーの畑 / a boy *of* ten 10 歳の少年 (cf. old 2 a ★) / a woman *of* ability 有能な女性 / a man *of* tact 如才のない男性 / a work *of* authority 権威ある著作 / a story *of* adventure 冒険談 / trouble *of* our own making 自分で作り出している苦労[悩み] / This book is *of* (great) interest [importance, value, use]. この本は(大いに)興味深い[重要だ, 価値がある, 役に立つ].

6 [同格関係] **a** …という, …である (in the form of): the city *of* Seoul ソウル市 / the name *of* Jones ジョーンズという名 / the fact *of* my having seen him 私が彼に会ったという事実 / that long nose *of* Tom's トムのあの高い鼻 (⇨ nose 1 a 日英比較) / a friend *of* mine [yours, his, hers] 私[君, 彼, 彼女]の友人 / the five *of* us 我々 5 人 (cf. 2). ★「父の一友人」に対応する英語は a friend of my father's と a friend of my father とがある. **b** [フランス語法]: an angel *of* a woman 天使のような女性 / a brute *of* a man 野獣のような男 / a castle *of* a house 城のような(大)邸宅 / that fool *of* a man あのばか(な男) / a gem *of* a poem 珠玉のような詩 / a hell *of* a day ひどい一日 / a devil *of* a job とんでもない仕事. **c** [of it の形で]: have a bad time *of it* ひどい目に遭う / get the worst *of it* 《口語》ひどい目に遭う, 負ける.

7 [行為者・作者] **a** [動作名詞または行為を特徴づける形容詞に伴って行為者を表す]: the roar *of* the ocean 海の雄叫(たけ)び / the love *of* God 神の愛《★ この意味では God's love の方が普通 (cf. 8)》/ It was foolish [cruel, clever, naughty, rude, unkind, good, kind] *of* you to do so. 君がそうしたのは愚か[残酷, 利口, 意地悪, 無作法, 不親切, 立派, 親切]だった / That was very good *of* you. その節はどうもありがとう / How silly *of* me! 私としたことがなんてばかな. **b** [作品の作者・著者を表して] …によって作られた[書かれた, 描かれた], …の: the works *of* Milton ミルトンの作品 (Milton's works) / the tragedies *of* Shakespeare シェークスピアの悲劇 / *the Iliad of* Homer ホーマーの「イーリアス」/ the phonograph *of* Edison エジソンの(発明した)蓄音機 / a picture *of* Rembrandt's レンブラントの(描いた)絵 (⇨ 1 語法 (2)). **c** 《古》[受動動詞に伴って行為者を表す] …によって (by): being warned *of* God in a dream 夢にて御(み)告げを受け (*Matt.* 2:12) / He is beloved *of* all. 彼は皆に愛されている / be tempted *of* the Devil 悪魔にいざなわれる / He is despised and rejected *of* men. 彼は人々にさげすまれ拒絶される (*Isa.* 53:3). ★ この意味は今では普通 by で表される.

8 [目的格関係] …の, …を: **a** [動名詞・動作名詞に伴って]: the writing *of* a letter 手紙を書くこと / the owner *of* the house その家の持主 / the love *of* nature 自然を愛すること / the love *of* God 神を愛すること (cf. 7 a) / a painting [picture] *of* the king 王様を描いた一枚の絵 (cf. 1 語法 (2)) / the betrayal [betrayer] *of* a secret 秘密の密告[密告者] / in quest [search] *of* happiness 幸福を求めて / take care *of* one's health 体に気をつける. **b** [形容詞に伴って]: be characteristic *of* the age その時代の特徴を示している / His jokes are indicative *of* his sense of humor. 彼の冗談でユーモアのセンスのあることがわかる / The eye is symbolic *of* intellect. 目は知性を象徴する[語る] / His family has been very supportive (*of* him). 彼の家族はよく(彼の)支えとなってきた.

9 [方面指定] …の点において, …が (in respect of): be hard *of* hearing 耳が遠い / be swift *of* foot 足が速い / She is stout *of* heart. 彼女は勇敢だ / He is slow *of* speech. 《文語》口(のきき方)が重い / The child is ten years *of* age. その子は 10 歳だ.

10 a [思想・感情・行動の主題を示して] …に関して, について, …のことを: read [think, dream, judge, tell, write] *of* …について読む[考える, 夢みる, 判断する, 告げる, 書く] / hear [know, learn] *of* …のことを聞く[知る] / Have you informed your friends *of* the result? 君の友人に結果を知らせましたか / It is true *of* every case. どの場合にも当てはまる / What *of* the danger? 危険が何だ (cf. WHAT *of it?*) / be hopeful *of* …に望みをかける / I am certain [sure, confident] *of* that. そのことは確信している / She is fond *of* apples. 彼女はりんごが好きだ. **b** [用途・目的] …のための: a day *of* rest 休息日 / a house *of* prayer 祈禱会堂.

11 [解放・剝奪] …から: **a** [動詞と結合して]: defraud [deprive, rid] a person *of* a thing 人から物を詐取する[奪う, 除く] / cure [heal] a person *of* a disease 人の病気を癒(いや)す / clear the pavement *of* snow 歩道の雪を掻(か)く / strip a person *of* his clothes [dignity] 人から衣服[尊厳]を剝ぎ取る / be relieved *of* one's post 職を解かれる. **b** [形容詞と結合して]: free *of* charge 無料で / independent *of* …から独立して, …とは独立に / irrespective *of* …に関係なく / bare [destitute, empty, devoid, void] *of* …がなくて.

12 [動機] …から: *of* one's own accord 自ら進んで / *of* course もちろん / *of* necessity 必然的に, ぜひとも, 必ず / ⇨ *of one's* CHOICE.

13 [原因・理由など] …のため, …で: smell [smack, taste] *of* …のにおい[気味, 味]がある / be sick *of* …にうんざりしている / be weary *of* life 世の中がいやになる / die *of* cholera コレラで死ぬ / I am dying *of* fatigue. くたびれて死にそうだ / I shall be glad *of* your company. おつき合いいただければありがたい / be proud [vain] *of* …が自慢だ / be afraid [fearful] *of* dying 死ぬのが怖い / You need not be ashamed *of* your poverty. 貧乏は恥じるに及ばない.

14 [位置・時間の起点] …から. ★ 現在は次のような句に限られる: Ireland lies [is] west *of* England. アイルランドはイングランドの西方にある / north [west] *of* …の北[西]に / (in) back *of* 《米》…の後ろに / Saitama City lies to the north *of* Tokyo. さいたま市は東京の北にある / within ten miles [hours] *of* …から 10 マイル[時間]以内の(所)に / *of* recent years 近年 / ⇨ *within an* ACE *of*, UPWARD *of*.

15 [時刻] **a** 《米》〈何時〉(…分)前 (to) (↔ after): It is five minutes [a quarter] *of* seven. 7 時 5 [15] 分前です / at five minutes *of* four 4 時 5 分前に. **b** 《口語》[特定の時を示す名詞を伴って] (通例)…に: *of* a morning 午前中に / *of* a Sunday afternoon 日曜の午後に / What do you do *of* an evening? 夕方は(いつもは)何をしますか / She usually goes to church *of* a Sunday. 日曜日はたいてい教会へ行く.

16 [副詞句を作る]: (all) *of* a sudden 突然に / *of* a truth 《古》実際 (truly). **17** 《古》…に対する (on).

of oneself ⇨ oneself 成句.

〘OE *of* 《弱形》~ *æf* (*prep., adv.*) *away* < Gmc **ab*(*a*) (Du. *af* off / G *ab* off, from) ← IE **apo*- (L *ab* away from / Gk *apó* / Skt *apa* away from): cf. off: のち F *de*, L *ab*, *ex* の訳語としての意味が加わった〙

of² /əv, (無声子音の前ではまた) əf/ *auxil. v.* 《米方言・俗》=have: He should *of* gone. 彼は行くべきだった / He must *of* seen her. 彼女を見かけたはずだ / He'd *of* (=He'd have) been there if he'd *of* (=he'd) known. 彼は知っていたらそこにいたであろう. 〘《1837》《転訛》← HAVE²〙

OF, of 《略》《球技》outfield; outfielder.

OF 《略》Odd Fellow(s); 《印刷》old face; Old French; 《化学》oxidizing flame.

of- /ə(ː)f, əf | ɔf, əf/ *pref.* (f の前にくるときの) ob- の異形: *of*fend, *of*fer.

O'Fao·láin /oufέɪlən, -fǽl- | əu-/, **Seán** *n.* オフェーロン (1900–91; アイルランドの作家).

o·fay /óufeɪ | əu-/ *n.* 《米黒人俗》[軽蔑的に用いて] 白人(の野郎). 〘《1925》← ? W-Afr.〙

ofc 《略》office.

ÓF cáble *n.* 《電気》=oil-filled cable.

ÓF capácitor *n.* 《電気》=oil-filled capacitor.

ÓF condénser *n.* 《電気》=oil-filled capacitor.

off /ɔ́(ː)f, á(ː)f | ɔ́f/ *adv.* **1** [運動・方向] (場所から)離れて, 去って, あちらへ, 遠くへ; それで: be ~ 去る, 逃げる / go [run] ~ 行ってしまう / turn ~ into a side road わき道へそれる / It is time to be [you were] ~. もう出かける時刻だ / I must be ~ now. もうおいとましなければ / Where are you ~ to? どこへお出かけですか / fly ~ 飛び去る / She saw him ~ at the station. 彼を駅で見送った / He rode ~ at full speed. 全速力で馬を走らせて去った / *Off!* (行ってしまえ); 離れよ / They're ~! 《競馬》スタートしたぞ / *Off* we go! さあ出発だ[動き出したぞ]; さあ出かけよう / *Off* went the alarm!=*Off* it went! 目覚まし時計が鳴った / He was ~ (somewhere) skiing in the Alps. アルプス(のどこか)へスキーをしに行っていた / I've sent her ~ to school. 彼女を学校へ送り出した / He was ~ on his reminiscences. また彼の昔話が始まった.

2 [位置] (空間・時間的に)離れて, 隔たって, 遠くに: far ~ 遠くに / a long way ~ 遠くに, 遠く離れて / afar ~ 遠くに / How far ~ is it?—A long [great] way ~. どの位隔たっていますか—ずいぶん遠くです / a mile ~ 1 マイル離れて / only three months ~ つい 3 か月先のこと / The summer vacation is only a week ~. あと 1 週間もすれば夏休みだ / put ~ one's departure 出発を延ばす / Peace is clearly some time [way] ~. 平和の来るのは明らかにもう少し[ずっと]先だ.

3 a 分離して, (取り)去って: get ~ 〈衣服を〉脱ぐ; (馬・車などから)降りる / beat ~ the enemy 敵を打ち払う / bite ~ かみ切る / cast ~ 振り[脱ぎ]捨てる / clip ~ はさみ切る, 刈り取る / cut ~ 切り取る / shake ~ 振り払う / sleep ~ ⇨ sleep *vt.* 2 b / take [get] ~ one's clothes [hat, shoes] 衣服[帽子, 靴]を脱ぐ / tear ~ ちぎる, むしり取る / ~ of … ⇨ *prep.* 1. **b** (あるべき所から)脱離して, はずれて, 落ちて: come ~ 離れ落ちる, 〈柄などが〉取れる, はずれる / The gilt is (partly [completely, all]) ~. めっきが(一部[完全に, 全部])はげた; 幻滅だ / a chair with a leg ~ 脚が一つとれた椅子 / The button has come ~. ボタンが取れた / The handle is ~. 柄が取れている / The wheel was ~. 車輪がはずれていた / The cherry blossoms were all ~. 桜の花は皆散っていた.

4 a 割引きして: 10 percent ~ on all cash purchases [for cash] 現金買いは全部 1 割引き. **b** 標準以下で, 平常のレベル以下で.

5 a 〈水道・ガス・電気など〉止まって; 《電気》〈回路が〉「オフ」で, 開(ひら)で, 開きで, 切って, 中断して (cf. on *adj* 1 a): cut ~ supplies 供給を絶つ / cut ~ the water 水道を止める / The water has been ~ for some hours. 水道は数時間断水している / be cut ~ on the telephone 電話を切られる / switch [turn] ~ the light 電灯を消す / turn the water [gas] ~ 水道[ガス]を栓をひねって止める / Be careful: the brakes are ~! ブレーキがかかってないから注意して. **b** 〔…との関係が〕切れて, 〔交渉が〕なくなって (disengaged) 〔*with*〕.

6 a 中止[延期]して, やめて, 終わって, 終了して: break [call] ~ negotiations 交渉を(一時)中止する / leave ~ work 仕事をやめる / The agreement [deal] is ~. その契約は期間満了だ. **b** 非番で, 休暇で: ask for [take] a day [an hour] ~ 1 日休暇[1 時間休み]を求める[取る] / take time ~ for lunch [to give blood] 昼食[献血]のための休み時間をもらう. **c** 〈従業員が〉仕事を休んで: He is ~ sick. 病気で仕事を休んでいる. **d** 〈メニューの料理など〉品切れで (off the menu): The fish is ~, so you can't have it. 魚は終わってしまってお出しできません.

7 a 終わりまで, すっかり, (…して)しまう: clear ~ 片付ける / finish [work] ~ 仕上げる / kill ~ vermin 害虫を絶滅する / pay ~ 〈勘定などを〉全部払う / dash ~ a letter 手紙を一気に書く[書き上げる] / drink ~ (一息に)飲み干す. **b** (すっかり)暗記して: ⇨ know [have] (off) PAT.

8 (次第に)減って, 衰えて: cool ~ 〈情熱などが〉さめる, 冷静になる / ⇨ FALL *off* (3) / wear ~ 〈力などが〉次第に衰える; 〈衣服などが〉すり切れる / The place seems to have gone ~ a good deal. あそこは大分さびれてきたようだ.

9 寝入って, 眠りかけて; 意識を失って: I was just (dozing [nodding]) ~. ついうとうとしていた / I can't get the baby ~. 赤ん坊を眠らせることができない / ⇨ DROP *off* (*vi.*) (2).

10 分割して, 区分して: partition ~ one's room 部屋を仕切る / The boundaries are clearly marked ~ on the map. 境界は地図上にはっきり仕切られている.

11 [well, badly などの副詞を伴って] (よく)運んで, (悪く)いって, 暮らし向きが…で, 〔金・糧食などが〕…の状態で〔*for*〕: be well [comfortably] ~ 暮らし向きがいい / be badly ~ 暮らし向きが悪い, 困っている / He is far better [worse] ~ than he was ten years ago. 10 年前よりずっと暮らし向きがいい[悪い] / I am badly ~ *for* tools. 道具が不足している / How are you ~ *for* butter? バターは切れていませんか.

12 《海事》陸岸[他船, 風向き]から離れて, 沖に: two miles ~ 2 海里の沖合に / The ship stood ~. 船は沖を進んでいた.

13 《クリケット》オフサイド (off side) に (↔ on).

14 《演劇》舞台裏へ[で] (offstage): Knocking is [Voices are] heard ~. 舞台裏でノックの音がする[声が聞

こえる] / ⇨ NOISE(s) *off*.

15 オルガスムに達して: get ～《俗》オルガスムを経験する[に達する], いく.

èither óff or ón いずれにしても. ***nèither óff nor ón*** (1) 〔…に〕関係のない〔*to*〕. (2) どっちつかずで, 優柔不断で. ***óff and ...*** 突然に, やぶから棒に《非標準的な句》: He ～ *and* bought another. いきなりもう一つ買った. ***óff and ón*** (1) 断続して; 時々 (cf. off-and-on): work ～ *and on* 不規則に働く / I play golf ～ *and on*. ゴルフをしたりしなかったりだ / It has been raining ～ *and on*. 雨が降ったりやんだりしている. (2)《海事》(陸岸から)遠くあるいは近く (cf. *prep.* 11, *adv.* 12): The ship sailed ～ *and on*. 船はジグザグ航行[帆走]した.《1535》 ***óff with*** [命令文で] …を脱ぐ, 取り去る (take off): *Off with* your hats! [掲示] 脱帽 / *Off with* his head! 彼の首をはねろ. ***Óff with you!*** 行ってしまえ. ***ón and óff*** ＝OFF *and on*: He kept turning the lights *on and* ～. 明りをつけたり消したりし続けていた. ***rìght óff*** ⇨ right *adv.* 成句. ***stràight óff*** ⇨ straight *adv.* 成句.

— /ɔ́(ː)f, ɑ́(ː)f | ɔ́f/ *prep.* **1** …を離れて, はずれて, …から: A button is ～ your coat. 上着のボタンが一つ取れている / a chair with a leg ～ it 脚が一本はずれた椅子 / He was ～ his horse. 馬から降りた[降りていた] / be thrown ～ the horse 馬から投げ出される / (rise [be]) five feet ～ the ground 地面から 5 フィート上に(上がる[ある]) / ～ the hinges (心身の)調子が狂って / ～ the mark 的をはずれて / ～ one's guard 油断して / ～ one's balance バランス[平衡]を失って / be thrown ～ one's balance 不意打をくらう / Keep ～ the grass. [掲示] 芝生に立ち入るな / cut a slice ～ a joint [cake] 骨付き肉[ケーキ]から一切れ切り取る / go [be] ～ one's head 気が狂う[狂っている] / ～ one's hands 手を離れて / He fell ～ (of) the cliff 崖(がけ)から落ちた / The ice has melted ～ (of) the sidewalks. 歩道の氷はすっかり溶けた. ★ 最後の 2 例で off を副詞として後に of を付けるのは非標準的な米語.

2 a …から割り引いて, から引いて: take something ～ the price 定価からいくらか割り引く / 25 percent ～ the market price 市価の 2 割 5 分引き / three years ～ forty 40 歳に三つ足りない. **b** …の(いつもの)水準[レベル]以下で: ⇨ *on* [*off*] *one's* GAME.

3 a …から隔って; 〈本道〉から離れて[それて]: a village several miles ～ the main road 本道から数マイルはいりこんだ村 / a street (leading) ～ the Strand ストランド街から横にはいった街路 / an alley ～ 12th Street 12 番街からはいった路地. **b** 〈主題〉からそれて: ～ the point 要点をはずれて / Half of what he said was ～ the subject. 言ったことの半分は主題からずれていた.

4 〈仕事など〉から離れて, …をやめて: ～ the stage 舞台を退いて, 舞台の陰で (cf. offstage) / be ～ work (病気・失業などで)仕事をしていない / He is ～ duty. 非番だ / I'm [I go, I get] ～ work [duty] at 6 o'clock. 6 時に仕事[勤務]を終える / He is ～ dancing [gambling]. 彼はダンス[賭博]をやめている.

5 〈視線など〉が…を離れて, …からそらされて: Take your eyes ～ the girl. その女の子を(じろじろ)見るのをやめなさい.

6 《口語》[源泉] …から (from): I bought [borrowed, got, hired] it ～ him. 彼から買った[借りた, 手に入れた, 賃借りした]. ★ 書き言葉では from が好まれる. **7** [dine, eat と共に用いて] …を(食べて), …によって, …で: eat (dinner) ～ the best china 最良の陶器で(夕食を)食べる.

8 (当分)…を絶って, …を嫌って: I am ～ candy [fish, meat, tea, smoking] for the time being. お菓子[魚, 肉, 紅茶, たばこ]は当分やめることにした[している] / He's ～ drugs. 麻薬をやめている / I've gone [I'm] (right) ～ her. 彼女への興味を(すっかり)なくした[している]. **9** [通例 live と共に用いて] …を犠牲にして; …に頼って: He *lived* ～ his sister. 妹を食い物にした / The army *lived* ～ the country. 軍隊はその国を食い物にした / He is *living* ～ his pension. 年金で生活している / Our computer runs ～ the central power supply. 我々のコンピューターは集中電力供給で動いている. **10** 〈衣服が〉…を覆わないようにデザインされて: ～ the shoulders. **11** 《海事》…の沖に[で]: ～ the coast of Alaska アラスカの沖合に[で] / ～ Kurihama 久里浜沖に[で] / The ship stood ～ and on the shore. 船は陸を離れたり陸に近づいたりして航行した. **12** 《ゴルフ》…のハンディを付けて: He played ～ three. ハンディ 3 でプレーした.

from òff …から (from): He got down *from* ～ his horse. 馬から降りた. ***óff of*** ＝off 1 (⇨ ★).

— /ɔ́(ː)f, ɑ́(ː)f | ɔ́f/ *adj.* **1** 離れて (⇨ *adv.* 1, 2); 取れて (⇨ *adv.* 3); (本道から)分かれた, わきの; 枝葉の: an ～ road わき道 / an ～ street 横町. **2** 〈水道・ガス・電気など〉止まって[た],「オフ」の (⇨ *adv.* 5): The lever is in the ～ position. レバーは「オフ」の位置になっている. **3 a** 中止になって (⇨ *adv.* 6 a); 〈メニューの料理など〉品切れで (⇨ *adv.* 6 d): The engagement [party] is ～. 婚約[パーティー]は取りやめ[中止]だ. **b** 休みで[の], 用務のない, 非番の (⇨ *adv.* 6 b, c); 〈日・夜など〉調子の出ない, (仕事に)気の乗らない: a hobby for one's ～ hours ひまな時の道楽 / an ～ day [evening] (＝a day [an evening] ～) ひまな日[晩]; 仕事に気が乗らない日[晩] / I'm [I get] ～ at 6 o'clock. 6 時に仕事が終わる (cf. *prep.* 4) **4** はずれの; いつもほどよくない; 閑散な, 不況の: an ～ season in the trade 商売のひまな季節, シーズンオフのとき / an ～ year *for* fruits 果物のはずれ年 (cf. off year) / The market is ～. 市場は不況だ / The stocks are ～. 株(価)が下がっている. **5 a** 〈人が〉調子が狂って, 〈気分が〉変で: I feel ～ today. 今日は調子が悪い. **b** 《英》〈やり方など〉おかしい, 失礼で, けしからぬ: It's a bit ～. ちょっとおかしい. **c** 質の劣った; 〈食品が〉いたんで: The fish is [has gone] a bit ～. 魚は少しいたんでいる. **6** 的がはずれて, 〈計算・推測など〉間違って: You are ～ on that point. 君はその点が間違っている / I was (far [way]) ～ in my estimate. 私の見積りは(全く)はずれていた / "How old do you think I am?" "Thirty?" "You're two years ～!"「私を幾つぐらいだと思う」「30 かな」「二つはずれ」. **7** 〈機会が〉不確実な, ありそうもない (improbable): ⇨ off chance. **8 a** 遠い方の (farther, far), 向こうの: the ～ side of a wall 壁の向こう側. **b** 《海事》陸から離れた, 海に面した: the ～ side of a ship. **c** (動物の体・車, また《英》では道路・馬車などの)右側の (↔ near): the ～ hind leg 右側の後脚 / the ～ front wheel 右側前輪 / an ～ horse (2 頭立馬車の)右側の馬 / The rider always mounts on the ～ side of the horse. 騎手はいつも馬の右側から乗る. ★ 2 頭立の馬の場合, 御者は左馬に乗り, 車の場合には左側から乗り降りするので「右側」は「遠い側」. **d** 隣接した, 片側にある: living-room with kitchen ～ 台所と隣り合わせた居間. **e** 《クリケット》右[左]打者の右[左]前方への, オフサイド (off side) の (↔ on): an ～ hit オフ側への打撃 / an ～ break 投手が投げた球が地面に接触してからオフサイドへはずむ球 / ⇨ off-drive, off stump. **9** 《英》(酒類販売に関して)店内での飲酒は許されない (↔ on): ⇨ off-license, off-sale. **10** 《トランプ》(ブリッジで)外れる, 効かない: The spade finesse was ～. スペードのフィネスが外れた[効かなかった]. **11** 別の色または灰色が少しまざった, オフ…: ～ black オフブラック《ほとんど黒に近い色》/ an ～ shade of blue 灰色がかった青色 / ⇨ off-white. **12** 《方言》怒った.

— /ɔ́(ː)f, ɑ́(ː)f | ɔ́f/ *n.* **1** 離れて[切れて]いる状態[事実]. **2** 《クリケット》オフ側《右打者が投手の方を向いた場合の右側; cf. mid-off》. **3** 《口語》出発(の合図); 《競馬》スタート, 出走.

— /ɔ́(ː)f, ɑ́(ː)f | ɔ́f/ *v.* — *vt.* 《米俗》殺す, ばらす, 消す: *Off* him! やつをやっちまえ. — *vi.* **1** 去る, 立ち去る: *Off*, or you are a dead man. 行ってしまえ, でなけりゃ命はないぞ. **2** 〈船が〉岸を離れる.

óff it 立ち去る.《1890》 ***óff with*** 《口語》(すばやく)…を取り去る, 脱ぐ (take off): ～ *with* one's coat / They ～*ed with* his head. 彼の首をはねた.《1892》

〘ME *of(f)* < OE *of*: 本来 OF と同一語であったが, 14–16 世紀に分化して副詞や強勢のある前置詞に用いられるようになり 17 世紀以降分化が定着した〙

off. (略) offer; offered; office; officer; official; officinal.

-off /ɔ̀(ː)f, ɑ̀(ː)f | ɔ̀f/「技能(最終)コンテスト」の意の名詞形を造る複合語第二要素: cook-*off* 料理コンテスト.

Of·fa /ɔ́(ː)fə, ɑ́(ː)fə | ɔ́fə/ *n.* オッファ (?–796; (Anglo-Saxon 時代の) マーシア (Mercia) 王国の王 (757–96); 今のウェールズとの間に防壁 (dyke) を築いた).

óff-áir *adj., adv.* ラジオ・テレビの番組から直接録音[録画]した[して]; 有線放送の[で]; 放送されない(で).〘1961〙

of·fal /ɔ́(ː)fəɫ, ɑ́(ː)f-, -fl | ɔ́f-/ *n.* **1 a** 屑肉や臓物《食肉をとった残りの可食部分; 内臓類・舌・尾・頭など》; 腐肉. **b** (上魚に対して)下魚. ★ 主に業者間で用いる語 (cf. prime[1] *adj.* 2 a). **c** [しばしば *pl.*] 糠(ぬか), 麩(ふすま), 籾殻(もみがら). **2 a** 屑, 廃物 (refuse). **b** (獣皮など)加工後の屑皮. **c** [集合的] くだらぬ輩(やから).〘(*a*1398) ← OFF (*adv.*)＋FALL[1] (n.): cf. G *Abfall* garbage / MDu. *afval* giblets〙

Of·fa·ly /ɔ́(ː)fəli, ɑ́(ː)f- | ɔ́f-/ *n.* オファリー《アイルランド共和国中央部 Leinster 地方の州; 面積 1,997 km², 州都 Tullamore /tʌ̀ləmɔ́ə, -mɔ́ə | -mɔ́ː(r)/》.

óff-and-ón *adj.* 断続的な.〘1535〙

Óffa's Dýke *n.* オッファの防壁《マーシア王 Offa がウェールズとイングランドの間に造ったとされる土と石の防壁》.

óff·béat *adj.* 《口語》**1** 二次(的)の, 副の (secondary); 規則的でない, 臨時の (irregular): ～ advertisements [lectures] 臨時広告[講演]. **2 a** 型にはまらない, 自由な (unconventional); 正統でない (unorthodox): an ～ film. **b** 風変わりな, 異常な. **3** 《音楽》(ジャズなどでリズムが)オフビートの. — /⌐⌐/ *n.* 《音楽》**1** オフビート《特にジャズで, 4 拍子の第 2・4 拍のように元来弱拍であるところに強勢が置かれるリズム》. **2** 弱拍 (3 拍子の第 2・3 拍のように通常アクセントを置かない拍).〘(1927) ← *off beat* (⇨ beat[1] (n.) 成句)〙

óff-bóard *adj.* ＝over-the-counter.〘1950〙

óff-bránd *adj.* (有名)ブランドものでない, 無名ブランドの. — *n.* 人気のないブランド[商品].

óff-brèak *n.* 《クリケット》オフブレーク《バウンドしたとき打者の足の方に変化する投球》.〘1888〙

off Broadway, Ó- B- *n.* [集合的] オフブロードウェイ劇《米国 New York 市で Broadway の劇場街から離れた小規模で非商業的(もとは実験的)劇場[演劇, 作品]; cf. Broadway 2, off-off-Broadway》. **óff-Bróadway** *adj., adv.*〘1953〙

óff-cámera *adj., adv.* **1** カメラに映らない所の[で(の)] (cf. on-camera). **2** 私生活面の[で(の)].〘1930〙

óff-cámpus *adj.* (大学の)キャンパス外の, キャンパス外で利用可能な. — *adv.* キャンパス外で, キャンパスから離れて.〘1951〙

óff-cáp *vt.* 《Shak》脱帽する.〘1604〙

óff·càst *adj.* 捨てられた. — *n.* ＝castoff.〘*c*1380〙

óff-cénter *adj.* **1** 中心を[から]はずれた. **2** 釣合いがとれていない; 不安定な, 常軌を逸した (eccentric): an ～ argument 途方もない議論.〘1929〙

óff-céntered *adj.* ＝off-center.

off chànce *n.* 容易にありそうもない機会; 万一のこと: on the ～ 万一を頼みにして / there might be an ～ *that* … ひょっとしたら…ということもあるかも知れない.〘1861〙

óff-cólor *adj.* **1 a** 色の良くない, 標準色でない. **b** 《英》顔色[加減]が良くない: He looked rather ～. 顔色がかなり悪かった. **2** 《口語》いかがわしい (dubious); 猥褻(わいせつ)な, きわどい (risqué): an ～ story, joke, etc.〘1860〙

óff-còmer *n.* 《方言》よそ者, 新顔.〘1898〙

óff-cóurse *adj.* **1** 〈競馬の賭けが〉競馬場外で行う, 場外での (offtrack), 《豪》場外馬券公社 (TAB) の支社で (↔ oncourse): ～ betting. **2** 正しい針路からはずれた, 進路[コース]をはずれた.〘1963〙

óff·cùt *n.* 《製本》裁(た)ち落とし; あじろ《全判から切り離して別折りされる部分》.〘1663–64〙

off cùtter *n.* 《クリケット》オフカッター《スピードのある off break》.〘1955〙

óff·dày *n.* 休みの日; 《口語》(スポーツ選手にとって)ついてない日, 厄日.

óff-dríve 《クリケット》*n.* (*also* **óff drìve**) オフドライブ《オフサイド (off side) への強打》. — *vt.* (打者からみて投手の)右手へ〈ボールを〉打つ.〘1867〙

óff-drý *adj.* 〈ワインが〉中辛口の, やや甘い, オフドライの.

óff-dúty *adj.* 勤務のない, 非番の.〘1851〙

Of·fen·bach /ɔ́(ː)fənbɑ̀ːk, ɑ́(ː)f- | ɔ́fənbæk; G. ɔ́fn̩bax/ *n.* オッフェンバッハ《ドイツ中南部 Hesse 州, Main 川に臨む都市》.

Of·fen·bach /ɔ́(ː)fənbɑ̀ːk, ɑ́(ː)f- | ɔ́fənbɑ̀ːk; *F.* ɔfɛnbak, *G.* ɔ́fn̩bax/, **Jacques Levy** *n.* オッフェンバック (1819–80; ドイツ生まれのフランスの喜歌劇作曲家; *Orphée aux Enfers*「地獄のオルフェ」(「天国と地獄」) (1858)).

of·fence /əféns, əfénts/ *n.* ＝offense.

of·fend /əfénd/ *vt.* **1** …の感情を害する, …に不快を感じさせる, 怒らせる (⇨ anger SYN): Have I done anything to ～ you? 何かお気に障るようなことをしたでしょうか / I am sorry if you are ～*ed*. お気に障ったらお許し下さい / I am deeply ～*ed by* his conduct. 彼の行為には非常に腹が立つ / He will be ～*ed at* your mentioning her there. そこで彼女の名を言ったら彼は不快に思うだろう / Many of the readers were ～*ed with* his latest book. 読者の多くは彼の新作に憤慨した. **2** 〈感覚・趣味など〉の障りになる, に障る, 逆らう: ～ the ear [eye] 耳[目]障りになる / ～ one's sense of justice 正義感に障る[反する].

3 《廃》損なう, 傷つける. **4** 《廃》**a** 〈法律〉に背く, 犯す: He hath ～*ed* the law. この者は法律を犯した (Shak., *Measure* 3. 2. 16). **b** …に罪を犯させる, つまずかせる: If thy right eye ～ thee, pluck it out. もし右の目なんじをつまずかさば, えぐり出して捨てよ (*Matt.* 5:29) / And whosoever shall ～ one of these little ones that believe in me, …またわれを信ずるこの小さき者の一人をつまずかする者は… (*Mark* 9:42).

— *vi.* **1** 気に障る, 気分を害する: In what have I ～*ed*? 何かお気に障るようなことをしたのでしょうか. **2 a** 罪[あやまち]を犯す. **b** 〔…に〕背く, 犯す (transgress) 〔*against*〕: ～ *against* the custom [the law] 慣習[法律]に背く / ～ *against* good taste いい趣味に反する.

〘(*c*1320) *offende(n)* □ OF *offendre* □ L *offendere* to strike against, stumble, hurt ← *of-* 'OB-'＋*fendere* to strike: cf. defend〙

of·fénd·ed *adj.* (感情を)傷つけられた, 腹の立った, むっとした: He looked a little ～. ちょっと腹を立てたようだった. **～·ly** *adv.*〘*a*1548〙

of·fend·er /əféndə | -də(r)/ *n.* **1** 犯罪者, 反則者 (wrongdoer): a first ～ 初犯者 / a juvenile ～ 少年犯罪者, 非行少年 / an old [a repeated] ～ 常習犯 / an ～ *against* good taste 趣味の悪い人, 悪趣味の人. **2** 人の感情を害する者[もの].〘*c*1412〙

of·fénd·ing *adj.* 《戯言》不快な感じを与える, 目[耳]障りな, いやな; 元凶の. — *n.* 《法律》罪を犯すこと.〘1552〙

of·fense, 《英》**of·fence** /əféns, əfénts/ *n.* **1 a** (法・義務・慣習などに対する)違反, 反則: an ～ *against* correctness of speech 正確な言葉遣いに対する誤用 / an ～ *against* decency [good manners] 無作法 / commit an ～ *against* the law [the right of others] 法[他人の権利]を侵す. **b** 犯罪, …犯 (cf. felony): an infamous ～ 破廉恥罪 / petty ～*s* 軽犯罪 / a first ～ 初犯 / a previous ～ 前科. **2 a** (人の)感情を傷つけること, 侮辱, (その結果感じる)不快; 腹立たしさ, 立腹: No ～ (was meant). ＝I meant no ～. 悪気で言った[した]のではなかった / give [cause] ～ to …を怒らせる / take ～ at …に腹を立てる / It cannot be done without ～. そんなことをすれば人を怒らせるにきまっている. **b** 気に障るもの, 不快にするもの: an ～ *to* the eye 目障りなもの. **3 a** 攻撃 (↔ defense): a war of ～ 攻撃戦 / weapons [arms] of ～ 攻撃用兵器[武器] / ～ and defense 攻防 / The most effective defense is ～. 最も有効な防御は攻撃である. **b** 攻撃側, オフェンス. ★ この意味では《米》では défense と対比するとき /ɔ́(ː)fens, ɑ́(ː)f-, -fɛnts/ の発音がよく使われる.

4 《古》罪のもと, つまずき: Woe to that man by whom the ～ cometh! 躓物(つまずき)を来(きた)らする人は禍害(わざわい)なるかな (*Matt.* 18:7) / a rock of ～ 妨ぐる岩 (*Rom.* 9:33).

5 《古》害, 損害.〘(?*a*1350) ME *offens* □ OF (F *offense*) □ L *offensa* (fem. p.p.) ← *offendere* 'to OFFEND'〙

SYN 立腹: **offense** 感情を強く傷つけられること: He is quick to take *offense*. すぐむっとする. **resentment** ひどい扱いまたは侮辱を受けて感じる持続的な憤り: cherish *resentment* against one's employer 雇い主に憤りを感じる. **pique** 通例ささいな事で誇りを傷つけられて感じる一時的不快感: in a (fit of) *pique* 腹立ちまぎれに. **huff** 《口語》つまらない原因で一時的にぷっと怒ること: He left in a *huff*. むっとして立ち去った. ⇨ anger.

O

offénse·less *adj.* **1** 罪のない, 無害な. **2** 攻撃できない. **3** 人の気に障らない, 悪気のない. 〘1604〙

of·fen·sive /əfénsɪv, ɔ́fɛ́nsɪv/ (↔ defensive) *adj.* **1** 不快な, いらいらさせる, 気に障る (unpleasant): an ～ sight 目障りな光景[物] / a sound ～ to the ear 耳障りな音 / an ～ odor いやなにおい / His breath is ～. 息[口]がくさい. **2** 癪(しゃく)に障るような, きざな, 無礼な (insolent): an ～ person / ～ words 人を不快にさせるような言葉 / ～ manners 無礼[非礼]な態度. **3** 攻撃的な, 攻撃用の, 攻勢の: an ～ war 攻撃戦 / an ～ and defensive alliance 攻守同盟 / ～ weapons [arms] 攻撃用兵器[武器] / ～ movements 攻撃的な行動. **4** 《米》〘スポーツ〙攻撃側の: an ～ lineman (アメフトの)攻撃側のラインマン. ★ この意味では《米》では défensive と対比するとき /ɑ́(ː)fɛnsɪv, ɔ́(ː)f-, -fɛntsɪv/ の発音がよく使われる.
— *n.* **1** [the ～] 攻撃態勢, 攻撃的態度 (cf. defensive): act on [assume, take] *the* ～ 攻勢を取る[に出る] / abandon *the* ～ 攻勢を捨てる / keep oneself on *the* ～ 攻勢を維持する. **2** 攻勢, 大規模な攻撃; (非軍事的目的のための攻撃的な)社会運動: the long expected spring ～ 長い間予想された春季攻勢 / a peace ～ 平和攻勢.

～·ly *adv.* **～·ness** *n.* 〘(1547-64) □ ML *offensivus*: ⇨ offense, -ive〙

of·fer /ɔ́(ː)fə, ɑ́(ː)fə | ɔ́fə^(r)/ *vt.* **1 a** [しばしば二重目的語を伴って] 提供する, 差し出す (present, tender); 〈人〉に〈…を〉すすめる (proffer): ～ assistance 援助を申し出る / ～ a bribe 賄賂(わいろ)を提供する / ～ one's services「何でも致しましょう」と申し出る / ～ one's hand (握手を求めて)手を差し出す / ～ oneself *as* a candidate for …の選挙に立候補する / ～ oneself for a position 就職を申し込む / ～ food around [round] 客に食べ物を勧めてまわる / She ～*ed* no responses. 彼女は何の応答もしなかった / He ～*ed* me a cigarette [a cigarette *to* me]. 私にたばこをすすめてくれた / They ～*ed* me an apology. 彼らは私に謝ってきた / I was ～*ed* a job. 私の所に仕事の話があった. **b** 〈場所などが〉提供する, (利用)可能にする. **c** 〈学校が〉〈受験科目・履修科目などを〉設け(ている); 〈科目など〉の届け出をする, 出願する, 申し込む: Our faculty ～*s* many subjects *as* electives. 本学部は選択科目として多くの科目を設けている / Students may ～ German *as* their foreign language. 学生は外国語としてドイツ語の履修を届け出てもよい. **d** [～ *oneself* で] (結婚の)申し込みをする, 求婚する: ～ *oneself* in marriage 結婚を申し込む.
2 a 〈意見などを〉提議[提案]する: ～ a suggestion (こうしてはどうかと)提案する / On this I wish to ～ a few words (*as* [by way of] an introduction). (前置きとして)この点について少々意見を述べてみたい. **b** (よかったら)〈…しようと〉申し出る, 進んで〈…しようと〉言う 〈*to do*〉: He ～*ed to* accompany me home. 私を家まで送って上げようと言った / He ～*ed to* give me assistance. 彼は援助しようかと言ってくれた.
3 a 《文語》[しばしば二重目的語を伴って] 〈暴力・危害・無礼などを〉加えようとする: ～ violence [an insult] 暴行[侮蔑]を加えようとする / ～ resistance 抵抗を試みる / ～ battle *to* the enemy 敵に戦をいどむ. **b** 《古》〈…しようと〉する, 企てる (attempt) 〈*to do*〉: He ～*ed to* strike me. 彼は私を殴ろうとした.
4 (神に)捧げる, …の捧げ物をする 〈*up*〉; 〈感謝・敬意を〉表する: ～ a prayer [one's thanks] 祈り[感謝の祈禱]を捧げる / ～ *up* a sacrifice 生贄(いけにえ)を捧げる.
5 a 〈物が〉表す, 示す: This plateau ～*s* a good view. この台地からは眺め[見晴らし]がいい / Each age ～*s* its own characteristics. どの時代にもその時代独自の特徴が見られる. **b** [～ *itself* で] 現れる: till a better chance ～*s itself* もっとよい機会の来るまで.
6 上演する, 公演する: The company is to ～ a new ballet in April. 一座は4月に新作バレーを上演する予定である. **7 a** 売物に出す: ～ goods for sale 品物を売りに出す / They are ～*ing* a range of electric appliances at reduced prices. あそこでは電気器具類を割引価格で売り出している. **b** [しばしば二重目的語を伴って] 買値としてつける (bid): He ～*ed* me $200 *for* the curio. その骨董(こっとう)を200ドルで買おうと私に言った.
— *vi.* **1** 生贄(いけにえ)を捧げる, 捧げ物をする (sacrifice). **2** 現れる, 起こる (occur): whenever an occasion ～*s* 機会があり次第 / Take the first opportunity that ～*s*. 第一の機会をとらえよ. **3** 〘工学〙〈部品を〉合わせる, 近接[接合]させる 〔*up, to*〕. **4** 《古》申し出る, 提案する; 結婚の申し込みをする (propose). **5** 《古》試みる (aim) 〔*at*〕.
— *n.* **1 a** 申し出, 提供, 提議: an ～ *to* help 助けようという申し出 / accept [cancel] an ～ 申し込みを受け入れる[取り消す] / decline [refuse, reject] an ～ 申し込みを断わる / make an ～ to …に提議する, 申し出る / be open to any (firm) ～ (しっかりした申し出なら)どんな申し出にも応じる / an ～ *of* assistance [purchase] 援助[買入れ]の申し出 / He was tempted off the straight and narrow path by an attractive ～ of $100,000. 10万ドルという大金の申し出に心を引かれて正道を踏みはずした. **b** (結婚の)申し込み, 求婚: She ignored the ～ *of* his hand. 彼からの(結婚の)申し出を無視した / She has refused several ～*s* of marriage. 彼女はもう何度も結婚の申し込みを断わっている.
2 a (売品としての)提供: an ～ *for* sale 売り物 / be *on* (special) ～ 《英》(特に安値[特価]で)売りに出ている / put up for ～ 売りに出す. **b** 申し込み値段, つけ値: make [put in] an ～ *for* a house 家の買値をいう / open to ～*s* 〈売り手が〉買い手の付け値に乗り気で / *Offers* invited. [広告] 希望者は買い値をつけられたし / No reasonable ～ refused. [広告] 相当価格でならお申し込みに応じます / I made him an ～ he couldn't refuse. 私は彼が断われない値段をつけた《皮肉の意を含むこともある》/ You must make me a better ～. もう少し張り込んで下さい / The sign on the car said £1,500 or (the) nearest ～ [o. n. o.]. その自動車の張り紙には「1,500ポンドまたはそれにごく近い値段[価格応談]で」とあった.
3 a 〈…しようとする〉企て 〈*to do*〉. **b** (あることをしようとする)挙動, そぶり. **4** 〘法律〙(契約を成立させる)申し込み. **5** 《廃》奉納 (offering).

ùnder óffer 《英》〈不動産が〉買手がついて: The house is *under* ～ with (the) option of refusal. その家は解約の選択権付きで買い手がついている.

〘*v.*: OE *offrian* to offer to God □ L *offerre* to bring before ← *of-* 'OB-' + *ferre* 'to BEAR¹': cf. G *opfern* (to offer) in sacrifice: 現在の意味は F *offrir* から. — *n.*: (1433) ME *offre* □ (O)F ← *offrir* to offer < VL *offerīre* = L *offerre*〙

SYN 提供する: **offer** 人に物を差し出して受諾を求める《最も一般的な語》: He *offered* me a seat. 席を譲ろうと申し出た. **present** 考慮・受諾を求めて提出する: *present* one's ideas for consideration 考えを述べて考慮を求める. **proffer** 通例〈無形物を〉進んでまたは礼儀上提供する《格式ばった語》: *proffer* assistance 援助を申し出る. **tender** 〈辞意・謝意・奉仕などを〉正式に申し出る《格式ばった語》: He *tendered* his apologies. 謝意を表明した. **provide** 有益・必要なもの・資料などを与える: She *provided* us with all kinds of information. 彼女はあらゆる情報を我々に提供してくれた. ⇨ give, supply¹.

OFFER /ɔ́(ː)fə, ɑ́(ː)fə | ɔ́fə^(r)/ 《略》《英》Office of Electricity Regulations 電気事業規制局, オファー《民営化された電力供給事業を監督し, 価格統制を行う政府機関》. 〘1989〙

óffer dòcument *n.* (企業買収が目的の)株式公開買付け公示文書.

of·fer·er /-fərə | -rə^(r)/ *n.* 申し出人, 提供者; 提議者. 〘*c*1384〙

of·fer·ing /ɔ́(ː)f(ə)rɪŋ, ɑ́(ː)f- | ɔ́f-/ *n.* **1 a** (神への)奉納, 奉献. **b** 捧げ物, 奉納物, 供物(くもつ) (sacrifice): ⇨ freewill offering, peace offering, Easter offerings. **2** 進物, 贈物 (gift); (特に, 教会への)献金. **3** 提供物, 売物; (文芸・放送・芸能などの)提供作品: Some big ～*s* came into the market last week. 先週は市場にいくつか大口の売り物が出た / a new ～ of the old master 老大家の新作. **4** (学校に設けてある)科目, コース (cf. offer *vt.* 1 c). 〘lateOE *offrung* oblation to God: ⇨ offer (v.), -ing¹〙

óffering plàte *n.* (教会の)献金皿.

óffering prìce *n.* 〘証券〙募集価格, 売出価格.

óf·fer·or /-fərə | -rə^(r)/ *n.* = offerer.

óffer prìce *n.* 《英》= offering price.

of·fer·to·ry /ɔ́(ː)fətɔ̀ːri, ɑ́(ː)f-, -fə- | ɔ́fətəri, -tri/ *n.* 〘キリスト教〙**1** [しばしば O-] (ミサ聖祭におけるパンとぶどう酒 (elements) の)奉献; (そのとき唱えられる)奉献文[唱]. **2 a** (教会で献金の間に唱えられる[奏される, 歌われる])聖語[献財曲, 賛美歌], 献物頌(しょう); (礼拝式中の)献金式. **b** (献金式のとき集められた)献金. 〘(*c*1350) ME *offertori* □ LL *offertōrium* place to which offerings were brought ← *offertus* (p.p.) ← L *offerre* 'to OFFER': ⇨ -ory²〙

óff-fíeld *adj.* 〘スポーツ〙フィールド外での.

óff-gàs *n.* 発生気体, オフガス《化学反応の際に排出される気体》. — *vi.* (有毒)ガスを発生する.

óff-glìde *n.* 〘音声〙出わたり (↔ on-glide). 〘1879〙

óff-guárd *adj.* 警戒を怠って, 油断して: catch [take] ～ 油断につけこむ.

óff·hánd *adv.* **1 a** (前もって)用意せずに, 即席に, 即座に (extempore): decide ～ 即決する / interpret ～ 即座に通訳する. **b** 無造作に, ぶっきらぼうに (brusquely): reply ～ そっけない返事をする. **2** (銃・機関銃などの射撃の際)手持ちのままで, 突っ立ったまま(の姿勢)で. — *adj.* **1 a** 即座[即席]の: ～ excuses 出まかせの口実 / make a few ～ observations (即座に)気付いたままの所見を二, 三述べる. **b** 無造作な, ぶっきらぼうな, ぞんざいな: in an ～ manner 無造作に, そっけない態度で. **c** 気取りのない, うちとけた. **2** 立ったまま(の姿勢)での, 手持ちのまま(で)の. **3** 〘ガラス製造〙宙吹きの. 〘(1694): ⇨ off (prep.), hand (n.)〙

óff·hánd·ed *adj.* = offhand. **～·ly** *adv.* **～·ness** *n.* 〘1835〙

óff-hòur *n.* 《米》**1** 勤務[営業]時間以外の時間, 非番の時, 休み時間. **2** すいている時間, 閑散時 (cf. rush hour). — *adj.* [限定的] **1** 非番の時の, 休み時間の. **2** 閑散時の. 〘1932〙

offic. 《略》official; officially.

óff-íce *adj.* 〘アイスホッケー〙リンク外の.

of·fice /ɔ́(ː)fɪ̣s, ɑ́(ː)f- | ɔ́fɪs/ *n.* **1 a** (事務員・店員などが勤めに出る)事務所, オフィス, 会社, 営業所: a head ～ 本社 / a branch ～ 支店 / go to the ～ 会社に行く / be [work] in an ～ 会社に勤めている / Our company maintains an ～ in London. わが社はロンドンに営業所を置いている. **b** (弁護士などの)事務所; 《米》(医師の)診療室: an architect's ～ 建築事務所 / a lawyer's ～ 法律事務所 / a doctor's ～ 診療室 / a dentist's ～ 歯科診療室. **c** (会社などの)…室; 《米》(大学教員の)研究室: the clerks' ～ 事務室 / a professor's ～ 教授の研究室. **d** [通例限定詞を伴って] (特定の業務を行う)取扱所, …所: a baggage [《英》luggage] ～ (駅の)手荷物取扱所 / an inquiry [information] ～ 案内所 / a lost property ～ (駅の)遺失物保管所 / a printing ～ 印刷所 / ⇨ booking office, box office, post office, ticket office. **e** 《英》保険会社: an assurance [insurance] ～ 保険会社 / In what ～ are you insured? どこの保険にお入りですか. **2** [the ～; 集合的] オフィスの全従業員, 全職員: notify *the* ～ 事務職員に通告する / *The* ～ is against the plan. 事務の者たちはみなその計画に反対している. **3 a** 《米》(省 (department) の下部機構としての)局, 部, 課: the Patent *Office* 特許局 / ⇨ Government Printing Office. **b** 《英》(行政組織の)省; 局, 庁, …室: the Home *Office* 内務省 / the Post *Office* ⇨ post office 2 b. **4** 官職, 公職; (特に)国務大臣の職: be in [out of] ～ 在職している[いない]; 〈政党が〉政権をとって[離れて]いる / seek ～ 官職を求める / hold an ～ 公[官]職に就いている / take [enter upon] ～ 〈大臣が〉就任する / go out of [leave, resign] ～ 辞任する / A new minister is in ～. 新大臣は執務を始めている / gentlemen in and out of ～ 朝野の名士たち / be given an ～ under Government 政府の役人になる. **5 a** 職務, 役目, 任務 (⇨ function **SYN**); 仕事, 業務; 機能, 作用: do the ～ of …の役目をする / It is my ～ to mediate between the parties. 双方の調停を図るのが私の役目です / the ～ of host 主人役 / the ～ of the stomach 胃の機能. **b** [通例 *pl.*] 尽力, 斡旋 (services): ⇨ good offices / do all the kind ～*s* in one's power できるだけの尽力をする / ill ～ 害, あだ / He did me many good ～*s*. 彼は私のため何くれとなく世話をしてくれた. **c** [しばしば *pl.*] 雑用: domestic ～*s* 家事. **6 a** 《英》[*pl.*] (住宅付属の)家事室 (台所・食品貯蔵室・食器洗い場・洗濯場など); (農場の)離れ家《納屋・牛小屋・馬小屋など》. **b** [通例 *pl.*] 《英・婉曲》便所. **7** 《俗》[the ～] 入れ知恵, 暗示, 合図: give [take] *the* ～ 暗示を与える[受ける]. **8** 〘ME □ (O)F ～ □ eccl.L *officium* = L〙 **a** 〘キリスト教〙(特定の)儀式《聖餐式・葬式・洗礼式など》; 聖務日課 (Divine Office). **b** 〘英国国教会〙朝夕の祈り: say (one's) ～ 日課(祈禱や聖句)を唱える. **c** 〘教会〙(宗教的)儀式, 礼拝式; [*pl.*] 葬儀: perform the last ～*s* 葬式を執行する / the *Office* for the Dead 葬儀, 死者聖務.

óffice of árms [the —] 紋章局《英国の College of Arms あるいは他国のこれに相当する機関》.

Óffice of Réadings 〘カトリック〙朗読の聖務《聖務日課の第一課; 朝課 (matins)》.

〘(*c*1250) ME ～ □ (O)F ～ □ L *officium* service, duty, 《原義》work done < (**opi-ficium*) ← *opus* 'work, OPUS' + *-fic-* (*facere* to do)〙

óffice automátion *n.* オフィスオートメーション, 事務処理の自動化.

óffice-bèarer *n.* 《英》公務員, 役人 (officeholder). 〘1645〙

óffice blòck *n.* 《英》= office building.

óffice-blòck bàllot *n.* 《米》公職[役職]別投票用紙《公職別に候補者が一括されている投票用紙; cf. Indiana ballot, Massachusetts ballot》.

óffice bòy *n.* (事務所の)雑用係の少年, オフィスボーイ. 〘1846〙

óffice bùilding *n.* 《米》オフィスビル《会社や事務所が入っている大型ビル》. 〘1840〙

óffice còpy *n.* 〘法律〙(官庁が作成し認証した)公認謄本, 公文書. 〘1789〙

óffice dìal *n.* 〘時計〙オフィスダイアル (⇨ dial clock).

óffice gìrl *n.* (雑用をする)女性事務員, オフィスガール. 日英比較「オフィスレディー」およびその略の OL は和製英語. 〘1863〙

óffice-gròup bàllot *n.* = office-block ballot.

óffice·hòlder *n.* 公務員, 役人 (official). 〘1818〙

óffice·hòlding *adj.* 官職にある, 公務員[役人]をしている, 役人の. 〘1835〙

óffice hòurs *n. pl.* 執務時間, 営業時間; 《米》診察[診療]時間; 《米大学》学生との面接時間: work after ～ 残業する. 〘1802〙

óffice-hùnter *n.* = office seeker.

óffice làwyer *n.* 《米》法律顧問《通例法廷には出ない; cf. chamber counsel》.

óffice·màte *n.* (オフィスの)同僚.

óffice pàrty *n.* 職場のクリスマスパーティー《イブ(の直前)に行う》. 〘1955〙

óffice pràctice *n.* 《米》〘法律〙= chamber practice.

of·fi·cer /ɔ́(ː)fɪ̣sə, ɑ́(ː)f- | ɔ́fɪsə^(r)/ *n.* **1 a** (陸海空軍などの)将校, 士官, 幹部 (cf. private soldier): ～*s* and men 将兵《将校・下士官・兵》/ a commanding ～ = an ～ commanding 司令(官), 指揮官, 部隊長 / a military [an air force] ～ 陸[空]軍将校 / a retired ～ 退役将校 / a staff ～ 参謀将校, 幕僚 / ⇨ general officer, naval officer, noncommissioned officer; petty officer, warrant officer. **b** (商船・客船の)士官《船長・航海士・機関長・機関士・事務長・通信士・船医など; cf. sailor 3》: a first [second, third] ～ 一等[二等, 三等]航海士. **c** (飛行機の)運航乗務員. **2 a** 公務員, 官公吏, 役人, 職員 (official): the great ～*s* of state 政府の高官たち / a medical ～ of health 衛生官吏, 検疫官 / an ～ of the court 裁判所職員; 執行官 / an ～ of the law = a police ～ 警官 / an ～ of the prison 刑務所所員, 看守 / ⇨ public officer. **b** 警官; 巡査 (⇨ police 1 ★): *Officer!* お巡りさん. **3** (会などの)高級役員, 幹事: an ～*s'* meeting 役員会, 幹事会 / a PTA ～ PTAの役員. **4** (英国の, 大英帝国勲位の) 4 等勲爵士, 第 4 級勲功章受勲者: an *Officer* of (the Order of) the British Empire. **5** 《廃》代理人.

ófficer of árms 紋章官 (cf. COLLEGE of Arms). 〘1472〙

ófficer of the dáy [wéek] (陸軍の)日直将校, 週番士官, 当直将校 (orderly officer).
ófficer of the déck (海軍の)当直将校, (商船の)当直航海士.
ófficer of the guárd 衛兵[警衛]司令.
ófficer of the wátch 〖海事〗当直士官. 《1867》
— *vt.* **1** …に将校[士官]を配備する: ~ an army, a ship, etc. **2 a** 将校として指揮[統率]する: The regiment was well ~*ed*. その連隊は(優れた指揮官によって)よく統率されていた. **b** 指図する, 管理する.
〖《c1325》 ME ~ ◻ AF ~ ∥ (O)F *officier* ◻ ML *officiārius* one who performs an office ← L *officium* 'OFFICE': ⇨ -er¹〗
ófficers' quárters *n. pl.* (駐屯地などでの)将校宿舎.
Ófficers' Tráining Còrps *n.* (米国の)予備将校訓練団; (英国の)将校養成団 (略 OTC).
óffice sèeker *n.* 公職希望者, 猟官者. 《1813》
óffice wòrker *n.* (事務所などで働く)サラリーマン. 《1936》
of·fi·cial /əfíʃəl, -ʃl/ *n.* **1** 公務員, 役人, 官公吏: a public ~ 公務員 / a government ~ 官吏 / a high ~ 高官 / a police ~ 警官 / a postal ~ 郵便局員 / White House ~*s* ホワイトハウス当局者たち. **2** 教会裁判所判事 (official principal). **3** 《米》〖スポーツ〗競技役員《審判員・記録員など》. **4** [O-] オフィシャル IRA の一員《1969 年分裂後, ゲリラ活動よりも政治交渉に重きをおく》.
— *adj.* **1** 職務上の, 公務上の, 公の (cf. private 3): ~ business [duties] 公務 / ~ authority 官権 / ~ papers 公文書 / an ~ note (外交上などの)公文 / an ~ position 官職上の地位, 官[公]職 / ~ powers 職権 / an ~ residence 官舎, 公邸 / ~ responsibilities 職責 / an ~ title 官名. **2** 官憲[当局]から出た, 公認の, 官選の, 公式の: an ~ document 公文書 / an ~ gazette 《英》官報 / an ~ price 公定価格 / an ~ report 公報 / an ~ record 公認記録 / with ~ sanction 公認を得て[た] / news coming from an ~ source 官辺から出たニュース / The report is not ~. その報道は公式のものではない / an ~ statement 公式声明(書) / an ~ visit 公式の訪問 / an ~ messenger 公式の使者 / an ~ funeral ⇨ funeral 1 a. **3** お役所風の, 形式張った: ~ circumlocution お役所式の回りくどい文句 / in an ~ manner お役所風に / with ~ solemnity [red tape] お役所風にしかつめらしく[七面倒くさく]. **4** 〖薬学〗薬局方に準拠した, 薬局方(上)の, 公定の, 公認の (cf. magistral 3, officinal 2): ~ drugs 薬局方によって調剤した薬 / ~ prescriptions 薬局方によった処方箋. **5** [O-] オフィシャル IRA の.
〖《1314–15》 ME ~ ◻ (O)F ~ ∥ LL *officiālis* ← L *officium* 'OFFICE': ⇨ -al¹〗
Official Bírthday *n.* [the ~] 公式誕生日《英国国王の公式誕生日; 現在は 6 月の第 2 土曜日; 実際の誕生日と一致するわけではない》.
of·fi·cial·dom /-dəm/ *n.* **1** 公務員[役人]の世界, 官界. **2** お役所風, 官僚主義 (officialism). **3** [集合的] 公務員, 役人 (officials). 《1863》
officiales *n.* officialis の複数形. 〖← NL ~〗
of·fi·cial·ese /əfìʃəlí:z, -lí:s | əfìʃəlí:z, əfíʃəlí:z/ *n.* 官庁用語, お役所言葉《回りくどく難解なのが特色; cf. journalese, gobbledygook》. 《1884》
official fámily *n.* (米国大統領の)内閣 (staff).
of·fi·ci·a·lis /əfìʃiáːlɪs, -éɪl- | -lɪs/ *n.* (*pl.* **-a·les** /-áːleɪs, -éɪliːz/) 〖カトリック〗(結婚裁判所の)主審判事, 裁判長. 〖← NL ~ ← ML *officiālis* 'OFFICIAL'〗
of·fi·cial·ìsm /-lìzm/ *n.* **1** 官庁組織[制度]. **2** 官庁的形式主義; (手続きなどのうるさい)お役所風, 官僚主義 (bureaucracy). **3** [集合的] 公務員, 官吏 (officials). 《1857》
of·fi·cial·ize /əfíʃəlàɪz/ *vt.* **1** 官庁風にする, 官庁化する. **2** 官庁の支配下に置く. 《1870》
official líst *n.* (London の証券取引所が毎日発行する)最新の株価一覧表.
of·fi·cial·ly /əfíʃ(ə)li, -ʃli/ *adv.* **1** 公務上, 職掌柄; 公に; 公式に: an ~ fixed price 公定価格 / He was ~ appointed chairman. 彼は正式に議長に任命された. **2** 職権をもって. 《1790》
official óath *n.* 公職(就任)宣誓.
official príncipal *n.* =official *n.* 2.
official recéiver, O- R- *n.* 〖英法〗(破産)管財人, 収益管理人《通商産業省によって任命される; 単に receiver ともいう》.
Official Referée *n.* 〖英法〗高等法院所属の巡回裁判判事.
official sécret *n.* 《英》国家機密.
Official Sécrets Àct *n.* [the ~] 〖英法〗公職秘密法《公務員の守秘義務を定めた法律》. 《1889》
Official Solícitor *n.* 〖英法〗(身体障害者等のための)最高法院所属の事務弁護士. 《1875》
official stríke *n.* 公式ストライキ《労働組合公認のストライキ》.
of·fi·ci·ant /əfíʃiənt | ɛf-, ɔf-/ *n.* 〖キリスト教〗祭式施行者, 祭式司宰者. 〖《1844》 ◻ ML *officiantem* ← (pres.p.) ← *officiāre* 'to OFFICIATE'〗
of·fi·ci·ar·y /əfíʃièri, ɔ(:)f-, ɑ(:)f- | əfíʃiəri, ɔf-/ *adj.* **1** 《称号など》官職上の: ~ titles 官職上の敬称《市長に対する Your Worship など》. **2** 《人が》官職上の肩書のある. — *n.* **1** 役人. **2** [集合的] 官僚. 〖《1611》 ◻ ML *officiārius* ← L *officium* 'OFFICE': ⇨ -ary〗
of·fi·ci·ate /əfíʃièɪt, ɔʊf- | əf-/ *vi.* **1** 職務を行う; 職権を行使する: ~ *as* chairman 議長として司会する / ~ *as* host 主人役を務める. **2 a** (式の)司会を務める. **b** 《牧師が》(式の)司祭を務める: ~ at a marriage. **3** 〖スポーツ〗審判員を務める, 競技役員をする. — *vt.* **1** 《公務・職務を》執行する. **2** 《儀式を》司式する. **3** 《競技を》《審判として》規則通りに進める[執り行う]. **of·fi·ci·a·tion** /əfìʃiéɪʃən, oʊf- | əf-/ *n.* **of·fi·ci·à·tor** /-tə | -tə^r/ *n.* 〖《1631》 ← ML *officiātus* (p.p.) ← *officiāre* to perform the divine office ← L *officium* 'OFFICE': ⇨ -ate³〗
of·fi·ci·nal /əfísənl, -sn-, ɔ(:)fəsáɪnl, ɑ(:)f- | əfísɪnl, ɔfɪsɪnl/ *adj.* **1** 《草木など》薬用の. **2** 医師の調剤[処方]によらない, 局方の (cf. magistral 3, extemporaneous 2 b). **3** =official 2. — *n.* (医師の特別処方によらない)薬局常備薬, 局方薬; 薬用植物, 薬草. **~·ly** *adv.* 〖《1693》 ◻ ML *officinālis* ← L *officina* workshop, laboratory ← *officium* 'OFFICE'〗
of·fi·cious /əfíʃəs/ *adj.* **1 a** おせっかいな, 差し出がましい (meddlesome): an ~ person おせっかいやき / ~ interference 差し出がましい干渉. **b** 権威をふりまわしすぎる, 威張りちらす; 仕事に熱心すぎる. **2** 非公式の: an ~ statement 非公式の声明(書) / in an ~ capacity 非公式の資格で. **3** 《古》**a** 親切な. **b** 義務[任務]に忠実な. **~·ly** *adv.* **~·ness** *n.* 〖《1565》 ◻ L *officiōsus* obliging, dutiful ← *officium* 'OFFICE': ⇨ -ous〗
officious téstament [wíll] *n.* 〖法律〗義務遺言《家族に財産を残すことを内容とする遺言; cf. inofficious testament [will]》.
off·ie /ɔ́(:)fi, ɑ́(:)fi | ɔ́fi/ *n.* 《英俗》酒類販売免許(店) (off-license).
off·ing /ɔ́(:)fɪŋ, ɑ́(:)f- | ɔ́f-/ *n.* **1** 沖; 沖合(の位置): keep an ~ 沖合を引き続き航海する. **2** 近い将来, 予見出来る未来.
gáin [táke] an ófﬁng (1) 沖へ出る. (2) 《俗》逃げ出す. ***in the óffing*** (1) 沖合に; 遠くはるかに見えて. (2) 今にもやって来そうな, すぐ起こりそうな, 近い将来に: a quarrel *in the* ~ 今にも起こりそうな喧嘩 / with spring *in the* ~ 春が近づいてきて.
〖《1627》 ← OFF (adv.)+-ING¹〗
off·ish /ɔ́(:)fɪʃ, ɑ́(:)f- | ɔ́f-/ *adj.* 《口語》**1** 交際を避ける; よそよそしい, つんとした. **2** (からだの)調子がわるい; ちょっと変な[狂った]. **~·ly** *adv.* **~·ness** *n.* 〖《1831》 ← OFF (adv.)+-ISH〗
óff-ísland *n.* 沖合の島. — *adj.* 島を訪れた, 島民でない. — *adv.* 島を出て. 《1917》
óff-íslander *n.* 島の一時滞在者, 非島民. 《1882》
óff-kéy *adj.* **1** 音程の狂った, 調子外れの, 音痴な. **2 a** 不釣合いな, 調子の変な, しっくりしない. **b** 不規則な. 《1927》
óff·làp *n.* 〖地質〗オフラップ《海岸線の(海の方への)後退; 後退しながら地層が堆積する現象; cf. onlap, overlap 3》. 《1913》
óff·lèt *n.* 排水管. 《1838》
óff-lìcense *n.* 《英》**1** (店内での飲酒を許さない)酒類販売免許. **2** (上述の免許を受けた)酒類販売店 (《米》package store, liquor store). — *adj.* [限定的] 酒類販売免許を有する. **óff-licensée** *n.* 〖《1891》 *off*: 《略》← *off the premises*〗
óff límits *adj., adv.* 《米・豪》(軍人・未成年者などに対し)立ち入り禁止の[で], オフリミットの[で] (↔ on limits): an ~ area [section]. 日英比較 日本語の「オフリミット」は和製英語. 《1945》
óff-líne (*also* **óff-líne**) *adj.* **1** 〖電算〗オフライン(式)の《データ処理で主コンピューターとは直結されていない; cf. on-line》. **2** 〖通信〗オフライン暗号通信の《暗号化, 解読を直結の機械で行わない暗号通信方式にいう》. **3** 鉄道から離れた所にある. — *adv.* 〖電算〗オフライン(式)で (cf. online). 《1926》
óff-lóad *v.* =unload. 《1850》
óff-méssage *adj.* [叙述的] 《政治家が》党の政策[路線]と違ったことを発言して (↔ on-message): go ~ 党の路線を踏みはずす. 《1993》
óff-míke *adj.* オフマイクの《普通の音量より小さい》; マイクから離れた: an ~ voice. 《1958》
óff-òff-Bróadway *n.* オフオフブロードウェイ《New York 市の off Broadway よりも遠いカフェ・小ホール・教会などで上演する実験[前衛]演劇運動; OOB とも略称する》. — *adj., adv.* オフオフブロードウェイの[式に]. 〖《1965》: ⇨ off-Broadway〗
óff-pátent *adj., adv.* 〖法律〗特許による制限をうけない(で), 特許切れの[で].
óff-péak *adj.* 最大限でない, 最大出力でない; ピークを過ぎた; 閑散時の. 《1920》
óff-pèak énergy *n.* 〖電気〗オフピークエネルギー, オフピーク電力量《深夜など供給力に余裕のある時間帯に供給される電気エネルギー; 特別の契約により料金が安くなる》.
óff-píste /-pí:st^← / *adj., adv.* 〖スキー〗通常の滑降コース (piste) をはずれたところを滑る; 通常滑降コース外の[で].
óff-pítch *adj.* 〖音楽〗ピッチ[調子]のはずれた. 《1945》
óff-plán *adv., adj.* 《建物などの売買が》建造前で設計図だけが見られる段階で[の].
óff-príce *adj.* 《米》値引き[バーゲン]品の[を売る], ディスカウントの. — *adv.* 値引きして. 《1955》
óff·prìnt 〖印刷〗*n.* (紀要・論文集等からの)抜刷り. — *vt.* 抜刷りする. 〖《1885》 (なぞり) ← G (*Separat*) *abdruck*〗
óff·pùt·ting /-pʊ̀tɪŋ | -tɪŋ/ *adj.* **1** 《英口語》がっかりさせる(ような) (discouraging), 意気をくじく, 二の足を踏ませる; 当惑させる (embarrassing). **2** 不快な, 反感を覚えさせる. 〖《c1387》: cf. put off (⇨ put¹ 成句)〗
óff·ràmp *n.* 高速道路から一般道路に出る車線. 《1954》
óff-róad *adj.* 一般道路・舗装道路を離れた[走らない]; 《車が》オフロード(用)の, 一般道路・舗装道路外走向用の. — *adv.* 一般道路を離れて, オフロードで. 《1961》
óff-róading *n.* (一般道路でないところなどを走る)オフロード走行. **óff-róader** *n.*
óff-sáddle *vt., vi.* 《英・南ア》(馬の)鞍をはずす (unsaddle). 《1837》
óff-sále 《英》*adv.* (酒類を店内では飲ませないで)自宅持ち帰り用に販売して. — *n.* [しばしば *pl.*] 持ち帰り用酒類販売. 〖《1899》 *off*: 《略》← *off the premises*〗
óff·scòuring *n.* [通例 *pl.*] **1** 汚物; 廃物, くず, かす: the ~*s* of a great city 大都会のごみ. **2** (社会の)除(°)け者, くず: the ~*s* of society 社会[人間]のくず. 《1526》
óff-scréen *adj.* **1** 映画[テレビ]を離れた[に出ない]実生活での. **2** 人の見ていない所での[で起こる, で起こった]; 私生活(上)の. — *adv.* **1** 映画[テレビ]に出ないで; 実生活で. **2** 人の見ていない所で; 私生活で. 《1935》
óff-séason *n.* **1** 季節はずれ, シーズンオフ: travel in the ~ シーズンオフに旅行する. **2** (商売などの)閑散期, 霜枯れ時. — *adj.* [限定的] 季節はずれの[に]. — *adv.* 季節はずれに. 日英比較「シーズンオフ」は和製英語. 《1848》
off·set /ɔ̀(:)fsét, ɑ̀(:)f- | ɔ̀f-/ *v.* (~; **-set·ting**) — *vt.* **1 a** 差引勘定する, 相殺(そうさい)する (balance): ~ losses by gains 損失を利益で相殺する. **b** 《長所が》《短所を》補う (compensate): This will ~ the loss. これでその損失が補われる. **2** 〖印刷〗オフセット印刷する, オフセット刷りにする. **3** 〖建築〗《外壁などに》引込み段を作る (cf. *n.* 8). **4** …を中心をはずして置く. — *vi.* **1** 分かれ出る, 派生する. **2** 減少する (reduce). **3** 〖印刷〗オフセット印刷をする; 裏移りする. ★ *vt.* 2, *vi.* の意味では /⌐⌐/ のアクセントもある.
— /ɔ́(:)fsèt, ɑ́(:)f- | ɔ́f-/ *n.* **1** 相殺物; 差引勘定, 埋合わせ: an ~ *to* a fault 欠点の埋合わせ / as an ~ *to* this この埋合わせとして, この代わりに. **2** 他を引き立てる[よく見せる]もの[人], 引立て役. **3 a** (物の)分かれ, 分枝. **b** 分家, (種族内の)支族. **c** (山の)支脈. **4** 《古》**a** 出発; 当初, 手始め: *at the* ~ 出発に当たって; 最初に, 手始めに. **b** 停止, 中止. **5** 〖植物〗**a** 側萌(ほう)枝, ひこばえ《地にはう横枝の先から根を生じて繁殖する; cf. offshoot 1》. **b** (他の球根の基部から出る)小さい球根. **6** 〖印刷〗**a** オフセット《版面をいったんゴムブランケットに転写してから紙に写す間接印刷法; offset lithography ともいう; cf. lithography 2》. **b** 裏移り, 裏汚れ《印刷インクが他の紙面に写る汚れ; setoff ともいう》. **7** 〖機械〗(管などの心の)片寄り, オフセット: an ~ cam 片寄りカム / an ~ pipe オフセット管, 食い違い管. **8** 〖建築〗(上部が後退してできた)外壁面の段, 引込み段. **9** 〖測量〗オフセット, 支距《障害物をさけるため, 測線に平行になるよう, 直角方向に離した距離》. **10** 〖鉱山〗(主坑道からの)立入坑道. **11** 〖電気〗残留偏差, オフセット.
— *adj.* **1 a** 中心(線)を外れた. **b** (軸に対して)斜めに置かれた. **2** 〖印刷〗オフセットの: an ~ press オフセット印刷機 / ~ printing [lithography] オフセット印刷.
〖《a1555》: cf. set off (⇨ set (v.) 成句)〗
óff-shéars *adj.* 《豪・NZ》《羊が》毛を刈ったばかりの.
off·shoot /ɔ́(:)fʃù:t, ɑ́(:)f- | ɔ́f-/ *n.* **1** (主に単子葉植物の幹から出た)横枝, 側枝 (cf. offset 5). **2 a** (氏族・一家の)分かれ; 支族, 分家. **b** 派生物 (derivative). **c** 支脈, 支流, 支線, 支道. 《1674》
off·shore /ɔ̀(:)fʃɔ́ə, ɑ̀(:)f- | ɔ̀fʃɔ́:^r← / *adj.* **1** 沖に向かって: a wind blowing ~. **2** 海岸から離れた所に, 沖に: sail ~ (船が)沖合を走る. **3** 《米》《買付けなど》海外で, 域外で (abroad).
— *adj.* **1 a** 沖の, 沖合の: ~ fisheries 沖合漁業 / ~ fishermen 沖合漁業者. **b** 海岸から離れた所にある《通例海岸から 3 マイル以内の所にある》: ~ grounds, land, etc. **c** 沖合の海底にある[から採れる]: ~ oil **2** (海岸から)沖に向かう[向かってくる]: an ~ wind 沖へ吹く風. **3 a** 国外で取り極めた, 国外でなされた, 域外の: ~ funds 海外投資信託 / ⇨ offshore purchases. **b** 《米》海外で起こる; 国外からの; 在外の: ~ pressures 海外からの圧迫. 《1720》
óff-shòre bár *n.* 〖地理〗=barrier 4 b.
óffshore dóck *n.* 沖合ドック《杭(くい)などに係留した浮きドック; 中型船の清掃・修理に用いられる》.
óffshore fúnd *n.* 〖財政〗海外投信《租税が低率の地域を登記上の本拠地とした投資信託》. 《1970》
óffshore púrchases *n. pl* 域外買付け《米国の援助資金で米国以外の地域から物資を購入すること》.
off·side /ɔ̀(:)fsáɪd, ɑ̀(:)f- | ɔ̀f-← / *n.* **1** 《英》(馬・馬車・車の)右側. **2** 〖アメフト・ラグビー・サッカー〗オフサイド《反則の位置》. — *adj.* **1** 反対側の, 裏側の; (乗物などの)右側の (cf. nearside). **2** ひんしゅくを買うような, 低俗な, きわどい, 下品な, しもがかった, 卑猥(ひわい)な: an ~ joke [pun, quibble, tale] 卑猥な冗談[しゃれ, 懸けことば, 話]. **3** 〖アメフト・ラグビー・サッカー〗オフサイドの《球の線よりも敵陣側に出る状態にいう; cf. onside》: an ~ play オフサイドプレー(反則) / an ~ line, pass. — 《1845》 *adv.* **1** 反対側で, 裏側で. **2** ひんしゅくを買うように, 低俗に, きわどく, 下品に. **3** 〖アメフト・ラグビー・サッカー〗オフサイドで. 《1867》
óff síde *n.* 〖クリケット〗オフサイド (↔ on side).
óff·síder *n.* 《豪口語》援助者; 仲間; 従者; 代理(人). 《1880》
óff-síte *adj., adv.* (ある特定の場所から)離れた[て], 敷地[用地]外の[で]. 《1969》
óff-spéed *adj.* 《ボールなど》(平常[期待した]より)スピードの遅い, 〖野球〗《投球が》スピードを殺した. 《1965》
óff spín *n.* 〖クリケット〗オフスピン《バウンドしたとき打者の方向にスピンするボール》. 《1904》

O

óff spínner *n.* 〘クリケット〙オフスピナー《off spin を投げる投手》. 〘1924〙

off·spring /ɔ́(ː)fsprìŋ, ɑ́(ː)f- | ɔ́f-/ *n.* (*pl.* ~, ~s /~z/) **1** [集合的にも用いて] 子; 子孫: limit one's ~ 産児を制限する / a woman of numerous ~ 子福者, 子沢山の女性. **2** 生じたもの, 所産: the ~ *of* modern times 近代の所産. 〘OE *ofspring* ← *of* 'off, OF' +*springan* 'to SPRING'〙

óff·stáge *n.* 舞台の陰《舞台の袖 (wings)・裏など》, 舞台裏. — *adj.* [限定的] **1 a** 〘劇場〙舞台裏の (cf. onstage, off *prep.* 4). **b** 観客から見えない所での. **2** 私生活での; 非公式の. — *adv.* **1 a** 舞台裏で. **b** 舞台のそとで[へ], 観客から見えない所で: go ~ 退場する. **2** 私生活で(は); 非公式に (privately). 〘1921〙

óff-stréet *adj.* 街路上ではない[大通りから離れた]所の[にある]: an ~ parking facility 大通りから離れた所にある駐車施設. 〘1929〙

óff stùmp *n.* 〘クリケット〙オフスタンプ《打球を受けている打者の守っている三柱門のうち, オフサイド (offside) にある柱; cf. leg stump, middle stump》.

óff·táckle *n.* 〘アメフト〙オフタックル《オフェンスラインのタックルとエンドの間のこと》.

óff·tàke *n.* **1** (価格の)割引; 商品の購入; (一定期間の)購入商品総額. **2** (煙・液体などの)排出口, 排気管, 導管. 〘(1839): cf. take off (⇨ take 成句)〙

óff-the-báll *adj.*, *adv.* 〘サッカー〙オフ ザ ボールでの[で]《プレーヤーがボールを保持していないときについていう》.

óff-the-bóoks *adj.* 帳簿外の.

óff-the-cúff *adj.* 《米口語》準備なしの, 即席の, 即座の (impromptu) (cf. on-the-cuff): an ~ speech 即席演説. — *adv.* 準備なしで, 即席[即興]で. 〘(1938) ← *off the cuff* (⇨ cuff[1] 成句)〙

óff-the-fáce *adj.* 〈女性の髪型・帽子が〉顔を隠さない, 顔にかからない. — *adv.* 顔を隠さないように, 顔にかからないように.

óff-the-jób *adj.* **1** 就業時間外の[に起こった]. **2** 失業中の[で]: an ~ worker 失業者. 〘1956〙

óff-the-jób tráining *n.* 〘経営〙職場外訓練 (cf. ON-THE-JOB training). 〘1962〙

óff-the-pég *adj.* 《英》=off-the-rack (cf. off the PEG). 〘1879–81〙

óff-the-ráck *adj.* 出来合いの, 既製の, レディメードの: ~ clothes (cf. off the RACK). 〘1963〙

óff-the-récord *adj.* [限定的] 記録に留めない[留めなかった], 非公式の, オフレコの (cf. on-the-record): an ~ remark 非公式に言った言葉, オフレコの発言. — *adv.* 記録に留めずに, 非公式に, オフレコで (cf. off the RECORD). 〘1933〙

O

óff-the-shélf *adj.* 〈商品など〉既製の, あつらえでない, 注文によらない. 〘1936〙

óff-the-shóulder *adj.* 〈ドレス・ブラウスなどが〉両肩を露出させた; 肩を出すタイプの. 〘1952〙

óff-the-wáll *adj.* 《米口語》とてつもない, 異様な, 狂気じみた. 〘1966〙

óff-tráck *adj.* 〘競馬〙〈馬券などが〉場外の. 〘1956〙

óff-tràck bétting *n.* 〘競馬〙(公認の)場外勝馬投票, 場外馬券. 〘1940–45〙

óff-tráde *n.* (酒類の)持ち帰り用販売(の市場).

off·ward /ɔ́(ː)fwəd, ɑ́(ː)f- | ɔ́fwəd/ *adv.* ある場所から離れて; 海岸から離れて, 沖に向かって. 〘1563〙

óff-whíte *adj.* 純白でない, 灰色[黄色]がかった白色の, オフホワイトの. — *n.* 灰色がかった白, 黄白色. 〘1927〙

óff-wídth *adj.* 〘登山〙〈岩の割れ目が〉ジャム (jam) としては広すぎチムニー (chimney) としては狭すぎる.

óff-wórld *n.*, *adj.* 《米》(SF などでの地球以外の)別世界(の).

off·y /ɔ́(ː)fi, ɑ́(ː)fi | ɔ́fi/ *n.* 《英俗》=offie.

óff-yèar *adj.* 《米》**1** 大統領選挙のない年の: an ~ election 中間選挙 (cf. midterm election). **2** 〈農作物など〉不作の年の, はずれ年の. 〘1906〙

óff yèar *n.* 《米》**1** 大統領選挙のない年. **2** (商売・農作物などの)不況[不作]の年 《*for*》. 〘(1870–75) ← OFF (*adj.* 4)〙

Of·gas, OFGAS /ɔ́(ː)fgæ̀s, ɑ́(ː)f- | ɔ́f-/ *n.* 《英》オフガス《民営化されたガス供給事業を監督し, 価格統制を行う政府機関》. 〘(1985)《略》← *Office of Gas Supplies*〙

O'Fiaich /oʊfiː | əʊ-; *Irish* oːfiə/, **Tomas** *n.* オーフィー《1923–90; アイルランドのカトリックの高位聖職者》.

of·lag /ɔ́(ː)flɑːg, ɑ́(ː)f- | ɔ́flæg, -lɑːg; *G.* ɔ́flaːk/ *n.* (第二次世界大戦中の)ドイツの将校用捕虜収容所. 〘(1941)《略》← G *Offizier(s) lager* officers' camp〙

O'Fla·her·ty /oʊflέəti, -flǽhə- | ə(ʊ)fléəti, -flǽhəti, -flɑ́ː(ə)ti/, **Li·am** /líːəm/ *n.* オフレアティ《1896–1984; アイルランドの小説家; *The Informer* (1925)》.

OFlem 《略》Old Flemish.

OFM 《略》〘カトリック〙L. Ordo Fratrum Minorum フランシスコ修道会 (Order of Friars Minor).

OFMCap. 《略》〘カトリック〙Ordo Fratrum Minorum Cappuccinorum (=Order of Friars Minor Capuchin) カプチン会.

OFMConv. 《略》〘カトリック〙Ordo Fratrum Minorum Conventualis (=Order of Friars Minor Conventual) コンベンツァール会.

OFr 《略》Old French.

OFris 《略》Old Frisian.

OFS 《略》Orange Free State.

Of·sted, OFSTED /ɔ́(ː)fsted, ɑ́(ː)f- | ɔ́f-/ *n.* 《英》オフステッド《各学校を定期的に視察し, 教育水準を監視する政府機関》. 〘《略》← *Of(fice for) St(andards in) Ed(ucation)*〙

oft /ɔ́(ː)ft, ɑ́(ː)ft | ɔ́ft/ *adv.* 《古・詩》=often: many a time and ~ 幾度となく. ★ 今では主として分詞とともに複合形容詞をなして用いられる: an *oft*-told anecdote しばしば語られた逸話 / an *oft*-quoted dictum よく引用される格言. 〘OE *oft* ← ? Gmc **oft-* (Dan. *ofte* / G *oft* / Goth. *ufta*) ← ? IE **op-* to work, produce in abundance (L *operārī* to work / *officium* service)〙

OFT /ɔ̀ʊèftíː | əʊ-/ 《略》《英》Office of Fair Trading 公正取引庁《不公正な商行為などを取り締まる政府機関》.

OFTEL, Oftel /ɔ́(ː)ftel, ɑ́(ː)f- | ɔ́f-/ *n.* 《英》(遠距離)電気通信局. 〘(1982)《略》← *Office of Telecommunications*〙

of·ten /ɔ́(ː)fən, ɔ́(ː)ftən, ɑ́(ː)f-, -tn̩ | ɔ́fən, ɔ́ftən, -tn̩/ ★ /t/ がある発音は 17 世紀ごろ教育ある人たちの発音から消えたのだが, つづり字式の発音でまた復活したもの. *adv.* (~·er, ~·est; more ~, most ~) しばしば, 度々 (frequently) (cf. seldom): more ~ than not たいてい / He ~ comes to see us. 彼はよく我々を訪ねて来る / How ~ was it the case with them? 彼らには何度ありましたか / I saw her there very ~. 彼女とそこで何度も会った / Does it happen so ~ [as ~ as that]? それはそんなに何度も起こるのですか / I cannot repeat this too ~ [~ enough]. このことはいくら繰り返しても繰り返しすぎることはない. ***áll tòo óften = ónly tòo óften*** よくないことがあまりにも頻繁に. ***as óften as*** …する度ごとに: *As* ~ *as* he comes, he gives me a present. 来る度ごとにお土産をくれる. ***as óften as one cán* [*cóuld*]** できるだけ度々. ***as óften as nót*** (どちらかと言えば)しばしば, 再々. ***èver so óften*** 時々, 時折. ***èvery so óften*** ⇨ every. ***ónce tòo óften*** (図に乗って)度々 (rather often): He went through the red lights *once too* ~ and had a bad accident. 度々赤信号を突破していたがとうとうひどい事故を起こした.
— *adj.* 《古》度々の (frequent): Use little wine for thy stomach's sake and thine ~ infirmities. 胃のため, またしばしば病(やまい)にかかるゆえに, 少しくぶどう酒を用いよ (*1 Tim.* 5:23).
〘(*a*1325) ME *oftin* 《異形》← *ofte*, *oft* 'OFT': Chaucer の詩では *ofte* (子音の前)と *often* (母音の前)が用いられている. *often* が標準語となったのは 16 世紀以降〙

SYN しばしば: **often** しばしば起こる出来事についていう《間隔は問題にしない》: He came *often*. 彼はよくやって来た. **frequently** *often* より頻度が高く, 短い間隔で反復されることを強調する《*often* よりも格式ばった語》: He *frequently* arrived late. しばしば遅刻した.

óften·tìmes *adv.* 《古》=often. 〘*c*1400〙

óft·tìmes *adv.* 《古・詩》=oftentimes. 〘*c*1390〙

Of·wat, OFWAT /ɔ́(ː)fwɑ(ː)t | ɔ́fwɔt/ *n.* 《英》オフウォット《民営化された水道事業を監督し, 価格統制を行う政府機関》. 〘(1986)《略》← *Office of Water Services*〙

o.g. 《略》own goal.

OG 《略》Officer of the Guard; 〘建築〙ogee; 《英》old girl; Olympic Games; 〘郵趣〙(mint stamp with) original gum; outside guard.

Og·a·dai /ɑ́(ː)gədáɪ | ɔ̀g-/ *n.* オゴタイ《1185–1241; モンゴル帝国第 2 代の皇帝 (1229–41), 太宗; ジンギスカン (Genghis Khan) の第 3 子; Ogotai ともいう; 中国語名, 窩闊台》.

O·ga·den /ougáːdən | ɔ̀gədén/ *n.* オガデン《ソマリア民主共和国に接する, エチオピア南東部の地域》.

og·am /ɑ́(ː)gəm, ɔ́(ː)g-, óug- | ɔ́gəm, əug-, ɔ́ːm/ *n.*, *adj.* =ogham.

Ó gàuge /óʊ- | əʊ-/ *n.* O ゲージ《鉄道模型の軌間; 約 $1^1/_4$ インチ; cf. S gauge》.

Og·bo·mo·sho /ɑ̀(ː)gbəmóuʃou, ɔ̀(ː)g- | ɔ̀gbəmə́uʃəʊ/ *n.* オグボモシュ《ナイジェリア南西部の都市》.

Og·burn /ɑ́(ː)gbəːn, ɔ́(ː)g- | ɔ́gbəːn/, **William Fielding** *n.* オグバーン《1886–1959; 文化遅滞 (cultural lag) の理論で有名な米国の社会学者》.

Og·den /ɔ́(ː)gdən, ɑ́(ː)g- | ɔ́g-/ *n.* オグデン《米国 Utah 州北部にある都市》.

Og·den /ɔ́(ː)gdən, ɑ́(ː)g- | ɔ́g-/, **C(harles) K(ay)** *n.* オグデン《1889–1957; 英国の心理学者; Basic English の創案者; *The Meaning of Meaning* (1923; I. A. Richards との共著)》.

og·do·ad /ɑ́(ː)gdouæ̀d | ɔ́gdəʊ-/ *n.* **1 a** 八. **b** 八つの組. **2** [the O-] 〘グノーシス派〙八柱の神 (⇨ heh deity). 〘(1621) ◻ LL *ogdoad-*, *ogdoas* ◻ Gk *ogdoás* the number eight ← *oktṓ* 'EIGHT': ⇨ -ad[1]〙

o·gee /óʊdʒiː, ─́ | əʊdʒiː, ─́─/ 〘建築〙*n.* オジー, 葱花(そうか)線, 反曲線《S 字形のように凸面と凹面のあるゆるやかな線形(なみがた)》. — *adj.* 葱花線の: an ~ roof [window] 葱花屋根[窓]. 〘(1428–29)《変形》← OF *augive* 'OGIVE'〙

ógee árch *n.* 〘建築〙オジーアーチ, 葱花迫持(そうかせりもち), 蓮華(れんげ)アーチ《keel arch または単に ogee ともいう》.

ó·geed *adj.* 反曲の, 葱花線形の. 〘1851〙

Ó·gen (mèlon) /óugen- | əʊ-/ *n.* 〘園芸〙オーゲンメロン《皮は緑色, 果肉は薄緑色で甘い小型のメロン》. 〘(1967): 開発されたイスラエルのキブツの名から〙

og·gy /ɑ́(ː)gi | ɔ́gi/ *n.* 《英方言》=Cornish pasty.

og·ham /ɑ́(ː)gəm, ɔ́(ː)g-, óug- | ɔ́gəm, əug-, ɔ́ːm/ *n.* **1** オガム文字《英国およびアイルランドで出土の古代アイルランド語碑文に用いられた 20 字から成る特殊なアルファベット; 650 年頃まで使用された》. **2** オガム碑銘. — *adj.* オガム文字の[で書かれた]. **~·ist** /-mɪ̀st | -mɪst/ *n.*

og·ham·ic /ɑ(ː)gǽmɪk, ɔ(ː)g- | ɔgǽm-/ *adj.* 〘(1627) ◻ OIr. *ogum* (Ir. *ogham*): 伝説の人 *Ogma* が始めたという〙

O·gil·vie /óugɫvi | əʊ-/, **John** *n.* オーグルビー《1797–1867; スコットランドの辞書編集者》.

o·give /óudʒaɪv, -gaɪv, ─́ | əʊdʒaɪv, -gaɪv, ─́─/ *n.* **1** 〘建築〙**a** オジーブ, 対角線リブ; 尖頭(せんとう)迫持(せりもち). **b** =ogee. **c** =lancet arch. **2** 〘数学・統計〙累積度数分布曲線図《英国の科学者 Sir Francis Galton の導入した用語》. **3** 〘宇宙〙(ロケット頭部の曲線状の)先端部.

o·gi·val /oudʒáɪvəɫ, -gáɪ-, -vɫ | əʊ-/ *adj.* 〘(1290) (古形) *ogif* ◻ F ～ < OF *augive* ◻ ? Sp. *aljibe* cistern ◻ ? Arab. 《方言》**al-jibb*=*al-jubb*〙

Og·la·la /ɑ(ː)gláːlə | ɔg-/ *n.* **1** (*pl.* ~s, ~) オグララ族《北米 Dakota 族に属する Teton 族の一支族》. **2** オグララ語《Dakota 語の一方言》. 〘1837〙

o·gle /óugɫ, ɑ́(ː)gɫ | əugɫ/ *vt.* **1** 流し目でそっと見る, …に秋波を送る. **2** (物欲しげに)見る, 眺める. — *vi.* 色目を使う, 秋波を送る. — *n.* 色目, 秋波. **ó·gler** /-glə, -glə | -glə[r], -gl-/ *n.* 〘(1682) ◻ ? LG *oegel* (freq.) ← *oegen* to look at ← *oege* 'EYE': cf. G *äugeln* to ogle ← *Auge* eye〙

O·gle·thorpe /óugɫθɔəp | əugɫθɔ̀ːp/, **James Edward** *n.* オーグルソープ《1696–1785; 英国の将軍; 米国 Georgia 植民地の建設者 (1733)》.

OGO /óugou | əugəʊ/ 《略》Orbiting Geophysical Observatory 地球観測(無人)衛星 (cf. OSO). 〘1961〙

O·go·oué /òugəwéɪ | əʊ-; *F.* ɔgɔwe/ *n.* [the ~] オゴウェ(川)《ガボン共和国を西流して大西洋に注ぐ川 (1,200 km)》.

Og·o·tai /ɑ̀(ː)gətáɪ | ɔ̀g-/ *n.* =Ogadai.

O·go·we /òugəwéɪ | əʊ-; *F.* ɔgɔwe/ *n.* [the ~] =Ogooué.

Og·pu, OGPU /ɑ́(ː)gpuː | ɔ́g-/ *n.* 合同国家政治保安部《ソ連の国家秘密警察; 1934 年に NKVD に改組; Gay-Pay-Oo ともいった》. 〘(1923) ◻ Russ. 《頭字語》← *O(b'edinionnoe) G(osudarstvennoe) P(oliticheskoe) U(pravlenie)* (=Unified Government Political Administration)〙

Ó gràde *n.* 《スコット》普通級 (Ordinary grade)《教育証明試験 (SCE) のうち 15–16 歳で受験する下級試験》; 普通級の試験科目.

o·gre /óugə | əugə[r]/ *n.* **1** (童話などの中に現れる)人食い鬼. **2** 恐ろしい残酷な人; 恐ろしいもの[こと]. **3** 難問[題], 難局. **ó·gre·ish** /-g(ə)rɪʃ/ *adj.* **ó·grish** /-grɪʃ/ *adj.* **ó·gre·ish·ly** *adv.* 〘(1713) ◻ F ～ ← ? L *Orcus* 'ORCUS'〙

o·gress[1] /óugrɪ̀s | əugrɪ̀s, -grɛs/ *n.* 女の人食い鬼, 鬼女. 〘(1713): ⇨ ↑, -ess[1]〙

o·gress[2] /óugrɪ̀s | əʊ-/ *n.* 〘紋章〙=pelle 6. 〘(1572)?〙

O·gun /ougúːn | əʊ-/ *n.* オグン《ナイジェリア南西部の州; 州都 Abeokuta》.

Og·y·ges /ɑ́(ː)dʒədʒìːz | ɔ́dʒɪ-/ *n.* 〘ギリシャ神話〙オーギュゲース《Boeotia または Attica の伝説的王; 治世中に大洪水が起こった》. 〘◻ L *Ōgygēs* ◻ Gk *Ōgúgēs*〙

O·gyg·i·a /oudʒídʒiə | ə(ʊ)-/ *n.* 〘ギリシャ神話〙オギュギア《Calypso の住んでいたという島》. 〘◻ L ～ ◻ Gk *Ōgúgia*〙

O·gyg·i·an /oudʒídʒiən | ə(ʊ)-/ *adj.* **1** 〘ギリシャ神話〙**a** オーギュゲース王 (Ogyges) の. **b** オーギュゲース王時代に起こった大洪水の. **2** 太古の, 歴史前の (prehistoric). 〘(1843) ← L *Ōgygius* (◻ Gk *Ōgúgios* ← *Ōgúgēs* 'OGYGES' + -AN[1]〙

oh /óu | əʊ/ *int.* **1** ああ, あ痛っ, うへっ, おい《驚き・苦痛・非難・願望などを表す》: *Oh*, what a surprise! ああ驚いた / *Oh*, boy! こりゃあ驚いた, いや全く / *Oh*, no! まさか / *Oh* yeah! 《米俗》(そんなこと)とんでもない, まさかね / *Oh, that* I had known it at that time. その時それを知ってたらなあ / *Oh, for* an umbrella! ああ, 傘があればいいのに. ★ 1 字の O はすぐ後に句読点がつかないが, oh の場合にはコンマまたは! などの句読点がつくのが普通 (cf. O). **2** [直接呼び掛けに用いて] おい, おお: *Oh*, mother! ああ, おかあさん / *Oh!* Mr. Jones. ああ, ジョーンズさん. **3** なるほど, ああそう《相手の言うことを了解したときにいう》. — *n.* **1** oh という叫び声. **2** 0, ゼロ (zero): three nine *oh* three 3903. — *vi.* oh と叫ぶ. 〘(1534)《異形》← O〙

o.h. 《略》observation helicopter; office hours; 〘処方〙L. omni hora 毎時 (every hour); on hand; 〘冶金〙open hearth.

OH 《略》〘米郵便〙Ohio (州).

O'Hair /ouhέə | ə(ʊ)héə[r]/, **Mandalyn Murray** *n.* オヘア《1919–1995; 米国の無宗教運動家; 公共機関から宗教色を排除する運動を中心に活動》.

O'Ha·ra /ouhǽrə, -hέrə | ə(ʊ)hɑ́ːrə/, **John** (**Henry**) *n.* オハラ《1905–70; 米国の小説家; *Appointment in Samarra* (1934)》.

O'Hara, Scarlett *n.* オハラ《M. Mitchell の *Gone with the Wind* の女主人公》.

O'Háre Internátional Áirport /ouhέə- | ə(ʊ)héə(r)-/ *n.* オヘア国際空港《米国 Chicago の空港》.

OHC, o.h.c. 《略》〘自動車〙overhead camshaft 頭上カム軸式.

O. Hen·ry /óuhénri | əʊ-/ *n.* オー ヘンリー《1862–1910; 米国の短編小説家; William Sydney Porter の筆名; *The Four Million* (1906)》.

OHG 《略》Old High German.

o·hi·a /ouhíːə | ə(ʊ)-; *Hawaii.* ʔoːhíːʔa/ *n.* =lehua. 〘(1824) ◻ Hawaiian *ʻōhiʻa*〙

ohía-lehúa *n.* =lehua.

O'Hig·gins /ouhígɪnz | ə(ʊ)-; *Am.Sp.* oíγins/, **Ambrosio** *n.* オヒギンス, オイギンス《1720–1801; アイルランド生

まれの軍人; スペインの南米植民地行政官).
O'Higgins, Bernardo *n.* オヒギンズ, オイギンス《1778–1842; Ambrosio の子; チリの将軍・政治家; Liberator of Chile と呼ばれた》.
O·hi·o /oʊháɪoʊ, ə- | ə(ʊ)háɪəʊ/ *n.* **1** オハイオ《米国東中部の州, 面積 106,765 km²; 州都 Columbus (⇨ United States of America 表)》. **2** [the ～] オハイオ(川)《米国東中部 Ohio, Indiana, Illinois 3 州の南端を流れて Cairo で Mississippi 川に合流する川 (1,570 km)》. 〖□F ～ ← N-Am.-Ind. (Iroquoian) *Ohheoh*《原義》 the beautiful or great river: もと川の名〗
O·hi·o·an /oʊháɪoʊən, ə- | ə(ʊ)háɪəʊ-/ *adj.* (米国) Ohio 州(人)の. ― *n.* Ohio 州人. 〖1818〗
Öh·len·schlä·ger /ɜ́:lənʃlèɪɡə | -ɡə^(r); *Dan.* ǿ:ˈlənslɛ:jʌ/ *n.* ＝Oehlenschläger.
ohm /óʊm | ə́ʊm/ *n.* 〘電気〙 オーム《電気抵抗の単位; 記号 Ω》. 〖(1861)↓〗
Ohm /óʊm | ə́ʊm; *G.* ó:m/, **Georg Simon** *n.* オーム《1787–1854; ドイツの物理学者; Ohm's law を発見 (1827)》.
ohm·age /óʊmɪdʒ | ə́ʊm-/ *n.* 〘電気〙 オーム数《オームで表した抵抗値》.
óhm-ámmeter *n.* 〘電気〙 抵抗電流計. 〖← OHM(METER)＋AMMETER〗
ohm·ic /óʊmɪk | ə́ʊm-/ *adj.* 〘電気〙 抵抗の, 抵抗性の.
óhm·i·cal·ly *adv.* 〖1889〗
óhmic cóntact *n.* 〘電気〙 オーミックコンタクト《半導体の接続などで整流作用などのない単なる抵抗のみをもった接続》. 〖1949〗
óhmic lóss *n.* 〘電気〙 抵抗損.
óhmic resístance *n.* 〘電気〙 純抵抗, オーム抵抗. 〖1889〗
óhm·mèter *n.* 〘電気〙 オーム計, 電気抵抗計. 〖*c*1890〗
OHMS /óʊèɪtʃèmés | ə́ʊ-/ 《略》《英》 On His [Her] Majesty's Service 公用《公文書などの無料配達のしるし》.
Óhm's láw *n.* 〘電気〙 オームの法則《電流は電圧に比例し, 抵抗に反比例するという(線形抵抗にのみあてはまる)法則》. 〖1850〗
o·ho /oʊhóʊ | ə(ʊ)háʊ/ *int.* ほほー, ほーっ, へーえ, わーい《驚き・愚弄・歓喜などを表す》. 〖(*a*1325) ← O＋HO〗
oh-oh /óʊòʊ | ə́ʊə̀ʊ/ *int.* ＝uh-oh.
-o·hol·ic /əhɑ́(:)lɪk | əhɔ́l-/ ＝-aholic: alco*holic*, computer*holic*.
o·hone /ɑ(:)xóʊn | ɔxə́ʊn/ *int.* ＝ochone.
Ó-horìzon *n.* 〘土壌〙 O 層位《A 層位の上の層位にある有機物層; 森林下地表面に落葉・落枝が集積して 20–30 % 以上の有機物量を含んでいる; cf. ABC soil》.
OHP /óʊèɪtʃpí: | ə́ʊ-/ 《略》 overhead projector.
Oh·rid /ɔ́(:)krɪd, ɑ́(:)k-, -xrɪd | ɔ́k-, ɔ́x-; *Macedonian* ɔ̂hrit/ *n.* [Lake ～] オフリト湖《アルバニア東部とマケドニア南部の間の湖; 湖水は Drin 川から流れ出る》.
óh-sò *adv.* 《口語》 とても, すごく. 〖1922〗
OHT /óʊèɪtʃtí: | ə́ʊ-/ 《略》 overhead transparency.
o·hu /óʊhu: | ə́ʊ-/ *n.* 《NZ》(ボランティアの)作業グループ. 〖(1862) ← Maori〗
OHV, o.h.v. 《略》〘自動車〙 overhead valve.
oi /ɔɪ/ *int.* こら, おい《しかったり呼びかけたりするときに用いる》. ― *n.* 〘音楽〙 オイ(パンク)《特に 1970 年代後半から 80 年代にかけて, パンク本来の粗野な攻撃性を取り戻そうとしたもの》. 〖(1962)《変形》← HOY²〗
-o·ic /óʊɪk | ə́ʊɪk/ *suf.* 〘化学〙「カルボキシル (carboxyl) またはその誘導体を含む」の意を表す形容詞を造る: naphth*oic*, hexan*oic*. 〖(1971) ← -O-＋-IC¹〗
OIcel 《略》 Old Icelandic.
oick /ɔɪk/ *n.* 《英俗》＝oik. 〖(1925) ← ?〗
-oid /⌐—ɔɪd, ⌐ɔɪd/ *suf.*「…のような(物), …状の(物), …質の(物), …類似の(物)」などの意の形容詞・名詞を造る: alkal*oid*, anthrop*oid*, cellul*oid*, kel*oid*, Mongol*oid*, ov*oid*. 〖□F *-oïde* ∥ L *-oīdēs* □ Gk *-oeidḗs* ← -o-＋*-eidḗs* -like ← *eîdos* shape: cf. -ode¹〗
-oi·da /ɔ́ɪdə | -də/ *suf.* 〘動物〙＝-oidea: Hydr*oida*.
-oi·de·a /ɔ́ɪdiə | -diə/ *suf.* 〘動物〙「…の特徴をもつもの」の意で科以上の分類名を表す複数名詞を造る: Echin*oidea* ウニ綱. 〖← NL ～ ← L *-oīdēs* '-OID'＋*-ea* ((neut. pl.) ← *-eus* '-EOUS')〗
o·id·i·um /oʊídiəm | əʊíd-/ *n.* (*pl.* **-i·a** /-diə | -diə/) **1** 〘植物〙 分裂子, オイジウム《菌類の菌糸が無性的に分裂してできた個体》. **2** 〘植物病理〙(分裂子によって生じるブドウなどの)うどん粉病. 〖(1857) ← NL ～ ← *o-* (← Gk *ōión* egg)＋-IDIUM〗
OIEO 《略》《英》〘広告〙 offers in excess of …を超える付け値.
oij. 《略》〘処方〙 *L.* octārius duos 2 パイント (two pints). ★ ij は古い書き方で, ii と読む.
oik /ɔɪk/ *n.* 《英俗・軽蔑》 無骨者, 田舎者《無教養・低学歴・下層階級出身で劣等とみなされる者》. 〖(1925) ← ?〗
oik·ish /ɔ́ɪkɪʃ/ *adj.* 《英俗・軽蔑》 いやな, ひどい. 〖1959〗
oi·ko- /ɔ́ɪkoʊ | -kəʊ/ ＝eco-¹·².
oil /ɔɪl/ *n.* **1 a** (各種の)油: mineral ～ 鉱油 / essential ～ (香油などの原料になる)精油 / fish ～ 魚油 / lubricating ～ 潤滑油, 減摩油 / machine ～ 機械油 / olive ～ オリーブ油 / refined ～ 精製油 / table ～ 食卓用油, サラダ油 / ～ of almonds アーモンド油 / ⇨ animal oil, burning oil, fatty oil, fixed oil, fuel oil, holy oil, vegetable oil. **b** 油性のもの, オイル状のもの《化粧用塗布剤, 塗布液など》: bath ～ 浴用油. **2 a** 《米》 石油 (petroleum): heavy [light] ～ 重[軽]油 / crude ～ 原油. **b** [*pl.*] 石油株. **3 a** [通例 *pl.*] 油絵の具 (oil color): paint in ～*s* 油絵を描く / a portrait in ～*s* 油絵の肖像画. **b** 油絵: fair ～*s* by French artists フランスの画家のかいた立派な油絵. **c** (顔料などの)溶剤. **4** 《口語》人当たりのよい[もっともらしい]言葉, おべっか, おべんちゃら (flattery). **5** 《豪俗》 情報 (information); 事実: ⇨ dinkum [good] oil.

add* [*pùt*] *óil to the fíre* [*fláme*]＝*póur* [*thrów*] *óil on the fláme*(*s*)** (火に油を注ぐように)けんかをあおる, 騒ぎをひどくする; 人を怒らせるようにしむける. ***búrn the mídnight óil 夜遅くまで勉強する[働く] 〔*over*〕: 研鑽(けんさん)を積む (cf. SMELL *of the lamp*). ***óil and vínegar* [*wáter*]** (油と酢のように)互いに相いれないもの,「水と油」. ***póur óil on tróubled wáters* [*the wáters*]** (油を流して波を静めるように)なだめて騒ぎ[争い]を静める, 仲裁する. ***sméll of* (*the mídnight*) *óil*** ⇨ smell *v.* 成句. ***strike óil*** (1) 油脈を掘り当てる. (2) (投機などで)山を当てる, (突然)大金持ちになる. (3) 〈有形・無形のものを〉運よく捜し当てる.

óil and vínegar オイルアンドビネガードレッシング.
óil of bén ⇨ ben³ 1.
óil of catechúmens (洗礼・叙品式・戴冠式・献堂式などの際に用いる)聖油.
óil of clóves ⇨ clove oil. 〖1747〗
óil of the síck 〘キリスト教〙(病人の秘跡 (sacrament) に用いる)聖油 (cf. extreme unction).
óil of túrpentine テレビン油.
óil of vítriol 〘化学〙＝sulfuric acid.
óil of wíntergreen 〘化学〙＝wintergreen oil.

― *adj.* [限定的] **1** 油の, 油状の. **2** 油を作る; 油から採れる. **3** (燃料に)油を用いる. **4** 油絵の具の.
― *vt.* **1** …に油を塗りつける (smear), 〈機械・車輪〉に油を差す (lubricate), 油を引く, 油にひたす: ～ the door. **2** 滑らかにする: ～ one's [the] tongue べらべらおべっかを言う. **3** 〈脂肪・バターなどを〉溶かす. ― *vi.* **1** 〈バターなどが〉溶ける, 油状になる 〈*off*〉. **2** 〈船などが〉燃料油を積み込む.

***óil a person's* [*the*] *hánd* [*pálm*]** ⇨ palm¹ 成句.
óil the whéel ⇨ wheel 成句.

～·like *adj.* 〖lateOE *oile, olie* □ ONF *olie*＝OF *oile* (F *huile*) □ L *oleum* □ Gk *élaion* olive oil ← *elaía* 'OLIVE tree' ∽ OE *ēle, œle* □ L *olium, oleum*〗
óil bàth *n.* 〘機械〙 油浴《金属の熱処理, 機械部品の潤滑などのため油の中に浸すこと》; (油浴用の)タンク. 〖1838〗
óil-bèaring *adj.* 〘地質〙 含油の: ～ strata 含油層.
óil bèetle *n.* 〘昆虫〙 ツチハンミョウ《ツチハンミョウ属 (*Meloe*) の甲虫の総称; 襲われるとその脚の腺から黄色の液を分泌する; オオツチハンミョウ (*M. proscarabaeus*), カラフトツチハンミョウ (*M. violaceus*) など》. 〖1658〗
óil·bèrg /-bə̀:ɡ | -bə̀:ɡ/ *n.* 〘海事〙(積載量 20 万トン以上の)大型(オイル)タンカー, マンモス[超大型]タンカー. 〖(1966) ← OIL＋(ICE)BERG〗
óil·bìrd *n.* 〘鳥類〙 アブラヨタカ (*Steatornis caripensis*)《南米および Trinidad 産の鳥で洞窟にすみ集団行動もする; そのひな鳥から原住民が脂肪をとり, バター代用品や灯火用にした; guacharo ともいう》. 〖*c*1890〗
óil bùrner *n.* **1** オイルバーナー《重油を燃焼させるための装置》. **2** 重油専焼船. 〖1900〗
óil-bùrning *adj.* (暖房などが)重油[石油]を使う. 〖1886〗
óil càke *n.* (綿実などの)油かす《飼料・肥料用》. 〖1743〗
óil·càn *n.* **1** 油の缶. **2** (注ぎ口の突き出た)油差し. 〖1839〗
óil capácitor *n.* 〘電気〙＝oil-filled capacitor.
óil círcuit brèaker *n.* 〘電気〙 油入遮断器《油の中で接点を開く遮断器》. 〖1924〗
óil·clòth *n.* **1** 油布《テーブルクロスまたは家具のカバーに用いる》. **2** ＝oilskin. **3** ＝linoleum. 〖1697〗
óil còlor *n.* **1** 油絵の具(用の顔料). **2** ＝oil paint. 〖1539〗
óil condénser *n.* 〘電気〙＝oil-filled capacitor.
óil-cóoled *adj.* 〈エンジンなどが〉油冷式の. 〖1904〗
óil cùp *n.* (機械の動く部分へ油を送る)油入れ, 油つぼ. 〖1850〗
óil drìll *n.* 〘機械〙＝oilhole drill.
óil drùm *n.* 石油(運搬)用ドラム缶. 〖1909〗
oiled /ɔɪld/ *adj.* **1** 油を引いた[で処理した, に漬けた, を差した]: ～ silk 絹油布《薄いレインコート地》/ ～ sardines 油漬けのイワシ. **2** 滑らかにした: have a well-*oiled* tongue おべっかがうまい. **3** 《俗》 酔っ払った. 〖1535〗
óil èngine *n.* 石油機関[エンジン].
oil·er /ɔ́ɪlə | -lə^(r)/ *n.* **1** 給油者, (機械の)油差し(人). **2** 給油装置, 自動油差し(器); 油差し(器) (oilcan). **3** [*pl.*] 《米》(上下揃いの)油布製衣服 (oilskins). **4** 《米》 油井 (oil well). **5** 油送船, タンカー (tanker); 重油専焼船. 〖1552〗
óil fìeld *n.* 油田; (特に, 未発掘油田と区別して)生産油田. 〖1894〗
óil-fìlled cáble *n.* 〘電気〙 油入ケーブル.
óil-fìlled capácitor *n.* 〘電気〙 油入コンデンサー (oil capacitor, oil condenser ともいう).
óil fìlter *n.* 油濾過器, オイルフィルター. 〖1907〗
óil-fìred *adj.* 油を燃料とする.
óil·fìsh *n.* 〘魚類〙 バラムツ (⇨ escolar 2).
óil gàs *n.* オイルガス《中油・軽油などを加熱分解して得られるガス》.
óil gàuge *n.* **1** 油脂比重計 (oleometer). **2** (自動車エンジンなどの)オイル(レベル)ゲージ, 油面計.
óil gìlding *n.* 漆・ラッカーの陶砂を用いて行うガラス器・陶器の塗金. 〖1847〗
óil glànd *n.* 〘鳥類〙(水鳥の尾部にある)脂肪分泌腺, 脂腺; (特に)尾(脂)腺 (uropygial gland). 〖*c*1836〗
óil gràss *n.* 〘植物〙 油脂草の総称《コウスイガヤ (citronella), レモングラス (lemongrass) など; cf. grass oil》.
óil gròove *n.* 〘機械〙 油みぞ《潤滑油のまわりをよくするために軸受面に切ったみぞ》.
óil hàrdening *n.* 油焼入れ. 〖1890〗
óil hèater *n.* 石油ヒーター[暖房器].
óil·hòle *n.* 〘機械〙 油穴.
óilhole drìll *n.* 〘機械〙 油穴付きドリル《鉄板などに穴を開けるとき刃先[ドリル]に油を掛けてやるための油差し穴つきの錐(きり); oil drill ともいう》.
oil·i·ly /ɔ́ɪləli/ *adv.* 油のように; 弁舌さわやかに, お世辞たらたらに. 〖1862〗
óil làmp *n.* 石油ランプ. 〖1813〗
óil·less *adj.* 油のない, 油の切れた; 注油の必要のない: an ～ electric fan 注油不要扇風機. **～·ness** *n.* 〖*a*1787〗
óil·màn /-mæ̀n, -mən/ *n.* (*pl.* **-men** /-mèn, -mən/) **1** 石油企業家, 製油業者, 油田主. **2** 石油業者, 油商人. **3** 油田労働者. 〖1440〗
óil mèal *n.* 粉末油かす《家畜飼料または肥料》. 〖1886〗
óil mìll *n.* **1** 搾油機. **2** 搾油工場. 〖*c*1420〗
óil nùt *n.* 〘植物〙 オイルナット《coconut, butternut, oil palm の実など油脂を採る種子》. 〖1694〗
óil pàint *n.* 油絵の具, 油性塗料, 油ペイント. 〖1790〗
óil pàinting *n.* **1** 油彩画法. **2** 油絵, 油彩画: She is no ～. 《口語》 彼女は不美人だ. 〖1782〗
óil pàlm *n.* 〘植物〙 ギニアアブラヤシ (*Elaeis guineensis*)《西アフリカ・ブラジル産; 果実からパーム油 (palm oil) を採る》. 〖*c*1864〗
óil pàn *n.* 〘自動車〙 オイルパン, 油受け《内燃機関の下部の潤滑油をためる部分》. 〖1908〗
óil pàper *n.* 油紙. 〖1836–39〗
óil pàtch *n.* 《米口語》 油田[石油生産]地帯; [the ～] 石油産業.
óil plànt *n.* 油脂植物《ゴマなど油を採る植物》. 〖1848〗
óil plàtform *n.* ＝oilrig. 〖1973〗
óil prèss *n.* 油搾り器(具), 搾油機. 〖1715〗
óil préssure gàuge *n.* 油圧計.
óil pròcess *n.* 〘写真〙 オイル印画法《重クロム酸塩で感光性にしたゼラチンを用いたゼラチン凹凸像に油性着色剤をつける着色印画法》.
óil-prodùcing *adj.* 石油を産する: ～ countries 産油諸国.
óil-pròof *adj.* 耐油の. 〖1880〗
óil·rìg *n.* 石油掘削装置. 〖1885〗
óil rìng *n.* **1** (印章彫刻家用の)油指輪《彫刻刀の刃先を研ぐ油とダイヤモンド細粉を混ぜたものを入れた小容器のついた指輪》. **2** 〘機械〙 オイルリング《すべり軸受の潤滑のためにつけたリング》. 〖1900〗
Óil Rívers /ɔ́ɪl-/ *n. pl.* [the ～] オイルリバーズ《ナイジェリア南部 Niger 川のデルタ地帯》.
óil sànd *n.* 油砂(ゆさ)《石油やアスファルトを含んだ岩石》. 〖1883〗
óil·sèed *n.* **1** 脂肪種子《ゴマ・アブラナ・亜麻仁(あまに)など蓄積脂肪の特に多い種子》. **2** 〘植物〙＝GOLD of pleasure. 〖1562〗
óilseed rápe *n.* 〘植物〙 セイヨウアブラナ (rape).
óil shàle *n.* 〘岩石〙 油母(ゆぼ)頁岩(けつがん), 油頁岩, オイルシェール《乾溜して頁岩油 (shale oil) を採る》. 〖1873〗
óil·skìn *n.* **1** オイルスキン, 油布《油製のもので防水加工した布》. **2** 油布製レインコート, 油布製衣類. **3** [*pl.*] (上下揃いの)油布製衣服. 〖1812〗
óil slìck *n.* 水面上の油膜. 〖1889〗
óil-sóluble *adj.* 油溶性の. 〖1925〗
óil spìll *n.* (海上での)石油流出.
óil-spòt *n.* 油性の斑点, 油じみ; 油滴《中国産天目茶碗の表面に現れている油の滴に似た斑点; 釉から気泡が出た跡に生成された酸化鉄の結晶》. 〖1922〗
óil sprìng *n.* オイルスプリング《鉱油を産する泉》. 〖1762〗
óil·stòne *n.* 油砥石(といし). ― *vi.* 油砥石で研(と)ぐ[磨く, 研磨する]. 〖1585〗
óil·stòve *n.* 石油ストーブ.
óil swìtch *n.* 〘電気〙 油入り開閉器《接点を油中で開閉するスイッチ; cf. air switch》. 〖1904〗
oil-tank·er /ɔ́ɪltæ̀ŋkə | -kə^(r)/ *n.* **1** 油送船, タンカー. **2** 油運搬車. 日英比較 日本語の「オイルタンカー」は油送船のみを表すが, 英語の *oil-tanker* は油送用の自動車も指す. ⇨ tanker 日英比較 〖1920〗
óil tànning *n.* 〘皮革〙 油なめし《魚油などを用いて皮をなめす方法》.
óil·tìght *adj.* 油密の, 油の漏らない. **～·ness** *n.* 〖1859〗
óil vàrnish *n.* 〘化学〙 油ワニス, 油性ワニス《亜麻仁油(あまにゆ)・桐油(とうゆ)などの乾性油またはボイル油に樹脂を溶解したもの》.
óil wèll *n.* 油井(ゆせい). 〖1847〗
oil·y /ɔ́ɪli/ *adj.* (**oil·i·er**; **-i·est**) **1** 油の; 油性の; 油を含む. **2** 油を引いた; 油っこい; 油だらけの (greasy). **3** 口先のうまい (unctuous), 弁舌の達者な (suave): have a smooth, ～ tongue 舌がよく回る. ― *adv.* ＝oilily.
óil·i·ness *n.* 〖1392〗
óil yéllow, O- Y- *n.* **1** 油溶性の黄色染料. **2** 〘染色〙 オイルエロー ($C_6H_5N_2C_6H_4N(CH_3)_2$)《発癌性のアゾ染料; 昔バターや油の色付けに用いた; butter yellow, methyl yellow ともいう》.
oink /ɔɪŋk/ 《口語》 *n.* (豚の声・鳴きまねの)ぶーぶー. ― *vi.* ぶーぶーいう. 〖(1941) 擬音語〗
oi·noch·o·e /ɔɪnɑ́(:)koui | -nɔ́kəʊi/ *n.* (*pl.* **～s, -o·ae**

O

/-koʊìː | -kɔʊìː/ ＝oenochoe.

oint·ment /ɔ́ɪntmənt/ *n.* 軟膏, 化粧クリーム (unguent). ***a flý in the óintment*** ⇨ fly² *n.* 成句. 〘(*c*1280) ME *oignement* ◻ OF ＜ VL **unguimentum* ＝L *unguentum* 'UNGUENT': *-t-* は《廃》*oint* to anoint の影響で 14 世紀から〙

OIr 《略》 Old Irish.

Oir·each·tas /ɛ́rəkθəs, ɛ́rəx-; *Irish* ór̠ʲəxtəs/ *n.* [the ～] **1** 《アイルランド共和国の国会《下院 (Dail Eireann) および上院 (Seanad Eireann) とから成る》. **2** 国民文学大会《アイルランド語の使用を奨励するために毎年 Dublin 等の都市で開かれる》. 〘(1902) ◻ Ir. ～ 'assembly'〙

OIRO 《略》《広告》 offers in the region of.

Oise /wáːz; *F.* waːz/ *n.* **1** オアーズ(県)《フランス北部の県; 面積 5,857 km², 県都 Beauvais》. **2** [the ～] オアーズ(川)《ベルギー南部からフランス北部を流れ Paris の近くで Seine 川に合流する川 (303 km)》. 〘◻F ～ ＜ L **Oiseze Isara*《原義》? frozen water: もと川の名〙

Oi·sin /óʊʃíːn | ɔ́ʊ-; *Irish* óʃiːnʲ/ *n.* 《アイル伝説》オシーン《Finn の子で文武にすぐれた英雄; Ossian とも呼ばれ 3 世紀頃の人とされている》. 〘◻ Gael. ～ 'OSSIAN'〙

Oi·strakh /ɔ́ɪstrɑːk, -strɑːx; *Russ.* ójstrəx/, **David Fëdorovich** *n.* オイストラフ《1908–74; ロシアのバイオリン奏者》.

OIt 《略》 Old Italian.

OIT 《略》 Office of International Trade (米国の)国際貿易局.

oi·ti·ci·ca /ɔ̀ɪtəsíːkə | -tɪ-/ *n.* 《植物》オイチシカ (*Licania rigida*)《ブラジル産バラ科の高木; 種子から油を採る》. 〘(1901) ◻ Port. ～ ◻ Tupi *oitycica, uiticica*〙

oiticíca òil *n.* 《化学》オイチシカ油《オイチシカの種子から採る乾性油; ワニス・ペンキ・印刷インクなどの製造用》. 〘1918〙

OJ 《略》《米口語》 orange juice.

O·jib·wa /oʊdʒíbweɪ, -wə | ə(ʊ)-, ɔ-/ (*also* **O·jib·way** /～/) *n.* (*pl.* ～, ～**s**) 《米》 **1 a** [the ～(s)] オジブウェー族《Algonquian 語族に属するアメリカインディアンの大種族; Superior 湖地方に住みメキシコ以北での最大種族; Chippewa とも呼ばれる》. **b** オジブウェー族の人. **2** オジブウェー語《Algonquian 語族》. **—** *adj.* オジブウェー族の; オジブウェー語の. 〘(1700) ◻ Am.-Ind. *Ojibway*《原義》to roast till puckered ← *ojib* to pucker＋*up-way* to roast: この種族の用いる鹿皮靴の縫目にしわが寄っていることから〙

OJT, ojt 《略》《経営》 on-the-job training.

OK /òʊkéɪ, ╌╌, əkéɪ | ɔ̀ʊkéɪ/《口語》*adj.* 間違いのない, 正しい (all correct): Everything's *OK*. 万事異常なし. **—** *adv.* **1** 間違いなく, 大丈夫: The radio was working *OK*. ラジオはちゃんと聞こえていた. **2** よろしい, オーケー, オーライ (all right). **—** *n.* (*pl.* ～**'s**) 承認, 許可: get an *OK* on a proposal 提案に同意[承諾]を得る. **—** *vt.* (*OK'd*; *OK'ing*; *OK's*) …に OK と書く; (OK と書いて) 承認する; …に賛成する, 同意する: *OK* a plan 案に同意する / I *OK'd* all their demands. 彼らの要求をすべて承認した. 〘(1839): 語説 (例えば all correct の発音綴り *oll korrect* からなど) があるが, Martin Van Buren を支持する民主党の一派が彼の生地 Kinderhook, N.Y. にちなんで命名したという O.K. (Old Kinderhook) Club (1840) によって一般化した〙

OK 《略》《米郵便》 Oklahoma (州); 《海事》 outer keel 外竜骨.

o·ka /óʊkə | ɔ́ʊ-/ *n.* オーク《トルコおよびその周辺の国々の単位》: **a** 重量単位 (約 2⅘ pounds). **b** 液量単位 (約 1⅓ 米 quarts). 〘(1625) ◻ It. *oc(c)a* ◻ F *o(c)que* ◻ Turk. *ōqah* ◻ Arab. *ūqīyaʰ* ◻ ? Gk *ougkía* ◻ L *uncia* 'OUNCE'〙

O·ka¹ /oʊkɑ́ː | ɔʊ-; *Russ.* akά/ *n.* [the ～] オカ(川): **1** ロシア連邦西部を北東に流れる Volga 川最大の支流 (1,500 km)》 **2** シベリア南部の Sayan 山脈から北流し, Angara 川に合流 (850 km).

O·ka² /óʊkə | ɔ́ʊ-/ *n.* オカチーズ《カナダ産の半硬質チーズ》.

O·ka·na·gan /òʊkənάːgən | ɔ̀ʊ-/ *n.* **1** [the ～] オカナガン(川)《カナダの Okanagan 湖から米国 Washington 州北東部の Columbia 川に南へ下る北米の川 (483 km)》. **2** オカナガンインディアン《カナダの British Columbia と米国 Washington 州の Okanagan 川流域に住む》. **3** オカナガンインディアンの言語《Salish 語群に属する》.

Okanágan Láke *n.* オカナガン湖《カナダの British Columbia 州南部にある湖; 湖水は Okanagan 川に流入し Columbia に至る》.

O·ka·nog·an /òʊkənά(ː)gən | ɔ̀ʊkənɔ́g-/ *n.* ＝Okanagan.

o·ka·pi /oʊkάːpi | ə(ʊ)-/ *n.* (*pl.* ～**s**, ～) 《動物》オカピ (*Okapia johnstoni*)《アフリカ中部産のキリン科の動物; キリンよりも小形で頸(くび)が短い》. 〘(1900) ← W-Afr.《現地語》〙

okapi

O·ka·ra /oʊkάːrə | ɔʊ-/ *n.* オカラ《パキスタン中東部 Panjab 州の都市》.

O·ka·van·go /òʊkəvǽŋgoʊ | ɔ̀kəvǽŋgəʊ/ *n.* [the ～] ＝Okovanggo.

o·kay /òʊkéɪ, ╌╌, əkéɪ | ɔ̀ʊkéɪ/ *adj., adv., n., vt.* ＝OK.

ÓK Corrál /óʊkeɪ-/ *n.* OK 牧場《米国 Arizona 州 Tombstone にある畜舎; 1881 年に保安官の兄弟 Wyatt Earp や Doc Holliday などが Clanton 一家と撃ち合いを行った場所; この話をもとに映画 *Gunfight at the OK Corral* が作られた》.

oke¹ /oʊk | ɔʊk/ *n.* ＝oka. 〘1645〙

oke² /oʊk | ɔʊk/ *adj., adv.* 《俗》＝okay.

oke³ /oʊk | ɔʊk/ *n.* 《南ア口語》人, やつ (man).

O·kee·cho·bee /òʊkətʃóʊbi, -kiː- | ɔ̀ʊkɪtʃɔ́ʊ-, -kiː-/, **Lake** *n.* オキチョビ湖《米国 Florida 州南部, 沼沢地方 (the Everglades) の北部にある湖; 長径 64 km, 短径 40 km》. 〘◻ Am.-Ind. ～《原義》? water-big〙

O'Keeffe /oʊkíːf | ə(ʊ)-/, **Georgia** *n.* オキーフ《1887–1986; 米国の女流画家》.

O·ke·fe·nó·kee Swámp /òʊkəfənóʊki- | ɔ̀ʊkɪ̀fɪ̀nɔ́ʊ-/ *n.* [the ～] オキフェノキー沼沢地《米国 Georgia 州南東部から Florida 州北東部にかけての沼沢地帯》. 〘*Okefenokee*: ← Am.-Ind.《原義》trembling earth〙

Ok·e·ghem /ά(ː)kəgɛ̀m | ɔ́k-; *Du.* ó:kəɣəm/ *n.* ＝Ockeghem.

o·keh /òʊkéɪ, ╌╌, əkéɪ | ɔ̀ʊkéɪ/ *adj., adv., n., vt.* ＝OK.

O'kel·ley /oʊkéli | ə(ʊ)-/, **Seán T(homas)** *n.* オケリー《1883–1966; アイルランドの政治家; Sinn Fein の指導者; アイルランドの大統領 (1945–59)》.

o·key /òʊkéɪ, ╌╌, óʊkeɪ | ɔ̀ʊkéɪ/ *adj., adv., n., vt.* ＝OK.

o·key·doke /òʊkidóʊk | ɔ̀ʊkidə́ʊk/ *adj., adv.* (*also* **o·key·do·key** /-ki/) 《俗》＝OK. 〘(1932) *doke* は無意味に添えたもの〙

O·khotsk /oʊkά(ː)tsk, ╌╌ | əʊkɔ́tsk, ɔk-/, **the Sea of** *n.* オホーツク海《Kamchatka 半島の西側にある太平洋の支海; 面積 1,528,000 km²; 最深部 3,374 m; ロシア語名 Okhofskaya Mora /*Russ.* axótskəjə mór'ə/》.

Okhótsk Cúrrent *n.* [the ～] 千島海流, 親潮.

ok·ie /óʊki | ɔ́ʊ-/ *n.* 《南ア口語》＝oke; [呼び掛け] 坊や, 坊ちゃん. 〘(1943)《変形》← Afrik. *outjie*〙

O·kie /óʊki | ɔ́ʊ-/ *n.* 《米》 **1** 《口語》 **a** 《米国中央部, 特に Oklahoma 州あたりの干ばつ・砂あらし (dust bowl) や害虫などのために農地を失った》移動農業労働者. **b** 移動農業労働者. **2** [軽蔑的に用いて] 米国 Oklahoma 州の人. 〘(1938) ← OKLAHOMA＋-IE 1〙

O·ki·na·wan /òʊkənάːwən, -náʊən | ɔ̀kɪ̀náːwən, ə̀ʊ-, ə-/ *adj., n.* 沖縄の(人). 〘(1944): ⇨ -an¹〙

ok·ka /ά(ː)kə | ɔ́kə/ *n.* ＝oka.

Okla. 《略》 Oklahoma.

O·kla·ho·ma /òʊkləhóʊmə | ɔ̀ʊkləhə́ʊ-/ *n.* オクラホマ《米国中央部の州 (⇨ United States of America 表)》. 〘◻ Am.-Ind. (Choctaw) ～ ← *okla* people＋*homma* red〙

Óklahòma Cíty *n.* オクラホマシティ《米国 Oklahoma 州の中央部にある同州の州都》.

O·kla·ho·man /òʊkləhóʊmən | ɔ̀ʊkləhə́ʊ-/ *adj.* (米国) Oklahoma 州(人)の. **—** *n.* Oklahoma 州の人. 〘1894〙

O·ko·vang·go /òʊkəvǽŋgoʊ | ɔ̀kəvǽŋgəʊ/ *n.* [the ～] オコバンゴ(川)《アフリカ南西部の川; アンゴラからボツワナのオコバンゴ沼沢地 (Okovanggo Swamp) まで流れる; Okavango ともいう; ポルトガル語名 Cubango /kuβɐ̃gu/》.

o·kra /óʊkrə | ɔ́-, ɔ́ʊ-/ *n.* **1** 《植物》オクラ (*Hibiscus esculentus*)《熱帯アジア原産で, 新旧両大陸の暖地で広く栽培されるアオイ科の植物; gumbo, ladies' fingers ともいう》. **2** オクラの鞘(さや)《スープ・シチューに入れる; 中の種子はコーヒーの代用品》. **3** オクラ入りのスープ (gumbo). 〘(1679) ← ? W-Afr. (cf. Ibo *okuro* okra)〙

ok·rug /ά(ː)krug | ɔ́k-; *Russ.* ókruk/ *n.* 《ロシア・ブルガリアの行政上などの》地区. 〘(1886) ◻ Russ. *okrug* & Bulg. *okrăg*〙

ok·ta /ά(ː)ktə | ɔ́k-/ *n.* 《気象》オクタ《雲量の単位; 全天の ⅛ をおおう量》. 〘(1950)《変形》← OCTA-〙

ok·ta·sty·los /ὰ(ː)ktəstáɪlɑ(ː)s | ɔ̀ktəstáɪləs/ *n.* ＝octastylos.

Ok·to·ber·fest /ɑ(ː)któʊbəfɛ̀st | ɔktə́ʊbə-; *G.* ɔktó:bɐfɛst/ *n.* **1** 十月祭《ドイツの Munich で毎年行われるビールを飲んで浮かれる秋の祭》. **2** 十月祭類似の祭. 〘◻ G ～ 'October festival'〙

OL 《略》《処方》 *L.* oculus laevus (＝left eye); oil lighter; Old Latin; 《スポーツ》 outside left.

Ol. 《略》 Olympiad; Olympic.

-ol¹ /ɔ(ː)ɫ, oʊl, ɑ(ː)ɫ | ɔɫ/ *suf.* 《化学》「水酸基を含む化合物」の意を表す名詞を造る: glycer*ol*, lys*ol*, menth*ol*. 〘← (ALCOH)OL〙

-ol² /ɔ(ː)ɫ, oʊl, ɑ(ː)ɫ | ɔɫ/ *suf.* -ole¹ の異形: benz*ol*.

O·la /óʊlə | ɔ́ʊ-/ *n.* オーラ《女性名》. 〘⇨ Olga〙

-o·la /óʊlə | ɔ́ʊ-/ *suf.* **1** 商標名によく使われる接尾辞: Victr*ola*, Pian*ola*. **2** 俗語化して使われる名詞, 形容詞形成接尾辞: pay*ola*.

Ol·a·ca·ce·ae /ὰ(ː)ləkéɪsiː | ɔ̀l-/ *n. pl.* 《植物》ボロボロノキ科. **òl·a·cá·ceous** /-ʃəs⁻/ *adj.* 〘← NL ～ ← *Olac-, Olax*《属名》: ← LL *olax* odorous ← *olēre* to smell (⇨ odor))＋-ACEAE〙

O·laf /óʊləf, -lɑːf | ə́ʊlæf, -ləf; *Norw.* ú:laf, *Dan.* ó:laf/ *n.* オラフ《男性名》. 〘◻ ON *Anleif-r*《原義》relics of ancestor〙

Olaf I *n.* オラフ一世 (⇨ Olaf Tryggvessön).

Olaf II *n.* オラフ二世 (⇨ Olaf Haraldsön).

Olaf V *n.* ＝Olav V.

Olaf Ha·rald·sson /-hάːrɑːłsɔ̀(ː)n | -hǽrəldsən; *Norw.* háralsɔn/, **Saint** *n.* オラフハラルソン, オラフ二世 (Olaf II)《995?–1030; ノルウェー王 (1015–28); 生前は Olaf the Fat とよばれたが, 死後ノルウェーの守護聖人となり, Olaf the Saint とよばれる》.

Ólaf Trýgg·va·son /-trígvəsən; *Norw.* -trygːvasɔn/ *n.* オラフトリュグベソン, オラフ一世 (Olaf I)《969?–1000; ノルウェー王 (995?–1000); はじめ Vikings を率いて英仏を侵略したが, のちノルウェー国内のキリスト教の普及に努めた》.

Ö·land /ǿʊlɑːnd | ɜ́ʊlənd; *Swed.* ǿ:land/ *n.* エーランド(島)《スウェーデン南東の島; Kalmar Sound を隔てて本土に対する; 面積 1,344 km²》. 〘◻ Swed. ～ ← *öland* island〙

-ol·a·try /ά(ː)lətri | ɔ́l-/ (連結辞 *-o-* を伴った) -latry の異形.

Olav V /óʊləf, -lɑːf | ɔ́ʊlæf, -ləf; *Norw.* ú:lav/ *n.* オラフ五世《1903–91; ノルウェー国王 (1957–91)》.

Ol·bers /óʊłbəz | ɔ́łbəz; *G.* ɔ́lbɐs/, **Heinrich Wilhelm Matthäus** *n.* オルバース《1758–1840; ドイツの医師で天文学者; 彗星の軌道計算法を改良した》.

Ólbers' páradox *n.* オルバースのパラドックス[背理]《宇宙が無限で無限の数の星が均等に位置していれば天空は明るく暗闇はないはずという説》. 〘(1952) ← *H. W. M. Olbers* (↑)〙

old /óʊłd | ɔ́ʊłd/ *adj.* (～·**er**; ～·**est**; 兄弟・姉妹関係を表す時には **eld·er**; **eld·est** (cf. 2 b)) **1 a** 年取った, 年寄りの, 高齢の, 老齢の; (年が)長じた, 相当年輩の; 年寄りじみた, ふけた (⇨ aged SYN) ★ 人については old が失礼なときは, 代りに elderly を用いる: ⇨ old age, old man 1 / a venerable ～ man 高齢者 / an ～ horse 年老いた馬, 老馬 / an ～ oak オークの老木 / be prematurely ～ ＝be ～ before one's time (年に似合わず) 老い込んでいる, ふけている; ませている, 大人びている / be ～ beyond one's years 年のわりにませている, 早熟である / one's ～ bones 老骨《年を取った自分のことをいう》/ grow [get] ～ (gracefully) (品よく)老いる, 年を取る / ～ enough to be a person's father [mother]《口語》(性的関係で) …よりずっと年上の, 親子ほど年のはなれた / He looks (too) ～ for his age [years]. 年齢の割にはふけて見える / A man is as ～ as he feels, and a woman as ～ as she looks.《諺》男の年は気, 女の年は顔 / He is ～ enough to know better [to stay up late]. 彼はものの分別がもっとあっても[夜更かししても]よい年頃だ / Will I live to be that ～ [as ～ as that]? 長生きしてそんな年にまでなるだろうか / *Old* Jones will know the answer. ジョーンズじいさんなら答えがわかるだろう / That book is too ～ for you: you'll understand it when you're ～*er*. その本を読むにはあなたはまだ若い. 年を取ればわかるだろうけれど. **b** [the ～; 名詞的に] 老人(たち), 年寄り(連中) (old people). ★ 次の句では the が略される: ～ and young ＝young and ～ 老いも若きも.

2 a [期間を表す限定句に伴って] …歳の, (いくつ)年を取った; …期間存在した: How ～ is he?—He is thirty years ～. 彼は何歳ですか—30 歳です / a boy ten years ～ ＝a ten-year-*old* boy 10 歳の少年 (★ (1) 混成的な言い方として a boy of ten years ～ も見られる; cf. of¹ 5. (2) cf. *n.* 2) / a baby ten days ～ 生後十日の赤ん坊 / The moon is fifteen days ～. 十五夜の月だ / This society is nearly a century ～. この協会は発足以来かれこれ 1 世紀になる. **b** [比較級・最上級で] 年長の, 年上の: the ～*est* boy in the class 組の中で一番年かさの少年 / music to appeal to the ～*er* generation 年輩層にうける音楽 / My eldest sister is seven years ～*er* than I. 一番上の姉は私より七つ年上です. ★ 兄弟・姉妹関係を言う場合でも elder, eldest の代わりに, older, oldest を使うことがある: my ～*er* brother / her ～*est* son (★ ただし, この用法は意味があいまいになることがある; I have an ～*er* brother. は "I have an *elder* brother". の意味のほかに「それよりも年上の兄[弟]がある」の意味を表しうる). **c** 《口語》[年齢を表す数詞を修飾して] …より実際は年を取った: She is an ～ fifty. 50 歳と言うが本当はもっと上だ.

3 a 年数を経た, 古い; 古くなった, 古びた, 使い古した; 〈酒など〉熟成した: an ～ house (建ってから)古い家 / ～ wine 古酒 / ～ bread 堅くなったパン / ～ boots [shoes] 古靴 / ～ clothes 古い[古ぼけた]衣類, 古着 / an ～ hat 古帽子 (cf. old hat) / the ～*est* parts of Kyoto 京都の最も古いところ. **b** 〈様式・流行など〉陳腐な, 古臭い; 旧式の, 時代遅れの: an ～ joke 古臭い冗談 / ～ fashions 時代遅れの流行 (cf. old-fashioned) / an ～ fogy 頑固な旧弊家 (cf. old -fogyish) / This camera is an ～ model. このカメラの型は古い.

4 a 昔からの, 長い歴史のある: an ～ family 旧家 / an ～ friend of mine [his] 私の[彼の]旧友 / the ～ familiar faces 昔からの顔なじみ (C. Lamb, *The Old Familiar Faces*) / ～ habits and customs 昔ながらの風俗習慣 / (as) ～ as the world 非常に古い / ⇨ *(as) old as the* HILLS. **b** 昔ながらの, いつもの, 例の: one of his ～ tricks 彼のいつもの[例の]手口 / It's the (same) ～ story. ⇨ story¹ 2.

5 以前の, もとの, 昔の (former): an ～ pupil of mine 私のもとの教え子 / the ～ year 旧年《the new year (新年)に対し》/ one's ～ name 旧姓 / ⇨ old soldier.

6 a 過ぎ去った昔の; 前時代の (↔ modern): ～ civilizations 古代の文化 / the ～ laws of our ancestors 我々の祖先の時代の法律 / the ～ London 昔のロンドン / ～ Japanese literature 昔の日本文学, 日本の古典文学. **b** [O-] (言語史で)古期の, 古代の, 古… (cf. modern 4, middle 3, early 4 b): ⇨ Old Persian, Old English. **c** [O-] 〈祝祭日が〉旧暦の[で行われる]: *Old* Christmas (Day).

7 a 経験を積んだ, 老練の: ～ in experience 経験にたけ

た / an ~ offender 常習犯 / ⇨ old bird, old hand. **b** (年を取って)思慮深い, 物静かな, 賢い: have an ~ head on young shoulders ⇨ head 成句.
8 a 〈色が〉灰色じみた, くすんだ: ⇨ old rose. **b** 《廃》古着をまとった, みすぼらしい.
9 《口語》**a** [同類の間で親愛または軽蔑の意を含めて, また特に呼び掛けのときに用いて]: ⇨ old man 2, 3, old woman 3 / ~ England 英国人が自国を呼ぶ愛称語 / ~ boy [bean, cock, chap] 《英》おい君 / the ~ thing やつ / You ~ rascal, you! おい, いたずら坊主. **b** [通例賞賛・是認の意の形容詞の後に置いて無意味の強意語として]: good ~ Tom トムのやつ / Tom's a good ~ boy. 《米口語》トムはとてもいいやつだ / the good ~ days ⇨ good *adj.* 2 / a good [right] ~ time うんと楽しい時間 / We had a fine [great, high, rare] ~ time. とても愉快だった / They kicked up a good [《英》jolly] ~ row. いやはやどえらい騒ぎを起こした.
10 〘地質〙 **a** 〈地形が〉浸食の進んだ, 浸食で大いに削られた: an ~ valley. **b** 〈河川が〉(流れが緩慢になって)涸(か)れかかっている, 衰えた: an ~ river. **11** 〈農作物が〉遅く収穫された. **12** 《廃》たっぷりの, 豊富な.
ány òld 《口語》どんな…でも: *Any* ~ color will do. どんな色だっていい / He buys *any* ~ thing. 彼は何でもかでも買う. ***ány òld hòw*** ⇨ any *adv.* 成句.
— *n.* **1** [通例 of ~ で] 昔; 往時, 古代: in days *of* ~ 昔, 昔に / the men *of* ~ 昔[古代]の人々. **2** [通例… -year-old の形の複合語をなして] …歳の人[動物]: a ten-*year-old* 10 歳のこども / four-*year-olds* 4 歳馬.
of óld (1) ⇨ 1. (2) [副詞句をなして] 昔は, 昔に, 昔(か)ら: as *of* ~ 昔のように / I know you *of* ~! 《英》君のことはずっと以前からよく知っている.
— *adv.* [通例複合語の第 1 構成素として] 昔に: *old*-established.
~·ness *n.* 〘OE (*e*)*ald* < (WGmc) **alðaz* (p.p.) 《原義》nourished, grown up (Du. *oud* / G *alt* / Goth. *alþeis*) ← IE **al-* to grow, nourish (OE *alan* to nourish / L *alere* to nourish & *altus* high)〙

SYN 古い: **old** now に対して古いを示す最も一般的な語. 遠い過去から存在している: an *old* building 古い建物. **old-fashioned** 《軽蔑》物が流行遅れになった: an *old-fashioned* camera 旧式のカメラ. **archaic** 表現・語などが古風な: an *archaic* word 古語. **ancient** 遠い昔の; 古くから今に続いているというニュアンスもある: *ancient* customs 古くから残っている慣習. **antique** 古くて通例価値のある《通例 100 年以上古いものを指す》: *antique* furniture 骨董品の家具. **stale** (食物などが)新鮮さを失って古い: *stale* bread 古くなったパン.

óld Ádam *n.* [the ~] ⇨ Adam¹ 3.
óld-áge *adj.* **1** 老年の, 老年者のための: ~ benefits 〘保険〙老齢給付 / ~ insurance 老齢保険. **2** 〘地質〙〈地形など〉老年期の. 〘1879〙
óld áge *n.* **1** 老年《通例 65 歳以上を指す; cf. youth》: in ~ 年を取って / live to a good ~ かなりの年まで生きる. **2** 〘地質〙(地形の)老年期. 〘*c*1330〙
óld-àge pénsion *n.* 老齢年金《現在の retirement pension》. **óld-àge pénsioner** *n.* 〘1879〙
old báchelor *n.* 頑固な独身者, 独身主義を固く守っている人.
Óld Bái·ley /-béɪli/ *n.* **1** オールドベイリー《London の旧市部 (the City) の街路名; Old Bailey Street ともいう》. **2** [the ~] オールドベイリーにある中央刑事裁判所 (Central Criminal Court) の俗称. 〘もと London の市壁内 (bailey) であったことにちなむ〙
óld bát *n.* 《米俗》いやな[うるさい]老女, くそばばあ.
óld béan *n.* 《俗》老人, 父さん; [呼び掛け] 《俗》やあきみ (old boy). 〘1917〙
Old Belíever *n.* 〘宗教史〙 =Raskolnik. 〘1814〙
Óld Bíll *n.* 《英俗》**1** 警察官. **2** [the ~; 複数扱い] 警察(官). 〘1939〙
óld bírd *n.* 《口語・戯言》**1** 老人, じいさん. **2** 老練家, 経験家, 海千山千の人; 油断のない人: An ~ is not caught with chaff. 《諺》古狐は罠にかからぬ. 〘1877〙
óld bóy¹ *n.* **1** 元気[ひょうきん]な老人. **2** [the O- B-] 《戯言》悪魔 (the Devil). **3** 《英》[親しみの呼び掛けに用いて] やあ, おい君. 〘1601–02〙
óld bòy² *n.* 《英口語》卒業生; (特に) public [preparatory] school の卒業生 (cf. old girl²). 〘1868〙
óld-bòy [óld bòy's] nétwork *n.* [the ~] 《英》[しばしば軽蔑的] (同じ学校の)出身者間の団結, (学)閥. 〘1959〙
Óld Bulgárian *n.* 古期ブルガリア語 (⇨ Old Church Slavic). 〘1861〙
Óld Castíle *n.* カスティリャラビエハ, 旧カスティリャ《スペイン北部の地方; 面積 66,105 km²; スペイン語名 Castilla la Vieja /-labjéxa/; ⇨ Castile¹》.
Old·cas·tle /óʊl(d)kæsl | ɔ́ʊl(d)kɑːsl/, **Sir John** *n.* オールドカースル (⇨ Cobham).
Óld Cátholic *n.* **1** (ヨーロッパの)懐古[復古]カトリック教徒, 古カトリック主義者《近代の教義, 特に教皇不謬(ʃʉ̀)性 (papal infallibility) 説に対して批判的な一派の信者》. **2** (特に, 米国の)古代カトリック教復帰派の教徒《聖職者の階級制度に反対する》. 〘1871〙
Óld Céltic *n.* 古代ケルト語《ゴール地方を中心にヨーロッパ大陸で 4 世紀ごろまで用いられていた》.
Óld Chrístmas *n.* 《米中部》=Epiphany 1 b. 〘1863〙
óld chúm *n.* 《豪口語・古》**1** 植民地オーストラリア在住経験者. **2** 古参の囚人. 〘1832〙
Óld Chúrch Slávic [Slavónic] *n.* 古期教会スラブ語, 古期スラブ語《もとは南スラブ語の一方言で主な文献は 9 世紀の Macedonia の僧 Konstantinos と Methodios の手になる聖書の訳・聖者伝などで, スラブ語中最古の文献; Old Slavic, Old Bulgarian ともいう; ⇨ Slavic》. 〘*c*1929〙
óld-clóthes·man /-mən/ *n.* (*pl.* **-men** /-mən, -mèn/) 古着屋. 〘1782〙
Óld Cólony *n.* [the ~] Massachusetts 州の俗称.
Óld Contémptibles *n. pl.* [the ~] 第一次大戦で 1914 年に派遣された Sir John French の英国遠征軍《ドイツ皇帝がこの遠征軍を contemptible little army と呼んだことから》.
óld cóuntry *n.* [one's ~, the ~] (移住民の)故郷; (特に, 昔の英植民地で言う)本国《英国》, (米国移住民から見て, ヨーロッパにある)故国. 〘1782〙
óld cóvenant *n.* [the ~] **1** 〘神学〙旧約《Moses の法律に基づいて神と古代イスラエル民族との間に交わされた契約》. **2** [O- C-] 旧約聖書 (Old Testament).
Óld Dánish *n.* 古期デンマーク語《12–14 世紀の文献に残る》.
Óld Dárt *n.* [the ~] 《豪俗》英本国; (特に)イングランド (England). 〘(1908) ← ?〙
óld déar *n.* おばあちゃん; [呼び掛け] 《戯言》あなた.
Óld Délhi *n.* ⇨ Delhi.
Óld Domínion *n.* [the ~] 米国 Virginia 州の俗称. 〘1840〙
Óld Dútch *n.* 古期オランダ語《1200 年までの最古期のオランダ語; 略 OD(u).》.
old·e /óʊld(i) | ɔ́ʊld(i)/ *adj.* 《古・戯言》=old. 〘1927〙
old·en /óʊldən, -dn̩ | ɔ́ʊld-/ *adj.* [限定的] 《詩・古》**1** 昔の (ancient): in the ~ days [time]=in ~ times 昔. **2** 年を取った, 老齢の. **— *vi.*** 老いる; 古びる. **— *vt.*** 《古》老いさせる; 古くさせる. 〘adj.: (*a*1325) ← OLD+-EN². — v.: (1827) ← OLD+-EN¹〙
Ol·den·burg /óʊldənbə̀ːg, -dn̩- | ɔ́ʊldənbə̀ːg, -dn̩-; G. ɔ́ldn̩bʊʁk/ *n.* オルデンブルク《ドイツ Lower Saxony 州の都市》. 〘⊏ G ~ 《原義》old fort〙
Ol·den·burg /óʊldənbə̀ːg, -dn̩- | ɔ́ʊldənbə̀ːg, -dn̩-/, **Claes** /klɔ́ːs, kláːs | klɔ́ːs/ *n.* オルデンバーグ《1929– ; スウェーデン生まれの米国の彫刻家; ポップアートの代表的作家》.
Óld Énglish *n.* **1** 古(期)英語《700–1100 年; Anglo-Saxon ともいう; 略 OE; cf. English *n.* 1》. **2** 〘活字〙オールドイングリッシュ(体) (⇨ black letter). 〘?*c*1200〙
Óld Énglish shéepdog *n.* オールドイングリッシュシープドッグ《英国原産の目が隠れるほどの長毛で, 切り尾のある牧羊犬種のイヌ; bobtail ともいう》. 〘1890〙
old·er /óʊldə | ɔ́ʊldə^(r)/ *adj.* **1** old の比較級. **2** (家族の中で)年長の; 老齢の (elder). 〘?*a*1200〙
óld-estáblished *adj.* 古い伝統のある, 昔[古く]からの: an ~ shop [store] 老舗(しにせ).
old·e·world·e /óʊld(i)wə́ːld(i) | ɔ̀ʊld(i)wə́ːld(i)/ *adj.* 《英口語》(場所が)古めかしい, 古風な. 〘1927〙
óld fáce *n.* 《英》〘活字〙オールドフェース. 〘1863〙
Óld Fáithful *n.* オールドフェイスフル《米国 Yellowstone 国立公園にある有名な間欠泉; 35 分ないし 80 分, 平均約 65 分ごとに噴出する》.
óld·fángled /-fǽŋgl̩d/ *adj.* =old-fashioned (↔ newfangled). 〘1842〙
old-fashioned /óʊl(d)fǽʃənd | ɔ̀ʊl(d)-⁻/ *adj.* **1** 昔はやった, 古風な, 時代遅れの (⇨ old SYN): ~ clothes. **2 a** 過去の時代の, 旧式の: an ~ idea 旧式な[古い]考え. **b** 頭の古い; 新しがらない, 保守的な: I am ~ enough to think so. 私は保守的だから(どうしても)そういうふうに考える. **3** 《英》〈表情など〉不審そうな, とがめるような: an ~ look とがめるような目つき. **4** 《スコット・北英方言》年の割にふけた, ませた: an ~ child. **5** 〘園芸〙〈バラが〉野生の. **~·ly** *adv.* 〘1596〙
Óld Fáshioned, o- f- *n.* **1** オールドファッションドカクテル《ウィスキー・ビタース・砂糖・少量の水またはソーダ水のカクテルで, 氷にオレンジなどの輪切りを添える》. **2** オールドファッションドグラス《丈が低く幅広のカクテル用グラス》. 〘1901〙
óld-fàshioned róse *n.* 〘植物〙=old rose. 〘1888〙
óld-fàshioned wáltz *n.* 速いテンポのワルツ. 〘1927〙
óld fíeld *n.* 地味がやせて耕作されなくなった土地. 〘1635〙
óld fíeld pìne *n.* 〘植物〙=loblolly pine. 〘1797〙
óld fláme *n.* かつての恋人[愛人].
Óld Flémish *n.* 古期フランダース語《13 世紀ごろまでの文献に残る》.
óld fógy [fógey] *n.* ⇨ fogy.
óld-fógy·ish /-ɪʃ/ *adj.* (頭の古い)頑固おやじめいた, 旧式で頑固な (cf. fogy).
óld fólks' hòme *n.* 《口語》老人ホーム (old people's home).
Óld Frénch *n.* 古期フランス語; 中世フランス語《略 OF; ⇨ French 1 a》. 〘1708〙
Óld Frísian *n.* 古期フリースランド語《11–16 世紀の間話された西ゲルマン語; Old English および Old Saxon と密接な関係がある; 略 OFris》.
óld fústic *n.* 〘植物〙ファスチック, オウボク(黄木) (fustic).
óld gírl¹ *n.* **1** 老婦人, おばあさん. **2** 《英》[女性に対する親しみの呼び掛けに用いて] ねえ, お前, 君.
óld gìrl² *n.* 《英口語》卒業生; (特に) public [preparatory] school の女子卒業生 (cf. old boy²). 〘1826〙
Óld Glóry *n.* 《米》米国国旗 (Stars and Stripes) の俗称. 〘1862〙
óld góld *n.* 古金色《無光沢赤黄色》. **óld-góld** *adj.* 〘1879〙
Óld Guárd *n.* [the ~] **1** Napoleon 一世の親衛隊《1804 年創設; Waterloo の会戦で最後の突撃をした》. **2** [o- g-] (組織体の中の)古株連; 頑迷な保守派[体制派]. 〘(1850) (なぞり) ← F *Vieille Garde*〙
Óld Guárd·ism, o- g- /-gáədɪzm | -gáːd-/ *n.* (政治上の)頑迷な保守主義.
Óld Guárd·ist, o- g- /-dɪ̣st | -dɪst/ *n.* (政治上の)頑迷な保守主義者.
Old·ham /óʊldəm | ɔ́ʊld-/ *n.* オールダム《イングランド西部 Manchester の北東にある綿紡績工業都市》. 〘ME *Aldholm*: ⇨ old, holm¹〙
Óldham's cóupling *n.* 〘機械〙オルダム継手《一直線上にない両軸を接続する場合に用いる継手》.
old hánd *n.* **1** 老練家, 熟練家: an ~ *at* the game その道の老練家. **2** 《豪》**a** 《古》前科者 (ex-convict); (オーストラリアへの)初期移民者. **b** 《口語》定住者. 〘*c*1785〙
Óld Hárry *n.* 《戯言》悪魔 (the Devil) (cf. Harry² 1). ***pláy Óld Hárry with*** …をめちゃくちゃにする, 混乱させる.
óld hát 《口語》*adj.* [叙述的] **1** 時代おくれの, 古くさい: Such a novel is ~ now. **2** 平凡な, 新味がない; (今のものに比べて)劣る. **— *n.*** 時代おくれのもの[人]; 陳腐なもの. 〘1911〙
Óld Híckory *n.* 《米》米国第七代大統領 Andrew Jackson のあだ名. 〘その性格が頑固だったことから〙
Óld Hígh Gérman *n.* 古高ドイツ語, 古期高地ドイツ語《略 OHG; ⇨ German² *n.* 2》. 〘*c*1884〙
óld hòme *n.* [the ~] =old country. 〘1928〙
Óld Húndred [Húndredth] *n.* 〘音楽〙オールドハンドレッド《'All people that on earth do dwell'「よろずのくにびと, わが主にむかいて」で始まる William Kethe の作詩による賛美歌 (1563) などに用いられる旋律 (1551)》.
Óld Icelándic *n.* 古期アイスランド語《12–16 世紀の文献に残る; Old Norse と同義に用いられることがある》.
óld idéntity *n.* 《NZ》地方の古くからの名士. 〘1862〙
old·ie /óʊldi | ɔ́ʊl-/ *n.* **1** 昔はやった流行歌, なつメロ; 古い映画[ジョーク]. **2** 老人; 古い物. 〘(1874) ← OLD+-IE 1〙
Óld Índic *n.* =Old Indo-Aryan.
Óld Ìndo-Áryan *n.* **1** 古代インドアーリア語《古代インドで使用された印欧語族の諸言語; Vedic および古典 Sanskrit, Pali, Prakrit 諸方言》. **2** Sanskrit (および Vedic) の総称.
Óld Iónic *n.* 古代イオニア語《Homer の叙事詩のほか多くの碑文にみられる古代ギリシャ語の一方言; cf. Ionic dialect》. 〘*c*1889〙
Óld Iránian *n.* 古期イラン語 (cf. Iranian 2). 〘1939〙
Óld Írish *n.* 古期アイルランド語《7 世紀から 11 世紀までアイルランドで話された Gaelic 語; 略 OIr》. 〘*c*1884〙
Óld Irónsides *n.* オールドアイアンサイズ《米国のフリゲート艦 The Constitution 号の愛称; 1830 年老朽艦として破棄される直前, O. W. Holmes が Boston の *Advertiser* 紙に詩 *Old Ironsides* を発表して世論に訴えたため, 破棄を免かれ, 1833 年再建, 現在はボストン港に展示されている》.
old·ish /-dɪʃ/ *adj.* **1** やや老いた: an ~ man. **2** 古めかしい. 〘1668–69〙
Óld Itálian *n.* 古期イタリア語《964 年から記録されている最古の段階にあるイタリア語; 略 OIt》.
Óld Kíngdom *n.* [the ~] (古代エジプトの)古王国(時代)《*c*2780–2250 B.C. の第 3–6 王朝の時代; the Pyramid Age ともいう; cf. Middle Kingdom, New Kingdom》. 〘1905〙
òld lády *n.* **1** 老婦人. **2** [one's [the] ~] 《口語》**a** (自分の)母, おふくろ. **b** (自分の)妻, 女房. **3** =old maid 2. **4** 〘昆虫〙ヤガ科のガ (*Mormo maura*).
Òld Lády of Thréadneedle Strèet [the —] 〘London 旧市部の中心 Threadneedle Street にあるため〙 イングランド銀行 (Bank of England) の異名. 〘1836〙
óld lág *n.* 《英俗》常習犯, 前科者. 〘1812〙
Óld Látin *n.* 古期ラテン語《古典時代以前に(紀元前 6 世紀から紀元前 75 年にかけて)用いられたもの》. 〘*c*1889〙
Óld Léft *n.* [the ~] 旧左翼《New Left に対して》.
Óld Léftist *n.* 〘1960〙
Óld Líght *n.* **1** (特に, 米国植民地時代の宗教上の)旧派[保守派]の人 (↔ Ne Light). **2** =Auld Licht.
óld-líne *adj.* **1** 《米》旧弊な, 保守的な (conservative). **2 a** 歴史の古い, 伝統のある: an ~ shop [store] 老舗(しにせ). **b** 古い家柄の. **c** 経験を積んだ, 老練の (experienced). 〘1856〙
óld-líner *n.* 保守的な人; 保守派の人.
Óld Líne Stàte *n.* [the ~] 米国 Maryland 州の俗称. 〘1872〙
Óld Lów Francónian *n.* 古(期)低地フランコニア語《1100 年以前に Rhine 川流域低地のフランク族 (Franks) が使っていた西ゲルマン語; オランダ語とフランドル語の祖語》.
Óld Lów Fránkish *n.* =Old Low Franconian.
Óld Lów Gérman *n.* 古低ドイツ語, 古期低地ドイツ語《略 OLG; ⇨ German² *n.* 2》.
óld máid *n.* **1** 年取った未婚の女性, オールドミス (spinster). 日英比較「オールドミス」は和製英語. **2** 《口語》極端に几帳面で潔癖で小やかましい女性[男性], やかまし屋. **3** 《戯言》(特に, 食卓で皿から)最後の一つを取る人, 残り物の福をとる人. **4** 〘トランプ〙西洋ばば抜き《jok-

O

er でなく queen が手に残ると負けになる); queen が手に残った人, ばば. 〖1530〗

óld-máid·ish *adj.* オールドミスのような; 几帳面で潔癖な, 小やかましい. **～·ly** *adv.* **～·ness** *n.* 〖1757〗

òld mán *n.* **1** 老人. **2** [one's [the] ～]《口語》**a** (自分の)父, おやじ. **b** (自分の)夫, うちの人, 主人. **3** [親愛の呼び掛けとして] おい君 (cf. old *adj.* 9). **4 a** [the ～; 時に O- M-] (雇い主・上司などを指して)おやじ, 親方, 大将. **b** 指揮官, 指令官 (commander). **c**《俗》《海軍》船長 (captain). **5 a** (その道の)ベテラン, 古株, 古参者. **b** =old Adam. **c** =God. **6**《豪口語》**a** (成長した)雄のカンガルー. **b** [形容詞的に] とても大きな. **7** [the ～]《聖書》古き人, 回心前の人 (cf. *Rom.* 6:6, *Eph.* 4:22) (↔ new man): put off *the* ～ 回心する (*Col.* 3:19). **8**《植物》**a** =southernwood. **b** =rosemary. **Óld Màn of the Séa** [the —] (1) 海の老人 (「アラビアンナイト」中 Sindbad の背中に幾日もくっついて離れなかった老人). (2) 容易に払い落とせない人[もの], やっかい者. 〖1712〗 〖?*c*1200〗

óld-màn cáctus *n.*《植物》オキナマル (*Cephalocereus senilis*) (メキシコ産のサボテンの一種). 〖(1900) とげが老人の白髪に似ていることから〗

Óld Màn Ríver *n.*《米》Mississippi 川の俗称.

óld-màn's béard *n.*《植物》**1 a** =virgin's bower. **b** =traveler's-joy. **2** =fringe tree. 〖1742〗

óld máster *n.*《美術》**1** [the ～s] 古大家 (特に, 15–18 世紀—後期ゴシック期・ルネサンス期 (フィレンツェ・ローマ派, ベネチア派, フランドル派など), バロック・ロココ期など—の大画家たちをいう). **2** 古大家の作品. 〖1824〗

óld-míne *adj.*《宝石》〈ダイヤモンドが〉オールドマインカットの: an ～ diamond. 〖← OLD+MINE[2]〗

óld míne cùt *n.*《宝石》オールドマインカット (ブリリアントカット (brilliant cut) の一種; 19 世紀に行われたカット様式で, 尾部 (culet) が大きく頂部 (table) が比較的小さいため, 光輝度が少ない).

óld-móney *adj.* 数世代継承された財産を所有する. 〖1963〗

óld móon *n.* =waning moon.

Óld Móther Húbbard *n.* ハバードおばさん (英国伝承童謡の登場人物).

Óld Níck *n.* [the ～]《口語》悪魔 (the Devil). ***fúll of the Óld Níck***《口語》とかく問題を起こす, いたずらで. 〖(1668) ← NICK[2]〗

Óld Nórman Frénch *n.* **1** (フランス Normandy 地方で用いられた) 古期ノルマンフランス語 (略 ONF). **2** =Anglo-Norman.

Óld Nórse *n.* **1** 古期ノルド語 (8 世紀から 14 世紀までノルウェー・スウェーデン・デンマークおよびアイスランドで用いられた言語の総称; 略 ON). **2** =Old Icelandic. 〖1844〗

Óld Nórthern Frénch *n.* =Old North French.

Óld Nórth Frénch *n.* 古期フランス北部方言 (特に Normandy, および Picardy 方言; 略 ONF; cf. Old Norman French). 〖*c*1930〗

Óld Nórth Stàte *n.* [the ～] 古北部州 (North Carolina 州の俗称).

Óld Nórthwest *n.* [the ～] Northwest Territory の俗称.

Óld Norwégian *n.* 古期ノルウェー語 (12–14 世紀の文献に残る).

Óld Òne *n.* [the ～]《戯言》=Old Nick.

Ol·do·wan /á(ː)ldəwən | ɔ́l-/ *adj.*《考古》オルドワイ時代の (最古の石器時代についていう). 〖(1934) ← *Oldow(ay)* (=Olduvai Gorge)+-AN[1]〗

Óld Páls Àct *n.*《英戯言》親友協定 (友人同士最大限に助け合うべきとする主義).

óld pénny *n.* 旧ペニー (⇨ penny 1 a).

óld péople's hòme *n.*《口語》老人ホーム.

Óld Pérsian *n.* 古期ペルシャ語 (紀元前 7–4 世紀にさかのぼり, Darius, Xerxes など古代ペルシャ帝国の王たちが残した楔形(くさび)文字碑文を資料とする語; イラン語派に属する; 略 OPers). 〖*c*1909〗

Óld Preténder *n.* [the ～]《英史》老僭(せん)王, 大王位要求者 (James 二世と後妻の Mary of Modena (1658–1718) の子, James Francis Edward Stuart (1688–1766) の通称; Stuart 家の正統として王位継承権を主張し 1715 年に乱を起こしたが敗れた; Jacobites は彼を James III と称したが, Hanover 家支持者たちに「王の名を僭する者」(pretender) と呼ばれた; cf. Young Pretender).

Óld Provençál *n.* 古期プロヴァンス語 (11 世紀から 16 世紀末ごろまでのフランス南部方言; troubadour の叙情詩に用いられた).

Óld Prússian *n.* 古期プロシア語 (15 世紀から話され 17 世紀以降に死滅したバルト語; 略 OPruss). 〖1872〗

Óld Réd Sándstone *n.*《地質》旧赤色砂岩 (デボン系中の一地質系統; 砂岩・泥灰岩・粘板岩・礫岩(れきがん)から成る赤色の陸成層; 英本国に最もよく発達している).

óld regime *n.* =ancien régime. 〖1808〗

óld relígion *n.* 古い宗教 (異教 (paganism), 妖術 (witchcraft), ローマカトリック教など). 〖1848〗

Óld Róman *n.* 古代ローマ人. **—** *adj.* 古代ローマ(人)の. 〖1831〗

óld róse *n.* **1**《植物》オールドローズ (ティーローズ (tea rose) の雑種が作出される前に栽培されていた八重咲きのバラ). **2** 灰紫色. **óld-róse** *adj.* 〖1885〗

Óld Rússian *n.* 古期ロシア語 (11–17 世紀に用いられたロシア語).

óld sált *n.* 老練な船乗り.

Óld Sárum *n.* オールドセーラム[サルム] (イングランド南部 Salisbury の北にあった古代都市; 中世教会跡などの遺跡が多い; 1075 年ころ司教座ができ, ソールズベリー式典礼 (Sarum use) が制定された; 司教座は 13 世紀に New Sarum (Salisbury) に移った).

Óld Sáxon *n.* 古期サクソン語 (北ドイツでサクソン人が用い主に 9–10 世紀の文献で知られる低地ゲルマン語の一方言; 略 OS). 〖1841〗

old schóol *n.* **1** [one's ～] 母校, 出身校. **2** /ˊ-ˊ/ [the ～; 集合的] 旧弊[保守的]な人たち. ***of the óld schòol*** 旧式な(考え方)の, 昔風の: an official *of the* ～ 旧式な[昔風の]役人.

óld-schòol *adj.* 〖1749〗

old schóol tìe *n.* **1** (英国の public school 出身者が着ける) 母校の校色のネクタイ. **2** パブリックスクール出身者. **3** [the ～] **a** (public school の) 出身校気質(かたぎ), 母校自慢. **b** (public school の出身者に見られるような) 紳士気取り, 保守的な名門意識. **c** (体制社会の)閥(ばつ)意識. 〖1932〗

Óld Scrátch *n.* [the ～]《戯言》悪魔 (the Devil).

Óld Sérbian *n.* 古期セルビア語 (10 世紀頃発達した南スラブ語の一方言; 略 OSerb).

Óld Sérpent *n.* [the ～]《戯言》悪魔 (Old Nick). 〖(*c*1384) 悪魔が蛇に化けて Adam と Eve を誘惑したことから〗

óld-shóe *adj.* 気楽な, うちとけた, 四角ばらない. 〖1944〗

Óld Slávic [Slavónic] *n.* 古期スラブ語 (⇨ Old Church Slavic [Slavonic]).

óld slédge *n.*《米》《トランプ》=seven-up. 〖1830〗

Olds·mo·bile /óuldzməbìːl | óuldz-/ *n.*《商標》オールズモビル (米国製の乗用車; 現在は GM が生産).

óld sód *n.*《口語》生国, 故国.

óld sóldier *n.* **1** 老兵, 古参兵, 古つわもの (veteran); その道[海千山千]の経験者: *Old soldiers* never die; they only fade away. 老兵は死なず, ただ消え去るのみ (第一次大戦で英兵の歌った軍歌の一節). **2**《俗》酒のあきびん. ***còme the óld sóldier over a person*** (1) 〈人〉に先輩風を吹かす, 大家ぶる. (2) (経験豊富ということで)〈人〉をだまそうとする. 〖1824〗 〖1722〗

Óld Sóuth *n.* [the ～]《米》南北戦争前の米国南部諸州. 〖1873〗

Óld Spánish *n.* 古期スペイン語 (12–16 世紀).

óld Spánish cústom [práctice] *n.*《口語》= Spanish customs.

óld-spèak *n.*《戯言》オールドスピーク (人を惑わすような政治宣伝・専門用語に対して, 通常の言葉づかいをいう; cf. newspeak).

óld-squáw *n.*《鳥類》コオリガモ (*Clangula hyemalis*) (極北地方で繁殖する海ガモの一種; oldwife ともいう). 〖1838〗

óld stáger *n.*《英》=stager 1. 〖1570〗

old·ster /óuldstə | óuldstə(r)/ *n.* **1**《口語》年寄り, 年配の人 (cf. youngster). **2**《英海軍》服務 4 年の少尉候補生. 〖1818〗

Óld Stóne Àge *n.* [the ～] 旧石器時代 (Paleolithic era).

óld stúff *adj.*《口語》よく知られた, 親しい, ありふれた.

óld-stýle *adj.*《活字》〈数字の活字書体が〉オールドスタイルの (一部分が並び線の下へはみ出しているものにいう): an ～ figure オールドスタイル数字. 〖*c*1869〗

óld stýle *n.* **1** 古文体. **2**《活字》オールドスタイル (線の太さの差が目立たないのが特徴; cf. modern face). **3** [the O- S-] (ユリウス暦による)旧暦 (英国では 1752 年に新暦に切り替えられた; 略 OS; cf. New Style). **—** *adj.* [o- s-] 旧暦の[を用いる, による]. 〖1617〗

óld swéat *n.*《英口語》**1** 古つわもの, 古参兵 (old soldier). **2** (ある分野の)経験豊かな人, ベテラン. 〖1919〗

Óld Swédish *n.* 古期スウェーデン語 (13–14 世紀の文献に残る). 〖*c*1909〗

óld tálk *n.*《カリブ》軽いおしゃべり. **óld-tálk** *vi.* 軽いおしゃべりにふける.

Old Test. (略) Old Testament.

Óld Téstament *n.* [the ～] **1** 旧約聖書 (キリスト教の聖書の前半の部分で, この名称はキリスト教徒が救済の書としてユダヤ教徒の「聖典」に与えた呼称;「律法」,「預言書」,「諸書」合わせて 39 書から成る; cf. New Testament). **2** 旧約 (Mount Sinai における神とイスラエル民族との間の契約; ヘブライ宗教の基本となる). **3** ユダヤ教聖書[聖典] (ユダヤ教には旧約聖書という呼称はなく, この文書を聖書の完本とする). 〖(*c*1350) (なぞり) ← LL *Vetus Testāmentum* (なぞり) ← Gk *Palaiā̀ Diathḗkē*: ⇨ testament〗

óld-tíme *adj.* **1** 昔の; 古い昔からの: an ～ friend 昔の友だち. **2** 経験を積んだ, 老練な. 〖1824〗

óld-tìme dánce *n.*《英》(伝統的な)フォーメーションダンス (カドリール (quadrille) など). 〖1887〗

óld-tím·er *n.*《口語》**1 a** 古くから住んで[勤めて]いる人, 古顔, ベテラン. **b**《米》老人, 年寄り. **2** 昔かたぎの人. **3** 古めかしい[旧式な]もの; 古器. 〖1866〗

Ól·du·vai Górge /ɔ́(ː)ldəvàɪ-, á(ː)ld- | óuld- | ɔ́ld-, óuld-/ *n.* オルドバイ峡谷 (タンザニアの峡谷; Paranthropus の遺跡がある).

Óld Víc /-vík/ *n.* [the ～] オールドビック (London の劇場 Royal Victoria Hall の通称; 1818 年創立; 創設当時は通俗劇で親しまれたが, 主として Shakespeare 劇で有名; 1963–76 年に National Theatre が間借りをした; 劇団は 1980 年に解散).

Óld Wélsh *n.* 古期ウェールズ語 (9–12 世紀の文献に残る). 〖1882〗

óld·wife *n.* (*pl.* **-wives**) **1**《魚類》**a** アジ科コバンアジ属の魚 (*Trachinotus palometa*) (cf. pompano 1). **b** =spot 13. **c** ブダイ科アオブダイ属の魚 (*Scarus vetula*). **d** ケショウモンガラ (*Balistes vetula*) (熱帯大西洋やインド洋にいるモンガラカワハギ科の魚). **e** =menhaden. **2**《鳥類》=old-squaw. 〖1588〗

old wífe *n.* **1** 老婆 (old woman); (特に)おしゃべりの老婆. **2** (煙突の)防煙覆い[キャップ]. 〖1340〗

old wítchgrass *n.*《植物》=witchgrass. 〖1859〗

old wíves' tàle *n.* 老女の(たわいない)話[繰り言], 言い伝え; (特に)(迷信じみた)ばかげた話. 〖1656〗

old wóman *n.* **1** 老婦人, 老婆. **2**《口語》(老婆のような)気の小さい[弱腰な]男 (cf. woman 4). **3** [one's [the] ～]《口語》**a** (自分の)妻, 女房. **b** (自分の)母, お袋. 〖*c*1395〗

óld-wóman·ish *adj* 老婆めいた; 小やかましい. 〖1775〗

óld-wórld *adj.* **1** 大昔の世界の, 太古の: an ～ animal 太古代の動物 / ～ history 太古史. **2** 古風な (old-fashioned): an ～ garden 古風な庭. **3** 旧世界 (Old World) の; 東半球の. 〖1712〗

Óld Wórld *n.* [the ～] **1** 旧世界 (ヨーロッパ・アジア・アフリカ; ↔ New World). **2** 東半球 (Eastern Hemisphere). 〖*c*1596〗

Óld Wòrld mónkey *n.*《動物》旧世界ザル (オナガザル科のサル; テングザル・アカゲザル・マントヒヒなど). 〖1863〗

old·y /óuldi | óul-/ *n.* =oldie.

óld yéar *n.* 旧年; 年の瀬. 〖1897〗

Óld Yéar's Dày *n.* 大みそか (New Year's Eve).

óld-yóung *adj.* 若いのにふけている[見える], ひねた (cf. young-old).

OLE /òuìː | ìːlàu-/ (略)《電算》object linking and embedding (文書中に他のアプリケーションで作成した図表など (object) を埋め込むための規格).

o·lé /ouléɪ | əu-; *Sp.* olé/ *Sp. int.* やったぁ, すごい, オーレ (闘牛やフラメンコ踊りなどの名演技に対する賞賛の叫び). **—** *n.* オーレの叫び. 〖(1922) ◻ Sp. ～ ← (i)? *hola* hollo // (ii) ◻ Arab. *wallāh* by God〗

o·le- /óuli | óu-/ (母音の前にくるときの) oleo- の異形.

-ole[1] /oul, ɔ(ː)l | əul, ɔl/ *suf.*《化学》次の意味の化合物を表す名詞を造る: **1**「異種環式の (heterocyclic)」: diazole, pyrrole. **2**「水酸基を含まない」: phenetole. 〖← L *oleum* oil〗

-ole[2] /oul | əul/ *suf.* 指小辞: oriole, veniole. 〖◻ F ～ ◻ L *-olus, -olum, -ola* (dim. suf.)〗

olea *n.* oleum 1 の複数形. 〖◻ L ～〗

O·le·a·ce·ae /òuliéɪsiiː | əu-/ *n. pl.*《植物》モクセイ科. **ò·le·á·ceous** /-ʃəs/ *adj.* 〖← NL ～: ⇨ ↑, -aceae〗

o·le·ag·i·nous /òuliǽdʒənəs | əuliǽdʒɪ-/ *adj.* **1 a** 油質の, 油性の (oily). **b** 油を含む; 油を産する[出す]. **2** (口先の)滑らかな, お世辞たらたらの. **～·ly** *adv.* **～·ness** *n.* 〖(1634) ← L *oleāginus* (← *olea* olive) +-OUS〗

o·le·an·der /òuliǽndə, ˌ-ˌ-ˊ- | əuliǽndə(r)/ *n.*《植物》セイヨウキョウチクトウ (*Nerium oleander*) (白または桃色の芳香性の花をつける有毒植物; rosebay ともいう). 〖(*a*1400) ◻ ML *oleanderum* (変形) ← LL *lorandrum* =? L *rhododendron* 'RHODODENDRON': L *laurus* laurel および *oleum* oil または *olea* olive の影響による: cf. F *oléandre* / It. *oleandro*〗

o·le·an·do·my·cin /òuliændəmáɪsɪn, -sn- | əu-liændə(u)máɪsɪn/ *n.*《生化学》オレアンドマイシン ($C_{35}H_{61}NO_{12}$) (放線菌の一種 *Streptomyces antibioticus* の培養液から発見された抗生物質; リボゾームに結合し, ペプチド合成を阻害する). 〖(1956) ← OLEAND(ER)+-O-+-MYCIN〗

o·le·as·ter /òuliǽstə, ˌ-ˌ-ˊ- | əuliǽstə(r)/ *n.*《植物》**1** =Russian olive. **2** =wild olive. 〖(*a*1398) ◻ L ～ ← *olea* olive+-ASTER[1]〗

o·le·ate /óulièɪt, -lɪət | óu-/ *n.* **1**《化学》オレイン酸エステル[塩], 油酸塩. **2**《薬学》オレート (オレイン酸に薬物を混ぜた薬剤). 〖(*c*1823) ◻ F *oléate*: ⇨ oleo-, -ate[1]〗

o·lec·ra·non /ouléKrənà(ː)n, òulɪkréɪnà(ː)n | əu-lékrənɔn, əulɪkréɪnɔn/ *n.*《解剖》肘頭(ちゅうとう) (尺骨上端の突起). 〖(1727–41) ← NL ～ ← Gk *ōlékranon* (短縮) ← *ōlenókranon* point of the elbow ← *ōlénē* elbow+*kraníon* head〗

o·le·fin /óuləfɪn | óulɪ-/ *n.* (*also* **o·le·fine** /-ləfɪn, -fiːn | -lɪfiːn, -fɪn/)《化学》オレフィン (⇨ alkene).

o·le·fin·ic /òuləfínɪk | əulɪ-/ *adj.* 〖(1860) ← F *oléf(iant)* oilforming (⇨ oleo-)+-IN[2]〗

olefin series *n.* =ethylene series.

o·le·i- /óulɪ, -lii | óu-/ oleo- の異形 (⇨ -i-).

o·le·ic /oulíːɪk, -léɪɪk | əu-/ *adj.* **1** 油の[から得た]. **2**《化学》オレイン酸 (oleic acid) の. 〖(1819) ← OLEO-+-IC[1]〗

oléic ácid *n.*《化学》オレイン酸 ($C_{17}H_{33}COOH$) (不飽和高級脂肪酸の一種). 〖1819〗

o·le·if·er·ous /òuliíf(ə)rəs | əu-/ *adj.* 油を出す[産する]: ～ seeds. 〖1804〗

o·le·in /óulɪɪn | óuliɪn/ *n.*《化学》**1** オレイン ($C_{57}H_{104}O_6$) (オレイン酸のグリセリド; glyceryl trioleate, triolein ともいう). **2** (*also* **o·le·ine** /-lɪɪn, -liːn | -liɪn, -liːn/) 脂肪の液状部. 〖(1838) ◻ F *oléin*: ⇨ oleo-, -in[2]〗

o·lent /óulənt | óu-/ *adj.*《古》においのする, 臭い. 〖(1607) ◻ L *olentem* (pres.p.) ← *olēre* to smell〗

o·le·o /óuliòu | óuliəu/ *n.* (*pl.* **～s**) **1** =oleomargarine. **2** =oleograph. 〖1884〗

o·le·o- /óuliou | óuliəu/「油 (oil); オレイン (olein); オレイン酸 (oleic acid)」の意の連結形. ★ 時に olei-, また母音の前では通例 ole- になる. 〖(1757) ← L *oleum* oil〗

O

o·le·o·graph /óʊliəgræ̀f | áʊliə(ʊ)grɑ̀:f, ɔ́l-, -græ̀f/ *n.* 油絵風石版画. **o·le·o·graph·ic** /òʊliəgrǽfɪk | əʊliə(ʊ)-, ɔ̀l-ˉ/ *adj.* 〘1873〙
o·le·og·ra·phy /òʊliɑ́(:)grəfi | əʊliɔ́g-, ɔ̀l-/ *n.* 油絵風石版印刷(法). 〘1873〙
òleo·márgarine *n.* (*also* **òleo·márgarin**) **1** = oleo oil. **2** 《米》=margarine. 〘1871〙
o·le·om·e·ter /òʊliɑ́(:)məṭə | əʊliɔ́mᵻtə(r/ *n.* **1** 油脂比重計, オリーブ油計. **2** 油脂含有率測定器. 〘1861〙
óleo òil *n.* オレオ脂《食用の獣脂から採ったバター状の脂; マーガリン・石鹸などの製造に用いられる》.
o·le·o·phil·ic /òʊliəfílɪk | əʊ-ˉ/ *adj.* 〘化学〙油(脂)吸収性の, 親油性の (cf. lipophilic). 〘1957〙
òleo·résin *n.* **1** オレオレジン, オレオ[含油]樹脂《精油に樹脂の溶けたもの》. **2** 〘薬学〙樹脂油《薬用樹脂をアルコールなどで抽出して製した固形あるいは液状製剤》. 〘*c*1846〙
òleo·résinous *adj.* **1** オレオレジン[含油樹脂]の[に関する, を含む]. **2** 乾性油と樹脂でできた; 樹脂油の. 〘1861〙
óleo strùt *n.* 〘航空〙オレオ緩衝支柱《着陸時のショックを和らげるため脚に付けられる空気および油を封入した支柱》. 〘⇨ strut[2]〙
o·le·o·yl /oʊlí:oʊɪ̀l | ə(ʊ)lí:əʊ-/ *n.* 〘化学〙オレオイル《$C_{17}H_{33}CO$– の一般式をもつオレイン酸から誘導される 1 価の基》. 〘← OLEO-+-YL〙
o·ler·i·cul·ture /ɑ́(:)lərəkʌ̀ltʃə | ɔ́lərɪkʌ̀ltʃə(r/ *n.* 蔬菜(そさい)[野菜]園芸, 野菜栽培. 〘《1888》← L *oler-*, *(h)olus* vegetable+CULTURE〙
ó·lèr·i·cùl·tur·ist /-tʃ(ə)rᵻst | -rɪst/ *n.* 野菜栽培家, 疏菜園芸家.
O·les·tra /ɑ(:)léstrə | ɔ-/ *n.* 〘商標〙オレストラ《食用油の代用とする合成油; 体内で消化吸収されない》.
o·le·threu·tid /òʊləθrú:ṭᵻd | əʊlɪθrú:tɪd/ 〘昆虫〙 *adj.* ヒメハマキガ(科)の. — *n.* ヒメハマキガ《ヒメハマキガ科の小さいガの総称》. 〘← *Oletheutes*+-ID[2]〙
ol·e·um /óʊliəm | ə́ʊ-/ *n.* **1** (*pl.* **o·le·a** /-liə | -liə, -ljə/) =oil. **2** (*pl.* **~s**) 〘化学〙発煙硫酸《純硫酸 (H_2SO_4) に無水硫酸 (SO_3) を溶かしたもの; fuming sulfuric acid, Nordhansen acid ともいう》. 〘《*c*1823》□ L ~ 'OIL'〙
Ó lèvel *n.* 《英》〘教育〙**1** もとの教育一般証明試験 (General Certificate of Education) の普通級 (Ordinary level)《現在はこれに代わって General Certificate of Secondary Education が行われる》. **2** 1 の試験に合格すること. **3** [形容詞的に]: ~ maths. 〘《1949》《略》← Ordinary *level*〙
o·le·yl /oʊlí:ᵻl | ə(ʊ)lí:ɪl/ *n.* 〘化学〙**1** =oleoyl. **2** オレイル《$C_{17}H_{33}CH_2$– の一般式をもつオレイルアルコールから誘導される 1 価の基》〘1903〙.
oléyl álcohol *n.* 〘化学〙オレイルアルコール, オレインアルコール ($C_{17}H_{33}CH_2OH$)《淡黄色の油状液; 表面活性剤・可塑剤などに用いる》. 〘1903〙
ol·fac·tion /ɑ(:)lfǽkʃən, oʊl- | ɔl-/ *n.* 嗅覚; 嗅覚作用. 〘《*a*1846》←《廃》*olfact* to smell (□ L *olfactus* (p.p.) ← *olfacere* to smell)+-TION: ⇨ olfactory〙
ol·fac·tive /ɑ(:)lfǽktɪv, oʊl- | ɔl-/ *adj.* =olfactory. 〘1654〙
ol·fac·tom·e·ter /ɑ̀(:)lfæktɑ́(:)məṭə, òʊl- | ɔ̀lfæktɔ́mᵻtə(r/ *n.* 嗅覚計. **ol·fac·to·met·ric** /ɑ̀(:)lfæktəmétrɪk, òʊl- | ɔ̀l-ˉ/ *adj.* **ol·fac·tom·et·ry** /ɑ̀(:)lfæktɑ́(:)mətri, òʊl- | ɔ̀lfæktɔ́m-/ *n.* 〘1889〙
ol·fac·to·ry /ɑ(:)lfǽktəri, oʊl-, -tri | ɔl-/ *adj.* 嗅覚の; 嗅覚器の: ~ sensation 嗅覚. — *n.* [通例 *pl.*] 嗅覚器, 鼻. 〘《1658》□ L *olfactus* (p.p.) ← *olfacere* to smell (*olēre* to smell+*facere* to make)+-ORY[1]〙
olfáctory bùlb *n.* 〘解剖〙嗅球《大脳の嗅葉 (olfactory lobe) 前端で嗅糸を受ける膨隆部》. 〘*c*1860〙
olfáctory cèll *n.* 〘解剖〙嗅細胞.
olfáctory lòbe *n.* 〘解剖〙嗅葉《大脳前頭葉の下面にある; cf. olfactory bulb》. 〘*c*1860〙
olfáctory nèrve *n.* 〘解剖〙嗅糸, 嗅神経《第一脳神経に当たり, 近年の国際学名 fila olfactoria に対応して解剖学では「嗅糸」とよぶのが標準的》. 〘1670〙
olfáctory òrgan *n.* 〘生物〙嗅覚器, 臭覚器. 〘1880〙
olfáctory tràct *n.* 〘解剖〙嗅索.
ol·fac·tron·ics /ɑ̀(:)lfæktrɑ́(:)nɪks, òʊl- | ɔ̀lfæktrɔ́n-/ *n.* 臭気学《各種の臭気・芳香を検出・分析する分野》. **ol·fac·tron·ic** /ɑ̀(:)lfæktrɑ́(:)nɪk, òʊl- | ɔ̀lfæktrɔ́n-ˉ/ *adj.* 〘《1964》← OLFACT(ORY)+(ELECT)RONICS〙
OLG 《略》Old Low German.
Ol·ga /ɑ́(:)lgə, óʊl- | ɔ́l-; *Russ.* ólʲgə/ *n.* オリガ《女性名》. ★ 19 世紀に英国に入った. 〘□ Russ. *Ol'ga* ← ON *Helga*《原義》holy: cf. Helga〙
o·lib·a·num /oʊlíbənəm | ɔlíb-, əʊ-/ *n.* =frankincense. 〘《*a*1300》□ ML ~ □ Gk *líbanos* □ Arab. *al-lubān*: cf. Heb. *lᵉbhōnā́ʰ* frankincense ← *lābhā́n* white〙
ol·id /ɑ́(:)lᵻd | ɔ́lɪd/ *adj.* 《古》(強烈な)悪臭のある (fetid). 〘《1680》□ L *olidus* ← *olēre* to smell: ⇨ -id[4]〙
ol·i·fant /ɑ́(:)ləfənt | ɔ́lᵻ-/ *n.* =oliphant.
o·lig- /ɑ́(:)lᵻg, óʊl- | ɔ́l-/ (母音の前にくるときの) oligo- の異形.
ol·i·garch /ɑ́(:)ləgɑ̀ək, óʊl- | ɔ́lᵻgɑ̀:k/ *n.* (寡頭政治を行う)少数独裁者の一人, 寡頭政治家の一人. 〘《*a*1610》□ Gk *oligárkhēs*: ⇨ oligo-, -arch[1]〙
ol·i·gar·chal /ɑ̀(:)ləgɑ́əkəl, òʊl-, -kḷ | ɔ̀lᵻgɑ́:-ˉ/ *adj.* =oligarchic.
ol·i·gar·chic /ɑ̀(:)ləgɑ́əkɪk, òʊl- | ɔ̀lᵻgɑ́:k-ˉ/ *adj.* 寡頭政治の[を支持する]: ~ government 寡頭政治, 少数独裁政治. **òl·i·gár·chi·cal·ly** *adv.* 〘《*a*1649》□ Gk *oligarkhikós*: ⇨ oligarch, -ic[1]〙
òl·i·gár·chi·cal /-kɪkəl, -kə-, -kḷ | -kɪ-ˉ/ *adj.* = oligarchic. 〘1586〙
ol·i·gar·chy /ɑ́(:)ləgɑ̀əki, óʊl- | ɔ́lᵻgɑ̀:ki/ *n.* **1** 寡頭政治, 少数独裁政治 (cf. polyarchy). **2** 寡頭独裁国. **3** [集合的] 少数独裁者 (oligarchs). **4** 《米》政府に圧力をかける小市民グループ. 〘《1500》□ Gk *oligarkhía*: ⇨ oligarch, -y[1]〙
ol·i·ge·mi·a, 《英》**ol·i·gae·mi·a** /ɑ̀(:)lᵻgí:miə | ɔ̀lɪ-/ *n.* 〘医学〙血液減少[過小](症), 貧血(症). 〘《*c*1850》□ F *oligaimie* □ Gk *oligaimía*: ⇨ oligo-, -emia〙
ol·i·gid·ic /ɑ̀(:)ləgídɪk, òʊl-, -dʒíd- | ɔ̀lɪgíd-, -dʒíd-ˉ/ *adj.* 〘生化学〙〈食餌など〉化学的によくわかっていない成分を含む (cf. holidic, meridic). 〘← OLIGO-+(MER)IDIC〙
ol·i·go /ɑ́(:)lᵻgòʊ, óʊl- | ɔ́lᵻgəʊ/ *n.* 〘生化学〙=oligonucleotide.
ol·i·go- /ɑ́(:)lᵻgoʊ, óʊl- | ɔ́lᵻgəʊ/ 次の意味を表す連結形: **1**「少数 (few); 小さい (small)」: *olig*archy. **2** 〘病理〙「欠乏, 不足」: *oligo*cythemia. ★ 母音の前では通例 olig- になる. 〘《1600》← Gk *olígos* small, little, (pl.) few〙
òligo·cárpous *adj.* 〘植物〙果実の少ない. 〘1857〙
Ol·i·go·cene /ɑ́(:)lᵻgoʊsì:n, óʊl- | ɔ́lᵻgə(ʊ)-/ 〘地質〙 *adj.* 漸新世[統]の: the ~ epoch [series] 漸新世[統]《第三紀始新世[統] (Eocene epoch [series]) に次ぐ》. — *n.* [the ~] 漸新世[統]. 〘1859〙
Ol·i·go·chae·ta /ɑ̀(:)lᵻgoʊkí:ṭə, òʊl- | ɔ̀lᵻgə(ʊ)kí:tə/ *n. pl.* 〘動物〙(環形動物門)貧毛綱《ミミズなど》. 〘《1896》← NL ~: ⇨ oligo-, -chaeta〙
ol·i·go·chaete /ɑ́(:)lᵻgoʊkì:t, óʊl- | ɔ́lᵻgə(ʊ)-/ *adj., n.* 〘動物〙貧毛綱の(動物). 〘1876〙
ol·i·go·chae·tous /ɑ̀(:)lᵻgoʊkí:ṭəs, òʊl- | ɔ̀lᵻgə(ʊ)kí:təsˉ/ *adj.* 〘動物〙貧毛綱の.
ol·i·go·clase /ɑ́(:)lᵻgoʊklèɪs, óʊl- | ɔ́lᵻgə(ʊ)-/ *n.* 〘鉱物〙灰曹(かいそう)長石《比較的ソーダ分に富む斜長石の一種》. 〘《1832》□ G *Oligoklas* ← OLIGO-+Gk *klásis* fracture: 劈開(へきかい)が曹長石より少ないことから〙
ol·i·go·cy·the·mi·a /ɑ̀(:)lᵻgoʊsaɪθí:miə, òʊl- | ɔ̀lᵻgə(ʊ)-/ *n.* (*also* **ol·i·go·cy·thae·mi·a** /~/) 〘病理〙赤血球減少(症). 〘《1876》← NL ~: ⇨ oligo-, cyto-, -hemia〙
òligo·dén·dro·cyte /-déndrəsàɪt | -drə(ʊ)-/ *n.* 〘解剖〙乏[稀寡]突起(神経)膠細胞. 〘《1932》: ⇨ oligodendroglia, -cyte〙
òligo·den·dro·glí·a /-dèndrəgláɪə | -drə(ʊ)-/ *n.* 〘解剖〙乏[稀, 寡]突起(神経)膠細胞; 乏[寡]突起(神経)膠組織. **-dro·gli·al** /-gláɪəlˉ/ *adj.* 〘1924〙
òligo·dèndro·glióma *n.* (*pl.* **~s, -mata**) 〘医学〙乏[稀, 寡]突起(神経)膠腫《乏突起膠着細胞 (oligodendroglia) からなる神経系の腫瘍》. 〘《1926》: ⇨ oligodendroglia, -oma〙
ol·i·go·don·ti·a /ɑ̀(:)lᵻgoʊdɑ́(:)nʃiə, òʊl-, -ʃə | ɔ̀lᵻgə(ʊ)dɔ́n-/ *n.* 〘歯科〙部分的無歯症《歯胚(歯を作る組織)を欠如したために生じた部分的な歯の欠損》. 〘← NL ~: ⇨ oligo-, odont-, -ia[1]〙
o·lig·o·mer /əlígəmə | ɔ̀lᵻgəʊmə(r, ɔlígə-, əl-/ *n.* 〘化学〙オリゴマー, 低重合体《低分子量の重合体 (polymer); cf. dimer》. **ol·i·go·mer·ic** /əlɪ̀gəmérɪk | ɔ̀lᵻgə-, ɔlɪ̀gə-, əl-ˉ/ *adj.* **ol·i·go·mer·i·za·tion** /əlɪ̀gəmɛrᵻzéɪʃən | ɔ̀lᵻgəmèraɪ-, -rɪ-/ *n.* 〘1952〙
ol·i·gom·e·rous /ɑ̀(:)lᵻgɑ́(:)mərəs, òʊl- | ɔ̀lɪgɔ́m-ˉ/ *adj.* 〘植物〙減数性の. 〘1897〙
ol·i·go·my·cin /ɑ̀(:)lᵻgoʊmáɪsᵻn, òʊl-, -sṇ | ɔ̀lᵻgə(ʊ)maɪsɪn/ *n.* 〘生化学〙オリゴマイシン《抗生物質の一つ》. 〘1954〙
òligo·nucléotide *n.* 〘生化学〙オリゴヌクレオチド《少数のヌクレオチドより成る物質》. 〘1942〙
òligo·péptide *n.* 〘生化学〙オリゴペプチド《10 個未満のアミノ酸から構成される》. 〘1941〙
ol·i·goph·a·gous /ɑ̀(:)ləgɑ́(:)fəgəs, òʊl- | ɔ̀lɪgɔ́f-ˉ/ *adj.* 〈特に昆虫が〉狭食[寡食]性の (cf. monophagous). 〘1920〙
ol·i·goph·a·gy /ɑ̀(:)ləgɑ́(:)fədʒi, òʊl- | ɔ̀lɪgɔ́f-/ *n.* 狭食性, 寡食性《動物, 特に昆虫が, 狭い選択範囲の食物だけしか食わない性質をもつこと; cf. monophagy》. 〘1946〙
ol·i·go·phre·ni·a /ɑ̀(:)lᵻgoʊfrí:niə, òʊl- | ɔ̀lᵻgə(ʊ)-/ *n.* 〘病理〙精神薄弱 (feeblemindedness). 〘《1899》← NL ~: ⇨ oligo-, -phrenia〙
ol·i·go·phren·ic /ɑ̀(:)lᵻgoʊfrénɪk, òʊl- | ɔ̀lɪgə(ʊ)-ˉ/ *adj.* 〘病理〙精神薄弱の[に関する].
ol·i·gop·o·lis·tic /ɑ̀(:)lᵻgɑ̀(:)pəlístɪk, òʊl- | ɔ̀lᵻgɔ̀p-ˉ/ *adj.* 〘経済〙少数独占の[に関する], 寡占的な.
ol·i·gop·o·ly /ɑ̀(:)lᵻgɑ́(:)pəli, òʊl- | ɔ̀lᵻgɔ́p-/ *n.* 〘経済〙少数独占, 寡占(かせん)《少数の売手による市場支配; cf. monopoly》. **òl·i·góp·o·list** /-lᵻst | -lɪst/ *n.* 〘《1895》← OLIGO-+(MONO)POLY〙
ol·i·gop·so·ny /ɑ̀(:)lᵻgɑ́(:)psəni, òʊl- | ɔ̀lᵻgɔ́p-/ *n.* 〘経済〙買手寡占《少数の買手による市場支配; cf. monopsony, duopsony, oligopoly》. **òl·igóp·so·nist** /-nᵻst | -nɪst/ *n.* **ol·i·gop·so·nis·tic** /ɑ̀(:)lᵻgɑ̀(:)psənístɪk, òʊl- | ɔ̀lɪgɔ̀p-ˉ/ *adj.* 〘《1942》← OLIGO-+Gk *opsōnía* purchase of victuals+-Y[1]〙
òligo·sáccharide *n.* 〘化学〙オリゴ糖(類), 少糖(類)《少数の単糖がグリコシド結合した炭水化物の総称》. 〘1930〙
òligo·spér·mi·a /-spə́:miə | -spə́:-/ *n.* 〘医学〙精子過小[減少]症. 〘《1848》← OLIGO-+Gk *spérma* seed〙
ol·i·go·tro·phic /ɑ̀(:)lᵻgoʊtróʊfɪk, òʊl-, -trɑ́(:)f- | ɔ̀lɪgə(ʊ)trɔ́f-, -trə́ʊ-ˉ/ *adj.* 〘生態〙**1** 〈湖・川などが〉貧栄養型の《栄養塩類が乏しく有機物ができにくい; cf. dystrophic, eutrophic 2, mesotrophic》. **2** 〈湖・川などの水が〉溶存酸素に富んだ. 〘1928〙
ol·i·got·ro·phy /ɑ̀(:)lᵻgɑ́(:)trəfi, òʊl- | ɔ̀lɪgɔ́trə-/ *n.* 〘生態〙(湖の)貧栄養状態. 〘1928〙
ol·i·gu·re·sis /ɑ̀(:)lᵻgjʊrí:sᵻs | ɔ̀lᵻgjʊrí:sɪs/ *n.* =oliguria.
ol·i·gu·ri·a /ɑ̀(:)lᵻgjʊ́əriə, òʊl- | ɔ̀lᵻgjʊ́ər-/ *n.* 〘病理〙乏尿(症), 尿量減少 (cf. anuria). **ol·i·gu·re·tic** /ɑ̀(:)lᵻgjʊréṭɪk, òʊl- | ɔ̀lᵻgjʊrét-ˉ/ *adj.* 〘《1876》← NL ~: ⇨ oligo-, -uria〙
o·lim /oʊlí:m | əʊ-/ *n. pl.* (イスラエル共和国への)ユダヤ人移民 (cf. aliyah). 〘《1967》□ ModHeb. *'olim*《原義》those who go up〙
O·lim·bos /ɑ́(:)lɪmbɑ̀(:)s | ɔ́lɪmbɔ̀s; *Mod.Gk.* ólimbɔs/ *n.* Olympus の現代ギリシャ語名 (⇨ Olympus 1).
o·lin·go /oʊlíŋgoʊ | ə(ʊ)líŋgəʊ/ *n.* 〘動物〙オリンゴ (*Bassaricyon gabbii*)《中央・南アメリカに生息するアライグマ科の長い尾と細い体をした動物》. 〘1920〙
o·li·o /óʊliòʊ | áʊliə̀ʊ/ *n.* (*pl.* **~s**) **1 a** (ごったの)まぜ物. **b** (文章・詩歌・写真などの)雑集; 雑曲集. **2 a** (後舞台の装置がえのときに前舞台で演ぜられる)演芸. **b** (幕間または劇の終わりに演ぜられる)歌と踊りの軽演劇. **3** =olla podrida 1. 〘《*a*1643》□ Sp. *olla* earthen pot, stew < VL **olla*=L *ōlla* pot: cf. olla〙
ol·i·phant /ɑ́(:)ləfənt | ɔ́lᵻ-/ *n.* (狩猟用の)象牙製角笛. 〘《?*a*1200》ME *olifaunt* □ (O)F *olifant* 'ELEPHANT, ivory'〙
Ol·i·phant /ɑ́(:)ləfənt | ɔ́lᵻ-/, Sir **Marcus Laurence Elwin** *n.* オリファント《1901–2000; オーストラリアの原子物理学者》.
Oliphant, Margaret *n.* オリファント《1828–97; スコットランドの女流小説家・文芸評論家; *Chronicles of Carlingford* (1863–76)》.
ol·i·va·ceous /ɑ̀(:)ləvéɪʃəs | ɔ̀lᵻ-ˉ/ *adj.* **1** オリーブに似た. **2** オリーブ色の, 黄緑色の. 〘《1776》← NL *olīvāceus* ‖ F *olivacé* olive-green+-OUS: ⇨ olive, -aceous〙
ol·i·var·y /ɑ́(:)ləvèri | ɔ́lᵻvəri/ *adj.* **1** オリーブ状の (olive-shaped), 卵形の. **2** 〘解剖〙オリーブ核 (olivary nucleus) の[に関する]. 〘《1541》□ L *olīvārius*: ⇨ olive, -ary〙
ólivary núcleus *n.* 〘解剖〙(延髄の)オリーブ核.
ol·ive /ɑ́(:)lᵻv | ɔ́lɪv/ *n.* **1** 〘植物〙**a** オリーブ (*Olea europaea*)《モクセイ科の常緑高木; olive tree ともいう》. **b** オリーブと類似の樹木の総称《wild olive など》. **2** オリーブの実 (olive berry)《果肉からオリーブ油を採る》. **3** オリーブ材《装飾品用》. **4** =olive branch. **5** オリーブの葉の環[冠]. **6** オリーブ色: **a** 黄緑色《オリーブの未熟な実の色》. **b** 黄褐色《小麦色に焼けた皮膚の色など》. **7** [*pl.*] 牛肉の薄切を巻いて蒸煮にしたもの. **8** 〘解剖〙=olivary nucleus. **9** 〘貝類〙=olive shell. **10** 〘服飾〙(ループ留めの)オリーブ形ボタン. **11** =dun 3 a. — *adj.* **1** オリーブの. **2** オリーブ色の; オリーブ色がかった: an ~ beauty オリーブ色の顔をした美人 / an ~ complexion オリーブ色の顔色. 〘《?*a*1200》ME *olife, olyf* □ (O)F < L *olīvam* □ Gk *elaía* olive tree: cf. oil〙
Ol·ive /ɑ́(:)lᵻv | ɔ́lɪv/ *n.* オリーブ《女性名; 異形 Olivia, Oliva, Ollie, Livia, Nollie, Nola》. 〘□ L *Olīva* (↑)〙
ólive-bàcked thrúsh *n.* 〘鳥類〙オリーブツグミ (*Hylocichla ustulata*)《北米北部産のツグミ; 冬期は南部に移動する; olive back, Swaison's thrush ともいう》. 〘1844〙
ólive brànch *n.* **1 a** オリーブの枝《Noah が箱舟から放った鳩がオリーブの枝をくわえて来たという故事から, 平和・和解の象徴; cf. *Gen.* 8:11》. **b** 和解のしるしに差し出すもの: hold out [offer, extend] the [an] ~ 平和[和解]を示す[申し出をする]. **2** 《戯言》子供 (cf. *Ps.* 128:3): a young ~ / the wife and ~*es* of …氏の妻子. 〘*a*1325〙
ólive brówn *n.* **1** オリーブブラウン色《黄茶と黄緑の中間色》. **2** [形容詞的に]: an *olive-brown* coat.
ólive cròwn *n.* オリーブの葉の冠《昔ギリシャで勝利者に与えられた》. 〘1749〙
ólive dráb *n.* **1** 濃黄緑色. **2** 〘米陸軍〙濃黄緑色の毛織布; 濃黄緑色の陸軍の制服 (略 OD, o.d.). 〘1897〙
ólive gréen *n.* 黄緑色. 〘*c*1757〙
o·liv·en·ite /oʊlívənàɪt | ə(ʊ)lív-/ *n.* 〘鉱物〙オリベナイト, 緑砒(ひ)銅鉱 ($Cu_2(AsO_4)(OH)$). 〘《1820》□ G *Olivenit*: ⇨ olive, -ite[1]〙
ólive òil *n.* オリーブ油, オレーフ油《サラダ油・医薬用》. 〘1774〙
ol·i·ver /ɑ́(:)ləvə | ɔ́lᵻvə(r/ *n.* (釘などを作るのに用いる)足踏みかなづち. 〘《1846》← ? OLIVER 1〙
Ol·i·ver /ɑ́(:)ləvə | ɔ́lᵻvə(r/ *n.* **1** オリバー《男性名; 愛称形 Ollie, Olley, Olly》. **2** オリバー《Charlemagne 大帝旗下の十二勇士の一人; cf. Roland[2]》. 〘ME □ F *Olivier* ← ? MLG *Alfihar*《原義》elf-army ← *alf* elf+*hari* army〙
Oliver, Joseph *n.* オリバー《1885–1938; 米国のジャズコルネット奏者; King Oliver として知られた》.
Óliver Twíst /-twíst/ *n.* オリバー ツイスト《Dickens の同名の小説 (1839) の主人公; 苛酷な運命にもてあそばれる孤児》.
Ol·ives /ɑ́(:)lᵻvz | ɔ́lɪvz/, **the Mount of** *n.* オリブ山, 橄欖(かんらん)山《Jerusalem の東にある小丘 (最高点標高約 817 m); キリストはこのふもとの Gethsemane で捕らえられた後 Pilate に引き渡された; Mount Olivet ともいう; cf. *Matt.* 26:30》.

O

ólive shèll *n.* 〘貝類〙マクラガイ《マクラガイ属 (*Oliva*) またはマクラガイ科のオリーブ型海産巻貝の総称》. 〚1882〛

ol·i·vet /ɑ́(ː)ləvèt | ɔ́lɪ̀vèt, -vɪ̀t/ *n.* **1** (アフリカ黒人との貿易に用いられた)模造真珠. **2** 〘演劇〙＝olivette. 〚(1819)□F *olivette*: ⇨ olive, -et〛

Ol·i·vet /ɑ́(ː)ləvèt | ɔ́lɪ̀vèt, -vɪ̀t/, **Mount** *n.* ＝Mount of Olives (cf. *Acts* 1:12). 〚(?lateOE)←L *olīvētum* olive grove〛

ólive trèe *n.* 〘植物〙＝olive 1.

ol·i·vette /ɑ̀(ː)ləvèt | ɔ̀lɪ̀vèt, -vɪ̀t/ *n.* 〘演劇〙大型フラッドライト《1,000 ワットの大電球 1 個を用いる》. 〚□F ~: ⇨ olive, -ette〛

Ol·i·vet·ti /ɑ̀(ː)ləvéti | ɔ̀lɪ̀véti; *It.* olivétti/ *n.* オリベッティ(社)《イタリアの事務機器・タイプライターメーカー; 現在は情報通信分野にも進出》. 〚1949〛

ólive wòod *n.* オリーブ材《装飾品の材料》. 〚1718〛

O·liv·i·a /oulíviə, ə- | ɔ-, ə(ʊ)-/ *n.* オリビア《女性名》. 〚□It. ~: ⇨ Olive, -ia¹〛

O·liv·i·er /oulívièɪ | əlívièɪ, ɔl-, -viə/, **Sir Laurence (Kerr)** *n.* オリビエ《1907–89; 英国の Shakespeare 劇俳優・演出家; 称号 Baron Olivier of Brighton》.

ol·i·vine /ɑ́(ː)lə̀viːn, -vɪ̀n | ɔ́lɪ̀vìːn, ⌐—⌐/ *n.* 〘鉱物〙橄欖(かんらん)石 ($(MgFe)_2SiO_4$; 透明なものは peridot と称し宝石). **ol·i·vin·ic** /ɑ̀(ː)ləvínɪk | ɔ̀lɪ̀-⌐/ *adj.* **ol·i·vi·nit·ic** /ɑ̀(ː)ləvənítɪk | ɔ̀lɪ̀vɪ̀nít-⌐/ *adj.* 〚(1794)□G *Olivin*: ⇨ olive, -ine¹〛

ol·la /ɑ́(ː)lə, óʊlə | ɔ́lə, ɔ́ljə-; *Sp.* óʎa, ója, *Am.Sp.* ója/ *n.* **1** (スペイン系諸国で)水がめ, 土鍋. **2** ＝olla podrida 1. 〚(1622)□Sp. ~ ＜VL *olla(m)＝L *aullam*, *ōllam* pot, jar〛

ólla po·drí·da /-pədríːdə | -pədríːdə, -pɔ-; *Sp.* -poðríða/ *n.* **1** (*pl.* ~**s**, **óllas po·drí·da** /-də(z); *Sp.* -poðríðas/) (土鍋 (olla) で料理される)香辛料をきかせた数種の肉・ソーセージ・野菜などのごった煮, シチュー《スペイン, ラテンアメリカの伝統的料理》. **2** ＝olio 1. 〚(1599)□Sp. ~《原義》rotten pot: ⇨ olla, putrid〛

Ol·len·hau·er /ɑ́(ː)lənhàuə | ɔ́lənhàuə(r; *G.* ɔ́lənhauɐ/, **Erich** *n.* オレンハウアー《1901–63; ドイツの政治家; 社会民主党党首 (1952–63)》.

ol·lie /ɑ́(ː)li | ɔ́li/ *n.* 〘スケートボード・スノーボード〙オリー《ボードの後方に置いた脚に力を入れ, ボードを浮かせて行うジャンプ》. — *vi.* オリーをする. 〚(*c*1985)←?〛

Ol·lie /ɑ́(ː)li | ɔ́li/ *n.* オリー: **1** 男性名. **2** 女性名. 〚《変形》1: ← Oliver. 2: ← Olive〛

ol·ly·crock /ɑ́(ː)lɪkrɑ̀(ː)k | ɔ́lɪkrɔ̀k/ *n.* 《南ア》〘貝類〙リュウオウスガイ (*Turbo sarmaticus*)《リュウテンサザエ科の巻貝》. 〚(1961)《変形》← Afrik. *alikreukel*〛

olm /óʊlm | ɔ́lm, óʊlm/ *n.* 〘動物〙ホライモリ (*Proteus anguinus*)《スロベニアからモンテネグロにかけての洞窟の地下水に生息するホライモリ属の細長く, 成育すると目が退化するイモリの一種》. 〚(1905)□G ~ ＜OHG ~〛

Ol·mec /ɑ́(ː)lmɛk | ɔ́l-; *Sp.* olmék/ *n.* (*pl.* ~**s**, ~) [the ~(s)] オルメク族《メキシコの Tabasco, Veracruz 両州のあたりに住んでいた古代原住民; Maya 族よりも古いかあるいは同時代とされ, 高度に発達した農業を有し, 石や翡翠(ひすい)の彫刻を残した》. — *adj.* オルメク文明の. 〚(1787)□Sp. *Olmeca*←Am.-Ind.〛

Olm·sted /óʊmstɛd, ɑ́(ː)m-, -stɪ̀d | ɔ́mstɛd/, **Frederic Law** *n.* オームステッド《1822–1903; 米国の景観建築家; New York の Central Park (1857) を設計》.

Ol·ney /óʊ(l)ni, ɑ́(ː)l- | óʊ(l)-/ *n.* オーニー《男性名》. 〚← OE *Ollanēg* Olla's island〛

ol·o·gy /ɑ́(ː)lədʒi | ɔ́l-/ *n.* 《戯言》科学 (science), 学問: a smattering of all the *ologies* あらゆる学問の生かじり / a new ~ 新しい学問. 〚(1811)←*-ology*〛

-ol·o·gy /ɑ́(ː)lədʒi | ɔ́l-/ (連結辞 -o- を伴った) -logy の異形.

o·lo·li·u·qui /òʊloʊliúːki | ɔ̀lə(ʊ)-; *Am.Sp.* ololjúki/ *n.* 〘植物〙メキシコ産ヒルガオ科のつる性草本 (*Rivea corymbosa*)《原住民が種子を薬用や幻覚を得るために用いる》. 〚(1915)□Sp. *ololiuque*□Nahatl *ololiuhqui*《原義》one that covers〛

O·lo·mouc /óʊləmòʊts | ɔ́ʊləmòʊts; *Czech* ɔ́lɔmɔuts/ *n.* オロモウツ《チェコ東部, Moravia の都市; ドイツ語名 Olmütz /ɔ́lmʏts/》.

o·lo·ro·so /òʊlərόʊsoʊ, -loʊ- | ɔ̀lərɔ́ʊsəʊ, ɔ̀ʊl-, -zəʊ; *Sp.* oloróso/ *n.* (*pl.* ~**s**) オロローソ《スペイン産の甘口のシェリー (sherry)》. 〚(1876)□Sp. ~ 'fragrant' ← *olor* odor (＜L *olēre* to smell)＋-*oso* '-ous'〛

ol. ric. 《略》〘処方〙*L.* oleum ricini ひまし油 (castor oil).

Ol·son /óʊlsən, -sn | ɔ́ʊl-/, **Charles** *n.* オルソン《1910–70; 米国の詩人・批評家; *The Maximus Poems* (1960–68)》.

Olsz·tyn /ɑ́(ː)lʃtɪ̀n | ɔ́lʃtɪn; *Pol.* ɔ́lʃtin/ *n.* オルシティン《ポーランド北東部の町; 1334 年にゲルマンの騎士によって創建された》.

Ol·wen /ɑ́(ː)lwɛn, -wɪn | ɔ́l-/ *n.* オーウェン《女性名; 異形 Olwyn》. ★ ウェールズで一般的. 〚□Welsh ~《原義》white track〛

Olym. 《略》Olympiad.

O·lym·pi·a¹ /əlímpiə, oʊ- | ə(ʊ)-/ *n.* **1** オリュンピア, オリンピア《ギリシャ Peloponnesus 半島西部, 古代 Elis の小平野; Zeus の聖地であるというので古代オリンピア競技会が行われた; この地の Zeus の神像は世界七不思議 (Seven Wonders of the World) の一つ》. **2** オリンピア《米国 Washington 州の州都, 海港》. 〚(1887)□L ~□Gk *Olumpía* (fem.)← *Olúmpios* of Olympus〛

O·lym·pi·a² /əlímpiə, oʊ- | ə(ʊ)-/ *n.* オリンピア《女性名》. 〚↑〛

O·lym·pi·ad /əlímpiæ̀d, oʊ- | ə(ʊ)-/ *n.* **1** オリンピアード, オリンピア紀《古代ギリシャの暦数の単位で, 一つのオリンピア競技から次の競技までの 4 年間; ギリシャ人は紀元前 776 年以降この方式で年代を数えた; cf. Pythiad》. **2** 国際オリンピック大会 (Olympic Games). **3** (チェスなどの定期的な)国際競技会, …オリンピック. 〚(*a*1387)□(O)F *Olympiade*□L *Olympiadem*, *Olympias*□Gk *Olumpiás*← *Olúmpios* Olympian ← *Ólumpos* Olympus〛

O·lym·pi·an /əlímpiən, oʊ- | ə(ʊ)-/ *adj.* **1 a** (ギリシャの神々の住んだ)オリュンポス山 (Mount Olympus) の, オリュンポス山に住む; オリュンポス山上の: the ~ gods オリュンポスの神々 (⇨ Olympus¹). **b** 天上の (heavenly). **2 a** (オリュンポスの神々のように)威厳のある, 堂々とした; 近づきがたい感じの, 超然とした. **b** 卓越した. **3 a** (古代ギリシャ Elis の) オリュンピア (Olympia) の: ⇨ Olympian Games 1. **b** オリンピア[オリンピック]競技の. — *n.* **1 a** オリュンポス山の神 (⇨ Olympus¹ 1). **b** [the ~] (特に) Zeus 神. **2 a** 威厳のある[近づきがたい感じの, 超然とした]人. **b** 卓越した技量の人, 超人. **3** 古代オリンピア[近代オリンピック]競技出場選手. **4** オリュンポス山の住民. 〚(1590–91)□LL *Olympiānus* 'of Olympus': ⇨ -ian〛

Olýmpian Gámes *n. pl.* [the ~] **1** (古代ギリシャの)オリンピア競技《4 年目ごとの Zeus 神の祭りに際して Olympia の野で行われた体育・文芸の大競技祭》. **2** ＝Olympic Games 2. 〚1593〛

Olýmpian gréen *n.* ＝malachite green 2.

O·lym·pic /əlímpɪk, oʊ- | ə(ʊ)-/ *adj.* **1 a** (古代ギリシャで Zeus のために催された)オリンピア競技の[に関する]. **b** (近代の)国際オリンピック競技の[に関する]. **2** オリュンピアの; オリュンポス山の. — *n.* [the ~s] ＝Olympic Games 2. 〚(1590)□L *Olympicus*□Gk *Olumpikós* Of Olympus, (LGk) of Olympia: ⇨ -ic¹〛

Olýmpic Gámes, O- g- *n. pl.* [the ~; ときに単数扱い] **1** ＝Olympian Games 1. **2** (近代の)国際オリンピック大会, 五輪大会《1896 年 Athens での第 1 回大会以来 4 年目ごとに世界各地の都市で行われる国際スポーツ競技大会》. 〚*a*1610〛

Olýmpic Móuntains *n. pl.* [the ~] オリンピック山地《米国 Washington 州北西部の連峰; Coast Ranges の一部; 最高峰 Mount Olympus (2,428 m)》.

Olýmpic Nátional Párk *n.* オリンピック国立公園《米国 Washington 州北西部の Mount Olympus を中心とする国立公園; 独特の樹林と多雨で知られる; 1938 年指定; 面積 3,629 km²》.

Olýmpic Península *n.* [the ~] オリンピック[オリンパス]半島《米国 Washington 州北西部, Puget Sound と太平洋間の半島》.

Olýmpic-sìze póol *n.* オリンピックプール《長さ 50 m, 幅 21 m 以上》.

O·lym·pus /əlímpəs, oʊ- | ə(ʊ)-/ *n.* **1** [Mount ~] オリュンポス《ギリシャ北部, Thessaly と Macedonia との境の連山の東端にある高峰 (2,911 m); ギリシャ神話ではその山頂には主神 Zeus の下に Apollo, Aphrodite, Ares, Artemis, Athena, Demeter, Hera, Hephaestus, Hermes, Poseidon, Dionysus (時に Hercules, Hestia) の神々が住んでいたと伝えられる; 現代ギリシャ語名は Olimbos》. **2** 神々のいます所, 天 (heaven). **3** [Mount ~] オリンパス山《米国 Washington 州北西部の山; Olympic 山地の最高峰 (2,428 m)》. 〚(1549)□L ~□Gk *Ólumpos*←?〛

o·lyn·thus /oʊlínθəs | ə(ʊ)-/ *n.* 〘動物〙オリントゥス《石灰海綿の最も単純な構造を示すと考えられる幼生形; cf. amphiblastula》. 〚← NL ~ ← Gk *ólunthos* fig〛

O·lyn·thus /oʊlínθəs | ə(ʊ)-/ *n.* オリュントス《ギリシャ北東部, Chalcidice 半島にあった都市; 紀元前 347 年マケドニアの Philip II によって破壊された》.

om 《記号》Oman (URL ドメイン名).

o.m. 《略》old measurement; 《処方》*L.* omnī māne 毎朝 (every morning).

Om /óʊm, ɔ́ːm, ɑ́ːm | óʊm, ɔ́m; *Skt.* óːm/ *n.* 〘インド哲学〙オーム(唵)《ヒンズー教などで儀式の前後に唱える神聖な音; a, u, m の 3 音から成り, それぞれ Brahm, Vishnu, Siva を指すとされる; ⇨ Aum》. 〚(1788)← Skt ~〛

OM 《略》*L.* Optimus Māximus (＝greatest and best); Order of Merit; ordnance map.

OM, Om 《記号》〘貨幣〙ostmark.

om- /oʊm, ɑ(ː)m | əʊm, ɔm/ (母音の前にくるときの) omo-¹ の異形: *om*arthritis.

-o·ma /óʊmə | ɔ́ʊ-/ *suf.* (*pl.* ~**s**, ~·**ta** /~tə | ~tə/) 〘病理〙「腫(しゅ), 瘤(りゅう) (tumor)」の意の名詞を造る: fibr*oma*, sarc*oma*. 〚← NL *-ōma* ← Gk〛

o·ma·dhaun /ɑ́(ː)mədɔ̀ːn, -dɑ̀(ː)n | ɔ́mədɔ̀ːn/ *n.* 《アイル》ばか, とんま (fool). 〚(1818)□Ir.-Gael. *amadān*〛

O·magh /óʊmə, -mɑː | ɔ́ʊ-/ *n.* オウマ: **1** 北アイルランド西部の行政区. **2** 同区中央にある町.

O·ma·ha /óʊməhɑ̀ː, -hɔ̀ː | ɔ́ʊməhɑ̀ː/ *n.* (*pl.* ~, ~**s**) **1** オマハ《米国 Nebraska 州東部, Missouri 河畔の商工業都市》. **2 a** [the ~(s)] オマハ族《Nebraska 州北東部に居住したアメリカインディアン》. **b** オマハ族の人. **3** オマハ語. 〚(1804)□N-Am.-Ind. (Siouan) *umāhā*《原義》those going upstream〛

O·man /oʊmɑ́ːn | ə(ʊ)-; *Arab.* ʕumáːn/ *n.* オマーン《Arabia 南東部の首長国; もと Muscat and Oman といい英国の保護下にあったが 1970 年独立と共に改称; 面積 212,400 km², 首都 Muscat; 公式名 the Sultanate of Oman オマーン国》.

Oman, the Gulf of *n.* オマーン湾《ペルシャ湾の入口, アラビア海 (Arabian Sea) の北西の湾》.

O·man·i /oʊmɑ́ːni | ə(ʊ)-/ *n.* オマーン人. — *adj.* オマーン国の, オマーン人の. 〚(*c*1819)□Arab. *'umānī* ← *'umān* Oman＋-ī (adj. suf.)〛

O·mar /óʊmɑə | ɔ́ʊmɑː(r/ *n.* オマール《男性名》. 〚□Arab. *'úmar*《原義》most high〛

O·mar /oʊmɑ́ə | əʊmɑ́ː(r/, **Muhammad** *n.* オマール《1959–　;アフガニスタンのイスラム原理主義武装勢力 Taliban の最高指導者》.

O·mar Khay·yám /óʊmɑəkaɪjɑ́ːm, -jǽm | ɔ́ʊmɑːkaɪǽm, -ɑ́ːm; *Pers.* omárxajjáːm/ *n.* オマルハイヤム, オマールカイヤーム《1025?–?1123; ペルシャの天文学者・数学者・詩人, その作詩 *The Rubáiyát* は英国の Edward FitzGerald によって翻訳された (1859)》.

Ómar stánza *n.* 〘詩学〙＝Rubaiyat stanza.

o·ma·sum /oʊméɪsəm | əʊ-/ *n.* (*pl.* **o·ma·sa** /-sə/) 〘動物〙重弁胃 (⇨ psalterium). 〚(1706)← NL ~ ← L *omāsum* bullock's tripe〛

-omata *suf.* -oma の複数形.

O·may·yad /ɑ(ː)máɪ(j)æd | ɔm-/ *n.* (*pl.* ~**s**, **-may·ya·des** /-máɪədìːz/) ＝Umayyad.

OMB /óʊèmbíː | ɔ́ʊ-/ *n.* 《米》Office of Management and Budget 連邦政府行政管理予算局《Bureau of the Budget (1970 年まで)》. 〚1970〛

om·ber /ɑ́(ː)mbə | ɔ́mbə(r/ *n.* (*also* **om·bre** /~/) 〘トランプ〙オンブル《3 人で遊ぶスペイン起源のゲーム; 40 枚のカードのうち各自 9 枚ずつを手札とし, 一人が「オンブル」と称して切札を指定, 他の二人と対抗する; 18 世紀に英国でも流行した》; (このゲームで)オンブルと宣言し, 他の二人を敵にまわす人 (cf. solo 4 a). 〚(1660–61)□F (*h*)*ombre*□Sp. (*juego del*) *hombre*《原義》man('s game) ＜L *hominem*, *homō* man〛

om·bré /ɑ́(ː)mbreɪ | ɔ̃ːm-, ɔ́ːm-, ɔ́m-; *F.* ɔ̃bʀe/ *adj.* 〘紡織・染色〙濃色から次第に淡色に移るように織った, ぼかし(色)織り[染め]の. — *n.* ぼかし織り(の布). 〚(1895)□F ~ (p.p.) ← *ombrer* to shade□It. *ombrare* ← *ombra* shade: cf. umbra〛

om·brel·li·no /ɑ̀(ː)mbrəlíːnoʊ | ɔ̀mbrəlíːnəʊ; *It.* ombrellíːno/ *n.* (*pl.* ~**s**) 〘教会〙(聖体にさしかける)白い絹の天蓋《聖体を移動する際に用いる》. 〚(1847)□It. ~《原義》parasol: cf. umbrella〛

om·bro- /ɑ́(ː)mbroʊ | ɔ́mbrəʊ/「雨 (rain)」の意の連結形. 〚← Gk *ómbros* rain〛

om·brog·e·nous /ɑ̀(ː)mbrɑ́(ː)dʒənəs | ɔ̀mbrɔ́dʒɪ̀-⌐/ *adj.* 〈植物が〉湿地で繁茂する. 〚1939〛

om·bro·graph /ɑ́(ː)mbrəgræ̀f | ɔ́mbrəgrɑ̀ːf, -græ̀f/ *n.* 〘気象〙自記雨量計.

om·brol·o·gy /ɑ(ː)mbrɑ́(ː)lədʒi | ɔmbrɔ́l-/ *n.* 雨学《気象学の一分野》. 〚(1845)← ombro-＋-logy〛

om·brom·e·ter /ɑ(ː)mbrɑ́(ː)mətə | ɔmbrɔ́mɪ̀tə(r/ *n.* 〘気象〙雨量計 (rain gauge). 〚1744〛

om·broph·i·lous /ɑ(ː)mbrɑ́(ː)fələs | ɔmbrɔ́fɪ̀-/ *adj.* 〈植物が〉耐湿性のある. 〚1895〛

om·broph·o·bous /ɑ(ː)mbrɑ́(ː)fəbəs | ɔmbrɔ́fə-/ *adj.* 〈植物が〉耐湿性のない, 湿地を嫌う. 〚1895〛

òmbro·tróphic *adj.* 〘生態〙〈泥炭地などの湿地系が〉降水栄養性の《栄養の供給を主に降水に依存する(貧栄養性の)》. 〚1964〛

om·buds·man /ɑ́(ː)mbədzmən, -bʌdz-, -mæ̀n | ɔ́mbʊdz-, -bʌdz-, -bədz-/ *n.* (*pl.* **-men** /-mən, -mɛ̀n/) **1** オンブズマン, 行政監察員《スウェーデン・英国・ニュージーランドなどで, 立法機関から任命されて民間人に対する役人の違法行為・横暴などの訴えを受理・調査する公務員》. **2** (学生・顧客などの不満を処理する)苦情処理係. **~·ship** *n.* 〚(1959)□Swed. ~《原義》commissioner〛

óm·buds·pèr·son *n.* 《米》オンブズパーソン《性差別を避けるために用いられる》.

óm·buds·wòman *n.* 女性の ombudsman. 〚1961〛

Om·dur·man /ɑ̀(ː)mdəmɑ́ːn, -dʊə- | ɔ̀mdə(ː)mɑ́ːn, -mǽn; *Arab.* umduɾmaːn/ *n.* オムドゥルマン《スーダンの都市; 古都で商業の中心地; White Nile をはさんで Khartoum に対する》.

-ome /oʊm | əʊm/ *suf.* 〘植物〙「群, 塊, 茎」などの意を表す名詞を造る: lept*ome*, mest*ome*, stere*ome*. 〚← NL *-ōma*: ⇨ -oma〛

o·meg·a /oʊméɪgə, -mɛ́gə, -míːgə- | ɔ́ʊmɪ̀gə, -mɛgə/ *n.* **1** オメガ《ギリシャ語アルファベット 24 字中の第 24 字: Ω, ω (ローマ字の Ō, ō に当たる); cf. omicron; ⇨ alphabet 表》. **2** 終わり, 最後 (end) (cf. alpha 3 a): from alpha to ~ 初めから終わりまで, 終始. **3** 〘物理〙 **a** ＝omega meson. **b** ＝omega particle. 〚(*c*1400) ME ~□Gk *ô méga*《原義》great o, long o: cf. omicron〛

O·me·ga /oʊméɪgə, -mɛ́gə, -míːgə | ɔ́ʊmɪ̀gə, -mɛgə; *G.* oːmega/ *n.* 〘商標〙オメガ《スイスの時計メーカー》.

oméga méson *n.* 〘物理〙オメガ中間子《中性中間子の一種で質量 783 MeV/c², 崩壊巾 10 MeV; 記号 ω》. 〚1961〛

oméga mínus *n.* ＝omega particle. 〚1962〛

Oméga navigátion sỳstem *n.* 〘海事〙オメガ航法方式[システム]《双曲線航法 (hyperbolic navigation) の一種で, 有効面積が非常に広く, 8 局で全地球表面をカバーできる電波航法システム》.

oméga párticle *n.* 〘物理〙オメガ粒子《重粒子の一種で, 負の電荷をもち, 寿命は約 100 億分の 1 秒, 質量 1672 MeV/c²; 記号 Ω, Ω⁻》.

oméga-3 fátty ácid *n.* 〘生化学〙オメガ [ω] 三系[列]脂肪酸《メチル末端から 3 位に二重結合をもつ不飽和脂肪酸; g-リノレン酸のほかエイコサペンタエン酸など血中コレステロールを下げるものが栄養学上重視されている; 特に 植物油・魚油・緑黄色野菜中に含まれる》.

O

om·e·let /ɑ́(ː)m(ə)lɨ̀t | ɔ́mlɨ̀t, -lɛt/ *n.* (*also* **om·e·lette** /〜/) オムレツ: a meat 〜 肉入りオムレツ / a plain 〜 (肉・野菜などを入れない)プレーン[卵だけの]オムレツ / a sweet 〜 (砂糖・またはジャムの入った)甘いオムレツ / You cannot make an 〜 without breaking eggs. 《諺》目的を達するにはそれなりの努力[犠牲]を払わなければならない,「播(ま)かぬ種は生えぬ」(cf. F. *On ne fait pas d'omelette sans casser des œufs.*). 〖《1611》□ F *omelette* 《異形》← 《廃》*amelette* 《音位転換》← 《廃》*alemette* 《変形》← 《廃》*alemelle* 《異分析》← OF *la lemelle* □ L *lāmelle* 'thin plate of metal, LAMELLA'〗

o·men /óumən | əumən, -mɛn/ *n.* **1** 前触れ, 予言 (presage, foreboding): birds *of* evil [ill] 〜 不吉を知らせる鳥 / be of good [bad] 〜 幸先がよい[悪い]. **2** きざし, 前兆(となる事), 縁起: a good [happy, favorable] 〜 吉兆 / an 〜 of disaster 凶事の前兆. — *vt.* **1** …の前兆となる, 予示する: The clouds 〜 rain. あの雲では雨になりそうだ / It 〜s ill. 縁起がよくない. **2** (前兆などによって)予知[予測]する. 〖《1582》□ L *ōmen* < OL **osmen* ← IE **ō-* to believe〗

ó·mened *adj.* [複合語の第2構成素] …のきざしのある: ill-*omened* 凶兆の / happy-*omened* words 幸先のよい言葉. 〖1700〗

omenta *n.* omentum の複数形. 〖□ L *ōmenta*〗

o·men·tal /ouménṭl | əuméntl/ *adj.* 《解剖》大網の[に関する, から作られた]. 〖1758〗

o·men·tum /ouménṭəm | əumént-/ *n.* (*pl.* **o·men·ta** /-ṭə | -tə/, 〜s) 《解剖》大網: ⇨ greater omentum, lesser omentum. 〖《1392》 ME 〜 □ L *ōmentum* ← IE **eu-* to put on+L *-mentum* '-MENT'〗

o·mer /óumə | əumə(r)/ *n.* オーメル: **1** 古代イスラエルの乾量の単位; $=\frac{1}{10}$ ephah. **2** 《ユダヤ教》過ぎ越しの祝い (Passover) の二日目から七週の祭 (Shabuoth) の前日までの 49 日間. 〖《1560》□ Heb. *'ōmer*: cf. OE *gomor*〗

o·mer·tà /oumέəṭə, òumɛətáː | əumɛ́ːtə, əumətáː; *It.* omertá/ *n.* (Sicily 島の風習の) 犯罪隠蔽, 警察への非協力. 〖《1909》□ It. 〜 《方言》← ?〗

OMI 《略》《カトリック》L. Oblātī Mariae Immaculatae (=Oblates of Mary Immaculate).

om·i·cron /ɑ́(ː)məkrɑ̀(ː)n, óum- | ə(u)máikrən, -rən, ɔ́mɪkrən, -krɔn/ *n.* (*also* **om·i·kron** /〜/) オミクロン《ギリシャ語アルファベット 24 字中の第 15 字; *O, o* (ローマ字の O, o に当たる); cf. omega; ⇨ alphabet 表》. 〖《c1400》□ L 〜 □ Gk *ò mikrón* 《原義》small o: cf. omega〗

om·i·nous /ɑ́(ː)mənəs | ɔ́mɨ̀-, əum-/ *adj.* **1** 縁起の悪い, 不吉な (inauspicious); 不穏な, 険悪な (threatening): an 〜 silence 不気味な沈黙 / 〜 black clouds 険悪な暗雲. **2** 前兆[前触れ]の[に関する]; 〈…を〉予知[予示]する (prognostic) 〔*of*〕: be 〜 *of* an earthquake 地震を予示する. **〜·ly** *adv.* **〜·ness** *n.* 〖《1587》□ L *ōminōsus* portentous ← *ōmin-, ōmen* 'OMEN': ⇨ -ous〗

SYN 不吉な: **ominous** 悪い事がじきに起こりそうな: dark, *ominous* clouds 黒い不気味な雲. **unlucky** 縁起が悪く不吉な: Some people believe black cats are *unlucky*. 黒猫は不吉だと信じている人がいる. **portentous** 不吉・重大事を予兆する《*ominous* ほど恐ろしさを表さない》: a *portentous* dream 不吉な夢. **fateful** 災いを前兆する: a *fateful* prophecy 不気味な予言. **inauspicious** はっきりと縁起の悪いきざしのある《格式ばった語》: an *inauspicious* start 幸先の悪いスタート.

---

o·mis·si·ble /oumísəbl, əm- | ə(u)mísə-, -sɪ-/ *adj.* 省くことのできる, 省略可能な. 〖《1816》← L *omissus* ((p.p.) ← *omittere* 'to OMIT')+-IBLE〗

o·mis·sion /oumíʃən, əm- | ə(u)m-/ *n.* **1** 省略: without 〜 省略しないで, 漏れなく. **2 a** 脱落, 遺漏, 手抜かり: a grave 〜 重大な遺漏 / supply the 〜 脱落した所を補う. **b** 怠慢: sins of 〜 (なすべき事をしなかった)怠慢の罪 (cf. commission 6). **3** 《法律》不作為 (forbearance). 〖《?1348》 ME 〜 □ LL *omissiō(n-)* ← L *omittere* 'to OMIT': ⇨ -sion〗

o·mis·sive /oumísɪv, əm- | ə(u)m-/ *adj.* **1** 省略した, 脱落の. **2** 怠る, 怠慢の, 怠ってしない (negligent). **〜·ly** *adv.* **〜·ness** *n.* 〖1629〗

o·mit /oumít, əm- | ə(u)-/ *vt.* (**o·mit·ted**; **o·mit·ting**) **1** 抜かす, 省略する: 〜 an item *from* [*in*] the list 表から一項目を抜かす[省く] / This word may better be 〜*ted*. この言葉は省いた方がよい. **2** 控える, 怠る; 〈…し〉落す, 言い漏らす, 〈…するのを〉忘れる (fail) (⇨ neglect SYN) 〈*to do, doing*〉: 〜 a greeting / 〜 *to* lock a door 戸に錠をおろすのを忘れる / I stupidly 〜*ted doing* it. うっかりそれをするのを忘れた. **3** 《廃》無視する, 顧みない. **4** 《廃》自由にする, 解放する (let go). 〖《?c1422》 ME *omitten* □ L *omittere* to let go, lay aside ← *o-* 'OB-'+*mittere* to send: cf. mission〗

o·mit·tance /oumíṭəns, əm-, -tṇs | ə(u)mítəns, -tṇs/ *n.* 《廃》=omission.

OMM 《略》《カナダ》Officer of the Order of Military Merit 軍人勲章受章将校.

-om·ma /ɑ́(ː)mə | ɔ̀mə/ (動物分類上の属の名称に用いて)「…の目をした, …の目をもつ」の意の名詞連結形: Loxo*mma*. 〖← NL 〜 ← Gk *ómmat-, ómma* eye〗

om·ma·te·um /ɑ̀(ː)mətíːəm | ɔ̀m-/ *n.* (*pl.* **-te·a** /-tíːə/) 《動物》(節足動物の)複眼. **òm·ma·té·al** /-tíːəl/ *adj.* 〖《1883》← NL 〜 ← Gk *ómmat-* (↑)〗

om·ma·tid·i·um /ɑ̀(ː)mətídiəm | ɔ̀mətíd-/ *n.* (*pl.* **-i·a** /-diə | -diə/) 《動物》(複眼) (ommateum) を構成する) 個眼. **òm·ma·tíd·i·al** /-diəl | -di-/ *adj.* 〖《1884》← NL 〜 ← Gk *ómmat-* (↑)+-IDIUM〗

om·mat·o·phore /əmǽṭəfɔ̀ə | -təfɔ̀ː(r)/ *n.* 《動物》(カタツムリなどの)担眼触角. **om·ma·toph·o·rous** /ɑ̀(ː)mətɑ́(ː)f(ə)rəs | ɔ̀mətɔ́f-/ *adj.* 〖《1878》← NL *ommatophorus* ← Gk *ommat, ómma* eye+-o-+NL *-phorus* '-PHORE'〗

Om·mi·ad /oumáɪæd | əu-/ (*pl.* 〜**s**, **-mi·a·des** /-máɪədìːz/) *n.* =Uma(j)yyad.

omn- /ɑ(ː)mn | ɔmn/ (母音の前にくるときの) omni- の異形.

om·ni /ɑ́(ː)mni | ɔ́m-/ *n.* 《口語》=omnirange station.

om·ni- /ɑ́(ː)mnɪ̀, -ni | ɔ́m-/「全 (all), すべての (universal)」の意の連結形: *omni*bus, *omni*potent. ★ 母音の前では通例 omn- になる. 〖← L *omnis* all〗

om·ni·bus /ɑ́(ː)mnɪ̀bəs, -bʌ̀s | ɔ́m-/ *n.* **1** (昔の)乗合馬車; (今の)乗合自動車, バス. ★ 今は通例省略形 'bus' を用いる. **2** =omnibus book. **3** =busboy. **4** 《米》《議会》=omnibus bill. — *adj.* [限定的] 多数のもの[項目]を含む, 総括的な: an 〜 resolution 総括的決議. 〖《1829》□ F (*voiture*) *omnibus* (carriage) for all □ L *omnibus* for all (dat. pl.) ← *omnis* all〗

ómnibus bìll *n.* 《米》《議会》総括的議案《雑多な議案をまとめて上程する議案; 単に omnibus ともいう》. 〖1850〗

ómnibus bòok *n.* (1 冊本の)大選集《個人の作品または同種の名作家の作品をまとめた廉価版; omnibus volume とも, また単に omnibus ともいう》. 〖1929〗

ómnibus bòx *n.* (劇場またはオペラハウスで多くの客を入れる)追込み桟敷(さじき). 〖1853〗

ómnibus clàuse *n.* 《保険》オムニバスクローズ, 被保険者追加条項《自動車保険で被保険者の範囲を拡張する条項》.

ómnibus tràin *n.* 《英》(各駅停車の)普通列車 (accommodation train).

ómnibus vòlume *n.* =omnibus book.

òmni·cómpetent *adj.* 《法律》すべての事件について管轄権を有する. **òmni·cómpetence** *n.* 〖1827〗

òmni·diréctional *adj.* 《電気》全方向性の, 無指向性の: an 〜 antenna 全方向式[無指向性]アンテナ / an 〜 microphone 無指向性マイクロフォン. 〖1927〗

ómnidirèctional rádio rànge *n.* 《航空》全方向式無線標識《地上から送るラジオ信号よって, 機上の操縦士が自己の飛行位置を知るようにした視聴式レンジ; omnirange, omnidirectional range ともいう》.

ómnidirèctional ránge *n.* 《航空》=omnidirectional radio range.

om·ni·fac·et·ed /ɑ̀(ː)mnɪ̀fǽsɪ̀ṭɪ̀d | ɔ̀mnɪ̀fǽsɪ̀t-, -sɛt-/ *adj.* 〈小説・論文・調査など〉多面的な, (社会の)あらゆる面に触れた. 〖1970〗

om·ni·far·i·ous /ɑ̀(ː)mnɪ̀fέ(ə)riəs | ɔ̀mnɪ̀fέər-/ *adj.* 種々雑多の, 多方面にわたる: 〜 knowledge 博識 / 〜 reading 乱読. **〜·ly** *adv.* **〜·ness** *n.* 〖《1653》□ LL *omnifārius* of all sorts ← OMNI-+L *-fārius* -fold: ⇨ -ious〗

om·nif·ic /ɑ(ː)mnífɪk | ɔm-/ *adj.* 万物を造る, 万物創造力のある. 〖《1667》□ ML *omnificus*: ⇨ omni-, -fic〗

om·nif·i·cent /ɑ(ː)mnífəsənt, -snt | ɔmnífɪ̀-/ *adj.* =omnific. **om·nif·i·cence** /ɑ(ː)mnífəsəns, -sṇs | ɔmnífɪ̀-/ *n.* 〖《1677》: ⇨ ↑, -ent〗

òmni·fócal *adj.* 《光学》〈レンズが〉多焦点式の; 多焦点レンズを用いた (cf. bifocal 2, trifocal): 〜 eyeglasses 多焦点式めがね《焦点距離を連続的に変えたレンズを用いる》. 〖1962〗

om·nig·e·nous /ɑ(ː)mnídʒənəs | ɔmnídʒɪ̀-/ *adj.* あらゆる種類の. 〖1650〗

om·ni·graph /ɑ́(ː)mnɪ̀grǽf | ɔ́mnɪgrɑ̀ːf, -grǽf/ *n.* オムニグラフ《電信符号のドット(·)とダッシュ(—)を自動的に打ち出す通信士の受信訓練に用いる機械》.

om·nip·o·tence /ɑ(ː)mnípəṭəns, -tṇs | ɔmnípətəns, -tṇs/ *n.* **1** 全能; 無限力. **2** [O-] 全能の神 (God). 〖《a1460》□ LL *omnipotentia*: ⇨ omni-, potence[1]〗

om·nip·o·tent /ɑ(ː)mnípəṭənt, -tṇt | ɔmnípətənt, -tṇt/ *adj.* **1** [しばしば O-] (神のように)全能の (⇨ mighty SYN). **2** 絶大の力[権能]を有する. — *n.* **1** 全能者. **2** [the O-] 全能の神 (the Almighty). **〜·ly** *adv.* 〖《?a1300》 ME 〜 □ (O)F 〜 □ L *omnipotentem*: ⇨ omni-, potent[1]〗

òmni·présence *n.* 遍在(性) (ubiquity) (cf. pluripresence): the 〜 of God. 〖《1601》□ ML *omnipraesentia*: ⇨ ↓, -ence〗

òmni·présent *adj.* いつどこにでも存在する, 遍在の: the 〜 God 遍在の神. **〜·ly** *adv.* 〖《1609》□ ML *omnipraesentem*: ⇨ omni-, present[1]〗

ómni·rànge *n.* 《航空》=omnidirectional radio range. 〖1946〗

ómnirange stàtion *n.* 《航空》オムニレンジ局.

om·ni·science /ɑ(ː)mníʃəns | ɔmnísiəns, -ʃiəns, -ʃəns/ *n.* **1** 全知. **2** 博識. **3** [O-] 全知者, 神 (God). 〖《1612》□ ML *omniscientia*: ⇨ omni-, science〗

om·ni·scient /ɑ(ː)mníʃənt | ɔmnísiənt, -ʃiənt, -ʃənt/ *adj.* **1** 全知の. **2** 博識の. — *n.* **1** 全知であるもの. **2** [the O-] 全知の神. **〜·ly** *adv.* 〖《1604》□ ML *omniscientem*: ⇨ ↑, -ent〗

òmni·séx *adj.* あらゆる性的タイプの人たち[活動]の[が関係する]. **òmni·sexuálity** *n.* 〖1971〗

òmni·séxual *adj.* =omnisex.

om·ni·um /ɑ́(ː)mniəm | ɔ́m-/ *n.* **1 a** 総額. **b** 《英》差入担保株券の総価額. **2** 総体, 全部, すべてのもの. 〖《1760》□ L 〜 'of all (things etc.)' (gen. pl.) ← *omnis* all〗

ómnium-gáth·er·um /-gǽðərəm/ *n.* 《口語》(人や物の)ごたまぜ, 寄せ集め (hodgepodge); 奇妙な取り合わせ. 〖《1530》← L *omnium* (↑)+*gatherum* (GATHERING の戯言的ラテン語化)〗

om·niv·o·ra /ɑ(ː)mnív(ə)rə | ɔm-/ *n. pl.* (植物質, 動物質を食べる)雑食動物; 人類と豚. 〖← NL 〜 ← L 〜 (neut.pl.) ← *omnivorus* 'OMNIVOROUS'〗

om·ni·vore /ɑ́(ː)mnɪ̀vɔ̀ə, -vòə | ɔ́mnɪ̀vɔ̀ː(r)/ *n.* **1** 何でも食べる人. **2** 雑食動物. 〖《1890》↑〗

om·niv·o·rous /ɑ(ː)mnív(ə)rəs | ɔm-/ *adj.* **1 a** 何でも食う. **b** 雑食性の《草食性と肉食性を兼ねる動物についていう; cf. carnivorous, herbivorous》. **2** 手当たり次第にむさぼる: be 〜 *of* books 色々な本を乱読する / an 〜 reader 乱読家. **〜·ly** *adv.* **〜·ness** *n.* 〖《1656》□ L *omnivorus*: ⇨ omni-, -vorous〗

o·mo-[1] /óumou, ɑ́(ː)m- | əuməu, ɔ́m-/「肩 (shoulder); 肩と…との」の意の連結形: *omo*hyoid. ★ 母音の前では通例 om- になる. 〖□ Gk *ōmo-* ← *ōmós* shoulder: cf. humerus〗

o·mo-[2] /óumou, ɑ́(ː)m- | əuməu, ɔ́m-/「生(なま)の (raw)」の意の連結形: *omo*phagia. 〖□ Gk *ōmo-* ← *ōmós* raw, unripe〗

o·mo·pha·gi·a /òuməféɪdʒiə, -dʒə | əu-/ *n.* 生肉食. 〖《1706》← NL 〜 ← Gk *ōmophagía*: ⇨ omo-[2], -phagia〗

o·mo·phag·ic /òuməfǽdʒɪk | əu-/ *adj.* =omophagous.

o·moph·a·gist /oumɑ́(ː)fədʒɪ̀st | ə(u)mɔ́fədʒɪst/ *n.* 生肉を食う人. 〖1884〗

o·moph·a·gous /oumɑ́(ː)fəgəs | ə(u)mɔ́f-/ *adj.* 生肉を食う. 〖《1857》□ Gk *ōmophágos*: ⇨ omo-[2], -phagous〗

o·moph·a·gy /oumɑ́(ː)fədʒi | əumɔ́f-/ *n.* =omophagia.

o·mo·pho·ri·on /òuməfɔ́ːriən, ɑ̀(ː)m- | əuməfɔ́ːr-, ɔ̀m-/ *n.* (*pl.* **-ri·a** /-riə/) 《東方正教会》オーモフォリオン《司教が着る pallium に似た典礼服》. 〖《1868》□ LGk *ōmophórion* ← OMO-[1]+*-phorion* (← Gk *phérein* to carry)〗

o·mo·plate /óuməplèɪt, ɑ́(ː)m- | əum-, ɔ́m-, -lɑ̀ti/ *n.* 《古》《解剖》肩甲骨 (scapula). 〖《1597》□ F 〜 □ Gk *ōmoplátē* ← OMO-[1]+*plátē* broad surface, blade〗

O·mot·ic /oumɑ́(ː)ṭɪk | əumɔ́t-/ *n., adj.* オモト諸語(の) 《エチオピアで話される一群の小言語よりなる, アフリカ アジア (Afro-Asiatic) 語族の一語派; 従来はクシ語群 (Cushitic) に含められた》. 〖← *Omo* (川の名)+-OTIC〗

om·pha·cite /ɑ́(ː)mfəsàɪt | ɔ́m-/ *n.* 《鉱物》緑輝石, オンファサイト《輝石の一種; エクロジャイト (eclogite) 中に見出される》. 〖《1828–32》□ G *Omphazit* □ Gk *omphakítēs* green stone ← *ómphax* unripe grape: ⇨ omo-[2], -ite[1]〗

om·phal- /ɑ́(ː)mfəl | ɔ́m-/ (母音の前にくるときの) omphalo- の異形.

Om·pha·le /ɑ́(ː)mfəlìː | ɔ́m-/ *n.* 《ギリシャ伝説》オムパレー《Lydia の女王; Hercules は女装して 3 年間彼女に奴隷として仕えたが, 二人の間には愛情が生まれた; Lamus は女王と Hercules との子だとされている》. 〖□ L *Omphalē* □ Gk *Omphálē*〗

omphali *n.* omphalos の複数形.

om·phal·ic /ɑ(ː)mfǽlɪk | ɔm-/ *adj.* 《解剖》へその (umbilical). 〖← OMPHALOS+-IC[1]〗

om·pha·lo- /ɑ́(ː)mfəlou | ɔ́mfələu/ 《解剖》「へそ (umbilicus); へそと…との」の意の連結形. ★ 母音の前では通例 omphal- になる. 〖⇨ omphalos〗

om·pha·lo·cele /ɑ́(ː)mfəlousìːl | ɔ́mfələ(u)-/ *n.* 《医学》臍帯ヘルニア《臍部腹壁の形成異常によって腹腔内臓器, 器官が脱出した状態》.

om·pha·los /ɑ́(ː)mfələs, -lɑ̀s | ɔ́mfəlɔ̀s/ *n.* (*pl.* **-pha·li** /-làɪ, -lìː/) **1** 中心, 中心地. **2** (*also* **om·pha·lus** /ɑ́(ː)mfələs | ɔ́m-/) 《解剖》へそ (navel). **3** 《古代ギリシャ》**a** 盾(たて)などの中心の突起. **b** (Delphi の Apollo の神殿にあった) 半円形の石の祭壇《地球の中心とされた》. 〖《1855》□ Gk *omphalós* navel, boss: cf. umbilicus〗

om·pha·lot·o·my /ɑ̀(ː)mfəlɑ́(ː)ṭəmi | ɔ̀mfəlɔ́t-/ *n.* 《外科》臍帯切断(術). 〖1828–32〗

OMR 《略》《電算》optical mark reader 光学マーク読取装置.

OMS, o.m.s. 《略》《経営》output per man shift 1 人シフト当たり生産量[額].

Omsk /ɔ́(ː)msk, ɑ́(ː)msk | ɔ́msk; *Russ.* ómsk/ *n.* オムスク《ロシア連邦南部, Irtish 河畔の商業都市》. 〖□ Russ. 〜 ← *Om* (川の名)+-sk village〗

on /ɑ(ː)n, ɔ(ː)n | ɔn/ *prep.* (⇨ upon ★) **1** [接触] 〈物〉の表面に, …の上に[の], …に載って: a book *on* the desk / boats *on* the river [lake, sea] 川[湖, 海]上の船 / get *on* a horse 馬に乗る / write *on* paper 紙に書く / *on* (the) earth 地球上の[で], 地上の[で], この世で / live [work] *on* a farm 農場に住む[で働く] / *on* land and sea 海陸共に / *on* the street 《米》街上で, 通りで, (《英》in the street) / live *on* (=《英》in) Walnut Street ウォールナット街に住む / Are there any gas stations *on* the freeway? その高速道路にはガソリンスタンドがありますか / *on* a train 列車の中で / He threw the coins *on* the table. テーブルに硬貨を投げ出した.
2 [近接] …との境に, …に接して, …に面して, …の近くに; …に沿って, に沿った (along): *on* the edge of a precipice 崖の突端に / *on* the outskirts of the town 町はずれに, 郊外に / *on* this side [the other side] of the river 川

O

のこっち[向こう]側に / *on* one [the other] side 一方[他方] / *on* either side いずれの側にも / *on* both sides 両側に, 双方とも / Take the first turning *on* the left. 最初の角を左に曲がりなさい / *on* (the) one hand 一面では / *on* the other hand 他面では / at each station *on* the route 途中の各駅で / Henley-*on*-Thames ヘンリーオンテムズ《テムズ川に臨むヘンリーの意》/ New York is (situated) *on* the Hudson River. ニューヨークはハドソン河畔にある / It borders *on* absurdity. それはもはやばかげているといってよい.

3 [付着] …の上を, …にくっつけて, …に, …の身に着けて[所持して]: a box with a cover *on* it ふたの付いた箱 / a fly *on* the ceiling [the wall] 天井[壁]に止まっているはえ / hang a picture *on* a hook フックに[で]絵を掛ける / stick a notice *on* the board 掲示板に告示を張りつける / a scar *on* a person's face 顔の傷跡 / have blisters *on* the sole of one's foot 足の裏にまめができている / He had no coat *on* his back. 彼は上着を着ていなかった / She has no ring *on* her finger. 彼女は指輪をはめていない / He has no shoes *on* his feet. 足に靴をはいていない / Do you have a match *on* you? マッチをお持ちですか / He was searched, but nothing was found *on* him. 身体検査をしてみたが彼は何も(身に着けて)持っていなかった / The dog is *on* the chain. 犬は鎖につないである.

4 **a** [支え・支持] …で; …を軸にして; …を食べて (cf. 15); …に誓って, 〈言葉など〉にかけて: carry a thing *on* one's back [shoulders] 物を背負う / fall *on* one's face [back] うつ向けに[あお向けに]倒れる / go *on* all fours 四つんばいになる / He fell *on* his knees to thank God. ひざまずいて神に感謝した / *on* foot 徒歩で / *on* horseback 馬に乗って / *on* a mule らばに乗って / Scent is carried *on* the wind. においは風に乗って運ばれる / The hawk is *on* the wing. 鷹(たか)が飛んでいる / walk *on* tiptoe 爪先で歩く / a library *on* wheels 巡回図書館 / feed *on* grass 〈動物が〉草を食う / live *on* air 何も食わずにいる / live *on* rice 米を常食とする / live *on* one's salary 俸給生活をする / He is running his business *on* a staff of only three. たった 3 人のスタッフで事業を経営している / ⇨ *turn on one's* HEEL(*s*) / turn *on* a pivot 軸で回転する / The earth turns *on* its axis. 地球は自転する / *on* one's honor [conscience] 名誉[良心]にかけて(誓って) / *on* my word わが言葉にかけて(誓って) / I swear it *on* the Bible. 聖書にかけてそれを誓います. **b** 〈スポーツで〉〈得点を〉あげて: She's in second place *on* 53 points. 彼女は 53 得点で 2 位だ.

5 [状態・動作] …して: a guard *on* duty 勤務中の守衛 / remain *on* duty till …まで勤務を続ける / be *on* fire 燃えている / set … *on* fire …を燃やす / policemen *on* guard 見張りの警官 / land *on* lease 貸地 / *on* leave 賜暇で, 休暇で / *on* loan 貸しつけで; 借りて / *on* sale 売物に出て (for sale); 《米》特売で(《英》in a sale) / be *on* strike ストライキをやっている / be *on* the lookout for …を捜して[見張って]いる / be *on* the decrease [increase] 減少[増大]している / ⇨ *on the* MARCH[1], *on the* MOVE, *on the* RUN[1], *on the* WANE.

6 [根拠・基準・条件] …に基づいて: base oneself *on* …に拠る, …を論拠とする / *On* my doctor's advice, I took a week's holiday. 医者の勧めに従って 1 週間の休暇をとった / I have it *on* good authority. そのことは確かな筋から聞いている / conviction based *on* experience 経験に基づく確信 / depend *on* chance 偶然による / be founded *on* fact 事実に基づく / rely *on* oneself 自らに頼る / *on* one's own authority 自分の一存で, 独断で / *on* principle 主義として / *on* suspicion (of spying) (スパイをしたという)嫌疑を受けて / *On* what ground(s)? どういう根拠[わけ]で / the profit *on* the sales 売上げの利益 / *on* account 内金として / articles bought *on* credit 掛けで買った品物 / *on* purpose ことさらに, わざと / *on* condition that …という条件で / *on* equal terms 平等の条件で / *on* pain of death 犯せば死刑(という条件)で / I borrowed money *on* my house. 家を抵当に借金した / She entered Japan *on* an American passport. 米国のパスポートで日本に入国した.

7 [時・日・機会] …に, …と同時に, …の上で, …のすぐあとで: *on* Sunday 日曜日に / *on* Christmas Eve クリスマスイブに / *on* the morning [evening, night] of the 3rd 三日の朝[夕方, 夜]に / *on* the 29th of January＝*on* January 29(th) 1 月 29 日に / Buses leave here every hour *on* the hour. バスは毎正時ごとに発車する / *on* the following day その翌日 / *on* and [or] after the 10th 10 日(または)以後 / *on* or about the ninth 9 日または 9 日ごろ / *on* or before the ninth 9 日または 9 日以前に / *on* this occasion この折[時]に / *on* the instant 即座に / *on* examination 調べてみた[試験の]上で / *on* analysis 分析してみると / be *on* the point of breaking 今にも折れそうである / payable *on* demand 請求払いで[の] / *on* delivery 配達の際[と同時に] / *on* arriving 到着するとすぐ / ⇨ *on* TIME, *on* SCHEDULE / *on* my return 帰るとすぐ / *On* hearing this I changed my plans. このことを聞いて(すぐに)私は計画を変更した.

8 [運動の方向・旅行の目的・途中] で: …へ向かって (toward); …(の用向き)で, …(の途中)で: march *on* Paris 一路パリへ向かって進軍する / march on City Hall 市庁舎へデモをかける / steal *on* a person 人の方へ忍び寄る / ⇨ *turn one's* BACK[1] *on* / The house looks out *on* the sea. その家は海を見晴らせる / Fortune smiled *on* his enterprise. 彼の事業には運が向いてきた / *on* one's [the] way to …へ行く途中 / *on* one's [the] way back 帰る途中 / go [start] *on* an expedition 探険の途につく / set forth *on* one's journey 旅立つ / go *on* an errand 使いに行く / *on* business 業務で, 用務を帯びて / go *on* fish*ing* [hunt*ing*] 《古》魚釣り[狩り]に行く (★ この場合, 今は -ing 形の前の on が省かれる (cf. a-[1] 2)).

9 **a** [動作の直接または間接の対象] …に対して, …について; …へ当てて, …に, …を: call *on* a person 人を訪れる / have great effect *on* …に大きな影響を及ぼす / The heat [work] told *on* him. 彼には暑さ[仕事]がこたえた / be bent *on* becom*ing* a musician 熱心に音楽家になりたがっている / be determined *on* …を決心している / be keen *on* …に熱心である / trespass *on* …を侵害する / happen *on* a person 人にふと出会う / confer a degree *on* a person 人に学位を与える / draw a check *on* …に当てて小切手を振り出す / inflict pain *on* a person 人に苦痛を与える / lay [impose] taxes *on* imports 輸入品に課税する / hit a person *on* the head 人の頭を打つ / He drew his knife *on* her and attacked her. 彼女に向かってナイフを抜いて襲いかかった / make an attack *on* …を攻撃する / serve a writ *on* …に対して令状を出す / take vengeance *on* …に報復する / A curse [plague] *on* him! 彼にのろいが降りかかるがいい / I congratulate you *on* your success. ご成功を祝します / Let's shake hands *on* the deal. 契約成立の手打ちをしましょう / That's a new one *on* me. それは初耳だ, そうとはうかつにも知らなかった. **b** [不利益] 《口語》〈人〉に向けられて, 〈人〉の不利になるように: The joke is *on* us. その冗談は我々に当てつけたものだ / I had nothing *on* her. 彼女になんの恨みもなかった / The lights went out *on* us. 電灯が消えて困った / She hung up *on* me. 彼女は(失礼にも)電話を切ってしまった / The door was shut *on* him. 彼の目の前で戸が閉められた / All the chickens have died *on* me. ひよこ全部に死なれてしまった. **c** [接近] …に迫って, …に近づいて: The storm was *on* us. 嵐が迫っていた.

10 **a** [関係・影響] …に関して, について: a book *on* archeology 考古学の本 ★ a book *on* rabbits は専門書, a book *about* rabbits は一般書を暗示する. 従って novel, story, play では *on* ではなく about を用いる / an authority *on* English grammar 英文法の権威 / take notes *on* a lecture 講義のノートを取る / meditate [reflect] *on* …のことを思いめぐらす[反省する] / speak [write] *on* WWII 第二次大戦について講演する[書く] / Mill *on* liberty ミルの自由論. **b** [関与・従事] …に関与して, …に従事して: be *on* a committee 委員会の一員である / be *on* the general staff 参謀本部員である / He is *on* the *Times*. 彼はタイムズ紙の記者だ / They are both *on* the basketball team at school. 二人とも学校でバスケットボールチームにはいっている / We're *on* a murder case. 今殺人事件を担当している / I'm *on* the past tense now. 今は過去時制の研究に従事している / I am now *on* a [my] second novel. 2 冊目の小説にかかっている / While we're *on* the subject, let me say… その問題を扱っている間に, まず…と言わせてください.

11 [手段・器具] …で: cut one's finger *on* a knife ナイフで指を切る / hear music *on* the radio ラジオで音楽を聞く / see it *on* television テレビで見る / talk *on* the telephone 電話で話す / sew something *on* a sewing machine ミシンで何か縫う / write a letter *on* a typewriter タイプライターで手紙を書く / play *on* the [one's] piano [flute] ピアノ[フルート]を奏する / with Charlie Parker *on* sax チャーリーパーカーがサックスを演奏して.

12 [比較の基準] …と比べて, …より: The new car is a great improvement *on* the old model. 新車は古いモデルよりずっと改良されている / Shares are 10% up [down] *on* this time last year. 株は去年のこの時期より 10% アップ[ダウン]した.

13 [累加・添加; 前後に同一名詞を用いて] …に加えて, …の上に: blow *on* blow 続けざまの打撃 / suffer defeat *on* defeat 敗北を重ねる.

14 《口語》〈飲食物の勘定など〉〈人〉の負担となって, 〈人〉が支払うべきで (at the expense of): ⇨ *on the* HOUSE / This is *on* me. これは私のおごりです.

15 〈麻薬など〉を常用して, …中毒で: She is *on* the Pill. ピルを常用している / He is *on* drugs. 麻薬中毒だ / The doctor put him *on* tranquilizers. 医者は彼に鎮静剤を常用させた / go [be] *on* a diet ダイエットをする[している].

16 〈金など〉…に賭けられて: His money was *on* Golden Arrow. 彼の金はゴールデンアロー号に賭けられていた.

17 [様態]: *on* this wise 《古》かくの如く / She cut the cloth *on* the bias. その布地をバイヤスに裁断した / ⇨ *on the* CHEAP, *on the* QUIET, *on the* SLY, *on the* SQUARE.

18 ＝of[1] 《方言または非標準的な用法》: She'll take care on him. 彼の世話をするだろう.

jùst on ⇨ just[2] 成句.

— /ɑ́(ː)n, ɔ́(ː)n | ɔ́n/ *adv.* **1** (物の)表面に, 上に, 載って: The tablecloth is not *on*. テーブルクロスが掛かっていない / It's not *on* right [properly, completely]. それはきちんと載っていない / get *on* 乗る, 乗車する / put the tablecloth *on* テーブルクロスを掛ける / He jumped (up [down]) *on* to (＝onto) the stage. 彼は舞台へ飛び上がった[降りた] / a box with a cover *on* 《英》ふたつきの箱.

2 身に着けて: draw [put] boots *on* 長靴をはく / draw [put] *on* one's gloves 手袋をはめる / have a clean shirt *on* きれいなシャツを着ている / have a hat *on* 帽子をかぶっている / have nothing *on* 何も着ていない / keep one's hat *on* 帽子をかぶったままでいる / put [try] *on* a coat 上着を着る[着てみる] / buckle *on* a sword [six-shooter] 締め金で止めて剣をつるす[六連発銃を身に着ける] / She had very little makeup *on*. 彼女はほとんど化粧をしていなかった.

3 (ある場所・物の方へ)向かって, 進んで (forward), 先へ (onward); 〈時間が〉進んで: bows [broadside] *on* 舷首[舷側]を前に向けて / come *on* 向かって来る, やって来る, 近づいて来る / head *on* 頭部を前にして, 頭から / further *on* さらに進んで / I'll do it later *on*. 後でやっておきます / from then [that day] *on* その後ずっと[その日から引き続いて] / send one's baggage *on* 荷物を先へ送っておく / It's getting *on* for six o'clock. もうじき 6 時だ / It was well *on* in the night. 夜もかなりふけていた / He is getting *on* in years. 彼は大分年を取ってきた / Time glides *on*. 時はいつしか過ぎていく / Work is well *on*. 仕事はうんと進んでいる / go [press] *on* どんどん進む / Move *on*, please! 立ち止まらないでください《警官のきまり文句》/ *On*!＝GO[1] *on*! / You must *on*. 《古》先へ行かなければならない.

4 〈ある動作を〉続けて, どんどん, 絶えず: go *on* talk*ing* 話し続ける / speak *on* 語り続ける / walk *on* どんどん歩いて行く / work [struggle] *on* どんどん働く[苦労してやっていく] / Go *on* with your story. 話を続けて下さい / It went *on* raining. 雨が降り続いた.

5 〈スイッチ・栓を〉入れて, あけて (⇨ *adj.* 1): switch [turn] *on* the electric light 電灯をつける / turn *on* the steam [water, gas] (栓をひねって)スチーム[水, ガス]を出す.

6 (動作・行動)を始めて: At last it came *on* to rain. とうとう雨が降り出した.

7 離れずに, しっかり: cling [hang] *on* 取りすがる / Hold *on*! しっかりつかまれ.

8 《クリケット》 **a** オンサイド (on side) に (↔ off): play *on* 球を味方の三柱門に当ててアウトになる. **b** (相手側よりも)勝ち越して: They were 70 runs *on*. 70 点勝ち越していた.

9 《野球》塁上に: We had one man *on* when the batter struck out. バッターが三振したとき一人出塁していた.

and sò òn ⇨ and *conj.* 成句. ***(just) not ón*** 《口語》〈事が(絶対に)承知できない, だめで: That's *just not on*. ***ón and óff*** ＝OFF *and on*. ***ón and ón*** 《口語》引き続き, どんどん. ***ón with*** [命令文で] (1) …を身に着けよ: *On with* your coat! 上着を着なさい. (2) …を始めよ[続けよ]: *On with* the show! ショーを始めよ[続けよ]. 《1605》 ***You're ón!*** 《口語》それでいいとも: (I'll) race you to the front door!—(OK,) *you're on!* 正面玄関まで駆けっこしよう—(よし,)いいとも.

— /ɑ́(ː)n, ɔ́(ː)n | ɔ́n/ *adj.* **1** **a** 〈水道・ガスなど〉出て, 通じて; 〈ラジオなど〉かかって; 《電気》「オン」で, はいって (↔ off): Is the gas *on*? ガスが来ているか / The water was not *on*. 断水していた / The electric lights are all *on*. 電灯は全部ついている / The radio is *on*. ラジオがかかっている. **b** 〈機械・装置などが〉作動している: The brakes are *on*. ブレーキはかかっている. **c** 〈会・催しなど〉行われて, 進行中で; 〈訴訟など〉審議[審理]されて: Is their wedding still *on*? 彼らの結婚式はまだ行われていますか / His case was *on*. 彼の訴訟は審議中だった. **d** 〈食事・戦争など〉始まって: The rain is *on* again. 雨がまた降り出した.

2 〈人が〉働いて, 勤務について; 〈俳優が〉舞台に出て, (プログラムに)出て; 〈演劇・映画・展覧会など〉上演[上映, 開催]中で; 予定されて: I'm *on* from 9 to 5. 9 時から 5 時まで勤務中です / She was *on* at Lincoln Center last winter. 去年の冬彼女はリンカーンセンターに出ていた / What's *on*? 芝居は何がかかっているのですか; 何事が起こっているのですか / What's *on* this afternoon? 今日の午後の番組は / *Hamlet* is *on* now. 「ハムレット」上演中 / Have you (got) anything *on* tomorrow? 明日は何か予定がありますか / He had a show *on* on 57th Street. 57 丁目でショーを開いていた / There's nothing *on* (for) this afternoon. 今日の午後は何の予定もない.

3 《口語》 **a** 賛成して, 喜んで参加して: I'm *on*! よしきた, 賛成だ. **b** 〔…の〕相手になりたがって, 〔…と〕交渉を持ちたがって 〔*with*〕. **c** 賭けて, 賭けに応じて.

4 《口語》〔人の〕心をよくのみ込んで; 〔事実を〕よく知って, 〔ある事に〕精通して 〔*to*〕: We are all *on* to him. 彼の魂胆なら我々は皆よく知っている / Everybody is *on* to that. その事ならだれでも知っている / I'm *on* to something really important! 本当に重要なことをよく知っているんだ / She's *on* to a good thing. 彼女は好機を見逃さない.

5 《口語》〔…に〕うるさく小言[不平]を言って, うるさく言って 〔*at*, *to*〕: keep *on* about …について長々と話す / He was [went, kept] *on* at me. 私にうるさく小言を言った / My wife is always *on* at me to come [about coming] home early. 妻はいつも早く帰宅するようにうるさく言う / The manager is always *on* to Mary (with some crazy idea). 支配人はいつも(突拍子もない考えを持ち出して)メアリーを悩ましている / What are you *on* about now? 《英》今度は何が不服なんだ.

6 《口語》 **a** 活発に[大げさに]ふるまって, 活動的で: I can't relax with her because she's always *on*. 彼女はいつもじっとしていないので彼女といっしょではくつろげない. **b** 絶好調の (↔ off): It was one of his *on* days. それは彼の絶好調の日だった.

7 《英俗》 **a** 酔って (drunk): He is a bit [slightly] *on*. ほろ酔い加減だ. **b** 有望で, 見通しが明るく (cf. (*just*) *not* ON): His idea isn't *on*. 彼のアイデアは見込み薄だ.

8 [限定的] 《クリケット》オンサイド (on side) の: ⇨ on-drive. **9** [限定的] 《英》店内での飲酒が許されている (↔ off): ⇨ on-license. **10** [限定的] 《英俗》ふさわしい, ぴったりの (fit).

— /ɑ́(ː)n, ɔ́(ː)n | ɔ́n/ *n.* [the ~] 《クリケット》オン側 《右打者が投手の方を向いた場合打者が立っている側》: a fine drive to *the on* 左へ飛ぶ見事な強打.

— /ɔ́(ː)n, ɑ́(ː)n | ɔ́n/ *vi.* [次の成句で]. ***ón with*** 《方言》…を載せる (put on): She *ons with* the pot. 彼女はポットを載せる. 《1843》

〚ME *on*, *an*, *o*, *a* OE *on*, *an* (prep., adv.) on, in, to < Gmc **ana*, **anō* (Du. *aan* / G *an*) < IE **an* (Gk *aná* up, upon)〛

On /ɑ́(ː)n | ɔ́n/ *n.* 《聖書》オン (Heliopolis のこと; cf. *Gen.* 41: 45). 〚□ Heb. *Ōn* □ Egypt. *iwnw*: cf. Copt. *ōn*〛

o.n. 《略》《処方》*L.* omnī noctē 毎夜 (every night).

ON 《略》《化学》octane number; Old Norse; Ontario; orthopedic nurse.

on- /ɔ́(ː)n, ɑ́(ː)n | ɔ́n/ 副詞の on の複合語形成要素. ★

come on, fall on などの on が gerund または -er を語尾とする名詞の語頭に置かれたもので on に強勢がある: *on*-coming, *on*fall, *on*looker.

-on¹ /ɑ(ː)n | ɔn/ *suf.* 〖化学〗「非ケトン化合物, 非オキソ化合物」の意の名詞を造る (cf. -one): cupferr*on*, nerv*on*, parathi*on*. 〘(変形) ← -ONE〙

-on² /ɑ(ː)n | ɔn/ *suf.* 〖物理〗次の意味を表す名詞を造る: **1** 「素粒子 (elementary particle)」: neutr*on*, nucle*on*, phot*on*. **2** 「励起状態の量子 (quantum)」: phon*on*, magnet*on*. 〘← (I)ON: cf. -tron〙

-on³ /ɑ(ː)n | ɔn/ *suf.* 〖化学〗「不活性ガス」の意の名詞を造る: rad*on*. 〘← NL ～ ← Gk ～ (neut. n. & adj. suf.): cf. argon〙

-on⁴ /ɑ(ː)n | ɔn/ *suf.* 増大辞として通例「…の大きなもの」の意の名詞を造る (cf. -oon): flag*on*, milli*on*. 〘(□ F *-on*) □ It. *-one* // □ L *-ōnus* (masc.), *-ōna* (fem.)〙

O·na¹ /óunə | óu-/ *n.* オーナ《女性名》. 〘⇨ Oonagh〙

O·na² /óunə | óu-/ *n.* (*pl.* ～, ～s) **1 a** [the ～(s)] オナ族《Tierra del Fuego 諸島に住むチョーナ (Chon) 系の種族》. **b** オナ族の人. **2** オナ語.

ón-agàin, óff-agàin *adj.* 一時存在してあっという間に消える; 発作的な, 断続的な: ～ fashions 一時的流行. 〘1948〙

on·a·ger /ɑ́(ː)nɪdʒə | ɔ́nədʒə⁽ʳ⁾/ *n.* (*pl.* ～s, **-a·gri** /-gràɪ/) **1** 〖動物〗オナガー (*Equus hemionus onager* syn. *E. onager*)《イラン・アフガニスタン, パキスタン産の野生ロバ》. **2** (古代から中世にかけて用いられた)投石機. 〘(*c*1340) □ L ～ 'wild ass' □ Gk *ónagros* ← *ónos* ass＋*ágrios* wild〙

On·a·gra·ce·ae /ɑ̀(ː)nəgréɪsiìː | ɔ̀n-/ *n. pl.* 〖植物〗アカバナ科. **òn·a·grá·ceous** /-ʃəs⁻/ *adj.* 〘← NL ～ ← L *Onagra* ((旧属名: 現 *Oenothera*) ← Gk *onágra* oleander)＋-ACEAE〙

onagri *n.* onager の複数形.

ón-áir *adj.* 〈ラジオ・テレビが〉放送(中)の, オンエアの. 〘1972〙

o·nan·ism /óunənɪ̀zm | óu-/ *n.* **1** 中絶性交 (coitus interruptus). **2** オナニー, 自慰 (masturbation). **3** 自己満足. 〘(1727-41) ← ? NL **onanismus* ← *Onan* (son of Judah): *Gen.* 38:9 から: ⇨ -ism〙

ó·nan·ist /-nɪst | -nɪst/ *n.* **1** 中絶性交実行者. **2** オナニー常習者. **o·nan·is·tic** /òunənístɪk | òu-⁻/ *adj.* 〘1855〙

O·nas·sis /ounɑ́ːsɪs, ə- | ə(u)nǽsɪs/, **Aristotle Socrates** *n.* オナシス《1906-75; トルコ生まれでギリシャ系のアルゼンチンの海運業者》.

Onassis, Jacqueline Lee Bouvier *n.* オナシス《1929-94; 元 Kennedy 大統領夫人 (1953-63); 1968 年 A. S. Onassis と再婚》.

ón·bèat *n.* 〖音楽〗(4 拍子の)第 1 拍と第 3 拍.

ón·bóard *adj.* **1** 機内での, 車内での, 船内での: ～ food service 機内での食事サービス, 機内食. **2** (ロケット・人工衛星・宇宙船などに)組込まれた, 内蔵の: an ～ camera [computer] 内蔵カメラ[コンピューター]. **3** 〖電算〗回路基盤の上の[に実装された]. 〘(1960) ← *on board* (⇨ board n. 成句)〙

ONC /òuènsíː | òu-/ 《略》《英》Ordinary National Certificate 普通二級技術検定. 〘1949〙

onc- /ɑ(ː)ŋk | ɔŋk/ (母音の前にくるときの) onco-² の異形.

ón-cámera *adj., adv.* 〖映画・テレビ〗カメラに映る所の[で(の)], カメラの前の[で(の)], カメラのフレーム内の[で(の)] (cf. off-camera). 〘1962〙

once /wʌ́ns, wʌ́nts/ ★《英》では /wɔ́ns, wɔ́nts/ と発音する人が増えているが, まだ標準的とは認められていない. *adv.* **1** 昔ある時, 昔, かつて (formerly): a ～ famous doctor かつては[一時は]有名だった医者 / There ～ lived a wise man. 昔一人の賢い人が住んでいた / I ～ lived in Kobe. かつて神戸に住んでいたことがある. **2 a** 1 回, 一度: more than ～ 一度ならず, 再三 / ～ more [again] もう一度(繰り返して) / The earth goes around the sun ～ a year. 地球は年に 1 回太陽の回りを回転する / I visit my mom ～ a week. 週に一度ママのところに行きます / ～ in a lifetime 一生に一度 (cf. once-in-a-lifetime) / I have (already) seen him ～ (before). 彼には一度会ったことがある / A man can die but [only, just] ～. 《諺》人は一度だけしか死ねない《死ぬ経験は一度だけしかない》/ *Once* bitten, twice shy. 《諺》一度かまれる[だまされる]と二度目には慎重になる, 「羹(あつもの)に懲りて膾(なます)を吹く」. **b** 1 倍. **3 a** [否定構文で] ただの一度も(…ない), いつだって(…することがない) (ever): *Not* [*Never*] (even) ～ have you done as I have asked. ただの一度も君は僕の言う通りにしてくれたことがない / I did*n't* ～ think of it. そのことは思いもかけなかった. **b** [条件・時の副詞節中で] いったん, …するが最後, …しさえすれば: if the facts ～ become known その事実がひとたびわかれば / when ～ he understands いったん理解してしまえば. ★ 副詞節が短縮形で表されることがある (cf. *conj.*): He'll succeed if ～ given a chance. 彼は機会さえ与えられれば成功する. **4** [～ removed で] 一世代[親等]隔たった: a (first) cousin ～ *removed* ⇨ removed 2. **5** 《古》(将来)いつか (some day).

ónce and agáin 再三, 何度も; 時々, 時折 (now and again): I have heard it said ～ *and again*. そのことは再三言われるのを耳にした / Accidents happen ～ *and again*. 時には事故は起こる. (1597) ***ónce and awáy*** 《まれ》(1) ＝ONCE (*and*) *for all*. (2) ＝ONCE *in a way*. ***ónce and a while*** [《英》*wáy*] ＝ONCE *in a while*. ***ónce* (*and*) *for áll*** 一度だけ, 今度限り; きっぱりと, これを最後に: I shall explain it ～ *and for all*. もう一度だけ説明してあげよう / It is but seldom that a man loves ～ *and for all*. 一生に一度しか恋をしないというのはおよそありえない / Tell him so ～ *and for all*. 彼にきっぱりそう言いなさい. (*c*1489) ***ónce in a blúe móon*** ⇨ moon 成句. ***ónce in a wáy*** 《英》(1) ＝ONCE *in a while*. (2) たまたま一度(だけ). ***ónce in a while*** 時折, 時々 (now and then); まれに, たまに (rarely, at long intervals): He comes to see us ～ *in a while* but not very often. 彼は私たちの所にたまに来るがそう多くはない. ***ónce or twíce*** 一, 二度; 何度か, 時たま: I've seen him ～ *or twice* near here. この辺で一, 二度彼を見かけたことがある. (1369) ***ónce tòo óften*** ⇨ often 成句. ***ónce upòn a tíme*** ⇨ time 成句.

— *conj.* ひとたび…すれば, …しさえすれば: *Once* you hesitate, you are lost. 躊躇(ちゅうちょ)したが最後もうだめだ / *Once* that is [was] accomplished, all will be [was] well. それが成就されさえすれば後はしめたもの. ★ once の導く節が次のような短縮形をとることがある (cf. *adv.* 3 b): *Once* within call, we are safe. 呼んで聞こえるところへ行きさえすれば安全なのだ / *Once* a beggar, always a beggar. 《諺》こじきも三日すればやめられぬ.

— *n.* 一度 (one time): *the* ～ 《口語》一度, 一回だけ / *Once* is enough for me. 一度でたくさんだ.

áll at ónce (1) たちまち, にわかに: *All at* ～ he leaped to his feet. 突然彼は飛び上がった. (2) みんないっしょに: You must not talk *all at* ～.＝You must not *all* talk *at* ～. ***at ónce*** (1) すぐに, 直ちに (⇨ immedeately SYN): Do it *at* ～. (2) 同時に: You cannot do two things *at* ～. 二つのことを同時にできはしない. (3) [and と相関的に用いて] …でも(また…でも) (both): He is *at* ～ stern *and* tender. 厳しい中にも優しさがある. ***èvery ónce in a while*** ＝ONCE *in a while*. 〘*every*: (転訛) ← ever〙 ***for ónce*** 一度だけは(特に): He is behaving himself *for* ～. 彼も今度だけは神妙にしている / Let me see it just *for* ～. ほんの一度だけ見せて下さい. ***for ónce in a wáy*** [*while*] ＝ONCE *in a way* [*while*]. (***for***) ***this*** [***that***] ***ónce*** 今度[あの時, その時]だけ, 今度[その時]に限って: Please listen to me just *this* ～. 今度一度だけだと思って私の言うことを聞いてください.

— *adj.* [限定的] 一度は…であった, 昔の (former): my ～ master かつての主人 / the ～ enemies もとの敵. 〘(*c*1122) *ōnes*, *ānes* (adv. gen.) ← *ān* 'ONE' ∽ early ME *ænes*, *ēnes* ← OE *ānes*: 語尾の -*ce* は無声音を示すため 1500 年頃から〙

ónce-in-a-lífetime *adj.* 一生に一度あるかないかの, 千載一遇の, 〈機会が〉またとない.

ónce-òff *adj.* 《英》＝one-off. 〘1965〙

ónce-òver *n.* 《口語》**1** [the ～] ざっと見る[目を通す]こと, (手早く)調べて[当たって]みること: give a person *the* ～ 人をざっと見る / He gave the manuscript *the* ～. 彼は原稿にざっと目を通した. **2** (何かを)手早く[さっと]やること; (特に)手早く[さっと]掃除する[片付ける]こと: I give my study a ～ now and then. 私は時々書斎をさっと掃除する. **3** 激しい殴打: give a person [thing] the [a] ～ 人[物]を激しく殴打する. 〘1915〙

ónce-òver-líghtly *n.* 《米口語》＝once-over.

onc·er /wʌ́nsə | -sə⁽ʳ⁾/ *n.* **1** あること(特にある義務的なこと)をただ 1 回だけする[したことのある]人. **2** 《英口語》月にただ一度教会へ行く人. **3** 《英俗》1 ポンド紙幣. **4** 《豪俗》(再選を望めない)一期限りの国会議員. **5** 《NZ》一度しか起こらないこと. 〘1892〙

oncet /wʌ́nst/ ＝once《非標準的な語; cf. onct》.

onch- /ɑ(ː)ŋk | ɔŋk/ (母音の前にくるときの) oncho-² の異形 (⇨ onco-²).

ón-chíp *adj.* 〖電子工学〗オンチップの《新たな回路や機能を組み込んだ半導体チップを製作する技術に関わる; cf. system-on-chip》.

on·cho-¹ /ɑ́(ː)ŋkou | ɔ́ŋkəu/ 〖生物〗＝onco-¹.

on·cho-² /ɑ́(ː)ŋkou | ɔ́ŋkəu/ ＝onco-².

on·cho·cer·ci·a·sis /ɑ̀(ː)ŋkousəːkáɪəsɪs | ɔ̀ŋkə(u)səːkáɪəsɪs/ *n.* (*pl.* **-ci·a·ses** /-sìːz/) 〖病理〗オンコセルカ症, 回旋糸状虫症《皮膚や眼の病的状態; river blindness ともいう》. 〘(1911) ← NL ～ ← *Ochocerca* (⇨ oncho-¹, cerco-, -a²)＋-IASIS〙

on·cho·cer·co·sis /ɑ̀(ː)ŋkousəːkóusɪs, -kə- | ɔ̀ŋkə(u)səːkáusɪs/ *n.* (*pl.* **-co·ses** /-sìːz/) 〖病理〗＝onchocerciasis. 〘(1918) ← NL ～ ← *Onchocerca* (↑)＋-OSIS〙

on·ci- /ɑ́(ː)nsɪ, -si | ɔ́n-/ onco-² の異形.

on·cid·i·um /ɑ(ː)nsídiəm | ɔnsíd-/ *n.* 〖植物〗熱帯アメリカ産ラン科オンシジューム属 (*Oncidium*) の植物の総称. 〘(*c*1868) ← NL ～: ⇨ onco-¹, -idium〙

on·co-¹ /ɑ́(ː)ŋkou | ɔ́ŋkəu/ 〖生物〗「とげ (barb); とげのある (barbed)」の意の連結形. 〘□ Gk *ogko-* ← *ógkos* barbed hook〙

on·co-² /ɑ́(ː)ŋkou | ɔ́ŋkəu/ 「腫瘍 (tumor); かさ, かたまり (mass)」の意の連結形. ★ 時に onci-, また母音の前では通例 onc- になる. 〘□ Gk *ogko-* ← *ógkos* bulk, size, mass〙

on·co·gene /ɑ́(ː)ŋkədʒìːn | ɔ́ŋkə(u)-/ *n.* 〖生化物〗癌遺伝子, 発癌遺伝子, 腫瘍(しゅよう)遺伝子, オンコジーン. 〘1969〙

ònco·génesis *n.* 〖病理〗腫瘍発生[形成]. 〘1932〙

ònco·génic *adj.* 〖病理〗腫瘍形成性の, 腫瘍の原因となる. **ònco·génically** *adv.* 〘1949〙

ònco·genícity *n.* 〖病理〗腫瘍原性, 腫瘍形成性, 発癌性. 〘1944〙

on·cog·e·nous /ɑ̀(ː)ŋkɑ́(ː)dʒənəs | ɔŋkɔ́dʒɪ-/ *adj.* 〖病理〗＝oncogenic.

on·cól·o·gist /-dʒɪst | -dʒɪst/ *n.* 腫瘍専門医.

on·col·o·gy /ɑ(ː)ŋkɑ́(ː)lədʒi | ɔŋkɔ́l-/ *n.* 〖医学〗腫瘍(しゅよう)学. **on·co·log·ic** /ɑ̀(ː)ŋkəlɑ́(ː)dʒɪk | ɔ̀ŋkə-lɔ́dʒ-⁻/ *adj.* **ònco·lóg·ical** *adj.* 〘(*c*1857) ← ONCO-²＋-LOGY〙

ón·còming *adj.* **1 a** 近づいて来る: the ～ winter / an ～ car 前方からやって来る車. **b** 未来の. **2** 出現する: the ～ generation 次の世代. — *n.* 接近 (approach): the ～ of old age. 〘(1844): ⇨ on-〙

on·co·sis /ɑ(ː)ŋkóusɪs | ɔŋkə́usɪs/ *n.* (*pl.* **-co·ses** /-siːz/) 〖病理〗腫脹(しゅちょう), 脹(は)れること[状態]. 〘□ Gk *ónkōsis*: ⇨ onco-², -osis〙

ón·còst *n.* 《英》〖会計〗間接費 (overhead costs). 〘(1912) ← ON (adv.)＋COST¹〙

ón·cóurse *adj.* 〈競馬の賭けが〉場内での (↔ offcourse): ～ betting.

onct /wʌ́nst/ ＝oncet.

OND /òuèndíː | òu-/ 《略》《英》Ordinary National Diploma 普通一級技術検定.

On·daa·tje /ɑ(ː)ndɑ́ːtjə | ɔn-/, **Michael** *n.* オンダーチェ《1943- ; カナダの詩人・小説家; セイロンに生まれ, London で教育をうけたのちカナダに移る; *The Collected Works of Billy the Kid* (1970), *The English Patient* (1992)》.

on-déck cìrcle *n.* 〖野球〗ネクストバッターズサークル, 次打者席.

ondes Mar·te·not /ɔ̃ːdmɑ̀ətənóu, ɔ̃ːn-, -tn̩- | -mɑ̀ːtənə́u, -tn̩-; *F.* ɔ̃dmaʁtəno/ *n.* 〖音楽〗オンドマルトノ《電子鍵盤楽器の一種》. 〘1936: ← F *ondes (musicale)* 《原義》(musical) waves (楽器のもとの名: cf. ondogram)＋*Maurice Martenot* (1898-1980: その発明者であるフランス人)〙

on-dit /ɔ̃ːndíː, ɔ(ː)n-; *F.* ɔ̃di/ *F. n.* (*pl.* ～**s** /～(z); *F.* ～/) 取り沙汰(ざた), うわさ (report): upon ～*s* 風説に基づいて / a mere ～ 単なるうわさ. 〘□ F ～ ← *on dit* one says, they say〙

On·do /ɑ́(ː)ndou | ɔ́ndəu/ *n.* オンド《ナイジェリア南西部の州; 州都 Akure》.

on·do·gram /ɑ́(ː)ndəgrǽm | ɔ́n-/ *n.* 〖電気〗(ondograph に自記された) 交流波形. 〘← F *onde* (＜ L *unda*) wave＋-o-＋-GRAM〙

on·do·graph /ɑ́(ː)ndəgrǽf | ɔ́ndəgrɑ̀ːf, -grǽf/ *n.* 〖電気〗交流波形(自動)記録機. 〘□ F *ondographe*: ⇨ ↑, -graph〙

on·dom·e·ter /ɑ(ː)ndɑ́(ː)mətə | ɔndɔ́mɪtə⁽ʳ⁾/ *n.* 〖電気〗周波計. 〘← ONDOGRAM＋-METER¹〙

on·do·scope /ɑ́(ː)ndəskòup | ɔ́ndəskə̀up/ *n.* 〖電子工学〗オンドスコープ《電波検出用放電管で電波による電離作用でグローが現れる》. 〘← ONDOGRAM＋-SCOPE〙

ón-drìve 《クリケット》*n.* オンサイド (on side) への強打. — *vt.* 左側へ〈ボールを〉打つ. 〘1897〙

O

one /wʌ́n/ ★《英》では /wɔ́n/ と発音する人が増えているが, まだ標準的とは認められていない. *adj.* **1** 一つの, 単一の (single); 1 個の, 一人の; [叙述的に用いて] 1 歳で: ～ apple, bird, dog, year, day, etc. / ～ half, hundred, thousand, million, etc. / ～ dollar, pound, etc. / ～ pair of shoes, set of tools, etc. / ～ and twenty＝twenty-one (cf. and *conj.* 1 d) / ～ third 3 分の 1, 1/3 / ～ man, ～ vote 一人一票(主義) / ～ or two people 一人か二人, 少数の人 / ～ person in [out of] (every) three 三人(毎)に一人 / in ～ word 一言で言えば, 要するに / a ～ month's leave 1 か月の賜暇 (～ month's leave より強意的) / *One* man alone escaped the pursuers; the others were caught. ただ一人だけが追手から逃れ, 他の者たちは捕えられた / Some ～ man must direct. だれか一人が(音頭を取って)指揮をしなければならない / No ～ man can do it. どんな人でも一人ではできない / Not ～ person (in the whole class) knew the answer. (クラス全体で)一人もその答えがわからなかった / It's ～ comfort. せめてもの慰めだ / That's (only) ～ way: there are others, too. それは(ただ)一つの方法だ. 他にもある / *One* swallow does not make a summer. 《諺》つばめが 1 羽飛んで来ても夏にはならない《一つのことを基礎に判断するのは賢明でない;「早合点は禁物」》. ★《米口語》では時に不定冠詞の強意語に相当することがある: She was really ～ pretty girl! 彼女は本当にかわいらしい少女だった.

2 一体の, 合一した, 一致した (united): ⇨ *become* ONE, *be made* ONE / with ～ accord 一斉に, 一致して / cry out with ～ voice 異口同音に叫ぶ / Horse and rider were ～. 馬と騎手とは一体となっていた / We have been ～ for two months. 結婚してから 2 か月になる / We were of ～ mind. 我々は皆同じ心だった[気持が一致していた] / She is ～ *with* him in all he does. 彼女は何をするにも彼と一心同体である.

3 a [しばしば強調的に ～ and the same として] 同一の, 同じ (the same): in ～ direction 同一方向に / ～ *and the same* thing 同一物 / remain for ever ～ *and the same* いつまでも変わらない / Can we all fit in (just) the ～ car? みんなが同じ車に乗れるだろうか / Samuel Clemens and Mark Twain were ～ *and the same* (person). サミュエルクレメンズとマークトウェインは同一人物だった. **b** [all ～ として叙述的に用いて] 全く同じことで, どちらでもよいことで: It is *all* ～ *to* me. 私にとっては全く同じことだ《どうだっていい》/ It's *all* ～ what he says. 彼が何と言おうとそれは同じことだ《平気だ》.

4 a [人名に付けて] …という, 某… (a certain) (cf. a² 4): ～ John Smith ジョンスミスという人. **b** [日時に付けて] ある, さる: I met him ～ evening last week. 先週のある晩彼に会った / *One* day he was out hunting with his friends. ある日のこと友人たちと狩りに出ていた / You will see her again ～ day. いつかまた彼女に会うでしょう (★ one day は過去についても未来についても用いられる (cf. someday)) / *One* day [moment, minute] you're up,

the next you're down. ある日[瞬間]機嫌がよいと思うと，その次には落ち込んでいる.
5 [通例 the [one's] ～] 唯一無二の (the only): This is *the* ～ thing (that is) necessary. 必要なものはただこれだけ / my ～ and only hope 私のただ一つの希望 / She's *the* ～ person who can do it. それができるのは彼女だけだ / There is (only) ～ God. 唯一の神しかいない / God is ～. 神は一つなり.
6 [one, another, the other と相関して] 一方の: ～ foot in sea, and ～ on shore 片足は海の中に片足は岸に (Shak., *Much Ado* 2. 3. 66) / from ～ side to *the other* 一方の側から他の側へ / ⇨ *on (the) one* HAND ... *on the other (hand)* / taking ～ thing with *another* あれこれ考え合わせて(みると) / *One* man's meat is *another* man's poison. 《諺》甲の薬は乙の毒.
becòme óne (1) 一緒になる，合体する. (2) 結婚する. ***be màde óne*** (1) 一体化する. (2) 結婚する. (cf. *make* ONE ⇨ *n.*) ***for óne thìng*** ⇨ thing[1] 成句.
óne and ónly ⇨ 5; only *adj.* 成句.
— /wʌ́n/ *n.* **1 1**: 一つ, 1 個, 一人, 一物; 1 時, 1 歳, 1 ドル[ポンド, セント, ペンス(など)]: ～ or two 一, 二個 / ～ at a time 一時に一人[一つ]ずつ / Buy now and get two for the price of ～! 今買えば一つの値段で二つ買える / ten minutes to ～ 1 時 10 分前 / at ～ twenty-five 1 時 25 分に / ～ and six (英国の旧貨幣制度での) 1 シリング 6 ペンス / It costs ～ ninety-five [$1.95] in Detroit. デトロイトでは 1 ドル 95 セントします / ⇨ number one / My daughter is ～ today! 娘は今日 1 歳です / *One* from ten leaves nine. 10−1=9 / Book [Chapter, Page] *One* (第) 1 巻[章, ページ] / We've reached the last (page) but ～. 最後から二番目(のページ)に達した. **2** 1 [I] の記号[数字]: He lives at No. 1 Black Street. 彼はブラック街 1 番地に住んでいる / Your 1's are too much like 7's. 君の(書く) 1 はまるで 7 みたいだ / four five two ～ (電話番号の) 4521 / a row of ～*s* 1 つづき. **3** [O-] 神; 超人間的存在; 〘哲学〙(新プラトン派における)一者, 万物の本源: the Holy *One*=the *One* above 神 / the Evil *One* 悪魔 (the Devil). **4** (さいころ・ドミノの) 1 の目. **5** 1 番サイズの衣服; 1 サイズの靴《幼児用の最も小さいもの》: wear a ～. **6** 《口語》 **a** 一撃; 打撃: I fetched [gave, hit] him ～ in the eye [on the nose]. 彼の目[鼻づら]に一撃をくらわした (cf. *one in the* EYE) / a nasty ～ ひどい仕打ち, ひじ鉄. **b** 1 杯(の酒): ⇨ quick one. **c** 冗談 (joke), 話 (story); 質問 (question), 問題 (problem): Have you heard the ～ *about* ...? ...の話を聞いたことがありますか / "What will the government do now?" "That's a tough ～!" 「政府は今どうするだろうか」「それはむずかしい質問だ」. **7** 《口語》 **a** 《米》1 ドル紙幣. **b** 《英》1 ポンド紙幣. **8 a** 《口語》人 (cf. *pron.* 2); 〔...を好む〕人, 熱狂者〔*for*〕: She's a clever ～, isn't she! お利口じゃないか / He is a (great) ～ *for* (watching [playing]) baseball. 彼は野球狂だ / She was never [not] ～ *for giving up* [*to give up*] easily. たやすくあきらめるような人ではなかった. **b** 《俗》変な人, 変わり者: You're a ～! 君は変な人だね. **9** 〘音楽〙(全音符の長さを示す) 1.
(***áll***) ***in óne*** 一体になって, いっしょで (together): To her he is lover, guardian, and teacher *all in* ～. 彼女にとって彼は恋人でもあり, 後見人でもあり, また教師でもある. ***be as óne*** 同意する〔*on*〕. ***as óne*** 一斉に. ***at óne*** 一致して; 一体となって, 調和して; 仲直りして (reconciled) 〔*with*〕: I am *at* ～ *with* you on that point. その点では君と同意見だ. ***by ónes and twós*** 一つ二つ[一人二人]ずつ(ぼつぼつ): They came *by* ～*s and twos*. ***for óne*** 少なくとも自身は, ひとりとして(は): I, *for* ～, am against the plan. 私としては[少なくとも私は]その計画には反対だ. 〖← ? *I for* (=standing for) 'one': ローマ数字としての I が人称代名詞の I と取られたことによる〗 ***gèt óne óver on*** 《口語》...より分がよくなる, ...を一歩リードする. ***in óne*** (たった)一度で: You've got it *in* ～. 一発で理解したね, その通りなんだよ. ***in ónes and twós*** =*by* ONES *and twos*. ***màke óne*** (*of* ...) 《古》(1) (グループ・活動などに)加わる, 参加する, 出席する. (2) (グループなどに)紛れ込む. (cf. *be made* ONE ⇨ *adj.*) ***óne and áll*** 皆ことごとく, ひとり残らず (everyone): They came, ～ *and all*, to congratulate me on my success. 彼らはみんな私の成功を祝いにやって来た. ***óne by óne*** 一つ[一人]ずつ(順次に) (one after another): He asked them to enter the room ～ *by* ～. 彼らに一人ずつ部屋にはいって来るようにと言った. 〖late-OE〗 ***óne tòo mány*** ⇨ too 成句. ***óne úp*** (1) (相手に)一段まさって, 差をつけて; 1 点勝ち越して〔*on*〕: I'm ～ *up on* him. (2) 〘印刷〙1 枚刷りに[で]. (3) 〘新聞〙スペースを普通より 1 行多くあけて. ***pùll a fást òne*** (*on*) ⇨ fast[2] *adj.* 成句. ***stóp óne*** 弾丸に当たる (⇨ stop *vt.* 8). ***tíe òne ón*** ⇨ tie 成句.
— /wʌ́n/ *pron.* **1 a** (特定の人・物のうちの)一人, 一つ: ～ *of* (the best of) us [my classmates] 我々[級友](の中で最も優れた者の)一人 / be ～ *of* us [them] 仲間で考え方が同じである / Consider yourself ～ of the family [boys]. ご自分を家族[少年グループ]の一員と考えてください / ～ *of* these places これらの場所のうちの一つ. **b** [another, (the) other と対比して] 一方は: *One* succeeds where *another* fails. 一方が失敗するときにも一方が成功する / *One* is mortal, *the other* immortal. 一方は死ぬが他方は不死である / *One* or *other* [*another*] of them must know. 彼らのうちのだれかが知っているにちがいない / *One* without *the other* would be incomplete. 片方だけでは不完全だろう / ⇨ ONE *after the other*, ONE *another*, *the* ONE ... *the other* ....
2 [any, some, every, many a, such a などに伴い, または他の限定語句と共に] 人: *any* ～ だれでも (cf. anyone, someone, everyone, no one, etc.) / *many a* ～ 《文語》幾人も幾人もの(人) / *Every* single [last] ～ of them is right. 彼らのだれも彼もみな正しい / Never a [Not (a single)] ～ (of them) bothered to reply. 彼らのうちただの一人もわざわざ答えようとしなかった / *What a* ～ he is to make such excuses! 《口語》そんな言い訳をするとは何という男だ / dear [little, loved] ～*s* かわいい子供たち / behave like [as] ～ (who is) possessed ものにとりつかれたようなふるまいをする / be not ～ to do [who ...] 《口語》(性格からして)...するような人ではない / It was a story about ～ who never troubled about his personal comfort. それはわが身の安楽を顧みることのなかった人間の物語だった / For ～ with his experience, he makes a lot of mistakes. 彼ほどの経験をつんだ人にしては間違いが多い.
3 /wʌn, wʌ́n/ **a** [総称的な不定代名詞として] (一般に)人, 世人, だれでも: *One* must observe the rules, even if they limit ～. 人は(だれでも)規則は自分を縛るものであっても守らなければならない / If ～ cuts ～'s finger, ～ hurts only oneself. 自分の指を切れば自分を傷つけるだけ / *One* must lie on the bed ～ has made. 《諺》何事も自業自得 / According to Buddhism, ～'s self is an illusion. 仏教によれば人の我欲は迷妄である (cf. oneself).

[語法] (1) 形式ばった表現法で, 口語体ではこの代わりに we, you, they, people, a person などが用いられる. (2) この用法の one を受ける代名詞として同じ one, one's, oneself を用いるのは堅苦しいので, 避ける人が多い. 米国では he, she, he or she や口語では they で受ける: *One* has to put *himself* in the position of *his* customers. 客の身になってやらなければならない / If *one* spoke Chinese and observed Chinese customs, *he* or *she* was regarded as civilized by the Chinese. 中国語を話し, 中国の習慣に従った人は中国人に文明人と見られた. (3) 砕けた文体では you が用いられることもある: *One* can't be too careful, can *you* (=one)? 念には念を入れよということがあるだろう.

b [各種の人称代名詞の代表形として]: run as fast as ～ can / ～'s father's watch. ★ 実際の場合にはこの one や one's は文脈に応じた代名詞の人称・性・数に従って変形する: You must run as fast as *you* can. / He ran as fast as *he* could. / This is *my* father's watch. **c** [気取った言い方で] 自分 (I, me): In my job, ～ must never stop trying. 私の仕事において, 努力することをやめるわけにはいかない.
4 a /wʌn, wʌ̀n/ [the, this, that, which などの限定語に伴って] (特定または不特定の)人, 物: *the* wrong [right, best, worst] ～ [～*s*] 間違った[正しい, 最善の, 最悪の]もの / *This* ～ [*The* ～ here] will do. これならいいでしょう / *Which* ～ do you choose? どちらをお選びになりますか. **b** [既出の可算名詞の反復を避けて (cf. none[1] 3)]: She's a doctor, and her daughter wants to be [become] ～, too. 彼女は医者ですが, 娘も医者になりたがっている / I have lost my umbrella; I think I must buy ～ (=another ～). 傘をなくした; 1 本買わなければなるまい.

[語法] (1) この用法の one が形容詞に先立たれるときには不定冠詞をつけ, また複数形 ones も用いられる: Do you have a fountain pen with you?—Yes, I do—*a* very good ～. 万年筆を持っていますか—ええ, 持っています, とてもいいのを / Give me a good ～ [some good ～*s*], please. いいのを[いくつか]下さい. (2) 無冠詞の one が形容詞句や形容詞節を従えることがあり, その場合にも複数形 ones が用いられる: His tone was ～ of cool amusement. 彼の口調は冷ややかに楽しんでいるといった口調だった / These problems are ～*s* on which we have been working for the last ten years. これらの問題こそ我々がこの 10 年来取り組んできているものである.

5 《古》ある人: *One* came to him yesterday. 昨日ある人が彼のところへ来た.
fòr óne 個人としては. ***Hàve a góod òne.*** さようなら《陳腐な表現》. ***óne àfter anóther*** (1) (不定数のものについて)一人[一つ]ずつ, 相次いで, 続々と: Cars appeared ～ *after another*. 車が次々に現れた / Troubles came ～ *after another*. 災難が相次いで起こった. (2) =ONE *after the other* (2). ***óne àfter the óther*** (1) (二つのものについて)順々に, 代わる代わる, 交互に: Say "beat" and "boat" ～ *after the other*. (2) (特定数のものについて)順々に, 交互に: The mourners offered flowers ～ *after the other*. 会葬者は順々[次々]に献花をした. (3) =ONE *after another* (1). ***óne and anóther*** あれこれの(人たち). ***òne anóther*** (二者以上の間で)お互い (cf. EACH *other* ★): People ought to help ～ *another*. 人々はお互いに助け合うべきである / I put all the books on top of ～ *another*. 本を全部 1 冊 1 冊重ね合わせた / look at ～ *another's* notebooks ノートを見合う / They were often seen in ～ *another's* company. よく一緒にいるのが見受けられた. 《1340》 ***óne with anóther*** 平均すると, 平均して: taken [taking] ～ *with another* 平均すると. ***the óne ... the óther ...*** (1) 前者(は)...後者(は)... (the former ... the latter ...): A man and a woman were coming down, *the* ～ looking about twice the age of *the other*. 男と女がやって来たが, 男のほうが女の倍くらいの歳に見えた. ★ 時に「前者」「後者」の順があいまいになることがあり, その場合 the one の the が省かれることもある: The two sometimes run counter ～ to *the other*. 両者は時に互いに抵触する. (2) 《まれ》後者(は)...前者(は)... 《*c*1320》 〖ME *on, an, oon* < OE *ān* < Gmc **ainaz* (Du. *een* / G *ein*) ← IE **oino-* one, unique: 発音 /wʌ́n/ は 15 世紀頃の(南)西部方言 *won, wun* から〗

one- /wʌ́n/ 'one' の意の合成語形成要素. ★ 特に -ed の語尾の語と複合して形容詞を成すことが多い: ⇨ *one*-armed / a *one*-dollar bill 1 ドル札 / a *one*-roomed house ひと部屋だけの家 / a *one*-storied house 平家 / *one*-year-olds 一歳児たち.
-one /oʊn | əʊn/ *suf.* 〘化学〙「ケトン (ketone) など」を表す名詞を造る: acetone, butanone. 〖⇨ Gk -*ṓnē* (父祖に由来する名を表す fem. suf.)〗
1-A /wʌ́néɪ/ *n.* (*pl.* **1-A's**) 《米》甲種合格(者) (cf. 4-F). 〘選抜徴兵法による検査の際に用いられた合格者の名称区分から〙
óne-a-cát /-ə-/ *n.* 〘遊戯〙=one old cat.
óne-áct *adj.* 〘演劇〙一幕ものの: a ～ play. 《1888》
óne-ácter *n.* 〘演劇〙(短い)一幕もの(の劇) (one-act play). 《1895》
1-A-O /wʌ́nèɪóʊ | -əʊ/ *n.* 《米》良心的兵役拒否(者). 〘選抜徴兵法による検査の際に用いられる名称区分から〙
óne-árm *adj.* **1** 片腕(式)の: a ～ chair 片腕式の椅子《椅子のひじ掛けの一つが他より長く伸び, その先が広がり, 食品皿, コーヒー皿などが置けるようになっているもの》. **2** 片腕椅子を置いた: a ～ joint 《米》片腕椅子式の飲み屋. 《1906》
óne-àrm bándit *n.* 《俗》=slot machine c. 《1938》
óne-ármed *adj.* 片腕しかない, 隻腕(せきわん)の, 片腕の; 片腕用の. 《1809》
óne-àrmed bándit *n.* **1** 《俗》=slot machine 1. **2** 〘野球〙一塁ベース; 一塁手. 《1938》
óne-bágger *n.* 《俗》〘野球〙=one-base hit. 《1952》
óne-bàse hít *n.* 〘野球〙単打, シングルヒット《single ともいう》.
óne-compàrtment véssel *n.* 〘海事〙可浸長区画船《一つの水密区画が可浸長に等しい船》.
óne-desígn 〘ヨット〙 *adj.* ワンデザインの, 単一型[同型艇]の《単一の標準設計で作られた艇についていう》: ～ racing. **—** *n.* ワンデザインのヨット, 同型艇.
óne-diménsional *adj.* 一次元の; 深みのない, 皮相な (superficial). **óne-dimensionálity** *n.* 《1883》
óne-dówn *adj.* 《口語》(ゲーム・競争などで)相手に一歩後れをとって, リードされて, 心理的に不利で.
óne-égg *adj.* 〘生物〙=monovular. 《1953》
óne-éye *n.* 〘トランプ〙[通例 *pl.*] 片目札《ふつう横顔がかかれている 3 枚の絵札; スペードとハートのジャック, ダイヤのキング; ポーカーなどで鬼札 (wild card) として使うことがある》.
óne-èyed *adj.* **1** (Cyclops のように) 一眼の; ひとつ目の; 片目の; 隻眼の; 片目しか見えない. **2** 視野の狭い, 片目的な. **3** 《俗》〘トランプ〙片目の: a ～ card=one-eye. **～·ness** *n.* 〖lateOE *ānēgede*: ⇨ one, eyed〗
óne·fòld *adj.* 一重(ひとえ)の; 単一体から成る. 〖(*c*1460) 1844〗
O·ne·ga /oʊnégə, -néɪ- | ɔnéɪgə, -négə; *Russ.* an^jégə/ *n.* [the ～] オネガ(川)《ロシア連邦北西部を北流して Onega 湾に注ぐ (400 km)》.
Onega, Lake *n.* オネガ湖《ロシア連邦北西部にあるヨーロッパ第 2 の大湖 (9,609 km²); ロシア語名 Onezhskoye Ozero /an^jéʃskəjəózʲirə/》.
Onéga Báy *n.* オネガ湾《ロシア連邦北西部の白海に通じる湾》.
Ó·neg Shabbát /óʊnɛg- | ə́ʊ-/ *n.* (*pl.* ～) オネグシャバット《金曜日の夜か土曜日の午後に催されるユダヤ人の社交的集会; 通例歌や談話がなされる》. 〖⇨ Heb. *'ṓnegh šabbāṯh* 《原義》Sabbath delight〗
óne-hánd *adj.* =one-handed 2.
óne-hánded *adj.* **1** 片手しかない; 片手ききの. **2 a** 片手で使う[行う], ワンハンドの: a ～ catch. **b** 片手で操作する. **—** *adv.* 片手で; 楽々と. 《*c*1440》
óne-hórse *adj.* **1 a** 1 頭立ての, 1 頭引きの: a ～ wagon. **b** 《農場が》1 頭の馬しか使わない[持っていない]: a ～ farm. **2** 《口語》ちっぽけな, けちな, 貧弱な; 二流の, つまらない: a ～ town ちっぽけな町 / a ～ paper 三流紙 / a ～ theory 取るに足らぬ理論[学説]. 《1750》
óne-hóur ráting *n.* 〘電気〙1 時間定格《間欠的動作をする電気機械等の定格の一種で, 1 時間だけ運転する際の温度上昇などを基準に定めたもの》.
O·nei·da /oʊnáɪdə | əʊnáɪdə/ *n.* **1** (*pl.* ～**s**, ～) **a** [the ～(s)] オナイダ族《Iroquois 五族 (Five Nations) に属する北米インディアンの一種族; もと米国 New York 州中央部にある Oneida Lake の東部地方に住んでいた; cf. Onondaga》. **b** オナイダ族の人. **2** オナイダ語. **3** [Lake ～] オナイダ湖《米国 New York 州中央部にある湖》. 〖(1666) ⇨ N-Am.-Ind. (Iroquois) *Oneiute* 《原義》standing rock: その村に大きな石があったのにちなむ〗
Onéida Commúnity *n.* [the ～] オナイダ共産村《人間の完成には宗教的救済も特殊な社会組織にもよらなければ不可能であるとして, 米国 New York 州中央部の Oneida に J. H. Noyes によって建てられた小共産的原始キリスト教共同社会 (1848–79); その主義は Perfectionism, 会員は Perfectionists と呼ばれた》.
óne-idéaed *adj.* (*also* **óne-idéa'd**) 一つの観念[考え]にだけとらわれた; 偏狭な (narrow-minded). 《1842》
O'Neill /oʊníːl | ə(ʊ)-/, **Eugene** (**Gladstone**) *n.* オニール (1888–1953; 米国の劇作家; Nobel 文学賞 (1936); *Desire Under the Elms* (1924), *Strange Interlude* (1928)).
o·neir- /oʊnáɪr | əʊnáɪ(ə)r/ (母音の前にくるときの) oneiro- の異形.
o·nei·ric /oʊnáɪrɪk | əʊnáɪ(ə)r-/ *adj.* 夢の[に関する]. 《1859》
o·nei·ro- /oʊnáɪroʊ | əʊnáɪ(ə)rəʊ/ 「夢 (dream)」の意

の連結形. ★ 母音の前では通例 oneir- になる. 〘□ Gk *oneiro-* ← *óneiros* dream〙

o·nei·ro·crit·ic /oʊnàɪroʊkrítɪk | əʊnàɪ(ə)rə(ʊ)-krít-/ *n.* 夢占い師, 夢判断者. 〘(*a*1652) ← Gk *oneirokritikós*: ⇨ ↑, critic〙

o·nèi·ro·crít·i·cal /-ṭɪkəl, -kḷ | -tɪ-/ *adj.* 夢判断の[に関する]. **~·ly** *adv.* 〘1588〙

o·nei·ro·crít·i·cism /-ṭəsɪzm | -tɪ-/ *n.* 夢判断. 〘1614〙

o·nei·rol·o·gy /òʊnaɪrɑ́(ː)ləʤi | əʊnaɪ(ə)rɔ́l-/ *n.* 夢学, 夢判断, 夢解釈(学). 〘(1818) ← ONEIRO-＋-LOGY〙

o·nei·ro·man·cer /oʊnáɪrəmæ̀nsə, -roʊ- | əʊnáɪ(ə)rə(ʊ)mæ̀nsə(r)/ *n.* 夢占い者. 〘1653〙

o·nei·ro·man·cy /oʊnáɪrəmæ̀nsi, -roʊ- | əʊnáɪ(ə)rə(ʊ)-/ *n.* 夢占い. 〘1652〙

O·nei·ros /oʊnáɪrɑ(ː)s | əʊnáɪ(ə)rɔs/ *n.* 〘ギリシャ神話〙 オネイロス《古代ギリシャの夢の神》. 〘□ Gk *Óneiros*: *óneiros* dream の擬人化〙

óne-légged /-légd, -légɪd/ *adj.* **1** 1本足の, 隻脚の, 片足の. **2 a** 〈議論など〉一方的な, かたよった (one-sided). **b** 〈法律など〉肝心な所が欠けている, 根本的欠陥のある, 骨抜きの: a ~ law ざる法. 〘1842〙

óne-lìne óctave *n.* 〘音楽〙 一点オクターブ《中央ハ音から始まるオクターブ》.

óne-line whíp *n.* 〘英議会〙 登院要請.

óne-lín·er *n.* 《米》 短いが気のきいた言葉[ジョーク], わさびのきいた警句. 〘1904〙

óne-lùng *adj.* **1** 肺が一つしかない, 片肺の. **2** 《俗》〈エンジン・自動車など〉単気筒の.

óne-lúnged *adj.* ＝one-lung 1.

óne-lúng·er /-lʌ́ŋə | -ŋə(r)/ *n.* 《俗》 **1** 単気筒エンジン. **2** 単気筒の乗物《オートバイ・自動車など》. 〘1908〙

one-man /wʌ́nmǽn⁻/ *adj.* **1** 個人の, 一人だけの; 一人だけでする: a ~ show (絵画などの)個展; (歌手などの)ワンマンショー / a ~ job 一人でする仕事 / a ~ bus ワンマンバス. **2** 一人だけで構成された, 一人だけでや(っている): a ~ editorial staff 単独編集陣[員]. **3** 一人だけに従う[なついている]: a ~ dog. 〘1842〙

óne-man bánd *n.* **1** 一人楽団《複数の楽器を一人で演奏する大道芸人》. **2** 一人でやりくりする事業[組織]. 〘1931〙

óne-mány *adj.* 〘論理〙〈関係(関数の対応)が〉一(対)多的な. 〘1910〙

óne·ness *n.* **1 a** 単一性 (singularity). **b** 同一性 (identity). **c** 統一性 (unity). **d** 不変性 (changeless). **e** 完全性 (integrity). **2** (精神・感情・目的などの)調和, 一致. 〘(*c*1555) ← ONE＋-NESS ∽ ME *annesse, onnesse* ＜ OE *ānnes*〙

óne-níght·er /-náɪṭə | -tə(r)/ *n.* **1** 一泊客. **2** ＝one-night stand. 〘1937〙

óne-nìght stánd *n.* **1** 《口語》 **a** 一夜興行[公演]《一夜だけ催す旅興行[公演]》. **b** 一夜興行[公演]他. **c** 一夜興行[公演]のための途中下車(地). **2** 《俗》一夜だけのデート[関係]; その相手. 〘1880〙

one o' cát /-ə-/ *n.* 〘遊戯〙 ＝one old cat.

óne-of-a-kínd *adj.* 唯一の. 〘1961〙

óne-òff *adj., n.* 《英》 ただ一度だけの(こと), 1回限りの(こと); ただ一人のための(もの); 〈商品など〉一つしか作られない(もの): a ~ apparatus [stadium] 一度使うだけの装置[スタジアム]《one-shot ともいう》. 〘1934〙

one old cat /wʌ́nəkæ̀t, -òʊɫ(d)- | -ə-, -əʊɫ(d)-/ *n.* 〘遊戯〙 ワナキャット《野球の変形で, ホームベースのほかに塁が一つあり, 打者が打ってからその塁へ行き, 戻ってくれば得点になる; one-a-cat ともいう》. 〘1860〙

óne-óne *adj.* **1** ＝one-to-one 1. **2** 〘論理〙 一対一の. 〘1903〙

óne-on-óne *adj.* 〘球技〙 ＝man-to-man 2 〘1967〙

óne ṕ /-píː/ *n.* 《英》 1 ペニー(貨).

óne-pàir *adj.* [限定的] **1** 〘トランプ〙 ワンペアの. **2** 《古》 二階の (up one pair of stairs) (cf. two-pair 2). 〘1795〙

óne páir *n.* 〘トランプ〙 ワンペア《ポーカー (poker) で同位札の2枚揃い》.

óne-párent *adj.* [限定的] 片親の: a ~ family 片親の家庭.

one-piece /wʌ́npìːs⁻/ *adj.* 〈服など〉ワンピースの, 上下続きの (cf. two-piece): a ~ dress, undergarment, bathing suit, etc. **—** *n.* ワンピース(の服). 〘1880〙

óne-píec·er /-píːsə | -sə(r)/ *n.* ワンピース(の服).

on·er /wʌ́nə | -nə(r)/ *n.* 《英俗》 **1 a** 無類独特の人[物]; すばらしい人; 名人, 達人: a ~ at eating 無類の大食い(の人) / a ~ for that その道の達人. **b** とてつもないもの, 大変なもの[事]. **2** 痛打: give a person a ~ on the head 頭をいやというほど殴る. **3** 大うそ, うそっぱち: tell a ~ でたらめを言う. ***dówn it in a óner*** 《俗語》 一気にやる. 〘1840〙

on·er·ous /ɑ́(ː)nərəs, óʊn- | ə́ʊn, ɔ́n-/ *adj.* **1** 厄介な, 面倒な, 骨の折れる (troublesome): an ~ task. **2** 〘法律〙 負担付きの, 有償の (cf. gratuitous 3): an ~ gift 負担付き贈与 / an ~ contract 有償契約 **~·ly** *adv.* **~·ness** *n.* 〘(1395) □ OF *onereus* (F *onéreux*) □ L *onerōsus* ← *oner-, onus* burden: ⇨ onus, -ous〙

óne-séater *n.* 一人乗りの乗物 (single-seater).

one·self /wʌnsélf/ *pron.*

語法 (1) 総称的不定代名詞 one (*pron.* 3 a) に対する複合代名詞; また各人称の複合代名詞の代表形 (cf. one *pron.* 3 b) で, 実際の場合には文脈に応じ myself, yourself, himself などで表される. (2) 特に《米》では one's self の形もある. (3) oneself および -self がつくすべての複合代名詞の文中のアクセントは 1 の強意用法では /―⁻´/ 2 の再帰用法では /―⁻´/ のようになる.

---

1 [強意用法] 自分で, 自ら: do a thing ~ 自分で事をする / It is good to use what one has made ~. 自分で作った物を使うのはよいことだ. ★ 独立的に one の強意形としても用いられる: Grief is felt only by ~. 悲しみを感じるのは本人だけ《他人にはわからない》/ One can trust only one person, and that is ~. 信頼できる人は一人しかなく, それは自分自身である. **2** [再帰用法]: absent ~ from school 学校を欠席する / betake ~ to …へ行く / bethink ~ よく考えてみる, つくづく考える / dress ~ 衣服を着る / hide ~ 姿を隠す, 隠れる / kill ~ 自殺する; 《口語》無理をしすぎる / pride ~ on …を鼻にかける, 自慢する / read ~ to sleep 読みながら寝入る / One should respect ~. 人は自尊心がなければいけない / One must buy ~ what is necessary to one's life. 自分が生きてゆくのに必要な物は買わなければならない. **3** (身体的・精神的に)いつもの[正常な]自分: be ~ からだ[頭]が正常である, 真面目[しらふ]である, 自然にふるまう / not feel like ~ 《口語》体の調子がよくない / seem ~ 《口語》いつもどおり(の様子)である.

beside oneself われを忘れて, 気が狂って: be *beside* ~ *with* anger. ***by oneself*** (1) ひとりで, ひとりぼっちで: He lives (all) *by himself*. (全く)一人で暮らしている / We were sitting all alone *by ourselves*. 私たちはただ二人きりで座っていた. (2) 独力で, 自分で (cf. *for* ONESELF): The boy finished the job *by himself*. 少年はその仕事を自分で片付けた. ***còme to oneself*** 意識を回復する, 正気に戻る; 分別を取り戻す. ***for oneself*** (1) 自分のために, 自分で使うために: He built a new house *for himself*. 自分が住むために新しい家を建てた / ⇨ LIVE¹ *for oneself*; SPEAK *for oneself*. (2) 自ら(進んで), 自分で (cf. *by* ONESELF): You must see it *for yourself*. 自分で(直接)確かめてみなさい. ***in oneself*** 本心では (at heart), もともと, 基本的には (basically). ***of oneself*** 《まれ》 ひとりでに, 自然と (⇨ *of* ITSELF); 自発的に. ***to oneself*** (1) 自分だけに[で]: have a large room *to* ~ 自分だけの大きな部屋を持っている, 大きな部屋を独り占めしている. (2) 自分自身に, 心の中に: He kept the secret *to himself*. その秘密を口外しなかった.

〘(1548)《変形》← *one's self* (cf. myself): ITSELF, HIMSELF などとの類推による変形〙

óne-shòt *n.* **1** 単発もの《1回しか発行しない刊行物》. **2** (映画・ラジオ・テレビなどの) 1 回だけの番組. **3** ＝one-shotter 1. **—** *adj.* 《口語》 **1** 1回しか起こらない[現れない], 1回限りの; 1回だけで有効な: a ~ cure 1回で効く療法 / a ~ sale 1回限りの販売. **2** 〈ラジオ・テレビ番組など〉(連続ものでなく) 1回だけの, 単発の; 〈雑誌など〉単発(もの)の. 〘1907〙

óne-shot cámera *n.* 〘写真〙 ワンショットカメラ《1回の露光で色分解した3枚の陰画が得られる以前用いられたカラーカメラ》.

óne-shòtter *n.* **1** 1回限りの出演者: 1回だけのもの. **2** ＝one-shot 1, 2. 〘1967〙

one-sid·ed /wʌ́nsáɪdɪ̀d | -dɪ̀d⁻/ *adj.* **1 a** (両側でなく)片側だけの: a ~ street 片側だけ家のある通り. **b** 片側だけが発達した[大きな]; 片側だけにある[起こる]. **2** 偏頗(ぺんぱ)な (partial), 論拠が不十分な, 公正でない, 不公平な (unjust): a ~ argument 論拠不十分な議論 / a ~ judgment 公正でない判断 / a ~ view 偏見 / a ~ deal (一方的な)不公平な取引. **3** 〘法律〙 片務的な (unilateral): a ~ contract 片務契約. **4** 〘植物〙〈花・葉など〉幹茎の一方の側に片寄る: ~ flowers 茎の一方の側だけにつく花. **5** 〘数学〙 単側の (Möbius strip などが例). **~·ly** *adv.* **~·ness** *n.* 〘1813〙

óne-sided tést *n.* 〘統計〙 ＝one-tailed test.

óne-síze-fits-áll *adj.* 〈服など〉フリーサイズの; 何にでも当てはまる.

óne-stàr *adj.* **1** 〈ホテル・レストランなど〉一つ星の. **2** 〘米陸軍〙 准将 (brigadier general) の《階級章の一つ星から》. 〘1908〙

óne-stèp¹ *n.* ワンステップ: **1** 〘ダンス〙 20世紀初期に流行した turkey trot の変化した ²/₄ 拍子の軽快な社交ダンス. **2** その音楽. **—** *vi.* ワンステップを踊る. 〘1911〙

óne-stép² *adj.* 1 段階で終わる; 簡単な.

óne-stòp *adj.* 〈店が〉一か所で何でもそろう. 〘1934〙

óne-súiter *n.* (スーツ一着と付属用品が入る大きさの)男性用旅行カバン. 〘1961〙

óne-tàiled tést *n.* 〘統計〙 片側検定《棄却域を, 仮設した値の片側に設定する仮設検定; one-sided test, one-tail test ともいう; cf. two-tailed test》. 〘1950〙

óne-tàil tést *n.* 〘統計〙 ＝one-tailed test.

Óne Thóusand Guíneas *n.* [the ~; 単数扱い] 〘競馬〙 千ギニー賞《英国五大競馬の一つ; 毎年春に, イングランドの Newmarket で 3 歳の牝馬(ひんば)によって行われる; 距離 1 マイル; 1814 年創設; 通例 1,000 Guineas と書く; Thousand Guineas ともいう; cf. classic races 1》.

one·time /wʌ́ntàɪm/ *adj.* [限定的] かつての (quondam), 以前の, もとの (former): his ~ sweetheart かつての恋人. **—** *adv.* **1** かつて, 以前に (formerly). **2** 《カリブ口語》 ただちに (at once). 〘1840〙

óne-tìme pád *n.* 1 回限り暗号通信法《通信者間で取り決めた数字による高度の秘密通信法で, 任意抽出数字帳の特定のページから通信文を作製し, 一度使用したページは二度と使わない》. 〘(1953) *pad*: ← *a pad of keys* (暗号検索帳)〙

one-to-one /wʌ́ntəwʌ́n⁻/ *adj.* **1** 一対一の: a ~ correspondence 一対一の対応《例えば発音表記上の一つの音に対する一つの記号の対応など》. **2** 〘論理〙 ＝one-one 2. 〘1873〙

óne-tóuch *adj.* **1** ワンタッチ[一発ボタン]式の〈器具・機能・操作〉. **2** 〘サッカー〙 ワンタッチの《プレーヤーがボールを保持せずに, 一回の足のタッチだけでパスなどをする動きの速いプレーについている》.

óne-tràck *adj.* **1** 一つの考えに凝り固まった, 偏狭な; 偏執的な; セックスにとらわれた: He's got a ~ mind. いつもセックスのことばかり考えている. **2** 〈鉄道が〉単線の: a ~ railroad. **3** 多様性の欠けた, 幅の狭い. 〘1928〙

one-twó *n.* **1** 〘ボクシング〙 ワンツー(攻撃)《例えば左のジャブに続いてすぐに右ストレートを出す攻撃法; one-two punch ともいう》. **2** 〘フェンシング〙 ユヌドゥー《複合攻撃の最も簡単なもの》. **3** 〘サッカー〙 ワンツー(パス)《いったん味方の選手にボールを出してまたすぐ受け取るパス; wall pass ともいう》. **—** *adj.* ワンツーの[を用いる]. 〘1809〙

óne-úp 《口語》 *vt.* (**-upped; -up·ping**) 〈人〉の一枚上をいく, 出し抜く: ~ one's rival. **—** *adj.* **1** 一点多く得点をあげて. **2** 一枚上手(うわて)の, 一段優位の[に立った], リードした: be [get] ~ *on* a rival ライバルより一段上である. 〘1919〙

òne-úp·man·shìp /-mən-/ *n.* 《口語》 人を出し抜く行為[術]. 〘1952〙

óne-úpping *n.* ＝one-upmanship.

one-way /wʌ́nwéɪ⁻/ *adj.* **1** 一方向にだけ動く (cf. two-way 2); 一方通行の: a ~ street 一方通行路 / ~ traffic 一方通行 / a ~ ticket 《米》 片道切符 (《英》 single ticket). **2** 〈感情・会話など〉相互的でない, 一方的な: a ~ conversation 一方的な会話 / a ~ love (affair) 片恋, 片思い. **3** 〘通信〙 一方向のみの, 単信式の: a ~ radio 受信[送信]専門の無線機. 〘(1620) 1824〙

óne wáy *adv.* 片道で.

óne-wày clútch *n.* 〘機械・自動車〙 ワンウェイクラッチ, 一方向クラッチ《一方向の回転力のみを伝える継手; cf. freewheel》.

óne-wòman *adj.* **1** 女性が一人で行う[操作する, 使用する, 運営する]. **2** 一人の女性だけを愛する. 〘1894〙

one-wórld *adj.* 国際協調主義の, 世界は一つだとする. **~·er** *n.* **~·ism** *n.* 〘1926〙

ONF 《略》 Old Norman French; Old Northern French.

ón·fàll *n.* 攻撃, 襲撃: make an ~ 攻撃する. 〘OE *onfealle*: ⇨ on-, fall〙

ón·flòw *n.* (勢いのいい)流れ, 奔流. 〘1880〙

ón·fíeld *adj.* スポーツフィールドにある[で行われる], 競技場内(での).

o.n.f.m. 《略》〘フリーメーソン〙 on or nearest full moon.

ón·gláze *adj.* ＝overglaze. 〘1897〙

ón·glìde *n.* 〘音声〙 入りわたり (↔ off-glide). 〘1888〙

ón·gòing *adj.* **1** 継続[進行]している; 存続中の, 存続している. **2** 前進[発展, 発達]中の. **—** *n.* **1** 進行, 発展. **2** [*pl.*] (特に, 奇異なまたはいかがわしい)行為, ふるまい. 〘(1825): cf. go on (⇨ go¹ (成句))〙

ón·hànger *n.* ＝hanger-on. 〘1848〙

ONI 《略》 Office of Naval Intelligence 海軍情報部.

on·ie /ɑ́(ː)ni | ɔ́ni/ *adj.* 《スコット》 ＝ony.

o·ni·o·ma·ni·a /òʊnioʊméɪniə, -njə | əʊniə(ʊ)-/ *n.* 異常購買欲, 買物狂. **o·ni·o·ma·ni·ac** /òʊnioʊméɪniæ̀k | əʊniə(ʊ)méɪ-/ *n.* 〘← NL ～ ← Gk *ōnios* for sale (← *ōnos* price)＋-MANIA〙

on·ion /ʌ́njən/ *n.* 〘植物〙 **1** タマネギ (*Allium cepa*); (特に)タマネギの鱗茎 (bulb). ★ 食料の意では不可算: Too *much* ~ spoils the salad. タマネギを入れすぎるとサラダがまずくなる. **2** ネギ属 (*Allium*) の植物の総称《特に Welsh onion》. ***knów one's ónions*** 《俗》 自分の仕事[専門(などのこと]を万事心得ている, お手のものである (cf. *know one's* STUFF). ***òff one's ónion(s)*** 《俗》 間抜けの (foolish), 気が狂って (crazy).
— *adj.* [限定的] **1** タマネギの入った[で料理した]: ~ omelet, sauce. **2** タマネギの, タマネギに似た.
— *vt.* …にタマネギで味を付ける.
〘(1356–57) □ (O)F *oignon* ＜ L *uniō(n-)* rustic Roman name for onion, 《原義》 oneness: cf. union〙

ónion bàg *n.* 《サッカー俗》 ゴールネット.

ónion dòme *n.* 〘建築〙 (ロシア正教の教会に見られる)タマネギ形丸屋根. **ónion-dómed** *adj.* 〘1960〙

ónion flỳ *n.* 〘昆虫〙 タマネギバエ (*Delia antiqua*)《幼虫はタマネギの害虫》. 〘1840〙

ónion hòe *n.* 〘園芸〙 オニオンホー《ネックの曲がった小型の鍬型除草具》.

On·ions /ʌ́njənz/, **C**(harles) **T**(al·but) /tɔ́ːlbət, tɑ́ːl- | tɔ́ːl-/ *n.* アニアンズ《1873–1965; 英国の英語学者・辞書編集者; *OED, SOD* 編集者の一人; *An Advanced English Syntax* (1904), *The Oxford Dictionary of English Etymology* (1966)》.

ónion sèt *n.* (種子の代わりに植えられる)タマネギの小さな鱗茎.

ónion·skin *n.* **1** タマネギの皮. **2** 〘製紙〙 オニオンスキン(紙)《薄い半透明の軽量紙; 複写用紙・航空便箋などに使われる》. 〘1879〙

ónion wèed *n.* 〘植物〙 **1** ハタケニラ属の一種 (*Nothoscordum inodorum*)《北米産でユーラシア・オーストラリア・ニュージーランドにも帰化したユリ科の白い小花をつける植物; 芝生の雑草》. **2** ハナツルボラン (*Asphodelus fistulosis*)《カナリア諸島・北アフリカ原産ユリ科ツルボラン属のタマネギのような葉の多年草: 白または淡いピンク色の花をつける; オーストラリア南部ではやっかいな雑草》.

on·ion·y /ʌ́njəni/ *adj.* タマネギの味のする[で味を付けた]: ~ soup. 〘1838〙

O·ni·ros /oʊnáɪrɑ(ː)s | əʊnáɪ(ə)rɔs/ *n.* ＝Oneiros.

O·nit·sha /oʊníʧə | əʊ-/ *n.* オニチャ《ナイジェリア南部 Niger 川に臨む港湾都市》.

O

o·ni·um /óʊniəm | óʊniəm/ *adj.* 〘化学〙オニウムの《単原子陰イオンに過剰の陽子がついてできた多原子陽イオンについていう》. 〖(1905) ↓〗

-o·ni·um /óʊniəm | əʊ-/ *suf.* 〘化学〙「単原子陰イオンに過剰の陽子が付いてできた多原子陽イオン」の意を表す名詞を造る: ammonium, oxonium, sulfonium. 〖← (AMM)ONIUM〗

ónium cómpound *n.* 〘化学〙オニウム化合物《孤立電子対をもつ元素が共有結合原子価 1 を増加して陽イオンとなって生成する化合物》.

ónium sált *n.* 〘化学〙オニウム塩 (onium compound).

ón-kéy *adj.* 音程[調子]の合った (cf. off-key).

on·kus /ɑ́(ː)ŋkəs | ɔ́ŋ-/ *adj.* 《豪俗》だめな, つまらない, いかさない, だめになった. 〖(1918) ← ?〗

ón·làp *n.* 〘地質〙オンラップ《海岸線の(陸の方への)前進; 前進しながら地層が堆積する現象; cf. offlap, overlap 3》. 〖(1947) ← ON＋LAP[1]〗

ón·lày *n.* (浮彫りの)上張り (overlay). — /-ˊ-/ *vt.* (**onlaid**) 〈装飾用の上張りを〉張る, 着せる. 〖*a*1325〗

òn·lénd *vt., vi.* (借入金を)また貸しする.

ón-lícense *n.* 《英》 **1** (店内での飲酒を許す)店内酒類販売免許 (↔ off-license). **2** (上述の免許を受けた)酒類販売店. — *adj.* [限定的] 店内酒類販売免許を有する. 〖1891〗

on·li·est /óʊnliɪst | óʊn-/ *adj.* 唯一の (only), 最高の, 最上の《only の最上級; 非標準的な語》.

ón límits *adj.* 《米》立入り自由[許可]の, オンリミットの (↔ off limits): an ～ area 立入り自由区域.

ón·líne (*also* **ón-líne**) *adj.* **1** 〘電算〙オンライン(式)の (cf. offline): **a** データ処理で主コンピューターと(現に)直結されている. **b** ネットワーク[インターネット]につながっている[を通じて利用できる]: an ～ database オンラインデータベース / an ～ printer オンラインプリンター / put a printer ～ プリンターをオンライン化する / ～ help オンラインヘルプ《画面上で読める操作説明》/ look up a word in an ～ dictionary オンライン辞書で語を調べる / an ～ reservation system オンライン予約システム / an ～ romance インターネット恋愛 / ～ shopping [banking] インターネットショッピング[バンキング] / I am [My computer is] still ～. コンピューターはまだ接続したままである. **2** 〘通信〙オンライン暗号通信の《暗号化と解読とを直結の機械で行う暗号通信にいう》. **3** 鉄道の至便地域にある, 鉄道が自由に使える: an ～ industry. **4** 稼動[進行]中の.
gò* [*còme*] *onlíne オンライン化される; 〈人が〉インターネットを使い始める: She *went* ～ to get some information about the election. 選挙の情報を得るためにインターネットに接続した.
— *adv.* 〘電算〙オンラインで (cf. offline): buy [order] ～ / Newspapers are available ～. 新聞はインターネットで読める. 〖1950〗

ón·lòoker *n.* 見物人; (特に)傍観者. 〖1606〗

ón·lòoking *adj.* 傍観的な; 見物中の. 〖1663〗

on·ly /óʊnli | óʊn-/ *adj.* [限定的] **1** 唯一の, たったひとり[ひとつ]の (single): an ～ child ひとりっ子 / They were the ～ people (to be) present. その場に居合わせたのは彼らだけだった / This is the ～ book that has ever been written on the subject. その問題について書いてある本はこれ 1 冊だけだ / I love her—and I'm not the ～ one either! 私は彼女を愛しているが, といっても私だけではない / That's your ～ hope [the ～ solution]. それはあなたの唯一の希望[唯一の解決策]です / The ～ problem [thing] is that we have no money. 唯一の問題は我々に金がないことだ. **2** 無比の (peerless), 最適の, きわめて優れた: our ～ statesman わが国無比の政治家 / He's the ～ man for the job. 彼こそその仕事にうってつけの人物だ / ⇨ only-begotten.
óne and ónly [the [one's] ～] (1) たったひとり[ひとつ]の, 唯一の, 比類のない; 正真正銘の, ほかならない…《有名人を紹介するとき》: *my one and* ～ friend 私の唯一無二の友 / And here she is, folks—*the one and* ～ Miss Marple! さあ皆さん, おいでになりました(ほかならぬ)マープル夫人その人です. (2) [名詞的に] ほかならぬその人; (…にとって)唯一の愛の対象: You're *my one and only*. 君こそわがすべてだ.
— *adv.* **1** [時を表す副詞または副詞句を修飾して] つい…, たった… ★ only が強調する語が強いアクセントを受ける: I mailed the letter *ònly* yésterday. 手紙はきのう出したばかりだ / He has ～ *just* started. つい今しがた出発したばかりだ / We were ～ just in time for the train.＝We were in time for the train—but ～ just. やっとその列車に間に合った / She was ～ married on Saturday. 彼女は土曜日に結婚したばかりだ / *Only* once did I meet her. 彼女にはただの一度だけ会った. **2 a** ただ単に; ただ…だけ, …に過ぎない: You can ～ guess. 君はただ推察できるだけだ / He is coming, if you will ～ wait. お待ち下さりさえすれば彼はじきに参ります / If you want anything, you need ～ ask. 何か欲しいなら, 言いさえすればよい / It is ～ just. 正しいというほかない / It is right ～ because it is customary. 世の風習になっているだけの理由で正しいのだ / It's ～ you I love! 私が愛しているのは君だけだ / I can ～ repeat what I have already said. すでに言ってしまったことをただ繰り返すしかない / I'm ～ an amateur. 私はアマチュアに過ぎない / "Members *Only*." 会員専用 / It makes me sick ～ to think about it! そのことを考えるだけで吐き気がする / if and ～ if he comes 彼が来るなら, そしてその場合のみ / If I had ～ known!＝Had I ～ known! (あの時)わかっていさえしたら(あんな事にはならなかったのに) / If ～ he would stop talking! 彼がしゃべるのをやめてくれさえしたらなあ / I do want to see you—it's ～ that I'm so busy! 私は本当に君に会いたいが, ただとても忙しいのだ (cf. *conj.*). ★ この用法の only は書き言葉では通例被限定語句の直前(または直後)に置かれる: He works ～ *here*. ここだけで働いている (cf. He ～ *works* here. ここで働いているだけだ) / I saw her *three times* ～. 彼女に 3 度会っただけだ (cf. I ～ *saw* her. 彼女と会った[を見かけた]だけだ. ただし She has ～ a pound. (1 ポンドしか持っていない)と言うべきところに, 口語では普通 She ～ has a pound. と言う傾向もある). **b** [命令法を伴って] ちょっと, まあ (just): *Only* fancy! まあ考えてもごらん《全くあきれるではないか》/ *Only* think how long it is since I last met you! まあ考えてもごらん, この前君に会ってからずいぶんになるね. **3 a** [述語動詞を修飾して] かえって[結局]…するばかりで: The risk ～ makes it more interesting. 危険があるのでかえっておもしろくなる / That will ～ upset you. それにはただ当惑するばかりだろう / Things can ～ get better. 事態は結局好転し得るだろう. **b** [to 不定詞句を修飾して] 〈…するために…するようなもので, 〈…するという〉(あいにくの)結果をもたらすばかりで: He went to the store, ～ to find it closed. その店へ行ったら閉まっていた. **4** 《アイル》非常に, とても: She was ～ marvellous. 彼女はただただすばらしかった.
have ònly to dó ⇨ have[1] 成句. ***nòt ónly … but* (*àlso*) …＝*nòt ónly … but … tóo* [*as wéll*]** …ばかりでなく…もまた: She *not* ～ reads *but also* writes poetry. 詩を読むばかりでなくまた作りもする / *Not* ～ you *but also* I am to go. 君だけでなく私も行く / He is famous *not* ～ in Japan *but* throughout the world. 日本ばかりか全世界に有名です. ★ 節・文を結ぶとき but also が落ちることもある: *Not* ～ was it dark, (*but*) it was foggy. 暗いだけではない, 霧もかかっていた. (1340) ***ónly for*** 《方言》…がなければ (but for) (cf. *conj.*). ***ònly júst*** (1) かろうじて, やっと (⇨ *adv.* 1): He can ～ *just* reach the top shelf. 彼はやっと一番上の棚にとどく. (2) ほんの少しのところで: I ～ just missed the train. ほんのちょっとのところで列車に乗り遅れた. ***ònly tóo*** ⇨ too 成句.
— *conj.* 《口語》(…が)ただ, しかしながら; [従位接続詞的に] …ということさえなければ (except that, but): You may use it, ～ return it. 使ってもよいが返しなさいよ / The flowers are lovely; ～, they have no scent. この花は, きれいには違いないが, ただ(惜しいことに)香りがない / I would do it with pleasure, ～ I am too busy. 喜んでしたいのですが, ただとても忙しいものですから.
〖ME *oonli(ch)* < OE *ānlic* ← *ān* 'ONE'＋-*lic* '-LY[2]'〗

ónly-begótten *adj.* ひとり子の: the ～ of the Father 父のひとり子《イエスキリスト; cf. *John* 1:14》. 〖(1450–1530)《なぞり》← L *ūnigenitus* & Gk *monogenḗs*〗

ón-méssage *adj.* [叙述的] 〈政治家が〉党の政策[路線]にそったことだけを発言して (↔ off-message).

ón-míke *adj.* マイクに近い.

on·mun /ɔ́(ː)nmən, ɑ́(ː)n- | ɔ́n-; *Korean* əːnmun/ *n.* 諺文(おんもん) (⇨ Hangul). 〖□ Korean ～〗

Onnes, Heike Kamerlingh *n.* ⇨ Kamerlingh Onnes.

o.n.n.m. 《略》〘フリーメーソン〙on or nearest new moon.

o.n.o. /óʊènóʊ | əʊènəʊ/ 《略》《英・豪》or near(est) offer: £50 *o.n.o.* 50 ポンドもしくはそれに近い価格で.

O·no /óʊnoʊ | əʊnəʊ/, **Yo·ko** /jóʊkoʊ | jəʊkəʊ/ *n.* オノヨーコ (小野洋子) (1933– ; 米国在住の日本人前衛芸術家; John Lennon の夫人).

ón-óff *adj.* 〈スイッチなど〉オンオフ(だけ)の, オンオフ動作の: ～ control (連続制御でなく)オンオフ制御.

on·oma·si·ol·o·gy /ɑ̀(ː)noʊmèɪsiɑ́(ː)lədʒi | ɔ̀nə(ʊ)mèɪsiɔ́l-/ *n.* **1** ＝onomastics. **2** 〘言語〙名義論《指示物の命名に関する諸問題を扱う意味論の一分野》. 〖(1931) ← Gk *onomasía* name＋-OLOGY〗

on·o·mast /ɑ́(ː)nəmæ̀st | ɔ́n-/ *n.* 固有名詞[人名]研究家. 〖(逆成) ↓〗

on·o·mas·tic /ɑ̀(ː)noʊmǽstɪk | ɔ̀nə(ʊ)-ˊ/ *adj.* **1 a** 名の[に関する]. **b** 固有名詞(学)の[に関する]. **2** 〘法律〙〈署名が本人の, 自署の《文書本文の筆跡が署名のそれと違う場合にいう》. 〖(1716) □ Gk *onomastikós* ← *onomastós* named ← *onomázein* to name ← *ónoma* 'NAME': ⇨ -ic[1]〗

on·o·mas·tics /ɑ̀(ː)noʊmǽstɪks | ɔ̀nə(ʊ)-/ *n.* 固有名詞学《固有名詞の語源・語形などの研究》; 専門[職域]語の形・起源に関する研究. 〖(1609): ⇨ ↑, -ics: cf. F *onomastique*〗

onomat. 《略》onomatopoeia; onomatopoeic.

on·o·ma·tol·o·gy /ɑ̀(ː)nəmətɑ́(ː)lədʒi | ɔ̀nə(ʊ)mətɔ́l-/ *n.* ＝onomastics. **on·o·mat·o·log·ic** /ɑ̀(ː)nəmæ̀təlɑ́(ː)dʒɪk | ɔ̀n-ə(ʊ)-mæ̀təlɔ́dʒ-ˊ/ *adj.* **òn·o·màt·o·lóg·i·cal** *adj.* **òn·o·ma·tól·o·gist** /-dʒɪst | -dʒɪst/ *n.* 〖(1847) □ F *onomatologie* ← *onomato-* (□ Gk *onomat-*, *ónoma* 'NAME'＋-o-)＋-*logie* '-LOGY'〗

on·o·ma·tope /ɑ́(ː)nəmətòʊp, oʊnɑ́(ː)m- | ɔ́nə(ʊ)mətəʊp, ə(ʊ)nɔ́m-/ *n.* 〘言語〙擬音語. 〖(1828) ↓〗

on·o·mat·o·poe·ia /ɑ̀(ː)nəmæ̀təpíːə | ɔ̀nə(ʊ)mæ̀tə(ʊ)píːə/ *n.* **1** 〘言語〙擬音[声]. **2** 〘言語〙擬音[声]語 (onomatope)《例: bowwow, chit-chat, cuckoo, ding-dong, helter-skelter》. **3** 〘修辞〙声喩(せいゆ)法《文意を言語の音的効果で強調する修辞法; 例: The murmurous haunt of flies on summer eves. —Keats》. 〖(1577) □ LL ～ □ Gk *onomatopoiía* the making of words ← *onomat-*, *ónoma* 'NAME'＋*poiein* to make (⇨ poem)〗

on·o·mat·o·poe·ic /ɑ̀(ː)nəmæ̀təpíːɪk | ɔ̀nə(ʊ)mæ̀tə(ʊ)-ˊ/ *adj.* 擬音(語)の, 擬声(語)の; 声喩(法)の: ～ words. **òn·o·màt·o·pǿe·i·cal·ly** *adv.* 〖(1860) □ F *onomatopoéique*: ⇨ ↑, -ic[1]〗

on·o·mat·o·po·et·ic /ɑ̀(ː)nəmæ̀təpoʊétɪk | ɔ̀nə(ʊ)mæ̀tə(ʊ)pəʊét-ˊ/ *adj.* ＝onomatopoeic. **òn·o·màt·o·po·ét·i·cal** *adj.* **òn·o·màt·o·po·ét·i·cal·ly** *adv.* 〖1848〗

On·on·da·ga /ɑ̀(ː)nəndɔ́ːgə, -dɑ́ː-, -déɪ- | ɔ̀nəndɑ́ː-/ *n.* **1** (*pl.* **～s**, **～**) **a** [the ～(s)] オノンドーガ族 (Iroquois 五族 (Five Nations) に属する北米インディアンの一種族; もと New York 州中央部にある Lake Onondaga の近くに住んでいた; cf. Oneida). **b** オノンドーガ族の人. **2** オノンドーガ族の言語. **3** [Lake ～] オノンドーガ湖《米国 New York 州中部の塩湖》. **Òn·on·dá·gan** /-gən-ˊ/ *adj.* 〖(1684) □ N-Am.-Ind. (Iroquois) *Onontaʼgeʼ* (原義) on top of the hill (Onondaga 族の村の名)〗

O Norm Fr 《略》Old Norman French.

òn-páck *adj.* 〈景品などが〉商品のパッケージに貼付された.

ONR 《略》Office of Naval Research; Official Naval Reporter.

ón-ràmp *n.* (一般道路から)高速自動車道に入る車線, 流入ランプ. 〖1958〗

ón-róad *adj.* (車の運転・走行性について)路上(で)の.

ón·rùsh *n.* **1** 突進, 急進. **2** 攻撃, 襲来. 〖1844〗

ón·rùshing *adj.* 突進する, 向こう見ずに走る. 〖1846〗

On·sa·ger /ɑ́(ː)nsɑːgə, ɔ́(ː)n- | ɔ́nsɑːgə[r]; *Norw.* ónsaːgər/, **Lars** /lɑ́əs | lɑ́ːʃ; *Norw.* laːʃ/ *n.* オンサガー (1903–76; ノルウェー生まれの米国の化学・物理学者; Nobel 化学賞 (1968)).

on-screen /ɑ́(ː)nskríːn, ɔ́(ː)n- | ɔ́n-ˊ/ *adj., adv.* **1** 〘電算〙〈コンピューター処理など〉スクリーン上の[で]. **2** 映画で(の), テレビで(の); 映画の役で(の), テレビの役で(の). 〖1955〗

on·set /ɑ́(ː)nsèt, ɔ́(ː)n- | ɔ́n-/ *n.* **1** 突撃, 攻撃. **2 a** 着手, 手始め: at the first ～ 手始めに. **b** (病気などの)発作, 発病, 発症. **3** 〘印刷〙＝electronography 1. 〖(1535) ← ON-＋-SET (n.)〗

ón-sét *adj.* 劇のリハーサル[映画の制作]中に起こる, 稽古舞台[映画制作現場]に関係する, (スタジオなどの)セット上での.

ón·shòre *adj.* **1** 陸に向かう: an ～ wind. **2 a** 岸辺近くにある, 岸[海岸]に沿った. **b** 国内の (domestic). **c** 陸上の. — /ˊ-ˊ/ *adv.* **1** 陸に向かって. **2 a** 岸辺近くで, 岸[海岸]に沿って. **b** 国内で. **c** 陸上で. 〖1875〗

ón·síde *n.* 〘アメフト〙オンサイド《ランプレー (running play) でボールをもった選手が進行する側のフォーメーションのサイド》. — *adj.* **1** 正規の位置の, オンサイドの. **2** 〘アメフト・ラグビー・サッカー〙〈キックオフなど〉わざと短くした: ⇨ onside kick. — *adv.* 〘アメフト・ラグビー・サッカー〙(反則にならない)正規の位置に, オンサイドに《ボールの線より自陣側にある場合にいう; cf. offside》. 〖1871〗

ón síde *n.* 〘クリケット〙オンサイド《二つの三柱門の中心を結ぶ線を基準としてボールを受けている打者の立っている側; ↔ off side》.

ónside kíck *n.* 〘アメフト〙オンサイドキック《キックする側のチームが違反にならない範囲でできるだけ前方(少なくとも 10 ヤード)にボールを蹴ること; ゲーム終了まぎわに得点の少ない方のチームが必死の反撃のとき, まれに使う戦法》. 〖1926〗

ón-síte *adj., adv.* 現場[現地]で(の). 〖1959〗

on·slaught /ɑ́(ː)nslɔ̀ːt, ɔ́(ː)n-, -slɑ̀ːt | ɔ́nslɔ̀ːt/ *n.* 猛攻撃, 猛襲: make an ～ on …を急襲する. 〖(*a*1625) *anslaight*, *onslat* □ ? Du. *aanslag* attempt ← *aan* on＋*slag* blow: cf. ME *slaught* slaughter / G *Anschlag* plot, design〗

on·stage /ɑ́(ː)nstéɪdʒ, ɔ́(ː)n- | ɔ́n-ˊ/ *adj.* [限定的] 舞台上の[にある] (cf. offstage); 観衆に見える; 舞台で用いる: ～ diction 舞台語法. — *adv.* 舞台上で, 舞台の方へ. 〖1925〗

ón-stréam *adj.* (パイプ・フィルターなどで)一定の方向に流れる. — *adv.* 活動して: The new oil pipe will come ～. 新しい石油パイプラインによる送油が開始されるだろう. 〖1930〗

ón-stréet *adj., adv.* 路上の[に]《車の駐車の仕方についていう》.

Ont. 《略》Ontario.

ont- /ɑ(ː)nt | ɔnt/ (母音の前にくるときの) onto- の異形.

-ont /ɑ(ː)nt | ɔnt/「細胞 (cell); 有機体 (organism)」の意の連結形: gamont. 〖← Gk *ont-*, *ṓn*: ⇨ onto-〗

on·tal /ɑ́(ː)ntl | ɔ́ntl/ *adj.* 〘哲学〙＝ontic. 〖1902〗

òn-tárget *adj.* 正確な, 的を射た, (予測などに)ぴったり合った, 〈目標に向かって〉予定通りに進んで 〈for〉. 〖1967〗

On·tar·i·an /ɑ(ː)ntɛ́əriən | ɔntɛ́ər-/ *adj.* オンタリオ (Ontario) 州[湖]の. — *n.* オンタリオ州の人. 〖1888〗

On·tar·i·o /ɑ(ː)ntɛ́əriòʊ | ɔntɛ́əriəʊ/ *n.* オンタリオ《カナダ中東部の州; 面積 1,068,587 km², 州都 Toronto》.

Ontario, Lake *n.* オンタリオ湖《カナダ Ontario 州と米国 New York 州との間にある五大湖中最小の湖; 面積 19,550 km²》. 〖□ F ～ □ N-Am.-Ind. (Iroquoian) *Oniatariio* (原義) fine or great lake〗

ón-the-cúff *adj.* 《米口語》掛買いの, 月賦払いの (cf. off-the-cuff). 〖(1927) ← *on the cuff* (⇨ cuff[1] 成句)〗

ón-the-jób *adj.* [限定的] 職に就きながら得られる[なされる, 学ばれる]; 職務中の: an ～ accident 職務中の事故 / ～ training 〘経営〙職場内訓練 (略 OJT, ojt) (cf. off-the-job training). 〖1946〗

ón-the-rècord *adj.* [限定的] 記録に留める[た], 公式の (cf. off-the-record): an ～ comment 記録に留めた[公式の]見解. 〖1955〗

ón-the-scène *adj.* [限定的] ＝on-the-spot.

on-the-spot /ɑ́(ː)nðəspɑ́(ː)t, ɔ́(ː)n- | ɔ́nðəspɔ́t-ˊ/ *adj.* [限定的] 即座の, 現場の: an ～ investigation 実地調査. 〖1886〗

on·tic /ɑ́(ː)nṭɪk | ɔ́nt-/ *adj.* 〖哲学〗実在の, 存在[本体](論)的な. **ón·ti·cal·ly** *adv.* 〖(1949) ← ONTO-+-IC¹〗

on·to /(子音の前) ɑ̀(ː)nṭə, ɔ̀(ː)n-| ɔ̀ntə; (母音の前) -ṭu | -tʊ/ *prep.* **1** …の上に (on to, upon): get ~ a horse 馬に乗る / jump ~ the roof 屋根の上へ跳び降りる. ★ 次のような例では on は副詞で to と離して書くべきものである: They drove *on to* the town. 町へと車を走らせた. **2** 《口語》…をよく知って[心得て, 承知して] (cf. on *adj.* 4): He's ~ me. 彼は私の腹を知っている. **3** 〖数学〗…の上へ(…の全体をおおうように). — *adj.* 〖数学〗上への (surjective) 《写像の値域が終域と一致することをいう》: ⇨ onto mapping. 〖(prep.: 1581; adj.: 1942) ← ON (adv.)+TO (prep.)〗

on·to- /ɑ́(ː)nṭoʊ | ɔ́ntəʊ/「実在; 有機体」の意の連結形. ★ 母音の前では通例 ont- になる. 〖← NL ~ ← LGk ~ ← Gk *ont-*, *ṓn* ((pres. p.) ← *eînai* to be)+-O-〗

ònto·génesis *n.* =ontogeny. 〖(1875) ← NL ~: ⇨ ↑, -genesis〗

ònto·genétic *adj.* 〖生物〗個体発生の[に関する]. **ònto·genétically** *adv.* 〖1878〗

ònto·génic *adj.* 〖生物〗=ontogenetic.

on·tog·e·ny /ɑ(ː)ntɑ́(ː)dʒəni | ɔntɔ́dʒ-/ *n.* 〖生物〗個体発生 (cf. phylogeny). 〖1872〗

on·to·log·ic /ɑ̀(ː)nṭəlɑ́(ː)dʒɪk, -ṭl- | ɔ̀ntə(ʊ)lɔ́dʒ-ˈ/ *adj.* =ontological. 〖1761〗

on·to·log·i·cal /ɑ̀(ː)nṭəlɑ́(ː)dʒɪ̀kəl, -kḷ | ɔ̀ntəlɔ́dʒɪ-ˈ/ *adj.* **1** 〖哲学〗存在論的な; 存在学的な (cf. empiriological). **2** 〖神学〗存在論的な, 本体論的な. **~·ly** *adv.* 〖1782〗

óntological árgument *n.* 〖哲学·神学〗本体[存在]論的証明《神の観念から神の存在を証明しようとする論法; スコラ哲学者 Anselm (1033–1109) に始まる》. 〖1877〗

on·tól·o·gìsm /-dʒɪ̀zṃ/ *n.* 〖神学〗本体論主義《人間が直観的にもつ存在そのものの認識がすなわち人間精神のなかの神の現存だとする説》. 〖1865〗

on·tól·o·gist /-dʒɪ̀st | -dʒɪst/ *n.* **1** 本体論学者. **2** 本体論主義者. 〖1727〗

on·tol·o·gize /ɑ(ː)ntɑ́(ː)lədʒàɪz | ɔntɔ́l-/ *vt.* 存在論的にいう, 存在論的にみる. 〖(1849): ⇨ ↓, -ize〗

on·tol·o·gy /ɑ(ː)ntɑ́(ː)lədʒi | ɔntɔ́l-/ *n.* **1** 〖哲学〗存在論, 存在学《自然学·実践学などの個別領域の研究, また特に現象的世界を主たる対象とする認識論よりも, 存在一般, とりわけ超越的存在を哲学の主題とする立場; cf. First Philosophy, phenomenology》. **2** 〖神学〗存在論, 本体論. 〖(1721) ← NL *ontologia*: ⇨ onto-, -logy〗

ón·to mápping /ɑ́(ː)ntuː-, ɔ́(ː)n- | ɔ́n-/ *n.* 〖数学〗上への写像 (⇨ surjection). 〖1951〗

o·nus /óʊnəs | əʊ-/ *n.* **1 a** 重荷 (burden). **b** 負担 (charge); 責任 (responsibility), 責務 (obligation): lay the ~ on [upon] …に責任を負わせる. **c** 汚名. **2** 〖法律〗=onus probandi. 〖(*c*1640) □ L ~ 'burden': cf. onerous〗

o·nus pro·ban·di /óʊnʊsproʊbǽndaɪ, -di | əʊnʊsprəʊ-/ *L. n.* 〖法律〗立証義務, 挙証責任 (burden of proof). 〖(1722) □ L *onus probandi* burden of proof〗

on·ward /ɑ́(ː)nwəd, ɔ́(ː)n- | ɔ́nwəd/ *adv.* **1** 前方へ, 先へ; 進んで (⇨ forward SYN): move ~ 前進する / from this day ~ 本日以降 / Where were you from twelve o'clock ~? 12 時以降はどこにいましたか / *Onward!* 前進 / Ever *Onward!* 限りなき前進《アジア競技大会 (Asian Games) の標語》. **2** 先に, 前方に: lie farther ~ もっと先の方にある. — *adj.* 前方への, 先に進む; 前進[進歩]的な, 向上する: an ~ movement. 〖(*c*1385): ⇨ on (adv.), -ward〗

ón·wards /-wədz | -wədz/ *adv.* =onward.

on·y /ɑ́(ː)ni | ɔni/ 《スコット》=any.

on·ych- /ɑ́(ː)nɪ̀k | ɔ́nɪk/ (母音の前にくるときの) onycho- の異形.

on·ych·i·a /oʊníkiə | ə(ʊ)-/ *n.* 〖病理〗爪炎(そうえん). 〖(1857) ← NL ~: ⇨ ↑, -ia¹〗

on·y·cho- /ɑ́(ː)nɪ̀koʊ | ɔ́nɪkəʊ/「(手·足の)爪 (nail); (鳥獣の)爪 (claw)」の意の連結形. ★ 母音の前では通例 onych- になる. 〖□ L ~ □ Gk *onucho-* ← *onuch-*, *ónux* nail: cf. onyx〗

on·y·cho·pha·gi·a /ɑ̀(ː)nɪ̀koʊféɪdʒiə, -dʒə | ɔ̀nɪkə(ʊ)féɪdʒiə/ *n.* 〖精神医学〗(病的な)爪嚙み(癖) (nail-biting). 〖(1900) ← NL ~: ⇨ onycho-, -phagia〗

On·y·choph·o·ra /ɑ̀(ː)nɪ̀kɑ́(ː)fərə | ɔ̀nɪkɔ́f-/ *n. pl.* 〖動物〗有爪(そう)動物門. **òn·y·chóph·o·ran** /-rənˈ/ *n., adj.* 有爪動物(の). 〖(*c*1890) ← NL ~: ⇨ onycho-, -phora〗

-o·nym /-ˊənɪ̀m/「名前 (name), 言葉 (word)」の意の名詞連結形: pseudonym, synonym. 〖□ L *-onymum* □ Gk *-ōnumon* ← *ónoma* name〗

on·y·mous /ɑ́(ː)nəməs | ɔ́nɪ-/ *adj.* 〈著作物など〉著者名を名記した. **~·ly** *adv.* 〖(1775) (逆成) ← ANONYMOUS〗

-on·y·my /ɑ́(ː)nəmi | ɔ́nɪmi/ 次の意味を表す名詞連結形: **1** 「名前·単語(の集まり)」: hydronymy, synonymy. **2** 「名前·単語の研究」: anthroponymy. 〖← Gk *-ōnumía* ← *ónoma* 'NAME': ⇨ -y¹〗

on·yx /ɑ́(ː)nɪks | ɔ́n-, əʊn-/ *n.* **1** 〖鉱物〗オニックス, 縞瑪瑙(しまめのう). **2** 〖鉱物〗縞大理石 (onyx marble ともいう; ⇨ alabaster 2). **3** 〖解剖〗(手·足の)爪. **4** 〖病理〗前房内蓄膿(ちくのう). — *adj.* 黒い, 漆黒の: the ~ night sky 漆黒の夜空. 〖(*c*1250) *oniche*, *onix* □ OF (F *onyx*) □ L *onycha*, *onyx* □ Gk *ónux* nail, onyx stone: その色が爪の色に似ていることから〗

ónyx márble *n.* 〖鉱物〗=alabaster 2. 〖1535〗

o·o /óʊoʊ | əʊəʊ; *Hawaii.* ˀōˀō:/ *n.* (*pl.* ~**s**) 〖鳥類〗ムネフサミツスイ (*Moho nobilis*)《ハワイ諸島産の大型のミツスイの一種; その黄色の房毛が装飾用に珍重され乱獲されたため絶滅した》. 〖(1890) □ Hawaiian ʻōʻō〗

o.o. 《略》observation officer; Office of Oceanography; operation order; 〖軍事〗orderly officer; Order of Owls; own occupation.

o/o, o.o. 《略》on order; 〖商業〗order of …の指図.

o·o-, oö- /óʊə | əʊəʊ/「卵 (egg); 卵子 (ovum)」の意の連結形. ★ 母音の前では通例 o- になる. 〖← Gk *ōión* 'EGG'〗

OOB /óʊòʊbíː | əʊəʊ-/ *n.* 〖演劇〗=off-off-Broadway.

o·o·cyst /óʊəsɪst | əʊə(ʊ)-/ *n.* 〖動物〗接合子嚢《原生動物の胞子虫類の卵形の接合子》. 〖1875〗

o·o·cyte /óʊəsàɪt | əʊə-/ *n.* 〖生物〗卵母細胞 (cf. gonocyte, spermatocyte). 〖1895〗

OOD /óʊòʊdíː | əʊəʊ-/ 《略》〖軍事〗officer of the day; 〖軍事〗officer of the deck.

oo·dles /úːdḷz | -dlz/ *n. pl.* 《口語》[時に単数扱い] たくさん, どっさり (plenty, lot): ~ of money. 〖(1869) 《変形》← ? (pl.) ← ? HUDDLE〗

ood·lins /úːdlɪ̀nz | -lɪnz/ *n. pl.* 《口語》=oodles.

o·oe·ci·um /ouíːʃiəm, -siəm | əuíːsiəm, -ʃiəm/ *n.* (*pl.* -**ci·a** /-siə, -ʃiə/) 〖動物〗(コケムシ綱の動物 (bryozoan) の) 卵室, 卵房. 〖(1881) ← NL ~: ⇨ oo-, eco-¹, -ium〗

oo-er /úːə | -əˀ/ *int.* わぁー, ああ, おお《驚き·恐れなどの発声》.

oof¹ /úːf/ *int.* うーっ, うっ, おっ《驚き·喜び·苦痛·不快などの発声》. 〖1851〗

oof² /úːf/ *n.* 《俗》=oofish. 〖(1885) 《略》← OOFTISH〗

óof·bìrd *n.* 《俗》**1** 金(かね)を生む想像上の馬. **2** 金持ち, 金づる.

oof·tish /úːftɪʃ/ *n.* 《俗》金銭, 現なま (money). 〖(1882) □ Yid. *uftisch* = G *auf (dem) Tische* on (the) table, money laid down〗

oof·y /úːfi/ *adj.* (**oof·i·er**; **-i·est**) 《俗》金持ちの (rich). 〖(1896) ← OOF+-Y⁴〗

o·o·ga·mete /òʊəgəmíːt, -gǽmiːt | əʊə-/ *n.* 〖生物〗卵.

o·og·a·mous /oʊɑ́(ː)gəməs | əʊɔ́g-/ *adj.* 〖生物〗**1** 異形配偶子をもった. **2** 卵子生殖の, 卵結合の.

o·og·a·my /oʊɑ́(ː)gəmi | əʊɔ́g-/ *n.* 〖生物〗卵(子)生殖《著しく大きさが異なる異型配偶子の接合による生殖》. 〖1894〗

ÓÓ gàuge /óʊóʊ- | əʊə́ʊ-/ *n.* OO ゲージ《鉄道模型の軌間; 約 ⁵⁄₈ インチ; cf. O gauge》.

òo·génesis *n.* 〖生物〗卵形成. **òo·genétic** *adj.* 〖← NL ~: ⇨ oo-, -genesis〗

o·o·go·ni·um /òʊəgóʊniəm | əʊə(ʊ)gə́ʊn-/ *n.* (*pl.* -**ni·a** /-niə/, ~**s**) **1** 〖生物〗卵原細胞. **2** 〖植物〗(生卵性の植物—ある種の菌類·藻類など—の) 雌器, 生卵器. **ò·o·gó·ni·al** /-niəlˈ/ *adj.* 〖(1867) ← NL ~: ⇨ oo-, -gonium〗

ooh /úː/ *int.* おー, あー《驚き·喜び·苦痛などを表す》. — *vi.* (驚き·喜びなどを表して) おー[あー]と叫ぶ. — *n.* おー[あー]の叫び. 〖1916〗

óoh là là *int.* ウーララ, あーらら, あらま, おやおや, おーっ, まー《驚き·賞賛などの発声》. 〖(1924) □ F *ô là! là!*〗

oo·jah /úːdʒɑː/ *n.* 《英俗》何とかいうもの, あれ《名前を知らない, あるいは思い出せないもの》. 〖(1917) ← ?〗

oo·ja(h)·ma·flip /úːdʒəməflɪ̀p/ *n.* 《英俗》=oojah.

òo·kinésis /òʊə- | əʊə(ʊ)-/ *n.* 〖生物〗(成熟から受精までの過程における一連の) 卵細胞内の核変化. **òo·kinétic** *adj.* 〖← NL ~: ⇨ oo-, -kinesis〗

o·o·ki·nete /òʊəkáɪniːt | əʊə(ʊ)-/ *n.* 〖動物〗オーキネート《原生動物の有性生殖に際し, 配偶子の合体により生じた移動能力をもつ接合子; vermicule ともいう》. 〖← oo-+Gk *kinētos* moving〗

Ook·pik /úːkpɪk/ *n.* 《カナダ》〖商標〗ウークピック《フクロウに似たアザラシ革人形》.

o·o·lite /óʊəlàɪt | əʊə(ʊ)-/ *n.* **1** 〖岩石〗ウーライト, 魚卵状石灰岩. **2** [the O-] 〖岩石〗(ヨーロッパジュラ系上層部をなす) 魚卵状石灰岩. 〖(1785) □ F *oölithe* ∥ NL *oolitēs* (なぞり) ← G *Rogenstein* 《原義》roe stone: ⇨ oo-, -lite〗

o·o·lith /óʊəlɪ̀θ | əʊə-/ *n.* 〖岩石〗ウーリス《ウーライト (oolite) を構成する単体粒子》. 〖(1788) ↑〗

o·o·lit·ic /òʊəlɪ́ṭɪk | əʊəlɪ́t-ˈ/ *adj.* 魚卵状(石灰)岩の[のような]. 〖1796〗

o·ol·o·gist /oʊɑ́(ː)lədʒɪ̀st | -dʒɪst/ *n.* 鳥卵学者; 鳥卵収集家.

o·ol·o·gy /oʊɑ́(ː)lədʒi | -ɔ́l-/ *n.* 鳥卵学; 鳥卵収集. **o·o·lo·gic** /òʊəlɑ́(ː)dʒɪk | əʊəlɔ́dʒ-ˈ/ *adj.* **ò·o·lóg·i·cal** *adj.* **ò·o·lóg·i·cal·ly** *adv.* 〖(1863) □ ML *oologia*: ⇨ oo-, -logy〗

oo·long /úːlɔ(ː)ŋ, -lɑ(ː)ŋ | úːlɔŋ, ―ˊ/ *n.* (中国産の) ウーロン茶. 〖(1852) □ Chin. *wu-lung* (烏龍)〗

oom /ʊ́əm/ *n.* 《南ア》おじ (uncle). 〖(1822) □ Afrik. ~ □ Du. ~〗

oo·mi·ak /úːmiæ̀k/ *n.* (*also* **oo·mi·ac** /~/, **oo·mi·ack** /~/) =umiak.

oom·pah /úmpɑː, úːm-/ *n.* (*also* **òom·pah·páh** /-pɑ́ː/) (チューバなどの低音楽器の出す伴奏音の) ぼんぱっぱ. — *adj.* ぼんぱっぱっという音の. 〖(1877) 擬音語〗

Óom Pául /úːm-/ *n.* オームパウル《Stephanus Johannes Paulus KRUGER の通称》.

oomph /ʊ́mf, úːmf/ *n.* 《俗》**1** 性的魅力: an ~ girl 性的魅力のある女の子 / She has lots of ~. 性的魅力いっぱいの女性だ. **2** 胸にぐっとくるような力: It's got no ~. 迫力がない. **3** 精力, 元気 (energy). 〖(1937) 擬音語〗

-oon /úːn/ *suf.* 次の意味を表す名詞語尾: **1** 増大辞として「大きいもの」などの意 (cf. -on⁴): balloon (=large ball), bassoon, cartoon. **2** 「…(をすること)でよく知られた者」などの意: buffoon, dragoon, spittoon. ★ 16–18 世紀のフランス語系借入語に多く, 強勢はこの語尾におかれる. 〖□ F *-on* □ It. *-one* ∥ Sp. *-ón* □ L *-ō(n-)*: cf. -ion〗

Oo·na /úːnə/ *n.* ウーナ《女性名》. 〖↓〗

Oo·nagh /úːnə/ *n.* ウーナ《女性名; 異形 Ona, Oona, Una, Juno》. 〖□ Ir. ~ 《原義》lamb: cf. Una〗

oont /ʊ́nt/ *n.* 《インド》〖動物〗ラクダ (camel). 〖(1862) □ Hindi *ūṁṭ* ← Skt *uṣṭra*〗

o·oph·or- /oʊɑ́(ː)fər | əʊɔ́f-/ (母音の前にくるときの) oophoro- の異形.

o·o·phore /óʊəfɔ̀ə | əʊə(ʊ)fɔ̀ːˀ/ *n.* 〖植物〗=oophyte. 〖1875〗

o·o·pho·rec·to·my /òʊəfəréktəmi | əʊə(ʊ)fə-/ *n.* 〖外科〗=ovariectomy. 〖1872〗

o·o·pho·ri·tis /òʊəfəráɪṭɪ̀s | əʊə(ʊ)fəráɪtɪs/ *n.* 〖病理〗卵巣炎 (ovaritis). **ò·o·pho·rí·tic** /-ṭɪk | -tɪkˈ/ *adj.* 〖(1872) ← NL ~: ⇨ ↓, -itis〗

o·oph·o·ro- /oʊɑ́(ː)fəroʊ, -rə | əʊɔ́fərəʊ/「卵巣 (ovary); 卵巣の (ovarian)」の意の連結形. ★ 母音の前では通例 oophor- になる. 〖← NL *ōophoron* ovary ← Gk *ōión* egg+-*phóros* bearing: cf. oo-, -phore〗

o·o·phyte /óʊəfàɪt | əʊə(ʊ)-/ *n.* 〖植物〗生殖器官の生じる植物体[世代]. **o·o·phyt·ic** /òʊəfɪ́ṭɪk | əʊəfɪ́t-ˈ/ *adj.*

o·o·plasm /óʊəplæ̀zm | əʊə(ʊ)-/ *n.* 〖動物〗卵細胞質, 卵質. **o·o·plas·mic** /òʊəplǽzmɪk | əʊə-ˈ/ *adj.* 〖1899〗

oops /úːps, ʊ́ps, wʊ́ps/ *int.* おっと, しまった, これはどうも《間違いなどをした時の驚きや軽いわびの気持ちを表す; cf. whoops》. 〖(1933) ?〗

óops-a-dàisy /-ə-/ *int.* =upsy-daisy.

oo·ra·li /uːrɑ́ːli/ *n.* =curare. 〖(1880) □ Carib *urali*, *urari*, *kurari*〗

oo·ri·al /ʊ́əriəl | ʊ́əriəl, ɔ́ːr-/ *n* 〖動物〗=urial.

Óort clòud /ɔ́ət- | ɔ́ːt-; *Du.* óːrt/ *n.* 〖天文〗オールト星雲《冥王星より外側の軌道を回っている彗星群》. 〖(1965) ← *J. H. Oort* (1900–92: オランダの天文学者)〗

oose /úːs/ *n.* 《スコット方言》ほこり, けば (fluff). **oos·y** /úːsi/ *adj.* 〖(1822): (pl.) ← *oo* 《変形》← WOOL〗

óo·spèrm *n.* **1** 〖植物〗=oospore. **2** 〖生物〗=zygote. 〖1888〗

óo·sphère /óʊə- | əʊə(ʊ)-/ *n.* 〖植物〗卵球《まだ受精していない》. 〖1875〗

óo·spòre *n.* 〖植物〗卵胞子《蔵卵器の中にある受精卵》. **òo·spórous** *adj.* **òo·spóric** *adj.* 〖1865〗

Oost·en·de /*Du.* oːsténdə/ *n.* オステンデ《Ostend のフラマン語名》.

o·o·the·ca /òʊəθíːkə | əʊə(ʊ)-/ *n.* (*pl.* **-the·cae** /-θíːsiː/) **1** 〖動物〗(昆虫などの) 卵嚢(らんのう). **2** 〖植物〗(シダ類などの) 胞子嚢. **ò·o·thé·cal** /-kəl, -kḷˈ/ *adj.* 〖(1851–56) ← NL ~: ⇨ oo-, theca〗

o·o·tid /óʊəṭɪd | əʊə-/ *n.* 〖動物〗(減数分裂 (reduction division) 後の) 卵細胞, オーチッド. 〖(1908) ← OO-+(SPERMA)TID〗

o·o·type /óʊəṭàɪp | əʊə(ʊ)-/ *n.* 〖動物〗卵形成腔《吸虫類および条虫類の複合卵が形成される小さい袋状部》. 〖1888〗

ooze¹ /úːz/ *vi.* **1** 〈水分が〉〈小穴·隙間などから〉にじみ出る; だらだら[じくじく]流れ出る〔*from*, *out of*〕: The spring ~*s out of* a rock. 泉は岩の間からわき出る / Blood was *oozing from* the wound. **2 a** 〈空気·風·ガス·光などが〉漏れ出る; 〈音などが〉漏れる: No gleam of light ~*d from* the windows. 窓からは微光さえも漏れ出ていなかった / Her voice ~*d from* a slit of the window. 彼女の声が窓のすき間から漏れてきた. **b** 〈秘密などが〉漏れる 〈*out*〉: He noticed the secret information began to ~ *out*. 秘密情報が漏れ出したのに気づいた. **3 a** 〈物が〉〈液体を〉出す, 通す〔*with*〕: My shoes are *oozing with* water. 靴が水でじくじくしてきた / The wound ~*s with* blood. 傷口から血がにじみ出る / The horse was *oozing with* sweat. 馬は汗をかいていた. **b** 〈手紙·言葉などが〉〈感情などで〉あふれんばかりである, にじみ出る〔*with*〕: His letter ~*d with* malice [good will]. 彼の手紙には悪意[善意]がにじみ出ていた. **4** ゆっくりと[気づかぬ程度に]進む: ~ forward にじり寄る. **5** 〈勇気·希望などが〉だんだんなくなる 〈*away*, *out*〉: I felt my courage *oozing away*. 勇気がくじけていくのを感じた.
— *vt.* **1 a** じくじく出す 〈*out*〉: My shoes are *oozing out* water. 靴から水がじくじく出てきた / The wound ~*d* blood. 傷口から血がにじみ出た / He was *oozing* sweat. 彼は汗ばんでいた. **b** [~ *one's way* として] じくじく流れていく: Water ~*d its way* through the crevice. 水が割れ目からじくじく流れ出た. **2** 〈秘密などを〉漏らす. **3** 〈魅力·善意·悪意などを〉発散する.
— *n.* **1** にじみ出ること; じくじく流れ出ること. **2 a** じくじくと流れ出るもの; 分泌物. **b** 植物タンニン抽出液[溶液] (革なめし用). **3** =ooze leather.
〖ME *wose(n)* (v.) ← *wose* (n.) < OE *wōs* juice, moisture ← Gmc **wōs-* (MLG *wōse* scum / ON *vas*) ← IE **wes-* wet: 意味の上で OOZE² の影響を受けた〗

ooze² /úːz/ *n.* **1 a** (石灰分を含む海底や川底の) 軟泥《浮遊生物の遺骸が沈積してできたもの》: ⇨ globigerina ooze. **b** (ぬるぬるの)泥 (slime). **2** 沼地, 湿地.
〖ME *wose* < OE *wāse* mud < Gmc **w(a)isōn* ← IE **weis-* to flow (L *virus* / Gk *iós* poison)〗

O

óoze lèather *n.* スエード革; 植物タンニンでなめしたスエード革 (suede). 〖(1890) ← OOZE¹〗

oo·zy¹ /úːzi/ *adj.* (**oo·zi·er; -zi·est**)〈水分が〉だらだら流れる, じくじく出る, しみ出る; 湿った. **óo·zi·ly** /-zɪ̀li/ *adv.* **óo·zi·ness** *n.* 〖OE *wōsig*: ⇨ ooze¹, -y⁴〗

oo·zy² /úːzi/ *adj.* (**oo·zi·er; -zi·est**) 泥の(ような); 泥を含んだ, 軟泥(質)の. 〖(1398) *wosie*: ⇨ ooze², -y⁴〗

op¹ /ɑ́(ː)p | ɔ́p/ *n.* 《英口語》手術, オペ (operation). 〖(1925): 略〗

op², Op /ɑ́(ː)p | ɔ́p/ *n.* 〖美術〗=op art.

OP 《略》〖軍事〗observation post; Old Persian; 〖保険〗open policy; 〖カトリック〗*L.* Ordo Praedicatorum (= Order of Friars Preachers) ドミニコ(修道)会; organophosphate(s).

op. 《略》opaque; opera; operation; operator; opinion; opposite; optical; optime.

o.p. 《略》〖演劇〗opposite prompt (side); orange pekoe.

Op., op. 《略》opus.

OP, o.p. 《略》*L.* Ordinis Praedicatorum (=of the Order of Preachers) ドミニコ会の (Dominican).

OP, op 《略》out of print; overproof.

op- /ɑ(ː)p, əp | ɔp, əp/ *pref.* (p の前にくるときの) ob- の異形: *op*pose, *op*press.

OPA /óupìːéɪ | ə̀u-/ 《略》Office of Price Administration (米国の) 物価管理局.

o·pac·i·fi·er /oupǽsəfàɪə | ə(ʊ)pǽsɪ̀fàɪə^(r)/ *n.* 〖化学〗(ガラス・琺瑯(ほうろう)などを乳白色にするために加える)乳白剤, 乳濁剤. 〖(1911): ⇨ ↓, -er〗

o·pac·i·fy /oupǽsəfàɪ | ə(ʊ)pǽsɪ̀-/ *vt.*〈ガラス・エナメルなどを〉不透明にする. — *vi.* 不透明になる. **o·pac·i·fi·ca·tion** /oupæ̀səfɪ̀kéɪʃən | ə(ʊ)pæ̀sɪ̀fɪ̀-/ *n.* 〖(1940) ← L *opācus* shaded＋-IFY〗

o·pa·cim·e·ter /òupəsímətə | ə̀upəsímɪ̀tə^(r)/ *n.* 混濁計《物質の不透明さや液体の混濁度を測定する》. 〖1919〗

o·pac·i·ty /oupǽsəti | ə(ʊ)pǽsɪ̀ti/ *n.* **1 a** 不透明. **b** 不透明部, 不透明体[物], 暗部. **c** 不透明度, 乳白度, 混濁度. **2 a** あいまい, 意味の不明瞭, わかりにくさ (unintelligibleness), 不透明性: acoustic ～〖音響〗音が通らぬこと, 音が聞こえなくすること. **b**〖論理〗指示, 文脈の不透明性. **c** 愚鈍, 暗愚 (dullness). **3**〖写真〗不透明度《写真陰板のある一点に投射した光量をその点を透過する光量で除した数; 透過度の逆数》. **4**〖病理〗(角膜などの)混濁. 〖(1560) ▭ F *opacité* ▭ L *opācitātem* shadiness, shade: ⇨ opaque, -ity〗

O

o·pa·cous /oupéɪkəs | əu-/ *adj.* 〖気象〗〈雲が〉不透明な《太陽や月を完全に隠すほど濃い》. 〖(1621–23) ▭ L *opācus* shady〗

o·pah /óupə, -pɑː | ə́u-/ *n.* 〖魚類〗**1** アカマンボウ, マンダイ (*Lampris regius*). **2** アカマンボウ科の魚類の総称 (moonfish, kingfish ともいう). 〖(1750) ▭ W-Afr. *úbà*〗

o·pal /óupəl, -pɫ | ə́u-/ *n.* **1**〖鉱物〗オパール, 蛋白石《ある種のものは宝石として珍重される; ⇨ birthstone》: ⇨ common opal. **2 a** =opal glass. **b** =opaline 1. **∼·lìke** *adj.* 〖(*c*1400) ▭ L *opalus* ▭ Gk *opállios* ← Skt *upala* gem stone〗

O·pal /óupəl, -pɫ | ə́u-/ *n.* オパール《女性名》. 〖↑〗

o·pal·esce /òupəlés | ə̀u-/ *vi.* (オパールのような)乳白光を発する. 〖(1819)《逆成》↓: cf. L *albescere* to become white〗

o·pal·es·cence /òupəlésəns, -sn̩s | ə̀u-/ *n.* 蛋白光, 乳(白)光. 〖(1805–17) ↓〗

o·pal·es·cent /òupəlésənt, -sn̩t | ə̀u-ˊ/ *adj.* オパールのような光を発する; 乳白光を出す. 〖(1813) ← OPAL＋-ESCENT〗

o·pal·esque /òupəlésk | ə̀u-ˊ/ *adj.* =opalescent. 〖(1863) ← OPAL＋-ESQUE〗

ópal·èye *n.* (*pl.* ～s, ～)〖魚類〗米国 California 沿岸産のメジナ属の魚 (*Girella nigricans*)《オパールのような光沢のある青い目をしている; greenfish ともいう》.

ópal glàss *n.* 乳白ガラス《光を若干透過する半透明ミルク状ガラス》. 〖1866〗

o·pal·ine /óupəlìːn, -làɪn, -lɪ̀n | ə́upəlàɪn/ *adj.* オパール[蛋白石]のような; 乳白光を発する. — /óupəlìːn, -làɪn | ə́u-/ *n.* **1** ミルクガラス (milk glass), リン酸オパールガラス. **2** 乳白ガラス《18 世紀末にフランスで発達した装飾的な乳白ガラス器》. **3** オパール色. 〖(1784): ⇨ -ine〗

o·pal·ize /óupəlàɪz | ə́u-/ *vt.* 乳白色にする. **o·pal·i·za·tion** /òupəlɪ̀zéɪʃən | ə̀upəlaɪ-, -lɪ-/ *n.* 〖(1811): ⇨ -ize〗

ó·pal·ìz·er *n.* 〖化学〗=opacifier.

óp ámp 《略》operational amplifier.

o·paque /oupéɪk | ə(ʊ)-/ *adj.* (時に **o·paqu·er; o·paqu·est**) **1 a** 光[X]線を通さない, 不透明な (cf. transparent, translucent): an ～ body 不透明体 / ～ glass 不透明ガラス / ～ meal 造影がゆ《胃腸の X 線撮影の際のバリウム剤など》. **b** 熱[電気, 電波, 音響など]を通さない, 不伝導性の. **2** 光沢のない, どんよりした, くすんだ. **3 a** はっきりしない, わかりにくい, 不明瞭な, 不透明な: a society ～ to most Americans たいていのアメリカ人には理解できない社会. **b** 愚鈍な, ばかな. — *n.* **1** 不透明体. **2**〖写真〗不透明液. — *vt.* **1** 不透明にする. **2**〖写真〗〈ネガを〉不透明液で修正する. **∼·ly** *adv.* **∼·ness** *n.* 〖(*c*1420) ▭ F *opaque* ∽ (*c*1450) *opake* ▭ L *opācus* shady〗

opáque cóntext *n.* 〖哲学〗不透明な文脈《同一対象を指示するが異なる語句を使うと, 文全体の真偽値が変わるような場合で信念文などに典型的; Bill believes that Cicero was Roman. で Cicero を Tully に変えたとき; cf. transparent context》.

opáque projéctor *n.* 反射映写機 (《英》 episcope) 《反射光を用いて書物など不透明なものをスクリーンに写す投影器》. 〖1951〗

O·pa·rin /o(ʊ)pɑ́ːrɪ̀n | ə(ʊ)pɑ́ːrɪn; *Russ.* apárʲin/, **Aleksandr Ivanovich** *n.* オパーリン (1894–1980; ソ連の生化学者).

óp árt, Óp árt /ɑ́(ː)p- | ɔ́p-/ *n.* 〖美術〗オップアート (⇨ optical art). 〖(1964)《略》← *op*(*tical*) *art*〗

óp àrtist *n.* オップアート画家. 〖1966〗

OPC, opc 《略》ordinary Portland cement.

op. cit. /ɑ́(ː)psít | ɔ́p-/ 《略》opere citato; opus citatum. 〖1883〗

OPCODE /ɑ́(ː)pkoud | ɔ́pkəud/ 《略》〖軍事〗operations code 作戦通信用暗号.

ope /óup | ə́up/ *vt.*, *vi.*, *adj.* 《古・詩》=open. 〖(1250)《尾音消失》← OPEN: cf. awake (*adj.*)〗

OPEC /óupɛk | ə́u-/ 《略》Organization of Petroleum Exporting Countries 石油輸出国機構,「オペック」(cf. OAPEC).

op-ed, Op-Ed /ɑ́(ː)péd | ɔ́p-/ *n.* 《米》〖新聞〗(社説欄の向かい側の)特集ページ《通例署名入り; op-ed [Op-Ed] page ともいう》. 〖(1970)《略》← *op*(*posite*) *ed*(*itorial*)〗

O·pel /óupəl, -pɫ | ə́u-; *G.* óːpl/ *n.* 〖商標〗オペル《ドイツ Adam Opel 社製の自動車》.

o·pen /óupən, -pn̩ | ə́u-/ *adj.* (～·er, ～·est; more ～; most ～) **1 a** 〈戸・門・窓など〉出入りの自由な, 閉ざされていない, 開いた;〈箱・引出しなど〉あいている;〈目・口など〉開いている, あけた: an ～ door, gate, window, etc. / push [pull] a door ～ ドアを押して[引いて]開ける / The door flew ～ [was thrown ～]. 戸はぱっと開いた[さっと開かれた] / All the drawers were ～. 引出しという引出しはみんな開いていた / with ～ eyes=with eyes ～ 目を見開いて; 注意深く; 驚いて / keep one's eyes ～ 油断なく見守る / keep one's ears ～ 聞き耳を立てる / He was standing with his mouth wide [slightly] ～. 口を大きく[少し]開けて立っていた / a shirt ～ at the neck オープンシャツ. **b** 〈包みなど〉封をしてない, 包んでない, 広げた (unfolded),〈本・花など〉開いた: an ～ package, newspaper, flower, hand, etc. / The book was left ～. その本は開いたままになっていた / The goods are lying ～. 商品はむき出しでころがっている / He ripped ～ the envelope. 封筒を切り開いた / The letter is cut [torn] ～. 手紙は封が切ってある[破かれている].

2 a おおいのない, 屋根なしの (cf. closed 5): an ～ boat 甲板のない小舟 / an ～ car 無蓋(むがい)車, オープンカー / an ～ carriage ほろ型の馬車. **b** 保護用のおおいのない; むき出しの, あらわの: ～ wiring むき出しの配線 / an ～ sewer [drain] ふたのない下水道 / ⇨ *lay* OPEN (1), *lay oneself* OPEN *to* / be ～ *to* attack [infection, the weather] 攻撃[感染, 天候]に無防備である. **c** 〈傷など〉口のあいている, かさぶたのない;〈傷の治療など〉包帯をしない: an ～ sore [wound] 口のあいた傷[切り傷].

3 a 〈商店・病院・学校など〉開いて(いる),〈展覧会・劇・議会など〉開催中の[で]: The shop is ～ (*for* business) from nine to seven. 店は 9 時から 7 時まで開いている / The show is ～ (*to* the public) at one in the afternoon. 午後 1 時開演 / The new highway will be ～ (*to* traffic) next Sunday. 新しいハイウェーは次の日曜に開通する / ⇨ open day. **b** 〈器具など〉操作中の, すぐ使用しうる: The microphone is ～. マイクは作動中. **c**〖電算〗〈ファイルが〉開いている.

4 a (特定の人・グループに限らず)自由にはいれる, 一般に利用できる; だれでも参加できる, 公開の; (プロ・アマの区別のない)オープンの: an ～ class (だれでも聴講できる)公開クラス / an ～ court 公開の法廷 / in ～ court 公の法廷で(堂々と) / an ～ library 公開図書館 / ～ competition (だれでも参加できる)オープン競争 / an ～ championship オープン選手権大会 / an ～ scholarship (公募の試験によって与える)奨学資金 / an ～ golf tournament (参加者がプロ・アマ別を問わない)オープンゴルフトーナメント / universities ～ *to* all high school graduates 全高校卒業生に開放されている大学 / The race is ～ *to* all. 競走は飛入り自由である / an ～ race 自由[飛入り自由の]競走 / ⇨ open market, open primary, open shop. 日英比較 日本語のプロ野球などの「オープン戦」は英語では exhibition game という. **b** 人種・宗教などの差別をしない: ⇨ open housing. **c** 〈優勝者など〉オープン競技に勝った: the ～ champion. **d** [O-] 《英》Open University の: an *Open* student.

5 a 〈手段など〉利用[入手]できる, あいた;〈職など〉空位の, 欠員のある: an ～ invitation いつでも有効な招待状 / a career ～ *to* talent 才能次第で出世のできる道[職業] / There are other courses ～ *to* us. 我々には採り得る道が他にある / The position is still ～. その地位はまだ欠員になっている. **b** 〈時間が〉先約のない, 予定のない, 差し支えのない, 自由の: Professor A keeps Saturday mornings ～ for his students. A 教授は土曜の午前を学生のために空けておいている. **c** 〈往復切符が〉使用日の指定のない: an ～ ticket. **d** 〈小切手が〉通常の (not crossed) (⇨ open check). **e** 〈注文が〉制約のない, 無条件の (⇨ open order).

6 a 〈問題など〉解決のつかない, 未決定の, 情況次第による: ⇨ open question, open verdict / leave a matter [the arrangements, one's options] ～ 問題[取決め, 選択]を未決定のまま残す[棚上げにする] / The match seems to be a very ～ one. 勝敗は全く未知数だ. **b** 〈会計が〉未決済の, 未清算の; 〖商業〗当座の (in operation, active): ⇨ open account.

7 a 〈通路など〉障害物のない; (囲い・垣・樹木などのない)広々とした: ～ country [ground] (森林などのない)広々とした平野の地方; 広々と見渡せる土地 / ～ space(s) 空き地 / an ～ moor 広々とした荒野 / the vast ～ ocean 広々とした大海 (⇨ open sea) / an ～ stretch of road＝a stretch of ～ road 先がはるかに見通される一筋の道. **b**〖軍事〗広野で行われる: an ～ battle 野戦. **c** 航行上の障害物(浅瀬など)がない: an ～ coast. **d** 〈川・海など〉氷結しない: ⇨ open port 2, open sea 2 / the ～ water in Arctic regions 北極地方の氷結しない海. **e** 〈冬季など〉霜・雪の降らない, 温暖な. **f** 霧のかかっていない: They saw patches of ～ water (appearing) before them. 前方にすっきりとした海の光景が点々と見えてきた. **g** 便秘してない, 通じがある: ～ bowels.

8 a 《米口語》(酒類販売・賭博などに対し)法的[道徳的]規制が行われていない, 法的に放任された: ⇨ open town 2 / ～ gambling 野放し状態の賭博 / The city was wide ～. その都市は(飲食業・賭博などにつき)広く放任されていた. **b** 〈刑務所など〉拘束的でない, 開放的な: an ～ prison (囚人に対する拘束が少ない)開放的な刑務所. **c** 〈経済政策など〉無統制の, 自由な: an ～ economy 無統制[自由]経済. **d** 〈漁猟時期が〉解禁の (cf. closed 2 d): ⇨ open season. **e**〖競技〗相手方のガードがない.

9 a 隠し立てをしない, あけっぴろげな, 率直な (⇨ frank¹ SYN); 自然な, 屈託のない, 偏見のない: an ～ character 隠し立てをしない[明朗な]気性 / an ～ countenance [face] 率直で正直そうな顔つき / an ～ heart 打ち解けた[率直な, 親切な]心 / have [keep] an ～ mind (about) (…に関して)偏見がない / in an ～ manner あけっぴろげな態度で / with ～ arms 大歓迎で (⇨ open arms) / He is ～ in speech. 彼は腹蔵なく何でもよく話す / Be ～ *with* me *about* it. その事を率直に話しなさい. **b** 気前のよい, 寛大な (liberal, generous): ⇨ open house 1, 2 / ⇨ open-handed, *with an open* HAND. **c** 〈社会体制が〉(内的変化・多様化を受け入れる余地があり)開放的な, 進歩的な: ⇨ open society.

10 a 公然の, よく知れ渡った: an ～ quarrel [revolt] 公然の論争[反抗] / an ～ scandal 周知の醜聞[疑獄] / ⇨ open secret / in ～ disregard of the rules 公然と規則を無視して / treat a person with ～ contempt 人目もはばからずに人をはずかしめる / ⇨ *lay* OPEN (2). **b** 〈感化などを〉受けやすい, 免れない (subject, vulnerable, amenable) 〔*to*〕: be ～ *to* temptation [impressions] 誘惑に陥りやすい[何事にもすぐ感銘する] / His conduct is ～ *to* grave objections [criticism]. 彼の品行は厳しい非難を免れない. **c** 〈申し出などを〉直ちに受け入れる,〈条理などに〉容易に動かされる (responsive)〔*to*〕: a mind ～ *to* all theories [correction, suggestions, reason] あらゆる学説[訂正, 提案]を受け入れる[理に服する]心.

11 a 隙間のある; 小穴のある (porous): ～ soil さらさらした砕けやすい土. **b** 〈人口など〉込み合っていない, 散在している (scattered). **c** 〈織物など〉目の粗い: an ～ texture [weave] 目の粗い生地[編物]. **d**〖軍事〗〈隊列など〉散開している: ～ ranks of soldiers 散開隊形の兵士たち / ⇨ open order 3.

12 a 〈句読法が〉可能な限りコンマを使用しない; (手紙の書式で)冒頭部 (heading)・挨拶(あいさつ)の結び (complimentary close) の各行末にコンマを押さない (cf. close² B 8): ⇨ open punctuation. **b** (見出しの行末などにできるだけ句読点を使わない)オープン式の.

13〖印刷〗**a** 〈活字が〉アウトライン (outline) の;〈音符が〉白抜きの. **b** (語間・行間の)ゆったりしている, 広い: ～ printed matter 語間・行間がゆったりとした組み方をしている印刷物.

14〖文法〗〈複合語の構成要素が〉離して書かれる (cf. solid 10): ⇨ open compound.

15〖軍事〗〈都市など〉無防備の, 非武装の《国際法上軍事的攻撃からの保護を受けている》: ⇨ open city.

16〖音楽〗**a** 〈オルガンのパイプが〉開口の: ⇨ open diapason. **b** (弦を)指でおさえない, 開放の: an ～ string 開放弦. **c** 〈音が〉開放弦で発せられる; (管楽器で) U 形管・ピストン・キーなどを用いずに発せられる: an ～ note on a trumpet. **d** 弱音器 (mute) を付けない[付けずに吹奏する]: an ～ wind instrument. **e** 〈音声が〉澄んで伸びやかな《のどを不当に緊縮させて音響が阻害されることのない》: an ～ vocal tone.

17〖音声〗**a** 〈母音が〉口の開きが広い, 広母音の (cf. close² B 10): ～ vowels 広母音 (low vowels). **b** 〈子音が〉開口的な《摩擦音や継続音などについていう》: ～ consonants 開口子音 (cf. STOP consonants). **c** 〈音節が〉母音で終わる, 開音節の (cf. closed 7): ⇨ open syllable.

18〖畜産〗〈雌獣が〉妊娠していない: an ～ heifer まだ妊娠していない雌牛.

19〖スポーツ〗〈バッター・ゴルファーなどのスタンスが〉オープンの: ⇨ open stance.

20〖トランプ〗**a** 〈最初の賭け・ビッドが〉なされた,〈場が〉開かれた. **b** 〈手・カードが〉卓上にさらされた. **c** 続き札が完成している: an ～ straight.

21〖数学〗**a** 〈区間が〉両端ともに終点がない (cf. closed 9). **b** 〈集合が〉開いている《そのどの要素についても, それを含む十分小さな近傍がその集合に含まれている》.

22〖論理〗開(いた), 開放の《式が量化詞に束縛されない変項[数]をもつときをいう; cf. closed 12》: ⇨ open sentence.

23〖化学〗開鎖の特徴をもつ: ⇨ open chain.

24〖生物〗〈循環系が〉開放の《血液が体腔内を自由に循環するものにいう》.

25〖チェス〗〈ポーンの前の駒が〉自由に動ける: ⇨ open game.

làу ópen (1) あらわにする, 裸にする (uncover): The land was *laid* ～ by burning the trees. 樹木を焼き払っ

て土地は広々となった. (2) さらす, あばく, 暴露する: What he said *laid* ~ all their plans. 彼がしゃべって一味の計画がすべて明るみに出た. (3) 切開する, (けがをして)切る: *lay* ~ the wound 傷口を切開する / He fell down and *laid* ~ his knees. ころんで両膝を(ざっくり)切ってしまった. 《1588》 ***láy onesèlf (wíde) ópen to*** 〈非難・攻撃など〉に身をさらす, …をまともに受ける: He *laid himself (wide)* ~ *to* a charge of fraud. 詐欺を働いたという非難に身をさらした. ***thrów ópen*** (1) 〈戸などを〉さっと開ける (cf. *adj.* 1 a). (2) 〈庭園などを〉〔一般に〕公開[開放]する〔*to*〕; 〈競争などを〉公開する.

ópen and cúrrent accóunt 〖会計〗交互計算勘定.

— *vt.* 1 〈戸・窓・箱などを〉あける, 開く (↔ shut): ~ (wide) a gate, window, door, etc. / I [The key] ~*ed* the door. / ~ a letter, parcel, box, bottle, drawer, etc. / ~ one's eyes [mouth] / ⇨ open *a person's* EYES / ⇨ *open* the DOOR *to* … / He didn't ~ his lips [mouth]. 彼は一言も言わなかった / Shall we ~ another bottle? もう1本抜きましょうか / an ~*ed* bottle (=an ~ bottle) 口の開いたびん.

2 〈本などを〉広げる 〈*out*〉: ~ a book, hand, etc. / ~ (*out*) a map 地図を広げる / ~ *out* the wings 翼を広げる / ~ *out* one's arms *to* … 手を広げて…を迎える / *Open* your book *at* [《米》 *to*] p. 12. 本の12ページを開きなさい / He ~*ed* the newspaper *to* the sports page. 新聞のスポーツ欄を開いた.

3 a 〈道路などの〉障害物を取り除く, 〈氷結した川・海などを〉航行できるようにする: The thaw has ~*ed* the river. 氷が解けて川は航行できるようになっている. **b** 〈道を〉切り開く, 〈穴などを〉あける: ~ trenches 塹壕(ざんごう)を掘る / ~ a prospect 前途が見えるようにする, 展望を切り開く / ~ a way through a crowd 群衆の間をかき分けて道を開く. **c** 〈腸などの〉通じをつける: The bowels should be well ~*ed*. 便通をよくしなければならない.

4 a (公に)始める; 公開[開放]する: ~ an office 事務所を開く / ~ a shop [store] 開店する / a recently ~*ed* store / ~ a library [school, hospital] 図書館[学校, 病院]を公開する / ~ a park 公園を開放する / ~ a new bridge [line] *to* traffic 新築の橋[新線路]を開通する / ~ the hearings *to* the public 公聴会を開く / ~ a port *for* trade 貿易港として開港する / A shuttle service will be ~*ed* between the two places. 両地間に往復便が開かれる. **b** 〈土地を〉切り開く, 開拓する: ~ the ground 土地を開墾する / ~ the new land 新しい土地を切り開く.

5 〈行動を〉開始する, 始める: ~ an account with …と取引を始める / ~ a campaign [meeting] 野戦[会合]を始める / ~ a debate [discussion, conversation] (by making a comment [with a comment]) 論争[討論, 会話]を(コメントを述べて)始める / ~ the scoring with a quick touchdown すばやくタッチダウンして得点を開始する / ⇨ *open* FIRE.

6 a 明らかにする, 公けにする; 打ち明ける (disclose); 〈秘密などを〉もらす (reveal): ~ one's mind [heart] *to* a person 人に心のうちを打ち明ける / ~ one's designs 計画をもらす. **b** 〈心を〉一方に偏らないようにする, 大らかにする, 啓発する (enlighten): ~ one's heart *to* mercy 慈悲心を奮い起こす / He ~*ed* his mind *to* the needs of his students. 虚心坦懐(たんかい)に学生の要望を聞き入れた / His understanding needs to be ~*ed*. 彼の理解力はもっと大きくする必要がある《あれでは狭すぎる》.

7 a 掘りほぐす, ばらばらにする; まばらにする, 散開させる: ~ the soil 土を掘りほぐす / ~ ranks 列をまばらにする. **b** 切開する (incise); こじあける (break into); 〈墓などを〉掘りあばく: ~ an abscess 膿瘍(のうよう)を切開する.

8 〖法律〗冒頭陳述を述べる: ~ the case (for the prosecution [defense]) 〈弁護士が〉(原告[被告]側のために)立証に先立って立証する事実について陳述をする; 事件について最初に発言をする.

9 〖法律〗〈布告・判定などを〉撤回して未決の状態に戻す.

10 〖トランプ〗(ゲームを開始するために)最初の賭け (bet)・ビッド (bid)・打出し (lead) を)する.

11 〖海事〗(船を移動させて)…の見えるところにくる 〈*out*〉: We ~*ed* a white church to the port. 左舷に白い教会堂が見えてきた.

12 〖電算〗〈ファイルを〉開く, オープンする.

— *vi.* 1 〈戸・窓・箱などが〉開く, あく: The door ~*ed* (wide) at once (to reveal a mysterious figure). 戸はすぐに(大きく)開いて(なぞの人物が現れ)た / The door will ~ inward. 戸は内側へ開く / a box that won't ~ なかなか開かない箱 / *Open* sesame! 開けごま. ⇨ open sesame.

2 a 本[新聞など]を開く: *Open at* [《米》 *to*] page 12. 12ページをあけなさい / The dentist told me to ~ wide. 歯医者は私に大きく口を開くように言った. **b** 広がる, 〈傷口が〉大きくなる (expand); 〈花が〉咲く: The flag ~*ed* once more to the breeze. 旗は再び風に翻った / The buds are ~*ing* in the sun. つぼみは日光を受けて開いてきた / The seam was ~*ing*. 縫い目がほころびかけていた. **c** 〈景色・前途など〉開けてくる, (はっきり)見えてくる: A wide prospect ~*ed* below us.=There ~*ed* a wide prospect below us. 広大な眺めが我々の眼下に展開した / A great career is ~*ing* for her. 彼女には洋々たる前途が開かれようとしている.

3 a 〈劇場・店などが〉公衆に戸を開く, あく, あいている: The museum ~*s* at ten. / Some shops do not ~ on Sundays. 日曜日には開かない店がある. **b** 活動[営業]を開始する, 開店[開会, 開演]する; 一連の公演[試合]の幕をあける: A new store ~*s* next week. 新しい店が来週オープンする / Our school ~*s* next Monday. 学校は次の月曜日から始まる / Parliament ~*ed* yesterday. 議会はきのう開会となった / The play will ~ in Hartford. その劇はハートフォードで開幕する / The artillery has ~*ed on* the enemy. 砲兵隊は敵に発砲を開始した. **c** (話・番組などが)始まる (begin); 話[文章]を始める: The story ~*s with* a murder. その話は殺人事件で始まる / She [Her speech] ~*ed with* a joke. 彼女の話はジョークで始まった.

4 〈部屋・戸口が〉〔…に〕通じる, 向いている〔*into, on, onto, to, toward*〕: a room that ~*s into* a corridor 廊下へ戸口の開いている部屋 / The two rooms ~ *into* each other. その2室はドアで互いに通じている / The door ~*s into* a smaller room [*toward* the hall]. ドアを開けると小さい部屋へ行かれる[玄関の方に出られる] / The window ~*s on* [*onto*] the lawn. 窓は芝生に面している / The window ~*s* to the west. 窓は西に向いている.

5 〈心が〉包容力[共鳴度]が大きくなる, こだわらなくなる, 大らかになる: I felt his heart ~ *to* my words. 彼が心から私の言葉に共鳴してくれているのがわかった.

6 はっきりと話す, 心の中を打ち明ける (speak out).

7 〈隊列などが〉まばらになる, 散開される: The ranks have ~*ed*. 部隊は散開した.

8 〖証券〗寄り付く: Shares ~*ed* high. 株式は高値で寄り付いた.

9 a 〖狩猟〗〈猟犬が〉(獲物をかぎつけて)ほえ出す. **b** 《軽蔑》〈人が〉わめき出す. **10** 〖トランプ〗(最初の賭け・ビッド・打出しなどをして)ゲームを開始する.

ópen óut (*vt.*) (1) ⇨ *vt.* 2. (2) ⇨ *vt.* 11. (3) 《英》〈エンジンの〉絞りレバーを開く, 加速する (accelerate). — (*vi.*) (1) 広がる, 咲く, 拡張する; 〈光景などが〉展開する: The flowers were ~*ing out* in the sun. 花は日向で大きく開きかけていた. (2) 〈理解力などが〉発達する, 広くなる (develop). (3) 〈人が〉心を開く, 打ち明ける (speak out): They soon began to ~ *out to* each other. 間もなく互いに打ち明けて話を始めた. (4) 〔…に〕向いている, 通じる〔*on, onto*〕(cf. *vi.* 4): The window ~*s out onto* the lawn. 窓は芝生に面している.

ópen úp (*vt.*) (1) 打ち開く, 広げ出す (lay open); 〈傷口などを〉切開する: ~ *up* an oyster カキの殻をあける / ~ *up* a wound 傷口を切り開く / ~ *up* new possibilities 新しい可能性を切り開く. (2) 〈光景などを〉打ち広げる, (眼前に)表す (disclose). (3) 〈土地・鉱山などを〉開発する (develop); 開通する; 〈空き家を〉住宅向きに整える: ~ *up* a mine 鉱山を開発する / ~ *up* an area *for* housing 地域を宅地用に開発する. (4) 〈事業などを〉開始する (start): ~ *up* new markets [outlets] 新しい市場[直販店]を開く / He ~*ed up* a business in the town. その町で新しい事業を始めた / The company has ~*ed up* a new branch here. その会社はここに新しい支店を開いた. (5) 〈乗物の〉スピードを上げる, 全速力で走らせる. (6) 〈プレーを〉活発にする. — (*vi.*) (1) 打ち開く; 〈視界が〉(開けて)現れてくる: I saw a road ~*ing up* ahead. 前方に道路が通っているのが見えてきた. (2) 活動を開始する, 活発になる; 発砲[射撃]を開始する; (試合などで)攻撃を始める, 攻めて出る: Trade was ~*ing up* again. 景気がまたよくなってきていた / The enemy ~*ed up* (on us). 敵は(わが軍に)砲撃を開始した. (3) 《口語》遠慮なく話し出す, 打ち解ける[解けて話す]; (秘密などに)口をすべらせる, 口を割る: They tried to question him about the matter, but he refused to ~ *up*. 彼らはその事について問いただそうとしたが, 彼は何も言おうとはしなかった. (4) 《口語》スピードを上げる, 全速力で走る. (5) 観客[カメラ]に顔を向ける.

— *n.* 1 [the ~] **a** (視線をさえぎる物のない)広々とした場所; 見晴らしの広い平野; 空地. **b** 野外, 戸外 (open air): *in the* ~ 戸外で / sleep *in the* ~ 野宿する. 日英比較 日本語で屋外に作られた映画などの撮影用のセットを「オープンセット」というのは和製英語. 英語では outdoor set という. **c** (海・湖などの)広々とした水面. **2** [the ~] 隠し立てのない状態, 公然, 周知の状態: bring a matter *into the* ~ 事を表に出す[明らかにする] / come (out) *into the* ~ 明るみに出る, 公表される; 〈人が〉はっきり意思を表明する, 心の中を打ち明ける / The secret is now *in the* ~. 今では公然の秘密となっている. **3** すき間, 口, あき; 機会 (opening). **4** [O-] オープン選手権試合: the U.S. *Open* 全米オープン / ⇨ British Open. **5** 〖活字〗=outline 5.

〖*adj.*: OE ~ < Gmc **upanaz* (Du. *open* / G *offen*) ← IE **upo* (up from) under. — v.: OE *openian* ← (adj.): cf. G *öffnen*: up, -en[3]〗

o·pen·a·ble /óup(ə)nəbl | ə́u-/ *adj.* 開かれる, あけられる. 《1823》

ópen áccess *n.* 《英》〖図書館〗=open shelves. 《1894》

ópen accóunt *n.* **1** 〖銀行〗当座勘定 (current account). **2** 〖会計〗=book account 1.

ópen admíssions *n. pl.* 《米》〔単数または複数扱い〕=open enrollment. 《1969》

o·pen-air /óupənέə, -pn- | ə́upənέə(r), -pn-ˊ/ *adj.* **1** 戸外の, 野外の, 露天の: an ~ café 屋外カフェ / ~ life 野外生活 / an ~ school 林間学校, 野外学校 / an ~ theater 野外劇場 / an ~ museum 野外に作品を置いた美術館 / ~ treatment 外気療法. **2** 〖美術〗=plein air. 《1830》

ópen áir *n.* **1** 外気. **2** 戸外, 野外 (out-of-doors): *in the* ~ 戸外で / exercise *in the* ~ 野外で運動する. 《1526》

ópen-and-shút *adj.* 《口語》明白な, 一目でわかる; 簡単な (simple): an ~ case 至極簡単なこと[事件]. 《1841》

ópen árc làmp *n.* 〖電気〗開放アーク灯.

ópen-ármed *adj.* 両手を広げての, 衷心からの, 大歓迎の: an ~ welcome [reception] 心からの歓迎. 《1862》

ópen árms *n. pl.* (両手を広げての)大歓迎, 温かい歓迎. ***with ópen árms*** 両手を挙げて, 心から喜んで (cordially): He received [welcomed] me *with* ~. 《1735》

ópen-árse *n.* セイヨウカリン (medlar) の古名. 〖lateOE *openærs* (⇨ open, arse): 形が尻 (arse) に似ていることから〗

ópen báck *n.* 〖製本〗=hollow back. 《1923》

ópen·bánd *adj.* 〖紡績〗左撚(よ)りかけの, Z 撚かけの (cf. crossband).

ópen bár *n.* (結婚・披露宴などで)飲み物無料サービスのバー (cf. cash bar). 《1973》

ópen·bìll *n.* 〖鳥類〗スキハシコウ《コウノトリ科スキハシコウ属 (*Anastomus*) の鳥; 南アジア産のスキハシコウ (*A. oscitans*) とアフリカ産のクロスキハシコウ (*A. lamelligerus*) がいる》. 《1837》

ópen bíte *n.* 〖歯科〗開咬《歯を咬み合わせた時一部のみが咬み, 他の歯が開いた状態》. 《1893》

ópen bóok *n.* 一目瞭然たるもの, 明白な物[事柄], 周知の事実, 何の秘密もない人 (cf. closed book): His mind is an ~. 彼の腹の中はだれでもすぐ読み取れる. 《1853》

ópen-bóok examinátion *n.* 参考書[辞書]持ち込み自由の試験.

ópen-bréasted *adj.* 〈上着など〉胸の開いた, 前の開いた. 《1599》

Ópen Bréthren *n. pl.* [the ~] 〖キリスト教〗オープンブレズレン (⇨ Plymouth Brother 1). 《1879》

ópen cáisson *n.* 〖土木〗オープンケーソン, 開口潜函(せんかん).

ópen·càst *n., adj., adv.* 《英》〖鉱山〗=opencut 1. 《1713》

ópencast míning *n.* 《英》露天掘り採炭 (《米》 strip mining, 《豪・NZ》 open-cut mining).

ópen cháin *n.* 〖化学〗開鎖《化合物中の原子鎖状結合で特に末端が結合していないもの; cf. closed chain》. 《1884》

ópen chéck [《英》 **chéque**] *n.* (横線小切手 (crossed cheque) に対して)普通小切手. 《1882》

ópen-círcuit *adj.* **1** 〖電気〗開回路の, 無負荷の: ~ voltage 無負荷電圧. **2** 〖テレビ〗〈テレビ放送が〉全受信機受信可能の《一般放送の方式; cf. closed-circuit》. 《1876》

ópen círcuit *n.* 〖電気〗開回路《電流の流れない状態; ↔ closed circuit》. **~·ed** *adj.* 《1827》

ópen cíty *n.* 〖軍事〗無防備[非武装]都市《無防備で軍事輸送の中継地にもならないことを宣言し, これを攻撃することが国際法によって禁止されている都市》. 《1914》

ópen clássroom *n.* 〖教育〗=open school. 《1971》

ópen clúster *n.* 〖天文〗散開星団 (cf. globular cluster).

Ópen Cóllege *n.* [the ~] 《英》オープンカレッジ《一種の国営放送大学; テレビ・ラジオの放送や通信添削により16歳以上の人に一般教養や職業訓練の講座を提供する; 1987年設立; cf. open university》.

ópen commúnion *n.* 〖キリスト教〗公開聖餐(せいさん)式《すべてのキリスト者に開かれたもの, すなわちいかなる教会・教派に属する信徒も制限しない聖餐式; cf. close communion》.

ópen cómpound *n.* 〖文法〗分離複合語《air force のように離して書く複合語; cf. solid compound》. 《1961》

ópen corporátion *n.* 公開会社《株式が一般に公開されている会社; cf. close corporation》.

ópen córridor *n.* 〖教育〗=open school.

ópen cóuplet *n.* 〖詩学〗開放連句《2行単位で意味が完結せず, 次の対句にまたがるもの; free couplet, broken couplet ともいう; cf. closed couplet》.

ópen cóver *n.* **1** 〖数学〗開被覆《開集合だけから成る被覆; open covering ともいう》. **2** 〖海上保険〗オープンカバー《被保険者が積出す貨物の保険を包括的に保険者と契約済みであることを証するブローカー発行の書類; 略 o/c, oc》. 《1884》

ópen cóvering *n.* 〖数学〗=open cover 1.

ópen crówn *n.* 〖紋章〗盾の中に描かれたデューカルコロネット (ducal coronet). 《1882》

ópen·cùt *n.* **1** 〖鉱山〗開削, 切開き, 露天掘り. **2** 〖土木〗切開き, オープンカット《山などに道路・鉄道などを造るときトンネルにせず, 天部を開けて掘ること》. **— *adj.* 1** 〖鉱山〗露天掘りの[による]: ~ coal 露天掘りの石炭 / ⇨ opencut mining. **2** 〖土木〗切開き[オープンカット]式の. **— *adv.* 1** 〖鉱山〗露天掘りで. **2** 〖土木〗切開き[オープンカット]式で.

ópencut míning *n.* 《豪・NZ》=opencast mining.

ópen-dàte *vt.* 〈包装食品〉に open date を表示する. **ópen dàting** *n.*

ópen dàte *n.* (包装食品に表示された)調製[賞味期限]日付; (まだ日取りの決まっていない)将来のある日. 《1949》

ópen dày *n.* 《英》open house 3 a. 《1892》

ópen-délta connèction *n.* 〖電気〗V 結線, V 接続《デルタ (▽) 結線 (delta connection) の一辺を欠いた三相変圧器の結線; V-connection ともいう》.

ópen diapáson *n.* 開管ダイアペーソン《通例8フィートの金属開管から成る音量豊かなパイプオルガンの音栓》. 《1613》

o·pen-door /óupəndɔ̀ə, -pn- | ə́upəndɔ́:(r), -pn-ˊ/ *adj.* **1** 立入り自由な; 〈事の処理など〉公開の, ガラス張りの (public). **2** (特に, 通商・移民政策上で)門戸開放の, 機会均等の: the ~ policy [principle] 門戸開放政策[主義]. **3** 〈労使関係で雇用者が〉職場でいつでも自由に労働者と話し合う用意がある. 《1899》

O

ópen dóor *n.* **1 a** 入場[立入り]の自由. **b** (成功などへの)道(を開くもの), 門 〔*to*〕. **2** [the ～] (特に, 通商・移民政策上の)門戸開放, 機会均等: the policy of *the* ～. ***fórce an ópen dóor*** 快く与えて[応じて]くれる人に無理な要求をする. ***kèep ópen dóors*** ＝keep OPEN HOUSE. 〖1526〗

ópen-éared *adj.* **1** 傾聴する. **2** (訴え・発言などに)耳を傾ける, 聞く耳をもった.

ópen-énd *adj.* **1 a** 〘証券〙〈投資信託など〉開放型の《随時に追加出資と出資の払い戻しができるものにいう; cf. closed-end》. **b** 最初に一定数量を決めず一定期間買手[政府]の要求数量を随時提供する: an ～ contract 未定数量売約. **c** 〘証券〙同じ担保を使って同一順位の社債を追加発行できる方式の (cf. closed-end): ⇨ open-end mortgage. **2** 〘ラジオ〙〈録音が〉広告放送を入れる部分をあけてある. 〖1917〗

o·pen-end·ed /óupənéndɨd, -pṇ- | ə́ʊ-⁻/ *adj.* **1** (時間・期間・方向・数量などについて)無制限の, 自由な. **2** 中途変更自由な, 可変的な. **3** 〈質問・アンケート・インタビューなど〉自由な形式で答えられる《幾つかの選択肢から回答を選ぶのではなく, 好きなように答えられる》. **～·ness** *n.* 〖1825〗

ópen-ènd invéstment còmpany *n.* オープンエンド投資信託会社 (mutual fund).

ópen-énd mòrtgage *n.* 〘証券〙開放担保《同一担保物件につき, 一定枠内で同一順位の社債を数回に分けて発行する方式; ↔ closed mortgage》.

ópen enróllment *n.* 《米》 **1** 他学区自由入学(方式)《所属学区以外の公立学校にも自由に入学できる方式》. **2** 自由入学(方式)《正式の資格・学力・学資などがなくても希望によって認められる大学入学(方式)》. 〖1964〗

o·pen·er /óup(ə)nə, -pṇ- | ə́up(ə)nə^(r), -pṇ-/ *n.* **1** 開く人. **2** 開く物; あける道具; 栓抜き, 缶切り: a tin [《米》 can] ～ 缶切り. **3 a** 第一[開幕]試合; (ショーなどの)オープニングの曲[出し物]. **b** (シリーズの)最初. **4** 〘トランプ〙 **a** (ブリッジで)最初にビッド (bid) した人. **b** [*pl.*] (ポーカーで)それぞれの回で最初に賭ける資格のある手《例えばジャックのワンペアー以上を含む手》. **5** 〘クリケット〙＝opening batsman. **6** (羊毛の)開毛機. **7** 〘農業〙溝あけ機. ***for* [*as*] *ópeners*** 《口語》手始めに (to begin with), 何はさておいても. 〖1548〗

ópener-ùpper *n.* 《俗》番組開始時のテーマ音楽など. 〖1941〗

ópen-éye *adj.* ＝open-eyed 2.

ópen-éyed *adj.* **1** 目を開けた, 目をみはった; (びっくりして)目を見開いた: ～ astonishment びっくり仰天. **2** 用心深い, 油断のない, 抜け目のない; 心眼を開いた, 活眼の: with ～ attention 細心の注意をもって. 〖1601〗

ópen-fáce *adj.* ＝open-faced.

ópen-fáced *adj.* **1** 邪心のなさそうな[率直な]顔つきの (ingenuous-looking). **2** 〈時計が〉片面ガラスの. **3** 《米》〈パイ・サンドイッチなど〉上皮のない: an ～ sandwich＝open sandwich. 〖1610〗

ópen-fíeld *adj.* **1** 開放耕区の《ヨーロッパ封建社会で村民が共同に耕作する耕地についていう; cf. enclosure 6》: the ～ system 開放耕区制度. **2** 〘アメフト〙〈ランナーが〉(ボールキャリアーからみて)守備の手薄のサイドを大きくあけている. 〖1780〗

ópen fífth *n.* 〘音楽〙空虚五度 (⇨ naked fifth).

ópen fíre *n.* 〘金属加工〙裸火(はだかび)《鍛造用火床(ほど)から吹きだす火炎》.

ópen fráme *n.* 〘ボウリング〙オープンフレーム《スペアが取れずピンが残ってしまったフレーム》. 〖1940〗

ópen fúse *n.* 〘電気〙開放形ヒューズ.

ópen gáme *n.* 〘チェス〙オープンゲーム《どの方向にも展開の可能なゲーム; cf. closed game》.

ópen gáte *n.* 〘スキー〙オープンゲート《回転競技で斜面に立てた 2 本のポールによる旗門; cf. closed gate》.

ópen gó *n.* 《豪口語》公正な状況, 無礼講の場. 〖1918〗

ópen-hánded *adj.* 気前のよい. **～·ly** *adv.* **～·ness** *n.* 〖1597〗

ópen hármony *n.* 〘音楽〙開離和声《4 声部からなる和声でバスを除く上 3 声が 1 オクターブを越えて配置された和声, すなわち開離位置 (open position) にある和声; dispersed harmony, extended harmony ともいう; cf. close harmony》.

ópen háwse *n.* 〘海事〙オープンホース《右舷・左舷両方の錨を降ろした場合, 鎖にからみのない状態; clear hawse ともいう; cf. foul hawse》. 〖1794〗

ópen-héart *adj.* 〘外科〙開心方式の: ～ operation [surgery] 開心[心臓切開]手術《循環機能を人工心肺で維持しながら行う心臓内部の手術》.

ópen-héarted *adj.* **1** 打ち明けた, 腹蔵のない, 率直な (frank). **2** 親切な, 気の大きい (kind): an ～ man. **～·ly** *adv.* **～·ness** *n.* 〖(1611) ← OPEN＋HEART ＋-ED 2〗

ópen-héarth *adj.* 〘冶金〙平炉の, 平炉で造られた: an ～ furnace 平炉 / ～ steel 平炉鋼. 〖1885〗

ópen héarth *n.* 〘冶金〙平炉(へいろ)《鋼を造る炉; 現在は大部分が転炉 (converter) になっている》. 〖1897〗

ópen-héarth pròcess *n.* 〘冶金〙平炉法《平炉を用いて鋼を造る方法》. 〖1882〗

ópen hóuse *n.* **1** 来客を心から歓待すること. **2 a** 私宅開放パーティー《何か祝事のある時などに, 広く親戚友人を招いて行う気楽な集い》. **b** (学校・寮・クラブなどで一般参観を許す)公開日. **3 a** 《米》(学校・施設などの)一般公開日 (at home, 《英》open day). **b** 《米・NZ》オープンハウス《販売用に内部を公開した住宅物件またその公開日》. ***kèep ópen hóuse*** 〈来客を〉いつでも快く迎え入れる[もてなす] 〔*for*〕. 〖1530〗

ópen hóusing *n.* 《米》 **1** 住宅開放(制度)《家屋・アパート等の売買・賃貸の際の人種・宗教による差別の禁止; open occupancy ともいう》. **2** [形容詞的に]: ～ laws 住宅開放に関する諸法(律). 〖1966〗

ópen íce *n.* 〘気象・海事〙緩氷(かんぴょう), 可航浮氷(原), オープンアイス《浮氷が比較的小さく航行可能なもの》. 〖1820〗

o·pen·ing /óup(ə)nɪŋ, -pṇ- | ə́ʊ-/ *n.* **1 a** 開く[あける]こと; 口火を切ること, 口開け, 開始, 開通: the ～ *of* a meeting 開会 / the ～ *of* a speech 演説の開始 / the ～ *of* a theatrical performance 開演 / the ～ *of* a bridge *to* traffic 橋の開通. **b** [形容詞的に]: an ～ address [speech] 開会の辞 / make a few ～ comments 初めのコメントを少し述べる / an ～ ceremony 開会[開校, 開通]式 / ⇨ opening day. **c** 開通[開会]式, 開店祝い: Many citizens were invited to the ～ of the new bank. 新銀行の開店祝いには大勢の市民が招待された. **2 a** 始まり, 発端, 第一歩: the ～ of the day 夜明け / at the ～ of one's career 生涯の始まりにおいて, 初めて世に出たとき / since the ～ of the twentieth century 20 世紀にはいってから. **b** 〘証券〙寄付(よりつ)き. **c** 《米》(季節の)新荷売出し: the spring ～. **d** (pantomime などの)序の部分, 序幕 (cf. harlequinade). **e** (劇の)初演; (画家などの)第 1 回展示[発表]会. **3 a** 空地, 広場. **b** 《米》森林中の木のない[まばらに生えた]所. **c** 入江, 入海, 湾. **4** 穴, 隙間; 抜け穴, 通路; 〘建築〙開口部《空気穴・風窓・明かり取り窓などの総称》: an ～ *in* the wall 壁にあいた穴《抜け穴・通り口》. **5** (就職)口, 欠員, あき; 機会: look out for an ～ 勤め口を探す / a good ～ *for* a young man 青年に向くよい勤め口 / There are very few ～*s for* engineers today. 今日では技師の勤め口がほとんどない / He waited for an ～ *to* escape. 逃げる機会のくるのを待った. **6** (本の)見開き《開いたときの向かい合った左右 2 ページ》. **7** 〘法律〙(原告側が立証に先立ってその主張を立証する事実についての)弁護人の冒頭陳述 (cf. open *vt.* 8). **8** 〘チェス・チェッカー〙序盤, 布局, 布石 (cf. middle game). 〖?lateOE *openunge*: ⇨ -ing¹〗

ópening bátsman *n.* 〘クリケット〙先頭打者《イニングスの初めに出る二人の打者のうち最初に投球を受ける打者》. 〖1929〗

ópening bówler 〘クリケット〙オープニングボウラー《初めの 2 オーバーを対で投げるボウラーの片方》.

ópening dáy *n.* 開会日; 開店日; 初日: on ～. 〖1882〗

ópening gún *n.* 《口語》(大きな出来事・事業などの)第一歩, 手始め, 皮切り.

ópening hòurs *n. pl.* (建物の)一般開放時間, (レストラン・銀行などの)営業時間.

ópening níght *n.* (芝居・映画などの)初日の夜(の公演). 〖c1814〗

ópening tíme *n.* 始業時刻; (図書館などの)開館時間, (特に酒場の)開店時間 (cf. closing time): at ～. 〖1927〗

ópening úp *n.* [the ～] **1** (土地などの)開発, 開拓. **2** (機会などの)開放. 〖1887〗

ópen jóint *n.* 〘製本〙溝付き《厚表紙の平と背の間に溝ができるように造本したもの; French joint ともいう; cf. tight joint》.

ópen júncture *n.* 〘言語〙開放連接《nitrate /náɪtreɪt/ にはなく night-rate /náɪtrèɪt/ に認められる切れ目の一種; plus juncture ともいう; cf. close juncture》. 〖1941〗

ópen léarning *n.* (放送・印刷物・チューターとの郵便によるやりとりなどによる)自宅学習, 自由学習; 通信教育. 〖1970〗

ópen létter *n.* 公開状《新聞・雑誌・ラジオなどによって発表するある個人宛ての抗議[嘆願]文》. 〖1878〗

ópen-lìne *adj.* 〈テレビ・ラジオ番組が〉視聴者参加型[形式]の.

ópen líne *n.* 〘電気〙架空裸線路《open wire line ともいう; cf. cable line》. 〖1963〗

ópen lóop *n.* 〘電算〙開ループ《動作とその結果が比較されて次の動作に反映するようなループが開いていること; つまり反映されないようになっていること; cf. closed loop》.

ópen-lóop *adj.* 〖1954〗

o·pen·ly /óupənli, -pṇ- | ə́ʊ-/ *adv.* **1** 隠し立てしないで, 明らさまに, 率直に: speak ～. **2** 公然と, 公に. 〖OE *openlīce*: ⇨ open, -ly¹〗

ópen márket *n.* 〘経済〙公開市場, 一般市場《買手と売手がだれでも自由に参加できる》(cf. free market). ***on the ópen márket*** だれでも買える. 〖1766〗

ópen-màrket operàtions *n. pl.* 〘経済〙公開市場操作《中央銀行が所有手形や債券を売買して金融を調節する操作》.

ópen márriage *n.* 開かれた結婚《社会的・性的自立を互いに保障し合う結婚形態》. 〖1968〗

ópen míke *n.* 《米》オープンマイク《ナイトクラブなどでマイクを解放して自由に冗談を言ったり歌ったりできる時間》.

open-mind·ed /óupənmáɪndɨd, -pṇ- | ə́ʊ-⁻/ *adj.* (偏見なしに)新思想や人の意見などを取り入れる, 心の広い; 虚心な (candid), 偏見のない (unprejudiced). **～·ly** *adv.* **～·ness** *n.* 〖1828〗

ópen·móuthed /-máʊðd, -máʊθt⁻/ *adj.* **1** 口を開いた; (驚いて)あんぐり口を開けた, あっけにとられた: She stared at him ～. ぽかんと口を開けて彼を見つめた. **2** がつがつした, 貪欲(どんよく)な (greedy). **3** 大声で叫ぶ, わめく, 騒々しい (clamorous). **4** 〈猟犬が〉(獲物を見て)ほえ立てる. **5** 〈容器など〉広口の: an ～ pitcher. **ópen-móuth·ed·ly** /-ðɨdli, -θɨd-/ *adv.* **ópen-móuth·ed·ness** *n.* 〖c1532〗

ópen-néck *adj.* ＝open-necked. 〖1939–40〗

ópen-nécked *adj.* 首(襟(えり))の部分のあいた, 開襟の: an ～ shirt 開襟[オープン]シャツ. 〖(1959) ↑〗

ó·pen·ness *n.* **1** 開いていること; 広々としていること, (妨げる物もない)見晴らし. **2** 隠し立てのないこと, 開放性, 率直 (candor): with ～ 率直に. **3** 偏見のないこと, 心の広いこと, 寛大. 〖1530〗

ópen néwel *n.* 〘建築〙＝hollow newel.

ópen óccupancy *n.* 《米》＝open housing.

ópen órder *n.* **1** 見計らい注文, 成り行き注文; 市価注文《価格に上限下限をあらかじめ指定した上で市価の成り行きに任せる注文》. **2** 未決済注文. **3** 〘軍事〙散開隊形. 〖1625〗

ópen óutcry *n.* (商品取引所のブローカーの)大声で行う売買注文. 〖1968〗

ópen-pìt *n., adj., adv.* 〘鉱山・土木〙＝opencut. 〖1913〗

ópen plán *n.* 〘建築〙オープンプラン《各種の用途に応じられるよう, 間仕切りを最小限に止めた建築平面》. **ópen-plán** *adj.* 〖1938〗

ópen pólicy *n.* 〘保険〙包括予定保険証券[契約]. 〖1848〗

ópen-póllinated *adj.* 〘植物〙開放[放任]受粉の. 〖1925〗

ópen-pollinátion *n.* 〘植物〙開放受粉, 放任受粉《人工によらず, 昆虫・風など自然の媒体による受粉》.

ópen pórt *n.* **1** 外国通商を開いている港, 開港場 (cf. free port 1). **2** 不凍港.

ópen posítion *n.* 〘音楽〙開離位置 (⇨ open harmony).

ópen prímary *n.* 《米》〘政治〙開放予選会《投票者が自分の所属政党を明示しないで投票できる候補者予選会; cf. closed primary, direct primary》.

ópen príson *n.* 開放型刑務所《監視や規則が緩やかで, 短期刑の受刑者が収容される》.

ópen punctuátion *n.* 書信の日付・宛名の各行末に句読点を打たない書式 (cf. close punctuation).

ópen quéstion *n.* **1** 未解決の問題 (cf. open *adj.* 6 a). **2** 政党が立場を明示していない問題. **3** 「イエス」「ノー」などの簡単な答えでなく)自由な意見を求める問題. 〖1859〗

ópen ránge *n.* 〘米史〙開放牧場《牛を追っての長旅 (long drive) が盛んなころ無料で利用された政府所有の草原》. 〖1890〗

ópen-rèel *adj.* 〈テープレコーダーが〉(カセット式に対して)オープンリール式の (reel-to-reel). 〖1970〗

ópen róad *n.* [the ～] 高速道路. 〖1817〗

ópen sándal *n.* 足指を覆わないサンダル.

ópen sándwich *n.* オープンサンド(イッチ)《スライスしたパンの上に具をのせただけのもの》. 〖1946〗

ópen schólarship *n.* オープン奨学金制度《だれでも有資格者になれる; cf. closed scholarship》.

ópen scóre *n.* 〘音楽〙オープンスコア《声楽やオーケストラの総譜で, 各パートが別々に書き分けられているもの; cf. close score》. 〖1899〗

ópen séa *n.* [the ～] **1** 外洋, 外海. **2** 〘国際法〙公海 (mare liberum) (cf. closed sea).

ópen séason *n.* (漁猟・狩猟)解禁期: an ～ *on* [*for*] deer 鹿猟解禁期, 公認鹿猟期. 〖1896〗

ópen sécret *n.* 公然の秘密. 〖1828〗

ópen séntence *n.* 〘論理・数学〙開いた文, 開放文《1 個以上の変項[変数]を含む文または式; propositional function, sentential function ともいう》. 〖1937〗

ópen sésame *n.* (難局)突破の確実な手段, (難局)解決の鍵 〔*to*〕. 〖(1826): "*Arabian Nights' Entertainments*" の中の *Ali Baba and the Forty Thieves* の話に出て来る「開門」のまじない文句「開けごま」から〗

ópen sét *n.* 〘数学〙開集合.

ópen-shélf *adj.* 《米》〘図書館〙開架式の. 〖1897〗

ópen-shèlter-déck vèssel *n.* 〘海事〙遮浪甲板(しゃろうこうはん)船《諸税金対策として, 実際には大きいのだが, 最上甲板を波よけを目的とするとして, その一部に(減トン)開口を作り, 総トン数計算からその次の甲板までの空間 (open space) を除外するようにした船》.

ópen shélves *n. pl.* 《米》〘図書館〙(利用者が自由に接架できる)開架式(書架)《open access, open stack ともいう; cf. closed shelves》. 〖1821〗

ópen shóp *n.* オープンショップ《労働組合員以外の労働者をも雇用する事業所; もとは組合労働者を雇用しない反組合主義の工場 (nonunion shop) を意味した; cf. closed shop, union shop》. 〖1903〗

ópen-shópper *n.* オープンショップ経営者[主義者].

ópen síde *n.* 〘ラグビー〙オープンサイド《スクラムの位置から見てタッチラインまでの地域が広い方のサイド; cf. blind side》. 〖1906〗

ópen·síde plàner *n.* 〘機械〙片持平削り盤.

ópen síght *n.* 〘銃砲〙谷照門《小火器において後部の照門が小穴でなくくぼんでいるもの; cf. peep sight》. 〖1591〗

ópen skíes *n.* **1** (放送・旅行のための)空の自由な使用権. **2** [O- S-] オープンスカイズ, 領空自由[相互]査察《ヨーロッパにおいて非武装の偵察機で相手国の軍事活動や施設などを監視し合うもの》. 〖1945〗

ópen sláther *n.* 《豪俗》何ら規制がない状態; したい放題 (cf. slather). 〖1919〗

ópen socíety *n.* 開かれた社会《情報公開, 信教の自由, 外部との接触の自由などを特徴とする》. 〖1935〗

ópen-spáce *adj.* 〈建物が〉オープンスペース(式)の《固定壁の代わりに移動式の家具や仕切りを間仕切りとして使う》. 〖1972〗

ópen spáce *n.* **1** 空地. **2** 〘海事〙減トン空間《減税対策として, 実際には部屋があるのだが, 非水密開口部を作っておき, 総トン数容積には算入しない空間; 遮浪甲板と上甲板の間; cf. open-shelter-deck vessel》. 〘1827〙

ópen-spàce schóol *n.* 〘教育〙=open school.

ópen sphére *n.* 〘数学〙開球《球から表面を取り除いたもの; cf. closed sphere》. 〘1934〙

ópen-stáck *adj.* 〘図書館〙=open-shelf.

ópen stáck *n.* 〘図書館〙=open shelves.

ópen stánce *n.* (野球・ゴルフなどの)オープンスタンス《野球ではピッチャーズプレートと本塁を結ぶ線から, ゴルフでは飛球方向から(右利きの人なら)左足を下げた構え; cf. square stance; closed stance》. 〘1948〙

ópen stóck *n.* (ばら買いや, 後からの補充買いもできる)セット売り商品《特に, コーヒーセット・食器など》. 〘1897〙

ópen stríng *n.* 〘建築〙簓桁(ささらげた)《階段を支える中桁(なかげた)で, 上端が階段の形にぎざぎざになっているもの; cf. close string》.

ópen sýllable *n.* 〘音声〙開音節《母音で終わる音節; sea や window の -dow など》. 〘1891〙

ópen sýstem *n.* 〘物理・化学〙開放系, 開いた系 (cf. closed system). 〘1939〙

ópen téxture *n.* 〘哲学〙オープンテクスチャー《特に述語の対象には borderline case の出現がありうるように, 自然言語はその本来の用法を確定できないという様相》. 〘1945〙

ópen-tímbered *adj.* 〈屋根・小屋組など〉構造の材木がむき出しになるように建てた; 化粧屋根裏の.

ópen-tóe *adj.* (*also* **ópen-tóed**) 〈靴・サンダルが〉つま先の開いた.

ópen-tóp *adj.* (*also* **ópen-tópped**) 〈自動車が〉オープントップの《屋根がない, あるいは折りたたみ式の[取りはずせる]屋根のある》. 〘1904〙

ópen tówn *n.* **1** 〘軍事〙無防備の町 (cf. open *adj.* 15). **2** 《米口語》(賭博・酒場などに関して)放任の町《Las Vegas など》. 〘1915〙

ópen tríad *n.* 〘音楽〙空虚五度 (⇨ naked fifth).

ópen úniverse *n.* 〘天文〙開いた宇宙《宇宙の体積は無限で, その膨張も無限に続くとする宇宙論; cf. closed universe》.

Ópen Univérsity *n.* [the ~] (英国の)オープンユニバーシティー, 公開大学《特別の受講資格を必要とせず主に放送・通信を利用する社会人対象の大学; 1970 年創設》. 〘1966〙

ópen vérdict *n.* 〘法律〙存疑評決《変死の原因や加害者は不明とする検屍陪審 (coroner's jury) の評決》. 〘1769〙

ópen vówel *n.* 〘音声〙広母音《発音する際, 舌の表面が口腔内の低い位置にとどまる母音; [a], [ɑ], [ɒ] など; low vowel ともいう》.

ópen wágon *n.* 《英》〘鉄道〙無蓋の鉄道貨車《平たい床・固定した側面を持つ; 重量があってかさばる荷を運ぶ》.

ópen wáter *n.* (陸地・氷などに閉ざされていない)開けた水域[海域]; 《カナダ》(河川・湖の)解氷(期).

ópen wíre lìne *n.* 〘電気〙=open line.

ópen·wòrk *n.* (彫刻・彫金・建築などの)透(す)かし細工. 〘1812〙

ópen-wòrked *adj.* 透かし細工を施した.

ópen-wòrk pláit *n.* 《英》〘窯業〙省胎七宝(しょうたいしっぽう) (plique-a-jour).

o·pe·pe /óupəpi, oupíːpi | ə́upəpi, əupíːpi/ *n.* 〘植物〙ビランガ (*Nauclea diderrichii*)《西アフリカの熱帯林地域に産するアカネ科の大高木; 材は黄色から黄褐色で強度と耐朽性にすぐれ, 水中構造材・床材・家具材などに用いられる》. 〘Yoruba〙

OPer 《略》Old Persian.

op·er·a[1] /ɑ́(ː)p(ə)rə | ɔ́p-/ *n.* **1** オペラ, 歌劇: ⇨ comic opera, grand opera. **2** オペラの総譜[台詞]. **3 a** [(the) ~] (芸術形式・興行としての)オペラ: be fond of (*the*) Italian ~. **b** オペラ公演; [特に O-] オペラ劇場 (opera house): at the ~ / go to the ~ オペラ見物に行く / the (Royal) *Opera*=Covent Garden Theatre. **c** オペラとしての質 (適・不適): It was good ~. **4** 非現実的な大衆劇: ⇨ horse opera, soap opera. 〘(1644) ◻ It. ~ < L ~ 'service, pains': cf. opus〙

opera[2] *n.* opus 2 の複数形.

ópera bág *n.* オペラバッグ《小型のおしゃれ用バッグ》.

ópera ballét *n.* オペラバレエ《バレエが中心になるオペラ》. 〘1899〙

op·er·a·ble /ɑ́(ː)p(ə)rəbl̩ | ɔ́p-/ *adj.* **1** 使用[操作]できる: an ~ machine. **2** 〘医学〙〈病気など〉手術可能の. **óp·er·a·bly** *adv.* **òp·er·a·bíl·i·ty** /-rəbíləṭi | -lɪ̀ti/ *n.* 〘(1646) ◻ LL *operābilis* ← L *operārī* to work: ⇨ operate, -able〙

o·pé·ra bouffe /ɑ́(ː)p(ə)rəbúːf | ɔ́p-; *F.* ɔpeʁabuf/ *F. n.* (*pl.* **~s, o·pé·ras bouffe** /-rəz-/; *F.* **~/, o·pé·ras bouffes** /-rəzbúːfs; *F.* ~/) 〘音楽〙=opera buffa. 〘(1870) ◻ F ~ 'comic opera' ◻ It. *opera buffa*〙

o·pe·ra· buf·fa /ɑ́(ː)p(ə)rəbúːfə | ɔ́p-; *It.* ɔ́ːpera-búffa/ *It. n.* (*pl.* **~s, o·pe·ras buf·fa** /-rəz-/; *It.* **~/, o·pe·re buf·fe** /ɑ́(ː)pərèɪbúːfeɪ | ɔ́p-; *It.* ɔ́ːperebúffe/) オペラブッファ《軽い内容のオペラで, 特に, 18 世紀イタリアで同時代の生活を描いた喜歌劇; cf. opera seria》. 〘(1802) ↑〙

ópera-clòak *n.* (オペラ観劇や正式な夜会用の)長い丈の女性用コート (opera hood). 〘1835〙

o·pé·ra co·mique /ɑ́(ː)p(ə)rəkɑ(ː)míːk | ɔ́p(ə)rə-kɔm-; *F.* ɔpeʁakɔmik/ *F. n.* (*pl.* **~s, o·pé·ras co·mique** /-rəz-; *F.* **~/, o·pé·ras co·miques** /-rəz-, -míːks; *F.* ~/) 〘音楽〙オペラコミーク《対話[せりふ]を交えた歌劇; Bizet の *Carmen* などのような悲劇的な筋のものも含まれる; comic opera とは別; cf. grand opera》. 〘◻ F ~ 'comic opera'〙

ópera glàss *n.* [しばしば *pl.*] オペラグラス《観劇用の小型双眼鏡》. 〘1738〙

ópera·gòer *n.* オペラへよく出かける人, オペラ愛好家. 〘1850〙

ópera hàt *n.* オペラハット[帽]《平たく畳めるようばねのはいったシルクハット; 男性が観劇等の際使用; gibus ともいう》. 〘1810〙

opera hats

ópera hòod *n.* =opera-cloak.

ópera hòuse *n.* **1** オペラ劇場. **2** 《米方言》(俗に)(小都市での)劇場 (theater). 〘1720〙

op·er·am·e·ter /ɑ̀(ː)pərǽməṭə | ɔ̀pərǽmɪ̀tə(r)/ *n.* 〘機械〙(回転軸・車輪などの)回転計. 〘(1829) ← OPERA[2] works + -METER[1]〙

op·er·and /ɑ́(ː)pərǽnd/ *n.* **1** 〘数学〙被演算子, 被演算数《数学的演算の対象となるもの; cf. operator 6》. **2** 〘電算〙演算数, オペランド《演算の対象となる変数》. 〘(1886) ◻ L *operandum* (ger.) ← *operārī* to work〙

op·er·ant /ɑ́(ː)pərənt | ɔ́p-/ *adj.* **1** 働く, 運転する, 効きめのある, 効力のある. **2** 《米》〘心理〙〈反応などが〉利益を求めて自分から働きかける, 自発的な. **— *n.* 1** 操作者. **2** 精神治療士, オペラント. **3** 〘心理〙オペラント《反応などを生起させる刺激が明らかでない場合に起きる行動; cf. respondent 3》. **~·ly** *adv.* 〘(1602) ◻ L *operantem* (pres.p.) ← *operārī* to work〙

óperant condítioning *n.* 〘教育〙オペラント条件づけ《自発的行動を報酬や罰によって強化する条件づけ; instrumental learning ともいう; cf. reinforcement therapy》. 〘1941〙

óperant léarning *n.* 〘教育〙=instrumental learning.

o·pe·ra se·ri·a /ɑ́(ː)p(ə)rəsí°riə, -sér- | ɔ́p(ə)rəsíər-; *It.* ɔ́ːperasɛ́ːrja/ *It. n.* (*pl.* **~s, o·pe·ras se·ria** /-rəz-/, **o·pe·re se·ri·e** /ɑ́(ː)pərèɪsí°rièɪ, -sér- | ɔ̀pərèɪsíər-; *It.* ɔ́ːperesɛ́ːrje/) 〘音楽〙オペラセリア, 正歌劇《opera buffa の対で, 神話・伝説などを題材とした 18 世紀イタリアの歌劇》. 〘(c1854) ◻ It. ~ 'serious opera'〙

op·er·ate /ɑ́(ː)pərèɪt | ɔ́p-/ *vt.* **1** 〈機械などを〉動かす, 操縦する, 運転する: ~ a machine / ~ a switchboard 配電盤を操作する. **2** 〈工場・事業などを〉経営する, 運営する (manage, run): ~ a hotel [school] ホテル[学校]を経営する / ~ a railroad 鉄道を運営する / The company ~*s* three factories and a coal mine. その会社は工場を三つと炭鉱一つをもって事業をやっている. **3** 《口語》〈患部を〉手術する, 〈患部〉に手術を施す. **4** 《まれ》〈効果を〉上げる (effect), 〈結果を〉もたらす, 〈変化を〉起こす: Energy ~*s* changes. エネルギーは変化を起こす. **5** 特別の方法で処理する 〔*on*〕. **— *vi.* 1 a** 〈機械・器官などが〉動く, 働く, 作動する: The heart ~*s* during sleep. 心臓は睡眠中でも働く / The elevator does not ~ properly. そのエレベーターは調子が悪い / The brake failed to ~. ブレーキがきかなかった. **b** 機械を動かす[運転する]. **2** 作用する, 結果を生じる; 〈薬が〉効きめを現す, きく 〔*on, upon*〕: His words began to ~ *on* her mind. 彼の言葉は彼女の心を揺さぶり始めた / The medicine did not ~. その薬は効かなかった / This law ~*s* to our disadvantage. この法律は我々には不利である. **3** 〈人に〉手術をする 〔*on, upon*〕: ~ *on* a patient *for* appendicitis 患者に虫垂炎の手術を施す / a patient about to be ~*d on* これから手術を受けようとしている患者. **4** (特に, 型破りのまたは反社会的な)生活を送る. **5** (相場を変動させる目的で)株の操作をする; 〈株・商品の〉思惑買い[売り]をする 〔*in*〕. **6** 〘軍事〙軍事[作戦]行動を取る; (作戦の基本方針・計画の立案と区別して)作戦を実施する 〔*against*〕. 〘(1588) ← L *operātus* (p.p.) ← *operārī* to work ← *oper-, opus* work: ⇨ opus, -ate[3]〙

op·er·at·ic /ɑ̀(ː)pərǽṭɪk | ɔ̀pərǽt-ˊ/ *adj.* **1** オペラの[に関する, に適した, 風の]: ~ music / an ~ singer. **2** 芝居がかった, 誇張した. **— *n.*** [*pl.*; 単数または複数扱い] **1** オペラ上演[製作]. **2** 芝居じみた大げさなふるまい.

òp·er·át·i·cal·ly *adv.* 〘(1730): DRAMATIC からの類推〙

op·er·at·ing /ɑ́(ː)pərèɪṭɪŋ | ɔ́pərèɪt-/ *n.* [形容詞的に] **1** 手術(用の): ~ expenses 手術料 (cf. 2) / an ~ room 手術室 / ⇨ operating table, operating theatre. **2** (工場などで)経営(上の), 運営(上の): ~ expenses 運営費 (cf. 1) / ~ costs 経営費 / an ~ statement 経理報告. **— *adj.*** 運転中の, 機能中の (functional): an ~ motor.

óperating dùty *n.* 〘電気〙動作責務《間欠動作の電気機械等の動作状態》.

óperating pròfit *n.* 〘会計〙営業利益《売上高から売上原価や販売費などの営業費を差し引いた金額》.

óperating rèvenue *n.* 〘会計〙営業収益《企業の経常的な生産販売活動から生じる収益; cf. non-operating revenue》.

óperating sỳstem *n.* 〘電算〙オペレーティングシステム, 基本ソフト《コンピューターを動かす最も基本的なプログラムで, 他のプログラムの実行管理や周辺装置の管理を行う; 略 OS》. 〘1961〙

óperating tàble *n.* 手術台. 〘1875〙

óperating thèatre *n.* 《英》**1** 手術室 (operating room). **2** (もと)手術階段教室 (cf. theater 5 a). 〘1861〙

op·er·a·tion /ɑ̀(ː)pəréɪʃən | ɔ̀p-/ *n.* **1** 働き, 作用; (機械などの)動き方: mental ~*s* 精神活動 / the ~ of nature 大自然の作用 / the ~ of thinking [breathing] 思考[呼吸]作用 / a machine of complicated ~ 動きの複雑な機械. **2** (機械などの)運転, 操作; (仕事の)作業[操作]過程, 業務: the ~ of a machine 機械の運転[操作] / a delicate ~ in watchmaking 時計製造の微妙な作業. **3** (生産的・工業的)事業; 工事; 操業, 経営, 運営: building ~ 建築工事 / the ~ of hotels [railroads] ホテル[鉄道]の経営[運営] / the cost of ~ 運営費 / the rate of ~ 操業率, 稼動率. **4** 作用[活動]している状態; (制度・法令の)実施, 施行: a law *in* ~ 実施中の法律 / The new system is now *in* full ~. 今は新制度が完全に行われている / be put [bring, come, go] *into* ~ 実施される. **5** 〘医学〙手術: perform an ~ *on* a person *for* gastric cancer 人に胃癌の手術を施す / undergo an ~ 手術を受ける. **6 a** (法律文書などの)有効性. **b** (薬などの)効果, 影響, 効きめ. **7** (相場に変動を起こすような)思惑売買, 操作: ~*s* in cotton 綿花の思惑. **8** 〘数学〙運算, 演算: four ~*s* 四則, 加減乗除 / direct [inverse] ~ 正[逆]算. **9** 〘軍事〙 **a** [しばしば *pl.*] 作戦; 軍事行動: a base of ~*s* 作戦根拠地, 策源地 / a field of ~*s* 作戦地域 / a plan of ~*s* 作戦計画 / an incidental ~ 遭遇戦 / a passive [combined] ~ 守勢[連合]作戦. **b** [*pl.*] 作戦本部, 幕僚機関; 作戦本部スタッフ. **c** [*pl.*] (飛行機の)離着陸管制本部. **10** 〘論理〙変形 (transformation), 演算, 関数的操作[対応づけ]. **11** 〘電算〙オペレーション《コンピューターの実行・操作・命令》. 〘(c1395) (O)F *opération* ◻ L *operātiō(n-)*: ⇨ operate, -ation〙

òp·er·á·tion·al /-ʃnəl, -ʃənl̩ˊ/ *adj.* **1** 操作の[に関する, 上の]. **2** 使用できる; 使用している, 使用中の. **3** 〘軍事〙作戦上の; 作戦中の; 作戦に使える, 現用の, 可動の, 実戦配備の: an ~ missile 現用ミサイル / an ~ aircraft 現用機, 作戦機. **~·ly** *adv.*

óperàtional ámplifier *n.* 〘電子工学〙演算増幅器《演算回路を組み入れた高利得増幅器》. 〘1947〙

operátional fatígue *n.* 〘精神医学〙=combat fatigue.

op·er·a·tion·al·ism /ɑ̀(ː)pəréɪʃ(ə)nəlìzm | ɔ̀p-/ *n.* 〘哲学〙操作主義《具体的操作によって定義されてのみ科学的概念は客観化されるという説》. **op·er·a·tion·al·is·tic** /ɑ̀(ː)pərèɪʃ(ə)nəlístɪk | ɔ̀p-ˊ/ *adj.* 〘1931〙

òp·er·á·tion·al·ist /-ʃ(ə)nəl̩ɪst | -lɪst/ *n.* 〘哲学・心理〙操作主義者. 〘1931〙

òp·er·á·tion·al·ìze /-ʃ(ə)nəlàɪz/ *vt.* 〘電算〙作動できるようにする《プログラムを作動可能な状態にする》. **op·er·a·tion·al·i·za·tion** /ɑ̀(ː)pərèɪʃ(ə)nəl̩ɪzéɪʃən | ɔ̀pərèɪʃ(ə)nəlaɪ-, -lɪ-/ *n.* 〘1954〙

operátional resèarch *n.* 《英》=operations research. 〘1941〙

operátion còde *n.* 〘電算〙オペレーション コード, 操作符号《機械語の命令 (instruction) のうち, データの所在を表すアドレスでなく, 操作内容を表す部分》.

Operátion Barbaróssa *n.* バルバロッサ作戦《ヒトラーによるロシア侵攻作戦 (1941) の暗号名》.

Operátion Désert Stòrm *n.* 砂漠の嵐作戦《湾岸戦争での米国先導による国連軍のイラクからのクウェート解放作戦 (1991)》.

òp·er·á·tion·ìsm /-ʃənìzm/ *n.* 〘哲学〙=operationalism.

òp·er·á·tion·ist /-ʃ(ə)nl̩ɪst | -nɪst/ *n.* 〘哲学・心理〙=operationalist.

operátion mànual *n.* 〘航空〙運航規程, 運航手引書.

Operátion Óverlord *n.* オーバーロード作戦, 大君主作戦《1944 年 6 月, 第二次世界大戦での連合軍の Normandy 上陸作戦の暗号名》.

Operátion Séalion *n.* アシカ作戦《ヒトラーによる英国侵攻作戦 (1940) の暗号名》. 〘1949〙

operátions ìncome *n.* 〘会計〙営業収益.

operátions rèsearch *n.* オペレーションズリサーチ《経営管理・軍事などのシステムの計画・運用に関する諸問題を解決するのに数理学的解析を応用する技術; operational research ともいう; 略 OR》. 〘1945〙

operátions ròom *n.* 作戦本部[指令]室. 〘1806〙

op·er·a·tive /ɑ́(ː)p(ə)rəṭɪv, ɑ́(ː)pərèɪt- | ɔ́p(ə)rət-, ɔ́pərèɪt-/ *adj.* **1** 働く, 活動する; 働きをする, 作用する: Such a spirit is ~ in every one of us. そういう精神はだれの心にでも働いている. **2 a** 〈法律が〉効力のある, 実施中の: become ~ 実施される, 効力を発生する. **b** 〘法律〙〈証書中の文言が〉実施の意図を表す, 発効的な: ~ words 効力発生文言《財産権の設定・移転の法的効果を発生させるのに用いられる文言》. **c** 〈句・文中の語が〉最も肝要な, 適切な意味を表す: the ~ word 主要語. **3** 効きめのある: an ~ dose (薬の)有効 1 回量. **4 a** 手または機械を動かしてする, 作業の: ~ arts 手工業. **b** 働いている, 作業中の: an ~ mechanic. **5** 手術の[による]: ~ surgery 手術学. **— *n.* 1** 職工, 熟練工. **2** 《米》私立探偵, 諜報(ちょうほう)部員: a CIA ~. **~·ly** *adv.* **~·ness** *n.* **op·er·a·tiv·i·ty** /ɑ̀(ː)p(ə)rətívəṭi | ɔ̀p(ə)rətívɪ̀ti/ *n.* 〘(1598) ◻ F *opératif* // LL *operātīvus* creative, formative: ⇨ operate, -ative〙

op·er·a·tize /ɑ́(ː)pərəṭàɪz | ɔ́p-/ *vt.* 歌劇化する, オペラにする. 〘(1865): DRAMATIZE からの類推〙

ópera tòp *n.* 〘服飾〙オペラトップ《camisole の一種》. 〘1921〙

op·er·a·tor /ɑ́(ː)pərèɪṭə | ɔ́pərèɪtə(r)/ *n.* **1 a** (機械の)操作員, オペレーター; (無線)通信士: a cinema ~ 映写技師 / a telegraph [wireless] ~ 通信士[無線通信士, 無電技手]. **b** 電話交換手: a telephone ~ 電話交換手 /

O

an ～'s set 交換手用電話機. **c** 手術者, 執刀者. **2** 経営者: a coal [mine] ～ 炭坑[鉱山]業者. **3** 催眠術師 (hypnotist). **4** 《米俗》 **a** やり手, 敏腕家, 腕っこき. **b** 要領のいい人. **c** 大もうけした人, 一山あてた人. **d** 異性にもてる人. **e** はったり屋; 雑学の大家. **5** 〖証券〗相場師. **6** 〖数学〗演算記号, 演算子 (cf. operand). **7** 〖電算〗演算子《演算数 (operand) に対して演算を施す装置, プロセス》. **8** 〖論理〗演算詞《命題結合詞や量化詞など》. **9** 〖生物〗オペレーター, 作動遺伝子《染色体上にあり, 隣接する構造遺伝子 mRNA 合成を制御している遺伝子; operator gene ともいう; cf. operon》. **10** 〖文法〗 **a** 機能語《前置詞・接続詞・助動詞など》. **b** 演算子. 〖(1597) □ LL *operātor* ← L *operārī*: ⇨ operate, -or²〗

óperator gène *n.* 〖生物〗=operator 9. 〖1971〗

óperator·ship *n.* (油井・ガス田などの)施業権.

ópera wìndow *n.* 〖自動車〗オペラウインドー《後席横のはめ殺しの小窓》. 〖1972〗

opercula *n.* operculum の複数形.

o·per·cu·late /oupə́ːkjulɪ̀t, əpə́ː-, -lèɪt | ə(ʊ)pə́ː-/ *adj.* operculum のある. 〖(1775) ← OPERCUL(UM)＋-ATE²〗

o·per·cu·lat·ed /oupə́ːkjulèɪtɪ̀d, əpə́ː- | ə(ʊ)pə́ː-kjulèɪt-/ *adj.* =operculate. 〖1676〗

o·per·cu·lum /oupə́ːkjuləm, əpə́ː- | ə(ʊ)pə́ː-/ *n.* (*pl.* **-cu·la** /-lə/, **～s**) **1** 〖植物〗蘚蓋(せんがい), 朔蓋(さくがい). **2** 〖動物〗 **a** (魚の)鰓蓋(えらぶた) (gill cover) (⇨ fish¹ 挿絵). **b** (巻き貝の)蓋(ふた), へた. **c** (昆虫の)卵蓋, 蓋板.

o·pér·cu·lar /-lə | -lə^(r)/ *adj.* 〖(1713) ← NL ～ ← L ～ 'cover(ing), lid' ← *operīre* to cover, close ← *op-* 'OF-'＋IE **wer-* to cover: ⇨ -cule〗

opere buffe *n. It. n.* opera buffa の複数形.

o·pe·re ci·ta·to /ά(ː)pərìːsaɪtéɪtou, ɔ́(ː)pərèɪkɪ̀-tάːtou | ɔ̀pərìːsaɪtéɪtəʊ/ *L.* 前掲(引用)書中に《略 op. cit., o.c.》. 〖□ L *opere citātō* in the work quoted〗

opere serie *n.* opera seria の複数形.

op·er·et·ta /ὰ(ː)pərétə | ɔ̀pərétə; *It.* operétta/ *n.* 〖音楽〗オペレッタ, 喜[軽]歌劇《バレエなどを盛り込んだ軽い内容のオペラ》. **òp·er·ét·tist** /-tɪ̀st | -tɪst/ *n.* 〖(1770) □ It. ～ (dim.) ← OPERA¹〗

op·er·ette /ὰ(ː)pərét | ɔ̀p-/ *n.* 〖音楽〗=operetta. 〖(1890) ↑ の英語化した形〗

op·er·on /ά(ː)pərὰ(ː)n | ɔ́pərɔ̀n/ *n.* 〖生物〗オペロン《遺伝情報の読まれる染色体上の小単位; cf. cistron, lac operon, operator 9》. 〖(1961) ← OPER(ATOR)＋-ON²〗

op·er·ose /ά(ː)pəròus | ɔ́pərəʊs/ *adj.* 《古》 **1** 勤勉な, よく働く (industrious). **2** 苦心の, 入念な, 骨の折れる. **～·ly** *adv.* **～·ness** *n.* 〖(1678) □ L *operōsus* laborious ← *oper-*, *opus* work: ⇨ opus, -ose¹〗

O

OPers 《略》 Old Persian.

O·phe·lia /oufíːljə, əf-, -liə | ə(ʊ)-, ɔ-/ *n.* オフィーリア: **1** 女性名. **2** Shakespeare 作 *Hamlet* 中の登場人物で Hamlet の恋人. 〖← ? Gk *ōphelía* a help, succor〗

o·phi- /oufɪ̀, ά(ː)f-, -fi | ɔf-/ (母音の前にくるときの) ophio- の異形.

O·phi·a /oufíːə, əf- | ɔf-, ə(ʊ)f-/ *n.* オフィーア《女性名》. 〖《変形》← OPHELIA〗

o·phi·cal·cite /òufəkǽlsaɪt, ὰ(ː)f- | ɔ̀fɪ-/ *n.* 〖岩石〗蛇灰(じゃかい)岩. 〖1846〗

o·phi·cleide /óufəklàɪd, ά(ː)f- | ɔ́fɪ-/ *n.* 〖音楽〗オフィクレイド: **1** 19 世紀初頭に考案された低音金管楽器《現在は余り用いられない》. **2** オルガンのリード音栓の一種. 〖(1834) □ F *ophicléide* ← OPHIO-＋Gk *kleid-*, *kleís* key〗

O·phid·i·a /oufídiə, əf- | ɔfídiə, ə(ʊ)f-/ *n. pl.* 〖動物〗=Serpentes. 〖← NL ～ (↓)〗

o·phid·i·an /oufídiən | ɔfídi-, ə(ʊ)f-/ *adj.* ヘビに似た[のような]. ― *n.* 〖動物〗ヘビ (snake). **～·ly** *adv.* 〖(1826) ← NL *Ophidia* ((pl.) ← Gk *óphis* serpent)＋-AN¹〗

o·phid·i·id /oufídiɪd, əf- | ɔfídiɪd, ə(ʊ)f-/ *adj., n.* 〖魚類〗アシロ科の(魚).

o·phi·o- /óufiou, ά(ː)f- | ɔ́fiəʊ/「ヘビ (snake)」の意の連結形. ★ 母音の前では通例 ophi- になる. 〖← Gk *óphis* serpent〗

o·phi·ol·a·try /òufiά(ː)lətri, ὰ(ː)f- | ɔ̀fiɔ́lə-/ *n.* 蛇崇拝 (snake worship). **ò·phi·ól·a·trous** /-trəs⁺/ *adj.* **oph·i·ol·a·ter** /òufiά(ː)lətə, ὰ(ː)f- | ɔ̀fiɔ́lə-tə^(r)/ *n.* 〖1862〗

o·phi·o·lite /óufiəlàɪt, ά(ː)f- | ɔ́f-, əʊf-/ *n.* 〖岩石〗オフィオライト《地向斜海底でできた塩基性または超塩基性火成岩の総称》. 〖(1848) □ F *ophiolithe*: ⇨ ophio-, -lite〗

ò·phi·ól·o·gist /-dʒɪ̀st | -dʒɪst/ *n.* 蛇学者. 〖1827〗

o·phi·ol·o·gy /òufiά(ː)lədʒi, ὰ(ː)f- | ɔ̀fiɔ́l-/ *n.* 〖動物〗蛇学. **o·phi·o·log·i·cal** /òufiəlά(ː)dʒɪkəl, ὰ(ː)f-, -dʒə-, -kḷ | ɔ̀fiəlɔ́dʒɪ-⁺/ *adj.* **ò·phi·o·lóg·ic** *adj.* 〖(1817) ← OPHIO-＋-LOGY〗

o·phi·oph·a·gous /òufiά(ː)fəgəs, ὰ(ː)f- | ɔ̀fiɔ́f-⁺/ *adj.* 蛇を食う. 〖(1650) □ Gk *ophiophágos*: ⇨ ophio-, -phagous〗

o·phi·o·plu·te·us /òufiouplúːtiəs, ὰ(ː)f- | ɔ̀fiə(ʊ)-plúːti-/ *n.* (*pl.* **-te·i** /-tiàɪ | -ti-/) 〖動物〗オフィオプルテウス《クモヒトデ類の原腸胚 (gastrula) に続く時期の幼生》. 〖← NL ～ ← OPHIO-＋L *pluteus* shed〗

O·phir /óufə | əʊfə^(r)/ *n.* 〖聖書〗オフル《Solomon が黄金と宝石を得た地方; Arabia 南部またはアフリカ東海岸と推定される; cf. *1 Kings* 9:28, *Job* 22:24》. 〖(1614) □ Heb. *Ōphīr*〗

oph·ite /ά(ː)faɪt, óuf- | ɔ́f-/ *n.* 〖岩石〗(ウラル石が主成分の)輝緑岩, 蛇紋(じゃもん)岩. 〖(1644) □ L *ophitēs* □ Gk *ophítēs* (*líthos*) serpentine (stone) ← *óphis* serpent〗

Oph·ite /ά(ː)faɪt, óuf- | ɔ́f-/ *n.* オフィス派の人, 拝蛇教教徒《2 世紀頃の Gnosticism の一派; Eden の園で人間に知恵を与えた蛇は人類の恩恵者であるとし, 蛇を 'wisdom' の象徴とみなした》. 〖□ LL *Ophītae* (pl.) □ LGk *Ophîtai* (pl.) ← Gk *ophítēs* (↑)〗

o·phit·ic /ɑ(ː)fítɪk, ouf-, əf- | ɔfít-/ *adj.* 〖岩石〗輝緑岩組織の《長石が自形をなし輝石・角閃(かくせん)石などの中を貫く完晶組織にいう》. 〖1875〗

Oph·i·u·chus /ὰ(ː)fijúːkəs, òuf- | ɔ̀f-/ *n.* 〖天文〗へびつかい(蛇遣い)座《てんびん座 (Libra) とわし座 (Aquila) との間にある; the Serpent Bearer ともいう》. 〖(1658) □ L ～ 'serpent-holder' □ Gk *ophioûkhos* ← *óphis* serpent＋*ékhein* to hold〗

oph·i·u·roid /ὰ(ː)fijúᵊrɔɪd, òuf- | ɔ̀fijúər-, -jɔ́ːr-/ 〖動物〗*adj.* 蛇尾綱の. ― *n.* =brittle star. 〖(1888) ↓〗

ophth. 《略》 ophthalmic; ophthalmologist; ophthalmology.

ophthal. 《略》 ophthalmic; ophthalmologist; ophthalmology.

oph·thalm- /ɑ(ː)fθǽlm, ɑ(ː)p- | ɔf-, ɔp-/ (母音の前にくるときの) ophthalmo- の異形.

oph·thal·mi·a /ɑ(ː)fθǽlmiə, ɑ(ː)p- | ɔf-, ɔp-/ *n.* 〖眼科〗眼炎. 〖(*a*1398) *obtalmia* ← LL *ophthalmia* □ Gk *ophthalmía* ← *ophthalmós* eye: ⇨ ophthalmo-, -ia¹〗

ophthálmia ne·o·na·tó·rum /-nìːənətɔ́ːrəm/ 〖眼科〗新生児眼炎.

oph·thal·mic /ɑ(ː)fθǽlmɪk, ɑ(ː)p- | ɔf-, ɔp-/ *adj.* **1** 目の[に関する, の近くにある]: an ～ hospital 眼科病院 / the ～ nerve 視神経. **2** 眼炎の[にかかった, 用の]. 〖(1605) □ L *ophthalmicus* □ Gk *ophthalmikós*: ⇨ ophthalmo-, -ic¹〗

ophthálmic optícian *n.* 《英》=optometrist.

oph·thal·mi·tis /ὰ(ː)fθælmáɪtɪ̀s, ὰ(ː)p-, -θəl- | ɔ̀f-θælmáɪtɪs, ɔp-/ *n.* =ophthalmia. 〖(1822–34) ← NL ～: ⇨ ↓, -itis〗

oph·thal·mo- /ɑ(ː)fθǽlmou, ɑ(ː)p- | ɔfθǽlməʊ, ɔp-/「目 (eye), 眼球 (eyeball); 目の; 眼炎の」の意の連結形. ★ 母音の前では通例 ophthalm- になる. 〖← Gk *ophthalmós* eye ← IE **okʷ-* 'EYE': 第 2 要素については cf. *thálamos* inner room〗

ophthàlmo·dynamómeter *n.* 〖眼科〗眼底血圧計.

ophthalmol. 《略》 ophthalmology.

òph·thal·mól·o·gist /-dʒɪ̀st | -dʒɪst/ *n.* 眼科医. 〖1834〗

oph·thal·mol·o·gy /ὰ(ː)fθælmά(ː)lədʒi, ὰ(ː)p-, -θə(ɫ)- | ɔ̀fθælmɔ́l-, ɔ̀p-/ *n.* 〖医学〗眼科学. **oph·thal·mo·log·ic** /ὰ(ː)fθælməlά(ː)dʒɪk, ὰ(ː)p-, -θə(ɫ)- | ɔ̀fθælməlɔ́dʒ-, ɔ̀p-⁺/ *adj.* **oph·thàl·mo·lóg·i·cal** *adj.* **oph·thàl·mo·lóg·i·cal·ly** *adv.* 〖(1842) ← OPHTHALMO-＋-LOGY〗

oph·thal·mom·e·ter /ὰ(ː)fθælmά(ː)mətə, ὰ(ː)p-, -θə(ɫ)- | ɔ̀fθælmɔ́mɪ̀tə^(r), ɔ̀p-/ *n.* 〖眼科〗角膜曲率計, 眼球計. 〖1842〗

oph·thal·mo·ple·gi·a /ɑ(ː)fθæ̀lməplíːdʒiə, ɑ(ː)p-, -dʒə | ɔfθæ̀lmə(ʊ)-, ɔp-/ *n.* 〖医学〗眼筋麻痺. **-plé·gic** /-plíːdʒɪk⁺/ *adj.* 〖(1842) ← NL ～: ⇨ ophthalmo-, -plegia〗

oph·thal·mo·scope /ɑ(ː)fθǽlməskòup, ɑ(ː)p- | ɔfθǽlməskəʊp, ɔp-/ *n.* 〖眼科〗検眼鏡《眼球の内部を観察するための器具》. **oph·thal·mo·scop·ic** /ɑ(ː)fθæ̀lməskά(ː)pɪk, ɑ(ː)p- | ɔfθæ̀lməskɔ́p-, ɔp-⁺/ *adj.* **oph·thàl·mo·scóp·i·cal** *adj.* 〖1857〗

oph·thal·mos·co·py /ὰ(ː)fθælmά(ː)skəpi, ὰ(ː)p-, -θə(ɫ)- | ɔ̀fθælmɔ́s-, ɔ̀p-/ *n.* 〖眼科〗検眼鏡検査(法). 〖1730–36〗

O·phüls /óufəlz, ɔ́(ː)f- | əʊf-, ɔ́f-; *G.* ɔ́fʏls/, **Max** *n.* オフュルス《1902–57; ドイツ生まれの映画監督; *La Ronde* (1950)》.

-o·pi·a /óupiə | ə́ʊ-/「視力; 視覚器官」の意の名詞連結形: amblyopia, diplopia, emmetropia, myopia. 〖← NL ～ ← Gk *-ōpía* ← *ṓps* eye: ⇨ -ia¹〗

o·pi·ate /óupiɪ̀t, -pièɪt | ə́ʊ-/ *n.* **1** アヘン剤. **2** 《口語》麻酔剤; 催眠剤. **3** 感情を鎮静させる[鈍感にする]もの. ― *adj.* **1** アヘンを用いた[混ぜた]. **2 a** 催眠の, 麻酔させる, 鎮静の. **b** 感覚を鈍らせる, だるくさせる. ― /óupièɪt | ə́ʊ-/ *vt.* **1 a** (アヘン剤で)麻酔させる (stupefy). **b** 〈感覚を〉鈍くする (dull). **2** …にアヘンを混ぜる[含ませる]. 〖(1543) □ ML *opiātus*: ⇨ opium, -ate^(2,3)〗

O·pie /óupi | ə́ʊ-/, **John** *n.* オーピー《1761–1807; 英国の画家》.

O·pil·i·a·ce·ae /oupìliéɪsiìː | əʊ-/ *n. pl.* 〖植物〗カナビキボク科. **o·pil·i·á·ceous** /-ʃəs⁺/ *adj.* 〖← NL ～ ← *Opilia* (属名)＋-ACEAE〗

O·pil·i·o·nes /oupìlióuniːz | əupìliə́ʊ-/ *n. pl.* 〖動物〗=Phalangida.

O·pil·i·o·ni·na /oupìliənáɪnə | əʊ-/ *n. pl.* 〖動物〗= Phalangida.

o·pine /oupáɪn, əp- | ə(ʊ)p-/ *vt.* **1** 意見として述べる (state) 〈*that*〉. **2** 考える (think) 〈*that*〉. ― *vi.* 意見を述べる, 思う 〔*about*〕. 〖(1557) □ F *opiner* □ L *opīnārī* to be of opinion, suppose: cf. opinion〗

o·pin·i·cus /oupínɪ̀kəs | əupíni-/ *n.* 〖紋章〗オピニカス《体と四肢がライオン, 頭と翼が鷲, 耳が griffin でらくだの尾を付けた架空の動物》. 〖(1780)?〗

o·pin·ion /əpínjən/ *n.* **1 a** (自分の考えでは正しいと思われる個人的)意見, 見解: people of all shades of ～ いろいろな意見の人々 / It is a matter of ～ only (whether she is right or wrong). (彼女が正しいか間違っているかは)結局見解上の問題だ / All were of the same [her] ～. みんな[彼女と]同意見だった / in my (considered [humble]) ～ (for what [whatever] it's worth) (大したものではないかもしれないが)私の(熟慮の上での)考え[卑見]では ★ *according to my* ～ は言わない / in the ～ of some people ある人々の考えでは / form an ～ of [about] …について意見を決める / give [express, state] one's ～ *on* [*upon*, *about*] …に対して自分の意見を述べる / stick to one's ～ 自分の意見を固守する[変えない] / offer [venture] an ～ *on* [*about*] …に対して意見を[思いきって]述べる / if you want my ～ 私の意見では / The majority of them had [held] no ～ at all. 彼らの大多数には全然意見がなかった. **b** [通例 *pl.*] 所信, 持論, 自説: act on one's ～s 所信を実行する / You are too young to form (such strong) ～s. (そのような強硬な)自説を立てるには君はまだ若い. **2** (ある事柄についての)一般の考え[見解], 世間の人々の考え: the general [prevailing] ～ 一般の説 / public ～ 世論. **3 a** (医師・弁護士などの)専門的意見; 鑑定: a medical ～ 医師の意見 / an expert ～ 専門家の意見 / get an ～ of counsel=take counsel's ～ 弁護士の意見を聞く / get another [a second] ～ 別の医師の診断[別の人の鑑定]を求める; 鑑定を求める. **b** 《米》〖法律〗(判決における裁判官・裁判所・調停者の)意見 (dicta): ⇨ dissenting opinion / (in) the ～ of the court 裁判所の意見(では). **4 a** [通例善悪・好悪などの形容詞を伴って] (人・物などの)判定, 評価: form an ～ *of* a person [thing] 人[物]を評する / What is your ～ *of* him [it]? あの人[それ]をどう思うか / have [form] a good [high] ～ *of* …を高く評価する, 偉いと思う, 敬服する / have a good ～ *of* oneself うぬぼれている / have a bad [low, poor] ～ *of* …を大したものでない[だめだ]と思う, 見下げる / come [go] down in a person's ～ …を失望[幻滅]させ(て評価が下が)る. **b** [今は否定構文で] 好意的評価, 好評: I have *no* ～ *of* [*not* much of an ～ *of*] him. 彼をつまらない人間と思っている, 彼を軽蔑している[あまり高く買わない]. **5** 《廃》自信, 自負; うぬぼれ. ***be of the opinion that*** …という意見をもっている, …と思う (think). 〖(*a*1325) □ (O)F ～ □ L *opīniō(n-)* ← *opīnārī* ← IE **op-* to choose (L *optāre* to choose)〗

SYN 意見: **opinion** あることについて十分考えて到達した考え《正しいとは限らない》: *Opinion* differs about its values. その価値についてはいろいろな意見がある. **view** 多少とも個人の感情や偏見などに色づけされた *opinion*: a sane *view* 妥当な見解. **comment** ある問題・作品などについて価値判断を含めての意見: She gives frank *comment* on my work. 彼女は私の作品について率直な意見をくれる. **idea** 頭に浮かんでくる考え, 物事についての見解で個人的な意見: exchange *ideas* on education with parents 親たちと教育についての意見を交換する. **sentiment** ある題目に関して考えたり感じたりしたことの総体: These are my *sentiments*. これが私の感想です.

---

o·pin·ion·at·ed /əpínjənèɪtɪ̀d, ou- | -njənèɪtɪ̀d/ *adj.* 自分の意見を固守する; 頑固な (obstinate), 独断的な (dogmatic). **～·ly** *adv.* **～·ness** *n.* 〖(1601) ← 《まれ》*opinionate* (← OPINION＋-ATE²)＋-ED〗

o·pin·ion·a·tive /əpínjənèɪtɪv | -nət-/ *adj.* 《まれ》 **1 a** 意見の[に関する, から成る], 見解上の. **b** =opinionated. **2** 《廃》想像上の (imaginary). **～·ly** *adv.* **～·ness** *n.* 〖1536〗

o·pín·ion·ist /-nɪ̀st | -nɪst/ *n.* **1** 固く自説を守る人, 自説を表明する人. **2** 《廃》異常な信仰[意見]を持つ人, 異説を唱える人, 異教信仰者. 〖1623〗

opínion-màkers *n. pl.* オピニオンリーダー.

o·pin·ion·naire /əpìnjənéə | -néə^(r)/ *n.* (多数の人の意見を問い合わせる)質問表, アンケート. 〖(1949) ← OPINION＋(QUESTION)NAIRE〗

opínion pòll *n.* 世論調査 (poll). 〖1937〗

o·pi·oid /óupiɔ̀ɪd | ə́ʊ-/ *n.* **1** 〖薬学〗オピオイド《アヘンに似た作用をもつ合成麻酔薬》. **2** 〖生化学〗アヘン様[モルヒネ様]ペプチド《モルヒネ受容体と特異的に結合し, モルヒネ様作用を現すペプチドの総称: endorphin, enkephalin など; opioid peptide ともいう》. ― *adj.* アヘン様の; アヘン様物質[ペプチド]の[に誘導された]. 〖(1957) ← OPI(UM)＋-OID〗

op·i·som·e·ter /ὰ(ː)pəsά(ː)mətə | ɔ̀pɪsɔ́mɪ̀tə^(r)/ *n.* オピソメーター, 曲線計《地図の上などで曲線の長さを計る器具; cf. stadiometer》. 〖(1872) ← Gk *opísō* backward ＋-METER¹〗

o·pisth- /əpísθ | ɔp-/ (母音の前にくるときの) opistho- の異形.

o·pis·the·nar /əpísθənὰə | ɔpísθɪnὰː^(r)/ *n.* 〖解剖〗手の甲. 〖← NL ～ ← Gk *opísō* backward＋*thénar* palm of a hand〗

o·pis·tho- /əpísθou, ou- | ə(ʊ)písθəʊ/「背[後]部の; 背[後]部に位置するものを持つ」の意の連結形. ★ 母音の前では通例 opisth- になる. 〖□ Gk ～ ← *ópi(s)then* behind: cf. epi-〗

o·pis·tho·branch /əpísθəbræ̀ŋk, ou- | ə(ʊ)p-/ *adj., n.* 〖動物〗後鰓(こうさい)亜綱の(動物)《多くは貝殻を欠きナメクジ状, 従って蓋を欠き, 鰓は心臓より後方にある》. 〖1851–56〗

O·pis·tho·bran·chi·a /əpìsθəbrǽŋkiə, ou- | ə(ʊ)-pìsθə(ʊ)-/ *n. pl.* 〖動物〗(軟体動物門)後鰓(こうさい)亜綱 (cf. Prosobranchia). 〖← NL ～: ⇨ opistho-, branchia〗

o·pis·tho·coe·lous /əpìsθəsíːləs, ou- | ə(ʊ)pìs-θə(ʊ)-⁺/ *adj.* 〖動物〗後くぼみの《脊椎動物の椎骨の後側がくぼんだ》. 〖(1872) ← NL *opisthocoelus* ← OPISTHO-＋Gk *koîlos* hollow〗

op·is·thog·na·thism /à(:)pəsθá(:)gnəθìzm | ɔ̀pɪsθɔ́g-/ *n.* 〘病理〙下顎(ᵹ)後退(症).

op·is·thog·na·thous /à(:)pəsθá(:)gnəθəs | ɔ̀pɪsθɔ́g-ˊ/ *adj.* **1** 〘人類学〙下あごの後退した (cf. prognathous, orthognathous). **2** 〈昆虫の口部が〉後向きの (cf. hypognathous). 〘(1864): ⇨ -gnathus, -ism 5〙

o·pis·tho·graph /əpísθəgræ̀f, oʊ- | ə(ʊ)písθəgrɑ̀:f, -græ̀f/ *n.* 〘古文書〙(古代・中世の)両面書き写本[羊皮紙・刻板]. **o·pis·tho·graph·ic** /əpìsθəgrǽfɪk, oʊ- | ə(ʊ)p-ˊ/ *adj.* 〘(1623) ⊏ L *opisthographus* written on the back ⊏ Gk *opisthógraphos* ← *ópisthen* behind + *-graphos* '-GRAPH'〙

o·pis·tho·so·ma /əpɪsθəsóʊmə, oʊ- | ə(ʊ)pìsθəsə́ʊ-/ *n.* (*pl.* **-ma·ta** /~tə | ~tə/) 〘動物〙後胴体部《クモやクモ形類動物の腹部》. 〘⇨ -soma〙

op·is·thot·o·nos /à(:)pəsθá(:)tənəs, -nɑ̀(:)s | ɔ̀pɪsθɔ́tənəs, -nɔ̀s/ *n.* (*also* **op·is·thot·o·nus** /-nəs/) 〘医学〙後弓反張《頭と踵を後方にして胴体を弓なりにそらせる背筋痙攣》. 〘⊏ Gk *opisthótonos*: ⇨ opistho-, tone〙

o·pi·um /óʊpiəm | ə́ʊ-/ *n.* **1** アヘン(阿片). **2** (アヘンのように)麻痺を起こすもの, 頭をぼうっとさせるもの. 〘(c1400) ⊏ L ~ ⊏ Gk *ópion* poppy juice (dim.) ← *opós* vegetable juice〙

ópium dèn *n.* アヘン窟(ᵹ). 〘1882〙

ópium drèam *n.* アヘンに誘発された眠りの中でみる(ような)夢, アヘン吸飲者の夢.

ópium-èater *n.* アヘン常用者, アヘン中毒患者. 〘1821〙

ópium hàbit *n.* アヘン常用癖.

ó·pi·um·ìsm /-mɪzm/ *n.* アヘン常用, アヘン中毒.

ópium pòppy *n.* 〘植物〙ケシ (*Papaver somniferum*) (cf. poppy[1]). 〘1863〙

ópium-smòker *n.* =opium-eater.

Ópium Wàr *n.* [the ~] (英国と清朝中国との)アヘン戦争 (1840–1842).

o.p.n. 《略》*L.* ōrā prō nōbīs 我らのために祈りたまえ (pray for us).

op·o·del·doc /à(:)pədéldɑ(:)k | ɔ̀pə(ʊ)déldɔk/ *n.* 〘薬学〙オポデルドク, 複方石鹸塗擦剤《アルコールに石鹸・樟脳・精油を溶かしたもの》. 〘(1656) ← NL *oppodeltoch* ← ? Gk *ópos* vegetable juice + *-deltoch* (← ?): Paracelsus の造語〙

o·pop·a·nax /əpá(:)pənæ̀ks | ə(ʊ)pɔ́p-/ *n.* (also **o·pop·o·nax** /~/) **1** オポパナックス《香料に用いる一種の芳香樹脂》. **2** 〘植物〙キンゴウカン(金合歓) (*Acacia farnesiana*)《熱帯アメリカ原産マメ科アカシア属の低木; 芳香のある黄色い花をつける; 花からは香水に使う精油が, 樹皮からはタンニンが採れる》 〘(c1400) ⊏ L ~ ⊏ Gk *opópanax* ← *ópos* juice + *pánax* allheal: cf. opium, panacea〙

O·por·to /oʊpɔ́ətoʊ | ə(ʊ)pɔ́:təʊ/ *n.* オポルト, ポルト《ポルトガル北西部, Douro 河口に近い港湾都市; ぶどう酒業の中心地で, ポートワイン (port) の輸出港; ポルトガル語名 Porto /pɔ́rtu/》. 〘(1691) ← Port. *o* the + *porto* port or harbor: cf. port[1,3]〙

o·pos·sum /əpá(:)səm, pá(:)s- | əpɔ́s-/ *n.* (*pl.* **~s**, **~**) 〘動物〙**1** オポッサム, コモリネズミ, フクロネズミ《オポッサム科の動物の総称; 北米から南米まで分布; 危険になると仮死状態(死んだふり)になる習性がある; 《口語》で possum ともいう》; (特に)キタオポッサム (*Didelphis virginiana*)《北米・中米産》. **2** オーストラリア・ニュージーランド産のオポッサムに似た動物の総称《特にクスクス (phalanger) やフクロギツネ (*Trichosurus vulpecula*) を指す》. 〘(1610) ⊏ Am.-Ind. (Algonquian) *aposoum*《原義》white beast〙

opossum 1
(*D. virginiana*)

opóssum blòck *n.* 《NZ》フクロギツネブロック《フクロギツネのわなを仕掛ける免許の所持者に割り当てられた区画》.

opóssum shrìmp *n.* 〘動物〙アミ《アミ目の小形甲殻類》. 〘(1844): 胸の下側に保育嚢(ᵹ)があり, ここに多数の幼生をかかえている様子が opossum に似ていることから〙

opóssum wòod *n.* 〘植物〙=silver bell.

opp. 《略》opportunity; opposed; opposite.

Op·pen·heim /á(:)pənhàɪm | ɔ́p-/, **E(dward) Phillips** *n.* オッペンハイム (1866–1946; 英国の探偵小説家; *Great Impersonation* (1920)).

Op·pen·hei·m·er /á(:)pənhàɪmə | ɔ́pənhàɪmə[r]; *G.* ɔ́pnhaɪmɐ/, Sir **Ernest** *n.* オッペンハイマー (1880–1957; ドイツ生まれの南アフリカ共和国の企業家; 金・ダイヤモンド・銅を採鉱する会社を設立; 死亡時には世界のダイヤモンドの 95% を供給する会社を経営).

Op·pen·hei·mer /á(:)pənhàɪmə | ɔ́pənhàɪmə[(r)]/, **J(ulius) Robert** *n.* オッペンハイマー (1904–67; 米国の理論物理学者; 原子爆弾製造の指導者; のちに水爆製造に反対した).

op·pi·dan /á(:)pədən, -dn | ɔ́pɪdən, -dn/ *adj.* (田舎に対して)町の, 都市の (urban). **—** *n.* **1** 《英》(Eton 校で) 給費を受けずに市内に下宿している学生 (cf. colleger 2). **2** 《古》町民, 市民 (townsman). 〘(c1540) ⊏ L *oppidānus* living in or belonging to a town ← *oppidum* town〙

op·pi·dum /á(:)pədəm | ɔ́pɪ̀d-/ *n.* (*pl.* **-da** /-də | -də/) (古代ローマ属州の)城壁町, オピドゥム《自治権はなく, 城砦をもっていた》. 〘⊏ L ~ 'fortified town'〙

op·pi·late /á(:)pəlèɪt | ɔ́pɪ̀-/ *vt.* 《古》ふさぐ, …に邪魔物を詰める, 遮る (obstruct); 便秘させる. **op·pi·la·tion** /à(:)pəléɪʃən | ɔ̀pɪ-/ *n.* 〘(1547) ← L *oppilātus* (p.p.) ← *oppilāre* to block up ← *op-* 'OB-' + *pilāre* to ram down ← *pilum* pestle〙

op·po /á(:)poʊ | ɔ́pəʊ/ *n.* 《英俗》親友, 同僚. 〘(1939) ← 《略》? *opposite number*〙

op·po·nen·cy /əpóʊnənsi | əpə́ʊ-/ *n.* 反対, 抵抗 (antagonism). 〘1727〙

op·po·nens /əpóʊnenz | əpə́ʊ-/ *n.* (*pl.* **-nen·tes** /à(:)pənénti:z | ɔ̀p-/, ~) 〘解剖〙(手足の指の)対立筋《手掌において親指と小指を向かい合わせる》.

op·po·nent /əpóʊnənt | əpə́ʊ-/ *n.* **1** 対抗者, 敵対者, 反対者 (adversary, antagonist) (↔ proponent); (試合などの)敵手, 相手 (⇨ rival SYN): an ~ *to* [*of*] the bill その議案に対する反対(論)者 / an ~ in a debate 論敵 / a political ~ 政敵. **2** 〘解剖〙対立筋, 拮抗筋 (antagonist). **—** *adj.* **1** 対立する (opposing), 反対の, 敵対する (antagonistic). **2** 《まれ》〈位置が〉反対の, 真向かいの (opposite): on the ~ bank 向こう岸に. **3** 〘解剖〙〈肉筋が〉対立的な, 拮抗的な. 〘(1536) ⊏ L *oppōnentem* (pres.p.) ← *oppōnere* to oppose ← *op-* 'OB-' + *pōnere* to place: cf. position〙

op·por·tune /à(:)pətú:nˊ | ɔ̀pətjù:n, ˌ-ˌ-ˊ/ *adj.* **1** 〈時が〉好都合の (convenient), ちょうどよい (fit): at an ~ moment / The present is most ~ *for* doing that. 今こそそれをするのにもってこいのチャンスです. **2** 〈事・動作など〉時宜を得た, 折よい (⇨ timely SYN): an ~ remark 適切な言葉 / an ~ act 時宜にかなった行動 / an ~ event 時宜に即した出来事. **~·ness** *n.* 〘(c1408) ⊏ (O)F *opportun* // L *opportūnus* = *obportūnus* fit, convenient, 《原義》leading to the harbor ← *op-* 'OB-' + *portus* 'harbor, PORT[1]' (cf. *Portūnus* the protecting god of harbors)〙

òp·por·túne·ly *adv.* ちょうどよい時に, 折よく, 好都合に. 〘*c*1425〙

op·por·tun·ism /à(:)pətú:nɪzm | ɔ̀pətjù:nɪzm, ˌ-ˌ-ˊ-/ *n.* (政治上などの)便宜[日和見, ご都合]主義; 便宜主義的行動. 〘(1870) ⊏ It. *opportunismo* // F *opportunisme*〙

op·por·tun·ist /à(:)pətú:nɪ̀st, -tjú:- | ɔ̀pətjù:nɪst, ˌ-ˌ-ˊ-/ *n.* 便宜[日和見]主義者. **—** *adj.* 便宜主義(者)の, 日和見的な. 〘(1881) ⊏ F *opportuniste*〙

op·por·tun·is·tic /à(:)pətu:nístɪk, -tju:- | ɔ̀pətju:n-ˊ/ *adj.* **1** =opportunist. **2** 〘病理〙〈病原体が〉日和見の《健康な人には無害だが, AIDS や SCID などにより抵抗力が弱かったり免疫不全の人に衰弱を引き起こす》: an ~ infection 日和見感染(症). **òp·por·tun·ís·ti·cal·ly** *adv.* 〘1892〙

op·por·tu·ni·ty /à(:)pətú:nəṭi, -tjú:- | ɔ̀pətjú:nɪ̀ti/ *n.* **1** 機会; 好機: the principle of equal ~ 機会均等主義[の原則] / as often as ~ allows 機会の許す限り頻繁に / at the first [earliest] ~ 機会があり次第 / at every ~ あらゆる機会に / find [get, make, grab, seize] an ~ 機会を見つける[得る, 作る, 捕える] / give [afford, offer] an ~ 機会を与える / miss [lose, throw away] an [one's] ~ 機会を失う / take the ~ to do = take the ~ of doing 好機をとらえて[つかんで]…する / a wonderful lost [missed] ~ すばらしい失われた機会 / Leisure provides an ~ *for* meditation. 暇があると思索をする機会もできる / He took every ~ *of speaking* [*to* speak] English. あらゆる機会をとらえて英語を話した / I have little ~ *to* visit [*for* visiting] him. 彼を訪ねる機会はあまりない / *Opportunity* makes the thief. 《諺》すきを与えると魔が差すもの / A fleeting ~ occurred [presented itself]. つかの間の機会がやってきた / Be ready to act when ~ knocks. 機会が訪れたとき行動を起こす用意をしていなさい / ⇨ equal opportunity. **2** 出世の好機. 〘(1375) ⊏ (O)F *opportunité*: ⇨ opportune, -ity〙

SYN 機会: **opportunity**「機会」を表す最も一般的な語. 特にあることをするのに事情がふさわしい時: I had an *opportunity* to go to London. ロンドンへ行く機会があった. **chance** 口語的な語で, 偶然に与えられた都合のよい時期: He refused the *chance* to take part. 参加する機会を拒んだ. **time** あることをする[あることが起こる]のに都合のよい時: Now's the *time*. 今が絶好の機会だよ. **occasion** 何かを行う特定の時期・場合: I met him on that *occasion*. そのおりに彼と会った.

---

opportúnity còst *n.* 〘経済〙機会費用《ある財を特定の目的に使用するために, 他の用途から生じたであろう利益を失うこと》. 〘1911〙

opportúnity shòp *n.* 《豪・NZ》オポチュニティーショップ《教会や慈善団体が運営する中古品・不要品(特に 衣料品)を売る店》. 〘1961〙

op·pos·a·ble /əpóʊzəbḷ | əpə́ʊz-/ *adj.* **1** 反対[抵抗]することのできる. **2 a** 〘解剖〙(ヒト・サルなどのように)〈親指が〉(他の指に)向かい合わせられる: ~ thumb. **b** 向かい合った位置に置くことができる. **op·pós·a·bly** *adv.* **op·pòs·a·bíl·i·ty** /-zəbíləṭi | -lɪ̀ti/ *n.* 〘(1667): ⇨ ↓, -able〙

op·pose /əpóʊz | əpə́ʊz/ *vt.* **1 a** 〈人・意見・議案・提案などに反対する; 抵抗する (resist): ~ a bill [scheme] 議案[計画]に反対する. **b** 〈敵〉と争う, 抗争する: ~ the enemy 敵に反対する. **2** 〈人・物を〉(…に)対抗[反対]させる, 対置する 〔*to*〕: ~ reason *to* force 暴力に対して道理を対抗させる[で応じる] / ~ violence *to* violence 暴力には暴力で向かう / ~ an obstacle *to* a person's plan 人の計画を妨害する / He ~*d* his arms *to* the blow. 打って来るのを腕で食い止めた / He ~*d* himself *to* the new system with all his might. 全力を尽くして新制度に反対した / He is ~*d to* our plan. 我々の計画に反対している. **3 a** [通例 p.p. 形で] 〔…に〕対照させる; 〔…と〕対立させる 〔*to*〕: White *is* ~*d to* black. 白は黒の反対である / opinions ~*d to* each other 互いに対立する意見 / Night *is* ~*d to* day. 夜は昼の反対である / words ~*d* in meaning 意味の対立する言葉. **b** …と対立する: Black [Love] ~*s* white [hate]. 黒[愛]は白[憎しみ]と対立する. **4** 〔…と〕向かい合わせる 〔*to*〕: The thumb can be ~*d to* any of the fingers. 親指は他の 4 本のどの指とも向かい合わせることができる. **—** *vi.* 反対する. 〘(c1380) ⊏ (O)F *opposer* (混成) ← L *oppōnere* to set against (< *op-* 'OB-' + *pōnere* to place) + F *poser* 'to POSE[1]': cf. opposite〙

SYN 反対する: **oppose** 〈人や計画・考えなど〉に反対して邪魔しようとする《一般的な語で, どのような強さの反対でも表す》: I deeply *oppose* this plan. この計画には絶対反対だ. **object** 特定の事柄について異議をとなえ反対する. *oppose* ほど意味が強くない: She *objected* to my going there. 彼女は私がそこへ行くことに反対した. **resist** 現実のおびやかす力に反対して積極的に抵抗する: *resist* an attack 攻撃に抵抗する. **withstand** 〈力・行動〉に屈伏しないで抵抗する《格式ばった語》: *withstand* temptation 誘惑に負けない. **ANT** support, submit, abide.

---

op·pósed *adj.* **1 a** 向かい合っている (opposite): two ~ doors 向かい合っている二つの戸. **b** 対立する, 反対の (contrary); 対抗[敵対]する (hostile): diametrically ~ characters 互いに正反対の性格. **2** 〘機械〙**a** 〈エンジンの二つのシリンダーが〉対向した, クランク軸をはさんで向き合った. **b** 〈エンジンが〉対向型の, クランク軸をはさんで向き合ったシリンダーよりなる. ***as oppósed to*** …と対照した[対立する]ものとして(の): facts *as* ~ *to* theories 理論と対立するものとしての事実. 〘1596〙

oppósed-píston èngine *n.* 〘機械〙対向ピストン機関. 〘1966〙

oppóse·less *adj.* 《詩》抵抗し難い. 〘1605〙

op·pós·er *n.* 反対者, 妨害者; 商標登録の妨害者. 〘1483〙

op·pós·ing *adj.* 対立[対向, 敵対]する: the ~ armies 敵対する両軍, 敵と味方 / ~ interests 対立する利害関係. **~·ly** *adv.* 〘1608〙

op·po·site /á(:)pəzɪ̀t, -sɪ̀t | ɔ́pəzɪt, -sɪt/ *adj.* **1** 向かい側の; 向かい合っている 〔*to*, *from*〕: the ~ side of the street [river] 街路の向こう側[川の対岸] / on the ~ side 反対側に; 敵側に / the house ~ *to* the church 教会の向かい側の家 / See the figure on the ~ page. 反対ページの図を見よ / They lived on the ~ side of the lake *from* us. 湖を隔てて私たちとは反対側に住んでいた. **2 a** 反対の, 逆の 〔*to*, *from*〕: words of ~ meanings 互いに逆の意味の語, 反義語 / the ~ sex 異性 / They came from ~ directions. (互いに)反対の方面から来た / go in the ~ way 反対の方向へ行く / He held ~ opinions *to* mine. 私とは反対の意見だった / It was an ~ kind *to* [*from*] what I had expected. 期待していたものとは反対の種類のものだった / He was in office under the ~ faction. 反対派の下で在職していた. **b** 《廃》敵対的な (hostile). **3** 〘植物〙〈葉が〉対生の (cf. alternate 3, verticillate 1): ~ leaves 対生葉. **4** 〘数学〙〈辺・角が〉相対する: ~ sides 相対する辺 / ⇨ opposite angle. **5** 〘野球〙反対方向の《流し打ちなどにより右打ち[左打ち]の場合は一塁線[三塁線]ぎりぎりの方向の》.

— *n.* **1** [the ~] 反対の物[事], 逆: Vice is *the* ~ of virtue. 悪徳は徳の逆 / My brother is thin and I am just *the* ~. 兄はやせているが私は全くその反対だ / It is just *the* ~ of what he says. 彼の言っていることは正反対だ. **2** 反義語, 反意語; 〘論理〙反対名辞, 対当命題: Black and white are ~*s*. 黒と白は反対語だ. **3** 《古》反対者, 敵手: one's ~ 自分の敵手. **4** 〘数学〙(直角三角形の)対辺.

— *adv.* 反対の位置[方向]に, 向かい側に; 通りの向こう側で: An oak stands ~. 反対側にオークの木がある / I sat ~ *to* a girl. 少女に向かい合って座った. ***plày ópposite to*** 〈主役〉の相手をする; …の相手をする.

— *prep.* **1** …の向こう側に[の]: the house ~ ours 私たちの家の向かい側の家 / We live ~ the church. 教会の向かい側に住んでいる / They sat ~ each other. 互いに向かい合って座った. **2** …の相手役となって: She played ~ the leading man in "Hamlet". 「ハムレット」で主役の相手役を演じた.

~·ly *adv.* **~·ness** *n.* 〘(c1391) ⊏ (O)F ~ // L *oppositus* (p.p.) ← *oppōnere* 'to OPPOSE'〙

SYN 相反する: **opposite** 同種のものが特定の点で全く正反対の関係にある: the *opposite* direction 正反対の方向. **reverse** 位置・方向・順序などの逆を表す: in *reverse* order 反対[逆]の順序で. **contrary** 〈意図や意見が極端に離れていて対立する関係で一致する基盤がない: That decision was *contrary* to my wishes. その決定は私の希望に背くものだった. **antipodal** 二つのものが対蹠的な関係で似ても似つかぬ: *antipodal* attitudes toward life 人生に対する正反対の態度.
ANT same, identical, like.

ópposite ángle *n.* 〘数学〙対角.

ópposite-léaved *adj.* 〘植物〙対生の葉の(ついた). 〘1871〙

O

ópposite númber *n.* **1** (他の職場・部署・施設などで)対等の地位にいる人. **2** 対応物, (特に)自国のそれに対応する他国の事物 《設立物・地域・器具・用語・出版物など》. 〘1906〙

ópposite prómpt *n.* 〘演劇〙 後見の反対側, 下手 《通例観客席に向かって舞台の右側; opposite prompt side ともいう; 略 o.p.; cf. prompt side》.

op·po·si·tion /ɑ̀(ː)pəzíʃən | ɔ̀p-/ *n.* **1** 抵抗, 反対; 障害, 妨害: break down ～ 障害を打ち破る / meet with ～ 抵抗を受ける / offer ～ to …に抵抗[反対]する / without ～ 反対[妨害]を受けずに, 障害なく. **2** 敵対, 対抗, 対立; 対立状態 〔*to*〕: *in* ～ *to* …に反対して. **3 a** [しばしば the O-] 反対党, 野党: His [Her] Majesty's *Opposition* (英国の)野党 / *the Opposition* benches (議会の)野党席, 野党首領連 / *the Opposition* newspaper [press] 野党機関新聞 / *the Opposition* whips 野党院内総務 / the leader of *the Opposition* 野党の首領 / in ～ 野にある, 政府に反対して, 在野の / whether in ～ or in office 野にあると朝にあるとを問わず. **b** (提案などの)反対派. **4** 対照 〔*to*〕: It was made bright by ～ *to* blue. 青との対照でそれは鮮明になった. **5** (位置の)反対, 向かい合い, 相対する位置に置くこと 〔*to*〕: houses *in* ～ *to* each other 互いに向かい合っている家. **6** 〘論理〙 対当 《主語・述語は同じだが質あるいは量が異なる命題間の関係をいう》: square of ～ 対当の方形 《4 つの対当関係を図に示したもの》. **7 a** 〘天文〙 衝 《太陽と外惑星または月が地球をはさんで正反対にある時の位置関係; cf. conjunction 4》: *in* ～. **b** 〘占星〙 衝, オッポシティオー 《地球から見た 2 惑星の角距離が 180° の場合; cf. aspect》. **8** 〘チェス〙 [the ～] 見合い 《キングが一ます空けて対抗すること; その位置》. **～·al** /-ʃnəl, -ʃənl/ *adj.* **～·less** *adj.* **òp·po·sí·tion·ist** /-ʃ(ə)nɪst | -ɪst/ *n.* 反対者; 反対陣営の人. 〘(*c*1395) ◻ (O)F ～ ∥ L *oppositiō(n-)*: ⇨ opposite, -tion〙

op·pos·i·tive /əpɑ́(ː)zəṭɪv | əpɔ́zɪt-/ *adj.* 対抗[対立]する. 〘(1622): ⇨ -ive〙

op·press /əprés/ *vt.* **1** 〈人〉に不当な圧迫を加える, 虐(しいた)げる: ～ the poor [the weak] 貧しい人々[弱者]を圧迫する / an ～*ed* people 圧制に苦しむ民族[国民]. **2** [通例受身で] **a** 〈心配・悲しみなどが〉〈心を〉苦しめる, 悩ます 〔*with*〕: a mind ～*ed with* anxieties 心配でふさぎ込んだ心. **b** 〈眠気・疲労などが〉…に重くのしかかる, 圧迫する: He felt ～*ed with* the heat. 暑さにうだるような感じがした / Indigestible food ～*es* the stomach. 不消化な食物は胃にもたれる. **3** 《古》 押しつぶす, 鎮圧する (suppress); 圧倒する (overwhelm). **4** 《廃》 〈女性〉に暴行する (violate). **op·prés·sing·ly** *adv.* 〘(*c*1340) ◻ (O)F *oppresser* ∥ ML *oppressāre* ← L *oppressus* (p.p.) ← *opprimere* to press against, subdue ← *op-* 'OB-'＋*premere* 'to PRESS'〙

op·préssed *adj.* 〘紋章〙 ＝debruised. 〘1382〙

op·pres·sion /əpréʃən/ *n.* **1** 圧迫, 抑圧; 圧制, 迫害, 虐待: victims of ～ 暴虐の犠牲者 / groan under ～ 圧制のもとに苦しむ / struggle against ～ 圧制と戦う. **2** 圧制に苦しむこと; 苦悩, 困難 (hardship): a feeling of ～ 圧迫感. **3** 重苦しい感じ, (熱病の初期などの)だるい感じ (lassitude); 憂鬱(うつ): an ～ of spirits 意気消沈 / Tears will relieve the ～ of the heart. 泣けば心のうさは晴れる. **4** 《詩》 圧力, 重荷 (burden). **5** 〘法律〙 職権濫用(罪). 〘(1340) ◻ (O)F ～ ∥ L *oppressiō(n-)*: ⇨ ↑, -sion〙

op·pres·sive /əprésɪv/ *adj.* **1 a** 圧制的な, 暴虐な (tyrannical): ～ rulers 暴虐な支配者たち. **b** 〈税・規則など〉厳しい, 酷な: ～ laws 苛酷な法律 / the ～ system of taxation 苛酷な税制. **2 a** 〈暑気など〉うっとうしい, むっとする, 蒸し暑い (sultry): ～ heat うだるような暑さ / ～ weather うっとうしい天気 / The air is very ～. 外気がひどく蒸し暑い. **b** 〈悲しみなど気をふさがせる, 憂鬱にする: ～ grief. **～·ly** *adv.* **～·ness** *n.* 〘(1627–77) ◻ ML *oppressivus*: ⇨ oppress, -ive〙

op·prés·sor *n.* 圧迫を加える人, 圧迫者, 迫害者, 弾圧者. 〘(*c*1425) ◻ AF *oppressour* ＝(O)F *oppresseur* ◻ L *oppressor*〙

op·pro·bri·ous /əpróʊbriəs | əpráʊ-/ *adj.* **1** 〈言葉・人など〉口汚い (abusive); 侮辱的な (reproachful), 下品な (scurrilous): ～ invectives 口汚ないののしり, 毒舌 / ～ words 侮辱的な言葉 / an ～ speaker 毒舌家. **2** 《まれ》 非難に値する, 不面目な, 不名誉な: ～ conduct 破廉恥な行為. **～·ly** *adv.* **～·ness** *n.* 〘(1387) ◻ LL *opprobriōsus*: ⇨ ↓, -ous〙

op·pro·bri·um /əpróʊbriəm | əpráʊ-/ *n.* **1** 不面目, 不名誉 (⇨ disgrace SYN). **2** 不名誉な事柄[行為]. **3** (非難を込めた)軽蔑; 悪口, 非難. 〘◻ L ～ ← *op-* 'OB-'＋*probrum* disgraceful act, abuse: ⇨ -ium〙

ópp shòp /ɑ́(ː)p- | ɔ́p-/ *n.* 《豪・NZ》 ＝opportunity shop.

op·pugn /əpjúːn/ *vt.* **1** …と戦う. **2** 非難する, 論難する; …に異論を唱える, 反駁する (controvert). **— *vi.*** 反対する, 論争する 〔*against*〕. **～·er** *n.* 〘(?*a*1425) ◻ L *oppugnāre* to attack ← *op-* 'OB-'＋*pugnāre* to fight: cf. pugnacious〙

op·pug·nance /əpʌ́gnəns/ *n.* ＝oppugnancy.

op·pug·nan·cy /əpʌ́gnənsi/ *n.* 敵対, 反対 (opposition). 〘(1606): ⇨ ↓, -ancy〙

op·pug·nant /əpʌ́gnənt/ *adj.* 反対する, 抵抗[敵対]する (hostile); 相容れない. **～·ly** *adv.* 〘(1513) ◻ L *oppugnantem* (pres.p.) ← *oppugnāre* 'to OPPUGN': ⇨ -ant〙

op·pug·na·tion /ɑ̀(ː)pʌgnéɪʃən | ɔ̀p-/ *n.* 敵対[反対](すること). 〘1533〙

oppy 《略》 opportunity.

Ó-propositíon /óʊ- | ə́ʊ-/ *n.* 〘論理〙 特殊[特称]否定命題.

opr. 《略》 operate; operator.

OPruss 《略》 Old Prussian.

ops /ɑ́(ː)ps | ɔ́ps/ *n. pl.* 《英口語》 軍事行動 (military operations). 〘1925〙

Ops /ɑ́(ː)ps | ɔ́ps/ *n.* 〘ローマ神話〙 オプス 《Saturn の妻で, 豊作の女神; ギリシャ神話の Rhea に当たる》. 〘◻ L ～: *ops* wealth の擬人化: cf. opus〙

OPS /óʊpìːés | ə̀ʊ-/ 《略》 Office of Price Stabilization (米国の)物価安定局.

ops. 《略》 operations. 〘1925〙

-ops /ɑ(ː)ps | ɔps/ (*pl.* ～, ～·es) 〘生物〙 「…の目がある動物」の意の名詞連結形 《主に属名に使う》: Megal*ops* イセゴイ属. 〘◻ Gk *-ōp-*, *-ōps* ← *ṓps* eye: cf. -opia〙

óp shòp /ɑ́(ː)p- | ɔ́p-/ *n.* 《豪・NZ》 ＝opportunity shop.

-op·si·a /ɑ́(ː)psiə | ɔ́p-/ 「…視」の意の名詞連結形: hemi*opsia*. 〘← NL ～ ← Gk *-opsía* ← *ópsis* sight＋*-ia* '-Y'〙

-op·si·des /ɑ́(ː)psədìːz | ɔ́psɪ-/ ＝-opsis.

op·si·math /ɑ́(ː)psəmæ̀θ | ɔ́psɪ-/ *n.* 晩学の人. **op·sim·a·thy** /ɑ(ː)psíməθi | ɔp-/ *n.* 〘(1883) ◻ Gk *opsimathḗs* late in learning ← *opsé* late＋*manthánein* to learn (cf. matical)〙

op·sin /ɑ́(ː)psɪn | ɔ́psɪn/ *n.* 〘生化学〙 オプシン 《視紅 (visual purple) の蛋白部》. 〘(1951) 《逆成》 ? ← RHODOPSIN〙

-op·sis /ɑ́(ː)psɪs | ɔ́psɪs/ (*pl.* **-op·ses** /-siːz/) 「…に類似の有機体[構造]」の意の名詞連結形: core*opsis*. 〘← NL ～ ← Gk ～ ← *ópsis* appearance, sight: cf. optic〙

op·son·ic /ɑ(ː)psɑ́(ː)nɪk | ɔpsɔ́n-/ *adj.* 〘細菌〙 オプソニンの[に関する]: an ～ test. 〘1903〙

opsónic índex *n.* 〘細菌〙 オプソニン指数 《患者の血清を加えた時の白血球の食菌数を正常人の場合の数で割った数》. 〘1906〙

op·son·i·fy /ɑ(ː)psɑ́(ː)nəfàɪ | ɔpsɔ́nɪfàɪ/ *vt.* ＝opsonize. **op·son·i·fi·ca·tion** /ɑ(ː)psɑ̀(ː)nəfɪkéɪʃən | ɔpsɔ̀nɪfɪ-/ *n.*

op·so·nin /ɑ́(ː)psənɪn | ɔ́psənɪn/ *n.* 〘細菌〙 オプソニン 《白血球中の食菌作用を促進すると考えられる血清中の一物質》. 〘(1903) ← Gk *opsṓnion* provisions (← *opsōneîn* to buy food ← *ópson* cooked meat)＋-IN²〙

op·so·nize /ɑ́(ː)psənàɪz | ɔ́p-/ *vt.* 〘免疫〙 〈微生物〉にオプソニンを作用させる 《オプソニンにより食細胞による食菌作用を増強させる》. **op·so·ni·za·tion** /ɑ̀(ː)psənɪzéɪʃən | ɔ̀psənaɪ-, -nɪ-/ *n.* 〘1906〙

op·ster /ɑ́(ː)pstə | ɔ́pstə(r)/ *n.* 《米俗》 ＝op artist. 〘(1965) ← OP(ART)＋-STER〙

-op·sy /←ɑ(ː)psi, ←əpsi | ←ɔp-, ←əp-/ 「検査」の意の名詞連結形: aut*opsy*, bi*opsy*. 〘⇨ -opsia〙

opt /ɑ́(ː)pt | ɔ́pt/ *vi.* **1** (二つ以上のものから一つを)選ぶ, 選択する (make a choice) 〔*for*〕: ～ *for* a candidate 候補者を選ぶ. **2** (可能な選択の一つを選んで)…することに決める 〈*to do*〉: I ～*ed* to join the tennis club. テニスクラブに入ることを決めた / He ～*ed* to remain an American citizen. アメリカ市民のままでいることにした. **3** (二つの)国籍[市民権]のどちらかを選ぶ: ～ *between* nationalities (領土の帰属変更などによって)国籍のどちらかを選ぶ.

opt óut (*of*) (活動・組織などに)関係しないことにする, …から身を引く(ことにする).

〘(1877) ◻ F *opter* ◻ L *optāre* to choose, wish: cf. option, adopt〙

opt. 《略》 optative; optical; optician; optics; optimal; optimum; option; optional.

op·tant /ɑ́(ː)ptənt | ɔ́p-/ *n.* 選ぶ人; (特に)国籍選択者. 〘(1914) ◻ G & Dan. ～ ◻ L *optantem* (pres.p.) ← *optāre* 'to choose, OPT': ⇨ -ant〙

op·ta·tive /ɑ́(ː)ptəṭɪv | ɔ́ptət-, ɔptéɪt-/ 〘文法〙 *adj.* (サンスクリット語・ギリシャ語などで)「祈願」「願望」を表す: the ～ mood 願望法 / an ～ sentence 願望文. **— *n.*** **1** 願望法 (optative mood) 《英語では仮定法 (subjunctive mood) がその意味を兼ねる: God *save* the Queen. 「女王に天佑あらんことを」の 'save' など》. **2** 願望法の動詞. **～·ly** *adv.* 〘(1530) ◻ F *optatif, -ive* ∥ LL *optātīvus* ← L *optāre* to wish: ⇨ opt, -ative〙

opt. clm. 《略》 optional claiming race.

op·tic /ɑ́(ː)ptɪk | ɔ́p-/ *adj.* **1** 目の[に関する]. **2** 視覚の[に関する]: ⇨ optic nerve. **3** 《古》 光学の[に関する]. **— *n.*** **1** [通例 *pl.*] 《古・戯言》 目 (eyes). **b** ⇨ optics. **2** (光学器機を構成する)レンズ等の光学素子. **3** 《英》 〘商標〙 (パブなどで瓶の首に付けて酒を量り分ける)酒分量器. **4** 〘解剖・動物〙 ＝optic nerve. 〘(*a*1398) ◻ F *optique* ◻ ML *opticus* ◻ Gk *optikós* of sight ← *optós* seen, visible: ⇨ -ic¹: cf. -opia, -opsia〙

op·ti·cal /ɑ́(ː)ptɪkəl, -kl | ɔ́ptɪ-/ *adj.* **1** 光学の, 光学用の; 光を利用する; 光学的な, 光学上の: ⇨ optical glass / an ～ instrument 光学機械. **2 a** 視覚の, 視力の (visual): an ～ defect 視力の欠陥 / ⇨ optical illusion. **b** 視力を助ける, 視力の欠陥を補正する. **3** 目に見える, 可視の (visible): an ～ galaxy. **4** 〘美術〙 オプティカルアートの[に関する]. 〘1570〙

óptical actívity *n.* 〘光学・化学〙 光学活性, 旋光性 《直線偏光が通過するとき偏光面を回転させる性質; cf. optical rotation》. 〘1877〙

óptical áir màss *n.* 〘天文〙 光学的空気量 (⇨ air mass).

óptical ántipode *n.* ＝enantiomorph 2.

óptical árt *n.* 〘美術〙 オプティカルアート 《1960 年代に米国で流行した抽象画の一形式; 直線・曲線・幾何学模様などを用い, 錯覚を利用した絵画・デザイン; op art ともいう》. **～·ist** *n.* 〘1964〙

óptical astrónomy *n.* 光学的天文学 《波長が主として可視領域にある光によって天体を研究する天文学の分野; cf. radio astronomy, X-ray astronomy》.

óptical astrónomer *n.*

óptical áxis *n.* **1** 〘光学〙 光軸 《光学系を構成する各レンズ面の曲率中心を連ねた直線》. **2** 〘結晶〙 ＝optic axis 2. 〘1663〙

óptical bénch *n.* 〘光学〙 光学台 《光学系を配置する台; 狭義にはレンズの収差量を測定する装置》. 〘1883〙

óptical bríghtener *n.* 蛍光増白剤 (fluorescent brightener). 〘1964〙

óptical cénter *n.* 〘光学〙 光心, 光学的中心.

óptical cháracter rèader *n.* 〘電算〙 光学式文字読取り装置 《印刷・手書きの文字を光学的に読み取って入力する装置; 略 OCR》. 〘1962〙

óptical cháracter recognìtion *n.* 〘電算〙 光学式文字読取り (略 OCR). 〘1962〙

óptical crówn *n.* 光学クラウン 《低分散能・低屈折率の光学ガラス; cf. crown glass》.

óptical dénsity *n.* 〘光学〙 ＝density 3 a. 〘1891〙

óptical dísk *n.* 光ディスク 《光学式のディスク型データ記憶媒体; レーザー光により読み取り・書き取りを行う; CD-ROM など》. 〘1977〙

óptical dóuble stár *n.* 〘天文〙 光学(的)二重星 (⇨ double star 2; cf. binary star).

óptical fíber *n.* 〘光学〙 光ファイバー, 光学繊維 《光を伝えるガラス繊維束; 光通信・内視鏡等に用いられる》. 〘1962〙

óptical flát *n.* 〘光学〙 光学定盤 《光の波長の数分の一程度のよい平面度をもつ光学ガラス等で作った平板; 単に flat ともいう》.

óptical flínt *n.* 光学フリント 《高分散能と高屈折率をもつ光学ガラス; flint glass ともいう》.

óptical gláss *n.* 光学ガラス 《光学器械に適した性質をもつガラス》. 〘1840〙

óptical illúsion *n.* **1** 〘心理〙 錯視 《対象の物理的な属性とは違った見え方をもたらす視知覚》. **2** 錯覚を起こさせるもの. 〘1794〙

óptical ísomer *n.* 〘化学〙 光学異性体. 〘1892〙

óptical isómerism *n.* 〘化学〙 光学異性 《一般の化学的および物理性質は同じで旋光性が異なる異性; cf. geometric isomerism》. 〘1894〙

óptical léver *n.* 〘光学〙 光てこ 《光の反射を利用し, 微小な長さや角度の変化を測定する装置》.

óp·ti·cal·ly *adv.* **1** 視覚的に. **2** 光学的に: ～ active 光学活性の / an ～ active substance 光学活性体, 旋光性物質. 〘1593〙

óptical márk rèading *n.* 光学式マーク読み取り方式.

óptical máser *n.* 〘電子工学〙 ＝laser.

óptical mícroscope *n.* 光学顕微鏡 《微小物体の拡大像を作り観察する光学器械; 物体の拡大実像を作る対物レンズとさらにこれを拡大して観察する接眼レンズから成る》.

óptical páinter *n.* ＝optical artist. 〘1965〙

óptical páth *n.* 〘光学〙 光学距離 《絶対屈折率 *n* の媒質の中を光が距離 *l* だけ通過した場合の *nl* をいう》. 〘1893〙

óptical pyrómeter *n.* 〘光学〙 光高温計 《熱せられた物体の発する光の強さからその物体の温度を測定する高温度計の一種》. 〘1901〙

óptical rotátion *n.* 〘光学・化学〙 旋光性, 旋光度 《光学活性体を通るとき偏光面が回転させられる現象あるいはその角度; cf. optical activity》. 〘1895〙

óptical scánner *n.* 〘電算〙 光学スキャナー 《画像を光学的に走査[スキャン]し, デジタル信号化してコンピューターに送り込む装置; cf. optical character reader》. 〘1962〙

óptical scánning *n.* 〘電算〙 光学的走査 《対象の各点に順次光を当て, その反射光を電気信号として取得すること; optical scanner による画像の取り込みなど》. 〘1958〙

óptical sóund *n.* 〘映画〙 光学音 《フィルムのサウンドトラック (sound track) に録音された音声》. 〘1933〙

óptical sýstem *n.* 光学系 《結像などを行うため, レンズ・反射鏡・プリズムなどの光学素子を適当に組み合わせたもの》.

óptical wédge *n.* 〘光学〙 光学くさび 《光学濃度が位置によって変化し光の強さを一定の割合で弱くする装置》.

óptic ángle *n.* **1** 〘光学〙 視角 (visual angle). **2** 〘鉱物〙 光軸角. 〘1727–41〙

óptic áxial ángle *n.* 〘鉱物〙 光軸角 《光軸のなす角》.

óptic áxis *n.* **1** (目の)視軸. **2** 〘結晶〙 光軸, 光学軸, 法線軸 《異方性結晶内で光がただ一つの法線速度をもつ方向》. **3** ＝optical axis 1. 〘1664〙

óptic chiásma [chíasm] *n.* 〘解剖・動物〙 視(神経)交叉, 視束交叉. 〘1872〙

óptic cúp *n.* 〘生物〙 眼杯 《眼胞 (optic vesicle) の先端が内方へ落ち込んでさかずき状になった部分》. 〘*c*1885〙

óptic dísk *n.* 〘解剖〙 視神経乳頭, 視束乳頭 《網膜の神経繊維が集合して視束となる部分; cf. blind spot》. 〘*c*1890〙

op·ti·cian /ɑ(ː)ptíʃən | ɔp-/ *n.* **1** 検眼医 (optometrist) 《レンズなどの処方の免許を持つ》. **2** めがね商[屋] (dispensing optician) 《レンズなどの処方免許がない》. **3** 光学器械商[製造業者]. 〘(1687) ◻ F *opticien* ◻ ML *optica* (neut. pl.): ⇨ optics, -ian〙

op·ti·cist /ɑ́(ː)ptəsɪst | ɔ́ptɪsɪst/ *n.* 光学者, 光学研究家. 〘1884〙

O

óptic lóbe *n.* 〘解剖・動物〙(脳の)視葉, 四丘体上丘. 〘1854〙

óptic nérve *n.* 〘解剖・動物〙視神経, 視束 (第二脳神経に当たる; 単に optic ともいう; ⇨ eye 挿絵). 〘1615〙

óptic neurítis *n.* 〘医学〙視神経炎.

op·ti·co- /ɑ́(ː)ptɪkoʊ | ɔ́ptɪkəʊ/「目; 光学の」の意の連結形. 〘□ F ～ □ Gk *optikós* 'OPTIC'〙

op·tics /ɑ́(ː)ptɪks | ɔ́p-/ *n.* 光学 (光の性質・発生・伝播や物質との相互作用など光に関する現象を取り扱う科学の一分野). 〘(1579) (なぞり) ← ML *optica* (neut.pl.) □ Gk *optiká* (neut.pl.) ← *optikós* 'OPTIC': ⇨ -ics〙

óptic téctum *n.* 〘動物〙視蓋 (魚類・両生類の中脳蓋にある副視覚系の中継核). 〘1907〙

óptic thálamus *n.* 〘解剖〙＝thalamus 1. 〘1881〙

óptic tráct *n.* 〘解剖〙視索 (視交叉と間脳を結ぶ視神経). 〘1882〙

óptic vésicle *n.* 〘生物〙眼胞 (脊椎動物の眼の発生段階において将来成長して眼の主要部となる間脳の対をなしている突出部).

optima *n.* optimum の複数形.

op·ti·mal /ɑ́(ː)ptəməl, -ml̩ | ɔ́ptɪ-/ *adj.* 最上の, 最善の, 最適の (↔ pessimal). **òp·ti·mál·i·ty** /-mǽləti | -lɪ̀ti/ *n.* **～·ly** *adv.* 〘(1890) ← L *optimus* best (⇨ optimum)＋-AL¹〙

op·ti·mal·ize /ɑ́(ː)ptəməlàɪz | ɔ́ptɪ-/ *vt.* (正確な分析法などを用いて)〈工場〉の生産性を最大限にする, 〈工場〉の能率を最大にする (optimize). 〘1857〙

op·ti·me /ɑ́(ː)ptəmiː | ɔ́ptɪmèɪ/ *n.* (英) (Cambridge 大学で)数学の学位試験における第一級優等合格者 (wranglers) 中の次席または第3位合格者: ⇨ junior optime, senior optime. 〘(1709–10) □ L *optimē* excellently, very well ← *optimus* best: *optimē disputāsti* you have disputed very well から: ⇨ optimum〙

op·ti·mism /ɑ́(ː)ptəmɪzm | ɔ́ptɪ̀-/ *n.* **1** 楽観(論), 楽天主義. **2** 〘哲学・倫理〙楽天観[主義], 最善観 (この世界は神が最善と考えて創造したものとする Leibniz などの説; また万有は本質的に善だとする説; ↔ pessimism; cf. meliorism). 〘(1759) □ F *optimisme* □ L *optimus* best: ⇨ optimum, -ism〙

op·ti·mist /ɑ́(ː)ptəmɪ̀st | ɔ́ptɪ̀mɪst/ *n.* 楽観的な人, 楽天家, のんき者; (特に哲学上の)楽天主義者 (↔ pessimist). **— *adj.*** ＝optimistic. 〘(1783) □ F *optimiste*: ⇨ ↑, -ist〙

op·ti·mis·tic /ɑ̀(ː)ptəmístɪk | ɔ̀ptɪ̀-˝/ *adj.* 楽天的な, 楽天主義の (↔ pessimistic): be ～ of …について楽観的である / hold an ～ view of …について楽観的見解をもっている. 〘1848〙

òp·ti·mís·ti·cal /-tɪ̀kəl, -kl̩ | -tɪ-˝/ *adj.* ＝optimistic. **～·ly** *adv.* 〘1834〙

op·ti·mize¹ /ɑ́(ː)ptəmàɪz | ɔ́ptɪ̀-/ *vi.* 楽観する: ～ *about* the future. **— *vt.*** 楽観的に扱う[処理する]. 〘(1844) (逆成) ← OPTIMISM〙

op·ti·mize² /ɑ́(ː)ptəmàɪz | ɔ́ptɪ̀-/ *vt.* **1 a** 最善の状態にする. **b** 最大限に活用する. **2** 〘電算〙最適化する (コンピューターを最も有効に動かすように〈プログラムを〉構成する). 〘(1946) (逆成) ← L *optimus* best＋-IZE〙

op·ti·mum /ɑ́(ː)ptəməm | ɔ́ptɪ̀-/ *n.* (*pl.* **-ti·ma** /-mə/, **～s**) **1** (生物の成長・繁殖に対する温度・光・湿度・食物等の)最適条件 (↔ pessimum). **2** (ある条件下で得られる)最高度, 最大限. **— *adj.*** **1** (ある条件下で)最適(条件)の: the ～ conditions [temperature] 最適条件[温度] / the ～ size (企業などの)最適規模. **2** 最善の, 最高の. 〘(1879) □ L ～ (neut.) ← *optimus* best, (原義) richest (used as superl. of *bonus* good) ← IE **op-* to work, produce in abundance: cf. opus〙

op·tion /ɑ́(ː)pʃən | ɔ́p-/ *n.* **1 a** 選択, 取捨 (choice): make one's ～ 選択する. **b** 選択権, 選択の自由 (⇨ choice SYN: I had no [little] ～ but to do so. そうせざるを得なかった / I haven't much ～ in the matter. 私はその問題についてとやかく選択する自由はない / If I had the ～, I would do it. 自分の勝手にしてもよいのなら, 私はそれをする / It is *at* your ～. それはあなたの随意です / leave … to a person's ～ …を人の自由に任せる / a soft ～ (二つの中の)楽な方(の手段). **2 a** 選択できる[された]もの. **b** オプション (必須ではない別売付属品); 〘電算〙オプション (コマンドに付加して動作を指定するもの). **c** (英) ＝optional 2. **3 a** 〘商業〙売買選択権, オプション: have [take (out)] an ～ *on* a house 家屋に対してオプションを所有[獲得]する. **b** 〘証券〙オプション (証券市場で取引される株式売買選択権; 買付選択権 (call option), 売付選択権 (put option) など数種あり, その選択権の代価はプレミアム (premium) とよばれる; cf. call 12, put¹ 3). **4** 〘経済〙＝stock option. **5** (NZ) ＝local option. **6** 〘アメフト〙オプション (攻撃の際, バックがボールをパスするか持って走るかのどちらかを選ぶこと; option pass, option play ともいう).

kéep* [*léave*] *one's óptions òpen 選択の自由[最終的な決定]を保留しておく.

— *vt.* **1** オプションを与える[得る]. **2** (米) 〘スポーツ〙オプション登録する (一定期間中に major league に再登録する権利を保有しつつ, 選手を minor league に登録する). 〘(1604) □ F ～ ＜ L *optiō(n-)*: ⇨ opt, -tion〙

óp·tion·al /-ʃnəl, -ʃənl̩/ *adj.* 選択自由の, 任意の, 随意の; 自由意志の (cf. obligatory, compulsory): an ～ course 選択課程 / an ～ subject 選択科目 / Contributions are purely ～. 寄付は全く任意です / It is ～ *with* you. それは君の随意です. **— *n.*** **1** 選択できるもの, 随意のもの. **2** (英) 選択科目[課程] ((米) elective).

～·ly *adv.* 〘1765〙

óptional éxtra *n.* (別料金を支払って購入する)追加の品目, オプションの品目.

óption càrd *n.* **1** オプションカード (特定の店の商品が無利子のクレジットで購入できるカード). **2** 〘電算〙＝expansion card.

óption màrket *n.* 〘証券〙オプション市場 (cf. option 3 b). 〘1930〙

op·to- /ɑ́(ː)ptoʊ | ɔ́ptəʊ/「視力, 視覚」の意の連結形. 〘← Gk *optós* seen, visible: cf. optic〙

òpto·acóustic *adj.* 光エネルギーを音波に変換する; 音響光学の. 〘1971〙

ópto·còupler *n.* 〘電子工学〙光結合素子[器], オプト[フォト]カプラー (発光素子 (LED など) と受光素子 (フォトトランジスターなど) を組み合わせ, 光を媒介にして電気的に絶縁された回路を結ぶ装置). 〘1973〙

òpto·electrónic *adj.* 光電子工学の[に関する]. 〘1955〙

òpto·electrónics *n.* オプトエレクトロニクス, 光電子工学 (光から電気へ, あるいは電気から光への変換現象を利用し, 情報通信・情報処理等を行う工学の分野). 〘(1959) ← OPTO-＋ELECTRONICS〙

òpto·kinétic *adj.* 〘眼科〙視動性の, 視線運動性の. 〘(1925) ← OPTO-＋KINETIC〙

op·tom·e·ter /ɑ(ː)ptɑ́(ː)mətə | ɔptɔ́mɪ̀tə(r)/ *n.* 視力計, 視力測定装置. 〘(1783) ← OPTO-＋-METER¹〙

op·tóm·e·trist /-trɪ̀st | -trɪst/ *n.* 視力検定医, 検眼医 ((英) ophthalmic optician). 〘(1903): ⇨ ↑, -ist〙

op·tom·e·try /ɑ(ː)ptɑ́(ː)mətri | ɔptɔ́m-/ *n.* 視力検定(法), 検眼. **op·to·met·ric** /ɑ̀(ː)ptəmétrɪk | ɔ̀ptə(ʊ)-˝/ *adj.* **òp·to·mét·ri·cal** /-trɪ̀kəl, -kl̩ | -trɪ-˝/ *adj.* 〘(1886) ← OPTOMETER: cf. -metry〙

op·to·phone /ɑ́(ː)ptəfòʊn | ɔ́ptəfəʊn/ *n.* 聴光器 (光を音に変えて盲人に感じさせるもの). 〘(1913) ← OPTO-＋Gk *phōnē*〙

op·to·type /ɑ́(ː)ptətàɪp | ɔ́p-/ *n.* [通例 *pl.*] 視力検査表 (reading chart) の活字.

ópt-òut *n.* (英) **1** (地方自治体の管理からの)離脱, 独り立ち. **2** (条約などからの)選択的離脱. 〘1962〙

Op·trex /ɑ́(ː)ptreks | ɔ́p-/ *n.* 〘商標〙オプトレックス (フランス Optrex 社製の目薬).

op·tron·ics /ɑ(ː)ptrɑ́(ː)nɪks | ɔptrɔ́n-/ *n.* ＝optoelectronics. **op·trón·ic** *adj.*

op·u·lence /ɑ́(ː)pjʊləns | ɔ́p-/ *n.* **1** 富, 富裕 (wealth). **2 a** (物の)豊富, 潤沢(じゅんたく). **b** (音楽・詩文などの)豊麗, 絢爛(けんらん). 〘(c1510) □ L *opulentia*: ⇨ opulent, -ence〙

óp·u·len·cy /-lənsi/ *n.* ＝opulence.

op·u·lent /ɑ́(ː)pjʊlənt | ɔ́p-/ *adj.* **1** 富んだ, 富裕な: an ～ society. **2 a** 豊かな, 豊富な, 十分な: an ～ feast ぜいたくなごちそう / ～ sunshine あふれるような日光 / ～ foliage こんもりと茂った木の葉 / one's ～ breast 豊満な胸. **b** 〈文章など〉華やかな, 絢爛たる. **～·ly** *adv.* 〘(1601) □ L *opulentem*, *opulēns* ∥ *opulentus* wealthy, rich ← *ops* wealth: ⇨ -ent: cf. opus〙

o·pun·ti·a /oʊpʌ́nʃiə, -ʃə | ə(ʊ)pʌ́nʃiə/ *n.* 〘植物〙＝prickly pear. 〘(1601) ← NL ～ ← L ～ ← *Opuntius* pertaining to *Opus* (古代ギリシャの Locris 地方の町の名): ⇨ -ia²〙

o·pus /óʊpəs | ə́ʊp-, ɔ́p-/ *n.* (*pl.* **～·es**, 特に, 2では **o·pe·ra** /óʊp(ə)rə, ɑ́(ː)p- | ɔ́p(ə)rə, ə́ʊp-/) **1 a** (芸術)作品, 著作 (work). **b** 大作, 傑作; (特に個人の)主要作品, 畢生(ひっせい)の(大)作 (magnum opus, opus magnum ともいう). **2** [しばしば O-] (音楽)作品 (op. と略し, 作品を示しそのあとに番号を付け, 通例出版順序を示す): Beethoven [Beethoven's] *op.* 47 is *the Kreutzer Sonata*. ベートーベンの作品 47 は「クロイツェルソナタ」だ. 〘(1704) □ L ～ 'a work' ← IE **op-* to work (Skt *apas-* work)〙

ópus ci·tá·tum /-kɪ̀tɑ́ːtəm, -sartéɪ- | -saɪtéɪt-/ *L.* 前掲(引用)書(略 op. cit., o.c.). 〘□ L *opus citātum* the work cited〙

opuscula *n.* opusculum の複数形.

o·pus·cule /oʊpʌ́skjuːl | ɔp-, ə(ʊ)p-/ *n.* 小作品; 小品; 小曲. **o·pús·cu·lar** /-kjʊlə | -lə(r)/ *adj.* 〘(1656) □ F ～ □ L *opusculum* (dim.) ← *opus* a work: ⇨ opus, -cule〙

o·pus·cu·lum /oʊpʌ́skjʊləm | ɔp-, ə(ʊ)p-/ *n.* (*pl.* **-cu·la** /-lə/) [通例 *pl.*] (文学などの)小品. 〘(1654) □ L ～ (↑)〙

Ópus Dé·i /-díːaɪ, -déɪiː/ *n.* **1** 〘キリスト教〙聖務日課 (Divine Office). **2** 〘カトリック〙オプスデイ (スペイン人の神父 Josemaria Escrivá de Balaguer が 1928 年に設立した信徒の会; 特に職業を通じてキリスト教の徳を体現して福音を広めることを提唱し, 国際的な広がりをもつ). 〘(1887) □ ML ～ 'work of God'〙

ópus mág·num /-mǽgnəm/ *n.* ＝magnum opus. 〘(1704) □ L ～〙

-o·py /óʊpi | əʊ-/ ＝-opia.

o·quas·sa /oʊkwɑ́sə, -kwɑ́ː- | əʊkwɔ́sə/ *n.* (*pl.* **～s**, **～**) 〘魚類〙**1** 米国 Maine 州の湖水にすむイワナ属の魚 (*Salvelinus oquassa*). **2** ＝arctic charr. 〘(1883) ← *Oquassa* (米国 Maine 州の湖)〙

or¹ /(強) ɔə | ɔː(r); (弱) ə | ə(r)/ *conj.* **1 a** [二つまたはそれ以上の選択すべき語・句・節を同格的に結合して] …か…, または, あるいは: white *or* gray *or* black / white, gray(,) *or* black / white *or* black, red *or* yellow, blue *or* green / any Tom, Dick, *or* Harry トムでもディックでもハリーでも(だれでも) / there *or* thereabouts どこかその辺に / in a day *or* two 一両日中に ★ このように選択の意味が薄くなったときには /ə | ə/ と発音されることが多い / *or* rather さらに的確には / Which do you like better, tea *or* coffee? / To be, *or* not to be: that is the question. 生きながらえようか, それとも死のうか, それが問題だ (Shak., *Hamlet* 3. 1. 56) / Judge them without fear *or* favor. えこひいきなく彼らを評価せよ / I can't live with her *or* without her. 彼女と共にも彼女なしにも私は生きられない / one *or* two [four *or* five] 少しの (a few).

> 語法 (1) or で結ばれた主語がいずれも単数の時は動詞は単数に一致する: John *or* Tom is wanted. (2) もし人称・数が一致しない時は動詞はそれに近い方のものに一致する: John *or* I am to blame. / Were you *or* he [Was he *or* you] there? (3) しばしば (2) の最後の例のような構文が避けられて次の構文が用いられる: Were you there, *or* was he?

b [譲歩的に] …でも…でも: Rain *or* shine, we will start. 雨でも晴れでも出発する. **2 a** [either または whether と相関的に]: ⇨ either *conj.*, whether *conj.* 1. **b** [no, not, never などの否定語の後で] …もまた…でない[しない], …でもなくまた…でもない (cf. nor 2): She did *not* write *or* (＝nor) telephone. 便りも電話もしなかった / There *never* was a good war *or* a bad peace. いまだかつてよい戦争とか悪い平和というものはなかった (Franklin). **c** (古・詩) [or … or … として] …かまたは…か (either … or …, whether … or …): *Or* here, *or* at the Capitol. ここか, もしくはキャピトルで (Shak., *Caesar* 4. 1. 11) / Tell me where is fancy bred, *or* in the heart *or* in the head? 浮気心がどこで育つか教えておくれ, 心の中でか, 頭の中でか (Shak., *Merch V* 3. 2. 63–64). **3** /ɔə | ɔː(r)/ [しばしば else を伴って] さもないと (cf. and *conj.* 3 b): Hurry up, *or* (*else*) you will be late. 急ぎなさい, さもないと遅れる / That's my uncle, *or* I'm a Dutchman. あれはおじだ, そうに違いない (cf. I am a DUTCHMAN) / Keep your mouth shut, *or else*! 黙っていないと承知しないぞ. **4** [同義語や説明語または訂正や言い換えの語句を結びつけて] すなわち (that is); 言い換えると: the culinary art *or* art of cookery 割烹(かっぽう)術つまり料理法 / the Sandwich *or* Hawaiian Islands サンドイッチ(諸島)すなわちハワイ諸島 / a pillar, *or* (more correctly), a column 柱いやもっと正確に言えば円柱 / *Twelfth-Night; or, What You Will*『十二夜すなわちお望みのもの』(Shak.). **5 a** [補足的に疑念を表して] いや: That is the end of the story. *Or* is it? それで話はおしまいだ. いやそうかな / He knew it—*or* was he pretending? 彼は知っていた—いや知っているふりをしていたのかな. **b** (古) [話題を転じて新しく文章を起こすのに用いて] また, さらに (again): *Or* what man is there of you, whom if his son ask bread, will he give him a stone? なんじらのうち, たれかその子パンを求めんに石を与えんや (*Matt.* 7: 9).

or sò ⇨ so¹ *pron.* 2.

〘(?c1200) ME *or*(*r*) (短縮) ← *oþer*(*r*), *oþþr*, *auþer* (conj.) ◇ OE *oððe*, *oðða* or: *oþer* の *-r* は EITHER との連想か (cf. G *oder* ＜ OHG *odo*, *eddo*, *odar*)〙

or² /(強) ɔə | ɔː(r); (弱) ə | ə(r)/ (古・詩・方言) *conj.* [特に or ever, or e'er, or ere として] …より前に, …に先立って (before): *"or ere* those shoes were old" あの靴がまだ古くもならないうちに (Shak., *Hamlet* 1. 2. 147). **— *prep.*** ＝before. 〘ME *ar*, *or* ＜ OE *ǣr* before, early □ ON *ār*: cf. ere〙

or³ /ɔə | ɔː(r)/ 〘紋章〙 *n.* 金色 (gold), 黄色 (yellow) (無彩色図では点で示す). **— *adj.*** 金色の, 黄色の. 〘(1562) □ ～ ＜ L *aurum* gold: cf. oriole〙

Or (略) Oregon (非公式); Oriel College, Oxford; Orientalist.

OR /ɔə | ɔə(r)/ *n.* 〘電算〙論理和, オア (多数の入力の内のひとつでも "1" があるとき, 出力に "1" を生じる論理). 〘← OR¹〙

OR (略) operating room; operational research; operations research; 〘米郵便〙Oregon (州); official receiver; official referee; on request; other ranks.

or. (略) orange; oratorio; orient; oriental; original; 〘法律〙other.

o.r. (略) operating room; operationally risky; operational requirement; operations requirement; operations room; out of range; overhaul and repair; 〘商業〙owner's risk 荷主危険持ち.

-or¹, (英) **-our** /ə | ə(r)/ *suf.* 動作・状態・性質を表すラテン語系名詞語尾: favo(*u*)r, hono(*u*)r, labo(*u*)r. 〘ME □ OF *-our* ∥ L *-or* ＜ OL *-ōs*〙

-or² /ə | ə(r)/ *suf.* ラテン語起源の動詞 (特に -ate の語尾をもつもの) から「…する人[物]」の意を表す動作主名詞 (agent noun) を造る: auditor, elevator. ★ -or はしばしば英語本来の -er に代用 (例: bachelor, chancellor) または併用されるが, 併用の場合には -or の方が法律的・専門的意義をもつことがある (例: adviser, advisor, sailor). 〘ME *-or*, *-our* □ OF *-eor*, *-eur* ∥ L *-or*, *-ātor*〙

ora¹ *n.* os² の複数形.

o·ra² /ɔ́ːrə/ *n.* (*pl.* **～s**, **o·rae** /ɔ́ːriː, -raɪ/) オーラ (Anglo-Saxon 期の英国に Danes が持ち込んだ計算貨幣; 約 2 shillings に相当した). 〘OE *ōra* □ ON *aurar* (pl.) ← *eyrir* ounce: cf. or³〙

O·ra /ɔ́ːrə/ *n.* オーラ (女性名; 異形 Orabel, Orabelle). 〘cf. L *aurum* gold〙

Or·a·bel /ɔ́ːrəbèl/ *n.* オーラベル (女性名). 〘↑〙

or·ache /ɔ́(ː)rɪ̀tʃ, ɑ́(ː)r- | ɔ́rɪtʃ/ *n.* (*also* **or·ach** /～/) 〘植物〙アカザ科ハマアカザ属 (*Atriplex*) の植物の総称; (特に)ヤマホウレンソウ (*A. hortensis*). 〘(c1430) *orage*, *arage* □ AF *orache*＝OF *ar(r)ache* (F *arroche*) ＜ VL **atrapica*＝L *atriplicem*, *atriplex* □ Gk *atráphaxus*〙

or·a·cle /ɔ́(ː)rəkl̩, ɑ́(ː)r-, -rɪ- | ɔ́r-/ *n.* **1 a** (古代ギリシャなどの)託宣, 神託: consult the ～ of Apollo at Delphi デルポイのアポロンの神託を伺う / The ancient ～*s* were often vague and equivocal. 昔の神託はしばしばあい

O

まいでどうにでも解釈できた. **b** (古代ギリシャなどの)神託所, 託宣所: go to the ～ at Dodona ドドーナの託宣所へ行く. **c** (神託に似た)権威的な言葉; (俗に言う)ご託宣. **2 a** 神託を伝える人, 託宣者, 巫(ﾌ). **b** 哲人, 賢人; 知恵ある言葉を吐く人: Sir *Oracle* ⇨ sir 4 b. **3** (ユダヤ教やキリスト教において神の啓示の発する源泉としての, エルサレム神殿内の)至聖所 (1 *Kings* 6: 16, 19–23). **4** 〘聖書〙 神のお告げ, 神命; [*pl.*] 聖書 (the Scriptures): the ～*s* of God 神のことば (*Rom.* 3: 2).
wórk the óracle (1) 《英口語》(ひそかに人を動かして)自分の目的を達する, 自分に都合のよいように人を操る《神官を買収して願い通りの神託を受けることから》. (2) 《英俗》金を工面する (raise money). 《1863》
〘(*c*1380) □ (O)F ～ < L *ōrāculum* ← *ōrāre* to speak, pray (cf. oration): ⇨ oral, -cle〙

Or·a·cle /ɔ́(ː)rəkl̩, ɑ́(ː)r-, -rɪ- | ɔ́r-/ *n.* 〘商標〙 オラクル《英国 ITV (Independent Television) による天気・スポーツ・ニュースなどの Teletext 放送》. 〘《頭文字》← *O*(ptional) *R*(eception of) *A*(nnouncements by) *C*(oded) *L*(ine) *E*(lectronics)〙

óracle bòne *n.* [しばしば *pl.*] 卜骨(ﾎﾞｸｺﾂ)《古代中国で占いに用いた獣骨や亀甲》.

o·rac·u·lar /ɔːrǽkjulə, ɑr- | ɔrǽkjulə(r, ər-/ *adj.* **1** 神託の[に関する]. **2 a** 神託のような; (神託のように)権威[威厳]のある: an ～ response 神託にも似た回答. **b** 予言者ぶった. **c** 賢明な (very wise). **d** 両義に取れる, あいまいな, 謎めいた (mysterious). **o·rac·u·lar·i·ty** /ɔːrækjulǽrəti, ər-, -lér- | ɔrækjulǽrɪ̀ti, ər-/ *n.* **～·ly** *adv.* **～·ness** *n.* 〘(1631) ← L *ōrāculum* (↑)＋-AR[1]〙

o·rac·u·lous /ɔːrǽkjuləs, ər- | ɔr-, ər-/ *adj.* 《古》 = oracular. 〘1610〙

o·ra·cy /ɔ́ːrəsi/ *n.* オーラルの能力《口述表現力と口述語の理解力》. 〘(1965) ← ORAL＋-*acy* (cf. literacy)〙

o·rad /ɔ́ːræd/ *adv.* 〘解剖・動物〙 口(部)の方へ. 〘(1891) ← L *ōrem*, *ōs* mouth＋-AD[3]〙

O·ra·de·a /ɔːrɑ́ːdiə | -diə; *Ruman.* ɒrádea/ *n.* オラディア《ルーマニア北西部 Transylvania 地方 Cryş 川沿いの商業都市》.

orae *n.* ora[2] の複数形.

o·ra et la·bo·ra /ɔ́ːraɛtlæ̀bɔ́ːrəː/ *L.* 祈り, そして働け.

o·ral /ɔ́ːrəl/ *adj.* **1** 口頭の, 口述の, オーラルの (spoken) (↔ written): an ～ contract 口約 / ～ instructions 口頭の言付け[指示] / ～ pleadings [proceedings] 口頭弁論 / ～ testimony [evidence] 口頭証拠 (↔ documentary evidence) / ～ traditions 口碑 / ⇨ oral method. **2 a** 〘解剖〙 口(部)の, 口辺にある: the ～ cavity 口腔. **b** 口で行う, 経口の: ～ respiration 口呼吸 / ～ polio vaccine 経口小児麻痺ワクチン, 生ワクチン / ⇨ oral contraceptive. **3** 〘音声〙 口で発音される, 口(腔)音の: ～ vowels 口母音《一般の母音; cf. nasalized vowel》. **4 a** 〘精神分析〙 (Freud の幼児性欲論による初期の) 口唇(愛)期の (cf. anal 2, genital 2). **b** 口唇期の特質を示す《依存性・利己主義・攻撃性など》. — *n.* **1** [通例 *pl.*] 《口語》口述試験. **2** 〘音声〙 口(腔)音 (cf. nasal 2). 〘(1625) ← L *ōr-*, *ōs* mouth (← IE **ō(u)s-* (Skt *āsan* mouth))＋-AL[1]〙

SYN 口頭の: **oral** 書き物その他の方法ではなく, 口から直接の: an *oral* examination 口述[口頭]試験. **verbal** 元来は書き言葉・話し言葉に関係なく, 言葉を使っての意味だが, しばしば *oral* と区別なしに「口頭の」の意味に使われる: a *verbal* promise 口約束. **spoken** 声によるの意味で「口頭の」: *spoken* instructions 口頭による指示.

óral appróach *n.* [the ～] 〘教育〙 口頭導入教授法《C. C. Fries の提唱によるもの; cf. oral method 2》.

óral contracéptive *n.* 経口避妊薬 (cf. morning-after-pill).

o·ra·le /ɔːréɪli/ *n.* 〘キリスト教〙 = fanon 2. 〘(1844–49) □ ML *ōrāle* veil ← L *ōr-*, *ōs* mouth (⇨ oral)＋-*ale* (neut.) ← -*ālis* '-AL[1]'〙

óral-formuláic *adj.* 口承定型句の《詩的定型句の使用により特徴づけられる初期の口承詩についていう》.

óral hístory *n.* 口述歴史(文献)《史実に直接関与した重要人物の口述テープ記録》. **óral históriаn** *n.* 〘1955〙

óral hýgiene *n.* 口腔衛生 (dental hygiene).

óral hygíenist *n.* 口腔衛生士 (dental hygienist).

óral interpretátion *n.* 口頭解釈《書物などの文章の意味を声を出して解釈する学習法》.

o·ral·ism /ɔ́ːrəlìzm/ *n.* 口話主義, オーラリズム《聾者のコミュニケーションを手話でなく読唇術・発話で行おうとする理論》. 〘1883〙

ó·ral·ist /-lɪ̀st | -lɪst/ *n.* 口話主義者, オーラリスト. — *adj.* 口話法の (cf. manualist). 〘1867〙

Óral Láw *n.* [the ～] 〘ユダヤ教〙 口伝律法《Torah の解釈法としてモーセに啓示されたとされ, 主として Mishna と Gemara に法典化されるまで, 口頭で伝えられてきた》. 〘1733〙

ó·ral·ly /-rəli/ *adv.* 口頭で, 口述で; 口を使って; 経口によって. 〘1608〙

óral méthod *n.* **1** オーラルメソッド, 口話法《難聴者に読唇術 (lipreading) で話し方や相手の言うことの理解の仕方を教える方法》. **2** (語学教育で書物を用いない)口頭教授法, オーラルメソッド (cf. oral approach).

o·ral·o·gy /ɔːrǽlədʒi/ *n.* = stomatology. 〘← ORAL＋-LOGY〙

óral séx *n.* オーラルセックス《口を使っての性行為; fellatio, cunnilingus など》. 〘1973〙

óral socíety *n.* 口頭社会《書記語をもたない社会》.

óral súrgeon *n.* 〘医学〙 口腔外科医.

óral súrgery *n.* 〘医学〙 口腔外科.

-o·ram·a /ərǽmə, -rɑ́ː- | -rɑ́ː-/ 「(数・量・種類など)通常より多い, 大きい」の意の連結形《商品名・行事などによく用いられる》: sport*orama*.

O·ran[1] /ɔːrǽn, -rɑ́ːn | ɔːr-, ɔr-, ər-; *F.* ɔʀɑ̃/ *n.* オラン《アルジェリア北西部, 地中海に臨む海港》.

O·ran[2] /ɔːrǽn, -rɑ́ːn | ɔːr-, ɔr-, ər-/ *n.* オラン《男性名; 異形 Oren, Orin》. 〘□ Ir.-Gael. *Odhran* (原義) pale complexioned one〙

o·rang /ɔːrǽŋ, ər- | ɔːrǽŋ, ɔr-, ∸ ∸/ *n.* 〘動物〙 = orangutan. 〘1778〙

O·rang As·li /ɑ́(ː)rəŋǽzli | ɔ́r-/ *n.* [複数扱い] オラン アスリ《Malay 半島の土着の諸民族を指す言葉; マレー語で「真正の[土着の]人」の意》.

or·ange /ɔ́(ː)rɪndʒ, ɑ́(ː)r- | ɔ́r-/ *n.* **1 a** 〘植物〙 オレンジ《カンキツ属 (*Citrus*) の樹木の総称; その食用果実; ダイダイ (sour orange) や最も普通の食用オレンジであるアマダイダイ (sweet orange) (ブラッドオレンジ (blood orange), ネーブルオレンジ (navel orange) などはこの変種), マンダリン (mandarin orange), ベルガモット (belgamot orange) などを含む; cf. Satsuma 1, tangerine》. **b** オレンジ果汁[飲料]. **2** 〘植物〙 柑橘(ｶﾝｷﾂ)類に類似した樹木《カラタチ (trifoliate orange), キンカン (Chinese orange) など》. **3 a** オレンジ色, 赤黄色 (reddish yellow); オレンジ色顔料. **b** オレンジ色の衣服: dressed in ～.
squéeze [súck] an órange (1) オレンジの汁を全部絞り[吸い]取る. (2) よい[有益な]所を全部わがものとする, 甘い汁を吸いつくす (cf. squeezed orange).
óranges and lémons 子供の遊戯の一種《この句で始まる歌を歌い 'Which will you have, *oranges or lemons?*' の問いに答えてオレンジ組とレモン組の敵味方に別れ, しばしば tug of war で勝負する》. 《1873》
— *adj.* **1 a** オレンジの: an ～ tree. **b** オレンジを材料にした; オレンジの風味をつけた: an ～ liqueur, etc. / ～ bitters / ～ juice / ～ squash 《英》オレンジスカッシュ《オレンジ濃縮果汁に水を加えた非発泡飲料》. **2** オレンジ色の. 〘(?*c*1380) □ OF *orenge* (F *orange*) □ OProv. *auranja* □ Arab. *nāranj* □ Pers. *nārang* ← Skt *nāraṅga* orange tree: OProv. で *n-* が消失したのは L *aurum* gold との連想〙

Or·ange[1] /ɔ́(ː)rɪndʒ, ɑ́(ː)r- | ɔ́r-/ *n.* [the ～] オレンジ(川)《南アフリカ共和国を西に流れて大西洋に注ぐ川 (2,100 km)》. 〘← *William, Prince of Orange*: 後の英国王 William 三世にちなむ〙

O·range[2] /ɔrɑ́ː(n)ʒ, -rɑ́ːnʒ | ɔr-; *F.* ɔʀɑ̃ːʒ/ *n.* **1** オレンジ(公国)《昔ヨーロッパ西部にあった小公国 (principality); 今はフランスの一部》. **2** オランジュ《フランス南東部にある都市; かつてはオレンジ公国の首都; 古代ローマの遺跡がある》.

Or·ange[3] /ɔ́(ː)rɪndʒ, ɑ́(ː)r- | ɔ́r-; *G.* oʀɑ̃ːʒə, oʀáŋʒə/ *n.* [the ～s] オラニィェ[オラニエ]家, オレンジ家《南フランス Orange 市に由来するドイツの貴族で, オランダの総督家 (1795 年まで); 1530 年ドイツの Nassau 家に継承されて the House of Orange-Nassau となり, 現在のオランダ王室はこの家に属する; オランダ語名 Oranje /oːrɑ́njə/》. — *adj.* **1** オレンジ家(王朝)の. **2** オレンジ党員 (Orangeman) の[に関する].

órange I *n.* 〘染色〙 オレンジ I《オレンジ色の酸性アゾ染料; 粘膜に使用することがない外用医薬品・化粧品の着色に用いられる》.

órange II *n.* 〘染色〙 オレンジ II《オレンジ色の酸性アゾ染料; 外用医薬品, 化粧品の着色に用いられる》.

or·ange·ade /ɔ̀(ː)rɪndʒéɪd, ɑ̀(ː)r- | ɔ̀r-/ *n.* オレンジエード《オレンジ果汁に砂糖を加え水または炭酸水で割った飲料》; (無果汁の)合成オレンジ飲料. 〘(1706) □ F ～: ⇨ orange, -ade: LEMONADE からの類推〙

órange bádge *n.* 《英》オレンジバッジ《ドライバーが身障者であり, 駐車に関して特例的な権利を認められていることを示す小さなオレンジ色の証明票; 車のフロントガラス内に表示する》.

órange blòssom *n.* **1** オレンジの花《純潔の象徴として結婚式に花嫁が髪に飾る》. ★ 米国 Florida 州の州花. **2** オレンジブロッサム《ジン・オレンジジュースに砂糖と氷を入れてシェイクしたカクテル》. 〘1786〙

Órange Bòwl *n.* [the ～] オレンジボウル: **a** 米国 Miami にある(アメリカンフットボールの)競技場. **b** そこでシーズン終了後の招待大学チームが行うアメリカンフットボールゲーム.

órange chrómide *n.* 〘魚類〙 オレンジクロマイド (*Etroplus maculatus*)《インド・スリランカ産カワスズメ科の淡黄色の魚; 観賞用熱帯魚》. 〘1933〙

órange-còlored *adj.* オレンジ色[だいだい色]の. 〘1678〙

órange-èye bútterfly bùsh *n.* 〘植物〙 フサフジウツギ (*Buddleja davidi*)《中国原産の藤色の花が咲くフジウツギ科の落葉低木; さまざまな園芸品種があり, 花がチョウを引き寄せる》.

órange fìn *n.* 《英》〘魚類〙 **1** スコットランド Tweed 川産のマス (trout). **2 a** 海産のマスの幼魚. **b** 二歳子のサケ. 〘1834〙

órange-flòwer òil *n.* 〘薬学〙 橙花(ﾄｳｶ)油 (⇨ neroli oil). 〘1838〙

órange-flòwer wàter *n.* 〘薬学〙 橙花(ﾄｳｶ)水《橙花油 (orange-flower oil) の水溶液; 特にトイレット用》. 〘1595〙

Ór·ange Frée Stàte /ɔ́(ː)rɪndʒ-, ɑ́(ː)r- | ɔ́r-/ *n.* [the ～] オレンジ自由州《南アフリカ共和国中部の旧州; 1994 年 Free State に改称》.

órange gùm *n.* 〘植物〙 = gum-myrtle.

órange háwkweed *n.* 〘植物〙 コウリンタンポポ (*Hieracium aurantiacum*)《ヨーロッパ原産のだいだい色の花をつける多年草で, 北米北東部に多い雑草; 農作物に有害; (devil's) paintbrush, Indian paintbrush ともいう》. 〘*c*1900〙

Ór·ange·ism /-dʒɪzm/ *n.* (北アイルランドの)オレンジ党の主義[運動]《反旧教主義で新教と英国王権擁護を党是とする; cf. Orangeman》. 〘(1823): ⇨ Orangeman〙

Ór·ange·ist /-dʒɪ̀st | -dʒɪst/ *n.* オレンジ党員 (⇨ Orangeman). 〘⇨ ↑, -ist〙

órange lìly *n.* 〘植物〙 ヨーロッパ産の濃いオレンジ色の花をつけるユリ《次の 2 種を指す; *Lilium bulbiferum, L. croceum*》.

Órange Lódge *n.* オレンジロッジ《Orange Order の別称; Belfast のフリーメーソンの lodge [支部]で発足したと信じられていることから》.

Órange·man /-mən, -mæ̀n/ *n.* (*pl.* **-men** /-mən, -mèn/) **1** オレンジ党員《1795 年北アイルランドに組織された新教と英国王権擁護の秘密結社の党員; オレンジ家出身の William 三世 (Prince of Orange) によって 17 世紀末に確立された新教優位体制の護持を誓い, オレンジ色のリボンを記章とした; cf. Ribbon Society》. **2** 北アイルランドの(特に Ulster の) 新教徒. 〘(1796) ← *William, Prince of Orange* (後の William 三世)〙

Órangemen's Dày *n.* オレンジ党勝利記念日《7 月 12 日; 北アイルランドの祝日; Boyne 川の戦い (1690) と Aughrim の戦い (1691) における William 三世の勝利を記念する日; cf. bank holiday 2》.

órange mílkwort *n.* 〘植物〙 ヒメハギ科の草本の一種 (*Polygala lutea*)《米国南東部の沼沢付近に自生しオレンジ色の穂状花をつける》.

órange òil *n.* 橙皮(ﾄｳﾋ)油《オレンジの果実から圧搾または蒸留によって採った安い香料》. 〘1863–72〙

Órange Órder *n.* [the ～] オレンジ党《1795 年アイルランドプロテスタントの組織した秘密結社; William of Orange (William 3 世) にちなみ, 党の記章はオレンジ色のリボン》. 〘1940〙

órange pèel *n.* **1** オレンジ類の皮《薬用またはジャム製造用》. **2** 柚肌(ﾕｽﾞﾊﾀﾞ)《ワニス・ラッカーなど速乾性塗料を塗った表面に小さな点状の凹みが多数できる状態》. **3** 濃いオレンジ色. 〘1615〙

órange-pèel búcket *n.* 〘土木〙 オレンジピールバケット, 蓮華(ﾚﾝｹﾞ)形集合シャベル《オレンジの皮を幾つかに等分してむいたような形のバケット》. 〘1905〙

órange-peel fúngus *n.* ヒイロチャワンタケ (*Aleuria aurantia*)《ピロネマキン科のキノコ; cf. elf-cup》.

órange pékoe *n.* オレンジペコー《インドまたはスリランカ産の, 先端の芽と小さな葉から作る良質の紅茶; 一般にインド・スリランカ産の優良品をもいう》. 〘1877〙

órange puccóon *n.* 〘植物〙 北米東部産の山吹色の花をつけるムラサキ属の多年草 (*Lithospermum canescens*).

órange quít *n.* 〘鳥類〙 アカノドミツドリ (*Euneornios campestris*)《ジャマイカ産》. 〘1894〙

Órange Ríver Cólony *n.* [the ～] オレンジ川植民地《オレンジ自由州 (Orange Free State) が英国の植民地であった時代 (1900–10) の名称》.

órange rúst *n.* **1** オレンジさび色《赤みのある黄褐色》. **2** 〘植物病理〙 オレンジさび病《キイチゴ (raspberry) とクロイチゴ (blackberry) の病気; 病菌により 2 種ある》.

or·ange·ry /ɔ́(ː)rɪndʒ(ə)ri, ɑ́(ː)r- | ɔ́rɪn-/ *n.* (主に寒冷地の)オレンジ栽培温室《特に, 英国で北側を壁に南側にアーチ型の大きな窓をつけた豪華な建物》. 〘(1664) □ F *orangerie*: ⇨ orange, -ery〙

órange spòon *n.* オレンジスプーン《柑橘(ｶﾝｷﾂ)類やメロンなどを食べるときに用いる先のとがった, または先がぎざぎざになっているスプーン》.

órange stìck *n.* (オレンジ材で作る鉛筆状のマニキュア用の)オレンジ棒. 〘1911〙

órange súnflower *n.* 〘植物〙 米国東部産の淡黄色の花をつけるキク科キクイモモドキ属の植物 (*Heliopsis scabra*).

órange tìp *n.* 〘昆虫〙 ツマキチョウ《シロチョウ科ツマキチョウ属 (*Anthochalis*) のチョウの総称; クモマツマキチョウ (*A. cardamines*) など》. 〘(1819) 前翅の端が通例オレンジ色をしていることから〙

órange wìne *n.* オレンジ酒《オレンジのジュースや皮を発酵させて造った果実酒》. 〘1675〙

órange·wòod *n., adj.* オレンジ材(の)《木彫や旋盤細工用》. 〘1884〙

or·ang·ey /ɔ́(ː)rɪndʒi, ɑ́(ː)r-/ *adj.* = orangy.

ór·ang·ish /-dʒɪʃ/ *adj.* ややオレンジ色の, 薄オレンジ色の. 〘1967〙

o·rang·u·tan /ɔːrǽŋutæ̀n | ɔːrǽŋuːtæn, ∸∸∸∸/ *n.* (*also* **o·rang·ou·tan** /～/, **o·rang·ou·tang** /-tæ̀ŋ | ∸∸tæŋ, -tàːn, ∸∸∸∸/, **o·rang·u·tang** /～/) 〘動物〙 オランウータン (*Pongo pygmaeus*)《ボルネオ・スマトラ産の類人猿》. 〘(1691) □ Malay *ōrang ūtan* ← *ōrang* man＋(*h*)*ūtan* wood〙

or·ang·y /ɔ́(ː)rɪndʒi, ɑ́(ː)r- | ɔ́rɪn-/ *adj.* 《味・外観・色など》オレンジに似た. 〘(1778): ⇨ -y[4]〙

O·ran·je·stad /ourɑ́ːnjəstɑ̀ːt | ɔrɑ́n-; *Du.* orɑ́njəstat/ *n.* オラニェスタート《オランダ領アンティルの Aruba 島の中心都市》.

o·rans /ɔ́ːrænz/ *n.* (*pl.* **o·ran·tes** /ɔːrǽntiːz/) 〘美術〙 = orant.

o·rant /ɔ́ːrənt/ *n.* (*also* **o·ran·te** /ɔːrǽnti:/) 〘美術〙 (古代ギリシャ・初期キリスト教芸術の)祈禱女人像《両腕を広げ, 手のひらを上に向けた祈りの姿勢をしている女性像;

orans ともいう). 〘(1900) ← NL & ML *ōrantem, ōrāns* (pres.p.) ← L *ōrāre* to pray〙

orantes *n.* orans の複数形.

o·ra pro no·bis /ɔ́ːrɑːprounóubɪ̀s | ɔ́ːrɑːprəu-nə́ubɪs/ *L.* 〖カトリック〗我らのために祈りたまえ (pray for us).

oraria *n.* orarion, orarium の複数形.

o·rar·i·on /ɔːrέ(ə)riən | -rέər-/ *n.* (*pl.* **-i·a** /-riə/) 〖東方正教会〗補祭 (deacon) の stole 《左肩にかけてまとう; orarium ともいう》. 〘(1772) ◻ MGk *ōrarion*〙

o·rar·i·um /ɔːrέ(ə)riəm | -rέər-/ *n.* (*pl.* **-i·a** /-riə/) 〖東方正教会〗=orarion. 〘(1706) ◻ LL *ōrārium* 'napkin' ← L *ōr-, ōs* mouth, face: ⇨ -arium〙

orat. 《略》oration; orator; oratorical; oratory.

o·rate /ɔːréɪt, ←́– | ɔːréɪt, ɔr-, ər-/ 《軽蔑·戯言》*vi.* (大げさに)演説する, 一席弁じる, 演説口調で弁じる (speechify). — *vt.* …に向かって演説する, 弁じる. 〘(*c*1600) 《逆成》← ORATION: または L *ōrātus* (p.p.) ← *ōrāre* to speak, pray〙

o·ra·te fra·tres /ɔːrɑ́ːteɪfrɑ́ːtreɪs, -treɪz/ *n.* 〖カトリック〗祈られよ兄弟たち《現在の典礼では奉納祈願の祈りへの招き》. 〘◻ L *ōrāte, frātrēs* pray, brothers〙

o·ra·tion /əréɪʃən, ɔːr- | ər-, ɔːr-, ɔr-/ *n.* **1 a** (記念式·葬式の時などの)正式の演説, 式辞 (⇨ speech SYN): a funeral ～ 追悼演説, 弔辞 / deliver an ～ 演説をする. **b** 美辞麗句を並べた長たらしい演説. **2** 弁論大会. **3** 〖文法〗話法 (narration): direct [indirect, oblique] ～ 直接[間接]話法. 〘(*c*1375) ◻ L *ōrātiō(n-)* speech, prayer ← *ōrāre* to speak, pray ← IE **ōr-* to pronounce a ritual formula: ORISON と二重語〙

o·ra·ti·o o·bli·qua /ɔːrɑ́ːtiòuəblíːkwə | ɔːrɑ́ːtiəuəb-, ɔr-, -əb-/ *L. n.* 〖文法〗間接話法 (oblique oration). 〘◻ L *ōrātiō oblīqua* oblique oration〙

orátio réc·ta /-réktə/ *L. n.* 〖文法〗直接話法 (direct oration). 〘◻ L *ōrātiō rēcta* direct oration〙

or·a·tor /ɔ́(ː)rətə, ɑ́(ː)r- | ɔ́rətə(r)/ *n.* **1 a** 演説者, 弁士, 雄弁家: He is no ～. 彼は演説がうまくない. **b** もったいぶった演説をぶつ者. **2** 《英》=public orator. **3** 《廃》〖法律〗原告 (plaintiff), 申立人 (petitioner). 〘(*c*1380) ◻ AF *oratour*=(O)F *orateur* < L *ōrātōrem* speaker, supplicant ← *ōrāre* to speak, pray: ⇨ -or²〙

or·a·to·ri·al /ɔ̀(ː)rətɔ́ːriəl, ɑ̀(ː)r- | ɔ̀r-ˈ/ *adj.* =oratorical. 〘1546〙

Or·a·to·ri·an /ɔ̀(ː)rətɔ́ːriən, ɑ̀(ː)r- | ɔ̀r-ˈ/ 〖カトリック〗 *adj.* オラトリオ会の (cf. oratory² 2). — *n.* オラトリオ会士. 〘(1644) ← ORATORY²+-AN¹〙

or·a·tor·i·cal /ɔ̀(ː)rətɔ́(ː)rɪkəl, ɑ̀(ː)rətɑ́(ː)r-, -kl̩ | ɔ̀rətɔ́rɪk-ˈ/ *adj.* **1 a** 演説の[に関する]: an ～ contest 弁論大会 / ～ power 弁才. **b** 雄弁(術)の. **2** 修辞的な (rhetorical), 美辞を連ねた: an ～ essay 美文調の随筆. **3** 演説癖の; 演説口調の. **～·ly** *adv.* 〘1634〙

or·a·to·ri·o /ɔ̀(ː)rətɔ́ːriòu, ɑ̀(ː)r- | ɔ̀rətɔ́ːriəu/ *n.* (*pl.* **～s**) 〖音楽〗オラトリオ, 聖譚(たん)曲 《通例聖書に題材を採った劇詩を合唱·独唱·管弦楽などに作曲したものであるが, 演奏には所作·背景·扮装などを伴わない》. 〘(1644) ◻ It. ～ 《原義》small chapel < LL *ōrātōrium* 'ORATORY²': Rome の教会 Oratory of St. Philip Neri で初めて演奏されたことから〙

or·a·to·ry¹ /ɔ́(ː)rətɔ̀ːri, ɑ́(ː)r- | ɔ́rətəri, -tri/ *n.* **1** 雄弁; 雄弁術. **2** 修辞的文体, 美辞麗句. 〘(*a*1586) ◻ L (*ars*) *ōrātōria* oratorical (art) (fem.) ← *ōrātōrius* oratorical〙

or·a·to·ry² /ɔ́(ː)rətɔ̀ːri, ɑ́(ː)r- | ɔ́rətəri, -tri/ *n.* **1** 小礼拝堂, 祈禱堂, 祈禱室. **2 a** [the O-] オラトリオ会 《通俗的な説教や祈禱を目的として 1564 年に設立されたカトリックの修道会》: the Fathers of the *Oratory* オラトリオ会士. **b** オラトリオ会の教会. 〘(*c*1300) ◻ LL *ōrātōrium* place of prayer (neut.) ← L *ōrātōrius* oratorical〙

or·a·trix /ɔ́(ː)rətrɪ̀ks, ɑ́(ː)r- | ɔ́r-/ *n.* (*pl.* **-a·tri·ces** /ɔ̀(ː)rətráɪsiːz, ɑ̀(ː)r- | ɔ̀r-/) 女性の雄弁家. 〘(1464) ◻ L *ōrātrix* (fem.) ← *ōrātor*: ⇨ orator, -trix〙

or·a·ture /ɔ́(ː)rətʃə, ɑ́(ː)r-, -tʃùə | ɔ́rətʃə(r), -tjùə(r)/ *n.* 口承文学(作品). 〘(1981) ← *ora(l)* (*litera*)*ture*〙

orb /ɔ́əb | ɔ́ːb/ *n.* **1 a** 球, 球体 (sphere, globe). **b** 頂上に十字架を載せた金色の玉; 十字架付き宝珠 (scepter と共に王位の標章). **c** 《詩》眼球 (eyeball), 目 (eye). **2 a** 《詩》天体: the ～ of day 日輪, 太陽. **b** 《廃》[the ～] 地球 (the earth). **3** 《古》**a** 円 (circle). **b** (行動の)範囲. **4** 《廃》(天体の)軌道 (orbit). — *vt.* **1** 丸くする; 球にする. **2** 《古》取り巻く, 囲む (encircle). — *vi.* **1** 《まれ》〈惑星などが〉軌道を運行する. **2** 《詩》球形になる. 〘(1526) ◻ L *orbis* ring, circle, orb ← ?〙

orbed *adj.* 球状の (spherical); 円形の. 〘1597〙

or·bic·u·lar /ɔəbíkjulə | ɔːbíkjulə(r)/ *adj.* **1** 球形の; 円形の, 環形の, 丸くなった. **2** 完全な, 全体的な, (一つに)まとまった. **3** 〖植物〗〈葉が〉円に近い. **～·ly** *adv.*

or·bic·u·lar·i·ty /ɔəbìkjulǽrəṭi, -lέr- | ɔːbìkju-lǽrɪ̀ti/ *n.* 〘(*c*1420) ◻ LL *orbiculāris* ← L *orbiculus* (dim.) ← *orbis* 'ORB': ⇨ -cule, -ar¹〙

or·bi·cu·lar·is /ɔəbìkjulέ(ə)rɪ̀s, -lɑ́ːr- | ɔːbìkjulέərɪs, -lɑ́ːr-/ *n.* (*pl.* **-la·res** /-riːz/) 〖解剖〗輪筋 《内臓·感覚器などの開口部を輪状に取り巻く筋肉》. 〘(1681) ← NL ～ ← L *orbiculāris* (↑)〙

orbícular múscle *n.* 〖解剖〗輪筋 (sphincter).

or·bic·u·late /ɔəbíkjulɪ̀t, -lèɪt | ɔː-/ *adj.* =orbicular. 〘(1760) ◻ L *orbiculātus* ← *orbiculus* small orb: ⇨ orbicular, -ate²〙

or·bíc·u·làt·ed /-lèɪṭɪ̀d | -lèɪt-/ *adj.* =orbiculate. 〘1656〙

Or·bi·son /ɔ́əbəsən, -sn̩ | ɔ́ːbɪ̀-/, **Roy** *n.* オービソン (1936–88; 米国のロックシンガー·ソングライター·ギタリスト).

or·bit /ɔ́əbɪ̀t | ɔ́ːbɪt/ *n.* **1 a** (天体や運動する物体の)軌道. **b** (人工衛星などが天体の周囲を回る)軌道. **c** 軌道運動[飛行](状態): in [out of] ～ 軌道上[外]に, 軌道に乗って[をはずれて] / put in ～ 軌道に乗せる. **2** (人生の)行路, (日常の)生活過程; 活動範囲, 勢力圏: come [fall] within the ～ of …の影響下[勢力下]に入る. **3** 球. **4** 〘(1392) ◻ ML ～〙〖解剖〗眼窩(か) (eye socket); 目 (eye). **5** 〖動物〗(鳥·昆虫などの)眼周, 眼縁部. **6** 〖航空〗(着陸待ちなどでの)旋回飛行のコース. **7** 〖物理·化学〗(電子が原子核の周囲を回る)軌道. ***gò ìnto órbit*** 《俗》〈物価などが〉上昇する; 激怒する; 大成功する. — *vt.* **1** 〈天体〉の周囲を軌道を描いて回る: ～ the moon. **2** 〈人工衛星·宇宙船を〉軌道に乗せる. — *vi.* **1** 〈航空機が〉(着陸待ちなどで)旋回飛行をする. **2** 〈人工衛星·宇宙船が〉軌道に乗る[を回る]. 〘n.: (1696) ◻ L *orbita* wheel track, circuit ← *orbis* 'circle, ORB'. — v.: (1946) ← (n.)〙

or·bit·al /ɔ́əbəṭl̩ | ɔ́ːbɪtl̩/ *adj.* **1** 軌道の[に関する]: an ～ flight 軌道飛行. **2 a** 〈道路が〉都市の外郭を環状に通る: an ～ road (都市の)外郭環状道路. **b** 《英俗》(アシッドハウス)パーティーの. **3** 〖解剖〗眼窩(か)の. **4** 〖動物〗眼縁部の. — *n.* **1** 〖物理〗軌道関数 《粒子の可能な運動様式を記述する Schrödinger 波動方程式の解》. **2 a** 《英》(都市の)外郭環状道路. **b** 《英俗》(環状線内の)アシッドハウスパーティー. **～·ly** *adv.* 〘(1541) ◻ ML *orbitālis*: ⇨ ↑, -al¹〙

or·bi·ta·le /ɔ̀əbətéɪli | ɔ̀ːbɪ-/ *n.* 〖解剖·人類学〗眼窩(か)点 《眼窩の下縁の最低部》. 〘(1920) ← NL ～ (neut.) ← ML *orbit* 'ORBIT 4': ⇨ -al²〙

órbital índex *n.* 〖人類学〗眼窩示数 《眼窩の幅に対する高さの百分比》. 〘1879〙

órbital quántum nùmber *n.* =azimuthal quantum number.

órbital sánder *n.* 回転式サンダー 《台に取り付けたサンドペーパーが回転して研磨する》.

órbital stéering *n.* 〖生化学〗軌道調整 《酵素が基質と結合した時, 反応する基の電子軌道の面を調整して反応をしやすくすること》.

órbital velócity *n.* 〖物理〗軌道速度 《物体が一定の軌道を描いて動いている時の速度; cf. circular velocity》.

or·bit·er /ɔ́əbəṭə | ɔ́ːbɪtə(r)/ *n.* (軌道上を)旋回するもの; (特に)人工衛星, 周回宇宙船: a lunar ～ 月周回宇宙船. 〘1958〙

órb wèb *n.* 〖動物〗円形網, 円(えん)網 (オニグモ·コガネグモ·アシナガグモなどが張る網). 〘1889〙

orb·y /ɔ́əbi | ɔ́ː-/ *adj.* (**orb·i·er; -i·est**) 《古》軌道をもつ, 旋回する. 〘*c*1611〙

orc /ɔ́ək | ɔ́ːk/ *n.* **1** 〖動物〗=orca. **2** (古くから文学などに現れる)海の怪獣 (sea monster); 人食い鬼 (ogre). 〘(*c*1520) ◻ F *orque* // L *orca* a kind of whale ◻ Gk *óruga, órux* a large fish〙

ORC /óuàəsíː | ə̀uɑ̀ː-/ 《略》Officers' Reserve Corps 予備将校隊; Orange River Colony; Order of the Red Cross 赤十字勲章; Organized Reserve Corps; Overseas Research Council.

or·ca /ɔ́əkə | ɔ́ː-/ *n.* 〖動物〗シャチ, サカマタ, オルカ (*Orcinus orca*) 《マイルカ科の獰猛(どうもう)な大型イルカで世界の海洋に分布する; killer whale ともいう》. 〘(1866) ← NL ～: ⇨ orc〙

Or·ca·di·an /ɔəkéɪdiən | ɔːkéɪd-/ *adj.* オークニー諸島 (Orkney Islands) の. — *n.* オークニー諸島の人. 〘(1661) ← L *Orcadēs* Orkney Islands+-IAN〙

Or·ca·gna /ɔəkɑ́ːnjə | ɔː-; *It.* orkáɲɲa/ *n.* オルカーニャ (1308?–68; イタリア Firenze の画家·彫刻家·建築家; 本名 Andrea di Cione /andré:aditʃó:ne/).

or·ce·in /ɔ́əsiɪ̀n | ɔ́ːsiɪn/ *n.* 〖染色〗オルセイン ($C_{28}H_{24}O_7N_2$) 《生体染色に使われる赤色染料》. 〘(1838) ◻ F *orcéine*: ⇨ orcin, -in²〙

orch. 《略》orchestra; orchestral; orchestrate; orchestrated by; orchestration.

or·chard /ɔ́ətʃəd | ɔ́ːtʃəd/ *n.* **1** 果樹園 (fruit garden): an apple ～. **2** [集合的] 果樹園の全果樹. 〘OE *orceard, ortgeard* ← LL *ort-* (← L *hortus* garden)+OE *geard* 'YARD²'〙

órchard bùsh *n.* 《西アフリカ》(森林地帯の北に広がる)広大なサバンナ.

órchard gràss *n.* 〖植物〗カモガヤ (*Dactylis glomerata*) 《イネ科の牧草; cocksfoot, cockspur ともいう》. 〘1765〙

or·chard·ing /-dɪŋ | -dɪŋ/ *n.* 果樹栽培, 果樹園経営. 〘1664〙

ór·chard·ist /-dɪ̀st | -dɪst/ *n.* 果樹栽培者, 果樹園経営者. 〘1794〙

orchard·man /-mən, -mæ̀n/ *n.* (*pl.* **-men** /-mən, -mèn/) =orchardist.

órchard òriole *n.* 〖鳥類〗アカクロムクドリモドキ (*Icterus spurius*) 《北米東部産のムクドリモドキ科の鳥; 雄の体色は赤褐色と黒》. 〘1868〙

or·che·sog·ra·phy /ɔ̀əkəsɑ́(ː)grəfi | ɔ̀ːkɪsɔ́g-/ *n.* 《古》(舞踊·バレエの)振り付け(技法) (choreography). 〘(1706) ◻ F *orchésographie* ← Gk *órkhēsis* dancing +-O-+-GRAPHY〙

or·ches·tics /ɔəkéstɪks | ɔː-/ *n.* 舞踏法. **or·ches·tic** /ɔəkéstɪk | ɔː-/ *adj.* 〘(1850) ◻ Gk *orkhēstikós* ← *orkhēstḗs* dancer: ⇨ ↓, -ic¹〙

or·ches·tra /ɔ́əkɪ̀strə, -kes- | ɔ́ː-/ *n.* **1 a** オーケストラ, 管弦楽団 《弦楽器部 (strings), 木管楽器部 (wood winds), 金管楽器部 (brass winds), および打楽器部 (percussion instruments) の四部で構成される》: a fifty-piece ～ 50 人編成のオーケストラ. **b** 同一種類の楽器から成るオーケストラ: a balalaika ～. **2 a** (劇場で舞台と観客席との間にある)奏楽席 (orchestra pit). **b** 《米》(劇場の)一階《前方の上等席》. **3 a** (古代ギリシャの劇場で)舞台前の半円形の合唱隊席, コーラス[コロス]席, オルケストラ. **b** (古代ローマの劇場で)舞台前方の半円形の貴賓席. 〘(1606) ◻ L *orchēstra* ◻ Gk *orkhḗstra* space on which the chorus performed ← *orkhéisthai* to dance ← IE **ergh-* to go ← **er-* to set in motion (cf. orient)〙

órchestra cìrcle *n.* 〖劇場〗=parquet circle. 〘1872〙

or·ches·tral /ɔəkéstrəl | ɔː-/ *adj.* **1 a** オーケストラの[に関する, のための]: an ～ accompaniment 管弦楽の伴奏 / an ～ concert. **b** 管弦楽団の奏する: ～ music 管弦楽. **2** オーケストラを思わせる[のような]. **～·ly** *adv.* 〘1811〙

órchestra pìt *n.* オーケストラボックス, オーケストラピット, 楽団席. 〘1923〙

órchestra stàlls *n. pl.* 〖劇場〗一階前方の席. 〘1849〙

or·ches·trate /ɔ́əkɪ̀strèɪt, -kes- | ɔ́ː-/ *vt.* **1 a** 〈音楽を〉管弦楽に作[編]曲する. **b** 〈バレエなどに〉管弦楽による伴奏音楽をつける. **2** 調和を保ちつつ総合する, 所期の[最大限の]効果の得られるよう編成[総合]する. — *vi.* 管弦楽用に作[編]曲する. **ór·ches·trà·tor** /-ṭə | -tə(r)/ *n.* **ór·ches·tràt·er** /-ṭə | -tə(r)/ *n.* 〘(1880) ◻ F *orchestrer*: ⇨ orchestra, -ate³〙

ór·ches·tràt·ed /-ṭɪ̀d | -tɪ̀d/ *adj.* **1** お膳立てされた, 画策された. **2** 管弦楽用に作[編]曲された. 〘1880〙

or·ches·tra·tion /ɔ̀əkɪ̀stréɪʃən, -kɛs- | ɔ̀ː-/ *n.* **1** 〖音楽〗管弦楽法(編成)法 (cf. instrumentation). **2** 調和的な総合[組織化]. **òr·ches·trá·tion·al** /-ʃnəl, -ʃənl̩ˈ/ *adj.* 〘(*c*1859) ◻ F ～: ⇨ ↑, -ation〙

or·ches·tri·na /ɔ̀əkɪ̀stríːnə | ɔ̀ː-/ *n.* =orchestrion. 〘(1838) ← ORCHESTR(A)+-INA²: cf. concertina〙

or·ches·tri·on /ɔəkéstriən | ɔː-/ *n.* 《米》オーケストリオン 《オーケストラ類似の音を発するバレルオルガン (barrel organ) の一種》. 〘(1838) ← ORCHESTR(A)+-ION: cf. accordion〙

or·chid /ɔ́əkɪ̀d | ɔ́ːkɪd/ *n.* **1** 〖植物〗ラン, 蘭(らん) 《ラン科植物の総称; 特に美しい温室栽培種 *Odontoglossum grande* など; cf. orchis》. **2** 薄紫色 (light purple). — *adj.* 薄紫色の. 〘(1845): NL *Orchidaceae* ← *Orchid-, Orchis* (属名: ← L **orchid-* (=archi-), *orchis* ◻ Gk *órkhis* 'testicle, ORCHIS': ⇨ -id² ↓〙

or·chi·da·ceous /ɔ̀əkədéɪʃəs | ɔ̀ːkɪ-ˈ/ *adj.* **1** 〖植物〗ラン科の; ランに似た. **2** はでな, 華やかな, 華麗な (showy). **～·ly** *adv.* 〘1838〙

or·chi·dec·to·my /ɔ̀əkədéktəmi | ɔ̀ː-/ *n.* 〖外科〗=orchiectomy.

ór·chid·ist /-dɪ̀st | -dɪst/ *n.* ラン栽培家. 〘1881〙

or·chi·do- /ɔ́əkɪ̀dou | ɔ́ːkɪdəu/「ラン科植物 (orchid), ラン (orchis); 睾丸(こうがん) (testicle)」の意の連結形. 〘← **orkhidos*: Gk *órkhios* ((gen.) ← *órkhis* orchis, testicle) の誤形〙

or·chid·ol·o·gy /ɔ̀əkɪ̀dɑ́(ː)lədʒi | ɔ̀ːkɪdɔ́l-/ *n.* ラン園芸, ラン栽培(法). 〘(1885) ← ORCHIDO-+-LOGY〙

or·chid·o·ma·ni·a /ɔ̀əkɪ̀douméɪniə, -njə | ɔ̀ːkɪdə(u)-/ *n.* (極端な)ラン愛好癖. 〘1849〙

or·chid·o·ma·ni·ac /ɔ̀əkɪ̀douméɪniæ̀k | ɔ̀ːkɪdə(u)-ˈ/ *n.* (極端な)ランのマニア[愛好家].

or·chi·dot·o·my /ɔ̀əkɪ̀dɑ́(ː)ṭəmi | ɔ̀ːkɪdɔ́t-/ *n.* 〖外科〗睾丸(こうがん)切開(術). 〘1892〙

órchid trèe *n.* 〖植物〗=mountain ebony.

or·chi·ec·to·my /ɔ̀əkiéktəmi | ɔ̀ː-/ *n.* 〖外科〗睾丸(こうがん)摘出(術), 除睾(術), 去勢 (castration). 〘(1894) ← Gk *órkhis* testicle+-ECTOMY〙

or·chil /ɔ́ətʃɪ̀l, -kɪ̀l | ɔ́ːtʃɪl, -kɪl/ *n.* **1** =archil. **2** =cudbear. 〘(1483) ◻ OF *orchel* (F *orseille*) ← ?: cf. archil〙

or·chil·la /ɔətʃílə | ɔː-/ *n.* =archil. 〘1703〙

or·chis /ɔ́əkɪ̀s | ɔ́ːkɪs/ *n.* 〖植物〗ラン 《特に温帯地方に分布する野生のラン科ハクサンチドリ属 (*Orchis*) の植物の総称; ハクサンチドリ (*O. aristata*), *O. spectabilis* など》. ★英国では orchis は自国の野生のものに用い, 外国産の栽培種には orchid を用いるのが普通. 〘(1562) ◻ L ～ ◻ Gk *órkhis* orchis, testicle: cf. orchid〙

or·chi·tis /ɔəkáɪṭɪ̀s | ɔːkáɪtɪs/ *n.* 〖病理〗睾丸(こうがん)炎. **or·chi·tic** /ɔəkíṭɪk | ɔːkít-/ *adj.* 〘(1799) ← NL ← Gk *órkhis* testicle+-ITIS〙

or·cin /ɔ́əsɪ̀n, -sn̩ | ɔ́ːsɪn/ *n.* 〖化学〗=orcinol. 〘← NL *orcina* ← *orc-* ← It. *orcello* 'ORCHIL': ⇨ -in²〙

or·cin·ol /ɔ́əsɪ̀nɔ̀(ː)l | ɔ́ːsɪnɔ̀l/ *n.* 〖化学〗オルシノール, オルシン ($CH_3C_6H_3(OH)_2$) 《地衣類から得られる無色の結晶物質; 染料の原料》. 〘(1880): ⇨ ↑, -ol¹〙

ÓR cìrcuit [gàte] /ɔ́ə- | ɔ́ː-/ *n.* 〖電算〗論理和回路[ゲート], OR 回路[ゲート] 《少なくとも 1 個の入力端子に 1 が加えられた場合, 出力端子に出力 1 が現れる》.

Or·cus /ɔ́əkəs | ɔ́ː-/ *n.* 〖ローマ神話〗 **1** オルクス (Dis) 《死者の国, 黄泉(よみ)の国; ギリシャ神話の Hades に当たる》. **2** 黄泉の国の主宰神 (Pluto). 〘◻ L ～ ← ?〙

Orc·zy /ɔ́ətsi, ɔ́əksi | ɔ́-; *Hung.* órtsi/, **Baroness Em·mu·ska** /émmuʃkɒ/ *n.* オルツィ (1865–1947; ハンガリー生まれの英国の小説家·劇作家; *The Scarlet Pimpernel* (1905)).

Ord /ɔ́əd | ɔ́ːd/ *n.* オード(川) 《オーストラリア Western Australia 州北東部を流れる (320 km)》.

ord., Ord. 《略》ordained; order; ordinal; ordinance; ordinary; ordnance.

or·dain /ɔədéɪn | ɔː-/ *vt.* **1 a** 〈神·運命などが〉(あらかじ

O

め)定める (destine): God has ~*ed* death *as* our lot [~*ed that* we should die]. 神は我々を死すべきものと定めたもうた. **b** 〈法律・政府などが〉規定する, 制定する; 命じる: They ~*ed that* the day will be a holiday. その日を休日とした. **2** 〈事を〉処理する, 司る, 運ぶ. **3 a** 〘プロテスタント・英国国教会〙〈人を〉牧師・執事に任命する. **b** 〘カトリック〙〈司祭・助祭などに〉叙品する: be ~*ed* priest [*to* the priesthood] 司祭に叙品される, 司祭になる. **c** 〘ユダヤ教〙〈ラビに〉任命する. **4** 《廃》〈人を〉役職に任命する. — *vi.* 命令する. **~·ment** /-mənt/ *n.* 〖《*c*1300》☐ OF *ordener* (F *ordonner*) ☐ L *ōrdināre* to order ← *ōrdinem, ōrdō* 'ORDER'〗

or·dáin·er *n.* **1** 任命者. **2** [しばしば O-]〘英史〙国政改革委員会 (Lords Ordainers) の一員. 〖《*c*1300》☐ AF *orde(i)nour*=OF *ordeneor* ← *ordener* 'to ORDAIN': ⇨ -or²〗

Ord. Dep 《略》〘軍事〙Ordnance Department 兵器部, 造兵部.

or·deal /ɔədíːł, ⌐— | ɔːdíːł, ⌐—/ *n.* **1** (人格・忍耐力などの)試金石, 試練; 苦しい体験. **2** 試罪法, 神明裁判, 神判《古代ゲルマン民族の間で行われた裁判法で, イングランドではノルマン征服の後まで行われた; 容疑者を縛って水中に沈める ordeal by water, 熱湯を満たした容器の中に腕を入れて中の石を取り出させる ordeal by hot water, 焼けた鉄の棒を握らせる ordeal by hot iron, パンかチーズ 1 オンスをのみこませる ordeal by morsel の 4 種があり, それでも害を受けない者は無罪だとされた》. 〖OE *ordāl, ordēl* judgment < Gmc **uzdailjam* (Du. *oordeel* / G *Urteil*) ← **uzdailjan* to share out ← **uz-* out+**dailjan* 'to DEAL¹': *-deal* のつづりは DEAL¹ の影響〗

ordéal bèan *n.* 〘植物〙=Calabar bean. 〖1885〗

ordéal trèe *n.* 〘植物〙マダガスカル地方のキョウチクトウ科の常緑樹 (*Tanghinia venegifera*)《その有毒の種子は原住民が試罪法 (ordeal) に用い, それから採った毒液 (tanghin) は矢じりに付けて死刑の執行に用いた》.

or·der /ɔ́ədə | ɔ́ːdə(r)/ *n.* **A 1 a** [しばしば *pl.*] (上官・上司などからの)命令, 指令, 指図: obey [disobey] (direct) ~*s* (直接)命令に従う[背く] / give [issue] ~*s* 命令する[を発する] / give a person ~*s*=give ~*s* to a person 人に指図をする / take ~*s* from a person [a person's ~*s*] 人の指図を受ける, 人の風下に立つ / They acted on the ~*s* of their superiors. 上官の命令に基づいて行動した / He gave an ~ *to* dispatch the unit.=He gave an ~ *for* the unit *to* be dispatched.=He gave an ~ *that* the unit (should) be dispatched. 彼はその部隊を派遣するように命じた / My ~*s* were to stay where I was (till further ~*s*). 私の受けた命令は「(その後の命令があるまで)そのまま留まっていよ」というものだった / Is that an ~ (or just a suggestion)? それは命令ですか(それともただの提案ですか) / I'd like to help you, but ~*s* are ~*s*. あなたを助けたいと思いますが, しかし命令は命令です / by ~ (of the authorities) (その筋の)命令により / under [on] the ~*s* of ... の命令のもとに[によって] / sailing ~*s* 出帆命令 / issue a deportation ~ (against a person) (ある人に対して)退去命令を出す / ⇨ marching order 1, 2, sealed orders, standing order 3, ORDER in Council. **b** 〘法律〙(法廷・判事の発する)指令, 命令《記録には載せられるが, 判決文には記されないもの》: an ~ of attachment 差押え[拘禁]命令.

2 a 注文; 注文書: a large ~ 大口の注文 (cf. 3) / give [receive, collect] an ~ *for* ...の注文をする[受ける] / place an ~ *with* ...に注文する / call last ~*s* ⇨ call *vt.* 1 a / We will process your ~ promptly. ご注文は早速処理致します / ⇨ back order, *on* ORDER, *to* ORDER. **b** [集合的] 注文品: We will deliver your ~ promptly. ご注文の品は早速お届け致します / Your ~ has arrived. 注文品は届いています. **c** (レストランなどでの)注文(料理), オーダー: The waiter took our ~(*s*). ウェーターは我々の注文をとった / The waiter returned with her ~. 彼女の注文料理をもってウェーターは戻ってきた / That'll be one ~ of onion soup and two ~*s of* apple pie. それでオニオンスープ(の注文)が一つとアップルパイ(の注文)が二つとなります / ⇨ side order. 日英比較 日本語の, レストランなどでの「オーダーストップ」は和製英語. 英語では close further *orders* という. また, 日本語の「オーダーメード」「イージーオーダー」も和製英語. 英語では前者は custom-made, tailored, tailor-made, made-to-*order* 《米》, made-to-measure 《英》, 後者は semi-custom-made, semi-tailored, semi-tailor-made という.

3 《口語》(割り当てられる)仕事, 要求. ★ 通例次の句で: *a tall* [*large*] ~ 困難な仕事, 不当な要求, 無理な注文.

4 a 為替(かわせ), 為替手形: ⇨ postal order, post-office order, money order. **b** 〘商業〙指図(書); 指図人: a delivery ~ 荷渡し指図(書) / a check [bill] payable to ~ 指図人払い小切手[手形] / pay to the ~ of ...の指図人に支払う.

5 《英》(劇場・博物館などの)無料[優待]入場券; 入場[下検分]許可書: an ~ to enter a place (下検分のために)ある場所に立ち入るのを認める許可書 / ⇨ ORDER to view.

B 1 (事物・事件・価値などの)順序, 順位, 序列: *in* alphabetical [ABC, dictionary] ~ ABC 順に / *in* chronological [numerical, ascending, descending] ~ 年順[番号順, 昇順, 降順]に / *in* ~ of age [size, precedence, rank, frequency] 年齢[大きさ, 重要度, 等級, 頻度]の順に / *in* regular [proper] ~ 正しい順序で / follow the ~ of events 事件の順序を追う / The cards can be consulted in any ~. カードはどんな順序でも調べることができます.

2 a 整然とした秩序[配置], 整頓 (arrangement): cleanliness and ~ *in* a room 部屋の中の清潔と整頓 / His house is *in* good ~. 彼の家はよく整頓されている / She has a great love of ~. 整理整頓が大好きだ / The demonstrators were marching *in* (good) ~. デモ隊は整然と行進していた (cf. c) / ⇨ *in* ORDER (1), *out of* ORDER (1). **b** 正常[健全]な状態: ⇨ *in* ORDER (2), *out of* ORDER (2). **c** 状態, 具合, 調子 (condition): Affairs are *in* (good) ~. 事態は良好だ / The goods arrived *in* good ~. 品物は無事に(破損しないで)到着した / The machine is not *in* working ~. 機械は正常に運転できる状態ではない / Things were hardly in running ~. 事態は順調には進んでいなかった.

3 〘文法〙**a** 語順 (word order). **b** (文法規則適用の)順序; (直接構成素の)序列. **c** 形態素類《語中の位置の上で互いに共通する形態素の種類; 例えば talk*ed*, talk*ing*, talk*s* における -ed, -ing, -s は同一の形態素類をなしている》.

4 〘軍事〙**a** 隊形 (formation): ⇨ ORDER of battle, close order, extended order, open order. **b** (特定の場合に使用される)装備, 軍装: parade ~ 観兵式用軍装 / in review ~ 閲兵用軍装で / ⇨ marching order 3. **c** [the ~] =order arms 1.

5 a (社会の)秩序, 治安, 公安; 規律 (discipline): law and ~ 法と秩序 / peace and ~ 安寧秩序 / public ~ 治安, 公安 / keep [maintain] ~ 秩序を保つ / establish [restore] ~ 秩序を確立[回復]する. **b** (自然の)理法, 道理, 秩序: the ~ of nature [things, the world] 自然界[万物, 世界]の理法[秩序] / the moral ~ 道徳的理法[秩序]. **c** (特定の時代の社会的・政治的)体制 (system): the present social [political, economic] ~ 現在の社会[政治, 経済]体制 / The old ~ should be changed. 旧体制は変えなければならない / ⇨ New Order. **d** (時代の)流行, 趨勢, 主潮: the new ~ *in* linguistics 言語学の新傾向.

6 a 慣習, 定例; (特に, 会議・議会などで)議事の進行手続き, 議事規則(の遵守): a breach of ~ 議事規則違反《特に, 議場における騒々しい行動》/ call a speaker to ~ 〈議長が〉演説者に議事規則違反を注意する / call [bring] a meeting to ~ 開会を宣する / (On a) point of ~, Madam Speaker! 議長, 議事進行! / rise to a point of ~ 〈議員が〉起立して演説者の議事規則違反を議長に抗議する / *Order! Order!* 静粛に《特に議長の発言》; 違法, 違法《議会で議事規則違反(議場の混乱)を取り締まれという議長への抗議》/ Will the meeting please come to ~? 議員各位静粛に願います / ⇨ *in* ORDER (3), *out of* ORDER (3), standing order 4. **b** 宗教的儀式, 祭礼 (rite): the ~ of Holy Baptism 洗礼式 / the ~ of confirmation 按手(あんしゅ)式[礼]; 〘カトリック〙堅信式 / the ~ of worship 〘プロテスタント〙儀式の執行方式, 礼拝式順. **c** 〘ユダヤ教〙スダリーム《Mishnah を構成する 6 編》.

7 a 水準 (level), 等級 (rank): talents *of* a high [low] ~ 優れた[低級の]才能 / an art critic *of* the first ~ 第一級の美術評論家 / ⇨ ORDER of magnitude. **b** 範疇(はんちゅう), 種類: matters *of* quite another [a different] ~ (全く)別種の事柄 / the same ~ *of* ideas 同種の思想.

8 a [しばしば *pl.*] (社会的)階級: the higher [lower] ~*s* 上流[下層]階級 / all ~*s* and degrees [conditions] of men あらゆる階級の人々. **b** (職業的)社会: the clerical [military] ~ 聖職[軍人]社会. **c** 牧師[司祭]の階級; 〘カトリック〙品級, 聖品: the ~ of bishops, deacons, priests, etc. / ⇨ major order, minor order. **d** [*pl.*] 牧師職, 聖職: in (holy) ~*s* 聖職について / *in* deacon's ~*s* 助祭[執事]の職について / take (holy) ~*s* 聖職につく. **e** [通例 *pl.*] 聖職叙任, 〘カトリック〙叙品(式) (ordination): receive ~*s* / letters of ~ ⇨ letter².

9 a (中世の)騎士団; (中世の騎士団に似た, 現代の)勲爵士団; (同上団体の)勲章, 勲位. **b** (功労により国家などから叙勲を受けた)団体; 勲章: an *Order* of Chivalry [Knighthood] 騎士[勲爵士]団. **c** (私的な)友愛組合, 結社: the Masonic *Order* 秘密共済組合. **d** (カトリック教会などの)修道会: a monastic ~ 修道会 / the ~ of Benedictines ベネディクト(修道)会 / ⇨ Dominican Order, Franciscan Order.

10 〘神学〙天使の階級《9 階級の一; cf. angel 1》.

11 〘建築〙オーダー, 柱式《古代ギリシャ・ローマ・イタリア建築の柱式》: the Doric ~ ドリス式オーダー《ギリシャ建築の最古の形式; 柱は高さに比して太く, 柱頭の装飾が簡素で柱脚に繰形のないのが特徴》/ the Ionic ~ イオニア式オーダー《ギリシャ建築の柱式; 柱頭に渦巻き形装飾 (volutes) を用いてあるのが特徴》/ the Corinthian ~ コリント式オーダー《ギリシャ建築の柱式; 柱頭にアカンサスなどの葉飾りを施してあるのが特徴》/ the Tuscan ~ トスカナ式オーダー《ローマ建築の様式; 装飾がほとんどなく柱身にも縦溝がない, 鐘形柱頭などがその特徴》/ the Composite ~ コンポジット[複合]式オーダー《ローマ建築の柱式で, イオニア式とコリント式の折衷様式》.

orders B 11
1 Tuscan
2 Doric
3 Ionic
4 Corinthian
5 Composite

1 2 3 4 5

12 〘生物〙(動植物分類上の)目(もく) (cf. classification 2).

13 〘土壌〙オーダー, 目(もく)《土壌分類上の最高位の単位》.

14 〘数学〙**a** 次数 (degree): a derivative of the second ~ 第二次導関数. **b** (群の)位数. **c** (微分方程式の)階数. **d** 順序.

by órder ⇨ A 1 a. ***cáll to órder*** (会合の始めに)静粛を求める. ***cáncel to órder*** 〘郵趣〙〈切手を〉注文消しにする《収集家の要求によって消印をすることをいう》. ***in órder*** (↔ out of order) (1) 順を追って, 順序正しく: take things *in* ~ ものごとを順に取り上げる. (2) 整然と(して), きちんと(して); 調子よく, 健康で (cf. B 2): put one's ideas *in* ~ 考えをまとめる, 頭の中を整理する / She failed to keep her pupils *in* ~. 生徒に規律を守らせることができなかった / ⇨ *put* [*set, leave*] *one's* AFFAIRS *in order, put* [*set*] *one's* HOUSE *in order.* (3) 議事規則にかなって: The question is *in* ~. その質問は正当なものである. (4) 適切で, ふさわしい, 望ましい: A word of warning is *in* ~ here. (念のため)この辺で一つ注意をしておくのがよかろう / I think a celebration would be *in* ~. 祝典の挙行がふさわしいでしょう. 《?*a*1400》 ***in òrder to dó***=***in òrder that ... may*** [***will, can***] ***dó*** 目的を示す不定詞句・副詞節を導いて] ...するために, しようとして: He worked hard *in* ~ *to* get the prize. その賞を得ようとして熱心に勉強した / He told her to go *in* ~ *that* she *might* [*for* her *to*] see for herself. 自分の目で確かめさせるために彼女に行かせた. ★ (1) in order that ...は《文語》. (2) 古くは「in order to＋名詞[代名詞]」の形式も用いられた. 《1711》 ***in shórt órder*** ⇨ short order 成句. ***kèep órder*** 秩序を保つ, 治安を守らせる. ***máde to órder*** (1) 注文製で, オーダーメードで: a suit *made to* ~ オーダーメードのスーツ (made-to-order suit). (2) あつらえ向きで, 申し分ない, 理想的な〔*for*〕. ***of*** [《英》***in***] ***the órder of*** (数量・大きさが)...台の[で], おおよそ, 約...: The population is *of the* ~ *of* 100,000. 人口は 10 万台である / annual profits *in the* ~ *of* 10 percent 年間 10 パーセントほどの収益. ***on órder*** 注文して, 注文中で: The book is *on* ~. ***on órders*** (上からの)命令によって (cf. A 1 a): act *on* ~*s*. ***on the órder of*** (1) 《米》...に似かよって(いる): a game *on the* ~ *of* bingo ビンゴ式のゲーム《★ 次の言い回しにも注意: bingo, or something *on that* ~ ビンゴ, あるいはその種のもの》. (2) =*of the* ORDER *of*: lose *on the* ~ *of* a thousand dollars 約千ドル損をする. ***òut of órder*** (↔ in order) (1) 順が狂って: speak *out of* ~ 順番でないのに発言する[しゃべる]. (2) 乱雑に(なって), 調子が狂って[悪くて]; 〈体〉の具合が悪くて: get *out of* ~ 調子が悪くなる, 故障する / The car is *out of* ~ again. また車の調子がおかしい. (3) 議事規則に違反して: Your motion is *out of* ~. あなたの動議は正当なものではない. (4) 不適当で, 穏当でない: His apology was rather *out of* ~. 彼の弁明はちょっと当を得ていなかった / I'm sorry: that last remark of mine was really *out of* ~. すみません, 私のその最後のことばは本当に不適切でした. 《*a*1548》 ***stánd upòn the órder of one's góing*** (退席の順序などにこだわらず)急いで立ち去る, (遠慮なく)さっさと行ってしまう (cf. Shak., *Macbeth* 3. 4. 114). ***tàke órder*** (1) 《古》適切な処置を講じる 〈*to do*〉〔*for*〕. (2) 〔事を〕処理[処置]する〔*with*〕. 《1546》 ***tàke órders*** (1) ⇨ A 1 a. (2) ⇨ B 8 d. ***to órder*** 注文に応じて (cf. made-to-order); 買い手の指図に従って. ***ùnder órder(s)*** 〈...せよという〉命令を受けて 〈*to do*〉 (cf. A 1 a): The unit was *under* ~*s to* embark. その部隊には乗船命令が出ていた / under the ~*s* of the UN 国連の命令を受けて. 《1835》 ***ùnder stárter's órders*** 〈競走馬・競走者など〉位置につきスタートの合図を待って.

órder bill of láding 〘貿易〙指図人式船荷証券《発送人が白地裏書した証券で譲渡可能; 金融の対象となる; 略 order B/L; cf. BILL¹ of lading》.

Órder in Cóuncil (1) (英国の)枢密院令《国王が枢密院 (Privy Council) に諮問して発する勅令》. (2) 総督令《総督 (governor-general) が council に諮問して発し法的効力をもつ》. 《1674–75》

Órder of Austrália [the ―] オーストラリア勲位[勲章, 勲爵士団]《オーストラリアの名誉勲位; 1975 年に制定; 一般部門と軍事部門に大別され, それぞれ 4 つの等級がある》.

órder of báttle 〘軍事〙(1) 戦闘序列. (2) 戦力組成《ある部隊の識別・兵力・指揮機構・兵員配備・編成・装備・行動などに関する一切の情報》. 《1769》

órder of búsiness (1) (評議会などの)議題の順序; (処理すべき事項の順位を決めた)業務予定. (2) (取り上げるべき)問題, 課題 (task): The problem was the first ~ *of business* with the commission. その問題が委員会にとっての第一の課題であった. 《*c*1903》

Órder of Cánada [the ―] カナダ勲位[勲章]《カナダ人で顕著な業績を上げた者に授与; 1967 年制定》.

Órder of Fríars Mínor [the ―] =Franciscan Order.

órder of mágnitude (1) 大きさの等級: of the same ~ *of magnitude* 同程度の大きさの. (2) (数量を計る単位としての)桁(けた)《単に order ともいう》: Their estimate is larger than ours by two ~*s of magnitude.* 彼らの見積もりは我々のよりも二桁分大きい《100 倍もある》. 《1875》

Órder of Mérit [the ―] (英国の)メリット勲位[勲章]《1902 年制定され, 文武の殊勲のあった 24 人に限り与えられる名誉勲位; 略 OM》: T. S. Eliot, *OM.* 《1799》

Órder of Mílitary Mérit [the ―] 軍事功労勲位[勲章]《カナダ軍で顕著な手柄を立てた者に授与; 1972 年制定》.

Órder of St. Míchael and St. Geórge [the ―] (英国の)聖ミカエル・聖ジョージ勲位[勲章]《1818 年制定され, Knight [Dame] Grand Cross (略 GCMG), Knight [Dame] Commander (略 K[D]MG), Companion (略 CMG) の 3 階級がある》.

Órder of St. Pátrick [the —] (英国の)聖パトリック勲位[勲章] 《1788 年 George 三世が制定》: a Knight of (*the Order of*) *St. Patrick* 聖パトリック勲爵士 (略 KP).

Órder of the Báth [the —] (英国の)バス勲位[勲章] 《1399 年 Henry 四世の戴冠式の時に制定され, 17 世紀中葉以後すたれたが 1725 年 George 一世により再設された; 1971 年より女性にも授けられる; Knight [Dame] Grand Cross (略 GCB), Knight [Dame] Commander (略 K[D]CB), Companion (略 CB) の 3 階級がある》. 〚(1603) ← BATH¹: 前夜沐浴の儀式を勤めたあとにこの勲位を授けられた慣習から〛

Órder of the Brítish Émpire [the —] (英国の)大英帝国勲位[勲章] 《1917 年制定され, 国家に勲功のある軍人と文官に与えられる; Knight [Dame] Grand Cross (略 GBE), Knight [Dame] Commander (略 K[D]BE), Commander (略 CBE), Officer (略 OBE), Member (略 MBE) の 5 階級がある》: Margaret Drabble, *CBE*.

Órder of the Compánions of Hónour [the —] (英国の)名誉勲位 《1917 年制定され, 国家に功労のあった男女 65 人に限り与えられる; 略 CH》: Benjamin Britten [Lord Britten], OM, *CH*.

órder of the dáy (1) [通例 the —] 日程 (agenda); (特に, 議会の)議事日程. (2) 〚軍事〛 (指揮官からその部隊に通例功績などを記念して発する)通達, 令達. (3) [the —] 時の流行[風潮]: Baseball is *the ~ of the day*. 当今は野球ばやりの時代である. (4) 《口語》 手に入る唯一のもの. 〚(1698): cf. F *l'ordre du jour*〛

Órder of the Gárter [the —] (英国の)ガーター勲位[勲章] 《英国勲爵士 (Knight) の最高勲位で, 国民中の受勲者は 24 人に限られる; 1348 年 Edward 三世により制定され, 勲章には Honi soit qui mal y pense (悪意に解する者は恥じいるべし)の銘がある; 単に the Garter ともいう》: a Knight of (*the Order of*) *the Garter* ガーター勲爵士 (略 KG). 《1429》

Órder of the Hóly Spírit [the —] hospitalers の修道会 《1180 年フランスに創立され, 1847 年 Pius 九世によって解散させられた》.

Órder of the Thístle [the —] (英国の)あざみ勲位[勲章] 《1687 年 James 二世により制定され, ガーター勲位に次ぐ勲位で王族以外 16 人のスコットランド貴族が叙せられる; 単に the Thistle ともいう》: a Knight of (*the Order of*) *the Thistle* あざみ勲爵士 (略 KT).

Órder of the Visitátion (of Our Lády [of the Bléssed Vírgin Máry]) [the —] 〚カトリック〛 聖マリア訪問童貞会 《貧者・病者の慰問および(今では主として)少女教育を目的とする女子修道会; the Nuns of the Visitation ともいう; cf. visitant *n.* 3》.

órder to víew 《英》 (売買の際の, 家屋などの)検分許可[許可証].

— *vt.* **1 a** 命令する, 指図する (⇨ command SYN); …に…するように命じる 〈*to do*〉, 〈…するように〉命じる 〈*that*〉: ~ an advance [a retreat] 前進[退却]を命じる / He ~*ed* the soldiers *to* fire their guns.＝He ~*ed* the guns *to* be fired.＝He ~*ed that* the guns (should) be fired.＝《米》 He ~*ed* the guns fired. 兵士たちに発砲を命じた / He ~*ed* the carriage (*to* be) brought round at ten o'clock. 10 時に馬車を回すように命じた / He was ~*ed to* be [keep] still. じっとしているようにと彼は命じられた. ★ *that*-clause 内に仮定法現在形の動詞を用い, また目的語＋受動形不定詞を伴う場合に過去分詞の前に to be を略すのは主に《米》. **b** [しばしば二重目的語を伴って] 〈医者が(患者に)指図する (prescribe): ~ a dose of medicine before each meal 毎食前に薬を一服飲むように指図する / My doctor ~*ed* complete rest *for* me. 医者は私に完全静養を命じた. **c** [場所を示す副詞(句)を伴って] 〈人に(ある場所へ)行く[来る]ように命じる: ~ a person *about* [*around*] 人を方々へ送る; 人をあごで使う / ~ a person *away* [*home, out, off*] 人に去れ[家に帰れ, 出よ, 退場せよ]と命じる / ~ a person *in* 人に中にいるように命じる / He was ~*ed abroad* [*to* Egypt, *out of* Egypt]. 海外に出張を[エジプトに出張を, エジプトを去るように]命じられた. **d** [時に二重目的語を伴って] 〈食事・タクシーなどを〉命じる, 言いつける; 注文する; (注文して)取り寄せる: ~ lunch / ~ a steak ステーキを注文する / What have you ~*ed for* dinner? 食事には何を注文しましたか / Shall I ~ you a car? ＝Shall I ~ a car *for* you? 車を呼びましょうか / I ~*ed* some new books *from* England. 英国から新刊書を数冊取り寄せた / She ~*ed* a dress *for* her mother [her mother a dress] *from* [*at*] Bloomingdale's *for* $500. 母のためにドレスをブルーミングデールから 500 ドルで取り寄せた.

2 配列する, (然るべく)並べる, 整理する (arrange).

3 規定する, 規制する (regulate): ~ one's life 生活を規制する / God ~*s* all things in heaven and earth. 神は天地もろもろの事を統御する.

4 〈神・運命などが〉定める (ordain): It was so ~*ed* of God. 神はそのように定められた.

5 《古》 聖職に任じる: He was ~*ed* deacon. 執事に任じられた.

— *vi.* 命令を出す, 注文を出す; 指図する: I haven't ~*ed* yet. まだ注文をしていない.

órder árms 〚軍事〛 立て銃(つつ)の姿勢をとる (cf. order arms): *Order arms!* [号令] 立て銃. ***órder úp*** 〚軍事〛 (1) (現役勤務に)召集する (call up). (2) 〈軍を〉(後方から)前線に移動させる. 《1847》

~·less *adj.* 〚(?a1200) (O)F *ordre* ◻ L *ōrdinem*, *ōrdō* row, series ← IE **ōr-dh-* ← **ar-* to fit together (L *ōrdīrī* / Gk *ordeîn* to begin a web): cf. article〛

órder árms *n.* 〚軍事〛 **1** 立て銃(つつ)の姿勢. **2** 「立て銃」から「ささげ銃」にもどす命令; 挙手の礼から手を下ろす命令 (cf. present arms). 〚(1844) ← *Order arms!* (imp.)〛

órder bòok *n.* **1** 注文控え帳. **2** [しばしば O- B-] (英下院への)動議通告簿. **3** 〚軍事〛 命令録, 命令簿. 〚1771〛

órder càrd *n.* (メールオーダーの)注文用返信はがき.

órder clèrk *n.* 受注記入係.

or·dered *adj.* **1** 規律正しい; 整然とした: an ~ life. **2** 〚数学〛 順序づけられた: ⇨ ordered pair. 〚1579〛

órdered fíeld *n.* 〚数学〛 順序体 《要素に順序のつけられた体》. 〚1941〛

órdered ń-tùple *n.* 〚数学〛 *n* 組 (⇨ n-tuple).

órdered páir *n.* 〚数学〛 順序対 《二つの対象に順序をつけて並べた (a, b) のようなもの》. 〚1953〛

órdered sét *n.* 〚数学〛 順序集合.

or·der·er /-dərə | -dərə(r)/ *n.* 命令者; 注文者. 〚(1496–97) *orderour*〛

órder-fòrm *n.* 注文用紙. 〚1894〛

or·der·ing /ɔ́ədərɪŋ, -drɪŋ | ɔ́:dərɪŋ, -drɪŋ/ *n.* 調整; 管理; 整理; 〚論理〛 順序化, 順序づけ. 〚a1333〛

or·der·ly /ɔ́ədəli | ɔ́:də-/ *adj.* **1 a** 整頓のいい, きちんとした (⇨ neat SYN); 規則正しい (regular): an ~ room きちんと整頓した部屋. **b** 〈行動など〉整然とした, 組織だった (systematic). **2** 規則を守る, 規律正しい: an ~ citizen / an ~ crowd. **3** 従順な (obedient); 行儀正しい, 物静かな (quiet): ~ children よく言うことを守る子供たち / in an ~ manner 落ち着いて. **4** 〚軍事〛 命令の, 伝令の: an ~ man＝orderly *n.* 1. — *adv.* 規則通りに; 規律正しく (methodically). — *n.* **1** 〚軍事〛 (上級将校づきの)伝令, 当番(兵); 看護兵. **2** (病院の)男性従業員. **3** 《英》 街路掃除人 (street cleaner).

ór·der·li·ness *n.* 〚adv.: 1477. adj.: a1577〛

SYN きちんとした: **orderly** 整然と規律正しい: *orderly* behavior 規律正しい行動. **well-organized** 機能的によく整っている: a *well-organized* production line きちんとした生産ライン. **systematic** 組織・体系に従った: *systematic* management 組織立った管理. **regular** 〈生活・習慣が〉整然とした: lead a *regular* life 規則正しい生活をする. **ANT** disorderly, chaotic.

órderly bòok *n.* 《英》 (連隊・中隊の)命令簿 《上部からの命令を記録しておく》. 〚1815〛

órderly òfficer *n.* 《英》 〚軍事〛 日直[当直]将校; 伝令. 〚1771〛

órderly ròom *n.* 〚軍事〛 (兵舎内の)中隊事務室 《歩兵中隊 (company)・砲兵中隊 (battery)・騎兵中隊 (troop) などの日常業務を行い, 記録書類を保存してある事務室》. 〚1806〛

órder màrk *n.* (学校で, 悪い行いに対する)罰, 罰則.

órder nísi *n.* 〚法律〛 仮命令, 条件付命令 《命令に不服の者が一定期間内に理由を主張して証明しなければ, 絶対的な効力を生じるという条件付きの命令》.

órder pàper *n.* (議会の)議事日程表. 〚1896〛

órder pòrt *n.* 商船が荷揚げ・荷降ろしに関する指令を求める港, 指図港.

or·di·nal¹ /ɔ́ədənəl, -dṇ-, -nḷ | ɔ́:dɪnəl, -dṇ-, -nḷ/ *adj.* **1** 順序を示す: ⇨ ordinal number. **2** 〚生物〛 (動植物分類上の)目(もく) (order) の. — *n.* ＝ordinal number. 〚(c1380) ◻ LL *ōrdinālis*: ⇨ order, -al¹〛

or·di·nal², O- /ɔ́ədənəl, -dṇ-, -nḷ | ɔ́:dɪnəl, -dṇ-, -nḷ/ *n.* **1** 〚カトリック〛 叙階[叙品]定式書, 叙階式の式文. **2** 〚英国国教会〛 聖職授任式次第書; 任職式様式集. 〚(1387) ◻ ML *ōrdināle* ← LL (neut.) ← *ōrdinālis* (↑)〛

órdinal númber [númeral] *n.* **1** 順序数詞, 序数 《one, two, three などの基数 (cardinal number) に対し, first, second, third など》. **2** 〚数学〛 順序数, 序数. 〚1599〛

órdinal scále *n.* 〚統計〛 順序尺度 《与えられた数の大小関係のみが意味をもつ尺度; cf. interval scale, ratio scale, nominal scale》.

or·di·nance /ɔ́ədənəns, -dṇ-, -dənənts, -dṇənts | ɔ́:dɪnəns, -dṇ-, -dɪnənts, -dṇənts/ *n.* **1 a** 法令 (enactment), 布告 (decree) 〔*on*〕: a city ~ 市令 / a Government [Department] ~ (日本の)政[省]令. **b** 《米》 (市町村の)条例 (⇨ law¹ SYN). **2** (既存の)規則, きまり, 既定方針; 慣例, 慣習. **3** 宿命, 神の定め. **4** 〚キリスト教〛 儀式; サクラメント (sacrament); (特に)聖餐式 (Communion). **5** 《古》 ＝ordonnance 2. **6** 《廃》 地位; 身分 (order). 〚(a1338) ◻ OF *ordenance* (F *ordonnance*) ◻ ML *ōrdinantia* ← L *ōrdināre* 'to ORDAIN': ⇨ -ance〛

or·di·nand /ɔ̀ədənǽnd, -dṇ-, ⸗⸗́ | ɔ̀:dɪnǽnd, ⸗⸗́/ *n.* 〚キリスト教〛 聖職(授任)候補者. 〚(1842) ◻ LL *ōrdinandus* (gerundive) ← *ōrdināre* 'to ORDAIN'〛

or·di·nant /ɔ́ədənənt | ɔ́:dɪ-/ *adj.* 《廃》 命ずる. — *n.* 《まれ》 命令者.

or·di·nar·i·ate /ɔ̀ədənέ(ə)riɪt, -dṇ-, -rièɪt | ɔ̀:dɪnέəriɪt, -rièɪt/ *n.* 〚カトリック〛 (司教区 (diocese), 大司教区 (archdiocese) などの管理区分による)分区; 小区分. 〚← ORDINARY (n.)＋-ATE¹〛

or·di·nar·i·ly /ɔ̀ədənérəli, -dṇ-, ⸗⸗́⸗⸗ | ɔ́:dɪn(ə)rɪli, -dṇ(ə)-, ɔ̀:dɪnέərɪli/ *adv.* **1** 普通の場合は, 通例, 通常 (usually). **2** 大抵, 概して. **3** 普通に, 人並に: more than ~ (人)並はずれて. 〚1555〛

or·di·nar·y /ɔ́ədənèri, -dṇ- | ɔ́:dɪn(ə)ri, -dṇ(ə)-, -dn(ə)-, ɔ́:dɪnəri, -dṇ-/ ★《英》でも /-dənèri, -dṇ-/ の発音が若者を中心に増えている. *adj.* **1** 通例の; 普通の, 通常の, いつもの (customary) (⇨ common SYN); 正規の, 正則の (regular): an ~ form 普通の方式 / ~ language 日常言語 (cf. ordinary-language philosophy) / in ~ circumstances 普通(の場合には) / in the ~ way 普通(なら). **2** (品質・能力・階級などが)並の, 平凡な (commonplace); 劣った (inferior): the ~ man (世間並みの)平凡人 / a very ~ book まるでつまらない本, 駄作 / a woman of ~ appearance 人並みの器量の女性. **3** 〈公務員・職員など〉正規の, 常任の, 直属の (cf. *in* ORDINARY 1). **4** 〚法律〛 (職務上当然の)管轄権をもつ. **5** 《英》 〚証券〛 〈株式が〉普通の (cf. deferred 2, preferred). **6** 〚数学〛 常…: an ~ differential equation 常微分方程式.

— *n.* **1** [the ~] **a** 普通の状態[やり方], 常例: above *the* ~ 並はずれた, 非凡な / something out of *the* ~ 並はずれたもの, 例外的[けたはずれ]なこと[もの]. **b** 普通のもの[人]. **2** 《英》 **a** (旅館・料理店などの)定食. **b** 定食付き旅館, 定食料理店, 定食食堂. **c** 《米古》 (主に南部の)酒場, 旅館. **3** 《英》 〚証券〛 普通株 (cf. preferred share). **4** [しばしば O-] 〚キリスト教〛 **a** 礼拝儀式順序規定書, 典礼文. **b** 通常文, 不変部 《ミサの典礼文のうち常時用いられる部分》: the *Ordinary* of the Mass ミサ聖祭通常文. **5** [the ~; しばしば O-] 〚英国国教会〛 (直接的権威をもつ人の意味で, 自分の所属する)管区[教区]長 《管区の場合は大主教, 教区の場合は主教》. **6** (昔の)大小輪自転車 《前輪が非常に大きく後輪が小さい; cf. safety bicycle》. **7 a** 《米》 (ある州での)(遺言)検認裁判所 (probate court) の判事. **b** 〚スコット法〛 ＝Lord Ordinary. **c** 《廃》 (昔 Newgate Prison の) 死刑囚の教戒師 (chaplain). **8** 〚紋章〛 幾何学的図形. ★ 次の 2 グループに大別: (1) honorable ordinaries (主オーディナリーズ) —chief, fess, bend, pale, chevron, cross, saltire, pile, pall. (2) subordinaries (サブオーディナリーズ) —quarter, canton, gyron, inescutcheon, bordure, orle, tressure, fret, lozenge, flaunche, billet, label, roundle. **9** 〚民法〛 独自に司法権を行使する判事.

by órdinary (1) 通例(は) (ordinarily). (2) 《スコット》 異常な, 風変わりな (unusual). ***in órdinary*** (1) 《英》 〈職員が〉常任[直属]の: a physician *in* ~ to the King (国王の)侍医 / an ambassador *in* ~ 駐在大使. (2) 〚海事〛 〈艦船が〉非役の: a ship *in* ~ 非役艦; 係船(けいせん).

ór·di·nàr·i·ness *n.* 〚adj.: (c1460) ◻ L *ōrdinārius* of regular order, customary: cf. F *ordinaire*. — n.: (c1303) ◻ AF & OF *ordinarie* (F *ordinaire*) ◻ L *ōrdinārius*: ⇨ order, -ary〛

órdinary degrèe *n.* ＝pass degree.

órdinary differéntial equátion *n.* 〚数学〛 常微分方程式 《未知関数の導関数は含むが偏導関数は含まない微分方程式; cf. partial differential equation》.

Órdinary gràde *n.* 〚スコット〛 O grade の正式名.

órdinary Jóe *n.* 平均的男性, 普通の男.

órdinary-lánguage philòsophy *n.* 〚哲学〛 日常言語哲学 《日常言語の特性に着目し, その分析を通じて哲学的問題の解決を図ろうとする現代イギリス哲学の動向》. 〚1957〛

órdinary láy *n.* (ワイヤーを縒(よ)る際の)普通縒り 《子なわの縒りがワイヤーと逆になっているもの》.

Órdinary lèvel *n.* 《英》 〚教育〛 普通課程 (⇨ GENERAL Certificate of Education). 〚1947〛

órdinary lífe insùrance *n.* 〚保険〛 **1** (簡易および団体生命保険に対して)普通生命保険. **2** 終身払い込みの生命保険.

órdinary pòint *n.* 〚数学〛 **1** 正則点 《複素関数の特異点 (singular point) 以外の点》. **2** 通常点 《曲線上の(特異点以外の)点》.

órdinary ràting *n.* 《英》 〚海軍〛 陸軍兵卒に相当する位.

órdinary rày *n.* 〚光学・結晶〛 常光線 《複屈折で分かれた 2 種の光のうち, 速度すなわち屈折率がどの方向に対しても等しく, 普通の屈折の法則に従うもの; cf. extraordinary ray》. 〚1831〛

órdinary's cóurt *n.* 〚米法〛 (Georgia 州と以前の South Calorina 州などの) 遺言検認裁判所 (⇨ probate court).

órdinary séaman *n.* **1** 〚海事〛 二等水夫 《able-bodied seaman の次位; 略 OS, OD》. **2** 〚米海軍〛 三等水兵. 〚1702〛

órdinary shāres *n. pl.* 《英》 普通株 (《米》 common stock). 〚1891〛

órdinary wáve *n.* 〚通信〛 正常波 《電波が電離層の中で地球磁界の影響を受けて, 一般に楕円(だえん)偏波となる場合の左回りの電波; O-wave ともいう; cf. extraordinary wave》.

or·di·nate /ɔ́ədənɪt, -dṇ-, -dṇ- | ɔ́:dɪn-, -dṇ-, -dṇ-/ *n.* 〚数学〛 縦座標 (cf. abscissa).

— /ɔ́ədənèɪt, -dṇ- | ɔ́:dɪ-, -dṇ-/ *vt.* 《古》 **1** ＝ordain. **2** 〈異質なものを〉等位的に並べる (coordinate); 調整する, 調和させる. 〚(1595) ← NL (*linea*) *ōrdināte* or *ōrdinātim* (*applicāta*) 《原義》 (line applied) in an orderly manner ← L *ōrdinātus* (p.p.) ← *ōrdināre* 'to ORDAIN'〛

or·di·na·tion /ɔ̀ədənéɪʃən, -dṇ- | ɔ̀:dɪn-, -dṇ-/ *n.* **1** 〚キリスト教〛 聖職叙任, 聖職按手(あんしゅ); 〚カトリック〛 叙階(式), 叙品(式). **2** 神の定め (decree): an ~ of Providence 天の定め. **3** (等級・種別などによる)配列, 分類. 〚(a1400) ◻ LL *ōrdinātiō(n-)* ← L *ōrdināre* 'to ORDAIN': ⇨ -ation〛

or·di·nee /ɔ̀ədəníː, -dṇ- | ɔ̀:dɪn-, -dṇ-/ *n.* 新任の聖職者; (今は通例)新任の執事 (deacon). 〚(a1338) ← LL *ōrdināre* 'to ORDAIN'＋-EE ∞ (a1338) ◻ OF *ordiné* (p.p.) ← *ordiner*〛

ordines *n.* ordo の複数形.

O

ordn. 《略》〖軍事〗 ordnance.

ord·nance /ɔ́ədnəns | ɔ́:d-/ *n.* **1** [集合的] **a** 砲, 大砲, 火砲 《特に, 正規軍が採用した規格の大砲》. **b** (器材・弾薬・車両・修理用具などを含めた)兵器, 武器; 軍需品, 軍用補給品. **2** (政府の)軍需品部. 〖(*a*1393) 《変形》← ORDINANCE: もとは ordinance と区別なく用いられた; 意味による分化は 17 世紀〗

órdnance dàtum *n.* 《英》(Ordnance Survey の基準となる) 平均海(水)面 《Cornwall 州 Newlyn での測量値; イギリス地図で海抜測量の公式基準となるもの; 略 OD》. 〖1886〗

órdnance màp *n.* 《英》陸地測量部地図. 〖1839〗

órdnance òfficer *n.* **1** 武器[兵器]科将校, 武器[兵器]主任(将校), 武器[兵器]係将校. **2** (砲兵大隊の)砲術将校; 〖米海軍〗砲術長.

órdnance súrvey *n.* 《英》 **1 a** 陸地測量. **b** [集合的] 陸地測量地図. **2** [the O- S-] (英国政府の)陸地測量部. 〖1878〗

or·do /ɔ́ədoʊ | ɔ́:dəʊ/ *n.* (*pl.* **or·di·nes** /ɔ́:dṇnì:z | ɔ́:dɪ-/, **~s**) [通例 O-] 〖カトリック〗(1 年間の)祭式規程書. 〖(1849) □ ML *ōrdō* ordo, (L) 'series, ORDER'〗

or·don·nance /ɔ́ədṇəns, -nɑ̃:ns | ɔ́:də-; *F* ɔʀdɔnɑ̃:s/ *n.* (*pl.* **~s** /~ɪz, ~əz; *F.* ~/) **1** (建物・絵画・文芸作品などの)配置, 配合, 配列 (arrangement). **2** (ヨーロッパ, 特にフランスでの)法規, 法令 (ordinance). 〖(1644) □ F ~ 《変形》← OF *ordenance*: ⇨ order, ordinance〗

Or·do·vi·cian /ɔ̀ədəvíʃən | ɔ̀:dəvíʃiən, -ʃən⁻/ 〖地質〗 *adj.* (古生代の)オルドビス紀[系]の 《Cambrian に次ぐ》: the ~ period [system] オルドビス紀[系]. — *n.* [the ~] オルドビス紀[系]. 〖← L *Ordovicēs* ((pl.): ウェールズ北部に住んでいた Celt 族の名)+-IAN〗

or·dure /ɔ́ədʒə | ɔ́:djʊə^(r)/ *n.* **1** 排泄(はいせつ)物 (excrement), 糞(ふん) (dung). **2** 猥褻(わいせつ)なもの[言葉]; ポルノ的なもの 《絵・写真・小説など》. 〖(?*c*1380) □ (O)F ~ ← OF *ord* filthy < L *horridum* 'HORRID'〗

Or·dzho·ni·ki·dze /ɔ̀ədʒɑ(:)nɪ̥kídzə | ɔ̀:dʒɔn-; *Russ.* ardʒən^jɪk^jídze/ *n.* オルジョニキゼ 《Vladikavkaz の旧名》.

ore /ɔ́ə | ɔ́:^(r)/ *n.* **1 a** 鉱石, 原鉱: iron ~(*s*) 鉄鉱 / raw ~ 原鉱. **b** 貴重なものが得られるもと[原料]. **2** 《詩》金属; (特に)貴金属, 金. 〖OE *ār* brass < Gmc **ajiz* (OHG *ēr* (G *eheren* brazen) / ON *eir* / Goth. *aiz*) ← IE **aios-* a metal (copper or bronze) (L *aer-*, *aes* metal, copper / Skt *ayas* metal): OE *ōra* unwrought metal, ore (cf. Du. *oer*) の影響を受けた〗

O

ö·re /ɔ́:rə; *Dan.* ǿ:ʌ, *Norw.* ǿ:rə, *Swed.* œ̂:re/ *n.* (*pl.* ~) **1 a** オーレ 《デンマーク・ノルウェーの通貨単位; =¹/₁₀₀ krone》. **b** オーレ 《スウェーデンの通貨単位; =¹/₁₀₀ krona》. **2** 1 オーレ硬貨. 〖(1610) □ Dan. & Norw. *øre* & Swed *öre* □ L *aureus* gold coin〗

Ore. 《略》 Oregon.

o·re- /ɔ́:ri/ (母音の前にくるときの) oreo- の異形 (⇨ oro-¹).

o·re·ad, O- /ɔ́:riæ̀d, -riəd | ɔ́:riæ̀d/ *n.* 〖ギリシャ・ローマ神話〗オレイアス 《山の精; cf. dryad, nymph 1》. 〖(*c*1586) □ L *Orēad-*, *Orēas* □ Gk *Oreiás* ← *óros* mountain: ⇨ -ad¹〗

óre bòdy *n.* 〖鉱物〗鉱体. 〖1872〗

Ö·re·bro /ɔ̀:rəbrù:, ɔ́:r-; *Swed.* œ̀:rebrú:/ *n.* ウーレブロー 《スウェーデン南部の都市; 1810 年 Jean Bernadotte 即位の地》.

or·ec·chi·et·te /ɔ̀(:)rəkiéti | ɔ̀rəkiéti/ *n. pl.* オレッキエッテ 《小さな耳形のパスタ》. 〖It. little ears〗

o·rec·tic /ɔ:réktɪk/ *adj.* **1** 〖哲学〗欲求の, 願望の. **2** 〖医学〗食欲の (appetitive). 〖(1779) □ Gk *orektikós* appetitive ← *orektós* stretched out ← *orégein* to stretch out, desire: ⇨ -ic¹〗

óre drèssing *n.* 〖鉱山〗(機械による)選鉱 《mineral dressing, mineral processing ともいう》. 〖1862〗

Oreg. 《略》 Oregon.

o·reg·a·no /ərégənòʊ, ɔ(:)r- | ɔ̀rɪ̥gɑ́:nəʊ/ *n.* (*pl.* **~s**) **1 a** 〖植物〗オレガノ, ハナハッカ (*Origanum vulgare*) 《ユーラシアから中央アジアにかけて分布し, ハーブとして広く栽培されるシソ科ハナハッカ属の多年草; origanum, wild marjoram ともいう》. **b** オレガノ 《乾燥したハナハッカ(の葉); 香辛料》. **2** オレガノ 《中米・南米でクマツヅラ科イワダレソウ属 (*Lippia*) の低木(特に *L. graveolens*) から採った香料》. 〖(1771) □ Am.-Sp. *orégano* □ Sp. *oregano* wild marjoram □ L *origanum* □ Gk *or(e)iganon*: cf. origan〗

Or·e·gon /ɔ́(:)rɪ̥gən, ɑ́(:)r-, -gɑ̀(:)n | ɔ́rɪ̥gən, -gɔ̀n/ *n.* オレゴン 《米国太平洋岸北部の州 (⇨ United States of America 表)》. ★ 現地の発音は /-gən/ が普通》. 〖← ? Am.-Ind. *ouragan* (原義) birch-bark dish: 本来は Columbia River の名〗

Óregon Cáves *n. pl.* [the ~] オレゴン洞窟 《米国 Oregon 州南西部 Medford にある石炭岩の洞窟; 一帯は Oregon Caves National Monument に指定されている》.

Óregon cédar *n.* 〖植物〗ベイヒ (⇨ Port Orford cedar). 〖1872〗

Óregon cráb àpple *n.* 〖植物〗米国 Oregon 州産のバラ科の白い花をつける野生リンゴ (*Malus fusca*); その実 《赤みを帯びた黄色》.

Óregon fír *n.* 〖植物〗=Douglas fir. 〖1904〗

Óregon grápe *n.* 〖植物〗 **1** ヒイラギメギ (*Mahonia aquifolium*) 《米国太平洋岸原産のメギ科の常緑低木; hollygrape, holly-leaved barberry, mountain grape, Oregon holly grape ともいう; Oregon 州の州花》 **2** ヒイラギメギの実. 〖1851〗

Or·e·go·ni·an /ɔ̀(:)rɪ̥góʊniən, ɑ̀(:)r- | ɔ̀rɪ̥gə́ʊ-⁻/ *adj.* (米国) Oregon 州(人)の. — *n.* Oregon 州人. 〖1848〗

Óregon máple *n.* 〖植物〗=paperbark maple.

Óregon píne *n.* 〖植物〗=Douglas fir. 〖1845〗

Óregon Tráil *n.* [the ~] 《米》オレゴン街道 《Missouri 州西部 Independence から Oregon 州 Columbia 川に至る; 1840–60 年ごろの開拓者・植民地人が盛んに利用した; 全長 3,200 km》.

óre hèarth *n.* 〖冶金〗床(とこ)吹き炉 《鉛を精錬する炉; Scotch furnace ともいう》. 〖1825〗

o·re·ide /ɔ́:riàɪd/ *n.* 〖冶金〗=oroide. 〖1875〗

O·rel /ɔ:rél; *Russ.* arjól/ *n.* オリョル 《ロシア連邦西部, Oka 河畔の都市; Oryol ともいう》.

Ó·rem /ɔ́:rəm/ *n.* オーレム 《米国 Utah 州北部の都市》.

Óre Móuntains /ɔ́ə- | ɔ́:-/ *n. pl.* [the ~] ⇨ Erzgebirge.

O·ren·burg /ɔ́:rənbə̀:g | -bɜ̀:g; *Russ.* ar^jinbúrk/ *n.* オレンブルグ 《ロシア連邦西部, Ural 河畔の工業都市; 旧名 Chkalov (1938–57 年)》.

o·ren·da /ɔ:réndə/ *n.* オレンダ 《Iroquois Indians の間で信じられている魔力, 霊力; cf. manitou 1》. 〖(1902) □ N-Am.-Ind. (Iroquoian) ~〗

O·ren·se /ɔ:rénseɪ; *Sp.* oréense/ *n.* オレンセ 《スペイン北西部 Galicia 地方の都市; 温泉地》.

O·re·o /ɔ́:riòʊ | -riəʊ/ *n.* **1** 〖商標〗オレオ 《米国 RJR Nabisco 社製のバニラクリームをはさんだチョコレートビスケット》. **2** 《俗・軽蔑》白人のような考え方をする黒人, 中身が白人のような黒人. 〖2: 1968–70〗

o·re·o- /ɔ́:rioʊ | -riəʊ/ =oro-¹: *oreography*, *oreology*, etc. ★ 母音の前では通例 ore- になる. 〖□ L ~ □ Gk ~ ← *ore-*, *óros* mountain: ⇨ oro-¹〗

óre shòot *n.* 〖鉱山〗富鉱体, 「直利(なおり)」, 「大直(おおなお)」. 〖1877〗

O·res·te·ia /ɔ̀:restí:ə | ɔ̀:r-, ɔ̀r-/ *n.* [the ~] 「オレスティア」《Aeschylus 作の悲劇 (458 B.C.); *Agamemnon*, *Choëphoroe*, *Eumenides* の三部から成る》.

O·res·tes /ɔ:résti:z | ɔ:r-, ɔr-/ *n.* 〖ギリシャ伝説〗オレステース 《Agamemnon と Clytemnestra との子で Electra の弟; 父を殺した母とその情夫の Aegisthus とを殺して父のあだを報いた》. 〖□ L *Orestēs* □ Gk *Oréstēs* ← *óros* mountain〗

Ö·re·sund /ɔ́:rəsʌ̀nd, ɔ́:r-; *Swed.* œ:resə́nd/ *n.* [the ~] ウーレスンド(海峡) 《スウェーデン南西部とデンマークの Zealand 島との間にあって Kattegat, Baltic 両海をつなぐ海峡; 長さ 113 km, 幅 5–50 km; 英語名 The Sound》.

o·rex·is /ɔ:réksɪ̥s | -sɪs/ *n.* 〖心理〗食欲, 摂取願望. 〖(1619) □ L ~ □ Gk *órexis* desire, appetite〗

orf /ɔ́əf | ɔ́:f/ *n.* 〖獣医〗オルフ 《sore mouth の別名》.

orfe /ɔ́əf | ɔ́:f/ *n.* 〖魚類〗=ide. 〖(1879) □ G *Orf* □ F *orphe* < L *orphum* a kind of fish □ Gk *orphós*〗

Orff /ɔ́əf | ɔ́:f; *G.* ɔ́ʁf/, **Carl** *n.* オルフ (1895–1982; ドイツの作曲家・音楽教育家; *Carmina Burana* (1936)).

or·fray /ɔ́əfri | ɔ́:-/ *n.* (*also* **or·frey** /~/) =orphrey.

org. 《略》 organ; organic; organism; organist; organization; organized.

or·gan /ɔ́əgən | ɔ́:-/ *n.* **1 a** (動植物の)器官, 臓器: an artificial ~ 人工臓器 / a digestive ~ 消化器 / ~*s* of generation [reproduction] 生殖器 / ~*s* of hearing 聴覚器官 / vocal ~*s*=ORGANS of speech / ⇨ sense organ. **b** 《古》(人・動物の)発声器官, 音声, 声量: He has a splendid ~, but is quite untrained in singing. 彼は声は大したものだが歌い方がさっぱり練れていない. **c** 《婉曲》=penis. **2 a** パイプオルガン (pipe organ) 《多く教会堂に備えられる最も大規模な楽器》; (パイプオルガンの)鍵盤(けんばん) 《音管およびその付属品一切を除いた部分》. **b** リードオルガン (reed organ), 足踏みオルガン, (普通にいう)オルガン (harmonium). **c** 手回し風琴 (hand organ). **d** 《古》楽器, (特に)管楽器. **e** =electric organ, electronic organ. 日英比較 日本語の「オルガン」は普通は空気を圧搾して音を出すリードオルガン (reed *organ*), あるいはハルモニウム (harmonium) のような小型オルガン, また最近では電子音によるオルガンなどをいい, パイプオルガンの場合はとくに「パイプ」をつけていうことが多い. しかし, 英語では普通 *organ* といえばパイプオルガンの意である. **3** (政治などの)機関: an intelligence ~ 諜報機関/ ~*s* of government 政治機関 《議会・官庁・法廷など》. **4** (新聞・雑誌など, 意見発表の)機関誌[紙]; マスメディア: an official ~ 機関雑誌[新聞] / a party ~ 政党の機関紙[誌] / ~*s* of public opinion 世論の機関, 新聞, 雑誌, マスメディア / a government ~ 政府機関紙. **5** 〖骨相〗身体の特定の機能と対応すると考えられる脳の部位.

órgan of Córti 〖解剖〗コルチ器官 《蝸牛(かぎゅう)管内における聴覚器官; Corti apparatus ともいう》.

órgans of spéech [the ―] 音声器官 《言語音 (speech sound) を発する運動に参加する体の器官; 肺・喉頭・舌・口蓋・歯・唇など》.

〖lateOE *organa* □ OF *organe* (F *orgue*) // L *organum* tool, implement (ecc. L *organum* church organ) □ Gk *órganon* instrument, tool: cf. ergon〗

or·gan-¹ /ɔ́əgən | ɔ́:gən, ɔ:gǽn/ (母音の前にくるときの) organo-¹ の異形.

or·gan-² /ɔəgǽn, ɔ́əgən | ɔ:gǽn, ɔ́:gən/ (母音の前にくるときの) organo-² の異形.

organa¹ *n.* organon の複数形.

organa² *n.* organum の複数形.

órgan·bìrd *n.* 〖鳥類〗オーストラリアに生息するフエガラス科の 2 種の鳥 《鳴き声が調子外れのオルガンに似ている》: **a** ノドグロモズガラス (*Cracticus nigrogularis*) 《オーストラリア産》. **b** カササギフエガラス (*Gymnorhina tibicen*) 《オーストラリア, Tasmania, ニューギニア産》. 〖1863〗

órgan-blòwer *n.* パイプオルガンのふいごを開閉する人[装置]. 〖1540〗

órgan-buìlder *n.* パイプオルガン製造(職)人. 〖1725〗

or·gan·die /ɔ́əgəndi | ɔ́:gən-, ɔ:gǽn-/ *n.* オーガンジー 《平織りなどで目の透いた手触りのこわい薄地の織物; 婦人服用》. 〖(1835) □ F *organdi*: ⇨ organzine〗

or·gan·dy /ɔ́əgəndi | ɔ́:gən-, ɔ:gǽn-/ *n.* 《米》=organdie.

or·gan·elle /ɔ̀əgənél | ɔ̀:-/ *n.* 〖生物〗細胞小器官, 器官子. 〖← NL ~ (dim.) ← L *organum* 'ORGAN': ⇨ -el¹〗

órgan-grìnder *n.* (街頭の)手回し風琴[オルガン]弾き 《しばしばサルをお供に連れている》. 〖1806–07〗

órgan-grinder's mónkey *n.* [the ~] 《戯言または軽蔑》人の言いなりになる人.

or·gan·ic /ɔəgǽnɪk | ɔ:-/ *adj.* **1** 有機体の, 生物の: ~ evolution 生物進化 / ~ remains 生物の遺骸. **2** 〖化学〗 **a** 炭素を含む, 有機の (cf. inorganic 5): an ~ acid 有機酸 《酪酸・乳酸・酢酸・酒石酸など》 / ~ matter 有機化合物, 有機物 《炭化水素の類》 / ⇨ organic base. **b** (化学の一分野として)有機の: ⇨ organic chemistry. **3 a** (動植物の)臓器の, 器官の. **b** 〖病理〗器質性の 《疾患のうち目で認められるような解剖学的変化のある; cf. functional 5》: an ~ disease 器質性疾患. **c** 〖心理〗器質性の, 器質的変化から生じる (cf. functional 6): ~ psychoses 器質性精神病. **4** 有機的な, 相互関連的な, 組織的な, 系統的な (systematic): an ~ body 有機体 / the ~ unity of the state 国家の有機的統一 / an ~ whole 組織的完体, 有機的統一体 / the ~ view of the world 有機的世界観 / Social progress is ~. 社会の進歩は有機的[組織的]である. **5 a** (有機体にとって)固有の, 本質的な, 根本的な, 構造上の. **b** 〖法律〗(国家など組織体の構造上)基本的な, 憲法上の: ⇨ organic law. **6** 〖言語〗(構造が発生的な, 語源的な, 偶発的でない 《例えば these (<ME *thise*) の -e は organic であるが, those (<ME *thās*, *thōs*) の -e は inorganic》. **7** 〖農業〗(化学肥料・農薬を用いず)有機[動植物]質肥料で栽培した, 動植物質肥料の, 有機農業の: ~ vegetables 有機野菜 / ~ food 自然食品 / ~ farming 有機農法[農業]. **8** 〖建築〗有機的な 《生物の形態をモデルにした建築のシステムや造型にいう》.

— *n.* **1** 有機質肥料. **2** 有機殺虫剤.

〖(*a*1400) □ L *organicus* □ Gk *organikós*: ⇨ organ, -ic¹〗

or·gán·i·cal·ly /-kəli/ *adv.* **1** 有機的に; 器官によって. **2** 組織的に; 根本的に. **3** 有機体の一部分として; 体制上, 構成上. **4** 〖農業〗有機栽培[農法]で. 〖1662〗

Orgánic Álphabet *n.* ⇨ visible speech 1.

orgánic báse *n.* 〖化学〗有機塩基 《有機化合物のうちで塩基性をもつもの》.

orgánic chémistry *n.* 有機化学 (cf. inorganic chemistry). 〖1871〗

orgánic cómpound *n.* 〖化学〗有機化合物.

or·gán·i·cìsm /-nəsìzm | -nɪ̥-/ *n.* **1** 〖哲学・生物〗有機体説, 生体論 《生命体[現象]は, 機械的な部分の結合でなく, 部分の有機的な全体的組織から成るという説; 国家等の生物体以外のものにも同様の見方を拡大し適用する考え》. **2** 〖医学〗器官説: **a** すべての症状は器質性疾患 (organic disease) によるという説. **b** 体内の各器官は固有の構造をもっているからその相互関係を重んじなければならないという説. **3** 〖社会学〗社会有機体説 《社会は個人を越えた存在で生物有機体のように成長の過程をたどるという説》.

or·gán·i·cist /-sɪ̥st | -sɪst/ *n.* 〖1853〗

orgánic láw *n.* (国家など組織体の)構成法, 基本法.

orgánic pígment *n.* 〖化学〗有機顔料 (cf. mineral pigment).

orgánic sensátion *n.* 〖心理〗内臓感覚 《飢渇・吐き気・排泄欲など内臓器官から生じる感覚》.

orgánic sóil *n.* 〖地質〗有機質土. 〖1928〗

or·ga·ni·sa·tion /ɔ̀əg(ə)nɪ̥zéɪʃən | ɔ̀:gənaɪ-, -nɪ-/ *n.* =organization.

or·ga·nise /ɔ́əgənàɪz | ɔ́:-/ *v.* =organize.

or·gan·ism /ɔ́əgənìzm | ɔ́:-/ *n.* **1 a** 有機体. **b** (有機的)生き物, 生物, 生体: microscopic ~*s* 微生物. **2** 有機的組織体 《宇宙・社会・国家など》. **3** 〖哲学〗有機体 《形態的・機能的に分化し, 異なる部分が一つの内面的原理によって統一されてできた全体》. **or·gan·is·mal** /ɔ̀əgənízm(ə)l, -mḷ | ɔ̀:-⁻/ *adj.* **or·gan·is·mic** /ɔ̀əgənízmɪk | ɔ̀:-⁻/ *adj.* **òr·gan·ís·mi·cal·ly** *adv.* 〖1664〗

or·gan·ist /ɔ́əgənɪ̥st | ɔ́:gənɪst/ *n.* (パイプ)オルガン奏者. 〖(1591) □ F *organiste* □ ML *organista*: ⇨ organ, -ist〗

or·ga·niz·a·ble /ɔ́əgənàɪzəbl | ɔ́:-/ *adj.* 組織できる. 〖1679〗

or·ga·ni·za·tion /ɔ̀əg(ə)nɪ̥zéɪʃən | ɔ̀:gənaɪ-, -nɪ-/ *n.* **1** 組織, 編制, 編成 (formation): peace [war] ~ (軍隊の)平時[戦時]編制. **2** 有機的組織体, 機構. **3** 団体, 組合, 協会. **4** [集合的] **a** (事業会社などの)経営陣, 管理部(職員). **b** (政党を運営する)役員 《全体》; 役員会. **5** 《まれ》生物体 (organism).

organizátion and méthods 〖経営〗業務改善活動; 組織と方法.

Organizátion for Económic Cooperátion and Devélopment [the ―] 経済協力開発機構 《1961 年に発足した西側先進諸国の経済協力機構; 略 OECD; 事務局 Paris; もと OEEC》.

Organizátion for Européan Económic Cooperátion [the ―] 欧州経済協力機構 《OECD の前身; 略 OEEC》.

Organizátion of África̱n Únity [the —] アフリカ統一機構《1963 年に成立したアフリカ諸国の連帯機構; 加盟国はエチオピア・エジプト・ガーナ・ギニア・スーダン・チュニジアなど 53 か国; 略 OAU》.
Organizátion of Américan Státes [the —] 米州機構《アメリカ大陸の平和と安全, 相互理解の促進などを目的に 1948 年設立; 現在の加盟国は米国および中南米諸国の計 35 か国; 略 OAS》.
Organizátion of Árab Petróleum Expórting Cóuntries [the —] アラブ石油輸出国機構《1968 年結成; 略 OAPEC; 事務局 Kuwait》.
Organizátion of Petróleum Expórting Cóuntries [the —] 石油輸出国機構, オペック《1960 年結成; 略 OPEC; 本部 Vienna》.
— *adj.* [限定的] 組織の水準[要求]に合うような: ⇨ organization man.
〖(1432–50) □ ML *organizātiō(n-)*: ⇨ organize, -ation〗

or·ga·ni·za·tion·al /ɔ̀ːg(ə)nɪzéɪʃnəl, -ʃənl | ɔ̀ː-gənaɪ-, -nɪ-⁻/ *adj.* **1** 組織(体)の; 組織化した. **2** =organization. **~·ly** *adj.* 〖1938〗

organizátion cènter *n.* 〖動物〗形成中心, 編制中心《正常な動物胚の中で形成体作用をもつ胚域; cf. organizer 3》. 〖1928〗

organizátion chàrt *n.* (会社・官庁・団体などの)組織(体系)図, 機構図. 〖1941〗

organizátion expènses *n. pl.* 創立費《会社の創立に要する費用; cf. promotion expenses》.

organizátion màn *n.* 組織人《企業・官庁・軍隊などの組織体で, その規律や要求に順応し, 滅私奉公的に働く人; 組織作りの上手な人》. 〖1956〗

or·ga·nize /ɔ́ːgənàɪz | ɔ́ː-/ *vt.* **1** 組織する, 編制する: ~ an army, a party, etc. **2** 系統だてる (systematize); まとめる, 整理する: ~ facts. **3** [通例 p.p. 形で] **a** …を有機化する: ~*d* matter 有機体. **b** …を組織化する: ~*d* resistance 組織的な抵抗. **4** 〈遠征・催し物などを〉計画[準備]する: ~ an expedition to the South Pole 南極探検隊を組織する / ~ a charity evening 慈善興行の夕べを準備する[催す]. **5** 〈労働者・(職場としての)企業などを〉労働組合に加入させる[組織化する] (unionize): ~ workers, a factory, etc. / ⇨ organized labor. **6** 〈工場・会社などを〉設立[創立]する (establish): ~ a company / an *organizing* committee 創立委員会. **7** [~ oneself で] 《口語》気を静める, 気を取り直す. **8** 《英俗》 **a** [通例 p.p. 形で] (自分に有利に)〈事を〉やる: That is ~*d*. それはうまくやっておいた / Get it ~*d*. 適当にしておけ. **b** 〈物を〉せしめる (wangle). **9** 《古》〖音楽〗(9–13 世紀の初期多声楽器で)〈定旋律 (cantus firmus)〉に対旋律 (organum) をつける. — *vi.* **1** 組織化する; 有機化する. **2** (組織的に)団結する. **3 a** 労働組合を組織する. **b** 労働組合に加入する; 労働組合加入を勧誘する, オルグする. 〖(1413) □ (O)F *organiser* □ ML *organizāre*: ⇨ organ, -ize〗

or·ga·nized /ɔ́ːgənàɪzd | ɔ́ː-/ *adj.* **1** よくまとまった, きちんと整った: The meeting was well ~. 会はうまくまとまっていた / an ~ report きちんとした報告書. **2** 組織化された, 組織的な: ~ crime 組織犯罪 / an ~ tour 団体旅行. **3** 労働組合に加入した (cf. organize *vt.* 5). **4** 《米俗》酔っ払った. 〖1817〗

órganized férment *n.* 〖生化学〗不溶性酵素《細胞質と密接に固着して抽出できない酵素; insoluble enzyme ともいう; ↔ unorganized ferment》.

órganized lábor *n.* [集合的] 組織労働者《労働組合に加入した全労働者》. 〖1885〗

órganized milítia *n.* ⇨ militia 2 b.

or·ga·niz·er /ɔ́ːgənàɪzə | ɔ́ːgənàɪzə(r)/ *n.* **1 a** 組織者. **b** (新設会社などの)創立者[委員]. **c** (催し物・興行などの)主催者; 興行主, 座元. **d** オルグ, 組織員《他の労働者に対する組合加入の勧誘を任務とする労働組合員》. **2** 分類書類ばさみ. **3** 〖動物〗形成体, 編成源, オルガナイザー《二次胚の形成を誘導する物質; cf. organization center》. 〖(1849) ← ORGANIZE＋-ER[1]〗

órgan-lòft *n.* (教会・コンサートホールの)パイプオルガンを備え付けた張り出した二階. 〖1543〗

órgan màss *n.* オルガンミサ《オルガン演奏と会衆の歌の交替によるミサ(通常文); そのオルガン音楽》.

or·ga·no /ɔ́ːgənòʊ | ɔ́ːgənəʊ/ *adj.* 〖化学〗有機(の), オルガノ《本来は無機化合物であるものに有機化合物の基を含む意味》. 〖(略) ← ORGANOMETALLIC〗

or·ga·no-[1] /ɔ́ːgənoʊ, ɔːgǽn- | ɔ́ːgənəʊ, ɔːgǽn-/「器官 (organ)」の意の連結形: *organo*genesis. ★ 母音の前では通例 organ- になる. 〖← Gk *órganon* 'ORGAN'〗

or·ga·no-[2] /ɔːgǽnoʊ, ɔ́ːgən- | ɔːgǽnəʊ, ɔ́ːgən-/ 〖化学〗「有機の (organic); 有機金属の; 有機と…との」の意の連結形: *organo*silicon. ★ 母音の前では通例 organ- になる. 〖← ORGANIC〗

òrgano·chlórine *adj.* 〖化学〗有機塩素の. — *n.* 有機塩素系殺虫剤《DDT, アルドリン (aldrin), ディルドリン (dieldrin) などの殺虫剤》. 〖1961〗

òrgano·génesis *n.* 〖生物〗器官形成, 器官発生.
òrgano·genétic *adj.* **òrgano·genétically** *adv.* 〖1859〗

or·ga·nog·e·ny /ɔ̀ːgənɑ́(ː)dʒəni | ɔ̀ːgənɔ́dʒə̀-/ *n.* 〖生物〗=organogenesis. 〖1844〗

or·gan·o·gram /ɔːgǽnougrǽm | ɔːgǽnəʊ-/ *n.* =organization chart.

or·ga·nog·ra·phy /ɔ̀ːgənɑ́(ː)grəfi | ɔ̀ːgənɔ́g-/ *n.* (動植物の)器官学. **or·ga·no·graph·ic** /ɔ̀ːgənougrǽfɪk, ɔːgæ̀nə- | ɔ̀ːgənə(ʊ)-, ɔːgæ̀n-⁻/ *adj.* 〖1806〗

or·ga·no·lep·tic /ɔ̀ːgənouléptɪk, ɔːgæ̀nə- | ɔ̀ːgənə(ʊ)-, ɔːgæ̀n-⁻/ *adj.* **1** (味覚・嗅覚・視覚などの)感覚器官の[を刺激する]. **2** 〈テストなど〉感覚器官を用いる. **3** 感覚的刺激に反応する. **òr·ga·no·lép·ti·cal·ly** *adv.* 〖(1852) □ F *organoleptique* ← ORGANO-[1]＋Gk *lēptikós* disposed to accept〗

or·ga·nol·o·gy /ɔ̀ːgənɑ́(ː)lədʒi | ɔ̀ːgənɔ́l-/ *n.* (動植物)器官研究, 器官学; (特に)内臓学. **or·gan·o·log·ic** /ɔ̀ːgənoulɑ́(ː)dʒɪk, ɔːgæ̀nəl- | ɔ̀ːgənə(ʊ)lɔ́dʒ-, ɔːgæ̀n-⁻/ *adj.* **òr·gan·o·lóg·i·cal** *adj.* **òr·ga·nól·o·gist** /-dʒɪ̀st | -dʒɪst/ *n.* 〖(1814) ← ORGANO-[1]＋-LOGY〗

orgàno·magnésium *adj.* 〖化学〗有機マグネシウムの. 〖1901〗

orgàno·mercúrial *n.* 〖化学・薬学〗有機水銀化合物[剤]《マーキュロクロム (mercurochrome) など》. 〖1938〗

orgàno·mercúric *adj.* 〖化学〗有機水銀の: an ~ compound 有機水銀化合物. 〖1860〗

orgàno·mércury *adj.* 〖化学〗有機水銀の.

orgàno·metállic *adj., n.* 〖化学〗有機金属(の). 〖1852〗

or·ga·non /ɔ́ːgənɑ̀(ː)n | ɔ́ːgənɔn/ *n.* (*pl.* **-ga·na** /-nə/, ~s) **1** (科学的研究の)原則, 研究法; 方法論的原則. **2** [O-]「オルガノン」《Aristotle の論理学書; cf. Novum Organum》. **3** 《古》(知識獲得の手段としての)感覚器官. 〖□ Gk *órganon*: ⇨ organ〗

or·gan·o·phile /ɔːgǽnəfàɪl, ɔ̀ːgənoʊ- | ɔːgǽnə(ʊ)-, ɔ̀ːgən-/ *adj.* 〖化学〗=organophilic.

or·gan·o·phil·ic /ɔːgæ̀nəfílɪk, ɔ̀ːgənoʊ- | ɔːgæ̀nə(ʊ)-, ɔ̀ːgən-⁻/ *adj.* 〖化学〗有機物親和性の, 親油性の《有機溶媒で膨潤するようなコロイドの性質をもった》.

orgàno·phósphate *adj., n.* 〖化学〗有機リン化合物(の)《特に殺虫剤として使用されるもの; マラチオンなど》. 〖1949〗

orgàno·phósphorus *adj.* (*also* **orgàno·phósphorous**) 〖化学〗=organophosphate. — *n.* =organophosphate. 〖1950〗

orgàno·sílicon *adj.* 〖化学〗有機ケイ素化合物の. 〖1941〗

orgàno·silóxane *n.* 〖化学〗オルガノシロキサン (R_3Si-$O(R_2SiO)nSiR_3$, $(R_2SiO)n$ などによって示される化合物の総称). 〖(1946) ← ORGANO-[2]＋*siloxane* ((混成) ← SILANE＋OXYGEN)〗

or·gan·o·sol /ɔːgǽnəsɔ̀(ː)l | ɔːgǽnəsɔ̀l/ *n.* 〖化学〗オルガノゾル《アルコール・エーテルなどの有機溶媒を分散媒とするコロイド》. 〖1892〗

òrgano·thérapy *n.* 〖医学〗臓器療法《動物の臓器やエキスを用いてする療法》. **òrgano·therapéutic** *adj.* 〖1896〗

or·gan·o·tin /ɔːgǽnoutín | ɔːgǽnəʊ-/ *n.* 有機スズ《スズと炭素が結合した化合物; 防カビ剤, 殺虫剤などに使われ, 使用後, 無害の無機物に分解すると考えられていたが, 食物連鎖により有害であることがわかった》. 〖1866〗

or·ga·no·trop·ic /ɔ̀ːgənoutrɑ́(ː)pɪk, ɔːgæ̀nə- | ɔ̀ːgənə(ʊ)trɔ́p-, ɔːgæ̀n-⁻/ *adj.* 〖医学〗臓器親和性の (cf. neurotropic, pantropic[1]). **òr·ga·no·tróp·i·cal·ly** *adv.*

or·ga·not·ro·pism /ɔ̀ːgənɑ́(ː)trəpìzm | ɔ̀ːgənɔ́trə-/ *n.* 〖医学〗臓器親和性.

órgan pipe *n.* **1** (パイプオルガンの)音管. **2** 〖生物〗サボテンやクダサンゴなどでみられる円柱あるいは管状の構造物. 〖*c*1440〗

órgan-pìpe càctus *n.* 〖植物〗ハクウンカク(白雲閣) (*Lemaireocereus marginatus*)《ハシラサボテンの一種》. 〖1908〗

órgan-pipe còral *n.* 〖動物〗クダサンゴ《熱帯の珊瑚礁区域に分布する腔腸動物門八放サンゴ亜綱クダサンゴ属 (*Tubipora*) の管状のさやの並列するサンゴ》. 〖1833〗

órgan pòint *n.* 〖音楽〗=pedal point.

órgan scrèen *n.* 〖教会〗オルガンスクリーン, オルガン仕切り《教会の聖歌隊席 (choir) とネーブ (nave) —大聖堂などではここにオルガンが置かれる—との間の飾り幕》.

órgan stòp *n.* **1** オルガンストップ, 音栓《パイプオルガンの同じ音色のパイプの組》. **2** ストップノブ (stop knob)《オルガンストップを操作するつまみ》. 〖1644〗

órgan trànsplant [transplantátion] *n.* 臓器移植. 〖1968〗

or·ga·nule /ɔ́ːgənùːl, -njùːl | ɔ́ːgənjùːl/ *n.* 〖医学〗オーガヌール (⇨ molechism). 〖← ORGAN(ISM)＋(MOLEC)ULE〗

or·ga·num /ɔ́ːgənəm | ɔ́ː-/ *n.* (*pl.* **or·ga·na** /-nə/, ~s) **1** =organon 1. **2** 〖音楽〗オルガヌム《単旋聖歌に新たに旋律を加えて即興的に修飾したことから始まる初期多声音楽様式》; オルガヌム声部. 〖(1614) □ L *organum* □ Gk *órganon*: cf. organ〗

or·gan·za /ɔːgǽnzə | ɔː-/ *n.* オーガンザ《絹・ナイロンなどの薄い平織り服地》. 〖(1826) 《変形》? ← *Lorganza* 《商標》: cf. organzine〗

or·gan·zine /ɔ́ːgənzìːn | ɔ́ː-/ *n.* 〖紡織〗(撚(よ)りの多い)諸撚(もろよ)糸《上質織物の経(たて)糸用》. 〖(1699) □ F *organsin* □ It. *organzino* ← ? *Urgandi* (Turkestan 地方の町の名; 最初の生産地): cf. organdie〗

or·gasm /ɔ́ːgæzm | ɔ́ː-/ *n.* **1** 〖医学〗性的興奮[快感]の頂点, オルガスム(ス): reach ~ オルガスムに達する / have an ~ オルガスムを感じる. **2** 《まれ》(感情の)極度の興奮. **3** 興奮の爆発[激発]. 〖(1646) □ F *orgasme* // NL *orgasmus* ← Gk *orgasmós* ← *orgân* to swell〗

or·gas·mic /ɔːgǽzmɪk | ɔː-/ *adj.* オルガスム(ス)の, オルガスム(ス)を思わせる[引き起こす]. 〖1935〗

or·gas·tic /ɔːgǽstɪk | ɔː-/ *adj.* =orgasmic.

or·geat /ɔ́ːʒɑː(t) | ɔ́ːʒɑː; *F.* ɔʀʒa/ *n.* オルジェー(シロップ)《カクテルなどに用いるアーモンド香のシロップ》. 〖(1754) □ F ← *orge* barley < L *hordeum*〗

Or·get·o·rix /ɔːdʒétərìks | ɔːdʒét-/ *n.* オルゲトリクス《Helvetia の頭領; Julius Caesar に反抗したが (58 B.C.), 捕えられ自殺した (62 B.C.)》.

or·gi·as·tic /ɔ̀ːdʒiǽstɪk | ɔ̀ː-⁻/ *adj.* **1 a** オルギアの (⇨ orgy 1). **b** 酒神祭のような. **2** 飲み騒ぐ, 底抜け騒ぎの. **òr·gi·ás·ti·cal·ly** *adv.* 〖(1698) □ Gk *orgiastikós* ← *orgiastḗs* one who celebrates orgies ← *orgiázein* to celebrate orgies: ⇨ orgy〗

or·gie /ɔ́ːdʒi | ɔ́ː-/ *n.* =orgy.

org-man /ɔ́ːgmæ̀n | ɔ́ːg-/ *n.* (*pl.* **-men** /-mèn/) 《米》=organization man. 〖《短縮》← *org(anization) man*〗

or·gone /ɔ́ːgoun | ɔ́ːgəʊn/ *n.* 〖心理〗オーゴン (W. Reich (1897–1957) が想定した宇宙に充満しているという活力で, このエネルギーが蓄積されるように作られた箱状の装置 (orgone box) に, 心身に障害のある人を座らせ治療の一助とする). 〖(1942) ← ORG(ASM)＋-*one* (cf. ozone)〗

or·gu·lous /ɔ́ːg(j)ʊləs | ɔ́ː-/ *adj.* 《古》 **1** 誇り高い, 高慢な (proud). **2** はでな, すばらしい. **~·ly** *adv.* 〖(*c*1275) *orgeilus, orgulous* □ OF *orguillus* ← *orguil* pride □ OHG **urguoli* ← *urguol* renowned〗

or·gy /ɔ́ːdʒi | ɔ́ː-/ *n.* **1** [*pl.*] オルギア《古代ギリシャ・ローマで乱飲乱舞の大酒宴で祝った Dionysus または Bacchus の秘儀の祭り》. **2 a** [通例 *pl.*] 乱飲乱舞の酒宴, 底ぬけ騒ぎ. **b** ばか騒ぎ, お祭り騒ぎ; 過度の熱中, 耽溺: a regular ~ of concerts and parties 音楽会やらパーティーやらのばか騒ぎ / a Beethoven ~ ベートーベンぶっ続け[連続]演奏会 / an ~ of killing 狂乱的殺戮(さつりく). **c** 乱交[麻薬]パーティーなど. **3** はでな色の乱舞, 狂ったような彩色. 〖(1589) □ F *orgie* // L *orgia* (pl.) □ Gk *órgia* (pl.) secret rites, esp. of Bacchus: cf. ergon〗

o·ri- /ɔ́ːrɪ̀, -ri | ɔ́ːr-/「口 (mouth); 口と…との」の意の連結形. 〖□ F ~ □ LL ~ ← L *ōr-*, *ōs* mouth: cf. oro-[2]〗

-oria *suf.* -orium の複数形.

-o·ri·al /ɔ́ːriəl/ *suf.*「…の, …に属する, …に関係のある」の意の形容詞を造る《★ -ory[2] に終わる名詞の場合に多い》: purgato*rial*, territo*rial*. 〖← L *-ōrius* '-ORY[1]'＋-AL[1]〗

O·ri·a·na /ɔ̀ːriǽnə | ɔ̀riάːnə, ɔ̀ːr-/ *n.* オリアーナ: **1** 女性名. **2** Amadis が恋に陥るイングランド王の娘. 〖cf. L *orīrī* to rise〗

o·rib·a·tid /ɔ(ː)ríbətɪ̀d, ɑ(ː)r- | ɔríbətɪd/ *n.* 〖動物〗ササラダニ《ダニ目隠気門亜目のダニの総称》. — *adj.* ササラダニの. 〖(1875) ← NL *Oribatidae* ← *Oribata* (属名: ← ? Gk *oreibátēs* mountain-ranging ← *óros* mountain)＋-IDAE〗

or·i·bi /ɔ́(ː)rəbi, ɑ́(ː)r- | ɔ́rɪ-/ *n.* 〖動物〗オリビ (*Ourebia ourebi*)《アフリカ東・南部産のオリビ属の小形のレイヨウ》. 〖(1795) □ Afrik. ~ □ Nama *arab*〗

or·i·chalc /ɔ́ːrəkǽlk | ɔ́ːr-, ɔ́r-/ *n.* (*also* **or·i·chalch** /~/) オリカルコン《古代ギリシア人が貴重なものと考えたある黄色い金属》; 真鍮, 黄銅 (brass). 〖(1590) □ L *orichalcum* □ Gk *oreikhalkos* 《原義》 mountain copper〗

or·i·chal·cum /-kǽlkəm/ *n.* =orichalc.

o·ri·el /ɔ́ːriəl/ *n.* 〖建築〗 **1** (多くは二階に張り出した)出窓構造《通例六角形を半分に切った形; cf. bay window 1》. **2** (中世建築の広間や部屋の大きな)出窓. 〖(1385) □ OF *oriol* // ML *oriolum* porch, gallery〗

O·ri·el /ɔ́ːriəl/ *n.* オーリエル《女性名》. 〖□ OHG *Aurildis, Orieldis* ← ? *aur-, aus* fire＋*hildi* strife〗

óriel wíndow *n.* (通例六角形の半分の形の)出窓 (cf. oriel). 〖1765〗

oriel window

o·ri·ent /ɔ́ːrìent | ɔ́ːr-, ɔ́r-/ *v.* — *vt.* **1 a** 〔新環境に〕適応させる (adjust) 〔*to, toward*〕: ~ freshmen to college life 新入生を大学生活に順応させる. **b** 〔特定の主義・物事に〕方向づける, 志向させる 〔*around, toward*〕 (cf. oriented): be ~*ed toward* free trade 自由貿易の方向に向かう. **2 a** 〈物を〉〔特定の方向に〕向ける[置く] 〔*to, toward*〕. **b** 〈物〉の方位[位置]を見定める. **3** 〈建物などの〉向きを方位に合わせる: ~ a building north and south 建物の向きが南北に合うように建てる. **4 a** 〈地図を〉実際の方位に合わせて置く. **b** 〖測量〗〈地図または平板の〉北が方位の北に合致するように定置する. **5 a** 〈建物などを〉東向きに置く[する]. **b** 〈教会を〉主祭壇が東に入口が西になるように建てる (cf. east *n.* 4). **c** 足を東に向くようにして〈死体を〉埋葬する. **6** 〖化学〗〈分子を〉配向する. — *vi.* 東に向く; (ある方向に)向く: ~ east.
órient onesèlf (1) 〔新環境に〕順応する 〔*to, toward*〕. (2) 自分のいる場所の方位を見定める. (3) 自分の立場を見定める, 真相を見極める, 事態を正しく判断する.
— /ɔ́ːriənt, -ènt | ɔ́ːriənt, ɔ́r-/ *n.* **1** [the O-] 東洋《地中海東方の諸国》; (特に)東部アジア (cf. occident 1). **2** [しばしば the O-] **a** 《古・詩》東; 東方地方. **b** 東の空, 東天. **c** 夜明け, 日の出. **3 a** 上等の真珠. **b** 真珠

O

特有の光沢, 真珠光: a pearl of finest ~ 光沢が非常に美しい高級真珠.
— *adj.* **1** 〘古・詩〙 **a** 東の, 東方の (eastern); 東洋の (Oriental). **b** 〈太陽など〉昇る, 出る (rising): the ~ sun 昇る太陽. **2 a** 〈宝石が〉輝かしい, (品質)上等の; 〈真珠が〉(東洋原産品独特の)光沢のある, 上等の: an ~ pearl. **b** 真珠光沢の.
〖n.: (*c*1375) □ (O)F ~ □ L *orientem, oriēns* rising sun, east (pres.p.) ← *orīrī* to rise ← IE **er-* to rise: cf. origin. — v.: (1727–41) □ F *orienter* to set toward the east ← *orient*〗

o·ri·en·tal /ɔ̀ːriéntḷ | ɔ̀ːriéntḷ, ɔ̀r-⁻/ *adj.* **1** [しばしば O-] **a** 東洋の (Eastern), (特に)東部アジアの; 東洋風の: *Oriental* civilization 東洋文明 (cf. Western civilization) / *Oriental* countries [languages, races] 東洋諸国[言語, 人種] / *Oriental* music (近東・北アフリカを含めての)東洋音楽 / *Oriental* style (建築などの)東洋風. **b** 東洋人の[に関する, の特徴を示す]. **2** 〘詩・古〙 東の, 東方の (eastern). **3 a** 〈宝石など〉東洋産の (orient): ⇨ oriental pearl. **b** 〈宝石・真珠が〉上質の, 光沢の美しい. **c** [通例 O-] 鋼玉 (corundum) 種の: *Oriental* amethyst 紫鋼玉 / *Oriental* emerald 緑鋼玉 / *Oriental* topaz 黄鋼玉 / *Oriental* ruby ⇨ ruby 1. **4** [通例 O-] 〘生物〙 東洋区の: the *Oriental* region (生物分布上の)東洋(亜)区 (アジア南部・フィリピン諸島・マレー群島などを含む). **5** [しばしば O-] (トルコ産の)タバコの. — *n.* [通例 O-] アジア人 (Asian), 東洋人. **~·ly** *adv.* 〖(*c*1395) □ (O)F ~ // L *orientālis*: ⇨ ↑, -al¹〗

Óriental álabaster *n.* 〘鉱物〙 =alabaster 2. 〖1756–57〗

oriéntal arborvítae *n.* 〘植物〙 コノテガシワ (*Thuja orientalis*) (中国原産ヒノキ科クロベ属の常緑小高木).

oriéntal ámethyst *n.* 〘宝石〙 すみれサファイア, オリエンタルアメシスト (紫色の鋼玉).

óriental béetle, Ó- b- *n.* 〘昆虫〙 セマダラコガネ (*Anomala orientalis*) (日本からハワイ・北米などに渡った害虫).

Óriental cárpet *n.* 東洋絨毯(じゅうたん) (cf. Oriental rug). 〖1868〗

Óriental cát's-eye *n.* 〘鉱物〙 東洋猫眼石 (宝石用).

óriental cóckroach *n.* 〘昆虫〙 トウヨウゴキブリ, コバネゴキブリ (*Blatta orientalis*) (中近東原産の黒褐色のゴキブリ; 世界中に広がったが, 日本には未定着; Asiatic cockroach, blackbeetle ともいう).

O **óriental frúit mòth** *n.* 〘昆虫〙 =oriental peach moth. 〖1921〗

óriental háwk ówl, Ó- h- ó- *n.* 〘鳥類〙 アオバズク (*Ninox scutulata*) (アジア産フクロウ科の鳥; 日本には青葉の茂るころ渡ってくる).

O·ri·en·ta·li·a /ɔ̀ːriəntéiliə, -rien- | ɔ̀ːr-, ɔ̀r-/ *n. pl.* 東洋的なもの (芸術・文化・歴史・民俗など). 〖(1916) ← NL ~ (neut. pl.) ← L *orientālis* 'ORIENTAL'〗

O·ri·en·tal·ism, o- /ɔ̀ːriéntəlìzm, -tḷ- | ɔ̀ːriéntəl-, ɔ̀r-, -tḷ-/ *n.* **1 a** 東洋風, 東洋風俗[習慣]. **b** 東洋文化; 東洋趣味. **2** 東洋学 (東洋の言語・文学などの知識・研究). **O·ri·en·tal·ist·ic** /ɔ̀ːriεntəlístɪk, -tḷ- | ɔ̀ːriεntəl-, -tḷ-⁻/ *adj.* 〖1769〗

Ò·ri·én·tal·ist, o- /-təlɪ̀st, -tḷ- | -təlɪst, -tḷ-/ *n.* 東洋文化[趣味]に通じた人, 東洋通, 東洋学者. 〖1779–81〗

O·ri·en·tal·ize, o- /ɔ̀ːriéntəlàɪz, -tḷ- | ɔ̀ːriéntəl-, ɔ̀r-, -tḷ-/ *vt.* 東洋風にする; 東洋の思想[慣習, 態度]に慣れさせる. — *vi.* **1** 東洋風になる; 東洋化する, 東洋風に行動する[話す, 考える]. **2** 東洋学を研究する. **O·ri·en·tal·i·za·tion** /ɔ̀ːrìεntəlɪ̀zéɪʃən, -tḷ- | ɔ̀ːrìεntəlaɪ-, -lɪ-, -tḷ-/ *n.* 〖1823〗

óriental péach mòth *n.* 〘昆虫〙 ナシノヒメシンクイ (*Grapholitha molesta*) (ヒメハマキガ科のガ; 幼虫はモモ・ナシの枝や果内に入り果実に害を与える).

óriental péarl *n.* **1** (東洋産の)天然真珠; 上等の真珠. **2** 明るい黄緑がかった灰色 (slate gray). 〖*c*1385〗

Óriental pláne *n.* 〘植物〙 スズカケノキ (*Platanus orientalis*) (chinar ともいう).

Óriental póppy *n.* 〘植物〙 オニゲシ, オオゲシ (*Papaver orientale*) (アジア原産の多年生のケシ). 〖1731〗

óriental róach *n.* 〘昆虫〙 =oriental cockroach.

Óriental rúg *n.* 東洋段通(だんつう) (Oriental carpet より小型の東洋産の手編み[手織り]の高級絨毯(じゅうたん)). 〖1881〗

Óriental Shórthair *n.* オリエンタルショートヘアー (シャム猫と他の東洋種とを交配した新品種の猫; 緑眼で単色の被毛をもつ). 〖1979〗

óriéntal sóre *n.* 〘医学〙 東洋潰瘍, 東洋[東邦]腫. 〖1878〗

óriental swéetlips *n.* 〘魚類〙 シマコショウダイ (*Plectorhynchus orientalis*) (⇨ sweetlips 2).

óriental wéatherfish *n.* 〘魚類〙 ドジョウ (*Misgurnus anguillicaudatus*).

o·ri·en·tate /ɔ́ːriəntèɪt, -riintèɪt | ɔ́ːriεntèɪt, ɔ́r-, -riən-/ *vt.* =orient. 〖1849〗

o·ri·en·ta·tion /ɔ̀ːriəntéɪʃən, -riεn- | ɔ̀ːriεn-, ɔ̀r-, -riən-/ *n.* **1** (活動・組織などの)志向, 方向性 〔*toward*〕; (物事などへの)態度, 信条: political [religious] ~ 政治[宗教]的信条. **2 a** (新しい環境・思想・習慣などに対する)適応, 順応. **b** 〘米〙 (新入生・新入社員などに対する新しい環境・活動への)方向づけ, 適応指導, オリエンテーション (cf. guidance 1 b): an ~ course (大学新入生などのための)オリエンテーション課程. **3** (物の)配置(方向); (建物などの)方位(の測定). **4** 〘心理〙 見当識 (自己と現在の環境および過去との関係を正しく認識する精神作用). **5 a** 〘生物〙 定位 (生物が外界の状態に反応してその体の位置・方向を定めること). **b** 〘動物〙 (特に, 伝書バト・渡り鳥などの)帰巣本能. **6** 〘化学〙 配向, 定位. **7 a** (ある物を)東に向くように置くこと. **b** 主祭壇が東に入口が西にあるように教会を建てること. **c** 足を東向きにして死体を埋葬すること. **~·al** *adj.* 〖1839〗

o·ri·ent·ed /ɔ́ːriὲntɪ̀d | -tɪ̀d/ *adj.* 〈人・物事が〉(思想・感情面などで)方向づけられた, 志向性の, (何かに)重点を置く; (何かに)関連のある: a philosophically ~ writer 哲学的志向[傾向]の作家 / a growth-*oriented* policy 経済成長優先の政策 / a male-*oriented* world 男性中心の社会. 〖1918〗

o·ri·en·teer /ɔ̀ːriəntíə, -rien- | ɔ̀ːriəntíə(r), ɔ̀r-, -riεn-/ *vi.* オリエンテーリングに参加する. — *n.* オリエンテーリングの参加者. 〖(1965) 《逆成》 ↓〗

o·ri·en·teer·ing /ɔ̀ːriəntí(ə)rɪŋ, -riεn- | ɔ̀ːriəntíər-, ɔ̀r-, -riεn-/ *n.* 〘スポーツ〙 オリエンテーリング (山野にあらかじめ設定された幾つかの標識を地図と磁石をもとに探し求め, できるだけ短い時間でゴールに達する競技). 〖(1948) 《変形》 ← Swed. *orientering* ← *orientera* 'to ORIENT': ⇨ -eer, -ing¹〗

Órient Expréss *n.* [the ~] オリエント急行 (Paris と Istanbul を結んでいた豪華列車 (1883–1977); 現在は London と Venice の間を走っている). 〖1883〗

or·i·fex /ɔ́(ː)rəfὲks, ɑ́(ː)r- | ɔ́rɪ̀-/ *n.* 〘廃〙 =orifice. 〖(1590) 《誤用》 ↓〗

or·i·fice /ɔ́(ː)rəfɪ̀s, ɑ́(ː)r- | ɔ́rɪ̀fɪs/ *n.* 穴, 口, 開口部 (opening). **or·i·fi·cial** /ɔ̀(ː)rəfíʃəl, ɑ̀(ː)r- | ɔ̀rɪ̀-, ɔ̀r-⁻/ *adj.* 〖(1541) □ (O)F ~ □ LL *ōrificium* ← *ōr-, ōs* mouth + -FICIUM (← *-fious* '-FIC')〗

órifice mèter *n.* 〘工学〙 オリフィス流量計 (中央に孔をあけた仕切り板で, これを管路の途中に設置し, 生じる圧力の違いによって, 流量をはかる計器).

or·i·flamme /ɔ́(ː)rəflæ̀m, ɑ́(ː)r- | ɔ́rɪ̀-/ *n.* **1** (中世フランスの)赤または真紅の王旗 (St. Denis 修道院所蔵の旗で, フランス王は出陣の際これを同修道院長から受けた). **2** 色彩鮮やかなもの, 燃え立つような色彩. **3** 勇気[献身]の旗印[シンボル]. 〖(?*a*1475) □ (O)F ~ ← *orie* golden (← L *aurum* gold) + *flamme* banner (< L *flammam* flame)〗

orig. 《略》 origin; original; originally; originate; originator.

o·ri·ga·mi /ɔ̀(ː)rɪ̀gɑ́ːmi, ɑ̀(ː)r- | ɔ̀rɪ̀-, ɔ̀ːr-/ *n.* 折り紙. 〖(1956) □ Jpn.〗

or·i·gan /ɔ́(ː)rɪ̀gən, ɑ́(ː)r- | ɔ́rɪ-/ *n.* 〘植物〙 =origanum. 〖(*c*1450) □ (O)F ~ □ L *origanum* (↓)〗

o·rig·a·num /ərígənəm | ər-, ɔr-/ *n.* 〘植物〙 ハナハッカ (香辛料として用いられるシソ科ハナハッカ属 (*Origanum*) の植物の総称; マヨラナ (*O. majorana*), オレガノ (*O. vulgare*) など; origan, oregano ともいう). 〖(1398) □ L *origanum* wild marjoram □ Gk *orīganon* acrid herb like marjoram〗

Or·i·gen /ɔ́(ː)rədʒən, ɑ́(ː)r-, -dʒὲn | ɔ́rɪ̀dʒὲn/ *n.* オリゲネス (185?–?254; Alexandria の代表的神学者; Clement of Alexandria の弟子; ラテン語名 Origenes Adamantius /ərídʒənìːzædəmǽnʃiəs | ɔrídʒənìːzædəmǽnʃ-/).

or·i·gin /ɔ́(ː)rədʒɪ̀n, ɑ́(ː)r-, | ɔ́rɪ̀-/ *n.* **1 a** 根源, 源泉; 起源: *On the Origin of Species*「種の起源について」(C. Darwin の 1859 年出版の著書名) / All imitation has its ~(*s*) in vanity. 模倣はすべて虚栄心から起こる / follow a river to its ~ 川をその源までさかのぼる / information *of* the same ~ 出所の同じ情報 / be obscure in ~ 起源がはっきりしていない / Nothing moves in this world which is not Greek in its ~. この世に活動しているものでギリシャに起源しないものは一つとしてない (Sir Henry James Sumner Maine, *Rede Lecture*). **b** 原因: the ~ of the war その戦争の原因 / a fire *of* unknown ~ 原因不明の火事. **2** [しばしば *pl.*] 生まれ (parentage), 系統, 血統 (ancestry): a man *of* noble [humble] ~ 高貴の[身分の低い]生まれの人 / He came *of* Scottish ~. 彼の祖先はスコットランド人だった / He is a Dane *by* ~. 彼はデンマーク生まれの人だ. **3** 〘解剖〙 起始, 起始点 (筋肉の両端のうち運動に際して固定する方をいう; 神経・血管の起始点にも用いる; cf. insertion 4). **4** 〘数学〙 原点 (座標系において座標軸の交わる点).

órigin of coórdinate 〖《なぞり》 ← F *origine des coordonnées*〗 [the —] 〘数学〙 座標原点.

〖(*a*1400–50) □ (O)F *origine* // L *originem, origō* beginning ← *orīrī* to arise, begin: cf. orient〗

SYN 起源: **origin** 発生した根本の原因, あるいはあるものが由来する人や場所: the *origin* of civilization 文明の起源. **source** 水源の意味から, あるものの発展の元, またはあるものが発生する場所・人・状況: indicate the *source* of the infection 感染源を突き止める. **beginnings** 出発点, 始まりの意味で上の二つとほぼ同じ意味で用いられる. 口語的なニュアンスを持つ: the *beginnings* of Greek culture ギリシャ文化の起源. **root** 根の意味から, あるものの根源: the *root* of all evil 諸悪の根源(=金). **rise** 物事・自然現象などの発生源: this river has its *rise* in the lake. この川はその湖に源を発している. **provenance** あるものが出てきた[始まった]場所: the *provenance* of the MS 稿本の出所.

---

o·rig·i·nal /ərídʒənəl, -dʒənḷ | ərídʒɪ̀nəl, ɔr-, -dʒnəl, -dʒnḷ/ *adj.* **1** 根源の, 原始の (primitive); 最初の (first) (cf. derivative; ⇨ new **SYN**): the ~ inhabitants 先住民 / Stephenson's ~ locomotive スティーブンソン発明の最初の機関車 / an ~ house 本家.
2 a 独創的な (creative); 創意に富む, 新工夫の才がある (inventive) (⇨ trite **SYN**): an ~ thinker [writer] 独創的な思想家[作家] / an ~ genius 独創的な天才 / ~ research 独創的な研究 / an ~ work 創作 / The plot of the play is far from ~. その劇の筋は決して独創的ではない. **b** 新奇な (novel); 奇抜な (striking), 風変わりな (eccentric): an ~ way of fishing 奇抜な釣魚法 / He made a very ~ remark. ひどく奇抜なことを言った.
3 原因の, 原文の, 原型の, 原作の; もとの (firsthand): an ~ plan 原案 / the ~ document (証書などの)原本 / an ~ edition 原版, 初版 / the ~ picture 原画 / an ~ story (テレビ・映画・演劇などの)原作 / *Magna Carta* translated from the ~ Latin ラテン語の原文から翻訳されたマグナカルタ.
— *n.* **1** 原型, 原物 (archetype). **2** [the ~] **a** (美術・文学作品の)原作; (証書などの)原本, 正本; (翻訳の基となった)原文, 原語, 原書: read Homer in *the* ~ ホメロスを原文で読む. **b** (写真・画像などの)本人, 実物, モデル (model). **3 a** 独創力に富む人. **b** 奇人, 風変わりな人. **4** 〘古〙 **a** 本源, 起源 (origin); 原因 (cause). **b** 著者, 創始者. **c** 家柄, 身元 (parentage).
〖(*a*1325) □ (O)F ~ // L *originālis*: ⇨ ↑, -al¹〗

oríginal évidence *n.* 〘法律〙 第一次的証拠, 原本 (cf. secondary evidence, hearsay evidence).

oríginal gáng *n.* 昔のギャング.

oríginal grávity *n.* 原麦汁濃度 (ビール醸造で発酵前の麦汁濃度).

oríginal gúm *n.* 〘郵趣〙 切手に最初から付いている裏糊 (略 OG).

oríginal ínstrument *n.* 〘音楽〙 オリジナル楽器 (原曲を作曲した当時に使用した(のと同様の)楽器).

oríginal insùrance *n.* 〘保険〙 元受保険, 原保険 (再保険 (reinsurance) に対する語).

oríginal insùrer *n.* 〘保険〙 元受保険業者[会社].

o·rig·i·nal·i·ty /ərìdʒənǽləti | ərìdʒɪ̀nǽlɪ̀ti, ɔr-/ *n.* **1** 独創力, 創造力: a man of great ~ 極めて独創力に富んだ人. **2** 創意, 独創性; 新奇(さ), 奇抜(さ), 新機軸. **3** 〘古〙 原形[原物]であること; 本物, 真正. 〖(1742) □ F *originalité*: ⇨ original, -ity〗

oríginal jurisdíction *n.* 〘法律〙 第一審管轄権 (cf. appellate jurisdiction).

o·rig·i·nal·ly /ərídʒənəli, -nḷi, -nli | ər-, ɔr-/ *adv.* **1** 最初は, もともとは: The novel was published ~ in three volumes. その小説は初めは 3 巻本で出た. **2** 独創的に, 奇抜に, 新機軸を出して: an ~ written play 新機軸を出して書かれた劇. **3** 〘古〙 初めから, もとから; もとは (formerly). 〖1490〗

oríginal prínt *n.* **1** 〘美術〙 オリジナルプリント (作家自身の手によって, またはその直接の指揮の下に刷られた版画). **2** 〘写真〙 オリジナルプリント (作家自身の下でプリントされた写真印画); 原画 (印刷や複製でない写真印画). 〖1961〗

oríginal prócess *n.* 〘法律〙 始審令状 (被告への出廷を求め, 訴訟を開始するための令状; cf. mesne process).

oríginal sín *n.* **1** 〘神学〙 原罪, 宿罪 (アダムとエバの堕落の結果とされる人間の生まれながらの罪; cf. actual sin, fall *n.* 8). **2** 〘カトリック〙 (神の)成聖の聖寵の喪失. 〖(*a*1333) 《なぞり》 ← ML *peccātum originālē*〗

oríginal wrít *n.* 〘英法〙 **1** 訴訟開始令状. **2** = original process. 〖(1467–68) 《なぞり》 ← ML *breve originālē*〗

o·rig·i·nate /ərídʒənèɪt | ərídʒɪ̀-, ɔr-/ *vi.* **1** 起こる, 生じる (arise), 始まる (begin, start) (⇨ rise **SYN**): Coal of all kinds has ~*d from* the decay of plants. 石炭はすべて植物の腐食から生じた / The quarrel ~*d in* jealousy. けんかの起こりは嫉妬(しっと)からだった / This ~*d with* him. こうなったのも彼がもとだ / When did the idea ~ *in* your mind? その考えはいつ浮かんだのですか. **2** 〘米〙 〈列車・バスなどが〉始発する. — *vt.* **1** 始める, 起こす (cause): The use of steam ~*d* many other changes. 蒸気の使用は他に多くの変化を引き起こした / What ~*d* the quarrel? そのけんかの原因は何だったのか. **2** 創設[創始]する (initiate); 創作する (create), 発明する. 〖(1653) 《逆成》? ↓〗

o·rig·i·na·tion /ərìdʒənéɪʃən | ərìdʒɪ̀-, ɔr-/ *n.* **1 a** 開始, 初め (beginning). **b** 始まり (origin); 起因; 起点, 原点. **2** 創作, 創始 (creation); 発明. 〖(1614) □ F ~ □ L *orīginātiō(n-)*: ⇨ origin, -ation〗

o·rig·i·na·tive /ərídʒənèɪtɪv, -nət- | ərídʒɪ̀nèɪt-, ɔr-, -nət-/ *adj.* 創造力のある[に富む] (creative), 発明の才がある. **~·ly** *adv.* 〖1827〗

o·ríg·i·nà·tor /-tə | -tə(r)/ *n.* 創作者; 創設[創始]者; 発起人; 元祖.

Or·i·mul·sion /ɔ̀(ː)rɪmʌ́lʃən | ɔ̀r-/ *n.* 〘商標〙 オリマルジョン (瀝青(れきせい)に水と乳化剤を加えた乳状液からなる燃料). 〖ベネズエラの *Orinoco* 川(左岸一帯で最初瀝青が抽出されたアスファルトのような重質油が採れる) + *emulsion*〗

òri·násal *adj.* **1** 口と鼻との. **2** 〘音声〙 口鼻音の (鼻音化母音のように口と鼻とで調音される): an ~ vowel 口鼻母音 (鼻音化母音). — *n.* 〘音声〙 口鼻音. **~·ly** *adv.* 〖1818〗

Ó-rìng *n.* 〘機械〙 オー(O)リング (断面が円形の合成ゴムの輪; 液体・気体のもれ止めに使用する). 〖1946〗

O·ri·no·co /ɔ̀ːrənóukou | ɔ̀rɪ̀nə́ukəu; *Sp.* oɾinóko/ *n.* [the ~] オリノコ(川) (ベネズエラを東流して大西洋に注ぐ川 (2,575 km)).

o·ri·ole /ɔ́ːriòul, -riəl | ɔ́ːriə̀ul, -riəl/ *n.* **1** 〘鳥類〙 コウライウグイス (コウライウグイス科の鳴鳥の総称; golden oriole など). **2** 〘鳥類〙 ムクドリモドキ (米国産ムクドリモドキ科の鳥の総称; アカクロムクドリモドキ (orchard oriole) など). **3** [the Orioles] オリオールズ (米大リーグ American League の球団名; 正式名 the Baltimore Orioles). 〖(1776) □ F *oriol* □ ML *oriolus* golden (bird) 《変形》 ←

L *aureolus* golden (dim.) ← *aureus* golden ← *aurum* gold: cf. aureate〗

O·ri·ole /ɔ́ːriòʊl, -riəl | ɔ́ːriə̀ʊl, -riəl/ *n.* オリオール《女性名》. 〖↑〗

O·ri·on /əráiən, ɔːr- | ər-, ər-, ɔːr-/ *n.* **1**〘ギリシャ神話〙オリオン《巨漢で, 美男の猟師; Pleiades を追って Artemis に殺された; 死後天に上げられて星座になったという》. **2**〘天文〙オリオン座《有名な三つ星のある南天の星座で Betelgeuse, Rigel の 2 輝星を含む; the Hunter ともいう》. **3** [o-] 暗青色 (Holland blue). 〖《?a1400》□ L *Oriōn* □ Gk *Ōríōn* ← ?〗

Oríon's Bélt *n.*〘天文〙オリオン座の三つ星.

Oríon's Hóund *n.* [the ~]〘天文〙**1** =Canis Major. **2** =Sirius. 〖1590〗

Oríon's Nébula *n.*〘天文〙オリオン座大星雲.

-o·ri·ous /ɔ́ːriəs/ *suf.* =-ory[1]. 〖□ L *-ōrius*: ⇨ -ory[1], -ous〗

O·ri·sha /ɔ́ʊrəʃàː | ɔ́ʊrɪ̀-/ *n.* (*pl.* ~, ~s) オリシャ: **1** ナイジェリア南部の土着の神. **2** 南米・カリブ地域における黒人の宗教の神.

or·is·mol·o·gy /ɔ̀(ː)rɪ̀zmɑ́(ː)lədʒi, ɑ̀(ː)r- | ɔ̀rɪzmɔ́l-/ *n.* 術語定義学 (terminology). **or·is·mo·log·i·cal** /ɔ̀rɪzməlɑ́(ː)dʒɪ̀kəl, -kl | -lɔ́dʒɪ-ˉ/ *adj.* 〖《1816》← Gk *horismó(ós)* definition+-LOGY〗

or·i·son /ɔ́(ː)rəsən, ɑ́(ː)r-, -sn, -zən, -zn | ɔ́rɪ̀zən, -zn/ *n.* 《古》[通例 *pl.*] 祈り, 祈禱 (prayer). 〖lateOE *ureisun, oreisun* □ AF *ureison*=OF *orison, oreisun* (F *oraison*) < L *ōrātiō(n-)* speech, prayer ← *ōrāre* to speak, pray: ORATION と二重語〗

O·ris·sa /ɔːrísə | ɔr-, ɔːr-, ər-/ *n.* オリッサ《インド共和国東部の Bengal 湾に臨む州; 面積 155,860 km², 州都 Bhubaneswar》.

O·ri·thy·ia /ɔ̀ːrəθáiə | ɔ̀ːrɪ-/ *n.*〘ギリシャ神話〙オーレイテュイア《Athens の王 Erechtheus の娘; Boreas にさらわれた》. 〖□ L *Ōrithyīa* □ Gk *Ōreithuia*〗

-o·ri·um /ɔ́ːriəm/ *suf.* (*pl.* ~s, **-o·ri·a** /-riə/) 次の意味を表すラテン語系名詞語尾 (cf. -ory[2], -arium): **1**「…のための場所・施設」: auditor*ium*, natator*ium*, sanator*ium*. **2**「…用の物, …のための手段」: haustor*ium*, morator*ium*. 〖□ L *-ōrium* (neut.) ← *-ōrius* '-ORY[1]'〗

O·ri·ya /ɔːríːjə/ *n.* (*pl.* ~, ~s) **1 a** [the ~(s)] オーリヤ族《インドの Orissa 州の住民; 大部分ヒンズー教徒》. **b** オーリヤ族の人. **2** オーリヤ語《Orissa 地方で話されるインド語派 (Indic) の言語》. 〖1801〗

O·ri·za·ba /ɔ̀ːrəzáːbə | ɔ̀ːrɪ-; *Am.Sp.* orisáβa/ *n.* **1** シトラルテペトル(山), オリサバ(山)《メキシコ南東部にある火山 (5,700 m); アズテック語名 Citlaltepetl, スペイン語名 Pico de Orizaba》. **2** オリサバ《1 の近くにある都市》.

Ork. 《略》Orkney (Islands).

Or·khon /ɔ́əkɑ(ː)n | ɔ́ːkɔn; *Mongol.* ɔ́rxən/ *n.* オルホン(川)《モンゴル北部に源流を発し Selenga 川に注ぐ (724 km)》.

Ork·ney /ɔ́əkni | ɔ́ːk-/ *n.* **1** オークニー《スコットランド北部の島群・行政区; 旧州; ⇨ Orkney Islands》. **2** [the ~s] =Orkney Islands. **~·man** /-mæ̀n/ *n.* 〖《1805》□ Icel. *Orkeyjar* ← *ork* whale+*eyjar* ((pl.) ← *ey* island)〗

Órkney Ísland·er *n.* オークニー諸島人 (Orcadian).

Órkney Íslands *n. pl.* [the ~] オークニー諸島《ブリテン島の北方洋上にある諸島でスコットランド Orkney 行政区をなす; 面積 884 km², 行政中心地 Kirkwall /kɔ́ːkwɔːl | kɔ́ːk-/》.

o.r.l. 《略》〘保険〙owner's risk of leakage.

Or·lan·do[1] /ɔəlǽndoʊ | ɔːlǽndəʊ/ *n.* オーランド《米国 Florida 州中央部の都市; 南西方に Walt Disney World がある》. 〖← *Orlando Reeves* (1835 年この地でインディアンに殺された兵士)〗

Or·lan·do[2] /ɔəlǽndoʊ, -lɑ́ːn- | ɔːlǽndəʊ; *It.* orlándo/ *n.* オーランド《男性名》. 〖□ It. ~ 'ROLAND[1]'〗

Or·lan·do /ɔəlǽndoʊ, -lɑ́ːn- | ɔːlǽndəʊ, -lɑ́ːn-; *It.* orlándo/, **Vittorio Emanuele** *n.* オルランド (1860–1952; イタリアの政治家).

orle /ɔ́əl | ɔ́ːl/ *n.* **1**〘紋章〙オール《盾の縁から離れて盾形に配された細い帯》. **2**〘建築〙平縁《柱の柱頭と柱身などの境界に施す平たい帯状の部分》.

in órle〘紋章〙〈小さい図形が〉orle の形に配された.

〖《1572》□ (O)F ~ ← *orler* to hem < VL **ōrulāre* ← **ōrulus* (dim.) ← L *ōra* border〗

Or·lé·a·nais /ɔ̀əliənéɪ | ɔ̀ː-; *F.* ɔʀleanɛ/ *n.* オルレアネ《フランス北部の地方; 主都 Orléans》.

Or·le·an·ist /ɔ̀əliənɪ̀st, ɔəlíːən-, ɔːlíːən- | ɔːlíːənɪst/ *n.* (フランスの) Louis 十四世の弟オルレアン公 (Duc d'Orléans) を始祖とするオルレアン王家の支持者. 〖《1834》□ F *Orléaniste* ← *Orléans*: ⇨ -ist〗

Or·le·ans /ɔ̀əliənz, ɔəlíːənz | ɔːlíːənz, ɔ́ːliənz/ *n.* **1**〘園芸〙オーリアンス《ヨーロッパスモモの品種名》. **2** オーリアンス《綿毛混織の服地》. **3** =Orléans[1]. 〖《1664》← *Orléans*〗

Or·lé·ans[1] /ɔ̀əleɪɑ́ː(ŋ), -ɑ́ːŋ, ɔ̀əliənz | ɔːlíːənz, ɔ́ːliənz; *F.* ɔʀleɑ̃/ *n.* オルレアン《フランス北部, Loire 河畔の都市, Loiret 県の県都; Joan of Arc (*F.* Jeanne d'Arc) が英国の包囲から仏軍を救った地 (1428–29)》.

Or·lé·ans[2] /ɔ̀əleɪɑ́ː(ŋ), -ɑ́ːŋ, ɔəlíːənz | ɔːlíːənz, ɔ́ːliənz; *F.* ɔʀleɑ̃/ *n.* (*pl.* ~) **1** [the ~] オルレアン家《フランスの王家 (1830–48); Bourbon 家の傍系》. **2** オルレアン家の人.

Orléans, Louis Philippe Joseph *n.* オルレアン (1747–93; フランスの政治家, Louis Philippe の父; 通称 Philippe Égalité, 称号 Duc d'Orléans).

or·lo /ɔ́əloʊ | ɔ́ːləʊ/ *n.* (*pl.* ~s)〘建築〙**1** (円柱の柱基を支える)方形台座 (plinth). **2** =orle 2. 〖《1613–39》□ It. ~ 《原義》border: cf. orle〗

Or·lon /ɔ́əlɑ(ː)n | ɔ́ːlɔn/ *n.*〘商標〙オーロン《合成繊維; 衣類・毛布・帆などに用いる》. 〖《1948》← ?: cf. nylon〗

ór·lop dèck /ɔ́əlɑ(ː)p- | ɔ́ːlɔp-/ *n.*〘海事〙(特に, 軍艦の)最下甲板《単に orlop ともいう》. 〖*orlop*: 《1467》*overloppe, orloppe* □ Du. *overloop* deck of a ship ← *overloopen* to run or spread over ← OVER+*loopen* 'to LEAP, run': 船倉を覆っていることから〗

Or·ly /ɔ́əli· | ɔ́ːli; *F.* ɔʀli/ *n.* オルリー《フランスの Paris 南東郊外の町; 国際空港がある; cf. Le Bourget》.

Or·man·dy /ɔ́əməndi | ɔ́ː-; *Hung.* ɔ́rmaːndi/, **Eugene** *n.* オーマンディ (1899–1985; ハンガリー生まれの米国の指揮者).

Or·mazd /ɔ́əməzd | ɔ́ː-/ *n.*〘ゾロアスター教〙=Ahura Mazda. 〖《1603》□ Pers. ~ ← Avestan *Ahura Mazda* wise spirit〗

or·mer /ɔ́əmə | ɔ́ːmə[(r)]/ *n.*〘貝類〙アワビ (abalone); (特に)セイヨウトコブシ (*Haliotis tuberculata*)《英国海峡の Guernsey 島付近に多く産する食用種; sea-ear ともいう》. 〖《1672》□ F《方言》~=F *ormier* < L *auris maris* sea-ear: 形が耳に似ていることから〗

or·mo·lu /ɔ́əməlùː | ɔ́ːməluː, -ljùː/ *n.* **1 a** オルモル, 代用金箔《銅・亜鉛・錫の合金》; 金色黄銅, (額縁などに塗る)金箔絵具. **b** [集合的] オルモル製品. **2** [集合的] めっき物 (gilt wares). **3** 真価以上に見えるもの, 見せかけ. 〖《1765》□ F *or moulu* ground gold ← *or* 'OR[3]'+*moulu* ((p.p.) ← *moudre* < L *molere* to grind in a mill)〗

Or·mond /ɔ́əmənd | ɔ́ː-/ *n.* オーマンド《男性名》. 〖OE *Ordmund*《原義》spearprotector〗

Or·muz /ɔ́əmʌz, ɔəmúːz | ɔːmúːz, ɔ́ːmʌz/ *n.* =Hormuz.

Or·muzd /ɔ́əməzd | ɔ́ː-/ *n.*〘ゾロアスター教〙=Ormazd.

orn. 《略》ornament; ornithology.

or·na·ment /ɔ́ənəmənt | ɔ́ː-/ *n.* **1 a** 装身具, 飾り物, 置物: personal ~*s* 装身具 / the architectural ~*s* of a city 都市の建築美. **b** 装飾, 飾り (decoration): by way of ~ 装飾として / for ~ 装飾(用)に. **2** (団体・社会・国家などに)名誉を加える人; (他の物に)光彩を添えるもの: be an ~ *to* one's country 国の誉れとなる[である] / The building, when finished, will be an ~ *to* the city. その建物はでき上がったら市の誇りになるだろう. **3**《古》(単なる)外見, 外装, うわべ. **4**《古》(衣服などの)付属品. **5** [通例 *pl.*]〘キリスト教〙礼拝用品, 典礼用品《特に祭服・祭具・オルガン・鐘など》. **6**〘音楽〙装飾(音) (grace). — /ɔ́ənəmènt, -mənt | ɔ́ːnəmènt/ *vt.* **1** 〔装飾品で〕飾る 〔*with*〕(⇨ adorn SYN). **2** …の装飾となる, に光彩を添える.

~·er /-mèntə, -mən- | -mèntə[(r)]/ *n.* 〖《15C》□ L *ōrnāmentum* equipment, ornament ← *ōrnāre* to equip, adorn (cf. ordain) ∽ 《?a1200》*urnement, ornement* □ AF *urnement*=OF *ournement, ornement*〗

or·na·men·tal /ɔ̀ənəméntḷ | ɔ̀ːnəméntḷˉ/ *adj.* 装飾的な, 飾りになる; 装飾用の: ~ writing 飾り文字 (cf. ornamented) / an ~ plant 観賞植物, 装飾用樹木 / an ~ painter 装飾画家 / ~ stitching (靴の)装飾用のミシン目. — *n.* **1** 装飾物. **2** 観賞植物. **~·ly** *adv.* **~·ness** *n.* **òr·na·men·tál·i·ty** /-mɛntǽləṭi, -mən- | -mentǽlɪ̀ti/ *n.* 〖1646〗

òr·na·mén·tal·ìsm /-təlɪ̀zm, -tḷ- | -təl-, -tḷ-/ *n.* (やたらに凝った)装飾主義. **òr·na·mén·tal·ist** /-təlɪ̀st, -tḷ- | -təlɪst, -tḷ-/ *n.* 〖1862〗

or·na·men·ta·tion /ɔ̀ənəmɛntéɪʃən, -mən- | ɔ̀ː-nəmən-/ *n.* **1** 装飾; 飾り立て(た状態). **2 a** 飾り, 装飾品. **b** [集合的] 装飾物. 〖1851〗

ór·na·mènt·ed /-mɛ̀ntɪ̀d, -mən- | -mɛ̀ntɪ̀d/ *adj.*〘活字〙〈文字が〉装飾体の. 〖1769〗

órnaments rúbric *n.*〘英国国教会〙(礼拝用品に関する)礼拝規定[典礼執行規定]《Elizabeth 一世のとき (1559) 祈禱書の中に書き入れられた規定; ornament rubric ともいう》. 〖1872〗

or·na·ry /ɔ́ənəri | ɔ́ː-/ *adj.* =ornery.

or·nate /ɔənéɪt | ɔː-/ *adj.* **1** 飾り立てた, 凝った装飾を施した. **2** 〈文体が〉華麗な, 極度に修辞的な: an ~ style. **~·ly** *adv.* **~·ness** *n.* 〖《a1420》□ L *ōrnātus* (p.p.) ← *ōrnāre* to adorn: cf. ornament〗

Orne /ɔ́ən | ɔ́ːn; *F.* ɔʀn/ *n.* **1** オルヌ《フランス北西部の県; 面積 6,100 km², 県都 Alençon》. **2** [the ~] オルヌ(川)《フランス北西部を北流し, Seine 湾に注ぐ川 (153 km)》.

or·ner·y /ɔ́ənəri | ɔ́ː-/ *adj.* 《米口語》**1** へそ曲がりの; 強情な (stubborn): an ~ child. **2 a** 下等な, 下品な (low, vile). **b** つまらない, 平凡な (common). **ór·ner·i·ness** *n.* 〖《1816》(変形) ← ORDINARY (adj.)〗

or·nis /ɔ́ənɪs | ɔ́ːnɪs/ *n.* (*pl.* **or·ni·thes** /ɔənáɪθiːz | ɔː-/)〘生態〙=avifauna. 〖《1861》□ G *Ornis* □ Gk *órnis* bird〗

-or·nis /ɔ́ənɪ̀s | ɔ́ːnɪs/ (*pl.* **-or·ni·thes** /ɔənáɪθiːz | ɔː-/)「鳥」の意の名詞連結形. 〖← NL ~ (↑)〗

ornith. 《略》ornithological; ornithologist; ornithology.

or·nith- /ɔ́ənəθ | ɔ́ːnɪ̀θ/ (母音の前にくるときの) ornitho- の異形.

ornithes *n.* ornis の複数形.

-ornithes -ornis の複数形.

or·nith·ic /ɔənɪ́θɪk | ɔː-/ *adj.* 鳥の[に関する], の特徴を示す]. 〖《1854》□ Gk *ornīthikós* birdlike ← *órnis* bird〗

or·ni·thine /ɔ́ənəθìːn | ɔ́ːnɪ-/ *n.*〘化学〙オルニチン ($NH_2(CH_2)_3CH(NH_2)COOH$)《アミノ酸の一種》. 〖《1881》← ORNITHO-+-INE[3]: 鳥の排泄(せつ)物中に含まれていることから〗

Or·nith·is·chi·a /ɔ̀ənəθɪ́skiə | ɔ̀ːnɪ-/ *n. pl.*〘古生物〙鳥盤目. 〖← NL ~: ⇨ ornitho-, ischium〗

or·nith·is·chi·an /ɔ̀ənəθɪ́skiən | ɔ̀ːnɪ-ˉ/〘古生物〙*n.* (恐竜を骨盤の構造によって 2 大別した中の一つ)鳥盤目の草食恐竜 (cf. saurischian). — *adj.* 鳥盤目の.

or·ni·tho- /ɔ́ənəθoʊ | ɔ́ːnɪ̀θəʊ/「鳥」の意の連結形. ★ 母音の前では通例 ornith- になる. 〖□ L ~ ← Gk *ornīth-, órnis* bird〗

or·ni·thoid /ɔ́ənəθɔ̀ɪd | ɔ́ːnɪ̀-/ *adj.* 《米》鳥に似た (birdlike). 〖《1858》← ORNITHO-+-OID〗

ornithol. 《略》ornithological; ornithologist; ornithology.

òr·ni·thól·o·gist /-dʒɪ̀st | -dʒɪst/ *n.* 鳥類学者. 〖1677〗

or·ni·thol·o·gy /ɔ̀ənəθɑ́(ː)lədʒi | ɔ̀ːnɪ̀θɔ́l-/ *n.* **1** 鳥(類)学. **2** 鳥(類)学の論文. **or·nith·o·log·i·cal** /ɔ̀ənɪθəlɑ́(ː)dʒɪ̀kəl, -kḷ | ɔ̀ːnɪ̀θəlɔ́dʒɪ-ˉ/ *adj.* **or·nith·o·lóg·ic** *adj.* **or·nith·o·lóg·i·cal·ly** *adv.* 〖《1678》← NL *Ornithologia*: ⇨ ornitho-, -logy〗

or·nith·o·man·cy /ɔənɪ́θəmæ̀nsi | ɔːnɪ́θə(ʊ)-/ *n.* 鳥占い《鳥の飛び方や鳴き声で占う術》. 〖《1652》□ ML *ornīthomantīa* □ Gk *ornīthomanteía* divination from birds, augury: ⇨ ornitho-, -mancy〗

or·ni·tho·mi·mo·saur /ɔ̀ənəθoʊmáɪməsɔ̀ə | ɔ̀ːnɪθə(ʊ)máɪməsɔ̀ː[(r)]/ *n.*〘古生物〙オルニトミモサウルス《ostrich dinosaur の別名》.

or·ni·thoph·i·lous /ɔ̀ənəθɑ́(ː)fələs | ɔ̀ːnɪ̀θɔ́fɪ̀-ˉ/ *adj.* **1** 鳥を好む, 愛鳥家の (bird-loving). **2**〘植物〙鳥媒の (cf. anemophilous). 〖1880〗

or·nith·o·pod /ɔənɪ́θəpɑ̀(ː)d | ɔːnɪ́θəpɔ̀d/ *n.*〘古生物〙鳥脚亜目の恐竜《イグアノドン (iguanodon) など, 後脚で立つ草食の鳥盤類》. 〖《1888》↓〗

or·ni·thop·ter /ɔ̀ənəθɑ́(ː)ptə, ˌ-ˌ-ˉ-ˉ | ɔ̀ːnɪ̀θɔ́ptə[(r)], ˌ-ˌ-ˉ-ˉ/ *n.*〘航空〙羽ばたき(飛行)機《揚力および推力の大部分を羽ばたきする翼によって得る飛行機; orthopter ともいう》. 〖《1908》← ORNITHO-+Gk *pterón* wing: cf. helicopter〗

or·nith·o·rhyn·chus /ɔ̀ənɪ̀θərɪ́ŋkəs, ɔ̀ənəθoʊ- | ɔ̀ːnɪ̀θə(ʊ)-/ *n.*〘動物〙=platypus. 〖《1800》← NL ~: ⇨ ornitho-, rhyncho-〗

or·ni·thos·co·py /ɔ̀ənəθɑ́(ː)skəpi | ɔ̀ːnɪ̀θɔ́s-/ *n.* **1** (趣味としての)野鳥の観察 (bird-watching). **2** =ornithomancy. 〖《1840》□ Gk *ornīthoskopía* ← *ornīthoskópos* observing (and divining by) birds, auguring: ⇨ ornitho-, -scopy〗

or·ni·tho·sis /ɔ̀ənəθóʊsɪ̀s | ɔ̀ːnɪ̀θə́ʊsɪs/ *n.* (*pl.* **-tho·ses** /-siːz/)〘獣医〙家ばと病《psittacosis に似た鳥の病気》. 〖1939〗

or·ni·thot·ic /ɔ̀ənəθɑ́(ː)tɪk | ɔ̀ːnɪ̀θɔ́t-ˉ/ *adj.*

o·ro-[1] /ɔ́ːroʊ | ɔ́rəʊ, ɔ́ːr-/「山」の意の連結形. 〖← Gk *óros* mountain ← IE **er-* to rise〗

o·ro-[2] /ɔ́ːroʊ | ɔ́rəʊ, ɔ́ːr-/「口; 口と…との」の意の連結形. 〖← L *ōr-, ōs* mouth: cf. ori-〗

O·ro·ban·cha·ce·ae /ɔ̀ːroʊbæŋkéɪsiìː | ɔ̀rə(ʊ)-, ɔ̀ːr-/ *n. pl.*〘植物〙ハマウツボ科. **òr·o·ban·chá·ceous** /-ʃəsˉ/ *adj.* 〖← NL ~ ← *Orobanche* (属名: ← L *orobanchē* broomrape □ Gk *orobágkhē*)+-ACEAE〗

or·o·gen /ɔ́ːrədʒɪ̀n, -dʒèn | ɔ́r-, ɔ́ːr-/ *n.*〘地質〙造山塊, 造山帯. 〖《1923》□ G ~: ⇨ oro-, -gen〗

òro·génesis *n.*〘地質〙=orogeny. 〖《1886》← ORO-[1]+-GENESIS〗

òro·génic *adj.*〘地質〙造山作用の[に関する]. 〖《1888》← ORO(GENESIS)+-GENETIC〗

o·rog·e·ny /ɔːrɑ́(ː)dʒəni | ɔrɔ́dʒɪ-, ɔːr-/ *n.*〘地質〙造山作用[運動] (cf. diastrophism). **or·o·ge·net·ic** /ɔ̀ːrədʒɪ̀nɛ́tɪk, ɔːr- | ɔ̀rə(ʊ)dʒɪ̀nét-, ɔ̀ːr-ˉ/ *adj.* **òr·o·ge·nét·ic·al·ly** *adv.* 〖1890〗

or·o·graph·ic /ɔ̀ːrəgrǽfɪk- | ɔ̀rə(ʊ)-, ɔ̀ːr-ˉ/ *adj.*〘地質〙**1** 山岳学の[に関する]. **2**〘気象〙地形性の. **òr·o·gráph·i·cal** *adj.* **ór·o·gráph·i·cal·ly** *adv.* 〖c1803〗

órographic cýclone *n.*〘気象〙地形性低気圧《地形の影響でできる低気圧》.

órographic ráinfall *n.*〘気象〙地形性降雨《地形の影響による降雨》. 〖1909〗

o·rog·ra·phy /ɔːrɑ́(ː)grəfi | ɔrɔ́g-, ɔːr-/ *n.* 山岳学《山の高さ・位置・分布, またその付随現象に関する研究》.

o·rróg·ra·pher *n.* 〖《1846》← ORO-[1]+-GRAPHY〗

o·ro·ide /ɔ́ːroʊàɪd | ɔ́rəʊ-, ɔ́ːr-/ *n.*〘冶金〙オロイド, 人造金《銅・スズ等を含む合金で金の代用品》. 〖《1875》□ F *oréide* ← *or* gold: ⇨ -ide[2]〗

o·ról·o·gist /-dʒɪ̀st | -dʒɪst/ *n.* 山岳学者. 〖1802〗

o·rol·o·gy /ɔːrɑ́(ː)lədʒi | ɔrɔ́l-, ɔːr-/ *n.* 山岳学 (orography). **o·ro·log·i·cal** /ɔ̀ːrəlɑ́(ː)dʒɪ̀kəl, -kḷ | ɔ̀rəlɔ́dʒɪ-, ɔ̀ːr-ˉ/ *adj.* 〖《1781》← ORO-[1]+-LOGY〗

o·rom·e·ter /ɔːrɑ́(ː)məṭə | ɔrɔ́mɪ̀tə[(r)], ɔːr-/ *n.* 山岳気圧計《高度計を兼ねたアネロイド気圧計》. 〖1879〗

or·o·met·ric /ɔ̀ːrəmɛ́trɪk | ɔ̀r-, ɔ̀ːr-ˉ/ *adj.* **1** 山岳測量の[に関する]. **2** 山岳気圧計の[に関する]. 〖1774〗

o·rom·e·try /ɔːrɑ́(ː)mətri | ɔrɔ́mɪ̀-, ɔːr-/ *n.* 山岳測量. 〖1898〗

O·ro·mo /ɔ́ːroʊmoʊ | ɔrə́ʊməʊ/ *n.* **1** (*pl.* ~s, ~) オロモ族《エチオピア南部およびその近郊の部族》. **2** オロモ語《オロモ族の使うクシ語 (Cushitic language)》. 〖1893〗

O

O·ron·tes /ɔ(ː)rɑ́(ː)ntiːz, ɑ(ː)r- | ərɔ́n-, ɔr-/ *n.* [the ~] オロンテス(川)《レバノンに発しシリア・トルコを流れて地中海に注ぐ川 (396 km)》.

o·ro·pen·do·la /ɔ̀ːrəpéndələ | ɔ̀ːr-, ɔ̀r-/ *n.* 〘鳥類〙オオツリスドリ《ムクドリモドキ科オオツリスドリ属 (*Psarocolius*) の鳥の総称; 熱帯アメリカ産; 高い木の枝から長く垂れ下がった巣で知られる》. 〘(1898) ◻ Sp *oropéndola* golden oriole〙

o·ro·pe·sa /ɔ̀ːrəpéɪsə | ɔ̀ːr-, ɔ̀r-/ *n.* (一対の鋼製ブイを引航する方式の)掃海具. 〘(1939) ← *Oropesa* (第二次大戦で用いられた英国の掃海用トロール船の名)〙

òro·phárynx *n.* (*pl.* **oro·pharynges, ~·es**) 〘解剖〙(鼻咽頭 (nasopharynx) と区別して)口咽頭, 中咽頭.
òro·pharýngeal *adj.* 〘1887〙

O·ro·si·us /ɔːróʊʒiəs | ərə́ʊsiəs, ɔr-/, **Paulus** *n.* オロシウス《5 世紀初期のスペインの神学者・歴史家》.

o·ro·tund /ɔ́ːrətʌ̀nd, ɑ́(ː)r-, -roʊ- | ɔ́rə(ʊ)-, ɔ́ːr-/ *adj.* **1** 〈音声が〉豊かな, 朗々と響く (full, round). **2** 〈文章・言葉遣いなど〉大げさな, 気取った (pompous). **o·ro·tun·di·ty** /ɔ̀ːrətʌ́ndəṭi, ɑ̀(ː)r-, -roʊ- | ɔ̀rə(ʊ)tʌ́ndɪ̣ti, ɔ̀ːr-/ *n.* 〘(1792–99) 《変形》← L *ōre rotundō* 《原義》with a round mouth: Horace の *De Ars Poetica* 323 から〙

O·ró·ya féver /ɔːróʊjə- | -rə́ʊ-; *Am.Sp.* oɾója/ *n.* 〘病理〙オロヤ熱《アンデス山麓一帯にみられる熱病》. 〘(1873) *Oroya*: ← *La Oroya* (この病気が発見されたペルーの町)〙

O·roz·co /ouróʊ(ː)skoʊ, -róʊs- | ɔurɔ́skəʊ; *Am.Sp.* oɾósko/, **José Clemente** *n.* オロスコ (1883–1949; メキシコの画家).

Or·pen /ɔ́əpən, -pn̩ | ɔ́ː-/, Sir **William New·en·ham** /núːənəm, njúː- | njúː-/ **Montague** *n.* オーペン (1878–1931; アイルランドの画家).

orph. 《略》orphan; orphanage.

or·phan /ɔ́əfən | ɔ́ː-/ *n.* **1 a** 孤児, みなし子; 片親のない子: a war ~ 戦災孤児 / be left an ~ 孤児になる. 日英比較 日本語の「孤児」は両親のいない子供の意であるが, 英語の *orphan* は片親だけがいない子供を指すこともある. **b** 親をなくした動物の子. **2** 孤立無援の人[物], 顧みられなくなった存在. — *adj.* [限定的] **1** 親のない: an ~ child. **2** 孤児のための: an ~ asylum 孤児院. **3** 保護を奪われた, 見捨てられた, 孤立無援の: an ~ drug (採算がとれないため)生産されない薬品, 希用薬. — *vt.* [しばしば p.p. 形で] 孤児にする, …に両親[片親]をなくさせる: be ~*ed* at an early age 小さい時に孤児になる / children ~*ed* by the war 戦災孤児. 〘(1483) ◻ LL *orphanus* ◻ Gk *orphanós* bereaved ← IE **orbho-* to separate (Skt *arbha* weak child)〙

or·phan·age /ɔ́əfənɪdʒ | ɔ́ː-/ *n.* **1** 孤児院. **2** = orphanhood. **3** 《まれ》[集合的] 孤児 (orphans). 〘1579–80〙

órphan brànd *n.* (販売量の少ない)孤立ブランド.

órphan·hòod *n.* 孤児の身. 〘1824〙

or·phan·ize /ɔ́əfənàɪz | ɔ́ː-/ *vt.* 孤児にする. 〘1797〙

órphans' còurt *n.* 〘米法〙孤児裁判所《検認とともに孤児の後見人 (guardian) を任命し, その財産や孤児の保護を行う裁判所; 米国の数州にあり, (遺言)検認裁判所 (probate court) と同義に用いられる; prerogative court ともいう》. 〘1713〙

or·phar·i·on /ɔəféᵊriən | ɔːféər-/ *n.* 〘楽器〙オルファリオン (16–17 世紀の大型のリュート). 〘(1593) ← OR-PH(EUS) + *Arion* (前 7 世紀のギリシャの詩人)〙

Or·phe·an /ɔəfíːən, ɔ́əfiən | ɔːfíːən, ɔ́ːfiən/ *adj.* **1** オルフェウス (Orpheus) の[に関する, のような]. **2** 妙(たえ)なる調べの. 〘1593〙

Or·pheus /ɔ́əfuːs, -fjiəs | ɔ́ː-/ *n.* 〘ギリシャ神話〙オルフェウス《Apollo と Calliope との子, Thrace の詩人で音楽家; 彼の奏する竪琴の美しい調べは鳥獣草木をも魅了したといわれる; 死別した妻 Eurydice を追って地下界に降り音楽で Pluto の心を動かし「地上に達するまで妻の顔を振り向かない」という約束で妻を連れ戻すこととなったが, 出口で約束を破ったためその希望を果たせなかったという》. 〘◻ L *Orphēus* ◻ Gk *Orpheús*〙

Or·phic /ɔ́əfɪk | ɔ́ː-/ *adj.* **1 a** オルフェウス (Orpheus) の[に関する]. **b** (Orpheus を開祖だとする) オルペウス教の: ~ mysteries オルペウスの秘密儀式. **2** [しばしば o-] **a** 音の美しい (melodious); (美しい音で)心を魅する(ような) (enchanting). **b** 神秘的な (mystic). **Ór·phi·cal·ly, ó-** *adv.* 〘(1678) ◻ L *Orphicus* ◻ Gk *Orphikós* ← *Orpheús* (↑): ⇨ -ic¹〙

Or·phism /ɔ́əfɪzm̩ | ɔ́ː-/ *n.* **1** オルペウス教 (Orpheus を開祖とする神秘的な宗旨; 輪廻(りんね)・応報などを信じる). **2** [時に o-] 〘◻ F *orphisme* ← *Orphée* Orpheus: ⇨ -ism〙〘美術〙オルフィスム (1912 年頃 cubism から発達した技法で, 華やかな色彩を用いて, 抽象的な中に叙情性を強調する; フランスの Delaunay はその代表的画家).
Ór·phist /-fɪ̣st | -fɪst/ *n.* **Or·phistic** /ɔəfístɪk | ɔː-/ *adj.* 〘(1880) ← ORPH(IC) + -ISM〙

or·phrey /ɔ́əfri | ɔ́ː-/ *n.* **1** 金の[精巧な]刺繍. **2** 金襴(きんらん)の帯 (聖職者が法衣の上に着けるもの). 〘(*a*1300) *orfreis* ◻ OF (F *orfroi*) ◻ ML *aurifrigium* ← L *aurum* gold + *Phrygius* Phrygian: ME -s の脱落はこれを *pl.* の語尾と誤解したため〙

or·pi·ment /ɔ́əpəmənt | ɔ́ːpɪ-/ *n.* **1** 〘鉱物〙雄黄(ゆうおう) (As_2S_3) (通例薄片の層をなした黄色の塊状で得られ, 黄色染料となる). **2** 〘顔料〙雄黄から作った黄色顔料 (有毒; King's yellow ともいう). 〘(*c*1395) ◻ (O)F ~ ◻ L *auripigmentum* ← *aurum* gold + *pigmentum* 'PIGMENT'〙

or·pine /ɔ́əpɪ̣n | ɔ́ːpɪn/ *n.* (*also* **or·pin** /~/) 〘植物〙ムラサキベンケイソウ (*Sedum telephium*) 《ベンケイソウ属の多肉質の多年草; 《英》livelong, 《米》live-forever ともいう》. 〘(*a*1387) ◻ OF ~ 《短縮》↑〙

Or·ping·ton /ɔ́əpɪŋtən | ɔ́ː-/ *n.* オーピントン: **1** イングランド Greater London 南東部の住宅都市; Bromley の一部. **2** 同地原産の卵肉兼用の一品種の鶏. 〘OE *Orpedington* 《原義》town of Orped's people〙

Orr, John Boyd *n.* ⇨ Boyd Orr.

or·ra /ɔ́(ː)rə, ɑ́(ː)rə | ɔ́rə/ *adj.* 《スコット》**1** 臨時の, 半端の, 余分な (odd). **2** 暇な. **3** 〈人が〉なまけ者の, 役に立たない. 〘(1728) ← ? Gael.〙

órra màn *n.* (*also* **órra·màn**) 便利屋, (特に農場の)臨時雇い. 〘(1802) *orra*: ← ?〙

or·rer·y /ɔ́(ː)rəri, ɑ́(ː)r- | ɔ́r-/ *n.* **1** オーラリ《太陽・惑星・地球・月などの運動や位置を説明するための太陽系儀》. **2** 太陽系儀に類似の装置. 〘(1713) ← *Charles Boyle, Earl of Orrery* (1676–1731; 太陽系儀製作のパトロン)〙

or·ris¹ /ɔ́(ː)rɪ̣s, ɑ́(ː)r- | ɔ́rɪs/ *n.* (18 世紀に衣類や家具の装飾によく使われた)金[銀]糸のブレード (braid) [レース]. 〘(1701) *orrice, orace* 《変形》← ? ME *orfreis* 'ORPHREY'〙

or·ris² /ɔ́(ː)rɪ̣s, ɑ́(ː)r- | ɔ́rɪs/ *n.* **1** 〘植物〙ニオイアヤメ, ニオイイリス, シロバナイリス (*Iris florentina*) 《芳香性の根茎は香水・香り袋に用いる》. **2** = orrisroot. 〘(1545) *oreys, oris, arras* 《変形》? ← IRIS²〙

órris·pòwder *n.* ニオイアヤメの根茎 (orrisroot) の粉末 (薬用または歯磨きの香料とする; cf. orrisroot). 〘1602〙

órris·ròot *n.* ニオイアヤメの根茎 (乾燥すると芳香がある; 単に orris ともいう; cf. Florentine iris, orris-powder). 〘1598〙

Or·si·ni /ɔəsíːni | ɔː-/ *n.* オルシーニ (12–18 世紀の間 Rome で栄えた貴族の名家).

Orsk /ɔ́əsk | ɔ́ːsk; *Russ.* órsk/ *n.* オルスク《ロシア連邦南東部 Ural 川に臨む都市》.

Or·son /ɔ́əsən, -sn̩ | ɔ́ː-/ *n.* オーソン《男性名》. 〘◻ OF *Ourson* 《原義》little bear〙

ort /ɔ́ət | ɔ́ːt/ *n.* 《方言・古》[通例 *pl.*] **1** 食べ残し (leavings). **2** 断片, くず, かす. 〘(1440) *ortys, ortus* (pl.) ◻ MLG *orte*: cf. Du 《廃》*ooræte* ← *oor-* rejected, 《原義》out, from + *ete* food / OE *or-* out, *æt* food〙

or·ta·ni·que /ɔ̀ətəníːk, -tn̩- | ɔ̀ːtən-, -tn̩-/ *n.* 〘植物〙オータニーク (orange と tangerine の交配種). 〘(1937) ← OR(ANGE) + TAN(GERINE) + (UN)IQUE〙

Or·te·ga /ɔətéɪgə | ɔː-; *Am.Sp.* oɾtéɣa/, **Daniel** *n.* オルテガ (1945– ; ニカラグア民族解放運動家・政治家; 大統領 (1985–90)).

Or·te·gal /ɔ̀əṭɪ̣gáːl | ɔ̀ːtɪ-; *Sp.* oɾteɣál/, **Cape** *n.* オルテガル岬 (スペイン北西部, Biscay 湾に臨む岬).

Or·te·ga y Gas·set /ɔətéɪgəiːgɑːsét | ɔː-; *Sp.* oɾtéɣaiɣasé(t)/, **José** *n.* オルテガイガセット (1883–1955; スペインの哲学者・著述家・政治家; *La Rebelión de las Masas* 「大衆の反逆」(1930)).

orth. 《略》orthography; orthopedic; orthopedics.

Orth. 《略》Orthodox.

or·th- /ɔəθ | ɔːθ/ (母音の前にくるときの) ortho- の異形.

or·thi·con /ɔ́əθɪ̣kɑ̀(ː)n | ɔ́ːθɪkɔ̀n/ *n.* 〘電子工学〙オルシコン (二次電子による悪影響を避けた iconoscope; テレビ用撮像管の一種; orthiconoscope ともいう; cf. image orthicon). 〘(1939) ← ORTHO- + ICON(OSCOPE)〙

or·tho /ɔ́əθoʊ | ɔ́ːθəʊ/ *adj.* 〘化学〙ベンゼン環 (benzene ring) の 2 個の置換が隣接している. 〘(1876) ORTHO- の独立用法〙

ortho. 《略》〘写真〙orthochromatic.

or·tho- /ɔ́əθoʊ | ɔ́ːθəʊ/ 次の意味を表す連結形: **1** 「真直, 真, 正 (right, correct)」. **2** 〘化学〙「オルト」: **a** 加水度の最も高い酸を示す (cf. meta- 3 a). **b** ベンゼン環 (benzene ring) を有する化合物で 1, 2-位置換体 (2 個の置換基が隣接している)を示す (cf. meta- 3 b, para-¹ 2 b). ★ 母音の前では通例 orth- になる. 〘◻ F ~ ◻ L ~ ← Gk *orthós* straight ← IE **werdh-* to grow〙

órtho-amìno·benzòic ácid *n.* 〘化学〙オルトアミノ安息香酸 (⇨ anthranilic acid).

órtho·bòric ácid *n.* 〘化学〙正ホウ酸, オルトホウ酸 (H_3BO_3) (boric acid ともいう).

or·tho·cen·ter /ɔ́əθoʊsèntə, -θə- | ɔ́ːθə(ʊ)sèntə^(r)/ *n.* 〘数学〙垂心 (三角形の三垂線が合する点). 〘1869〙

òrtho·cephálic 〘人類学〙*adj.* 正頭型の (長高示数が 57.7–62.5 ある; 生体に用いる; cf. brachycephalic, dolichocephalic). — *n.* 正頭型の人. 〘(1865) ← NL *orthocephalus* (⇨ ortho-, -cephalous) + -IC¹〙

òrtho·céphalous *adj.* 〘人類学〙= orthocephalic.

òrtho·céphaly *n.* 〘人類学〙正頭型. 〘1892〙

òrtho·chromátic *adj.* 〘写真〙整色性の (赤色光以外の全ての可視光に感光する; cf. panchromatic): an ~ plate [film] 整色乾板[フィルム]. **òrtho·chró·matism** *n.* 〘1887〙

or·tho·clase /ɔ́əθəklèɪs, -klèɪz | ɔ́ːθə(ʊ)-/ *n.* 〘鉱物〙正長石 ($KAlSi_3O_8$). 〘(1849) ◻ G *Orthoklas*: ⇨ ortho-, -clase〙

or·tho·clas·tic /ɔ̀əθoʊklǽstɪk, -θə- | ɔ̀ːθə(ʊ)-⁻/ *adj.* 〘結晶〙(正長石のように)互いに直角の劈開(へきかい)をもつ. 〘(1878) ◻ G *orthoklastisch*: ↑, -ic¹〙

or·tho·dome /ɔ́əθədoʊm | ɔ́ːθədəʊm/ *n.* 〘結晶〙正軸底面(ぎん) (結晶の面で, 主軸と側軸とに交わるもの; cf. brachydome). 〘1895〙

or·tho·don·ti·a /ɔ̀əθədɑ́(ː)nʃiə, -ʃə | ɔ̀ːθə(ʊ)dɔ́n-/ *n.* 〘歯科〙= orthodontics. **òr·tho·dón·tic** /-ṭɪk | -tɪk⁻/ *adj.* 〘(*c*1849) ← NL ~: ⇨ ortho-, -odont, -ia¹〙

or·tho·don·tics /ɔ̀əθədɑ́(ː)nṭɪks | ɔ̀ːθə(ʊ)dɔ́nt-/ *n.* 〘歯科〙歯科矯正学[術] (dental orthopedics ともいう). 〘(1909): ⇨ ↑, -ics〙

òr·tho·dón·tist /-ṭɪ̣st | -tɪst/ *n.* 歯科矯正医. 〘1903〙

or·tho·dox /ɔ́əθədɑ̀(ː)ks | ɔ́ːθədɔ̀ks/ *adj.* **1** 〈宗教的信仰が〉正当な (大宗教会議で公認された信条を遵奉する), 正統派の, 正教的な (cf. heterodox 1 a); 《米》三位一体説を信奉する. **2** [O-] **a** 東方正教会 (Greek Orthodox Church) の. **b** ユダヤ正教(徒)の. **3 a** 〈学説など〉正統派の古来学者によって支持されてきた: the ~ school 正統学派. **b** 一般に真正と認められた, 伝統的に承認された, 定評のある: in the ~ manner しきたり通りに, 正式に. **c** 因襲的な, 月並みの (conventional): an ~ pair of lovers 月並みの[ありふれた]恋人どうし. — *n.* **1** 正統派の人. **2** [O-] 東方正教会の信者. **~·ly** *adv.* 〘(*c*1454) ◻ F *orthodoxe* // LL *orthodoxus* ◻ Gk *orthódoxos* ← ORTHO- + *dóxa* opinion (← *dokeîn* to seem, think (cf. doctor))〙

Órthodox Chúrch *n.* [the ~] 〘キリスト教〙正(統)教会, 東方正教会 (⇨ Orthodox Eastern Church). 〘1772〙

Órthodox Éastern Chúrch *n.* [the ~] 〘キリスト教〙東方正教会. ★ ローマ教皇と分かれ, Constantinople の総主教 (Patriarch) と一致・連携の下に, 各国語でビザンチン典礼を使用しているキリスト教会の総称; 公式には The Holy Orthodox Catholic Apostolic Eastern Church といい, 東ヨーロッパ・近東・エジプトにおける最大のキリスト教団体; 古くは Constantinople, Alexandria, Antioch, Jerusalem の 4 総主教管区から成っていたが, 今日では Church of Russia, Church of Greece, Church of Bulgaria などを加えた 14 の独立した教会から成っている; 単に Orthodox Church とも, また Byzantine Church ともいい, さらに Western Church に対し Eastern (Orthodox) Church とも, 文化的系統から Latin Church に対し Greek (Orthodox) Church ともいう.

Órthodox Jéw *n.* 正統派ユダヤ教徒 (正統派ユダヤ教の教えを守る厳格なユダヤ教徒). 〘1876〙

Órthodox Júdaism *n.* 正統派ユダヤ教 (cf. Conservative Judaism, Reform Judaism). 〘1904〙

órthodox sléep *n.* 〘心理〙正睡眠, オーソ睡眠, 徐波睡眠, ノンレム睡眠 (睡眠の中で夢を見ず脳波が徐波を示す部分; cf. paradoxical sleep). 〘1967〙

or·tho·dox·y /ɔ́əθədɑ̀(ː)ksi | ɔ́ːθədɔ̀k-/ *n.* **1** 正統的[正統派的]信仰; 正統派的学説. **2** 正統的[正統派的]慣行; 一般の説に従うこと. **3** [O-] **a** 東方正教会の信仰[教理, 慣行]. **b** 正統派ユダヤ教の信仰[教理, 慣行]. 〘(1630) ◻ LL *orthodoxia* ◻ Gk *orthodoxía*: ⇨ orthodox, -y¹〙

or·tho·dro·mic /ɔ̀əθədróʊmɪk | ɔ̀ːθədrə́ʊ-⁻/ *adj.* 〘生理〙〈神経繊維(の興奮伝導)が〉順方向性の, 順行性の. **-i·cal·ly** *adv.* 〘(1704): ⇨ ortho-, -drome, -ic〙

or·tho·ep·ist /ɔəθóʊèpɪ̣st, ɔ́əθoʊə- | ɔːθəʊèpɪst, ɔːθəʊɪ̣pɪst, ɔːθəʊépɪst/ *n.* 正音学者. 〘1791〙

or·tho·e·py /ɔ́əθoʊèpi, ɔəθóʊəpi | ɔ́ːθəʊèpi, ɔːθə́ʊɪ̣pi, ɔ̀ːθəʊépi/ *n.* 正しく発音する法; 正音学. **or·tho·ep·ic** /ɔ̀əθoʊépɪk | ɔ̀ːθəʊ-⁻/ *adj.* **òr·tho·ép·i·cal** *adj.* **òr·tho·ép·i·cal·ly** *adv.* 〘(1668) ← NL *orthoepia* ← Gk *orthoépeia* ← ORTHO- + *épos* word: ⇨ epic, -y¹〙

òrtho·fórmate *n.* 〘化学〙= orthoformic ester.

órtho·fòrmic ácid *n.* 〘化学〙オルト蟻酸 ($HC(OH)_3$) (遊離酸としては存在せず, エステルとしてのみ知られている). 〘← ORTHO- + *formic acid*〙

órthofòrmic éster *n.* 〘化学〙オルト蟻酸エチル, オルト蟻酸エステル ($HC(OC_2H_5)_3$) (甘いにおいをもつ液体; アセタールの製造に用いる).

òrtho·génesis *n.* **1** 〘生物〙定向進化 (進化の過程は, 常に一定の方向に進行するという説; cf. orthoselection). **2** 〘社会学〙系統発生説 (社会進化が常に同一方向を取り同一段階を経て行われるという理論または学説).
órtho·genétic *adj.* **òrtho·genétically** *adv.* 〘(1895) ← NL ~: ⇨ ortho-, -genesis〙

or·tho·gen·ic /ɔ̀əθədʒénɪk | ɔ̀ː-⁻/ *adj.* **1** 〘医学〙知能の遅れた[精神障害の]子供の救済[社会復帰]に関する. **2** 定向進化 (orthogenesis) の.

or·thog·na·thous /ɔəθɑ́(ː)gnəθəs | ɔːθɔ́g-/ *adj.* 〘人類学〙正顎の, 口辺部が前方に突き出していない, 横顔がほとんど垂直な (あご示数が 98 以下についていう; ⇨ facial angle 挿絵). **or·thóg·na·thism** /-θɪzm̩/ *n.* **or·thog·na·thy** /ɔəθɑ́(ː)gnəθi | ɔːθɔ́g-/ *n.* 〘(1853) ← ORTHO- 'straight' + Gk *gnáthos* jaw + -OUS〙

or·thog·o·nal /ɔəθɑ́(ː)gənl̩ | ɔːθɔ́g-/ *adj.* 〘数学〙**1** 直角の, 直交する: an ~ section 直角に切った時の切り口 / ⇨ orthogonal projection. **2** 矩形の. **~·ly** *adv.* **or·thòg·o·nál·i·ty** /-nǽləṭi | -lɪ̣ti/ *n.* 〘(1571) ← L *orthogōnius* (◻ Gk *orthogōniós*: ⇨ ortho-, goni-) + -AL¹〙

or·thog·o·nal·i·za·tion /ɔəθɑ̀(ː)gənəlɪ̣zéɪʃən | ɔːθɔ̀gənəlaɪ-, -lɪ-/ *n.* 〘数学・統計〙直交化 (ベクトル・関数などを互いに直交するように修正すること). 〘1922〙

or·thog·o·nal·ize /ɔəθɑ́(ː)gənəlàɪz | ɔːθɔ́g-/ *vt.* 〘数学・統計〙〈ベクトル・関数などを〉直交化させる. 〘1930〙

orthógonal mátrix *n.* 〘数学〙直交行列 (cf. symmetric matrix).

orthógonal projéction *n.* 〘数学・地理〙= orthographic projection 1. 〘1878〙

orthógonal trajéctory *n.* 〘数学〙直交軌道 (一群の曲線と直交する軌道). 〘1816〙

or·tho·grade /ɔ́əθəgrèɪd | ɔ́ː-/ *adj.* 〘動物〙直立歩行

の (cf. pronograde). 〚(1902)《変形》← ORTHO-+L *-gradus* walking: cf. grade n.〛

or·tho·graph /ɔ́əθəgræ̀f | ɔ́:θəgrɑ̀:f, -græ̀f/ *n.* **1** 〘数学〙正射影. **2** 〘建築〙(建物の平面図・立面図などという)図面《正射影図法によって描かれる》. 〚1875〛

or·thog·ra·pher /ɔəθɑ́(:)grəfə | ɔ:θɔ́grəfə(r)/ *n.* **1** 正書法学者. **2** 綴字の正しい人. 〚1598〛

or·tho·graph·ic /ɔ̀əθəgrǽfɪk | ɔ̀:θə(ʊ)-⁻/ *adj.* **1 a** 綴字法[正書法]の: ~ rules 綴字法の規則. **b** 〈綴りが〉正書法にかなった; 綴りの正しい. **2** 〘数学〙正射影の, 直角の: ⇨ orthographic projection. **òr·tho·gráph·i·cal** *adj.* **òr·tho·gráph·i·cal·ly** *adv.* 〚1668〛

orthográphic projéction *n.* **1** 〘数学・地理〙正射影 (orthogonal projection). **2** 〘建築〙正射投影, 正射投影図. 〚1668〛

or·thóg·ra·phist /-fɪ̣st | -fɪst/ *n.* =orthographer. 〚1616〛

or·thog·ra·phize /ɔəθɑ́(:)grəfàɪz | ɔ:θɔ́g-/ *vt.* 〈語を〉正しく綴る, 正書法に従って綴る. — *vi.* 正しい綴り方に従う[を適用する]. 〚1611〛

or·thog·ra·phy /ɔəθɑ́(:)grəfi | ɔ:θɔ́g-/ *n.* **1 a** 正書法, 正しい綴字法 (cf. cacography 2): reformed ~ 改正綴字法. **b** 文字の綴り方: His ~ is shocking. 彼の綴字はめちゃくちゃだ. **2** 〘文法〙文字論, 綴字論. **3** 〘数学・地理〙=orthographic projection 1. 〚(c1450) □ OF *orthografie* (F *orthographie*) □ L *orthographia* □ Gk *orthographía* correct writing: ⇨ ortho-, -graphy〛

órtho·hexàgonal áxes *n. pl.* 〘結晶・数学〙直六方軸.

òrtho·hýdrogen *n.* 〘物理・化学〙オルソ水素《2 個の陽子のスピンが同方向を向く水素分子; cf. parahydrogen》. 〚1929〛

or·tho·ker·a·tol·o·gy /ɔ̀əθoʊkèrətɑ́(:)lədʒi | ɔ̀:θə(ʊ)kèrətɔ́l-/ *n.* 〘眼科〙角膜矯正術《定期的にコンタクトレンズを変えていき, 角膜を変化させて視力を矯正する法》. 〚← ORTHO-+KERATO-+-LOGY〛

òrtho·molécular *adj.* 〘医学〙分子濃度調整論の[に基づいた]《生体内物質の分子濃度を適正化することで, 治療効果を収めようというアプローチによる》. 〚1968〛

òrtho·mórphic *adj.* 〘地図〙正角の (conformal): ~ projection 正角図法. 〚1866〛

orthomórphic projéction *n.* 〘地理〙=conformal projection.

Or·tho·nec·ti·da /ɔ̀əθənéktədə | ɔ̀:θənéktɪdə/ *n. pl.* 〘動物〙直泳目, 直游目《中生動物門 (Mesozoa) に属し, 扁形動物や多毛類の組織に寄生する動物; cf. Dicyemida》. 〚← NL ~: ⇨ ortho-, necto-, -ida〛

òrtho·nórmal *adj.* 〘数学〙正規直交の《いくつかのベクトルや関数のノルムがすべて 1 で, しかも互いに直交していることにいう》. 〚(1932) ← ORTHO(GONAL)+NORMAL〛

or·tho·pae·dic /ɔ̀əθəpí:dɪk | ɔ̀:θə(ʊ)pí:d-⁻/ *adj.* =orthopedic.

or·tho·pae·dics /ɔ̀əθəpí:dɪks | ɔ̀:θə(ʊ)pí:d-/ *n.* =orthopedics.

or·tho·pae·dist /ɔ̀əθəpí:dɪ̣st | ɔ̀:θə(ʊ)pí:dɪst/ *n.* =orthopedist.

or·tho·pae·dy /ɔ́əθəpì:di | ɔ́:θə(ʊ)pì:di/ *n.* =orthopedy. 〚1840〛

òrtho·panchromátic *adj.* 〘写真〙オルソパンの《緑色光によく感じて肉眼に近い感じ方をするパンクロについて》.

or·tho·pe·dic /ɔ̀əθəpí:dɪk | ɔ̀:θə(ʊ)pí:d-⁻/ *adj.* **1** 整形外科(学)の, 整形外科的な: an ~ hospital [surgeon] 整形外科病院[外科医] / ~ treatment 整形外科療法. **2** 奇形の, 肢体異常の: an ~ child 肢体不自由児. **òr·tho·pé·di·cal·ly** *adv.* 〚(1840) □ F *orthopédique*: ⇨ orthopedy, -ic¹〛

or·tho·pe·dics /ɔ̀əθəpí:dɪks | ɔ̀:θə(ʊ)pí:d-/ *n.* (子供の)整形外科(学): dental ~ 歯列矯正学. 〚(1853): ⇨ ↑, -ics〛

or·tho·pe·dist /ɔ̀əθəpí:dɪ̣st | ɔ̀:θə(ʊ)pí:dɪst/ *n.* 整形外科医. 〚(1853) □ F *orthopédiste*: ⇨ -ist〛

or·tho·pe·dy /ɔ́əθəpì:di | ɔ́:θə(ʊ)pì:di/ *n.* =orthopedics. 〚(1863) □ F *orthopédie* ← ORTHO-+Gk *paideia* rearing of children (← *paîs* child: cf. paedo-)〛

òrtho·phósphate *n.* 〘化学〙正リン酸塩; 正リン酸エステル. 〚1859〛

órtho·phosphòric ácid *n.* 〘化学〙正リン酸, オルトリン酸 (H_3PO_4)《phosphoric acid ともいう》. 〚1885〛

òrtho·phósphorous *adj.* 〘化学〙正亜リン酸の.

órthophosphorous ácid *n.* 〘化学〙正亜リン酸 (H_3PO_3)《高度リン酸肥料の製造に用いる》.

or·tho·phy·ric /ɔ̀əθəfáɪrɪk | ɔ̀:-⁻/ *adj.* 〘岩石〙正長斑岩状の. 〚← ORTHO-+-PHYRE+-IC¹〛

or·thop·ne·a /ɔəθɑ́(:)pniə, ɔ̀əθɑ(:)pní:ə | ɔ:θɔ́pniə, ɔ̀:θəpní:ə/ *n.* (*also* **or·thop·noe·a** /~/) 〘医学〙起座呼吸《心臓疾患などで, 寝床の上に起きて座っていなければ十分に呼吸できない状態》. 〚(1828) □ L *orthopnoea* □ Gk *orthópnoia*: ⇨ ortho-, -pnea〛

or·tho·prax·y /ɔ́əθəpræ̀ksi | ɔ́:-/ *n.* **1** 行為[慣習]の正当さ; 正当な慣習. **2** 〘医学〙奇形矯正. 〚(1852): ⇨ ortho-, praxis, -y¹〛

òrtho·psychiátric *adj.* 精神病予防学の.

òrtho·psychiátrical *adj.* =orthopsychiatric.

òrtho·psychíatrist *n.* 精神病予防学者. 〚1924〛

òrtho·psychíatry *n.* 〘精神医学〙(青少年の精神衛生や初期精神病に関する)精神病予防学. 〚*a*1927〛

or·thop·ter /ɔəθɑ́(:)ptə | ɔ:θɔ́ptə(r)/ *n.* **1** 〘航空〙= ornithopter. **2** 〘昆虫〙=orthopteron. 〚(1882) □ F *orthoptère* ← ORTHO-+Gk *pterá* ((pl.) ← *pterón* wing)〛

orthoptera *n.* orthopteron の複数形.

Or·thop·ter·a /ɔəθɑ́(:)ptərə | ɔ:θɔ́p-/ *n. pl.* 〘昆虫〙直翅(ちょくし)目. **or·thop·ter·al** /ɔəθɑ́(:)ptərəl | ɔ:θɔ́p-/ *adj.* **or·thop·ter·an** /ɔəθɑ́(:)ptərən | ɔ:θɔ́p-/ *adj., n.* **or·thop·ter·oid** /ɔəθɑ́(:)ptərɔ̀ɪd | ɔ:θɔ́p-/ *adj.* **or·thóp·ter·ous** /-rəs/ *adj.* 〚(1826) ← NL ~ (pl.): ⇨ orthopteron〛

or·thop·ter·on /ɔəθɑ́(:)ptərən, -rɑ̀(:)n | ɔ:θɔ́ptərən, -rɔ̀n/ *n.* (*pl.* **-ter·a** /-rə/) 〘昆虫〙直翅(ちょくし)目の昆虫. 〚(1880) ← NL ~ ← ORTHO-+Gk *pterón* wing〛

or·thop·tic /ɔəθɑ́(:)ptɪk | ɔ:θɔ́p-/ *adj.* 〘医学〙正視を助ける: ~ exercises 視能訓練. 〚1882〛

or·thop·tics /ɔəθɑ́(:)ptɪks | ɔ:θɔ́p-/ *n.* 〘医学〙視能訓練. 〚1934〛

or·thop·tist /ɔəθɑ́(:)ptɪ̣st | ɔ:θɔ́ptɪst/ *n.* 視能訓練士. 〚1969〛

òrtho·pyróxene *n.* 〘鉱物〙斜方輝石《斜方晶系水晶構造をもつ輝石の総称》. 〚1903〛

òrtho·rhómbic *adj.* 〘結晶〙斜方晶系の.

or·tho·scope /ɔ́əθəskòʊp | ɔ́:θəskə̀ʊp/ *n.* 《廃》〘医学〙正像鏡《水層で角膜屈折を中和するようにした, 19 世紀の眼の検査用装置》. 〚1892〛

or·tho·scop·ic /ɔ̀əθəskɑ́(:)pɪk | ɔ̀:θəskɔ́p-⁻/ *adj.* **1** 視力の正しい, (物が)正しく見える: an ~ person 視力の正しい人. **2** 〘光学〙歪曲(わいきょく)のない, (物を)正しい比率で見せる, 平坦な視野を与える: an ~ lens 正視レンズ / an ~ eyepiece (高倍率望遠鏡の)広視野接眼レンズ / ~ points 歪曲のない光学系の入射瞳と射出瞳の中心. 〚1853〛

òrtho·seléction *n.* 〘生物〙定向選択[淘汰]《適応進化を推進し, 定向進化 (orthogenesis) を促進させる自然選択》.

or·tho·sis /ɔəθóʊsɪ̣s | ɔ:θə́ʊsɪs/ *n.* (*pl.* **-ses** /-si:z/) 〘医学〙整形術, 補形術; (変形)矯正器具. 〚(1958) □ Gk *órthōsis* making straight〛

or·tho·stat /ɔ́əθəstæ̀t | ɔ́:-/ *n.* 〘考古〙オルソスタット《直立した巨石; しばしば 巨石墓の壁をなす》. 〚(1926) ← Gk *orthostátēs* upright shaft, pillar〛

òrtho·státic *adj.* 〘医学〙起立性の, 直立(姿勢)の[によって生じる]. 〚1902〛

or·thos·ti·chy /ɔəθɑ́(:)stɪ̣ki | ɔ:θɔ́stɪ-/ *n.* 〘植物〙(葉序・鱗片などの)直列, 直列配置 (cf. parastichy). **or·thós·ti·chous** /-kəs/ *adj.* 〚(1875) ← ORTHO-+Gk *stíkhos* row, rank+-Y¹〛

órtho·stỳle *adj.* 〘建築〙**1** 〈円柱が〉一直線に並んだ, 直列の. **2** 直列に並んだ円柱を有する. 〚1831〛

órtho·tellùric ácid *n.* 〘化学〙オルトテルル酸 (⇨ telluric acid a).

or·thot·ics /ɔəθɑ́(:)tɪks | ɔ:θɔ́t-/ *n.* 〘医学〙(支持具を用いた)筋・関節補強回復術. **or·thot·ic** /ɔəθɑ́(:)tɪk | ɔ:θɔ́t-/ *adj.* **or·thot·ist** /ɔəθɑ́(:)tɪ̣st, ɔ́əθət- | ɔ:θɔ́tɪst, ɔ́:θət-/ *n.* 〚(1957) ← Gk *orthōsis* straigtening: PROSTHETICS からの類推〛

òrtho·tólidine *n.* 〘化学〙オルトトリジン ($(H_2NC_6H_3\text{-}(CH_3))_2$)《織物の染色などに用いる》.

or·tho·tone /ɔ́əθətòʊn | ɔ́:θətə̀ʊn/ *adj., n.* 〘詩学〙(ギリシャ語で疑問文中に用いられた不定代名詞や副詞が前後の語に吸収または合体されることなく)独立語としてアクセントをもつ(語) (cf. enclitic, proclitic). 〚(1882) □ Gk *orthótonos* with the unmodified accent: ⇨ ortho-, tone〛

or·tho·tro·pic /ɔ̀əθətróʊpɪk, -trɑ́(:)p- | ɔ̀:θətrɔ́p-⁻/ *adj.* **1** 直交異方性の, 直交異方性の材料を用いた. **2** 〘植物〙〈根・茎などが〉(生長発達が)直向性の, まっすぐに伸びる[生える] (cf. plagiotropic). **3** 〘土木〙〈橋が〉道路にも構造支柱にもなる造りの. **òr·tho·tró·pi·cal·ly** *adv.* 〚1886〛

or·thot·ro·pism /ɔəθɑ́(:)trəpɪ̀zm | ɔ:θɔ́trə-/ *n.* 〘植物〙(根や茎の)直生性, 直向性, 正常屈性 (cf. tropism, plagiotropism). 〚1885〛

or·thot·ro·pous /ɔəθɑ́(:)trəpəs | ɔ:θɔ́trə-/ *adj.* 〘植物〙直生の, 直立の, 直向性の《胚珠が直立して, 珠柄と珠心が一直線をなすものについていう; cf. anatropous》: an ~ ovule 直生胚珠. 〚(1830): ⇨ orthotropic, -ous〛

órtho·wàter *n.* 〘物理化学〙オルト水 (⇨ polywater). 〚1966〛

òrtho·xýlene *n.* 〘化学〙オルトキシレン (⇨ xylene a).

or·thros /ɔ́əθrɔ(:)s, -θrɑ(:)s | ɔ́:θrɔs/ *n.* 〘東方正教会〙朝の日課, 朝の勤行(ごんぎょう)《ローマカトリックの賛課 (lauds) に似たもの》. 〚□ LGk *órthros*, (Gk) dawn, sunrise: cf. ortho-〛

Or·thrus /ɔ́əθrəs | ɔ́:-/ *n.* 〘ギリシャ神話〙オルトロス《Geryon の飼っていた牛を守っていた双頭の怪物; Hercules に殺された》. 〚□ L ~ □ Gk *Órthros*〛

Ort·les /ɔ́ətleɪs | ɔ́:t-; *It.* ɔ́rtles/ *n.* [the ~] オルトレス(山脈)《イタリア北部の Alps 山脈中の連峰; 最高峰 Ortles (3,899 m); ドイツ語名 Ortler /ɔ́rtlɐ/》.

or·to·lan /ɔ́ətələn, -tḷ- | ɔ́:təl-, -tḷ-/ *n.* 〘鳥類〙**1** ズアオホオジロ (*Emberiza hortulana*)《ヨーロッパ産ホオジロの類の小鳥; ortolan bunting ともいう》. **2 a** 《英》= wheatear. **b** =sora. **c** 《米》=bobolink. 〚(1656) □ F ~ □ It. *ortolano* gardener < L *hortulānum* (adj.) ← *hortulus* (dim.) ← *hortus* garden: この鳥が庭によく来ることから〛

Or·ton /ɔ́ətn | ɔ́:-/, **Joe** *n.* オートン (1933–67; 英国の劇作家; 過激なブラックコメディーを書いた).

Orton, Arthur *n.* オートン (1834–98; 英国の肉屋・ペテン師; 1866 年オーストラリアから帰国し, 船旅で遭難し消息を絶った Tichborne 家の長子になりすまして, 富裕な資産の相続人の権利を主張したが, 裁判の結果, 偽証罪で収監された; the Tichborne claimant として知られる).

Or·ton·esque /ɔ̀ətənésk | ɔ̀:tə-⁻/ *adj.* オートン (Joe Orton) (風)の.

orts *n.* =ort.

Or·tyg·i·a /ɔətídʒiə, -dʒə | ɔ:tídʒ-/ *n.* オルティジア《イタリア Sicily 島の南東部と運河を隔てて隣接する小島》.

O·ru·ro /ɔ:rúəroʊ | ərúərəʊ, ɔ:r-; *Am.Sp.* orúro/ *n.* オルロ《南米中部ボリビア西部の鉱山都市, もと同国の首都; 海抜 3,700 m》.

ORuss 《略》Old Russian.

ORV 《略》off-road vehicle.

Or·vie·to /ɔ̀əviéɪtoʊ | ɔ̀:viéɪtəʊ; *It.* orvjɛ́:to/ *n.* **1** オルヴィエート《イタリア中部 Umbria 州の市場町; エトルリア人の遺跡が残る》. **2** (*pl.* ~**s**) オルヴィエート(ワイン)《イタリア Umbria 産の白ワイン》. 〚(1846) 原産地名〛

Or·ville /ɔ́əvɪ̣l | ɔ́:vɪl/ *n.* オーヴィル(男性名). 〚□ OF ~ 《原義》golden town ← *or* gold+*ville* town〛

Or·well /ɔ́əwel, -wəl | ɔ́:-/, **George** *n.* オーウェル (1903–50; 英国の小説家・評論家; *Animal Farm* (1945), *Nineteen Eighty-Four* (1949); 本名 Eric Arthur Blair).

Or·well·i·an /ɔəwélian | ɔ:-/ *adj.* George Orwell の[に関する, に似た]; Orwell の作風に似た, Orwell 風の. 〚(1950) ↑〛

or·y /ɔ́:ri/ *adj.* 《古》鉱石 (ore) に似た, 鉱石を含む. 〚(1549) ← ORE+-Y⁴〛

-o·ry[1] /ˌ-⁻ɔ:ri, ⁻(ə)ri | (ə)ri/ *suf.* 名詞・動詞に付いて「…のような, …の性質のある, …として」の意の形容詞を造る: declamatory, introductory, preparatory. 〚ME *-orie* □ AF *-ori* (F *-oir*) □ L *-ōrius* (masc.): ⇨ -or², -y¹〛

-o·ry[2] /ˌ-⁻ɔ:ri, ⁻(ə)ri | (ə)ri/ *suf.*「ある目的のための場所・物」の意の名詞を造る: dormitory, factory, laboratory. 〚ME *-orie* □ AF *-orie* (fem.) (F *-oire*) □ L *-ōrium* (neut.): ↑〛

or·yx /ɔ́(:)rɪks, ɑ́(:)r- | ɔ́r-/ *n.* (*pl.* ~**·es**, ~) 〘動物〙オリックス《アフリカ産のオリックス属 (*Oryx*) の大形のレイヨウの総称; ゲムズボック (gemsbok), ベイサオリックス (beisa) など》. 〚(c1390) ← NL ~ ← L ~ □ Gk *órux* pickaxe, antelope: 角がつるはしに似ていることから〛

o·ryz- /ɔ:ráɪz/ (母音の前にくるときの) oryzo- の異形.

o·ry·zi- /ɔ:ráɪzɪ̣, -zi/ oryzo- の異形 (⇨ -i-).

o·ry·zo- /ɔ:ráɪzoʊ | -zəʊ/「米 (rice)」の意の連結形. ★ 形に oryzi-, また母音の前では通例 oryz- になる. 〚← NL ~ ← L *oryza* rice □ Gk *óruza*: cf. rice〛

or·zo /ɔ́ədzoʊ, -tsoʊ | ɔ́:dzəʊ, -tsəʊ; *It.* ɔ́rdzo/ *n.* オルゾー《米粒状のスープ用パスタ》. 〚□ It. ~ 'barley' < L *hordeum*〛

os[1] /ɑ́(:)s | ɔ́s/ *L. n.* (*pl.* **os·sa** /ɑ́(:)sə | ɔ́sə/) 〘解剖・動物〙骨 (bone). 〚(?a1425) □ L *os*〛

os[2] /óʊs, ɑ́(:)s | əʊs, ɔ́s/ *n.* (*pl.* **o·ra** /ɔ́:rə/) 〘解剖〙口, 穴: per ~ 経口の, 内用の. 〚(1737) □ L *ōs*: ⇨ oral〛

os[3] /óʊs | ə́ʊs/ *n.* (*pl.* **o·sar** /óʊsaə | ə́ʊsɑ:(r)/ ★ 《英》では **os** (*sing.*), **osar** (*pl.*) よりも **osar** (*sing.*), **osars** (*pl.*) という方が普通) 〘地質〙オース, エスカ《氷河下の河流作用でできる砂礫(されき)堆積(たいせき)物; 特に, 長い堤防状のもの; esker ともいう》. 〚(1854) □ Swed. *ås* (pl. *åsar*) ridge < ON *āss* ← IE **om(e)sos* shoulder (L *humerus* shoulder)〛

os 《略》〘海事〙ocean station 洋上基地; 〘機械〙oil switch; only son; 〘銀行〙on spot 現物渡し; 〘商業〙on sample; 〘銀行〙outstanding 未払いの.

Os 《記号》〘化学〙osmium.

OS 《略》〘演劇〙offstage; Old Saxon; Old Series; 〘暦法〙Old Style (cf. NS); old school; 〘処方〙*L.* oculus sinister 左眼 (left eye); 〘電算〙operating system; 〘海事〙ordinary seaman (=OD); ordnance survey; out of stock; Output Secondary; outsize.

o/s 《略》〘商業〙on sale; 〘商業〙out of service; out of stock; outsize; outstanding.

OSA 《略》*L.* Ōrdō Sānctī Augustīnī アウグスチノ会 (Order of St. Augustine).

O·sage[1] /oʊséɪdʒ | əʊ-⁻/ *n.* [the ~] オーセージ(川)《米国 Kansas 州東部から東流して Missouri 川に合流する (800 km)》.

O·sage[2] /oʊséɪdʒ | əʊ-⁻/ *n.* (*pl.* ~, **O·sag·es**) **1 a** [the ~(s)] オーセージ族《もと Osage 河畔に住んでいたアメリカインディアン》. **b** オーセージ族の人. **2** オーセージ語《Siouan 語族に属する》. **3** 〘植物〙=Osage orange. 〚(1698) □ N-Am.-Ind. (Osage) *Wazhazhe* (部族名)〛

Ósage órange [ápple] *n.* 〘植物〙米国 Arkansas 地方産のクワ科の木の一種 (*Maclura pomifera*)《生垣に用いる》; その実《食べられない》. 〚(1817): ⇨ Osage[1,2]〛

osar *n.* **1** os³ の複数形. **2** 《英》〘地質〙=os³.

o·sa·zone /óʊsəzòʊn, ɑ́(:)s- | ə́ʊsəzə̀ʊn, ɔ́s-/ *n.* 〘化学〙オサゾン《アルドースまたはケトースにフェニルヒドラジン 2 分子が作用して生じる化合物》. 〚(1888) ← (GLUC)OS(E)+AZO-+-ONE〛

OSB 《略》*L.* Ōrdō Sānctī Benedictī ベネディクト会 (Order of St. Benedict).

Os·bert /ɑ́(:)zbət | ɔ́zbə(:)t/ *n.* オズバート(男性名). ★ 19 世紀に流行した. 〚OE *Ōsbeorht* ← *ōs* god+*beorht* 'BRIGHT'〛

Os·born /ɑ́(:)zbən, -bɔən | ɔ́zbɔ:n, -bən/ *n.* オズボーン(男性名). 〚□ OE *Ōsbeorn* ← *ōs* god+*beorn* man〛

Osborn, Henry Fairfield /féəfi:ld | féə-/ *n.* オズボーン (1857–1935; 米国の古生物学者).

Os·borne /ɑ́(:)zbən, -bɔən | ɔ́zbən, -bɔ:n/, **John (James)** *n.* オズボーン (1929–94; 英国の劇作家・俳優,

O

Angry Young Men の代表的人物の一人; *Look Back in Anger* (1956)》.

Osborne, Thomas Mott *n.* オズボーン《1859–1926; 米国の刑務所改良家》.

osc. 《略》oscillate; oscillating; oscillator.

Os·can /á(ː)skən | ɔ́s-/ *n.* **1** オスク人《イタリア Campania 地方に住んでいた古代民族の人》. **2** オスク語《Italic 語派に属する》. — *adj.* オスク人[語]の. 〘adj.: 《1598》; n.: 《1753》← L *O(p)scī* the Oscans (pl.) 《原義》? worshipers of Ops ← *Ops* 'goddess of harvest, OPS': ⇨ -an[1]〙

os·car /á(ː)skə | ɔ́skə(r)/ *n.* 〖魚類〗オスカー (*Astronotus ocellatus*)《南米原産のカワスズメ科の淡水魚; 稚魚はビロードのような茶色で, 成魚は多彩; 人気が高い観賞魚; oscar cichlid ともいう》.

Os·car[1] /á(ː)skə | ɔ́skə(r); *F.* ɔskaːʁ, *G.* ɔ́skaʁ, *Sp., Am.Sp.* oskár, *Braz.* oskár/ *n.* オスカー《男性名》. 〘OE *Osgar* ← *ōs* god＋*gār* spear〙

Os·car[2] /á(ː)skə | ɔ́skə(r)/ *n.* **1 a** オスカー《Hollywood において毎年その年度の最優秀の演出・演技・製作・撮影などに対し映画芸術科学アカデミー (AMPAS) から授与される金色の小像; cf. Academy award》. **b** 《毎年授与される》最優秀賞. **2** 〖通信〗文字 O を表す通信コード. **3** [o-] 《豪俗》金 (money). 〘1: 《1936》映画芸術科学院の書記がこの小像を見て 'He reminds me of my Uncle *Oscar*.' と言ったことからとされる. 3: 《1919》← *John S. H. Oscar Asche* (1871–1936: オーストラリアの俳優): Asche と cash との押韻俗語〙

Óscar II *n.* オスカル二世《1829–1907; スウェーデン王 (1872–1907) 兼ノルウェー王 (1872–1905)》.

Os·ce·o·la /à(ː)sióulə, òus- | ɔ̀siə́u-, əus-/ *n.* オシオーラ《1804?–38; アメリカインディアン Seminole 族の酋長》.

os·cil·late /á(ː)səlèɪt | ɔ́sɪ̀-/ *vi.* **1 a** 《振子のように周期的に》振動する (⇨ swing SYN). **b** 《2 点間を》行ったり来たりする[旅行する], 往復する. **2 a** 〈心・意見などが〉動揺する (fluctuate), ぐらつく (waver): ~ *between* two opinions 二つの意見の取捨に迷う / ~ *between* resignation and hope あきらめと希望の間を揺れ動く. **b** 〈情勢が〉変動する. **3** 〖物理〗〈振子が〉振動する. **4** 〖数学〗振動する. **5** 〖通信〗〈無線受信機が〉《故障または誤操作から》電磁波を輻射する, 雑音を出す. **6** 〖電気〗発振する. — *vt.* **1** 振動させる; 動揺させる. **2** 〖電気〗発振させる. 〘《1726》← L *ōscillātus* (p.p.) ← *ōscillāre* to swing ← ? *ōscillum* swing, 《原義》a mask of Bacchus hung from a tree in a vineyard (dim.) ← *ōs* face, mouth: ⇨ -ate[3]〙

O

ós·cil·làt·ing cúrrent /-tɪŋ- | -tɪŋ-/ *n.* 〖電気〗振動電流. 〘《1906》↑〙

óscillating èngine *n.* 〖機械〗筒振り機関. 〘1821〙

óscillating úniverse thèory *n.* 〖天文〗振動宇宙論《宇宙は膨張と収縮を繰り返すとする理論》.

os·cil·la·tion /à(ː)səléɪʃən | ɔ̀sɪ̀-/ *n.* **1** 《周期的な》振動 (vibration); 《振動の》ひと振り. **2** 《心・意見などの》動揺, 変動; ためらい, 迷い. **3** 〖電気〗発振, 電気振動 (electric oscillation). **4** 〖数学〗**a** 振幅《関数の, ある区間における上限と下限との差》. **b** 振動《1 点を含む区間における振幅の, 区間の長さが 0 に近づいた時の極限; saltus ともいう》. **5** 〖物理〗振動. **~·al** /-ʃnəl, -ʃənl⁻/ *adj.* 〘《1658》□ L *ōscillātiō(n-)*: ⇨ oscillate, -ation〙

oscillation circuit *n.* 〖電気〗発振回路. 〘《1906》: ⇨ oscillatory circuit〙

ós·cil·là·tor /-tə | -tə(r)/ *n.* **1** 〖電気〗振動子; 発振器. **2** 振動する物, 動揺する人. 〘《1835》← NL ~: ⇨ oscillate, -or[2]〙

os·cil·la·to·ry /á(ː)sələtɔ̀ːri | ɔ́sɪlətəri, -tri, -lèɪtəri/ *adj.* 振動する; 動揺する. 〘《1738》← NL *ōscillātōrius* ← L *ōscillātus*: ⇨ oscillate, -ory[1]〙

óscillatory círcuit *n.* 〖電気〗振動性回路. 〘1905〙

óscillatory cúrrent *n.* 〖電気〗＝oscillating current. 〘1973〙

óscillatory díscharge *n.* 〖電気〗振動性放電.

os·cil·lo- /á(ː)sílou, ə́s- | əsíləu, ɔs-/ 「《電流などの》振動, 波形」の意の連結形. 〘← L *ōscillum* swing: ⇨ oscillate〙

os·cil·lo·gram /ɑ(ː)síləgræ̀m, əs- | əsílə(u)-, ɔs-/ *n.* 〖電気〗オシログラム《オシログラフ (oscillograph) で記した図形》. 〘《1903》: ⇨ ↑, -gram〙

os·cil·lo·graph /ɑ(ː)síləgræ̀f, əs- | əsílə(u)grɑ̀ːf, ɔs-, -græ̀f/ *n.* **1** 〖物理〗オシログラフ, 振動記録器. **2** 〖電気〗オシログラフ《電流・電圧などの変化をブラウン管上の映像記録紙上の曲線などとして表示する装置》. **os·cil·lo·graph·ic** /əsìləgræ̀fɪk | ɔsìlə(u)-, əs-⁻/ *adj.* **os·cil·lo·gráph·i·cal·ly** *adv.* **os·cil·log·ra·phy** /ɑ̀(ː)səlɑ́(ː)grəfi | ɔ̀sɪlɔ́g-/ *n.* 〘《1874》□ F *oscillographe*: ⇨ oscillo-, -graph〙

os·cil·lo·scope /ɑ(ː)síləskòup, əs- | əsílə(u)skə̀up, ɔs-/ *n.* 《廃》〖電気〗**1** オシロスコープ《信号電圧の波形を観測する装置》. **2** ＝oscillograph 2. **os·cil·lo·scop·ic** /ɑ(ː)sìləskɑ́pɪk, əs- | əsìləskɔ́p-, ɔs-⁻/ *adj.* **os·cil·lo·scóp·ical·ly** *adv.* 〘《1926》← OSCILLO-＋-SCOPE〙

os·cine /á(ː)sən, -sn̩, -saɪn | ɔ́saɪn/ *adj., n.* 〖鳥類〗鳴禽(きん)類の(鳥). 〘《1883》← NL *Oscinēs* (pl.) ← L *oscin, oscen* singing bird ← *os-* 'OB-'＋*canere* to sing〙

os·ci·tant /á(ː)sətənt | ɔ́sɪt-/ *adj.* **1** あくびする (yawning). **2** 眠い (drowsy); ぼんやりした (dull, inattentive). **os·ci·tan·cy** /á(ː)sətənsi | ɔ́sɪt-/ *n.* **ós·ci·tance** *n.* 〘《1625》□ L *ōscitantem* (pres.p.) ← *ōscitāre* to gape, yawn ← *ōs* mouth＋*citāre* to move (freq.) ← *ciēre*〙

os·ci·ta·tion /ɑ̀(ː)sətéɪʃən | ɔ̀sɪ-/ *n.* **1** あくび; 眠け. **2** 《眠気による》不注意 (inattention). 〘《1547》□ L *ōscitātiō(n-)*: ⇨ ↑, -ation〙

Òs·co-Úmbrian /à(ː)skou- | ɔ̀skəu-⁻/ *adj., n.* 〖言語〗オスクウンブリア語群(の)《Italic 語派に属し Oscan 語・Umbrian 語を含む》. 〘《1894》*Osco-*: 《連結形》← OSCAN〙

oscula *n.* osculum の複数形.

os·cu·lant /á(ː)skjulənt | ɔ́s-/ *adj.* **1** 《2 者の中間にある; (特に)〖生物〗2 種族に共通の特徴をもっている, (2 種族を結ぶ)中間的な: an ~ genus (二属を結ぶ)中間属. **2** 〖動物〗〈血管が〉吻合する. 〘《1826》□ L *ōsculantem* (pres.p.) ← *ōsculārī* to kiss: ⇨ osculum〙

os·cu·lar /á(ː)skjulə | ɔ́skjulə(r)/ *adj.* **1** 《戯言》キス[接吻]の[に関する]. **2 a** 〖動物〗osculum の. **b** 口の. 〘《1828》← NL *ōsculāris* ← L *ōsculum*: ⇨ osculum, -ar[1]〙

os·cu·late /á(ː)skjulèɪt | ɔ́s-/ *vt.* **1** 《戯言》…にキスする (kiss). **2** 〖数学〗《接点において》三つ以上の点を共有するように接させる. — *vi.* **1** 《戯言》キスする. **2** 〖生物〗《中間属などによって》相接する. **3** 〖数学〗《曲線と曲線[面]とがそこで 3 点以上を共有するように》接する. 〘《1656》← L *ōsculātus* (p.p.) ← *ōsculārī* to kiss ← *ōsculum* 'OSCULUM'〙

ós·cu·làt·ing círcle /-tɪŋ- | -tɪŋ-/ *n.* 〖数学〗接触円《曲線に接触する円; 中心は法線上にあり, 半径は曲線の曲率半径に等しい》. 〘1816〙

ósculating pláne *n.* 〖数学〗接触平面《曲線に接触する平面》. 〘1865〙

os·cu·la·tion /ɑ̀(ː)skjuléɪʃən | ɔ̀s-/ *n.* **1** 《戯言》キス[接吻]すること (kissing); キス, 接吻 (kiss). **2** 〖数学〗《そこで 3 点以上を共有するような》接し方《tacnode ともいう》; points of ~ 接点. 〘《1658》□ L *ōsculātiō(n-)*: ⇨ osculate, -ation〙

os·cu·la·to·ry /á(ː)skjulətɔ̀ːri | ɔ́skjulətəri, -tri, -lèɪtəri/ *adj.* キス[接吻]の[に関する]. — *n.* 〖カトリック〗親睦の抱擁 (pax). 〘《1763》□ ML *ōsculātōrium*: ⇨ osculate, -ory[1]〙

os·cu·lum /á(ː)skjuləm | ɔ́s-/ *n.* (*pl.* **-cu·la** /-lə/) 〖動物〗《海綿の》口, 排水孔; 《条虫の》吸着器官, 吸盤. 〘《1612》□ L *ōsculum* little mouth, kiss (dim.) ← *ōs* mouth: ⇨ -cule〙

OSD 《略》*L.* Ōrdō Sānctī Dominicī ドミニコ修道会 (Order of St. Dominic); Optical Scanning Device 光学走査装置.

-ose[1] /⁻⁻òus, ⁻òus | ⁻⁻əus, ⁻əus/ *suf.* 「多い, もっぱら, …性の」の意の形容詞を造る: bellic*ose*, joc*ose*, verb*ose*. 〘ME *-osus* □ L *-ōsus* abounding in〙

-ose[2] /⁻⁻òus, ⁻òus, ⁻⁻òuz, ⁻òuz | ⁻⁻əus, ⁻əus/ *suf.* 〖化学〗次の意味を表す名詞を造る: **1** 「炭水化物, (特に)糖」: cellul*ose*, fruct*ose*. **2** 「第一次加水分解によって生じたもの」: prote*ose*. 〘□ F ~: GLUCOSE からの類推〙

O·see /óusi, -zi | əu-/ *n.* (Douay Bible での) Hosea のラテン語式語形.

Ö·sel /*G.* ǿːzl/ *n.* エーゼル《Saaremaa のドイツ語名》.

OSerb 《略》Old Serbian.

-oses *suf.* -osis の複数形.

OSF 《略》*L.* Ōrdō Sānctī Franciscī フランシスコ修道会 (Order of St. Francis); 〖電算〗Open Software Foundation オープンソフトウェア協議会《1988 年大手コンピューターメーカーが参加して設立; UNIX の国際規格制定・技術開発に携わる; 後に ORG 94 と改称》.

Os·good /á(ː)zgud | ɔ́z-/ *n.* オズグッド《男性名》. 〘lateOE *Ōsgod* ← ? *ōs* god＋*gōd* 'GOOD'〙

Osh /á(ː)ʃ | ɔ́ʃ/ *n.* オシ《キルギスタン南西部の都市; 市の西にある丘 Takht-i-Suleyman (ソロモンの王座)は長らくイスラム教徒の巡礼の地だった》.

OSHA /óuʃə, á(ː)ʃə | əuʃə, ɔ́ʃə/ *n.* 《米》労働安全衛生局《労働省の一局》. 〘《1971》《頭字語》← *O(ccupational) S(afety and) H(ealth) A(dministration)*〙

Osh·a·wa /á(ː)ʃəwə, -wɔ̀ː | ɔ́ʃəwə/ *n.* オシャワ《カナダ Ontario 州南東部, Ontario 湖に臨む都市; 自動車産業の地》.

Osh·kosh /á(ː)ʃkɑ(ː)ʃ | ɔ́ʃkɔʃ/ *n.* オシュコシュ《米国 Wisconsin 州東部の都市》. 〘← *Oshkosh* (1795–1850: Menomini 族の酋長)〙

O·shog·bo /ouʃá(ː)gbou | əʃɔ́gbəu/ *n.* オショグボ《ナイジェリア南西部の都市; 商業の中心地》.

OSI /óuèsáɪ | əu-/ 《略》〖電算〗open systems interconnection 開放型システム間(相互)接続《他機の情報機器との相互運用を確保するための国際的基準》.

o·sier /óuʒə | əuziə(r), -ʒə(r)/ *n.* **1 a** 〖植物〗ヤナギ《ヤナギ属 (*Salix*) の植物の総称; red osier など家具やバスケットに用いられる; cf. basket osier》. **b** ヤナギの枝《かご細工に用いる》. **2** 《米》〖植物〗＝dogwood. — *adj.* [限定的] ヤナギ(製)の; ヤナギ細工の: an ~ basket, chair, etc. 〘《?a1300》□ (O)F ~ 'willow' < ML *ausēria* willow bed ← Gaul. **ausea* river-bed〙

ósier-bèd *n.* ヤナギ畑.

O·si·jek /óusijèk | ɔ́si-; *Croat.* ôsijek/ *n.* オシエク《クロアチア東部, Drava 川に臨む都市; 旧名 Mursa》.

O·sir·is /ousáɪrɪs | ə(u)sáɪ(ə)rɪs, ɔs-/ *n.* 〖エジプト神話〗オシリス《古代エジプトの主神の一人; 冥界の神で, 死と復活を司る; Isis の夫で兄; 独特の縦長の冠をかぶった姿で表される》. **O·sír·i·an** /-riən/ *adj.* 〘□ L *Osīris* □ Gk *Osīris* □ Egypt. *Ás-ār*: cf. Isis〙

Osiris

-o·sis /óusɪ̀s | əusɪs/ *suf.* (*pl.* **-o·ses** /-siːz/, **~·es**) ギリシャ語系名詞語尾で多く病名や修辞学の術語に用いる (cf. -asis, -sis). **1** 過程・状態を表す: metamorph*osis*, neur*osis*, tubercul*osis*. **2** 増加・形成を表す: leuk*osis*. 〘ME □ L *-ōsis* □ Gk〙

-os·i·ty /á(ː)səti | ɔ́sɪ̀ti/ *suf.* -ose[1], -ous に終わる形容詞に対応する名詞を造る: joc*osity* (← jocose) / lumin*osity* (← luminous). 〘□ F *-osité* // L *-ōsitātem*: ⇨ -ose[1], -ous, -ity〙

Os·kar /á(ː)skə | ɔ́skə(r); *G.* ɔ́skaʁ/ *n.* オスカー《男性名》. 〘⇨ Oscar[1]〙

OSlav 《略》Old Slavic.

Os·ler /óuslə, óuz- | əuzlə(r), əus-/, **Sir William** *n.* オスラー《1849–1919; カナダの医学者; 米国諸大学で教鞭をとり, のち Oxford 大学の名誉教授》.

Os·lo /á(ː)zlou, á(ː)s- | ɔ́zləu, ɔ́s-; *Norw.* úslù/ *n.* オスロ《ノルウェー南東部の海港で同国の首都; 以前は Christiania (1624–1877), Kristiania (1877–1924) といわれていたが 1925 年に改称》. 〘□ Swed. ~ ← ON *oss* 《変形》← *áss* god)＋L *lūcus* sacred grove〙

OSM 《略》〖カトリック〗*L.* Ōrdō Servōnum Mariae 聖母マリア下僕会 (Order of the Servants of Mary) (cf. Servite).

osm- /á(ː)zm | ɔzm/ 《母音の前にくるときの》osmo-[1] の異形.

-os·ma /á(ː)zmə, á(ː)s- | ɔ́z-/ 〖植物〗《分類上の属名に用いて》「…の(ような)香りをもつもの」の意の名詞連結形: Co*prosma*. 〘← NL ~ ← Gk *osmḗ* smell〙

Os·man /á(ː)zmaːn, á(ː)s- | ɔzmáːn, ɔs-; *Turk.* osmán/ *n.* オスマン(一世)《1259–1326; オスマン帝国 (Ottoman Empire) の建国者で, ルームセルジューク朝から独立 (1299 頃)》.

Os·man·li /ɑ(ː)zmǽnli, ɑ(ː)s-, -máːn- | ɔz-, ɔs-/ *n.* **1** オスマン帝国の人 (Ottoman). **2** ＝Turkish 1. — *adj.* **1** オスマン帝国の (Ottoman). **2** オスマントルコ語の. 〘《1813》□ Turk. ~ (adj.) ← *Osman* (↑)〙

os·mate /á(ː)zmɪ̀t, -meɪt | ɔ́z-/ *n.* 〖化学〗オスミウム[オスミン]酸塩, オスミウム[オスミン]酸エステル. 〘《1852》← OSM(IC)＋-ATE[1]〙

os·mat·ic /ɑ(ː)zmǽtɪk | ɔzmǽt-/ *adj.* 〖動物〗嗅覚(きゅうかく)で方向を知る (cf. optic): an ~ animal. 〘《1890》← OSMO-[2]＋-ATIC〙

os·me·te·ri·um /ɑ̀(ː)zmətí(ə)riəm | ɔ̀zmɪtíər-/ *n.* (*pl.* **-ri·a** /-riə/) 〖昆虫〗臭角《アゲハチョウ科のチョウの幼虫の前胸部にある二股の突起; 不快なにおいを出す》. 〘《1816》← NL ~ ← Gk *osmḗ* smell〙

os·mic /á(ː)zmɪk | ɔ́z-/ *adj.* 〖化学〗オスミウム (osmium) の[から採った], 高原子価のオスミウムを含む (cf. osmous): ⇨ osmic acid. 〘《1842》← OSM(IUM)＋-IC[1]〙

ósmic ácid *n.* 〖化学〗オスミウム酸, オスミン酸 (H_2OsO_4)《塩類, あるいは二酸化オスミウムの水和物として存在する》. 〘1877〙

os·mics /á(ː)zmɪks | ɔ́z-/ *n.* 嗅覚学. 〘《1922》← Gk *osmḗ* odor＋-ICS〙

os·mi·dro·sis /ɑ̀(ː)zmədróusɪ̀s | ɔ̀zmɪdráusɪs/ *n.* (*pl.* **-dro·ses** /-siːz/) 〖病理〗臭汗症 (bromidrosis). 〘← NL ~: ⇨ osmo-[1], -idrosis〙

os·mi·ous /á(ː)zmiəs | ɔ́z-/ *adj.* 〖化学〗＝osmous. 〘《1849》← OSMIUM＋-OUS〙

os·mi·rid·i·um /ɑ̀(ː)zmərídiəm | ɔ̀zmɪríd-/ *n.* 〖化学〗＝iridosmine. 〘《1880》□ G ~: ⇨ osmo-[2], iridium〙

os·mi·um /á(ː)zmiəm | ɔ́z-/ *n.* 〖化学〗オスミウム《金属元素の一つ; 記号 Os, 原子番号 76, 原子量 190.2》. 〘《1804》← NL ~ ← Gk *osmḗ* 'smell, ODOR'＋-IUM: その四酸化物の強烈な臭気から〙

ósmium tetróxide *n.* 〖化学〗四酸化オスミウム (OsO_4)《強力な酸化剤; 悪臭をもち, 有毒》. 〘1876〙

os·mo-[1] /á(ː)zmou, á(ː)s- | ɔ́zməu, ɔ́s-/ 〖生理・化学〗「浸透(性のある)」の意の連結形: *osmo*meter. 〘← OSMOSE〙

os·mo-[2] /á(ː)zmou | ɔ́zməu/ 次の意味を表す連結形: **1** 「におい・香り (odor)」: *osmo*scope. **2** 〖化学〗「オスミウム (osmium) を含む」: *osmo*philic. ★ 母音の前では通例 osm- になる. 〘□ Gk ~ ← *osmḗ* smell〙

os·mol /á(ː)zmɔ(ː)ɫ, á(ː)s- | ɔ́zmɔɫ, ɔ́s-/ *n.* 〖化学〗オスモル《浸透圧の規準単位》. **os·mo·lal** /ɑ(ː)zmóuləl, ɑ(ː)s- | ɔzmə́u-, ɔs-/ *adj.* 〘《1942》《混成》← OSMOTIC＋MOLE〙

os·mo·lal·i·ty /ɑ̀(ː)zmələ́ləti, ɑ̀(ː)s- | ɔ̀zməlǽlɪ̀ti, ɔ̀s-/ *n.* オスモル濃度. 〘1959〙

os·mo·lar /ɑ(ː)zmóulə, ɑ(ː)s- | ɔzmə́ulə(r), ɔs-/ *adj.* 〖物理・化学〗＝osmotic. 〘《1942》← *osmotic*＋MOLAR (← OS(MOSIS)＋MOL)＋-AR[1]〙

os·mom·e·ter /ɑ(ː)zmɑ́(ː)mətə, ɑ(ː)s- | ɔzmɔ́mɪ̀tə(r), ɔs-/ *n.* 〖物理・化学〗浸透圧計. 〘《1854》← OSMO-[1]＋METER[2]〙

os·mom·e·try /ɑ(ː)zmá(ː)mətri, ɑ(ː)s- | ɔzmɔ́mɪ̀tri/ *n.* 〖物理・化学〗浸透圧計測. **os·mo·met·ric** /à(ː)zməmétrɪk, à(ː)s- | ɔ̀zmə(ʊ)-, ɔ̀s-⁻/ *adj.* **òs·mo·mét·ri·cal·ly** *adv.* 〘(1913) ← OSMO-²＋-METRY〙

Os·mond /á(ː)zmənd | ɔ́z-/ *n.* オズモンド《男性名》. 〘OE *Osmund* ← *ōs* god＋*mund* protection〙

òsmo·regulátion *n.* 〖動物〗浸透圧調節《動物体内の浸透圧が常に一定に調節されていること》. 〘1931〙

òsmo·régulatory *adj.* 〖生物〗浸透(圧)調節性の. 〘1911〙

os·mose /á(ː)zmous, á(ː)s- | ɔ́zməʊs/ *n.* 〖物理・化学〗＝osmosis 1. ― *vt.* 〖化学〗透析する. ― *vi.* 〖物理・化学〗浸透する. 〘(1854)《廃》*endosmose* 'ENDOSMOSIS' と《廃》*exosmose* 'EXOSMOSIS' の共通要素を取って造った T. Graham (19 世紀のスコットランドの化学者)の造語: cf. osmosis〙

os·mo·sis /ɑ(ː)zmóusɪ̀s, ɑ(ː)s- | ɔzmə́ʊsɪs, ɔs-/ *n.* (*pl.* **os·mo·ses** /-siːz/) **1** 〖物理・化学〗浸透 (cf. endosmosis, exosmosis). **2** しみこむこと; (知識・考えなどの)浸透, 普及: learn languages by ～ 徐々に言語を習得する. 〘(1867) ← NL ～ ← Gk *ōsmós* a thrusting (← *ōtheîn* to thrust)＋-OSIS〙

os·mo·tax·is /à(ː)zmətǽksɪ̀s, à(ː)s- | ɔ̀zmə(ʊ)tǽksɪs, ɔ̀s-/ *n.* 〖生物〗走濃性, 走稠(ちゅう)性《浸透圧が刺激となると考えられる走性 (taxis) の一種》. 〘← NL ～: ⇨ osmo-¹, -taxis〙

os·mot·ic /ɑ(ː)zmá(ː)tɪk, ɑ(ː)s- | ɔzmɔ́t-, ɔs-/ *adj.* 〖物理・化学〗浸透の, 浸透性の. **os·mót·i·cal·ly** *adv.* 〘(1854): ⇨ osmosis, -otic¹〙

osmótic préssure *n.* 〖物理・化学〗浸透圧. 〘1888〙

osmótic shóck *n.* 〖生物〗浸透圧ショック《急激に浸透圧を変えること》. 〘1950〙

os·mous /á(ː)zməs | ɔ́z-/ *adj.* 〖化学〗オスミウム (osmium) の, 低原子価のオスミウムを含む (cf. osmic). 〘(1849) ← OSM(IUM)＋-OUS〙

os·mund /á(ː)zmənd | ɔ́z-/ *n.* 〖植物〗＝royal fern. 〘(1578) ◻ AF *osmunde*＝(O)F *osmonde* ← ?〙

os·mun·da /ɑ(ː)zmʌ́ndə | ɔz-/ *n.* 〖植物〗ゼンマイ《シダ類ゼンマイ属 (*Osmunda*) の植物の総称; ゼンマイ (*O. japonica*), ヤマドリゼンマイ (*O. cinnamomea*) など; 若葉は食用》. 〘(1789) ← NL ← ML ～ ← (O)F *osmonde* (↑)〙

os·mun·dine /ɑ(ː)zmʌ́ndiːn | ɔz-/ *n.* 〖園芸〗オズマンディン《ラン類の鉢植えの際の定着剤として用いるヤマドリゼンマイ (*Osmunda cinnamomea*) などシダ類の根》. 〘⇨ osmunda, -ine³〙

Os·na·brück /á(ː)znəbrʊ̀k | ɔ́z-; *G.* ɔsnabʁʏ́k/ *n.* オスナブリュック《ドイツ北西部 Lower Saxony 州の工業都市; 中世ハンザ同盟の一員》.

Os·na·burg /á(ː)znəbə̀ːg | ɔ́znəbə̀ːg/ *n.* オスナブルグ《粗布の一種; 本来は目の粗い黄麻布のことであったが, 現在は綿の粗い生地織物をいう; 芯地などに用いる》. 〘↑〙

OSO /òuèsóu | ə̀ʊèsə́ʊ/《略》Orbiting Solar Observatory 太陽観測(無人)衛星 (cf. OGO).

o·so·ber·ry /óusəbèri | ə́ʊsəb(ə)ri/ *n.* 〖植物〗北米西部産のバラ科の低木 (*Osmaronia cerasiformis*); その青黒色のサクランボに似た核果. 〘(1884) ← Sp. *oso* bear (< L *ursum*)＋BERRY〙

OSp《略》Old Spanish.

o.s.p.《略》〖法律〗*L.* obiit sine prōle 嗣子なくして死す (he died without issue).

ós pénis /á(ː)s- | ɔ́s-/ *n.* 〖動物〗(ヒト以外の哺乳動物にある)陰茎骨 (baculum). 〘*OS*: ◻ L ～ 'bone'〙

os·prey /á(ː)spri, -preɪ | ɔ́s-/ *n.* **1** 〖鳥類〗ミサゴ (*Pandion haliaetus*)《魚を捕食するタカの一種; fish hawk ともいう》. **2** (婦人帽子用)白さぎの飾り羽毛. 〘(*c*1450) *osprai* ◻ AF *ospriet* (F *orfraie*) ← ML *avis prede* bird of prey＝L *avis praedae*: ⇨ aviary, prey〙

OSS《略》Office of Strategic Services (米国の)戦略事務局《CIA の前身》; Overseas Service.

ossa *n.* os¹ の複数形.

Os·sa /á(ː)sə | ɔ́sə/ *n.* オッサ(山)《ギリシャの Thessaly にある山 (1,978 m)》. ***héap Pélion upòn Óssa*** ⇨ Pelion 成句. 〘◻ L ～ ◻ Gk *Óssa*〙

os·se·in /á(ː)siɪ̀n | ɔ́siɪn/ *n.* 〖生化学〗骨素《弱酸処理によって骨から無機質を取り除いた後の有機成分》. 〘(1857) ← OSSI-＋-IN²〙

os·se·let /á(ː)səlɪ̀t, -sl- | ɔ́s-/ *n.* 〖獣医〗**1** 馬の膝内面の外骨腫《馬の膝の内側もしくはけづめ毛突起の外側に生じる硬い小瘤塊》. **2** 足根骨または手根骨を構成する小さい骨の一つ. 〘(1686) ◻ F ～《原義》small bone ← OF *ossel* (← *os* bone)＋-ET〙

os·se·ous /á(ː)siəs | ɔ́s-/ *adj.* **1** 骨から成る, 骨を含む; 骨に似た. **2** 〖魚類〗＝teleost. **～·ly** *adv.* 〘(?*a*1425) ← L *osseus* bony ← *os* bone: ⇨ os¹, -ous〙

Os·set /á(ː)sɪ̀t | ɔ́s-/ *n.* (*also* **Os·sete** /～/) オセット人《Caucasus 中央部の, イスラム教とキリスト教の混交宗教を信奉するアーリア人》.

Os·se·tia /ɑ(ː)séʃiə, -síːʃə | ɔséʃiə, ɔsíːʃə/ *n.* オセチア《ロシア連邦とグルジア共和国とにまたがる Caucasus の一地方》. **Os·sé·tian** /-ʃiən, -ʃən | -tiən, -ʃə/ *adj.* 〘◻ Georg. *Owset'i* ← *As* (Sarmatia 地方に住んだ部族名)〙

Os·set·ic /əsétɪk | ə(ʊ)sét-/ *n.* オセット語《オセット人の用いるイラン語系の言語》.

Os·si /á(ː)si | ɔ́si/ *n.* (*pl.* **～es, ～s**)《口語》[ドイツでしばしば軽蔑的に] (旧)東独人《もと東ドイツだった地域の住民》. 〘◻ G ～《略》? ← *Ostdeutsche* // *ost* east〙

os·si- /á(ː)sɪ̀, -si | ɔ́s-/「骨 (bone)」の意の連結形. 〘◻ L *oss-*: ⇨ osseous〙

os·si·a /ousíːə | ə(ʊ)-/ *conj.* 〖音楽〗あるいは次のように《楽譜上の指示》. 〘◻ It. ～ ← *o sia* or let it be〙

Os·sian /á(ː)ʃən, á(ː)siən | ɔ́siən/ *n.* 〖アイルランド伝説〗オシアン《アイルランドおよびスコットランド高地の 3 世紀頃の伝説的人物; 詩人で勇士であったといわれる; 彼の詩の訳と称する叙事詩が James Macpherson によって発表された (1762?–63); cf. Oisin》. 〘◻ Gael. *Oisin* (dim.) ← *os* fawn〙

Os·si·an·ic /à(ː)ʃiǽnɪk, à(ː)ʃi- | ɔ̀s-⁻/ *adj.* オシアン (Ossian) 風の; 表現の大げさな.

os·si·cle /á(ː)sɪkl̩ | ɔ́sɪ-/ *n.* **1** 〖解剖〗小骨. **2** 〖動物〗小片. **os·sic·u·late** /ɑ(ː)síkjʊlèɪt, ɔs- | ɔs-, əs-/ *adj.* **os·si·cu·lar** /ɑ(ː)síkjʊlə, ɔs- | ɔsíkjʊlə(r, əs-/ *adj.* 〘(1578) ◻ L *ossiculum* (dim.) ← *os* bone: ⇨ -cle〙

Os·sie /á(ː)zi, ɔ́(ː)zi | ɔ́zi/ *n., adj.*《英俗》オーストラリア人(の). 〘《変形》← AUSSIE〙

Os·si·etz·ky /à(ː)siétski, ɔ̀(ː)s- | ɔ̀s-; *G.* ɔsiétski/, **Carl von** /káʁl fɔn/ *n.* オシエツキー《1889–1938; ドイツの平和主義者・著述家・強制収容所に監禁中 Nobel 平和賞 (1935)》.

os·sif·er·ous /ɑ(ː)sífərəs | ɔs-/ *adj.* 〈地層など〉骨を含んでいる, 化石骨を出す. 〘(1823) ← OSSI-＋-FEROUS〙

os·sif·ic /ɑ(ː)sífɪk/ *adj.* 骨形成の, 骨を作る. 〘(1676) ← OSSI-＋-FIC〙

os·si·fi·ca·tion /à(ː)səfɪ̀kéɪʃən | ɔ̀sɪ̀fɪ-/ *n.* **1** 〖生理〗骨化(作用); 骨化部. **2** (感情・感覚・思考力・思想などの)硬化, 硬直化, 無感覚化, 固定(状態). **os·sif·i·ca·to·ry** /ɑsífɪ̀kətɔ̀ːri | -fɪkèɪtəri, -kət-/ *adj.* 〘(1697): ⇨ ossify, -fication〙

ós·si·fìed *adj.* **1** 骨化した. **2** 硬化[硬直]した, 型にはまった, 古くさい. 〘(1798): ⇨ ossify, -ed〙

os·si·frage /á(ː)səfrɪdʒ, -frèɪdʒ | ɔ́sɪ̀-/ *n.* 〖鳥類〗**1** ＝osprey. **2** ＝lammergeier. 〘(1601) ◻ L *ossifraga* sea-eagle (fem.) ← *ossifragus* bone-breaking ← *ossi-*, *os* bone＋*frag-* (← *frangere* to break): cf. osprey〙

os·si·fy /á(ː)səfàɪ | ɔ́sɪ̀-/ *vt.* **1** 〖生理〗骨化する. **2** 無情にする, かたくなにする; 因襲的にする, 保守的にする. ― *vi.* **1** 〖生理〗骨化する. **2** 無情になる, かたくなになる; 因襲的になる, 保守的になる. 〘(1713) ◻ F *ossifier* ← L *ossi-*, *os* bone: ⇨ -fy〙

Os·si·ning /á(ː)sənɪŋ, -sn- | ɔ́sɪn-, -sn-/ *n.* オシニング《米国 New York 州南東部 Hudson 河畔の村; 旧名 Sing Sing》. 〘◻ N-Am.-Ind. (Delaware) *ossingsing*《原義》at the standing stone〙

Óssining Corréctional Facílity *n.* オシニング刑務所《Sing Sing 刑務所の旧称》.

os·so bu·co /óusoubúːkou, á(ː)s- | ɔ́səʊbúːkəʊ; *It.* ɔssobúːko/ *It. n.* オッソブーコ《子牛のすね肉をトマト入りのソースで煮込んだ料理》. 〘◻ It. ～ 'marrow bone'〙

os·su·ar·y /á(ː)ʃuèri | ɔ́sjuəri/ *n.* **1 a** 納骨堂. **b** (主に中央アジアのゾロアスター教徒の)骨壺(こつ). **2** 古代人の遺骨が残されているほら穴. 〘(1658) ◻ LL *ossuārium* charnel house ← L (n.) ← *ossuārius* of bones ← L *ossua* (pl.) ← *oss-*, *os* bone: ⇨ os¹, -ary: *mortuārium* 'MORTUARY' からの類推か〙

ost《略》ordinary spring tide.

OST /òuèstíː | əʊ-/《略》Office of Science and Technology (米国の)科学技術局《1973 年廃止; 現在は NSF の一部》.

Os·ta·de /ɔ(ː)stáːdə | ɔstáːdə; *Du.* ɔstáːdə/, **A·dri·aen van** /áːdriaːn vɑn/ *n.* オスターデ《1610–85; オランダの風俗画家・エッチング画家; Frans Hals の弟子, Jan Steen の師, Isaac の兄》.

Ostade, Isaac *n.* オスターデ《1621–49; オランダの風俗画家・エッチング画家; Adriaen の弟》.

os·te- /á(ː)sti | ɔ́s-/ (母音の前にくるときの) osteo- の異形.

os·te·al /á(ː)stiəl | ɔ́s-/ *adj.* **1** 骨の[に関する, のような] (bony); 骨に影響する; 骨から成る. **2** たたくと骨のような音のする. 〘(1877) ← OSTE-＋-AL¹〙

os·tec·to·my /ɑ(ː)stéktəmi | ɔs-/ *n.* ＝osteectomy.

os·te·ec·to·my /à(ː)stiéktəmi | ɔ̀s-/ *n.* 〖外科〗骨切除(術).

Os·te·ich·thy·es /à(ː)stiíkθiìːz | ɔ̀s-/ *n. pl.* 〖魚類〗硬骨魚綱. 〘← NL ～ ← OSTEO-＋Gk *ikhthúes* ((pl.) ← *ikhthúe* fish: cf. ichthus)〙

os·te·i·tis /à(ː)stiáɪtɪ̀s | ɔ̀stiáɪtɪs/ *n.* (*pl.* **os·te·it·i·des** /-tíːtədiːz | -tíːtɪ-/) 〖病理〗骨炎. 〘(1839–47) ← NL ～: ⇨ osteo-, -itis〙

osteítis de·for·mans /-dɪ̀fɔ́ːəmænz | -fɔ́ː-/ *n.* 〖病理〗変形性骨炎 (Paget's disease). 〘*deformans*: L ～ (pres.p.): ⇨ deform〙

Ost·end /ɑ(ː)sténd, ⁻⁻ | ɔsténd/ *n.* オステンデ《ベルギー北西部の港湾都市で保養地, フラマン語名 Oostende /*Flem.* oːsténdə/, フランス語名 Ostende /ɔstɑ̃ːd/》.

os·ten·si·ble /ɑ(ː)sténsəbl̩, əs- | ɔsténsɪ̀-/ *adj.* **1** 表向きの (professed), 表面上の (apparent); うわべだけの, 見せかけの (pretended): one's ～ object 表面上の目的. **2**《古》**a** 人前に出せる, 公表できる. **b** 明白な. **os·tèn·si·bíl·i·ty** /-səbíləti | -sɪ̀bílɪ̀ti/ *n.* **os·tén·si·bly** *adv.* 〘(1762–71) ◻ F ～ ◻ ML *ostensibilis* ← L *ostensus* (p.p.) ← *ostendere* to exhibit, show ← *os-* 'OB-'＋*tendere* to stretch〙

os·ten·sive /ɑ(ː)sténsɪv | ɔs-/ *adj.* **1** はっきり示す, 直示的な. **2** ＝ostensible. **3** 〖哲学〗直示的な. **～·ly** *adv.* 〘(1605) ◻ LL *ostensīvus* ← L *ostensus*: ⇨ ostensible, -ive〙

osténsive definítion *n.* 〖論理〗直示的定義《対象を直接指示する定義; cf. nominal definition, real definition》.

os·ten·so·ri·um /à(ː)stənsɔ́ːriəm | ɔ̀stɛn-, -tən-/ *n.* (*pl.* **-ri·a** /-riə/) 〖カトリック〗＝monstrance. 〘(1760–72) ◻ ML *ostensōrium* ← L *ostensus*: ⇨ ostensible〙

os·ten·so·ry /ɑ(ː)sténsəri | ɔstén-/ *n.* 〖カトリック〗＝monstrance. 〘(1722) ↑〙

os·tent /ɑ(ː)sténτ | ɔs-/ *n.*《まれ》外観, 見せかけ. 〘(1596–97) ◻ L *ostensus*: ⇨ ostensible〙

os·ten·ta·tion /à(ː)stəntéɪʃən | ɔ̀stɛn-, -tən-/ *n.* **1** 見栄, 見せびらかし, 誇示: out of ～ 見栄から, 見栄を張って. **2** (特に, 芸術上の)派手さ, けばけばしさ, 華美. **3**《古》展示, 見せ物, ショー. 〘(1436) ◻ (O)F ～ ◻ L *ostentātiō(n-)* ← *ostentātus* (p.p.)¹ ← *ostentāre* to show off (freq.) ← *ostendere* to exhibit: ⇨ ostensible, -ation〙

os·ten·ta·tious /à(ː)stəntéɪʃəs | ɔ̀stɛn-, -tən-⁻/ *adj.* **1** 見栄を張る, これ見よがしの, 自慢する. **2** 人目を引く, けばけばしい, 華美な. **～·ly** *adv.* **～·ness** *n.* 〘(1673): ⇨ ↑, -ious〙

os·te·o- /á(ː)stiou | ɔ́stiəʊ/「骨 (bone)」の意の連結形. ★ 母音の前では通例 oste- になる. 〘← NL ～ ← Gk ～ ← *ostéon* bone〙

òsteo·arthrítis *n.* 〖病理〗骨関節炎 (degenerative joint disease). **òsteo·arthrític** *adj., n.* 〘1878〙

os·te·o·blast /á(ː)stiəblæ̀st | ɔ́stiə(ʊ)-/ *n.* 〖解剖〗造骨細胞, 骨芽細胞. **os·te·o·blas·tic** /à(ː)stiəblǽstɪk | ɔ̀s-⁻/ *adj.* 〘(1875) ← OSTEO-＋-BLAST〙

os·te·oc·la·sis /à(ː)stiá(ː)kləsɪ̀s | ɔ̀stiɔ́kləsɪs/ *n.* **1** 〖解剖〗骨組織吸収[破壊]. **2** 〖外科〗骨砕き(術), 人為的骨折(術)《いったん骨折を起こさせて骨の変形を治す術》. 〘← NL ～: ⇨ osteo-, -clasis〙

os·te·o·clast /á(ː)stiəklæ̀st | ɔ́stiə(ʊ)-/ *n.* **1** 〖解剖〗破骨細胞. **2** 〖外科〗砕骨器. **os·te·o·clas·tic** /à(ː)stiəklǽstɪk | ɔ̀stiə(ʊ)-⁻/ *adj.* 〘(1872) ← OSTEO-＋-CLAST〙

os·te·o·cope /á(ː)stiəkòup | ɔ́stiə(ʊ)kə̀ʊp/ *n.* 〖病理〗(特に, 夜に梅毒患者に起こる)骨の激痛, 梅毒性リューマチ. 〘(1706) ◻ Gk *osteokópos* ← OSTEO-＋*kópos* beating, toil〙

os·te·o·cyte /á(ː)stiəsàɪt | ɔ́stiə(ʊ)-/ *n.* 〖解剖〗骨細胞. 〘← OSTEO-＋-CYTE〙

òsteo·génesis *n.* 〖生理〗骨形成 (ossification). **òsteo·génic** *adj.* 〘(1830) ← NL ～〙

osteogénesis im·per·féc·ta /-ɪmpə(ː)féktə | -pə(ː)-/ *n.* 〖医学〗骨形成不全(症). 〘(1903): *imperfecta*: ◻ L ～ (fem.): ⇨ imperfect〙

os·te·og·ra·phy /à(ː)stiá(ː)grəfi | ɔ̀stiɔ́g-/ *n.* 〖医学〗骨に関する記述[図]. 〘(1735) ← OSTEO-＋-GRAPHY〙

os·te·oid /á(ː)stiɔ̀ɪd | ɔ́s-/ *adj.* 骨の, 骨のような, 骨状の. ― *n.* 〖解剖〗(石灰化前の)幼若骨組織. 〘(1840) ← OSTE(O)-＋-OID〙

os·te·ól·o·gist /-dʒɪ̀st | -dʒɪst/ *n.* 骨学者. 〘1731〙

os·te·ol·o·gy /à(ː)stiá(ː)lədʒi | ɔ̀stiɔ́l-/ *n.* 骨学《解剖学の一分科》. **os·te·o·log·ic** /à(ː)stiəlá(ː)dʒɪk | ɔ̀stiə(ʊ)lɔ́dʒ-⁻/ *adj.* **òs·te·o·lóg·i·cal** *adj.* **òs·te·o·lóg·i·cal·ly** *adv.* 〘(1670) ← NL *osteologia*: ⇨ osteo-, -logy〙

os·te·ol·y·sis /à(ː)stiá(ː)ləsɪ̀s | ɔ̀stiɔ́lɪsɪs/ *n.* 〖医学〗骨溶解《骨組織の溶解で, 特に破骨細胞による骨吸収をいう》. **os·te·o·lyt·ic** /à(ː)stiəlítɪk | ɔ̀stiə(ʊ)lít-⁻/ *adj.* 〘⇨ osteo-, -lysis〙

os·te·o·ma /à(ː)stióumə | ɔ̀stiə́ʊ-/ *n.* (*pl.* **～s, ～·ta** /～tə | ～tə/) 〖病理〗骨腫(しゅ)《骨組織からできる腫瘍》. 〘(1847–49) ← NL ～: ⇨ osteo-, -oma〙

os·te·o·ma·la·ci·a /à(ː)stioumәléɪʃiə, -ʃə | ɔ̀stiə(ʊ)-/ *n.* 〖病理〗骨軟化症. **òs·te·o·ma·lá·ci·al** /-ʃiəl, -ʃəl⁻/ *adj.* **òs·te·o·ma·lác·ic** /-məlǽsɪk⁻/ *adj.* 〘(1822–34) ← NL ～: ⇨ osteo-, malaco-, -ia¹〙

osteomata *n.* osteoma の複数形.

os·te·om·e·try /à(ː)stiá(ː)mətri | ɔ̀stiɔ́mɪ̀tri/ *n.* 骨計測; (特に, 人類学的な)骨格計測. **os·te·o·met·ric** /à(ː)stiəmétrɪk | ɔ̀stiə(ʊ)-⁻/ *adj.* **òs·te·o·mét·ri·cal** *adj.* 〘(1878) ← OSTEO-＋-METRY〙

òsteo·myelítis *n.* 〖病理〗骨髄炎. 〘(1854) ← NL ～: ⇨ osteo-, myelitis〙

osteo·ne·cro·sis /à(ː)stiounɪ̀króusɪ̀s | ɔ̀stiə(ʊ)nɪkrə́ʊsɪs/ *n.* 〖医学〗骨壊死. **òste·o·ne·crót·ic** /-nɪ̀krá(ː)tɪk | -nɪkrɔ́t-⁻/ *adj.* 〘⇨ osteo-, necrosis〙

os·te·o·path /á(ː)stiəpæ̀θ | ɔ́stiə(ʊ)-/ *n.* 整骨療法家. 〘(1897)《逆成》← OSTEOPATHY〙

òs·te·óp·a·thist /-θɪ̀st | -θɪst/ *n.* ＝osteopath.

os·te·op·a·thy /à(ː)stiá(ː)pəθi | ɔ̀stiɔ́p-/ *n.* 〖医学〗**1** 整骨療法《身体構造の異常を調整すれば万病は回復するという説に基づき, 薬剤・手術・食餌療法などを併用した療法》. **2** オステオパシー, 骨障害, 骨症. **os·teo·path·ic** /à(ː)stiəpǽθɪk | ɔ̀stiə(ʊ)-⁻/ *adj.* **òs·teo·páth·i·cal·ly** *adv.* 〘(1857) ← NL *osteophathia*: ⇨ osteo-, -pathy: 1 の意は HOMEOPATHY, ALLOPATHY などからの類推〙

os·te·o·pe·tro·sis /à(ː)stioupɪ̀tróusɪ̀s | ɔ̀stiə(ʊ)pɪtrə́ʊsɪs/ *n.* 〖病理〗大理石骨病, 骨石化症. 〘← NL ～: ⇨ osteo-, petro-, -osis〙

os·te·o·phyte /á(ː)stiəfàɪt | ɔ́stiə(ʊ)-/ *n.* 〖病理〗骨増殖体. **os·te·o·phyt·ic** /à(ː)stiəfítɪk | ɔ̀stiə(ʊ)fít-⁻/ *adj.* 〘(1846) ← OSTEO-＋-PHYTE〙

os·te·o·plast /á(ː)stiəplæ̀st | ɔ́stiə(ʊ)-/ *n.* ＝osteoblast.

os·te·o·plas·tic /à(ː)stiəplǽstɪk | ɔ̀stiə(ʊ)-⁻/ *adj.* **1** 〖外科〗骨形成性の, 骨形成術の. **2** 〖生理〗骨を生じる, 骨形成(性)の. 〘1863〙

O

os·te·o·plas·ty /ɑ́(ː)stiəplæ̀sti | ɔ́stiə(ʊ)-/ *n.* 〘外科〙骨形成(術). 〖(1861) ← OSTEO-+-PLASTY〗

òsteo·po·ró·sis /-pəróʊsɪ̀s | -rə́ʊsɪs/ *n.* 〘病理〙骨粗鬆(しょう)症《骨質が多孔性でもろくなる病気》. **òsteo·po·ró·tic** /-pərɑ́(ː)tɪk | -rɔ́t-ˈ-/ *adj.* 〖(1846) ← NL ~ ← OSTEO-+L *porus* 'PORE[1]'+-OSIS〗

òsteo·sarcóma *n.* 〘医学〙骨肉腫. 〖1807–26〗

os·te·o·sis /ɑ̀(ː)stióʊsɪ̀s | ɔ̀stiə́ʊsɪs/ *n.* 〘病理〙骨(組織)形成, 骨化. 〖⇨ osteo-, -osis〗

os·te·os·tra·can /ɑ̀(ː)stiɑ́(ː)strɪ̀kən | ɔ̀stiɔ́strə-/ *n.* 〘古生物〙=cephalaspid. 〖← NL *Osteostraci* (← OSTEO-+Gk *óstrakon* shell)+-AN[1]〗

os·te·o·tome /ɑ́(ː)stiətòʊm | ɔ́stiə(ʊ)tə̀ʊm/ *n.* 〘外科〙(切)骨刀, 骨切りのみ. 〖(1857) ← NL *osteotomus* ← OSTEO-+-TOME〗

òs·te·ót·o·mist /-mɪ̀st | -mɪst/ *n.* 切骨医. 〖(1844): ⇨ ↑, -ist〗

os·te·ot·o·my /ɑ̀(ː)stiɑ́(ː)t̬əmi | ɔ̀stiɔ́t-/ *n.* 〘外科〙切骨[骨切り](術). 〖(1844) ← NL osteotomia ← OSTEO-+-TOMY〗

Ös·ter·reich /G. ǿːstəʁaɪç/ *n.* エーステライヒ《Austria のドイツ語名》.

ostia *n.* ostium の複数形.

Os·tia /ɑ́(ː)stiə | ɔ́sti-; *It.* ɔ́stja/ *n.* オスティア《イタリア Latium の古都; Tiber 河口にあってローマの外港であった》.

Os·tiak /ɑ́(ː)stjɑːk, -tiæ̀k | ɔ́stjæk, -tiæ̀k; *Russ.* asʲtʲák/ *n.* =Ostyak.

os·ti·ar·y /ɑ́(ː)stièri | ɔ́stiəri/ *n.* **1** **a** 門衛, 門番. **b** 〘カトリック〙守門, 待門《下級聖職階 (minor orders) の一つとしては 1972 年廃止; 聖堂の扉の開閉・鳴鐘などを行う》. **2** 《廃》河口 (estuary). 〖(?a1425) ◻ L *ōstiārius* (adj.) of a door, (n.) doorkeeper ← *ōstium* door, entrance ← *ōs* mouth: ⇨ -ary〗

os·ti·na·to /ɑ̀(ː)stɪnɑ́ːtoʊ, ɔ̀(ː)s-, òʊs- | ɔ̀stɪnɑ́ːtəʊ; *It.* ostinàːto/ 〘音楽〙 *n.* (*pl.* ~s) オスティナート(声部)《特徴のある短い楽句・音型が(特にバスで)反復して現れること》. — *adj.* オスティナートの. 〖(1876) ◻ It. ~ (原義) stubborn < L *obstinātum*: ⇨ obstinate〗

os·ti·ole /ɑ́(ː)stiòʊl | ɔ́stiə̀ʊl/ *n.* 〘生物〙小穴, 小孔. **os·ti·o·lar** /ɑ́(ː)stiələ, -tiòʊ- | ɔ́stiələ(r), -tiə̀ʊ-/ *adj.* 〖(1835) ◻ LL *ōstiolum* (dim.) ← L *ōstium* door: ⇨ ostiary, -ole[2]〗

os·ti·um /ɑ́(ː)stiəm | ɔ́s-/ *n.* (*pl.* **-ti·a** /-tiə/) 〘解剖・動物〙 **1** 卵管の口. **2** (節足動物の)心門. 〖(1828) ← NL ~ ← L *ōstium*: cf. ostiary〗

ost·ler /ɑ́(ː)slə | ɔ́slə(r)/ *n.* =hostler. 〖(15C) (*h*)*osteler* ◻ OF *hostelier* innkeeper: cf. hostel〗

ost·mark /óʊstmɑək, ɔ́(ː)st-, ɑ́(ː)st- | ɔ́stmɑːk; *G.* ɔ́stmaʁk/ *n.* **1** オストマルク《1948–90 年の旧ドイツ民主共和国(旧東ドイツ)の通貨単位; 100 pfennigs; 記号 OM, M》. **2** 1 オストマルク貨. 〖◻ G ~ ← *Ost* east+MARK[2]〗

os·to·my /ɑ́(ː)stəmi | ɔ́s-/ *n.* 〘外科〙造瘻(ろう)術, フィステル形成(術)《人工肛門などをつくる手術》. 〖(1957) (略) ← COLOSTOMY〗

-os·to·sis /ɑ(ː)stóʊsɪs | ɔstə́ʊsɪs/ (*pl.* **-to·ses** /-siːz/) 「…の部分[程度]の骨化作用」の意の名詞連結形: ec*tostosis*, hyper*ostosis*, etc. 〖← NL ~: ⇨ osteo-, -osis〗

ost·po·li·tik /ɑ́(ː)stpoʊlɪtìːk, ɑ́(ː)st- | -pəʊ-; *G.* ɔ́stpolitìːk/ *n.* 〘歴史〙東方政策《西側諸国, 特に西ドイツが東ドイツ・東欧諸国およびソ連に対して行った政策》. 〖(1961) ◻ G *Ostpolitik* eastern policy: cf. east〗

Ost·preus·sen /ɔ́stprɔʏsn̩/ *n.* オストプロイセン《East Prussia のドイツ語名》.

os·trac- /ɑ́(ː)strək, -trɪk | ɔ́strək/ (母音の前にくるときの) ostraco- の異形.

ostraca *n.* ostracon の複数形.

os·tra·cism /ɑ́(ː)strəsɪ̀zm̩ | ɔ́s-/ *n.* **1** 追放, 放逐: suffer social [political] ~ 社会的[政治的]追放を受ける[に葬られる]. **2** (古代ギリシャの)陶片追放, オストラキスモス, オストラシズム《危険人物を裁判によらず陶片を用いた公衆の投票によって 10 年(後に 5 年)間国外に追放した方法》. ★ かつて「貝殻追放」と邦訳されていたのは, Flavius Arrianus /æriéɪnəs/ (95?–175) の誤訳に基づくという. 〖(1588) ← NL: *ostracismus* ◻ Gk *ostrakismós* ← *ostrakízein* (↓): ⇨ ostracon, -ism〗

os·tra·cize /ɑ́(ː)strəsàɪz | ɔ́s-/ *vt.* **1** (社会から)追放する, 排斥する (eject) (⇨ banish SYN); 国外へ追放する. **2** (古代ギリシャの)陶片追放にかけて追放する. **ós·tra·cìz·a·ble** /-zəbl̩/ *adj.* **ós·tra·cìz·er** *n.* 〖(1649) ◻ Gk *ostrakízein* ← *óstrakon* 'earthen vessel, OSTRACON': ⇨ -ize〗

os·tra·co- /ɑ́(ː)strəkoʊ, -trɪ- | ɔ́strəkəʊ/ 「貝 (shell)」の意の連結形. ★ 母音の前では通例 ostrac- になる. 〖◻ Gk ~ ← *óstrakon* shell (↑)〗

os·tra·cod /ɑ́(ː)strəkɑ̀(ː)d | ɔ́strəkɔ̀d/ *n.* (*also* **os·tra·code** /ɑ́(ː)strəkòʊd | ɔ́strəkə̀ʊd/) 〘動物〙 2 枚の殻に包まれた小形甲殻類貝虫亜綱の動物の総称《ウミホタル (*Cypridina hilgendorfii*) など》. **os·tra·co·dan** /ɑ̀(ː)strəkóʊdn̩ | ɔ̀strəkə́ʊ-ˈ-/ *adj.* **os·tra·co·dous** /ɑ̀(ː)strəkóʊdəs | ɔ̀strəkə́ʊd-ˈ-/ *adj.* 〖(1865) ↓〗

Os·tra·co·da /ɑ̀(ː)strəkóʊdə | ɔ̀strəkə́ʊdə/ *n. pl.* 〘動物〙貝虫亜綱. 〖← NL ~ ← Gk *ostrakṓdēs*: ⇨ ostracon, -ode[1]〗

os·tra·co·derm /ɑ́(ː)strɪ̀koʊdə̀ːm, ɑ(ː)strǽkə- | ɔ́strəkə(ʊ)də̀ːm, ɔstrǽkə-/ *n.* 〘古生物〙甲冑魚類の総称 (cf. heterostracan). 〖1891〗

Os·tra·co·der·mi /ɑ̀(ː)strɪ̀koʊdə́ːmaɪ | ɔ̀strəkə(ʊ)də́ː-/ *n. pl.* 〘古生物〙甲冑(ちゅう)魚類《オルドビス—シルル—デボン紀にかけて生息した原始的な魚類; 両顎を欠き, よく発達した骨板が鱗の装甲で包まれる》. 〖(1889) ← NL ~: ⇨ ostracod, -derm〗

os·tra·con /ɑ́(ː)strəkɑ̀(ː)n | ɔ́strəkɔ̀n/ *n.* (*pl.* **os·tra·ca** /-trɪ̀kə | -trə-/) **1** (古代ギリシャで, 陶片追放の投票に用いた)陶片. **2** 〘考古〙(古代エジプトで)高価なパピルスの代用として筆記材に使われた土器や石灰岩の剥片《ヒエラティック・デモティック・ギリシャ語・コプト語・アラビア語などで書かれている》. 〖(1883) ◻ Gk *óstrakon*: cf. os[1], oyster〗

os·tra·kon /ɑ́(ː)strəkɑ̀(ː)n | ɔ́strəkɔ̀n/ *n.* (*pl.* **os·tra·ka** /-trɪ̀kə | -trə-/) =ostracon.

O·stra·va /ɔ́(ː)strəvə, ɑ́(ː)s-, -strɑːvɑ̀ː | ɔ́strəvə; *Czech.* ɔ́strava/ *n.* オストラヴァ《チェコ共和国北東部, Moravia 地方北部の都市》.

os·tre- /ɑ́(ː)stri | ɔ́s-/ (母音の前にくるときの) ostrei- の異形.

os·tre·i- /ɑ́(ː)strɪ̀, -trii | ɔ́s-/「カキ (oyster)」の意の連結形. ★ 時に ostreo-, また母音の前では通例 ostre- になる. 〖◻ L ~ ← *ostrea* 'OYSTER'〗

os·tre·i·cul·ture /ɑ́(ː)striəkʌ̀ltʃə | ɔ́striɪkʌ̀ltʃə(r)/ *n.* カキ養殖. 〖(1861): ⇨ ↑, culture〗

os·tre·o- /ɑ́(ː)strioʊ | ɔ́striəʊ/ ostrei- の異形.

òstreo·dynamómeter *n.* (貝殻内の)カキ運動測定器《汚染された水中ではカキの貝殻の開閉運動が盛んになる原理を応用して水質汚染調査に用いる》.

os·trich /ɑ́(ː)strɪtʃ, ɔ́(ː)s-, -trɪdʒ | ɔ́s-/ *n.* (*pl.* ~, ~·es) **1** **a** 〘鳥類〙ダチョウ (*Struthio camelus*). **b** =rhea[1]. **2** 〖(1598) ダチョウは追いつめられると頭を砂に隠すという言い伝えから〗事なかれ主義[傍観的, 逃避的]の人. ***búry one's héad in the sánd like an óstrich*** ⇨ head 成句. ***have the digéstion of an óstrich*** 非常に胃腸が強い. 〖ダチョウは砂袋の働きを助けるために小石などを丸飲みにすることから〗 — *adj.* [限定的] **1** ダチョウの(ような). **2** 事なかれ主義の, 傍観的な: an ~ policy, belief, etc. **~·ism** /-tʃɪzm, -dʒɪzm/ *n.* **~·like** *adj.* 〖(c1225) *ostrice* ◻ OF *ostrice* (F *autruche*) < VL **avistrūthiu(m)* ← L *avis* bird+LL *strūthiō* ostrich (◻ Gk *strouthíōn* ← *strouthós* sparrow: cf. struthious)〗

óstrich dínosaur *n.* 〘古生物〙ダチョウ恐竜《白亜紀後期の体が軽くて速く走れる, 歯のない 2 足歩行の恐竜; ornithomimosaur ともいう》.

óstrich-fàrm *n.* (羽毛採取のための)ダチョウ飼育場. 〖1876〗

óstrich-fèather *n.* (装飾用の)ダチョウの羽毛. 〖1460〗

óstrich fèrn *n.* 〘植物〙クサソテツ, コゴミ (*Matteuccia struthiopteris*)《北半球の温帯に広く分布する》. 〖1882〗

óstrich-plùme *n.* =ostrich-feather. 〖1637〗

Os·tro·goth /ɑ́(ː)strəgɑ̀(ː)θ | ɔ́strə(ʊ)gɔ̀θ/ *n.* **1** [the ~s] 東ゴート族《ゲルマン民族の一支族で 493 年イタリアに王国を建て 555 年に滅びた; East Goth ともいう; cf. Visigoth》. **2** 東ゴート族の人, 東ゴート人. **Os·tro·goth·ic** /ɑ̀(ː)strəgɑ́(ː)θɪk | ɔ̀strə(ʊ)gɔ́θ-ˈ-/ *adj.* **Os·tro·goth·i·an** /ɑ̀(ː)strəgɑ́(ː)θiən | ɔ̀strə(ʊ)gɔ́θ-ˈ-/ *adj.* 〖(a1398) ◻ LL *Ostrogothī* (pl.) ← Gmc **austroaz* eastward+LL *Gothī* Goths 'GOTH'〗

Ost·wald /óʊstvɑ̀ːlt | ɔ́st-; *G.* ɔ́stvalt/, **Friedrich Wilhelm** *n.* オストヴァルト (1853–1932; ドイツの物理化学者; Nobel 化学賞 (1909)).

Os·tyak /ɑ́(ː)stjɑːk, -tiæ̀k | ɔ́stjæk, -tiæ̀k; *Russ.* asʲtʲák/ *n.* (*pl.* ~, ~s) **1** オスチャック人《シベリア西部とウラル地方に住むフィン族の支族オスチャック族の人》. **2** オスチャック語 (Finno-Ugric 語族の一言語).

OSU (略) 〘カトリック〙 *L.* Ōrdō Sanctī Ursulare (⇨ Ursuline).

Os·wald /ɑ́(ː)zwəld, -wɔːld, -wɑːld | ɔ́zwəld; *G.* ɔ́svalt/ *n.* オズワルド (男性名). 〖OE *Ōsweald* ← *ōs* god+*weald* power〗

Os·wald /ɑ́(ː)zwəld, -wɔːld, -wɑːld | ɔ́zwəld/, **Lee Harvey** *n.* オズワルド (1939–63; John F. Kennedy 大統領を暗殺したとされる; 逮捕の 2 日後に射殺された).

Oswald, Saint *n.* 聖オズワルド (605?–?641; Northumbria の王 (633–641)).

Óswald of Yórk, St. *n.* 聖ヨークのオズワルド (c. 925–992; 英国の聖職者, ベネディクト派の修道士; ヨークの大司教として聖 Dunstan とともに教会と 10 世紀イングランドの学問を復興させた; 祝祭日は 2 月 28 日).

Os·wé·go téa /ɑ(ː)swìːgoʊ- | ɔzwìːgəʊ-/ *n.* 〘植物〙タイマツバナ (*Monarda didyma*)《北米東部産のシソ科の草本; 花は真紅, 花壇植に適する; bee balm, bergamot ともいう》. 〖(1752) ← *Oswego* (New York 州中央部を流れる川の名)〗

Oś·wię·cim /ɔ(ː)ʃvjéntsiːm | ɔʃ-; *Pol.* ɔɕfʲɛ́tɕim/ *n.* オシフィエンチム《ポーランド南西部の工業都市; ⇨ Auschwitz》.

OT (略) occupational therapist; occupational therapy; ocean transportation; off time; Old Testament; Old Teutonic; overseas trade; overtime; (豪) Overland Telegraph.

ot- /oʊt | əʊt/ (母音の前にくるときの) oto- の異形.

-ot[1] /ət | ət/ *suf.* (主にロマンス語系の)名詞語尾: chariot, parrot. 〖◻ F ~ (↓): 本来の指小辞〗

-ot[2] /ət/ *suf.* 「…の種類の人; …の住民」の意の名詞語尾: idiot, patriot; Cypriot. 〖◻ F *-ote* ◻ L *-ōta*, *-ōtēs* ◻ Gk *-ṓtēs*〗

O·ta·go /oʊtɑ́ːgoʊ, ət- | ə(ʊ)tɑ́ːgəʊ, ɔt-/ *n.* オタゴ《ニュージーランド South Island 南部の州; スコットランド人定住者が建てた; 州都 Dunedin にある Otago 大学 (1869 年創立) はニュージーランド最古の大学》.

O·ta·héi·te àpple /òʊtəhíːt̬i-, -héɪ- | ə̀ʊtɑːhéɪti-, -tə-/ *n.* **1** 〘植物〙タマゴノキ, ニンメンシ (*Spondias cytherea*)《ソシエテ群島 (Society Islands) 原産の白い花をつけるウルシ科の落葉高木; vi apple, ambarella ともいう》. **2** タマゴノキの実《黄色で食用》. 〖1858〗

o·tal·gi·a /oʊtǽldʒiə, -dʒə | əʊ-/ *n.* 〘病理〙耳痛 (earache). 〖(1657) ← NL ~ ← Gk *ōtalgía* earache ← *ōt-*, *oûs* ear+*álgos* pain〗

o·tal·gic /oʊtǽldʒɪk | əʊ-/ *adj.* 耳痛の. — *n.* 耳痛治療法. 〖1737〗

o·tar·i·oid /oʊtέəriɔ̀ɪd | əʊtέər-/ *adj.*, *n.* 〘動物〙アシカ科の(動物). 〖⇨ ↓, -oid〗

o·ta·ry /óʊt̬əri | ə́ʊt-/ *n.* 〘動物〙=eared seal. 〖(1847) ← NL *Ōtaria* (属名: ⇨ oto-, -aria[1])〗

OTB /òʊtìːbíː | ə̀ʊ-/ (略) 〘競馬〙offtrack betting. 〖1964〗

OTC (略) 〘米海軍〙officer in tactical command 戦術指揮官, 派遣任務部隊指揮官; 〘米陸軍〙Officers' Training Camp 将校訓練所[野営]; 〘英陸軍〙Officers' Training Corps (今は CCF); 〘証券〙over-the-counter; oxytetracycline.

OTE (略) on-target earnings 最高可能収入額《最も優秀なセールスマンの達成可能な基本給・歩合給合算収入; 求人広告用語》.

-ote /ˊ-òʊt, ˊ-ət | ˊ-ə̀ʊt, ˊ-ət/ =-ot[2].

OTEC /óʊtɛk | ə́ʊ-/ *n.* (米) 海洋熱エネルギー転換装置, 海洋温度差発電, オテック. 〖← (頭字語) *Ocean Thermal Energy Conversion*〗

O tem·po·ra! O mo·res! /oʊtémpərə oʊmɔ́ːreɪs, -riːz | əʊtémpərə əʊ-/ *L.* おお時世よ, おお風俗よ! (Cicero の慨嘆の言葉: ⇨ 巻末).

OTH (略) 〘軍事〙⇨ OTH radar.

O·thel·lo /əθélou, oʊ- | ə(ʊ)θéləʊ, ɔ-/ *n.* **1** オセロ (男性名). **2** **a** 「オセロ」(Shakespeare 作四大悲劇の一つ (1604)). **b** オセロ《*Othello* の主人公であるムーア人の将軍; 悪臣 Iago にだまされ, 貞淑な妻 Desdemona を殺したのち自殺》. **3** [o-] オセロゲーム (reversi). 〖◻ It. ~〗

oth·er /ʌ́ðə | ʌ́ðə(r)/ *adj.* ★ 3 以外では常に限定的に用い, 単数名詞も複数名詞も伴う (cf. another). **1** 他の, 違った, 別の: in ~ words 言い換えれば, 換言すれば / in some ~ place [way] どこか他の場所に[何か別の方法で] / some ~ time [day] いつか(そのうちに)[別の日に] / all ~ things being equal 他の事[条件]が同じなら[仮に同じとしたら] (cf. ceteris paribus) / Give me some ~ ones. 何か他のものを下さい / If ~ people can, why not me? 他の人にできるのだったら, 私にできないはずはない.
2 その他の, その上の: screws, bolts, and ~ such items ねじくぎ, ボルトその他類似の品目 (cf. such *adj.* ★) / I found some ~ people there. そこにほかにも数人の人がいた / Do you have any [Any] ~ question(s)? 他に質問はありませんか / There is no ~ use for it. それ以外にそれを利用する方法はない.
3 [通例(代)名詞のあとまたは叙述的に用いて] 〈…とは〉同じでない, 異なった 〈*than*, (古) *from*〉: I'll send someone there ~ *than* yourself [you]. そこへは君以外のだれかほかの人をやろう / The truth is quite ~ *than* you think. 事実は君の考えていることとは全然違う / I would not have it ~ *than* it is. そのままで十分, それ以外は望まない / No book will do ~ *than* that.=No ~ book will do *than* [*except*, *but*] that. その本以外は役に立たないだろう / No one ~ *than* an expert would understand. 専門家以外にはわからないだろう / *Other than* that, there's nothing (else) on the agenda. それ以外予定表[議事日程]には何もはいっていない.
4 [the ~ または one's ~ で] (二者の中で)もう一方の, いま一つの; (二者以上の中で)これでない, 残りの (remaining): *the* [*my*] ~ hand もう[私のもう]一方の手 / ⇨ *on the other* HAND / ⇨ on (the) one HAND ... *on the other* (HAND) / *the* ~ side of the road 道路の向こう側 / *the* ~ party 〘法律〙相手方, 当事者 / *the* ~ thing その反対(のもの), 逆(のこと) / Give me *the* ~ one. もう一つのものを下さい / *the* ~ men その他(残り)の人々 / *the* ~ woman (妻に対し)愛人, 二号 / *the* ~ two [two ~] people 他の二人 / *the* ~ two あとの二つ[二人] / How are *your* ~ children? ほかのお子さんたちはどうしていらっしゃいますか / ⇨ *the other* PLACE[1] / *the* ~ world ⇨ world 6.
5 [時間的に] **a** [the ~ として day, night, evening, week などに付いて] この前の, せんだっての: *the* ~ day 先日 (cf. someday) / It was very warm *the* ~ night. この前の晩は大変暖かだった. **b** 以前の, 昔の: men of ~ days 昔の時代の人々 / in ~ times 以前(は), 昔(は).
amòng óther thìngs ⇨ among 成句. ***èvery óther*** ⇨ every 成句. ***nòne óther than* [*but*]** ⇨ none[1] 成句. ***nòthing óther than*** ⇨ nothing 成句. ***the óther wày*** 逆に, 正反対で: It all happened just *the* ~ *way* with him. 彼については事が全くあべこべに起こった. ***the óther wày abóut* [*(a)róund*]** 逆に, あべこべに: Turn it *the* ~ *way around*. 逆に回しなさい.
— *pron.* (*pl.* ~s) **1** [不特定なもの, または文脈上の特定のものをさして] **a** 他の何か[だれか], 他のもの[人]: that student and (several) ~*s* あの学生とほかの(何人かの)学生たち / something [someone] or ~ 何[だれ]かかに[かれ]か / Some idiot or ~ must have left the water running. だれかばかな奴が水を流しっぱなしにしたにちがいない / one or ~ of these houses [us two] これらの家のどれか一軒[我々二人のうちのどちらか] / Give me some ~*s*, please. 何か他の物[別の]を下さい / If this size is too big, do you have any ~ [~*s*]? もしこの型が大き過ぎたらほかに別なのがありますか / bigger than any ~(*s*) 他のものよりも

大きい / How many ～*s* will come later? ほかにあと何人来ますか / You and *no* ～ can help. 君をおいて手を貸せる者はいない / Take this book, and read *no* [don't read any] ～. この本を持って行って他の本は読むな / It was *no* ～ *than* this [that]. それは結局これ[それ]であった / I can do *no* ～ *than* accept. 引き受けるほかない. ★ 今は最後の 2 例における no other than … より nothing but … が普通. **b** 《古》[～ of として; 複数扱い] …の中の他のもの[人]: ～ *of* his friends 彼のほかの友人たち.
2 [*pl.*] 他の人々, 他人: Do good to ～*s*. 他人に善を施せ / I think so, though ～*s* may disagree. 私はそう思う, 他の人々は同意しないかもしれないが.
3 [the ～] いま一つ[一人], 残りの一つ[一人]; [the ～*s*] その他のもの[人々], 残りのもの[人々]全部: one above *the* ～ 重なって, 重ねて / one or *the* ～ of us two 二人の中のどちらか一人 / They all raised their hands one after the ～. 彼らは皆, 次から次へと手を挙げた / Each praises *the* ～. 互いにほめ合う / One neutralizes *the* ～. 一方が他方を中和する / I must consult *the* ～*s*. あとの[残りの]人たちに相談しなければならない.
4 [the ～] 反対(のもの) (the opposite): Hate is *the* ～ of love. 憎しみは愛の反対.
among óthers ⇨ among 成句. ***À.N. Óther*** ⇨ another *pron.* 4 b. ***èach óther*** ⇨ each *pron.* 成句. ***of áll óthers*** 一切の中でも特に: on that day *of all* ～*s* 日もあろうに[よりによって]その日に. ***sóme ... or òther(s)*** ⇨ some *adj.* 3. ***the óne ... the óther*** ⇨ one *pron.* 成句.
— *adv.* 〈…とは〉別のように (otherwise) 〈*than*〉: I could not read it ～ *than* cursorily. ざっとしか読めなかった / I couldn't write it ～ *than* I did. そう書くより仕方がなかった / We cannot sell it ～ *than* by reducing the price. 値下げするよりほか売りようがない (★ この文は We cannot sell it *except* by … とするほうが普通) / I could not do ～ *than* help him. 彼を助けるよりほかに仕方がなかった (★ この文は I *could not but* help him. とするほうが普通).
〖OE *ōðer* second, other < Gmc **anþeraz* (Du. & G *ander* / Goth. *anþar*) ← IE **antero-* other (of two) (Skt *antara* other) ← **an* (指示詞: Skt *anya* other): cf. -ther〗

óther-diréćted *adj.* **1** 〖心理〗〈人が〉他律的目的[理想]をもった. **2** 〖社会学〗他人志向型の (他人の考えている理想や人生目標に追随する). (cf. inner-directed 2) **～·ness** *n.* 〖1950〗

oth·er·gates /ʌ́ðəɡèɪts | ʌ́ðə-/ 《古・方言》 *adv.* それと違って, 別に. — *adj.* 別の. 〖(*a*1325): ⇨ other (adj.), gate², -s² 1〗

óther·guèss *adj.* 《古》 別種の. 〖(1632) (変形) ← OTHERGATES: 発音の変化した語尾に GUESS を当てたもの: cf. anotherguess〗

óther hálf *n.* **1** 正反対の立場にある階級の人たち. **2** =better half. 〖OE *ōðer healf*〗

óth·er·ness *n.* **1** 異なっていること; 他性. **2** 異なっているもの; 他者. 〖(1587) ← OTHER＋-NESS〗

other ránks *n.* [まれに単数扱い] 《英》 下士官と兵卒, 兵隊[兵士]たち (将校 (commissioned officers) を除いた兵士). 〖1925〗

óther·whère 《古・詩》 *adv.* 他の所に, どこか別の所へ[で] (elsewhere). — *pron.* 他の場所. 〖(*c*1375) *oper quar*〗

óther·whères *adv.* =otherwhere. 〖(1563): ⇨ ↑, -s²〗

óther·whìle *adv.* 《古・方言》 **1** またある時には. **2** 時には, 時々 (sometimes). 〖lateOE *ōther-while*〗

óther·whìles *adv.* 《古・方言》 =otherwhile. 〖(?*a*1200): ⇨ ↑, -s²〗

oth·er·wise /ʌ́ðəwàɪz | ʌ́ðə-/ *adv.* **1** その他の方法で, 別のやり方で; (それとは)違って, 別のように: Judas, ～ (called) Iscariot ユダまたの名はイスカリオテ / I think ～. 私はそうは考えない / This must be done quite ～. やり方を全然変えなければならない / I would rather stay here than ～. どちらかと言えばここに留まっていたい / I should not wish it ～. そうでないようには望まない, それでけっこう / You couldn't do it any ～.=You could do it no ～. とてもほかの方法ではできない, ほかにやりようがない. **2** [しばしば接続詞的に] そうでなければ (or else): Note down the number, ～ you may forget it. 番号をメモしておきなさい, でないと忘れるかもしれない / I went at once; ～ I should have missed him. 私はすぐ出かけたが, そうでなかったら彼に会えなかったろう / I might ～ have succeeded. そうでなかったら成功したかもしれない. **3** 他の点では: an ～ happy life その他の点では幸福な生活 / if you are not ～ engaged ほかにご用がおありでなかったら / He is talkative, but ～ all right. おしゃべりだけどほかに悪いところはない.
— *adj.* **1** [通例叙述的] ほかのようで, 異なって (different); 〈…とは〉別で 〈*than*〉: Some are wise, some are ～. 《諺》 賢い人もあるがそうでない人もある / How can it be ～? =It cannot be ～. それは当然です / How can it be ～ *than* fatal? 致命的でなくて何であろう. **2** [限定的] もしそうでなかったら…の: their ～ usefulness もしそうでなかったとしたら役に立つはずの有用さ / his ～ equals こういうことがなかったとしたら彼と同じ部類の人々.
and ótherwise (1) その他 (and others): succeed by friendly help *and* ～ 好意ある援助や何やで成功する / He helped me with advice *and* ～. 助言を与えてくれたり何やかや援助してくれた. (2) =*or* OTHERWISE (1). 〖(1922)〗 ***or ótherwise*** (1) またはその反対: his merits *or* ～ 彼の美点や欠点 / I am not concerned with its accuracy *or* ～. それが正確であるか否かは私の関知するところでない. (2) =*and* OTHERWISE (1). 〖(1886)〗
〖ME *othre wise* < OE (*on*) *ōðre wisan* (in an)other way: ⇨ other, wise²〗

ótherwise-mínded *adj.* 性向[意見]の異なった, 好みの違う; 世論に反する. 〖(1611) 1889〗

óther wóman *n.* [the ～] (既婚男性の)愛人, ほかの女.

óther-wórld *n.* **1** [the ～] 来世, あの世. **2** 空間[理想]の世界. — *adj.* =otherworldly. 〖n.: (?lateOE). — adj.: (1884)〗

óth·er·wórld·ly *adj.* **1** 来世の, あの世の. **2** 空想的な; 知的[想像的]な事に夢中の, 超世俗的な. **3** 来世への関心の強い. **óth·er·wórld·li·ness** *n.* 〖1873〗

O·thin /óʊðɪn | ə́ʊðɪn/ *n.* 〖北欧神話〗 =Odin.

Oth·man¹ /ɑ́(ː)θmɑ́ːn | ɔθ-/ *n.* =Osman.

Oth·man² /ɑ́(ː)θmən, ɑ́(ː)θmɑ́ːn | ɔ́θmɑːn, ─́─/ *adj.*, *n.* (*pl.* ～**s**) 《古》 =Ottoman. 〖1813〗

Oth·ni·el /ɑ́(ː)θniəl | ɔ́θ-/ *n.* 〖聖書〗 オテニエル (Israel の士師(し); cf. *Judges* 3:9).

O·tho /óʊθoʊ | ə́ʊθəʊ/, **Marcus Salvius** *n.* オト (32–69; ローマ皇帝 (69); Galba と組み Nero に対する反乱を起こした; Nero の死後, 最初は Galba を支持するが, 翌 69 年近衛兵を策動して皇帝に推される; しかし在位わずか 3 か月にて Vitellius の軍に敗れて自殺).

Ó·tho I /óʊθoʊ- | ə́ʊθəʊ-; *G.* ó:to/ *n.* =Otto I.

ÓTH rádar *n.* 〖軍事〗 超地平線レーダー (地平線下にまで覆域を延伸した特殊レーダー; O/H radar ともいう). 〖*OTH*: (略) ← *o*(*ver*)-*t*(*he*)-*h*(*orizon*)〗

o·tic /óʊṭɪk, ɑ́(ː)ṭ- | ə́ʊt-, ɔ́t-/ *adj.* 〖解剖〗 耳の (auricular). 〖□ Gk *ōtikós* ← *ōt-*, *oûs* ear: ⇨ -ic¹〗

-ot·ic¹ /ɑ́(ː)ṭɪk | ɔ́t-/ *suf.* **1** -osis で終わる名詞に対応する形容詞・名詞を造り, 「(病気に)かかっている; …を引き起こすような; …を増加させる」の意: hypnotic, narcotic, neurotic. **2** 「…に似た」の意: Quixotic (← Quixote). 〖□ F *-otique* ∥ L *-ōticus* □ Gk *-ōtikós* ← *-ōtes* (n. suf.), *-ōtos* (adj. suf.): ⇨ -ic¹〗

-ot·ic² /óʊṭɪk, ɑ́(ː)ṭ- | ə́ʊt-, ɔ́t-/ 「耳の; 耳と…の関係ある骨[部位]の」の意の形容詞連結形: parotic, periotic. 〖⇨ otic〗

-o·ti·cal·ly /ɑ́(ː)ṭɪkəli, -kli | ɔ́tɪ-/ *suf.* -otic¹ に対応する副詞を造る: neurotically. 〖← -OTIC¹＋-ALLY〗

ótic vèsicle *n.* 〖生物〗 聴胞 (脊椎動物の内耳の原基).

o·ti·ose /óʊʃiòʊs, -ti- | ə́ʊtiə̀ʊs, -ʃi-/ *adj.* **1** 暇な, 怠惰な. **2 a** むだな, 役に立たない (⇨ vain SYN): an ～ enterprise. **b** 余計な. **～·ly** *adv.* **～·ness** *n.*

o·ti·os·i·ty /òʊʃiɑ́(ː)səṭi, òʊṭi- | ə̀ʊtiɔ́sɪ̀ti, ə̀ʊʃi-/ *n.* 〖(1794) □ L *ōtiōsus* at leisure, unemployed ← *ōtium* leisure ← ?〗

O·tis /óʊṭɪs | ə́ʊtɪs/ *n.* オーティス (男性名; 異形 Otys). 〖□ G *Otos* (原義) keen of hearing〗

Otis, Elisha Graves *n.* オーティス (1811–61; 米国の発明家; 1857 年に人間も運べる安全装置付きエレベーターを開発).

Otis, James *n.* オーティス (1725–83; 米国の政治家).

o·ti·tis /oʊtáɪṭɪs | ə(ʊ)táɪtɪs/ *n.* 〖病理〗 耳炎. **o·tit·ic** /oʊtíṭɪk | ə(ʊ)tít-/ *adj.* 〖(1799) ← NL ～: ⇨ oto-, -itis〗

otítis ex·tér·na /-ɛkstə́ːnə | -tə́ː-/ *n.* 〖病理〗 外耳炎. 〖(1864) ← NL ～: ⇨ ↑, external〗

otítis in·tér·na /-ɪntə́ːnə | -tə́ː-/ *n.* 〖病理〗 内耳炎. 〖(1864) ← NL ～: ⇨ internal〗

otítis média *n.* 〖病理〗 中耳炎. 〖(1874) ← NL ～: ⇨ medial〗

o·ti·um cum dig·ni·ta·te /óʊʃiəmkʌmdìɡnəṭéɪṭi, óʊṭiʊ̀mkʊmdìɡnɪtáːteɪ | ə́ʊʃiəmkʌmdìɡnɪtéɪti, ə́ʊtiʊ̀mkʊmdìɡnɪ̀táːteɪ/ *L.* 品格を伴った暇, 悠々(ゆう)自適. 〖(1729) L *ōtium cum dignitāte* leisure with dignity〗

O·to /óʊṭoʊ | ə́ʊtəʊ/ *n.* (*pl.* ～**s**, ～) **1 a** [the ～(s)] オト族 (もと米国 Nebraska 州南東部に, 今は Oklahoma 州に住むアメリカインディアン; Siouan 語族に属する). **b** オト族の人. **2** オト語 (Chiwere 語の方言). 〖← N-Am.-Ind. *Wat'ota* (原義) the debauched〗

o·to- /óʊṭoʊ | ə́ʊtəʊ/ 「耳 (ear); 耳と…との」の意の連結形. ★ 母音の前では通例 ot- になる. 〖← Gk *ōt-*, *oûs* 'EAR¹'〗

o·to·cyst /óʊṭəsɪst | ə́ʊtə-/ *n.* 〖動物〗 耳嚢(のう), 聴胞, 平衡胞 (statocyst). **o·to·cys·tic** /òʊṭəsístɪk | ə̀ʊ-tə-ˊ/ *adj.* 〖(1877) □ F *otocyste*: ⇨ oto-, -cyst〗

otol. 《略》 otological; otology.

òto·laryngólogy *n.* 耳鼻咽喉(こう)科学. **òto·laryngológical** *adj.* **òto·laryngólogist** *n.* 〖(1897) ← OTO-＋LARYNGOLOGY〗

o·to·lith /óʊṭəlɪθ | ə́ʊt-/ *n.* 〖解剖・動物〗 **1** 耳石 (内耳または平衡胞内にあって平衡感覚に関与する). **2** =statolith. **o·to·lith·ic** /òʊṭəlíθɪk | ə̀ʊt-ˊ/ *adj.* 〖(1835–36) □ F *otolithe*: ⇨ oto-, -lith〗

o·tól·o·gist /-dʒɪst | -dʒɪst/ *n.* 耳科学者; 耳科(専門)医. 〖(1874): ⇨ ↓, -ist〗

o·tol·o·gy /oʊtɑ́(ː)lədʒi | əʊtɔ́l-/ *n.* 耳科学 (cf. audiology). **o·to·log·ic** /òʊṭəlɑ́(ː)dʒɪk, -ṭl- | ə̀ʊtəlɔ́dʒ-ˊ/ *adj.* **ò·to·lóg·i·cal** *adj.* **ò·to·lóg·i·cal·ly** *adv.* 〖(1842) ← OTO-＋-LOGY〗

O·to·mac /òʊṭəmɑ́ːk | ə̀ʊtə-/ *n.* (*pl.* ～**s**, ～) **1 a** [the ～(s)] オトマック族 (南ベネズエラにかつて住んでいたが現在は絶滅した). **b** オトマック族の人. **2** オトマック語. 〖□ Sp. *otomaco* ← Am.-Ind.〗

O·to·man·gue·an /òʊṭoʊmǽŋɡiən, -ɡwiən | ə̀ʊtə(ʊ)-/ *n.* オトマンゲ語族 (メキシコ中部南部で話されている先住民の諸言語; Mixtec, Zapotec, Otomi などを含む).

O·to·mi /òʊṭəmí: | ə̀ʊtə-; *Am.Sp.* otomí/ *n.* (*pl.* ～, ～**s**) **1 a** [the ～(s)] オトミ族 (メキシコ中央高地の主に Hidalgo, Mexico 両州に住むインディオ; 文化的にほとんどメスティソ (mestizo) に同化している). **b** オトミ族の人. **2** オトミ語. 〖(1787) □ Am.-Sp. ～ ← N.-Am.-Ind. (Nahuatl)〗

O'·Toole /oʊtúːl | ə(ʊ)-/, **Peter (Sea·mus** /ʃéɪməs/) *n.* オトゥール (1932–　; 英国の舞台・映画俳優; アイルランド生まれ; *Lawrence of Arabia* (1962)).

o·to·plas·ty /óʊṭəplæ̀sti | ə́ʊtə(ʊ)-/ *n.* 耳形成(術). **o·to·plas·tic** /òʊṭəplǽstɪk | ə̀ʊtə(ʊ)-ˊ/ *adj.* 〖(1857) ← OTO-＋-PLASTY〗

òto·rhìno·làryngólogist *n.* 耳鼻咽喉科学者, 耳鼻咽喉科(専門)医. 〖(1960): ⇨ ↓, -ist〗

òto·rhìno·làryngólogy *n.* 耳鼻咽喉科学. 〖(1900) ← OTO-＋RHINO-＋LARYNGOLOGY〗

o·tor·rhe·a /òʊṭəríːə | ə̀ʊtəríːə, -ríə/ *n.* (*also* **o·tor·rhoe·a** /～/) 〖病理〗 耳漏, 耳だれ. 〖(1818–20) ← NL ～ ← OTO-＋-RRHEA〗

òto·sclerósis *n.* 〖病理〗 耳硬化(症) (内耳に海綿状骨が生成されて, 難聴をきたす疾患). **òto·sclerótic** *adj.* 〖(1901) ← NL ～ ← OTO-＋SCLEROSIS〗

o·to·scope /óʊṭəskòʊp | ə́ʊtəskə̀ʊp/ *n.* 〖医学〗 **1** 耳鏡. **2** オトスコープ (ゴム管と照明装置と拡大レンズを備え, 耳管と鼓膜を検査するための器具). **o·to·scop·ic** /òʊṭəskɑ́(ː)pɪk | ə̀ʊtəskɔ́p-ˊ/ *adj.* 〖(1849) ← OTO-＋-SCOPE〗

o·to·tox·ic /òʊṭətɑ́(ː)ksɪk | ə̀ʊtətɔ́k-ˊ/ *adj.* 〖生理〗 聴覚[聴器]毒性のある. **o·to·tox·i·ci·ty** /òʊṭətɑ(ː)ksísəṭi | ə̀ʊtətɔksísɪ̀ti/ *n.* 〖(1951) ← OTO-＋TOXIC〗

O·tran·to /oʊtrǽntoʊ | ɔtrǽntəʊ, ɔ́trəntəʊ; *It.* ɔ́:tranto/, **the Strait of** *n.* オトラント海峡 (イタリア南東部と Albania の間の海峡; アドリア海 (Adriatic Sea) とイオニア海 (Ionian Sea) を結ぶ; 幅 76 km).

OTS 《略》 Officers' Training School 将校養成学校.

ott 《略》〖音楽〗 ottava.

OTT /òʊtìːtíː | əʊ-/ 《略》《俗》 over the top. 〖*c*1980〗

ot·tar /ɑ́(ː)ṭə, ɑ́(ː)taə | ɔ́tə(r, ɔ́taː(r/ *n.* =attar.

ot·ta·va /oʊtɑ́ːvə | əʊ-, ɔ-; *It.* ottá:va/ *adv.* 〖音楽〗 1 オクターブ高く[低く] (音符の上に書かれた時は「高く」を, 下に書かれた時は「低く」を意味する; 略 8va; cf. loco⁴). — *adj.* 1 オクターブ高い[低い]. 〖(1848) □ It. ～: ⇨ octave〗

ottáva rí·ma /-ríːmə; *It.* -ríːma/ *n.* 〖詩学〗 オッターヴァリーマ, 八行詩体 (本来イタリアの詩体で, 各行 11 音節 (英詩では通例弱強調 10 音節)で ab ab ab cc と押韻する). 〖(1820) □ It. ～ 'eighth rhyme'〗

Ot·ta·wa¹ /ɑ́(ː)ṭəwə, -wɑ̀ː, -wɔ̀ː | ɔ́təwə/ *n.* **1** オタワ (カナダ Ontario 州の南東部にある同国の首都). **2** [the ～] オタワ(川) (カナダ南東部を流れて St. Lawrence 川に注ぐ川 (1,120 km)). 〖↓〗

Ot·ta·wa² /ɑ́(ː)ṭəwə, -wɑ̀ː, -wɔ̀ː | ɔ́təwə/ *n.* (*pl.* ～**s**, ～) **1 a** [the ～(s)] オッタワ族 (カナダの Superior 湖の近くに住んでいたアメリカインディアン). **b** オッタワ族の人. **2** オッタワ語 (Ojibwa 語の方言). 〖□ Canad.-F *Otaua* □ N-Am.-Ind. (Algonquian) *otaawaa* merchant: cf. Cree *atáweu* trader〗

ot·ter /ɑ́(ː)ṭə | ɔ́tə(r/ *n.* (*pl.* ～**s**, ～) **1** 〖動物〗 カワウソ (ユーラシア, 北・中・南米, アフリカ産のカワウソ属 (*Lutra*) の動物の総称; カワウソ (*L. lutra*) など). **2** カワウソの毛皮. **3** 〖釣〗 オッター (毛鉤または餌を取り付けた短い板の一端におもりを付けて水中に立たせ岸からこの板を糸で繰って魚を釣る仕掛け). **4** 〖漁業〗 =otter board. **5** (主に商船で使用する)防雷具 (paravane). — *vi.* オッターを使って魚を釣る. 〖OE *ot*(*e*)*r*, *ot*(*o*)*r* < Gmc **utraz* (Du. *otter* & G *Otter*) ← IE **wed-* water, wet (L *lutra* otter)〗

ótter bòard *n.* 〖漁業〗 オッターボード, 拡網板 (底引網の口を水の抵抗を利用して開かせるためにその両側に取り付けた板). 〖1901〗

Ot·ter·burn /ɑ́(ː)ṭəbə̀ːn | ɔ́təbə̀ːn/ *n.* オッターバーン (イングランド北東部, Northumberland 州中部の村; この地の戦いで英軍がスコットランド軍に破れた (1388)). 〖ME *Oterburn* ← *oter* 'OTTER'＋*burn* stream〗

ótter-dòg *n.* =otter hound. 〖1653〗

ótter hòund *n.* オッターハウンド (英国原産のカワウソ猟に役立つ犬). 〖1607〗

ótter shèll *n.* 〖貝類〗 =gaper 3. 〖1865〗

ótter shrèw *n.* 〖動物〗 ポタモガーレ (*Potamogale velox*) (西アフリカ産テンレック科のカワウソに似た主に水生の食虫動物).

ótter-spèar *n.* カワウソ猟の槍. 〖1540〗

ótter tràwl *n.* 〖漁業〗 オッタートロール (水の抵抗を利用して網口を開かせるようにその両側に板 (otter board) を取り付けたトロール網; cf. beam trawl). 〖1899〗

ótter tràwler *n.* 〖漁業〗 オッタートローラー (オッタートロールを備えたトロール漁船).

Ot·til·i·a /ɑtílɪə, -ljə | ə(ʊ)-/ *n.* オーティリア (女性名). 〖⇨ Odile〗

Ot·ti·lie /ɑ́(ː)ṭəli | ɔ́tɪ̀-/ *n.* オタリ (女性名). 〖⇨ Odile〗

ot·to /ɑ́(ː)ṭoʊ | ɔ́təʊ/ *n.* =attar.

Ot·to /ɑ́(ː)ṭoʊ | ɔ́təʊ; *G., Dan.* ó:to, *Swed.* ʊ̌tːʊ/ *n.* オットー (男性名). 〖□ OHG *Audo*, *Odo*, *Otho* ← *auda* rich ∥ □ It. ～ (短縮) ← *Ottavio* the eighth; cf. Octavia〗

Otto, Nikolaus August *n.* オットー (1832–91; ドイツの技師; Otto cycle を製作).

Otto, Rudolf *n.* オットー (1869–1937; ドイツの神学者; *The Idea of the Holy* (1923)).

Otto I *n.* オットー一世 (912–73; ドイツ王 (936–73), 神聖

O

ローマ帝国を創設しその皇帝となった (962–73); オットー大帝 (Otto the Great) と称される》.

ot·to·cen·to /ɑ̀(ː)toutʃéntou | ɔ̀tə(ʊ)tʃéntəʊ/ *adj.* (イタリアの) 1800 年代の.

Ótto cỳcle *n.* 〖機械〗オットーサイクル《断熱圧縮, 定容加熱, 断熱膨張, 定容冷却の 4 ストロークから成る火花点火内燃機関のサイクル; 単に Otto ともいう; cf. diesel cycle》. 〖(1886) ← N. A. *Otto*〗

Ótto èngine *n.* 〖機械〗オットー機関[エンジン]《オットーサイクル (otto cycle) を用いる内燃機関》. 〖(1885) ↑〗

ot·to·man /ɑ́(ː)təmən | ɔ́tə(ʊ)-/ *n.* (*pl.* **~s**) **1 a** 通例背のない厚く詰め物をした長椅子. **b** 厚い詰め物をした低い緑台式腰掛け. **c** 厚く詰め物をした足載せ台. **2** オットマン《撚(ʸ)りの強い糸を用い, 縦うね織にした織物; 婦人服地》. 〖(1806) □ F *ottomane* (fem.): ↓〗

Ot·to·man /ɑ́(ː)təmən | ɔ́tə(ʊ)-/ *adj.* **1** オスマン朝の; オスマン帝国の. **2** オスマントルコ族の; トルコ語に関する. — *n.* (*pl.* **~s**) **1** オスマン帝国臣民. **2** オスマントルコ族の人. 〖(1600) □ F ~ □ It. *Ottomano* □ Arab. *ʿUthmānī* ← *ʿUthmān* Osman: トルコのオスマン王朝創始者の名にちなむ〗

Óttoman Émpire *n.* [the ~] オスマン帝国, オスマントルコ, トルコ帝国《1300 年ごろ Osman によって創建以来 6 世紀にわたって, その版図は東南ヨーロッパ・西南アジア・北アフリカにまたがったが, 第一次大戦後に崩壊 (1922), 現在のトルコ共和国となった; 首都 Istanbul =Constantinople; Turkish Empire ともいう》. 〖1718〗

Óttoman Pórte *n.* [the ~] =Porte. 〖1676〗

Óttoman Túrkish *n.* =Turkish 1.

Ot·to·ni·an /ɑ(ː)tóuniən | ɔtə́ʊ-/ *adj.* オットー朝の《神聖ローマ帝国皇帝として君臨した Otto I, II, III の治世 (936–1002) の》. 〖(1898): ⇨ Otto I〗

ot·tre·lite /ɑ́(ː)trəlàɪt | ɔ́trə-/ *n.* 〖鉱物〗オットレ石 ((Fe, Mn, Mg)$Al_2SiO_5(OH)_2$)《マンガンに富む》. 〖(1844) □ F *ottrélite* ← *Ottrez* (ベルギーの地名): ⇨ -lite〗

Ot·way /ɑ́(ː)twei | ɔ́t-/, **Thomas** *n.* オトウェイ《1652–85; 英国の劇作家; *Venice Preserved* (1682)》.

Ötz·tal Alps /ɔ́ːtstaːl- | ɔ́ːts-, ə́uts-; G. œ́tsta:l-/ *n.* エッツタールアルプス《オーストリアとイタリア国境沿いのアルプス山脈東の地域; 最高峰 Wildspitze (3,774 m)》.

ou[1] /óu | ə́u/ *n.* 《南ア俗》男, やつ. 〖(1949) □ Afrik. ~〗

o·u[2] /óuuː | ə́uuː/ *n.* 〖鳥類〗キガシラハワイマシコ (*Psittirostra psittacea*)《果実を主食にするミツスイ (honeycreeper) の一種; くちばしは太く, 羽色は緑と黄》. 〖(1887) ← Hawaiian〗

OU 《略》 official use; Open University; Oxford University.

oua·bain /wɑːbéɪɪn, -báː-, ―――/ *n.* 〖化学〗オバイン, ウアベイン ($C_{29}H_{44}O_{12}$)《東アフリカ産のキョウチクトウ科のつる植物 *Strophanthus gratus* の実から採る有毒の強心性配糖体; 毒矢に用いられる》. 〖(1893) □ F *ouabaïne* ← *ouabaio* □ Somali *wabayo* (これが採れる木の原語名): ⇨ -ine[3]〗

Ouach·i·ta /wɑ́(ː)ʃɪtɔ̀ː, wɔ́(ː)ʃ-, -tɑ̀ː | wɔ́ʃɪtɔ̀ː/ *n.* [the ~] ウォシタ(川)《米国 Arkansas 州西部に発し Louisiana 州で Black River に注ぐ川 (973 km)》. 〖□ F ~ ← N-Am.-Ind.〗

Oua·ga·dou·gou /wɑ̀ːgədúːguː, wæ̀g-; F. wagadugu/ *n.* ワガドゥグ《アフリカ西部ブルキナファソ (Burkina Faso) 中部の都市で同国の首都》.

Oua·h·ran /wɑːrɑ́ːn; F. waʁan/ *n.* =Oran[1].

oua·ka·ri /wɑːkɑ́ːri | wə-/ *n.* 〖動物〗=uakari.

oua·na·niche /wɑːnəníːʃ, -níʃ/ *n.* (*pl.* ~) 〖魚類〗カナダ St. John 湖などにいる陸封型のタイセイヨウサケ (Atlantic salmon). 〖(1873) □ Canad.-F ~ □ N-Am.-Ind. (Algonquian) *wananish* (dim.) ← *wanans* salmon〗

ou·baas /óubɑːs | ə́u-/ *n.* 《南ア》年上[目上]の人. 〖(1824) □ Afrik. ~ ← *ou* old: ⇨ baas〗

Ou·ban·gui /F. ubɑ̃gi/ *n.* ウバンギ (Ubangi[1] のフランス語名).

Oubangui-Cha·ri /F. -ʃari/ *n.* ウバンギシャリ (Ubangi-Shari のフランス語名; Central African Republic の旧名).

ou·bit /wúːbɪt | -bɪt/ *n.* 〖昆虫〗=woolly bear.

ou·bli·ette /ùːbliét/ *n.* (中世の城内の最下部などにあった秘密の)土牢《壁に扉はなく, 天井の揚げぶたを開いて人を投げ込んだ》. 〖(1819) □ F ~ ← *oublier* to forget < VL **oblitāre* ← L *oblitus* (p.p.) ← *oblivīscī* to forget: ⇨ oblivion, -ette〗

ou·boet /óubut | ə́u-/ *n.* 《南アロ語》兄さん, あにき《兄または男友だちに対する親しみを込めた呼び掛け》.

ouch[1] /áutʃ/ *int.* 痛い, あいた. 〖(1837)《擬音語》: cf. G *autsch*〗

ouch[2] /áutʃ/ *n.* 《古》 **1** (宝石などをちりばめた)飾り留金 (clasp), ブローチ (brooch). **2** (宝石をはめこむ)台, ふち. — *vt.* 《古》ouch で飾る. 〖(1317) *nouche* □ OF □ OHG *nuskja* buckle ← ? Celt.: 今の形は ME *a nouche* → *an ouch* の異分析: cf. apron, ounce[2]〗

oud /úːd/ *n.* ウード《アジア南西部, アフリカ北部で用いるマンドリンに似た弦楽器》. 〖(1738) □ Arab. *ʿūd* (原義) wood〗

Ou·de·nar·de /úːdənɑ̀əd | úːdənɑ̀ːd; *Du.* ɔ́udəna:rdə/ *n.* [the ~] オウデナールデ《ベルギーのフランドル地方東部の町; 1708 年スペイン継承戦争中, オウデナールデの町の近くで起こった戦いで, 英国・オーストリア連合軍がフランス軍を打ち破った》.

Oudh /áud/ *n.* アウド《インド北部 Uttar Pradesh 中東部の地域; 面積 63,340 km²》.

OUDS 《略》 Oxford University Dramatic Society. 〖1886〗

oud·stry·der /óutstrèɪdə | ə́utstrèɪdə(r)/ *n.* 《南ア》古参兵, 老兵.

ouens *n.* ou[1] の複数形.

Oues·sant /F. wɛsɑ̃/ *n.* ウエサン(島) (Ushant のフランス語名).

ough /ɔːx, ʊx/ *int.* **1** おお, いやだ《嫌悪を表す》. **2** うおー, ずどーん《野獣のほえ声・大砲の音などを表す》. 〖(1565) 擬音語〗

ought[1] /ɔ́ːt, ɑ́ːt | ɔ́ːt/ *auxil. v.* 《古》二人称単数直接法現在形 **~est, ~st**; 過去形 **~**; 否定形 **~ not,** 《口語》**~n't** /-tnt/, 《俗》**didn't [hadn't] ~**) ★ *to*-infinitive を伴う. **1** [道徳上の義務] …すべきである: Parents ~ *to* be honored. 両親は尊敬されるべきである / He said I ~ *to* pay my debts. 借金は返すべきだと彼は言った / You ~ *to* have helped yourself. 君は人を頼るべきではなかった(のにそうしたのは残念だ). ★ ought は should と同様に must や have to のような強制 (compulsion) の意味をもたない. **2** [妥当・正当・適当などの意味を含んで] …すべきである, …するのが適当である: *Ought* I *to* come?—Yes, I think you ~ (*to*). 来なくてはいけませんか—ええ, そう思いますよ / Tea ~ *to* be drunk hot. 紅茶は熱いうちに飲むのがよい / I ~ *to* be going. もうおいとましませんと / You ~ not to say so. そう言ってはいけない / You ~ *to* come with us. ぜひ一緒に行こう / You ~ *to* know better. 君はもっと分別がなければならん《こんな事をするとはけしからん》/ You ~ *to have* consulted him. 彼に相談すべきだった(しなかったのは悪かった) / The work ~ *to have* been done long ago. その仕事はとうの昔にしてあるべきはずだ(のに今もってなされていないとは不届きだ) / You ~ *to have* known such a thing. そんなことは知っていていいはずだったのに(知らなかったとはうかつだ) / You ~ *to have* seen it. 見るとよかったのに(見せたかった). ★《米》では否定文・疑問文で to を略すことがある: You ~*n't* smoke so much. そんなにたばこを吸っちゃいけないよ / *Ought* you drink so much? そんなに飲んでいいのかい. **3** [蓋然性] …はありそうである, …にきまっている: He ~ *to* know English, as he has learned it. 習ったのだから英語を知っているのは当たり前だ / Eclipse ~ *to* win. エクリプス(馬の名)が勝つに決まっている / He ~ *to have* arrived by now. 今ごろはもう到着しているはずだ. **4** 《方言》[had ~ の形で] …すべきであった: Rose *had* ~ *to* get married. ローズは結婚すべきだった.
— *n.* (道徳上の)義務: the social ~ 社会的な義務. 〖OE *āhte* (pret.) ← *āgan* 'to possess, OWE'〗

ought[2] /ɔ́ːt, ɑ́ːt | ɔ́ːt/ *n.* 《口語》零 (nought, cipher). 〖(1844)《異分析》← *a nought*: cf. apron〗

ought[3] /ɔ́ːt, ɑ́ːt | ɔ́ːt/ *n., adv.* =aught[1].

ought[4] /ɔ́ːxt, ɑ́ːxt/ *vt.* 《スコット》 **1** =owe. **2** =possess. 〖⇨ ought[1]〗

óught·ness *n.* 〖哲学〗当為. 〖(1879) ← OUGHT[1] + -NESS〗

ought·n't /ɔ́ːtnt, ɑ́ːtnt | ɔ́ːtnt/ 《口語》ought not の縮約形.

ought've /ɔ́ːtəv, ɑ́ː- | ɔ́ːt-/ 《口語》ought have の縮約形.

ou·gi·ya /uːgíːjə/ *n.* =ouguiya.

ou·gui·ya /uːgwíːə, -gíːə/ *n.* (*pl.* ~) **1** ウーギア《モーリタニアの通貨単位》. **2** ウーギア貨. 〖□ F ~ □ Arab. *waqīya*〗

oui /wíː; F. wi/ *F. adv.* =yes.

Oui·da /wíːdə | -də/ *n.* **1** ウィーダ《女性名》. **2** Marie Louise de la RAMÉE の筆名. 〖《転訛》? ← LOUISE〗

Ouj·da /uːdʒdɑ́ː; F. uʒda/ *n.* ウジダ《モロッコ北東部アルジェリアとの国境近くの都市》.

Oui·ja /wíːdʒə, -dʒi | -dʒə, -dʒɑː/ *n.* 〖商標〗ウィージャ《霊応盤; アルファベットや色々の模様がついている板で, その上に仕掛けた planchette で占いが出るようになっている; Ouija board ともいう》. 〖(1891) ← F *oui* yes + G *ja* yes〗

ou·long /úːlɔ(ː)ŋ, -lɑ(ː)ŋ | úːlɔŋ, ―⁄―/ *n.* =oolong.

Ou·lu /óuluː, áu- | ə́u-; *Finn.* ɔ́ulu/ *n.* オウル《フィンランド西部, Bothnia 湾に臨む工業港湾都市; スウェーデン語名 Uleåborg /ùːleəbɔ́rj/》.

ou·ma /óumɑː | ə́u-/ *n.* 《南ア》 **1** 祖母, おばあさん《姓とともに肩書のように使われる》. **2** 《俗》年輩の女性, 老婦人, おばあちゃん. 〖(1841) □ Afrik. ~: cf. oubaas〗

ounce[1] /áuns, áunts/ *n.* **1** オンス《重量の単位》: **a** 常用オンス《常衡 (avoirdupois); =1/16 pound, 16 drams, 437.5 grains, 28.3495 g; 略 oz, oz av》. **b** トロイオンス《金衡 (troy weight); =20 pennyweight, 480 grains, 31.103 g; 略 oz.t.》. **c** 薬用オンス《薬衡 (apothecaries' weight); =8 drams, 480 grains, 31.103 g; 略 oz. ap.》. **2** 液量オンス (fluidounce). **3** [an ~ of として] 少量, わずか: He hasn't got *an* ~ *of* courage. 少しも勇気がない / *An* ~ *of* practice is worth a pound of theory. 《諺》理論より実行. ***évery* (*lást*) *óunce of*** …のすべて, ありとあらゆる. 〖(lateOE) (*a*1338) *unce* □ OF (F *once*) < L *unciam* twelfth part (of a pound or a foot) ← *ūnus* one ∞ lateOE *yn(d)se* < OE *yndse* □ L *unciam*: INCH と二重語〗

ounce[2] /áuns/ *n.* 〖動物〗 **1** =snow leopard. **2** 《古》=lynx 1. 〖(?*a*1300) *once* □ (O)F《異分析》← *lonce* < VL **luncia*(*m*) ← L *lynx* 'LYNX': OF で *l*- が脱落したのはそれが *l'*=*le* the と誤まられたため〗

OUP 《略》 Oxford University Press オックスフォード大学出版局.

ou·pa /óupɑː | ə́u-/ *n.* 《南ア》 **1** 祖父《姓とともに肩書として使われる》. **2** 《俗》年輩の男性. 〖(1915) □ Afrik. ~: cf. oubaas〗

our /《弱》ɑə, auə | ɑː(r), auə(r); 《強》áuə, ɑ́ə | áuə(r), ɑ́ː(r)/ *pron.* [we の所有格] **1** 我々の, 私たちの, わが…: ~ country わが国 / ~ school わが校 / ~ teacher 我々の先生 / *Our* Saviour 我々の救い主(キリスト) / on ~ (own) behalf 我々のために[代わりに] / They were very pleased with ~ consent. 彼らは我々の(した)承諾に大変喜んでいた / He was shocked by ~ punishment [dismissal]. 彼は我々の(受けた)罰[免職]に衝撃を受けた / This is ~ home—yours and mine.—No, it's OUR home—mine and his. ここは僕たちの家—君と僕の家だ.—いいえ, ちがいますよ, 私たち—私と彼の家なんだから (cf. exclusive *adj.* 9). **2** (話題人[物]または特に互いの間に興味ある人[物]を指して) 例の, わが: ~ gentleman in a black hat 例の黒帽子の人[人物]. **3** [Royal "we" および Editorial "we" の所有格 (cf. we 3)] **a** [国王が用いて]: given under *Our* Seal わが璽(ʲ)を印して. **b** [新聞記者・著者・講演者などが用いて]: ~ contemporary 同業紙 / in ~ opinion 我々の見解によれば. **4** 《口語》君の《皮肉な調子で your の代わりに使う》: Are ~ feet hurting? 足が痛むの? **5** 《方言》私どもの, うちの《話し手の家族を指す言い方》: It's ~ Sandra's birthday tomorrow. 明日は私どものサンドラの誕生日なんです. 〖OE *ūre* (短縮) ← *ūser* 'of us': cf. G *unser*〗

-our *suf.* =-or[1].

ou·re·bi /ú(ə)rəbi | úərɪ-/ *n.* 〖動物〗=oribi.

Òur Fáther *n.* **1** (キリスト教の)神. **2** 主の祈り (Lord's Prayer)《the Lord's Prayer はこの言葉で始まる》: say three ~*s* 主の祈りを 3 度唱える. 〖(lateOE) (*c*1390) *oure fadir*〗

Òur Lády *n.* 聖母マリア (Virgin Mary の尊称). 〖(?*a*1200) *ure lefdi*〗

Òur-Lády's-bédstraw *n.* 〖植物〗キバナノカワラマツバ (⇨ yellow bedstraw).

Òur Lórd *n.* **1** イエスキリスト (Jesus Christ). **2** 神. 〖OE *ūre hlāford*〗

ou·ro·bor·os /jùːəroubɑ́(ː)rəs | jùərəubɔ́r-/ *n.* =uroboros.

-our·ous /-ərəs/ (連結辞 -o- を伴った) -urous の異形.

ours /áuəz, ɑ́əz | áuəz, ɑ́ːz/ *pron.* [we に対する所有代名詞] **1** 我々[私たち]のもの: Don't go to their party; come to ~. あの人たちのパーティーへ行かないでうちの方へいらっしゃい / The orchard became ~ by purchase. その果樹園は買い取って我々のものとなった / How are your children?—*Ours* are all quite well. お子さんたちはどうしていらっしゃいますか—みんな元気でいます / *Ours* is a large family. うちは大家族です (★ *Our* family is a large *one*. よりも文語的) / *Ours* is a time of loud disputes and weak convictions. 現代はいたずらに論争をこととし確信に乏しい時代だ. **2** [… of ~ で] 我々[私たち]の… (cf. mine[1] 1 b ★): *this* country [world] *of* ~ 我々のこの国[世界] / *an* old friend *of* ~ 我々の(一)旧友. 〖(*a*1325) *ures, ur(i)s*: ⇨ our, -s[2] 4〗

our·self /àuəsélf, ɑə- | àuə-, ɑː-/ *pron.* [国王の公式用語またしばしば新聞社説の用語として用いて (cf. we 3)] =myself: What touches us ~ shall be last serv'd. わしの身に関したことは最後に処理しよう (Shak., *Caesar* 3. 1. 8) / We cannot persuade ~ that the Government is in earnest. 政府が本気であるとは納得できない. ★ あとの例のように Editorial "we" の再帰代名詞形として用いる用法は今日では仰々しいものと感じられ, ourselves によって代えられる傾向がある. 〖(*a*1325) *oure self*: ↓〗

our·selves /àuəsélvz, ɑə- | àuə-, ɑː-/ ★ ourselves の文中のアクセントについては ⇨ oneself ★. *pron.* [一人称複数複合代名詞: ⇨ oneself] **1** [強意用法] 我々自身, (他の人ではなく)我々; (一人でなく)我々: We ~ will see to it.=We will see to it ~. 自分らでそれを何とか取り計らおう / Let's go ~. 我々自身出向こう / That concerns ~, but nobody else. そのことは我々自身に関係することで, ほかのだれにも関係はない / No one can do it better than ~. だれでも我々自身ほどよくできるものはない / We are now living here *by* ~. 今はこうやって(人と離れて)我々だけで生活している / We do everything *for* ~. 我々は何事も(人を頼らず)自分たちでする. **2** [再帰用法]: We are capable of governing ~. 我々は自制の力を持っている / We betook ~ to an inn by the lake. 湖畔の宿屋にたどりついた / We are going to buy ~ a piano. 私たちは自分たちの(ために)ピアノを買おうとしている. **3** (肉体的・精神的に)いつもの[正常な]我々: We were not ~ for some time. しばらくは呆然(ʰᵒ)としていた. **4** 《非標準》[and を含む名詞句中で we [us] の代わりに] other boys and ~ 他の少年たちと私たち. 〖(*a*1325)《変形》(⇨ -s[1]) ← ME *our(e) self(e)*《変形》*us-self* < OE *ūs selfum* (dat.) (*wē selfe* (nom.), *ūs selfe* (acc.)): cf. yourselves〗

-ous /əs/ *suf.* **1** 「…の多い, …性の, …に似た, …の特徴を有する, …の癖のある」の意の形容詞語尾 (cf. -eous, -ious): danger*ous*, glamor*ous*, joy*ous*, polygam*ous*, rigor*ous*. **2** 〖化学〗「亜」の意の形容詞を造る《-ic の語尾をもつ場合より原子価が低い》: ferr*ous* oxide 酸化第一鉄 / nitr*ous* acid 亜硝酸. 〖ME *-o(u)s* □ AF & OF *-o(u)s* (F *-eux*) < L *-ōsus*: cf. -ose[1]〗

Ouse /úːz/ *n.* [the ~] ウーズ(川): **1** イングランド North Yorkshire 州を南東に流れる川で, Trent 川と合流して Humber 川となる (92 km). **2** イングランド Northamptonshire 州に発して Wash 湾に注ぐ川 (251 km) 《Great Ouse ともいう》. **3** イングランド Sussex 州に発し南流して英仏海峡へ注ぐ川 (48 km). **4** イングランド East Anglia の川で, 1 の支流をなす (Little Ouse ともいう). 〖OE *Ūse* ← Celt. **usso*- water: cf. otter〗

ou·sel /úːzəl, -zl/ *n.* 〖鳥類〗=ouzel.

oust /áust/ *vt.* **1** 〔場所・地位などから〕〈人などを〉追い払う, (特に不正手段で)追い出す (expel, drive out) 〔*from*〕: ~ a person *from* a group 人を仲間から追い出す. **2** 〖法律〗〈人〉から〔世襲財産・権利などを〕奪う, 剝奪(ʰᵃᵏᵘᵈᵃᵗᵘ)する

(dispossess) 〔of〕. 〖《1588》□ AF *ouster* to remove＝OF *oster* (F *ôter*) < L *obstāre* to obstruct ← OB-＋*stāre* 'to STAND': cf. obstacle〗

oust·er /áustə | -tə(r)/ *n.* **1** 追い払う[出す]人; 放逐[剥奪]する人. **2** 〘法律〙(場所・地位などからの)放逐; (自由保有者からの土地の)占有剥奪; (特に)不法侵奪. 〖《1531》□ AF ～ (n.) ← (inf.) (↑): ⇨ -er[3]〗

out /áut/ *adv.* **1 a** 外へ[に], 外部へ[に]; 外へ出て, 戸外へ[に]; (家・岸などから)離れて, 不在で: run ～ 走り出る / drive [turn] ～ 追い出す / jump ～ 飛び出す / fall ～ 外へ落ちる / look ～ 外を見る / peep ～ 外をのぞく / pull ～ 引っ張り出す / lock ～ (戸外へ)締め出す / flush [smoke] a person ～ 人を狩り出す[煙でいぶし出す] / within and ～ 内も外も / Why don't we ever go ～ any more? 私たち, どうして出かけなくなったの(出かけましょうよ) / He seldom goes ～ for a walk. めったに散歩に出ない / She had a day [an evening, a night] ～. 一日[夕方, 一晩]外出した / He went ～ from me. 私のもとから出て行った / eat [dine, lunch] ～ 外食する[外で食事をとる, 外で昼食をとる] / ask a person ～ 人を(デートなどに)誘い出す / Get ～ (of here)! 出て行け / *Out* you go! 《口語》出て行け / The tide has gone ～. 潮は引いてしまった / *Out*＝《英》Way *Out* (＝Exit) 出口《標識》. **b** 旅行[狩猟場, 戦場]へ[に]: set ～ on a journey 旅に出かける / He set ～ for London. ロンドンへ旅立った / The enemy is now coming ～. 敵軍は目下出動している. **c** 海上へ[に]; 外国へ[に], 植民地へ[に]; 遠方へ[に]: I met him on the voyage ～. 往航の途中彼と会った / row ～ (to sea) 沖へ漕(こ)ぎ出す / The ship anchored some way ～. 船は港から少し離れて停泊した / He has gone ～ to America. 米国へ出かけた / Troops were sent ～ from the mother country. 軍隊は本国から派遣された / ～ there あちらでは / They have settled ～ in New Zealand. (本国を後にして)ニュージーランドに定住した. **d** 《豪》(他国を出国して豪またはニュージーランドに)(やって)来て: She came ～ last year. 彼女は昨年やって来た.

2 a (外へ)突き出て; (外へ)延びて: jut [shoot, stick] ～ 突き出る / hang ～ 下方へ突き出る / hold ～ one's hand 手を差し出す / stretch ～ one's arm 腕を伸ばす. **b** 〈川・川水が〉(岸を)あふれ出て: The rain sent the waters ～. 雨で川水があふれた. **c** 〈令状が〉(当局から)〔…に〕出されて 〔*against*〕. **d** 広がって: The view opened [spread] ～ before us. 眺望が眼前に開けた.

3 a 他のものの中から(選び[取り])出して: pick ～ つまみ出す, えり出す / select ～ 選び出す / I will look ～ a good book for you. 《英》いい本を探し出してあげよう / ⇨ SEARCH *out*, SEEK *out*. **b** 除外して: leave a word ～ 語を省く. **c** 〈酔っぱらいなど〉外へ追い出されて.

4 〔ある地点から〕離れて 〔*from*〕; 向こうに: He hit the ball 300 feet ～. ボールを300フィート向こうに飛ばした.

5 a 他人の手に(渡って); 貸し出されて: put ～ money at interest 利子を取って金を貸し付ける / let ～ horses 馬を貸す / ⇨ HIRE *out*. **b** (多くの人に)分配して: deal [dole, share, parcel, portion] ～ 分け与える / The waiter served ～ the first course. 給仕は最初の料理を配った.

6 a (正常な位置から)はずれて, 〈関節など〉はずれて, 〈歯が〉抜かれて: He has had his shoulder put ～ at football. フットボールで肩の関節がはずれた / pull [bring] ～ a decayed tooth 虫歯を抜く. **b** 〈とげ・しみなど〉除去されて.

7 現職[政権]を離れて, 職を去って: The Republicans went ～, and the Democrats came in. 共和党が退いて民主党が政権をとった / The former member was turned [voted] ～. 前議員は議席を失った.

8 仕事[学校]を休んで; ストライキをやって (on strike): The miners are going ～. 坑夫はストライキをしようとしている.

9 a 〈火・ろうそくなど〉消えて: put [blow] ～ a candle ろうそくを消す[吹き消す] / The light went ～. 明かりが消えた / "Lights ～!" 「消灯」/ The fire has burned ～. 火は燃え尽きた. **b** 見えなくなって; 品切れで; なくなって, 終わりになって: strike ～ (線を引いて)消す / pump ～ a well 井戸が涸れるまで水を汲み出す / The inscription has been painted ～. 碑文はペンキで塗りつぶしてある / The wine has run ～. 酒がなくなった (cf. *adj.* 6 b) / The old family died ～. その旧家は死に絶えた / Our food supplies gave ～. 糧食は尽きた / The lease has run ～. 契約期間が切れた. **c** 流行しなくなって, 廃れて; 〈魚・果物など〉季節[旬(しゅん)]はずれで: Frock coats have gone ～. フロックコートはすたれた.

10 意識を失って, 気絶して; ぐっすり寝込んで.

11 a 〈星・発疹などが〉現れ出て, 〈花など〉開いて; 〈ひなが〉孵(かえ)って; 〈旗など〉翻って: The stars came ～. 星が出た / His face comes ～ *in* pimples. 彼は顔ににきびがよく出る. **b** 〈事態など〉表面[現実]化して, 活発になって: A revolution burst [broke] ～ in India. インドに革命が勃発した / A fever broke ～. 熱病が発生した.

12 a 公にされて; 〈秘密など〉露見して; 〈書物が〉出版されて; 《口語》〈…だと〉公然と名乗って 〈*as*〉: The secret has gotten ～. 秘密がばれた (cf. *vi.* 1) / He's finally come ～ *as* a homosexual. 彼もついに同性愛者だということを公言した. **b** 《古》〈若い女性が〉社交界へ出て; 奉公[勤め]に出て: ⇨ BRING *out* (1), COME *out* (16).

13 a 聞こえるように, はっきりと, 声を出して (aloud); 大声で (loudly): call [cry, shout] ～ 叫ぶ / He shouted [sobbed, stammered] ～ his story. 彼は自分の話を大声をあげて[すすり泣きながら, 口ごもりながら]語った / laugh ～ 吹き出す / I couldn't get the answer ～ in time. 時間内に解答ができなかった. **b** あからさまに, 腹蔵なく (frankly): Speak ～! 思い切ってはっきり言え / I told him right [straight] ～ what a fool he was. なんてばかなんだと彼に面と向かって言ってやった. **c** 大まかに描出して, あらまし: sketch ～ 略記する / chalk ～ 輪郭を描く.

14 最後まで(すっかり), 十分, 徹底的に (completely); …し果たして, 仕上げて: fight it ～ 最後まで戦い抜く / have it ～ 決着をつける / hear a person ～ 人のいうことを最後まで聞く / work ～ a puzzle 首尾よく謎を解く / wash [dry] ～ きれいに洗う[乾かす], すっかり洗い落とす[乾かす] / ⇨ CLEAN *out* / She had her cry ～. 泣きたいだけ泣いた / I had my sleep ～. 眠りたいだけ眠った / Have you typed it ～ yet? タイプは打ち上がりましたか / I was tired [worn] ～. へとへとに疲れた.

15 〘野球・クリケット〙アウトで: The player was bowled ～ at the first ball. その選手は第1球でアウトになった.

16 〘ボクシング〙ノックアウトになって: The boxer was knocked ～ (cold). ボクサーはのびてしまった.

17 〘ゴルフ〙アウト(最初の9ホール)を終了して 〔*in*〕: He went ～ *in* 39. 39ストロークでアウトを終えた.

áll óut (1) 《口語》すっかり, 全く. (2) 《口語》全く間違って[食い違って]. (3) 《口語》全力を出して, 総力で; 全速力で 〔*in, for*〕〈*to do*〉: go *all* ～ 総力をあげて(事に)当たる / The driver is going *all* ～ (to pass me). ドライバーは(私を追い越そうと)全速力で走っている. (4) 《口語》すっかり参って, 疲れ果てて. (5) 《米》入れ替え: *All* ～! 皆さん, 乗り換えです (《英》All change (here, please)!). ***from this óut*** ⇨ from 成句. ***óut and abóut*** 〈病後の人など〉(元気になって)外で働けるようになって: He is ～ *and about* again. 彼はまた元気になって働いている. 《1881》 ***óut and awáy*** 《英》特にすぐれて, 群を抜いて: He is ～ *and away* the cleverest boy in the class. クラスで断然最優秀だ. 《1834》 ***óut and hóme*** 往復共に. 《1698》 ***óut and ín*** ＝IN *and out*. 《a1300》 ***óut and óut*** 全く, 全然 (thoroughly), 徹底的に (absolutely), 純粋に (genuinely) (cf. out-and-out). 《c1325》 ***óut from únder*** ⇨ FROM *under*. ***òut lóud*** ⇨ out LOUD. ***óut of*** ⇨ out of. ***óut on one's féet*** ⇨ foot 成句. ***óut a person's wáy*** ⇨ way[1]成句. ***òut tó it*** 《豪》(酔っぱらって)眠りこけて, 無意識の (⇨ 10). ***óut with*** [命令文で] (1) …を(外へ)出せ: *Out with* him! 彼を追い出せ. (2) …を言え: *Out with* your answer! 返事をしたまえ / *Out with* it! 考えていることを言え. 《1583》

── *adj.* **1 a** 外に出て, 外出して; 不在で; 持ち[追い]出されて; 〈水が〉あふれ出て: She is ～ in the garden. 庭に出ている / He arrived while I was ～. 私の留守中に到着した / They were ～ hunting. 狩りに出ていた / I have been ～ for a walk. 今まで散歩に出かけていました / My sword was already ～. 剣は抜き放っていた / The tide is ～. 潮が引いている / The floods are ～. 大水が出た. **b** (海・外国などに)出て, 出かけて; 移住して: be ～ at sea 航海中である, 沖へ出ている / His son is ～ in India. 彼の息子はインドへ出かけている. **c** 〈陪審員が〉評決のために退廷して. **d** 〈囚人が〉刑務所を出所して: He is ～ now. **e** 〈令状が〉〔…に〕出されて 〔*against*〕: There's a warrant ～ for his arrest on serious charges. 重大な嫌疑で彼に逮捕状が出ている.

2 a 〔…から〕離れて: His house is two miles ～. 彼の家は2マイル先にある. **b** 貸し出されて: These lands are ～ on 4-year leases. これらの土地は4年の契約で貸されている / The book you want is ～. お求めの本は貸し出し中です.

3 〈関節など〉外れて; 〈歯など〉抜けて; 〈染みなど〉除去されて, 取れて: I'm afraid your shoulder is ～. 君の肩の関節は外れているらしい / I wiped it until the stain was ～. 染みが取れるまで拭った.

4 政権から離れて(いる), 職を去って: The Conservatives are ～. 保守党は野党になった.

5 仕事[学校]を休んで; ストライキをやって: The miners are ～. 坑夫はストライキをやっている.

6 a 〈明かり・火など〉消えて: The candle is ～. **b** 品切れで; 終わりになって: The wine is ～. ぶどう酒が切れている / before the week is ～ この週が終わらないうちに. **c** 流行しなくなって, 廃れて: That style is ～. その型はもうはやらない.

7 a 〈器具など〉故障して, (調子が)狂って; (体の)具合が悪くて; 間違って: My watch is five minutes ～. 私の時計は5分狂っている / My eye is a bit ～ today. 今日は目の具合が少し悪い / My hand is ～. 手がきかない / I was 2% ～ [～ by 2%] in my calculations. ＝My calculations were 2% ～ [～ by 2%]. 計算が2パーセント違っていた / There you're still pretty far ～. その点で君はまだかなり間違っている. **b** 損をして (↔ in): I am $5 ～ [～ $5]. 5ドルの損だ. **c** (常態などを失って)混乱して, 困って: Nothing puts him ～. どんなことがあっても度を失うことがない. **d** 〈考えなど〉問題[考慮]外で; 許されない, だめで: His proposal is definitely ～. 彼の提案は全く問題にならない / Cheating is strictly ～. カンニングは絶対だめだ. **e** 〔…と〕争って, 不和で (at odds, on the outs) 〔*with*〕: ⇨ FALL out (1), *at* OUTS / I am ～ with Jones. ＝Jones and I are ～. ジョーンズとは仲違いをしている.

8 意識を失って: be ～ (cold) 気絶している (cf. *adj.* 13, cold *adj.* 5 b) / After a few drinks he was ～. 二, 三杯飲むとすっかりのびてしまった / He was ～ (cold [for the count]) as soon as his head touched the pillow. 頭を枕におくとすぐ寝込んでしまった / ⇨ out like a LIGHT 1.

9 a 〈星・発疹など〉現れ出て, 〈花など〉開いて; 〈ひなが〉孵(かえ)って; 〈旗など〉翻って: The sun is ～. 太陽が出ている / Some leaves are ～. 葉が出た / The roses are ～. バラが咲いた / The buds will be ～ in a few days. つぼみは二, 三日したら開くだろう / The chickens are ～. ひなが孵った / The eruption is ～ all over him. 発疹は体全体に現れた / a vessel with British colors ～ 英国旗を掲げた船. **b** 〈身体が〉(衣服の破れ目から)突き出して; 〈衣服が〉破れて, すり切れて: His sweater is ～ at the elbow. ＝The elbows are ～ on his sweater. セーターのひじが破れている / ⇨ *out at the* ELBOWS.

10 a 公にされて; 〈秘密など〉露見して; 〈本・雑誌など〉出版[刊行]されて: The secret is ～. 秘密がばれている / Is his new book ～ yet? 彼の新著はもう出ましたか. **b** 〈若い女性が〉社交界に出て. **c** 《口語》[最上級＋名詞＋～の形で] これまで世に出ているうちで (in existence, going): He is the *worst* teacher ～. 彼は世の教師のうちで最低だ / He is the *cleverest* juggler ～. 彼は世の手品師の中で最も上手だ.

11 《口語》〔…を〕目指して, 心掛けて, 〔…に〕熱中して (intent, bent) 〔*for*〕; 〈…しようと〉努めて 〈*to do*〉: be ～ *for* happiness 幸福をつかもうとあせる / be ～ *for* some trouble [a row] もめごと[一騒動]を起こそうとたくらんでいる / They are ～ *to* restore the old regime. 旧制度の復活に躍起になっている / He thinks everyone's ～ *to* get him. みんなが自分をやっつけようとしていると彼は思っている.

12 a 〘野球・クリケット〙アウトで, アウトになって, 打者が殺されて (cf. safe 10); 〘クリケット〙退場になって: The batter [batsman, runner] is ～. / The side [team] was all ～ for 361. そのチームは361点をあげて全員がアウトになった / The champion was ～ (*of* the competition) after the first game. チャンピオンは最初のゲームで負けて(競技から)姿を消した. **b** 〘球技〙〈ボールが〉アウトになって (↔ in): The ball was declared [called] ～. ボールはアウトを宣せられた.

13 〘ボクシング〙ノックアウトになって (cf. *adj.* 8): The boxer was ～ for the count. ボクサーは10秒数えるまで起き上がれなかった. **14** (交互の送信・受信を繰り返す方式の無線で)連絡終了, 交信終わり. ★ over が1回の送話の終止をいうのに対して交信全体の終了を示す. **15** [限定的] **a** 外の, 外部の (external): the ～ edge 外のへり / the ～ side 外側. ★ 今は通例 outer, outside, external を用いるか, または *out*-edge のように複合語として用いる. 日英比較 日本語の野球用語の「アウトコース」「アウトコーナー」は和製英語. 英語では前者を outside, 後者を outside corner という. また, 外角高め, 外角低めの意味の「アウトハイ」「アウトロー」も和製英語で, 英語ではそれぞれ high and outside, low and outside という. **b** 外にある, 辺鄙(へんぴ)な (outlying): ⇨ out island. **16** [限定的] (クリケットなどで)ホームグラウンド以外の競技場で行われる, 遠征の (away); 守備側の: an ～ match 遠征試合 / the ～ side 守備側. **17** [限定的] 〈型など〉並外れた, 特大の, 番外の (extra): an ～ size 特大型, 番外サイズ / She is rather an ～ size. 彼女はどちらかといえばクイーンサイズだ. **18** [限定的] 野党の, 在野の: ⇨ out-party. **19** [限定的] 出て行く (outgoing): an ～ train 出て行く列車. **20** [限定的] 〘ゴルフ〙＝front 3.

óut for ⇨ 11. ***òut to lúnch*** ⇨ lunch 成句.

── *int.* **1** 出て行け (Begone!, Away!): *Out*, beast! 出て行け, 畜生め. ★ Go の省略から. **2** 《古・方言》[憤慨・恐怖・悲嘆などを表す]: *Out!* ～! I shall see her no more. ああああ, もう彼女には会えまい. ***Óut upòn* [*on*] *…!*** 《古》[嫌悪・非難などを表す]: *Out upon* you! 何たるやつだ, このばかめ, けしからん.

── /aut, áut/ *prep.* **1** 《詩》[*from* ～ として] …から: *from* ～ the azure main 青海より / *from* ～ a dungeon 地下牢から. **2** 《米》…から. ★ 主として a [the] door [window] を目的語として用いる: throw something ～ a [the] window 窓から物を投げる / come ～ the door 戸口から出て来る / hurry ～ the door ドアから急いで出る / Stick your head ～ the window and call the children. 窓から顔を出して子供たちを呼んで下さい. **3** 《米》…沿いの先へ[に]: He lives ～ Main Street. 本通りの端[はずれ]に住んでいる.

── *n.* **1 a** 外側: ⇨ *from* OUT *to out*. **b** 出っ張り, かど. **2** [通例 *pl.*] 地位[勢力]を失った人; [the ～s] 野党, 在野党 (↔ ins). **3 a** 逃げ口[道]; (責任などをのがれる)逃げ道; 言い訳, 口実. **b** 解決策: It is difficult to find an ～ *for* inflation. インフレの解決策を見出すのは難しい. **4** [*pl.*] 〘競技〙守備側 (↔ ins). **5 a** 〘野球〙刺殺, アウト; アウトになった選手. **b** 〘球技〙アウト《テニスなどでコートの外に出た打球》. **6** 品切れ品. **7** 《米口語》欠点. **8** (昔の駅馬車の)屋上の乗客. **9** 〘印刷〙植え落ち, 脱字: make an ～ 植え落とす. **10** 《方言》遠出 (outing), 遠足 (excursion).

at* [《米》*on the*] *óuts 《口語》〔…と〕仲が悪い, 仲たがいをして 〔*with*〕: The two were *at* ～*s*. 二人は仲たがいをしていた / She was *at* [*on the*] ～*s with* her parents. 両親と仲が悪かった. 《1824》 ***from óut to óut*** 端から端まで, 外法(そとのり)で: The diameter is 20 inches *from* ～ *to* ～. 直径は外法で20インチだ. 《1692》 ***hàve an óut with*** …に言い訳をする. ***óuts and íns*** ＝INS *and outs*. ***màke a góod* [*póor*] *óut*** 〈人が〉(何かしようとして)うまく行く[行かない], 成功する[しない]. 《1853》

── *vi.* **1** 露見する, 現れる, 公になる: Murder will ～. 《諺》悪事は必ず露見する / The truth will ～ soon. 事実はすぐに判明するだろう. ★ この用法は副詞の out の前に be, come などの動詞が省かれたことによるものと解される. **2** (郊外へ遊びに)出かける (go out) (cf. *vt.* 2). **3** (テニスなどで)ボールをコートの外へ出す, ボールをアウトする.

── *vt.* **1** 《口語》追い出す: *Out* that man! あの男をたたき出せ. **2** [～ it として] 《口語》出かける; (郊外などに)遊びに行く, ハイキングに行く (cf. *vi.* 2): We met dozens of pleasure boats ～*ing it*. たくさんの遊覧船が出ているのに出会った. **3** 《英俗》ノックアウトする; 一撃をくらわせて気絶させる; (なぐり)殺す: He was ～*ed* in the first round. 彼は第一ラウンドでノックアウトされた. **4** 〖クリケット〗〈打者を〉アウトにする. **5** (テニスなどで)〈ボールを〉コートの外へ出す, アウトする. **6** 〖受身で〗〈女性が〉操を汚される. **7** 消す: ～ a candle. **8** 突き出す: ～ oars オールを突き出す.
out with 《口語》(1) …を(持ち)出す: He ～*ed with* his purse. 彼は財布を出した. (2) …を口に出す, 言う (utter): He often ～*s with* a lie. 彼はよく嘘をつく. ★ cf. Out with ⇨ *adv.* 成句. 〖1802〗
〖OE *ūt* < Gmc **ūt*- (Du. *uit* / G *aus* / ON *ūt* & Goth. *ūt*) ← IE **ud*- up, out (L *ūsque* all the way to / Gk *hústeros* later)〗

out- /àʊt, áʊt/ 副詞の out の複合語形成要素: **1** 名詞・分詞・動詞などの前に付けて「外(側)の, 外からの; 外(側)に, 外国に」,「…より多く, …にまさって」「発生」,「行為の結果・所産」などの意を表す: *out*building, *out*patient, *out*bound, *out*cast; *out*do, *out*live, *out*run, *out*sell; *out*crop, *out*growth; *out*come, *out*put. **2** 〖Shakespeare の造語 OUT-HEROD からの類推〗[固有名詞に付けて]「(…であることは)…をしのぐ」の意: *out*-Peter Peter / *out*-Zola Zola. 〖↑〗

out·a /àʊṭə | -tə/ *prep.* 《米口語》=out of. 〖1893〗

òut·áct *vt.* **1** (演技で)〈人に〉まさる, しのぐ. **2** 〈人〉にまさる, 勝つ. 〖1644〗

out·age /áʊṭɪdʒ | -tɪdʒ/ *n.* **1** 〖商業〗 **a** (運送または貯蔵中に生じた商品の)減量, めべり (cf. innage 1). **b** (ドラム缶・瓶・樽などの容器と内容物との)隙間《内容物の膨張などによる容器の破裂を防ぐ》. **2 a** (電力などの)供給停止(期間). **b** (電球・機械などの)機能停止[不全], 事故率. **3** 〖航空〗(飛行によるタンク内の)燃料消費量 (cf. innage 2). 〖《1903》← OUT＋-AGE〗

óut-and-óut *adj* **1** 全くの (thorough), 純然たる, 徹底的な (absolute): an ～ fool 底抜けのばか. **2** 隠し立てしない, 公然たる (open). ── *adv.* =OUT *and* out. 〖*c*1300〗

óut-and-óut·er /-ṭə | -tə^(r)/ *n.* 《口語》 **1** 徹底した人; 完全な見本, 典型. **2** 極端に走る人. 〖《1812》: ⇨ ↑, -er¹〗

òut·árgue *vt.* 議論で負かす, 論破する. 〖1748〗

out·a·sight /àʊṭəsáɪt | -tə-ˊ/ *adj., int.* 《俗》 **1** 前衛的な, 奇抜な, 型破りの, 斬新な (out-of-sight) (cf. far-out 2). **2** 比類のない, すばらしい. 〖《1893》《短縮》← OUT-OF-SIGHT〗

óut·bàck 《豪》 *n.* [通例 the ～; 時に O-] (沿海地方に対し)奥地, 内地: in *the* ～. ── /ˊ-ˊ/ *adj.* 奥地の[にある]: ～ life. ── *adv.* 奥地へ[に]: go [live] ～.
～·er *n.* 〖1878〗

O

òut·bálance *vt.* **1** …より重さでまさる, より重い. **2** (価値・重要性・効果などの点で)…を上回る, まさる. 〖1644〗

òut·bíd *vt.* (～; -bid·den, ～; -bid·ding) **1 a** (競売で)〈相手〉よりも高値をつける: ～ each other せり合う. **b** (何かを手に入れるために)〈相手〉よりもよい条件を示す〔*for*〕. **2** (誇張などで)〈相手〉をしのぐ, 上回る. **3** 〖トランプ〗〈相手〉より高いビッドをする. 〖1587〗

òut·bláze *vi.* 〈感情など〉燃え立つ[出る, 上がる]. ── *vt.* **1** …より強く輝く; (より強い輝きで)…の光輝を奪う. **2** (より輝かしい才気などで)…をはるかにしのぐ, 顔色なからしめる. 〖*a*1711〗

òut·blúff *vt.* 〈相手〉に輪をかけたはったりをかける, はったりのかけ合いで負かす.

óut·bòard *adv.* **1 a** 〖海事〗舷側の方へ, 舷側寄りに, 船外に (↔ inboard). **b** (宇宙船の)船外に. **2** 〖航空〗(飛行機の)翼端(部)に[へ]. ── *adj.* **1** 〖海事〗 **a** 舷側の方にある, 舷側寄りの; 船外にある. **b** (モーターを)船外[艇尾の外側]に取り付けた. **2** 〖航空〗翼端に近い. ── *n.* 〖海事〗 **1** =outboard motor. **2** 船外機付きボート. 〖1823〗

óutboard mótor [éngine] *n.* (ボートの)船外モーター, 船外発動機, 船外機. 〖1909〗

outboard profíle *n.* 〖造船〗船外側面図《船体を測外面から見た図》.

óut·bònd *adj.* 〖石工〗〈石・れんがが〉長手積みの (↔ inbond).

óut·bòund *adj.* 外国[外地]行きの (↔ inbound): an ～ ship 外国[外地]行きの船. 〖1598〗

òut·bóx *vt.* 〖ボクシング〗打ち負かす, 打ち合いで…に勝つ. ⇨ outfighting 日英比較 〖1862〗

òut·bráve *vt.* **1** 大胆さ(など)でしのぐ, 圧倒する. **2** ものともしない (defy): ～ defeat. **3** 《古》華麗さで〈人〉に優る. 〖1589〗

out·break /áʊtbrèɪk/ *n.* **1 a** (怒り・戦争・流行病・火事などの)突発; (害虫などの)大発生: an ～ of typhoid fever 腸チフスの発生 / an ～ of fire 出火 / a volcanic ～ 火山の爆発 / since the ～ of the war 戦争が起こってから. **b** 突然の現れ[表面化]: the ～ of national feeling *against* …に対して突然現れた国民的反感. **2** 暴動, 一揆: an ～ of peasants *against* landowners 地主に対する農民一揆. **3** 〖地質〗(岩石・地層などの)露出. 〖1600–01〗

òut·bréed *vt.* (out·bred) **1** 〖生物〗…に異系交配をさせる (↔ inbreed). **2** 〖人類学〗…に異部族間結婚をさせる. **3** /ˊ-ˊ/ 〖生物〗 **a** …より早く繁殖する. **b** 〈不要な特性(角, 種子など)を〉交配によって除く. ── *vi.* 〖人類学〗異部族間結婚で子供を産む. **～·er** *n.* 〖1903〗

òut·bréeding *n.* **1** 〖生物〗異系交配, 異系繁殖 (↔ inbreeding). **2** 〖人類学〗異族[族外]結婚 (exogamy). 〖1901〗

óut·buíld *vt.* (out·built) **1** …よりもしっかり[多く]建てる. **2** …の外側に建てる[造る]. 〖1742〗

óut·buílding *n.* (母屋の)付属建築物, 離れ家《納屋・鳥小屋・薪小屋・(肉類の)燻製場所など》. 〖1626〗

out·burst /áʊtbə̀ːst | -bə̀ːst/ *n.* **1** 突発, 爆発: an ～ of terrorism テロの突発. **2** (火山の)爆発. **3** (感情・活力などの)激発, 爆発: an ～ of tears わっと泣き出すこと / many an ～ of "Banzai"「万歳」の連呼 / We were shocked at his ～ of rage. 急に怒り出したのでびっくりした. 〖1657〗

out·bye /uːtbáɪ/ *adv.* (*also* **out·by** /～/) 《スコット》 **1 a** 戸外で. **b** 外へ. **c** 少し[遠く]離れて. **2** (鉱山で)換気孔[出入口]の方へ. ── *adj.* [限定的] 戸外の, 外の. 〖《?*a*1400》: ⇨ out, by¹ (adv.)〗

óut·càll *n.* (売春婦による)出張サービス.

out·cast /áʊtkæ̀st | -kàːst/ *n.* **1 a** (社会・友人・家族などから)見捨てられた人, 社会の除け者; 追放者 (exile): a social ～ 社会から追放された人. **b** 浮浪者, 宿なし (vagabond). **2** 《古》捨てられた物; 廃物, くず (refuse). **3** 《スコット》喧嘩(ケンカ), 不和 (quarrel). ── *adj.* **1 a** (社会・友人・家族などから)見捨てられた. **b** よるべのない, 宿なしの (homeless). **2** 軽蔑された, ばかにされた. **3** 捨てられた. 〖《*c*1280》← (p.p.) ← *outcaste*(n)〗

óut·càste *n.* 《インド》 **1** 社会的地位[門地]のない人. **2** 四姓 (caste) 外の賤民 (pariah). ── *adj.* 社会的階級のない. ── /ˊ-ˊ/ *vt.* 社会から放逐する[葬る]. 〖1867〗

òut·cláss *vt.* 段違いの成績で…に勝つ, …に断然まさる. 〖1870〗

óut-clèaring *n.* 《英》〖金融〗持出し手形; 持出し手形金額《手形交換所を経て銀行が支払を受けるべき手形の総額; ↔ in-clearing》. 〖1875〗

óut-cóllege *adj.* 《英》大学寮内に寄宿しない; 学寮外に下宿して通学する. 〖1861〗

out·come /áʊtkʌ̀m/ *n.* **1 a** 結果, 成行き (result) 〔*of*〕. **b** (当然の)帰結; 結論. **2** はけ口 (outlet). 〖?*a*1200〗

òut·compéte *vt.* **1** 〈人を〉(競技で)打ち負かす, …に打ち勝つ. **2** 〖生物〗〈他の種を〉競争によって排除する《場所, 食料その他の資源を求めて》.

óut·còuntry *n.* 奥地, 僻地(ヘキチ). ── *adj.* **1** 外国の (foreign). **2** 田舎の, 僻地特有の. 〖1943〗

óut·crícket *n.* 〖クリケット〗(打撃に対して)投球と守備. 〖1884〗

óut·cròp *n.* **1** 〖鉱山・地質〗(鉱脈・地層などの)露出部, 露頭 (basset). **2** (急激な)出現, 表面化, 台頭, 突発. ── *vi.* **1** 〈地層などが〉露出する. **2** 表面に現れる; 表面化する, 出現する. 〖1805〗

òut·cróss 〖生物〗 *vt.* 異系交配[外部交雑]させる. ── /ˊ-ˊ/ *n.* **1** 異系交配(を行うこと). **2** 異系交配(による)雑種. 〖1890〗

óut·cróssing *n.* 〖生物〗異系統交配, 他配《遺伝子型が異なる配偶子間の交配》. 〖1950〗

out·cry /áʊtkràɪ/ *n.* **1** 叫び声, 叫び; 悲鳴, わめき声, どなり声. **2** 激しい抗議〔*against*〕. **3** 競り売り (auction); (大道商人などの)呼売り. ── /ˊ-ˊ/ *v.* ── *vt.* 〈相手〉より大きな声をあげて聞こえないようにする, やじり倒す. ── *vi.* 大声で叫ぶ. 〖?*a*1350〗

óut·cùrve *n.* 〖野球〗アウトカーブ (↔ incurve). ── /ˊ-ˊ/ *vi.* 〖野球〗アウトカーブを投げる. ── *vt.* 〖野球〗〈球を〉外角へカーブさせる. **òut·cúrved** *adj.* 〖1881〗

òut·dánce *vt.* 〈人を〉ダンスで負かす; 〈人〉よりダンスがうまい. 〖1663〗

òut·dáre *vt.* **1** 〈人〉より思い切ったことをする, …より以上に勇敢である. **2** 無視する, 物ともしない. 〖1596〗

òut·dáte *vt.* 古臭くする; 時代遅れなものにする: It has been ～*d*. 旧式なものとなった; 時代遅れになった, 陳腐になった. 〖*a*1649〗

out·dated /àʊtdéɪṭɪ̀d | -tɪ̀dˊ/ *adj.* 旧式の, 陳腐な, 時代遅れの (antiquated): an ～ building. **～·ness** *n.* 〖《1616》↑〗

òut·dístance *vt.* (競走・競馬などで)〈相手〉よりずっと先に出る, 遠く引き離す; (競争などで)〈相手〉に勝つ. 〖1857〗

out·do /àʊtdúː/ *vt.* (**out·did**; **-done**) **1** …にまさる, しのぐ (⇨ excel SYN); …に勝つ (surpass). **2** 打ち負かす (defeat). **3** [～ *oneself* で] **a** 今までになくよく[熱心に]やる; 今まで以上の熱意を示す. **b** 懸命[必死]の努力をする. ***not to be outdóne*** 〈人〉に負けてなるものかと. 〖1607–08〗

out·door /àʊtdɔ́ə | -dɔ́ː^(r)ˊ/ *adj.* [限定的] (↔ indoor) **1 a** 戸外の, 屋外の, 野外の[でなされる]: ～ exercise 戸外運動 / an ～ game 屋外遊戯 / ～ labor 屋外労働 / an ～ life 野外生活 / an ～ (swimming) pool 屋外プール / an ～ theater 野外劇場. **b** 屋外[戸外]用の: ～ wear 室外着, 外出着. **2** 《英》議院外の: ～ activities 院外活動. **3** 《英》(もと救貧院の)院外の: ～ paupers 院外貧民《救貧院外被救助貧民》. 〖1748〗

outdóor pursúits *n. pl.* 《英》アウトドア活動, 野外活動, 野外スポーツ[レジャー]《登山・オリエンテーリング・カヌーイングなど》.

outdóor relíef *n.* 《英》=out-relief. 〖1834〗

out·doors /àʊtdɔ́əz | -dɔ́ːz/ *adv.* 屋外で, 戸外で, 野外で; 屋外[戸外, 野外]へ: live ～ / go ～. ── *n.* [the ～; 単数扱い] **1** 戸外, 屋外, 野外: the freshness of (*the*) ～ 野外の新鮮さ[すがすがしさ] / Children love *the* ～. **2** 人間の住居から離れた世界, 人里離れた世界: the great ～ (都市から離れた)大自然. 〖《1817》: ⇨ -s²〗

outdóors·man /-mən/ *n.* (*pl.* **-men** /-mən, -mèn/) **1** 野外[屋外]生活者; 野外生活を好む人. **2** (狩猟・魚釣りなどの)野外活動を好む人. **～·shìp** *n.* 〖《1958》↑〗

out·doors·y /àʊtdɔ́əzi | -dɔ́ː-ˊ/ *adj.* **1** 戸外の; 屋外用[向き]の. **2** 屋外での生活[活動]が大好きな. 〖《1952》← OUTDOORS＋-Y⁴〗

òut·dráw *vt.* (**out·drew**; **out·drawn**) **1** …よりも人を引きつける, …よりも人気がある: The rock group *outdrew* politicians. そのロックグループは政治家より人気があった. **2** 〈相手〉よりも速くピストルを抜く. 〖*a*1300〗

òut·dríve *vt.* (ゴルフなどで)〈ボールを〉…よりも遠く[強く]飛ばす. 〖1906〗

óut·dròp *n.* 〖野球〗アウトドロップ《打者に対して急に外角に落ちる変化球》.

óut·dwèller *n.* (ある場所から)遠く離れた所に住む人, 遠隔地の住人. 〖1594〗

out·er¹ /áʊṭə | -tə^(r)/ *adj.* **1** 外の, 外方の, 外部の, 外側の (↔ inner): an ～ court 〖建築〗(建物の周囲の)外庭 / one's ～ garments 上着, 外套 / an ～ wall 外壁 / ⇨ outer city. **2** 〖哲学〗外的な, 客観的な.
── *n.* **1 a** 〖クレー射撃〗(標的の中心圏から最も離れた)圏外. **b** 圏外命中(弾). **2** 《豪》 **a** (競走路付近の)屋根のない部分. **b** (競馬場付近の)屋根のない賭け場所. **3** 〖電気〗非中性線《中性線以外の各相の線; outer wire ともいう》.
on the óuter 《豪俗》(1) 文無しで. (2) 疎外[無視]された. 《競馬場で外側のトラックを走る馬のことから》 〖1924〗
〖《?*a*1200》 *outter*: ⇨ out (adj.), -er²: cf. utter²〗

out·er² /áʊṭə | -tə^(r)/ *n.* 〖ボクシング〗ノックアウトの強打 (knockout blow). 〖《1898》← OUT (vt.)＋-ER¹〗

óuter automórphism *n.* 〖数学〗外部自己同形《内部自己同形でないような自己同形写像; cf. inner automorphism》.

Óuter Bánks *n.* アウターバンクス《米国 North Carolina 州沿岸の島々》.

óuter bár *n.* [the ～; 集合的] 《英》(勅選バリスター (King's Counsel) でない)普通バリスター団 (junior barristers) (cf. inner bar). 〖法廷で判事の前の仕切り (bar) の中にはいることを許されないことから〗

óuter bárrister *n.* 〖英法〗=utter barrister.

óuter cíty *n.* 《米》市外, 都市郊外 (cf. inner city 1).

óuter·còat *n.* =overcoat.

óuter-diréctéd *adj.* 外部志向型の, 社交的な.

óuter éar *n.* 〖動物〗(哺乳類・鳥類の)外耳 (external ear).

óuter fórm *n.* 〖印刷〗表版《ページ物組版(クミハン)で, 第 1 ページと同じ側を印刷するための組版; outside form ともいう; cf. inner form》. 〖1755〗

Óuter Hébrides *n. pl.* [the ～] ⇨ Hebrides.

Óuter Hóuse *n.* [the ～] (Edinburgh の) 国会議事堂の中で民事控訴院 (Court of Session) の裁判官 (Lords Ordinary) が単独で審理する法廷《正式名 the Outer House of the Court of Session》. 〖1818〗

óuter jíb *n.* 〖海事〗アウタージブ《船首三角帆 (headsail) の一つで flying jib の後ろ, inner jib の前に張る》.

Óuter Lóndon *n.* ⇨ London 1.

óuter mán *n.* [the ～] **1** (inner man に対して) 外なる人, 肉体 (the body) (cf. outward man). **2** 《戯言》風采, 身なり (dress): adorn *the* ～. 〖1853〗

óuter márgin *n.* 〖印刷〗小口(こぐち)《図書の綴じ目と反対側の余白; fore edge margin, outside margin ともいう》.

óuter márker *n.* 〖航空〗外側マーカー《計器着陸方式において滑走路端からの距離を知らせる外側 (5 ないし 7 マイル)のマーカービーコン》.

Óuter Mongólia *n.* 外モンゴル《Mongolian People's Republic の旧名》.

óuter·mòst *adj.* 最も外部の, 一番はずれの. 〖《*c*1384》← OUTER＋-MOST: cf. uttermost, utmost〗

óuter párt *n.* 〖音楽〗外声《3 声部以上からなる多声音楽の最高および最低声部; 混声 4 部合唱ではソプラノとバス; outer voice ともいう; cf. innner part》.

óuter plánet *n.* 〖天文〗外惑星《太陽系の中で小惑星帯 (asteroid belt) より外側を運行する惑星; 太陽に近い方から順に木星 (Jupiter), 土星 (Saturn), 天王星 (Uranus), 海王星 (Neptune), 冥王星 (Pluto); ↔ inner planet; cf. superior planet》.

óuter próduct *n.* 〖数学〗外積 (⇨ vector product). 〖1929〗

óuter spáce *n.* **1** (地球の大気圏外の)空間. **2 a** (太陽系外の)空間. **b** (太陽系内の)惑星間空間. 〖1901〗

óuter spéech fòrm *n.* 〖言語〗外部言語形式《外的に音声で表出されて直接感覚によってとらえられる言語形式; ↔ inner speech form》. 〖《1901》《なぞり》← G *äussere Sprachform*〗

óuter vóice *n.* 〖音楽〗外声 (⇨ outer part).

óuter·wèar *n.* [集合的] **1** 上着《他の衣類の上に着る dress, suit, sweater など》. **2** 外套《外出着用の coat, jacket など》. 〖1928〗

óuter wóman *n.* [the ～] 《戯言》(女性の)服装, 身なり. 〖*a*1845〗

óuter wórld *n.* [the ～] **1** 外部の世界, 外界. **2** (自分と関係のない)世界の人々. 〖1868〗

òut·fáce *vt.* **1** にらみつける; にらみつけて黙らせる[赤面させる]. **2** 〈相手〉に対して平気[大胆]に構える; ものともしない (defy). 〖*a*1529〗

óut·fàll *n.* 河口, 流れ口; (特に, 下水の)落ち口, はけぐち (cf. infall 3). 〖1629〗

óut·fìeld *n.* **1 a** 〖農業〗農舎から最も離れた農地. **b** 未踏の分野, 未知の世界. **2** [the ～] 〖野球・クリケット〗 **a** 外野 (↔ infield). **b** [集合的] 外野手 (outfielders). 〖1637〗

óut·fìelder *n.* 〘野球・クリケット〙外野手. 〖1868〗

òut·fíght *vt.* (**out·fought**) …と戦って勝つ, 打ち負かす. 〖*c*1384〗

óut·fìghting *n.* **1** (互いに)遠い距離をおいて行う戦闘. **2** 〘ボクシング〙アウトファイティング《競技者が互いに距離を置きながら戦う戦法; ↔ infighting》. 日英比較 日本語の「アウトボクシング」は和製英語. 英語の outboxing は「相手を打ち負かすこと」の意. 〖1848〗

out·fit /áutfìt/ *n.* **1 a** (目的に合わせて作られた)上下一そろいの服: a skiing ~ スキー服 / an ~ *for* a bride 花嫁衣装. **b** (特に, 婦人の)調和のとれた服装一そろい, アンサンブル. **2** [集合的] 用品, 商売道具, 道具一式: a cooking ~ 調理用品 / a carpenter's ~ 大工道具 / a painter's ~ 画家用具《画架・椅子・絵具・パレットなど》/ a traveling ~ 旅行用具. **3** 《口語》 **a** (探鉱・建設・牧畜などに従事する)一団, 一体となって働く人々. **b** グループ; 部隊; 探検隊, 旅行団体. **c** ジャズバンド. **4** 《口語》(特定の産業・活動の)会社: a publishing ~. **5** (探検・航海・旅行などの)支度, 準備, 装備. **6** (精神的・肉体的な)能力, 素養, 教養. **7** 《カナダ・古》(毛皮会社が交易場へ向けて行う)交易品や物資の年に一度の輸送.
— *v.* (**-fit·ted**; **-fit·ting**) — *vt.* **1** …の支度を整える, 準備する (⇨ furnish SYN): ~ an expedition 探検隊の支度を整える / ~ oneself *for* a journey 旅支度を整える. **2** …に〔支度品を〕供給する, 支給する (supply) 〔*with*〕 (cf. FIT¹ *out*): ~ each family *with* clothes 各家族に衣服を配給する. — *vi.* 支度を整える, 準備する. 〖1769〗

óutfit càr *n.* 〘鉄道〙=camp car.

óut·fit·ter /-tə | -tə(r)/ *n.* 《英》 **1** [時に ~s; 単数扱い] 紳士服[用品]店; 《米》旅行用品[装備]商(人); 《米》旅行[探検]ガイド; 運動用具店: a gentlemen's ~ 紳士用装身具商 / an ~'s 装身具店. **2** (船の)艤装をする人. 〖1846〗

òut·flánk *vt.* **1** 〈敵〉の翼側[側面]を迂回(ぅ.)する[を包囲する, に回る]. **2** 〈敵〉の裏をかく, 出し抜く, 計略にかける (outwit). **~·er** *n.* 〖1765〗

out·flow /áutflòu | -flàu/ *n.* **1 a** 流れ出ること, 流出 (↔ inflow): an ~ of blood. **b** (言葉・感情などの)ほとばしり: an ~ of language. **2** 流出物 (efflux); 流出量. — /˗ˊ/ *vi.* 流出する. 〖?*a*1800〗

óut·flùx *n.* **1** =outflow. **2** =outlet. 〖1739〗

òut·flý *v.* (**out·flew**; **-flown**) *vt.* …より以上に(速く)飛ぶ, 飛び越す; …より速く飛んで逃れる. 〖1591〗

òut·fóot *vt.* **1** 〈船が〉〈他船〉より船足が速い. **2** 〈人〉より足が速い[強い], (レースなどで)〈相手〉を破る. 〖1737〗

òut·fóx *vt.* 《口語》〈相手〉の裏をかく, 出し抜く. 〖1962〗

out·front /áutfrʌ́nt/ *adj.*, *adv.* 《米口語》 **1** 率直な[に], 隠しだてない[く]. **2** 率先した[て], 前面に立った[て]. 〖1916〗

òut·frówn *vt.* (相手より)むずかしい顔つきをする, 厳しい顔つきで従わせる[威圧する] (frown down). 〖1604–05〗

óut·gàs *vt.* (**-gassed**; **-gas·sing**) **1** 〘電子工学〙…のガスを抜く《真空管の電極などに吸着されているガスを特殊な方法で排気する》. **2** 《俗用》…のガスを抜く[除去する]. — *vi.* ガスが抜ける[を失う]. 〖1921〗

òut·géneral *vt.* (**-aled**, **-alled**; **-al·ing**, **-al·ling**) **1** 軍略で〈敵軍・敵将を〉負かす[破る]. **2** 〈相手〉に策略で勝つ, 術中に陥れる. 〖(1767): cf. out-Herod〗

óut·giving *n.* **1** 発表されるもの; (特に)公式発表[見解]. **2** [*pl.*] 使った金, 出費. — *adj.* 差し控えることのない, あけっぴろげな, 外向的な. 〖1663〗

óut·gò *n.* (*pl.* **~es**) **1** 出かけること, 外出, 退出; 出発 (departure). **2** 《米》出費, 支出 (expenditure) (↔ income). **3** 流出. **4** 結果. — /˗ˊ/ *v.* (**out·went**; **-gone**) — *vt.* **1** 《古》〈人を〉追い越す, 〈人〉より速く行く. **2** 〈人〉にまさる, 打ち勝つ. **3** 〈ある程度を〉越す. — *vi.* 《廃》外出する. 〖(*c*1640) *ūtgān*: ⇨ out, go¹〗

òut·gó·er *n.* **1 a** 外に出て[去って]行く人; 外出者. **b** (土地を返して)小作人をやめて行く人. **2** 〘クレー射撃〙射手から離れていくように飛ぶクレー[的(まと)]. 〖*c*1384〗

out·going /áutgòuɪŋ | -gə̀uɪŋ˗/ (↔ incoming) *adj.* **1 a** 辞任[退職]する, (地位などを)去って行く: an ~ minister 辞職する大臣. **b** 出て行く, 出発する; 去って行く: an ~ ship 出船(でふね) / the ~ tide 引き潮 / an ~ letter 発信書状 / an ~ train 出発列車. **2** 社交性に富んだ, 外向性の (extrovert): a warm and ~ woman 心の温かい外向的な女性. **3** 《米》〈食品の(注文)が〉持ち帰り用の, テイクアウトの (take-out). — /˗ˊ˗/ *n.* **1** 外出, 出発. **2 a** 流出物; 流出量. **b** (心情などの)発露. **3** [*pl.*] **a** 《英》出費, 支出: incomings and ~*s*. **b** 〘英法〙(不動産などの公租公課に当てる)維持費. **~·ness** /˗ˊ˗nɪs/ *n.* 〖*c*1300〗

óutgoing líne *n.* **1** 〘通信〙出線(でせん)《電話交換機から出る回線》. **2** 〘電気〙引き出し線 (cf. incoming line 2).

òut·gróss *vt.* 総収益[総収入]で上回る.

óut·gròup *n.* 〘社会学〙外集団《自己の属する集団以外の集団; they-group ともいう; ↔ in-group》. 〖1907〗

out·grow /àutgróu | -grə́u/ *v.* (**out·grew**; **-grown**) *vt.* **1 a** 〈衣服〉より体のほうが大きくなって着られなくなる: The children have ~*n* their clothes. 子供たちが大きくなって服が着られなくなった. **b** 〈家族(の数)が〉〈家・部屋など〉の収容力を追い越す: Our family has ~*n* our house. うちでは家族が増えて家が狭くなった[住めなくなった]. **2** (年をとったりして)…がなくなる, を脱する, 失う; …を必要としなくなる: ~ shyness [a bad habit] (年をとって)恥ずかしがらなくなる[悪い習慣が直る] / He *outgrew* his bad reputation. (その後行いを改めて)悪名をそそいだ. **3** 〈人〉よりも速く成長する; …より大きくなる: ~ one's strength 〈子供が〉背ばかり伸びて体力が(伴わ)ない / John has ~*n* every one of his brothers. ジョンは兄弟のだれよりも大きくなった. 〖1592–93〗

óut·gròwth *n.* **1** 自然の発達[成長]; 自然の結果: Revolution is a frequent ~ of tyranny. 革命はしばしば暴政の結果として起こる. **2** 派生物, 副産物. **3** 伸び出ること, 成長 生成; 成長して生じたもの; 枝; ひこばえ; こぶ. 〖1837〗

óut·guàrd *n.* 〘軍事〙外哨 (前哨 (outpost) が配置する最前方の警戒隊). 〖1623〗

òut·guéss *vt.* 〈敵・チェスの相手・投手など〉の意図を見抜く; 〈市場など〉の先行きを正確に読む. 〖1913〗

óut guíde *n.* 〘図書館〙(資料の)貸出表示カード.

òut·gún *vt.* (**-gunned**; **-gun·ning**) **1** …より火力[銃砲装備]でまさる; …より射撃がうまい. **2** 《口語》凌駕する, 勝る, 負かす (defeat). 〖1691〗

òut·gúsh *vi.* 流れ出る, 流出[噴出]する. — *n.* /˗ˊ/ 流出, 噴出. 〖*c*1614〗

óut·hàlf *n.* 〘ラグビー〙=standoff half. 〖1961〗

óut·hàul *n.* (*also* **óut·hàuler**) 〘海事〙アウトホール, 張出し索(さく)《帆の頂部または下部を外方に引き出す綱; ↔ inhaul》. 〖1840〗

òut-Hérod, out-h- *vt.* [~ Herod として] 残忍[暴虐, 放縦]さ(など)において(ユダヤ王) Herod にまさる, Herod 以上に Herod である: She ~*ed Herod* on that occasion. その際の彼女の暴虐ぶりはヘロデ王顔負けであった. 〖(1600–01) ← OUT-+*Herod*: Shakespeare の造語 (*Hamlet* 3. 2. 14)〗

òut·hít *vt.* (~; **-hit·ting**) 〘野球〙〈敵チーム〉より多くヒットを打つ, …にヒット数でまさる.

óut·hòuse *n.* **1** =outbuilding. **2** 《米》屋外便所. 〖1533〗

out·ie /áuṭi | -ti/ *n.* **1** 《口語》でべそ(の人). **2** 《南ア俗》ホームレス, 宿無し. 〖1: (1973). 2: (1974): ⇨ -ie〗

out·ing /áuṭɪŋ | -tɪŋ/ *n.* **1 a** 遠出, 遠足, 遊山旅行 (excursion): a family ~ 家族遠足 / go for [on] an ~ 遠足に出かける. **b** [形容詞的] 遠出[散歩]用の: an ~ hat ピクニック帽. **2** (野外)運動会, 競技会, 試合. **3** 沖合い (offing). 〖(1375): ⇨ out (vi. 2), -ing¹〗

óuting flànnel [**clòth**] *n.* 《米》表裏をけば立てた柔らかい綿ネル《パジャマや子供服にする; flannelette ともいう》. 〖1890〗

óut ísland *n.* 〘地理〙属島《諸島[群島]中の主島以外の島》. 〖?*a*1400〗

out·jie /óuki, -tʃi | ə́u-/ *n.* 《南ア口語》子供, 小僧.

òut·jóckey *vt.* …に策略で勝つ, …の裏をかく, 出し抜く. 〖1714〗

òut·júmp *vt.* 〈相手〉よりも巧みに[高く]飛ぶ. 〖1639〗

out·jut·ting /àutdʒʌ́tɪŋ | -dʒʌ́t-˗/ *adj.* 突き出た (protruding).

óut·lànd *n.* **1** [*pl.*] 田舎; 地方 (provinces). **2** (昔の荘園や地主の囲い地外の)飛地; 境に近い土地. **3** 《古》外国の土地, 外地. — *adj.* **1** 境外の, 遠隔の (outlying): ~ districts. **2** 田舎の. **3** 《古》外国の (foreign). 〖OE *ūtland*: ⇨ out, land¹〗

óut·lànd·er *n.* **1** 外国人; 他国もの, 外来者 (⇨ alien SYN). **2** 《口語》部外者, 外部の人 (outsider). **3** [O-] =Uitlander. 〖(1598): ⇨ ↑, -er¹: Du. *uitlander* & G *Ausländer* foreigner にならった造語. 3: ◻ Du. *uitlander*〗

out·land·ish /àutlǽndɪʃ˗/ *adj.* **1** 異国風の; 風変わりな, 奇怪な (⇨ strange SYN). **2** 〈土地など〉辺鄙(へんぴ)な, 片田舎の (remote). **3** 《古》外国の, 異国の (cf. *Neh.* 13: 26). **~·ly** *adv.* **~·ness** *n.* 〖lateOE *ūtlendisc* foreign, exiled: cf. G *ausländisch*〗

òut·lást *vt.* …より長持ちする, より長く続く; …より長生きする (⇨ outlive SYN): You will ~ me. 君は私より長生きするだろう / This cloth will not ~ six months. この布地は 6 か月はもつまい. 〖1573〗

out·law /áutlɔ̀:, -là: | -lɔ̀:/ *n.* **1 a** 不逞(ふてい)の輩(やから), 無法者; ならず者, やくざ, 無頼漢. **b** 常習犯; 社会の除け者. **2** 〘法律〙(もと)法律上の恩典と保護とを奪われた者, 法益被剝奪者. **3** 《米》手におえない動物; 気の荒い馬, あばれ馬. — *vt.* **1** 法外者とする; 社会から葬る. **2** 《米》…の法律上の効力を消滅させる: an ~*ed* debt 時効にかかった負債. **3** 禁止する (prohibit); 非合法化する: ~ a player in a game 選手の競技出場を禁止する / ~ war 戦争を非合法化[追放]する. **4** …から法律上の恩典と保護を奪う, …の人権を喪失させる. 〖lateOE *ūtlaga* ◻ ON *ūtlagi* ← *ūtlagr* outlawed ← *ūt* 'OUT'+**lagu* 'LAW'〗

out·law·ry /áutlɔ̀:ri, -là:- | -lɔ̀:-/ *n.* **1 a** 法律上の恩典と保護を奪うこと, 公権の剝奪. **b** 法律上の恩典と保護を奪われていること; 法益喪失. **2** 社会的追放. **3** 法律の無視, 無法行為. **4** 非合法化: the ~ of war 戦争の非合法化, 戦争不法論, (社会からの)戦争追放. 〖(*c*1390)《英語化変形》← AF *utlagerie* ∥ ML *utlagaria* ← OE *ūtlaga* (↑): ⇨ -ery〗

óutlaw strìke *n.* =wildcat strike. 〖1931〗

out·lay /áutlèɪ/ *n.* **1** 支出, 出費: cut down on ~*s* 経費を節減する. **2** 支出額. — /˗ˊ/ *vt.* (**out·laid**) 支出する, 費す: ~ money in improvement 改良工事に金を出す. 〖(1555) 1798〗

òut·léap *v.* (~**ed**, **-leapt**) *vt.* **1** 跳び越す. **2** …より余計跳ぶ. — *vi.* 跳び出す (leap out). 〖1600〗

out·let /áutlèt, -lɪ̀t/ *n.* **1 a** 出口, 出道 (exit): through an ~ for smoke 煙の通気孔を通って. **b** (感情などの)はけ口 (vent): find an ~ *for* one's emotion 感情のはけ口を見つける / He wants an ~ *for* his energy. 精力のはけ口を求めている. **2 a** (池や湖からの)流出河川[水路]. **b** (河川の海や湖への)流出地点, 河口. **3** 〘商業〙販路, はけ口, さばき口 〔*for*〕; (特定のメーカー・卸売業者の)系列小売店, アウトレットショップ[店, ストア] (outlet store). **4** 《米》〘電気〙 **a** コンセント, アウトレット (《英》point): a wall ~ 壁に取り付けたコンセント. ⇨ plug 日英比較 **b** (ネットワーク傘下の)放送局. **5 a** =outlet box. **b** (意見・作品などの)発表機関《雑誌など》. **6** 〘解剖〙(通管などの出口, (特に)骨盤下口[出口] (pelvic outlet). 〖*c*1250〗

óutlet bòx *n.* 《米》〘電気〙アウトレットボックス《コンセントを収めた金属などの箱》. 〖1906〗

óutlet pàss *n.* 〘バスケット〙アウトレットパス《防御側の選手がリバウンドのボールを確保して, 速攻に転じるため味方に送るパス》. 〖*c*1975〗

òut·líe *vi.* (**-lay**; **-lain**; **-lying**) **1 a** 戸外に寝る, 野宿する. **b** キャンプ[野営]する. **2** 伸びる, 広がる (extend). — *vt.* …の向こうに横たわる[ある]. 〖1826〗

out·li·er /áutlàɪə | -làɪə(r)/ *n.* **1 a** 戸外に寝る[住む]人, 野宿者. **b** 職場などの外に居住する人; 所有地外居住者. **c** 囲い外の動物《鹿など》. **2 a** (本体から)離れているもの. **b** 離島, 孤立した山[林] (など), 飛び地. **3** 〘地質〙離層 (↔ inlier), 外座層. **4** 〘統計〙(標本の)孤立値《他からかけ離れた標本値》. 〖1610〗

out·line /áutlàɪn/ *n.* **1 a** (物の外形を示す)外郭線. **b** [しばしば *pl.*] 輪郭, 外形 (contour). **2** 輪郭図, 略図 (sketch); 下書き: draw a horse *in* ~ 馬の略画を描く / a picture *in* ~ 輪郭画, 線画 / a map of England *in* ~ 英国の略地図. **3 a** (書物・事件などの)梗概, 大要, あらまし (⇨ summary SYN): an ~ of English grammar 英文法概説[論] / a biographical ~ 小伝, 略伝 / give an ~ of …のあらましを述べる / *in* brief ~ かいつまんで(言えば). **b** [*pl.*] 要点, 眼目. **4** 計画案. **5** 〘印刷〙袋文字, アウトライン《外郭線だけから成る白抜きの文字》. **6** 〘釣〙ふせ鉤用の枝鉤を付ける主糸.
— /áutlàɪn, ˗ˊ/ *vt.* **1 a** …の輪郭[略図, 下絵]を描く: ~ the shape of a mountain 山の形の輪郭を描く. **b** …の輪郭を引き立たせる, 際立たせる; はっきりさせる: The figure of a woman was ~*d against* the dim-lit hall. 薄明かりのホールを背に女性の姿が浮かび上がっていた / The affair began to ~ itself. 事態が次第にはっきりしてきた. **2** …のあらましを述べる[記す], 略述する: ~ an argument 議論の要点を述べる.
〖(1662): J. Evelyn の造語〗

SYN 輪郭: **outline** 物の境界を限定する線の意味《最も一般的な語》: the *outline* of a mountain 山の輪郭. **contour** 物の形状を示す外側の線, 特に曲線: the soft *contour* of her waist 彼女の腰の柔らかい曲線. **profile** 側面から見た, 特に顔の輪郭: She is lovely in *profile*. 横顔がかわいい. **silhouette** 逆光でできる人や物の輪郭: two figures in *silhouette* シルエットになった二人の姿.

óutline màp *n.* 白図, 白地図 (base map). 〖*a*1904〗

óut·lìn·er *n.* 〘電算〙アウトライナー, アウトライン プロセッサー《文章のアウトライン(全体的構成)を作成編集するためのプログラム[ソフトウェア]》.

out·live /àutlív/ *vt.* **1 a** 〈ある人(々)〉より長生きする, 生き延びる (survive): ~ one's husband (by five years) 夫に先立たれて(5 年生き)る. **b** 〈人・物事が〉〈ある時・期間など〉の後まで(生き)残る: ~ the century 次の世紀まで生き(延び)る / The patient ~*d* another month. 患者はさらにひと月もった / His fame ~*d* him. 彼の名声は死後も残った / He has ~*d* his usefulness. 今ではもう役に立たなくなった. **2 a** 〈困難などを〉生き抜く, 乗り越える (live through): ~ much / ~ a storm 嵐をしのぐ[切り抜ける]. **b** (長い間に)〈汚名・過ちなどを〉すすぐ, (世間に)忘れさせる (live down): ~ (a) disgrace. — *vi.* 《廃》生き延びる. 〖1472〗

SYN 生き延びる: **outlive** 他人よりも長く生きる: He *outlived* his son by five years. 息子よりも 5 年間長生きした. **survive** 〈災害・危機・事故などを〉切り抜けて生き残る; 身近な関係の人よりも長く生きる: *survive* a war 戦争を生き延びる / *survive* one's wife 妻に先立たれる.

---

out·look /áutlùk/ *n.* **1 a** (ある場所からの)眺め, 展望; 眺望, 光景 (view): a picturesque ~ 絵のような眺め / a room with an ~ *on* [*over*] the sea 海の見晴らせる部屋. **b** 見晴らせる場所, 眺望のきく所. **2** 見解, 見地, 視野, 視点; 眼界 〔*on*, *upon*〕: a narrow [wide] ~ 狭い[広い]見解 / a man of broad ~ 視野の広い人 / a prejudiced ~ 偏見 / one's ~ *on* life 人生観. **3** 前途(の見込み), 見通し (prospect); (天気予報で)予想: The business ~ is good. 商況[景気]は先行き明るい / the financial ~ 財政上の見通し. **4** 見張り, 警戒 (lookout): be on the ~ *for* …を警戒[用心]している. — /˗ˊ/ *vt.* **1** …より容姿の点でまさる. **2** 《廃》=outstare 2. 〖1667〗

out·lying /áutlàɪɪŋ, ˗ˊ˗/ *adj.* **1 a** (ある地域から)遠く隔った, 中心を離れた; 本部[中央部]から遠い; 辺鄙(へんぴ)な (remote): ~ troops (中央から)遠隔の地点にある軍隊 / an ~ area 僻地(へきち). **b** 外辺にある: the ~ wings (本館の)両側にある翼部. **2** 範囲外の[にある]; 外的な, 局外的な; (非)本質的な: an ~ fact 局外的な事実. 〖1663〗

òut·mán *vt.* (**-man·ned**; **-man·ning**) **1** …より人数が多い; …に人数で勝つ. **2** 《古》…より男らしい, …に男らしさでまさる. 〖1691〗

òut·manéuver *vt.* (*also* 《英》**òut·manóeuvre**) **1** 策略で〈相手・敵〉の上手に出る, 策略で…に勝つ, 〈敵〉の裏をかく (outwit). **2** 〈他の航空機など〉に操縦[機動]性でまさる. 〖1799〗

òut·márch *vt.* …より速く[遠く]進む, 追い越す. 〖1647〗

òut·márriage *n.* 異族[族外]結婚 (exogamy) (cf. inmarriage).

òut·márry *vt.* [～ one*self* で]〈自分〉より身分の上の人と結婚する. ― *vi.* 異族結婚する.

òut·mátch *vt.* …よりまさる; …に勝つ (surpass). 〖1603〗

òut·méasure *vt.* …に量[程度]でまさる. 〖1646〗

óut·mìgrant *adj.* (他所へ)移住[移動]して行く, 転出して行く. ― *n.* (他所への)移住者, 転出者; 移動して行く動物. 〖1953〗

òut·mígrate *vi.* 移住[移動]する, 転出する. **òut-migrátion** *n.* 〖1953〗

òut·móde *vt.* 流行[時代]遅れにする. ― *vi.* 流行[時代]遅れになる, すたれる. 〖(1903) 1915〗

òut·móded *adj.* 流行[時代]遅れの, 旧式な. **～·ly** *adv.* **～·ness** *n.* 〖(1903): cf. F *démodé*〗

óut·mòst *adj.* =outermost; uttermost. 〖(lateOE) *ūtemesta*, *ūtemeste* 'UTMOST': ⇨ out, -most〗

óut·ness *n.* 〖哲学〗(精神または意識の)外にあること, 外在性, 客観性, 客観的実在性, 顕在性. 〖1709〗

out·num·ber /àutnʌ́mbə | -bə^r/ *vt.* …に数でまさる, …より数が多い, 凌駕(りょうが)する: We were slightly ～*ed.* 我々は数の上でやや劣勢だった. 〖1670〗

out of /áutə(v) | -tə(v)/ *prep.* ★ into と同様に一語として機能する. **1 a** …の中から外へ, …の外に; …を離れて: go ～ town 町から出て行く / be ～ doors [town] 戸外に[市外に]いる / She was ～ town all week. 一週間ずっと町から出ていた / be [get] ～ prison 出所している[出所する] / some seven miles ～ London ロンドンから 7 マイルばかり出た所に / look ～ the window 窓から外を見る / run ～ the house 家から外へ走り出す / Let's get ～ here! ここを出よう. **b** [命令文で] …から出て行け: *Out of* my house [way]! 出て行け[そこをどけ] / *Out of* the house *with* you! 出て行け.

2 …の中[間]から: ～ many applicants 多くの志願者の中から / You must choose ～ these. この中から選ばなければなりません / four people ～ (every) five (各) 5 人のうち 4 人.

3 〈物〉が不足して, なくなって (cf. 8): be ～ sugar 砂糖が切れている / run ～ pocket money [ideas] 小遣い銭[アイディア]がなくなる.

4 〈材料〉から, …を使って, …で (cf. from 6, of[1] 4): She made it ～ a cigar box. それは葉巻の箱で作った / What did you make the basket ～? そのバスケットは何で作りましたか / Nothing can be made ～ nothing. 無からは何も作ることはできない.

5 〈動機・理由〉のために, …から: ～ curiosity [kindness] 好奇心[親切心]から / ～ ignorance 無知なために / ～ mischief いたずらから, いたずらに / ～ necessity 必要上 / I saved him ～ pity for his family. 家族がかわいそうと思って彼を救ってやった.

6 a …から(直接) (from, off): drink ～ a bottle ラッパ飲みする / eat ～ a bowl どんぶりから直接食べる. **b** …から(出た); …の出[生まれ]で: ～ one's own head 自分の考え[一存]で, 命令を待たず / The idea came ～ my own imagination. その考えは私のこの頭から出たのです / a passage ～ Shakespeare シェークスピアの作品からの一節 / like something ～ *The Arabian Nights*「アラビアンナイト」から抜け出したような.

7 〈所有物〉を失って; 〈人〉から奪って: cheat a person ～ a thing 人をだまして物を奪い取る / He was swindled ～ his money. 彼はだまされて金を取られた / get money ～ a person 人から金を取る.

8 〈性質など〉を無くして, 〈職〉を失って (cf. 3): ～ work 失業して[中で].

9 〈行動・影響など〉の範囲外に, …外で: ～ hearing 聞こえない所に / ～ reach 手の届かない所に / go ～ sight 見えなくなる / *Out of* sight, ～ mind. 〖諺〗「去る者は日々にうとし」.

10 〈ある常態〉から脱して[はずれて]: ～ danger 危険を脱して / *Out of* debt, ～ danger. 〖諺〗借金がなくなれば, 危険もなくなる / ～ character 役割に当てはまらない, 不調和な, 似つかわしくない / ～ date 時代遅れで / go ～ fashion 廃れる, はやらなくなる / ～ breath 息が切れて / ～ patience 我慢できなくなって / ～ humor 機嫌が悪く / ～ temper 立腹して / ～ keeping (*with*) (周囲と)調和しないで / ～ one's senses [mind] 気が狂って / ～ sorts 気分が悪くて / ～ time 遅すぎて; 調子はずれで / ～ touch with …との緊密な関係を失って / ～ doubt 疑いもなく, 確かに / ～ the question 問題外で / ～ the way 邪魔にならないように / ～ one's way わき道にそれて.

11 〖畜産・競馬〗〈(子)馬など〉…を母として(生まれて) (cf. by[1] 10 b).

out of it 〖口語〗 (1) (計画・もめごと・流行などに)加わっていない, 抜け出て, 無関係で: You are well ～ *it.* 君は手を引いていてよかった. (2) (会合などに)入れてもらえないで, 仲間はずれで, ひとりぼっちで: She felt rather ～ *it.* (取り残されたようで)ちょっとさびしい気持ちだった. (3) (勝負などに)勝目[見込み]がない, だめで. (4) (真相を)誤って, 間違って: You are absolutely ～ *it!* 君は全く見当違いだ. 〖1830〗 〖OE *ūt of*〗

óut-of-área *adj.* 〈軍事作戦が〉地区外の〖元来の場所またはその部隊のかかわる行動地から離れて行われる〗.

óut-of-bódy *adj.* 体外離脱の, 遊体の: an ～ experience 体外離脱[遊離]体験 (cf. near-death experience).

óut-of-bóunds *adj.* **1** 〖球技〗コート外の, サイドライン[エンドライン]を越えた. **2** 〈考え・行動など〉度を越した, 受け入れられない, 自由奔放すぎる. ― *adv.* [しばしば to を伴って] 立ち入り禁止: ～ to civilians 一般人立ち入り禁止. 〖1857〗

óut-of-cóurt *adj.* 〖法律〗示談による, 法廷外の: an ～ settlement 示談による解決. 〖*c*1614〗

out-of-date /àutəvdéɪt | -təv-ˈ/ *adj.* 時代遅れの, 旧式な (old-fashioned); 古くさい, 今はすたれた (cf. up-to-date): an ～ method 古くさい方法. ★ 叙述的用法のときは out of date となる: The theory is *out of date*. その理論は時代遅れだ. **～·ness** *n.* 〖1628〗

óut-of-dóor *adj.* =outdoor. 〖1800〗

óut-of-dóors *adj.* =outdoor. ― *n.* [単数扱い] = outdoors. 〖1802〗

out of dóors *adv.* =outdoors.

óut-of-pócket *adj.* **1** (事業などで)失費して. **2** 所持金のない, 使いすぎの. **3** 現金払いの, 一時払いの, 立て替えの: ～ expenses 現金支払経費. 〖1885〗

óut-of-prínt *adj.*, *n.* 絶版(の本) (略 OP). 〖1674〗

óut-of-séason *adj.* 季節はずれの. 〖1900〗

óut-of-síght *adj.* 〖口語〗〈価格が〉べらぼうに高い, 法外な; 〖俗〗すばらしい, 抜群の. 〖1876〗

out-of-the-way /áutə(v)ðəwéɪ | -tə(v)-ˈ/ *adj.* **1** (往来から)遠い, 奥まった, 人目につかない, 人里離れた, 辺鄙(へんぴ)な (secluded): an ～ corner, place, restaurant, etc. **2** 普通でない, 珍しい, 風変わりな; 突飛な (eccentric): an ～ book, picture, etc. 〖(1483) 1704〗

óut-of-tówn *adj.* **1** 町の中心から離れた, へんぴな. **2** よその町から来た. 〖1876〗

óut-of-tówn·er *n.* 他市から来た者, 外来者, 外来の観光客. 〖*a*1911〗

óut-of-wórk *n.* 失業者, 失職者. 〖1887〗

òut·páce *vt.* **1** …より足[速度]が速い. **2** …よりまさる, しのぐ (outdo). 〖1572〗

óut·pàrish *n.* 都市区域外[田舎]の教会区 (parish); 僻地の教会区. 〖1577–87〗

óut·pàrty *n.* 野党 (↔ in-party). 〖*a*1860〗

out·pa·tient /áutpèɪʃənt/ *n.* (病院の)外来患者, 院外患者 (cf. inpatient). 〖1715〗

òut·péer *vt.* 〖まれ〗…により勝る, しのぐ (surpass). 〖1609–10〗

óut·pènsion *n.* (慈善院・養護院などにはいっていない者の受ける)院外年金, 院外扶助料. 〖1711〗

óut·pèn·sion·er *n.* 院外扶助料受給者. 〖1706〗

òut·perfórm *vt.* 〈機械などが〉作業[運転]能力でしのぐ, …より性能がすぐれている. 〖1960〗

òut·perfórmance *n.* 〈機械などが〉…より高性能なこと, 性能のすぐれていること.

òut·pláce *vt.* 〖米〗(解雇などの前に)新しい職に就かせる[を斡旋する], 解雇する. **～·er** *n.* 〖1970〗

óut·plàce·ment *n.* (余剰人員に対して会社側が行う)転職相談, 再就職の斡旋[援助], 解雇. 〖1970〗

òut·pláy *vt.* 技において…にまさる; (競技で)負かす (defeat): be ～*ed* in tennis テニスで負ける. 〖1648〗

òut·póint *vt.* **1** (試合で)点数で負かす. **2** 〖ボクシング〗〈相手〉に判定で勝つ. **3** 〖ヨット〗〈他船〉よりもさらに風上に切り上げ帆走する. 〖(1595) 1883〗

òut·póll *vt.* 〈他の候補者〉より多く得票する, 〈相手を〉得票数で破る. 〖1705〗

óut·pòrt *n.* (cf. outside port) 〖海事〗 **1** 〖英〗外港 (内陸都市に港湾機能を与え, または河港のそれを強化するための(主に, 海)港; 中心都市・本港または税関庁から離れた所にある港; 英国では London 以外の港). **2** 出港地, 仕立港; 輸出港. **3** 〖カナダ〗(Newfoundland の)小漁村. 〖1642〗

óut·pòrt·er *n.* 〖カナダ〗outport (3) 生まれの人[居住者]. 〖1904〗

out·post /áutpòust | -pəust/ *n.* **1 a** 辺境の植民[居留]地. **b** 最先端; 末端の出先機関. **2** 〖軍事〗 **a** 前哨(ぜんしょう) (本隊の前方に, 警戒のために配置する小部隊): ～ actions 前哨戦. **b** (条約・協定によって設けられた他国内の)前哨基地, 在外基地. 〖1757〗

óut·pòur *n.* 流出 (outflow); 流出物. ― /ˌ‐ˈ‐/ *vt.* 流し出す; 吐露する: ～ one's heart 思いのたけを語る. 〖1671〗

óut·pòuring *n.* **1** 流出; (感情などの)ほとばしり, 流露 (effusion). **2** [通例 *pl.*] ほとばしり出た(感情的な)言葉; 流出物: the ～*s* of a sentimental mind 感傷的な心情の吐露 / one's passionate ～*s* 熱情的な言葉. 〖1757〗

òut·préach *vt.* …より巧みに説教する, 〈他の説教者を〉説教でしのぐ. 〖1643〗

òut·prodúce *vt.* 〈他社などを〉生産(量)で抜く.

òut·púll *vt.* =outdraw 2.

out·put /áutpùt/ *n.* **1** 産出, 生産(活動・行為) (production). **2 a** (工場などの)(全)生産物[品]; (一定期間中の)生産高, 産額; (鉱山の)産出量; (発電所の)発電力: a monthly ～ 月産 / coal ～ 出炭量 / the ～ of a factory 工場の生産高. **b** (機械・アンプなどの)出力. **c** (光・熱などの)放射量: the sun's ～ of radiation 太陽の放射線量. **3** 知的生産物: the literary ～ of the year その年度の文芸作品(の総数). **4** 〖生理〗(心臓による血液の)拍出量; 排出量; (養便以外の, 新陳代謝による)排泄物: urinary ～ 尿量. **5** 〖電気〗出力, (電気装置の)出力端子 (output terminal ともいう). **6** 〖電算〗 **a** アウトプット, 出力(信号): *Output* can be transferred via networks to other computers. アウトプットはネットワークを通して他のコンピューターに移すことができる. **b** 出力操作. **c** 出力装置 (cf. input). ― *vt.* (～, -put·ted; -put·ting) **1** 産出する (produce). **2** 〖電算〗〈情報を〉出力する, アウトプットする. 〖n.: (1839); vt.: (*c*1340) 1858〗

output devìce *n.* 〖電算〗出力装置 (プリンター・VDU など). 〖1929〗

óutput gàp *n.* 〖経済〗アウトプットギャップ (不変価格での GDP 実際値と潜在 GDP 推定値との間の差(パーセント)).

output impédance *n.* 〖電気〗出力インピーダンス (出力端子から電源側を見たインピーダンス). 〖1930〗

output transfórmer *n.* 〖電気〗出力変成[変圧]器 (電子回路と負荷との間に整合などの目的で用いる変成器). 〖1929〗

òut·ráce *vt.* …より速く走る, ずっと抜く. 〖1657〗

out·rage /áutreɪdʒ/ *n.* **1** (暴力・不埒などに対する)憤慨, 激しい怒り 〔*at, over*〕. **2** (はなはだしい)暴力(行為), 暴行: an act of ～ / ～*s* committed in war 戦争で行われる残虐行為 / commit an ～ *on* [*upon*] a woman 女性に暴行を加える, 女性を犯す. **3** (法律・権利・慣習・感情などの)蹂躙(じゅうりん), 不埒(ふらち)なふるまい, 無法, 侮辱: an ～ *on* [*upon, against*] a person's honor 人の名誉を傷つける行為, 人に対する侮辱 / an ～ *on* [*at*] decency 風俗を乱す[破廉恥な]行為. ― *vt.* **1** 憤慨させる, あきれさせる (shock) (⇨ anger SYN): be ～*d* by injustice. **2** 〈法律・正義・人道などを〉犯す, 踏みにじる. **3 a** …に暴行を加える, 乱暴を働く; 侮辱する. **b** 〖婉曲〗〈女性〉に暴行を加える, 〈女性を〉犯す[レイプする]. 〖(?*a*1300) □ (O)F ～ ← *outrer* to exceed ← *outre* beyond < L *ultrā*: ⇨ ultra-, -age: cf. outré〗

out·ra·geous /autréɪdʒəs/ *adj.* **1** 無礼な, 非礼な, 無法な (offensive); 不道徳な (immoral): ～ conduct, language, etc. **2 a** 法外な, 突飛な: an ～ price 法外な値段. **b** 異常な, 並はずれた. **3** 非道な, 残虐な, 極悪の (⇨ flagrant SYN): an ～ crime. **～·ly** *adv.* **～·ness** *n.* 〖(*c*1300) □ OF *outrageus* (F *outrageux*): ⇨ ↑, -ous〗

SYN 大変ひどい: **outrageous** 正義・上品さの標準にすっかりはずれていて我慢できない: an *outrageous* insult ひどい侮辱. **monstrous** 〈誤りなど〉途方もなくひどい: a *monstrous* lie 途方もない大うそ. **shameful** 行動などが破廉恥でけしからぬ: a *shameful* action けしからぬ行い. **atrocious** 不愉快になるほどひどい: their *atrocious* table manners 彼らのひどいテーブルマナー. **shocking** 衝撃的にひどい: a *shocking* dinner 話にならないほどまずい食事.

---

ou·trance /uːtrɑ́ː(n)s, -trɑ́ːns; *F.* utʁɑ̃ːs/ *n.* [at [to] (the) ～ として] (戦いなどの)最後 (end), 果て, どん詰まり (extremity): fight *at* [*to*] (*the*) ～ 最後まで[あくまで]戦う. 〖(*c*1380) □ (O)F ～ ← *outrer* to pass beyond + -ANCE: ⇨ outré: cf. outrage〗

òut·ránge *vt.* **1** 射程[着弾距離]が…より大である, …よりも射程においてまさる. **2** 〈艦船などが〉〈敵の大砲〉の射程外に出る. **3** …にまさる (surpass). 〖1858〗

òut·ránk *vt.* **1** …より位[身分]が上である; …より上位を占める. **2** (重要さにおいて)まさる. 〖1842〗

ou·tré /uːtréɪ | ˈ‐‐; *F.* utʁe/ *F. adj.* 常軌を逸した, 極端な (extreme); 奇異な, 突飛な (eccentric): an ～ costume. 〖(1722) □ F ～ 'exaggerated' (p.p.) ← *outrer* to exceed: ⇨ outrage〗

òut·réach *vt.* **1 a** …の先まで達する. **b** しのぐ, 上回る. **2** …に策略で勝つ. **3** 〖詩〗〈手などを〉差し伸べる. ― *vt.* **1** 度が過ぎる, 行き過ぎる. **2** 手(など)を差し伸べる. ― /ˈ‐ˌ‐/ *n.* **1 a** 手(など)を伸ばすこと; 手を伸ばした距離; 手の届く範囲. **b** 到達の範囲[程度] 〔*toward*〕. **2** (知識などの)探求 〔*toward*〕. **3** 〖福祉〗(対象者を特定した組織的な)支援[救済]活動[プログラム]: an educational ～ to illiterate people 文盲の人たちへの教育上の支援計画. **4** (特定の宗教に改宗させるための)教化[育]. ― /ˈ‐ˌ‐/ *adj.* 救済活動に携わる, 福祉計画の; 出先機関の. 〖*a*1568〗

out·relíef *n.* 〖英〗(昔の)院外救助 (outdoor relief) (養護院に収容されていない貧民に与えた援助). 〖1892〗

Ou·tre·mer /úːtrəmèə | -mèə^r; *F.* utʁəmɛːʁ/ *n.* 〖フランス史〗海外領土 (中世フランスの十字軍諸国家(アルメニア, アンティオキア, トリポリ, エルサレムを含む)に対する名称). 〖□ F *outre-mer* overseas ← *outre* beyond + *mer* sea〗

òut·ríde *v.* (**out·rode; -ridden**) ― *vt.* **1** …より速く[遠くまで]乗って行く, …に乗馬で勝つ. **2** 〈船が〉〈嵐を〉無事に乗り切る. ― *vi.* **1** 野外で馬に乗る. **2** (馬車・自動車などの)先駆をする. ― /ˈ‐ˌ‐/ *n.* 〖詩学〗(sprung rhythm において)一定の詩脚に余分に付加された弱強勢の 1–3 音節 (一種の破格; hanger ともいう). 〖?*a*1200〗

óut·rìder *n.* **1 a** (貴人の馬車の)乗馬従者, 前駆. **b** (馬車・自動車などの)先導者[車], 露払い. **2 a** 騎行者, 遠乗りをする人. **b** 〖米〗(家畜が群からはぐれないように群の周囲を巡回する)騎馬のカウボーイ; 偵察者, 斥候; 見張り人. **3** 〖方言〗地方回りのセールスマン[外交員]. 〖1340〗

out·rig /áutrìg/ *vt.* [通例 p.p. 形で] 〈船などに outrigger を付ける. 〖(1883) 〖逆成〗 ↓〗

out·rig·ger /áutrìgə | -gə^r/ *n.* **1** 〖海事〗 **a** 舷外浮(うき)材 (カヌーなどで舷外に突出した腕木の先に取り付けた安

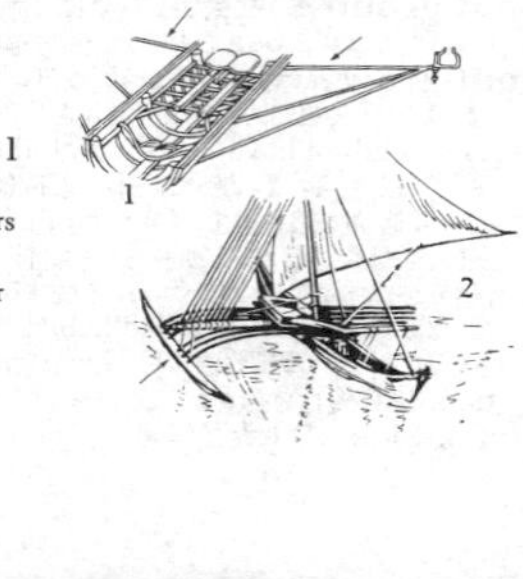

outriggers 1
1 racing boat with outriggers
2 sailing canoe with outrigger

定用の浮材》. **b** (競走用ボートの舷外に出した鋼鉄製の)クラッチ受け; それの付いているボート. **c** 舷外張出し材《マストの支索などに根もとの開きを与え, また帆脚索(ほあしづな)を外方に引く支点を与える小円材》. **2 a** (馬車の長柄から横に出した)副え横木《余分の馬をつなぐためのもの》; 副え横木につないだ馬. **b** (余分の荷物を積むために荷車の横に設けた)張出し. **3 a** (航空機の)尾翼支柱《尾翼などを支えるための支柱》. **b** (飛行船の)ゴンドラを支えるため船体から突き出した支柱. **c** (ある種のヘリコプターの)回転翼を支えるため胴体から突き出した支柱. **4** 〘建築〙 **a** 桔(はね)出し《屋根や床の支持, また引上げ滑車用のために建物外壁から突出した梁》. **b** アウトリガー《起重機を安定させるために外に張り出す支柱》. **óut·rig·gered** *adj.* 〘1748〙

out·right /àutráɪt, ⌐⌐/ *adv.* **1** 完全に, 徹頭徹尾, すっかり: be ～ lazy よくよくのなまけ者である. **2** 思う存分, むき出しに, あからさまに: laugh ～ 無遠慮に笑う. **3** すぐ, 即座に (on the spot): kill ～ ひと思いに殺す / be killed ～ 即死する / buy [sell] ～ 即金で買う[売る]. **4** 無条件で, 制約なしで. **5** 《古》まっすぐ前に(向かって).
— /⌐⌐/ *adj.* **1** 完全な; 全体の (total): an ～ loss 丸損 / the ～ cost of an undertaking 事業に要する総費用. **2** はっきりした, 率直な, 露骨な, 徹底的な (out and out): an ～ refusal はっきりした拒絶 / an ～ rogue 徹底した悪党 / give an ～ denial きっぱり断る. **3** 無条件の, 制約なしの. **4** 《古》〈道など〉まっすぐな. **～·ly** *adv.* **～·ness** *n.* 〘?*a*1300〙

óutright transáction *n.* アウトライト取引《確定日渡し条件の先物為替取引》.

òut·ríng *v.* (**out·rang; -rung**) *vt.* …より大きな音で鳴る. — *vi.* 鳴りひびく (ring out). 〘*c*1385〙

òut·rívál *vt.* (**-valed, -valled; -val·ing, -val·ling**) 競争で勝つ, 負かす (defeat). 〘1622〙

out·ro /áutroʊ | -trəʊ/ *n.* (*pl.* ～**s**) 《口語》アウトロ《ラジオ・テレビ番組, 歌・演奏などの終結部; コマーシャルでは締めくくりの文句; 演劇では, ある場面の退場の際のせりふ; cf. intro》. 〘(1971) ← OUT+INTRO〙

òut·róar *vt.* …より大きな音の轟(とどろ)く[吠(ほ)える]; …より大きな音[声]で聞こえなくする. 〘1845〙

òut·róot *vt.* 根こそぎにする; 根絶する (eradicate). 〘1558〙

òut·rún *vt.* (**out·ran; -run; -run·ning**) **1** …より速く走る, 走って追い抜く[越す], …の先に走る. **2** 〈追手など〉から(走って)逃げる; 〈法律など〉から逃れる: ⇨ *outrun the* CONSTABLE. **3** …の先を越す, …をしのぐ. **4** …の範囲を超える, 超過する (exceed): let one's zeal ～ discretion 熱心の余り無分別なことをする / His fancy ～*s* the facts. 彼の想像は事実の範囲を超えている《ないことまでも想像する》. **5** 〈ライバルなど〉に得票数で勝つ. 〘*c*1325〙

óut·rùnner *n.* **1 a** 馬車の前または側を走って随行する人; 馬丁. **b** 長柄の外側に引き革につながれて走る添え馬. **c** (犬橇(いぬぞり)を引く犬の)先導犬. **2** 前駆(者). 〘1598〙

óut·rùsh *n.* 噴出, 奔出 (outflow). — /⌐⌐/ *vt.* 〘アメフト〙ラッシュで圧倒する[まさる]. 〘1872〙

òut·sáil *vt.* **1** 〈船が〉追い抜く, …より速く帆走する. **2** 勝ち抜く, しのぐ (outstrip). 〘*a*1616〙

òut·scóre *vt.* …より多く得点する. 〘1958〙

óut·sèam *n.* (手袋・靴などの)外側の縫い目, 継目《2 枚の端を合わせ表から縫った継目; prickseam ともいう》.

òut·ség /-ség/ *vt.* 《米俗》…よりもっと人種差別主義的である. 〘(1963): ⇨ out-, seg〙

òut·séll *vt.* (**out·sold**) **1** 〈他のセールスマン〉より多く売る. **2** 〈他の物〉より早く[多く]売れる. **3** 《古》…よりよい値に売れる; …より価値がある. 〘1609–10〙

out·sert /áutsəːt | -sɜːt/ *n.* 〘製本〙外入れ《別の折丁の外側に, 綴じ目を境にして綴じられる 2 枚の連続紙葉; outset, wraparound ともいう》. 〘← OUT (adv.)+(IN)SERT〙

out·set /áutsèt/ *n.* **1** 着手, 手始め, 最初 (start): *at* [*in*] the ～ 最初に / *from* the ～ 最初から. **2** 〘製本〙= outsert. 〘1540〙

óut·sètting /-tɪŋ | -tɪŋ/ *n.* **1** 出発, 出立. **2** = outset 1. 〘(1561) 1676〙

óut·sèttlement *n.* 辺境の開拓部落. 〘1747〙

óut·sèttler *n.* 辺境の開拓部落民; 僻地の人. 〘1756〙

òut·shíne *v.* (**out·shone**) — *vt.* **1** …よりよく光る, 〈他の光〉より光が強い. **2** …より光彩を放つ; 顔色なからしめる, よりすぐれている (excel): He ～*s* all his brothers. 兄弟の中で彼が一番光っている. — *vi.* 《まれ》光を放つ, 輝く. 〘(1596): E. Spenser の造語〙

òut·shóot *v.* (**out·shot**) — *vt.* **1** …より射撃がうまい. **2** 〈的などを〉射抜く, 撃ち抜く. **3** …よりも伸び出る. **4** 〈穂・枝などを〉出す. — *vi.* 〈穂・枝などが〉出る; 突き出る.
— /⌐⌐/ *n.* **1** 伸び[突き]出ること. **2** 伸び[突き]出るもの. **3** 〘野球〙アウトシュート《打者の近くへ来て急に外方へ曲がる変化球; cf. inshoot》. 〘1530〙

òut·shóp *vt.* [通例受身で] 《英》組み立て[分解修理]後に工場から〈鉄道車両を〉送り出す.

óut·shòt *n.* 《英方言》(母屋につぎ足した別棟の)建増し家屋, (本館に続く)別館《outshut ともいう》. 〘1626〙

òut·shóut *vt.* **1** …よりも大声で叫ぶ, …より大声を出す. **2** (主義・主張で)…より強く論じる, 論破する. 〘*a*1661〙

óut·shùt *n.* 《英方言》= outshot. 〘1624〙

out·side /àutsáɪd, ⌐⌐/ (↔ inside) ★ inside と対照させるときには /áutsàɪd/ と発音する. *n.* **1** [通例 the ～] **a** 外側, 外面, 外部: *the* ～ of a box, house, watch, etc. / open the door from *the* ～ 外からドアを開く. **b** (歩道の)外側《車道に近い側》: Must a gentleman always walk on the ～ of a lady? 男性は女性保護のため, いつも歩道の外側(車道側)を歩かなければならないのか. **c** 《豪》奥地. **2 a** (内容と区別して)外面, 外観, 見かけ; 見せかけ, 表面, 皮相: One should not judge a thing [person] by [from] the ～. 物事[人]を外面で判断してはいけない / I know only the ～ of their business. 彼らの事業をただ表面的にだけ知っている / Its ～ is beautiful = It's beautiful on the ～. 外観はきれいだ. **b** (人の)外観, 顔つき, 見かけ: have a beautiful [rough] ～ 美しい[ごつい]顔つきをしている. **3** 外部の世界, (内界に対して)外界. **4** (グループなどの)局外, 部外: those *on* the ～ 局外者, 門外漢. **5** 《英》(昔の駅馬車などで無蓋の)屋上席(の乗客): ride on the ～ of a coach 駅馬車の屋上席に乗る / the ～*s*, the horses, and the coachman 屋上席の乗客と馬と御者. **6** [*pl.*] 〘製紙〙(一連 (ream) の紙の)上下外側の 2 帖; 格下げ品. **7** 〘野球〙外角, アウトサイド《ホームプレートの打者から見て外側》: a ball *on* the ～ 外角球. ⇨ out *adj.* [日英比較]. **8** 〘サッカー・ラグビー〙後衛, アウトサイド. **9** 〘フェンシング〙《構えた時の剣の》左側. **10** 《カナダ》(北部からみて)人の定住している南部.
at the* (*vèry*) *outside 《口語》いくら多く見積もっても, せいぜい: There were not thirty applicants *at the very* ～. 志願者はせいぜい 30 人ぐらいだった / He won't be there for more than a month *at the* ～. そこにはいくら長くてもひと月以上はいないだろう. ***on the outside lòoking in*** しめ出されている; 失業している. 〘(1852)〙 ***òutside in*** 表を裏に, 裏返しに (inside out): turn a sock ～ *in* 靴下を裏返す.
— *adj.* **1 a** 外部の[にある], 外側の, 屋外の; 屋外で行われる: an ～ address (手紙の中の名宛 (inside address) に対して)封筒の表に書く名宛 / the ～ diameter 外径 (略 OD) / ～ measurements [dimensions] 外法(そとのり) / ～ noises 屋外の騒音 / My window affords no view of the ～ world. 私の部屋の窓からは外[外界]は全然見えない / ⇨ outside work / He got into the ～ lane to pass slower cars. 遅い車を追い越すために外側のレーンに入った. **b** 《豪》奥地の[にある]. **2** 外部[外側]からの; 外部[外側]への: Give me an ～ line, please. (電話で)外線をお願いします. **3** (昔の駅馬車などで無蓋の)屋上席の: an ～ passenger 屋上席の乗客 / an ～ seat on a bus バスの屋上席. **4 a** ある団体[組合・協会(など)]に属さない; 局外の, 局外者としての; 議院外の: ～ influences (党派などに対する)外部からの圧迫 / an ～ opinion 局外者の意見; (特に)院外の人々の意見 / get ～ help (団体外の)外部からの助力を得る. **b** 〈仲買人が〉株式取引所の組合員でない: an ～ broker 場外仲買人. **5** 本業[本務]以外の, 余暇の; 授業(時)以外の: ～ interests 本業以外の関心事 / ～ activities 余暇の活動 / ～ reading 課外の読書[読物]. **6** 《口語》最高の, 最大限度の: an ～ estimate 精一杯の見積り / quote the ～ price 最高値段をつける. **7** 〈機会など〉ごくわずかな, とても起こりそうにない: an ～ possibility 万一の可能性 / an ～ chance of saving him 彼を救えるごくわずかの見込み. **8** 〘野球〙〈投球が〉外角の. ⇨ out *adj.* [日英比較]. **9** 〘球戯〙外側からの, 遠距離からの[から投げた]. **10** 〘サッカー・ラグビー・ホッケー〙〈選手が〉競技場の端に一番近いところ[フォワードの両側]に位置した: an ～ forward, left, three-quarter, etc.
— *adv.* **1 a** 外に[は], 外側に[は]; 屋外へ[で]. ★ go outside は「外に出るが近くにいる」こと, go out は「かなりの距離まで出かける」ことを意味する: go [step] ～ (屋内から)外へ出る / paint a house white ～ 家の外側を白く塗る / It was dark ～ and in. 内も外も暗かった / Come [Step] ～! 外へ出ろ《特に, けんかを吹っかける時の言葉》/ *Outside!* 外へ出ろ[出せ] / from ～ 外[屋外]から / He's waiting ～ in the hallway. 外の廊下で待っている. **b** 外海(そとうみ)で: It is rough weather ～. 外海はしけている. **2** 《英俗》出所して, 娑婆(しゃば)に出て.
gèt outside of (1) 《英俗》…を飲(み込)む, を食べる (eat): *get* ～ *of* a good dinner たらふくご馳走を食べる / The snake *got* ～ *of* a frog. ヘビはカエルを飲み込んだ. (2) 《米俗》〈事〉を理解する. 〘(1869)〙 ***outside of*** (1) …の外側へ[に] (outside): footsteps ～ *of* a room 部屋の外に聞こえる足音. (2) 《口語》…のほかに, …を除いて (except for): *Outside of* him, I know no one here. = I know no one here ～ *of* him. 私がここで知っているのは彼だけだ. 〘(1839)〙
— *prep.* **1** …の外に[へ], の外側に[へ] (cf. within): go ～ the house 屋外へ出る / wait ～ the gate 門の外で待つ / the foul line ファウルラインの外に / bring in a person from ～ the organization 組織[団体]外から人を入れる. **2** …の範囲を超えて, …以外[以上]に: things ～ one's sphere 領分[専門]外の事 / That's ～ the question. それはこの問題と関係がない. **3** 《口語》…を除いて (except for): No one knows it ～ one or two. 一, 二の人以外はそれを知っている者はいない.
〘1503〙

óutside áir tèmperature *n.* 〘航空〙外気温度 (略 OAT).

óutside bróadcast *n.* 〘ラジオ・テレビ〙スタジオ外放送. 〘1927〙

óutside cábin *n.* 外側船室《外に面した窓[舷窓]のある船室》.

óutside cáll [líne] *n.* (電話の)外線. 〘1944〙

óutside diréctor *n.* 社外[外部]重役, 社外[外部]取締役.

óutside édge *n.* **1** 〘スケート〙エッジを外側にしてする回転 (cf. edge 10). **2** 〘クリケット〙打者から遠い方のバットの縁. 〘1772〙

óutside fórm *n.* 〘印刷〙= outer form.

óutside lóop *n.* 〘航空〙逆宙返り《機体の腹を内側にした宙返り; cf. loop¹ 10》.

óutside márgin *n.* 〘印刷〙= outer margin.

óutside móney *n.* 〘経済〙外部貨幣《金・外国証券・政府証券によって裏づけられた貨幣または政府によって発行される不換紙幣; 民間部門にとって外部に当たる; cf. inside money》.

óutside pórt *n.* (cf. outport) 〘海事〙 **1** 外港, 離岸港, はしけ連絡港《ドック施設がないため, 荷役には専らはしけなどの小舟に頼る海港》. **2** 寄港省略港《ある航路の船が普通は立寄らない港》.

out·síd·er /àutsáɪdə | -də(r)⌐/ *n.* **1 a** 外部の人, 外の人; よそ者. **b** 団体[組合, 協会]外の人, 党外[院外]の人, 非会員, アウトサイダー (nonmember). **c** (事件などに)無関係な人, 部外者. **2 a** 素人, 門外漢. **b** 〘証券〙素人筋. **3 a** 〘競馬〙本命でない馬, 穴馬. **b** (競技で)勝目のない選手[チーム]. **c** (ある事に)成功しそうもない人. **4 a** (社会の)のけ者; 反逆者. **b** (体制外の)独創的な作家(など). **c** 《英口語》下品[俗悪]な人間. **5** 《カナダ》(北極地方でない)カナダ南部に住んでいる人. 〘1800〙

outsider árt *n.* アウトサイダーアート《専門的美術教育を受けていない人々, 特に子供や精神障害者などによる美術》. **óutsider ártist** *n.*

óutside tráck *n.* (円形トラックの)外側走路, アウトコース, 外回りコース. [日英比較] 日本語の陸上競技用語の「アウトコース」は和製英語.

óutside wórk *n.* 外[屋外]の仕事, 社外業務[作業], 出仕事, 外勤.

óut·sìght *n.* 外界の事物の観察; 外界の事物の知覚, 外部観察力. 〘1605〙

òut·síng *v.* (**out·sang; -sung**) *vt.* **1** …よりうまく歌う; 〈他の人〉よりよい声で歌う. **2** 〈他の楽器〉よりよい音を出す. — *vi.* 大声で歌う. 〘1603〙

óut sìster *n.* (修道院内で修道生活をしながら)外部関係の仕事に従事する修道女 (extern). 〘1609〙

òut·sít *vt.* (**out·sat; -sit·ting**) **1** …の時間[限度]が過ぎても留まって[起きて]いる: ～ midnight / ⇨ *outsit one's* WELCOME. **2** (会議などに)〈他の人〉より長くいる, 長居する, 居残る. 〘1658〙

óut·sìze *n.* **1** (サイズの)特大, 番外; 特大品. **2** 特別大きな人[物]. — *adj.* **1** 〈衣服など〉特大の. **2 a** 格別に大きい[重い]. **b** 大き過ぎる. 〘1845〙

óut·sìzed *adj.* = outsize. 〘⇨ -ed 2〙

out·skirt /áutskə̀ːt | -skɜ̀ːt/ *n.* [通例 *pl.*] **1** (町などの)はずれ, 郊外, 場末: *on* [*in*] the ～*s* of a town 町はずれに / *on* the ～*s* of a forest 森のはずれに. **2** 辺境; (問題などの)周辺: the ～*s* of civilization 文明の辺境 / the ～*s* of history 歴史の周辺. 〘(1596): E. Spenser の造語〙

òut·sléep *vt.* (**out·slept**) **1** 〈ある時刻〉より寝過ごす. **2** …が終わるまで眠る[目がさめない]: ～ a storm. 〘1580〙

òut·smárt *vt.* **1** 《口語》出し抜く (outwit); …に勝つ. **2** [～ one*self* で] 自分で自分のしかけたわなにかかる. 〘1926〙

òut·sóar *vt.* …より高く飛ぶ, 飛び越す. 〘1674〙

óut·sòle *n.* (靴の)表底《地面に接する底》. 〘1884〙

òut·sóurce *vt.* 〈部品などを〉外部[海外]から調達する. 〘1979〙

óut·sòurc·ing *n.* 外部調達, 外注, 外部委託. 〘1981〙

òut·spán 《南ア》 *vt.* (**-spanned; -span·ning**) 〈牛などを〉車からはずす (unhitch), 軛(くびき)からはずす (unyoke). — *vi.* (牛馬から)軛[馬具・鞍(くら)(など)]をはずす (unharness). — *n.* (車馬の)解装; 解装地[時]. 〘(1824) 《なぞり》← Afrik. *uitspannen* ← *uit* out (adv.)+*spannen* to span, fasten〙

òut·spéak *v.* (**out·spoke; -spoken**) *vt.* **1** 〈人を〉しゃべり負かす; …より大声で[長く, 力強く]話す. **2** 大胆[率直]に言う. — *vi.* 大声で話す. 〘1603〙

òut·spéed *vt.* (**out·sped**) **1** 〈相手を〉スピードで負かす. **2** 追い越す. 〘1919〙

òut·spénd *vt.* (**out·spent**) **1** …の限度以上に費す: ～ one's income. **2** …よりもよけい費す[消費する]. 〘1586〙

òut·spént *adj.* へとへとに疲れた (exhausted). 〘1652〙

out·spo·ken /àutspóukən | -spə́ukən/ *adj.* **1 a** 〈言葉など〉率直な, 無遠慮な, あからさまな (⇨ frank¹ SYN): ～ criticism 忌憚ない[歯に衣(きぬ)着せぬ]批評. **b** 無遠慮に[ずけずけ]言う: He is ～ *in* his remarks. 言うことに遠慮がない. **2** 〈病気が〉疑う余地のない, ひと目でそれとわかる. **～·ly** *adv.* **～·ness** *n.* 〘1808〙

òut·spréad *v.* (～) — *vt.* 広げる; 広める: with wings ～ 翼を広げて. — *vi.* 広がる; 広まる. — *adj.* **1** 広がった, 広げた: with ～ arms 腕を広げて. **2** 広まった, 流布した. — /⌐⌐/ *n.* **1** 広げる[がる]こと. **2** 広がったもの, 広がり. 〘v.: (*c*1340). adj.: (1605). n.: (1841)〙

òut·stánd *v.* (**out·stood**) *vi.* **1** 〈船が〉外洋へ出て行く. **2** 《古》目立つ. — *vt.* **1** 《古》…より以上に耐える[ねばる]. **2** 《英方言》…に抵抗する. 〘1571〙

out·stand·ing /àutstǽndɪŋ⌐/ *adj.* **1** 目立つ, 顕著な (prominent); 傑出した, 抜群の, すぐれた (excellent) (⇨ noticeable SYN): an ～ figure [person] 目立つ人物, 傑物 / an ～ fact 顕著な事実. **2** 突き出た, 突出した: a high ～ tower. **3** 未決定[未解決]の (unsettled); 未払いの: leave a problem ～ 問題を未解決のままにしておく / ～ accounts [debts] 未払勘定[負債]. **4 a** 〈債券が〉未償還の, 〈株式が〉社外にある: ⇨ outstanding stock. **b** 〈株式・債権など〉発行・発売された. — *n.* [*pl.*] 〘金融〙未払負債; 未払勘定. 〘1570〙

òut·stánd·ing·ly *adv.* 目立って, 著しく (conspicuously). 〘1909〙

óutstànding stóck *n.* 〘証券〙社外株《発行済株式から社内株 (treasury stock) を差引いた株式》.

òut·stáre *vt.* **1** 〈人〉とのにらみ合いで勝つ, にらみ倒す.

2 にらんで〈人を〉どぎまぎさせる[きまり悪がらせる]. 〘1596〙

óut·stàtion *n.* **1** (大都市・本部・本隊などから遠く離れた所にある)分遣所, 出張所, 支所; 場末[辺境]の駅. **2** 中継局《ラジオの基地局以外の局》. **3** 《豪》牧場本部から遠く離れた牧牛[牧羊]所. **—** *adj., adv.* 《マレーシア》(話し手の町から)離れた[て], 遠路はるばる(の): an ~ call 市外電話 / go ~ to visit one's parents (はるばる)両親に会いに行く. 〘1844〙

óutstation mòvement *n.* 《豪》先住民故郷再定住計画.

òut·stáy *vt.* (-stayed, 《米》ではまた -staid) **1** 〈他の客〉より長居する. **2** 〈招待などの〉限度を越えて留まる[長居する]: ⇨ *outstay one's* WELCOME. **3** 〈相手より〉持久力でまさる; …に耐久力で勝つ. 〘1599〙

òut·stép *vt.* 踏み越す[外す] (exceed), 〈度を〉越す: ~ decency 上品の域を踏み越える, 下品にわたる / ~ the truth 事実に尾ひれをつけて言う. 〘1759〙

òut·strétch *vt.* **1 a** 延ばす, 広げる: lie ~*ed* on the ground 地面に大の字に横たわる. **b** 〈限度などを〉超えて広がる. **2** 拡張する. **3** 《廃》緊張させる (strain). 〘?a1400〙

out·stretched /àutstrétʃt⁻/ *adj.* 広げた, 伸ばした: with ~ arms 腕を広げて. 〘1535〙

out·strip /àutstríp/ *vt.* (-stripped; -strip·ping) **1** …より速く行く, 追い越す: ~ the wind 風よりも速い; 非常に速く行く / The hare is sometimes ~*ped* by the tortoise. ウサギも時にはカメに負ける. **2 a** …より勝る (surpass). **b** (競争で)…に勝つ, はるかに後の方に置き去りにする; (数・量で)〈競争相手を〉凌(しの)ぐ, 〈競争相手〉に勝つ. 〘(1580) ← OUT-＋STRIP¹ 《廃》 to run〙

óut·stròke *n.* 《機械》外方へ向かっての動作; (ピストンの)外向き行程, 外衝程 (↔ instroke). 〘1874〙

òut·swéar *vt.* (out·swore, 《古》 -sware; -sworn) **1** …より激しく悪口をいう[ののしる]. **2** 悪口で〈相手を〉打負かす. 〘1588〙

óut·swìng *n.* 《クリケット》アウトスイング《投球がアウトカーブすること; cf. inswing》. 〘1953〙

óut·swìnger *n.* 《クリケット》 **1** アウトスウィンガー《右打者に対して内から外へカーブする投球; cf. inswinger》. **2** outswinger を投げる投手. 〘1920〙

out·ta /áuṭə | -tə/ *prep.* 《米口語》＝outa. 〘1937〙

óut·tàke *n.* **1** (空気などの)出口 (vent). **2** 取り[引き]出されるもの. **3** 《映画》上映用として使用されなかった撮影済フィルム. 〘1960〙

òut·tálk *vt.* **1** しゃべり負かす. **2** 〈相手〉よりおしゃべりでまさる. 〘1596〙

òut·téll *vt.* (out·told) **1** 終わりまで語る, 全部話す. **2** はっきり話す, 公言する. **3** …より説得力がある. 〘1613〙

òut·thínk *vt.* (out·thought) **1** 〈人〉より考えがすぐれている. **2** 〈相手を〉巧妙な考えで出し抜く: ~ one's opponent 相手の機先を制する. 〘(c1384) 1704〙

òut·thrów *vt.* (out·threw; -thrown) **1** 投げ出す; (急に)差し出す. **2** (野球などで)…よりも遠く正確に投げる. **—** /⌐⌐⌐/ *n.* **1** 投げ出す[出される]こと. **2** (活力などの)発出. 〘a1400〙

óut·thrùst *n.* **1** 突き出たもの, 突出物. **2 a** 押すこと. **b** 《建築》推力《外方へ向かっての圧力》, (外側への)横圧力. **—** /⌐⌐⌐/ *v.* **—** *vt.* 突き出す. **—** *vi.* 突き出る. **—** *adj.* 突き出た, 差し出された. 〘v.: (c1385); n.: (1842)〙

òut·tóp *vt.* (-topped; -top·ping) **1** …より高い, より高くそびえる. **2** …よりまさる (surpass). 〘1674〙

òut·trável *vt.* **1** 〈境界など〉より先[遠方]を旅行する. **2** 〈人〉より遠く[速く]旅(行)する. 〘1619〙

óut·trày *n.* (事務室の机上に置く)送出[処理済]書類入れ《通例 out と書く; cf. in-tray, pending-tray》. 〘1943〙

óut·tùrn *n.* **1** 生産高, 産出額. **2** (一連の出来事の)成行き, 結果. 〘1800〙

óut-tùrn *n.* 《遊戯》(カーリングで)石 (curling stone) の時計回りと反対の移動 (↔ in-turn). 〘1890〙

òut·válue *vt.* …より値打ちがある. 〘1613–16〙

òut·víe *vt.* (-vied; -vy·ing) 戦争して勝つ, 負かす (defeat). 〘1594〙

òut·vóte *vt.* 投票数で…に勝つ; …より多くの票を投じる. 〘1647〙

òut·wáit *vt.* 〈相手〉より長い間待つ; 〈相手〉より忍耐力が強い. 〘1609〙

òut·wálk *vt.* **1** 〈相手〉より速く[遠く, 長く]歩く; 歩き負かす. **2** …を越えて行く, 通り越す. 〘1626〙

out·ward /áutwəd | -wəd/ *adj.* **1 a** 外へ向かう[行く]; 外方へ通じる; 外方向けの: an ~ road (中心から)外へ向かう道路 / an ~ voyage 往航, 外航. **b** 《古》外側の: an ~ room. **2 a** 肉体の; 外見上の: ~ beauty 美貌(ぼう) / one's ~ looks 顔つき. **b** 〈物事が〉外に表れた, 目に見える, (内心に対して)外面上の; 外面的な, うわべ(だけ)の: the ~ appearance of things 物の外見 / the ~ form of a man 人の外見[見かけ] / to ~ seeming 見たところ, 表面上(は) / to all ~ appearances 見たところどうも(…のようである) / His ~ attitude belied his inner feelings. 彼の表面上の態度は心の中とは違っていた / an ~ and visible sign of an inward and spiritual grace ⇨ sign 9. **3 a** (精神的に対して)肉体的な; 物質的な: the ~ eye (心眼 (mind's eye) に対して)肉眼. **b** (精神界に対して)外界の; 物質世界の: ~ things 外界の事物. **4** 《薬など》外用の (external): For ~ application only.「外用薬」《飲んではいけない; 薬びんの上書き》. **5** 《古》直接関係[関心]のない.

— *adv.* **1** 外側に; 外へ向かって: the branches spreading ~ 外の方へ広がった枝. **2** 国外[海外]へ: a ship bound ~ 外国行きの船 / ~ and homeward 往航帰航とも, 往復とも. **3** 感情[意図]を表に出して, 明らかに, あからさまに. **4** 《廃》外面上, 外的に.

— *n.* **1** 外見, 外観. **2** [the ~] 外界, 物質世界. **3** 外側, 外面, 外部 (exterior).

〘OE *ūtanweard*: ⇨ out, -ward〙

óutward-bóund *adj.* 外国行きの, 外国向けの, 外航の: an ~ passenger, ship, voyage, etc. 〘1602〙

Óutward Bóund *n.* 《英》アウトワードバウンド《山や海で少年少女に冒険的な訓練をさせる組織, その訓練コース; 1941 年から始められた》.

óut·ward-bóund·er *n.* 外国行きの船, 外航船. 〘1851〙

out·ward·ly /áutwədli | -wəd-/ *adv.* **1** 外見上, 表面上(は), 見たところ(は). **2 a** 外に対して, 外部的に (externally). **b** 外の方に, 外に向かって. 〘1392〙

óutward mán *n.* **1** [the ~] 《神学》外なる人, 肉体的人間, (霊に対しての)肉体 (the body) (cf. 2 *Cor.* 4: 16; outer man). **2** 《戯言》風采; 衣服 (clothing). 〘1526〙

óut·ward·ness *n.* **1 a** 外に向いていること. **b** 外面的であること; 外面性 (externality); 客観的存在(性), 客観性 (objectivity). **2** 外界への関心. 〘1580〙

óut·wards /-wədz | -wədz/ *adv.* ＝outward. 〘OE *ūtweardes*: ⇨ -s² 1〙

óut·wàsh *n.* 《地質》アウトウォッシュ《氷河から流水により流された土砂[小石]》. 〘1894〙

òut·wátch *vt.* **1** 〈人〉より長く見守る[見張る], 寝ずの番をする. **2** 見えなくなるまで[最後まで]見守る: ~ the setting sun 落日を見届ける / ~ the night 夜明けまで起きている. 〘1626〙

òut·wéar *vt.* (-wore; -worn) **1** …より持ちがよい (outlast): Woolen ~*s* silk. 毛織物は絹より長持ちする. **2** (年を経て)〈悪い習慣・性質などを〉失う, 脱する (outgrow). **3 a** 着古す, 着つぶす (wear out); 使い古す, 擦り減らす. **b** 〈人を〉疲れきらす (exhaust): He was *outworn with* disease [work]. 病気[仕事]ですっかり消耗していた. **4** 〈時を〉じりじりと過ごす. ***outwéar one's wélcome*** ⇨ *wear out one's* WELCOME. 〘a1541〙

òut·wéep *vt.* (-wept) **1** …より激しく泣く. **2** 《古・詩》〈涙などを〉どっと流す, 〈雨などを〉どっと降らす. 〘1597〙

out·weigh /àutwéɪ/ *vt.* **1** …より目方がある[重い]. **2** (価値・重要性などで)…よりまさる: The advantages ~ the drawbacks. 長所が欠点を十二分に補っている. **3** …に対して重味[負担]がかかり過ぎる. 〘1597〙

óut·wick *n.* (カーリングで)他の石の外側に当てて標的 (tee) の方へ進める投げ方 (cf. inwick). **—** *vi.* outwick を投げる. 〘(1805) ← OUT (adv.)＋WICK¹〙

òut·wínd /-wínd/ *vt.* 〈人・馬などを〉息切れさせる. 〘1708〙

òut·wít *vt.* (-wit·ted; -wit·ting) **1** …の計略の裏をかく, 出し抜く, だます. **2** 《古》…より知恵がある. 〘1652〙

óut·with *prep.* 《スコット》＝outside. 〘(?c1200) ← OUT (adv.)＋WITH: cf. within, without〙

òut·wórk¹ *vt.* (~ed, -wrought) **1** 〈人〉より仕事がうまい[速い]. **2** 完成する, 仕上げる. 〘c1250〙

óut·wòrk² *n.* **1** 外仕事《戸外・職場外の仕事》, 出張[出向]勤務; 外注. **2** 《築城》外堡(ほう), 外塁《城塁外郭構築物》. 〘c1615〙

óut·wòrker *n.* 外勤者, 屋外勤務[労務]者. 〘1813〙

óut·wòrking *n.* **1** 創出; 実現, 実践. **2** 社外[屋外]での仕事[作業].

óut·wòrld *n.* (SF で)外世界, アウトワールド《遠く離れた宇宙人の惑星》. **~·er** *n.*

òut·wórn *adj.* **1** 〈制度・慣習など〉時代遅れの; すたれた (obsolete): an ~ custom. **2** 〈意見・言葉など〉古臭い, 陳腐な: an ~ quotation. **3** 着古した, 擦り切れた; 使い古した: ~ machinery. **4** 体力[気力]のなくなった, 消耗した: an ~ long-distance runner 疲れきった長距離選手. 〘(1548) (p.p.) ← OUTWEAR〙

òut·wríte *vt.* (-wrote; -written) **1** 〈人・相手〉より上手に[多く]書く. **2** 物を書いて〈寂しさ・憂鬱などを〉紛らす[追い払う]. 〘1643〙

òut·yíeld *vt.* …より多く産する. 〘1927〙

ou·zel /úːzəl, -zl/ *n.* 《鳥類》 **1** 《古》クロウタドリ (blackbird). **2** クロウタドリに似たツグミなど数種の総称《クビワツグミ (ring ouzel), ムナジロカワガラス (water ouzel) など》. 〘OE *ōsle* < **amsle* ← WGmc **amuslōn* (G *Amsel*) (cf. L *merula* merle, blackbird)〙

ou·zo /úːzoʊ | -zəʊ; *Mod.Gk.* úzo/ *n.* (*pl.* ~s) ウーゾ(酒)《アニス (anise) の実で味をつけたギリシャ産のリキュール》. 〘□ ModGk *oúzon* ← ?〙

ov 《略》ovary; over; overture; observed velocity; orbiting vehicle.

Ov 《略》Ovid.

ov- /oʊv | əʊv/ (母音の前にくるときの) ovo- の異形.

ova *n.* ovum の複数形.

o·val /óʊvəl, -vl | əʊ-/ *adj.* [しばしば複合形の第 1 構成素として] 卵形の, 卵形体の; 長円形[体]の (elliptical): an *oval*-faced woman うりざね顔の女性. **—** *n.* **1** 卵形, 卵形体, 長円形 (ellipse). **2 a** 長円形の競技場[運動場]. **b** [the O-] オーヴァル《ロンドン Lambeth 自治区の Kennington にある Surrey County Cricket Club の競技場; 正式名 Kennington Oval》. **3** 《口語》(ラグビー・アメフト用の)ボール.

óvals of Cassíni 《数学》カッシーニの卵曲線《2 定点 A, B よりの距離の積が一定な点の軌跡》. 〘← *G. D. Cassini* (1625–1712: フランスの天文学者)〙

~·ly /-vəli, -vḷi/ *adv.* **~·ness** *n.*

〘(1570) □ OF *ovalle* (n.) // ← (O)F *ovale* (adj.) □ ML *ōvālis* ← L *ōvum* 'EGG¹': ⇨ -al¹〙

ov·al·bu·min /à(ː)vælbjúːmɪn, òʊv- | ɔ̀v-, əʊv-/ *n.* **1** 《生化学》オヴァルブミン《卵白蛋白質成分の約 70% を占める蛋白質; 特に結晶化されたものを指す; cf. conalbumin》. **2** 乾燥卵白. 〘(1835) ← OVO-＋ALBUMIN〙

o·val·i·ty /oʊvǽləṭi | əʊvǽlɪ̀ti/ *n.* **1** 卵形であること; 卵形度. **2** 《金属加工》(引っ張った針金の断面形と円形との差を示す)ひずみ度, 楕円(だえん)率《楕円に近い断面の棒・線・管を孔型圧延する時の長短径比》. 〘1937〙

óval kúmquat *n.* 《植物》＝nagami kumquat.

Óval Óffice *n.* [the ~] (米国 White House 内の) 大統領執務室; 合衆国大統領の職[地位]. 〘1965〙

O·val·tine /óʊvəltìːn, -vḷ- | əʊ-/ *n.* 《商標》オヴァルティン《牛乳に溶かして飲む, 麦芽素材の栄養飲料粉末; 寝る前に飲むものとされる》. 〘1906〙

óval wíndow *n.* 《解剖》(耳の)卵円窓, 前庭窓. 〘1683〙

Ov·am·bo /oʊvǽmboʊ | əʊvǽmbəʊ/ *n.* (*pl.* ~, ~s) **1 a** [the ~(s)] オヴァンボ族《南西アフリカ北部に住む》. **b** オヴァンボ族の人. **2** オヴァンボ語《Niger-Congo 語族に属する》. 〘(1853) ← Bantu *ova-* (pl. pref.)＋*ambo* man of leisure〙

Ov·am·bo·land /oʊvǽmboʊlæ̀nd | əʊvǽmbəʊ-/ *n.* オヴァンボランド《ナミビア北部の半乾燥地域で, オヴァンボ族の住む土地》.

o·var- /oʊvέ³r | əʊvέər/ (母音の前にくるときの) ovario- の異形.

o·var·i- /oʊvέ³ri | əʊvέəri/ ovario- の異形 (⇨ -i-).

o·var·i·an /oʊvέ³riən | əʊvέər-/ *adj.* (*also* **o·var·i·al** /oʊvέ³riəl | əʊvέər-/) 《解剖・動物》卵巣の; 《植物》子房の. 〘(1840) ← NL *ōvārium*: ⇨ ovary, -an¹〙

ovárian fóllicle *n.* 《生物》卵胞.

o·var·i·ec·to·my /oʊvὲ³riéktəmi | əʊvὲəri-/ *n.* 《外科》卵巣切除(術). **o·vàr·i·éc·to·mìzed** /-màɪzd/ *adj.* 〘(1889) ← NL *ōvāriectomia*: ⇨ ↓, -ectomy〙

o·var·i·o- /oʊvέ³rioʊ | əʊvέəriəʊ/「卵巣 (ovary); 卵巣と…との」の意の連結形. ★ 特に ovari-, また母音の前では通例 ovar- になる. 〘(1872) ← NL ~ ← *ovarium* 'OVARY'〙

o·var·i·ole /oʊvέ³riòʊl | əʊvέəriəʊl/ *n.* 《動物》卵巣小管, 卵巣管《昆虫類・線虫類などの卵巣を構成する細管状の構造》. 〘(1877): ⇨ ↑, -ole〙

o·var·i·ot·o·my /oʊvὲ³riá(ː)ṭəmi | əʊvὲəriɔ́təmi/ *n.* 《外科》 **1** 卵巣切開(術). **2** ＝ovariectomy. 〘(1844) ← NL *ovariotomia*: ⇨ ovario-, -tomy〙

o·va·ri·tis /òʊvəráɪṭɪs | əʊvəráɪtɪs/ *n.* (*pl.* **o·va·rit·i·des** /-rɪ́ṭədìːz | -tɪ-/) 《病理》卵巣炎. 〘(1857) ← NL ~: ⇨ ovario-, -itis〙

o·va·ry /óʊv(ə)ri | əʊ-/ *n.* **1** 《解剖・動物》卵巣. **2** 《植物》子房. 〘(1658) ← NL *ōvārium* ← L *ōvum* egg〙

o·vate¹ /óʊveɪt, -vɪ̀t | əʊ-/ *adj.* **1** [しばしば複合語の第 1 構成素として] 卵形の (egg-shaped): *ovate*-oblong. **2** 《植物》〈葉が〉付根が広い卵形の: an ~ leaf. **~·ly** *adv.* 〘(1760) □ L *ōvātus*: ⇨ ovum, -ate²〙

ov·ate² /á(ː)vɪ̀t, óʊveɪt | ɔ́vɪ̀t, əʊveɪt/ *n.* (ウェールズの芸術祭 (eisteddfod) で資格を得た)第三級吟唱詩人. 〘(1723) ← Gk *ouateis* (pl.)〙

o·va·tion /oʊvéɪʃən | ə(ʊ)-/ *n.* **1** (大衆の)熱烈な歓迎, 大喝采; 激賞, 非常な人気. **2** (古代ローマの)小凱旋式 (cf. triumph 4). **~·al** /-ʃnəl, -ʃənḷ/ *adj.* 〘(1533) □ L *ovātiō(n-)* ← *ovāre* to rejoice 《擬音語?》: cf. Gk *euázein* to shout for joy, *euoî* exultant cry at the Bacchanalia〙

ov·el /á(ː)vəl, -vḷ | ɔ́v-/ *n.* 《ユダヤ教》(初七日の間の)哀悼者, 服喪者 (cf. shibah).

ov·en /ʌ́vən/ *n.* **1** (料理用)オーブン, 天火(てんぴ), かまど: a baker's ~ パン焼きがま / hot from the ~ 焼きたてでほやほやの / a house as warm as an ~ 蒸されるように暑苦しい家 / like an ~ 《口語》暑苦しい, 蒸し暑い. **2** 《化学・冶金》炉, かま, 乾燥器. **~·like** *adj.* 〘OE *ofen* < Gmc **uχwnaz* (Du. *oven* / G *Ofen*) ← IE **aukʷ-* cooking pot (L *aulla* pot)〙

óven·bird *n.* 《鳥類》 **1** カマドムシクイ, ジアメリカムシクイ (*Seiurus aurocapillus*)《米国産のアメリカムシクイ科の鳴鳥; 地上に丸天井で oven 状の巣を作る》. **2** カマドドリ《南米産のカマドドリ科カマドドリ属 (*Furnarius*) の鳥の総称; 泥でかまど型の巣をつくるセアカカマドドリ (*F. rufus*) など》. 〘a1825〙

óven glòve *n.* 《英》オーブングラブ《熱い調理器具を持つための手袋》. 〘1965〙

óven·pròof *adj.* 〈皿など〉(オーブン用に)(強化)耐熱性の. 〘1939–40〙

óven-réady *adj.* 〈食品が〉そのままオーブンに入れるように加工された. 〘1960〙

óven·wàre *n.* [集合的] (天火にかける)耐熱食器[皿]《グラタン皿など》. 〘1926〙

óven wòod *n.* たきぎ; (かまたき用の)粗朶(そだ) (brushwood). 〘1794〙

o·ver /óʊvə | əʊvə^(r)/ **—** /òʊvə | əʊvə^(r)/ *prep.* **1** [離れた位置] …の上方に[の] (above); …の頭上[真上]に[の]: the ceiling ~ one's head 頭上の天井 / live ~ a store 店の上に住む[下宿する] / The moon was ~ the tree. 月はその木の上にあった / a bridge (thrown [built]) ~ a river 川にかけてある橋 / warm one's hands ~ the fire / put a kettle ~ the fire / ~ (one's) signature [name] (文書などの)終わりに署名して.

2 [接触した位置] …の上を覆って: a shawl (thrown) ~ one's shoulders 肩に(投げ)掛けたショール / She put her hands ~ her face. 手で顔を覆った / I pulled the blan-

ket ~ me. 私は毛布を引いて体にかけた / She wore a veil ~ her face. 顔をベールで覆っていた / He wore a jacket ~ his shirt. シャツの上にジャケットを着ていた / The flood spread ~ the whole district. 洪水はその地方一体に広がった / The mud was splashed ~ the coat. 泥はコート一面にはねかかった / They clambered ~ the rocks. 岩をよじ登った.
3 [しばしば all ~ として (cf. *all* OVER)] **a** 〈ある地域〉一面に, …の諸所方々に: travel ~ Europe ヨーロッパ中を旅行する / *all* ~ the world=(*all*) the world *over* 世界中至る所に《★ (all) the world *over* の語順では over は副詞とも解される; cf. 11: *all* OVER ⇨ *adv.* 成句》/ They travel *all* ~ the country [*all* the country ~]. 国中を旅して歩く / wander ~ the fields 野をさまよい歩く. **b** …の全部を, …をすみずみまで: see [look] ~ a house 家をくまなく検分する / show a person ~ a house 家を人に案内して回る / He went (*all*) ~ his notes. すべてのメモを入念に調べた.
4 (物がおおいかかるように)…の上へ, …にのしかかって; …へ突き出て, 張り出して; 〈変化など〉…に迫って, …を襲って: with one's hat (pulled [worn]) ~ one's eyes 帽子を目深にかぶって / The cliff projects ~ the sea. 絶壁は海に向かって突き出ている / He leaned ~ the balustrade. 手すりにもたれかかった / A change came ~ the patient. 患者の容体に変化が起こった / A drowsy feeling came [stole] ~ me. 眠気が襲ってきた.
5 〈特定の高さ〉の上まで(つかって): ~ one's waist in water=in water (up) ~ one's waist 腰の上まで水につかって / ⇨ *over* HEAD *and ears*.
6 …(の上)を越えて: fall [jump] ~ a precipice 崖から落ちる[跳び降りる] / leap ~ a fence 垣根を跳び越える / go ~ a river 川を渡る / fly ~ the border 国境を飛行機で飛ぶ / Water was splashing ~ the sides of the boat. 船の両側から水しぶきがかかっていた / look ~ a hedge 生け垣越しに見る / look ~ a person's shoulder 人の肩越しに見やる / talk to a person ~ one's shoulder 顔だけ振り向けて人に話しかける / ⇨ HAND *over hand*, HEAD *over heels*.
7 〈海・川・境界・通りなど〉の向こう側に[の] (across): the grove ~ the river 川向こうの木立 / lands ~ the sea 海のかなたの国々 / pilgrims from ~ the ocean 海外からの巡礼者 / the house [our neighbors] ~ the way [road] 通り[道路]の向こうの家[隣人たち].
8 〈難関など〉を乗り越えて, 〈病気など〉を克服して, …から立ち直って: get ~ an illness 病気から回復する / He's not ~ the worst yet. まだ最悪の事態を乗り越えていない.
9 [支配関係・優位・勝利] …を支配して; …の上位に; …を制して, …にまさって: reign [rule] ~ a land 国を支配する / They wanted a strong leader ~ them. 強力な指導者を上に頂きたいと思った / I have two people ~ me. 私には上司が二人いる / tyrannize ~ the weak 弱者をいじめる / preside ~ a meeting 司会する / have no command [control] ~ oneself [one's passions] 自制力[感情を制する力]がない / give a person preference [priority] ~ everyone else ある人を他のだれよりも優先させる / He was victor [was victorious, gained the victory, won] ~ a superior foe. 優勢な敵に勝った / Virtue triumphs ~ vice in the end. 善は結局悪に勝つ.
10 [数量・程度] …を越えて, …より以上, …より多く (more than): (well [slightly]) ~ a thousand people 1,000 人(をはるかに[わずかに])越える人々 / a distance of ~ 700 yards 700 ヤード以上の距離 / stay at a place (for) ~ a month ひと月以上滞在する / Are you ~ 18? 19 歳以上ですか (*adv.* 9 a).
11 〈時期など〉の終わるまで; …を通して, …じゅう (all through, during): adjourn ~ the holidays (会議を)休暇が終わるまで延期する / last ~ the weekend 週末休暇が終わるまで続く / We'll see them ~ the weekend. 《米》週末に会う予定だ / ~ a long period [time] 長期にわたって / stay ~ night 一泊する / Can you stay ~ Sunday? 日曜日は泊まっていけますか《月曜の朝まで滞在できるか》/ The payment was spread ~ many years. 支払いは多年にわたった / Things are bound to change ~ the years. 何年もたてば万事変わるものだ / I've seen a lot of him ~ the past few months. ここ数か月, 彼とよく会っている / the whole day ~ 一日中 / all the year ~ 一年中《★ 最後の 2 例の over は副詞とも解される; cf. 3 a》.
12 [関心・心配・考慮の対象を示して] …について, に関して (concerning): fret ~ a trifle つまらない事にやきもきする / laugh ~ the absurdity of it そのばかばかしさを笑う / quarrel ~ a matter ある事でけんかする / I talked ~ the matter with him. 彼とその事についてとくと話し合った (cf. *adv.* 6) / pause [brood] ~ a problem 問題について思案する[考え込む] / ⇨ CRY *over*.
13 …に従事して, …しながら: fall asleep ~ one's work 仕事をしながら居眠りをする / We discussed the matter ~ a cheerful glass. 楽しく一杯やりながらその事を論じた / They talked and laughed sitting ~ the fire. 炉を囲んで談笑した / Don't be [take] too long ~ your lunch. 昼食をぐずぐずしないで済ませなさい.
14 **a** …の端から端まで: a free pass ~ a specified bus route 特定バスルートの無料乗車券. **b** 〈電線などを〉伝わって, 通して (on): I spoke to her ~ the telephone. 電話で彼女と話した / He heard the news ~ the radio. ラジオでそのニュースを聞いた.
15 〈他の物・時期〉と比べて, …よりも: a significant improvement ~ last year 昨年と比べて大幅な改善.
16 〘数学〙…で割って (divided by): A ~ B (=A/B) / eleven ~ seventeen (=$^{11}/_{17}$).
àll óver (1) ⇨ 3. (2) 《口語》〈人〉をちやほやして, 夢中になって, …がひどく気に入って: He was *all* ~ her. 彼女に夢中だった. 《1912》 ***hàve it (àll) óver*** *a person* ⇨ have[1] 成句. ***òver áll*** 端から端まで. 〖OE〗 ***óver and abóve*** …に加えて (in addition to); はるかに…以上: ~ *and above* this これに加えて, なおこの上 / He earns a large sum ~ *and above* his commission. 彼は手数料に加えて大金をかせぐ. 《1521》 ***pùt it óver on*** *a person* ⇨ PUT[1] *over* (3).
— *adv.* **1** **a** 上(の方)に, 高く (above): A flock of birds flew ~. 鳥の群が頭上を飛んで行った / Put this wire ~ and that one under. こちらの針金は上に, そちらの針金は下につけなさい. **b** 上から下に(向かって), のしかかって; 突き出て, 張り出して: She bent ~. 身をかがめた / lean ~ ⇨ lean[1] *vi.* 1.
2 一面に: be covered ~ with paint 一面ペンキで塗られている / The pond has frozen ~. 池が凍ってしまった / The sky has clouded ~. 空一面曇ってしまった.
3 **a** 越えて; 向こう[こっち]へ; 横切って, 通って, 渡って; (測定の)端から端まで, 外法(そとのり)で…: go ~ to England 渡英する / come ~ to Japan 来日する / Don't go too near the edge of the precipice; you might fall ~. 崖っぷちに近づき過ぎると落ちるかもしれない / climb ~ into the garden (塀を)乗り越えて庭の中へはいる / run ~ to the door ドアの所まで走る / Jump ~ and escape. 跳び越えて逃げろ. **b** 自宅へ, 自分のところへ: I asked [had] him ~ for a game of chess. チェスの手合わせをするために彼に来てもらった / When are you coming ~ to see us again? 今度はいつ来て下さいますか. **c** 〘軍事〙〈弾丸が〉標的を通り越して: The bullets fell short or went ~. 弾丸は届かなかったり標的を通り越したりした / *Over!* 遠し《遠弾に対する射弾観測の判定用語; cf. *n.* 1》.
4 **a** 離れた所に, 向こう[こっち]の方に; (街路などの)向こう側に: ~ by the hill 向こうの山の側に / stand ~ by the door 向こうのドアのそばに立つ / ~ in Europe (かの地)ヨーロッパでは, あちらでは / He has been ~ in America for some time. 彼はしばらくアメリカへ行っている / He is now ~ in America. 今アメリカへ渡っている / He's ~ from America for two months. アメリカからこちらに来て 2 か月間滞在している / The waiter will be ~ soon. ウェーターが間もなくまいります / ~ yonder 向こうに, あそこに / ~ here こちらの方に, こちらでは / Drop in the next time you're ~ this way. こんどこちらに来た時には寄って下さい / ⇨ OVER *there*. **b** (特定の地点から)離れて (away): From two blocks ~ he could hear the wail. 2 ブロック先から泣き声が聞こえた.
5 [移転・譲渡] 他人へ, 他方へ: We delivered [handed] the man ~ to the police. その男を警察に引き渡した / ⇨ GIVE *over* / He passed ~ the house to his brother. 弟に家を明け渡した / The malcontents went ~ to the enemy. 不平分子は変節して敵側に回った / They've gone ~ to another toothpaste. (いつも使っているのはやめて)別の練り歯みがきに変えた / And now ~ to (our reporter [studio] in) Chicago for the latest developments. さて, シカゴ(にいる記者[のスタジオ])に最新の情報を伝えてもらいましょう / *Over* (to you)! ⇨ 成句.
6 初めから終わりまで, 通して, すっかり (all through); 慎重に, とくと: He took the letter, and read it ~. 手紙を手に取って通読した / Let's talk the matter ~. その事についてとくと話し合おう (cf. *prep.* 12) / I'll think it ~. よく考えてみよう.
7 繰り返して; もう一度, 再び (once more): many times ~ 何度も繰り返して / Try it ~. もう一度やってごらん / You'll have to do it ~. 《米》もう一度やらなくてはならない / start ~ 《米》最初からやりなおす / ⇨ (*all*) OVER *again*, OVER *and over* (*again*) / count ~ 数え直す / read ~ 読み返す (cf. 6).
8 ひっくり返して[返って]; 折れて, 折って; 倒れて: fold ~ 折り返す / roll [turn] ~ and ~ ころころところがって行く / roll a thing ~ 物をころがす / turn ~ the pages (本の)ページをめくる / *Over.* 《米》裏面へ続く, 裏面をご覧下さい (PTO) / turn an egg ~ (両面を焼くために目玉焼きの)卵を裏返しにする (cf. *adj.* 4) / ⇨ *turn over a new* LEAF / knock a vase ~ 花瓶を倒す / fall [tumble, topple] ~ 倒れる, 転倒する.
9 **a** (数・量を)越して, 超過して; 余分に, 余って: five dollars and [or] ~ 5 ドル以上 / people of 18 and [or] ~ 18 歳以上の人々 (cf. *prep.* 10) / We have [are] three cards ~. (あと) 3 枚残っている / Five goes into seven once with [and] two ~. 7 を 5 で割れば 1 が立って 2 が残る / It's (a pound and) a bit ~: is it all right? (1 ポンドを)少し越えますが, よろしいですか. 日英比較 日本語の「オーバーする」は「ある基準・範囲を越える」という動詞であるが, 英語では普通 go *over* や exceed などで表す. たとえば,「予算をオーバーする」は exceed the budget. **b** 〈事物が〉残って, 未解決で: Will there be any paint (left) ~ when you are finished? 終ったら幾らかペンキが残るだろうか / ⇨ LEAVE[1] *over*.
10 **a** (ある期間・地域を)通じて, …中: all the year ~ 一年を通じて, その年中 / the whole day ~ 一日中 (cf. *prep.* 11) / all the world ~ 世界中到る所に (cf. *prep.* 3 a). **b** 《米》(ある期間を)越えて, 延ばして: stay ~ till Monday 月曜日まで滞在する. **c** 後の時期まで, 次の季節まで.
11 [後続の形容詞・副詞を修飾して] 過度に, 余りにも (too) (cf. over- 3): He is ~ polite. 丁寧すぎる / It's not done ~ well. 出来ばえは余りよくない《悪い》/ I'm not ~ pleased with your work, Smith. スミス君, 君の仕事にあまり満足しているわけではない / There's not ~ much left to say, is there? もうあまり言うことはないよね.
àll óver (1) 至る所に, 方々に, 一面に (everywhere) (cf. *prep.* 3): travel *all* ~ 漫遊する / search London *all* ~ ロンドン中を捜し回る / His face is smeared *all* ~ with soot. 顔中すすでよごれている. (2) 体中: I'm aching *all* ~. 体中が痛む / His face is *all* ~ soot.=His face is soot(y) *all* ~. 顔中すすだらけだ. (3) 《口語》すっかり, 全く; いかにも…らしい (thoroughly): He is a gentleman *all* ~. どこからどこまで紳士だ / That's you [him] *all* ~. いかにも君[彼]らしい(やり方だ). 《1577》 ***(àll) over agáin*** 繰り返して, 今一度, もう一度: Begin *all* ~ *again*. もう一度やり直しなさい. 《c1550》 ***óver agàinst*** (1) …の反対側に, と向かい合って, …の前に; …に接して: ~ *against* the school 学校の反対側に. (2) …と対照して: set one thing ~ *against* another 二つの物を(比較)対照する / the importance of virtue ~ *against* success 成功よりも徳の重要性. 《c1400》 ***óver and abóve*** (1) なおその上 (besides). (2) 《方言》[形容詞を強めて] ひどく (too much): The task was ~ *and above* tough. その仕事はすごく難しかった. 《1521》 ***óver and óut*** 〘通信〙交信終り (cf. OVER (*to you*)!). 《1972》 ***óver and óver (agáin)*** 何度も何度も. 《1597》 ***òver hére*** こちらの方へ, こちらでは. ***òver thére*** (1) 向こうの方に: Do you see the smoke ~ *there*? 向こうの方に煙が見えるでしょう. (2) 〘軍事〙戦地では. (3) 《米口語》ヨーロッパでは, あちらでは (in Europe). ***Over (to yóu)!*** (1) 〘通信〙(交信で)応答どうぞ,「オーバー」(cf. OVER *and out*). (2) 《口語》そちらの出方を待つ, さあどうする. 《1940》 ***twíce (or thríce [thrée tìmes]) óver*** 2 度 (3 度) 繰り返して: She was a grandmother *twice* ~. 2 人の孫のいる祖母だった. 《1766》
— *adj.* **1** 終わって, 過ぎて (past), 済んで, 片付いて (finished): The time is up and the class is ~. 時間が来ましたので授業は終わりです / School is ~ at two. 学校は 2 時に終わる / The war has been ~ for nearly 14 years now. 戦争が終わってもうほぼ 14 年になる / The play is ~. 芝居がはねた / All is ~. 万事終わった, 万事片付いた, 万事だめになった[休す] / The good old times [days] are ~. 楽しい時代は昔のこと / The opera isn't ~ till the fat lady sings. 《諺》最後の最後までわからない, 勝負はげたをはくまでわからない / It isn't ~ till it's ~. 《諺》終わるまでわからない. **2** [通例, 複合語の第 1 構成素として] 上(部)の; 上位の; 外部の: the ~ crust 外皮, 外殻 / ⇨ overlord, overcoat, overshoe. **3** 余分の, 余った (⇨ *adv.* 9 a) (surplus): ~ imagination 過度の想像力. 日英比較 日本語では「オーバー」を「態度・動作が大げさである」の意味に用いるが, その意味は英語では exaggerate や過去分詞の exaggerated で表す. たとえば「彼はオーバーだ」は He is exaggerating. という. **4** 《米口語》〈卵が〉両面を焼いた (cf. *adv.* 8, sunny-side up): I ordered two eggs ~. 両面焼きの目玉焼きを二つ注文した.
áll óver すっかり終わって, 片付いて (finished) 〔*with*〕: It's *all* ~ now. もうすっかり終わった / It is *all* ~ *with* poor Tom. かわいそうにトムはもうだめだ[もう望みがない] / It's *all* ~ *between* Tom and Jane. トムとジェーンの仲も終わりだ. ***óver (and dóne) with*** 《口語》済ませて, 終わって: Hurry and get the job ~ *with*. 急いで仕事を済ませなさい.
— *n.* **1** 〘軍事〙遠弾《標的を越えて弾着または炸裂する弾丸; cf. *adv.* 3 c》. **2** 〘クリケット〙オーバー: **a** 一方の三柱門から投球される一連の投球数《通例 6 球; オーストラリアでは 8 球》. **b** その間に行われる競技《投手が前記一連の投球を終えると審判は 'over' とコールする; このコールにより反対の三柱門から投球が始まる》. **3** 跳び越えること; 〘狩猟〙(垣根などの)跳越え. **4** 過度; 過剰, 余分 (extra). **5** [*pl.*] 《英》〘印刷〙(刷り損じを見込んだ)歩増し紙.
— *vt.* **1** 《古》越す, 越える; 跳び越す (leap over): ~ a tombstone 墓石を跳び越える. **2** 《方言》…から回復する (recover from): He never ~*ed* the loss of his child. 子供の死から立ち直ることができなかった.
〖OE *ofer* < Gmc **uberi* (Du. *over* / G *ober, über* / Goth. *ufar*) < IE **uperi* ← **uper* (L *super* / Gk *hupér* / Skt *upari*): 本来 IE **upo* up from under の比較級: cf. super-, hyper-, above〗

o·ver- /óuvə, ←⌐ | ə̀uvə(r), ←⌐/ over の意を表す複合語形成要素 (↔ under-). **1** 「上にある, おおう, 越す, 超過する, 上位にある」などの意味を含む名詞・形容詞・副詞を造る: *over*balance, *over*board, *over*coat, *over*load, *over*time, *over*weight / the *over*-50s 50 歳を越した人たち. **2** 自動詞に添えて他動詞化する: *over*come, *over*flow, *over*look, *over*run. **3** 自由に動詞・名詞・形容詞に付いて「過度に[な], 過剰に[な], あまりに」の意を加える (cf. over *adv.* 11): *over*estimate, *over*strain, *over*supply, *over*work, *over*bashful, *over*delicate. 〖OE *ofer*- (↑)〗

òver·abóund *vi.* 極度に多い; 多すぎる, あり余る 〔*in, with*〕. 〖*c*1384〗

òver·abúndance *n.* あり余るほどの多数[多量]; 過多, 過剰 (superfluity): An ~ *of* money will make one lazy. 金があり余ると人はなまけ者になる.

òver·abúndant *adj.* **òver·abúndantly** *adv.* 〖*c*1384〗

òver·achíeve *vt.* 期待以上にりっぱに〈目的を〉達成する. — *vi.* 期待以上に好成績をあげる. **~·ment** *n.* 〖《1953》《逆成》↓〗

òver·achíever *n.* 標準[期待]以上の成功を収めた[成績をあげた]人[学生], 敏腕家, 腕っこき. 〖1953〗

òver·áct *vt.* 〈役割などを〉誇張して演じる (overplay). — *vi.* **1** やりすぎる, 極端に走る (overdo). **2** 誇張した演技をする, 演出過剰に陥る. **òver·áction** *n.* 〖1611〗

òver·áctive *adj.* あまり活動しすぎる, 活躍しすぎる. **òver·actívity** *n.* 〖1854〗

òver·áge[1] *adj.* **1** 制限[通常]年齢を越えた, 年を取り過ぎた: be ~ for the draft 徴兵年齢を越している. **2** 老朽

の: an ～ ship (耐用年数を越えた)老朽艦[船]. 〘(1886) ← OVER (prep.)＋AGE〙

o·ver·age[2] /óuvərɪdʒ | ə́ʊ-/ *n.* **1** 商品の過剰生産量 (surplus); 過剰供給 (↔ shortage). **2** 従来の在庫品記録を超過した生産の見積もり価格; 見積もり以上の生産額. 〘(1945) ← OVER＋-AGE〙

òver·aggréssive *adj.* 攻撃的すぎる; 積極的すぎる, 張り切りすぎる.

o·ver·all /òuvəɔ́:l, -ɑ́:l | ə̀ʊvə(r)ɔ́:l⁻/ *adj.* **1** 端から端までの, 全長の: the ～ length of a bridge [ship] 橋[船]の全長. **2** 一切を含む, 全部の, 総合的な: the ～ composition of a picture / ～ efficiency 全[総合]効率 / an ～ estimate 総合的な見積もり, 総評価 / ～ inflation 全面的インフレ. — *adv.* **1** どこ(で)でも (everywhere). **2** 全体として. **3** 端から端まで(で), 全体で, 全長で. — /⁻⁻⁻/ *n.* **1** [*pl.*] **a** オーバーオール, つなぎ(服)《胸当てと肩ひも付きのズボン; デニムなどしっかりした布地で作る》. **b** 《古》(仕事をする時にズボンの上にはいたゆったりした)上ばきズボン. **c** 《英》騎兵ズボン. **2** 《英》(医師・実験員・婦人・子供などが衣服の上に着る)上っ張り, 仕事着, スモック (《米》 coveralls). **3** 《英》[*pl.*] (ももまで届く)防水レギンズ. 〘lateOE *ofer ealle* (adv.) everywhere〙

òver·ambítious *adj.* 野心過剰な. **～·ly** *adv.*

òver·ambítion *n.*

óver-and-únder *n.* 銃身が上下に重なった二連銃 (cf. over-under). 〘(1930) 1968〙

òver·ánxious *adj.* 心配しすぎて. **～·ly** *adv.*

òver·anxíety *n.* 〘1741〙

òver·árch *vt.* **1** …の上にアーチを掛ける[渡す]. **2** 支配する, …に対して決定権をもつ (dominate). — *vi.* (アーチのように)掛かる, 渡る. 〘1667〙

òver·árching *adj.* **1** 頭上に(アーチ状に)掛かる. **2** すべてを従える, 支配的な (dominant). 〘(1720): ⇨ ↑, -ing[2]〙

óver·àrm *adj.* **1** 〖野球・クリケット〗上手から投げおろす, オーバーハンドの[でする] (overhand) 《腕を肩より上に上げて投げる; cf. round-arm, underhand》. **2** 〖水泳〗抜手を使う: an ～ stroke 抜手 / the single [double] ～ stroke 片[両]抜手. — *adv.* **1** 〖野球・クリケット〗オーバーハンドで. **2** 〖水泳〗抜手で[を使って]. — *n.* 〖機械〗上腕(ᵃᵍ), オーバーアーム《横フライス盤の主軸の上部にある腕》. 〘1864〙

òver·assésment *n.* **1** 過大査定[評価]. **2** 過大査定[評価]されること[ている状態].

òver·áwe *vt.* 威圧する, おどしつける: ～ a person *into* submission 人をおどして屈服させる. 〘(1579): E. Spenser の造語〙

òver·bálance *vt.* **1** …に重量[価値, 重要さ]でまさる (outweigh). **2** [しばしば ～ *oneself* で] …の中心[平衡]を失わせる: He ～*d himself* and fell down. バランスをなくして倒れた. — *vi.* 平衡を失う, (平衡を失って)倒れる (fall). — /⁻⁻⁻⁻/ *n.* 超過(量): the ～ of exports 輸出超過, 出超. 〘1608〙

òver·béar *v.* (**-bore**; **-borne**) — *vt.* **1 a** (重み・力などで)押し付ける. **b** …に重圧を加える, 威圧する, 圧倒する (domineer); 負かす (overcome). **2** 〈意見・反対などを〉抑えつける, 捨てさせる, 変えさせる, ひっくり返す (overrule). **3** …に重要性[説得力, 性能]の点でまさる. **4** 〖海事〗〈船が〉〈他船〉より帆の力が強く速く走れる. — *vi.* (健康を損ねるまでに)多産する; 〈果樹が〉(樹勢が衰えるほど)実る. 〘*c*1384〙

òver·béaring *adj.* **1 a** 威圧的な, 高圧的な. **b** 威張る, 横柄な, 横暴な (⇨ proud SYN). **2** 最も重要な, 最優先の (dominant). **～·ly** *adv.* **～·ness** *n.* 〘*a*1677〙

òver·bíd *v.* (**-bid**; **-bid·ding**) — *vt.* **1** 〈人〉より高値をつける (outbid). **2** 〈物〉の値打ち以上の高値をつける. **3** 〖トランプ〗**a** (ブリッジで)〈自分の手を〉オーバーに吹く[ビッドする]《自分の手で実際に取れそうなトリック (trick) 数より多めにビッドする》. **b** 《誤用》=overcall 1. — *vi.* **1** (実際の値打ち以上に)高値をつける. **2** 〖トランプ〗**a** (ブリッジで)オーバーに吹く (cf. *vt.* 3 a). **b** 《誤用》=overcall. — /⁻⁻⁻/ *n.* **1** (競りで他よりも上につける)高値. **2** 〖トランプ〗**a** (ブリッジで)吹きすぎ, 上げすぎ《高すぎるビッド; ↔ underbid》. **b** 《誤用》=overcall 1. 〘*a*1616〙

òver·bídder *n.* 〖トランプ〗(ブリッジで)常に高めのビッドをする傾向の人; 強気なプレーヤー. 〘1936〙

óver·bìte *n.* 〖歯科〗オーバーバイト, 垂直被蓋《下顎前歯を上顎前歯が被蓋する咬み合わせの状態; その被蓋の程度; vertical overlap ともいう》. 〘1887〙

óver·blòuse *n.* オーバーブラウス《すそをスカートやスラックスのウエストバンドの外側に出して着る》. 〘1921〙

òver·blów *v.* (**-blew**; **-blown**) — *vt.* **1** 〈風・砂・雪などが〉(吹き覆うように)…の上に吹きつける, の頭上を吹き通る, 吹き渡る. **2** 〖音楽〗〈管楽器〉を〉上音 (overtone) が出るように吹く; 〈管楽器などを〉強く吹きすぎる. **3 a** 〈物語・話などを〉誇張する, (必要以上に)哀れっぽく[大げさに]話す. **b** 肥大させる (swell). **4** 《古》〈雲などを〉吹き飛ばす, 吹き散らす. — *vi.* **1** 〖音楽〗(上音が出るように)管楽器を強く吹く. **2** 《古》〈嵐などが〉吹きやむ; 〈怒りなどが〉静まる, 〈危険が〉去る. **3** 《古》〖海事〗〈風が〉(トップスル (topsail) も揚げられないほど)吹きすさぶ. 〘*c*1386〙

òver·blówing *n.* 〖音楽〗オーバーブローイング《管楽器で上方倍音によって高い音符を奏する技術》.

òver·blówn[1] *adj.* **1** 〈嵐など吹きやんだ; 吹き飛ばされた. **2 a** 〈人の体など〉堂々として大きな, 恰幅(ᵏᵃᵖ)のよい, 肥満した. **b** ふくれ上がった; 〈言葉・文体など〉大げさな, 誇張した: an ～ oratory 大仰な弁舌. **c** 偉そうにした, うぬぼれた; 過度の, やりすぎの. 〘(1592) (p.p.) ← OVERBLOW〙

òver·blówn[2] *adj.* **1** 〈花が〉満開を過ぎた: ～ cherry blossoms. **2** 〈美貌が〉盛りを過ぎた. 〘(1616) ← OVER- ＋*blown* ((p.p.) ← BLOW[3])〙

o·ver·board /óuvəbɔ̀əd | ə́ʊvəbɔ̀:d, ⁻⁻⁻/ *adv.* **1** 船外へ, 船外に (cf. board *n.* 11 a), (船から)水中[海中]へ: fall ～ 船から水[海]中に)落ちる / jump [leap] ～ 船から水中に跳込む / A man ～! 人が落ちた. **2** 《米》(列車から)車外へ. ***gò óverboard*** (1) 《口語》〔…をやり過ぎる, 度を越す〔*with*〕; 〔…に〕熱中する[しすぎる]; 〔…を〕オーバーにほめ[けな]す〔*for, about, on*〕: The critics *went* ～ *for* his novel. 批評家は彼の小説をやたらにもてはやした. (2) (船から)水に落ちる. 《1931》 ***thrów óverboard*** (1) 船から(水[海]中に)投げ捨てる. (2) 〈規則・主義などを〉放棄[遺棄]する (discard). 《1641》 〘lateOE *ofer bord*: ⇨ over, board〙

óver·bóld *adj.* 無鉄砲な, 軽率な (rash); 大胆すぎる (too bold); ずうずうしい (impudent). **～·ly** *adv.* **～·ness** *n.* 〘?*a*1350〙

òver·bóok *vt.* 〈旅客機・ホテルなど〉に定員以上の予約をとる. — *vi.* 定員以上の予約を受け付ける. 〘(1903) ← OVER-＋BOOK (v.)〙

óver·bòot *n.* [通例 *pl.*] =OVERSHOES. 〘1935〙

òver·bóught *adj.* 〈証券など〉(買いすぎの結果)異常に高値になった (cf. oversold): ～ stocks. 〘1957〙

òver·bréathe *vi.* 過剰換気[呼吸]する (cf. hyperventilate).

óver·brìdge *n.* 《英》〖鉄道〗跨(ᶜ)線橋 (overpass). 〘1876〙

òver·brím *v.* (**-brimmed**; **-brim·ming**) — *vi.* 〈液体が〉(容器から)こぼれる (overflow); 〈容器が〉あふれる(ほど一杯になる): an ～*ming* cup なみなみとつがれた杯 / fill to ～*ming* こぼれそうになるほどつぐ. — *vt.* …からこぼれる; こぼれさせる, …にこぼれそうになるほどつぐ: The liquor ～*med* the cup. 酒がコップからあふれ出た. 〘1607〙

òver·brímming *adj.* あふれるばかりの, 豊富な; 過剰な, 過多の. 〘1830〙

òver·búild *v.* (**-built**) — *vt.* **1** …の上に建てる. **2 a** 〈ある地域〉に家を建てすぎる: an *overbuilt* part of a town 都市の家屋の建て込んでいる地域. **b** [しばしば ～ *oneself* で] …にとって必要以上に多く[大きく, りっぱに]建てる: Such a person is apt to ～ *himself*. そのような人はえてして身分不相応な家を建てたがる. — *vi.* 必要以上に家を建てる. 〘1601〙

òver·búrden *vt.* …に〔荷・責任などを〕負わせすぎる〔*with*〕: trees ～*ed with* fruit 枝もたわわに実った木 / be ～*ed with* work 仕事が重すぎる. — /⁻⁻⁻⁻/ *n.* **1** 過重の荷物, 重荷; 過度の負担. **2** 〖鉱山〗表土, 被(ᵏ)り 《鉱床を覆う不要の土砂や岩石; capping ともいう》. 〘1532〙

òver·búrdensome *adj.* 荷が重すぎる, 過重の; ひどく厄介[面倒]な. 〘1614〙

òver·búsy *adj.* (**-bus·i·er**; **-i·est**) **1** 忙しすぎる. **2** おせっかいきわまる, 干渉しすぎる. 〘*a*1400〙

òver·búy *v.* (**-bought**) — *vt.* 多量に買いすぎる; 必要以上に買い込む: The market is *overbought*. 大量の投機買いで証券価格が過度に上がっている. — *vi.* (資力以上に)物[株]を買いすぎる. 〘*c*1450〙

òver·cáll 〖トランプ〗*vt.* **1** (ブリッジで)〈敵方または敵方の ビッド (bid)〉にかぶせる, より高いビッドをする: ～ the North's 1 diamond with 2 clubs ノース(北家)のワンダイヤにかぶせてツークラブという. **2** 《英》=overbid 3 a. — *vi.* (敵方に)かぶせてビッドする. — /⁻⁻⁻/ *n.* 《英》**1** 〖トランプ〗オーバーコール《ブリッジでオープンしない側の最初のビッドをいい, ある限度内の手の強さを示す; cf. open *vt.* 10》. **2** =overbid *n.* 2 a. 〘1908〙

overcame *v.* overcome の過去形.

òver·cánopy *vt.* **1** …の上に天蓋を作る. **2** 天蓋でおおう; (天蓋のように)…にかぶせる. 〘1595〙

òver·capácity *n.* 〖経済〗(設備過剰などによる)過剰生産能力. 〘1934〙

òver·cápitalize *vt.* **1** 〈企業〉に過大な資本をもたせる. **2** (資産の)市場価値を過大評価する. **3** (会社などの)資本価値を違法に[不当に]高く設定する. **òver·capitalizátion** *n.* 〘1890〙

òver·càre *n.* 過度の用心, 取越し苦労. 〘1599〙

òver·cáreful *adj.* 案じすぎる, 取越し苦労の. 〘*a*1591〙

òver·cást[1] *v.* (～) — *vt.* **1** [しばしば p.p. 形で] **a** 雲で覆い隠す (overcloud): The sky was immediately ～. 空が急に曇ってきた. **b** 暗くする, 陰鬱にする (darken): a face ～ *with* sorrow 悲しみで曇った顔. **2** 〖服飾〗(布地の切り端がほつれないように)〈へりを〉斜めに糸でかがる. **3** 〖製本〗**a** 〈折丁を〉重ねかがり綴じする. **b** 〈ペラものを〉かがり綴じする (whipstitch). **4** 〖釣〗〈目標〉以上に釣り糸を投げる. — *vi.* 曇る, 暗くなる: It is ～*ing for* rain. 空が暗くなって一雨きそうだ. — *adj.* **1 a** 〈空が〉一面に曇った: an ～ sky / an ～ night 空一面にかき曇っている夜. **b** 暗い (dark); 陰気な, 憂鬱な (sad): an ～ countenance 暗い陰を宿した表情. **2** 〖気象〗本曇りの《空が 95% 以上雲で覆われた》. **3** 〖服飾〗裁ち目をかがった. 〘?*a*1200〙

óver·càst[2] *n.* **1 a** 一面に広がった雲. **b** 〖気象〗曇り, 本曇り《天気図記号 ●》. **2 a** 高架道を支える支柱[アーチ]. **b** 〖鉱山〗頭上の坑道を支えるアーチ形の構造. **c** 〖鉱山〗高路交差《合流しないように高低差をつけて坑道を交差させること》. **3** 〖服飾〗糸を斜めにかがること, 裁ち目かがり. **4** 〖釣〗釣り糸の投げ過ぎ. 〘(1625) (p.p.) ↑〙

òver·cásting *n.* 〖服飾〗裁ち目かがり. 〘(1885): ⇨ overcast[1,2]〙

overcast stítch *n.* 〖服飾〗裁ち目かがり, (裁ち端がほつれないようにかがる装飾的な)ふちかがり. 〘1891〙

òver·cáution *n.* 過度の用心, 用心のしすぎ. 〘1775〙

òver·cáutious *adj.* 用心深すぎる, 小心な. **～·ly** *adv.* 〘1706〙

òver·cértify *vt.* 〖銀行〗〈小切手〉の過払いを保証する《銀行が勘定口座の預金残高を超過する銀行小切手を発行する》. **òver·certificátion** *n.*

o·ver·charge /òuvətʃɑ́ədʒ, ⁻⁻⁻ | ə̀ʊvətʃɑ́:dʒ/ *v.* — *vt.* **1 a** 〈人・物〉に対して法外な代金を請求する: ～ a foreigner 外国人に物を高く売る. **b** 〈ある金額を〉付け掛けする. **2 a** …に〔荷を〕積みすぎる (overload); 一杯にしすぎる〔*with*〕. **b** …に充電しすぎる, 過充電する; 〈銃砲〉に過装填する, 装薬しすぎる. **3 a** 〈表現を〉誇張する; 大げさに言う: ～ a lecture. **b** 《古》〈描写など〉にこまごまとした事を入れすぎる. — *vi.* **1** 法外な請求をする, ひどくふっかける. **2** 充電しすぎる. **3** 荷を積みすぎる. — /⁻⁻⁻, ⁻⁻⁻⁻/ *n.* **1** 法外な値段[高値]; 法外な請求, 過剰請求. **2 a** 積みすぎ; 積荷過重. **b** (弾薬の)過装填; 超過装入. **c** 過充電. 〘*c*1303〙

óver·chèck[1] *n.* (馬の頭の両耳の間を通して馬の首を下げさせないための)止め手綱. 〘(1875) ← OVER (adj.)＋*check*(*rein*)〙

óver·chèck[2] *n.* **1** 二重格子縞(ᵏᵘ)《二種の異なる格子模様が重なり合っている柄》. **2** 二重格子縞の布地. 〘1906〙

óver·clàss *n.* 特権[富裕, 有力]階級, 上層階級.

óver·clòthes *n. pl.* (他の着物の上に着る)外衣. 〘1856〙

òver·clóud *vt.* **1** 曇らす. **2** 陰気にする, 〈人〉の心を暗くさせる; ぼんやりさせる (obscure). — *vi.* **1** 曇る; 暗くなる. **2** 陰気になる. 〘1592〙

o·ver·coat /óuvəkòut | ə́ʊvəkə̀ʊt/ *n.* **1** 外套, オーバー. 日英比較 日本語の「オーバー」は和製英語. **2** (表面の保護・防錆のための)上塗り(塗料), オーバーコート. — *vt.* …にオーバーコートを塗る. 〘1802〙

óver·còating *n.* **1** 外套[オーバー]用布地. **2** = overcoat 2. 〘*c*1900〙

o·ver·come /òuvəkʌ́m | ə̀ʊvə-/ *v.* (**over·came** /-kéɪm/; **-come**) — *vt.* **1 a** 〈障害・困難・誘惑など〉に打ち勝つ, 克服する (surmount): ～ temptations [difficulties] 誘惑[困難]に打ち勝つ / He was ～ by their entreaties. とうとう彼らに拝み倒されてしまった / Be not ～ of evil, but ～ evil with good. 悪に勝たるることなく善をもて悪に勝て (*Rom.* 12:21). **b** 〈敵を〉征服する, 負かす (⇨ conquer SYN): be ～ by numbers 数[多勢に無勢]で負かされる. **2** [通例 p.p. 形で] (精神的・肉体的に)圧倒する, 参らせる (overpower) 〔*with, by*〕: be ～ *with* liquor 酔いつぶれる / be ～ *with* sorrow [grief] 悲嘆に暮れる / be ～ *by* hunger [lack of sleep] 飢え[寝不足]で参ってしまう. **3** 《古》一面に覆う (overspread). — *vi.* **1** 勝つ (win). **2** 《方言》(失神後)意識を取り戻す. **ò·ver·cóm·er** *n.* 〘OE *ofercuman*: ⇨ over-, come: cf. Du. *overkomen* / G *überkommen*〙

òver·commít *vt.* **1** 過度に掛かり合う: ～ oneself 深入りしすぎる. **2** 〈物資・資金などを〉補給能力[必要]以上に割り当てる[引き受ける, 約束する]. **～·ment** *n.* 〘1964〙

òver·cómpensate *vt.* …に過大な償いをする. — *vi.* **1** 〖精神分析〗過(剰)補償をする. **2** 過度に補償する. 〘1768–74〙

òver·compensátion *n.* **1** 〖精神分析〗過補償, 過剰補償《パーソナリティーのある弱点を補うために他の特性を極度に発達させようと努力すること》. **2** 過剰補償.

òver·compénsatory *adj.* 〘1917〙

òver·cónfidence *n.* 自信過剰. 〘1700〙

òver·cónfident *adj.* 自信がありすぎる; うぬぼれの強い. **～·ly** *adv.* 〘1617〙

òver·cóok *vt.* 煮[焼き]すぎる. 〘1904〙

òver·cóoked *adj.* 煮[焼き]すぎた.

òver·corréct *vt.* **1** 過度に矯正[修正]する. **2** 〖光学〗〈収差を〉過修正する. — *vi.* 過剰矯正する. 〘1829〙

òver·cóunt *vt.* …に数で勝る (outnumber). 〘*c*1593〙

òver·corréction *n.* **1** 〖言語〗直しすぎ, 過剰矯正[修正] (⇨ hypercorrection). **2** 〖光学〗(レンズの収差の)過修正. 〘1885〙

òver·credúlity *n.* 極端な軽信, 過信. 〘1688〙

òver·crédulous *adj.* あまりにも軽々しく信じ込む. 〘1606〙

òver·crítical *adj.* 極端に批判的な; 酷評する (hypercritical). **～·ly** *adv.* 〘1851〙

òver·cróp *vt.* (**-cropped**; **-crop·ping**) 連作して〈土地を〉疲れさせる. 〘(1567) 1789〙

óver·cròssing *n.* =overpass 1.

òver·crów *vt.* **1** …に勝ち誇る. **2** …に打ち勝つ; 圧倒する. 〘1562〙

òver·crówd *vt.* [通例 p.p. 形で] 〈狭い地域・場所など〉に入り切れないほど人[物]を入れる, 超満員にする (cf. overcrowded): ～ a bus バスをぎゅうぎゅう詰めにする / That part of the town is ～*ed*. 町のその部分は人口過密だ / Most professions are ～*ed*. たいていの職業は人が多すぎる / The garden was ～*ed with* sightseers. 庭園は観光客があふれていた. — *vi.* 余りに多く入り込む, 込み合っている. 〘1766〙

òver·crówded *adj.* **1** 込み合っている, 超満員の: an ～ train 鈴なりの列車 / an ～ theater 超満員の劇場. **2** 人[物]があふれている; 人員過剰の: an ～ district, profession, etc. / one's ～ mind (頭の中が一杯で)ものを考えるゆとりもない. 〘1836〙

o·ver·crowd·ing /òuvəkráudɪŋ | ə̀ʊvəkráud-⁻/ *n.* 混雑(している状態), 超満員. 〘1848〙

O

òver·crúst *vt.* 外皮[皮殻]で包む.〘1603〙

óver·cùlture *n.* (対立的文化の存在する状況での)支配的文化, 上位文化.

òver·cúrious *adj.* **1** 好奇心が強すぎる, あまりに穿鑿(せんさく)好きな. **2** ((廃)) 気むずかしすぎる. **～·ly** *adv.* **～·ness** *n.* **òver·curiósity** *n.*〘1561〙

òver·cùrrent *n.*〘電気〙過電流.〘1931〙

òver·cút *vt.* (**-cut**; **-cut·ting**) 切り[カットし]すぎる; (森から)木を切り[伐採し]すぎる.〘1906〙

òver·dámping *n.*〘物理〙過減衰 ((系のエネルギー散逸が critical damping の場合よりも大きく, 振動せずに減衰すること)).

òver·dáring *adj.* 大胆すぎる. **～·ly** *adv.*〘1614〙

óver·dàte *n.* **1** (もとの日付の跡がうかがえる貨幣面の)変更日付. **2** 変更日付の押された貨幣.

òver·déar *adj.* 極めて高価な; 高すぎて手が届かない.〘1483〙

òver·délicate *adj.* 微妙[敏感, 上品, 優雅, デリケート]すぎる. **òver·délicacy** *n.*〘1630〙

òver·determinátion *n.*〘精神分析〙重複[重層, 多元]決定, 重層決定 ((神経症の症状や夢などの形成される過程には複数の要因が関与しているという考え)).

òver·detérmine *vt.* 複数の要因によって[必要以上の条件をつけて]決定づける[引き起こす].〘1879〙

òver·detérmined *adj.* **1** 決意の固すぎる, 断固としすぎた. **2**〘精神分析〙多元[重複, 重層]決定の ((神経症の症状・夢を決定する無意識の要素・文脈について)). **3**〘数学〙優決定の ((系を一意的に決定するのに必要な以上の条件を指定する)).〘1917〙

òver·devélop *vt.* **1** 過度に発達させる. **2**〘写真〙〈写真〉の現像を過度にする, かぶらせる. **～·ment** *n.*〘1869〙

òver·devéloped *adj.* 過度に発達した, 過剰な.

o·ver·do /òuvədúː | ə̀uvə-/ *v.* (**-did**; **-done**) — *vt.* **1** [しばしば p.p. 形で] **a** 度を越してやり[使い]すぎる, 極端に走らせる: His politeness is ～*ne*. 彼の丁寧さはばか丁寧というものだ / The joke [sarcasm] is ～*ne*. 冗談[皮肉]がすぎる. **b** 〈役割などを〉誇張してやる; 誇張する: ～ one's part 役を大げさにやる / The comic scenes were ～*ne*. 滑稽な場面はわざとらしかった[鼻についた]. **2** 〈精力などを〉精一杯に使う, 〈人・体・動物を〉無理に使う; [通例 p.p. 形または ～ *oneself* で] へとへとにさせる, 疲労させる: ～ a horse 馬を酷使する / ～ *oneself* [one's strength] 心身を使いすぎる, 無理をする / be ～*ne with* one's work 仕事をしてへとへとに疲れてしまう. **3** [通例 p.p. 形で] 煮すぎる, 焼きすぎる (cf. do² *vt.* 7). — *vi.* やりすぎる, 度を越す. ***overdó it*** [***things***] (1) 極端に走る; (嫌味のあるほど)誇張する. (2) 目的のためにはどんな事でもする. (3) 働きすぎる, 過労になる. (1853)〘lateOE *oferdōn*: ⇨ over-, do²〙

óver·dòg *n.* 支配[特権]階級の一員 (↔ underdog).〘1938〙

òver·dóminance *n.*〘生物〙超優性 ((ある対立遺伝子の異型接合体が同型接合体よりもずっとよく適応した表現型を示すこと)). **òver·dóminant** *adj.*〘1960〙

o·ver·done /òuvədʌ́n | ə̀uvə-ˊ/ *adj.* **1** 〈ステーキなど〉焼きすぎた; 煮すぎた: an ～ steak. **2** 過度の, 誇張した (excessive): an ～ smile 作り笑い. **3** 疲れ切った, へとへとになった (exhausted): He looked rather ～. かなり疲れている様子だった.〘lateOE *oferdōn* (p.p.): ⇨ overdo〙

óver·dòor *n.*〘建築〙戸[扉口]上部の装飾. — *adj.* 戸[扉口]の上部にある: an ～ light.〘1873〙

òver·dósage *n.*〘医学〙(薬剤の)過剰投与, 過量服用.〘1922〙

o·ver·dose /óuvədòus | ə́uvədəus/ *n.* (薬剤の)過量 〔*of*〕: an ～ of sleeping pills 睡眠薬の飲みすぎ. — /ˌ—ˊ—/ *vt.* **1** 〈薬を〉過剰投与[摂取]する. **2** 〈人・動物〉に薬を過剰投与する. — *vi.* 〔薬を〕飲みすぎる 〔*on*〕: ～ *on* aspirin アスピリンを飲みすぎる.〘1700〙

o·ver·draft /óuvədrὰːft | ə́uvə-/ *n.* **1** (手形の)過振(かぶり), 当座貸越 ((銀行の許可の下に預金者が銀行あてにその預金高以上の手形を切ること)); 過振[当座貸越]額. ★ この意味では ((英)) でも overdraught の形を用いない. **2** 炉火の上方を通る通風. ★ 特にこの意味では ((英)) では overdraught の形を用いる. **3** (れんが焼きのかまのように)炉の上部から底部へ通る通風; その装置. **4**〘金属加工〙圧延そり ((上ロールの回転が下ロールよりも遅いため圧延されたものが上向きに曲がる現象; cf. underdraft)).〘1878〙

óverdraft facílity *n.* ((英)) 当座貸越し約定 ((銀行が預金者に与える預金残高超過の引出し承認枠)).

òver·drámatize *vt.* ひどく誇張する; メロドラマ風に表現しすぎる.〘1955〙

óver·dràpe *n.*〘家具〙オーバードレープ ((薄地のカーテンの上に主として装飾用に使う厚地のカーテン)).

óver·dràught *n.* ((英)) ＝overdraft.〘1884〙

òver·dráw *v.* (**-drew**; **-drawn**) — *vt.* **1** 〈弓などを〉引きすぎる. **2** 誇張して描く[述べる]; 大げさに言う. **3**〘金融〙〈預金者が〉〈預金を〉過振(かぶり)する; 〈預金〉の超過引出しをする: ～ an account (当座)預金の借り越しをする. — *vi.* **1** 〈ストーブなどが〉吸込みが良すぎる. **2**〘金融〙過振をする, 当座借越しする. **3**〘トランプ〙(blackjack などで)引きすぎる ((引いたカードの合計が上限を越えてしまう; cf. bust¹ 3)).〘1375〙

òver·dráwn *adj.* **1** 〈話など〉誇張した, 大げさな: give an ～ description of …を大げさに述べる[書く]. **2**〘金融〙**a** 〈手形が〉過振(かぶり)の, 〈当座預金など〉貸越しの, 借り越しの, 貸越しの: an ～ account 当座貸越勘定. **b** 〈預金者が〉借り越しの: You are ～. あなた(の勘定)が貸越しになっています.〘1847〙

òver·dréss¹ *vt.* けばけばしく着飾る; 過度に着せる: She often ～*es* herself. 彼女はよくきらびやかに着飾る / an ～*ed* lady けばけばしく盛装した女性. — *vi.* 過度に着(飾)る.〘1706〙

óver·drèss² *n.* オーバードレス ((下に着ている服を見せるように作ったドレス)).〘1812〙

òver·dréssed *adj.* [普通は悪い意味で] 着飾りすぎた; 厚着した.〘1820〙

òver·drínk *v.* (**-drank**; **-drunk**) — *vt.* [～ *oneself* で] 飲みすぎる, 飲みすぎて体をこわす: He often ～*s himself*. よく飲みすぎる. — *vi.* 飲みすぎる.〘OE *oferdrincan*: ⇨ over-, drink〙

òver·dríve *vt.* (**-drove**; **-driven**) **1** 〈人を〉使いすぎる; 酷使する. **2** 〈自動車などを〉過度に駆使[運転]する. — /ˊ—ˌ—/ *n.*〘自動車〙オーバードライブ[増速駆動装置] ((走行速度を落とさずにエンジンの回転数を減ずるギア装置; 燃費節約型)): go into [be in] ～ オーバードライブにする; 猛烈に働く; 気分が高まる.〘OE *oferdrīfan* to drive away: ⇨ over-, drive〙

òver·dróp *vt.* (**-dropped**; **-drop·ping**) …の上からたらす, 覆って陰にする.

òver·dúb *vt.* (**-dubbed**; **-dub·bing**) 多重録音する ((一度録音したレコード・テープなどに, 別の音・声・音楽などを重ねて録音する)). — /ˊ—ˌ—/ *n.* 多重録音; 多重録音でかぶせた音声.〘1962〙

o·ver·due /òuvədúː, -djúː | ə̀uvədjúː-ˊ/ *adj.* **1** **a** (支払いの)期限が過ぎた, 未払いの: an ～ check. **b** 〈列車・汽船など〉定刻に遅れた, 延着した (⇨ tardy **SYN**). **c** 前から懸案になっている, 待つこと久しい, さんざんおあずけをくった. **2** 機が熟しすぎた, 遅きに失した, 十二分に用意のできている. **3** 必要以上の, 過度の (excessive).〘1845〙

òver·dýe *vt.* (**-dyed**; **-dye·ing**) **1** 染めすぎる. **2** 染めかえる, 再染する.〘1946〙

òver·éager *adj.* 熱心すぎる: be ～ *for* study. **～·ly** *adv.* **～·ness** *n.*〘1575〙

òver·éasy *adj.* ((米)) (目玉焼きが)片面焼いて返しもう片面をさっと焼き黄身の表面だけ固い: eggs ～.〘1820〙

over·eat /òuvəíːt | ə̀uvə(r)íːt/ *v.* (**-ate** /-éɪt | -ét, -éɪt/; **-eat·en** /-íːtn̩/) *vi.* 暴食する, 食べすぎる. — *vt.* [～ *oneself* で] 食べすぎる, 食べすぎて体をこわす. ★ 今は自動詞用法が普通. **～·er** /-tə | -tə(r)/ *n.* 〘(1599): cf. OE *oferǣt* (n.)〙

òver·éaten *adj.* 食い荒らされた, 食い散らした.〘(1601–02) ↑〙

òver·éating *n.* 食べすぎ: *Overeating* is bad for the stomach. 食べすぎると胃をこわす.〘1828〙

òver·éducate *vt.* 必要な程度以上に教育する, …に高等教育をしすぎる: ～*d* society 過剰教育社会.〘1845〙

òver·égg *vt.* [次の成句で]: ***overégg the púdding*** ((英口語)) 必要以上に大げさにする[言う].

òver·eláborate *adj.* 凝りすぎた[の], 念入りすぎる. — *vt.* …に手を入れすぎる. — *vi.* 凝りすぎる, 文章を推敲(すいこう)しすぎる. **～·ness** *n.* **～·ly** *adv.* **òver·elaborátion** *n.*〘1905〙

òver·emótion·al *adj.* 感情過多の. **～·ly** *adv.*

òver·émphasis *n.* 過度の強調, 強調のしすぎ. **òver·emphátic** *adj.* **òver·emphátical·ly** *adv.*〘1897〙

òver·émphasize *vt.* …に過度の強調を置く, 過度に強調する. — *vi.* 強調しすぎる.〘1905〙

òver·enthúsiasm *n.* 過度の熱中[熱狂]. **òver·enthusiástic** *adj.* **òver·enthusiástical·ly** *adv.*

o·ver·es·ti·mate /òuvəéstəmèɪt | ə̀uvə(r)éstɨ̀-/ *vt.* 過大に見積もる; 過大評価する; 買いかぶる: ～ one's abilities 自分の力量を過信する. — *n.* /-mɨ̀t, -mèɪt/ ＝overestimation.〘1823〙

òver·estimátion *n.* 過大見積もり, 過大評価, 過大視, 買いかぶり.〘1809〙

òver·excíte *vt.* …に刺激を与えすぎる, 過度に興奮させる. **～·ment** *n.*〘1825〙

òver·excíted *adj.* [叙述的] 興奮しすぎた.〘1856〙

òver·éxercise *vt.* 〈体の部分を〉使いすぎる, 酷使する, 〈権力を〉濫用する. — *vi.* 運動[練習]しすぎる, 体を酷使する. — *n.* 運動[練習]のしすぎ.

òver·exért *vt.* [しばしば ～ *oneself* で] 過度に出す, 努力しすぎる: Don't ～ *yourself*. 無理をするな. — *vi.* 努力しすぎる, 無理をする. **òver·exértion** *n.*〘1848〙

òver·expánsion *n.*〘機械〙過膨張.

òver·explóit *vt.* 〈資源を〉過剰に開発する.〘1922〙

òver·exploitátion *n.* (天然資源の)過剰開発, 乱掘, 乱伐, 乱獲.〘1961〙

òver·expóse *vt.* **1** さらしすぎる. **2**〘写真〙〈フィルムを〉露出[露光]しすぎる, 過度に露出[露光]する.〘1869〙

òver·expósure *n.*〘写真〙露出過度.〘1873〙

òver·exténd *vt.* **1** 拡大[拡張]しすぎる. **2** [～ *oneself* で] (投資・債務などで)経済的に手を広げすぎる.

òver·exténsion *n.*〘1937〙

òver·exténded *adj.* **1** 伸ばしすぎた; 手を広げすぎた. **2** 能力以上に債務を負った.〘1937〙

óver·fàll *n.* **1** (運河やダムの水位が一定の高さに達した時の)落水箇所[装置]. **2** (海底の)急深箇所. **3** [通例 *pl.*]〘海洋〙湍潮(たんちょう) ((水流が海底の障害または反対の水流に衝突して生じる海面のひときわ目立つざわめき)). **4** ((廃)) 滝 (cataract).〘1542〙

òver·famíliar *adj.* あまりにもありふれた[おなじみの]; 過度になれなれしい. **òver·familiárity** *n.*〘1529〙

òver·fastídious *adj.* あまりに気むずかしい, やかましすぎる. **～·ly** *adv.* **～·ness** *n.*〘1819〙

òver·fatígue *vt.* 過度に疲れさす, へとへとにする. — *n.* 過度の疲労, 過労. **òver·fatígued** *adj.*〘1727〙

òver·féed *v.* (**-fed**) — *vt.* 〈動物など〉に食わせすぎる: ～ an animal 動物に餌をやりすぎる / ～ oneself 食いすぎる. — *vi.* 食いすぎる.〘1609〙

óver·fìeld *n.*〘数学〙＝extension field.

òver·fíll *vt.* **1** あふれ出るほど満たす. **2** 入れすぎる, 詰め込みすぎる (surcharge). — *vi.* あふれそうになる.〘OE *oferfyllan*: ⇨ over-, fill〙

òver·fíne *adj.* みごとすぎる; 細かすぎる.〘1577〙

òver·físh *vt.* 〈漁業区域を〉乱獲する, …の魚を取りすぎる: ～ a stream. — *vi.* 魚を乱獲する.〘1867〙

òver·físhing *n.* (魚の)乱獲.〘1871〙

óver·flìght *n.* (特定の区域の)上空侵犯; (他国の)上空通過; 特定[規定]の領域から飛び出ること.〘1598〙

òver·flóurish *vt.* 花や枝葉で飾りたてる.〘1601–02〙

o·ver·flow /òuvəflóu | ə̀uvəfləu/ *v.* (～**ed**; **-flown** /-flóun | -fləun/) — *vi.* **1** **a** 〈川などが〉氾濫する; 〈水などが〉こぼれる, あふれる: The lake was ～*ing*. 湖の水はあふれていた. **b** 〈容器〉の中の水(など)があふれる: The bucket ～*ed*. **2** **a** 〈会場などが〉超満員となる: The hall was full to ～*ing*. 会場は超満員だった. **b** 〈人などが〉(ある場所から)あふれ出る: The audience ～*ed into* the passage. 聴衆は通路にあふれ出た. **3** **a** 〔収穫・資金などで〕満ちあふれている, あり余るほどたくさんある (superabound) 〔*with*〕: Banks are now ～*ing with* deposits. 銀行は今あり余るほど預金を抱えこんでいる. **b** 〈感情などで〉いっぱいである, あふれ出る 〔*with*〕: He [His heart] was ～*ing with* sympathy. 同情の気持ちでいっぱいだった / ～*ing with* high spirits はち切れるばかりの元気で. — *vt.* **1** **a** 〈堤防・縁・境界などを〉越えてあふれ出る[流出する]: The Nile ～*s* its banks every year. ナイル川は毎年氾濫する / Wine ～*ed* the brim. 酒がグラスの縁からあふれた. **b** (あふれ出て)水浸しにする: The lake ～*ed* the meadow. 湖水があふれて牧草地を水浸しにした. **2** 〈物・人が〉(入り切らないで)…からあふれ出る: The goods ～*ed* the warehouses. 商品は倉庫に入り切れなかった[倉庫からはみ出し(てい)た] / The crowd ～*ed* the house into the street. 群衆は家の外の通りにまであふれ出た. **3** あふれ(出)させる.
— /óuvəflòu | ə́uvəfləu/ *n.* **1** (河川の)氾濫; (容器などからの)あふれ出し, 流出; 流出量: the annual ～ of a river 川の毎年の氾濫. **2** (人口・商品などの)過剰 (superabundance): an ～ of population [goods]. **3** あふれた[流出した]物; (中に入れないで)あふれた聴衆(など). **4** 排水路[口]. **5**〘機械〙＝overflow pipe. **6**〘電算〙オーバーフロー ((演算結果などが計算機の記憶・演算桁容量より大きくなること)). **7**〘詩学〙句またがり (enjambment).
— *adj.* [限定的] あふれ出る; 超満員の.
〘OE *oferflōwan*: ⇨ over-, flow〙

òver·flówing *adj.* **1** **a** あふれ出るほど: an ～ cup (なみなみと酒を注いで)あふれるばかりの杯. **b** みなぎりあふれる: an ～ audience 会場にあふれる聴衆. **2** 〈感情など〉あふれるばかりの (exuberant): with ～ gratitude 胸一杯に感謝の念をこめて. **～·ly** *adv.* **～·ness** *n.*〘lateOE *oferflōwende*: ⇨ ↑, -ing²〙

óverflow méeting *n.* (会場に入り切れなかった人々のために設ける)別[第二]会場での集会.〘1880〙

óverflow pípe *n.*〘機械〙オーバーフローパイプ ((タンク・貯水池などの水位を一定に保つため, 余分な水を排除する管)).〘1869〙

òver·flý *v.* (**-flew**; **-flown**) — *vt.* **1** 〈特定の区域・他国などの上空を飛ぶ; …の上空を侵犯する. **2** 飛び越す. **3** …より速く[高く, 遠く]飛ぶ. — *vi.* 特定の区域の上を飛ぶ, 上空を侵犯する.〘1558〙

óver·flýing rìghts *n. pl.*〘国際法〙領空通航権.

óver·fòld *n.*〘地質〙過褶曲, 転倒褶曲, 押しかぶせ褶曲.〘1883〙

òver·fónd *adj.* 〔…を〕かわいがりすぎて[る], 溺愛している 〔*of*〕.〘*c*1585〙

óver·frèight *n.* **1** 過重荷(かじゅうに) (overload). **2** [通例 over freight]〘海事〙上積貨物 ((貨物運送状に記載された貨物の上に, 追加して上積みした貨物)).〘1530〙

òver·fulfíll *vt.* 〈計画・目標などを〉十二分に満たす, 早期達成する: ～ the norm.〘1398〙

òver·fulfíllment *n.* 予定上回り, 早期達成.〘1950〙

òver·fúll *adj.* 充満した, 一杯すぎる; あまりに気を取られた 〔*of*〕: His writings seem ～ *of* idioms. 彼の文章は慣用句を多く使いすぎているようである. — *adv.* 過度に, 過分に.〘lateOE *oferfull*: ⇨ over-, full¹〙

òver·fúnd·ing *n.* ((英))〘経済〙超過資金調達 ((インフレ抑制策で政府が債券などを必要以上に売ること)).

óver·gàrment *n.* 上着.〘*a*1470〙

òver·géneralize *vi.*, *vt.* 過度に一般化する, 一般化しすぎる. **òver·generalizátion** *n.*〘1904〙

òver·génerous *adj.* 寛大すぎる, 気前よすぎる. **～·ly** *adv.*

òver·gíld *vt.* (**～·ed**, **-gilt**) …にすっかりめっきをかける; ぴかぴかにする (varnish).〘?*a*1200〙

óver·glàze *n.*〘窯業〙(下釉(したぐすり)の上にかける)上釉(うわぐすり), (仕上げの)釉. — *adj.*〘窯業〙仕上げ釉の[として用いられる]: ～ color 上絵具 ((施釉品の上に用いる絵具)). — /ˌ—ˊ—/ *vt.* **1**〘窯業〙〈陶器〉に上釉をかける; 一面に釉薬(ゆうやく)をかける. **2** (欠点などを隠すために)…に上塗りする.〘vt.: (1592); adj.: (1879); n.: (1880)〙

òver·góvern *vt.* 規則で束縛しすぎる, 統制しすぎる. **～·ment** *n.*〘*a*1470〙

óver·gràiner *n.* 木目[石目]の模様をつけるブラシ.

òver·gráze *vt.* 〈牧草地〉に過度に放牧する. **òver-**

O

grázing *n.* 過放牧. 〘1929〙

óver·gròund *adj., adv.* **1** 地上の[に(ある)]: an ～ route 陸路 / be still ～ まだ生きている. **2** 公けの[に], 公然[公式]の[に]. **3** =aboveground 3. ── *n.* 既成社会, 体制 (establishment). 〘1879〙

o·ver·grow /òuvəgróu | əuvəgrəu/ *v.* (**-grew** /-grúː/; **-grown** /-gróun | -grəun/) ── *vt.* **1** [しばしば p.p.形で]〈雑草などが〉一面に生えて〈庭・畑・道・穴などを〉覆う, …にはびこる: The garden is ～*n with* weeds. 庭には雑草が一面にはびこっている. **2 a** (成長して)〈服など〉より大きくなる: ～ a coat 大きくなって上着が着られなくなる / ～ one's strength 体ばかり大きくなってひょろひょろである. **b** [～ *oneself* で] 成長しすぎる, (実際の体力の伴わない)異常な成長をする: The plant *overgrew itself*. その植物は丈だけがひょろひょろ伸びた. **3** 〈他の植物を〉駆逐する. ── *vi.* **1** 生えすぎる, 伸びすぎる, 広がりすぎる: an ～*ing* boy 背丈ばかり伸びる子供 / an ～*ing* city 発展しすぎる都市. **2** 草ぼうぼうになる, 雑草が生い茂る. 〘?*c*1390〙

o·ver·grown /òuvəgróun | əuvəgrəun⁻/ *adj.* **1** (雑草などが)一面に生い茂った, 一面に茂りすぎた: an ～ garden. **2 a** (年齢・体力などと不釣り合いに)育ちすぎた; (大きすぎて)不恰好な, ぶざまな: an ～ girl. **b** 異常[過度]な発展をとげた: an ～ city. 〘(*a*1398) (p.p.) ↑〙

óver·gròwth *n.* **1** (場所・物の上に)一面に生えたもの. **2** 繁茂, はびこり; 育ちすぎ, 太りすぎ. **3** 〘医学・植物〙異常増殖, 異常成長. 〘1600〙

óver·hànd *adj.* **1** 手を上から当てて持った. **2 a** 〘球技〙手を肩より上に上げて投げる[打つ], オーバーハンドの (cf. underhand, round-arm): ～ bowling 〘クリケット〙オーバーハンドからの投球 / ～ service 〘テニス〙オーバーハンドサービス / an ～ throw [delivery, pitching] 〘野球〙オーバーハンドの投球. **b** 〘水泳〙抜き手の: an ～ stroke 抜き手. **3** 〘服飾〙(2枚の布の切り端を)かがり縫いにした. ── *adv.* **1** 手を上から当てて, 上から支えて. **2** 〘球技〙手を肩より上に上げて, オーバーハンドで; 〘水泳〙抜き手で. **3** 〘服飾〙細かくかがり縫いにして. ── *n.* **1** (テニスなどの)オーバーハンド(による)ストローク. **2** 〘方言〙有利な地歩[形勢], 優勢. ── /⸗⸗⸗/ *vt.* 〘米〙〘服飾〙かがり縫いにする (oversew). 〘1656〙

òver·hánded *adj.* =overhand. 〘1765〙

óverhand knót *n.* ひとつ結び (thumb knot ともいう). 〘1840〙

o·ver·hang /òuvəhǽŋ | əuvə-/ *v.* (**-hung** /-hʌ́ŋ/) ── *vt.* **1 a** …の上に掛かる, 上から…に掛かる: A dark cloud is ～*ing* the summit. 黒い雲が山頂に掛かっている. **b** …へ突き出る, 張り出す: The tree *overhung* the brook. その木は川へ張り出していた / a cliff *overhung with* creepers 蔓草のはっている崖. **2** 〈危険・災害などが〉…に差し迫る, 切迫する, 脅かす (menace): Danger *overhung* him. 危険が彼の身に迫っていた / A pestilence is ～*ing* the land. 疫病が国内を脅かしている. **3** 〘建築〙〈ドアなどを〉吊り下げ式にする. ── *vi.* **1** 上に掛かる, 張り出している, 突き出る: an ～*ing* rock 頭上に突き出た岩. **2** 差し迫る: an ～*ing* danger 差し迫った危険. ── /óuvəhæ̀ŋ | əuvə-/ *n.* **1** 突き出し, 張出し. **2** 〘海事〙(船首・船尾の水線外の)突出部分. **3** 〘航空〙張出し. **4** 〘建築〙(屋根・バルコニーなどの)張出し, オーバーハング. **5** 〘登山〙オーバーハング (山で岩, 雪の塊などが張り出しているところ). **6** 張出し[突出, オーバーハング]の程度[角度]. 〘1599〙

òver·háppy *adj.* 幸福すぎる. 〘1577〙

òver·háste *n.* 急ぎすぎ. 〘*c*1385〙

òver·hásty *adj.* あまりに気早い, あわてすぎた. **òver·hástily** *adv.* 〘?*a*1425〙

o·ver·haul /òuvəhɔ́ːl, -hɑ́ːl | əuvəhɔ́ːl/ *vt.* **1 a** 〈機械を〉分解点検[修理, 調整]する, オーバーホールする: ～ an engine. **b** 〘海事〙解放検査する: ～ a ship (禁制品を積み込んではいないか)船内をくまなく調べる. **2 a** 〈物事を〉徹底的に調査する: ～ the state of a business 事業状況を精査する. **b** 〈医師が〉〈患者〉の精密検査をする: He was ～*ed* by a doctor. 医師の精密検査を受けた. **3** …に追いつく, 追い越す[抜く]. **4** 〘海事〙〈索などを〉ゆるめる: ～ a rope 索を(引いていたのを反対の方に)ゆるめる / ～ (the blocks of) a tackle (索をもどして)引き詰まった両滑車を引き離す. ── /óuvəhɔ̀ːl, -hɑ̀ːl | əuvəhɔ̀ːl/ *n.* **1** 分解点検[修理, 調整], オーバーホール: undergo an ～ オーバーホールを受ける. **2** 〘海事〙解放検査. 〘(1626): cf. G *überholen*〙

o·ver·head /òuvəhéd | əuvə-/ *adv.* **1 a** 頭上に, 高い所に; 空に, 天頂に: *Overhead* was a cloud. 空には雲がかかっていた / The L [El] rumbles ～. 〘米〙高架鉄道が頭上を轟々(ごうごう)と通る. **b** 階上に (upstairs). **2** 頭まで隠れるように: plunge ～ into the water 頭からざぶんと水の中へ飛び込む. ── /óuvəhèd | əuvə-/ *adj.* **1 a** 頭上の; 頭上を通過する, 高架の: ～ wires 架空線 / ～ clearance 頭上空隙 / ⇨ overhead railway / the stars ～ 頭上の星. **b** 階上の: the people in the room ～ 階上の部屋の人たち. **2 a** 〘機械〙頭上式の (駆動機構が被駆動部より上方にある). **b** 〘米〙〈ドアが〉巻上げ式の (車庫のシャッターなど). **3** 〘会計〙**a** 一切を含めた, 総… (general): ⇨ overhead costs. **b** 諸掛り込みの: ～ prices 総費用込み値段, 諸掛かり込み値段. **4** (テニスなどで)オーバーハンドの, 頭上から振りおろす. ── *n.* **1** [〘英〙では *pl.*] 〘会計〙=overhead costs. **2** 〘海軍〙天井 (ceiling); (特に船室の)天井. **3** =overhead door. **4** (テニスなどで)スマッシュ (頭上から振りおろす強打). **5** 〘電算〙オーバーヘッド (本来の目的以外に必要な処理のためにかかる負荷). **6** 〘米北・中部〙(納屋の)干し草置場 (haymow). 〘lateOE *ofer hēafod* one with another〙

óverhead cámshaft ègine *n.* 〘機械〙頭上カム軸機関, オーバーヘッドカムシャフトエンジン.

óverhead condúctor *n.* 〘電気〙架空電線, 架線.

óverhead cósts *n. pl.* 〘会計〙諸経費, 間接費 (cf. indirect costs). 〘(1922) 1970〙

óverhead dóor *n.* オーバーヘッドドア (上に水平に押し上げる車庫などのドア; 単に overhead ともいう).

óverhead éarth [gróund] wìre *n.* 〘電気〙架空地線 (送電鉄塔の先端などに張ったアース線).

óverhead projéctor *n.* オーバーヘッドプロジェクター (講演者が透明シートの上に書かれた文字や図を自分の背後にある大きいスクリーンに写し出して聴衆に見せる装置; 略 OHP).

óverhead ráilway *n.* **1** 〘英〙高架鉄道, 懸垂鉄道 (〘米〙elevated railroad [railway]). **2** 〘米〙他の線路の上を鉄橋によって交差する鉄道. 〘1874〙

óverhead válve *n.* 〘自動車〙頭上弁 (シリンダーヘッドに設けた弁; 略 OHV, o.h.v.). 〘1912〙

óverhead válve èngine *n.* 〘機械〙頭弁式機関, オーバーヘッドバルブエンジン (cf. side valve engine).

o·ver·hear /òuvəhíə | əuvəhíə⁽ʳ⁾/ *v.* (**-heard** /-hə́ːd | -hɜ́ːd/) ── *vt.* 〈人の言葉を〉偶然に聞く, 〈人〉の話していることをふと聞く; (いつとはなしに)立ち聞きする: ～ a whisper / I ～*d* him *saying* so. 彼がそう言っているところを偶然に聞いた. ── *vi.* (偶然に)立ち聞きする. 〘OE *oferhīeran* 〘廃〙not to listen, to disobey: 現在の意味は 16 世紀からで ← *hear over* (⇨ hear (v.) 成句) から〙

over·heat /òuvəhíːt | əuvə-/ *vt.* **1** 熱しすぎる, 過熱させる. **2** [通例 p.p. 形で] 過度に熱中させる, 異常に興奮させる. ── *vi.* 〈機関などが〉過熱する. ── *n.* **1** 過熱(状態), オーバーヒート. **2** 異常な熱情, 過度の興奮. 〘*a*1398〙

òver·héated *adj.* **1** 温めすぎた. **2** 過度に興奮した. **3** (経済が)過熱した (物価が上昇しインフレ状態になる). 〘1660〙

òver·hóld *vt.* **1** 〘廃〙引きとめる. **2** 〘Shak〙過大評価する, 買いかぶる (overstimate). 〘1601–02〙

òver·hóused /-háuzd/ *adj.* (住む家が)広すぎる[大きすぎる]. 〘1863〙

overhung *v.* overhang の過去形・過去分詞.

óver·hùng dóor *n.* 吊り戸.

O·ver·ijs·sel /òuvəráisəl, -sl̩ | əu-; *Du.* oːvərέisəl/ *n.* オーヴェルアイセル (オランダ東部の州; 面積 3,927 km², 州都 Zwolle /zwóːlə/).

òver·indúlge *vt.* **1** 甘やかしすぎる, 放任しすぎる: ～ oneself わがままの し放題をする, 放縦の限りを尽くす. **2** …にふけりすぎる. ── *vi.* **1** 思うまま[わがまま, 勝手]にふるまう. **2** 夢中にな(りすぎ)る 〔*in*〕. **òver·indúl·gent** *adj.* 〘1741〙

òver·indúlgence *n.* 甘やかしすぎ(ること), 過度の放任; わがまま, 放縦; ふけりすぎ, 耽溺(たんでき). 〘1754〙

òver·infláted *adj.* 過度に膨張した, ふくらみすぎた. 〘1934〙

òver·infórm *vt.* …に過剰な報告[情報]を提供する. 〘1681〙

òver·insúrance *n.* 〘保険〙超過保険. 〘1755〙

òver·insúre *vt.* 保険対象物の評価額以上に保険を掛ける. **òver·insúred** *adj.* 超過保険の. 〘1904〙

òver·interpretátion *n.* 過剰解釈(による説明・演奏など), 拡大解釈. 〘1965〙

òver·íssue *n.* **1** (紙幣・株券などの)乱発, 限外発行; 限外発行額. **2** 売れ残り[配り残り]印刷物(部数). ── *vt.* 〈紙幣・株券を〉乱発する, …の限外発行をする. 〘1803〙

òver·jóy *vt.* [通例 p.p. 形で] 大いに喜ばせる (delight): be ～*ed at* [*with*] the news その報道に狂喜する / The children were ～*ed to* see me [*at* seeing me]. 子供らは私を見て大喜びした. 〘*c*1384〙

òver·jóyed *adj.* 大喜びの, うれしくてたまらない: ～ children. 〘1594〙

òver·júmp *vt.* **1** 跳び越える. **2** …より遠くまで跳ぶ, 跳びすぎる. **3** 略す (omit), 無視する (ignore). 〘1608〙

óver·kìll *n.* **1 a** (核兵器での)過剰殺戮(さつりく)[破壊](力). **b** 過剰殺害[殺戮]. **2** 過剰: a propaganda ～ 宣伝過剰 / an ～ *in* electric appliances 電気製品の過剰. **3** 〘口語〙極端な処置. ── /⸗⸗⸗/ *vi., vt.* (…に対して)過剰殺戮[破壊]を行う. 〘v.: (1946); n.: (1958)〙

òver·kínd *adj.* 親切すぎる, おせっかいをやきすぎる. **～·ly** *adv.* **～·ness** *n.* 〘1476〙

òver·knée *adj.* 〈靴下・長靴など〉膝(ひざ)の上まで届く. 〘1858〙

òver·lábor *vt.* **1** 過度に働かせる (overwork). **2** …に念を入れすぎる. 〘1530〙

òver·láde *v.* (**-lad·ed**; **-lad·en** /-léidn̩/, **-lad·ed**) ── *vt.* [通例 p.p. 形で] …に積みすぎる 〔*with*〕: a person ～*n with* work しきれないほどたくさん仕事をしょいこんでいる人. 〘?*a*1200〙

òver·láden *adj.* (荷物など)積みすぎた, (仕事などしきれないほど)しょいこんだ: an ～ horse 荷を積みすぎた馬. 〘(15C) (p.p.) ↑〙

o·ver·laid /òuvəléid | əuvə-⁻/ *adj.* 上積み[上掛け, 上敷き, 上塗り]された. 〘1858〙

o·ver·land¹ /óuvəlæ̀nd, -lənd, òuvəlǽnd | əuvə-lǽnd, ⸗⸗⸗/ *adj.* 陸上[陸路]の: an ～ journey 陸の旅. ── *adv.* 陸上を[で], 陸路を[で]: travel ～ 陸路を行く. 〘*a*1376〙

óver·lànd² *v.* 〘豪〙── *vt.* 〈羊などを〉追って陸路を行く. ── *vi.* 羊などを追って陸路を進む. 〘1871〙

ó·ver·lànd·er *n.* **1** 陸を行く者; 渡り鳥, 放浪者. **2** 〘豪〙羊などを追って陸路を行く者. 〘1841〙

Óverland Párk *n.* オーバーランドパーク (米国 Kansas 州北東の都市; Kansas City の郊外).

óverland róute *n.* **1** [the ～] 〘英〙陸上インド通路 (昔喜望峰を回って行くのに対して, フランスを縦断して Marseilles に出て地中海を通って Suez に渡り, そこから紅海を通ってインドに達した経路). **2** 〘米〙Rocky 山脈を越えて大西洋岸から太平洋岸に至る大陸横断道路. **3** (一般に)陸路. 〘1848〙

óverland stáge *n.* 〘米〙19 世紀中頃に米国西部地方へ旅客を運んだ駅馬車. 〘1861〙

o·ver·lap /òuvəlǽp | əuvə-/ *v.* (**-lapped**; **-lap·ping**) ── *vt.* **1** …に重なる, …の上に覆い掛かる (overlie). **2** …と部分的に一致する, かちあう, 重複する: History and geography often ～ each other. 歴史と地理は重複するところが多い. ── *vi.* **1** (空間的に)部分的に重なる. **2** (時間的に)部分的に一致する, かち合う, 重複する 〔*with*〕: Your visit will just ～ *with* mine. 君と私の訪問はちょうど同じころになるだろう. ── /óuvəlæ̀p | əuvə-/ *n.* **1** (瓦のような)重なり, 互合わせ; 部分的重複, 重複した部分. **2** 〘映画・テレビ〙オーバーラップ (一画面が次の画面へ一部分重なって写ること; cf. dissolving view, lap dissolve). **3** 〘地質〙オーバーラップ (陸地の沈降・海面の上昇によって海岸線が陸方向に前進し, 古い堆積物の上を新しい堆積物が覆う現象; onlap ともいう; cf. offlap). 〘1692〙

òver·lárge *adj.* 大きすぎる. 〘1532〙

o·ver·lay /òuvəléi | əuvə-/ *vt.* (**-laid** /-léid/) **1** [しばしば p.p. 形で] (装飾のために)…に上塗りする (coat); …に着せる, 張る; めっきする 〔*with*〕: be *overlaid with* drapery 掛け布が掛けてある / wood richly *overlaid with* gold and ivory 金や象牙のりっぱな細工を張り付けた木材. **2** 〈ある物を〉〈他の物の〉上に置く[載せる] (superimpose); 覆う (cover); (覆って)見えなくする. **3** 〘古〙圧倒する, 制圧する. **4** 〘印刷〙上張りする, 胴むらとりする. **5** =overlie. **6** 〘電算〙オーバーレイする (主記憶にプログラムを配置する際, 不要になったものに上書きする). ── /óuvəlèi | əuvə-/ *n.* **1** 上敷き, 上掛け. **2** (装飾用の)上張り, きせ板, 張付け, めっき: an ～ of gold 金の上張り; 金めっき. **3** 上紙 (写真などにかぶせて訂正・指示を書きこむ透明な紙). **4** 〘スコット〙ネクタイ, クラバット (cravat). **5** 〘印刷〙上張り紙 (圧胴の押圧を調節するために, 胴張り紙の上に張る紙; cf. interlay, underlay 3). **6** 〘軍事〙オーバーレイ (地図の上にかぶせて使う透明な被覆紙; 各地点に関する軍事上重要要項が記されている). **7** 〘電算〙オーバーレイ (cf. *vt.* 6). 〘OE *oferleċġan*: ⇨ over-, lay²〙

òver·léaf *adv.* (本などの)裏ページに: continued ～ 次のページに続く / the diagram ～ 裏ページに掲げた図表. 〘(1613) 1843〙

òver·léap *vt.* (**-leaped, -leapt**) **1** (向こう側へ)跳び越える, 跳び越す. **2** [～ *oneself* で] あまり遠くまで跳びすぎる, 目標を跳び越えてしまう; やりすぎてしくじる. **3** 無視する, とばす (ignore). 〘OE *oferhlēapan*: ⇨ over-, leap〙

òver·léarn *vt.* 〘教育〙…を過剰学習する. 〘1874〙

òver·léarning *n.* 〘教育〙過剰学習 (反応を安定させ固定させるため学習の完成規準に達した後も学習[練習]し続ける). 〘1939〙

òver·léave *adv.* 休暇後に. ── *adj.* 休暇後も(引続き)欠勤して.

òver·líberal *adj.* 気前がよすぎる, 大まかすぎる. **～·ly** *adv.* **òver·liberálity** *n.* 〘1621〙

òver·líe *vt.* (**-lay**; **-lain**) **1 a** …の上に横たわる, …の上になる. **b** 〈地層が〉〈他の地層〉の上にくる: a stratum *overlain* by a thick layer of mud 泥が厚くその上に乗った地層. **2** (眠りこけたりして)〈幼児〉の上に乗って窒息させる: ～ a child / an *overlain* child (添い寝の母親に)つぶされて死んだ子供. **3** 〘商業〙〈担保・権利など〉…より優先しない. 〘? lateOE *oferliġġan* < OE **oferliċġan*: 17–18 世紀に一時 OVERLAY にとって代わられたが 19 世紀以降再び用いられるようになった: ⇨ over-, lie¹〙

òver·lìne *n.* **1** 〘印刷〙ネーム, 絵解き (新聞・雑誌のカット・写真・漫画などに付す説明語句). **2** 〘新聞〙(大見出しの上に添える)副見出し. **3** 〘印刷・ジャーナリズム〙=kicker 8.

òver·lísten *v.* (アフリカ東部) =overhear. 〘1609〙

òver·líve 〘古〙*vt.* **1** 〈ある人〉より長生きする; 〈ある時代など〉のあとまで生き延びる[残る]. **2** [～ *oneself* で] 適度以上に長生きする, 隠退すべきなのにまだ働き続ける. ── *vi.* 生き永らえる; 長生きしすぎる. 〘OE *oferlibban*: ⇨ over-, live¹〙

o·ver·load /òuvəlóud | əuvəláud/ *v.* ── *vt.* **1 a** …に荷を積みすぎる, 負担をかけすぎる: ～ a ship / be ～*ed with* duties 重すぎる任務を負わされる. **b** 〈銃砲〉に弾薬をこめすぎる: ～ a gun. **2** 〘電気〙…に負荷をかけすぎる, 過充電する. ── *vi.* 荷物[手荷物]を多く持ちすぎる. ── /⸗⸗⸗/ *n.* **1** 過重荷, 積みすぎ. **2** 〘電気〙過負荷. 〘1553〙

óverload swìtch *n.* 〘電気〙(過負荷)電流自動遮断器.

óver·lòan *n.* 〘経済〙貸出超過, オーバーローン (銀行の貸出額が預金額を超える状態).

òver·lóck *vt.* 〈布端〉のほつれをかがり縫いによって防止する. **óver·lócker** *n.*

óver·lòcking *n.* 〘服飾〙かがり縫い, 巻きかがり. 〘1921〙

òver·lóng *adj., adv.* あまりにも長い[く], あまりにも長い間(の). 〘*c*1250〙

o·ver·look /òuvəlúk | əuvə-/ *vt.* **1 a** (高所から)見下ろす, 見渡す; …の見晴らしがきく: The house on the hill ～*s* half of the city. 丘の上の家からは市の半分が眺められる / We ～ the lake. 湖が見渡せる / a view ～*ing* the sea

海を見下ろす景色. **b** 〈建物・樹木などが〉…より高くそびえる: The tower ～*s* the hill. 塔は丘より高くそびえ立っている. **2** 見落とす, 見逃す: ～ a mistake 誤りを見落とす. **3 a** 〈大事な事を〉無視する, ほっておく (ignore): His merits have been ～*ed* for years. 彼の功績は何年も認められなかった. **b** 〈過失などを〉大目に見る, 見て見ぬふりをする; 許す (forgive): ～ a fault / I will ～ your behavior for this once. 今度だけは君の行動を見逃してやろう. **4** 監督する, 監視する (watch): ～ the construction of a building 建築工事を監督する / ～ men at work 現場の監督をする. **5** 《まれ》検閲する, 視察する; 調べる; 目を通す. **6** 《古》〈人・動物を〉凶眼 (evil eye) でにらむ; 《恐ろしい目でにらんで》魔力にかける (bewitch).

— /ˊ—ˋ—/ *n.* **1** 見落とし (oversight). **2** 《米》《下の景色が見下ろせる》高台; 《高台からの》見晴らし. **3** 《古》凶眼[恐ろしい目]でにらみつけ(て魔力にかけ)ること. 〚*c*1369〛

óver·lòok·er *n.* 監督 (overseer). 〚*c*1385〛

óver·lòrd *n.* **1** 《諸王の上に君臨する》大王, 大君主. **2** 《実業界などの》巨頭, 大立者. **3** (1951–53 年の英国政府において)諸省の監督調整の任に当たった上院議員. **4** [O-] オーバーロード(作戦)《第二次大戦での, 1944 年の英米連合軍の北仏ノルマンディー侵入の作戦名; cf. D day》. **—** *vt.* 専制君主として[思うままに]統治[支配]する (domineer). **～·ship** *n.* 〚?*c*1200〛

òver·lústy *adj.* 元気[頑丈, 活発]すぎる. 〚*a*1500〛

o·ver·ly /óʊvəli | ə́ʊvə-/ *adv.* **1** 《米・スコット》適度に, あまりにも, 非常に, ひどく (too, very): ～ anxious 心配しすぎる / He was not ～ tired. そう大して疲れてはいなかった. **2** 《古》表面的に, 軽く; 何気なく. 〚lateOE *oferlīce*: ⇨ over, -ly[1]〛

òver·lýing *adj.* 〘商業〙〈担保・権利など〉優先順位が低い (cf. underlying 4).

òver·mán[1] *vt.* (**-manned; -man·ning**) …に必要以上に人員を配置する: ～ a ship. **—** /óʊvəmən, -mæ̀n | ə́ʊvəmæ̀n/ *n.* (*pl.* **-men** /-mən, -mèn | -mèn/) 監督 (overseer), 職工長, 職場頭 (foreman). 〚*c*1250〛

óver·màn[2] **1** 〘スコット法〙調停者, 裁決者 (arbiter, umpire). **2** 〘哲学〙超人 (superman) 《Nietzsche の *Übermensch* の英訳》.

òver·mánned *adj.* 《工場などが》人員過剰の.

òver·mánning *n.* 人員の過剰(配置). 〚1971〛

óver·màntel *n.* 壁付暖炉の上の装飾[構成]《鏡・彫刻物・絵画などを入れる》. **—** *adj.* 暖炉の上の[にある]. 〚1882〛

òver·mány *adj.* 多すぎる. 〚?*a*1350〛

òver·mást *vt.* 〘海事〙〈船〉に不相応に長大な[重い]マストをつける. **～·ed** *adj.* 〚1627〛

òver·máster *vt.* **1** 圧倒する (overwhelm). **2** 《廃》掌握する. 〚1340〛

òver·mástering *adj.* 圧倒する, 支配的な: an ～ passion (抑えきれない)激しい情熱. **～·ly** *adv.* 〚1645〛

òver·mátch *vt.* **1** …にまさる (excel), 勝つ, 圧倒する (outdo). **2** 〈競技者を〉実力の上回る相手と試合させる, 上手(うわ)の者と戦わせる. **—** *n.* **1** 力のまさっている人, うわて, 強敵. **2** 勝負にならない取組, 優劣の差のはなはだしい勝負. 〚*a*1375〛

óver·màtter *n.* 〘印刷・ジャーナリズム〙 **1** 活字の組みすぎ. **2** 《雑誌などで》次号回しの過剰原稿[記事]. 〚1887〛

óver·mèasure *n.* 過度の見積り[評価]; 過剰, 剰余. 〚(1581) 1641〛

òver·míghty *adj.* 〈政権などが〉不当に強大な, 強力すぎる. 〚*a*1475〛

òver·módest *adj.* 極端に内気な. **～·ly** *adv.* 〚1614〛

òver·modulátion *n.* 〘通信〙過変調《変調率が 100 % 以上になる変調》. 〚1927〛

òver·múch *adj.* 多すぎる, 過度の: ～ study. **—** *adv.* 過度に, ひどく (excessively): work ～ 働きすぎる / be ～ particular 口やかましすぎる / I don't like it ～. あまり[大して]好きでない. **—** *n.* 過剰 (excess). 〚OE *ofermičel*: ⇨ over, much〛

òver·níce *adj.* 気むずかし[やかまし]すぎる, 潔癖すぎる. **～·ness** *n.* **òver·nícety** *n.* 〚*a*1333〛

over·night /òʊvənáɪt | ə̀ʊvə-ˊ/ *adv.* **1 a** 次の朝まで, 夜通し, 一晩中: stay ～ at his house / This fish won't keep ～. この魚は朝まではもつまい / It is just ～ from Paris by rail. 列車でパリから一晩で行ける. **b** 前の晩に, 前夜のうちに: Preparations were made ～ for an early start. 早立ちのために準備は前夜のうちに行われた. **2** 急(速)に, 不意に, 突然に. **—** *adj.* **1 a** 夜の間に起こる[なされる]; 夜通しの, 一泊の: an ～ conversation 夜通しの会談 / an ～ guest 泊まり客 / an ～ journey [trip] 一泊旅行. **b** 一泊[短い]旅行用の: ⇨ overnight bag [case]. **2** 前夜の, 宵(よい)越しの: ～ money 宵越し貸金《前日の午後から当日の午前までが借用期間のもの》. **3** 一時的の: an ～ millionaire 一夜成金, にわか分限 / ～ call money 一夜貸しコール(マネー). **—** /ˊ—ˋ, ˋ—ˊ/ *n.* **1** [the ～] 《古》前の晩, 前夜. **2** 《米口語》《学生寮などの一晩の》外泊許可. **—** *vi.* 一泊する. 〚*c*1303〛

overníght bàg [càse] *n.* 旅行用小鞄. 〚1925〛

òver·níght·er /-náɪtə | -tə[r]/ *n.* =overnight bag [case]. 〚1959〛

òver·nutrítion *n.* 〘医学〙過栄養, 栄養過多.

òver·óccupied *adj.* 込みすぎた, 立て込んだ.

òver·óptimism *n.* 超楽天主義. **òver·óptimist** *n.* **òver·optimístic** *adj.* **òver·optimístically** *adv.* 〚1963〛

òver·órganize *vt.* 過度に組織化する. **—** *vi.* 過度に複雑な組織をとる. **òver·organizátion** *n.*

òver·órganizer *n.* 〚1895〛

òver·páge *adv.* 裏面に (overleaf). 〚1870〛

òver·páid *adj.* (給料などが)支払いすぎの.

òver·páint *vt.* **1** 上塗りする. **2** 塗り[描き]すぎる. 〚1611〛

òver·párt·ed *adj.* (演劇などで)自分がこなせる以上の役を受け持つ, 役負けする. 〚1594–95〛

òver·partícular *adj.* 極端に細かい, 気むずかしすぎる. 〚1861〛

o·ver·pass /óʊvəpæ̀s | ə́ʊvəpɑ̀ːs/ *n.* **1** 《米》《他の道路・鉄道・運河などの上に架かっている》高架道路橋, 跨線橋, 陸橋, ブリッジ (《英》 flyover) 《overcrossing ともいう》. **2** 高路交差 (cf. underpass). **—** *v.* (**-passed, -past**) **—** *vt.* 《まれ》 **1 a** 〈地域を〉横切る; 〈境界を〉越す; 〈川などを〉渡る, 越す. **b** 〈時期・経験などを〉通過する. **c** 〈障害などを〉乗り越える. **2** 〈限界などを〉超える, 侵す: ～ moral laws 道徳律を侵す. **3** …より以上に出る, 超過する, …にまさる: It ～*es* endurance. それには我慢ができない. **4** 見逃す, 無視する. **—** *vi.* 渡る, 通過する. 〚1929〛

òver·pássed *adj.* =overpast.

òver·pást *adj.* すでに過ぎ去った, 過去の (past); すでに廃止された: Their love was ～. 二人の愛もすでに過去のものとなっていた. 〚1582〛

òver·páy *vt.* (**-paid**) 〈人・奉仕などに〉報酬を与えすぎる; 〈金額などを〉余計に払う, 払いすぎる: The joy ～*s* the toil. この喜びは骨折りを償ってあまりある. **～·ment** *n.* 〚1602〛

òver·péer *vt.* …を圧倒する; そびえ立つ. 〚1565〛

òver·péople *vt.* 人口過剰にする, 過密化させる. 〚1683〛

òver·péopled *adj.* 人口過剰[過密]の (overpopulated). 〚1683〛

òver·persuáde *vt.* **1** (説きつけて)引き入れる. **2** 〈いやがる人などを〉無理やりに承知させる. 〚1624〛

òver·persuásion *n.* 強引な説得. 〚1741〛

òver·pícture *vt.* …の絵を上回る: ～*ing* that Venus 絵にかいたビーナスに勝っている (Shak., *Antony* 2. 2. 200). 〚1606–07〛

òver·pítch *vt.* **1** 誇張する (exaggerate). **2** 〘クリケット〙〈ボールを〉三柱門に近く投げすぎる. 〚1851〛

òver·pítched *adj.* **1** 誇張された. **2** 〘建築〙〈屋根など〉勾配が急すぎる: an ～ roof. **3** 〘クリケット〙〈ボールが〉打者線 (popping crease) よりも遠く投げられた. 〚1859〛

óver·plàid *n.* 〘服飾〙越(こ)格子, オーバープレード. 〚1926〛

òver·pláy *vt.* **1** 〈配役を〉誇張して演じる (overact). **2** …の価値[重要性]を強調しすぎる, 過大評価する. **3** [通例 ～ one's hand として] **a** 〘トランプ〙〈自分の手〉の強さを過信して欲ばる. **b** 〈自分の実力を〉過信する, 〈自分の資力〉以上の利得を得ようとする. **4** 《古》(競技で)打ち負かす (outplay). **5** 〘ゴルフ〙強く打ちすぎて〈グリーン (putting green) を〉オーバーする. **—** *vi.* **1** 誇張した演技をする, 演技過剰になる (overact). **2** 〘ゴルフ〙グリーンオーバーする.

overpláy one's hánd (自分の)能力[立場]を過信する. 〚1819〛

óver·plùs *n.* 余分, 過剰; 過多. 〚(*a*1387) 《部分訳》 ← OF *suorplus* 'SURPLUS'〛

òver·póise *vt.* 《古》…に重さでまさる, …より重い; …より重要である. 〚*c*1555〛

òver·pópulate *vt.* [通例 p.p. 形で] 〈都市などを〉人口過剰にする, 過密化させる. 〚1868〛

òver·pópulated *adj.* 人口過多[過密]の: an ～ city 過密都市.

òver·populátion *n.* 人口過剰[過密]; 剰余人口. 〚1823〛

óver·potèntial *n.* 〘電気〙 =overvoltage 1. 〚1920〛

o·ver·pow·er /òʊvəpáʊə | ə̀ʊvəpáʊə[r]/ *vt.* **1 a** 〈相手〉に打ち勝つ, 圧倒する, 負かす (defeat): ～ one's enemy [opponent]. **b** 〈狂人などを〉静める, 取り押さえる (subdue). **c** (より強い力で)〈物・性質・活動などの〉効果を失わせる, 無力にする, 圧倒する. **2** (精神的・肉体的に)圧倒する (overwhelm), 〈人〉に深い感銘[感動]を与える; 耐えきれなくする: be ～*ed with* the beauty of the scene 景色の美しさに魂を奪われる / Her emotions ～*ed* her. 彼女は自分の感情が制しきれなかった / He was ～*ed by* the heat. 暑さでくたくたになった / They were ～*ed by* [*with*] wine. 酒を飲んで全く自制力を失った[酒に飲まれた]. **3** 〈機械などに必要以上の動力を与える. 〚1595〛

o·ver·pow·er·ing /òʊvəpáʊ(ə)rɪŋ | -páʊər-/ *adj.* 圧倒的な, ものすごく強力な; 抗し難い, (耐えかねるほど)強烈な (irresistible): his ～ personality 彼の圧倒的な個性 / an ～ smell 強烈なにおい / ～ grief 耐えきれない悲しみ. **～·ly** *adv.* 〚1700〛

òver·práise *vt.* ほめすぎる. **—** /ˊ—ˋ—/ *n.* ほめすぎ. 〚*c*1387〛

òver·prescríbe 〘医学〙 *vt.* 〈薬剤を〉過量に処方する. **—** *vi.* 薬剤の処方を過量に指示する, 過量処方する. 〚1953〛

òver·prescríption *n.* 〘医学〙(医薬品の)過量処方. 〚1970〛

óver·prèssure *n.* 超過圧力, 過圧; 過度の圧迫. 〚1644〛

òver·príce *vt.* …に過度[法外]な高値をつける. 〚1605〛

òver·príced *adj.* 過度[法外]に高い値段のついた: an ～ article. 〚1881〛

òver·prínt *vt.* **1** 〘印刷〙(すでに印刷してある所へ)〈文字または色を〉刷り込む, 刷り重ねる; …に刷り加える 〔*with*〕. **2** 〈印刷物の部数を〉余分に刷る, 刷りすぎる. **3** 〘写真〙〈印画紙を〉焼きすぎる. **4** (タイプライターの文字盤にない字・記号を打つために)〈幾つかの文字を〉重ねて打つ《! の代わりに ' と . を重ねて打つなど》. **5** 〘郵趣〙〈切手〉にさらに文字や図案を印刷する.

— /ˊ—ˋ—/ *n.* **1** 〘印刷〙刷込み, 刷り重ね, 重ね刷り; (刷りすぎによる)余り丁 (overrun). **2** 〘郵趣〙加刷《額面変更などのため印刷された切手の上にさらに刷り込んだ文字や図案》; 加刷のある切手《略 ovpt.; cf. surcharge 7》. 〚1853〛

òver·príze *vt.* あまりに高く見積もる; 過当に評価する (overvalue). 〚1589〛

òver·prodúce *vt.* 過剰に生産する. **—** *vi.* 過剰生産する. 〚1894〛

òver·prodúction *n.* 生産過剰, 過剰生産. 〚1822〛

òver·pronóunce *vt.* 〈単語などを〉あまりに几帳面に発音する, 誇張して[気取って]発音する. **—** *vi.* 誇張して[気取って]発音する. **òver·pronunciátion** *n.*

òver·próof *adj.* 〈酒など〉オーバープルーフの《標準強度のアルコール飲料 (proof spirit) よりアルコール分の多いをいう; 略 o.p.; cf. proof *n.* 5; ↔ underproof》. 〚1807〛

òver·propórtion *vt.* 不釣合いに大きくする[見積もる]; …の比率を過度に大きくする. **—** *n.* 不釣合い, 不均衡: the ～ *of* imports *to* exports 不均衡な入超. **òver·propórtioned** *adj.* **òver·propórtionate** *adj.* **òver·propórtionate·ly** *adv.* 〚1642〛

òver·protéct *vt.* 過度に保護する, 過保護にする: ～ children. **òver·protéctive** *adj.* 〚1964〛

òver·protéction *n.* 保護過剰, 過保護. 〚1930〛

òver·próud *adj.* 誇り[自慢]しすぎる, 自慢たらたらの. **～·ly** *adv.* 〚lateOE *oferprūt*: ⇨ over-, proud〛

òver·quálified *adj.* (仕事が必要とする以上に)学歴[経験]がある, 資格過剰の. 〚1968〛

òver·quantificátion *n.* 〘工学〙(価値体系における)数量過剰評価《数量に対する信頼過剰》.

òver·quíck *adj.* 早すぎる, せっかちな. **～·ly** *adv.* 〚1560〛

òver·ráke *vt.* 〘海事〙〈波が〉〈船〉の甲板全体にかぶさる[流れる]. 〚1599〛

overran *v.* overrun の過去形.

òver·ráte *vt.* **1** 過大評価する, 買いかぶる (overestimate) (↔ underrate). **2** 〘法律〙(地方税賦課の意図で)過大に評価する. 〚1609〛

òver·ráted *adj.* 過大評価された. 〚1589〛

òver·réach *vt.* **1** …(以上)に広がる; 広く…に及ぶ: His influence ～*ed* his audience. 彼の弁舌は聴衆全体を動かした. **2** [～ one*self* で] 手足などを無理に伸ばす, 体を伸ばしすぎてよろめく. **3 a** 〈目標などを〉通り越す, 行きすぎる (overshoot): ～ a target. **b** [～ one*self* で] 無理に力を出してやり損なう, 無理をして[欲張って]かえってしくじる; 〈策士が〉策におぼれる. **4** だます (cheat), 出し抜く (outwit). **5** 《廃》…に追いつく (overtake). **—** *vi.* **1 a** 遠くまで手を伸ばす, 無理に体を伸ばす. **b** 無理をする. **c** 過度にわたる; 誇張する. **2** 人をだます; 人をぺてんにかける. **3** 〈馬が〉後肢のつま先で前肢のかかとを傷つける, 追突傷を負う. **4** 〘海事〙上手回しをしないまま長く走りすぎる. **—** *n.* 後肢に蹴られてできる前肢の傷. **～·er** *n.* 〚*a*1325〛

overreach bòot *n.* オーバーリーチブーツ《馬の後肢(あし)が前肢を蹴って傷つけることを防ぐ; cf. overreach》.

òver·reáct *vi.* 過度に[激しく]反応する: ～ *to* a stimulus. **òver·reáction** *n.* 〚1961〛

òver·refíne *vt.* 精製[精練]しすぎる; 洗練しすぎる. **—** *vi.* 細かな区別を立てすぎる. **～·ment** *n.* 〚1832〛

òver·repórt *vt.* 〈事件などを〉過剰報道する.

òver·represént *vt.* 〈全体のある部分を〉不釣り合いに多く含める《統計での標本抽出, 議会への代表など》.

òver·representátion *n.*

òver·represénted *adj.* (統計での標本抽出・議会での代表などで)割合が不釣り合いに多い; (特に)比率以上の代議員を出す.

o·ver·ride /òʊvəráɪd | ə̀ʊvə-/ *vt.* (**-rode** /-róʊd | -rə́ʊd/; **-rid·den** /-rídn/) **1** 〈物事が〉…に優先する, …より大事[先]である. **2 a** 〈命令・権利などを〉踏みつける, 無視する, 無効にする, 取り消す: ～ advice 忠告を無視する / ～ a person's authority 人の権威を踏みつける / ～ a decision [ruling] (前の)決定[裁定]をくつがえす / ～ one's commission 職権を濫用する / ～ a veto 拒否権を無効にする《米議会では大統領の拒否した法案は ⅔ 以上の多数で再可決されれば法律となる》. **b** 支配する, 威圧する. **3** 〈自動制御装置を〉手動に切り替える. **4** 〈馬を〉乗りすぎて疲れさせる, 乗りつぶす: an *overridden* horse. **5 a** 〈ある場所を〉乗り越す, 乗り越える. **b** 馬に乗って〈人などを〉踏みつける; 〈敵国を〉踏みにじる. **6** 〘外科〙〈折れた骨が〉〈他の骨〉に重なる, 騎乗する. **7** 《米》〘商業〙〈総代理人または取引責任者〉に(配下のあげた売上げに応じて)手数料[リベート]を払う. **8** 〘狐狩〙〈馬に乗った〉狐狩りの人が〈猟犬〉の後に近付きすぎる. **9** 《廃》…の向こう側へ渡って行く; …に広がる.

— /ˊ—ˋ—/ *n.* **1** 自動制御装置の作動を変更[停止]する装置[システム]; (自動式機械の)補助的手動装置. **2** 《米》無効にすること. **3** (セールスマンの売上げにより支配人に支払われる)歩合, 手数料. 〚OE *oferrīdan*: ⇨ over-, ride〛

óver·rìder *n.* 《英》〘自動車〙オーバーライダー (⇨ bumper guard). 〚1937〛

O

o·ver·rid·ing /òuvəráɪdɪŋ | əuvəráɪd-˜/ *adj.* **1** すべてに優先する (dominant); 最も重要な, 主要な. **2** ＝domineering. 〖1830〗

óver·ríght *prep.* 《英方言》…の反対側に, 真向かいに (directly opposite). 〖1565〗

òver·rípe *adj.* **1** 熟しすぎた. **2** らんじゅくした, らんじゅくして活気を失った; 退廃的な (decadent). 〖1671〗

òver·rúff 〘トランプ〙 *vt., vi.* (ブリッジなどで)上切(ˢᵘ)りする《敵側が切った一巡の場札 (trick) をさらに高い切札を出して取る; overtrump ともいう; cf. uppercut 2》. ── *n.* 上切り. 〖1813〗

o·ver·rule /òuvərú:l | əuvə-/ *vt.* **1** 〈人〉の提案[議論(など)]はねつける[封じる] (disallow). **2** 〈決定・決議などを〉(それ以上の権威によって)覆す, 無効にする (reverse); 破棄[却下]する: All the claims were ～*d*. すべての請願は却下された / The judge ～*d* the previous decision. 裁判官は前判決を無効と宣告した. **3** 〈意志・行動などを〉支配する; 圧迫する, 威圧[制圧]する, 圧倒する: Conscience may be ～*d* by passion. 良心も感情に支配されることがある. ── *vi.* 支配する; 左右する. 〖1576〗

o·ver·run /òuvərʌ́n | əuvə-/ *v.* (**-ran**; **-run**) ── *vt.* **1** 〈国などを〉侵略する (invade), (侵略によって)荒廃させる (ravage): a territory ～ by enemy forces 敵軍に荒らされた領土. **2** [通例 p.p. 形で] **a** 〈害虫・害獣が〉…に群がる, (群がって)荒らす (swarm, infest): The barn was ～ *by* [*with*] mice. その納屋はねずみが駆けずり回っていた. **b** 〈雑草が〉…にはびこる, 〈樹木・花が〉…の一面に生える[咲く]: The garden was ～ *with* weeds. 庭園には雑草がはびこっていた / The hedges are ～ *with* flowers. 生垣には花が一面に咲いている. **3** 〈病気などが〉…に蔓延する; 〈新思想などが〉…に急速に広まる. **4 a** …より遠くまで走る, 走りすぎる. **b** [～ *oneself* で] 走りすぎて疲れる. **c** 〘野球〙〈ベースを〉走り越す, オーバーランする. **5** 越える, 超過する, はみ出す (exceed): His speech *overran* the time allowed. 彼の演説は所定の時間を越えた / His zeal *overran* his discretion. 熱心すぎて分別の度をはずした. **6** 〈川などが〉…に氾濫する. **7** 《古》走り抜く (outrun); (競走で)…に追いつく. **8** 〘印刷〙 **a** 〈文字・語句などを〉次行[欄, ページ]へ送る. **b** …の注文以上の部数を印刷する. **c** (異常な売行きで)大増刷する. **d** ＝overset *vt.* 4. **9 a** 〈船・航空機などが〉所定の停止位置を行きすぎる, オーバーランする. **b** 〈船が〉〈航海を〉(予定よりも)早く終える. **10** 〘機関〙〈機械を〉あらかじめ計画された正規の回転速度あるいは圧力・電圧以上の状態で運転する, オーバーランする. ── *vi.* **1** はびこる, 広がる; あふれる. **2** 度を越す. **3 a** 〘機関〙 機械を正規の回転速度あるいは圧力・電圧以上の状態で運転する. **b** 〘自動車〙 オーバーランする.

overrún the cónstable ＝*outrun the* CONSTABLE (2).

── /˗˗˗/ *n.* **1** あふれ, 超過. **2** 繰越し(金額), 剰余(額) (surplus). **3** 〘印刷〙 送り, 行[字]送り; 余り丁. **4** 〘野球〙 オーバーラン. **5** 〘自動車〙 オーバーラン. **6** 〘航空〙 オーバーランしても安全なように滑走路前方に設けた平坦地. (エンジンが車の慣性によって駆動されるなどして起こる過回転).

〘lateOE *oferyrnan* to run over〙

óverrun bràke *n.* オーバーランブレーキ《トレーラーまたは牽引される車両にあるブレーキ; 前車よりもスピードを抑える》.

òver·sáil *vt.* 〈建物の一部が〉〈下の部分〉よりも迫り出す.

òver·sáiling *adj.* 〘建築〙〈石・れんがが〉(壁面から)突き出た, さしかかった: an ～ upper floor. ── *n.* 〘建築〙〈建築物の部分が〉下部より突出した, オーバーハングした.

〘(1833) ← 《方言》 *oversail* (v.) to roof over ← OVER-＋F *saill(ir)* to project (cf. sally¹): cf. F *sursaillir* to project over〙

óver·scàn *n.* 〘電算〙 オーバースキャン《ブラウン管で, 画像の端が画面にはいらないこと》.

òver·scóre *vt.* 〈語句〉の上に線を引く; 線を引いて消す. ── *n.* (消すために)語字などの上に引く線. 〖1849〗

òver·scrúpulous *adj.* あまりに物堅い[良心的な], あまりに細心[綿密]な, 周到すぎる. **～·ly** *adv.* **～·ness** *n.* 〖1597〗

òver·scútched *adj.* **1** すれっからしの. **2** 使い古された. 〖1598〗

òver·séa *adv., adj.* ＝overseas. 〖*a*1121〗

o·ver·seas /òuvəsí:z | əuvə-˜/ *adv.* 海を越えて[隔てて], 海外へ, 外国に (abroad): go ～ 海外に行く / from ～ 海外[外国]から.

── *adj.* [限定的] **1** 海外向けの, 外国行きの: an ～ broadcast program 海外向け放送番組 / an ～ edition (新聞などの)海外版 / ～ trade 海外貿易 / an ～ tour 海外旅行. **2** 海外の, 外国の (foreign), 海外にある: an ～ colony 海外植民地 / ～ lands 海外諸国 / ～ military service 海外駐屯(ˢᵗᵘⁿ)部隊 / ～ operations 渡洋作戦 / ⇨ overseas student.

── *n. pl.* [単数扱い] 外国; 海外領土.

〘(1583) ← OVER (prep.)＋SEA＋-s² 1: cf. OE *ofersǣwisc* from over the sea, foreign〙

overséas càp *n.* 〘米軍〙 カーキ色ウール製でまびさしのない略帽, 舟型略帽 (garrison cap).

overséas depártment *n.* 海外県《かつて植民地であったフランス領で, 1947 年以降フランス本国の県に相当する地位を有する地域》.

óverseas stúdent *n.* (外国からの)留学生.

óverseas télegram *n.* 《英》 海底電信, 海外電信 (cable, cablegram) (international telegram ともいう).

óverseas térritory *n.* 海外領土《かつて植民地であったフランスまたはポルトガル領で, 本国より任命される総督または高等弁務官のもとで自治を認められているもの》.

o·ver·see /òuvəsí: | əuvə-/ *vt.* (**-saw** /-sɔ́:, -sá: | -sɔ́:/; **-seen** /-sí:n/) **1** 〈職人・仕事などを〉監督する, 取り締まる. **2** こっそり見る, たまたま目撃する. **3** 《古》 見渡す (survey), 看視する. **4** 《古》 検査する. 〘OE *oferséon*: ⇨ over-, see¹〙

óver·sèer /-sì:ə, -sìə | -sì:ə^(r), -sìə^(r)/ *n.* **1** 監督, 取締り (superintendent). **2** 《英》 ＝OVERSEER of the poor. **3** 《豪》 農場[牧場]監督. ***óverseer of the póor*** 《英》(昔の)教区民生委員《下級公吏で, 主に貧民救済の任に当たった》. 〖(1601)〗 〖*c*1384〗

òver·séll *v.* (**-sold**) ── *vt.* **1** 多量に売りすぎる: The market is *oversold*. 大量の売りで相場が過度に下がっている. **2 a** …の良さを過度に強調する, 極端に持ち上げる. **b** (…の良さを誇張して)〈人〉に強引に信じ込ませる, 売り込む. **3** 〘証券・商業〙〈株式・商品などを〉空売りする, 売持ちにする. ── *vi.* **1** 多量に売る, 売りすぎる. **2** 過度に強調して売り込む[売り込もうとする], 極端にほめ立てる. ── *n.* **1** 売りすぎ. **2** 激しい[強引な]売り込み. 〖(1580) 1879〗

òver·sénsitive *adj.* あまりに敏感な, 神経過敏な, 鋭敏すぎる. **～·ness** *n.* 〖1857〗

òver·sét *v.* (～; **-set·ting**) ── *vt.* **1** 〈人を〉(肉体的に)不調にする; (精神的に)混乱させる, 転倒させる: The news ～ him. その知らせに彼は狼狽(ʳᵒᵘ)した. **2 a** 〈物を〉引っ繰り返す, 倒す: ～ a boat, chair. **b** 〈計画・政府・制度などを〉覆す, つぶす, 倒す. **3** …に宝石などをちりばめる. **4** 〘印刷〙〈組版・行を〉(大き目, 長目に)組みすぎる, (活字を)込めすぎる. ── *vi.* **1** 引っ繰り返る. **2** 〘印刷〙 組み[込め]すぎになる.

── /˗˗˗/ *n.* **1** 覆すこと, 転覆; 混乱. **2** 〘印刷〙 組みすぎ; 込めすぎ (overmatter); 残し版《量が多すぎて, 一部分が残ってしまった組版》.

〘ME *oversetten* 《廃》 to oppress, overcome < OE *ofersettan〙

óver·sèw *vt.* (**-sewed, -sewn**) **1** 〘服飾〙 …の裁ち目をかがる, かがり縫いする (overhand). **2** 〘製本〙 **a** ＝overcast¹ 3 a. **b** (機械で)重ねかがり綴じする, オーバーソーイングする. 〖1864〗

òver·séxed *adj.* 過度に性的欲望[関心]を示す, 性欲の激しい. 〖1898〗

òver·sháde *vt.* **1** …に日陰[木陰]を与える, 陰にする. **2** 暗くする. 〘lateOE *oferscēadian* (↓)〙

o·ver·shad·ow /òuvəʃǽdou | əuvəʃǽdəu/ *vt.* **1 a** …に影を投げかける; 暗くする; 曇らせる (overcloud). **b** 〈喜び・幸福などに〉影を投じる, 陰鬱にする: Their gaieties were ～*ed* by the sad news. その悲しい知らせに彼らの歓楽はしめっぽいものになった. **2** 影を投げかけて…より高くそびえる. **3** (比較によって)…の重要性[偉さ, 声価]を奪う, かげを薄くする, 顔色なからしめる (outweigh): He ～*s* all his comrades. 断然同僚を抜いている. 〘OE *ofersċeadwian* 《なぞり》 ← L *obumbrāre* ← OB-＋*umbrāre* 'to SHADOW'〙

òver·shíne *vt.* (**-shone**) **1** …よりも強く輝く; (強い光で)…の光を消す. **2** (優秀さで)…にまさる, 圧する, 顔色なからしめる (outshine). 〘OE *oferscīnan*: ⇨ over-, shine〙

óver·shìrt *n.* オーバーシャツ: **a** (特に, 下着のシャツと区別していう)シャツ. **b** プルオーバー式のシャツ《裾をズボンやスカートの上に出して着る》. 〖1805〗

óver·shòe *n.* [通例 *pl.*] オーバーシューズ《防水・防寒用に靴の上にはくゴム, ビニールまたはフェルト製の靴; cf. galosh, rubber¹ B 2 g》: a pair of ～*s*. 日英比較 「レインシューズ」は和製英語. 〘(1848) ← OVER-＋SHOE: cf. G *Überschuh*〙

òver·shóot *v.* (**-shot**) ── *vt.* **1** (ねらいが高[遠]すぎて)〈目標を〉飛び越える, 射越す, はずれる: ～ a target / ⇨ *overshoot the* MARK¹. **2** [～ *oneself* で] やりすぎる, 度を過ごす, 大げさすぎる, やりすぎてしくじる. **3** 射撃で…にまさる. **4** 〘航空〙〈飛行機・飛行士が〉〈定められた着陸地点を〉通り過ぎてしまう, オーバーシュートする. **5** …の上に勢いよく落ちかかる[注ぐ]. ── *vi.* **1** 〈弓矢・弾丸などが〉高く[遠くまで]飛びすぎる, 〈人が〉射損なう, ミスする. **2** 行きすぎる, 度を越す. ── /˗˗˗/ *n.* **1 a** 射すぎ, 撃ちすぎ. **b** やりすぎ; 高望みによる失敗. **2** 〘航空〙 オーバーシュート. **3** 〘電気〙 行きすぎ量《制御量が目標値を越えてから最初にとる過度偏差の極値》. 〖1369〗

òver·shót *v.* overshoot の過去形・過去分詞.

óver·shòt *adj.* **1** 〈水車が〉上射式の (↔ undershot): an ～ wheel 上掛け水車. **2 a** 〈犬など〉上顎(ᵃᵍᵒ)が下顎より突き出た. **b** 下顎より突き出た. ── *n.* 〘紡織〙 2 本(以上)の縦糸を越して浮糸を織り込む織り(型). 〖*c*1535〗

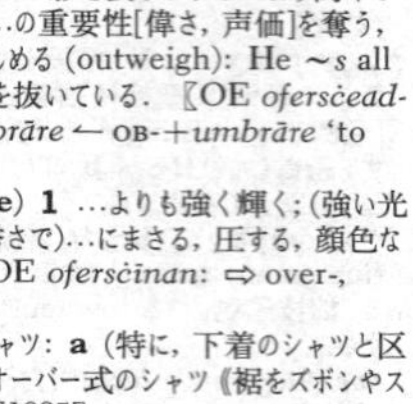

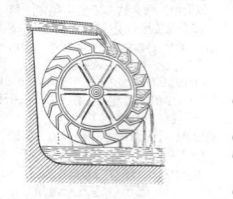

overshot wheel

óver·sìde *adv.* **1** 舷側から(海中へ); 舷側越しに(はしけや運貨船などへ). **2** (レコードの)裏面に. ── *adj.* **1** 舷側で行う[行われる]; 舷側渡しの: ～ delivery 舷側直渡(ʲᶦᵏᶦ)し. **2** (レコードの)裏面の[に吹き込んだ]. ── *n.* (レコードの)裏面. 〘(1884) 《短縮》 ← *over the side*: cf. overboard〙

o·ver·sight /óuvəsàɪt | óuvə-/ *n.* **1** 見落とし; 失策, 手抜かり (slip, mistake): by [through] an ～ 誤って, うっかりして. **2** 監視, 監督, 取締り: have the ～ of children 子供のお守りをする. 〖*a*1325〗

òver·sígned *n.* (記事・書類・報告書などの)冒頭署名者 (cf. undersigned).

òver·símple *adj.* 単純すぎる, 過度に単純な.

òver·simplificátion *n.* 過度の単純化, 単純化過多《誤解・誤謬・歪曲を生むほどの単純化の行きすぎ》. 〖1930〗

òver·símplify *vt., vi.* 〈問題などを〉(事実をゆがめたり誤解を招きかねないほど)単純[簡素]化しすぎる. 〖1934〗

óver·site *n.* 捨てコンクリート《家の一階の下の地面を覆うためのコンクリート層》.

o·ver·size¹ /òuvəsáɪz | əuvə-˜/ *adj.* (型が)普通以上に大きい, 特大の: an ～ cap. ── /˗˗˗/ 〖1849〗 *n.* 特大型; 特大型の物. 〖1909〗

òver·size² *vt.* **1** サイズ (size²) を塗りすぎる. **2** …ににかわなどを塗りつける. 〘(1600–01): ⇨ size²〙

òver·sízed *adj.* ＝oversize¹. 〖1853〗

óver·skìrt *n.* オーバースカート: **a** ドレスやスカートの上に重ねて着るスカート. **b** 下のスカートを見せるためにドレープなどを入れた装飾的な上スカート. 〖1870〗

o·ver·slaugh /óuvəslɔ̀:, -slà:, ˗˗˗ | óuvəslɔ̀:/ *n.* **1** 《米》(河中の航行を妨げる)浅瀬, 砂州《特に, Hudson 川中で Albany 付近のもの》. **2** 邪魔, 妨害. **3** 〘英軍〙(現職より重要な任務に就かせるための)特殊解任. ── *vt.* **1** 《米》(任命・昇進などの際)除外する, 無視する. **2** 《米》〈議案などの通過を妨害する. **3** 〘英軍〙(現職より重い任務に就けるために)解任する. 〘(1768) ◻ Du. *overslag* (n.) ← *overslaan* to pass over, omit ← 'OVER-'＋*slaan* to strike (cf. slay¹): cf. G *überschlagen*〙

òver·sléep *v.* (**-slept**) ── *vi.* 眠りすぎる, 寝過ごす. ── *vt.* **1** [～ *oneself* で] 眠りすぎる, 寝過ごす. **2** 〈ある時刻〉以上に寝過ごす: ～ the fixed time 決まった時間に起きられず寝過ごす. 〖*a*1398〗

óver·slèeve *n.* (普通の袖の上に着ける)オーバースリーブ. 〖1857〗

òver·slíp *vt.* 見逃す, 見落とす. 〖*a*1325〗

òver·slúng *adj.* 〘自動車〙 上架式の《ばねを車軸の上に載せて取り付けた; cf. underslung》: an ～ spring. 〖1960〗

òver·smóke *vt.* [～ oneself で] たばこを吸いすぎる. ── *vi.* たばこを吸いすぎる. 〖1855〗

òver·sóld *adj.* 売りすぎて価格が暴落した, 売りすぎ安の (cf. overbought): ～ stocks. 〖1879〗

òver·solícitous *adj.* 心配しすぎる, あまりに気をもむ; 熱心すぎる. **òver·solícitude** *n.* 〖1664〗

òver·sophísticate *n.* 洗練されすぎた人, あまりに世慣れた人.

óver·sòul *n.* [the ～] 〘哲学〙 大霊; (宇宙に生命を与え, また全人類の霊魂の根源をなす)神. 〘(1841) R. W. Emerson (1803–82) の造語〙

òver·spárred *adj.* 〘海事〙(帆船の)帆柱や帆桁(ʰᵃᵍᵉᵗᵃ)が長[重]すぎる. 〖1871〗

òver·specializátion *n.* 特殊化の行きすぎ; 過度な専門化; 〘生物〙(進化過程における)過大特殊化.

òver·spécialize *vi.* 〖1931〗

òver·spéculate *vi.* 過度に投機する. **òver·speculátion** *n.*

óver·spèed *n.* 超過[違反]速度《標準[規準]速度を超えた速度》. ── /˗˗˗/ *vt.* 超過[違反]速度で走らせる. ── *vi.* 超過速度で走る. 〖1906〗

òver·spénd *v.* (**-spent**) ── *vi.* 資力以上に金を使う; 金を浪費する. ── *vt.* **1 a** …以上に金を使う: ～ one's income 収入以上に金を使う. **b** [～ *oneself* で] 資力以上に金を使う. **2** [通例 p.p. 形で] 《古》 疲れ切らせる, 消耗させる (exhaust): *overspent with* toil 労苦のために疲れ果てて. ── /˗˗˗/ *n.* 金の使いすぎ; 超過量. **～·er** *n.* 〖*a*1618〗

óver·spill *n.* **1 a** こぼれること, こぼし. **b** こぼしたもの. **2 a** 余分, 余剰. **b** 《英》(都市部から周辺地区への人口の)流出; 過剰人口. ── /˗˗˗/ *vi.* あふれる. 〖1884〗

óver·spin *n.* **1** 〘球技〙 ＝top spin. **2** 〘クリケット〙 オーバースピン《ボールが地面に接してから前に(進行方向に)加速するスピンを与えること》. 〖1904〗

òver·spráy *vt.* 上塗りする. ── /˗˗˗/ *n.* 表面に付着しないスプレー, スプレーしぶき; 余分なところにまでスプレーをかけること. 〖1948〗

òver·spréad *vt.* (～) **1** [通例受身で] …の上に(一面に)広げる; …にまき散らす 〔*with*〕: bread ～ *with* butter 一面にバターを塗ったパン / The sky is ～ *with* clouds. 雲が空一面にかかっている / The ground was ～ *with* flowers. 地面に花が一面に咲いていた. **2** 〈物が〉…を一面に覆う, 覆い尽くす, …の上に(一面に)広がる: Weeds ～ the garden. 庭には雑草が生い茂っていた / Joy ～ her face. 喜色満面にあふれていた. ── /˗˗˗/ *n.* 一面に広がったもの. 〘OE *ofersprǣdan*: ⇨ over-, spread〙

òver·stability *n.* (環境・組織などの)過度な安定[保守, 硬直]性, よどみ.

òver·stáff *vt.* …を人員過剰にする 〔*with*〕. 〖19C〗

òver·stáffed *adj.* 人員[従業員]が多すぎる: an ～ government 人員過剰の官庁.

òver·stánd *vt.* (**-stood**) 〘海事〙〈船が〉〈マークより〉出すぎる, 走りすぎる. 〖?*c*1300〗

o·ver·state /òuvəstéɪt | əuvə-/ *vt.* 大げさに言う, 誇張して述べる: ～ one's case 自分の主張を大げさに述べる. **～·ment** *n.* 〖1803〗

òver·stáy *vt.* **1 a** (約束などの)時間[限度]を越えて留まる[長居する]: ⇨ *overstay one's* WELCOME. **b** (ビザの期限切れ後に)不法残留する. **2** 《口語》〘商業〙 商品を売り惜しんで〈商機・市場性を〉逸する: ～ one's market 売り惜しみしてチャンスを逃がす. 〖1646〗

òver·stáyed *adj.* 〘海事〙 **1** 〈マストが〉支索で前へ引っ

O

張られすぎた. **2** 〈船が〉支索を張りすぎた. 〘1880〙

óver·stàyer *n.* 不法残留者《ビザの期限が切れても滞在している人》. 〘1976〙

óver·stèer 〘自動車〙 *n.* オーバーステア《車が旋回運動をするとき, ハンドル角を一定にして加速すると, 後輪の横すべりが前輪のそれより大きく, 旋回半径が速度とともに減少する性質[場合]をいう; cf. understeer》. — /ˌ—ˈ—/ *vi.* 〈車が〉オーバーステアとなる. 〘1936〙

òver·stép *vt.* (**-stepped**; **-step·ping**) 〈境界を〉踏み越える; 〈限度を〉越える (exceed): ～ the bounds of modesty 慎しみの限度を踏み越える / ～ the mark 度を越す, やりすぎる. 〘lateOE *ofersteppan*: ⇨ over-, step〙

òver·stímulate *vt.* …に刺激を加えすぎる, 過剰な[過度な]刺激を与える. 〘1798〙

óver·stìtch 〘服飾〙 *n.* 仕上げ縫い《布の端やへりをミシンで仕上げる》. — *vt.* …に仕上げ縫いをする.

òver·stóck *vt.* **1 a** 〈店〉に商品を仕入れすぎる; …に過剰に供給する: The market is ～*ed*. 市場は在荷過剰である. **b** 〈農場〉に家畜を詰め込みすぎる. **2** 〈乳牛を〉あまりに長く搾乳せずにおく. — *vi.* 仕入れすぎる. — *n.* 供給[仕入れ]過多; 在荷過剰, 過剰供給品. 〘1649〙

óver·stòry *n.* 〘林業〙 上層木, 上木. 〘*a*1490〙

òver·stówage *n.* 〘海事〙 (船荷の)逆積み《先に荷揚げすべき荷物を下積みにしてしまうこと》.

òver·stówed *adj.* 〘海事〙 〈先に揚げるべき積荷が〉逆積みになった《下積みになっていて取り出せない》.

òver·stráin *vt.* **1** 張りすぎる. **2** 過度に緊張させる, 無理に使う: ～ one's nerves [brains] 神経[頭]を使いすぎる / ～ oneself 働きすぎる / The patient is ～*ed*. この患者は過労(状態)です. — *vi.* 無理をする, 過度に努力する. — /ˌ—ˈ—, ˌ—ˈ—/ *n.* 無理な努力 (overexertion). 〘1589〙

òver·stréss *vt.* **1** …を強調しすぎる. **2** 〘金属加工〙 〈金属を〉弾性限度以上の大きな応力で永久変形させる, 過大な応力を生じさせる. — /ˌ—ˈ—/ *n.* 過度の強調. 〘1916〙

òver·strétch *vt.* **1** 伸ばしすぎる, 過度に広げる. **2** 〈橋などが〉…の上にかかる, またぐ. — /ˌ—ˈ—/ *n.* 過度の軍事力拡張. 〘*a*1338〙

òver·stréw (**-strewed**; **-strewed, -strewn**) *vt.* …の上にまき散らす. 〘1570〙

òver·stríct *adj.* 厳格すぎる. 〘1607–12〙

òver·stríde *vt.* (**-strode**; **-strid·den**) **1 a** …(の上)を乗り越える, またぐ. **b** またがる (bestride). **2** …にまさる. **3** …より速く[先へ]歩く. 〘?*a*1200〙

òver·stríke *v.* (**-struck**) — *vt.* 〘造幣〙 〈貨幣〉に新たな意匠・金額・年代などを重ねて打つ; 〈新たな意匠などを〉重ね打ちする. — /ˌ—ˈ—/ *n.* 重ね打ちされた貨幣《もとの意匠が完全に消えてはいないもの》. 〘1375〙

òver·stríng *vt.* (**-strung**; **-strung,** 《まれ》 ～**ed**) **1** 〘音楽〙 〈ピアノ〉に低音弦が高音弦と斜交するように弦を張る (cf. overstrung 2). **2** 〘アーチェリー〙 〈弓を〉強く張りすぎる, …に短すぎる弦を張る. 〘1896〙

òver·strúctured *adj.* 仕組み[計画し]すぎの, 込み入りすぎた; 過度に組織化された. 〘1959〙

òver·strúng *adj.* **1** 〈人・神経など〉緊張しすぎた, 過敏な: ～ nerves. **2** 〘音楽〙 〈ピアノが〉弦の 1 列を他のそれの上へ斜めに張った (cf. overstring 1). **3** 〘アーチェリー〙 = high-strung 2. 〘1810〙

òver·stúdy *vt.* [～ one*self* で] 勉強しすぎる. — *vi.* 勉強しすぎる. — *n.* 過度の勉強 (overwork). 〘1641〙

òver·stúff *vt.* **1** …に過度に詰め込む. **2** 〈椅子などに〉たっぷり詰め物をして外張りをする.

òver·stúffed *adj.* **1 a** 〈椅子など〉詰め物をたっぷり詰めた. **b** ふかふかしすぎる. **2 a** 詰め込みすぎた. **b** 冗長な, だらだらと長い. **3** 太った, 肥満した. 〘1904〙

òver·subscríbed *adj.* **1** 〘金融〙 〈証券など〉応募[申込み]が多すぎる, 応募超過の: The new loan has been ～. 新公債は申し込みが超過した. **2** 〈講座・催しなど〉募集枠を超えた, 定員オーバーの (cf. undersubscribed). 〘1891〙

òver·subscríption *n.* (証券などの)応募超過. 〘1896〙

òver·súbtle *adj.* あまりに微妙[微細]な; 敏感すぎる. **òver·súbtlety** *n.* 〘*c*1489〙

óver·supplỳ *n.* 供給過剰. — /ˌ—ˈ—/ *vt.* 過剰に供給する. 〘1833〙

òver·suscéptible *adj.* 過度に感じやすい[影響されやすい]. 〘1934〙

òver·swáy *vt.* **1** 左右[支配]する(overrule). **2** 《廃》 説得する, 納得[翻意]させる. 〘1577–87〙

òver·swéet *adj.* 甘みが強すぎる, 甘すぎる. 〘1584〙

òver·swíng *vi.* (**-swung**) 〘ゴルフ〙 (クラブを)大振りする. 〘1921〙

overt /oʊvə́ːt, ˌ—ˈ—| ə(ʊ)vɜ́ːt, əʊvɜ́ːt/ *adj.* **1** はっきり見える; 〈証拠などが〉明白な, 公然の, 隠し立てのない: ～ hostility 公然たる[あからさまな]敵意 / an ～ act 〘法律〙 歴然たる犯行. **2 a** 開いた: a purse ～ 口のあいた財布. **b** 〘紋章〙 〈鳥が〉(飛び立とうとして)翼を広げた (outspread) (cf. displayed). **～·ly** *adv.* **～·ness** *n.* 〘(*c*1330) □ OF ～ (F *ouvert*) (p.p.) ← *ovrir* to open < VL *ōperire*=L *aperire* to open: cf. aperient〙

o·ver·take /òʊvətéɪk | əʊvə-/ *v.* (**-took** /-tʊ́k/; **-taken** /-téɪkən/) — *vt.* **1 a** …に追いつく (catch up with): ～ a person on the road 道で人に追いつく. **b** 《英》 〈人を〉追い抜く; 〈他の車を〉追い越す. **c** (進歩・成績・生産などで)…に追いつく, 追い抜く 〔*in*〕. **d** 〈遅れた仕事を〉取り戻す; 《英》〈期限の迫った仕事などを〉間に合わせる. **2** 〈嵐・災難・恐怖などが〉…に突然襲いかかる, 〈夕闇が〉…に急に迫る; …の不意を打つ: be ～*n* by disaster [a storm] 災害[暴風雨]に遭う / be ～*n with* terror 恐怖の念に襲われる. **3** 《スコット》とりこにする, 夢中にさせる (captivate). **4** [通例受身で] 《古》 酔わせる: be ～*n with* [*in*] drink 酔っ払っている. **5** 〘トランプ〙 (打出し権を移行する必要のあるとき)〈味方の札を〉〈自分の札で〉取る 〔*with*〕. — *vi.* 《英》 追い越しをする: No *Overtaking* [掲示] 追越し禁止. 〘?*a*1200〙

óver·tàlk *n.* しゃべりすぎ, 饒舌.

òver·tásk *vt.* …に無理な仕事をさせる, 過重な負担をかける; 酷使する. 〘1628〙

òver·táx *vt.* **1** …に重税をかける: The country is ～*ed*. 国は重税に苦しんでいる. **2** …に無理を強いる, 無理な仕事をさせる, 酷使する: ～ one's strength 無理な努力をする / ～ oneself 過労になるようなことをする, 無理をする. **òver·taxátion** *n.* 〘(1650) 1774〙

òver·technólogize *vt.* 過度に専門技術化する, (非人間的な感じがするほど)高度に技術化する. 〘1970〙

òver·téem *vi.* 子を産みすぎる. — *vt.* 産みすぎて疲れ[疲弊]させる. 〘(1600–01): cf. teem¹〙

óver-the-cóunter *adj.* **1** 〈取引など〉店頭の[での], 店先の[での]: ～ sales 店先の商売[小売り]. **2** 〘証券〙 **a** (株式取引所を経ない)店頭取引の (略 OTC). **b** 店頭(株)の. **3** 〈薬品が〉医師の処方箋なしで売ってもよい, 一般市販薬の (cf. prescription *adj.*). — *adv.* **1** 〘証券〙 店頭売買で. **2** (合法的に)医師の処方箋なしで (略 OTC). 〘1875〙

óver-the-híll *adj.* 《口語》 盛りを過ぎた, 年老いた.

óver-the-horízon *adj.* 〘通信〙 見通し外の: ～ communication 見通し外通信《(極)超短波の対流圏散乱などによる可視距離以遠への伝搬を利用した通信》/ ～ propagation 見通し外伝搬.

óver-the-tóp *adj.* 途方もない, 極端な, 誇張された. 〘1968〙

o·ver·throw /òʊvəθróʊ | əʊvəθrə́ʊ/ *v.* (**-threw** /-θrúː/; **-thrown** /-θróʊn | -θrə́ʊn/) *vt.* **1 a** 〈政府・国家・制度などを〉暴力で覆す, 打倒する, 廃(止)する (⇨ conquer SYN): ～ the government. **b** 打ち破る, 負かす, 征服する (vanquish); 〈繁栄の地位から〉落とす. **2 a** 引っ繰り返す (upset); 打ち倒す (knock down). **b** 破壊する, 取り壊す (demolish). **3 a** 〘野球〙 〈ベースを〉越える暴投をする. 日英比較 日本語の「オーバースロー」に相当する言葉は an overhand(ed) throw. **b** 〘クリケット〙 〈ボールを〉遠くへ投げすぎる; 〈相手〉には受け止められないほど高く投げる. **4** 《古》 〈精神状態を〉乱す. — *vi.* 高投する; 遠くへ投げすぎる.
— /óʊvəθròʊ | ə́ʊvəθrəʊ/ *n.* **1** 征服; 打倒 (subversion); 転覆, 敗北 (defeat), 破壊, 破滅 (ruin): the ～ of the government 政府打倒 / the ～ of a dynasty 王朝の滅亡. **2 a** 〘クリケット〙 (ボールの)投げすぎ, オーバースロー《三柱門守備者へ投げ返されたボールが投げすぎのため受け止められず敵方に点を取られること》; (敵方の)オーバースローによって得る点数. **b** 〘野球〙 (ボールの)高投, 高い暴投.

òver·thrów·al /-θróʊəl | -θrə́ʊ-/ *n.* **～·er** *n.* 〘v: (?*a*1300). n: (*c*1440)〙

overthrown *v.* overthrow の過去分詞.

óver·thrùst *n.* 〘地質〙 衝上断層, 押しかぶせ断層 (overthrust fault ともいう; cf. underthrust). 〘1883〙

o·ver·time /óʊvətàɪm | ə́ʊvə-/ *n.* **1** 規定外労働時間 (extra time) (↔ plain time); 時間外労働, 超過勤務. **2** 時間外労働[超過勤務]手当: earn [make] ～ 超過勤務手当をかせぐ / on ～ 超過勤務で[の]. **3** 延長試合時間.
— *adv.* (規定)時間外に. **wórk óvertime** (1) 時間外勤務をする. (2) 《口語》 懸命に努める; 活発に動く.
— *adj.* 時間外労働の, 超過勤務に対する: ～ pay 超過勤務手当 / ～ work 時間外労働, 超過勤務.
— /òʊvətáɪm | əʊvə-/ *vt.* …に時間をかけすぎる: ～ the boiling of an egg 卵をゆでるのに時間をかけすぎる / ～ an exposure 〘写真〙 露出をかけすぎる / The negative is ～*d*. その陰画は露出過度だ. 〘(1536) 1858〙

òver·tíre *vt.* 過労にする: ～ oneself 疲れ果てる. — *vi.* 疲れ果てる. 〘1557〙

òver·tíred *adj.* [叙述的] 疲れ果てた, 過労の. 〘1634〙

o·ver·tone /óʊvətòʊn | ə́ʊvətəʊn/ *n.* **1** 〘音楽・音響・通信〙 上音《一つの発音体の発する音の中, 振動数の最も少ない音を基音 (fundamental tone) といい, これより振動数の多い音を上音という; 上音のうち特に基音の整数倍の振動数をもつ音を倍音 (harmonic) という; cf. undertone 6》. **2** (思想・言語・出来事などの暗示力や連想による)付帯的な意味[意図, 動機], 含蓄 (implication): The word carries emotional ～*s*. その語には感情的なニュアンスがある. **3** (ペンキなどを塗った表面の)反射光の色.
— *vt.* **1** 〈ある音が〉〈他の音を〉圧倒する. **2** 〘写真〙 (陰画に手を加えて)〈陽画の色調を〉過度に濃くする. 〘(1862) 《なぞり》 ← G *Oberton* 《短縮》 ← *Oberpartialton* upper partial tone〙

overtook *v.* overtake の過去形.

o·ver·tóp *vt.* (**-topped**; **-top·ping**) **1** …の上にそびえる. **2** 〈権威などが〉〈人〉にまさる. **3** 〈法律などを〉〈それ以上権威ある法律で〉無効にする (override). **4** …にまさる, 凌(しの)ぐ (surpass). — *adv.* 頭上に[を]. 〘1561〙

òver·tráck *vi.* 〈馬の後肢が〉前肢より前に出る.

òver·tráde *vi.* 資金以上の取引をする; 無理買付けをする. — *vt.* 〈資力を〉超えた取引をする. 〘*a*1734〙

òver·tráin *vt.* 〈スポーツ選手などを〉過度に訓練する; 過度の訓練で…の体調をくずす. — *vi.* 過度の訓練をする; 過度の訓練で体調をくずす. 〘1872〙

óver·trìck *n.* 〘トランプ〙 (コントラクト ブリッジ (contract bridge) で)超過組数, アップ数《宣言者 (declarer) が契約 (contract) した分を超える組 (trick) 数を獲得したとき, その超過分の組数をいう; cf. undertrick》. 〘1921〙

òver·tróusers *n. pl.* オーバーズボン《別のズボンの上から履く防護[防水]ズボン》.

òver·trúmp 〘トランプ〙 *v., n.* =overruff. 〘1746〙

o·ver·ture /óʊvətʃə, -və-, -tʃʊə | ə́ʊvətjʊə^r, -tjə^r, -tʃʊə^r, -tʃə^r/ *n.* **1 a** [通例 *pl.*] 公式・非公式の提議[申し込み], 予備交渉: an ～ of marriage 結婚の申し込み / ～*s* of peace=peace ～*s* 講和の申し入れ / make ～*s* to a person 人に交渉を申し入れる[求める]. **b** 交渉の開始. **2** (詩・文の)序章. **3** 〘音楽〙 序曲; 前奏曲 (prelude): ⇨ concert overture. **4 a** (長老派教会で, 教義または教会政治に関する問題の)最高会議への提出. **b** (スコットランドの教会会議や教会法廷で)動議, 立法提案. **5** 《廃》 公表, 暴露 (disclosure). — *vt.* **1** 提案する; …に提議する. **2** 序曲で導入する. 〘(1249–50) □ OF ～ (F *ouverture*) < VL *ōpertūra*(*m*)=L *apertūram* opening: ⇨ overt, -ure: APERTURE と二重語〙

o·ver·turn /òʊvətə́ːn | əʊvətɜ́ːn/ *v.* — *vt.* **1** 引っ繰り返す (⇨ upset SYN). **2 a** 〈結論・評決などを〉覆す; 〈組織・制度・勢力などを〉倒す, 覆す. **b** 〈計画・目的などを〉くじく, 打ち負かす. — *vi.* 引っ繰り返る, 倒れる (turn over). — /ˌ—ˈ—/ *n.* **1** 転覆, 打倒; 瓦解 (collapse), 滅亡, 革命 (revolution): the ～ of government 政府の打倒. **2** 〘地理〙 **a** 反転作用, 反転状態. **b** 逆転《冬に水面が結氷する湖[海]で通例春と秋に水温変化によっておきる表面水の沈降と底層水の上昇》. 〘?*a*1200〙

óver·tỳpe *vt.* 〈既存の文字(列)上〉に新しい文字(列)を入力する, 上書き入力する. — *n.* (文字の)上書き機能, 上書きモード. 〘1892〙

òver-únder 《米》 *adj.* (二連銃で)銃身が上下に重なった, 垂直二連式の. — *n.* 垂直二連銃 (over-and-under).

o·ver·use /òʊvəjúːz | əʊvə-/ *vt.* 過度に使用する, 使いすぎる. — /-júːs/ *n.* 過度の使用, 濫用. 〘v.: (1677); n.: (1862)〙

o·ver·val·ue /òʊvəvǽljuː | əʊvə-/ *vt.* 高く見積もりすぎる, 買いかぶる, 過大評価する (overestimate): ～ the importance of …の重要性を過大評価する. — *n.* 過大評価. **òver·valuátion** *n.* 〘1597〙

o·ver·view /óʊvəvjùː | ə́ʊvə-/ *n.* 概観, 概説 (survey); 概要, 要約: He gave us an ～ of events. 彼は我々に事件の大要を伝えた. 〘1588〙

òver·vóltage *n.* **1** 〘電気〙 過電圧. **2** 〘物理〙 (放射線計測用放電管の)超過電圧. 〘1907〙

òver·wálk *vt.* **1** [～ one*self* で] 歩き疲れる. **2** 《古》 …の上を歩く. 〘1533〙

òver·wátch *vt.* **1** 見張る, 監視する. **2** 〈友軍部隊の移動を〉援護射撃で支援する. **3** 《古》 [通例 p.p. 形で] 見張りして[起きていて]疲れさせる: be ～*ed* 見張り[寝不足]で疲れる / ～*ed* eyes 長く起きていて眠そうな目. 〘1563〙

òver·wáter *vt.* …に水をやり[まき]すぎる. — *adj.*, *adv.* 水面の上空での[を横切って]. 〘1900〙

òver·wéar *vt.* (**-wore**; **-worn**) 〈衣服などを〉着古す, 着破る, ぼろぼろになるまで着る. 〘1578〙

òver·wéary *adj.* 過度に疲れた, 疲れ果てた. — *vt.* 過度に疲れさせる (tire out): be *overwearied*. 〘1576〙

o·ver·ween /òʊvəwíːn | əʊvə-/ *vi.* 《古》 うぬぼれる, 尊大に構える. 〘*c*1303〙

o·ver·wéen·ing *adj.* **1** 〈人が〉うぬぼれている (conceited), ばかに自信の強い (overconfident); 傲慢な (arrogant): an ～ squire 傲慢な地主. **2** 〈意見・気性・感情など〉極端な, 過度な: ～ confidence, pride, ambition, etc. **～·ly** *adj.* **～·ness** *n.* 〘1340〙

òver·wéigh *vt.* **1 a** (重みが)…以上である, …より重い. **b** (重要さなどで)…にまさる (outweigh). **2 a** (重みなどで)押さえる, 動けなくする. **b** 〈気分などを〉沈ませる, 重くする (oppress). 〘?*a*1200〙

o·ver·weight /òʊvəwéɪt | əʊvə-ˈ—/ *adj.* **1** 規定の重量を超過した: ～ luggage [mail] 重量超過の手荷物[郵便物]. **2** 体重が多すぎる, 太りすぎの (⇨ fat SYN).
— *vt.* **1** 〈ある事〉に重点を置きすぎる, ウェートを掛けすぎる. **2** [通例 p.p. 形で] …にあまりにも重いものを積む, 積みすぎる, 負担を加えすぎる (overload) 〔*with*〕: The elevator was ～*ed with* too many people. エレベーターはたくさんの人が乗りすぎて重量超過だった. **3** 重さで…にまさる.
— /óʊvəwèɪt | ə́ʊvə-/ *n.* **1 a** 超過重量; 過重; 量目超過. **b** 体重過多[超過], 太りすぎ, 太りすぎの人. **2** 《古》 優位, 優勢 (preponderance). 〘1552〙

òver·wéighted *adj.* 〔…の〕重荷[負担]の加わりすぎた, 〔…を〕積みすぎた; 重視[多用]しすぎた: an ～ people 過重の負担を背負わされた国民.

o·ver·whelm /òʊvə(h)wélm | əʊvə-/ *vt.* **1 a** 度肝を抜く; (数や力で)圧倒する (overpower): be ～*ed* by superior forces 強大な軍勢に圧倒される. **b** 〈人〉の心をくじけさせる (crush); 苦しめる, 当惑させる, 閉口させる: be ～*ed* by grief 悲嘆に暮れる / He was really ～*ed* by the sad news. その悲報に全く途方に暮れた / He began ～*ing* me with inquiries. 彼は次から次へと私に尋問を浴びせかけてきた / Your kindness quite ～*s* me. ご親切にはお礼の申し上げようもありません. **2** …の上に覆いかぶさる; 水中に沈める, 地中に埋める: The boat was ～*ed* by the waves. 舟は波に呑まれた. **3** 《shak》 …へ突き出る, 張り出す (overhang). **4** 《廃》 引っ繰り返す, 打ち倒す. 〘*a*1338〙

ò·ver·whélm·ing *adj.* 圧倒的な, とてもかなわない (irresistible): an ～ disaster 不可抗力の災害 / He was elected by an ～ majority. 圧倒的大多数で当選した. **～·ly** *adv.* **～·ness** *n.* 〘(1595–96) 1742〙

òver·wínd /-wáɪnd/ *vt.* (**-wound** /-wáʊnd/) 〈時計な

O

どのねじを巻きすぎる; 〈楽器など〉のねじを堅く締めすぎる. 〘1682〙

òver·wínter *vi.* (無事に)冬を過ごす, 越冬する. ― *vt.* …に(無事に)冬を越させる. ― *adj.* 冬の期間にかけて起こる. **～·ing** *adj.* 〘(lateOE) 1895〙

óver·wìre *n.* 〖製本〗背付き螺旋綴本[アルバム, ノート].

óver·withhóld *vt.* 《米》〈税〉の源泉徴収をしすぎる.

óver·wòrd *n.* (歌などの)反復語[句] (refrain). 〘1500-20〙

over·work /òuvəwə́ːk | əuvəwə́ːk/ *v.* (～**ed**, **-wrought**) ― *vt.* **1 a** 過度に働かせる; 酷使する: ～ one's eyes 目を使いすぎる / ～ a horse 馬をこき使う. **b** 〈人を〉過度[無理]な仕事で疲れきらせる: ～ oneself 働きすぎる, 無理をする, 過労になる. **c** [受身で]《古》さばききれないほど多くの仕事で〈生活などを〉一杯にする. **2** 〈語句などを〉使いすぎる: ～ a simile, word, etc. **3** 〈人を〉過度に興奮させる (overexcite): He was nervously *overwrought*. 神経過労に陥っていた. **4** 〈作品などに〉凝り[苦心し]すぎる (overelaborate). ★ 通例 p.p. 形 overwrought で用いる (⇨ overwrought 2): His speech was always *overwrought*. 彼の演説はいつも凝ったものだった. **5** …一面に飾り[細工]を施す〔*with*〕. ― *vi.* 働きすぎる; 過労に陥る. ― /òuvəwə̀ːk, ⌐⌐⌐ | əuvəwə̀ːk/ *n.* **1** 過度の労働, 無理な仕事; 過労: get ill by ～ 過労のため病気になる. **2** 余分の仕事, 超過労働. 〘lateOE *oferwyrċan* (v.), *oferweorc* (n.): ⇨ over-, work〙

òver·wórked *adj.* **1** 過労の. **2** [限定的] 〈語句などが〉使い古された. 〘1854〙

óver·wòrld *n.* **1** 上流社会[階級]. **2** 霊界, 天国.

òver·wórn *adj.* 疲れきった. 〘(1565) (p.p.) ← OVERWEAR〙

óver·wràp *n.* (セロファンなどの透明な)上包装, 外包み. 〘1956〙

òver·wríte *v.* (-**wrote**; -**writ·ten**) ― *vt.* **1 a** 〈他の文字・紙面などの〉上に書く, …に一面に書く. **b** 〖電算〗上書き[オーバーライト]する《更新したデータファイルを書き込んで前のものを消す》; (既存の文字の上から)上書きする. **2 a** …について書きすぎる, 誇張して書く. **b** [～ *oneself* で] 〈作家などが〉書きすぎてだめになる[体をこわす]. **3** 〖商業〗=override 7. ― *vi.* **1** 〈作家などが〉書きなぐる, 乱作する. **2** 詳細に書きすぎる, 凝りすぎる. ― /⌐⌐⌐/ *n.* 〖商業〗=override. 〘1699〙

òver·wróught *adj.* **1** 緊張[興奮]しきった: ～ nerves 興奮しきった神経. **2** 〈文体など〉凝りすぎた, 念の入りすぎた: a slightly ～ style 幾分凝りすぎた文体. **3** 一面に飾り[細工]を施した. **4** [しばしば名詞の後ろにおき with を伴って] 表面を飾った. **5** 《古》働きすぎた, 過労の, (過度の仕事で)疲れ果てた. 〘(1670) (p.p.) ← OVERWORK〙

O

òver·zéal *n.* 過度の熱心. 〘1747〙

òver·zéalous *adj.* 熱心すぎる, 熱意がありすぎる. **～·ly** *adv.* **～·ness** *n.* 〘*a*1635〙

o·vi-[1] /óuvɨ, -vi | ə́u-/ ovo- の異型 (⇨ -i-): ovicide.

o·vi-[2] /óuvɨ, -vi | ə́u-/「羊」の意の連結形: ovicide. 〘← L *ovis* sheep: ⇨ ewe〙

o·vi·bos /óuvəbɑ̀(ː)s | ə́uvɪbɔs/ *n.* (*pl.* ～) 〖動物〗= musk ox. 〘(1903) ← NL ～ ← OVI-[2]+L *bōs* 'cow'〙

o·vi·cid·al /òuvəsáɪdl̩ | əuvɨsáɪdl̩⌐/ *adj.* 〖薬学〗殺卵性の. 〘(1932): ⇨ ↓, -al[1]〙

o·vi·cide[1] /óuvəsàɪd | ə́uvɨ-/ *n.* 〖薬学〗殺卵作用. 〘(1930) ← ovo-+-CIDE〙

o·vi·cide[2] /óuvəsàɪd | ə́uvɨ-/ *n.* 《戯言》羊殺し. 〘(1845) ← OVI-[2]+-CIDE〙

Ov·id /ɑ́(ː)vɪd | ɔ́vɪd/ *n.* オウィディウス, オヴィッド《43 B.C.-?A.D. 17; ローマの詩人; Augustus 帝に追放され配所で死んだ; *Ars Amatoria*「愛の技巧」, *Metamorphoses*「変身譚」; ラテン語名 Publius Ovidius Naso /pʌ́bliəs ɑvídiəs néɪsou, o(u)v- | -lɪəs ɔvídɪəs néɪsəu, -ljəs, əuv-, -djəs/》.

O·vid·i·an /ouvídiən, ɑ(ː)- | ə(u)vídiən, ɔ-/ *adj.* オウィディウス (Ovid) (風)の. 〘(1617) ↑〙

o·vi·du·cal /òuvədúːkəl, -djúː-, -kl̩ | əuvɪdjúː-⌐/ *adj.* 〖解剖〗卵管の.

o·vi·duct /óuvədʌ̀kt | ə́uvɪ-/ *n.* 〖解剖・動物〗(輸)卵管, らっぱ管 (Fallopian tube ともいう). **o·vi·du·cal** /òuvədúːkəl, -djúː-, -kl̩ | əuvɪdjúː-⌐/ *adj.* **o·vi·duct·al** /òuvədʌ́ktl̩ | əuvɪ-⌐/ *adj.* 〘1672 ← NL *oviductus*: ⇨ ovo-, duct〙

O·vie·do /òuviéɪdou | ɔ̀viéɪdəu; *Sp.* oβjéðo/ *n.* オビエド《スペイン北西部の都市》.

ówl-fàced mónkey *n.* 〖動物〗フクロウグエノン (*Cercopithecus hamlyni*)《中央アフリカの森にすむオナガザル科グエノン属のサル; 顔は黒く鼻すじが白い》.

o·vif·er·ous /ouvíf(ə)rəs | əu-/ *adj.* =ovigerous. 〘1828〙

o·vi·form /óuvəfɔ̀əm | ə́uvɨfɔ̀ːm/ *adj.* 卵形の. 〘(1684) ← OVI-[1]+FORM〙

o·vig·er·ous /ouvídʒ(ə)rəs | əu-/ *adj.* 〖解剖・動物〗卵をになっている. 〘(1835-36) ← OVI[1]+-GEROUS〙

O·vim·bun·du /òuvɪmbúndu: | əu-/ *n.* (*pl.* ～, ～**s**) オヴィンブンドゥ族《アンゴラ中南部に住むバントゥー系部族》; オヴィンブンドゥ語.

o·vine /óuvaɪn | ə́u-/ *adj.* 羊の[に関する]; 羊のような (sheeplike). ― *n.* 羊. 〘(1828) ◻ LL *ovīnus* ← L *ovis* sheep: ⇨ -ine[1]: cf. ewe〙

o·vip·a·ra /ouvípərə | əu-/ *n. pl.* 卵生動物 (cf. vivipara). 〘← NL ～ (neut. pl.) ← L *ōviparus* 'OVIPAROUS'〙

o·vi·par·i·ty /òuvəpǽrəti, -pér- | əuvɪpǽrɨti/ *n.* 〖動物〗卵生. 〘(1858): ⇨ ↓, -ity〙

o·vip·a·rous /ouvíp(ə)rəs | əu-/ *adj.* 〖動物〗〈鳥類・魚類・爬虫類など〉卵生の (cf. ovoviviparous, viviparous). **～·ly** *adv.* **～·ness** *n.* 〘(1646) ← L *ōviparus*: ⇨ ovo-, -parus〙

o·vi·pos·it /òuvəpɑ́(ː)zɪt, ⌐⌐⌐⌐ | əuvɪpɔ́zɪt/ *vi.* 〖動物〗〈昆虫が〉(産卵管で)卵を産みつける. **o·vi·po·si·tion** /òuvəpəzíʃən | əuvɪ-/ *n.* **ò·vi·po·sí·tion·al** /-ʃnəl, -ʃənl̩⌐/ *adj.* 〘(1816) ← ovo-+L *posit(us)* ((p.p.) ← *pōnere* 'to place, POSIT')〙

o·vi·pos·i·tor /òuvəpɑ́(ː)zəṭə, ⌐⌐⌐⌐⌐ | əuvɪpɔ́zɪtə[r]/ *n.* 〖動物〗**1** (昆虫の)産卵管 (piercer) (cf. gonapophysis. **2** 産卵管《タナゴ類などの雌にある; この管を用いて生きた二枚貝の中に産卵する》. 〘(1816) ← ↑ +-or[2]〙

o·vi·sac /óuvəsæ̀k | ə́uvɪ-/ *n.* 〖動物〗卵嚢(らんのう), 卵胞. 〘(1835) ← OVI-[1]+SAC〙

o·vism /óuvɪzm̩ | ə́u-/ *n.* 〖生物〗卵子論《受精前の卵子の中に将来の成体のすべてのものが含まれていると考えた昔の説; cf. spermism》. **ó·vist** /-vɪ̈st | -vɪst/ *n.* 〘(1892) ← ovo-+-ISM〙

ÓV lànguage *n.* 〖言語〗OV 言語《直接目的語が動詞の前にくるタイプの言語; cf. VO language》.

o·vo- /óuvou | ə́uvəu/「卵 (egg); 卵子 (ovum)」の意の連結形. ★ 時に ovi-, また母音の前では通例 ov- になる. 〘← L *ōvum* egg〙

òvo·flávin *n.* 〖生化学〗オボフラビン (⇨ riboflavin). 〘(1933) ← ovo-+FLAVIN〙

òvo·génesis *n.* 〖生物〗卵形成 (oogenesis). 〘1886〙

o·void /óuvɔɪd | ə́u-/ *adj.* **1** 卵形の, 卵状の (egg-shaped). **2** 〈果物・葉が〉枝付きの方がふくれた. ― *n.* 卵形体. 〘(1828) ◻ F *ovoïde*: ⇨ ovo-, -oid〙

o·voi·dal /ouvɔ́ɪdl̩ | əuvɔ́ɪdl̩⌐/ *adj.* =ovoid. 〘(1799): ⇨ ↑, -al[1]〙

o·vo·lo /óuvəlòu | ə́uvələu/ *n.* (*pl.* **o·vo·li** /-lìː/, ～**s**) 〖建築〗オヴォロ, まんじゅう繰形《断面が四分の一円に突出した繰形; quarter round, thumb ともいう》. 〘(1663) ◻ It. ～, *uovolo* (dim.) ← (*u*)*ovo* < L *ōvum* egg〙

o·von·ic, O- /ouvɑ́(ː)nɪk | əuvɔ́n-/ *adj.* 〖電子工学〗オブシンスキー効果 (Ovshinsky effect) の[に関する]. ― *n.* オボニック装置 (ovonic device)《オブシンスキー効果を応用した装置; スイッチ・記憶装置に用いる》. 〘1966: *-onic* は ELECTRONIC から〙

O·von·ics /ouvɑ́(ː)nɪks | əuvɔ́n-/ *n.* オボニックス《オブシンスキー効果を応用する電子工学の一分野》. 〘1968〙

òvo·téstis *n.* (*pl.* **-tes·tes**) 〖生物〗卵精巣《哺乳類などの間性で, 卵巣中にいくらかの精巣組織のまじっているもの》. 〘(1877) ← NL ～ ← ovo-+TESTIS〙

òvo·vitéllin *n.* 〖生化学〗=vitellin. 〘1906〙

òvo·vivipárity *n.* 〖動物〗卵胎生. 〘(1890) ↓〙

òvo·vivíparous *adj.* 〖動物〗卵胎生の. **～·ly** *adv.* **～·ness** *n.* 〘(1801) ← ovo-+VIVIPAROUS〙

ovpd 《略》overpaid.

ovpt. 《略》〖郵趣〗overprint.

Ov·shín·sky effèct /ɑ(ː)vʃínski- | ɔv-/ *n.* 〖電子工学〗オブシンスキー効果《半導体としての無定形のガラス膜の中にヒ素・ゲルマニウム・シリコン・テルリウムなどを入れた場合に現れる電気抵抗の非線形効果》. 〘(1966) *Ovshinsky*: ← *Stanford R. Ovshinsky* (1922-2012: 米国の発明家)〙

ov·u·lar /ɑ́(ː)vjulə, óuv- | ɔ́vjulə[r], əuv-/ *adj.* **1** 《米》ではまた -vjuːlə/ 〖植物〗胚珠の. **2** 〖生物〗卵子の. 〘(1855) ← NL *ōvulāris* ← *ōvulum* 'OVULE': ⇨ -ar[1]〙

ov·u·late /ɑ́(ː)vjulèɪt, óuv- | ɔ́v-, əuv-/ *vi.* 〖生物・生理〗卵子を作る; 排卵する. **ov·u·la·tion** /ɑ̀(ː)vjuléɪʃən, òuv- | ɔ̀v-, əuv-/ *n.* 〘(1888) ← NL *ōvulum* 'OVULE'+-ATE[3]〙

ov·u·la·to·ry /ɑ́(ː)vjulətɔ̀ːri, óuv- | ɔ̀vjuléɪtəri, əuv-, -lət-, -tri/ *adj.* 〖生物・生理〗排卵の. 〘(1931): ⇨ ↑, -ory[1]〙

ov·ule /ɑ́(ː)vjuːl, óuv- | ɔ́v-/ *n.* **1** 〖生物〗卵細胞. **2** 〖植物〗胚珠《のちに種子となる器官》. 〘(1830) ◻ F ～ ← NL *ōvulum* (dim.) ← L *ōvum* egg: ⇨ ↓, -ule〙

o·vum /óuvəm | ə́u-/ *n.* (*pl.* **o·va** /-və/) **1** 〖生物〗卵 (egg); 卵子. **2** 〖建築〗卵形装飾. 〘(1706) ◻ L *ōvum* 'EGG'〙

ow /áu/ *int.* うっ《急激な苦痛・驚きを表す》. 〘*c*1250〙

Ó-wàve *n.* 〖通信〗O 波 (⇨ ordinary wave).

owe /óu | ə́u/ *vt.* **1 a** [しばしば二重目的語を伴って] 支払う[返済する]義務がある, 借りている〔*to*〕: I ～ Mr. Smith $10 [$10 *to* Mr. Smith]. スミス氏に 10 ドルの借金がある / I paid him what I ～*d* him. 借りている金は全部返した / We ～ some money *on* the TV. テレビの払いが幾らか残っている / She ～*d* her dressmaker *for* the winter coat. ドレスメーカーに冬のコートの仕立代が払ってなかった (cf. *vi.*). **b** [直接目的語を省いて] …に借りがある: He does not ～ any man. 彼はだれにも借りがない. **2 a** [しばしば二重目的語を伴って] 〈成果・恩恵などを〉負うている, …のお陰をこうむっている〔*to*〕: I ～ it *to* you that I am still alive. 私がまだ生きているのは君のお陰だ / We ～ *to* Newton and Leibnitz the principle of differential and integral calculus. ニュートンとライプニッツのお陰で微積分の原理が発見されたのだ / I ～ him a great deal. 彼に負う所が多い, いろいろ世話になっている. **b** 〔原因に〕帰さなければならない, …のあるのは〔…の〕お陰である〔*to*〕: I ～ my success *to* mere good luck. 私の成功は全くの幸運によるものだ / She ～*s* her popularity *to* her parents' social influence. 彼女の人気は親の七光りのお陰だ. **3 a** [しばしば二重目的語を伴って] …に〈感謝・敬意などを〉捧げなければならない〔*to*〕: I ～ you my best thanks. あなたにはよくよくお礼を申し上げなければなりません《大変ご恩になっております》/ I ～ him thanks *for* my success. 私の成功に対しては彼に感謝しなければならない / I ～ no thanks *to* her. 彼女には何も礼を言うことはない《何の恩も受けていない》/ You ～ respect *to* your elders. 年長者には敬意を表すべきだ. **b** [直接目的語を省いて] …に感謝しなければならない, 恩顧を受けている: I ～ you *for* your services. お世話になりました. **4** …に〈好悪の感情を〉抱く (bear). ★ 目的語は今は grudge を用いる: I ～ him a grudge. 彼には恨みがある. **5** 《廃・方言》所有する, 持つ (own). ― *vi.* 借りがある〔*for*〕(cf. *vt.* 1 a): I still ～ *for* my car. 私はまだ車の代金を払ってない.

ówe it to a person [*onesélf*] *to dó* …することが人[自分]に対する義務である, 人[自分]のために当然である: We ～ *it to* our team *to* do our utmost in the game. 我々はチームのために試合で全力を尽くす義務がある / You ～ *it to* yourself *to* cut out drinking. 君は当然酒をやめるべきだ.

〘ME *ōwe(n)* to own, owe < OE *āgan* to possess, own ← Gmc **aiʒ-* (ON *eiga* / Goth. **áigan*) ← IE **ēik-* to possess: cf. own, ought[1]〙

OWelsh 《略》Old Welsh.

ow·el·ty /óuəlti | ə́u-/ *n.* 〖法律〗(共有物の持ち分の割合の)平等なこと. 〘(1579) ◻ AF *owelté* equality〙

Ow·en /óuən | ə́uɪ̈n/ *n.* オーエン (男性名; 異形 Owain). ★ ウェールズに多い. 〘◻ OWelsh *Owein* well-born one, young warrior: cf. Eugene〙

Owen, David (**Anthony Llewellyn**) *n.* オーエン《1938- ; 英国の政治家; 社会民主党を結成 (1981), 党首 (1983-87)》.

Owen, Sir **Richard** *n.* オーエン《1804-92; 英国の比較解剖学者・古生物学者》.

Owen, Robert *n.* オーエン《1771-1858; ウェールズ生まれの英国の空想的社会主義者; *A New View of Society* (1813)》.

Owen, Wilfred *n.* オーエン《1893-1918; 英国の詩人, 第一次大戦で戦死; *Poems* (1920)》.

Ówen Fálls *n.* オーエン滝《ウガンダ中部 Victoria Nile 川にあった滝; 1954 年にダムが建設され水没》.

Ówen gún *n.* オーエン銃《第二次大戦中オーストラリア軍が使用した自動式軽機関銃》.

Ów·en·ism /óuənìzm/ *n.* オーエン主義《Robert Owen が唱道した共産労働主義》. **Ów·en·ist** /-nɨ̀st | -nɪst/ *n.* 〘(1830) ← *Robert Owen*: ⇨ -ism〙

Ow·en·ite /óuənàɪt | ə́uɪ̈-/ *n.* オーエン主義(支持)者. 〘(1829): ⇨ ↑, -ite[1]〙

O·wens /óuwənz | ə́uənz/, **Jesse** *n.* オーエンス《1913-80; 米国の陸上選手; Berlin オリンピック (1936) で 4 つの金メダルを獲得; 本名 James Cleveland Owens》.

O·wens·bor·o /óuwənzbə̀ːrou | ə́uwɪ̈nzb(ə)rə, -bəːrou/ *n.* オーエンズバラ《米国 Kentucky 州北西部, Ohio 川沿いの都市》.

Ówen Stánley *n.* [the ～] オーウェンスタンレー(山脈)《New Guinea 島南東部の連山; 最高峰 Mt. Victoria (4,073 m); Owen Stanley Range ともいう》.

ow·er /óuə | ə́uə, áuə/ *prep.*, *adv.*, *adj.* 《スコット》= over.

O·wer·ri /əwéri/ *n.* オウェリ《ナイジェリア南部の市場町; Imo 州の州都》.

ow·ing /óuɪŋ | ə́u-/ *adj.* 〈物が〉借り[借金]となっている (owed); 〔…に〕支払うべき, 未払いの (unpaid)〔*to*〕: the ～ $10 借りている 10 ドル / I paid what was ～. 借りは皆支払った / How much is ～ *to* him? 彼にはいくら借りがあるのか. *ówing to* (1) …のために (because of): *Owing to* the drought, the crop was short. 日照りのため作柄は悪かった. (2) …に基づく, …のためで: His failure was ～ *to* ill health. 彼の失敗は不健康のためだった. ★ 形容詞用法, 補語用法, be の後では due to のほうがよいとされている. 〘1655〙 〘(?*a*1400): ⇨ owe, -ing[2]〙

owl /ául/ *n.* **1** 〖鳥類〗フクロウ《フクロウ目の夜行性猛禽の総称; モリフクロウ (tawny owl), メンフクロウ (barn owl), アメリカワシミミズク (great horned owl), アメリカオオコノハズク (screech owl), アメリカフクロウ (barred owl) など》: (as) blind as an ～ 全く目が見えない / (as) stupid as an ～ きわめて愚鈍な / (as) grave [wise] as an ～ まじめくさって[賢そうで]. 日英比較 日本語では「フクロウ」と「ミミズク」を語彙的に区別するが, 英語では基本的にはいずれも *owl* である. 区別する必要がある場合のみ後者は eared [horned] *owl* と呼ぶ. **2** (頭がフクロウに似た)家バト《owl pigeon ともいう》. **3** もったいぶる人, まじめくさった人; 賢そうに見える愚か者; ばか: Don't be such a silly ～. そんな愚かなまねはするな. **4** 夜出歩く人; 夜ふかしをする人.

owls

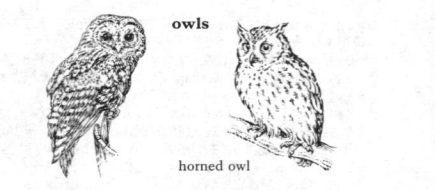

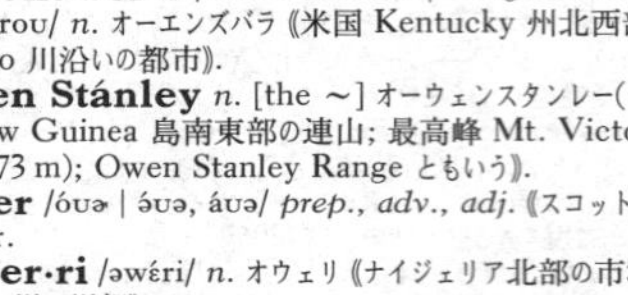

horned owl

cárry [*sénd*] *ówls to Áthens* 余計[無意味, むだ]なことをする, 蛇足(だそく)を加える; (cf. *carry* COALS *to Newcastle*) 《Athens の守護女神 Pallas Athene の象徴がフクロウであることから》. 〘1590〙 *flý with the ówls* 夜遊びをする. 〘1622〙 *like* [*as*] *a bóiled ówl* 《俗》ぐでんぐでんに酔っ払って (quite drunk): He got home (as) drunk *as a boiled* ～. へべれけに酔って帰宅した.

― *adj.* [限定的] 深夜[終夜]運転の, 深夜[終夜]営業の: an ～ show / ⇨ owl train.

〘OE *ūle* < Gmc **uwwalōn* (Du. *uil* / G *Eule*) ← ? IE **ul-* to howl《擬音語》〙

ówl bùtterfly *n.* 〘昆虫〙フクロウチョウ科のチョウの総称; (特に)オオフクロウチョウ (*Caligo eurylochus*) 《南米産の大形のチョウ, 後翅にフクロウの目のような斑点がある》. 〖1884〗

ówl·clòver *n.* 〘植物〙 =owl's clover.

owl·er /áulə | -lə^(r)/ *n.* 《英》(昔)羊毛または羊を英国外へ密売した人, 密輸出商 (smuggler); その密輸出船. 〖《1696》← OWL＋-ER¹: フクロウの夜行性にちなむ〗

owl·et /áulɪ̀t | -lɪ̀t, -lɛt/ *n.* 〘鳥類〙 **1** フクロウの子. **2** 小さなフクロウ; (特に)コキンメフクロウ (*Athene noctua*). 〖《1542》← OWL＋-ET〗

ówlet lìght *n.* 《詩》 =owl-light. 〖1821〗

ówlet mòth *n.* 〘昆虫〙 =noctuid. 〖1862〗

ówlet níghtjar *n.* 〘鳥類〙ズクヨタカ《オーストラリア・パプアニューギニア産のヨタカ目ズクヨタカ科 (ズクヨタカ属 (*Aegotheles*) の) の数種の鳥の総称; 小さなフクロウを思わせる》.

owl·ing /áulɪŋ/ *n.* 《英》(昔の)羊毛または羊の密輸出. 〖《1699》: cf. owler〗

ówl·ish /-lɪʃ/ *adj.* (丸顔で目が大きい点で)フクロウのような; しかつめらしい顔をした; 賢そうで愚かな. **～·ly** *adv.* **～·ness** *n.* 〖1611〗

ówl-lìght *n.* (フクロウの現れる)薄明かり, 薄暮れ. 〖1599〗

ówl·lìke *adj.* フクロウのような. 〖*a*1618〗

ówl mònkey *n.* 〘動物〙 =douroucouli.

ówl pàrrot *n.* 《古》〘鳥類〙 =kakapo.

ówl's clòver *n.* 〘植物〙南米・北米西部産のゴマノハグサ科 *Orthocarpus* 属の植物の総称; (特に)ムラサキゴマノハグサ (*O. purpurascens*) 《米国 California 州産》.

ówl shòw *n.* 《米俗》深夜興行.

ówl tràin *n.* 《米口語》夜汽車, 夜行列車 (night train). 〖1856〗

own /óun | ə́un/ *adj.* **1** [通例人称代名詞(または時に名詞)の所有格に伴って] **a** [所有の意を強調して] (他人のものでなく)自分自身の, それ自身の: one's ～ money (借りたのでない)自分自身所有の金 / If your ～ parents don't love you, who will? 自分の親が愛してくれないのなら, 一体だれが / love truth for its ～ sake 真理のために真理を愛する / This is not my ～ house. これは私の持ち家ではない《借家だ》/ Name your ～ price. 君の言い値は《その値で買おう》/ I saw it with my ～ eyes. それをこの目で見たのだ / Virtue is its ～ reward. 善行の報いは善行それ自体の中にある / Each room has its ～ private bathroom. 各室個人用バス付き / The ad says "House With *Own* Swimming Pool"!「プール付きの家」と広告にある. **b** [独自性を強調して] (自分自身の)特有な, 独特な: Cricket is peculiarly the Englishman's ～ game. クリケットは英国人特有の競技である. ★ 強調的に all one's ～ の形で名詞のあとに置かれることがある (cf. *of one's* OWN): This book has a value *all its* [*all of its*] ～ (=of its ～). この本には独自の価値がある / The orange has a scent *all its* [*all of its*] ～ (=of its ～). オレンジには独特の香りがある. **c** 大事な, 最愛の: my ～ (true [dear]) love 私の愛する者 / our ～ dear children かわいい子供たち. **d** 自分独りでする, 人の助けを借りない (unaided); 人の支配[干渉]を受けない, 独自の (independent): be one's ～ doctor 自分の病気は自分で治す / be one's ～ person 主体性をもっている《自分の事には自分で責任をとる》/ build one's ～ house 自分の家を自分の手で建てる / cook one's ～ meals=do one's ～ cooking 自炊する / make one's ～ dresses 自分の服を自分で作る / Did the President write his ～ speeches? 大統領は演説を自分で書いたのだろうか / reap the harvest of one's ～ sowing 自らまいた種を刈り取る《自業自得》/ It's your ～ fault (if you fail). (失敗したら)君の責任だ.

2 [通例 an ～ または *pl.* で] 《まれ》(血族関係を表して)実の (real), 本腹の, 直接の: ～ brothers [sisters] 実の兄弟[姉妹] / an ～ cousin 実のいとこ (first cousin) / one's ～ father 実の父親 / an ～ brother to the king 王の実の兄[弟].

3 [独立(名詞)用法] わが物, わが者, わが家族; いとしい者, 独自のもの: my ～ (愛称的呼び掛けとして)おまえ, 君, いい子 / claim a thing [things] as one's ～ ある物を自分のだと主張する / give a person his ～ 人を公平に扱う / He compared it with his ～. それを自分のと比べてみた / The book is entirely [all] his ～. この本は全く彼独自のものである / My time is my ～ (to do with as I like). 私の時間は(好きなように使える)私だけのものだ / And his ～ received him not. 彼の民(たみ)また彼を受けざりき (*John* 1:11) / May I have it [one] for my (very) ～? それを[ひとつ]私(だけ)の物としてもらってもいいのですか / I can do what I will [like, want] with my ～. 自分のものはどうしようと勝手だ.

còme into one's ówn (1) 当然自分の受けるべきもの(財産, 権利など)を手に入れる. (2) 〈人・物事が〉(ついに)真価を認められる, 当然の名声[声望・地位など]を得る: His painting has at last *come into its*. ～. 彼の絵はやっと世に認められるに至った. (3) 本領[才能]を発揮する: He *came into his* ～ toward the end of the race. 彼はレースの終わり近くで実力を発揮した. (1912) ***gèt*** [***hàve***] ***one's ówn bàck*** 《口語》〔人に〕仕返しする, 復讐(ふくしゅう)する (revenge oneself) 〔*on*〕. (1902) ***hóld one's ówn*** (1) (攻撃・逆境などにあって)自分の立場を守り通す, 引けを取らない, 事業(など)を続ける, 面目を保つ: He can *hold his* ～ *against* [*with*] anyone in argument. 議論ではだれとでも対抗[太刀打ち]できる. (2) 〈病人が〉力を保つ, 頑張る: The patient is *holding his* ～. 病人はまだしっかりしている. (1526) ***in a class of*** [***on***] ***its*** [***his***] ***ówn*** ⇨ class 成句. ***of one's*** (***véry***) ***ówn*** 自分自身の(ものである): I have a [no] house *of my* ～. 私には自分の持ち家がある[ない] / She has some property *of her* ～. 彼女は自分名義の財産を少し持っている / I had none, so she gave me one [some] *of her* ～. 私は持っていなかったので彼女が自分のものをひとつ[少し]分けてくれた / She did it for reasons *of her* ～. 彼女独自の理由でそうした. (?*a*1300) ***of one's ówn accórd*** ⇨ accord *n.* 成句. ***on one's ówn*** (1) 独立して, 独力で, 自分で[から]: carry on business *on one's* ～ 自営で商売をする / give up drinking (all) *on one's* ～ 自発的に酒をやめる / His son is *on his* ～ now. 彼の息子はもう独立している. (2) ひとりで, ひとりぼっちで (alone): The old woman is (all) *on her* ～. 老女は(全くの)ひとりぼっちだ / I wish I could speak to her *on her* ～! 彼女と二人だけで話せたらいいのに. (3) 他に並ぶものがなく, 比類のない. (1895)

― *vt.* **1 a** (自分の物として)所有する, 持つ (⇨ have¹ SYN): ～ a car [property, a factory, a newspaper] / You don't ～ me: I can do what I like. 私はあなたのものではないんだから, 何をしようと勝手でしょ / They were behaving as if [like] they ～*ed* the place! 彼らはわが物顔にふるまっていた / The house is now ～*ed* by him. その家は今は彼のものとなっている. **b** [p.p. 形で複合語の第 2 構成素として] …所有の: state-[privately-]*owned* 国有[民間, 民営]の. **2** 〈罪・事実を認める, 認容する, 承認する (⇨ acknowledge SYN); 自認する, 打ち明ける (confess): ～ one's fault 自分の過失を認める / ～ the force of an argument 議論の論旨に服する / He ～*ed* himself in the wrong [mistaken]. 自分が間違っていたことを認めた / I ～ myself (to be) at a loss. 全く途方に暮れているわけです / He ～*s that* he has done wrong. 自分が悪かったと認めている / I ～ *to* you *that* I have a great fear. 打ち明けて申し上げますと私には大きな心配事があるのです. **3** 〈事・人〉と自分の関係を認める; 自分のものと認知する: He ～*ed* the child *as* his son. その子を自分の息子と認知した / The people finally ～*ed* him *to* be their king. 国民はついに彼を自分たちの王と認めた. **4** 《古》…の支配権を認める, 権威に屈する; …に恭順の意を表する: They ～*ed* the conqueror. 彼らは征服者に恭順の意を表した. ― *vi.* 〔…を〕自ら認める, 自白する, 白状する (confess) 〔*to*〕: ～ *to* a sense of shame 恥ずかしいと言う / He ～*ed to being* doubtful [hav*ing* doubts] about it. それを疑わしいと思うと白状した.

ówn úp 《口語》すっかり[潔く]白状する 〔*to*〕: You had better ～ *up* (*to* the theft [*to* having stolen it]). (盗みをしたと)すっかり白状した方が身のためだ. (1853)

〖adj.: OE *āgen* own (p.p.) < Gmc **aiʒanaz* (Du. & G *eigen*) (p.p.) ← **aiʒan* 'to possess, OWE'. ― v.: OE *āgnian* ← *āgen* (adj.)〗

ówn-bránd *adj.* 〘商業〙(製造元の名でなく)販売業者の名を商標名にした, 販売業者の商標をつけた, 自家ブランドの (cf. national brand, private brand). 〖1970〗

ówn bránd *n.* 《英》自家ブランド製[商]品, 販売店ブランド商品 (《米》store brand). 〖1970〗

ówn-bránding *n.* 〘商業〙自家ブランド販売.

own·er /óunə | ə́unə^(r)/ *n.* **1** 持主, 所有者 (proprietor): an ～ *of* lost property 遺失主. **2** 〘商業〙荷主: at ～'s risk 荷主の危険負担で《運送中の危険は荷主が引き受けるという条件で》. **3** 《英俗》艦長, 船長, 艇長. 〖《1340》← OWN (v.)＋-ER¹〗

ówner-dríver *n.* 《英》オーナードライバー《車を所有しそれを自分で運転する人》. 〖1918〗

ówner·less *adj.* 持主のない: an ～ cat 野良猫. 〖1806〗

ówner occupátion *n.* 《英》持家住まい; 自宅所有. 〖1958〗

ówner óccupied *adj.* 《英》家主自身の住んでいる. 〖1952〗

ówner óccupier *n.* 《英》持家に住んでいる人. 〖1935〗

own·er·ship /óunəʃɪp | ə́unə-/ *n.* 持主であること, 所有 (possession); 所有権: private ～ of land 土地の私有 / state ～ 国有 / change ～ 所有権を変更する. 〖1583〗

ówn góal *n.* 《英》 **1** 〘サッカー〙自殺点, オウンゴール (略 o.g.). **2** 《口語》(自分の首を絞める)愚かな過ち; 自殺行為: How long can the government keep scoring ～*s* and still stay in power? 政府は自殺行為を続けていつまでもつだろうか.

ówn-lábel *adj.* 《英》 =own-brand. 〖1961〗

owt /áut/ *pron.* 《英北部方言》 =aught¹. 〖1847〗

ox /ɑ́(ː)ks | ɔ́ks/ *n.* (*pl.* **ox·en** /ɑ́(ː)ksən, -sn̩ | ɔ́k-/; 3 ではまた ～**·es**) **1** 牛; (特に)去勢雄牛 《荷車用または食用; cf. bull¹ 1 a, bullock, cow¹, steer²》: (as) strong as an *ox* とても強い / ⇨ black ox. **2** 〘動物〙ウシ《ウシ属 (*Bos*) の動物の総称》. ★ ラテン語系形容詞: bovine. **3** 不器用な大男, のろま. ***pláy the giddy óx*** ⇨ giddy 成句. ***plów with a person's óx*** ⇨ plow 成句. 〖OE *oxa* < Gmc **oχson* (Du. *os* / G *Ochs(e)*) ← IE **ukʷsen-* male animal (Skt *ukṣan* ox, bull) ← ? **wegʷ-* wet (Gk *hugrós* wet / L *ūmor* moisture (cf. humor))〗

Ox. /ɑ́(ː)ks | ɔ́ks/ *n.* =Oxford.

ox-¹ /ɑ(ː)ks | ɔks/ =oxy-².

ox-² /ɑ(ː)ks | ɔks/ 〘化学〙(母音の前にくるときの) oxo- の異形.

ox·a- /ɑ́(ː)ksə | ɔ́k-/ 〘化学〙「炭素原子の代わりに酸素原子を含む」の意の連結形. 〖《1928》(変形) ← OXY-¹〗

ox·a·cil·lin /ɑ̀(ː)ksəsɪ́lɪ̀n | ɔ̀ksəsɪ́lɪn/ *n.* 〘化学〙オキサシリン ($C_{19}H_{19}N_3O_5S$)《O と N を環に含む五員環化合物》. 〖《1962》← (*is*)*oxa*(*zole*)＋(PENI)CILLIN〗

ox·al- /ɑ́(ː)ksəl | ɔ́k-/ (母音の前にくるときの) oxalo- の異形.

ox·al·ac·e·tate /ɑ̀(ː)ksəlǽsətèɪt | ɔ̀k-/ *n.* 〘化学〙オキサロ酢酸塩. 〖1891〗

ox·al·a·ce·tic /ɑ̀(ː)ksələsíːtɪk | ɔ̀ksələsíːt-/ *adj.* 〘化学〙オキサロ酢酸の. 〖1896〗

óxalacetic ácid *n.* 〘生化学〙オキサロ酢酸 (HOOCCOCH₂COOH) (citric acid) 回路中でリンゴ酸 (malic acid) から作られクエン酸になる》. 〖1896〗

ox·a·late /ɑ́(ː)ksəlèɪt | ɔ́ksəlèɪt, -lɪ̀t/ *n.* 〘化学〙蓚酸(しゅうさん)塩[エステル]. 〖《1791》□ F ～: ⇨ oxalo-, -ate¹〗

ox·al·ic /ɑ(ː)ksǽlɪk | ɔk-/ *adj.* カタバミの[から採った]. 〖《1791》□ F *oxalique*: ⇨ oxalis, -ic¹〗

oxálic ácid *n.* 〘化学〙蓚酸(しゅうさん) ($H_2C_2O_4 \cdot 2H_2O$). 〖1791〗

ox·al·is /ɑ(ː)ksǽlɪ̀s, ɑ́(ː)ksəl- | ɔ́ksəlɪs, -sɑ́ːl-, ɔksə-/ *n.* 〘植物〙カタバミ属 (*Oxalis*) の各種の草本; cf. wood sorrel. 〖《1706》← NL ～ ← L *oxālis* □ Gk *oxalís* sour wine, sorrel ← *oxús* sharp, sour, acid〗

ox·a·lo- /ɑ́(ː)ksəlou | ɔ́ksələu/ 〘化学〙「蓚酸(しゅうさん)の」の意の連結形. ★ 母音の前では通例 oxal- になる. 〖□ F ～ ← (*acid*) *oxalique* 'OXALIC (acid)'〗

òxalo·ácetate *n.* 〘化学〙 =oxalacetate. 〖1943〗

òxalo·acétic *adj.* 〘化学〙 =oxalacetic. 〖1937〗

óxalo·succìnic ácid *n.* 〘生化学〙オキサロコハク酸 ($C_6H_6O_7$) 《生体内で脂肪・炭水化物の代謝中間産物として合成される》. 〖1925〗

ox·az·e·pam /ɑ(ː)ksǽzəpæ̀m | ɔk-/ *n.* 〘薬学〙オキサゼパム ($C_{15}H_{11}ClN_2O_2$) 《精神安定剤》. 〖《1964》← (HY-DR)OX(YL)＋(*di*)*azepam* (← DIAZO-＋*ep*(*oxide*) (⇨ epi-, oxide)＋-AM)〗

ox·a·zine /ɑ́(ː)ksəzìːn, -zɪ̀n | ɔ́ksəzìːn, -zɪn/ *n.* 〘化学〙オキサジン (C_4H_5NO) 《O と N を環に含む六員環構造のもの; ortho-, meta-, para- の 3 種がある》. 〖← OXA-＋AZINE〗

óx bàll *n.* **1** 〘動物〙(ウシの胃の中にしばしば見られる)毛の玉. **2** 《米》(旗ざおの先の)飾り玉. 〖1851〗

óx·bìrd *n.* 〘鳥類〙 **1** ハマシギ (dunlin). **2** 《英方言》ミユビシギ (sandering). **3** =oxpecker. 〖1547〗

óx·blòod *n., adj.* (マホガニー色に近い)濃赤色(の) (ox-blood red). 〖1705〗

óx·bòw /-bòu | -bə̀u/ *n.* **1** (牛の) U 字形くびき, はも. **2** (河流の) U 字形湾曲部; U 字形湾曲部に囲まれた土地. **3** =oxbow lake. ― *adj.* U 字形に湾曲した: an ～ bend (河流の) U 字形の湾曲部. 〖《*a*1325》← ox＋BOW³〗

óxbow chèst *n.* =yoke-front chest.

óxbow frònt *n.* (箪笥(たんす)などの前部の) U 字型曲面 《中央がへこんでいる; cf. serpentine front》.

óxbow láke *n.* 三日月湖, 牛角湖 《河道が直線化した時に残された河流の U 字形湾曲部が作る湖沼》. 〖1898〗 O

Ox·bridge /ɑ́(ː)ksbrɪdʒ | ɔ́ks-/ 《英》 *n.* **1** (古い歴史と伝統を持つものとしての)オックスフォード・ケンブリッジ両大学; オックスフォードまたはケンブリッジ大学 (cf. redbrick university). **2** (この両大学を背景とした)英国の知的エリート社会. **3** オックスフォード・ケンブリッジ大学の学生[卒業生]. ― *adj.* [限定的] **1** オックスフォード・ケンブリッジ両大学の: ～ graduates. **2** オックスフォード・ケンブリッジ大学的な, 両大学学閥の: an ～ attitude. 〖《1849》《混成》← Ox(FORD)＋(CAM)BRIDGE: cf. Camford〗

Ox·bridg·e·an /ɑ(ː)ksbrɪ́dʒiən, -dʒən | ɔk-/ *n.* オックスフォード大学またはケンブリッジ大学の学生[卒業生]. 〖《1959》↑〗

óx·càrt *n.* 牛車. 〖1749〗

oxen *n.* ox の複数形. 〖OE *oxan*〗

Ox·en·stier·na /ɑ́(ː)ksənʃɪ̀ənə | ɔ́ksənʃɪ̀ə-; *Swed.* ŭksenʃæ̀ːɳa/, Count **Ax·el** /ǽksəl/ *n.* オクセンシャーナ (1583–1654; スウェーデンの政治家).

ox·er /ɑ́(ː)ksə | ɔ́ksə^(r)/ *n.* 《俗》 =ox fence. 〖1859〗

ox·èye *n.* **1** 〘植物〙周辺花のあるキク科の各種植物の総称《フランスギク (oxeye daisy), キゾメカミルレ (field chamomile), キクイモモドキ属 (*Heliopsis*) の植物など》. **2** 《英方言》〘鳥類〙ハマシギ (dunlin), イソシギ, クサシギの類のシギの総称 (sandpiper). 〖《*a*1400》 *oxie*〗

óx-èyed *adj.* (牛の目のように)大きな目をした. 〖1621〗

óxeye dáisy *n.* 〘植物〙フランスギク (⇨ daisy 2 a). 〖1753〗

Oxf. 《略》Oxford; Oxfordshire.

OX·FAM, Ox·fam /ɑ́(ː)ksfæm | ɔ́ks-/ 《略》Oxford Committee for Famine Relief. 〖1963〗

óx fènce *n.* 牛囲い《丈夫な生垣の一方に 1 本横木の柵を設け, 他方はしばしば溝 (ditch) になっている》. 〖1829〗

óx·flỳ *n.* 家畜にたかるハエ, (特に)ウシバエ.

Ox·ford /ɑ́(ː)ksfəd | ɔ́ksfəd/ *n.* **1** オックスフォード《イングランド南部, Oxfordshire 州の州都; Oxford University の所在地; London の北西方約 100 km》. **2** =Oxfordshire. **3** =Oxford University. **4** =Oxford Down. **5** [o-] オックスフォードシューズ《一般に甲の上を紐で締める内羽根式デザインの浅い靴; 紳士靴に多く見られる; Oxford shoe ともいう》. **6** [o-] オックスフォード《比較的厚地の柔軟な光沢のあるななこ組織の織物; ワイシャツ・婦人服地などに用いる; Oxford cloth [shirting] ともいう》. **7** 《英俗》 =five shillings. ― *adj.* [限定的] 英国オックスフォード(大学)の[に関係のある]: the ～ cap 大学帽[角帽] / an ～ don オックスフォード大学教員 (⇨ don² 4 a) / an ～ man オックスフォード大学学生[出身者]. 〖OE *Oxnaford*, *Oxenaford* 《原義》ford for oxen〗

Ox·ford /ɑ́(ː)ksfəd | ɔ́ksfəd/, 1st Earl of *n.* ⇨ Robert HARLEY.

Óxford áccent *n.* オックスフォードなまり, 気取った語調. 〖1904〗

Óxford and Ásquith, 1st Earl of *n.* ⇨ Herbert Henry ASQUITH.

Óxford bág *n.* **1** (ボストンバッグに似た)大型のかばん.

2 [*pl.*; 単数扱い]《英》たっぷりしたズボン《しばしば bags と略す》.〘1927〙

Óxford blúe, o- b- *n.* **1** 暗青色 (dark blue)《Oxford 大学の校色; cf. Cambridge blue》. **2** オックスフォード大学からオックスフォードブルーの制服を与えられた人, オックスフォード大学代表[選手].〘1866〙

Óxford cláy *n.*〘地質〙オックスフォード粘土層《英国 Oxfordshire 地方によく発達している上部ジュラ系の青色粘土層》.〘1818〙

Óxford córners *n. pl.*〘印刷・製本〙オックスフォードコーナー《隅で交叉した輪郭罫が十字形になっているもの》.

Óxford Dówn *n.* オックスフォードダウン《英国産の角のない肉用品種の羊》.〘1859〙

Óxford Énglish *n.* オックスフォード英語《Oxford 大学で話すとされる, 気取った標準英語》.〘1926〙

Óxford Énglish Díctionary *n.* [The ~, the ~] オックスフォード英語辞典《厳密な歴史的原理に基づく世界最大の英語辞書; *OED* と略称する; もと *A New English Dictionary on Historical Principles* (略 *NED*) と称した; 1884 年分冊刊行開始, 1928 年本巻(10 巻)完結, 1933 年 *Supplement* (全 1 巻)刊行, 1972 年 *New Supplements* (全 4 巻)の第 1 巻, 1976 年第 2 巻, 1982 年第 3 巻, 1986 年新補遺(全 4 巻)完成; 1989 年第 2 版(全 20 巻)刊行》.

Óxford fráme *n.*《英》井桁額縁.〘1874〙

Óxford gráy, o- g- *n.* 濃灰色 (dark gray).〘1836〙

Óxford Gròup *n.* Moral Re-Armament の初期の名称.〘1932〙

Óxford Gròuper *n.* オックスフォードグループ運動員.

Óxford Gròup mòvement *n.* [the ~] オックスフォードグループ運動《米国の Frank Buchman の主唱に始まる宗教運動; 少数の仲間による家庭的会合で各自の宗教的経験を語り合う; 英国では Oxford の共鳴者たち (the Oxford Group) がこの運動を起こした (1921–); cf. Buchmanism, Moral Re-Armament》.

Ox·for·di·an /ɑ(ː)ksfɔ́ədiən | ɔksfɔ́ːd-/ *adj.* **1** Oxford の. **2** オックスフォード説 (Oxford theory) の. **3**〘地質〙(中生代地層のうちの)オックスフォード魚卵状石灰岩 (oolite) の下層部の. — *n.* **1** オックスフォード説支持者. **2**〘地質〙オックスフォード魚卵状石灰岩の下層部.〘(1849) ← OXFORD + -IAN〙

Óxford Índia pàper *n.* = India paper 1.

Óxford mòvement, O- M- *n.* [the ~] オックスフォード運動《1833–45 年に Oxford 大学を中心に Keble, Pusey, Newman などによって行われた信仰復興と教会改革の運動; 英国国教会内に教会主義・祭司主義・典礼主義を復興させようとした; 盛んに小冊子 *Tracts for the Times* を発行してその主張の宣伝に努めたので Tractarianism ともいわれる》.〘1841〙

Óxford rúle *n.*〘印刷〙子持ち罫(罫)《1 本は太く 1 本は細い平行線から成る罫線》.

Óxford schòol *n.* [the ~] オックスフォード派《Oxford movement に参加した英国国教会の一派》.

Ox·ford·shire /ɑ́(ː)ksfədʃə, -ʃɪə | ɔ́ksfədʃə[(r)], -ʃɪə[(r)]/ *n.* オックスフォードシャー《イングランド南部の州; 面積 2,608 km^2, 州都 Oxford》.〘OE *Oxenafordscīr*: ⇨ Oxford, -shire〙

Óxford shóe *n.* = Oxford 5.〘1847〙

Óxford Strèet *n.* (London の) オックスフォード通り《繁華街》.

Óxford thèory *n.* [the ~] オックスフォード伯説《1920 年に J. Thomas Looney が唱えた, Shakespeare の作品は第 17 代の Oxford 伯爵 Edward de Vere の書いたものであるとする説; Oxfordian theory ともいう》.

Óxford tie *n.* Oxford 5.

Óxford Trácts *n. pl.* [the ~] オックスフォード論説集 (cf. Tracts for the Times ⇨ tract[2]).〘1839〙

Óxford ùnit *n.*〘生化学〙オックスフォード単位《ペニシリンの国際単位; 結晶物質の 0.606 マイクログラムに相当する》.〘1942〙

Óxford Univérsity *n.* オックスフォード大学《英国 Oxford 市にあり Cambridge 大学と並ぶ英国最古の大学; 12 世紀創立; 現在 34 の正式の学寮 (college) がある》.

óx·gàll *n.* **1** 牛胆汁エキス《薬用・塗料など》. **2** = light chrome yellow.〘1799〙

ox·gang /ɑ́(ː)ksgæ̀ŋ | ɔ́ks-/ *n.* = bovate.〘OE *oxan* ((gen. sing.) ← *oxa* 'ox') or *oxena* (gen. pl.) + *gang* a going: ⇨ gang[1]〙

óx·gàte *n.* = oxgang.〘(1585) ← OX + GATE[2]〙

óx·gòad *n.* 牛追い棒.〘1611〙

Óx-gòd *n.*〘インド神話〙聖牛神《Apis のこと》.

óx·hèart *n.*〘園芸〙オックスハート《ハート形の大形サクランボ》.

óx·hèrd *n.* 牛飼い (cowherd).〘lateOE *oxanhyrde* ← *oxan* (gen. sing.) or *oxena* (gen. pl.) + *herde*, *hyrde* 'HERD[2]'〙

óx·hìde *n.* 雄牛の皮 (cf. cowhide).〘*c*1350〙

ox·ic /ɑ́(ː)ksɪk | ɔ́k-/ *adj.* 酸素を含んだ.

ox·i·dant /ɑ́(ː)ksədənt, -dnt | ɔ́ksɪ̀dənt, -dnt/ *n.*〘化学〙**1** オキシダント (⇨ oxidizing agent). **2** 酸化体.〘(1884) □ F《廃》~ (F *oxydant*) (pres.p.) ← *oxider* 'to OXIDATE'〙

ox·i·dase /ɑ́(ː)ksədèɪs, -dèɪz | ɔ́ksɪ̀-/ *n.*〘生化学〙オキシダーゼ, 酸化酵素 (oxidation enzyme). **ox·i·da·sic** /ɑ̀(ː)ksədéɪsɪk, -zɪk | ɔ̀ksɪ̀-ˊ/ *adj.*〘(1896) ← OXIDE + -ASE〙

ox·i·date /ɑ́(ː)ksədèɪt | ɔ́ksɪ̀-/ *vt., vi.*《古》= oxidize. — *n.*〘地質〙オキシデート《層状マンガンや鉄鉱などの酸化堆積物》.〘(1790) ← F *oxider* (⇨ oxide) + -ATE[1, 3]〙

ox·i·da·tion /ɑ̀(ː)ksədéɪʃən | ɔ̀ksɪ̀-/ *n.*〘化学〙酸化(作用). **~·al** *adj.*〘(1791) □ F《廃》~ (F *oxydation*): ⇨, -ation〙

oxidátion énzyme *n.*〘生化学〙= oxidase.

oxidátion nùmber *n.*〘化学〙= oxidation state.〘1948〙

oxidátion potèntial *n.*〘化学〙酸化電位.〘1900〙

oxidátion-redúction *n.*〘化学〙酸化還元反応.〘1909〙

oxidátion-redúction poténtial *n.*〘化学〙酸化還元電位《酸化力の強さの尺度; 標準水素電極を一方の電極とする電池の起電力で表す》.

oxidátion stàte *n.*〘化学〙酸化状態, 酸化数.〘1942〙

ox·i·da·tive /ɑ́(ː)ksədèɪtɪv | ɔ́ksɪ̀dèɪt-/ *adj.* 酸化の; 酸化力のある. **~·ly** *adv.* **~·ness** *n.*〘1878〙

óxidative phosphorylátion *n.*〘生化学〙酸化的リン酸化《酸化還元反応での電子伝達と共役して ADP から ATP を生成する過程》.

ox·ide /ɑ́(ː)ksaɪd, -sɪ̀d | ɔ́ksaɪd/ *n.*〘化学〙酸化物. **ox·id·ic** /ɑ(ː)ksɪ́dɪk | ɔk-/ *adj.*〘(1790) □ F《廃》*oxide* (F *oxyde*) ← *ox*(*ygène*) 'OXYGEN' + (*ac*)*ide* 'ACID'〙

ox·i·dim·e·try /ɑ̀(ː)ksədɪ́mətri | ɔ̀ksɪ̀dɪ́mɪ̀tri/ *n.*〘化学〙酸化滴定. **ox·i·di·met·ric** /ɑ̀(ː)ksədəmétrɪk | ɔ̀ksɪ̀dɪ̀-ˊ/ *adj.*〘(1896): ⇨ ↑, -metry〙

ox·i·diz·a·ble /ɑ́(ː)ksədàɪzəbl | ɔ́ksɪ̀-/ *adj.*〘化学〙酸化できる. **òx·i·dìz·a·bíl·i·ty** /-zəbɪ́ləti | -lɪ̀ti/ *n.*〘(1802) ← OXIDIZE + -ABLE〙

ox·i·di·za·tion /ɑ̀(ː)ksədɪ̀zéɪʃən | ɔ̀ksɪ̀daɪ-, -dɪ-/ *n.*〘化学〙= oxidation.〘(1817)〙〘↓〙

ox·i·dize /ɑ́(ː)ksədàɪz | ɔ́ksɪ̀-/〘化学〙*vt.* **1** 酸化させる; (酸化して)さびつかせる; 〈銀などを〉いぶす: ⇨ oxidizing agent. **2**〈金属〉の原子価を増す; (特に)…の陽イオンとしての原子価を増す. **3**〈原子・イオン〉から電子を除く. — *vi.* 酸化する, さびる.〘(1806) ← OXIDE + -IZE〙

óx·i·dized óil *n.*〘化学〙酸化油《空気中の酸素と反応して粘稠(ちょう)になった不飽和油》; (特に) = blown oil.

óxidized sílver *n.* いぶし銀《メダルなどに用いる》.〘1871〙

óx·i·diz·er *n.*〘化学〙(特にロケット燃料に混ぜる)酸化剤.〘(1875) ← OXIDIZE + -ER[1]〙

óx·i·dìz·ing àgent *n.*〘化学〙酸化剤 (oxidant, oxidizer ともいう; cf. reducing agent).

óxidizing flàme *n.*〘化学〙酸化炎《ブンゼン灯などの炎の外側の部分で, 淡青色をし, 温度が最も高い; cf. reducing flame》.

ox·i·do·re·duc·tase /ɑ̀(ː)ksədoʊrɪ̀dʌ́kteɪs, -teɪz | ɔ̀ksɪ̀də(ʊ)-/ *n.*〘生化学〙オキシドレダクターゼ, 酸化還元酵素《酸化還元反応を触媒する酵素》.〘(1922) ← OXIDE + REDUC(TION) + -ASE〙

ox·ime /ɑ́(ː)ksiːm, -sɪ̀m | ɔ́ksiːm, -saɪm/ *n.*〘化学〙オキシム《NOH の基を有する化合物》.〘(1891) ← OXY-[1] + IM(ID)E〙

ox·im·e·ter /ɑ(ː)ksɪ́mətə | ɔksɪ́mɪ̀tə[(r)]/ *n.*〘医学〙酸素濃度計.〘(1942) ← OXO- + -METER[1]〙

ox·ine /ɑ́(ː)ksiːn, -sɪ̀n | ɔ́ksiːn/ *n.*〘化学〙オキシン (HOC_9H_6N)《白色の結晶, 金属の分離・定量に用いられる分析試薬》.〘(1927) ← OXY-[1] + -INE[3]〙

ox·i·sol /ɑ́(ː)ksəsɔ̀ːl, -sɑ̀l/ *n.*〘土壌〙オキシソール《熱帯地方の風化した非水溶性成分を多く含む土壌》.〘(1960) ← OXI(C) + -SOL〙

ox·lip /ɑ́(ː)kslɪp | ɔ́ks-/ *n.*〘植物〙プリムラ エラティオル, セイタカセイヨウサクラソウ (*Primula elatior*)《薄黄色の花の咲くサクラソウの一種; cf. cowslip 1》.〘OE *oxanslyppe* ← *oxan* ((gen. sing.) ← *oxa* 'ox') + *slyppe* slime (⇨ slip[3]): cf. cowslip〙

Ox·nard /ɑ́(ː)ksnɑəd | ɔ́ksnɑːd/ *n.* オックスナード《米国 California 州南西部, Los Angeles 北西にある都市》.

ox·o /ɑ́(ː)ksoʊ | ɔ́ksəʊ/ *adj.*〘化学〙オキソ《酸素を含むの意; カルボニル基 =CO を示す》.〘↓〙

Ox·o /ɑ́(ː)ksoʊ | ɔ́ksəʊ/ *n.*〘商標〙オクソ《英国製の固形牛肉エキス》.〘1899〙

ox·o- /ɑ́(ː)ksoʊ | ɔ́ksəʊ/〘化学〙「酸素を含む」の意の連結形. ★ 母音の前では通例 ox- になる.〘⇨ oxy-[1], -o-〙

òxo·ácid *n.*〘化学〙オキソ酸, 酸素酸《硫酸・硝酸など酸素を含む無機の酸の総称; oxyacid ともいう》.〘1958〙

Ox·on /ɑ́(ː)ksɑ(ː)n, -sən, -sn̩ | ɔ́ksən, -sən, -sn̩/ *n.* = Oxford; Oxfordshire.〘← ML *Oxonia* 'Oxford'〙

Ox·on. /ɑ́(ː)ksɑ(ː)n, -sən, -sn̩ | ɔ́ksɒn, -sən, -sn̩/《略》ML. Oxoniēnsis (= of Oxford): **1** Bishop of Oxford が署名に用いる (⇨ Cantuar. 2). **2** Oxford University《通例, 学位のあとに付けて用いる》: John Smith, MA, ~ オックスフォード大学修士ジョン スミス.

Ox·o·ni·an /ɑ(ː)ksóʊniən | ɔksə́ʊ-/ *adj.* オックスフォード (Oxford) の; Oxford 大学の. — *n.* Oxford の人; Oxford 大学生[出身者].〘(1540) ← ML *Oxonia* 'OXFORD' + -AN[1]: cf. Cantabrigian〙

ox·o·ni·um /ɑ(ː)ksóʊniəm | ɔksə́ʊ-/ *n.*〘化学〙オキソニウム基 (OH_3 または H_3O で表される正 1 価の基; 水溶液中で水素イオン H^+ は水分子を結合した形で存在する; hydronium ともいう).〘(1899) ← NL ~ ← OXY-[1] + -ONIUM〙

oxónium compound [sàlt] *n.*〘化学〙オキソニウム化合物《酸素を含む化合物を塩基として酸類との塩をいう; 例: $CH_3OCH_3 \cdot HCl$; oxonium salt ともいう》.

oxónium ìon *n.*〘化学〙オキソニウムイオン (OH_3^+ または H_3O^+)《酸性水溶液中に存在》.

óxo prócess [reàction] *n.*〘化学〙オキソ合成法《オレフィンと一酸化炭素と水素から飽和アルデヒドを合成する方法; cf. hydroformylation》.〘1947〙

ox·o·trem·o·rine /ɑ̀(ː)ksoʊtréməriːn, -rɪ̀n | ɔ̀ksə(ʊ)tréməriːn, -rɪn/ *n.*〘薬学〙オキソトレモリン ($C_{12}H_{18}N_2O$)《神経興奮薬》.〘(1961) ← OXO- + TREMOR + -INE[3]〙

óx·pècker *n.*〘鳥類〙ウシツツキ《アフリカ産ウシツツキ属 (*Buphagus*) のムクドリの総称; 牛などの皮膚の寄生虫を食う; キバシウシツツキ (*B. africanus*), アカハシウシツツキ (*B. erythrorhynchus*) の 2 種; rhinocerous bird ともいう》.〘1848〙

óx·tàil *n.* 牛の尾; (特に, スープ・シチュー用に皮をむいた)牛の尾.〘*a*1460〙

ox·ter /ɑ́(ː)kstə | ɔ́kstə[(r)]/《スコット・アイル・北英》*n.* **1 a** 腋(わき)の下 (armpit); 上膊(はく)の内側. **b** 服のそでつけ. **2** 腕. — *vt.* **1** 腕で[を取って]支える. **2** 腋の下に入れる, 抱え込む (hug).〘(1500–20)《変形》← OE *ōxta*, *ōhsta* ← IE **aks-* axis (L *axilla* armpit): cf. OE *ōxn* armpit / G *Achsel* shoulder〙

óxter plàte *n.* [通例 *pl.*]〘造船〙オクスタープレート《船尾材に接する外板のうちの最上部のもの》.〘1904〙

óx·tòngue *n.* **1** 牛の舌; (食用としての)タン. **2**〘植物〙牛の舌の形で面の粗い葉をつける植物の総称 (bugloss など).〘*a*1325〙

Ox·us /ɑ́(ː)ksəs | ɔ́k-/ *n.* [the ~] オクサス(川)《Amu Darya の古名; 今も用いられる》.〘□ L ~〙

óx-wàgon *n.* (南アフリカの開拓者・入植者が使った)重い牛車《南アフリカで反動的・保守的見解の象徴として用いられる》.

ox·y-[1] /ɑ́(ː)ksɪ̀, -si | ɔ́k-/「酸素 (oxygen)」時には「水酸基 (hydroxy-)」の意の連結形: *oxy*aldehyde, *oxy*hydrogen.〘□ F ~ ← *oxygène* 'OXYGEN'〙

ox·y-[2] /ɑ́(ː)ksɪ̀, -si | ɔ́k-/ 次の意味を表す連結形: **1**「鋭い (sharp, acute)」: *oxy*cephalic, *oxy*moron. **2**「急速な (quick)」: *oxy*tocic. **3**「酸味のある, 酸っぱい (acid)」: *oxy*phile.〘← Gk *oxús* sharp, keen〙

òxy·acétylene *adj.*〘化学〙酸素アセチレンの: an ~ blowpipe [burner, torch] (金属の切断・溶接用の)酸素アセチレン吹管[トーチ] / an ~ flame 酸素アセチレン炎 / ~ gas 酸素アセチレンガス ($O_2 + C_2H_2$).〘1909〙

óxyacetylene wélding *n.* = oxygen-acetylene welding.

óxy·àcid *n.* オキシ酸, 酸素酸《正式名 oxoacid》.〘1836–41〙

òxy·áldehyde *n.*〘化学〙オキシアルデヒド (⇨ hydroxy aldehyde).

ox·y·an·i·on /ɑ̀(ː)ksiǽnaɪən | ɔ̀k-/ *n.*〘化学〙オキシアニオン《酸素原子が別の元素と結合した陰イオン; SO_4^{2-}, PO_4^{3-} など; oxyacid から水素イオンを除いたもの》.

òxy·cálcium *adj.*〘化学〙酸素とカルシウムとの[を含む, に関する]: ~ light 石灰光.〘*c*1865〙

òxy·cárpous *adj.*〘植物〙先のとがった果実を生じる.〘← OXY-[2] + -CARPOUS〙

òxy·céllulose *n.*〘化学〙オキシセルロース, 酸化繊維素, 酸化セルロース《セルロースの酸化崩壊生成物》.〘1893〙

òxy·céphaly *n.*〘病理〙塔状頭(蓋), 尖頭症《頭蓋骨が異常に高い状態》. **òxy·cephálic** *adj.* **òxy·céph·alous** *adj.*〘(1895) □ G *Oxycephalie*: ⇨ oxy-[2], cephalo-, -y[1]〙

òxy·chlóride *n.*〘化学〙オキシクロリド, 酸塩化物 (–OH および –Cl 基を有する化合物または =O と –Cl 基を有する化合物; cf. acid chloride).〘1856〙

ox·y·da·tion /ɑ̀(ː)ksədéɪʃən | ɔ̀ksɪ̀-/ *n.*〘化学〙= oxidation.〘1791〙

ox·y·gen /ɑ́(ː)ksɪ̀dʒən | ɔ́k-/ *n.*〘化学〙酸素《記号 O, 原子番号 8, 原子量 15.9994》. **~·less** *adj.*〘(1786) □ F *oxygène*《略》← *principe oxygène* acidifying principle *oxygène*,《廃》*oxygine* ← Gk *oxús* sharp, acid (⇨ oxy-[2]) + -*gène*, -*gine* '-GEN': (フランスの化学者 A. L. Lavoisier の造語 (1777))〙

óxygen-acétylene wélding *n.* 酸素アセチレン溶接.

óxygen ácid *n.*〘化学〙オキシ酸, 酸素酸 (oxyacid).〘1842〙

ox·y·gen·ase /ɑ́(ː)ksɪ̀dʒənèɪs, -nèɪz | ɔ́k-/ *n.*〘生化学〙オキシゲナーゼ, 酸素添加酵素, 酸素化酵素《酸化還元酵素の一つで, 分子状の酸素の酸素原子が基質に結合する反応を触媒する》.〘(1903) ← OXYGEN + -ASE〙

ox·y·gen·ate /ɑ́(ː)ksɪ̀dʒənèɪt, ɑ(ː)ksɪ́dʒə- | ɔ́ksɪ̀dʒ-, ɔksɪ́dʒ-/ *vt.* **1**〘化学〙酸素で処理する, …に酸素を増し加える; 酸化する (oxidize): ⇨ oxygenated water. **2**〘生理〙呼吸によって〈血液〉に酸素を供給する. **ox·y·gen·a·tion** /ɑ̀(ː)ksɪ̀dʒənéɪʃən, ɑ(ː)ksɪ̀dʒə- | ɔ̀ksɪ̀dʒ-, ɔksɪ̀dʒ-/ *n.*〘(1790) ← F *oxygéner* (← *oxygène* 'OXYGEN') + -ATE[3]〙

óx·y·gen·àt·ed wáter /-tɪ̀d- | -tɪ̀d-/ *n.*〘化学〙酸素飽和水.〘1871〙

óx·y·gen·àt·or /-tə | -tə[(r)]/ *n.*〘医学〙酸素供給器《体外循環で血液に酸素を送る装置》.〘1928〙

óxygen cýcle *n.*〘生態〙酸素の循環, 酸素サイクル《生物を通しての酸素化合物や酸素の循環》.

óxygen dèbt *n.*〘生理〙酸素負債《激しい活動などでエネルギー源が欠乏したとき, もとに戻るまでに平常以上の酸素を必要とする状態をいう》.〘1923〙

óxygen effèct *n.*〘生物〙(X 線などの照射時の酸素分圧による)酸素効果.

óxygen-hýdrogen wélding *n.* 酸水素溶接《酸水素ガス (oxyhydrogen) を用いた溶接》.

ox·y·gen·ic /ɑ̀(ː)ksɪ̀dʒénɪk | ɔ̀k-ˊ/ *adj.* 酸素の[に関する, を含む, を生じる, に似た]. **ox·y·gen·ic·i·ty**

/ɑ́(ː)ksɪ̀dʒənìsəti | ɔ̀ksɪ̀dʒənísɪ̀ti/ *n.* 〘(1850) ← OXYGEN ＋-IC¹〙

ox·y·gen·ize /ɑ́(ː)ksɪ̀dʒənàɪz, ɑ(ː)ksídʒə- | ɔ́ksɪ̀dʒ-, ɔksídʒ-/ *vt.* 酸素で処理する (oxygenate). **óx·y·gen·ìz·a·ble** *adj.* **óx·y·gen·ìze·ment** *n.* **óx·y·gen·ìz·er** *n.* 〘(1802) ← OXYGEN＋-IZE〙

óxygen lànce *n.* 〖機械〗酸素やり《一端を加熱し, 他端から酸素を送って鋼材を切断する細長い鋼管》. 〘1925〙

óxygen màsk *n.* 酸素マスク. 〘1920〙

ox·yg·e·nous /ɑ(ː)ksídʒənəs | ɔksídʒɪ̀-/ *adj.* ＝oxygenic. 〘(1787) ← OXYGEN＋-OUS〙

óxygen tènt *n.* 〖医学〗(重症患者に酸素を補給する)酸素テント《小型の蚊帳(かや)のように患者を覆う》. 〘1925〙

óxygen wèed *n.* 《NZ》〖植物〗＝water hyacinth.

òxy·hémoglobin *n.* 〖生化学〗酸化ヘモグロビン《酸素と結合しているヘモグロビン; 記号 HbO_2》. 〘1873〙

òxy·hýdrogen 〖化学〗*adj.* 酸素に水素を混入した, 酸水素の: an ～ blowpipe [torch] 酸水素吹管[トーチ] / an ～ flame 酸水素炎. ― *n.* 酸水素ガス《酸素と水素との混合体; これを吹管に送れば約 3,000°C の高熱を発する; 金属の切断・溶接に用いる》. 〘1827〙

ox·y·mel /ɑ́(ː)ksɪ̀mèl | ɔ́k-/ *n.* 〖薬学〗酢蜜《蜂蜜を酢酸で薄めたもの; 去痰(たん)剤・賦形剤用》. 〘(a1398) ◻ L ～ ◻ Gk *oxúmeli* ← *oxús* sour＋*méli* honey〙

ox·y·mo·ron /ɑ̀(ː)ksɪ̀mɔ́ːrɑ(ː)n | ɔ̀ksɪmɔ́ːrɔn, -rən/ *n.* (*pl.* **-mo·ra** /-rə/, ～**s**) 〖修辞〗撞着語法《両立しない言葉を組み合わせて修辞的効果を上げようとする語法; 例: a wise fool / cruel kindness / faultily faultless / Make haste slowly.》. 〘(1657) ← NL ～ ← Gk *oxúmōron* (neut.) ← *oxúmōros* pointedly foolish: ⇨ oxy-², moron, morose〙

òxy·néurine *n.* 〖化学〗オキシノイリン (⇨ betaine). 〘(1875) ← OXY-¹＋NEURO-＋-INE³〙

oxyn·tic /ɑksíntɪk/ *adj.* 〖生理〗酸分泌(性)の: ～ cell (胃)酸分泌細胞. 〘(1884) ← Gk *oxúnein* to sharpen, make acid＋*-t-* (連結辞)＋-IC¹〙

ox·y·o·pi·a /ɑ̀(ː)ksióupiə | ɔ̀ksiə́u-/ *n.* 〖医学〗視力鋭敏. 〘← NL ～: ⇨ oxy-², -opia〙

ox·y·phil /ɑ́(ː)ksɪ̀fɪ̀l | ɔ́k-/ *n., adj.* 〖生物〗＝oxyphile. 〘1893〙

ox·y·phile /ɑ́(ː)ksɪ̀fàɪl | ɔ́k-/ 〖生物〗*n.* ＝acidophile. ― *adj.* ＝acidophilic.

ox·y·phil·ic /ɑ̀(ː)ksɪ̀fílɪk | ɔ̀k-ˊ/ *adj.* 〖生物〗＝acidophilic. 〘1901〙

ox·yph·i·lous /ɑ(ː)ksífələs | ɔksífɪ̀-/ *adj.* 〖生物〗＝acidophilic. 〘1893〙

óxy·sàlt *n.* 〖化学〗オキシ塩, 酸化物塩. 〘1833〙

ox·y·some /ɑ́(ː)ksɪ̀sòum | ɔ́ksɪ̀səum/ *n.* 〖生物〗オキシゾーム《ミトコンドリアの内膜を形成する構造単位の一つ》. 〘← OXY-¹＋-SOME³〙

òxy·súlfide, -súlphide *n.* 〖化学〗酸化硫化物. 〘1854〙

òxy·tetracýcline *n.* 〖生化学〗オキシテトラサイクリン《抗生物質の一種; *Streptomyces rimosus* から得られる抗生物質で梅毒・リューマチ・細菌性伝染病などに効力がある; 略 OTC》. 〘1953〙

ox·y·to·ci·a /ɑ̀(ː)ksɪ̀tóuʃiə, -ʃə | ɔ̀ksɪ̀táuʃiə/ *n.* 〖医学〗短時間分娩. 〘← NL ～: ⇨ ↓, -ia¹〙

ox·y·to·cic /ɑ̀(ː)ksɪ̀tóusɪk | ɔ̀ksɪ̀táu-ˊ/ 〖医学〗*adj.* 分娩を促進させる. ― *n.* 分娩促進薬. 〘(1853) ← Gk *oxutókion* medicine hastening childbirth (← *oxu-* 'OXY-²'＋*tókos* childbirth)＋-IC¹〙

ox·y·to·cin /ɑ̀(ː)ksɪ̀tóusɪ̀n, -sn̩ | ɔ̀ksɪ̀táusɪn/ *n.* **1** 〖生化学〗オキシトシン《脳下垂体後葉ホルモンの一種; 子宮を収縮し陣痛促進の作用をする; cf. hypophamine》. **2** 〖薬学〗オキシトシン剤 ($C_{43}H_{66}N_{12}O_{12}S_2$) 《陣痛を促進し産後出血を抑制するホルモン剤; alpha-hypophamine ともいう》. 〘(1928): ⇨ ↑, -in²〙

ox·y·tone /ɑ́(ː)ksɪ̀tòun | ɔ́ksɪtəun/ 〖ギリシャ文法〗*adj.* 〈語が〉最終音節に鋭アクセントのある. ― *n.* 最終音節強勢語. 〘(1764) ← NL *oxytonus* ◻ Gk *oxútonos* having the acute accent: ⇨ oxy-², tone〙

ox·y·u·ri·a·sis /ɑ̀(ː)ksijuráɪəsɪ̀s | ɔ̀ksijuráɪəsɪs/ *n.* (*pl.* **-a·ses** /-sìːz/) 〖病理〗蟯虫(ぎょうちゅう)症. 〘← NL ～ ← *Oxyuris* (↓)＋-ASIS〙

ox·y·u·rid /ɑ̀(ː)ksijúᵊrɪ̀d | ɔ̀ksijúərɪdˊ/ *adj., n.* 〖動物〗蟯虫(ぎょうちゅう)科の(線虫). 〘← *Oxyuris* (属名: ← OXY-²＋URO-²)＋-ID²〙

oy /ɔɪ/ *int.* うーん, ああ, 弱った《狼狽・苦痛・悲しみを表す》. 〘(1892) 《擬音語》 Yiddish *oy, oi, vay, vey* ← G *Weh* WOE〙

oy·er /ɔ́ɪə | ɔ́ɪə(r)/ *n.* 〖法律〗**1** (刑事事件の)審理 (hearing, trial). **2 a** 法廷における証書の朗読. **b** そのような証書. **3** ＝OYER and terminer.

óyer and términer (1) 《英》巡回裁判令書《刑事事件の審理・裁判を高等法院の裁判官に指令する国王の辞令》. (2) 《米》(ある州の)高等刑事裁判所. (1414) 〘(c1386) ◻ AF ～＝OF *oïr* (F *ouïr*) to hear < L *audīre* to hear: ⇨ -er³〙

o·yez /óujɛs, -jɛz, -jeɪ | əujés, -jéz, -jéɪ, ˊˊ/ (*also* **o·yes** /～/) *int.* 聞け, 謹聴, 静粛に《伝令使や廷吏などが布告, 法廷の宣告を読み上げる前に発する叫び声; 通例 3 度繰り返す》. ― *n.* 「聞け[静粛に]」の叫び声. 〘(a1450) ◻ AF ～＝OF *oyes* hear ye! (imper.) (↑)〙

O·yo /óujou | əujəu/ *n.* オヨ《ナイジェリア南西部の州; 州都 Ibadan》.

OYO /òuwàɪóu | əuwàɪəu/ *n.* 《豪》居住者所有のフラット, 分譲マンション(の住宅). 〘(1987) 《略》← *o*(*wn*)-*y*(*our*)-*o*(*wn*)〙

oys·ter /ɔ́ɪstə | -tə(r)/ *n.* **1** 〖貝類〗**a** カキ《イタボガキ科の海産食用二枚貝の総称; *Ostrea virginica*, マガキ (Japanese oyster) など》: (as) close as an ～ 非常に口が堅い《決して秘密を漏らさない》/ (as) dumb [silent] as an ～ 非常に無口な[で] / *Oysters* are only in season in the R [r] months. 牡蠣の季節は R の月だけ (cf. R month). **b** カキに類似する二枚貝の総称《真珠貝 (pearl oyster) など》: a pearl in the ～ (醜い)真珠貝の殻の中の(美しい)真珠, 「泥中の蓮」(cf. Shak., *As Y L* 5. 4. 63). **2 a** 《鶏や七面鳥の》骨盤のくぼみの中の黒ずんだ肉の小片《美味なものとされている》. **b** 美味なもの, 珍味 (titbit). **3** 《口語》無口な人, 口の堅い人 (clam). **4** [通例 one's ～] **a** 利益[もうけ]の種; 思い通りになるもの,「かも」: The world is his ～. 世界は(もう)彼のものだ (cf. Shak., *Merry W* 2. 2. 2). **b** 大好きなもの, 好物, 趣味: Golf is his ～. ゴルフは彼の趣味だ. **5** ＝oyster white. ― *vi.* カキを採る. 〘(1290) ◻ OF *oistre* (F *huître*) ◻ L *ostrea, ostreum* ◻ Gk *óstreon*: cf. Gk *ostéon* bone & *óstrakon* shell〙

óyster·bànk *n.* ＝oyster bed. 〘1612〙

óyster bàr *n.* **1** (旅館や料理店の)牡蠣食堂, (バー式の)牡蠣料理店. **2** 《米南部》＝oyster bed. 〘1878〙

óyster bày *n.* 牡蠣[海産物]料理店.

óyster bèd *n.* 牡蠣の養殖[繁殖]場. 〘1591〙

óyster·bird *n.* 〖鳥類〗＝oyster catcher.

óyster canòe *n.* (米国 Chesapeake 湾の)牡蠣取り舟.

óyster càp [mùshroom] *n.* 〖植物〗ヒラタケ (*Pleurotus ostreatus*) 《灰褐色ないし白色の食用キノコ; 倒木や切り株に多数生える》.

óyster càtcher *n.* 〖鳥類〗ミヤコドリ (*Haematopus ostralegus*) 《カキ・ハマグリなどを食べる大形のチドリ目の鳥; oyster plover, 《英》sea pie ともいう》. 〘1731〙

óyster cràb *n.* 〖動物〗牡蠣の殻の中で生活するカクレガニの類の総称; (特に)カクレガニ (*Pinnotheres ostreum*) 《雄は自由生活をする》. 〘1756〙

óyster cràcker *n.* 《米》(牡蠣のシチューやスープなどと共に出される)塩味の小さい丸いクラッカー. 〘1873〙

óyster cùlture *n.* 牡蠣の養殖. 〘1874〙

óyster-cùlturist *n.* 牡蠣養殖家[業者]. 〘1882〙

óyster drìll *n.* 〖貝類〗カキナカセガイ (⇨ drill¹ 5 a).

óys·tered *adj.* 〈家具など〉牡蠣殻(の内側に見られる)模様の(化粧板を張った) (cf. oystering). 〘1914〙

óyster fàrm *n.* 牡蠣(人工)養殖場. **～·er** *n.* 〘1940〙

óyster·field *n.* ＝oyster bed. 〘1888〙

óyster·fìsh *n.* 〖魚類〗**1** ＝toadfish 1. **2** ベラ科の魚 (*Tautoga onitis*). **3** ハゼ科の魚 (*Gobiosoma bosci*). 〘1611〙

óyster fòrk *n.* オイスターフォーク《三つまたの細長いフォークで, 魚貝類を食べるに用いる》.

oys·ter·ing /ɔ́ɪstərɪŋ, -trɪŋ/ *n.* **1 a** 牡蠣殻張り化粧板仕上げ《張り板の木目が牡蠣殻のような模様になるように仕上げた板張り》. **b** 牡蠣殻張り合板. **2** 牡蠣取り(業). 〘(1662) 《古形》← OYSTER＋-ING¹〙

óyster knìfe *n.* オイスターナイフ《牡蠣の殻を開けるのに用いる》.

óyster·man /-mən/ *n.* (*pl.* **-men** /-mən, -mèn/) **1** 牡蠣取り, 牡蠣養殖業者; 牡蠣売り. **2** 牡蠣取り舟. 〘1552〙

óyster pàrk *n.* ＝oyster bed. 〘1862〙

óyster pínk *n., adj.* オイスターピンク(の)《やや明度の低いピンクがかった白色》.

óyster plànt *n.* 〖植物〗**1** バラモンジン (⇨ salsify). **2** ハマベンケイソウ (sea lungwort). 〘1821〙

óyster plòver *n.* 〖鳥類〗＝oyster catcher.

óyster ràke *n.* 牡蠣取り熊手. 〘1705〙

óyster sàuce *n.* 〖料理〗オイスターソース《牡蠣と醤油で作るソース; 特に中華料理で用いられる》.

óyster scàle *n.* 〖昆虫〗＝oystershell scale. 〘1900〙

óyster·shèll *n.* 砕いた牡蠣殻《鳥の飼料》. 〘?a1425〙

óystershell scàle *n.* 〖昆虫〗リンゴカキカイガラムシ (*Lepidosaphes ulmi*) 《樹木に大害を与える広く分布しているマルカイガラムシ科の昆虫; oyster scale ともいう》. 〘1877〙

óyster slòop *n.* 〖海事〗＝plunger 6.

óysters Róckefeller *n.* 〖料理〗オイスターズロックフェラー《刻んだホウレンソウ・タマネギ・バターなどを牡蠣の殻の上に載せて天火で焼いた料理》. 〘1939〙

óyster stéw *n.* 〖料理〗オイスターシチュー《ミルク・クリーム・バターなどのスープに牡蠣を入れた料理》. 〘1846〙

óyster whíte *n., adj.* やや灰味のある白色(の).

óyster·wìfe *n.* 《古》＝oysterwoman. 〘1562〙

óyster·wòman *n.* 牡蠣売り女性. 〘1597〙

oy vey /ɔ̀ɪvéɪ/ *int.* うー, うーん, ああ, 参った《主としてイディッシュの話し手が用いる》.

Oz /ɑ́(ː)z | ɔ́z/ *n., adj.* 《豪俗》＝Australia, Australian. 〘(1908): 語頭の発音から〙

oz, oz. /áunsɪ̀z/ *n.* (*pl.* ～, **ozs, ozs.** /～ɪ̀z/) ＝ounce¹: 2 lb. 5 oz 2 ポンド 5 オンス. 〘(1548) ◻ It *ōz* (短縮) ← 《廃》*onza, onze* (pl.) (It. *oncia, once*) 'OUNCE¹': -z については ⇨ viz.〙

Oz·a·lid /ɑ́(ː)zəlɪd | ɔ́z-/ *n.* 〖商標〗オザリッド《感光紙をアンモニア蒸気で現像する機械, 感光紙; その複写法》. 〘(1924): DIAZO- の逆つづりに l を挿入した造語〙

oz ap /ɑ́(ː)zæp | ɔ́z-/ 《略》〖薬学〗apothecaries' ounce(s).

Ó·zark Móuntains [Platéau] /óuzɑək- | ə́uzɑːk-/ *n. pl.* [the ～] オザーク高原《米国 Missouri 州南部・Arkansas 州北部・Oklahoma 州北東部にわたる低い丘陵地帯; Ozarks ともいう》.

O·zarks /óuzɑəks | ə́uzɑːks/, **the Lake of the** *n.* オザーク(湖)《米国 Missouri 州中部, Osage 川のダムによって生じた人造湖; 長さ 200 km》.

oz av /ɑ́(ː)zæv | ɔ́z-/ 《略》avoirdupois ounce(s).

o·ze·na /ouzíːnə | əu-/ *n.* 〖病理〗臭鼻症. 〘← NL ～ ← L *ozaena* ◻ Gk *ózaina* ← *ózein* to smell〙

O·zen·fant /ouzɑ̃ː(m)fɑ́ː(ŋ), -zɑːmfɑ́ːŋ | əu-/; *F.* ɔzɑ̃fɑ̃/, **A·mé·dée** /amede/ *n.* オザンファン《(1886–1966; フランスの画家, Le Corbusier と共に purism を唱えた》.

ó·zo·brome pròcess /óuzəbròum- | ə́uzəbrəum-/ *n.* 〖写真〗オゾブローム法《銀画像印画からカーボン写真印画を製作する方法》. 〘*ozobrome*: ← OZO(NE)＋BROM(IDE)〙

o·zo·ce·rite /òuzóusəràɪt, òuzousíᵊraɪt | ə(u)zə́ukərɪt, əuzəusí(ə)raɪt/ *n.* 〖鉱物〗＝ozokerite. 〘(1834) ◻ G *Ozokerit* (↓)〙

o·zo·ke·rite /ouzóukəràɪt, òuzoukíᵊraɪt | ə(u)zə́ukəràɪt, əuzəukíəraɪt/ *n.* 〖鉱物〗オゾケライト, 地蠟《通例緑または黄褐色の蠟状の天然炭化水素; 精製してセレシン (ceresin) を造る; ader wax, earth wax, mineral wax ともいう》. 〘(1834) ◻ G *Ozokerit* ← Gk *óz(ein)* to smell ＋*kēr(ós)* beeswax (⇨ cero-)＋G *-it* '-ITE¹'〙

o·zon- /ouzóun | əuzə́un/ (母音の前にくるときの) ozono- の異形.

o·zon·ate /óuzənèɪt, -zou- | ə́uzə(u)-/ *vt.* 〖化学〗＝ozonize.

o·zon·a·tion /òuzənéɪʃən, -zou- | əuzə(u)-/ *n.* 〖化学〗(水道水の)オゾン処理, オゾン浄化法. 〘(1854) ↑〙

ó·zon·à·tor /-tə | -tə(r)/ *n.* 〖化学〗＝ozonizer.

o·zone /óuzoun, ˊˊ | ə́uzəun, ˊˊ/ *n.* **1** 〖化学〗オゾン (O_3). **2** 《口語》**a** (海辺などの気分をさわやかにする)新鮮な空気 (fresh air). **b** 気を引き立てる力, 浮き浮きさせるもの. 〘(1840) ◻ G *Ozon* ◻ Gk *ózōn* (pres.p.) ← *ózein* to smell: ドイツの化学者 C. F. Schönbein の造語 (1840): cf. odor〙

ózone deplètion *n.* オゾン層破壊.

ózone-frìendly *adj.* (フロンガスを含まないので)オゾン層に無害な. 〘1988〙

ózone hòle *n.* オゾンホール《オゾン層中で特にオゾン濃度が低下した部分; 南極上空に多い; 地上に降り注ぐ紫外線が増加》. 〘1986〙

ózone làyer *n.* 〖気象〗オゾン層《地上 20–40 km の成層圏に存在するオゾン濃度の高い層; ozonosphere ともいう》.

ózone pàper *n.* 〖化学〗＝ozone test paper. 〘1864〙

o·zon·er /óuzounə | ə́uzəunə(r)/ *n.* 《米俗》ドライブイン(式)映画館 (drive-in theater). 〘(1948) ← OZONO-＋-ER¹〙

ózone·sònde *n.* 〖気象〗オゾンゾンデ《上空 20–25 km 付近のオゾンの量分布を測るラジオゾンデ》. 〘1960〙

ózone tèst pàper *n.* 〖化学〗オゾン試験紙《オゾンのような酸化剤に当てると変色する》. 〘1874〙

o·zon·ic /ouzɑ́(ː)nɪk | əuzɔ́n-/ *adj.* オゾンの(ような), オゾンを含む. 〘(1840) ← OZONE＋-IC¹〙

ozónic éther *n.* 〖化学〗過酸化水素の含水エーテル溶液. 〘1872〙

o·zon·ide /óuzənàɪd, -zou- | ə́uzə(u)-/ *n.* 〖化学〗オゾニド, オゾン化物《エチレン結合をもつ有機化合物にオゾンを作用させた時に生じる付加化合物; 爆発性がある》. 〘(1867) ← OZONE＋-IDE²〙

o·zo·nif·er·ous /òuzəníf(ə)rəs, -zou- | əuzə(u)-ˊ/ *adj.* オゾンを含む[生じる]. 〘(1858) ← OZONE＋-(I)FEROUS〙

o·zon·i·za·tion /òuzənɪ̀zéɪʃən, -zou- | əuzə(u)naɪ-, -nɪ-/ *n.* 〖化学〗オゾン化; オゾン分解. 〘(1866) ↓〙

o·zon·ize /óuzənàɪz, -zou- | ə́uzə(u)-/ *vt.* 〖化学〗**1** オゾンで処理する, …にオゾンを飽和させる. **2** オゾン化する. ― *vi.* オゾン化する. 〘(1850) ← OZONE＋-IZE〙

ó·zon·ìz·er *n.* 〖化学〗オゾン発生器, オゾン管. 〘1875〙

o·zo·no- /ouzóunou | əuzə́unəu/「オゾン (ozone)」の意の連結形. ★ 母音の前では通例 ozon- になる. 〘← OZONE〙

o·zo·nol·y·sis /òuzənɑ́(ː)ləsɪ̀s, -zou- | əuzə(u)nɔ́lɪ̀sɪs/ *n.* (*pl.* **-y·ses** /-sìːz/) 〖化学〗オゾン分解. 〘(1931) ← OZONE＋-O-＋-LYSIS〙

o·zo·nom·e·ter /òuzənɑ́(ː)mətə, -zou- | əuzə(u)nɔ́mɪ̀tə(r)/ *n.* 〖化学〗オゾン計. 〘1864〙

o·zo·no·sphere /ouzóunəsfɪə, -zɑ́(ː)n- | əuzə́unəsfɪə(r), -zɔ́n-/ *n.* ＝ozone layer. 〘1933〙

o·zon·ous /óuzənəs, -zou- | ə́uzə(u)-/ *adj.* ＝ozonic. 〘1890〙

o·zo·sto·mi·a /òuzəstóumiə | əuzə(u)stə́u-/ *n.* 〖病理〗口臭. 〘← NL ～ ← Gk *ozóstomos* having foul breath ← *ozo-* bad smell (← *ózein* to smell)＋*-stomos* '-STOMOUS'＋-IA¹〙

o·zo·type /óuzətàɪp | ə́uzə(u)-/ *n.* 〖写真〗オゾタイプ《オゾブローム法 (ozobrome process) に似た印画法》. 〘← OZO(NE)＋-TYPE〙

ozs 《略》ounces.

oz T 《略》troy ounce(s).

Oz·zie¹ /ɑ́(ː)zi | ɔ́zi/ *n.* オジー《男性名》. 〘← Oswald: ⇨ -ie〙

Oz·zie² /ɑ́(ː)zi | ɔ́zi/ *n., adj.* 《口語》＝Aussie. 〘1918: cf. Oz〙

Ózzie and Hárriet *n. pl.* オジーとハリエット《米国 ABC テレビのホームコメディーの主人公夫婦; 古き良き米国中産階級の代名詞的存在》.

P p

P, p /píː/ *n.* (*pl.* **P's, Ps, p's, ps** /～z/) **1** 英語アルファベットの第 16 字. ★ 通信コードは Papa /pɑ́ːpə/; ⇨ papa[1] 2 ★. **2** (活字・スタンプなどの) P または p 字. **3** [P] P 字形(のもの). **4** 文字 p が表す音《pain, leap などの/p/》. **5** (連続したものの)第 16 番目(のもの); (J を数に入れないときは)第 15 番目(のもの): vitamin *P*. **6** [通例 P] 中世ローマ数字の 400. **7** 〘《略》← PASS[1]〙《米》(学業成績の)合格(者). ***mind*** [***be òn, wátch***] *one's* ***p's*** [***P's***] ***and q's*** [***Q's***] 行儀をよくする, 言行を慎む, たしなみに気をつける《子供たちが *p* と *q* の文字を間違いやすいところから》. 〘(1779)〙 〚OE *P*, *p* ◻ L (Etruscan を経由) ◻ Gk *Π*, *π* (pî) ◻ Phoenician 𐤐: cf. Heb. פ (pē)《原義》mouth: ⇨ A[1] ★〛

p 《略》pico-.

p 《記号》〘貨幣〙(new) penny [pence; pennies]《★ 発音や用法その他については ⇨ penny 1》; peseta(s); peso(s); piaster(s); pula.

p, p. 《略》〘音楽〙*It.* piano (=soft, softly). 〘1740〙

P 《略》parking; 〘チェス〙pawn; *F.* poids (=weight); 〘論理〙predicate; 〘歯科〙premolar; 〘軍事〙prisoner.

P 《記号》**1** 〘1902〙〘生物〙parental generation 親の代: P_1 親 / P_2 祖父母. **2** 〘貨幣〙pataca(s). **3** 〘化学〙phosphorus. **4** 〘物理〙pico; poise; proton. **5** 〘文法〙predicate; predicate verb. **6 a** 〘米陸軍航空隊〙追撃機 (pursuit)《戦闘機と同義; 1947 年以降 F (fighter) に変更》: *P*-51. **b** 〘米海軍〙(対潜)哨戒機 (patrol plane): *P*-3. **7** 〘統計〙帰無仮説 (null hypothesis) が正しいとした場合に, 得られた値以上の値が得られる確率. **8** pharmacy only《薬剤師のいる店でならば処方箋なしで入手できる薬》. **9** 〘自動車国籍表示〙Portugal.

p. /péɪdʒ/ 《略》(*pl.* **pp.** /péɪdʒɪz/) page: *p.* 58=*page* fifty-eight 58 ページ / *pp.* 7–10=from *page* seven to *page* ten 7 ページから 10 ページまで.

p. 《略》pamphlet; paragraph; part; participle; particle; *L.* partim (=in part); pass; past; peak; pectoral; pedestrian; *L.* per (=by, for); perch; perishable; *F.* pied (=foot); pint; 〘野球〙pitcher; *L.* pius (=holy); plaster; *Sp.*, *It.* poco (=little); polar; 〘常衡〙pole; population; *L.* post (=after); *F.* pouce (=inch); *F.* pour (=for); power; pressure; *L.* prīmus (=first); *L.* prō (=for); professional; purl.

p., P. 《略》park 駐車場, (オートマチック車のギア位置で)停止; passed 合格; pastor; peta-; petite; pipe; police; *L.* pondere (=by weight); port; post; president; 〘物理・機械〙pressure; priest; prince; 〘演劇〙prompter.

p. 《記号》〘海事〙passing showers; 〘気象〙squalls.

P. 《略》pale; 〘キリスト教〙*L.* Pāpa (=Pope); Paris; parson; 〘キリスト教〙*L.* Pater (=Father); 〘音楽〙Pedal; 〘音楽〙Percussion; perennial; 〘印刷〙period; person; personnel; pitch; *L.* pontifex (=a bishop); *L.* populus (=people); Portugal; 〘音楽〙*F.* Positif (=choir organ); positive; postage; posterior; Presbyterian; privy; probate; probation; proconsul; progressive; 〘キリスト教〙Protestant; province; public; pupil.

p- 《略》〘化学〙=para-[1] 2.

pa[1] /pɑ́ː, pɔ́ː | pɑ́ː/ *n.* 《小児語・口語》お父ちゃん, パパ (papa) (cf. ma). 〘1811〙

pa[2] /pɑ́ː/ *n.* New Zealand の Maori 族の砦(とりで)をめぐらした生活空間およびそこに住む人. ***gò back to the pá*** (田舎の生活を求めて) 都会を出る. 〘(1769)◻ Maori *pā* fortified place, stockade〙

pa 《略》〘物理〙pascal(s). 〘1964〙

pa 《記号》Panama (URL ドメイン名).

Pa 《記号》〘化学〙protoactinium.

PA 《略》〘米郵便〙Pennsylvania (州); Pan American World Airways passenger agent 旅客係; personal appearance; personal assistant; physician's assistant; post adjutant 守備隊[衛戍(えいじゅ)]副官; 〘1940〙〘電気〙power amplifier; 〘1936〙press agent; 〘1915〙Press Association; Press Attaché; product analysis; prosecuting attorney; 〘カトリック〙protonotary apostolic; public address (system); publicity agent; Publishers Association; purchasing agent 購買係.

PA 《記号》〘自動車国籍表示〙Panama.

Pa. 《略》〘物理〙pascal; Pennsylvania.

p.a. 《略》participial adjective; 〘海商〙particular average; *L.* per annum.

PA, P/A 《略》〘法律〙power of attorney; 〘銀行〙private account.

paal /pɑ́ːl/ *n.* 《カリブ》地中に打ちこまれた杭.

pa·'an·ga /pɑːɑ́ːŋ(g)ə | -ǽŋ(g)ə/ *n.* (*pl.* ～) **1** パアンガ《トンガの通貨単位; =100 seniti; 記号 T $》. **2** 1 パアンガ白銅貨[貨幣]. 〘(1966)◻ Tongan ～《原義》seed〙

Paa·sen /pɑ́ːsən, -sn̩; *Du.* pɑ́ːsən/, **Pierre van** *n.* パーアセン《1895–1968; オランダ生まれの米国のジャーナリスト・著述家》.

Paa·si·ki·vi /pɑ́ːsɪkìːvi | -sɪ-; *Finn.* pɑ́ːsikivi/, **Ju·ho Kus·ti** /júhɔ kústi/ *n.* パーシキヴィ《1870–1956; フィンランドの政治家, 首相 (1918); 大統領 (1946–56); 1944年にソ連と休戦交渉を行った》.

PABA, pab·a /pɑ́ːbə/ *n.* 〘生化学〙=para-aminobenzoic acid.

Pa·blo /pɑ́ːbloʊ | pǽbləʊ; *Sp.* páβlo, *It.* páːblo, *F.* pablo/ *n.* Paul[1] のスペイン語形.

Pab·lum /pǽbləm/ *n.* **1** 〘商標〙パブラム《幼児用の穀物を用いた離乳食品》. **2** [p-] =pabulum 2 a, b. 〘(1932): ⇨ pabulum〙

Pabst /pɑ́ːpst; G. páːpst/, **Georg Wilhelm** *n.* パープスト《1885–1967; ドイツの映画監督》.

pab·u·lum /pǽbjʊləm/ *n.* 《まれ》**1** (動植物の生命の維持と成長に必要な)食物 (food), 栄養(物). **2 a** (精神的な)糧(かて), 心の支え: mental ～ 心の糧《読物など》. **b** 単純すぎて無味乾燥な考え[本], 子供だまし. **3** (議論・論文などの根拠となる)基礎資料. **4** 燃料. **pab·u·lar** /pǽbjʊlə | -lə^r/ *adj.* 〘(1678)◻ L *pābulum* food ← **pā-* (← *pāscere* to feed)+-*bulum* (← IE **-dhlom* (instr. suf.)): cf. pastor, pasture〙

PABX /píːèɪbìːéks/ 《略》《英》〘電話〙Private Automatic Branch (Telephone) Exchange 構内(電話)自動交換(機).

pac /pǽk/ *n.* **1** パック: **a** (アメリカインディアンの moccasin を深くしたような)油革靴. **b** ブーツなどの下にはくヒールのない柔らかい履物. **2** =shoepac. 〘(*a*1877)◻ N-Am.-Ind. (Lenape) *pacu* a kind of shoe〙

PAC /píːèɪsíː/ 《略》Political Action Committee (of the Congress of Industrial Organizations) 政治活動委員会; Pan-African Congress 全アフリカ会議; Pan-American Congress.

Pac. 《略》Pacific.

pa·ca /pɑ́ːkə, pǽkə/ *n.* 〘動物〙パカ (*Cuniculus paca*)《テンジクネズミに類する中南米産のウサギ大の齧歯(げっし)動物; 毛皮は茶褐色で白斑があり, 肉は食用; spotted cavy ともいう》. 〘(1657)◻ Port. & Sp. ～ ◻ S-Am.-Ind. (Tupian) *páca*〙

PACAF 《略》Pacific Air Force (米国の)太平洋空軍.

pac·a·mac /pǽkəmæ̀k/ *n.* =pakamac.

pace[1] /péɪs/ *n.* **1** 歩速, 歩調; 速度 (speed); 足並み, ペース; (生活・仕事の)テンポ: ～ snail's pace / a ～ of three miles an hour 1 時間 3 マイルの歩速 / a rattling ～ ばたばた音を立てるほどの速足 / at a foot's ～ 並足で / at a good ～ 相当の速さで, 活発に / a fast ～ in walking 急ぎ足 / walk at a quick [great] ～ 急ぎ足で歩く / gather ～ しだいに速度をあげる / mend one's ～ 歩調を速める, 急ぐ / I'll do the job at my own ～. マイペースで仕事をします. **2** 歩(ほ), 1 歩 (step), ひと歩き, ひとまた (stride): make three ～*s* 3 歩歩く / One ～ forward. 1 歩前へ / walk ～ for ～ 1 歩 1 歩歩む. **3** 1 歩の距離: six ～*s from* the tree その木から 6 歩の距離. **4** 歩幅《普通歩行の場合は大人で約 2.5 フィート, 歩測の場合は約 3 フィート》: the military [regulation] ～〘軍事〙標準歩幅, 歩度《米では速歩(はやあし)30 インチ, 駆け足 36 インチ; 英ではそれぞれ 33, 40 インチ》/ an ordinary ～ 正常歩 / a (great) ～ =geometrical pace / ⇨ Roman pace / There were only two ～*s* between them. 彼らの間は 2 歩幅しかなかった. **5** 歩きぶり, 足取り (gait): an alderman's ～ 堂々とした[ゆったりとした]歩きぶり / at a halting ～ 足をひいて. **6 a** (馬の)ペイス, 側対速歩(はやあし), 側対歩《片側の前後両脚を同時に上げて 2 拍子で進む振動の少ない安定した歩法; cf. gait[1] 3》. **b** (馬の)歩様, 歩態 (gait). **7** ペース《古代ローマの距離単位; 二歩分の長さで約 1.5 m》. **8** [*pl.*] (技量・能力の)表明, 演技. **9** 〘建築〙(階段の)踊り場, 広段. **10** 〘スポーツ〙(野球で投手の)球速; (バドミントンで)シャトルコックのスピード; (クリケットで)速い投球. **11** 〘文学・映画〙(劇的効果のための)テンポ, 速度 (tempo). **12** 《廃》一群のロバ.
force the páce (競走で相手を疲れさせるために)無理にスピードを出す. ***gó*** [***hít***] ***the páce*** 《英》(1) 大速力で歩く. (2) 放蕩な生活をする, 道楽する (live fast). 〘(1829)〙
gó through *one's* ***páces*** 手並み[力]のほどを見せる.
kèep páce with …と同速力を保つ, 歩調をそろえる; (負けずに)…と肩を並べて行く: I cannot *keep* ～ *with* you. 君にはついていけない. 〘(1595–96)〙 ***màke*** *one's* ***páce*** 歩調を速める, 急ぐ. ***òff the páce*** (競走・競争で)先頭[一着]より遅れて. ***pùt*** *a person* ***through*** *his* ***páces*** 〈人〉の力量[技量]を試す, 能力試験をする. 〘(1766): 元来は馬の技術・耐久力などを試す意から〙 ***sét*** [***máke***] ***the páce*** (1) 〔他の人のために〕(先頭に立って)歩調の模範を示す, 歩調をつける 〔*for*〕(cf. pacemaker); 速さを整調する. (2) 〔人に〕模範を示す 〔*for*〕. 〘(1928)〙 ***shów*** *one's* ***páces*** 〈馬が〉歩態を示す; 〈人が〉(自分の)力量を示す, 腕前を見せる. ***stánd*** [***stáy***, ***táke***] ***the páce*** (1) 他人の歩調に合わせて行ける, 足取りについて行ける. (2) 他人に遅れをとらないようにする. ***trý*** *a person's* ***páces*** 人の力量を試す, 人物を見る.

— *vt.* **1** 〈部屋・床・ホームなどを〉ゆっくり[歩調正しく]歩く[歩き回る]: ～ a room. **2** 歩いて測る, 歩測する 〈*off*, *out*〉: ～ *off* the distance between the houses. **3** 〈馬〉の歩調を慣らす. **4 a** 〈騎手・走者などに〉歩調を示す[をつける]; 〈漕ぎ手を〉整調する. **b** (進歩・発展の)進度を調整する. **5 a** …に先行する. **b** …の先駆け[先例]となる (lead). **6** 〈馬が〉〈ある距離を〉一定の速度で走る, (特に)側対速歩で進む. **— *vi.*** **1** ゆっくり歩調正しく歩む. **2** (落ち着かずにあちこちと)歩く: ～ up and down a room 部屋を行きつ戻りつする. **3** 〈馬が〉側対速歩で歩く. **4** 歩調をつける, 整調する.
páce onesèlf (レースなどで)自分のペースを定める[守る]; (事を)着実に進める.
〘n.: (*c*1300) *pas*(*e*) ◻ (O)F *pas* ◻ L *passum* step, 《原義》stretch (of the leg) ← *passus* (p.p.) ← *pandere* to stretch ← IE **petə-* to spread. — v.: (1513) ← (n.)〙

pa·ce[2] /péɪsi, pɑ́ːtʃeɪ, pɑ́ːkeɪ/ *L. prep.* [反対の意見を丁寧に述べるときに] 失礼ですが (by the leave of): ～ Mr. Jones ジョーンズ氏には失礼ですが… / ～ the Republican 共和党の諸君のご意見には十分敬意を表しますが… / ～ tua /túːeɪ, túː-, túːaɪ | tjúːeɪ, túːaɪ/ 失礼ながら (by your leave). 〘(1863)◻ L *pāce* (*tuā*) '(by your) leave' (ablat.) ← *pāx* peace, leave〙

PACE /péɪs/ 《略》《英》Police and Criminal Evidence (Act).

páce bòwler *n.* 〘クリケット〙速球投手. 〘1951〙

páce càr *n.* 〘自動車レース〙ペースカー《レース前のコース一周走行 (pace lap) において競技参加車を先導する自動車; レースには参加しない》. 〘1965〙

paced *adj.* **1** [通例複合語の第 2 構成素として] …歩の, …足の, 歩みが…の: slow-*paced* 歩みののろい. **2** 足で測った, 歩測の. **3** 〘競馬〙整調者の定めた歩調の (cf. thorough-paced 1). **4** リズム[テンポ]の整った. 〘1583〙

páce ègg, P- e- /péɪs-/ *n.* 《英方言》=Easter egg. 〘(1579) ← 《北英》*pace*, *pase* (変形) ← *pask* 'PASCH, Easter'〙

páce làp *n.* 〘自動車レース〙ペースラップ《レース前にエンジンの暖機および助走スタート (flying start) を可能にするため, レース参加車全部がコースを一周すること》. 〘1971〙

pace·mak·er /péɪsmèɪkə | -kə^r/ *n.* **1** 整調者, ペースメーカー: **a** 練習・競走などで先頭に立ってペースをつくる走者・自動車. **b** 〘競馬〙他の馬の歩調を主導する馬またはその騎手. **2** 主導者, 指導者 (leader). **3 a** 〘解剖〙(心臓の)ペースメーカー, 歩調取り《静脈の洞房結節 (sinoatrial node) などにあって心拍を起動させる細胞群》; (一般に)生物学的活性のリズムを制御する体内の組織. **b** 〘医学〙(心臓)ペースメーカー《心臓に電気的刺激を与えて心室収縮を起こさせる装置; artificial pacemaker, cardiac pacemaker ともいう》. 〘1884〙

páce·màking *n.*, *adj.* 歩調調整(の), 整調[速](の). 〘1896〙

páce màn *n.* 〘クリケット〙速球投手. 〘1974〙

páce nòtes *n. pl.* (自動車レースの)ペースノート《ラリーで事前にコースの特徴について調べたメモ》.

pác·er *n.* **1** 徐行者; 歩調をとって歩く人; 歩測者. **2** =pacemaker. **3 a** 側対速歩 (pace) で歩くように訓練された動物《特に馬》. **b** (斜対速歩馬 (trotter) に対して)側対速歩馬. 〘*a*1661〙

páce·sètter *n.* =pacemaker 1, 2. 〘1895〙

páce·sètting *n.* 先頭に立つ, 先導的な.

pac·ey /péɪsi/ *adj.* 《英》速い, スピードのある. 〘(1906): ⇨ -y[4]〙

pa·cha, P- /pɑ́ːʃə, pǽʃə, pəʃɑ́ː/ *n.* =pasha.

pa·cha·lic /pəʃɑ́ːlɪk/ *n.* =pashalik.

pa·chin·ko /pətʃíŋkoʊ | -kəʊ/ *n.* (*pl.* ～**s**) (日本の)パチンコ (cf. pinball). 〘(1953)◻ Jpn.〙

pa·chi·si /pətʃíːzi, pæ-/ *n.* **1** インドすごろく《タカラガイ (cowrie) の貝殻を振って十字型の盤上でこまを進める 4 人用の昔のゲーム》. **2** =parcheesi 1. 〘(1800)◻ Hindi *paccīsī* ← *paccis* twenty-five (1 回の最高点) ← Skt *pañcaviṁśati* twenty-five〙

Pach·mann /pɑ́ːkmən, -mɑːn; *Russ.* páxmən/, **Vladimir de** *n.* パフマン《1848–1933; ロシアのピアニスト》.

pach·ou·li /pǽtʃʊli, pətʃúːli | pətʃúːli, pǽtʃʊli/ *n.* = patchouli.

Pa·chu·ca /pətʃúːkə; *Am.Sp.* patʃúka/ *n.* パチューカ《メキシコ中部, Hidalgo 州の州都》.

pa·chu·co /pətʃúːkoʊ | -kəʊ; *Am.Sp.* patʃúko/ *n.* (*pl.* ～**s**)《米》(メキシコ人またはメキシコ系米人の)ちんぴら, よた者 (tough)《zoot suit を着て通例手首などに入れ墨をした Los Angeles 地区の, 若い愚連隊の一員》. 〘(1943)◻ Mex.-Sp. ～ ? *El Paso* (Texas の町, 彼らの出身地)〙

pach·y- /pǽkɪ, -ki/「厚い (thick)」の意の連結形: *pachy*derm. 〘← NL ～ ← Gk *pakhús* thick ← IE **bhengh-* thick, fat〙

pach·y·ceph·al·o·saur /pæ̀kɪséfəloʊsɔə, -lə- |

-sèfələ(ʊ)sɔ̀ːᶜʳ, -kɛf-/ *n.* 〖古生物〗パキケファロサウルス《とげなどのある厚いドーム状の頭骨を有する白亜紀の草食恐竜》.
-ceph·a·lo·saur·i·an /-sèfəlousɔ́ːriən, -lə- | -sèfələ(ʊ)-, -kɛ̀f-⁻/ *adj.*

pach·y·derm /pǽkᵻdəːm | -kɪdəːm/ *n.* **1** 〖動物〗 **a** 《ゾウ・カバ・サイなどのような》厚皮動物. **b** ゾウ (elephant). **2** 鉄面皮の人, 鈍感な人. **pach·y·der·mic** /pǽkᵻdə́ːmɪk | -kɪdə́ː-⁻/ *adj.* 〖《1838》□ F *pachyderme* □ Gk *pakhúdermos* thick-skinned: ⇨ pachy-, -derm〗

pach·y·der·mal /pæ̀kᵻdə́ːməl, -mḷ | -kɪdə́ː-⁻/ *adj.* =pachydermatous.

pach·y·der·ma·tous /pæ̀kᵻdə́ːmətəs | -kɪdə́ː-mət-⁻/ *adj.* **1** 厚皮動物の. **2 a** 〈皮が〉肥厚した; 皮の厚い (thick-skinned). **b** 面の皮の厚い, 鈍感な. 〖1854〗

pach·y·der·moid /pæ̀kᵻdə́ːmɔɪd | -kɪdə́ː-⁻/ *adj.* 厚皮動物に似ている. 〖《1856》← PACHYDERM+-OID〗

pach·y·der·mous /pæ̀kᵻdə́ːməs | -kɪdə́ː-⁻/ *adj.* **1** =pachydermatous. **2** 厚い壁を有する. 〖1836〗

pach·y·ne·ma /pæ̀kᵻníːmə | -kɪ-/ *n.* 〖生物〗パキネマ《太糸(ふとし)期 (pachytene) の染色糸; cf. leptonema》. 〖← NL ～: ⇨ pachy-, nema-〗

pach·y·os·te·o·morph /pæ̀kiɑ́(ː)stiouməːf | -ɔ́stiə(ʊ)mɔ̀ːf/ *n.* 〖古生物〗パキオステウス型《堅い骨をもったサメに似た化石魚類》. 〖← NL ～: ⇨ pachy-, osteo-, -morph〗

pach·y·san·dra /pæ̀kᵻsǽndrə | -kɪ-/ *n.* 〖植物〗フッキソウ《ツゲ科フッキソウ属 (*Pachysandra*) の植物の総称; 半日陰地の植え込みなどに用いられる; フッキソウ (Japanese spurge) など》. 〖《1813》← NL ～: ⇨ pachy-, -andra〗

pach·y·tene /pǽkᵻtìːn | -kɪ-/ *n.* 〖生物〗太糸(ふとし)期, 厚糸期, パキテン期, 合体期《減数分裂前期の合糸期に続く時期; 集まった 2 本の相同染色糸が太く短くなる; cf. diplotene, leptotene》. 〖《1912》← PACHY-+-TENE〗

pa·cif·ar·in /pəsɪ́fərᵻn | -rɪn/ *n.* 〖病理〗パシファリン《有機体内に侵入した病原菌の生存は許すが発病は阻止する細菌由来物質》. 〖《1963》← *pacif*(*ier*)+(HEP)ARIN〗

pac·i·fi·a·ble /pǽsəfàɪəbḷ, ⸗⸗⸗⸗ | pæ̀sᵻfàɪ-/ *adj.* なだめられる, 静められる. 〖1618〗

pa·cif·ic /pəsɪ́fɪk/ *adj.* **1** 平和的な[を好む], 好戦的でない (peaceable); 温和な, おとなしい (gentle): a ～ character, people, etc. **2** 和解的な, 融和的な (conciliatory): a ～ policy. **3** 平和な, 泰平な (peaceful), 平穏な (tranquil), 穏やかな: the ～ relation of the two countries. **4** [P-] 太平洋の, 太平洋岸の: the *Pacific* countries 太平洋沿岸諸国 / ⇨ Pacific States. — *n.* [the P-] **1** 太平洋 (the Pacific Ocean): ⇨ PARADISE of the Pacific. **2** 《米国の》「パシフィック」型急行旅客用蒸気機関車 (1910–13). 〖《*a*1548》□ F *pacifique* // L *pācificus* peacemaking ← *pāx* 'PEACE': ⇨ -fic: 4 の意味は, その海上の穏やかさにちなんで Magellan が命名したもの〗

pa·cíf·i·cal /-fᵻkəl, -kḷ | -fɪ-/ *adj.* 《まれ》=pacific. 〖1464〗 **pa·cíf·i·cal·ly** *adv.* 友好的に, 平和的に, 穏やかに. 〖1793〗

Pacífic-Antárctic *n.* 太平洋南極海嶺《南太平洋の海嶺で南極大陸にほぼ平行して走る; Pacific-Antarctic Ridge ともいう》.

pa·cíf·i·cate /pəsɪ́fəkèɪt | -fᵻ-/ *vt.* =pacify. 〖← L *pācificātus* (p.p.) ← *pācificāre* 'to PACIFY'〗

pac·i·fi·ca·tion /pæ̀səfᵻkéɪʃən | -sᵻfɪ-/ *n.* **1** 静める[まる]こと, 静められること; 鎮定. **2 a** 講和, 和解, 融和 (reconciliation); 《国などの》平和[平穏]を回復すること, 平定. **b** 講和[平和]条約 (treaty of peace). **3** 《住民の移動や, 建物・食料品・穀物などゲリラ活動に役立つものの破壊などによる》ゲリラ[テロ]活動の排除. 〖《1437》□ (O)F ～ □ L *pācificātiō*(*n-*): ⇨ pacify, -fication〗

pa·cif·i·ca·tor /pəsɪ́fəkèɪtə | -sɪ́fᵻkèɪtəᶜʳ/ *n.* 融和者, 和解者, 調停車, 仲裁者 (peacemaker). 〖《1539》□ L *pācificātor*: ⇨ pacificate, -or²〗

pa·cif·i·ca·to·ry /pəsɪ́fᵻkətɔ̀ːri | pæ̀sᵻfɪkéɪtəri, pəsɪ́fɪkətəri, -kətri⁻/ *adj.* 融和的な, 和解的な; なだめる. 〖《1583》□ L *pācificātōrius* establishing peace: ⇨ pacificate, -ory¹〗

Pacífic barracúda *n.* 〖魚類〗北米西岸産カマスの一種 (*Sphyraena argentea*).

pacífic blockáde *n.* 〖国際法〗《港湾の》平時封鎖《戦争に訴えることなく行われる国家間の報復; 報復の対象である国の船舶に対してのみなされ, 複数の国の協力が必要》. 〖1880〗

Pacífic dáylight tìme *n.* 《米》太平洋夏時間《Pacific time zone で用いられる夏時間; 略 PDT》.

Pacífic dógwood *n.* 〖植物〗北米西部産ミズキ科ハナミズキの一種 (*Cornus nuttallii*).

Pacífic hígh *n.* 太平洋高気圧.

Pacífic Íslander *n.* 南太平洋の島の住民, ポリネシア人.

Pacífic Íslands, the Trust Territory of the *n.* 太平洋信託統治諸島《米国信託統治下にあった Caroline, Marshall, Mariana の各諸島; 行政中心地 Saipan; 現在はマーシャル諸島・ベラウ・ミクロネシアの各独立国と米国自治領の北マリアナ諸島となっている; 面積 1,810 km²》.

pa·cíf·i·cìsm /pəsɪ́fəsɪ̀zṃ, pæ- | -fᵻ-/ *n.* 《英》=pacifism.

pa·cíf·i·cist /-sᵻst | -sɪst/ 《英》=pacifist.

Pacífic Northwést *n.* [the ～] 北米太平洋岸北西地区《Rocky 山脈以西, Columbia 川以北の地域; 通例 Washington, Oregon 両州, 時にカナダ British Columbia 南西部を含む》. 〖1889〗

pa·ci·fi·co /pəsíːfᵻkòu | -fɪkəʊ; *Sp.* paθífiko/ *Sp. n.* (*pl.* ～**s** /～z; *Sp.* ～s/) **1** 平和的[穏和]な人, 非抗戦派の人. **2** スペイン軍による占領に抵抗しなかったキューバ[フィリピン]人《スペイン人が呼んだ名》. 〖《1897》□ Sp. ～ □ L *pācificus*: cf. pacific〗

Pacífic Ócean *n.* [the ～] 太平洋《赤道によって the North Pacific と the South Pacific に分かれる; 面積 181,300,000 km²》.

Pacífic Rím *n.* [the ～] **1** 環太平洋地域. **2** 《主として貿易・政治同盟関係から見た》環太平洋諸国. 〖1969〗

Pacífic Rím Nátional Párk *n.* パシフィックリム国立公園《カナダ南西部, Vancouver Island にある国立公園》.

Pacífic sálmon *n.* 〖魚類〗サケ (⇨ salmon 1 b). 〖1888〗

Pacífic Secúrity Pàct *n.* [the ～] 太平洋安全保障条約《1951 年にオーストラリア・ニュージーランド・米国の間で結ばれたアンザス条約 (ANZUS Pact) の公式名》.

Pacífic slópe *n.* [the ～] 太平洋斜面《例えば北米大陸で大陸分水界 (Continental Divide) 以西の地方》. 〖1845〗

Pacífic stándard tìme *n.* =Pacific time.

Pacífic Státes *n. pl.* [the ～] 《米国》太平洋沿岸諸州 《Washington, Oregon, California の 3 州》. 〖1820〗

Pacífic tìme *n.* 太平洋(標準)時《米国の標準時の一つ; 西経 120° にあり, GMT より 8 時間遅い; 略 PT》. 〖1883〗

Pacífic tómcod *n.* 〖魚類〗=tomcod b.

Pacífic trée fròg *n.* 〖動物〗北米西部産アマガエル科アマガエル属の樹上にすむカエル (*Hyla regilla*).

Pacífic Wár *n.* [the ～] 太平洋戦争《War in the Pacific ともいう》.

pác·i·fì·er *n.* **1** なだめる人, 調停者 (peacemaker). **2** 《米》《むずかる乳児に与える》ゴム製乳首, おしゃぶり (cf. dummy 6, teething ring). 〖1533〗

pac·i·fism /pǽsəfɪzṃ | -sᵻ-/ *n.* **1** 平和主義, 平和論, 戦争[暴力]反対主義[論] (cf. militarism). **2** 《国際的紛争の》平和的解決政策, 平和政策支持. 〖《1902》□ F *pacifisme*〗

pac·i·fist /pǽsəfᵻst | -sᵻfɪst/ *n.* **1** 平和主義[論者] (cf. militarist 1), 一切の戦争[暴力]に反対の人. **2** 兵役拒否者; 《特に》=conscientious objector. **3** 《暴力に対する》無抵抗[非暴力]主義者. — *adj.* 平和主義的な, 平和主義者[論者]の (pacifistic); 無抵抗主義の: the ～ provision of the new Japanese Constitution 日本の新憲法の平和主義条項. 〖《1906》□ F *pacifiste*〗

pac·i·fis·tic /pæ̀səfɪ́stɪk | -sᵻ-⁻/ *adj.* =pacifist.
pàc·i·fís·ti·cal·ly *adv.*

pac·i·fy /pǽsəfàɪ | -sᵻ-/ *vt.* **1** 〈怒った人などを〉なだめる (calm); 〈激情などを〉落ち着かせる, 静める (quiet): ～ the screaming baby 泣き叫ぶ赤ん坊をあやす. **2** 〈国〉の平和を回復する, 《武力によって》平穏な状態に戻す, 平定する; 〈占領地の暴徒などを〉鎮定[鎮圧]する (quiet). **3** 〈飢餓などを〉いやす, 〈食欲などを〉満たす (appease). — *vi.* 静まる; 〈心が〉和らぐ. 〖《*a*1475》□ (O)F *pacifier* □ L *pācificāre* ← *pāx* 'PEACE'+-*ficāre* to make: ⇨ -ify〗

SYN なだめる: **pacify** 〈人・怒り・苦情・興奮などを〉静かにさせる《格式ばった語》: *pacify* a crying child 泣いている子供をなだめすかす. **appease** 人や欲望を満足させてなだめる《格式ばった語》: *appease* one's hunger 空腹をいやす. **soothe** 怒りや心の乱れを優しいことばなどで静める: They tried to *soothe* her with kind words. 彼らは優しいことばで彼女をなだめようとした. **mollify** 怒りや傷つけられた感情をお世辞を言ったり譲歩したりして和らげる《格式ばった語》: He *mollified* her anger by compliment. お世辞を言って怒りを静めた. **conciliate** 《以前敵対していた人》の支持・友情を得る《格式ばった語》: He apologized to *conciliate* her. 詫びを言って彼女をなだめた.
ANT anger.

---

pác·ing *n.* **1** 歩測. **2** 〖馬術〗=amble 1 a. 〖1706〗

Pa·cín·i·an bódy [córpuscle] /pəsíniən-/ *n.* 〖解剖〗層板小体, (ファーテル)パチニ氏小体. 〖《1876》*Pacinian*: ← *Filippo Pacini* (1812–83: イタリアの解剖学者)〗

Pa·ci·no /pətʃíːnou | -nəʊ/, **Al**(**fredo James**) *n.* パチーノ《1940– ; 米国の映画俳優; *The Godfather*「ゴッドファーザー」(1972)》.

Pa·cio·li /pɑːtʃóuli | -tʃəʊ-; *It.* patʃɔ́ːli/, **Lu·ca** /lúːka/ *n.* パチョーリ《1445?–1517; イタリアの数学者・修道士; 簿記学の創始者》.

pack¹ /pǽk/ *vt.* **1** 包む, 束ねる, くるむ, 梱包(こんぽう)する, 《輸送・貯蔵などのため》荷造りする 〈*up*〉: ～ (*up*) clothes, goods, etc. / ～ clothes *into* a suitcase スーツケースに衣類を詰める / Dad ～*ed* me a sandwich =Dad ～*ed* a sandwich *for* me. 父は私にサンドイッチを詰めてくれた. **2** 〈魚・果物・肉などを〉《市場に送るために》包装[荷造り]する; 《米》缶[箱]詰にする: meat, fish, and vegetables ～*ed in* cans / ⇨ packinghouse. **3 a** 〈トランクなどに〉(整理して)〈物を〉ぎっしり詰め込む 〔*with*〕; 〈人などを〉〈狭い所に〉一杯に詰める 〈*in*〉 〔*into*〕; 〈観客が〉〈劇場など〉に一杯に入る; 〈人気歌手・催物などが〉〈劇場などを〉〈観客などで〉一杯にする: ～ one's trunk / ～ a suitcase *with* clothes スーツケースに衣類を詰める / a box ～*ed with* books 本がぎっしり詰まった箱 / ～ people *into* a room 人を部屋に詰めこむ / ～*ed* like sardines ぎっしり詰まって, すし詰めになって / be ～*ed* to the limit 満員である / be ～*ed* full [tight, 《英》 out] 満杯である / The bus was ～*ed with* passengers. バスは満員だった / The crowd ～*ed* the stadium (to hear Pavarotti). 《パヴァロッティを聞くために》群衆がスタジアムを埋めつくした (cf. *vi.* 5 a) / Pavarotti [Pavarotti's concert] ～*ed* the stadium. パヴァロッティ(のコンサート)にスタジアムが一杯になった (cf. PACK *in* (4)). **b** 〈活動(の計画)を〉〈時間・予定などの中に〉詰め込む 〈*in*〉 〔*into*〕. **c** 〈土などを〉(押し)固める. **4** 《空気・蒸気・水などが漏れないように》…に詰め物 (packing) をする; 〈割れ物など〉の周囲に詰め物を置く: ～ a joint in a water pipe 水道管の継ぎ目にパッキングを当てる. **5** 〈猟犬・トランプなどを〉一組[一群]にする. **6** 〈馬など〉に荷をつける, 積荷をする (load); 重荷を負わせる, …の邪魔をする (encumber). **7 a** 〈人を〉〈即座に〉送り出す, (にべもなく)追い返す, 追い出す; 解雇する 〈*off*〉: They ～*ed* him *off* to his parents. 彼はさっそく両親のもとへ送り返された / ～ a person *off* 人を解雇する / ～ oneself *off* [*away*] 〈解雇された者が〉〈荷物をまとめて〉さっさと出て行く. **b** 〈仕事などを〉(さっさと)終える 〈*up, in*〉: ～ *up* the business. **8** 《俗》 **a** 《常備品として》携帯する, 装備する: ～ a gun 拳銃を携帯する. **b** 《米西部》(包装して)運搬する; 《米》(背で)運ぶ (carry): ～ food up a mountain 食料を山に運ぶ. **9** 〖医学〗〈患者〉に湿布する, 温布[乾布, 湿布]を着せる (cf. packing sheet 2). **10** 〖機械〗〈ベアリングなど〉に潤滑油を充てんする. **11** 〈接続部など〉に〈くさびなどで〉すきをうめる. **12** 《俗》 **a** 〈打撃などを〉強烈に加える; 〈強打・衝撃などを〉与えることができる. **b** 特徴[力]として持って[備えて]いる.

— *vi.* **1** 《保管・運搬などのために物を》荷造りする, 包装する 〈*up*〉: Let's ～ quickly. 急いで荷造りをしよう. **2** 〈旅の〉荷物をまとめる[支度をする]: time to ～ and get to the station 荷物をまとめて駅へ駆けつける時刻. **3** 荷物をまとめて立ち去る[出て行く]. **4** 〈物が〉荷造り[包装]ができる, 《箱などに》詰まる, 納まる: articles that ～ (up) conveniently (*into* a small space) (せまいところに)うまく納まる品物. **5 a** 〈人・動物が〉群がる, 群れをなす; 〔…に〕押し寄せる, 詰めかける 〔*around, into*〕: The audience ～*ed into* the hall. 聴衆はホールにぎっしり入った / Journalists ～*ed around* the President. 記者たちが大統領の周りにつめかけた. **b** 詰め込まれる. **6** 〈土地・雪などが〉固まる, しまる: Ground ～*s* after a rain. 雨のあとは地面がしまる. **7** 〖ラグビー〗スクラムを組む.

páck a púnch [***wállop***] 《俗》 (1) 一発強打の力をもつ, 強烈なパンチ力をもっている. (2) 強力な効果をもつ, ひどく効く. ***páck awáy*** (1) 〈食料などを〉貯える, 貯蔵する (store away). (2) 〈食物を〉食べる, 平らげる. ***páck ín*** (*vt.*) (1) ⇨ *vt.* 3 a, b. (2) ⇨ *vt.* 7 b. (3) =PACK *up* (3). (4) 〈人気歌手などが〉〈客などを〉ぎっしり集める: The show is really ～*ing* them *in*! (5) 《英・NZ 口語》〈人〉の仕事をやめる, 〈人〉と縁を切る, 関係を絶つ. (6) 〈荷物を〉ベースキャンプまで運び上げる. (*vi.*) =PACK *up* (3), (5). ***páck it úp*** [***ín***] 《俗》 (1) やめる, 思いとどまる. (2) 《米》敗北を認める; 有利な立場をできるだけ利用する. ***páck óff*** (*vt.*) ⇨ *vt.* 7 a. (*vi.*) あたふたと出て行く, 出奔する. ***páck ón àll sáil***(***s***) 〖海事〗⇨ sail 成句. ***páck** one's **bágs*** ⇨ bag 成句. ***páck óut*** [普通は受身で] 〈劇場などを〉満員にする. ***páck úp*** (*vt.*) (1) ⇨ *vt.* 1. (2) ⇨ *vt.* 7 b. (3) 〈喫煙・飲酒・おしゃべり・不作法なことなどを〉やめる. — (*vi.*) (1) ⇨ *vi.* 1. (2) 《出発のために》荷物をまとめる. (3) 《口語》道具類などを片付けて, 仕事をおしまいにする. (4) 《俗》《競技・活動などから》引退する. (5) 《俗》〈エンジンが〉動かなくなる; 死ぬ. (6) 〖工学〗《機械や部品を固定する前に》パッキングを使って高さを調整する. ***sénd** a person **pácking*** 《口語》〈人を〉追っ払う; 〈人を〉即座に解雇する.

— *n.* **1 a** 《人が背負いまたは荷馬車で運べる程度の》包み, 荷物, 束, 梱(こり) (⇨ bundle **SYN**): a peddler's [mule's] ～ 行商人[らば]の荷. **b** 《豪》リュックサック. **c** 〖軍事〗《兵士が肩にかつぐ》雑嚢(ざつのう); 《軍馬で運ぶ》馬載物. **d** パック《落下傘の傘と吊索(ちょうさく)をたたみこんだ包》. **e** 《物をきっちり格納する》容器 (container); 《特に》製品を詰めるパッケージ[パック]. 日英比較 日本語では「牛乳パック」のように「パック」を一般に容器の意味で用いるが, 英語の *pack* は液体用には用いず carton を使う. **2** 《市場向け商品の》荷造り, 包装法: a vacuum ～ 真空包装[パック]. **3** 《果物・魚類などの年[季]間》総缶詰出荷高. **4** 《米》《巻きたばこなどの》一包み, 一箱 (《英》 packet); 《英》《トランプの》一組 (set) 《通例 52 枚》(《米》 deck): a ～ of 20 cigaret(te)s 巻きたばこ 20 本入り一箱. **5** 《猟犬・狼・飛行機・軍艦などの》一群; 一隊 (⇨ group **SYN**): a ～ of hounds (特に, 仕立てた)猟犬の一群 / Wolves hunt in large ～*s*. 狼は群れをなしてあさり歩く / a submarine ～ 潜水艦隊. **6** 《類似の目的・傾向をもつ》一団の人々, 《特に, 悪人などの》同類, 一味 (gang): a ～ of fools / a ～ of robbers [thieves] 盗賊の一味, 盗人仲間. **7** 〖写真〗 **a** 《フィルム》パック《カメラに一回に装填(そうてん)するフィルムの一包み》. **b** 《同時露出用のカラーフィルムや感光板の》一組. **8** [集合的] ボーイスカウト[ガールスカウト]の年少隊 《cub scouts [Brownies] のグループ》. **9** パック, こり《量目の単位; 羊毛・麻は 240 pounds, 穀粉は 280 pounds, 石炭は 3 bushels, 金箔は 500 枚》. **10** 〖ラグビー〗 **a** [集合的] 《1 チームの》前衛 (forwards). **b** スクラム (scrummage). **11** [通例軽蔑的に] たくさん, どっさり (lot): a ～ of nonsense [lies] たわごと[ばかげたうそ八百]. **12** 《北極海・南極海の》浮氷群, 流氷 (ice pack); 叢(そう)氷 (pack ice). **13** 〖鉱山〗ぼた積み壁; ぼた積み, 充填. **14** 〖金属加工〗葉板(ばん)《仕上り長さになっていない途中工程まで圧延された鋼板》. **15** 〖医学〗 **a** 湿布(療法), 罨法(あんぽう). **b** 《湿布療法で患者に着せる》温布, 湿布, 乾布(など). **c** 湿[乾]布などを着せること. **d** 氷片を入れて折りたたんだタオル[布]; 氷嚢(ひょうのう) (ice bag). **16 a** 《美顔用》パック《乾くまで顔を塗っ

P

ておく美容塗布剤). **b** 頭髪や頭部の皮膚の調子を整えるため油[クリーム]をつけること. **c** =mudpack. **17**〘演劇〙(舞台脇に使用順にそろえて用意された)フラット (flats) の束. **18**〘電算〙=deck 5. **19**《古》卑しい者, ろくでなし, 役立たず.

gó to the páck 《豪口語》(質などが)低下する, 悪化する.
léad the páck = ***be ahéad of the páck*** 先頭を走る; リードする〔*of*〕.

— *adj.* [限定的] **1** 運送(用)の: a ~ mule 荷運びらば / ⇨ pack animal, packhorse 1. **2** 駄馬(㊌)から成る: ⇨ packtrain. **3** ぎっしり詰まった (packed). **4** 荷造り用の, 包装用の: a ~ rope からげ縄.

~·a·ble /-kəbl/ *adj.* **pack·a·bil·i·ty** /pækəbíləṭi | -lɪ̀ti/ *n.* 〘n.: (?a1200) *pakke* ◻ MLG *pak*, MDu. *pac* pack ← ?. — v.: (c1378) ◻ (M)LG & (M)Du. *pakken* ← *pac*〙

pack² /pǽk/ *vt.* **1** 〈委員会などに自分に都合のいい者を集める, 抱き込む: ~ a jury 陪審員を自派の者で固める. **2**《古》〈トランプの札を〉不正に積み込む. **3**《米》(割引率を高くできるように)〈自動車の価格を〉不当につり上げる.
— *vi.*《廃》たくらむ, (人と)共謀する. — *n.* **1**《廃》たくらみ, 陰謀 (plot). **2**《米》(自動車の価格の)不当なつり上げ. 〘(a1529) ← ?《廃》*pact* to stipulate ← PACT: 語尾 -t の消失は活用語尾と解されたためか〙

pack³ /pǽk/ *adj.*《スコット》〈獣が〉慣れた (tame); 〈人が〉親しい (intimate). 〘(1786) ↑ の転用?〙

-pack /pæk/「(びん[缶]詰めビールなどの)一定本[個]数入り一箱」の意の名詞連結形: a six-*pack* of beer. 〘↓〙

pack·age /pǽkɪdʒ/ *n.* **1 a** (小型・中型の)荷, 包み, 束 (⇨ bundle SYN); 包装した商品: a ~ of books, manuscripts, etc. / an express ~ (郵送でない)急送小荷物. **b** 荷造り料, 包装費. **2** 包装紙[材]; (荷造り用)容器, パッケージ (箱・ケース・びん・缶など). **3** 包装すること. **4 a** ひとまとまり[一切込み]のもの. **b** =package deal. **c**〘ラジオ・テレビ〙(すぐ使用できるようにあらかじめ作成して売る)出来合い[セット]番組, パッケージプログラム. **d** 旅行パック. **e**〘電算〙既製プログラム. **f**〘機械〙(機能などで幾つかの部品から成る機構部分の)組立済ユニット, 単位[ユニット]完成品. **5**〘経済・労働〙(交渉などで獲得する)ひとまとまりの契約条項, 契約上の組み合わせ利益. **6**《口語》こちんまりしたもの (小柄なかわいい女の子など). **7**《古》荷造り, 梱包, 包装: ~ paper 包装紙. **8**《米俗》大金. — *adj.* [限定的] ひとまとめの, 一括の; パック[セット]の: a ~ proposal 一括[抱き合わせ]提案 / ⇨ package tour. — *vt.* **1 a** 〈荷物を〉包みにする, 箱に入れる: ~ goods. **b** 〈人を〉〈車などに〉詰め込む〔*in*〕. **2** 〈商品・人物を〉(人の目を引くようにきれいに)包装する; 〈商品などの〉パッケージを作る. **3 a** 〈関連したものを〉ひとまとめにする, 一括する. **b**〘テレビ〙一括番組として制作[提供]する. 〘(1540) ◻ ? Du. *pakkage* baggage ← *pak* 'PACK¹': ⇨ -age〙

páck·age bòmb *n.*《米》小包爆弾 (《英》parcel bomb).

páck·aged *adj.* **1** 化粧箱に包装されて. **2**《米俗》酒に酔った. 〘1933〙

páckage dèal *n.* **1** (取捨選択を許さない)一括取り引き; 抱き合わせ契約, セット販売. **2** 一括契約に含まれる対象物, 抱き合わせ商品. 〘1952〙

páck·aged tóur *n.* =package tour.

páckage hóliday *n.* (旅行社企画の運賃・宿泊費など)一切込みの休日旅行. 〘1960〙

páckage òffer *n.* =package deal.

páck·ag·er *n.* **1** 荷造り[包装]する人. **2** (テレビ番組などを作って売る)製作者; 旅行・興業などの企画を一手に取り扱う業者. 〘1959〙

páckage stòre *n.*《米》(たる詰め・瓶詰めなどの)酒類小売店 (店内での飲酒は許されない; 《カナダ》liquor store; 《英》off-license). 〘c1918〙

páckage tòur *n.* パック旅行, パッケージツアー, セット旅行 (旅行社提供の運賃・宿泊費・食費など一切込みの旅行). 日英比較 日本語の「パック旅行」に相当する言葉. 〘1958〙

páck·ag·ing *n.* **1** 個装 (一商品単位の包装). **2** (商品)包装; 商品を容器に入れること; その容器. **3** (商品・人物・テレビ番組を)人に好まれるような形で見せること. 〘1875〙

páck ànimal *n.* (牛・馬など)荷物を運ぶ動物. 〘1847〙

Pack·ard /pǽkəd | -kɑːd, -kəd/, **Vance (Qakley)** *n.* パッカード (1914– ; 米国の社会批評家・作家).

páck bàsket *n.* 背負いかご.

páck bòard *n.* (荷物などを運ぶため肩帯のついた)木製[金属製]の枠. 〘1939〙

páck-clòth *n.* 荷造[包装]用布. 〘1846〙

páck dàte *n.* (パック詰めの食品に表示される)加工[包装]年月日.

páck drill *n.*〘軍事〙**1** 駄馬(㊌)教練, 輜重(しちょう)教練. **2** 懲罰軍装行進 (完全行軍軍装のまま特定地域を行進して回らせる罰). ***Nò námes, nò páck drill.*** だれの名前も言わなければ, だれも罰せられない.

packed /pǽkt/ *adj.* **1** [しばしば複合語の第 2 構成素として] **a** 込み合った (crowded); 詰まった (stuffed). **b** 圧縮された, 固まった. **2** (すぐに食べられるように)包装された調理済みの: a ~ lunch. **3** [~ out として]《口語》満員の. **4** 〈食品が〉パック入りの. **5**〘電算〙〈データ・ファイルなど〉圧縮された. 〘1777〙

pácked céll vòlume *n.*〘医学〙パック細胞容積 (⇨ hematocrit 2).

pácked júry *n.* 自派で固めた陪審員. 〘1648〙

pácked méal *n.* パック入り(調理)食品, パック詰め料理. 〘1968〙

pack·er /pǽkə | -kə(r)/ *n.* **1** 荷造り人, 包装[梱包(こんぽう)]業者[会社]. **2**《米》**a** (食料品の)缶詰[塩づけ]業者; 缶詰工. **b** 食料品包装出荷業者, (特に)精肉出荷業者 (meat packer). **3 a** 荷造り機械. **b** ごみ収集者. **4**《米・カナダ・豪》牛・馬などで荷物を運ぶ人. **5 a**《米西部・豪》馬方, 牛飼い. **b**《豪》=pack animal. 〘1351〙

Pack·er /pǽkə | -kə(r)/, **Kerry Francis Bull·more** /búlmɔə | -mɔː(r)/ *n.* パッカー (1937– ; オーストラリアの実業家; オーストラリアのワールドシリーズクリケットを推進 (1978–79)).

pack·et /pǽkɪ̀t/ *n.* **1 a** (手紙などの)束 (bundle), ひとくくり[塊], 一群; 一回に配達される郵便物. **b** 小包, 小荷物. **c**《英》(たばこなどの)一箱, 一包み (《米》package) (⇨ bundle SYN). **2 a** (政府が用船契約をした)郵便船. **b** (沿岸・運河などで郵便・旅客などを運ぶ)定期船; 旅客用運河船. **3**〘電算〙パケット (通信用にデータを分割し, 目的地などの情報を付した単位). **4**〘トランプ〙(獲得した札やカットして二分された札などの)小分けした山. **5**《口語》かなりの大金; (特に, 賭(か)けて得た[失った])相当な金額; 大量, 多数: It cost him a ~ but cured his disease. 大金がかかったがそれで彼の病気は治った. **6**《俗》重荷 (load). **7**《英俗》(手痛い)打撃, (ひどい)肉体的[精神的]苦痛. **8**《英》給料袋: ⇨ pay packet, wage packet.

búy [cátch, cóp, gét, stóp] a pácket 《英俗》弾丸に当たる, 致命傷を受ける; ひどい目に遭う.

— *vt.* **1** 小包[小荷物]にする. **2** 郵便船で送る. 〘(?a1450) ← ? *pac(e)* 'PACK¹' + -ET〙

pácket bòat *n.* =packet 2. 〘1641〙

pácket dày *n.* 郵船出帆日; (郵船用)郵便物締切日. 〘1858〙

pácket lètter *n.*〘郵趣〙パケットレター (19 世紀から 20 世紀初めにかけて郵便船によって運ばれた郵便物).

pácket rádio *n.* パケットラジオ (無線を用いた packet switching network; 一つのパケットを複数の局が受信できる).

pácket shìp *n.* =packet 2. 〘1782〙

pácket swìtching *n.*〘電算〙パケット交換方式 (データを操作単位 (packet) に分割して伝送する方式). 〘1972〙

pácket swìtching nètwork *n.*〘通信〙パケット交換ネットワーク (通信すべき情報を中継局にためてから細かく分けて端末機へ伝送する回路網通信システム).

páck·fràme *n.* 金属枠の背負子(しょいこ). 〘1955〙

páck·hòrse *n.* **1** 駄馬(㊌), 荷馬. **2**《古》あくせく働く人 (drudge). 〘?a1500〙

páck·hòuse *n.* **1** 倉庫. **2** (果物などの)包装作業場. 〘1601〙

páck ìce *n.* 叢(そう)氷, 積氷, 流氷, パックアイス (浮氷が風に吹き寄せられて集まり凍りついた氷塊; ice pack ともいう). 〘1850〙

pack·ing /pǽkɪŋ/ *n.* **1** 荷造り, 梱包(こんぽう); 包装: ~ charges 荷造料. **2** 荷造り[包装]法. **3** (人・駄馬(㊌)などの背による荷物の)運搬. **4 a** 荷造り材料; 包装用品. **b** (こわれ物などの)保護用の詰め物. **5 a** (接ぎ目・漏れ口などに当てる)詰め物, パッキン (麻くず・古綿など); 〘機械〙(締めつけをよくしたり気体・液体の漏れを防ぐ)パッキン. **b**〘建築〙(石・れんがなどの目地を埋める)充填材, 間詰(ま)め. **6** 包装料金. **7 a**《米》食料品包装出荷業, (特に)精肉出荷業 (cf. meat packing, packinghouse); (肉・果物・野菜などの)缶詰, 缶詰業: ~ business 精肉出荷[卸売]業. **b** 〈食品, 特に精肉を〉後で販売するために加工処理すること. **8**〘印刷〙胴ばり, 胴巻き, パッキング (印刷機の圧胴の表面に巻きつけた紙・布・ゴムなど). **9**〘医学〙湿布(を当てること), パッキング (傷口や腔に詰める脱脂綿など). 〘(1341) *pakking* ← *pakken* 'to PACK¹': ⇨ -ing¹〙

pácking càse [bòx] *n.* **1** 荷箱, 包装箱; (特に)包装品の上にかける木枠. **2**〘機械〙パッキン箱 (stuffing box ともいう). 〘1791〙

pácking dènsity *n.*〘電算〙記録密度, 記憶密度 (単位長, 単位面積または単位体積当たりの記憶セルの個数). 〘1958〙

pácking effèct *n.*〘物理〙結合効果 (原子核に質量欠損 (mass defect) があること).

pácking fràction *n.*〘物理・化学〙(原子核構成粒子 1 個あたりの)比質量偏差, パッキングフラクション (質量欠損を質量数で割ったもの). 〘1927〙

pácking glànd *n.*〘機械〙パッキン押え (⇨ gland²).

pácking·hòuse *n.*《米》精肉[果物, 野菜]包装出荷工場; 缶詰工場 (packing plant) (cf. packing 7). 〘1834〙

pácking nèedle *n.* =pack needle.

pácking nùt *n.*〘機械〙パッキン箱 (stuffing nut ともいう).

pácking-pàper *n.* 包み紙, 包装用紙. 〘1861〙

pácking plànt *n.*《米》=packinghouse.

pácking prèss *n.*〘機械〙荷造りプレス (綿・干草などの荷造り圧縮用). 〘1825〙

pácking rìng *n.*〘機械〙=piston ring.

pácking shèet *n.* **1** 包装用布 (ズックなど); 包装紙. **2**〘医学〙(水治療法用)湿布. 〘1545〙

páck·man /-mən, -mæ̀n/ *n.* (*pl.* **-men** /-mən, -mɛ̀n/) 行商人 (peddler). 〘a1625〙

páck nèedle *n.* (荷造り用)からげ針. 〘1327〙

páck-ràpe *n.*《豪》集団レイプ, 輪姦.

páck ràt *n.* **1**〘動物〙モリネズミ (*Neotoma floridana*) (北米西部産の物を運んで巣の中にためる習性があるネズミ; wood rat ともいう). **2**《俗》渡り歩く探鉱者[案内人]. **3**《米西部俗》こそどろ (petty thief), 信用できない人. **4**《俗》(不要なものでも)何でもかき集めため込む人. **5**《米俗》(ホテルの)ボーイ. 〘1885〙

páck ròlling *n.*〘金属加工〙葉板圧延, パック圧延, 重ね圧延, 積層圧延 (薄板を 2 枚以上重ねて圧延すること; 箔の製造に用いられる).

páck·sàck *n.*《米》旅行用リュックサック, 携帯袋. 〘1851〙

páck·sàddle *n.* (馬の)荷鞍(にぐら). 〘(c1395): ⇨ pack¹, saddle〙

páck·stàff *n.* (*pl.* **-staves**)《古》荷負い人の使う荷物の支え杖(づえ). 〘1542〙

páck·thrèad *n.* (荷造用)ひも, からげひも[糸], 細引. 〘(1304): ⇨ pack¹, thread〙

páck·tràin *n.*《米》**1** (荷馬車などの使えない地域で荷物を運ぶらばなどの)動物の列. **2**〘軍事〙駄馬(㊌)段列[縦列]. 〘1849〙

páck trip *n.*《米》馬での旅行[行楽] (《英》pony-trekking).

páck·twìne *n.* からげ糸. 〘1852〙

páck wàll *n.*〘鉱山〙充填(じゅうてん)壁 (採掘跡の空洞を支えるため土石を充填して作られる壁).

Pac-Man /pǽkmæ̀n/ *n.*〘商標〙パックマン (1982 年に米国で大流行した日本のナムコ製のテレビゲーム; 迷路の中でモンスターを避けながら Pac-Man に '餌' を食べさせる). 〘1981〙

pact /pǽkt/ *n.* **1** 約束 (agreement), 契約 (contract), 協定: ⇨ suicide pact. **2** (国家間の)協定, 条約 (compact): a peace ~ 講和[平和]条約. — *vt.* 《まれ》…と契約[協定]する; …との契約[協定]書に署名する. 〘(1429) ◻ (O)F *pacte* // L *pactum* (p.p.) ← *pacisci* to agree ← IE **pak-* to fasten (L *pāx* 'PEACE' / Gk *pēgnúnai* to fix / OE *fōn* to seize): cf. pagan, page¹, pay¹〙

pacta illicita *n.* pactum illicitum の複数形.

pac·tion /pǽkʃən/ *n.* =pact. — *vi.*《スコット》同意する (agree); 契約[協定]する. **~·al** /-ʃnəl, -ʃənl/ *adj.* **~·al·ly** *adv.* 〘n.: (1471) ◻ (O)F ~ ◻ L *pactiō(n-)* agreement ← *pacisci* (↑). — v.: (1640) ◻ F *pactioner* ← *paction*〙

Pac·to·lus /pæktóʊləs | -tə́ʊ-/ *n.*〘ギリシャ神話〙パクトーロス(川) (古代 Lydia の小川; その砂洲から採れた金が国王 Croesus の富源となった; また Midas 王がこの川で水浴して, 触れたものがすべて金になる力が体から取り去られたという). 〘◻ L *Pactōlus* ◻ Gk *Paktōlós*〙

pac·tum il·lic·i·tum /pǽktəmɪ̀lísətəm | -ɪlísɪ-/ *n.* (*pl.* **pac·ta il·lic·i·ta** /pǽktəɪ̀lísətə | -ɪlísɪtə/)〘ローマ法〙不法な合意, 公序に反する合意 (法が権利の発生を認めない合意). 〘◻ L ~ 'unlawful agreement': ⇨ pact, illicit〙

pac·y /péɪsi/ *adj.*《英》=pacey.

pad¹ /pǽd/ *n.* **1** (摩擦・損傷などを防ぐための)当て物, クッション, (打物の下に敷く)まくら (bolster); 詰物; (いすなどの)敷き物, 座ぶとん. **2** (服の形を整えるための)パッド: a shoulder ~ 肩台, ショルダーパッド. **3** (はぎ取り式筆記用紙・吸取紙などの)一帳 (notepad), 一つづり (tablet): a drawing ~ 画用紙帳 / a writing ~ 書簡用紙, 便箋 / a blotting ~. **4** (球技などで使う)パッド (胸当て・すね当てなど). **5** (傷口に当てる)ガーゼ, 綿; 生理用ナプキン, パッド. **6** スタンプ台, スタンプ印肉, パッド (stamp pad, ink pad). **7** (馬の)鞍敷き (鞍の代わりに用いる座ぶとん), 鞍褥, 鞍下当て (panel), ゼッケン. **8 a** (動物の)足裏のふくらみ, 肉趾(にくし). **b** (キツネ・ウサギ・オオカミなどの)足. **c** (昆虫の足の)付着盤 (pulvillus). **9**《米》(スイレンなどの水草の大きな)浮葉 (lily pad). **10** (特に, 羊毛または糸の)包み (package), 束 (bundle), 梱(こり). **11 a**《口語》「ねぐら」(寝床・寝室・下宿・宿・家など): hit the ~ 寝床に入る, 寝る. **b**《廃》(横になって寝られる)藁(わら)などの束. **12** [the ~]《米俗》(警察が暴力団などから受け取り署員間で山分けする)賄賂, 不正利得, その下 (極秘の綴り紙に収賄を受けた警察官の名を記すことから). **13 a**〘航空〙(飛行機の)発着区域; (ヘリコプターの)発着所, 離着陸台. **b**〘宇宙〙(ロケットなどの)発射台 (launching pad). **14**〘造船〙**a** 甲板受木 (木船の甲板を中高にするためビームの上に入れる枕木). **b** 受台, 枕. **15**〘海事〙船首防衝材. **16**〘電気〙固定減衰器, パッド. **17**〘木工〙刃先 (bit) を差し込む口. **18**〘金属加工〙**a** (溶接用金属の)肉盛り. **b** 鋳物の盛り上がった表面. **19** (地面にはめこまれた)交通信号灯制御装置 (車両の通過を感知する; cf. vehicle-actuated). **20**〘機械〙(各種の工具を取り付ける)柄, にぎり, ハンドル.

on the pád 《米俗》(警察署ぐるみで受け取った)賄賂[その下]の分け前にあずかって.

— *v.* (**pad·ded; pad·ding**) — *vt.* **1** …に詰物をする (stuff), 芯(しん)を入れる, 〈衣類など〉に綿[パッド]を入れる; 〈狂人の部屋などを〉しとね張りにする 〈*out*〉 (cf. padded 1). **2** 〈馬〉に鞍敷き[鞍下当て]をつける, 当て物をする, 柔らかい敷物をつける. **3** 〔不必要な事などを〕…に詰め込む; (特に)〔余計[的外れ, 無関係]な事などをつけ加えて〕〈文章・記事・演説などを〉引き伸ばす 〈*out*〉〔*with*〕: ~ *out* a sentence *with* useless words. **4** 〈人員・勘定などを〉(帳簿で)水増しする: ~ the account, members, etc. / a ~*ded* bill 水増し請求書. **5** 〈音を〉消す. **6**〘金属加工〙…に肉盛りする. — *vi.*〘金属加工〙(肉盛りして)鋳造する. 〘(1554) ◻ ? LG ~ 'sole of the foot'〙

pad² /pǽd/ *n.* **1 a**《古・英方言》道路, 通路 (path). **b**《古・豪》…の通路: cattle-*pad* 家畜の通路. **2**《古》追いはぎ (footpad). **3**《古・方言》=padnag; (農馬・猟馬と区別して)道中馬 (road horse).

a géntleman [knight, squíre] of the pád 《英古俗》(馬に乗った)追いはぎ (highwayman). (1706–07)

— *v.* (**pad·ded; pad·ding**) — *vt.* **1** 〈道路などを〉徒歩で行く, ぶらぶら歩いて行く; 重い足どりで歩いて行く:

～ it 歩いて行く, てくる (tramp) / ～ the road (歩いて)足を棒にする. **2** 《古・英方言》 踏みならす[固める] (tread). **—** *vi.* **1** 歩く, 徒歩で行く 〈*along*〉. **2** (あまり音を立てないで)そっと歩く.
〖n.: 《(1567)》 ◻ Du. & LG ～ 'PATH'. — v.: 《(1553)》 ← (n.) // ◻ LG *padden* & Du. *paden* to follow a path ← *pad*: もとは乞食・盗賊の隠語〗

pad³ /pǽd/ *n.* (果物・魚などを量るための)小かご. 〖《(1579)》 《変形》 ← 《英方言》 *ped*: cf. peddler〗

pad⁴ /pǽd/ *n.* (足音・杖などの)重い[鈍い]音, どすん(という音). 〖《(1594)》 《擬音語》: cf. pad² (v.)〗

Pa D 《略》 Pennsylvania Dutch.

pa·dang /pɑ́ːdæŋ; *Malay* pádaŋ/ *n.* (マレーシアの)運動場. 〖《(1915)》 ← Malay〗

Pa·dang /pɑdɑ́ːŋ | pɑ́ːdæŋ; *Indon.* pádaŋ/ *n.* パダン《インドネシア Sumatra 島西部にある海港》.

pa·dauk /pədáuk, -dɔ́ːk, -dɑ́ːk | -dáuk, -dɔ́ːk/ *n.* = Amboia wood.

pád·clòth *n.* 《馬具》 =saddlecloth 2.

pad·ded /pǽdɪd | -dɪd/ *adj.* **1** 詰物をした[入れた], 綿入れにした; (狂人の部屋など)しとね張りにした: a ～ suit for football. **2** 《米俗》 盗品を忍ばせて(いる). 〖1799〗

pádded céll *n.* (患者や囚人の自殺やけがなどを防ぐためにしとね張りにした[壁に詰め物をした]個室. 〖1938〗

pad·ding /pǽdɪŋ | -dɪŋ/ *n.* **1** 詰物をすること, 芯(しん)を入れること (stuffing). **2** 芯, 詰物 (古綿・毛・わらなど). **3** (新聞・雑誌などの)埋め草 (filler(s)); (演説・文章を引き伸ばすための)不必要な挿入句. **4** (経費の)水増し; 虚偽記載. **5** 《金属加工》 パッディング, 肉盛り《溶湯の押湯を効かせるため押湯近くの鋳物部分の肉を厚くする方法》. 〖1828〗

pádding capàcitor [condènser] *n.* 《電気》 パディングコンデンサー, 付加コンデンサー《容量調整用の固定または半固定コンデンサー》. 〖1935〗

pádding stìtch *n.* パッディングステッチ, ハ刺(ざ)し《芯地を襟などに縫いつけるための縫い方》. 〖1913〗

Pad·ding·ton /pǽdɪŋtən | -dɪŋ-/ *n.* **1** パディントン《London 西部の旧自治区; 住宅地域; 現在は Westminster 区の一部; Devon, Cornwall 行き列車の始発[終着]駅 Paddington Station がある》. **2** =Paddington Bear. 〖OE *Padintun* 《原義》 'the village of the people of *Padda* (人名)': ⇨ -ing³, -ton〗

Páddington Béar *n.* パディントンベア《英国の作家 Michael Bond の童話に登場するクマ; 単に Paddington ともいう》.

pad·dle¹ /pǽdḷ | -dl/ *n.* **1** (カヌー用などの水をかく短い幅広の)櫂(かい) (cf. oar): ⇨ double paddle. **2 a** = paddleboard. **b** 《海事》 =paddle wheel. **3** (攪拌(かくはん)用の)櫂状の(金属)棒《錬鉄・ガラス製造で使用する》. **4** 《動物》 (ウミガメ・ペンギン・クジラなどのひれ状の)擢(かい)足 (flipper). **5** (paddle tennis 用などの)柄の短い櫂状のラケット, (卓球用)ラケット. **6** (洗濯用などの)櫂状の木片, へら. **7** (子供の尻を打つなど, 体罰用の)平たい木片, へら. **8 a** (カヌーに乗って)水をかくこと; 一こぎ; (汽船などが)外輪で進むこと (paddling). **b** 《米口語》 ぴしゃりと打つこと (cf. *vt.* 5). **9 a** (水門の水量調節のため上下させる)仕切板. **b** 製粉機の穀物投入口の調節板. **10** 《英方言》 (雑草を掘り起こしたりすきの刃を掃除したりするのに用いる)長い柄のついた小さなすき状の道具. **11** 小型リモコン装置, パドル《特にコンピューターのディスプレイ上のカーソルの移動を操作するダイヤルがついた装置》. **12** (信号機の)腕木.
plỳ sécond páddle 《米口語》 裏方役を演じる, 手助けする. ***without a páddle*** 《米俗語》 窮地に陥って, 非常に困って.
— *vi.* **1** (カヌーなどに乗って)水をかいて進む. **2** 〈汽船などが〉外輪で動く[進む]. **3** ゆっくり櫂(かい)を動かす, 静かにこぐ. **4** 犬かきで泳ぐ. **—** *vt.* **1** 〈カヌーなどを〉櫂でこぐ. **2** (カヌーなどで)こいで運ぶ. **3** かき回す, 攪拌する (stir). **4** 〈球を〉ラケットで打つ. **5** 《米口語》 〈人を〉(櫂で打つように)平手でぴしゃりと打つ (spank).
páddle one's ówn canóe ⇨ canoe 成句.
〖《(1407)》 ◻ ML *padela* ← ?〗

pad·dle² /pǽdḷ | -dl/ *vi.* **1** (浅瀬などで)水をばちゃばちゃさせる (dabble); 水遊びする. **2** 《古》 (…を)(指で)いじる, いじくる 〔*in, on, about*〕. **3** (幼児のように)よちよち歩く (toddle). 〖《(1530)》 ◻ ?LG *paddeln* to tramp about (freq.) ← *padden* 'to PAD² (v.)': ⇨ -le³〗

páddle bàll *n.* **1** 《米》 パドルボール《四面壁のコートで木製のラケット (paddle) を使って行う; ハンドボールの要素も加わった squash racquets に似た球技》. **2** (パドルボール用の)ボール, 球. 〖1935〗

páddle·bòard *n.* **1** (波乗りの)浮き板, サーフボード. **2** (汽船などの外輪の周囲につけた)水かき(板) 《float ともいう》. 〖1790〗

páddle·bòat *n.* 外輪船, 外車汽船. 〖1859〗

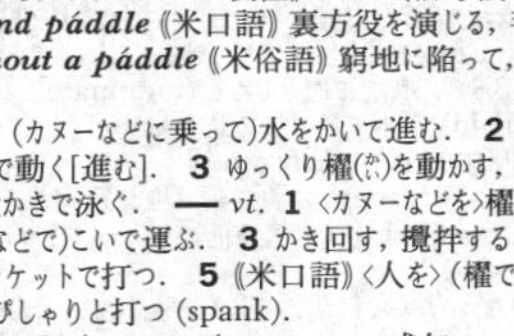

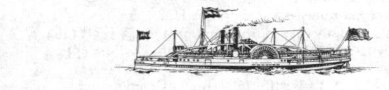

paddleboat

páddle bòx *n.* (外輪船の)外輪おおい, 外輪[外車]囲い. 〖1833〗

páddle·fìsh *n.* 《魚類》 **1** ヘラチョウザメ《ヘラチョウザメ科のへら型の長い吻(ふん)のあるチョウザメの総称》; (特に)ヘラチョウザメ (*Polyodon spathula*) 《米国 Mississippi 川およびその支流に多い; spoonbill (cat) ともいう》. **2** (長江産の) 1 に似た魚 (*Psephrus gladius*). 〖1807〗

pád·dler¹ /-dḷə, -dlə | -dlə(r, -dl-/ *n.* **1** カヌーをこぐ人[物, 装置]. **2** =paddle steamer. 〖1799〗

pád·dler² /-dḷə, -dlə | -dlə(r, -dl-/ *n.* 水遊びする人. 〖1611〗

páddle stèamer *n.* (昔の)外輪船, 外車汽船 《paddler ともいう》. 〖1886〗

páddle tènnis *n.* 《米》 パドルテニス《テニス・ハンドボール・スカッシュを混合した, 木製のラケット (paddle) とスポンジボールで行う競技》. 〖1925〗

páddle whèel *n.* (汽船の)外輪, 外車《船体中央部の両側または船尾に取り付けた推進用の水かき車》. 〖1685〗

páddle·whèeler *n.* =paddleboat.

páddle wìng *n.* 《海事》 =sponson 2.

pád·dl·ing pòol /pǽdḷɪŋ-, -dl- | -dl-, -dl-/ *n.* 《英》 (子供の水遊び用のビニール製)小型プール. 〖1932〗

pad·dock¹ /pǽdək, -dɪk | -dək/ *n.* **1** (馬小屋や人家近くの)小牧場用囲い地, 調教用馬場. **2** 《競馬》 **a** パドック, 下見所《競馬場付属の芝生の囲い地; 出走前に馬が集合する所》. **b** 小さな馬場, 小放牧場. **3** 《豪》 (耕作・放牧のための)囲い地, 原っぱ. **4** 《豪》 **a** 運動場. **b** = stock route. **5** 《自動車レース》 (ピット (pit) 近くの)囲い地《レース前に自動車が集合する所》. **—** *vt.* **1** 〈馬などを〉囲い地に囲う, パドックに入れる; 閉じ込める (confine). **2** 《豪》 〈土地を〉囲う. 〖《(1622)》 《変形》 ← 《英方言》 *parrock* < OE *pearroc* enclosure, 《原義》 fence ◻ ML *parricus*: PARK と二重語〗

pad·dock² /pǽdək, -dɪk | -dək/ *n.* **1** 《古・英方言》 《動物》 カエル (frog). **2** 《古》 ヒキガエル (toad). 〖《c1395》 *paddoke* (dim.) ← lateOE *pad* toad ◻ ? ON *padda*: ⇨ -ock〗

pad·dy¹ /pǽdi | -di/ *n.* **1** 稲, 水稲. **2** 米; もみ. **3** 水田 (rice paddy). 〖《(1623)》 ◻ Malay *pādi*〗

pad·dy² /pǽdi | -di/ *n.* 《鳥類》 =paddybird.

pad·dy³ /pǽdi | -di/ *n.* =paddywhack 2.

Pad·dy¹ /pǽdi | -di/ *n.* **1** アイルランド人(特に, 労働者) 《軽蔑的なあだ名; cf. John Bull》: ～'*s* land アイルランド (Ireland). **2** [p-] 《俗》 警官 (cop). 〖《(1780)》 《転訛》 ← Ir. *Padraig* 'PATRICK': ⇨ -y²〗

Pad·dy² /pǽdi | -di/ *n.* 男性名. 〖(dim.) ← PATRICK〗

páddy·bìrd *n.* 《鳥類》 **1** =Java sparrow. **2** (インド産の)小サギ. **3** =sheathbill. **4** =ruddy duck. 〖《(1727)》 ← PADDY¹: 稲田に群集するところから〗

páddy fìeld *n.* =paddy¹ 3.

páddy-làst *n.* 《アイル》 (競技・競争の)最下位, びり.

pad·dy·mel·on /pǽdimèlən | -di-/ *n.* 《動物》 = pademelon.

Pád·dy's húrricane /pǽdiz- | -diz-/ *n.* 《海事》 (海上における)無風状態, 全くの凪(なぎ) (calm). 〖《*a*1865》 ← PADDY¹〗

páddy·wàck *n.* =paddywhack.

páddy wàgon *n.* 《米・豪俗》 (警察の)犯人護送車 (patrol wagon). 〖《(1930)》 ← PADDY¹ 2〗

páddy·whàck *n.* **1** 《米口語》 平手打ち, 殴打 (spanking). **2** 《英口語》 激怒 (rage), かんしゃく: Don't get in such a ～. そう興奮するな, まあ落着け. **3** [しばしば P-] 《俗》 アイルランド人[野郎]. **—** *vt.* 《口語》 ぴしゃりと打つ, 殴打する, ぶんなぐる (spank). 〖《(1811)》 ← PADDY¹ ＋WHACK¹〗

pad·e·mel·on /pǽdimèlən | -di-/ *n.* 《動物》 ヤブワラビー《オーストラリアおよびニューギニア産カンガルー科の, 特にヤブワラビー属 (*Thylogale*) の小カンガルー数種の総称; *T. eugenii* など; scrub wallaby ともいう; cf. wallaby》. 〖《(1827)》 《変形》 ← Austral. 《現地語》 *paddymala* ← *patagorang* kangaroo〗

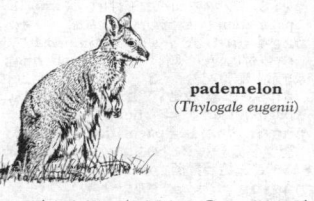

pademelon
(*Thylogale eugenii*)

Pa·der·born /pɑ̀ːdəbɔ́ən | -dəbɔ́ːn; G. paːdɐbɔʁn/ *n.* パーダーボルン《ドイツ北西部 North Rhine-Westphalia 州の商業都市; 神聖ローマ帝国創始のきっかけとなった Charlemagne と教皇 Leo 三世の会見の地》.

Pad·e·rew·ski /pæ̀dəréfski, pɑ̀ːd-, -rév- | pæ̀d-; *Pol.* padɛréfskʲi/, **Ig·na·cy** /ignátsi/ **Jan** *n.* パデレフスキー (1860–1941; ポーランドのピアニスト・作曲家・政治家; 首相・外相 (1919); フランス語名 Ignace Jan /iɲas ʒɑ̃/).

pád èye *n.* 《海事》 目付き板《鉄板面にフックを掛けたりするなどの手掛りとして溶接する小型 T 材で穴のあいたプレート; lug pag ともいう》. 〖《(1909)》 ← PAD¹〗

pád fòot *n.* =club foot. 〖← PAD¹〗

pad·i /pǽdi | -di/ *n.* =paddy¹.

pa·di·shah, P- /pɑ́ːdɪʃɑ̀ː, -ʃɔ̀ː | -dɪʃɑ̀ː/ *n.* **1 a** 帝王, 皇帝 (Shah). **b** [しばしば P-] オスマン帝国の皇帝 (Sultan); 英国王が兼ねたインド皇帝 (Emperor); イランの国王. **2** 《米口語》 …王, 大立者, 実力者. 〖《(1612)》 ◻ Turk. *pādishāh* ◻ Pers. *pādshāh* ← *pād* master＋*shāh* 'SHAH'〗

pad·kos /pǽtkɔ(ː)s | -kɔs/ *n.* 《南ア》 旅行用食糧. 〖《(1848)》 ◻ Afrik. ～ ← *pad* road (◻ Du 'path')＋*kos* food (◻ Du *kost* food; cost)〗

pa·dle /péɪdḷ | -dl/ *n.*, *vt.* 《スコット》 くわ(hoe) (で耕す). 〖《(1825)》 ⇨ paddle¹〗

pad·lock /pǽdlɑ̀(ː)k | -lɔ̀k/ *n.* 南京[えび]錠. **—** *vt.* **1** …に南京[えび]錠をかける. **2** 〈言論などを〉抑制する, 統制する. **3** 〈ホテル・劇場・工場・店舗などを〉(条令などにより)立入[使用]禁止にする. 〖《(1478–79)》 ← ? ME *pad* toad: cf. paddock²: ⇨ lock¹: 形が似ていることからか〗

pádlock làw *n.* 《英》 施錠閉鎖法《アルコール飲料の販売が原因で生活妨害 (liquor nuisance) が発生した場合, 裁判所がその営業場所を一定期間施錠して使用禁止命令を出しうることを規定している制定法》.

pád·nàg *n.* 《古》 側対歩[だく足]で歩く小馬; 年寄り馬. 〖《(1654)》 ← PAD² (n.) 1＋NAG²〗

pa·douk /pədáuk/ *n.* =Amboina wood.

padóuk wòod *n.* =Amboina wood. 〖《(1839)》 *padouk*: ◻ Burmese 《現地語》 *padauk*〗

Pa·do·va /*It.* páːdova/ *n.* パドヴァ 《Padua のイタリア語名》.

pád prèss *n.* 《金属加工》 すえ込みプレス.

pa·dre /pɑ́ːdreɪ, -dri; *It.* páːdre, *Sp.* páðre, *Port.* pádɾɨ, *Braz.* pádɾi/ *n.* (*pl.* **～s** /～z/; *Sp.* ～s, *Port.* ～*ʃ*, *Braz.* ～*s*/, **pa·dri** /-driː; *It.* -dri/) **1** 神父. ★ 特に, イタリア・スペイン・ポルトガル・ラテンアメリカなどでカトリックの司祭を呼ぶ言葉. **2** 《口語》 軍僧, 軍隊[軍艦]付牧師. **3** [the P～s] the San Diego Padres の愛称. 〖《(1584)》 ◻ Sp., Port. & It. ～ < L *patrem*, *pater* 'FATHER': cf. 「バテレン」 ◻ Port. *padre*〗

pa·dri·no /pædríːnou | -nəu/ *n.* 《米》 名親 (godfather); 保護者, 後見人. 〖◻ Sp. ～〗

pa·dro·ne /pədróuneɪ, -ni | pədrə́uni, -neɪ, pæ-; *It.* padróːne/ *n.* (*pl.* **～s** /～z/, **pa·dro·ni** /-niː; *It.* -ni/) **1** 主人, 親方, (boss). **2** 宿屋の主人 (innkeeper). **3** (地中海の沿海用小型船の)船長. **4** (*pl.* **～s**) 《米・廃》 イタリア人移民労働者[人足]の請け負い元[元締め]. **5** (イタリアの)子供乞食や演歌師などの親分. 〖《(1670)》 ◻ It. ～ 'protector, owner' < L *patrōnum* 'PATRON'〗

pa·dró·nism /-nɪzm/ *n.* 昔イタリアで子供をかどわかし padrone の手下として乞食などをさせた慣習. 〖1880〗

PADS /pǽdz/ 《略》 Publication of the American Dialect Society 米国方言学会紀要 (年 2 回刊行).

pád sàddle *n.* (金属の枠をもたない)フェルト製の鞍(くら). 〖1622〗

pád sàw *n.* 《木工》 小型回し挽き《使用しないときは柄の中へ刃を押し込んでおく回し挽きのこ; cf. compass saw》. 〖1875〗

pád·stìtch *n.* =padding stitch. 〖1924〗

pád stòne *n.* 《建築》 梁受石; 桁(けた)上根太受石 (template). 〖1963〗

Pad·u·a /pǽdʒuə, -duə | pǽdjuə/ *n.* パドヴァ《イタリア北東部, Venice 西方の都市; Galileo が教えた大学の所在地; イタリア語名 Padova》. **Pád·u·an** /～n/ *adj.*

pad·u·a·soy /pǽdʒuəsɔ̀ɪ | -djuə-/ *n.* ブードソア: **a** 衣服や家具用に使用される丈夫な畝織(うねおり)絹織物. **b** それで作った衣服. 〖《(1663)》 (古形) *poudesoy* ◻ F *pou-de-soie* 'POULT-DE-SOIE': 今の形は *Padua say* (say¹ of Padua) との連想による変形〗

Pa·dus /péɪdəs | -dəs/ *n.* [the ～] パドゥス(川) 《Po 川の古名》.

pae·an /píːən/ *n.* **1** (古代ギリシャで, 神, 特に Apollo に対する)感謝の歌. **2** 戦勝歌, 勝ち歌, 歓呼の声; 賛歌, 喜びの歌. **3** 熱烈な賞賛. **4** 《古典詩学》 =paeon. 〖《(1599)》 ◻ L *paeān* ◻ Gk *paiān* hymn to Apollo under name of *Paiān* (=one who heals by a touch) ← *paíein* to strike: Homer が神々の医者, 後には Apollo に対して与えた名〗

paed- /piːd, pɛd | piːd/ (母音の前にくるときの) paedo- の異形: *paed*agogic=pedagogic.

paed·er·ast /pédəræst, píːd- | -də-/ *n.* =pederast.

pae·di- /píːdɪ, pédɪ, -di | píːdɪ, -di/ paedo- の異形 (⇨ -i-).

pae·di·ar·chy /píːdiɑ̀əki, péd- | píːdiɑ̀ː-/ *n.* = pediarchy.

pae·di·at·ric /pìːdiǽtrɪk, pèd- | pìːd-/ *adj.* =pediatric.

pae·di·a·tri·cian /pìːdiətríʃən, pèd- | pìːd-/ *n.* = pediatrician.

pae·di·at·rics /pìːdiǽtrɪks, pèd- | pìːd-/ *n.* =pediatrics.

pae·di·at·rist /pìːdiǽtrɪst, pèd- | pìːdiǽtrɪst/ *n.* = pediatrist.

pae·do- /píːdou, péd- | píːdəu/ 「子供 (child), 子孫 (offspring)」の意の連結形: *paedo*baptist=pedobaptist. ★ 時に paido-, paedi-, また母音の前では通例 paed- になる. 〖◻ Gk *paid(o)-* ← *paîs* child ← IE **pōu-* 'FEW¹, little'〗

pàedo·génesis *n.* 《動物》 幼生生殖. **pàedo·genétic** *adj.* **pàedo·génic** *adj.* 〖1871〗

pae·dol·o·gy /piːdɑ́(ː)lədʒi, pɛ- | -dɔ́l-/ *n.* =pedology².

pàedo·mórphic *adj.* 《生物》 幼形進化の, 幼形保有の. 〖《(1891)》 ← PAEDOMORPHOSIS: ⇨ -ic¹〗

pàedo·mórphism *n.* 《生物》 幼形保有. 〖1891〗

pàedo·mórphosis *n.* (*pl.* **-phoses**) 《生物》 幼形進化 《形質変化が未成期に起こるもの; cf. fetalization》. 〖《(1922)》 ← NL ～: ⇨ paedo-, -morphosis〗

pae·do·phile /píːdəfàɪl, péd- | píːdə(u)-/ *n.* =pedophile.

pae·do·phil·i·a /pìːdəfíliə, pèd- | pìːdə(u)-/ *n.* = pedophilia. **pae·do·phil·i·ac** /pìːdəfíliæk, pèd- | pìːdə(u)-⁻/ *adj.* **pae·do·phil·ic** /pìːdəfílɪk, pèd- | pìːdə(u)-⁻/ *adj.*

Paek·tu /pɛktúː; *Korean* pɛkt'u/, **Mount** *n.* 白頭山,

P

ペクト山《中国と朝鮮の国境にある山 (2,744 m); 長白山脈の主峰で頂上付近にカルデラ湖がある; 中国語名 Baitou Shan》.

pa·el·la /pɑːéɪlə, pɑːéɪ(l)jə | paɪélə; *Sp.* paéʎa, -éja/ *n.* **1** パエリヤ《スペインの米料理; 魚介類・鶏肉・ソーセージ・トマト・玉ねぎなどを加え, サフランで香りをつけたもの》. **2** パエリヤ料理用の大きく平たいフライパン. 〘(1892) □ Sp. & Catalan ～《原義》cooking pot □ OF *paelle* < L *patellam*: ⇨ patella〙

pae·on /píːən, -ɑ(ː)n | -ən/ *n.* 〖古典詩学〗1 長 3 短格, 戦勝歌. **pae·on·ic** /piːɑ́(ː)nɪk | -ɔ́n-/ *adj.* 〘(1603) □ L *paeōn* □ Gk (Attic) *paiṓn* ← *paiā́n* hymn to Apollo: ⇨ paean〙

pae·o·ny /píːəni/ *n.* 〖植物〗=peony.

pae·sa·no /paɪsɑ́ːnoʊ, -zɑ́ː- | -nəʊ; *It.* paezáːno/ *n.* (*also* **pae·san** /-sɑ́ːn, -zɑ́ːn/) (*pl.* **-ni** /-niː; *It.* -ni/, ～**s**) 同国人; (特に)イタリア人仲間. 〘□ It. ～ ← *paese* country < VL **pagense(m)* ← L *pāgus*: ⇨ pagan〙

Paes·tum /píːstəm, pés-; *It.* péstum/ *n.* パエストゥム《イタリア南部海岸の古代ギリシャ都市; ギリシャ時代の神殿遺構がある; 現代ギリシャ語名 Poseidonios》.

pa·gan /péɪgən/ *adj.* **1** 異教(徒)の, 異教的な, 邪教の (heathen): ～ gods 異教の神々. **2 a** 偶像崇拝の (idolatrous); 不信心の (irreligious). **b** 快楽主義の. **c** 蒙昧な. — *n.* **1 a** (キリスト教の神を信じない)異教徒. **b** (古代のギリシャ・ローマの)多神教徒 (⇨ heathen SYN). **c** (特に, キリスト教・ユダヤ教・イスラム教以外の)偶像信者. **2** 物欲にとらわれた人, 快楽主義者, 不信心者; 無宗教者; 蒙昧(もうまい)な人. **3** 未開人 (barbarian). 〘(?a1400) □ L *pāgānus* civilian, peasant, (LL) heathen (キリスト教徒を *miles Christi* soldier of Christ と呼んだのに対して) ← *pāgus* (rural) district, 《原義》landmark fixed in the earth ← IE **pak-* to fasten (cf. PACT): ⇨ -an¹〙

Pa·gan¹ /pəgɑ́ːn/ *n.* パガン《西太平洋 Mariana 諸島北部の島; 島の北東部にある活火山が 1981 年に大噴火を起こした》.

Pa·gan² /pəgɑ́ːn/ *n.* パガン《ミャンマー中部 Irrawaddy 川東岸の仏教遺跡; パガン王朝 (11–13世紀)の首都》.

pá·gan·dom /-dəm/ *n.* **1** [集合的] 異教徒 (pagans), 異教徒全体. **2** 異教世界, 異教圏 (pagan world). 〘1853〙

Pag·a·ni·ni /pæ̀gəníːni, pɑ̀ː- | pæ̀gəníːniː; *It.* paganíːni/, **Niccolò** *n.* パガニーニ (1782–1840; イタリアのバイオリニスト・作曲家).

pá·gan·ish /-nɪʃ/ *adj.* 邪教の, 異教を奉じる; 異教徒らしい[的な] (heathenish). **～·ly** *adv.* 〘1583〙

pa·gan·ism /péɪgənɪzm/ *n.* **1 a** 異教, 邪教, 邪宗門 (heathenism). **b** 異教信仰, 偶像崇拝; 官能礼賛. **2** 異教的傾向, 異教思想, 異教精神, 異教主義. **3** 異教徒であること; 無宗教. **pá·gan·ist** /-nɪst | -nɪst/ *n.* **pa·gan·is·tic** /pèɪgənístɪk⁻/ *adj.* **pà·gan·ís·ti·cal·ly** *adv.* 〘(a1420) ← LL *pāgānismus*: ⇨ pagan, -ism〙

pa·gan·ize /péɪgənàɪz/ *vt.* 異教徒にする; 異教化する. — *vi.* 異教徒になる; 異教徒的に振る舞う. **pá·gan·ìz·er** *n.* **pa·gan·i·za·tion** /pèɪgənɪzéɪʃən | -naɪ-, -nɪ-/ *n.* 〘1615〙

page¹ /péɪdʒ/ *n.* **1** (本・手紙・原稿などの)ページ, 頁 (略 p., *pl.* pp.); (印刷物・書かれた物の) 1 丁[葉] (2 ページ分), 1 枚: over the ～ 次のページに[の]. **2** 〖印刷〗1 ページの組版; 版面 (type page): a fat ～ 余白の多い[組みやすい]ページ / a full ～ 余白なしのページ. **3** [しばしば *pl.*] **a** (新聞などの)…欄, 面, ページ: the sports ～s スポーツ欄. **b** 「ふみ」, 文書, 書き物 (writing), 書物 (book). **c** (書物・文学作品などの)一節. **d** [しばしば *pl.*] 記録 (record), 年史 (annals): the ～s of history 歴史の記録. **4** (人生・一生の)挿話 (episode), (歴史上の注目すべき)事件, (他とはっきり区別される)時期: a glorious ～ in English history 英国史上の輝かしい一時期. **5** 〖電算〗**a** ページ《プログラムにメモリを割当てたりするとき制御セクションに分けて使用されるメモリの標準の大きさ》. **b** =home page.

take a páge from** a person's **bóok 《米俗》人のまねをする, 人の先例に従う.

— *vt.* **1** =paginate. **2** 〈植字したものを〉ページに組む; 〈本を〉ぱらぱらとめくる. — *vi.* **1** 〔ページを〕ざっとめくる, 〔本などに〕さっと目を通す 〔*through*〕. **2** 〖電算〗〈1 ページ分のデータを〉主記憶と外部記憶の間で移動する. **3** ページ付けをする, ノンブルを付ける.

〘n.: (1589) □ (O)F ～ □ L *pāgina* leaf, page ← *pangere* to fasten ← IE **pak-* to fasten: ⇨ pact. — v.: (1628) ← (n.)〙

page² /péɪdʒ/ *vt.* **1 a** 〈人を〉(拡声器などで)呼び出す; 〈人〉に(携帯電話・ポケットベルなどで)連絡をとる: *Paging* Mr. Brown お呼び出し申し上げます, ブラウン様《ホテル・駅・デパートなどでの呼び出し放送の言葉》. **b** 〈人〉の名をボーイに呼ばせる; 〈ボーイなどが〉名を呼んで〈人を〉捜す. **2** ボーイとして仕える. — *n.* **1** 結婚式で花嫁に付添う着飾った小さな男の子. **2 a** 《米》(米国議会で)議員の使い走りをする人, ボーイ《普通, 高校生ぐらいの若者》. **b** 《カナダ》(上・下院の討論室で)議員に伝言を伝える使いの者. **3** (ホテル・劇場などで客の接待や用事を果す, 通例制服を着た)給仕, ボーイ, (放送局の)案内係 (page boy ともいう). **4** (昔, 貴人にかしずいた)小姓, 近習(きんじゅう). **5** 騎士見習《騎士の従者となって騎士の道を学んだ少年または青年》. 〘(?a1300) □ (O)F ～ □ ?It. *paggio* □ Gk *paidion* boy, servant (dim.) ← *paid-*, *pais* boy, child: ⇨ paedo-〙

Page /péɪdʒ/ *n.* ページ (男性名). 〘← (O)F ～ (↑)〙

Page /péɪdʒ/, **Patti** *n.* ページ (1927–2013; 米国のポピュラー歌手).

Page, Sir **Earle (Christmas Grafton)** *n.* ページ (1880–1961; オーストラリアの政治家).

Page, Sir **Frederick Handley** *n.* ページ (1885–1962; 英国の航空機設計・製造の草分け).

Page, Thomas Nelson *n.* ページ (1853–1922; 米国の小説家・外交官; *In Ole Virginia* (1887)).

Page, Walter Hines /háɪnz/ *n.* ページ (1855–1918; 米国のジャーナリスト・編集者・駐英大使 (1913–18)).

pag·eant /pǽdʒənt/ *n.* **1** (時代衣装などをつけた)壮麗な行列; 練り歩き; (祭などの)山車(だし) (float): a flag ～ 旗行列. **2** (歴史的な場面を舞台に表して見せる)見世物, 芝居, 野外劇, ページェント. **3** 美観, 盛観: The coronation of the new queen was a splendid ～. 新女王の戴冠式は一大盛儀だった. **4** 虚飾, 見せびらかし: pomp and ～ 虚飾や見せびらかし. **5 a** (中世の宗教劇演出などに用いた)屋台車, 移動舞台. **b** (見世物を見せる)舞台. **6** 《古》劇. 〘(1386–87) *pagent, pagyn* □ ML *pāgina* movable scaffold, scene of a play ← L *pāgina* 'PAGE¹': -*t* は音便上の添加 (cf. ancient², peasant, tyrant)〙

pag·eant·ry /pǽdʒəntri/ *n.* **1** 見もの, 壮観; 華麗, 華美 (pomp): the ～ of aircraft 航空機の壮観. **2** こけおどし, 虚飾. **3** 《古》[しばしば集合的] 見世物, 野外劇 (pageant(s)). 〘(1607–8): ⇨ ↑, -ry〙

páge·bòy *n.* **1** ページボーイスタイル《肩までたらした髪の先を内巻にした女性の髪型》. **2** =page boy.

páge bòy *n.* 給仕, ボーイ (cf. page² 3). 〘1874〙

páge chàir *n.* =porter's chair.

páge gàuge *n.* 〖印刷〗ページ尺, メジョ. 〘1875〙

páge hèad *n.* 〖印刷〗ページ見出し.

páge·hòod *n.* 小姓[近習]の身分. 〘1820〙

páge-óne *adj.* 《米俗》センセーショナルな, おもしろい.

páge-ón·er /-wɑ́nə | -nə(r)/ *n.* 《米俗》(新聞の)一面記事; センセーショナルなニュース; いつも新聞の一面に載るような芸能人[有名人].

páge prìnter *n.* 〖電算〗ページ印刷機, ページプリンター (1 ページ分をまとめて印刷するプリンター).

páge pròof *n.* 〖印刷〗まとめ(組み)校正刷り, (新聞の)大刷り. 〘1888〙

pag·er /péɪdʒə | -dʒə(r)/ *n.* ポケットベル (beeper, 《英》bleeper). 日英比較 日本語の「ポケットベル」は和製英語. 〘(1901) ← PAGE²+-ER¹〙

páge·shìp *n.* 小姓[近習]の職務. 〘1835〙

Pag·et /pǽdʒɪt/, Sir **James** *n.* ページェット (1814–99; 英国の外科医・病理学者).

Paget, Violet *n.* Vernon LEE の本名.

páge thrée *n.* 三面《英国の大衆紙 *The Sun* の 3 ページ目の通称; ヌード写真が毎日掲載される》: a ～ girl 大衆紙のヌード写真のモデル.

Páget's disèase *n.* 〖病理〗**1** ページェット病, 変形性骨炎 (osteitis deformans)《膨大した骨の弱化変形》. **2** 乳房ページェット病《一種の乳ガン; Paget's cancer ともいう》. 〘(1889) ← J. Paget〙

páge tùrner *n.* **1** (推理小説などの)つい引き込まれてしまうようなおもしろい本. **2** (ソロピアニストの脇で譜面などの)ページをめくる人. 〘1: 1974. 2: 1969〙

-pagi -pagus の複数形.

pag·i·nal /pǽdʒənl | pǽdʒɪnl, péɪdʒ-/ *adj.* **1** ページの; ページから成る, ページ構成の. **2** 毎ページの, 対ページの, ページごとの: ～ transcription (1 ページを 1 ページに筆写する)対ページ転写. 〘(1646) □ LL *pāginālis* ← L *pāgina* 'PAGE¹'〙

pag·i·na·ry /pǽdʒənèri | pǽdʒɪnəri, péɪdʒ-/ *adj.* =paginal.

pag·i·nate /pǽdʒənèɪt | pǽdʒɪ-, péɪdʒ-/ *vt.* ページ付けをする, ノンブルをつける; 丁付けをする. 〘(1884) (逆成) ← pagination ← L *pāgin(a)* 'PAGE¹'+-ATE³〙

pag·i·na·tion /pæ̀dʒənéɪʃən | pæ̀dʒɪ-, pèɪdʒ-/ *n.* **1** ページ付け, ノンブル付け (page numbering). **2** ページ数を示す数字[記号]. **3** ページ数表示《目録や本の記述に示されたページ数・枚数・丁数表示》. 〘(1841) □ F ～ ← L *pāgina* 'PAGE¹': ⇨ -ation〙

pág·ing¹ *n.* **1** =pagination. **2** 〖電算〗ページング《主記憶装置をページごとのブロックに分割すること; 主記憶装置と補助記憶装置間でページを交換すること》.

pág·ing² *n.* ポケットベルサービス.

Pa·gliac·ci /pɑ̀ːliɑ́ːtʃi, -ǽtʃi; *It.* paʎʎáttʃi/, **I** /iː; *It.* i/ *n.* 「道化師」《イタリアの R. Leoncavallo 作のオペラ (1892)》. 〘□ It. ～ 'The Players'〙

pagne /pɑ́ːnjə; *F.* paɲ/ *n.* パニュ《アフリカ原住民などの着衣の一種; 胴に巻くまたは腰布用の長方形の布》. 〘(1698) □ F ～ □ Sp. *paño* < L *pannum* cloth: cf. pane〙

Pa·gnol /pænjɔ́(ː)l | -njɔ́l; *F.* paɲɔl/, **Marcel** *n.* パニョル (1895–1974; フランスの劇作家; *Marius*「マリウス」(1929)).

pa·go·da /pəgóʊdə | -gə́ʊdə/ *n.* **1** (東洋諸国の宗教建築の)塔, 宝塔, 仏塔, パゴダ. ★ ミャンマー・タイ・中国など各国により形がやや異なる; 多くは奇数の層からなる: a five-storied [-storeyed] ～五重の塔. **2** (新聞・たばこなどを売る)飾り屋台式の売店. **3** パゴダ (昔, インド亜大陸で用いられた金貨[銀貨]; 裏面に塔の模様があった). 〘(1634) □ Port. *pagode* idol temple □ Tamil *pagavadi* house belonging to a deity □ Skt *bhagavatī* (fem.) ← *bhagavat* divine ← *Bhagaḥ* god of wealth〙

pagóda dógwood *n.* 〖植物〗=blue dogwood.

pagóda trèe *n.* **1** 〖植物〗塔状の樹冠をもった樹木の総称《エンジュ (Japanese pagoda tree), バンヤンノキ (banyan) など》. **2** (金貨 (pagoda) を落とすといわれた)架空の東インドの木; 《戯言》金のなる木. ***sháke the pagóda trèe*** 《英》(インドや極東へ出かけて)短い間に[たちまちに]財産を作る《特に, 18–19 世紀の nabob についていう》. 〘1836〙

pag·o·dite /pǽgədàɪt, pəgóʊdaɪt | pǽgədàɪt, pəgə́ʊdaɪt/ *n.* 〖鉱物〗パゴダイト (⇨ agalmatolite). 〘(1837) □ F ～ ← *pagode* 'PAGODA': ⇨ -ite¹: 塔の模型を彫るのに用いることから〙

Pa·go Pa·go /pɑ́ː(ŋ)goʊpɑ́ː(ŋ)goʊ | pɑ́ːgəʊpɑ́ːgəʊ; *Samoan* páŋopáŋo/ *n.* (*also* **Pa·go·pa·go** /～/) パゴパゴ《米領 Samoa の Tutuila 島の港市; 海軍基地; Pango Pango ともいう》.

pag·ri /pǽgri/ *n.* =puggaree.

pa·gu·ri·an /pəgjʊ́(ə)riən | -gjʊ́ər-/ 〖動物〗*adj.* ホンヤドカリ科の. — *n.* ヤドカリ (hermit carb). 〘(1840) ← NL *Pagūr(us)* (属名: ← Gk *págouros* a kind of crab) +-IAN〙

pa·gu·rid /pəgjʊ́(ə)rɪd | pəgjʊ́ərɪd/ *n.* 〖動物〗=pagurian. 〘⇨ ↑, -id²〙

Pa·gu·ri·dae /pəgjʊ́(ə)rədiː | -gjʊ́ərɪ-/ *n. pl.* 〖動物〗ホンヤドカリ科. 〘← NL ～ ← *Pagūrus* (⇨ pagurian)+-IDAE〙

-pa·gus /⁻pəgəs/ (*pl.* **-pa·gi** /-pədʒàɪ, -gàɪ/) 「結合体, 癒着奇形児」の意の名詞連結形. 〘← NL ～ ← Gk *págos* something fixed, fixation〙

pah¹ /pɑ́ː/ *int.* ふーん, えへん, ちぇっ《軽蔑・不快・不信などを表す》. 〘(1592) 擬音語〙

pah² /pɑ́ː/ *n.* =pa¹.

Pa·hang /pəhɑ́ːŋ | -háŋ, -hǽŋ; *Malay* páhaŋ/ *n.* パハン《マレーシア中部の州; 面積 35,904 km², 州都 Kuantan /kwɑ́ːntɑːn/》.

Pa·ha·ri /pəhɑ́ːri, pɑː-/ *n.* パハーリ語(族)《ヒマラヤ地方で話される印欧語族の一つで, ネパール語を含む》. 〘(1811) □ Hindi *pahāṛī* of the mountain ← *pahāṛ* mountain〙

Pah·la·vi¹ /pɑ́ːləvi/ *n.* (*pl.* ～, ～**s**) (*also* **Pah·le·vi** /～/) **1** パフラビー朝 (Riza Shah Pahlavi (2 の父) が 1925 年に建国したイランの王朝). **2** =Mohammed Riza Pahlavi. **3** [p-] パフラビー: **a** イランの旧通貨単位; 1927 年発行の際は 20 rials, 1931 年発行の際は 100 rials; cf. dinar 2. **b** その金貨. 〘□ Pers. *Pahlawi* ← *Riza Shah Pahlawī* (1878–1944: イラン前王朝の始祖) (↓)〙

Pah·la·vi² /pɑ́ːləvi/ *n.* **1** パフレヴィ語《3–9 世紀に行われたペルシャ語; Semitic 文字による拝火教経典の用語》. **2** パフレヴィ文字. 〘(1773) □ Pers. *Pahlawī* Parthian ← *Pahlav* < OPers. *Parthava* 'PARTHIA'〙

pah·ni /pɑ́ːni/ *n.* 《インド》水.

pa·ho /pɑ́ːhoʊ, -huː | -həʊ, -huː/ *n.* (*pl.* ～**s**) 〖植物〗=pahutan. 〘□ Tagalog *páho*〙

pa·ho·e·ho·e /pəhóʊihòʊi | -háʊihàʊi; *Hawaii.* pɑːhóéhóe/ *n.* 〖地質〗パホイホイ《表面が滑らかでうねっている溶岩流; cf. aa》. 〘(1859) □ Hawaiian *pāhoehoe*〙

pahóehoe láva *n.* 〖地質〗表面が滑らかで, 波状や縄状の溶岩. 〘1864〙

pa·hu·tan /pəhúːtɑːn/ *n.* 〖植物〗パフータン (*Mangifera altissima*) (フィリピン産のマンゴーの一種; 実は酢漬けにされ, 材は家具に使われる). 〘□ Tagalog *pahútan*〙

paid¹ /péɪd/ *v.* pay¹ の過去形・過去分詞. — *adj.* **1** 給料[俸給]を受けた; 有給の (salaried): a highly-*paid* officer 高給官吏 / a ～ holiday [《米》vacation] 有給休暇. **2** (給料の支払いを受けて)雇われた (hired): a ～ worker. **3** 支払い済みの, 換金済みの: a ～ check. **4** 〈仕事など〉報酬を受けた: ill-*paid* work 報酬の少ない[割の悪い]仕事.

pùt páid to 《英口語》(1) 〈事件などを〉片付ける, 解決する (dispose of); 〈人〉とけりをつける. (2) 〈希望・努力などを〉を挫折させる, 水泡に帰せしめる (terminate). 〘「…に支払い済み ('paid')の判を押す」の意から〙 〘(?a1200) *paid, paied* (p.p.)〙

paid² *vt.* 《まれ》pay² の過去形・過去分詞.

paid- /peɪd, paɪd/ (母音の前にくるときの) paido- の異形 (⇨ paedo-).

páid-ín *adj.* 〈会員など〉(会費・入会金など)支払い済みの, 既済の. 〘(p.p.) ← *pay in* (⇨ pay¹ (v.) 成句)〙

páid-in súrplus *n.* 〖会計〗払込剰余金《狭義には株式払込剰余金を, 広義には払込資本を指す》.

pai·do- /péɪdoʊ, páɪ- | -dəʊ/ paedo- の異形.

páid póstmark *n.* 〖郵趣〗料金前納郵便印, 消印 (PAID の表示がある).

paid-up /péɪdʌ́p | péɪd-⁻/ *adj.* 〈会員など〉会費[入会金]を納入し終った; 〈株式など〉(全額)払込み済みの: a ～ member / ～ capital 払込み済み資本 / ～ shares 全額払込み株. 〘(1848) (p.p.) ← *pay up* (⇨ pay¹ (v.) 成句)〙

Paige /péɪdʒ/, **Leroy Robert** *n.* ページ (1906–82; アメリカンリーグで初の黒人投手; 1971 年野球殿堂入り; 通称 Satchel Paige).

pai·gle /péɪgl/ *n.* 〖植物〗=cowslip 1. 〘(1530) ← ?〙

Paign·ton /péɪntən, -tṇ | -tən/ *n.* ペイントン《イングランド南西部 Torbay の一地区; 海浜保養地》.

Pai-ho /pàɪhóʊ | -háʊ/ *n.* =Bai He.

pai-hua /pàɪhwɑ́ː; *Chin.* páɪxuà/ *n.* 白話《近代口語に基づいた中国語の書き言葉》. 〘□ Chin. *paihua* (白話)〙

pail /péɪl/ *n.* **1** 手おけ, バケツ (bucket): ⇨ ice pail, slop pail. **2** 《米》(アイスクリームなど潤性食品の輸送に用いる)円筒型容器, 入れ物: ⇨ dinner pail. **3** (液体の)手おけ一杯(分) (pailful): a ～ *of* water. 〘OE *pægel* wine vessel (cf. G *Pegel* water gauge) □ ML *pāgella* measure =L *pāgella* small page (dim.) ← *pāgina* 'PAGE¹': ME *payle, paille* は OF *paelle* 'PAELLA' の影響を受けた〙

pail·ful /péɪlfʊ̀l/ *n.* (*pl.* ～**s**, ～) 手おけ[バケツ]一杯(分) 〔*of*〕《単に pail ともいう》. 〘1591〙

pail·lard /paɪjáə, peɪ- | -já:ᵗʳ; *F.* paja:ʁ/ *n.* 〖料理〗パイヤール《鶏・子牛の肉をたたいて薄くして焼いた料理》. 〘← ?: この料理を最初に供したパリのレストランの主人の名からとする説がある〙

pail·lasse /paɪ(j)ǽs, pæliǽs, pæljǽs | pǽliæ̀s, ⏤⏤/ *n.* =palliasse.

pail·lette /paɪét, pɑː-, pæljét, pæliét; *F.* pajɛt/ *n.* **1** パイエット: **a** (琺瑯(ほうろう)細工に用いる)金銀箔や光沢のある金属の薄片. **b** (衣服・垂れ幕などの装飾用の)ぴかぴかする金属片[ビーズ, 宝石など] (spangle); その装飾. **2** (パイエットをつけたような効果をもつ)絹などの織物. 〘(1878)□F ~ (dim.) ← *paille* (↑)〙

pail·lét·ted /-ṭɪ̀d/ -tɪ̀d/ *adj.* パイエット[ぴかぴかする金属片]で飾った (spangled). 〘1902〙

pail·lon /paɪ(j)ɔ́ː(ŋ), pɑːjɔ́ː(ŋ), paɪ(j)ɔ́ːŋ, pɑːjɔ́ːŋ; *F.* pajɔ̃, pa-/ *n.* (*pl.* **~s** /~(z); *F.* ~/) 金属箔, エナメル箔, パイヨン《金・銀などの薄片から成る薄板で, 琺瑯(ほうろう)掛け・金めっきの装飾用に用いる》. 〘(1890)□F ~ 'metallic foil, handful of straw' ← *paille*: ⇨ paillette〙

pai-loo /pàɪlóu | -lə́u/ *n.* (*pl.* ~, **~s**) 〖建築〗=pai-lou.

pai-lou /pàɪlóu | -lə́u; *Chin.* pʰáilóu/ *n.* (*pl.* ~, **~s**) 〖建築〗牌楼(パイロウ)《中国の宮殿などに見られる三つもしくは五つの開口をもった装飾門》. 〘(1836)□Chin. *pailou* (牌楼)〙

pain /péɪn/ *n.* **1** (精神的・肉体的な)苦しみ; 悩み, 苦悩 (anguish), 心痛, 不安, 心配 (anxiety), 悲嘆 (grief) (↔ pleasure): the ~ of parting 別れのつらさ. **2** (局部的な)痛み (ache): I have a ~ in my head [stomach]. 頭[腹]痛がする / I woke *in* ~. 私は痛みで目がさめた. **3** [*pl.*] 骨折り, 労力, 苦労 (trouble): with great ~*s* 非常に骨折って / be at ~*s to* do …する労を取る, …しようと骨を折る / spare no ~*s to* do …をするのに骨を惜しまない / take [go to great] ~*s* (大いに)骨を折る[気を配る], 全力を尽くす. (★ many pains とは言わない) / He didn't take much ~*s*. 大して骨を折らなかった / No gains without ~*s*. ⇨ gain¹ 1 b. **4** [*pl.*] 産みの苦しみ, 陣痛 (labor). **5** 《口語》不快な[厄介な]人[物] (nuisance): You are a real ~. 君は全く不愉快なやつだ. **6** 《廃》罰, 刑罰 (punishment).

féel nò páin 《米口語》(ひどく)酔っ払っている (be intoxicated). ***for one's páins*** (1) 骨折り賃に, 骨折りの報いとして: He got little reward *for his* ~*s*. 骨折りも無益であった. (2) 《反語》骨折りがいもなく: I got a thrashing *for my* ~*s*. 骨折ってなぐられた. ***on*** [***upòn, ùnder***] ***páin of …*** 違反すれば…の刑罰に処するとして, …の制裁(など)を覚悟の上で (cf. 6): *on* ~ *of* death (違反すれば)殺されるという条件で / It is forbidden *under* ~ *of death*. その禁を犯すものは死刑に処される. 〘(c1386)〙 ***a páin in the néck*** [《米卑》***áss, bútt,*** 《英卑》***árse, báckside***] 《口語》うんざり[いらいら]させる人[もの]; 面倒[厄介]なこと 〔*to*〕: give a person *a* ~ *in the neck* 人をいらいら[退屈, うんざり]させる / It's *a* ~ *in the neck* to walk. 歩くのは面倒なことだ. 〘(1924)〙 ***páins and pénalties*** 刑罰 (cf. 6). ***pùt … òut of*** (*his* [*its*]) ***páin*** 〈苦しんでいる人・動物を〉(楽にしてやるために)殺す.

— *vt.* **1** …に苦痛を与える, 苦しめる: My tooth doesn't ~ me now. 私の歯はもう痛まない. **2** 心痛させる, 心配させる; 《口語》困らせる, いらいらさせる: Your disapproval ~*s* me more than I can say. 君の不賛成は私には口では言えないほどの苦痛だ / It ~*s* me greatly [I am greatly ~*ed*] to hear the news. その知らせを聞いて非常に心を痛めている. — *vi.* 痛む (ache): It ~*ed*.

〘(c1280) *paine, peine* □(O)F *peine* < L *poenam* penalty, pain □ Gk (Dorian) *poinā́*, (Attic) *poinḗ* expiation, penalty ← IE **kwei-* to pay, atone: ⇨ pine²〙

SYN 苦痛: **pain** 体や心の痛み《一般的な語》: I have a *pain* in the back. 背中が痛い. **ache** 体のどこかの不調による継続的な鈍痛: an *ache* in the stomach 胃の痛み. **pang** 鋭い突然の, ずきずきするような一時的な痛み: the *pangs* of toothache ずきずきする歯痛. **twinge** 突然の刺すような痛み: I felt a *twinge* in the stomach. 急に刺すような胃の痛みを感じた. **agony** 長く続く耐えきれない痛み: It was *agony* having my decayed tooth pulled. 虫歯を抜いてもらうときひどく痛かった.

---

páin bárrier *n.* [次の句で] ***through the páin bárrier*** 〈スポーツ選手がけが[疲労]をおして: He played *through the* ~. 彼は痛みをこらえてがんばった.

Paine /péɪn/, **Robert Treat** *n.* ペイン (1731-1844; 米国の法律家・政治家; 独立宣言 (1776) に署名).

Paine, Thomas *n.* ペイン (1737-1809; 英国生まれの自由思想家・著述家・パンフレット作者 (pamphleteer); 独立前夜の米国および革命当時のフランスに移住; *Common Sense* (1776), *The Rights of Man* (1791-92)).

pained /péɪnd/ *adj.* **1** 痛がって[苦しんで]いる: He looked ~. **2** 感情を傷つけられた(ような) (wounded), 苦々しげな, 腹立たしげな (offended): His face wore a ~ expression. 立腹の表情をしていた. 〘1340〙

pain·ful /péɪnfəl, -fl/ *adj.* **1 a** (肉体的・精神的に)苦痛を感じる, 痛い, 苦しい: a ~ cut, experience, etc. / My back is still ~. 背中がまだ痛い. ★ I am [feel] ~. のように人を主語にできない. **b** 面倒な; 退屈な. **2** 〈物・事が〉苦痛を与える, 苦しい, 骨の折れる, 困難な (⇨ troublesome SYN): ~ labors 骨の折れる苦労 / in ~ suspense とても気をもんで. **3** 《口語》〈演技などが〉ひどい; 下手な. **4** 《古》労を惜しまない, 勤勉な. **~·ness** *n.* 〘(*a*1349): ⇨ pain¹ (n.), -ful¹〙

pain·ful·ly /péɪnfəli, -fli/ *adv.* **1** 痛んで, 痛そうにして. **2** つらく; 苦しく, 骨が折れて. **3** 《口語》(残念だが)たいへん, ひどく; 痛ましくなるほど(に): I am ~ aware of my shortcomings. 私は自分の短所を痛感している. 〘1533〙

pain·kill·er /péɪnkɪ̀lə | -ləᵗʳ/ *n.* **1** 《口語》**a** 鎮痛剤. **b** 苦痛を和らげるもの. **2** 《米俗》強い酒. 〘1853〙

páin·kìlling *adj.* 痛みを和らげる, 鎮痛用の: a ~ drug. 〘1964〙

pain·less /péɪnlɪ̀s/ *adj.* **1** 痛み[苦痛]のない, 無痛の: a ~ death 安らかな往生 / ~ childbirth 無痛分娩(べん). **2** 《口語》骨の折れない, 造作ない. **~·ly** *adv.* **~·ness** *n.* 〘1447〙

Pain·le·vé /pæ̃ː(n)ləvéɪ, pæn-; *F.* pɛ̃lve/, **Paul** *n.* パンルベ (1863-1933; フランスの政治家・数学者).

páin spòt *n.* 〖解剖〗(皮膚の)痛点, 疼痛点. 〘1888〙

páins·tàker *n.* 骨惜しみをしない人, 勤勉家, 努力家. 〘(1618) ↓〙

pains·tak·ing /péɪnztèɪkɪŋ/ *adj.* **1** 〈人が〉骨身[労]を惜しまない, 勤勉な, 実直な, 丹精する[を込めた] (diligent): be ~ *with* one's work [students] 仕事[学生のこと]に骨身を惜しまない. **2** 〈物・事が〉骨の折れる; 〈作品など〉苦心した, 丹精を込めた: a ~ picture. — *n.* 刻苦 (diligence); 苦心, 入念, 丹精. **~·ly** *adv.* **~·ness** *n.* 〘(adj.: 1696. n.: 1538) ← *pains* (pl.) ← PAIN〙

paint /péɪnt/ *n.* **1** 塗料, ペンキ, ペイント; (液状の)絵の具, 顔料 (pigment): aluminous [phosphorescent] ~ (硫化カルシウムから製した)発光塗料 / Wet ~. [掲示]ペンキ塗りたて《単に Paint. ともいう》/ (as) fresh as ~ みずみずしい, 健康で血色のよい / (as) smart as ~ すばらしくスマートな / (as) pretty as ~ 非常に美しい. **2** 《口語》化粧品; (特に)口紅, ルージュ (rouge): ~ and powder 紅おしろい. **3** =grease paint. **4** 塗装, 着色, 彩色; 飾り (adornment), 虚飾. **5** 《米西部》(白黒の)まだら馬, 駁毛(ぶち)馬 (pinto, paint(ed) horse, paint(ed) pony ともいう).

— *vt.* **1** …にペンキを塗る; [目的補語を伴って] 〈…に〉塗る: ~ a house, wall, etc. / ~ a gate green 門を緑色に塗る. **2** (絵の具で)描く, 油絵[水彩画]で描く (cf. draw 3 a): ~ a picture, landscape, design, etc. **3 a** …に絵の具を塗る, 着色する, 彩色する, 彩る (color): The sun ~*s* the clouds. 太陽は雲を彩る. **b** 飾る; 美化する. **4** (紅・おしろいをつけて)〈顔などに〉化粧する: She ~*s* herself (an inch) thick. こてこてと厚化粧をする / She is (as) ~*ed* as a picture. こてこてと厚化粧をしている. **5** 塗って修正する, 塗って魅力的にする; 〈欠陥などを〉塗って隠す, 糊塗する: ~ one's defects. **6** (ありありと)描写する, (生き生きと)叙述する (describe); 〈人を〉(…に)表現する (represent): ~ a person's character, a scene, one's experiences, etc. / ~ a person in his proper colors 人をありのままに表現[批評]する. **7** 〈傷口などに〉〈薬液を〉塗る 〔*on*〕; 〔薬液などを〕…に塗る 〔*with*〕: ~ iodine *on* a cut / ~ the wound *with* iodine. **8** ブラウン管のスクリーンに映し出す.

— *vi.* **1** 絵を描く: ~ in oils [water, colors, Indian ink] 油絵[水彩画, 墨絵]を描く / ~ on china 陶器に絵を描く. **2** 化粧する: ~ heavily 厚化粧をする. **3** ペンキで塗る. **4** ブラウン管のスクリーンに映る 〈*up*〉.

páint bláck 〈人を〉悪く言う[評する]: He is not so *black* as he is ~*ed*. 彼は評判ほど悪い人間ではない. (悪魔を黒く描いたことから) ***páint ín*** (絵に) 〈前景などを〉描き加える, 描き足す: ~ *in* the foreground. ***páint it réd*** 《米俗》煽情的に書き立てる. ***páint óut*** 〈落書きなどを〉ペンキで塗りつぶす. ***páint óver*** …の上にペンキを塗る. ***páint the lily*** ⇨ lily 成句. ***páint the tówn (réd)*** ⇨ town 成句. ***páint úp*** 〈家などに〉ペンキを塗って美しくする.

— *adj.* 《米西部》〈馬が〉(白黒の)まだらの, 駁毛の (pinto).

páint·a·ble /-ṭəbl | -təbl/ *adj.* 〘v.: (*c*1250) *peinte(n)* □(O)F *peint(e)* (p.p.) ← *peindre* < L *pingere* to paint, adorn ← IE **peig-* to cut, mark (OE *fāh* / Gk *poikílos* variegated). — n.: (1602) ← (v.)〙

paint. 《略》painting.

páint·bàll *n.* ペイントボール《命中すると破裂する塗料弾と特殊な銃を使って行う模擬戦闘ゲーム; その弾丸そのものも指す》. **páint·bàller** *n.* 〘1987〙

páint bòx *n.* **1** (画家などが使う)絵の具箱. **2** ペイントボックス《化粧品などがセットになっているもの》. 〘1725〙

páint brìdge *n.* 〖演劇〗ブリッジ《舞台背景を描くための昇降式吊橋》.

páint·brùsh *n.* **1** 絵筆, 絵の具ばけ. **2** 塗料[ペンキ]ばけ. **3** 〖植物〗**a** 米国の湿地に多いゴマノハグサ科カステラソウ属 (*Castilleja*) の草本の総称: ⇨ Indian paintbrush 1. **b** =orange hawkweed. 〘1827〙

paint·ed /péɪnṭɪ̀d, péɪnɪ̀d | péɪnt-/ *adj.* **1** 描いた; 彩色した (colored): ~ glass [china] 着色ガラス[陶器]. **2** 絵の具[ペンキ]を塗った; 紅をつけた. **3** 《文語》人工的な (artificial), にせの, 偽りの (feigned), 虚飾的な, 空虚な, 誇張した: a ~ sepulcher=whited sepulcher. **4** 化粧した; (特に)厚化粧した. **5** [通例複合語の第 2 構成素として]色彩の鮮やかな; 多色の: a brightly-*painted* butterfly. 〘*c*1250〙

páinted béauty *n.* 〖昆虫〗フタツメヒメアカタテハ (*Vanessa virginiensis*)《暗褐色の羽に大きな金色の斑点がある米国産タテハチョウ科のチョウ》. 〘1899〙

páinted búnting *n.* 〖鳥類〗ゴシキノジコ (*Passerina ciris*)《米国南部およびメキシコに分布するホオジロ科の鳥; painted finch, nonpareil ともいう》. 〘1811〙

páinted cát *n.* 《米口語》売春婦, 娼婦.

páinted cúp *n.* 〖植物〗ゴマノハグサ科カステラソウ属 (*Castilleja*) の総称; (特に) =Indian paintbrush 1. 〘1787〙

Páinted Désert *n.* [the ~] ペインテッド砂漠《米国 Arizona 州北中部, Colorado 川の東にある浸食台地; 面積 19,400 km²; 露出した岩石の表面は色彩に富んでいる》.

páinted fínch *n.* 〖鳥類〗=painted bunting. 〘1730〙

páinted gráss *n.* 〖植物〗シマヨシ (ribbon grass). 〘1597〙

páinted hórse [póny] *n.* =paint 5.

páinted lády *n.* **1** 〖昆虫〗ヒメアカタテハ (*Vanessa cardui*)《全世界に分布し, ヨーロッパでは北アフリカより大群で移動 (migrate) するので有名; 幼虫はハハコグサ, ゴボウなどキク科植物を食べる; thistle butterfly ともいう》. **2** 〖植物〗**a** ジョチュウギク (pyrethrum). **b** =painted trillium. 〘1753〙

páinted pórt *n.* 〖海事〗(19 世紀中期から 20世紀初期に商船が用いた)偽装砲門《船側に大砲の絵を描いた》.

páinted snípe *n.* 〖鳥類〗タマシギ《タマシギ科タマシギ属 (*Rostratula*) の鳥数種の総称》. 〘1811〙

páinted tóngue *n.* 〖植物〗=salpiglossis.

páinted tríllium *n.* 〖植物〗北米北東部産ユリ科エンレイソウ属の植物 (*Trillium undulatum*)《基部が紫紅色の白い花が咲く多年草》. 〘1855〙

páinted túrtle *n.* 〖動物〗ニシキガメ (*Chrysemys picta*)《主として米国東部に産する色彩が美しいカメ》. 〘1876〙

páinted wáke-ròbin *n.* 〖植物〗=painted trillium.

páinted wóman *n.* **1** 厚化粧の女性. **2** 売春婦; 乱交する女性.

paint·er¹ /péɪnṭə, péɪnə | -təᵗʳ/ *n.* **1** 画家 (artist), 絵師, 絵かき: a lady [female] ~ 女流[閨秀]画家 / a ~ in oils 油絵かき. **2** ペンキ屋: a house ~ / a ~ and decorator 塗装工. **3** 彩色[着色]者, 絵つけ師. **4** [the P-] 〖天文〗がか(画架)座 (⇨ Pictor). 〘(1313)□OF *peintour* < VL **pinctōrem*=L *pictōrem*, *pictor* painter ← *pictus* (p.p.) ← *pingere*: ⇨ paint (v.), -er¹〙

paint·er² /péɪnṭə | -təᵗʳ/ *n.* 〖海事〗(船の)もやい綱: a large [small] ~ 大[小]もやい綱 / ⇨ lazy painter.

cút [***slíp***] ***the*** [*one's*] ***páinter*** (1) もやい綱を解き放つ (set adrift). (2) 〈植民地が〉(本国との)関係を絶つ. (*a*1700) (3) 《口語》さっさと行ってしまう, 逃げ去る (flee). 〘(1336-37)□OF *pentoir* clothesline ← *pendre* to hang (< L *pendēre*)+*-oir* '-ORY²'〙

pain·ter³ /péɪnṭə | -təᵗʳ/ *n.* 《米南部》〖動物〗=cougar. 〘(1764) (変形) ← PANTHER〙

páint·er·ly *adj.* **1 a** 画家の; ペンキ屋の; 彩色者の. **b** 画家特有の, 線より色彩を強調する. **2** 〖美術〗絵画芸術に特有の, 絵画的な. **páint·er·li·ness** *n.* 〘1586〙

páinter's cólic *n.* 〖病理〗塗装工疝痛(せんつう), 鉛疝痛 (lead colic). 〘1822-34〙

Páinter's Éasel *n.* [the ~] 〖天文〗がか(画架)座 (⇨ Pictor).

páinter-stáiner *n.* 《英》絵かき; 塗装工; 絵つけ師. 〘1504〙

páint hòrse *n.* =paint 5.

páint-ìn *n.* ペイントイン《荒廃した区域の様子を改善する(必要を示す)ために人々が建物などの外部をペンキで塗ったりすること; cf. sit-in, teach-in》. 〘(1966): cf. teach-in〙

paint·ing /péɪnṭɪŋ, péɪnɪŋ | -tɪŋ/ *n.* **1 a** (絵の具による)絵画《油絵, 水彩画など; cf. drawing 1》: a ~ in oils [water colors] 油絵, 油彩[水彩]画 / a collection of old ~*s* 古画の収集. **b** [集合的] (様式などから見たある時代・地域の)絵画. **2 a** (絵の具で)絵をかくこと: a ~ room 画室 / take up ~ as a hobby 道楽に絵を始める. **b** 画法, 画業. **3 a** 彩色, 着色, (ペンキ)塗装. **b** (陶磁器の)絵付け; 紅を塗ること. **4** 絵の具; ペンキ, 塗料. 〘(?*a*1200): ⇨ paint (v.), -ing¹〙

páint pòny *n.* =paint 5.

páint·pòt *n.* ペンキ入れ. 〘1840〙

páint pòt *n.* 〖地質〗(火山地方にある)泥を含む熱湯の吹き出し口.

páint remòver *n.* =paint stripper. 〘1885〙

páint ròller *n.* 塗料[ペンキ]ローラー. 〘1951〙

páint shòp *n.* (工場などの)塗装(作業)場, 塗料吹き付け作業場. 〘1866〙

páint·stìck *n.* (水溶性の)鉛筆[クレヨン]形えのぐ.

páint strìpper *n.* ペンキ落とし, 落書き消し《剝離(はくり)剤》.

páint thìnner *n.* ペンキ希釈剤, シンナー (thinner): sniff ~ シンナー遊びをする. 〘1959〙

páint·wòrk *n.* (表面に塗られた)塗料; (自動車などの)塗装面. 〘1888〙

paint·y /péɪnṭi | -ti/ *adj.* (**paint·i·er**; **-i·est**, **more ~**; **most ~**) **1** 絵の具の; 塗料の. **2** 〈絵など〉絵の具を塗り過ぎた; 絵の具で汚れた[だらけの]; ペンキのついた[だらけの]. 〘1870〙

pair¹ /péə | péəᵗʳ/ *n.* (*pl.* **~s**, ~) **1 a** (対をなすものの)二つ, 一対: a ~ of eyes, shoes, gloves, etc. / These stockings are not ~*s* [a ~]. この靴下はそろっていない / I have only one ~ of hands. 《口語》私には手が二つしかありません《忙しすぎる》. **b** (対応する二つの部分から成るもの)一つ, 一丁, 一着(など): a ~ *of* compasses, scissors, glasses, trousers, etc.

語法 (1) a pair of … は単数扱い. (2) 複数詞や many, several, few などの後には方言や口語体では単数形が用いられることもある: three ~(*s*) of shoes.

---

2 [通例複数扱い] 一組の男女, カップル, (特に)夫婦 (married couple), 婚約者(同士) (engaged couple): the happy ~ 新郎新婦. **3** (動物の)一つがい, 一箇所につな

P

がれた二頭の馬 (team): a carriage and ～ 二頭立ての馬車. **4** (同じものの)二つ, 二人連れ: a ～ of rascals 二人組の悪党. **5** 〔対の物の〕一方,〔靴・手袋などの〕片方 (fellow)〔*to*〕: Where is the ～ *to* this glove? この手袋の片方はどこにあるか. **6 a** 《古・方言》(二つ以上のものの)組 (set): a ～ of arrows 三本組の矢 / a ～ of beads 一連の数珠(じゅ). **b** 《米古・英》(階段などの)一続き (flight);《古》階 (floor): a ～ of stairs (一続きの)階段 (a flight of stairs) / a ～ of steps 段々; 脚立(きゃたつ) / up two [three] ～ of stairs 3[4]階に / ⇨ two-pair. **7** 《議会》(欠席その他の方法である問題について)棄権を申し合わせる反対派の議員二人; その申し合わせ; その申し合わせに応じる人: I cannot find a ～. **8** 《機械》(相互に制限されて働き合う)対偶, つがい《ピストンとシリンダー, ねじとナットなど》. **9** 《トランプ》(ポーカーなどで)ペア《同位札 2 枚, 例えばクラブとダイヤのジャック 2 枚》: a ～ of sixes 6 の 2 枚ぞろい / ⇨ pairs. **10** 《スポーツ》二人の一組, ペア; [*pl.*] ダブルス(ゲーム). **11** 《クリケット》=pair of spectacles (⇨ spectacle 5). **12** =pair-oar. **13** 《数学》**a** 対, 組. **b** 順序対. **14** 《郵趣》ペア《縦または横に 2 枚続いた切手》. **15** 《卑》(形のいい)乳房[おっぱい].

be [hàve] a sáfe páir 〈人が〉信頼がおける, 頼りになる.
in páirs [a páir] 二つ[二人]ずつ組んで. ***(quìte) anóther [a dífferent] pàir of shóes [bóots]*** 《口語》(全く)別問題.

páir of cólors [the ―] 《英》《軍事》(連隊の護持する)国旗と連隊旗.

páir of vírginals ⇨ virginal[2].

― *vt.* **1** 結婚させる (match); つがわせる (mate)〔*with*〕. **2** (…)対にする, 二つ一組にする; 二つ[二人]ずつの組に分ける. **3** 《米》(人種差別をなくすため)〈白人の学校と黒人の学校を組み合わせる. ― *vi.* **1** 一対になる, 配合する. **2** (対の)一方である[をなす]; (他のものに)見合う, つり合う. **3** 〔…と〕夫婦になる, 一緒になる; つがう (mate)〔*with*〕: the ～*ing* season (鳥などの)交尾期. **4** 《議会》反対派の一人と申し合わせて採決に加わらない (cf. unpaired 2).

páir óff (*vt.*) (1) 〈物を〉一対にする[して並べる]; 〈人を〉二人一組に分離する[並べる]. (2) 《口語》〈動物を〉つがわせる. ― (*vi.*) (1) 〈物が〉一対になる; 〈人が〉二人ずつ組になる[分かれる]. (2) 〔…と〕組む, 《口語》〔…と〕結婚する (marry)〔*with*〕. (3) 〈動物が〉つがう. ***páir úp*** [普通は受身で] (競技などで)ペアとして組ませる〔*with*〕.

〘n.: 《*c*1250》*peire, paire* ☐ (O)F *paire* < L *paria* (neut. pl.) ← *pār* equal ← IE **perə-* to grant, allot. ― v.: 《1603》← (n.)〙

SYN 一対: **pair** 同種の二つの物で必ず二つをひと組にして用いられるもの: a *pair* of shoes 一足の靴 / a *pair* of scissors はさみ一丁. **couple** 何かの点で結びついている同種の二つの物《しばしば =two》: a married *couple* 夫婦 / a *couple* of weeks 2 週間. **brace** 主に犬や猟鳥の一つがい: a *brace* of partridge ヤマウズラの一つがい.

pair[2] /péə | péə(r)/ *adj.* 《スコット》=poor.

páir annihilàtion *n.* 《物理》対消滅 (⇨ annihilation 3).

páir bònd *n.* 一雌一雄の結びつき. 〘1940〙

páir bònding *n.* pair bond を作る行為[作った状態]. 〘1965〙

páir creàtion *n.* 《物理》=pair production.

páired-assóciate lèarning *n.* 《教育》対連合学習《外国語教育などで一方を覚えれば他方を思い出すように, 互いに関連のあるような綴り字・数字・単語を対で覚えること》. 〘1972〙

páir formàtion *n.* 《物理》=pair production.

páir-hòrse *adj.* 二頭立ての, 二頭立て馬車用の. 〘1842〙

pair·ing /pé(ə)rɪŋ | péər-/ *n.* 《スポーツ》**1** ペアリング《トーナメントで相対する二人[チーム]ずつに組み合わせること》. **2** [*pl.*] 組合わせ[取組み]表. **3** 《生物》対合(ごう), 対形成.

pairle /péəl | péəl/ *n.* 《紋章》=pall[2] 5. 〘☐F ～ 《変形》← ? OF *paile* mantle, pall < L *pallium* 'PALL[2]'〙

páir màsts *n. pl.* 《海事》ペアマスト《貨物船で用いられる対をなす短いマスト; cf. goal-post mast》.

páir-òar *n.* ペア《二人が各自一本のオールをこぐ二人乗りボート; pair-oared shell ともいう》. ― *adj.* =pair-oared. 〘1854〙

páir-òared *adj.* (二人が各自一本ずつこぐ)一対のオールを備えた, ペアの. 〘1901〙

páir prodùction *n.* 《物理》対(つい)生成, 対創成, 対発生《原子核の場で 1 個の光子から素粒子とその反粒子が生成されること; pair creation, pair formation ともいう》. 〘1934〙

páir róyal *n.* (*pl.* ～, **pairs r-**) 同種のもの 3 個一組 (three of a kind); (cribbage で)同位札 3 枚; 同一数を表すさいころ 3 個(など). 〘1592〙

pairs /péəz | péəz/ *n.* 《トランプ》神経衰弱 (Pelmanism).

páir tràwling *n.* 二隻の漁船で引くトロール漁業.

pai·sa /páɪsɑː, -sə/ *n.* **1** (*pl.* **pai·se** /-seɪ/, ～**s**) パイサ《インド・パキスタン・ネパールの通貨単位; =$^1/_{100}$ rupee》; 1 パイサアルミ貨. **2** パイサ《バングラデシュの通貨単位; =$^1/_{100}$ taka》; 1 パイサアルミ貨. 〘《1884》☐ Hindi *paisā*〙

pai·san /paɪzɑ́ːn/ *n.* 《米口語》=paisano. 〘《1947》☐ F *paysan* (↓)〙

pai·sa·no /paɪzɑ́ːnoʊ, -sɑ́ː- | -nəʊ; *Am.Sp.* paisáno/ *n.* (*pl.* ～**s** /～z/) **1** 《俗》仲間 (pal); 同国人, 同胞. **2** 《米南西部》百姓, 田舎者 (rustic). 〘《1844》☐ Sp. ～ ☐ F *paysan* 'PEASANT'〙

paise *n.* paisa 1 の複数形.

pais·ley, P- /péɪzli/ *n.* **1 a** ペーズリー《細かい曲線模様を織り込んだ柔らかい毛織物; 元来はインド原産の織物の模様が英国に模しいものでスコットランドの Paisley 地方でショールなどに多く使われた》. **b** ペーズリー模様[柄]. **2** ペーズリー織物でできた製品《ショール・ドレスなど》. **3** (ペーズリー織地を模した)シルクなどのプリント. ― *adj.* ペーズリー織り[模様]の: a ～ shawl (インドの cashmere shawl を模倣した)ペーズリーショール. 〘《1824》↓〙

Pais·ley /péɪzli/ *n.* ペイズリー《スコットランド南西部, Glasgow 西方の都市》. 〘ME *Paisleth* ☐ Gael. *paislig* ☐ L *basilica* 'church, BASILICA': cf. MIr. *baslec* church (yard)〙

Pais·ley /péɪzli/, **Ian** (**Richard Kyle**) *n.* ペイズリー《1926–　; 北アイルランドの政治家; プロテスタント系過激派の指導者》.

Pais·ley·ism /péɪzliìzm/ *n.* 《キリスト教》ペイズリー運動《カトリックとプロテスタントの歩みよりに反対する北アイルランドの運動》. 〘《1978》↑〙

Pais·ley·ite /péɪzliàɪt/ *n., adj.* Ian Paisley 信奉者(の), ペイズリー運動の(支持者). 〘《1966》: ⇨ -ite[1]〙

pait·rick /péɪtrɪk | péɪ-/ *n.* 《スコット》=partridge.

Pai·ute /páɪ(j)uːt, ―́―/ *n.* (*pl.* ～**s**, ～) **1 a** [the ～(s)] パイウト族《米国西部の California, Nevada, Utah および Arizona の各州に住む Uto-Aztecan 系の先住民の一部族; Southern Paiute ともいう; cf. Northern Paiute》. **b** パイウート族の人. **2** パイウート語《ショショーニ語 (Shoshonean) 群に属する》. 〘《1827》☐ N-Am.-Ind. (Shoshonean) *pahute* 《原義》'water-UTE' ← *pah* water〙

pa·ja·ma /pədʒɑ́ːmə, -dʒǽmə | -dʒɑ́ː-/ *n.* =pajamas.

pa·já·maed *adj.* パジャマを着た[着けた].

pajáma pàrty *n.* =slumber party.

pa·ja·mas, 《英》**py·ja·mas** /pədʒɑ́ːməz, -dʒǽm- | -dʒɑ́ː-/ *n. pl.* 《米》**1** パジャマ《ゆったりした上衣とズボンからなる寝間着やリゾートウェア》: a pair of ～. ★ 形容詞的用法では単数形: *pajama* trousers パジャマのズボン / a *pajama* top パジャマの上着. **2** (インド人・ペルシャ人などが着用する)ゆるいズボン. 〘《1800》(pl.) ☐ Hindi *pā(e)jāmā* ← Pers. *pā(e)* 'leg, FOOT' + *jāma* clothing〙

pa·jock /péɪdʒɑ(ː)k | -dʒɒk/ *n.* 《廃》**1** クジャク (peacock)《エリザベス朝時代には下品で好色な鳥とされた》. **2** 卑劣漢, 野蛮人 (patchock). 〘《1600–01》《変形》← ? PEACOCK〙

Pak /pǽk/ *n.* 《英俗》=Paki.

PAK 《自動車国籍表示》Pakistan.

Pak. 《略》Pakistan.

pa·ka·hi /pɑ́ːkəhiː/ *n.* (NZ) (耕作に不適な)酸性の土地《特に南島北西部の砂利の多い土地》. 〘← ? Maori *pakihi* barren land〙

pak·a·mac /pǽkəmæ̀k/ *n.* 《英》(小さくたためる)レインコート. 〘《*c*1950》← *pack a mac*: ⇨ mac〙

pak·a·poo /pǽkəpùː/ *n.* (*also* **pak·a·pu** /～/) 《豪》白鴿(はっこう)票《文字の並んでいる紙片を用いて行う中国の賭博》: like a ～ ticket 《豪俗》乱雑で, むちゃくちゃで, わけのわからない, まるで読めない. 〘《1886》☐ Chin. *pai ko p'iao* (Pinyin *bai gē piao*) 白鴿票〙

pak choi /bɑ̀ːktʃɔ́ɪ, pɑ̀ːk- | pæ̀k-, pɑ̀ːk-/ *n.* (*pl.* ～, ～**s**) 《園芸》パクチョイ, チンゲンサイ(など). 〘《1847》☐ Chin. 《広東方言》*paâk ts'oi* 白菜〙

pa·ke·ha /pɑ́ːkəhɑ̀ː | -kɪ-/ *n.* (*pl.* ～, ～**s**) (NZ) 白人, (特に)白系のニュージーランド人. 〘《1817》☐ Maori ～〙

pákeha Máori *n.* マオリ人として生活している白人. 〘1838〙

Pa·ki /pǽki, pɑ́ːki/ *n.* (*pl.* ～**s**) **1** 《英俗・軽蔑》パキスタン人 (Pakistani). **2** (広く)インド亜大陸出身の人. ― *adj.* **1** パキスタン人の. **2** (広く)インド亜大陸出身の人の.

Páki-bàshing *n.* 《英俗》(英国での)パキスタンからの移民に対する虐待[迫害], パキスタン人いじめ. 〘1970〙

pa·ki·ri·kir·i /pɑ́ːkɪriːkiri/ *n.* (NZ) 《魚類》=blue cod. 〘《1820》← Maori〙

Pa·ki·stan /pǽkɪstæ̀n, pɑ́ːkɪstɑ̀ːn, ―――́ | pɑ̀ːkɪstɑ́ːn, pæ̀k-, -stǽn; *Urdu* pɑːkɪstɑːn/ *n.* パキスタン《1947 年インド独立と同時に英国自治領になり 1956 年に独立したイスラム教徒共和国; 1972 年インド南東側の East Pakistan は, Bangladesh として分離独立; 南アジアに位置し, インド洋に面する; 面積 803,944 km^2, 首都 Islamabad (以前は Rawalpindi, Karachi); 公式名 the Islamic Republic of Pakistan パキスタンイスラム共和国》. 〘《20C》← 《古形》*Pakstan* ← *P*(*unjab*) + *A*(*fghan Frontier*) + *K*(*ashmir*) + *S*(*ind*) + (*Baluchis*)*tan*: cf. Urdu *pak* pure, holy, *stan* land〙

Pa·ki·stan·i /pæ̀kɪstǽni, pɑ̀ːkɪstɑ́ːni | pɑ̀ːkɪstɑ́ːni, pæ̀k-, -stǽni/ *adj., n.* (*pl.* ～**s**, ～) パキスタンの(人). 〘《1941》☐ Hindustani *Pākistānī* ← *Pākistān* 'PAKISTAN'〙

pa·ko·ko /pɑ́ːkoʊkòʊ | -kəʊkəʊ/ *n.* (NZ) 《魚類》= cockabully. 〘← Maori〙

pa·ko·ra /pəkɔ́ːrə/ *n.* 《料理》パコラ《さいの目状に切った野菜と鶏肉, 貝などに衣をつけて揚げたインド料理》. 〘《1954》☐ Hindi *pakoṛā*〙

pa kua /pɑ̀ːkwɑ́ː/ *n.* 《易学》=ba gua.

pal /pǽl/ 《口語》*n.* **1 a** (通例, 男の)仲よし (chum), 仲間 (comrade): ⇨ pen pal. **b** (犯罪などの)同類, 共犯, 相棒 (accomplice). **2** =Old Pals Act. ― *vi.* (**palled**; **pal·ling**) [通例 ～ *around* [up] として]〔…と〕親しくなる, 友だちになる; 親しくつきあう〔*with, to*〕: He's not the sort of person that you can ～ *around* with. 彼は親しくつきあえるようなやつではない. 〘《1681–82》☐ (Eng.) Gypsy ～ = (Turk.) Gypsy *plal, pral* brother ☐? Skt *bhrātṛ* 'BROTHER'〙

PAL /pǽl/ *n.* 《米》《郵便》パル《軍関係の海外に発送される小包を対象とする割引料金の航空便; 5–30 ポンド (2.3–13.5 kg) に適用される; cf. SAM》. 〘《頭字語》← *P*(*arcel*) *A*(*ir*)*L*(*ift*)〙

PAL /pǽl/ 《略》《電算》peripheral availability list; 《テレビ》phase alternation line パル方式《カラーテレビの一方式で, 色信号を一走査ごとに位相反転して安定化する方式; cf. NTSC》; /píːèɪél/ Philippine Air Lines フィリピン航空会社 (記号 PR).

pal. 《略》paleography; paleontology.

Pal. 《略》Palestine.

pa·la·bra /pəlɑ́ːbrə; *Sp.* paláβɾa/ *n.* (*pl.* ～**s** /～z; *Sp.* ～s/) **1** 語, 単語. **2** 話, 談話 (speech); おしゃべり (palaver). 〘《1594》☐ Sp. ～ 'word': cf. palaver〙

pal·ace /pǽlɪs/ *n.* **1 a** 宮殿. **b** 《英》(主教・大主教その他高官の)官邸. **2 a** 立派な邸宅, 館(やかた), 御殿. **b** (宴会・娯楽・保養用などの)豪華な建物, 大娯楽場, 殿堂, 大ホール: a movie ～ 大映画館. **3** [the ～] 宮廷[現政権]の有力者たち, 側近. **4** 《英》=gin palace. ― *adj.* [限定的] **1** 宮殿の, 宮殿に関する: a ～ garden. **2** 側近の: ～ politics 側近[宮殿]政治. **3** 豪華な, 贅沢な. 〘《?*c*1225》*palais, paleis* ☐ O(F) *palais* ☐ L *palātium* Palatine ← *Palātium* Palatine Hill〙

pálace càr *n.* 《鉄道》(鉄道の)豪華な特別車. 〘1868〙

pálace cóup *n.* =palace revolution. 〘1970〙

pálace guárd *n.* **1** 護衛兵; 親衛隊. **2** (国王・大統領などの)側近. 〘1887〙

Pálace of Wéstminster *n.* [the ～] 《英》ウェストミンスター宮: **1** かつての London の王宮で, 現在の国会議事堂のある場所にあった; 1834 年の火災でほぼ焼失, Westminster Hall の部分だけ残っている. **2** 現在の House of Paliament の公式名 (=New Palace of Westminster).

pálace revolútion *n.* 側近[宮殿]革命《現政権の有力者によって行われるクーデター》. 〘1904〙

Pa·la·ci·o Val·dés /pəlɑ́ːsiòʊvɑːldés | -siàʊ-; *Sp.* paláθjoβaldés/, **Ar·man·do** /aɾmándo/ *n.* パラシオバルデス《1853–1938; スペインの小説家・批評家》.

pal·a·din /pǽlədn, -dɪn | -dɪn/ *n.* **1** (中世フランスの物語に出る) Charlemagne 宮廷の十二勇士 (douzepers) の一人 (cf. Oliver, Roland[2]). **2** 武者修行者, 武侠(きょう)家, 武侠の士. **3** (主義・主張の)主唱[擁護]者. 〘《1592》☐ F ～ ☐ It. *paladino* ☐ L *palātinus* 'PALATINE'〙

pa·lae- /péɪli | pǽli, péɪli/ (母音の前にくるときの) palaeo- の異形 (⇨ paleo-).

Pa·lae·arc·tic /pèɪliɑ́əktɪk | pæ̀liɑ́ːk-, pèɪl-/ *adj.* 《生物地理》旧北亜区[周北極地方]の (cf. holarctic 2): the ～ region 旧北亜区《動物地理学上の区分で北極地方を除くユーラシア大陸と Sahara 砂漠以北のアフリカを含む》. 〘1858〙

pàlae·ethnólogy *n.* =paleethnology.

pa·lae·o- /péɪlioʊ | pǽliəʊ, péɪl-/ =paleo-.

pàlaeo·anthrópic *adj.* 《人類学》(ネアンデルタール人などの)旧人類の (cf. neanthropic). 〘1890〙

pàlaeo·anthropólogy *n.* =paleoanthropology.

Pa·lae·o·cene /péɪliəsìːn | pǽliəʊ-, péɪl-/ *n.* = Paleocene.

pàlaeo·chronólogy *n.* 《考古》先史年代学.

pàlaeo·engineéring *n.* 《工学》先史工学, 古代工学.

pàlaeo·génesis *n.* 《生物》=palingenesis 4 a.

pàlaeo·genétic *adj.* 《生物》原形[反復]発生 (palingenesis) を示す. 〘1886〙

pa·lae·og·ra·phy /pèɪliɑ́(ː)grəfi | pæ̀liɒ́g-/ *n.* = paleography.

Pa·lae·o·lith·ic /pèɪliəlíθɪk | pæ̀liə(ʊ)-, pèɪl-/ *adj.* 《考古》=Paleolithic.

pa·lae·on·tol·o·gy /pèɪliɑ(ː)ntɑ́(ː)lədʒi | pæ̀liɒntɒ́l-, pèɪl-/ *n.* =paleontology.

Pàlaeo·sibérian *n.* 《言語》=Paleosiberian.

pàlaeo·trópical *adj.* 《生物地理》旧熱帯区の.

Pa·lae·o·zo·ic, p- /pèɪliəzóʊɪk | pæ̀liə(ʊ)zə́ʊ-, pèɪl-/ *adj., n.* 《地質》=Paleozoic.

pa·laes·tra /pəléstrə | -láɪs-, -líːs-/ *n.* (*pl.* ～**s**, **pa·laes·trae** /-triː/) **1** (古代ギリシャ・ローマの)体育訓練場, (特に)レスリング道場. **2** 体育, (特に)レスリング. **pa·láes·tral** /-trəl/ *adj.* 〘《*c*1400》(O)F ～ ☐ L ～ ☐ Gk *palaístrā* gymnasium, wrestling school ← *palaíein* to wrestle〙

pal·a·fitte /pǽləfɪt, -fiːt, ―――́; *F.* palafit/ *n.* 《考古》杭上住宅 (pile dwelling)《湖の浅瀬に打ち並べた杭の上に建てられた古代住居; 特に, スイスや北イタリアの新石器時代の湖上住居をいう》. 〘《1882》☐ F ～ ☐ It. *palafitta* ← *palo* stake (⇨ pole[1]) + *fitto* fixed (☐ F ～ ☐ fix)〙

pa·lag·i /pəlǽŋi/ *n.* (*pl.* ～, ～**s**) 《NZ・サモア》ヨーロッパ人, 白人. 〘《1964》☐ Samoan〙

pa·lag·o·nite /pəlǽgənàɪt/ *n.* 《岩石》パラゴナイト《火山岩ガラスの変質物》. 〘《1863》☐ G *Palagonit* ← *Palagonia* (Sicily 島の地名): ⇨ -ite[1]〙

pa·lais /pæléɪ | pǽleɪ, -li; *F.* palɛ/ *n.* (*pl.* ～ /～z; *F.* ～/, ～**es**) **1** 宮殿; 邸. ★ 主として公邸や政府の建物について使う. **2** =palais de danse. 〘《2: 1928》☐ F ～ 'PALACE'〙

paláis de dánse /-dədɑ́ː(n)s, -dɑ́ːns | -də-; *F.* -dɑ̃ːs/ *n.* (*pl.* ～) (広い豪華な)ダンスホール. 〘《1919》☐ F ～ 《原義》dance palace〙

paláis glíde *n.* パレグライド《多数の人が腕を組んで一列になり, すべるようなステップで踊るダンス》. 〘《1938》: ⇨ ↑, glide (n.) 2〙

Pal·a·me·des /pæ̀ləmíːdiːz/ *n.* 《ギリシャ伝説》パラメデス《トロイ戦争 (Trojan War) の際のギリシャ側の知将; 度

量衡とさい (die) の発明者). 〖□ L *Palamēdēs* □ Gk *Palamḗdēs*〗

pal·an·quin /pæ̀lənkíːn/ (*also* **pal·an·keen** /～/) *n.* パランキーン《中国・インドで用いた一人乗りの駕籠(かご); 4人[6人]でかつぐ》: *in* a ～ / *by* ～. — *vi.* パランキーンで旅行する. 〖(1588) □ Port. *palanquim* □ Jav. *pĕlaṅki* ← Skt *palyaṅka, paryaṅka* couch, bed〗

pa·la·pa /pəlǽpə/ *n.* パラパ《メキシコ風の通例, 側壁のない草屋根の小屋》. 〖(1975) □ Am.-Sp. ～ 'a kind of palm tree'〗

pal·at·a·ble /pǽlətəbl | -tə-/ *adj.* **1** 〈食物など〉口に合う, おいしい, 味のよい (savory): a ～ lunch. **2** 〈事が〉趣味にかなう, 気にいる, 好ましい (pleasing). **pàl·at·a·bíl·i·ty** /-təbíləti | -təbílɪ̀ti/ *n.* **pál·a·ta·bly** *adv.* **～·ness** *n.* 〖(1669) ← PALATE＋-ABLE〗

pal·a·tal /pǽlətl | -tl/ ★《英》では /pəléɪtl/ と発音する解剖学者もいる. *adj.* **1** 〖解剖〗口蓋(こうがい)の. **2** 〖音声〗 **a** (硬)口蓋音の: ～ consonants (硬)口蓋子音. **b** 《まれ》(ある種の母音のように)前舌の. — *n.* **1** 〖解剖〗口蓋骨. **2** 〖音声〗(硬)口蓋音《硬口蓋と前舌面とで調音される音; [j], [ç], [ɲ], [ʎ], [i] など》. **～·ly** *adv.* 〖(1728) □ F ～ ← L *palātum* 'PALATE': ⇨ -al[1]〗

pál·a·tal·ìsm /-lɪ̀zm/ *n.* 〖音声〗(硬)口蓋音性. 〖(1876): ⇨ ↑, -ism〗

pal·a·tal·i·ty /pæ̀lətǽləti | -lɪ̀ti/ *n.* 〖音声〗＝palatalism.

pal·a·tal·i·za·tion /pæ̀lətəlɪ̀zéɪʃən, -tl- | pæ̀lətəlaɪ-, pəlæ̀t-, -təlɪ-, -tl-/ *n.* 〖音声〗(硬)口蓋(こうがい)(音)化《日本語の [i] の前の [p], [b], [m] 等にみられるように, ある子音の調音と同時に前舌面が硬口蓋に向かってもち上がる現象》. 〖1863〗

pal·a·tal·ize /pǽlətəlàɪz, -tl- | pǽlətəl-, pəlǽt-, -tl-/ *vt.* 〖音声〗(硬)口蓋(こうがい)(音)化する (cf. velarize). 〖1867〗

pál·a·tal·ìzed *adj.* 〖音声〗(硬)口蓋(こうがい)(音)化した. 〖*a*1904〗

pal·ate /pǽlɪ̀t/ *n.* **1** 〖解剖〗口蓋(こうがい), 上あご; 硬口蓋 (hard palate): an artificial ～ (口蓋裂治療用の)人工口蓋 / a false ～ 〖音声〗人工口蓋《実験音声学で舌の口蓋への接触部分を調べるのに用いる》/ the soft ～ 軟口蓋 / ⇨ cleft palate. **2** 味覚, 味感, (食物・味に対する)鑑識力; 好み (taste); 審美眼 (aesthetic taste): have a delicate ～ *for* foods 食べ物の好みがむずかしい / suit a person's ～ 口[好み]に合う. **3** 喜び, 歓喜. **4** 〖植物〗(仮面状花冠の)下唇基部の突起. 〖(*c*1384) *palat, palet* □ L *palātum* ← ?〗

pálate bòne *n.* 〖解剖〗＝palatine bone.

palatia *n.* palatium の複数形.

pa·la·tial /pəléɪʃəl, -ʃl | -ʃəl, -ʃl/ *adj.* **1** 〈建物など〉宮殿の(ような). **2** 豪華な, 壮麗な, 広壮な, 堂々たる, 広大な. **～·ly** *adv.* **～·ness** *n.* 〖(1754) ← L *palātium* 'PALACE'＋-AL[1]〗

pa·lat·i·nate /pəlǽtənɪ̀t, -nèt, -tn- | -tənɪ̀t, -tn-/ *n.* **1** [the P-] プファルツ《ドイツ語名 Pfalz》: **a** (昔の)ドイツ帝国内のライン川沿岸の一国; 通例選帝侯の一人であった count palatine が支配した (Rhine Palatinate, Lower Palatinate ともいう). **b** (今の)ドイツ Rhineland-Palatinate 州の一地方. **2** [P-] プファルツの住民. **3** 宮中伯領[位, 職]. **4** 《英》(Durham 大学の校色の)薄紫色, ラベンダー色; 薄紫色のブレザーコート. 〖(*c*1580): ⇨ ↓, -ate[1]〗

pal·a·tine[1] /pǽlətàɪn, -tɪ̀n | -taɪn/ *adj.* **1** 宮中伯(領)の, 自領内で王権の一部の行使を許された, 王権に等しい権限を持つ. **2** [P-] プファルツ (Palatinate) の. **3** 宮殿の(ような) (palatial). — *n.* **1** 宮中伯, 王権伯《昔ドイツや英国で国王と同等の特権を有していた領主》: ⇨ count palatine, county palatine. **2** (フランク王国の)大宰相; (古代ローマの)宮内官; (後期ローマ帝国の)高官. **3** [*pl.*] (後期ローマ帝国の)野戦軍主力. **4** プファルツ (Palatinate) の住民. **5** [the P-] ＝Palatine Hill. **6** パラチン《17 世紀フランスで着られた毛皮などの短いケープ・ストール》. **7** (植民地時代の米国の) Carolina のような植民地で王権と同等の特権のあった領主. 〖(1362) □ (O)F *palatin(e)* ∥ L *palātinus* (adj.) belonging to the palace, (n.) palace officer ← *Palātium* Palatine Hill: ⇨ palace〗

pal·a·tine[2] /pǽlətàɪn, -tɪ̀n | -taɪn/ *adj.* 口蓋(こうがい)の, 上あごの (palatal). — *n.* 〖解剖〗口蓋骨 (palatine bone). 〖(1656) □ F *palatin* ← L *palātum* 'PALATE': ⇨ -ine[1]〗

pálatine bóne *n.* 〖解剖〗口蓋(こうがい)骨.

pálatine cánal *n.* 〖解剖〗口蓋管.

Pálatine eléctorate *n.* (ドイツの)プファルツ選帝侯領.

Pálatine Híll *n.* [the ～] パラティヌスの丘《ローマの七丘 (Seven Hills) の中をなす丘; その上にローマ最古の都市が築かれた》. 〖(なぞり) ← L *Mons Palatinus*; cf. palatine[1]〗

pálatine nérve *n.* 〖解剖〗口蓋(こうがい)神経.

pálatine súture *n.* 〖解剖〗口蓋縫線.

pálatine tónsil *n.* 〖解剖〗口蓋扁桃(へんとう).

pálatine úvula *n.* 〖解剖〗口蓋垂 (uvula).

pa·la·ti·um /pəléɪʃiəm, -ʃəm, -láːtiʊm | -ʃiəm, -ʃəm, -láːtiʊm/ *n.* (*pl.* **-ti·a** /-ʃiə, -ʃə, -tiə | -ʃiə, -ʃə, -tiə/) (特に, 古代ローマ皇帝の)宮殿. 〖□ L *palātium* 'PALACE'〗

pal·a·to- /pǽlətoʊ | -təʊ/「口蓋(こうがい); 口蓋と…との」の意の連結形: *palato*dental. 〖← L *palātum* 'PALATE'〗

pàlato·alvéolar *adj.*, *n.* 〖音声〗(硬)口蓋歯茎音(の). 〖1932〗

pal·a·to·gram /pǽlətəgræ̀m | pǽlətə(ʊ)-, pəlǽt-/ *n.* 〖音声〗人工口蓋(こうがい)図《子音を発音する際に人工口蓋に残る舌の接触部分の図》. 〖1902〗

pal·a·tog·ra·phy /pæ̀lətɑ́(ː)grəfi | -tɔ́g-/ *n.* 〖音声〗人工口蓋図法《人工口蓋図によって舌の口蓋に接触する状況を観察する技法》. **pal·a·to·graph·ic** /pæ̀lətəgrǽfɪk | -tə(ʊ)-/ *adj.* 〖(1902) ← PALATO-＋-GRAPHY〗

Pa·lau /pəláʊ, pɑː-/ *n.* パラオ(共和国) (⇨ Belau).

Paláu Íslands *n. pl.* [the ～] パラオ諸島《1981 年までのベラウ共和国 (the Republic of Belau) の旧称》.

Pa·laung /pəláʊŋ/ *n.* (*pl.* ～, ～**s**) **1 a** [the ～(s)] パラウン族《ミャンマーの Shan 州, Kachin 州および中国雲南省南西部に居住する民族》. **b** パラウン族の人. **2** パラウン語 (Mon-Khmer 語族). 〖1860〗

pa·lav·er /pəlǽvə, -láːvə | -láːvə(r)/ *n.* **1** 《口語》(余計で)厄介なこと, 面倒, わずらわしさ; 事, 用事 (affair). **2** 《口語》漫談, (さかんな)おしゃべり (chatter); 巧みな話, 甘言; おべっか (flattery): use ～ to …におべっかを使う. **3** 《古》(特に, 19 世紀のアフリカの原住民とヨーロッパ商人または旅行者との)ちぐはぐな話合い, 交渉 (parley); 掛け合い, 商議, 談合 (conference). **4** 《アフリカ西部》 **a** 議論. **b** (議論から生じる)紛糾. — *vi.* 長々とおしゃべりをする, むだ話をする; 商議する. — *vt.* 〈人〉にうまいことを言う, 口車に乗せる (cajole), 〈人〉におべっかを使う (flatter). 〖(1735) □ Port. *palavra* word < L *parabolam* 'PARABLE': cf. parole〗

Pa·la·wan /pəláːwən; *Sp.* paláwan/ *n.* パラワン(島)《フィリピン南西部の島; 面積 11,785 km[2], 主都 Puerto Princesa /pwɛ́ətoʊprɪnsésə | pwɛ́ətəʊ-; *Sp.* pwérto-prinsésa/》.

pa·laz·zo /pəláːtsoʊ, pɑː- | pəlǽtsəʊ, -tsə, -lǽdzəʊ, -dzə; *It.* paláttso/ *It. n.* (*pl.* **pa·laz·zi** /-tsiː; *It.* -ttsi/) パラッツォ《イタリアの中世からルネサンスにかけての広壮な貴族の邸宅》; 宮殿, 殿堂. 〖(*a*1666) □ It. ～ □ L *palātium* 'PALACE'〗

Palázzo Chí·gi /-kíːdʒiː; *It.* -kíːdʒi/ *n.* [the ～] キージ宮《イタリア外務省》. 〖It. ～ 'Palace Chigi'〗

palázzo pajámas *n. pl.* パラッツォパジャマ《ゆったりした幅の広いパラッツォパンツとジャケット[ブラウス]とを組み合わせた女性のセミフォーマルな服装; lounge wear ともいう》. 〖(1966)「広々とした *palazzo* ではくのにふさわしいほど幅広な」の意〗

palázzo pánts *n. pl.* パラッツォパンツ《ゆったりとした女性用パンタロン》. 〖1972〗

Palázzo Pítti *n.* パラッツォ ピッティ《イタリア Florence にある建築; Luca Pitti が建造させたもので, 後にメディチ家などの住居として使われた; 現在は中に美術館が設けられている》.

pa·laz·zos /pəláːtsoʊz | -lǽtsəʊz/ *n. pl.* ＝palazzo pants. 〖1968〗

pale[1] /péɪl/ *adj.* (**pal·er; pal·est**) **1** 〈人・顔が〉血の気の失せた, 青白い, 青ざめた (wan): a ～ complexion 青ざめた顔色 / (as) ～ as death まるで死人のような青い顔をして / ～ with fright 恐怖で青くなって / look ～ 顔色が悪い / turn ～ 青ざめる. **2** 〈色が〉薄い, 淡い (↔ dark); 〈酒が〉色の薄い: a ～ green 薄緑色 / ⇨ pale ale / ～ sherry 薄色のシェリー酒《通例, 辛口》. **3** 〈光が〉薄暗い, かすかな, おぼろな (dim): a ～ moon. **4** 弱い, かすかな, 微弱な, 活気のない (faint). — *vi.* 〈人・顔が〉青ざめる; 〈色・光などが〉薄く[淡く]なる; ほの暗くなる: ～ beside [before] …と比べると顔色がない[光を失う, 見劣りがする] / ～ *into* insignificance 存在が薄くなる, 意義がなくなる. — *vt.* 青ざめさせる; 薄くする, ほの暗くする. — *n.* 《まれ》顔色の青さ. **～·ly** /péɪlli/ *adv.* **～·ness** *n.* 〖adj.: (*a*1325) □ (O)F *pâle* □ L *pallidus* pale ← *pallēre* to be pale ← IE **pel-* pale (Gk *peliós* livid). — v.: (?*c*1380) □ OF *palir* (F *pâlir*) ← *pale*〗

SYN 青ざめた: **pale** 色が失せた; 一時的に顔が青ざめた《原因については何も言わない》: You look *pale* today. 今日は顔色が悪いね. **pallid** 疲労・病気などで青ざめた: her normally *pallid* face いつも青ざめている彼女の顔. **wan** 病的に血の気がなく青白い: Her face grew pinched and *wan* all of a sudden. 彼女の顔は突然やつれ, 青ざめた. **ashen** 死人の皮膚のように顔色が青白い: His face turned *ashen* at the news. その知らせを聞くと顔が灰色になった.

pale[2] /péɪl/ *n.* **1 a** (柵(さく)に用いる尖った)くい (stake). **b** 《古》柵 (fence). **2** [通例 the ～] **a** (行動・規定などの)範囲, 限界: within [out of, outside, beyond] *the* ～ of …の範囲内[外]に / beyond *the* ～ (礼儀などの)範囲を越えた; 身のほどをわきまえない, もってのほかの[で]. **b** 境界, 範囲 (boundary); 境内 (bounds); 一定区域, 領域: within *the* ～ of the shrine 神社の境内で. **3** 〖紋章〗ペイル《盾の中央約 1/3 幅の縦帯》. **4** [the P-] ペイル《中世以後英国治下に加えられたアイルランドの東部地方; 正式には English Pale という》. **5** [the P-] (ロシアの)ユダヤ人強制集住地域. **6** 〖造船〗仮柱《造船の途中において甲板梁を一時的にその中央で支える柱》. **7** 〖植物〗禾穀(かこく)類の穎(えい).
in pále 〖紋章〗(1) 〈二つ以上の意匠が〉縦列をなす. (2) 〈一つの意匠が〉直立した. ***párty per pále*** 〖紋章〗〈盾を〉縦に二分した.
— *vt.* **1** くいで囲む, …に垣[柵]をする (fence). **2** 取り巻く, 囲む (encircle).
〖n.: (lateOE) □ (O)F *pal* ∥ L *pālum* stake: POLE[1] と二重語. — v.: (*a*1338) □ (O)F *paler* ← *pal* (n.)〗

pa·le- /péɪli | pǽli, péɪli/ (母音の前にくるときの) paleo- の異形.

pa·le·a /péɪliə/ *n.* (*pl.* **pa·le·ae** /-lìiː, -liàɪ/) 〖植物〗 **1** (イネ科の花の)内花穎(えい). **2** ＝pale[2] 7. **pá·le·al** /-liəl/ *adj.*

pa·le·a·ceous /pèɪliéɪʃəs˝/ *adj.* 〖(1753) ← NL ～ ← L 'chaff': cf. pallet[2], paillasse〗

pále ále *n.* 《英》 **1** 弱いエール《英国の色の淡いビール; light ale ともいう》. **2** [P- A-] 〖商標〗ペールエール《英国 Charles Wells 社製のビール》. 〖1708〗

Pa·le·arc·tic /pèɪliáːəktɪk | pæ̀liáːk-, pèɪl-˝/ *adj.* 〖生物地理〗＝Palaearctic.

pále corýdalis *n.* 〖植物〗北米産ケシ科キケマン属の一年草または二年草 (*Corydalis sempervirens*)《黄色の縁取りのある桃色の花をつける; pink corydalis ともいう》.

paled *adj.* 柵(さく)を巡らした, くいで囲った (fenced). 〖1531〗

pàle·encéphalon *n.* 〖解剖〗旧脳《大脳皮質を除く全脳》. 〖← NL ～: ⇨ paleo-, encephalon〗

pàle·ethnólogy *n.* 先史民族学. **pàle·eth·nológic** *adj.* **pàle·ethnológical** *adj.* **pàle·ethnólogist** *n.*

pále-éyed *adj.* 目のどんよりした, 目に光のない. 〖1629〗

pále·fàce *n.* 《戯言・軽蔑》白人 (white man)《アメリカインディアンが用いたといわれる呼称; cf. redskin》. 〖1822〗

pále-fàced *adj.* 〈人が〉青白い顔をした: a ～ girl. 〖1592–93〗

pále-héarted *adj.* 臆病な, 腰抜けの (cowardly). 〖1606〗

Pále Hórse *n.* [the ～] 〖文学・聖書〗青ざめた馬《死神の象徴》. 〖cf. *Rev.* 6:8〗

Pa·lem·bang /pɑːlémbæŋ; *Indon.* palémbaŋ/ *n.* パレンバン《インドネシア, Sumatra 島南東部の海港都市》.

Pa·len·ci·a /pəlénʃiə, -ʃə, -siə/ *n.* パレンシア《スペイン北部の県, その県都; スペイン最古の大学があり, 12–13 世紀にはカスチリア王宮があった》.

Pa·len·que /pəléŋkeɪ/ *n.* パレンケ《メキシコ Chiapas 州北部にある Maya 人の古都; 宗教的中心であった》.

pa·le·o- /péɪlioʊ | pǽliəʊ, péɪl-/ 《米》「古, 旧, 原始, 先史」の意の連結形: *Paleo*zoic, *Paleo*lithic. ★ 母音の前では通例 pale- になる. 〖□ Gk *palaio-* ← *palaiós* ancient, old〗

pàleo·anthrópic *adj.* ＝palaeoanthropic.

pàleo·anthropólogy *n.* 古人類学《古代・化石時代の人類の研究》. 〖1916〗

Pàleo-Asiátic *n.* **1** 古アジア族の人. **2** 〖言語〗旧アジア諸言語, 旧シベリア諸言語《シベリアの北部と東部の原住民の話す諸言語; Paleosiberian ともいう》. — *adj.* 〖言語〗旧アジア[シベリア]諸言語の. 〖1909〗

pàleo·biochémistry *n.* 〖古生物〗古生化学《化石になった動植物の生化学的成分を取扱う古生物学》. 〖1954〗

pàleo·biogeógraphy *n.* 古生物地理学. **pàleo·biogeográphic** *adj.* **pàleo·biogeográphical** *adj.*

pàleo·biólogist *n.* 純古生物学者. 〖1900〗

pàleo·biólogy *n.* 純古生物学《化石動植物の発生・生態・遺伝・進化などを扱う; cf. paleontology》. **pàleo·biológic** *adj.* **pàleo·biológical** *adj.* 〖1893〗

pàleo·bótanist *n.* 古植物学者. 〖1879〗

pàleo·bótany *n.* 古植物学《地層内に化石として存在する植物を研究する学問》. **pàleo·botánic** *adj.* **pàleo·botánical** *adj.* **pàleo·botánically** *adv.* 〖1872〗

Pa·le·o·cene /péɪliəsìːn | pǽliə(ʊ)-, péɪl-/ 〖地質〗 *adj.* 暁新世[統]の: the ～ epoch [series] 暁新世[統]《第三紀の最古期; 1,000 万年続いた》. — *n.* [the ～] 暁新世[統] (cf. Eocene, Oligocene, Miocene, Pliocene); 暁新世[統]の岩石. 〖(1877) ← PALEO-＋-CENE〗

pàleo·chronólogy *n.* ＝palaeochronology.

pàleo·clímate *n.* 古気候《先史時代の気候》. 〖1924〗

pàleo·climatólogy *n.* 古気候学. 〖1909〗

pàleo·cúrrent *n.* 〖地質〗古水流《堆積物の形成に関与した過去の水流; その方向は堆積構造により推定できる》.

pàleo·ecólogy *n.* 古生態学. **pàleo·eco·lógical** *adj.* **pàleo·ecológic** *adj.* **pàleo·ecólogist** *n.* 〖1898〗

pàleo·encéphalon *n.* 〖解剖〗＝paleencephalon.

pàleo·enginéering *n.* ＝palaeoengineering.

pàleo·entomólogy *n.* 化石昆虫学.

pàleo·envíronment *n.* 先史時代の環境, 古環境《人類出現前の海洋および大陸の環境》. **pàleo·en·vironméntal** *adj.* 〖1957〗

pàleo·ethnobótany *n.* 古民族植物学《化石・穀物などを研究して考古学に役立てる学問》.

paleog. 《略》paleography.

Pa·le·o·gene /péɪliədʒìːn | pǽliə(ʊ)-, péɪl-/ 〖地質〗 *adj.* (新生代初期の)古第三紀の (cf. Neogene): the ～ period [system] 古第三紀[系]. — *n.* [the ～] 古第三紀. 〖(1882) □ G *Paläogen*: ⇨ paleo-, -gen〗

pàleo·génesis *n.* 〖生物〗＝palingenesis 4 a.

pàleo·genétics *n.* 古遺伝学《化石になった動植物の遺伝の研究》.

pàleo·geógraphy *n.* 古地理学《洪積世ないしそれ以前の気候・地形・地質などを研究する学問》. **pàleo·geográphic** *adj.* **pàleo·geográphical** *adj.* **pàleo·geográphically** *adv.* 〖1881〗

pàleo·geólogy *n.* 古代地質学《ある特定の地質時代に陸上に分布している岩石の種類・分布などを調べる地質学の一分野》. **pàleo·geológic** *adj.* 〖1933〗

pàleo·geomorphólogy *n.* 〖地質〗古地形学. 〖1954〗

P

pàleo·geophýsics *n.* 古地球物理学. 〖1959〗

pa·le·o·graph /péɪliəgræ̀f | péɪliəgrɑ̀ːf, pǽl-, -græ̀f/ *n.* 古文書(ʼ) (ancient manuscript). 〖1864〗

pa·le·og·ra·pher /pèɪliɑ́(ː)grəfə | pæ̀liɔ́grəfə(r, pèɪl-/ *n.* 古文書学者. 〖1850〗

pa·le·og·ra·phy /pèɪliɑ́(ː)grəfi, pæ̀li- | pæ̀liɔ́g-, pèɪl-/ *n.* **1** 古書体学《古代・中世の歴史・文学的写本の特徴, 特に書体・書記法を研究し, 写本の製作年代・製作地などを明らかにする; cf. diplomatics》. **2** 古字体; 古文書. **pa·le·o·graph·ic** /pèɪliəgrǽfɪk | pæ̀liə(ʊ)-, pèɪl-⁻/ *adj.* **pa·le·o·gráph·i·cal** /-fɪ̆kəl, -kḷ | -fɪ-⁻/ *adj.* 〖(1818)◻F *paléographie* ← NL *palaeographia*: ⇨ paleo-, -graphy〗

pàleo·hábitat *n.* (有史以前の動物の)古生息地.

pàleo·ichthyólogist *n.* 化石魚類学者《化石の魚を研究する魚類学者》.

pàleo·ichthyólogy *n.* 化石魚類学.

Pàleo-Índian *n.*, *adj.* 〚人類学〛パレオインディアン(の)《更新世に絶滅したアメリカ大陸の狩猟民族; アジア大陸から移住したと考えられる》. 〖1940〗

pàleo·látitude *n.* 〚地球物理〛古緯度《過去のある時期における陸塊などの緯度》.

pàleo·limnólogy *n.* 古陸水学《湖沼堆積物の研究から過去の気候変化などを論じる》. 〖1942〗

pa·le·o·lith /péɪliəlɪ̀θ | pǽliə(ʊ)-, péɪl-/ *n.* 旧石器. 〖(1879) ← PALEO-＋-LITH〗

Pa·le·o·lith·ic /pèɪliəlɪ́θɪk | pæ̀liə(ʊ)-, pèɪl-⁻/ *adj.* [時に p-]〚考古〛旧石器時代の (cf. Mesolithic, Neolithic): the ~ era 旧石器時代《地質時代の洪積世に属する人類文化最古の時代; 粗製の打器から進んで精製の刃器や骨角器をも用い, 彫刻や洞窟壁画も残している; 次の時代に細分される: Abbevillian (or Chellean), Acheulean, Mousterian, Aurignacian, Solutrean, Magdalenian》/ a ~ man 旧石器時代人 (Pithecanthropus, Neanderthal など). 〖(1865) ← PALEO-＋-LITHIC〗

pa·le·ol·o·gy /pèɪliɑ́(ː)lədʒi | pæ̀liɔ́l-, pèɪl-/ *n.* 古代[先史時代]の文化の研究[知識]; 古代学. 〖(1824) ← PALEO-＋-LOGY〗

pàleo·mágnetism *n.* **1** 古地磁気《古い岩石に含まれた残留磁気》. **2** 古地磁気学. **pàleo·magnétic** *adj.* **pàleo·magnétically** *adv.* **pàleo·mágnetist** *n.* 〖1854〗

paleont. 《略》paleontology.

pa·le·on·tog·ra·phy /pèɪliɑ(ː)ntɑ́(ː)grəfi | pæ̀liɔntɔ́g-, pèɪl-/ *n.* 古生物誌, 記述古生物学. **pa·le·on·to·graph·ic** /-ɑ̀(ː)ntəgrǽfɪk | -ɔ̀ntə-⁻/ *adj.* **pà·le·òn·to·gráph·i·cal** /-fɪ̆kəl, -kḷ | -fɪ-⁻/ *adj.* 〖(1857)◻F *paléontographie*: ⇨ paleo-, onto-, -graphy〗

P

paleontol *n.* 《略》paleontology.

pa·le·on·to·lóg·ic /péɪliɑ̀(ː)ntəlɑ́(ː)dʒɪk, -tḷ- | -ɔ̀ntəlɔ́dʒ-, -tl-⁻/ *adj.* 古生物学の. **pa·le·òn·to·lóg·i·cal** /-dʒɪ̆kəl, -kḷ | -dʒɪ-⁻/ *adj.*

pa·le·on·tol·o·gy /pèɪliɑ(ː)ntɑ́(ː)lədʒi | pæ̀liɔntɔ́l-, pèɪl-/ *n.* **1** 古生物学《化石動植物の構造・分類上の位置・系統・分布などを扱う; cf. paleobiology; ↔ neontology》. **2** 古生物学の論文. **3** =paleozoology.

pa·le·òn·to·lóg·i·cal·ly *adv.* **pa·le·on·tól·o·gist** /-dʒɪ̆st | -dʒɪst/ *n.* 〖(1838)◻F *paléontologie*: ⇨ pale-, ontology〗

pàleo·oceanógraphy *n.* 古海洋学.

pàleo·pathólogy *n.* 古病理学, 古生物病理学《化石生物の病理現象の研究》. 〖1893〗

pàleo·pedólogy *n.* 古土壌学《古代[地質時代]の土壌を研究する学問》. 〖1927〗

pàleo·primatólogy *n.* 古霊長類学. 〖1972〗

pàleo·psýchic *adj.* 古代[原始]心理学の. 〖1904〗

pàleo·psychólogy *n.* 古代心理学, 原始心理学. 〖1916〗

Pàleo·sibérian *n.* 〚言語〛=Paleo-Asiatic 2.

pàleo·trópical *adj.* 〚生物地理〛=palaeotropical.

pa·le·o·sol /péɪliousɑ̀(ː)l, -sɔ̀(ː)l | -ə(ʊ)sɔ̀l/ *n.* 古土壌《地質時代にできた土壌》.

pàleo·témperature *n.* 古気温《化石推積物の化学成分の測定と分析によって得られた地質時代の海の気温状態》. 〖1854〗

pàleo·trópical *adj.* 〚生物地理〛旧熱帯区の. 〖1857〗

Pa·le·o·zo·ic /pèɪliəzóuɪk | pæ̀liə(ʊ)zə́u-, pèɪl-⁻/ 〚地質〛*adj.* 古生代の: the ~ era 古生代. — *n.* [the ~] **1** 古生代《先カンブリア時代 (Precambrian) の後, 中生代 (Meszoic) の前の時代; Cambrian period (カンブリア紀), Ordovician period (オルドビス紀), Silurian period (シルリア紀) の旧古生代と Devonian period (デボン紀), Carboniferous period (石炭紀), Permian period (二畳紀)の新古生代とに分けられる; 5 億 7,000 万年前から 2 億 2,500 年前までにわたり, 魚類, 両生類, 爬虫類と陸生植物が生まれた》. **2** 古生代の地層. 〖(1838) ← PALEO-＋-ZOIC²〗

pàleo·zoogeógraphy *n.* 古動物地理学. 〖1967〗

pàleo·zoólogy *n.* 古動物学. **pàleo·zoológ·ical** *adj.* 〖(1857)◻F *paléozoologie*: ⇨ paleo-, zoology〗

Pa·ler·mo /pəlέəmou, -lɔ́ː- | -lέəməu, -lɔ́ː-; *It.* palérmo/ *n.* パレルモ《イタリア Sicily 島北西部の港湾都市で主都》. **Pa·ler·mi·tan** /pəlέəmətṇ, -lɔ́ː- | -lέə-mɪ-, -lɔ́ː-/ *adj.*, *n.*

Pa·les /péɪliːz/ *n.* 〚ローマ神話〛パレース《牧羊の女神》. 〖◻L *Palēs* (cf. *Palātium* Palatine Hill): ⇨ palace〗

Pal·es·tine /pǽlɪ̆stàɪn/ *n.* **1** パレスチナ《歴史的には Syria の南部の地中海に面する地方; 第一次大戦後英国の委任統治のもとで Jordan 川以西を指すようになった; 1948 年その一部にイスラエルが建国した; ユダヤ人の故郷であり the Holy Land とも the Promised Land とも呼ばれ, 聖書でいう Canaan の地; Zionism および Israel では Eretz /έ(ə)rets | έər-/ Israel (=Land of Israel) と呼ぶ》. **2** ローマ帝国時代この地域にあった州. 〖(1834)◻F ~◻L *Palaestīna*◻Gk *Palaistínē*◻Heb. *Pᵉléšeth* Philistia, land of the Philistines: ⇨ Philistine〗

Pálestine Liberátion Organizàtion *n.* [the ~] パレスチナ解放機構《パレスチナからイスラエルを駆逐し, アラブ人国家を作ることを大義として掲げる組織; 1964 年結成; 略 PLO》.

Pal·es·tin·i·an /pæ̀lɪ̆stíniən⁻/ *adj.* **1** パレスチナ (Palestine) の. **2** パレスチナ解放主義者の. — *n.* **1** パレスチナ人. **2** パレスチナ解放主義者. 〖1875〗

pa·les·tra /pəléstrə | -lés-, -líːs-/ *n.* (*pl.* ~s, **pa·les·trae** /-triː/) =palaestra.

Pal·es·tri·na /pæ̀lɪ̆stríːnə; *It.* palestríːna/, **Giovanni Pier·lui·gi da** /dʒouvénnipjɛrluíːdʒida/ *n.* パレストリーナ《1525?–94; イタリアの宗教声楽曲作曲家》.

pa·let /peɪlét, péɪlɪ̆t/ *n.* 〚植物〛=palea. 〖(1880) ← L *palea* chaff＋-ET〗

pal·e·tot /pǽlətòu, pǽltou | pǽltəu; *F.* palto/ *n.* **1** パルト《ゆるやかな外套》. **2** パルト: **a** 男性用のぴったりした外套. **b** 腰当て (bustle) またはクリノリン (crinoline) 付きの服の上に着る 19 世紀の女性用のぴったりした上着. 〖(1840)◻F ~ ← MF *paltoc* ← ME *paltok* ← ? *pal*◻L *pallium* cloak〗

pal·ette /pǽlɪ̆t | -lɪt, -lət/ *n.* **1** (画家の用いる)パレット, 調色板; (同様の目的に供した, ガラス・テーブルの上面などの)平らな表面. **2 a** (特定の画家が用いる)絵の具の(色彩)範囲[種類], (一そろいの)絵の具. **b** (絵画以外の芸術における)技術や要素の範囲[広がり]; (特に音楽の)音色の種類. **c** 〚電算〛コンピューターがモニター上に表示できる色の範囲. **3** (金工用)胸当て (breastplate). **4** 〚甲冑〛(腋の下の隙間を防ぐ)腋の下当て (rondel). **5** 〚考古〛(古代エジプトの)パレット, 化粧板《目の周囲に塗る顔料を磨(ʼ)る石板》.
~·lìke *adj.* 〖(1622)◻F ~ < OF *palete* 'small shovel' (dim.) ← *pale* spade, shovel < L *pālam*: cf. L *pālus* 'stake, PALE²', -ette〗

pálette knìfe *n.* **1** パレットナイフ《パレット上で絵の具の調合に用いる薄い金属製の道具; 絵の具を塗るためにも使う》. **2** パレットナイフ形の調理器具. 〖1759〗

pále·wàys *adv.* 〚紋章〛=palewise.

pále wéstern cútworm *n.* 〚昆虫〛ヨトウムシ(夜盗虫)の一種《カブラヤガの一種 *Agrotis orthogonia* の幼虫; 北米中部で穀物の害虫》.

pále·wìse *adv.* 〚紋章〛縦に, 縦の方向に. 〖(1721) ← PALE²＋-WISE〗

Pa·ley /péɪli/, **William** *n.* ペーリー《1743–1805; 英国の神学者・哲学者; *Moral and Political Philosophy* (1785)》.

Paley, William S. ペーリー《1901–90; 米国の実業家; CBS の創立者 (1928)》.

pal·frey /pɔ́ːlfri, pɑ́ːl- | pɔ́ːl-, pɔ́l-/ *n.* 《古・詩》(軍馬と区別して)乗用馬 (riding horse); (特に)女性用乗用馬 (woman's saddle horse). 〖? lateOE *palefrai*◻OF *palefrei* // ML *palefrēdus*=LL *paraverēdus* ← Gk *pará* beside＋L *verēdus* light horse (← Celt. (Welsh *gorwydd* horse / OIr. *rīadaim* I ride)): ⇨ para-¹, ride〗

pal·grave /pɔ́ːlgreɪv, pɑ́ːl- | pɔ́ːl-/ *n.* =count palatine 1.

Pal·grave /pǽlgreɪv, pɔ́ːl-, pɑ́ːl- | pǽl-, pɔ́ːl-/, **Francis Turner** *n.* ポールグレーヴ, パルグレーヴ《1824–97; 英国の批評家・詩人; Tennyson の友人; *The Golden Treasury of Songs and Lyrics* (1861, 1896) の編集者》.

Pa·li /pɑ́ːli; *Hindi* paːli/ *n.* パーリ語《古代インドの Prakrit 語の一種; この語で小乗仏教経典が書かれている》. 〖(1800)◻Skt *Pāli* 《略》← *pāli-bhāṣā* canon language ← *pāli* row, series (of Buddhist sacred texts)＋*bhāṣā* language〗

pal·i- /pǽlɪ̆, -li/「病的反復」の意を表す連結形. 〖← Gk *pálin* again〗

Páli Cánon *n.* [the ~]〚仏教〛パーリ語聖典 (三蔵).

pal·i·kar /pǽlɪ̆kɑ̀ə | -lɪkɑ̀ː(r/ *n.* (特に, 対トルコ独立戦争 (1821–28) 時の)ギリシャ国民兵. 〖(1812)◻ModGk *palikári* boy (dim.) ← Gk *pállax* youth〗

pa·li·la /pəlíːlə/ *n.* 〚鳥類〛キムネハワイマシコ, パリラ (*Psittirostra bailleui*)《ハワイ島産ハワイミツスイ科の鳥》. 〖◻Hawaiian ~〗

pal·i·la·li·a /pæ̀ləléɪliə | -lɪ̆-/ *n.* 〚医学〛同語反復(症)《語句や音節を異常に反復する言語障害》. 〖(1908) ← NL ~ ← F *palilalie*: ⇨ pali-, -lalia〗

pal·i·mo·ny /pǽləmòuni | -lɪ̆mə-/ *n.* 《米》(裁判所の命令により同棲関係にあったカップルの一方が別れる際に支払う)扶助料[慰謝料, 手当] (cf. alimony). 〖(1979)《混成》← PAL＋ALIMONY〗

pal·imp·sest /pǽlɪ̆m(p)sèst | -lɪ̆m(p)-/ *n.* **1** パリンプセスト《最初書かれた一部または全部の文字を消してその上に別の文を書いたもの; 羊皮紙は高価であったので, 時々このように使われた》. **2** 裏面にもさらに文字を刻記した黄銅記念標. — *adj.* 〈文書が〉最初書かれた一部[全部]の文字を消した上に書かれた. **2** 〈黄銅の記念標が〉裏面にも文字を刻まれた. 〖(1661)◻L *palimpsestus*◻Gk *palímpsēston* (neut.) ← *palímpsēstos* scraped again ← *pálin* again＋*psēstós* (← *psên* to rub smooth): cf. pali-〗

pal·in·drome /pǽlɪ̆ndròum | -drəum/ *n.* **1** 回文(ʼ)《前後いずれから読んでも同じ語句[詩行]; 例: eye / Madam, I'm Adam. / Able was I ere I saw Elba; cf. 「たけやぶやけた」; cf. ananym》. **2** 回文的数, 回問数《13531 のように逆にしても値の変わらない数》. **3** 〚遺伝〛パリンドローム《DNA, RNA 分子上の塩基配列が回文状になっている部分》. — *adj.* 〈語句など〉前から読んでも後から読んでも同じの. **pal·in·drom·ic** /pæ̀lɪ̆ndróumɪk, -drɑ́(ː)m- | -drɔ́m-⁻/ *adj.* 〖(*c*1629)◻Gk *palíndromos* running back again ← *pálin* again＋-DROME: cf. pali-〗

pal·ing /péɪlɪŋ/ *n.* **1** くい (pale) をめぐらすこと. **2** (柵(ʼ)などの先の尖った)くい; [集合的] くい (pales). **3** [*pl.*] (くいで作った)囲い, 柵 (fence of pales). 〖(*c*1390): ⇨ pale² (v.), -ing¹〗

páling bòard *n.* 背板 (slab). 〖1812〗

pal·in·gen·e·sis /pæ̀lɪ̆ndʒénəsɪ̆s | -nɪ̆sɪs/ *n.* **1** 〚哲学〛新生 (rebirth), 再生 (resurrection); 転生, 輪廻(ʼ) (metempsychosis). **2** 洗礼 (baptism). **3** (一般的に)再生, 復活. **4** 〚生物〛**a** 原形発生, 反復発生《ある生物の個体発生で, 個体全体あるいは一定の原基の発生過程がその生物の祖先形の個体発生の過程と一致すること; paleogenesis ともいう; cf. cenogenesis》. **b** 《廃》自然発生《腐敗有機物から生物が自然に発生するという説》. **5** 〚地質〛再生(作用), パリンジェネシス (⇨ anatexis). **pal·in·ge·net·ic** /pæ̀lɪ̆ndʒɪ̆nétɪk | -lɪndʒɪ̆nét-⁻/ *adj.* **pàl·in·ge·nét·i·cal·ly** *adv.* 〖(1818)◻ML ~: ⇨ pali-, genesis〗

pàl·in·gén·e·sist /-sɪ̆st | -sɪst/ *n.* 再生[輪廻]論者; 原形[反復]発生論者. 〖1860〗

pal·in·ode /pǽlənòud | -lɪ̆nə̀ud/ *n.* **1** パリノード, 改詠詩《前に書いた詩の内容を取り消す詩》. **2** 言換え; (特に, 正式の)取消し, 変改 (recantation). **pál·in·òd·ist** /-dɪ̆st | -dɪst/ *n.* 〖(1599)◻LL *palinōdia*◻Gk *palinōidía* ← *pálin* again＋*ōidḗ* song〗

Pal·i·nu·ri·dae /pæ̀lənúᵊrədiː, -njúᵊr- | -lɪnjúərɪ-/ *n. pl.* 〚動物〛イセエビ科. 〖← NL ~ ← L *Palinūrus* (属名: Virgil の *Æneid* 中の就寝中海中に落ちたという Æneas の舵手の名から)＋-IDAE〗

Pa·lio /pɑ́ːliou | pǽliəu/ *n.* パーリオ《本来騎馬競技の勝者に賞品として与えられた高価な布; 転じて競技そのものを指す; 今なお若干のイタリアの都市で行われ, Siena の Palio (7 月 2 日と 8 月 16 日)は有名》. 〖(1673)◻It. ~◻L *pallium* a covering〗

pal·i·sade /pæ̀ləséɪd | -lɪ̆-⁻/ *n.* **1** (防衛のため地中に打ち込んだくいを立て並べて作った)柵(ʼ), 矢来(ʼ). **2** くい (pale, stake). **3** [*pl.*] 《米》(川辺などの)岩壁, 絶壁 (cf. Palisades). — *vt.* …に柵[矢来]を巡らす, くいを打ち巡らす. 〖(1600)◻F *palissade* ← *palisser* to fence with pales ← *palis* paling ← L *pālus* 'PALE²'〗

pálisade céll *n.* 〚植物〛柵状細胞. 〖1875〗

pálisade láyer [mésophyll] *n.* 〚植物〛柵状組織《葉肉の最上層の細胞; 細長い形で葉緑体を多く含む》. 〖1914〗

palisáde parénchyma *n.* 〚植物〛柵状組織. 〖1884〗

Pal·i·sades /pæ̀ləséɪdz | -lɪ̆-/ *n. pl.* [the ~] パリセーズ《米国 New York 州南東部と New Jersey 州北東部, Hudson 川下流の西岸に沿って標高 60–168 m で 68 km にわたる岩壁; 大部分が Palisades Interstate Park に含まれる》.

pal·i·sa·do /pæ̀ləséɪdou | -lɪ̆séɪdəu/ *n.* 《古》=palisade.

pàlisádo cròwn *n.* 〚紋章〛=crown vallary.

pal·i·san·der /pǽləsæ̀ndə, ⁻⁻⁻ | pǽlɪsæ̀ndə(r, ⁻⁻⁻/ *n.* 〚植物〛ブラジルシタン (⇨ Brazilian rosewood). 〖(1843)◻F *palisandre* ← ? Carib. (現地語)〗

pal·ish /péɪlɪʃ/ *adj.* 少し青ざめた, 青白い. 〖(*a*1398): ⇨ pale¹, -ish¹〗

Pa·lis·sy /pǽlɪsiː; *F.* palisi/, **Bernard** *n.* パリシー《1510?–89; フランスの陶芸家・博物学者; 動植物の装飾を施した田園風陶器で知られた》.

pal·kee /pɑ́ːlki/ *n.* 《インド》=palanquin. 〖(1678)◻Hindi *pālkī* ← Skt *palyaṅka, paryaṅka* bed: cf. palanquin〗

pálkee ghárry *n.* (インドの palanquin に似た)馬車, 車. 〖1872〗

pal·ki /pɑ́ːlki/ *n.* 《インド》=palkee.

Pálk Stráit /pɔ́ː(l)k-, pɑ́ː(l)k- | pɔ́ː(l)k-/ *n.* [the ~] ポーク海峡《インドとスリランカ北部との間の海峡》.

pall¹ /pɔ́ːl, pɑ́ːl | pɔ́ːl/ *vi.* **1** 〈物事が〉(…に)飽きられる, つまらなくなる, 興味がなくなる (*on, upon*): Sensuous pleasures soon ~. 官能的な快楽はじきに飽きがくる / ~ *on* [*upon*] the mind [taste] 心[好み]に飽きを催させる / The puzzle ~*ed on* me. 私はパズルに飽きた. **2** 飽きる, うんざりする. **3** 《廃》失敗する, 衰える. — *vt.* **1** 〈人を〉退屈させる, うんざりさせる (cloy). **2** 〈物事を〉飽きさせる, つまらなくさせる. 〖((?*a*1325)) 1700) *palle(n)* to become dim (《頭音消失》← *appall* 'APPAL')〗

pall² /pɔ́ːl, pɑ́ːl | pɔ́ːl/ *n.* **1** (暗いまたは陰気な)おおい, 幕, とばり: a ~ of darkness, fog, snow, etc. / cast a ~ over [on] the company 一座の者を陰気にする. **2** 棺衣, 墓おおい《通例黒・紫または白のビロード》; 棺, 柩. **3** 〚キリスト教〛**a** 聖杯蓋(ʼ)[布]. **b** (教皇・大司教などが着る)祭服 (pallium). **c** 《古》聖体布[おおい] (corporal). **4** 《古》(豪華な)外衣; (特に)外套 (mantle). **5** 〚紋章〛Y 字形図形《honorable ordinaries の一つ; cf. shakefork 2》: per ~ Y 字形に 3 等分した. — *vt.* **1** …に棺衣をかける, 棺衣でおおう. **2** おおう (cloak), 包む (wrap). 〖OE *pæll*◻L *pallium* 'cloak, PALLIUM': cf. L *palla*

robe, mantle〗
pall[3] /pɔ́ːl, pɑ́ːl | pɔ́ːl/ *n.* 〖機械〗＝pawl 1.
pal·la /pǽlə/ *n.* (*pl.* **pal·lae** /-liː/) **1** パラ《古代ローマの女性が身体に巻きつけた外衣で, 長方形の大きな布; cf. pallium 1 a, toga 1 a》. **2** 〖キリスト教〗 **a** 聖体布 (corporal). **b** 聖杯蓋 (chalice cover). 〖《1706》□ L ～: cf. pallium〗
Palladia *n.* Palladium の複数形.
Pal·la·di·an[1] /pəléɪdiən, -láː- | -diən/ *adj.* **1** イタリアの建築家パラディオ (Andrea Palladio) の. **2** 〈建築様式が〉パラディオ式の《特に, 17 世紀の初期に Inigo Jones が英国に伝えたものについていう》. **—** *n.* パラディオ主義[信奉]者《特に, 18 世紀英国建築についていう》. 〖《1731》← *Andrea Palladio*＋-IAN〗
Pal·la·di·an[2] /pəléɪdiən, -láː- | -diən/ *adj.* **1** 女神パラス (Pallas) の. **2** [時に p-] 知恵の, 知識の, 学問の. 〖《1562》← L *palladi*(*us*) 'of PALLAS'＋-AN[1]〗
Pal·lá·di·an·ism /-nɪzm/ *n.* 〖建築〗パラディオ主義《Andrea Palladio による古典建築を復活させた建築理論; 18 世紀英国で盛行》. 〖1838〗
Palládian wíndow *n.* 〖建築〗パラディオ式窓《列柱を使う独特の窓で側窓を二つもつ; Venetian window ともいう; cf. Venetian door》.
pal·lad·ic /pəlǽdɪk, -léɪd- | -dɪk/ *adj.* 〖化学〗パラジウムの, 4 価のパラジウム (Pd^{IV}) を含む. 〖《1857》← PALLADIUM〗
pal·la·di·nize /pǽlədənàɪz | -dɪ-/ *vt.* 〖化学〗パラジウム化する (palladiumize).
Pal·la·dio /pəláːdiòu | -diəu; *It.* palláːdjo/, **Andrea** *n.* パラディオ《1508–80; イタリアルネサンスの代表的建築家》.
pal·la·di·um /pəléɪdiəm | -djəm, -diəm/ *n.* 〖化学〗パラジウム《白金属元素の一つ; 記号 Pd, 原始番号 46, 原子量 106. 4》. 〖《1803》← NL ～ ← L *Pallad* 'PALLAS'＋-IUM: 当時発見された小惑星 Pallas にちなむ命名〗
Pal·la·di·um /pəléɪdiəm | -diəm/ *n.* (*pl.* **-di·a** /-diə | -diə/) **1** 女神パラス (Pallas) の像《特に, Troy にあったもの; その像が存する限り Troy は安全と言い伝えられた》. **2** /p-/ 守護(神), 保護, 守り, 防衛 (safeguard): the *palladium* of liberty. 〖《*c*1385》□ OF *Palladion* ∥ L ～ □ Gk *Palládion* ← *Pallás* 'PALLAS'〗
pal·la·di·um·ize /pəléɪdiəmàɪz | -diə-/ *vt.* 〖化学〗＝palladinize.
pal·la·dize /pǽlədàɪz/ *vt.* 〖化学〗＝palladinize.
pal·la·dous /pəléɪdəs, pǽlə- | -dəs/ *adj.* 〖化学〗2 価のパラジウム (Pd^{II}) を含む. 〖《1842》⇨ Palladium, -ous〗
pallae *n.* palla の複数形.
Pal·las /pǽləs | -ləs, -læs/ *n.* **1** 〖ギリシャ神話〗パラス: **a** Athens の守り神である女神 Athene の呼称の一つ; Pallas Athena [Athene] ともいう. **b** Triton の娘; 一緒に育てられた Athene は誤って死なせた彼女を神像に刻み, またその名を継いだ. **2** 〖天文〗パラス《小惑星 (asteroid) の第二番目の名; cf. Ceres 2, Juno 3》. 〖□ L ～ □ Gk *Pallás*《原義》maiden (cf. Gk *pállax* youth, girl & *palikári* 'PALIKAR')〗
pal·las·ite /pǽləsàɪt/ *n.* 〖岩石〗パラサイト, 石鉄隕石 (cf. siderite, aerolite). 〖《1868》← *Peter S. Pallas* (1741–1811: プロイセンの博物学者)＋-ITE[1]〗
páll·bèarer *n.* **1** 《古》棺衣持ち. **2** 棺に付き添ってこれをかつぐ人; 棺の付添い人《死者に特別に親しかった人がなる》. 〖1707〗
pal·les·cent /pəlésənt, pæ-, peɪ-, -sn̩t/ *adj.* 青白くなる. **pal·lés·cence** /-səns, -sn̩s/ *n.* 〖《1657》□ L *pallescentem* (pers. p.) ← *pallescere* to become pale ← *pallēre* to look pale: ⇨ -ent〗
pal·let[1] /pǽlɪt/ *n.* **1** パレット《品物を載せる台で, 運搬・保管などの効率をよくするため形状・寸法・材質などをそろえたもの》. **2** (陶工の用いる)へら, (左官の)こて; (金箔(ぱく)を扱うための)平たいへら, こて. **3** 〖窯業〗耐火物や陶土用れんがを運搬するために用いる幅の広い小さな台あるいは梱包単位. **4** (画家の用いる)パレット (palette). **5** 〖機械〗つめ, (つめ車の)歯止め (click); (鎖ポンプの)汲(く)み板. **6** 〖時計〗(脱進機の)つめ, アンクル《がんぎ車とてんぷとの間にある部品; てんぷの振動を受けることによってがんぎ車の回転を制御する; lever ともいう》. **7** (オルガンの)空気調節弁. **8** 〖製本〗**a** いちょう《表紙に直線模様をつけるための装丁用具》. **b** 本の表紙裏の製本者の捺印. **c** ＝typeholder. 〖《?a1425》□ (O)F *palette* 'PALETTE'〗
pal·let[2] /pǽlɪt/ *n.* **1** わらぶとん. **2 a** 貧弱な寝床. **b** 《米南部》寝台代わりに床(ゆか)の上に敷いた毛布, 間に合わせベッド. 〖《1370》*pail*(*l*)*et* □ AF *paillete* (dim.) ← (O)F *paille* straw ＜ L *paleam* 'chaff, straw, PALEA'〗
pal·let[3] /pǽlɪt/ *n.* 〖紋章〗パレット《pale の 1/2 幅の縦帯》. 〖《1374》(dim.) ← PALE[2]〗
pal·le·tize /pǽlɪtàɪz/ *vt.* パレット (⇨ pallet[1] 1) の上に載せる; パレットで貯蔵[運搬]する. **pal·let·i·za·tion** /pæ̀lɪtɪzéɪʃən | -taɪ-, -tɪ-/ *n.* **pál·let·iz·er** *n.* 〖1954〗
pállet knìfe *n.* ＝palette knife.
pállet stàff *n.* 〖時計〗アンクル真(しん)《アンクルの軸》. 〖1884〗
pal·lette /pǽlɪt/ *n.* 〖甲冑〗＝palette 4. 〖《変形》← PALETTE〗
pállet trùck *n.* パレットトラック《パレットを昇降させるリフトが付いたトラック; stacking truck ともいう》.
pallia *n.* pallium の複数形.
pal·li·al /pǽliəl/ *adj.* **1** 〖動物〗(軟体動物の)外套(とう)(膜)の. **2** 〖解剖〗(脳の灰白質の)外套[外皮]の. 〖《1836》← L *pallium* 'cloak, PALLIUM'＋-AL[1]〗
pal·li·a·ment /pǽliəmənt/ *n.* 《廃》(古代ローマで執政官 (consul) の候補者が身に着けた)白いガウン. 〖《1593–94》□ ML *palliāmentum* ← LL *palliāre*: ⇨ palliate〗
pal·liasse /pæljǽs, ⏤⏤, pæ̀liǽs, ⏤⏤⏤ | pǽliæ̀s, ⏤⏤⏤/ *n.* わら床, わら[おがくず]ぶとん. 〖《1506》□ F *paillasse* □ It. *pagliaccio* ＜ VL **paleāceu*(*m*) L *palea* straw: ⇨ pallet[2]〗
pal·li·ate /pǽlièɪt/ *vt.* **1** 〈病気・苦痛などを〉(一時的に)和らげる, 軽くする, 緩和する: ～ a disease. **2** 〈過失などを〉(弁解して)言い繕う, 軽く見せかける; …の弁解をする; 〈過失・罪科などを〉酌量する: ～ a fault. **3 a** 《廃》包む, 覆う. **b** 《古》隠す. **pál·li·à·tor** /-tə | -tə^r/ *n.* 〖《?a1425》← LL *palliātus* (p.p.) ← *palliāre* to cloak ← L *pallium* 'PALLIUM': ⇨ -ate[3]〗
pal·li·a·tion /pæ̀liéɪʃən/ *n.* **1** (病気・痛みなどの)一時的緩和[軽減]. **2** 言い訳. **3** (罪の)軽減, 情状酌量. 〖《1577》□ (O)F ～ □ ML *palliātiō*(*n*-): ⇨ -ation〗
pal·li·a·tive /pǽlièɪtɪv, -liət- | -liət-/ *n.* **1** (病気の一時の)緩和剤. **2** 弁解, 言い訳. **3** 酌量すべき情状[事情]. **4** 一時しのぎ, 姑息(こそく)な手段. **—** *adj.* **1** (病気・痛みなどを)軽く[緩和]する (relieving); 一時抑えの; 〖医学〗〈治療法など〉待機的の, 姑息的な. **2** 言い繕う, 弁解する, 言い訳になる. **3** (罪などを)軽減する (extenuating). **～·ly** *adv.* 〖《?a1425》□ (O)F *palliatif* ← LL *palliātus*: ⇨ palliate, -ive〗
pálliative cáre ùnit *n.* (末期患者用の)緩和ケア病棟 (略 PCU). 〖1975〗
pal·lid /pǽlɪd | -lɪd/ *adj.* **1** 〈顔など〉色つやのない, 青ざめた, 青白い, さえない, くすんだ (⇨ pale[1] SYN). **2** 活気のない[乏しい], 面白くない. **～·ly** *adv.* **～·ness** *n.* 〖《1590》□ L *pallidus* ← *pallēre* to be or look pale: PALE[1] と二重語: ⇨ -id[4]〗
pal·li·dum /pǽlədəm | -lɪd-/ *n.* 〖解剖〗(脳の)淡蒼球. 〖← NL ～ ← *pallidus* 'PALE[1]'〗
pal·li·um /pǽliəm/ *n.* (*pl.* **-li·a** /-liə/, ～s) **1 a** (古代ギリシャ・ローマの男子が着用した)一種の外衣《ドレープを寄せて体にまとった長方形の布切れ》. **b** 〖カトリック〗パリュム《上祭服 (chasuble) の上に肩から掛ける一種の祭服; ローマ教皇が自分の最高教権の代理者として大司教たちに授ける白の羊毛製の輪形のベルト》. **2** 祭壇布, 祭壇前帳 (altar cloth). **3 a** 〖動物〗(軟体動物の)外套(とう)(膜) (mantle). **b** ＝mantle 9. **4** 〖解剖〗(脳の灰白質の)外套, 外皮 (cortex). 〖《1564》□ L ～ 'bed coverlet, mantle' ← ?: cf. pall[2]〗
pall-mall /pélmél, pæ̀lmǽl, pɔ́ːlmɔ́ːl, pɑ́ːlmɑ́ːl | pæ̀lmǽl/ *n.* **1** ペルメル球技《昔行われた一種の打球技; 細長い球技場の片方に棒で鉄環を吊り, 片方からつちでツゲ材の木球を打ってその環を通させる》. **2** ペルメル球技場. 〖《1568》□ F《廃》*palle maille* □ It. *pallamaglio* ← *palla* ball ((異形) ← *balla* 'BALL[1]')＋*maglio* mallet (＜ L *malleum* hammer)〗
Pall Mall /pélmél, pélmél, pɔ́ːlmɔ́ːl, pɑ́ːlmɑ́ːl | pæ̀lmǽl, pélmél⏤/ ★《英》/pelmél/ は古風な発音. *n.* **1** パルマル[ペルメル](街)《London の Trafalgar Square から St. James's Palace に至る街路; クラブ街として有名; 昔ペルメル球技場があった》. **2** 英国陸軍省《もと Pall Mall 街にあった》. **3** 〖商標〗ペルメル《米国製フィルター付き紙巻きたばこ》. 〖《1656–7》↑: 昔ペルメル球技場があったのにちなむ〗
pal·lo·ne /pəlóuni | -ləu-; *It.* pallóːne/ *n.* パッローネ《テニスに似たイタリアの球技; ボールは大きく重く固く, それを中央に握りのついた円板で打ってプレイする》. 〖《1873》□ It. ～ 'large ball' (aug.) ← *palla* ball〗
pal·lor /pǽlə | -lə^r/ *n.* (顔などの)青白さ, 蒼白; 血色の悪いこと. 〖《*c*1400》□ OF *palor* ∥ L ～ ← *pallēre* to be or look pale: ⇨ -or[1]〗
pal·ly /pǽli/ *adj.* (**pal·li·er**; **-li·est**) 《口語》親しい, 仲のいい (friendly) 〔*with*〕. 〖《1895》← PAL＋-Y[4]〗
palm[1] /pɑ́ːm, pɑ́ːlm, pɔ́ː(l)m | pɑ́ːm/ ★《米》では /pɑ́ːlm/ の発音が増えている. *n.* **1** 〖植物〗ヤシ《ヤシ科の植物の総称; キャベツヤシ (cabbage palmetto), ナツメヤシ (date palm), ココヤシ (coconut palm), ゾウゲヤシ (ivory palm), ギネアアブラヤシ (oil palm), ダイオウヤシ (royal palm), サトウヤシ (sugar palm), アンデスロウヤシ (wax palm), シュロ (hemp palm) など》. **2** ヤシ科に類似の樹木[低木]. **3 a** ヤシの葉[枝]《昔, 戦勝・歓喜の印として持ち歩いた》. **b** ヤシの葉・枝を型どった軍の勲章. **4** [the ～] 勝利, 戦勝 (victory); 栄誉 (honor); 賞 (prize): win *the* ～ 勝利[賞]を得る. **5** ヨーロッパ北部でヤシの代用とする諸種の樹枝《特に, Palm Sunday に使う柳の枝》.
béar* [*cárry óff*] *the pálm 優勝者となる; 卓絶する. (*c*1611) ***yíeld* [*gíve*] *the pálm to*** …に勝ちを譲る, 譲歩する; …に負ける. (1875)
— *adj.* ヤシ科植物の[に関する].
〖OE ～ □ L *palma* palm tree, palm of the hand: PALM[2] と同一語源で, その葉の形に着目したもの〗
palm[2] /pɑ́ːm, pɑ́ːlm, pɔ́ː(l)m | pɑ́ːm/ ⇨ palm[1] ★ *n.* **1** 手のひら, 掌(たなごころ), 掌(しょう)部 (⇨ hand 挿絵). **2** 掌尺(しょうしゃく), 手尺《幅約 7.6–10 cm, 長さ 18–25 cm》. **3** 掌状部; (手袋などの)たなごころの部分. **4** 〖海事〗(錨(いかり)の)つめ, (つめの)内面. **5** (腕木状のものの末端の)扁(へん)平部; オールの扁平部. **6** スキーの裏. **7 a** (シカの)枝角の掌状部. **b** (動物の)前脚の掌状部. **8** たなごころ皮《帆布・革を縫うときに針を押し通すために使う》. **9** 支柱の頭部にある取付け用平板. **10** (トランプなどを)手のひらに隠すこと, 釣り.
cróss a person's pálm ⇨ cross[1] *v.* 成句. ***gréase* [*óil*, *tíckle*] *a person's* [*the*] *pálm*** (1) 人に〔金を〕つかませる, 人を買収する〔*with*〕(cf. palm oil 2). (2) 人にチップをやる (cf. F *graisser la patte*). ***hàve an ítching* [*ítchy*] *pálm*** 欲が深い, 賄賂(わいろ)を欲しがる (cf. Shak., *Caesar* 4. 3. 10). (1599) ***in the pálm of one's hánd*** 〈人・物事を〉完全に支配して, 牛耳って. ***knów líke the pálm of one's hánd*** 〈人・物事を〉掌(たなごころ)を指すように知っている, 熟知している. ***réad a person's pálm*** 人の手相を見る.
— *vt.* **1** だまして〔人に〕〈物を〉つかませる, ごまかす (impose)〔*on*, *upon*〕(⇨ PALM *off*): ～ something *on* [*upon*] a person. **2** (手品などで)手のひらに隠す: ～ a coin, purse, etc. **3** 掌(たなごころ)で触れる, 手のひらでなでる; 平手で打つ. **4** 人目をかすめて拾い上げる, こっそり拾う. **5** 《米》…と握手する. **6** 〖バスケットボール〗ドリブルしながらちょっと〈ボートを〉つかむ《反則》.
pálm óff (1) 〈にせ物を〉〔人などに〕だまして通用させる, ごまかして押しつける〔*on*, *upon*〕: They ～ *off* such trash *upon* the public. こんな紛(まが)い物で世間をごまかしている. (2) [～ *oneself off* で] 自分が〔…であると〕偽る〔*as*〕: He ～*ed himself off as* a doctor. 彼は自分が医者であると偽った. (3) 〈人を〉だまして〔…を〕押しつける, 〔…で〕だます〔*with*〕.
〖n.: 《?a1300》*paum*(*e*) □ (O)F ～ ＜ L *palmam* ← IE **pelə*- flat; to spread (OE *folm* / Gk *palámē* palm of the hand / Skt *pāṇi* hand). — v.: 《1673》← (n.)〗
Pal·ma /pɑ́ːlmə, -mɑː- | pǽl-, pɑ́ː(l)-; *Sp.* pálma/ *n.* パルマ《地中海にあるスペイン領 Balearic 諸島中の Majorca 島の海港, 観光地; 公式名 Palma de Mallorca》.
pal·ma·ceous /pælméɪʃəs, pɑː(l)m-/ *adj.* 〖植物〗ヤシ科 (Palmae) の; ヤシに似た. 〖《1730》← NL *Palmaceae* (科名: ⇨ Palmae)＋-OUS: ⇨ -aceous〗
pal·ma chris·ti, P- C- /pǽlməkrísti, -taɪ/ *L. n.* (*pl.* **pal·mae christi** /-miː-/) 〖植物〗トウゴマ, ヒマ (castor-oil plant). 〖《1548》□ ML ～ 'PALM[1] of CHRIST': その葉の形から〗
Pálma de Mallórca *n.* パルマ デ マリョルカ (⇨ Palma).
Pal·mae /pǽlmiː, pɑ́ːl-, -maɪ/ *n. pl.* 〖植物〗(ヤシ目)ヤシ科. 〖← NL ～ (pl.) ← L *palma* 'PALM[1]'〗
palmae christi *n.* palma christi の複数形.
Pal·ma·les /pælméɪliːz, pɑːl-/ *n. pl.* 〖植物〗(単子葉植物の)ヤシ目. 〖← NL ～ ← L *palma* 'PALM[1]'＋-ALES〗
pal·mar /pǽlmə, pɑ́ː(l)mə | pǽlmə^r, -mɑː^r/ *adj.* 手のひらの, 掌(たなごころ)の; 動物の前足の裏の《palmary ともいう》. 〖《1656》← NL *palmāris*: ⇨ palm[2], -ar[1]〗
pal·ma·ry[1] /pǽlməri, pɑ́ː(l)m- | pǽlməri/ *adj.* (戦利・栄誉の印としての)ヤシの枝を受けるに値する; 称賛[注目]に値する, 最優秀の, 勝者の (triumphant); 主要な (principal). 〖《1657》□ L *palmārius* of or deserving the palm: ⇨ palm[1], -ary〗
pal·ma·ry[2] /pǽlməri, pɑ́ː(l)m- | pǽlməri/ *adj.* ＝palmar. 〖□ L *palmāris*: ⇨ palm[2], -ary〗
Palmas, Las *n.* ⇨ Las Palmas.
pal·mate /pǽlmeɪt, pɑ́ː(l)m- | pǽlmeɪt, -mɪ̬t/ *adj.* **1** 掌状の, 手を開いたような. **2** 〖植物〗〈葉が〉手のひら状[掌状]の (⇨ venation 挿絵). **3** 〖動物〗水かきのある (web-footed), 蹼足(ぼくそく)の; 掌状の. **4 a** 〈家具が〉ヤシの葉模様 (palmettes) のある. **b** (17 世紀の家具に)半円葉型帯模様を施した. **pál·mat·ed** /-meɪtɪd | -tɪd/ *adj.* **～·ly** *adv.* 〖《1760》□ L *palmātus*: ⇨ palm[2], -ate[2]〗
pal·mat·i·fid /pælmǽtəfɪd, pɑː(l)m- | -tɪ-/ *adj.* 〖植物〗〈葉が〉掌状中裂の (cf. pinnatifid). 〖《1840》⇨ ↑, -(i)fid〗
pal·ma·tion /pælméɪʃən, pɑː(l)m- | pæl-m-/ *n.* **1** 手のひらで触れること. **2** 〖植物〗掌状分裂[裂刻]; 掌状部. 〖1688〗
pal·mat·i·sect /pælmǽtəsèkt, pɑː(l)m- | -tɪ-/ *adj.* 〖植物〗〈葉が〉掌状全裂の.
pálm bàll *n.* 〖野球〗パームボール《ボールがほとんど回転しないでホームプレート近くで鋭く曲がるような(投手の)投球; 親指と手のひらでつかんで投げる》. 〖1948〗
Pálm Báy /pɑ́ː-, pɑ́ːm- | pɑ́ːm-/ *n.* パームベイ《米国 Florida 東部にある Indian 川 潟湖(せきこ)畔の町》.
Pálm Béach[1] *n.* パームビーチ《米国 Florida 州の南東海岸の避寒地, 海水浴場》.
Pálm Béach[2] *n.* 〖商標〗パームビーチ《モヘア・絹・羊毛等と綿・化学繊維との混織の軽い夏服地; Palm Beach cloth ともいう》. 〖↑〗
pálm bùtter *n.* (固まった状態の)ヤシ油 (palm oil). 〖1878〗
pálm càbbage *n.* **1** 〖植物〗＝cabbage palmetto. **2** ＝cabbage[1] 1 c.
pálm càt *n.* 〖動物〗＝palm civet.
pálm chàt *n.* 〖鳥類〗ヤシドリ (*Dulus dominicus*)《西インド諸島産ヤシドリ科の鳥; 数組の雌雄が共同で大きな巣を作る》.
pálm cìvet *n.* 〖動物〗**1** パームシベット (paradoxure). **2** パームシベット属 (*Paradoxurus*) に近縁の動物の総称《ハクビシン (*Paguma larvata*) など》. **3** (アフリカ産)キノボリジャコウネコ (*Nandinia binotata*). 〖1894–3〗
pálm còckatoo *n.* 〖鳥類〗ヤシオウム (⇨ great black cockatoo).
pálm·còrd·er /-kɔ̀ədə | -kɔ̀ːdə^r/ *n.* パームコーダー《手のひらに入るビデオカメラ》. 〖← PALM[2]＋RECORDER〗
pálm cóurt *n.* 《英》パームコート《1920 年から 30 年代に流行した鉢植えのヤシの木の点在するホテルのラウンジ》: ～ music パームコートで奏せられたロマンチックな弦楽曲. 〖1908〗
pálm cràb *n.* 〖動物〗ヤシガニ (⇨ purse crab). 〖1881〗
Pal·me /pɑ́ːlmə; *Swed.* pǎlme/, **(Sven) O·lof** /(svén)ùːlɔːf/ (**Jo·a·chim** /jùːakìm/) *n.* パルメ《1927–86; スウェーデンの平和運動家・政治家; 社会民主労働党

P

議長 (1969–86); 首相 (1969–76, 82–86)).

palmed *adj.* [複合語の第 2 構成素として] …の手のひらのある: soft-*palmed* 手のひらの柔らかい. 〖1486〗

Pal·mel·la·ce·ae /pæ̀lməléɪsiì:/ *n. pl.* 〘植物〙パルメラ科. **pàl·mel·lá·ceous** /-ʃəs⁻/ *adj.* 〖← NL ～ ← *Palmella* (属名: ← Gk *palmós* quivering motion): ⇨ -aceae〗

palm·er¹ /pá:mə, pá:lmə | pá:mə^(r)/ *n.* **1** パレスチナ (Palestine) の聖地参詣[巡礼]者; 巡礼(者) (pilgrim): a ～'s staff 巡礼の杖(つえ). **2** 〘キリスト教〙貧しい生活を送る誓いを立てた巡歴の修道士. **3** 〘昆虫〙＝palmerworm. **4** 〘釣〙＝palmer fly. ― *vi.* 《スコット・北英》(旅から旅へと)さすらう; (ぶらりと)さまよう. 〖(?c1225) *palmere* □ AF *palmer*＝OF *palmier* < ML *palmārium* ← L *palma* 'PALM¹': 参詣[巡礼]記念としてシュロ[ナツメヤシ]の枝または葉で作った十字架を持ち帰ったことから (cf. *John* 12:13): ⇨ -er¹〗

pálm·er² /pá:mə, pá:lmə | pá:mə^(r)/ *n.* (トランプ・すごろくなどで)ごまかす人, いかさま師. 〖(1671) ← PALM² (v.) + -ER¹〗

Pal·mer /pá:mə, pá:lmə | pá:mə^(r)/, **Arnold** *n.* パーマー (1929– ; 米国のプロゴルファー, 全米オープン (1960), 全英オープン (1961, 1962) などで優勝).

Palmer, Daniel David *n.* パーマー (1845–1913; カナダの医師; 脊柱指圧療法の先駆者).

Palmer, George Herbert *n.* パーマー (1842–1933; 米国の教育家・哲学者・著述家).

Palmer, Harold E. *n.* パーマー (1877–1949; 英国の音声学者・語学教授法研究家; 来日 (1922–36) して oral method を導入, 英語教育改善に尽くした).

Palmer, Samuel *n.* パーマー (1805–81; 英国の風景画家).

Pál·mer Archipélago /pá:mə-, pá:lmə- | pá:mə-/ *n.* [the ～] パーマー諸島 (南アメリカ大陸の Horn 岬の南方, 南極大陸近くの諸島; 旧名 Antarctic Archipelago).

pálmer flỳ *n.* 〘釣〙パルマーフライ (羽根を螺旋(らせん)状に巻いた芋虫型の毛針; 単に fly ともいう). 〖1651–57〗

Pálmer Lànd *n.* パーマーランド (南極半島の南部).

Pálmer Península *n.* [the ～] パーマー半島 (Antarctic Peninsula の旧名).

Pal·mer·ston /pá:məstən | -mə-/, **Henry John Temple** *n.* パーマーストン (1784–1865; 英国の政治家・首相 (1855–58, 1859–65); 外相・首相として 30 数年間外交政策を指導; 称号 3rd Viscount Palmerston).

Pálmerston Nórth *n.* パーマーストンノース (ニュージーランド北島南部の都市).

pálm·er·wòrm /pá:mə-, pá:lmə- | pá:mə-/ *n.* 〘昆虫〙キバガの一種 *Dichomeris ligulella* の幼虫 (一時に多数発生して果樹に大害を与える). 〖1560〗

pal·mette /pælmét/ *n.* 〘考古〙(古くから建築や陶器などの装飾に用いる)ヤシの葉状の模様, パルメット. 〖(1850) □ F ～: ⇨ palm², -ette〗

pal·met·to /pælmétou, pɑ:(l)m-, pɔ:(l)m- | pælmétəu, pɑ:m-/ *n.* (*pl.* ～s, ～es) **1** 〘植物〙北米南部産の葉が扇状である小型のヤシ (fan palm) の総称; (特に)キャベツヤシ (cabbage palmetto). **2** ヤシの葉で編んだ帽子. **3** [P-] 米国 South Carolina 州人の愛称. 〖(1583) (古形) *palmito* □ Sp. (dim.) ← *palma* < L *palmam* 'PALM¹'〗

Palmétto Stàte *n.* [the ～] 米国 South Carolina 州の愛称. 〖↑: 同州の象徴〗

palm·ful /pá:mfʊ̀l, pá:lm-, pɔ́:(l)m- | pá:m-/ *n.* (*pl.* ～s, palmsful) 手のひら一杯(分), 一握り [*of*]. 〖1812〗

pálm·gràss *n.* 〘植物〙 **1** ササキビ (*Setaria palmifolia*) (インド産イネ科エノコログサ属の丈の高い多年生観葉植物). **2** ムツオレグサ, ミノゴメ (*Glyceria aquatica*) (温帯・熱帯産のイネ科ドジョウツナギ属の湿地性雑草).

pálm grèase *n.* 《俗》賄賂(わいろ)(の金); 心付け, チップ. 〖1897〗

Palm·gren /pá:mgrən, pá:lm- | pá:m-; *Finn.* pálmgre:n/, **Selim** *n.* パルムグレン (1878–1951; フィンランドのピアニスト・作曲家).

pálm hòney *n.* チリヤシ (coquito) から採れる精製シロップ. 〖1866〗

pálm hòuse *n.* ヤシ栽培の温室. 〖1871〗

pal·mi- /pá:mɪ̀, pá:lmɪ̀, pɔ́:(l)m-, -mi | pá:m-/「手のひら (palm)」の意の連結形. 〖□ L ～ ← *palma* 'PALM²'〗

pal·mier /pælmièr; *F.* palmje/ *n.* パルミエ (ヤシの葉形のクッキー). 〖(1929) □ F ～ (原義) palm tree〗

pal·mi·ped /pǽlmɪpèd, pá:(l)m-, pɔ́:(l)m- | pǽlmɪ-/ (*also* **pal·mi·pede** /pǽlmɪpì:d, pá:(l)m- | pǽlmɪ-/) *adj.* 足に水かきのある (web-footed). ― *n.* 《古》水かきのある鳥 (web-footed bird), 遊禽(ゆうきん)類, 水鳥. 〖(1610) □ L *palmiped-*, *palmipēs*: ⇨ palmi-, -ped〗

Pal·mi·ra /pɑ:lmírə | -mí³rə; *Sp.* palmíra/ *n.* パルミラ (コロンビア西部の都市). 〖cf. Palmyra〗

pálm·ist /-mɪ̀st | -mɪst/ *n.* 手相見 (chiromancer). 〖(1886) (逆成) ↓: -IST と連想〗

palm·is·try /pá:mɪ̀stri, pá:lm-, pɔ́:(l)m- | pá:mɪ̀stri/ *n.* **1** 手相術, 手相占い[判断] (chiromancy). **2** 《戯言》手先の器用(さ); 賄賂(わいろ); すり. 〖(c1450) *pawmestry* ← PALM² + ?*maistrie* 'MASTERY'〗

pal·mi·tate /pǽlmətèɪt, pá:(l)m- | pǽlmɪ̀-, pá:m-/ *n.* 〘化学〙パルミチン酸塩[エステル]. 〖(1873): ⇨ palmitin, -ate¹〗

pal·mit·ic /pælmítɪk, pɑ:(l)m- | pælmít-, pɑ:m-/ *adj.* 〘化学〙パルミチン酸の, ヤシ(油)から採った. 〖(1857) □ F *palmitique*: ⇨ palmitin, -ic¹〗

palmític ácid *n.* 〘化学〙パルミチン酸 ($CH_3(CH_2)_{14}COOH$) (cetylic acid ともいう). 〖1857〗

pal·mi·tin /pǽlmətɪ̀n, pá:(l)m- | pǽlmɪtɪn, pá:m-/ *n.* 〘化学〙パルミチン (ヤシ油・バターなどに含まれる結晶性脂肪; 石鹸製造原料). 〖(1857) □ F *palmitine* ← ? *palmite* 'pith of the PALM¹': ⇨ -ite³, -in²〗

pal·mi·to·le·ic ácid /pǽlmɪ̀toʊlì:ɪk-, pá:(l)m- | pælmɪtəʊ-, pɑ:m-/ *n.* 〘化学〙パルミトオレイン酸 ($C_{15}H_{29}CH{=}CH(CH_2)_7COOH$) (クジラ・アザラシ・タラなど海洋動物油中に存在する不飽和脂肪酸). 〖*palmitoleic*: ⇨ ↑, oleic〗

pálm·kèrnel oìl *n.* 〘化学〙パーム核油 (アブラヤシの果実の核から採る白または黄色の脂肪油; 石鹸・マーガリンなどの製造に用いる). 〖1863〗

pálm lèaf *n.* **1** ヤシの葉, (特に)オオギバヤシ (fan palm) の葉 (扇・帽子などを作る). **2** (古代美術に広く用いられる)ヤシの葉型のモチーフ (palm-leaf pattern ともいう). 〖1660〗

pálm·lìke *adj.* ヤシのような: a ～ leaf. 〖1819〗

pálm òil *n.* **1** パーム油, ヤシ油 (アブラヤシ (oil palm) の果肉から得られるバター状の脂肪で, 石鹸の原料・ろうそくなどに用いる; 脂肪酸やグリセリン原料). **2** 〖cf. *grease a person's palm* (⇨ palm² 成句)〗賄賂(わいろ) (bribe). 〖1705〗

pálm-òil chóp *n.* 〘料理〙パームオイルチョップ (アフリカ西部のヤシ油を使った肉料理).

Pal·mol·ive /pà:má(:)lɪ̀v, pà:lm- | pà:mɔ́lɪv/ *n.* 〘商標〙パルモリヴ (米国 Colgate-Palmolive 社製の食器洗い用液体洗剤).

pálm·prèsser *n.* 《米俗》握手屋 (会う人ごとに握手を求めて顔を売り選挙の得票をねらう政治家).

pálm prìnt *n.* 掌紋 (手のひらの紋で犯罪捜査に活用). 〖1929〗

pálm rèader *n.* 《米》手相を見る人, 手相占い師 (《英》palmist). 〖1920〗

pálm rèading *n.* 《米》手相占い (《英》palmistry). 〖1867〗

Pálm Sprìngs *n.* パームスプリングズ (米国 California 州南東部の都市で保養地).

pálm squìrrel *n.* 〘動物〙シマヤシリス (ヤシリス属 (*Funambulus*) の総称); (特に)インドシマヤシリス (*F. palmarum*). 〖1831〗

pálm stày *n.* 〘機械〙平手控え (ボイラーにおいて, 胴板を補強するために, 胴板の片面にリベット締めされたアングル材を貫いてねじ込む短い支え棒).

pálm sùgar *n.* ヤシ糖 (ある種のヤシの樹液から採れる砂糖). 〖1866〗

Pálm Súnday *n.* 〘キリスト教〙しゅろの主日[日曜日], (東方正教会で)聖枝祭, (カトリックで)枝の主日, 御受難第二の主日 (復活祭 (Easter) 直前の日曜日; キリストが受難を前にエルサレム (Jerusalem) に入った記念日; cf. Passion Sunday). 〖OE *palmsunnandæg*: この時キリストが歩む路上に信者がシュロ[ナツメヤシ] (date palm) の枝をまいて祝ったことにちなむ; cf. *Matt.* 21:8; *John* 12:12–13〗

pálm·tòp *n.* パームトップコンピューター (手のひらに載る程の小型コンピューター). 〖1987〗

pálm trèe *n.* ヤシ[シュロ]の木 (⇨ palm¹ 1). 〖OE *palm-trēo*〗

pálm vàulting *n.* 〘建築〙棕櫚(しゅろ)形ヴォールト (リブが柱の頂部から扇状に開いているヴォールト; fan vaulting ともいう).

pálm wàrbler *n.* 〘鳥類〙ヤシアメリカムシクイ (*Dendroica palmarum*) (北米産アメリカムシクイ科の鳥の一種).

pálm wìne *n.* パーム酒, ヤシ酒 (ヤシの樹液を発酵させて造る熱帯地方の酒). 〖1613〗

palm·y /pá:mi, pá:lmi, pɔ́:(l)mi | pá:mi/ *adj.* (palm·i·er; -i·est) **1** 繁栄する, 成功する; 勝利を得た, 意気揚々たる, 輝かしい (glorious): one's ～ days (過ぎ去った)全盛時代 / Rome in her ～ state 黄金時代のローマ. **2 a** ヤシの(ような); ヤシの多い, ヤシの茂った, ヤシの木陰になった. **b** ヤシから採った. 〖1600–1〗

pal·my·ra /pælmáɪrə | -máɪ(ə)rə/ *n.* **1** 〘植物〙パルミラヤシ, オオギヤシ (*Borassus flabellifer*) (熱帯アジア産の扇状葉をつけるヤシの一種; 葉と繊維に用途が多く, 樹液からは砂糖や酒を造る; palmyra palm [tree] ともいう; cf. sago palm). **2** パルミラヤシの繊維 (palmyra fiber ともいう). 〖(1698) (古形) *palm(e)ira* □ Port. *palmeira* palmtree ← *palma* 'PALM¹': 今の形は ↓ との混同による〗

Pal·my·ra /pælmáɪrə | -máɪ(ə)rə/ *n.* **1** パルミラ (シリアの古代遺跡; Solomon が建設したと伝えられる cf. *2 Chron.* 8:4); 聖書名 Tadmor /tǽdmɔə | -mɔə^(r)/, 現在の地名 Tudmur /tʌ́dmʊə | -mʊə^(r)/). **2** 〖← *Palmyra* (この島の発見者 Cap. Sawle が乗っていた船の名)〗パルミラ島 (太平洋中部 Kiribati に属する Line 諸島中の環状さんご島, もと米国領. Palmyra Island ともいう). 〖□ L ～ □ Gk *Palmúra* (なぞり) ← Heb. *Tadhmōr* 'TADMOR'〗

Pal·o Al·to /pǽloʊǽltoʊ | -ləʊǽltəʊ; *Am.Sp.* páloálto/ *n.* パロアルト: **1** 米国 California 州西部の都市; Stanford 大学の所在地. **2** 米国 Texas 州南部にあるメキシコ戦争の古戦場 (1846). 〖□ Am.-Sp. ～ 'redwood, (Sp.) high tree'〗

pa·lo·lo /pəlóʊloʊ | -ləʊləʊ/ *n.* 〘動物〙パロロ (*Palola siciliensis*) (南太平洋のさんご礁の穴にすむイソメ科の多毛虫; 10 月と 11 月の下弦の直前に海面で群をなして産卵する; 先住民の貴重な食糧となる; palolo worm ともいう). 〖(1895) □ Samoan & Tongan ～〗

Pa·lo·ma /pəlóʊmə | -ləʊ-/ *n.* パロマ (女性名). 〖□ Sp. ～ (原義) dove〗

Pal·o·mar /pǽləmàə | -lə(ʊ)mà:^(r)/, **Mount** *n.* パロマ山 (米国 California 州南西部の山峰 (1,871 m); 世界最大級の反射望遠鏡を備えた天文台 (Mount Palomar Observatory) がある, cf. Hale Observatory). 〖← Sp. *palomar* dovecote, place frequented by doves〗

pal·o·met·a /pæ̀ləméṭə | -tə/ *n.* 〘魚類〙 **1** 大西洋にすむアジ科コバンアジ属の魚 (*Trachinotus goodei*). **2** イボダイ科の魚 (*Palometa media*). 〖□ Sp. ～ (dim.) ← *paloma* dove〗

pal·o·mi·no /pæ̀ləmí:noʊ | -nəʊ/ *n.* (*pl.* ～s) **1** パロミノ (品種ではなく毛色の一種; 主に米国南西部産のアラビア系の足の細い馬で, たてがみと尾が銀白色で, その他の被毛がクリーム色または淡黄褐色のものをいう). **2** クリーム色, 淡黄褐色 (light tan). 〖(1914) □ Am.-Sp. ～ ← Sp. ～ 'of or like a dove' < L *palumbīnum* ← *palumbēs* dove: ⇨ -ine¹〗

pa·loo·ka /pəlú:kə/ *n.* 《米俗》 **1** 〘スポーツ〙へぼ選手; (特に)へぼボクサー; プロレスラー. **2** 不器用な能なし, 凡人, 間抜け. **3** 〘トランプ〙へぼ, とうしろ, (まれ)つまらない持ち札. 〖(1925) Jack Conway (*d.* 1928: 米国の野球選手) の造語: cf. Sp. *peluca* (軽蔑を表す語)〗

pa·loo·ka·ville /pəlú:kəvɪ̀l/ *n.* 《米俗》 **1** へんぴな田舎町, ひなびた町. **2** 忘れ去られること, 忘却. 〖1990〗

Pa·los /pá:loʊs | -lɔs; *Sp.* pálos/ *n.* パロス (スペイン南西部の町で旧海港; Columbus の第一次西方航海の出発港 (1492)).

Pa·loú /pəlóʊ | -ləʊ; *Sp.* paló/, **Francisco** *n.* パロ (1722?–?89; スペインのフランシスコ会の宣教師, Mexico から San Francisco Bay を探検した).

pal·o·ver·de /pæ̀loʊvə́ədi, pà:l-, -və́:- | -ləʊvə́:di/ *n.* 〘植物〙米南西部・メキシコ産マメ科のとげのある砂漠の低木 (*Cercidium torreyanum*) (種子から清涼飲料を作る). 〖(1854) □ Mex.-Sp. ～ 'green tree' ← Sp. *palo* stick, pole + *verde* green: ⇨ pale², verdure〗

palp¹ /pǽlp/ *n.* 〘動物〙＝palpus. 〖(1842) □ F *palpe* □ L *palpus* 'PALPUS'〗

palp² /pǽlp/ *vt.* …に触れる, さわる. 〖□ L *palpāre* to stroke: ⇨ feel〗

pal·pa·ble /pǽlpəbl̩/ *adj.* **1** 目立つ (noticeable), 顕著な; (きわめて)明らかな, わかり切った (⇨ perceptible SYN): a ～ error, mistake, etc. / a ～ lie 見え透いたうそ / a very ～ hit きわめて明瞭な突き[当たり], まさに一本 (cf. Shak., *Hamlet* 5.2.296). **2** さわって見られる, 触知できる (tangible): ～ darkness ⇨ darkness 1. **3** 〘医学〙触診[触知]できる. **pàl·pa·bíl·i·ty** /-pəbíləṭi | -lɪ̀ti/ *n.* **～·ness** *n.* **pál·pa·bly** *adv.* 〖(c1380) □ LL *palpābilis* ← L *palpāre* to touch ← IE **pōl-* 'to touch, shake': ⇨ feel, -able〗

pal·pal /pǽlpəl, -pl̩/ *adj.* 〘動物〙触鬚(しゅ) (palpus) の[に関する]. 〖(1857) ← NL *palpālis* ← *palpus* 'PALPUS': ⇨ -al¹〗

pal·pate¹ /pǽlpeɪt | ⁻⁻, ⁻⁻/ *vt.* **1** 触れてみる, 探る. **2** 〘医学〙触診する. 〖(1849–52) ← L *palpātus* (p.p.) ← *palpāre* to touch, stroke〗

pal·pate² /pǽlpeɪt, -pɪ̀t | -peɪt/ *adj.* 〘動物〙触鬚(しゅ) (palpus) のある. 〖(1857) ← NL *palpātus* ← *palpus* 'PALPUS': ⇨ -ate²〗

pal·pa·tion /pælpéɪʃən/ *n.* **1** 触接, 触知. **2** 〘医学〙触診. 〖(1483) □ (O)F ～ ∥ L *palpātiō(n-)* ← *palpāre* to touch〗

pal·pe·bra /pǽlpəbrə, pælpí:- | pǽlpɪ̀-/ *n.* 〘解剖〙眼瞼, まぶた (eyelid). 〖(1706) □ L ～ (原義)? that which moves quickly: cf. palpitate〗

pal·pe·bral /pǽlpəbrəl, pælpí:- | pǽlpɪ̀-/ *adj.* まぶたの(近くの). 〖(1840) □ LL *palpebrālis*: ⇨ ↑, -al¹: cf. L *palpāre* to touch soothingly〗

pal·pe·brate /pǽlpəbrèɪt, pælpí:- | pǽlpɪ̀brɪ̀t, -brèɪt/ *adj.* まぶたのある. ― /-brèɪt/ *vi.* (繰り返し)まばたきする, ウィンクする. 〖(1857) ← NL *palpebrātus*: ⇨ palpebra, -ate²〗

palpi *n.* palpus の複数形. 〖← NL ～ (pl.)〗

pal·pi·tant /pǽlpəṭənt, -tn̩t | -pɪ̀tənt, -tn̩t/ *adj.* **1** 動悸(き)が打つ[する] (palpitating). **2** 胸騒ぎのする, 胸をときめかせるような. 〖(1837) □ F ～ ∥ L *palpitantem* (pres. p.) ← *palpitāre* (↓)〗

pal·pi·tate /pǽlpətèɪt | -pɪ̀-/ *vi.* **1 a** 〈脈が〉早く[強く]打つ (pulsate); (特に)〈心臓〉の動悸(き)がする (throb). **b** 胸騒ぎする, そわそわする, わくわくする: a story full of *palpitating* interest 胸がわくわくするほど興味のある. **2** (…で)震える (tremble) [*with*]: ～ *with* terror, fear, pleasure, etc. 〖(1623) ← L *palpitātus* (p.p.) ← *palpitāre* to move quickly (freq.) ← *palpāre* to stroke, touch: cf. palpable〗

pal·pi·ta·tion /pæ̀lpətéɪʃən | -pɪ̀-/ *n.* 鼓動; 動悸(き); 胸騒ぎ: ～ of the heart 〘病理〙心悸亢(こう)進. 〖(?a1425) □ L *palpitātiō(n-)*: ⇨ ↑, -ation〗

pal·pus /pǽlpəs/ *n.* (*pl.* **pal·pi** /-paɪ, -pi:/) 〘動物〙 **1** (節足動物・昆虫などの)触鬚(しょくしゅ), ひげ (普通, 触覚・味覚をつかさどる; ⇨ mandible 挿絵): a labial ～ 下唇鬚 / a maxillary ～ 小腮鬚(しょうさいしゅ). **2** 多毛虫 (polychaete) の口器周辺にある感覚器官. 〖(1813) ← NL ～ ← L 'feeler' ← *palpāre* to touch: cf. palpable〗

pal·sa /pá:lsə/ *n.* (*pl.* **pal·sen** /-sən, -sn̩/) 〘地質〙パルサ (高山や極地の周氷河地表形態の一つで, 数メートルの高さに盛り上がった泥炭). 〖(1942) □ Swed. *pals(e)* □ Finn. & Sami *palsa*〗

pal·sey-wal·sey /pǽlziwǽlzi⁻/ *adj.* ＝palsy-walsy.

pals·grave /pɔ́:lzgreɪv, pá:lz- | pɔ́:lz-/ *n.* ＝count palatine 1. 〖(1539) □ MDu. *paltsgrave* (Du. *paltsgraaf*) ← *palts* palatine (cf. palace) + *grave* count: cf.

G *Pfalzgraf* palace count〕

pals·gra·vine /pɔ́ːlzgrəvìːn, pɑ́ːlz- | pɔ́ːlz-/ *n.* palsgrave の妻[未亡人]. 〘(1835) □ Du. *paltsgravin*: ⇨ ↑, -ine⁴〙

pál·shìp *n.* 《米口語》 仲よしであること, 親密な間柄.

pál·sied *adj.* 中風にかかった, しびれている, 麻痺した, 半身不随の; 〈手足など〉震える. 〘(1550): ⇨ palsy (n.), -ed〙

pal·staff /pɔ́ːlstæ̀f, pɑ́ːl- | pɔ́ːlstɑ̀ːf/ *n.* 〔考古〕 = palstave.

pal·stave /pɔ́ːlstèɪv, pɑ́ːl- | pɔ́ːl-/ *n.* 〔考古〕 《イギリスの青銅器時代中期に見られた両側縁の鰭(ひれ)の発達した》青銅製の斧(おの) (celt) 《木柄につけて用いた》. 〘(1851) □ Dan. *paalstav* < ON *pálstafr* ← *páll* hoe + *stafr* staff〙

pal·sy /pɔ́ːlzi, pɑ́ːl- | pɔ́ːl-, pɔ́l-/ *n.* **1** 手足のしびれ, (局部の軽い)中風, (軽症の)麻痺(状態): ⇨ cerebral palsy. **2** 麻痺させるもの; (怖じ気づくなどして)前途の方途が立たなくなること, 手も足も出なくなること. — *vt.* 麻痺させる, しびれさせる, (恐怖などで) 身動きできなくする (paralyze). 〘(*c*1300) *pa(r)lesie* □ OF *paralisie* (F *paralysie*) □ L *paralysis* □ Gk *parálusis* 'PARALYSIS'〙

pal·sy-wal·sy /pǽlziwǽlzi⁻/ 《米俗》 *adj.* 〈態度など〉(きわめて)親しそうな. — *n.* 親友. 〘(1937) 《押韻加重》 ? ← *palsy* pally ← *pals* (pl.) (← PAL) + -Y²·⁴〙

pal·ter /pɔ́ːltə, pɑ́ːl- | pɔ́ːltə(r), pɔ́l-/ *vi.* **1** 〔人・物事などを〕いい加減にあしらう (trifle); ごまかす, 言葉を濁す (equivocate) 〔*with*〕: ~ *with* a person [facts] 人をいい加減にあしらう[事実をごまかす]. **2** 値切る; 駆け引きする, 掛合う: ~ *with* a person *about* a thing. **~·er** *n.* 〘(1538) 《変形》 ? ← FALTER: cf. paltry〙

pal·try /pɔ́ːltri, pɑ́ːl- | pɔ́ːl-, pɔ́l-/ *adj.* (**pal·tri·er**; **-tri·est**) **1** 〈金額など〉わずかな, けちな. **2** 〈物事など〉つまらぬ, くだらない, 無価値な (⇨ petty SYN). **3** 〈人が〉卑しむべき, 卑しい (contemptible). **pál·tri·ly** /-trəli | -trɨ̀li/ *adv.* **pál·tri·ness** *n.* 〘(1570) ← ? 《方言》 *paltry* (n.) rubbish □ ? LG *paltrig* ← *palte* rubbish〙

pa·lud- /pəlúːd, pǽljʊd | pəlúːd, -ljúːd, pǽljʊd/ (主に母音の前にくるときの) paludi- の異形.

pa·lu·dal /pəlúːdl̩, pǽljʊ- | pəlúːdl̩, -ljúː-, pǽljʊ-/ *adj.* **1** 沼地の, 沢の多い (marshy); 湿地の. **2** 〈病気・毒気など〉沼地に[から]発生する. **3** マラリアの: ~ fever マラリア熱. 〘(1818-20): ⇨ paludi-, -al¹〙

pa·lu·da·ment /pəlúːdəmənt | -lúːdə-, -ljúː-/ *n.* = paludamentum.

pa·lu·da·men·tum /pəlùːdəméntəm | -lùːdə-méntəm, -ljùː-/ *n.* (*pl.* **-men·ta** /-tə | -tə/) パルダメントゥム 《古代ローマ皇帝や武将が用いたマント状の外衣; paludament ともいう》. 〘(1702) □ L *palūdāmentum*〙

pa·lu·di- /pəlúːdɨ̀, pǽljʊ-, -dɪ | pəlúːd-, -ljúː-, pǽljʊ-/ 「沼 (marsh)」の意の連結形. ★ 母音の前では通例 palud- になる. 〘← L *palūd-, palūs* marsh: ⇨ full¹〙

pal·u·dism /pǽljʊdɪzm/ *n.* 《まれ》〔病理〕 マラリア (malaria). 〘(1890): ⇨ ↑, -ism: 沼沢地の毒気が病因と考えられたところから〙

pal·u·dous /pǽljʊdəs, pəlúː- | pǽljʊdəs, pəlúː-, -ljúː-/ *adj.* 沼(沢)地の, 湿地の (marshy). 〘(1803) □ L *palūdōsus*: ⇨ paludi-, -ous〙

Pal·u·drine /pǽljʊdrìːn, -drɨ̀n, -drɪn | pǽljʊdrɪn, -lʊ-, -drìːn/ *n.* 〔商標〕 パルドリン 《chloroguanide の商品名; マラリア治療剤》. 〘(1944) ← PALUD(ISM) + (ATA-B)RINE〙

pal·y¹ /péɪli/ *adj.* (**pal·i·er**; **-i·est**) 《詩》 青白い, 青ざめた (pale). 〘(*c*1560) ← PAL(E)¹ + -Y⁴〙

pal·y² /péɪli/ *adj.* 〔紋章〕 盾を縦に 4 以上の偶数に等分割した. 〘(1386) □ (O)F *palé* ← *pal* 'stake, PALE²' + *-é* '-Y³'〙

pály-béndy *adj.* 〔紋章〕 盾を縦と斜めに 4 以上の偶数に等分割した. 〘1610〙

pal·y·gor·skite /pæ̀ləgɔ́əskaɪt | -lɨ̀gɔ́ː-/ *n.* 〔鉱物〕 山コルク, パリゴルスカイト ($(Mg_5, Al_2)Si_8O_{20}(OH)_2 \cdot H_2O$) 《石綿の一種で, 柔皮に似た板状のもの; attapulgite, mountain leather ともいう》. 〘(1868) ← G *Paligorskit*: これが発見された Ural 山脈中の鉱山の名にちなむ〙

pal·y·nol·o·gy /pæ̀lənɑ́(ː)ləʤi | -lɨ̀nɔ́l-/ *n.* 花粉学. **pàl·y·no·lóg·ic** *adj.* **pal·y·no·log·i·cal** /pæ̀lənəlɑ́(ː)ʤɪkəl, -kl̩ | -lɨ̀nəlɔ́ʤɪ-⁻/ *adj.* **pàl·y·no·lóg·i·cal·ly** *adv.* **pàl·y·nól·o·gist** /-ʤɪst | -ʤɪst/ *n.* 〘(1944) ← Gk *palún(ein)* to (be) strew + -(O)LOGY: cf. pollen〙

pal·y·tox·in /pæ̀lətɑ́(ː)ksɨ̀n | -lɨ̀tɔ́ksɪn/ *n.* 〔生化学〕 パリトキシン 《刺胞動物ポリプ (polyp) がタコから身を守るために出す強い毒性の物質》. 〘(1971) ← *Palythoa* イワスナギンチャク(岩砂巾着)属(この毒が単離される腔腸動物を含む属): ⇨ -toxin〙

pam /pǽm/ *n.* 〔トランプ〕 **1** (5 枚持ちの loo で) クラブのジャック 《最高の切札》. **2** (クラブのジャックを最高の切札とする)ナポレオンに似たゲーム. 〘(1685) 《略》 ← F *pamphile* ← L *Pamphilus* (人名) □ Gk *Pámphilos* 《原義》 beloved of all〙

pam. /pǽm/ 《略》 pamphlet.

PAM /píːèɪém/ 《略》〔電気〕 pulse amplitude modulation.

pam- /pǽm/ = pan-. 〘← NL ~ ← Gk ~ ← *pan*-: ⇨ pan-〙

Pa·ma-Nyung·an /pɑ̀ːmənjúŋ(g)ən/ *adj.*, *n.* 〔言語〕 パマニュンガン語群の(の) 《オーストラリア先住民 (aborigine) の言語の中で最大の語群》.

pam·a·quine /pǽməkwàɪn, -kwìːn/ *n.* (*also* **pam·a·quin** /-kwɨ̀n | -kwɪn/) 〔薬学〕 パマキン (⇨ aminoquin naphthoate). 〘(1941) ← P(ENTYL) + A(MINO) + M(ETHOXY) + -a- (連結辞) + -quine (← QUINOLINE)〙

Pam·e·la /pǽm(ə)lə | -m(ɨ̀)l-/ *n.* **1** パメラ 《女性名》. **2 a** 「パメラ」 (Samuel Richardson 作, 英国最初の書簡体小説 (1740, '41)). **b** パメラ (*Pamela* の女主人公). 〘← *Pamela* (Sir Philip Sidney の造語で *Arcadia* (1590) の登場人物の名) ← ? Gk *pân méli* all honey〙

Pam·e·ton /pǽmətən | -tən/ *n.* 〔商標〕 パメトン 《パラセタモール (paracetamol) とメチオニン (methionine) を組み合わせた鎮痛薬》.

Pa·mir /pəmíə | -mía(r)/ *n.* = Pamirs.

Pa·mi·ri /pəmíəri | -míəri/ *n. pl.* (~, ~s) **1 a** [the ~(s)] パミール族 《パミール高原 (the Pamirs) の色白の肌をもつ民族》. **b** パミール族の人. **2** パミール語.

Pa·mirs /pəmíəz | -míəz/ *n. pl.* [the ~] パミール(高原) 《アジア中部の高原; 最高峰 7,719 m, 「世界の屋根」(the roof of the world) と称せられる》.

Pám·li·co Sóund /pǽmlɪkòu- | -lɨ̀kəu-/ *n.* パムリコ湾 《米国 North Carolina 州の東海岸とその沖に並ぶ島々との間の海峡; 全長 130 km》.

Pam·pa /pǽmpə/ *n.* パンパ 《米国 Texas 州北部の都市; 石油・天然ガスの産地》.

pam·pa /pǽmpə, pɑ́ːm- | pǽm-; *Am.Sp.* pámpa/ *n.* (*pl.* ~s /~z, ~s | ~z; *Sp.* ~s/) **1** [通例 *pl.*] パンパス 《南米 Amazon 川以南, 特に, アルゼンチンの樹木のない大草原; cf. llano, savanna》. **2** [P-] パンパスに住むインディアン; (特に) アラウカン人 (Araucanian). 〘(1704) □ Am.-Sp. ~ □ Kechuan *pampa* field, plain〙

pám·pas càt /pǽmpəz-, -pəs-/ *n.* 〔動物〕 パンパスネコ (*Felis colocolo*) 《南米エクアドルのパタゴニアの草原・森林に生息するヤマネコ》. 〘1883〙

pámpas gràss *n.* 〔植物〕 パンパスグラス, シロガネヨシ (*Cortaderia argentea*) 《アルゼンチンのパンパスに生えるイネ科の多年草; ススキに似た銀白の穂が美しく, 日本でも庭園や生け花に用いる》. 〘1850-51〙

pam·pe·an /pǽmpiən, pæmpíːən/ *adj.* **1** パンパス (pampas) の. **2** [P-] パンパス地方のインディアンの; アローケーニア人の (Araucanian). — *n.* パンパス地方のインディアン. 〘(1839) ⇨ pampa, -ean〙

Pam·pe·lu·na /pæ̀mpəlúːnə; *Sp.* pampelúna/ *n.* パンペルーナ (Pamplona の旧名).

pam·per /pǽmpə | -pə(r)/ *vt.* **1 a** 〈人などを〉大事にしすぎる, 甘やかす (⇨ indulge SYN): ~ one's child / ~ oneself 気ままにふるまう / a ~*ed* menial (増長して)わがままな召使. **b** 〈欲望などを〉満たす, 満足させる: ~ one's appetite / have a ~*ed* taste 口がおごっている. **2** 《古》 飽食させる (glut). **~·er** /-pərə | -rə(r)/ *n.* 〘(*c*1390) *pampre(n)* ← ? MLG: cf. WFlem. *pamperen* to pamper〙

pam·pe·ro /pæmpɛ́ərou, pɑːm- | -péərəu; *Am.Sp.* pampéro/ *n.* (*pl.* ~s /~z; *Sp.* ~s/) 〔気象〕 パンペロ(風) 《南米 Andes 山脈から東北にパンパス (pampas) を横切って大西洋に吹きおろす強い寒風》. 〘(1818) □ Am.-Sp. ~ 《原義》 pampean ← PAMPA〙

Pam·pers /pǽmpəz | -pəz/ *n.* 〔商標〕 パンパース 《米国製の使い捨て紙おむつ》.

pamph. 《略》 pamphlet.

Pam·phi·li·i·dae /pæ̀mfəláɪədìː | -fɨ̀láɪɪ-/ *n.pl.* 〔昆虫〕 (膜翅目)ヒラタハバチ科. 〘← NL ~ ← *Pamphilius* (属名: ← ? Gk *pámphilos* beloved of all) + -IDAE〙

pam·phlet /pǽmflɨ̀t/ *n.* **1** パンフレット, (仮綴(かりと)じの)小冊子. 日英比較 日本語の「パンフレット」は「仮綴じの小冊子」から, 上質の紙で作られた宣伝用のカタログや, 資料を綴じたかなりの厚さのものまで含むが, 英語の *pamphlet* は日本語より意味が狭く, 薄い仮綴じのものだけをいう. 会社案内のためなどの宣伝用の小冊子は brochure という. **2** 小論文; (特に, 宗教・政治など, 時事問題の)小論説, パンフレット. 〘(*c*1385) *pamflet* 《変形》 ← ML *Pamphilet* ← L *Pamphilus, seu De Amore* Pamphilus, or About Love (12 世紀ラテン語の通俗恋愛詩の題名): ⇨ -(l)et〙

pam·phle·teer /pæ̀mflɨ̀tíə | -tíə(r)/ *n.* **1** (政治・社会問題などの)パンフレット作者, 小冊子で意見を発表する人 《文学史上では T. Paine などが有名》. **2** [しばしば軽蔑的に] パンフレット書き. — *vi.* **1** 小論文[パンフレット]を書く, 小冊子を出版する, 小論説を公にする. **2** (パンフレット, 文学作品などで)世論を動かそうとする. 〘(1642): ⇨ ↑, -eer〙

pam·phlet·ize /pǽmflɨ̀tàɪz/ *vi.* パンフレット[小論文]を書く. — *vt.* …についてパンフレット[小論文]を書く. 〘1652〙

pam·phrey /pǽmfri/ *n.* 《北アイル》 キャベツ. 〘← ?〙

Pam·phyl·i·a /pæmfíliə/ *n.* パンフィリア 《小アジア南部, 地中海沿岸にあった地域; ギリシャ人が植民し, のちローマ領となる》. **Pam·phýl·i·an** /-liən/ *adj.*, *n.*

pam·ple·gi·a /pæmplíːʤiə, -ʤə/ *n.* 〔病理〕 全麻痺 (panplegia). 〘1842〙

Pam·plo·na /pæmplóunə | -pláu-; *Sp.* pamplóna/ *n.* パンプローナ 《スペイン北部の都市; 旧名 Pampeluna》.

pam·poen /pæmpúːn/ *n.* 《南アロ語》 ばか, 間抜け. 〘(1949) □ Afrik. ~ 《原義》 'pumpkin': cf. 《廃》 *pumpion, pom-* pumpkin〙

pam·pro·dac·tyl /pæ̀mproudǽktl̩, -tɪl | -prə(u)-⁻/ *adj.* 〔鳥類〕 皆前趾(し)の 《ネズミドリ・アマツバメのように足の指が全部前を向いている》. 〘↓〙

pam·pro·dac·ty·lous /pæ̀mproudǽktɨ̀ləs | -prə(u)-⁻/ *adj.* 〔鳥類〕 = pamprodactyl. 〘(1899) ← PAM- + PRO-² + -DACTYLOUS〙

pan¹ /pǽn/ *n.* **1 a** (通例浅く, 長い柄の付いた)鍋(なべ); 平鍋; (調理用の)皿: pots and ~s ⇨ pot¹ 1 / ⇨ dripping pan, frying pan, saucepan, stewpan, warming pan. 日英比較 日本語の「鍋」より意味が狭く, 片手用の平鍋をいう, 深い鍋は pot という. **b** 皿[鍋]の中身. **c** 鍋[皿]一杯(分)(の量) (panful). **2** 皿状の器物: **a** 天秤(てんびん)の皿. **b** 蒸発皿. **c** (旧式の銃砲の)火皿 《少量の発火用火薬を入れる所》. **d** 〔冶金〕 金銀鉱を砕いてアマルガム法を行うための鉄鍋. **e** 〔鉱山〕 (砂金などを水で振るい分ける)パンニング皿, 椀, 採り鉢. **f** 《カリブ》 スチールバンド (steel band) のドラム. **g** 《英》 (トイレの)便器 (lavatory pan). **3** 〔地質〕 = hardpan 1 a. **4 a** (水・泥などのたまった)皿状のくぼ地. **b** 塩または塩水のたまったくぼ地. **5** 蝶番の穴; うけ, 落とし. **6** 〔海事〕 小浮氷板. **7** 《米俗》 顔, つら, 人相 (face). **8** 《米俗》 酷評 (harsh criticism). **9** 《俗》〔野球〕 ホームプレート. **10** 《廃・方言》 頭蓋(ずがい) (brainpan); 膝蓋(しつがい)骨, 膝頭(の皿) (kneepan). **11** 《アイル・スコット》 = pan loaf.

gò dówn the pán 《英俗》 無駄になる, 水泡に帰す.
léap* [*fáll*] *òut of the pán into the fíre 小難を逃れて大難に遭う. ***pút on the pán*** 手ひどくやっつける, こき下ろす. ***sávor of the pán*** お里が知れる, 地金を表す.
shút one's pán 《俗》 口をつぐむ, 黙っている.

— *v.* (**panned**; **pan·ning**) — *vt.* **1** 〔鉱山〕 **a** 〔砂金などを採るために〕(パンニング皿や椀などで)〈土砂を〉パンニング[椀がけ]する 〔*for*〕 (cf. panning¹): ⇨ PAN *out*. **b** 〈砂金を〉パンニング[椀がけ]してより別ける, 選別する. **2** 《米》 鍋で煮る; 鍋料理にする. **3** 《口語》 こっぴどくやっつける, こき下ろす, けなす. **4** 《米俗》 手に入れる, 捕える, 得る (obtain). — *vi.* 〔鉱山〕 **1** パンニング[椀がけ]する (cf. panning¹). **2** 〈土砂などが〉砂金を出す 〈*out*〉. ***be pánned óut*** (*vt.*) 力が尽きる, 破産する. ***pán óut* = *pán óff*** (*vt.*) 〔鉱山〕 (パンニング皿などでパンニング[椀がけ]して) 〈砂金を〉洗い出す. — (*vi.*) (1) ⇨ *vi.* 2. (2) 《口語》 結果が出る (result); 成功する (succeed): ~ *out* well [badly] うまく行く[行かない] / How did it ~ *out*? どうでした?
〘OE *panne* < (WG mc.) **panna* (Du. *pan* / G *Pfanne*) □ VL **panna* pan < L *patina* 'PATEN'. — v.: (*a*1872) ← (n.)〙

pan² /pǽn/ 〔写真・映画・テレビ〕 *v.* (**panned**; **pan·ning**) — *vt.* (全景的効果を得るために) 〈カメラを〉左方または右方に水平回転させる, パンする; 〈被写体を〉パンで写す: ~ a camera. — *vi.* (パン撮影のために) 〈カメラが〉左右に動く[動いて撮影する], パンする: The camera ~s to pick up the mob. 群衆の撮影のためカメラはパンする. — *n.* パン(すること). 〘(1913) 《略》 ← PANORAMA〙

pan³ /pǽn/ *n.* 〔建築〕 **1** 小間壁. **2** (ハーフティンバーの建築の)木材の間の壁部分. 〘(1842-70) □ F *pan* flap, section (of a wall) < L *pannum*: ⇨ pane〙

pan⁴ /pɑ́ːn; *Hindi* pɑːn/ *n.* **1** キンマ (betel) の葉. **2** キンマの葉で包んだ噛(か)み物. 〘(1616) □ Hindi *pān* ← Skt *parṇa* feather, leaf: cf. fern〙

pan⁵ /pǽn/ *adj.* 〔写真〕 = panchromatic. 《略》

Pan¹ /pǽn/ *n.* 〔ギリシャ神話〕 パン, 牧神 《森・原・牧羊などの神; ヤギの角と耳と足を有し葦笛を吹く; ローマ神話の Faunus に当たる; cf. Silvanus 1》. 〘(1369) □ L *Pān* □ GK *Pān* (短縮) ← ? **Pāusōn* (cog. Skt *Pūṣan*- a Vedic God, 《原義》 nourisher): cf. panic¹〙

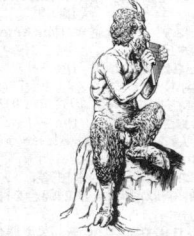

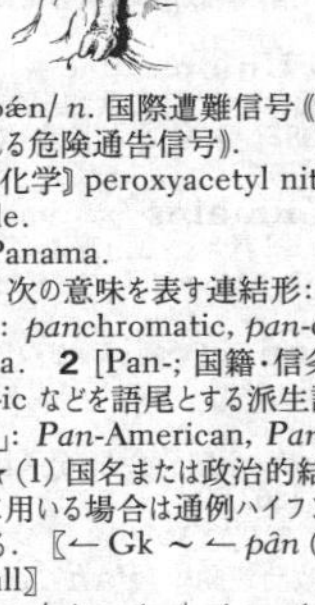

Pan

Pan², p- /pǽn/ *n.* 国際遭難信号 《地上局から船舶・航空機に発せられる危険通告信号》.

PAN 《略》〔化学〕 peroxyacetyl nitrate; 〔化学〕 polyacrylonitrile.

Pan. 《略》 Panama.

pan- /pǽn/ 次の意味を表す連結形: **1** 「全 (all) …, 汎(はん)…; 完全な」: *pan*chromatic, *pan*-cultural, *pan*theism, *pan*ophobia. **2** [Pan-; 国籍・信条などを表す語または -ism, -ist, -ic などを語尾とする派生語と結合して] 「汎(はん)…; …連合」: *Pan*-American, *Pan*-Arabism, *Pan*hellenism. ★ (1) 国名または政治的結合[連合]などを意味する語と共に用いる場合は通例ハイフンを用いる. (2) 時に pano- になる. 〘← Gk ~ ← *pân* (neut.) ← *pâs* all ← IE **pant-* all〙

pan·a·ce·a /pæ̀nəsíːə | -síːə, -síə/ *n.* **1** 万病薬, 万能薬 (cure-all). **2** 万能の方策. **pàn·a·cé·an** /~n⁻/ *adj.* 〘(1548) □ L *panacēa* □ Gk *panákeia* plant healing all diseases ← *panakḗs* all healing ← PAN- + *akeisthai* to heal〙

Pan·a·ce·a /pæ̀nəsíːə | -síːə, -síə/ *n.* 〔ギリシャ神話〕 パナケイア 《治療の女神》. 〘すべてを治癒する女神の意: ↑〙

pa·nache /pənǽʃ, -nɑ́ːʃ | pə-, pæ-/ *n.* **1 a** さっそうたる[堂々たる]態度, かっこよさ, 上品さ. **b** 見せびらかし (display), 空威張り (swagger). **2 a** 〔甲冑〕 (かぶとの)羽飾り, 立物, 羽飾り差し. **b** 〔紋章〕 パナッシュ (羽を束にした兜(かぶと)飾り). **3** 《まれ》〔鳥類〕 = web 5. 〘(1553) 《古形》 *pinnach* □ F *panache* □ It. *pannacchio* < LL *pinnāculum* (dim.) ← *pinna* feather: ⇨ pinnacle: cf. pen¹〙

pa·na·da /pənɑ́ːdə, -néɪ- | -nɑ́ːdə/ *n.* パナーダ: **a** パンを牛乳などで煮て砂糖・香料などで調味したパンがゆ. **b** 小麦粉やパン粉を, 牛乳やだし汁で混ぜ合わせたもの; 詰め物や

ソースのつなぎに用いる. 〖(1598)□ Sp. ～ ＜ VL **pānātām* ← L *pānis* bread: ⇨ pantry, -ade〗

Pan·a·dol /pǽnədɑ̀(ː)l | -dɔ̀l/ *n.* 〖商標〗パナドール《鎮痛・解熱剤》. 〖1955〗

Pàn-Áfrican *adj.* 全アフリカの; 全アフリカ人の[に対する], 汎(はん)アフリカ主義の. — *n.* 汎アフリカ主義運動の支持者. 〖(1900): ⇨ pan-〗

Pàn-Áfricanism *n.* 汎アフリカ主義者(の)《白人支配から脱却し, アフリカの政治的・経済的連合を目的とする》. 〖1955〗

Pàn-Áfricanist *n., adj.* 汎アフリカ主義者(の)《アフリカのすべての国の政治的結合の主唱者[支持者](の)》. 〖1959〗

Pán-Àfricanist Cóngress *n.* パンアフリカニスト会議《1959 年に ANC の分派として結成された南アフリカ共和国の黒人解放組織; 非合法化 (1960–90), のちに政党となる; 略 PAC》.

Pa·na·gi·a /pɑ̀ːnəjíːɑː | pænəgíːə; *Mod.Gk.* panajía/ *n.* 〖東方正教会〗 **1** パナギア《マリアのために献げられ祝別されたパン》. **2** [p-] =encolpion. 〖(1775)□ Gk *Panagía* the Virgin (fem.) ← *panágios* all-holy ← PAN-＋*hágios* holy〗

Pa·na·ji /pʌ́nədʒi/ *n.* =Panjim.

Pan Am /pæ̀nǽm/ 《略》Pan American (World Airways, Inc.) パンアメリカン航空会社, パンナム(記号 PA) 《1991 年倒産》.

Pan·a·ma /pǽnəmɑ̀ː, -mɔ̀ː, ―⌐―⌐ | pænəmɑ́ː, ―⌐―; *Am.Sp.* panamá/ *n.* **1** パナマ《中央アメリカ南部の共和国; 面積 75,650 km²; 公式名 the Republic of Panama パナマ共和国》. **2** パナマ市《パナマ共和国の首都, Panama 湾に臨む海港; Panama City ともいう》. **3** [時に p-] =Panama hat.

Panama, the Gulf of *n.* パナマ湾《Panama 地峡の太平洋側の屈曲部》.

Panama, the Isthmus of *n.* パナマ地峡《北米と南米との境にある》.

Pánama Canál *n.* [the ～] パナマ運河《Colón から Balboa まで Panama 地峡を貫き, 大西洋と太平洋を結ぶ; 1914 年に開通; 全長 82 km》.

Pánama Canál Zòne *n.* [the ～] =Canal Zone.

Pánama Cíty *n.* パナマシティー: **1** 米国 Florida 州北西部の市. **2** =Panama 2.

Pánama disèase *n.* 〖植物〗パナマ病《フザリウム属の *Fusarium oxysporum* var. *cubense* 菌によるバナナの萎凋(いちょう)病; 根などから侵入して枯死させる》. 〖1910〗

Pánama hát, p- h- *n.* パナマ帽《中南米産のパナマソウ (jipijapa) の若葉を裂いて編んで作る》. 〖(1833): エクアドルの Jipijapa が原産地だが, その主な集散地 Panama にちなむ〗

P

Pánama hát plànt *n.* 〖植物〗パナマソウ (⇨ jipijapa 1).

Pan·a·ma·ni·an /pæ̀nəméɪniən⌐/ *adj., n.* パナマの; パナマ人(の).

Pàn-Américan *adj.* (北米・中米・南米を含めた)全米の, 汎(はん)米[全米]主義の, 全米に対する (cf. inter-American): the ～ Congress 全米会議. 〖1889〗

Pàn-Américan Dày *n.* 米州連合 (Pan American Union) 記念日《4 月 14 日》.

Pàn-Américan Gámes *n. pl.* [the ～] パンアメリカン競技大会《北・中・南米すべてを含むアメリカ大陸のスポーツ大会; 4 年に 1 回持ち回りで開く; 1951 年より開催》.

Pàn-Américan Híghway *n.* [the ～] パンアメリカンハイウェー《南北アメリカを結ぶ道路網; Alaska から Chile まで約 26,000 km》.

Pàn-Américanism *n.* 汎米[全米]主義, パンアメリカニズム《北米・中米・南米の政治的・経済的連合を目的とする》. 〖1901〗

Pàn Américan Únion *n.* [the ～] 米州連合, 全米連盟《1890 年南北アメリカ 21 の共和国の親善と平和をはかるために設立; 1948 年以降は米州機構 (OAS) の中心機関; 略 PAU》. 〖1927〗

Pán·a·mint Mountains /pǽnəmɪ̀nt-, -mənt- | -mɪnt-/ *n. pl.* [the ～] パナミント山脈《米国 California 州東部の山脈; Death Valley の西方にある; Panamint Range ともいう》.

pán and tílt hèad *n.* 〖映画・テレビ〗パン アンド ティルト ヘッド《カメラを水平 (pan) にも上下 (tilt) にも回転できるようにする雲台》.

Pàn-Ánglican *adj.* 全聖公会の, 全英国国教会系の; 全英国国教会の. 〖1867〗

Pàn-Árabism *n.* 汎(はん)アラブ主義《アラブ民族の独立と統一を目指す思想・政治運動》. **Pàn-Árab** *adj., n.* **Pàn-Árabic** *adj., n.*

pan·a·ri·ti·um /pæ̀nərɪ́ʃiəm/ *n.* (*pl.* **-ti·a** /-ʃiə/) 〖医学〗瘭疽(ひょうそ) (paronychia). 〖(?*a*1425) *panaricium* □ LL *panāricium* (変形) ← *paronychium*〗

Pàn-Ásianism *n.* 汎(はん)アジア主義《アジアのすべての国の政治的結合を目指す運動・政策》. 〖1930〗

Pàn-Ásianist *n.* 汎アジア主義者.

pan·a·tel·a /pæ̀nətélə/ *n.* (*also* **pan·a·tel·la** /～/) (両端が細く尖った)細巻きの葉巻. 〖(1847)□ Am.-Sp. ～ 'long thin biscuit' □ It. *panatella* ← *panata* 'PANADA'〗

pan·átheism *n.* 汎(はん)無神論《神が存在しないのだから神聖と呼べるものは存在しないとする》.

Pan·ath·e·nae·a /pænæ̀θəníːə | -θɪ̀-/ *n.* [the ～] パンアテナイア祭《古代アテネの Athene 女神の祭; 年 1 回の例祭(4 年目ごとには大祭)で, アクロポリスへ行列し, 神に生けにえを捧げ, 各種競技[競演]が行われた》. 〖(1603)□ L ～ □ Gk *Panathḗnaia* (*hierá*) (原義) all Athenian solemnities ← *Athḗnē* Athene: ⇨ pan-〗

Pan·ath·e·na·ic, p- /pænæ̀θənéɪɪk | -θɪ̀-⌐/ *adj.* パンアテナイア祭の[に関する]. 〖(1603)□ L *Panathēnāicus* □ Gk *Panathēnaikós* ← *Panathḗnaia* (↑): ⇨ -ic¹〗

Pa·na·trope /pǽnətròʊp | -trə̀ʊp/ *n.* 〖商標〗パナトロープ《強力なアンプのついたレコードプレーヤー》.

Pa·nay /pənáɪ/ *n.* パナイ(島)《フィリピン中央部の一島; 面積 11,515 km², 中心都市 Iloilo》.

Pàn-Británnic *n.* 全英自治領の[に関する]. 〖1709〗

pán·bròil *vt.* (油をあまり使わずに, ふたをせず強火ですばやく)フライパンなどで焼く. 〖(1950) ← PAN¹＋BROIL²〗

pan·cake /pǽnkèɪk, pǽŋ-/ *n.* **1 a** パンケーキ《粉を使った生地を, 平たく丸く焼いたもの; 厚さはさまざま; 時には中身を入れて巻いたものをもいう; cf. griddle cake》: (as) flat as a ～ 《口語》平べったい. **b** 《スコット》=drop scone. **2** 〖航空〗平落ち着陸《着陸のとき失速して水平に[機尾から]落下すること; pancake landing ともいう》. **3** 〖海洋〗=pancake ice. **4** =pancake makeup. — *vt., vi.* 〖航空〗平落ち着陸させる[する]. 〖(*a*1400) ← PAN¹＋CAKE: cf. MLG *pannekōke* (Du. *pannekoek*)〗

Pan-Cake /pǽnkeɪk, pǽŋ-/ *n.* 〖商標〗パンケーキ《固形おしろいの一種の商品名》: ⇨ pancake makeup. 〖↑〗

páncake còil *n.* 〖電気〗平形コイル. 〖1910〗

Páncake Dày [Túesday] *n.* 懺悔(ざんげ)火曜日 (Shrove Tuesday). 〖(*a*1825) もとこの日に pancake を食べたことから〗

páncake ìce *n.* 〖海洋〗蓮(はす)葉氷《極地方で, 新しく凍った氷で 30 cm–2 m 位のパンケーキ状になったもの; 単に pancake ともいう》. 〖1817〗

páncake lànding *n.* 〖航空〗=pancake 2. 〖1928〗

páncake mákeup *n.* 《米》パンケーキ化粧品《通例, スポンジを用いて使う固形おしろいの一種》. 〖1940〗

Páncake Ráce *n.* パンケーキレース《英国 Buckinghamshire の Olney で毎年 Shrove Tuesday に主婦が行うレース; フライパンでパンケーキを投げながら走る》. 〖1951〗

páncake ròll *n.* 《英》〖料理〗春巻き (spring roll). 〖1967〗

Páncake Túesday *n.* =Pancake Day.

pan·cet·ta /pæntʃétə, -sétə | -tə; *It.* pantʃétta/ *n.* 〖料理〗パンチェッタ《イタリア料理に多く用いられる燻製でない[生の]ベーコン》. 〖(1954)□ It. ～ (dim.) ← *pancia* belly〗

Pan·chai·a /pɑːntʃáːə/ *n.* 〖天文〗パンカイア《火星の北半球にあり, 望遠鏡で見ると暗く見える部分》. 〖Euhemerus が紅海沖洋上にあるとした空想の島: ローマの詩人たちは, アラビアの一部と考え, 没薬・乳香を産する地と記された〗

pan·chax /pǽnkæks, -tʃæks/ *n.* 〖魚類〗パンチャックス《南アジア産 *Aplocheilus* 属の卵生メダカで観賞用小形熱帯魚》. 〖(1961) ← NL *Panchax* (旧属名)〗

pan·cha·yet /pʌntʃɑ́ːjət, -tʃáɪət | pʌntʃáɪət, pæn-, pən-, -tʃɑ́ːjət/ *n.* (*also* **pan·cha·yat** /～/) 《インド》伝統的な村会《5 名またはそれ以上から成る》. 〖(1805)□ Hindi *pañcāyat* ← Skt *pañca* five〗

Pán·chen Láma /pɑ́ːntʃən-/ *n.* パンチェンラマ《班禅喇嘛》《Dalai Lama に次ぐ地位で, ラマ教の副教主; Tashi [Teshu] Lama ともいう》. 〖(1794) *Panchen*: □ Tib. ～ 《略》← *pandi-tachen-po*: cf. Pundit〗

pan·chet·to /pæŋkétoʊ | -təʊ; *It.* pankétto/ *n.* (*pl.* ～**s**, *It.* **-chet·ti** /-tiː; *It.* -ti/) パンケット《3 本の外開きの脚と扇型の背板を座板にとりつけたイタリアルネサンス期の小椅子》. 〖□ It. ～ 'stool'〗

pan·chres·ton /pænkréstən/ *n.* あらゆる場合に当てはめ[役立て]ようとする説明[提案]. 〖(1632)□ Gk *pagkhrēston* (neut.) panacea, good for all (work)〗

pàn·chromátic *adj.* 〖写真〗〈フィルムなど〉全整色の, 全色の, パンクロの《可視光の全色に感光する; cf. orthochromatic》: a ～ film パンクロフィルム / a ～ plate 全整色乾板. 〖(1903) ← PAN-＋CHROMATIC〗

pàn·chrómatism *n.* 全整色(性), パンクロ.

pán convèyor *n.* 〖機械〗パンコンベヤー《連続した鎖に, 順次重なり合うように一連の板をつけたコンベヤー》.

pàn·cósmism *n.* 〖哲学〗物質宇宙説, 汎(はん)宇宙論《物質的構成をもつ宇宙が実在のすべてであるとする説》. **pàn·cósmist** *n.* 〖1865〗

pancratia *n.* pancratium の複数形.

pan·cra·ti·ast /pænkréɪʃiæ̀st/ *n.* (古代ギリシャの)パンクラシオン (pancratium) 競技者. 〖(1603) ← L *pancratiastēs* □ Gk *pagkratiastḗs*: cf. pancratium〗

pan·crat·ic /pænkrǽtɪk | -tɪk/ *adj.* **1** パンクラシオン (pancratium) の. **2** 〖光学〗〈レンズ系が〉多種類の度[焦点距離, 倍率]をもつ, 可変焦点距離の; 〈顕微鏡の接眼レンズが〉倍率が自由に調節できる (cf. zoom lens). 〖(1660) 1: ← PANCRATIUM＋-IC¹. 2: ← PAN-＋Gk *krátos* strength＋-IC¹〗

pan·cra·tist /pǽnkrətɪ̀st | -tɪst/ *n.* =pancratiast.

pan·cra·ti·um /pænkréɪʃiəm/ *n.* (*pl.* **-ti·a** /-ʃiə/) パンクラシオン《ボクシングとレスリングを兼ねたような古代ギリシャの格闘技》. 〖(1603)□ L ～ □ Gk *pagkrátion* ← PAN-＋*krátos* strength＋-*ion* (neut. adj. suf.): ⇨ -ium〗

pan·cre·as /pǽŋkriəs | -riəs, -riæ̀s/ *n.* 〖解剖〗膵(すい)(臓) (⇨ digestive 挿絵). 〖(1578) ← NL ～ ← Gk *págkreas* ← PAN-＋*kréas* flesh〗

pan·cre·at- /pǽŋkriət | pæŋkriət/ (母音の前にくるときの) pancreato- の異形.

pan·cre·a·tec·to·mize /pæ̀ŋkriətéktəmàɪz/ *vt.* 〖外科〗…の膵(すい)切除を行う. **pàn·cre·a·téc·to·mìzed** *adj.* 〖1960〗

pan·cre·a·tec·to·my /pæ̀ŋkriətéktəmi/ *n.* 〖外科〗膵切除(術). 〖(1900) ← PANCREATO-＋-ECTOMY〗

pan·cre·at·ic /pæ̀ŋkriǽtɪk | -tɪk⌐/ *adj.* 膵臓の. 〖1665–66〗

pancreátic fibrósis *n.* 〖病理〗膵(臓)繊維症.

pancreátic júice *n.* 〖解剖〗膵液. 〖1665–66〗

pan·cre·a·tin /pǽŋkriətṇ, pæŋkríːə- | -tɪn/ *n.* 〖生化学〗パンクレアチン, 膵液素《動物の膵臓中の酵素でつくった一種の消化剤》. 〖(*c*1860) ← PANCREATO-＋-IN²〗

pan·cre·a·ti·tis /pæ̀ŋkriətáɪtɪs | -tɪs/ *n.* (*pl.* **-a·tit·i·des** /-tɪ́tədìːz | -tɪ́tɪ-/) 〖病理〗膵(臓)炎. 〖(1842): ⇨ ↓, -itis〗

pan·cre·a·to- /pǽŋkriətoʊ | -tə(ʊ)/「膵臓」の意の連結形. ★ 母音の前では通例 pancreat- になる. 〖← Gk *págkreas* 'PANCREAS': ⇨ -o-〗

pan·cre·a·tot·o·my /pæ̀ŋkriətɑ́(ː)təmi | -tɔ́t-/ *n.* 〖外科〗膵切開(術). 〖⇨ ↑, -tomy〗

pan·cre·o·zy·min /pæ̀ŋkriouzáɪmɪn | -kriə(ʊ)-záɪmɪn/ *n.* 〖生理〗パンクレオチミン《膵臓の外分泌を促進させる十二指腸粘膜内のホルモン》. 〖(1943) ← *pancreo-* (← PANCREAS)＋ZYM(E)＋-IN²〗

pan·cu·ró·ni·um /pæ̀nkjuróuniəm | -rə́ʊ-/ *n.* 〖薬学〗(臭化)パンクロニウム《骨格筋弛緩剤》. 〖(1967) ← ? *pan-* (← ?)＋CUR(ARE)＋-ONIUM〗

pàn·cytopénia *n.* 〖病理〗汎血球減少(症). 〖(*c*1941) ← NL ～: ⇨ pan-, cytopenia〗

pan·da¹ /pǽndə/ *n.* **1** 〖動物〗 **a** ショウパンダ, (レッサー)パンダ (*Ailurus fulgens*)《ヒマラヤおよびネパールにすむネコよりやや大きいアライグマ科の動物; 長い栗毛とふさふさした尾をもつ; lesser [red] panda, bearcat, catbear ともいう》. **b** オオパンダ, (ジャイアント)パンダ (*Ailuropoda melanoleuca*)《中国西部およびチベットにすむアライグマ科の動物; 1936 年以前には捕獲されたことが少なく, あまり知られなかった; giant panda ともいう》. **2** 《英口語》=panda car. 〖(1835)□ F ～ ← Nepali (現地語)〗

pan·da² /pʌ́ndə/ *n.* 〖ヒンズー教〗パンダー《聖地巡礼の案内を職とするバラモン》. 〖Hindi *paṇḍā* ← Skt *paṇḍita* learned, wise〗

pánda càr *n.* 《英》パトロールカー《車体の白黒の配色がオオパンダに似ていることから; 単に panda ともいう》. 〖1967〗

pánda cróssing *n.* 《英》押しボタン式横断歩道. 〖(1962) 道路に塗った白い縞とパンダの毛色との連想から: cf. pelican crossing〗

pan·dal /pǽndḷ/ *n.* 《インド》(集会・ヒンズー教儀式のための)仮家屋, 大型テント. 〖(1717)□ Tamil *pendal* shed〗

Pan·da·na·ce·ae /pæ̀ndənéɪsiìː/ *n. pl.* 〖植物〗(タコノキ目)タコノキ科. **pàn·da·ná·ceous** /-ʃəs⌐/ *adj.* 〖← NL ～: ⇨ pandanus, -aceae〗

pan·da·nus /pændéɪnəs, -dǽn-/ *n.* **1** 〖植物〗タコノキ《タコノキ属 (*Pandanus*) の植物の総称; screw pine ともいう》. **2** タコノキの葉の繊維《むしろなどを編む》. 〖(1830) ← NL ～ ← Malay *pandan*〗

Pan·dar·e·us /pændέəriəs | -déər-/ *n.* 〖ギリシャ神話〗パンダレオース《Merope の子; ゼウス神殿の「黄金の番犬」を盗み Zeus により岩にされた》. 〖□ Gk *Pandáreōs*〗

Pan·da·rus /pǽndərəs/ *n.* パンダロス: **1** 〖ギリシャ神話〗(トロイ戦争で) Lycia 人の首領でトロイ援助に行った弓の名手. **2** (Chaucer および Shakespeare では) Cressida を Troilus に取り持った男 (cf. pander). 〖□ L ～ □ Gk *Pándaros*〗

P & E 《略》plant and equipment.

Pan·de·an /pændíːən, pǽndiən | pændíːən/ *adj.* 牧神パーン (Pan) の(ような). 〖(1807) ← PAN＋-EAN: *-d-* は音便上の挿入〗

Pandéan pípe *n.* =panpipe.

pan·dect /pǽndɛkt/ *n.* **1** 〖ローマ法〗[the Pandects] 学説彙纂 (the Digest)《ローマ法大全 (Corpus Juris Civilis) の主要部分; ローマ皇帝ユスティニアヌス一世の命令で 533 年に完成; 学説法を統一したもので 50 巻から成り, 40 人の法学者の学説を採録した》. **2** [*pl.*] 法典, 法規全集. **3** 総論, 総覧. 〖(1531)□ LL *Pandectes* the Digest, (L) book that contains everything □ Gk *pandéktēs* all-receiver ← PAN-＋*dékhesthai* to receive: cf. decent〗

pan·de·mi·a /pændíːmiə/ *n.* [時に P-] =pandemic. 〖(1853) ← NL ～ ← Gk *pandēmía* the whole people: ⇨ pandemic, -ia¹〗

pan·de·mi·an /pændíːmiən/ *adj.* =pandemic 4.

pan·dem·ic /pændɛ́mɪk/ *n.* 全国[世界]的流行病, 汎(発)流行病 (pandemic disease). — *adj.* **1** 〈伝染病が〉全国[世界]的に広がる (cf. epidemic) (↔ endemic). **2** 〈病気が〉汎流行の; 流行性の. **3** 一般的に, 普遍的な. **4** [通例 P-] 〈愛情が〉肉感[肉欲]的な, 情欲的な. 〖(1666) ← LL *pandēmus* □ Gk *pándēmos* public, common ← PAN-＋*dêmos* people: ⇨ -ic¹〗

pan·de·mo·ni·um /pæ̀ndəmóʊniəm | -dɪ̀mə́ʊ-/ *n.* **1** 大混乱の場所, 修羅(しゅら)場; 大混乱. **2** [P-] **a** (全部の悪魔がすむといわれる)伏魔(ふくま)殿, 万魔殿 (cf. Milton, *Paradise Lost* 1. 756). **b** 地獄 (hell); 悪の巣. 〖(1667) ← PAN-＋DEMON¹＋-IUM: Milton の造語〗

pan·der /pǽndə | -də(r)/ *vi.* **1** 〔人に〕迎合する, 〔欲望を〕満たす〔*to*〕: The magazine ～*s to* the public interest in crime. その雑誌は犯罪に興味をもつ大衆におもねる記事ばかり載せている. **2** 〔人に〕(売春・悪事などの)仲介をする, 助けをする〔*to*〕. — *vt.* 《古》〈売春・悪事などを〉取り持つ, 仲介する. — *n.* **1** ポン引き, 女衒(ぜげん), 売春業者; 女郎屋の主人 (pimp). **2** 悪事に力を貸す人; 弱味につけ込む人. **～·er** /-dərə | -rə(r)/ *n.* 〖n.: (1530) (変形) ← (古) *pandar* ＜ ME *Pandare* 'PANDARUS'. — v.: (1600) ← (n.): cf. Shak., *Troilus* 3. 2. 210〗

P & G 《略》Procter & Gamble.

pàn·dialéctal *adj.* 〖言語〗汎方言的な.

pan·dic·u·la·tion /pændìkjʊléɪʃən/ *n.* (目覚めたときなどの)手足の伸張動作, 伸び. 〘(1611) ◻ F ～ ← L *pandiculātus* (p.p.) ← *pandiculārī* to stretch oneself ← *pandere* to stretch: ⇨ -ation〙

Pan·di·on /pændáɪɑ(:)n | -ɔn/ *n.* 〖ギリシャ神話〗 パンディオン: **1** Phineus と Cleopatra の子; 継母の讒訴(ざんそ)によって盲目となる. **2** Athens の伝説上の王; Erechtheus, Procne, Philomela などの父. 〘◻ Gk *Pandíōn*〙

pan·dit /pǽndɪ̀t, pʌ́n- | -dɪt; *Hindi* pəndɪt/ *n.* **1 a** (梵(ぼん)語・哲学・宗教・法学に通じたヒンズー教徒の)学者; 教師. **b** [P-] …先生, …師 (名誉称号). **2** =pundit 2. 〘(c1828) ◻ Hindi *paṇḍit* ← Skt *paṇḍita* learned〙

Pan·dit /pʌ́ndɪt | -dɪt; *Hindi* pəndɪt/, Madame **Vi·ja·ya**/vɪ̀ʤáɪə, -ʤɑ́:jə | vɪʤɑ́:jə/ **Lak·shmi** /lɑ́:kʃmi/ *n.* パンディット (1900–90; インドの政治家・外交官; 国連総会議長 (1953–54); Jawaharlal Nehru の妹).

P and L, P & L, p and l (略)〖会計〗 profit and loss.

P & O (略) Peninsular and Oriental (Steam Navigation Company, Limited). 〘1863〙

pan·door /pǽndʊə | -dʊə^r/ *n.* =pandour.

pan·do·ra /pændɔ́:rə/ *n.* **1** =bandore. **2** 〖魚類〗 ニシキダイ (*Pagellus erythrinus*) (欧州産のタイ科の魚). 〘(1597) ◻ It. ～, *pandura* ◻ LL *pandūra* ◻ Gk *pandoûra* three-stringed musical instrument〙

Pan·do·ra /pændɔ́:rə/ *n.* パンドラ: **1** 女性名. **2** 〖ギリシャ神話〗 人類最初の女性で Epimetheus の妻; Prometheus が天の火を盗んで人間に与えた罰として, Zeus はすべての悪を封入したパンドラの箱 (Pandora's box) を彼女に与え, 地上で結婚する時の贈り物にするよう命じた; 彼女の夫がこれを開けると, 中から人類の諸悪が逃げ出て世上に広がり, 希望だけが底に残ったという. 〘(1579) ◻ L ～ ◻ Gk *Pandṓra* (原義) all-gifted ← PAN-+*dôron* gift〙

Pan·do·rae Fre·tum /pændɔ́:ri:frí:təm | -fríːt-/ *n.* 〖天文〗 パンドラ海峡 (火星の南半球にある一地域).

Pandóra's bóx *n.* **1** 〖ギリシャ神話〗 パンドラの箱 (⇨ Pandora 2). **2** (一見貴重そうに見える)呪われた贈物; 不測の難儀を生み出すもの, 災いの元. 〘1579〙

pandóra shèll *n.* **1** 〖貝類〗 ネリガイ (ネリガイ属 (*Pandora*) またはネリガイ科の貝の総称; 単に pandora ともいう). **2** ネリガイの貝殻(かい).

pan·dore /pǽndɔə, ˌ⸗⸗ | pǽndɔ:^r, ˌ⸗⸗/ *n.* **1** =bandore. **2** [P-]=Pandora 2. 〘(1612) ◻ F ～ ◻ LL *pandūra* 'PANDORA'〙

pan·dour /pǽndʊə | -dʊə^r/ *n.* **1** パンズール兵 (18 世紀に徴集された Croatia, Slavonia 貴族から成る歩兵で, 後オーストリアの連隊に編入; 残忍と無規律で有名). **2** 残忍な兵士, 略奪兵. 〘(1747) ◻ F ～ ∥ G *Pandur* ◻ Serbo-Croat. *pàndūr* constable, infantryman ◻ ML *banderius* 'one who fights under a BANNER'〙

pan·dow·dy /pændáʊdi | -di/ *n.* 〖米〗 パンダウディ (薄切りのりんごに, 香辛料・バター・糖蜜(とうみつ)かシロップを加え, 上にスポンジ生地を流して焼いたプディング; apple pandowdy ともいう). 〘(1805) 〖変形〗 ? ← (廃・英方言) *pandoulde* custard: ⇨ pan¹〙

p & p, p and p (略)〖英〗 postage and packing.

P & S (略)〖証券〗 purchases and sales 証券の買い付けと売却.

pan·du·ra /pændú^ərə, -djú^ərə | -djúərə/ *n.* パンドゥーラ (古代西洋のリュート (lute) 系弦楽器). 〘(1597) (◻ It. *pandora* ∥ F *pandore*) ◻ L *pandūra* ◻ Gk. *pandoûra*〙

pan·du·rate /pǽndjʊrɪ̀t, -djʊ-,- rèɪt | -djʊ-/ *adj.* 〖植物〗 (葉などバイオリン形の, 軍配形の. 〘(1775) ← LL *pandūr(a)* 'PANDURA'+-ATE²〙

pan·du·ri·form /pændjú^ərəfɔ̀əm, -djú^ər- | -djúərɪ̀fɔ:m/ *adj.* 〖植物〗 =pandurate. 〘← NL *panduriformis*: ⇨ ↑, -iform〙

pan·dy /pǽndi/ (主にスコット) *vt.* (学校で罰としてつえや皮むちなどで)〈人〉の手のひらを打つ. — *n.* (学校での罰に)手のひらを打つこと. 〘(1805) ← ? L *pande* Hold out (your hand) (imper. sing.) ← *pandere* to open, stretch out〙

Pan·dy /pǽndi/ *n.* 〖口語〗 (インド暴動 (1857–59) 当時の)暴徒 (⇨ Indian Mutiny). 〘(1857) ← Bengali *Pāndē* (Bengal によくある姓)〙

pane¹ /péɪn/ *n.* **1** (ガラス窓に入れた)板ガラス, 窓ガラス (1 枚): *a* ～ *of* glass 窓ガラス 1 枚. **2** (天井・戸・羽目板などに使う)鏡板 (panel). **3** (市松模様の)一区画; (碁盤の)目; (ダイヤモンド・ボルトの止め金・ナットなどの)面. **4** (ガラス 1 枚分の)窓仕切り; (障子・格子などの)枠. **5** 〖これらは窓ガラス 1 枚分に似ていることから〗〖郵趣〗 ペーン: **a** 切手シート (200 面とか 400 面で印刷され, それが郵便局の窓口に出されるとき 50 面と 100 面に切られたもの; このとき切手の印刷されていない gutter 部を切る). **b** 切手帳 (stamp booklet) の 1 ページ分 (表紙を除いた 1 リーフのこと; ブックレットペーン (booklet pane) ともいう). **6 a** (衣服などに用いる寄布細工の)小切れ. **b** [通例 *pl.*] (特に, 16 世紀の衣服の)スリット (色の違う裏打ち布を見せるために作られた). — *vt.* 〈窓〉に窓ガラスをはめる. 〘(c1250) *pan(e)* piece of cloth, section, pane ◻ (O)F *pan* < L *pannum* piece of cloth ← IE **pan-* fabric〙

pane² /péɪn/ *n.*, *vt.* =peen. 〘(変形) ?〙

pa·né /pɑ:néɪ/ *F.* pane/ *adj.* (食物に)パン粉[くず]をつけた[まぶした]. 〘◻ F ～〙

paned /péɪnd⁻/ *adj.* **1** (特に, 色の違った)寄せきれで作った. **2** [通例複合語の第 2 構成素として] …の窓ガラスをはめた: a six-*paned* window 6 枚ガラスの窓. 〘1555〙

pa·neer /pəníə | -níə^r/ *n.* パニール (インド・パキスタンなどで造られるコテージチーズ). 〘◻ Hindi *panīr* ◻ Pers.〙

pan·e·gyr·ic /pæ̀nəʤírɪk, -ʤáɪr- | -nɪ̀ʤír-⁻/ *n.* **1** (公式な場での)称賛の演説[文], 賛辞 (*on, upon*). **2** (正式[公式]な)称賛, 推賞 (*on, upon*). — *adj.* **1** 賛辞の. **2** 称賛的な. **pàn·e·gýr·i·cal** /-rɪ̀kəl, -kl | -rɪ-⁻/ *adj.* **pàn·e·gýr·i·cal·ly** *adv.* 〘(1603) ◻ F *panégyrique* ◻ L *panēgyricus* public eulogy (形容詞の名詞用法) ◻ Gk *panēgurikós* of public assembly ← PAN-+*agorā́* assembly〙

pan·e·gyr·ist /pæ̀nəʤírɪ̀st, -ʤáɪr- | pæ̀nɪ̀ʤírɪst, ˌ⸗⸗⸗⸗/ *n.* 称賛の演説[文]の起草者; 賛辞を述べる人, 称賛者 (eulogist). 〘(1605) ◻ LL *panēgyrista* ◻ Gk *panēguristḗs*: ⇨ ↓, -ist〙

pan·e·gy·rize /pǽnəʤəràɪz | -nɪ̀ʤɪ̀-/ *vt.* (称賛文を書いてまたは称賛演説をして)称賛する, 称揚する (eulogize), …に賛辞を述べる. — *vi.* 称賛文を書く, 称賛演説をする. 〘(1617) ◻ Gk *panēgurízein* ← *panḗguris* public festival: ⇨ -ize〙

pan·el /pǽnl/ *n.* **1 a** パネル (compartment) (壁・天井・窓などの一仕切り, 区画). **b** (羽目板の)鏡板, 入り子, 壁板. **c** 平板状に作った(合板などの)大形の板 (panelboard). **d** (窓)枠. **2** 〖絵画〗 **a** (カンバス代用の)画板. **b** (壁面などに対して)画板に描いた絵, パネル画, (長)四角の画. **c** (漫画の)こま. **3 a** パネル貼り写真 (panel photograph ともいう). **b** 〖写真〗 パネル(版) (長方形の写真; 約 8.5×4 インチ). **c** パネル (写真印画を貼る板). **4 a** 羊皮紙の一片 (昔, 名簿などに用いた). **b** 登録簿. **5 a** パネル (計器類を取り付ける盤). **b** 電話交換台の盤. **c** 〖電気〗 配電盤の一区画. **6** パネル (スカートなど衣服のデザインに使う縦にはぎ合わせる布きれ). **7** 〖製本〗 (書籍の表紙または背の)パネル. **8** 〖航空〗 **a** パネル (飛行機の翼, 胴体の外板や隔壁などの構造の一部). **b** 硬式飛行船の船体の一部. **c** (地面に広げる)信号用カンバス. **d** 機体の枠間. **9** 〖建築〗 トラスの同じ弦材上のとなり合う二節点間の部分. **10** (垣の)横木 (fence rail). **11 a** 鞍敷き, 鞍褥, 鞍下あて (saddle cloth). **b** 〖古〗 鞍代わりに用いる座ぶとん (pad). **12** [集合的; 単数・複数扱い] (討論会・座談会・相談会などに予定された)講師団, (コンテストなどの)審査委員団, (特定問題の)研究班; その名簿[顔ぶれ] (list); その討論 (⇨ panel discussion): an eight-man ～ 8 人委員会 / a ～ of educators 教育者の一団[委員会] / a ～ of consultants 諮問委員会. **13** 〖ラジオ・テレビ〗 (クイズ番組などの)解答者の顔ぶれ (普通 3–4 人からなる). **14** 〖法律〗 陪審員の名簿[顔ぶれ]; [集合的; 単数・複数扱い] (陪審員の構成する)陪審総員 (jury). **15** 〖英〗 (かつて, 国民保険法の規定によって登録された)健康保険医名簿: a ～ doctor (名簿に登録されている)健康保険医 / a ～ patient 国民保険患者. **16** 〖スコット法〗 在廷(刑事)被告人. **17** 〖経営〗 **a** パネル調査 (同じ回答者に対し定期的・継続的に特定の調査を行い, 消費者や商品の動きを確かめるマーケティング調査の一方法). **b** パネル (パネル調査の対象として選定される消費者, 卸売・小売商などの固定した標本の集団). **18** 〖鉱山〗 (採炭・採鉱のため平板状に仕切られた)採炭・採掘区画 (cf. panelwork 2). **19** =panel truck.

on the pánel (1) 討論者団[審査員団, (クイズ番組の)解答者団]に参加して. (2) 〖英〗 健康保険医名簿に登録されて: *go* [*be*] *on the* ～ 健康保険医の診察を受ける[受けている].

— *vt.* (pan·eled, -elled; -el·ing, -el·ling) **1** 〈壁・天井など〉に鏡板をはめる[で飾る]; 〈鏡板などを〉枠にはめる (set in a frame): ～ a room / a ～(*l*)*ed* door 鏡板を入れたドア, 唐戸(からど). **2** 〈衣服など〉にパネルを入れる. **3** 〈馬〉に鞍敷きを当てる. **4** 〈陪審員を〉選定する (cf. impanel 2). **5** 〖スコット法〗 起訴する (indict). 〘(a1325) ◻ OF ～ (F *panneau*) < VL **pannellum*=L *pannulus* (dim.) ← *pannus* 'PANE¹': ⇨ -el¹〙

pa·ne·la /pənéɪlə; *Am.Sp.* panéla/ *n.* パネラ (中南米の甘蔗の粗糖). 〘◻ Am.-Sp. ～ ← Sp. *pan* loaf; bread < L *pānem*〙

pánel-bèater *n.* (自動車の)板金工. 〘1908〙

pánel-bòard *n.* **1** 羽目板; (羽目板の)鏡板, 入子板; パネル材 (合板・パネル板紙など). **2** 〖電気〗 配電盤 (distribution board ともいう). 〘1932〙

pánel còde *n.* 〖通信〗 パネル符号 (地上と航空機の間で視覚による通信をするために定められた符号).

pánel discùssion *n.* パネルディスカッション, 公開討論会 (予定された議題についてあらかじめ選ばれた数人の代表者[専門家]が聴衆の面前で行う討論形式; 人々の間に関心を喚起し多くの意見を紹介する目的で行う; 単に panel ともいう; cf. symposium 1 a). 〘1936〙

pánel dòor *n.* パネルドア, 框戸(かまちど) (枠をもった羽目板張りのドア; cf. flush door).

pane·less *adj.* 〈窓など〉ガラスのない[入ってない]. 〘a1763〙

pánel gàme *n.* **1** 〖テレビ・ラジオ〗 レギュラー出演者で放送するクイズ番組. **2** 〖米〗 売春宿 (panel house) での盗み. 〘1844〙

pánel hèating *n.* 〖建築〗 パネルヒーティング, 輻射暖房 (床・壁・天井・羽目板などを熱気管・電熱線などで裏面から暖め, その輻射によって暖房するようにしたもの; radiant heating ともいう). 〘1928〙

pánel hòuse *n.* 〖米〗 (客の所持品を盗むために羽目板の一部が開く)売春宿. 〘1848〙

pán·el·ing /-nlɪŋ/ *n.* **1** [集合的] 鏡板, 羽目板 (panels). **2** 羽目板[鏡板]張り (panelwork). **3** 鏡板[羽目板]をはめること, 羽目張り. 〘1824〙

pan·el·ist /pǽnlɪ̀st | -lɪst/ *n.* **1** パネルディスカッション出場[参加]者. **2** 〖ラジオ・テレビ〗 (クイズ番組などの)解答者, 出場者. **3** (商品テストなどの)回答者. 〘1937〙

pan·el·ized /pǽnlàɪzd/ *adj.* パネル化した: ～ housing プレハブ建築[工法].

pánel lèngth *n.* 〖建築〗 パネル長さ, 格間長 (トラスで弦材の上のとなり合う節点間の距離).

pánel lìghting *n.* 〖照明〗 パネル照明 (エレクトロルミネセンスなどを用いた面照明).

pan·el·ling /pǽnlɪŋ/ *n.* =paneling.

pan·el·list /pǽnlɪ̀st | -lɪst-/ *n.* =panelist.

pan·el·ol·o·gy /pæ̀nəlɑ́(:)ləʤi, -nl- | -lɔ́l-, -nl-/ *n.* 漫画本蒐集学 (panel はこま漫画).

pánel phòtograph *n.* 〖写真〗 パネル貼り写真 (panel ともいう).

pánel pìn *n.* パネルピン (指物業で用いられる細長い丸釘). 〘1951〙

pánel pòint *n.* 〖建築〗 節点, 格点 (トラス (truss) の部材の垂直材・斜材などの接合点).

pánel pòll *n.* (特定の集団に対して継続的に行う) 世論調査.

pánel sàw *n.* 〖木工〗 (目の細かい)横引きのこ. 〘1754〙

pánel shòw *n.* 〖ラジオ・テレビ〗 (レギュラー出演者が解答する)クイズ番組, クイズショー. 〘1954〙

pánel strìp *n.* 〖建築〗 目板, 羽目板 (板の継ぎ目を覆う幅の狭い板).

pánel thìef *n.* 〖米〗 売春宿 (panel house) で盗みを働く者. 〘1844〙

pánel trùck *n.* 〖米〗 (小荷物の運搬に使用する小型の有蓋)パネルトラック, ライトバン (〖英〗 delivery van). 〘1937〙

pánel vàn *n.* 〖豪〗 小型ライトバン. 〘a1904〙

pánel wàll *n.* **1** 〖鉱山〗 二つの採鉱区画の間の岩壁. **2** 〖建築〗 仕切り壁 (荷重を支持しない). 〘1839〙

pánel·wòrk *n.* **1** 羽目板[鏡板]張り. **2** 〖鉱山〗 仕切り作業, 採掘区画内における作業 (cf. panel *n.* 18). 〘1874〙

pa·nem et cir·cen·ses /pɑ́:nɛmɛtkɪəkéɪnseɪs | -kɪə-/ *L.* パンとサーカスを; 食物と遊戯を (⇨ 巻末). 〘1787〙

pàn·encephalítis *n.* 〖医学〗 全脳炎. 〘(1950): ⇨ pan-〙

pan·en·the·ism /pænénθiɪ̀zm/ *n.* 〖哲学〗 万有在神論 (万物は絶対者としての神の心の中に存在するとする説; cf. pantheism). 〘(1874) ◻ G *Panentheismus* ← PAN-+Gk *en* in+THEO-+-ISM〙

pan·e·tel·a /pæ̀nətélə | -nɪ-/ *n.* (*also* **pan·e·tel·la** /～/) =panatela. 〘(1906) ◻ Sp. ～〙

pan·e·tière /pæ̀nətjéə | -nɪ̀tjéə^r; *F.* panətjɛ:ʁ/ *F. n.* (*pl.* ～**s** /～z; *F* ～/) (フランスの地方の装飾的な)パン類[食料]貯蔵箱[戸棚]. 〘◻ F ～ < OF *panetiere* ← *paneterie* bread room, pantry+-*iere* (fem.) (← -*ier* '-ER¹')〙

pan·et·to·ne /pɑ̀:nɪ̀tóʊni | -tɔ́ʊn-; *It.* panettó:ne/ *n.* (*pl.* ～**s**, *It.* **-ni** /-ni; *It.* -ni/) パネットーネ (果物の砂糖漬けや干しぶどうなどを入れたイタリアのケーキのようなパン; クリスマスや祭日に食べる). 〘(1922) ◻ It. ～ ← *panetto* (dim.) ← *pane* bread < L *pānem*〙

Pàn-Européan *adj.* 汎(はん)ヨーロッパの, 全ヨーロッパ的な. 〘1901〙

pán-fìred téa *n.* 焙(ほう)じ茶 (輸出用の日本の緑茶).

pán·fìsh *n.* パンフィッシュ (フライパンに入るくらいの淡水産食用小魚; サンフィッシュ科の sunfish, bluegill など). 〘1805〙

pán·frỳ *vt., vi.* 〖米〗 フライパンで(少量の油で)いためる (sauté). 〘1929〙

pan·ful /pǽnfʊ̀l/ *n.* 鍋(なべ)[皿]一杯(分): a ～ *of* stew. 〘1864〙

pang /pǽŋ/ *n.* **1** (突然の)劇痛, 差し込み, うずき (⇨ pain SYN): the ～*s* of toothache きりきりする歯の痛み / the ～*s* of death 死[断末魔]の苦しみ. **2** (刺すような)心の苦しみ, 煩悶; 悲痛, 傷心, 痛恨; 渇望, 憧憬 (longing): the ～*s* of conscience, regret, remorse, etc. / This book will stay their ～. この本はいつまでも彼らの憧れの書となるであろう. — *vt., vi.* 苦しませる, 苦しむ, 痛む: My stomach ～*ed with* hunger. 〘(1526) 〖変形〗 ← ? ME *prange, pronge* sharp pain〙

pan·ga¹ /pɑ́:ŋgə | pǽŋ-; *Swahili* páŋga/ *n.* (アフリカ先住民の用いる)大なた, パンガ刀 (武器または密林のやぶ・バナナなどを切る道具として使用する). 〘(1925) ◻ Afr. ～〙

pan·ga² /pɑ́:ŋgə | pǽŋ-/ *n.* 〖魚類〗 パンガ (*Pterogymnus laniarius*) (アフリカ南部のタイ科の食用小魚). 〘(1925) ← Swahili〙

Pan·gae·a /pænʤí:ə/ *n.* (*also* **Pan·ge·a** /～/) 〖地質〗 パンゲア, 汎(大)陸 (三畳紀(約 2 億年前)以前に地球上の全陸地が一塊になっていた仮想大陸). 〘(1924) ← PAN-+Gk *gaîa* earth, land: ドイツの地質学者 A. L. Wegener の造語〙

pan·gen·e·sis /pænʤénəsɪ̀s | -nɪ̀sɪs/ *n.* 〖生物〗 パンゲン説, 汎(はん)生説 (遺伝に関する Darwin の仮説; 体細胞には自己増殖性の粒子があり, これが血管などにより生殖細胞に集まって子孫に伝えられるという; cf. blastogenesis 2).

pan·ge·net·ic /pæ̀nʤənétɪk | -ʤɪ̀nét-, -ʤe-⁻/ *adj.* **pàn·ge·nét·i·cal·ly** *adv.* 〘(1868) ← NL ～: ⇨ pan-, -genesis〙

Pàn-Gérman *adj.* 全ドイツ人の; 全ドイツ[汎(はん)ゲルマン]主義の: the ～ League 全ドイツ連盟 (ドイツの右翼国粋主義団体; 1891–1939). — *n.* 全ドイツ[汎ゲルマン]主義者. 〘1892〙

Pàn-Germánic *adj.* =Pan-German.

Pàn-Gérmanism *n.* 全ドイツ主義, 汎ゲルマン主義 (ドイツ語民族の統一を目指す). **Pàn-Gérmanist** *n.* 〘(1882) ◻ F *pangermanisme* (なぞり) ← G *Alldeutschtum*: ⇨ pan-, Germanism〙

Pang·fou /pʌ̀ŋfú:, pʌ̀n-/ *n.* =Bengbu.

Pan·gloss·i·an /pæŋglɑ́(:)siən, -glɔ́(:)s- | -glɔ́s-/

adj. 極端に楽天主義的な, 誤った楽天思想の. ── *n.* 極端に楽天的な人. 〖(1831) ← F *Pangloss* (Voltaire の *Candide* (1759) の登場人物): ⇨ pan-, -glossa, -ian〗

pan·gó·la gràss /pæŋgóʊlə- | -gə́ʊ-/ *n.* 〘植物〙 パンゴラグラス (*Digitaria decumbens*) 《アフリカ南部原産のイネ科メヒシバ属の雑草》. 〖*Pangola* ← S-Afr. 《現地語》〗

pan·go·lin /pǽŋgəlɪ̀n, pæŋgóʊ- | pæŋgə́ʊlɪn, pǽŋgə-/ *n.* 〘動物〙 センザンコウ 《有鱗目センザンコウ属 (*Manis*) の身を守る硬いよろいのある動物の総称; オナガセンザンコウ (*M. longicaudatus*), インドセンザンコウ (*M. crassicaudata*) など; アリを食う; scaly anteater ともいう》. 〖(1774) ◻ Malay *pĕngguling* roller ← *guling* to roll: 驚いた時に体を丸くする習性から〗

pangolin
(*P. longicaudatus*)

Pan·go Pan·go /pɑ́ː(ŋ)goʊpɑ́ː(ŋ)goʊ | pɑ́ːŋgəʊpɑ́ːŋgəʊ; *Samoan* páŋopáŋo/ *n.* =Pago Pago.

pan·gram /pǽngræm, pǽŋ-, -græm/ *n.* パングラム 《アルファベット全文字を(なるべく重複なしに)使った文; 例えば, The quick brown fox jumps over the lazy dog.; タイプの練習などに用いる》. 〖(1964) ← PAN-+-GRAM〗

pán gràvy *n.* (料理中に出る)肉汁 《通例, 調味し煮詰めてソースとして用いる》. 〖⇨ pan^1〗

pán·hàndle^1 *n.* **1** フライパンの柄. **2** [時に P-] 《米》 (フライパンの柄のように)他州の間に細長く突入している地域: the *Panhandle* of West Virginia, Texas, Oklahoma, Idaho, etc. 〖(1856) ← PAN^1+HANDLE〗

pán·hàndle^2 《米口語》 *vi.* 大道で(話しかけて)物乞いする; 〔…を〕ねだる 〔*for*〕. ── *vt.* **1** 〈人〉に大道で話しかけて物をねだる. **2** 大道で話しかけて(不幸な身上話などをして)〈金品を〉恵んでもらう. 〖(1903) 《逆成》 ↓〗

pan·han·dler /pǽnhæ̀ndlə, -dlə | -dlə$^{(r}$, -dl-/ *n.* 《口語》 物乞い, 乞食 (beggar). 〖(1897) ← PANHANDLE^1+-ER^1: 差し出した手の形容〗

Pánhandle Stàte *n.* [the ~] 米国 West Virginia 州の俗称.

pán·hèad *n.* (ねじ・鋲などの)鍋(頭) 《円錐台状の形をした平頭》. 〖(1869) ← PAN^1: 裏返した鍋(≒)の形容〗

pán hèad *n.* 〘写真〙 (三脚の)雲台 《三脚につけてカメラを水平に回転できる装置》.

P **Pàn·hellénic** *adj.* **1** 汎ギリシャ(主義)の. **2** [時に p-] 《米》 ギリシャ文字クラブの (⇨ Greek-letter fraternity), 学生社交クラブの. 〖1847〗

Pàn·héllenism *n.* 全ギリシャ主義, ギリシャ統一運動 《19 世紀初めにおけるオスマン帝国支配からの独立解放を志したギリシャ人の運動》. **Pàn·héllenist** *n.* 〖1860〗

pàn·húman *adj.* 全人類の[に関する]. 〖1900〗

pa·ni /pɑ́ːni/ *n.* 《インド》 水 《pahni ともつづる》.

pan·ic^1 /pǽnɪk/ *n.* **1** (わけのわからない強烈な)突然のおびえ[恐怖], 恐慌, パニック (⇨ fear SYN); 狼狽, 周章, 臆病風: be seized with (a) ~ 恐慌にとりつかれる / get into a ~ =be thrown into (a) ~ 恐慌[パニック]状態になる. **2** (現出された)恐慌状態[期], パニック(現象) 《現実のまたは仮想上の突発的危険によって起こる(群集の)混乱状態》. **3** 〘経済〙 恐慌, パニック: get up a (financial) ~ (金融)恐慌を起こす. **4** 《俗》 非常におかしな[滑稽な]人[もの]. **5** 市場の麻薬不足.

in pánic 恐慌を起こして, あわてふためいて.

── *adj.* **1** 〈恐怖が〉いわれのない, 制しきれない, 度を越した: a ~ fear [fright] 恐慌, 狼狽, 臆病風. **2** 恐慌的な, 狼狽の, パニックの[による]: a ~ haste わけもない[ひどい]あわて方 / a ~ price 狂乱[底抜け]価格. **3** [しばしば P-] 牧神パン (Pan) の. **4** 非常用の: ⇨ panic bolt, panic button.

── *v.* (**pan·icked; -ick·ing**) ── *vt.* **1** …に恐慌を起こさせる, パニック状態にする[陥れる] (⇨ frighten SYN). **2** 《米》 〘演劇〙 〈観客などを〉やんやと言わせる, 笑わせる.

── *vi.* 恐怖を来たす, パニックに陥る, びくびくする, あわてる.

pan·ic·al·ly /pǽnɪ̀kəli, -kli | -ɪk-/ *adv.* 〖(1603) ◻ F *panique* ← NL *pānicus* ← Gk *pānikós* 'of god PAN' (cf. Pandean): パニックはパン神の突然の出現に原因するものと信じられた〗

pan·ic^2 /pǽnɪk/ *n.* **1** 〘植物〙 =panic grass. **2** その穀果 (食用). 〖(?1440) ◻ L *pānicum* ← *pānus* thread, ear of millet ◻ Gk *pênos* web < IE **pan-* fabric: cf. panicle〗

pánic attàck *n.* 〘精神医学〙 パニック[恐慌]発作 《理由のない極度の不安や恐怖に襲われる発作で, 動悸・発汗・めまいなどの身体症状を伴う; cf. panic disorder》.

pánic bòlt *n.* パニックボルト 《内側から押せば開く非常口などのボルト》. 〖1930〗

pánic bùtton *n.* 《米口語》 非常ボタン; 緊急の反応を引き起こすもの. ***púsh* [*préss, hít*] *the pánic bùtton*** 《米俗》 (火急の際に)ひどくあわてふためく, 周章狼狽する. 〖(1950): 飛行機の非常ボタン[スイッチ]から〗

pánic bùying *n.* パニック買い, パニックによる買占め. 〖1942〗

pánic disòrder *n.* 〘精神医学〙 恐慌性障害, パニック障害 《パニック発作 (panic attack) を主たる症状とする障害; 脳の機能障害とされる》.

pánic gràss *n.* 〘植物〙 キビ・ヌカキビなどキビ属 (*Panicum*) またはヒエ・イヌビエなどヒエ属 (*Echinochloa*) などのイネ科の雑草の総称. 〖(1597): ⇨ panic^2〗

pan·ick·y /pǽnɪ̀ki | -nɪ-/ *adj.* **1** パニック[恐慌]的な, 恐慌状態の; 恐慌を起こしやすい. **2** びくびくした, 臆病風に吹かれた 〔*about*〕. 〖1869〗

pan·i·cle /pǽnɪ̀kl | -nɪ-/ *n.* 〘植物〙 円錐(≒)花(序). **pán·i·cled** *adj.* 〖(1597) ◻ L *pānicula* tuft on plants (dim.) ← *pānus* a swelling, ear of millet〗

pánic-mònger *n.* (うわさをまき散らして)恐慌を引き起こす人. 〖1849〗

pánic stàtions *n. pl.* 《口語》 パニック状態, 狼狽. 〖1961〗

pánic-strìcken *adj.* 恐慌に襲われた, 狼狽した, あわてふためいた; 恐慌[恐怖]が原因の. 〖1804〗

pánic-strùck *adj.* =panic-stricken.

pa·nic·u·late /pənɪ́kjʊlɪ̀t, -lèɪt/ *adj.* 〘植物〙 円錐(≒)花序の. **pa·níc·u·làt·ed** /-lèɪtɪ̀d | -tɪd/ *adj.* **~·ly** *adv.* 〖(1727) ← NL *pāniculātus*: ⇨ panicle, -ate^2〗

pan·i·cum /pǽnɪ̀kəm | -nɪ-/ *n.* 〘植物〙 キビ 《キビ属 (*Panicum*) の植物の総称; キビ (*P. miliaceum*), ヌカキビ (*P. surpurascens*) など》. 〖(1844) ← NL ~ ← L *pānicum* Italian millet〗

pan·ier^1 /pǽnjə, -niə | -niə$^{(r}$, -njə$^{(r}$/ *n.* =pannier^1.

pan·ier^2 /pǽnjə, -niə | -niə$^{(r}$, -njə$^{(r}$/ *n.* =pannier^2.

pan·i·fi·ca·tion /pæ̀nəfɪ̀kéɪʃən | -nɪ̀fɪ-/ *n.* パン化; パン製造. 〖(1779) ◻ F ~ ← *panifier* to make into bread ← L *pānis* bread: ⇨ -fication〗

Pa·ni·ni, Pa·ni·ni /pɑ́ːnɪ̀niː, -ni; *Hindi* pɑ́ːɳɪni/ *n.* パーニニ 《紀元前 5 世紀ないし 4 世紀頃のインドのサンスクリット文法学者》.

pa·nir /pəníə | -níə$^{(r}$/ *n.* =paneer.

Pàn-Íslam *n.* =Pan-Islamism.

Pàn-Íslamism *n.* 汎(≒)イスラム主義 《19 世紀から 20 世紀にかけて「イスラム世界」の統一を打ち立てようとした思想運動》. **Pàn-Islámic** *adj.* 〖1882〗

pa·niv·o·rous /pænív(ə)rəs/ *adj.* パンを常食とする, パン食の. 〖(1830) ← L *pānis* bread: ⇨ -vorous〗

Pan·ja·bi /pʌndʒɑ́ːbi, -dʒǽbi | -dʒɑ́ː-/ *n.* =Punjabi. 〖(1854) ◻ Hindi *pañjābī*: ⇨ Punjabi〗

pan·jan·drum /pændʒǽndrəm | pæn-, pən-/ *n.* **1** 大将, 御大(≒), お偉方 《有力なまたは偉ぶった官吏に対するあざけりの呼称》. **2** 威張った役人, 思い上がって偉ぶる人. 〖(1755) ← *the Grand Panjandrum*: Samuel Foote 作の戯文中に用いられたラテン語をまねた無意味な造語による敬称: cf. conundrum, Trivandrum〗

Pan·jim /pɑ́ːnʒɪm/ *n.* パンジム 《インド西部 Goa 州の州都; Panaji ともいう》.

Pank·hurst /pǽŋkhəːst | -həːst/, **Dame Christabel Harriette** *n.* パンクハースト 《1880–1958; 英国の婦人参政権運動家; Estelle Sylvia の姉》.

Pankhurst, Emmeline *n.* パンクハースト 《1858–1928; 英国の婦人参政権運動家; 旧姓 Goulden /gúːldən, -dn/》.

Pankhurst, Estelle Sylvia *n.* パンクハースト 《1882–1958; 英国の婦人参政権運動家; Emmeline Pankhurst の娘》.

pàn·leukopénia *n.* (*also* **pàn·leucopénia**) 〘獣医〙 汎白血球減少症 《白血球減少・嘔吐・高熱・呼吸困難を特徴とする猫の致死的ウイルス病; cat distemper, cat typhoid, feline distemper ともいう》. 〖(1940) ← NL ~: ⇨ pan-, leucopenia〗

pán lòaf *n.* 《スコット・アイル》 平鍋で焼いたパン. 〖1886〗

pan·lo·gism /pǽnlədʒɪzm/ *n.* 〘哲学〙 (ヘーゲル哲学などの)汎論理主義. **pán·lo·gist** /-dʒɪst | -dʒɪst/ *n.* **pan·lo·gis·tic** /pæ̀nlədʒístɪk˝/ *adj.* **pàn·lo·gís·ti·cal** /-tɪ̀kəl, -kl | -tɪ-˝/ *adj.* **pàn·lo·gís·ti·cal·ly** *adv.* 〖(1871) ◻ G *Panlogismus*: ドイツの哲学者 J. E. Erdmann (1805–92) の造語: ⇨ pan-, logos, -ism〗

pan·mix·i·a /pænmíksiə/ *n.* (*also* **pan·mix·is** /-míksɪ̀s | -sɪs/) 〘生物〙 任意交配, パンミクシー 《集団内の個体が特定の条件なしに自由に交配すること》. **pan·mic·tic** /pænmíktɪk/ *adj.* 〖(1889) ← NL ~ ← PAN-+Gk *míxis* a mingling (of ancestral qualities)+-IA^1〗

Pan·mun·jom /pɑ́ːnmùndʒʌ́m; *Korean* pʰanmundʒʌm/ *n.* 板門店(≒) 《北朝鮮と韓国との境界線にある村落; 朝鮮戦争の休戦協定調印地 (1953)》.

pan·nage /pǽnɪdʒ/ *n.* **1** 〘英法〙 **a** (入会(≒)地の)森林内の豚の放牧. **b** その放牧権または料金. **2** 放牧された豚が森林中で拾って食う木の実 (どんぐり (mast, acorn) など). 〖(c1380) *pownage* ◻ OF *pannage, pasnage* (F *panage*) < ML *pāstiōnāticum* ← L *pāstiō(n-)* pasture: ⇨ pasture, -age〗

panne /pǽn/; *F.* pan/ *n.* パン 《けばの平らな柔らかくてつやのある軽いビロードに似た服地》. 〖(1794) ◻ (O)F ~ 'fur used for lining' < L *pennam* feather: cf. pen^1〗

pánne vèlvet *n.* =panne.

panni *n.* pannus の複数形.

pan·nic·u·lus /pəníkjʊləs/ *n.* (*pl.* **-u·li** /-làɪ/) 〘解剖〙 組織層, (特に, 皮下脂肪の)膜層. 〖← NL ~ ← L ~ 'small piece of cloth'〗

pan·nier^1 /pǽnjə, -niə | -niə$^{(r}$, -njə$^{(r}$/ *n.* **1 a** 荷かご 《馬・ろばなどの両側に掛ける》. **b** 自転車[オートバイ]につける荷かご. **2 a** (食糧などを運ぶ)大かご; 背負いかご. **b** (救急車に積んである)救急用医療器具[医薬品]箱. **3** パニアー, パニエ 《女性がスカートの両サイドを膨らませるのに使用した鯨のひげ製などの枠》. **4** パニアースカート 《18 世紀ごろ女性がスカートの両サイドを膨らませるためにつけたオーバースカート》. 〖(c1300) *painer* ◻ (O)F *panier* < L *pānārium* basket for bread ← *pānis* bread: ⇨ -ier^1〗

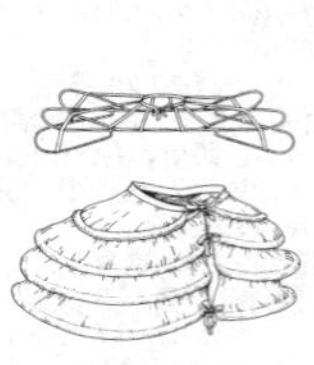

panniers 3

pannier 4

pan·nier^2 /pǽnjə, -niə | -niə$^{(r}$, -njə$^{(r}$/ *n.* 《英口語》 Inner Temple の食堂給仕. 〖(1823) ◻ ? L *pānārius* bread seller, (もと adj.) of bread (↑)〗

pan·ni·kin /pǽnɪ̀kɪ̀n | -kɪn/ *n.* 《英》 **1** 小皿, 小鍋(≒); 小さな金属製水飲み, 小金属杯 (cannikin). **2** pannikin の中身. 〖(1823) ← PAN^1+-KIN: cf. cannikin〗

pánnikin bòss *n.* 《豪口語》 (労働者の)監督者.

pán·ning^1 *n.* 〘写真・映画・テレビ〙 (撮影中にカメラを)パンすること (cf. pan^2 *vt.*). 〖(1917) ← PAN^2〗

pán·ning^2 *n.* 《米》 〘鉱山〙 パンニング, 椀がけ 《川底の砂などをパンニング皿[椀]に入れて, 水中で揺り動かして底にたまった鉱物を選別する方法》. 〖(1839) ← PAN^1 (v.)〗

Pan·ni·ni /pɑːníːni; *It.* panníːni/, **Giovanni** *n.* パンニーニ 《1692?–1765; イタリアの画家, ローマの廃墟を描いた》.

pan·nist /pǽnɪ̀st | -nɪst/ *n.* 《カリブ》 (スチールバンドの) 金属ドラム (pan) 演奏家.

Pan·no·ni·a /pənóʊniə | -nə́ʊ-/ *n.* パンノニア 《現在のハンガリー, クロアチア, Vojvodina にまたがるヨーロッパ中央部の古国で古代ローマ属州; Danube 川の南および西部にわたり, 現在は大部分ハンガリーと旧ユーゴスラビアに含まれている》. **Pan·nó·ni·an** /-niən/ *adj.* **Pan·non·ic** /pənɑ́(ː)nɪk | -nɔ́n-/ *adj.*

pan·nose /pǽnoʊs | -nəʊs/ *adj.* 〘紡織〙 フェルト[ラシャ]地の, ラッグ状の. 〖(1866) ◻ L *pannōsus* ragged, rag-like ← *pannus* cloth, rag: ⇨ -ose^1〗

pan·nus /pǽnəs/ *n.* (*pl.* **pan·ni** /-naɪ/) **1** 〘病理〙 パンヌス 《特に, トラコーマによって起こる角膜の血管増殖》. **2** 〘気象〙 ちぎれ雲. 〖(1706) ← L ~ 'cloth'〗

pan·o- /pǽnə/ pan- の異形.

Pa·no·an /pɑ́ːnoʊən | -nəʊ-/ *n.* (*also* **Pa·no** /pɑ́ːnoʊ | -nəʊ; *Am.Sp.* páno/) パノ語族 《パノ族が話す言語群》. ── *adj.* パノ語族(の言語)の 《ブラジル西部・ペルー・ボリビアの国境地帯の諸種族についていう》.

pa·no·cha /pənóʊtʃə | -nə́ʊ-; *Am.Sp.* panótʃa/ *n.* (*also* **pa·no·che** /pənóʊtʃi | -nə́ʊ-/) **1** (メキシコ産の)粗糖. **2** 《米》 パノーチャ 《黒砂糖・バターおよびミルクに刻んだ木の実を入れて作るファッジ (fudge)》. 〖(1847) ◻ Mex.-Sp. ~ (dim.) ← Sp. *pan* bread < L *pānem, pānis*〗

Pa·nof·sky /pənɑ́(ː)fski, pənɔ́(ː)f- | -nɔ́f-/, **Erwin** *n.* パノフスキー 《1892–1968; ドイツ生まれの米国の美術史家》.

pan·o·is·tic /pæ̀noʊístɪk | -nəʊ-˝/ *adj.* 〘昆虫〙 無栄養卵巣の 《卵巣に栄養細胞がなくて, 卵細胞のみがある; cf. meroistic》. 〖← PAN-+o- (← Gk *ōión* egg)+-ISTIC〗

pan·o·plied /pǽnəplid/ *adj.* **1** よろい・かぶとで身を固めた. **2** 十分に防備された, 完全な. 〖1832〗

pan·o·ply /pǽnəpli/ *n.* **1** よろい・かぶと一そろい, 具足一領, 総具足. **2** 防護の覆い, 当て. **3** 美しい装い; 立派な飾りつけ. 〖(1576) ◻ F *panoplie* ∥ ← NL *panoplia* ← Gk *panopliā* complete suit of armor ← PAN-+*hópla* (pl.) arms: ⇨ -y^1〗

pan·op·tic /pænɑ́(ː)ptɪk | -nɔ́p-/ *adj.* **1** 一目ですべて見える[を見せる], パノラマ的な. **2** すべてを見る, 全部の要素を考慮に入れた; 包括的な: a ~ survey of American democracy アメリカ民主主義の概観. **pan·óp·ti·cal** /-tɪ̀kəl, -kl | -tɪ-˝/ *adj.* **pan·óp·ti·cal·ly** *adv.* 〖(1826) ← Gk *panóptēs* all-seeing: ⇨ pan-, optic〗

pan·op·ti·con /pænɑ́(ː)ptəkɑ̀(ː)n | -nɔ́ptɪkɔ̀n/ *n.* **1** (囚人に知られずに周囲の独房が全部監視できる)円形刑務所 《Jeremy Bentham の創案》. **2** 望遠顕微鏡 《望遠鏡と顕微鏡とを合装した光学器械》. 〖(1768) ← PAN-+Gk *optikón* ((neut.) ← *optikós* 'OPTIC')〗

pan·o·ram·a /pæ̀nərǽmə, -rɑ́ː- | -rɑ́ː-/ *n.* **1 a** パノラマ, 回転画. **b** 円形パノラマ (cyclorama) (cf. cosmorama). **c** パノラマ館. **2** 連続的に出現する光景, 絶えず移り変わる光景[事件の展開]; 走馬灯のように続く心像. **3** さえぎるものなく展開する眺望, 全景; (問題などの)概観, 全貌, 展望. 〖(1796) ← PAN-+Gk *hórāma* view (← *horân* to see)〗

pan·o·ram·ic /pæ̀nərǽmɪk, -rɑ́ːm-˝/ *adj.* **1** パノラマ(式)の, 次々と繰り広げられる. **2** 全部の景色が見える; 概観的な: a ~ view 全景. **pàn·o·rám·i·cal·ly** *adv.* 〖1813〗

pánoramic cámera *n.* パノラマカメラ, 全景写真機 《レンズの後側節点を中心に, レンズを回転しながら露光溝孔またはフィルムを動かして, 左右 180 度近くから 360 度を写すカメラ》. 〖1878〗

pánoramic síght *n.* 〘軍事〙 (砲の)全視照準 《対物レンズがどの方向にも旋回し, 照準手は姿勢を変えずに広範囲の照準ができる》.

pan·or·nith·ic /pæ̀nɔəníθɪk | -nɔː-˝/ *adj.* 〈病気が〉一種類の鳥に対して流行性の (cf. epidemic, epizootic). 〖← PAN-+ORNITHIC〗

Pàn-Pacífic *adj.* 全太平洋の, 汎(≒)太平洋の.

pan·pipe, P- /pǽnpaɪp/ *n.* [しばしば *pl.*] パンの笛 《長短の管を長さの順に並べて平らに束ねた原始的な吹奏楽器;

牧神 Pan が用いたと伝えられる; Pan's pipes, Pandean pipes, syrinx ともいう). 〖(1820): ⇨ Pan〗

pan·ple·gi·a /pænplíːdʒiə, -dʒə/ *n.* 〘病理〙 =pamplegia.

pán pòt /pǽnpɑ̀(ː)t | -pɔ̀t/ *n.* 〘音響〙 パンポット《複数のスピーカーへの信号強度を変えることにより, 音の聞こえてくる方向を変化させる装置》. 〖(1941)《略》*pan(oramic) pot(entiometer)*〗

pan·psy·chism /pænsáɪkɪzm/ *n.* 〘哲学〙 汎(は)心論, 全心論. **pan·psy·chic** /pænsáɪkɪk/ *adj.* 〖1879〗

pan·psy·chist /pænsáɪkɪ̣st/ *n.* 〘哲学〙 汎(は)心論者, 全心論者. **pan·psy·chis·tic** /pænsaɪkístɪk⁻/ *adj.* 〖1903〗

pàn·séxual *adj.* 汎(は)性欲的な, 性欲表現が多様な. **pàn·sexuálity** *n.* **pan·séxualism** *n.* 〖(1926): ⇨ pan-〗

pan·si·fied /pǽnzɪ̣fàɪd/ *adj.* 《米俗》やけににやけた, 女々しい; ホモの, おかまっぽい (cf. pansy *n.* 3). 〖(1941) ← PANSY＋-FY＋-ED〗

Pàn-Slávism *n.* (特に 19 世紀の)汎(は)スラブ主義, スラブ民族統一運動. **Pàn-Sláv** *adj.* **Pàn-Slávic** *adj.* **Pàn-Slávist** *n.* 〖(1850) □ G *Panslavismus*: ⇨ pan-, Slav, -ism〗

pan·so·phism /pǽnsəfɪzm/ *n.* 万有知識, 百科事典的知識(の詐示). 〖(1868) ← Gk *pánsophos* all-wise＋-ISM〗

pán·so·phist /-fɪ̣st | -fɪst/ *n.* 百科の学に通じていると誇称する人. 〖1864〗

pan·so·phy /pǽnsəfi/ *n.* 万有知識, 百科事典的知識; 万有知識の体系. **pan·soph·ic** /pænsɑ́(ː)fɪk | -sɔ́f-/ *adj.* **pan·sóph·i·cal** /-sɑ́(ː)fɪ̣kəl, -kḷ | -sɔ́fɪ-/ *adj.* **pan·sóph·i·cal·ly** *adv.* 〖(1642) ← NL *pansophia* ← PAN-＋Gk *sophía* wisdom〗

pan·sper·ma·tism /pænspə́ːmətɪzm | -spɔ́ː-/ *n.* 〘生物〙 =panspermia.

pan·sper·mi·a /pænspə́ːmiə | -spɔ́ː-/ *n.* 〘生物〙 パンスペルミア説, 汎種説, 胚種広布説. 〖(1842) ← NL ～ ← Gk *panspermía* mixture of all seeds: ⇨ pan-, sperm, -ia¹〗

Pán's pìpes *n. pl.* =panpipe.

pan·sy /pǽnzi/ *n.* **1 a** 〘植物〙 パンジー, サンシキスミレ (*Viola tricolor* var. *hortensis*) (cf. wild pansy). **b** サンシキスミレの花. **2** すみれ色. **3** 《口語》にやけた若者; 服装に凝った気取った男; 同性愛の男, ホモ. — *adj.* 《俗》〈人が〉にやけた, 気取った; 〈物が〉凝った, 粋な (chic). — *vt.* 〈服装などを〉めかしたてる, 粋にする. — *vi.* めかす, 粋になる. 〖(*c*1450)《古》*pensee, pensy* □ (O)F *pensée* pansy, 《原義》thought (p.p.) ← *penser* < L *pēnsāre* to think: この花を見ると人を「想う」と言われる: cf. pensive〗

Pan·sy /pǽnzi/ *n.* パンジー《女性名》. 〖↑〗

pánsy bòy *n.* =pansy 3. 〖1934〗

pánsy òrchid *n.* 〘植物〙 =miltonia.

pant¹ /pǽnt/ *vi.* **1** あえぐ, (運動のあとなどに)息切れする; (激しく)動悸(き)がする (throb). **2** 熱望する, 渇望する, 焦がれる (yearn): ～ *for* [*after*] liberty 自由を渇望する / ～ *to* do ひどく…したがる. **3** 〈列車などが〉(蒸気・煙などを)ぱっぱ[しゅっしゅっ]と吹く (emit). **4** 〘海事〙〈船の舷側が〉(縦揺れするときに圧力によって)膨らんだり縮んだりする. — *vt.* あえぎながら言う, 息を切らせながら述べる 〈*out, forth*〉; あえぎながら進む: ～one's way up あえぎながら上って行く. — *n.* **1** あえぎ, 息切れ, はあはあいうこと. **2** (胸などの)動悸(き), 鼓動. **3** (蒸気機関の)しゅっしゅっ(という音). **～·er** /-tə | -tə^(r)/ *n.* 〖v.: (*c*1350) □ AF *panter* ← OF *pantaisier* to be breathless < VL *pantasiāre* to have hallucinations ← L *phantasia* ← Gk *phantasía* appearance: cf. phantasm, fantasy. — n.: (1500–20) ← (v.)〗

pant² /pǽnt/ *adj.* pants の[に関する]: ～ legs. — *n.* (一着の) pants の片足. 〖1840〗

pant³ /pǽnt/ *n.* 《英北部》(公の)飲用水泉; 水たまり. 〖(1586) ?〗

pant- /pænt/ (母音の前にくるときの) panto- の異形 (⇨ pan-).

pan·ta- /pǽnṭə | -tə/ panto- の異形 (⇨ pan-).

pan·ta·graph /pǽnṭəgræ̀f | -təgrɑ̀ːf, -græ̀f/ *n.* = pantograph. 〖《変形》← PANTOGRAPH〗

Pan·ta·gru·el /pæ̀nṭəgruél, -grúːəl, pæntǽgruəl | pæ̀ntəgruél, pæntǽgruəl; *F.* pɑ̃tagʀyɛl/ *n.* パンタグリュエル《Rabelais 作 *Pantagruel* (1532) に登場する巨人で Gargantua の息子; まじめな問題を皮肉交じりの豪放なユーモアで片づける快楽主義的な巨人; cf. Panurge》. 〖□ F ～《原義》all-thirsty ← *panta-* 'PANTO-'＋? Arab. *gruel* thirsty: 15 世紀の神秘劇に出る海の悪鬼の名〗

Pan·ta·gru·el·i·an /pæ̀nṭəgruéliən | -tə-⁻/ *adj.* パンタグリュエル流の, 皮肉で豪放なユーモアのある. 〖(1694): ⇨ ↑, -ian〗

Pan·ta·gru·el·ism /pæ̀nṭəgrúːəlɪzm/ *n.* パンタグリュエル流, 皮肉で豪放なユーモアのあること. **Pàn·ta·grú·el·ist** /-lɪ̣st | -lɪst/ *n.* 〖(1835) □ F *pantagruélisme*: ⇨ Pantagruel, -ism〗

pan·ta·lets /pæ̀nṭəléts, -tḷ- | -təl-, -tḷ-/ *n. pl.* (*also* **pan·ta·lettes** /～/) パンタレット: **1** (くるぶしのところにタックやレースなどを飾った)長いパンツ《19 世紀に女性がスカートに着用した》. **2** (女性下着用の)長いパンツ (drawers). **pàn·ta·lét·ted** /-tɪ̣d | -tɪ̣d/ *adj.* 〖(1838) ← PANTAL(OON)＋-ET＋-S¹〗

Pan·ta·lo·ne /pɑ̀ːnṭəlóuni, -tḷ- | -təlóu-, -tḷ-; *It.* pantalóːne/ *n.* =pantaloon 2.

pan·ta·loon /pæ̀nṭəlúːn, -tḷ- | -təl-, -tḷ-/ *n.* **1** [*pl.*] パンタロン, ズボン: **a** 現在の, 男女両用の長ズボン《膝下から裾にかけてフレアーを入れたものが多い; cf. pants 1》. **b** 19 世紀の, 脚にぴったりした長ズボン. **c** 17–18 世紀の, ふくらはぎで留める男子用半ズボン: a pair of ～*s*. **2 a** [P-] パンタローネ《古いイタリア喜劇 commedia dell'arte や英国のパントマイムで, 細いズボンをはいたやせこけた老いぼれ役の名; cf. Columbine 2, harlequin 1 a》. **b** (パントマイムの)老いぼれの道化役. 〖(*c*1590) □ F *pantalon* □ It. *pantalone* buffoon ← *Pantal(e)one* a Venetian ← *San Pantaleone* (Venice の守護神)〗

Pan·ta·nal /pæ̀nṭənɑ́ːl | -tə-/ *n.* [the ～] パンタナール湿地《ブラジル南西部 Mato Grosso 州の西部, Paraguay 川東岸に広がる湿地帯》.

pan·ta rhei /pɑ̀ːntɑːhréɪ, pæ̀ntəréɪ | -tɑː-, -tə-/ *Gk.* 万物は流転す《古代ギリシャの哲学者 Heraclitus に帰せられる言葉》. 〖□ Gk *pánta rheî* all things flow〗

pánt·drèss *n.* **1** パンツドレス《キュロット (culottes) のついたワンピースドレス; pants dress ともいう》. **2** =pantskirt. 〖1964〗

pan·tech·ni·con /pæntéknɪ̣kɑ̀(ː)n, -nəkən | -nɪkən/ *n.* 《英》 **1** 《古》家具販売所, 家具陳列場, 家具倉庫. **2** 家具運搬車, 家具用トラック (furniture van) (pantechnicon van ともいう). 〖(1830) ← *Pantechnicon* (19 世紀 London の美術品陳列販売所) ← PAN-＋Gk *tekhnikón* ((neut.) ← *tekhnikós* artistic ← *tékhnē* art)〗

Pan·tel·le·ri·a /pæ̀ntèləríːə; *It.* pantellería/ *n.* パンテレリーア(島)《Sicily 島とチュニジアとの間にあるイタリア領の島; 面積 83 km²》.

Pan·tene /pæntíːn | -tén/ *n.* 〘商標〙 パンテーン《米国 Pantene 社製のヘアケア用品》.

Pàn-Téutonism *n.* =Pan-Germanism. **Pàn-Teutónic** *adj.*

Pan·thal·as·sa /pæ̀nθəlǽsə, -lǽsə/ *n.* 汎大洋, 汎海, パンタラサ《パンゲア (Pangaea) を囲んでいたとされる海》.

pan·the·ism /pǽnθiːɪzm/ *n.* **1** 〘哲学〙(スピノザ等の)汎(は)神論, 万有神教《自然のすべてが神であるとする立場; cf. theism 2, deism》. **2** 多神教 (polytheism); 自然崇拝 (nature worship); アニミズム (animism). 〖(1732): ⇨ ↓, -ism〗

pan·the·ist /pǽnθiːɪ̣st | -ɪst/ *n.* 汎(は)神論者. 〖(1705) ← PAN-＋THEO-＋-IST: ⇨ theist〗

pan·the·is·tic /pæ̀nθiístɪk, θiː-⁻/ *adj.* 汎(は)神論的な, 万有神教の; 多神崇拝の. **pàn·the·ís·ti·cal** /-tɪ̣kəl, -kḷ | -tɪ-⁻/ *adj.* **pàn·the·ís·ti·cal·ly** *adv.* 〖1732〗

pan·the·lism /pǽnθəlɪzm | -θɪ-/ *n.* 〘哲学〙(特に, A. Schopenhauer の)万有意志論, 汎(は)意論. 〖(1896) ← PAN-＋Gk *thél(ein)* to will＋-ISM〗

pan·the·on /pǽnθiɑ̀(ː)n, -θiən | pǽnθiən, pænθíːən/ *n.* **1** [集合的] (一国民の信じるまたは神話中の)神々, やおよろずの神. **2** (人々・個人にとっての)英雄[偶像]たち(の殿堂). **3** [the P-] 一国の偉人を一緒に祭った神殿: the *Pantheon* パンテオン《Paris にある Sainte-Geneviève 教会を改称したもの》/ the British *Pantheon*=Westminster Abbey. **4** 万神を祭る宮, 万神殿, パンテオン. **5** [the P-] パンテオン《ローマの万神殿; Agrippa が建立した (27 B.C.) ものを Hadrian が改築し (A.D. 120–24), 609 年以後は教会として用いられ, Santa Maria ad Martyres /mɑ́ːəṭɪ̀əɪ | mɑ́ːtɪ-/ と呼ばれた》. **6** パンシアン《London の民衆娯楽場; 1772 年創設》. 〖(*a*1425) *Panteon* □ ML *Pant(h)eon* □ Gk *Pántheion* (*hierón*) (temple) for all the gods ← PAN-＋*theîos* divine (← *theós* god)〗

pan·the·on·ize /pǽnθiənàɪz | pǽnθiə-, pænθíːə-/ *vt.* 神殿 (pantheon) に安置する. 〖1801〗

pan·ther /pǽnθə | -θə^(r)/ *n.* (*pl.* ～, ～s) **1** 〘動物〙 **a** 大形で獰猛(どうもう)なヒョウの総称 (leopard). **b** 黒ヒョウ (black leopard). **c** 《米》ピューマ, 《俗に》パンサー (*Felis concolor*) (⇨ cougar). **d** =jaguar. **2** 《口語》獰猛な人, 凶暴な人. **3** [P-] 《米》=Black Panther. — *adj.* 獰猛な, 凶暴な; 剽悍(ひょうかん)な. 〖(*a*1250)《古形》*panterce* □ OF *pantere* (F *panthère*) □ L *panthēra* □ Gk *pánthēr*: cf. Skt *puṇḍarīka-* tiger〗

Pan·ther·a /pǽnθərə/ *n.* 〘動物〙 ヒョウ属《ネコ科の一属; ライオン, トラ, ヒョウ, ジャガー, ユキヒョウなどを含む》.

pánther càt *n.* 〘動物〙 オセロット (ocelot).

pan·ther·ess /pǽnθərɪ̣s | -rɪs, -rès/ *n.* panther の雌. 〖1862〗

Pan·ther·ism /pǽnθərɪzm/ *n.* (米国の)黒豹党 (Black Panthers) の過激[戦闘]的な主義.

pánther stràngler *n.* 〘植物〙 =leopard's-bane 1.

pan·ti- /pǽntɪ̣, -ti | -tɪ̣, -ti/「他の衣類とつながっているパンティー」の意の連結形: *panti*-slip パンティースリップ / *panti*-tights パンティータイツ. 〖← PANTIES〗

pántie-bèlt *n.* 《英》=pantie girdle.

pántie gìrdle *n.* 《米》パンティーガードル《パンティー型のコルセット》. 〖1941〗

pan·ties /pǽntiz | -tiz/ *n. pl.* 《口語》 **1** (女性・子供用)パンティー, パンツ (cf. drawers, scanties): a pair of ～. **2** =pantie girdle. 〖(1846)《(1908) ← PANTS＋-IE〗

pan·ti·hose /pǽntihòuz | -tihə̀uz/ *n.* =pantyhose.

pán·tìle *n.* 〘建築〙 ((断面が) S 字形をした)さんがわら, パンタイル. **pán·tìled** *adj.* 〖(1640) ← PAN¹＋TILE: cf. Du. *dakpan* roof-pan / G *Pfannenziegel* pan-tile〗

pánt·ing /-tɪŋ | -tɪŋ/ *n.* 〘医学〙 **1** 浅速呼吸. **2** (犬などの)熱あえぎ. 〖1572〗

pant·i·soc·ra·cy /pæ̀nṭəsɑ́(ː)krəsi, -taɪ- | -tɪ̣sɔ́k-/ *n.* (S. T. Coleridge などが考えた)理想的平等社会, 万民同権政体. **pant·i·so·crat·ic** /pæ̀nṭəsəkrǽṭɪk, -taɪ- | -tɪ̣səkrǽt-⁻/ *adj.* **pànt·i·so·crát·i·cal** *adj.* **pànt·i·sóc·ra·tist** /-tɪ̣st | -tɪst/ *n.* **pan·tis·o·crat** /pæntísəkræ̀t/ *n.* 〖(1794) ← PANTO-＋ISOCRACY〗

pant·ler /pǽntlə | -lə^(r)/ *n.* 《古》(大邸宅の)食料調達[貯蔵室]用人(頭)[執事] (cf. pantryman). 〖(*a*1338) *pantelere*《変形》← *pantere*《原義》baker □ (O)F *panetier* < VL *pānatārium*=LL *pānārius* bread-seller ← *pānis* bread: cf. butler〗

pan·to /pǽntou | -təu/ *n.* (*pl.* ～s) 《英口語》=pantomime 2.

pan·to- /pǽntou | -təu/ =pan-. ★ 時に panta-, また母音の前では通例 pant- になる. 〖□ Gk *pant(o)-* ← *pantós* (gen.), *pâs* (masc.), *pân* (neut.) all: ⇨ pan-〗

Pan·toc·ra·tor /pæntɑ́(ː)krəṭə | -tɔ́krətə^(r)/ *n.* (宇宙の)全能の支配者[主], パントクラトール《特にキリスト》. 〖(1871) □ ML ～ □ Gk *pantokrátōr* ← PANTO-＋*krátōr* ruler〗

pan·to·dont /pǽnṭədɑ̀(ː)nt | -tədɔ̀nt/ *n.* 〘動物〙 全歯目の哺乳動物. 〖← NL ～: ⇨ panto-, -odont〗

pan·to·fle /pæntóufḷ, -tɑ́(ː)fḷ, -túːfḷ, pǽnṭəfḷ | pæntɔ́fḷ, -túːfḷ, pǽntəfḷ/ *n.* (*also* **pan·tof·fle** /～/) **1** (寝室用の)スリッパ (slipper). **2** パントフル《コルク底で甲は前部だけの高靴; 16 世紀ごろオーバーシューズ用に使った; cf. chopine》. 〖(1494) □ (O)F *pantoufle* □ OIt. *pantofola* □ Gk *pantóphellos* cork shoe ← PANTO-＋*phellós* cork〗

pan·to·graph /pǽnṭəgræ̀f | -təgrɑ̀ːf, -græ̀f/ *n.* **1** (図を拡大・縮小するときに用いる)縮図器, 写図器, パントグラフ. **2** 〘電気〙(電車・電気機関車の)集電器, パンタグラフ. **3** パンタグラフ式スタジオ照明装置. **pan·to·graph·ic** /pæ̀nṭəgrǽfɪk | -tə-⁻/ *adj.* **pàn·to·gráph·i·cal** /-fɪ̣kəl, -kḷ | -fɪ-⁻/ *adj.* 〖(1723)《古形》*pentograph* □ F *pantographe*: ⇨ panto-, -graph: 2 はその形の連想から〗

pan·tog·ra·phy /pæntɑ́(ː)grəfi | -tɔ́g-/ *n.* **1** 全写法, 縮写法. **2** 全図. **3** 総論. 〖1828〗

pan·tól·o·gist /-dʒɪ̣st | -dʒɪst/ *n.* (皮肉に)大物知り. 〖1840〗

pan·tol·o·gy /pæntɑ́(ː)lədʒi | -tɔ́l-/ *n.* 万有百科の総合知識. **pan·to·log·ic** /pæ̀nṭəlɑ́(ː)dʒɪk | -təlɔ́dʒ-⁻/ *adj.* **pàn·to·lóg·i·cal** /-dʒɪ̣kəl, -kḷ | -dʒɪ-⁻/ *adj.* 〖(1819) ← NL *pantologia*: ⇨ panto-, -logy〗

pan·to·mime /pǽnṭəmàɪm | -tə-/ *n.* **1** 無言劇, 黙劇, パントマイム (dumb show). **2** 《英》パントマイム, おとぎ芝居《クリスマス期に演じる芝居; 有名な昔話やおとぎ話などを狂言に仕組んで, にぎやかな大詰めの幕のあとには clown や Pantaloon の滑稽な所作や Harlequin と Columbine の舞踏が演じられる》. **3** (無言で意味を込めた)身振り, 手まね: express oneself in [by] ～ 身振りで思うことを表現する. **4** 身振り[手まね]による(感情などの)表現[表出]術. **5** 《英口語》ばかげたこと, 茶番劇. **6** (古代ローマの)無言劇俳優. — *vt.* 身振り[手まね]で〈意志を〉示す, 手まね[身振り]で表す. — *vi.* 無言劇を演じる. **pan·to·mim·ic** /pæ̀nṭəmímɪk | -tə-⁻/ *adj.* 〖(1589) □ F ～ // L *pantomīmus* □ Gk *pantómīmos* actor, mimic, 《原義》all-imitating: ⇨ panto-, mime〗

pántomime dàme *n.* パントマイムに出てくる下品で滑稽な女形《通例男性が演じる》. 〖1922〗

pántomime hòrse *n.* 《英》パントマイムの馬《人が二人入るぬいぐるみの馬》.

pan·to·mim·ist /pǽnṭəmàɪmɪ̣st | -təmàɪmɪst/ *n.* パントマイムの役者[作者]. 〖1838〗

pànto·mórphic *adj.* あらゆる姿を表す, 変幻自在の; あらゆる形態の. 〖(1836) ← PANTO-＋-MORPHIC〗

pàn·tonal /pæntóunḷ | -təu-/ *adj.* 〘音楽〙 汎(は)調性的; 十二音技法による. 〖(1958) ← PAN-＋TONAL〗

pan·to·nal·i·ty /pæ̀ntounǽləṭi | -tə(u)nǽlɪ̣ti/ *n.* 〘音楽〙 汎(は)調性; 無調性 (atonality), 十二音組織 (twelve-tone system). 〖1958〗

Pan·tone /pǽntoun | -təun/ *n.* 〘商標〙 パントーン《米国製のデザイン用の色彩材料システム; マーカー・カラーガイドブックなどの色彩材料をすべて番号・略号で体系化・統一化してある》.

pànto·pragmátic *adj.* 何にでも関係[干渉]する; おせっかいな. 〖(1861) ← PANTO-＋PRAGMATIC〗

pan·to·scope /pǽnṭəskòup | -təskə̀up/ *n.* 〘写真〙 **1** パノラマ写真機. **2** 広角レンズ. 〖1875〗

pan·to·scop·ic /pæ̀nṭəskɑ́(ː)pɪk | -təskɔ́p-⁻/ *adj.* **1** 全部の光景を見る; 〈レンズ・カメラなど〉広角の: a ～ camera=panoramic camera / ～ spectacles 二焦点眼鏡 (bifocals). **2** 視野[視界]の広い. 〖1875〗

pan·to·then·ate /pæ̀nṭəθénèɪt, pæntɑ́(ː)θənèɪt | pæntəθéneɪt, pæntɔ́θɪnèɪt/ *n.* 〘化学〙 パントテン酸塩[エステル]《ビタミン B 複合体の一因子》. 〖1934〗

pán·to·thén·ic ácid /pǽnṭəθénɪk- | -tə-/ *n.* 〘生化学〙 パントテン酸 ($HOCH_2C(CH_3)_2CHOHCONHCH_2CH_2COOH$)《ビタミン B 複合体の一要素で, 補酵素 (coenzyme) A の構成成分の一つ》. 〖(1933) *pantothenic*: ← Gk *pántothen* from every side＋-IC¹: ⇨ panto-〗

pan·to·there /pǽnṭəθɪ̀ə | -təθɪ̀ə^(r)/ *n.* 〘古生物〙 汎(は)獣類の動物[化石]《哺乳類の先祖》. 〖← NL *Pantotheria*: ⇨ panto-, -theria〗

pan·tou·fle /pæntóufḷ, -tɑ́(ː)fḷ, -túːfḷ | pæntɔ́fḷ, -túːfḷ, pǽntəfḷ/ *n.* =pantofle.

pan·toum /pæntúːm/ *n.* 〘詩学〙 パントゥーン詩形《本来マラヤの詩形で, 各節は 4 行からなり, a b a b, b c b c, c d c d のように押韻して再び a の押韻で終わる》. 〖(1783) □

P

F ～ ◻ Malay *pantun* 'PANTUN'〗

pan·trop·ic¹ /pæntrá(:)pɪk | -trɔ́p-/ *adj.* 汎(はん)熱帯的な, 全熱帯地域に分布する. **pan·tróp·i·cal** /-pɪ̀kəl, -kl̩ | -pɪ-⁻/ *adj.* 〖(1936) ← PAN-＋TROPIC¹〗

pan·tro·pic² /pæntróupɪk, -trá(:)p- | -trɔ́p-/ *adj.* 〘医学〙〈ウイルスが〉多くの組織に親和性のある, 汎(はん)親和性の (cf. neurotropic, organotropic). 〖(1937) ← PAN-＋-TROPIC〗

pan·try /pǽntri/ *n.* **1** (台所または食堂に隣接する)食料貯蔵室 (cf. larder); 食器室 (butler's pantry, housemaid's pantry ともいう). **2** (ホテル・病院・船などの)配膳室. **3** カフェ, ティールーム (Pam's Pantry のように名前につけて用いる). **4** (貧民者への)食糧配給所. 〖(*a*1325) *pan(e)trie* ◻ AF *panetrie*＝OF *paneterie* bread closet ← *panetier* servant in charge of bread ＜ ML *pānetārium* baker ← L *pānis* bread: ⇨ -(e)ry: cf. pantler〗

pántry càr *n.* 《インド》食堂車 (dining car).

pántry·man /-mən/ *n.* (*pl.* **-men** /-mən, -mèn/) (ホテル・病院・船などの)配膳室係, その助手. 〖1563–67〗

pants /pǽnts/ *n. pl.* **1** 《米》ズボン (trousers), スラックス (slacks), パンタロン (pantaloons). **2** 《英》(女性・子供の)パンツ, パンティー (panties); (男子用下着の)パンツ, ズボン下 (underpants): ⇨ hot pants. ★ この語は 1 着でも These *pants* are pretty. では複数扱い; 数えるときは a pair [pairs] of を用いるが, 商人の間では one pant, two pants ということもある; a pair of pants は通例単数扱い: a ～ of pants that fits well ぴったり合うズボン. **3** 《米俗》〘航空〙(飛行機の車輪の)流線型覆い, スパッツ (wheel pants).
a kick in the pánts ⇨ kick¹ 成句. ***béat the pánts òff*** 《俗》こてんぱんにやっつける, ボロ勝ちする. ***bóre* [*scáre*] *the pánts òff*** 《俗》ひどく退屈させる[驚かす]. (1934) ***by the séat of one's pánts*** ⇨ seat *n.* 成句. ***chárm the pánts off*** *a person* 《米俗》人に取り入る, 人の機嫌を取る. ***in lóng* [*shórt*] *pánts*** 《米》大人になって[まだ子供で]. ***pút óne's pánts òn one lég at a tíme*** 《米》皆と同じである, 普通の人間である. ***tòo big for*** *one's* ***pants*** ⇨ big¹ 成句. ***wéar the pánts*** ⇨ wear¹ *v.* 成句. ***with one's pánts dówn*** 《俗》不意討ちをくらって, 極めてまずいところを, 不用意のところを: be caught *with one's* ～ *down* 嘘をつかれて戸惑う. (1932)
〖(1840) (略) ← PANTALOONS〗

pánts drèss *n.* ＝pantdress.

pánt·shòes *n. pl.* パンタロンシューズ (裾が開いたズボンをはいた時に似合うようにデザインされた靴).

pánt·skìrt *n.* パンツスカート, キュロット (culottes) (pants skirt ともいう; cf. pantdress). 〖1964〗

pánts ràbbit *n.* 《米俗》シラミ (louse). 〖1918〗

P

pánt·sùit *n.* 《米》パンツスーツ (trouser suit) (ズボンと上着の揃いの婦人服; pants suit ともいう). 〖1964〗

pan·tun /pæntúːn/ *n.* 〘詩学〙＝pantoum. 〖◻ Malay ～〗

pant·y /pǽnti | -ti/ *n.* ＝panties.

pan·ty- /pǽntɪ̀, -ti | -tɪ̀, -ti/ ＝panti-.

pánty gìrdle *n.* ＝pantie girdle.

pánty·hòse *n. pl.* (*also* **pánti·hòse**) パンティーストッキング: a pair of ～. 日英比較 日本語では「パンティーストッキング」が普通だが英語ではあまり使われない. 〖1963〗

pánty lìner *n.* パンティーライナー (パンティーに貼る薄型の生理用ナプキン).

pánty ràid *n.* 《米》パンティー狩り (大学の男子学生がパンティーをとるため女子寮に押し掛けること). 〖1952〗

pánty·wàist *n.* **1** 《米》幼児用パンツつきシャツ (胴部にボタンで留め合わせるようになっている短いパンツとシャツ). **2** 《米俗》子供のような男, にやけた(女みたいな)男, 意気地なし (sissy), 臆病者. ― *adj.* (*also* **pánty·wàisted**) **1** 《米口語》子供じみた (childish). **2** 《米俗》にやけた, 女みたいな, 意気地なしの (sissified). 〖1936〗

Pan·urge /pænúəʒ, pǽnəːdʒ | pænúəʒ, pǽnəːdʒ; *F.* panyʁʒ/ *n.* パニュルジュ (Rabelais 作の *Pantagruel* (1546) 中の人物で Pantagruel の家来; ずるくて, おしゃべりで, 頓(とん)知があって臆病). 〖◻ F ～ ← Gk *panoûrgos* ready to do anything ← PAN-＋*érgon* work〗

Panza *n.* ⇨ Sancho Panza.

pan·zer /pǽnzə, páːntsə | pǽntsə^r, pǽnzə^r; *G.* pántsɐ/ *adj.* **1** 機甲の, 装甲の (armored). **2** 機甲部隊[師団, 兵団]の[より成る, による]: ～ forces 機甲[機械化]部隊. ― *n.* [通例 *pl.*] 機甲師団所属の装甲車両; (特に)戦車. 〖(1940) ◻ G *Panzer* (原義) coat of mail ＜ MHG *panzier* ◻ OF *panciere* ◻ OIt. *pancia* belly ＜ L *panticem, pantex* 'PAUNCH'〗

pánzer divìsion *n.* (ドイツ陸軍, 特に第二次大戦中の)機甲師団[部隊], 装甲機械化部隊[兵団]. 〖(1940) ◻ G *Panzerdivision* ◻ *Panzer* (↑): ⇨ division〗

Pão de A·çú·car /*Braz.* pɐ̃ũdʒiasúkaʁ/ *n.* パンデアスカル (ブラジル Rio de Janeiro 南部にある岩山 (395 m); 英語名 Sugarloaf Mountain).

Pa·o·li /páuli; *It.* pa:óli/, **Pas·qua·le di** /paskwá:le·di/ *n.* パオリ (1725–1807; コルシカ島の愛国者・政治家; コルシカの独立を求めて Genoa やフランスと戦った).

Pa·o·lo /páːoulòu | páːəulòu; *It.* pá:olo/ *n.* パオロ (男性名). 〖◻ It. ～ 'PAUL'〗

Pa·o·loz·zi /pàːoulɔ́(ː)tsi, -lá(ː)tsi | -ə(u)lɔ́tsi; *It.* paolɔ́ttsi/, **E·duar·do** /eduárdo/ *n.* パオロッツィ (1924–2005; 英国のイタリア系彫刻家).

Pao·shan /bàuʃáːn/ *n.* ＝Baoshan.

Pao·ting /bàudíŋ/ *n.* ＝Baoding.

Pao·t'ou /bàutóu | -táu/ *n.* ＝Baotou.

pap¹ /pǽp/ *n.* **1** (やさしくて歯ごたえがない)子供だまし(のような話[考え]); こくのない読み物. **2 a** (幼児・病人用の)パンがゆ (パンを牛乳や湯などで柔らかく煮たもの): His mouth is full of ～. 彼はまだ乳臭い (子供だ). **b** どろどろしたもの, すりつぶしたもの. **c** 《南ア》とうもろこしがゆ. **3** (果物の)軟肉 (pulp). **4** 《俗》(官公吏などの)役得. 〖(*a*1399) *pap(e)* ◻ (M)LG *pappe* ◻ (M)L **pappa* ← L *pāpa, pappa* (小児語) food ← IE **pā-* to feed〗

pap² /pǽp/ *n.* **1** 《古・方言》乳首; 乳房 (breast). **2 a** 乳首[乳房]状のもの. **b** [the P-] 円錐状の小山の頂き (the Pap of Glencore (グレンコーの頂き)のように固有名詞の一部として). 〖(?*c*1200) *pappe* ← ON (cf. Norw. (方言) & Swed. (方言) *pappe*) ← ? IE **pap-* nipple (擬音語): cf. papula〗

pap³ /pǽp/ *n.* 《米方言》＝papa¹.

pa. p. (略)〘文法〙past participle.

pa·pa¹ /páːpə | pəpáː/ *n.* **1** (小児語) とうちゃん, パパ (father) (cf. mamma¹ 1). ★ 呼び掛けの場合は大文字で Papa となることが多い. pa, pap, pop, paw などともいうが現在では dad, daddy が最も普通. **2** [P-] 文字 p を表す通信コード. ★ この場合は《英》でも /páːpə/ と発音される. 〖(1670) ◻ F ～ ◻ LL *pāpa* ◻ Gk *páppas* ← IE **papa* father (小児語): cf. pope¹〗

pa·pa² /páːpɑː, pəpáː | pəpáː/ *n.* **1** 〘ギリシャ正教〙教区司祭 (parish priest). **2** [the P-] 《古》(ローマまたはアレクサンドリアの)教皇 (the Pope). 〖(1559) ◻ eccl. L *pāpa* 'bishop, (ML) the Bishop of Rome, POPE¹'〗

pa·pa·bi·le /pɑːpáːbɪlèɪ, pə-; *It.* papáːbile/ *adj.* ＝papable. 〖1934〗

pa·pa·ble /péɪpəbl̩/ *adj.* ローマ教皇職 (papacy) に就きうる[に選ばれうる]. 〖(1592) ◻ F ～ ◻ It. *papabile*: ⇨ pope¹, -able〗

pa·pa·cy /péɪpəsi/ *n.* **1** [the ～] ローマ教皇の職[任期, 地位]; 教皇(統治)権. **2** [P-] (ローマ教皇を最高権力とする)教皇政治, 教皇制度 (papal system). **3** 教皇の系列[継承]; 歴代教皇の全体. 〖(*a*1393) ◻ ML *pāpātia* ← LL *pāpa* 'POPE': ⇨ -ACY〗

Pa·pa·do·pou·los /pɑ̀ːpədɑ́(ː)pəlɑ̀(ː)s | -dɔ́pəpləs; *Mod.Gk.* papaðópulɔs/, **Ghior·ghos** /jɔ́rɣɔs/ *n.* パパドプロス (1919–99; ギリシャの軍人・政治家; 軍事政権下における首相 (1967–73), 大統領 (1973)).

pa·pa·dum /pǽpədəm | -dəm/ *n.* ＝poppadom. 〖1820〗

pa·pa·ga·llo /pɑ̀ːpəgáɪou | -əu/ *n.* 〘魚類〙＝rooster-fish. 〖(変形) ← Sp. *papagayo* parrot (*gallo* cock と連想?): 背びれの色・模様の突起がとさかに似ていることから〗

pa·pa·ga·yo /pɑ̀ːpəgáɪou | -əu; *Am.Sp.* papaɣájo/ *n.* (*pl.* **～s**) [しばしば P-] パパガヨ (ニカラグア・パラグアイなど中米の太平洋岸に吹きおろすトルネードに似た北風). 〖コスタリカ北西の Papagayo 湾から〗

Pap·a·go /pǽpəgòu, páːp- | -gàu/ *n.* (*pl.* **～**, **～s**) **1 a** [the ～(s)] パパゴ族 (米国 Arizona 州南西部およびメキシコ Sonora 州北西部のピマ族 (Pima) の一部族). **b** パパゴ族の人. **2** パパゴ語. 〖(1839) ◻ Papago ～ (原義) bean people〗

pa·pa·in /pəpéɪɪ̀n, -páɪ- | -ɪn/ *n.* パパイン: **a** 〘化学〙パパイア (papaya) の果実に含まれている一種の蛋白質分解酵素. **b** それから作った粉末 (消化剤, 肉の軟化剤, ビールの混濁除去剤). 〖(1890) ← PAPA(YA)＋-IN²〗

pa·pal /péɪpəl, -pl̩/ *adj.* **1** ローマ教皇の, 教皇政治[職, 地位, 任期]の: the *Papal* crown 教皇冠 (tiara) / a ～ delegate 教皇使節 / the *Papal* See＝Apostolic See 1. **2** カトリックの, ローマカトリック教会の. **～·ly** /-pəli, -pli/ *adv.* 〖(*a*1393) ◻ (O)F ～ ◻ ML *pāpālis* ← eccl. L *pāpa*: ⇨ papa², -al¹〗

pa·pa·la·gi /pæpáːləŋi/ *n.* (*pl.* ～) 《NZ・サモア》＝palagi. 〖← Samoan〗

pápal búll *n.* 〘カトリック〙(教皇の)大勅書, 公開勅書 (bull).

pápal cróss *n.* 教皇十字架 (3 本横木の十字架). 〖1889〗

pápal infallibílity *n.* 〘カトリック〙教皇不謬(ふびゅう)性 (1870 年に第 1 バチカン公会議 (Vatican Council) で決定されて教義となったもの; キリストの代表者ですべての真理において聖霊に導かれた者としての教皇が「ペトロの座から」(ex-cathedra Petri) 信仰および道徳上の事に関して宣言することには決して誤りがないという説; cf. infallibility 2). 〖1870〗

pá·pal·ism /-lɪzm/ *n.* **1** 教皇制度, 教皇政治. **2** 教皇至上主義. 〖1870〗

pá·pal·ist /-lɪ̀st | -lɪst/ *n.* 教皇制擁護者, 教皇党の人, カトリック教徒. ― *adj.* 教皇制擁護[政治]の. **pà·pal·ís·tic** /pèɪpəlístɪk, -pl-⁻/ *adj.* 〖(1750) ◻ F *papaliste*: ⇨ papal, -ist〗

pa·pal·ize /péɪpəlàɪz/ *vt., vi.* 教皇政治化する; 教皇制を奉じる; カトリックに改宗する[させる]. 〖1624〗

Pápal Státes *n. pl.* [the ～] 教皇領 (755 年からイタリア統一 (1870 年)まで教皇が統治した中部イタリア; 1860 年その一部はイタリアに編入; the States of the Church ともいう).

Pa·pa·ní·co·laou tèst /pɑ̀ːpəníːkəlàu-, pæpəníkəlù:; *Mod.Gk.* papanikɔláu-/ *n.* 〘医学〙パパニコロウ試験 (癌(がん)の疑いのある腫瘍(しゅよう)からの剥(はく)離細胞の染色標体 (smear) による癌 (特に, 子宮頸癌)の診断法; Pap [smear] test ともいう). 〖(1946) ← *George N. Papanicolaou* (1883–1962: ギリシャ系米国人, 医学者)〗

pa·pa·raz·zo /pɑ̀ːpəráːtsou | pæpərǽtsəu; *It.* paparáttso/ *n.* (*pl.* **-raz·zi** /-tsi:; *It.* -ttsi/) パパラッチ (有名人の行く所はどこにでもついて行きセンセーショナルなネタを執拗に捜し求める, 特に, 自由契約の報道写真家), フリーランスのルポカメラマン. 〖(1961) ◻ It. ～ (方言) buzzing insect: cf. F *paperassier* rummager in old papers〗

Pa·pav·er·a·ce·ae /pəpæ̀vəréɪsiːi:/ *n. pl.* 〘植物〙(ケシ目)ケシ科. **pa·pàv·er·á·ceous** /-ʃəs⁻/ *adj.* 〖← NL ～ ← *Papāver* (↓)＋-ACEAE〗

pa·pav·er·ine /pəpǽvərìːn, -v(ə)rɪ̀n | -vərɑ̀ɪn, -v(ə)rɪn/ *n.* (*also* **pa·pav·er·in** /pəpǽv(ə)rɪn, -rən | -rɪn/) 〘化学〙パパベリン ($C_{20}H_{21}NO_4$) (アヘンに含まれるアルカロイドの一種). 〖(1857) ← L *papāver* (↓)＋-INE³〗

pa·pa·ver·ous /pəpéɪv(ə)rəs/ *adj.* **1** ケシの; ケシのような (poppylike). **2** 催眠の (soporific). 〖(1646) ← L *papāver* 'POPPY¹'＋-OUS〗

pa·paw /pɔ́ːpɔː, páː-, -pɑː | pɔ́ːpɔː, pəpɔ́ː/ *n.* 〘植物〙 **1 a** ポポー (*Asimina triloba*) (北米温帯原産のバンレイシ科の果樹; custard apple ともいう). **b** ポポーの果実 (果肉は美味). **2** ＝papaya. 〖(1598) (変形) ← Sp. *papaya* (↓)〗

pa·pa·ya /pəpáɪ(j)ə, -páːjə | -páɪə/ *n.* **1** 〘植物〙パパイア (*Carica papaya*) (熱帯アメリカ原産の果樹; 熱帯各地に栽培される; papaw, pawpaw ともいう). **2** パパイアの果実. **pa·pá·yan** /～n/ *adj.* 〖(1598) ◻ Sp. *papaya* the fruit of papaya & *papayo* the tree of papaya ← Carib (現地語)〗

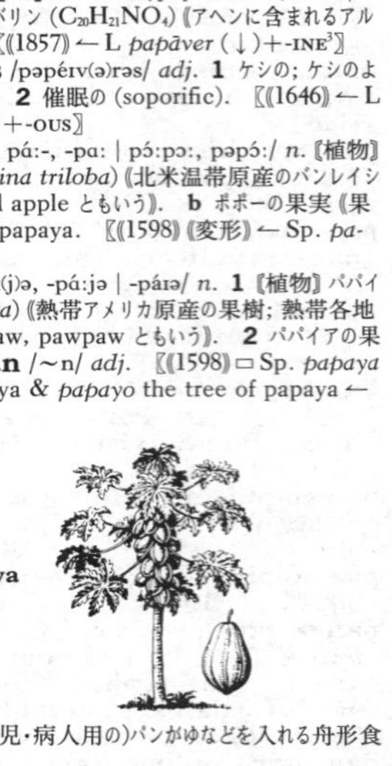

papaya

páp·bòat *n.* (幼児・病人用の)パンがゆなどを入れる舟形食器. 〖1782〗

Pa·pe·e·te /pɑ̀ːpiéɪteɪ, pəpíːti | pɑ̀ːpiéːti, -píːi:-, pɑpíːti; *F.* papeete/ *n.* パペーテ (太平洋上の Society 諸島の Tahiti 島にある海港, French Polynesia の主都).

pa·pe·le·ra /pɑ̀ːpəléᵊrə | -léərə; *Sp.* papeléɾa/ *n.* (*pl.* **～s** /～z; *Sp.* ～s/) (書類・筆記具などを収納するスペインの)ルネサンス風の飾り棚. 〖◻ Sp. ～ ← *papel* paper＋-*era* (fem.) '-ER¹'〗

Pa·pen /páːpən, -pn̩; *G.* páːpn̩/, **Franz von** *n.* パーペン (1879–1969; ドイツの政治家・外交官, 首相 (1932), Hitler のもとで副首相 (1933–34)).

pa·per /péɪpə | -pə^r/ *n.* **1** 紙: a piece of ～ (小さな)一片の紙 / a sheet of ～ 一枚の紙. ★ a piece of, a sheet of がつかなくても一片の紙, 一枚の紙, 一葉の紙を表すことがある. / crape ～ ちりめん紙 / ruled [lined] ～ 罫(けい)紙 / ⇨ art paper, carbon paper, glasspaper, Japanese paper, blotting paper, rice paper, sensitive paper, tracing paper, writing paper / commit to [put (down) on] ～ 紙に書きつける / put [set] pen to ～ 書き始める, 筆を執る; 書く / work with ～ and pencil [pencil and ～] 紙と鉛筆でこつこつ仕事をする. **2** 紙状のもの (papyrus など). **3** 新聞, 新聞紙; (新聞に似た)定期刊行物: a daily ～ 日刊新聞 / a morning [an evening] ～ 朝[夕]刊(新聞) / a Sunday ～ 新聞の日曜版 / a trade ～ 業界紙 / today's ～ 今日の新聞 / be in the ～*s* [～] 新聞に出ている / get into the ～*s* [～] 新聞に出る / What ～ do you take [read]? 君は何新聞を取っていますか / What do the ～*s* say? 新聞では何と言っているか. **4** 論文, 研究論文: a ～ *on* folklore 民俗学に関する論文 / read [give, deliver, present] a ～ (to a learned society) (学会で)論文を発表する, 研究発表[報告]をする / collected ～*s* 論文集. **5** 試験問題, 答案; 宿題, レポート: set a ～ *in* grammar 文法の問題を出す / correct [mark, grade] (exam) ～*s* 答案を添削[採点]する / do [write] a ～ レポート[論文]を書く. 日英比較 日本語で学生が提出する宿題を「レポート」というが, それに当たる英語. **6** [通例 *pl.*] 書類, 文書, 記録, 資料 (documents); 日記, 書簡集: important ～*s* 重要書類 / private ～*s* 私文書 / sign a ～ 証書に署名する, 一札入れる. **7** [*pl.*] 身分証明書, パスポート, 戸籍証明書; 船籍証明書; 資格認定証; 信任状 (credentials); 辞表: state ～*s* 公文書 / Are your ～*s* in order? 証明書はきちんとしていますか / ⇨ first papers, ship's papers. **8** (政府機関が出す)刊行文書: ⇨ Green Paper, white paper. **9** 貨幣, 銀行券 (paper money). **10** [集合的にも用いて] 手形 (bill), 為替手形 (bill(s) of exchange): good ～ 支払い確実の手形 / commercial ～ 商業手形 / negotiable ～ 融通[流通]手形. **11** 《俗》(劇場などの)無料入場券 (free pass); [集合的] 無料入場者 (cf. deadhead 1): The house was largely filled with ～. 会場は大部分無料入場者で満たされていた. **12** 壁紙 (wallpaper); 紙の掛物. **13** 便箋; 書簡箋 (stationery). **14** [*pl.*] ＝curlpapers. **15** 《米》トランプ. **16** 《古》紙包み, 紙袋: a ～ of pins ピン一包み / a ～ of tobacco たばこ一袋. **17** 《廃》服役中の罪人が背中に付けられる罪状を記した紙.
lày pápers on the táble 《英》〈大臣などが〉(議事などの)報告書を議会に提出する (cf. *on the* TABLE (4)). ***make the pápers* [*páper*]** 知れ渡る. ***nòt wórth the páper it is* [*they are*] *printed* [*written*] *on*** 〈書いたもの, 例えば契約書など〉一文の価値もない. ***on páper*** (1) (口ではなく)紙に書いて[印刷して]; (事実はともかく)紙上では, 書いた物[書類, 印刷物]の上では. (2) 理論[統計]上は; 仮定的には. (3) 立案[計画]中の. (1771) ***sénd* [*hánd*] *in*** *one's* ***pápers*** (特に)〈陸海軍将校が〉辞表を提出する.
― *adj.* [限定的] **1 a** 紙の, 紙製の: a ～ bag, cup, doll, napkin, towel, etc. / a ～ lantern ちょうちん / a ～

screen 障子 / a ~ window 障子窓. **b** 紙表紙の. **2** 紙のような (paperlike); (紙のように)薄い, もろい. **3** 紙上の; 手紙・論説・書物などで行う[に関連する]; 書類仕事の, 事務上の: ~ wars [warfare] (新聞・小冊子・著書などでの)筆戦, 論戦 / ⇨ paperwork. **4** 帳面づらだけの; 名[形]だけの, 空論の, 実施[実行]されない (unsubstantial): a ~ army (名前だけの)幽霊軍隊 / ~ strength (軍隊の)名目上の兵力[戦闘力] / a ~ plan (机上の)空論 / ⇨ paper blockade, paper profit, paper qualifications. 日英比較 日本語の「ペーパーカンパニー」「ペーパーテスト」「ペーパードライバー」は和製英語. 英語ではそれぞれ, dummy company, written test, person who has a driver's license but is inexperienced in driving という. なお, 英語の *paper* company は製紙会社をいう. **5** 紙に書かれた, 印刷された; 紙幣として発行された: ~ currency = paper money. **6** 《米俗》〈劇場など〉無料入場者が主な, 〈観客が〉無料で入場した: a ~ audience / ⇨ paper house. **7** 〈薄い織地が〉紙のようにさらりとなめらかな仕上げの. **8** 〈結婚記念日など〉第一回の: ⇨ paper wedding.

— *vt.* **1** …に壁紙を張る: ~ a wall, room, etc. / a room ~*ed with* flowers [a floral pattern] 花模様の壁紙を張った部屋 / ~ a wall [room] green [red] 壁紙を張って壁[部屋]を緑[赤]にする / a wall ~*ed with* posters ポスターが張ってある壁. **2** 紙で包む; 〈窓・戸などを〉紙で覆う 〈*up, over*〉. **3** 紙で裏打ちする. **4** 紙やすりにかける. **5** 《俗》〈劇場などに〉無料入場者を入れて大入りにする. **6** 《古》紙に書く[記す]; 記述する, 筆に表す. — *vi.* (壁に)壁紙を張る.

páper óver (1) ⇨ *vt.* 2. (2) 〈組織内の欠点・不一致などを〉隠す, 取り繕う, 糊塗(こと)する.

~·lìke *adj.* 〘n.: ((1322)) ((?c1380)) *papir* ◻ AF=(O)F *papier* ◻ L *papȳrus* paper ◻ Gk *pápūros* 'PAPYRUS': PAPYRUS と二重語. — v.: ((1594)) ← (n.)〙

pa·per·back /péɪpəbæ̀k | -pə-/ *n.* **1** ペーパーバック, 紙表紙[紙装]本 (cf. hardcover, hardback): be published in ~ ペーパーバックで出版される. **2** (紙装の)興味本位の本. — *adj.* 〈本が〉紙表紙[紙装]の, ペーパーバックの; ペーパーバック版の: a ~ edition. — *vt.* ペーパーバックで出版する. 〘1899〙

páper·bàcked *adj.* = paperback. 〘1888〙

páper·bàrk *n.* 〘植物〙オーストラリア産のフトモモ科メラレウカ[コバノブラシノキ, カユプテ]属 (*Melaleuca*) の常緑低木・小高木 (特に薄くはがれる紙のような樹皮をもつ); (特に) メラレウカ クィンクェネルウィア (*M. quinquenervia*) (湿地に生える). 〘1842〙

páper·bark máple *n.* 〘植物〙ヒロハノカエデ (*Acer macrophyllum*) (北米西部産のサトウカエデの一種; 樹液から砂糖を採る; large-[broad-]leaved maple, Oregon maple ともいう). 〘1927〙

páper bìrch *n.* 〘植物〙アメリカシラカンバ (*Betula papyrifera*) (北米産のシラカンバ属の植物; 白い樹皮はかご細工などに用いる; cf. western paper birch). 〘1810〙

páper blockáde *n.* (宣言だけの)紙上封鎖.

páper·bòard *n.* (木材・化学パルプなどを原料とする)板紙; はり合わせ板紙 (pasteboard): a piece of ~. — *adj.* 板紙(製)の; はり合わせ板紙(製)の. 〘1549〙

páper bòards *n. pl.* 〘製本〙板紙表紙装. 〘1888〙

páper·bòok *n.* = paperback.

páper bòok *n.* 訴訟記録書 (当該事件についての裁判所の記録 (record) の写本). 〘1768〙

páper·bòund *n.* 〘製本〙紙表紙本, 紙装本. — *adj.* 紙表紙の (cf. clothbound). 〘1950〙

páper·bòy *n.* 新聞売り子[配達人], 新聞少年 (newsboy). 〘1876〙

páper capácitor *n.* 〘電気〙紙コンデンサー (誘電体として絶縁紙を用いる最も一般的なコンデンサー; paper condenser ともいう).

páper chàse *n.* = HARE and hounds. 〘1856〙

páper clìp *n.* 紙ばさみ, (ペーパー)クリップ. **páper-clìp** *vt.* ペーパークリップではさむ. 〘1875〙

páper condénser *n.* 〘電気〙= paper capacitor.

páper còver *n.* 紙表紙本, 紙装本. 〘1856〙

páper cùrrency *n.* = paper money.

páper cúrtain *n.* 《米》紙のカーテン (官僚的かつ煩雑な手続きから生ずる, 実態究明等の妨げとなるもの).

páper cùtter *n.* **1** (紙の)断截(だんさい)機, 截紙機 (カッターの一種). **2** = paper knife 1. 〘1828〙

páper dóll *n.* 紙人形; [通例 *pl.*] 折りたたんだ紙を切って作った一続きの人形. 〘1849〙

pá·per·er /-pərə | -rə^(r)/ *n.* **1** = paperhanger. **2** 紙やすりで磨く人. 〘1837〙

páper fáctor *n.* 〘化学〙バルサムモミ (balsam fir) のテルペン (terpene).

páper-fàstener *n.* 《英》ペーパーファスナー (書類をとじるピン; 紙を通したら二つに分かれた先を折り曲げる). 〘1864〙

páper fèed *n.* 〘電算〙(プリンターの)給紙機構[方式]. 〘1920〙

páper-fìle *n.* 状差し, 紙ばさみ; (新聞の)綴じ込み. 〘1875〙

paper fíligree *n.* = rolled paperwork.

páper·gìrl *n.* 新聞配達の少女.

páper góld *n.* 〘経済〙= Special Drawing Rights. 〘1966〙

páper·hànger *n.* **1** 壁紙張りの職人, 経師(きょうじ)屋, 表具師. **2** 《米俗》偽造[不渡り]小切手使い. 〘1796〙

páper·hànging *n.* **1** 壁紙[表具]張り(業). **2** [*pl.*] 《古》壁紙 (wallpaper). **3** 《米俗》不渡り小切手の濫発. 〘1693〙

páper hòuse *n.* 《米俗》(劇場などで)大半を無料入場者で埋めた客席, 招待客ばかりの客席 (cf. paper *adj.* 6).

páper hùnt *n.* = HARE and hounds. 〘1871〙

páper insulátion *n.* 〘電気〙紙絶縁.

páper knìfe *n.* **1** (象牙・骨・金属・木製などの)紙切りナイフ, ペーパーナイフ (paper cutter ともいう). **2** 紙の断截(だんさい)機の刃部. 〘1806–7〙

páper·less *adj.* 紙を使わないで情報[資料]を伝達する. 〘1969〙

pa·per-mâ·ché /pèɪpəməʃéɪ, -mæ- | -pə-/ *n., adj.* = papier-mâché.

páper·màker *n.* 製紙業者. 〘1573–80〙

páper·màking *n.* 製紙. 〘1816〙

páper màtch *n.* = book match. 〘1832〙

Páper Màte /-mèɪt/ *n.* 〘商標〙ペーパーメイト (米国製の使い捨てボールペン・鉛筆などの文具).

páper·mìll *n.* 製紙工場. 〘1498〙

páper móney *n.* **1** 紙幣, 銀行券 (cf. coin, specie[1]). **2** 有価証券 (小切手・手形など). 〘1691〙

páper múlberry *n.* 〘植物〙カジノキ (*Broussonetia papyrifera*) (クワ科のコウゾの類の落葉高木; 樹皮は和紙の原料, 南洋諸島ではタッパ布 (tapa) の原料とする). 〘1777〙

páper·mùslin *n.* つや付けモスリン布. 〘1864〙

páper náutilus *n.* 〘動物〙アオイガイ (アオイガイ属 (*Argonauta*) のタコの総称; アオイガイ[カイダコ] (*A. argo*) など; argonaut ともいう). 〘(1835) 薄くて白い紙のような貝殻をもつことから〙

páper plànt *n.* 〘植物〙= papyrus 1. 〘1597〙

páper prófit *n.* [通例 *pl.*] (まだ実現しない)帳簿上の利益. 〘1893〙

páper pùlp *n.* 製紙用パルプ. 〘1839〙

páper pùsher *n.* ひらの事務員, 下っ端の公務員, 小役人.

páper qualificátions *n. pl.* 資格(取得)証明書: impressive ~, but no practical experience 書類上は立派な資格だが実践経験がない (cf. paper *adj.* 4).

páper réed *n.* 〘植物〙= papyrus 1. 〘1597〙

páper ròund *n.* 新聞配達区域[ルート]. 〘1948〙

páper ròute *n.* 《米》= paper round. 〘1868〙

páper rúsh *n.* 〘植物〙= papyrus 1. 〘1727–41〙

páper-shéll *adj.* = paper-shelled. 〘1884〙

páper-shélled *adj.* ごく薄手の殻のある[で覆われた]. 〘1911〙

páper shòp *n.* 《英》= newsdealer.

páper-stàiner *n.* 壁紙製造人, 壁紙印刷[着色]業者. 〘1596〙

páper stándard *n.* [the ~] 〘経済〙紙幣本位(制) (cf. gold standard, silver standard).

páper tápe *n.* 〘電算・通信〙紙テープ (コンピューター・電信機などの入力・出力鑽孔(さんこう)を記録するテープ; punch [punched, 《米》perforated] tape ともいう; cf. tape 1 c). 〘1890〙

páper-thín *adj.* **1** 紙のように薄い, 非常に薄い (very thin): The meat is cut ~. **2** 非常に狭い; 紙一重の, かろうじての. 〘1928〙

páper tíger *n.* 見かけだけのもの; こけおどし, 張子の虎: He claims that the Navy is a ~. 〘1850〙

páper tràil *n.* 文書足跡 (ある人の行動をたどったり意見を読み取ったりすることのできる過去の記録). 〘1976〙

páper-tràin *vt.* 〈犬などを〉紙の上で排便するようしつける. 〘1971〙

páper trèe *n.* 〘植物〙= paper mulberry. 〘1839〙

páper wàsp *n.* 〘昆虫〙枯木の繊維を集めて唾液で練って紙質の巣を作るハチの総称 (yellow jacket や hornet など).

páper wédding *n.* 紙婚式 (結婚 1 周年の記念式[日]; ⇨ wedding 4).

páper·wèight *n.* 文鎮, 紙押さえ. 〘1858〙

páper-whìte *n.* 〘植物〙= polyanthus 2. 〘1806〙

pa·per·work /péɪpəwə̀ːk | -pəwə̀ːk/ *n.* 文書業務, 事務手続き, ペーパーワーク (ある仕事に付帯してなされる記録・書類の整理・保存などの仕事). 〘1587〙

pa·per·y /péɪpəri/ *adj.* **1** 紙状の, 紙質の; 薄い, 弱い (thin, flimsy): ~ leaves. **2** 《俗》無料入場者で占める: The house was largely ~. 会場は大部分無料入場者だった. **pá·per·i·ness** *n.* 〘1602〙

pap·e·terie /pǽpətri; *F.* paptʀi/ *n.* 文具箱, (手)文庫 (stationery case). 〘(1847) ◻ F ~ ← *papetier* paper maker, stationer ← *papier* 'PAPER'〙

Pa·phi·an /péɪfiən/ *adj.* **1** パポス (Paphos) の: the ~ Goddess = Aphrodite. **2** 女神アプロディーテー (Aphrodite) の. **3** (不義の)恋愛の, 邪恋の; みだらな (erotic). — *n.* **1** パポスの人. **2** アプロディーテー崇拝者; [しばしば p-] 売春婦 (prostitute). 〘(1598) ← L *Paphi(us)* (← PAPHOS) + -AN[1]〙

Paph·la·go·ni·a /pæ̀flagóuniə | -góu-/ *n.* パプラゴニア (黒海に臨み, 小アジア北部にあった古代の地域名; ギリシャ人が植民し, のちローマ領となる).

Pa·phos[1] /péɪfɑ(ː)s | pǽfɔs, péɪ-; *Mod.Gk.* páfos/ *n.* パポス (Aphrodite の神殿のあった Cyprus 南西部の古都; Aphrodite 崇拝の中心地). 〘◻ L ~ ◻ Gk *Páphos*〙

Pa·phos[2] /péɪfɑ(ː)s | -fɔs/ *n.* 〘ギリシャ神話〙パポス (Pygmalion と Galatea の息子; 父のあと Cyprus の王位を継承した; Paphus /péɪfəs/ ともいう).

Pa·pia·men·to /pɑ̀ːpjəméntou | -təu; *Am.Sp.* papjaménto/ *n.* パピアメント語 (オランダ領西インド諸島の Curaçao 島のスペイン語と先住民の言語との混合語). 〘(1923) ◻ Sp. ~ ← Papiamento *papia* talk + *-mento* -ment〙

pa·pier col·lé /pɑːpjéɪkɔːléɪ, pæp-; *F.* papjekɔle/ *F. n.* (*pl.* **pa·piers col·lés** /~(z); *F.* ~/) 〘美術〙パピエコレ (画面に壁紙・色紙・新聞紙などを適宜に切って貼り付ける立体派[キュービズム]の絵画技法の一つ; cf. collage 1). 〘(1935) ◻ F ~ (原義) pasted paper〙

pa·pier-mâ·ché /pæ̀pjèɪməʃéɪ, pèɪpə-, -mæ- | pæ̀pjeɪmǽʃeɪ, pèɪpə-; *F.* papjemaʃe/ *n.* 混凝紙 (箱・盆などの製造に用いる張子[張抜き]の材料; どろどろにした紙にサイズ (size)・のり・樹脂 (resin)・油などを入れたもの). — *adj.* **1** 張子の: a ~ mask / a ~ mold 〘印刷〙紙型. **2** 見掛け倒しの; まやかしの, 欺瞞的な (false): a ~ façade. 〘(1753) ← F ~ ← *papier* 'PAPER' + *mâché* chewed (← *mâcher* to chew < L *masticāre* 'to MASTICATE')〙

pa·pil·i·o·na·ceous /pəpìliənéɪʃəs⁻/ *adj.* 〘植物〙**1** (マメ科の花に普通な)蝶形の, 蝶形花冠のある: the ~ corolla 蝶形花冠. **2** マメ科の. 〘(1668) ← NL *pāpiliōnāceus* ← L *pāpiliō(n-)* butterfly: ⇨ -aceous〙

pap·ill- /pǽpəl, pəpíl | pǽpɪl, pəpíl/ (母音の前にくるときの) papillo- の異形.

pa·pil·la /pəpílə/ *n.* (*pl.* **pa·pil·lae** /-liː/) **1** (まれ) 〘解剖〙乳頭 (nipple); 味蕾(みらい) (taste bud); (歯根・毛根の)小乳頭状突起. **2** 〘植物〙乳頭突起, 突起毛. **3** 吹き出物, おでき, にきび (pimple). 〘(1693) ← (N)L ~ 'nipple' (dim.) ← *papula* 'a swelling, PAPULA'〙

pa·pil·lar /pǽpələ, pəpílə | pəpílə^(r)/ *adj.* = papillary.

pa·pil·lar·y /pǽpəlèri, pəpíləri | pəpíləri/ *adj.* 〘解剖〙乳頭の, 乳頭状[性]の, 小突起のある[で覆われた]. 〘(1667) ← PAPILLO- + -ARY〙

pápillary múscle *n.* 〘解剖〙乳頭筋 (心室の内壁から乳頭状に突出している筋). 〘1899〙

pap·il·late /pǽpəlèɪt, pəpílət | pəpílɪt/ *adj.* 〘解剖〙乳頭状[性]の; 乳頭(状突起)のある. 〘(1857) ← NL *papillātus*: ⇨ papilla, -ate[2]〙

pa·pil·li·form /pəpíləfɔ̀əm | -lɪ̀fɔ̀ːm/ *adj.* 〘解剖〙乳頭状の. 〘1828〙

pap·il·li·tis /pæ̀pəláɪtɪs | -pɪláɪtɪs/ *n.* 〘病理〙乳頭炎. 〘(1892) ← NL ~ ← PAPILLO- + -ITIS〙

pap·il·lo- /pǽpəlou, pəpíl- | pǽpɪləu, pəpíl-/「乳頭 (papilla), 乳頭の (papillary), 乳頭腫状の (papillomatous)」の意の連結形. ★ 母音の前では通例 papill- になる. 〘← NL ~ ← L *papilla* 'PAPILLA'〙

pap·il·lo·ma /pæ̀pəlóumə | -pɪlə́u-/ *n.* (*pl.* **~s, ~·ta** /~tə | ~tə/) 〘病理〙**1** 乳頭腫(しゅ). **2** いぼ, うおの目. **~·tous** /~təs | ~təs⁻/ *adj.* 〘(1866) ← NL ~: ⇨ ↑, -oma〙

pap·il·lo·ma·to·sis /pæ̀pəloumətóusɪs | -pɪləumətə́usɪs/ *n.* 〘病理〙乳頭腫症. 〘(1899) ← NL ~: ⇨ ↑, -osis〙

papillóma·vìrus *n.* 〘医学〙乳頭腫ウイルス, パピローマウイルス.

pap·il·lon, P- /pǽpəlɑ̀(ː)n | -pɪlɔn; *F.* papijɔ̃/ *n.* パピヨン (スペイン・イタリア・フランスなどで作出され, 耳が頭に斜めにつき, チョウの羽根に似ているイヌ). 〘(1907) ◻ F ~ (原義) butterfly ◻ L *pāpiliō(n-)*: その耳の形から: cf. pavilion〙

pap·il·lose /pǽpəlòus | -pɪ-/ *adj.* 〘解剖〙= papillate. 〘1752〙

pap·il·lote /pǽpəjòut, pɑ́ː-, -pəlòut | pǽpɪlɔ̀t, -lə̀ut, -pɪjɔ̀t; *F.* papijɔt/ *n.* パピヨット: **a** (骨つき肉の骨の端に巻く)フリル状の紙飾り. **b** 材料を包んで焼くための油脂をひいた紙: en ~ パピヨット[ホイル]に包んで調理された. 〘(1748) ◻ F ~ ← *papillon* butterfly: ⇨ papillon〙

Pa·pi·ni /pɑːpíːniː; *It.* papíːni/, **Giovanni** *n.* パピーニ (1881–1956; イタリアの詩人・小説家・評論家; *Storia di Cristo*「キリストの生涯」(1921)).

pa·pism /péɪpɪzm/ *n.* 《軽蔑》(ローマ)カトリック教皇制; カトリック教. 〘(1550) ◻ F *papisme*: ⇨ ↓, -ism〙

pa·pist, P- /péɪpɪst | -pɪst/ *n.* **1** ローマ教皇(政治)礼賛者. **2** 《軽蔑》カトリック[天主教]信者 (Roman Catholic). — *adj.* カトリック[天主教]信者の. 〘(1534) ◻ F *papiste* ← *pape* 'POPE[1]': ⇨ -ist〙

pa·pis·tic /peɪpístɪk, pə-/ *adj.* 《軽蔑》ローマ教の, カトリックの, 天主教の. **pa·pís·ti·cal** /-tɪkəl, -kḷ | -tɪ-/ *adj.* **pa·pís·ti·cal·ly** *adv.* 〘(1545) ◻ ? F *papistique*: ⇨ ↑, -ic[1]〙

pa·pist·ry /péɪpɪstri/ *n.* 《軽蔑》教皇制[制度], カトリック的教義[儀式]. 〘(1535) ← PAPIST + -RY〙

pa·poose /pæpúːs, pə- | pə-/ *n.* アメリカインディアンの赤ん坊[幼児] (cf. squaw): ~ fashion (背負い板 (papoose board) で背負われた)インディアンの赤ん坊のように; 後ろ向きに(背負われて). 〘(1634) ◻ N-Am.-Ind. (Narragansett) *papoòs* child, (原義) very small〙

papóose bòard *n.* (アメリカインディアンが赤ん坊を後ろ向きに固定して背負うのに使う)背負い板 (cradleboard).

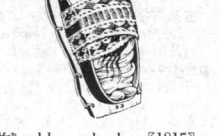

papoose board

papóose·ròot *n.* 〘植物〙= blue cohosh. 〘1815〙

pa·poosh /pəpúːʃ, pɑː-/ *n.* (*also* **pa·pouche** /~/) = babouche. 〘(1682) 《古》*papucha* ◻ F *papouch* ◻

P

Pers. *pāpūsh* shoe ← *pā* foot + *pūsh* covering〗

pa·po·va·vi·rus /pəpóuvəvàɪrəs | -páuvəvàɪ³r-/ *n.* 〖病理〗パポーバウイルス《DNA をもつウイルスの一群で, 腫瘍の原因になるものが多く含まれる》. 〖(1962) ← PA(PILLOMA)+PO(LYOMA)+*va*(*cuolation*)+VIRUS〗

Papp /pǽp/, **Joseph** *n.* パップ《1921–91; 米国の舞台制作者·演出家; 代表作 *Hair* (1967), *A Chorus Line* (1975) 本名 Joseph Papirofsky》.

pap·pa·tá·ci fèver /pɑ̀ːpətɑ́ːtʃi-/ *n.* 〖病理〗= sandfly fever.

pap·pen·hei·mer /pǽpənhàɪmə | -mə^(r; G. pápnhaɪmɐ/ *n.* パッペンハイマー剣《蔓飾りの柄付 rapier の一種; Walloon sword ともいう》. 〖← *G. Heinrich, Graf zu Pappenheim* (1594–1632: 30 年戦争時のドイツの貴族·将軍)〗

pappi *n.* pappus の複数形.

pap·poose /pæpúːs, pə- | pə-/ *n.* =papoose.

pap·pose /pǽpous | -pəus/ *adj.* 〖植物〗冠毛を形成する; 冠毛のある, 冠毛性の (downy). 〖(1691) PAPPUS + -OSE¹〗

pap·pous /pǽpəs/ *adj.* 〖植物〗=pappose.

pap·pus /pǽpəs/ *n.* (*pl.* **pap·pi** /-paɪ, -piː/) 〖植物〗(タンポポ·アザミなどの種子の)冠毛, うぶ毛. 〖(1704) ◻ L ~ ◻ Gk *páppos* down on seeds, 《原義》grandfather ← IE **papa* 'PAPA': cf. Gk *páppa(s)* father〗

Páp·pus of Alexándria /pǽpəs-/ *n.* アレクサンドリアのパッポス《3 世紀後半から 4 世紀前半のギリシャの幾何学者》.

pap·py¹ /pǽpi/ *adj.* (**pap·pi·er**; **-pi·est**) **1** パンがゆのような, 乳状の (milky). **2** どろどろの (mushy), 汁の多い. **3** 柔らかな (soft). 〖(1670) ← PAP¹+-Y⁴〗

pap·py² /pǽpi/ *n.* 《米南部》おとうちゃん (papa). 〖(1763) ← PAPA¹+-Y²〗

pa·preg /péɪprɛg/ *n.* 樹脂をしみ込ませた紙を何枚も重ねて接着した引っ張り強度の高い材料. 〖《混成》← PA(PER) + (*im*)*preg*(*nated*)〗

pap·ri·ka /pəpríːkə, pæ-, pǽprɪ̆kə | pǽprɪ-, pəpríː-/ *n.* **1** 〖植物〗シシトウガラシの類《トウガラシ (Spanish paprika) など》; その実. **2** パプリカ《トウガラシの実から製した香辛料》. **3** トウガラシ色《赤みがかったオレンジ色》. 〖(1896) ◻ Hung. ~ ◻ Serbian *pàprika* (dim.) ← *pàpar* pepper ◻ Gk *péperi* 'PEPPER'〗

Páp smèar [tèst] *n.* 〖医学〗=Papanicolaou test.

Pap·u·a /pǽpjuə, pɑ́ː-, -puə | pǽpuə, pɑ́ː-, -pjuə/ *n.* **1** パプア(島) (New Guinea (島)の別名). **2** パプア人 (Papuan). 〖(1619) ◻ Malay *pĕpuah* 《原義》frizzled〗

Papua, the Gulf of *n.* パプア湾《New Guinea 南東岸にある Coral Sea 内の大きな湾》.

P **Papua, the Territory of** *n.* パプア地区《New Guinea 島南東部および付近の諸島を含むオーストラリアの旧海外領土; 現在は Papua New Guinea の一部; 面積 234,397 km², 主都 Port Moresby; 旧名 British New Guinea》.

Pap·u·an /pǽpjuən, pɑ́ː-, -puən | pǽpuən, pɑ́ː-, -pjuən/ *adj.* **1** パプア(島)の[に関する]. **2** パプア人の, ニューギニア (New Guinea) 先住民の. **3** パプア語群の. **4** 〖生物地理〗パプア亜区の. — *n.* **1** パプア人, ニューギニア先住民《Negroid 種の黒人》. **2** パプア語(群)《南西太平洋諸島, 特に New Guinea, New Caledonia の言語》. 〖1814〗

Pápua Nèw Guínea *n.* パプアニューギニア《New Guinea 島東半分と Bismarck 諸島, Bougainville 島, Buka 島などの島々から成る英連邦内の国; 北部のオーストラリア信託統治領 Territory of New Guinea と南部のオーストラリア領 Territory of Papua とが 1973 年自治領となり, '75 年独立; 面積 461,690 km², 首都 Port Moresby》.

Pápua Nèw Guínean *n., adj.* パプアニューギニア人(の). 〖1972〗

pap·u·la /pǽpjʊlə/ *n.* (*pl.* **-u·lae** /-lìː, -làɪ/) **1** 〖病理〗=papule 1. **2** 皮鰓(ひさい)《棘皮動物の呼吸·排出の用をする体表の小突起》. **3** 〖植物〗=papule 2. **pap·u·lar** /pǽpjʊlə | -lə^r/ *adj.* 〖(1706) ← (N)L ~ 'pimple': ⇨ pap²: cf. papilla〗

pap·ule /pǽpjuːl/ *n.* **1 a** 〖病理〗丘疹(きゅうしん). **b** 吹き出物 (pimple). **2** 〖植物〗小隆起, いぼ (wart). 〖(1864) ← (N)L *papula* (↑)〗

pap·u·lif·er·ous /pæ̀pjʊlíf(ə)rəs⁻/ *adj.* 〖病理〗丘疹(きゅうしん)を生ずる. 〖(1857): ⇨ ↑, -ferous〗

pap·u·lose /pǽpjʊlòus | -lòus/ *adj.* **1** 〖病理〗丘疹(きゅうしん)の; 丘疹でおおわれた. **2** 小隆起のある. 〖(1776) ← NL *papulōsus*: ⇨ papule, -ose¹〗

pap·u·lous /pǽpjʊləs/ *adj.* =papulose. 〖(1818–20) ← NL *papulōsus* (↑): ⇨ -ous〗

pap·y·ra·ceous /pæ̀pəréɪʃəs | -pɪ̆-⁻/ *adj.* 〖生物〗= papery 1. 〖◻ Gk *papyrāceus*: ⇨ papyrus, -aceous〗

papyri *n.* papyrus の複数形.

pa·pyr·o·graph /pəpáɪrəgræ̀f | -páɪ(ə)rəgrɑ̀ːf, -græ̀f/ *n.* パピログラフ《謄写版の一種》. 〖(1877) ← *papyro-* (連結形) ← PAPYRUS) + -GRAPH〗

pap·y·rol·o·gy /pæ̀pərɑ́(ː)lədʒi | -pɪ̆rɔ́l-/ *n.* パピルス古文書学. **pa·py·ro·log·i·cal** /pəpàɪrəlɑ́(ː)dʒɪ̆kəl, -pìr-, -kl | -pàɪ(ə)rəlɔ́dʒɪ-, -pìr-⁻/ *adj.* **pàp·y·ról·o·gist** /-dʒɪ̆st | -dʒɪst/ *n.* 〖(1898): ⇨ ↓, -logy〗

pa·py·rus /pəpáɪrəs | -páɪ(ə)r-/ *n.* (*pl.* ~·**es**, **pa·py·ri** /-riː, -raɪ | -raɪ/) **1** 〖植物〗パピルス, カミガヤツリ (*Cyperus papyrus*)《アフリカに産するカヤツリグサ属の大形の水草; 昔はエジプトにも多く産した; paper plant, paper reed, paper rush ともいう》. **2** パピルス《カミガヤツリの髄で作った書写材; 古代エジプト·ギリシャ·ローマで用いた》. **3** パピルス写本[文書]; パピルス巻子本[巻本]. 〖(c1395) ◻ L *papȳrus* ◻ Gk *pápūros* papyrus ← ?: PAPER と二重語〗

par¹ /pɑ́ə | pɑ́ː^r/ *n.* **1** 同等 (equality), 同[等]価, 同[等]位. **2** 〖商業〗平価, 額面価額 (par value ともいう); 為替平価: at ~ 〈株が〉額面価格で; 〈通貨が〉平価で / under ~ 額面以下で, 平価以下で. **3 a** (程度·品質·数量などの)規準量[額], 標準. **b** 《口語》(健康などの)常態. **4** 〖ゴルフ〗パー《ホールまたはラウンドについての基準打数; cf. birdie 2, bogey¹ 3, eagle 6》.

abòve pár (1) 額面以上で, 平価以上で. (2) (量·程度·状態などが)標準[規準]以上で. (3) (健康が)快調で. ***be* (*abòut*) *pár for the cóurse*** 《口語》普通[いつも]のことだ, (…には)よくあることだ〔*for*〕. ***belòw* [*ùnder*] *pár*** (1) 額面以下で; 平価以下で. (2) (量·程度·状態が)標準[規準]以下で: Their speeches were *below* [*under*] ~. 彼らの演説のできは標準以下だった. (3) 《口語》(健康が)すぐれないで. (1726) ***on a pár*** 〔…と〕同等[同様]で〔*with*〕: The profits and loss are *on a* ~. 損益なし / His knowledge of English is *on a* ~ *with* mine. 彼の英語の知識は私と似たり寄ったりだ. (1726) ***up to pár*** (1) = at PAR (⇨ *n.* 2). (2) 標準に達して. (3) 《口語》元気で: not feeling (quite) *up to* ~ いつもの元気がない.

pár of exchánge [the —] (為替の)法定平価.

— *adj.* **1** 平均の; 標準の, 常態の. **2** 〖商業〗平価の; 額面の: ⇨ par value. **3** 〖ゴルフ〗パーの.

— *vt.* (**parred**; **par·ring**) 〖ゴルフ〗〈ホールまたはラウンドを〉パーでとる[あがる].

〖(1622) ◻ L *pār* equal: cf. pair¹〗

par² /pɑ́ə | pɑ́ː^r/ *n.* 《英口語》(新聞·雑誌などの)小記事, 短評. 〖(1844) 《略》← PARAGRAPH〗

par³ /pɑ́ə | pɑ́ː^r/ *n.* 〖魚類〗=parr.

par⁴ /pɑə | pɑː^r; *F.* paʀ/ *prep.* …によって, …のために, …として《フランス語起源の成句を作る》: ⇨ par excellence. 〖(c1250) ◻ (O)F ~ < VL **pra*, **per ad*: ⇨ per-, ad-〗

par⁵ *n.* 《口語》=paratrooper.

Pär /pɛ́ə | pɛ́ə^r; *Swed.* pæːr/ *n.* ペール《スウェーデン系の男性名》. 〖◻ Swed. ~ 'PETER'〗

PAR /pɑ́ə, píːèɪɑ́ə | pɑ́ː^r, píːèɪɑ́ː^r/ 《略》〖電子工学〗perimeter acquisition radar 周辺捕捉レーダー (cf. MSR); precision approach radar 精測[精密]進入レーダー. 〖1951〗

par. 《略》paragraph (*pl.* pars.); parallax; parallel; parenthesis; parish.

Par. 《略》Paraguay.

par- /pær, pɛr | pær/ *pref.* (母音および h の前にくるときの) para-¹ の異形: *par*allel, *par*ody, *par*aldehyde, *par*odos.

pa·ra¹ /pɑ́ːrə; *Turk.* paɾa/ *n.* (*pl.* ~**s**, ~) **1 a** パラ《トルコの通貨単位; =¹/₄₀₀₀ lira, =¹/₄₀ kurus》. **b** 1 パラ貨幣. **2 a** パラ《旧ユーゴスラビアの通貨単位; =¹/₁₀₀ dinar》. **b** 1 パラ硬貨. 〖(1687) ◻ Turk. *pārah* ◻ Pers. ~ 'piece, portion'〗

par·a² /pǽrə, pérə | pǽrə/ *n.* 《口語》**1** =paragraph. **2** =parachutist. **3** =parallel. **4** 《英》=paratrooper. 〖略〗

Pa·rá¹ /pəːrɑ́ː, pɑrɑ́ː/ *n.* =Pará rubber.

Pa·rá² /pəːrɑ́ː, pɑː-; *Braz.* pará/ *n.* **1** =Belém. **2** [the ~] パラ(川)《ブラジル北東部の大河口, Tocantins 川が, 河口付近で枝分かれした Amazon 川の分流と合流してできたもの; 長さ 320 km, 幅 64 km》. **3** パラ《ブラジル北部, 大西洋岸の州; 州都 Belém》.

para. 《略》paragraph.

Para. 《略》Paraguay.

par·a-¹ /pǽrə, pérə | pǽrə/ *pref.* **1**「側, 以上, 以外, 不正, 不規則」などの意: *para*graph, *para*dox, *para*phrase. **2** 〖化学〗パラ: **a** 重合形を示す: *para*cymene. **b** ベンゼン環 (benzene ring) を有する化合物で 1, 4- 位置換体を示す (cf. meta- 3 b, ortho- 2 b). ★ 通例イタリックで, また略して *p*- と書くこともある. **c** 原子核のスピンの向きの違いによる 2 種の分子の区別に用いる: *para*hydrogen. **3** 〖病理〗「病的異状, 擬似, 副」の意: *para*noia, *para*typhoid. **4**「…に関係がある, 準…の (near, subordinate to)」の意: *para*church, *para*linguistic / *para*professional (=subprofessional). 〖ME ◻ (O)F ~ // L & Gk ~ ← Gk *pará* (prep.) beside, beyond, amiss〗

par·a-² /pǽrə, pérə | pǽrə/ *pref.*「防護」の意: *para*chute, *para*sol. 〖(19C) ◻ F ~ ◻ It. *para* (imper.) ← *parare* to defend against < L *parāre* 'to PREPARE'〗

par·a-³ /pǽrə, pérə | pǽrə/ 次の意味を表す連結形: **1**「飛行機からの落下傘(さん)降下のために訓練·装備された」: *para*bomb, *para*marine. **2**「落下傘兵の[による], 対落下傘兵の」: *para*operation, *para*spotter. 〖← PARACHUTE〗

-pa·ra /⁻pərə/ (*pl.* ~**s**, **-pa·rae** /⁻pərìː, -ràɪ/) 次の意味を表す名詞連結形: **1** 〖医学〗「…産婦」: multi*para*. **2** 〖生物〗「卵(子)をつくる…」: gyno*para* 産雌虫. 〖◻ L ~ ← *parere* to bear, bring forth〗

pàra·académic *adj.* 準[副]学術的な. — *n.* 似非(えせ)大学人.

pára-aminobenzóic ácid *n.* 〖生化学〗パラアミノ安息香酸 ($H_2NC_6H_4COOH$)《ビタミン B 複合体の一種; PABA, paba ともいう; aminobenzoic acid の一つ》. 〖(1906): ⇨ para-¹〗

pára-aminosalicýlic ácid *n.* 〖薬学〗パラアミノサリチル酸 ($NH_2C_6H_3(OH)COOH$)《結核の治療薬; PAS ともいう》. 〖(1946): ⇨ para-¹〗

pàra·bánking *n.* 銀行業務代行.

pa·rab·a·sis /pərǽbəsɪ̆s | -sɪs/ *n.* (*pl.* **-a·ses** /-sìːz/) 〖ギリシャ喜劇〗(観客に向かって呼びかける)合唱の主要部分. 〖(1820) ◻ Gk *parábasis* ← *parabaínein* to go aside, step forward ← PARA-¹ + *baínein* to step, stand (cf. come)〗

pàra·biósis *n.* (*pl.* **-oses**) 〖生物〗**1** 並体結合, 並体癒(ゆ)合《生きた二動物の個体が身体の一部で互いに[人工的に]結合している状態》. **2** 生命作用の一時停止. **3** 動物·鳥類などで異種のものが一緒にすむこと. **pàra·biótic** *adj.* **pàra·biótically** *adv.* 〖(1903) ← NL ~: ⇨ para-¹, -biosis〗

pàra·biosphéric *adj.* 準生物圏的な.

par·a·blast /pǽrəblæ̀st, pérə- | pǽrə-/ *n.* 〖生物〗**1** 胚(はい)外質《卵子の栄養となる卵黄》. **2** 原中杯葉細胞 (mesoblast); (特に)分脈葉《後に脈管を形成する mesoblast の部分》. **par·a·blas·tic** /pæ̀rəblǽstɪk, pɛ̀rə- | pæ̀rə-⁻/ *adj.* 〖(1876) ← PARA-¹ + -BLAST〗

par·a·ble /pǽrəbl, pér- | pǽr-/ *n.* **1** たとえ話, 寓話, 比喩(談) (cf. fable 1 a); たとえ, 比喩: teach in ~*s* たとえ話で教える. **2** 《古》なぞ(のようなことば); 諺 (proverb); 講話, 説教 (discourse). ***tàke úp*** *one's* ***párable*** 《古》語り始める, 説教し出す (cf. *Num.* 23:7).

— *vi.*, *vt.* たとえ話で話す[言い表す]; たとえ話にする.

〖(c1250) *parabil* ◻ (O)F *parabole* ◻ L *parabola* comparison, parable, speech ◻ Gk *parabolḗ* comparison ← *parabállein* to throw or set beside ← PARA-¹ + *bállein* to throw: PALAVER, PAROLE と三重語〗

pa·rab·o·la /pərǽbələ/ *n.* **1** 〖数学〗放物線. **2** 放物線形のもの; パラボラアンテナ. 日英比較 日本語の「パラボラアンテナ」は和製英語. 英語では単に *parabola* というか, あるいは parabolic antenna という. 〖(1579) ← NL ~ ← Gk *parabolḗ* application (↑)〗

pa·rab·o·le /pərǽbəli/ *n.* 〖修辞〗比喩《特に, 現在の似かよった事象にたとえる直喩の一種》. 〖(1589) ◻ Gk *parabolḗ* comparison: ⇨ parable〗

par·a·bol·ic¹ /pæ̀rəbɑ́(ː)lɪk | -bɔ́l-⁻/ *adj.* **1** 〖数学〗放物線(状)の. **2** 放物面(状)の: ⇨ parabolic antenna [aerial]. **pàr·a·ból·i·cal** /-lɪ̆kəl, -kl | -lɪ-⁻/ *adj.* 〖(1702) ← PARABOL(A) + -IC¹〗

par·a·bol·ic² /pæ̀rəbɑ́(ː)lɪk | -bɔ́l-⁻/ *adj.* たとえ話の(ような), 寓話的な (allegorical). **pàr·a·ból·i·cal** *adj.* **pàr·a·ból·i·cal·ly** *adv.* 〖(c1449) ◻ LL *parabolicus* ◻ LGk *parabolikós* figurative ← *parabolḗ* 'PARABLE': ⇨ -ic¹〗

párabolic áerial *n.* =parabolic antenna.

parabólic anténna *n.* パラボラアンテナ《電波の反射面に放物面を用いたおわん型の指向性アンテナ; cf. parabola》.

parabólic cýlinder *n.* 〖数学〗放物柱《平面上の放物線の各点でその平面に立てた垂線の全体によって作られる柱面》. 〖1842〗

parabólic geómetry *n.* 〖数学〗放物幾何学《ユークリッド幾何学 (Euclidean geometry) の別名; cf. elliptic geometry, hyperbolic geometry》.

parabólic refléctor *n.* 〖光学〗放物面反射装置, 放物面鏡. 〖1831〗

pa·rab·o·lize¹ /pərǽbəlàɪz/ *vt.* 放物体[面, 線](状)にする. **pa·ràb·o·li·zátion** /-lɪ̆zéɪʃən | -laɪ-, -lɪ-/ *n.* 〖(1869) ← PARABOLA + -IZE〗

pa·rab·o·lize² /pərǽbəlàɪz/ *vt.* たとえ話にする, 寓話化する, 比喩で説明する. 〖(1600) ← LL *parabola* 'PARABLE' + -IZE〗

pa·rab·o·loid /pərǽbəlɔ̀ɪd/ *n.* 〖数学〗**1** 放物面. **2** 放物体《放物線をその軸のまわりに回転してできる立体》. **paráboloid of revolútion** 回転放物面.

pa·rab·o·loi·dal /pəræ̀bəlɔ́ɪdl | -dl⁻/ *adj.* 〖(1702) ← PARABOLA + -OID〗

pára·bòmb *n.* (通例遅発信管を備えた)落下傘(さん)付き爆弾. 〖(1943) ← PARA-³ + BOMB〗

pàra·bóok *n.* 似非(えせ)本, 本の名に値しない本.

pára·bràke *n.* 〖航空〗パラシュートブレーキ (⇨ drag chute). 〖(1954) ← PARA-³ + BRAKE¹〗

pàra·caséin *n.* 〖生化学〗パラカゼイン (⇨ casein 1 c). 〖(1906) ← PARA-¹ + CASEIN〗

Pá·ra·cel Íslands /pǽrəsɛ̀l-, pér- | pǽr-/ *n. pl.* [the ~] パラセル群島, 西沙(せいさ)群島《南シナ海の北西部にある島々; 帰属をめぐって中国·ベトナムが係争》.

Par·a·cel·si·an /pæ̀rəsélsiən, -ʃən⁻/ *adj.*, *n.* Paracelsus の(信奉者), パラケルスス派(の). 〖1574〗

Par·a·cel·sus /pæ̀rəsélsəs/, **Philippus Aureolus** *n.* パラケルスス《1493?–1541; スイス生まれの医学者·錬金術師; ドイツ·フランス·イタリアなどを遊歴した; 本名 Theophrastus Bombastus /bɑmbǽstus/ von Hohenheim /hóːənhaɪm/》.

par·a·cen·te·sis /pæ̀rəsentíːsɪ̆s | -sɪs/ *n.* (*pl.* **-te·ses** /-siːz/) 〖外科〗穿(せん)刺(術), 穿開(術). 〖(1597) ◻ L *paracentēsis* ◻ Gk *parakéntēsis* ← *parakentein* to prick beside ← PARA-¹ + *kentein* to prick, pierce〗

par·ac·et·al·de·hyde /pæ̀ræsətǽldəhàɪd, pèr- | pæ̀ræsɪ̆-/ *n.* 〖薬学〗=paraldehyde. 〖← PARA-¹ + ACETALDEHYDE〗

par·a·ce·ta·mol /pæ̀rəsíːtəmɑ̀(ː)l, pèrə-, -séṭ-, -mɔ̀(ː)l | pæ̀rəsíːtəmɔ̀l, -sét-/ *n.* 〖薬学〗パラセタモール (⇨ acetaminophen). 〖(1957) ← PARA-¹ + *acet*(*yl*) + *am*(*inophen*)*ol*〗

par·a·chor /pǽrəkɔ̀ə, pér- | pǽrəkɔ̀ː^r/ *n.* 〖物理·化学〗パラコール《表面張力に関係した物質定数で, 単位張力を生じる物質のモル体積に等しい》. 〖(1924) ← PARA-¹ + Gk *khōros* space〗

par·ach·ro·nism /pərǽkrənɪzm/ *n.* 年代の誤り, 時日後記《年代や年月日を実際より後に付けること; cf. anachronism 3, prochronism》. **pa·rachro·nis-**

tic /pæræ̀krənístɪk⁻/ adj. 〖(a1641) ← PARA-¹+CHRONO-+-ISM〗

pàra-chúrch n. 準教会《形成途上にある未来の教会》. 〖1970〗

par·a·chute /pǽrəʃùːt, pɛ́r- | pǽr-/ n. **1** 落下傘(ˢᵃⁿ), パラシュート: by ~ / ⇨ pilot parachute. **2 a** =parabrake. **b** 〘鉱山〙(縦坑巻揚げ台の)傘(ˢᵃⁿ)形墜落止め. **c** 〘時計〙(古い形式の)耐震装置《parachute index ともいう》. **3** 〘植物〙風散種子《タンポポの種子のように冠毛で飛散する》. **4** 〘動物〙(コウモリ・ムササビなどの)飛膜(patagium). — *adj.* [限定的] パラシュートの[による, で降下する], 落下傘で投下する: a ~ descent [drop] 落下傘降下 / ~ troops =paratroops / ~ recovery《カプセルなどの)パラシュート回収. — *vt.* **1** 〈部隊・装備品などを〉落下傘で降ろす[投下する]. **2** 〈官吏などを〉〔民間会社に〕天下りさせる〔*into*〕. **3** 〘カナダ〙(選挙で)〈知名度の高い候補者を〉別選挙区から連れてくる. — *vi.* 落下傘降下する. 〖(1785) □ F ~ ← PARA-²+*chute* fall: ⇨ chute¹·²〗

párachute bràke n. 〘航空〙パラシュートブレーキ(drag chute).

párachute flàre n. パラシュート照明弾, 落下傘(ˢᵃⁿ)付き(投下)照明弾. 〖1918〗

párachute ìndex n. 〘時計〙=parachute 2 c.

párachute mìne n. 落下傘付き爆弾. 〖1940〗

pár·a·chùt·er /-tə | -tə⁽ʳ⁾/ n. =parachutist.

párachute spìnnaker n. 〘ヨット〙超大型のスピネーカー[三角帆]《追風の時にだけ張る艇首の三角帆で, パラシュートのように丸みをもって膨らむ帆; 競技用ヨットに用いる》. 〖1932〗

pár·a·chùt·ist /-tɪ̣st | -tɪst/ n. 落下傘(ˢᵃⁿ)使用[降下]者; 落下傘兵, (空挺)降下隊員 (paratrooper); [*pl.*] 落下傘[空挺降下]部隊. 〖1888〗

par·a·clete /pǽrəklìːt, pɛ́r- | pǽr-/ n. **1** 弁護者 (advocate), 仲裁人 (intercessor); 慰め手 (comforter). **2** [the P-] 〘神学〙=comforter 5. 〖(lateOE) (c1450) *paraclit* □ (O)F *paraclet* □ eccl. L *paraclētus* □ Gk *paráklētos* advocate, defender ← *parakaleîn* to call to one's aid ← PARA-¹+*kaleîn* to call (cf. claim): Gk 形はギリシャの教父たちによって *paraklḗtōr* comforter と連想された〗

pàra·cólon n. 〘細菌〙パラコロン菌《大腸菌に似た細菌; paracolon bacillus ともいう》. 〖← NL ~: ⇨ para-¹, colon²〗

pàra·cómpact adj. (比較的)かさばらない, こぢんまりした.

pàra·cóumarone-índene rèsin n. 〘化学〙パラクマロン樹脂 (⇨ coumarone-indene resin).

pàra·crýstal n. 〘結晶〙準結晶, パラクリスタル《乱れた結晶格子をもつ結晶の一理想型》. **pàra·crýstal·line** adj. 〖(1933): ⇨ para-¹〗

par·a·cu·si·a /pæ̀rəkúːʒiə, pɛ̀r-, -kjúː-, -ʒə | pæ̀rəkúːziə, -kjúː-, -ʒiə/ n. 〘病理〙錯聴(症), 聴覚性錯覚《paracusis ともいう》. 〖(1888) ← NL ~ (⇨ para-¹, -acousia) // □ Gk *parákousis* defect of hearing ← PARA-¹+*ákousis* hearing〗

par·a·cu·sis /pæ̀rəkúːsɪ̣s, pɛ̀r-, -kjúː- | pæ̀rəkúːsɪs, -kjúː-/ n. 〘病理〙=paracusia.

pàra·cýmene n. 〘化学〙パラシメン ($CH_3C_6H_4CH(CH_3)_2$)《cymene 中最も普通なもの》. 〖← NL ~〗

pàra·cystítis n. 〘医学〙膀胱(ᵇᵒᵘᵏᵒᵘ)周囲炎. 〖(1876) ← NL ~: ⇨ para-¹ cystitis〗

pa·rade /pəréɪd/ n. **1** 観兵式, 観閲式, 閲兵(式): hold a ~ 観兵式[閲兵]を行う / an undress ~ 略装観兵式 / ⇨ dress parade. **2** 観兵式場, 観閲式場, 閲兵場《parade ground ともいう》. **3** 行列 (procession), パレード, 示威行進: a political ~ / a May Day ~ メーデーの行進. **4** (人・物事の)次々と連なったもの, 連続; (出来事などを)列挙して記述したもの, 連続的表示; (ヒット曲などを)次々と歌うこと: a ~ of popular songs ポピュラーソングパレード / ⇨ hit parade. **5** 壮観, 盛観; 誇示, 見せびらかし (display): make a ~ of one's learning [wealth, happiness, pain] 学問[富, 幸福, 苦しみ]を見せびらかす. **6 a** (海岸などに設けた)遊歩場, 散歩道 (promenade); 広場 (public square). **b** 散歩する人たち. **7 a** 〘英〙商店街. **b** [P-; 地名で] …街: North *Parade*. **8** 〘築城〙(城の)中庭 (courtyard). **9** 〘フェンシング〙受止め (parry); 防御の構え, 守勢 (guard).

on paráde (1) 〈軍隊が〉観兵[閲兵]式の隊形で, 閲兵[観閲]を受けて. (2) 〈俳優・踊り子など総出で, オンパレードで. (3) (よそ行きの態度をとるなどして)自分をひけらかして, これみよがしにふるまって.

— *vi.* **1** (列をなして)練り歩く. **2** 列をなして行進する; 閲兵のために整列する. **3** 気取って歩く, 見せびらかす (show off); 〔…の〕ふりをする (masquerade), 〔…として〕まかり通る〔*as*〕. — *vt.* **1** 閲兵する; (閲兵のために)整列させる: ~ troops. **2** 列をなして行進[分列]させる. **3** 〈街路などを練り歩く, 歩き回る. **4** 〈知識・長所などを〉見せびらかす, 誇示する (show off).

pa·rád·er /-də | -də⁽ʳ⁾/ n. 〖(1656) □ F ~ □ Sp. *parada* ← *parar* < L *parāre* 'to PREPARE': ⇨ -ade〗

paráde àrmor n. 〘甲冑〙儀式用甲冑.

paráde bèd n. (昔)朝の謁見が行われた王の寝台.

paráde gròund n. =parade 2.

paráde rést n. 〘米軍〙整列休め《普通の休め (at ease) でなく, 整列した兵士の儀式ばった休めで, 両脚間隔 12 インチ, 両手を背後で結び正面直視; 銃のある場合は銃尻を下にこれを右手で支え, 銃口を前方に傾け, 左手は腰の後ろに当てる; 「整列休め」(の号令)》. 〖1888〗

pàra·di·chlòro·bénzene n. 〘化学〙パラジクロロベンゼン ($C_6H_4Cl_2$)《殺虫剤; 略 PDB》. 〖1876〗

par·a·did·dle /pǽrədìdl̩, pɛ́r- | pǽrədìdl̩/ n. 〘俗〙ジャズドラムのとどろき, (特に, 左右のばちによる)スネアドラム (snare drum) のとどろき. 〖(1927) 〘擬音語〙: cf. diddle¹〗

par·a·digm /pǽrədàɪm, pɛ́r-, -dìm | pǽrədàɪm/ n. (*pl.* ~s, **-a·dig·ma·ta** /-dìgmətə | -tə/) **1** 〘文法〙語形変化表《名詞・形容詞・動詞などの個々の形を格・人称・数・時制などの別に従って示した一覧表》; 語形変化(の例). **2** 範例 (example); 模範, 典型 (model). **3** 〘哲学〙パラダイム, (知の)枠組み《研究活動などを規定する知的枠組み・体系》. 〖(1483) □ (L)L *paradīgma* □ Gk *parádeigma* pattern ← *paradeiknúnai* to show side by side ← PARA-¹+*deiknúnai* to show (cog. L *dicere* to say)〗

par·a·dig·mat·ic /pæ̀rədɪgmǽtɪk, pɛ̀r- | pæ̀rədɪgmǽt-⁻/ adj. **1** 模範の, 規範となる; 例証する (illustrative). **2** 〘文法〙**a** 語形変化(表)の: a ~ set of forms. **b** 変化[屈折]する, 語尾変化の (inflectional). **3** 〘言語〙〈単語・構成要素がパラディグマティックな, 系列的な選択関係にある (cf. syntagmatic). **pàr·a·dig·mát·i·cal** /-tɪ̣kəl, -kl̩ | -tɪ-⁻/ adj. **pàr·a·dig·mát·i·cal·ly** adv. 〖(1662) □ LL *paradigmaticus*: ⇨ ↑, -atic〗

páradigm càse n. 〘論理・哲学〙典型(事)例《問題となる表現の意味・用法を典型的に示す事例》. 〖1955〗

par·a·di·sa·ic /pæ̀rədaɪséɪɪk, pɛ̀r-, -zéɪ- | pæ̀rədɪ-/ adj. =paradisiacal. **pàr·a·di·sá·i·cal** /-séɪɪ̣kəl, -kl̩ | -séɪɪ-⁻/ adj. **pàr·a·di·sá·i·cal·ly** adv. 〖(1754) ← PARADISE+-aic (cf. pharisaic, Judaic, Mosaic)〗

par·a·dis·al /pæ̀rədáɪsəl, pɛ̀r-, -sl̩, -zəl, -zl̩ | pæ̀r-⁻/ adj. =paradisiacal.

par·a·dise /pǽrədàɪs, pɛ́r-, -dàɪz | pǽrədàɪs/ n. **1 a** パラダイス, 天上の楽園, 天国, 極楽 (heaven). **b** 〘イスラム教〙《コーランが信仰の厚い者に約束している死後の)官能的楽園. **2** (復活を待つ善人の亡霊がしばらくとどまるといわれる)中間の楽園 (limbo). **3** [the P-] エデンの園 (Garden of Eden); (天上の楽園に対して)地上の楽園 (earthly paradise). **4** 至楽境, 至福(の状態) (supreme bliss); 絶景; 絶好の場所: a ~ *for* anglers 絶好の釣り場. **5 a** (特に, 東洋諸国の君主の)遊園 (pleasure garden). **b** (動物を飼養している)公園. **6** 〘建築〙パラダイス《回廊によって囲まれた教会の前庭; cf. atrium 1 b》; 僧院の墓地や庭園; 〘俗〙(劇場の)天井桟敷(ˢᵃʲᵏⁱ). **7** [しばしば P-] 〘園芸〙パラダイス (*Malus sylvestris*)《台木として接木すると穂木を矮化(ʷᵃⁱᵏᵃ)する効果があるリンゴの一種; paradise apple ともいう》. **8** [The P-]「天国編」《Dante 作の「神曲」(*The Divine Comedy*) の第三部》.

Páradise of the Pacífic [the ―] 太平洋の楽園《米国 Hawaii 州の俗称》.

〖(lateOE) *paradis* □ (O)F ~ // LL *paradīsus* □ Gk *parádeisos* park, garden, Eden □ Aves. *pairidaēza* enclosure ← *pairi* 'around, PERI-'+*daēza* wall (cf. dough / Gk *teîkhos* wall)〗

par·a·dis·e·an /pæ̀rədísiən, pɛ̀r-, -dáɪs-, -ziən | pæ̀rə-⁻/ adj. フウチョウ類の (cf. BIRD of papadise). 〖(1647) ← ML *paradise(us)* (↑)+-AN¹〗

páradise àpple n. [しばしば P-] 〘園芸〙=paradise 7. 〖1676〗

páradise dùck n. 〘鳥類〙ツクシガモ属の鳥 (*Casarca variegata*)《ニュージーランド産の大形のカモで色鮮やかな羽毛をもつ》. 〖1845〗

páradise fìnch n. 〘鳥類〙ゴシキノジコ (painted bunting).

páradise fìsh n. 〘魚類〙**1** タイワンキンギョ, パラダイスフィッシュ (*Macropodus opercularis*)《東南アジアの淡水にすむ美しい熱帯魚》. **2** チョウセンブナ属 (*Macropodus*) に近縁の魚 (*Belontia signata*). 〖1858〗

páradise flòwer n. 〘植物〙ウェンドランドツルナス, ツルナスビ (*Solanum wendlandii*)《コスタリカ原産ナス科の大形つる性低木; 花が美しく観賞用に栽培される》.

páradise flýcatcher n. 〘鳥類〙サンコウチョウ《ヒタキ科サンコウチョウ属 (*Terpsiphone*) の鳥の総称; アジア・アフリカ産》. 〖1893〗

Páradise Lóst n.「失楽園」《John Milton 作の叙事詩 (1667); 天使との戦いに敗れた Satan に誘惑され Adam と Eve が Eden の園を追われていく物語》.

páradise trèe n. 〘植物〙**1** 熱帯アメリカ産ニガキ科の高木 (*Simarouba glauca*). **2** =chinaberry 2.

Páradise Válley n. パラダイスバレー《米国 Arizona 州南西部の町》.

páradise wèaver [whỳdah] n. 〘鳥類〙ホウオウジャク(鳳凰鵲) (*Vidua paradiseae*)《アフリカ産》.

par·a·dis·i·ac /pæ̀rədísiæ̀k, pɛ̀r-, -díz- | pæ̀r-/ adj. =paradisiacal. 〖(1632) □ LL *paradīsiacus* □ Gk *paradeisiakós*: ⇨ paradise, -ac〗

par·a·di·si·a·cal /pæ̀rədɪ̣sáɪəkəl, pɛ̀r-, -daɪ-, -záɪ-, -kl̩ | pæ̀rədɪ-⁻/ adj. 天国[楽園]の(ような); 至福の. **~·ly** adv. 〖(1649): ⇨ ↑, al¹〗

par·a·dis·i·al /pæ̀rədísiəl, -ziəl⁻/ adj. =paradisiacal.

par·a·dis·i·an /pæ̀rədísiən, pɛ̀r-, -zi- | pæ̀r-⁻/ adj. =paradisiacal.

par·a·dis·ic /pæ̀rədísɪk, pɛ̀r-, -díz- | pæ̀r-⁻/ adj. =paradisiacal. **pàr·a·dís·i·cal** /-sɪ̣kəl, -zɪ̣-, -kl̩ | -sɪ-, -zɪ-⁻/ adj.

pára·dòctor n. 〘米〙落下傘(ˢᵃⁿ)医《孤立区域へ落下傘で到達する医者》. 〖(1944) ← PARA-³+DOCTOR〗

pára·dòg n. 落下傘降下犬《警官と共に降下して犯人を捕える》.

pa·ra·dor /pǽrədɔə, pɛ́r-, ⁻⁻⁻ | pǽrədɔː⁽ʳ⁾; Sp. paɾaðóɾ/ n. (*pl.* ~es /pæ̀rədɔ́ːrəs, pɛ̀r- | pæ̀rədɔ́ːreɪs, -rɪs/; Sp. ~s /~s/) (スペインの)国営観光ホテル[宿舎]. 〖(1845) □ Sp. ~ ← *parar* 'to stay, stop; PREPARE' □ L *parāre*〗

par·a·dos /pǽrədɑ̀(ː)s, -dòus, -dòu | -dɔs/ n. (*pl.* ~ /-dòuz | -dɔs/, ~·es) 〘築城〙背土, 背墻(ʰᵃⁱˢʰᵒᵘ)《背後からの攻撃を防ぐための塹壕(ᶻᵃⁿᵍᵒᵘ)の背後の堤》. 〖(1834–47) F ~ ← PARA-²+*dos* back (< L *dorsum*: cf. dorsal¹)〗

par·a·dox /pǽrədɑ̀(ː)ks, pɛ́r- | pǽrədɔ̀ks/ n. **1** 逆説, パラドックス《The child is father of the man. のように一見矛盾または不合理のようで実は正しい説》. **2** 奇説, 奇論. **3** 矛盾の論; 自家撞着(ᵈᵒᵘᶜʰᵃᵏᵘ)の言, 屁理屈. **4** 背理(的なもの), つじつまの合わない事物[事態]; つじつまの合わないことを言う人. 〖(1540) □ LL *paradoxum* □ Gk *parádoxon* (neut.) ← *parádoxos* contrary to received opinion, incredible ← PARA-¹+*dóxa* notion, opinion: cf. dogma〗

pár·a·dòx·er n. =paradoxist.

par·a·dox·i·cal /pæ̀rədɑ́(ː)ksɪ̣kəl, pɛ̀r-, -kl̩ | pæ̀rədɔ́ksɪ-⁻/ adj. **1** 一見誤っているようで実は正しい, 逆説の, 逆説的な. **2** 理屈に合わない (absurd); 屁理屈を言う, 奇弁を弄(ʳᵒᵘ)する. **3** 普通でない, 通常とは異なる: ~ pulses. **par·a·dox·i·cal·i·ty** /pæ̀rədɑ̀(ː)ksɪ̣kǽləti, pɛ̀r-, -sə- | pæ̀rədɔ̀ksɪkǽlɪ̣ti/ n. **~·ly** adv. **~·ness** n. 〖1581〗

paradóxical sléep n. 〘心理・生理〙パラ睡眠, 逆説睡眠《REM, 身体の小さな運動, 副交感神経系の機能低下などが見られる睡眠の相; この間に夢を見ることが多いとされる; REM sleep ともいう; cf. orthodox sleep》. 〖1964〗

pár·a·dòx·ist /-sɪ̣st | -sɪst/ n. 逆説家. 〖1673〗

par·a·dox·ure /pæ̀rədɑ́(ː)kʃə, pɛ̀r- | pæ̀rədɔ́kʃə⁽ʳ⁾/ n. 〘動物〙パームシベット, ヤシジャコウネコ, アライジャコウネコ (*Paradoxurus hermaphroditus*)《東南アジア・マレー諸島産の樹上生活をするジャコウネコ; palm civet ともいう》. 〖(1843) ← NL *paradoxūrus* ← Gk *parádoxos* paradoxical+*ourá* tail: ⇨ paradox〗

par·a·dox·y /pǽrədɑ̀(ː)ksi, pɛ́r- | pǽrədɔ̀k-/ n. 不合理, 逆説的なこと. 〖(1646) □ Gk *paradoxía*: ⇨ paradox, -y¹〗

par·a·drop /pǽrədrɑ̀(ː)p, pɛ́r- | pǽrədrɔ̀p/ n. (兵員の)落下傘降下; (補給品の)落下傘投下 (airdrop). — *vt.* (-dropped, -drop·ping) 落下傘降下させる; 落下傘投下する (airdrop). 〖(1948) ← PARA-³+DROP〗

-parae -para の複数形.

par·aes·the·sia /pæ̀rɛsθíːʒə, -ʒiə | -rɪ̣sθíːziə, -riːs-, -ʒiə, -ʒə/ n. 〘病理〙=paresthesia.

par·af·fin /pǽrəfɪ̣n, pɛ́r- | pǽrəfɪn, -fìːn, pæ̀rəfíːn/ n. (*also* **pár·af·fine** /-fɪ̣n, -fìːn | pǽrəfìːn, ⁻⁻⁻/) **1** 〘米〙**a** パラフィン《白色または無色で無臭の炭化水素化合物の蠟(ʳᵒᵘ)状物質で, 主に石油または地蠟から取る; ろうそく・防水紙・防腐塗装などに用いる》. **b** パラフィン類. **2** 〘化学〙**a** パラフィン《一般式 $C_nH_{2n}+2$ のメタン列炭化水素の総称; alkane ともいう》. **b** 固形パラフィン, パラフィン蠟[石蠟]《石油を分留・精製したパラフィンの製品; 沸点約 300°C 以上; paraffin wax ともいう》. **3** 〘英〙灯油 (paraffin oil ともいう). — *vt.* パラフィンで処理する, …にパラフィンを塗る[しみ込ませる]. **par·af·fin·ic** /pæ̀rəfínɪk, pɛ̀r- | pæ̀r-⁻/ adj. 〖(1835) □ G *Paraffin* ← L *parum* not enough+*affinis* having affinity, related: これが他の物質に対する親和力を欠いていることから; K. von Reichenbach (1788–1869) の造語〗

par·af·fin·ize /pǽrəfɪ̣nàɪz, pɛ́r- | pǽrəfɪnàɪz, -fiː-nàɪz, pæ̀rəfíː n-/ vt. パラフィンで処理する, パラフィンをかぶせる. 〖1888〗

par·af·fin·oid /pǽrəfɪ̣nɔ̀ɪd, pɛ́r- | pǽrəfɪnɔ̀ɪd, -fìːnɔɪd, pæ̀rəfíːn-/ adj. パラフィン状の. 〖1887〗

páraffin òil n. **1** パラフィン油, 鉱蠟(ʳᵒᵘ)油. **2** 〘英〙灯油 (kerosene). 〖1851〗

páraffin scàle n. 〘化学〙パラフィン スケール (⇨ paraffin wax). 〖1880〗

páraffin sèries n. 〘化学〙パラフィン列《C_nH_{2n+2} で表される炭化水素の一群; alkane series, methane series ともいう》.

páraffin wàx n. 〘化学〙パラフィン蠟, 固形パラフィン《単に paraffin, また paraffin scale ともいう》. 〖1872〗

pára·fòil n. 操縦可能のパラシュート. 〖1967〗

par·a·form /pǽrəfɔ̀əm | -fɔ̀ːm/ n. =paraformaldehyde.

pàra·formáldehyde n. 〘化学〙パラホルムアルデヒド ($(CH_2O)_3$)《防腐用》. 〖(1932) ← PARA-¹〗

par·a·ge·ne·si·a /pæ̀rədʒəníːʒiə, pɛ̀rə-, -ʒə | pæ̀rədʒɪníːziə, -ʒiə, -ʒə/ n. 〘地質〙=paragenesis.

pàra·génesis n. 〘地質〙共生《2 種またはそれ以上の鉱物が相関連する原因で生じ, 伴って産出する現象》. **pàra·genétic** adj. **pàra·genétically** adv. 〖(1853) ← NL ~ ⇨ para-¹, genesis〗

par·a·geu·si·a /pæ̀rəgjúːʒiə, -ʒə, -ziə | -ziə, -ʒiə/ n. 〘精神医学〙錯味(症), 味覚錯誤. 〖← NL ~ ← PARA-¹+Gk *geûsis* taste+-IA¹〗

par·a·glid·er /pǽrəglàɪdə, pɛ́r- | pǽrəglàɪdə⁽ʳ⁾/ n. パラグライダー: **1** 屈伸自在の翼のある三角の凧(ᵗᵃᶜᵒ)型装置; 宇宙船・ロケットの着陸減速時などに用いる. **2** paragliding 用の操作性・滑空効率のよいパラシュート. 〖(1942) ← PARA-³+glider〗

pár·a·glìd·ing /-dɪŋ | -dɪŋ/ n. パラグライディング《paraglider を使って山の斜面や飛行機から飛び降り, 着地まで滑空飛行するスポーツ》. 〖(c1965) ← PARA-³+GLIDING〗

pàra·glóssa n. (*pl.* -glossae) 〘昆虫〙(下唇の)副舌,

P

側舌. 〘(1826) ← NL ~ ← PARA-¹+Gk *glôssa* tongue: cf. gloss²〙

pár·a·glyph prìnting /pǽrəglɪ̀f-, pέr- | pǽr-/ *n.* 〘写真〙パラグリフ焼付け《放射線写真のネガとポジを少しずらして重ねて焼き付け, レリーフ効果を得る法》. 〘*paraglyph*: ▭ Gk *paraglúphein* to counterfeit〙

par·a·go·ge /pæ̀rəgóʊdʒi, pèr-, ⏤⏤⏤ | pæ̀rəgə́ʊdʒi/ *n.* (*also* **par·a·gogue** /pǽrəgɑ̀(ː)g, pέr-, -gɔ̀(ː)g | pǽrəgɔ̀g/) **1** 〘音声〙語尾音添加《言語のある歴史的過程において語尾に無意味の音が加わること; ME *amiddes* > ModE *amidst* / ME *amonges* > ModE *amongst*; cf. prosthesis, epenthesis》. **2** 〘詩学〙後添《語尾に一音または一音節を添加すること: daffodil → daffodilly / steep → steepy》. **par·a·gog·ic** /pæ̀rəgɑ́(ː)dʒɪk | -gɔ́dʒ-⁺/ *adj.* **pàr·a·góg·i·cal** /-dʒɪk(ə)l, -kl | -dʒɪ-⁺/ *adj.* **pàr·a·góg·i·cal·ly** *adv.* 〘(1656) ▭ LL *paragōgē* ▭ Gk *paragōgē* a leading by, change, addition ← PARA-¹+*agōgē* carrying, leading〙

par·a·gon /pǽrəgɑ̀(ː)n, pέr-, -gən | pǽrəgən/ *n.* **1** 模範, 手本, 師表, 典型, 鑑(かがみ); 非常に優秀な人, 逸材; 逸物, 逸品: a ~ of beauty [virtue] 美[徳]の化身, 絶世の美人[美徳の鑑] / Man is the ~ of animals. 人は万物の霊長 (cf. Shak., *Hamlet* 2. 2. 320). **2 a** 〘宝石〙パラゴン《100 カラット以上の形の完全なダイヤモンド》. **b** 完全円形の特大真珠. **3** 〘活字〙パラゴン《20 ポイント; cf. type¹ 3 ★》. **—** *vt.* **1** 《詩》…に匹敵する (equal). **2** 《古》…にまさる (surpass). **3** 《古・詩》〔…と〕比較する (compare) 〔*with*〕. **4** 《廃》模範とする. 〘(*a*1548) ▭ OF ~ (F *parangon*) ▭ (O)It. *paragone* (原義) touchstone ▭ MGk *parakónē* whetstone ← Gk *parakonân* to rub against ← PARA-¹+*akónē* whetstone〙

pa·rag·o·nite /pərǽgənàɪt/ *n.* 〘鉱物〙ソーダ雲母 ($NaAl_3Si_3O_{10}(OH)_2$)《カリウムの代わりにナトリウムを含む雲母の一種》. **pa·rag·o·nit·ic** /pərǽgənítɪk | -tɪk⁺/ *adj.* 〘(1849) ▭ G *Paragonit* ← Gk *parágōn* ((pres. p.) ← *parágein* to mislead)+-ITE¹〙

pàra·governméntal *adj.* 準政府的な.

par·a·graph /pǽrəgræ̀f, pέr- | pǽrəgrɑ̀ːf, -græ̀f/ *n.* **1** 段落, 文節, パラグラフ《文章の一区切り》. **2** 《新聞・雑誌などの》小記事, 小項目, 雑報 (short article): an editorial ~ 短い社説, 小論説. **3** 〘印刷〙段標, パラグラフ (¶)《段落のはじめを示す記号; 今は第 6 番目の参照符; cf. reference mark》. **—** *vt.* **1** 〈文章を〉段落に分ける. **2** …について短い記事を書く; 小記事にする, 新聞種にする. **—** *vi.* **1** 文節[パラグラフ]を書く. **2** 小記事を書く. 〘(*a*1500) 《古形》*paragraf* ▭ OF *paragrafe* (F *paragraphe*) ∥ ML *paragraphus* ▭ Gk *parágraphos* line to mark the change of persons in a dialogue: ⇨ para-¹, -graph〙

pár·a·gràph·er *n.* 《新聞の》小記事 (特に, 小論説・短評)の執筆者; 雑報記者. 〘1822〙

par·a·graph·i·a /pæ̀rəgrǽfiə/ *n.* 〘精神医学〙錯書(症). 〘(1878) ← NL ~ ← PARA-¹+Gk *graphía* writing: ⇨ -ia¹〙

par·a·graph·ic /pæ̀rəgrǽfɪk, pèr- | pæ̀r-⁺/ *adj.* **1** 段落の, 段落を構成する; 段落に分けた[かれた]. **2** 小[短評]記事の. **3** 錯書(症) (paragraphia) の. **pàr·a·gráph·i·cal** /-fɪk(ə)l, -kl | -fɪ-⁺/ *adj.* **pàr·a·gráph·i·cal·ly** *adv.* 〘1790〙

pár·a·gràph·ist /-fɪst | -fɪst/ *n.* =paragrapher.

páragraph lòop *n.* 〘スケート〙パラグラフループ《フィギュアスケートで描かれるループ; このループの途中いくつかの箇所で一連のターンが行われる》. 〘1973〙

Par·a·guay /pǽrəgwàɪ, pέr-, -gwèɪ | pǽrəgwàɪ, -gwèɪ, pæ̀rəgwáɪ; *Am.Sp.* paraɣwáj/ *n.* **1** パラグアイ《南米中部の共和国; 面積 406,752 km², 首都 Asunción; 公式名 the Republic of Paraguay パラグアイ共和国》. **2** [the ~] パラグアイ(川)《ブラジル南部から発しパラグアイを貫流して Paraná 川に注ぐ川; 2,574 km》. **3** =Paraguay tea. 〘1727–41〙

Par·a·guay·an /pæ̀rəgwáɪən, pèr-, -gwéɪ- | pæ̀r-⁺/ *adj.* パラグアイ(人)の. **—** *n.* パラグアイ人. 〘1693〙

Páraguay téa *n.* マテ茶 (⇨ maté 1 a). 〘1793〙

pàra·heliótropism *n.* 〘植物〙昼眠性《過度の光線を避けるために日光投射と平行に葉を向ける性質》. **pàra·heliotrópic** *adj.* 〘(1881) ← PARA-¹〙

pàra·hýdrogen *n.* 〘物理・化学〙パラ水素《水素分子の 2 個の陽子のスピンが逆方向を向くもの; cf. ortho-hydrogen》. 〘(1929) ← PARA-¹〙

Pa·ra·í·ba /pæ̀rəíːbə, pèr- | pæ̀r-; *Braz.* paɾaíba/ *n.* **1** パライバ(州)《ブラジル北東部の州; 面積 56,371 km², 州都 João Pessoa》. **2** パライバ(川): (1) ブラジル南東部の川; 1,060 km (Paraíba do Sul ともいう). (2) ブラジル北東部の川; 386 km (Paraíba do Norte ともいう). **3** 1930 年までの João Pessoa の呼称.

pàra·influènza vírus *n.* 〘病理・獣医〙パラインフルエンザウイルス《パラミクソウイルス群に属し, 1–4 型その他数種がある; ヒトのほか馬・豚・牛に呼吸器疾患を起こす》. 〘(1959) *parainfluenza*: ← PARA-¹+INFLUENZA〙

pàra·institútion *n.* 準公共団体[施設].

pàra·jóurnalism *n.* 準ジャーナリズム《因襲にとらわれないミニコミやアングラ新聞; cf. UNDERGROUND press》. **pàra·jóurnalist** *n.* **pàra·journalístic** *adj.* 〘(1965): ⇨ para-¹〙

pàra·júdge *n.* 《米》《軽犯罪専門の》準判事. 〘⇨ para-¹〙

par·a·keet /pǽrəkìːt, pέr- | pǽrəkìːt, ⏤⏤⏤/ *n.* 〘鳥類〙=parrakeet.

par·a·ke·lia /pæ̀rəkíːljə/ *n.* (*also* **par·a·kee·lya** /~/) 〘植物〙パラキーリア《オーストラリア内陸部産のスベリヒユ科カランドリーニア属[マツゲボタン属] (*Calandrinia*) の多肉植物》. 〘(1855) ← ? Austral.〙

pàra·kinésia *n.* 〘医学〙運動錯誤《筋肉の運動機能の異常》. 〘⇨ para-¹〙

par·a·kite /pǽrəkàɪt, pέr- | pǽr-/ *n.* **1** パラカイト《自動車やモーターボートに引かせる凧(たこ)で, 人がこれに乗って空中を飛行する》. **2** 《気象観測などに使う》尾のない凧《1896 年 G. T. Woglom の考案》. 〘1: (1962) ← PARA-³+KITE. 2: (1875) ← PARA-¹+KITE〙

pár·a·kìt·ing /-tɪŋ | -tɪŋ/ *n.* 〘スポーツ〙パラカイティング《parakite による空中飛行》. 〘1970〙

Par·a·kou /pæ̀rəkúː, pèr- | pæ̀r-; *F.* paʀaku/ *n.* パラクー《アフリカ西部, ベナン (Benin) 中部の都市》.

par·a·la·li·a /pæ̀rəléɪliə, pèr- | pæ̀r-/ *n.* 〘医学〙言語錯誤《意図した音が習慣的に他の音に置き換わってしまう言語障害》. 〘(1878) ← PARA-¹+Gk *laliá* talk〙

pára·lànguage *n.* 〘言語〙パラ[準]言語《身振りや表情などでの伝達を含む音声や文字によらない副次的言語》. 〘(1958) ← PARA-¹+LANGUAGE〙

par·al·de·hyde /pərǽldəhàɪd | -dɪ-/ *n.* 〘薬学〙パラアルデヒド ($(CH_3CHO)_3$)《催眠・鎮静剤》. 〘(1857) ← PARA-¹+ALDEHYDE〙

pàr·a·légal *n.*, *adj.* 法律家[弁護士]補助員(の)《法律実務を行う資格はない》. 〘(1968): ⇨ PARA-¹〙

par·a·lei·pom·e·na /pæ̀rəlaɪpɑ́(ː)mənə | -pɔ́mɪ-/ *n.* =paralipomena.

par·a·leip·sis /pæ̀rəláɪpsɪs, pèr- | pæ̀rəláɪpsɪs/ *n.* (*pl.* **-leip·ses** /-siːz/) (*also* **par·a·lep·sis** /-lέp-/) 〘修辞〙逆言法《主題の重要事実を省略して看過するように装いながら, かえってその事実に注意を引こうとする技巧; 多くは I say nothing of … または not to mention などの筆法で始める; cf. apophasis》. 〘(1586) ▭ Gk *paráleipsis* a passing over ← PARA-¹+*leîpsis* (← *leípein* to leave behind): ⇨ -sis〙

par·a·lex·i·a /pæ̀rəlέksiə, pèr- | pæ̀r-/ *n.* 〘精神医学〙錯読(症), 読字錯誤《書き言葉, または印刷された言葉を間違って理解し, 読むときに意味のない言葉をその代わりに用いること》. 〘(1950) ← NL ~ ← PARA-¹+Gk *léxis* speech: ⇨ -ia¹〙

par·a·lim·ni·on /pæ̀rəlímniɑ̀(ː)n, pèr-, -niən | pæ̀rəlímniɔ̀n, -niən/ *n.* 〘植物〙水底に根を有する植物の占める湖の植生帯. 〘← NL ~ ← PARA-¹+Gk *límnion* small lake ((dim.) ← *límnē* marshy lake)〙

pàra·linguístic *adj.* 〘言語〙パラ言語(学)の. 〘1958〙

pàra·linguístics *n.* 〘言語〙パラ言語学, 超[副次, 周辺]言語学《metalinguistics の一部をなし, 言語構造以外の伝達行為, 例えば声の調子や身ぶりなどを研究対象とする》. 〘(1958) ← PARA-¹+LINGUISTICS〙

par·a·li·pom·e·na /pæ̀rəlɪpɑ́(ː)mənə, -laɪ- | -pɔ́mɪ-/ *n. pl.* **1** 拾遺, 補遺. **2** 《旧約聖書の》歴代志略 (Chronicles)《列王紀の補遺とされた》. 〘(1706) ▭ LL ~ ▭ Gk *paraleipómena* things omitted (neut. pl.) ← *paraleípein* to omit: cf. paraleipsis〙

Par·a·li·pom·e·non /pæ̀rəlɪpɑ́(ː)mənɑ̀(ː)n, pèr-, -laɪ- | pæ̀rəlaɪpɔ́mɪnɔ̀n/ *n.* (Douay Bible での) Chronicles のラテン語式語形. 〘(1340) ▭ LL ~ ▭ Gk *Paraleipoménōn* (gen. pl.) (↑)〙

par·a·lip·sis /pæ̀rəlípsɪs, pèr- | pæ̀rəlípsɪs/ *n.* (*pl.* **-lip·ses** /-siːz/) 〘修辞〙=paraleipsis.

par·al·lac·tic /pæ̀rəlǽktɪk, pèr- | pæ̀r-⁺/ *adj.* 視差の (⇨ parallax). **pàr·al·lác·ti·cal·ly** *adv.* 〘(1630) ← NL *parallacticus* ~ ← Gk *parallaktikós* ← *parállaxis*: ⇨ parallax〙

parallàctic ángle *n.* 〘天文〙極頂対角《天球上で天体において天の北極と天頂とが張る角》.

parallàctic ellípse *n.* 〘天文〙視差偏位《地球の公転による位置変化で見かけ上の星位が変化すること》.

parallàctic mótion *n.* 〘天文〙視差運動《太陽向点から遠ざかるように見える恒星運動》.

par·al·lax /pǽrəlæ̀ks, pέr- | pǽr-/ *n.* **1** 〘光学〙視差, パララックス: **a** 目標を基準方向から見た場合と, 他の方向から見た場合との位置の相違. **b** 像面上の位置と焦点板またはクロスワイヤーの位置の光軸上における差異. **2** 〘天文〙視差: diurnal ~ =geocentric parallax / ⇨ annual parallax. **3** 〘写真〙《レンズとファインダーの》視差. 〘(1594) ▭ F *parallaxe* ← NL *parallaxis* ← Gk *parállaxis* change ← *parallássein* to alter, differ ← PARA-¹+*allássein* to change (← *állos* another: ⇨ else)〙

par·al·lel /pǽrəlὲl, pέr-, -ləl | pǽr-/ *n.* **1** 平行線[面], 平行物. **2** 〔…との〕相似, 類似; 相似物, 匹敵物[者], 対等物[者] (counterpart) 〔*to*〕: bear a close ~ *to* …によく似ている / The incident is without (a) ~.= There is no ~ *to* this incident. この事件は類例がない. **3** 《類似を示すための》〈二者の〉対比, 比較 (comparison) 〔*between*〕: draw a ~ *between* 〈二者〉〈の相似点〉を比較する. **4** 〘軍事〙《敵の防御陣地に平行に設ける》平行壕(ごう). **5** [通例 *pl.*] 〘印刷〙パラレル, 並行標[符] (∥)《第 5 番目の参照符; cf. reference mark》. **6** 〘地理〙《地図などに示された》緯線[圏]; 《仮想上の線としての》緯線 (parallel of latitude ともいう): the 38th ~ (of latitude) 38 度線《朝鮮を南北に分割する》. **7** 〘電気〙並列(式)《回路など》(↔ series). **8** 〘劇場〙《舞台を支える》うま (trestle).
in párallel (1) 〔…と〕並行に 〔*with*〕; 〔…と〕同時に 〔*with*〕. (2) 〘電気〙〔…と〕並列に 〔*with*〕 (↔ in series).
párallel of declinátion 〘天文〙等赤緯圏《天球上で赤緯の等しい小円》.
párallel of látitude 〘地理〙=parallel *n.* 6.
— *adj.* **1** 〈線・平面など〉〈互いに〉平行な; 〔…と〕平行の, 平行する 〔*to, with*〕: The two lines [rivers] run ~ *with* [*to*] each other. 両直線[二つの川]は平行している. **2** 〈方向・目的・傾向など〉〔…と〕平行する, 同一方向の; 相似する, 対応する, 一致する; 類似した, 同様な 〔*to, with*〕: a ~ argument そっくりの議論 / a ~ instance [case] 同様の例[場合], 類例 / His prudence is ~ *to* his zeal. 彼の慎重さはその熱心さに劣らない. **3** 〘文法・修辞〙並列の; 並列体の, 対句法の (cf. parallelism): a ~ clause 並列節. **4** 〘音楽〙 **a** 並進行の (cf. parallel motion); 並行進行の. **b** 同主調の《例えばハ長調に対するハ短調》. **5** 〘電気〙並列の: a ~ circuit [connection] 並列回路[接続]. **6** 〘電算〙並列の《同一のデータ処理に関する二つ以上の演算を同一時に実行する》.
— *adv.* 〔…と〕平行に 〔*to, with*〕.
— *vt.* (**-al·leled**; **-lel·ing**) **1** 同様[類似]のものとして示す[挙げる]; 匹敵させる (match): You won't easily ~ that for friendliness. そういう親しさはめったにないでしょう. **2 a** …に相当する, 対応する; …に匹敵する (equal): Is there anything which ~*s* that? それに匹敵するものがあるか. **b** …に匹敵するものを見出す[挙げる]. **3** …に平行させる, 類似[一致]させる; …に類似する: Your story closely ~*s* what he told me. 君の話は彼の話にたいへん似ている. **4** 〔…と〕比較する (compare) 〔*with*〕. **5** 《口語》〈道などが〉…に[と]平行する[して走る] (be parallel to): A canal ~*s* the railway. 運河が鉄道に平行している.
〘(1545) ▭ F *parallèle* ∥ L *parallēlus* ▭ Gk *parállēlos* beside one another ← PARA-¹+*allḗlōn* of one another (← *állos* (↑))〙

párallel áxiom *n.* 〘数学〙=parallel postulate.

párallel bárs *n. pl.* [(the) ~] 〘体操〙 **1** [複数扱い] 平行棒: *the* uneven ~ =uneven bars. **2** [単数扱い] 平行棒競技. 〘1868〙

párallel computátion *n.* 〘電算〙並列計算.

párallel compúter *n.* 〘電算〙パラレルコンピューター, 並列計算機. 〘1970〙

párallel connéction *n.* 〘電気〙並列接続.

párallel cóusin *n.* 〘文化人類学〙並行いとこ《親同士が兄弟または姉妹の間柄のいとこ(の片方); cf. cross-cousin》: ~ marriage 並行いとこ婚《双方の親が兄弟または姉妹の間柄のいとこ同士の結婚》. 〘1936〙

párallel cút *n.* 〘電気〙Y 板《Y 軸に直角な主面をもつ水晶の圧電振動板; Y-cut ともいう》.

par·al·lel·e·pi·ped /pæ̀rəlὲləpáɪpɪd, pèr-, -píp-, -lεlέpəpὲd, -ləl- | pæ̀rəlεlέpɪpὲd, -ləl-, -lὲləpáɪpɛd/ *n.* 〘数学〙平行六面体. **par·al·lel·e·pip·e·dic** /pæ̀rəlὲləpɪpídɪk, pèr- | pæ̀rəlεlɪpɪpídɪk⁺/ *adj.* 〘(1570) ▭ Gk *parallēlepípedon* body with parallel surfaces ← *parállēlos* 'PARALLEL'+*epípedon* plane surface (← EPI-+*pédon* ground)〙

par·al·lel·e·pip·e·don /pæ̀rəlὲləpípədɑ̀(ː)n, -dn̩ | -pɪdɔ̀n, -dn̩/ *n.* 〘数学〙=parallelepiped. 〘(1570) ▭ Gk *parallēlepípedon* (↑)〙

párallel evolútion *n.* 〘生物〙平行進化《共通の祖先から分かれた子孫が同じような進化の傾向を示すこと》. 〘1963〙

párallel fórces *n. pl.* 〘物理〙平行力《作用線が互いに平行な数個の力の組合わせ》.

párallel ímport *n.* 〘商業〙並行輸入《総代理店などメーカーが承認した輸入経路以外の経路を通る輸入(品)》.

par·al·lel·ism /pǽrəlεlɪ̀zm, pέr-, -lə- | pǽr-/ *n.* **1** 平行. **2** 相似, 類似 (resemblance); 相等, 対応 (correspondence). **3** 比較 (comparison). **4** 〘哲学〙並行論: the psychophysical ~ 心身並行論, 身心並行論. **5** 〘生物〙平行進化 (parallel evolution). **6** 〘修辞〙《特にヘブライ詩の》並行体, 対句法《類似の思想の反復, 相反した思想の対照または二つの思想の結合により印象・効果を強める技巧》. **7** 〘文法〙並列法, 並列体《対応する統語構造を用いることまたはその例》. 〘(1610) ▭ Gk *parallēlismós*: ⇨ parallel, -ism〙

pár·al·lèl·ist /-lɪst | -lɪst/ *n.* **1** 比較をする[したがる]人. **2** 並行論者. 〘1791–1823〙

par·al·lel·is·tic /pæ̀rəlεlístɪk, pèr-, -ləl- | pæ̀r-⁺/ *adj.* **1** 平[並]行性を有する, 平[並]行性に関する. **2** 並行論(者)の; 並行論に適する. 〘1868〙

par·al·lel·ize /pǽrəlεlàɪz, pέr-, -ləl- | pǽr-/ *vt.* 平行にする, 平行化する. 〘(1610) ▭ Gk *parallēlízein*: ⇨ parallel, -ize〙

párallel míddle bódy *n.* 〘海事〙船体中央平行部《船体の横断面がすべて同形になる部分》.

párallel móney márket *n.* 〘金融〙並行市場《英国の伝統的な割引市場と並行して存立する短期金融市場; 銀行間および企業間の貸借, ユーロカレンシー市場, CD 市場, 地方公共団体への融資などが中心》.

párallel mótion *n.* **1** 〘機械〙平行運動[機構]. **2** 〘音楽〙平行, 並進行《2 声部が同一方向に進行すること; 進行の前後が同一音程のときを平行という; cf. contrary motion》. 〘1864〙

par·al·lel·o·gram /pæ̀rəlέləgræ̀m/ *n.* 〘数学〙平行四辺形.

parallélogram of accelerátions [fórces, moménta, velócities] [the —] 〘力学〙加速度[力, 運動量, 速度]の平行四辺形《二つの加速度[力, 運動量, 速度]の合成はそれらの加速度[力, 運動量, 速度]を表すベクトルが作る平行四辺形の対角線を表すベクトルによって表される》.

pàr·al·lèl·o·gram·mát·ic /-grəmǽtɪk | -tɪk⁺/ *adj.* **pàr·al·lèl·o·gram·mát·i·cal** /-tɪk(ə)l, -kl | -tɪ-⁺/ *adj.* **pàr·al·lèl·o·grám·mic** /-grǽmɪk⁺/ *adj.* 〘(1570) ▭ F *parallélogramme* ▭ LL *parall(ē)logrammum* ▭ Gk *parallēlógrammon* bounded by parallel lines (neut.): ⇨ parallel, -gram〙

parallélogram làw [rùle] n. [the ~]〘力学〙(ベクトル合成の)平行四辺形法則.
párallel operátion n.〘電算〙並列操作, 並行操作《一つのデータ処理に関する二つ以上の演算を同時に行うこと; cf. serial operation》.
par·al·lel·o·pip·ed /pæ̀rəlèləpáɪpɪ̀d, -píp- | -páɪpɪd/ n.〘数学〙=parallelepiped.
par·al·lel·o·pip·e·don /pæ̀rəlèləpípədɑ̀(:)n, -dn | -lèlə(ʊ)pípɪdɔ̀n, -dn/ n.〘数学〙=parallelepiped.
párallel párking n. 並行[縦列]駐車《車を道路の縁石と並行に駐車すること》.
párallel pórt n.〘電算〙パラレルポート《同時に複数のビットを伝送する出入力ポート; PC においては通例プリンターポート; cf. serial port》.
párallel póstulate n.〘数学〙平行(線)公準[公理]《Euclid の「原論」の第 5 公準のこと; parallel axiom ともいう》.
párallel pricing n.〘経済〙並行[追随]的価格設定《市場占有率の高い 1 社の価格変更に他社が追随すること》.
párallel prócessing n.〘電算〙並列処理《二つ以上の処理を同時に行うこと》.〘1960〙
párallel projéction n.〘数学〙平行射影《一つの平面上の図形を平行光線によって他の平面上に投影すること; また投影してできた図形》.
párallel résonance n.〘電気〙並列共振.
párallel rúle [rúler] n. 平行定規.〘1704〙
párallel sáiling n.〘海事〙距等圏航法《針路を真東または真西に取って船を進める航法》.〘1710〙
párallel slálom n.〘スキー〙パラレルスラローム《ほぼ同じ条件のコースを二人の競技者が同時に滑る》.〘1974〙
párallel sphére n.〘天文〙平動球《北極ないし南極を中心とする天球の日周運動状態》.
párallel stánce n.〘ゴルフ〙=square stance.
párallel túrn n.〘スキー〙=tempo turn.
párallel-véined adj.〘植物〙〈葉が〉並行脈をもつ (cf. net-veined).〘1861〙
párallel víse n.〘機械〙箱万力, 横万力, 平方万力.
par·a·lo·gi·a /pæ̀rəlóʊdʒiə, -dʒə | -lə́ʊ-/ n.〘精神医学〙錯論理(症).〘(1811) ← NL ~: ⇨ para-[1], logo-, -ia[1]〙
pa·ral·o·gism /pərǽlədʒìzm/ n. 1〘論理〙a 論過, 誤謬(ごびゅう)推理, 偽推理 (false reasoning) (cf. formal fallacy, sophism). b その結論. 2 反理, 背理 (paradox); 誤った推論 (fallacy). **pa·rál·o·gist** /-dʒɪst | -dʒɪst/ n. **pa·ral·o·gis·tic** /pəræ̀lədʒístɪk˝/ adj.〘(1565) □ F *paralogisme* □ LL *paralogismus* □ Gk *paralogismós* false reasoning ← *paralogízesthai* (↓): ⇨ -ism〙
pa·ral·o·gize /pərǽlədʒàɪz/ vi. 論過を冒す, 誤った推論をする.〘(1599) □ ML *paralogizāre* □ Gk *paralogízesthai* to mislead by false reasoning ← *parálogos* beyond reason: ⇨ para-[1], logos, -ize〙
Pár·a·lỳm·pic Gámes n. pl. [the ~] =Paralympics.〘1955〙
Par·a·lym·pics /pæ̀rəlímpɪks, pèr- | pæ̀r-/ n. pl. [the ~] パラリンピック《身体障害者のための国際競技会; 1952 年より通例 4 年ごとにオリンピックの開催地で行われる》. **Pàr·a·lým·pic** /-pɪk˝/ adj. **Pàr·a·lým·pi·an** /-piən˝/ n., adj.〘(1965) ← *Para(plegic)*+(O)*lympics*; 現在同委員会は PARA-[1]+(O)*lympics* と説明している〙
par·a·lyse /pǽrəlàɪz, pér- | pǽr-/ vt.〘英〙=paralyze.
pa·ral·y·sis /pərǽləsɪs | -lɪ̀sɪs/ n. (pl. **-y·ses** /-sìːz/) 1〘病理〙麻痺, 不随 (palsy): cerebral ~ 脳性麻痺 / facial ~ 顔面麻痺 / ⇨ general paralysis, infantile paralysis. 2 機能停止, 停滞, 麻痺状態: moral ~ 道義心の麻痺 / a ~ of trade 取引の麻痺[停頓]状態. 3 無力, 無能.〘(1525) □ L ~ □ Gk *parálusis* ← *paralúein* to disable on one side ← PARA-[1]+*lúein* to loosen: PALSY と二重語〙
parálysis ág·i·tans /-ǽdʒətæ̀nz | -dʒɪ-/ n.〘病理〙振戦麻痺, パーキンソン病 (Parkinson's disease).〘(1817) ← NL ~ 'shaking palsy'〙
par·a·lyt·ic /pæ̀rəlítɪk, pèr- | pæ̀rəlít-˝/ adj. 1〈人が〉麻痺性の, 麻痺した. 2 麻痺状態の. 3〘英俗〙泥酔した. 4 どうすることもできない, 無力な, 頼りない (helpless): ~ laughter. — n. 1 中風患者. 2〘英俗〙酔っ払い. **pàr·a·lýt·i·cal·ly** adv.〘(1373) *paralitike* □ (O)F *paralytique* (adj., n.) □ L *paralyticus* □ Gk *paralutikós*: ⇨ paralysis, -ic[1]〙
par·a·lyze /pǽrəlàɪz, pér- | pǽr-/ vt. 1 麻痺させる, しびれさせる, 動けなくする: be ~d on [down] one side 半身不随である. 2 無力にする, 活動できなくする; 無効にする; 役に立たなくする: ~ one's efforts 努力を無にする / be ~d with terror / Fear ~d my mind. 恐怖のため私は頭が働かなくなった. **pár·a·lỳz·er** n. **par·a·ly·za·tion** /pæ̀rəlɪzéɪʃən, pèr- | pæ̀rəlaɪ-, -lɪ-/ n. **pár·a·lỳz·ing·ly** adv.〘(1804) □ F *paralyser* (逆成) ← *paralysie* 'PALSY': ⇨ paralysis, -ize〙
pár·a·lỳzed adj. 1 麻痺した. 2 無力の; 無効の. 3〘米俗〙泥酔した. **pár·a·lỳz·ed·ly** /-zɪ̀dli, -zd-/ adv.〘1855〙
pára·màgnet n.〘磁気〙常磁性体 (paramagnetic substance).〘(1900)(逆成) ↓〙
pàra·magnétic〘磁気〙adj. 常磁性の, 正磁気の (cf. diamagnetic, ferromagnetic): a ~ substance, body, etc. — n. 常磁性体 (paramagnet). **pàra·magnétically** adv.〘(1850) ← PARA-[1]+MAGNETIC〙
páramagnetic résonance n.〘磁気〙常磁性共鳴《常磁性中心にある電子による磁気共鳴; electron spin resonance ともいう》.
pàra·mágnetism n.〘磁気〙常磁性, 正磁気 (↔ diamagnetism).〘1850〙
Par·a·mar·i·bo /pæ̀rəmǽrəbòʊ, pèrəmér- | -rɪ̀bə̀ʊ; Du. pɑrɑmáːribo/ n. パラマリボ《南米スリナム共和国の首都》.
Par·am·at·man /pɑ̀rɑmáːtmən/ n.〘ヒンズー教〙大我, 最高の我, 宇宙精神.〘□ Skt *paramātman* 'highest ATMAN'〙
par·a·mat·ta /pæ̀rəmǽtə, pèr- | pæ̀rəmǽtə/ n. パラマッタ織り《綿毛または絹毛の交織》.〘(1834) ← *Par(r)amatta* (オーストラリア New South Wales 州の都市でこの原産地)〙
paramecia n. paramecium の複数形.
par·a·me·cin /pæ̀rəmíːsɪn, -sn, pèr- | pæ̀rəmíːsɪn/ n.〘生化学〙パラメシン《原生動物繊毛虫ヒメゾウリムシ (*Paramecium aurelia*) の遺伝形質キラーが生産する物質で, 他の系統に致死的作用を与える》.〘⇨ ↓, -in[2]〙
par·a·me·ci·um /pæ̀rəmíːʃiəm, pèr-, -ʃəm, -siəm | pæ̀rəmíːsiəm/ n. (pl. **-ci·a** /-ʃiə, -ʃə, -siə | -siə/, ~s)〘動物〙ゾウリムシ《繊毛虫綱ゾウリムシ属 (*Paramecium*) に属する原生動物; 体はスリッパのようで, 全身に繊毛が生え, 大核と小核の別があるほか有性生殖として接合現象がみられる》.〘(1752) ← NL ~ ← Gk *paramḗkēs* oblong ← PARA-[1]+*mêkos* length〙
pára·mèdic[1] n.〘口語〙医療補助員《技師・看護婦・看護人など》.〘(1967) ← PARA-[1]+MEDIC[1]〙
pára·mèdic[2] n. 1〘軍事〙落下傘(さん)部隊付衛生兵, パラシュート衛生兵. 2 落下傘医 (paradoctor). — adj. パラシュート衛生兵[落下傘医]の.〘(1951) ← PARA-[3]+MEDIC[1]〙
pàra·médical[1] adj. パラメディカルの, 医療補助的な; 医療隣接部門の.〘1921〙
pàra·médical[2] adj. =paramedic[2].
pàra·ménstruum n.〘産科〙パラ月経期《月経直前の 4 日と月経開始後の 4 日からなる 8 日間》. **pàra·ménstrual** adj.〘(1966) ← PARA-[1]+MENSTRUUM〙
par·a·ment /pǽrəmənt, pér- | pǽr-/ n. (pl. ~s, **-a·men·ta** /pæ̀rəméntə, pèr- | pæ̀rəméntə/) [通例 pl.] 1 (つづれ織りのような)室内装飾品. 2 (装飾をほどこした)法衣, 祭服; 祭式装飾.〘(c1385) □ OF ~ □ LL *parāmentum* ornament ← *parāre* to adorn, (L) to prepare: ⇨ pare, -ment〙
pa·ram·e·ter /pərǽmətə | -mɪ̀tə(r)/ n. 1 [通例 pl.] a (限定的な)要素, 特質, 要因. b 限界, 範囲 (boundary) [of]. 2〘数学〙パラメーター, 媒介変数, 助変数. 3〘統計〙母集団特性値, 母数. 4〘結晶〙軸標《結晶面が結晶軸を切り取る長さ》. 5〘電算〙パラメーター: a 引き数. b アプリケーションの実行やシステムの設定にあたって指定すべき基本的事項.〘(1656) ← NL *parametrum*: ⇨ para-[1], -meter[1]〙
pa·ram·e·ter·ize /pərǽmətəràɪz | -mɪ̀t-/ vt. parameter で表す. **pa·ram·e·ter·i·za·tion** /pəræ̀mətərɪ̀zéɪʃən, -trɪ̀- | -mɪ̀təraɪ-, -rɪ-/ n.〘(1940): ⇨ ↑, -ize〙
par·a·me·tri·al /pæ̀rəmíːtriəl, pèr- | pæ̀r-˝/ adj.〘解剖〙子宮傍(結合)組織の; 子宮近くにある.〘(1903) ← PARA-[1]+METRO-[2]+-IAL〙
par·a·met·ric /pæ̀rəmétrɪk, pèr- | pæ̀r-˝/ adj. 1 parameter の[に関する]. 2〘電気〙パラメトリックな《周期的時変定数を利用した》. **pàr·a·mét·ri·cal** /-trɪ̀kəl, -kl | -trɪ-˝/ adj. **pàr·a·mét·ri·cal·ly** adv.〘(1889) ← PARAMETER+-IC[1]〙
parámetric ámplifier n.〘電気〙パラメトリック増幅器《周期的時変定数を利用した増幅器》.
parámetric équalizer n.〘音響〙パラメトリックイコライザー《オーディオ機器の帯域フィルターの搬送周波数・帯域幅・振幅などを制御する装置》.
paramétric equátion n.〘数学〙媒介変数表示方程式《点の座標を媒介変数によって表した曲線や曲面の式》.
pa·ram·e·trize /pərǽmətràɪz | -mɪ̀-/ vt. =parameterize.
par·a·met·ron /pæ̀rəmétrɑ(:)n, pèr- | pæ̀rəmétrɔn/ n.〘電算〙パラメトロン, パラメトロン素子《パラメーター励振を利用する素子; 記憶素子・論理素子・分周器・倍周器として用いられる》.〘(1956) ← PARAME(TER)+-TRON〙
pàra·mílitarism n. 準軍国主義《一般市民などで組織された準軍事的集団の軍国主義思想》.〘1970〙
pàra·mílitarist n. 準軍事組織の一員.〘1973〙
par·a·mil·i·tar·y /pæ̀rəmílətèri, pèr- | pæ̀rəmílɪ̀təri, -tri˝/ adj.〈団体など〉軍補助的の, 準軍事的(組織)の, 軍類似の: a ~ police force 準軍事的警察隊. — n. 準軍事組織(の一員).〘(1935) ← PARA-[1]+MILITARY〙
par·am·ne·sia /pæ̀ræmníːʒə, pèr- | pæ̀ræmníːziə, -zjə, -ʒə/ n.〘心理〙記憶錯誤 (cf. déjà vu).〘(1888) ← NL ~: ⇨ para-[1], amnesia〙
pa·ra·mo /pǽrəmòʊ, pér- | pǽrəmə̀ʊ; Am.Sp. páɾamo/ n. (pl. ~s /~z; Sp. ~s/) パラモ(ス)《南米熱帯地方の, 特に Andes 山地の無樹の高山草原地帯》.〘(1760–72) □ Am.-Sp. ~ =Sp. *páramo* barren plain〙
par·a·moe·ci·um /pæ̀rəmíːʃiəm, pèr-, -ʃəm, -siəm | pæ̀rəmíːsiəm/ n.〘動物〙=paramecium.
par·a·morph /pǽrəmɔ̀əf, pér- | pǽrəmɔ̀ːf/ n. 1〘鉱物〙同質仮像《もとの鉱物の外形を残したままで, 化学成分は同じの別種の鉱物に変化したもの; cf. pseudomorph》. 2〘生物〙副模式標本《データの不備によって模式系列からずれているもの》. **par·a·mor·phic** /pæ̀rəmɔ́əfɪk, pèr- | pæ̀rəmɔ́ː-˝/ adj. **par·a·morph·ous** /pæ̀rəmɔ́əfəs, pèr- | pæ̀rəmɔ́ː-˝/ adj.〘(1879) ← PARA-[1]+-MORPH〙
par·a·mor·phism /pæ̀rəmɔ́əfɪzm, pèr- | pæ̀rəmɔ́ː-/ n.〘鉱物〙同質仮像現象.〘1868〙
par·a·mount /pǽrəmàʊnt, pér- | pǽr-/ adj. 1 至上の, 最高の (supreme); 主要な (chief); 卓絶した, 際立った (⇨ dominant SYN); 〔…に〕まさる (superior)〔to〕: a matter of ~ importance 最大の重要事 / This duty is ~ to all the others. この義務は他のすべてに優先する[一番大事だ]. ★ 通例 most paramount とはいわない / The safety of passengers is ~. 乗客の安全が何にもまして重要だ. 2 最高権力を有する: a ~ chief 君主 / the lady ~ 女君主; アーチェリーの選手権で最高点を得た女性 / the lord ~ 最高君主. — n. 最高支配者, 首長, 大君主. **~·ly** adv.〘(1531) □ AF *paramont* above (adj. & adv.) ← (O)F *par* 'by, PAR[2]' (< L *per*)+*amont* upward, up (< L *ad montem* to the mountain): ⇨ per-, amount〙
Par·a·mount /pǽrəmàʊnt, pér- | pǽr-/ n. パラマウント《Hollywood にスタジオをもつ米国の映画会社 Paramount Pictures Corp. の通称》.
par·a·mount·cy /pǽrəmàʊntsi, pér- | pǽrə-/ n. 最高権; 優越, 卓越 (supremacy).〘1667〙
par·a·mour /pǽrəmʊ̀ə, pér-, -mɔ̀ə | pǽrəmʊ̀ə(r), -mɔ̀ː(r)/ n.〘古〙1 (既婚者の)愛人, 情人; 情夫, 姦夫, 情婦 (mistress). 2 恋人, 愛人 (lover).〘(a1325) ← ME *par amour* by love □ OF ~: ⇨ per-, amour〙
par·am·y·lon /pərǽməlɑ̀n, -lɑ̀(:)n | -mɪlən, -lɔ̀n/ n.〘生物〙=paramylum.
par·am·y·lum /pərǽmələm | -mɪ-/ n.〘生物〙パラミロン, パラミルム《ミドリムシの貯蔵物質で, 澱粉に似た不溶性炭水化物》.〘(1897) ← NL ~: ⇨ para-[1], amylum〙
pàra·mýxo·vìrus n.〘病理〙パラミクソウイルス《ミクソウイルス (myxovirus) に属し, おたふくかぜや種々の呼吸器疾患の原因となるウイルスなど》.〘(1962) ← PARA-[1]+MYXO-+VIRUS〙
Pa·ra·ná /pæ̀rənáː, pèr- | pæ̀r-; Braz. paɾəná, Am. Sp. paɾaná/ n. 1 [the ~] パラナ(川)《ブラジル南部に発してウルグアイ東南境を経, アルゼンチン東部を貫流して Río de la Plata 川に注ぐ川; 2,900 km》. 2 パラナ(州)《ブラジル南部の州; 面積 199,554 km^2, 州都 Curitiba》. 3 パラナ(市)《アルゼンチン東部, Paraná 川に臨む都市, 旧首都 (1853–62)》.
Pá·ra·na pìne /pæ̀rənáː-, pèr- | pæ̀r-/ n.〘植物〙ブラジルマツ, パラナマツ (*Araucaria angustifolia*)《南米産の軟材となる大形のナンヨウスギ科の樹木》.〘1923〙
pára·nàsal cávity [sínus] n.〘解剖〙副鼻腔.〘(1954) *paranasal*: ← PARA-[1]+NASAL〙
par·an·drus /pərǽndrəs/ n. カメレオンのように自由に体色を変えることのできる伝説上の雄ジカ.〘← NL ~ ← PARA-[1]+Gk *-andros* of a man (⇨ andro-)〙
par·a·neph·ros /pæ̀rənéfrəs, pèr-, -rɑ(:)s | pæ̀rənéfrɔs, -rəs/ n. (pl. **-neph·roi** /-rɔɪ/)〘解剖〙副腎(じん) (adrenal). **par·a·neph·ric** /pæ̀rənéfrɪk, pèr- | pæ̀r-˝/ adj.〘← PARA-[1]+Gk *nephrós* kidney: ⇨ nephro-〙
pa·rang /páːræŋ/ n. パラン《マレー・インドネシアなどで用いられる大型の重い短刀》.〘(1839) □ Malay ~〙
par·a·noe·a /pæ̀rəníːə, pèr- | pæ̀r-/ n.〘精神医学〙=paranoia.
par·a·noe·ac /pæ̀rəníːæk, pèr- | pæ̀r-/ adj., n. =paranoiac.
par·a·noi·a /pæ̀rənɔ́ɪə, pèr- | pæ̀r-/ n. 1〘精神医学〙パラノイア, 偏執病, 妄想症. 2〘口語〙(特に理由のない)強い恐怖感, 猜疑心(さいぎしん), かんぐりすぎ.〘(1811) ← NL ~ ← Gk *paránoia* madness ← *paránoos* distracted ← PARA-[1]+*nóos* mind: ⇨ -ia[1]〙
par·a·noi·ac /pæ̀rənɔ́ɪæk/〘精神医学〙adj. パラノイアの. — n. パラノイア患者.〘(1892): ⇨ ↑, -ac〙
par·a·no·ic /pæ̀rənóʊɪk, pèr- | pæ̀rənə́ʊɪk˝/ adj. =paranoiac.〘1857〙
par·a·noid /pǽrənɔ̀ɪd, pér- | pǽr-/ adj. 1 パラノイア[妄想症, 偏執症](患者)の. 2 被害[誇大]妄想的な; 〔…について〕偏執的な〔about〕. — n. パラノイア患者.〘(1904) ← PARAN(OIA)+-OID〙
par·a·noid·al /pæ̀rənɔ́ɪdl, pèr- | pæ̀rənɔ́ɪdl˝/ adj.〘精神医学〙パラノイアの.〘(1904): ⇨ -al[1]〙
páranoid schizophrénia n.〘精神医学〙妄想分裂症, 妄想性(精神)分裂病.
pàra·nórmal adj. (今日の)科学では説明のつかない, 異常な, 超自然的な: ~ happenings. — n. [the ~] 超自然現象. **pàra·normálity** n. **~·ly** adv.〘c1920〙
par·an·thro·pus /pərǽnθrəpəs, pæ̀rænθróʊ-, pèr- | pærǽnθrə-, pæ̀rænθrə́ʊ-/ n.〘人類学〙パラントロプス《初期洪積世に生存したパラントロプス属 (*Paranthropus*) の猿人; 今はアウストラロピテクス属 (*Australopithecus*) に含まれる; 1938 年以降に南アフリカ共和国で多くの化石が発掘された》.〘(1941) ← NL ~: ⇨ para-[1], -anthropus〙
Pa·rá nùt /pərá-, pérə-, pəráː- | páːrə-, pəːrə-/ n.〘植物〙ブラジルナッツの(実) (⇨ Brazil nut).〘← *Pará* (ブラジルの州・都市でその産地)〙
par·a·nymph /pǽrənɪ̀mf, pér- | pǽr-/ n. 1 花婿[花嫁]の付添い. 2 (古代ギリシャの)花嫁を家へ案内する花婿の付添い; 嫁入りする花嫁の付添い.〘(1593) □ LL *paranymphus* (masc.), *paranympha* (fem.) □ Gk *paránumphos*《原義》being beside the groom or bride: ⇨ para-[1], nymph〙
pàra·parésis n.〘病理〙(特に, 下肢の)不全対(つい)麻痺.

〘← NL ～: ⇨ para-¹, paresis〙
par·a·pente /pǽrəpɑ̃ː(n)t, pɛ́r-, -pɑ̀ːnt; F. parapɑ̃ːt | pǽr-/ n. パラペント《paragliding または paraskiing のこと》; それ用のパラシュート. 〘□F ～ ← *para(chute)*＋*pente* slope〙
par·a·pent·ing /pǽrəpɛ̀ntɪŋ, pɛ́r- | pǽrəpɛ̀ntɪŋ/ n. パラペントで飛ぶスポーツ, パラグライディング.
par·a·pet /pǽrəpɪ̀t, pɛ́r-, -pɛ̀t | pǽr-/ n. **1** (屋上・露台・橋などの)欄干, ひめがき, 手すり(壁), パラペット. **2** 〘軍事〙(塹壕(ざん)の前部に土や石を盛り上げた)胸壁, 胸檣(しょう), 胸土 (breastwork); (城壁の上の)塁壁. ***keep one's héad belòw the párapet*** 《英》危険を避ける. ***pút one's héad abòve the párapet*** 《英》危険を冒す.
pár·a·pet·ed /-tɪ̀d | -tɪ̀d/ adj. 〘(1590) □ F. ～ // It. *parapetto* ← PARA-²＋*petto* (＜ L *pectum* breast)〙
par·aph /pǽrəf, pɛ́r-, -ræf | pǽræf, -rəf/ n. (署名の終わりの)花押, 書判(かきはん), 書き印. 〘((c1395)) (1584) *paraf* □ (O)F *parafe, paraphe* □ ML *paraphus* 《短縮》← L *paragraphus* 'PARAGRAPH'〙
pár·a·phase àmplifier /pǽrəfèɪz-, pɛ́rə- | pǽrə-/ n. 〘電子工学〙正逆両相出力を得られる増幅器. 〘*paraphase*: ← PARA-¹＋PHASE¹〙
par·a·pha·sia /pæ̀rəféɪʒə, -ʒiə | pæ̀rəféɪziə, -ræf-, reɪf-, -ʒiə, -ʒə/ n. 〘病理〙錯語(症). **pàra·phásic** /-zɪk←/ adj. 〘(1866) ← NL ～: ⇨ para-¹, -phasia〙
par·a·pher·na·lia /pæ̀rəfənéɪljə, pɛ̀r-, -fə-, -liə | pæ̀rəfənéɪliə, -ljə/ n. pl. [時に単数扱い] **1** (個人の)手回り品. **2 a** (あることに必要な)道具類(一式), 装置, 設備 (furnishings): camping ～ キャンプ用品 / the ～ of a circus サーカスの道具類. **b** (あることに)付随するもろもろのこと: all the ～ of the methodology その方法論に伴う一切のこと. **c** 《口語》煩雑な手続き. **3** 〘英法〙妻の特有調度品《夫が与えた妻の服飾品その他の身の回り品の総称; dower とは別の個人的財産》. **4** 《俗》ヘロイン販売促進のために必要な付属品《ヘロインを入れる小さいグラシン紙の袋, ヘロインを薄める無害の粉末など》. **pàr·a·pher·ná·lian** /-ljən, -liən | -liən, -ljən←/ adj. **par·a·pher·nal** /pæ̀rəfə́ːnḷ, pɛ̀r- | pæ̀rəfə́ː-←/ adj. 〘(1651) □ ML *paraphernālia* (*bona*) wife's own goods (neut. pl.) ← *paraphernālis* (adj.) ← L *parapherna* separate possessions of a married woman besides her dowry □ Gk *parápherna* ← PARA-¹＋*phernḗ* dowry〙
par·a·phil·i·a /pæ̀rəfíliə, pɛ̀r- | pæ̀r-/ n. 性的倒錯.
par·a·phil·i·ac /pæ̀rəfíliæ̀k, pɛ̀r- | pæ̀r-/ adj., n. 〘(1925) ← NL ～: ⇨ para-¹ 3, -philia〙
par·a·phras·a·ble /pǽrəfrèɪzəbḷ, pɛ́r-, ――― | pǽrəfrèɪzəbḷ, ―――←/ adj. 言い換え[パラフレーズ]できる. 〘1900〙
par·a·phrase /pǽrəfrèɪz, pɛ́r- | pǽr-/ n. **1 a** (わかりやすくするための)言い換え, パラフレーズ (⇨ translation SYN); 意訳 (free translation) (↔ metaphrase). **b** 言い換えられたもの, パラフレーズされたもの. **2** (スコットランド教会などの)聖書の文句を韻文に訳した賛(美)歌. ―― vt., vi. (他の言葉でわかりやすく)言い換える, パラフレーズする, 敷衍(ふえん)する, 注釈する (interpret), 意訳する. **pár·a·phràs·er** n. 〘(1548) □ F ～ // L *paraphrasis* □ Gk *paráphrasis* ← *paraphrázein* to tell in other words ← PARA-¹＋*phrázein* to show, tell: ⇨ phrase〙
pa·raph·ra·sis /pərǽfrəsɪ̀s | -sɪs/ n. (pl. **-ra·ses** /-sìːz/) ＝paraphrase. 〘(1538) □ L ～ (↑)〙
par·a·phrast /pǽrəfræ̀st, pɛ́r- | pǽr-/ n. パラフレーズする人, 釈義者. 〘(1549) □ LL *paraphrastēs* □ Gk *paraphrastḗs* ← *paraphrázein* 'to PARAPHRASE'〙
par·a·phras·tic /pæ̀rəfrǽstɪk, pɛ̀r- | pæ̀r-←/ adj. パラフレーズの, 釈義的な, 注釈の, 言い換えの, 説明的な.
pàr·a·phrás·ti·cal /-tɪ̀kəl, -kḷ | -tɪ-←/ adj.
pàr·a·phrás·ti·cal·ly adv. 〘(1623) □ ML *paraphrasticus* □ Gk *paraphrastikós*: ⇨ ↑, -ic¹〙
par·a·phyl·li·um /pæ̀rəfíliəm, pɛ̀r- | pæ̀r-/ n. (pl. **-li·a** /-liə/) 〘植物〙ある種の蘚類の茎から側生する枝状物の一種. 〘(1866) ← NL ～: ⇨ para-¹, phyllo-, -ium〙
pa·raph·y·sis /pərǽfəsɪ̀s | -fɪsɪs/ n. (pl. **-y·ses** /-sìːz/) 〘植物〙側糸《菌類の子嚢(のう)層にある糸状またはらっぱ状で胞子を形成しない付属器官》. **pa·raph·y·sate** /pərǽfəsɪ̀t, -sèɪt | -fɪ-/ adj. 〘(1857) ← NL ～ ← PARA-¹＋Gk *phúsis* growth〙
par·a·ple·gi·a /pæ̀rəplíːdʒiə, pɛ̀r-, -dʒə | pæ̀r-/ n. 〘病理〙対(つい)麻痺. 〘(1657) ← NL ～ ← Gk *paraplēgía* hemiplegia: ⇨ para-¹, -plegia〙
par·a·ple·gic /pæ̀rəplíːdʒɪk, pɛ̀r- | pæ̀r-←/ adj. **1** 対(つい)麻痺の[にかかった]. **2** 対麻痺患者の. ―― n. 対麻痺患者. 〘1822–34〙
par·a·po·di·um /pæ̀rəpóudiəm, pɛ̀r- | pæ̀rəpə́udiəm/ n. (pl. **-di·a** /-diə | -diə/) 〘動物〙**1** (環形動物の)いぼ足《各体節の両側に突出する 1 対の葉状部で, 背肢 (notopodium) と腹肢 (neuropodium) に分かれ, 上下 2 葉から成る》. **2** (昆虫の幼虫の)亜脚, 側脚. **pàr·a·pó·di·al** /-diəl | -diəl←/ adj. 〘(1877) ← NL ～: ⇨ para-¹, -podium〙
pàra·políce adj. 準警察的な.
pàra·polítical adj. 擬似政治的な, 政治に類似した.
parapraxes n. parapraxis の複数形.
par·a·prax·i·a /pæ̀rəprǽksiə, pɛ̀r- | pæ̀r-/ n. 〘心理〙失錯行為《失言・度忘れ・書き違いなど》. 〘(1912) ← NL ～: ⇨ para-¹, praxis, -ia¹〙
par·a·prax·is /pæ̀rəprǽksɪ̀s, pɛ̀r- | pæ̀r- | -sɪs/ n. (pl. **-prax·es** /-siːz/) ＝parapraxia. 〘← NL ～: ⇨ para-¹, praxis〙
par·a·proct /pǽrəprɑ̀(ː)kt, pɛ́r- | pǽrəprɔ̀kt/ n. 〘昆虫〙肛側板[片]《ある種の昆虫の肛門に隣接する突出部》. 〘⇨ para-¹, procto-〙
pàra·proféssional n. (専門家, 特に先生の)助手, 補助員《準看護婦・代用教員・助手など》. ―― adj. 助手の, 専門職を補助する. 〘1965〙
pàra·prótein n. 〘生化学〙パラプロテイン, 副蛋白質《血清中のグロビンで異常なものの総称》. 〘1949〙
pàra·psýchical adj. 超心理学的な (parapsychological). **pàra·psýchic** adj. 〘(1911): ⇨ para-¹〙
pàra·psychólogy n. 超[擬似]心理学《予知能力・念力・テレパシー・心霊現象などのように, 純正心理学の領域外の事象を扱う》. **pàra·psychológical** adj. **pàra·psychólogist** n. 〘(1924) ← PARA-¹＋PSYCHOLOGY〙
Par·a·quat /pǽrəkwɑ̀(ː)t, pɛ́r- | pǽrəkwɔ̀t/ n. 〘化学〙パラクワット ($C_{12}H_{14}N_2Cl_2$) 《除草剤》. 〘(1961) ← PARA-¹＋QUAT(ERNARY)〙
par·a·quet /pǽrəkɛ̀t, pɛ́r- | pǽr-/ n. 〘鳥類〙＝parrakeet.
pára réd /pǽrə-, pɛ́rə- | pǽrə-/ n. **1** ＝blood red. **2** 〘化学〙パラレッド《赤色のアゾ染料》. 〘← PARA-¹〙
pàra·relígious adj. 擬似宗教的な.
pára·rèscue n. 落下傘(さん)による救助[救護]: a ～ team 落下傘救急班. 〘(1950) ← PARA-³＋RESCUE〙
Pa·rá rhátany /pǽrə-, pərɑ́ː- | pərɑ́ː-, pɑ́ːrə-/ n. **1** 〘植物〙ブラジルラタニア (*Krameria argentea*)《ブラジル産マメ科の低木》. **2** ブラジルラタニアの根《収斂(しゅうれん)剤として用いる》. 〘← *Pará* (ブラジルの州・都市の名)〙
pàra·rosániline n. 〘化学〙パラローザニリン ($C(OH)(C_6H_4NH_2)_3$) 《赤色のアニリン染料; 紙・繊維用》. 〘(1879) ← PARA-¹＋ROSANILINE〙
Pa·rá rúbber /pǽrə-, pərɑ́ː- | pərɑ́ː-, pɑ́ːrə-/ n. **1** パラゴム《南米産のパラゴムノキから採ったゴム》. **2** 〘植物〙パラゴムノキ (*Hevea brasiliensis*)《南米産トウダイグサ科の高木, これからパラゴムを採る; Pará rubber tree, rubber tree ともいう》. 〘(1857) ← *Pará* (ブラジルの州・都市で, ゴムの産地)〙
pàra·rúminant n. 〘動物〙準反芻動物.
par·as /pǽrəz, pɛ́r- | pǽr-/ n. pl. 《口語》＝paratroopers.
par·a·sail /pǽrəsèɪl, pɛ́r- | pǽr-/ n. パラセール《parasailing で使うパラシュート》. ―― vi. パラセール競技をする. 〘← PARA-³〙
pár·a·sàil·ing /-lɪŋ/ n. パラセーリング《パラシュートをつけ, 水上スキーをはいてモーターボートに引かれ空中高く舞い上がるスポーツ》. 〘1969〙
par·a·sang /pǽrəsæ̀ŋ/ n. パラサング《ペルシャの不定な距離単位; 古くは約 5 km に相当した》. 〘(1594) □ L *parasanga* □ Gk *parasángēs* ← Iran. (cf. Pers. *farsang* parasang)〙
par·a·scend·ing /pǽrəsɛ̀ndɪŋ, pɛ́r- | pǽr-/ n. パラセンディング《パラシュートをつけ, 車・モーターボートに引かれて空中に上がり, そのパラシュートで降下するスポーツ》. 〘(1970): ⇨ PARA-³〙
par·a·sce·ni·um /pæ̀rəsíːniəm, pɛ̀r- | pæ̀r-/ n. (pl. **-sce·ni·a** /-niə/) 〘ギリシャ劇〙パラスケニオン《舞台背面の両袖》. 〘(1706) ← NL ～ ← Gk *paraskḗnion* space at sides of stage: ⇨ para-¹, scene, -ium〙
pára·scìence n. 超科学《伝統的な科学の領域を越えたり, そこでは説明できない事物に科学的な研究法を援用・借用して行なう研究》. **pára·scìentist** n. **pàra·scientífic** adj. 〘(1953): ⇨ PARA-¹〙
par·a·se·le·ne /pæ̀rəsɪ̀líːni, pɛ̀r- | pæ̀r-/ n. (pl. **-le·nae** /-niː/) 〘気象〙幻月 (月暈(つきがさ)に現れる光輪; mock moon ともいう; cf. parhelion). **pàr·a·se·lé·nic** /-sɪ̀líːnɪk, -lɛ́n-←/ adj. 〘(1653) ← NL ～ ← PARA-¹＋Gk *selḗnē* moon〙
pàra·séxual adj. 〘生物〙擬似有性的な《有性生殖を伴わないで, 遺伝的組み換えが起こる》. **pàra·sexuálity** n. 〘1954〙
pa·ra·shah /pɑ́ːrəʃɑ̀ː/ n. (pl. **pa·ra·shoth** /-ʃòuθ, -ʃòut | -ʃəuθ, -ʃəut/, **pa·ra·shi·oth** /pɑ̀ːrəʃíouθ, -òut | -ʃiə́uθ, -ə́ut/) 〘ユダヤ教〙**1** 安息日に会堂で朗読するため, その週の分として割り当ててあるモーセ五書の一部分 (cf. haftarah). **2** 祭日に会堂で朗読されるモーセ五書の部分. 〘(1624) □ Mish.Heb. *pārāšāh* section (of the Torah)〙
Par·a·shu·ra·ma /pæ̀rəʃʊ́rəmə, pɛ̀r- | pæ̀r-/ n. 〘インド神話〙パラシュラーマ《斧を持った Rama; Vishnu の第六化身》. 〘← Skt *Paraśurāma*〙
par·a·sit- /pǽrəsàɪt, pɛ́r-, -sɪt | pǽr-/ (母音の前にくるときの) parasito- の異形.
par·a·site /pǽrəsàɪt, pɛ́r- | pǽr-/ n. **1 a** 〘生物〙寄生生物; 寄生動物, 寄生虫 (cf. commensal 2); 寄生植物, やどりぎ (cf. host² 4 a, guild 3); 他の巣に卵を産む鳥. **b** 《俗用》(樹木に巻きついたり壁などにはい上がる)つる植物: a ～ animal, plant, etc. **2** 居候(いそうろう), 食客, 寄食者, やっかい者: Beggars and tramps are ～*s* on society. 乞食や浮浪者は社会の寄生虫だ. **3** (古代ギリシャで, 他人の食席に列してへつらいや冗談を言うことを職業とした)伴食者, たいこ持ち, おべっか使い. **4** 〘音声〙寄生音《ある音の前後に発音上の容易などのために生じた音; elm /ɛ́ləm/ の [ə], fence /fɛ́nts/ の [t], ME nimel ＞ ModE nimble /nímbḷ/ の [b] など》. 〘(1539) □ L *parasitus* □ Gk *parásitos* (原義) one eating beside another ← PARA-¹＋*sîtos* food (←?)〙

SYN 他人に寄生する人, おべっか使い: **parasite** 他の人や動植物に寄生してお返しに何もしない人や動植物. **hanger-on** 《軽蔑》取巻き: 利益を求めて人に取り入ろうとする人. **leech** 蛭のように他人の成功のうまい汁を吸おうとする人. **sponge, sponger** 《軽蔑》他人に寄食している人. **toady** おべっか使い: 権力者に取り入って出世しようとする人《俗物性を強調する》. **bootlicker, apple-polisher** 《米口語》ごますり: 人にぺこぺこして取り入る人.

párasite dràg n. 〘航空〙有害抗力《航空機全体の抗力から揚力に直接関係した誘導抗力を引いたもの; cf. drag n. 12 c》. 〘1927〙
par·a·sit·e·mi·a /pæ̀rəsaɪtíːmiə, pɛ̀r- | pæ̀r-/ n. 〘医学〙寄生虫血(症)《特に臨床的徴候のない場合にいう》.
párasite resìstance n. 〘航空〙＝parasite drag.
par·a·sit·i- /pǽrəsàɪtɪ̀, pɛ́r-, -sɪtɪ̀ | pǽrəsàɪtɪ, -sɪtɪ/ (母音の前にくるときの) parasito- の異形 (⇨ -i-).
par·a·sit·ic /pæ̀rəsítɪk, pɛ̀r- | pæ̀rəsít-←/ adj. **1** 〘生物〙寄生する, 寄生植物[動物]の, 寄生虫の; 寄生体[質]の (cf. free-living 2, symbiotic): a ～ animal [plant] 寄生動物[植物] / a ～ volcano 側火山, 寄生火山 (⇨ volcano 挿絵). **2** 寄食[居候]する, うまい汁を吸う; おべっかを使う. **3** 〈病気が〉寄生虫性の, 寄生虫による. **4** 〘電気〙渦流の: ～ loss 渦流損 (cf. loss 8). **5** 〘ラジオ〙寄生(振動)の《共鳴回路以外からくる》: a ～ current 寄生電流 / ～ oscillation 寄生振動. **6** 〘音声〙寄生音の (cf. parasite 4). ―― n. 〘ラジオ〙寄生振動, 空電, パラシチック (atmospherics). **pàr·a·sít·i·cal** /-tɪ̀kəl, -kḷ | -tɪ-←/ adj. **pàr·a·sít·i·cal·ly** adv. 〘(1627) □ L *parasīticus* □ Gk *parasitikós* ← *parásitos* 'PARASITE': ⇨ -ic¹〙
parasític castrátion n. 〘動物〙寄生去勢.
par·a·sit·i·cid·al /pæ̀rəsìtəsáɪdḷ, pɛ̀r- | pæ̀rəsìtɪ̀sáɪdḷ←/ adj. 寄生虫を殺す, 駆虫力のある. 〘1892〙
par·a·sit·i·cide /pæ̀rəsítəsàɪd, pɛ̀r- | pæ̀rəsítɪ̀-/ n. 寄生虫駆除薬, 駆虫剤, 虫下し. ―― adj. 寄生虫駆除の. 〘(1864) ← PARASITO-＋-I-＋-CIDE〙
parasític jáeger n. 〘鳥類〙クロトウゾクカモメ (*Stercorarius parasiticus*)《北極圏で繁殖するトウゾクカモメ科の鳥》.
par·a·sit·ism /pǽrəsàɪtɪzm, pɛ́r-, -sə- | -sàɪ-/ n. **1 a** 寄食, 寄生(生活), 居候生活. **b** (旧ソ連で)失業の状態. **2** 〘生物〙寄生 (cf. commensalism 2, symbiosis 1). **3** 〘病理〙寄生(状態); (寄生虫性の)皮膚疾患. 〘1611〙
par·a·si·tize /pǽrəsɪ̀tàɪz, pɛ́r-, -saɪ- | pǽrəsɪ-, -saɪ-/ vt. [主に受身で] …に寄生する; 寄生虫を寄生させる; 〈鳥が〉〈他の鳥の巣〉に卵を産む, 托卵する. **par·a·sit·i·za·tion** /pæ̀rəsɪ̀tɪ̀zéɪʃən, pɛ̀r- | pæ̀rəsɪtaɪ-, -saɪ-, -tɪ-/ n. 〘a1890〙
par·a·sit·o- /pǽrəsàɪtou, pɛ́r-, -sɪt- | pǽrəsàɪtəu, -sɪt-/「寄生生物 (parasite)」の意の連結形. ★ 時に parasiti-, また母音の前では通例 parasit- になる. 〘← NL ～ ← L *parasitus* 'PARASITE'〙
par·a·sit·oid /pǽrəsɪtɔ̀ɪd, pɛ́r- | pǽr-/ adj. 寄生生物に似た; (特に)捕食寄生する. ―― n. 〘生物〙擬寄生虫; (特に)捕食寄生者《寄生バチや寄生バエのように幼虫期に寄生し, 宿主を捕食するもの》. 〘1922〙
pár·a·sit·òid·ism /-dɪzm/ n. 〘生物〙捕食寄生《寄生バチ・寄生バエなどの昆虫の幼虫と宿主との間で見られる関係; 幼虫は宿主の体を順序良く食べ, 幼虫の発生が終わるまで宿主は生きている》.
pàr·a·si·tól·o·gist /-dʒɪ̀st | -dʒɪst/ n. 寄生物[虫]学者. 〘1862〙
par·a·si·tol·o·gy /pæ̀rəsaɪtɑ́(ː)lədʒi, pɛ̀r-, -sɪ̀- | pæ̀rəsaɪtɔ́l-, -sɪ-/ n. 寄生虫学, 寄生体学. **par·a·si·to·log·i·cal** /pæ̀rəsàɪtəlɑ́(ː)dʒɪ̀kəl, pɛ̀r-, -sɪ̀- | pæ̀rəsàɪtəlɔ́dʒɪ-, -sɪ-←/ adj. **pàr·a·si·to·lóg·ic** adj. 〘1882〙
par·a·sit·o·sis /pæ̀rəsɪ̀tóusɪ̀s, pɛ̀r-, -saɪ- | pæ̀rəsɪtə́usɪs, -saɪ-/ n. (pl. **-o·ses** /-siːz/) 〘病理〙寄生虫症, 寄生体疾患. 〘(1899) ← NL ～: ⇨ parasito-, -osis〙
pára·skìing n. パラスキー《パラグライディング用のパラシュートとスキーをつけて高い山から飛び降りるスポーツ》.
par·a·sol /pǽrəsɔ̀(ː)l, pɛ́r-, -sɑ̀(ː)l | pǽrəsɔ̀l, ――/ n. **1** (婦人用)日傘, パラソル (sunshade). 日英比較 日本語の「ビーチパラソル」は和製英語. 英語では beach umbrella という. **2** 〘航空〙パラソル型単葉機《主翼が胴体から離れて上方についている飛行機》. 〘(1616) □ F ～ □ It. *parasole* ← PARA-²＋*sole* sun (＜ L *sōlem*: cf. solar¹)〙
párasol fìr n. 〘植物〙＝umbrella pine 1.
párasol mùshroom n. 〘植物〙ハラタケ科キツネノカラカサ属 (*Lepiota*) のキノコ; (特に)カラカサタケ (*L. procera*) (食用).
párasol pìne n. 〘植物〙**1** ＝stone pine. **2** ＝umbrella pine 1.
pàra·státal adj. 〈会社・団体など〉半官(半民)の, 準国営の. ―― n. (間接的に国や政府のために働く)半官の会社[団体]. 〘1969〙
pàra·statístics n. 〘物理〙パラ統計《素粒子論においてよく知られたフェルミ統計・ボーズ統計のいずれでもない新しい統計; 実在の粒子でパラ統計に従うものは知られていない》.
pa·ras·ti·chy /pərǽstəki | -tɪ-/ n. 〘植物〙(葉序・鱗(りん)片などの)斜列, 斜交, 斜列配置 (cf. orthostichy). **pa·rás·ti·chous** /-kəs/ adj. 〘(1875) ← PARA-¹＋Gk *stíkhos* 'row, STICH¹'＋-Y¹〙
pàra·súicide n. 狂言自殺; 自殺類似行為; 狂言自殺を試みる人. 〘(1969): ⇨ PARA-¹〙
pàra·sympathétic adj., n. 〘解剖・生理〙副交感神経系(の). 〘1905〙
pàrasympathetic nérve n. 〘解剖・生理〙副交感神経.
pàrasympathetic nérvous sỳstem n. 〘解剖・生理〙副交感神経系《交感神経系 (sympathetic

nervous system) と共に自律神経系 (autonomic nervous system) を構成; parasympathetic system ともいう). 〘1934〙

pàra·sympathomimétic *adj.* 〖生理〗〈薬物が〉副交感神経刺激に類似した生理学的作用のある: ~ substance 副交感神経(様)作用[作働]物質. 〘(1942): ⇨ para-¹〙

pàra·synápsis *n.* 〖生物〗平行接合[対合]《染色体が側面で平行に接着すること》. 〘(1909): ⇨ PARA-¹〙

pàra·sýnesis *n.* 〖言語〗《語の構成要素に関する》誤用《Chinese の /z/ を複数語尾と考えて Chinee という単数形を造り出すことなど》. 〘(1877) □ Gk *parasúnesis* misunderstanding: ⇨ para-¹, synesis〙

pàra·sýnthesis *n.* 〖文法〗並置総合《複合 (composition) と同時に派生 (derivation) による語形成; 例えば *tenderhearted* や *getatable* など》. **pàra·synthét·ic** *adj.* 〘(1862) ← NL ~: ⇨ para-¹, synthesis〙

par·a·syn·the·ton /pærəsínθətɑ̀(:)n, pɛ̀r- | pærəsínθɪ̀tɔ̀n/ *n.* (*pl.* **-the·ta** /-tə | -tə/) 〖言語〗併置総合語《例えば kindhearted》. 〘(1870) □ Gk *parasúntheton*: ⇨ para-¹, synthetic〙

par·a·tax·ic /pærətǽksɪk, pɛ̀r- | pær-⁻/ *adj.* 〖精神医学〗**1** 情動性反応障害の, 情緒不適応の. **2** 錯行動的な. 〘(1938): ⇨ ↓, -ic¹〙

par·a·tax·is /pærətǽksɪ̀s, pɛ̀r- | pærətǽksɪs/ *n.* **1** 〖文法〗並列《接続詞なしに文・節・句を並べること; 例: I came, I saw, I conquered. (cf. L *Vēnī, vīdī, vīcī.*) / He is a poet, I know that. (cf. I know that he is a poet.); ↔ hypotaxis; cf. asyndeton》. **2** 〖精神医学〗情緒不適応, パラタクシス《形容詞形は parataxic》.

par·a·tac·tic /pærətǽktɪk, pɛ̀r- | pær-⁻/ *adj.*

par·a·tác·ti·cal /-tɪ̀kəl, -kl̩ | -tɪ-⁻/ *adj.* **pàr·a·tác·ti·cal·ly** *adv.* 〘(1842) ← NL ~ ← Gk *parátaxis* arrangement: ⇨ para-¹, taxis〙

pa·ra·tha /pərɑ́:ṭə | -tə/ *n.* 〖料理〗パラタ《インド料理で, ロティー (roti) の両面にギー (ghee) を塗ってあぶった食べ物; 具を詰めることもある》. 〘(1935) □ Hindi *parāṭhā*〙

pàra·théater *n.* 準演劇《前衛的な舞踊を主体とする》.

par·a·thi·on /pærəθáɪɑn, pɛ̀r-, -ɑ(:)n | pærəθáɪən, -ɔn/ *n.* 〖薬学〗パラチオン ($C_{10}H_{14}NO_5PS$)《淡黄色無臭の油状液体合成農薬で殺虫用; 猛毒; cf. malathion》. 〘(1947) ← PARA-¹+*thio*(*phosphate*)+-ON¹〙

par·a·thor·mone /pærəθɔ́əmoun, pɛ̀r- | pærəθɔ́:məun/ *n.* 〖生化学〗パラトルモン, 上皮小体[副甲状腺]ホルモン. 〘↓〙

Par·a·thor·mone /pærəθɔ́əmoun, pɛ̀r- | pærəθɔ́:məun/ *n.* 〖商標〗パラトルモン《parathyroid extract の商品名》. 〘(1925)《混成》← PARATH(YROID)+(H)ORMONE〙

pàra·thýroid *adj.* 〖解剖〗**1** 副甲状腺の, 上皮小体の. **2** 甲状腺の近くにある. — *n.* 副甲状腺, 上皮小体 (parathyroid gland). 〘(1895) ← PARA-¹+-THYROID〙

pàra·thyroidéctomy *n.* 〖外科〗副甲状腺[上皮小体]摘出(術). **pàra·thyroidéctomìzed** /-màɪzd/ *adj.* 〘(1903): ⇨ ↑, -ectomy〙

parathýroid èxtract *n.* 〖薬学〗副甲状腺[上皮小体]エキス.

parathýroid glànd *n.* 〖解剖〗副甲状腺, 上皮小体. 〘1895〙

parathýroid hòrmone *n.* 〖生化学〗=parathormone. 〘1925〙

pàra·tolúidine *n.* 〖化学〗パラトルイジン ($CH_3C_6H_4NH_2$)《白色で光沢があり水に融解する軽い固体; 染料などの原料》.

pàra·tránsit *n.* パラトランジット《都市の補助交通機関; 例えばタクシーの相乗りや小型バスの乗合》. 〘(1973): ⇨ PARA-¹〙

par·a·troop /pǽrətrù:p, pɛ́r- | pǽr-/ 〖軍事〗*adj.* 落下傘(ⁿ)[空挺]部隊の. — *n.* **1** =paratroops. **2** =paratrooper. 〘(1941)《逆成》← PARATROOPS〙

par·a·troop·er /pǽrətrù:pə, pɛ́r- | pǽrətrù:pə(r)/ *n.* 〖軍事〗落下傘兵[部隊員], 空挺部隊員, (空挺)降下隊員 (paratroop). 〘1927〙

par·a·troop·ing /pǽrətrù:pɪŋ, pɛ́r- | pǽr-/ *n.* 〖軍事〗落下傘降下. 〘← PARA-³+TROOP (v.)+-ING¹〙

par·a·troops /pǽrətrù:ps, pɛ́r- | pǽr-/ *n. pl.* 〖軍事〗落下傘(ⁿ)[空挺]部隊. 〘(1940) ← PARA(CHUTE)+TROOP+-S¹〙

par·a·troph·ic /pærətrá(:)fɪk, pɛ̀r-, -tróu- | pærətrɔ́f-⁻/ *adj.* 〖生物〗寄生栄養の. 〘(1900) ← PARA-¹+-TROPHIC〙

pàra·tubérculin *n.* 〖獣医〗=johnin.

pàra·tuberculósis *n.* 〖獣医〗パラ結核病 (⇨ Johne's disease). 〘← NL ~: ⇨ para-¹, tuberculosis〙

pára·tỳpe *n.* 〖生物〗副模式標本, 従基準標本《正基準標本と共に同時に引用されている標本で, 正基準標本の重複した標本である同基準標本を除いたもの; cf. isotype》. 〘1893〙

pàra·týphoid 〖病理〗*adj.* **1** パラチフスの. **2** 腸チフスに似た. — *n.* =paratyphoid fever. 〘1902〙

paratýphoid fèver *n.* 〖病理〗パラチフス.

par a·vance /pɑ̀:rævɑ́:(n)s, -vɑ́:ns; *F.* paʀavɑ̃:s/ *F. adv.* 先を見越して, あらかじめ (by anticipation). 〘□ F ~ 'in advance'〙

par·a·vane /pǽrəvèɪn, pɛ́r- | pǽr-/ *n.* 〖海事〗防雷具, パラベーン《機雷の綱を切断するために艦船が艦首から綱索で曳航(ᵉᶦ)する飛行機型の一種のブイで, 鋼索を両側へ広げるためのもの》. 〘(1919) ← PARA-¹+VANE〙

par·a·vent /pǽrəvènt, pɛ́r- | pǽr-/ *n.* 風防スクリーン, 風よけ. 〘□ F ~ 'against wind' □ It. *paravento* ← PARA-²+*vento* (< L *ventus* 'WIND¹')〙

par a·vion /pɑ̀:rævjɔ́:(ŋ), -vjɔ́:ŋ; *F.* paʀavjɔ̃/ *F. adv.* 航空便で《航空郵便物の表記》. 〘□ F ~ 'by airplane'〙

pára·wìng *n.* 〖宇宙〗パラウイング《ブースターロケットの回収のために考案された軽量薄膜の三角翼形滑空装置》. 〘1960〙

par·ax·i·al /pærǽksiəl/ *adj.* 〖光学〗近軸の: ~ rays 近軸光線. 〘(1861) ← PARA-¹+AXIAL〙

pàra·xýlene *n.* 〖化学〗パラキシレン (⇨ xylene b). 〘(1873) ← PARA-¹+XYLENE〙

par·a·zo·an /pærəzóuən, pɛ̀r- | pærəzə́u-/ 〖動物〗*n.* (*pl.* **-zo·a** /-zóuə | -zə́uə/) 側生動物《海綿動物門 (Porifera) をいう》. — *adj.* 側生動物の. 〘(1887) ← NL *parazoānus*: ⇨ para-¹, -zoa, -an¹〙

par·bleu /pɑəblə́: | pɑ:-; *F.* paʀblø/ *F. int.* 実際, 神かけて, おや, まあ《驚き・怒りなどを上品に表し, または意味を強める》. 〘(1709) □ F ~《転訛》← *pardieu* by God ← *par* by (< L *per*)+*dieu* God (< L *deum*)〙

par·boil /pɑ́əbɔ̀ɪl | pɑ́:-/ *vt.* **1** 〘PART と BOIL¹ の混成語とみた誤解による: cf. purblind〙(調理前の下ごしらえとして)〈肉・野菜などを〉湯通しする, ゆがく, 軽くゆでる. **2 a** 熱し過ぎる (overheat); 〈太陽・熱などが〉〈皮膚を〉焦がす. **b** 《戯言》〈人〉に汗を出させる, 熱くしていたたまれなくする. 〘(1381) *parboyle*(*n*) to boil thoroughly □ OF *parbouillir* < LL *perbullīre* to boil fully: ⇨ per-, boil¹〙

pár·boiled ríce *n.* パーボイルドライス《もみのまま蒸して乾かした後に脱穀精白した米》.

par·buck·le /pɑ́əbʌ̀kl̩ | pɑ́:-/ *n.* 〖海事〗**1** 丸太がけ《たる・丸太・砲身などをころがしながら上下する綱の使い方; 綱の中央を固定し両端を左右に離し丸太などの下にくぐらせて引きまたはゆるめる》. **2** 丸太がけ吊り綱, 掛けなわ, 上下索. — *vt.* 丸太がけ[掛けなわ]で(ころがして)上げる[下げる]〈*up, down*〉. 〘(1626)《古形》*parbunkel* ← ?: 今の形は 18C から, BUCKLE との連想による〙

Par·cae /pɑ́əsi:, -kaɪ | pɑ́:-/ *n. pl.* (*sing.* **Par·ca** /-kə/) 〖ギリシャ・ローマ神話〗運命の三女神 (Fates). 〘(*a*1420) □ L ~ (pl.) ← *Parca*《原義》goddess of birth ← *parere* to bring forth: cf. parent: 後に *pars* part との連想によって, ギリシャ神話の運命の女神 *Moîra*《原義》part, fate と同一視された〙

par·cel /pɑ́əsəl, -sl̩ | pɑ́:-/ *n.* **1** 包み, 小包, 小荷物 (package) (⇨ bundle SYN): wrap up a ~ 小包をつくる. **2** /《米》ではまた pǽs-/《軽蔑》(人・物の)一群, 一隊, 一組, 一固まり (group): a ~ of girls 一群の少女たち / a ~ of rubbish がらくたの一固まり. **3** 〖法律〗(広い土地の分割した)一区画, 一筆(ᵖ)の土地: a ~ of land. **4 a** (商品などの)一口, 一組(合わせ), 一山; 一回の取引高; 〖商業〗(貨物の)一個口: a ~ of diamonds. **b** 《古》一部分 (portion). **5** 必要不可欠な部分. **6** 《廃》条項, 細目 (item). ***by párcels*** 少しずつ (by piecemeal). ***párt and párcel*** ⇨ part 成句.

— *vt.* (**par·celed, -celled; -cel·ing, -cel·ling**) **1** (小部分・束・包みに)分ける, 区分[区分け]する (divide); 分配する (distribute)〈*out*〉: ~ off *into* districts 区に分割する. **2** 〈品物などを〉包みにする, 小包にする; 一まとめにする〈*up*〉. **3** 〖海事〗細長い帆布で〈甲板の継ぎ目などを〉目張りする; 細長い帆布で〈綱を〉(巻きゲートルのように)巻く.

— *adj.* **1** 部分的な, 幾分かの (partial): He is a ~ poet. 詩人らしいところがある. **2** パートタイムの.

— *adv.* 《古》部分的に, 幾分(か) (partly): ~ blind 半盲の (cf. purblind 2) / ~ drunk 少し酔った.

〘n.: (*c*1303) □ (O)F *parcelle* < VL **particella*(*m*) ← L *particula* 'PARTICLE'. — v.: (1416) ← (n.)〙

párcel bòmb *n.* 小包爆弾《小包に仕掛けて相手に送りつける》. 〘1950〙

párcel gìlding *n.* (家具表面の装飾彫刻に施した部分的な)金めっき. 〘1867〙

párcel-gìlt *adj., n.* (特に, 杯の内側などだけ)部分金めっきをした(器). 〘1453〙

pár·cel·ing /-s(ə)lɪŋ, -slɪŋ/ *n.* (*also* **pár·cel·ling**) **1** 〖海事〗parcel すること; parcel するのに用いる細長い帆布 (⇨ parcel *vt.* 3). **2** 包むこと. **3** 分配, 区分け.

párcel pàper *n.* 包み紙.

párcel pòst *n.* **1** 小包郵便(略 PP, p.p.): send (by) ~ 小包郵便で送る. **2** 《米》郵便小包, 第 4 種郵便. 〘1837〙

párcel póst zòne *n.* (米国を 8 区分した)小包料金同一地域.

párcels pòst *n.* =parcel post.

párcel tànker *n.* 〖海事〗パーセルタンカー《種類の異なる化学物質や等級の異なる石油など各種の液体を一時に運ぶためのタンカー》. 〘1973〙

par·ce·nar·y /pɑ́əsənèri, -sn̩- | pɑ́:sɪnəri, -s(ə)n-/ *n.* 〖法律〗共同相続, 相続財産共有 (joint heirship) (coparcenary ともいう). 〘(1544) □ AF *parcenarie*=OF *parçonerie* ← *parçonier* (↓): ⇨ -ary〙

par·ce·ner /pɑ́əs(ə)nə, -snə | pɑ́:sɪnə(r, -s(ə)n-/ *n.* 〖法律〗共同法廷相続人 (coheir), 相続財産共有者 (coparcener ともいう). 〘(*c*1300) *parciner* partner □ AF *parcener*=OF *parçonier* < VL **partiōnāriu*(*m*) ← L *partītiō*(*n*-) 'PARTITION'〙

parch /pɑ́ətʃ | pɑ́:tʃ/ *vt.* **1** 〈太陽・熱・風などが〉乾ききらす (dry up); 〈病熱・暑気などが〉〈人〉に渇きを覚えさせる, 焼くように感じさせる: be ~*ed with* thirst 渇き切っている, のどがからからである. **2** 〈寒気などが〉干からびさせる, しなびさせる (shrivel). **3** 〈豆・穀物などを〉炒(ᶦ)る, あぶる (roast), 焦がす (scorch). — *vi.* **1** 〈土地などが〉乾き切る, 干上がる〈*up*〉. **2** 〈口・舌・のどなどが〉渇く, (熱で)焼ける, 焦げる〈*up*〉: I am ~*ing with* the heat. 暑さでのどがからからだ. **~·a·ble** /~əbl̩/ *adj.* 〘(*a*1338)《変形》← ? *perche*(*n*) ∥《変形》← *perishe*(*n*) 'to PERISH'〙

parched *adj.* **1** 乾ききった, 干からびた: a ~ mouth. **2** のどがからからになって (⇨ parch *vt.* 1). **3** 焦げた, 焼けた (scorched), 炒った, あぶった (roasted): ~ peas 炒り豆. 〘*c*1440〙

par·chee·si /pɑətʃí:zi | pɑ:-/ *n.* **1** [P-] 〖商標〗パチージ《インドすごろく (pachisi) をまねたすごろく; さいころを振って十字型の盤上のこまを進める遊戯》. **2** =pachisi 1. 〘(1800)《変形》← PACHISI〙

párch·ing *adj.* 乾かす (drying), 干からびさす; 焼くような (burning), 焦がすような (scorching): ~ heat 炎暑. — *adv.* 焼けつくように: ~ hot. **~·ly** *adv.* 〘1565〙

par·chi·si /pɑətʃí:zi | pɑ:-/ *n.* =parcheesi.

parch·ment /pɑ́ətʃmənt | pɑ́:tʃ-/ *n.* **1** 羊皮紙, パーチメント《書写・製本材としてなめした羊・山羊などの皮革; 上質のものは vellum という》: ⇨ virgin parchment. **2** 羊皮紙[パーチメント]文書[証書, 写本]; 免許状 (charter), (大学の)卒業証書 (graduation diploma) (など). **3** パーチメント《羊皮紙に似せた紙; 硫酸紙など》: ⇨ parchment paper, vegetable parchment. **4** 羊皮紙のような物質; (特に)コーヒーの実の皮. **5** 薄黄緑色, 灰味黄色. 〘(*c*1250) *parchemin* □ (O)F < VL **particamīnu*(*m*)《混成》← L *pergamīna* (*charta*) '(paper) of Pergamum (初めてこの紙を製造した小アジアの Mysia の都市)'+*Parthica pellis* Parthian skin (赤色に染めた皮革)': 語尾の *-t* は 15C に -MENT との混同および ML *pergamentum* の影響〙

parch·ment·ize /pɑ́ətʃməntàɪz | pɑ́:tʃ-/ *vt.* 〈紙などを〉(特に, 硫酸で処理して)羊皮紙状にする, パーチメント化する. 〘1878〙

párchment pàper *n.* パーチメントペーパー《防水・防脂用の硫酸紙; ⇨ vegetable parchment》. 〘1860〙

párchment wòrm *n.* 〖動物〗(多毛綱)ツバサゴカイ科の虫.

parch·ment·y /pɑ́ətʃmənṭi | pɑ́:tʃmənti/ *adj.* 羊皮紙の, 羊皮紙に関する; 羊皮紙に似た, 羊皮紙のような. 〘1856〙

par·ci·mo·ny /pɑ́əsəmòuni | pɑ́:sɪməni/ *n.* 《古》= parsimony. 〘□ F *parcimonie* 'PARSIMONY'〙

pár clèarance *n.* 《米》(小切手の)額面交換.

par·close /pɑ́əklòuz | pɑ́:kləuz/ *n.* 〖建築〗衝立, 柵《教会の一般部分と礼拝堂との間の隔壁》. 〘(?*a*1300) □ OF *parclos*(*e*) (p.p.) ← *parclore* ← *par-* 'PER-'+*clore* (< L *claudere* 'to CLOSE¹')〙

pard¹ /pɑ́əd | pɑ́:d/ *n.* 《古・詩》〖動物〗ヒョウ (leopard). 〘(*a*1325) □ OF ~ □ L *pardus* □ Gk *párdos* ← *párdalis* panther (東洋起源?): cf. Skt *pṛdākus* tiger, panther / Pers. *pārs* panther / Heb. *bārōdh* spotted (animal)〙

pard² /pɑ́əd | pɑ́:d/ *n.* 《米俗》仲間, 相棒 (mate). 〘(1872)《略》← PARDNER〙

par·dah /pɑ́:ḍə | pɑ́:də/ *n.* =purdah.

par·da·lote /pɑ́ədəlòut | pɑ́:dələut/ *n.* 〖鳥類〗ホウセキドリ《オーストラリアに生息するハナドリ科ホウセキドリ属 (*Pardalotus*) の鳥類の総称; ホウセキドリ (*P. punctatus*) など; diamond bird ともいう》. 〘(1848) ← NL *Pardalotus* (属名) ← Gk *pardalotós* spotted like a leopard〙

par·die /pə(:)dí:, pɑə- | pə(:)-, pɑ:-/ (*also* **par·di** /~/) 《古》*adv.* まことに, 全く, 本当に, 実際 (indeed). — *int.* へえ, ほんと, まあ《軽いののしりを表す》. 〘(*c*1300) *parde* □ OF *par dé* (F *pardieu*, 《口語》*pardi*) by God < L *per Deum* (⇨ per, Deus): cf. parbleu〙

pard·ner /pɑ́ədnə | pɑ́:dnə(r/ *n.* 《米方言》**1** [直接の呼び掛け] 君, 仲間. **2** 相棒. 〘(1795)《転訛》← PARTNER〙

par·don /pɑ́ədn̩ | pɑ́:-/ *n.* **1** 容赦, 許し (forgiveness); 勘弁 (forbearance), 寛容, 寛大 (indulgence): ask a person's ~ 容赦[許し]を乞う / ask ~ *for* an offence 罪の許しを乞う / A thousand ~*s for stepping* on your foot! お足を踏んだことは幾重にもご勘弁を. **2** 〖法律〗**a** 恩赦, 赦免; 恩赦状: particular [special] ~ 特赦 / general ~ 大赦. **b** 罪の酌量[軽減]. **3** 〖カトリック〗(中世の)教皇の免罪; 贖宥(ˢᵒᵏᵘʸᵘ), 免罪符.

I bég* [*Bég, I dó bèg*] *your párdon. (1) [下降調で] ごめんなさい《思わず犯した小さな過失・無礼などに対するわび言葉》. (2) [降昇調で] 失礼ですが《相手と意見を異にした場合に自説を述べるとき, または見知らぬ人に話しかけるとき》: *I beg your* ~ for disturbing you. お邪魔してすみません. (3) [上昇調で] もう一度言って下さい《相手の言葉が聞き取れなくて問い返すときの決まり文句; Beg your pardon, Beg pardon. または単に Pardon (me). ともいう》. (1676)

— *vt.* **1** 〈人・罪などを〉(公に)容赦する (forgive), 許す, 勘弁する, 大目に見てやる: I hope you will ~ me *for* saying so.=Pardon my saying so. 私がそう言ったことはお許し下さい / *Pardon* me *for* interrupting [asking] you, but .... お邪魔して[お尋ねして]すみませんが... / *Pardon* me for breathing [living]. 悪うございましたね《理不尽に怒られたと感じたときに言う》/ may be ~*ed* for doing ...するのも無理もない / There is nothing to ~. どう致しまして / *Pardon* me.=I beg your pardon (⇨ *n.* 成句) ★ いずれも形式ばった言い方で日常語では I am sorry. など他の表現を用いる / *Pardon* me, but ... 失礼ですが..., こう言っては何ですが...《相手に不賛成の意を不事に表す》/ *Pardon* my ignorance [rudeness], but ... 知らなくてすみませんが[失礼ですが]... / if you'll ~ the expression [my frankness] (悪いけど)言わせてもらえるなら, (こう)言っちゃなんだけど. **2** 〖法律〗〈罪・罪人を〉赦免する, 特赦する: Criminals were ~*ed*.

〘v.: (*c*1430) □ OF *pardoner* (F *pardonner*) to forgive

P

< ML *perdōnāre* to grant, concede ← PER-+L *dōnāre* to give: ⇨ donate. — n.: 《c1300》▭ OF *pardun* ← *pardoner* (v.)》

par·don·a·ble /pɑ́ədṇəbl, -dn- | pɑ́:dnə-, -dṇ-/ *adj.* 許せる; 容赦できる, 勘弁できる, 大目に見られる, 無理もない: a ～ mistake. **pár·don·a·bly** *adv.* **～·ness** *n.* 〘1548〙

pár·don·er /-dṇə, -dnə | -dṇə^(r), -dn-/ *n.* **1** 許す人, 赦罪者. **2** 〘カトリック〙(中世のローマ教皇の)免罪符[贖宥(しょくゆう)]売り[取扱人]. **～·less** *adj.* 〘(a1376)▭ AF ～: ⇨ pardon, -er¹〙

Par·du·bi·ce /pɑ́ədubɪtsə | pɑ́:-; *Czech* párdubitse/ *n.* パルドゥビツェ《チェコ共和国中北部の Elbe 川に臨む都市》.

par·dy /pə(:)dí:, pɑə- | pə(:)-, pɑ:-/ *adv., int.* 《古》= pardie.

pare /pέə | pέə^(r)/ *vt.* **1 a** (ナイフで)〈チーズ・果物・じゃがいもなどの〉皮をむく (cf. peel¹ 1). **b** …の皮をはぎ取る, 切り取る; 〈爪を〉切る; 〈ふち・かど・不要部分などを〉削り[そぎ]取る 〈*off, away*〉: ～ nails to the quick 深爪を切る. **2** (少しずつ)減らす, 削減する, 〈出費などを〉(だんだんと)切り詰める 〈*away, down*〉: ～ *down* expenses / ～ … to the bone ぎりぎりまで…を切り詰める.

páre and búrn (灰肥を作るために)芝生を掘り起こして焼く. 《1761》

〘(?a1300)▭(O)F *parer* to prepare, trim, peel < L *parāre* 'to PREPARE': PARRY と二重語〙

Pa·ré /pɑ:réɪ; *F.* paʁe/, **Ambroise** *n.* パレ《1517–90; フランスの外科医;「近代外科の父」と呼ばれる》.

pa·re·cious /pəri:ʃəs/ *adj.* 〘植物〙 = paroicous.

páred-dówn *adj.* 切り詰めた.

pa·reg·me·non /pərégmənɑ̀(:)n | -nɒn/ *n.* 〘修辞〙同根派生語並置《例: politics and politicians》. 〘(1678) ← NL ～ ← Gk *parēgménon* derived one (neut. perf. pass. p.p.) ← *parágein* to bring side by side: ⇨ par-, paragon〙

par·e·gor·ic /pæ̀rəgɔ́(:)rɪk, pèr-, -gɑ́(:)r- | pæ̀rɪgɔ́rɪk⁻/ *adj.* 痛みを和らげる, 鎮痛の: a ～ elixir 鎮痛チンキ. — *n.* **1** 〘薬学〙アヘン安息香チンキ《鎮痛・鎮静剤, (小児用)下痢止め薬》. **pàr·e·gór·i·cal** /-rɪkəl, -kḷ | -rɪ-⁻/ *adj.* 〘(1684)▭ F *parégorique* ∥ LL *parēgoricus* ▭ Gk *parēgorikós* encouraging, soothing ← *parḗgoros* consoling ← PARA-¹+*agorá* assembly: ⇨ -ic¹〙

pa·rei·ra /pəréᵊrə | -réərə/ *n.* パレーラ《ブラジル産ツヅラフジ科のツル植物パリエラ (*Chondrodendron tomentosum*) の根; アルカロイドを含み利尿剤に用いられた; また先住民は矢じりに塗って毒矢を作る; cf. curare》. 〘(1715)▭ Port. *parreira* vine (on a trellis)〙

paréira brá·va /-brɑ́:və, -bréɪ-/ *n.* = pareira. 〘(1715)▭ Port. ～ 'wild vine' (↑)〙

paren. 《略》parenthesis.

pa·ren·chy·ma /pəréŋkəmə | -kɪ-/ *n.* **1** 〘解剖〙(臓器の)実質 (cf. stroma). **2** 〘生物〙柔[軟]組織. **pa·ren·chy·mal** /pəréŋkəməl, -mḷ/ *adj.* **par·en·chym·a·tous** /pæ̀rəŋkímətəs, pèr- | pæ̀rəŋkímətəs⁻/ *adj.* **pàr·en·chým·a·tous·ly** *adv.* 〘(1651) ← NL ～ ← Gk *parégkhuma* something poured in besides ← PARA-¹+*égkhuma* infusion: 内臓の組織はその臓器の血管によって注ぎ込まれて出来ると信じられていたことから〙

par·en·chyme /pǽrəŋkàɪm | pǽrɪn-/ *n.* = parenchyma.

parens. 《略》parentheses.

pa·rens pa·tri·ae /pǽrənzpǽtrìː, pέr- | pǽr-/ *n.* 〘法律〙保護者としての国《幼児・障害者・精神病者などを最終的に保護する立場にある, 英国では国王, 米国では州を指す》. 〘(1764)▭ L ～ 'parent of the country'〙

par·ent /pέᵊrənt, pǽr- | pέər-/ *n.* **1** 親《実父[実母]または義父[義母]》; [*pl.*] 両親. **2** 先祖 (ancestor): our first ～*s* アダムとエバ (Adam and Eve). **3** 〘生物〙(動植物その他有機物の)親, 母体. **4** 守護者, 保護者 (guardian). **5** 根源となる者 (author); 根源, 源, 元 (origin), 原因 (cause); 創始[創業]の組織[団体]: Latin is the ～ of the modern Romance languages. ラテン語は近代ロマンス語の母体である / Ignorance is the ～ of many evils. 無知は多くの罪悪の元である. **6** 〘物理〙親核《崩壊する前の核種》. **7** 〘電算〙親《ある node に対して, そこへ枝分かれした一段階上位の node を指す; cf. child, node》.
— *adj.* 親の, 親種の; 根源の: a ～ cell 親[母]細胞 / a ～ stem 原種 / a ～ bird [company, ship, tree] 親鳥[会社, 船, 木] / a ～ plane (誘導ミサイルを発射する)親飛行機, 母機 / ⇨ parent language. — *vt.* …の親となる, 生み出す (produce). **～·like** *adj.* 〘(1413)▭(O)F ～ < L *parentem, parēns* (nom.) parent (pres. p.) ← *parere* to beget: 15C 以後本来語の ELDER¹ に代わり一般化〙

par·ent·age /pέᵊrəntɪdʒ, pǽr- | pέərənt-/ *n.* **1** (子に対して)親であること関係, 親であること (parenthood). **2** 生まれ (birth), (…の)出, 出身 (origin); 血統; 家柄, 素姓: a man of mean [noble] ～ 卑しい[高貴な]生まれの人 / He comes of good ～. 彼は家柄[素姓]がよい. 〘(c1489)▭(O)F ～: ⇨ ↑, -age〙

pa·ren·tal /pəréntḷ | -tḷ/ *adj.* **1** 親の, 親である, 親としての, 親らしい (cf. paternal, maternal, filial): ～ love / the ～ relation 親子関係 / ～ authority [obligation] 親としての権威[義務]. **2** 源・起源となる. **3** 〘生物〙(雑種の)親の, 親子の関係を有する. **～·ly** *adv.* 〘(1623)▭ L *parentālis* of parents ← *parēns* 'PARENT': ⇨ -al¹〙

paréntal generátion *n.* 〘生物〙親世代《交雑における親の世代; 記号 P》. 〘c1920〙

paréntal hóme *n.* 問題児矯正学校 (parental school).

Par·en·ta·li·a /pὲᵊrəntéɪliə | pὲər-/ *n. pl.* (古代ローマ)パレンタリア祭《死者の追善供養期, 2 月 13–21 日; この最後の日に祭 (Feralia) が行われた》. 〘(1706)▭ L *parentālia* 《原義》parental things or rites (neut. pl.) ← *parentālis*: ⇨ parental〙

paréntal léave *n.* 育児休暇.

paréntal schóol *n.* = parental home.

paréntal únits *n. pl.* 両親, 親 (parents).

párent còmpany *n.* 親会社 (cf. daughter company, subsidiary company). 〘1869〙

párent còmpound *n.* 〘化学〙親化合物.

párent·cràft *n.* 子育ての才能[腕前]. 〘1930〙

párent èlement *n.* 〘物理〙親元素《原子核の崩壊や反応過程において, 過程の起こる前の原子核よりなる元素のこと; 過程後に生じた原子核よりなる元素を娘元素 (daughter element) という》.

par·en·ter·al /pæréntərəl | -tə-/ *adj.* 〘医学〙腸管外の, 非経口的な (↔ peroral). — *n.* 非経口薬品. **～·ly** *adv.* 〘(1910) ← PARA-¹+ENTERON+-AL¹〙

pa·ren·the·sis /pərénθəsɪ̀s | -θɪ̀sɪs/ *n.* (*pl.* **-the·ses** /-sì:z/) **1** [*pl.*] パーレン, 括弧《一般に丸括弧 (round brackets) をいう; 単数形で (,) の両方を指すことがある; bracket(s) ともいう》: in *parentheses* = in ～ 括弧に入れて, 付加的に; ちなみに, ついでながら / by way of ～ ちなみに, ついでながら. **2** 〘文法〙挿入語句《本文と文法的関係がなく, 単に説明・注解的に文中に挿入された語・句・節; 普通括弧やコンマまたはダッシュで本文から区分し, 話す場合は音調で区別する; parenthetic expression という方が普通》. **3** 間劇, 間の狂言, 挿話; 幕間(まくあい); 休憩時間 (interval). 〘(1564)▭ LL ～ ▭ Gk *parénthesis* ← *parentithénai* to insert, put in besides: ⇨ para-¹, en-², thesis〙

pa·ren·the·size /pərénθəsàɪz | -θɪ̀-/ *vt.* **1** 挿入語句[挿話]として入れる, …に挿入句[挿話]をさしはさむ. **2** 括弧の中に入れる, 括弧でくくる: ～ the pronunciation. 〘(1837): ⇨ ↑, -ize〙

par·en·thet·ic /pæ̀rənθétɪk, pèr- | pæ̀rənθét-, -rɛn-⁻/ *adj.* **1** 〘文法〙挿入(語)句の, 挿入句的な, 挿話的な (episodic). **2** 挿入句を含む[使った], 挿入句の多い: a ～ expression 挿入語句 (⇨ parenthesis 2). **3** 弧形の, 弓形の (curved). **pàr·en·thét·i·cal** /-tɪkəl, -kḷ | -tɪ-⁻/ *adj.* 〘(1776)▭ ML *parentheticus*: ⇨ parenthesis, -ic¹〙

pàr·en·thét·i·cal·ly *adv.* 挿入句的に[として]; 付加的に言えば, ちなみに. 〘1664〙

párenthetical márk *n.* 〘文法〙挿入(的)符号《コンマ・ダッシュ・セミコロンなど》.

parent·hood /pέᵊrənthʊ̀d, pǽr- | pέər-/ *n.* (子に対して)親であること (parentage); 親の身分. 〘(1856) ← PARENT+-HOOD〙

pa·ren·ti·cide /pəréntəsàɪd | -tɪ̀-/ *n.* **1** 親殺し《人》(cf. parricide, matricide). **2** 親殺し《行為》. 〘(1656) ← PARENT+-ICIDE〙

par·ent·ing /pέᵊrəntɪŋ, pǽr-, -rənɪŋ | pέərənt-/ *n.* 子育て, 育児; 育児法: the ～ of teenagers ティーンエージャーに対する親の教育法 / a book on ～ 育児法についての本. 〘1959〙

párent-in-làw *n.* (*pl.* **parents-**) 義理の親《義父・義母》. 〘1899〙

párent lànguage *n.* 〘言語〙祖語, 共通基語 (cf. Ursprache). 〘1905〙

párent·less *adj.* 親のない.

párent matérial *n.* 〘土壌〙母材《土壌生成の素材となる風化破砕された微小な岩石物質》.

párent mètal *n.* 〘金属加工〙= base metal 3.

párent pòwer *n.* 親としての権限, 親権.

Párents Anónymous *n.* 《英》ペアレンツ アノニマス《子育ての悩みに関して匿名で電話相談に応じるボランティア団体》.

párent·shìp *n.* = parenthood.

párent-téacher associátion *n.* 〘教育〙父母と教師の会, ピーティーエー (略 PTA). 〘1915〙

par·er /pέᵊrə | pέərə^(r)/ *n.* 皮をむく[はぐ]人; 皮むき[はぎ]器, 削り刀. 〘(1573) ← PARE+-ER¹〙

par·er·gon /pærə́:gɑ(:)n | -rə́:gɒn, pærə́-/ *n.* (*pl.* **-er·ga** /-gə/) **1** 副次[付随]的なもの; アクセサリー; (大作からの)派生作品, 副産物《音楽・文学などで》. **2** 副業. 〘(1601)▭ L ～ ▭ Gk *párergon* ← PARA-¹+*érgon* 'WORK'〙

Pares /pέəz | pέəz/, **Sir Bernard** *n.* ペアズ《1867–1949; 英国の歴史家; *History of Russia* (1926), *Russian Monarchy* (1935)》.

pa·re·sis /pərí:sɪ̀s, pǽrə-, pέr- | pəri:sɪs, pǽrɪ̀s-/ *n.* (*pl.* **pa·re·ses** /pəri:si:z, pǽrəsi:z, pέr- | pəri:si:z, pǽrɪ̀si:z/) 〘病理〙不全麻痺 (partial paralysis); 梅毒性進行麻痺: ⇨ general paresis. 〘(1693) ← NL ～ ← Gk *páresis* slackening, paralysis ← *pariénai* to let fall at the side ← PARA-¹+*hiénai* to let go〙

par·es·the·sia /pæ̀rɛsθí:ʒə, pèr-, -ʒiə | pæ̀ri:sθí:ziə, -rɛs-, ʒiə/ *n.* **1** 〘病理〙知覚異常(症), 感覚性錯覚《皮膚などの感覚が普通と違いしびれ感があったり, ちくちくしたりすること》. **2** 性感異常; 倒錯性欲《正式には paresthesia sexualis》. 〘(1873) ← NL ～: ⇨ para-¹, esthesia〙

par·es·thet·ic /pæ̀rɛsθétɪk, pèr-, -rɪs- | pæ̀ri:sθét-, -rɛs-⁻/ *adj.* 知覚異常(性)の. 〘(1857) ↑〙

pa·ret·ic /pərétɪk, -rí:t- | -tɪk/ 〘病理〙*adj.* 不全麻痺(性)の. — *n.* 不全麻痺患者, 進行麻痺患者. **pa·rét·i·cal·ly** *adv.* 〘(1822–34): ⇨ paresis, -ic¹〙

Pa·re·to /pəréɪtoʊ | -təʊ; *It.* paré:to/, **Vil·fre·do** /vilfré:do/ *n.* パレート《1848–1923; スイスに居住したイタリアの経済学者・社会学者》.

Paréto príncìple *n.* 〘経済〙パレート理論《市場における経済活動の 80% は, 一部 (20%) の事業, 生産・消費活動によるものであるとするなどの, Pareto の所得分布不平等性の法則を応用した理論》.

pa·ret·ta /pərétə | -tə/ *n.* 〘石工〙(面に小石の出た)荒塗り (cf. roughcast).

pa·re·u /pɑ́:reɪu:, ―⌐―; *Tahitian* paréu/ *n.* パレウ《主として南洋諸島, 特に Tahiti 島の先住民が着ける色鮮やかな長方形の更紗(さらさ)の腰布》. 〘(1860) ← Tahitian 《現地語》〙

pa·re·ve /pɑ́:rəvə, pɑ́əvə | pɑ́:rəvə/ *adj.* (*also* **pa·rev** /pɑ́:rəv/) (ユダヤ教で)肉類と乳製品抜きの, 精進料理の. 〘▭ Yid. *parev*〙

par ex·cel·lence /pɑ:rέksəlɑ̃:(n)s, -lɑ́:ns, ―⌐―⌐― | pɑ:réksəlɑ̃:(n)s, -sɛ-, -lɑ̀:ns, ―⌐―⌐―; *F.* paʁɛksɛlɑ̃:s/ *F. adv.* 一段すぐれて; 特に抜きんでて (preeminently); 特に, ことに, とりわけ: London is called 'Town' ～. ロンドンは特に「タウン」と呼ばれる. 〘(1598) (1695)▭ F ～ 《原義》by excellence〙

par ex·em·ple /pɑ̀:rɛgzɑ̃́:(m)pḷ, -zɑ́:m-; *F.* paʁɛgzɑ̃:pl/ *F. adv.* 例えば (for example). — *int.* まあ, 何て(いうことを)《驚き・怒りの表現》. 〘(1847)▭ F ～ 'for example'〙

par·fait /pɑəféɪ | pɑ:féɪ, ―⌐; *F.* paʁfɛ/ *n.* パフェ(ー): **a** 泡立てた生クリーム・卵・砂糖などで作ったアイスクリームに似た凍菓. **b** アイスクリームを背の高いグラスに入れてシロップや果物を加えたデザート. 〘(1894)▭ F ～ 《原義》something perfect〙

parfáit glàss *n.* パフェグラス《パフェを供するのに用いる脚の短い細長いグラス》. 〘1969〙

par·fleche /pɑ́əflɛʃ, ―⌐ | pɑ́:flɛʃ, ―⌐; *F.* paʁflɛʃ/ *n.* 《米》**1** (野牛などの)生皮《灰汁と水に浸して毛を取った後で乾燥したもの》. **2** その毛皮で作った箱[袋, 服]. 〘(1827)▭ Canad.-F *parflèche* ← F *parer* to parry + *flèche* arrow〙

par·fo·cal /pɑəfóʊkəl, -kḷ | pɑ:fə́ʊ-/ *adj.* 〘光学〙〈顕微鏡・レンズなど〉同一焦点面をもつ[にそろえた]《ピント調節が要らない》. **par·fo·cal·i·ty** /pɑ̀əfoʊkǽləti, -fə- | pɑ̀:fə(ʊ)kǽlɪ̀ti/ *n.* **～·ize** /pɑ́əfoʊkəlàɪz | pɑ:fə́ʊ-/ *vt.* 〘(1886) ← L *pār* equal + FOCAL〙

par·ga·na /pəgɑ́nə | pə-/ *n.* 《インド》パルガナー《いくつかの町村からなる行政地区; zillah の下位; pergana, pergunnah ともつづる》. 〘(1765)▭ Hindi *parganā* district〙

par·gas·ite /pɑ́əgəsàɪt | pɑ́:-/ *n.* 〘鉱物〙パーガス角閃(せん)石. 〘(1818)▭ G *Pargasit* ← *Pargas* (Finland の町) + -*it* '-ITE'〙

parge /pɑ́ədʒ | pɑ́:dʒ/ *vt.* 〈石壁などに〉モルタル[漆喰(しっくい)]で薄い塗りをかける. 〘(1701)《略》← PARGET〙

par·get /pɑ́ədʒɪ̀t | pɑ́:dʒɪt/ *n.* **1** 漆喰(しっくい), プラスター (plaster). **2** 漆喰[プラスター]塗り. **3** (外壁・天井などの)浮彫式飾り塗り. **4** 《廃》石膏(せっこう) (gypsum).
— *vt.* (**par·get·ed, -get·ted; -get·ing, -get·ting**) (漆喰やモルタルなどで)〈外壁などに〉浮彫り風に飾り塗りする. 〘(c1390)▭ OF *pargeter, parjeter* 《*par-* 'PER-' の影響による変形》← L *prōjectāre* 'to throw out, PROJECT²'〙

pár·get·ing /-tɪŋ | -tɪŋ/ *n.* (*also* **par·get·ting** /～/) **1** (以前家屋の装飾に行われた)浮彫り風の飾り塗り. **2** 漆喰(しっくい)[プラスター]を塗ること; (煙突の煙道などに)モルタルや漆喰を塗ること. 〘(c1395): ⇨ ↑, -ing¹〙

par·get·ry /pɑ́ədʒɪ̀tri | pɑ́:dʒɪ-/ *n.* = pargework. 〘(1908) ← PARGET+-(E)RY〙

párge·wòrk *n.* (壁面・天井などに施す)漆喰(しっくい)装飾, 石膏(せっこう)細工《地方色豊かな素朴なものをいう》. 〘1649〙

párg·ing *n.* 化粧塗り, 上塗り《石[れんが]造りなどにかけるモルタルや漆喰(しっくい)の薄い塗り》. 〘(c1390): ⇨ parge, -ing¹〙

par·gy·line /pɑ́ədʒəlì:n | pɑ́:dʒɪ̀-/ *n.* 〘化学〙パルギリン ($C_{11}H_{13}N$)《モノアミン酸化酵素阻害剤, 抗鬱(うつ)剤》. 〘(1961) ← (*pro*)*pargyl*+-INE³〙

parhelia *n.* parhelion の複数形.

par·he·li·a·cal /pɑ̀əhɪ̀láɪəkəl, -hi:-, -hɛ- | pɑ̀:hɪ-, -hi:-, -hɛ-⁻/ *adj* 〘気象〙= parhelic. 〘← PARHELI(ON) + -ACAL〙

par·he·lic /pɑəhí:lɪk | pɑ:-/ *adj.* 〘気象〙幻日の.

parhélic círcle [ríng] *n.* 〘気象〙幻日環.

par·he·li·on /pɑəhí:liən, -ɑ̀(:)n, -ljən | pɑ:-, -ɒn/ *n.* (*pl.* **-li·a** /-liə, -ljə/) 〘気象〙幻日《空が巻層雲に覆われている時, 太陽の両側に見られる一見太陽のような光現象; mock sun, sundog ともいう; cf. paraselene》. 〘(1648)▭ L *parēlion* ▭ Gk *parḗlion, parḗlios* ← PARA-¹ + *hḗlios* sun: -*h*- は Gk *hḗlios* から〙

par·i- /pǽrɪ̀, -ri, -pέr- | pǽr-/ 〘生物〙「等しい (equal)」の意の連結形: *pari*pinnate. 〘▭ OF ～ ▭ (M)L *pari-*, *pār* 'equal, PAR¹'〙

pa·ri·ah /pəráɪə | pəráɪə, pǽriə; *Tamil* paṛaijaṛ/ *n.* **1** [しばしば P-] パーリア (cf. caste 1): **a** インド南部およびミャンマーで四姓の下の階級の人. **b** 四姓以外の階級の人. **2** 社会ののけ者, 宿なし, 浮浪人 (outcast). **3** = pariah dog. 〘(1613)▭ Tamil *paṛaiyar* (pl.) ← *paṛaiyan* 《原義》drummer ← *paṛai* festival drum: この階級から祭りの鼓手が出たことにちなむ〙

paríah dòg *n.* パリアドッグ《南アジア・北アフリカで, ごみためをあさるのら犬; pye-dog ともいう》. 〘(1780) ↑〙

Par·i·an /pέᵊriən | pέər-/ *adj.* **1** (エーゲ海中の)パロス島 (Paros) の. **2** (Paros 島産の) 白色大理石のような. **3** パリアン(磁器)の. **4** パロス島民の[に似た]. — *n.* **1** パロス島民. **2** (Paros 島産の) 白色大理石 (parian

P

marble)《良質で知られる》. **3** [p-] =Parian ware. 〖(1638) ← L *Pari(us)* of the island of Paros + -AN[1]〗

Párian cemént *n.* 〖窯業〗パリアンセメント (⇨ keene's cement). 〖1858〗

Párian wàre *n.* パリアン(磁器)《無釉の締焼磁器の一種; 主として装飾品などで, その色調や光沢が Paros 島産の大理石の彫刻に類似; 単に parian ともいう》.

Pa·ri·cu·tín /pɑ̀rìːkuːtíːn; *Am.Sp.* parikutín/ *n.* パリクチン(山)《メキシコ中西部, Mexico City 西方の火山; 1943 年畑から噴火して誕生した; 標高 2,286 m》.

Par·i·dae /pǽrədiː, péər- | pǽrɪ-/ *n. pl.* 〖鳥類〗シジュウカラ科. 〖← NL ～ ← *Parus* (属名: ← L *parus* titmouse) + -IDAE〗

par·i·es /péəriːz | péər-/ *n.* (*pl.* **-i·e·tes** /pəráɪətiːz | -ráɪɪ̀-/) **1** [通例 *pl.*] 〖動物〗《臓器または体腔の》壁(へき)《胃壁・膣(ちつ)壁など》. **2** 〖植物〗子房壁. 〖(1727–41) ← NL ～ =L *pariēs* wall ← ?〗

pa·ri·e·tal /pəráɪətl̩ | -ráɪɪ̀tl/ *adj.* **1** 〖解剖〗 **a** 壁の, 体壁の; 壁在の, 壁側の. **b** 頭頂(部)の. **2 a** 顱頂(ろちょう)の. **b** 〖植物〗側壁の, 子房壁の, 檣(しょう)壁の. **3** 《米》大学内居住[秩序]に関する, (特に)学内寮の異性寮生訪問に関する(規則の). — *n.* **1** 〖解剖〗頭頂部. **2 a** 〖動物〗顱頂部. **b** 〖植物〗側壁部. **3** 学内寮の異性寮生訪問規則. 〖(?c1425) □ (O)F *pariétal* □ LL *parietālis* ← L *pariēs* (↑): ⇨ -al[1]〗

paríetal bòne *n.* 〖解剖〗頭頂骨 (cf. occipital bone; ⇨ skull[1] 挿絵). 〖1704〗

paríetal cèll *n.* 〖解剖〗壁細胞《胃酸分泌細胞; cf. chief cell》.

Pa·ri·e·ta·les /pəràɪətéɪliːz/ *n. pl.* 〖植物〗側膜胎座目《双子葉植物の一目》. 〖← NL ～ (pl.): ⇨ parietal〗

paríetal éye *n.* 〖動物〗顱頂(ろちょう)眼, 顱頂器《円口類・硬骨魚・爬虫類(特に, トカゲ類)で見られる間脳の一部がふくらんでできた眼のようなもの》. 〖1886〗

paríetal lòbe *n.* 〖解剖〗《脳の》頭頂葉.

parietes *n.* paries の複数形.

par·i·mu·tu·el /pǽrɪmjúːtʃuəl, péri-, -tʃəl | péri-mjúːtʃuəl, -tʃəl, -tjuəl; *F.* paʁimytɥɛl/ *F. n.* (*pl.* ～**s** /～z/, 1 ではまた **par·is·mu·tu·els** /～/) **1** 《競馬などで》勝者[馬]に賭けた人々が手数料と税金を差し引いた賭け金全部を分配する一種の賭け; この方式での勝馬投票 (cf. totalizator). **2** 《競馬などの》賭け率計算器 (pari-mutuel machine ともいう). 〖(1881) □ F *pari mutuel* 《原義》mutual bet〗

par·ing /péərɪŋ | péər-/ *n.* **1** 皮をむく[はぐ]こと, むか[はが]れること. **2** [*pl.*] 切り[むき]くず, はぎ[削り]皮; 小麦粉の篩(ふるい)くず: potato ～*s*. **3** わずかな蓄え, へそくり. 〖(*c*1390): ⇨ pare, -ing[1]〗

páring chìsel *n.* 〖木工〗つきのみ, つばのみ.

páring gòuge *n.* 〖木工〗丸のみ.

páring iron *n.* 《獣医・蹄鉄工の用いる》つめ切り刀, 削蹄刀. 〖1530〗

páring knife *n.* 《皮をむくための》果物ナイフ. 〖1591〗

pa·ri pas·su /pǽrɪpǽsuː, péri-, pɑ́ːripɑ́ː- | péri-, pɑ́ːri-/ *L. adv., adj.* **1** 同一歩調で(の), 歩調正しく[正しい]; 相並んで[だ]; 同時に[の]. **2** 不公平なく[のない], 一様[均等]に[な], むらなく[のない] (equably). **3** 〖法律〗公正で偏らない. 〖(1567) □ L *parī passū* with or at equal step: ⇨ pair, pace[1]〗

par·i·pin·nate /pæ̀rəpíneɪt, pèr-, -nɪ̀t | pæ̀rɪ̀pín-eɪt⁻/ *adj.* 〖植物〗偶数羽状の: a ～ compound leaf 偶数羽状複葉. 〖(1857) ← PARI- + PINNATE〗

Par·is[1] /pǽrɪ̀s, pér- | pǽrɪs; *F.* paʁi/ *n.* パリ《フランスの首都》.

Páris of América [the ―] 米国 Cincinnati 市の異名.

pláster of Páris ⇨ plaster.

〖□ F ～ < LL *Parisii* ← L (*Lūtētia*) *Parīsiōrum* 'Lutetia (Cité 島にあった古市名) of the *Parisii* (Gaul のケルト系部族の一つ: ← ? Celt.)'〗

Par·is[2] /pǽrɪ̀s, pér- | pǽrɪs/ *n.* 〖ギリシャ神話〗パリス《Troy 王 Priam と Hecuba の王子; Sparta の王 Menelaus の妃 Helen を奪ったため, トロイ戦争 (Trojan War) が起こった; cf. APPLE of discord》. 〖□ L ～ □ Gk *Páris*〗

Par·is /pǽrɪ̀s, pér- | pǽrɪs/, **Matthew** *n.* ⇨ Matthew of Paris.

Páris báll *n.* 《廃》テニスボール. 〖1471〗

Páris blúe *n.* 〖化学〗 **1** =Prussian blue. **2** 可溶性ブルシャンブルー ($KFe[Fe(CN)_6]$). 〖1864–72〗

Páris Clùb *n.* パリクラブ, (主要先進)債権国会議《国家の公的債務の返済について, 当初の返済計画の見直しが債務国から債権国に要請された際に, 先進債権国が Paris で非公式に行う会議; 債務返済不能の場合は包括的債務救済措置を採る; また Group of Ten の通称として用いる》.

Páris Cómmune *n.* [the ～] =Commune of Paris (⇨ commune[1]).

Páris-Dakár Rálly *n.* [the ～] パリ-ダカール ラリー《Paris からセネガルの Dakar まで Sahara 砂漠などを通る長距離自動車レース》.

Páris dóll *n.* 《古》《婦人服屋が使う》マネキン人形, 人台(じんだい) (lay figure).

Páris gréen *n.* 〖薬学・顔料〗パリスグリーン, パリ緑, 花緑青 ($3Cu(AsO_2)_2 \cdot Cu(CH_3CO_2)_2$)《酢酸銅と亜ヒ酸銅から成る有毒な鮮緑色顔料・船底塗料および殺虫剤; copper acetoarsenite, Schweinfurt green, Imperial green ともいう》. 〖1868〗

par·ish /pǽrɪʃ, pér- | pǽr-/ *n.* **1** 〖キリスト教〗教会区, 小教区, 牧会区, 《牧師の》管轄区; 〖カトリック〗聖堂区; 教区 (diocese の下位区分で教会とその牧師を持つ宗教上の一区域; 日本ではどの教派においても明確に規定されていない); 教会とその活動範囲. **2** 《英》行政教区, 教区《county の下位区分で通例教会の教会区をもととした最小行政単位; もと poor law のために設けられた救貧区; civil parish ともいう》. **3** [the ～; 集合的] 《英》一教区の住民, 教区民; 《米》一教会の全信者. **4** 《米国 Louisiana 州で》郡 (⇨ county[1] 2). **5** 《カーリング (curling) で》= house 13. **6** [one's ～] 《英古》よく知っている分野, 「守備範囲」.

on the párish 《英》 (1) 〈貧民が〉教区の世話になって: go *on the* ～ (昔, poor law のもとで)教区の世話になる, 公費救助を受ける (cf. *on the* TOWN). (2) 《口語》あてがい[供給]の少ない, わずかばかり支給されて. 〖1632〗

〖(*c*1300) *parissche, paro(s)che* □ OF *paroche,* (O)F *paroisse* < eccl. L *parochiam* (L *parochus* purveyor との連想による変形) ← *paroeciam* parish □ LGk *paroikía* ecclesiastical district, 《原義》dwelling beside ← *pároikos* Christian, (Gk) stranger ← PARA-[1] + Gk *oîkos* dwelling〗

Pa·ri·shad /pɑ́rɪʃəd/ *n.* 《インドにおける》集会, 会合. 〖(1919) □ Skt '*pariṣad* ← *pari-* around + *sad-* to sit'〗

párish chúrch *n.* 〖キリスト教〗教区教会, 司祭管轄教会 (一教会区 (parish) を管轄する教会). 〖*c*1380〗

párish clérk *n.* 教会(庶務)役員, 教会書記《特に, (以前)礼拝式などで司祭に応訓してその手助けをする》. 〖*c*1390〗

párish cóuncil *n.* 《英》《行政》教区会《行政教区 (parish) の自治機関》. 〖1772〗

párish hòuse *n.* **1** パリッシュハウス, 教会区会館《行政や社会的目的に教会が使う建物》. **2** 《ローマカトリック教会の》司祭の住居. 〖1762〗

pa·rish·io·ner /pərɪ́ʃ(ə)nə | -nə(r)/ *n.* 教会区の信者, 教会区民. 〖(1471) ← ME *parishion, paroschian* parishioner □ OF *parochien, paroissien* ← *paroche* 'PARISH' + *ien* '-IAN': -ER は人格表現をより明確にするため英語において付加されたもの〗

párish lántern *n.* 《英》月 (moon). 〖1847–78〗

párish mínister *n.* 〖キリスト教〗牧師, 司祭, 《教会区を委託された》教区(付き)司祭 (parish church の牧師).

párish príest *n.* 〖キリスト教〗《教会区を委託された》教区(付き)司祭, 《聖堂区》主任司祭 (parish church の司祭). 〖*a*1325〗

párish-púmp *adj.* 《英》地方的興味[観点]からの, 井戸端会議的な; 視野の狭い: ～ politics. 〖(1923) ↓〗

párish púmp *n.* 《英》村の共同井戸《井戸端会議の場所》. 〖1915〗

párish régister *n.* 教会区戸籍[記録]簿《教区の教会に保存されている出生・洗礼・婚姻・埋葬などに関する記録》. 〖1653〗

párish-rìgged *adj.* 《俗》〈船が〉不充分な艤装(ぎそう)の. 〖1899〗

Pa·ri·sian /pərɪ́ʒən, -ríːʒ- | -rízɪən, -ʒən/ *adj.* パリ(風)の, パリ人の. — *n.* パリ人, パリっ子, パリジャン. 〖(1530) □ F *parisien*: ⇨ Paris[1], -ian〗

Pa·ri·si·enne /pərìːziɛ́n; *F.* paʁizjɛn/ *n.* パリの女性, パリ女[娘], パリジェンヌ. 〖(1886) □ F ～ (fem.) ← *parisien* (↑)〗

paris-mutuels *n.* pari-mutuel の複数形.

par·i·son /pǽrəsən, pér-, -sn̩ | pǽrɪ̀-/ *n.* パリソン《最終的な形に仕上がる前の炉から出したガラス塊》. 〖(1832) □ F *paraison* ← *parer* to prepare〗

Páris whíte *n.* 〖化学〗精製白亜(はくあ), 胡(ご)粉《炭酸カルシウムから成る顔料》.

páris yéllow, P- y- *n.* 明るい鬱金(うこん)色 (light chrome yellow).

pàri·syllábic *adj.* 〈ギリシャ語・ラテン語の名詞が〉(すべての格で)同数の音節を有する, 同数音節の. 〖(1656) ← PARI- + L *syllaba* 'SYLLABLE' + -IC[1]〗

par·i·tor /pǽrətə, pér- | pǽrɪ̀tə(r)/ *n.* 《廃》=apparitor. 〖(1530) 《頭音消失》〗

par·i·ty[1] /pǽrəti | pǽrɪ̀ti/ *n.* **1** (量・質・価値・格付けなど)同等であること, 等価, 等質, 等額; 同格, 同位 (equivalence): ～ of treatment 同等の待遇 / be on ～ with ... と均等である / stand at ～ 同位[同格]である. **2** 著しい類似, 同様 (similarity); 一致 (correspondence): by ～ of reasoning 類推で. **3** 〖貿易・金融〗 **a** 《他国の通貨との》等価, 平価: the official dollar ～ of the yen 円の公定ドル交換比率 / purchasing power ～ 購買力平価. **b** 《種々の鋳貨の》比価. **4** 《米》〖経済〗平衡(価格), パリティ《農家の生産物価格と生活必需品価格との比率; 米国では 1909 年 8 月から 1914 年 7 月までのそれを基準とする》: a ～ index [ratio] パリティ指数[比率] / a ～ price パリティ価格《この比率が基準時の値を保つように定められた農作物の価格》. **5** 〖数学〗パリティ《二つの整数の間の '偶奇が一致する' という関係》. **6** 〖物理〗 **a** パリティ, 反転性, 偶奇性《波動関数の対称性を示す量》. **b** 偶奇性を指定する量子数. 〖(1572) □ L *paritātem, paritās* ← *pār* 'equal, PAR[1]': ⇨ -ity〗

par·i·ty[2] /pǽrɪ̀ti | pǽrɪ̀ti/ *n.* 〖産科〗出産経歴[児数]. 〖(1878) ← L *par(ere)* to bring forth + -ITY: ⇨ -parous, parent〗

párity bìt *n.* 〖電算〗パリティビット《parity check のために付加したビット》. 〖1957〗

párity chèck *n.* 〖電算〗パリティチェック, 奇偶検査《一連のビットに対して付加ビットを付けて誤りを検査すること》. 〖1950〗

park /pɑ́ək | pɑ́ːk/ *n.* **1 a** 公園; 《公益のため国有地として保存された》自然公園: ⇨ national park. ★ 固有名詞の一部として用いるときは通例無冠詞: ⇨ Central Park. **b** [the P-] 《英》=Hyde Park《もとは St. James's Park を指していた》: the (Royal) *Parks* 《ロンドンの》王立公園《英国王の管理下にある St. James's Park, Green Park, Hyde Park, Kensington Gardens, Regent's Park などの公園》. **c** 《米》遊園地 (《英》funfair). **d** (NZ) 《特に山間部に設けられた》保養地区. **2** 《研究機関・企業施設などの特定用途向けに設計された》地区, 区画, パーク: a science ～. **3** 《英》猟園《遊猟のために勅許を得て設けた広大な囲い地; ここに自然のままに猟獣を放し飼いする; cf. chase[1] 3, forest 4, warren 3》. **4** 《英》《地方在住の貴族・大地主などの家の》私園, 大庭園《邸宅を取り囲む池や森のある広大な敷地》. **5** 《米》 **a** 運動場, 競技場: a baseball ～ 野球場. **b** =ball park. **c** [the P-] 《英俗》サッカー場. **6** 《米西部》《山に囲まれた高原性の》平野, 盆地; 林間の平野. **7** 《自動車の自動変速機の》駐車位置, パーク. **8** 《米・NZ》《自動車・馬車などを一時置く》置場, 駐車場, 《飛行機などの》駐機場; 駐車してある自動車[馬車, 飛行機など]: ⇨ car park. **9** 〖軍事〗 **a** 集結所, 廠(しょう); 〖空軍〗(航空機)駐留区域《車両・戦車・航空機・火砲・弾薬・各種資材などの補給・整備・保管を行う区域》: a gun ～ 砲廠 / a vehicle ～ 車廠. **b** 《そこに整備された》車両, 戦車, 火砲, 弾薬, 資材など; 〖空軍〗駐機. **10** カキ養殖場 (oyster park).

— *vt.* **1 a** 〈車などを〉《ある場所に一時》留めて置く, 駐車する; 〈車を〉駐車位置へ動かす[入れる]. **b** [be ～*ed* として] 〈人が〉車を駐車している. **c** 《集結所に》〈車両・戦車・火砲・航空機・弾薬・資材などを〉集結する, 整置する. **d** 〈人工衛星などを〉軌道に留めて置く. **2** 《口語》 **a** 《しばしば他の迷惑を省みずに》〈物・人を〉置く (put), 置いておく (leave); 〈子供などを〉(人に)一時預ける: *Park* your hat on the table. **b** [～ *oneself* で] 《しばらく》留まる, 腰を落ち着ける, 居座る: *Park yourself* here. ここにいたまえ. **3** 公園[猟園]にする, 公園[猟園]として囲う. — *vi.* **1** 自動車[自転車など]を留めて置く, 駐車する. **2** 《口語》駐車して車中で性交をする, カーセックスをする (*with*).

～·er *n.* 〖n.: (*c*1200) □ (O)F *parc* park, enclosure (for animals) < ML *parricum* ← ? Gmc (cf. G *Pferch* fold, pen / OE *pearroc* enclosure): PADDOCK[2] と二重語?. — v.: (1526) ← (n.)〗

Park /pɑ́ək | pɑ́ːk/, **Mun·go** /mʌ́ŋgoʊ | -gəʊ/ *n.* パーク (1771–1806; スコットランド生まれのアフリカ探検家).

par·ka /pɑ́əkə | pɑ́ː-/ *n.* **1** パーカ《エスキモーなどが着用するフードのついた膝ないし太もも丈の毛皮製ジャケットまたはプルオーバー》. **2** パーカ《防水・防風性布地で作られたフード付きスポーツ用ジャケット; anorak ともいう》. 〖(1780) □ Aleutian ～ 'skin, outer garment' □ Russ. 'pelt of a reindeer' ← Samoyed〗

parka 2

par·kade /pɑəkéɪd | pɑː-/ *n.* 《カナダ》駐車用の建物, 屋内大駐車場. 〖(*c*1955) ← PARK (v.) + (ARC)ADE〗

párk-and-ríde *adj.* パークアンドライド《車で駅まで行ってそこの駐車場に車を置き, 電車やバスに乗り換えて都心に通勤する方式にいう》. 〖1966〗

Párk Ávenue /pɑ́ək- | pɑ́ːk-/ *n.* パーク アヴェニュー《米国 New York 市 Manhattan 中央部の繁華街; 流行の中心地》. 〖1956〗

párk cáttle *n.* 〖畜産〗パークキャトル, 公園牛 (⇨ white park cattle).

Park Chung Hee /pɑ́əktʃʌŋhíː, -tʃʊŋ- | pɑ́ːk-; *Korean* paktʃʌ́ŋhi/ *n.* 朴正熙(パクチョンヒ) (1917–79; 大韓民国の軍人・政治家, 大統領 (1963–79); 暗殺された).

Par·ker /pɑ́əkə | pɑ́ːkə(r)/ *n.* パーカー《男性名》. 〖lateOE *Parch(i)er,* ～ □ AF *Parker* = OF *Parchier* 《原義》park keeper: ⇨ park, -er[1]〗

Par·ker /pɑ́əkə | pɑ́ːkə(r)/, **Charlie** (**Christopher**) *n.* パーカー (1920–55; 米国のジャズ・アルトサックス奏者・作曲家; 愛称 'Bird' 'Yardbird'; bop スタイルの開拓者).

Parker, Dorothy (**Rothschild**) *n.* パーカー (1893–1967; 米国の女流詩人・短編作家; *Collected Poems: Not So Deep as a Well* (詩集) (1936), *Here Lies* (短編集) (1939)).

Parker, Sir **Gilbert** *n.* パーカー (1862–1932; カナダ生まれの英国の小説家・政治家).

Parker, Matthew *n.* パーカー (1504–75; 英国の聖職者; カンタベリーの大主教 (⇨ Bishops' Bible)).

Parker, Theodore *n.* パーカー (1810–60; 米国のユニテリアン派牧師・神学者, 奴隷廃止論者, 社会改良家).

Párker Hòuse róll *n.* パーカーハウスロール《イースト入りの円形の生地に折り目をつけ, 二つ折りにして焼いた小形のパン》. 〖← *Parker House* (米国 Massachusetts 州 Boston にあるホテル)〗

Par·ke·ri·a·ce·ae /pɑ̀əkəriéɪsiː | pɑ̀ːkɪ̀r-/ *n. pl.* 〖植物〗ミズワラビ科. 〖← NL ～ ← *Parkeria* (属名: ← *C. S. Parker* (19 世紀の発見者)) + -ACEAE〗

Párker Mórris stàndard *n.* [しばしば複数形で] 《英》パーカーモリス規準 (Parker Morris が議長を務めた Central Housing Advisory Committee によって 1961 年に推奨された優良住宅の最低規準).

Par·kers·burg /pɑ́əkəzbə̀ːg | pɑ́ːkəzbə̀ːg/ *n.* パーカーズバーグ《米国 West Virginia 州, Ohio 河畔の都市》.

Parkes /pɑ́əks | pɑ́ːks/, Sir **Harry Smith** *n.* パークス

《1828–85; 英国の外交官・駐日公使 (1865–83), 中国駐在公使 (1883–85)》.

Parkes, Sir Henry *n.* パークス《1815–1896; 英国生まれのオーストラリアの政治家・ジャーナリスト; オーストラリア連邦建設の指導者》.

Park·hurst /páəkhə:st | pá:khə:st/ *n.* パークハースト《英国の Wight 島にある刑務所; 男子長期囚を収容》.

Párkhurst príson *n.* =Parkhurst.

park·ie /páəki | pá:-/ *n.* 《英口語》公園の管理人. 〖1939〗

par·kin /páəkın | pá:kın/ *n.* 《スコット・北英》パーキン《オートミール・糖蜜・ベーキングパウダーで作ったしょうが風味のケーキ》. 〖(1800) ← ? *Parkin, Perkin* (dim.) ← *Per* 'PETER'〗

park·ing /páəkıŋ | pá:k-/ *n.* **1** (自動車などの)駐車; 駐車許可: No ~ (here). [掲示] 駐車禁止. **2** (公衆用)駐車場[所]: a ~ attendant 駐車場の係員. **3** 駐車場[ガレージ]管理(業務). **4** 《口語》駐車中の車でのセックス, カーセックス. **5 a** (公園内などの)緑地帯. **b** 《米北部・西部》沿道緑地帯; (緑地化された)道路中央分離帯. 〖(1526) ← PARK (v.)+-ING[1]〗

párking bày *n.* =bay[2] 2 f. 〖1962〗

párking dìsc *n.* 《英》駐車時間表示板 (⇨ disk parking). 〖1960〗

párking garàge *n.* 《英》(屋内)駐車場《多層のことが多い》(《英》car park). 〖1948〗

párking lìght *n.* (自動車の)駐車灯, パーキングライト. 〖1938〗

párking lòt *n.* 《米》駐車場 (《英》car park). 〖1924〗

párking mèter *n.* (駐車場の)駐車時間自動表示器, 駐車計; 駐車料金自動徴収器, パーキングメーター. 〖1936〗

párking òrbit *n.* 〖宇宙〗中継軌道《最終目標の軌道に乗せる前の一時的軌道》. 〖1960〗

párking ràmp *n.* 〖航空〗エプロン, 駐機場 (apron)《飛行場の建物・格納庫に隣接した舗装した広場》.

párking spàce *n.* 自動車駐車場. 〖1924〗

párking tìcket *n.* 駐車違反呼出し状[カード, 切符]. 日英比較 日本語の「パーキングチケット」は普通駐車(場利用)券のこと. 〖1947〗

Par·kin·son /páəkənsən, -sn̩ | pá:kın-/, **Cyril Northcote** *n.* パーキンソン《1909–93; 英国の経済学者; *Parkinson's Law* (1958)》.

par·kin·so·ni·an /pàəkənsóuniən | pà:kınsóu-⁻/ *adj.* 〖病理〗パーキンソン病(様疾患)の. 〖1899〗

par·kin·son·ism /páəkənsənìzm, -sn̩- | pá:kın-/ *n.* 〖病理〗パーキンソニスムス, パーキンソン症候群《運動減少筋硬直をきたす一連の疾患で, パーキンソン病・ウイルソン病なども含まれる》. 〖(1923) ↓〗

Pár·kin·son's disèase /páəkənsənz-, -snz- | pá:kın-/ *n.* 〖病理〗パーキンソン病, 振戦麻痺 (shaking palsy) (Parkinson's syndrome ともいう). 〖(1877) ← *James Parkinson* (1755–1824: 英国の外科医・古生物学者)〗

Párkinson's láw *n.* パーキンソンの法則《英国の C. N. Parkinson が 1957 年以来発表した「役人の数は仕事の量に関係なく一定率で増える」「仕事というものは割り当てられた時間いっぱいまで延びる」という多分に皮肉な社会経済法則》. 〖1955〗

Párkinson's sỳndrome *n.* 〖病理〗=Parkinson's disease.

párk·ish /-kıʃ/ *adj.* 公園のような, 公園風の. 〖1813〗

párk kèeper *n.* 公園管理人《公園の保存や規則を守らせることなどをする役人》. 〖1624〗

park·land /páəklæ̀nd | pá:k-/ *n.* **1** (半乾燥地域に多い)ところどころにまばらな樹林のある草地; (家を建てさせない)風致地区. **2** 《カナダ》**a** Rocky 山脈山麓から大平原に広がる地域. **b** Barren Grounds から大平原にかけての森林地帯. 〖1907〗

Párk Láne *n.* パークレーン《London の Hyde Park の東側を南北に走る通り; 高級ホテルが多い》.

párk·lìke *adj.* 公園のような, 公園に似た. 〖1851〗

Park·man /páəkmən | pá:k-/, **Francis** *n.* パークマン《1823–93; 米国の歴史家; *The Oregon Trail* (1849)》.

Párk Ránge *n.* [the ~] パーク山脈《米国 Colorado 州北西から Wyoming 州の南半分にかかる Rocky 山系中の山脈; 最高峰 Mt. Lincoln (4,354 m)》.

párk rànger *n.* 《英》国立公園管理人. 〖1912〗

párk·wày *n.* **1** 《米》空き地に街路樹や芝生を設けた大通り, 公園道路, 大遊歩道 (broad boulevard); (特に)パークウェー《公園や緑地帯の中に設けられた乗用自動車専用道路; superhighway の一種》. **2** 《米北部・中部》=parking 5 b. 〖1887〗

park·y[1] /páəki | pá:ki/ *adj.* 《英俗・英方言》〈風・気温が〉ひやりとする, 冷たい (chilly). 〖(1895) ← ? PARK (n.)+-Y[1]: 公園の空気の感じから か〗

park·y[2] /páəki | pá:ki/ *n.* =park keeper. 〖((1939)) (1953) 《略》: ⇨ -y[2] ★ (3)〗

Parl. 《略》Parliament; Parliamentary.

par·lance /páələns | pá:-/ *n.* **1** 話ぶり, 口調, (特有な)語法, 用語法 (diction): military [newspaper] ~ 軍隊[新聞]語調[口調] / in legal [medical, vulgar, common] ~ 法律上の[医学上の, 卑俗な, 普通の]言葉で(言えば). **2** 《古》話合い, 談合 (talk); (特に公式の場での)会談, 談判 (parley). 〖(1579–80) ▭ OF ~ ← *parler* to speak: ⇨ -ance: cf. parley〗

par·lan·do /pɑəlá:ndou | pɑ:lá:ndəu; *It.* parlándo/ *adv.*, *adj.* 〖音楽〗話すように[な], 朗読調に[の]. 〖(1876) ▭ It. ~ (ger.) ← *parlare* to speak: ⇨ parle〗

par·lan·te /pɑəlá:nteı | pɑ:-; *It.* parlánte/ *adj.* 〖音楽〗=parlando. 〖(1876) ▭ It. ~ (pres.p.) ← *parlare* (↑)〗

par·lay /páəleı, -li | pá:li/ 《米》*vt.* **1** 〈資金・才能などを〉(大きな利得・富を得る手段として)利用する, 活用する. **2** 増大する (augment); 拡大する (magnify); 変える, 転換する〔*into*〕: ~ a small fortune *into* a business empire / ~ a freighter *into* a fleet 貨物船を増やして一つの船団に編入する. **3** 〈元金およびもうけ金を〉次の試合[勝負, 馬]に賭ける. — *vi.* **1** 資金[才能]を徹底的に利用する. **2** 元金[もうけ金]を次の試合[勝負, 馬]に賭ける. — *n.* **1** (資金・才能などの)徹底的利用. **2** (試合・馬などへの)賭け(金). 〖▭ F *paroli* ▭ It. (Neapolitan) *paroli* (pl.) ← *parolo* a set of dice (dim.) ← *paro* equal < L *pār* 'PAR[1]': cf. pair[1]〗

parle /pɑ́əɫ | pá:ɫ/ *n.*, *v.* 《古》=parley. 〖v.: (*c*1378) ▭ (O)F *parler* to speak: ⇨ parley〗

par·le·men·taire /pàələmɑ̃:(n)téə, -mɑ:n- | pà:-, -téə[r]; *F.* paʁləmɑ̃tɛ:ʁ/ *F. n.* (白旗を掲げる)軍使, 停戦[休戦]旗の旗手. 〖(1918) ▭ F ~: ⇨ parliamentary〗

par·ley /páəli | pá:-/ *n.* 討議 (discussion), 商議 (conference); (特に戦場で敵と降服条件などについて行う非公式な)(和平)交渉, 談判, 会談: a ceasefire ~ 停戦交渉 / beat [sound] a ~ (太鼓またはらっぱを鳴らして)敵軍に(和平)交渉を申し込む / hold a ~ *with* ...と交渉[談判]する. — *vi.* **1** 〔敵と〕(戦場で降伏条件などについて非公式に)会談する, 談判する, (休戦旗を掲げて)交渉する〔*with*〕. **2** 《古》話す, 語る (talk); 商議する (confer). — *vt.* **1** 《口語》(特に)〈外国語などを〉話す, ぺらぺらしゃべる (speak). **2** 《古》交渉する, 会談する. **~·er** *n.* 〖(1570) ▭ OF *parlee* speech (fem. p.p.) ← *parler* to speak < ML *parabolāre* ← LL *parabola* 'PARABLE'〗

par·ley-voo /pàəlivú: | pà:-/ 《戯言》*n.* **1** フランス語. **2** [通例 P-] フランス人. — *vi.* フランス語を話す; 英語以外の言語を話す. 〖(1754) 《転訛》← F *parlez-vous (français)?* 'do you speak (French)?'〗

par·lia·ment /páələmənt, -ljə- | pá:lə̀-, -ljə-/ *n.* **1** [通例 P- で無冠詞] **a** (英国の)議会, 国会《the (House of) Lords および the (House of) Commons の二院から成る; cf. congress 2, diet[2] 1》: a member of *Parliament* 下院議員 (略 M.P.) / an Act of *Parliament* (議会を通過し国王の裁可を経た)国会制定法, 法律 / enter [go into, get into] *Parliament* 下院議員になる / be in *Parliament* 下院議員である / stand for *Parliament* 国会議員に立候補する / the King [Queen, Crown] in *Parliament* 議会内国王, 議会と共にある国王《英国制の大原則で, 立法・課税などの重要権限は君主個人に存するものではなく, 議会の同意を得なければ無効であるという考え》/ ⇨ Long Parliament, Short Parliament. **b** (総選挙と国王の召集によって成立してから次期の総選挙までの間に開催される)議会. **c** (英国保護領または植民地の)議会; (英国以外のある国々の)国会, 立法府. **2** 議会, 国会: convene [summon] a ~ 議会を召集する / dissolve a ~ 議会を解散する / open a ~ 議会の開会を宣する / open *Parliament* (国王が)議会の開会を宣言する. **3** 下院議員, 国会議員. **4 a** (1789 年以前のフランスの)高等法院. **b** (1707 年までの)スコットランドの議会. **c** (1800 年までの)アイルランドの議会. **5** 《古》(公の問題について討議する)会議, 会合. **6** =parliament cake. **7** 〖トランプ〗=fan-tan 1.

High Court of Párliament [the ―] ⇨ high court. 〖(*c*1300) *parlement*, ~ ▭ (O)F *parlement* 《原義》speaking ← *parler* to speak: ⇨ parley, -ment: 今の -*lia*- (15C) は Anglo-L *Parliamentum* による〗

Par·lia·ment /páələmənt, -ljə- | pá:lə̀-, -ljə-/ *n.* 〖商標〗パーラメント《米国製のたばこ》.

Párliament Àct *n.* [the ~] (英国の)国会法《上院の拒否権 (veto) を制限し, 下院の優位を確認した法律; 1911 年および 1949 年に制定され, 歴史的に確立してきた》.

par·lia·men·tar·i·an /pàələmentɛ́əriən, -ljə-, -mən- | pà:lə̀mentɛ́əriən, -ljə-, -mən-⁻/ *n.* **1** (老練な)議会政治家, 議会人: a ~ of 20 years' experience 20 年の経験を持つ議会人. **2** [時に P-] 《英》下院議員. **3 a** 議事進行係. **b** 議院法規通. **4** [しばしば P-] 〖英史〗(Charles 一世に反対して議会を支持した) 議会党員, 議会派議員《Roundhead ともいう; cf. royalist 2》. — *adj.* 議会(派)の; 議会政治の. 〖(1613): ← PARLIAMENT+-ARIAN〗

pàr·lia·men·tár·i·an·ìsm /-nìzm/ *n.* =parliamentarism. 〖1879〗

pàr·lia·mén·ta·rìsm /-tərìzm | -tərìzm, -trızm/ *n.* 議会政治, 議院制度. 〖1870〗

par·lia·men·ta·ry /pàələméntəri, -ljə-, -méntri, -ménəri | pà:lə̀méntəri, -ljə-, -tri⁻/ *adj.* **1 a** 議会の, 国会の, 議院の: require ~ approval 国会の承認を必要とする. **b** 議会構成員の, 議員の. **2** (特に英国の)議会で制定された: a ~ act. **3** 議会制度をもつ, 議会のある, 議会制[政治]の; (特に)議院内閣制の. **4** 議会の法規・慣例に基づいた, 議院法による: an old ~ hand 議会法規通, 議会での駆け引きの上手な人 / ~ proceedings 議事 / ~ procedure 議事運営手続[方式] / ~ rules 議事法. **5** (議会の手続のように)慎重な (deliberate), 緩慢な (slow): a ~ motion. **6** 〈言葉・行動など〉議会で使用を許された, 議会に適した, 暴言などを用いない; 《口語》礼儀正しい, 丁重な (polite): ~ language 議会言葉, よそ行きの言葉. **7** 〖英史〗議会党[派]の[に関する] (⇨ parliamentarian 4).

Parliaméntary Commíssioner for Administrátion [the ―] 《英》行政府管理委員《政府に対する一般市民の苦情を処理する; cf. ombudsman》. (1966) 〖(1616) ← PARLIAMENT+-ARY: cf. F *parlementaire*〗

párliamentary ágent *n.* 《英》政党顧問弁護士, 議員[議会]代弁人《提出議案の起草や庶務の代弁などをする》. 〖1819〗

párliamentary bórough *n.* 《英》国会議員選挙区 (constituency) (cf. Congressional district).

párliamentary góvernment *n.* 議会政治《人民の選ぶ代議員が構成する議会によって国家の意思が決定される政治方式; cf. presidential government》. 〖1872〗

párliamentary láw *n.* 国会(その他の審議機関)の手続についての法規・慣行の総称.

Párliamentary Prívate Sécretary *n.* 《英》議員私設秘書. 〖1917〗

Párliamentary Sécretary *n.* 《英》政務次官. 〖(1850) 1918〗

parliaméntary sỳstem *n.* 議会制度.

párliamentary tráin *n.* 《英》(19 世紀の)労働者割引列車《もと各鉄道会社が労働者のため, 三等列車を 1 マイル 1 ペニー以下の率で少なくとも一日一回運転するよう法令で定められた》. 〖1845〗

Parliaméntary Ùnder-Sécretary *n.* = Parliamentary Secretary.

párliament càke *n.* しょうが入りの薄いクッキー《単に parliament ともいう》. 〖1821〗

Párliament Hìll *n.* **1** カナダの首都 Ottawa の国会議事堂のある丘. **2** カナダ議会.

párliament hìnge *n.* 〖建築〗長引蝶番. 〖1841〗

párliament hòuse *n.* 国会議事堂. 〖?*c*1395〗

párliament màn *n.* 《英方言》下院議員 (member of Parliament). 〖1605〗

par·lor, 《英》**par·lour** /páələ | pá:lə[r]/ *n.* **1** 《米・NZ》(ある種の商売の)営業室, 撮影室, 診察室, 施術室, …院, …店 (shop): a billiard ~ 玉突き場 / a dental ~ 歯科診療所 / a hairdresser's ~ 理髪店 / a beer ~ ビアホール / an ice cream ~ アイスクリームパーラー / ⇨ beauty parlor. **2** (ホテル・旅館・クラブ・マンション・女子修道院などのラウンジと別に設けられた)特別休憩[談話]室 (private room)《lobby や lounge のように開放的でない》; [通例 *pl.*] (二部屋以上の)応接間. **3** (官邸・銀行・教会・修道院などの)応接室 (reception room): a mayor's ~ (市役所内の)市長応接室. **4** 《米》客間; 居間《米英とも今は sitting [living] room の方を多く用いる》. **5** 搾乳場 (milking parlor). **6** 《カリブ》(特に菓子・清涼飲料などを売る)売店. — *adj.* [限定的] **1** 客間の: a ~ clock 客間の時計 / ~ tricks 隠し芸; [通例軽蔑的に] お座敷芸. **2** 客間に適した, お上品な; 空理の, 実行の伴わない: a ~ socialist お上品な[口先だけの]社会主義者. 〖(?*a*1200) ▭ AF *parlur*=OF *parleor* ← *parler* to speak: ⇨ parley, -ory[2]〗

párlor bòarder *n.* **1** 《英》(高い謝礼を出して校長の家族と共に住む)特別寄宿生. **2** 《俗》(家庭内で)特に優遇される人. 〖1777〗

párlor càr *n.* 《米》(贅沢な)特等客車, パーラーカー (《英》saloon)《座席は個別に独立している; cf. day coach, lounge car, Pullman car》. 〖1882〗

párlor gàme *n.* (クイズなど)室内に適したゲーム; 室内遊戯[ゲーム]. 〖1872〗

párlor grànd *n.* 室内用グランドピアノ《演奏会用よりも奥行きが短いグランドピアノ》.

párlor hòuse *n.* 《米》(豪華な応接間などのある)高級売春宿. 〖1872〗

párlor·màid *n.* (家庭で食事の給仕・来客の接待などをする住み込みの)お手伝い, (部屋付き)メイド (cf. chambermaid). 〖1840〗

párlor pàlm *n.* 〖植物〗テーブルヤシ (*Chamaedorea elegans*)《メキシコ産の小形のヤシ》.

par·lour /páələ | pá:lə[r]/ *n.*, *adj.* =parlor.

par·lous /páələs | pá:-/ *adj.* 《古・戯言》**1** 危ない, 危険な; 当てにならない; 不安な (precarious); 困った (perplexing): the ~ economy / in a ~ state 危ない状態で[に] (Shak., *As Y. L.* 3. 2. 45). **2** 抜け目のない, 利口な (shrewd). **3** 《古》非常な (very great), ひどい (very bad). — *adv.* 《古・戯言》きわめて, ひどく (extremely): ~ strange. **~·ly** *adv.* **~·ness** *n.* 〖(1380) *perlous*, ~ 《変形》← PERILOUS〗

parl. proc. 《略》parliamentary procedure.

Par·ly·a·ree /pàəliá:ri | pà:-/ *n.* =Polari.

Par·ma[1] /páəmə | pá:-; *It.* párma/ *n.* パルマ《イタリア北部 Emilia-Romagna 州の都市; もとこの地にあったパルマ公国の首都 (1545–1860); パルメザンチーズとパルマハムの産地》.

Par·ma[2] /páəmə | pá:mə/ *n.* パーマ《米国 Ohio 州北東部 Cleveland の郊外の都市》.

par·ma·cety /pàəməséti | pà:məséti/ *n.* 《廃》= spermaceti. 〖(1545) 《転訛》〗

Párma víolet *n.* 〖園芸〗パルマバイオレット《ニオイスミレの品種名; 花は香り高く, 薄紫色で八重咲; cf. sweet violet》. 〖1856〗

Par·men·i·des /pɑəménədì:z | pɑ:ménı̀-/ *n.* パルメニデス《紀元前 5 世紀ごろのイタリア生まれのギリシャの哲学者; エレア学派 (Eleatic school) の祖》. **Par·me·nid·e·an** /pàəmənídiən | pà:mənıd-⁻/ *adj.* 〖(1678) ↑〗

Par·men·tier /pàəmentjéı, -men- | pɑ:méntiə; *F.* paʁmɑ̃tje/ *adj.* 〖料理〗〈スープなど〉じゃがいもの入った, じゃがいもを付け合わせた[あしらった], パルマンティエの. 〖(1906) ← *A. A. Parmentier* (1737–1813: フランスの農学者: じゃがいもをフランスに広めた)〗

Par·me·san[1] /páəməzà:n, -zæ̀n, ⁻⁻⁻ | pá:mı̀zæn, ⁻⁻⁻/ *n.* パルメザン(チーズ)《脱脂乳から造る堅いイタリアのチーズ; すりおろしてパスタ (pasta) やスープなどにふりかける;

Parmesan cheese ともいう)。〘(1519)↓〙

Par·me·san² /pɑ́ːməzɑ̀ːn, -zæ̀n, ⸗ー⸗ | pɑ̀ːmɪ̀zæ̀n, ⸗ー⸗/ *adj.* (イタリアの) Parma 市の, 旧 Parma 公国の. 〘(1519) □ F ～ □ It. *Parmigiano* of Parma〙

par·mi·gia·na /pɑ̀ːmɪʤɑ́ːnə | pɑ̀ː-; *It.* parmiʤáːna/ *adj.* (*also* **par·mi·gia·no** /-noʊ | -nəʊ; *It.* -no/) パルメザンチーズを用いた[ふりかけた]: eggplant ～ パルメザンチーズ入りなす料理. 〘(1943) □ It. *parmigiana* (fem.) ← *Parmigiano* of Parma〙

Par·mi·gia·ni·no /pɑ̀ːmɪʤɑːníːnoʊ | pɑ̀ːmɪʤɑː-níːnəʊ; *It.* parmiʤaníːno/ *n.* (*also* **Par·mi·gia·no** /pɑ̀rmɪʤɑ́ːnoʊ/) パルミジャニーノ (1503–40; イタリアの mannerism の画家).

Par·na·í·ba /pɑ̀ːnəíːbə | pɑ̀ː-; *Braz.* paɾnaíba/ *n.* (*also* **Par·na·hi·ba** /～/) [the ～] パルナイバ(川) (大西洋に注ぐブラジル北東部の川 (1,448 km)).

Par·nas·si·an /pɑːnǽsiən | pɑː-/ *adj.* **1** (ギリシャの) パルナッソス (Parnassus) 山の. **2** 詩神 Muses の, 詩歌の. **3** 高踏派[パルナシアン] (Parnassian school) の. **4** 〘昆虫〙ウスバシロチョウ (*Parnassius*) の. ― *n.* **1** フランス高踏派詩人: the ～*s*=Parnassian school. **2** 詩人. **3** 〘昆虫〙ウスバシロチョウ (parnassius). **Par·nás·si·an·ìsm** /-nìzm/ *n.* **Par·nás·si·sm** /-nǽsɪzm/ *n.* 〘*adj.*: (*a*1644) ← L *Parnassius* ← *Parnassus* 'PARNASSUS'+-AN¹. ― 3: (1882) □ F *Parnassien* ← *Parnasse* 'PARNASSUS': この派の最初の詩集 *Le Parnasse contemporain* (1866) にちなむ〙

Parnássian schòol *n.* [the ～] 〘文芸〙高踏派, パルナシアン (1860 年頃 Gautier, Baudelaire を先駆として Leconte de Lisle, Heredia, Sully-Prudhomme, Mendès などがフランス詩壇に起こした一派で, 情緒よりも形姿を重んじた; the Parnassians ともいう). 〘(1902)↑〙

par·nas·si·us /pɑːnǽsiəs | pɑː-/ *n.* 〘昆虫〙ウスバシロチョウ (アゲハチョウ科ウスバシロチョウ属 (*Parnassius*) の昆虫の総称; アポロウスバシロチョウ (*P. appollo*) など 30 余種を含む). 〘← NL ～ ← L *Parnassius* 'belonging to PARNASSUS'〙

Par·nas·sus /pɑːnǽsəs | pɑː-/ *n.* **1** [集合的] 詩歌・文芸, 詩人[壇](の象徴): the English ～ イギリス詩壇 / (try [strive] to) climb ～ 詩歌の道にいそしむ. **2** (昔の) 詩集・文集(の表題). **3** 詩歌・芸術活動の中心(地). 〘(1600)↓〙

Par·nas·sus /pɑːnǽsəs | pɑː-/, **Mount** *n.* パルナッソス山 (ギリシャ中央部 (昔の Phocis), Corinth 湾の北岸にある山 (2,457 m); Apollo および Muses がこの山にこもったと伝えられ, 南麓に Delphi の神殿がある). 〘(*c*1395) □ L ～ □ Gk *Parnassós, Parnāsós*〙

Par·nell /pɑːnél, pɑ́ːnl | pɑːnél, pɑ́ːnl/, **Charles Stewart** *n.* パーネル (1846–90; アイルランドの民族運動指導者; アイルランド国民同盟盟首 (cf. Land League)).

Parnell, Thomas *n.* パーネル (1679–1718; アイルランド生まれの英国の詩人, Swift および Pope の友人).

Par·nell·ism /pɑːnélɪzm | pɑ́ːnəlɪzm, -nəl-/ *n.* パーネル主義 (1880–91 年に C. S. Parnell らが唱道したアイルランド自治政策). 〘(1881) ← *C. S. Parnell*: ⇨ -ism〙

Par·nell·ite /pɑːnélaɪt | pɑ́ːnəlaɪt, -nəl-/ *n.* パーネル派の人, アイルランド国民同盟員.

pa·ro·chi·aid /pəróʊkièɪd | -rə́ʊ-/ *n.* 《米》教区(付属)学校 (parochial school) に対する政府の援助. 〘← PAROCHI(AL)+AID〙

pa·ro·chi·al /pəróʊkiəl | -rə́ʊ-/ *adj.* **1** 〈関心・感情・問題など〉局地的な (local), 狭い, 偏狭な: a ～ viewpoint. **2** 教(会)区 (parish) の. **3 a** 教区付属の. **b** 《米》(特に, カトリック宗教団体の経営になる)教区付属の (denominational): ⇨ parochial school. **～·ly** *adv.* 〘(1393) □ AF *parochiel*=OF *parochial* □ LL *parochiālis* of a parish ← *parochia* 'PARISH': ⇨ -al¹〙

Paróchial Chúrch Council, p- c- c- *n.* 〘英国国教会〙教区教会協議会 (牧師・教会委員・一般選出民からなる教会区管理組織).

pa·ró·chi·al·ìsm /-lìzm/ *n.* **1** 一教区内に限られていること; 狭く限られていること; (関心や視野の)狭いこと, 偏狭. **2** (小教区を単位とした)(小)教区制, 町村制.

pa·ró·chi·al·ist /-lɪst | -lɪst/ *n.* 〘(1847) ← PAROCHIAL+-ISM〙

pa·ro·chi·al·i·ty /pəròʊkiǽləti | -rə̀ʊkiǽlɪti/ *n.* = parochialism. 〘(1769) ← PAROCHIAL+-ITY〙

pa·ro·chi·al·ize /pəróʊkiəlàɪz | -rə́ʊ-/ *vt.* **1** 教区に統合[分割]する, …に教区制をしく. **2** 局地的にする, 偏狭にする. ― *vi.* 教区内で働く. **pa·ro·chi·al·i·za·tion** /pəròʊkiəlɪzéɪʃən | -rə̀ʊkiəlaɪ-, -lɪ-/ *n.* 〘(*a*1846) ← PAROCHIAL+-IZE〙

paróchial schòol *n.* 《米・スコット》教区(付属)学校 (特に, カトリック宗教団体が維持経営する初等・中等学校). 〘1755〙

par·od·ic /pərɑ́(ː)dɪk | -rɔ́d-/ *adj.* もじり詩文的な, もじり風の, パロディー的な. **pa·ród·i·cal** /-dɪkəl, -kl | -dɪ-/ *adj.* 〘(1828–32) □ Gk *parōidikós*: ⇨ parody, -ic¹〙

par·o·dist /pǽrədɪst, pér- | pǽrədɪst/ *n.* もじり詩文作者, 替え歌[パロディー]の作者. 〘(1742) □ F *parodiste* ← *parodie* 'PARODY'〙

par·o·dis·tic /pæ̀rədístɪk, pèr- | pæ̀r-⸗/ *adj.* もじり(詩文)の, パロディー風の. 〘(1840): ⇨ ↑, -ic¹〙

par·o·dos /pǽrədɑ̀(ː)s, pér- | pǽrədɔs/ *n.* (*pl.* **-o·doi** /-dɔ̀ɪ/) **1** (古代ギリシャの galley 船の) 舷門(げんもん) (gangway). **2** 〘古代ギリシャ劇〙**a** 舞台背面と観客席の間の入口 (ここから合唱隊が出入りした). **b** 合唱隊の登場. **c** (劇の初めに歌う)合唱歌. 〘□ Gk *párodos* passage, side entry ← PARA-¹+*hodós* way〙

par·o·dy /pǽrədi, pér- | pǽrədi/ *n.* **1** パロディー, もじり詩文, 狂文 (travesty) (ある作家・作品の作風や文体を諷刺または嘲弄(ちょうろう)的に模倣した滑稽な作り替え詩文; ⇨ caricature SYN). **2** (真面目なことの)滑稽なまね, 猿まね, 下手な模倣[戯画], 茶化し. **3** 〘音楽〙**a** パロディー (ある楽曲の歌詞や楽器編成を変更し, 音楽自体にも手を加えて新しく作り直すこと; その曲). **b** =parody mass. ― *vt.* **1** 〈作家・文体などを〉諷刺的にもじる, …のパロディーを作る: ～ a poem, an author, etc. **2** 茶化す, 滑稽にまねる, …をパロディー化する. **3** 猿まねする. 〘*n.*: (1598) □ L *parōdia* □ Gk *parōidía* burlesque poem ← PARA-¹+*ōidḗ* 'song, ODE': ⇨ -y¹. ― *v.*: (*a*1745) ← (n.)〙

párody máss, p- M- *n.* 〘音楽〙もじりミサ, パロディーミサ (16 世紀にモテット, マドリガルなどの構成法を写しとって作曲されたミサ).

pa·roe·cious /pəríːʃəs/ *adj.* 〘植物〙=paroicous. 〘(1882)↓〙

pa·roi·cous /pərɔ́ɪkəs/ *adj.* 〘植物〙〈コケなど〉雌雄併生の (雌雄の生殖器官が併生している). 〘(1912) □ Gk *pároikos* dwelling beside ← PARA-¹+*oîkos* a dwelling: ⇨ -ous〙

par·ol /pǽrəl, pér-, pəróʊl | pǽrəl, pərə́ʊl/ *n.* 〘法律〙**1** 《古》訴答書面 (pleadings). **2** 言葉; 口頭の申告, 口頭の証拠. ★ 次の句で: *by* ～ 口頭で. ― *adj.* 口頭の (oral) (↔ documentary): ～ evidence 証言, 口頭の証拠. 〘(1474) □ AF～=(O)F *parole* 'PAROLE'〙

párol contract *n.* 口頭の契約 (捺印証書 (deed) 以外の書面 (writing, document, note) による場合を含む).

pa·role /pəróʊl | -rə́ʊl/ *n.* **1 a** 仮釈放, 仮出獄許可証 (cf. TICKET of leave). **b** 仮釈放期間: a criminal on ～ 仮釈放中の罪人 / put a person on ～ 人を仮釈放する. **2** 執行猶予. **3** 〘軍事〙**a** (釈放後も一定期間戦闘に参加しないとか逃亡しないという捕虜の)解放[釈放]宣誓, 恭順宣誓 (parole of honor ともいう): a prisoner on ～ 宣誓捕虜 / break one's ～ 宣誓を破る. **b** (捕虜の)宣誓釈放期間. **4** (米国の移民法で)特別の理由による外国人の臨時入国許可. **5** 誓言 (solemn pledge). **6** 〘法律〙=parol 2. **7** 〘言語〙パロール, 運用言語 (個人によって行使された langue); (実際の)発話 (cf. langue). **8** 〘軍事〙(警衛将校や日直将校が用いる)合言葉 (password) (cf. countersign 2); 暗号 (watchword).

on paróle (1) 仮[宣誓]釈放されて (⇨ 1 b, 3 a). (2) 《口語》〈人が〉(以前の過ちや悪癖のために)監視されて, 要注意と見なされて.

― *adj.* **1** 《米》仮出獄[釈放](者)の. **2** 宣誓釈放の.

― *vt.* **1** 〈囚人を〉仮出獄させる, 仮釈放する. **2** 〘軍事〙〈捕虜を〉宣誓(の上)釈放する. **3** (米国で)条項に基づき〈外国人〉に臨時入国を許可する.

pa·ról·a·ble /-ləbl/ *adj.* 〘(*a*1616) □ (O)F ～ 'word' < VL **paraulam* < L *parabolam* 'PARABLE': cf. parle, palaver〙

pa·rol·ee /pəròʊlíː, ⸗ー⸗ | pərə̀ʊlíː, ⸗ー⸗/ *n.* 仮釈放者, 仮出獄者. 〘(1916): ⇨ ↑ (v.), -ee¹〙

par·o·no·ma·sia /pæ̀rənoʊméɪʒə, pèr-, -ʒiə | pæ̀rənə(ʊ)méɪziə, -ʒə/ *n.* 〘修辞〙掛詞(かけことば), 地口, しゃれ (pun). ★ 特に, 同音異義語をもじったものをいう; 例: Here lies one who often lied before, But now he lies here he lies no more. **pàr·o·no·má·sial** /-ʒəl, -ʒiəl | -ziəl⸗/ *adj.* **pàr·o·no·más·tic** /-mǽstɪk⸗/ *adj.* **pàr·o·no·más·ti·cal·ly** *adv.* 〘(1579) □ L ～ □ Gk *paronomasía* a figure of speech ← *paronomázein* to call by a different name ← PARA-¹+*ónoma* 'NAME': ⇨ -ia¹: cf. onomatopoeia〙

par·o·nych·i·a /pæ̀rəníkiə/ *n.* 〘病理〙瘭疽(ひょうそ) (日常的には felon, whitlow などという). **pàr·o·ných·i·al** /-kiəl⸗/ *adj.* 〘(1663) □ L *parōnychia* □ Gk *parōnukhía* whitlow ← PARA-¹+*ónux* nail: ⇨ -ia¹〙

par·o·nym /pǽrənɪm/ *n.* **1** 〘文法〙同源[同根]語, パロニム. **2** 語源・綴り・語義の異なる同音語 (例えば hair と hare, sole と soul など; cf. homophone). **par·o·nym·ic** /pæ̀rənímɪk⸗/ *adj.* 〘(1846) □ Gk *parṓnumon* (neut.) ← *parṓnumos* (↓)〙

pa·ron·y·mous /pərɑ́(ː)nəməs, pæ- | -rɔ́nɪ-/ *adj.* **1** 〘文法〙〈語が〉同根の, 同語源の (conjugate). **2** 同音で語源・綴り・意義が違う. **3** 形を全く[ほとんど]変えないで外国語から英語に借入された (L *canalis* と canal など). **～·ly** *adv.* 〘(1661) □ Gk *parṓnumos* derivative ← PARA-¹+*ónuma, ónoma* 'NAME': ⇨ -ous〙

par·o·quet /pǽrəkèt, pér- | pǽr-/ *n.* 〘鳥類〙=parrakeet.

Par·os /péᵊrɑ(ː)s | péərɔs, pǽr-/ *n.* パロス(島) (エーゲ海中のギリシャ領 Cyclades 諸島の島; 大理石で有名; 面積 195 km²). 〘□ Gk *Páros*〙

pa·ro·tic /pəróʊtɪk, -rɑ́(ː)- | -rə́t-/ *adj.* 〘解剖・動物〙耳の付近の, 耳辺の, 耳下の. 〘(1857) ← NL *paroticus* ← PARA-¹+Gk *ōtikós* 'of the ear, OTIC'〙

pa·rot·id /pərɑ́(ː)tɪd | -rɔ́tɪd/ 〘解剖〙*n.* =parotid gland. ― *adj.* 耳辺の, 耳下の; 耳下腺の: the ～ nerve 耳下神経. 〘(1681) ← NL *parōtid-, parōtis* parotid gland, (L) tumor near the ear □ Gk *parōtís* ← PARA-¹+*ōt-, oûs* 'EAR¹': ⇨ -id³〙

parótid dúct *n.* 〘解剖〙耳下腺管. 〘1807–26〙

parótid glànd *n.* 〘解剖〙耳下腺. 〘1877〙

pa·rot·i·di·tis /pərɑ̀(ː)tədáɪtɪs | -rɔ̀tɪdáɪtɪs/ *n.* 〘病理〙=parotitis.

par·o·ti·tis /pæ̀rətáɪtɪs, pèr- | pæ̀rətáɪtɪs/ *n.* 〘病理〙(流行性)耳下腺(せん)炎, おたふくかぜ (mumps). **par·o·tit·ic** /pæ̀rətítɪk, pèr- | pæ̀rətítɪk⸗/ *adj.* **pa·rot·i·di·tic** /pərɑ̀(ː)tədítɪk | -rɔ̀tɪdít-⸗/ *adj.* 〘(1822) ← NL ～: ⇨ parotid, -itis〙

pa·ro·toid /pəróʊtɔɪd | -rə́t-/ 〘解剖・動物〙*adj.* **1** 耳下腺(せん)に似た. **2** (ヒキガエルのように)耳下にいぼ状突起のある. ― *n.* 耳下腺 (parotoid gland). 〘(1873): ⇨ parotid, -oid〙

par·ous /pǽrəs, péᵊr- | péər-, pǽr-/ *adj.* 〘医学〙子を産んだ: a ～ woman 経産婦. 〘(1898)↓〙

-pa·rous /⸗pərəs/「生み出す (bringing forth); 分泌する (producing)」の意の形容詞連結形: bi*parous*, ovi*parous*, pupi*parous*, vivi*parous*. 〘□ L *-parus* ← *parere* to bring forth: ⇨ -ous〙

Par·ou·si·a /pərúːziə, -siə/ *n.* (キリストの)再臨 (Second Advent) 〘(1875) □ Gk *parousía* the Advent, (原義) presence ← *pareînai* to be present〙

par·ox·ysm /pǽrəksɪzm, pér-, pərɑ́(ː)ksɪ- | pǽr-əksɪzm, -pərɔ́ksɪ-/ *n.* **1** 〘病理〙(間欠的で激烈な)発作 (violent fit); 痙攣(けいれん); (脳波の)突発活動: have a ～ of coughing 激しい咳の発作に襲われる. **2** (感情の)激発: a ～ of fear, laughter, anger, etc. / fall into a ～ of sobbing 急によよとむせび泣く. **3** 発作的活動[努力]. **par·ox·ys·mic** /pæ̀rəksízmɪk, pèr- | pæ̀r-⸗/ *adj.* 〘(1604) □ ML *paroxysmus* □ Gk *paroxusmós* irritation ← *paroxúnein* to provoke ← PARA-¹+*oxúnein* to sharpen (← *oxús* sharp): cf. oxy-²〙

par·ox·ys·mal /pæ̀rəksízməl, pèr-, -ml | pæ̀r-⸗/ *adj.* 〘病理〙発作(性)の. **pàr·ox·ýs·mal·ly** *adv.* 〘1651〙

paroxýsmal tachycárdia *n.* 〘病理〙発作性頻拍(症).

par·ox·y·tone /pærɑ́(ː)ksətòʊn | pərɔ́ksɪtə̀ʊn, pæ-/ *adj., n.* 〘ギリシャ文法〙最後から二番目の音節に鋭アクセント (acute accent) のある(語). **par·ox·y·ton·ic** /pərɑ̀ksətɑ́(ː)nɪk, pèr-, pərɑ̀(ː)ks- | pær-, -rɔ̀ksɪtɔ́n-⸗/ *adj.* 〘(1764) ← NL *paroxytonus* ← Gk *paroxútonos*: ⇨ para-¹, oxytone〙

parp /pɑ́ːp | pɑ́ːp/ *n.* 《口語》車の警笛音, (警笛のような)ぷーっという音. ― *vi.* ぷーっと鳴らす. 〘(1951) 擬音語〙

par·pen /pɑ́ːpən, -pn | pɑ́ː-/ *n.* 〘建築〙=perpend¹. 〘(*c*1429) □ OF *parpain*: ⇨ perpend²〙

par·quet /pɑːkéɪ, ⸗ー | pɑ́ːkeɪ, -ki/ *n.* **1** 寄木細工の床(ゆか). **2** 《米》〘劇場〙平土間, 一階 (《英》stalls) (orchestra ともいう; cf. parquet circle). **3** (フランスなどヨーロッパ諸国の)検察庁, 検事室. **4** パリ証券取引所の公式立会場 (cf. coulisse 4). ― *vt.* 〈部屋〉に寄木細工の床を張る. 〘(1816) □ (O)F ～ (dim.) ← *parc* 'enclosure, PARK': ⇨ -et〙

párquet círcle *n.* 《米》〘劇場〙一階の後方と周囲に湾曲線に設けた二階桟敷下の席 (《英》pit) (orchestra circle または parterre ともいう).

par·que·try /pɑ́ːkətri | pɑ́ːkɪtri/ *n.* (床や羽目などに用いる)寄木細工, (床の)寄木張り. 〘(1842) □ F *parqueterie*: ⇨ parquet, -ery〙

parquetry

parr /pɑ́ə | pɑ́ː⁽ʳ⁾/ *n.* (*pl.* ～, ～**s**) 〘魚類〙**1** 海に下る以前の川にすむタイセイヨウサケ (Atlantic salmon) の幼魚 (体側に暗色の楕円形の斑紋 (parr marks) がある; cf. smolt). **2** 暗黒斑 (parr marks) のある時期のサケ科魚類. **3** タラなどの幼魚. 〘(1715–22)〙

Parr /pɑ́ə | pɑ́ː⁽ʳ⁾/, **Catherine** *n.* パー (1512–48; 英国王 Henry 八世の第六王妃で同王の最後の王妃).

Parr, Thomas *n.* パー (1483?–1635; 'Old Parr' として知られる英国の長命者; Westminster Abbey に葬られた).

par·ra·keet /pǽrəkìːt, pér- | pǽrəkìːt, ⸗ー⸗/ *n.* 〘鳥類〙**1** インコ (オウム科の小形で細い尾をしているインコ類の総称; セキセイインコ (budgerigar), カロライナインコ (carolina parrakeet), grass parrakeet など). **2** =puffin. 〘(1581) *parroket, paraquito* □ OF *paroquet* (F *perroquet*) □ It. *parrocchetto* (原義) little priest (dim.) ← *parroco* parish priest: cf. parish〙

par·ral /pǽrəl, pér- | pǽr-/ *n.* 〘海事〙=parrel.

Par·ra·mat·ta /pæ̀rəmǽtə, pèr- | pæ̀rəmǽtə/ *n.* パラマッタ (オーストラリア New South Wales 州の都市; ⇨ paramatta).

par·ra·mat·ta /pæ̀rəmǽtə, pèr- | pæ̀rəmǽtə/ *n.* = paramatta.

par·rel /pǽrəl, pér- | pǽr-/ *n.* 〘海事〙ヤードやガフの上部の軽帆桁(こう)をマストに取り付けて滑らして上下できるようになっている索・鎖・鉄帯など. 〘(1485) *perell, parle* (頭音消失) ← *aparail* 'APPAREL'〙

par·ri·cide /pǽrəsàɪd, pér- | pǽrɪ-/ *n.* **1 a** 父親殺し; 親殺し(人) (cf. patricide, matricide, filicide). **b** 近親殺人者. **c** 《まれ》尊長者殺し. **2** (国家への)反逆者 (traitor). **3** 親殺し[近親殺人, 《まれ》尊長者殺し]の行為[罪]; (国家への)反逆(罪). **par·ri·ci·dal** /pæ̀rəsáɪdl, pèr- | pæ̀rɪsáɪdl⸗/ *adj.* 〘1, 2: (1554) □ F ～ ‖ L *parricīda* murderer of a near relative ← ? *par(r)i-* (cf. Gk *paós* relative)+*-cīda* '-CIDE'. ― 3: (1570) □ F ～ ‖ L *parricīdium* crime of parricide: 前半の要素をローマ人は *pater* 'FATHER', *parēns* 'PARENT' と連想した〙

Par·ring·ton /pǽrɪŋtən, pér- | pǽr-/, **Vernon L(ouis)** *n.* パリントン (1871–1929; 米国の文学史家; *Main Currents in American Thought* (1927–30)).

Par·ris /pǽrɨs, pér- | pǽrɪs/, **Samuel** *n.* パリス《1653–1720; 英国生まれの米国の会衆派牧師》.

Par·rish /pǽrɪʃ, pér- | pǽr-/, **Max·field** /mǽksfiːld/ *n.* パリッシュ《1870–1966; 米国の画家・挿絵画家》.

par·ritch /pǽrɪtʃ, pér- | pǽrɪtʃ, páːr-/ *n.* 《スコット》= porridge.

párr màrk *n.* パーマーク《サケの稚魚の体側にある楕円形の暗黒斑》. 〖1867〗

par·ro·ket /pǽrəkèt, pér- | pǽr-/ *n.* 〖鳥類〗= parrakeet.

par·ro·quet /pǽrəkèt, pér- | pǽr-/ *n.* 〖鳥類〗= parrakeet.

par·rot /pǽrət, pér- | pǽr-/ *n.* **1** 〖鳥類〗オウム《オウム目に属する各種の熱帯産の鳥類の総称》; (特に)ヨウム (gray parrot)《教えるとよく物まねをする習性がある; cf. cockatoo 1, parrakeet, macaw 1, lory》: learn [repeat] like a ~ おうむ返しに覚える[繰り返す]. ★日本で普通いう「オウム」はキバタン (sulphur-crested cockatoo). **2** 意味がわからずに他人の言葉を繰り返す人; 人の考えを受け売りする人, 他人の行為をまねる人.
(*as*) ***sick as a párrot*** 《英口語》《戯言》がっかりして.
— *vt.* **1** (オウムのように)機械的にまねる[繰り返す]; 空読みする. **2** 〈人の言葉などを〉機械的に繰り返させる, つけて言わせる[練習させる]. — *vi.* (オウムのように)機械的に繰り返す, おうむ返しをする.
~·lìke *adj.* 〖(c1525) □ ? F *perrot* 《方言形》← *perroquet* 'PARAKEET' // ? F *P(i)errot* (dim.) ← *Pierre* 'PETER': もと POPINJAY と呼ばれた〗

párrot·bill *n.* 〖鳥類〗**1** ダルマエナガ亜科の群れで生活する小鳥の総称《ユーラシア産のヒゲガラ (bearded tit) や東アジア産のダルマエナガ (Paradoxorms *weffianus*) など》. **2** ムネアカコウカンチョウ属 (*Pyrrhuloxia*) の小鳥《北米・中米・南米産》. 〖1971〗

párrot cròssbill *n.* 〖鳥類〗ハシブトイスカ (*Loxia pytyopsittacus*)《アトリ科イスカ属の小鳥; ユーラシア北部産》.

párrot-crỳ *n.* **1** 口癖に繰り返す言葉[不平など]. **2** 合言葉, スローガン.

párrot disèase [fèver] *n.* 〖獣医〗おうむ病 (⇨ psittacosis). 〖1908〗

párrot-fàshion *adj., adv.* 《口語》おうむ返しの[に]; (機械的に)人まねの[して]; まる暗記の[で]: learn ~ 丸暗記する.

párrot fìsh *n.* 〖魚類〗ブダイ《色やくちばしがオウムに似たブダイ科の熱帯魚の総称》. 〖1712〗

par·rot·let /pǽrətlɨt, pér- | pǽr-/ *n.* 〖鳥類〗ルリハインコ《南米に生息するオウム科ルリハインコ属 (*Forpus*) の小形のインコの総称》.

par·rot·ry /pǽrətri, pér- | pǽr-/ *n.* (意味がわからないままの)物まね, おうむ返し, 卑屈な模倣, 受け売り. 〖(1796) ← PARROT＋-(E)RY〗

párrot's-bèak[-bìll] *n.* 〖植物〗= glory pea.

párrot's-fèather *n.* 〖植物〗= water milfoil; (特に)オオフサモ (*Myriophyllum brasiliense*)《南米原産アリノトウグサ科フサモ属の多年生水草; 日本に帰化》.

párrot tòadstool *n.* 〖植物〗= wax cap.

par·ro·ty /pǽrəti, pér- | pǽrəti/ *adj.* オウムのような. 〖(1822) ← PARROT＋-Y¹〗

par·ry /pǽri, péri | pǽri/ *vt.* **1** 〈突き・打撃・武器などを〉受け流す (ward off), はずす (turn aside); 〈議論(のほこ先など)を〉そらす, 避ける (avert). **2** 〈質問などを〉受け流す, ごまかす, …の言い逃れをする: ~ a question. — *vi.* **1** 突きを受け流す. **2** 質問(など)を受け流す. — *n.* **1** 受け流し, かわし; (フェンシングなどの)受けの構え[動作]. **2** ごまかし, 言い逃れ, 逃げ口上 (evasion). 〖(1672) □ ? F *parez* (imper.) ← *parer* □ It. *parare* to ward, defend a blow < L *parāre* 'to PREPARE': cf. pare〗

Par·ry /pǽri, péri | pǽri/ *n.* パリー《男性名》. 〖□ OWelsh *Ap-Harry* 'son of HARRY'〗

Par·ry /pǽri, péri | pǽri/, Sir **C**(harles) **Hubert H**(astings) *n.* パリー《1848–1918; 英国の作曲家・音楽史家》.

Parry, Sir **William Edward** *n.* パリー《1790–1855; 英国の北極探検家》.

pars. /pɑ́ːz | pɑ́ːz/ 《略》paragraphs.

parse /pɑ́ːs | pɑ́ːz/ *vt.* 〖文法〗**1** 〈文を〉解剖[分析]する (analyze). **2** 〈語・語群の品詞・語尾変化・文法的関係を説明する. **3** 〖電算〗構文解析する. — *vi.* **1** 語や語群を文法的に説明する. **2** 〈語や言語的要素が文の構造の中で特定の機能を果たす. 〖(a1553) ← ? L *pars* part (cf. *pars ōrātiōnis* part of speech)〗

par·sec /pɑ́ːsèk | pɑ́ː-/ *n.* 〖天文〗パーセク《天体の距離を示す単位で, 年周視差が1秒になる距離; 206,265 天文単位, 3.259 光年 (3.09×10¹³ km) に当たる; 略 pc》. 〖(1913)《混成》← PAR(ALLAX)＋SEC(OND)²〗

Par·see /pɑ́ːsiː, ─́─ | pɑːsíː, ─́─/ *n.* = Parsi.

Par·see·ism /pɑ́ːsiːɪzm, pɑːsíːɪzm | pɑːsíːɪzm, pɑ́ːsiːɪzm/ *n.* = Parsiism.

pars·er /pɑ́ːsə | pɑ́ːzə(r)/ *n.* 〖電算〗構文解析プログラム[ルーチン], パーザー《データを規則に従って解釈の単位となる部分に分解するプログラム[ルーチン]; コンパイラー, インタープリターなどのほか, WWW ブラウザーも含められる》. 〖(1864): ⇨ parse〗

Par·sha /pɑ́ːʃə | pɑ́ː-/ *n.* = parashah.

Pár·shall flúme /pɑ́ːʃəl-, -ʃl- | pɑ́ː-/ *n.* 〖土木〗パーシャルフリューム《水路を局部的に狭めて水頭の差を求めて, 流量を測定する方法》. 〖← *Ralph L. Parshall* (1881–1959: 米国の土木工学者・水力学者)〗

Par·si /pɑ́ːsiː, ─́─ | pɑːsíː, ─́─; *Pers.* pɑːrsíː/ *n.* **1** パルシー教徒《イスラム教徒の迫害を避けるため8世紀ごろインドに逃げたペルシャ系のゾロアスター教 (Zoroastrianism) の一派の人》. **2** パルシー語《パルシー教典に用いられたペルシャ語》. — *adj.* パルシー教(徒)の[に関する]. 〖(1615) □ Pers. *Pārsī* Persian ← *Pārs* 'PERSIA'〗

Par·si·fal /pɑ́ːsəfɑ̀ːl, -fl, -fɑ̀ːl | pɑ́ːsɨfəl, -fl, -fɑ̀ːl, -fæl; *G.* pársifal/ *n.* = Perceval.

Par·si·ism /pɑ́ːsiːɪzm, pɑːsíːɪzm | pɑːsíːɪzm, pɑ́ːsiːɪzm/ *n.* パルシー教《ゾロアスター教の一宗派》. 〖(1843) ← PARSI＋-ISM〗

par·si·mo·ni·ous /pɑ̀ːsəmóuniəs | pɑ̀ːsɨmə́u-/ *adj.* **1** 〈人が〉極度に倹約する; けちな, しわんぼうの, しみったれな (⇨ stingy¹ SYN). **2** 〈物が〉みすぼらしい, 貧弱な (poor). **~·ly** *adv.* **~·ness** *n.* 〖(1598): ⇨ ↓, -ous〗

par·si·mo·ny /pɑ́ːsəmòuni | pɑ́ːsɨməni/ *n.* **1** つましすぎること, 極度の倹約; けち, 吝嗇(りんしょく), 物惜しみ (niggardliness). **2** (ある目的達成のための)手段の使用を努めて控えること; (論理的思考で)最小限の仮定しか立てないこと: ⇨ LAW¹ of parsimony. 〖(1432–50) □ L *parsimōnia* frugality ← *parsus* (p.p.) ← *parcere* to spare: ⇨ -mony〗

párs·ing *n.* 〖文法〗**1** (文の)分析, 解剖 (cf. parse). **2** 語や語群の品詞・語尾変化・文法的関係を説明すること. 〖(a1568) ← PARSE＋-ING¹〗

Par·sism /pɑ́ːsɪzm | pɑ́ː-/ *n.* = Parsiism.

pars·ley /pɑ́ːsli | pɑ́ːs-/ *n.* 〖植物〗**1 a** パセリ (*Petroselinum crispum*)《セリ科の栽培植物》. **b** パセリの葉《料理のつま・調味料用》. **2** [通例限定詞を伴って] セリ科の植物の総称: ⇨ fool's parsley, stone parsley. — *adj.* **1** パセリの[状の]. **2** パセリをあしらった[で風味をつけた]: ~ potatoes. 〖(c1390) *persely*《混成》← OF *peresil* (F *persil*) (< VL **petrosilium*)＋OE *petersilie* (□ VL **petrosilium*=L *petroselinum* □ Gk *petrosélīnon* ← *pétrā* rock＋*sélīnon* celery)〗

párs·leyed *adj.* = parsley 2.

pársley fèrn *n.* 〖植物〗**1** ミヤマメシダ (lady fern). **2** ヨーロッパ・アジア西部の山岳部に生えているシダ (*Cryptogramma crispa*)《冠毛のある葉と短い匍匐(ほふく)性地下茎をもつ》. 〖1777〗

pársley pìert /-pɪət | -pɪət/ *n.* 〖植物〗ハゴロモグサの一種 (*Alchemilla arvensis*)《扇形の葉と小さな黄緑色の花をもつバラ科の一年草》. 〖(1597) ← PARSLEY＋《方言》*piert* 'PERT': 《通俗語源》← F *perce-pierre*《原義》piercestone (⇨ pierce)〗

pársley sàuce *n.* パセリソース《パセリを加えて作ったソース》. 〖1836〗

pars·nip /pɑ́ːsnɨp | pɑ́ːsnɪp/ *n.* 〖植物〗**1** パースニップ, アメリカボウフウ (*Pastinaca sativa*)《セリ科の栽培植物; 多肉の根は食用》. **2** [通例 *pl.*] パースニップの根: Fair [Fine] words butter no ~*s*. ⇨ word 2. **3** パースニップと類似した植物《ハナウド (cow parsnip) など》. 〖(a1398) *pasnepe* (後半部は ME *nepe* 'NEEP' の影響) □ OF *pasnaie* (F *panais*) < L *pastinācam* parsnip, carrot: 今の形はさらに turn*ip* との連想〗

par·son /pɑ́ːsən, -sn | pɑ́ː-/ *n.* **1** (特に, 英国国教会の)教会区司祭, 主任司祭 (rector)《教会区聖職給 (parochial benefice) を受領している教区聖職者》. **2** 《口語》(プロテスタント教会の)牧師, 教役者 (clergyman, minister). **3** 黒い動物. **~·ish** /-s(ə)nɪʃ, -sn-/ *adj.* **~·lìke** *adj.* 〖(c1250) *person(e)* □ OF *persone* < L *persōnam* person, (ML) parson: PERSON と二重語〗

par·son·age /pɑ́ːs(ə)nɪdʒ, -sn- | pɑ́ː-/ *n.* **1** 牧師館, 司祭館, 教会区牧師館 (parson's house)《教会堂に付属する牧師の住宅》. **2** 教会区牧師の聖職禄(ろく). 〖(c1400) □ OF *personage*: ⇨ parson, -age〗

pár·son bìrd *n.* 〖鳥類〗エリマキミツスイ (⇨ tui). 〖1857〗

par·son·ic /pɑːsɑ́(ː)nɪk | pɑːsɔ́n-/ *adj.* 教区牧師の; 牧師らしい (clerical). **par·són·i·cal** /-nɨkəl, -kl | -nɪ-/ *adj.* 〖(1785) ← PARSON＋-IC¹〗

Par·sons /pɑ́ːsənz, pɑ́ːsnz | pɑ́ː-/, Sir **Charles Algernon** *n.* パーソンズ《1854–1931; 英国の技師; 蒸気タービンの発明者》.

Parsons, Talcott *n.* パーソンズ《1902–79; 米国の社会学者; *Social System* (1951), *The Structure of Social Action* (1937)》.

párson's nóse *n.* 《口語》= pope's nose. 〖1839〗

Pársons táble, p- t- *n.* パーソンズテーブル《シンプルなデザインの方形のテーブル; 脚部はまっすぐでプラスチック製が多い》. 〖(1967) ← *Parson School of Design* (ニューヨーク市にあるデザイン専門大学)〗

pars pro to·to /pɑ́ːzprouтóutou | pɑ́ːzpəutə́utəu/ *n.* 全体に代わる[を代表する]一部分. 〖(1702) □ L ~ 'a part for the whole'〗

part /pɑ́ət | pɑ́ːt/ *n.* **1 a** (全体のうちの)部分: the thickest ~ *of* the hand 手の最も厚い部分 / the upper ~ *of* the face 顔の上部 / component [constituent] ~*s* 構成要素 / *in* this (remote) ~ *of* the country この(遠隔の)地方で / the ~ *of* the house where they used to live その家の彼らが住んでいた部分 / She divided the cake into three (equal) ~*s*. 彼女はそのケーキを三(等)分した / *Parts* [Some ~*s*] of the book are good. その本の一部[ある部分]はよいできだ / The funny ~ (of it) was that I'd never met them before! (そのことで)おかしいのは以前一度も会ったことがないことだった / She spent a good [the major] ~ *of* her life in Chicago. 彼女は人生の大半をシカゴで過ごした / Hawaii has been a ~ *of* America since August 21, 1959. ハワイは1959年8月21日以来米国の一部となっている / An important ~ *of* her responsibility is training a successor. 彼女の責任の重要な部分は後継者を育てることだ. **b** [しばしば不定冠詞を省いて] 一部分, 一部: *Part of* the congregation slept through the sermon. 一部の会衆は説教中眠り続けた / I lost ~ *of* my money. 金をいくらかなくした / He walked ~ *of* the the way home. 家へ帰るのに途中いくらか歩いて行った / He is living with them as ~ *of* the family. 家族の一員として彼らと同居している. **c** (全体から分離した)一部分, 一片, 断片 (piece): broken ~*s of* a vase 花瓶の壊れた破片. **d** [形容詞的に, または複合語の第1構成素として] 一部の, 幾分かの, 部分的な (partial): a *part*-collie mongrel コリー種の血の幾分まじった雑種犬 / ⇨ part owner, part payment. **e** [しばしば不定冠詞を省いて] 肝要な部分, 要素, 必要な属性: the better ~ of a person's nature 人の善性 (cf. *the better* PART *of* …) / Our experiences are ~(*s*) of ourselves. 経験は人格の要素である.
2 a [基数詞[冠詞]＋序数詞に伴って] 等分した(一)部分, …分の1: A minute is *a* [*the*] *sixtieth* ~ *of* an hour. 1分は1時間の60分の1 / This ruler will measure *one-fiftieth* ~ *of* an inch. この定規は1インチの50分の1まで測れる. **b** [基数詞に伴って] (全体のうち他の部分に対する)割合, 部: Take 5 ~*s* (*of*) flour, 4 *of* sugar, and 1 *of* ground rice. 小麦粉5, 砂糖4, 米粉1の割にせよ / The gold content is *five* ~*s* per million. 金の含有率は100万分の5である / ⇨ *three* PARTS.
3 a (身体の)局部, 器官 (member, organ): the inner ~*s* 内臓 / the main [principal] ~*s* of the digestive system 主な消化器系器官. **b** (身体の)部分, 箇所 (spot, portion): bathe the affected ~ with warm water 患部を湯に浸す. **c** [通例 *pl.*, the ~]《口語・婉曲》陰部 (genitals)《private parts, privy parts ともいう》.
4 (機械・器具の)一部分, 部分品; 予備部分品 (spare part): automobile ~*s* 自動車部品 / new [defective] ~*s* 新しい[欠陥]部品.
5 a (俳優の)役割, 役 (role); 役割: play [take] the ~ of Hamlet ハムレットの役を演じる (cf. *take the* PART *of a person*) / He played a noble [an unworthy] ~. 立派な役割を果たした[卑しくふるまった] / Hormones are known to play a ~ *in* breast cancer. ホルモンが乳癌の発生に関与することが知られている / Chance often plays a very large ~ *in* life. 偶然が人生において往々重大な役割を果たす / Does she have any [a] ~ to play *in* running the business? 彼女は事業を営む際に果たす役割がありますか / ⇨ *act a* PART, *act the* PART. **b** (個々の俳優の)せりふ; (台本の)書抜き: learn one's ~ 自分のせりふを覚える / The director handed him the ~. 監督は彼に書抜きを渡した.
6 [しばしば *pl.*] 地域, 地方 (district), 地区, 辺り (quarter, region): a stranger in foreign ~*s* 外地に初めて来た人 / How long have you been (staying) in these ~*s*? この辺にはどの位ご滞在ですか / Was there any earthquake in your ~ of the country? あなたの住んでいる地方では地震がありましたか.
7 a (書物・戯曲・物語・詩などの)部, 編 (division) (cf. volume 5): H. Sweet's *A New English Grammar, Part I* H. Sweet 著「新英文法」第1巻《Part 1 はしばしば Pt. I または P. I と略される》/ the first ~ *of King Henry the Fourth, Part 1*) (=*Henry the Fourth, Part 1*)「ヘンリー四世」第1部 / a novel *in* three ~*s* 3部作小説. **b** (続き物文学作品の)分冊; (新聞などの連載物の)回; (ドラマ放送などの)回 (episode): three volumes sold *in* ~*s* by subscription 予約購読者に分冊発売される3巻本 / a ten-~ series 10回のシリーズ ⇨ part work.
8 〖音楽〗(合唱[奏]曲または和声の)一声部, パート; 一声[音]部分の総譜; 楽曲の一部《楽章など》: the soprano ~ ソプラノ声部 / play [write down] the horn ~ ホルン声部を演奏する[書き留める] / sing *in* three ~*s* 三部合唱をする / three-~ harmony 三声部和声.
9 /pɑ̀ət | pɑ̀ːt/ (論争・協定などで相対立する)一方, 側, 方 (side): There is no objection on our ~. 我々の側には[我々としては]異論はない / ⇨ *take* PART *with, take a person's* PART.
10 a 関係, 関与, かかわり (concern, share, role): I had no [some, a large] ~ *in* these events. 私はこれらの事件には全然関係がなかった[少し関係があった, 大いに関係があった] / She wanted no ~ *in* the affair [*in* it, *of* it]. その件にかかわりたがらなかった / He took an active ~ *in* the conspiracy. その陰謀で積極的な役割を果たした / ⇨ *take* PART *in*. **b** (なすべき仕事などの)分担 (lot); 役目, 本分 (duty): ⇨ *do one's* PART.
11 《米》(頭髪の)分け目 (《英》parting): He had [made] a ~ in his hair. 彼は髪を分けた.
12 a [通例 *pl.*]《文語》資質, 才能, 才幹 (talents): one's natural ~*s* 資質, 人柄 / a man of varied [good, many] ~*s* 多才の人. **b** [*pl.*] すぐれた資質[才能]: The doctor was a man of ~*s* and local prominence in his day. 博士は若いころには有能で地方では名士だった.
13 〖数学〗**a** 因数, 約数 (aliquot, submultiple). **b** 部分分数 (partial fraction).
14 《廃》(称賛・非難の対象としての)行為 (action).
act a párt (1) 《劇で》役を演じる. (2) (演出をするように)見せかけの振舞いをする, 装う, 人目を欺く(ような行為をする) (pretend). 《1886》 ***áct the párt*** (1) 《劇で》(…の)役を演じる; (…の)役割[務め]を果たす〔*of*〕: *act the* ~ *of* Ophelia in *Hamlet*「ハムレット」でオフィーリアの役を演じる / I temporarily *acted the* ~ *of* hostess. 臨時にホステス役を務めた. (2) (特定の役[任]としての)本領を発揮する. 《1663》 ***dó one's párt*** 職分[本分]を尽くす. ***for óne's*** [***one's ówn***] ***párt*** = ***for the párt of*** … (…として)は, …だけは: I *for my* ~ [*For my* ~, I] don't care. 私のほうは構わない. 《c1440》 ***for the móst párt*** (1) 大部分は, 多くは, 大体は (mostly): These goods, *for the most*~, are

made in America. これらの品は大概米国製だ. (2) 大抵は, ふだんは (usually): Tom is *for the most* ～ a well-behaved boy. トムはふだんは行儀のよい子だ. 《*c*1390》 ***hàve néither* [*nó*] *párt nor lót in*** 《古》…に何の関係もない (cf. *Acts* 8:21). 《*c*1449》 ***in bád* [*íll*] *párt*** 悪意に (unfavorably) (↔ in good part). 《1560》 ***in góod párt*** (1) 善意に, 機嫌よく (favorably), 怒らないで (without offense): take a joke *in good* ～ 冗談を善意に取る [別に気にとめない, 腹を立てない]. (2) ＝*in large* PART. 《1559》 ***in lárge* [*gréat, no smáll*] *pàrt*** 大いに, 大部分 (largely): Our success was due *in great* ～ to her efforts. 我々の成功は大部分は彼女の努力のたまものだった. ***in párt*** 一部分, 幾分 (cf. in whole): The house was built *in* ～ of brick. 家は一部分れんがでできていた. 《*c*1380》 ***in párts*** (1) 分けて; 分冊で (cf. *n.* 7 b). (2) ところどころ. ***on óne's pàrt*** ＝*for one's* (*own*) PART. ***on the párt of*** *a pérson*＝***on*** *a pérson's* ***párt*** (1) …の側で[の], の方で[の], …としては (cf. *n.* 9). (2) …がなした, …に責任のある, によって (by): There was a demonstration *on the* ～ *of* the students on behalf of their teachers. 教員のために学生によるデモがあった. 《?*a*1400》 ***párt and párcel*** 本質的[重要]な部分, 眼目 (essential part): Hospitality is ～ *and parcel* of the national character. 他国人に対する歓待がその国民性の根本にある / These words are now ～ *and parcel* of the English language. これらの語は今日では英語の肝要な語彙の一部となりきっている. 《1414》 ***pláy a párt*** (1) ⇨ *n.* 5 a. (2) ＝*act a* PART (2). 《*a*1548》 ***tàke*** *a person's* ***párt***＝***tàke the párt of*** *a person* …に味方する, …の肩を持つ〔*in*〕: He *took my* ～ [*took the* ～ *of* my brother] in the disagreement. 彼はそのけんかでは私の側[私の兄の側]についた. ***tàke párt*** (***in*** …) …に関与する, 参加する; …に力を貸す, …を援助する: He was charged with *taking* ～ *in* the conspiracy. その陰謀に関与したかどで告発された / If we call a meeting, will you *take* ～ (*in* it)? 会議を開いたら加わりますか / He *took* ～ *in* found*ing* the society. その協会の創設に力を尽くした. 《1596》 ***tàke párt with*** …に加担する, …の肩を持つ. 《*c*1420》 ***the bétter* [*bést, gréater*] *párt of*** …の大半, …の大部分. ***thrée párts*** (1) 4 分の 3 (three quarters) (cf. *n.* 2 b): mix flour with *three* ～*s of* water 小麦粉に水を 4 分の 3 の割で混ぜる. (2) 《古》[副詞的に] ほとんど (almost): He was *three* ～*s* mad with terror. 恐怖のためほとんど気も狂わんばかりだった. 《1706》

part of spéech 〘文法〙品詞 (word class): What [Which] ～ *of speech* is "the"? "the" の品詞は何ですか. 《1509》

— *adv.* 一部(分), 幾分 (partly), ある程度 (to some extent) (cf. *n.* 1 d): a lie that is ～ truth 幾分の真実を含むうそ / She is ～ Gypsy [Chinese]. 彼女は幾分ジプシー[中国人]の血を受け継いでいる.

— *vt.* **1 a** (各部分に)分ける, 分割する; 切り分ける (separate); 分岐させる: A smile [She] ～*ed* her lips. 彼女はくちびるをほころばせた / She ～*ed* the curtains an inch. ちょっとカーテンを(真ん中から)開けてみた. **b** 〘海事〙〈綱・錨・鎖などを〉断ち切らす, 切れそうにする (sever, cut): The hawser was ～*ed* in the gale. その疾風にあって太綱が断ち切れた. **c** 〈髪を〉分ける: ～ one's hair in the middle [on the left, on the right] 髪を頭の真ん中で[左で, 右で]分ける / He wears his gray hair ～*ed*. 白髪を分けている. **2 a** 切り離す, 引き離す〔*from*〕(⇨ separate SYN): till death us do ～ 死してわれらが別るるまで (*Prayer Book*, 'Solemnization of Matrimony') / The war ～*ed* many men *from* [*and*] their wives.＝Many men and their wives were ～*ed* (*from each other*) by [during] the war. 戦争で多くの男たちは妻から引き離された / A strait ～*s* the island *from* the mainland. 海峡で島は本土から切り離されている. **b** 《口語》…に〔…を〕手放させる, 〈金を〉払わさせる〔*from*〕: He's not easily ～*ed from* his money. 彼からなかなか金は引き出せない / A fool and his money are soon ～*ed*. 《諺》ばかとお金は縁がない. **c** 〈格闘者などを〉引き分ける, …の仲にはいる: He tried to ～ the fighting dogs. けんかしている犬を引き分けてやろうとした. **d** 〈交際関係などを〉終えて(互いに別れ)る. ★ 主に次の成句で: ⇨ *part* COMPANY. **3** 〘冶金〙分金する《金銀の合金から金と銀を分ける》. **4** 《古》分配する, 配分する (apportion)〔*among*〕. **5 a** 《古》去る, 出発する (leave). **b** 《英方言》放棄する (relinquish).

párt úp (NZ) 譲り渡す (hand over).

— *vi.* **1 a** 分かれる, 離れる (separate); 裂ける, 割れる (cleave); (別々の方向に)分岐する: The clouds ～*ed* and the sun shone. 雲が切れて日が照り出した / The crowd ～*ed* to [and] let her through. 群衆が分散して彼女を通した / His lips ～*ed* in a grin. 苦笑いをしてくちびるが開いた《歯が見えた》. **b** 〘海事〙〈綱などが〉ほぐれる, ゆるむ, 解ける (get loose). **2** 〔人と〕別れる (take leave) 〔*from*, 《まれ》*with*〕; (互いに)別れを告げる: ～ *from* a friend 友と別れる / Let us ～ (*as*) friends. 仲よく別れよう / The best of friends must ～. いかに親しい友でもいつかは別れる時がある《友人だからといって気を許してはならない》. **3 a** 〔財産などを〕手放す, 〔権利などを〕放棄する, 〔金を〕払う 〔*with*, 《まれ》*from*〕: I had to ～ *with* some of my treasured books. 秘蔵書の何冊かを手放さなければならなかった / They are forbidden to ～ *with* any information. 彼らは情報を漏らさぬように命じられている / She refused to ～ *with* any of her money. 彼女は金を出すのを拒んだ. **b** 《俗》金を払う (pay). **4** 《古》**a** 去る, 出発する (depart)〔*from*〕. **b** 死ぬ (die) (cf. parting *adj.* 2). 〘n.: OE ～ □ L *partem*, *pars* portion, part // □ (O)F ～ < L *partem*, *pars*. — v.: 《*c*1275》 *parte*(*n*) □ (O)F *partir* < L *partīre*, *partīrī* to divide ← *part-*, *pars*〙

SYN 部分: **part** 全体の一部《最も一般的な語》: an obscure *part* of the town 町の人目につかない部分. **portion** *part* とほぼ同じ意味だが, とくに分割して各人に割り当てる一部をいう: one *portion* of roast beef ローストビーフ 1 人前. **piece** 全体から分離された一部でその見本になるもの: a *piece* of pie パイの一切れ. **fragment** 破壊などによって生じた比較的小さく分離した部分《*piece* と違って, 全体の見本にならない》: *fragments* of glass ガラスの破片. **division** 切断・分割した一部分: a branch *division* 支部. **section** *division* よりも小さい一部分: a data *section* 資料課. **segment** 自然にできた境目で分かれた部分: a *segment* of an insect 昆虫の体節.
ANT whole.

---

part. 《略》〘文法〙participial; 〘文法〙participle; particular; partner.

part. adj. 《略》〘文法〙participial adjective.

par·tak·a·ble /pɑətéɪkəbl̩, pə- | pɑː-/ *adj.* 〈物が〉共にすることができる. 《(1632): ⇨ ↓, -able》

par·take /pɑətéɪk, pə- | pɑː-/ *v.* (**par·took** /-túk/; **par·tak·en** /-téɪkən/) — *vi.* **1 a** 〔…の幾分を〕飲む [食べる], 相伴する〔*of*〕: He *partook of* our fare. 彼は私たちと食事を共にした. **b** 《口語》すっかり飲む[食べる]〔*of*〕. **2** 〔…を〕共にする; 〔…に〕参加する, あずかる (⇨ share¹ SYN) 〔*of*, *in*〕: ～ *in* each other's joys＝～ in joys *with* each other 喜びを分かち合う. **3** 〈物・事が〉幾分〔…の〕性質を帯びる, 〔…の〕気味がある (smack)〔*of*〕: His manner ～*s of* insolence. 彼の態度には横柄の気味がある / The poem ～*s* somewhat *of* the nature of an epic. その詩は多少叙事詩的な調子がある. **4** 《Shak》…の側につく, 味方する 〔*with*〕. — *vt.* 《古》**1** …を共にする, …にあずかる (take part in). **2** 〈飲食〉の相伴をする (share). **3** 《廃》分け与える (impart), 知らせる. 〘《(1561)》《逆成》← PARTAKER〙

par·ták·er *n.* **1** 〔…の〕分担者, 相伴者; 関係[参加]者; 〔苦楽などを〕共にする人, 分け合う人〔*of*, *in*〕. **2** 《廃》味方, 支持者 (supporter). 〘《(1547)》← ME *part taker* 《なぞり》← L *particeps* participant〙

par·tan /pɑ́ətn̩ | pɑ́ː-/ *n.* 《スコット》〘動物〙ヨーロッパイチョウガニ (*Cancer pagurus*) 《ヨーロッパ産イチョウガニ科のカニ; しばしば食用》. 〘《(*c*1425)》□ Sc.-Gael. ～ ← ?〙

párt bòok *n.* 〘音楽〙パートブック: **a** 多声音楽を声部別に筆写または印刷したもの. **b** 各方向から演奏者が読めるように, 全声部が声部別に見開き一頁に印刷された楽譜. 〘1864〙

part·ed /pɑ́ətɪ̀d | pɑ́ːt-/ *adj.* **1** 分かれた; 裂けた, 分裂した (cleft); 離れた (separated): ～ hair 分けた頭髪. **2** 〘植物〙〈葉が〉深く裂けた, 深裂の (cf. divided 3, cleft² 2): the three-*parted* corolla 三つに裂けた花冠. **3** 《スコット》〘紋章〙(盾を)二分した: double-*parted* and fretty 平行する 2 線が他の平行 2 線と交互に直角に交差した. **4** 《古》死んだ, 故人の (deceased): his ～ soul 亡(な)き彼の霊. **5** 《廃》才能のある (gifted). 〘《(1482)》: ⇨ part (v.)〙

párt·er /-tə | -tə(r)/ *n.* 分ける人, (特に, 包み・伝票の)区分けをする人. 〘《(*c*1380)》: ⇨ part (v.)〙

par·terre /pɑətéə | pɑːtéə(r); *F.* paʀtɛːʀ/ *n.* **1** いろいろな形に花壇と道を配置した庭園. **2** 《米》〘劇場〙＝parquet circle. **3** 《英・アイル》〘劇場〙＝pit¹ 7. **4** 《*a*1639》 □ F ～ ← *par terre* on the ground ← *par* by, on (< L *per*)＋*terre* earth (< L *terram*)〙

párt exchánge *n.* 《英》(商品の)下取り. 〘1926〙

par·then- /pɑ́əθən | pɑ́ːθɪn/ (母音の前に来る時の) partheno- の異形.

par·the·no- /pɑ́əθənoʊ | pɑ́ːθɪnəʊ/「処女」の意の連結形: *partheno*genesis. ★ 母音の前では通例 parthen- になる. 〘□ Gk ～ ← *parthénos* virgin〙

par·the·no·car·py /pɑ́əθənoʊkɑ̀əpi | pɑːθíːnə(ʊ)kɑ̀ːpi/ *n.* 〘植物〙(バナナやパイナップルの)単為結実《卵子が受精しないで結実すること》. **pàrtheno·cárpic** *adj.* **pàrtheno·cárpous** *adj.* **pàrtheno·cár·pi·cal·ly** *adv.* 〘《(1911)》← PARTHENO-＋-CARP＋-Y¹〙

pàrtheno·génesis *n.* 〘生物〙単為[単性]生殖, 処女生殖, 単為発生《受精せずに卵子が発生を開始すること》: artificial ～ 人工単為生殖. **pàrtheno·genétic** *adj.* **pàrtheno·génic** *adj.* **pàrtheno·génitive** *adj.* **par·the·nog·e·nous** /pɑ̀əθənɑ́(ː)dʒənəs | pɑ̀ːθɪnɔ́dʒɪ-/ *adj.* **pàrtheno·genétically** *adv.* 〘《(1849)》← NL ～: ⇨ partheno-, -genesis〙

par·the·no·gen·one /pɑ̀əθənɑ́(ː)dʒənòʊn | pɑ̀ːθɪnɔ́dʒɪnəʊn/ *n.* 〘生物〙単為生殖生物. 〘《(1957)》← NL ～: ⇨ partheno-, -gen, -one〙

par·the·nog·e·ny /pɑ̀əθənɑ́(ː)dʒəni | pɑ̀ːθɪnɔ́dʒɪ-/ *n.* 〘生物〙＝parthenogenesis.

Par·the·non /pɑ́əθənɑ̀(ː)n, -nən | pɑ́ːθɪnən, -nɔ̀n/ *n.* [the ～] パルテノン《ギリシャの Athens の Acropolis 丘上にある女神 Athene の神殿; 447 B.C. に着工し, 438 B.C. に完成したドリス式建築の粋》. 〘《(*c*1847)》□ L ～ □ Gk *Parthenṓn* ← *Parthénos* Athene the Virgin, 《原義》virgin〙

Par·the·no·pae·us /pɑ̀əθənoʊpíːəs | pɑ̀ːθɪnə(ʊ)-/ *n.* 〘ギリシャ神話〙パルテノパイオス (⇨ SEVEN against Thebes). 〘□ L ～ □ Gk *Parthenopaîos*〙

Par·then·o·pe /pɑəθénəpi | pɑːθénəpi/ *n.* 〘ギリシャ神話〙パルテノペー《Ulysses を歌で誘惑しそこねて自ら水死した Sirens の一人》. **Par·then·o·pe·an** /pɑəθənəpíːən | pɑ̀ːθɪ-ˈ-/ *adj.* 〘《(1799)》□ L *Parthenopē* □ Gk *Parthenópē*〙

Par·the·nop·i·dae /pɑəθənɑ́(ː)pədìː | pɑːθɪnɔ́pɪ-/ *n. pl.* 〘動物〙ヒシガニ科. 〘← NL ～ ← *Parthenopē* (属名: ↑)＋-IDAE〙

Par·the·nos /pɑəθénəs, pɑ́əθənɑ̀(ː)s | pɑ́ːθɪnɔ̀s/ *n.* パルテノス《ギリシャの女神, 特に Artemis あるいは Athene の形容語として用い,「処女」を意味する》. 〘□ Gk *parthénos* virgin: ⇨ Parthenon〙

par·the·no·spore /pɑ́əθənəspɔ̀ə | pɑːθíːnə(ʊ)spɔ̀ː(r)/ *n.* 〘植物〙単為胞子. 〘《(1889)》← PARTHENO-＋SPORE〙

Par·thi·a /pɑ́əθiə | pɑ́ː-/ *n.* パルティア《カスピ海の南東の古国; 現在はイラン(北東部)の一部》. 〘□ L ～ □ Gk *Parthía*〙

Par·thi·an /pɑ́əθiən | pɑ́ː-/ *adj.* **1** パルティアの, パルティア人の. **2** (パルティア騎兵の戦法として)逃げながら後ろ向きに射る, 最後の: a ～ shot [arrow, shaft] 逃げながら馬上から射る矢, 最後の一矢; (別れ際の)捨てぜりふ (parting shot) / a ～ glance 最後の[別れの]ひと目. — *n.* **1** パルティア人. **2** パルティア人の用いたイラン語. **3** ＝Parthian shot (cf. *adj.* 2). 〘《(1526)》↑〙

pár·thrée *adj.* 〘ゴルフ〙パースリーの《7–40 エーカーの広さで, tee から cup までの長さが 150 ヤード, 18 ホールの小規模のコースにいう; cf. pitch-and-putt》.

par·ti¹ /pɑətíː | pɑː-; *F.* paʀti/ *F. n.* (*pl.* ～**s** /～(z); *F.* ～/) (結婚の相手として)願ったりかなったりの人: a good [an eligible] ～ 好配偶 / She is quite a ～. 〘《(1814)》□ F ～ 'match, party, part' ← *parti* (p.p.) ← *partir* to divide〙

par·ti² /pɑətíː, ˈ-ˈ- | pɑːtíː; *F.* paʀti/ *n.* (建築の)基礎的設計(案). 〘□ F ～ 'task assigned' (↑)〙

par·ti-¹ /pɑ́ətɪ̀, -ti | pɑ́ːt-/「種々の (various)」の意の連結形. 〘← 《廃》*party* parti-colored < ME *parti* □ OF *parti* striped < L *partītum* (p.p.) ← *partīrī* 'to PART'〙

par·ti-² /pɑ́ətɪ̀, -ti | pɑ́ːt-/「部分 (part)」の意の連結形. 〘□ L ～ ← *part-*, *pars* 'PART'〙

par·tial /pɑ́əʃəl, -ʃl̩ | pɑ́ː-/ *adj.* **1 a** 一部分の, 部分的な, 局部の (↔ total); 部分をなす (constituent): ～ shade 半日陰 / make a ～ payment 内払いをする / The rain was only ～. 雨は一部に降っただけだった. **b** 不完全な, 生半可な (incomplete): The play was only a ～ success. 劇は(受けたところもあったが)とても成功したとはいえない / I have only a ～ knowledge of the matter. その事は部分的にしか知らない. **2** 〔物を〕特に好きな; 〔人を〕えこひいきする〔*to*〕: He is too ～ *to* tobacco. たばこを吸い過ぎる / Don't be ～ *to* one child as a parent. 親として 1 人の子だけをえこひいきしてはいけない. **3** 〈判断・見解など〉不公平な (unfair), 偏った, 偏頗(へんぱ)な (biased) (↔ impartial): a ～ judge, opinion, etc. / be ～ in one's judgment 判断が偏る[公平でない]. **4** 〘植物〙副の, 付属の, 二次の, 半寄生の. **5** 構成要素の, 成分の. **6** 〘数学〙偏… — *n.* **1** 〘音楽〙＝partial tone. **2** 〘トランプ〙＝part-score. **3** 〘数学〙＝partial derivative. **4** 〘歯科〙＝partial denture. **～·ness** *n.* 〘《(*c*1420)》 *parcial* □ OF (F *partial*, *partiel*) □ LL *partiālis* ← L *pars* 'PART': ⇨ -al¹〙

pártial-áwning-deck vèssel *n.* 〘海事〙部分覆甲板(おおいかんぱん)船 (cf. awning deck).

pártial cléavage *n.* 〘動物〙部分割, 部分卵割, 部割, 不完全卵割.

pártial correlátion *n.* 〘統計〙偏相関《3 個以上の変量がある場合, そのうち 2 つの相関のことをいう》.

pártial dénture *n.* 〘歯科〙部分床義歯, 部分入れ歯. 〘1860〙

pártial derívative *n.* 〘数学〙偏導関数《二つ以上の独立変数をもつ関数の, 一つの変数に関する導関数》. 〘1975〙

pártial differéntial *n.* 〘数学〙偏微分《2 変数以上の関数のある変数に関する偏導関数に, その変数の微分を乗じたもの》. 〘1816〙

pártial differéntial equátion *n.* 〘数学〙偏微分方程式《未知関数の偏導関数を含む微分方程式; cf. ordinary differential equation》. 〘1889〙

pártial differentiátion *n.* 〘数学〙偏微分法《偏導関数 (partial derivative) を求めること》.

pártial eclípse *n.* 〘天文〙部分食 (cf. total eclipse).

pártial fráctions *n. pl.* 〘数学〙部分分数《分数をより簡単ないくつかの分数の和に分けたときの後者のすべてのこと》. 〘1816〙

par·ti·al·i·ty /pɑ̀əʃiǽləti, pɑəʃǽl- | pɑ̀ːʃiǽlɪti/ *n.* **1** 〔人に対する〕不公平, えこひいき〔*to*, *toward*〕: treat all the students without ～. **2** 〔…を〕特別に好くこと, 偏愛〔*for*〕(⇨ prejudice SYN): She had a ～ *for* candy [poetry]. お菓子が大好物[詩が大好き]だった. **3** 部分的なこと, 局部性. 〘《(1421)》 *parcial*(*i*)*te* □ OF (F *partialité*) □ ML *partiālitātem*: ⇨ partial, -ity〙

par·tial·ize /pɑ́əʃəlàɪz | pɑ́ː-/ *vt.* 偏らせる, 偏頗(へんぱ)にする, …に偏見を与える; 局限する. 〘《(1592)》← PARTIAL＋-IZE〙

pártial lóss *n.* 〘保険〙分損《被保険物の一部の損害; cf. total loss》.

par·tial·ly /pɑ́əʃəli, -ʃli | pɑ́ː-/ *adv.* **1** 部分的に, 一部; ある程度, 少し (⇨ partly ★): a ～ closed shutter 一部閉じたシャッター / The building was only ～ completed. その建物は一部完成しただけだった. **2** 不公平に, 偏って. 〘《(1460–70)》← PARTIAL＋-LY¹〙

partially órdered sét *n.* 〘数学〙半順序集合 (cf. totally ordered set, well-ordered set).

P

pártially síghted *adj.* **1** 視力不完全の, 弱視の. **2** [the ～; 集合的] 視力不完全者, 弱視者.

pártial negátion *n.* 〚文法〛部分否定 (↔ total negation).

pártial órdering *n.* 〚数学〛半順序. 〘1941〙

pártial préssure *n.* 〚物理・化学〛分圧. 〘1857〙

pártial próduct *n.* 〚数学〛部分積 《数列の第1項から第 *n* 項までの積; そのようなものの局限値が存在すれば, その数列から得られた無限乗積は収束するという》. 〘*c*1823〙

pártial scóre *n.* 〚トランプ〛=part-score.

pártial súm *n.* 〚数学〛部分和 《数列の第1項から第 *n* 項までの和; そのようなものの局限値が存在すれば, その数列から得られた無限級数は収束するという》. 〘1926〙

pártial tòne *n.* 〚音楽・音響〛部分音: an upper ～ 上音. 〘1879〙

pártial vérdict *n.* 〚法律〛(陪審の)一部(有罪の)評決 《罪名の一部について有罪と認めるもの》.

par·ti·ble /páəṭəbl | pá:tɪ-/ *adj.* (特に)〈遺産が〉(…に)分けられる, 分割できる 〔*among*〕. **part·i·bil·i·ty** /pàəṭəbíləṭi | pà:tɪbílɪti/ *n.* 〘(1540)◻LL *partibilis* ← L *partīre, partīrī* 'to divide, PART': ⇨ -ible〙

par·ti·ceps cri·mi·nis /páəṭəsèpskrímənɪs | pá:tɪsèpskrímɪnɪs/ *L. n.* 〚法律〛共犯者, 従犯 (accessory). 〘◻L *particeps criminis* 'one who PARTICIPATES in a CRIME'〙

par·tic·i·pa·ble /pətísəpəbl, paə- | pa:tísɪ-/ *adj.* 関与されうる, 分かちもたれうる, 参加できる. 〘(*a*1450)◻LL *participābilis*〙

Par·tic·i·pac·tion /pətìsəpǽkʃən, paə- | pa:tìsɪ-/ *n.* 《カナダ》パーティシパクション 《体力増強と健康促進を目的として設立された非営利組織》. 〘← PARTICIPATE + ACTION〙

par·tic·i·pance /pətísəpəns, paə- | pa:tísɪ-/ *n.* = participation.

par·tic·i·pan·cy /pətísəpənsi, paə- | pa:tísɪ-/ *n.* =participation.

par·tic·i·pant /pətísəpənt, paə- | pa:tísɪ-/ *adj.* 関与する, あずかる, 携わる, 関係する, 共にする (participating). **—** *n.* (…の)参加者, 関係者, 参与者, 出場者, 仲間, 協同者 〔*in*〕: ～s in a race レースの参加者. 〘(1527) ◻L *participantem* (pres.p.) ← *participāre*: ⇨ participate, -ant〙

partícipant demòcracy *n.* 〚政治〛参加民主主義, 直接(参加の)民主政治 (participatory democracy). 〘1971〙

partícipant observátion *n.* 〚文化人類学・社会学〛参与観察 《調査者が異質の文化・集団と実際に行動を共にしながら観察を行う研究法》. 〘1933〙

partícipant obsérver *n.* 〚文化人類学・社会学〛参与観察者. 〘1924〙

par·tic·i·pate /pətísəpèɪt, paə- | pa:tísɪ-/ *vi.* **1 a** (…に)参加する, 加わる (⇨ share[1] SYN) 〔*in*〕: ～ *in* a discussion 討議に加わる. **b** 〔…を〕共にする; (…に)あずかる, 関係する 〔*in*〕: ～ *in* the benefits [pleasures] of a club [society] クラブ[会]の利益[楽しみ]を共に受ける / I ～ *with* you *in* your gains. 私は君と利益を共にする / ～ *in* a crime 犯罪に関与する. **2** 〈物・事が〉(…の)性質を幾分かもつ, 気味がある 〔*of*〕: His poems ～ *of* the nature of satire. 彼の詩は諷刺的な調子を帯びている. **—** *vt.* (まれ) 〔人と〕…にあずかる, 〈苦労・喜びなどを〉共にする, 共に分かつ (share) 〔*with*〕: ～ another's suffering [suffering *with* another] 人と苦しみを共にする. 〘(1531) ← L *participātus* (p.p.) ← *participāre* to partake of ← *particeps* participant, partaking ← *pars* 'PART' + *capere* to take: ⇨ -ate[3]〙

par·tíc·i·pat·ing insùrance /-ṭɪŋ- | -tɪŋ-/ *n.* 《米》〚保険〛利益配当付き保険. 〘1959〙

partícipating preférred *n.* 〚証券〛参加的優先株 《所定の優先配当のほかに, 余分な利益があった時, 普通株と共に追加的な配当にあずかる条件のもの》. 〘1930〙

par·tic·i·pa·tion /pətìsəpéɪʃən, paə- | pa:tìsɪ-, pà:tɪs-/ *n.* **1 a** 〔事件などへの〕参加, 関与, 関係, 協同 〔*in*〕: international ～ 国際参加 《国際会議・競技などへの参加》: Your ～ in the project is essential to its success. その計画へのあなたの参加が成功に不可欠です. **b** 〔利益などに〕あずかること 〔*in*〕; 分け前. **2** 〚哲学〛共有, 分有. 〘(*c*1380) *participacioun* ◻LL *participātiō(n-)*: ⇨ participate, -tion〙

par·tìc·i·pá·tion·al /-ʃnəl, -ʃənl/ *adj.* 〈芝居など〉観衆[聴衆]参加の: ～ exhibits. 〘(1959): ⇨ ↑, -al[1]〙

participation ràte *n.* 〚経済〛労働力人口比率 《生産年齢人口に対する労働力人口の割合》.

par·tic·i·pa·tive /pətísəpèɪtɪv, paə- | pa:tísɪpèɪt-/ *adj.* [通例限定的] (経営・意思決定が)全員参加の. 〘((1651)) (1971): ML *apricipātīvus*〙

par·tic·i·pà·tor /-ṭə | -tə(r)/ *n.* (…の)関係者, 参与者, 協同者, 仲間 (participant); 〔苦労などを〕共にする人 〔*in*〕. 〘(1796)◻LL *participātor*: ⇨ participate, -or[2]〙

par·tic·i·pa·to·ry /pətísəpətɔ̀:ri, paə- | pa:tísɪpətəri, -tri, pa:tìsɪpéɪ-/ *adj.* 直接参加の[による]: ⇨ participant democracy. 〘(1881): ⇨ ↑, -ory[1]〙

partícipatory demócracy *n.* 〚政治〛=participant democracy. 〘1968〙

partícipatory théater *n.* 〚演劇〛観客参加の演劇. 〘1970〙

par·ti·cip·i·al /pàəṭəsípiəl | pà:tɪsíp-/ 〚文法〛 *adj.* 分詞の, 分詞から出た: a ～ construction 分詞構文 《(意味上の主語+)分詞の形で文の主語や動詞を修飾する》/ a ～ noun 分詞名詞 《例: the fatigue of *marching*》/ a ～ phrase 分詞句 《分詞で始まる句; 例: Who is that gentleman *standing by the window*?》/ a ～ preposition 分詞前置詞 《during, past など現在分詞・過去分詞に由来する前置詞》. **—** *n.* **1** 分詞形容詞 (participial adjective). **2** 《古》=participle. 〘(1570)◻L *participiālis* ← *participium* 'PARTICIPLE': ⇨ -al[1]〙

párticìpial ádjective *n.* 〚文法〛分詞形容詞 《例: following, interesting, wounded, well-known》. 〘1755〙

par·ti·cip·i·al·ize /pàəṭəsípiəlàɪz | pà:tɪ-/ *vt.* 分詞(形)にする. 〘(1786–1805) ← PARTICIPIAL + -IZE〙

pàr·ti·cíp·i·al·ly /-piəli/ *adv.* 分詞的に, 分詞として. 〘1632〙

par·ti·ci·ple /páəṭəsɪpl, -pl | pá:tɪsɪ-, pá:tsɪ-/ *n.* 〚文法〛分詞: a past [present] ～ 過去[現在]分詞 / an absolute ～ 独立分詞 / ⇨ dangling participle. 〘(*c*1390)◻OF ～, *participe* ◻L *participium* a sharing 《(なぞり)》 ← Gk *metokhḗ* sharing, participle) ← *participāre* 'to PARTICIPATE': OF における *-l-* の添加については, cf. manciple, principle, treacle〙

pár·ti·cì·pled *adv.* 《俗》実に, ばかに, おそろしく: They are so ～ sentimental. 彼らはいやに感傷的だよ. ★ damned, confounded などのように分詞形容詞で強意語として用いられる語に対する婉曲的な代用語 (cf. qualified 3). 〘(1887): ⇨ ↑, -ed〙

par·ti·cle /páəṭɪkl | pá:tɪ-/ *n.* **1 a** (微)分子, 粒子, 微片: a ～ *of* dust. **b** 少量, 極少, みじん (tittle): a ～ *of* food 極微量の食物 / without a ～ *of* feeling [truth] みじんの感情[いささかの真実]もなく / He has not a ～ *of* virtue. 彼には美徳はつめのあかほどもない. **2** 〚物理〛**a** 物質を構成する微細な粒, 粒子 《分子・原子・素粒子など》. **b** =elementary particle 1. **3** 〚物理・機械〛質点. **4** 〚文法〛**a** 不変化詞, 小詞 《語形変化のない冠詞・前置詞・接続詞・副詞・間投詞など》. **b** 小辞 《接頭辞・接尾辞》. **c** 語幹. **5** 《古》(書類の)条, 項 (article). **6** 〚カトリック〛(ミサ聖祭用)ホスチア[聖餅(ᵒᵘ)]の小片; 聖体拝領者に与えるホスチアの小片 (cf. Host). 〘(1380)◻L *particula* (dim.) ← *pars* 'PART': ⇨ -cle〙

párticle accèlerator *n.* 〚物理〛粒子加速器 (accelerator). 〘1946〙

párticle bèam *n.* 〚物理〛粒子線, 粒子ビーム. 〘1977〙

párticle bèam wéapon *n.* 〚軍事〛粒子ビーム兵器 《粒子ビームを発するレーザー兵器の一種》. 〘1977〙

párticle bòard *n.* パーティクルボード, チップボード 《木材削片を合成樹脂などで固めた弾力性のある建築用合板》. 〘1957〙

párticle phỳsicist *n.* 素粒子物理学者. 〘1969〙

párticle phýsics *n.* 素粒子物理学 (high-energy physics ともいう). 〘1946〙

párticle separàtion *n.* 〚文法〛不変化詞分離 《句動詞を構成する不変化詞を目的語の後に移動させる規則; 例えば次例のように, in が文末に移動する現象; He handed *in* the paper. ⇨ He handed the paper *in*.》

párticle velòcity *n.* 〚物理〛粒子運動 (cf. group velocity, phase velocity).

par·ti-colored /páəṭikʌ̀ləd | pá:tikʌ̀ləd/ *adj.* **1 a** 〈花など〉雑色の, まだらの. **b** 〈衣服など〉染め分けの, まだら染めの: a ～ costume **2** 〈物語など〉変化の多い, 波乱の多い, 多彩な. 〘(1535) ← PARTI-[1] + COLORED〙

par·tic·u·lar /pətíkjulə, pə- | pətíkjulə(r)/ *adj.* **1 a** (ある)特定の, 特別の, 特殊の, 特有の, 独特の (↔ general) (⇨ special SYN): my own ～ weakness 私独特[だけ]の弱点 / a ～ characteristic of skunks スカンクの特性 / for no ～ reason 特にこれという理由もなく. **b** 特に親しい: a ～ friend of his 特に親しい彼の友人. **2** 〚指示形容詞のあとにつけて〛(数ある中で)特にこの[その]…, ほかでもない…, …に限って (⇨ single SYN): on *that* ～ day [morning] (他ではない)特にその日[朝], その日[朝]に限って / in *this* ～ instance 特にこの例で / I want *that* ～ one. (ほかのものでなく)それが欲しい. **3** 個々の, 個別(的)の (distinct); 各自の (individual); 個人としての (personal): every ～ item 各項目 / my ～ interests 私個人の利益. **4** 著しい; 目立った; 格別の (special), 異常な (unusual): of no ～ importance 格別重要でない / take ～ trouble [notice, care] 並々ならぬ労を取る[格別注意する] / I have nothing ～ to do. 格別これといってする仕事はない / Pay ～ attention to the next question. 次の質問に格別な注意を払いなさい. **5** [通例叙述的] **a** 好みがやかましい, 気難しい (⇨ dainty SYN): be ～ *about* one's dress [*as to* what one eats] 服[食べ物]にやかましい[やかましくいう] / "Which one does he prefer?" "He's not ～." 「彼はどちらが好きかな」「好みにうるさい人ではないね」/ Mr. *Particular* 《戯言》うるさ型, 「おやかま氏」. **b** きちょうめんな. **6** 詳細な, 精密な: give a full and ～ account (of the game) (その競技を)細大漏らさず説明[記述]する. **7** 〚論理〛特殊的な (↔ general); 特称的な (↔ universal): a ～ proposition 特称命題. **8** 〚英法〛部分不動産権の 《残余権 (remainder), 復帰権 (reversion) に先行する不動産権; 生涯[期間的]不動産権など》.
— *n.* **1** [*pl.*] 明細, 詳細の事項, 委細の点 (details) (↔ general): give (full) ～s 詳述する / go [enter] into ～s 詳細にわたる, 詳細な点に立ち入って話す[説明する, 論じる] / For further ～s apply to Harris. 委細はハリス氏へ問い合わされたし. **2 a** 事項, 件, 点, 箇条 (item): exact in every ～ [all ～s] あらゆる点で正確な, 寸分たがわない / wrong in one or two ～s 一, 二点で間違って. **b** [しばしば *pl.*] 個々の事柄, 個別的な例 (⇨ item SYN). **3** 特色, (人の)特質 (characteristic), (ある土地の)名物: ⇨ London particular. **4** [通例 the ～]〚論理〛特称, 特殊 (cf. general *n.* 3); 特称命題 (↔ universal): reason from the general to *the* ～ 全称[一般, 普遍]から特称[特殊]を推論する. **5** 《廃》(人の)場合, 関心: for (one's) ～ …の場合は, …に関しては. **6** 《廃》親密さ, 親身.
in particular (1) 特に, とりわけ: He mentioned one case *in* ～. 彼は特に一例を挙げた / I have nothing *in* ～ to do. 特にすることは何もない / Some animals, and *in* ～ skunks should be avoided. =Some animals should be avoided, *in* ～, skunks [, skunks *in* ～]. いくつかの動物, 特にスカンクは避けたほうがよい. (2) 詳細に. (3) 《古》個々に, 個別的に (individually). 《1502》
Partículars of Cláim 〚英法〛訴訟明細就上げ 《州裁判所において, 原告が訴訟の根拠とそれに対する救済を求めて最初に読み上げる訴状》.
〘(*a*1387) *particuler* ◻OF ◻L *particulāris* of part ← *particula* 'PARTICLE': ⇨ -ar[1]〙

partícular affírmative *n.* 〚論理〛特称肯定 (「若干の s は p である」(例えば「ある人間は正直である」)という形式の命題; 記号 I, i; cf. particular negative).

partícular áverage *n.* 〚海商〛単独海損 《共同海損以外の海損; 特に, 分損である単独海損をいう; cf. general average》. 〘1773〙

Partícular Báptist *n.* 〚キリスト教〛特定バプテスト, 特別浸礼教徒 《カルヴァン的な特殊贖罪(しょくざい)説 (particularism) を信奉する浸礼派の人; cf. General Baptist》. 〘1717〙

partícular inténtion *n.* 〚カトリック〛特定の目的 (intention 4).

par·tic·u·lar·ism /pətíkjulərɪzm, pə- | pə-/ *n.* **1** (特定の興味・主題・党派などに)専念[専心, 熱中]すること; …中心主義, 自党中心主義, 自派心. **2** (連邦の)各州自主独立主義. **3** 〚神学〛特殊神寵(しんちょう)[贖罪(しょくざい)]説, 特定人選定論 《神の恩寵または贖罪が人類全体に及ぶものでなく, 特別に選ばれた個人に限られるという説》. **4** (複雑な社会現象などの)一元的説明. **par·tíc·u·lar·ist** /-rɪst | -rɪst/ *n.* **par·ti·cu·lar·is·tic** /pətìkjulərístɪk, pə- | pə-/ *adj.* **par·tìc·u·lar·ís·ti·cal·ly** *adv.* 〘(1824)◻F *particularisme*: ⇨ particular, -ism〙

par·tic·u·lar·i·ty /pətìkjulǽrəṭi, pə-, -lér- | pətìkjulǽrɪti/ *n.* **1** 特別, 独特 (peculiarity); 特殊[特異]性; 特性, 特徴. **2** 委細, 詳細; 精密, 入念; (叙述・描写などの)詳しさ. **3** 気難しさ, やかましさ; 几帳面(きちょうめん), 潔癖, 細心. **4** [しばしば *pl.*] 委細の点, 詳細の事項 (particulars); 特殊な事柄. **5** 私事, 内輪事. 〘(1528)◻(O)F *particularité* // ◻LL *particulāritātem* ← *particulāris* 'PARTICULAR': ⇨ -ity〙

par·tic·u·lar·ize /pətíkjulərɑ̀ɪz, pə- | pə-/ *vt.* **1** 個別的に述べる, 詳細に述べる, 詳述する. **2** 特に記述する, 特筆する, 取りたてて言う. **3** 列挙[枚挙]する (enumerate). **4** 特別[特殊]化する. **—** *vi.* **1** いちいち述べる, 詳しく述べる. **2** 列挙する. **par·tic·u·lar·i·za·tion** /pətìkjulərɪzéɪʃən, pə- | pətìkjulərɑɪ-, -rɪ-/ *n.* **par·tíc·u·lar·ìz·er** *n.* 〘(1588)◻(O)F *particulariser*〙

par·tic·u·lar·ly /pətíkjuləli, pə- | pətíkjulə-/ *adv.* **1** 特に, とりわけ (⇨ especially SYN); 著しく (remarkably): with ～ great interest 異常な興味で / I am not ～ sorry to hear it. それを聞いて別に悔しいとも思わない / He did not care ～ for Paris. 彼は特にパリが好きなわけではなかった. **2** 格別に, 特別に (specifically); 個々に (individually). **3** 詳しく (in detail): I cannot go into it ～ now. 今それを詳説することはできない. 〘1398〙

partícular négative *n.* 〚論理〛特称否定 (「若干の s は p でない」(例えば「ある人間は正直でない」)という形式の命題; 記号 O, o; cf. particular affirmative).

partícular pártner *n.* 〚法律〛=special partner.

partícular pártnership *n.* 〚法律〛特殊組合 《ある一つの取引, ある一回限りの仕事を行い, その利益を分配することを目的とするもの; special partnership ともいう》.

partícular quántifier *n.* 〚論理〛=existential quantifier.

partícular solútion *n.* 〚数学〛特殊解 《微分方程式の一つの解; cf. general solution》. 〘1958〙

par·tic·u·late /paətíkjulɪt, -lèɪt | pa:-, pə-/ *n.*, *adj.* (個々の)微粒子(の), 粒子(の), 因子(の): raidoactive ～s 放射性粒子. 〘← NL *particulātus*: ⇨ particle, -ate[2]〙

partículate inhéritance *n.* 〚生物〛粒子遺伝 《遺伝情報は個々のユニットという形で伝えられるとする Mendel の遺伝理論(に合致する遺伝子による遺伝); cf. Mendelian inheritance》. 〘1889〙

par·tie car·rée /paəti:ka:réɪ | pa:-; *F.* paʁtikaʁe/ *F. n.* (特に, 2組の男女からなる) 4人1組. 〘◻F ～ 《原義》party of square〙

par·ti·men /pàəṭəmén | pà:tɪ-/ *n.* 〚詩学〛パルティマン 《tenson をさらに技巧的にした対話形式の論争詩》. 〘◻Prov. ～ 《原義》division: ⇨ part, -ment〙

part·ing /páəṭɪŋ | pá:t-/ *n.* **1 a** 告別, 別離, 別れ: a last ～ 最後の別れ / on [at] ～ 別れに臨んで. **b** 《古》出発, 旅立ち (departure); 死去 (decease). **2** 分割, 分離 (separation). **3 a** 《英》頭髪の分け目 (《米》part). **b** 分かれ道, 分割線 (dividing line): ⇨ *the* PARTING *of the ways*. **4** 物を分割する[分離させる]もの, 分離物. **5 a** 〚鉱山・地質〛(2層を分離する)薄層, はさみ, 夾(きょう)層. **b** 〚鉱物〛裂開 (fissure). **6 a** 〚冶金〛分金 《金銀の合金から金を分離すること》. **b** 〚金属加工〛見切り, 型合わせ目すじ 《鋳造用割り型の分割部》; 分断加工 《プレス加工品を二つ以上に切り離す作業》.
the* [*a*] *párting of the wáys (1) 道路の分岐点, 分かれ道. (2) (選択の)岐路, (その後の発達過程を決定する)分

岐点 (cf. *Ezek.* 21: 21). ⦅1611⦆
— *adj.* 1 別れの際の, 告別の (farewell), 最後の, 臨終の (final): one's ~ remark 別れ際に言った言葉 / a ~ request 別れ際の願い / a ~ kiss 別れのキス / a ~ present [gift] 餞別(せんべつ) 日英比較 英米では餞別に金銭を贈る習慣はない. / drink a ~ cup 名残りの杯をくむ. 2 去り行く, 消え行く, 暮れて行く; 死なんとする: the ~ day 夕間暮れ / a ~ soul 今まさに死なんとしている人. 3 分ける, 分割する, 分離する.
〚(*c*1250): ⇨ part, -ing[1, 2]〛

párting gàte *n.* 〘金属加工〙(鋳造型の)普通堰(せき).

párting lìne *n.* 〘金属加工〙見切り線, 分かれ線, 分離線 (鋳造用割り型の分割部にできる線[筋]). 〚1875〛

párting pùlley *n.* 〘機械〙 =split pulley.

párting shòt *n.* (別れ際の)捨てぜりふ.

párting strip [slìp] *n.* 〘建築〙仕切り板 (上げ下げ窓の分銅のスペースを仕切るもの).

par·ti pris /pɑ́ːtiːpríː | pɑ́ːti-; *F.* paʁtipʁi/ *F. n.* (*pl.* **par·tis pris** /~(z)/) 先入観, 先入主 (prejudice), 偏見 (bias), 既定の結論 (foregone conclusion): come to the question without ~ 先入観を持たずに問題に当たる. 〚(1871) □ F ~ (原義) taken course〛

Par·ti Qué·be·cois /pɑ̀ːtiːkèɪbəkwɑ́ː | pɑ̀ːtikèɪbɛ-; *F.* paʁtikebekwa/ *n.* (カナダ) ケベック独立党 (Quebec 州の分離・独立を政策目標として 1968 年に作られた政党; 略 PQ). 〚1968〛

par·ti·san[1] /pɑ́ːtɪzən, -zn, -sən, -sn, -zæ̀n | pɑ̀ːtɪzǽn, ⌐—⌐/ *n.* 1 a (党派・主義・人などの)熱狂的[盲目的]支持者, 党派心の強い者, 熱烈な党員. b 一味の人, 徒党, 同類. 2 パルチザン, 別働兵, 遊撃兵, ゲリラ隊員 (guerrilla) (破壊・放火・サボタージュなどによって占領軍を攪乱(かくらん)するゲリラ隊員). — *adj.* 1 党派的な, 党派心の強い: ~ spirit 党派根性, 党派心 / ~ strife 派閥争い. 2 パルチザンの, 別働[遊撃]隊の, ゲリラ隊の. 〚(1555) □ (M)F ~ □ OIt. *partigiano* ← *parte* part, party < L *partem* 'PART'〛

par·ti·san[2] /pɑ́ːtɪzən, -zn, -sən, -sn | pɑ́ːtɪzən, -zn/ *n.* 1 (16–17 世紀に用いられた)両刃のほこ, パルチザン. 2 ほこ兵. 〚(1556) □ OF *partizane* □ OIt. *partigiana* (fem.) ← *partigiano* (↑): ある partisans の武器であったことから〛

pár·ti·san·ìsm /-nìzm/ *n.* 党派性, 徒党[党派]的行動. 〚(1890): ⇨ partisan[1], -ism〛

pártisan·shìp *n.* 1 党派心, 党人根性. 2 盲目的加担, 偏見. 3 党派的態度[行動], 派閥行動. 〚(1831) ← PARTISAN[1] + -SHIP〛

par·ti·ta /pɑːtíːtə | pɑːtíːtə; *It.* partíːta/ *n.* (*pl.* ~**s**, **-ti·te** /-teɪ; *It.* -te/) 〘音楽〙パルティータ (17–18 世紀の組曲 (⇨ suite 2) または一連の変奏曲の名称). 〚(1880) □ It. ~ (fem.) ← *partito* divided: ⇨ party〛

par·tite /pɑ́ːtaɪt | pɑ́ː-/ *adj.* 1 〘植物〙〈葉が〉(基部まで)深裂した (cf. bipartite 3, tripartite 4). 2 [通例複合語の第 2 構成要素として] (特定の数に)分裂した; 部分から成る: a tri*partite* pact 三国協定. 〚□ L *partitus* (p.p.) ← *partīrī* 'to divide, PART (v.)'〛

par·ti·tion /pɑːtíʃən, pə- | pɑː-, pə-/ *n.* 1 区画線, 境, 仕切り壁; 仕切られた部屋: a glass ~ (刑務所の面会室などの)ガラスの仕切り. 2 仕切ること, 仕切り, 区画, 区分; 分離 (separation). 3 〘生物〙隔壁, 隔膜 (dissepiment). 4 分割, 分配, 配分 (distribution) 〔*of*〕: the ~ *of* a man's wealth. 5 〘法律〙共有の土地・財産の分割[分配]. 6 a (統一国家の)政治的分割[分裂]; 分裂状態, 分裂国家[政体]. b [P-] 1947 年のインドとパキスタンの分裂. 7 (分割された)部分 (part). 8 〘論理〙 a 分割法 (ある概念の特性または属性を組織的に明らかに取り出す論理的分析の形式). b 分割された部分集合. 9 〘数学〙分割: a ~ of numbers 数の加法的分割. 10 〘修辞〙主題分割 (一般的主題を区分して簡単に述べること).
— *vt.* 1 〈家・部屋などを〉仕切る, 仕切り(壁)をつける, 区画する, (区画して)分離する 〈*off*〉: ~ *off* a part of a room 部屋の一部を仕切る / ~ a house *into* rooms 家を仕切って数部屋かにする. 2 〘法律〙〈土地所有者またはその共有地を〉共有者間で分割[分配]する. 3 〈国家を〉政治的に分割[分離]する. **~·ed** *adj.* **~·er** /-ʃ(ə)nə | -nə^(r)/ *n.* **~·ment** *n.* 〚(1430) *particioun* □ (O)F *partition* □ L *partītiō(n-)* division ← *partītus* (↑): ⇨ -tion〛

partítion búlkhead *n.* 〘造船〙仕切隔壁.

partítion coefficient *n.* 〘化学〙分配係数 (二つの相接する液体に溶質をとかして分配が平衡に達したときの両者の濃度の比). 〚1891〛

par·tí·tion·ist /-ʃ(ə)nɪst | -nɪst/ *n.* 政治的分離[分割]主義者. 〚1919〛

partítion lìne *n.* 〘紋章〙(盾の)分割線. 〚1796〛

partítion-wàll *n.* (家の中の)仕切り壁, 間仕切り壁. 〚1633〛

par·ti·tive /pɑ́ːtətɪv | pɑ́ːtɪt-/ *adj.* 1 区分[配分, 分配]する (dividing). 2 〘文法〙部分を示す; 部分格の: a ~ adjective 部分形容詞 (some, few, any など) / a ~ numeral 部分数詞 (one third のように分数を表す数詞).
— *n.* 〘文法〙部分を示す語, 部分語, 部分(数)詞.
~·ly *adv.* 〚(1520) □ ML *partitīvus*: ⇨ partite, -ive〛

pártitive árticle *n.* 〘文法〙部分冠詞 (any, some).

pártitive génitive *n.* 〘文法〙部分属格 (物の一部分を表す属格; 近代英語では普通 'of'-phrase で代用する: one of my friends / Take [Eat] (some) of the fruit.).

par·ti·zan[1] /pɑ́ːtɪzən, -zn, -zæ̀n | pɑ̀ːtɪzǽn, ⌐—⌐/ *n., adj.* =partisan[1].

par·ti·zan[2] /pɑ́ːtɪzən, -zn, -sən, -sn | pɑ́ːtɪzən, -zn/ *n.* =partisan[2].

part·let /pɑ́ːtlɪt | pɑ́ːt-/ *n.* パートレット (16 世紀に流行したローネックのドレスなどにつけるフリル・刺繍などのある襟つき胸飾り). 〚(1519) (転訛) ← ME *patelet* □ OF *patelette* band of stuff (dim.) ← *patte* paw: ⇨ -let: *par-* は ↓ の類推〛

Part·let, p- /pɑ́ːtlɪt | pɑ́ːt-/ *n.* [しばしば Dame Partlet として] 1 (古) めんどりさん. ★ 雌鶏の擬人名. 2 (戯言) おばさん (woman). 〚(*c*1390) *Pertelote, pertelote* (Chaucer の *Nun's Priest's Tale* に出る雌鶏の名) □ (O)F *Pertelote* (女性名)〛

part·ly /pɑ́ːtli | pɑ́ːt-/ *adv.* (全体に対して)部分的に, 一部(分); 少しは, 幾分か, ある程度, 一つには: ~ all (米俗) ほとんど皆. ★ partly は全体に対して部分を強調するのに対し, partially は状態や程度に力点をおく: *partly* destroyed 破損した, 半潰(かい)の / *partly* by force, *partly* by persuasion 力ずくやら説得やらで / a *partially* bald head はげかかった頭. 〚(1523) ← PART (n.) + -LY[1]〛

párt mùsic *n.* 〘音楽〙(通例無伴奏の)多声合唱音楽. 〚1880〛

part·ner /pɑ́ːtnə | pɑ́ːtnə^(r)/ *n.* 1 パートナー, (ダンスなどの)相手; (組んで行う競技の)組む人, 相棒, 味方. 2 〔…の〕仲間, 共同者, 連れ, 相棒; 〔悲しみ・喜びなどを〕共にする人 〔*in, of*〕: a ~ *with* a person *in* crime ある人との共犯者 / be ~s *with* a person 人と共同して事をする. 3 a 連れ合い, 配偶者 (夫または妻): one's ~ in life [life ~] 配偶者, 夫[妻]. b 愛人. 4 〘法律〙共同出資[経営]者, 組合員, 社員: an acting [an active, a working] ~ 業務担当社員 / a predominant ~ (英) 優先社員 / a silent [dormant] ~ =a secret partner / ⇨ general partner, limited partner, special partner. 5 [通例 *pl.*] 〘海事〙パートナー (マストなどが甲板を貫く穴の周囲を補強する強固な木枠). — *vt.* 1 (トランプ・ダンスなどで)…と組む. 2 〔…と〕仲間にする, 組み合わせる 〈*off*〉 / 〈*with*〉. 3 …の組合員[社員]である. — *vi.* 〔人と〕組を組む 〈*off, up*〉 / 〈*with*〉. 〚(*c*1300) *partener* (変形) ← PARCENER: PART との連想による. — n. 5: (pl.) ← OF *pautonier* servant: cf. carling(s)〛

pártner·less *adj.* 組合員[仲間, 相手, 配偶者]のない. 〚1852〛

pártner pláte *n.* 〘海事〙マストを立てる穴のある重い金属板の甲板部.

pártners' dèsk *n.* 対面共用机 (足元の空間が共通で双方に引き出しがあるような, 2 人が向かい合って使える机).

part·ner·ship /pɑ́ːtnəʃɪp | pɑ́ːtnə-/ *n.* 1 a (特に仕事上の)共同, 協力, 提携 (participation, association): go [enter] into ~ with …と提携する. b 共同[提携]事業. 2 〘法律〙 a 組合契約; 共同経営[事業]組合, 合名会社, 商会: an unlimited ~ 合名会社 / ⇨ general partnership, limited partnership / take a person into ~ 人を組合に入れる; 共同経営者にする. b [the ~; 集合的] 提携関係にある者, 組合員, 社員. 3 〘クリケット〙パートナーシップ (二人の打者の内いずれかがアウトになるまでの期間または状態; 通例その間における得点).
in pártnership with 〈人などと〉共同[連合, 協力]して; …と合資[合名]で.
〚(1576): ⇨ partner, ship〛

pártnership dèsk *n.* =partners' desk.

párt-òff *n.* (カリブ) (食堂などの)間仕切り, ついたて.

par·ton /pɑ́ːtɑ(ː)n | pɑ́ːtɒn/ *n.* 〘物理〙パートン (米国の R. P. Feynman によりハドロン (hadron) の構成要素として提唱された仮説の粒子; 現在はクオーク (quark) と同一視されている). 〚(1969) ← PART (n.) + -ON[2]〛

Par·ton /pɑ́ːtn | pɑ́ː-/, **Dolly** *n.* パートン (1946– ; 米国のカントリー[ポップ]シンガー・ソングライター・女優).

partook *v.* partake の過去形.

párt ówner *n.* 〘法律〙(特に, 船舶の)共有者, 合有者 (co-owner). 〚1562〛

párt ównership *n.* 共同所有権. 〚1890〛

párt pàyment *n.* 分割払い, 内払い, 内金. 〚1878〛

par·tridge /pɑ́ːtrɪdʒ | pɑ́ː-/ *n.* 1 (*pl.* ~, ~**s**) 〘鳥類〙 a ヤマウズラ, イワシャコ (ヨーロッパ・アジアに生息する主にヤマウズラ属 (*Perdix*), イワシャコ属 (*Alectoris*) の猟鳥の総称; ヨーロッパヤマウズラ (common partridge), アカアシイワシャコ (red-legged partridge), ハイイロシャコ (Greek partridge) など): ~ shooting シャコ猟 (英国では毎年 9 月に始まる). b (New England で) エリマキライチョウ (ruffed grouse). c (米南部) コリンウズラ (bobwhite). d [限定詞を伴って] コリンウズラに近縁の鶉鶏(じゅんけい)類の猟鳥: ⇨ mountain partridge. e (中南米産の)シギダチョウ (tinamou) に似た鳥の総称. 2 =partridgewood. 3 黄褐色. **~·like** *adj.* 〚(*c*1300) *pertrich, partrich,* (北英・スコット) *partrick* □ OF *perdriz* (F *perdrix*) (変形) ← *perdiz* < L *perdīcem, perdix* □ Gk *pérdix*: cf. Gk *pérdesthai* to break wind (飛び上がる時の羽音にちなむ?): [tʃ] → [dʒ] は knowledge, sausage, Greenwich などと同じ〛

partridge 1 a
(*Alectoris rufa*)

Par·tridge /pɑ́ːtrɪdʒ | pɑ́ː-/, **Eric (Honeywood)** *n.* パートリッジ (1894–1979; ニュージーランド生まれの英国の辞書編集者・著述家; *A Dictionary of Slang and Unconventional English* (1937)).

pártridge·bèr·ry /-bèri | -b(ə)ri/ *n.* 〘植物〙 1 ツルアリドオシ (⇨ twinberry 1). 2 ツルアリドオシの赤い実 (北米産で食用になるが, まずい; checkerberry, running box ともいう). 3 =wintergreen 1. 〚1714〛

pártridge dòve *n.* 〘鳥類〙中南米熱帯に生息する小形の地上生のハト (*Geotrygon montana*).

pártridge pèa *n.* 〘植物〙マメ科カワラケツメイ属 (*Cassia*) の触れると少し葉を閉じる植物 (北米産の *C. fasciculata, C. nictitans* など; 花は黄色). 〚1812〛

pártridge·wòod *n.* 1 a 〘植物〙熱帯アメリカ産マメ科 *Andira* 属の木 (特に, *A. americana*). b その斑(ふ)入り赤色の堅材 (ステッキ・家具などに用いる). 2 カビの一種 *Stereum frustulosum* によってできたカシその他の斑入り材 (ヤシ・シャラなど); その斑. 〚1830〛

párt-scóre *n.* 〘トランプ〙(ラバー・ブリッジで)パートスコア, 足 (スコア表の下欄 (below the line) に記入される得点のうちゲーム点に満たないもの; partial, partial score ともいう; cf. game[1] 4 b, line[2] 23). 〚1932〛

párt sìnging *n.* 〘音楽〙(無伴奏の)重唱. 〚1859〛

párt-sòng *n.* 〘音楽〙パートソング (ホモフォニー様式の合唱曲で, 主旋律は通常最上声部にくる; 四部で無伴奏のものが多い; cf. madrigal). 〚1850〛

part-time /pɑ́ːttáɪm | pɑ́ːttáɪm⌐/ *adj.* 1 (全日でなく)ある時間だけ勤務[出席]する, パートタイムの, 非常勤の (cf. full-time, halftime): a ~ teacher 時間[非常勤]講師 / a ~ help 時間ぎめの雇い人 / a ~ job パートタイムの仕事, アルバイト. 日英比較 日本語の「アルバイト」はドイツ語からの借用語. また, 日本語では *part-time* を「パート」と略して使うが, 英語ではそのような略し方はない. 2 定時制の: a ~ high school 定時制高等学校. — *adv.* パートタイムで, 非常勤で: work [teach] ~. 〚1891〛

párt tíme *n.* 平常時間の一部, パートタイム.

párt-tímer *n.* 1 ある時間だけ勤務する人, パートタイマー (時間講師・時間ぎめ雇い人など). 2 定時制学校生徒 (cf. full-timer, half-timer). 〚1927〛

par·tu·ri·ent /pɑətʊ́ᵊriənt, -tjʊᵊr- | pɑːtjʊ́ər-/ *adj.* 1 子を産む, 出産の迫った, 陣痛中の. 2 出産に関する, 分娩(ぶんべん)の. 3 (思想などを)包蔵している, (作品などを)生み出そうとしている; 創意に富む. — *n.* 産婦. **par·tú·ri·en·cy** /-ənsi/ *n.* 〚(1592) □ L *parturientem* (pres.p.) ← *parturīre* to be in labor ← *partus* (p.p.) ← *parere* to bring forth: ⇨ parent, -ent〛

par·tu·ri·fa·cient /pɑətʊ̀ᵊrəféɪʃənt, -tjʊᵊr- | pɑːtjʊ̀ərɪ-⌐/ 〘医学〙 *adj.* 分娩(ぶんべん)を促進する. — *n.* 分娩促進剤, 催娩剤. 〚(1853): ⇨ ↑, -facient〛

par·tu·ri·tion /pɑ̀ːtʊríʃən, -tju-, -tʃə- | pɑ̀ːtjʊ(ə)r-, -tjə-, -tʃə-/ *n.* 分娩(ぶんべん), 出産: the month of ~ 臨月. 〚(1646) □ L *parturītiō(n-)* a bringing forth ← *parturītus* (p.p.) ← *parturīre* to be in labor: ⇨ parturient〛

párt·wáy *adv.* 1 ある距離[中途]まで, 半ば. 2 ある程度(まで), 幾分; 一部(分) (partly). 〚1859〛 P

párt wòrk *n.* (英) 分冊物, 分冊刊行物 (cf. fascicle 2). 〚1969〛

párt-wrìting *n.* 〘音楽〙(特に対位旋律などの)各声部の作曲. 〚1889〛

par·ty /pɑ́ːti | pɑ́ːti/ *n.* 1 (社交上の)集まり, パーティー (⇨ feast SYN): a dancing [reading, fishing, sketching] ~ 舞踊[読書, 魚釣り, 写生]会 / a theater ~ 観劇会 / a Christmas ~ クリスマスパーティー / a private ~ 私的なパーティー / ⇨ dinner party, garden party, tea party / give [hold, have] a ~ (for a person) (人のために)会を催す / throw a ~ (for a person) (口語) 会を開く / (gate)crash a ~ (口語) (招待されないのに)パーティーに押しかける / attend a ~ 会に出席する / I met her at a ~. / The ~ didn't break up till 3 a.m. パーティーは午前 3 時になってやっと解散したよ. 2 a 派, 党派, 分派; 政党: a religious [political] ~ 宗派[政党] / an opposition ~ 野党, 反対派 / the ruling [governing] ~ =the ~ in power 与党 / the Republican [Democratic] *Party* 共和[民主]党 / enter [leave] a ~ 入党[脱党]する / the *Party* (特に)共産党. b 政党制度. c 派閥(意識), 党派心 (partyism). 3 (ある目的のために集まった)一行, パーティー, 連中, 仲間: Dr. Smith and his ~ スミス博士一行 / He formed [organized] a ~ to go to South America. 彼は南米行きの団体を組織した / be part [a member] of the ~ 一行に加わっている. 4 〘軍事〙(特別の任務を帯びた)分遣隊 (detachment); 分隊, 部隊, 隊: a foraging ~ (糧食)徴発隊 / ⇨ firing party, landing party. 5 〘法律〙 a (訴訟)当事者 (原告または被告); (婚姻または契約などの)相手方, 当事者: the contracting *parties* in a marriage 婚姻当事者 (新郎新婦) / a ~ adducing evidence 挙証者 / a ~ entitled to recourse 求償権者 / a ~ *to* a lawsuit 訴訟の当事者 / the ~ of the first [second] part 第 1[第 2] 当事者 / an aggrieved ~ 権利を侵された側 / the guilty ~ [*parties*] 犯人. b (証文・証書などの)署名者 (signatory): a ~ *to* a contract. c 〔…の〕連累者, 共犯者 (accomplice) 〔*to*〕: He is (a) ~ *to* the conspiracy. 彼は共謀の一味だ / He was (a) ~ *to* the affair. 彼はその事件に関係した. 6 関係者, 当事者: the *parties* (concerned) 当事者 / an interested ~ 利害関係人 / a disinterested ~ =a third ~ 第三者 / He refused to be a ~ *to* the agreement. その協定に加わるのを断った / Here's your ~. =Your ~'s on the telephone. 相手の方がお出になりました (電話交換手の言葉). 7 (口語・戯言) 人, 手合い (person): an old ~ with glasses 眼鏡をかけた老人. 8 性交; 乱痴気パーティー, お祭り騒ぎ (orgy). 9 a [前に動作を表す語(句)を伴い] (…会とでも言える)…し合い[騒ぎ]: a dish-throwing ~ 皿の投げ合い(の騒ぎ). b (不穏な動きなどの)盛ん(になりそう)な状勢.

máke** one's **párty góod 自分の主張を通す[立場をよくする]. 《1631》
— *adj.* **1** [叙述的]〔…と〕関係する,〔…に〕関与する〔*to*〕. **2** [限定的] 共有の, 共同の: ⇨ party line². **3** [限定的] 政党の, 党派の: the ~ system 政党組織 / a ~ leader 党首 / ~ members [membership] 党員[党員の身分] / ~ discipline 党(の規)則 / a ~ political issue [《英》broadcast] 政党の政治(路線)問題[政治放送番組 《政策などを話して支持を訴える》] / ⇨ party politics, party spirit. **4** [限定的] **a** パーティー用の[向きの, にふさわしい]: a ~ dress / a ~ cake / my best ~ manners 私の最良のパーティー作法. **b** 〈人が〉パーティー[社交]に熱中する: ⇨ party boy, party girl. **5** 〖紋章〗(盾を)二分した (parted). 〖《1486》□ (O)F *parti* (p.p.)〗
— *vi.* 《米》 **1** 《口語》 パーティーに(いつも)出る; (いつも)パーティーを催す. **2** 《口語》 パーティーなどに出て遊び暮らす, とことんまで楽しむ. — *vt.* パーティーでもてなす.
〖《c1300》 *parti(e)* □ (O)F *partie* part, side in a contest < VL **partītam* (fem.p.p.) ← L *partīrī* 'to PART'〗

par·ty- /pάəṭɪ̬, -ṭi | pάːtɪ/ *n.* parti-¹ の異形.
párty ánimal *n.* 《口語》 パーティー好きの人.
párty bòat *n.* 相乗り釣り船. 〖1937〗
párty bòy *n.* 《米俗》 パーティー[遊び]好きの学生[青年].
párty càll *n.* (もてなしを受けた人が間もなくする)パーティーのお礼の訪問. 〖1910〗
párty-còlored *adj.* =parti-colored.
párty-còlumn bàllot *n.* =Indiana ballot.
párty fàvors *n. pl.* パーティーの景品《子供に与える紙の帽子・おもちゃなど》.
párty gàme *n.* パーティー(で行われる)ゲーム.
párty gìrl *n.* **1** (パーティーなどで)客の接待に雇われる(水商売の)女, コンパニオン; (特に)売春婦. **2** 《米俗》 パーティー[遊び]好きの女学生[(若い)女]. 〖1936〗
párty·gòer *n.* パーティーによく行く人. 〖1831〗
párty gòvernment *n.* 政党政治; 政党内閣. 〖1869〗
párty hòuse *n.* 《米口語》 (騒がしい)パーティーをよく開く場所.
par·ty·ism /pάəṭiɪzm | pάːti-/ *n.* **1** 派閥(意識), 党派心; 党派根性, 分派主義. **2** [しばしば複合語の第 2 構成素として] 政党制: one-*partyism* 一党制. **pár·ty·ist** /-tɪ̬st | -tiɪst/ *n.* 〖《1842》← PARTY (n.)+-ISM〗
párty líne¹ *n.* **1** [通例 *pl.*] (政党などの)政策, 方針, 主義: The vote was strictly along ~*s*. その票決は厳格に党の方針にそってされた. **2** [通例 the ~] (共産党などの)党[政治]路線: follow [toe] *the* ~ 党路線に従って行動する〔*on*〕. 〖1834〗
párty líne² *n.* **1** 〖電話〗 共同(加入)線 《party wire ともいう》. **2** 《米》 (屋敷・地所などの)境界線.
párty-líner *n.* 党の政策に忠実な人; (特に)共産党路線に忠実な人. 〖1940〗
párty lìne télephone *n.* 〖通信〗 共同加入電話.
párty lìst *n.* (比例代表制選挙の) 政党名簿: the ~ system 名簿方式 《個々の候補者ではなく政党に投票する選挙方法》. 〖1875〗
párty màn *n.* 政党員, 党人, (特に)忠実な党員. 〖1701〗
párty òrgan *n.* 政党機関紙.
párty pìece *n.* 《口語》 得意の出し物, 十八番, おはこ 《特にパーティーで披露する歌や詩など》: recite a ~. 〖1962〗
párty plàn *n.* パーティー商法, ホームパーティー販売方式, パーティープラン 《ホストが友人たちを自宅に招待して製品を実物宣伝し, 直接販売する方式》. 〖1973〗
párty plátform *n.* 政党綱領, 政綱. 〖1848〗
párty polítical *adj.* [限定的] 《英》 政党(政治)の, 党利党略の. 〖1886〗
párty pólitics *n.* 党派政治, 党利党略の政治 《党派の立場だけから行う, 特に, 公職を獲得する活動》. 〖1773〗
párty póoper [pòop] *n.* 《米俗》 (特に疲労・眠気のために遊びに参加できずに)座興をそぐ人 (killjoy). 〖1954〗
párty pòpper *n.* (ひもを引いて破裂させる)クラッカー.
párty schòol *n.* 《米口語》 =party house.
párty sèlling *n.* =party plan.
párty spírit *n.* **1** [通例軽蔑的に] 党派心[根性], 党人気質[根性]. **2** パーティーへの熱中, パーティー熱. 〖1711〗
pàrty-spírited *adj.* 党派[愛党]心の強い, 党人気質[根性]の.
párty vóte *n.* 政党の路線にそった投票.
párty wáll *n.* 〖法律〗 (隣接営造物の)境界壁, 隔壁, 共有壁. 〖1667〗
párty whíp *n.* 〖政治〗 =whip 2 a.
párty wíre *n.* 〖電話〗 =party line² 1.
pár·u·la wàrbler /pǽrulə-, -rjʊ-/ *n.* 〖鳥類〗 アサギアメリカムシクイ (*Parula americana*) 《北米東部産》.
Pa·ru·li·dae /pərúːlədìː | -lɪ-/ *n. pl.* 〖鳥類〗 アメリカムシクイ科. 〖← NL ~ ← *Parula* (属名: ← L *parus* titmouse+-*ula*²)+-IDAE〗
pa·ru·lis /pərúːlɪ̬s | -lɪs/ *n.* (*pl.* **-ru·li·des** /-lədìːz | -lɪ̬-/) 〖歯科〗 パルーリス, 歯肉下膿瘍(のうよう) (gumboil). 〖← NL ~ ← Gk *paroulís* ← PARA-¹+-*oulis* (← *oúlon* gum)〗
pa·rure /pərúə | -rúə^r; F. pary:r/ *n.* (身につける)一そろいの宝石: a ~ of rubies. 〖《c1425》□ F ~ 《原義》 adornment ← *parer* to prepare, adorn: ⇨ pare, -ure〗
pár válue *n.* (証券などの)額面価額 《face value または単に par ともいう; cf. market value, book value》.
par·va·nim·i·ty /pὰəvənímәṭi | pὰːvənímɪ̬ti/ *n.* 気の小さいこと, 小心. 〖《a1691》← L *parv(us)* small, little +(MAGN)ANIMITY〗
Par·va·ti /pάəvəṭi | pάːvəti/ *n.* 〖ヒンズー教〗 パールヴァティー 《Siva の配偶神; Shakti, Durga, Kali など多くの異名をもつ》. 〖□ Skt *Pārvatī*〗
par·ve /pάəvə | pάː-/ *adj.* =pareve.
par·ve·nu /pάəvənùː, -njùː | pάːvənjùː, -nùː; F. paʁvəny/ *n.* 成金, 成り上がり者 (upstart). — *adj.* **1** 成金の, 成り上がり者の. **2** 成金式の; 成り上がり風の. ★ 女性を指すときは parvenue を用いることが多い. 〖《1802》□ F ~ (n.) ← *parvenir* to arrive < L *pervenīre* to come up, arrive ← PER-+*venīre* 'to COME'〗
par·vis /pάəvɪ̬s | pάːvɪs/ *n.* (*also* **par·vise** /~/) **1** (教会などの)前庭. **2** (教会の入口前の)柱廊 (portico). **3** (教会の)入口前の柱廊の二階. 〖《c1387–95》□ OF *parevis* (F *parvis*) < VL **paravīsum* (変形) ← LL *paradīsus* court in front of St. Peter's in Rome: PARADISE と二重語〗
par·vo·line /pάəvəlìːn, -lɪ̬n | pάːvəlìːn, -lɪn/ *n.* 〖化学〗 パルボリン ($(CH_3)_4C_5HN$) 《腐肉・コールタールなどに存在する》. 〖《1855》← L *parv(us)* small+-OL¹+-INE³〗
pár·vo·vìrus /pάəvoʊ- | pάːvə(ʊ)-/ *n.* 〖病理〗 パルボウイルス 《DNA ウイルスで, 伝染性紅斑の原因である B 19 が含まれる》. 〖《1965》← L *parvus* small+-o-+VIRUS〗
par·vule /pάəvjuːl | pάː-/ *n.* 〖薬学〗 小丸薬, 小顆粒. 〖《1890》□ L *parvulus* (↓)〗
par·vu·lus /pάəvjʊləs | pάː-/ *n.* (*pl.* **-vu·li** /-làɪ/) 〖処方〗 小児 (infant). 〖《1890》□ L ~ 'very small' (dim.) ← *parvus* (↓)〗
par·vus /pάəvəs | pάː-/ *adj.* 〖処方〗 小[少](しょう)の (little). 〖□ L ~ 'small, little'〗
par·y·lene /pǽrəlìːn | -rɪ̬-/ *n.* 〖化学〗 パリレン 《パラキシレン (paraxylene) から作られたプラスチック》. 〖《1965》(短縮) ← PARAXYLENE〗
Par·zi·val /G. páʁtsifal/ *n.* パルツィファル 《Perceval のドイツ語形》. 〖□ (OH)G ~ □ OF *Perceval* 《原義》 he that breaks through the valley ← *percer* 'to PIERCE' +*val* 'VALE¹, valley'〗
pas /pάː; F. pɑ/ *F. n.* (*pl.* ~ /~(z); F. ~/) **1 a** 〖バレエ〗 パ 《バレエのステップの総称》. **b** 舞踏. **2** 《まれ》 先行権, 優先権, 先だち, 上席 (precedence): dispute the ~ 先を争う / give the ~ to …に先[上席]を譲る, …を上席に着かせる / take [have] the ~ of …に先んじる, …の上席に着く. 〖《1707》□ F ~ < L *passum* 'step, PACE¹'〗
PAS /píːèɪés/ *n.* 〖薬学〗 パス (⇨ para-aminosalicylic acid). 〖《1946》← *p(ara-)a(mino)s(alicylic acid)*〗
PAS /píːèɪés/ 《略》 Pregnancy Advisory Service; power-assisted steering.
PA's /píːèɪz/ *n. pl.* 〖登山〗 ピーエーズ 《岩登り用の靴》. 〖← *Pierre Allain* (1904–2000: フランスの登山家・この靴の考案者)〗
Pas·a·de·na /pæ̀sədíːnə/ *n.* パサデナ: **1** 米国 California 州南西部 Los Angeles の近くの都市. **2** 米国 Texas 州南東部 Houston の近くの都市. 〖□ N-Am.-Ind. (Ojibwa) ~ 《原義》 valley town〗
Pa·sar·ga·dae /pəsάəgədìː | -sάː-/ *n.* パサルガデー 《イラン南部, 現在の Shiraz の近くにある廃都; Cyrus 大王が建設した古代ペルシャ初期の首都; Cyrus 大王の墓がある》.
Pa·say /pάːsaɪ; *Tagalog* pάsai/ *n.* パサイ 《フィリピンの Luzon 島南部, Manila 湾に臨む都市》.
pas·cal /pǽskəl, -kl̩, pɑːskάːl | pǽskəl, -kl̩, pæskǽl/ *n.* 〖物理〗 パスカル 《圧力の SI 単位; =1 N^2; 気象用には hPa (ヘクトパスカル)が用いられる; 略 Pa》. 〖《1956》← *Blaise Pascal*〗
Pas·cal /pæskǽl, pɑːs-, ⌐⌐ | pæskǽl, -kάːl, ⌐⌐; F. paskal/ *n.* パスカル 《男性名》. 〖□ (O)F ~ (9 世紀の教皇の名) ← LL *paschālis* 'PASCHAL'〗
Pas·cal, PASCAL /pæskǽl, pɑːs-, ⌐⌐ | pæskǽl, -kάːl, ⌐⌐/ *n.* 〖電算〗 パスカル 《プログラミング教育を目的に開発されたプログラミング言語》. 〖《1971》↓〗
Pas·cal /pæskǽl, pɑːs-, ⌐⌐ | pæskǽl, -kάːl, ⌐⌐; F. paskal/, **Blaise** /bléːz/ *n.* パスカル 《1623–62; フランスの哲学者・数学者・物理学者; *Pensées* 「パンセ」(1670)》.
pascál célery, P- c- *n.* 〖園芸〗 長くて硬い深緑色の柄をそなえた栽培セロリ. 〖?〗
Pascál's láw *n.* 〖物理〗 パスカルの法則 《密閉した流体の一部に加えられた圧力は, 増減なしに流体内のすべての部分に伝達される》.
Pascál's théorem *n.* 〖数学〗 パスカルの定理 《円錐(すい)曲線に内接する六辺形の相対する辺の交点は一直線上にある》.
Pascál's tríangle *n.* 〖数学〗 パスカルの三角形 《$(a+b)^n$ を展開して得られる係数を $n=0, 1, 2, \ldots$ の順に上から下へと三角形状に並べた図式》. 〖1886〗
Pascál's wáger *n.* 〖哲学〗 パスカルの賭け 《神を信じるほうに賭けても失うものはないが, 信じないほうに賭けると, 永遠の生命がもしあるとすれば, 失うものは大きいとする主張; *Pensées* に書かれている》.
Pasch /pǽsk | pάːsk, pǽsk/ *n.* **1** 〖ユダヤ教〗 過ぎ越しの祝い, 過越祭[節] (⇨ Passover 1; cf. Jewish holidays). **2** 〖キリスト教〗 =Easter. 〖《a1131》 *pasche, paske* □ OF *pasche, pasque* (F *pâque*) < VL **pascua*=LL *pascha* □ Gk *páskha* □ Heb. *pésaḥ* Passover ← *pāsáḥ* to pass over〗
pas·chal /pǽskəl, -kl̩ | pǽs-, pάːs-/ *adj.* **1** 過ぎ越しの祝い (Passover) の: the ~ supper (paschal lamb を食べる)過ぎ越しの祝いの晩餐. **2** 〖キリスト教〗 復活祭 (Easter) の. 〖《1427》□ (O)F *pascal* □ LL *paschālis* of the Passover or Easter ← *pascha* (↑): ⇨ -al¹〗
páschal cándle *n.* 〖キリスト教〗 復活祭のろうそく 《聖土曜日 (Holy Saturday) に教会の祭壇に立てられ, キリスト昇天祭 (Ascension Day) の日に消される; Easter candle ともいう》.
páschal flòwer *n.* 〖植物〗 =pasqueflower.
páschal lámb *n.* **1** 〖ユダヤ教〗 過ぎ越しの小羊 《ユダヤ人が過ぎ越しの祝い (Passover) に供える小羊》. **2** [the P- L-] **a** イエスキリスト (Jesus Christ). **b** =Agnus Dei. **3** 〖紋章〗 神の子羊 《紋章図形としては歩行姿勢 (Passant) の子羊が頭上に光輪を戴き, セントジョージ旗 (penon of St. George) の付いた十字の付いた杖をかつぐ形で描かれる》. 〖*c*1430〗
páschal létter *n.* 復活日書簡 《初期キリスト教の patriarch, archbishop または bishop が牧師に宛てた次の復活祭の期日を告げる書簡》.
Pá·schen-Báck effèct /pάːʃənbάːk-; G. pάʃn̩bák-/ *n.* 〖物理〗 パッシェンバック効果 《非常に強い磁場でのゼーマン効果 (Zeeman effect)》. 〖《1923》← *Friedrich Paschen* (1865–1947) & *Ernst Back* (1881–1959): これを発見したドイツの物理学者〗
Páschen sèries *n.* 〖物理〗 パッシェン系列 《水素スペクトル (hydrogen spectrum) のうち赤外線領域に現れる一組の線》. 〖《1967》↑〗
pásch flòwer /pǽsk-/ *n.* 〖植物〗 =pasqueflower.
Pas·cua /*Sp.* páskwa/, **Is·la de** /ízla ðe/ *n.* パスクワ島 《Easter Island のスペイン語名》.
pas d'ac·tion /pάːdæksjɔ̃ː(ŋ), -sjɔ̃ːŋ; F. padaksjɔ̃/ *n.* (*pl.* ~) 〖バレエ〗 パダクション 《バレエの劇中のパントマイムの場面》. 〖《1951》□ F ~ 《原義》 step of action〗
pas de basque /pάːdəbǽsk | pάːdəbάːsk, -bάː-; F. padbask/ *n.* (*pl.* ~) 〖バレエ〗 パドバスク 《横へ移動する技の一つで, 3 拍子で行う 4 つの動きの組合せ; Basque 地方の民族舞踊からとり入れられた》. 〖《1818》□ F ~ 《原義》 Basque step〗
pas de bour·rée /pάːdəbʊréɪ | -də-; F. padbuʁe/ *n.* (*pl.* ~) 〖バレエ〗 パドブーレ 《爪先で立って踏み変えるようなステップ; 一般的な舞踊的な歩き方》. 〖《1914》□ F ~ 《原義》 bourrée step〗
Pas-de-Ca·lais /pάːdəkɑːléɪ, -kæ- | -də-; F. padkalɛ, pa-, -ka-/ *n.* パドカレー(県) 《フランス北部のイギリス海峡および Dover 海峡に臨む県; 面積 6,672 km², 県都 Arras》.
Pas de Ca·lais /pάːdəkæléɪ | -dəkǽleɪ; F. padkalɛ, pa-, -ka-/ *n.* カレー海峡 《Strait of DOVER のフランス語名》.
pas de chat /pάːdəʃάː | -də-; F. padʃa/ *n.* (*pl.* ~) 〖バレエ〗 パドシャ 《空中へ猫のように軽やかに跳ね, 第五ポジションか第四ポジションで床に下りる》. 〖《1914》□ F ~ 《原義》 cat's step〗
pas de che·val /pάːdəʃəvǽl | -də-; F. padʃəval/ *n.* (*pl.* ~) 〖バレエ〗 パドシュバル 《バレエのステップの一つ; 馬がひづめで地面をかくような動きのステップ》. 〖《1916》□ F ~ 《原義》 horse's step〗
pas de cô·té /pάːdəkoʊtéɪ | -dəkəʊ-; F. padkote/ *n.* 〖馬術〗 =two-track. 〖□ F ~ 《原義》 step sideways〗
pas de deux /pάːdədúː, -dɜ́ː | -dədɜ́ː; F. paddø/ *n.* (*pl.* ~ /~(z)/) 〖バレエ〗 **1** パドドゥー, 対舞, 二人舞踏 (cf. pas seul, pas de trois). **2** (グラン)パドドゥー 《クラシックバレエで, アダージョ (adagio), ヴァリアシオン (variation), コーダ (coda) の形式をもつ男女のソリスト 2 名による踊りの構成》. 〖《1762》□ F ~ 《原義》 step of two〗
pas de qua·tre /pάːdəkǽtrə, -kǽt | -də-; F. padkatʁ/ *n.* (*pl.* ~ /~/) 〖バレエ〗 パドカトル, 四人の舞踊 (cf. pas seul, pas de deux, pas de trois). 〖《1882》□ F ~ 《原義》 step of four〗
pas de trois /pάːdətrwάː | -də-; F. padətʁwa/ *n.* (*pl.* ~ /~(z)/) 〖バレエ〗 パドトロワ, 三人の舞踊 (cf. pas seul, pas de deux, pas de quatre). 〖《1762》□ F ~ 《原義》 step of three〗
pas du tout /pάːdjutúː; F. padytu/ *F. adv.* 少しも…で[し]ない. 〖□ F ~ 'not at all'〗
pa·se /pάːseɪ; *Sp.* páse/ *n.* パセ 《闘牛士による, 牛を誘いその突進をあやつる赤い布の動き》. 〖□ Sp. ~ 《原義》 a pass, feint ← *pase* let him pass (3rd sing. pres. subj.) ← *pasar* 'to PASS¹'〗
pa·se·ar /pàːseɪάə | -άː^r; *Sp.* paseár/ *n.*, *vi.* 《米南西部俗》 散歩(する). 〖《1840》□ Sp. ~ 'to take a walk' ← *paso* step〗
pa·se·o /pəséɪoʊ, pɑː- | -séɪəʊ; *Sp.* paséo/ *n.* (*pl.* ~**s**) **1** (特に夕方の)散策. **2** 散歩道, 並木道. **3** (闘牛士の正式の)入場行進. 〖《1832》□ Sp. ~ ← *pasear* (↑)〗
pas glis·sé /pάːgliːséɪ; F. paglise/ *n.* 〖バレエ〗 パグリセ 《床の上を滑りながら両足の位置を換えるステップ》. 〖□ F ~ 《原義》 slided step: cf. glissade〗
pash¹ /pǽʃ/ *n.* 《英俗》 熱心, 熱狂; 女学生的熱中 (crush)〔*for*〕. 〖《1914》(略) ← PASSION〗
pash² /pǽʃ/ 《英方言》 *vt.* **1** 投げつける, ぶつける (dash). **2** こなごなにする (shatter). **3** 激しくたたく, なぐる. — *vi.* 激しくぶつかる. — *n.* **1** 激しくぶつかること; どしんと落ちること. **2 a** 豪雨[雪]. **b** 軟らかい[どろどろの]塊. 〖《a1376》 *passche(n)*: (擬音語)?〗
pash³ /pǽʃ/ *n.* 《スコット》 頭 (head). 〖1610〗
pa·sha, P- /pάːʃə, pǽʃə, pəʃάː; *Turk.* paʃa/ *n.* パシャ 《オスマン帝国の文武高官, またその称号》: the ~ of one tail [two tails, three tails] 一[二, 三]本尾のパシャ 《馬の尾を旗じるしにした; 三本尾は最高級》 / a ~'s standard パシャの旗じるし. 〖《1646》□ Turk. *paşa* (変形)? ← *başa* ← *baş* head, chief: cf. bashaw〗
pa·sha·lik /pəʃάːlɪk, pάːʃə-; *Turk.* paʃalik/ *n.* (*also* **pa·sha·lic** /~/) パシャ (pasha) の管轄区[権]. 〖《1745》□ Turk. *Paşalik* title or rank of pasha ← *paşa* (↑)+ -*lik* (性状を示す接尾辞)〗

pash·im /pǽʃiːm/ *n.* ＝pashm.

pash·ka /pǽʃkə/ *n.* ＝paskha.

pashm /pǽʃm/; *Hindi* pəʃəm/ *n.* パシーム《チベットやぎなどの下腹の毛; カシミヤショールなどを作る》. 〘《1880》□ Pers. *pašm* wool〙

pash·mi·na /pʌʃmíːnə/ *n.* ＝pashm.

Pash·to /pɑ́ːʃtou, pʌ́ʃ- | pʌ́ʃtəu, pǽʃ-/ *n.* (*also* **Pashtu** /-tuː/) **1** パシュト語《アフガニスタンの公用語でパキスタンでも使用; 印欧語族のイラン語派に属する; Afghan ともいう》. **2** (*pl.* ～, ～s, -tu, -tus) パシュト語を話す人 (⇨ Pashtun). ― *adj.* パシュト語(を話す人)の. 〘《1784》□ Pers. *pashtu* □ Pashto *paštó*《原義》? border(people)〙

Pash·tun /pɑʃtúːn, pʌʃ- | pʌʃ-, pæʃ-/ *n.* (*pl.* ～, ～s) **a** [the ～(s)] パシュトゥーン族《アフガニスタン南東部およびパキスタン北西部にすむパシュト語 (Pashto) を話す民族; スンニー派のイスラム教徒; Pathan ともいう》. **b** パシュトゥーン族の人. 〘□ Pashto *Paštún*: *cf. Pathan*〙

Pa·šić /pǽʃɪtʃ/, **Nicola** *n.* パシッチ《1845–1926; セルビア・ユーゴスラビアの政治家; 1891 年よりセルビア王国首相に 5 度就任し, 首相在任中にバルカン戦争と第一次大戦を迎える; 終戦後もセルビア人クロアチア人スロベニア人王国首相 (1921–24, 24–26) を務めた》.

Pa·sio·na·ri·a /pɑ̀ːsjounɑ́ːriə | -sjə(u)-; *Sp.* pasjonárja/, **La** *n.* パシオナリア《1895–1989; スペインの共産党指導者; 国外追放となり旧ソ連に在住 (1939–75); 本名 Dolores Ibarruri》.

Pa·siph·a·ë /pəsífəiː | -fiː, -feɪː/ *n.* **1** 〘ギリシャ神話〙パシファエー《Minos の妻で Ariadne の母; 海神 Poseidon から Minos に授けられた白い雄牛と交わって Minotaur を産んだ》. **2** 〘天文〙パシファエー《木星 (Jupiter) の第 8 衛星》. 〘□ L ～ □ Gk *Pāsiphaē* ← *pāsiphaēs* shining for all ← *pāsi* for all＋*pháos* (n.) light〙

pas·kha /pǽskə/; *Russ.* pásxə/ *n.* パスハ《復活祭の時に食べるチーズ・クリーム・アーモンドなどの入ったロシア風デザート》. 〘《1919》□ Russ. ～ 'Easter, Passover' □ Gk *páskha* □ Aram. *piṣḥā* Passover □ Heb. *pesaḥ*〙

pas·mo /pǽzmou | -məu; *Sp.* pázmo/ *n.* (*pl.* ～s)〘植物病理〙《子嚢菌類の *Mycosphaerella linorum* による》アマの病気《種子・茎・葉などが冒され, 繊維の収穫に大害を受ける》. 〘《1926》□ Am.-Sp. ～ ← Sp. *pasmo* temporary paralysis < L *spasmum* 'cramp, SPASM'〙

Pas·more /pǽsmɔə | pɑ́ːsmɔː(r, pǽs-/, (**Edwin John**) **Victor** *n.* パスモー《1908–98; 英国の画家》.

pa·so do·ble /pɑ̀ːsoudóubleɪ | pæ̀səudə́u-; *Sp.* pásoðóβle/ *Sp. n.* (*pl.* ～s, **pa·sos do·bles** /pɑ̀ːsousdóubleɪs | -səusdə́u-; *Sp.* pásosðóβles/) **1** パソドブレ, パソドーブル《スペインの行進曲風の 6/8 拍子の舞曲; 闘牛場で行進曲として演奏される》. **2** その舞曲による社交ダンス. 〘《1927》□ Sp. ～《原義》double pace〙

Pa·so·li·ni /pɑ̀ːsoulíːni | pæ̀sə(u)-; *It.* pazolíːni/, **Pier Paolo** *n.* パゾリーニ《1922–75; イタリアの作家・映画監督》.

pas op /pɑ́ːsɑ(ː)p | -ɔp/ *int.* 《南ア》[命令形・不定詞で用いて] 用心しろ, 気をつけろ (beware, look out). 〘《1835》□ S. Afrik. ～ ← Du. *oppassen* to be careful ← *op* 'at. on; UP'＋*passen* to take care; be suitable〙

pas·pa·lum /pǽspələm | pæspéɪ-/ *n.* 〘植物〙イネ科スズメノヒエ属 (*Paspalum*) の種々の植物の総称《主に南米原産; オーストラリア・ニュージーランド・米国などで牧草として栽培される》. 〘《1772》← NL ← Gk. *páspalos* millet〙

Pas·qua·le /pæskwɑ́ːli; *It.* paskwáːle/ *n.* パスクワーレ《男性名》. 〘□ It. ～ ← LL *paschālis* 'PASCHAL'〙

Pas·qua·li·na /pæ̀skwəlíːnə; *It.* paskwalíːna/ *n.* パスクワリーナ《女性名》. 〘□ It. ～: ⇨ ↑, -ina²〙

pásque·flòwer /pǽsk- | pǽsk-, pɑ́ːsk-/ *n.* 〘植物〙オキナグサ《キンポウゲ科オキナグサ類の数種の総称》; 《特に》セイヨウオキナグサ (*Anemone pulsatilla*)《paschal flower ともいう》. ★ 米国 South Dakota 州の州花. 〘《1578》← *Pasque* (《変形》← PASCH)＋FLOWER ∞ 《古》*passe-flower* □ F *passefleur* surpassing flower: 本草学者 John Gerarde の命名による変形〙

pas·quil /pǽskwɪl | -kwɪl/ *n.* ＝pasquinade. 〘《1533》← NL *pasquillus* □ It. *pasquillo* (dim.) ← *Pasquino* (↓)〙

pas·qui·nade /pæ̀skwənéɪd | -kwɪ-/ *n.* **1** (目立つ所に掲げた)諷刺, 落首(らくしゅ) (lampoon). **2** (通例政治的な)諷刺, 皮肉 (satire). ― *vt.* 諷刺する (lampoon), 皮肉る (satirize). 〘《1592》□ F ～ □ It. *pasquinata* ← *Pasquino* (1501 年ローマで掘り出された像の名で一年に一度これを飾り立てて落首をはりつけた)〙

pàs·qui·nád·er /-ḍə | -də(r/ *n.* 諷刺家, 皮肉屋. 〘《1862》〙

pass¹ /pǽs | pɑ́ːs/ *vi.* **1 a** [しばしば方向の副詞語句を伴って] 通る, 通って行く (move on); 通り過ぎる, 渡って行く (go by); 〈道路・川などが〉通じる, 走る: Just let me ～. ちょっと通して下さい / Please call if you are ～*ing*. お通りの折はお立ち寄り下さい / The procession has just ～*ed* (*by*). 行列はたった今通った / *Pass along* [*down*], please. 中ほどへお進み下さい《バスの車掌の言葉》/ A cloud ～*ed across* the sky [*out of* sight]. 一片の雲が空をよぎって行った[移動して見えなくなった] / We met and parted like ships ～*ing* in the night. 夜通り過ぎる船のように会って別れた / An extremely startled look ～*ed over* his face.＝Over his face (there) ～*ed* an extremely startled look. 実にはっとしたような表情が彼の顔を走った / The river ～*ed through* the town. その川が町を貫いて流れていた / There was a road ～*ing around* the hill. 丘をめぐって一本の道路が通じていた. **b** 〈車が〉(他の車を)追い越して行く (cf. overtake): A sports car ～*ed* on the left. スポーツカーが左側を追い越して行った / No ～*ing* permitted. 追越し禁止.

2 a 〈時間・年月などが〉たつ, 経過する (elapse): How quickly time ～*es*! 時のたつのは何と早いことだろう. **b** 立ち去る (go away), 消え去る, 終わる (cease) 〈*away*〉: Wait until the typhoon ～*es*. 台風が止(や)むまでお待ちなさい / The pain is ～*ing*. 痛みがなくなってきた / Don't let this opportunity ～! この機会を逃すな / The matter had ～*ed from* my memory [*into* oblivion]. その事は記憶から[忘却の彼方へと]消え失せていた. **c** 世を去る, 死ぬ (die); 滅亡する: He has ～*ed* hence [from among us]. 彼はこの世を去った[我々の中から消え去った] / Kingdoms and nations ～. 国王も国民も一度は滅びる. ★ 通例 die に代わる婉曲表現として, PASS *on*, PASS *away*, PASS *over* を用いる.

3 (試験などに)受かる, 合格する, 及第する (↔ fail); (検査などに)パスする: He took the annual examination and barely ～*ed*. 学年試験を受けてすれすれのところで合格した.

4 〘スポーツ〙ボール[パック]を(味方の選手に)パスする.

5 〈議案などが〉通過する, 可決される: The proposal ～*ed* by unanimous vote [unanimously]. その提議は満場一致で可決された.

6 a (人から人へ)次々に受け渡される, 回る, 言いふらされる; (場所から場所へ)転々とする: The wine ～*ed from* hand *to* hand [～*ed* around the table]. ワインが手から手へと[次々と食卓全体へ]回された / traditions that have ～*ed* (*down*) from generation to generation 代々受け継がれてきた伝統 / The lecture ～*ed from* topic *to* topic. 講義は次から次へと話題が移った / The news ～*ed through* the crowd within minutes. そのニュースは数分のうちに群衆中に伝わった. **b** 〈貨幣などが〉通用する (be current): A Bank of England note used to ～ anywhere. イングランド銀行紙幣は以前はどこでも通用したものだ.

7 a 〈言葉などが〉出る, 発せられる: The words ～*ed* unnoticed. その言葉をだれも気に留めなかった. **b** 〈言葉・手紙などが〉交わされる (be interchanged) 〔*between*〕: Many letters [words, glances] ～*ed between* us. たくさんの手紙[言葉, 視線]が我々の間で交わされた. **c** 《文語》〈事が〉起こる, 生じる (happen): What has ～*ed* between them? 彼らの間に何があったのか.

8 推移する, 変化する, 変形する (change): Water will ～ *from* a liquid *to* a gaseous state. 水は液体から気体に変わる / Daylight was ～*ing into* darkness. 昼の明かりが失せて暗闇になってきていた.

9 〈財産所有権などが〉(法的に)移行する, 渡る (be transferred); 〔…の〕管轄[所有]に移る, 〔…へ〕移管される〔*to*, *into*〕: The title of the house ～*ed to* a bank. その家の所有権は銀行の手に渡った / The farm ～*ed* (*down*) *to* his son [*into* the hands of the state]. 農場は彼の息子の所有となった[州の管轄に移された] / The institution has ～*ed from* county *to* state control. その施設は郡から州へ移管された.

10 a 〔実際でないものに〕見なされる, (誤って)認められる〔*as*, *for*〕; 〔…の名で〕通る〔*by*, *under*〕: It would ～ *as* [*for*] an ancient relic. それは古代の遺物として通用しよう / She could ～ *for* five years younger. 彼女は実際より五つ若く言っても通る / They ～*ed for* (being) a very devoted couple. 世間では彼らは心から愛し合っている夫婦として通っていた / He ～*ed by* [*under*] the name of Bloggs. 一般にブロッグズという名前で知られていた. **b** (代用として)何とか役立つ, 間に合う〔*for*〕: His morning coat is somewhat shabby, but it will ～. 彼のモーニングはちょっと着古してはあるが, 何とか間に合おう. **c** 《米》〈黒人の血を引く者が〉白人として通る.

11 〈言動などが〉大目に見られる, 不問に付される (go unchallenged): That won't ～. それは承認[黙認]できない / Let the insult ～. 失敬な言動だがほうっておけ[大目に見よう] / The statement was allowed to ～ (without comment). その言葉[声明]は(評言なしで)不問に付された.

12 〘法律〙**a** 〈陪審員が〉検分[検死]に立ち会う; 審理に立ち会う〔*on*, *upon*〕: A jury ～*ed on* the issue. 陪審がその問題の審理に立ち会った. **b** 〈陪審員が〉判決[裁決]に立ち会う[陪席する]〔*between*〕. **c** 評決[判決]を下す, 裁決する (adjudicate)〔*on*, *upon*〕: The jury found it difficult to ～ *on* the case. 陪審はその件について評決することが困難であると考えた. **d** 判定[鑑定]を下す, 見解を述べる〔*on*, *upon*〕: He ～*ed on* the authenticity of the handwriting. その書の真正性の鑑定をした. **e** 〈陪審員が〉〈陪審の〉一員として法廷に出る, 〔陪審の〕職責を務める〔*on*, *upon*〕: He undertook to ～ *on* the jury. その陪審員の一人になることを引き受けた. **f** 〈判決が〉宣告される, 言い渡される〔*against*, *for*〕.

13 〘トランプ〙パスする《自分の番のビッドやプレーの権利を放棄して次番へ回す》; (ポーカーで)下りる, 手を引く.

14 〈便が〉排泄(はいせつ)される.

15 《廃》〘フェンシング〙突きを入れる (make a thrust).

16 〘遊戯〙(クラップス (craps) で)さいころを振って勝つ.

― *vt.* **1 a** 通り過ぎる[越す] (go by); (同一方向へ向かって)追い越す[抜く]: Have we ～*ed* Kyoto [the station] yet? 京都[駅]はもう通過しましたか / I ～*ed* him in the street. 通りで彼のそばを追い越して行った[彼とすれ違った] (cf. PASS *by* (*vi.*)) / We ～*ed* each other in the street. 通りですれ違った / John ～*ed* all the other runners in the homestretch. ジョンはホームストレッチで他の走者を追い抜いた / Several cars ～*ed* me on the highway. 幾台かの車が幹線道路で私(の車)を追い越して行った. **b** 〈境界・段階などを〉過ぎる; 〈飲食物が〉〈…のくちびるを〉通る; 〈言葉が〉〈…のくちびる〉から発せられる: Those people had not ～*ed* the barbaric stage yet. それらの人々はまだ未開人の段階を脱していなかった / We have ～*ed* that page. そのページは済んだ / For the past four days neither food nor drink has ～*ed* his lips. この 4 日間食べ物も飲み物も全然彼ののどを通ることがなかった / Not a word ～*ed* my lips. 一言も口にしなかった.

2 通過させる; 行進して通らせる: They readily ～*ed* us *through* (the) customs. 我々はすぐに税関を通してもらった / The general ～*ed* the troops in review. 将軍は部隊を分列[観閲]行進させた[閲兵した].

3 a …の中を通る, 通り抜ける (go through): They succeeded in ～*ing* the enemy lines. 彼らは無事に敵の前線を突破した. **b** 横切る, 越える, 渡る (cross, traverse): They succeeded in ～*ing* the frontier. 国境を無事に越えた.

4 a [しばしば二重目的語を伴って] (順に)渡す, 回す: Please ～ the butter. バターをお回し下さい / *Pass* me the sugar, please. 砂糖を取って下さい / Read this and ～ it (*on* [*round*, *along*]) *to* Dick. これを読んで順にディックの所まで回して下さい / ⇨ *pass the* HAT. **b** (次々に)移転[移動]させる, 送る (transfer), 伝える (convey, transmit): ～ the word (順々に)命令を伝える / The disease was ～*ed* (*down*) *to* her presumably by [*from*] her mother. その病気は恐らく母親から彼女に遺伝したものだろう / The infection was ～*ed on to* everyone in the class. その伝染病はクラス全員に広まった / Information was ～*ed in to* the Government. 政府に情報が寄せられた.

5 〘スポーツ〙〈ボール・パックを〉〈相手へ〉パスする〔*to*〕: ～ the ball forward (ラグビーで)ボールを前方パスする / The quarterback ～*ed* me the ball [the ball *to* me] クォーターバックは私にボールをパスした.

6 a 〈試験・検査などに〉に合格する (cf. pass degree): That year I took the bar examination and ～*ed* it. その年私は弁護士試験を受けて合格した / ⇨ *pass* MUSTER. **b** 〈受験者・答案などを〉合格させる: The examiners ～*ed* him [his performance]. 試験官は彼[彼のできばえ]を合格とした / The doctor ～*ed* me (*as*) fit for work. 医者は勤めに出かけても大丈夫だと言ってくれた. **c** 《まれ》見過ごす, 見逃す, 大目に見る (overlook).

7 a 〈日時を〉過ごす (spend); (特に, 退屈しないで)〈時を〉過ごす: ～ the time reading a book＝read a book to ～ the time 本を読んで時間を過ごす / ⇨ *pass the* TIME *of day*. **b** 《まれ》経験する, …の目に遭う (undergo).

8 a 〈判決を〉宣告する (pronounce); 〈判断・評価を〉下す, 〈意見を〉述べる (give)〔*on*, *upon*〕: ～ sentence *on* the convicted man 有罪と決まった男に判決を言い渡す / You will have to wait 30 or 50 years before ～*ing* judgment *on* this novelist. この小説家に評価を下すには 30 年ないし 50 年を待たねばなるまい. **b** 〈言葉を〉発する, 述べる (utter): It would be impertinent to ～ any remarks [comments] *on* your latest work. 近作について意見を述べるのは無礼になるでしょう.

9 [目的語＋前置詞付きの句を伴って] 〈手などを〉動かす; 〈目を〉ざっと通す (run, move); 〈縄などを〉掛ける, 巻く; 〈針などを〉通す: He ～*ed* his hand *over* his head. 手で頭をなでた / ～ one's eye *over* a document 文書にざっと目を通す / ～ a cloth *over* the top of a table テーブルの上にクロスを敷く / *Pass* the rope *over* the pulley. 滑車に縄を掛けなさい / He ～*ed* a comb *through* his hair. 髪をくしけずった / ～ the liquid *through* a filter その液体を濾過(ろか)器に流し込む / He ～*ed* his card *across* the table. カードをテーブルの上でぐっと押しやった / ～ a rope *around* the cask たるに縄を掛ける.

10 (…の範囲・限界を)越える, 超過する (exceed); (程度・性質において)しのぐ, …にまさる (excel)〔*in*〕: It ～*ed* all expectations [belief]. 全く思いもかけぬ[信じられない]ことだった / ～ one's understanding [comprehension] 人の理解を超える, 人に理解できない / He ～*ed* his rival *in* the polls. 彼は対抗馬の票数を上回った.

11 〘法律〙〈財産所有権などを〉譲渡する (transfer): ～ the title to an estate 土地の所有権を譲渡する.

12 a [しばしば二重目的語を伴って] 〈にせ金などを〉流通[通用]させる: ～ counterfeit money [stolen goods] にせ金[盗品]を流通させる / He ～*ed* me a bad check. 彼は私に不渡り小切手を振り出した. **b** 〈うわさなどを〉流布する, 広める: Somebody ～*ed* malicious gossip about the neighborhood. だれか近所に悪意のあるうわさを流した者がいた.

13 a 承認する, 認可する; 〈法案などを〉可決する, 認定する (authorize): The Commons ～*ed* the Bill. 下院は法案を可決した / The Rural Development Act was ～*ed* by Congress in 1968. 田園開発法案は 1968 年に議会を通過した / He always ～*es* the final proofs of the magazine personally. 彼はいつも雑誌の最終校正に自ら目を通して校了とする. **b** 〈法案などが〉…で可決される, 通過する: The bill ～*ed* the committee [House]. 議案は委員会[下院]を通過した / The film ～*ed* the censors. その映画は検閲官の審査を通った.

14 〈便を〉出す, 排泄(はいせつ)する (void): ～ water [urine] 小便をする (urinate) / ～ blood 血便をする / ～ a stone 結石を(尿と一緒に)出す.

15 a 《米》〈配当〉の支払いを抜かす, 無配にする (cf. dividend 1). **b** 〈書物・物語などの一部などを〉飛ばす, 抜かす, 外す (leave out, skip): Let's ～ the preface and go on the first chapter. 序説は飛ばして第 1 章に入ることにしましょう.

16 〘野球〙フォアボールで〈打者を〉一塁に歩かせる.

17 〘テニス〙〈相手を〉パスする《ネット際の相手のサイドを抜く; cf. passing shot》.

18 (手品で)〈トランプカードなどの位置を変える, すり変える; 手品を使って〈人を〉欺く.

19 《古》誓って言う, 〈誓いを〉立てる (pledge): ～ one's word *to* do … [*that* one will do …] …すると誓約する /

P

〜 one's oath 誓いを立てる.
bríng to páss ⇨ *n.* 成句. ***cóme to páss*** ⇨ *n.* 成句.
páss alóng (*vi.*) ⇨ *vi.* 1 a. —(*vt.*) (1) ⇨ *vt.* 4 a. (2) ＝PASS *on* (*vt.*) ***páss awáy*** (*vi.*) (1) 終わる, 止む (pass off); 消え去る, 消滅する (vanish) (cf. *vi.* 2 b); 死ぬ (cf. *vi.* 2 c) (⇨ die SYN): My embarrassment was 〜*ing away*. 気まずい思いも次第に消え去って行った / That night she 〜*ed away*. その夜彼女は息を引き取った. (2) 〈時が〉過ぎ去る, たつ (elapse). (3) 《古》立ち去る (depart). —(*vt.*) 〈時を〉(楽しく)過ごす (spend). 《*c*1375》
páss báck 返す, 戻す (return): Could you please 〜 me *back* the sugar [〜 the sugar *back to* me]? 砂糖を返していただけませんか / Let me 〜 you *back to* Broadcasting House. マイクを (BBC) 放送会館に戻しましょう《リポーターの言葉》. ***pass by*** (*vi.*) **a** [《*vi.*＋*adv.*》〜 bý] (そば[前]を)通り過ぎる (go past) (cf. *vi.* 1 a, *vt.* 1 a): 〜 *by* on the other side 困っている人を見て見ぬふりをする《助けようとしない》. **b** [《*vi.*＋*prep.*》〜 by …] 〈建物などの〉前を通り過ぎる: She 〜*ed* right *by* my door. 彼女は私の家のすぐ前を通って行った. —(*vt.*) [《*vt.*＋*adv.*》〜 bý] (1) …に目もくれずに通り過ぎる, …の前を素通りする; 無視する (ignore): He 〜*ed* me *by* [〜*ed by* me] without even a nod. 会釈もしないで私の前を通り過ぎて行った. (2) 〈難しい箇所などを〉飛ばす, 抜かす (omit), 避ける (avoid): You must not 〜 the problem *by*. その問題を避けて通ってはならない. (3) 〈人生などが〉〈人〉に楽しみ[報酬]をもたらさずに過ぎる: He feels as if life is [was, were] 〜*ing* him *by*. 人生が(機会を与えず)自分の前を素通りして行っているように感じる. 《*c*1390》 ***páss dówn*** (*vi.*) ⇨ *vi.* 1 a, 6 a, 9. —(*vt.*) 代々伝える (hand down) (cf. *vt.* 4 b): traditions that have been 〜*ed down* from generation to generation 代々受け継がれてきた伝統 (cf. *vi.* 6 a). ***páss ín*** (*vi.*) (1) (合格して学校などに)入る〔*to*〕. (2) 中へ進む, 入る. —(*vt.*) (1) 中に通す, 入れる. (2) 〈答案などを〉提出する. ***páss óff*** (*vi.*) (1) 〈感覚などが〉次第に消えさる, 弱まる, 止(ゃ)む (cease): The pain is 〜*ing off*. 苦痛はだんだん弱まって来た / The storm soon 〜*ed off*. 嵐は間もなく止んだ. 《1845》 (2) 〈手続き・会合などが〉(うまく)行われる, (無事に)終了する, 済む: The meeting 〜*ed off* smoothly. 会合は順調に行われた / The evening 〜*ed off* without any untoward incidents. 夜会は終始滞りなく進行した. 《1787》 —(*vt.*) (1) 〈偽物などを〉出回らせる, 売りつける, つかませる (palm off); 〈偽物などを〉だまして通用させる: He 〜*ed off* the picture [〜*ed the picture off*] *on* her *as* a genuine Rembrandt. 彼は彼女にその絵が本物のレンブラント作だと言って売りつけた. (2) [〜 one*self off* で] 〈人が〉偽者[替え玉]で通る, 〔…に〕なりすます〔*as*〕: He 〜*ed himself off as* a poet. 彼は詩人になりすました. (3) 〈人の言葉などを〉さりげなくかわす, 受け流す: I 〜*ed off* the accusation with a laugh. その非難を笑って受け流した. 《1799》 ***páss ón*** (*vi.*) (1) 先へ進む, 前進する (proceed), 〔…に〕移行する (move on); 〔人手に〕渡る〔*to*〕: Let us now 〜 *on to* the next subject. さて次の主題に進むことしましょう. (2) 死ぬ (die) (cf. *vi.* 2 c). 《*a*1325》 —(*vt.*) (1) (順に)伝える, 〔次へ〕回す (hand on) 〔*to*〕 (cf. *vt.* 4 a). (2) 〈生産費節減などの恩恵に浴させる, 〈生産費高などの〉とばっちりを受けさせる〔*to*〕: Some of the savings should be 〜*ed on to* the public in [as, through] lower fares. その節約分のいくらかは一般大衆に運賃値下げという形で還元されるべきものだ. 《1791》 ***páss óut*** (*vi.*) (1) 立ち去る (depart); 《比喩》消えてしまう, 消滅する (die). (2) 《口語》意識を失う, 気絶する (faint); 酔いつぶれる: Three of the men 〜*ed out* from heat exhaustion. 男たちのうち 3 人が熱射病で倒れた / Just a couple of drinks and he 〜*ed out*. たった二, 三杯飲んだだけで, 彼は酔いつぶれた. (3) 《英》(特に, 陸軍士官学校を)卒業する (graduate). 《?*a*1300》 —(*vt.*) (1) (無料で)配布する, 配る (distribute, hand out). (2) 《英》〈陸軍士官学校の卒業生を〉部隊に配置する. (3) 〘トランプ〙パスアウトする: 〜 *out* the deal その回を流す《配られた手を 4 人ともパスして勝負なしにする》. ***páss óver*** (*vt.*) (1) (採用・昇進などから)はずす, 除外する (leave out): They always 〜*ed* me *over* [〜*ed over* me] for promotion. いつも昇進からははずされた《★ over を前置詞と見ることもできる》. (2) 無視する, 見て見ぬふりをする, 大目に見る (disregard): I've decided to 〜 it *over* [〜 *over* it] in silence. 黙ってそれを無視することにした《★ over を前置詞と見ることもできる》/ The murder was soon 〜*ed over* in the press for more exciting topics. その殺人事件は新聞では間もなく無視されてより煽情的な話題のかげに姿を没するようになった. (3) 〈機会などを〉取り逃す, 見逃す (pass up). 《*c*1380》 —(*vi.*) (1) …を復習する, 総ざらいする (review). (2) …を避けて通る, 回避する (avoid): 〜 *over* a problem 問題を避けて通る. (3) 《まれ》死ぬ (die) (cf. *vi.* 2 c). 《*a*1330》 ***páss thróugh*** (1) (泊まらずに)〈町などを〉ざっと見て行く, (…を)素通りする (cf. *vi.* 1 a): I'm just 〜*ing through* (this town). 私はただ(この町を)通りかかっただけです. (2) 〈学校・養成所などの〉課程を修了する, …を出る. (3) 〈試練の歳月・逆境などを〉経験する, 切り抜ける: They have 〜*ed through* the difficult years. 彼らはその困難な歳月を切り抜けて来た. 《*a*1325》 ***páss úp*** (1) (上にいる人に)持ち上げて渡す, 上へ取ってやる. (2) 《口語》〈申し出などを〉断る, 辞退する (decline); 〈機会などを〉放棄する, 逸する, 逃す (let go by): 〜 *up* a chance for [of] promotion 昇進の機会を取り逃がす / Don't 〜 *up* going there. 次の機会にはぜひそこへ行って見たまえ. (3) 〈人を〉顧みない, 無視する. 《1896》
— *n.* **1 a** 通行[入場, 入国, 入港]許可証; 無料入場[乗車]券, パス (free ticket): a free 〜 無料乗車[入場]券 / a season 〜 *to* the theater シーズン中有効のその劇場の入場券 / issue [cancel] a 〜 パスを発行する[無効にする] / a rail [bus] 〜 鉄道[バス]の無料乗車券. **b** 〘軍事〙(軍事施設や前線陣地の)出入許可証, 通行証; (下士官兵に対する普通 72 時間以内の)外出許可(証): on a weekend 〜 to London ロンドンへの週末の外出許可で. **c** 通行, 通過 (passage). **2 a** (試験・教科課程の)合格; 合格点, 及第点, 合格証: a 〜 (grade [mark]) in the course [in the exam, on the exam] その授業[試験]の合格点. **b** 《英》(大学での優等でない)及第, 合格: ⇨ pass degree. **3** 〘球技〙 **a** パス; パスしたボール[パック]: throw [complete, intercept] a forward 〜 前方パスを投げる[に成功する, を横取りする]. **b** (テニス・パドルボールで)相手のサイドを抜くボール, パス. **4** (窮迫した)形勢, (困難な)状況 (predicament), 危機 (crisis): Things have come to a (strange [pretty]) 〜. 困った事態に立ち至った / at a critical 〜 きわどい羽目に / Things got to [reached] such a 〜 that they seemed hopeless. 事態はどうしようもないほどの危機に立ち至った. **5** 〘航空〙(ある地点・地域の)上空通過(飛行); (目標をめがけての)急降下飛行: The plane made a few low 〜*es* over the city. その飛行機は市の上空を数回低空飛行した. **6 a** 努力, 試み, 一当たり (effort, try): Let's make [have] a 〜 *at* it. ひとつやって見よう. **b** 《口語》(異性に)いやらしく[なれなれしく]近寄ること, 色目を使うこと (amatory gesture): make a 〜 *at* a girl 女の子に言い寄る. **7 a** (奇術で物の上[前]などへ)手をやる[回す]こと (manipulation); (催眠術での)手の動き. **b** (手品での)品物のすりかえ; 手品, トリック (juggling). **8** 〘野球〙フォアボール, 四球 (base on balls). **9 a** 〘フェンシング〙突き (thrust): make a 〜 ひと突きする. **b** 《口語》(特に, 的に届かない)手での突き (jab). **10** 〘トランプ〙パス, パスという宣言 (⇨ pass[1] *vi.* 13). **11** 〘遊戯〙(クラップス (craps) で)勝ちとなるさいのふり, さいの目の組合わせ. **12** 〘機械〙パス《工作物の表面を切削工具により一定の切込みで一回削り終わること》. **13** 〘闘牛〙＝pase. **14** 《古》(機知の)ひらめき, 当意即妙 (ingenious sally).
bring to páss 《古》引き起こす; 実現[成就]させる (fulfill): *bring* a reconciliation *to* 〜＝bring *to* 〜 a reconciliation 和解を成立させる. 《1523》 ***cóme to páss*** 《文語》〈事が〉起こる (happen); 〈予想などが〉実現する (be fulfilled): It *came to* 〜 that …ということになった《★ 欽定英訳聖書 (A.V.) の説話体常套語法》. 《1481》《★ 上記二つの句の to pass はしばしば動詞の不定詞とみなされる.
〖v.: 《*c*1300》 *passe(n)* □ (O)F & AF *passer* < VL **passāre* ← L *passus* 'PACE[1]'. — n.: 《1481》 *passe* □ (O)F *passe* ← *passer* (v.): 一部は v. の転用〗
pass[2] /pǽs | pɑ́:s/ *n.* **1 a** 山路, 山道, …峠, …越え: the Simplon *Pass* (イタリア・スイス間の)シンプロン峠 / the Khyber *Pass* (パキスタン・アフガニスタン間の)ハイバル峠. **b** (障壁などを通じる)狭い通路. **c** 〘軍事〙隘路(あいろ). **2** (河口・三角洲などの)船の通れる道, 水道, 水路; 渡し (ferry); 渡河点, 渡し場 (ford). **3** 横道, 小路 (byway). **4** (ダムに設けてある)魚道 (fishway). **5** 《古》主義[利益]を擁護する. ***séll the páss*** (1) 地位を譲る. (2) 主義に背く[を裏切る]. 《1850》 〖《*a*1325》 *pas* □ (O)F *pas* < L *passum* 'PACE[1]': 現在の語形は PASS[1] (v.) の影響〗
pass. 《略》passage; passenger; passim; 〘文法〙passive.
Pass. 《略》Passover.
pass·a·ble /pǽsəbl̩ | pɑ́:s-/ *adj.* **1** どうにか合格できる; まずまずの, 間に合う, 普通の: a 〜 knowledge of science. **2** 〈道など〉通れる, 通行できる, 越せる; 〈川など〉渡れる: a 〜 stream, road, forest, etc. / The river is 〜 in boats. その川はボートで渡れる. **3** 〈貨幣など〉通用する, 流通する: a 〜 coin. **4** 〈法案など〉可決[通過]できる: a 〜 bill. **〜·ness** *n.* 〖《1413》 □ (O)F 〜 ← *passer* 'to PASS[1]': ⇨ -able〗
páss·a·bly /-səbli/ *adv.* **1** ほどほどに, まずまず. **2** 満足のいく程度に, かなり上手に. 〖《*a*1610》: ⇨ ↑, -ly[1]〗
pas·sa·ca·glia /pɑ̀:səkɑ́:ljə, pæ̀sə-, -kǽl- | pæ̀səkɑ́:liə, -kǽljə/ *n.* 〘音楽〙パッサカリア: **a** 3 拍子の落ち着いたスペイン起源のイタリアの舞曲; 数小節の低音部主題が全曲にわたって反復演奏される変奏曲となった. **b** その舞踏. 〖《1659》 □ F *passacaille* □ Sp. *pasacalle* ← *pasar* 'to PASS[1]'＋*calle* streets: 街頭で演奏されたことから: 今の形は It. *passagaglia* (□ Sp. *pasacalle*) の影響〗
pas·sade /pəséɪd | pæ-, pə-/ *n.* **1** 〘馬術〙パッサード, 回転歩《馬が同一箇所を往復駆け回ること》. **2** 〘フェンシング〙＝passado. **3** 《俗》束の間の情事, いちゃつき. 〖《1656》 □ F 〜 □ It. *passata* ← *passare* 'to PASS[1]': ⇨ -ade〗
pas·sa·do /pəsɑ́:doʊ | -dəʊ/ *n.* (*pl.* **〜s, 〜es**) 《廃》〘フェンシング〙(片足を前に出してする)突き. 〖《1594–95》 《変形》← F *passade* // Sp. *pasada*: ⇨ -ado〗
pas·sage[1] /pǽsɪdʒ/ *n.* **1** (建物の中などの)通路, 廊下 (corridor). **2 a** (狭い)通路, 道 (way); 抜け道, 細道: cut a 〜 道を切り開く / force a 〜 through a crowd 群衆の中を押し分けて進む / a 〜 through a thicket やぶの抜け道. **b** 入口 (entrance), 出口 (wayout), 出入口: a 〜 into a bay 湾への入口. **c** 水路 (channel), 航路. **3** (人体内の)導管, 輸送管; 気管支: ⇨ back passage, front passage. **4** (引用・抜粋された詩文の)一節, 一句: memorable 〜*s* from Shakespeare シェークスピアの名句(集) / ⇨ purple passage. **5** 通行, 通過 (passing): No 〜 this way! こちらは通行禁止 / a point of 〜 〘軍事〙渡河点, 通過点. **6** (鳥などの)移動, 移住, 移棲(いせい): ⇨ BIRD of passage. **7** (海または空の)輸送, 運搬 (transportation). **8** 旅行 (journey); 渡航, (ある港から次の港までの)航海 (voyage); 空の旅: make a 〜 航海する / have a rough 〜 難航する, 海が荒れる / take (a [one's]) 〜 to Canada カナダへ渡航する. **9 a** 通行の自由; 通行権, 通行許可; (乗客として)乗船[搭乗]する権利: give [refuse] a 〜 through the country 国内通過を許す[拒む] / give safe 〜 abroad [out of the country] 〈犯人などを〉無事に国外へ逃がしてやる / book [engage, take] one's 〜 乗船券の予約をする. **b** 乗車[船]切符. **10** 通行料, 船賃, 乗車賃: pay one's 〜 船賃を払う / ⇨ *work one's* PASSAGE. **11** (事件などの)進行 (progress), (時間などの)経過, (時の)流れ (lapse); 転変, 変遷, 推移 (transition): I didn't notice the 〜 of time. 私は時がたつのも気づかなかった. **12** (議案の)通過, 可決. **13** 〘音楽〙パッセージ: **a** 経過句《一般にまとまった楽想をもたず, 多分に装飾的な楽句》. **b** 楽句, 楽節《曲の一部分を指す時に用いる》. **14** 〘美術〙(技法から見た, 作品の)ある箇所, 部分, 細部. **15** 〘医学〙 **a** 便通, 排便 (evacuation). **b** (病原体などの)継代接種. **c** (カテーテル (catheter) などの) 挿入, 挿管. **16** [*pl.*] 話し合い, 秘密の取りかわし, 密談. **17** 《まれ》なぐり合い, 打ち合い (combat); 討論, 論戦 (dispute): have stormy 〜*s* with …と激しく言い合う. **18** 《古》出来事, 事件 (incident), エピソード (episode). **19** 《まれ》(物を)通らせる[渡らせる]こと; 譲渡 (transference). **20** 《廃》死去 (death).
a pássage of* [*at*] *árms 《まれ》戦闘, 渡り合い (combat); 論戦, 論争, 言い合い (dispute). 《1856》 ***on pássage*** 〘海運〙(荷を積んで目的地に)航海[輸送]中. ***wórk one's pássage*** 乗船中船賃代わりに働く: He *worked his* 〜 to America. 船賃代わりにその船で働きながらアメリカへ渡った. 《1727》
— *vi.* **1** 〈船などが〉進む; 横切る (cross); 通過する (pass); 航海する. **2** なぐり合う, 渡り合う; 言い合う, 論戦する. — *vt.* 通過させる; 〈ウイルスなどを〉濾過させる. 〖《*c*1300》 □ (O)F 〜 ← *passer* 'to PASS[1]': ⇨ -age〗
pas·sage[2] /pǽsɪdʒ, pəsɑ́:ʒ | pǽsɪdʒ, pæsɑ́:ʒ, pæsɑ:ʒ; *F.* pɑsa:ʒ/ 〘馬術〙 *vi.* 〈馬が〉パッサージュで進む; 〈騎手が〉馬をパッサージュで進める. — *vt.* 〈馬を〉パッサージュで進める. — *n.* パッサージュ《速歩(はやあし)の一種; 歩幅をできるだけ狭め, 弾力をつけた分だけ跳躍する》. 〖《1796》 □ F *passager* 《通俗語源》← *passéger* □ It. *passeggiare* to pace, walk ← *passare* < VL **passāre* 'to PASS[1]'〗
pássage bìrd *n.* ＝BIRD of passage. 〖1852〗
pássage cèll *n.* 〘植物〙通過細胞《維管束植物の内皮に見られる木化しないで残る柔組織; transfusion cell ともいう》.
pássage gràve *n.* 〘考古〙パッセージグレーヴ《新石器時代後期の墳丘でおおわれた石室墓で, 羨道(せんどう)を備える; ヨーロッパ西部に分布》. 〖1888〗
pássage hàwk *n.* **1** 初めての渡り時期の若い鷹. **2** 〘鷹狩〙最初の渡りの時期に捕らえた鷹. 〖1828〗
pássage-mòney *n.* 船賃, 乗車賃, 運賃; 通行料. 〖1591〗
pás·sag·er hàwk /pǽsɪdʒə- | -dʒə(r-/ *n.* ＝passage hawk.
pássage sàil *n.* 〘海事〙貿易風帯用の帆.
pas·sage·way /pǽsɪdʒwèɪ/ *n.* **1** 廊下 (gallery), 歩廊 (corridor): walk along the 〜 廊下を歩く. **2** (建築現場や吊り橋などの)狭い通路 (passage): an underground 〜 between two buildings 二つの建物を結ぶ地下通路. 〖1649〗
pássage·wòrk *n.* 〘音楽〙パッセージワーク: **a** 主題と主題の間をつなぐ経過的な部分. **b** その演奏. 〖1865〗
Pas·sa·ic /pəséɪɪk/ *n.* **1** パセーイク《米国 New Jersey 州北東部の都市》. **2** [the 〜] パセーイク(川)《米国 New Jersey 州北東部を流れ, Newark 湾に注ぐ (160 km)》. 〖← N-Am.-Ind. (Delaware) *passajeck* valley〗
Pas·sal·i·dae /pəsǽlədi: | -lɪ-/ *n. pl.* 〘昆虫〙(鞘翅目)クロツヤムシ科. 〖← NL 〜 ← *Passalus* (属名 ← Gk *pássalos* peg)＋-IDAE〗
páss·alòng *n.* 物を次々に他の人に渡して行くこと; 回覧; 《米》(コストアップ分の価格への)転嫁.
Pas·sa·ma·quod·dy /pæ̀səməkwɑ́(:)di | -kwɔ́di/ *n.* (*pl.* 〜, **-dies**) **1 a** [the 〜(s)] パサマクウォディ族《米国 Maine 州とカナダ New Brunswick 州にはさまれた Passamaquoddy 湾地方に住むインディアン》. **b** パサマクウォディ族の人. **2** パサマクウォディ語《Algonquian 語族の一つ》. 〖《1726》 □ N.-Am.-Ind. (Micmac) *pestəmokati* 《原義》place where pollack are plentiful〗
Passamaquóddy Báy *n.* パサマクウォディ湾《米国 Maine 州とカナダ New Brunswick 州の間にある Fundy 湾の入江で, St. Croix 川の河口をなす》.
pas·sa·ment /pǽsəmənt/ *n.* ＝passement.
pas·sant /pǽsənt, -sn̩t/ *adj.* 〘紋章〙〈ライオンなど猛獣が〉歩いている姿勢の (cf. rampant): a lion 〜 前 (dexter) を向いて歩いているライオン / a lion 〜 gardant 正面を向いて歩いているライオン. 〖《*c*1385》 □ (O)F 〜 (pres.p.) ← *passer* 'to PASS[1]': ⇨ -ant〗
páss·bànd *n.* 〘電気〙通過帯域《フィルターなどの, 通過させようとする周波数帯域》. 〖1922〗
páss·bànd filter *n.* 〘電気〙＝band-pass filter.
páss·bòok *n.* **1** 通帳; 銀行通帳. ★ 米国では今は主に普通預金口座に用いられる. **2** 掛売り通帳. **3** 住宅金融共済組合の通帳. **4** 《南ア》《アパルトヘイト時代に非白人が携行することになっていた》身分証明書. 〖1828〗
páss-chèck *n.* 入場券 (ticket); 再入場券 (return check). 〖1844〗
Pass·chen·dae·le /pǽʃəndèɪl; *Du.* pɑ́sxəndaːlə/ *n.* パシェンデール《ベルギーの北西, 西 Flanders 州の村; 第一次世界大戦中の激戦地》.
páss degrèe *n.* 〘英大学〙(優等でない)普通卒業学位《poll, poll degree とも呼ばれる; cf. honours degree》. 〖1915〗
páss dòor *n.* 〘演劇〙パスドア《舞台裏と観客席を連絡するドア》. 〖1856〗

P

pas·sé /pæséɪ, ‐́‐̀, pɑ́:seɪ | pǽseɪ, pɑ:-, ‐̀‐́; *F.* pɑse/ *F. adj.* **1** 古めかしい, 時代遅れの (out-of-date). **2** 過去の (past). **3** 〈人が〉盛りを過ぎた; 色香のあせた (faded) (cf. passée). **—** *n.* 〚「技から技へ移る」の意から〛〚バレエ〛パッセ《第五ポジションから始める技術; 一方の支えの脚の膝の部分に他方の脚の膝を外側に開き爪先をもっていく》. 〘(1775) □ F ～ (p.p.) ← *passer* 'to PASS[1]'〙

passed *adj.* **1** 過ぎ去った, 通過した. **2** (試験に)合格した. **3** 〚海軍〛進級試験に合格して進級待機中の. **4** 〚証券〛〈配当が〉無配の. 〘1449〙

pássed báll *n.* 〚野球〛(捕手の)パスボール, 逸球.

pássed máster *n.* =past master 2. 〘1563–67〙

pássed páwn *n.* 〚チェス〛行く手をさえぎる敵のポーンのないポーン. 〘1797〙

pas·sée /pæséɪ, ‐́‐̀, pɑ́:seɪ | pɑ́:seɪ, pǽs-; *F.* pɑse/ *F. adj.* 〈女が〉盛りを過ぎた: a ～ belle 年増美人, うば桜. 〘(1775) □ F ～ (fem. p.p.) ← PASSÉ〙

pas·sel /pǽsəl, -sḷ/ *n.* 《米口語・方言》多くの数, (大きな)集団[群]: a ～ of kids. 〘(1607) 《転訛》 ← PARCEL〙

passe·ment /pǽsmənt/ *n.* パスマン《金・銀・絹糸などで作られた装飾用ブレードやテープ》. **—** *vt.* パスマンで飾りをつける. 〘(1539) □ F ～ 'lace' ← *passer* 'to PASS[1]'〙

passe·men·terie /pæsméntri; *F.* pasmɑ̃tʁi/ *F. n.* (金・銀・絹糸, ビーズ・刺繍(しゅう)などで作られた)ブレード, モール, 飾り《ドレスや家具の装飾に使う》. 〘(1794) □ F ～ ← *passement* (↑): ⇨ -ery〙

Pass·en·da·le /pǽsəndèɪl, -sn-/ *n.* =Passchendaele.

pas·sen·ger /pǽsəndʒə, -sn- | pǽsɪ̣ndʒə[r], -sn-/ *n.* **1** 旅客, 乗客; 船客, 搭乗客: ⇨ deck passenger. **2** 《俗》 **a** (チームなどの)無能選手, (体重に見合うだけの漕ぐ力のない) 無能ボート選手. **b** 《英》能なし, いて邪魔になる人, 足手まとい, 「お客さん」, 「お荷物」: The cabinet carries a few ～*s*. 内閣には足手まといになる無能閣僚が二, 三人いる. **3** 《古》旅人 (wayfarer), 通行人 (passerby): ⇨ foot passenger. **—** *adj.* [限定的] 旅客の, 旅客用の: a ～ agent 《米》乗客係 / a ～ boat 客船, 乗合船 / a ～ transport 〚航空〛旅客(輸送)機 / a ～ machine 〚航空〛旅客機 / a ～ train 旅客列車 / a ～ ship 客船. 〘(*c*1300) *passager* □ (O)F ← *passag(i)er* passing (adj.) ← *passage* 'PASSAGE[1]' + *-ier* '-ARY': *-n-* は harbinger, messenger などと同じ音便上の挿入〙

pássenger càr *n.* **1** 客車. **2** (通例 9 人以下の)乗用自動車, 乗用車. 〘1832〙

pássenger cèll *n.* **1** パッセンジャーセル《自動車の居住部分(の構造)》. **2** 〚医学〛パッセンジャー細胞《提供された臓器と共に偶然に移植される白血球細胞》. 〘1979〙

pássenger lìner *n.* 定期客船.

pássenger list *n.* (旅客機・客船の)乗客名簿. 〘1843〙

pássenger-mile *n.* 〚航空〛旅客マイル《旅客輸送量の計量単位; 旅客 1 名を 1 マイル運んだ時の輸送量を 1 旅客マイルとする; cf. seat mile》. 〘1931〙

pássenger pìgeon *n.* 〚鳥類〛リョコウバト (*Ectopistes migratorius*)《細くて翼より長い尾を持つ北米産のハト; 1914 年に絶滅》. 〘1802〙

pássenger sèat *n.* (特に, 自動車の)助手席. 〘1937〙

pássenger sèrvice *n.* 旅客輸送.

passe-par·tout /pæ̀spɑətú:, pɑ̀:s-, -pə- | pæ̀spətú:, pɑ̀:s-, -pɑ:-, ‐̀‐‐́; *F.* pɑspaʁtu/ *n.* (*pl.* ～**s** /～(z); *F.* ～/) **1 a** (写真用などの)絵だけの大きさを切り抜いた台紙. **b** パスパルツー, はさみ額ぶち《台紙と写真を表ガラスと裏板ではさんで粘着テープなどでへりを張りつけた額ぶち》. **c** その縁を張る粘着テープ. **2** はさみ額ぶちに使う用紙. **3** 一つでどこにでも間に合うもの; 親鍵 (master key). **—** *vt.* 〈絵・写真を〉台紙に入れる; パスパルツーで飾る. 〘(1675) □ F *passe partout* 《原義》pass everywhere〙

passe-pied /pɑ̀:spjéɪ; *F.* pɑspje/ *n.* (*pl.* ～**s** /～(z); *F.* ～/) 〚ダンス〛パスピエ《17–18 世紀にフランスの農民から出たメヌエットに似た活発な踊り; またその舞曲》. 〘(*a*1695) □ F ～ 《原義》pass (the) foot: ⇨ pass[1], -ped〙

páss·er *n.* **1** 通行人; 旅人. **2** 試験合格者. **3** 〚スポーツ〛ボールをパスする人. **4** (製品の)合格検査係[証]. **5** 《米俗》偽金使い. 〘*c*1390〙

passer·by /pǽsəbáɪ, ‐́‐̀ | pɑ́:səbáɪ/ *n.* (*pl.* **passers-by**) 通りがかりの人, 通行人. 〘(1568) ← *pass by*〙

pas·ser·ine /pǽsəràɪn, -rɪ̣n | -ràɪn, -rɪ:n/ 〚鳥類〛 *adj.* **1** スズメ目の: a ～ bird. **2** スズメくらいの大きさの. **—** *n.* スズメ目の鳥. 〘(1776) □ L *passerīnus* of a sparrow ← *passer* sparrow: ⇨ -ine[1]〙

pas seul /pɑ́:sʌ́l, -sə́:l; *F.* pɑsœl/ *n.* (*pl.* ～**s** /～(z); *F.* ～/) 〚バレエ〛パスル, 独舞 (solo dance) (cf. pas de deux, pas de trois). 〘(1813) □ F ～ 《原義》solo step: ⇨ pace[1], solo〙

páss-fáil *adj.* 〚教育〛〈大学の成績評価が〉合否記録方式の. **—** *n.* 合否記録方式.

Pass·field /pǽsfi:ld | pǽs-, pɑ́:s-/, 1st Baron *n.* ⇨ Sidney WEBB.

pas·si·bil·i·ty /pæ̀səbílətɪ | -sɪ̣bílɪ̣tɪ/ *n.* (特に, 宗教的)感受性, 感動性. 〘(*c*1340) □ LL *passibilitātem* ← *passibilis* (↓): ⇨ -ity〙

pas·si·ble /pǽsəbḷ | -sɪ̣-/ *adj.* (特に, 宗教的に)感動しやすい, 感受性の強い (sensible). 〘(*c*1340) □ LL *passibilis* ← L *passus* (p.p.) ← *patī* to suffer: ⇨ patient, -ible〙

pas·sim /pǽsɪ̣m, pɑ́:s- | pǽsɪm/ *L. adv.* (引用した書の)諸所に, 至る所に, 各所に, 散見して. ★ 学術書の脚注に用いるが, 最近はあまり用いられない: N. Chomsky, *Aspect of the Theory of Syntax*, ～. 〘(1803) □ L ～ ← *passus* spread about (p.p.) ← *pandere* to spread out〙

pas·sim·e·ter /pəsímətə | -mɪ̣tə[r]/ *n.* **1** 《英》乗車券自動販売機, 自動券売機. **2** 歩数計. 〘(1921) ← PASS[1] + -I- + -METER[1]〙

pass·ing /pǽsɪŋ | pɑ́:s-/ *n.* **1** 通行, 通過 (passage): the ～ of a procession 行列の通過. **2** 推移, 移行, 転換; (時日の)経過 (lapse): with the ～ of the years 年が経つにつれて. **3** (議案の)通過, 可決, 実施 (enactment); (試験の)合格, 及第: the ～ *of* an amendment 修正案の可決 / a ～ grade 合格[及第]点. **4** 流通, 通用. **5** 〚球技〛(ボール・パックの)パス: forward ～ 前方パス. **6** 渡し(の便(びん)); 渡河点 (ford): a ～ place 渡し場. **7** 消滅(すること); 《婉曲》死, 死去.

in pássing 通りがかりに; ついでに(言えば) (by the way), 熟慮せずに. 〘《なぞり》 ← F *en passant*〙

— *adj.* **1** 通行する, 通過する, 通りがかりの; 経過する, 過ぎ行く: a ～ man [taxi] 通りがかりの人[タクシー] / this ～ life この移り行く人の世 / with each ～ month ひと月ひと月と経っていくにつれて. **2** 目の前の, 差当たりの, 現に起こっている, 現在の (current): ～ events 時事 / the ～ day 現在 / the ～ time 現代 / ～ history 現代史. **3** 一時的の, つかの間の: the ～ moment つかの間 / ～ joys つかの間の喜び / No one gave it more than ～ thought. その事を一時的にちょっと考えてみる以上のことをする者はいなかった. **4** 基準を満たした. **5** 表面的な. **6** 偶然の, ふとした (casual); おおまかな, ざっとした (cursory): a ～ mention ふと口に出す[触れる]こと / bear a ～ resemblance to …にどことなく似ている. **7** 《古》すぐれた (surpassing), 非常な (exceeding).

— *adv.* 《古》すばらしく (surpassingly), きわめて (exceedingly): ～ strange 非常に変わった.

〘(n.: *a*1325. adj.: *a*1338. adv.: *a*1387): ⇨ pass[1], -ing[1, 2]〙

pássing acquáintance *n.* **1** ちょっとした知り合い[顔見知り]: I have a ～ *with* him. 彼とはちょっとした知り合いだ. **2** ちょっとした知識.

pássing bèll *n.* **1** 死を報じる鐘, 臨終の鐘《もと人の死んだ折や臨終に鐘を鳴らして死後の幸福を祈るように人々に促したもの; cf. passing 7》; 弔鐘 (funeral bell). **2** 終焉(しゅうえん)を告げるもの《death bell, death knell ともいう》. 〘1526〙

pássing hóllow *n.* 〚時計〛=crescent 7.

pássing làne *n.* **1** 追い越し車線. **2** 〚バスケットボール〛パッシングレーン《防御が手薄でパスが可能な空間》.

páss·ing·ly *adv.* **1** 一時的に. **2** 一通り, ざっと (cursorily). **3** 《古》はなはだ, いたく (surpassingly). 〘(*a*1340) ← PASSING: ⇨ -ly[1]〙

pássing modulátion *n.* 〚音楽〛経過的転調《transient modulation ともいう》.

pássing nòte *n.* 〚音楽〛経過音《《米》では passing tone ともいう》. 〘1730〙

pássing óff *n.* =unfair competition 2.

pássing shòt *n.* 〚テニス〛パッシング(ショット), パス《ネット際の相手のサイドを抜くショット》.

pássing sprìng *n.* 〚時計〛金ばね《クロノメーター脱進機に用いられる金製のばね》.

pássing tòne *n.* 《米》〚音楽〛=passing note.

pas·sion /pǽʃən/ *n.* **1 a** 激しい感情, 激情, 情念: one's ruling ～ 人の行動を支配する感情. **b** [the ～s; 集合的] (理性と対比して)感情, 情感 (feelings and emotions). **c** 悲嘆. **2** (ある事に対する)熱, 熱心 (enthusiasm), 熱狂: a ～ *for* gardening 園芸熱 / He has a ～ *for* fishing. 彼は釣りが大好きだ. **3** [a ～] 感情の激発; 癇癪(かんしゃく), 激怒 (fury), 激動: be in *a* ～ 癇癪を起こしている / fall [get] into *a* ～ 癇癪を起こす / fly into *a* ～ かっと怒り出す / put [throw] a person into *a* ～ 人を怒らせる / break [burst] into *a* ～ of tears わっと泣き出す / into *a* towering ～ 非常に激しい怒りに(かき立てられて) (Shak., *Hamlet* 5. 2. 80). **4 a** 熱烈な恋愛, 恋情: tender ～ 恋愛(感情), 恋ごころ / be filled with ～ for …を熱烈に恋している. **b** [しばしば *pl.*] 情欲, 色情, 性欲. **5** 熱望するもの; 好きでたまらないもの[人]: Music is her ～. **6** [the P-] **a** (十字架上の, または最後の晩餐から死までの)キリストの受難. **b** (聖書の中の)キリスト受難の物語 (cf. *Matt.* 26–27, *Mark* 14–15). **c** =Passion music. **d** =passion play. **e** 受難図, キリスト受難の絵. **7** 《古》殉教者の受難, 殉教 (martyrdom). **8** 《廃》受動《外からの作用[影響]に従う[屈する]こと》; 受動的属性. **9** 《古》病気, 病苦 (suffering). **10** 《古》激しい感情を表現した詩, 台詞. **—** *vi.* 《詩》情熱を感じる; 情熱を表す. 〘(*c*1175) □ (O)F ～ □ LL *passiō(n-)* suffering, affection 《《なぞり》》 ← Gk *páthos*》 ← *passus* (p.p.) ← *patī* to suffer: ⇨ patient, -tion〙

SYN 情熱: **passion** 理性で制御できないほどの激しい感情: curb one's *passion* 激情を抑える. **fervor** 燃え続ける火のように強いゆるぎがない熱情《格式ばった語》: preach with *fervor* 熱っぽく説教する. **zeal** 目的・主義に対する強い熱情で, それを実現するための精力的な活動に現れるもの: They have *zeal* for change. 改革の情熱を持っている. **ardor** ゆらめく炎のような落ち着きのない熱情: youthful *ardor* 若者らしい熱情.

pás·sion·al[1] /-ʃnəl, -ʃənḷ/ *n.* 聖人殉教者受難物語《その聖人の祭日に読まれる》. 〘(*a*1500) □ ML *passiōnāle* ← (neut.) ← LL *passiōnālis* (↓)〙

pás·sion·al[2] /-ʃnəl, -ʃənḷ/ *adj.* 《まれ》情熱の, 情熱的な; 熱情[激情]による, 情欲の, 恋愛の: ～ crimes. 〘(1700) □ LL *passiōnālis* ← *passiō(n-)* 'PASSION': ⇨ -al[1]〙

pás·sion·àr·y /-ʃənèri | -ʃ(ə)nəri/ *n.* =passional[1]. 〘(*c*1475) □ ML *passiōnārium* ← *passiō(n-)* 'PASSION': ⇨ -ary〙

pas·sion·ate /pǽʃ(ə)nɪ̣t/ *adj.* **1** 怒りやすい, 短気な (quick-tempered). **2** 感情に支配される, 情にもろい, 多情多感の. **3** 〈人・言動が〉熱心な, 熱烈な; 熱情的な, 激しい (vehement): a ～ speech, argument, etc. / ～ love, hatred, loyalty, etc. / a ～ advocate of democracy 民主主義の熱心な唱道者 / She was ～ *about* him [golf]. 彼女は彼[ゴルフ]に熱を上げていた. **4** 情欲に駆られた, きわめて官能的な. **～·ly** *adv.* **～·ness** *n.* 〘(*c*1450) *passionat* □ ML *passiōnātus* ← *passiō(n-)* 'PASSION': ⇨ -ate[2]〙

SYN 情熱的な: **passionate** しばしば衝動的な強い感情を示す: a *passionate* lover 情熱的な恋人. **impassioned** 深い感動の表現された: an *impassioned* speech 熱のこもった演説. **ardent** 燃えるように熱情をこめた: an *ardent* lover of music 熱烈な音楽愛好者. **burning** 燃えさかる炎のような強い感情をいう: a *burning* ambition 燃えるような野望. **fervent** 熱心できわめて誠実な《格式ばった語》: *fervent* hope 熱望.
ANT dispassionate, unimpassioned.

Pássion cróss *n.* 〚紋章〛パッションクロス《横木が短く, 縦が長い十字架; cross of passion, Latin cross, long cross ともいう》. 〘1780〙

pássion·flòwer *n.* 〚植物〛トケイソウ, パッションフラワー《トケイソウ属 (*Passiflora*) の植物の総称; トケイソウ (*P. caerulea*), チャボトケイソウ (wild passionflower) など; passion vine ともいう》. 〘(1633) 《なぞり》 ← NL *flōs passiōnis*: この花の副花冠がキリストのいばらの冠に似ているところから〙

pássion frùit *n.* オオナガミクダモノトケイソウ (*Passiflora quadrangularis*), クダモノトケイソウ (*P. edulis*) などの食用になる果実 (cf. granadilla). 〘1752〙

Pás·sion·ist /-ʃ(ə)nɪ̣st | -nɪst/ *n.* 〚カトリック〛 **1** [the Passionists] 御受難修道会《18 世紀の初めにイタリアに創始されたキリスト受難に対する信心を広めるために創設; 正式名は the Congregation of the Passion》. **2** 御受難修道会の司祭. 〘(1832) □ It. *passionista* ← *passione* 'PASSION' + *-ista* '-IST'〙

pássion·less *adj.* 熱情のない, 感情に動かされない; 冷静な, 落ち着いた (calm). **～·ly** *adv.* **～·ness** *n.* 〘(1612): ⇨ -less〙

Pássion mùsic *n.* 〚音楽〛受難曲《キリストの受難物語を歌詞としたオラトリオの一種》.

pássion nàil *n.* 〚紋章〛4 角錐の釘の図形《キリストの受難 (the Passion) を象徴する》.

pássion pìt *n.* 《米俗》 **1** ドライブイン式の映画館; 映画館. **2** カップルがいちゃつくのに都合のよい場所.

pássion plày *n.* **1** 宗教界・精神界の偉大な指導者の受難劇. **2** [しばしば P- p-] キリスト受難劇 (cf. Oberammergau). 〘1870〙

Pássion Súnday *n.* 〚カトリック〛 **1** 御受難の主日, 御受難第一の主日《復活祭の前々日曜日で, 四旬節 (Lent) の第五日曜日; 1956 年以降, 御受難の主日は二つとなり, Passion Sunday がその第一の主日と呼ばれる (cf. Palm Sunday); 英国国教会では Passion Sunday を通常大斎大五主日と呼んでいる; 現在では First Sunday of the Passion ともいわれる》. **2** =Palm Sunday. 〘(*c*1395) 《なぞり》 ← ML *Dominica in Passiōne*〙

Pássion·tide *n.* 《古》御受難節, 受難の聖節《御受難の主日 (Passion Sunday) から聖土曜日 (Holy Saturday) までの四旬節 (Lent) の最後の 2 週間》. 〘1825〙

pássion vìne *n.* 〚植物〛=passionflower.

Pássion Wèek *n.* **1** 受難週, 聖週(間)《復活祭の前週; Holy Week ともいう》. **2** 受難週の前週《Passion Sunday と Palm Sunday の間の一週間》. 〘(?*c*1400) 《なぞり》 ← ML *hebdomada passiōnis*〙

pas·siv·ate /pǽsɪ̣vèɪt | -sɪ-/ *vt.* 〈金属を〉不動態化する; 化学的に反応しにくいように〈金属〉の表面を処理する.

pas·si·va·tion /pæ̀sɪ̣véɪʃən | -sɪ-/ *n.* **pás·siv·à·tor** /-ṭə | -tə[r]/ *n.* 〘(1913): ⇨ ↓, -ate[3]〙

pas·sive /pǽsɪv/ *adj.* **1** (積極的には)手出しをしない, 守勢の; 無抵抗の, 言いなりになる, 従順な (submissive): a ～ mind, disposition, etc. / ⇨ passive obedience. **2** 他から働きかけられる, 受身の; 受動的な; 外からの力[作用]によって起こる[生じる]. **3 a** 活動的でない (inactive); 活気のない (inert). **b** 手ごたえのない (unresponsive). **4** 〚文法〛〈態・動詞が〉受動態[受身]の; 受動構文の (↔ active): a ～ participle 受動分詞《past participle のこと; cf. perfect participle》/ a ～ verb 受身動詞《例: L *portātur* he [she, it] is carried》/ the ～ voice 受動態, 受動(態)的な意味で. **5 a** 〚化学〛不動の, 容易に化合しない, 耐食の: the ～ state 不動態. **b** 〚冶金〛〈金属が〉不動態の《ある液体中で予期される化学反応性を失った状態》. **6** 〚医学〛受身の, 虚性の, 非活性の (↔ active). **7** 〚航空〛 **a** 発動機を用いない: a ～ balloon, flight, etc. **b** 〈宇宙船などの装置が〉受動型の. **8** 〚電子工学〛受動の《エネルギー源をもたない; cf. active 11》. **9** 〈証券など〉無利息の: a ～ bond. **10** 〚物理〛 **a** 受動的な《エネルギー源を内部にもたない; ↔ active》. **b** エネルギー衝撃を(記録したり増幅したりせずに)反射するために用いられる.
— *n.* [the ～] 〚文法〛受動態, 受身形 (passive voice); 受動構文 (略 pass.; ↔ active): in *the* ～ 受動態で.
～·ly *adv.* **～·ness** *n.* 〘(*c*1385) □ L *passīvus* capable of feeling ← *passus* (p.p.) ← *patī* to suffer: ⇨ passion, -ive〙

P

pássive-aggréssive personálity *n.* 〚精神医学〛受動攻撃性人格[性格]《ふくれる, 強情を張る, 引き延ばすなど受け身の形をとっての攻撃性を示す》.
pássive euthanásia *n.* 消極的安楽死《治癒の見込みのない患者に延命装置などをつけずに死なせること; cf. active euthanasia》. 〖1975〗
pássive hóming *n.* 〚航空〛受動型ホーミング《敵機の高温排気を赤外線で追跡(ついせき)するホーミング(目標追跡)方式など; cf. active homing》. 〖1954〗
pássive immúnity *n.* 〚医学〛**1** 受動[受身]免疫《抗原抗体反応の産物を生体に与えて免疫を高めること; cf. active immunity》. **2** (子供が母親の体内で得る一時的な)免疫. 〖1895〗
pássive intéllect *n.* 〚哲学〛受動的知性 (⇨ passive reason).
pássive-mátrix LĆD /-ɛ́lsì:dí:/ *n.* 〚電子工学〛パッシブマトリックス(型)液晶表示装置, 単純マトリックス(型) LCD《すべてのピクセルに制御用のトランジスター (TFT) をもつ active-matrix 型に対し, 格子状の電極によって 1 つのトランジスターが一列の各ピクセルを制御する方式の LCD》.
pássive nétwork *n.* 〚電気〛受動回路網《内部に電源を含まない回路網; cf. active network》. 〖1924〗
pássive nóun *n.* 〚文法〛受動名詞《動作の受け手を表す examinee, addressee などの名詞》.
pássive obédience *n.* **1** 〚電気〛オーム抵抗《反作用をもつリアクタンス分のない抵抗》. **2** 無抵抗[絶対]服従, 黙従. 〖2: (1626)〗
pássive réason *n.* 〚哲学〛(アリストテレス哲学の)受動的理性《能動的理性の働きかけを待って現実化される可能的質料としての理性; passive intellect ともいう; cf. active reason》.
pássive resístance *n.* 消極的抵抗《暴力その他積極的抗争の手段によらず, 義務の不履行と一切の非協力によって政治権力に対して行う反抗》. 〖1819〗
pássive resístant [resíster] *n.* 消極的抵抗者 (⇨ passive resistance).
pássive restráint *n.* 〚自動車〛(エアバッグ (air bag) などの)自動防護装置. 〖1970〗
pássive sátellite *n.* 〚電子工学〛受動衛星《無線機を積載せずに, 単にその表面その他を反射体として電波を中継する通信衛星》.
pássive smóking *n.* 間接喫煙, 受動喫煙《他人の吐くたばこの煙を吸い込んでしまうこと》. **pássive smóker** *n.* 〖1971〗
pássive tránsfer *n.* 〚医学〛受動伝達《抗体・リンパ球などの注射で免疫性を付与すること》.
pássive vocábulary *n.* 〚教育〛受容語彙(ごい) (⇨ receptive vocabulary). 〖1935〗
pás·siv·ìsm /-vìzm/ *n.* **1** 受動性. **2** 受動的(生活)態度, 受動[消極]主義. **pás·siv·ist** /-vɪ̥st | -vɪst/ *n., adj.* 〖1903〗
pas·siv·i·ty /pæsívəti | pæsívɪ̥ti, pə-/ *n.* **1** 受動性, 受動的行為. **2 a** 消極性, 不活動. **b** 無抵抗, 黙従. **3** 〚化学〛不動態. **4** 忍耐力. 〖(1659): ⇨ -ity〗
pas·siv·i·za·tion /pæ̀sɪvɪ̥zéɪʃən | -sɪ̥vaɪ-, -vɪ-/ *n.* 〚文法〛受動変形. 〖(1965): ⇨ ↓, -ation〗
pas·siv·ize /pǽsɪ̥vàɪz/ 〚文法〛*vi.* 受動態になる. — *vt.* 〈文・動詞を〉受動態にする. 〖(1965) ← PASSIVE+-IZE〗
páss·kèy *n.* **1** (特殊の目的のための)私用の鍵. **2** = master key. **3** =skeleton key. **4** =latchkey. 〖(*c*1817) ← PASS¹+KEY¹〗
páss làw *n.* 〚南ア〛パス法《黒人が農村部から都市部へ移動することなどを制限するため身分証明書の所持を義務づけた法律; 1986 年に廃止》. 〖1897〗
páss·less *adj.* **1** 道のない, 通路のない. **2** 通行許可証のない, 旅券のない. 〖(1656) ← PASS (n.)+-LESS〗
páss·màn /-mæ̀n, -mən/ *n.* (*pl.* **-men** /-mɛ̀n, -mən/) 〚英大学〛(pass degree をとって卒業する) 普通及第生 (cf. classman). 〖(1860) ← PASS¹+MAN〗
páss màrk *n.* 合格[及第]点. 〖1911〗
pas·som·e·ter /pæsɑ́(:)mətə | -sɔ́mɪ̥tə(r)/ *n.* =pedometer. 〖← L *passus* 'step, PACE¹'+-o-+-METER¹〗
Pass·o·ver /pǽsòuvə | pɑ́:sə̀uvə(r)/ *n.* **1** 〚ユダヤ教〛過ぎ越しの祝い《災いの天使がエジプトを襲い, エジプト人の長子を殺した夜, イスラエル人の家には天使が素通りして災いを下さなかったことを記念して祝う; Pasch ともいう; cf. *Exod.* 12: 27, *Lev.* 23: 5–6》. **2** [p-] **a** 過ぎ越しの小羊《過ぎ越しの祝いに供える小羊 (paschal lamb); cf. *Exod.* 12: 21》. **b** キリスト (cf. *1 Cor.* 5: 7). 〖(1530) ← *pass over* (⇨ pass¹ (v.) 成句): Heb. *pāsaḥ* (=to passover) に対する Tyndale の訳語: cf. Pasch〗
Pássover brèad [càke] *n.* 過ぎ越しの祝いのパン. 〖1858〗
páss pòint *n.* 〚測量〛標定点《写真測量の評定に必要な位置と高さのわかっている点》.
pass·port /pǽspɔ̀ət | pɑ́:spɔ̀:t/ *n.* **1** (政府が外国旅行する国民に与える)旅券, パスポート: pass through Spain on a false ～ 偽の旅券でスペインを通過する. **2** (戦時中中立国の船舶に与えられる)通航証, 航海許可証 (sea letter). **3 a** 通行券[権] (safe-conduct). **b** 入場券[権]; 許可証. **4** 〔愛顧・尊敬などを〕(得る)手段, 保障 (security); 〔世間に〕(認められるための)取柄 〔*to*〕: Flattery is the ～ *to* his favor. へつらいは彼に取り入る手段である / Good looks and good manners are a ready ～ *to* society. 容貌と作法がよければ社交界にすぐ入っていける. 〖(?*c*1500) ◻ (O)F *passeport* 《原義》permission to leave or enter a port ← *passer* 'to PASS¹'+*port* 'PORT¹'〗
pássport contròl *n.* 旅券規制; (空港などの)パスポート検査窓口. 〖1947〗
páss rùsh *n.* 〚アメフト〛パスラッシュ《相手のパスを封じるディフェンスの突進》.
páss the párcel *n.* 〚遊戯〛包み渡し《輪になってすわった人が何重にも包装した包みを順に渡し, 音楽が終ったところで持っている人から包装を 1 枚ずつ開き, 最後の包装を開けた人がそれを賞品としてもらうゲーム》.
páss-thròugh *n.* **1** 台所と食堂の間などの(壁にあけた)通し窓; 通り[抜け]道. **2** 原料の値上がりを価格に転嫁すること (passalong). 〖(1958) ← *pass through* (⇨ pass¹ (v.) 成句)〗
pas·sus /pǽsəs/ *n.* (*pl.* ～, ～·**es**) (物語や詩の)節, 編 (canto). 〖(?*a*1387) ◻ ML ～, (L) step: ⇨ pace¹〗
páss·wòrd *n.* **1** (敵味方を見分けるための)合い言葉 (watchword). **2** 通行[入り込む]手段. **3** 〚電算〛パスワード《アクセスに必要な暗証記号[番号]》. 〖(*c*1817) ← PASS¹+WORD〗
Pas·sy /pɑ:sí: | pæ-; *F.* pasi/, **Frédéric** *n.* パシー《1822–1912; フランスの政治家・経済学者; Nobel 平和賞 (1901)》.
Passy, Paul Édouard *n.* パシー《1859–1940; フランスの音声学者; 国際音声学協会 (International Phonetic Association) 創設の功労者; F. Passy の子》.
pássy méasures pávan *n.* イタリア起源のダンス (パバーヌ (pavane) の一種). 〖(1568) ← It. *passamezzo* ← *passo e mezzo* step and half: ⇨ pavane〗
past /pǽst | pɑ́:st/ *adj.* **1** [叙述的] 過ぎ去って; 終わって (over): His youth is ～. 彼の青春時代は過ぎ去った / The dream is ～. 夢に終わった. **2** 過去の, 昔の, 過ぎ去った, 過去に生じた (cf. future, present¹): ～ sorrows [glories] 過ぎ去った悲しみ[栄光] / in ages [times] ～ and gone 過ぎ去った昔の時代に / His ～ life has been sinful. 彼のこれまでの生活は罪深いものだった. **3** 過ぎたばかりの (just passed): He has been in Italy for the ～ two years. 彼はこの 2 年間イタリアにいた / I have for some time ～ been neglecting my religion. ここしばらくの間宗教をなおざりにしてきた / the ～ century 前世紀 / in the ～ month この[ここ]ひと月間 / this ～ summer この夏, 今年の夏《★ 秋になってからいう》/ the year just ～ つい昨年 / during the ～ week この 1 週間に. **4** 《古》先月の: I received yesterday your letter of the 30th ～. 去る 30 日付のお手紙昨日受け取りました. **5** (特に)〈組合・協会などの役員が〉任期を終わった, 前の, 元の: a ～ chairman / the ～ governor 前知事 / ⇨ past master 1. **6** 今から…前 (ago): some time ～ つい先ごろ / above [more than] five years ～ 約 5 年前. **7** 〚文法〛過去の (cf. present¹ 4, future 3): ⇨ past participle, past perfect, past tense.
— *n.* **1** [通例 the ～] 過去, 既往, 昔 (cf. future 1, present¹ 1): The story is set far back in *the* ～. 話は古い昔にさかのぼる / *the* remote ～ 遠い昔 / in *the* ～ 過去に, 昔は, もとは. **2** 過ぎ去ったこと, 昔の話: Rome had a glorious ～. ローマには輝かしい過去があった / Let us think of the future as we cannot undo the ～. 過去のことは取返しがつかないのだから将来のことを考えよう. **3 a** 過去の生活, 履歴, 経歴 (career). **b** 秘められた経歴[過去]; (特に)いかがわしい経歴[過去],「過去」: a checkered ～ 波乱に富んだ過去[経歴] / a man with a long ～ 長い経歴を持った人 / a woman with a ～ 過去のある女性. **4** 〚文法〛過去時制; 過去形.
a thing of the pást 過去のこと[もの, 人]: That attitude is [Those attitudes are] *a thing of the* ～. そんな考え方は古くさい. ***live in the pást*** 昔の考えに従って生きる, 過去の思い出に生きる: Stop *living in the* ～.
— /pæst | pɑ:st/ *prep.* **1 a** (時間が)…を過ぎて, 〈何時(…分)過ぎ (《米》after) (↔ to); (年齢など)…を越して, …する年を過ぎて: The time is [It's] half [(a) quarter] ～ three. 3 時半[15 分過ぎ]だ (⇨ half *n.* 2 ★) / till ～ two 《英》2 時過ぎまで / The train will leave at ten (minutes) ～ (two). その列車は (2 時) 10 分過ぎに出る / The trains leave at ten (minutes) ～ (the hour). 列車は(毎時) 10 分に出ている《★ この 2 例で目的語が省かれたときは past を副詞とみることもができる》/ an old man ～ seventy 70 歳を過ぎた老人 / ～ middle age 中年を過ぎた / She is ～ playing with dolls. もう人形で遊ぶ年ではない / I am ～ dancing. もうダンスをする年ではない / As a painter, he's ～ his best. 画家として, 彼は最盛期を過ぎている / be ～ due 到着時刻[支払期日]を過ぎている. **b** 〈数量が〉…を超えて, 以上: count ～ thirty 30 以上数える. **2** 〈場所〉の先に, …を通り越して (farther than): the house ～ the hospital 病院の先の家 / walk [go] ～ a house 家の前を通り過ぎる / He lives in the first house ～ the corner. 町角の先の最初の家に住んでいる. **3 a** [主に動作名詞を目的語として] …の及ばない (cf. within), …以上 (more than): something ～ belief [comprehension] 信用[了解]できない事柄 / pains ～ bearing [enduring, endurance] とても我慢できない苦しみ / be ～ hope of recovery [cure] 回復[治療]の見込みがない / Do what you like.— I'm ～ caring! 好きにしな — 僕はもうどうでもいいんだ / be ～ praying for (⇨ pray *v.* 成句). **b** [人を目的語として]《口語》…の能力を超えて: It's ～ parsons to console us. 私たちを慰めることは牧師さんにもできない.
gèt pást (1) …のそばを通る, 通り抜ける. (2) 《口語》…の目を逃れる (escape the notice of). 〖1857〗 ***nót pùt it pást a person (to dó)*** ⇨ put¹ 成句. ***pást it*** 《俗》年を取って無能になって; 長年の使用で役に立たなくなって: I used to be a good swimmer, but now I am ～ *it*. 昔は泳ぎがうまかったが今はもうだめだ. 〖1864〗
— *adv.* 通り越して, 過ぎて (by): go [walk] ～ すれちがう / rush [hurry, run] ～ 急いで[走って]通り過ぎる.
〖adj.: (1340) ME *passed*, ～ (p.p.) ← *passen* to 'PASS¹'. — n.: (1590) ← (adj.) — prep.: (*c*1305) ← (p.p.)〗
pas·ta /pɑ́:stə | pǽs-, pɑ́:s-; *It.* pásta/ *n.* **1** パスタ《イタリアのめん類の総称; (硬質)小麦粉を用いた生地, およびそれを用いて作った macaroni, spaghetti, ravioli など; paste ともいう》. **2** パスタ料理. 〖(1673); (1874) ◻ It. ～ < LL *pastam*: ⇨ paste¹〗
pas·tance /pǽstəns/ *n.* 《古》娯楽, 気晴らし (pastime). 〖(1501) ← (O)F *passe-temps* ← *passer* 'to PASS¹'+*temps* time〗
pást définite *n.* 〚文法〛定過去《過去のある時期に完了した一時的な動作を主として表す時制; 歴史的記述・客観的説話に多く用いられるので past historic, narrative preterit ともいう》.
paste¹ /péɪst/ *n.* **1** (物を張りつける)のり; のり状の物. **2 a** (小麦粉などの)生地, パン生地《特に, パイ皮やペーストリー (pastry) に使われる》. **b** ペースト《魚肉・レバー・果肉などをすりつぶしたり煮つめたりした, 柔らかくなめらかな状態の食品》: fish ～ / almond ～ / anchovy ～ / bean ～ 味噌. **c** =pasta 1. **d** ゼリー状のキャンディー. **3** 〚宝石〛**a** ペースト《人造宝石を作るのに用いる光度の高い鉛ガラス; strass ともいう》. **b** 人造宝石. **4** ペースト状のもの: **a** 軟膏. **b** 練り歯みがき (toothpaste). **c** (魚の餌(え)に用いる)練り餌. **5 a** 陶磁器(特に磁器)として造られた素地; ⇨ hard paste. **b** (製陶用の)練土(ねりつち).
scíssors and páste ⇨ scissors.
— *vt.* **1** のりづけする 〈*together*〉; のりで〔…に〕張る[張りつける] 〈*up, down*〉〔*on*〕; 〔…で〕のりづけして覆う 〈*up*〉〈*with*〉: ～ (*up*) paper *on* a wall = ～ (*up*) a wall *with* paper 壁に紙をのりで貼る. **2** 〚電算〛〈バッファー内のデータを〉貼り付ける, ペーストする. — *vi.* のりで貼る. ***páste ín*** 書物の中に張り込む.
〖n.: (*c*1378) ◻ OF ～ (F *pâte*) < LL *pastam* ◻ Gk *pástē* barley porridge ← *pássein* to sprinkle ← IE **kwēt-* to shake. — v.: (1561–62) ← (n.)〗
paste² /péɪst/ *vt.* 《俗》〈顔面などを〉(激しく)打つ, なぐる (beat); 攻撃する; (激しく)爆撃する (plaster). — *n.* 《俗》(顔面などの)強打. 〖(1846) 《変形》← BASTE³〗
páste·bòard *n.* **1** 張合わせ板紙, ボール紙. **2** 《俗》**a** カード (card). **b** 名刺 (visiting card). **c** トランプ札 (playing card). **d** (劇場・映画館などの)切符, 入場券 (ticket). **3** 《米》パンこね台; 経師屋ののりづけ台. — *adj.* [限定的] **1** ボール紙で造った, 厚紙製の. **2** 実質のない, 薄っぺらな, 見せかけだけの (unsubstantial); まがいの, 偽の (sham): a ～ pearl 人造真珠. 〖(1548–49): ⇨ paste¹, board: cf. 《廃》*pasted paper* (16C)〗
páste·dòwn *n.* 〚製本〛効き紙, 力紙《見返しのうちで, 表紙の内側に張った紙; cf. endpaper》. 〖1888〗
páste gràin *n.* 模造モロッコ革《製本用》. 〖1880〗
páste jòb *n.* =pastiche 1.
pas·tel¹ /pæstél, ⸗ー | pǽstəl, -tl̩, -tɛl, pæstél; *F.* pastɛl/ *n.* **1** パステル《チョークに顔料を入れてアラビアゴムの溶液 (gum water) で練ったもの》; (パステルで作った)クレヨン. **2 a** パステル画; パステル画法《パステルを用いて描く絵画技法》. **b** (パステル風の)柔らかい淡い色彩[色合い]. **3** 小品文, 漫筆. — *adj.* **1** パステルによる, パステル画(法)の. **2** (パステル風の)柔らかな(優美な)色彩の, パステル調の: ～ shades パステル調(の淡い色合い). 〖(1662) ◻ F ～ ◻ It. *pastello* < LL *pastellum* (↓)〗
pas·tel² /pæstél, ⸗ー | pǽstəl, -tl̩, -tɛl, pæstél/ *n.* **1** 〚植物〛ホソバタイセイ (dyer's woad). **2** ホソバタイセイの葉から製した青色染料, 大青. 〖(1578) ◻ (O)F ～ ◻ Prov. < LL *pastellum* woad (dim.) ← *pasta* 'PASTE¹'〗
pastél còlor *n.* パステル調の淡い色合い, パステルカラー. 〖cf. *pastel-coloured* (1932)〗
pas·tel·ist /pæstélɪ̥st, ⸗ーー | pǽstəlɪst/ *n.* (*also* **pas·tel·list** /～/) パステル画家. 〖(1881) ← PASTEL¹+-IST〗
páste mòld *n.* 〚ガラス製造〛ペースト型《炭素で裏打ちし, 湿らせてガラス器を吹製する場合に用いる金属型》. 〖← PASTE¹ (n.)〗
pást·er *n.* **1** のりつきテープ; (切手・ラベルなどのように裏にゴムのりを塗った)張りつけ用紙, ステッカー (sticker). **2 a** 張りつける人. **b** のりを塗布する機械. 〖(1737) ← PASTE¹+-ER¹〗
pas·tern /pǽstən | -tə:n, -tən/ *n.* **1** (馬・犬の)つなぎ《けづめとくるぶしとの間の骨部分; ⇨ dog, horse 挿絵》: ⇨ fetter bone, pastern bone, pastern joint. **2** 《廃》(暴れ馬などの)足かせ (hobble). 〖(*c*1343) *pastron* ◻ OF *pasturon* (F *pâturon*) ← *pasture* 'PASTURE':「放牧中の家畜にかける足かせ」の意から〗
Pas·ter·nak /pǽstənæ̀k | -tə-; *Russ.* pəsternák/, **Boris Le·o·ni·do·vich** /ljianjídəvjitʃ/ *n.* パステルナーク《1890–1960; ソ連の詩人・小説家; Nobel 文学賞 (1958) (辞退); *Doctor Zhivago* (1956)》.
pástern bòne *n.* (馬の)あくと《けづめ毛 (fetlock) とひづめの間の部分》: the great ～ 大つなぎ, 上部[第一]趾骨 / the small ～ 小つなぎ, 下部[第二]趾骨. 〖1601〗
pástern jòint *n.* (馬の)つなぎ関節. 〖1682〗
páste-ùp *n.* **1** 〚印刷〛=mechanical 1. **2** (二つ以上の写真のあちこちを)張り合わせて作った写真. **3** のりとはさみでつぎはぎした文学作品[論文, 文書]. **4** 〚美術〛=collage 1. 〖1930〗
Pas·teur /pæstə́:, pɑ:s- | pæstə́:(r); *F.* pastœːʀ/, **Louis** *n.* パスツール《1822–95; フランスの化学者・細菌学者; 狂犬病予防接種法の発見者》. **Pas·téur·i·an** /-tə́:riən | -tɜ́:-/ *adj.*
Pastéur efféct *n.* [the ～] 〚生化学〛パスツール効果《酸素の発酵過程(一般的には, 無気呼吸)に対する抑制作用または効果》. 〖(1935) ↑〗

pas·teu·rel·la /pæ̀stərélə/ *n.* (*pl.* ～s, **-rel·lae** /-liː/) 〘細菌〙パスツレラ属 (*Pasteurella*) の小桿(しょうかん)菌 《代表種の一つにペスト菌 (*P. pestis*) がある》. 〘(1913) ← NL ～: ⇨ Louis Pasteur, -ella〙

pas·teu·rel·lo·sis /pæ̀stərəlóusɪ̀s | -ləusɪs/ *n.* (*pl.* **-lo·ses** /-siːz/) 〘獣医〙パスツレラ症 《hemorrhagic septicemia ともいう》. 〘(1902) ← NL ～: ⇨ ↑, -osis〙

pas·teur·ism /pǽstʃərɪzm, -stər- | pǽstər-, pɑ́ːs-, -stjʊr-/ *n.* 〘医学〙パスツール接種(法) 《パスツールが考案; 接種するウイルスの毒性を徐々に強めて狂犬病や狂水病などに対する抗体を作る方法》. 〘1883〙

pas·teur·i·za·tion /pæ̀stʃərɪ̀zéɪʃən, -stər- | pæ̀s-tʃəraɪ-, pɑ̀ːs-, -stjʊr-, -stər-, -rɪ-/ *n.* **1** 〘医学〙加熱殺菌(法), パスツリゼーション 《牛乳・ワインなどを加熱処理する殺菌法で, 約 63°C で 30 分間, 約 72°C で 15 秒間, 約 138°C で 2 秒間などの方法がある》. **2** 冷殺菌 《放射線による牛乳・ビール・果物・魚など生鮮食料品の殺菌》. 〘(1886) ↓〙

pas·teur·ize /pǽstʃəràɪz, -stər- | pǽstʃər-, pɑ́ːs-, -stjʊr-, -stər-/ *vt.* **1** 《牛乳・血清などに》加熱殺菌法を行う: ～*d* milk 殺菌牛乳. **2** 〘廃・古〙…にパスツール接種[狂犬病予防接種]を施す. 〘(1881) ← (*Louis*) *Pasteur*＋-IZE〙

pás·teur·ìz·er *n.* **1** パスツール殺菌器, 加熱殺菌器. **2** パスツール殺菌法を行う人. 〘(1897): ⇨ ↑, -er[1]〙

Pásteur trèatment *n.* 〘医学〙＝pasteurism. 〘1926〙

pást fòrm *n.* 〘文法〙過去形.

pást históric *n.* 〘文法〙歴史的過去 (⇨ past definite).

pas·tic·cio /pɑːstíːtʃou, pæs-, -tʃiòu | pæstítʃəu, pɑːs-; *It.* pastíttʃo/ *n.* (*pl.* **-tic·ci** /-tʃiː; *It.* -tʃi/, ～s) ＝pastiche. 〘(1752) □ It. ～ 'pasty, pie, hodgepodge' < VL **pasticium* ← LL *pasta* 'PASTE[1]'〙

pas·tiche /pæstíːʃ, pɑːs- | pæstíːʃ, ⌐—; *F.* pastiʃ/ *n.* **1** (模倣文・模写画・混成曲など他人の作品をまねた)模倣作品, 模造, パスティーシュ. **2** 〘音楽〙パスティッチョ: **a** 複数の作曲家により(1 楽章ずつ)作曲された合作曲. **b** 有名なオペラ旋律を集めた 18 世紀のメドレー. **3** (雑多な)寄せ集め, ごった混ぜ (hodgepodge). — *vt.* 〈いろいろな作品・スタイルなどを〉模倣して混ぜ合わせる. 〘(1878) □ F ～ □ It. *pasticcio* (↑). — v.: (1957)〙

pas·ti·cheur /pæ̀stiʃə́ː, pɑ̀ːs- | -ʃə́ː(r; *F.* pastiʃœːʁ/ *n.* **1** パスティッチョ作家[編者, 音楽家]. **2** 剽窃(ひょうせつ)者, 模倣作家. 〘(1912) □ F ～ ← *pasticher* to make pastiches ← *pastiche* (↑)〙

pas·tie /pǽsti/ *n.* 〘料理〙＝pasty[2].

past·ies /péɪstiz/ *n. pl.* 乳首かくし 《ストリッパー・ベリーダンサーなどが用いる(一対の)スパンコールなどの乳首の覆い》. 〘(1961) ← PASTE[1] (v.)〙

pas·til /pǽstɪ̀l/ *n.* ＝pastille.

pas·tille /pæstíːl, -tíl, -tiːl, pæstíːl; *F.* pastij/ *n.* **1** (円錐(えんすい)形に作った脱臭用の)ねり香. **2** 錠剤; (薬剤を入れた)香錠, トローチ. **3** 火輪花火. **4** パステル (pastel); (パステル製の)クレヨン. **5** パスティル 《果物などの香りをつけた小球状の糖菓》. 〘(*a*1648) □ F ← NL □ L *pastillus* little loaf, lozenge (dim.) ← **pasnis*, *pānis* loaf: cf. Sp. *pastilla*〙

pastílle-bùrner *n.* (陶磁器の)香炉.

pas·time /pǽstaɪm | pɑ́ːs-/ *n.* 娯楽, 遊戯, 慰み, 気晴らし: play baseball for a [by way of] ～ 気晴らしに野球をする / Playing the piano is her favorite ～. ピアノを弾くのが彼女のいちばんの楽しみだ. 〘(*c*1489) (なぞり) ← (O)F *passe-temps*: ⇨ pass[1], time〙

pas·ti·na /pæstíːnə; *It.* pastíːna/ *n.* パスティーナ 《スープに入れるイタリアの小さなパスタ》. 〘(*c*1948) □ It. ～ (dim.) ← *pasta*〙

pást·i·ness *n.* のり状であること. 〘(1608) ← PASTY[1]＋-NESS〙

past·ing /péɪstɪŋ/ *n.* 《俗》激しくたたくこと; 猛攻撃[爆撃]. 〘(1851) ← PASTE[2]〙

pas·tis /pæstíːs, -tís; *F.* pastis/ *n.* パスティス 《anise で香りをつけたリキュール》. 〘(1926) □ F ～ 'pastis; 《方言》mess' < VL **pasticium*: ⇨ pasticcio〙

pas·ti·tsi·o /pæstítsiòu | -tsiəu/ *n.* 〘料理〙パスティツィオ 《ギリシャ料理で, ミートソース入りのマカロニグラタン》. 〘□ ModGk *pastitsio* □ It *pasticcio* (↑)〙

pást máster *n.* **1** (組合・協会などの)前支部長, 前会頭, 前会長 (略 PM). **2** 名手, 達人, 巨匠, 老練家 (略 PM): a ～ *in* the art of writing [*in* diplomacy] 文筆[外交]の大家[老練家]. 〘1: (1762) ← PAST (adj.)＋MASTER[1]. 2: (1877) 《変形》← *passed master*: ⇨ passed〙

pást místress *n.* past master の女性形. 〘1868〙

pást·ness *n.* **1** 過去性. **2** 記憶の主観性. 〘1829〙

Pas·to /pɑ́ːstou | -təu; *Sp.* pásto/ *n.* **1** パスト 《南米コロンビア南西部の都市》. **2** パスト(山) 《同市近くの火山 (4,267 m)》.

pas·tor /pǽstə | pɑ́ːstə(r/ *n.* **1** (教会または教区を受け持つ)牧師 (minister); 〘カトリック〙牧者, 主任司祭 《英国では主に国教会以外の牧師をいう》. **2** 精神的[宗教的]指導者: ～*s* and masters 精神[宗教]的指導者 (*Prayer Book*). **3** 〘鳥類〙バライロムクドリ (*Sturnus roseus*) 《ヨーロッパ・中近東産ムクドリ属の鳥; rosy pastor ともいう》. **4** /pɑːstɔ́ə | -tɔ́ː(r/ 《米南西部・古》羊飼い. — *vt.* 〈教会などの〉牧師[主任司祭]を務める. 〘(*a*1376) *pastour* □ AF ＝OF *pasto(u)r* (F *pasteur*) < L *pāstōrem* ← *pāstus* (p.p.) ← *pāscere* 'to feed, PASTURE': ⇨ -tor〙

pas·tor·age /pǽstərɪdʒ, -trɪdʒ | pɑ́ːs-/ *n.* ＝pastorate. 〘(1662) 1883〙

pas·to·ral /pǽstərəl, -trəl | pɑ́ːs-, pǽs-/ *adj.* **1 a** 牧羊者 (shepherd) の. **b** 羊[牛]の群れの. **2** 〈土地が〉牧畜に適した, 牧畜用の. **3** 田園生活の, 田舎の, 牧歌的な (⇨ rural SYN); ひなびた, 野趣に富んだ (rustic): ～ life. **4** 〈詩・絵画などに〉田園[牧羊]生活を描いた: a ～ poem 牧歌, 田園詩 / a ～ elegy 牧歌調悲歌 《田園を場面として全部または一部が牧羊者の対話からなる死者哀悼の詩》. **5** 牧師(職)の[としての]; キリスト教徒を導く[牧する], 牧会の: ～ dignity 牧師としての威厳 / ⇨ pastoral theology. — *n.* **1 a** 牧歌, 田園詩 (bucolic), 牧歌劇 《純朴な牧羊・田園生活を扱ったもので古典詩以来の伝統がある》. **b** 田園画. **c** /《米》ではまた pæ̀stərɑ́ːl, -rǽl/ 〘音楽〙＝pastorale 1 a. **2** 牧師の職責に関する論文. **3** ＝pastoral letter. **4** 〘キリスト教〙＝pastoral staff. **pás·to·ral·ly** *adv.* **～·ness** *n.* 〘adj.: (1432–50) □ L *pāstōrālis* of shepherd ← *pāstor* shepherd: ⇨ pastor, -al[1]. — n.: (1584) ← (adj.)〙

pas·to·rale /pæ̀stərɑ́ːl, -rǽl, -rɑ́ːli; *It.* pastoráːle/ *n.* (*pl.* ～s) **1 a** 〘音楽〙(器楽または声楽のための)パストラル, 牧歌曲, 田園曲. **b** (16–17 世紀の)牧歌バレエ. **2** ＝pastoral 1 a. 〘(1724) □ It. ～ < L *pāstōrālis* (↑)〙

Pástoral Epístle *n.* 牧会書簡 《St. Paul が Timothy および Titus に寄せて牧師の職責を論じた新約聖書中の *1 & 2 Timothy* および *Titus* のうちの一つ》. 〘1836〙

pas·to·ra·lia /pæ̀stəréɪljə, pɑ̀ːs-/ *n.* pastor の職務. 〘(1959) □ L *pastōrālia* (neut. pl.) ← *pastōrālis* 'PASTORAL'〙

pas·to·ral·ism /pǽstərəlɪzm, -trə- | pɑ́ːs-, pǽs-/ *n.* **1** 牧歌的なこと, 田園情趣[趣味]. **2** 牧畜; 牧畜中心の社会組織. **3** 牧歌体. 〘(1854): ⇨ -ism〙

pás·to·ral·ist /-lɪ̀st | -lɪst/ *n.* **1** 田園詩人. **2** 《豪》牧羊者, 牛飼い. 〘(1793): ⇨ -ist〙

pas·to·ral·i·ty /pæ̀stərǽləti | pɑ̀ːstərǽlɪ̀ti, pæs-/ *n.* 文芸上の田園的情趣, 田園風. 〘(1821): ⇨ -ity〙

pas·to·ral·ize /pǽstərəlàɪz, -trə- | pɑ́ːs-, pǽs-/ *vt.* **1** 田園化[風, 的]にする. **2** 田園詩(など)に取り入れる[にする]. 〘(1825): ⇨ -ize〙

pástoral létter *n.* **1** 司教[主教]教書, 教書 《bishop が, 教区の全聖職者または全信者に与える公式文書》. **2** 教書 《牧師が会衆に与える文書》. 〘1885〙

pástoral práyer *n.* 〘教会〙牧会祈禱 《礼拝式の主要な祈り; 感謝・嘆願・執り成しなどを含む》. 〘1895〙

pástoral stáff *n.* 〘キリスト教〙牧杖, 司教[主教]杖 (crosier). 〘1858〙

Pástoral Sýmphony *n.* [The ～] **1** 田園交響曲 《Beethoven 作曲の交響曲第 6 番 (1808)》. **2** 「田園交響楽」 《André Gide 作の小説 *La Symphonie pastorale* (1919) の英訳名》.

pástoral theólogy *n.* 牧会(神)学.

pas·tor·ate /pǽstərɪ̀t | pɑ́ːstə-/ *n.* **1 a** 〘プロテスタント〙牧師の職務[身分, 任期, 管区]. **b** 〘カトリック〙牧者[主任司祭]の職務[身分, 任期, 管区]. **2** 《米》[the ～; 集合的] 牧師たち. **3** ＝parsonage 1. 〘(*a*1795) ← ML *pastōrātus*: ⇨ pastor, -ate[1]〙

pas·to·ri·um /pæstɔ́ːriəm | pɑːs-, pæs-/ *n.* 《米南部》**1** 〘プロテスタント〙牧師館. **2** 〘カトリック〙司祭館 (parsonage). 〘← NL ～ (neut. adj.) ← L *pāstōrius* belonging to a shepherd: ⇨ pastor, -orium〙

pástor·ship *n.* **1** 〘プロテスタント〙(特に, バプテスト派の)牧師の職務[地位, 任期, 管区]. **2** 〘カトリック〙牧者[主任司祭]の職務[身分, 任期, 管区]. 〘1563〙

pást párticiple *n.* 〘文法〙過去分詞(形) (cf. present participle). 〘1798〙

pást pérfect 〘文法〙*n.* [the ～] **1** 過去完了時制 (pluperfect ともいう; cf. present perfect, future perfect). **2** 過去完了形 (had started など; past perfect form ともいう). — *adj.* 過去完了の. 〘1889〙

pást pérfect progréssive fòrm *n.* [the ～] 〘文法〙過去完了進行形.

pást progréssive fòrm *n.* [the ～] 〘文法〙過去進行形.

pas·tra·mi /pəstrɑ́ːmi | pæs-, pəs-/ *n.* 《米》パストラーミ 《香辛料を利かせた牛の燻製肉; 通例肩肉を用いる》. 〘(1940) □ Yid. ～ □ Rumanian *pastramă* ← *pāstra* to preserve < VL **parsitāre* to save ← L *parcere* to spare〙

pas·try /péɪstri/ *n.* ペーストリー: **a** (主に生地に小麦粉を使った)焼き菓子の総称 (pie, tart など). **b** その生地. **c** (趣向を凝らして作ったケーキ・ロールパンなどの)パン類の総称. **d** (一つ一つの)ケーキまたはペーストリーパイ. 〘(1539) ← PAST(E)[1]＋-(E)RY〙

pástry bàg *n.* 絞り出し袋 (⇨ pastry tube).

pástry blènder *n.* 練り粉のこね器 (U 字型の針金製で, 柄が付いている).

pástry chèf *n.* 菓子専門のシェフ, 菓子職人. 〘1961〙

pástry·còok *n.* (ホテルやレストランなどの)ペーストリー[菓子]専門の職人. 〘1712〙

pástry créam [cústard] *n.* (エクレアやフランの中に入れる)クリーム状カスタード.

pástry tùbe *n.* (絞り出し袋 (pastry bag) の先端に取り付ける)口金 《飾り用のクリームなどを絞り出す》.

pást ténse *n.* [the ～] 〘文法〙過去時制. 〘1813〙

pas·tur·a·ble /pǽstʃərəbl | pɑ́ːstʃər-, -tjʊr-/ *adj.* 〈土地が〉牧畜[牧場]に適した, 牧場向きの. 〘(1577) ← PASTURE＋-ABLE〙

pas·tur·age /pǽstʃərɪdʒ | pɑ́ːstʃər-, -tjʊr-/ *n.* **1** 牧草. **2** 牧草地, 牧場. **3** 放牧, 牧畜(業). **4** 〘スコット法〙放牧権. 〘(*a*1533) □ OF ～ (F *pâturage*) ← *pasturer*: ⇨ pasture, -age〙

pás·tur·al /-tʃərəl | -tʃər-, -tjʊᵊr-/ *adj.* 牧草(地)の[に関する]. 〘((1596)) (1725): ⇨ ↓, -al[1]〙

pas·ture /pǽstʃə | pɑ́ːstʃə(r, -tjʊə(r/ *n.* **1** 牧草地. **2** 牧場, 放牧場 (cf. meadow). **3** 牧草.
gréener* [*néw*] *pástures ＝《英》***pástures gréener* [*new*]** 《戯言》(前のものよりは)ましな[新たな]職場, 面白い[新たな]仕事.
— *vt.* **1 a** 〈牛・羊を〉放牧する, 〈家畜〉に牧場の草を食わせる. **b** 〈土地が〉〈家畜〉の牧場となる. **2** 〈家畜が〉〈土地〉の牧草を食う. **3** 〈土地を〉牧場にする, 〈牧草〉を育てる.
— *vi.* **1** 〈羊などが〉牧場の草を食う[はむ] (graze). **2** 放牧する. **3** 〈土地が〉牧場となる. ***pùt óut to pásture*** (1) 〈家畜を〉放牧する. (2) 〈人を〉(仕事[職]から)退かせる. 〘n.: (*a*1325) □ OF ～ (F *pâture*) < L *pāstūram* pasture ← *pāstus* (p.p.) ← *pāscere* to graze: ⇨ -ure. — v.: (*a*1393) □ OF *pasturer* (F *pâturer*) ← *pasture* (n.)〙

pásture·lànd *n.* 牧草地, (放)牧場. 〘1591〙

pás·tur·er /-tʃərə | -tʃərə(r, -tjʊr-/ *n.* 放牧者, 牧場主. 〘(1558) ← PASTURE (v.)＋-ER[1]〙

pásture ròse *n.* 〘植物〙北米東部産のピンクの花の咲くノバラ (*Rosa carolina*).

past·y[1] /péɪsti/ *adj.* (**past·i·er, -i·est; more ～, most ～**) **1** のりの(ような), ペーストリーのような (doughy). **2** ゆるんだ, 気力のない, だれた (flabby). **3** 〈顔が〉さえない, 青ざめた. — *n.* [*pl.*] ⇨ pasties. **pást·i·ly** /-tɪ̀li, -tɪli/ *adv.* 〘(1607) ← PASTE[1]＋-Y[4]〙

pas·ty[2] /pǽsti/ *n.* 《英》〘料理〙パスティ 《肉・ポテト・タマネギなどを包み, 型に入れずに焼いたパイ》. 〘(*a*1300) *pastee* □ OF *pasté(e)* (F *pâté*) ← *paste* 'PASTE[1]'〙

pást·y-fáced /péɪsti-/ *adj.* (不健康に)青白い顔色の. 〘1878〙

PÁ [P.Á., p.á.] sỳstem /píːéɪ-/ *n.* 〘電気〙＝public-address system. 〘1936〙

pat[1] /pǽt/ *v.* (**pat·ted; pat·ting**) — *vt.* **1** (平らなもので)軽くたたく[打つ]: ～ the dough *into* a flat cake 小麦粉の生地をたたいて平たい塊にする. **2** 〈床などに〉軽い足音を立てる. **3 a** 〈髪などを〉なでつける 〈*down*〉. **b** (かわいがって, 賛意を示して, または励ましのため)〈頭などを〉なでる, 愛撫(あいぶ)する: ～ a dog. — *vi.* **1 a** 〔…を〕軽くたたく〔*upon*〕. **b** 足で軽く素早くたたく 《jig を踊るときなど》. **2** (床などの上を)軽い足音で歩く[走る].
pát a person on the báck 《口語》(褒めて, 賛成して, 勇気づけて)人の背を軽くたたく; 人になれなれしくする (cf. *a* PAT *on the back*). (1821) ***pát oneséls on the báck*** 独りで悦に入る. (1973)
— *n.* **1 a** 軽くたたくこと. **b** なでること, さすること: give a ～. **2** (平らな物で)軽くたたく音. **3** 軽い足音. **4** (軽くたたいたり丸めたりして形をとったバターなどの)小さな塊 (cf. butter pat). **5** 動物の糞の塊.
a pát on the báck 《口語》(励まし・元気づけ・賛同などの)一言をかけてやること: give [get] *a* ～ *on the back* 褒める[られる] / give oneself *a* ～ *on the back* 独りで悦に入る. (*c*1804)
〘n.: (*c*1400) *patte*? 《擬音語》. — v.: (1567) ← (n.)〙

pat[2] /pǽt/ *adj.* **1** あつらえ向きの, 絶好の, ぴったり合った, しっくりした; うまい (apt), 適切な, 好都合の (opportune) 〔*to*〕: a ～ reply 適切な答え / a ～ hand 〘トランプ〙(ポーカーで)ごきげんな手 《draw する必要のない完璧な手》. **2** 舌がなめらか[口がまめ]すぎる (glib); 〈話が〉うますぎる. **3** (十二分に)こなれて[身について]いる. **4** 《英方言》**a** 快活な (lively). **b** 生意気な (pert 1).
— *adv.* **1** (ぴったり)合って, ちょうど具合よく: The story came ～ *to* the occasion. 話がぴったりその場合に合った / The dancer's feet fall ～ *to* the music. 踊り手の足取りが音楽にぴったりと合う. **2** うまく, すらすらと; すぐ. **3** 完全に, すっかり (thoroughly).
háve dòwn pát 《米口語》〈文句などを〉すっかり覚えている. ***knów* [*háve*] (*òff*) *pát*** 《口語》〈真相などを〉すっかり知っている, 完全に自分のものにしている: *have* a lesson *off* ～ 学課をすっかり覚えている. ***stánd pát*** (1) 《米口語》〔改革などに対して〕現状維持を主張する; 〔決意・方針などに〕執着する, 固守する〔*on*〕(cf. standpatter). (2) 《米》〘トランプ〙(ポーカーで)手をならないでいく 《初めに配られた手のままで続ける》.
～·ness *n.* 〘(1578) 《転用》↑〙

pat[3] /pǽt/ *n.* [次の句で]: ***on one's pát*** 《豪口語》ひとりで, 独力で (cf. Pat Malone). 〘(1908) 《略》← (*on one's*) *Pat Malone* 《音韻俗語》← (*on one's*) OWN〙

Pat[1] /pǽt/ *n.* パット: **1** 男性名. **2** 女性名. 〘1: (dim.) ← PATRICK. 2: (dim.) ← PATRICIA〙

Pat[2] /pǽt/ *n.* 《口語》アイルランド人 (Irishman) の愛称. 〘(dim.) ← PATRICK (Saint Patrick にちなむ名でアイルランドに多い): cf. Paddy[1]〙

PAT /píːèɪtíː/ 《略》〘アメフト〙point after touchdown.

pat. 《略》patent; patented; patrol; pattern.

pa.t. 《略》〘文法〙past tense.

pa·ta·ca /pətɑ́ːkə | -tǽkə; *Port.* pətákə/ *n.* パタカ 《マカオの通貨単位; ＝100 avos; 記号 P》; 1 パタカニッケル貨. 〘(1875) □ Port. ～ □ Arab. *ābū ṭāqaʰ* 《原義》father of the window〙

pat-a-cake /pǽtəkèɪk | -tə-/ *n.* 〘遊戯〙パタケイキ 《Pat a cake, pat a cake, baker's man! に始まる童謡を歌いながら手をたたいたり, パンを焼くまねをする幼児の遊戯》. 〘((1874)) (1897): この遊戯で歌う童謡の起句から〙

pa·ta·gi·um /pətéɪdʒiəm/ *n.* (*pl.* **-gi·a** /-dʒiə/) 〘動物〙**1** (コウモリ・ムササビなどの)飛膜, 翼膜 (parachute). **2** (鳥の)翼と身体の付け根の間のひだ. 〘(1826) ← NL ～ (L) gold edging on a woman's tunic □ Gk *patageîon* ← *pátagos* clatter 《擬音語》〙

Pat·a·go·ni·a /pæ̀təgóuniə, -njə | -təgə́u-/ *n.* パタゴニア: **1** アルゼンチン南部の台地地方 《面積 573,000 km²》. **2** Andes 山脈から大西洋に延び, アルゼンチン・チリ両国に

P

またがる南米大陸の南端地方．〖← Sp. *patagon* large clumsy foot: ⇨ -ia¹〗

Pat·a·go·ni·an /pæ̀təgóʊniən, -njən | -təgə́ʊ-⁻/ *adj.* **1** パタゴニアの．**2** パタゴニア人の．— *n.* パタゴニア人《極めて背丈の高い種族とされるインディアン; cf. Tehuelche》;《特に》パタゴニア人の血を引く人．〖(1767) ↑〗

Pátagonian cávy [háre] *n.*〘動物〙パタゴニアノウサギ (⇨ mara). 〖1833〗

Pa·tañ·ja·li /pətʌ́ndʒəli/ *n.* パタンジャリ《紀元前 2 世紀ごろのインドのサンスクリット文法学者; 一説によるとヨーガ学説の確立者と同じ人物》.

pat·a·phys·ics /pæ̀təfíziks | -tə-/ *n.* 科学のパロディー化を目指す複雑で奇抜なナンセンス《科学的・学問的な思想や著作を諷刺し，例外を支配する法則を求める空想科学》論議．**pà·ta·phýs·i·cal** /-fízɪkəl, -kl̩ | -zɪ-⁻/ *adj.* **pàt·a·phy·sí·cian** /-fɪzíʃən | -fɪ-/ *n.* 〖(1945) ◻ F *pataphysique* ← *pata-* (META- になった恣意的接頭辞)+(*méta*)*physique* ʻMETAPHYSICSʼ: フランスの作家 A. Jarry の造語〗

pa·tás mónkey /pətɑ́ː-/ *n.*〘動物〙パタスモンキー (*Erythrocebus patas*)《西アフリカの地上生活の傾向が強い赤褐色のサル》.

pat·a·vin·i·ty /pæ̀təvínəti | -təvínɪ̀ti/ *n.* **1** イタリア Padua 市の方言の特色《史家 Livy (59 B.C.–A.D. 17) の文体に見られる》. **2** 方言の使用．〖(1607) ◻ L *patavīnitātem* ← *Patavium* (Padua の古名): ⇨ -ine¹, -ity〗

pát·bàll *n.* **1** パットボール《野球に似た英国の球技; rounders ともいう》. **2** 下手なクリケット[テニス]. 〖(1775) ← PAT¹ (v.)+BALL〗

patch¹ /pǽtʃ/ *n.* **1** (衣類・帆布などの)つぎはぎ，つぎ: some ~*es* on a sail. **2** (修理用の)あてがね; (石壁などの)補修材，あて板; (修理または装飾のための)あて布，パッチ．**3** 付けぼくろ，パッチ《17–18 世紀の女性が顔の美しさを引き立たせたり，傷跡などを隠すため顔に張りつけた黒絹の小切れ・絆創膏など》. **4**〘病理〙(皮膚や粘膜にできる)変色した部分．**5 a** (傷につける一張りの)膏薬，傷を覆う布切れ，絆創膏．**b** 眼帯: wear a ~ over the eye. **6** 大きな不規則な斑点: a ~ of sunlight on the floor / ~*es* of blue sky 雲間にのぞく青空 / a bald ~ はげたところ．**7 a** (耕作した)小地面，一畑の地，一区画 (plot); 一畑の作物: a ~ of beans 一枚の豆畑 / a potato ~ 一枚のジャガイモ畑 / a ~ of ground 小さな土地．**b**《英》(警官などの)パトロール区域．**8 a** 破片，くず，断片，残片 (fragment); 布切れ．**b** (文の)一節 (passage): ⇨ purple patch. **9**《英》(時間の)一区切り．**10**《米》〘軍事〙(所属部隊を示すために軍服の袖につける布の)部隊記章; (衣服に縫いつけた)飾り布の，記章．**11**〘電算〙パッチ《プログラムをつぎはぎして修正するために加えられる指示》. **12**〘通信〙一時的な接続．**13**《米俗》法律家，弁護士 (lawyer).

in pátches (1) 別々の場所に．(2) 別々の時間に．

nòt a pátch on《口語》…とは比べものにならない，…の足元に寄りつけない，…よりはるかに劣る (far inferior to). (1860) ***stríke [hít, gó thróugh, be in] a bád [dífficult, róugh, sticky] pátch***《英》不運な目に遭う，憂き目を見る．

— *vt.* **1 a** …につぎを当てる，つぎはぎする; つぎ合わせる 〈*up*〉: faded and ~*ed* in places 色があせところどころつぎはぎをした．**b** 〈布切れなどを〉つぎとして当てる; 〈物が〉…のつぎ布[あて布，補修材]として使われる．**2 a** (あて布・補修材などで)(一時的に)修繕する; ざっと直す 〈*up*〉 (⇨ mend SYN): ~ (*up*) a fence, wall, roof, etc. **b** 〈物を〉寄せ集める，寄せ集めて作る; 間に合わせに作る，一時取り繕う 〈*together, up*〉: ~ *up* a rule 間に合わせに規則を作り上げる / ~ things *up* for the moment その場を取り繕う．**3** 〈事件・けんかなどを〉(一時的に)静める，おさめる; 〈意見の相違などを〉調停する，なくする 〈*up*〉: ~ (*up*) their quarrel, difference, etc. **4** [主に受身で]〈表面を〉とりどりに彩る，変化を与える; [通例受身で]〈顔を〉付けぼくろで飾る．**5** (配線盤を使って一時的に)〈電流を〉つなぐ．**6**〘通信〙〈回線を〉パッチコード (patch cord) で結ぶ．**7**〘電算〙〈プログラムを〉つぎはぎして修正する．

~·a·ble /-tʃəbl/ *adj.* **~·er** *n.* **~·less** *adj.* 〖(c1390) *pacche* (変形)? ← *peche* ◻ AF **peche*=OF *pieche, p(i)ece* (F *pièce*) ʻPIECEʼ. — v.: (c1500) ← (n.)〗

patch² /pǽtʃ/ *n.* **1**《口語》まぬけ，のろま，無骨者．**2**《古》(王侯貴族お抱えの)道化師．〖(1549)《通俗語源による変形》? ← It.《方言》*paccio* fool: ↑との連想による〗

pátch·bòard *n.*〘電算〙配線盤，パッチボード《コンピューターやその他の電子装置の移動可能のパネル; 短い接続コードで配線できるように多くの電気端子を備えている; patch panel または plugboard ともいう》. 〖1949〗

pátch bòlt *n.*〘機械〙パッチボルト《ボイラーや船舶の修理用の皿頭ボルト; 頭の頂上の四角棒をつかんで締め込み，締付け十分になると四角棒がねじ切れる》.

pátch bòx *n.* パッチ箱《付けぼくろなどを入れておく小箱; 17–18 世紀に用いられた》. 〖1674〗

pátch còrd *n.*〘電気〙パッチコード《2 つの回線または装置を結ぶ両端にプラグのついたコード》. 〖1938〗

patch·er·y¹ /pǽtʃ(ə)ri/ *n.* **1** つぎはぎ細工，パッチワーク; つぎはぎ材料．**2** 一時的な取り繕い．〖(1579) ← PATCH¹ (n.)+-ERY〗

patchery² *n.*《廃》ごまかし，いんちき．〖(1582) ← PATCH²+-ERY〗

patch·ou·li /pǽtʃʊli, pətʃúːli | pətʃúːli, pǽtʃʊli/ *n.* (*also* **patch·ou·ly** /~/) **1**〘植物〙パチョリ (*Pogostemon cablin*)《東インド産のシソ科の一年草; パチョリ油 (patchouli oil) を採るため熱帯各地で栽培する》. **2** パチョリ《パチョリ油から採れる香料》. 〖(1845) ◻ Tamil *pacculi* ← *pachai* green+*ilai* leaf〗

pátchouli òil *n.*〘化学〙パチョリ油(ゆ)《patchouli の葉から蒸留して得られる; 香料用》. 〖1893〗

pátch pànel *n.*〘電算〙=patchboard. 〖1952〗

pátch pòcket *n.* 縫いつけポケット，張りつけポケット，パッチポケット《衣服の外側に張りつける》. 〖1895〗

pátch quìlt *n.*《アイル》パッチワークのキルト．

pátch rèef *n.* 斑点さんご礁(しょう)《オーストラリア大堡礁の南半分の部分などに多い，ごく小さく形の不規則なテーブル状の礁》.

pátch tèst *n.*〘医学〙パッチテスト，張布試験《アレルギーの皮内反応の代わりに小布片に抗原をつけて皮膚に張り，発赤の有無などを調べる試験; cf. scratch test 1, intracutaneous test》. 〖1933〗

pátch·ùp *adj.* **1** 間に合わせの，一時しのぎの: a ~ meal. **2** 改善的な，矯正的な; 補修的な: ~ work.

patch·work /pǽtʃwə̀ːk | -wɜ̀ːk/ *n.* **1** パッチワーク，寄せ布[皮]細工《色や形の異なった布や皮を種々な模様にはぎ合わせたもの》: a ~ quilt パッチワークのキルト / do ~ パッチワークをする．**2** 寄せ集め物 (jumble)，ごたまぜ (medley). **3** 寄せ集め模様．〖a1692〗

patch·y /pǽtʃi/ *adj.* (**patch·i·er**; **-i·est**) **1** つぎだらけの; 寄せ集めの: His knowledge is ~. **2** 〈構成など〉不統一な，不調和な (incongruous). **3** 小さな土地を寄せ集めた: a ~ garden, land, etc. **4**〘気象〙〈霧などが〉ところどころに生じる．**pátch·i·ly** /-tʃɪli/ *adv.* **pátch·i·ness** *n.* 〖(1798) ← PATCH¹+-Y⁴〗

patd《略》patented.

pát-dòwn séarch *n.* 衣服の上からたたいて武器の有無を調べる身体捜査．

pate /péɪt/ *n.*《古》**1 a** 頭 (head): a bald ~ はげ頭．**b** 脳天 (crown). **2**《戯言・軽蔑》頭脳 (brains)，知力: a shallow [an empty] ~ 浅薄な[空っぽの]頭(の人). 〖(c1305) ← ?〗

pâte /pɑ́ːt; *F.* pɑːt/ *n.* **1** のり．**2** =paste¹ 5. 〖(1845) ◻ F ~ ʻPASTE¹ʼ〗

pâ·té /pɑːtéɪ, pæ- | pǽteɪ, -ti, pætéɪ; *F.* pɑte/ *n.* (*pl.* **~s** /~z; *F.* ~/)〘料理〙**1** パテ: **a** すりつぶしてなめらかにした肉類《特にレバーなど》に香辛料・酒などで調味して火を通した料理: liver ~ レバーのパテ / ⇨ pâté de foie gras. **b** 鳥獣肉・魚肉などを入れた小型のパイ．**2**〘築城〙(市門などの)馬蹄(ばてい)状防護堤．〖(1704) ◻ F ~ < OF *pasté* ← *paste* ʻPASTE¹ʼ: cf. pasty², patty〗

pâte à chou /pɑ̀ːtɑːʃúː; *F.* pɑtaʃu/ *F. n.* パートアシュー (cream puff paste). 〖◻ F ~《原義》cabbage paste〗

-pat·ed /péɪtɪd | -tɪ̀d⁻/ *adj.* [通例複合語の第 2 構成素として] 頭が…の: empty-*pated* / bald*pated* / addle-*pated* / long-*pated* 賢い，抜け目ない / shallow-*pated* 浅はかな，ばかな．〖(1580) ← PATE+-ED 2〗

pâté de foie gras /pɑːtéɪdəfwɑ́ːgrɑ́ː, pæt- | pǽteɪdə-; *F.* pɑtedəfwagʁa/ *F. n.* (*pl.* **pâtés d-** /-téɪ(z)- | -teɪ(z)-; *F.* ~/)〘料理〙パテドフォワグラ《フォワグラ (foie gras) のすり身を調味して火を通した食品》. 〖(1827) ◻ F ~《原義》ʻPASTE¹ of fat liverʼ: ⇨ foie gras〗

pâté de cam·pagne /-kɑ̃ː(m)pɑ́ːnjə, -kɑːm-; *F.* -kɑ̃paɲ/ *n.*〘料理〙田舎風パテ《豚肉・子牛肉・ハム[ベーコン]入り》. 〖(1931) ◻ F ~〗

pa·tel·la /pətélə/ *n.* (*pl.* **pa·tel·lae** /-liː, -laɪ/, **~s**) **1**〘解剖〙膝蓋(しつがい)(骨)，膝頭(ひざがしら) (kneecap) (⇨ skeleton 挿絵). **2 a**〘動物〙杯状部．**b**〘昆虫〙小盤《ゲンゴロウの雄の前肢跗節が変化して盤状となったもの》. **c**〘植物〙球状裸子器．**3**〘考古〙(古代ローマで使われた)小皿．

pa·tel·lar /pətélə | -lə(r)/ *adj.* 〖(1671) ◻ L ~ (dim.) ← *patina* dish, pan: ⇨ patina², paten〗

patéllar réflex *n.*〘医学〙=knee jerk.

pa·tel·late /pətélɪ̀t, -leɪt/ *adj.* **1** patella のある; 吸盤を有する．**2**〘生物〙=patelliform. 〖(1826): ⇨ patella, -ate²〗

pa·tel·li·form /pətéləfɔ̀ːm | -lɪ̀fɔ̀ːm/ *adj.*〘生物〙小皿状の，小盤状の，陣笠状の．〖(1819) ← PATELLA+-I-+-FORM〗

pat·en /pǽtn̩/ *n.* **1**〘キリスト教〙(金・銀製のミサ聖祭・聖餐(せいさん)用)聖(パン)皿，パテナ，パテン．**2** (金属製の)平皿．〖(c1300) *pateyne* ◻ AF **pateine*=(O)F *patène* ◻ ML *patina, patena* plate for the Eucharist, (L) shallow dish ◻ Gk *patánē* pan: cf. patina²〗

pa·ten·cy /péɪtnsi, pǽt-, -tn̩- | -tən-, -tn̩-/ *n.* **1** 明白; 開放．**2**〘医学〙開存性，開通性．**3**〘音声〙声道の開放度 (cf. closure 6). 〖(1656): ⇨ ↓, -cy〗

pat·ent /pǽtənt, -tn̩t | péɪtənt, pǽt-, -tn̩t/ *n.* **1 a** 特許(権)，パテント: take out [obtain, get] a ~ *for* [*on*] an invention 発明の特許を受ける / manufacture *under* ~ 特許によって製造する / by ~ 特許(権)で / *Patent* applied for.=*Patent* pending. [標示] 特許出願中．**b** 特許証．**c** (専売)特許品，特許物件．**2** (爵位・称号などの)特許状 (⇨ letters patent): a ~ of nobility 爵位の特許状．**3**《米》公有地譲渡証書; 譲渡公有地．**4 a** 特権，特典 (*for, on*). **b** (ある事に対する)資格のしるし，(ある特質をもつ)しるし，特徴: He has a ~ of benevolence in his face. 彼は慈悲の色をたたえている．

— *vt.* **1 a** …の(専売)特許を受ける; 特許品として売り出す．**b** …の(専売)特許を許す，特許する; 免許する．**2**《米》〈公有地の〉譲渡証書を受ける; 〈公有地を〉譲渡する．**3** 〈技術などを〉創案して一手に収める: the golfing technique ~*ed* by him 彼一流のゴルフの技法．**4**〘冶金〙〈鋼線を〉にパテンティングをする《冷間引き抜きによって作られた鋼線に必要な性質を与えるための一種の熱処理をいう》.

— *adj.* **1 a** (専売)特許の[に関する]; 〈物が〉特許権のある[を受けた] (patented): a ~ attorney [lawyer,《米》agent] (特許)弁理士 / ~ laws 特許法．**b** 〈薬剤・食品など〉商標名登録の: ⇨ patent medicine. **2** 明白な，わかりきった，はっきりした (↔ latent) (⇨ evident SYN): a ~ error, fact, etc. / a ~ absurdity 全く[明らかに]ばかげたこと / It is ~ (*to* us) that it is a forgery. (我々には)それが偽物だということは明らかである．**3 a**《口語》新奇な，巧妙な，新案の; 独特の，まねのできない: a ~ method / a ~ device 新案(物). **b** パテントレザー仕上げの．**c** 独創的な，特有な．**4**《米》ではまた péɪt-/〘医学〙開存(性)の (open, unobstructed). **5**《古》**a** 〈場所など〉開放されている，〈戸・通路など〉開いている (open); 利用できる (available); 接近できる (accessible). **b** 〈文書が〉開封の，公開の (overt) (cf. close² 13). ★ 今は通例次の表現に用いる: ⇨ letters patent. **6**〘植物〙開いた，広がった (patulous). **7** (板ガラスの)両面を研磨した．

~·ed *adj.* 〖n.: (?c1300) ◻ AF *patente* ← (O)F *lettres patentes* letters patent (fem.) ← *patent*: ⇨ letter², — adj.: (a1387) ◻ (O)F ~ ◻ L *patent-*, *patēns* (pres.p.) ← *patēre* to lie open ← IE **pet-* to spread: cf. fathom〗

pat·ent·a·ble /pǽtəntəbl̩, -tn̩t- | péɪtənt-, pǽt-, -tn̩t-/ *adj.* 特許を受けられる，特許できる．**pàt·ent·a·bíl·i·ty** /-təntəbíləti, -tn̩t- | -təntəbílɪ̀ti, -tn̩t-/ *n.* 〖(1817): ⇨ ↑, -able〗

pátent ambigúity /péɪtənt-, pǽt-, -tn̩t- | pǽtənt-, -tn̩t-/ *n.*〘法律〙明白な意味不明瞭《ある部分が空白であるなど書面上の文言そのものの不明確から生じる意味不明瞭; cf. latent ambiguity》.

pátent ánchor *n.*《俗用》〘海事〙無笄錨(むかんびょう)《錨のこうがい (stock) のない方式のもの; もとは特許製品》.

pátent blúe, P- B- *n.*〘化学〙パテントブルー《酸性染料の商品名》.

pátent-cùt jíb *n.*〘海事〙=mitered jib.

pat·en·tee /pæ̀tntíː, -tn̩- | pèɪtən-, pæ̀t-, -tn̩-/ *n.* 専売特許権所有者[団体，法人]. 〖(1442): ⇨ patent, -ee¹〗

pátent fástener *n.*《アイル》=snap fastener.

pátent flóur *n.*《米》上質小麦粉《もとは特許製品》.

pá·tent forámen ovále /péɪtnt-, pǽt-, -tn̩t- | -tənt-, -tn̩t-/ *n.*〘病理〙卵円孔開存《胎生時の卵円孔 (foramen ovale) が出生後閉鎖されずに残るもの》. 〖⇨ foramen ovale〗

pátent ínsides *n. pl.* (内側のページだけ印刷された)裏刷り紙 (cf. boiler plate, patent outsides). 〖1882〗

pátent léather *n.* パテントレザー《表面を鏡様に強い光沢がでるように塗装仕上げした革; 普通は黒色; もとは特許製品》: ~ shoes. 〖1829〗

pátent lóg *n.*〘海事〙特許測程器 (⇨ taffrail log). 〖1876〗

pa·tent·ly /péɪtəntli, pǽt-, -tn̩t- | -tənt-, -tn̩t-/ *adv.* **1** 明らかに，明白に (obviously): He was ~ wrong. **2**《古》公然と (openly). 〖(1863) ← PATENT (adj.)+-LY¹〗

pátent médicine *n.* (特許をもつ製薬会社が販売する)(特許)医薬品，売薬《proprietary ともいう》. 〖1770〗

pátent òffice, P- O- *n.* 特許局，特許庁《米国では正式には Patent and Trademark Office という; 略 Pat. Off.》. 〖1696〗

pat·en·tor /pǽtəntə, pæ̀təntɔ́ə, -tn̩t- | péɪtəntə(r, pǽt-, -tn̩t-, pèɪtn̩tɔ́ː(r, pæ̀t-/ *n.* **1** (専売)特許認可者．**2** =patentee. 〖(1890) ← PATENT+-OR²〗

pátent óutsides *n. pl.* (第 1 ページと第 4 ページの外側だけ印刷した)表刷り紙《新聞の内側のページは空白で，地方記事などに当てられる; cf. boiler plate, patent insides》. 〖1871〗

pátent rìght *n.* (発明などに対する)特許権．〖1825〗

pátent ròlls *n. pl.*《英》年間(専売)特許登記簿，開封勅許状 (letters patent) 簿．〖1700〗

pátent slìp *n.*《英》〘海事〙=slipway 1 b.

pátent stìll *n.* パテントスチル《連続式蒸留器で，ポットスチルより高濃度で不純物の少ない蒸留酒が得られる; bourbon whiskey はこれによって製する; cf. pot still》. 〖1887〗

pátent théater *n.*《英》勅許劇場《London の Drury Lane Theatre や Covent Garden Theatre のように勅許によって設立されたもので，もとは種々の特権が与えられた》.

pa·ter *n.* **1** /péɪtə | -tə(r/《英俗》おやじ，父 (father) (cf. mater 1)《英国のパブリックスクールで用いられる》. **2** /pɑ́ːtə, -teə, pǽtə | pǽtə(r, pɑ́ː-, péɪ-/ [しばしば P-] 主の祈り (Paternoster, the Lord's Prayer); 主の祈りを唱えること．〖1: (1728) ◻ L ~ ʻFATHERʼ. 2: (a1338)《略》← PATERNOSTER〗

Pa·ter /péɪtə | -tə(r/, **Walter (Horatio)** *n.* ペーター《1839–94; 英国の批評家・小説家; *Studies in the History of the Renaissance* (1873), *Marius the Epicurean* (1885)》.

pat·er·a /pǽtərə | -tə-/ *n.* (*pl.* **-er·ae** /-rìː/)〘建築〙皿飾り，パテラ《円形また楕円形の浮き彫り装飾》. 〖(1658) ◻ L ~ ← *patēre* to lie open: ⇨ patent〗

pa·ter·fa·mil·i·as /pèɪtəfəmíliəs, pɑ̀ː-, -æs | pèɪtə-/ *n.* **1** (*pl.* **~·es**)《戯言》(男の)家長，戸主 (cf. materfamilias). **2** (*pl.* **pa·tres·f-** /pèɪtreɪz-/)〘ローマ法〙家父長; 父権 (patria potestas) から解放された成年男子．〖(c1430) ◻ L *paterfamiliās* ← *pater* ʻFATHERʼ+*familiās* ((old gen.) ← *familia* ʻFAMILYʼ)〗

pa·ter·nal /pətə́ːnl̩ | -tə́ː-/ *adj.* **1** 父の，父としての，父(親)らしい (fatherly) (cf. maternal 1, parental 1): ~ love 父性愛 / take ~ care of …父のように世話する，父親としての面倒をみる / bid adieu to one's ~ roof 父のひざもとから去る，独立する．**2 a** 〈親戚など〉(血縁が)父方の，父系の: a ~ grandmother=a grandmother on the ~ side 父方の祖母 / be related on the ~ side 父方の親類

P

である. **b** 〘文化人類学・社会学〙父系中心の, 父権の (cf. maternal 2 b): a ~ family 父系中心家族, 父権家族《家族内の権威が父親あるいは男性の長によって保持されている家族の型》. **3** 父から得た, 父譲りの, (父から)世襲の: the ~ acres 世襲の土地. **4** 〈政府・立法など〉(父の子に対するような)善意に基づいて規制[制限, 干渉]する; 温情主義の. **~·ly** *adv.* 〘(1605) ◻ LL *paternālis* ← L *paternus* fatherly ← *pater* 'FATHER': ⇨ -al[1]〙

patérnal árm *n.* 〘紋章〙父方直系の紋章《西洋の紋章は妻が相続人であれば, その生家の紋章を夫の紋章に加え, 代々継承されるので, 父方の直系の紋章を特に original arm とも呼んで区別する》.

pa·ter·nal·ism /pətə́ːnəlìzm, -nl- | -tə́ː-/ *n.* 《政治・経済・雇用関係などで》(父の子に対するような)善意に基づく配慮[統制, 干渉]; 温情主義, 家族主義的経営[統治].

pa·tér·nal·ist /-nəl̩ɪst, -nl- | -nəlɪst, -nl-/ *n., adj.*

pa·ter·nal·is·tic /pətə̀ːnəlístɪk, -nl- | -tə̀ː-⁻/ *adj.*

pa·tèr·nal·ís·ti·cal·ly *adv.* 〘(1881): ⇨ -ism〙

pa·ter·ni·ty /pətə́ːnəti | -tə́ːnɪ̩ti/ *n.* **1** 父であること, 父性 (fatherhood); 父としての権利[義務], 父権. **2** 父系; 父方の血筋. **3 a** 著作者であること (authorship). **b** (著作・事件などの)起源, もと, 元祖 (origin). 〘(1432–43) ◻ (O)F *paternité* // LL *paternitātem* ← L *paternus*: ⇨ paternal, -ity〙

patérnity lèave *n.* 父親の産休[育児休暇] (cf. maternity leave). 〘1973〙

patérnity sùit *n.* 〘米法〙父子関係確定訴訟 (cf. affiliation proceedings). 〘1975〙

patérnity tèst *n.* 〘法律〙(特に, 非嫡出子の父親に対する)父子関係確定の科学的検査《血液検査 (blood grouping) など》. 〘1926〙

pa·ter·nos·ter /pɑ̀ːtənɔ́stə, pæ̀t-, -nɑ́(ː)s-, -nóus- | pæ̀tənɔ́stə(r⁻)/ *n.* **1** [または P-]〘宗教〙主の祈り, (特に, ラテン語の)主禱(しゅとう)文 (Lord's Prayer); その読唱. **2 a** (数珠の)主の祈りの珠(たま)《普通の珠 10 個ずつの間に置いてある大珠; 珠をつまぐりながら祈りつつこの珠にきたとき主の祈りを繰り返す》. **b** 《古》ロザリオの大珠, ロザリオ (rosary). **3** (聞きとりにくい低い声で唱える)祈りの言葉, 呪文: ⇨ devil's paternoster / the black ~ 悪魔に祈る言葉, 呪い / the white ~ 悪魔から逃れることを祈る言葉. **4** (主としてヨーロッパの)循環エレベーター《扉のない箱が連続して上下し続ける昇降機》. **5 a** 数珠形の物. **b** 〘釣〙= paternoster line. **c** 〘建築〙連珠紋《pearl molding ともいう》. 〘OE ◻ L *pater noster* Our Father (ラテン語訳の「主の祈り」の起句)〙

Pa·ter Nos·ter /pɑ̀ːtənɑ́(ː)stə, pæ̀tə-, pèɪtə- | pætənɔ́stə(r⁻)/ *n.* (特に, ラテン語の)主の祈り (Lord's Prayer).

páternoster líne *n.* 〘釣〙一定間隔に釣針と重りを付けた釣り糸《単に paternoster ともいう》. 〘1676〙

Pa·ter Pa·tri·ae /péɪtəpéɪtriiː, pɑ́ːtəəpɑ́ːtriàɪ | péɪtəpéɪtriiː/ *L. n.* 国父 (Father of his country). 〘◻ L ~ 'father of his country': 紀元前 63 年 Catiline の陰謀を鎮圧した Cicero に与えられた称号〙

Pat·er·son /pǽtəsən, -sn̩ | -tə-/ *n.* パターソン《米国 New Jersey 州北東部 Passaic 河畔の都市》. 〘← W. Paterson (1745–1806: 州知事)〙

Pat·er·son /pǽtəsən, -sn̩ | -tə-/, **Andrew Barton** *n.* パターソン (1864–1941; オーストラリアの詩人; Banjo Paterson の名で知られている; 国民的愛唱歌 'Waltzing Matilda' の作詞者).

Paterson, William *n.* パターソン (1658–1719; スコットランドの実業家; イングランド銀行の創設者).

Páterson's cúrse *n.* 《豪》〘植物〙ムラサキ科エキウム属の草本 (*echium plantagineum*) 《ヨーロッパ原産の帰化植物》. 〘1904〙

pâte-sur-pâte /pɑ́ːtsəːpɑ́ːt | -səː-; *F.* pɑtsyʀpɑt/ *n.* 〘窯業〙パートシュルパート《浅浮彫りを粘土・泥漿(でいしょう) (slip) を用いて手描きでつけた陶器の装飾法》. 〘(1947) ◻ F ~ 《原義》paste on paste〙

path /pǽθ | pɑ́ːθ/ *n.* (*pl.* **~s** /pǽθs, pǽðz | pɑ́ːðz/) **1 a** (人や動物に踏まれて自然にできた)道, (車が通れないほどの)小道, 細道 (footway): clear [beat] a ~ *through* the woods 森を切り開いて[踏み分けて]道をつくる / ⇨ beaten path. **b** (人が歩くための)歩道 (footpath), (庭園・屋敷内の)通用路. **2** (徒歩・自転車などの)競走路. **3** 通り道, 進路; 飛行経路 (course): the ~ of a comet [a bird in the air] 彗星(すいせい)の軌道[鳥の飛ぶ道] / come across a person's ~ 人に出会う. **4 a** (人として歩むべき)道, 人生行路: smooth a person's ~ 人の進行を容易にしてやる / follow in the ~ of a person 人の踏んで来た道をたどる, 人の方針に従って行く / The ~*s* of glory lead but to the grave. 栄光の道も行きつく果ては墳墓にほかならない (T. Gray, *Elegy Written in a Country Churchyard*, 36). **b** (文明・思想・行動などの)方向, 進路; やり方, 方針; (議論の)筋道: the ~ of duty [loyalty] 義務[忠義]の道 / the ~ *to* peace [success] 平和[成功]への道. **5** 〘数学〙道《点や図形が与えられた条件の下で動いたときにできる道》. **6** 〘物理〙(物体や粒子の通る)行路: ⇨ mean free path. **7** 〘解剖〙(神経系の)路(ろ); 索. **8 a** 〘生理〙= pathway 2 a. **b** 〘生化学〙代謝経路 (cf. pathway 2 b). **9** 〘電算〙パス: **a** ディレクトリー階層構造中で, ルート[カレント]ディレクトリーから特定のファイルに至る経路. **b** ファイルを探すときにシステムが参照するディレクトリーのリスト.
a páth strewn with róses バラの花を敷いた道; 歓楽の生活. ***a wéll-trodden páth*** ⇨ well-trodden 成句.
béat a páth 〔…へ〕大急ぎで行く〔*to*〕: *beat a* ~ *to* a person's door …のところに大挙して押しかける[殺到する].
bláze a páth ⇨ blaze³ 成句. ***bréak a páth*** (困難を排して)新しい道を切り開く[開拓する] (cf. pathbreaking).
cróss a person's páth* = *cróss the páth of a person (1) 人に出会う. (2) 人の行く手を横切る; 人(の計画など)を邪魔[妨害]する. ***stánd in a person's páth* = *stánd in the páth of a pérson*** …の進路[すること]を邪魔する.
tàke the wróng páth ⇨ wrong 成句. ***the nárrow páth*** 狭い道, 正義 (cf. *Matt.* 7: 14).
〘OE *pæþ* < (WGmc) **paþa* way (Du. *pad* / G *Pfad*) ← IE **pent-* to tread, go〙

path. 《略》pathological; pathology.

path- /pæθ/ (母音の前にくるときの) patho- の異形.

-path /⌐⁻pæθ/ 次の意味を表わす名詞連結形: **1** 「…療法医」: allo*path*. **2** 「…病患者」: psycho*path*. 〘1: ◻ G ~ 《逆成》← *-pathie* '-PATHY'. 2: ← Gk *-pathḗs* ← *páthos* suffering: ⇨ pathos〙

Pa·than /pətɑ́ːn; *Hind.* pəṭʰaːn̩/ *n.* (*pl.* ~, **~s**) パターン族(の人): **1** = Pashtun. **2** インドに住んでいるアフガン人. 〘◻ Hindi *Paṭhān* ← Pashto *Paštānə́* (pl.) ← *Paštún* 'PASHTUN'〙

páth·brèaker *n.* (新しく)道を切り開く人; (新分野の)開拓者, 先達. 〘1905〙

páth·brèaking *adj.* 新しい道を切り開く, 開拓者的な, 先達的な. 〘1914〙

Pa·thé /pǽθeɪ; *F.* pate/, **Charles** *n.* パテ (1863–1957; 映画初期のフランスの企業家・製作者・興行家; ニュース映画の創始者).

pa·thet·ic /pəθétɪk | -tɪk/ *adj.* **1** 感動させる, 人の心を動かす (touching); 哀れを誘う (pitiful), 哀愁に満ちた, 悲しい, 痛ましい (⇨ moving SYN): a ~ story 哀話 / a ~ scene (芝居の)愁嘆場. **2** 《口語》かわいそうなほどだめな[うまく(いか)ない, 足りない], ひどく不釣り合いの[そぐわない]. **3** 《廃》感情[情緒]の[に関する]《現在では pathetic fallacy の形でのみ用いる》. — *n.* **1** [the ~] 感傷的なもの. **2** [*pl.*] (喜怒哀楽の)情[激情]の研究; 喜怒哀楽の情に浸る[をあらわにする]こと, 悲しげな表情. **pa·thét·i·cal** /-tɪ̩kəl, -kl̩ | -tɪ-/ *adj.* **pa·thét·i·cal·ly** *adv.* **pa·thét·i·cal·ness** *n.* 〘(1598) ◻ F *pathétique* ◻ LL *pathēticus* ◻ Gk *pathētikós* sensitive ← *páskhein* to suffer: ⇨ pathos, -ic[1]〙

pathétic fállacy *n.* 感傷的虚偽[誤謬]《詩人が慣習的に自然・無生物などを人間同様の感情・性格をもつものとして扱うこと; Ruskin が *Modern Painters* の中で用いた語; 例: the angry wind》. 〘1856〙

Pa·thet Lao /pɑ́ːtɛtláu/ *n.* ラオス愛国戦線, パテトラオ《1975 年王政を廃止してラオス人民民主共和国を成立させた共産主義勢力》.

páth·fìnder *n.* **1 a** (未開地の)新道路開拓者, 探検者. **b** (学問などの)新分野開拓者(の草分け), 先導者, 先覚者, パイオニア. **2** 〘軍事〙**a** 誘導機《照明弾・発煙弾その他の手段で飛行編隊を目標地点に誘導する》. **b** 降下[降着]誘導員, 誘導降下員《空挺作戦であらかじめ降下して, 主力の降下を誘導するための空地通信などに任じる者》; (航法支援用の)機上レーダー(装置). **3** 《米俗》(警察の使う)内偵者, 密偵, スパイ. **4** [P-] = Mars Pathfinder. 〘1840〙

páth·fìnding *n., adj.* 新しい道を切り開く(こと), 草分け(的な). 〘1888〙

-path·i·a /pǽθiə/ 《廃》= -pathy 2. 〘← NL ~: ⇨ -pathy〙

path·ic /pǽθɪk/ *n.* **1** 男色の相手の少年, 稚児(ちご) (catamite). **2** 悩む人, 犠牲(者). — *adj.* **1** 男色の相手となる少年の. **2** 犠牲(者)の. 〘(1603) ◻ L *pathicus* ◻ Gk *pathikós*〙

-path·ic /pǽθɪk/ -pathy で終わる名詞に対応する形容詞連結形. 〘⇨ -pathy, -ic[1]〙

páth·less *adj.* 道のない; 前人未踏の; 人跡の絶えた (untrodden): a ~ jungle. **~·ness** *n.* 〘1591〙

páth·nàme *n.* 〘電算〙(ファイルの所在を表わす)パス名.

path·o- /pǽθou | -θəu/ 「苦しみ (suffering); 病気 (disease); 感情 (passion)」の意の連結形. ★ 母音の前では通例 path- になる. 〘← NL ~ ← Gk *páthos* suffering, emotion: ⇨ pathos〙

pátho·cùre *n.* 〘精神医学〙器質性疾患の発生による神経症の治癒. 〘⇨ ↑, cure〙

path·o·for·mic /pæ̀θəfɔ́əmɪk | -θə(ʊ)fɔ́ː-⁻/ *adj.* 〘病理〙(特に, 精神病の)疾病発端の. 〘← PATHO- + -FORM + -IC[1]〙

path·o·gen /pǽθədʒən, -dʒèn/ *n.* (*also* **path·o·gene** /pǽθədʒiːn/) 病原体, 病原. 〘(1880) ← PATHO- + -GEN〙

pàth·o·génesis *n.* 〘病理〙**1** 疾病(しっぺい)の成り立ち, 病因. **2** 病因論, 疾病発生論. **pàth·o·genétic** *adj.* 〘(1876) ← PATHO- + -GENESIS〙

path·o·gen·ic /pæ̀θədʒénɪk | -θə(ʊ)-⁻/ *adj.* 病原[病因]となる, 病原性の(ある): ~ bacteria 病原菌. **pàth·o·gén·i·cal·ly** *adv.* 〘(1852) ← PATHO- + -GENIC[1]〙

path·o·ge·nic·i·ty /pæ̀θoudʒɪ̩nísəti | -θə(ʊ)dʒɪ̩nísɪ̩ti/ *n.* 病原(性). 〘(1899): ⇨ -ity〙

pa·thog·e·nous /pəθɑ́(ː)dʒənəs, pæ- | -θɔ́dʒɪ̩-/ *adj.* = pathogenic.

pa·thog·e·ny /pəθɑ́(ː)dʒɪ̩ni, pæ- | -θɔ́dʒ-/ *n.* 〘病理〙= pathogenesis. 〘1842〙

path·og·no·mon·ic /pæ̀θə(g)noumɑ́(ː)nɪk | -nə(ʊ)mɔ́n-⁻/ *adj.* 〘医学〙(疾病)特徴的な. **pàth·og·no·món·i·cal** /-nɪ̩kəl, -kl̩ | -nɪ-⁻/ *adj.* **pàth·og·no·món·i·cal·ly** *adv.* 〘(1625) ◻ Gk *pathognōmonikós* indicating a particular disease: ⇨ patho-, gnomon, -ic[1]〙

pa·thog·no·my /pəθɑ́(ː)gnəmi, pæ- | -θɔ́g-/ *n.* **1** 〘医学〙症候学. **2** (表情などからの)感情[激情]の考察[認識]. 〘(1793) ← PATHO- + -GNOMY〙

pa·thog·ra·phy /pəθɑ́(ː)grəfi, pæ- | -θɔ́g-/ *n.* 〘病理〙パトグラフィー, 病跡(学), 病誌. 〘(1917) ← PATHO- + -GRAPHY〙

pathol. 《略》pathological; pathology.

path·o·log·ic /pæ̀θəlɑ́(ː)dʒɪk | -lɔ́dʒ-⁻/ *adj.* = pathological. 〘(1656) ◻ F *pathologique* ◻ Gk *pathologikós*: ⇨ pathology, -ic[1]〙

path·o·log·i·cal /pæ̀θəlɑ́(ː)dʒɪ̩kəl, -kl̩ | -lɔ́dʒɪ-⁻/ *adj.* **1** 病理学(上)の, 病理学的な: ~ experiments, studies, etc. **2** 《口語》異常な, 病的な (morbid) (↔ physiological): a ~ liar 病的虚言者. **3** 病気に関する, 治療の. 〘(1688): ⇨ ↑, -al[1]〙

patholόgical anátomy *n.* 病理解剖学. 〘1809〙

pàth·o·lóg·i·cal·ly *adv.* 病(理)的に: He is ~ shy. 病的(なほど)に内気だ. 〘1824〙

pa·thol·o·gist /pəθɑ́(ː)lədʒɪ̩st, pæθ- | -θɔ́lədʒɪst/ *n.* 病理学者. 〘(1650): ⇨ ↓, -ist〙

pa·thol·o·gy /pəθɑ́(ː)lədʒi, pæ- | -θɔ́l-/ *n.* **1** 病理学: general [special] ~ 病理学総論[各論] / ⇨ plant pathology. **2** 病理; 病状, 病気の経過. **3** 異常, 変異 (abnormality); (病的)逸脱 (deviation). 〘(1611) ◻ F *pathologie* // ← NL *pathologia* ← Gk *pathología* study of disease: ⇨ patho-, -logy〙

pa·thom·e·ter /pəθɑ́(ː)mətə, pæ- | -θɔ́mɪ̩tə(r)/ *n.* 〘電気〙(人体)電気伝導度測定器. 〘(1899) ← PATHO- + -METER[1]〙

pàtho·morphólogy *n.* 〘医学〙病理形態学. **pàtho·morphológical** *adj.* **pàtho·morphológic** *adj.*

pàtho·neurósis *n.* 〘精神医学〙疾病因性神経症. 〘← NL ~: ⇨ patho-, neurosis〙

pàtho·physiólogy *n.* 〘医学〙病態生理学. **pàtho·physiológical** *adj.* **pàtho·physiológic** *adj.* 〘(1952) ← PATHO- + PHYSIOLOGY〙

pa·thos /péɪθɑ(ː)s, -θɔ(ː)s, -θous | -θɔs/ *n.* **1** (言語・音楽・人生の経験などで)哀れを誘う力[調子], 哀感, 悲哀, ペーソス (cf. bathos); 哀れみの情: There is abundant ~ in her words. 彼女の言葉には哀れを誘うところが多い.
日英比較 英語の *pathos* は日本語の「ものの哀れ」の訳語として用いられることがあるが, 「哀れみや悲しみを起こさせる特質」という意味で, 日本語の「ものの哀れ」とは意味が違う. 「ものの哀れ」に当たる英語の語句はなく, 説明的に訳すしかない. **2** 〘哲学〙パトス《人間精神の能動的・エトス的・理性的な契機と対照させられる受動的・感情的・情意[情熱]的な契機; cf. logos 2, ethos 3》. **3** 《まれ・詩》悲痛, 苦難. 〘(1579) ◻ Gk *páthos* emotion, suffering ← *páskhein* to suffer: cf. Gk *pénthos* grief〙

path·way /pǽθwèɪ | pɑ́ːθ-/ *n.* **1** 小道, 細道; 歩道, 通路 (path). **2 a** 〘生理〙神経経路 (path). **b** 〘生化学〙経路《ある化合物から他の化合物へ導く化学反応の連鎖; cf. path 8 b》. 〘1536〙

-pa·thy /⌐⁻pəθi/ 次の意味を表わす名詞連結形: **1** 「苦痛 (suffering); 感情 (feeling)」: anti*pathy*, sym*pathy*. **2** 「病気 (disease)」: neuro*pathy*, psycho*pathy*. **3** 「療法」: allo*pathy*, homeo*pathy*, hydro*pathy*. 〘◻ Gk *-pátheia* suffering, feeling ← *páskhein* to suffer: ⇨ pathos, -y[1]〙

Pa·ti·a·la /pʌ̀tiɑ́ːlə | -ti-/ *n.* **1** パチアラ(州)《インド北西部の旧州; 1956 年以降 Punjab 州の一部》. **2** パチアラ《インド北西部 Punjab 州の都市》.

pa·tience /péɪʃəns, -ʃənts/ *n.* **1** 忍耐, 我慢, 辛抱; 我慢して待つこと: Have ~ a little longer. もう少し辛抱なさい, 気長に待ちなさい / in ~ 辛抱強く, 根気よく / sit like ~ on a monument 忍耐の権化のように座っている (Shak., *Twel N* 2. 4. 114). **2** 忍耐力, 堅忍持久, 辛抱強さ, 頑張り, 根気 (perseverance); たゆまない[うまない]こと, 精励 (diligence): the ~ of Job ⇨ Job 2 a / work hard with ~ 根気よくせっせと働く. **3** 《英》〘トランプ〙ペイシェンス, 一人遊び[占い] (《米》solitaire). **4** 〘植物〙ワセスイバ (*Rumex patientia*) 《ヨーロッパ原産のタデ科の多年草; 食用になる; patience dock ともいう》. **5** 《廃》寛容 (sufferance), 許容 (permission).
hàve nó pátience with 〈人・行動など〉に我慢ができない. (1855) ***lóse one's pátience with [toward]*** …に我慢しきれなくなる, 腹を立てる. ***Mý pátience!*** 《俗》おやおや《驚きを表す》. (1873) ***óut of pátience with*** …に我慢ができなくなって, 愛想をつかして. (1804)
〘(?a1200) *pacience* ◻ (O)F ~, OF *pacience* ◻ L *patientia* ← *patientem*: ⇨ patient, -ence〙

SYN 我慢: **patience** 苦痛・挑発・遅延などを落ち着きと自制をもって我慢すること: I have no *patience* with delay. 遅れるのは我慢がならない. **endurance** 苦痛や苦難を長期にわたって耐え忍ぶ能力: come to the end of one's *endurance*. 我慢の限界にくる. **fortitude** 不屈の勇気から生じる強い忍耐力《格式ばった語》: show *fortitude* in danger 危険に際して毅然としている. **forbearance** 怒りを抑えること《格式ばった語》: Try to show some *forbearance*. 少し自制するように努めなさい.
ANT impatience.

Pa·tience /péɪʃəns/ *n.* ペイシェンス《女性名; 愛称形 Patty》. ★ Puritans に好まれ, 現在も地方で多くみられる. 〘(17C)〙

pa·tient /péɪʃənt/ *n.* **1** (医者から見た)患者, 病人; (美容院などの)客 (customer): a ~ of his [Dr. Mill's] 彼[ミル先生]の患者. **2** 《まれ》受動者 (↔ agent). **3** 《古》受難者; 苦悩者; 犠牲者 (sufferer). — *adj.* **1** 忍耐[辛抱, 我慢]強い, 根気のよい, 気長な: be ~ *to* [*with*] a person 人に対して辛抱強い / more ～ than Job ヨブより辛抱強い, 非常に我慢強い. **2** 勤勉な (diligent), たゆまず働く (laborious). **3** 《古》〔圧迫・緊張などに〕耐え得る〔*of*〕: be ～ *of* toil, hunger, sufferings, etc. **4** 《古》〔解釈などを〕許す, (…の余地がある〔*of*〕: The facts are ～ *of* two interpretations. その事実には二つの解釈が可能だ. **5** 《まれ》受動的な, 受身の (passive). 〚adj.: (*c*1340) *pacient* ▭ (O)F *patient* ▭ L *patient-*, *-ēns* (pres.p.) ← *patī* to suffer: ⇨ -ent. — n.: (*c*1385) *pacient* ▭ (O)F *patient* ← (adj.)〛

pá·tient·ly *adv.* 忍耐[辛抱]強く, 根気よく, 気長に, じっと. 〚*c*1340〛

pat·in /pǽtɪn, -tn | -tɪn/ *n.* =paten.

pat·i·na[1] /pǽtənə, -tnə, pətíːnə | pǽtɪnə, -tnə, pətíːnə/ *n.* (*pl.* ～**s**) **1** (青銅器などの)古さび, 緑青: a ～ of rust 鉄さび. **2 a** (木工品・家具・手すりなどの時代のついた)古つや. **b** (長い年月の間に備わった)外観, 風貌, 風格. **3** 《美術》古色, さび. 〚(1748) ▭ It. ～ 《原義》? tarnish formed on a metal dish ▭ L *patina* (↓)〛

pat·i·na[2] /pǽtənə, -tnə, pətíːnə | pǽtɪnə, -tnə, pətíːnə/ *n.* (*pl.* ～**s**, **-i·nae** /pǽtəniː, -tn-, -nàɪ, pətíːniː | pǽtɪniː/) **1** (古代ローマ人の用いた)大鉢, 平なべ (pan). **2** 《キリスト教》=paten 1. 〚(1857) ▭ L ～ 'dish': cf. patella, paten〛

pat·i·nate /pǽtənèɪt | -tɪ-/ *vt.* [主に p.p. 形で] …に古さび[緑青]を生じる. — *vi.* 古さび[緑青]が出る. 〚(1880) ← PATINA[1]＋-ATE[3]〛

pat·i·na·tion /pæ̀tənéɪʃən | -tɪ-/ *n.* **1** =patina[1] 2. **2** (骨董(こっとう)的価値を出すために)人工的に古つや[さび]をつけること. 〚(1888) ↑〛

pa·tine /pætíːn, pə-/ *n.* **1** =paten. **2** =patina[1]. — *vt.* 古さび[緑青]で覆う. 〚(1883): ⇨ patina[1]〛

pat·i·nous /pǽtənəs | -tɪ-/ *adj.* さび[古つや]のある, 古色をつけた, 時代がついた. 〚(1848): ⇨ patina[1]〛

pa·ti·o /pǽtiòʊ, pɑ́ː- | pǽtiəʊ; *Sp.* pátjo/ *n.* (*pl.* ～**s** /～z; *Sp.* ～s/) **1** (スペインやラテンアメリカで家屋の)中庭, パティオ (inner court). **2** 《米》(スペイン風の家の)パティオ, テラス《家屋寄りの庭を食事などができるようにコンクリートや石畳にしたもの》. 〚(1828) ▭ Sp. ～ ←? L *pat(ē)re* to lie open: ⇨ patent〛

pátio dòors *n. pl.* 《英》(居間からパティオ・バルコニーに通じる)ガラスの引き戸.

pa·tis·se·rie /pətíːs(ə)ri, pæ(t)-, -tís-; *F.* patisʀi/ *n.* **1** =French pastry. **2** 菓子[(特に) French pastry]製造販売店. 〚(1768) ▭ F *pâtisserie* ← ML *pasticium* pastry (← *pasta* 'PASTE[1]')＋*-erie* '-ERY'〛

pa·tis·sier /pɑ̀ːtisjéɪ; *F.* patisje/ *n.* パティシエ《菓子作り専門のコック》.

Pát Malóne *adj., adv.* 《豪口語》ひとりで (alone): do a thing on (one's) ～ 《しばしば pat と略される; cf. pat[3]》. 〚1908〛

Pat·more /pǽtmɔə | -mɔː[r]/, **Coventry (Kersey Dighton)** *n.* パットモア (1823–96; 英国の詩人; *The Angel in the House* (1854–62)).

Pat·mos /pǽtməs, pɑ́ːt-, -mɑ(ː)s | pǽtmɒs; *Mod. Gk.* pátmɔs/ *n.* パトモス(島)《小アジア南西沿岸沖にある Dodecanese 諸島の一島 (34 km²); St. John がここに流され, 黙示録を書いた; cf. *Rev.* 1:9》. **Pat·mi·an** /pǽtmiən/ *adj.*

Pat·na /pɑ́tnə, pǽt- | pǽt-, pʌ́t-; *Hindi* pəṭnaː/ *n.* パトナ《インド北東部, Ganges 河畔の行政の中心都市, Bihar 州の州都》.

Pátna ríce *n.* パトナ米《インド産の細長い硬質の米》.

Pat. Off. 《略》Patent Office.

pa·tois /pǽtwɑː, pɑ́ːt- | pǽtwɑː; *F.* patwa/ *n.* (*pl.* ～ /～z; *F.* ～/) **1** (特に, 小地域の)方言, 俚語(りご) (dialect). **2** (ある職業・グループによる)特殊用語, 職業語 (jargon). **3** 《英》田舎言葉, 国なまり《時に敵意を込めて使用された場合について》. 〚(1643) ▭ F ～ ←? OF *patoier* to handle clumsily (← *patte* paw)＋*-ois* '-ESE' (cf. F《北部方言》*françois* =F *français* French): ぎこちない話し方から〛

Pa·ton /péɪtn/, **Alan (Stewart)** *n.* ペートン (1903–88; 南アフリカ共和国の小説家・啓蒙教育者; 南アフリカ自由党党首; *Tales from a Troubled Land* (1961)).

pa·tonce /pətɑ́(ː)ns | -tɒ́ns/ *adj.* 《紋章》〈十字架が〉各先端が三つに分かれた葉の形をした《イングランドの初期の紋章に多く見られる》. 〚(1562) ▭ ? (O)F *potencé* having arms like a crutch ← POTENCE[2]〛

pa·too·tie /pətúːti | -ti/ *n.* 《米俗》**1** 恋人, 女の子, かわいこちゃん. **2** 尻 (buttocks). 〚(1921) 《転訛》? ← POTATO〛

pat. pend. 《略》patent pending.

patr- /pætr, peɪtr/ (母音の前にくるときの) patri- の異形.

Pa·tras /pætrəs, pətrǽs; *Mod.Gk.* pátra, pátras/ *n.* **1** パトレ, パトラス《ギリシャ Peloponnesus 半島北西部, Gulf of Patras に臨む港市; ギリシャ語名 Pátrai》. **2** =Gulf of Patras.

patresfamilias *n.* paterfamilias の複数形.

pat·ri- /pǽtrɪ, péɪ-, -tri/「父 (father)」の意の連結形 (cf. matri-): *patri*lineal. ★ 時に patro-, また母音の前では通例 patr- になる. 〚lateOE ▭ L ～ ← *patr-*, *pater* 'FATHER'〛

pa·tri·al /péɪtriəl, pǽtri-/ *adj.* **1** 祖国の[に関する]. **2** 〈語が〉国の地名から出た. **3** 《英・まれ》(親が英国生まれであるため)英国在住権をもつ. — *n.* 《英・まれ》(親が英国生まれであるために)英国在住権をもつ人. 〚(1629) ▭ F 《廃》～ // ML *patriālis* ← *patria* fatherland ← *pater* (↑): ⇨ -al[1]〛

pa·tri·al·i·ty /pèɪtriǽləti | pèɪtriǽlɪti, pæ̀t-/ *n.* 生粋[生え抜き]の国民であること[状態]. 〚(1971): ⇨ ↑, -ity〛

pa·tri·a po·tes·tas /péɪtriəpoʊtéstəs, pɑ́ːtri-, -tɑːs | -pəʊ-/ *n.* 《ローマ法》父権, 家父長権. 〚▭ L ～ 《原義》paternal power〛

pa·tri·arch /péɪtriɑ̀ək | péɪtriɑ̀ːk, pǽtri-/ *n.* (cf. matriarch) **1** 家長, 族長. **2** 《聖書》**a** 人類の父祖と考えられている人(々)《Adam から Noah までの大洪水以前の人々 (antediluvian patriarchs) と Noah から Abraham までの大洪水以後の人々 (postdiluvian patriarchs) に分けられる》. **b** [the ～s] イスラエル族の先祖である Abraham, Isaac, Jacob およびその父祖たち. **c** [the twelve ～s] イスラエル 12 支族の祖先である Jacob の 12 人の子 (cf. *Acts* 7:8). **3 a** 気品[風格]のある老人. **b** (ある社会・団体などの)長老, 元老, 古老 (elder): a village ～ 村の古老. **c** (動植物などの同種類の中で)最も古い[年を経た]もの, 最古のもの. **4** (学派・宗派・種族・居住地・ビジネスなどの)創始者, 開祖 (founder); 大御所. **5** 父権制社会の長. **6** [しばしば P-] (初期キリスト教会で)司教の尊称《後には特に, Antioch, Rome, Jerusalem などの司教の尊称》. **7** 《東方正教会》総主教《古代 Constantinople, Alexandria, Antioch, Jerusalem の, また近代はロシア・ルーマニア・セルビアなどの主教; ⇨ ecumenical patriarch》. **8** [しばしば the P-] 《カトリック》**a** ローマ教皇 (the Pope) 《正式には the Patriarch of the Occident [West] という》. **b** (教皇の次に位する)総大司教. **9** 《モルモン教》祝福師《メルキゼデク神権 (Melchizedek Priesthood) の職の一つ》. **10** (東洋のコプト教会 (Coptic Church), ネストリオス派 (Nestorianism) およびアルメニアの教会などヨーロッパの教会から分離している教会の)主教. **pa·tri·ar·chic** /pèɪtriɑ́əkɪk | pèɪtriɑ́ː-, pæ̀tri-/ *adj.* **pà·tri·ár·chi·cal** /-kɪkəl, -kl | -kɪ-/ *adj.* **pà·tri·ár·chi·cal·ly** *adv.* 〚? lateOE *patriarc* ▭ (O)F *patriarche* ▭ eccl.L *patriarcha* ▭ Gk *patriárkhēs* head of family ← *patriá* family (← *patḗr* 'FATHER')＋*árkhēs* leader: ⇨ -arch[1]〛

pa·tri·ar·chal /pèɪtriɑ́əkəl, -kl | pèɪtriɑ́ːkəl, pæ̀tri-, -kl/ *adj.* **1 a** 家長[族長]の; 家[族長]制の. **b** 父権制(社会)の. **2** 家長[族長]のような, 長老[古老]らしい; 高齢の; 〈老人が〉品位[風格]のある (venerable). **3** 〈動植物など〉(同種のものの中で)最も古い[年を経た], 最古の (oldest). **4** patriarch の. ～**·ly** *adv.* 〚(1570) ▭ LL *patriarchālis*: ⇨ ↑, -al[1]〛

pátriarchal cróss *n.* 総主教(の)十字架《総主教が用いる横棒の 2 本ある十字架; cf. lorraine cross》. 〚(1682) 1882〛

pa·tri·ar·chal·ism /pèɪtriɑ́əkəlɪzm | pèɪtriɑ́ː-, pæ̀tri-/ *n.* 家長[族長]制政治; 父権社会組織[形態]. 〚(*a*1666): ⇨ -ism〛

pa·tri·arch·ate /péɪtriɑ̀əkɪt, -kèɪt | péɪtriɑ̀ː-, pǽtri-/ *n.* **1** 《キリスト教》patriarch の位[職務, 任期, 管区, 邸宅]. **2 a** 《文化人類学・社会学》=patriarchy 1. **b** 父権社会(機構). **3** 族長の地位. 〚(1617) ← ML *patriarchātus*: ⇨ patriarch, -ate[1]〛

pa·tri·ar·chy /péɪtriɑ̀əki | péɪtriɑ̀ː-, pǽtri-/ *n.* 《文化人類学・社会学》**1 a** 父権制《家族内において父が権力をもち, 社会・政治において男性が権力をもつ制度; 前者の場合を父家長制ともいう》; 父権政治. **b** 男性による政治[支配]. **2** 父権社会. 〚(1561) ▭ Gk *patriarkhía* ← *patriárkhēs* 'PATRIARCH': ⇨ -y[1]〛

pa·tri·ate /péɪtrièɪt | péɪtri-, pǽtri-/ *vt.* 《カナダ》〈憲法を改正する〉権限を(英国政府からカナダ連邦政府に)委譲する. **pà·tri·á·tion** *n.* 〚(1966) ← REPATRIATE *v.*〛

pàtri·céntric *adj.* 父親中心の, 父方の, 夫方の: a ～ family. 〚1949〛

patrices *n.* patrix の複数形.

Pa·tri·cia /pətríʃə, -tríː- | -tríʃə, -ʃiə/ *n.* パトリシア, パトリーシャ《女性名; 愛称形 Pat, Patsy, Patti, Pattie, Patty》. 〚(18C) ▭ L ～ (fem.) ← *Patricius* 'PATRICK'〛

pa·tri·cian /pətríʃən/ *n.* **1 a** 古代ローマ市民の家族の一員. **b** (古代ローマの)貴族 (cf. plebeian, plebs). **2** (ローマ帝国の)代官, 地方執政官, 総督《Constantine 大帝の創設; イタリアおよびアフリカ総督府に駐在》. **3 a** (中世イタリア都市国家の)世襲貴族. **b** (中世ドイツ自由都市の)市の会議員有資格者, 支配階級の市民. **4** 貴族, 名門家. **5** 行動・趣味が洗練されている人. — *adj.* **1** (特に, 古代ローマの)貴族の: ～ rank 貴族の地位 / the ～ class 貴族階級. **2** 貴族的な (aristocratic), 名門の, 貴族らしい: ～ features, arrogance, etc. **3** 寡頭政治の, 非民主的な; 人気のない. 〚n.: (*c*1400) *patricion* ▭ (O)F *patricien* ← L *patricius* (adj.) of a noble father, (n.) patrician ← *patrēs* fathers, senators (pl.) ← *pater* 'FATHER': ⇨ -ician. — *adj.*: (1615) ▭ F *patricien*〛

patrícian·shìp *n.* (特に, 古代ローマの)貴族であること, 貴族の身分. 〚1824〛

pa·tri·ci·ate /pətríʃiɪt, -ʃièɪt/ *n.* **1** 貴族身分[社会]. **2** 貴族の地位. 〚(1656) ← ML *patriciātus*: ⇨ patrician, -ate[1]〛

pat·ri·cide /pǽtrəsàɪd, péɪ- | -trɪ-/ *n.* **1** 父殺し《行為》. **2** 父殺し《犯人; cf. matricide, parricide, fratricide》. **pat·ri·cid·al** /pæ̀trəsáɪdl, pèɪ- | -trɪsáɪdl/ *adj.* 〚(1593) ← PATRI-＋-CIDE: cf. parricide〛

Pat·rick /pǽtrɪk/ *n.* パトリック《男性名; 愛称形 Paddy, Pat, Patsy, Rick; スコットランド語形 Padruig, アイルランド語形 Padraic, Padraig, ウェールズ語形 Padrig》. 〚▭ OIr. *Patricc* (Ir. *Pādraigo*) ← L *patricius* 'nobleman, PATRICIAN': cf. Patricia〛

Pat·rick /pǽtrɪk/, Saint *n.* 聖パトリック (389?–?461; イギリスの伝道師でアイルランドの司教; アイルランドの守護聖人, 七守護聖人 (Seven Champions of Christendom) の一人;「アイルランドの使徒 (Apostle of Ireland)」とも呼ばれる; 祝日 3 月 17 日).

pat·ri·cli·nous /pæ̀trəkláɪnəs | pætríklɪnəs, pæ̀trɪkláɪnəs/ *adj.* 〈動植物が〉父方の性質を受け継いだ, 傾父遺伝の (cf. matriclinous). 〚⇨ -clinous[2]〛

pàtri·fócal *adj.* =patricentric.

pàtri·láteral *adj.* 父方の. 〚(1949) ← PATRI-＋LATERAL〛

pàtri·líneage *n.* 父系, 男系 (↔ matrilineage). 〚(1949) ← PATRI-＋LINEAGE〛

pàtri·líneal *adj.* 父系の, 父系制の, 父方の; 父系主義の (↔ matrilineal): ～ ancestry, rights, etc. ～**·ly** *adv.* 〚(1904) ← PATRI-＋LINEAL〛

pàtri·línear *adj.* =patrilineal. ～**·ly** *adv.* 〚1913〛

pat·ri·li·ny /pǽtrəlàɪni | -trɪ-/ *n.* 父系制《系譜関係や地位の継承, 財産相続などが父からなされる制度; ↔ matriliny》. 〚(1906) ← PATRILIN(EAL)＋-Y[1]〛

pàtri·lócal *adj.* 《文化人類学・社会学》夫方居住の《夫婦が夫の両親と一緒に[両親の近くに]住む婚姻様式にいう; virilocal ともいう; cf. matrilocal》. **pàtri·locálity** *n.* **pàtri·lócally** *adv.* 〚(1906) ← PATRI-＋LOCAL[1]〛

pat·ri·mo·ni·al /pæ̀trəmóʊniəl | -trɪməʊ-/ *adj.* 世襲財産の; 先祖伝来の, 父子相伝の, 世襲の (hereditary). ～**·ly** *adv.* 〚▭ (O)F ～ ▭ LL *patrimōniālis* ← *patrimōnium* (↓): ⇨ -al[1]〛

pat·ri·mo·ny /pǽtrəmòʊni | -trɪməni/ *n.* **1** 世襲財産, 相続財産; 家督 (inheritance); [集合的] 全財産. **2** 親譲りのもの[性質] (heritage); 伝承, 過去の遺産 (tradition). **3** 寺院基本財産, 教会財産: the *Patrimony* of St. Peter (かつてのイタリアの)教皇領 (Papal States). 〚(1340) *patremoine* ▭ (O)F ▭ L *patrimōnium* paternal estate ← PATRI-＋*-mōnium* '-MONY': 今の形は L にならったもの〛

pa·tri·ot /péɪtriət, -ɑ̀(ː)t | pǽtriət, péɪtri-/ *n.* **1** 愛国者, 志士, 憂国の士. **2** [P-] パトリオット《the Gulf War でイラクに対して使用されたミサイルシステム》. 〚(1596) ▭ (O)F *patriote* ▭ LL *patriōta* ▭ Gk *patriṓtēs* fellow countryman ← *pátrios* of one's fathers ← *patr-*, *patḗr* 'FATHER'〛

pa·tri·ot·eer /pèɪtriətíə | pæ̀triətíə[r], pèɪtri-/ *n.* えせ愛国者. 〚(1928): ⇨ ↑, -eer〛

pa·tri·ot·ic /pèɪtriɑ́(ː)tɪk | pæ̀triɒ́t-, pèɪtri-/ *adj.* 愛国の, 愛国的な, 愛国心のある, 愛国心の強い. **pà·tri·ót·i·cal·ly** *adv.* 〚(1757) ▭ LL *patriōticus* ▭ Gk *patriōtikós* ← *patriṓtēs* 'PATRIOT': ⇨ -ic[1]〛

pa·tri·ot·ism /péɪtriətɪzm | pǽtri-, péɪtri-/ *n.* 愛国心, 憂国, 報国心. 〚(1726) ← PATRIOT＋-ISM〛

Pátriots' Dày *n.* 《米》愛国者記念日《4 月の第 3 月曜日; 米国独立戦争当時の Lexington と Concord の戦い (1775 年 4 月 19 日) を記念した Maine 州と Massachusetts 州の法定祝日; Boston では Paul Revere Day ともいう》.

Pat·ri·pas·si·an·ism /pæ̀trəpǽsiənɪzm | -trɪ-, -sjə-/ *n.* 《神学》天[聖]父受難説, 父難説《初代教会の異端説の一つで, 天父も子(キリスト)と同じく受難したとする説; cf. Modalism, Sabellianism》. 〚(1847) *patripassian* ▭ LL *patripassiānus* ← L *pater* 'FATHER'＋*passus* having suffered: ⇨ passion, -ian, -ism〛

pàtri·potéstal *adj.* 《文化人類学・社会学》父権(制)の (↔ matripotestal). 〚(1906) ← PATRI-＋POTESTAL〛

pa·tris·tic /pətrístɪk/ *adj.* **1** (初期キリスト教の)教父の. **2** 教父の遺書(研究)の. **pa·trís·ti·cal** /-tɪkəl, -kl | -tɪ-/ *adj.* **pa·trís·ti·cal·ly** *adv.* 〚(1837–39) ← PATRI-＋-ISTIC〛

pa·tris·tics /pətrístɪks/ *n.* 教父(神)学《教父 (Fathers of the Church) の教理・思想を扱う学問; patrology ともいう》. 〚(1847): ⇨ ↑, -ics〛

pa·trix /péɪtrɪks, pǽtr-/ *n.* (*pl.* **-tri·ces** /-trəsìːz | -trɪ-/, ～**·es**) 《印刷》(活字母型を作るための)父型, パトリックス. 〚(1883) ← NL ～ ← PATRI-＋(MATR)IX〛

pat·ro- /pǽtrə, péɪ-/ patri- の異形.

pat·ro·cli·nal /pæ̀trəkláɪnl/ *adj.* =patriclinous.

pat·ro·cli·nous /pæ̀trəkláɪnəs/ *adj.* =patriclinous.

Pa·tro·clus /pətróʊkləs, -trɑ́(ː)k- | -trɒ́k-/ *n.* 《ギリシャ神話》パトロクロス《英雄 Achilles の友; トロイ戦争で Hector に殺されたが, Achilles がそのあだを討った》. 〚▭ L ～ ▭ Gk *Pátroklos*〛

pa·trol /pətróʊl | -trə́ʊl/ *v.* (**pa·trolled**; **-trol·ling**) — *vt.* **1** 〈陣営・町内などを〉巡視する, 巡回する: ～ the streets [grounds]. **2** 〈街路などを〉行進する, 練り歩く: Bands of unemployed ～*led* the town. 失業者が隊を組んで街を練り歩いた. — *vi.* **1** 〈巡査などが〉巡視[巡回, 巡察, パトロール]する. **2** 哨戒(しょうかい)する. — *n.* **1 a** 巡回, 巡視, 巡察, 偵察, 斥候, 哨戒 (perambulation), パトロール: on ～ 巡回[警羅(けいら)]中; 哨戒中 / ～ duty 巡察[斥候, 哨戒]任務[勤務]. **b** (天文現象などの)毎日決まって行う観察. **2 a** [集合的] (斥候などの)巡視[偵察, 巡察, 哨戒, パトロール]隊. **b** 巡回者, 巡視人, 巡査: a police ～. **3** 巡回船, 哨戒艦艇; 哨戒機; パトロールカー. **4** =patrol wagon. **5 a** (ボーイスカウトの)班 (2 名以上から成る). **b** (ガールスカウトの)班 (6–8 名から成る). 〚n.: (1664) ▭ G *Patrolle* ▭ F *patrouille* ← *patrouiller*. — v.: (1691) ▭ F *patrouiller* to patrol, 《原義》to paddle in mud ← *patte* paw＋《方言》*(gad)rouille* mud〛

patról bòat *n.* 哨戒(しょうかい)艇, 哨艇, 巡視船. 〚1892〛

patról càr *n.* 警察巡回自動車, パトロールカー, パトカー (《米》squad car, 《英》panda car). 〚1931〛

pa·tról·ler *n.* 巡回者, 巡視者, 巡察者. 〘(1744) ← PATROL (v.)＋-ER[1]〙

patról·man /-mən | -mən, -mæ̀n/ *n.* (*pl.* **-men** /-mən | -mən, -mɛ̀n/) **1** 《米》パトロール[巡回]巡査; 巡査 (patrol officer ともいう; 《英》 police constable) (⇨ police 1 ★). **2** 高圧線巡視[巡察]員. **3** (森林などの)防火巡視隊員. **4** 《英》(故障車のドライバーを助けるために一定の地域を巡回する)道路パトロール員. 〘1879〙

pa·trol·o·gy /pətrɑ́(ː)lədʒi | -trɔ́l-/ *n.* 〘キリスト教〙 **1** 教父学 《本来は教父 (Fathers of the Church) の著作・伝記を扱う学問; 今日では一般に patristics と同義に用いられる》. **2** 教父遺書[原典]集(成). **pat·ro·log·i·cal** /pæ̀trəlɑ́(ː)dʒɪkəl, -kḷ | -lɔ́dʒɪ-ˈ/ *adj.* **pa·tról·o·gist** /-dʒɪst | -dʒɪst/ *n.* 〘(1600) ← NL *patrologia*: ⇨ patri-, -logy〙

patról plàne *n.* (阻止)哨戒(しょうかい)機.

patról torpèdo bòat *n.* 〘米海軍〙＝PT boat.

patról wàgon *n.* 《米》 **1** 犯人[囚人]護送車 (police wagon, 《英》 prison-van, 《口語》 Black Maria). **2** (火災保険会社の防火班などの用いる)軽運搬車. 〘1887〙

pa·tron[1] /péɪtrən | péɪtrən, pǽtrən/ *n.* **1** (人・主義・芸術・事業・催し物などの)後援者, 支援者, 保護者, ひいき筋, 賛助者, パトロン (⇨ sponsor SYN). **2 a** (商店・旅館などの)ひいき客, お得意 (regular customer). **b** 図書館(特に公立図書館)の利用者. **3** (芸術家などの)保護者, パトロン 《著作者はその著書・著作の中にその人への献呈辞を記し, 画家はその作品中にその人の肖像を示す》. **4** ＝patron saint. **5** (古代ローマの) **a** (法廷における)弁護人 (advocate). **b** (奴隷が解放された後, その保護者として立つ)旧主人; 被護民 (client) を保護した貴族. **c** (征服された他民族の保護者となる)将軍. **6 a** (官職などの)任命権所有者. **b** 〘英国国教会〙聖職授与権者, 聖職推挙権者, 聖職禄献納者. **7** (ホテルなどの)主人, オーナー 《特にフランスで》.

Pátrons of Húsbandry [the ―] 《米》農民共済組合 (⇨ grange 3 a).

～·ly *adj.* 〘(*c*1300) *patroun* □ (O)F *patron* □ L *patrōnus* protector ← *pater* 'FATHER': PATROON, PADRONE, PATTERN と四重語〙

pa·tron[2] /pǽtən | -tən/ *n.* 《アイル》＝pattern 12.

pat·ron·age /pǽtrənɪdʒ, péɪtrə- | pǽtrə-, péɪtrə-/ *n.* **1** (芸術家などに対する)保護 (protection); 支援, 後援, 賛助, 奨励 (encouragement): under the ～ of …の後援[賛助]のもとに, …御用. **2** (商店などに対する客の)ひいき, 引き立て, 愛顧: give one's ～ to a shop 店をひいきにする. **3** 恩着せがましい態度, 恩人ぶること: with an air of ～ 恩着せがましい態度で. **4** [総称的に] 保護者, 顧客. **5** ビジネス, 取引. **6 a** (政党員を官職や党の役員に任じる)任命権, 叙任権; (その権限内の)官職, 役職: He has a great deal of ～ in his hands. 彼は大なる任命[登用]権を握っている. **b** (権限によって役職などを)配分すること. **c** 〘英国国教会〙聖職授与権[推挙権], 牧師推薦権.
― *vt.* 《廃》保護する, 支援する (patronize) 〘(1412) □ (O)F ～: ⇨ patron[1], -age〙

Pátronage Sécretary *n.* 《英》官吏選考長官 《大蔵省の委員》. 〘1852〙

pa·tron·al /péɪtrənḷ, pǽtrə-, pətróʊ- | pətráʊ-, pæ-/ *adj.* **1** 守護聖人の: a ～ festival 守護聖人祭. **2** 保護[後援]者の. 〘(1611) □ F ～ // LL *patrōnālis*: ⇨ patron, -al[1]〙

pa·tron·ess /péɪtrənɪ̀s | pèɪtrənés, pæ̀trə-, péɪtrənɛ̀s, pǽtrə-, -nɪ̀s/ *n.* 女性の patron. 〘(*c*1420): ⇨ patron[1], -ess[1]〙

pa·tron·ize /péɪtrənàɪz, pǽtrə- | pǽtrə-/ *vt.* **1** 保護する, 後援[支援]する (support), 奨励する; 引き立てる, 愛顧する (favor). **2** …に対し恩人ぶる, …に恩を着せる (⇨ stoop SYN). **3** 〈商店などを〉ひいきにする, …の得意客になる; 〈施設などを〉大いに利用する, …にしばしば行く: a poorly ～*d* store (得意)客の少ない店. **pa·tron·i·za·tion** /pèɪtrənɪzéɪʃən, pæ̀t- | pæ̀trənaɪ-, -nɪ-/ *n.* **pá·tron·ìz·er** *n.* 〘(1589) □ F *patroniser* // ML *patronizāre*: ⇨ patron[1], -ize〙

pa·tron·iz·ing /péɪtrənàɪzɪŋ, pǽtrə- | pǽtrə-/ *adj.* 《軽蔑》目上のような態度の; 恩着せ顔の, 先輩ぶった; (目下の者に)横柄な: show a ～ attitude 恩着せがましい態度を示す. **～·ly** *adv.* 〘(1727): ⇨ ↑, -ing[2]〙

pa·tronne /pɑːtrɑ́(ː)n | pætrɔ́n; *F.* patʀɔn/ *n.* (フランスでホテルなどの)女主人, 女性オーナー. 〘(1777) □ F ～〙

pátron sáint *n.* **1** (ある人・職業・土地の)守護聖人; 守護神. **2** 守護聖人[守護神]のような人; (政党などの)創始者; (いつも買物に来てくれる)お得意客. 〘1717〙

pat·ro·nym·ic /pæ̀trənɪ́mɪk, -troʊ- | -trə-ˈ/ *adj.* **1** 父の名を採った, 父祖の名から出た 《特に, 父系を示す接頭辞または接尾辞をつけた; cf. matronymic》. **2** 〈接頭辞・接尾辞が〉父祖の名を示す. **―** *n.* **1** 父の名を採った名, 父祖の名から出た名, 父称 《父祖の名に接頭辞または接尾辞をつけて造る: *MacArthur* (＝son of Arthur), *Williams* (＝son of William), *Williamson* (＝son of William), *O'Connor* (＝son of Connor), *FitzGerald* (＝son of Gerald), *Powell* (← *Ap Howell* ＝son of Howell), etc.》. **2** 姓, 名字 (surname). 〘adj.: (1669) □ LL *patrōnymicus* □ Gk *patrōnumikós* pertaining to one's father's name ← *patr-*, *patḗr* 'FATHER'＋*ónuma* (Doric) 'NAME'＋*-ikos* '-IC[1]'. ― n.: (1612) □ LL *patrōnymicum* (neut.)〙

pa·troon /pətrúːn/ *n.* 〘米史〙(昔, オランダ治下にあった New York 州と New Jersey 州で) 荘園的特権を有していた土地所有者 《1850 年ごろ廃止》. **～·shìp** *n.* 〘(1758) □ Du. ～ □ F *patron* 'PATRON'〙

pat·sy /pǽtsi/ *n.* 《米口語》 **1** お人よし, だまされやすい人, かも. **2** 笑いの種にされる人, あざけりの的. **3** 貧乏くじを引く人, 責任を負わされる人. 〘(1903) ← ? It. *pazzo* insane person: PATSY 1 との連想による変形〙

Pat·sy /pǽtsi/ *n.* パッツィー: **1** 男性名. **2** 女性名. 〘1: (dim.) ← PATRICK. 2: (dim.) ← PATRICIA〙

pat·ta /pɑ́tə | -tə/ *n.* 〘インド史〙パッター 《土地の権利証書》. 〘□ Hindi *paṭṭā*〙

pat·tée /pətéɪ/ *adj.* 〘紋章〙十字の各腕 (arm) がカーブを描きながら先端で広がった 《formé, formée, formy ともいう》. 〘(1486) □ (O)F (*croix*) *pattée* pawed (cross) ← *patte* (↓): ⇨ -ee[1]〙

pat·ten /pǽtṇ/ *n.* **1** [通例 *pl.*] **a** パッテン, 靴台 《もと泥道などを歩くときや背を高くみせるために, 木底やコルクなどをつけた靴, またはオーバーシューズ; cf. chopine》. **b** 木靴, (木の)サンダル (cf. sabot 1). **2** 〘建築〙(柱や壁の)脚部. 〘(1390) *paten* □ (O)F *patin* ← *patte* paw, foot ＜ ? VL *pattam* (擬音語)〙

pat·ter[1] /pǽtə | -tə(r)/ *vi.* **1** 〈雨などが〉ぱらぱらと降る, ぱたぱたと音を立てる: the rain ～*ing* on the roof ぱらぱらと屋根を打つ雨. **2** 〈小児・ネズミなどが〉ぱたぱたと走る 〈*about, around*〉: ～ *along* the hard floor 堅い床をぱたぱたと走って行く. **―** *vt.* 《まれ》…にぱたぱたと音を立てさせる. **―** *n.* (足音・雨などの)ぱたぱた[ぱらぱら, ぱらぱら]いう音; ぱたぱた(音が)する[(音を)させる]こと: the ～ of rain on one's shoulders. 〘v.: (1611) (freq.) ← PAT[1] (v.): ⇨ -er[4]〙

pat·ter[2] /pǽtə | -tə(r)/ *n.* **1** (大道商人や手品師の唱える)早口の文句[口上]: conjuror's ～ 手品師の使う呪文. **2** (特別な商売または社会だけに通じる)わけのわからない言葉, 隠語 (lingo): thieves' ～ 泥棒の符牒. **3** 《口語》早口; (無駄な)おしゃべり (gabble): a ～ of excuse 早口の言いわけ. **4** 《口語》 **a** (オペレッタの)早口で歌う滑稽歌 (patter song). **b** その歌にはさむ早口のおしゃべり[言葉].
― *vt.* **1** 〈祈り・詩などを〉早口に唱える. **2** 早口にしゃべる. **―** *vi.* **1** (ほとんど意味を考えずに)早口に話す, ぺらぺらしゃべる. **2** 早口に祈りを唱える. **3** 《俗》わけのわからない言葉[隠語]をしゃべる. **～·er** /-tərə | -tərə(r)/ *n.* 〘v.: (*c*1380) ← PATER 2: ロザリオを繰りながら PATERNOSTER を早口で唱えることから. ― n.: (1758) ← (v.)〙

pát·ter[3] /-tə | -tə(r)/ *n.* 軽くたたく人, 軽い足音を立てる人.

pat·tern /pǽtən | -tən/ *n.* **1** 模範, 手本, 典型 (⇨ model SYN): a ～ *of* propriety 礼儀の手本 / She is a ～ *of* womanly virtue. 彼女は貞節の鑑(かがみ)だ. **2 a** (思考・行動・文などの)型 (type), 様式 (style), 思考[行動]様式, パターン: sentence [verb] ～*s* 文[動詞]型 / ⇨ behavior pattern / a ～ *for* living 生活様式 / a bicycle of an old ～ 旧式な型の自転車 / an army trained *after* Western ～*s* 西洋式に訓練された軍隊. **b** (服などの)原型, 型紙, 模型 (model): a paper ～ *for* a dress＝a dress ～ 婦人服の型紙. **3** (陶器・織物などの)図案, 模様, 柄, デザイン (design); (建築などの)文様, ひな型, 作例: ～*s on* [*of*] wallpaper, china, fabrics, etc. **4** (服地などの)見本 (sample): a bunch of ～*s* 見本帳. **5** 《まれ・米》(ドレスなどの)一着分の生地 (cf. dress length). **6** 〘テレビ〙テストパターン (test pattern). **7** 〘冶金〙(鋳型を作る木や金属の)原型, 木型, 金型; ひな型. **8** 〘貨幣〙(本発行承認前の)改正[原]デザイン見本(貨幣), 試鋳貨. **9** 〘航空〙(空港)着陸進入路; その図形. **10** 射弾散布型, 散布帯型 《同一条件での砲の連続射撃で散布された射弾の示す特定の型》. **11** 機構, 組織 (setup). **12** (アイルランドの)守護聖人の日, その祭典. **13** 《廃》先例.
rún to páttern 型にはまっている.
― *adj.* [限定的] 模範的な, 手本となる, 理想的な: a ～ wife 模範的な細君.
― *vt.* **1** かたどって作る (model), 模造する: ～ a thing *after* [*on, upon*] a design デザインに基づいて物を造る. **2** …に模様をつける, 紋形を置く: a carpet [dress] ～*ed with* flowers. **3** 《英方言》 **a** 模範とする, まねる (imitate): ～ oneself *after* [*on*]＝be ～*ed on* …を模倣する. **b** …に匹敵する[させる] (match). **―** *vi.* **1** (一定の)型を成す, パターンを描く. **2** 〈火器が〉的に射弾散布型を描く. **3** 《まれ》(…の)例[範]にならう, まねる 〔*after, by, on, upon*〕. **4** 《廃》…先例になる.
〘(1369) *patro(u)n* □ (O)F *patron* 'PATRON, model, pattern': 今の形は 16C から: cf. 《方言》 *apern* apron, *childern* children〙

páttern bòmbing *n.* 〘軍事〙パターン爆撃, 一斉爆撃 《爆撃機編隊が, ある目標地域上空を覆ってから一斉に爆撃を開始, 全弾をその地域に均等分布させる方法; cf. area bombing, carpet bombing, precision bombing, saturation bombing》. 〘1940〙

páttern bòok *n.* 柄見本帳. 〘1774〙

páttern drìll *n.* ＝pattern practice.

pat·terned /pǽtənd | -tṇd, -tənd/ *adj.* 模様[柄]のついた: a ～ rug 模様入りの敷物. 〘1797–1805〙

pát·tern·ing *n.* **1 a** 模造, 模倣; 企画, デザイン. **b** 芸術的パターン, 特定の型にならって描かれた模様. **2** 〘社会学〙(慣習などの)様式. **3** 〘医学〙パタニング 《フィードバック機構を利用して, 筋の神経支配を回復させる方法》. 〘(1862) ← PATTERN＋-ING[1]〙

pat·tern·ize /pǽtənàɪz | -tən-, -tṇ-/ *vt.* 《まれ》型に合わせる; 型を成すようにする, 定型化する. 〘(1915): ⇨ -ize〙

páttern·less *adj.* **1** 並ぶもののない, 比類のない, 無比の. **2** 無定型の. 〘(1613) ← PATTERN＋-LESS〙

páttern·màker *n.* (織物・刺繍(しゅう)などの)図案家; 模型[鋳型]製作者. 〘1851〙

páttern plàte *n.* 〘印刷〙＝caster 4 b.

páttern pràctice *n.* (英語の)文型練習, パターンプラクティス. 〘1944〙

páttern ròom [shòp] *n.* (鋳物工場などの)木型製作室. 〘1878〙

pátter sòng *n.* ＝patter[2] 4. 〘1823〙

Pat·ti /pǽti | -ti/ *n.* パティー 《女性名》. 〘(dim.) ← PATRICIA〙

Pat·ti /pǽti, pɑ́ːti | -ti; *It.* pátti/, **A·de·li·na** /ædəlíːnə/ *n.* パッティ 《1843–1919; スペイン生まれのイタリアのソプラノ歌手; 称号 Baroness Cederström /*Swed.* sèːdəʃtrøm:/》.

Pat·tie /pǽti | -ti/ *n.* パティー 《女性名》. 〘(dim.) ← PATRICIA〙

Pat·ton /pǽtṇ/, **George Smith** *n.* パットン 《1885–1945; 米国の将軍》.

pat·tu /pɑ́tuː/ *n.* 〘紡織〙パツー 《Punjab や Kashmir 地方の, ヤギの毛の手織ラシャ; ショールなどにする》. 〘□ Hindi *paṭṭū* ← Skt *paṭṭa* strip of cloth: cf. puttee〙

pat·ty /pǽti | -ti/ *n.* **1** パティ, 小型パイ, パテ (pâté). **2** ＝patty shell. **3** 《米》(挽(ひ)き肉などを)小さな平たい形に作って揚げた料理. **4** 小粒で偏平なキャンディー. 〘(1710) ← PÂTÉ: PASTY[2] との連想による変形〙

Pat·ty /pǽti | -ti/ *n.* パティー 《女性名》. 〘(dim.) ← MARTHA, MATILDA, PATRICIA, PATIENCE〙

pátty-càke *n.* **1** ＝pat-a-cake. **2** ＝patty 1. 〘1865〙

pátty mèlt *n.* 《米》〘料理〙パティメルト 《牛肉のパティにチーズを載せて焼いたもの; パンに載せて食べる》.

pátty·pàn *n.* **1** パティ (patty) を焼く平たい鍋. **2** 〘園芸〙＝pattypan squash. 〘1694〙

páttypan squàsh *n.* 〘園芸〙＝cymling.

pátty shèll *n.* パイ生地で作った殻, ケース 《肉・魚介類・野菜・果物などを詰める; 単に patty ともいう》.

pa·tu /pɑ́ːtuː/ *n.* (*pl.* ～**s**) 《NZ》パツ 《マオリ族の棍棒; 現在は儀礼用に使う》. 〘(1769) ← Maori〙

pat·u·lin /pǽtʃʊlɪ̀n | -tjʊlɪn/ *n.* 〘医学〙パツリン ($C_7H_6O_4$) 《*Penicillium patulum* などの真菌から得られる抗生物質》. 〘(1943) ← (*Penicillium*) *patul*(*um*)＋-IN[2]〙

pat·u·lous /pǽtʃʊləs | -tjʊ-/ *adj.* **1** 開いている, 口を開いている, 広がっている; 放射状に広がった. **2** 〘植物〙〈枝が〉広がっている (spreading); 〈萼(がく)が〉少し開いている; 〈花梗(こう)が〉ところどころに花をつけている. **～·ly** *adv.* **～·ness** *n.* 〘(1616) □ L *patulus* lying open ← *patēre* to be open, extend: ⇨ patent, -ous〙

pa·tu·tu·ki /pɑ̀ːtuːtùːki/ *n.* 《NZ》〘魚類〙＝blue cod. 〘← Maori〙

pat·wa·ri /pʌtwɑ́ːri/ *n.* 《インド》パトワーリー 《村の収税会計記録官》. 〘(1801) □ Hindi *paṭvārī*〙

pat·y /pǽti | -ti/ *adj.* 〘紋章〙＝pattée.

patz·er /pǽtsə | -tsə(r)/ *n.* 《俗》へたくそなチェスプレーヤー. 〘(1948) ← ?: cf. G. *patzen* to bungle〙

Pau /póʊ | pə́ʊ; *F.* po/ *n.* ポー 《フランス南西部の避寒都市, Pyrénées-Atlantiques 県の県都》.

PAU 《略》 Pan American Union.

pau·a /páʊə/ *n.* **1** 〘貝類〙ヘリトリアワビ (*Haliotis iris*) 《ニュージーランド産; 肉は食用, 殻は装飾品加工として珍重される》. **2** ヘリトリアワビの貝殻で作った釣針. 〘(1846) □ Maori ～〙

pau·cal /pɔ́ːkəl, pɑ́ː-, -kḷ | pɔ́ː-/ *n.* 〘文法〙少数(形) 《数の一種で 3 以上ではあるが多数ではないことを表す形態》. **―** *adj.* 少数(形)の. 〘(1964) ← L *paucus* (↓): ⇨ ＋-AL[1]〙

pau·ci- /pɔ́ːsɪ̀, -si/ 「少し, 少数 (few)」の意の連結形. 〘□ L ～ ← *paucus* 'FEW[1], little'〙

pau·cis ver·bis /pɔ́ːsɪ̀svə́ːbɪ̀s | pɔ́ːsɪsvə́ːbɪs/ *L. adv.* 数語で, 簡単に (in a few words). 〘□ L *paucis verbis*: ⇨ ↑, verb〙

pau·ci·ty /pɔ́ːsəti, pɑ́ː- | -sɪ̀ti/ *n.* 《文語》 **1** 少数, 少量. **2** 払底, 不足 (scarcity): ～ of material, food, etc. 〘(*c*1425) *paucite* □ (O)F *paucité* // L *paucitātem* fewness ← *paucus* 'FEW[1]': ⇨ -ity〙

Paul[1] /pɔ́ːl, pɑ́ːl | pɔ́ːl; *F.* pɔl, *G., Flem., Du.* páʊl/ *n.* ポール 《男性名》. 〘(13C) □ L *Paulus* 《原義》 little // Gk *Paûlos*〙

Paul[2] /pɔ́ːl, pɑ́ːl | pɔ́ːl/ *n.* [(Saint) ～] 〘聖書〙パウロ 《?–?67; キリストの使徒; 初期の偉大な伝道者; 新約聖書中の書簡の著者; 祝日 6 月 29 日; cf. Tarsus》. ***rób*** [***bórrow from***] ***Péter to páy Pául*** ⇨ Peter 成句.

Paul /páʊl; *G.* páʊl/, **Hermann** *n.* パウル 《1846–1921; ドイツの言語学者; その著 *Prinzipien der Sprachgeschichte*「言語史の原理」(1880) は Neogrammarian 学派の理論を代表する》.

Paul /páʊl; *G.* páʊl/, **Jean** /ʒɑ̃/ *n.* パウル 《J. P. F. Richter の筆名》.

Paul /pɔ́ːl, pɑ́ːl | pɔ́ːl/, **Les** /lés/ *n.* ポール 《1915–2009; 米国のギタリスト; 本名 Lester Polfuss》.

Paul I /pɔ́ːl-, pɑ́ːl- | pɔ́ːl-/ *n.* **1** [Saint ～] パウルス[パウロ]一世 《?–767; 教皇 (757–767); フランク王 Pepin の友》. **2** パーベル一世 《1754–1801; ロシア皇帝 (1796–1801)》.

Paul III *n.* パウルス[パウロ]三世 《1468–1549; イタリアの聖職者; 教皇 (1534–49); 英国王 Henry 八世を破門した (1538); 本名 Alessandro Farnese》.

Paul V *n.* パウルス[パウロ]五世 《1552–1621; イタリアの聖職者; 教皇 (1605–21); 本名 Camillo /kamíllo/ Borghese》.

Paul VI *n.* パウルス[パウロ]六世 《1897–1978; イタリアの聖職者; 教皇 (1963–78); 本名 Giovanni Battista Montini /montíːni/》.

Pau·la /pɔ́ːlə, pɑ́ː- | pɔ́ː-/ *n.* ポーラ 《女性名》. 〘□ G ～ (fem.) ← PAUL〙

Pául and Virgínia *n.* **1 a** 「ポールとビルジニー」 《フランスの Bernardin de Saint-Pierre の田園詩的小説

Paul et Virginie /viʁʒini/ (1787) の英訳名》. **b** その主人公たち. **2** 年若い恋人たち.

Paul-Bon·cour /pɔ́ːlbɔ̃ː(ŋ)kúə, -bɔːŋ- | -kúə^(r); *F.* pɔlbɔ̃kuːʁ/, **Joseph** *n.* ポールボンクール《1873–1972; フランスの政治家; 首相 (1932–33)》.

Pául-Bún·nell tèst /-bʌ́nl-/ *n.* 〖医学〗ポール バンネル試験《伝染性単球増加症 (mononucleosis) の血液学的診断のために行う》. 〘(1938) ← *John Rodman Paul* (1893–1971)＋*Walls Willard Bunnell* (1902–65): 共に米国の医師〙

Paul Bun·yan /pɔ́ːlbʌ́njən, pɑ́ːl- | pɔ́ːl-/ *n.* **1** 〖米伝説〗ポール バニヤン《五大湖地方および北西部の林業地域の伝説的なきこり; 大力無双の巨人で数々の力業(ちからわざ)が伝えられている》. **2** 大力無双の大男.

Paul·ding /pɔ́ːldɪŋ, pɑ́ːl- | pɔ́ːl-/, **James Kirke** /kə́ːk | kə́ːk/ *n.* ポールディング《1778–1860; 米国の作家》.

paul·dron /pɔ́ːldrən, pɑ́ːl- | pɔ́ːl-/ *n.* 〖甲冑〗(鎧(よろい)の)肩当て, 肩甲 (shoulderpiece) (⇨ armor 挿絵). 〘(1465) *polron* 《頭音消失》 ← OF *espauleron* ← *espaule* (F *épaule*) shoulder (cf. epaulet): *-d-* は後の添加〙

Pau·lette /pɔːlét, pɑː- | pɔː-/ *n.* ポーレット《女性名》. 〘(fem.) ← PAUL: ⇨ -ette〙

Pau·li /páuli; *G.* páuli/, **Wolfgang** *n.* パウリ《1900–58; オーストリア生まれで第二次大戦中米国に在住したが, スイスに帰化した原子核物理学者; Nobel 物理学賞 (1945); cf. exclusion principle》.

Pau·li·cian /pɔːlíʃən, pɑː- | pɔː-/ *n.* 〖キリスト教〗パウロ派の人《7 世紀アルメニアに興った異端; 二元論的立場から物質的世界の創造主(悪)と天神(善)とを分離し, キリストにおける神の顕現 (Incarnation) を否定した; 迫害によって 9 世紀に事実上消滅したが, 一部はブルガリアに逃れてボゴミール (Bogomils) と一体化した; 名称は Paul of Samosata (3 世紀の Antioch の主教) に由来するといわれる》. **~·ism** /-nìzm/ *n.* 〘(1727–41) ▭ ML *Pauliciānī*〙

Páuli exclúsion prìnciple *n.* [the ~] 〖物理〗パウリの排他原理 (⇨ exclusion principle). 〘1926〙

Pau·li·na /pɔulíːnə | pə(ʊ)-; *It.* paulíːna/ *n.* ポーリーナ《女性名》. 〘▭ L *Paulīna* (fem.) ← *Paulīnus* ← *Paul* 'PAUL[1]': ⇨ -ina[2]〙

Pau·line[1] /pɔːlíːn, pɑː- | pɔ́ːliːn, ─ ─́/ *n.* ポーリーン《女性名》. 〘▭ F ~ ▭ ML *Paulīna* (↑): ⇨ -ine[4]〙

Pau·line[2] /pɔ́ːlaɪn, pɑ́ː-, -liːn | pɔ́ːlaɪn/ *adj.* 使徒パウロ (Paul) の; パウロ書簡の, パウロの教説の: the ~ Epistles (新約聖書中の)パウロの書簡. **—** *n.* (London の) St. Paul's School の生徒[卒業生]. 〘(*a*1376) ▭ ML *Paulīnus* ← LL *Paulus* 'PAUL[1]': ⇨ -ine[1]〙

Páuline prívilege *n.* [the ~] 〖カトリック〗パウロの特権《結婚後に帰依して, 未受洗の配偶者と宗教上の慣習で折り合わない者に与えられる婚姻解消の権利》.

P

Pau·ling /pɔ́ːlɪŋ, pɑ́ː- | pɔ́ː-/, **Linus (Carl)** *n.* ポーリング《1901–94; 米国の化学者; Nobel 化学賞 (1954), Nobel 平和賞 (1962)》.

Pau·lin·ism /pɔ́ːlənɪzm, pɑ́ː- | pɔ́ːlɪ-/ *n.* パウロ主義, 使徒パウロの(ものとされる)教説, パウロ神学. **Páu·lin·ist** /-nɪst | -nɪst/ *n.* **Pau·lin·is·tic** /pɔ̀ːlənístɪk, pɑ̀ː- | pɔ̀ːlɪ-ˈ/ *adj.* 〘1857〙

Pau·li·nus /pɔːláɪnəs, pɑː- | pɔː-/, Saint *n.* 聖パウリヌス (?–644; ローマのカトリック聖職者; 英国に伝道した初代 York 大司教).

Páuli prínciple *n.* [the ~] 〖物理〗パウリの原理 (⇨ exclusion principle).

Paul·ist /pɔ́ːlɪst, pɑ́ː- | pɔ́ːlɪst/ *n.* 〖カトリック〗パウロ会士[会員]《1858 年カトリックの聖職者たちによって New York に設立された使徒パウロ伝道会 (Missionary Society of St. Paul the Apostle) の一員》. 〘(1883) ← PAUL[2]＋-IST〙

Paul·is·ta /paulíːstə; *Braz.* paulísta/ *n.* ブラジルのサンパウロ (São Paulo) 市民. 〘▭ Port. ~〙

Pául Jónes *n.* ポールジョーンズ: **a** 一定の動作に従ってパートナーを変えてゆくダンスの一種. **b** そのダンスでパートナーを変えること. 〘⇨ John Paul JONES〙

páu·lo-pòst-fúture /pɔ́ːləpòust-, pɑ́ː- | pɔ́ːlə(ʊ)pə̀ust-/ *n.* **1** 〖ギリシャ文法〗未来完了時制 (future perfect tense). **2** 〖戯言〗近い未来: a ~ effect. **3** 〖言語・文法〗近未来. 〘(1824) ← NL *paulō post futūrum* future a little after 《なぞり》 ← Gk *ho met' olígon méllōn* the future after a little〙

pau·low·ni·a /pɔːlóuniə, pɑː- | pɔːlə́ʊ-/ *n.* 〖植物〗キリ, キリノキ《ゴマノハグサ科キリ属 (*Paulownia*) の植物の総称》; (特に)キリ (princess tree). 〘(1843) ← NL ~ ← *Anna Paulovna* (1795–1865: ロシアの Paul 一世の皇女で, オランダの王妃となる): ⇨ -ia[1]〙

Paul Pry /pɔ́ːlpráɪ, pɑ́ːl- | pɔ́ːl-/ *n.* せんさく好きな人. 〘(1829) 英国の喜劇作家 J. Poole (1786?–1872) 作の喜劇 (1825) に出る人物〙

Pául Revére Dày *n.* ⇨ Patriots' Day.

Paul·sen /páulzən, -zn; *G.* páulzn/, **Friedrich** *n.* パウルゼン《1846–1908; ドイツの哲学者》.

Pau·lus /pɔ́ːləs, pɑ́ː- | pɔ́ː-; *G.* páulus/ *n.* ポーラス《男性名》. 〘▭ L ~: ⇨ Paul〙

Pau·mó·tu Archipélago /paumóutuː- | -məʊ-; *F.* pomɔtu/ *n.* [the ~] パウモツ諸島 (⇨ Tuamotu Archipelago).

paunch /pɔ́ːntʃ, pɑ́ːntʃ | pɔ́ːntʃ/ *n.* **1** 腹 (belly); 胃 (stomach). **2** 〖動物〗こぶ胃 (⇨ rumen). **3** 太鼓腹 (potbelly) (⇨ stomach **SYN**): get a ~ 布袋腹になる. **4** 〖海事〗**a** =paunch mat. **b** =rubbing paunch. **—** *vt.* …の腹を切り裂く, 内臓を取り除く. **~ed** *adj.* 〘(1375) *pa(u)nche* ▭ ONF *panche*=OF *pance* (F *panse*) ← L *panticēs* (pl.), *pantex* (pl.) bowels, paunch〙

páunch màt *n.* 〖海事〗(すり切れるのを防ぐ)当てむしろ, パウンチマット. 〘*c*1860〙

paunch·y /pɔ́ːntʃi, pɑ́ːn- | pɔ́ːn-/ *adj.* (**paunch·i·er**; **-i·est**) 太鼓腹の. **páunch·i·ness** *n.* 〘(1598) ← PAUNCH＋-Y[4]〙

pau·per /pɔ́ːpə, pɑ́ː- | pɔ́ːpə^(r)/ *n.* **1** 貧乏人, 貧民; 乞食. **2** 〖法律〗(司法扶助を受ける)貧民. **3** 〖歴史〗(自活力がなくて公共団体または慈善団体の)生活保護を受けている人; (救貧法 (poor law) による)生活保護受給者. ***páuper's gráve*** 無縁墓. **—** *adj.* 貧民の, 貧困な; 貧困者のための: ~ children / a ~ school. 〘(1516) ▭ L *pauper* 'POOR': ⇨ few[1]〙

pau·per·age /pɔ́ːpərɪdʒ, pɑ́ː- | pɔ́ː-/ *n.* 生活保護受給者であること; 貧民であること. 〘(1847): ⇨ ↑, -age〙

páuper còsts *n. pl.* 《古》〖英法〗(司法扶助を受ける)貧民の支払う訴訟費用 (cf. Dives costs).

páu·per·dom /-dəm | -dəm/ *n.* **1** 貧困, 貧窮. **2** [集合的] 貧民, 細民階級. 〘1870〙

páu·pered *adj.* 貧民化した, 落ちぶれた. 〘1879〙

páu·per·ìsm /-pərɪzm/ *n.* **1** (極度の)貧窮, 貧困: be reduced to ~ 困窮のどん底に陥る. **2** [集合的] 生活保護受給者; 貧民 (paupers). **3** 一国内(など)の貧民の割合. 〘(1815) ← PAUPER＋-ISM〙

páu·per·ìze /-pəràɪz/ *vt.* **1** (非常な)貧困に陥れる, (極度に)窮乏させる (impoverish). **2** 生活保護を与える. **pau·per·i·za·tion** /pɔ̀ːpərɪzéɪʃən, pɑ̀ː- | pɔ̀ːpəraɪ-, -rɪ-/ *n.* 〘(1834): ⇨ -ize〙

pau·piette /poupjét | pəʊ-/ *n.* 〖料理〗ポーピエット《薄い肉[魚]で挽(ひ)き肉の詰物を巻いた料理》. 〘(1889) ▭ F ~ ← OF *po(u)lpe* fleshy part < *pulpam*: cf. It. *polpetta* meat craquette〙

pau·ro·me·tab·olic /pɔ̀ːroumètəbɑ́(ː)lɪk, pɑ̀ː- | pɔ̀ːrə(ʊ)mètəbɔ́l-ˈ/ *adj.* 〖昆虫〗=paurometabolous.

pau·ro·me·tab·o·lism /pɔ̀ːroumɪtǽbəlɪzm, pɑ̀ː- | pɔ̀ːrə(ʊ)-/ *n.* 〖昆虫〗漸進変態, 少変態《直翅目や半翅目のように, 脱皮ごとに翅芽が発達する変態をいう》.

pàu·ro·me·táb·o·lous /-mɪtǽbələs-ˈ/ *adj.* 〖昆虫〗漸進変態の, 少変態の. 〘(1895) ← Gk *paûros* small, slight＋*metabólos* changeable: ⇨ -ous〙

pau·rop·od /pɔ́ːrəpɑ̀(ː)d, pɑ́ː- | pɔ́ːrəpɔ̀d/ *n.* 〖動物〗少脚綱 (*Pauropoda*) の動物《体長数ミリの微小な白色の小動物》. 〘(1897) ↓〙

Pau·rop·o·da /pɔːrɑ́(ː)pədə, pɑː- | pɔːrɔ́pədə/ *n. pl.* 〖動物〗(節足動物門)少脚綱. 〘← NL ~ ← Gk *paûros* small＋-PODA〙

paus·al /pɔ́ːzəl, -zl, pɑ́ː- | pɔ́ː-/ *adj.* 休止の, 句切りの. 〘(1877) ← PAUSE＋-AL[1]〙

Pau·sa·ni·as /pɔːséɪniəs, pɑː- | -sémiæs, -niəs/ *n.* パウサニアス《紀元 2 世紀のギリシャの地理学者・旅行家; *Description of Greece*》.

pause /pɔ́ːz, pɑ́ːz | pɔ́ːz/ *vi.* **1** 休止する, 休む (rest), 中止する, 途切れる (intermit); 止めて待つ (*for*): ~ *for* breath 止まって一息つく, ちょっと休んで息をつぐ. **2** (…について)思案する, ためらう (linger) (*upon*): ~ *upon* a word ちょっと言葉を考える. **3** 〖音楽〗(…の箇所で)音を続ける, 延ばす (*on, upon*). **—** *vt.* 止めさせる, 休ませる. **—** *n.* **1** (話・行動などの一時的な)中止, 休止: the ~ of the wind 風のやむ間 / without a single ~ ちょっとの休みもなく / make a ~ 休止する; 息をつぐ; 立ち止まる; 途切らす, 一息つく. **2** 躊躇(ちゅうちょ) (hesitation); 途切れ (suspense): in ~s of conversation 話の切れ目に. **3** 句切り, 句読; 段落. **4** 〖詩学〗(行末・行間での)休止, 行間休止 (caesura). **5** 〖音楽〗フェルマータ (fermata) (𝄐 または 𝄑). ***give … páuse (for thought)*** …に慎重に考えさせる, ためらわせる. ***give [pùt] páuse to*** 〈人の話・行動〉を中止させる; 〈人〉を躊躇させる (cf. Shak., *Hamlet* 3. 1. 68). (1792) ***in [at] páuse*** 中止[休止]して, じっとして; 躊躇して. (1600)

páus·er *n.* **páus·ing·ly** *adv.* 〘n.: (1440) ▭ (O)F ~ // L *pausa* ▭ Gk *paûsis* cessation ← *paúein* to cause to cease (cf. pose[1]). — v.: (1526) ▭ ? LL *pausāre* to stop ← L *pausa* (n.)〙

páuse·less *adj.* 中止しない; 止まらない. **~·ly** *adv.* 〘(1849): ⇨ ↑, -less〙

pav /pǽv/ *n.* 《豪・NZ 口語》=pavlova. 〘1966〙

PAV 《略》public access videotex.

pav·age /péɪvɪdʒ/ *n.* **1** 舗装 (paving), 舗装工事. **2** 〖英法〗(公道舗装のための)舗道税, 通行税; 舗道税[通行税]徴収権. 〘(1324–25) ▭ (O)F ~ ← *paver* 'to PAVE': ⇨ -age〙

pav·ane /pəvɑ́ːn, -vǽn | pǽvən, pəvǽn, -vɑ́ːn; *F.* pavan/ *n.* (*also* **pav·an** /~/) **1** 〖ダンス〗パバーヌ《16 世紀に流行した偶数拍子の優美な宮廷舞踊》. **2** 〖音楽〗パバーヌ舞曲《2 拍子のゆっくりしたテンポで, 通例, 3 拍子の速いガリアルダ (galliard) 舞曲が続く》. 〘(1535) ▭ F *pavane* ▭ Sp. *pavana* ← *pavon* peacock < L *pavōnem*〙

Pa·va·rot·ti /pæ̀vərɑ́(ː)ti, pɑ̀ː- | -rɔ́ti; *It.* pavarɔ́tti/, **Luciano** *n.* パバロッティ《1935–2007; イタリアのテノール歌手》.

pave /péɪv/ *vt.* **1** 〈石・木・れんが・かわらなどを〉〈街路, 床〉に敷く, 舗装する (*with*): ~ a street *with* asphalt 街路をアスファルトで舗装する / a path ~*d with* cobbles [moss] 玉石を敷いた[こけの生えた]小道. **2** (舗装のように)(…で)しっかり[すっかり]覆う[固める] (*with*): ~*d with* good intentions 善意で固められて / be ~*d* with gold (場所などが)もうけ話[成功の機会]がころがっている. ***páve the wáy for [to]*** ⇨ way[1] 成句. 〘(*c*1310) *pave(n)* ▭ (O)F *paver* < VL **pavāre*=L *pavīre* to beat down ← IE **pēu-* to cut, strike〙

pa·vé /pævéɪ, ─ ─́ | ─́ ─, ─ ─́; *F.* pave/ *F. n.* **1** 〖宝石〗パベ《金属を覆い隠すように宝石を密接してはめ込むこと》. **2** 《古》舗装, 舗道 (pavement). **—** *adj.* 〖宝石〗パベ風の. 〘(1764) ▭ F ~ (p.p.) ← *paver* (↑)〙

paved *adj.* **1** 舗装された. **2** 〖宝石〗=pavé. 〘(*c*1385) ← PAVE＋-ED〙

pave·ment /péɪvmənt/ *n.* **1** 舗道: **a** 《米》車道. **b** 《英》(舗装した)歩道, 人道 (《米》sidewalk). **2** 《米》舗装面. **3** 舗装, 敷き石, 石畳, 舗床. **4** 舗装材料《石・れんが・ブロックなど》. **5** 〖動物〗(鮫などの)舗石状の歯列. **6** 〖地質〗露岩床. ***hit the pávement*** 《俗》(1) (ナイトクラブなどから)ほうり出される. (2) 解雇される, 首になる. ***on the pávement*** 往来を歩いて; 宿無しで, 捨てられて (abandoned). (1725) ***póund the pávement*** 《口語》(仕事などを求めて)街を歩き回る. 〘(*c*1300) ▭ (O)F ~ < VL **pavāmentum*=L *pavimentum* beaten floor: ⇨ pave, -ment〙

pávement àrtist *n.* **1** 《英》=sidewalk artist 1. **2** 《米》歩道で自作の絵画などを売る人. 〘1899〙

pave·ment ca·fé /péɪvməntkæféɪ | -kǽfeɪ/ *n.* 歩道にテーブルを一部出しているレストラン.

pávement light *n.* 舗道窓 (⇨ vault light).

páv·er *n.* **1 a** 舗装工. **b** 舗装機械, ペーバー《舗装用コンクリートミキサー》. **2** 舗装材料《石・れんがなど》; 舗石. **3** ひきうすの床石. 〘(1477) ← PAVE＋-ER[1]〙

Pa·ve·se /pɑːvéɪseɪ; *It.* pavéːze/, **Ce·sa·re** /tʃéːzare/ *n.* パベーゼ《1908–50; イタリアの作家・詩人》.

Pa·vi·a /pəvíːə | pə-, pɑː-; *It.* paviːa/ *n.* パビーア《イタリア北部の都市》.

pav·id /pǽvɪd | -vɪd/ *adj.* 恐れている, 臆病な; おずおずした (timid). 〘(1656) ▭ L *pavidus* trembling ← *pavēre* to quake with fear (cf. L *pavīre* 'to strike, PAVE'): ⇨ -id[4]〙

pa·vid·i·ty /pəvídəti | -dɪti/ *n.* 《まれ》臆病, 小心 (timidity). 〘1656〙

pa·vil·ion /pəvíljən | -ljən, -liən/ *n.* **1** (園遊会や運動会などで用いる)大テント. **2** (庭園・公園などの)亭, 休憩場, 余興場, パビリオン; (海岸の)海の家. **3 a** 《英》(クリケット競技場などの)観覧席, 選手席. **b** (舞踏会の)舞踏者席. **4** (博覧会の)展示館, パビリオン, …館. **5** (病院・療養所などの)病棟, 分棟. **6** 〖建築〗(大建築物の前面や横に突き出た)装飾的な翼部, 翼廊, 展望台, 小塔. **7** 《文語》天蓋(てんがい), 天空, 蒼穹(そうきゅう) (canopy). **8** 《まれ》〖解剖〗耳介, 耳翼 (auricle). **9** 〖宝石〗パビリオン《ブリリアント型宝石の下部の斜面; girdle と culet の間の部分》. **—** *vt.* **1** …に大テントを張る[備える]. **2** テントに収容する; テントのように覆う. **3** 《比喩》覆い包む. 〘(*c*1300) *pavilloun* ▭ (O)F *pavillon* < L *pāpiliōnem* tent, 《原義》butterfly ← ?〙

pavílion ròof *n.* 〖建築〗(ピラミッド状の)方形屋根.

pavílion sỳstem *n.* 〖建築〗(病院・図書館などの)分棟式, 分館式. 〘1903〙

pa·vil·lon /pɑːvijɔ́ː(n), -jɔ́ːŋ; *F.* pavijɔ̃/ *n.* 〖音楽〗朝顔《管楽器先端のじょうご形開口部》. 〘(1879) ▭ F ~ 'PAVILION'〙

pav·in /pǽvɪn | -vɪn/ *n.* =pavane.

páv·ing *n.* **1** 舗装(工事), 舗設. **2** 舗装材料. **3** 舗道, 舗床 (pavement). **—** *adj.* **1** 舗装の. **2** 準備の, 容易にする. 〘(1426–27): ⇨ -ing[1]〙

páving brìck *n.* 舗道れんが《建築用のものよりやや大型》. 〘1703〙

páving stòne *n.* (舗装用)敷石, 舗石. 〘*c*1440〙

pav·ior, 《英》**pav·iour** /péɪvjə | -vjə^(r)/ *n.* **1** 舗装工; 舗床器. **2** 舗装用材; 堅焼きの建築用れんが. 〘(1426) *pavier* 《変形》← PAVER: ⇨ -ier[1], -ior[2]〙

pav·is /pǽvɪs | -vɪs/ *n.* (*also* **pav·ise** /~/) (中世の歩兵や弓兵が用いた全身を覆う)大盾. 〘(1390) *paveis* ▭ OF *pavais, pavese* (F *pavois*) ▭ (O)It. *pavese* pavis, 《原義》'of Pavia (その製造地)'〙

pav·i·sor /pǽvəsə | -vɪsə^(r)/ *n.* (*also* **pav·is·er** /~/) 大盾 (pavis) を持つ人. 〘(?*a*1400): ⇨ ↑, -or[1], -er[1]〙

Pav·len·ko /pɑːvléŋkou | -kəʊ; *Russ.* pavlʲénkə/, **Pëtr Andreevich** *n.* パブレンコ《1899–1951; ロシアの小説家》.

Pav·lo·dar /pævlədɑ́ə | -dɑ́ː^(r)/ *n.* パブロダール《カザフスタンの Irtysh 川に臨む港市》.

Pav·lov /pǽvlɔ(ː)f, -lɑ(ː)f | -lɔf, -lɔv; *Russ.* pávləf/, **Ivan Petrovich** *n.* パブロフ《1849–1936; ロシアの生理学者; Nobel 医学生理学賞 (1904)》.

pav·lo·va /pɑːvlóuvə, pæv- | pævlə́ʊ-, pǽvlə-/ *n.* パブロバ《メレンゲの皮にホイップクリームをかけ, それを果物で飾り立てたデザート》. 〘(1927) ↓〙

Pa·vlo·va /pɑːvlóuvə, pæv- | pævlə́ʊvə, pǽvləvə; *Russ.* pávləvə/, **Anna** *n.* パブロバ《1881–1931; ロシアのバレリーナ; 「瀕死の白鳥」は特に有名》.

Pa·vlov·i·an /pɑːvlóuviən, pæv- | pævlə́ʊ-/ *adj.* パブロフ(学説)の, 条件反射(説)の. 〘(1931) ← I. P. *Pavlov*＋-IAN〙

Pa·vlóv·i·an·ìsm /-nìzm/ *n.* パブロフ[条件反射]学説. 〘⇨ ↑, -ism〙

Pa·vlo·vich /pɑ́ːvləvɪtʃ; *Russ.* pávləvʲitʲʃ/ *n.* パブロビッチ《男性の父称》. 〘▭ Russ. ~ 《原義》'son of *Pavel* (=PAUL[1])'〙

Pa·vo /péɪvou | -vəʊ/ *n.* 〖天文〗くじゃく(孔雀)座《南天の星座; the Peacock ともいう》. 〘▭ L *pāvō* peacock〙

pav·o·nine /pǽvənàɪn, -nɪn | -və(ʊ)nàɪn, -nɪn/ *adj.* **1** クジャクの(ような). **2** 〈色が〉クジャクの羽根のような虹色の, 玉虫色の. 〘(1656) ▭ L *pāvōnīnus* ← *pāvō* (↑): ⇨ -ine[1]〙

paw[1] /pɔ́ː, pɑ́ː | pɔ́ː/ *n.* **1** (犬・猫などの鉤爪(かぎ)のある)足, 手 (cf. hoof); 動物の足. **2** 《口語》人の手 (human hand); 《古》筆跡. **3** (毛皮くずを縫い合わせた)毛皮: a mink ～. **— *vt.* 1** 〈動物が〉前足で打つ[たたく], 爪で引っかく; 〈馬が〉〈地を〉(ひづめで)打つ, かく: ～ the ground 前足で地面をかく / ～ the air 両手を振り回す. **2 a** 手で触れる[さわる, なでる]. **b** 〈物などを〉手荒く[ぞんざいに]扱う, 無器用にいじる; 〈女性に〉にさわる, みだらなふるまいに及ぶ. **— *vi.* 1** 〈犬・猫などが〉前足でさわる[打つ, たたく]; 〈馬が〉ひづめで地を打つ[かく]. **2** 〔…を〕無器用にいじる[さわる], 手荒く[ぞんざいに]扱う 〔*over, about, around*〕. 〖n.: (?*a* 1300) *powe* ◻ OF *powe* < VL **pautam* ◻ Gmc **pauta* (Du. *poot* / G *Pfote*). — v.: (1604) ← (n.)〗

paw[2] /pɔ́ː, pɑ́ː | pɔ́ː/ *n.* 《口語・方言》おやじ. 〖(1903) 《転訛》 ← PA[2]〗

paw·ky /pɔ́ːki, pɑ́ː- | pɔ́ː-/ *adj.* (**paw·ki·er; -ki·est**) 《スコット・英方言》 **1** (まじめくさっていて)滑稽な, ひょうきんな; 抜け目のない, (shrewd), ずるい (sly). **2 a** 生意気な (saucy), 出しゃばる (forward). **b** 気難しい, しかつめらしい (squeamish). **páw·ki·ly** /-kəli/ *adv.* **páw·ki·ness** *n.* 〖(1676) ← ? 《スコット》 *pawk* trick, artifice＋-Y[1]〗

pawl /pɔ́ːl, pɑ́ːl | pɔ́ːl/ *n.* **1** 《機械》(歯車の逆回転を防ぐ)つめ, 歯止め (click) (⇨ ratchet wheel 挿絵). **2** 《海事》キャプスタン[車地]や揚錨機の歯止め. **— *vt.*** 〈歯車などを〉歯止めで止める. 〖(1626) ◻ ? Du. *pal* pawl ← *pal* (adj.) immobile ◻ ? L *pālus* stake〗

páwl bìtt [pòst] *n.* 《機械》(巻揚機の)逆止めつめ柱. 〖1867〗

pawn[1] /pɔ́ːn, pɑ́ːn | pɔ́ːn/ *vt.* **1** 質に入れる[置く]: ～ one's diamond *for* $500 500 ドルでダイヤを質に入れる. **2** 〈生命・名誉をかける (stake), …にかけて誓う[保証する]: ～ one's good name, honor, etc. / ～ one's word 言質(げんち)を与える. **— *n.* 1** 質, 質物, 質草, 担保, 抵当物 (⇨ pledge SYN). **2** 人質 (hostage). **3** 質入れ, 入質: be in [at] ～ 質にはいって[かたに取られて]いる / give [put] something *in* ～ 物を質に入れる[置く] / take [get, redeem] *out of* ～ 質受けする. **4** 誓約, 公約 (pledge). **5** 《俗》＝pawnbroker. **～·a·ble** /-nəbl/ *adj.* 〖n.: (1496) ◻ OF *pan(d)* pledge, security, 《原義》 piece of cloth < (WGmc) **panda* (Du. *pand* / G *Pfand*): cf. L *pannus* piece of cloth: 抵当に衣服を取っておく習慣から. — v.: (1567) ← (n.)〗

pawn[2] /pɔ́ːn, pɑ́ːn | pɔ́ːn/ *n.* **1** 《チェス》ポーン (略 P; ⇨ chessman). **2** (人の)手先, お先棒 (cat's-paw): He will make a ～ of you. 彼は君を手先に使うだろう. 〖(1369) *poun(e)* ◻ AF *poun*＝OF *peon* (F *pion*) < ML *pedō(n-)* foot soldier ← L *pēs* 'FOOT'〗

pawn·age /pɔ́ːnɪdʒ, pɑ́ːn- | pɔ́ːn-/ *n.* 質入れ, 入質. 〖(1624) ↑〗

páwn·bròker *n.* 質屋(を営む人), 質商: a ～'s shop 質店 (cf. golden balls). 〖(1687) ← PAWN[1]＋BROKER〗

páwn·brò·ker·age /-k(ə)rɪdʒ/ *n.* 質屋業. 〖1896〗

páwn·brò·ker·y /-bròuk(ə)ri | -brəu-/ *n.* **1** ＝PAWNBROKER'S shop. **2** ＝pawnbroking. 〖1821〗

páwn·bròking *n.* 質屋業. 〖1811〗

pawn·ee /pɔːníː, pɑː- | pɔː-/ *n.* 質物[質草]を取る人, 質権者. 〖(1683–85) ← PAWN[1] (v.)＋-EE[1]〗

Paw·nee /pɔːníː, pɑː- | pɔː-/ *n.* (*pl.* ～, ～**s**) **1 a** [the ～(s)] ポーニー族 《Caddoan 語族のアメリカインディアン; もと Nebraska 州 Platte 川の流域に住んでいたが, 今は Oklahoma 州北部に移った》. **b** ポーニー族の人. **2** ポーニー語. 〖(1778) ← ? Pawnee *parika* horn // ← ? N-Am.-Ind. (Algonquian) *pani* slave〗

páwn·er *n.* (*also* **paw·nor** /pɔ́ːnə, pɑ́ːnə, pɔːnɔ́ə, pɑːn- | pɔ́ːnə(r, pɔːnɔ́ː(r/) 質を入れる人, 質入主, 入質者. 〖(1745) ← PAWN[1] (v.)＋-ER[1]〗

páwn·shòp *n.* 質店 (pawnbroker's shop). 〖1849〗

páwn tìcket *n.* 質札. 〖1858〗

paw·paw /pɔ́ːpɔː, pɑ́ːpɑː | pɔ́ːpɔː/ *n.* 《植物》＝papaya 1.

Paw·tuck·et /pɔːtʌ́kɪt, pɑː-, pə- | pɔː-/ *n.* ポータケット 《米国 Rhode Island 州北東部の都市》. 〖◻ N-Am.-Ind. (Algonquian) ～ 《原義》 little falls〗

pax /pǽks, pɑ́ːks | pǽks/ *n.* **1** 《カトリック》 **a** 親睦(しんぼく)の接吻, 接吻礼 《通例, 肩を抱くだけの儀礼的なもの》. **b** 接吻牌(はい), 聖像牌 《キリストの像(ぞう)や聖母マリアなどの像を描いた牌で, もとミサ聖祭に司祭および信者がこれに親睦の接吻をした》. **2** 《英学生語》友だち (friend); 仲良し (good friend): make ～ *with* …と仲良しになる / We are good ～. 我々は仲良しだ. **3** [P-] (強国などの支配による)国際的な平和時代: ⇨ Pax Romana, Pax Americana. ***crý páx*** 和を請う(など). **— *int.*** 《英学生語》静かに (silence!); もうけんかはよそう (truce!). 〖(*c*1375) ◻ ML *pax* ＝L 'PEACE'〗

Pax /pǽks, pɑ́ːks | pǽks/ *n.* 《ローマ神話》パークス 《平和の女神; ギリシャ神話の Irene に当たる》. 〖◻ L *pāx* peace〗

PAX /píːéɪéks/ 《略》 《英》 private automatic (telephone) exchange 私設(電話)交換台.

Páx Americána *n.* (関係国に対して)米国の支配による平和 (cf. Pax Romana). 〖(1967) ← NL ～ 'American peace'〗

Páx Bri·tán·ni·ca /-brɪtǽnɪkə | -brɪtǽnɪ-/ *n.* (特に, 19 世紀の)英国の支配による平和 (cf. Pax Romana). 〖(1967) ← NL ～ 'British peace'〗

páx in bél·lo /-bélou | -ləu/ *L. n.* 戦時の平和; 戦時の寛容. 〖◻ L *pāx in bellō* 'peace in war': cf. belligerent〗

Páx Ro·má·na /-rouméɪnə, -mɑ́ː- | -rə(u)mɑ́ː-/ *n.* **1** ローマの支配による平和 (27 B.C.–A.D. 180). **2** 強国の強制による平和. 〖(1884) ← NL ～ 'Roman peace'〗

Pax·ton /pǽkstən/, Sir **Joseph** *n.* パクストン (1801–65; 英国の技師・建築家; 水晶宮 (Crystal Palace) を設計).

pax vo·bis /pǽksvóubɪs, pɑ́ːks- | pǽksvə́ubɪs/ *L.* 《カトリック》おん身らの平安を祈る (聖職者の挨拶言葉). 〖(1593) ◻ L *pāx vōbīs* 'peace be with you'〗

páx vo·bís·cum /pǽksvoubɪ́skəm, pɑ́ːksvoubɪ́ː-skum | pǽksvəubɪ́s-/ *L.* ＝pax vobis. 〖◻ L *pāx vōbīscum* 'peace be with you'〗

pax·wax /pǽkswæks/ *n.* 《方言》(四足獣の)項靱帯(じん) (neck ligament). 〖(1440) 《変形》 ← ME *faxwax* ← OE *feax* hair＋**weaxe* growth (← WAX[2]): cf. G *Haarwachs*〗

pay[1] /péɪ/ *v.* (**paid** /péɪd/, (7 では) **payed** ともつづる) **— *vt.* 1 a** 〈人〉に俸給[賃金, 代金]を支払う, …に報酬を払う: ～ a teacher [one's employees, one's creditor] 教師に俸給[従業員に給金, 債権者に借金]を払う / ～ one's college 苦学して大学を卒業する / Have you *paid* your tailor yet? もう仕立屋への払いは済みましたか / The practice was ～*ing* the proprietress of the hospital handsomely [well, a lot]. その病院の開業[診療]で女医院長には十分な収入があった / They didn't ～ me *for* (doing [having done]) the work. 彼らはその仕事の謝礼をしてくれなかった / Do what I'm ～*ing* you *for*! 金を出している分相当のことをしてくれよ / ⇨ *pay the* PIPER. **b** [目的語＋*to* do を伴って]〈人〉に金を与えて…させる, 雇って…させる: You couldn't ～ him *to* do it. 彼はいくら金をもらってもそれをするまい / I don't ～ you *to* make mistakes! 間違いをしてもらうために雇っているのではないよ.

2 a [しばしば二重目的語を伴って]〈金銭・賃金・負債などを〉支払う, 弁済する; 〈費用などを〉支弁する (defray): ～ one's debts [a bill, a fine, one's dues] 借金[勘定, 罰金, 会費]を支払う (⇨ pay one's DUES) / ～ wages 給金を支払う / ～ one's children's school fees 子供の学費を出してやる / ～ the price *for* …の代金を払う / How much did you ～ *for* that camera? そのカメラにいくら払った / I'll ～ (you) three pounds *for* the book. その本代として 3 ポンドを上げます / They *paid* him $25 *to* do the work. ＝He got [was] *paid* $25 *to* do the work. 彼に 25 ドル払ってその仕事をさせた / I *paid* the money *to* your wife. その金は奥さんにお払いしました. **b** 〔銀行・口座などに〕払い込む, 預け入れる, 納入する 〔*into*〕: ～ money *into* a pension fund 年金基金に金を納入する / My monthly salary is *paid into* the bank by my employer. 月々の給料は雇主から銀行に振り込まれる / ⇨ PAY *in, put* PAID[1] *to*.

3 a …に利益を与える, …のためになる, …に引き合う: It won't ～ the store to stay open evenings. 夜も開店したのでは店も引き合うまい (cf. *vi.* 2). **b** 利益として生じる: The investment has *paid* ten percent. 投資は 10 パーセントの利潤を上げた / Honesty ～*s* dividends in the long run. 正直は結局割に合う.

4 [時に二重目的語を伴って]〈注意・尊敬・敬意などを〉払う; 〈訪問などを〉する: ～ (careful) attention *to* business 仕事に(綿密に)注意する / ～ one's respects [homage] *to* a person 人に敬意を表する / ～ a compliment *to* a person＝～ a person a compliment 人に賛辞を呈する[お世辞を言う] / ～ court *to* the managing director 社長にこびへつらう / ～ a visit *to* the southern island 南の島を訪れる / ～ a call on a person ⇨ call *n.* 6 a / *Pay* him no heed [《米口語》mind]! 彼に耳を貸すな / I'll ～ you a visit one of these days. 近いうちにお訪ねします.

5 《比喩》〈代償を〉払う; 〈報い・罰を〉受ける: ～ a high price *for* one's carelessness 不注意のために痛い目に遭う / ～ the penalty 罰を受ける.

6 a …に返報する, 応酬する; 懲らしめる (punish): ～ kindness *with* evil 恩を仇(あだ)で返す / ～ a person (back) in his own coin 人に返報[しっぺい返し]をする. ★ この意味では通例 PAY *back*, PAY *off*, PAY *out* を用いる. **b** …の償いをする, 償う (recompense). **c** 《古・方言》打ちすえる (thrash).

7 (**payed**) [～ *out* または ～ *away* として] 《海事》〈綱を〉ゆるめて繰り出す: ～ *out* [*away*] a sheet [a rope] 帆脚索(ほあしづな)[ロープ]を繰り出す.

8 《廃》…の心をなだめる, 満足させる (gratify).

9 《豪口語》…を真実である[正しい]と認める: I'll ～ that. そいつは認めよう.

— *vi.* 1 a 支払う, 代金を払う; 借金を返す, 債務を果たす; 支弁する; 弁済[弁償]する 〔*for*〕: ～ *for* board 食費を払う / ～ well *for* a person's labor 人の仕事に対し給与を十分払う / ～ *for* one's children's education 子供の学費を出してやる / ～ *for* the damage 損害の弁償をする / ～ by check [in cash] 小切手[現金]で支払う / Have those articles been *paid for*? その品の代金はいただきましたでしょうか / ⇨ *pay through the* NOSE. **b** 〔口座などに〕金を払い込む 〔*into*〕: ～ *into* a pension fund 年金基金に金を払い込む. **2** 〈仕事などが〉もうかる, 引き合う; 〈行為などが〉骨折りがいがある, 報いられる: This profession ～*s* badly [well, handsomely, a lot]. この職業はもうからない[もうかる] / We'll need to invest more to make our business ～. 利益が上がるようにもっと投資する必要がある / Honesty surely ～*s*. 正直は確かに損にはならない / It ～*s* to be honest [to advertise]. 正直に[広告]すればそれだけのことはある / It won't ～ *for* the store to stay open evenings. 夜も開店したのでは店は引き合うまい (cf. *vt.* 3 a). **3** 償いをする (make amends); 罰を受ける (be punished) 〔*for*〕: Sometimes you must ～ dearly *for* mistakes. 時に過ちのために痛い目に遭わなければならないことがある / You'll ～ *for* [I'll make you ～ *for*] what you've done to me! この償いはきっとしてもらうよ / We are ～*ing for* the fine autumn *with* the nasty winter. すばらしい秋だった代わりに今じめじめした嫌な冬に見舞われている.

páy as one góes 《米》(信用借りなどせず)その都度払いを済ます; 出費を実際の収入内に制限する, 借金しないでやっていく; 所得税を源泉徴収で支払う. ★ 通例 pay as you go の形で用いる (cf. pay-as-you-go): It is best to ～ *as you go*. 現金払いでやっていくのが一番よい. ***páy awáy*** 《海事》 ⇨ *vt.* 7. ***páy báck*** (1) [しばしば二重目的語を伴って]〈借金などを〉返す, 払い戻す (repay); 〈人〉に返金する: He *paid* (me) *back* all the money he owed me for the books. ＝He *paid* me *back for* the books. 私から借りていた本代を全部払ってくれた. (2) 〈人〉に(相応の)返報をする, お返しをする (requite, repay); 〈人〉に仕返しをする, しっぺい返しをする (retaliate upon) (cf. *vt.* 6 a): I'll try my best to ～ you *back for* all your kindness. 数々のご親切には極力お報いできるよう努めたい / He cheated me. I'll ～ him *back* with interest. 彼は私をだました, 今にたっぷり利息をつけてお返しをさせてもらおう. (1897) ***páy dówn*** (1) 即金で支払う. (2) (月賦購買などの場合)内金として払う. (1557) ***páy for itsélf*** 〈購入した物などが〉(一定期間内で)もとがとれる: This machine will ～ *for itself* within two years. この機械は 2 年以内でもとがとれる. ***páy in*** (銀行預金口座に)払い込む, 納入する. (1722) ***páy óff*** (*vt.*) (1) 〈債務を〉完済する; 〈債権者〉に負債を皆済する: ～ *off* one's debts / ～ *off* a mortgage 抵当を皆済する / ～ *off* the last of the furniture installments 家具代の分割払いの最終分を払い終わる. (2) 給料を払って〈雇人・乗組員などを〉解雇する; 料金を払って〈タクシーなどを〉返す: She *paid off* the taxi [driver] in small change. 小銭でタクシーの料金を払った. (3) 《俗》(口止めなどのため)〈人を〉買収する, 〈人〉に金をつかませる: The crook attempted to ～ the cops *off* [～ *off* the cops] いかさま師は警官を買収しようとした. (4) 《口語》〈人・仕打ち〉に仕返しをする, …に恨みを晴らす (cf. *vt.* 6 a): I *paid* him *off* by punching in the face. 顔をなぐって彼に仕返しをした. / ⇨ *pay off old* SCORES. (5) 《海事》〈船〉の船首を風下に向ける (cf. *vt.* 7). (6) 〈糸・綱を〉糸巻き[巻胴]からほどく (unwind). —(*vi.*) (1) 十分な報いを受ける; 損を被る. (2) 《口語》利益を生む, 引き合う (be profitable); 思い通りの結果を収める, うまくいく (succeed): It's a risk, but it'll ～ *off* in the long run. 冒険だが結局はうまくいこう. (3) 《海事》〈船〉が風下に向かう (swing to leeward). (1710) ***páy óut*** (1) 〈金銭・給料などを〉配分する, 払い渡す (hand out); 〈積立金などを〉払い戻す: An awful lot of money got *paid out* to those people. 恐ろしく多額の金があの連中のために支払われた. (2) 《英口語》〈人〉に腹いせをする, 懲らしめる (punish) (cf. *vt.* 6 a): I was more than *paid out for* a few indiscretions. 少し軽率な事をしたばっかりにいやというほど痛い目に遭った. (3) 《海事》 ⇨ *vt.* 7. (1878) ***páy óver*** (謝礼などとして)納付する, 手渡す: ～ *over* a large sum *to* the lawyer その弁護士には多額の金を払う. (1668) ***páy úp*** (*vt.*) 〈借金・税金・会費などを〉皆済する, 完納する (cf. paid-up). (*vi.*) 要求通りに支払う, 請求額を(全額)支払う. (1434) ***páy one's wáy*** ⇨ way[1] 成句.

— *n.* 1 給料, 俸給; 給金, 賃金; 報酬, 手当; (特に, 軍隊での兵士への)給料 (⇨ wage SYN): good ～ 相当の給料, 高給 / without ～ 無報酬の[で], 名誉の / a month's ～ 月給 / overtime ～ 超勤[残業]手当 / equal ～ for equal work 同一労働同一賃金 / ⇨ severance pay / draw [receive] ～ from several sources 何か所かから給料をもらう. **2** 給料[賃金]を支払う[支払われる]こと, 支払い (payment); 給料支払い期: on [at] full ～ 給料を全額もらって, 在職給で / be [go] on half ～ 給料を半額もらっている[もらう] / get a year's sabbatical on full ～ 全額俸で 1 年間の研究休暇を取る. **3** (特に, 買収されての)雇用, 手先 (paid employment). ★ 通例次の句で: *in the* ～ *of the enemy*＝*in the enemy's* ～ 敵に雇われて[使われて]. **4** (負債の支払い具合から見た)支払い者. **5** (採算の取れる)鉱脈, (特に)金鉱脈; (砂地などの)石油層. **6** 《古》報い (reward), 報復 (requital), 罰 (punishment). **7** 《廃》満足 (satisfaction).

— *adj.* [限定的] **1** 給料の, 賃金の; 支払いの: a ～ increase [《米》raise, 《英》rise] 賃上げ / a ～ freeze 賃金凍結 / a ～ settlement, dispute] 賃金凍結[交渉の妥結, 紛争]. **2** 料金払い込み装置のある; 有料の: a ～ toilet 有料トイレ / ⇨ pay telephone, pay station. **3** 〈鉱石・土地など〉採鉱上もうかる: ⇨ pay dirt, pay gravel.

〖v.: (?*a*1200) *paye(n)* 《廃》 to satisfy ◻ (O)F *payer* < L *pācāre* to pacify, (ML) to pay ← *pāx* 'PEACE': pay の意味の発達は 'pacify a creditor' から. — n.: (?*a*1300) ◻ (O)F *paie* ← (v.)〗

SYN 支払う: **pay** 代価・報酬として〈金を〉支払う: *pay* twenty dollars for a book 本代として 20 ドル支払う. **repay** 借金を返済する: I must *repay* him the money. 金を返さなければならない. **compensate** 人にサービス・労力などの報酬, あるいは損害などの賠償金を払う: I *compensated* him in cash. 彼に現金で補償した. **recompense** 人に労力あるいは損害などの償いをする (*compensate* より格式ばった語): I *recompensed* him for his services. 彼の奉仕に報いた. **remunerate** 人に骨折りなどに対して報酬を与える (格式ばった語): I must *remunerate* him for his work. 彼の仕事に報いなければならない.

pay[2] /péɪ/ *vt.* (**payed,** (まれ) **paid** /péɪd/) 《海事》〈船底・甲板の継ぎ目など〉にタールなどを流し込む. 〖(1627) ◻ F 《廃》 *peier* < L *picāre* to cover with pitch ← *pix* 'PITCH[2]'〗

pay·a·ble /péɪəbl/ *adj.* **1** 〈手形など〉支払うべき (due); 支払える: ～ at the bank 銀行払いの / ～ in currency 通貨で支払うべき / be ～ tomorrow 明日が支払日である / a bill ～ 支払い手形 (↔ bill receivable) / a check ～ *to* bearer 持参人払いの小切手. **2** 〈鉱山·事業など〉採算の取れる, もうかりそうな, 有望な (profitable). **3** 〘法律〙〈借金など〉(債務者に)即時支払い義務を課する, 支払い満期の (due); 有価物で弁済できる. **—** *n.* [*pl.*] 支払勘定, 債務勘定. ⇨ account payable. 〖(1447–48) ▭ OF *paiable*: ⇨ pay¹ (v.), -able〗

páy·a·bly /-bli/ *adv.* 割に合って, 有利に.

páy-and-displáy *adj.* 《英》〈駐車場が〉料金を払って駐車券をフロントガラスの内側に掲示する方式の. 〖1970〗

pay-as-you-éarn *n.* 《英》 =pay-as-you-go (pay-as-you-earn system ともいう; 略 PAYE). 〖1943〗

páy-as-you-énter *n.* 乗車[入場]時料金支払い方式 (略 PAYE). 〖1908〗

páy-as-you-gó 《米》 *n.* **1** 即金主義, 現金払い主義. **2** (所得税の)源泉課税(制度) (《英》 pay-as-you-earn). **—** *adj.* [限定的] 現金払い[源泉課税]主義: on a ～ basis 現金払い[源泉課税]方式で[に]. 〖(1840) ← *pay as one goes* (⇨ pay¹ (v.) 成句)〗

pay-as-you-sée *adj.* [限定的] 〈テレビが〉有料の: ～ TV [television] =pay-TV. 〖1955〗

páy·bàck *n.* 見返り; 投資額の回収期間 (payback period ともいう). 〖1959〗

páy bèd *n.* 《英》(個人負担患者の)有料ベッド (cf. amenity bed). 〖1895〗

páy·bòok *n.* 〘米軍〙 個人給料支払い簿. 〖1669〗

páy·bòx *n.* 《英》(劇場の)切符売場; 出納係室. 〖1851〗

pay càble *n.* 《米》 有線有料テレビ放送. 〖1971〗

pay·chèck *n.* 《米》 **1** 給料支払い小切手. **2** 賃金, 給料. **3** 後援者 (backer); ラジオ番組の広告主 (sponsor). 〖1899〗

pay clàim *n.* 賃上げ要求; 失業保険の支払い要求.

páy·dày *n.* **1 a** (週または月の)給料日, 俸給日, 支払い日. **b** 《俗》最良の日[時]. **2** 《英》 =account day. ***have a big payday*** 〈スポーツ選手が〉大金を稼ぐ. 〖1529〗

páy dìrt *n.* 《米》 **1** 引き合う採掘地, 有望な鉱脈[山]. **2** 《口語》掘出物, 金づる, 貴重な情報[成功]のきっかけ, やま: hit [strike] ～ 掘出物をする, やまを当てる. **3** 《俗》(フットボール場の)エンドゾーン (end zone). 〖1856〗

páy·dòwn *n.* 借金の返済.

PAYE /píːèrwàɪíː/ 《略》《英·NZ》 pay-as-you-earn; pay-as-you-enter.

pay·ee /pèɪíː/ *n.* 〘商業〙(手形·小切手などの)被支払人, 受取人. 〖(1758) ← PAY¹ (v.)+-EE¹〗

páy ènvelope *n.* 《米》 **1** 俸給[給料]袋. **2** 俸給, 給料. 〖1909〗

P **pay·er** /péɪə | péɪə⁽ʳ/ *n.* 支払人; (特に, 手形·証書などの)支払人, 払渡人. 〖(*a*1376) ← PAY¹+-ER¹〗

páy·gràde *n.* (法定俸給表による軍人の)給与等級.

páy gràvel *n.* =pay dirt 1, 2. 〖*a*1872〗

páy hìke *n.* 《米口語》 賃上げ.

pay·ing *n.* 支払い: a ～ book 支払帳. **—** *adj.* **1** (金を)支払う: a ～ teller (銀行の)支払係. **2** 金のもうかる, 引き合う: a ～ investment. 〖(1456) ← PAY¹+-ING¹〗

páying guèst *n.* 《婉曲》(特に, 素人下宿の)下宿人 (boarder).

páying-ín bòok *n.* 《英》 銀行通帳 (bankbook).

páying-ín slìp [fòrm] *n.* 《英》〘銀行〙 預入伝票 (《米》 deposit slip). 〖1898〗

páying lòad *n.* 〘航空·宇宙〙 =payload 2.

páy·lìst *n.* =payroll. 〖1757〗

páy·lòad *n.* **1** (工場·会社などの)給料負担 (給料として支払うべき経営負担金). **2** 〘航空·宇宙〙 **a** ペイロード, 有料荷重, 換価荷重 (商業用航空機の積載しうる重量のうち, 収益をもたらす乗客とその手荷物·郵便物·貨物などの重量). **b** ペイロード (ロケットや宇宙飛行などでその目的に直接結びついた観測機器や乗員など(の有効搭載量); paying load ともいう). **3** (装薬·信管·容器を含めてミサイルの)弾頭. **4** 〘電算〙 コンピューターウィルスの動作内容. 〖1930〗

páyload spècialist *n.* 宇宙実験搭乗員, 搭乗科学技術者 (宇宙船などに積み込む実験·観測機器 (payload) などを専門に操作する宇宙飛行士). 〖1977〗

Paym. 《略》〘軍事〙 paymaster.

páy·màster *n.* **1** (会社·官庁などの)会計係, 給料支払係, 勘定方. **2** 〘軍事〙 主計官 (略 PM, Paym.; cf. purser 2). **3** 《軽蔑》 雇い主. 〖*a*1550〗

páymaster géneral *n.* (*pl.* **paymasters g-**) **1** [通例 P- G-] 《英》 **a** (大蔵省)主計長官. **b** 本務は名義だけでしばしば他の特別の任務を委任された大臣 (略 PMG). **2** 《米》 陸軍[海軍]主計総監. 〖1702〗

pay·ment /péɪmənt/ *n.* **1** 支払い, 支弁, 納付, 払い込み: ～ in advance 前払い / ～ in [at] full 全額払い, 皆済 / ～ in part 内払い, 一部払い (partial payment) / on a partial ～ plan 分割払いで / ～ in kind 現物払い / ～ on account [by installment] 分割払い / make ～ 支払う, 払い込みをする / suspend ～ 〈会社などが〉(破産のため)支払いを停止する / in ～ of …の支払いに, 代償として / on ～ of …の支払いの時点で. **2** 支払い金額, 支払い高; 報酬 (reward). **3** 弁償, 償還 (compensation). **4** 報復, 復讐, 仕返し (revenge); 《古》 懲罰 (punishment). **páyment by resùlts** 出来高払い. 〖(?*c*1380) ▭ (O)F *paiement*: ⇨ pay¹, -ment〗

páyment bìll *n.* 〘金融〙 支払い手形.

páy·mìstress *n.* paymaster 女性形. 〖1583〗

Payne /péɪn/, **John Howard** *n.* ペイン (1791–1852; 米国の俳優·劇作家; オペラ *Clari, or the Maid of Milan* (1823) 中の "Home, Sweet Home" で知られる).

pay·nim /péɪnɪ̀m | -nɪm/ *n.* 《古》 **1** 邪教徒, 異教徒 (pagan); (特に)十字軍当時のイスラム教徒. **2** 邪教国, 異教国 (heathendom). 〖(*c*1275) *painime* ▭ OF *pai(e)ni(s)me* < LL *pāgānismum* paganism ← L *pāgānus* 'PAGAN'〗

payn·ize /péɪnaɪz/ *vt.* 《まれ》(木材の硬化防腐のために)硫酸鉄·塩化カルシウムなどの薬液を注入する). 〖(1844) ← *Payne* (その方法の発明者): ⇨ -ize〗

pay·off /péɪɔ̀(ː)f, -ɑ̀(ː)f | -ɔ̀f/ *n.* **1** 《口語》 **a** 利益, もうけ (profit); よい成果 〔*from*〕. **b** 報い, 報酬 (reward); 返報 (retribution). **2** 《口語》 **a** 献金, 贈賄 (bribe): political ～*s* 政治献金 / a ～ scandal 疑獄事件 / The company had given millions of dollars in ～*s* to public officials in Europe and elsewhere. その会社はヨーロッパおよびその他の国々の役人に数百万ドルの賄賂を贈っていた. **b** 解雇手当金. **3** 給料支払い; 使用人に給料を全部支払って解雇すること; 給料[負債]の支払い日; 解雇時. **4 a** (一切の)清算 (settlement). **b** 《米俗》 賭けの利益[不正利得, 盗品]の分配. **5 a** 《口語》(特に, 思いがけない)結末; (事件などの)クライマックス (climax); (物語などの)やま (denouement). **b** 《口語》 決定的事実[要素], 決め手. **c** 《米俗》(野球などでの)最終回の得点. **—** *adj.* [限定的] 《口語》(最後に)結果を生じる, 決定的な, 最後的な (decisive): a ～ play that was to give his team its chance 味方に勝利の機会を与えることになった決定的な[だめ押しの]プレー. 〖(1905) ← *pay off* (⇨ pay¹ (v.) 成句)〗

páy òffice *n.* 支払いを管理担当する部門; (特に, 公債利子の)支払い局. 〖1707〗

páy·òfficer *n.* **1** 〘軍事〙 主計将校, 経理部将校. **2** 支払い担当者.

pay·o·la /peɪóʊlə | -óʊ-/ *n.* 《米口語》 非合法な支払い(金), 不正リベート, 賄賂(の金品) (歌などを宣伝してもらうため, ディスクジョッキーなどに間接的に出す). 〖(1938) (戯言的造語) ← PAY¹+-*ola* (cf. pianola, Victrola)〗

pay·or /péɪə, -ɔə | péɪə⁽ʳ, -ɔə⁽ʳ/ *n.* =payer. 〖1880〗

páy·òut *n.* (まとまった金額の)支払い(金), 支出(金); 配当金. 〖1904〗

páyout ràtio *n.* 〘証券〙 配当支出割合, 配当性向 (会社の純利益のうち配当に支出される割合).

páy pàcket *n.* 《英》 =pay envelope. 〖1941〗

páy pàuse *n.* 《英》 賃金の凍結 (wage freeze). 〖1961〗

páy-per-víew *n., adj.* ペイパービュー方式(の) (ケーブルテレビで見た番組の本数に応じて料金を支払う; 略 PPV). 〖1978〗

páy phòne *n.* =pay telephone. 〖1936〗

páy ràise *n.* 《米》(賃金の)昇給, 賃上げ (《英》 pay rise).

páy rìse *n.* 《英》 =pay raise. 〖1936〗

pay·roll /péɪròʊl | -rəʊl/ *n.* **1 a** (会社·工場·官庁などの)給料支払い名簿, (給料を受けている)従業員名簿: on the ～ 雇われて / off the ～ 失業して, 首になって (fired). **b** 従業員総数: reduce the ～ 従業員数を減らす. **2** (従業員の)支払い給料総額. 〖1740〗

páyroll tàx *n.* 《米》 支払い給与税 (従業員に支払った給与総額に基づき雇用主に対して課される税). 〖1935〗

pay·sage /péɪsɪdʒ, pèɪːzáːʒ; *F.* pe(j)izaːʒ/ *n.* 風景, 山水 (landscape); 風景画 (landscape picture): the heroic [ideal, historic] ～ 〘美術〙 風景画; (特に, 17 世紀フランスの Poussin, Lorrain などの) 理想的風景画 (実景にギリシャ神話中の人物などをあしらったもの). 〖(1611) ▭ F ～ ← *pays* country+-AGE: cf. pagan〗

pay·sa·gist /péɪsədʒɪ̀st | -dʒɪst/ *n.* (*also* **pay·sa·giste** /pèɪːzaːʒíːst; *F.* pe(j)izaʒist/) 風景画家. 〖1816〗

Pay·san·dú /pàɪsaːndúː; *Am.Sp.* paisandú/ *n.* パイサンドゥ (ウルグアイ西部の Uruguay 川に臨む港市).

páy scàle *n.* 賃金(率)表; [通例 *pl.*] 給与水準. 〖1961〗

Pays de la Loire /peɪːdəlaːlwáə | -dəlaːlwáː⁽ʳ; *F.* peidlalwaːʁ/ *n.* ペイドラロワール (フランス北西部の Biscay 湾に臨む地方).

páy shèet *n.* 《英》 給料支払い名簿 (《米》 payroll). 〖1900〗

páy slìp *n.* 《英》(給料の)支給[支払い]明細書.

páy stàtion *n.* 《米》(ボックス型の)公衆電話. 〖1923〗

payt, pay't 《略》 payment.

páy télephone *n.* (主にホテル·アパートなどの)有料電話 (cf. pay station). 〖1963〗

páy télevision *n.* =pay-TV. 〖1957〗

Pay·ton /péɪtn/ *n.* ペイトン (男性名). 〖(dim.) ← PAT¹〗

páy tòne *n.* 〘電話〙(有料電話で)「料金追加(せよ)」の合図音. 〖1962〗

páy-TV /-tíːvíː/ *n.* 有料テレビ (pay-as-you-see TV ともいう; cf. subscription television). 〖1956〗

Paz /páːz, páːs | pǽz; *Am.Sp.* pás/, **Octavio** *n.* パス (1914–98; メキシコの詩人; Nobel 文学賞 (1990)).

pa·zazz /pəzǽz/ *n.*, *adj.* =pizzazz.

pb 《略》 paperback.

Pb 《記号》〘化学〙 lead (← *L.* plumbum).

PB 《略》 passbook; 〘社会学〙 pattern of behavior; permanent base 永久基地; *L.* Pharmacopoeia Britannica (=British Pharmacopoeia) 英国薬局方; *L.* Philosophiae Baccalaureus (=Bachelor of Philosophy); picketboat; Plymouth Brethren; pocket book; Prayer Book; premium bond; Primitive Baptists; push button.

PBA 《略》 Public Buildings Administration (米国の)公有建築物管理局.

PBB 《略》〘化学〙 polybrominated biphenyl ポリ臭化ビフェニル. 〖1976〗

PBI 《略》〘医学〙《英口語》 poor bloody infantry 歩兵; protein-bound iodine 蛋白結合ヨウ素.

PBS 《略》《米》 Public Broadcasting Service (各州の公共テレビで組織している連絡機構). 〖1970〗

PBX 《略》〘通信〙 private branch-exchange 構内(電話)交換(機).

pc 《略》〘天文〙 parsec.

PC¹ /píːsíː/ *n.* (*pl.* **PCs, PC's**) =personal computer.

PC² *n.* 〘米海軍〙(艦船の種別記号の一つで, 総称的に各種の)哨戒(しょうかい)艦艇. 〖← *p(atrol) c(raft)*〗

PC 《略》 Panama Canal; Parish Council; Parish Councillor; Past Commander; *L.* Patres Conscripti (=Senators); Peace Commissioner 平和委員; Peace Corps; Philippines Constabulary; Photographic Club; 《英》 Police Constable; political correctness; politically correct; Post Commander; Preparatory Commission 準備委員会; Press Club 記者クラブ; 《英》 Prince Consort; Prison Commission; 《英》 Privy Council; Privy Councillor; 《米》 Professional Corporation; 《カナダ》 Progressive Conservative.

pc. 《略》 percentage; pica; piece; price(s).

p.c. 《略》 percent; *F.* point de congélation (=freezing point); postal card; post card; *L.* post cibum 〘処方〙 食後に (after meals).

P/C, p/c, p.c. 《略》 petty cash; price(s) current.

PCA 《略》 Production Code Administration; Production Credit Association; Progressive Citizens of America.

PCAS 《略》 Polytechnic Central Admissions System.

PCB /píːsìːbíː/ *n.* 〘化学〙 ピーシービー, ポリ塩化ビフェニル (⇨ polychlorinated biphenyl). 〖1966〗

PCB 《略》 printed circuit board.

PCC 《略》〘英国国教会〙 parochial church council 教区教会協議会.

PĆ càrd *n.* 〘電算〙 PC カード (PCMCIA 規格のカード).

P-Céltic /píː-/ *n.* 〘言語〙 P ケルト語 (原インド·ヨーロッパ語 [kʷ] 音が *p* で現れているケルト語派の Brythonic 派).

PCFC 《略》 Polytechnics and Colleges Funding Council.

pCi 《略》〘物理〙 picocurie.

PCI 《略》〘電算〙 Peripheral Component Interface (拡張バスの規格; プラグ アンド プレイをサポートする高速バス).

pcm 《略》《英》 per calendar month (賃貸住宅の広告の中で毎月の家賃を示すのに用いる).

PCM 《略》〘電気〙 pulse code modulation.

PCMCIA 《略》〘電算〙 Personal Computer Memory Card International Association [Architecture] (ノート型パソコンなどの拡張に用いるクレジットカード大くらいのカード (PC(MCIA) card) の規格を制定した機関; また その規格).

PCN 《略》 personal communication network.

PCP 《略》〘化学〙 pentachlorophenol; 〘薬学〙 phencyclidine (cf. angel dust); 〘医学〙 pneumocystis carinii pneumonia.

pcs 《略》 punched card system パンチカードシステム.

PCS 《略》 personal communications services (デジタル携帯電話サービス); programmable character set.

pcs. 《略》 pieces.

pct 《略》 percent.

Pct 《略》 precinct (警察)管区.

PCV 《略》《英》 passenger-carrying vehicle 乗客輸送用の車両; Peace Corps Volunteers 平和部隊; 〘機械〙 positive crankcase ventilation ポジティブクランクケースベンチレーション (シリンダーとピストンの間からクランクケースに漏れ出た(未燃焼化水素を含んでいる)ブローバイガスを大気中に放出しないで燃焼させるため吸気系統に戻す通気方式).

pd 《略》 paid; passed; *F.* pied (=foot); pound.

Pd 《記号》〘化学〙 palladium.

p.d. 《略》 *L.* per diem (=by the day); port dues; position doubtful 位置不詳; potential difference; printer's devil.

PD 《略》 *L.* Pharmaciae Doctor (=Doctor of Pharmacy); 〘天文〙 Polar Distance; 《米》 Police Department; Postal Distict (London); preventive detention; Procurement Demand; production department 生産局.

PDA 《略》〘処方〙 *L.* Parti dolenti applicandum (=to be applied to painful part); personal digital [data] assistant 携帯用情報端末 (個人向けのスケジュール·メモ·メールなどの情報管理ツール; 液晶表示にペン入力という形態が多い); *F.* pour dire adieu (=to say good bye); public display of affection.

PDB 《略》〘化学〙 paradichlorobenzene.

PDC 《略》 program delivery control 番組送信コントロール (テレビ番組の始まりと終わりの時間を信号でビデオデッキなどに通知して正しく録画できるようにするシステム).

PDD 《略》 past due date 支払期日[満期日]超過.

PdD 《略》 *L.* Pedagogiae Doctor (=Doctor of Pedagogy).

Pde 《略》《英》 Parade (道路名に使われる).

pdl 《略》〘物理〙 poundal.

PDM 《略》〘電気〙 pulse duration modulation.

PDQ, pdq /píːdìːkjúː/ *adv.* 《俗》 速く (quickly), すぐ (immediately). 〖(*c*1875) ← *p(retty) d(amned) q(uick)*〗

PDRY 《略》 People's Democratic Republic of Yemen.

PDSA 《略》《英》 People's Dispensary for Sick Animals.

PDT 《略》《米》Pacific Daylight Time.

pe /péɪ/ *n.* ペー《ヘブライ語アルファベット 22 字中の第 17 字; פ (ローマ字の P に当たる); ⇨ alphabet 表》. 〘□ Heb. *pē*《原義》mouth: cf. P, p〙

pe 《記号》Peru《URL ドメイン名》.

p.e. 《略》personal estate; *F.* point d'ébullition (= boiling point); printer's error.

PE 《略》Petroleum Engineer; *L.* Pharmacopoeia Edinensis (=Edinburgh Pharmacopoeia) エディンバラ薬局方; physical education; pocket edition; Port Elizabeth; 〘キリスト教〙Presiding Elder; printer's error; 〘統計〙probable error; Professional Engineer 専門技術者; 〘キリスト教〙Protestant Episcopal; potential energy; 《カナダ》Prince Edward Island; 〘自動車国籍表示〙Peru.

P/E 《略》Port of Embarkation 乗船[積込み]港; 〘証券〙price-earnings ratio.

pea[1] /píː/ *n.* (*pl.* **~s,** 《古・英方言》**pease** /píːz/) **1** 〘植物〙**a** エンドウ (*Pisum sativum*). **b** [通例 *pl.*] エンドウ豆 (cf. bean): green ~*s* 青エンドウ, グリーンピース《料理用》/ ⇨ split pea / be (as much) like [alike] as two ~*s* (in a pod) うり二つ《非常によく似ている》/ (as) easy as shelling ~*s* いとも簡単に, おちゃのこさいさいで. **2 a** [限定詞を伴って]〘植物〙エンドウに似た植物の総称: ⇨ beach pea. **b** その豆. **3** [the ~]《豪口語》本命, 成功間違いない人. **— *adj.* 1** エンドウ豆のような. **2** 〈石炭など〉豆粒状の, 豆粒大の: ~ coal 小粒の石炭. 〘《1611》《逆成》← PEASE: 語尾 *-s(e)* を複数と思い誤ってできたもの〙

pea[2] /píː/ *n.* 〘海事〙錨(いかり)のつめ. 〘《1833》《略》← PEAK[1]〙

péa àphid *n.* 〘昆虫〙エンドウヒゲナガアブラムシ (*Acyrthosiphon pisum*)《エンドウ・クローバーなどのマメ科植物に寄生する害虫》. 〘1925〙

péa bèan *n.* 〘植物〙小粒のインゲン豆《通例白色》. 〘*c*1887〙

péa·bèr·ry /-bèri | -b(ə)ri/ *n.* (二つの種子のうち一方が発育不良のため)丸く豆状に実ったコーヒーの実. 〘1879〙

Pea·bod·y /píːbɑ(ː)di, -bədi | -bɔdi/ *n.* ピーボディー《米国 Massachusetts 州北東部の都市》.

Pea·bod·y /píːbɑ(ː)di, -bədi | -bɔdi/, **Elizabeth Pal·mer** *n.* ピーボディー《1804–94; 米国の教育家; 米国で最初の幼稚園の設立者 (1860 年, Boston)》.

Peabody, George *n.* ピーボディー《1795–1869; 英国で活躍した米国の商人・銀行家・博愛家》.

Peabody, Josephine Preston *n.* ピーボディー《1874–1922; 米国の女流詩人・劇作家; *The Piper* (1909)》.

péa·bod·y bird, P- B- /píːbɑ(ː)di-, -bədi- | -bɔdi-/ *n.* 〘鳥類〙=white-throated sparrow. 〘《1865》← *peabody*《擬音語》〙

péa·bràin *n.* 《米俗》ばか, ばあ. 〘1959〙

peace /píːs/ *n.* **1** 平和 (↔ war): armed ~ 武装平和 / achieve ~ 平和を達成する / a long [lasting] ~ 長い[永続的な]平和 / ~ at any price (主として英国議会での)絶対平和主義 / in ~ and war 平時にも戦時にも / ~ in our time 我々の時代(生涯)の平和 (*Prayer Book*, 'Morning Prayer'). **2** [しばしば P-] 講和 (reconciliation), 和平, 停戦; 講和条約; 和親, 和睦: negotiate (a) ~ with …と和平交渉をする / a ~ treaty [conference] 平和条約[会議] / a ~ agreement 和平協定 / the *Peace* of Paris, Utrecht, etc. **3** (人々・グループ間の)和解, 仲直り, 和合: ⇨ *make one's* PEACE *with*. **4** 平穏, 静穏, 太平[泰平]; 無事, 治安, 安寧: disturb the ~ of the household 家庭の平和を乱す / a breach of the ~ 治安妨害 / ~ and plenty 平穏で満ち足りた状態 / public ~ (and order) 公安, 治安 / the piping time(s) of ~ 泰平の世 (cf. Shak., *Rich III* 1. 1. 24) / the king's [queen's] ~ (法によって維持される一国の)治安[社会の秩序] / *Peace* be with you! 君の無事を祈る (cf. pax vobis) / *Peace* to his ashes [memory, soul]!=*Peace* be on [to] his ashes! (死者に対して)願わくば彼の霊よ安らかなれ / May ~ reign at last! 最後に平和が訪れますように. **5** 安心; 平静, 平安: ~ of mind [conscience] 心の平静[良心の安らかさ] / Do let me have a little ~. しばらくじゃましないでくれ / give a person no ~ 人をうるさくせきたてる / ~ and quiet (喧騒などの後の)静けさ, 静穏. **6** 静寂; 沈黙 (silence): The shot broke [shattered] the ~ of the morning. 銃声が朝の静寂を破った.

at péace (1) 平和に; (…と)戦争をせずに, 仲よく〔*with*〕(↔ at war): We are *at* ~ *with* all the world. わが国は世界各国と平和状態にある. (2) ことなく, 静穏に; 安心して. (3)《婉曲》死んで, 亡くなれて. 《*a*1338》 ***at péace with onesèlf* [*the wórld*]** 落ち着いて, 心が安らいで. ***hóld* [*kéep*] *one's péace*** 沈黙を守る, 黙っている, 抗議しない. 《*a*1310》 ***in péace*** 平和に, 安心して, 静かに, 黙って: May his soul [he] rest *in* ~! 彼の霊よ安かれ (<L *requiescat in pace*) / leave a person *in* ~ 人のじゃまをしない / let a person go *in* ~ 人を放免する. ***kéep the péace*** 治安を維持する. 《1422》 ***màke péace*** (1) (戦争の終わりに)(…と)講和する〔*with*〕. (2) 〔仲違いの人・集団などを〕和解させる〔*between*〕. 《*c*1154》 ***máke one's péace with*** …と和解[仲直り]する. 《*c*1315》 ***(a) péace with hónor*** 名誉ある平和[和平] (cf. Shak., *Corio* 3. 2. 49–50). 《1607》 ***swéar the péace agàinst** a person* 〘法律〙(ある人に危害を加えられ, または殺害される恐れがあると)(治安判事に)宣誓して保護を願い出る. ***wín the péace*** 平和をかちとる《戦後の再建に成功する》.

peace of Gód [the —] (1) (神の賜物としての)心の平安 (*Philip.* 4:7). (2) [P- of G-] 神の平安《封建時代の教会が, すべての聖職者・教会堂, さらに巡礼・貧困者などに与えた戦火からの保護; cf. TRUCE of God》. 〘《なぞり》← ML *Pax Dei*〙

Peace of Westphália [the —] ウェストファリア条約《1648 年調印の, 三十年戦争 (Thirty Years' War) を終結させ, 近代ヨーロッパの政治的情勢の基礎を定めた一連の条約》.

— *int.* 1 [沈黙・静粛を要求して] 黙れ, 静かに: *Peace* there! おい静かに. **2** [歓迎・歓送の意を表して] ようこそ, 無事に: *Peace!*

〘《*c*1154》*pais, pes* □ AF *pes*=OF *pais* (F *paix*) < L *pācem, pāx* peace: cf. L *pacīscī* to agree, contract: ⇨ pact〙

peace·a·ble /píːsəbl/ *adj.* **1** 〈人・性格・行動など〉平和な, 平和を好む; 温良な, おとなしい: a ~ temper 穏やかな気質 / ~ intentions 平和的意図. **2** 平和の, 講和のための: a ~ conference 平和[講和]会議 / a ~ treaty [pact] 平和[講和]条約, 不戦協定 (⇨ peace talks). **3** 太平[泰平]な, 無事な, 穏やかな: ~ reign 平和の治世, 泰平の御代. **~·less** *adj.* **~·ness** *n.* **péace·a·bly** *adv.* 〘《*a*1338》*pe(i)sible* □ OF *peisible* (F *paisible*): ⇨ ↑, -able〙

péace·brèaker *n.* 平和を破る人 (cf. peacemaker 2); 治安妨害者. 〘1552〙

péace càmp *n.* 平和キャンプ《核ミサイルなどに抗議するため基地の外に設置される》. 〘1981〙

Péace Còrps /-kɔ̀ə | -kɔ̀ː(r)/ *n.* [the ~] (米国の)平和部隊《J. F. Kennedy 大統領の提唱によって 1961 年に発足した, 米国から開発途上国に産業・農業・教育などの援助者たちを派遣する組織》. 〘1960〙

Péace Còrpsman *n.* 平和部隊 (Peace Corps) の隊員.

péace dìvidend *n.* 平和の配当《軍事力縮小で他の目的に転用できる資金》. 〘1968〙

péace dòve *n.* 《口語》平和主義の人, (特に)ハト派議員.

péace estàblishment *n.* 〘軍事〙平時編制[編成] (peace footing) (cf. war footing, organization 1). 〘1766〙

péace fèeler *n.* (通例, 外交ルートによる)和平の打診. 〘1942〙

péace fòoting *n.* (軍隊の)平時編制[編成] (peace establishment); 平時体制: move toward a ~ 平時体制に移行する.

peace·ful /píːsfəl, -fl/ *adj.* **1** 〈時代・国など〉平和な, 太平[泰平]な, 平穏な (⇨ calm SYN): a ~ country [land] 太平の国 / ~ times 平和[太平]の世 / ⇨ peaceful coexistence. **2** 〈心・表情など〉穏やかな, 温和な, なごやかな (mild); 平和を好む: a ~ face, scene, landscape, etc. / a ~ death 安らかな死[臨終]. **3** 平和のための, 平和的な, 平時用の: ~ penetration 平和的侵透 (⇨ penetration 5) / ~ picketing スト破りの見張り / a ~ solution 平和的解決 / the ~ settlement of a dispute 紛争の平和的解決 / the ~ uses of atomic energy 原子力の平和(的)利用. **~·ness** *n.* 〘《*a*1300》*paisful, pesful*: ⇨ peace, -ful[1]〙

peaceful coexístence *n.* (対立する両陣営などの)平和(的)共存. 〘1920〙

peace·ful·ly /píːsfəli, -fli/ *adv.* 平和に; 穏やかに, 静かに.

peace·keep·er /píːskìːpə | -pə(r)/ *n.* 和平調停者[国]. 〘1579–80〙

péace·kèeping *n.* 平和の維持; (特に, 国際的和平維持のための)和平[休戦]の監視. **— *adj.*** 平和維持の; 和平[休戦]監視の. 〘1961〙

péacekeeping fórce *n.* (国連の)平和維持軍 (略 PKF).

péacekeeping operátion *n.* (国連の)平和維持活動 (略 PKO).

péace·less /-lɪs/ *adj.* 平和が存在しない, 動乱の; 不穏な, 不安な. 〘1522〙

péace-lòving *adj.* 平和を好む, 平和的な. 〘1591〙

péace·màker *n.* **1** 調停者, 仲裁人, 和解者. **2** 平和条約の調印者 (reconciler) (cf. peacebreaker). **3** 《戯言》平和維持用具《ピストル・軍艦など》. 〘《1436》《なぞり》← L *pācificus* 'PACIFIC': Tyndale によって広まった (*Matt.* 5:9)〙

péace·màking *n., adj.* 調停(の), 仲裁(の), 和解(の): Their ~ efforts collapsed. 彼らの調停工作が挫折した. 〘1556〙

péace màrcher *n.* (政府の所在地などに向かって)平和行進する人. 〘1961〙

péace·mònger *n.* 《米・軽蔑》平和屋, 平和論者 (cf. warmonger). 〘1808〙

péace·nik /-nɪk/ *n.* 《米俗・軽蔑》平和運動に没頭している人, 平和族. 〘《1965》← PEACE+-NIK: cf. beatnik〙

péace offènsive *n.* 平和攻勢. 〘1918〙

péace òffering *n.* **1** (古いユダヤの習慣で)酬恩祭のいけにえ (cf. *Lev.* 3); 謝恩の供物. **2** 和解の贈り物. 〘《1535》《なぞり》← Heb. *šélem* thank offering: Coverdale の訳語〙

péace òfficer *n.* 治安官 (sheriff, constable など); 警官. 〘1714〙

péace pìpe *n.* =PIPE of peace. 〘1779〙

Péace Plédge Ùnion *n.* 平和の誓い同盟 (B. Russell, S. Sassoon, A. Huxley などが支持した平和主義者の組織; 1936 年結成; 略 PPU).

péace pròcess *n.* 和平交渉.

Péace Ríver *n.* [the ~] ピース川《カナダ British Columbia 州および Alberta 州を流れ Athabaska 湖に注ぐ川 (1,715 km)》. 〘この川のほとりで, アメリカインディアンの Cree 族と Beaver 族が和平協定を結んだことにちなむ〙

péace sìgn *n.* **1** ピースサイン《人差し指と中指を立ててV 字型にして爪を自分の方に向けるサイン; 平和の願いや別れなどを示す》. **2** =peace symbol. 〘1969〙

péace sỳmbol *n.* 平和のしるしの ☮ マーク《peace sign ともいう; Nuclear Disarmament の頭文字の手旗信号を図案化したもの》. 〘1970〙

péace tàlks *n. pl.* 和平会談. 〘1789〙

peace·time /píːstàɪm/ *n., adj.* 平時(の) (↔ wartime): ~ industries 平時産業. 〘1551〙

peach[1] /píːtʃ/ *n.* **1 a** 〘植物〙モモ (*Prunus persica*); モモの木 (peach tree). **b** その果実. **2** (黄色がかった)桃色, ピンク色. **3** 《口語》いい人[物], すてきな人[物]; きれいな少女, 美人: a ~ of a girl すてきな女の子. **4** [形容詞的に] 桃色の, ピンク色の: ~ color. ***péaches and créam*** [叙述的に] (1) きめの細かい(顔の)肌にうぶ毛のある桃色のほお. (2) 《口語》すばらしい, すてきな: All is ~*es and cream*. すべてがすばらしい. 《1901》 **~·like** *adj.* 〘《*c*1380》*peche* □ OF *pe(s)che* (F *pêche*) < ML *pessica*=L *persicum* (*mālum*) Persian (apple) ← *Persia* 'PERSIA': ∞ OE *persic, persoc* □ L〙

peach[2] /píːtʃ/ 《口語・古》*vi.* (特に, 自分の共犯者を)密告する, 告発する (betray): ~ *against* [*on, upon*] one's accomplice. **— *vt.*** 密告する, 裏切る. **~·er** *n.* 〘《*c*1460》*peche(n)* 《廃》to impeach《頭音消失》← ME *apeche(n)* □ AF **apecher* =OF *empechier* 'to IMPEACH'〙

péa chaparràl *n.* 〘植物〙=chaparral pea.

péach bèlls *n.* (*pl.* ~) 〘植物〙カンパニュラ, モモノハギキョウ (*Campanula persicifolia*)《ヨーロッパ原産キキョウ科ホタルブクロ属の多年草; 花は淡青色で観賞用》. 〘1597〙

péach blòom *n.* 〘窯業〙桃花紅(とうかこう)《中国で 1662–1722 年に造られた紅色磁器釉; 酸化銅の還元炎焼成で得られる; peachblow ともいう》. 〘1856〙

péach blòssom *n.* **1** 桃の花. ★ 米国 Delaware 州の州花. **2** 桃色, ピンク. 〘1664〙

péach·blòw *n.* **1** 〘窯業〙=peach bloom. **2** (薄い)紫紅色, 黄味ピンク色. 〘《1829》← PEACH[2]+BLOW[3] (n.)〙

péach brándy *n.* ピーチブランデー《桃の果汁を発酵させ, 蒸留して造ったブランデー》. 〘1711〙

péach còlor *n.* =peach[1] 2. **~ed** *adj.* 〘1599〙

péach fùzz *n.* 《米口語》(特に 少年のほおなどのひげになる前の)うぶ毛, 和毛(にこげ).

péa·chìck *n.* **1** クジャク (peafowl) のひな. **2** 見えを張る若者. 〘《1542》← PEA(COCK)+CHICK[1]〙

péach lèaf cúrl *n.* 〘植物病理〙モモの縮葉(しゅくよう)病《縮葉病菌 (*Taphrina deformans*) による》. 〘1899〙

péach Mél·ba, p- m- /-mélbə/ *n.* ピーチメルバ《バニラアイスクリームに桃のシロップ煮をのせ, キイチゴのソースをかけたデザート》. 〘《1905》《なぞり》← F *PÊCHE MELBA*〙

Péach Stàte *n.* [the ~] 米国 Georgia 州の俗称.

péach trèe bòrer *n.* 〘昆虫〙モモ・スモモ・アンズなどバラ科の果樹の幹に穿孔するガの幼虫の総称; (特に)スカシバガ科の一種 (*Sanninoidea exitiosa*) の幼虫.

péach twìg bòrer *n.* 〘昆虫〙キバガ科の蛾 (*Anarsia lineatella*) の幼虫《桃その他果樹の小枝に穴をあける》.

peach·y /píːtʃi/ *adj.* (**peach·i·er; -i·est**) **1** 〈人・物など〉(の色・形など)桃のような; 〈ほおなど〉桃色の, 桜色の. **2** [反語的にも用いて]《口語》すてきな, 美しい. **péach·i·ness** *n.* **péach·i·ly** *adv.* 〘《1599》← PEACH+-Y[4]〙

peach yéllows *n. pl.* [通例単数扱い]〘植物病理〙桃黄化病《ウイルスによるモモの病気; 葉が黄変して実が萎縮する》. 〘1888〙

péachy-kéen *adj.* 《米口語》[しばしば 皮肉] すばらしい, ずばぬけた, まあよい, 悪くない. 〘1960〙

péa còat *n.* =pea jacket.

pea·cock /píːkɑ̀(ː)k | -kɔ̀k/ *n.* (*pl.* **~s,** ~) **1** クジャク (peafowl); 雄のクジャク (↔ peahen): a ~ in his pride 羽を広げたクジャク《見えを張った人》/ (as) proud as a ~ ⇨ proud 1 / play the ~ 見えを張る, 威張る. ★ ラテン語系形容詞: pavonine. **2** 虚栄家, 見え坊. **3** [the P-] 〘天文〙くじゃく(孔雀)座 (⇨ Pavo). **4** =peacock blue. **— *vt.* 1** [~ *oneself* または ~ it で] (クジャクが尾を広げるように)見せびらかす, 誇る (plume). **2** 《豪俗》…の土地の最良部分を買い上げその周囲の土地を無価値にする. **— *vi.* 1** 見えを張る, 尊大ぶる; 威張って歩く: ~ up and down (これ見よがしに)威張って歩く. **2** 見せびらかす (show off). 〘《*a*1300》*pecok, pocok* ← ME **pe*, **po* (< OE *pēa, pāwa* □ L *pāvō* peacock)+COCK[1]〙

Pea·cock /píːkɑ(ː)k | -kɔk/, **Thomas Love** *n.* ピーコック《1785–1866; 英国の諷刺小説家・詩人; *Nightmare Abbey* (1818)》.

péacock blúe *n.* (クジャクの首の羽毛のように)光沢のある緑色を帯びた青色《単に peacock ともいう》. 〘1881〙

péacock bùtterfly *n.* 〘昆虫〙クジャクチョウ (*Inachus io*)《後翅にクジャクの羽にある紋に似た眼状紋がある; 日本からヨーロッパに至る寒冷地に広く分布する; Io, Io butterfly ともいう》. 〘*c*1760〙

péacock chàir *n.* ピーコックチェア《大きな扇形の背もたれの付いた籐製の肘掛け椅子》.

pea·cock·er·y /píːkɑ̀(ː)kəri | -kɔ̀k-/ *n.* めかし (foppery); 見せびらかし. 〘《1872》← PEACOCK+-ERY〙

péacock flòwer *n.* 〘植物〙=royal poinciana. 〘1884〙

péa·còck·ish /-kɪʃ/ *adj.* クジャクのような; 虚栄心の強い, 見えっぱりの, 派手な (astentatious). **~·ly** *adv.* **~·ness** *n.* 〘《1550》: ⇨ -ish〙

P

péacock òre *n.* 〖鉱物〗くじゃく銅鉱, 斑(ﾊﾝ)銅鉱 (bornite ともいう). 〖1860〗

Péacock Revolútion *n.* [the ~] ピーコック革命 (1960 年代, 男性が従来の伝統的な暗い色の服装を打ち破り, クジャクのようにカラフルな色を身につけ始めたこと).

péacock's tàil *n.* 〖植物〗熱帯産アミジクサ科ウミウチワ属の海草 (*Padina pavonia*). 〖1857〗

péacock wòrm *n.* 〖動物〗ケヤリ(ムシ) (*Sabella pavonina*) (⇨ feather-duster worm).

pea·cock·y /píːkɑ̀(ː)ki | -kɔ̀ki/ *adj.* (**-cock·i·er; -i·est**) **1** 〈色が〉クジャクのような, クジャク色の. **2** 見せびらかす; 威張る, 尊大ぶる (peacockish). 〖(1866) ← PEACOCK＋-Y⁴〗

péa cràb *n.* 〖動物〗カクレガニ (カクレガニ科の小型のカニの総称; 雌は二枚貝の中にすむ; cf. oyster crab). 〖1836〗

péa·fòwl *n.* (*pl.* **~s, ~**) 〖鳥類〗クジャク (東南アジア・インド・アフリカ産クジャク属 (*Pavo*) の鳥の総称; 雌雄共にいう). 〖(1804) ← PEA(COCK)＋FOWL〗

peag /píːg/ *n.* (*also* **peage** /~/) ＝wampum 1. 〖□ N-Am.-Ind. (Algonquian) (*wampum-*)*peage* (white) string of beads〗

péa gréen *n.* 黄緑色, 青豆色. 〖1752〗

pea·hen /píːhèn/ *n.* 雌のクジャク (↔ peacock). 〖(*c*1378) *pehenne, pohenne* ← *pe, *po* (⇨ peacock) ＋HEN〗

péa jàcket *n.* 〖米〗ピージャケット (厚手ウールのダブルのジャケット; 通例水夫が用いる; pea coat ともいう). 〖(1725) (なぞり) ← Du. *pij-jekker* ← *pij* a kind of coarse cloth＋*jekker* jacket〗

peak¹ /píːk/ *n.* **1 a** 絶頂, 頂点, 最高点[度], 極大値: the ~ of one's career, happiness, etc. / be at [reach] one's ~ 〈スポーツ選手などが〉絶好調である[に達する]. **b** (変動する量の)山, ピーク (cf. trough): the ~ of traffic 最大交通量 / ⇨ off-peak. **2 a** (とがった)山頂 (⇨ top SYN). **b** 孤峰, ある山地の最高峰. **c** (口ひげ・髪などの)先, 先端. **3** (屋根などの)とがった先, 尖端(ｾﾝﾀﾝ), 尖頂, 突出部. **4** (帽子の)ひさし, まびさし (visor). **5** ＝widow's peak. **6** 〘まれ〙岬 (promontory). **7** 〖海事〗**a** (縦帆の)上外端, (斜桁(ｼｬｺｳ)の)外端. **b** (船首・船尾のまたは船倉の)狭尖部: ⇨ afterpeak, forepeak. **c** (錨のつめの)先端 (bill) (cf. pee²): the ~ of an anchor 錨のつめの先端. **8** 〖電気・機械〗ピーク (波形の最大値, 尖頭値): a voltage ~ ピーク電圧. **9** 〖音声〗音節の頂点.
— *adj.* 絶頂の, 最高点[度]の: the ~ year (統計・消費量などの)最高記録の年 / ⇨ peak hour, peak load.
— *vi.* **1** 最高[最大限]になる, 最高度[最高値, ピーク]に達する. **2** とがる, そびえる. **3** 〈鯨が〉尾を揚げる.
— *vt.* **1** 最高[最大限]にする, 最高度[最高値]に到達させる. **2** 〈鯨が〉(垂直に没入するとき)〈尾を〉揚げる. **3** 〖海事〗**a** 〈帆桁(ﾎｹﾀ)を〉(後端をあげて)直立させる. **b** (艇員休息のときなど)〈オールを〉組む (各オールの握りを反対舷(ｹﾞﾝ)の下に差し入れ, 水かきを斜めに揚げておく).
〖n.: (1530) (変形) ← PIKE. — v.: (1577) (転用) ← (n.) // (頭音消失) ← APEAK: n. 7 については cf. LG *piek*〗

peak² /píːk/ *vi.* 〘古〙**1** やせこける, 病みやつれる; ふさぎ込む: ~ and pine (恋わずらいなどで)やつれる (cf. Shak., *Macbeth* 1. 3. 23). **2** 〈物事が〉先細りになる; 活気がなくなる, 衰える 〈*out*〉. 〖(1509) ← ?: cf. peaked²〗

Péak Dìstrict *n.* [the ~] ピーク ディストリクト (イングランド中部 Derbyshire 州北西部を中心とする, Pennine 山脈南端の高原地帯; この一帯を含む Peak District National Park (ピークディストリクト国立公園; 1951 年指定; 面積 1,400 km²) は石灰岩の台地・森林・渓谷・洞穴に富み, Manchester, Sheffield, Stoke-on-Trent などに囲まれている). 〖OE *Pēac(land)* ← **pēac* hill, peak: cog. Du. *pôk* dagger / Norw. *pauk* stick〗

Peake /píːk/, **Mervyn** *n.* ピーク (1911–68; 英国の小説家・詩人・挿絵画家).

peaked¹ /píːkt, píːkɪ̀d | píːkt/ *adj.* **1** 〈屋根など〉とがった, 尖頂(ｾﾝﾁｮｳ)の. **2** 〈帽子が〉ひさしのある. 〖(*c*1450) *peked*: ⇨ peak¹, -ed 2〗

peak·ed² /píːkɪ̀d, píːk- | píːkt/ *adj.* 〘口語〙やせた (thin), やつれた (emaciated). 〖(1835–40) (p.p.) ← PEAK²〗

peaked·ness /píːktnɪ̀s, píːkɪ̀d- | píːkt-/ *n.* **1** とがっていること. **2** 〖統計〗＝kurtosis. 〖(1832) ← PEAKED¹＋-NESS〗

péak-hóur *adj.* (交通量などの)ピーク時, 最高時の: ~ mail.

péak hòur *n.* **1** (交通量・電力消費などの)ピーク時, 最高時: industry's ~*s* 工場の電力消費量のピーク時. **2** (テレビなどの)ゴールデンアワー (cf. prime time).

péak·ing capàcity *n.* 〖電気〗ピーク出力 (発電所のピーク時の発電能力).

péaking còil *n.* 〖電気〗ピーキングコイル (増幅器の帯域を広くするためのコイル).

péak lòad *n.* **1 a** 〖電気・機械〗(発電所の)ピーク[尖頂(ｾﾝﾁｮｳ)]負荷, 絶頂荷重. **b** 〖鉄道〗(一定期間内の)最大輸送量. **2** (一定期間内の)最大重圧[荷重, 負担].

péak prógram mèter *n.* ピークプログラム計 (電気的音信号の最高レベルを査定する機器; 略 PPM, ppm).

péak tànk *n.* 〖海事〗ピークタンク, 船首尾槽.

péak tìme *n.* 〖英〗ピーク時, 最高時; ゴールデンアワー (〘米〙 prime time).

péak vàlue *n.* (底値に対して)最高値.

péak vòltmeter *n.* 〖電気〗波高電圧計 (crest voltmeter ともいう). 〖1924〗

peak·y¹ /píːki/ *adj.* (**peak·i·er; -i·est**) **1** 峰の多い; 峰をなす, 峰のような. **2** とがった (pointed). 〖(1832) ← PEAK¹＋-Y⁴〗

peak·y² /píːki/ *adj.* (**peak·i·er; -i·est**) **1** 〘俗〙弱々しく見える, やつれた (peaked). **2** 〘米俗〙腐れかかった.
péak·i·ly /-kɪ̀li/ *adv.* **péak·i·ness** *n.* 〖(1821) ← PEAK(ED²)＋-Y⁴〗

peal¹ /píːl/ *n.* **1 a** 鳴り響く鐘の音: The bells rang (out) a merry ~. 鐘が陽気に鳴り響いた. **b** (雷・大砲・笑声・拍手などの)大きな響き, とどろき: a ~ of artillery 砲声のとどろき / a ~ of thunder 雷の音, 雷鳴 / a ~ of applause 喝采(ｶｯｻｲ)[歓呼]の声 / a ~ of laughter どっと起こる笑声. **2** (音楽的に組み合せた)一組の鐘; 鐘楽 (carillon): a wedding ~ 結婚式の鐘の調べ / ring a ~ 鐘楽を奏する.
in péal 〈鐘声が〉調子を合わせて, 旋律[メロディー]にのって.
— *vt.* **1** 〈鐘などを〉響かす, 鳴りとどろかす 〈*out*〉: ~ (*out*) a bell / ~ one's fame / The gong ~*ed* a call to lunch. どらが鳴って食事の時を告げた. **2** 〈うわさなどを〉広める. **3** 〘廃〙…の耳を聾する. — *vi.* 〈鐘・雷などが〉鳴り響く, とどろく 〈*out*〉.
〖n.: (*c*1378) *pele* (頭音消失) ← *apele* 'APPEAL'. — v.: (1632) ← (n.): cf. ME *peal, pell* to strike, beat〗

peal² /píːl/ *n.* 〖英〗〖鳥類〗＝grilse. 〖(1577) ← (Salmon) *pele* ← ?〗

Peale /píːl/, **Charles Willson** *n.* ピール (1741–1827; 米国の肖像画家).

Peale, James *n.* ピール (1749–1831; 米国の画家 C. W. Peale の弟).

Peale, Raphael *n.* ピール (1774–1825; 米国の画家 C. W. Peale の息子).

Peale, Rembrandt *n.* ピール (1778–1860; 米国の画家 Raphael Peale の弟).

péa·lìke *adj.* **1** (大きさ・形・固さなど)エンドウ豆に似た. **2** 〖植物〗〈花が〉はなやかで蝶(ﾁｮｳ)形の. 〖1774〗

péal rìnging *n.* ＝change ringing.

pe·an¹ /píːən/ *n.* ＝paean.

pean² /píːn/ *n.* 〖紋章〗ピーン (黒地に金の毛皮模様のあるもの; cf. ermine 4). 〖(1562) □ OF *pene* (原義) feather ＜ L *pennam* 'PEN¹'〗

Pe·a·no /piáːnoʊ | -nəʊ; *It.* peáːno/, **Giuseppe** *n.* ペアノ (1858–1932; イタリアの数学者; 自然数論・記号論理学・曲線論などの研究で知られる).

Peáno's áxioms [póstulates] *n. pl.* 〖数学〗ペアノの公理系[公準] (自然数を規定するための 5 つの公理). 〖1919〗

pea·nut /píːnʌ̀t, -nət | -nʌt/ *n.* **1** 〖植物〗**a** ナンキンマメ (*Arachis hypogaea*) (南米原産マメ科の一年草). **b** ピーナッツ, 南京豆, 落花生 (食用・油採取用の種子). **2** 〘米・カナダ俗〙つまらぬ人物. **3** [*pl.*] 〘俗〙ちっぽけな[取るに足りない]もの; すずめの涙(ほどの金), わずかな報酬[金額].
— *adj.* 〘米口語〙くだらない, さまつな, つまらない (petty): a ~ politician. 〖(1835) ← PEA¹＋NUT〗

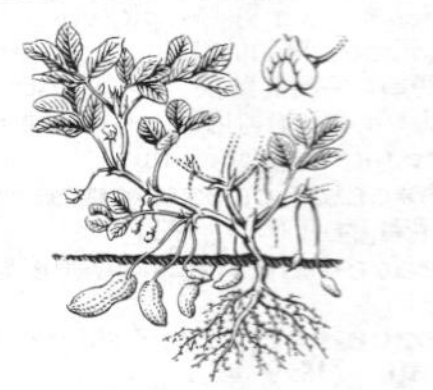

peanut 1

péanut bùtter *n.* ピーナッツバター. 〖1903〗

péanut gàllery *n.* 〘米口語〙**1** 劇場のバルコニーの一番後の座席. **2** つまらない批評の出所. 〖1888〗

péanut òil *n.* ピーナッツオイル, 落花生油 (食用, 石鹸原料; arachis oil ともいう). 〖1882〗

Pea·nuts /píːnʌ̀ts, -nəts | -nʌts/ *n.* ピーナッツ (Charles Schulz 作の新聞漫画 (1950–2000); 主人公 Charlie Brown のほか, ビーグル犬 Snoopy などが活躍).

péanut wòrm *n.* 〖動物〗＝sipunculid.

péa·pòd¹ *n.* エンドウのさや (cf. cod³ 2). 〖(1882) ← PEA¹＋POD¹〗

péa·pòd² *n.* (米国 Maine 州で)イセエビ捕獲用小船 (斜桁(ｼｬｺｳ)帆で走らせる舷側が鎧(ﾖﾛｲ)張りの漁船). 〖(転用) ↑: 外形の比喩?〗

pear /péə | péə^(r)/ *n.* 〖植物〗**1 a** セイヨウナシ (*Pyrus communis*); セイヨウナシの木 (pear tree). **b** セイヨウナシの果実. **c** セイヨウナシ材 (家具材). **2** セイヨウナシに似た果実をつける植物の総称 (avocado, anchovy pear, ウチワサボテン (prickly pear) など). 〖OE *pere, peru* □ L *pirum* pear & *pirus* pear tree ← ?〗

péar dròp *n.* (セイヨウナシ形)宝石, キャンディー(など). 〖1914〗

péar hàw [hàwthorn] *n.* 〖植物〗(北米東部・南部海岸に産する)サンザシ属のセイヨウナシ形の実をつける植物 (*Crataegus uniflora*) (blackthorn ともいう).

péa rifle *n.* ピーライフル (小型のライフル銃). 〖1862〗

pearl¹ /pə́ːl | pə́ːl/ *n.* **1** 真珠, パール (⇨ birthstone): a black [pink] ~ 黒[桃色]真珠 / an artificial [false, imitation] ~ (装飾用の)人造真珠 / a culture(d) ~ 養殖真珠 / throw [cast] ~*s* before swine 豚に真珠を与える (cf.「猫に小判」; *Matt.* 7:6) / a ~ of great price 非常に高価なもの (cf. *Matt.* 13:46). **2** [*pl.*] 真珠のネックレス. **3** 真珠層 (mother-of-pearl). **4** (真珠のように)貴重な人[物], 逸品; (…の)花, 精華, 典型: a ~ among women / the ~ of courtesy / ~*s* of wisdom 知恵の精華. **5** (光沢・形などが)真珠に似た物 (露・涙・歯・丸薬・カプセルなど); (米・麦などの)丸い小粒, 微粒. **6** 真珠貝色 (pearl blue, pearl-white ともいう). **7** 〖活字〗パール (活字の大きさの古い呼称; 5 アメリカンポイント相当; ⇨ type¹ 3 ★). **8** 〖病理〗＝epithelial pearl. **9** 〘Shak〙白内障.
— *vt.* **1 a** 真珠で飾る, …に真珠をちりばめる. **b** 〔露などを〕…に真珠のようにくっつける 〈*with*〉; 〔汗などが〕…から玉のようにしたたる: be ~*ed with* dew 露の玉を飾っている. **2** 真珠のよう(な形・色)にする, 真珠状にする. **3** 〈米・麦などを〉精白する. — *vi.* **1** 〈露などが〉真珠のよう(な玉)になる. **2** 真珠色になる. **3** 真珠を採取する(ために潜る). **4** 〈サーフボードが〉頭を先にして波くぼ (trough) に突っ込む.
— *adj.* **1** 真珠の, 真珠製の. **2** 真珠光の, 真珠色の (nacreous). **3** 真珠をちりばめた. **4** 〈米・麦など〉丸い小粒の, 真珠状の: ⇨ pearl barley, pearl tapioca.
~·lìke *adj.* 〖(*a*1376) *perle* □ (O)F ＜ VL **per(nu)lam* (dim.) ← L *perna* a kind of mussel, (原義) ham (その形から): cf. OE *pærl* □ VL **perla*〗

pearl² /pə́ːl | pə́ːl/ *n.* **1** 〖英〗＝picot 1. **2** ＝purl¹ 4.
— *vt.* ＝picot. 〖(1824) (変形) ← PURL¹〗

Pearl /pə́ːl | pə́ːl/ *n.* パール (女性名; 米国では男性名にも用いられる). 〖← PEARL¹: cf. Margaret〗

péarl àsh *n.* 〖化学〗真珠灰 (粗製炭酸カリ). 〖1727–41〗

péarl bàrley *n.* (精白)丸麦, つき麦 (特に, スープに用いる; cf. pearl¹ *adj.* 4, pot barley). 〖1710〗

péarl blúe *n.* ＝pearl¹ 6.

péarl bùlb *n.* ＝pearl lamp.

péarl-bútton *n.* 真珠貝のボタン. 〖1717〗

péarl cùlture *n.* ＝pearl farming.

péarl dánio *n.* 〖魚類〗パールダニオ (*Brachydanio albolineatus*) (東南アジア原産コイ科の観賞用熱帯魚; 美しい光沢をもつ; cf. danio).

péarl bùlb *n.* ＝pearl lamp.

péarl dìver *n.* **1** 真珠貝採取潜水夫 (pearl-fisher, pearler ともいう). **2** 〘俗〙皿洗いの人. 〖1667〗

pearled *adj.* **1** 真珠で飾った, 真珠をちりばめた. **2** 真珠のような玉になった; 露が振りかかった; 小粒になった. **3** 真珠のような, 真珠の色[光沢]を帯びた. **4** 精白した. 〖*a*1393〗

péarl·er /-lə | -lə^(r)/ *n.* **1** ＝pearl diver 1. **2** 真珠採取業者. **3** 真珠貝採取船. **4** 〘豪口語〙とびきりいいもの. 〖1887〗

pearl·es·cent /pəːlésənt, -sṇt | pəː-/ *adj.* 真珠光沢をもつ. **pearl·es·cence** /pəːlésəns, -sṇs | pəː-/ *n.* 〖(1949) ← PEARL¹＋-ESCENT〗

péarl èssence *n.* 擬真珠粉 (模造真珠の製造に用いられる魚のうろこの粉). 〖1921〗

péarl·èye *n.* 〖魚類〗ハダカイワシ目デメエソ科の魚類の総称 (眼に発光器があり歯は大きい; 北米太平洋岸産深海魚デメエソ科の一種 (*Benthal bella dentata*) など).
péarl·èyed *adj.* 〖1844〗

péarl fàrming *n.* 真珠養殖(業) (pearl culture ともいう).

péarl·fìsh *n.* 〖魚類〗カクレウオ科の魚類の総称. 〖(1591) 真珠貝・ナマコなどの外套腔にすむことから〗

péarl-fìsher *n.* 真珠貝採取業者. 〖1748〗

péarl-fìshery *n.* **1** 真珠採取業. **2** 真珠貝採取場. 〖1748〗

péarl-fìshing *n.* 真珠採取業. 〖1667〗

péarl gráy *n.* 真珠色 (ほんのり青みがかった淡灰色). 〖1796〗

Péarl Hárbor *n.* **1** 真珠湾 (米国 Hawaii 州の Oahu 島にある Honolulu 近くの湾; 1941 年 12 月 7 日 (日本では 8 日)日本海軍がここの米海軍基地を「奇襲」). **2** [時に p- h-] (真珠湾攻撃のような)奇襲.

pearl·ing /pə́ːlɪŋ | pə́ː-/ *n.* 真珠採取(業). 〖1639〗

pearl·ite /-laɪt/ *n.* **1** 〖冶金〗パーライト (ferrite と cementite との共析晶). **2** 〖岩石〗＝perlite 1. **pearl·it·ic** /pəːlítɪk | pəːlít-/ *adj.* 〖(1888) ← PEARL¹＋-ITE¹〗

pearl·ize /pə́ːlaɪz | pə́ː-/ *vt.* …に真珠光沢を与える. 〖1955〗

péarl·ized *adj.* 真珠層のような, 真珠光沢の (iridescent), 真珠で飾った.

péarl làmp *n.* つや消し電球 (pearl bulb ともいう).

péarl mìllet *n.* 〖植物〗パールミレット, トウジンビエ (*Pennisetum glaucum*) (アフリカ・近東では食用穀物として, 米国南部ではまぐさ用に栽培される; African millet, cattail millet, Indian millet ともいう). 〖*c*1890〗

péarl mòlding *n.* 〖建築〗＝paternoster 5 c.

péarl ónion *n.* (白い)小粒のタマネギ (ピクルス用). 〖*c*1890〗

péarl óyster *n.* 真珠貝 (真珠の母貝となる貝; 通例アコヤガイ (*Pinctada martensi*), シロチョウガイ (*P. maxima*), クロチョウガイ (*P. margaritifera*) など). 〖1693〗

péarl-pòwder *n.* 鉛白 (おしろいの一種; pearl-white ともいう). 〖1632〗

Péarl Ríver /pə́ːl- | pə́ːl-/ *n.* [the ~] **1** パール川 (米国 Mississippi 川の中流部から分かれてメキシコ湾に注ぐ川; 789 km). **2** ＝Chu-Kiang.

péarl ságo *n.* (真珠のように)丸い小粒にしたサゴヤシなどの澱粉 (cf. sago). 〖1841〗

péarl shèll *n.* ＝pearl oyster.

péarl spàr *n.* 〖鉱物〗白雲石の一種 (真珠光沢を有する). 〖1807〗

péarl·stòne *n.* 〖岩石〗＝perlite 1. 〖1800〗

péarl tapióca *n.* 小球状タピオカ (⇨ tapioca 1).

péarl tùbercle *n.* 〖獣医〗(牛の, 特に漿膜(ｼｮｳﾏｸ)の)真珠結節, 結核結節 (⇨ grape 5 b).

péarl twìst *n.* 〖植物〗＝ladies' tresses.

péarl·wàre *n.* パールウェア (白地で光沢のある陶器). 〖1922〗

péarl wédding n. 真珠婚式《結婚 30 周年の記念式[日]; ⇨ wedding 4》.
péarl·wèed n. 〘植物〙=pearlwort. 〖1887〗
péarl-whíte n. 1 a (魚の)うろこの粉《人造真珠製造用》. b =pearl-powder. 2 a =pearl[1] 6. b [形容詞的に] 真珠のように白い, 真珠のような. 〖1779〗
péarl·wòrt n. 〘植物〙ツメクサ《ナデシコ科ツメクサ属 (*Sagina*) の植物の総称; cf. sealwort》. 〖1660〗
pearl·y /pə́ːli | pɜ́ː-/ adj. (**pearl·i·er**; **-i·est**) 1 (形・色・光沢が)真珠のような: ～ buttons. 2 真珠で飾った. 3 〈貝が〉真珠を生じる, 真珠層をもつ; 真珠の多い. — n. 《英》 1 [通例 *pl.*] (昔, 呼売商人などが特別な場合に身につけた)真珠貝のボタン付きの衣服. 2 真珠貝のボタン. 3 =costermonger. 4 《俗》歯. **péarl·i·ness** n. 〖(*a*1430): ⇨ pearl[1], -y[4]〗
péarly everlásting n. 〘植物〙ヤマハハコ (*Anaphalis margaritacea*)《北温帯産キク科の多年草, 真珠のような白色の総苞をもつ》. 〖1857〗
péarly gáte n. [通例 *pl.*] 1 《口語》真珠の門《天国の 12 の門がそれぞれ 1 個の真珠でできていた; cf. *Rev.* 21: 21》. 2 《俗》歯. 〖1853〗
péarly kíng n. 《英》祝祭時などに真珠貝のボタン付きの衣装 (pearlies) を着る(ロンドンの)呼売商人. 〖1933〗
péarly náutilus n. 〘動物〙四鰓頭足類オウムガイ属 (*Nautilus*) の軟体動物の総称; (特に)オウムガイ (*N. pompilius*)《インド洋や太平洋沿岸に生息する》. 〖1822〗
péarly quéen n. 《英》pearly king の妻. 〖1935〗
pear·main /pέəmeɪn | pɑ́ːmeɪn, péə-/ n. 〘園芸〙ペアメイン《果実が長めでセイヨウナシの形をした一群のリンゴの種類》. 〖(*c*1425) *parmayn* ◻ OF *parmain* pear < VL **Parmānum* Parmesan ← L *Parma* 'PARMA'〗
péar òil n. 〘化学〙なし油: a =amyl acetate 1. b =isoamyl acetate.
péar psỳlla n. 〘昆虫〙ヨーロッパナシキジラミ (*Psylla pyricola*)《半翅目キジラミ科の昆虫; しばしばナシに害を与える; 羽と跳躍に適した後ろ脚をもつ》.
Pears /píəz | pɪ́əz/, Sir **Peter** (**Neville Luard**) n. ピアーズ《1910–86; 英国のテノール歌手》.
Pearse /píəs | pɪ́əs/, **Patrick** (**Henry**) n. ピアース《1879–1916; アイルランドの愛国者・詩人; 1916 年 Belfast での復活祭蜂起 (Easter Rebellion) の指導者で, 鎮圧後処刑された》.
péar-shàped adj. 1 セイヨウナシ形の. 2 〈音声が〉柔らかみのある豊かさの; 朗々とした. 〖1758〗
péar slùg n. 〘昆虫〙膜翅目のナシハバチ (*Caliroa cerasi*) の幼虫《ナシ・モモ・サクラなどの葉を食う害虫》. 〖1887〗
Pear·son /píəsən, -sn | píə-/, **Drew** n. ピアソン《1897–1969; 米国の政治評論家; 本名 Andrew Russell Pearson》.
Pearson, Karl n. ピアソン《1857–1936; 英国の数学者・統計学者・優生学者》.
Pearson, Lester B(**owles**) /bóulz | báulz/ n. ピアソン《1897–1972; カナダの政治家・外交官・首相 (1963–68); Nobel 平和賞 (1957)》.
peart /píət | pɪ́ət/ adj. 《米南部・中部》元気のよい, 活発な; 陽気な, 愉快な (lively). **～·ly** adv. **～·ness** n.
Pea·ry /píᵊri | píəri/, **Robert Edwin** n. ピアリー《1856–1920; 米国海軍将校・探検家・北極点に到達 (1909)》.
Péary Lànd n. パーリー半島《Greenland 北部の起伏の多い半島》.
peas·ant /péznt, -znt/ n. 1 (ヨーロッパ諸国などの)小作人, 小百姓, 小作農 (petty farmer), 農場労働者 (farm laborer) (cf. farmer 1). ★ 主として発展途上国にみられ, 今は米・英・豪・カナダでは存在しない; 《米》では sharecropper, 《英》では smallholder ともいう. 2 《口語》田舎者 (rustic). 3 《軽蔑》単純な人, 無知で粗野なふるまいをする人. — adj. 1 小作人[小百姓, 小作農]の: a ～ farmer 小百姓 / ～ folk 小農民 / a ～ girl 田舎娘, 百姓娘. 2 (衣服が)百姓[農民]風の. 〖(*c*1410) *paisaunt* ◻ AF & OF *paisant* (F *paysan*) (変形) ← *paisent*, *paisenc* ← *pais* country < LL *pāgēnsem* inhabitant of a district ← L *pāgus* district (⇨ PAGAN): ⇨ -ANT〗
péasant àrt n. 農民芸術. 〖1934〗
Péasant Bárd n. [the ～] 農民詩人《スコットランドの国民詩人 Robert Burns の異名》.
péasant propríetor n. 小自作農. 〖1794〗
péasant propríetorship n. 小農制度. 〖1878〗
peas·ant·ry /péz(ə)ntri, -zn̩tri/ n. 1 [the ～; 集合的] 小作人, 小百姓, 小作農 (peasants); 小作人階級, 小作農層. 2 小作人の地位[身分]. 3 粗野, 田舎風. 〖(*a*1553): ⇨ -RY〗
Péasants' Revólt n. [the ～] 〘英史〙農民[百姓]一揆《1381 年イングランド南東部で人頭税賦課などに反対して起こった農民一揆; 主謀者の名をとって (Wat) Tyler's Rebellion ともいう; cf. John BALL》.
Péasants' Wár n. [the ～] 農民戦争《1524–25 年ドイツ南部に起こった農民の反乱》.
péas·còd n. 《古》=peasecod.
pease /píːz/ n. (*pl.* **peas·es**) 《英古》 1 エンドウ (pea). 2 [*pl.*; 集合的] エンドウ (peas). 3 pea[1] の複数形. ★ 現在では形容詞的にのみ用いる: ⇨ pease pudding. 〖OE *pise*, (pl.) *pisan* ◻ LL *pisa* (fem.)=L *pisum* (neut.) ((pl.) *pisa*) ◻ GK *písos*, *píson* pulse, pea ← ?: cf. PEA[1]〗
péase-bróse n. 《スコット》エンドウ豆の粗粉 (pease-meal) で作ったかゆ. 〖1811〗
péase·còd n. 《古》 1 =peapod[1]. 2 ピーズコッド《16 世紀のダブレット (doublet) でエンドウ豆のさや状に詰め物やキルティングをして前に突き出した部分》. 〖(?*a*1387) *pese-cod*: ⇨ pease, COD[3]〗
péase·mèal n. 《英》エンドウ豆の粗粉. 〖1820〗
péase púdding n. 《英》ピーズプディング《乾燥豆で作ったもので, 肉料理などに添える》. 〖1758〗
péase-sòup n. 《英》=pea soup.
péa·shòoter n. 1 豆鉄砲. 2 《俗》口径の小さい銃, 小口径のピストル.
péa sòup n. 1 エンドウ豆のスープ《乾燥豆を煮て裏ごしして作る濃いスープ》. 2 《英口語》(特に, London の) 黄色の濃霧 (pea-souper, pea-soup fog ともいう; cf. London particular). 〖1711〗
péa-sóup·er /-súːpə | -pə(r)/ n. 1 《英口語》=pea soup 2. 2 《カナダ・軽蔑》フランス系カナダ人 (French-Canadian). 〖1890〗
péa-sóupy adj. 〈霧が〉黄色で濃い.
péa-stìck n. エンドウの支柱.
peat[1] /píːt/ n. 1 〘地質〙泥炭, ピート; 泥炭塊《燃料用》. 2 =peat moss 1. 〖(1333) *pete* ◻ ML *peta* piece of turf ← Celt. **pett-* (Welsh *peth* thing): cf. piece〗
peat[2] /píːt/ n. 1 おてんば. 2 《古・軽蔑》女, 娘: a proud ～ 気位の高い女. 〖(1568) ← ?〗
péat bànk n. 〘地質〙泥炭発掘地《peatery ともいう》. 〖1887〗
péat bòg n. 〘地質〙泥炭沼, 泥炭地《peatery, peat moor ともいう》. 〖1775〗
peat·er·y /píːtəri | -təri/ n. 〘地質〙 1 =peat bank. 2 =peat bog. 〖(1810) ← PEAT[1]+-ERY〗
péat hàg n. 〘地質〙泥炭(保蔵)地. 〖1818〗
péat·lànd n. 〘地質〙泥炭の豊富な土地. 〖1907〗
péat mòor n. 〘地質〙=peat bog. 〖1832〗
péat mòss n. 1 〘植物〙ピートモス, 泥炭ゴケ《泥炭の主成分》; (特に)ミズゴケ (bog moss, sphagnum). 2 (ミズゴケなどの堆積により成る)泥炭, ピートモス《植物の根覆いなどに用いる》. 3 《英》〘地質〙=peat bog. 〖*c*1260〗
péa trèe n. 〘植物〙マメ科の植物数種の総称: a シロゴチョウ (*Agati grandiflora*)《熱帯アジア原産ツノクサネム属の小高木; 赤または白の花が咲く》. b オオムレスズメ (*Caragana arborescens*)《シベリア原産の低木; 黄色の観賞用の花が咲く》. c キングサリ (*Laburnum anagyroides*) (⇨ laburnum). 〖1822〗
péat-rèek n. 1 泥炭の煙. 2 (泥炭を燃料として蒸留した)ウイスキー; その特有の香り. 〖1803〗
peat·y /píːti | -ti/ adj. (**peat·i·er**; **-i·est**) 泥炭質の, 泥炭のような[の多い]. 〖(1765): ⇨ -Y[4]〗
peau de soie /póudəswɑ̀ː; F. podswa/ n. ポードソア《鈍い光沢のあるしゅす風の柔らかなうね織り絹[人絹]地》. 〖(1866) ◻ F ～ 《原義》skin of silk〗
pea·vey /píːvi/ n. (also **pea·vy** /～/) 《米・カナダ》(丸太材を回転させて取り扱うのに用いる先のとがった)かぎてこ[ざお] (cf. cant hook). 〖(*c*1870) ← (*Joseph*) *Peavey* (その考案者)〗
péa wèevil n. 〘昆虫〙エンドウマメゾウムシ (*Bruchus pisorum*)《鞘翅目マメゾウムシ科のエンドウマメの種子に食い入る害虫》.
peb·ble /pébl/ n. 1 a (水の作用で削られて丸くなった)小さい玉石, 小石 (cf. gravel, stone, rock). b 〘地質〙中礫(ちゅうれき)《径 4–64 mm くらいの丸みをおびたもの; cf. boulder 2, breccia, cobble 3, garanule 5》. 2 (特に, 川などに礫状で産する)めのう (agate), 各種の宝石. 3 a 水晶 (rock crystal)《眼鏡のレンズなどに用いる無色透明のもの》. b 水晶製の眼鏡のレンズ. c 《口語》厚い眼鏡レンズ. 4 a =pebble leather. b (皮・紙などの)小石模様, ペブル. 5 《豪口語》やっかいな[頑固な]人[動物].
nòt the ónly pébble on the béach (1) 侮り難い競争相手がいないわけではなくて. (2) 明日という日がないわけではなくて, またの機会も残されて.
— vt. 1 …に小石を投げつける, 小石で打つ. 2 小石で覆う, 小石で舗装する. 3 〈皮革・紙などの〉きめを粗くする, (なめし革などの)に石目[小石模様]をつける《革の銀面に砂礫(されき)状の凹凸をつける》.
péb·bled adj. 〖(*c*1300) *pibel* < lateOE **papol*, **popel-* (cf. *papolstān*, *popel-*) pebble-stone ← ?〗
pébble dàsh n. 〘建築〙=rock dash.
pébble gàrden n. 《NZ》ペブルガーデン《小石を敷きつめて造った小庭園》.
pébble hèater n. 〘機械〙ペブルヒーター《耐火性の小石状の材料を積み重ねて熱を蓄え蒸散する熱交換器》.
pébble lèather n. 石目革《モロッコ革のように銀面に砂礫(されき)状の凹凸をつけた革; 単に pebble ともいう》. 〖1885〗
pébble pòwder n. (燃焼速度を遅くした)塊状火薬, 粗粒火薬. 〖1871〗
pébble·stòne n. [集合的にも用いて] 小石. 〖OE *papolstān*: ⇨ pebble, stone〗
pébble·wàre n. ペブルウェア《坏土(はいど)に異なる色の粘土を加えて造ったまだら模様のウェッジウッド陶器 (Wedgewood) の一種》.
peb·bling /pébliŋ, -bl-/ n. 〘カーリング〙ペブリング《ストーンのすべりが遅くなるようにリンクに湯をかけてでこぼこを作ること》. 〖1875〗
peb·bly /pébli, -bli/ adj. (**peb·bli·er**; **-bli·est**) 1 小石の多い, 小石だらけの: a ～ beach, road, etc. 2 石目の. 3 〈声などが〉調子はずれの, 耳障りな (rough). 〖1600〗
pé·brine /peɪbríːn; F. pebʀin/ n. 〘動物〙(蚕の)微粒子病《病原体は胞子虫綱, 微[小]胞子虫亜綱に属するノゼーマ属 (*Nosema*) の *N. bombycis* で, 養蚕に重大な被害を与える》. 〖(1870) ◻ F ～ ◻ Pr. *pebrino* ← *pebre* pepper < L *piper* 'PEPPER'〗
pe·can /pɪkɑ́ːn, -kǽn, píːkæn | píːkæn, pɪkǽn/ n. 1 〘植物〙ペカン (*Carya pecan*)《北米産のクルミ科ヒッコリー属の高木》. 2 ペカンの堅果《果実は殻が薄く, 食用・製菓用に栽培》. 〖(1712) ◻ N-Am.-Ind. (Algonquian) *pakan* hard-shelled nut〗
pec·ca·ble /pékəbl/ adj. (道徳的な)過ちを犯しやすい, 過ちやすい. **pèc·ca·bíl·i·ty** /-kəbíləti | -lɪ̀ti/ n. 〖(1604) ◻ F ～ ◻ ML *peccābilis* ← L *peccāre* (↓): ⇨ -able〗
pec·ca·dil·lo /pèkədílou | -ləu/ n. (*pl.* ～**es**, ～**s**) 微罪; ちょっとした過ち, 小さな落ち度. 〖(1591) ◻ Sp. *pecadillo* (dim.) ← *pecado* sin < L *peccātum* (neut.p.p.) ← *peccāre* ⇨ peccant〗
pec·can·cy /pékənsi/ n. 1 道徳的に間違っていること; 堕落. 2 違反; 落度. 〖(1611) ◻ LL *peccāntia*: ⇨ ↓, -ia[1]〗
pec·cant /pékənt/ adj. 1 (道徳的に)罪のある, 罪[を犯す]; よこしまな, 堕落した; 犯罪の. 2 落ち度のある, 誤った (erroneous). 3 《まれ》〘病理〙病的な (morbid); 病気を起こす. **～·ly** adv. 〖(1604) ◻ L *peccantem* (pres. p.) ← *peccāre* to sin, stumble ← ? **peccus* missing one's footing ← *pēs* 'FOOT': ⇨ -ant〗
pec·ca·ry /pékəri/ n. (*pl.* ～, **-ca·ries**) 1 〘動物〙ペッカリー, ヘソイノシシ《Texas 以南の南北アメリカ大陸産のイノシシ亜目ペッカリー科の群居性の動物; クビワペッカリー (collared peccary), クチジロペッカリー (white-lipped peccary) の 2 種がいる》. 2 ペッカリー革《高級手袋革に用いる; peccary leather ともいう》. 〖(1613) ◻ Carib. (現地語) *pakira*〗
pec·ca·to·pho·bi·a /pəkèɪtəfóubiə, -kɑː- | pɪ̀kèɪtəfə́u-, -kɑ̀ː-/ n. 〘精神医学〙罪悪恐怖(症). 〖← L *peccāt(um)* sin+-o-+-PHOBIA: cf. peccadillo〗
pec·ca·vi /pəkɑ́ːviː, peɪ-, -wiː, -kéɪvaɪ | pekɑ́ːviː/ L. われ罪を犯せり《ダビデ (David) 王の告白》; 私が悪かった (It is my fault.). — n. 罪の告白[自認], 謝罪: cry ～ 罪を自白する, 謝罪する. 〖(1553) ◻ L *peccāvī* I have sinned ← *peccāre*: cf. peccant〗
pech /pék, péx/ v., n. 《スコット》=pant[1]. 〖(*c*1440): 擬音語か〗
pêche Mel·ba /pìːʃmélbə, péʃ-, péɪʃ- | péʃ-, péɪʃ-; F. pɛʃmɛlba/ F. n. (*pl.* **pêch·es Mel·ba** /pìːʃɪz-, péʃ-, péɪʃ- | péʃ-, péɪʃ-; F. ～/) =peach Melba. 〖◻ F ～ ← *pêche* 'PEACH[2]'+(*Dame Nellie*) *Melba*〗
Pe·chen·ga /pətʃéŋgə; Russ. pjétʃingə/ n. ペチェンガ《ロシア連邦北西部, 北極海に臨む不凍港; 1944 年フィンランドから割譲; フィンランド語名 Petsamo》.
Pe·cho·ra /pətʃɔ́ːrə; Russ. pʲitʃórə/ n. [the ～] ペチョラ(川)《ロシア連邦, Ural 山脈中西部に源を発し, 北に流れ Barents 海 Pechora 湾に注ぐ (1,809 km)》.
peck[1] /pék/ vt. 1 (くちばしで)つつく, ついばむ: A hen ～s corn. 2 《口語》〈額・頬(ほお)などに〉急いで[申しわけに]キスする. 3 〈穴などを〉つついて掘る: Woodpeckers ～ holes in trees. 4 《口語》〈食べ物・食事を〉いやいや少しずつ[だけ]食べる. 5 a (つるはしなどで)砕く, 割る, つきくずす 〈*up*, *down*〉. b (石のみなどで)記す, 刻む, 刻み込む. 6 a つき出す 〈*out*〉; つついて拾う 〈*up*〉: ～ something out of a hole 穴から物をつつき出す. b (タイプで)〈文字などを〉たたき出す 〈*out*〉: ～ *out* a note on a typewriter. — vi. [通例 ～ *at* として] 1 〔…を〕つつく, つつこうとする. 2 〔…を〕咎(とが)める, あらを探す, こづき回していじめる, 怒る, がみがみ言う (carp). 3 《口語》〔食物・食事を〕いやいや少しずつ[だけ]食べる: Don't ～ *at* your food. 4 〔タイプのキーなどを〕ぽんぽんたたく.
— n. 1 くちばしなどでつつくこと, つつき. 2 つついてできた穴[くぼみ]. 3 《口語》おざなりの[気の進まない]キス. 4 《俗》食物 (food).
〖(?*a*1300) *pekke(n)* (変形)? ← *piken* 'to pierce, PICK[1]' // ◻ MLG *pekken* to peck with the beak ← ?〗
peck[2] /pék/ n. 1 ペック《穀物などの乾量の単位; =8 quarts, 2 gallons; 略 pk》: a 《米》537.605 立方インチ, 8.809 リットル. b 《英》554.84 立方インチ, 9.092 リットル. 2 1 ペックます. 3 《口語》多量, どっさり: a ～ of dirt たくさんのほこり[ごみ] / a ～ of trouble(s) 多くの苦労[ごたごた]. 〖(1390) *pek* ← ?: cf. F *picotin* measure of oats〗
peck[3] /pék/ vt. 1 《口語》〈石などを〉投げつける (shy). 2 《方言》ぽいと投げる (pitch). — vi. 1 〈馬が〉(跳躍してつま先で着地後)よろめく, つまずく. 2 《口語》〔…に〕石などを投げつける 〔*at*〕. — n. 《口語》(石などを)投げつけること. 〖(1611) (変形) ← PICK[3]〗
Peck /pék/, (**Eldred**) **Gregory** n. ペック《1916–2003; 米国の映画俳優; Hollywood の代表的な二枚目スター; *Gentleman's Agreement* (1947), *To Kill a Mockingbird* (1962)》.
peck·er /pékə | -kə(r)/ n. 1 つつく鳥[人]; (特に)キツツキ (woodpecker). 2 つるはし (pickaxe). 3 《俗》くちばし (beak); (人間の)鼻 (nose). 4 [one's ～] 《英俗》元気, 勇気 (courage): Keep *your* ～ up. 元気を出せ《★ 米国では 5 の意味にとられるから注意が必要》. 5 《米・カナダ俗》=penis. 〖(1587) ← PECK[1]+-ER[1]〗
pécker·hèad n. 《米俗》いやな野郎.
pécker·wòod n. 《米南部》 1 キツツキ (woodpecker). 2 《軽蔑》(特に, Georgia および Florida の山地に住む)貧しい白人 (cracker, poor white), 南部未開地の人 (hillbilly). 3 =peckerwood mill. 〖(1859) (変形) ← WOODPECKER〗
péckerwood mìll [**sáwmill**] n. 《米南部》携帯用小型丸のこ《製材用》.
péck·ing òrder n. [the ～] =peck order.
Pec·kin·pah /pékɪnpɑ̀ː/, **Samuel David** n. ペキンパー《1925–84; 米国の映画監督》.
peck·ish /pékɪʃ/ adj. 1 《英口語》腹のすいた (hungry): feel ～. 2 《口語》怒りっぽい, 口[小]やかましい, がみがみ

言う. 〖(1785) ← PECK¹+-ISH¹〗

péck òrder n. [the ~] 1〘鳥類〙つつきの順位《鳥の社会で個体間の優劣関係で定まるつつく, つつかぬの順位制; cf. cannibalism 4》. 2《口語》(人間社会の)序列, 順序; 社会のおきて. 〖1928〗

Péck's bád bóy, P- B- B- /péks-/ n.《米》無鉄砲者, 暴れん坊, 悪童《米国のユーモア作家 George Wilbur Peck (1840–1916) の *Peck's Bad Boy and His Pa* (1883) から》. 〖1883〗

Peck·sniff /péksnɪf/ n. 1 ペックスニフ《Dickens 作の小説 *Martin Chuzzlewit* 中の善行を吹聴する偽善的人物》. 2 自分の善行を吹聴する偽善者. 〖(1844): cf.《英方言》*picksniff* a paltry, contemptible person〗

Peck·sniff·i·an, p- /peksnífiən/ adj. ペックスニフ (Pecksniff) 流の; 偽善的な. 〖1851〗

peck·y /péki/ adj. (**peck·i·er; -i·est**) 1〈木が〉(病菌による)斑点(はんてん)[小孔]のある. 2 斑入りの, しみのある: ~ rice. 〖(1848) ← PECK¹+-Y⁴〗

pe·co·ri·no /pèkəríːnoʊ | -nəʊ; *It.* pekoríːno/ n. (pl. **~s, -ri·ni** /-niː; *It.* -ni/) ペコリーノ(チーズ)《羊乳から造るイタリア産のチーズの一種》. 〖(1912) □ It. ~ ← *pecora* ewe〗

Pe·cos /péɪkəs, -koʊs | -kəs, -kɒs/ n. [the ~] ペーコス(川)《米国 New Mexico 州北部から南東流し, Texas 州西部を貫き, Rio Grande 川に注ぐ川 (1,480 km)》. 〖□ N-Am.-Ind. ~: その上流に住む部族の名から〗

Pécos Bíll n.〘米伝説〙ペーコスビル《米国南西部の伝説に現れる巨人カウボーイ; カウボーイたちに種々の知識を授け, Rio Grande 川を掘り, 六連発銃を発明したと伝えられる; cf. Paul Bunyan, Tony Beaver》.

pecs /péks/ n. pl.《口語》(ボディービルをする人などの隆々とした)胸の筋肉, 胸筋. 〖← *pectoral muscles*〗

Pécs /péɪtʃ | péɪtʃ; *Hung.* péːtʃ/ n. ペーチ《ハンガリー南西部の都市》.

pec·tase /pékteɪs, -teɪz | -teɪs/ n.〘生化学〙ペクターゼ《凝結作用を起こす酵素で, 果実から得られる》. 〖(1866–77) ← PECT(IN)+-ASE〗

pec·tate /pékteɪt/ n.〘化学〙ペクチン酸塩[エステル]. 〖1831〗

pec·ten /péktɪn, -tən | -tɪn, -tən/ n. (pl. *1, 2* では **~s, pec·ti·nes** /péktəniːz | -tɪ-/, *3* では通例 **~s**) 1〘解剖〙恥骨. 2〘動物〙櫛(くし)状突起, 櫛状部, 膜櫛, 櫛状器官. 3〘貝類〙イタヤガイ・ホタテガイ類 (scallop). 〖(*a*1398) □ L ~ 'comb, pubic hair' ← IE **pek-* to pluck the hair, fleece, comb〗

pec·tic /péktɪk/ adj.〘生化学〙ペクチンの. 〖(1831) □ F. *pectique* □ Gk *pēktikós* curding ← *pēktós* solid ← *pēg-* (← *pēgnúnai* to make solid): ⇨ -ic¹〗

péctic ácid n.〘化学〙ペクチン酸《ペクチン質を構成する多糖類; D- ガラクツロン酸 (galacturonic acid) が重縮合した構造のもの; 白色粉末》. 〖1831〗

P

pec·tin /péktɪn | -tɪn/ n.〘生化学〙ペクチン《果実中に含まれる高分子量の親水コロイド性の多糖類; 黄白色の粉末》. **péc·tin·ous** /-tɪnəs | -tɪ-/ adj. 〖(1838) □ F *pectine* ← (*acide*) *pectique* pectic acid (↑): ⇨ -IN²〗

pec·tin- /péktɪn, pɛktín | péktɪn, pɛktín/ (母音の前にくるときの) pectini- の異形.

pec·tin·a·ceous /pèktɪnéɪʃəs | -tɪ-˘/ adj.〘生化学〙ペクチン (pectin) の[を含む]. 〖(1844): ⇨ pectini-, -aceous〗

pec·tin·ase /péktɪnèɪs, -nèɪz | -tɪnèɪs/ n.〘生化学〙ペクチナーゼ《ペクチンおよびペクチン様物質を分解する酵素の総称》. 〖(1899): ⇨ pectini-, -ase〗

pec·ti·nate /péktənèɪt | -tɪ-/ adj.〘生物〙櫛(くし)状の, 櫛歯状の. **péc·ti·nàt·ed** /-tɪd | -tɪd/ adj. 〖((?*a*1425)) (1793) □ L *pectinātus* comblike: ⇨ pecten, -ate²〗

pec·ti·na·tion /pèktənéɪʃən | -tɪ-/ n. 1〘生物〙櫛(くし)(歯)状構造. 2 くしけずること (combing). 〖1646〗

pectines n. pecten の複数形.

pec·tin·es·ter·ase /pèktɪnéstərèɪs, -rèɪz | -tɪ-/ n.〘生化学〙ペクチンエステラーゼ《ペクチンを加水分解してペクチン酸とメチルアルコールを生成する反応を接触する酵素》. 〖(1945) ← PECTIN+ESTERASE〗

pec·ti·ni- /péktɪnɪ, -ni, pɛktín- | péktɪn-, pɛktín-/「櫛状部・ホタテガイ (pecten)」の意の連結形. ★ 母音の前では通例 pectin- になる. 〖← NL ~ ← L *pecten* comb〗

pec·ti·nid /péktənɪd | -tɪnɪd/〘貝類〙adj. イタヤガイ科の. ── n. イタヤガイ・ホタテガイ科の貝. 〖← NL *Pectinidae*: ⇨ ↑, -id²〗

pec·tin·o·gen /pɛktínədʒɪn, -dʒèn/ n.〘生化学〙= pectose. 〖← PECTIN+-O-+-GEN〗

pec·tin·ose /péktənòʊs | -tɪnəʊs/ n.〘化学〙ペクテノース (⇨ arabinose). 〖← PECTIN+-OSE²〗

pec·tize /péktaɪz/ vt., vi. 膠(こう)質化する; 固まる. **péc·tiz·a·ble** /-zəbl/ adj. **pec·ti·za·tion** /pèktɪzéɪʃən | -taɪ-, -tɪ-/ n. 〖(1882) ← Gk *pēktós* congealed+-IZE: ⇨ pectic〗

pec·to·lite /péktəlàɪt/ n.〘鉱物〙曹灰針石(そうかいしんせき) ($NaCa_2H(SiO_3)_3$). 〖(1828) □ G *Pectolith* ← Gk *pēktós* congealed: ⇨ -lite〗

pec·to·ral /péktərəl, -trəl/ adj. 1 胸の: ⇨ pectoral muscle. 2 胸のための; 肺結核の, 肺結核[呼吸器疾患]にきく: a ~ remedy 肺結核の薬. 3 胸につける, 胸を飾る. 4 個人の経験・感情から出た, 主観的な (subjective). 5〈声が〉腹から出るような, 豊かな (full). ── n. 1 a (防御・装飾用などの)胸当て, 胸飾り; (特に, ユダヤの高僧が着用した)胸当て (breastplate). b〘キリスト教〙= pectoral cross. 2 a〘魚類〙= pectoral fin. b〘解剖〙= pectoral muscle. 3 肺結核の薬. **~·ly** adv. 〖(1422) □ (O)F ~ □ L *pectorālis* of breast ← *pectus* breast ← IE **peg-* breast: ⇨ -al¹〗

péctoral árch n.〘解剖〙= pectoral girdle.

péctoral cróss n.〘キリスト教〙佩(はい)用十字架《司教・主教・監督・大修道院長などが胸につける, または首から下げる貴金属の十字架; 単に pectoral ともいう》. 〖*c*1735〗

pectorales n. pectoralis の複数形.

péctoral fín n.〘魚類〙(魚の)胸びれ《単に pectoral ともいう; ⇨ fish¹ 挿絵》. 〖1769〗

péctoral gírdle n.〘解剖〙(脊椎動物の)胸弓, 胸帯; (人間の)肩帯《pectoral arch ともいう》. 〖*c*1890〗

pec·to·ral·is /pèktərǽlɪs, -réɪl-, -rɑ́ːl- | -lɪs/ n. (pl. **-rales** /-liːz/)〘解剖〙胸筋 (pectoral muscle): ~ major 大胸筋 / ~ minor 小胸筋. 〖← NL ~ ← L *pectorālis* 'PECTORAL'〗

péctoral múscle n.〘解剖〙胸筋《単に pectoral ともいう》. 〖1615〗

péctoral sándpiper n.〘鳥類〙アメリカウズラシギ (*Calidris melanotos*)《米国海岸地方産のハマシギの一種; grass snipe, jacksnipe, squatter ともいう》. 〖雄鳥が雌鳥に近づく時胸を膨らませることから〗

pec·tose /péktoʊs, -toʊz | -təʊz/ n.〘生化学〙ペクトーゼ《未熟の果実中などにある多糖類》. 〖(1857) ← PECT(IC)+-OSE²〗

pec·tous /péktəs/ adj.〘生化学〙ペクチン (pectin) 様の, ペクトーゼ (pectose) の. 〖(1861) ← PECT(IN)+-OUS〗

pec·u·late /pékjʊlèɪt/ vt.〈公金・受託金を〉私消する, 使い込む (embezzle);〈委託品を〉横領する. ── vi. 公金を私有する, 使い込みをする, 委託物を横領する. 〖(1749) ← L *pecūlātus* (p.p.) ← *pecūlārī* to embezzle ← *pecūlium* private property ← *pecu* cattle, property: ⇨ -ate³: cf. peculiar〗

pec·u·la·tion /pèkjʊléɪʃən/ n. 公金[委託金]私消, 横領 (embezzlement); 委託品横領; 官物[受託者]私用. 〖(1658) □ LL *pecūlātiō(n-)*: ⇨ ↑, -ation〗

péc·u·là·tor /-tə | -tə(r)/ n. 公金私消者, 受託金横領者; 委託品横領者; 官物私用者. 〖(1656) □ L *pecūlātor*: ⇨ peculate, -or²〗

peculia n. peculium の複数形.

pe·cu·liar /pɪkjúːljə | -ljə(r), -liə(r)/ adj. 1 独特の, 持ち前の, 固有の, (…に)特有の (*to*) (⇨ characteristic SYN): a ~ flavor 特有の味 / expressions ~ *to* English 英語に特有[英語独特]の表現 / Language is ~ *to* mankind. 言語は人間特有のものだ. 2 a 特別の, 特殊な; 目立った (marked): receive ~ attention 特別注意される. b〘法律〙特殊管轄権に服する《通常の僧正区裁判所の取り扱わない》. 3 一個人の, 個人特有の, 自己一流の: one's own ~ property 私有財産 / He has his own ~ temperament. 彼には彼一流の気質がある. 4 妙な, 変な, 一風変わった, 異常な (⇨ strange SYN): He is a little ~. 彼は少し変わっている. ── n. 1 (人の)特有[固有]のもの, 私有財産, 特権. 2〘英〙(他教区の bishop の支配下にある)特殊教会, 特殊教区. 3 [P-] ピキュリアーピープル(派) (Peculiar People の人). 4 [pl.]〘英〙〘印刷〙= arbitraries. 〖(*c*1449) *peculier* □ L *pecūliāris* of private property ← *pecūlium* ← *pecū* cattle, property (⇨ fee): ⇨ -ar¹: cf. pecuniary〗

pecúliar gálaxy n.〘天文〙特異銀河《非常に異常な形・性状の銀河系外星雲》. 〖1959〗

pecúliar institútion n. [the ~]《米》(南北戦争前の南部の)奴隷制度. 〖*c*1852〗

pe·cu·li·ar·i·ty /pɪkjùːliǽrəti, -liér- | -liǽrɪti/ n. 1 特有, 独特; 独自性, 特殊性 (distinctiveness). 2 特有の性格, 特色, 特性, 持ち前, 癖 (individuality). 3 異様さ, 風変わり, 奇習, 奇態: He affects ~ in dress. 彼は服装の奇をてらう. 〖(1610) □ LL *pecūliāritātem*: ↑, -ity〗

pe·cu·liar·ize /pɪkjúːljəràɪz | -ljə-, -liə-/ vt. …に特性[特色]を与える, 独特にする. 〖1624〗

pe·cú·liar·ly adv. 1 特に, 格別に (specially); 特徴的に (characteristically): He is ~ sensitive to colors. 色彩には格別敏感だ. 2 奇妙に, 異様に: behave ~ 奇異なふるまいをする. 3 自分だけについて言えば, 一個人として, 個人的に (personally). 〖?*a*1425〗

pecúliar péople n. [the ~] 1 (神の選民としての)ユダヤ人 (Jews). 2 キリスト教徒 (God's elect)《キリスト教徒が世の人々と異なることを強調して自らを呼ぶ呼称》. 3 [the P- P-] ピキュリアーピープル(派)《1838 年英国に起こったプロテスタントの一小派; *James* 5:14 に基づいて, 祈りと受膏(じゅこう)のみで病気を治し得ると信じた》.

pe·cu·li·um /pɪkjúːliəm/ n. (pl. **-li·a** /-liə/) 1 私有財産 (private property). 2〘ローマ法〙家長から家族に[主人から奴隷に]与えられた財産. 〖(1681) □ L *pecūlium* private property: ⇨ peculiar〗

pe·cu·ni·ar·y /pɪkjúːnièri | pɪkjúːnjəri, -niə-/ adj. 1 金銭の, 金銭上の; 金銭での, 財政上の: ~ losses [assistance] 金銭上の損失[補助] / ~ considerations [reward] 金銭の報酬 / ~ embarrassment [policy] 財政困難[政策] / ~ resource 資力. 2〈犯罪が〉罰金を科せらるべき, 罰金刑相当の: a ~ offense 科料[罰金]を科せられる犯罪 / a ~ penalty 罰金, 罰金刑. **pe·cu·ni·ar·i·ly** /pɪkjùːniérəli, ─────── | pɪkjúːnjərɪli, -niə-/ adv. 〖(1502) □ L *pecūniārius* of money ← *pecūnia* money ← *pecū* (⇨ fee): ⇨ -ARY〗

pecúniary advántage n.〘法律〙(不正に得た)金銭上の利得《犯罪となる》.

ped /péd/ n.〘土壌〙ペッド《自然の土壌生成過程で形成された団粒などの土壌粒子の集合体; cf. clod 1 a》. 〖(1951) □ Gk *pédon* earth, ground〗

ped.《略》pedal; pedestal; pedestrian.

ped-¹ /pɛd, piːd/ (母音の前にくるときの) pedi-¹ の異形.

ped-² /pɛd/ (母音の前にくるときの) pedo-² の異形.

ped-³ /piːd, pɛd | piːd/ (母音の前にくるときの) pedo-³ の異形 (⇨ paedo-).

-ped /˘─pèd/「足 (foot)」の意の名詞連結形: soli*ped*, quadru*ped*. ★ 時に -pede になる. 〖□ L *-peda* ← *pēs* 'FOOT'〗

ped·a·gese /pèdəgíːz, -gíːs | -dəgíːz/ n. = pedaguese.

ped·a·gog /pédəgɑ̀(ː)g, -gɔ̀(ː)g | -dəgɒ̀g/ n.《米》= pedagogue.

ped·a·gog·ic /pèdəgɑ́(ː)dʒɪk, -góʊdʒ-, -gɑ́(ː)g- | -dəgɔ́dʒ-, -gə́ʊdʒ-, -gɔ́g-˘/ adj. 1 教育学 (pedagogy) (上)の, 教授法の. 2 教育者の, 先生の; 学者ぶる, 衒学(げんがく)の (pedantic). **pèd·a·góg·i·cal** /-dʒɪkəl, -kl | -dʒɪ-˘/ adj. **pèd·a·góg·i·cal·ly** adv. 〖(1781) □ Gk *paidagōgikós* ← *paidagōgós* 'PEDAGOGUE': ⇨ -ic¹〗

ped·a·gog·ics /pèdəgɑ́(ː)dʒɪks, -góʊdʒ-, -gɑ́(ː)g- | -dəgɔ́dʒ-, -gə́ʊdʒ-, -gɔ́g-/ n. 教育学 (pedagogy), 教授法. 〖(1864) ← PEDAGOGY+-ICS〗

ped·a·gog·ism /pédəgòʊdʒɪzm, -gɑ̀(ː)dʒ-, -gɑ̀(ː)g- | -dəgɔ̀dʒ-, -gəʊdʒ-, -gɔ̀g-/ n. [通例軽蔑的に] 児童[青少年]教授法; 先生気取り[かたぎ], 教師根性, 衒学(げんがく).

ped·a·gogue /pédəgɑ̀(ː)g, -gɔ̀(ː)g | -dəgɒ̀g/ n. 1《古・軽蔑》児童[青少年]教育者 (instructor); 先生 (schoolmaster). 2 衒学(げんがく)者 (pedant), 学者ぶる先生. 〖(*a*1387) □ OF *pedagoge* (F *pédagogue*) □ L *paedagōgus* □ Gk *paidagōgós* trainer and teacher of boys ← *paid-, pais* boy+*agōgós* leading (← *ágein* to lead)〗

péd·a·gògu·ism /-gɪzm/ n. = pedagogism.

ped·a·go·gy /pédəgòʊdʒi, -gɑ̀(ː)dʒi, -gɑ̀(ː)gi | -dəgɔ̀dʒi, -gəʊdʒi, -gɔ̀gi/ n. 1 教育, 教授. 2 教育学, 教授法; 教職. 〖(1583) □ F *pédagogie* □ Gk *paidagōgía* education: ⇨ pedagogue, -y¹〗

ped·a·guese /pèdəgíːz, -gíːs | -dəgíːz/ n.《米俗》先生ことば, 教育者の使うやたらとむずかしい用語. 〖← PEDA(GO)GUE+-ESE〗

ped·al /pédl | pédl/ n. 1 (自転車・ミシンの)ペダル, 踏子, 踏板 (treadle) (⇨ bicycle 挿絵). 2 a (ピアノやハープの)ペダル: ⇨ damper pedal, loud pedal, soft pedal. b (オルガンの)足鍵盤, ペダル (cf. manual 3). 3〘音楽〙= pedal point. 4〘数学〙垂足線, 垂足面. ***pút the pédal to the métal***《米俗》全速力で車を運転する, アクセルをぐっと踏み込む.
── v. (**ped·aled, -alled; -al·ing, -al·ling**) ── vi.〈人が〉ペダルを使う[踏む]; ペダルを踏んで奏楽する; 自転車のペダルを踏んで走る〈*away, up, down*〉: ~ *up* a hill [*along* a road] 自転車で丘を上る[道路を走る]. ── vt. ペダルで運転する; (ペダルを踏んで)走らせる: ~ a bicycle.
── /píːdl, pédl | -dl/ adj. 1〘動物・解剖〙(特に, 軟体動物の)足の: ~ extremities 足. 2 踏板の, ペダルの; ペダルから成る. 3〘数学〙a 垂足の: a ~ triangle 垂足三角形. b 垂足線の: a ~ curve [surface] 垂足線[面]. ★ この意味では《英》では/pédl/.
〖adj.: (1625) □ L *pedālis* of foot ← *ped-, pēs* 'FOOT': ⇨ -al¹. ― n.: (1611) □ F *pédale* □ It. *pedale* organ pedal, tree trunk < L *pedāle* (neut.) ← *pedālis* (adj.)〗

pédal bìn n.《英》足踏みペダルつきごみ入れ[容器]. 〖1951〗

pédal bòard [clavìer] n.〘音楽〙(特にオルガンの)足鍵盤 (pedal keyboard).

pédal bòat n. = pedalo.

pédal cỳcle n. 自転車 (bicycle). 〖1937〗

pédal disk /píːdl-, pédl- | -dl-/ n.〘生物〙足盤(そくばん)《刺胞動物のポリプが物に付着するために板状に広がった部分》.

pédal·er n.《口語》ペダルをこぐ[使う]人; 自転車利用者.

pe·dal·fer /pɪdǽlfə, -fɛə | pɪdǽlfə(r)/ n.〘土壌〙ペダルファー《鉄アルミナ土壌》. **ped·al·fer·ic** /pèdælférɪk˘/ adj. 〖(1928) ← Gk *péd(on)* ground+L *al(ūmen)* (⇨ aluminum)+*fer(rum)* iron〗

pédal gánglion /píːdl-, pédl- | -dl-/ n.〘動物〙足神経節《軟体動物の皮部神経中枢の一つ》.

pédal kèyboard n. (パイプオルガンなどの)足鍵盤.

pédal-nòte n.〘音楽〙1 = pedal point. 2 (パイプオルガンの)ペダル音. 3 コントラバス音《通常のバス声部よりさらに 1 オクターブ低い音域にあり, 和声の基礎を補強する音》. 〖*c*1828〗

ped·al·o /pédəlòʊ, -dl- | -dələʊ, -dl-/ n. (pl. **~s**) ペダルで動かす外輪つきいかだ[ボート]《水かき車を付けた, 自転車式にペダルを踏んで走る乗物, 特にスポーツまたは遊戯用のもの; pedal boat ともいう》. 〖(1945) ← PEDAL+-O〗

pédal piáno n. ペダルピアノ《昔の足鍵盤付きピアノ》.

pédal pòint n.〘音楽〙オルゲルプンクト, 保続音《作曲技法上の用語で, バス声部が長く同じ音にとどまること; その音; organ point ともいう》. 〖1852〗

pédal pùsher n.《米》1 自転車乗り(人), 自転車競走選手. 2 [pl.]〘服飾〙ペダルプッシャー《婦人・子供用ふくらはぎ丈のぴったりしたスポーツ用ズボン; もとサイクリング用に着用した》. 〖1934〗

pédal stèel n. = pedal steel guitar.

pédal stèel guitár n. ペダルスチールギター《ペダルで調弦を変えるスチールギター; 単に pedal steel ともいう》. 〖1969〗

ped·ant /pédnt/ n. 1 学者ぶる人, 衒学(げんがく)者, 学問を鼻にかける人; 形式的な規則にひどくうるさい人, しゃくし定

規の人. 2 空論家; 変人学者 (crank). 3 《廃》家庭教師; 学校教師, 先生 (teacher). 〖(1594–95) ▫ F *pédant* ∥ It. *pedante* schoolmaster《短縮》? ← *pedagogante* < LL *paedagōgantem* (pres.p.) ← *paedagōgāre* to educate: cf. pedagogue〗

pe·dan·tic /pɪ̈dǽntɪk, pɛ- | -tɪk/ *adj.* 1 学者[物知り]ぶる, 衒学(げんがく)(趣味)の, 知ったかぶりの. 2 学問の世界に閉じこもった. 3 想像力の乏しい, つまらない. 4 細事にひどく拘泥する; 形式にとらわれる, 形式主義的な. **pe·dán·ti·cal·ly** *adv.* 〖(?c1600): ⇨ ↑, -ic¹〗

pe·dán·ti·cìsm /-ṭəsɪ̀zm | -tɪ̈-/ *n.* =pedantry.

ped·ant·ism /pédəntɪ̀zm, -dn̩- | pédəntɪ̀zm, -dn̩-, pɪdǽntɪzm, pɛ-/ *n.* =pedantry.

ped·ant·ize /pédəntàɪz, -dn̩- | -dən-, -dn̩-/ *vi.* 学者ぶる; 学者ぶった口をきく[物を書く]. — *vt.* 衒学(げんがく)者にする, 学者気取りの人間にする. 〖1611〗

ped·an·toc·ra·cy /pèdəntá(ː)krəsi, -dn̩- | pèdəntɔ́k-, -dn̩-/ *n.* 1 衒学(げんがく)者たちの支配. 2 〖集合的〗支配する衒学者連. 〖(1859) ▫ F *pédantocratie*: ⇨ pedant, -o-, -cracy〗

ped·ant·ry /pédn̩tri | -dən-, -dn̩-/ *n.* 1 学者ぶること, 物知りぶること, 知ったかぶり; 衒学(げんがく), 学問自慢, 学者くさい考え方[言い方]. 2 規則[学説, 先例]にこだわること, しゃくし定規. 〖(1581) ▫ F *pédanterie* ∥ It. *pedanteria*: ⇨ pedant, -ery〗

ped·ate /pédeɪt, -dɪ̈t | -deɪt, -dɪ̈t/ *adj.* 1 〖動物〗足のある (↔ apodal); 足状の, 足の用をする. 2 足指のように分かれている. 3 〖植物〗〈葉が〉鳥足状の. **~·ly** *adv.* 〖(1753) ▫ L *pedātus* having feet ← *ped-*, *pēs* 'FOOT': ⇨ -ate²〗

pe·dat·i- /pɪ̈dǽtɪ̈, -déɪ-, -ṭi | -tɪ̈, -ti/「足状の (pedate)」の意の連結形. 〖← L *pedātus* (↑)〗

pe·dat·i·fid /pɪ̈dǽṭəfɪ̀d, -déɪ- | -dǽtɪ̈-, -déɪ-/ *adj.* 〖植物〗鳥足状に深裂した葉をもった. 〖(1857): ⇨ ↑, -fid〗

ped·dle /pédl̩ | -dl/ *vt.* 1 …の行商をする, 呼売りする (hawk): ~ candy. 2 小売りする (retail). 3 a 〈うわさなどを〉請け売りする, ばらまく. b 〈知識・思想・見解などを〉切り売りする, 広める: ~ out English 英語の知識を切り売りする. — *vi.* 1 行商をする, 売り歩く. 2 《古》つまらないことにあくせくする (trifle). 〖(1532)《逆成》↓: vi. 2 は PIDDLE との混同から〗

ped·dler /pédlə, -dl̩ə | pédlə^(r), -dl-/ *n.* 1 行商人, 大道商人; 呼売り商人 (hawker): a dope ~ 麻薬売り. 2 a (うわさなどの)請け売りをする人, 金棒引き. b (知識などを)切り売りする人. 3 《米俗》(各駅停車の)のろい列車. 〖(*c*1378) *pedlere* ← *pedder(e)* ← *pedde* basket (← ?) + -ER¹: *-l-* の添加は cf.《方言》*tinkler* (← *tinker*)〗

péddler's Frénch *n.* 《古》1 泥棒や乞食の合言葉[隠語]. 2 ちんぷんかんぷん (gibberish). 〖1530〗

ped·dler·y /pédləri/ *n.* 《古》1 行商, 呼売り商売. 2 行商品; 安ぴか物 (trumpery). 〖1530〗

ped·dl·ing /pédlɪŋ, -dl- | -dl̩-, -dl-/ *adj.* 1 行商の. 2 ∥《米》ではまた pédlɪn, -lən/ 気の小さい, 細かなことに気を遣う, つまらない, くだらない: ~ details くだらない細かな点. — *n.* 行商すること. 〖1532〗

-pede /⌐―pɪːd/ -ped の異形: centi*pede*. 〖▫ F *-pède* ▫ L *-peda*〗

ped·er·ast /pédəræ̀st, píːḍ- | -də-/ *n.* (特に, 少年を対象とする)男色者. 〖(1730–36) ▫ Gk *paiderastḗs* 《原義》 lover of boys ← *paid-* 'PAEDO-' + *erastḗs* lover: cf. erotic〗

ped·er·as·tic /pèdərǽstɪk, pìːḍ- | -dər-⌐/ *adj.* 男色の. **pèd·er·ás·ti·cal·ly** *adv.* 〖1704〗

pe·der·as·ty /pédəræ̀sti, píːḍ- | -dər-/ *n.* (特に, 少年を対象とする)男色. 〖1609〗

pedes *n.* pes の複数形.

ped·es·tal /pédɪ̈stl̩ | -dɪ̈s-/ *n.* 1 a 台座, 柱脚 (base). b (胸像などの)台, 台石. 2 (花瓶・ランプなどを載せる)台. 3 両袖机の脚. 4 〖機械〗軸受(台). 5 基礎; 根拠 (foundation). 6 〖電気〗ペデスタル《信号波形で A の上に B を重ねた形の場合の A をいう》. ***knóck a person off his pédestal*** 〈人を〉尊敬されている立場から引きずりおろす. ***pùt [sèt] a person upon [on] a pedestal*** 〈人を〉祭り上げる; 理想化する, 偶像化する (idolize). (1882) — *vt.* (**-es·tale, -talled; -tal·ing, -tal·ling**) 1 台に載せる, …に台を付ける, 土台で支える. 2 〈人を〉祭り上げる. 〖(1563) ▫ F *piédestal* ▫ It. *piedestallo* ← *piè* (< L *pedem* 'FOOT') + *di* of + *stallo* 'STALL¹'〗

pédestal bàsin *n.* 《英》一脚洗面台.

pédestal dèsk *n.* 両袖机. 〖1952〗

pédestal tàble *n.* ペデスタルテーブル, 一脚テーブル《中央に一本の台脚のあるテーブル》. 〖1939〗

pédestal wàsh bàsin *n.* =pedestal basin.

pe·des·tri·an /pɪ̈déstriən/ *adj.* 1 a 徒歩の, 歩行の, 歩行者の: ~ traffic 通行人の往来 / a ~ tour 徒歩旅行 / ~ exercise 徒歩運動 (cf. EQUESTRIAN exercises). b 〈彫像が〉歩行姿の (cf. equestrian). 2 〈文体など〉散文的な, 粗雑な, 詩趣のない (prosaic); 〈講義など〉つまらない, 平凡な (trite): a ~ life 平凡な生活. — *n.* 1 徒歩[歩行]者, 徒歩通行人. 2 足の丈夫な人; 競歩をする人, 徒歩主義者. 3 散歩好きの人; 健康のために散歩する人. 〖adj.: (1716) ← F *pédestre* ∥ L *pedester* going on foot, written in prose (← *ped-*, *pēs* 'FOOT') + -IAN. — n.: (1793) ← (adj.)〗

pedéstrian brìdge *n.* 横断歩道橋. 〖1968〗

pedéstrian cróssing *n.* 《英》横断歩道 (cf. zebra crossing, pelican crossing; 《米》crosswalk). 〖1935〗

pedéstrian ìsland *n.* 歩行者用安全地帯.

pe·dés·tri·an·ìsm /-nìzm/ *n.* 1 a 徒歩, 徒歩主義. b (運動として[健康のため]の)徒歩, 散歩. 2 (文体などの)詩趣のなさ, 散文体; 平凡, 単調. 〖1809〗

pe·des·tri·an·i·za·tion /pɪ̈dèstriənɪ̈zéɪʃən | -naɪ-, -nɪ-/ *n.* 歩行者専用道路に変えること. 〖1964〗

pe·des·tri·an·ize /pɪ̈déstriənàɪz/ *vi.* 徒歩旅行をする, 徒歩で行く, 歩く. — *vt.* 〈道路などを〉歩行者専用道路に変える, 〈道路など〉に車を通さないようにする, 車両の通行を禁止する. 〖1838〗

pedéstrian précinct *n.* 車両通行禁止区域, 「歩行者天国」(《米》pedestrian mall). 〖1953〗

péde wìndow /píːd-/ *n.* (教会の)足元窓《キリストの肉体を象徴する十字架状の教会平面の足元にあたる西端部の窓》. 〖(1846) *pede*: ← L *ped-*, *pēs* (⇨ pedi-¹)〗

Pe·di /pédi | -di; *Sotho* pédiː/ *n.* (*pl.* ~, ~s) 1 a [the ~(s)] ペディ族《南アフリカ共和国 Transvaal 地方に住む Sotho 族》. b ペディ族の人. 2 ペディ語.

ped·i-¹ /pédɪ̈, píːdɪ̈, -di | -dɪ̈, -di/「足 (foot)」の意の連結形. ★ 時に pedo-, また母音の前では通例 ped- となる. 〖← L *ped-*, *pēs* 'FOOT'〗

ped·i-² /pédi | -di/ (母音の前にくるときの) pedio- の異形.

pe·di·ar·chy /píːdiɑ̀ːki, péd- | píːdiɑ̀ː-/ *n.* 小児支配の社会, 小児文化. 〖← PAEDO- + -ARCHY〗

pe·di·at·ric /pìːdiǽtrɪk, pèd- | pìːd-, pèd-⌐/ *adj.* 小児科(医)の: a ~ nurse. 〖(1880) ← PAEDO- + -IATRIC〗

pe·di·a·tri·cian /pìːdiətríʃən, pèd- | pìːd-/ *n.* 小児科医. 〖1903〗

pe·di·at·rics /pìːdiǽtrɪks, pèd- | pìːd-/ *n.* 小児科(学). 〖(1884): ⇨ pediatric, -ics〗

pe·di·at·rist /pìːdiǽtrɪ̈st, pèd-, -trɪ̈- | pìːdiǽtrɪst/ *n.* =pediatrician.

ped·i·cab /pédɪ̈kæ̀b | -dɪ-/ *n.* (東南アジアなどで用いられる)乗客用三輪自転車, 輪タク《trishaw ともいう》. 〖(1945) ← PEDI-¹ + CAB¹〗

ped·i·cel /pédəsèl | -dɪ̈-/ *n.* 1 〖植物〗(花柄から分岐した)小花柄, 小花梗(こう) (cf. peduncle 1). 2 〖動物・解剖〗肉茎 (peduncle), 小柄, 小柄状部[器官]; (触角の)梗節. 3 〖外科〗茎, 柄, 移植弁. **ped·i·cel·lar** /pèdəsélə | -dɪ̈sélə^(r)⌐/ *adj.* 〖(1676) ← NL *pedicellus* (dim.) ← L *pediculus* 'PEDICLE'〗

ped·i·cel·lar·i·a /pèdəsəlέ^əriə | -dɪ̈səléər-/ *n.* (*pl.* **-lar·i·ae** /-riìː/) 〖動物〗はさみとげ, 叉棘(さきょく)《棘皮動物の体表のとげの変化したもので, 物をつかんだり武器になったりする》. 〖(1872) ← NL ~ ← *pedicellus* (↑) + -ARIA¹〗

ped·i·cel·late /pèdəsélɪ̈t, -leɪt | -dɪ̈-/ *adj.* 1 〖植物〗小花柄のある. 2 〖動物〗肉茎[小柄]のある. 〖(1828–32) ← NL *pedicellus* (↑) + -ATE²〗

ped·i·cle /pédɪkl̩ | -dɪ-/ *n.* =pedicel. **péd·i·cled** *adj.* 〖(?a1425) ▫ L *pediculus* (dim.) ← *ped-*, *pēs* 'FOOT': ⇨ -cle〗

pe·dic·u·lar /pɪ̈díkjulə, pɛ- | -lə^(r)/ *adj.* 1 シラミの; シラミだらけの (lousy). 2 〖植物・動物〗柄[茎]の. 〖(1660) ▫ L *pediculāris* ← *pediculus* (dim.) ← *pedis* louse: ⇨ -ar¹〗

pe·dic·u·late /pɪ̈díkjulɪ̈t, pɛ-, -lèɪt/ *n.* 〖魚類〗アンコウ目の魚. — *adj.* 1 〖魚類〗アンコウ目の. 2 〖植物・動物〗=pedicellate. 〖(1857) ← NL Pediculati (有柄類, アンコウ目) ← L *pediculus* footstalk (⇨ pedicle) + -ATE²〗

pe·dic·u·li·ci·dal /pɪ̈dìkjuləsáɪdl̩ | pɪ̈dìkjulɪ̈sáɪdl̩, pɛ-⌐/ *adj.* シラミを殺す.

pe·dic·u·li·cide /pɪ̈díkjuləsàɪd, pɛ- | -pedíkjulɪ̈-/ *n.* シラミ撲滅剤. 〖← L *pedicul(us)* louse + -I- + -CIDE〗

pe·dic·u·lid /pɪ̈díkjulɪ̈d, pe-, -lìd | -lɪd/ 〖昆虫〗*adj.* ヒトジラミ(科) (Pediculidae) の. — *n.* ヒトジラミ《ヒトジラミ科の昆虫の総称》. 〖← NL *Pediculidae*: ⇨ pedicular, -id²〗

pe·dic·u·lo·sis /pɪ̈dìkjulóusɪ̈s, pɛ- | -dìkjulə́usɪs/ *n.* (*pl.* **-lo·ses** /-siːz/) 〖病理〗=phthiriasis. 〖(1809) ← NL ~ ← L *pediculus* (↓) + -OSIS〗

pe·dic·u·lous /pɪ̈díkjuləs, pɛ-/ *adj.* =pedicular. 〖▫ L *pediculōsus* lousy ← *pediculus* louse: ⇨ pedicular, -ous〗

ped·i·cure /pédɪ̈kjùə | -dɪ̈kjùə^(r), -kjɔ̀ː^(r)/ *n.* 1 足の治療. 2 足治療医 (chiropodist). 3 ペディキュア《足の美爪(そう)術; cf. manicure 1》. — *vt.* (うおのめ・まめ・たこなどを除いて)〈足〉の治療をする. 〖(1842) ▫ F *pédicure* ← PEDI- + L *cūra* 'remedy, CURE': cf. manicure〗

péd·i·cùr·ist /-kjù^ərɪ̈st | -kjùərɪst, -kjɔ̀ː^(r)-/ *n.* 足(治療)専門医. 〖1870〗

ped·i·form /pédəfɔ̀əm | -dɪ̈fɔ̀ːm/ *adj.* 〈昆虫の付属器官など〉足状の, 足のような: ~ feelers. 〖1826〗

ped·i·gree /pédəgrìː | -dɪ̈-/ *n.* 1 系図: a family ~ 家系図. 2 家系, 家柄, 系統, 血統 (lineage); 古い家柄, 旧家: a family of ~ 旧家 / He is by ~ a nobleman. 彼は生まれは貴族だ. 3 (純粋種家畜の)血統簿. 4 a (言語の)由来, 起源 (derivation); 語源 (etymology). b (事物の)由来, 来歴, 故事来歴. 5 《米俗》(警察にある)犯人の身元調書, 前科の経歴. — *adj.* [限定的] =pedigreed: a ~ dog 血統書付きの犬. — *vt.* 〈動物〉の純種をつくる; 〈動物を〉血統書付きにする. 〖(1410) *pedegru* ▫ OF **pie de grue* (F *pied de grue*) 《原義》foot of crane: 系図で親子関係を示すのに使った 3 本のつるの足爪型の記号から〗

péd·i·grèed *adj.* 〈純粋種家畜が〉血統の明らかな, 血統書つきの: a ~ dog, cat, poodle, etc. 〖1818〗

pédigree thèory *n.* 〖言語〗=family-tree theory.

ped·i·ment /pédəmənt | -dɪ̈-/ *n.* 1 〖建築〗a ペディメント《古典建築の三角形の切妻壁; ⇨ vase 挿絵》. b (ドアや窓の上にとりつける)三角形の切妻形の装飾物. 2 土台, 基盤; ふもと (foot). 3 〖地質〗ペディメント, 山麓緩斜面. 〖(1592)《古形》*periment*《転訛》← PYRAMID: 今の形は通俗語源 (← PEDI-¹ + -MENT) による変形: cf. L *pedāmentum* prop for a vine〗

ped·i·men·tal /pèdəméntl̩ | -dɪ̈méntl⌐/ *adj.* ペディメント (pediment) (のある建築様式)の. 〖1851〗

ped·i·ment·ed /pédəmèntɪ̈d | -dɪmènt-, -mənt-/ *adj.* ペディメント (pediment) のある. 〖1845〗

ped·i·o- /pédiou | -diəu/「平面 (flat surface), 平原 (plain); 足裏 (sole)」の意の連結形. ★ 時に pedi- になる. 〖▫ Gk ~ ← *pedíon* plain〗

pèdio·cóccus *n.* (*pl.* **-cocci**) 〖細菌〗ペジオコックス《球菌属 (*Pediococcus*) の小球菌; ビールや麦芽汁に濁りや酸を生じさせる》. 〖← NL ~: ⇨ ↑, -coccus〗

ped·i·palp /pédɪ̈pæ̀lp | -dɪ-/ *n.* 〖動物〗脚鬚(きゃくしゅ)《知覚などのために発達した鋏角類の頭部付属肢の第 2 対の片方》. 〖(1826) ← NL *Pedipalpus*: ⇨ pedi-¹, palpus〗

ped·i·pal·pid /pèdɪ̈pǽlpɪ̈d | -dɪpǽlpɪd/ *adj.*, *n.* 〖動物〗ムチサソリ[脚鬚]目の(動物). 〖⇨ ↑, -id²〗

ped·lar /pédlə | -lə^(r)/ *n.* =peddler.

pédlar's Frénch *n.* 《古》=peddler's French.

ped·lar·y /pédləri/ *n.* =peddlery.

ped·ler /pédlə | -lə^(r)/ *n.* =peddler.

ped·o-¹ /pédou, píːd- | -dəu/ pedi-¹ の異形.

ped·o-² /pédou | -dəu/「土壌 (soil)」の意の連結形. ★ 母音の前では通例 ped- になる. 〖▫ Gk ~ ← *pédon* soil〗

pe·do-³ /píːdou, péd- | píːdəu/ 《米》=paedo-.

pe·do·bap·tism /pìːdoubǽptɪzm | -dəu-/ *n.* 〖キリスト教〗幼児洗礼 (infant baptism). 〖(1640) ← NL *paedobaptismus*: ⇨ paedo-, baptism〗

pe·do·bap·tist /pìːdoubǽptɪ̈st | -dəubǽptɪst/ *n.* 〖キリスト教〗幼児洗礼論者. 〖1651〗

ped·o·cal /pédəkæ̀l | péd-/ *n.* 〖土壌〗ペドカル土《乾燥地帯の石灰土壌》. **ped·o·cal·ic** /pèdəkǽlɪk | -də-⌐/ *adj.* 〖(1928) ← PEDO-² + L *calx* lime〗

pe·do·don·ti·a /pìːdədá(ː)nʃiə, -ʃə | -dəudɔ́n-/ *n.* =pedodontics. 〖← NL ~: ⇨ paedo-, odonto-, -ia¹〗

pe·do·don·tics /pìːdoudá(ː)nṭɪks | -də(u)dɔ́nt-/ *n.* 小児歯科学. 〖⇨ ↑, -ics〗

pe·do·don·tist /pìːdoudá(ː)nṭɪ̈st | -dəudɔ́ntɪst/ *n.* 小児歯科医. 〖← PEDODONT(IA) + -IST〗

pè·do·génesis¹ /pìːdou-, pèd- | pìːdə(u)-/ *n.* 〖動物〗=paedogenesis.

pèd·o·génesis² /pèdou- | -də(u)-/ *n.* 〖土壌〗土壌生成論. **pèdo·génic** *adj.* **pèdo·genétic** *adj.* 〖(1936) ← NL ~: ⇨ pedo-², -genesis〗

ped·o·log·ic¹ /pèdəlá(ː)dʒɪk | -dəlɔ́dʒ-⌐/ *adj.* 土壌学の. **pèd·o·lóg·i·cal** /-dʒɪ̈kəl, -kl̩ | -dʒɪ-⌐/ *adj.* **pèd·o·lóg·i·cal·ly** *adv.* 〖1927〗

pe·do·log·ic² /pìːdəlá(ː)dʒɪk, pèd- | pìːdəlɔ́dʒ-⌐/ *adj.* 児童研究の, 育児学の. **pè·do·lóg·i·cal** /-dʒɪ̈kəl, -kl̩ | -dʒɪ-⌐/ *adj.* **pè·do·lóg·i·cal·ly** *adv.*

pe·dol·o·gist¹ /pɪdá(ː)lədʒɪ̈st, pɛ- | -dɔ́lədʒɪst/ *n.* 土壌学者. 〖1924〗

pe·dol·o·gist² /piːdá(ː)lədʒɪ̈st, pə- | -dɔ́lədʒɪst/ *n.* 児童[育児]学者.

pe·dol·o·gy¹ /pɪ̈dá(ː)lədʒi, pɛ- | -dɔ́l-/ *n.* ペドロジー, 基礎土壌学 (cf. soil science, edaphology). 〖(1912) ▫ Russ. *pedologiya*: ⇨ pedo-², -logy〗

pe·dol·o·gy² /pɪ̈dá(ː)lədʒi, pɛ- | -dɔ́l-/ *n.* 1 児童学[研究], 育児学. 2 =pediatrics. 〖← PAEDO- + -LOGY〗

pe·dom·e·ter /pɪ̈dá(ː)məṭə, pɛ- | -dɔ́mɪ̈tə^(r), pɛ-/ *n.* 歩数計, 万歩計, 歩程[歩数]記録計. 〖(1723) ▫ F *pédomètre*: ⇨ pedi-¹, -o-, -meter¹〗

pèdo·morphósis *n.* 〖生物〗=paedomorphosis.

pe·do·phile /píːdəfàɪl, péd- | píːdə(u)-/ *n.* 〖精神分析〗小児愛者. 〖(1951) ← PAEDO- + -PHILE〗

pe·do·phil·i·a /pìːdəfíliə, pèd- | pìːdə(u)-/ *n.* 〖精神分析〗小児愛, ペドフィリー《幼児のみを性的欲求の対象とする傾向》. **pe·do·phil·i·ac** /pìːdəfíliæ̀k, pèd- | pìːdə(u)-/ *adj.* **pe·do·phil·ic** /pìːdəfílɪk, pèd- | pìːdə(u)-⌐/ *adj.* 〖(1906) ← PAEDO- + -PHILIA〗

péd·ràil /péd-/ *n.* 無限軌道(車). 〖(1902) ← PEDI-¹ + RAIL¹〗

pe·dro /píːdrou | -drəu/ *n.* (*pl.* ~**s**) 〖トランプ〗1 ペドロ《auction pitch の一種で, 切札の 5 を 5 点に数えるもの》. 2 (このゲーム all fives, cinch などで) 切札の 5. 〖(1874) ← *Sancho Pedro* (類似のトランプゲーム)〗

Pe·dro /péɪdrou, pédrou, píːdrou- | -drəu; *Sp.* péðro, *Port.*, *Braz.* pédɾu/ *n.* ペドロ《男性名》. 〖▫ Sp. & Port. ~ 'PETER'〗

Pe·dro I *n.* ペドロ一世《1798–1834; ブラジル初代皇帝 (1822–31); ポルトガルから独立を宣言 (1822)》.

Pedro II *n.* ペドロ二世《1825–91; ブラジル二代目の皇帝 (1831–89); 奴隷廃止を行った (1888)》.

pe·dun·cle /pɪdʌ́ŋkl̩, pɪ́dʌŋ- | pɪdʌ́ŋkl/ *n.* 1 〖植物〗花柄, 花梗(こう) (flower stalk) (cf. pedicel 1); (キノコの)柄部. 2 〖動物〗肉茎, 肉柄. 3 〖解剖〗足, 脚: the ~ of the brain 大脳脚. 4 〖病理〗(腫瘍などの)茎, 柄. **pe·dun·cu·lar** /pɪdʌ́ŋkjulə | -lə^(r)/ *adj.* 〖(1753) ← NL *pedunculus* (dim.) ← L *ped-*, *pēs* 'FOOT': ⇨ -uncle〗

pé·dun·cled *adj.* 〖植物・動物〗=pedunculate.

pe·dun·cu·late /pɪdʌ́ŋkjulɪ̈t, pɛ-, -lèɪt/ *adj.* 1 〖植物〗花柄[花梗]のある; 花柄[花梗]に生じる. 2 〖動物〗肉茎のある, 肉柄のある. **pe·dun·cu·la·tion** /pɪ̈-

P

dʌ̀ŋkjʊléɪʃən, pɛ-/ *n*. 〖(1760) ← NL *pendunculātus*: ⇨ peduncle, -ate²〗

pe·dún·cu·làt·ed /-lèɪtɪ̣d | -tɪ̣d/ *adj*. 〘植物·動物〙 =pedunculate.

pedúnculate óak *n*. 〘植物〙 =English oak.

péd·wày *n*. 《米》(通例壁で囲まれ，車道を通らずに建物と建物を結ぶ) 歩行者専用通路，連絡通路. 〖(1966) ← PED(ESTRIAN)+WAY〗

pee¹ /píː/ 《口語》 *vi*. 放尿する，おしっこをする (urinate). — *n*. **1** 尿. **2** 放尿. 〖(1788) 《婉曲·小児語》 ← P(ISS)〗

pee² /píː/ *n*. 〘海事〙 錨の爪の先端 (anchor bill). 〖← PEAK¹ 7: 語尾の -K を落とした船員の発音から〗

pee³ /píː/ *n*. P [p] 字.

pee⁴ /píː/ *n*. (*pl*. ~) 《英口語》 =penny. 〖(1971): 略形 p の発音から〗

Peeb. 《略》 Peeblesshire.

Pee·bles /píːblz/ *n*. ピーブルズ: **1** =Peeblesshire. **2** Peeblesshire 州の州都.

Pee·bles·shire /píːbl(z)ʃə, -ʃɪə | -ʃə^(r), -ʃɪə^(r)/ *n*. ピーブルズシャー《スコットランド南部の旧州; Peebles, Tweeddale ともいう》. 〖← *Peebles* ← Welsh *pebyll* ((pl.) ← *pabell*)+-s¹〗

Pee Dee /píːdìː, píːdíː/ *n*. [the ~] ピーディー(川) 《米国 North Carolina 州の中央部と South Carolina 州北東部を流れ大西洋に注ぐ川 (690 km); 上流の North Carolina 州では Yadkin /jǽdkɪn, -kən | -kɪn/ という》. 〖□ N-Am.-Ind. ~ (もと部族名) ← ?〗

peek /píːk/ *vi*. […を]かいま見る，そっとのぞく 〈*in, out*〉 / [*at*] (⇨ peep¹ **SYN**). — *n*. かいま見，のぞき見: take a ~ *at* …をちらっと見る. 〖(*c*1385) *pike*(*n*) 《異化》? ← *kike*(*n*) to peep □ LG *kiken*〗

peek·a·boo /píːkəbùː/ *n*. 《米》 =bopeep. — *adj*. **1 a** ピーカブーの《ドレス·ブラウスなどの胸やわきをアイレットエンブロイダリー[刺繍]などで飾ったことをいう》. **b** 透いて見える生地で作った. **2** ピーカブー式の《情報復元システムにおいて検索カードの特定の位置に開けた穴を通る光によって，求める書類を確認することにいう》. — *int*. (いないいない)ばぁー《通例子供をびっくりさせるための声》. 〖(1599) ← PEEK (v.)+-*a*- (連結辞)+BOO¹ (int.)〗

peel¹ /píːl/ *vt*. **1** 〈野菜·果物などの〉皮をむく: ~ a banana, potato, stick, etc. 日英比較 日本語では皮を「むく」は手でむいても，刃物を使っても用いられる語だが，英語では，刃物·手のいずれを使っても用いられる語が *peel*. 刃のするどい小刀などで皮をむくのは pare という. **2** 〈木の皮などを〉はぐ，はがす 〈*away, off*〉: ~ the bark *off* a tree 木の皮をはぐ. **3** 《口語》〈衣服などを〉脱ぐ，脱がす 〈*off*〉: ⇨ PEEL *off*. **4** 《古》〈領土などを〉略奪する，奪い取る. **5** 〘クロッケー〙〈他のプレーヤーのボールを〉(自分の打ったボールをぶつけて)不利な位置に追いやる. — *vi*. **1 a** 〈皮·紙·ペンキなどが〉はげて落ちる，〈壁などが〉はげる 〈*off*〉. **b** 〈果物·体などが〉皮がむける，〈ヘビなどが〉脱皮する. **2** 《口語》(運動などのために)衣服を脱ぐ (undress).

kéep** one's **éyes pèeled ⇨ eye 成句. ***péel it*** 《米俗》全速力で走る. ***peel off*** (*vi*.) [«*vi*.+*adv*.» ～ óff] (1) (行進などの)グループから離れる. (2) 〘航空〙(襲撃または着陸のため)編隊を離れて降下姿勢に移る，編隊から離れる. (3) 〘海軍〙(潜水艦攻撃などのため)〈護衛艦が〉護送船団から離れる. — (*vt*.) [«*vt*.+*adv*.» ～ óff; «*vt*.+*prep*.» ～ … off] (1) ⇨ *vt*. 2. (2) ⇨ *vt*. 3. ★ しばしば目的語を略して用いることもある: As it's very warm, you had better ~ *off* (your coat). 暑いから上着を脱いだほうがよい / Tom ~*ed off* and went to bed. トムは衣服を脱いで床についた. (3) 《俗》〈金を〉与える (give): He ~*ed off* one. 札を一枚くれた. (4) 《俗》出発する; 別の方向に行く. ***péel óut*** 《米俗》タイヤの跡が道路に残るほどものすごくアクセルを踏む. ***péel rúbber*** [*tires*] 《俗》(drag race などで)車を急速に加速する.

— *n*. **1** (果物の)皮 (rind); (若枝などの)皮 (⇨ skin **SYN**): candied ~ (オレンジ·レモンなどの)砂糖づけの果皮. 日英比較 日本語の「皮」より意味が狭く果物や野菜の薄い皮をいう. 果物の厚い皮は rind という. **2** 〘古生物〙 印像剝片(はく)《植物化石などの表面の微細構造を顕微鏡で調べるため，化石表面にコロジオン液を塗り，乾固したのちに薄膜としてはがしたもの; 凹凸付の逆の像が得られる》.

~·a·ble /-ləbl/ *adj*. 〖v.: (*c*1303) *pele*(*n*), *pile*(*n*) 《変形》 ← *pilie*(*n*), *pille*(*n*) 'to=PILL²': PEEL¹ と PILL² の分離には (O)F *peler* to peel (< L *pilāre*) や *piller* to pillage (⇨ pill²) の影響が考えられる. — n.: (?*a*1450) ← (v.)〗

peel² /píːl/ *n*. 長柄の木べら《パン屋がかまどにパンを出し入れするのに用いる》. 〖(1396) *pele* □ OF (F *pelle*) shovel < L *pālam* spade〗

peel³ /píːl/ *n*. (16 世紀にイングランドとスコットランドの境界地方にあった)小城《石造りで塔をもつ》. 〖((*c*1303)) (1726) *pel*(*e*) castle, stake □ AF *pel*=OF *piel* (F *pieu*) stake < L *pālum* 'PALE²'〗

peel⁴ /píːl/ *n*. 《英》〘魚類〙 =peal². 〘異形〙 ← PEAL²〗

Peel /píːl/ *n*. ピール《英国 Man 島の西岸の海港; 古城があり，保養地》. 〖← PEEL³〗

Peel /píːl/, Sir **Robert** *n*. ピール《1788–1850; 英国の政治家; 内相時代の 1828 年英国の警察制度を完備した (cf. bobby, peeler²); 首相 (1834–35, 1841–46); cf. Peelite》.

Peele /píːl/, **George** *n*. ピール《(1558?–?97; 英国の劇作家; *The Arraignment of Paris* (1581?)》.

peeled *adj*. 《まれ》剃髪した. 〖(*c*1470): ⇨ peel¹〗

péel·er¹ /-lə | -lə^(r)/ *n*. **1 a** はぐ[むく]人; 丸太の皮むき職人. **b** はぐ[はがす，むく]物; 皮むき器，皮はぎ器. **2 a** 脱ぐ人. **b** 《米口語》ストリッパー. **3** 《米》脱皮期のカニ[エビ]. **4** 活動家，がんばり屋 (hustler). **5** むきベニヤ材《軟木，特にアメリカトガサワラ (Douglas fir) の丸太で直径 24 インチ以上のもの; peeler log ともいう》. 〖(*c*1333) 1597〗

peel·er² /píːlə | -lə^(r)/ *n*. **1** (昔の)アイルランドの警官《Sir Robert Peel がアイルランド総督 (1812–18) 当時始めた; cf. bobby》. **2** 《古英俗》巡査 (policeman). 〖(1817) ← *Sir Robert Peel*: ⇨ -er¹〗

pee·lie-wal·lie /píːliwæ̀li/ *adj*. (*also* **pee·lie-wal·ly** /~/) 《スコット》 =peely-wally.

péel·ing /-lɪŋ/ *n*. **1** 皮をむく[むかれる]こと，皮むき，皮はぎ: a potato ~. **2** [通例 *pl*.] (ジャガイモ·果物などのむいた)皮. **3** 〘窯業〙 **a** 釉の膨張係数が素地のそれよりも小さすぎるために，素地から釉層が飛び散ること. **b** 耐火物のスラグ (slag) の付着した面が飛び散ること. **c** 金属から琺瑯(ほうろう)が比較的広い部分にわたって離れ落ちる欠点. 〖1564〗

Peel·ite /píːlaɪt/ *n*. ピール党員，ピール支持派議員《英国で 1846 年 Sir Robert Peel の穀物法廃止法案に賛成した保守党員》. 〖(1853) ← *Sir Robert Peel*: ⇨ -ite¹〗

pee·ly-wal·ly /píːliwɑ̀(ː)li, -wɔ̀(ː)li | -wɔ̀li/ *adj*. 《スコット》顔色が悪い，青白い. 〖(1832) ← ?: 擬音語か: cf. 《スコット》 *palie* emancipated, *paewae* pallid〗

peen /píːn/ *n*. 金槌(かなづち)のとがった端《普通に使う平らな面 (face) の反対の一端で半球形 (ball peen) や楔(くさび)形など用途によってさまざまな形をしたもの》. — *vt*. **1** 金槌のとがった端で打つ. **2** 〘金属加工〙ショットピーニング (shot peening) で処理する. 〖(1513) 《古形》 *pen* ← ? Scand. (cf. Norw. *penn* / Swed. *pen* peen)〗

Pee·ne·mün·de /pèɪnəmʊ́ndə; G. peːnəmʏ́ndə/ *n*. ペーネミュンデ《ドイツ北東部の小島の村; 第二次大戦中のドイツのロケット·ミサイル研究の中心地》.

peep¹ /píːp/ *vi*. **1** 〔すき間などから〕のぞく 〔*out of, through*〕; こっそり[そっと]見る，盗み見する 〔*into, at, over*〕. **2 a** そっと姿を表す，現れる; 〈草花·太陽などが〉顔を出す 〈*out*〉 / 〔*through, from*〕. **b** 〈性質などが〉(思わず)出る，地金が出る 〈*out*〉: The inherent meanness of the man was always ~*ing out*. あの男の持ち前の下劣さが始終地金を出していた. — *vt*. 〈頭などを〉少し出す，のぞかす，突き出す 〈*out*〉. — *n*. **1** すき見，のぞき見; ちらと見ること，一瞥(いちべつ): take a ~ through a keyhole 鍵穴からのぞく / Let me get [have, take] a ~ at the letter. 手紙をちょっと見せてごらん. **2** (朝日などの)見え始め，最初の現れ[出現]: the ~ of day [dawn, morning] 夜明け / at ~ of day 夜明けに. **3** のぞき穴 (peephole). 〖v.: (*a*1460) *pepe*(*n*) 《変形》? ← *piken* 'to PEEK'. — n.: (1530) ← (v.)〗

SYN こっそりのぞく: **peep** すき間からすばやくこっそりのぞき見る: *peep* in through a keyhole 鍵穴からのぞき込む. **peek** =*peep* 《子供っぽい語》. **peer** はっきり見極めようとしてじっくり見る: *peer* into the dark corners 暗い隅に目を凝らす.

---

peep² /píːp/ *vi*. **1** 〈ひな鳥·ハツカネズミなどが〉ぴーぴー鳴く，ちゅーちゅー鳴く (chirp). **2** (恐怖から)小声で話す，力なげに話す. **3** 《米俗》自動車の警笛を鳴らす. — *n*. **1 a** ぴーぴー，ちゅーちゅー(鳴く声). **b** 小声; 小言，泣き言: hear a ~ from [out of] a person 人から小言[泣き言]を聞く. **2** 《米》ぴーぴー鳴く小鳥 (sandpiper など). **3** 《英俗》(自動車の)警笛: give (it) a ~ 警笛を鳴らす / give a person a ~ 警笛を鳴らして人に注意する. 〖v.: (?1420) *pepe*(*n*) 《擬音語》: cf. OF *piper* / L *pīpāre* / Du. & G *piepen*. — n.: (?*a*1437) ← (v.)〗

peep³ /píːp/ *n*. 《米陸軍俗》 =jeep. 〖(1941) JEEP と押韻による変形〗

peep⁴ /píːp/ *n*. 《廃》 =pip⁵.

peep-bo /píːpbòʊ | -bàʊ/ *n*. =bopeep.

pee·pee /píːpìː/ *n*. 《幼児語》 =pee¹.

péep·er¹ *n*. **1** のぞき見する人，(特に)窃視癖のある人 (Peeping Tom). **2** せんさく好きな人. **3** [通例 *pl*.] **a** 《俗》目 (eyes). **b** 眼鏡 (spectacles). **c** 《米俗》サングラス (sunglasses). **4** 《米俗》私立探偵. 〖1652〗

péep·er² *n*. **1** ぴーぴー鳴く鳥，ちゅーちゅー鳴く動物; (鶏·鳩などの)ひな鳥; 小声で話す人. **2** 《米》アマガエル科の金切声で鳴くカエルの総称; (特に)ジュウイチアマガエル (⇨ spring peeper). 〖1591〗

péep·hòle *n*. (ドアなどの)のぞき穴，すき穴; ふし穴. 〖1681〗

Péep·ing Tóm, p- T- *n*. **1** のぞき見[すき見]する人，(特に，性的好奇心から)のぞき見する好色男，「出歯亀(でばかめ)」，観淫者 (voyeur). **2** せんさく好きな人. **~·ism** /-mɪzm/ *n*. 〖(1796) 伝説上の 11 世紀の Coventry の仕立屋: Lady Godiva が住民の減税の訴願のため Coventry を裸で馬に乗って通るのをのぞき見し，目がつぶれたという〗

Péep-of [o']-Dáy Bòys *n*. *pl*. [the ~; 単数扱い] 〘キリスト教〙 ピープ オブ デイ ボーイズ《18 世紀の末ごろ北アイルランドにあったプロテスタントの一団; 武器探索のため未明にカトリック教徒の家々を調べて回った》. 〖(1780) ← *peep of day* (⇨ peep¹ (n.) 2)〗

péep shòw *n*. **1** (通例，拡大鏡で見せる)のぞきからくり. **2** 《俗》 **a** (通例，壁などの穴を通して見せる)卑猥な見世物 (raree-show); (コインを入れて見る)卑猥な映画·ビデオ. **b** =burlesque 3 b. 〖1851〗

péep sìght *n*. 〘銃砲〙 穴照門，覗孔(しこう)照尺《小火器の後部の照門が穴型になったもの; cf. open sight》. 〖1881〗

péep-tòe *n*. (破れて)足指の見える靴. — *adj*. (靴が)足指の見える. **péep-tòed** *adj*. 〖1939〗

pee·pul /píːpəl, -pʌl/ *n*. 〘植物〙 =bo tree.

peer¹ /píə | píə^(r)/ *vi*. **1** 〔人·物を〕(はっきり見分けようとして)じっと見る，つくづく見る，熟視する，凝視する 〔*into, at*〕 (⇨ peep¹ **SYN**): ~ *at* the tag to read the price 値段を見ようと正札をのぞきこむ / ~ *through* one's mail 郵便物に目を通す. **2 a** 〈太陽などが〉かすかに現れる: The sun ~*ed* through the clouds. 雲間から日がかすかに現れた. **b** 《古》見えてくる (come in sight). 〖(1591) 《変形》? ← ME *pire*(*n*) (cf. LG *piren*) // 《頭音消失》? ← APPEAR〗

peer² /píə | píə^(r)/ *n*. **1 a** (公民として)同等の地位にある人，対等同格の市民，(法的な)対等者: jury of his ~*s* 同輩陪審. **b** 同輩，同僚，仲間. **2** (技能·才知など)匹敵する人，同等者: without a ~ 無比の，無類の / You will not find his ~. 彼のような人物はまたと見られないだろう. **3 a** (世襲の)貴族，華族 (nobleman) 《通例 duke, marquis, earl, viscount, baron のいずれか; cf. commoner》: spiritual ~*s* (英国の)聖職貴族 (lords spiritual) / temporal ~*s* (英国の)世俗貴族 (lords temporal). **b** (一般に)貴族，華族. **4** 〘電算〙 ピア《対等な関係でネットワークを構成するもの》.

péer of the réalm (*pl*. **peers of the r-**) (英国の)上院に列する資格をもつ貴族.

— *adj*. (年齢·社会的地位など)同じグループに属する，仲間の，同輩の: ⇨ peer group.

— *vt*. **1** 《古》…に比肩[匹敵]する (equal). **2** 《英》貴族に列する. — *vi*. 《古》〔…と〕肩を並べる，対等である (rank) 〔*with*〕.

〖n.: (*c*1250) *p*(*i*)*er* □ OF *pe*(*e*)*r* (F *pair*) < L *parem*, *pār* equal. — v.: (*c*1378) *pe*(*e*)*re*(*n*) ← (n.): ⇨ pair¹〗

peer·age /pí(ə)rɪdʒ | píər-/ *n*. **1** [the ~; 集合的] (一国の)貴族 (peers); 貴族階級，貴族社会 (nobility): be raised on [to] *the* ~ 貴族に列せられる. **2** 貴族の爵位[地位，身分]. **3** (系図·小伝などを記した)貴族名鑑. 〖(1454) *perage*: ⇨ ↑, -age〗

peer·ess /pí(ə)rɪ̣s | pɪərés, píərɪ̣s, -rɛs/ *n*. **1** 貴族の夫人[未亡人]. **2** (自ら爵位をもつ)有爵婦人，女性貴族 (peeress in her own right). 〖(1689) ← PEER²+-ESS¹〗

péer gròup *n*. 〘社会学〙 **1** (同じ社会的背景·階級·地位などをもつ者の)仲間集団. **2** 同輩集団，同年齢集団 (age-group). 〖1943〗

Peer Gynt /píəgɪnt | píə-; *Norw*. péːrgýnt/ *n*. ペールギュント《Henrik Ibsen 作の同名の戯曲 (1867) の主人公; 優柔不断で利己的な人物; Edvard Grieg 作曲の組曲 (1876) でも知られる》.

peer·ie¹ /pí(ə)ri | píəri/ *n*. 《スコット》こま (top). 〖(1665) (dim.) ← *peer*, *pere*=PEAR〗

peer·ie² /pí(ə)ri | píəri/ *adj*. 《スコット》小さい. 〖(1808) ← ?: cf. Swed. 《方言》 *pirug* slender〗

peer·ing /pí(ə)rɪŋ | píər-/ *n*. 〘電算〙 (対等なコンピューター·プロバイダー同士の)相互接続，ピアリング.

péer·less *adj*. 無比の，比類のない，無類の，無双の (matchless). **~·ly** *adv*. **~·ness** *n*. 〖(?*c*1300) *pereles*: ⇨ peer², -less〗

Peer·less /píələ̣s | píə-/ *n*. 〘商標〙 ピアレス《英国の高級傘メーカー Lawtex 社製の傘》.

péer prèssure *n*. 仲間の圧力《同じ行動·価値観を求める仲間集団 (peer group) からの社会的圧力》.

péer revìew *n*. (特に科学の分野における)仲間[同僚]による評価[批評]，同領域の専門家たちの意見[判断]. 〖1971〗

péer-to-péer nètwork *n*. 〘電算〙 ピア トゥ ピアーネットワーク《ネットワークを構成する各ノードが同等の機能と資格を有するネットワーク》.

peer·y /pí(ə)ri | píəri/ *n*. 《スコット·北イングランド》西洋ナシ形[円錐形]のこま. 〖(1805) (dim.) ← *peer* 'PEAR'〗

peet·weet /píːtwìːt/ *n*. 〘鳥類〙 =spotted sandpiper. 〘擬音語〙

peeve /píːv/ 《俗》 *vt*. じらす，悩ます，怒らせる (⇨ irritate¹ **SYN**). — *vi*. じれる，怒る. — *n*. **1** じらすもの，やっかいもの (annoyance). **2** いらいら，ぷりぷり(していること). 〖(1908) 《逆成》 ← PEEVISH〗

peeved *adj*. 《俗》いらいらしている，すねている，怒った (sulky). **péev·ed·ly** /-vɪ̣dli/ *adv*. 〖(1908): ⇨ ↑, -ed〗

péev·er /-və | -və^(r)/ *n*. 《スコット》 **1** 石けりで使う平らな石. **2** [通例 *pl*.] 石けり. 〖(*a*1850) ← ?: PEA¹ 小児語での変形か〗

pee·vish /píːvɪʃ/ *adj*. **1** だだをこねる，不平を言う; すねる，気むずかしい，怒りっぽい (irritable); わがままな (self-willed). **2** 《廃》片意地な，強情な (stubborn); つむじ曲がりの (perverse). **~·ly** *adv*. **~·ness** *n*. 〖(?*a*1387) *peivish*, *peyuesshe* silly, spiteful ← ?: ⇨ -ish¹〗

pee·wee /píːwìː/ *n*. **1** 〘鳥類〙 =pewee. **2** 《スコット》 =peewit. **3** 《米口語》非常に小さな物[子供]，ちび (runt). ★ しばしば背の低い人のニックネームに用いることもある. **4** 《方言》小さな(通例安物の)ビー玉 (marble). — *adj*. 《米口語》非常に小さい，ちっぽけな (tiny). 〖(1796) 《擬音語》 《加重》 ← WEE¹〗

pee·wit /píːwɪ̣t, pjúːɪ̣t | píːwɪt/ *n*. 〘鳥類〙 =pewit.

peg /pég/ *n*. **1 a** (物を掛ける)くぎ，止めくぎ，(帽子の掛けくぎ; (テントの)杭(くい)，ペグ (tent peg): a hat ~ 帽子掛け. **b** (土地の境界などを示す)杭; 杭の間の距離. **c** (登山用ザイルの)ハーケン，杭. **2** 《英》洗濯ばさみ (clothes peg, 《米》 clothespin). **3** (バイオリンなどの弦を張る)糸巻き (pin) (⇨ violin 挿絵). **4 a** (板などの穴をふさぐ)栓(せん). **b** (たるの)栓 (plug). **c** =dowel. **5** (議論などの)きっかけ，理由 (reason); 言い訳，口実 (pretext): a ~ to hang a discourse [sermon, claim] on 議論[説教，要求]のきっかけ[口実，主題]. **6** (位·評価などの)級，段 (degree): be several ~*s* above …より数段上である. **7** (商品·株価などくぎ付けされる)値段. **8** 《口語》 **a** 脚 (leg)，足 (foot). **b** (木製の)義足 (peg leg). **c** 《方言》

P

(特に子供の)歯. **9** (エビ・カメなどを捕えたり, トウモロコシの皮などを引きはがすための)かぎ. **10** 《英》(ウイスキーなどの) 1 杯 (a drink). **11** 《口語》〔野球〕(野手が走者をアウトにするための)投球, 送球 (throw). **12** 〔トランプ〕(cribbage などで点取り用の, 小さな丸い木の)ピン. **13** 〔新聞〕= news peg. **14** 〔クロッケー〕杭. **15** 〔釣〕(杭で仕切られた)釣り場.
a pég to háng a mátter on より大きな問題を論じるきっかけ. ***a squáre pég (in a róund hóle)*** = ***a róund pég in a squáre hóle*** 不適任者, 不適切なもの. 《1836》 ***còme dówn a pèg*** (1) やりこめられる, へこむ (be humbled). (2) 〈人の〉値打ちが下がる《昔, 船旗を木くぎ (peg) を使って上げ下げしていたが, 木くぎを一段下げることはそれだけ体面を落とすと考えられたことから》. ***off the pég*** 《英》出来合いで, つるしで: buy a suit *off the* ~ つるしの服を買う. 《*a*1916》 ***tàke [brìng, lèt] a person dówn a pèg (or twò)*** 〈人を〉へこませる, やりこめる, 〈人〉の鼻柱を折る. 《1664》
— *adj.* [限定的] = peg-top.
— *v.* (**pegged; peg·ging**) — *vt.* **1** …に木くぎ[杭(くい)]を打つ; 木くぎ[杭, 栓(せん)]で締める[留める]. **2** くぎ[杭]でしるしをつける; 〈採鉱権利地・家屋・庭園などの境界を杭で明らかにする 〈*out*〉: ~ *out* claims *in* the new area 新しい領域の所有[占有]権を主張して杭でしるしをつける. **3** 《英》〈洗濯物を〉洗濯ばさみで留める, 物干し綱につける. **4 a** 〔証券〕(決まった値段で売買して)〈株価などを〉くぎ付けにする: ~ the market. **b** (法規などによって)〈物価や通貨価値などを〉安定させる, くぎ付けにする. **5** 《口語》〈新聞記事・話などを〉〔…を踏まえて, …にひっかけて〕書く[言う], 〔…で〕裏付けする 〔*on*〕. **6** 《口語》〔…と〕見極める (identify), 〔…に〕格付ける 〔*as*〕: ~ him *as* a man of honesty 彼を正直な人と見定める / have a person ~*ged as* a liar 〈人を〉うそつきとみなす. **7** 《口語》〔野球〕 **a** すばやく〈ボールを〉投げる: ~ the ball to first base. **b** 送球してアウトにする 〈*out*〉. **8** 〔狩猟〕〈犬が〉〈獲物(の落下地点)を〉指示する. **9** 〔トランプ〕(cribbage で点数盤のピンを進めて)〈得点を〉つける (cf. *n.* 12). **10** 〔登山〕〈ハーケンを〉差し込む. **11** 《口語》〈ミサイルを〉(目標に)発射する.
— *vi.* **1** ボールを投げる (throw) 〔*at*〕. **2** 急ぐ (hustle) 〈*down, along*〉: ~ *down* the steps. **3** 〔クロッケー〕木くぎを打つ. **4** 〔トランプ〕得点する.
pég awáy at 《英》〔仕事などを〕一生懸命にやる, せっせと働く: ~ *away at* one's work. ***pég dówn*** (*vt.*) (1) 〈テントを〉綱張り杭[ペグ]を打って固定する. (2) 〈人を〉〔ある規準に〕しばる, 言質(げんち)を実行させる 〔*to*〕. (*vi.*) ⇨ *vi.* 2.
pég ít 《米俗》死ぬ. ***pég óut*** (*vi.*) (1) 《俗》〈物が〉尽きる, なくなる, 終わる: Our supply of sugar is ~*ging out.* 砂糖がなくなってきた. (2) 《俗》〈人が〉力が尽き果てる; くたばる, 往生する (die). (3) 〔クロッケー〕(一勝負の打止めに球を)標杭に打ち当てて勝つ. (4) 〔トランプ〕(cribbage で)得点して勝つ. — (*vt.*) (1) ⇨ *vt.* 2. (2) 〔クロッケー〕〈打止めの球を〉標杭に当てて一つの勝負を終わらせる.
~·less *adj.* **~·lìke** *adj.* 〖n.: 《1440》 *pegge* ◻ ? MDu. *pegge* ← ?: cf. L *baculum* staff. — v.: 《1543》 ← (n.)〗
Peg /pég/ *n.* ペグ《女性名》. 〖(dim.) ← MARGARET〗
PEG 《略》〔化学〕polyethylene glycol.
Peg·a·se·an /pègəsíːən⁻/ *adj.* **1** ペガソス (Pegasus) の; ペガソスに似た, 足の早い. **2** 詩的霊感の; 想像力に富む. 〖《1590》 ← L *Pēgasēius* like Pegasus: ⇨ Pegasus, -ean〗
peg·a·sid /pégəsɪ̀d, -sìd | -sɪd/ *n.* 〔魚類〕ウミテング科 (Pegasidae) の魚. 〖← NL *Pegasidae*: ⇨ ↓, -id²〗
Peg·a·sus /pégəsəs/ *n.* **1** 〔ギリシャ神話〕ペガソス, ペガサス, ペガスス《Perseus が Medusa を切り殺したときその血から生まれ出た翼のある天馬; この馬のひとけりで Helicon 山に Muses と詩に関係の探い Hippocrene という泉が噴出した》. **2** ペガサス《詩神 Muses の乗馬》. **3** 詩的感興, 詩才. **4** 〔天文〕ペガスス座《北天の Andromeda 近くの星座; the Winged Horse ともいう》. 〖《(*c*1395)》《1515》《古形》*Pegasee* ◻ L *Pēgasus* ◻ Gk *Pḗgasos* ← *pēgḗ* fount, spring〗
pég·bòard *n.* **1** 〔トランプ〕 **a** (cribbage などのゲームに用いる)点数盤《盤上の穴に peg を差して得点を示す》. **b** 一人トランプ (solitaire). **2** 穴あきボード. **3** 構図版. 〖1899〗
Peg-Board /pégbɔəd | -bɔːd/ *n.* 〔商標〕ペグボード《商品展示用などの穴あきボードの商品名》.
pég·bòx *n.* 〔楽器〕糸倉《弦楽器の糸巻きのある頭の部分; ⇨ violin 挿絵》. 〖1883〗
pég clìmbing *n.* = aid climbing.
pegged *adj* **1** あらかじめ定めた価格[水準, 比率]に落ちついている, 変動の少ない. **2** 〔服飾〕= peg-top. 〖1611〗
Peg·gie /pégi/ *n.* ペギー《女性名》. 〖⇨ Peggy〗
pég·ging *n.* = aid climbing.
peg·gy /pégi/ *n.* [しばしば P-] 《英海軍俗》雑用係水兵, (船の)賄い長, 賄い係. 〖《1902》 ↓〗
Peg·gy /pégi/ *n.* ペギー《女性名; 愛称形 Peg》. 〖《変形》 ← MAGGY // ← PEG²＋-Y²〗
pég lèg *n.* 《口語》 **1** (木製の)義足. **2** 義足の人. 〖1769〗
pég-lègged *adj.* 義足を付けた. 〖1967〗
peg·ma·tite /pégmətàɪt/ *n.* 〔岩石〕ペグマタイト, 巨晶花崗(こう)岩《粗粒完晶質の岩石; cf. graphic granite》.
peg·ma·tit·ic /pègmətítɪk | -tɪk⁻/ *adj.* 〖《1828》 ◻ F ~ ← Gk *pēgmat-*, *pēgma* something fastened together＋-ITE¹〗
pe·go /píːgoʊ | -gəʊ/ *n.* (*pl.* ~**s**) 《卑》ペニス. 〖《1680》 ← ?〗
pég pànts *n. pl.* 《米》〔服飾〕= PEG-TOP trousers.
pég·tòp *adj.* 〔服飾〕先細の《ギャザーやプリーツなどを入れて上部を太く下部を急に細くしたものにいう》: ~ trousers こま形ズボン / a ~ skirt こま形スカート. 〖1858〗
pég tòp *n.* **1** (金属製心棒のイチジク[セイヨウナシ]形の)木製こま. **2** 〔服飾〕 **a** [*pl.*] = PEG-TOP trousers. **b** = PEG-TOP skirt. 〖《1788》 ← PEG (n.)＋TOP² (n.)〗
Pe·gu /pɛgúː/ *n.* ペグー《ミャンマー南部の都市; 16 世紀の旧ビルマの首都》.
Pé·guy /peɪgíː; *F.* pegi/, **Charles (Pierre)** *n.* ペギー《1873–1914; フランスの評論家・詩人; 雑誌 *Les Cahiers de la quinzaine*「半月手帖」(1900–14) の主宰者》.
peh /péɪ/ *n.* = pe.
Peh·le·vi /péɪləvìː/ *n.* = Pahlavi².
peh-tsai /pèɪtsáɪ/ *n.* = pe-tsai.
Pei /péɪ/, **Ieoh Ming** /jóʊ míŋ | jáʊ-/ *n.* ペイ《1917– ; 中国生まれの米国の建築家; 中国語名 貝聿銘 (ペイ ウィミン) /*Chin.* pèiuémíŋ/》.
PEI 《略》Prince Edward Island.
Pei-ching /pèɪtʃíŋ/ *n.* = Beijing.
pei·gnoir /peɪnwɑ́ə, pɛn-, ⸗⸗ | péɪnwɑː⁽ʳ, -wɔː⁽ʳ; *F.* pɛɲwaːʀ/ *n.* 〔服飾〕ペニョワール: **a** 化粧着, 化粧ケープ《女性のゆったりしたガウンまたはケープ; もと湯上がりまたは結髪の時に着用された》. **b** 豪華なネグリジェ (negligee). 〖《1835》 ◻ F ~ ← *peigner* to comb < L *pectināre* to comb〗
Pei-ho /pàɪhóʊ | -háʊ/ *n.* = Pai-ho.
pein /píːn/ *n., vt.* = peen.
peine /péɪn; *F.* pɛn/ *F. n.* 罰; 苦痛.
péine fórte et dúre /*F.* pɛn fɔrt e dyːr/ 苛酷拷問《昔重罪で訴追されながら沈黙して答えない罪人に課した罰で, 答えなければ死ぬまで独房での拘禁, 食事減少, 鉄での殴打などを続けた; 1772 年廃止》. 《◻ F ~ 'very severe and hard pain'》
〖《1554》 ◻ F ~ 'PAIN'〗
Pei·ping /pèɪpíŋ; *Chin.* pěɪpʰíŋ/ *n.* 北平《北京 (Beijing) の中華民国当時の名 (1928–49)》.
Pei·pus /páɪpəs; *G.* páɪpʊs/, **Lake** *n.* ペープス湖《ロシア連邦西部とエストニア共和国との境にある湖; 面積 3,550 km²; 平均深度 15 m; ロシア語名 Chudskoye /*Russ.* tʃutskójə/; エストニア語名 Peipsi /*Estonian* péːpsi/》.
Pei·rae·us /paɪríːəs/ *n.* ピレエフス (⇨ Piraeus).
Pei·rai·évs /*Mod.Gk.* pireéfs/ *n.* ピレエフス《Piraeus のギリシャ語名》.
Peirce /pə́ːs, píəs | píəs, pə́ːs/, **Benjamin** *n.* パース《1809–80; 米国の数学者・天文学者》.
Peirce, Charles Sanders *n.* パース《1839–1914; 米国の論理学・数学・物理学・哲学者; プラグマティズムの創始者 (cf. synechism); Benjamin の息子; *Chance, Love and Logic* (1923)》.
peise /péɪz, píːz/ 《廃・英方言》 *vt.* **1** (はかりなどで)はかる. **2** …に負担をかける. — *vi.* **1** 重さがある. **2** (重さなどで)押す. **3** 平衡[釣り合い]を保たせる (poise). 〖《*c*1300》 ◻ OF *peis-*, *peser* < L *pēnsāre* to weigh: cf. poise¹〗
Pei·sis·tra·tus /paɪsístrətəs | -təs/ *n.* ペイシストラトス (⇨ Pisistratus).
pej·er·rey /pèɪhəréɪ; *Am.Sp.* peheréi/ *n.* (*pl.* **pej·e·rre·yes** /-réɪjeɪs; *Sp.* -réjes/, ~**s**) 〔魚類〕ペヘレイ《南米の河川・湖沼・海岸にすむトウゴロウイワシ科の silversides の類の魚の総称; 特にアルゼンチン原産の食料として重要な, サヨリに似た大形の淡水魚 (*Odonthestes bonariensis*)》. 〖◻ Sp. ~ ← 《方言》 *peje* fish (< L *piscis*)＋*rey* king (< L rex)〗
pej·o·rate /pédʒərèɪt, píːdʒ- | píːdʒ-, pédʒ-/ *vt.* 悪化[堕落]させる. 〖《1653》 ← L *pējōrātus* (↓)〗
pej·o·ra·tion /pèdʒəréɪʃən, pìːdʒ- | pìːdʒ-, pèdʒ-/ *n.* **1** (価値)下落, 悪化, 堕落. **2** 〔言語〕語義の堕落 (depreciation) (cf. melioration). 〖《1658》 ◻ ML *pējōrātiō(n-)* ← LL *pējōrātus* (p.p.) ← *pējōrāre* to make or grow worse ← *pējor* worse: ⇨ -ation〗
pe·jo·ra·tive /pɪdʒɔ́(ː)rətɪv, -dʒɑ́(ː)r-, píːdʒər- | pɪ-dʒɔ́rət-, píːdʒ(ə)rət-/ *adj.* **1** 価値を下げるような, 改悪するような (↔ meliorative). **2** 非難・軽蔑の意味を与える, 軽侮的な (depreciatory): a ~ suffix 軽侮的接尾辞 (-aster など). — *n.* 〔文法〕蔑称, 軽侮語, 軽蔑的接尾辞《例えば grammaticaster (文法屋), poetaster (へぼ詩人) など》. **~·ly** *adv.* 〖《1882》 ◻ F *péjoratif*, *-ive* ← LL *pējōrātus* (↑)＋-IVE〗
pek·an /pékən/ *n.* 〔動物〕ペーカン, ペナントテン, フィッシャー (fisher); ペーカンの毛皮. 〖《1760》 ◻ Canad.-F *pékan* ◻ N-Am.-Ind. (Abnaki) *pékané*〗
peke, P- /píːk/ *n.* 《口語》= Pekingese 2.
pe·kin, P- /píːkìn, ⸗⸗ | ⸗⸗⁻/ *n.* ペキン織り《一種のしゅす地の絹織物》. — /pìːkín⁻/ = Peking duck. 〖《1783》 ◻ F *pékin* ← *Pékin* ◻ Chin. *Peking* (北京)〗
Pe·kin·ese /pìːkɪníːz, -níːs | -níːz⁻/ *adj., n.* (*pl.* ~) = Pekingese.
Pe·king /pìːkíŋ⁻/ *n.* 北京, ペキン (Beijing).
Péking dúck *n.* **1** ペキンダック《中国原産のペキン種のアヒル; 主に食用》. **2** 〔料理〕ペキンダック《皮がパリッと香ばしいローストダック; ねぎみそなどを加え, 小麦粉で作った薄い皮で包んで食べる中国料理》. 〖1880〗
Pe·king·ese /pìːkɪŋíːz, -níːs, -níːz, -níːs | -ŋíːz, -níːz⁻/ *adj.* 北京の. — *n.* (*pl.* ~) **1 a** 北京人. **b** 北京方言, 北京語《かつて北京官話と呼ばれた》. **2** ペキニーズ《中国原産の小形のイヌ; 8 世紀の唐朝に神聖視された》. 〖《1849》 ← PEKING＋-ESE〗
Péking mán *n.* 〔人類学〕北京原人 (*Homo erectus pekinensis*)《1927 年およびその後北京南西方の周口店 (Zhoukoudian) で発見された人骨から想像される有史前の人類で, ジャワ原人 (Java man) とほぼ同時代のものと推定される; 旧学名 *Sinanthropus pekinensis*》. 〖1926〗
Pè·king·ól·o·gist /-dʒɪ̀st | -dʒɪst/ *n.* (*also* **Pè·kin·ól·o·gist** /-dʒɪ̀st | -dʒɪst/) 中国政策研究家, 中国問題専門家, 中国通. 〖1962〗
Pe·king·ol·o·gy /pìːkɪŋɑ́(ː)lədʒi | -ŋɔ́l-/ *n.* (*also* **Pe·kin·ol·o·gy** /pìːkɪnɑ́(ː)lədʒi | -nɔ́l-/) 中国(政策)研究, 北京学《中国政府の政策・施策等を研究する学問; cf. Kremlinology》. 〖《1962》 ← PEKING＋-O-＋-LOGY〗
pe·koe /píːkoʊ | -kəʊ/ *n.* ペコー《インド・スリランカ・ジャワ産の上等紅茶》. 〖《1712》 ◻ Chin. 《廈門方言》 *pek-ho* (白毫)〗
pel- /pɛl, piːl/ (母音の前にくるときの) pelo- の異形.
pel·age /pélɪdʒ/ *n.* (四足獣の)毛皮, 毛. 〖《1828–32》 ◻ F ~ ← *poil* < L *pilum* hair ← IE **pilo-* hair: ⇨ -age〗
pe·la·gi·an /pəléɪdʒiən, -dʒən | pɪ-, pɛ-/ *adj.* 遠洋の, 外洋性生物の. — *n.* 〔生態〕外洋性の生物. 〖《1746》 ← L *pelagius* of the sea ◻ Gk *pelágios* ← *pélagos* open sea: ⇨ -an¹〗
Pe·la·gi·an /pəléɪdʒiən, -dʒən | pɪ-, pɛ-/ *adj.* ペラギウス (Pelagius) の. — *n.* ペラギウス主義者; [the ~s; 集合的] ペラギウス派. 〖《1449》 ◻ eccl. L *Pelegiānus* ← *Pelagius*: ⇨ -an¹〗
Pelágian Íslands *n. pl.* [the ~] ペラジェ諸島《チュニジアとマルタの間に位置するイタリア領の島; イタリア語名 Isole Pelagie /iːzolepeláːdʒe/》.
Pe·lá·gi·an·ism /-nɪzm/ *n.* ペラギウス主義《原罪説を否定して人間意志の自由と責任とを強調した》. 〖1583〗
pe·lag·ic /pəlǽdʒɪk | pɪ-, pɛ-/ *adj.* **1** 遠洋の, 外用にすむ (cf. demersal, littoral). **2** 〈漁業など〉遠洋で行う: ~ fishery 遠洋漁業 / ~ whaling [sealing] 遠洋捕鯨[オットセイ猟]. **3** 〔海洋・生態〕〈地域・生物が〉外用性の, 漂泳性の (cf. demersal, neritic, oceanic 4, bathypelagic, thalassic): ~ fish 浮魚(うきうお), 遊泳魚. 〖《1656》 ◻ L *pelagicus* ← *pelagus* sea ◻ Gk *pélagos* 《原義》 level surface of the sea ← IE **plāk-* to be flat (Gk *plágos* side): ⇨ -ic¹〗
Pe·la·gi·us /pəléɪdʒiəs, -dʒəs | pɪléɪdʒiəs, pɛ-/ *n.* ペラギウス《360?–?420; 英国の修道士・神学者; Augustine との論争で有名で 418 年には異端のかどでローマ追放; cf. Pelagianism》.
pél·ar·gon·ic ácid /pèlɑəgɑ̀(ː)nɪk-, -lə-, -gòun- | -lɑːgɔ̀n-, -lə-, -gàʊn-/ *n.* 〔化学〕ペラルゴン酸 ($C_9H_{18}O_2$). 〖《1857》 ⇨ ↓, -ic¹〗
pel·ar·go·ni·um /pèlɑəgóʊniəm, -lə- | -lɑːgə́ʊ-/ *n.* 〔植物〕テンジクアオイ《フウロソウ科テンジクアオイ属 (*Pelargonium*) の植物の総称; Martha Washington geranium など; geranium ともいう》. 〖《1819》 ← NL ~ ← Gk *pelargós* stork＋(GERA)NIUM〗
Pel·as·gi /pəlǽzdʒaɪ, -dʒi, -gi | pɪ-, pɛ-/ *n. pl.* = Pelasgian 1 a. 〖◻ L ~ ◻ Gk *Pelasgoí* (cf. *pélagos* sea)〗
Pe·las·gi·an /pəlǽzdʒiən, -dʒən, -giən | pɪ-, pɛ-/ *adj.* ペラスギ族[語]の. — *n.* **1 a** [the ~s] ペラスギ族《有史前ギリシャ・小アジアおよび地中海東部諸島に住んだ人種》. **b** ペラスギ族の人. **2** ペラスギ語. 〖《*a*1490》 ← L *Pelasgus* ◻ Gk *Pelasgós* (adj.) ← *Pelasgoí* (↑): ⇨ -an¹〗
Pe·las·gic /pəlǽzdʒɪk, -gɪk | pɪ-, pɛ-/ *adj.* = Pelasgian: ~ architecture [building] ペラスギ建築, 自然石建築《ギリシャに建てられた石造建築物の最古の形式の総称》. 〖《1785》 ◻ L *Pelasgicus*: ⇨ Pelasgi, -ic¹〗
Pe·las·gus /pəlǽzgəs | pɪ-, pɛ-/ *n.* 〔ギリシャ神話〕ペラスゴス《Lycaon の子; 古代ギリシャの原住民 Pelasgi 族の王》.
pele /píːl/ *n.* = peel³.
Pe·lé /péleɪ | péleɪ, ⸗⸗; *Braz.* pelé/ *n.* ペレ《1940– ; ブラジルのサッカー選手; 旧名 Edson Arantes do Nascimento》.
pe·lec·y·pod /pəlésəpɑ̀(ː)d | pɪlésɪpɔ̀d, pɛ-/ *adj., n.* 〔貝類〕斧足(ふそく)綱の(貝類). 〖《1857》 ← NL ~ ← Gk *pélekus* ax＋-POD〗
Pe·lée /pəléɪ, péleɪ | péleɪ, pəléɪ; *F.* pəle/, **Mount** *n.* ペレ山《西インド諸島の Martinique 島の火山 (1,397 m); 1902 年噴火》.
pel·er·ine /pèləríːn/ *n.* ペルリーヌ《婦人用の細長い布または毛皮などのケープ; 両端が前で長く下がる》. 〖《1744》 ◻ F *pèlerine* (fem.) ← *pèlerin* pilgrim < L *peregrīnum* wandering: ⇨ pilgrim: 巡礼が着用していたことから〗
Pé·le's hair /péɪleɪz-, píːliːz-; *Hawaii.* péle/ *n.* 〔地質〕火山毛, ペレーの毛《噴出した泡の多い溶岩が風によって引きのばされて急冷してできた毛状の火山ガラス》. 〖《1849》 《なぞり》 ← Hawaiian *lauoho-o Pele*: *Pele* は火山の女神の名〗
Péle's téars /-tíəz | -tíəz/ *n. pl.* 〔地質〕火山涙, ペレーの涙《噴出した溶岩の飛沫が固結したガラス質の粒》. 〖↑〗
Pe·le·us /píːliəs, -ljuːs | píːljuːs, pél-, -liəs/ *n.* 〔ギリシャ神話〕ペーレウス《Myrmidons の王; Aeacus の子で, 海の女神 Thetis を妻として, Achilles の父となる》. 〖◻ L *Pēleus* ◻ Gk *Pēleús*: cf. Gk *pállein* to brandish (the spear)〗
Pe·léw Íslands /pìːlúː-/ *n. pl.* [the ~] ペルー諸島 (Belau の旧名).
pelf /pélf/ *n.* **1** 《戯言》[通例軽蔑的に] 金銭 (money); 悪銭, 不浄財. **2** 《古》略奪品, 分捕り品 (booty). **3** 《英》くず, 廃物 (refuse); 《英方言》何の役にも立たない人. 〖《?*c*1375》 《廃》 'booty' ◻ ONF **pelfe* 《変形》 ← OF *pelfre* spoil ← ?: cf. pilfer〗

P

Pel·ham /péləm/ *n.* 〖馬具〗(馬のくつわの)大勒銜(たいろくはみ) (⇨ bridle 挿絵). 〖(1849) ← ?: 人名からか〗

Pel·ham /péləm/, **Henry** *n.* ペラム《1696–1754; 英国の政治家; 首相 (1743–54); Newcastle 公 (Thomas Pelham-Holles) の弟》.

Pel·ham-Hol·les /péləmhá(:)lɪs | -hɔ́lɪs/, **Thomas** *n.* ペラムホリス《1693–1768; 英国の政治家; 首相 (1754–56, 57–62); 弟 Pelham の後を継いで首相になったが, この兄弟の時代は最も堕落した時代とされる; 称号 1st Duke of Newcastle》.

Pe·li·as /pí:liæs, -əs/ *n.* 〖ギリシャ神話〗ペリアス《海神 Poseidon の子; 甥(おい)の Jason を追い払うために Argonauts の一行と共に金の羊毛 (Golden Fleece) 探検に出したが, 後に Medea に謀殺された》. 〖□ L *Peliās* □ Gk *Peliās* 《原義》gray one〗

pel·i·can /pélɪkən | -lɪ-/ *n.* **1** 〖鳥類〗ペリカン《ガランチョウ科ペリカン属 (*Pelecanus*) の水鳥の総称; くちばしの下が袋状に膨れる; アメリカシロペリカン (*P. erychrorhynchos*) (white pelican), モモイロペリカン (*P. onocrotalus*), カッショクペリカン (brown pelican) など; 米国 Louisiana 州の紋章に描かれている》: a ～ in her piety 〖紋章〗自分の胸に傷をつけ, 血を餌にして雛に与えるペリカン《聖餐の象徴として聖職者の紋章に見られる》. **2** ペリカン《蒸留器の一種》. 〖OE *pellican* (cf. (O)F *pélican*) □ LL *pelicānus, pelecānus* □ Gk *pelekā́n* ← ? *pélekus* axe: くちばしの形容からか〗

Pe·li·can /pélɪkən | -lɪ-; G. pé:lika:n/ *n.* 〖商標〗ペリカン《ドイツ Pelican 社製の文房具・事務用品》.

Pél·i·can Bòoks /pélɪkən- | -lɪ-/ *n.* 〖商標〗ペリカンブックス《英国の Penguin Books 社刊行の教養書のペーパーバックシリーズ》.

pélican cróssing *n.* 《英》押しボタン式横断歩道. 〖(1966) ← *pe*(*destrian*) *li*(*ght*) *con*(*trolled*) *crossing*: -*con* を pelican の -*can* としたもの: cf. panda crossing, zebra crossing〗

pélican flòwer *n.* 〖植物〗ペリカンバナ (*Aristolochia grandiflora*)《熱帯地方産ウマノスズクサ科のペリカンのくちばしに似た花の咲くつる性低木》. 〖1866〗

pélican hòok *n.* =slip hook.

Pélican Stàte *n.* [the ～] 米国 Louisiana 州の俗称. 〖(1859) 州の紋章にちなむ〗

pélican vúlning *n.* 〖紋章〗胸に傷をつけ血を流すペリカン《pelican in her piety と同じことを意味するが, 図形には雛の姿がない》.

Pe·li·des /pɪláɪdi:z | pɪ-, pɛ-/ *n.* 〖ギリシャ神話〗ペーレイデース: **1** Peleus の父系の子孫. **2** Achilles および Neoptolemus の父称. 〖□ L *Pēlīdes* □ Gk *Pēlīdēs*〗

pel·i·ke /pélɪki | -lɪ-/ *n.* ペリケ《古代ギリシャ・ローマの卵形の壺で, 台足と 2 本の取っ手がある; cf. amphora, stamnos》. 〖(1873) □ Gk *pelíkē* pitcher〗

P

Pe·li·on /pí:liən/, **Mount** *n.* ペーリオン山《ギリシャの東海岸 Thessaly 州にある山 (1,548 m); ⇨ Ossa》.
héap* [*píle*] *Pélion upon Ossa 困難に困難を重ねる; 不可能な難事に挑む《巨人たちが天へよじ登ろうとして, Ossa 山の上に Pelion 山を重ね, さらにそれを Olympus 山の上に積み重ねたが無駄であったとのギリシャ神話から (*Odyssey*, 11.315)》. 〖(1589) □ Gk *Pḗlion*〗

pe·lisse /pəlí:s, pɛ-; F. pəlis/ *n.* **1** ペリース: **a** 衿つきマント《毛皮製または毛皮の縁取りがある》. **b** (女性・子供用) 軽いマント《毛皮のふちどりがある》. **2** (軽騎兵 (hussar) の将校が略装に用いる)毛裏付きのマント[外套]. 〖(1718) □ F ～ < LL *pelliciam* fur garment (fem.) ← *pellicius* made of skins ← L *pellis* 'PELL': cf. pilch〗

pe·lite /pí:laɪt/ *n.* 〖岩石〗粘土質岩 (clay rock) (cf. psephite, psammite). **pe·lit·ic** /pɪlítɪk | -tɪk/ *adj.* 〖(1879) ← PELO-+-ITE[1]〗

pell /pél/ *n.* 羊皮紙の巻物 (parchment roll)《特に, 英国の大蔵省が昔, 歳出歳入を記録するために用いたもの》. 〖(?*a*1300) □ AF ～, *peal*=OF *pel* (F *peau*) < L *pellem*, pellis 'akin, parchment, FELL[4]'〗

Pel·la /pélə; *Mod.Gk.* péla/ *n.* ペラ《ギリシャ北部の廃都; 古代 Macedonia の首都; Alexander 大王の出生地》.

pel·lag·ra /pəlǽgrə, -léɪg- | pɪlǽg-, pɛ-/ *n.* 〖病理〗ペラグラ《ビタミン B 群に属するニコチン酸の欠乏による皮膚病や胃腸・精神障害; ヨーロッパ南部・米国南部などに多い》. 〖(1811) □ It. ～ ← *pelle* skin (< L *pellem*: ⇨ pell)+(POD)AGRA〗

pellágra-prevéntive fàctor *n.* 〖生化学〗ピーピー因子《ペラグラ (pellagra) を予防するビタミン B_2 複合剤; PP factor ともいう》.

pel·lag·rin /pəlǽgrɪn, -léɪg-, | pɪlǽgrɪn, pɛ-/ *n.* ペラグラ (pellagra) 病患者. 〖(1865): ⇨ pellagra, -in[2], -ine[1]〗

pel·lag·rous /pəlǽgrəs, -léɪg- | pɪlǽg-/ *adj.* 〖病理〗ペラグラ (pellagra) の[にかかった]: ～ patients. 〖1864〗

pel·late /péleɪt/ *vi.* 《まれ》〈二つ以上のものが〉分離する傾向を示す, 相互に反発する, 反発しあう. **pel·la·tion** /pəléɪʃən/ *n.* 〖← L *pellere* to drive: ⇨ repel, -ate[3]〗

Pel·lé·as et Mé·li·sande /pèliǽs eɪ mèlizɑ́:nd; F. pɛleasemelizɑ̃:d/ *n.* 「ペレアスとメリザンド」《Maeterlinck 作の劇 (1892), それを原作とした Debussy の歌劇 (1902)》.

pel·le·kar /péləkɑ̀ə | -lɪkɑ̀:(r)/ *n.* =palikar.

Pel·les /péli:z/, **King** *n.* 〖アーサー王伝説〗ペレス王《Elaine (Galahad の母)の父》.

pel·let /pélɪt | -lɪt/ *n.* **1 a** (紙・蠟(ろう)・パンなどを丸めた)小球《おもちゃの紙鉄砲などに詰める》. **b** 小丸薬, 粒剤 (pill). **c** (鳥などの)粒状のえさ. **2** (昔, 用いた投石器の)石つぶて, 鉛丸; (旧式な)球形砲弾; 銃弾, 小弾丸; (猟銃などの)散弾; (散弾中の小さな)弾子, ばら弾. **3** 《米俗》野球[ゴルフ, サッカー]用ボール. **4** (貨幣の表面などの)球形の浮彫. **5 a** ペリット, 吐出塊《肉食性の鳥が骨などの不消化物を塊状に吐き出したもの》. **b** (ねずみ・うさぎなどの)小さく丸い糞: a fecal ～ 糞粒, 糞塊, 糞球. **6** 〖紋章〗黒の小円 (cf. roundel 7). — *vt.* **1** …に(紙などの)小球をぶつける. **2** 小球形にする. **3** 〖農業〗殺菌剤・生長ホルモン・殺虫剤などを含む粘着性の物質を〈種子〉に塗る: ～*ed* seed. **～·al** /-tl | -tl/ *adj.* 〖(1372–74) *pel*(*l*)*et* □ (O)F *pelote* < VL **pilotta*(*m*) (dim.) ← L *pila* ball, PILL[1]: ⇨ -et: cf. peloton, platoon〗

péllet bòmb *n.* 〖軍事〗=fragmentation bomb.

Pel·le·tier /pèlɪtéə | -téə(r; F. pɛltje/, **Pierre Joseph** *n.* ペルチエ《1788–1842; フランスの化学者; クロロフィル (chlorophyll) の命名者》.

pel·let·ize /pélətàɪz/ *vt.* **1** 小球(形)にする[作る]. **2** 〖鉱業〗〈粉鉱に砕いた鉄鉱石を〉(固めて)球状にする, ペレタイジングを施す: a *pelletizing* plant ペレタイジングプラント. **pel·let·i·za·tion** /pèlətɪzéɪʃən | -taɪ-, -tɪ-/ *n.* **pél·let·iz·er** *n.* 〖1942〗

péllet mòlding *n.* 〖建築〗円板繰形(くりがた), 連珠[弾丸]繰形. 〖1838〗

pel·let·y /pélɪti | -lɪti/ *adj.* 〖紋章〗小球で飾られた. 〖(1572): ⇨ pellet, -y[4]〗

-pel·lic /pélɪk/ 「…の骨盤を持った」の意の形容詞連結形. 〖← Gk *pélla* wooden bowl, 《原義》? vessel made of skin+-IC[1]: cf. pelvis〗

pel·li·cle /pélɪkl | -lɪ-/ *n.* **1** 〖動物〗薄膜, 薄皮, 上皮, 膜皮. **2** 〖植物〗(キノコの傘の)表皮. **3** 〖医学〗周皮, 薄皮; 薄膜; 菌膜. **4** 〖写真〗ペリクル, 薄膜《ハロゲン化銀乳剤膜》. **pel·lic·u·lar** /pəlíkjulə | -lə(r/ *adj.* **pel·lic·u·late** /pəlíkjulɪt, -lèɪt/ *adj.* 〖(1541) □ F *pellicule* □ L *pellicula* (dim.) ← *pellis* 'PELL': ⇨ -cule〗

Pel·liot /peɪljóu | -ljə́u; F. peljo, pɛ-/, **Paul** *n.* ペリオ《1878–1945; フランスの東洋学者》.

pel·li·to·ry[1] /pélətɔ̀:ri | -lɪtəri/ *n.* 〖植物〗ピレトリウム (*Anacyclus pyrethrum*)《Algeria 地方産のキク科植物でその根茎は局部刺激剤に用いる; pellitory-of-Spain ともいう》. 〖(1533) 《変形》← ME *peletre* □ OF *pele*(*s*)*tre* 《異化》← *peretre* □ L PYRETHRUM: 語尾の変形は cf. fumitory〗

pel·li·to·ry[2] /pélətɔ̀:ri | -lɪtəri/ *n.* 〖植物〗イラクサ科ヒカゲミズ属 (*Parietaria*) の植物の総称《ヒカゲミズ (wall pellitory) など; pellitory-of-the-wall ともいう》. 〖(1548) 《異化》← ME *paritorie* □ AF *paritarie*=OF *paritaire* (F *pariétaire*) □ LL (*herba*) *parietāria* plant of walls ← *pariēs* wall ← ?〗

pell-mell /pélmél/ *adv.* **1** 乱雑に, めちゃくちゃに, ごっちゃに (confusedly). **2** あたふたと, 早急に (precipitately); 向こう見ずに, がむしゃらに (recklessly). — *adj.* **1** 乱雑な, ごった返しの, めちゃくちゃの. **2** 早急な, がむしゃらな: a ～ rush 盲めっぽうの突進. — *n.* **1** 混雑, 混乱, てんやわんや (confusion). **2** ごちゃまぜ (medley). **3** 乱闘, 混戦 (melee). — *vt.* […と]ごちゃまぜにする [*with*]. — *vi.* 大あわてで…する, あたふたと行く, 散を乱して逃げる. 〖(1579) □ F *pêle-mêle* < OF *pesle mesle* (加重)? ← *mesle* (imper. sing.) ← *mesler* (F *mêler*) to mix: cf. meddle, mix〗

pel·lu·cid /pəlú:sɪd, pɛ- | pɪlú:sɪd, pɛ-, -ljú:sɪd/ *adj.* **1** 透明の, 澄んだ (⇨ clear SYN): a ～ stream. **2** 〈言葉・文体・意味などが〉明白な, 明瞭な, わかりやすい (lucid): a ～ explanation. **3** 〈頭脳が〉明晰な, 冴えた. **pel·lu·cid·i·ty** /pèljusídəti | -dɪti/ *n.* **～·ly** *adv.* **～·ness** *n.* 〖(1619) □ L *pellūcidus* transparent ← PER-+*lūcidus* 'LUCID'〗

Pel·man·ism /pélmənɪzm/ *n.* **1** ペルマン式記憶法. **2** 〖トランプ〗神経衰弱 (concentration). 〖← *Pelman Institute* (1898 年 London に創設された記憶術の特殊学校)+-ISM〗

Pel·man·ize /pélmənàɪz/ *vt.* ペルマン式記憶法で覚える[暗記する]. 〖⇨ ↑, -ize〗

pel·met /pélmɪt/ *n.* 《英》(カーテンの)金具覆いの垂れ壁[垂れ布]《箱形の一種の valance》. 〖(1904) □ ? F *palmette* 'PALMETTE'〗

pel·o- /pélou, pí:l- | -ləu/ 「泥 (mud)」の意の連結形. ★ 母音の前では通例 pel- になる. 〖□ Gk *pēlo-* ← *pēlós* mud, clay〗

pel·o·bat·id /pèloubǽtɪd, pì:l- | -ləubǽtɪd/ *n.* 〖動物〗スキアシガエル科の両生動物. 〖(1956) ← NL *Pelobatidae* (科名) ← *Pelobates* (属名): ⇨ pelo-, -bates, -id〗

pel·o·bat·oid /pèloubǽtɔɪd, pì:l- | -ləu-/ *adj.* 〖動物〗スキアシガエル科に類した[似ている]. 〖(1888) ← NL *Pelobat*(*es*) (↑)+-OID〗

pel·oid /pélɔɪd/ *n.* 〖医学〗(治療に用いる)泥土(でいど). 〖(1933) ← PELO-+-OID〗

pe·loo·thered /pəlú:θəd, -təd | -θəd, -təd/ *adj.* 《アイル口語》酔った. 〖(1914) ← ?: Joyce による戯言的造語か. cf. 《アイル俗》*polluted* & *fluthered* drunk〗

Pe·lop·i·das /pəlá(:)pədəs | pɛlɔ́pɪd-/ *n.* ペロピダス《?–364 B.C.; 古代ギリシャ Thebes の将軍・政治家》.

Pel·o·pon·nese /pèləpəní:z, -ní:s | ⌐⌐⌐⌐, ⌐⌐⌐/ *n.* [the ～] =Peloponnesus.

Pel·o·pon·ne·sian /pèləpəní:ʒən, -ʃən | -ʃən, -ʃiən/ *adj.* ペロポネソス (Peloponnesus) 半島の. — *n.* ペロポネソス(半島)の人. 〖(*a*1490) ← L *Peloponnēsi*(*us*) ← Gk *Pelopónnēsos* 'PELOPONNESUS'+-AN[1]〗

Peloponnesian Wár *n.* [the ～] ペロポネソス戦争《スパルタ・アテネ間の戦役 (431–404 B.C.); 戦後ギリシャの支配権は一時スパルタに帰した》.

Pel·o·pon·ne·sus /pèləpəní:səs/ *n.* (*also* **Pel·o·pon·ne·sos** /-sɑ(:)s, -səs | -sɔs, -səs/) [the ～] ペロポネソス(半島)《ギリシャ南部の半島; 初期 Mycenae 文明の中心地, 古代ギリシャの有力な都市国家 Argos, Sparta などの所在地; 中世には Morea とも呼ばれた》. 〖□ L *Peloponnēsus* □ Gk *Pelopónnēsos* 'the island of PELOPS'〗

Pe·lops /pí:lɑ(:)ps, pél- | -lɔps/ *n.* 〖ギリシャ神話〗ペロプス《Tantalus の子; 父に殺されてその肉は神々の食卓に上がったが, のち Hermes によって復活させられた》. 〖□ L ～ □ Gk *Pélops* 《原義》dark eye or face〗

pe·lo·ri·a /pəlɔ́:riə | pə-, pɛ-/ *n.* 〖植物〗ペロリア《不整斉花の整斉変態》. **pe·lor·ic** /pəlɔ́(:)rɪk, -lɑ́(:)r- | pəlɔ́r-, pɛ-/ *adj.* **pe·lo·ri·an** /pəlɔ́:riən, | pə-, pɛ-/ *adj.* 〖(1859) ← NL ～ ← Gk *pélōros* monstrous (← *pélōr* monster)+-IA[1]〗

pel·o·rize /pélərài z/ *vt.* 〖植物〗ペロリア化させる. **pel·o·ri·za·tion** /pèlərɪzéɪʃən | -raɪ-, -rɪ-/ *n.*

pe·lo·rus /pəlɔ́:rəs | pɪ-/ *n.* 〖海事〗方位盤《船から見た物体の方位を, 船の中心線を基準として正確に測定するもので, 磁針がなく方位のみが盤に書かれている; dumb compass ともいう》. 〖(1854) ← ? L *Pelōrus* (Hannibal の水先案内人の名)〗

pe·lo·ta /pəlóutə | pɪlɔ́tə, -ləu-; *Sp.* pelóta/ *n.* (*pl.* ～**s** /～z; *Sp.* ～s/) **1 a** ペロタ《スペインや中南米で行われるハイアライに似た球技》. **b** ハイアライ. **2** ペロタ[ハイアライ]用のボール[球]. 〖(1895) □ Sp. ～ 《原義》ball □ (O)F *pelote*: ⇨ pellet〗

Pe·lo·tas /pəlóutəs | -ləut-; *Braz.* pelɔ́tas/ *n.* ペロタス《ブラジル南部 Rio Grande do Sul 州の港市》.

pel·o·ton /pélətɑ̀(:)n, ⌐⌐⌐ | pélətɔ̀:(ŋ), -tɔ̀:ŋ, -tɔ̀ŋ, ⌐⌐⌐; F. pəlɔtɔ̃/ *n.* **1** ペロトン, ペロトンガラス《表面にまだらに金属被膜つけし, しゅす光沢処理し, 対照色のガラス繊維 (strand) をかぶせたヨーロッパの装飾用ガラス; peloton glass ともいう》. **2** プロトン, ペロトン《自転車レースの主要集団》. 〖□ F ～ (dim.) ← *pelote*: ⇨ pelota〗

pelt[1] /pélt/ *vt.* **1** […に]〈飛道具・石・雨などを〉(続けざまに)打ちつける [*at, on*]; …に[石などを](続けざまに)投げつける [*with*]: ～ stones *at* a person=～ a person *with* stones 人に石を投げつける / The clouds ～*ed* rain *upon* us. その雲から雨が我々にたたきつけるように降った. **2** [質問・悪口などを]〈人〉に浴びせかける [*with*]: ～ a person *with* incessant questions 矢継ぎ早に人に質問を浴びせる. **3** (石などを投げつけて)〈動物を〉追い立てる. — *vi.* **1 a** (石などを)投げ[たたき]つける [*at*]. **b** 乱射する [*at*]. **2** 〈雨などが〉たたきつけるように降る: The rain came ～*ing down.* / It's ～*ing* cats and dogs. 土砂降りの雨だ / a ～*ing* rain [shower] 土砂降り. **3** 《まれ》悪口を浴びせる. **4** どんどん行く[進む]; 走る, 疾走する 〈*along, out, down*〉. — *n.* 《まれ》**1 a** 投げつけ[たたきつける]こと; 強打. **b** 乱射; 土砂降り. **2** 急速度, 速力 (speed): (at) full ～ 全速力で. **3** 《英方言》激怒 (rage). 〖(?c1225) 《変形》← *pilte*(*n*), *pulte*(*n*) to thrust, strike < OE **pyltan* □ ML **pultiāre*=L *pultāre* to beat, strike 《変形》← *pulsāre* to beat (⇨ PULSE[1]): cf. (O)F *peloter* to strike with a ball ← *pelote* (← *pelote*: ⇨ pelota) // 《短縮》? ← PELLET〗

pelt[2] /pélt/ *n.* **1 a** (山羊または羊の)毛皮. **b** (柔毛の生えた動物の)仕上げ前の毛皮 (⇨ skin SYN). **2** 裸皮《石灰漬等で脱毛した生皮 (rawhide)》. **3** 《戯言》(特に毛だらけの)人間の皮膚: in one's ～ 裸の. **4** 《廃》皮衣(かわごろも). — *vt.* 〈動物〉の皮をはぐ. 〖(1303) (i) 《逆成》← PELTRY // (ii) 《短縮》← 《古形》*pelet* □ OF *pel*(*l*)*ete* (dim.) ← *pel* 'PELL'〗

pel·ta /péltə | -tə/ *n.* (*pl.* **pel·tae** /-ti:, -taɪ/) **1** 枝組みに革を張った古代ギリシャの小円盾. **2** 〖植物〗=PELTATE leaf. 〖(1600) □ L ～ 'small shield' □ Gk *péltē* small leather shield: cf. L *pellis* skin, hide〗

pel·tast /péltæst/ *n.* (pelta と投げやりで武装した古代ギリシャの)軽装歩兵. 〖(1623) □ L *peltasta* □ Gk *peltastḗs* ← *péltē* (↑): ⇨ -ist〗

pel·tate /pélteɪt/ *adj.* 〖植物〗〈葉が〉盾状の (cf. scutate 2): the ～ leaf 盾状葉《ハスの葉のように葉柄が葉の裏の中央についているもの》. **～·ly** *adv.* **pel·ta·tion** /peltéɪʃən/ *n.* 〖(1760) ← NL *peltātus* (armed with a light shield): ⇨ pelta, -ate[2]〗

pélt·er[1] /-tə | -tə(r/ *n.* **1** 飛道具(石など)を投げつける人[物]. **2** 《戯言》鉄砲 (gun), ピストル. **3** 《口語》土砂降り(の雨); 乱射. **4** 《米》足の速い馬; 足の遅い(老いた)馬. ***in a pélter*** 《英方言》激昂して. — *vt., vi.* =pelt[1]. 〖1791〗

pélt·er[2] /-tə | -tə(r/ *n.* **1** 小動物の皮をはぐ人. **2** 皮を利用するために飼育される小動物. 〖1889–91〗

pelt·er·er /péltərə | -rə(r/ *n.* 皮革商人. 〖← PELT[2]+(FRUIT)ERER〗

Pél·tier efféct /péltjeɪ; F. pɛltje-/ *n.* 〖電気〗ペルチエ効果《異種の金属の接触点を電流が流れる時, 熱の発生または吸収の起こる現象》. 〖(1856) ← *J. C. A. Peltier* (1785–1845: フランスの物理学者)〗

Péltier èlement *n.* 〖電子工学〗ペルチエ素子《ペルチエ効果を利用した電子冷凍などに用いる素子》. 〖1972〗

Péltier hèat *n.* 〖物理〗ペルチエ熱《ペルチエ効果により吸収または発生する熱》. 〖1916〗

pélt·ing *adj.* 《古》つまらない (paltry), 取るに足らない, けちな (mean). 〖(1540) ← 《廃》*peltry* refuse, trash 《変形》? ← PALTRY: ⇨ -ing[3]〗

Pél·ton whèel /péltən-, -tṇ-/ *n.* ペルトン水車《高落差の水力発電所に用いられる水力タービン》. 〖(1885) ← *L. A. Pelton* (1829–1908: 米国の技術者)〗

pelt·ry /péltri/ *n.* **1** [集合的] 裸皮 (pelts), 生皮, 毛皮 (skins). **2** (一枚の)毛皮 (pelt). 〖(1436) □ AF *pelterie*=OF *peleterie* (F *pelleterie*) ← *peletier* furrier

← *pel* 'skin, PELL': ⇨ -ry〗

pelv- /pélv/ (母音の前にくるときの) pelvo- の異形.

pelves *n.* pelvis の複数形.

pel·vi- /pélvɨ, -vi/ pelvo- の異形 (⇨ -i-).

pel·vic /pélvɪk/ *adj.* 〘解剖・動物〙骨盤 (pelvis) の: the ~ wall 骨盤壁. 〖(1830): ⇨ pelvis, -ic¹〗

pélvic árch *n.* 〘解剖・動物〙=pelvic girdle.

pélvic díaphragm *n.* 〘解剖〙骨盤隔膜 《骨盤底部の筋膜; cf. pelvic floor》.

pélvic fín *n.* 〘魚類〙(四足動物の後ろ足にあたる)腹びれ (ventral fin) (⇨ fish¹ 挿絵). 〖1909〗

pélvic flóor *n.* 〘解剖〙骨盤底(てい) (cf. pelvic diaphragm).

pélvic gírdle *n.* 〘解剖・動物〙腰帯, 骨盤帯. 〖1883〗

pélvic inflámmatory disèase *n.* 〘病理〙骨盤内炎症疾患(略 PID). 〖1980〗

pel·vim·e·try /pelvímətri | -mɨ-/ *n.* 〘医学〙骨盤計測(法). 〖1863〗

pel·vis /pélvɨs | -vɪs/ *n.* (*pl.* ~·es, **pel·ves** /-viːz/) **1** 〘解剖・動物〙骨盤 (⇨ skeleton 挿絵): the ~ major 仮骨盤, 大骨盤 / the ~ minor 真骨盤, 小骨盤. **2 a** 盤状物. **b** 腎臓の腔. 〖(1615) ← NL ~ 'pelvis, (L) basin' ← IE **pel-* dish (Gk *pélla* bowl / Skt *pālavī* vessel)〗

pel·vo- /pélvou | -vəu/ 「骨盤 (pelvis); 骨盤と…との (pelvic and …)」の意の連結形. ★ 時に pelvi-, または母音の前では通例 pelv- になる. 〖← NL *pelvis* (↑)〗

pel·y·co·saur /pélɨkəsɔ̀ə | -lɪkəsɔ̀ː(r/ *n.* 〘古生物〙盤竜 (盤竜目の初期の哺乳類型爬虫類). 〖(1904) ↓〗

Pel·y·co·sau·ri·a /pèlɨkousɔ́ːriə | pèlɪkə(u)-/ *n. pl.* 〘古生物〙ペリコサウルス目, 盤竜目 《ペルム紀に繁栄した初期の哺乳類型爬虫類; Theromorpha ともいう》. 〖← NL ~ ← Gk *péluk-*, *pélux* wooden bowl+-o-+-SAUR+-IA²〗

Pem·ba /pémbə, *Swahili* pémbɑ/ *n.* **1** ペンバ(島) 《タンザニア北東部東海岸近くの島; 面積 984 km²》. **2** ペンバ 《モザンビーク北東部の港市; Cabo Delgado 州の州都》.

pem·bí·na càrt /pɛmbíːnə-, pémbə- | pɛmbíː-, pémbɪ-/ *n.* カナダ初期の植民者が用いた荷車の一種. 〖*pembina*: □ Canad.-F *pimbina* □ N-Am.-Ind. (Cree) *nipiminân* 《原義》 berry growing by the water〗

Pem·broke /pémbrʊk, -brouk | -brʊk, -brəːk/ *n.* **1 a** =Pembrokeshire. **b** 旧 Pembrokeshire 州の州都. **2** =Pembroke table. **3** ペンブルック 《Pembrokeshire からウェールズを経て繁殖された耳の先がとがっていて尾の短いイヌ; Pembroke Welsh corgi ともいう; cf. Welsh corgi》.

Pem·broke·shire /pémbrʊkʃə, -brouk-, -ʃɪə | -brʊkʃə(r, -brəːk-, -ʃɪə(r/ *n.* ペンブロークシャー 《ウェールズ南西端の半島部にある行政区・旧州; Pembrokeshire Coast National Park がある; 面積 1,590 km², 州都・政庁は Haverfordwest にある; 略 Pembs》. 〖(1219) *Penbrocsira* ← *Pennbro* ← Welsh *penfro* end land ← *pen* end, head+*bro(g)* land: ⇨ -shire: cf. penguin〗

Pémbrokeshire Cóast Nátional Párk *n.* ペンブロークシャーコースト国立公園 《Pembrokeshire のほぼ全沿岸地帯を占める; 岩の多い海岸美と有史前の遺物で有名, 1952 年指定; 面積 582 km²》.

Pémbroke tàble *n.* 〘家具〙ペンブロークテーブル 《両側に垂れている翼を上げて広げられるテーブル; 単に Pembroke ともいう; cf. butterfly table, drop table》. 〖(1778) ← *Pembroke* (英国の名家の一つ)〗

Pembs 《略》 Pembrokeshire.

pem·mi·can /pémɨkən | -mɪ-/ *n.* (*also* **pem·i·can** /~/) **1** ペミカン: **a** もとアメリカインディアンの料理 《細かく砕いた乾燥肉・果物に, 溶かし脂を混ぜて固めた保存食品》. **b** これに類似した現代の(携帯用)非常食品. **2** (書き物の)摘要, 綱要. 〖(1791) □ N-Am.-Ind. (Cree) *pimikân* ← *pimii* fat〗

pem·o·line /pémәliːn, -lɨn | -liːn, -lɪn/ *n.* **1** 〘薬学〙ペモリン ($C_9H_8N_2O_2$) 《興奮剤》. **2** =magnesium pemoline. 〖(1961)? ← P(H)E(NYL)+(I)M(INO-)+(*oxaz*)*ol*(*idinone*)+-INE³〗

pem·phi·goid /pémfɨgɔ̀ɪd | -fɪ-/ *adj.* 〘医学〙類天疱瘡の. 〖(1822–34) ← PEMPHIG(US)+-OID〗

pem·phi·gus /pémfɨgəs, pɛmfáɪ- | pémfɪ-, pɛmfáɪ-/ *n.* (*pl.* ~·es, **-phi·gi** /-fɨdʒàɪ, -fáɪdʒaɪ | -fɪdʒàɪ, -fáɪdʒaɪ/) 〘病理〙天疱瘡(てんぽうそう) 《皮膚に大水泡を次々に生じる皮膚病》. **pem·phi·gous** /pémfɨgəs | -fɪ-/ *adj.* 〖(1779) ← NL ~ ← Gk *pemphīg-*, *pémphix* bubble+-*us* (n. suf.)〗

pen¹ /pén/ *n.* **1 a** ペン先. **b** (ペン先とペン軸を含めた)ペン; 鵞(が)ペン (quill); (特に)ボールペン (ball-point pen), 万年筆 (fountain pen): write with ~ and ink インク[ペン]で書く / ⇨ drawing pen. **2 a** (表現・著作の手段としての)ペン, 筆: drive a ~ 書く, 執筆する. **b** [the ~, one's ~] (著述業としての)文筆, 文章; [the ~] 文筆業 (cf. brush¹ 2 b): live [make one's living] by *one's* ~ 文筆で生計を立てる / draw *one's* ~ against …を文章で攻撃する / men of *the* ~ 作家達 / wield *one's* ~ 文筆を振るう, 著述に従事する / *The* ~ is mightier than the sword. 《諺》ペンは剣よりも強し, 文は武よりも強い. **3** 筆致, 文体: a fluent ~ 流麗な文体. **4** 文筆[著述]業者, 作家 (writer): the best ~*s* of the day 当代第一流の作家達. **5** 〘動物〙イカの甲 (cuttlebone). **6** 《古》 **a** 羽 (feather); 羽茎 (quill). **b** [*pl.*] 翼 (wings).

dip one's pén in gáll ⇨ gall¹ 成句.

pén and ínk 筆墨; 著述 (cf. 1 b).

— *vt.* (**penned; pen·ning**) 〈手紙などを〉(ペンで)書く (write); 〈作品などを〉作る, 著わす.

〖n.: (?c1280) *penne* □ (O)F < LL *pennam* 'pen, (L) FEATHER' ← IE **petnā* ← **pet-* to rush, fly: cf. pin. — v.: (1490) ← (n.)〗

pen² /pén/ *n.* **1** (豚・羊・牛などを入れる)おり, 囲い (sty). **2** [the ~; 集合的] おりの中の動物. **3** 小さな囲い; (食料品などの)貯蔵所, 貯蔵室[箱]: ⇨ bullpen. **4** (防空設備のある)潜水艦修理ドック 《submarine pen ともいう》. **5** =playpen. **6** 《ジャマイカ》牧場.

— *vt.* (**penned, pent** /pént/; **pen·ning**) おり[囲い]に入れる; 閉じ込める, 監禁する (confine) 〈*in, up*〉.

〖n.: OE *penn* ← ? Gmc *pannja-* ← IE **bend-* protruding point (cf. POUND³). — v.: (?a1200) *penne(n)* < OE *pennian* ← *penn* (n.): cf. pent〗

pen³ /pén/ *n.* 《米俗》刑務所 (penitentiary). 〖(1884) 《略》〗

pen⁴ /pén/ *n.* 雌のハクチョウ (cf. cob¹ 4). 〖(c1550) ← ?〗

Pen /pén/ *n.* ペン 《女性名》. 〖(dim) ← PENELOPE〗

PEN /pén/ 《略》 (International Association of) Poets, Playwrights, Editors, Essayists, and Novelists 国際ペンクラブ (1922 年 London に創設). 〖1923〗

Pen., pen. 《略》 penalty; peninsula; penitent; penitentiary.

pen-¹ /pén-, piːn/ (母音の前にくるときの) pene- の異形.

pen-² /pen/ penta- の異形.

pe·nal /píːnl/ *adj.* **1** 刑罰の, 刑の. **2** 刑法(上)の, 刑事上の (criminal). **3** 罰を受けるべき, (法定の)刑罰に相当する (punishable): a ~ offense 刑事犯罪. **4 a** 刑罰[懲罰]として課せられる: ⇨ penal servitude. **b** 刑罰[懲罰]の代わりに賦課[徴集]される: ~ taxation 懲罰課税. **c** 刑場としての: a ~ colony [settlement] 囚人の流刑地 (cf. Botany Bay, Devil's Island). **~·ly** /-nəli, -nḷi | -nəli, -nḷi/ *adv.* 〖(1439) □ (O)F *pénal* // L *poenālis* of punishment ← *poena* 'punishment, PAIN': ⇨ -al¹〗

pénal códe *n.* [the ~] 〘法律〙刑法(典). 〖1845〗

pe·nal·ize /píːnəlàɪz, pén-, -nḷ- | píːn-, -nḷ-/ *vt.* **1** 〈行為などを〉罰する; 〈人を〉有罪であると宣告する. **2** 〈あることが〉〈人を〉不利な立場におく, 窮地に追いやる, 困らせる. **3** 〘スポーツ〙〈反則者〉に罰則を適用する, ペナルティーを課す. **4** 〈行為を〉法的処罰の対象にする, 法による処罰ができるようにする. **pe·nal·i·za·tion** /pìːnəlɨzéɪʃən, pèn-, -nḷ- | pìːnəlaɪ-, -lɪ-, -nḷ-/ *n.* 〖(1868): ⇨ penal, -ize〗

pénal láw *n.* 刑罰法規, 刑法. 〖1687〗

pénal sérvitude *n.* 〘法律〙(強制労働を伴う)懲役 《1853 年英国およびその自治領で流刑に代わって行われるようになった; 1948 年廃止; 略 PS》: do ~ 懲役を務める / The judge gave him eight years' ~. 判事は彼を 8 年の懲役に処した. 〖1858〗

pénal súm *n.* 〘商業〙罰金; 違約金. 〖1623〗

pen·al·ty /pénḷti/ *n.* **1** 刑罰, 処罰: the maximum [extreme] ~ for speeding [tax evasion] スピード違反[脱税]に対する最高刑 / impose the death ~ 死刑に処する. **2** 罰金, 科料 (fine), 違約金: pay the ~ 罰金を払う, 罰[報い]を受ける. **3** (義務の不履行などによって課せられる)因果, 応報, ばち, 祟(たた)り (retribution): The ~ of despotism is isolation. 専制の報いは孤立である. **4** (ある行為・状態に伴う)不利, 不利益, 不利な条件: the *penalties* of old age 年寄りという不利な条件. **5** 〘スポーツ〙 **a** ペナルティー (反則に対する減点その他の不利益); (前回の勝者につけられる)ハンディキャップ (handicap). **b** ペナルティー (ペナルティーキックによる得点). **6** [しばしば *pl.*] 〘トランプ〙(ブリッジで)ダウン点 (契約 (contract) 数を下回るトリック (undertrick) について課せられる罰点で相手方の得点となる; cf. premium).

on* [*under*] *penálty 犯せば罰するという条件で: be forbidden *on* [*under*] ~ of $5 [death] 違約すれば 5 ドルの罰金に処せられる[死刑になる]条件で禁止される.

〖(?1462) □ AF **penalte* =(O)F *pénalité* □ ML *poenalitātem*, *poenalitās*: ⇨ penal, -ty²〗

pénalty àrea *n.* 〘サッカー〙ペナルティーエリア 《この区域内で重要な反則があった場合相手チームに penalty kick が与えられる》. 〖1905〗

pénalty bòx *n.* **1** 〘アイスホッケー〙ペナルティーボックス, 罰則席 《一定時間退場する反則者および計時員などの役員が控える, リングサイドの席》. **2** 《口語》〘サッカー〙=penalty area. 〖1931〗

pénalty bùlly *n.* 〘ホッケー〙ペナルティーブリー 《ゴール前 5 ヤードの地点からの bully》. 〖1897〗

pénalty càrd *n.* 〘トランプ〙(ブリッジで)反則札 《不注意で開いたため, 卓上にさらし, それを出せる最初の機会に出さなければならないカード; cf. exposed 3 b》. 〖1958〗

pénalty clàuse *n.* (契約書の)違約条項. 〖1935〗

pénalty còrner *n.* 〘ホッケー〙ペナルティーコーナー 《ゴールポストから 10 ヤードのゴールライン上でのフリーヒット》. 〖1935〗

pénalty dòuble *n.* 〘トランプ〙(ブリッジで)ペナルティーダブル 《相手側がビッドした時, その contract が達成不可能であると判断して相手の失点を倍加させるためのダブル; cf. takeout double》. 〖1959〗

pénalty ènvelope *n.* 《米》公用封筒 (cf. on His Majesty's Service ⇨ service¹ 6). 〖(1879): 濫用に対する罰則が刷ってあることから〗

pénalty gòal *n.* 〘ラグビー・サッカー〙ペナルティーゴール 《penalty kick によって得られた点》. 〖1891〗

pénalty kìck *n.* ペナルティーキック: **1** 〘サッカー〙penalty area 内での重大な局面における反則のために相手チームに許されるゴール前 12 ヤードの地点からのシュート. **2** 〘ラグビー〙相手チームの反則によって与えられるフリーキック. 〖1889〗

pénalty kìller *n.* 〘アイスホッケー〙ペナルティーキラー 《ペナルティーで味方が手薄になったとき守りとして出場するとっておきの選手》. 〖1962〗

pénalty lìne *n.* 〘サッカー〙ペナルティーライン 《penalty area の線》. 〖1929〗

pénalty pòint *n.* 《英》交通違反点数.

pénalty ràtes *n. pl.* 《豪》時間外勤務の賃金率. 〖1948〗

pénalty shòot-out *n.* 〘サッカー〙ペナルティーシュートアウト 《延長でも決着がつかないとき行なわれる PK 戦; シューターはドリブルしてシュートする; 単に shoot-out ともいう》.

pénalty-shòt *n.* 〘アイスホッケー〙ペナルティーショット 《相手チームの反則によって与えられるフリーショット》. 〖1948〗

pénalty stròke *n.* 〘ゴルフ〙ペナルティーストローク, 罰打. 〖1895〗

pénalty trỳ *n.* 〘ラグビー〙ペナルティートライ 《タッチダウンが攻撃側の妨害により妨げられたときに相手側に与えられるトライ》. 〖1923〗

pen·ance /pénəns/ *n.* **1** 懺悔(ざんげ), 苦行; (罪滅ぼしの)難行: do ~ 罪滅ぼし[罪業消滅]の苦行をする, 悔い改める. **2** 〘カトリック・東方正教会〙(contrition, confession, satisfaction, absolution の全段階を含む)告解[改悛(かいしゅん)](の秘跡). — *vt.* 《古》…に償いを課する[させる]; 罰する (punish). **pén·an·cer** *n.* 〖(c1280) *penaunce* □ OF *penance* < L *paenitentiam* 'PENITENCE'〗

pén-and-ínk *adj.* ペンで書いた: a ~ drawing [sketch] ペン画. — *n.* ペン画. 〖1463〗

Pe·nang /pɨnǽŋ, pɛ-; *Malay* pénaŋ/ *n.* ペナン: **1** Malay 半島の北西岸にある島; 面積 285 km². **2** マレーシア北西部の州, Penang 島と本土の一部とを含む; 面積 1,030 km², 州都 George Town. **3** =George Town 2.

pe·náng-láwyer /pɨnǽŋ-, pɛ-/ *n.* **1** 頭にこぶのあるステッキ 《東南アジア産ウチワヤシ属の小形のヤシの木の幹で作る》. **2** 〘植物〙その(材をとる)ウチワヤシ属の木 (*Licuala acutifida*). 〖(1828) 《転訛》? ← Malay *pinang láyor* fire-dried areca: cf. Penang〗

pen·an·nu·lar /pɛnǽnjʊlə | -lə(r/ *adj.* ほとんど環状[輪状]をなした, 準環[輪]状の (cf. annular). 〖(1851) ← L *paene* nearly, almost+ANNULAR〗

pe·na·tes /pɨnéɪtiːz, -nɑ́ː- | pɛnɑ́ːteɪs, pɨ-, -néɪtiːz/ *n. pl.* **1** [しばしば P-] 〘ローマ神話〙ペナーテース 《家庭(特に, 物置)の守護神 (household gods); 通例 lares と共にあがめられる》. **2** 大切にしている家具[造作]. 〖(1513) □ L (*dī*) *penātēs* (deities) of the inside of the dwelling ← *penus* store of victuals, important part of a temple (cf. *penitus* within): cf. penetrate〗

pén-bàsed *adj.* 〈携帯型コンピューターなど〉電子ペンによる入力の.

pence /péns, pénts/ *n.* 《英》penny の複数形. ★ 発音・用法その他については ⇨ penny 1 語法. 〖(c1250) *pens*, *penis* < OE *penegas* (pl.): ⇨ penny: 今の形は 16C から〗

pen·cel /pénsəl, -sḷ/ *n.* 《古》=pennoncel. 〖(?a1300) □ AF ~ =OF *penoncel* (dim.) ← *penon* 'PENNON'〗

pen·chant /péntʃənt | pɑ́ː(n)ʃɑ̃ː(ŋ), pɑ́ːnʃɑːŋ; *F.* pɑ̃ʃɑ̃/ *n.* 〔…に対する〕強い傾向; 偏好 (partiality); 趣味, 好み (liking) 〔*for*〕: the British ~ *for* investing overseas 英国人の海外投資を好む強い傾向. 〖(1672) □ F ~ (pres.p.) ← *pencher* to incline, slope < VL **pendicāre* ← L *pendēre* to hang: cf. pendent〗

Pen·chi /pʌ̀ntʃíː, bʌ̀n-/ *n.* =Benxi.

pen·cil /pénsəl, -sḷ/ *n.* **1** 鉛筆 (色鉛筆・石筆などを含む): write *in* [*with a*] ~ 鉛筆で書く / Neither pen nor ~ can express. 筆紙では尽くせない / work with ~ and paper ⇨ paper 1. **2** 《古》絵筆 (paintbrush). **3** (文語・比喩) 画法, 画風: the masterly ~ of Rembrandt レンブラントの偉大な画風[筆致]. **4** 鉛筆形の物: **a** (薬用の)硝酸銀棒. **b** (棒状の)まゆ墨, 口紅: ⇨ eyebrow pencil. **c** =pencil diamond. **d** 《卑》ペニス (penis). **5** 〘光学〙光線束, 光束 (pencil of rays): a homocentric ~ 共心光(線)束 / an astigmatic ~ 非点光(線)束. **6** 〘数学〙束 《与えられた方程式または条件を満たす直線[平面]の集合》.

— *vt.* (**pen·ciled, -cilled; -cil·ing, -cil·ling**) **1** 鉛筆で書く[描く]; 鉛筆でしるし[色]をつける; 絵筆で書く: some annotations ~*ed* in English 英語で鉛筆書きした注釈. **2** 試みに[仮に]書く. **3** [特に p.p. 形で] (細い鉛筆[絵筆]を用いて)線描で細密に描く (⇨ penciled). **4** まゆ墨で〈まゆを〉引く: ~ the eyebrows. **5** 〘医学〙〈傷口などに〉(毛筆などで)塗剤を塗る. **6** 《英》〘競馬〙〈ブックメーカーが〉賭け台帳に〈馬の名・賭金を〉記入する, 記帳する.

péncil ín 一応予定[リスト]などに入れておく.

〖n.: (c1325) *pencel* □ OF *pincel* (F *pinceau*) < VL **pēnicellu(m)* =L *pēnicillum* painter's brush (dim.) ← *pēnis* 'tail, PENIS'. — v.: (c1532) ← (n.)〗

péncil bèam *n.* 〘物理〙ペンシルビーム 《アンテナによる電波の放射電力分布の形で, 単一方向に鋭い方向性をもったもの》. 〖1946〗

péncil-càse *n.* 鉛筆入れ. 〖1552〗

péncil cédar *n.* 〘植物〙材質が鉛筆を作るのに適した数種のビャクシン (juniper) の総称 《エンピツビャクシン (red cedar), オニヒバ (incense cedar) など》. 〖1825〗

péncil còmpass *n.* 鉛筆をつけるコンパス. 〖1875〗

péncil díamond *n.* (木の柄のついた鉛筆状の)ガラス切り. 〖1837〗

pén·ciled *adj.* **1** 細い線を引いた. **2** 鉛筆[まゆ墨]で書いた: a ~ line / ~ eyebrows 引き[かき]まゆ. **3** 上品

P

に書かれた, 優美に彩色された. **4**〘生物〙房毛のある (penicillate). **5**〘光学〙光(線)束状の. 〘1592〙

péncil flòwer *n.*〘植物〙マメ科 *Stylosanthes* 属の植物の総称《管状の小さな花をつける》. 〘1817〙

péncil gàte *n.*〘金属加工〙(鋳型の)雨堰(あませき), 雨湯口(あめゆぐち) (⇨ shower gate).

péncil gàting *n.*〘金属加工〙雨堰を使うこと.

pen·cil·i·form /pensíləfɔ̀ːm | -l̩fɔ̀ːm/ *adj.* **1** 鉛筆のような形をした, 鉛筆状の. **2**〈線・光線が〉(ほぼ)並行な. 〘⇨ pencil, -i-, -form〙

pén·cil·ing /-s(ə)lɪŋ, -sl-/ *n.* **1** 鉛筆書き; 細線書き. **2** 鉛筆で書いたような模様. 〘1706〙

pén·cil·ler /-s(ə)lə, -slə | -s(ə)lə(r, -sl-/ *n.* **1** 鉛筆で書く人. **2**〘英〙〘競馬〙賭け帳簿記入係, ブックメーカー《鉛筆で賭け帳に記入する人》. 〘1780〙

pencil mustache *n.* ごく細い口ひげ.

péncil pòuch *n.*〘米〙=pencil-case.

péncil pùsher *n.*〘口語〙(作家・書記・記者のように)筆記を必要とする職業の人; 事務員; 記者. 〘1881〙

péncil shàrpener *n.* (回転式の)鉛筆削り(器). 〘1875〙

péncil skètch *n.* 鉛筆で描いたスケッチ. 〘1851〙

péncil skìrt *n.* ペンシルスカート《細目のタイトスカート》. 〘1952〙

péncil strìpe *n.* ペンシルストライプ《暗い地に白またはパステル調の細い縦線からなる布地模様》. 〘1897〙

PÉN Clùb /pén-/ *n.* =PEN.

pén compùter *n.* タッチペン式コンピューター.

pén·cràft *n.* **1** 書法, 筆法; 筆跡. **2** 文体. **3** (仕事としての)著述, 著述業 (authorship). 〘1600〙

pend /pénd/ *vi.* **1**〘文語〙ぶら下が(ってい)る (hang). **2** 未決定のままである, 係争中である (cf. pending 1). **3**〘(頭音消失) ← DEPEND〙〘廃・方言〙依存する, 頼る (depend). — *vt.* 未決定のままにしておく. — *n.*〘スコット〙**1** アーチ. **2** アーチで覆われた通路. **3** ペンダント. 〘(1500–20) ◻ (O)F *pendre* (↓)〙

pen·dant /péndənt/ *n.* **1** (首輪・耳輪・腕輪などに付けた)垂れ飾り, ペンダント. **2**〘建築〙(天井からの)釣束(つりづか)飾り, 垂れ飾り, 降り花. **3** /または pɑ̃ː(n)dɑ̃ː(ŋ), pɔ̃ː(n)dɔ̃ː(ŋ), pɑndáːŋ, pɔ(ː)ndɔ́(ː)ŋ | ⌐–⌐; *F.* pɑ̃dɑ̃/〘絵画などの〙対の一方, 片割, 〔…の〕相手 (match), 〔…と〕並ぶもの (parallel)〔*to*〕. **4** 竜《懐中時計のケースの一部; りゅうずを取り付けるほか, 首環やリングを付けることができる》. **5** ペンダント《天井から吊り下げる照明設備》, 吊りランプ, シャンデリア (chandelier). **6**〘海事〙**a** =pennant 2. **b** (英海軍の)三角旗 (pennant). **7** /または pɑ̃ː(n)dɑ̃ː(ŋ), pɔ̃ː(n)dɔ̃ː(ŋ), pɑndáːŋ, pɔ(ː)ndɔ́(ː)ŋ | ⌐–⌐; *F.* pɑ̃dɑ̃/ 付録, 付属物. **8** (懐中時計の)りゅうずの輪. — *adj.* = pendent: ~ from the ceiling 天井からぶら下がった. 〘(1323) *pendaunt* ◻ (O)F *pendant* (pres.p.) ← *pendre* to hang: ⇨ pendent, -ant〙

péndant clòud *n.*〘気象〙漏斗雲 (⇨ tuba 4).

péndant pòst *n.*〘建築〙持ち送り釣束(つりづか), 釣束, 受木(うけぎ). 〘1359〙

péndant swìtch *n.*〘電気〙=cord switch.

péndant tàckle *n.*〘海事〙ペンダントテークル《マストの先端とか帆桁のはしなどからロープをとる場合に役立つように, そこに短索を付け, その先端にさげてある滑車》. 〘1884〙

Pen·del·i·kon /pendél̩kɑ̀(ː)n | -lɪkɔ̀n; *Mod.Gk.* pe(n)dɛlikɔ́n/ *n.* ペンデリコン(山)《ギリシャの Attica 地方, Athens の北東の山; 大理石で有名; 標高 1,109 m; Pentelikon ともいう》.

pen·de·loque /pɑ̃ː(n)dəlɑ̀(ː)k, pɑ̀ːn-, -lɔ̀(ː)k | -lɔ́k; *F.* pɑ̃dlɔk/ *n.* ガラス製垂れ飾り《通例西洋なし形で, ランプやシャンデリアの装飾用》. 〘(1864) ◻ F ~〘(混成)〙← (廃) *pendeler* to dangle ((dim.) ← *pendre* to hang: ⇨ pendent) + BRELOQUE〙

pen·den·cy /péndənsi/ *n.* **1** 垂下, 懸垂. **2** 未決, 未定, 宙ぶらりん: during the ~ of …が未定の間に. **3**〘法律〙訴訟係属, 係争中. 〘(1637): ⇨ pendent, -cy〙

Pen·den·nis /pendén̩s | -nɪs/ *n.* **1**「ペンデニス」《Thackeray 作の小説 (1848–50)》. **2** ペンデニス《*Pendennis* の主人公》.

pen·dent /péndənt/ *adj.* **1** 垂れ下がっている, 懸垂する (hanging): the ~ branches of willow / a ~ lamp 吊りランプ. **2**〈崖(がけ)など〉張り出て[出して]いる (overhanging): a roof with ~ eaves 軒の張り出している屋根. **3**〈危険など〉今にも来そうな; 差し迫った, 切迫した (impending). **4** 宙ぶらりんの, 未決定の, 係争中の (undecided): The lawsuit remains ~. 訴訟は未決のままである. **5**〘文法〙不完全構文の; 〈分詞が〉懸垂的な (dangling) (cf. dangling participle). — *n.* =pendant. **~·ly** *adv.* 〘(1392) ◻ (O)F *pendant* (pres.p.) ← *pendre* < VL **pendere*=L *pendēre* to hang ← IE *(s)*pen-* to draw, stretch, spin: ⇨ -ENT〙

pen·den·te li·te /pendéntìláɪtiː, ṭi | -tɪláɪtiː, -ti/ *L. adv.*〘法律〙審問中, 訴訟係属中 (during litigation). 〘(1726) ← NL ~〘原義〙pending the suit〙

pen·den·tive /pendéntɪv | -tɪv/ *n.*〘建築〙ペンデンティブ, 穹隅(きゅうぐう)《ドームを築くために方形の空間の四隅に築いた三角形状の球面壁体》.

in pendéntive〘印刷〙〈活字が〉逆三角形組みの.

— *adj.* ペンデンティブ(状)の.

〘(1727–41) ◻ F *pendentif* ← L *pendentem* (pres.p.) ← *pendēre* to hang: ⇨ pendent, -ive〙

péndent nóminative *n.*〘文法〙懸垂主格《述部動詞を伴わない主格のこと》. 〘1884〙

Pen·de·rec·ki /pèndərétski; *Pol.* pɛndɛrétskʲ/, **Krzysz·tof** /kʃíʃtɔf/ *n.* ペンデレツキ《1933– ; ポーランドの作曲家; *St Luke Passion* (1963–65)》.

pend·ing /péndɪŋ/ *adj.* **1** 未定の, 未決の, 懸案の, 係争中の (undecided): Patent ~. 特許出願中 / a ~ question 懸案(の問題) / A suit was ~. 訴訟は係争中だった. **2**〘まれ〙差し迫っている, 切迫した (impending): a ~ disaster 差し迫っている不幸 / A climax was ~. クライマックスが差し迫っていた. **3**〘まれ〙突き出て[出して]いる (overhanging): ~ rocks 突き出ている岩. — *prep.* **1** …まで (until); …を待ちながら (while awaiting): ~ the completion of the new building 新しい建物が完成するまで / *Pending* his return, Mary was shown into a dining room. 彼が帰るまでメアリーは食堂に通されて待たされた. **2** …の間, …中 (during): ~ the negotiations 協商[交渉]中に. 〘(1642)〘(なぞり)〙← F *pendant* in suspense (pres.p.): ⇨ pendent, -ing²〙

pénding-trày *n.* (事務室の机上に置く)未決書類入れ (cf. in-tray, out-tray). 〘1955〙

Pend O·reille /pɑ́ːndəréɪ/ *n.* **1** [the ~] パンドレイユ(川)《米国 Idaho 州北部および Washington 州北東部を流れる川; Pend Oreille 湖に発し, Columbia 川に注ぐ (1,600 km)》. **2** パンドレイユ(湖)《米国 Idaho 州北部の湖; 面積 324 km²》. 〘← ? N-Am.-Ind.: F *pendant d'oreille* earing との連想による変形か〙

pen·drag·on /pendrǽgən/ *n.* [しばしば P-] 古代 Britain または Wales の首長の称号 (cf. Uther). 〘(*a*1470) ◻ Welsh ~ ← *pen* head + *dragon* dragon (◻ L *dracō(n-)* 'DRAGON'): 首領の軍旗には竜の図柄が配されていたことから〙

pendrágon·shìp *n.* [しばしば P-] pendragon の身分[地位]. 〘1834〙

pén·drìver *n.* **1** 書記, 筆生 (clerk). **2** 記者, 作者. 〘1878〙

pen·du·lar /péndʒulə, -dju-, -dju- | -djulə(r/ *adj.* **1** 振子の[と関係のある]. **2** 振子の運動(に似た動き)をする. 〘(1878) ← PENDULUM + -AR¹〙

pen·du·late /péndʒulèɪt, -dju-, dju- | -dju-/ *vi.* **1** (振子のように)振れる, 揺れる, ぶらぶらする (swing). **2** 心が定まらない, ためらう (hesitate). 〘(1698) ← NL PENDUL(UM) + -ATE³〙

pen·dule /pɑ̃ː(n)djuːl, pɑ́ːn-, péndjuːl; *F.* pɑ̃dyl/ *n.*〘登山〙振子トラバース《振子運動を利用した登山方法; pendulum ともいう》. 〘(1957) ◻ F ~ ∥ NL *pendulum* ← L *pendulus* 'PENDULOUS'〙

pen·du·line /péndʒul̩n, -du-, , dju-, -làɪn | -djulɪn, -làɪn/ *adj.* **1**〈鳥の巣が〉懸垂した (suspended). **2**〈鳥が〉懸垂した巣を作る《南欧産のシジュウカラなどについていう》. 〘(1802) ◻ F ~ ← L *pendulus* (⇨ pendulous): ⇨ -ine¹〙

pénduline tìt [títmouse] *n.*〘鳥類〙ツリスガラ(吊巣雀) (*Remiz pendulinus*)《ヨーロッパ・アジアの温帯産》.

pen·du·lous /péndʒuləs, -du-, -dju- | -dju-/ *adj.* **1**〈耳・乳房・鳥の巣・花など〉ぶら下がる, 懸垂した, だらりと垂れ(下がっ)た, しだれた. **2** (振子のように)振動する, ゆらゆらする. **3**〘まれ〙〈心が〉ぐらつく; 未決の, 未定の. **4**〘廃〙気配を漂わせている; 差し迫った (impending). **~·ly** *adv.* **~·ness** *n.* 〘(1604–05) ◻ L *pendulus* hanging ← *pendēre* to hang: ⇨ pendent, -ous〙

pen·du·lum /péndʒuləm, -du-, -dju- | -dju-/ *n.* **1 a** (時計などの)振子《振りざおと振り玉とからなる》: a compensated ~ =compensation pendulum / a compound ~ =physical pendulum / ⇨ simple pendulum. **b**〘機械〙ねじり振子《金属の棒または針金の先におもりをつけ, おもりの振動につれて棒または針金がねじれる振子; torsion pendulum ともいう》. **2 a** (世論など振子のように)相対する両端の間を揺れ動くもの. **b** 心の定まらない人. **3** 吊りランプ, シャンデリア (chandelier). **4**〘登山〙= pendule.

the swing of the péndulum ⇨ swing 成句.

〘(1660) ← NL ~ ← L 'anything hanging' (neut.) ← *pendulus* (↑)〙

péndulum arbitrátion *n.* 振子調停《労使双方の主張を聞きながら仲裁する制度》.

péndulum wàtch *n.* 振子を用いた携帯時計. 〘1664〙

pen·e- /pén̩, píːn-, -ni/「ほとんど (almost)」の意の連結形: *peneplain.* ★ 母音の前では通例 pen- になる. 〘◻ L *paene-, pene-* ← *paene* almost〙

pène·contemporáneous *adj.*〘地質〙準同時期の. 〘1901〙

pe·nec·to·my /penéktəmi/ *n.*〘医学〙陰茎切除(術).

Pe·nel·o·pe /p̩néləpi/ *n.* **1** ペネロピ《女性名; 愛称形 Pen, Pennie, Penny》. **2**〘ギリシャ伝説〙ペーネロペー《Odysseus の妻; トロイ遠征で夫の 20 年におよぶ不在中貞節を守り続けた》. **3** 貞節な妻 (faithful wife), 貞女.

a Penélope's wéb 一見進行しているように見えるが決して終わることのない仕事《義父の棺衣を織り上げるまでと求婚者たちを 20 年間も待たせたことから》.

〘(1581) ◻ L *Pēnelopē* ◻ Gk *Pēnelópē*〙

pe·ne·plain /píːn̩plèɪn, pén-, ⌐–⌐ | -nɪ-/〘地質〙*n.* ペネプレーン, 準平原《かつて山地または丘陵地であったところが浸食作用のためほとんど平原状になった土地》. — *vt.* (浸食作用で)準平原にする. 〘(1889) ← PENE- + PLAIN¹〙

pe·ne·pla·na·tion /pìːnəplənéɪʃən, pèn- | -n̩-/ *n.*〘地質〙準平原化作用.

pe·ne·plane /píːn̩plèɪn, pén-, ⌐–⌐ | -n̩-/ *n., vt.*〘地質〙=peneplain.

penes *n.* penis の複数形. 〘◻ L *pēnēs*〙

pen·e·tra·bil·i·ty /pènətrəbíləti | -n̩trəbíl̩ti/ *n.* 入り込め[まれ]ること; 透徹性, 浸透性. 〘(1609) ◻ F *pénétrabilité* ← *pénétrable* ◻ L *penetrābilis* (↓): ⇨ -ity〙

pen·e·tra·ble /pénətrəbl | -n̩-/ *adj.* **1** 入り込める, 浸透できる, 貫通できる. **2** 見抜かれる, 看破できる. **3**〔…を〕理解できる; 〔…に〕感動しうる〔*to*〕: ~ *to* reason 道理のわかる / ~ *to* pity 哀れみを知る. **pén·e·tra·bly** *adv.* **~·ness** *n.* 〘(*a*1420) ◻ (O)F *pénétrable* ◻ L *penetrābilis* ← *penetrāre* 'to PENETRATE': ⇨ -able〙

pen·e·tra·li·a /pènətréɪliə | -n̩-/ *n. pl.* **1** (場所などの)内部, 深奥部; (神殿・宮殿などの)奥の聖域, 奥の院 (innermost shrine). **2** 秘密 (secrets), 私事. **pèn·e·trá·li·an** /-liən⌐/ *adj.* 〘(1668) ◻ L *penetrālia* (pl.) ← *penetrāle* inner part ← *penetrāre* 'to PENETRATE': ⇨ -al², -ia²〙

pen·e·tra·li·um /pènətréɪliəm | -n̩-/ *n.* もっとも秘密の[隠された]部分 (cf. penetralia). 〘(1817)〘(逆成)〙↑: datum-data との類推〙

pen·e·tram·e·ter /pènətrǽmətə | -n̩trǽm̩tə(r/ *n.*〘物理〙(X 線)硬度計《X 線の透過度を測る器械; penetrometer ともいう》. 〘(1907) ← PENETRA(TION) + -METER¹〙

pen·e·trance /pénətrəns/ *n.* **1** 浸透作用. **2**〘生物〙(遺伝子の)浸透度《ある遺伝子に支配される形質がある個体群に表現型として現れる度合をパーセントで表した値; cf. expressivity 1》. 〘(1642): ⇨ ↓, -ance〙

pen·e·trant /pénətrənt/ *n.* **1** 入り込む[浸透する]者[物]. **2**〘動物〙(腔腸動物)(貫通)刺胞. **3** 浸透剤, 浸潤剤《水の表面張力を低下させ濡れやすくする働きの物質》. **4** 皮膚浸透剤《化粧液・クリームなど》. — *adj.* =penetrating. 〘(1543) adj.: ◻ F *pénétrant* ∥ L *penetrāntem* (pres.p.) ← *penetrāre* (↓)〙

pen·e·trate /pénətrèɪt | -n̩-/ *vt.* **1 a** …の内部に入り込む, 侵入する. **b**〈液体などが〉…にしみ込む, 浸透する (permeate). **2 a** 突き通す, 貫通する (pierce): No knife or bullet could ~ its thick hide. その厚い皮はナイフも弾も通さなかった. **b** (人中などを)無理に押し[突き]進む: ~ a forest. **c**〈女性〉の膣に陰茎を挿入する. **3**〈眼・光などが〉…に透徹する, 見透かす; 〈光・声などが〉…の中を通る: No human eye can ~ such darkness. 人間の目はそんな闇を通して見ることはできない. **4 a**〈理解力などが〉〈真理・意味などを〉看破する. **b**〈人が〉見抜く, 悟る, 了解する (comprehend): The human mind cannot ~ the mystery of the infinite. 無限という神秘は人知では解けない. **5 a**〈一国の文化が〉〈他国の生活などに〉(穏やかに)影響を及ぼしていく; 〈政治勢力などが〉…に浸透する. **b**〈思想などが〉〈人の心〉にしみ込む; 理解される: My meaning did not ~ his thick skull. 彼の鈍重な頭には私の意味が通じなかった / New ideas ~ the mind of most men but slowly. 新思想は大概の人には徐々にしか理解されない / He is thoroughly ~*d with* discontent. 彼は不満が骨の髄までしみ込んでいる. **6**〈人の心・感情などを〉強く動かす, 深く感動させる[印象づける]. — *vi.* **1 a**〔…の中へ〕入る, 入り込む, ひろがる〔*into*〕; 〔…を通して〕しみ込む〔*through*〕. **b** (障害・限界を越えて)〔…まで〕突き進む, 貫入する〔*to*〕: The knife ~*d to* his heart. ナイフは彼の心臓まで達した. **c**〈政治勢力などが〉浸透する. **2** (目・心で)見通す, 見抜く. **3** 頭に入る, 理解される; 心[感情など]を強く動かす, 深く感動させる: My hint did not ~. それとなく言ったが通じなかった. 〘(1530) ← L *penetrātus* (p.p.) ← *penetrāre* to enter ← *penitus* inner (cf. *intus* / *intrāre*) ← *penes* within: ⇨ -ate³〙

pen·e·trat·ing /pénətrèɪtɪŋ | -tɪŋ/ *adj.* **1**〈声など〉よく通る, 甲高い (shrill): a ~ voice, cry, note, etc. **2** よく見抜く, 見識のある, 洞察力のある, 鋭い (acute); 賢明な (sagacious): a ~ mind / a ~ survey 実態を鋭くえぐり出した調査. **3** 浸透する, 貫通する. **4**〈風など〉身にしみる; 〈傷が〉(内臓に達するほど)深い. **5** 深い感動を与える, 感動的な, ひどく印象的な. **~·ly** *adv.* **~·ness** *n.* 〘(1593): ⇨ ↑, -ing²〙

pen·e·tra·tion /pènətréɪʃən | -n̩-/ *n.* **1 a** 入り込むこと, 侵入. **b** (浸透して)影響を及ぼすこと. **2** 頭の鋭さ, 眼識 (discernment), 看破, 洞察(力) (⇨ insight SYN): a man of great ~ 非常に頭の鋭い人. **3**〘砲術〙(弾丸などの)貫徹力, 侵徹深度. **4**〘光学〙透過: ~ depth 吸収物体中に入射した光の強度が 1/e になる深さ. **5 a**〘政治〙勢力浸透[伸長]《一国の勢力を他国に伸ばすために行う文化工作; peaceful penetration ともいう》. **b**〘商業〙(商品の)市場における販売の浸透拡大. **6**〘土木〙(アスファルト・ピッチなどの)針入度. **7**〘軍事〙(敵の防御網などの)突破; (敵陣深く攻め入る)侵入, 進攻, 侵透; 突破口; 突破部隊. 〘(?*a*1425) ME *penetracioun* ◻ F *pénétration* ◻ L *penetrātiō(n-)*: ⇨ penetrate, -ation〙

pen·e·tra·tive /pénətrèɪtɪv, -trəṭ- | -n̩trət-, -trèɪt-/ *adj.* **1** 入り込む, 浸透する, 浸透性の. **2** 眼力の鋭い (discerning); 鋭敏な. **3** 身にしむ, 感銘的な (impressive). **~·ly** *adv.* **~·ness** *n.* 〘(1392) ◻ (O)F *pénétratif* ∥ ML *penetrātīvus*: ⇨ penetrate, -ive〙

pén·e·trà·tor /-ṭə | -tə(r/ *n.* **1** 入り込む人. **2** 侵攻者. **3** 洞察者, 看破者. 〘(1824) ◻ LL *penetrātor*: ⇨ penetrate, -or²〙

pen·e·trom·e·ter /pènətrɑ́(ː)mətə | -n̩trɔ́m̩tə(r/ *n.*〘物理〙**1** 針入度計, 濃度計《アスファルト・ピッチなどに針が浸透する深さによってその濃度を測定する》. **2** = penetrameter. 〘(1905) ← PENETR(ATE) + -O- + -METER¹〙

Pe·ne·us /p̩níːəs/ *n.* [the ~] ペーネイオス(川)《Piniós の古名》. 〘◻ L *Pēnēus* ◻ Gk *Pēneiós*〙

pén fèather *n.*〘鳥類〙**1** 正羽, ペン羽《翼羽や尾羽のように quill のよく発達した羽で, 正羽の最も典型的なもの; 昔はその軸を切りそいでペンに用いた》. **2** =pinfeather. 〘1602〙

pén-frìend *n.* =pen pal.

pen·ful /pénfʊ̀l/ *n.* ペン一杯(のインク). 〖1555〗

Peng·hu /pʌ̀ŋhú:; *Chin.* pʰə̌ŋxú/ *n.* 澎湖(ぼうこ)諸島 《Pescadores の中国語名》.

peng·hu·lu /pəŋhú:lu:/ *n.* (マレー半島・ボルネオで)村長, 部族長. 〖《1821》◻ Malay *pĕnghulu* ← *hulu* head, top〗

pen·gö /péŋgə:; *Hung.* péŋgø:/ *n.* (*pl.* ~, ~**s**) **1** ペンゴー《1925–45 年間のハンガリーの通貨単位 (=100 filler); 今は forint を用いる》. **2** 1 ペンゴー銀貨《のちにアルミ貨》. 〖《1925》◻ Hung. ~ 《原義》 sounding (pres. p.) ← *pengeni* to sound〗

Peng·pu /pʌ̀ŋpú:/ *n.* =Bengbu.

pen·guin /péŋgwɪn | péŋgwɪn/ *n.* **1** 〘鳥類〙ペンギン《南半球(多くは南氷洋)産のひれ足を持った海鳥の総称; emperor penguin, king penguin など》. **2** 《廃》〘鳥類〙オオウミガラス (great auk). **3** 〘航空〙練習用地上滑走飛行機. 〖《1578》← ?: cf. Welsh *pengwyn* white head ← *pen* head+*gwyn* white: cf. F *pingouin*〗

Pénguin Bóoks *n.* 〘商標〙ペンギンブックス《英国の Penguin Books 社発行のペーパーバックシリーズ》.

pénguin sùit *n.* 《俗》 **1** (紳士用)夜会服. **2** 宇宙服. 〖1967〗

pén·hòlder *n.* **1** ペン軸. **2** ペン掛け, ペン置き台. **3** 〘卓球〙=penholder grip. 〖1815〗

pénholder grìp *n.* 〘卓球〙ペンホルダー(グリップ)《ペンを持つようなラケットの握り方; cf. shakehand grip》. 〖1935〗

-pe·ni·a /pí:niə/「…の不足[欠乏] (deficiency of)」の意の名詞連結形. 〖← NL ~ ← Gk *penía* poverty, need〗

pe·ni·al /pí:niəl/ *adj.* 陰茎の, ペニスの. 〖《1877》◻ F *pénial* ← *pénis*: ⇨ penis, -al¹〗

pen·i·cil /pénəsɪl, -sɪl | -nɪ̀s-/ *n.* 〘動物〙(毛虫などの)房毛. 〖《1826》◻ L *pēnicillus* 'paint brush, PENCIL'〗

pen·i·cil·la·mine /pènəsíləmì:n, -mɪn | -nɪ̀síl-ə-mì:n, -mɪn/ *n.* 〘生化学〙ペニシラミン ($C_5H_{11}NO_2S$)《ペニシリンから得られるアミノ酸の一種; システィン尿症や重金属中毒症の治療に用いられる》. 〖《1943》← PENICILL(IN)+AMINE〗

pen·i·cil·late /pènəsílɪt, -leɪt | -nɪ̀-/ *adj.* 〘生物〙 **1** 房毛の生えた. **2** (鉛筆・絵筆でかいたような)縞のある. **~·ly** *adv.* **pen·i·cil·la·tion** /pènəsəléɪʃən | -nɪ̀sɪ̀-/ *n.* 〖《1819》← L *pēnicillus*: ⇨ penicil, -ate²〗

penicillia *n.* penicillium の複数形.

pen·i·cil·li·form /pènəsíləfɔ̀əm | -nɪ̀sílɪ̀fɔ̀:m/ *adj.* 〘生物〙=penicillate. 〖《1811》← NL *penicilliformis*: ⇨ penicil, -form〗

pen·i·cil·lin /pènəsílɪn | -nɪ̀sílɪn/ *n.* 〘生化学〙ペニシリン《*Penicillium notatum* から作り出した強力な抗生物質》: ~ G [II] 〘薬学〙=benzylpenicillin. 〖《1929》← NL *penicillium* ← L *pēnicillus* 'small brush, 《原義》 small tail, PENCIL: ⇨ -IN²: Sir Alexander Fleming の造語〗

pen·i·cil·lin·ase /pènəsílɪnèɪs, -nèɪz | -nɪ̀sílɪnèɪs/ *n.* 〘生化学〙ペニシリナーゼ《ペニシリンを加水分解してその抗菌力を失わせる酵素》. 〖《1940》: ⇨ ↑, -ase〗

pen·i·cil·li·um /pènəsíliəm | -nɪ̀síl-/ *n.* (*pl.* ~**s**, **-li·a** /-liə/) 〘植物〙ペニシリウム, アオカビ《ペニシリウム属 (*Penicillium*) のカビの総称; その一種 *P. notatum* はペニシリン (penicillin) の原料; cf. Camembert, patulin》. 〖《1867》← NL ~ ← L *pēnicillus* small brush, 《原義》 small tail+-IUM: cf. pencil: その子柄の先が房状になっていることから〗

pén·i·cil·lo·ic ácid /pénəsəlòʊɪk- | -nɪ̀sɪ̀lòʊ-/ *n.* 〘生化学〙ペニシロ酸 (RCONH($C_6H_{10}NS$) ($COOH)_2$)《ペニシリンをアルカリで処理するか, またはペニシリナーゼ (penicillinase) によって分解して得られる生成物》. 〖《1945》 *penicilloic*: ← PENICILL(IN)+-OIC〗

pe·nile /pí:naɪl, -nl | -naɪl/ *adj.* =penial. 〖← PEN(IS)+-ILE¹〗

pe·nil·lion /pɪnílјən/ *n. pl.* (*sing.* **pe·nill** /pɪníɬ/) (ウェールズの芸術祭 (eisteddfod) などで)竪琴を伴奏に歌う即興詩. 〖《1784》◻ Welsh *penill* verse, stanza ← *pen* head: cf. penguin〗

pe·nin·su·la /pɪnínsələ, pɛ-, -ʃʊlə, -níntsə-, -níntʃʊ- | -nínsjʊlə, -ʃʊlə, -níntsjʊ-, -níntʃʊ-/ *n.* **1** 半島(略 Pen., pen.); 半島状の突出物. **2** [the P-] **a** イベリア半島 (Iberian Peninsula)《スペインおよびポルトガルを含む; Peninsular War にちなんだ命名》 **b** ペニンシュラ《米国 Virginia 州南東部, York 川と James 川との中間地帯; 南北戦争の戦場》. **c** =Gallipoli. 〖《1538》◻ L *paeninsula* ← PENE-+*insula* 'ISLE'〗

pe·nin·su·lar /pɪnínsələ, pɛ-, -ʃʊlə | -nínsjʊlə^(r), -ʃʊlə^(r)/ *adj.* **1** 半島(状)の. **2** 半島の, 半島にある. **3** [P-] イベリア半島[スペイン・ポルトガル]の; 半島戦争の. — *n.* **1** 半島の住民. **2** [P-] 半島戦争 (Peninsular War) の従軍軍人. 〖《1612》: ⇨ ↑, -ar¹〗

pe·nin·su·lar·i·ty /pɪnìnsəlǽrəti, pɛ-, -ʃʊl-, -lɛ́r- | -nɪnsjʊlǽrɪti, -ʃʊl-/ *n.* **1** 半島状[性]. **2** 偏狭, 島国根性 (cf. insularity). 〖《1882》: ⇨ -ity〗

Penínsular Maláysia *n.* 半島マレーシア《マレーシアの一部; Malay 半島南部を占める; 旧マラヤ連邦》.

Penínsular Stàte *n.* [the ~] 米国 Florida 州の俗称.

Penínsular Wàr *n.* [the ~] 半島戦争《1808–14; Wellington が英軍を率いてスペイン・ポルトガル軍と連合し, Napoleon のフランス軍をイベリア半島から駆逐した》.

pe·nin·su·late /pɪnínsəlèɪt, pɛ-, -ʃʊ- | -nínsjʊ-, -ʃʊ-/ *vt.* 〈土地を〉半島に変える, 半島化する. 〖《1538》← PENINSULA: cf. insulate〗

pe·nis /pí:nɪs | -nɪs/ *n.* (*pl.* **pe·nes** /pí:ni:z/, ~·**es**) 〘解剖〙陰茎, ペニス (⇨ reproductive system 挿絵). 〖《1676》◻ F *pénis* ‖ L *pēnis* penis, tail < **pesnis* ← IE **pes-* penis (Gk *péos* / Skt *pasas* / OE *fæsl* progeny / G *Fasel* brood): cf. pencil, pendant〗

pénis ènvy *n.* 〘精神分析〙ペニス羨望(せんぼう)《女性[女児]がペニスを持たないことから男性に対して抱く潜在的な劣等感情》. 〖1924〗

pen·i·tence /pénətəns, -tns | -nɪ̀təns, -tns/ *n.* 〔自分の犯した罪に対する〕後悔 (repentance), 悔い改め, 懺悔(ざんげ), 贖罪(しょくざい) (contrition) 〔*for*〕 (⇨ regret SYN). 〖《?*a*1200》◻ (O)F *pénitence* ◻ L *paenitentia*: ⇨ ↓, -ence〗

pen·i·tent /pénətənt, -tnt | -nɪ̀tənt, -tnt/ *adj.* 〔自分の犯した罪に対して〕深く悔いる (contrite), 後悔している, 悔い改めた (repentant) 〔*for*〕. — *n.* **1** 深く罪を悔いる人, 悔悟者 (contrite sinner). **2** 〘カトリック〙 **a** 犯した罪を司祭に告解しゆるしの秘跡を受ける人. **b** 相互の苦行修行と善行功徳のため連盟して諸修道回の会士. **~·ly** *adv.* 〖adj.: 《1341》◻ (O)F *pénitent* ◻ L *paenitentem* repenting (pres.p.) ← *paenitēre* to repent. — n.: 《*c*1370》← (adj.)〗

Pen·i·ten·te /pènəténteɪ, -ti | -nɪ̀ténteɪ, -ti/ *n.* (米国の)贖罪(しょくざい)的鞭打(べんだ)苦行運動・団体の会員《主として New Mexico 州などのスペイン系人から成る(特に)聖週中に自己をむち打つ狂信的団体の人; cf. flagellant 2 b》. 〖◻ Am.-Sp. ~ 'penitent' (sing.) ← (*Los Hermanos*) *Penitentes* The Penitent Brothers (Mexico に創設されたキリスト教団体)〗

pen·i·ten·tial /pènəténʃəl | -nɪ̀-/ *adj.* **1** 悔悟[後悔]の, 改悛(かいしゅん)(的)の, 懺悔(ざんげ)の: the ~ psalms 改悛[贖罪(しょくざい)]詩編 (*Psalms* 6, 32, 38, 51, 102, 130, 143 の総称). **2** 贖罪的苦行の. — *n.* **1** =penitent. **2** 〘カトリック〙悔罪総則(書). **~·ly** *adv.* 〖《?*c*1425》◻ ML *paenitentiālis*: ⇨ penitent, -ial〗

pen·i·ten·tia·ry /pènəténʃəri | -nɪ̀ténʃəri/ *n.* **1** 〘カトリック〙聴罪師, 教誨(きょうかい)師; (教皇庁の)内赦院: the Grand [High, Chief] *Penitentiary* 内赦院院長. **2** 悔罪所, 苦行所. **3** 《米》 **a** 懲治監, 感化院 (reformatory). **b** (重罪者を収容する州または連邦)刑務所. **4** (19 世紀英国の)売春婦更生所. — *adj.* **1** 悔罪の, 悔悟の (penitential). **2 a** 罪人訓戒のための, 懲治用の. **b** 《米》〈犯罪が〉懲治監に入れるべき, 刑務所行きになる: a ~ offense. **c** 刑務所の. 〖《?1421》◻ ML *paenitentiārius* ← L *paenitentia* 'PENITENCE': ⇨ -ary〗

Pen·ki /pʌ̀ntʃí:, bʌ̀n-/ *n.* =Benxi.

pén·knife *n.* 小[懐中]ナイフ, 小刀《もとは鵞(が)ペンを削るために用いた》. 〖*a*1425〗

pén·lìght *n.* (*also* **pen·lite** /~/) ペンライト《万年筆形懐中電灯》. 〖1945〗

pén·man /-mən/ *n.* (*pl.* **-men** /-mən/) **1** 字のうまい人, 書家; 習字の先生; (一般に)字の…の人: a good [bad] ~ 字の上手[へた]な人. **2** 文士, 文人, 作家 (writer). **3** 《まれ》筆記を業とする人, (職業的)筆記者, 書記. 〖《1539》← PEN¹+MAN¹〗

pénman·shìp *n.* **1** 書法, 書道, 習字; 筆跡. **2** 《まれ》作品 (literary composition). 〖1695〗

Penn /pén/, **Arthur** *n.* ペン《1922–2010; 米国の映画監督 *Little Big Man* (1970), *Four Friends* (1981)》.

Penn, Sir **William** *n.* ペン《1621–70; 英国の海軍提督; 第一次・第二次の Dutch War などに従軍; Pepys の上司》.

Penn, William *n.* ペン《1644–1718; アメリカで Pennsylvania 植民地を開いた英国のクエーカー教徒・著述家・政治家; Sir William Penn の子》.

Penn. 《略》Pennsylvania.

pen·na /pénə/ *n.* (*pl.* **pen·nae** /-ni:, -naɪ | -ni:/) 〘鳥類〙(綿毛などと区別して)正羽(せいう), 本羽(ほんばね)《背・翼・尾の表面にある硬く強い羽》. 〖◻ L ~ 'feather': ⇨ pen¹〗

Penna. 《略》Pennsylvania.

pen·na·ceous /pənéɪʃəs | pɛ-/ *adj.* 〘鳥類〙正羽(せいう)の(ような). 〖《1857》← NL *pennaceus*: ⇨ penna, -aceous〗

pennae *n.* penna の複数形.

pén nàme *n.* 筆名, 雅号, ペンネーム (⇨ pseudonym SYN). 〖《*c*1864》《なぞり》← NOM DE PLUME〗

pen·nant /pénənt/ *n.* **1** 〘海事〙長旗 (pennon)《就役艦が掲げる St. George's cross を旗頭に配した細長い三角旗; 先端は分かれていない》; 小旗 (cf. flag¹ 1 a): the broad ~ 代将[先任]旗 / a homeward-bound ~ 帰航旗 / the meal ~ 食事旗. **2** 〘海事〙(下檣(かしょう)頭や桁(こう)端から垂下する端に滑車などの付いた)短索 (pendant). **3** 《米・カナダ・豪》(運動競技の)優勝旗, ペナント; 選手権: the ~ chasers プロ野球団 / the ~ race ペナントレース / the ~ winner 優勝旗獲得者, 優勝者 / clinch the ~ (勝率をあげて)優勝を決定する / win the ~ 優勝する. **4** 〘音楽〙=hook 7 a. 〖《1611》《混成》← PENDANT+PENNON〗

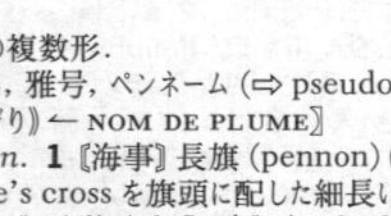

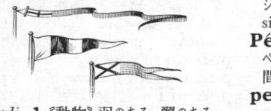

pennants 1

pen·nate /péneɪt/ *adj.* **1** 〘動物〙羽のある, 翼のある. **2** =pinnate. 〖《1857》◻ L *pennātus*: ⇨ pen¹, -ate²〗

pen·nat·ed /péneɪtɪd | -tɪd/ *adj.* =pennate.

pen·ne /péni, -neɪ | -neɪ, -ni; *It.* pénne/ *n.* ペンネ《ペン先形をしたパスタ》. 〖《1974》◻ It. ~ (pl.) ← *penna* quill, feather < L *pennam*: ⇨ pen¹〗

Pen·nell /pénl, pənél/, **Joseph** *n.* ペネル《1857–1926; 米国のエッチング画家・挿絵画家・作家; *A Canterbury Pilgrimage* (1885), *The Alhambra* (1896)》.

Pen·ney /péni/, Sir **William George** *n.* ペニー《1909–91; 英国の原子物理学者; 原子兵器の開発に従事し, 英国原子力公社 (Atomic Energy Authority) の会長を務めた》.

pen·ni /péni; *Finn.* pénni/ *n.* (*pl.* **-ni·a** /-niə; *Finn.* -nnia/, ~**s**) **1** ペニ《Euro 流通前のフィンランドの通貨単位; =$^1/_{100}$ markka》. **2** 1 ペニアルミ貨. 〖《1893》◻ Finn. ~ ◻ ? G *Pfennig*: ⇨ penny〗

Pen·nie /péni/ *n.* ペニー《女性名》. 〖(dim.) ← PENELOPE〗

pén·nied *adj.* 小銭を持った: a ~ boy. 〖← PENNY+-ED 2〗

pen·nif·er·ous /pɛníf(ə)rəs/ *adj.* 羽を生じる; 羽のある. 〖《1828》← L *penna* feather, PEN¹+-I-+-FEROUS〗

pen·ni·form /pénəfɔ̀əm | -nɪ̀fɔ:m/ *adj.* 羽状の (feather-shaped). 〖《1713》← L *penna* (↑)+-I-+-FORM〗

pen·ni·less /pénɪlɪs, -ni-, -nl-/ *adj.* 無一文の, ひどく貧乏な (⇨ poor SYN). **~·ly** *adv.* **~·ness** *n.* 〖《*c*1330》 *peniles*: ⇨ penny, -less〗

pen·nil·lion /pɪnílјən/ *n. pl.* (*sing.* **pen·nill** /pɪníɬ/) =penillion.

pen·nine /pénɪn, -naɪn | -nɪn, -naɪn/ *n.* 〘鉱物〙=penninite.

Pén·nine Álps /pénaɪn-/ *n. pl.* [the ~] ペンニンアルプス《スイス・イタリア国境の山脈; 最高峰 Monte Rosa (4,638 m) や Matterhorn, Weisshorn がある》.

Pén·nine Cháin [Ránge] /pénaɪn-/ *n.* [the ~] ペナイン山脈《イングランド北部の山系; Cheviot Hills の南から Derbyshire 州と Staffordshire 州に走る; the backbone of England の名がある; 最高峰 Cross Fell (914 m); Pennines ともいう》.

Pen·nines /pénaɪnz/ *n. pl.* [the ~] =Pennine Chain.

Pen·nine Wáy /pénaɪn-/ *n.* [the ~] ペナインウェー《英国 Derbyshire 州からスコットランドの Roxburgh 州に至る, ペナイン山脈を縦断する自然歩道; 1965 年開通; 全長 402 km》.

pen·ni·nite /pénənàɪt | -nɪ̀-/ *n.* 〘鉱物〙苦土緑泥石 ((Mg, Fe, $Al)_6$ (Si, $Al)_4O_{10}(OH)_8$). 〖《1868》← G *Pennin* Pennine Alps (その発見地)+-ITE¹〗

pen·non /pénən/ *n.* **1 a** (中世の knight bachelor が用いた)長三角旗, 小燕尾(えんび)旗. **b** (近世の槍(そう)騎兵が用いた)槍旗. **2** 〘海事〙=pennant 1. **3** 旗, 幟(のぼり) (banner). **4** 《詩》翼 (wing). 〖《*c*1380》 *penon* ◻ (O)F (aug.). ← *penne* < L *pennam* 'feather, PEN¹': ⇨ -oon〗

pen·non·cel /pénənsèl/ *n.* 《古》(槍先につける細長い三角状の)小旗 (pencel, pensil ともいう). 〖《*a*1393》◻ OF *penoncel* (dim.) ← *penon* (↑)〗

pén·noned *adj.* 長三角旗をつけた[掲げた]. 〖1849〗

penn·'orth /pénəθ | -nəθ/ *n.* 《英口語》=pennyworth.

Pénn Státion /pén-/ *n.* 《口語》ペン(シルベニア)駅《米国 New York 市の Manhattan にある 2 大鉄道駅の一つ; Pennsylvania Station の通称; cf. Grand Central Station》.

Penn·syl·va·nia /pènsɪlvéɪnјə, -sl-, -niə | -sɪl-véɪniə, -sl-, -njə⁻/ *n.* ペンシルベニア《米国東部の州; ⇨ United States of America 表》.

Univérsity of Pennsylvánia [the —] ペンシルベニア大学《米国 Philadelphia にある私立大学; 1740 年創立; Ivy League の一つ》.

〖《1900》← *William Penn* (この植民地の創設者)+NL *-sylvānia* woodland (← L *silvānus* 'SYLVAN'): ⇨ -ia¹〗

Pénnsylvania chést *n.* 〘家具〙ペンシルベニアチェスト《18–19 世紀 Pennsylvania 地方で作られた婚礼用の素朴な長持; 正面のパネルにチューリップなどの花模様・果物・鳥などが描かれている; cf. hope chest》.

Pénnsylvania Dútch *n.* **1** [the ~; 集合的] ペンシルベニアダッチ《ドイツ南西部から 17–18 世紀に米国 Pennsylvania 南東部に移住した南部ドイツ人とスイス人の子孫》. **2** 主に東部 Pennsylvania 州で話される英語交りのドイツ語. **3** ペンシルベニアダッチの民俗的工芸・装飾の様式. **Pénnsylvania-Dútch** *adj.* **Pénnsylvania Dútchman** *n.* 〖1824〗

Pénnsylvania Gérman *n.* =Pennsylvania Dutch 2.

Pénnsylvania Gráde *n.* 〘商標〙ペンシルベニアグレード《米国 Quaker State 社製の高品質の潤滑油》.

Penn·syl·va·nian /pènsɪlvéɪnјən, -sl-, -niən | -sɪlvéɪniən, -sl-, -njən⁻/ *adj.* **1** (米国) Pennsylvania 州(人)の. **2** 〘地質〙ペンシルベニア紀[系]の: the ~ period [system] ペンシルベニア紀[系]. — *n.* **1** Pennsylvania 州人. **2** [the ~] 〘地質〙ペンシルベニア紀[系]; ペンシルベニア紀の岩石《北米の石炭紀の前半期; cf. Mississippian》. 〖1685〗

Pénnsylvania trúss *n.* 〘建築〙ペンシルベニアトラス, ペンシルベニア構《上弦材が弓形をした Pratt truss; 長い径間を張り渡すのに適する》.

pen·ny /péni/ *n.* (*pl.* **pen·nies** /~z/, **pence** /péns, pénts/; 3 では **pen·nies**) **1 a** (英国の)1 ペニー(青銅)貨《1971 年 9 月 1 日に新貨に変わった》. **b** 1 ペニー(価), ペンス.

語法 (1) 1971 年以前は 1 penny=$^1/_{12}$ shilling, $^1/_{240}$ pound; 記号 d.; 1971 年の通貨単位の改革 (⇨ Decimal

Day) 以後, 1/100 pound で新ペニー (new penny) として区別する; 新ペニーは p と略され /píː/ と呼ばれることがある: 1/2 p /hǽfpéni, héɪp(ə)ni | háːfpéni, háːfpíː, héɪp(ə)ni/ 4p /fɔ́əpéns, fɔ́əpəns, fɔ́ə- | fɔ́ː-/. (2) 以前は《英》では halfpence /héɪpəns/, twopence /tʌ́pəns/, threepence /θrépəns/, fourpence から twelvepence までおよび twentypence は一語につづり /pəns/ と弱く, その他はすべて eighteen pence のように2語につづり /péns/ と発音されていたが, 新ペニーになってからは次第に halfpence /háːfpéns/ または /háːfpíː/, twopence /túːpéns/ または /túːpíː/, threepence /θríːpéns/ または /θríːpíː/, twelvepence /twélvpéns/ または /twélvpíː/ と呼ばれるのが普通になった. 個々の金額のくわしい発音についてはそれぞれの項目を参照. (3) 個々の貨幣をいうとき, 複数形は pennies になり, 単位を示す時の複数形は pence: Give me two *pennies* for two pence worth. 2ペンス分にペニー(貨幣)2枚くれ.

---

a ~ plain and twopence colored 色なし一銭で色つき二銭(の安版画など)《安ぴか物の冷やかし言葉》/ In for a ~, in for a pound. 《諺》やりかけたことは終わりまでやり通せ《乗りかかった船で後へは引けない》/ A ~ saved is a ~ earned [《英》gained]. 《諺》一銭たまれば一銭のもうけ / Taxes are going up (by) a ~ in the pound. 税金が1ポンド当たり1ペニー上がる. **2** ペニー《Euro 流通前のアイルランド·マルタの通貨単位; =1/100 pound》; 1ペニー貨. **3** 《米·カナダ口語》1セント貨幣 (cent) (cf. nickel 2). **4 a** 金(銭) (money): cost a pretty ~ 《口語》大金がかかる / make [earn] a quick ~ 手早く小金を稼ぐ / be worth a ~ 金を払う価値がある. **b** [主に否定構文で]《口語》無価値な小銭, びた一文; ほんのわずか: *not* worth a ~ 少しの価値もない / *not* a ~ the worse《英》前より少しも悪くならずに[損害を受けないで] / He is *not* a ~ the wiser (for it). 《英》一向に利口になっていない / I *haven't* got a ~ to my name. 自分の金を少しも持っていない / I *haven't* got two [half] *pennies* to rub together. 金の持ち合わせが全然ない / I have *not* a ~ to bless myself with. 私にはびた一文(もん)もない《昔1ペニー銀貨で幸福を祈って手のひらに十字を切ったことから》. **5** 〖聖書〗(古代ローマの)デナリウス銀貨 (denarius).

a bád pénny 《英口語》望ましくない人[物]: *turn up like a bad* ~ 〈うるさい人が〉来てもらいたくない時に(限って)やってくる[現れる]. (1766) ***a pénny for your thóughts*** [***for them***] 何を考え込んでいるの《'I would give (you) something to know what you are thinking about.' の意から》. (*c*1522) ***cóunt*** (***the***) ***pénnies*** [***évery pénny***] 《口語》倹約する. ***cút** a person **óut*** [《英》***óff***] ***without a pénny*** 《英》(遺言などで)〈人〉に遺産を残してやらない. ***éarn*** [***túrn, máke***] ***an hónest pénny*** 正直に働いて金をもうける, まじめにかせぐ. (1887) ***pénnies from héaven*** 思いがけない幸い, 棚からぼたもち. (1936) ***pínch*** (*one's*) ***pénnies*** 〔…に〕ひどくけちをする, 節約する〔*on*〕(cf. penny-pinch, pinchpenny). ***spénd a pénny*** 《英口語》大[小]便をする, 「用を足す」《硬貨を使う有料公衆便所から》. (1945) ***táke cáre of the pénnies*** わずかな出費にも気をつけて節約する: *Take care of the pennies*, and the pounds will take care of themselves. 《諺》小事をゆるがせにしなければ大事はおのずからうまくゆく. (1750) ***the pénny dróps*** 《英口語》うまくゆく; 了解できる, 意味がわかる《自動販売機で硬貨が入ったる意から》. (1951) ***twó*** [***tén***] (***for***) ***a pénny*** 《英》ありふれた, 平凡な; 値打ちのない《《米》a dime a dozen》. (1960) ***wátch évery pénny*** (きびしく)倹約する.

— *adj.* **1** 1ペニーの: I'd like a (one-) ~ stamp, please. 1ペニーの切手を下さい. **2** 安物の, つまらない: a ~ whistle 安物[おもちゃ]の呼子笛 / a ~ book 《口語》安っぽい冒険小説.

〖OE *penig, pen(n)ing* < Gmc **panningaz, *pandingaz* (Du. *penning* / G *Pfennig*) ← **pand-* 'PAWN²' + **-ing-* '-ING³' (cf. shilling)〗

Pen·ny /péni/ *n.* ペニー《女性名》. 〖(dim.) ← PENELOPE〗

-pen·ny /pèni, p(ə)ni/ ★発音·用法などについては ⇨ penny. 「(価値が)…ペニー[ペンス]の」の意の形容詞連結形: a six*penny* nail 6ペンス釘.

pénny-a-líne /-ə-/ *adj.* **1** 1行1ペニーで書く, 安原稿の. **2** 〈原稿·著作など〉文学的価値の低い, 安っぽい, 貧弱な (inferior). 〖1833〗

pénny-a-líner /-ə-/ *n.* 《まれ》(1行いくらで書く)三文文士 (hack writer). 〖1834〗

pénny-ánte *adj.* 《口語》取るに足らない, 安い (cheap): a ~ salary 安月給. 〖1868〗

pénny ánte *n.* 《米》**1** 〖トランプ〗一文ポーカー《参加料が1セントであるようなポーカー; きわめて低い賭金しか動かないポーカー》. **2** 《口語》取るに足らない金額の取引. 〖1855〗

pénny arcáde *n.* 《米》(一種類1ペニーの料金で各種の遊びができる, お祭りの場所などに設けられた)娯楽場, ゲームセンター. 〖1908〗

pénny áuction *n.* (チャリティー目的の安い品物の多い)オークション.

Pénny Bláck *n.* 〖郵趣〗ペニーブラック《英国で1840年に発行された世界最初の切手; 粘着性の1ペニー切手で, Victoria 女王の横顔が描かれている》.

pénny blóod *n.* 《英俗》=penny dreadful.

pénny bún *n.* 〖植物〗=cep.

pénny càndy *n.* 《米古》一つ1セントの菓子.

pénny·crèss *n.* 〖植物〗グンバイナズナ (*Thlaspi arvense*)《ヨーロッパ産アブラナ科 *Thlaspi* 属の植物; fanweed, field pennycress, Frenchweed, penny grass ともいう》. 〖(1713)《変形》← PENNY GRASS: CRESS の影響による〗

pénny-dòg *vt.* 《米俗》…にたかる, 取り入る.

pénny dréadful *n.* 《英口語》通俗物の安小説, 三文小説; 煽情的なかすとり雑誌《ビクトリア朝末期の英国で1冊1ペニーで売られて人気を呼んだ; cf. dime novel, shilling shocker》. 〖1873〗

pénny-fárthing *n.* 《英口語》ペニーファージング《《米》ordinary》《前輪が大きく後輪が小さくて1870–90年ごろ普及した旧式自転車の一種》. 〖1887〗

pénny fée *n.* 《スコット》低賃金.

pénny gáff *n.* 《英》=gaff².

pénny gráss *n.* 〖植物〗=pennycress. 〖(*a*1400) *penigres*: 円形のさやの形から: ⇨ penny, grass〗

pénny-in-the-slót 《英》*n.* ペニー自動販売器《1ペニーを入れると自動的に切符などが出る装置》. — *adj.* 自動販売機で売っている, コインで操作できる: a ~ machine 自動販売機, 自動体重測定器. 〖(1891) ← '(*Put a*) *penny in the slot*' (この器械の使用法指示文)〗

pénny lóafer *n.* ペニーローファー《甲部のストラップに硬貨をはさみ込めるローファーシューズ》. 〖1970〗

pénny-pìnch *vt.* 《米口語》けちけちする. **~·ing** *n., adj.* 〖(1961)《逆成》↓〗

pénny pìncher *n.* 《米口語》けちんぼう (niggard). 〖1934〗

pénny-pláin *adj.* 《英》色や飾りの付かない; (変哲もなく)ありふれた. 〖1859〗

pénny pòol *n.* 《米俗》つまらない事柄, けちな話.

pénny póst *n.* 《英》1ペニー郵便制《書状の郵便料金が1ペニーであった昔の郵便制度》. 〖1680〗

pénny·róyal *n.* **1** 〖植物〗**a** ペニロイアルハッカ, メグサハッカ (*Mentha pulegium*)《地中海地方産の刺激性の芳香がある葉のあるハッカ属の一種》. **b** 北米産のハッカの一種 (*Hedeoma pulegioides*)《ハッカに似た薬用植物; 精油がとれる; squaw water-weed, squaw-weed ともいう》. **2** はっか油. 〖(1530) *peneryall, penyryall*《変形》← (15C) *pulyole ryale* ◻ AF *puliol reall* ← OF *po(u)liol* thyme《変形》← L *pūle(g)ium*) + *real* 'ROYAL': 今の形は PENNYWORT との連想〗

pénny shàre *n.* 《英》〖証券〗投機的低位株《特に20ペンス未満の株式》.

pénny stòck *n.* 《米》〖証券〗投機的低位株《1株の価格が1ドル未満の株式》. 〖1920〗

pénny wédding *n.* 会費制結婚式《昔スコットランド·ウェールズなどで行われた風習》. 〖*c*1730〗

pénny·wèight *n.* **1** ペニーウェイト《英国の金衡の単位; =24 grains, 0.05 ounce, 1.555 g; 略 dwt, pwt》. **2** 《米俗》宝石類, (特に)ダイヤ: a ~ job 宝石盗み. 〖1373〗

pénny·wèighter *n.* 《俗》宝石泥棒.

pénny·whístle *adj.* 質の悪い, 安物の.

pénny whìstle *n.* **1** ブリキ製の小さな6穴縦笛. **2** おもちゃの呼び子. 〖1818〗

pénny wísdom *n.* 一文惜しみ. 〖1829〗

pénny-wíse *adj.* 一文惜しみの: ~ and pound-foolish 一文惜しみの百失い, 安物買いの銭失い. 〖(1607) ← PENNY + WISE¹〗

pénny·wòrt *n.* 〖植物〗岩の割れ目などに生育する丸い葉をもつ数種の植物の総称《ルリソウ (navelwort), ツタガラクサ (Kenilworth ivy), チドメグサ類など》. 〖(*c*1325): ⇨ penny, wort²〗

pen·ny·worth /péniwəθ, -wɔ̀ːθ | péniwəθ, -wɑ̀ːθ, pénəθ/ *n.* (*pl.* ~, **~s**) **1** 1ペニー分(で買えるだけの量): a ~ of apples 1ペニー分のりんご. **2** 小額; 少量: not a ~ 少しも…でない. **3** 《まれ》取引(高), 買い物 (bargain): a good [bad] ~ 有利[不利]な取引き, 得な[損な]買物. **4** [one's ~]《英》**a** 議論への発言《特に歓迎されないもの》. **b** 《古》得な買物[取引]. **5** 《廃》**a** 1ペニーで買ったもの[買えるもの]. **b** [*pl.*] 返報, 仕返し (requital).

óne hálf pénnyworth of bréad to an intólerable déal of sáck 大事なものがちょっぴりで[なくて]もいいものがうんとたくさん (cf. Shak., *1 Hen IV* 2. 4. 592).

〖lateOE *penigwurð*: ⇨ penny, worth¹ (n.)〗

Pe·nob·scot /pənɑ́(ː)bskɑ(ː)t, pɛ-, -skət | pɛnɔ́bskɔt, pə-/ *n.* (*pl.* ~, **~s**) **1** [the ~] ペノブスコット川《米国の Maine 州北部を南流して大西洋の Penobscot 湾に注ぐ川 (560 km)》. **2 a** [the ~(s)] ペノブスコット族《Penobscot 川および Penobscot 湾の両岸に住む Algonquian 系のアメリカインディアンの一種族》. **b** ペノブスコット族の人. **3** ペノブスコット語. — *adj.* ペノブスコット族[語]の. 〖(1624) ◻ N-Am.-Ind. (Algonquian) ~《原義》? it forks on the white rocks〗

Penóbscot Báy *n.* ペノブスコット湾《米国 Maine 州南岸の小島の散在する湾》.

pe·no·che /pənóutʃi | -nə́u-; *Am.Sp.* penótʃe/ *n.* = panocha.

penol 《略》penology.

pe·no·log·i·cal /pìːnəlɑ́(ː)dʒɪkəl, -kl̩ | -nəlɔ́dʒɪ-⁻/ *adj.* **1** 行刑学の. **2** 刑罰学, 典獄学の, 刑務所管理学の. **~·ly** *adv.* 〖1847〗

pe·nol·o·gy /piːnɑ́(ː)lədʒi, pɪ̀-, pə̀- | -nɔ́l-/ *n.* **1** 行刑学. **2** 刑罰学, 典獄学, 刑務所管理学. **pe·nól·o·gist** /-dʒɪst | -dʒɪst/ *n.* 〖(1838) ← Gk *poinḗ* penalty + -LOGY: ⇨ pain〗

pen·on /pénən/ *n.* =pennon.

pen·on·cel /pénənsèl/ *n.* =pennoncel.

pén pàl *n.* 《口語》(特に外国にいる)文通友達, ペンフレンド (penfriend). 〖1938〗

pén pìcture *n.* **1** ペン画. **2** (人·事件などについての)簡単な記述, おおまかな描写. 〖1853〗

pén·pòint *n.* 《米》**1** ペン先 (nob). **2** ボールペンの先. 〖1864〗

pén pòrtrait *n.* =pen picture.

pén-pùsher *n.* 《俗》=pen-driver. **pén pùshing** *adj., n.*

pén·ràck *n.* ペン(軸)掛け, 筆台. 〖1858〗

Pen·rith /pénrɪθ/ *n.* ペンリス《イングランド北西部 Cumbria 州の都市》.

Pen·sa·co·la /pènsəkóulə | -kə́u-⁻/ *n.* ペンサコラ《米国 Florida 州北西部, Mexico 湾内の小湾 Pensacola 湾に臨む海港; 海軍航空隊所在地》. 〖◻ N-Am.-Ind. (Choctaw) ~ 'hair people' ← *pansha* hair + *okla* people: cf. Oklahoma〗

Pénsacola Báy *n.* ペンサコラ湾《米国 Florida 州北西部, Mexico 湾内の小湾》.

pen·sée /pɑ̃ː(n)séɪ, pɑːn-; *F.* pɑ̃se/ *F. n.* **1** 思想 (thought), 思索, 沈思 (meditation), 回想 (reflection). **2** 随想録; 金言, 警句 (aphorism): Pascal's *Pensées* パスカル「瞑想録」. 〖1: (*c*1410) ◻ (O)F ~ ← *penser* to think. — 2: (1886) ◻ F ~〗

pén shèll *n.* 〖貝類〗ハボウキガイ《ハボウキガイ科 (Pinnidae) の二枚貝の総称》.

pen·sil /pénsəl, -sl̩/ *n.* 《古》=pennoncel.

pen·sile /pénsaɪl, -səl, -sl̩ | -saɪl/ *adj.* **1** ぶらりと下がった, 垂れ下がった; 揺れる (swaying). **2** 〈鳥が〉垂れ下がった巣を造る; 〈鳥の巣が〉懸垂した (penduline). **pen·síl·i·ty** *n.* **~·ness** *n.* 〖(1603) ◻ L *pēnsilis* ← *pēnsus* (p.p.) ← *pendēre* to hang: ⇨ pendent, -ile¹〗

pen·sion /pénʃən, péntʃən/ *n.* **1** 年金, 恩給, 老齢[養老]年金, 遺族[寡婦]年金: old-age ~ 老齢年金《疾病および一定の年齢以上の人に毎週支給される》/ a soldier's ~ 軍人恩給 / be granted [draw] a ~ 年金をもらう / retire on a ~ 恩給がついて[年金をもらって]退職する / I am outside the nation's ~ plan [《英》scheme]. 私は恩給はもらえない / He had a ~ bestowed on him. 彼は年金を下賜された. **2** (芸術家·科学者などに支給される)年金, 補助金, 助成金, 奨励金 (bounty). **3** 《雇人などの臨時の》手当. **4** /pɑ̃ː(n)sjɔ̃ː(ŋ), pɑːnsjɔ́ːŋ | ⁻ー⁻, ⁻ー⁻; *F.* pɑ̃sjɔ̃/ **a** 宿泊料と食事付き. **b** (ヨーロッパ大陸で)ホテル[下宿]の宿泊設備, 宿泊と食事 (full board). **c** ペンション《ヨーロッパ大陸の下宿屋または下宿式のホテル; pensione ともいう》.

日英比較 日本語の「ペンション」は「しゃれた洋風の民宿」の意だが英語の *pension* は「安ホテル」のイメージがある. **d** 寄宿舎, 寄宿学校 (boarding school): live en ~ ⇨ en pension. **5** London の Gray's Inn 法学院の評議員会. — *vt.* **1** 年金を与えて解雇する[退職させる]〈*off*〉. **2** 〈使い古したものを〉廃棄する: ~ off one's old trousers 古いズボンをお払い箱にする. **3** …に恩給[年金など]を与える. — *vi.* 下宿する. 〖(*a*1376) ◻ (O)F ~ ◻ L *pēnsiō(n-)* payment ← *pēnsus* (p.p.) ← *pendere* to pay, weigh: ⇨ pendent, -sion〗

pen·sion·a·ble /pénʃ(ə)nəbl̩/ *adj.* 〈勤務·仕事·地位·年齢など〉恩給·年金などを受ける資格[権利]のある: a ~ job. 〖1882〗

pen·sion·ar·y /pénʃənèri | -ʃ(ə)nəri/ *adj.* **1** 恩給·年金などを受けている[で生活している]. **2** 恩給·年金などの[に関する]. **3** 〈人が〉雇われの. — *n.* **1** 恩給[年金]受給者 (pensioner). **2** 金で雇われる人; 雇人, 雇兵, 手下 (tool). **3** (15世紀末以後オランダの)都市·州の官職《主に法律を専門とし, 議会において都市·州を代表した; 17世紀頃には政治的実権をにぎった》. 〖(*a*1475) ◻ ML *pensiōnārius*: ⇨ pension, -ary〗

pénsion bòok *n.* 《英》年金手帳.

pen·sio·ne /pènsióuneɪ | -siə́u-; *It.* pensjóːne/ *It. n.* (*pl.* **-sio·ni** /-niː; *It.* -ni/) =pension 4 c. 〖(1938) ◻ It. ~ ◻ (O)F *pension* 'PENSION'〗

pen·sion·er /pénʃ(ə)nə | -nə(r)/ *n.* **1** 恩給[年金]受給者, (特に)老齢年金受給者. **2** 《英》(Cambridge 大学の)自費生 (cf. commoner 3). **3** 〖(1672) ◻ F *pensionnaire*〗(フランス·ベルギーなどの寄宿学校の)寄宿生. **4** 《廃》**a** (英国王の)儀仗(ぎじょう)の衛士 (gentleman-at-arms). **b** 護衛兵[人]; 家臣 (retainer). 〖(1429–30) ◻ AF *pensionner* = OF *pensionnier*: ⇨ pension, -er¹〗

pénsion fùnd *n.* 恩給[年金]基金. **pénsion-fùnd** *adj.* 〖1869〗

pensioni *n.* pensione の複数形.

pénsion·less *adj.* 恩給[年金など]のない; 〈官職など〉恩給権のない. 〖1832〗

pénsion mòrtgage *n.* 〖金融〗年金基金住宅抵当貸し付け.

pen·sion·naire /pɑ̃ː(n)sjə(ː)néə, pɑ̀ːn- | -néə(r); *F.* pɑ̃sjɔnɛːʁ/ *F. n.* **1** ペンションに住む[下宿する]人, (特に)寄宿生. **2** ペンショネール《Paris の Comédie Française などで歩合制でなく固定給で働く下級俳優; cf. sociétaire》. 〖(1598) ◻ F ~ 'PENSIONER'〗

pen·sion·nat /pɑ̃ː(n)sjɔ̃ː(ŋ)náː, pɑ̀ːnsjɔː-ŋ-; *F.* pɑ̃sjɔna/ *n.* (*pl.* **~s** /~/) (ヨーロッパの, 私立の)寄宿学校. 〖(1840) ◻ F ~〗

pénsion trùst *n.* 年金組合.

pen·sive /pénsɪv/ *adj.* **1** 〈人が〉考え込んでいる; 黙想している; 憂いに沈んだ, 物思わしげな (melancholy). **2** 〈気分·音楽など〉物悲しい, 哀愁的な: a ~ lay 哀愁歌. **~·ly** *adv.* **~·ness** *n.* 〖(*a*1376) ◻ (O)F *pensif* ← *penser* to think ◻ L *pēnsāre* to weigh, consider, ponder ← *pēnsus*: ⇨ pension, -ive〗

SYN 思索的な: **pensive** あることを夢見心地で考え込んでいる: You're looking awfully *pensive*. ひどく考え込んでいるようですね. **contemplative** 対象じっくりと思いをひそめる: a *contemplative* life 瞑想にふける生活. **reflective** 論理的に分析推理してはっきりした理解·結論に達しようとする: I am in a *reflective* mood and need to be alone. 熟考したい気分なので一人になる必要がある.

meditative 特に思考の対象は決めず, しばしば宗教的な感じで瞑想にふける: a *meditative* walk in the wood 瞑想しながらの森の散策.

---

pen·ste·mon /pɛnstíːmən, pénstə- | pɛnsté-, -tíːm-, pénstɪ-/ *n.* 〔植物〕 =pentstemon.

pen·ster /pénstə | -stə(r)/ *n.* 三文文士 (hack writer). 〘(1611) ← PEN¹+-STER〙

pen·stock /pénstɑ̀(ː)k | -stɔ̀k/ *n.* **1** (水力発電所などの)水圧管. **2 a** 水門 (floodgate). **b** 《米》(水門から水車や水力発電所へ水を引く)樋(ひ), 水路. **3** 《米》消火栓 (hydrant). 〘(1607) ← PEN² 《廃》milldam+STOCK¹〙

pent /pént/ *vt.* pen² の過去形・過去分詞. — *adj.* 閉じ込められた, 幽閉された ‹*in, up*› (cf. pent-up). 〘(*a*1550) (p.p.) ← 《廃》*pend* 《変形》← PEN² (v.)〙

pent. 《略》〔数学〕pentagon; 〔詩学〕pentameter.

Pent. 《略》〔聖書〕Pentateuch; Pentecost.

pent- /pɛnt/ (母音の前にくるときの) penta- の異形.

pen·ta- /péntə | -tə/ 次の意味を表す連結形: 〔化学〕 **1**「ある元素が化合物中に五原子含まれる」. **2** (原子価が)「五価の」. **3**「ある基が化合物中に 5 個含まれる」. ★ 時に pen-, 母音の前では通例 pent- になる. 〘□ Gk ～ ← *pénte* five〙

pènta·bórane *n.* 〔化学〕ペンタボラン (B_5H_9) 《水素化ホウ素ボラン族の一つ; 粘り気のある液体で, ロケット・ミサイル用高エネルギー燃料》. 〘← PENTA-+BOR(ON)+-ANE²〙

pènta·chlorophénol *n.* 〔化学〕ペンタクロロフェノール (C_6Cl_5OH) 《農薬; 白色結晶で木材の防腐剤や殺菌剤として用いる; 略 PCP》. 〘1879〙

pen·ta·chord /péntəkɔ̀əd | -təkɔ̀ːd/ *n.* **1** 五弦琴. **2** 〔音楽〕五音音階 (cf. heptachord 2, hexachord). 〘(1721) □ Gk *pentakhordon* ← *pentakhordos* five-stringed ← PENTA-+*khordḗ* '-CHORD'〙

pen·ta·cle /péntɪkl | -tə-/ *n.* **1** 五角の星形, 星形五角形 《昔この形には神秘的な力があるとされ, 魔よけに用いられた; pentagram ともいう; cf. magic circle》. **2** 五角の星形に似たいくつかの星形の図形; (特に)六星形六角形 (hexagram). 〘(1594) □ ML **pentaculum*: ⇨ penta-, -cle〙

pen·tad /péntæd/ *n.* **1** 五; 五個一組. **2** 5 日間; 5 年間. **3** 〔化学〕五価の元素, 五価の基. 〘(1653) □ Gk *pentad-*, *pentás* a group of five: ⇨ penta-, -ad¹〙

pen·ta·dac·tyl /pèntədǽktɪl, -tl | -tɪl/ *adj.* (手・足に)五本の指がある; 五指状の. **pen·ta·dac·tyl·ic** /pèntədæktílɪk | -tə-⁻/ *adj.* 〘(1828) □ L *pentadactylus* □ Gk *pentadáktulos*: ⇨ penta-, dactyl〙

pen·ta·dac·ty·late /pèntədǽktəlɪt, -lèɪt | -tɪ-/ *adj.* =pentadactyl. 〘⇨ ↑, -ate²〙

pèn·ta·dác·tyl·ìsm /-təlìzm | -tɪl-/ *n.* (手足に)指が五本あること; 五指状. 〘(1879): ⇨ pentadactyl, -ism〙

pen·ta·dec- /pèntədék | -tə-/ (母音の前にくるときの) pentadeca- の異形.

pen·ta·dec·a- /pèntədékə | -tə-/「15」の意の連結形. ★ 母音の前では通例 pentadec- になる. 〘□ L ～ □ Gk *pentadeka-* ← *pentekaídeka* fifteen ← PENTA-+*kaí* and+*déka* ten〙

pen·ta·dec·a·gon /pèntədékəgɑ̀(ː)n | -tədékəgən/ *n.* 〔数学〕15 角形. 〘⇨ ↑, -gon〙

pen·ta·di·ene /pèntədáɪiːn, ⸗⸗⸗⸗ | -tə-/ *n.* 〔化学〕ペンタジエン (C_5H_8); (特に) ピペリレン (piperylene). 〘← PENTA-+-DIENE〙

pènta·erýthritol *n.* 〔化学〕ペンタエリトリット, ペンタエリトリトール ($C(CH_2OH)_4$) 《白色の結晶状粉末; アルキド樹脂の原料, 爆薬の製造などに用いる》. 〘1892〙

pentaerýthritol tetranítrate *n.* 〔薬学〕四硝酸ペンタエリトリット ($C(CH_2ONO_2)_4$) 《炸薬(さく)としてのほかに, 狭心症の治療にも用いる; 略 PETN》. 〘1923〙

pènta·gástrin *n.* 〔生化学〕ペンタガストリン 《胃酸分泌を促進するペンタペプチド》. 〘1967〙

pen·ta·gon /péntəgɑ̀(ː)n, -tɪ- | -təgən, -gɔ̀n/ *n.* **1** 〔数学〕五角[辺]形: a regular ～ 正五角形. **2** 〔築城〕五稜堡(りょうほ), 五稜郭. **3** [the P-] **a** ペンタゴン 《米国 Virginia 州 Arlington にある外郭五角形の官庁建築; この中に陸軍司令部その他陸海空軍および国防総省の事務所がある》. **b** 米国国防総省, ペンタゴン; 米国軍当局. 〘(1570) □ F *pentagone* // LL *pentagōnum* □ Gk *pentágōnon* (neut.) ← *pentágōnos* five-angled: ⇨ penta-, -gon〙

pen·tag·o·nal /pɛntǽgənl/ *adj.* 五角[辺]形の: a ～ dodecahedron 〔結晶〕五角十二面体 (pyritohedron) (⇨ dodecahedron 挿絵) / a ～ prism 五角プリズム / a ～ pyramid 〔数学〕五角錐. **～·ly** *adv.* 〘1570〙

Pen·ta·gon·ese /pèntəgɑ(ː)níːz, -tɪ-, -níːs | -təgəníːz/ *n.* 《米口語》軍事特殊用語; (特に)米国軍官庁用語, (米国の)国防総省式文体[用語]. 〘(1951): ⇨ Pentagon, -ese〙

Pen·ta·go·ni·an /pèntəgóuniən, -tɪ- | -təgə́u-/ 《米》 *n.* ペンタゴンで働いている人. — *adj.* ペンタゴン[米国防総省]の[に関する]. 〘(1598): ⇨ Pentagon, -ian〙

pen·tag·o·noid /pɛntǽgənɔ̀ɪd/ *adj.* 五角[辺]形状の, 幾分五角形の. 〘(1882) ⇨ pentagon, -oid〙

Péntagon Pàpers *n. pl.* [the ～] ペンタゴン文書, 国防総省秘密報告書 《Robert S. McNamara の命令で編まれた, 1945–68 年の米国のインドシナ介入に関する極秘文書; New York Times 紙に漏洩, 71 年 6 月に掲載され, 司法省が掲載中止を要請したが最高裁判所により却下された》.

pen·ta·gram /péntəgræ̀m | -tə-/ *n.* **1** =pentacle 1. **2** 〔数学〕五線星形 《五線分から成る星形の図形》. 〘(1833) □ Gk *pentágrammon* figure consisting of five lines: ⇨ penta-, -gram〙

pen·ta·graph /péntəgræ̀f | -təgrɑ̀ːf, -græ̀f/ *n.* = pantograph.

pen·tag·y·nous /pɛntǽdʒənəs | -dʒɪ-/ *adj.* 〔植物〕5 本の雌蕊(ずい)をもつ. 〘(1829) ← PENTA-+-GYNOUS〙

pen·ta·he·dron /pèntəhíːdrən | -təhíːdrən, -hédrən, -drɔn/ *n.* (*pl.* ～**s**, **-he·dra** /-drə/) 〔数学・結晶〕五面体. **pèn·ta·hé·dral** /-drəl⁻/ *adj.* **pèn·ta·hé·dri·cal** /-drɪkəl, -kl | -drɪ-⁻/ *adj.* **pèn·ta·hé·drous** /-drəs⁻/ *adj.* 〘(1775) ← NL ～: ⇨ penta-, -hedron〙

pènta·hýdrate *n.* 〔化学〕ペンタ水和物 ($KMoO_4 \cdot 5H_2O$) 《結晶水の 5 分子をもつ水和物》. 〘← PENTA-+HYDRATE〙

pènta·hýdric *adj.* 〔化学〕‹アルコール類・フェノール類が› (分子中に)5 個の水酸基を含む (cf. pentahydroxy).

pen·ta·hy·drox·y /pèntəhaɪdrɑ́(ː)ksi | -təhaɪdrɔ́k-/ *adj.* 〔化学〕(分子が)5 個の水酸基を含む, 五価アルコールの. 〘← PENTA-+HYDROXY〙

pen·ta·mer /péntəmə | -təmə(r)/ *n.* 〔化学〕五量体, ペンタマー. 〘1929〙

pen·tam·er·ous /pɛntǽmərəs/ *adj.* **1** 五個から成る; 五個に分かれる. **2** 〔植物〕‹花が›五数花の 《しばしば 5-merous と表記する; cf. hexamerous 2》. **3** 〔動物〕五関節[五部分]から成る. **pen·tám·er·ism** /-rɪzm/ *n.*

pen·tam·er·y /pɛntǽməri/ *n.* 〘(1826) ← NL *pentamerus*: ⇨ penta-, -merous〙

pen·tam·e·ter /pɛntǽmətə | -mɪtə(r)/ *n.* 〔詩学〕 **1** (英詩の)五歩格(の詩) 《1 行 5 詩脚から成る詩行; cf. meter³ 1 b》; (特に)弱強五歩格 (iambic pentameter) (cf. heroic verse 2, blank verse). **2** (古典詩の)長短短[長長]五歩格 《本来 elegiac couplet の第 2 行に用いられた》. — *adj.* 五歩格の. 〘(1546) □ L ～ □ Gk *pentámetron*: ⇨ penta-, -meter²〙

pènta·méthylene *n.* 〔化学〕ペンタメチレン (⇨ cyclopentane). 〘← PENTA-+METHYLENE〙

pentamèthylene·díamine *n.* 〔生化学〕=cadaverine. 〘⇨ ↑, diamine〙

pent·am·i·dine /pɛntǽmədìːn, -dɪn | -tǽmɪdìːn, -dɪn/ *n.* 〔薬学〕ペンタミジン ($C_{19}H_{24}N_4O_2$) 《アフリカ眠り病の初期段階の治療に用いる; また カリニ肺炎予防薬とする》. 〘(1941) ← PENT(ANE)+AMIDINE〙

pen·tan·drous /pɛntǽndrəs/ *adj.* 〔植物〕5 本の雄蕊(ずい)をもつ. 〘(1806) ← PENTA-+-ANDROUS〙

pen·tane /péntein/ *n.* 〔化学〕ペンタン (C_5H_{12}) 《メタン系炭化水素の一つ》. 〘(1877) ← PENTA-+-ANE²〙

péntane làmp *n.* ペンタン灯 《光量測定用の基準として かつて用いられた》.

pen·tan·gle /péntæ̀ŋgl/ *n.* =pentacle 1. 〘(?*c*1390) □ ? ML **pentangulum* (L *angulus* 'ANGLE¹' の影響による変形) ← **pentaculum* 'PENTACLE'〙

pen·tan·gu·lar /pɛntǽŋgjulə | -lə(r)/ *adj.* 五角の[を有する]. 〘1661〙

pén·ta·no·ic ácid /pèntənóuɪk- | -tənə́u-/ *n.* 〔化学〕ペンタン酸 ($CH_3(CH_2)_3COOH$) 《悪臭がある; valeric acid ともいう》.

pen·ta·nol /péntənɔ̀(ː)l | -tənɔ̀l/ *n.* 〔化学〕ペンタノール ($C_5H_{11}OH$) 《異性体がある; amyl alcohol ともいう》. 〘← PENTANE+-OL¹〙

pen·ta·none /péntənòun | -tənə̀un/ *n.* 〔化学〕ペンタノン ($C_5H_{10}O$) 《炭素原子 5 個のケトン; 2-ペンタノン (methyl propyl ketone), 3-ペンタノン (diethyl ketone) がある》. 〘← PENTANE+-ONE〙

pènta·péptide *n.* 〔生化学〕ペンタペプチッド 《五つのアミノ酸がペプチッド結合したもの》. 〘1907〙

pen·ta·ploid /péntəplɔ̀ɪd | -tə-/ 〔生物〕 *adj.* ‹細胞・核など›(染色体数が)五倍性の, 五倍体の. — *n.* 五倍体. 〘(1921) ← PENTA-+-PLOID〙

pen·ta·ploi·dy /péntəplɔ̀ɪdi | -təplɔ̀ɪdi/ *n.* 〔生物〕五倍性 《基本数 (n) の 5 倍の染色体数をもつ》.

pen·tap·o·dy /pɛntǽpədi | -di/ *n.* 〔詩学〕五歩格, 五脚律 (pentameter). 〘(1864) ← PENTA-+(DI)PODY〙

pen·tap·o·lis /pɛntǽpəlɪs | -lɪs/ *n.* 〔聖書〕ペンタポリス, 五府市地方 《五つの町の結合・同盟・まとまり》. 〘(1838) □ L ～ □ Gk *pentápolis* group of five cities (PENTA-+*pólis* city)〙

pénta·prìsm *n.* 〔光学〕ペンタプリズム, 五角プリズム (pentagonal prism) 《内部で 2 回反射し, 入射光と射出光が 90° の定偏角をなす五角形のプリズム》. 〘1937〙

pen·ta·quine /péntəkwìːn | -tə-/ *n.* 〔薬学〕ペンタキン ($C_{18}H_{27}N_3O$) 《マラリア治療剤》. 〘← PENTA-+QUI(NO-LI)NE〙

pen·tarch /péntɑək | -tɑːk/ *adj.* 〔植物〕五原型の. 〘(1884) ← PENTA-+-ARCH²〙

pen·tar·chy /péntɑəki | -tɑːki/ *n.* **1** 五頭政治; 五頭政府. **2** 五国連合. **3** 五頭政治が行われている国家. **pen·tar·chi·cal** /pɛntɑ́əkɪkəl, -kl | -tɑ́ːkɪ-/ *adj.* 〘(1587) □ Gk *pentarkhía*: ⇨ penta-, -archy〙

pen·ta·stich /péntəstɪk | -tə-/ *n.* 〔詩学〕五行連(句) (cinquain). 〘(1658) ← NL *pentastichon* ← Gk *pentástikhon*: ⇨ penta-, stich¹〙

pen·ta·style /péntəstàɪl | -tə-/ *adj.* 〔建築〕‹portico など›(正面に)5 本の円柱を持つ, 五柱式の (cf. distyle). 〘(1727–41) ← PENTA-+-STYLE¹〙

pènta·súlfide *n.* 〔化学〕五硫化物.

pènta·sýllable *n.* 5 音節語[詩脚]. **pènta·syllábic** *adj.* 〘(1816) ← PENTA-+SYLLABLE〙

Pen·ta·teuch /péntətùːk, -tjùːk | -tətjùːk/ *n.* [the ～] 〔聖書〕モーセの五書 《旧約聖書の最初の五書 (Genesis, Exodus, Leviticus, Numbers, Deuteronomy); Torah ともいう; cf. Hexateuch, Heptateuch, Octateuch》. **Pen·ta·teu·chal** /pèntətúːkəl, -tjúːk-, -kl | -tətjúː-⁻/ *adj.* 〘(*c*1405) □ eccl.L *Pentateuchus* □ Gk *pentáteukhos* 《原義》consisting of five books ← PENTA-+*teûkhos* implement, book〙

pen·tath·lete /pɛntǽθliːt/ *n.* 〔スポーツ〕五種競技の選手 (cf. decathlete). 〘(1828) □ Gk *pentathlētḗs* ← *péntathlon* (↓)〙

pen·tath·lon /pɛntǽθlən, -lɑ(ː)n | pɛntǽθlən, -lɔn/ *n.* 〔スポーツ〕 **1** 五種競技 《古代ギリシャでは走り幅跳び・短距離競走・レスリング・円盤投げ・やり投げ, 最近のオリンピックでは走り幅跳び・やり投げ・200 メートル競走・円盤投げ・1500 メートル競走, 女子は 80 (または 100) メートル障害・砲丸投げ・走り高跳び・走り幅跳び・800 (もと 200) メートル競走の 5 種目; cf. decathlon》. **2** =modern pentathlon. 〘(1603) □ Gk *péntāthlon* ← PENTA-+*âthlon* game: ⇨ athlete〙

pen·ta·tom·ic /pèntətɑ́(ː)mɪk | -tətɔ́m-⁻/ *adj.* 〔化学〕五原子の. 〘(1872) ← PENTA-+ATOMIC〙

pen·ta·tom·id /pèntətɑ́(ː)mɪd | -tətɔ́mɪd/ 〔昆虫〕 *adj.* カメムシ(科)の. — *n.* カメムシ《カメムシ科 (Pentatomidae) の昆虫の総称》. 〘(1890) ← NL *Pentatomidae* ← PENTA-+L *tomus* cut, segmented (⇨ tome)+-ID²〙

pen·ta·ton·ic /pèntətɑ́(ː)nɪk | -tətɔ́n-⁻/ *adj.* 〔音楽〕五音の, 五音音階の. 〘(1864) ← PENTA-+TONIC〙

péntatonic scále *n.*, *adj.* 〔音楽〕五音音階(の), ペンタトニック(の). 〘1891〙

pen·ta·ton·ism /péntətòunɪzm | -tətə̀u-/ *n.* 〔音楽〕五音音階の使用, 五音音階主義.

pen·ta·tron /péntətrɑ̀(ː)n | -tətrɔ̀n/ *n.* 〔電子工学〕ペンタトロン 《共通陰極の双三極管》. 〘← PENTA-+-TRON〙

pen·ta·va·lent /pèntəvéɪlənt | -tə-⁻/ 〔化学〕 *adj.*, *n.* 五価の(原子). 〘(1871) ← PENTA-+-VALENT〙

pen·taz·o·cine /pɛntǽzəsìːn/ *n.* 〔薬学〕ペンタゾシン ($C_{19}H_{27}NO$) 《鎮痛薬; モルヒネの代わりに用いられる》. 〘1963〙

Pen·te·cost /péntɪkɔ̀(ː)st, -kɑ̀(ː)st | -tɪkɔ̀st/ *n.* **1** 〔ユダヤ教〕 **a** ペンテコステ, 五旬節[祭] 《過ぎ越しの祝い (Passover) の 2 日目から数えて 50 日目で, この日を Moses が Sinai 山で律法を授かった日として祝う; Shabuoth ともいう》. **b** Moses が Sinai 山で律法を授かった記念の日を祝うユダヤ教会の儀式. **2** 〔キリスト教〕五旬節, 聖霊降臨日[節] (Whitsunday) 《聖霊がペンテコステの日に使徒たちの上に降臨したのを記念するキリスト教会の祝日; 復活祭 (Easter) 後第七の日曜日; cf. *Acts* 2》. 〘OE *Pentecosten* □ LL *Pentēcostē* □ Gk *Pentēkostḗ* (*hēmérā* or *heortḗ*) fiftieth (day or feast) ← *pentḗkonta* fifty ← *pénte* (⇨ penta-)+*-konta* tens〙

Pen·te·cos·tal /pèntɪkɑ́(ː)stl, -kɔ́(ː)s- | -tɪkɔ́s-⁻/ *adj.* **1** ペンテコステ (Pentecost) の. **2** ペンテコステ派の 《20 世紀初頭米国に始まった fundamentalist に近い一派についていう; 聖霊の会衆への直接の感応を説き, 各人が清浄を達成してペンテコステの使徒にあやかろうとし, またその恍惚(こう)を舌がかり (gift of tongues) 的に表出する》. — *n.* ペンテコステ(宗)派の一員. **Pèn·te·cós·tal·ism** /-təlìzm/ *n.* **Pèn·te·cós·tal·ist** /-lɪst | -lɪst/ *n.* 〘(1549) □ eccl.L *pentēcostālis*: ⇨ ↑, -al¹〙

pen·te·cos·ta·ri·on /pèntɪkɑ(ː)stéəriɑ̀(ː)n, -kɑ(ː)s- | -tɪkɔstéəriɔ̀n/ *n.* (*pl.* ～**s**, **-ri·a** /-riə/) 〔東方正教会〕ペンテコスタリオン 《復活祭から聖霊降臨日後の最初の日曜日 (三位一体主日)までの期間のための祈禱(きとう)書》. 〘□ (L)Gk *pentēkostárion* ← *Pentēkostḗ* 'PENTECOST' +*-arion* (n.suf.)〙

Pentélic márble *n.* ペンテリクス大理石 《Pentelicus 山産出の白い大理石》.

Pen·tel·i·cus /pɛntélɪkəs | -lɪ-/ *n.* ペンテリクス(山) 《Pendelikon のラテン語名》. **Pen·tel·ic** /pɛntélɪk/ *adj.*

Pen·tel·i·kon /pɛntélɪkən, -kɑ(ː)n | -lɪkən, -kɔn/ *n.* =Pendelikon.

pen·tene /péntiːn/ *n.* 〔化学〕ペンテン (C_5H_{10}) 《1-ペンテンと 2-ペンテンがある; 二重結合 1 個をもつ》. 〘(1877) ← PENTA-+-ENE〙

Pen·the·si·le·ia /pɛ̀nθəsəlíːə | pɛ̀nθɛsɪ-/ *n.* (*also* **Pen·the·si·le·a** /～/) 〔ギリシャ神話〕ペンテシレイア 《Ares の娘; Troy を助けたアマゾン族の女王; Achilles に殺された》. 〘□ Gk *penthesíleia*〙

Pen·the·us /pénθiəs, -θuːs, -θjuːs | -θjuːs, -θuːs/ *n.* 〔ギリシャ神話〕ペンテウス 《Thebes の王, Cadmus の孫; Bacchus 神の祭祀を許可しなかったため母と姉妹に殺された》. 〘□ L ～ □ Gk *Pentheús*〙

pént·hòuse /pént-/ *n.* **1 a** (ビルの上の高級な)屋上家屋塔屋, ペントハウス; 屋上階. **b** 塔屋 《ビルの屋上の小建物で中にエレベーター機械・換気装置・水槽などがある》. **2** 差掛けの屋根; (窓やドアの上の)ひさし, 霧よけ. **3** (court tennis の)コートを囲む 3 つの壁に設けられた差掛け屋根型の段. **4** [P-]「ペントハウス」《米国の男性向け雑誌; 1965 年ロンドンで創刊》. ***make a pénthouse of the eyebrows*** まゆを八の字によせる. — *vt.* …に差掛け屋根[ひさし, 霧よけ]をつける; …に塔屋を設ける. 〘(1530) 《変形》↓: 現在の語尾は HOUSE との連想による変形〙

pen·tice /péntɪs | -tɪs/ *n.* 《古》=penthouse. 〘(*c*1300) *pentis* □ AF **pentis* 《頭音消失》← OF *apentis* □ ML *appenticium* penthouse=LL *appendicium* appendage ← L *appendere* 'to APPEND'〙

pen·ti·men·to /pèntɪméntou | -tɪméntəu; *It.* pentiménto/ *n.* (*pl.* **-men·ti** /-tiː; *It.* -ti/) **1** 〔絵画〕ペンティメント 《制作中に多少の変更があって, もとの下描きや構図[線]がうっすらとその跡を現すこと》. **2** 絵の中のペンティメントで現れた部分. 〘(1903) □ It. ～ 'correction, repentance' ← *pentire* to repent＋*-mento* '-MENT': ⇨ penitence〗

Pen·ti·um /péntiəm | -ti-/ *n.* 〖商標〗ペンティアム《米国 Intel 社製の Intel 486 に互換の後継マイクロプロセッサー》.

Pént·land Fírth /péntlənd-/ *n.* [the ～] ペントランド海峡《スコットランドと Orkney 諸島との間の海峡; 幅 9.5–13 km》.

Péntland Hílls *n. pl.* [the ～] ペントランド山地《スコットランド南部の山地; 最高地は Scald Law (579 m)》.

pent·land·ite /péntləndàɪt/ *n.* 〖鉱物〗ペントランド鉱, 硫鉄ニッケル鉱 ((Fe, Ni)$_9$S$_8$)《ニッケルの主要鉱石》. 〖(1858)□F ～ ← *J. B. Pentland* (1797–1873: アイルランドの鉱物学者): ⇨ -ite[1]〗

pen·to·bar·bi·tal /pèntəbɑ́ːbətɔ̀ːl, -tɑːl | -təubɑ́ː-bɪ̀tl/ *n.* 〖薬学〗ペントバルビタール ($C_{11}H_{18}N_2O_3$)《短期間型の鎮静剤・鎮痙(けい)剤・麻酔[催眠]剤》. 〖(1931) ← PENTA-＋-O-＋BARBITAL〗

pentobárbital sódium *n.* 〖薬学〗ペントバルビタールナトリウム ($C_{11}H_{17}N_2O_3Na$)《短期間型の鎮静剤・催眠剤・鎮痙(けい)剤; cf. Nembutal》. 〖1931〗

pen·to·bar·bi·tone /pèntəbɑ́ːbətòun | -təbɑ́ːbɪ̀-təun/ *n.* 《英》〖薬学〗＝pentobarbital. 〖(1938) ← PENTA-＋-O-＋BARBITONE〗

pen·tode /péntoud | -təud/ *n.* 〖電子工学〗五極真空管, 五極管 (cf. tetrode). 〖(1919) ← PENTA-＋-ODE[2]〗

pen·tom·ic /pentɑ́(ː)mɪk | -tɔ́m-/ *adj.* 〖軍事〗 **1** 《陸軍の師団が》5 個戦闘団の[から成る]. **2** ペントミック編成の《従来の師団編成を核装備の 5 個戦闘団に改編したものにいう》: a ～ division ペントミック師団. 〖(1956) ← PENTA-＋(AT)OMIC〗

Pen·ton·ville /péntənvɪl | -tən-/ *n.* ペントンビル《London 北部 Islington 区の地域; ここに男囚の独房組織で有名な Pentonville Prison (1842 年建設)がある》.

pen·to·san /péntəsæ̀n | -tə-/ *n.* 〖化学〗ペントサン《植物・腐土などにある多糖類で加水分解により pentose を生じる》. 〖(1892) ← PENTOSE＋-AN[2]〗

pen·to·sane /péntəsèɪn | -tə-/ *n.* 〖化学〗＝pentosan.

pen·tose /péntous, -touz | -təus/ *n.* 〖化学〗ペントース, 五炭糖 ($C_5H_{10}O_5$)《リボース・アラビノースを含む》. 〖(1890) ← PENTA-＋-OSE[2]〗

péntose nucléic ácid *n.* 〖生化学〗ペントース核酸; (特に)リボ核酸 (ribonucleic acid). 〖1934〗

péntose phósphate páthway *n.* 〖化学〗ペントースリン酸経路《NADPH を合成する一連の代謝作用》.

pen·to·side /péntəsàɪd | -tə-/ *n.* 〖化学〗ペントシド《ペントースとプリンまたはピリミジン塩基がグリコシド結合したもの; 加水分解により pentose を生じる》. 〖(1909) ← PENTOSE＋-IDE[2]〗

P

Pén·to·thal Sódium /péntəθɔ̀(ː)l- | -təθæ̀l-/ *n.* 〖商標〗ペントタールナトリウム《麻酔・催眠剤 thiopental の商品名; しばしば単に Pentothal ともいう; cf. sodium pentothal》. 〖(1935)〖商標〗← PENTA-＋-O-＋*th*(*iobarbiturate*) (⇨ thio-, barbiturate)＋-AL[3] (cf. barbital)〗

pent·ox·ide /pentɑ́(ː)ksaɪd | -tɔ́k-/ *n.* 〖化学〗五酸化物. 〖(1863–72) ← PENTA-＋OXIDE〗

pén tràу *n.* ペン皿《インクスタンドの一部をなすこともある》. 〖1858〗

pént ròof *n.* 〖建築〗片流れ屋根, 差し掛け屋根《一方にだけ勾配のある; shed roof ともいう》. 〖(1835) *pent*: (略) ← PENTHOUSE〗

pent·ste·mon /pentstíːmən, péntstə- | pentstémən, -stíːm-, péntstɪ̀mən/ *n.* 〖植物〗イワブクロ《ゴマノハグサ科イワブクロ属 (*Pentstemon*) の植物の総称; 袋状の花の中に 5 本の雄蕊と 1 本の雌蕊がある; 特に, その中の園芸種をさす; イワブクロ (*P. frutescens*) など》. 〖(1760) ← NL ～ ← PENTA-＋Gk *stḗmōn* thread〗

pent-up /péntʌ́p⁻/ *adj.* [後置されると pent up] 閉じ込められた, はけ口のない, 鬱積(うっせき)した (confined); 押さえつけられた: ～ desire 欲求不満 / ～ excitement 抑えていた興奮 / ～ fury うっぷん. 〖1594〗

pen·tyl /péntɪ̀l, -taɪl, -tɪl/ *n.* 〖化学〗ペンチル ($CH_3(CH_2)_3CH_2$)《アルキル基の一つ》. 〖(1877) ← PENTA-＋-YL〗

péntyl ácetate *n.* 〖化学〗酢酸ペンチル ($CH_3COOC_5H_{11}$) (amyl acetate ともいう; 通俗的に banana oil ともいう).

pen·tyl·ene·tet·ra·zol /pèntəliːntétrəzɔ̀(ː)l | -tɪ̀-liːntétrəzɔ̀l/ *n.* 〖薬学〗ペンチレンテトラゾール ($C_6H_{10}N_4$)《強心剤, 呼吸および血管運動中枢興奮剤, バルビツール酸系睡眠剤の解毒剤, また精神病の痙攣(けいれん)療法や中毒・仮死の状態の治療に使う薬品名》. 〖(1949) ← PENT(A)-＋(METH)YLENE＋TETRA-＋AZO-＋-OL[2]〗

pe·nu·che /pənúːtʃi/ *n.* (*also* **pe·nu·chi** /～/) ＝panocha.

pe·nuch·le /píːnʌkl/ (*also* **pe·nuck·le** /～/) *n.* 《トランプ》＝pinochle.

pe·nult /píːnʌlt, pɪ̀nʌ́lt | pɪ̀nʌ́lt, pe-/ *n.* **1** 終わりから 2 番目のもの. **2** 〖音声・詩学〗末尾第二音節《語末から 2 番目の音節; 例: conduct の con-; cf. ultima》. ── *adj.* ＝penultimate. 〖(1537)(略) ← L *paenultima* (↓)〗

pe·nul·ti·ma /pɪ̀nʌ́ltəmə | pɪ̀nʌ́ltɪ̀-, pe-/ *n.* 〖音声・詩学〗＝penult. 〖(1589)□L *paenultima* (*syllaba*) penultimate (syllable) (fem.) ← *paenultimus* ← PENE-＋*ultimus* last〗

pe·nul·ti·mate /pɪ̀nʌ́ltəmɪ̀t | pɪ̀nʌ́ltɪ̀-, pe-/ *adj.* **1** 終わりから 2 番目の: the ～ chapter of the book. **2** 〖音声・詩学〗末尾第二音節の《語末から 2 番目の音節にいう; cf. antepenultimate》. ── *n.* ＝penult. **～·ly** *adv.* 〖(1677)□ *paenultimus* (↑): ⇨ ultimate〗

pe·num·bra /pɪ̀nʌ́mbrə | pɪ̀-, pe-/ *n.* (*pl.* **pe·num·brae** /-briː, -braɪ | -briː/, **～s**) **1** 〖天文〗 **a** 半影《日食, 月食などで部分的に影に入る領域; cf. umbra 4 a》. **b** (太陽黒点周辺の)半影部, 半影 (cf. umbra 4 b). **2** 〖絵画〗濃淡相交わる部分, 明暗濃淡の境. **3** (意味などの)周辺部, 境界領域; (疑念や不安の)陰影, 暗影. **pe·núm·bral** /-brəl/ *adj.* **pe·núm·brous** /-brəs/ *adj.* 〖(1666) ← NL ～ ← PENE-＋L *umbra* shade, shadow〗

pe·nu·ri·ous /pɪ̀njúəriəs, -njúər- | pɪ̀njúər-, pe-, -njɔ́ːr-/ *adj.* **1** 貧乏な, 窮乏した; (…に)欠乏した (lacking) (*of*). **2** (まれ) 貧弱な, 僅少な. **3** 吝嗇(りんしょく)な, けちな. **～·ly** *adv.* **～·ness** *n.* 〖(1596)□ML *pēnūriōsus*: ⇨ ↓, -ous〗

pen·u·ry /pénjuri/ *n.* **1** 貧乏, 貧困, 貧窮 (⇨ poverty SYN): reduced to ～ ひどく困って, 窮迫して. **2** 欠乏 (dearth), 不足. 〖(*a*1400–50)□L *pēnūria* want, scarcity ← ?: ⇨ -y[1]: cf. L *paene* almost / Gk *peniā* poverty, need〗

Pe·nu·ti·an /pənúːtiən | -tiən/ *n.* **1** ペヌーテ大語族《米国西海岸とりわけ California 州で話されるアメリカインディアンの語族の一つ; Yakima, Nez Percé, Klamath, Tsimshian など》. **2** ペヌーテ語族《南北アメリカの語族の一つ; Araucanian, Chinook, Mayan, Sahaptin など》. 〖(1912) ← N-Am.-Ind. (Wintun) *pen* two＋(Miwok) *uti* two＋-AN[1]; R. B. Dixon と A. L. Kroeber の造語〗

pén·wiper *n.* ペンふき. 〖1826〗

pén·wòman *n.* 女性の作家. 〖(1748) ← PEN[1]＋WOMAN: cf. penman〗

Pen·za /pénzə; *Russ.* pʲénzə/ *n.* ペンザ《ロシア連邦中部, Nizhniy Novgorod 南方の工業都市》.

Pen·zance /penzǽns, pən-/ ★ 現地の発音は /pənzɑ́ːns/. *n.* ペンザンス《イングランド南西部 Cornwall 州の海港; 保養地》. 〖ME *Pensans* (原義) holy promontory ← Corn. *pen* cape, head＋*sans*, *sant* holy〗

Pen·zi·as /péntsiəs, -ziəs/, **Ar·no** /ɑ́ənou | ɑ́ːnəu/ **Allan** *n.* ペンツィアス (1933–　; ドイツ生まれの米国の電波天文学者; ビッグバン理論の確立に貢献; Nobel 物理学賞 (1978)).

pe·on[1] /píːɑ(ː)n, -ən | -ən; *Am.Sp.* peón/ *n.* **1** (*pl.* **～s, pe·o·nes** /piːóuneɪs | -ə́u-/) (中南米諸国で)日雇い労務者; 不熟練労働者. **2** (*pl.* **～s**) (メキシコや米国南西部で)借金返済のために奴隷的に働かされる人, 債務労働者. **3** 非常に貧しい人. 〖(1826)□Port. *peão* & Sp. *peón* < ML *pedōnem* foot soldier ← L *pēs* 'FOOT': cf. pawn[1]〗

pe·on[2] /píːɑ(ː)n, péɪ-, -ən | pjúːn, píːən, peɪɔ́n/ *n.* 《インド》 **1** 歩兵 (foot soldier); 民兵 (native soldier). **2** 従者, 従僕, 小使. **3** 闘牛士の助手. 〖(1609)□Port. *peão* ∥ F *pion* foot soldier, pedestrian, day laborer (↑)〗

pe·on·age /píːənɪdʒ/ *n.* **1** peon[1] の境遇[労役]. **2** (メキシコや米国南西部で)借金の返済に奴隷[強制]的に働かせること, 借金返しの半奴隷制度. **3** 《米国東部》(囚人の)奴隷的服役. 〖(1844) ← PEON[1]＋-AGE〗

peones *n.* peon[1] の複数形.

pe·on·ism /píːənɪzm/ *n.* ＝peonage.

pe·o·ny /píːəni/ *n.* 〖植物〗 **a** シャクヤク (*Paeonia albiflora*). ★ 米国 Indiana 州の州花. **b** ボタンの類《キンポウゲ科ボタン属の植物の総称; ボタン (Japanese tree peony) など》: blush like a ～ 顔を真っ赤にする. ── *adj.* キンポウゲ科の. 〖OE *peonie* □ L *paeōnia* □ Gk *paiōnia* ← *Paiṓn* (神々の医者): ME で OF *peone*, *pioine* (F *pivoine*) の影響を受けた: この植物が薬用とされたことから〗

Pe·o·ny /píːəni/ *n.* ピーオニー《女性名》. 〖↑〗

peo·ple /píːpl/ *n.* **1** [複数扱い] **a** [通例修飾語句を伴って] 人々: old [young] ～ 年とった[若い]人たち / I met lots of [all sorts of] ～ on my travels. 旅行中大勢の[いろんな種類の]人々に会った / I see very few ～ here. ここでは滅多に人に会うことがない / Many ～ think so, though some (～) might disagree. 別の考えをする人もいるかもしれないがそう考えている人が多い / What will other ～ say? 他の人は何と言うだろう. ★ people は不特定の人々を集合的に指すが, persons は個々の人に重きを置き比較的少数の人を指すのに用い, people よりも形式ばっている. ただし数詞と共に用いる場合は代替可能で, 口語では persons より people が好まれる: There were thirteen ～ [persons] in the hall. 広間には 13 人の人がいた. **b** [単独に用いて] (漠然と)世間の人々: as ～ go 世間並みから言えば / Never mind what ～ say. 世間の口は気にするな / Don't shock ～ that way! そんな風に世間を驚かせるのではない / *People* say (that) …という話[うわさ]だ. **c** (動物と区別して)人間: I saw some dogs but no ～. 数匹の犬が見えたが人影は見えなかった. **2** [複数扱い; 修飾語句または the を伴って] (特定の土地・階級・団体・職業・民族などに属する)人々: village ～ 村民 / country [city] ～ 田舎の人たち[都会人] / literary ～ 文人連 / theater ～ 演劇人 / academic ～ 学究たち / business ～ 実業[務]家 / ordinary ～ 普通の人 / *the* ～ here この土地の人々 / Dallas ～ ダラスの人々 / *the* best ～ 《口語》上流社会の人々 / (*the*) English ～＝*the* ～ of England 英国民. **3** [複数扱い; one's ～ として] (君主などに対して)臣民 (subjects); 家来, 従者, 部下 (followers); 労働者; (牧師の下にある)教(会)区民 (parishioners): the king [clergyman] and *his* ～ 国王と臣民[牧師と教区民] / The foreman spoke for *his* ～. 職工長は職工たちの代弁をした. **4** [複数扱い; one's ～ として] **a** 家族 (family), 親族 (relations); 祖先 (forebears): My ～ have lived here for generations. 私のうちは代々ここに住んでいる. **b** 《口語》近親の人, 両親 (parents). **5** [複数扱い] **a** [the ～] 平民, 庶民; 下層階級: a man [woman] of *the* ～ 庶民, 下層の人; 庶民の味方, 庶民派 / *the* (common) ～ and the nobility 庶民と貴族. **b** [通例 P-; 所有格で用いて] プロレタリア, 人民; (特に)社会[共産]主義者: the *People's* Republic of Bangladesh バングラデシュ人民共和国 / ⇨ people's front, People's Liberation Army. **6** (文化的・社会的にみた人々の一集団としての)国民, 民族, 種族 (cf. nation[1], race[2], tribe): a warlike ～ 好戦国民[民族] / the English-speaking ～*s* 英語(を話す)国民 / the Jewish ～ ユダヤ民族 / The Japanese are a hardworking ～. 日本人は勤勉な国民である / the ～*s* of the world 世界の諸国民 / Some countries are populated by several distinct ～*s*. 国によってはそれぞれいくつか異なった民族が居住している. **7** [the ～; 通例複数扱い] (選挙権をもつ)人民, 選挙民(全体) (electorate): Congress is elected by *the* ～. 議会は人民によって選出される / government of *the* ～, by *the* ～, for *the* ～ 人民の, 人民による, 人民のための政治 (Lincoln の *Gettysburg Address* (1863) 中の名句). **8** 《米口語》[話しかけている人々を指して] 聴衆の皆さん. **9** 《米》〖法律〗(刑事裁判での)検察[検事]側, 訴追側: (*The*) *People* vs. John Smith (検察側対ジョンスミス事件 (cf. versus 2) / *People's* Exhibit G 検察側証拠物件第 7 号. **10** 《古》[通例複数扱い] (通例特定の環境にすむ)動物, 生き物: the bee ～ みつばち(の一族) / the little ～ 小妖精(ども).

gó to the péople 〈政党の首領が〉国民投票に訴える, 国民の信を問う; (総)選挙施行の手続きを取る. 〖← (n.) 7〗 ***of áll péople*** 人もあろうに《驚きを表す》: Jack *of all* ～ said so? まさかジャックがそう言ったなんて.

── *vt.* **1** …に人を住まわせる, 植民する (populate); …に〈生き物などを〉すまわせる, 入れる, 満たす (stock) (*with*): memoirs ～*d with* imaginary creatures 想像上の生き物がふんだんに出てくる回想録. **2** [特に p.p. 形で] …に住む (inhabit), 占める (occupy): a thickly-[sparsely-]*peopled* country 人口密度の高い[低い]国 / The land was being ～*d* by crowds of settlers. その国には大勢の開拓民が入り込んで来ていた.

〖n.: (*c*1280) *peple* □ AF *poeple* ＝OF *pople* (F *peuple*) < L *populum* people ← ? Etruscan. ─ v.: (1450) □ (O)F *peupler* ← *peuple* (n.)〗

SYN **1** 国民: **people** 文化的・社会的に見た国民: we, the *people* of Japan 我々日本国民. **nation** 政治的に見た国民: the French *nation* フランス国民. **race** 人類学的・民族学的に見た民族: the Caucasian *race* コーカサス人種, 白色人種.
2 人々: **people** 集合的に男女一般: There were a lot of *people* at the beach. 海岸には大勢の人がいた. **persons** 〖法律〗＝people.

péople cárrier *n.* ピープルキャリアー《座席が 3 列あり, 普通の車より多くの人が乗れる自動車》.

péople·hòod *n.* **1** 国民[民族]であること. **2** 国民[民族]意識. 〖1899〗

péople·less /-plɪ̀s/ *adj.* 人のいない. 〖1621〗

péople mèter *n.* ピープルメーター《視聴率調査のため調査対象家庭のテレビ受像機にセットされたモニター装置》.

péople mòver *n.* 大量旅客輸送機関《多くの人を少し離れた場所へ運ぶ自動輸送手段; 動く歩道・無人の車など》. 〖1968〗

péople pèrson *n.* 《口語》交際好き[人好き]な人, 社交的な人.

péo·pler /-plə, -plə | -plə(r, -pl-/ *n.* 移民, 開拓者 (colonizer); 住民 (inhabitant). 〖(1604): ⇨ people (v.), -er[1]〗

Péople's Chárter *n.* [the ～] 〖英史〗人民憲章 (⇨ Chartism).

péople's cómmune *n.* (中国の)人民公社.

péople's cóurt *n.* 《口語》＝small-claims court.

péople's demócracy *n.* (共産圏における)人民民主主義(国).

Péople's Dispénsary for Sick Ànimals *n.* [the ～] 《英》傷病動物援護会 (略 PDSA).

péople's frónt *n.* 人民戦線 (⇨ popular front). 〖1937〗

Péople's Liberátion Ármy *n.* [the ～] 人民解放軍 (略 PLA): **1** フィリピン Luzon 島の共産主義革命軍. **2** 中国の正規軍.

péople snìffer *n.* 嗅覚性人間探知機《隠れている人間のにおいをかぎ当ててその存在を探知する電子装置; cf. olfactronics》. 〖1965〗

péople's párk *n.* 《米》(使用について当局から規制を受けずに自由に使用できる)庶民の公園. 〖1863〗

Péople's Párty *n.* [the ～] 〖米史〗人民党《1891 年農民・労働団体により結成された政党で, 通貨増発・鉄道電信などの公有・土地所有の制限などを主張した; 1908 年以降消滅; 通称を Populist Party といい, その党員を Populist と呼んだ》.

péople's repúblic *n.* [しばしば P- R-] 人民共和国《通例 共産[社会]主義国》; 《英・戯言》革新自治体.

Péople's Repúblic of Chína *n.* [the ～] 中華人民共和国 (⇨ China).

Pe·o·ri·a /piɔ́ːriə/ *n.* ピオリア《米国 Illinois 州中央部の都市》. 〖□F *Peouarea* (部族名)□N-Am.-Ind. (Algonquian) *piwarea* (原義) he comes carrying a pack on his back〗

pep /pép/ 《口語》 *n.* 気力, 元気, 精力 (cf. pepper 4): full of ～ 元気一杯の, 闘志満々の. ── *v.* (**pepped**; **pep·ping**) ── *vt.* 元気づける, 〈人〉の気を引き立てる

(invigorate) ⟨*up*⟩: He ~*ped* himself (*up*). 自分の気を引き立てた. — *vi.* [~ *up* として] 元気づく. 〖(1912)《略》← PEPPER〗

PEP /pép, píːìːpíː/《略》《英》Personal Equity Plan;《英》Political and Economic Planning.

pep·er·i·no /pèpəríːnoʊ | -nəʊ/ *n.* (*pl.* ~s)《岩石》ペペリノ《Rome 付近で採掘される一種の凝灰岩 (tuff); Rome では重要な建築材料》. **pep·er·ine** /pépərɪ̀n, -ràɪn, -rɪn/ *adj.* 〖(1777) □ It. ~ ← *pepere* < L *piper* 'PEPPER'〗

pep·er·o·mi·a /pèpəróʊmiə | -rə́ʊ-/ *n.*《植物》ペペロミア《コショウ科サダソウ属 (*Peperomia*) の常緑多年草または1年草の総称; 熱帯・亜熱帯に分布; 観葉植物》. 〖(1882) ← NL ← Gk *péperi* pepper＋*homós* same: ⇨ -ia²〗

pep·er·o·ni /pèpəróʊni | -rə́ʊ-/ *n.* =pepperoni.

pe·pi·no /pəpíːnoʊ | -nəʊ/ *n.* (*pl.* ~s)《植物》**1** ペピーノ(メロ) (*Solanum muricatum*)《ナス科の多年生草本; ペルーの高地地方原産; 黄色地に紫色の縞(しま)模様のある卵形果実は, 美味》. **2** チリ産のユリ科の常緑低木 (*Philesia buxifolia*)《美しい赤い花が咲く》. 〖(1890) □ Am.-Sp. ~ 'pepino; (Sp.) cucumber'〗

Pép·in the Shórt /pépɪn- | -pɪn-/ *n.* (小)ピピン (714?–68; Charles Martel の子で Charlemagne の父, Frank 国王 (751–68), Carolingian の祖; フランス語名 Pépin le Bref /pepɛ̃ləbrɛf/, ドイツ語名 Pippin der Kleine /pɪpíːndeːɐkláɪnə/).

Pe·pi·ta /pəpíːṭə, pɛ- | pɛpíːtə, pə-; Sp. pepíta/ *n.* ペピータ《女性名》. 〖□ Sp. ~ (fem.) ← *Pepe* (=Joseph): cf. Josephine〗

pepla *n.* peplum の複数形.

pep·los /pépləs, -lɑ(ː)s | -ləs, -lɔs/ *n.* ペプロス《古代ギリシャの女性用の外衣; 体の回りにひだをよせ肩のところで留めた長方形の布でできている》. 〖(1776) □ L *peplus* // Gk *péplos* upper garment〗

pep·lum /pépləm/ *n.* (*pl.* ~s, **pep·la** /-lə/)《服飾》**1** ペプラム《ブラウスやジャケットのウエストから切り替えた短いスカートのような部分; 通例フレア, プリーツまたはラッフルのデザイン》. **2**《廃》=peplos. **~ed** *adj.* 〖(1678) □ L ~ ← *peplus* □ Gk *péplos* (↑)〗

peplum 1

pep·lus /pépləs/ *n.* =peplos.

pe·po /píːpoʊ | -pəʊ/ *n.* (*pl.* ~s)《植物》ウリ状果《ウリ科植物の果実; ヒョウタン・カボチャ・メロン・キュウリなどの; cf. fruit 1 b》. 〖(1859) □ L *pepō* melon, pumpkin □ Gk *pépōn* a kind of gourd or melon (eaten when ripe),《原義》ripe〗

pep·per /pépə | -pə^(r)/ *n.* **1 a**《植物》コショウ (*Piper nigrum*)《コショウ科の常緑多年生つる植物; black pepper ともいう》. **b** こしょう《その種子を原料とする香辛料; 黒こしょう (black pepper), 白こしょう (white pepper) など》: ~ and salt (一対になっている)こしょう入れと食塩入れ. **2**《植物》コショウに類した実をつける他科の植物の総称《サンショウ (Japanese pepper), ミツバハマゴウ (wild pepper) など》. **3**《植物》トウガラシ属 (*Capsicum*) の各種の植物の総称《トウガラシ (*C. frutescens*) など; cf. sweet pepper》. **4** 辛辣さ (pungency), 痛烈な批評, 酷評 (cf. pep). **5**《口語》短気 (hot temper). **6** 〖← PEP (v.)＋-ER¹〗《野球》ペッパー《軽いトスバッティングの一種; 近めからの投球を打者が, バントなども含めて軽く打ち, 野手にさばかせ, 次々にまた投球に回させる試合前の練習[ウォーミングアップ]; pepper game ともいう》.
— *vt.* **1** …にこしょうをふりかける; こしょうで味つけする. **2** (こしょうのように)…に振りかける; 散らばらせる〔*with*〕: ~*ed with* freckles そばかすだらけの. **3**《口語》〔石・矢・弾丸・質問などを〕…に乱発する, 連打する, 浴びせかける〔*with*〕: The speaker was ~*ed with* awkward questions. 演説者は厄介な質問を浴びせかけられた. **4**《まれ》あざける, ののしる; 攻撃する; ひどくこらしめる, こっぴどくやっつける: ~ a person well 人をうんと打ちすえる.
〖OE *piper* < (WGmc) **piper* (Du. *peper* / G *Pfeffer*) □ L *piper* □ Gk *péperi* pepper □ ? Skt *pippalī-* peppercorn《擬音語》〗

pépper-and-sált *n.*, *adj.* ⟨服地が⟩霜降り(の); ⟨頭髪が⟩ごま塩の. 〖1774〗

pépper·bòx *n.* **1**《米》(ふりかけ用)こしょう入れ[瓶]《pepper caster, pepper shaker,《英》pepper pot ともいう》. **2**《英》円筒状の小塔[やぐら]. **3** ペパーボックス《18世紀後半に用いられたピストル; 5または6個の回転式銃身をもつ》. **4**《口語》短気者. 〖1546〗

pépper·bùsh *n.*《植物》=sweet pepperbush.

pépper càster *n.* =pepperbox 1.

pépper·còrn *n.* **1** 干したコショウの実. **2** ちっぽけな物, つまらない物 (trifle). **3** =peppercorn rent. — *adj.* ⟨頭髪が⟩もじゃもじゃに縮れた. 〖OE *piporcorn*: ⇨ pepper, corn¹〗

péppercorn rént *n.* **1** (中世に)地代の代わりに領主に納めた干したコショウの実. **2** 名義だけの地代[家賃]. 〖1863〗

pép·pered móth *n.*《昆虫》オオシモフリエダシャク (*Biston betularia*)《シャクガ科の昆虫; 黒の斑点のある白い翅をもつ; 英国では工業暗化現象を起こすので有名; cf. industrial melanism》. 〖1832〗

pep·per·er /pépərə | -rə^(r)/ *n.* **1** こしょう商人. **2** 短気な人, すぐかっとなる人. 〖1309〗

Pépper Fòg *n.*《商標》ペパーフォグ《pepper gas の商品名》.

pépper gàme *n.*《野球》=pepper 6.

pépper gàs *n.* (のど・鼻などを刺激する)催涙ガス. 〖1970〗

pépper·gràss *n.*《植物》アブラナ科マメグンバイナズナ属 (*Lepidium*) の植物の総称;《米》(特に)コショウソウ (garden cress)《サラダ用野菜》. 〖(c1475): そのぴりっとした味から〗

pep·per·idge /pépərɪdʒ/ *n.*《植物》**1**《米》ニッサ (tupelo). **2**《英方言》ヒロハヘビノボラズ (common barberry). 〖(1689)?〗

pép·per·i·ness *n.* **1 a** (こしょうのように)辛いこと. **b** 辛辣. **2** 短気, 怒りっぽさ. **3** こしょうの多いこと. 〖(1890) ← PEPPERY＋-NESS〗

pépper mìll *n.* こしょう碾(ひ)き, ペパーミル. 〖1858〗

pep·per·mint /pépəmɪ̀nt, -mənt | -pəmɪnt/ *n.* **1**《植物》セイヨウハッカ (*Mentha piperita*)《地中海地方原産のシソ科ハッカ属の芳香をもつ多年草》. **2 a** はっか油 (peppermint oil). **b** =peppermint spirit. **c** はっかドロップ; はっか錠剤. **3**《豪》《植物》**a** =peppermint gum. **b** =willow myrtle. **pep·per·mint·y** /pépəmɪ̀nṭi, -mən- | -pəmɪnti/ *adj.* 〖(1696) ← PEPPER＋MINT¹〗

péppermint càmphor *n.*《化学》はっか脳 (⇨ menthol). 〖1865–68〗

péppermint gerànium *n.*《植物》ゼラニウムの一種 (*Pelargonium tomentosum*)《アフリカ南部産フウロソウ科のビロード状の葉と白い花をつける低木》. 〖1922〗

péppermint gùm *n.*《植物》ユーカリ属の数種の植物の総称《葉に芳香がある *Eucalyptus amygdalina*, *E. microcorys*, *E. piperita* など》. 〖1911〗

péppermint òil *n.*《化学》はっか油. 〖1892〗

péppermint spìrit *n.* はっか精, ペパーミント《はっか油をアルコールに溶かした液で, グリーンとホワイトがある》.

pep·per·o·ni /pèpəróʊni | -rə́ʊ-/ *n.* ペパローニ《牛肉と豚肉を用い, 香辛料を効かせたイタリア産のドライソーセージの一種》. 〖(1921) □ It. *peperoni* (pl.) ← *peperone* pepper plant (aug.) ← *pepe* 'PEPPER'〗

pépper pòt *n.* **1** =pepperbox. **2 a** チリトウガラシやカイエンヌペッパー (cayenne pepper) で調味した西インド諸島シチュー《牛肉または魚肉と野菜が入っている》. **b** (牛や羊など反芻(すう)動物の胃 (tripe) と野菜などを用い粒こしょうで調味した)辛いスープの一種 (Philadelphia pepper pot ともいう). **3**《俗》怒りっぽい人, 短気者. **4**《口語》ジャマイカ人. 〖1679〗

pépper·ròot *n.*《植物》=toothwort 2.

pépper shàker *n.* (金属製の)こしょう入れ (pepperbox) (ふりかけ用容器). 〖1895〗

pépper·shrìke *n.*《鳥類》カラシモズ《アメリカ産モズモドキ科カラシモズ属 (*Cyclarhis*) の鳥; アカマユカラシモズ (*C. gujanensis*), ハシグロカラシモズ (*C. nigrirostris*) の2種がある》. 〖← PEPPER＋SHRIKE〗

pépper shrùb *n.*《植物》ニュージーランド産シキミモドキ科の植物 (*Drimys aromatica*)《樹皮と葉は薬用》. 〖1693〗

pépper spòt *n.*《植物病理》クローバーの黒斑病《子嚢菌類の *Pseudoplea trifolii* 菌によるクローバーやムラサキウマゴヤシ (alfalfa) の病気; 葉に黒い斑点ができ落葉する》.

pépper·trèe *n.*《植物》**1** コショウボク (*Schinus molle*)《中南米産ウルシ科の高木; 乾燥地によく育ち砂防用に栽培, 赤い実は辛い; mastic tree, lentisc ともいう》. **2** =pepper shrub. **3** (NZ) =kawakawa. 〖1691–92〗

pépper·wòrt *n.*《植物》**1** コショウソウ (《米》peppergrass). **2** デンジソウ《デンジソウ科デンジソウ属 (*Marsilea*) の水生シダ; 葉は長い葉柄と4つの小葉をもつ; 水田などに生える》. 〖1562〗

pep·per·y /pépəri/ *adj.* **1** こしょうの, こしょうのような; 辛い, ぴりっとする. **2** ⟨人が⟩短気な, 怒りっぽい, いらいらする. **3** ⟨言葉など⟩辛辣(しんらつ)な, 人を刺すような; 熱烈な (hot). **4** こしょうの豊富な. **pép·per·i·ly** /-pərəli | -rɪ̀li/ *adv.* 〖(1699) ← PEPPER＋-Y¹〗

pép pìll *n.*《俗》(丸薬・錠剤になっている)覚醒剤, 刺激[興奮]剤 (cf. amphetamine). 〖(1937): ⇨ pep〗

pep·py /pépi/ *adj.* (**pep·pi·er**; **-pi·est**)《米口語》元気いっぱいの, 張り切っている. **pép·pi·ly** /-pɪ̀li/ *adv.* **pép·pi·ness** *n.* 〖(1918) ← PEP＋-Y¹〗

pép ràlly *n.* (競技会を前に学生が催すような)気勢をあげるための集会, 激励[決起]集会, 壮行会. 〖1945〗

Pep·si /pépsi/ *n.* =Pepsi-Cola.

-pep·sia /pépʃə, -siə | -siə/「消化 (digestion)」の意の名詞連結形: brady*pepsia*. 〖□ L ~ ← Gk *pépsis* digestion ← *péptein* to ripen, cook〗

Pep·si-Co·la /pèpsikóʊlə | -kə́ʊ-/ *n.*《商標》ペプシ(コーラ)《米国 Pepsi-Cola 社製の清涼飲料》.

pep·sin /pépsɪn | -sɪn/ *n.* (*also* **pep·sine** /-siːn, -sɪn | -siːn, -sɪn/)《生化学》ペプシン, 胃液素《胃液中にある蛋白質消化酵素》; ペプシン剤. 〖(1844) □ G *Pepsin* ← Gk *pépsis*: ⇨ -pepsia, -in²: cf. peptic〗

pep·sin·ate /pépsənèɪt | -sɪ̀-/ *vt.* ペプシンで処理する, …にペプシンを調合する[混ぜる]. 〖(1882): ⇨ ↑, -ate³〗

pep·sin·o·gen /pepsínədʒən, -dʒèn/ *n.*《生化学》ペプシノゲン《ペプシンのもととなる酵素原質》. 〖(1878) ← PEPSIN＋-O-＋-GEN〗

Pep·so·dent /pépsoʊdènt, -sə- | -sə(ʊ)-, -dn̩t/ *n.*《商標》ペプソデント《米国 Lever Brothers 社製の歯磨き用品; 練り歯磨き, 歯ブラシなど》.

pép·tàlk《口語》*vi.* 激励演説をする, 檄(げき)を飛ばす. — *vt.* 激励演説で励ます.

pép tàlk *n.*《口語》激励演説, (コーチ等が飛ばす)檄(げき): give a ~ to …に激励演説をする. 〖1925〗

pep·tic /péptɪk/ *adj.* **1** 消化の, 消化を助ける (digestive). **2** 消化力のある. **3**《生化学》ペプシン[胃液素] (pepsin) の. — *n.* **1** 消化剤, 健胃剤 (digestive). **2** [*pl.*]《戯言》消化器官 (digestive organs). 〖(1651) □ L *pepticus* □ Gk *peptikós* able to digest ← *peptós* cooked: cf. -pepsia, peptize〗

péptic glànd *n.*《解剖》ペプシン(分泌)腺, 胃腺.

péptic últer *n.*《病理》(胃・十二指腸の)消化性潰瘍(かいよう). 〖1900〗

pep·ti·dase /péptədèɪs, -dèɪz | -tɪ̀-/ *n.*《生化学》ペプチダーゼ《蛋白質分解酵素のうちでペプチド結合を加水分解する酵素; protease ともいう》. 〖(1918): ⇨ ↓, -ase〗

pep·tide /péptaɪd/ *n.*《生化学》ペプチド《二または二以上のアミノ酸が結合した化合物; cf. polypeptide》. **pep·tid·ic** /peptídɪk | -dɪk/ *adj.* **pep·tíd·i·cal·ly** *adv.* 〖(1906) ← PEPT(ONE)＋-IDE²〗

péptide bònd [lìnkage] *n.*《生化学》ペプチド結合《アミノ酸同士がアミノ基と炭酸基とで –NH–CO– 結合していること》. 〖1935〗

pep·ti·do·gly·can /pèptəḍougláɪkæn | -tɪdə(ʊ)-/ *n.*《生化学》ペプチド配糖体《ペプチド (peptide) に多糖類が結合したもの; 細菌壁物質のひとつ》. 〖(1966) ← PEPTIDE＋-O-＋*glycan*〗

pep·ti·do·lyt·ic /pèptəḍoulíṭɪk | -tɪdə(ʊ)lít-ˉ/ *adj.*《生化学》ペプチド分解の. 〖(1970) ← PEPTIDE＋-O-＋-LYTIC〗

pep·tize /péptaɪz/ *vt.*《化学》コロイド状溶液にする, 解膠(こう)する. **pep·tíz·a·ble** /-zəbl̩/ *adj.* **pep·ti·za·tion** /pèptɪ̀zéɪʃən | -taɪ-, -tɪ-/ *n.* **pép·tiz·er** *n.* 〖(1864) ← Gk *péptein* to digest, cook＋-IZE〗

pep·to·lyt·ic /pèptəlíṭɪk | -tɪk-ˉ/ *adj.*《生化学》ペプトン分解の. 〖(1904): ⇨ ↓, -lytic〗

pep·tone /péptoʊn | -təʊn/ *n.*《生化学》ペプトン《蛋白質がペプシンによって加水分解したもの》. **pep·ton·ic** /peptɑ́(ː)nɪk | -tɔ́n-/ *adj.* 〖(1860) □ G *Pepton* □ Gk *peptón* (neut.) ← *peptós* cooked, digested: ⇨ peptic〗

pep·to·nize /péptənàɪz/ *vt.*《生化学》**1** ペプトン化する. **2** ペプシンなどで加水分解する. **3** ⟨食物を⟩ペプシンなどを混ぜて消化しやすいものにする. **pep·to·ni·za·tion** /pèptənɪ̀zéɪʃən |-naɪ-, -nɪ-/ *n.* **pép·to·nìz·er** *n.* 〖(1880): ⇨ ↑, -ize〗

Pep·usch /pépʊʃ/, **Johann Christoph** *n.* ペープッシュ (1667–1752; ドイツ生まれの英国の作曲家; Gay の *The Beggar's Opera* の編曲で知られる).

Pepys /píːps, péps, píːpɪ̀s, pép- | píːps/, **Samuel** *n.* ピープス (1633–1703; 英国の海軍官吏・日記作家; 文民官吏として英海軍の近代化に大きな足跡を残す一方, 風俗や日常生活を克明に記した *Diary* で知られる; それは 1660 年 1 月 1 日から 1669 年 5 月 31 日までの記録で, 速記符号のような暗号で書かれている). **Pépys·i·an** /píːpsiən, pép- | píːp-/ *adj.*

pé·quiste /peɪkíːst; *F.* pekist/ *n.* [しばしば P-]《カナダ》ケベック党 (Parti Québecois) の党員. 〖(1970) □ Canad.-F ~: 語頭文字 p, q の発音から〗

Pe·quot /píːkwɑ(ː)t | -kwɔt/ *n.* (*pl.* ~s, ~) (*also* **Pe·quod** /-kwɑ(ː)d | -kwɔd/) **1 a** [the ~(s)] ピクォート族《17 世紀初頭米国 New England 南部に住んでいた好戦的な Algonquian 族インディアン》. **b** ピクォート族の人. **2** ピクォート語 (ピクォート族の用いたアルゴンキアン語).
— *adj.* ピクォート族[語]の. 〖(1631)《略》← N-Am.-Ind. (Algonquian) *Paquatanog*《原義》destroyers〗

per /(弱) pə | pə^(r); (強) pə́ː | pə́ː^(r)/ *prep.* **1** …につき (for), …ごとに (for each): ~ second 毎秒 / ~ hour 毎時 / ~ second ~ second 毎秒毎秒 / a dollar ~ man 一人につき1ドル / ~ head 一人当たり / The allowance was three pounds ~ day. 手当は一日3ポンドだった. ★ 主に商業英語では a が好まれる. **2** …で, …によって: ~ post [rail, steamer] 郵便[鉄道, 汽船]で / ~ bearer 人に持参させて. **3**《口語》…の通りに (according to): ~ list price 定価表通りに / ~ instructions 指示通りに. **4**《紋章》…に分けて《紋章の分割図形を表現する用語》: ⇨ *per* FESS¹.
às per …により (according to): *as* ~ enclosed account 同封の計算書により / The work was done *as* ~ his instructions. 仕事は彼の指示通りに行なわれた / ⇨ *as per* USUAL.
— /pə́ː | pə́ː^(r)/ *adv.*《米俗》一つ[一人](につき) (apiece): These skirts are five-fifty ~. これらのスカートは一着5ドル50セントです.
às pér《米俗》いつもの通り: She was by herself, *as* ~, reading. 一人ぼっちで例によって読書していた.
〖(*a*1250) □ (O)F < L ~ 'through, by': ⇨ for¹〗

PER /píːìːɑ́ə | -ɑ́ː^(r)/《略》《証券》price-earnings ratio;《英》Professional Employment Register.

per.《略》period; person.

Per.《略》Persia; Persian.

per- /pə, pəː | pə^(r), pəː^(r)/ *pref.* ラテン語または同系の語に付いて次の意味を表す. **1**「…を通して, …じゅうに」: *per*colate, *per*vade. **2**「完全に, 非常に」: *per*fect, *per*fervid, *per*vert. **3**「除去, 破壊」: *per*fidy, *per*ish. **4**《化学》「過…」「ペル…」(「完全に」または「非常に」を意味する, 例えば元素または基が最高または比較的高い酸化数をもつことを示す): *per*boric acid 過ホウ酸 / *per*carbonic acid 過炭酸 / *per*oxide 過酸化物. 〖□(O)F ～ // □L ～ ← *per* (prep.) through, by: cf. per〗

Per·a /pérə | píərə/ *n.* ペラ《Beyoglu の旧名》.

pèr·ácid /pə̀ː-, pə̀ər- | pə̀ː(r)-/ *n.* 〖化学〗過酸《–O–O– 結合を含む酸のことで, ペルオキソ酸 (peroxo acid) の総称》. 〖《1900》← PER- 4＋ACID〗

pèr·acídity /pə̀ː-, pə̀ər- | pə̀ː(r)-/ *n.* 〖病理〗(胃などの)酸過多, 過剰酸度.

pèr·acúte /pə̀ː-, pə̀ər- | pə̀ː(r)-/ *adj.* 〖病理〗〈病気が〉最急性の, 非常に激烈な, 超急性の. 〖《c1387》□ L *peracūtus*: ⇨ per-, acute〗

per·ad·ven·ture /pə̀ːrədvéntʃə, pə̀r- | pə̀ːrədvéntʃə(r), pə̀r-, pər-/ 《古・戯言》*adv.* **1** 偶然に, 万一 (by chance) (cf. adventure *n.* 5): if [lest] ～ もしかして…することがあると[ないように]. **2** ひょっとして, 多分, 恐らく (maybe). — *n.* **1** 疑い, 疑問: The future life is a great ～. 来世は一大疑問である / beyond [without] (all [a]) ～ 確かな[に], 必ず, きっと. **2** 偶然; 不安, 不定 (uncertainty). 〖adv.: 《?a1300》 *peraventure* □ OF *per* or *par aventure* by chance: ⇨ per, par[4], adventure: 今の形は L にならったもの. — n.: 《1542》← (adv.)〗

Pe·rae·a /pəríːə/ *n.* ペレア《Jordan 川および死海の東方, 古代 Palestine の一地方; 古代 Gilead とほぼ同地域》. 〖□L ～ □ Gk *Peraía* 《原義》region beyond〗

Pe·rak /pérə, pírə | péərə, píərə; *Malay* peraʔ/ ★ このほかにも綴り字発音の /pɪ̀rǽk, pɛ-, péɪræːk | pɪ̀ræk, pɪ̀-/ などもよく聞かれる. *n.* ペラク《マレーシア西部の州; 面積 20,798 km², 州都 Ipoh /íːpou | -pəu/》.

per·am·bu·late /pərǽmbjulèɪt/ *vt.* **1** 〈地方・街路などを〉歩く, 歩き回る, 歩いて通る: ～ a town [streets] 町[街路]を歩き回る. **2** 巡回する, 巡視する; 巡歴する; 〈国境などを〉踏査する: ～ an estate 地所を巡回[巡視]する. **3** 巡回して(教区などの)境界を正式に定める. **4** 〈赤ん坊を〉乳母車に乗せて行く. — *vi.* 歩き回る, ぶらぶら歩く; ぶらつく (stroll). 〖《1568》← L *perambulātus* (p.p.) ← *perambulāre* ← PER-＋*ambulāre* 'to walk, AMBULATE'〗

per·am·bu·la·tion /pərǽmbjuléɪʃən/ *n.* **1** 歩き回ること, ぶらつき, 漫遊, 徒歩旅行. **2** 巡回, 巡視, 巡歴, 踏査. **3** 巡回[踏査, 測量]区. **4** 踏査報告書. 〖《a1450》□ AF ～ // ML *perambulātiō(n-)* ← L *perambulāre* (↑)〗

per·am·bu·la·tor /pərǽmbjulèɪtə | -tə(r)/ *n.* **1** 乳母車 (《口語》pram, 《米・カナダ》baby buggy, baby carriage). **2** 《まれ》巡回[巡行, 巡視]者. **3** (測量技師が用いる)車輪付距離測定器. 〖《1611》□ ML *perambulātor*: ⇨ perambulate, -or[2]〗

per·am·bu·la·to·ry /pərǽmbjulətɔ̀ːri | -təri, -tri/ *adj.* 巡回[巡視, 踏査]の, 巡り歩く. 〖《1803》← PERAMBULAT(E)＋-ORY[1]〗

per an., per ann. 《略》per annum.

per an·num /pə(ː)rǽnəm | pə(r)ǽn-/ *adv.* 一年につき, 一年ごとに, 年… (cf. per diem, per mensem). 〖《1536》□ L ～ 'by the year'〗

P/E ràtio 《略》price-earnings ratio.

per·bórate /pə(ː)- | pə(ː)-/ *n.* 〖化学〗過ホウ酸塩[エステル]. 〖《1881》← PER- 4＋BORATE〗

per·bórax /pə(ː)- | pə(ː)-/ *n.* 〖化学〗過ホウ砂 (⇨ sodium perborate). 〖← PER- 4＋BORAX[1]〗

per·bóric ácid /pə(ː)- | pə(ː)-/ *n.* 〖化学〗過ホウ酸, ペルオキソホウ酸 (HBO_3). 〖1881〗

per·brómate /pə(ː)- | pə(ː)-/ *n.* 〖化学〗過臭素酸塩[エステル]. 〖《1864》← PER- 4＋BROMATE〗

per·brómic ácid /pə(ː)- | pə(ː)-/ *n.* 〖化学〗過臭素酸 ($HBrO_4$)《最高の酸化の状態である＋7 価の臭素のオキソ酸》. 〖《1864》← PER- 4＋BROM(INE)＋-IC[1]〗

Per·bu·nan /pəːbúːnən, -bjúː- | pəː-/ *n.* 〖商標〗ペルブナン《Farbenfabriken /*G.* fáɐbn̩fabʀiːkn̩/ Bayer A. G. 製のブタジエンとアクリロニトリルを共重合して造ったゴムの商品名》. 〖1938〗

per·cale /pəkéɪl, pə́ːkeɪl | pəkéɪl, -kɑ́ːl/ *n.* パーケル《目の細かい綿布; かなきん・ハンカチなど》. 〖《1621》□ F ～ □ Pers. *pargālah*〗

per·ca·line /pə̀ːkəlíːn | pə̀ː-/ *n.* パーケリン《裏地・装丁用の光沢のある綿織物》. 〖《1858》□ F ～ (dim.) ← *percale* (↑)〗

per cap·i·ta /pə(ː)kǽpɪtə | pə(ː)kǽpɪtə/ *adv., adj.* 頭割りで[の], 一人当たり(の), 個人別に[の]: an annual ～ consumption of beer 年間 1 人当たりのビールの消費量. 〖《1682》□ L ～ 'by heads'〗

per cap·ut /pə(ː)kǽpət | pə(ː)-/ *adv., adj.* ＝per capita. 〖《1919》□ L ～ 'by head' (↑)〗

per·cárbonate /pə(ː)- | pə(ː)-/ *n.* 〖化学〗過炭酸塩[エステル]. 〖← PER- 4＋CARBONATE〗

per·ceiv·a·ble /pəsíːvəbl | pə-/ *adj.* 感知[知覚]できる; 認知できる. **per·cèiv·a·bíl·i·ty** /-vəbíləti | -lɪ̀ti/ *n.* **～·ness** *n.* 〖《c1450》□ (O)F *percevable*〗

per·céiv·a·bly /-vəbli/ *adv.* 感知できるほどに; はっきりと, わかりやすく. 〖1660〗

per·ceive /pəsíːv | pə-/ *vt.* **1** 知覚する, 感知する; 気づく (⇨ discern SYN): I ～*d* him come [his coming]. 彼が来るのに気がついた. **2 a** 看取する, 識別する (discern). **b** 理解する, 了解する, 認識する; 〈意味・真相などを〉つかむ (grasp): I ～*d* him (to be) a kind man.＝I ～*d* that he was a kind man. 彼はやさしい人であるとわかった. **per·céiv·er** *n.* **per·céiv·ed·ly** /-vɪ̀dli, -vd-/ *adv.* 〖《?a1300》□ OF **perceivre* (変形) ← *perçoivre* (F *percevoir*) < L *percipere* to seize, receive, understand ← PER-＋*capere* to take〗

per·céived nóise dècibel *n.* 感覚騒音デシベル《騒音の質と大きさに基づいた測定単位; 略 PNdB, PNdb》. 〖1971〗

per·cent /pəsént | pə-/ *n.* (*pl.* ～, ～s) **1** パーセント, 百分《記号 %; 略 p.c., per. ct.》; 《口語》百分率 (percentage) (cf. cent 1): cent ～＝CENT *per cent* / an increase of 10 ～ 10 パーセントの増加.

語法 (1)「数詞＋percent of＋名詞」の後の動詞は名詞の数と一致する: Forty ～ of the country is desert. その国土の 4 割は砂漠だ / Forty ～ of the customers were satisfied. 顧客の 4 割は満足した. (2) 数詞と結合して形容詞句, 副詞句を作る: get 3 ～ interest ＝get interest at 3 ～ 3 分の利子を得る / I agree with you a [one] hundred ～. 全面的に賛成だ, 全く同意見.

---

2 [*pl.*] 《英》(昔の)(分)利付公債: invest money in the three ～*s* 三分利公債に投資する. — *adv.* 百に対して, 百につき; 百分の一だけ, …パーセントだけ. **～·al** /-tl | -tl/ *adj.* 〖《1568》← *per cent.* (略) ← (N)L *per centum* by the hundred: ⇨ per, cent〗

per cent /pəsént | pə-/ *n., adv.* ＝percent.

per·cent·age /pəséntɪdʒ | pəsént-/ *n.* **1** 百分率, 百分比, パーセント: a ～ of 6 百分の六. **2** 割合, 歩合, 率: a high [good] ～ 高い[かなりの]確率 / Only a small ～ of books are worth reading. 書物の中で読む価値のあるものはきわめて小部分だ. **3** (百分率で表した)手数料, 口銭, 割引額, 利率: a ～ contract 歩合請負. **4** 《口語》利益, 利得 (gain); 分け前: There's no ～ in worrying. 心配しても始まらない. **5** [通例 *pl.*] **a** 〖スポーツ〗(実績による)確率. **b** 《口語》(勝つ)見込み, 勝ち目. — *adj.* [限定的]〖スポーツ〗**1** 《口語》確率内でプレーする, 確実な: ～ golf / a ～ player. **2** (所期の)成果をほぼ上げる: a ～ shot [shooter]. **per·cént·aged** *adj.* 〖《1786–89》: ⇨ percent, -age〗

percéntage·wise *adv.* パーセントで言うと[示すと]. 〖1912〗

-per·cent·er /pəséntə | pəséntə(r)/「…パーセント請求する[支払う, 協力する(など)]人[もの]」の意の名詞を造る連結形.

per·cen·tile /pəséntaɪl, -tl | pəséntaɪl/ *n.* 〖統計〗百分位数 (centile ともいう; cf. decile, quartile). — *adj.* 百分位数の. 〖《1885》← PERCENT＋-ILE[2]: cf. bissextile〗

per cen·tum /pəséntəm | pəséntəm/ *n.* 《まれ》＝percent (cf. per mill).

per·cept /pə́ːsept | pə́ː-/ *n.* 〖哲学〗(知覚作用に対して)知覚されたもの; 知覚の対象; 知覚によって作られる表象. 〖《1837》□ L *perceptum* (neut. p.p.) ← *percipere* 'to PERCEIVE'〗

per·cep·ti·bil·i·ty /pəsèptəbíləti | pəsèptɪ̀bílɪ̀ti/ *n.* **1** 知覚[感知, 認知]できること[状態, 性質]. **2** 《まれ》知覚(力) (perception); 理解力. 〖1642〗

per·cep·ti·ble /pəséptəbl | pəséptɪ̀-/ *adj.* **1** 認知[感知]される, 知覚可能な. **2** 気づかれる; それと気づくほどの, 目立った, かなりの (appreciable): a ～ change / quite a ～ time かなり長い時間. **per·cép·ti·bly** *adv.* **～·ness** *n.* 〖《?a1430》□ LL *perceptibilis*: ⇨ percept, -ible〗

SYN 知覚できる: **perceptible** 五官の作用で(やっと)知覚される: a *perceptible* smell of coffee それとわかるコーヒーのかすかな香り. **palpable** 容易に気づくことができる《本来は触ってわかる意; 格式ばった語》: *palpable* lies 見え透いたうそ. **tangible** 触れてわかるの意味から, はっきりして確実な《格式ばった語》: *tangible* proof 明白な証拠. **recognizable** 見てすぐにそれとわかる: The painting is immediately *recognizable* as a Vincent van Gogh. その絵はすぐにビンセント・バン・ゴッホの作品だとわかる. **appreciable** 測定・評価ができる程度に知覚できる: an *appreciable* improvement 相当な改良.
ANT imperceptible.

---

per·cep·tion /pəsépʃən | pə-/ *n.* **1 a** (物事の)とらえ方, 見方, 理解 (view): affect people's ～*s* of death 死に対する人々の見方に影響を与える. **b** (音声・色彩などの)認知, 認識 (cognition); 識別 (discernment). **c** (真実・美などに対する)直観, 直覚: a keen aesthetic ～ 鋭い美的鑑識力. **2** (五感・知性による)知覚(作用), 知覚力 (⇨ insight SYN): a man of the keenest ～ 知覚の鋭い人《目がよく見え耳がよく聞こえる》. **3** (知覚作用に対して)知覚されるもの, 知覚対象 (percept). **4** 〖哲学〗知覚. **5** 〖法律〗(賃借料・収穫物などの)取立高. **～·al** /-ʃnəl, -ʃənl/ *adj.* 〖《a1398》□ (O)F ～ // L *perceptiō(n-)* taking, apprehension: ⇨ percept, -tion〗

percéption dèafness *n.* 〖病理〗感音(性)難聴, 知覚性難聴.

per·cep·tive /pəséptɪv | pə-/ *adj.* **1** 知覚の[に関する]; 知覚力のある. **2** 知覚の鋭い, 明敏な; 理解[洞察力]のある. **～·ly** *adv.* **～·ness** *n.* 〖《1656》□ ML *perceptivus*: ⇨ perception, -ive〗

per·cep·tiv·i·ty /pə̀ːsɛptívəti, pəsèp- | pə̀ːsɛptívɪ̀ti, pəsèp-/ *n.* 知覚[感知](できること); 知覚力の鋭いこと, 明敏さ. 〖1690〗

per·cep·tu·al /pəséptʃuəl, -tʃul | pəséptjuəl, -tjul, -tʃuəl, -tʃul/ *adj.* 知覚(力)の, 知覚のある, 知覚による. **～·ly** *adv.* 〖《1878》← PERCEPT(ION)＋(CONCEPT)UAL〗

percéptual defénse *n.* 〖心理〗知覚的防衛《ある刺激による不安を無意識に避けるために, 知覚されなかったりゆがめられたりする過程》.

Per·ce·val /pə́ːsəvəl, -vl | pə́ːsɪ̀-/ *n.* 〖アーサー王伝説〗パーシバル《聖杯 (Holy Grail) 探求に出かけた Arthur 王宮廷の騎士; その運命はフランスの Chrétien de Troyes, ドイツの Wolfram von Eschenbach, R. Wagner が描いている》.

Perceval, Spencer *n.* パーシバル《1762–1812; 英国の政治家; 首相 (1809–12); 暗殺された》.

perch[1] /pə́ːtʃ | pə́ːtʃ/ *vi.* **1** (鳥がとまり木にとまるように)座る, 腰を据える, 落ち着く: ～ on a high stool 高い腰掛けにちょこんと腰をかける. **2** 〈鳥が〉とまる (alight): A bird ～*ed* on a twig. — *vt.* **1** [しばしば ～ *oneself* または受身で] (高くて危なそうに見える所などに)置く, 乗せる, 据える: a church ～*ed* on a hill 丘の上に乗っかっているような格好の教会. **2** 〈鳥を〉とまり木にとまらせる. **3** 〈織機からはずした布を〉とまり木[布掛け台]に掛けて検査する.
— *n.* **1** (鳥の)とまり木 (roost); とまり木になる木の枝(など): take one's ～＝alight on one's ～ とまり木にとまる. **2** 《口語》高い位置[地位]; 安全な居場所; 居心地よい席. **3 a** (馬車の狭くて高い)御者台 (box). **b** (馬車などの前に長く出た)轅(ながえ). **c** (弾薬車の)車尾. **d** 野球場の座席. **4** (織物を掛けて検査するための)とまり木, 布掛け台. **5** 〖海事〗澪標(みおつくし), みおじるし《船が通れる深さの水路すなわち, みお筋を示す立標》. **6** (spring carriage の前輪部と後輪部とを連結する)連桿(れんかん). **7 a** (軽業用の)長い棒. **b** 《廃・方言》棒 (rod), さお. **8** 《英》**a** パーチ (⇨ rod 4 b). **b** 平方パーチ (square perch) (⇨ rod 4 c). **c** 石材などの体積単位《通例 $16^1/_2$ ft×$1^1/_2$ ft×1 ft》.
Còme óff your pérch. 《口語》お高くとまるのはよせ. 《1896》 ***hóp [típ (óver), dróp óff] the pérch*** 《口語》くたばる, 死ぬ (die). ***knóck a person óff his pérch*** (1) 〈人を〉負かす, やっつける (do for). (2) 〈人〉の高慢を改めさせる, 得意の鼻を折る. 《a1916》
〖n.: 《c1300》 *perche* □ (O)F < L *perticam* pole, measuring rod ← ? — v.: 《c1380》□ (O)F *percher* ← *perche* (n.)〗

perch[2] /pə́ːtʃ | pə́ːtʃ/ *n.* (*pl.* ～, ～·es) 〖魚類〗**1 a** パーチ (*Perca fluviatilis*)《ヨーロッパ産パーチ属の食用淡水魚》. **b** ＝yellow perch. **2** その他スズキ類パーチ科, サンフィッシュ科などの硬骨魚の総称. 〖《?a1300》 *perche* □ (O)F < L *percam* □ Gk *pérkē* perch: cf. Gk *perknós* dark-colored〗

per·chance /pətʃǽns | pə(ː)tʃɑ́ːns/ *adv.* 《詩・古》**1** 偶然に. **2** あるいは, 恐らく, 多分 (maybe). 〖《a1338》 *par chaunce, per chance* □ AF *par chance* ← (O)F *par* 'by, PER'＋*chance* 'CHANCE'〗

Perche /péəʃ | péəʃ; *F.* pɛʀʃ/ *n.* ペルシュ《フランス北西部の旧地方; Percheron で有名》.

perched *adj.* (鳥が枝などに)とまった; (高い所や狭い場所などに)座った; 設置した, 置いた. 〖1859–65〗

pérch·er *n.* **1** 高い所にとまる人[もの], 高い所に置かれる物; (特に)木にとまる鳥. **2** 織物検査員. **3** 《俗》死にかけている人. 〖《1581》← PERCH[1]＋-ER[1]〗

Per·che·ron /pə́ːtʃərɑ̀(ː)n, pə́ːʃə- | pə́ːʃərɔn; *F.* pɛʀʃəʀɔ̃/ *n.* ペルシュロン《フランス北部 Perche 産の一品種の馬; 大形で足の速い荷馬, 黒または濃い灰色》. 〖《1875》□ F ～ ← *Perche*〗

per·chlor- /pə(ː)klɔ́ːr | pə(ː)-/ (母音の前にくるときの) perchloro- の異形.

per·chlórate /pə(ː)- | pə(ː)-/ *n.* 〖化学〗過塩素酸塩[エステル]. 〖《1826》: ⇨ perchloro-, -ate[1]〗

per·chlóric ácid /pə(ː)- | pə(ː)-/ *n.* 〖化学〗過塩素酸 ($HClO_4$). 〖《1818》← PER- 4＋CHLOR(INE)＋-IC[1]〗

per·chlóride /pə(ː)- | pə(ː)-/ *n.* 〖化学〗ペルクロロ化物. 〖⇨ perchloro-, -ide[2]〗

per·chlórinate /pə(ː)- | pə(ː)-/ *vt.* 〖化学〗過塩素化[ペルクロロ化]する. 〖《1818》← PER- 4＋CHLORINATE〗

per·chlo·ro- /pə(ː)klɔ́ːrou | pə(ː)klɔ́ːrəu/ 〖化学〗「ペルクロロ」の意の連結形: *perchloro*methane. ★ 母音の前では, 通例 perchlor- になる. 〖← PER- 4＋CHLORO-〗

perchlòro·éthylene *n.* 〖化学〗ペルクロロエチレン (⇨ tetrachloroethylene). 〖1873〗

perchlòro·méthane *n.* 〖化学〗ペルクロロメタン (⇨ carbon tetrachloride).

perchlòro·pérazine *n.* 〖薬学〗ペルクロルペラジン ($C_{20}H_{24}ClN_3S$)《マレイン酸塩等として鎮静剤および吐き気止め用として使用する》. 〖← PERCHLORO-＋(PI)PERAZINE〗

per·chrómate /pə(ː)- | pə(ː)-/ *n.* 〖化学〗過クロム酸塩[エステル]. 〖《1836》: ⇨ ↓, -ate[1]〗

per·chrómic /pə(ː)- | pə(ː)-/ *adj.* 〖化学〗過クロム酸の. 〖《1854》← PER- 4＋CHROMIC〗

perchrómic ácid *n.* 〖化学〗過クロム酸. 〖1854〗

Perch·ta /péəktɑː, péəx- | péək-, péəx-; *G.* pɛ́ʁçta/ *n.* (南ドイツの民間信仰で)ペルヒタ《冬, 年末年始の時期に死霊を率いて徘徊し, 面をかぶった若者がこれを追い払うことができるとされている; 姿は伝説のホレ (Holle) ばあさんに似ている》.

per·cip·i·ence /pəsípiəns | pə-/ *n.* 知覚, 感知, 認知(力). 〖《1768–74》: ⇨ percipient, -ence〗

per·cíp·i·en·cy /-ənsi/ *n.* ＝percipience.

per·cip·i·ent /pəsípiənt | pə-/ *adj.* 《文語》知覚力のある; 知覚[感知]する. — *n.* **1** 知覚者. **2** 〖心霊〗千里眼, 鑑識眼; (精神感応術の)霊通者, 霊能者, 感霊者 (cf. agent 7). **～·ly** *adv.* 〖《1662》□ L *percipientem* (pres.p.) ← *percipere* 'to PERCEIVE'〗

Per·ci·val /pə́ːsəvəl, -vl | pə́ːsɪ̀-/ *n.* パーシバル: **1** 男性名. **2** (*also* **Per·ci·vale** /～/) 〖アーサー王伝説〗＝Perceval. 〖□ (O)F *Perceval* 《原義》one who rushes through the valley ← *percer* 'to PIERCE'＋*val* 'valley, VALE[1]'〗

per·close /pɚ́ːklòuz | pə́ːklàuz/ *n.* 〘建築〙 =parclose.

per·coid /pɚ́ːkɔɪd | pə́ː-/ 〘魚類〙 *adj.* **1** スズキ亜目の. **2** パーチ (perch) に似た. — *n.* スズキ亜目の魚. 〘(1840) ← L *perca* 'PERCH²'+-OID〙

per·coi·de·an /pəːkɔ́ɪdiən | pəːkɔ́ɪd-/ *adj., n.* 〘魚類〙 =percoid. 〘⇨ ↑, -an¹〙

per·co·late /pɚ́ːkəlèɪt | pə́ː-/ *vi.* **1** 〔…に〕しみ出る, にじみ出る (ooze)〔*through*〕; 〔…に〕しみ[行き]渡る, 徐々に広がる〔*into*〕: Many Americanisms have ~*d into* British English. 多くの米語がイギリス英語の中に広まった. **2 a** 〈パーコレーターの中の〉〈コーヒーが〉出る. **b** 《米口語》盛んに[活発に]なる, 活気づく. — *vt.* **1** 〈液を〉こす, 濾過(ろか)する, しみ出させる (filter). **2** 〈パーコレーターで〉〈コーヒーを〉いれる. **3** 〈液が〉…に浸透する, しみ出る. **4** …に行き渡らせる, 広める. — /pɚ́ːkəlɪ̀t, -lèɪt | pə́ː-/ *n.* 〘薬学〙浸出液.

per·co·la·ble /pɚ́ːkələbl̩ | pə́ː-/ *adj.* **pér·co·la·tive** /-lèɪtɪv, -lət̬- | -lətɪv, -lèɪt-/ *adj.* 〘(1626) ← L *percōlātus* (p.p.) ← *percōlāre* ← PER-+*cōlāre* to filter, strain (← *cōlum* sieve): ⇨ -ate³〙

pér·co·làt·ing fìlter /-t̬ɪŋ- | -tɪŋ-/ *n.* 〘土木〙 =trickling filter.

per·co·la·tion /pɚ̀ːkəléɪʃən | pə̀ː-/ *n.* **1** 浸出, 浸透, 濾過(ろか). **2** パーコレーション (percolator によるコーヒーのいれ方). **3** 〘薬学〙パーコレーション《生薬中に浸出剤を通過させて可溶性成分を浸出すること》. 〘(1613) □ L *percōlātiō(n-)*: ⇨ percolate, -ation〙

per·co·la·tor /pɚ́ːkəlèɪtɚ | pə́ːkəlèɪtə^r/ *n.* **1** パーコレーター《濾過(ろか)装置付きコーヒー沸かし器; cf. Dripolator》. **2** 濾過する人[物], 濾過器; (薬の)濾過浸出器. 〘(1830) ← PERCOLATE+-OR²〙

per con·tra /pɚːkɑ́(ː)ntrə | pəːkɔ́n-/ *adv.* **1** これに反して. **2** 〘会計〙(取引所などの)相手方で[の], 先方で[の]: ~ account 対照勘定《割引手形見返勘定と割引手形勘定のように, 二つの勘定が一組となって一方の勘定の借方と, 他方の勘定の貸方に同じ金額が記入される勘定》. 〘(1554) □ L ~ 'on the contrary, on the opposite side'〙

per cu·ri·am /pɚkjʊ́ᵊriæm | pə(ː)kjʊ́ər-, -kjɔ́ːr-/ *adv., adj.* 〘法律〙全裁判官による《個々の裁判官の意見ではなく, 裁判官全員の一致した意見であるの意》. 〘(1890) □ ML ~ 'by the court'〙

per·cur·rent /pɚkɚ́ːrənt | pə(ː)kʌ́r-/ *adj.* 〘植物〙〈葉の中肋(ちゅうろく)が〉基部から頂点まで伸びている. 〘(1578) □ L *percurrentem* (pres.p.) ← *percurrere* to run through ← PER-+*currere* to run: ⇨ current〙

per·cuss /pɚkʌ́s | pə(ː)-/ *vt.* **1** (衝撃などを起こすように)たたく. **2** 〘医学〙打診する. **per·cús·sor** /-sɚ | -sə^r/ *n.* 〘(1560) □ L *percussus* (p.p.) ← *percutere* to strike through ← PER-+*quatere* to shake〙

per·cus·sion /pɚkʌ́ʃən | pə(ː)-/ *n.* **1** 〘音楽〙 **a** [the ~] (オーケストラの)打楽器部, [集合的] 打楽器, パーカッション (percussion instruments). **b** [the ~; 集合的] (オーケストラの)打楽器部奏者 (percussionists). **c** 楽器を打って音を出すこと. **2** 衝撃, 衝突 (impact). **3** 〘軍事〙撃発《衝撃による装薬の爆発, 特に, 撃鉄による起爆薬の爆発》; 着発 (弾着と同時に破裂すること); 「着発」《時限信管を着発に切り替える時の号令》. **4** (衝突による)震動, 激動 (shock). **5** 音が耳に響くこと. **6** 〘医学〙打診(法) (tapping) (cf. auscultation 1). 〘(?a1425) □ (O)F ~ // L *percussiō(n-)*: ⇨ ↑, -sion〙

percússion bànd *n.* 打楽器バンド《トライアングルやタンバリンなどの簡単な打楽器を演奏する児童の楽団》.

percússion càp *n.* 撃発雷管《小火器発射のための起爆薬を納めた小型金属キャップ》. 〘1823〙

percússion fùse *n.* (爆弾の)着発信管. 〘1875〙

percússion ìnstrument *n.* **1** 打楽器《太鼓・シンバル・木琴・カスタネットなど》. **2** [the ~s] **a** 打楽器類. **b** (オーケストラの)打楽器部. 〘1872〙

per·cús·sion·ist /-ʃ(ə)nɪ̣st | -nɪst/ *n.* 打楽器奏者, パーカッショニスト. 〘1817〙

percússion lòck *n.* (近代的な銃の)撃発機構[装置]; (その機構の)撃発銃, (撃発)雷管式銃 (cf. flintlock). 〘1829〙

percússion sèction *n.* [the ~; 単数または複数扱い] 〘音楽〙 =percussion 1.

percússion tòol *n.* (電気・圧搾空気を動力とする)衝撃工具.

percússion wèlding *n.* 〘金属加工〙 =percussive welding.

per·cus·sive /pɚkʌ́sɪv | pə(ː)-/ *adj.* **1** 〈楽器・音など〉衝撃の[による]. **2** 〘医学〙打診の. **~·ly** *adv.* **~·ness** *n.* 〘(1793) ← PERCUSS(ION)+-IVE〙

percússive wélding *n.* 〘金属加工〙衝撃溶接《接合する二つの金属端を互いに突き合わせ, 瞬間的にアークを発生させて溶融状態になった時, 衝撃的に加圧接合する溶接方法; cf. seam welding》.

pèr·cutáneous /pɚ̀ː- | pə̀ː-/ *adj.* 〘医学・外科〙経皮(的)の. **~·ly** *adv.* **~·ness** *n.* 〘(1887) ← PER-+CUTANEOUS〙

Per·cy /pɚ́ːsi | pə́ː-/ *n.* パーシー《男性名》. 〘□ ONF *Perci* (Normandy の地名に由来する家族名) ← ? OF *percer* 'to PIERCE'+*haie* hedge〙

Per·cy /pɚ́ːsi | pə́ː-/, **Sir Henry** *n.* パーシー《1364–1403; 英国の武人; 初め Henry 四世の即位 (1399) に貢献したが, のち同王に反逆して Shrewsbury 付近で戦死; 異名 Hotspur》.

Percy, Thomas *n.* パーシー《1729–1811; 英国の主教・文人; *Reliques of Ancient English Poetry* (通称 Percy's *Reliques*) (1765) の編者》.

Percy, Walker *n.* パーシー《1916–90; 米国の小説家; *Love in the Ruins* (1971)》.

Per·di·do /pɚdíːdou | pədíːdəu; *Sp.* perðíðo/, **Monte** /mónte/ *n.* ペルディド山《スペイン北東部, Pyrenee 山脈の山 (3,354 m); フランス語名 Mont Perdu》.

per·die /pɚːdíː, pɛɚ- | pəː-/ *adv., int.* =pardie.

per di·em /pɚːdíːɛm, -dáɪəm | pəː-/ *adv., adj.* 一日につき, 一日当たりで[の], 日割で[の] (by the day) (cf. per mensem, per annum). — *n.* (出張等について支給される)日給, 日当, 旅費日当; 一日当たりの賃借[貸賃]料. 〘(1520) □ L ~ 'by the day'〙

Per·di·ta /pɚ́ːdɪtə, pɚdíː- | pə́ːdɪtə/ *n.* パーディタ《女性名》. 〘← L ~ (fem.) ← *perditus* lost (↓): Shakespeare の *The Winter's Tale* の女主人公の名〙

per·di·tion /pɚdíʃən | pə(ː)-/ *n.* **1** (完全な)精神的な破滅, 永遠の死, 地獄落ち. **2** 《文語》地獄: Go to ~! この死にぞこないめ, 罰当たりめ. **3** 《古》(完全な)破滅, 滅亡, 全滅. **4** 《廃》損失, 減少. 〘(c1340) □ OF *perdiciun* (F *perdition*) // LL *perditiō(n-)* act of destroying ← *perditus* (p.p.) ← *perdere* to lose, throw away ← PER-+*dare* to give〙

per·du /pɚdúː, pɛɚ-, -djúː | pə́ːdjuː; *F.* pɛʀdy/ *adj.* (*also* **per·due** /~/) **1** 見えない; 〈情報・スパイなど〉隠れた, 潜伏した: lie ~ 隠れる, 潜伏する, ひそむ. **2** 《廃》〘軍事〙〈歩哨(しょう)など〉隠密に行動する, 危険な任務についている. 〘(1591) □ F ~ (p.p.) ← *perdre* to lose < L *perdere* (↑)〙

Per·du /pɚdúː, -djúː | pɛədjúː; *F.* pɛʀdy/, **Mont** /mɔ̃/ *n.* ペルデュ山 (Monte PERDIDO のフランス語名).

per·due /pɚdúː, pɛɚ-, -djúː | pə́ːdjuː/ *adj.* =perdu.

per·du·ra·bil·i·ty /pɚ(ː)dʊ̀ᵊrəbíləṭi, -djʊ̀ᵊr- | pə(ː)djʊ̀ərəbílɪ̣ti/ *n.* **1** 持ちのよいこと. **2** 長続き, 耐久性. 〘?a1400〙

per·du·ra·ble /pɚ(ː)dʊ́ᵊrəbl̩, -djʊ́ᵊr- | pə(ː)djʊ́ər-/ *adj.* 持ちのよい; 長続きする, 不変の, 耐久性のある (permanent). **per·dú·ra·bly** *adv.* 〘(c1380) □ OF ~ □ LL *perdūrābilis* ← L *perdūrāre* to last, hold out ← PER-+*dūrāre* to last: ⇨ dure², -able〙

per·dure /pɚ(ː)dʊ́ɚ, -djʊ́ɚ | pə(ː)djʊ́ə^r, -djɔ́ː^r/ *vi.* 続く, 耐える. 〘(c1450) □ OF *perdurer* □ L *perdūrāre* (↑)〙

per·dy /pɚːdíː | pəː-/ *adv., int.* =pardie.

père /pɛ́ɚ | pɛ́ə^r; *F.* pɛːʀ/ *F. n.* (*pl.* **~s** /~z; *F.* ~/) **1** 父 (father)《フランス人の同名の父子を区別するために senior の意味で父の姓に添える; cf. fils¹》: Dumas ~ 大デュマ. **2** [P-] …師《神父・霊的指導者の名に付けて用いる》: Père Hyacinthe. 〘(1619) □ F ~ < L *patrem, pater* father〙

Pe·re·a /pəríːə/ *n.* =Peraea.

Père Dáv·id déer /pɛ̀ɚdéɪvɪ̣d- | pɛ̀ədéɪvɪd-; *F.* pɛʀdavid-/ *n.* 〘動物〙シフゾウ (*Elaphurus davidianus*) 《中国原産のシカ科シフゾウ属の大形の動物; 今は動物園でしか見られない》. 〘← *Père Armand David* (*d.* 1900: フランスの神父・博物学者)〙

per·e·grin /pérəgrɪ̣n | -rɪ̣grɪn/ *adj., n.* =peregrine.

per·e·gri·nate /pérəgrɪ̣nèɪt | -rɪ̣grɪ̣-/ *vi.* 《古・戯言》遊歴する, 遍歴する, 旅行する. — *vt.* 〈土地を〉横切る, 横断する (traverse). — *adj.* 《廃》外国かぶれの.

pér·e·gri·nà·tor /-t̬ɚ | -tə^r/ *n.* 〘(1593) □ L *peregrīnātus* (p.p.) ← *peregrīnārī* to travel abroad ← *peregrīnus* 'foreign, PEREGRINE'〙

per·e·gri·na·tion /pèrəgrɪ̣néɪʃən | -rɪ̣grɪ̣-/ *n.* **1** 《文語》遊歴, 遍歴. **2** (通例, 徒歩の一つの)旅程, 旅行. **3** 旅行記. 〘(?a1425) □ (O)F *pérégrination* // L *peregrīnātiō(n-)* travel: ⇨ ↑, -ation〙

per·e·grine /pérəgrɪ̣n, -grìːn, -gràɪn | -rɪ̣grɪn, -grìːn/ *adj.* **1 a** 〈流浪性の鳥など〉移住する. **b** 〘生物〙広く分布している. **2** 《古》 **a** 外国の; 外来の, 舶来の. **b** 旅行中の, 遍歴中の; 巡回の. — *n.* **1** 〘鳥類〙 = peregrine falcon. **2** 《古》 **a** 旅行者, 遍歴者. **b** 外地滞在者. **c** (古代ローマの)ローマ以外の共同体の市民. 〘(c1395)(?) □ L *peregrīnus* coming from abroad; (n.) foreigner ← *peregrē* abroad ← PER-+*ager* territory, country: ⇨ acre, -ine¹: cf. pilgrim〙

Per·e·grine /pérəgrɪ̣n | -rɪ̣grɪn/ *n.* ペレグリン《男性名; 愛称形 Perry》. 〘↑〙

péregrine fálcon *n.* 〘鳥類〙ハヤブサ (*Falco peregrinus*) (cf. tiercel). 〘c1395〙

péregrine tòne *n.* 〘音楽〙トーヌス ペレグリーヌス, 外格旋法《グレゴリオ聖歌の例外的な旋法で, 中間終止の前後で保持音が変わる》. 〘1609〙

pe·rei·on /pəráɪən/ *n.* (*pl.* **pe·rei·a** /pəráɪə/) 〘生物〙(エビ・カニなど甲殻類の)胸部. 〘(1855) ← Gk *peraiôn* (pres.p.) ← *peraioûn* to trasport〙

pe·rei·o·pod /pəráɪəpɑ̀(ː)d | -pɔ̀d/ *n.* 〘生物〙甲殻類胸部の付属肢, 胸脚, 胸肢. 〘(1855): ⇨ ↑, -pod〙

pe·rei·ra /pəréᵊrə | -réərə, -ríərə/ *n.* =pereira bark.

Pe·rei·ra /pəréᵊrə | -réərə, -ríərə; *Am.Sp.* peréira/ *n.* ペレイラ《コロンビア中西部の都市; 家畜の取引とコーヒー加工が盛ん》.

peréira bàrk *n.* **1** 〘植物〙ブラジルスオウ (*Geissospermum vellosii*) 《ブラジル産キョウチクトウ科の植物》. **2** ペレイロ皮(ひ)《ブラジルスオウの皮; 強壮剤や解熱剤としてブラジルで用いられた》. 〘← (*Jonathan*) *Pereira* (1804–53: 英国の薬学者)〙

pe·rei·rine /pəréᵊriːn, -rɪ̣n | -réəriːn, -rɪn/ *n.* 〘化学〙ペレイリン ($C_{19}H_{24}ON_2$) 《ペレイロ皮 (pereira bark) の成分, アルカロイドの一種; 褐色の無晶粉末, キニーネの代用に用いる》. 〘⇨ ↑, -ine³〙

Per·el·man /pérəlmən, pɚ́ːl- | pérəl-/, **S(idney) J(oseph)** ★ 作家自身の発音は /pérəlmən/. *n.* パールマン《1904–79; 米国のユーモア作家》.

per·emp·to·ry /pərém(p)təri, -tri | pə̣rém-, pérəm-/ *adj.* **1** 〈命令など〉拒絶・反対・嘆願などを許さない, 厳然たる, 断固とした, 有無をいわせない (⇨ masterful SYN). **2** 〈人・態度・言葉など〉横柄な, 専横な; 圧制的な. **3** ★ この意味では《英》では /pérəmtəri, -tri/ のほうが普通. 〘法律〙 **a** 討議・質問を許さない, 最終的な, 決定的な; 絶対命令の, 強制的な, 必行的な: a ~ decree 最終判決 / a ~ term 不変[確定]期間 / a ~ writ 絶対[無条件的]令状. **b** 絶対に必要な, 不可欠な. **c** 専断的な: ⇨ peremptory challenge. **pe·rémp·to·ri·ness** *n.*

per·emp·to·ri·ly /pərém(p)tərəli, -trəli, pɚ̀əm(p)tɔ́ːrəli, ⌐ー⌐ーー | pə̣rém(p)tərə̣li, pérəm-, -trə̣li/ *adv.* 〘(1443) □ LL *peremptōrius* decisive, (L) destructive ← L *peremptus* (p.p.) ← *perimere* to prevent, destroy ← PER-+*emere* to take, buy: ⇨ -ory¹〙

perémptory chállenge *n.* 〘法律〙専断的忌避(き)《理由を示すことを要しない特定の陪審員の忌避, 刑事被告人の絶対的権利》. 〘1530–31〙

perémptory defénse [defénce] *n.* =peremptory exception. 〘1838〙

perémptory excéption *n.* 〘法律〙決定的答弁, 棄却答弁《実体法上の理由による答弁で, 相手方の主張事実を否認するものと, 相手方の主張事実は認めるがそこからは法律効果が発生しないとして新事実を主張するものとを含む; cf. dilatory defense》. 〘1596〙

perémptory mandámus *n.* 〘法律〙絶対的[必行的]職務執行令状 (cf. alternative mandamus). 〘1809〙

perémptory pléa *n.* =peremptory exception.

per·en·nate /pérənèɪt, pəréneɪt/ *vi.* 多年続く, 永続する. **per·en·na·tion** /pèrənéɪʃən/ *n.* 〘(1623) ← L *perennātus* (p.p.) ← *perennāre*: ⇨ ↓, -ate³〙

pe·ren·ni·al /pəréniəl, -njəl/ *adj.* **1** (規則的に)繰り返し起こる, 始終起こる (recurrent); 多年続く, 不断の, 永久の (everlasting): a ~ problem 始終起こる問題 / ~ youth 永遠の若さ. **2** 〘植物〙多年生の, 宿根の (cf. annual 4): a ~ herb [plant] 多年生草本[植物]. **3** 〈流れ・泉など〉一年中かれない, 四季やむ時のない. — *n.* **1** 〘植物〙多年生植物, 宿根植物. **2** 繰り返し起こること[問題, 話題]. **per·èn·ni·ál·i·ty** /-niǽləṭi | -lɪ̣ti/ *n.* **~·ly** *adv.* 〘(1644) ← L *perennis* lasting through the year (← PER-+*annus* year)+-AL¹〙

perénnial péa *n.* 〘植物〙 =everlasting pea.

perénnial phlóx *n.* 〘植物〙 =garden phlox.

perénnial rýegrass *n.* 〘植物〙ペレニアルライグラス, ホソムギ (*Lolium perenne*) 《ヨーロッパ原産イネ科ドクムギ属の多年草で, 牧草や芝地用に植える; English ryegrass ともいう》.

pe·ren·tie /pərénṭi | -ti/ *n.* (*also* **pe·ren·ty** /~/) 〘動物〙ペレンティ《オーストラリア中西部にすむ大トカゲ; 体長は 2 メートル以上に達する》. 〘(a1928) ← Austral.〙

Per·es /pérez/, **Shi·mon** /ʃíːmoun | -məun/ *n.* ペレス《1923– ; ポーランド生まれのイスラエルの政治家; 首相 (1984–86, 95–96); Nobel 平和賞 (1994)》.

pe·res·troi·ka /pèrɪ̣stróɪkə; *Russ.* pʲɪrʲɪstrójkə/ *n.* ペレストロイカ《組織や体制の再構成; 特にソ連時代の Gorbachev 大統領が推進した政治的・社会的改革》. 〘(1981) □ Russ. *perestroĭka* ← *perestroit'* to rebuild ← *pere-* again, around+*stroit'* to build〙

Pé·rez de Cué·llar /pèrezdeɪkwéɪjɑə, -rɛs- | -rɪ̣sdəkwéɪjɑː^r; *Am.Sp.* péresðekwéjar/, **Javier** /*Am.Sp.* haβjér/ *n.* ペレス デクエヤル《1920– ; ペルーの外交官; 国連事務総長 (1982–91); ペルー首相兼外相 (2000–)》.

Pé·rez Gal·dós /pèrezgəldóus | -dóus; *Sp.* péreθγaldós/, **Benito** *n.* ペレス ガルドス《1843–1920; スペインの小説家・劇作家》.

perf. 《略》perfect; 〘郵趣〙perforated; performance.

pérf·bòard /pɚ́ːf- | pə́ːf-/ *n.* ハンガーボード《器具などを掛けるための穴のあいたパネル板》. 〘← *perf*(*orated*)+BOARD〙

per·fect /pɚ́ːfɪ̣kt | pə́ːfɪkt/ *adj.* **1 a** 完全な (complete); 完璧の, (完全)無欠の: a ~ gentleman, wife, hostess, etc. / a ~ crime 完全犯罪 / ~ in form 完全な形をした / Nobody is ~. 完璧な人などいない. **b** 申し分のない, 欠点のない (faultless, ideal); 傷の全くない (flawless): a ~ performance 完璧な演技 / Her Chinese is far from ~. 彼女の中国語は完璧というには程遠い / The weather has been ~ the past few days. ここ数日間天候は理想的だ / a ~ day (十分に楽しんだ)申し分のない一日 / a ~ day *for* running 走るのにもってこいの日 / the ~ time *to* do it それをするのに絶好の時 / That's ~. それで申し分ない[十分だ] / a ~ egg [diamond] 傷一つない卵[ダイヤモンド] / ~ teeth きれいな歯. **2** ぴったり合った, 原物通りの; 極めて正確な: a ~ circle 真円 / a ~ square 正方形 / a ~ copy 原物通りの写し. **3** [限定的] **a** 全くの (total, utter), 徹底した, よくよくの, ひどい: a ~ fool, rogue, pest, etc. / ~ strangers 見ず知らずの人, 赤の他人 / in ~ silence おし黙って, 一言も口をきかないで. **b** 純粋の, 混ぜ物のない (unmixed). **4** 完全に修得した, 通暁した; 《古》熟達した〔*in*〕: Practice makes ~. 《諺》「習うより慣れよ」. **5** 〘植物〙 **a** 完全花の, 両性花の (monoclinous) 《部分を完全に備えた》. **b** 〈多形態の菌類が〉完全(型)の《有性的な胞子を生じる時期を示す》: ⇨ perfect fungus. **6** 〘文法〙〈時制が〉完了の[を示す]: the ~ tenses 完了時制. **7** 〘音楽〙 **a** 完全な《属和音から主和

音へ基本位置でソプラノ声部が主音をとり，強拍部へ進行して終止する; ↔ imperfect). **b** 〈音程が〉完全協和音の，完全音程の《1度, 8度, 5度, 4度の協和音程について用いられる; cf. augmented 2, diminished 2》: a ～ fifth 完全5度. **8** 〖製本〗無線とじの: ⇨ perfect binding. **9** 〖機械・建築〗=complete 9. **10** 《廃》確信のある，確かな (certain). **11** 《廃》正気の (sane).
— *n.* 〖文法〗完了時制 (perfect tense); 完了形: the future [present, past] ～ 未来[現在, 過去]完了.
— /pə(ː)fékt, pɚ́ːfɪkt | pə(ː)fékt/ *vt.* **1 a** 完全無欠にする. **b** 仕上げる，完成[成就]する，遂行する: ～ an invention, one's English, etc. **2 a** 〔…に〕熟達させる，習熟させる〔*in*〕: ～ oneself *in* …に熟達する. **b** 《廃》伝授する (instruct). **3** 改善する，改良する. **4** 〖印刷〗〈既に印刷された紙〉の裏面を印刷する.
〖adj.: 《1526》□ L *perfectus* (p.p.) ← *perficere* to complete ← PER-+*facere* to do ∽ 《a1325》 *parfit(e)* □ OF *parfit* (F *parfait*) □ L *perfectus*. — v.: 《a1398》 ← (adj.)〗

per·fec·ta /pə(ː)féktə | pə(ː)-/ *n.* 《米》〖競馬・ドッグレース〗連勝単式《賭けの一種で，一着と二着をその順序で当てた者が勝つ; exacta, correcta ともいう; cf. quiniela, triple 5》. 〖《1967》□ Am.-Sp. (*quiniela*) *perfecta* perfect (quiniela)〗
pérfect bínding *n.* 〖製本〗無線とじ《糸や針金を用いず接着剤のみで接合させるとじ方》. 〖1893〗
pérfect cádence *n.* 〖音楽〗完全終止《full cadence ともいう; cf. imperfect cadence 1》. 〖1727–41〗
pérfect competítion *n.* 〖経済〗完全競争 (cf. imperfect competition). 〖1897〗
pérfect contrítion *n.* 〖カトリック〗完全痛悔《神への純粋な愛から起こる悔い改め; cf. imperfect contrition, contrition 2》.
per·féct·ed *adj.* 完成された，出来上がった. **～·ly** *adv.* 〖1552〗
per·féct·er *n.* **1** 完成者; 改良者. **2** 〖印刷〗=perfecting press. 〖c1410〗
pérfect flówer *n.* 〖植物〗完全花，両性花.
pérfect fórm *n.* 〖植物〗有性生殖期を備えたカビ. 〖1891〗
pérfect fúngus *n.* 〖植物〗完全形のカビ.
pérfect gáme *n.* **1** 〖野球〗完全試合，パーフェクトゲーム《相手チームに一人の走者も許さない試合; cf. NO-HIT game》. **2** 〖ボウリング〗パーフェクト《12投全部がストライクで得点は300点》. 〖1949〗
pérfect gás *n.* 〖物理化学〗完全気体，理想気体 (⇨ ideal gas). 〖1850〗
per·fect·i·bil·i·ty /pəfèktəbíləti | pəfèktɪ̀bílɪ̀ti, pəː-/ *n.* **1** 道徳的向上の可能性; 進歩性. **2** =perfectionism. **3** =perfection. 〖1794〗
per·fect·i·ble /pəféktəbl | pəféktɪ̀-, pəː-/ *adj.* 完全にする[なる]ことができる，完成できる，円満になれる. 〖《1635》□ F ～ □ ML *perfectibilis*: ⇨ perfect, -ible〗
pérfect indúction *n.* 〖論理〗完全帰納法 (⇨ enumerative induction).
pérfect infínitive *n.* 〖文法〗完了不定詞.
per·féct·ing prèss *n.* 〖印刷〗両面刷り印刷機《表裏両面を同時に印刷する機械》. 〖1858〗
pérfect ínterval *n.* 〖音楽〗完全音程《音程を構成する2音の振動数の比が1:1, 3:4, 2:3または1:2となるもの，各々完全1·4·5·8度と呼ぶ》.
per·fec·tion /pəfékʃən | pə-/ *n.* **1** 完全無欠であること，完璧，完備; 円満: Don't expect ～ in a servant. 召使に完璧を期待するな / You will find ～ of accommodation at the hotel. あのホテルは設備が完備している. **2** 完成していること; 完全にすること，仕上げ，完成: bring a thing to ～ 物を完成する. **3** 〔技芸などにおける〕熟達，熟練，習熟〔*in*〕: ～ *in* art, music, etc. **4** 完成の極致[極点]; 優秀: attain the highest ～ 極致に達する / The blossoms are at their full ～. 花は今が真っ盛りだ. **5** [the ～] 〔…の〕完全の域に達した人[物]; 典型; 代表〔*of*〕: *the* ～ *of* rudeness 無作法の標本. **6** [*pl.*] 《文語》才芸，たしなみ，美点 (accomplishments).
cóme [*bríng*] *to perféction* 完成する[させる]，円熟する[させる]. *to perféction* 完全に (perfectly): do a thing *to* ～ 事を完全に(この上なく見事に)する / She cooks *to* ～. 彼女の料理は完璧だ《申し分ない》.
〖《?a1200》 *perfeccioun* □ (O)F *perfection* □ L *perfectiō(n-)*: ⇨ perfect, -tion〗
per·féc·tion·ism /-ʃənìzm/ *n.* **1** 完全論《人は現世で道徳・宗教・社会・政治上完全の域に達することができるという種々の学説》. **2** [P-] 完全主義[論, 観] (cf. Oneida Community). **3** 完全[完璧]主義，完全癖，凝り性《仕事などで完全が期されないかぎり失敗と考える完全へのやみがたい性向》. 〖1846〗
per·fec·tion·ist /pəfékʃ(ə)nɪ̀st | pəfékʃ(ə)nɪst/ *n.* **1** 完全論者. **2** [P-] オナイダ共産村 (Oneida Community) の会員. **3** [通例軽蔑的に] (仕事上などの)完全主義者，凝り性の人. — *adj.* 完全論者の; 完全[完璧]主義者の. **per·fec·tion·is·tic** /pəfèkʃənístɪk | pə-～/ *adj.* 〖1657–83〗
per·fec·tive /pəféktɪv | pə-/ *adj.* **1** 〖文法〗(ロシア語などで)完了[完結]相の (↔ imperfective): a ～ verb. **2** 《古》完全になる[する]; 向上[進歩]の途上にある. — *n.* 〖文法〗**a** 完了相，完結相 (perfective aspect). **b** 完了[完結]相の動詞. **～·ness** *n.* **per·fec·tiv·i·ty** /pəfèktívəti | pɜ̀ːfɪktívɪ̀ti/ *n.* **～·ly** *adv.* 〖《1596》□ ML *perfectivus*: ⇨ perfect, -ive〗
perféctive áspect *n.* 〖文法〗(ロシア語などの)完了相，完結相《momentaneous aspect または単に perfective ともいう; ↔ IMPERFECTIVE aspect》. 〖1887〗
per·fec·tiv·ize /pəféktɪvàɪz | pəfék-/ *vt.* 〖文法〗完了[完結]相にする. 〖1904〗
per·fect·ly /pɚ́ːfɪk(t)li | pɜ́ː-/ *adv.* **1** 完全に，申し分なく，非常によく: He speaks French ～. 彼はフランス語を完璧に話す / Did you understand it ～? それが完全にわかりましたか / She understood it ～. 彼女にはそれが実によく分かった. **2** 全く，すっかり (altogether): You are ～ right. おっしゃるとおりです. **3** 《口語》最高に，すごく: a ～ gorgeous dress すばらしく豪華な衣装. 〖《c1303》 *parfitly*: ⇨ perfect, -ly¹〗
pér·fect·ness *n.* 完全; (特に)道徳的完成，十全，円満. 〖《c1340》 *parfitnesse*: ⇨ perfect, -ness〗
pérfect númber *n.* 〖数学〗完全数《約数の総和がそれ自身の2倍に等しいような整数; complete number ともいう; cf. deficient number, abundant number》. 〖c1440〗
per·fec·to /pəféktou | pə(ː)féktəu/ *n.* (*pl.* ～**s**) 《米》両端のとがった中型の葉巻たばこ. 〖《1894》□ Sp. ～ 'PERFECT'〗
per·féc·tor prèss /pə(ː)féktə- | pə(ː)féktə-/ *n.* 〖印刷〗=perfecting press.
pérfect párticiple *n.* 〖文法〗完了分詞《past participle のこと; cf. PASSIVE participle》. 〖1862〗
pérfect pítch *n.* 〖音楽〗絶対音感 (absolute pitch). 〖1949〗
pérfect progréssive fòrm *n.* [the ～] 〖文法〗完了進行形.
pérfect rádiator *n.* 〖物理〗黒体 (black-body).
pérfect rèam *n.* =printer's ream.
pérfect rhýme *n.* 〖詩学〗**1** 完全脚韻《脚韻の条件を十分に満たしているもので，masculine rhyme と feminine rhyme に分かれる; ↔ imperfect rhyme》. **2** 同音[同綴]脚韻《bare: bear / lie (偽り): lie (横たわる)のように同音または同綴りで意味の違うもの》.
pérfect squáre *n.* 〖数学〗完全平方. 〖1856〗
pérfect stáge *n.* 〖植物〗有性生殖期《コウジカビ科目などに見られる有性生殖を営む時期》. 〖1909〗
pérfect yéar *n.* [the ～] 〖ユダヤ暦〗355日の平年; 385日のうるう年.
per·fer·vid /pə(ː)fɚ́ːvɪ̀d | pə(ː)fɜ́ːvɪd/ *adj.* 《文語》**1** きわめて熱い，灼熱の (glowing). **2** 非常に熱心な，熱烈な (ardent). **～·ly** *adv.* **～·ness** *n.* 〖《1856》 ← NL *perfervidus*: ⇨ per-, fervid〗
per·fid·i·ous /pə(ː)fídiəs | pə(ː)fíd-/ *adj.* 《文語》〈人・行為など〉不信な，不実な，不誠実な (↔ true); 裏切りの; 二心のある (⇨ faithless SYN): ～ Albion ⇨ Albion. **～·ly** *adv.* **～·ness** *n.* 〖《1598》□ L *perfidiōsus* ← *perfidia* (↓): ⇨ -ous〗
per·fi·dy /pɚ́ːfədi | pɜ́ːfɪ̀di/ *n.* 不信，不誠実; 背信，不義，裏切り (treachery): an act of ～. 〖《1592》□ L *perfidia* faithlessness ← *perfidus* faithless ← PER- 3+*fidēs* 'FAITH': ⇨ -y¹〗
perf·in /pɚ́ːfɪn | pɜ́ː-/ *n.* 〖郵趣〗=spif. 〖《1952》 ← PERF(ORATED)+IN(ITIAL)〗
per·fo·li·ate /pə(ː)fóulɪ̀ɪt, -lièɪt | pə(ː)fə́u-/ *adj.* 〖植物〗突き抜きの，茎が葉を貫いているようにみえる: a ～ leaf 貫生葉，貫穿(せん)葉. **per·fo·li·a·tion** /pə(ː)fòuliéɪʃən | pə(ː)fəul-/ *n.* 〖《1548》 ← NL *perfoliātus*: ⇨ per-, foliate〗
per·fo·rate /pɚ́ːfərèɪt | pɜ́ː-/ *vt.* **1** …に穴をあける，鑽孔(さん)する. **2** 〈小切手などに〉(数字・透かし字などを)打ち抜く; (特に)〈紙〉にミシン目を入れる; 〖郵趣〗〈切手〉に目打ちを入れる: ～ checks, stamps, etc. **3** 〈紙テープなど〉に穿孔する. **4** (きりなどで)貫く，うがつ，貫通する (pierce).
— *vi.* 〔…に〕穴をあける，〔…を〕貫く，うがち入る〔*into, through*, etc.〕. — /pɚ́ːf(ə)rɪ̀t, -fərèɪt | pɜ́ː-/ *adj.* **1** =perforated. **2** 〖生物〗〈貝殻が〉小さな穴のあいた. **per·fo·ra·ble** /pɚ́ːf(ə)rəbl | pɜ́ː-/ *adj.* **pér·fo·ra·to·ry** /-rətɔ̀ːri | -təri, -tri/ *adj.* 〖《1538》 ← L *perforātus* (p.p.) ← *perforāre* to bore, pierce through ← PER-+*forāre* to bore: ⇨ -ate³〗
pér·fo·ràt·ed /-rèɪtɪ̀d | -tɪ̀d/ *adj.* **1** 貫通された，穴のあいた: a ～ ladle [spoon] 穴あき杓子(しゃくし)[スプーン] / ～ check 金額が打抜き文字になっている小切手. **2** 〖郵趣〗目打ちされた (略 perf.; ⇨ perforation 3). **3** 〖紋章〗=pierced 3. **4** 〖病理〗穿孔(せんこう)した: a ～ appendix. 〖1486〗
pérforated tápe *n.* 《米》穿孔テープ (paper tape).
per·fo·ra·tion /pɚ̀ːfəréɪʃən | pɜ̀ː-/ *n.* **1** 穴をあけること，打抜き，目打ち鑽孔(さん); 貫通. **2** (打抜き，貫通などによりあいた)穴(の一つ); (フィルムの)送り穴，パーフォレーション; ミシン目，孔線. **3** 〖郵趣〗**a** (切手の周囲につけられている)目打ち (cf. roulette 4); (シートから一片ずつ切り離した時の)ぎざぎざ. **b** 目打数《20ミリ内にあけられた穴の数を示すとき，例えば13の穴があれば Perf. 13 と示す》. 〖《?a1425》□ (O)F ～ □ ML *perforātiō(n-)*: ⇨ perforate, -ation〗
perforátion gàuge *n.* 〖郵趣〗目打ちゲージ《切手の目打ちを測るためのものさし》.
per·fo·ra·tive /pɚ́ːfərèɪtɪv | pɜ́ːfərət-/ *adj.* **1** 穴をあける(力のある)，うがつ，貫く. **2** (たやすく)穴のあく，(容易に)貫通できる. **3** 〖病理〗穿孔性の: ～ peritonitis 穿孔性腹膜炎. 〖《1597》□ F ～: ⇨ perforate, -ative〗
pér·fo·rà·tor /-tə | -tə(r)/ *n.* **1** 穴をあける人; 穴あけ(機)，鑽孔(さん)機; 目打ち機; 打抜き器. **2** 切符切りばさみ. 〖《1739》 ← PERFORATE+-OR²〗
per·force /pəfɔ́əs | pə(ː)fɔ́ːs/ *adv.* **1** 否応なしに，やむをえず，必然的に. **2** 無理に，強制的に. — *n.* 《まれ》必然; 強制. ★ 主に次の句で: of [by] ～ 強制的に，必然的に. 〖《?a1300》 *par force* □ OF 《原義》by force: ⇨ par⁴, per-, force¹: cf. perchance〗
per·fo·rin /pɚ́ːfərɪ̀n | pɜ́ːfərɪn/ *n.* 〖生化学〗パーフォリン《キラー細胞に存在する蛋白質で，侵襲(しんしゅう)性細胞の膜に穴をあけ，これを破壊する》. 〖《1983》 ← PERFOR(ATE)+-IN²〗
per·form /pəfɔ́əm, pə- | pəfɔ́ːm/ *vt.* **1** する，行う (do); 〈任務などを〉成し遂げる，〈命令・約束などを〉履行する，実行する: ～ wonders [miracles] 奇跡を行う / ～ a task 仕事を成し遂げる / ～ a surgical operation 外科手術を行う / ～ Divine Service 礼拝式を執り行う. **2** 〈芝居を〉上演する，〈劇を〉演じる，〈役を〉務める; 〈音楽・楽器を〉演奏する: ～ Ophelia in 'Hamlet' ハムレット劇で Ophelia の役を務める. **3** 《廃》完全にする，補足する. — *vi.* **1 a** する，行う，成し遂げる; 〈約束などを〉実行する，果たす. **b** 〈機械が〉働く. **2** (聴衆の前で)演じる，演奏[独唱]する: ～ on the piano ピアノを弾奏する. **3** 〈動物などが〉(人前で)芸をする. **4** 《口語》セックスを(巧みに)する; 〈同性が〉フェラチオ[クンニリングス]をする. **per·for·ma·to·ry** /pəfɔ́əmətɔ̀ːri, pə- | pəfɔ́ːmətəri, -tri/ *adj.* 〖《a1300》 *perfourme(n)* □ AF *parfourmir* 《OF *forme* 'FORM' の影響による変形》 ← OF *parfournir* ← *par-* 'PER-'+*fournir* 'to FURNISH'〗

SYN 行う: **perform** 自分の仕事・命じられたり約束したりした仕事をやり遂げる: *perform* an abortion 中絶を行う. **execute** 〈命令などを〉実行する《格式ばった語》: *execute* an order faithfully 忠実に命令を実行する. **conduct** 〈業務・研究・調査などを〉管理，指導のもとに行う: We *conducted* our investigation with the greatest care. 我々はきわめて慎重に調査を行った. **discharge** 〈責任・本分を〉遂行する: I have a duty to *discharge*. 果たさなければならない義務がある.

per·form·a·ble /pəfɔ́əməbl, pə- | pəfɔ́ːm-/ *adj.* することができる; 実行[成就，上演，演奏]できる. 〖《1548》: ⇨ ↑, -able〗
per·for·mance /pəfɔ́əməns, pə-, -mən(t)s | pəfɔ́ː-/ *n.* **1 a** 上演，公演，興行: an afternoon ～ 午後の興行 (matinee) / a public ～ 公演 / give a ～ of …を上演する / in ～ 上演[演奏]中の / There are two ～*s* a day. 1日2回興行です. **b** 演奏，奏楽，弾奏. **c** (登場人物の)役を演じる[に扮(ふん)する]こと. **d** 演技，手際，離れ技，見もの; (動物などの)芸 (feat): a fine [wretched] ～ (of the player, etc.) 上[不]出来 / ～ in [of] horsemanship 曲馬，馬術 / put a dog through its ～*s* 犬にいろいろの芸をやらせる. **2** する[行う]こと (doing); 実行，履行，成就: ～ of one's duty 義務の履行 / promise and ～ 約束と履行. **3 a** 仕事，作業 (work)，(ある特定の)行動，行為，動作. **b** (発動機などの)運転 (operation). **c** 善行，功績. **4** 《口語》とんだ見世物，愚行. **5 a** 遂行能力: assess a man's ～ in office 人の業務遂行能力を評定する. **b** (機械の)性能，能率. **c** (投資などの)成果，成績. **6** 〖言語〗言語運用《言語の現実的使用; cf. competence 6》. 〖《1494》: ⇨ perform, -ance〗
perfórmance appràisal *n.* 勤務評定《雇用者が被雇用者の業務成績を定期的に評価すること》.
perfórmance àrt *n.* パフォーマンスアート《肉体の行為を舞踏・絵画・彫刻・音楽などを通じて表現しようとする1970年代に始まった芸術様式》. **perfórmance àrtist** *n.* 〖1971〗
perfórmance bònd *n.* 〖法律〗当事者が契約履行を保証する金銭債務証書 (cf. contract bond). 〖1938〗
perfórmance càr *n.* 高性能車. 〖1976〗
perfórmance-relàted pày *n.* 能率[能力]給《仕事の出来・不出来によって上下する給料; performance pay ともいう》.
perfórmance tèst *n.* **1** (機械・装置などの)性能試験，作動試験. **2** 〖心理〗作業検査《積木など非言語材料を用いた知能テスト》. **3** (飼育動物の)遺伝的特性評価. 〖1917〗
per·for·ma·tive /pəfɔ́əmətɪv, pə- | pəfɔ́ːmət-/ 〖言語〗*n.* 遂行的発言《希望・命令・計画などに関してその行為の実行を表す表現; cf. constative》. — *adj.* 遂行的な: a ～ verb 遂行的動詞《announce, promise, say などの動詞》. **～·ly** *adv.* 〖《1955》 ← PERFORM+-ATIVE〗
per·form·er /pəfɔ́əmə, pə- | pəfɔ́ːmə(r)/ *n.* **1 a** 役者，芸人; 演奏者，歌い手; 軽業師: a ～ *on* the banjo バンジョー奏者. **b** 芸をする動物. **2** する[行う]人，執行者，履行[遂行，成就]者，行為者: a good promiser, but a bad ～ 約束はりっぱだが実行しない人《言行不一致》. **3** 熟達した人，一芸に秀でた人，名人: a good ～ at the wicket クリケットの名手 / He is quite a ～ with the knife and fork. 彼はナイフとフォークの使い方が堂に入っている. 〖1588–89〗
per·fórm·ing *adj.* **1** 実行する，履行する，成就する. **2** 〈動物が〉芸を仕込まれた，芸当をする: ～ dogs. **3** 公演を要する，演芸をする. 〖1707〗
perfórming árt *n.* [通例 *pl.*] 舞台[公演]芸術. 〖1961〗
perf. part. 《略》〖文法〗perfect participle.
per·fume /pɚ́ːfjuːm, pə(ː)fjúːm | pɜ́ːfjuːm/ *n.* **1** 香水，香料，香. **2** 匂(にお)い，芳香，香り (⇨ smell SYN).
— /pə(ː)fjúːm, pɚ́ːfjuːm | pɜ́ːfjuːm, pə(ː)fjúːm/ *vt.* [しばしば p.p. 形で] **1** …に〔…で〕香り[香味]をつける〔*with*〕: ～ one's handkerchief *with* eau de Cologne ハンカチにオーデコロンをつける. **2** 〈花などが〉〈部屋などを〉におわせる，芳香で満たす: Flowers ～ the room.
〖n.: 《1533》□ F *parfum* ← *parfumer* □ It. 《方言》*perfumare* // Prov. *perfumar*: ⇨ per-, fume — v.: 《1538》〗

□F *parfumer*〗

per·fumed /pə(ː)fjúːmd, pə́ːfjuːmd | pə́ːfjuːmd/ *adj.* 香りがする, 芳香のある; 香りをつけた: ~ soap / sweetly ~ flowers 甘い香りのする花. 〘1538〙

pérfume·less *adj.* 香りのない; 香水をつけてない. 〘1885〙

per·fum·er /pə(ː)fjúːmə, pə-, pə́ːfjuːmə | pə(ː)-fjúːmə^(r)/ *n.* **1** 香料商, 調香師, パーヒューマー. **2** 香たき係, 薫蒸係. **3** 芳香を匂(ﾆｵ)わす人[物], よい香りのする人[物]. 〘(1573–80) ← PERFUME (v., n.)+-ER¹: cf. F *parfumeur*〙

per·fúm·er·y /-məri/ *n.* **1** [集合的] 香水類, 香料. **2** 《米》香水 (perfume). **3** 香水[香料]製造[調合](法). **4** 香水[香料]製造所[販売店]. 〘(1800) ← PERFUM(E) (n.)+-ERY〙

per·fum·i·er /pə(ː)fjúːmiə | pə(ː)fjúːmə^(r), -mièɪ/ *n.* =perfumer 1. 〘⇨ -ier²〙

per·func·to·ry /pəfʌ́ŋ(k)təri, -tri | pə(ː)-/ *adj.* **1** 〈仕事など〉おざなりの, 義理一片の, お役目だけの; 機械的な, なおざりの, ぞんざいな, うわべだけの; (superficial): a ~ inquiry [examination, inspection] 形式的な尋問[試験, 視察] / a ~ rendering of the Church Service 礼拝式のおざなりな勤め方. **2** 〈人が〉やる気のない, 熱のない, 無関心の. **per·fúnc·to·ri·ly** /-rəli | -rɨli/ *adv.* **per·fúnc·to·ri·ness** *n.* 〘(1581) □ LL *perfunctōrius* ← L *perfunctus* (p.p.) ← *perfungī* to perform ← PER-+*fungī* to busy oneself with (cf. function): ⇨ -ory¹〙

per·fus·ate /pə(ː)fjúːzeɪt | pə(ː)/ *n.* 《医学》灌流液. 〘(1915) ← PERFUS(E)+-*ate*¹〙

per·fuse /pə(ː)fjúːz | pə(ː)-/ *vt.* **1** 〔…で〕満たす, みなぎらす, 一面に広げる[覆う]〔*with*〕: ~ a room *with* light 部屋に光を満たす / cheeks ~*d with* a blush 紅潮したほお. **2** 〈液・色などを〉一面にまき散らす, 散布する: ~ a thing with water [water over a thing] 物に水を振りまく. **3** 《医学》灌流(ｶﾝﾘｭｳ)[灌注]する. 〘(1526) ← L *perfūsus* (p. p.) ← *perfundere* to besprinkle ← PER-+*fundere* 'to pour out, FOUND³': cf. fuse¹〙

per·fu·sion /pə(ː)fjúːʒən | pə(ː)-/ *n.* **1** まき散らす[される]こと, 振りかけること. **2** 《キリスト教》注水(洗礼), 散水(洗礼) (頭部に水を振りかけて行う洗礼の一形式; cf. immersion). **3** 散布液. **4** 《医学》灌流(ｶﾝﾘｭｳ), 灌注. 〘(1574) □ L *perfūsiō(n-)*: ⇨ ↑, -sion〙

per·fú·si·o·nist /-ʒ(ə)nɨst | -nɪst/ *n.* 《医学》灌流(ｶﾝﾘｭｳ)技師 (心臓切開手術中に血液の酸素化と人工心肺などの管理をする医療技師). 〘1964〙

per·fu·sive /pə(ː)fjúːsɪv, -zɪv | pə(ː)fjúːs-/ *adj.* 振りまける, そそげる, 散水用の. 〘(1817) ← L *perfūs(us)* (⇨ perfuse)+-IVE〙

Per·ga·mene /pə́ːgəmìːn | pə́ː-/ *adj.* **1** ペルガモンの[に関する]. **2** 《建築》(紀元前 200 年代から 100 年代にかけて栄えた)ペルガモン建築様式の. 〘(1579) □ L *pergamēnus* □ Gk *Pergamēnós* ← *Pergamos* Pergamum〙

per·ga·me·ne·ous /pə̀ːgəmíːniəs | pə̀ː-ˈ/ *adj.* 羊皮紙(製)の, 羊皮紙のような. 〘(1826) ← L *pergamēn(a)* 'PARCHMENT'+-EOUS〙

Per·ga·mum /pə́ːgəməm | pə́ː-/ *n.* ペルガモン: **1** 小アジア南西部のヘレニズム時代の王国. **2** その王国の古都; 古代 Mysia の首都; 現在の Bergama に当たる.

per·ga·na /pəgáːnə | pə-/ *n.* =pargana.

per·go·la /pə́ːgələ | pə́ː-/ *n.* パーゴラ (屋根にツタ・バラなどの植物をまとわせたフジ棚のようなあずまや); そのような木造りの棚, つる棚. 〘(1654) □ It. ~ < L *pergulam* shed, vine arbour ← ? *pergere* to stretch forward〙

pergola

Per·go·le·si /pɛ̀əgəléɪzi | pə̀ːgəléɪzi; *It.* pergoléːzi/, **Giovanni Battista** *n.* ペルゴレージ (1710–36; イタリアの作曲家).

per·gun·nah /pəgʌ́nə | pəː-/ *n.* =pargana. 〘(1765) (変形) ← PARGANA〙

perh. (略) perhaps.

pèr·halogenátion /pə̀ː-, pɛ̀ə- | pə̀ː-/ *n.* 《化学》過ハロゲン化.

per·haps /pəhǽps, prǽps | pəhǽps, prǽps/ *adv.* あるいは, ひょっとすると (⇨ probably SYN); [数量などと共に用いて] ことによると, 多分, おおよそ: *Perhaps* I'll come, ~ I won't [~ not]. 事によったら参りますが, 事によったら参りません / *Perhaps* so, ~ not. (うん)そうかもしれないけど, そうじゃないかもしれない / Will John attend the meeting?—*Perhaps* [*Perhaps* not]. ジョンは会合に出るだろうか—もしかしたらね[出ないかもしれないね] / I'll see him soon, ~ in a few days. もうすぐ彼に会うよ, 多分 2, 3 日のうちに. ★ 丁寧な依頼や提案・助言などに使うこともある: *Perhaps* you would mail this letter on the way? 途中でこの手紙を出していただけませんか / You may ~ need more time to think. もう少し考える時間が必要かもしれないね. — *n.* 《口語》仮定, 偶然の事 (contingency, possibility): These are all ~*es*. これは皆どうなるやらわからないことばかりだ. 〘(1528) ← PER-+*haps* ((pl.) ← HAP¹) ∞ ME *by happ(es)* by chance(s): cf. perchance〙

pèr·hydrógenate /pə̀ː- | pə̀ː-/ *vt.* 《化学》ペルヒドロ化する, 完全に水素化する. 〘← PER-+HYDROGENATE〙

pèr·hydrógenize /pə̀ː- | pə̀ː-/ *vt.* 《化学》=perhydrogenate. 〘← PER-+HYDROGENIZE〙

pe·ri /pí³ri, píːri | píəri; *Pers.* pæːɾi/ *n.* **1** 《ペルシャ神話》ペリ (悪魔に対して人間の味方をする親切で美しい妖精; 堕落した天使の子孫で, 罪の償いをし終わるまで天国から閉め出された). **2** かわいくて美しい人[女性]. 〘(1777) □ Pers. *perī*, *parī* fairy ← Aves. *pairikā* female demon〙

per·i- /péri, -rɨ, -ri/ *pref.* **1**「回りの[に], 周囲に」の意: *peri*scope, *peri*neurium. **2**「近くに」の意: *peri*helion. 〘□ L & Gk ~ ← Gk *perí*, *péri* (adv., prep.) around, about (cog. Skt *pári*): cf. per-〙

péri ácid /péri-/ *n.* 《化学》ペリ酸, α-ナフチルアミンスルホン酸 ($H_2NC_{10}H_6SO_3H$) (アゾ染料の原料).

pe·ri·a·gua /pèriáːgwə, -ǽg- | -rɪ-/ *n.* =piragua.

Per·i·an·der /pèriǽndə | -də^(r)/ *n.* ペリアンドロス (625–585 B.C.; 古代ギリシャの Corinth の僭(ｾﾝ)主; ギリシャ七賢人の一人; cf. Seven Sages).

per·i·anth /périæ̀nθ/ *n.* 《植物》花被 (特に萼(ｶﾞｸ)と花冠とが見分けにくいもの). **per·i·an·thi·al** /pèriǽnθiəl˜/ *adj.* 〘(1706) ← NL *perianthium*: ⇨ peri-, antho-, -ium〙

per·i·ap·sis /pèriǽpsɨs | -sɪs/ *n.* (*pl.* **-ap·si·des** /-sədìːz | -sɨ-/) 《天文》=pericenter (cf. apoapsis).

per·i·apt /périæ̀pt/ *n.* (まれ) お守り, 護符 (amulet). 〘(1584) □ F *périapte* □ Gk *períapton* hung around ← PERI-+*háptein* to fasten〙

pèri·arterítis *n.* 《病理》動脈周囲炎. 〘← NL ~: ⇨ peri-, arteritis〙

periarterítis no·dó·sa /-noudóusə | -nəudə́u-/ *n.* 《病理》結節性動脈周囲炎. 〘*nodosa*: ← NL ~ ← L *nōdōsa* (fem.) ← *nōdōsus* 'knotty, NODOSE'〙

per·i·as·tron /pèriǽstrən, -trɑ(ː)n | -trən/ *n.* (*pl.* **-as·tra** /-trə/) 《天文》近星点 (cf. apastron). 〘(1876) ← NL ~ ← PERI-+Gk *ástron* 'STAR'〙

per·i·au·ger /pèriɔ́ːgə, -áːgə | -ɔ́ːgə^(r)/ *n.* 《古》=piragua.

per·i·blast /pérəblæ̀st | -rɨ-/ *n.* 《生物》**1** 周縁質 (鳥類・魚類のような多黄卵で, 胚盤の周囲にあり, 卵黄塊との境界部の多核の細胞質). **2** 核外膜 (硬骨魚類の発生中に現れる黄色の原形質の薄層). 〘1857〙

per·i·blem /pérəblèm | -rɨ-/ *n.* 《植物》原皮層 (のちに内皮となる頂端分裂組織の一部). 〘(1873) □ G *Periblem* □ Gk *períblēma* anything thrown or put around ← PERI-+*blêma* a casting (← *bállein* to throw)〙

pe·rib·o·los /pəríbələs, -lɑ̀(ː)s | -ləs, -lɔ̀s/ *n.* (*pl.* **-o·loi** /-lɔ̀ɪ/) 《古》神殿や教会の周りの囲い地[庭](を囲む壁). 〘(1706) □ LL *peribolus* // Gk *peribolos* enclosure ← PERI-+*bállein* (↑)〙

pe·rib·o·lus /pəríbələs/ *n.* (*pl.* **-o·li** /-lài, -lìː/) =peribolos.

pèri·cámbium *n.* 《植物》周囲形成層 (⇨ pericycle). 〘(1875) ← NL ~: ⇨ peri-, cambium〙

pericardia *n.* pericardium の複数形.

pèri·cárdiac *adj.* 《解剖》=pericardial.

pèri·cárdial *adj.* 《解剖》心膜の, 心嚢(ﾉｳ)の, 心包の; 心臓周囲の: the ~ glands 囲心腺(ｾﾝ). 〘(1654) ← PERICARDI(UM)+-AL¹〙

pèri·cardítis *n.* 《病理》心嚢(ﾉｳ)炎, 心膜炎. **pèr·i·car·dít·ic** /-kɑːdítɪk | -kaːdítɪk˜/ *adj.* 〘(1799): ⇨ ↓, -itis〙

per·i·car·di·um /pèrəkáːdiəm | -rɪkáːd-/ *n.* (*pl.* **-di·a** /-diə | -diə/) **1** 《解剖》心膜, 心嚢(ﾉｳ), 心包. **2** 《動物》囲心腔, 囲心洞. 〘(1576) ← NL ~ ← Gk *perikárdion* near the heart ← PERI-+*kardíā* 'HEART'〙

per·i·carp /pérəkàːp | -rɨkàːp/ *n.* 《植物》果皮 (外果皮 (epicarp), 中果皮 (mesocarp), 内果皮 (endocarp) に分かれている). **per·i·car·pi·al** /pèrəkáːpiəl | -rɨkáː-˜/ *adj.* **pèr·i·cár·pic** /-pɪk˜/ *adj.* 〘(1759) ← NL *pericarpium* ← Gk *perikárpion* pod, husk: ⇨ peri-, -carp〙

pèr·i·ceméntum /pɛ̀rə- | -rɪ-/ *n.* 《歯科》=periodontal membrane. 〘← NL ~: ⇨ peri-, cementum〙

per·i·cen·ter /pérəsèntə | pérɨsèntə^(r)/ *n.* 《天文》近心点 (天体が第二の天体の周りを公転する時, その軌道上で第二の天体からの距離が極小となる点; cf. apocenter). 〘(1902) ← PERI-+CENTER〙

per·i·chae·ti·um /pèrəkíːtiəm | -rɨkíːtiəm/ *n.* (*pl.* **-ti·a** /-tiə | -tiə, -tjə/) 《植物》花葉(ｶﾖｳ) (蘚(ｾﾝ)類の造卵器を囲む). 〘(1777) ← NL ~ ← PERI-+Gk *khaítē* mane, foliage+-IUM〙

per·i·chon·dri·um /pèrəkɑ́(ː)ndriəm | -rɨkɔ́n-/ *n.* (*pl.* **-dri·a** /-driə/) 《解剖》軟骨膜. **pèr·i·chón·dri·al** /-driəl˜/ *adj.* **pèr·i·chón·dral** /-drəl˜/ *adj.* 〘(1741) ← NL ~: ⇨ peri-, chondri-¹, -ium〙

per·i·clase /pérəklèɪs, -klèɪz | -rɨ-/ *n.* 《鉱物》ペリクレース (MgO) (dolomite が熱分解した時などにできる鉱物). **per·i·clas·tic** /pèrəklǽstɪk, -rɨ-/ *adj.* 〘(1844) ← NL *periclasia* ← Gk *períklasis* a breaking round ← PERI-+*kláein* to break+-SIS〙

Per·i·cle·an /pèrəklíːən | -rɨ-˜/ *adj.* (Athens の全盛期である) Pericles 時代の. 〘(*a*1822): ⇨ ↓, -an¹〙

Per·i·cles /pérəklìːz | -rɨ-/ *n.* ペリクレス (495?–429 B.C.; Athens の全盛時代 (the Age of Pericles) を現出した古代ギリシャの政治家・将軍).

Péricles, Prince of Týre *n.*「ペリクリーズ」(Tyre の領主 Pericles を主人公にした Shakespeare の作とされるロマンス劇 (1607–08)).

per·i·cli·nal /pèrəkláɪnl̩ | -rɨ-˜/ *adj.* **1** 《植物》並層の (器官の周縁に平行であることをいう; cf. anticlinal 3). **2** 《植物》〈キメラ (chimera) が〉周縁の (一つの組織が他の種類の組織に完全に取り巻かれている組織をもった; cf. sectorial 2). **3** 《地質》=quaquaversal. 〘(1876) ← Gk *periklin(ḗs)* sloping on all sides+-AL¹〙

per·i·cline /pérəklàɪn | -rɨ-/ *n.* **1** 《鉱物》ペリクリン (曹(ｿｳ)長石の一種). **2** 《植物》並層細胞膜. 〘(1832) □ Gk *periklinḗs* (↑)〙

pe·ric·o·pe /pəríkəpiː, -pi | -pi/ *n.* (*pl.* ~**s**, **-o·pae** /-pìː, -pàɪ/) **1** (引用・抜粋などの)短章句, 節 (passage). **2** 《キリスト教》聖書抜抄[抜粋]句, 奉読章句, ペリコーペ (ミサ聖祭[聖餐式]などの朗読用として, 福音書または書簡から抜粋した章句). **per·i·cop·ic** /pèrəkɑ́(ː)pɪk | -rɪkɔ́p-˜/ *adj.* 〘(1658) □ L *pericopē* □ Gk *perikopḗ* a cutting of a book ← PERI-+*kopḗ* a cutting (cf. *kóptein* to cut)〙

per·i·cránium /pɛ̀rə- | -rɨ-/ *n.* (*pl.* **-nia**) **1** 《解剖》頭蓋骨膜. **2** 《古・戯言》頭蓋(ｽﾞｶﾞｲ)骨 (skull), 頭 (brain). **3** 知力, 頭. **pèri·cránial** *adj.* 〘(1541) ← NL ~ ← Gk *perikrānion* (neut.) ← *perikrānios* around the skull: ⇨ peri-, cranium〙

péri·cỳcle *n.* 《植物》内鞘(ｼｮｳ) (中心柱の最も外側にある 1 層から数層にわたる細胞層; pericambium ともいう). **pèri·cýclic** *adj.* 〘(*c*1892) □ F *péricycle* □ Gk *períkuklos* all around: ⇨ peri-, cycle〙

per·i·cyn·thi·on /pèrəsínθiən | -rɨ-/ *n.* 《天文》=perilune.

pèri·déntal *adj.* 《歯科》=periodontal. 〘← PERI-+DENTAL〙

peridéntal mémbrane *n.* 《歯科》=periodontal membrane.

per·i·derm /pérədə̀ːm | -rɨdə̀ːm/ *n.* 《植物》周皮. **per·i·der·mal** /pèrədə́ːməl, -ml̩ | -rɨdə́ː-˜/ *adj.* **pèr·i·dér·mic** /-mɪk˜/ *adj.* 〘(1849) ← NL *peridermis*: ⇨ peri-, -derm〙

peridia *n.* peridium の複数形.

peridiola *n.* peridiolum の複数形.

pe·rid·i·ole /pərídiòul | -diə̀ul/ *n.* 《植物》小皮子 (散布体の一種). 〘← NL *peridiolum* (↓): ⇨ -ole²〙

pe·rid·i·o·lum /pərìdióuləm | -diə́u-/ *n.* (*pl.* **-o·la** /-lə/) 《植物》=peridiole. 〘← NL ~ (dim.) ← *peridium* (↓)〙

pe·rid·i·um /pərídiəm | -diəm/ *n.* (*pl.* **-i·a** /-diə | -diə/) 《植物》子殻 (cf. endoperidium, exoperidium). **pe·rid·i·al** /-diəl | -di-/ *adj.* 〘(*c*1823) ← NL ~ ← Gk *pērídion* (dim.) ← *pḗra* leather pouch, wallet〙

per·i·dot /pérədòu, -dɑ̀(ː)t | -rɪdɔt/ *n.* 《鉱物》ペリドット (濃緑色透明の橄欖(ｶﾝﾗﾝ)石; cf. olivine, chrysolite; ⇨ birthstone).

péridot of Ceylón 《鉱物》セイロンペリドット (蜜黄色または黄緑色の電気石; 宝石に用いる).

per·i·do·tic /pèrədɑ́(ː)tɪk, -dóut- | -rɪdɔ́t-, -dəut-˜/ *adj.* 〘((?*c*1380)) (1706) *peritot* □ OF (F *péridot*) ← ?〙

per·i·do·tite /pérədòutaɪt, pərídətàɪt | pɛ̀rɨdə́u-/ *n.* 《岩石》橄欖(ｶﾝﾗﾝ)岩 (深成岩の一種; cf. dunite). **per·i·do·tit·ic** /pèrədoutítɪk, pərìdə- | pɛ̀rɨdə(u)títɪk˜/ *adj.* 〘(1878) □ F *péridotite*: ⇨ ↑, -ite¹〙

per·i·ge·al /pèrədʒíːəl | -rɪ-˜/ *adj.* 《天文》=perigean.

per·i·ge·an /pèrədʒíːən | -rɨ-˜/ *adj.* 《天文》近地点の. 〘1812〙

périgean tíde *n.* [the ~] 《天文》近地点潮 (月が近地点付近にあり, 潮差が最も大きくなる潮汐).

per·i·gee /pérədʒìː | -rɨ-/ *n.* 《天文》**1** 近地点 (月や人工衛星などの軌道中, 地球に最も近い点; cf. perilune; ↔ apogee; ⇨ apogee 挿絵). **2** 最も近い点; 最も低い点. 〘(1594) □ F *périgée* // ← NL *perigēum* ← Gk *perígeion* around the earth ← PERI-+*gê* earth〙

pèri·glácial *adj.* 《地質》氷河周辺の, 周氷河の. 〘(1928) ← PERI-+GLACIAL〙

per·i·gon /pérəgɑ̀(ː)n | -rɨgɔ̀n/ *n.* 周角 (360 度の角; round angle ともいう). 〘(1868) ← PERI-+-GON〙

per·i·gone /pérəgoun | -rɨgəun/ *n.* 《植物》=perigonium. 〘□ F *périgone* // NL *perigonium* (↓)〙

per·i·go·ni·um /pèrəgóuniəm | -rɨgə́u-/ *n.* (*pl.* **-ni·a** /-niə/) 《植物》(コケ類の)花被. 〘(1819) ← NL ~: ⇨ peri-, gon-, -ium〙

Pé·ri·gord /pèrəgɔ́ə | -rɪgɔ́ː^(r); *F.* peʁigɔːʁ/ *n.* ペリゴール (フランス南西部の歴史的地方; ほぼ今日の Dordogne 県に当たる).

Per·i·gor·di·an /pèrəgɔ́ədiən | -rɨgɔ́ːd-˜/ *adj.* 《考古》ペリゴール文化の (フランス南部の, 特に Périgord 近辺に見られる旧石器時代の特徴をもった文化にいう). — *n.* [the ~] ペリゴール文化. 〘1938〙

pe·rig·y·nous /pərídʒənəs | pɨrídʒɨ-, pɛ-/ *adj.* 《植物》**1** 子房周位の, 子房中位の (雄蕊が雌蕊の周囲にある). **2** 〈花が〉(そのような)子房周位型の (桜, 桃など). 〘(1807) ← NL *perigynus*: ⇨ peri-, gynous〙

pe·rig·y·ny /pərídʒəni | pɨrídʒɨni, pɛ-/ *n.* 《植物》子房周位, 子房中位. 〘(1880) ← PERI-+-GYNY〙

per·i·he·li·on /pèrəhíːliən, -ljən | -rɨ-/ *n.* (*pl.* **-li·a** /-ljə, -liə/, ~**s**) 《天文》近日点 (惑星または彗(ｽｲ)星の軌道中, 太陽に最も近い点; ↔ aphelion). **pèr·i·hé·lial** /-liəl, -ljəl˜/ *adj.* 〘(1666) (変形) ← NL *perihelium* ← PERI-+Gk *hḗlios* sun〙

pèri·káryon *n.* 《生物》(神経細胞の)細胞体, 周核体. 〘(1897) ← NL ~ ← PERI-+Gk *káruon* nut〙

per·il /pérəl | -rɨl/ *n.* 危険, 冒険, 危難 (⇨ danger SYN); 危険[危難, 危害]を招くもの: at all ~*s* どんな危険を冒してでも / His life is in ~.=He is in ~ of his life. ⇨

P

in PERIL *of* / in the hour [time] of ～ いざという時に. **at one's péril** [警告・命令などに用いて] (無視・不服の場合は)身に危険があるものと思って, 責任を負うつもりで: You do it *at your* ～! やるなら責任を覚悟でやれ / Resist *at your* ～! 反抗すると危ないぞ. ***at the péril of*** …をかけて: Do it *at the* ～ *of* your life. 命をかけてそれをせよ. ***by [for] the péril of my sóul*** 神にかけて, 誓って. ***in péril of*** …の[が]危険にさらされて: He is *in* ～ *of* his life. 彼の生命は危ない / The ship was in imminent ～ *of* being wrecked. 船は今にも難破しようとしていた.

perils of the séa [the ―] 海に固有の危険 《嵐や海難など》.

― *vt.* (**per·iled, -illed; -il·ing, -il·ling**) 危険にさらす, 危うくする (imperil), 賭(か)する (risk).

〘《?*a*1200》□ (O)F *péril* < L *periculum* trial, danger ← IE **per-* to try, 《原義》 lead across (cf. fear, experience) + *-culum* '-CLE'〙

pe·ril·la /pərílə/ *n.* 〘植物〙 シソ 《アジア産のシソ属 (*Perilla*) の植物の総称; アカジソ (*P. frutescens*), チリメンジソ (*P. frutescens* var. *crispa*) など》. 〘《1788》← NL ～ (dim.) ← *pēra* bag, wallet〙

perílla òil *n.* 荏(え)の油(あぶら) 《エゴマの種子から採る乾性油; ニス, 印刷インキ等の製造および東洋では食用》. 〘1917〙

per·il·ous /pérələs | -rɪ̀-/ *adj.* **1** 危険な, 危ない; 冒険的な: a ～ journey / The crisis remained ～. 危機はまだ続いていた. **2** 差し迫る危険にさらされた, 危機に瀕した. **～·ly** *adv.* **～·ness** *n.* 〘《*c*1300》□ OF *perillous*, *perilleus* (F *périlleux*) < L *periculōsum* ← *periculum* 'PERIL': ⇨ -ous〙

péril pòint *n.* 《米》〘経済〙 臨界点, 臨界税率 《国内産業を阻害しない限度の最低関税率》. 〘1948〙

per·i·lune /pérəlu:n | -rɪlù:n, -ljù:n/ *n.* 〘天文〙 近月点 《月の周りを回る人工衛星がその軌道上で月に最も近くなる点; cf. perigee; ↔ apolune》. 〘《1960》← PERI- + L *lūna* moon: cf. lunar〙

per·i·lymph /pérəlìmf | -rɪ̀-/ *n.* 〘解剖〙 外リンパ 《耳の膜迷路と骨迷路の間の液; cf. endolymph》. **per·i·lym·phat·ic** /pèrəlɪmfǽtɪk | -rɪ̀lɪmfǽt-ˊ/ *adj.* 〘1836-39〙

pe·rim·e·ter /pərímətə | pɪ̀rímɪ̀tə(r, pɛ-/ *n.* **1 a** 〘数学〙 (平面図の)周囲, 周辺; (多角形などの)周辺の長さ. **b** 周囲 (circuit), 周界 (boundary) (⇨ circumference SYN): the ～ of a garden. **c** (野営陣地・要塞・空港などの)周辺, 周辺地域. **2** 〘軍事〙 (ある地区周辺の)防御線, 防御地帯: ～ defense (敵の攻撃に対して暴露している側面がないように, 防御を固めた)周辺防御(陣地). **3** 〘眼科〙 (周辺)視野計. **per·i·met·ric** /pèrəmétrɪk | -rɪ̀-ˊ/ *adj.* **pèr·i·mét·ri·cal** /-trɪ̀kəl, -kḷ | -trɪ-ˊ/ *adj.* **pèr·i·mét·ri·cal·ly** *adv.* 〘《?*a*1425》□ F *périmètre* // L *perimetros* □ Gk *perímetros*: ⇨ peri-, -meter[1]〙

pe·rim·e·try /pərímətri | pɪ̀rímɪ̀tri, pɛ-/ *n.* 〘眼科〙 (視野計による)(周辺)視野測定[計測](法). 〘1570〙

per·i·morph /pérəmɔ̀əf | -rɪ̀mɔ̀:f/ *n.* 〘鉱物〙 外包鉱物 《他の鉱物を包み込んでいる鉱物; ↔ endomorph》. **per·i·mor·phic** /pèrəmɔ́əfɪk | -rɪ̀mɔ́:-ˊ/ *adj.* **pèr·i·mór·phism** /-mɔ́əfɪzṃ | -mɔ́:-/ *n.* **pèr·i·mór·phous** /-mɔ́əfəs | -mɔ́:-ˊ/ *adj.* 〘1882〙

per im·pos·si·bi·le /pə̀ɪmpɑ̀síbəlèɪ, pə̀:ɪmpɑ̀sí-bəli | pə̀:(r)ɪmpɔ̀sɪ̀bəlèɪ/ *adv.* 事実上不可能な手段によって. 〘□ L ～ 'through the impossible'〙

per·i·my·si·um /pèrəmíziəm, -ʒiəm | -rɪ̀míz-/ *n.* (*pl.* **-si·a** /-ziə, -ʒiə | -ziə/) 〘解剖・動物〙 筋鞘(しょう), 筋周膜, 筋繊維鞘. 〘《1842》← NL ～ ← PERI- + Gk *mûs* 'MUSCLE' + -IUM〙

per·i·na·tal /pèrənéɪtḷ | -rɪ̀néɪtḷˊ/ *adj.* 〘医学〙 (小児科で)周生期の, 出生周辺期の; (産科で)周産期の (出産前後を指す): ～ death 周生期[周産期]死亡 / ～ period. 〘1952〙

per·i·na·tol·o·gy /pèrəneɪtɑ́ləʤi | -rɪneɪtɔ́l-/ *n.* 周産期[周生期]医学. 〘《1973》: ⇨ ↑, -ology〙

per in·cu·ri·am /pə̀ɪŋkjúəriəm, pə̀:- | pə̀:(r)ɪn-kjúər-/ *adv.* 〘法律〙 過失で, 不注意で (裁判官が判決に当たって関連法令等を不注意で失念した場合など). 〘□ L *per incuriam* by oversight (of the judge)〙

perinea *n.* perineum の複数形.

per·i·ne·al /pèrəní:əl | -rɪ̀-ˊ/ *adj.* 〘解剖〙 会陰(えん) (perineum) の: ～ laceration 会陰裂傷. 〘1767〙

per·i·neph·ri·um /pèrənéfriəm | -rɪ̀-/ *n.* (*pl.* **-ri·a** /-riə/) 〘解剖〙 腎周組織 《腎臓の回りにある脂肪質の結合組織》. 〘← NL ～ ← Gk *perínephros* fat around the kidney: ⇨ peri-, nephro-〙

per·i·ne·um /pèrəní:əm | -rɪ̀-/ *n.* (*pl.* **-ne·a** /-ní:ə/) 〘解剖〙 会陰(えん)(部) 《肛門と陰部との間の部分》. 〘《1632》← NL ～ ← Gk *perínaion* ← PERI- + *ináein* to evacuate〙

pèr·i·neu·rí·tis /pèrə- | pèrɪ-/ *n.* 〘病理〙 神経周囲炎. **pèr·i·neurític** *adj.* 〘1878〙

per·i·neu·ri·um /pèrənú°riəm, -njú°r- | -rɪnjúər-, -njɔ́:r-/ *n.* (*pl.* **-ri·a** /-riə/) 〘解剖〙 神経周膜, 神経外鞘(しょう). **pèr·i·néu·ri·al** /-riəlˊ/ *adj.* 〘《1842》← NL ～: ⇨ peri-, neuro-, -ium〙

per·i·nu·cle·ar /pèrənú:kliə, -njú:- | -rɪnjú:kliə(r/ *n.* 〘生物〙 核周辺の. 〘《1896》← PERI- + NUCLEAR〙

pe·ri·od /pí°riəd | píəri-/ *n.* **1** (ある一定の)期間: I lived in London for a ～ (of time). しばらくロンドンに住んだことがある / by ～s 周期的に / the ～ (from) 1900 to 1950 1900 年から 1950 年までの期間 / for a ～ of ten years = for a ten-year ～ 10 年間 / during [throughout] the whole [entire] ～ of the crisis その危機の全期間の間に[にわたって] / at stated [fixed] ～s 一定の期間を隔てて; 一定の時期に / a trial ～ 試用期間 / the vacation [holiday] ～ 休暇期間 / a ～ of illness 病気の期間 / sunny ～s followed by showers 晴れのち一時雨.
2 a (ある特色をもつ)時期, 時代, 御代 (cf. age 5): the ～ of Queen Victoria ビクトリア女王時代 / the Restoration *Period* 王政復古時代 / the classical [Romantic] ～ 古典[ロマン]主義の時代 / the pre-war [post-war] ～ 戦前[戦後] / at no ～ (of history) (歴史の)いついかなる時代にも(…したことがない). **b** (発達過程の)期, 段階 (stage): Beethoven's so called "third ～" ベートーベンのいわゆる第 3 期 / the ～s of civilization 文明の諸段階期.
3 [the ～] 現代, 当世; 問題としている時代: the costume [catchwords] of *the* ～ 当世の服装[流行語] / the girl of *the* ～ 当世娘 《19 世紀に軽薄な娘を呼んだ名》.
4 (一学科一回分の)授業時間, 時限, こま (class hour) (cf. hour 6 a): the second ～ 第 2 時限 / a 100-minute ～ 100 分授業の一こま / a chemistry ～ 化学の時間 / two free ～s 自由時間二こま.
5 (ほぼ同一の事が繰り返される)一期間, 周期; (時間を測る単位となる)一定期間.
6 月経 (menses); 《卑》月経閉止: menstrual [monthly] ～s 月経 / irregular [light] ～s 不規則[軽い]生理 / have [miss] a ～ 生理がある[ない]. **7** 〘医学〙 **a** (病気の)過程; (特色ある)段階, 期: the incubation ～ = the ～ of incubation 潜伏期. **b** (発作の繰り返される)期間, 周期. **8** 〘天文・物理〙 周期: ⇨ natural period, sidereal period. **9** 〘地質〙 紀 《地質時代区分の中級の単位; 一つの紀に, いくつかの世 (epoch) を含み, またいくつかの紀が合わさって代 (era) となる》: the Devonian ～. **10** 〘文法〙 **a** 《米》(文の完結または語の省略を示す)終止符, ピリオド(.) (cf. full stop). **b** 文の終結; その句切り, 休止. **11** 〘数学〙 **a** (循環小数の)周期, 循環節. **b** (周期関数の)周期. **12** (桁数の大きい数字読取りの便宜のために打つ)コンマで区切られた一組の数字. **13** 〘修辞〙 **a** 完成[完全]文 《節数から成り終止符で完結する堂々とした文》. **b** [*pl.*] 美辞, 美文 (rhetorical language): flowing ～s 流麗な美文. **c** = periodic sentence. **14** 〘古典詩学〙 二つまたは二つ以上の colon からなる韻律単位. **15** 〘化学〙 (元素の)周期. **16** 〘競技〙 試合の一区切り (前半・後半など). **17** 〘音楽〙 (楽式構造の)楽節 《あるひとつの完結した楽想を表現する区切り; 図式的には 8 小節の楽節は 4 小節の楽句 (phrase) 2 つに分かれ, 各々さらに 2 小節の動機 (motif) に分割できるものが多いとされている; sentence ともいう》. **18** 《まれ》末期, 終結, 結末 (end): come to a ～ 終わる / put a ～ to …に終止符を打つ. **19** 《廃》 **a** 頂点, 極致. **b** 到達点, 目標.
― *adj.* [限定的] ある(過去の)時代の, 時代物の: ～ furniture, costume, catchwords, etc. / Lovely ～ house for sale. [広告] きれいな昔風の家売ります / a ～ novel [play] 時代小説[劇] / ⇨ period piece.
― *int.* 《米口語》 [発話の「完結」を強調するために言葉で表して] (以上)終わり (full stop). ★ 書くときは, 文の終わりに通例前にコンマまたはダッシュを置いて用いる; 前文と独立して用いることもある: I'm not going, ～! 行かないといったら行きません. これまで. ― *vt.* 《廃》 終わらせる.
〘《1413》 *paryode* □ (O)F *période* □ L *periodus* □ Gk *períodos* a going round, period ← PERI- + *hodós* way〙

SYN 期間: **period** 長短に関係ない時間の広がり 《一般的な語》: the lunch *period* 昼食時 / a *period* of a few years 数年間. **epoch** 歴史や発展の特定の時代(の始まり): a great *epoch* in history 歴史上の画期的な時代. **era** 歴史上重要な事件から始まる時代: the Victoria *era* ビクトリア時代. **age** 顕著な特徴や事件によって識別される時代 《epoch や era より長い》: the Bronze *Age* 青銅器時代.

pèr·íodate /pə̀:- | pə̀:(r)-/ *n.* 〘化学〙 過ヨウ素酸塩[エステル]. 〘《1836》← PERIOD(IC[2]) + -ATE[1]〙

pe·ri·od·ic[1] /pì°riɑ́dɪk | pìəriɔ́d-ˊ/ *adj.* **1 a** 周期的の[に起こる] (⇨ intermittent SYN): a ～ wind 〘海事〙 季節風 / at ～ intervals 周期的な間隔をおいて. **b** 定期(的)の, 定時(的)の (cyclical): ～ checkups 定期検診. **2** 間欠的な, 断続的な. **3** 〘物理・天文〙 周期的の, 周期運動をする: a ～ time 一周期間. **4** 〘修辞〙 **a** 完成[完全]文の; 美文の (cf. period 13 a, b). **b** 〈文が〉掉(とう)尾文の: ⇨ periodic sentence. 〘《1642》□ F *périodique* // L *periodicus* □ Gk *periodikós*: ⇨ period, -ic[1]〙

pèr·iódic[2] /pə̀:- | pə̀:(r)-ˊ/ *adj.* 〘化学〙 過ヨウ素酸の[から誘導した]. 〘《1871》← PER- + IODIC〙

periódic ácid *adj.* 〘化学〙 過ヨウ素酸 ($HIO_4 \cdot 2H_2O$). 〘1836〙

pe·ri·od·i·cal /pì°riɑ́dɪkəl, -kḷ | pìəriɔ́dɪ-ˊ/ *n.* (日刊以外の)定期刊行物, 雑誌. ― *adj.* **1** 〈雑誌など〉定期刊行の; 定期刊行物[雑誌]の. **2** = periodic[1].
〘adj.: 《1601》← L *periodic(us)* 'PERIODIC[1]' + -AL[1]. ― n.: 《1798》← (adj.)〙

periódical cicáda *n.* 〘昆虫〙 = seventeen-year locust.

pè·ri·ód·i·cal·ly /-kəli, -kḷi/ *adv.* **1** 定期的に, 周期的に. **2** 時々; 繰り返して. 〘1646〙

periódic fúnction *n.* 〘数学〙 周期関数 《一定の周期で同じ値を繰り返す関数》. 〘1882〙

pe·ri·o·dic·i·ty /pì°riədísəṭi | pìəriədísɪ̀ti, -riɔ-/ *n.* **1 a** 定期的に繰り返すこと, 定期性, 周期性. **b** 周期数; 周律. **2** 〘天文〙 周期性 《一定の周期で現れる[起こる]こと》. **3** 〘医学〙 (発作などの)周期性. **4** 〘化学〙 (元素の)周期性. **5** 〘電気〙 周期波, 周期性. 〘《1833》□ F *périodicité*: ⇨ periodic[1], -ity〙

periódic láw *n.* [the ～] 〘化学〙 周期律 《元素の性質の周期性に関する法則; Mendeleev's law ともいう》. 〘1872〙

periódic mótion *n.* 〘物理〙 周期運動. 〘1642〙

periódic ophthálmia *n.* 〘獣医・病理〙 = moon blindness.

periódic séntence *n.* 〘修辞〙 掉(とう)尾文 《文尾に至るまで文意の完成しない文; 荘重な文語体に多い; cf. loose sentence》. 〘*c*1928〙

periódic sýstem *n.* 〘化学〙 周期系 《周期律に基づいて配列分類された元素の体系》. 〘1875〙

periódic táble *n.* [the ～] 〘化学〙 (元素)周期表. 〘1895〙

periódic ténancy *n.* 期間更新賃借権 《住居について, 週・月などの短期間を単位として解約通知をしない限り自動的に更新される賃借権》.

pèr·íodide /pə̀:-, pə̀°r- | pə̀:(r)-/ *n.* 〘化学〙 過ヨウ化物, ペルヨウド化物. 〘《1819》← PERIOD(IC[2]) + -IDE[2]〙

pe·ri·od·i·za·tion /pì°riəʤɪzéɪʃən | pìəriədaɪ-, -dɪ-/ *n.* 時代に区分すること. 〘《1938》← PERIOD + -IZE + -ATION〙

per·i·o·don·tal /pèriouḍɑ́(:)nṭḷ | -ə(ʊ)dɔ́ntḷˊ/ *adj.* 〘歯科〙 歯周の, 歯を取り巻く. **～·ly** *adv.* 〘《1854》← PERI- + ODONT- + -AL[1]〙

periodontal mémbrane [lígament] *n.* 〘歯科〙 歯根膜 《歯根と歯槽骨の間を埋め歯を支持し栄養を補給する組織》. 〘1899〙

periodontal pócket *n.* 〘歯科〙 歯周ポケット, 盲嚢(のう) 《歯と歯肉の間にできたやや深い溝》.

periodontia *n.* periodontium の複数形.

per·i·o·don·tics /pèriouḍɑ́(:)nṭɪks | -ə(ʊ)dɔ́nt-/ *n.* 歯周病学 《歯周疾患の治療を研究する》. **per·i·o·don·tic** /pèriouḍɑ́(:)nṭɪk | -ə(ʊ)dɔ́nt-ˊ/ *adj.* **pèr·i·o·dón·ti·cal·ly** *adv.* 〘《1944》: ⇨ periodontium, -ics〙

per·i·o·don·tist /pèriouḍɑ́(:)nṭɪ̀st | -ə(ʊ)dɔ́ntɪst/ *n.* 〘歯科〙 歯周病専門医, 歯槽膿漏症専門医. 〘《1920》: ⇨ periodontium, -ist〙

per·i·o·don·ti·tis /pèriouḍɑ(:)ntáɪṭɪ̀s | -ə(ʊ)dɔntáɪtɪs/ *n.* 〘歯科〙 歯周炎. 〘《1872》← NL ～: ⇨ periodontium, -itis〙

per·i·o·don·ti·um /pèriouḍɑ́(:)nʃiəm, -ʃəm | -ə(ʊ)dɔ́n-/ *n.* (*pl.* **-don·ti·a** /-ʃiə, -ʃə/) 〘歯科〙 歯周組織 《歯肉・歯槽骨・歯根膜・セメント質からなる歯を支持する組織》. 〘《1881》← NL ～: ⇨ peri-, -odont, -ium〙

pèr·i·odontólogy /pèri-/ *n.* 〘歯科〙 = periodontics. 〘《1914》: ⇨ ↑, -ology〙

périod pàin *n.* 生理痛.

périod piece *n.* (小説・絵・家具・音楽などの)時代物 《過去のある時代を題材にした作品, またその時代の特徴を示す作品》. 〘1927〙

pèr·i·onýchia /pèri-/ *n.* 〘病理〙 ひょうそ, 爪床周囲炎, 爪囲炎. 〘《*c*1879》← NL ～: ⇨ ↓, -ia[1]〙

per·i·o·nych·i·um /pèriouníkiəm | -riə(ʊ)-/ *n.* (*pl.* **-nych·i·a** /-kiə/) 〘解剖〙 爪床縁表皮. 〘《1879》← NL ～ ← PERI- + Gk *ónux* nail + -IUM〙

per·i·ost- /pèriɑ́(:)st | -ɔ́st/ (母音の前にくるときの) periosteo- の異形.

per·i·os·te- /pèriɑ́(:)sti | -ɔ́s-/ periosteo- の異形.

periostea *n.* periosteum の複数形.

per·i·os·te·al /pèriɑ́(:)stiəl | -ɔ́s-ˊ/ *adj.* 骨膜の. 〘《1830》: ⇨ ↓, -al[1]〙

per·i·os·te·o- /pèriɑ́(:)stiou | -ɔ́stiəu/ 「骨膜 (periosteum); 骨膜と…との (periosteal and …)」の意の連結形. ★ 時に perioste-, また母音の前では通例 periost- になる. 〘← NL *periosteum* (↓)〙

per·i·os·te·um /pèriɑ́(:)stiəm | -ɔ́s-/ *n.* (*pl.* **-te·a** /-tiə/) 〘解剖〙 骨膜. 〘《1597》← NL ～ ← Gk *perióstēon* (neut.) round the bones ← PERI- + *ostéon* bone〙

per·i·os·ti·tis /pèriɑ(:)stáɪṭɪ̀s | -ɔstáɪtɪs/ *n.* 〘病理〙 骨膜炎. **per·i·os·tit·ic** /pèriɑ(:)stíṭɪk | -ɔstítɪkˊ/ *adj.* 〘《1843》← NL ～: ⇨ periosteo-, -itis〙

per·i·os·tra·cum /pèriɑ́(:)strəkəm | -ɔ́s-/ *n.* (*pl.* **-tra·ce** /-kə/) 〘動物〙 殻(かく)皮[外殻]層 《ある種の軟体動物の貝殻の最外層として分泌されるキチン質の層》. 〘《1840》← NL ～ ← PERI- + Gk *óstrakon* shell〙

per·i·ótic /pèri-ˊ/ *adj.* 〘解剖〙 **1** 内耳を取り巻く, 内耳周辺の. **2** 囲耳骨の. 〘《1866》← PERI- + -OTIC[2]〙

Per·i·pa·tet·ic /pèrəpəṭéṭɪk | -rɪ̀pətét-ˊ/ *adj.* **1** 〘哲学〙 ペリパトス学派の, 逍遥(しょうよう)[アリストテレス]学派の 《Aristotle がアテネの Lyceum の園を逍遥しつつ門弟に教えたことから》: the ～ school 逍遥学派. **2** [p-] **a** 歩き回る, 渡り歩く (⇨ itinerant SYN): a *peripatetic* preacher 巡回説教師. **b** 《英》 巡回して教える: a *peripatetic* football coach フットボールの巡回コーチ. ― *n.* **1** 〘哲学〙 **a** ペリパトス[逍遥]学派の学徒, アリストテレスの門人. **b** [the ～s] 逍遥学派. **2** [p-] 《戯言》 **a** 歩き回る人; 巡回教師; 行商人, 旅商人. **b** [*pl.*] 往復の旅, 行ったり来たり. **pèr·i·pa·tét·i·cal·ly** *adv.* 〘《*a*1450》 *pery-patetik* □ (O)F *péripatétique* // L *peripatēticus* □ Gk *peripatētikós* walking about ← PERI- + *pateîn* to walk: ⇨ -ic[1]〙

Pèr·i·pa·tét·i·cìsm /-ṭəsìzṃ | -tɪ-/ *n.* **1** ペリパトス[逍遥(しょうよう)], アリストテレス]学派の哲学. **2** [p-] 逍遥(癖), 散策, 巡回. 〘1661〙

pe·rip·a·tus /pərípəṭəs | pɪ̀rípətəs, pɛ-/ *n.* 〘動物〙 カギムシ 《環形動物から節足動物へ進化の過程にある動物で, 芋虫状; 熱帯, 亜熱帯地方に約 70 種あり, 有爪動物門を形成する》. 〘《1840》← NL ～ (属名) ← Gk *perípatos*

P

← PERI- + *pátos* path (cf. *pateîn* to walk)〗

per·i·pe·tei·a /pèrəpətíːə, -táɪə | -rɪpə-/ *n.* (*also* **per·i·pe·ti·a** /pèrəpətáɪə/) **1** (戯曲・小説等で)事情の激変, 筋の急転回. **2** 運命の急変, 有為転変. **pèr·i·pe·téi·an** /-ən⁻/ *adj.* **pèr·i·pe·tí·an** /-ən⁻/ *adj.* 〘(1591) □ Gk *peripéteia* sudden reversal ← PERI- + **pet-* to fall (cf. *píptein* to fall) + -IA[1]〙

pe·rip·e·ty /pərípəti, pɛ-/ *n.* =peripeteia.

pe·riph·er·ad /pərífəræ̀d | pə-, pɛ-/ *adv.* 〘解剖〙末梢方向へ向けて. 〘(1808) ← PERIPHERY + -AD[3]〙

pe·riph·er·al /pəríf(ə)rəl | pərífər-, pɛ-/ *adj.* **1** 〈活動・問題・情報などが〉重要でない, 上っ面の[をなでるだけの], 枝葉の, 末梢(まっしょう)的な (marginal) 〔*to*〕. **2** 周囲[外囲, 外面] (periphery) の, 周辺部にある: a ~ area. **3** 〘解剖〙(神経の)末梢の. **4** 〘生理〙(視野などの)中心を外れた, 周辺の. **5 a** 補助的な, 補足的な: a ~ equipment 補助機器. **b** 〘電算〙周辺の, 周辺装置の (cf. central[1] 9): a ~ availability list 利用できる周辺装置のリスト(略 PAL). — *n.* 〘電算〙=peripheral device. **~·ly** *adv.* 〘(1808) ← PERIPHERY + -AL[1]〙

periphéral devíce *n.* 〘電算〙周辺装置, 周辺機器 (ディスクドライブ・プリンター・キーボード・ディスプレーなど; peripheral unit ともいう).

periphéral nérve *n.* 〘解剖〙末梢(まっしょう)神経. 〘1872〙

periphéral nérvous sỳstem *n.* 〘解剖・生理〙末梢神経系. 〘1935〙

periphéral vísion *n.* 周辺視野[力], 周辺視(覚).

pe·riph·er·y /pəríf(ə)ri | pə-, pɛ-/ *n.* **1 a** (物体の)外面, 外囲 (outer surface); 胴回り. **b** 周辺 (⇨ circumference **SYN**): *on* the ~ *of* …の周辺に. **2** 〘数学〙(円・長円などの)周囲, 円周 (circumference). **3** 〘解剖〙末梢(まっしょう)(血管・神経など). 〘(*a*1393) □ (O)F *périphérie* □ LL *peripheria* □ Gk *periphéreia* circumference, carrying around ← PERI- + *phérein* 'to BEAR[1]': ⇨ -y[1]〙

pèr·i·phónic /pèrə- | pèrə-⁻/ *adj.* 無指向性[多重チャンネル]音響システムの. 〘(1970) ← PERI- + PHONIC〙

per·i·phrase /pérəfrèɪz | -rə-/ *vt., vi.* 回りくどく[遠回しに]言う. — *n.* =periphrasis. 〘(1624) □ F *périphraser* ← *périphrase* □ L *periphrasis* (↓)〙

pe·riph·ra·sis /pəríf rəsəs | pərífrəsɪs, pɛ-/ *n.* (*pl.* **-ra·ses** /-sìːz/) **1** 〘修辞〙迂言(うげん)法 (circumlocution) (言葉数を多く使って間接的に遠回しに表現すること; cf. tautology 1, pleonasm). **2** 〘文法〙迂言(法) (一つの文法形態に対して 2 語以上の語を用いて表すこと). **3** 遠回しの言い方; 回りくどい言い回し. 〘(1533) □ L ~ □ Gk *períphrasis* circumlocution ← PERI- + *phrázein* to speak + -SIS〙

per·i·phras·tic /pèrəfrǽstɪk | -rə-⁻/ *adj.* **1** 〘文法・修辞〙迂言(うげん)的な: ~ comparison 迂言的比較変化 (原級の前に more, most を添えて比較級・最上級を作るもの) / ~ conjugation 迂言的活用 (助動詞の助けを借りる動詞の活用; 例えば went の代わりの did go など) / the ~ genitive 迂言的属格 (語尾変化によらずに前置詞 of によって示す属格で, 前置詞属格 (prepositional genitive) ともいう; 例えば *Caesar's* wife に対する the wife *of Caesar*). **2** 回りくどい, 遠回しの, 冗長[冗漫]な. **pèr·i·phrás·ti·cal·ly** *adv.* 〘(1805) □ Gk *periphrastikós*: ⇨ ↑, -ic[1]〙

pe·riph·y·ton /pəríf ətɑ̀(ː)n | pərífɪtɒ̀n, pɛ-/ *n.* 〘生態〙付着藻類, 植物表面生物. **pe·ri·phyt·ic** /pèrəfítɪk | -rɪfít-⁻/ *adj.* 〘(1945) ← NL ~ ← PERI- + Gk *phutón* plant〙

per·i·plast /pérəplæ̀st | -rə-/ *n.* **1** 〘生物〙原形質膜 (plasma membrane). **2** 〘動物〙単位膜 (特に, ミドリムシ属 (*Euglena*) の原生動物の原形質膜の下部にある蛋白質性の層). 〘(1853) ← PERI- + -PLAST〙

per·i·plus /pérəplə̀s, -pləs, -plùːs | -rə-/ *n.* (*pl.* **per·i·pli** /-plàɪ, -plìː/) **1** 周辺航海, 周航; 周辺旅行. **2** 周航記, 周辺旅行記. 〘(1776) □ L ~ // Gk *períplous* ← PERI- + *ploûs* voyage〙

per·ip·neus·tic /pèrəpnúːstɪk, -njúːs- | -rəpnjúː-⁻/ *adj.* 〘動物〙側気門式の, 周縁気門式の. 〘(1891) ← PERI- + Gk *pneustikós* of breathing (← *pnéein* to breathe)〙

per·i·proct /pérəprɑ̀(ː)kt | -rəprɒ̀kt/ *n.* 〘生物〙周肛部 (棘皮(きょくひ)動物など無脊髄動物の肛門を囲む部分). 〘(1877) ← PERI- + Gk *prōktós* anus〙

pe·rip·ter·al /pəríptərəl, -trəl | pə-, pɛ-/ *adj.* 〘建築〙〈古代神殿などが〉周囲に一列の円柱を建て連ねた, 周柱式の, 周翼式の (cf. pseudoperipteral). 〘(1826) ← L *peripteros* peristylar □ Gk *perípteros* flying around ← PERI- + *pterón* feather, row of columns: ⇨ -al[1]〙

pe·rip·ter·os /pəríptərɑ̀(ː)s | pəríptərɒs, pɛ-/ *n.* 〘建築〙周柱式建築 (peripteral building). 〘← NL ~ ← L *peripteros* (↑)〙

pe·rip·ter·y /pəríptəri | pə-, pɛ-/ *n.* **1** 〘建築〙=peripteros. **2** ペリプタリー (運動する物体の周りで空気が影響を受け, 風が起こる範囲). 〘(1826) ← Gk *perípteros* (↑) + -Y[1]〙

pe·rique /pəríːk/ *n.* ペリーク (米国 Louisiana 州産の刻みたばこの一種; 黒色で香りが強く繊維の粗い品種で主にブレンド用). 〘(1882) □ Louisiana-F *périque* ← ? Périque (この品種を導入した米国のタバコ栽培業者 Pierre Chenet のあだ名)〙

per·i·sarc /pérəsɑ̀ək | -rəsɑ̀ːk/ *n.* 〘動物〙(腔腸(こうちょう)動物の)囲皮, 包皮. **per·i·sar·cal** /pèrəsɑ́əkəl, -kl | -rɪsɑ́ː-⁻/ *adj.* **pèr·i·sár·cous** /-kəs⁻/ *adj.* 〘(1871) ← PERI- + Gk *sark-*, *sárx* flesh〙

per·i·scope /pérəskòʊp | -rəskə̀ʊp/ *n.* **1** (潜水艦などの)潜望鏡, 展望鏡, ペリスコープ. **2** =periscopic lens. 〘(1865) (逆成)〙↓〙

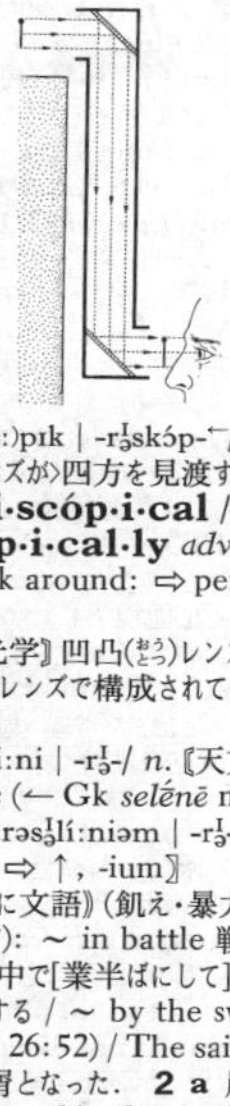

periscope 1

per·i·scop·ic /pèrəskɑ́(ː)pɪk | -rəskɒ́p-⁻/ *adj.* **1** 潜望[展望]鏡(用)の. **2** 〈レンズが〉四方を見渡す, 展望のよくきく, 斜めが見える. **pèr·i·scóp·i·cal** /-pɪkəl, -kl | -pɪ-⁻/ *adj.* **pèr·i·scóp·i·cal·ly** *adv.* 〘(1804) ← Gk *periskopeîn* to look around: ⇨ peri-, -scope, -ic[1]〙

periscópic léns *n.* 〘光学〙凹凸(おうとつ)レンズ (絞りについては対称においた 2 枚の凹凸レンズで構成されている初期の写真レンズの一種). 〘1875〙

per·i·se·le·ne /pèrəsəlíːni | -rə-/ *n.* 〘天文〙=perilune. 〘← PERI- + *-selene* (← Gk *selḗnē* moon)〙

per·i·se·le·ni·um /pèrəsəlíːniəm | -rə-/ *n.* 〘天文〙=perilune. 〘← NL ~: ⇨ ↑, -ium〙

per·ish /pérɪʃ/ *vi.* **1** (主に文語) (飢え・暴力などのために)死ぬ, 倒れる (⇨ die **SYN**): ~ in battle 戦死する / ~ by [on] the way 旅行の途中で[業半ばにして]死ぬ / ~ *of* starvation [hunger] 餓死する / ~ by the sword 剣にて滅ぶ, 剣難に遭う (cf. *Matt.* 26:52) / The sailors ~*ed* in the sea. 船員たちは海の藻屑となった. **2 a** 崩壊する; 朽ち果てる: The whole city ~*ed* in the earthquake. 地震で全市が崩壊した. **b** 枯れる; 枯死する. **3** 滅びる, 消滅する; 失われる, 消え去る. **4** (精神的に)破滅する, 堕落する. **5** (英) 〈ゴムなどが〉弱る, だめになる, 腐る. — *vt.* **1 a** (方言) 〈寒さなどが〉〈植物を〉痛める, 枯らしてしまう: The heat [frost] has ~*ed* all vegetation. 暑さ[霜]で植物が皆枯れてしまった. **b** (古) 殺す, 滅ぼす. **2** [通例受身で] (口語) ひどく困らせる[苦しめる]: We *were* ~*ed with* cold [hunger]. 寒さ[空腹]で大弱りした. **3** 〈ゴムなどの〉の品質を低下させる, 腐らせる. **4** (スコット) 浪費する (waste). ***be perishing for*** (口語) …したくてたまらない. ***Pérish the thóught!*** (文語) [通例戯言的に] よしてくれ, とんでもない (★ perish は自動詞で仮定法).
— *n.* (豪口語) 窮乏状態: do a ~ (飢え・渇きなどのため)死ぬ, 死にそうになる.
〘(*c*1275) *perisse(n)* □ (O)F *periss-* (stem) ← *périr* to perish < L *perīre* to pass away ← PER- + *īre* to go〙

per·ish·a·ble /pérɪʃəbl/ *adj.* **1** 消滅しやすい, 永続しない. **2** 腐敗しやすい; 壊れやすい; 枯れやすい. **3** 〈鉱物などが〉分解しやすい. — *n.* [*pl.*] 腐敗し[だめになり]やすい物; (特に)生鮮食品. **pèr·ish·a·bíl·i·ty** /-ʃəbíləti | -lɪ̀ti/ *n.* **~·ness** *n.* **pér·ish·a·bly** *adv.* 〘(1611): ⇨ ↑, -able〙

pér·ished *adj.* (口語) (死ぬほど)凍えて, 弱って (⇨ perish *vt.* 2).

pér·ish·er *n.* **1** 死滅する[させる]もの[人]. **2** (英口語) 嫌な[うるさい]子供[やつ, もの]. 〘1888〙

pér·ish·ing *adj.* **1** 死ぬ, 滅びる, 枯れる, 腐る. **2** (英口語) **a** 〈飢え・寒さなどが〉ひどい. **b** 〈人が〉〈寒さなどで〉死にそうで〔*with*〕: I'm ~ *with* hunger. ひどく腹がすいている. **3** (英口語) **a** 〈事が〉ひどい, べらぼうな. **b** ひどく寒い: It's ~. — *adv.* (口語) ひどく (perishingly): It's ~ cold. 〘(1422): ⇨ perish, -ing[2]〙

pér·ish·ing·ly *adv.* ひどく, べらぼうに, やけに.

per·i·sperm /pérəspə̀ːm | -rəspə̀ːm/ *n.* 〘植物〙外胚乳, 外乳 (cf. endosperm). **per·i·sperm·al** /pèrəspə́ːməl, -ml | -rəspə́ː-⁻/ *adj.* 〘(1819) ← PERI- + SPERM: cf. F *périsperme*〙

per·i·sphere /pérəsfɪ̀ə | -rəsfɪ̀ə[r]/ *n.* [the ~] 〘物理〙影響圏 (物体の作る動場や電場・磁場が他の物体に影響を与えうる範囲). 〘← PERI- + -SPHERE〙

per·i·spom·e·non /pèrəspɑ́(ː)mənɑ̀n, -spóʊm-, -nɑ̀(ː)n | -rəspóʊmɪnɒ̀n/ 〘ギリシャ文法〙*adj.* 語尾に揚抑音符のある. — *n.* (*pl.* **-spom·e·na** /-nə/) 語尾に揚抑音符のある語. 〘(1818) □ Gk *perispṓmenon* (neut. pres. pass. p.) ← *perispân* to draw round, mark with the circumflex ← PERI- + *spân* to draw〙

per·i·spore /pérəspɔ̀ə | -rəspɔ̀ː[r]/ *n.* 〘植物〙胞子膜. 〘(1848) ← PERI- + -SPORE〙

pe·riss- /pərís | pə-, pɛ-/ (母音の前にくるときの) perisso- の異形.

pe·ris·sad /pərísæd, -sæd/ *n.* 〘化学〙奇価元素 (奇数の原子価を有する元素; cf. artiad 1). 〘PERISSO- + -AD[1]〙

pe·ris·so- /pərísoʊ | pərísəʊ, pɛ-/「奇数の; 重複した」の意の連結形. ★ 母音の前では通例 periss- になる. 〘(1870) ← Gk *perissós* uneven〙

perisso·dáctyl 〘動物〙*adj.* 奇数の足指のある. — *n.* 奇蹄(きてい)目の動物 (バク・サイ・ウマなど; cf. artiodactyl).

perisso·dáctylous *adj.* 〘(1849–52) ← NL *perissodactylus*: ⇨ perisso-, dactyl〙

Pe·ris·so·dac·ty·la /pərìsədǽktələ | -tɪ-/ *n. pl.* 〘動物〙奇蹄(きてい)目 (後足の指(と蹄)が 1 または 3 の奇数の有蹄獣; cf. Artiodactyla). 〘(1875) ⇨ ↑, -a[2]〙

pe·ris·so·dac·ty·late /pərìsədǽktələ̀t | -tɪ-⁻/ *adj.* 〘動物〙=perissodactyl.

pe·ris·so·dac·tyle /pərìsədǽktəl, -taɪl | pərìsə(ʊ)dǽktaɪl, pɛ-⁻/ *adj., n.* 〘動物〙=perissodactyl.

pe·ris·ta·lith /pərístəlɪθ | pə-, pɛ-/ *n.* 〘考古〙墓の周囲に輪形にめぐらした石柱. 〘(1882) ← Gk *perístat(os)* standing round (← PERI- + *hístēmi* I stand) + -LITH〙

per·i·stal·sis /pèrəstɔ́ːlsəs, -stɑ́ːl-, -stǽl- | -rɪstǽlsɪs/ *n.* (*pl.* **-stal·ses** /-siːz/) 〘生理〙(消化管などの)蠕動(ぜんどう). 〘(1859) ← NL ~ ← PERI- + Gk *stálsis* compression (← *stéllein* to put in order + -SIS)〙

per·i·stal·tic /pèrəstɔ́ːltɪk, -stɑ́ːl-, -stǽl- | -rə-stǽlt-⁻/ *adj.* 〘生理〙蠕動性の. **pèr·i·stál·ti·cal·ly** *adv.* 〘(1655) □ Gk *peristaltikós*: ⇨ ↑, -ic[1]〙

péristaltic púmp *n.* 蠕動(ぜんどう)ポンプ (弾力性のある管を波状に収縮させて流体を送るポンプ).

per·is·ter·on·ic /pərìstərɑ́(ː)nɪk | -rəstərɒ́n-⁻/ *adj.* ハトの[に関する]. 〘(1868) ← Gk *peristerṓn* dovecot (← *peristerá* dove) + -IC[1]〙

per·i·stome /pérəstòʊm | -rəstə̀ʊm/ *n.* (*also* **pe·ris·to·ma** /pərístoʊmə | -rɪstə́ʊ-/) **1** 〘植物〙(コケ類の)朔(さく)歯, 歯毛. **2** 〘動物〙囲口部, 口縁, 口周. **per·i·sto·mal** /pèrəstóʊməl, -ml | -rəstə́ʊ-⁻/ *adj.* **pèr·i·stó·mi·al** /-miəl⁻/ *adj.* **per·i·sto·mat·ic** /pèrəstoʊmǽtɪk | -rəstə(ʊ)mǽt-⁻/ *adj.* 〘(1796) ← NL *peristoma*: ⇨ peri-, -stoma[1]〙

per·i·style /pérəstàɪl | -rə-/ *n.* 〘建築〙**1** (建物または中庭などを囲む)柱列, 列柱廊, 周柱式. **2** ペリスタイル (古代ローマの富豪の住宅に見られるような柱をめぐらした中庭など). **per·i·sty·lar** /pèrəstáɪlə | -rəstáɪlə[r]⁻/ *adj.* 〘(1612) □ F *péristyle* □ L *peristȳlum* □ Gk *perístūlon* (neut.) ← *perístūlos* having columns all around: ⇨ peri-, -style[1]〙

per·i·tec·tic /pèrətéktɪk | -rə-⁻/ *adj.* 〘岩石・化学〙包晶の, 包析晶の. 〘(1924) ← PERI- + Gk *tēktikós* able to dissolve (← *tḗkein* to melt: cf. thaw): ⇨ -ic[1]〙

per·i·tec·toid /pèrətéktɔɪd | -rə-⁻/ 〘化学・冶金〙*adj.* 包析の. — *n.* 包析晶 (結晶が溶液と平衡に存在する時, 溶液の他の成分が元の結晶を包み込んだ形の結晶; cf. eutectoid). 〘(1936) ⇨ ↑, -oid〙

per·i·the·ci·um /pèrəθíːʃiəm, -siəm | -rɪθíːsiəm, -ʃiəm/ *n.* (*pl.* **-ci·a** /-ʃiə, -siə | -siə, -ʃiə/) 〘植物〙(菌類の)被子器. **pèr·i·thé·cial** /-ʃəl, -ʃiəl, -siəl | -siəl, -ʃiəl⁻/ *adj.* 〘(1832) ← NL ~ ← PERI- + Gk *thēkíon* ((dim.) ← *thḗkē* case)〙

per·i·the·li·um /pèrəθíːliəm | -rə-/ *n.* (*pl.* **-li·a** /-liə/) 〘解剖〙周皮細胞, (血管)外皮細胞 (毛細血管の外膜をなす細胞). 〘(1876) ← NL ~ ← PERI- + (EPI)THELIUM〙

periti *n.* peritus の複数形.

per·i·ton- /pèrəṭən | -rətəʊn/ (母音の前にくるときの) peritoneo- の異形.

per·i·to·nae·um /pèrəṭəníːəm | -rətə(ʊ)-/ *n.* (*pl.* ~**s**, **-nae·a** /-níːə/) 〘解剖〙=peritoneum. **pèr·i·to·náe·al** /-níːəl⁻/ *adj.*

per·i·to·ne- /pèrəṭəníː | -rə-/ peritoneo- の異形.

peritonea *n.* peritoneum の複数形.

per·i·to·ne·al·ize /pèrəṭəníːəlàɪz | -rətə(ʊ)-/ *vt.* 〘外科〙腹膜で被覆する; 腹膜化する.

per·i·to·ne·o- /pèrəṭəníːoʊ | -rətəʊníːəʊ/「腹膜 (peritoneum); 腹膜と…との (peritoneal and …)」の意の連結形. ★ 時に peritone-, また母音の前では通例 peritonになる. 〘← LL *peritonēum* (↓)〙

per·i·to·ne·um /pèrəṭəníːəm | -rətə(ʊ)-, -níəm/ *n.* (*pl.* ~**s**, **-ne·a** /-níːə/) 〘解剖〙腹膜. **pèr·i·to·né·al** /-əl⁻/ *adj.* **pèr·i·to·né·al·ly** *adv.* 〘(1392) □ LL *peritonēum* □ Gk *peritónaion* stretched over ← PERI- + *teínein* to stretch (cf. tone)〙

per·i·to·ni·tis /pèrəṭənáɪṭəs | -rətə(ʊ)náɪtɪs/ *n.* 〘病理〙腹膜炎. **pèr·i·to·nít·ic** /-nítɪk | -tɪk⁻/ *adj.* 〘(1776) ← NL ~: ⇨ ↑, -itis〙

per·i·track /pérətræ̀k | -rə-/ *n.* 〘航空〙=taxiway.

per·i·trich /pérətrɪk | -rətrɪk/ *n.* 〘動物〙周毛目[縁毛目]の繊毛虫. 〘↓〙

Pe·rit·ri·cha /pərítrɪkə | -trɪ-/ *n. pl.* **1** 〘動物〙(原生動物の繊毛虫綱)周毛目, 縁毛目 (*Vorticella* 属のツリガネムシ, *Epistylis* 属などが属する; Peritrichida ともいう). **2** [p-] 繊毛バクテリア. 〘← NL ~: ⇨ peri-, tricho-, -a[2]〙

pe·rit·ri·chate /pərítrɪkɪ̀t, -kèɪt | -trɪ-/ *adj.* =peritrichous. 〘← PERI- + TRICHO- + -ATE[3]〙

per·i·trich·ic /pèrətríkɪk | -trɪ-⁻/ *adj.* 〘動物〙=peritrichous 1.

pe·rit·ri·chous /pərítrɪkəs | -trɪ-/ *adj.* **1** 〘動物〙周毛目の, 縁毛目の. **2** 〈バクテリアが〉細胞全体に鞭毛(べんもう)のある. **~·ly** *adv.* 〘1877〙

Peri·trick·i·da /pèrətríkədə | -rətríkɪ-/ *n. pl.* 〘動物〙=Peritricha. 〘← NL ~ ← PERI- + TRICHO- + -IDA〙

pe·ri·tus /pəríːtəs | -təs/ *L. n.* (*pl.* **-ri·ti** /-tiː/) **1** 専門の練達家, エキスパート (expert). **2** (練達の)顧問神学者 (公会議などで司教の助言者の役を果たす神学者). 〘← NL ← L *perītus* experienced, skilled〙

pèri·vásscular *adj.* 〘解剖〙血管周囲の. 〘1873〙

pèri·ventrícular *adj.* 〘解剖〙室周囲の. 〘1898〙

pèri·vísceral /pèrə- | pèrə-⁻/ *adj.* 〘解剖〙内臓周囲の. 〘(1867) ← PERI- + VISCERAL〙

per·i·wig /pérɪwɪ̀g/ *n.* かつら (wig) (特に, 17–19 世紀初期, 男子が用いた髪粉を振りかけたもの). **pér·i·wigged** *adj.* 〘(1529) (変形) ← (古) *perwike* (異形) ← PERUKE〙

per·i·win·kle[1] /pérɪwɪ̀ŋkl/ *n.* **1** 〘植物〙観賞用に栽培されるキョウチクトウ科ニチニチソウ属 (*Vinca*) の諸種の植物の総称 (ニチニチソウ (Cape periwinkle), ツルニチソウ (*V. major*) (large periwinkle), ヒメツルニチニチソウ (myrtle), 《米》creeping [trailing] myrtle など). **2** 明るい青紫色 (periwinkle blue): a ~ coat. 〖《?c1300》 *pervink(e)* □ AF *pervenke*=(O)F *pervenche* < LL *pervinca* ← PER-+*vincīre* to bind: cf. OE *perwince* □ L *pervinca*: 今の形は ↓ の影響か〗

per·i·win·kle² /pérɪwìŋkl/ *n.* 〖貝類〗 **1** ヨーロッパタマキビガイ (*Littorina littorea*)《タマキビガイ科の巻貝の総称; しばしば略して winkle ともいう》. **2** 《米》小さな巻貝. 〖《1530》← ?: cf. OE *pīnewincle* ← L *pīna* a kind of mussel+OE *-wincle* (cf. Dan. *vinkel* snail shell / OE *wincel* corner)〗

périwinkle blúe *n.* =periwinkle¹ 2. 〖1902〗

per·jink /pədʒíŋk | pə-/ *adj.* 《スコット》堅苦しい, 気難しい, きちょうめんな. 〖《1775》← ?〗

per·jure /pə́ːdʒə | pə́ːdʒə^(r)/ *vt.* **1** [~ oneself で] 偽誓する, 偽証する: The witness ~*d himself*. **2** [受身で] 偽誓[偽証]罪を犯す. **3** 《まれ》誓いを破らせる. — *n.* 《廃》偽誓[偽証]者 (perjurer). 〖《1453》□ (O)F *parjurer*, 《廃》*perjurer* □ L *perjūrāre* ← PER-+*jūrāre* to swear: ⇨ jury¹〗

pér·jured *adj.* 偽誓[偽証]した; 〈証人が〉偽証罪を犯した: ~ evidence / a ~ witness 偽証した証人. 〖1453〗

pér·jur·er /-dʒ(ə)rə | -rə^(r)/ *n.* 偽誓[偽証]者. 〖1553〗

per·ju·ri·ous /pə(ː)dʒúəriəs | pə(ː)dʒúər-, -dʒɔ́ːr-/ *adj.* 偽誓の, 偽証の, 偽証罪を犯した. **~·ly** *adv.* 〖《1540》□ L *perjūriōsus*: ⇨ ↓, -ous〗

per·ju·ry /pə́ːdʒ(ə)ri | pə́ː-/ *n.* **1** 〖法律〗偽誓, 偽証; 偽証罪: commit ~ 偽証罪を犯す, 偽誓する. **2** 偽り, 大うそ. 〖《a1393》□ AF *perjurie*=OF *parjurie* (F *parjure*) □ L *perjūrium* ← *perjūrāre* 'to PERJURE': ⇨ -y⁵〗

perk¹ /pə́ːk | pə́ːk/ *n.* [通例 *pl.*] **1** (正規の俸給[賃金]以外の)職務に付随する特典[特権], 臨時収入, 役得. **2** (雇い人などがもらう)心づけ, チップ (tip). 〖1824〗

perk² /pə́ːk | pə́ːk/ *vi.* **1** (病気や落胆した後に)元気を取り戻す ⟨*up*⟩. **2 a** (自信あり気に[尊大な態度で])背筋をぴんと伸ばす, 反り身になる, 肩をそびやかす; 気取る (smarten), つんとすます. **b** 〈動物・鳥などが〉耳[尾, 首]をぴんと立てる. **3** 出しゃばる. **4** 《英》おしゃれをする, めかす. — *vt.* **1** 〈物事が〉…に元気[生気]を取り戻させる, …の気を引き立てる ⟨*up*⟩. **2** [~ *oneself up* で] 気取る, 意気揚々とする. **3** 〈頭・耳などを〉つんともたげる ⟨*up*⟩. **4** 〈部屋・衣服などを〉スマートに見せる, めかして着る ⟨*up, out*⟩. ***pérk it*** 反り身になる, 威張る; 出しゃばる. ***pérk úp*** (*vi.*) (1) ⇨ *vi.* 1. (2) 関心を示す, 興味を起こす. (3) 活発になる, 活気づく (livenup). (4) 《豪俗》吐く, へどが出る. (*vt.*) (1) ⇨ *vt.* 1. (2) ⇨ *vt.* 3. (3) ⇨ *vt.* 4. (4) 面白くさせる. (5) [~ *oneself up* で] 小ぎれいにする, めかす; ⇨ *vt.* 2. — *adj.* 《まれ》=perky. 〖《c1390》□ ? ONF *perquer* ← *perque* < L *perticam* 'PERCH¹'〗

P

perk³ /pə́ːk | pə́ːk/ 《口語》*vi.* **1** 〈コーヒーが〉パーコレーターの中でぶくぶく音を立てる. **2** =percolate. — *vt.* =percolate. 〖1934〗

per·kin /pə́ːkɪn | pə́ːkɪn/ *n.* =parkin.

Per·kin /pə́ːkɪn | pə́ːkɪn/, **Sir William Henry** *n.* パーキン (1838–1907; 英国の化学者; 合成染料の発明者 (1856)).

Per·kins /pə́ːkɪnz | pə́ːkɪnz/, **Frances** *n.* パーキンズ (1882–1965; 米国の女性社会運動家; 労働長官 (1933–45)).

Pérkin's màuve *n.* =mauve.

perk·y /pə́ːki | pə́ːki/ *adj.* (**perk·i·er; -i·est**) 《口語》 **1** 元気のいい, 意気揚々とした, 自信満々の. **2** 無遠慮な, 気取った, 生意気な. **pérk·i·ly** /-kɪli/ *adv.* **pérk·i·ness** *n.* 〖《1855》← PERK²+-Y⁴〗

Perl /pə́ːl | pə́ːl/ *n.* 〖電算〗パール《テキスト処理のためのスクリプト言語; UNIX 上で主に使われる》. 〖《頭字語》← *P(ractical) E(xtraction and) R(eport) L(anguage)*〗

Perle /pə́ːl | pə́ːl/ *n.* パール《女性名》. 〖□ F ~ 'PEARL'〗

per·le·moen /pə́ːləmùn | pə́ː-/ *n.* 《南ア》=abalone.

Per·lis /péəlɪs | péəlɪs; *Malay* pérlis/ *n.* ペルリス《マレーシア北西部, タイに隣接する州; 面積 795 km², 州都 Kangar /káːŋɡəə | -ɡɑː^(r)/》.

per·lite /pə́ːlaɪt | pə́ː-/ *n.* **1** 〖岩石〗真珠岩《火山岩ガラスの一種》. **2** パーライト《真珠岩から作る断熱などの軽量建築材料や土壌改良用》. **per·lit·ic** /pəːlítɪk | pəːlít-/ *adj.* 〖《1833》□ F ~: ⇨ pearl¹, -ite¹〗

Perl·man /pə́ːlmən | pə́ːl-/, **It·zhak** /ítʒɑːk/ *n.* パールマン (1945– ; イスラエル生まれの米国のバイオリニスト).

per·lo·cu·tion /pə̀ːləkjúːʃən | pə̀ː-/ *n.* 〖哲学・言語〗発語[発話]媒介行為《perlocutionary act ともいう; cf. illocution》. 〖《1955》← NL or ML *perlocūtiō(n-)* ← PER-+*locūtiō(n-)* 'LOCUTION'〗

per·lo·cu·tio·nar·y /pə̀ːləkjúːʃənèri | pə̀ːləkjúːʃ(ə)nəri/ *adj.* 〖哲学・言語〗表現から結果する, 発語[発話]媒介的な (cf. illocutionary): a ~ act 発語[発話]媒介的行為《locutionary act を遂行することが結果的に別の行為を遂行することになるような行為; 例: He persuaded me to shoot her.》. 〖《1955》← PER- 'by' (*by saying*「…ということによって」などにおける *by* の機能に関して)〗

perlocútionary fórce *n.* 〖哲学・言語〗発語[発話]媒介的な力[効果] (cf. perlocution, illocutionary).

Per·lon /pə́ːlɑ(ː)n | pə́ːlɔn/ *n.* 〖商標〗ペルロン《ナイロン 6 繊維のドイツにおける呼び名》. 〖《1941》← PER-+(NY)-LON〗

per·lu·ci·dus /pəlúːsədəs | pə(ː)lúːsɪd-, -ljúː-/ *adj.* 〖気象〗〈雲が〉すき間のある, すき間雲の. 〖← NL ~: ⇨ per-, lucid〗

per·lus·trate /pəlʌ́streɪt | pəː-/ *vt.* 〈場所を〉視察[点検]して回る. **per·lus·tra·tion** /pə̀ːlʌstréɪʃən | pə̀ː-/ *n.* 〖《1535》← L *perlustrātus* (p.p.) ← *perlustrāre* ← PER-+*lustrāre* to move over; lustrate〗

perm¹ /pə́ːm | pə́ːm/ 《口語》*n.* パーマ (permanent wave): go for a ~ パーマをかけに行く. — *vt.* 〈髪〉にパーマをかける: have one's hair ~*ed*. — *vi.* パーマをかける. 〖《1927》《略》← PERMANENT (WAVE)〗

perm² /pə́ːm | pə́ːm/ 《英口語》*n.* =permutation 3. — *vt.* (サッカー賭博で)〈勝ちチーム名などを〉選んで組み合わせる. 〖《1956》《略》← PERMUTE; PERMUTATION〗

Perm /pə́ːm, péəm | pə́ːm, péəm; *Russ.* pʲérmʲ/ *n.* ペルミ《ロシア連邦 Ural 山脈西方 Kama 河畔の都市》. 〖← ? Finn. *perämaa* remote country〗

perm. 《略》permanent; permission; permutation.

per·ma·cul·ture /pə́ːməkʌ̀ltʃə | pə́ːməkʌ̀ltʃə^(r)/ *n.* パーマカルチャー《資源維持・自足を意図した農業生態系の開発》. 〖《1978》← PERMA(NENT)+CULTURE〗

per·ma·frost /pə́ːməfrɔ̀(ː)st, -frɑ̀(ː)st | pə́ːməfrɔ̀st/ *n.* (北極・亜北極地方の)永久氷結土, 永久凍土層. 〖《1943》← PERMA(NENT)+FROST〗

Per·mal·loy /pə̀ːmǽlɔɪ, pə́ːməlɔ̀ɪ | pə́ːməlɔɪ, pəːmǽlɔɪ/ *n.* 〖商標〗パーマロイ《ニッケルと鉄を主成分とする透磁率の大きい磁性合金》. 〖《1923》← PERM(EABLE)+ALLOY〗

per·ma·nence /pə́ːm(ə)nəns | pə́ː-/ *n.* いつまでも変わらないこと, 永続; 永続性, 耐久度. 〖《?a1425》□ (O)F ~ // ML *permanentia*: ⇨ permanent, -ence〗

per·ma·nen·cy /pə́ːm(ə)nənsi | pə́ː-/ *n.* **1** =permanence. **2** 永続的なもの[人]; 終身官, 終身雇用, 永久事業(など): I cannot offer you a ~. 君に一生の仕事はやれない / I should not like it for a ~. そんなことを永くやっていたくはない. 〖《1555》⇨ ↓, -ency〗

per·ma·nent /pə́ːm(ə)nənt | pə́ː-/ *adj.* **1** 永続する, 永久的な (perpetual), 不変の (↔ transient); 耐久の, 〈傷害など〉一生消えない, 一生残る: ~ residence 永住 / ~ home 永住地 / ~ peace 恒久の平和 / one's ~ address 本籍 / a ~ resident 《米》(ホテルなどの)長期滞在者 / His wife had an illness which left her a ~ invalid. 彼の妻はかかった病気のせいで一生を病身で送った / ⇨ permanent tooth. **2** 常設の, 常置の (standing) (↔ temporary): a ~ committee 常任委員会 / a ~ office 終身官公職 / ⇨ permanent UNDERSECRETARY. **3** 〖植物〗=persistent 4.

Pérmanent Cóurt of Arbitrátion [the —] 常設仲裁裁判所《1899 年のハーグ国際平和会議の結果, 1901 年オランダの The Hague に設立; 1921 年国際連盟の Permanent Court of International Justice の開設により自然消滅; 通俗には the Hague Tribunal と呼んだ》.

Pérmanent Cóurt of Internátional Jústice [the —] 常設国際司法裁判所《国際連盟規約に基づいて 1921 年 The Hague に設立; 1946 年国際連合の International Court of Justice に改組; 通俗には the World Court と呼んだ》.

— *n.* 《米口語》=permanent wave.

~·ness *n.* 〖《?a1425》□ (O)F ~ // L *permanentem* (pres.p.) ← *permanēre* to endure, continue ← PER-+*manēre* to remain〗

pérmanent ássets *n. pl.* 〖会計〗固定資産 (fixed assets).

pérmanent cúrrent *n.* 〖物理〗永久電流.

pérmanent dípole *n.* 〖物理〗永久分極.

pérmanent écho *n.* 〖電子工学〗固定反射《レーダーなどの反射のうち地表・建物などからのもの》.

pérmanent fíxture *n.* いつもそばにいる人[ある物].

pérmanent gás *n.* 〖化学〗永久ガス《酸素・水素・窒素などのように液化できないと思われていた気体》. 〖1871〗

pérmanent hárdness *n.* 〖化学〗永久硬度, 非炭酸塩硬度《カルシウム・マグネシウムの硫酸塩など非炭酸塩による水の硬度で, 加熱によって硬度が減少しない; cf. temporary hardness》. 〖1888〗

pér·ma·nent·ly *adv.* **1** 永久に, (永久)不変に: a ~ neutral state 永世中立国. **2** 常任的に, 終身官[事業, 職業]として. 〖1471〗

pérmanent mágnet *n.* 〖物理〗永久磁石. 〖1828〗

pérmanent mágnetism *n.* 〖物理〗永久磁性, 残留磁気. 〖1827〗

pérmanent préss *n.* 〖紡織〗パーマネントプレス加工《しわにならなかったりズボンの折り目がとれないなどアイロン不要の永久プレス》; パーマネントプレス加工した生地の状態 (⇨ durable press). **pérmanent-préss** *adj.* 〖1964〗

pérmanent réd *n.* =blood red.

pérmanent sécretary *n.* 《英》=permanent UNDERSECRETARY.

pérmanent sét [stréss] *n.* 〖物理〗永久ひずみ, 残留ひずみ《弾性限度を超えて物体に荷重を加える時, その荷重を取り去っても残るひずみ》. 〖1822〗

pérmanent tíssue *n.* 〖植物〗永久組織 (cf. meristem). 〖1928〗

pérmanent tóoth *n.* 永久歯 (cf. milk tooth). 〖1836〗

pérmanent wáve *n.* パーマネントウェーブ, パーマ (《口語》では permanent, perm という). 〖1909〗

pérmanent wáy *n.* [the ~] 《英》(完成された鉄道の)軌道. 〖1838〗

pérmanent wílting *n.* 〖植物〗永久しおれ, 永久的凋萎(ちょうい)《飽和水蒸気中でもしおれの回復しない状態》.

pèr·mánganate /pəː- | pəː-/ *n.* 〖化学〗過マンガン酸塩[エステル] (permanganate of potash ともいう): ~ of potassium=potassium permanganate. 〖《1841》⇨ ↓, -ate¹〗

pèr·mangánic /pə̀ː- | pə̀ː-/ *adj.* 〖化学〗過マンガン酸の. 〖《1836》← PER-+MANGANIC〗

pérmanganic ácid *n.* 〖化学〗過マンガン酸 ($HMnO_4$). 〖1836〗

per·ma·tron /pə́ːmətrɑ̀(ː)n | pə́ːmətrɔ̀n/ *n.* 〖電子工学〗パーマトロン《外部からの磁界により電子流を制御する二極の放電管または真空管》. 〖← PERMA(NENT)+-TRON〗

per·me·a·bil·i·ty /pə̀ːmiəbíləti | pə̀ːmiəbíləti/ *n.* **1** 浸透性, 透過性. **2** 〖物理〗**a** 導磁性, 導磁率 (magnetic permeability ともいう). **b** 透過性. **3** 〖航空〗(気球・飛行船ガスの)浸出量. 〖《1759》⇨ ↓, -ity〗

per·me·a·ble /pə́ːmiəbl | pə́ː-/ *adj.* 〔気体・液体を〕浸透[透過]させる, 透過性の〔*to*〕: ~ *to* water 水を通す. **~·ness** *n.* **pér·me·a·bly** *adv.* 〖《?a1425》□ LL *permeābilis*: ⇨ permeate, -able〗

per·me·am·e·ter /pə́ːmiəmìːtə, pə̀ːmiǽmə- | pə́ːmiəmìːtə^(r), pə̀ːmiǽmɪtə-/ *n.* 透磁率計. 〖《1890》← PERMEA(BILITY)+-METER¹〗

per·me·ance /pə́ːmiəns | pə́ː-/ *n.* **1** 浸透, 透過. **2** 〖物理〗パーミアンス, 導磁度. 〖《1845》⇨ permeate, -ance〗

per·me·ant /pə́ːmiənt | pə́ː-/ *adj.* しみ通る, 浸透する, 浸徹する. — *n.* 浸透. 〖《1646》□ L *permeantem* (pres.p.) ← *permeāre* (⇨ permeate)〗

per·me·ase /pə́ːmièɪs, -èɪz | pə́ːmièɪs/ *n.* 〖生化学〗パーミアーゼ, 透過酵素《生体膜の選択的透過に関係する蛋白質成分》. 〖《1957》← PERME(ATE)+-ASE〗

per·me·ate /pə́ːmièɪt | pə́ː-/ *vt.* **1** 〈液体などが〉〈すき間・小穴・毛穴などから〉浸透する, 透過する, …にしみ込む (penetrate): Water ~*s* the soil. 水は地面にしみ込む. **2** …に広がる, 立ちこめる, 充満する (saturate): A powerful scent ~*s* the room. 強烈なにおいが部屋中に立ちこめる. **3** 〈思想・感化などが〉…に広がる (pervade), 行き渡る, 普及する. — *vi.* **1** 〔…に〕しみ渡る〔*into, through*〕. **2** 〔…に〕行き渡る, 普及する〔*among*〕. **per·me·a·tion** /pə̀ːmiéɪʃən | pə̀ː-/ *n.* **per·me·a·tive** /pə́ːmièɪtɪv | pə́ːmièɪt-/ *adj.* 〖《1656》← L *permeātus* (p.p.) ← *permeāre* to pass through ← PER-+*meāre* to go, pass: ⇨ -ate³〗

permed /pə́ːmd | pə́ːmd/ *adj.* パーマをかけた. 〖1928〗

per men·sem /pəménsəm, pəménsem | pə-, pɛə-/ *adv.* 一か月につき, 月…, 月に, 月ごとに (cf. per annum, per diem). 〖《1647》□ L *per mēnsem* per month〗

per·me·thrin /pəmíːθrɪn | pəːmíːθrɪn/ *n.* 〖薬学〗ペルメトリン ($C_{21}H_{20}Cl_2O_3$)《合成ピレトリン; 殺虫剤》. 〖《1975》← PER-+(RES)METHRIN〗

Per·mi·an /pə́ːmiən | pə́ː-/ *adj.* 〖地質〗(古生代の最終期)二畳紀[系]の: the ~ system [period] 二畳系[紀]. — *n.* **1** ペルミ語派 (Finno-Ugric 語族の一派). **2** [the ~] 〖地質〗二畳紀[系]. 〖《1841》← *Perm* (この地層が生じたロシア東部の地名)+-IAN〗

per mill /pə(ː)míl | pə(ː)-/ *adv.* 千につき, 千分の (per thousand) (per mille, per mil, per M ともつづる). 〖《1902》□ L *per mille* in(to) or by the thousand〗

per·mil·lage /pə(ː)mílɪdʒ | pə(ː)-/ *n.* 千分率. 〖《1886》⇨ ↑, -age: PERCENTAGE にならった造語〗

per·mis·si·ble /pəmísəbl | pəmísɪ-/ *adj.* **1** 許される, 差し支えない(程度の) (allowable). **2** (爆発物について)所持[購入, 販売]を許された[認められた] (permitted). **per·mìs·si·bíl·i·ty** /-mìsəbíləti | -sɪbílɪti/ *n.* **per·mís·si·bly** *adv.* 〖《?a1430》□ OF ~ // ML *permissibilis* ← L *permissus* (p.p.) ← *permittere* 'to PERMIT¹': ⇨ -ible〗

per·mis·sion /pəmíʃən | pə-/ *n.* **1** 許容, 許諾; 〈…する〉許可, 許し ⟨*to do*⟩: a written ~ 許可書 / with your ~ お許しを得て / without ~ 許可なしに, 無断で / by ~ of … の許可により[よる] / ask for ~ 許可[許し]を願う / grant [give] ~ 許可を与える / get [obtain] ~ 許可を得る / You have my ~ *to* go. 出て行ってよろしい / Ask ~ of your teacher (*to* use it). 先生に(使用の)許可をもらいなさい. **2** 免許 (license). 〖《c1410》□ (O)F ~ // L *permissiō(n-)*: ⇨ permit¹, -sion〗

SYN 許可: **permission** 権力を持つ者から与えられた何かをすることに対する許可: I have *permission* to see the document. その文書を見る許可を得ている. **sanction** 公式の, または慣習上の認可, 容認《格式ばった語》: This usage has not get received the *sanction* of grammarians. この語法はまだ文法家によって認められていない. **consent** 要求に同意して与える許可, 認可: He refused his *consent*. 同意しなかった. **leave** 何かをする(特に仕事を休む)許可: ask for a two-week [two week's] *leave* 2 週間の休暇を願い出る. **sufferance** そうしてほしくないが黙認すること《格式ばった語》: He is here only on *sufferance*. お情けでここにいるだけだ.

---

per·mís·sion·ist /-ʃ(ə)nɪst | -nɪst/ *n.* =permissivist.

per·mis·sive /pəmísɪv | pə-/ *adj.* **1** 〈規則など〉許す, 許可する (permitting). **2** 〈人など〉(普通なら許されないような行動・態度・言語などに対して)大目に見る, ゆるやかな, 寛大な (lenient): a ~ society (性や道徳上の規制の)寛大な社会 / ~ remarks about juvenile delinquency 少年犯罪についての物わかりのよい発言. **3** 《古》許された; 自由裁量を許す, 随意の, 任意の. — *n.* =permissivist. **~·ly** *adv.* **~·ness** *n.* 〖《?a1475》□ (O)F ~: ⇨ permission, -ive〗

permíssive legislátion *n.* 〘法律〙消極的立法《特定の権限を付与するが, その行使を命じない制定法》.

per·mís·siv·ist /-vɪ̀st | -vɪst/ *n.* 寛大主義者《容認されないような行動・態度・言語などに対しても極端に寛大だと思われている人; permissive, permissionist ともいう》.

per·mís·siv·ìsm /-vìzm/ *n.* 〖1966〗

per·mit[1] /pəmít | pə-/ *v.* (**per·mit·ted**; **-mit·ting**) — *vt.* **1** 許す; 〈人〉に〈…することを〉許す, 許可する 〈*to do*〉 (⇨ let SYN): *Permit* me (*to* ask you) a question. 一つ質問させて下さい / *Permit* me *to* say …, …と申し上げたい / You're not looking well, if you'll ～ my say*ing* so. なにか気分がすぐれないご様子ですが / I ～ myself a few luxuries now and then. 時には少しばかりぜいたくをします / Is smoking ～*ted* here? ＝Is it ～*ted* to smoke here? ＝Am I ～*ted* to smoke here? ここは禁煙ですか / Appeals are ～*ted*. 控訴は許される. ★ 次のように特に受身の後で不定詞を省略して用いることもある: She *was* ～*ted* (*to go*) *into* the hall. 彼女はホールに入るのを許された. **2** 構わずに…させる (allow, suffer), …させておく 〈*to do*〉; 〈ある行為などを〉黙認する, 黙許する, 放任する: ～ a plan *to* be altered 計画が改変されるままに任せる / No infringement will be ～*ted*. 違背は許さない. **3** 可能にする, …の機会を得る[与える], 容れる (allow, admit of): These vents ～ the escape of gases. この穴のためにガスが漏れる / The words hardly ～ doubt. その言葉には疑問の余地がない. — *vi.* [物事を主語とて] **1** 許す (allow): so [as] far as health ～*s* 健康の許す限り / when time ～*s* 時間が許せば, 暇ができたら / ⇨ WEATHER *permitting*. **2** 〔…を〕認める, 〔…の〕余地がある (allow, admit) 〔*of*〕: The situation ～*s of* no delay. 事態は遅滞を許さない / It ～*s of* no excuse [doubt]. それは弁解[疑問]の余地がない.
— /pə́ːmɪt, pəmít | pə́ːmɪt/ *n.* **1** 許可証, 免許状: an export ～ = a ～ *for* export 輸出認可書 / a work ～ = a ～ *to* work 就労認可証 / a police ～ 警察の許可証 / a learner's ～ ⇨ learner 1 b / grant [issue] a ～ 許可証を与える[発行する] / cancel [revoke] a ～ 許可証を取り消す / *Permits* must be shown. 許可証を提示すること. **2** (書面による)許諾, 許可, 免許. **3** ＝indicia 2. 〖(1429) □ L *permittere* to let go through, allow □ PER-＋*mittere* to send: ⇨ mission〗

per·mit[2] /pə́ːmɪt, pəmít | pə́ːmɪt/ *n.* 〘魚類〙カリブ海産のアジ科コバンアジ属の魚 (*Trachinotus falcatus*). 〖(1945)《通俗語源》← PALOMETA〗

per·mít·ter /pəmítə | pəmítə(r)/ *n.* 許可者, 認可者. 〖1643〗

per·mit·tiv·i·ty /pə̀ːmɪ̀tívəti | pə̀ːmɪtívɪ̀ti/ *n.* 〘電気〙誘電率 (dielectric constant). 〖1887〗

per·mut·a·ble /pəmjúːtəbl | pəmjúːt-/ *adj.* **1** 変更[交換, 置き換え]できる (interchangeable). **2** 〘数学〙置換できる. **per·mùt·a·bíl·i·ty** /-mjùːtəbíləti | -təbílɪ̀ti/ *n.* **～·ness** *n.* **per·mút·a·bly** *adv.* 〖□ LL *permūtābilis*: ⇨ ↓, -able〗

per·mu·tate /pə́ːmjutèɪt, pəmjúːteɪt | pə́ːmjutèɪt/ *vt.* **1** …の順序を入れ替える. **2** いろいろな順序に並べる. 〖(1898) ← L *permūtātus* (p.p.) ← *permūtāre* 'to PERMUTE'〗

per·mu·ta·tion /pə̀ːmjutéɪʃən | pə̀ː-/ *n.* **1** 〘数学〙順列, 置換: ～*s* and combinations 順列および組合わせ《change, arrangement ともいう; cf. combination 6》; 順列の総数. **2** 交換, 入れ替え, 変更, 変換. **3** (サッカー賭博で)選んだ勝ちチーム名などの決まった組合わせ《(英口語)では通例 perm と略す》. **～·al** /-ʃnəl, -ʃənl/ *adj.* 〖(*a*1376) *permutacioun* (廃) exchange, alteration □ (O)F *permutation* // L *permūtātiō(n-)* a changing: ⇨ permute, -ation〗

permutátion gròup *n.* 〘数学〙置換群《一つの集合の置換全体の作る群の部分群》. 〖1904〗

permutátion màtrix *n.* 〘数学〙置換行列《ベクトルの成分の置換を引き起こす行列》.

per·mute /pəmjúːt | pə-/ *vt.* **1** 変更する, 交換する, …の順序を変える, 入れ替える. **2** 〘数学〙〈順序を〉並べ替える, 置換する. 〖(*c*1378) □ L *permūtāre* to change ← PER-＋*mūtāre* to change: ⇨ mutate〗

pern /pə́ːn | pə́ːn/ *n.* 〘鳥類〙ハチクマ (honey buzzard). 〖(1840) ← NL *pernis* ← Gk *pérnēs* 《誤形》← *ptérnis* a kind of hawk〗

Per·nam·bu·co /pə̀ːnəmb(j)úːkou | pə̀ːnəmb(j)úːkəu, -næm-; *Braz.* pernɐ̃búku/ *n.* ペルナンブコ: **1** ブラジル北東部の州; 面積約 98,280 km², 州都 Recife. **2** 州都 Recife の旧名. 〖□ Sp. ～ ← Tupi (Guarani) *paranā* sea＋*pucu* large〗

Pernambúco wòod *n.* 〘植物〙＝brazilwood 1.

per·nan·cy /pə́ːnənsi | pə́ː-/ *n.* 〘法律〙土地収益取得. 〖(1642)《変形》← AF *pernance*《変形》← OF *prenance* ← *prendre* to take ＜ L *prehendere*: cf. apprehend: ⇨ -ancy〗

perne /pə́ːn | pə́ːn/ *vi.* 《英方言》螺旋(らせん)回転する. 〖(1920)?〗

per·ni·cious /pənɪ́ʃəs | pə-/ *adj.* **1** 〔…に〕有害な, 有毒な 〔*to*〕 (⇨ harmful SYN); 命にかかわる, 致命的な (fatal): a climate ～*to* health 健康に有害な気候 / ～ doctrines 人心を害する教義. **2** 《古》邪悪な (wicked). **～·ly** *adv.* **～·ness** *n.* 〖(?*a*1425) □ L *perniciōsus* ← *perniciēs* destruction ← PER-＋*nex* death: ⇨ -ious〗

pernícious anémia *n.* 〘病理〙悪性貧血《ビタミン B_{12} の欠乏による; 欧米に多く日本ではまれ》. 〖1874〗

per·nick·e·ty /pənɪ́kəti | pənɪ́kɪ̀ti/ *adj.* 《口語》 **1** 〈人・態度・行動が〉細事に拘泥する, こせこせした (fussy), 小心翼々とした; 気むずかしい (⇨ dainty SYN). **2** 〈事が〉面倒な, 扱いにくい, 骨の折れる, 細心の注意を要する (ticklish). **per·níck·e·ti·ness** *n.* 〖(1808–18)《変形》? ← PARTICULAR: cf. 《スコット》*knickknack* personal peculiarity: ⇨ -y[4]〗

Per·nik /pɛ́ənɪk | pɛ́ə-; *Bulg.* pérnik/ *n.* ペルニク《ブルガリア西部, Struma 川に臨む工業都市》.

per·noc·tate /pə(ː)nɑ́(ː)kteɪt | pə(ː)nɔ́k-/ *vi.* 徹夜する. 〖(1623) ← L *pernoctātus* (p.p.) ← *pernoctāre* ← PER-＋*noct-*, *nox* 'NIGHT'〗

per·noc·ta·tion /pə̀ːnɑ(ː)ktéɪʃən | pə̀ːnɔk-/ *n.* 徹夜; (特に)通夜(つや)勤行(ごんぎょう). 〖(1633) □ LL *pernoctātiō(n-)* passing the night ← PER-＋*noct-*, *nox* 'NIGHT': ⇨ -ation〗

Per·nod /pɛənóu | pə́ːnəu, pɛ́ə-; *F.* pɛʀno/ *n.* **1** 〘商標〙ペルノー《アニスで風味をつけたフランス製の芳香のあるリキュール》. **2** [p-] ペルノー酒《主にアペリチフ用》. 〖(1908) □ F ～ (商標名)〗

per·nor /pə́ːnə, -nɔə | pə́ːnə(r), -nɔː(r)/ *n.* 〘法律〙(土地収益取得の)受領者. 〖(1485) □ AF *pernour* 《変形》← OF *preneor* ← *prendre* to take: cf. pernancy〗

Pe·rón /pəróun | pɪ̀rɔ́n, pɛ-; *Am.Sp.* peˈrón/, **Eva Duar·te** /dwɑ́ːte/ **de** *n.* ペロン (1919–52; ペロン大統領の 2 度目の夫人で映画女優・政治家; 通称 Evita).

Perón, Isabel *n.* ペロン (1931–　; ペロン大統領の 3 度目の夫人で大統領の死後, 大統領 (1974–76) となるが失脚した; 生名 Maria Estela Matiny Cartas).

Perón, Juan Domingo *n.* ペロン (1895–1974; アルゼンチンの軍人・政治家; 大統領 (1946–55, 1973–74)).

per·o·ne·al /pèrouníːəl, -rə- | pèrə-/ *adj.* 〘解剖〙腓骨(ひこつ)の, 腓骨部にある. 〖(1831) ← NL *perone* fibula (← Gk *peróne* pin, brooch)＋-AL[1]〗

Pe·ron·ism /pəróunɪzm | pɪ̀rɔ́n-, pɛ-/ *n.* ペロン主義 (J. D. Perón のファシスト的政策). 〖(1946) ← *Juan Domingo Perón*: ⇨ -ism〗

Pe·ro·nis·mo /pèrəníːzmou | -məu; *Am.Sp.* peronízmo/ *n.* ＝Peronism.

Pe·rón·ist /-nɪ̀st | -nɪst/ *n.* ペロン支持者, ペロン主義者. — *adj.* ペロンの, ペロン支持[主義]の. 〖(1946) ⇨ Peronism, -ist〗

Pe·ro·nis·ta /pèrəníːstə; *Am.Sp.* peronísta/ *n.* ＝Peronist.

per·o·ral /pə(ː)rɔ́ːrəl/ *adj.* 〘医学〙経口(的)の; 口の周囲の (↔ parenteral). **～·ly** *adv.* 〖(1908) ← PER-＋ORAL〗

per·o·rate /pérərèɪt, pə́ːr-, -rou- | pérərèɪt, -rə-/ *vi.* **1** (演説で)結びの言葉を述べる, (型通りの)結論をつける, 締めくくる. **2** 詳述する, 縦横に論じる, 熱弁を振るう.
pér·o·rà·tor /-tə | -tə(r)/ *n.* 〖(1603) ← L *perōrātus* (p.p.) ← *perōrāre* to speak at length ← PER-＋*ōrāre* to speak: ⇨ -ate[3]〗

per·o·ra·tion /pèrəréɪʃən, pə̀ːr-, -rou- | pèrəréɪʃən, -rə-/ *n.* **1** (講演・論説などの)結論, (力を込めた)結びの言葉, 締めくくり. **2** 大げさな[美辞麗句を連ねた]演説. **～·al** /-ʃnəl, -ʃənl/ *adj.* 〖(1447) □ L *perōrātiō(n-)*: ⇨ ↑, -ation〗

pe·ro·sis /pəróusɪ̀s | pɪ̀rə́usɪs, pɛ-/ *n.* (*pl.* **pe·ro·ses** /-siːz/) 〘獣医〙飛節症《微量元素の欠乏による鶏の発育不全症; 餌にコリン (choline) を入れて食べさせるとほとんど治る; slipped tendon ともいう》. **pe·rot·ic** /pərɑ́(ː)tɪk | pɪ̀rɔ́t-, pɛ-/ *adj.* 〖(1931) ← NL ～ ← Gk *pērós* maimed＋-OSIS〗

pe·rov·skite /pərɑ́(ː)vskaɪt | -rɔ́v-/ *n.* 〘鉱物〙灰(かい)チタン石, ペロブスカイト ($CaTiO_3$)《黄色・黄褐色・灰黒色などの天然鉱物で, 多数の化合物を含む; モース硬度 5.5》. 〖(1840) ← *L. A. Perovski* (1792–1856: ロシアの政治家)＋-ITE[1]〗

per·ox·id /pərɑ́(ː)ksɪ̀d | -rɔ́ksɪd/ *n.* 〘化学〙＝peroxide.

per·ox·i·dase /pərɑ́(ː)ksədèɪs, -dèɪz | -rɔ́ksɪ̀-/ *n.* 〘生化学〙ペルオキシダーゼ, 過酸化酵素《過酸化水素により有機化合物を酸化する反応を触媒する酵素; cf. catalase》. 〖(1900) ⇨ ↓, -ase〗

per·ox·ide /pərɑ́(ː)ksaɪd | -rɔ́k-/ *n.* 〘化学〙 **1** 過酸化物: ～ of hydrogen＝hydrogen ～ 過酸化水素. **2** 《俗用》過酸化水素 (hydrogen peroxide); 過酸化水素水《消毒・漂白用》. — *adj.* [限定的] 〈頭髪など〉過酸化水素で漂白した: a ～ blonde《軽蔑》(過酸化水素で)漂白した金髪(の女). — *vt.* 〈髪を〉過酸化水素で漂白する.
per·ox·id·ic /pə̀rɑ(ː)ksídɪk | -rɔksíd-/ *adj.* **per·ox·i·da·tion** /pərɑ̀(ː)ksədéɪʃən | -rɔ̀ksɪ-/ *n.* 〖(1804) ← PER-＋oxide〗

per·ox·i·dize /pərɑ́(ː)ksədàɪz | -rɔ́ksɪ̀-/ *vt.*, *vi.* 〘化学〙過酸化物にする[なる]. 〖1827〗

per·ox·i·some /pərɑ́(ː)ksəsòum | -rɔ́ksɪ̀səum/ *n.* 〘生物〙ペルオキシソーム《過酸化水素を分解するカタラーゼなどの酸化酵素を含んでいる細胞質内の小顆粒》. **per·ox·i·som·al** /pərɑ̀(ː)ksəsóuməl, -ml | -rɔ̀ksɪ̀sə́u-/ *adj.* 〖(1965) ← PEROXI(DE)＋-SOME[3]〗

per·ox·o- /pərɑ́(ː)ksou | -rɔ́ksəu/ ＝peroxy-. 〖← PER-＋OXO-〗

peróxo ácid *n.* 〘化学〙ペルオキソ酸 (-C(O)OOH 基を含む過酸). 〖1959〗

peróxo·disulfúric ácid *n.* 〘化学〙ペルオキソ二硫酸 ($H_2S_2O_8$)《白色の結晶で酸化力・吸湿性が大きい; persulfuric acid ともいう》.

peròxo·mòno·sulfúric ácid *n.* 〘化学〙ペルオキソ一硫酸 (H_2SO_5). 〖1960〗

peròxo·nítric ácid *n.* 〘化学〙ペルオキソ硝酸 (HNO_4).

per·ox·y /pərɑ́(ː)ksi | -rɔ́k-/ *adj.* 〘化学〙ペルオキシの, 過酸化の. 〖← PER-＋OXY-[1]〗

per·ox·y- /pərɑ́(ː)ksɪ̀, -si- | -rɔ́k-/ 〘化学〙「ペルオキシ基の (2 価の基 O–O を含む)」の意の連結形. 〖↑〗

peróxy·acètyl nítrate *n.* 〘化学〙ペルオキシアセチルニトラート《スモッグの中に存在すると考えられる刺激性成分; 略 PAN》. 〖(1963) ⇨ ↑, acetyl〗

peròxy·bórate *n.* 〘化学〙＝perborate.

peróxy·bòric ácid *n.* 〘化学〙過ホウ酸 (HBO_3). 〖← PEROXY-＋BORIC〗

peróxy gròup [ràdical] *n.* 〘化学〙ペルオキシ基《過酸化水素から誘導される 2 価の基》.

peróxy·sulfùric ácid *n.* 〘化学〙ペルオキシ硫酸 (H_2SO_5)《俗用で Caro's acid ともいう》.

perp /pə́ːp | pə́ːp/ *n.* 《米俗》犯人, 加害者, ほし. 〖(1981)《略》← PERPETRATOR〗

perp. 《略》perpendicular; perpetual.

per·pend[1] /pə́ːpənd | pə́ː-/ *n.* 〘建築〙壁を貫いて両側に現れる石, 突き抜け石, つなぎ石 (bondstone)《parpend, perpend stone ともいう》. 〖(*c*1429) *perpoynt* □ OF *parpain* (F *parpaing*) ＜ ? LL *perpannium* ← PER-＋*pannus* section of wall: -d は *pend* の影響: cf. parpen〗

per·pend[2] /pə(ː)pénd | pə(ː)-/ 《古》*vt.* つくづく考える, 熟慮する, 熟考する, 勘考する. — *vi.* 熟考する, 熟慮する. 〖(1447) □ L *perpendere* ← PER-＋*pendere* to weigh: cf. pendent〗

per·pen·dic·u·lar /pə̀ːpəndíkjulə | pə̀ːpəndíkjulə(r)/ *adj.* **1** 垂直な, 鉛直な, 直立した (⇨ vertical SYN). **2** 〘数学〙〔与えられた面[線]に対し〕直角をなす 〔*to*〕: a ～ line 垂線 / draw a line ～ *to* a given line 与えられた線に垂線を引く. **3** [P-] 〘建築〙垂直様式の, まっすぐな (upright): *Perpendicular* architecture [style] 垂直式建築[様式]《英国の末期ゴシック様式; cf. Gothic》. **4** 〈坂・山などが〉切り立った, 非常に険しい. **5** 《戯言》〈人が〉直立している, 突っ立っている, 立ったままの. — *n.* **1** 〘数学〙垂線; 垂直面. **2** 垂直(の位置, 姿勢, 状態など): out of (the) ～ 傾いて, 傾斜して. **3 a** ＝plumb line. **b** 垂直測定器, 錘重. **4** 急斜面 (steep), 絶壁 (precipice). **5** 〘海事〙(船首または船尾の)垂線. **6** 品行方正 (rectitude). **7** 《英俗》立食い[飲み], 立食パーティー (stand-up meal). **～·ly** *adv.* 〖(*c*1475) OF *perpendiculer(e)* □ L *perpendiculāris* ← *perpendiculum* plumb line ← *perpendere* ← PER-＋*pendēre* to hang: ⇨ -ar[1]〗

per·pen·dic·u·lar·i·ty /pə̀ːpəndìkjulǽrəti, -lér- | pə̀ːpəndìkjulǽrɪ̀ti/ *n.* 垂直, 直立. 〖1589〗

Pérpendicular stýle *n.* 〘建築〙垂直様式 (⇨ perpendicular *adj.* 3). 〖1820〗

per·pent /pə́ːpənt | pə́ː-/ *n.* 〘建築〙＝perpend[1].

per·pe·tra·ble /pə́ːpətrəbl | pə́ːpɪ̀-/ *adj.* 悪事(など)を遂行できる, 罪を犯すことができる. 〖*a*1734〗

per·pe·trate /pə́ːpətrèɪt | pə́ːpɪ̀-/ *vt.* **1** 〈悪事・過失などを〉〔人に対して〕働く, しでかす, やらかす 〔*on, upon*〕; 〈罪を〉犯す: ～ a crime 罪を犯す. **2** 下手くそにやる[作る]: ～ a pun [joke] 《口語》(場所柄も考えずに)だじゃれを飛ばす. 〖(1542) ← L *perpetrātus* (p.p.) ← *perpetrāre* to effect ← PER-＋*patrāre* to carry out, 《原義》perform as father (← *pater* 'FATHER')〗

per·pe·tra·tion /pə̀ːpətréɪʃən | pə̀ːpɪ̀-/ *n.* 悪事を犯す[しでかす]こと, 悪事, 犯行. 〖(*c*1450) □ (O)F ～ // LL *perpetrātiō(n-)*: ⇨ ↑, -ation〗

pér·pe·trà·tor /-tə | -tə(r)/ *n.* 悪事を行う人; (特に)加害者, 犯罪人, 犯人, 下手人. 〖(1570) □ L *perpetrātor*: ⇨ perpetrate, -or[2]〗

Per·pet·u·a /pəpétʃuə | pəpétjuə, -tʃuə/ *n.* パーペチュア《女性名》. ★ カトリック信者に見られる. 〖□ L ～ (fem.) ← *perpetuus* (↓): 3 世紀の殉教者 St. Perpetua にちなむ〗

per·pet·u·al /pəpétʃuəl, -tʃul | pəpétjuəl, -tjul, -tʃuəl, -tʃul/ *adj.* **1 a** やむことのない, 絶え間ない (incessant), 不断の (constant): the ～ stream of traffic 引きも切らない往来の流れ / ～ snows 万年雪 / the ～ ebb and flow of the tide 不断の潮の干満 / The house demands ～ care. 家屋は不断の手入れが必要だ. **b** 《口語》〈小言・けんかなど〉頻繁な, 繰り返す (repeated), 度々の (frequent): ～ quarreling, chatter, questions, etc. **2** 永久に続く, 永遠の, 無窮の (⇨ eternal SYN): heaven's ～ bliss 天の永遠の恵み / ～ damnation 未来永劫の天罰. **3 a** 〈認可など〉有効時間に期限のない, いつまでも有効な. **b** 〈官職・懲役など〉終身の (permanent): ～ punishment 終身刑 / a ～ annuity 終身年金. **4** 〘園芸〙四季咲きの (perennial): a ～ rose.
— *n.* 四季咲きの植物; 四季咲きバラ, パーペチュアル (perpetual rose). **～·ly** /-tʃuəli, -tʃuli | -tjuəli, -tjuli, -tʃuəli, -tʃuli/ *adv.* 〖(*c*1340) *perpetuel(le)* □ (O)F *perpétuel* □ L *perpetuālis* universal, general ← *perpetuus* unbroken, permanent ← PER-＋*petere* to go, seek〗

perpétual adorátion *n.* 〘カトリック〙絶え間ない聖体礼拝《日夜間断のない聖体礼拝》.

perpétual cálendar *n.* 万年暦《何年分もの日付と曜日が分かるカレンダー; 卓上のダイヤル式のものもある》. 〖1895〗

perpétual chéck *n.* 〘チェス〙パペチュアルチェック, 永久王手《双方が互いに同じ手を繰り返すためいつまでもチェック(王手)が続いてしまう場合で, 引分けとなる; cf. 将棋の「千日手」》. 〖1820〗

perpétual debénture *n.* 〘証券〙(償還期限のない)永久[無期]社債.

perpétual léase *n.* 永代借地権.

perpétual mótion *n.* (機械の)永久運動《エネルギーを全く消費しないで永久に動く仮説上の運動; それを実現する機械を永久機関 (perpetuum mobile) という; 一時これを求めて研究が行われたが, 実現し得ないことが明らかになった》. 〘1593〙

perpétual scréw *n.* 〘機械〙ウォームねじ (endless screw). 〘1641〙

perpétual spínach *n.* =spinach beet.

per·pet·u·ance /pəpétʃuəns | pəpétju-, -tʃu-/ *n.* = perpetuation. 〘(1558) □ F *perpétuance*〙

per·pet·u·ate /pəpétʃuèɪt | pəpétju-, -tʃu-/ *vt.* 永続させる, 永存させる, 不朽にする, 不滅にする: ~ one's regime 政権を永続させる / ~ one's name in history 名を歴史に残す. 〘(1530) ← L *perpetuātus* (p.p.) ← *perpetuāre* ← *perpetuus*: ⇨ perpetual, -ate³〙

per·pet·u·a·tion /pəpètʃuéɪʃən | pəpètju-, pə:-, -tʃu-/ *n.* 永続させること, 不朽[不滅]にすること.
perpetuátion of téstimony 〘法律〙証言の証拠保全《証人が老齢・疾病などの時に行われる》. 〘(1395) □ ML *perpetuātiō(n-)*: ⇨ ↑, -ation〙

per·pét·u·à·tor /-tə | -tə(r)/ *n.* 永続[永存]させる人. 〘(1863) ← PERPETUATE+-OR²〙

per·pe·tu·i·ty /pə̀:pətú:əti, -tjú:- | pə̀:pɪtjú:ɪti/ *n.* **1** 永遠, 永久. **2** 永久に続くこと, 永続, 永存, 不滅 (↔ temporality): in [to, for] ~ 永久に, 無窮に; 無期限に. **3** 永続する物, 永代続く物. **4** 〘法律〙 **a** (不動産の)永久拘束《一定期間以上にわたる譲渡禁止》: a rule against ~ 永久権禁止法則. **b** 永代所有権, 永代財産: a lease in ~ 永代借地権. **5** 終身位階. **6** 〘会計〙永久[終身]年金. **7** 単利が元金と同一になる年数. 〘(*c*1380) *perpetuite* □ (O)F *perpétuité* □ L *perpetuitātem*: ⇨ perpetual, -ity〙

per·pe·tu·um mo·bi·le /pəpétʃuəmmóubəli:, -lèɪ | pə(:)pétjuummə́ubɪlèɪ, -tʃu-, -li/ *n.* **1** 〘機械〙= perpetual motion. **2** 〘音楽〙ペルペトゥウムモビレ, 無窮動, 常動曲《始めから終わりまで同一の速い動きで進行する曲; moto perpetuo ともいう》. 〘(*a*1688) ← NL ~ 'perpetual moving (thing)'〙

per·phe·na·zine /pə:fí:nəzì:n, pə̀:-, -fén- | pə:-/ *n.* 〘薬学〙ペルフェナジン ($C_{21}H_{26}ClN_3OS$)《結晶性粉末; 精神安定剤に用いる》. 〘(1957) ← PER-+PHEN(OTHI)-AZINE〙

Per·pi·gnan /pə̀:pinjɑ́:(ŋ), pə̀:-, -njɑ́:ŋ | pə́:pi-njɑ̃:(ŋ), péə-, -njɑ̀:ŋ, ⌐ ⌐ ⌐; *F.* pɛʀpiɲɑ̃/ *n.* ペルピニャン《フランス南部 Pyrénées-Orientales 県の県都; Roussillon 地方の中心地》.

per·plex /pəpléks | pə-/ *vt.* **1** 〈人・心などを〉困らせる, 当惑させる, 途方に暮れさせる (⇨ puzzle SYN); 迷わせる, まごつかせる (distract): ~ a person, one's mind, etc. **2** 〈問題などを〉複雑にする, 込み入らせる, 混乱させる (complicate). **3** [p.p. 形で]《古》からみ合わせる (entangle). — *n.*《古・まれ》=perplexity. 〘(1594-96) ← ME *perplex* (adj.) involved □ L *perplexus* entangled, confused ← PER+*plexus* ((p.p.) ← *plectere* to plait, weave: ⇨ ply²)〙

per·plexed /pəplékst | pə-/ *adj.* **1** 〈人など〉困った, 途方に暮れた, まごついた (bewildered): with a ~ expression 困った表情をして. **2** 〈問題など〉複雑な, 面倒な, 込み入った (intricate): a ~ question, account, etc.
per·pléxed·ly /-sɪdli, -st-/ *adv.* **per·pléxed·ness** /-sɪdnɪs, -st-/ *n.* 〘(1477) ← ME *perplex* (↑): ⇨ -ed〙

per·pléx·ing *adj.* 〈問題など〉困惑させる, 当惑させる; 込み入らせる, 複雑な, ややこしい (intricate): the ~ situation どう処理[解釈]してよいかわからない情勢. **~·ly** *adv.* 〘(*a*1631) ← perplex+-ING²〙

per·plex·i·ty /pəpléksəti | pəpléksɪti/ *n.* **1** 困惑, 当惑, 困却 (bewilderment): in ~ 当惑[困却]して, 戸惑って. **2** 困却させるもの, 込み入った状況, 難局 (dilemma): the *perplexities* of life 人生のもろもろの難問題. **3** からみ合っていること, もつれていること, 紛糾, 錯雑, 混乱. 〘(?1348) □ (O)F *perplexité* // LL *perplexitātem*: ⇨ perplex, -ity〙

per pro. 《略》〘ローマ法・英法〙per procurationem.

per proc. 《略》〘ローマ法・英法〙per procurationem.

per procurátion /pə(:)- | pə(:)-/ *adv.* 〘ローマ法・英法〙=per procurationem.

per proc·u·ra·ti·o·nem /pə(:)prɑ̀(:)kjurèɪʃióu-nem, pɛəprɑ̀(:)kərɑ̀:tióu- | pə(:)prɔ̀kjurèɪʃiə́u-, pɛə-prɔ̀kərɑ̀:tiə́u-/ *adv.* 〘ローマ法・英法〙代理で, 代理人により, 代理を通して (by proxy)《略 per pro., per proc., p.p.》. 〘(1882) □ L *per prōcūrātiōnem*: ⇨ per, procuration〙

per·qui·site /pə́:kwəzɪt | pə́:kwɪzɪt/ *n.* **1** =perk¹. **2** 〘英法〙荘園領主の不定期利得. **3** 独り占めにしている物. 〘(1443) □ ML *perquīsītum* (neut. p.p.) ← L *perquīrere* to seek for ← PER-+*quaerere* to inquire〙

per·qui·si·tion /pə̀:kwɪzíʃən | pə̀:-/ *n.* 徹底調査. 〘(1461) □ (O)F ~ // LL *perquīsītiō(n-)*: ⇨ ↑, -tion〙

Per·rault /pəróu | pérəu, ⌐ ⌐; *F.* pɛʀo/, **Charles** *n.* ペロー《1628-1703; フランス批評家・詩人・童話作家; *Les Contes de ma mère l'Oye*「ガチョウおばさんの話」(1697)》.

Per·ret /pəréɪ | ⌐ ⌐, ⌐ ⌐; *F.* pɛʀɛ/, **Auguste** *n.* ペレ《1874-1954; ベルギー生まれのフランスの建築家; 鉄筋コンクリート使用の先駆者》.

Per·ri·er /périèɪ; *F.* pɛʀje/ *n.* 〘商標〙ペリエ《南フランス産の発泡性ミネラルウォーター; Perrier water ともいう》. 〘← *Louis Perrier* (d. 1912: フランス南部 Gard 県 Nîmes 郊外の Vergèze で出るミネラルウォーターを研究し, Perrier 社の前身を作ったフランス人の医師)〙

Per·rin /pərǽ(ŋ), pɛ-, -rǽŋ | ⌐ ⌐; *F.* pɛʀɛ̃/, **Jean Baptiste** *n.* ペラン《1870-1942; フランスの物理学者; Nobel 物理学賞 (1926)》.

per·ron /pérən, pɛrɔ̃:(ŋ), -rɔ́(:)ŋ; *F.* pɛʀɔ̃/ *n.* 〘建築〙 **1** (大建築の玄関前または段庭の)階段《特に, 建築的に技巧を凝らしたものをいう》. **2** (階段を上った)玄関前. **3** (玄関前に敷かれる)大きな石塊. 〘(*c*1380) *peroun* □ (O)F *perron* (aug.) ← *pierre* rock < L *petram* stone □ Gk *pétra*: ⇨ petro-〙

per·ry /péri/ *n.*《英》ペリー《洋ナシ (pear) の果汁を発酵させて造る酒》. 〘(*a*1330) *pereye* □ OF *peré* (F *poiré*) < VL **pirātum* ← L *pirum* 'PEAR': ⇨ -y³〙

Per·ry /péri/ *n.* ペリー《男性名》. 〘ME (*de*) *Peri*(*e*)《原義》(from) the pear-tree < OE *pirige* □ ? LL **pirea* ← L *pirum* (↑): もと家族名〙

Per·ry /péri/, **Fred(rick John)** *n.* ペリー《1909-95; 英国の卓球・テニス選手; 卓球のシングルス世界チャンピオン (1929); ウィンブルドンテニスのシングルス連続優勝 (1934-36)》.

Perry, Matthew Cal·braith /kǽlbreɪθ/ *n.* ペリー《1794-1858; 米国海軍大将; 1853 年東インド艦隊長官として浦賀に来て開港を求め, 翌年日米和親条約の締結に成功; O. H. Perry の弟》.

Perry, Oliver Hazard *n.* ペリー《1785-1819; 米国の海軍士官》.

Perry, Ralph Barton *n.* ペリー《1876-1957; 米国の哲学者・教育学者》.

pers. 《略》person; personal; personnel; perspective.

Pers. 《略》Perseus; Persia; Perisan.

pér·sàlt /pə́:- | pə́:-/ *n.* 〘化学〙過酸塩. 〘(1820) ← PER- 4+SALT¹〙

per sal·tum /pə(:)sɔ́:ltəm, -sɑ́:l- | pə(:)sɔ́:l-, -sɔ́l-/ *adv., adj.* 一足飛びに, 一躍して (at a leap); 突然 (all at once). 〘(1600) □ L ~ 'by a bound': ⇨ per, saltation〙

perse /pə́:s | pə́:s/ *n., adj.* 濃青[濃紫]色(の), 灰青色(の). 〘(1281) □ (O)F ~ < ML *persum*《逆成》← L *Persicus* Persian ← *Persia* 'PERSIA'〙

Perse /pə́:s | pə́:s/, **Saint-John** *n.* ⇨ Léger.

per se /pə(:)séɪ, pɛə-, -sí: | pə:séɪ/ *adv.* 自ら, それ自体が[で], 本質的に (intrinsically). 〘(14C) □ L *per sē* in itself: cf. ampersand〙

per·se·cute /pə́:sɪkjù:t | pə́:-/ *vt.* **1** (特に, 信仰・主義・人種の相違などから)〈人を〉迫害する, 虐げる. **2** 〈人〉にうるさく求める[迫る], せがむ (importune). **3** [質問などで]〈人を〉苦しめる, うんざりさせる, 悩ます [*with, by*]: ~ a person *with* questions 質問で責め立てる. 〘(?*a*1425) □ (O)F *persécuter*《逆成》← *persécuteur* □ LL *persecūtor* ← L *persecūtus* (p.p.) ← *persequī* to pursue ← PER-+*sequī* to follow〙

per·se·cu·tion /pə̀:sɪkjú:ʃən | pə̀:-/ *n.* **1** (宗教的)迫害. **2** 迫害, 責め立て; しつこく求める[求められる]こと, ねだり. **~·al** /-ʃnəl, -ʃənl/ *adj.* 〘(*c*1340) □ (O)F *persécution* □ L *persecūtiō(n-)* pursuing, (LL) persecution: ⇨ ↑, -tion〙

persecútion còmplex *n.* 〘精神医学〙被害[迫害]妄(もう)想. 〘1961〙

per·se·cu·tive /pə́:sɪkjù:tɪv | pə́:sɪkjù:t-/ *adj.* 苦しめる, いじめる, 迫害する. 〘(1659) ← PERSECUT(ION)+-IVE〙

pér·se·cù·tor /-tə | -tə(r)/ *n.* 責め立てる人, 迫害者, 虐待者. 〘(?*c*1425) □ (O)F *persécuteur* □ LL *persecūtōr*: ⇨ persecute, -or²〙

per·se·cu·to·ry /pə́:sɪkjù:təri, -kjutɔ̀:ri | pə̀:sɪkjú:təri, ⌐ ⌐ ⌐ ⌐ ⌐/ *adj.* =persecutive.

Per·se·ids /pə́:siɪdz | pə́:siɪdz/ *n. pl.* [the ~] 〘天文〙ペルセウス座流星群《毎年 8 月 11 日ごろに現れる》. 〘(1876) ← NL *Perseides* (pl.) ← Gk *Perseídēs* (pl.) ← *Perseís* 'daughter of PERSEUS'〙

Per·seph·o·ne /pə(:)séfəni | pə(:)-/ *n.* **1** 〘ギリシャ神話〙ペルセポネー《Zeus と Demeter の娘, 下界の神 Hades (=Pluto) にかどわかされてその妻となり, 下界の女王となる; のち Zeus の仲介により春から秋までは地上に戻り, 残りの半年は地下で暮らすこととなったという; Kore ともいう; ローマ神話の Proserpina に当たる》. **2** 春の女神. 〘□ L *Persephonē* □ Gk *Persephónē*〙

Per·sep·o·lis /pəsépəlɪs | pə(:)-/ *n.* ペルセポリス《古代ペルシャ帝国の首都; Darius 一世がアケメネス朝の首都として建設, Alexander 大王により焼かれ廃墟となった; その遺跡はイラン南西部の Shiraz 近くにある》.

Per·se·us /pə́:siəs, -sju:s | pə́:sju:s, -siəs/ *n.* **1** 〘ギリシャ神話〙ペルセウス《Zeus と Danaë との間に生まれた英雄; 女怪 Medusa を退治し, のち Andromeda を海の怪物から救って妻にした; ⇨ Andromeda 挿絵》. **2** 〘天文〙ペルセウス座《北天の星座, その β 星は有名な変光星 Algol; the Champion, the Rescuer ともいう》. 〘□ L ~ □ Gk *Perseús*〙

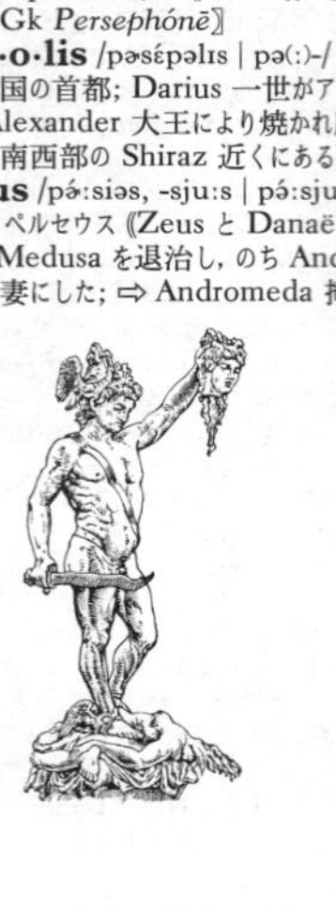

per·se·ver·ance /pə̀:səvíərəns | pə̀:sɪvíər-/ *n.* **1 a** 頑張ること, 根気強いこと, 不屈(の努力). **b** 忍耐, 堅忍, 不抜; 固執; 忍耐力. **2** 〘キリスト教〙堅忍恩恵, (Calvin 神学でいう)究極救済: ~ of the saints 究極救済, 堅忍恩恵. 〘(1340) □ (O)F *persévérance* □ L *persevērantia* steadfastness, constancy ← *persevērāre* 'to PERSEVERE': ⇨ -ance〙

SYN 頑張り: **perseverance** 困難・障害にめげずある目的に向かって積極的に努力を続けること: He has made a fortune by means of *perseverance*. 不屈の努力で財産を築いた. **persistence** 《よい意味で》じっくりと頑張ること; 《悪い意味で》人を困らせるほどのしつこさ: By *persistence* he won the prize. じっくり頑張って賞を得た. **tenacity** 目的・信念などを固守すること: I admire his *tenacity* of purpose. 彼の意志の強さに感心している. ⇨ patience.

per·se·ver·ant /pə̀:səvíərənt | pə̀:sɪvíər-/ *adj.* 堅忍不抜の, 辛抱強い. 〘(*a*1400) □ (O)F *persévérant* □ L *persevērantem* (pres.p.) (↓): ⇨ -ant〙

per·sev·er·ate /pəsévərèɪt | pə(:)-/ *vi.* **1** 〘心理〙固執する, (異常な)反復行動をする. **2** 並外れて長時間にわたって活動を続ける. 〘(1915) ← L *persevērātus* (p.p.) ← *persevērāre* to 'PERSEVERE': ⇨ -ate³〙

per·sev·er·a·tion /pəsèvəréɪʃən | pə(:)-/ *n.* 〘心理〙固執, 保続(症)《一つの行動が始められると, それにこだわって, 他の行動に移りにくくなる傾向; 病的な場合には保続と呼ばれる》. 〘(1910) □ L *persevērātiō(n-)*: ⇨ ↑, -ation〙

per·se·vere /pə̀:səvíə | pə̀:sɪvíə(r)/ *vi.* **1 a** 頑張る, 辛抱する, 耐える. **b** [努力・仕事などを]たゆまず[屈せず]やり続ける, ねばる [*in, with*]: ~ *in* doing / ~ *with* one's task. **2** (議論などで)自説を強く主張する, あくまで固執する. 〘(*c*1385) □ (O)F *persévérer* □ L *persevērāre* to continue steadfastly ← *persevērus* very strict: ⇨ per-, severe〙

pèr·se·vér·ing /-víərɪŋ | -víər-/ *adj.* 根気のよい, 辛抱[忍耐]強い, 不撓(とう)不屈の, 堅忍の. **~·ly** *adv.* 〘(1650) ⇨ ↑, -ing²〙

Per·shing /pə́:ʃɪŋ | pə́:-/, **John (Joseph)** *n.* パーシング《1860-1948; 米国の将軍; 特に 'General of the Armies' の称号を受けた; 第一次大戦の米国海外派遣軍の司令官; 通称 Blackjack Pershing》. 〘(1958) ↑〙

Per·shing /pə́:ʃɪŋ | pə́:-/ *n.* パーシング《米国の地対地弾道ミサイル; 核弾頭, 通常弾頭いずれも搭載可能》.

Per·sia /pə́:ʒə, -ʃə | pə́:ʃə, -ʒə/ *n.* ペルシャ: **1** =Persian Empire. **2** Iran の旧称; 1935 年改称. 〘□ L *Persia, Persis* □ Gk (*hē*) *Persís* □ OPers. *Pārsa*〙

Per·sian /pə́:ʒən, -ʃən | pə́:ʃən, -ʒən/ *adj.* **1** ペルシャの. **2** ペルシャ人の, ペルシャ語の. — *n.* **1** ペルシャ人; イラン人 (Iranian). **2** ペルシャ語《印欧語族の一種; イラン語派に属する》. **3 a** (柱の代用の)男像柱 (cf. telamon). **b** [*pl.*] =Persian blinds. **4** =Persian cat. **5** ペルシャ絹《白の裏地用生地》. 〘(?*a*1300) □ OF *Persien* □ ML **Persiānus* ← L *Persia* (↑): ⇨ -ian〙

Pérsian blínds *n. pl.* ペルシャブラインド《日よけよろい戸; Persians, persiennes ともいう; cf. Venetian blinds》.

Pérsian cárpet *n.* =Persian rug.

Pérsian cát *n.* ペルシャネコ《長い絹毛と太い尾をもつ家猫; しばしば Angora cat と混同される》. 〘1821〙

Pérsian Émpire *n.* [the ~] ペルシャ帝国《西アジアに位置した王国で, 最盛期には Indus 川から小アジア, エジプトまで統治した; 紀元前 6 世紀に Cyrus 大王によって建国され, 紀元前 331-327 年に Alexander 大王によって滅亡》.

Pérsian gréyhound *n.* =saluki.

Pérsian Gúlf *n.* [the ~] ペルシャ湾《アラビア半島とイランの間の湾でアラビア海の一部; アラブ諸国は Arabian Gulf と呼ぶ; 全長 990 km》.

Pérsian Gúlf Státes *n. pl.* [the ~] ペルシャ湾沿岸諸国《アラビア半島北東部ペルシャ湾南岸に沿った Bahrain, Kuwait, Qatar および United Arab Emirates》.

Pérsian lámb *n.* **1** ペルシャ子羊《Bukhara 地方産のカラクル羊 (karakul) の子》. **2** ペルシャ子羊の毛皮《毛が黒く縮れている; karakul ともいう》. 〘1889〙

Pérsian knót *n.* =Sehna knot.

Pérsian lílac *n.* 〘植物〙=chinaberry 2.

Pérsian mélon *n.* 〘植物〙ペルシャメロン《大形のマスクメロンの一種; 果肉はオレンジ色; winter melon ともいう》.

Pérsian órange *n.* 濃いオレンジ色.

Pérsian réd *n.* 〘顔料〙=Indian red 3.

Pérsian rúg *n.* ペルシャじゅうたん《手織りの高級品; Persian carpet ともいう》.

Pérsian wálnut *n.* 〘植物〙=English walnut 1.

Pérsian Wárs *n. pl.* [the ~] 〘歴史〙ペルシャ戦争《ギリシャとペルシャ帝国との間の戦争; 紀元前 499 年にペルシャの支配下にあった Ionia 諸都市の反乱を契機に開始され, Marathon の会戦 (490 B.C.), Salamis の海戦 (480 B.C.) などを経て, 和平成立 (449 B.C.) まで数次にわたって続いた》.

Pérsian whéel *n.* 一種の揚水車. 〘1704〙

per·si·car·i·a /pə̀:səkéəriə | pə̀:sɪkéər-/ *n.* 〘植物〙タデ科タデ属 (*Polygonum*) の数十種の植物の総称《ハルタデ (lady's thumb), ヤナギタデ (water pepper) など; サナエタデ属 (*Persicaria*) として独立させることもある; red shank ともいう》. 〘(1597) □ ML *persicāria* (↓)〙

per·si·car·y /pə́:səkèri | pə́:sɪkəri/ *n.* 〘植物〙=persicaria. 〘(*a*1400) □ ML *persicāria* peach tree □ L *persicum* 'PEACH²': ⇨ -ary〙

per·si·ennes /pə̀:ziénz | pə̀:si-; *F.* pɛʀsjɛn/ *n. pl.*

=Persian blinds. 〖(1842)□F ～ (fem. pl.) ← *persien* (adj.) Persian〗

per·si·flage /pə́ːsɪflɑ̀ːʒ, pɛ́ə- | pə́ːsɪflɑ̀ːʒ, pɛ́ə-, ‿‿–/; *F.* pɛʁsiflaːʒ/ *n.* **1** 軽口, 茶化し, 冗談, からかい, 冷やかし (banter). **2** 軽薄さ, 不真面目. 〖(1757)□F ～ ← *persifler* to banter ← PER-+*siffler* to whistle, hiss (＜L *sifilāre, sībilāre*: cf. sibilant)〗

Per·sil /pə́ːsɪ̀l, -sl | pə́ː-/ *n.* 〖商標〗パーシル《英国 Lever Brothers 社製の洗剤》.

per·sim·mon /pəsímən | pə(ː)-/ *n.* **1** 〖植物〗カキ《カキノキ科カキ属 (*Diospyros*) の高木または低木の総称; 北米産の高木でブドウぐらいの大きさの実がなるアメリカガキ (*D. virginiana*), カキ (Japanese persimmon) など》. **2** カキの実. 〖(1612)□N-Am.-Ind. (Algonquian) *pasiminan* (artificially) dried fruit〗

Per·sis /pə́ːsɪ̀s | pə́ːsɪs/ *n.* **1** ペルシス《現在のイランの南西部にあったアケメネス王朝発祥の地》. **2** パーシス《女性名》. 〖□Gk *Persís* 《原義》Persian woman: cf. *Rom.* 16:12〗

per·sist /pəsíst, -zíst | pəsíst/ *vi.* **1** 頑固に[あくまで]続ける〔*in*〕: ～ *in* a bad habit (警告にもかかわらず)悪い習慣を絶対に捨てない. **2** 〔反対・抗議・要求などを〕押し通す, 固執する; 〔意見・質問などを〕主張する, 言い張る〔*in*〕: ～ *in* one's project, purpose, resolution, opinion, etc. / He ～*ed in* denying his knowledge of it. あくまでそれを知らないと主張した. **3** 〈現象などが〉持続する (last); 〈制度・習慣などが〉存続する, 残存する, 生き残る (survive): His fever ～*ed* for three more days. 高熱は(しつこくも)さらに 3 日間続いた / The tendency [friendship] still ～*s*. その傾向[友情]はまだ残って[続いて]いる. **～·er** *n.* 〖(1538)□(O)F *persister* □L *persistere* to continue steadfastly ← PER-+*sistere* to stand firm (← *stāre* 'to STAND')〗

per·sis·tence /pəsístəns, -zís-, -tns, -tənts, -tnts | pəsís-/ *n.* **1** 固執, しつこさ, ねばり; 頑固 (⇨ perseverance SYN): *Persistence* is the road to accomplishment. 物事を成就するにはねばりが肝心. **2** 永続, 持続(性), 耐久力; (影響などが)後まで残ること.
persístence of vísion 〖光学〗残像《光の刺激が急になくなっても 1/10 秒は光覚があり, この刺激が消えた後, なお残っている感覚をいう》.
〖(1546)□OF ～ (F *persistance*): ⇨ ↑, -ence〗

per·sis·ten·cy /pəsístənsi, -zís-, -tn- | pəsístən-, -tn-/ *n.* **1** =persistence. **2** 〖保険〗継続《被保険者の死亡または保険期間の切れるまで生命保険の効力が続くこと》. **3** (牛が牛乳を出すように)動物が有益成分を長期にわたって出す能力. 〖(1598)□ ↓, -ency〗

per·sis·tent /pəsístənt, -zís-, -tnt | pəsís-/ *adj.* **1 a** あくまで目的を遂げようとする, 不屈の, 根気強い (persevering). **b** 固執する, しつこい (persisting). **2** 強情な, 頑固な (dogged). **3** 〈病気など〉度々繰り返す, しつこい, 連続性の; 〈香りなどが〉なかなか消えない, 持続性の, 耐久性の. **4** 〖植物〗〈花・萼(がく)など〉(散らないで)永続[宿存]する (permanent); 〈葉が〉落ちない, 常緑の (↔ deciduous, fugacious, caducous). **5** 〖動物〗〈歯・えら・角が〉(機能・構造を変えずに)存続する (↔ deciduous). **6** 〈有毒化学薬品, 特に殺虫剤が〉分解しにくい, 効力が長持ちする, 安定した: ～ pesticides. **7** 〖細菌〗〈ウイルスなど〉保菌生物の潜伏期間を過ぎても感染力を持続している. **～·ly** *adv.* 〖(1826)□L *persistentem* (pres.p.): ⇨ persist, -ent〗

persístent crúelty *n.* 〖英法〗(配偶者に対する)永続的虐待.

per·sis·tive /pəsístɪv, -zís- | pəsís-/ *adj.* 不屈の, 永続する (persistent). 〖(1601–2): ⇨ persist, -ive〗

Per·sius /pə́ːʃəs, -ʃiəs | pə́ː-/ *n.* ペルシウス (34–62; ローマの諷刺詩人; Aulus /ɔ́ːləs/ Persius Flaccus /flǽkəs/).

per·snick·e·ty /pəsníkəṭi | pəsníkɪ̀ti/ *adj.* (*also* **per·snick·i·ty** /～/) 《米口語》=pernickety. 〖(1905)(変形) ← PERNICKETY〗

per·son /pə́ːsən, -sn | pə́ː-/ *n.* **1** 人; (物・動物と区別して)人間: a private ～ 私人 / an organization for the location of missing ～*s* 行方不明者探索機関 / I considered him a pleasant ～. あの人は感じのよい人だと思った / There is no such ～. そんな(名の)人はいない / The law [God] is no respecter of ～*s*. 法[神]は人を選ばない. ★ 複数形では persons より people のほうが普通. **2 a** [名詞の後に用いて] …好きの人[タイプ]: a coffee ～ コーヒー党 / I'm not a city ～. 私は都会派じゃない. **b** [通例修飾語を伴って] 重要人物 (personage): the chief ～*s* of the State 国家の主要人物. **3** 人物, 人柄 (personality); 個人: She's nice enough as a ～, but I don't think she's the right ～ [woman] for that job. 彼女は人柄は申し分ないがその仕事には不向きだと思う《★ 後の person は 1 の用法》. **4 a** 体, 身体: if there is the remotest danger to his ～ 彼の身にわずかの危険でもあるならば. **b** 《婉曲》性器: expose one's ～. **c** 風采(ふうさい), 容姿: He is in love with her purse and not her ～. 彼女の財産にほれているのであってその容姿にほれているのではない. **5** 〖法律〗人《権利義務の主体として認められる自然人または法人》: a ～ adjudged incompetent 禁治産者 / a crime committed by (a) ～ or ～*s* unknown ひとりまたは複数の正体不明の人物による犯罪 / ⇨ fictitious person, judicial person, natural person. **6** 〖哲学〗(物体, 動植物等から区別された)人, 理性人 (rational being); 人格. **7** 《まれ・軽蔑》者, やつ (fellow, woman): Who is this ～? こいつは何者だ / that stupid ～ あの鈍物. **8** 〖文法〗人称: the first [second, third] ～ 第一[二, 三]人称 / the generic ～ 総称人称. **9** [しばしば P-] 〖神学〗位, 位格, ペルソナ《神の存在様式; cf. Trinity 1》: the three *Persons* of the Trinity 神の三位《父 (First Person) と子 (Second Person) と聖霊 (Third Person)》. **10** 《古》(劇・小説の)役, 役割 (part), 人物 (character): the ～*s* of the play 登場人物 (dramatis personae). **11** 〖動物〗個体, 個員 (cf. zooid 1).
accépt pérsons 《古》えこひいきする (cf. *Job* 13:10).
accépt the pérson of 《古》〈人〉をえこひいきする (cf. *Gal.* 2:6). ***be one's ówn pérson*** 束縛[管理]されていない.
in pérson =《古》***in one's ówn (próper) pérson*** (1) (代理でなく)自分で, 自ら, 親しく: She appeared *in* ～. 彼女本人が現れた / I can give this only to the President *in* ～. これは大統領その人にしか渡せません. (2) その人自身は, (写真などに対して)実物は. ***in the pérson of*** …という人となって: A rescuer appeared *in the* ～ *of* Jones. ジョーンズという救い手が現れた / I found a friend *in the* ～ *of* the landlord. 宿の主人という友ができた.
on [about] one's pérson 身につけて, 携帯して.
〖(?a1200)□OF *perso(u)ne* (F *personne*) ＜L *persōnam* player's mask, character acted, human being (□? Etruscan *phersu* mask) 《なぞり》← Gk *prósōpon* face, mask〗

SYN 人: **person** 人を表す最も一般的な語: the average *person* 平均的な人. **individual** 社会に対する一人の人: the freedom of the *individual* 個人の自由. **personage** 重要な[著名な]人物: a distinguished *personage* 有名な人物.

-per·son /pə̀ːsən, -sn | pə̀ː-/ [複合語の第 2 構成素として] …に従事[関係]する人. ★ 性差別を避ける目的で, chairman, salesman などの代わりに chair*person*, sales*person* などを用いる.

per·so·na /pəsóunə, -nɑː | pə(ː)sóu-/ *n.* (*pl.* **-so·nae** /-niː, -naɪ/, **～s**, 2 では **～s**) **1** 人 (person): ⇨ in propria persona. **2** 〖心理〗(C. G. Jung の分析心理学で)ペルソナ, 外的人格 (cf. anima 3 a). **3** [しばしば *pl.*] (劇・小説などの)登場人物 (cf. dramatis personae). **4** (文学作品中の)作者の代弁者. 〖(1917)□L *persōna* character, person (↑)〗

per·son·a·ble /pə́ːs(ə)nəbl̩, -sn- | pə́ː-/ *adj.* 容姿[器量]のよい, 品のある, 感じのよい: a ～ banker. **pér·son·a·bly** *adv.* **～·ness** *n.* 〖(?1435): ⇨ person, -able〗

personae *n.* persona の複数形.

personae gratae *n.* persona grata の複数形.

personae non gratae *n.* persona non grata の複数形.

per·son·age /pə́ːsənɪdʒ, -sn- | pə́ː-/ *n.* **1** 名士, 著名人, 要人 (⇨ person SYN). **2** 人, 人物: a very singular ～ ひどい変人. **3** 《まれ》(歴史上の)人物; (劇・小説などの中の)登場人物: the ～ of Hamlet ハムレットの役. **4** 人格化, 化身, 権化 (impersonation): represent the ～ of virtue 貞節の権化(ごんげ)[化身]である. **5** 《古・戯言》容姿, 風采(ふうさい). 〖(c1460)□(O)F *personnage*: ⇨ person, -age〗

persóna grá·ta /-grǽṭə, -gréɪ-, -grɑ́ː- | -grɑ́ːtə, -gréɪ-/ *L. n.* (*pl.* **personae gra·tae** /-tiː, -taɪ/, ～) 意にかなう人, お気に入り; (特に, 外交官で駐在国の元首または政府に)好ましい[好評の]人物 (↔ persona non grata): be a ～ to [with] …のお気に入りとなる[にかわいがられる] / Tokyo declared him ～. 日本政府は彼を好ましい人物であると言明した. 〖(1882)□L *persōna grāta* person that is well liked〗

per·son·al /pə́ːs(ə)nl̩, -snəl, -snl̩ | pə́ː-/ *adj.* **1** 一個人の, 自分の, 当人(だけ)の, 一身(上)の, 私の (private) (↔ public): ～ matters [affairs] 私事 / ～ tastes 個人的な好み / a ～ secretary 個人秘書 / a ～ friend (仕事上でなく)個人的な友人 / have a good ～ relationship with … と個人的によい関係にある / for ～ reasons 一身上の都合で / seek ～ glory 身の栄誉を求める / to suit one's ～ convenience (もっぱら)自分の都合次第で / one's own ～ … 自分専用の… / She had a ～ history of alcoholism. アルコール依存症の経歴があった / My ～ opinion differs from yours. 私個人としては君の意見とは違う / Give a few ～ touches to a room. 部屋にはぬくもりを感じさせるあなた独自のものを少し加えることです / This is purely ～. これは全く私の一身上のことです. **2 a** 自分で行う, 本人(直接)の: a ～ interview 直接面接 / a ～ acquaintance 直接面識のある人 / a ～ call 《英》直接訪問; (電話の)指名通話 (cf. person-to-person) / The author made a ～ appearance at the bookstore. 著者自ら書店に姿を見せた. **b** 個人間の, 人間同士の (cf. 1). **3** 個人に宛てた, 〈手紙が〉親展の: a ～ letter 親展書, 私信《表に Personal と書かれる》. **4 a** 個人に関する, 個人を目当てにした: ～ details 個人に関する細目《名前・住所・年齢など》/ ⇨ personal column. **b** 他人の私事に関する, 人身攻撃の: ～ abuse [remarks] 人身攻撃 / become [get] ～ in a dispute 論争で人身攻撃を始める / Don't be too ～. あまり私事にわたることは言うな[聞くな] / (It's) Nothing personal. 悪気はありません, 悪く思わないで下さい. **5 a** 身体の: ～ ornaments 装身具 / ～ injury 身体への傷害 / ～ hygiene 身体の衛生. **b** 風采(ふうさい)の, 容姿の: ～ appearance 人品, 風采 / ～ beauty 容姿の美しさ. **6** (物や抽象と区別して)人の, 人らしい; 人格的な, 人格表現の: a ～ God 人格神. **7** 〖文法〗**a** 人称の, 人称を示す: ～ endings of verbs 動詞語尾の人称変化《例: *L.* portō I carry / portās you carry / portat he [she, it] carries における -ō, -s, -t》/ ⇨ personal pronoun. **b** 人称代名詞の[を示す]. **8** 〖法律〗〈財産など〉人に属する, 人的な, 可動の (movable) (↔ real). **9** 〈ラジオ・テレビなど〉個人用の, 小型の: a ～ radio.
— *n.* **1** [通例 *pl.*] **a** (新聞などの)人事欄, 個人消息欄. **b** 個人広告欄. **2** [*pl.*] 《米》人物批評 (personalities). **3** 〖文法〗=personal pronoun. **4** [*pl.*] 〖法律〗動産 (personal property). **5** 〖スポーツ〗《口語》= personal foul.
〖(a1387)□OF *perso(n)nel* (F *personnel*) □LL *persōnālis*: ⇨ person, -al¹〗

pérsonal áction *n.* 〖法律〗対人訴訟《物自体の回復でなく特定の人に対して, その負担している債務または義務の強行を求める訴訟; cf. real action》. 〖1448〗

pérsonal allówance *n.* 《英》(個人の所得税の)基礎控除(額).

pérsonal assístant *n.* 《英》個人秘書《secretary より責任ある仕事をする》. 〖1956〗

pérsonal cólumn *n.* (新聞の)個人消息欄, 私事広告欄.

pérsonal compúter *n.* パーソナルコンピューター, パソコン (略 PC). 〖1976〗

pérsonal efféc̄ts *n. pl.* **1** 身の回りの品, 所持品 (cf. effect 3). **2** 〖法律〗個人的財産《日用の家具・家財》. 〖1843〗

pérsonal equátion *n.* **1** 〖天文〗(観測上の)個人誤差. **2** (解釈や方法上の)個人的傾向; 個人差. 〖1845〗

Pérsonal Équity Plàn *n.* 《英》(一定限度額までの個人投資は売却益・配当金を非課税とする)個人株式投資プラン.

pérsonal estáte *n.* 〖法律〗=personal property.

pérsonal fóul *n.* 〖球技〗パーソナルファウル《バスケットボールなどでプレー中に相手選手との間に起こした不当な身体接触による反則; cf. technical foul》. 〖1829〗

per·so·na·li·a /pə̀ːsənéɪliə, -sn-, -ljə | pə̀ː-/ *n. pl.* **1** 個人に属する[関する]もの(こと), 個人的な事柄. **2** 人物を伝える挿話[余録], (回想的)人物論[余録]. 〖(1903) ← NL ～ ← LL (neut.pl.) ← *persōnālis* 'PERSONAL'〗

pérsonal ídealism *n.* 〖哲学〗=personalism.

pérsonal identificátion nùmber *n.* 暗証番号 (略 PIN).

pér·son·al·ìsm /-s(ə)nəlɪzm, -sn-, -nl-/ *n.* **1 a** 〖哲学〗人格主義《人格とその自立性および陶冶等に最高の価値をおく哲学思想》. **b** 〖心理〗人格[個性]主義《個人の人格を心理学の中心課題とする研究方法》. **2** 個人特有の言動. 〖(a1846) ← PERSONAL＋-ISM〗

pér·son·al·ist /-s(ə)nəlɪ̀st, -sn-, -nl- | -lɪst, -lɪst/ *n., adj.* **1** 人物論筆者(の). **2** 〖哲学〗人格主義者(の). **pèr·son·al·ís·tic** /-lístɪk, -lís-/ *adj.* 〖1876〗

per·son·al·i·ty /pə̀ːsənǽləṭi, -sn- | pə̀ːsənǽlɪ̀ti, -sn-/ *n.* **1** 人であること, 人としての存在; (性格を備えた)人間, 人 (person). **2 a** 個性; (他人の目に映じる)性格, 人格, 人柄 (⇨ temperament SYN): a man with little ～ ほとんど個性のない人 / a man of strong ～ 個性の強い人 / a pleasing [sympathetic] ～ 人好きのする[同情心に富んだ]性格[人物]. **b** (個人と同様に見た集団・国家などの)性格. **3 a** 特異な[強い]個性. **b** 特異な(個性の)人物, 魅力的な個性の持主. **c** (特定分野の)有名人, 名士 (celebrity): a movie [TV] ～ 映画界[テレビ]の有名人[タレント] / noted literary *personalities* 著名な文士たち. **4 a** (批評などが)個人に向けられていること. **b** [通例 *pl.*] 人物批評; (特に)人身攻撃: indulge in *personalities* 人身攻撃をする. **5** 〖心理〗(複雑な精神内容の統一体としての)性格, 人格, 人格性: dual ～ =double personality / ⇨ alternating personality, multiple personality, split personality. **6 a** (場所・ものなどの)雰囲気. **b** 〖地理〗(ある地域の)特性, 地勢. **7** 《まれ》〖法律〗=personal property. 〖(a1425)□OF *personalite* (F *personnalité*) ∥ LL *persōnālitātem*: ⇨ personal, -ity〗

personálity cùlt *n.* 個人崇拝. 〖1956〗

personálity disòrder *n.* 〖精神医学〗人格異常, 人格障害. 〖1938〗

personálity inventory *n.* 〖心理〗人格目録, パーソナリティーインベントリー《多くの質問項目に対して○×式回答で得られる人格テスト; cf. Minnesota Multiphasic Personality Inventory》. 〖1932〗

personálity tèst *n.* 〖心理〗人格テスト, 性格[情意]検査. 〖1914〗

personálity tỳpe *n.* 〖心理〗性格型.

per·son·al·ize /pə́ːs(ə)nəlàɪz, -sn- | pə́ː-/ *vt.* **1 a** 個人化する, 私人[個人]のものとする, 個人専用にする; …に自分の名前[頭文字など]をつける. **b** 〈言葉などを〉自分に当てつけたものと思う. **2** 人間[人格]化する, 擬人化する (personify). **3** 〖電算〗〈設定を〉自分の好みに合わせて変更する. **per·son·al·i·za·tion** /pə̀ːs(ə)nəlɪzéɪʃən, -sn- | pə̀ːs(ə)nəlaɪ-, -sn-, -lɪ-/ *n.* 〖(1727–41) ← PERSONAL＋-IZE〗

pér·son·al·ìzed *adj.* 個人名[イニシャル]入りの. 〖1947〗

pérsonal líberty *n.* 〖法律〗人身の自由《身体を拘束されない自由; 最も基本的な自由権の一つで, 奴隷的拘束・苦役・人身売買および刑事手続における不当な刑事拘束などからの自由》.

per·son·al·ly /pə́ːs(ə)nəli, -sn-, -snl̩i | pə́ː-/ *adv.* **1** [通例文頭に用いて] 自分としては: *Personally*, I don't like it. 私としてはそれは気に入らない. **2** [文中または文尾に用いて] 個人的に: I don't hate him ～. 私は彼を個人的に憎んではいない / I am ～ responsible for it. それに対しては私個人に責任がある. **3** 自ら, 親しく, 直接会って (in person): The writ was served on him ～. 令状は直接彼に手渡された. **4** 個人的に当てつけて, 自分に向けられたように: Do you take his remarks ～? 彼の言葉を当てつけと思うのか. **5** 一個の人間として (as a person): a God existing ～. ***personally spéaking*** = ***speaking per-***

sonally 個人的な立場で言えば. 〖(*a*1398): ⇨ person-al, -ly[1]〗

pérsonal náme *n.* (姓に対する)名; あだ名, 呼び名(など). 〖1748〗

pérsonal órganizer *n.* システム手帳; 電子手帳.

pérsonal pénsion plàn *n.* 個人年金計画《企業などの年金制に加入していない個人のための計画; 略 PPP》.

pérsonal prónoun *n.* 〘文法〙人称代名詞《例えば, 英語における一人称 I, we; 二人称 you, 《古》thou, ye; 三人称 he, she, it, they およびそれらの所有格や目的格》. 〖1668〗

pérsonal próperty *n.* 〘法律〙動産, 人的財産《もと対人訴訟 (personal action) の保護を受けた財産; cf. real estate》. 〖1838〗

pérsonal representative *n.* 〘法律〙人格代表者《遺言執行者 (executor) または遺産管理人 (administrator)》. 〖1796〗

pérsonal ríghts *n. pl.* 人的権利《人の身体・名誉・人身の自由などの保護される権利》.

pérsonal sérvice *n.* 〘法律〙交付送達《郵送や公示送達ではなく現実に交付すること》.

pérsonal shópper *n.* **1** (デパートなどの)買物(見つくろい)係, 買物相談係《客の品物の見立ての相手をし, 外注には自ら見つくろう》. **2** (通信販売などによらない)直接の個人客. 〖1972〗

pérsonal spáce *n.* **1** 個人空間《不快を感じない他者との主観的距離》. **2** 一人で過ごせる自由な時間.

pérsonal stáff *n.* [集合的]〘軍事〙専属幕僚《幕僚長を通じることなく司令官に直属する幕僚で, 例えば副官; cf. general staff, special staff》.

pérsonal stéreo *n.* (ヘッドホンで聞く)小型携帯用カセット[CD]プレーヤー, ウォークマン.

pérsonal táx *n.* 〘財政〙人税《direct tax ともいう》. 〖*c*1935〗

pérsonal tóuch *n.* **1** 人間味, ふれあい: service with a ~ 真心のこもったサービス. **2** (ある人の)独特の風格[個性], その人らしさ: a gift with a ~ 個性ある贈物.

pérsonal tráiner *n.* 個人トレーナー.

per·son·al·ty /pə́ːs(ə)nəti, -snəl-, -sn̩- | pə́ː-/ *n.* 〘法律〙=personal property. 〖(1544) □ AF *personalté* □ LL *persōnālitātem* 'PERSONALITY'〗

pérsonal wátercraft *n.* 水上バイク, ジェットスキー《オートバイのようにまたがって乗る一人用モーターボート》.

persóna nòn grá·ta /-nà(ː)ngrάːtə, -grǽtə, -gréɪtə, -nòun- | -nɒngrάːtə, -gréɪtə, -nòun-/ *L. n.* (*pl.* **personae non gra·tae** /-tiː, -taɪ/, ~) 好ましくない人; (特に, 駐在国の政府にとって)好ましくない外交官 (↔ persona grata). 〖(1904) □ L *persōna nōn grāta* unacceptable person〗

P

per·son·ate[1] /pə́ːsənèɪt, -sn̩- | pə́ː-/ *vt.* **1** (演劇で)〈ある人物〉の役を務める[演じる]. **2 a** (だます目的で)〈他人〉の風を装う, …と偽る, …の名をかたる. **b** 《英》(不正投票のために)〈他人名義を〉詐称する. **3** (詩などで)人格[擬人]化する. — *vi.* (劇で)役を務める[演じる]. 〖(1591) ← PERSON+-ATE[1]〗

per·son·ate[2] /pə́ːsənɪt, -nèɪt, -sn̩- | pə́ː-/ *adj.* **1** 〘植物〙**a** 〈唇形花冠が〉(キンギョソウ (snapdragon) の花のように)仮面状の (masked): a ~ corolla 仮面状花冠. **b** 〈花が〉仮面状花冠をもっている. **2** 〘昆虫〙〈幼虫が〉偽装した. **3** 《古》仮装[変装]した; 見せかけの (feigned). 〖(1597–98) □ L *persōnātus* masked ← *persōna* actor's mask: ⇨ person, -ate[2]〗

per·son·a·tion /pə̀ːsənéɪʃən, -sn̩- | pə̀ː-/ *n.* **1** (劇の役を)演じること, 役に扮すること (impersonation). **2** (身分の)詐称, 偽称: false ~ 〘法律〙姓名[身分]詐称. **3** 擬人化. 〖(1589) ← PERSONATE[1]+-ATION〗

per·son·a·tive /pə́ːsənèɪtɪv, -sn̩- | pə́ːsənèɪt-, -sn̩-/ *adj.* 役割を務める[演じる]. 〖(1789) ⇨ -ative〗

pér·son·a·tor /-tə | -tə[r]/ *n.* **1** 扮装者; 役を演じる者, 俳優. **2** 詐称者, 偽称者. 〖(1608) ← PERSONATE[1]+-OR[2]〗

pérson·dày *n.* 〘統計〙人(にん)日《1 人の人が普通の行動をする平均的な 1 日を示す時間の単位》.

pérson·hòod *n.* 個人的であること, 個性 (individuality). 〖(1959) ← PERSON+HOOD〗

per·son·i·fi·ca·tion /pəsɑ̀(ː)nəfɪkéɪʃən | pə(ː)sɔ̀nɪ-fɪ-/ *n.* **1** 擬人(化), 人格化. **2** 〘美術・文学など〙人間の姿で表すこと, 具現: an artistic ~ of beauty 美の芸術的具現. **3** (神・架空の人物について)〈抽象物などを〉擬人化したもの 〔*of*〕: Neptune is the ~ *of* the sea. ネプトゥーヌスは海を擬人化したものである. **4** [通例 the ~] (現実の人・物について)〈性質・観念などの〉権化, 化身, 典型 〔*of*〕: *the* ~ *of* patriotism, youth, joy, evil, etc. **5** 〘修辞〙擬人法. **6** 〘精神医学〙人間化, 擬人化《自然物などに感情移入し, 人間としてとらえること》. 〖(1755): ⇨ personify, -fication〗

per·són·i·fi·er *n.* **1** 擬人法を使う人. **2** 体現する人[もの], 化身. 〖(1768–74): ⇨ ↓, -er[1]〗

per·son·i·fy /pəsɑ́(ː)nəfàɪ | pə(ː)sɔ́nɪ-/ *vt.* **1** 〈無生物を〉擬人化する, 人とみなす: Primitive peoples ~ natural phenomena. 原始的な民族は自然現象を擬人化する. **2** 〈特質などを〉人間の形で表現[象徴]する, 人格化する: ~ justice *as* a blindfold woman 目隠しした女性の姿で正義を表す. **3 a** [しばしば p.p. 形で] 体現する, 具現する (embody): She is chastity *personified*. 貞節の鑑だ. **b** 象徴する (typify), …の化身[典型]である: He *personifies* law. 彼は法の象徴[化身]である / Satan *personifies* evil. 悪魔は悪の象徴である. **4** 《まれ》〈他人〉のふりをする, 装う.

per·són·i·fi·a·ble /-fàɪəbl/ *adj.* 〖(1727–41) □ F *personnifier*: ⇨ person, -(i)fy〗

pérson·kìnd *n.* 《しばしば戯言》人類 (humankind). ★ 性差別を避けるために用いられる. 〖1972〗

per·son·nel /pə̀ːsənél, -sn̩- | pə̀ː-/ *n.* (*pl.* ~, ~s) **1 a** [集合的] (官庁・軍隊・事業所など各種公共団体の)総人員, 職員 (cf. matériel 1): the ~ of the new cabinet 新内閣の顔触れ / the bureau of ~ 人事局. **b** [複数扱い]《米》人々 (persons): ten ~ 10 人 (ten people). **2** 人事部[局, 課]. — *adj.* 職員の, 兵員の; 人事の: a ~ division [section] 人事部[課] / a ~ officer 人事係将校. 〖(1837) □ F ~ 'PERSONAL' (形容詞の名詞的用法)〗

personnél càrrier *n.* 武装兵員輸送車. 〖1945〗

personnél depàrtment *n.* (会社の)人事部, 人事課. 〖1943〗

personnél dirèctor [mànager] *n.* **1** (会社の)人事担当取締役. **2** 《米》(大学の)就職指導主事. 〖1926〗

pérson-to-pérson *adj.* **1** (長距離電話で)指名(通話)の (cf. station-to-station): a ~ call from New York ニューヨークからの指名通話. **2** 個人対個人の, 直接の, ひざ詰めの. — *adv.* **1** (長距離電話で)指名(通話)で. **2** 個人対個人で, 差し向かいで, ひざ詰めで. 〖1919〗

pérson-yèar *n.* 〘統計〙人(にん)年《1 人の人間の行動・仕事などの平均的な 1 年分を示す単位》.

per·sorp·tion /pəsɔ́ːpʃən, -zɔ́ːp- | pəsɔ́ːp-, -zɔ́ːp-/ *n.* 〘物理化学〙過吸着 (cf. sorption). 〖(1930) ← PER-+(AD)SORPTION〗

persp. 《略》perspective.

per·spec·tiv·al /pəspéktɪvəl, -vl̩ | pə(ː)-/ *adj.* 透視[遠近]画法の[に関する]; 透視[遠近]画法を用いた. 〖*a*1866〗

per·spec·tive /pəspéktɪv | pə(ː)-/ *n.* **1 a** 物の見方, 考え方, 見解: view evidence from a slightly altered ~ 証拠をちょっと違った視点から眺める. **b** (ある観点から見た)事物の様相, 面. **c** (将来の)見通し, 見込み, 展望 (mental prospect): a new ~ on …に関する新しい見通し. **2** (物事の見た上の)釣合い, 配合, 相関関係: see [look at, view] things in (its right [proper]) ~ 物事を正しい釣合いで見る, 釣合いの取れた物の見方をする. **3** 釣合いの取れた物の見方(ができること). **4** 遠景 (distant view), 通景, 眺め (vista). **5 a** 透視画法, 遠近画法; 〘数学〙透視図法, 中心投象法: ⇨ aerial perspective, angular perspective / linear [isometric, parallel] ~ 直線[等長, 平行]透視画法[図法] / bird's eye ~ 鳥瞰(ちょうかん)的遠近法 / in [out of] ~ 遠近法にかなって[からはずれて]. **b** 透視画. **6** 《廃》だまし絵《特定の視点以外から眺めると歪んだり, 異なったように見える絵》. **7** 《廃》拡大鏡, 望遠鏡; (比喩的に)色眼鏡. ***gèt [kèep, pùt] in perspéctive*** 正しい釣合い[総合的視野]で見る. ***gèt ... òut of perspéctive*** …に対し誤った見方をする.
— *adj.* 透視画法の; 遠近法によった配景の: ~ representation [drawing] 透視画法, 遠近画法.

~·ly *adv.* 〖n.: (*a*1387) (1598) 《廃》'optics, optical instrument' □ ML (*ars*) *perspectiva* (science) of optics (fem.) ← LL *perspectīvus* ← L *perspectus* (p.p.) ← *perspicere* to look through ← PER-+*specere* to look. — adj.: (?*a*1425) 'optical' □ LL *perspectīvus*〗

per·spéc·tiv·ìsm /-tɪ̀vìzm | -tɪ-/ *n.* 〘哲学〙遠近法主義: **a** (Leibniz のモナドロジーのような) 世界は各自に固有の透視の立場から相互に他を眺め合う無数の実有より成っているとする考え. **b** (Nietzsche のように)認識は各人の世界に関する見方と相対的で, 真に個的な実在の内面は看過されがちだとする考え. 〖(1910): ⇨ ↑, -ism〗

per·spec·tiv·i·ty /pə̀ːspɛktívəti | pə̀ːspɛktívɪti/ *n.* 〘数学〙配景(性), 配景の位置にあること. 〖(1910): ⇨ -ity〗

Per·spex /pə́ːspɛks | pə́ː-/ *n.* 〘商標〙パースペックス (⇨ polymethyl methacrylate). 〖1935〗

per·spi·ca·cious /pə̀ːspɪkéɪʃəs | pə̀ːspɪ-ˈ-/ *adj.* **1** 洞察力のある; わかりの早い, 明敏な. **2** 《古・まれ》目の鋭い, よく目の見える (clear-sighted). **~·ly** *adv.* **~·ness** *n.* 〖(1616–61) ← L *perspicāc-*, *perspicāx* clear-sighted ← *perspicere* to look through: ⇨ perspective, -acious〗

per·spi·cac·i·ty /pə̀ːspɪkǽsəti | pə̀ːspɪkǽsɪti/ *n.* **1** 明敏 (acuteness), 眼識 (discernment), 洞察力 (penetration). **2** 《古・まれ》すぐれた視力, 目の鋭さ. 〖(1548) □ LL *perspicācitātem*: ⇨ ↑, -ity〗

per·spi·cu·i·ty /pə̀ːspəkjúːəti | pə̀ːspɪkjúːɪti/ *n.* **1** (表現・論述などの)明快さ (lucidity), わかりやすさ. **2** 《口語》=perspicacity. 〖(*c*1477) □ L *perspicuitātem*: ⇨ ↓, -ity〗

per·spic·u·ous /pəspíkjuəs | pə-/ *adj.* **1** 〈陳述など〉わかりやすい, 明快な (lucid). **2** 〈人が言うことがはっきりした, はきはきした. **3** 《まれ》=perspicacious. **~·ly** *adv.* **~·ness** *n.* 〖(1584) ← L *perspicuus* transparent, evident ← *perspicere* to look through: ⇨ perspective, -ous〗

per·spi·ra·tion /pə̀ːspəréɪʃən | pə̀ː-/ *n.* **1** 発汗 (sweating), 発汗作用. **2** 汗: His face was streaming with ~. 彼の顔からは汗が流れていた. ★ sweat より上品な言い方. **3** (汗の出るほどの)大骨折り, 努力.

per·spir·a·to·ry /pəspáɪrətɔ̀ːri, pə́ːsp(ə)rə- | pəspáɪərətəri, -tri/ *adj.* 〖(1611) □ F ~ ← *perspirer* (↓)〗

per·spire /pəspáɪə | pəspáɪə[r]/ *vi.* 汗が出る, 汗をかく, 発汗する (sweat): ~ profusely 大汗をかく. — *vt.* **1** 汗にして出す, 発散する. **2** にじみ出させる (exude). **3** 〈運動選手・馬など〉に運動で汗をかかせる. **per·spír·ing·ly** *adv.* 〖(1646) □ F *perspirer* □ L *perspīrāre* 《原義》to breathe through ← PER-+*spīrāre* to breathe (cf. spirit): '発汗する' の意は NL から〗

per stir·pes /pə(ː)stə́ːpiːz | pə(ː)stə́ːpiːz/ *L. adv., adj.* 〘法律〙代襲による[の]《財産を相続すべき人が死亡の場合, その子がその人の相続分の相続にあずかる》. 〖□ L *per stirpēs* 《原義》by stock〗

per·suad·a·ble /pəswéɪdəbl | pəswéɪd-/ *adj.* = persuasible. **per·suàd·a·bíl·i·ty** /-swèɪdəbíləti | -dəbílɪti/ *n.* 〖1530〗

per·suade /pəswéɪd | pə-/ *vt.* **1** 〈人〉に勧めて…させる, 説得する (induce) 〔*into, out of*〕/〈*to do*〉(cf. dissuade): ~ a person *to* do [*into* doing] 勧めて人にさせる / I didn't want to, but they ~*d* me (to). したくなかったが説得されてした / She'll do it unless I can ~ her otherwise. 彼女はそれをするよ, しないように説得できれば別だけど / I ~*d* him *out of* his plan [not *to* go ahead with his plan]. 彼を説得して計画を断念させた (cf. reason *vt.* 3). ★ 次のように不定詞を省略して用いることもある: He ~*d* me (to come) in to shelter from the storm [out of the storm]. 彼は私にあらしを避けて家の中に入るように説きつけた. 日英比較 日本語の「説得する」は説得の結果成功したかどうかについては明らかではなく, 「説得したがだめだった」ということが可能であるが, 英語の *persuade* は説得して成功することを意味する. したがって「説得したがだめだった」という場合には英語では tried to persuade を用いる. **2** …に〔…を〕信じさせる, 思い込ませる, 納得させる (convince) 〔*of*〕/〈*that*〉: ~ a person [*oneself*] *of* [*that*] …を人に信じさせる[自分で信じる] / I am (firmly) ~*d of* his innocence [*that* he is innocent]. 彼の無罪を(堅く)信じる / My research has ~*d* me *that* you are wrong. 私は調べてみてあなたが間違っていると確信した / He is easy [an easy person] to ~. =He is easily ~*d*. 彼は納得させやすい. **3** 説き勧める, 促す (urge) 〈*to do*〉. — *vi.* **1** 説得する; 説き勧める: It took a lot of *persuading* to get them to agree. =They needed a lot of *persuading* to agree. 彼らが同意するように説得するのにずいぶん苦労した. **2** (説得されて)信じる, 思い込む: He ~*s* easily. 〖(1513) □ L *persuādēre* ← PER-+*suādēre* to advise (cf. suasion)〗

SYN 説得する: **persuade** 然るべき理由を述べて人を説得してある行動をとらせる: He *persuaded* me to go. 私を説きつけて行かせた. **induce** 人を巧みに導いて[そそのかして]ある行動をとらせる: Advertising *induces* people to buy. 広告は人々の買い気をそそる. **prevail on [upon]** 相当議論したあげく辛うじて説きつける《格式ばった語》: We *prevailed on* him to stay for supper. 一緒に食事するようになんとか彼を説きつけた.

---

per·suád·er /-də | -də[r]/ *n.* **1** 説得する[説得させる]人, 勧誘してさせる人[物]: the hidden ~*s* of advertising and the media 広告とマスコミという目に見えない形で人々を信じ込ませるもの. **2** 《俗》**a** 強制する時に用いるもの; ピストル, むち. **b** [*pl.*] 拍車 (spur): clap in the ~*s* (馬に)拍車をかける. 〖1538〗

per·sua·si·ble /pəswéɪsəbl, -zə- | pəswéɪsɪ-, -zɪ-/ *adj.* 説き伏せられる, 説得[納得]できる; 説得に服する.

per·suà·si·bíl·i·ty /-səbíləti, -zə- | -sɪbílɪti, -zɪ-/ *n.* 〖(*a*1400) 'persuasive' □ L *persuāsibilis* ← *persuāsus*: ⇨ ↓, -ible〗

per·sua·sion /pəswéɪʒən | pə-/ *n.* **1** 説得(すること), 説きつけ; 説得力, 口説(くど)き上手: solve a problem not by force but by ~ 問題を強制によってではなく説得によって解決する / It took all her powers of ~ to get them to agree. =They needed a lot of ~ to agree. 彼らを同意させるのに大変な説得力が必要だった. **2** 確信, 信念, 定見: It is my private [personal] ~ that he is mad. 彼は狂人だというのが私の意見だ. **3 a** (特に宗教上・政治上の)信条; 信仰 (belief): people of various political and religious ~*s* さまざまな政治的・宗教的信条の人々 / She's not of my ~. 彼女は私とは考えが違う. **b** 宗旨, 教派 (sect); 党派, 派閥: a man of the Christian [Jewish] ~ キリスト[ユダヤ]教徒 / people of the friendly ~ 《古》クエーカー教徒 (Quakers). **4** 《しばしば戯言》種類 (sort), 階級 (class), 性別 (sex), 人種: pets of every ~ あらゆる種類のペット / Would you take orders from the female ~? 女性の指図を受け入れますか. 〖(*c*1380) □ L *persuāsiō(n-)* conviction, opinion ← *persuāsus* (p.p.) ← *persuādēre* 'to PERSUADE': ⇨ -sion〗

per·sua·sive /pəswéɪsɪv, -zɪv | pə-/ *adj.* **1** 説得力のある, 人を納得させる, 説得的な: His argument is ~. 彼の主張には説得力がある / She can be very ~. 彼女は人をとてもうまく説得できる. **2** 口のうまい. — *n.* (人を)説得[信服]させるもの, 動機 (motive), 誘因 (inducement). **~·ly** *adv.* **~·ness** *n.* 〖(1589) □ F *persuasif*, *-ive* ∥ ML *persuāsīvus* ← L *persuāsus*: ⇨ ↑, -ive〗

pèr·súlfate /pə̀ː- | pə̀ː-/ *n.* 〘化学〙過硫酸塩. 〖(1813) ← PER- 4+SULFATE〗

pèr·súlfide /pə̀ː- | pə̀ː-/ *n.* 〘化学〙=persulphide.

per·sulfúric ácid /pə̀ː- | pə̀ː-/ *n.* (*also* **persulphúric ácid**) 〘化学〙過硫酸 ($H_2S_2O_8$) 《正式名 peroxodisulfuric acid》. 〖*persulfuric*: ← PER- 4+SULFURIC〗

pèr·súlphide /pə̀ː- | pə̀ː-/ *n.* 〘化学〙過硫化物. 〖← PER- 4+SULPHIDE〗

pert /pə́ːt | pə́ːt/ *adj.* (~·er, ~·est; more ~, most ~) **1** 生意気な, 小しゃくな (impertinent); ずぶとい, でしゃばりな, 無作法な (impudent). **2** 〈衣服など〉きりっとあか抜けのした (chic), スマートな, いきな (jaunty). **3** 《口語》活発な, 元気な (lively); 丈夫な (healthy). **4** 《廃》賢い (clever). **~·ly** *adv.* **~·ness** *n.* 〖(*c*1250) 《頭音消失》← (i) OF *apert* open □ L *apertus* (p.p.) ←

aperīre to open ‖ (ii) OF *a(s)pert*=*(es)pert* expert < L *expertum* (⇨ expert)〛

PERT /pə́ːt | pə́ːt/ *n.* 〚経営〛パート方式《ネットワーク・プランニングの代表的なもの; 周期的報告に基づいて計画・分析・制御・管理を行い, 大規模なプロジェクトをできるだけ合理的・迅速・経済的に完成する方法》. 〚《頭字語》← *P(rogram) E(valuation and) R(eview) T(echnique)*〛

pert. 《略》pertaining.

per·tain /pətéɪn | pə(ː)-/ *vi.* **1** 〔…に〕関係する, かかわる〔*to*〕: information ～*ing to* the case この事件に関する情報 / That remark hardly ～*s to* the matter in hand. その言葉は当面の問題にほとんど無関係だ. **2** 〔…に〕適切[妥当]である, 似合う〔*to*〕: It does not ～ *to* me to instruct you. 君に教えるなど私の分でない. **3** 〔…に〕固有である, 属する, 付属する〔*to*〕: the infirmities ～*ing to* old age 老年に付きものの疾患. 〚《*a*1325》 *parte(i)ne(n), parte(i)ne(n)* □ OF *partenir* < L *pertinēre* to extend, relate: ⇨ pertinent〛

Perth /pə́ːθ | pə́ːθ/ *n.* パース: **1** スコットランド中央部の旧州; 面積 6,457 km²; Perthshire ともいう. **2** Tay 川に臨む港市; 旧 Perth 州の州都. **3** オーストラリア南西部の都市, Western Australia 州の州都. 〚cf. Welsh *perth* bush, copse〛

perth·ite /pə́ːθaɪt | pə́ː-/ *n.* 〚鉱物〛ペルト長石, パーサイト《カリ長石を葉片状に含む正長石や微斜長石》. 〚《1832》← *Perth* (カナダ Ontario 州の地名)+-ITE¹〛

Perth·shire /pə́ːθʃə, -ʃɪə | pə́ːθʃə^r, -ʃɪə^r/ *n.* = Perth 1.

per·ti·na·cious /pə̀ːtənéɪʃəs | pə̀ːtɪ̀n-ˊ/ *adj.* **1** 〈人・行動・信念など〉根気強い, 不屈の, 堅忍不抜の, 頑固な, 強情な. **2** 〈病気が〉(ひどく)しつこい: a ～ cough. **～·ly** *adv.* **～·ness** *n.* 〚《1626》□ L *pertināc-, pertināx* holding firmly ← PER-+*tenāx* 'TENACIOUS'〛

per·ti·nac·i·ty /pə̀ːtənǽsəti | pə̀ːtɪ̀nǽsɪ̀ti/ *n.* **1** 根気強さ, 不屈. **2** 押しの強さ, 強情, しつこさ. 〚《1504》□ (O)F *pertinacité* □ LL *pertinācitātem* ← L *pertinax*: ⇨ ↑, -acity〛

pér·ti·nence /-tənəns, -tn-, -tn- | -tɪ̀n-/ *n.* =pertinency. 〚《*c*1400》 'appendage' □ (O)F ～: ⇨ pertinent, -ence〛

per·ti·nen·cy /pə́ːtənənsi, -tn-, -tn- | pə́ːtɪ̀n-/ *n.* 適切, 適当 (relevance). 〚《1598》: ⇨ -y¹〛

per·ti·nent /pə́ːtənənt, -tn-, -tn- | pə́ːtɪ̀n-/ *adj.* **1** 〔…と〕関係のある, 関連する (⇨ relevant SYN); 〔…に〕属する〔*to*〕: ～ examples, evidence, etc. / the point ～ *to* the question その問題に関連する要点. **2** 〔…に〕適切な〔*to*〕; 要領を得た: a ～ question [remark] 的を射た質問[言葉]. — *n.* [通例 *pl.*]〚スコット法〛付属物[品] (accessory): parts and ～. **～·ly** *adv.* 〚《*c*1390》□ (O)F ～ ‖ L *pertinentem* (pres. p.) ← *pertinēre* to extend, belong, relate ← PER-+*tenēre* to hold: ⇨ -ent〛

per·tu·ba·tion /pə̀ːtʃubéɪʃən | pə̀ːtju-/ *n.* 〚医学〛卵管通気(法). 〚← L *per tubam* through a tube+-ATION〛

per·turb /pətə́ːb | pə(ː)tə́ːb/ *vt.* **1** …の心を騒がせる, 狼狽(ろうばい)させる, うろたえさせる (disconcert) (⇨ disturb SYN). **2** 混乱させる, かき乱す (confuse). **3** 〚天文・物理〛〈惑星などの軌道に〉摂動 (perturbation) を起こさせる. **～·a·ble** /-bəbl̩/ *adj.* **～·a·bly** *adv.* **～·er** *n.* 〚《*c*1385》□ (O)F *perturber* □ L *perturbāre* to confuse ← PER-+*turbāre* to disturb: ⇨ turbid〛

per·tur·ba·tion /pə̀ːtəbéɪʃən, -tə:- | pə̀ːtə(ː)-/ *n.* **1** 心の動揺, 狼狽(ろうばい), 不安: in some ～ of mind いささか狼狽して. **2** 不安の原因, 心配の種. **3** 〚天文〛摂動《惑星などがその引力によって他の惑星などの運動を乱すこと》. **4** 〚物理〛摂動《物理系の状態や運動を論じる時, 小さな二次的効果を指すのに用いる》. **～·al** /-ʃnəl, -ʃənl̩ˊ/ *adj.* 〚《*c*1380》□ (O)F ～ □ L *perturbātiō(n-)* confusion: ⇨ ↑, -ation〛

per·tur·ba·tive /pə́ːtəbèɪtɪv, -tə:-, pətə́ːbət- | pə́ːtə(ː)bèɪt-, pə(ː)tə́ːbət-/ *adj.* **1** 《古》乱す, 動揺させる, 騒がせがちな (perturbing). **2** 〚天文・物理〛摂動 (perturbation) の. 〚《1638》□ LL *perturbātīvus* ← L *perturbātus* (p.p.) ← *perturbāre* 'to PERTURB': ⇨ -ative〛

per·túrbed *adj.* 心のかき乱された (agitated); 不安な, 当惑した. **per·túrb·ed·ly** /-bɪ̀dli, -bd-/ *adv.* 〚《1512》← PERTURB+-ED 1〛

per·túrb·ing *adj.* (心を)乱す, 動揺させる: a ～ rumor. **～·ly** *adv.* 〚1647〛

per·tus·sis /pətʌ́sɪ̀s | pə(ː)tʌ́sɪs/ *n.* 〚病理〛百日咳(ぜき) (whooping cough). **per·tús·sal** /-səl, -sl̩/ *adj.* **per·tús·soid** /-sɔɪd/ *adj.* 〚《1799》← NL ～ ← PER-+L *tussis* cough〛

Pe·ru /pərúː; *Am.Sp.* perú/ *n.* ペルー《南米西岸の共和国; 面積 1,285,215 km², 首都 Lima; 公式名 the Republic of Peru ペルー共和国》. ***from Chína to Perú*** ⇨ China 成句. 〚← ? 《現地語》*Pirū* 《変形》← *Birū* 《原義》water, stream: 川の名からスペイン人が命名したものか〛

Peru. 《略》Peruvian.

Perú bálsam *n.* 〚植物〛=BALSAM of Peru.

Perú Cúrrent *n.* [the ～] ペルー海流《南米大陸の太平洋岸を北流する寒流; the Peruvian Current, the Humboldt Current ともいう》.

Pe·ru·gia /pərúːdʒə, -dʒiə, dʒɑː | pɪ̀-, pɛ-, -dʒiə; *It.* perúːdʒa/ *n.* **1** ペルージャ《イタリア中部 Umbria 州の都市》. **2** [Lake ～, the Lake of ～] ペルージャ湖《Trasimeno 湖の別称》.

Pe·ru·gi·no /pèruːdʒíːnoʊ | -dʒíːnəʊ; *It.* perudʒíːno/, **Il** /iːl; *It.* il/ *n.* ペルジーノ《1446–1524; イタリアの画家; Raphael の師; Perugia に長く住んでいたのでこう呼ばれた; 本名 Pietro Vannucci /vannúttʃi/》.

pe·ruke /pərúːk | pɪ̀-, pɛ-/ *n.* =periwig. 〚《1548》□ F *perruque* □ It. *perrucca* ← ?: cf. periwig〛

pe·ruk·er /pərúːkə | pərúːkə^r, pɪ̀-, pɛ-/ *n.* かつら師 (wigmaker). 〚《1892》□ F *perruquier*: ⇨ ↑, -er¹〛

pe·rus·al /pərúːzəl, -zl̩ | pɪ̀-, pɛ-/ *n.* **1** 通読; 熟読, 精読; 読むこと, 読書. **2** 精査, 吟味, 調査. 〚《1593–99》: ⇨ ↓, -al¹〛

pe·ruse /pərúːz | pɪ̀-, pɛ-/ *vt.* **1** 通読する; 熟読する, 精読する. **2** 読む. ★ 今はしばしば戯言的に急いで多少ともざっと読む場合に用いられる. **3** 〈人の顔などを〉注意深く見る, 熟視する. **4** 《古》精査する, 吟味する (examine). **pe·rús·a·ble** /-zəbl̩/ *adj.* **pe·rús·er** *n.* 〚《1479》*peruse(n)* to use up □ ? ML **perūsāre* ← PER-1+VL **ūsāre* to use often: ⇨ use¹〛

Pe·rutz /pərúːts; *G.* péːrʊts/, **Max Ferdinand** *n.* ペルーツ《1914–2002; オーストリア生まれの英国の生化学者; Nobel 化学賞 (1962)》.

Peruv. 《略》Peruvian.

Pe·ru·vi·an /pərúːviən/ *adj.* ペルーの; ペルー人の. — *n.* **1** ペルー人. **2** (スペイン人渡来以前の)古代 Inca 帝国時代の原住民. 〚《1663》← NL *Perūvia* Peru: ⇨ -an¹〛

Perúvian bárk *n.* キナ皮 (⇨ cinchona 2). 〚《1663》↑〛

Perúvian Cúrrent *n.* [the ～] =Peru Current.

Perúvian dáffodil *n.* 〚植物〛中南米産ヒガンバナ科ヒメノカリス属 (*Hymenocallis*) の観賞用植物の総称《ペルー産の *H. amancaes* など》. 〚1866〛

Perúvian líly *n.* 〚植物〛=alstroemeria.

Perúvian rhátany *n.* **1** 〚植物〛ペルーラタニア (*Krameria triandra*)《ペルー産マメ科の低木》. **2** ペルーラタニアの根《収斂剤として用いる; knotty rhatany ともいう》.

Pe·ruz·zi /pərúːtsi; *It.* perúttsi/, **Bal·das·sa·re Tom·ma·so** /baldássare tommáːzo/ *n.* ペルッツィ《1481–1536; イタリアの建築家・画家》.

perv /pə́ːv | pə́ːv/ 《俗》 *n.* **1** 性倒錯者, 変質者. **2** 《豪》好色な目つき. — *vi.* 《豪》好色な目つきでみる. 〚《1944》《略》← PERVERT〛

per·vade /pəvéɪd | pə(ː)véɪd/ *vt.* **1** 〈力・活動・影響などが〉…の一面に広がる, …に行き渡る, 普及する: The love of peace ～*d* the world. 平和を愛する心が世界に充満した. **2** 〈におい・感情・気分などが〉…にしみ込む, 浸透する: The odor of pines ～*d* the air. 松の香が空にみなぎっていた / There was a *pervading* smell of paint. ペンキのにおいが充満していた. **3** 《古》〈場所を〉くまなく通る. **per·vád·er** /-də | -də^r/ *n.* **per·va·sion** /pəvéɪʒən | pə(ː)-/ *n.* 〚《1653》□ L *pervādere* to spread through ← PER-+*vādere* to go〛

per·va·sive /pəvéɪsɪv, -zɪv | pə(ː)-/ *adj.* 広がる, 行き[満ち]渡る, 普及する; しみ通る (permeative). **～·ly** *adv.* **～·ness** *n.* 〚《*c*1750》← L *pervāsus* ((p.p.) ← *pervādere* (↑))+-IVE〛

perve /pə́ːv/ *n.* 《俗》=perv.

per·ve·ance /pə́ːviəns | pə́ː-/ *n.* 〚電気〛パービアンス《電子管の陽極電流と陽極電圧の 1.5 乗との比例係数》. 〚《1928》□ F *pervéance*〛

per·verse /pəvə́ːs | pə(ː)və́ːs/ *adj.* **1** 〈人・性質など〉(理も非もなく)強情を張る, 天邪鬼(あまのじゃく)の, 片意地な; いこじな (willful); 手に負えない (intractable). **2** つむじ曲がりの, ねじけた, ひねくれた, 怒りっぽい (cross). **3** 〈情況など〉思い通りにならない, (予想・期待に)反する: ～ weather. **4 a** 《古》〈行為など〉正道を踏みはずした (perverted), 誤っている, よこしまな (wicked). **b** 〚法律〛〈陪審員の評決が〉不当な, (裁判官の説示・証拠に)反する: a ～ verdict (裁判官の説に反する)評決. **5** 〚精神医学〛(性)倒錯 (perversion) の, 変質の. **～·ly** *adv.* **～·ness** *n.* 〚《1369》□ (O)F *pervers(e)* ‖ L *perversus* (p.p.) ← *pervertere* to overthrow: ⇨ pervert〛

per·ver·sion /pəvə́ːʒən, -ʃən | pə(ː)və́ːʃən, -ʒən/ *n.* **1** (意味などの)曲解, こじつけ. **2** 誤用, 悪用, 逆用 (misapplication). **3** 悪化, 低下 (debasement). **4** 背教, 変節. **5** 〚病理〛異状, 変態. **6** 〚精神医学〛倒錯(症); 性倒錯(症), 変態性欲 (sexual perversion). 〚《*a*1387》□ L *perversiō(n-)*: ⇨ ↑, -sion〛

per·ver·si·ty /pəvə́ːsəti | pə(ː)və́ːsɪ̀ti/ *n.* **1** いこじ, 強情, 横紙破り: the inherent ～ of human nature 人間性のもつ固有の強情さ. **2** つむじ曲がり, ひねくれ. **3** よこしま, 邪悪. 〚《?*a*1425》□ (O)F *perversité* ‖ L *perversitātem*: ⇨ perverse, -ity〛

per·ver·sive /pəvə́ːsɪv, -zɪv | pə(ː)və́ː-/ *adj.* **1** 〔…を〕邪道に導く, 誤らせる, 曲解させる〔*of*〕. **2** 〚精神医学〛倒錯的な. 〚《*a*1693》: ⇨ perverse, -ive〛

per·vert /pəvə́ːt | pə(ː)və́ːt/ *vt.* **1** 〈判断・信仰などを〉誤らせる; 〈人を〉邪道に陥らせる, 堕落させる (⇨ corrupt SYN). **2** 〈言葉などを〉(わざと)誤解する, 曲解する (misconstrue): ～ a person's words 人の言葉を曲解する. **3** 誤用する, 悪用する. **4** 〚病理〛異常にする. **5** 〚精神医学〛〈性欲を〉倒錯させる. **6** 《Shak》そらす (divert). ***pervért the cóurse of jústice*** 〚法律〛正義の実現を妨げる. — /pə́ːvəːt | pə́ːvəːt/ *n.* **1** 邪道に陥った人, 堕落者; 背教者 (cf. convert). **2** 変質者. **3** 〚精神医学〛(特に, 性)倒錯者. 〚《*c*1380》□ (O)F *pervertir* □ L *pervertere* to overthrow ← PER-+*vertere* to turn: ⇨ version. — n: 《1661》← 《廃》*pervert* (adj.) 《短縮》← *perverted*: あるいは convért (v.) — cónvert (n.) との類推によるものか〛

per·vert·ed /pəvə́ːtɪ̀d | pə(ː)və́ːt-/ *adj.* **1** 〚病理〛異常の, 変態の (abnormal): a ～ appetite 異常[変質]食欲. **2** 〚精神医学〛(性)倒錯に陥った[起因した]. **3** 正道をそれた, 邪道に踏み込んだ, 誤った. **4 a** 悪用された, ゆがんだ: a ～ idea of justice ゆがんだ[誤った]正義観念. **b** 曲解された. **～·ly** *adv.* **～·ness** *n.* 〚14C〛

per·vert·er /pəvə́ːtə | pə(ː)və́ːtə^r/ *n.* **1** 曲解者. **2** 邪道に誘う人, 壊乱者. **3** 誤用[悪用]者. 〚《1546》← PERVERT+-ER¹〛

per·vert·i·ble /pəvə́ːtəbl̩ | pə(ː)və́ːtɪ̀-/ *adj.* **1** 曲解される, 錯誤されやすい. **2** 悪用できる. **3** 誤らすことができる, 邪道に導きうる. 〚《1611》□ (O)F ～: ⇨ pervert, -ible〛

per·vi·ous /pə́ːviəs | pə́ː-/ *adj.* **1** 〈物・光などを〉透かす, 透過する, 通らせる〔*to*〕: Glass is ～ *to* light. ガラスは光を通す. **2** 〈道理・議論などが〉通じる, わかる, 感じる〔*to*〕: a mind ～ *to* reason [new ideas] 道理のわかる[新思想をいれる]心. **3** 〈影響などを〉受ける〔*to*〕. **～·ly** *adv.* **～·ness** *n.* 〚《*a*1614》← L *pervius* ← PER-+*via* 'way, VIA²': ⇨ -ous〛

perv·y /pə́ːvi | pə́ː-/ *adj.* 《俗》(性的に)変態の, いやらしい. 〚《1944》← PERVERTED: ⇨ -y²〛

pes /píːz/ *n.* (*pl.* **pe·des** /píːdiːz, péd-/) **1** 〚解剖・動物〛足, 足部, 足状部分[器官]. **2** (古代ローマの) 1 フィート (foot) (cf. uncia). 〚《1842》← (N)L *pēs* 'FOOT'〛

Pe·sach /péɪsɑːk, -sɑːx/ *n.* 〚ユダヤ教〛=Pasch 1. 〚1613〛

pe·sade /pəséɪd, -zéɪd, -zɑ́ːd/ *n.* 〚馬術〛プサード, 躍上(ちょう)《高等馬術の地上運動の一つで, 前足を上げて後足で立つこと》. 〚《1727–41》□ F ～ 《変形》← 《廃》*posade* □ It. *posata* a halt ← *posare* □ LL *pausāre* 'to PAUSE': ⇨ -ade〛

Pe·sah /péɪsɑːk, -sɑːx/ *n.* 〚ユダヤ教〛=Pasch 1.

pe·san·te /pɛsɑ́ːnteɪ | pɛzǽn-; *It.* pezánte/ *adv.* 〚音楽〛重厚に. 〚□ It. ～ 'heavy' (pres.p.) ← *pesare* to weigh < L *pēnsāre* ← *pendēre* to hang: ⇨ pendent〛

Pe·sa·ro /péɪzəroʊ | -rəʊ; *It.* péːzaro/ *n.* ペザロ《イタリア中東部アドリア海に臨む港市; 海水浴場》.

Pes·ca·do·res /pɛ̀skədɔ́ːriːz, -rɪ̀s | -dɔ́ːrɪz/ *n. pl.* [the ～] 澎湖(ぼうこ)諸島《台湾海峡にある小群島; 1945 年中国に返還された旧日本領, 現在は台湾政府の支配下にある; 中国語名 Penghu》.

Pe·sca·ra /pɛskɑ́ːrə; *It.* peskáːra/ *n.* ペスカーラ《イタリア中東部アドリア海に臨む都市; 海水浴場》.

Pe·schit·ta /pəʃíːtə | -tə/ *n.* =Peshitta.

pe·se·ta /pəséɪtə | pɪ̀séɪtə, pɛ-; *Sp.* peséta/ *n.* (*pl.* ～**s** /～z; *Sp.* ～s/) **1** ペセタ (Euro 流通前のスペインの通貨単位; =100 centimos; 記号 Pta, P (*pl.* Pts)). **2** 1 ペセタアルミ青銅貨. 〚《1811》□ Sp. ～ (dim.) ← *pesa* weight: cf. peso〛

pe·se·wa /pəséɪwə, péseɪwə̀ː | pɛsíːwə, pɪséɪwɑː/ *n.* (*pl.* ～**s,** ～) **1** ペセワ《ガーナの通貨単位; =1/100 cedi》. **2** 1 ペセワ青銅貨. 〚《1965》← Ghana 《現地語》〛

Pe·sha·war /pəʃɑ́ːwə, pɛ- | pəʃɑ́ːə^r, -ʃɔ́ː-/ *n.* ペシャワル《パキスタン北部, Khyber 峠東端の都市; 古代 Gandhara 王国の都》.

Pe·shi·to /pəʃíːtoʊ | -təʊ/ *n.* =Peshitta. 〚1793〛

Pe·shit·ta /pəʃíːtə | -tə/ *n.* ペシタ《シリア語訳の公認聖書》. 〚《1903》□ Syriac *peshiṭṭā* 《原義》the simple 《略》← *mappaqtā peshīṭtā* the simple version: 逐語訳だったことからか〛

pes·ky /péski/ *adj.* (**pes·ki·er; -ki·est**) 《米口語》厄介な (troublesome); いやな, うるさい (annoying). **pés·ki·ly** /-kɪ̀li/ *adv.* **pés·ki·ness** *n.* 〚《1775》《混成》← *pesty* (← PEST)+RISKY〛

pe·so /péɪsoʊ | -səʊ; *Sp., Am.Sp.* péso/ *n.* (*pl.* ～**s** /～z; *Sp., Am.Sp.* ～s/) **1 a** ペソ《次の各国の通貨単位; =100 centavos; 記号 $: アルゼンチン (Arg$), キューバ (CUP), メキシコ (Mex$), チリ (Ch$), コロンビア (Col$), フィリピン (P), ウルグアイ (=100 centesimos; Ur$)》. **b** 1 ペソ硬貨[紙幣]. **2** ペソ: **a** スペインドル (piece of eight)《16 世紀の中頃から発行された 8 レアル銀貨》. **b** メキシコドル《18 世紀初頭につくられた 8 レアル銀貨; 発行をやめてからも極東ではメキシコペソとして流通した》. **3** 《米俗》米ドル. 〚《1555》□ Sp. ～ 《原義》weight < VL **pēsum* =L *pēnsum* (neut. p.p.) ← *pendere* to weigh〛

pes·sa·ry /pésəri/ *n.* 〚医学〛**1** (子宮転位を治す)子宮圧定器, ペッサリー, ペーサール. **2** (避妊用)ペッサリー, 閉塞ペッサリー, 子宮栓(せん) (diaphragm pessary). **3** 膣(ちつ)座薬. 〚《1392》□ LL *pessārium* ← *pessus* pessary □ Gk *pessós* oval stone used in a game: ⇨ -ary〛

pes·si·mal /pésəməl, -ml̩ | -sɪ̀-/ *adj.* 最悪の (↔ optimal). 〚《1960》← L *pessimus* worst: ⇨ pessimum, -al¹〛

pes·si·mism /pésəmɪ̀zm̩, -zə- | -sɪ̀-, -zɪ̀-/ *n.* **1** 悲観, 悲観主義, 悲観論[説]. **2** 〚哲学・倫理〛厭世(えんせい)観, 最悪観, 厭世主義, ペシミズム《世界は悪に満ち, 万事は悪の方向に向かっていて, この世界で真の幸福を得ることは不可能だとする説; cf. meliorism; ↔ optimism》. 〚《1794》□ F *pessimisme* ← L *pessimus* (↑)+-*isme* '-ISM': cf. pejorative〛

pes·si·mist /pésəmɪ̀st, -zə- | -sɪ̀-, -zɪ̀-, -mɪst/ *n.* 悲観論者, 厭世(えんせい)家, 厭世主義者, ペシミスト (↔ optimist). 〚《1836》□ F *pessimiste*: ⇨ ↑, -ist〛

pes·si·mis·tic /pɛ̀səmístɪk, -zə- | -sɪ̀-, -zɪ̀-ˊ/ *adj.* 〔…に〕悲観的な, 悲観[厭世]主義の〔*about, of*〕(↔ optimistic): take a ～ view of ...を悲観的に見る, 悲観する. **pès·si·mís·ti·cal** /-tɪ̀kəl, -kl̩ | -tɪ-ˊ/ *adj.* 《まれ》. **pès·si·mís·ti·cal·ly** *adv.* 〚《1868》: ⇨ ↑, -ic¹〛

P

pes·si·mize /pésəmàɪz, péz- | -sɨ-, -zɨ-/ *vi.* 悲観する; 厭世感を抱く (↔ optimize). 〘(1862) ← PESSIM(ISM)＋-IZE〙

pes·si·mum /pésəməm, -zə- | -sɨ-, -zɨ-/ *n.* 最悪[最も不利]な度合[量, 数(など)]; (特定の目的・工程などに対する)最悪の[最も不利な]条件[環境] (↔ optimum). 〘(1931) □ L ～ (neut.) ← *pessimus* worst: cf. pejorative〙

Pes·so·a /pɛsóʊə | -sóʊə; *Port.* puɨsóɐ/, **Fernando** *n.* ペソア《1888–1935; ポルトガルの詩人》.

pest /pést/ *n.* **1** (庭木などに対する)有害生物, (病)害虫: a garden ～ 庭の有害生物《植物寄生虫・雑草など》/ insect ～*s* 害虫. **2 a** 厄介者, 困り者: He's a regular ～ of the neighborhood. 彼は近所の厄介者だ. **b** 迷惑(な物) (nuisance). **3 a** 《古》疫病 (pestilence): *Pest* on [upon] him! 疫病にでも取りつかれろ《ののしりの言葉》. **b** ペスト (plague)《ペスト菌 *Pasteurella pestis* による危険な急性熱性伝染病》. 〘(1553) □ F *peste* // L *pestis* plague, disease ← ?〙

Pest /pést; *Hung.* pɛ́ʃt/ *n.* ペスト (⇨ Budapest).

Pes·ta·loz·zi /pɛ̀stəlɑ́(ː)tsi | -lɔ́tsi; *G.* pɛstalɔ́tsi, *It.* pestalɔ́ttsi/, **Johann Heinrich** *n.* ペスタロッチ《1746–1827; スイスの教育改革家》.

Pes·ta·loz·zi·an /pɛ̀stəlɑ́(ː)tsiən | -lɔ́ts-ˊ/ *adj.* ペスタロッチ式(初等)教育の; 実物教授法の. — *n.* ペスタロッチ式教育法信奉者. 〘(1826): ⇨ ↑, -an¹〙

pést contròl *n.* (毒薬・わななどによる)有害生物の駆除.

pes·ter /péstə | -tə(r)/ *vt.* **1** (物をせがんだりして)悩ます, 困らす, 苦しめる (⇨ worry SYN): be ～*ed with* midges ブユに苦しめられる / ～ a person *with* questions 人を質問で悩ます / ～ the life out of ⇨ life 1 b / He ～*ed* me for money. 金をくれとうるさくせがんだ. **2** 《廃》詰め込みすぎる, 混雑させる. **～·er** /-tərə | -tərə(r)/ *n.* **～·ing·ly** /-tərɪŋ, -trɪŋ/ *adv.* 〘(1524)《頭音消失》← OF *empestrer* (F *empêtrer*) to hobble (a horse) < VL **impastōriāre* ← IM-¹＋**pastōria* tether (← LL *pāstūra* 'PASTURE': 後に PEST と連想された〙

pes·ter·ous /péstərəs/ *adj.* 悩ませ[困らせ]たがる, うるさい (troublesome). 〘(1548): ⇨ ↑, -ous〙

pést·hòle *n.* 伝染病の発生しやすい場所. 〘1903〙

pést·hòuse *n.* 《古》伝染病(隔離)病院, 伝染病隔離舎. 〘1611〙

pest·i·cide /péstəsàɪd | -tɨ-/ *n.* 病虫害防除剤, 農薬《殺虫剤・殺菌剤・殺鼠剤・除草剤など》. **pes·ti·ci·dal** /pɛ̀stəsáɪdl | -tɨsáɪdl-ˊ/ *adj.* 〘(*c*1925)《混成》← PEST＋(INSECT)ICIDE〙

pes·tif·er·ous /pestíf(ə)rəs/ *adj.* **1** (ネズミなど)病菌を運ぶ, 疫病を起こす (pestilential). **2** 有害な, 有毒な; 危険な (dangerous); (道徳的に)害毒を流す (pernicious); 害毒を流す, 不健全な. **3** 《口語》いたずらな (mischievous); うるさい, 厄介な. **4** 《古》伝染病[疫病]にかかった. **～·ly** *adv.* **～·ness** *n.* 〘(*a*1449) ← L *pestiferus* plague-bringing: ⇨ pest, -ferous〙

pes·ti·lence /péstələns | -tɨ-/ *n.* **1** 疫病, 悪疫, (悪質な)流行病 (⇨ epidemic SYN): ～, war and famine (人類を破滅に追いやる)疫病と戦争と飢餓. **2** 腺ペスト (bubonic plague). **3** (道徳・平和などの)敵, (社会の)害虫; (学説・影響などの)弊害, 害毒. 〘(*c*1303) □ (O)F ～ // L *pestilentia*: ⇨ ↓, -ence〙

pes·ti·lent /péstələnt | -tɨ-/ *adj.* **1** 厄介な, うるさい. **2** 〈主義・教説・思想など〉(社会に)害悪を流す, 弊害の多い, 有毒な. **3** 非常に危険な, 致命的な. **4** 〈病気が〉感染する, 伝染病の (infectious); 悪疫を生じる. **～·ly** *adv.* 〘(*a*1398) □ L *pestilentem* infectious, unhealthy ← *pestis* 'PEST': ⇨ -ent〙

pes·ti·len·tial /pɛ̀stəlénʃəl | -tɨ-ˊ/ *adj.* **1** 厄介な, うるさい (irritating), 嫌な. **2** 〈思想・教説など〉有害な, 害悪を流す (pernicious). **3** 疫病を生じる[伝える], 悪疫にかかった; (特に)ペスト性の, ペストに似た. **4** 悪疫(性)の. **～·ly** *adv.* **～·ness** *n.* 〘(*a*1398) □ ML *pestilentiālis*: ⇨ ↑, -ial〙

pes·tle /pésl, -səl, -stl/ *n.* **1 a** (mortar の中で物をすりつぶすのに用いる)乳棒. **b** すりこ木, きね. **2** 《英方言》(食用動物の)脚 (leg). — *vt.* (pestle で)する, つく, こねる. — *vi.* pestle でする, つく, pestle を使う. 〘(1326) *pestel* □ OF □ L *pistillum* pounder ← *pinsere* to pound ← IE **p(e)is-* to crush (Gk *ptíssein* to winnow): PISTIL と二重語〙

pes·to /péstoʊ | -təʊ; *It.* pésto/ *n.* 《料理》ペスト《バジリコ・ニンニク・パルメザンチーズなどをすりつぶし, オリーブ油と混ぜて作るパスタ用ソース》. 〘(1937) □ It. ～《短縮》← *pestato* (p.p.) ← *pestare* to crush < LL *pistāre* ← L *pinsere* (↑)〙

pes·tol·o·gy /pestɑ́(ː)lədʒi | -tɔ́l-/ *n.* 害虫学. **pes·to·log·i·cal** /pɛ̀stəlɑ́(ː)dʒɪkəl, -kl | -lɔ́dʒɪ-ˊ/ *adj.* **pes·tól·o·gist** /-dʒɪst | -dʒɪst/ *n.* 〘(1921) ← PEST＋-O-＋-LOGY〙

pet¹ /pét/ *n.* **1** 愛玩動物, ペット《手飼いの羊の子・愛犬・愛鳥など》: a perfect ～ 全くかわいいもの / She makes a ～ of a puppy. 彼女は子犬をかわいがっている. 日英比較 「ペットホテル」は和製英語で, 英語では kennels という. **2 a** 甘やかされて駄目になった子供. **b** 寵児, お気に入り (favorite), 大事な人[物]. **3** 《呼掛け》いい子 (darling). — *adj.* **1** 愛玩の, 手飼いの, ペットの; 愛玩動物(用)の: a ～ dog 愛玩犬 / a ～ shop ペットショップ / ～ food ペットフード. **2** 愛している, 甘やかされている, 寵愛の: a ～ child かわいがっている子供. **3** 《口語》〈考えなど〉得意の, おはこの (favorite); 最大の, 特別な: a ～ theory [plan] 持論[得意の案] / a ～ subject 得意な話題[題目] / one's ～ peeve 最高のいらだち, しゃくの種 / one's ～ aversion [hate] 大きらいな人[物]. **4** 愛情を示す: ⇨ pet name. — *v.* (**pet·ted**; **pet·ting**) — *vt.* **1** ペットにする, かわいがる (fondle), 甘やかす (pamper). **2** 《口語》ペッティングをする, 〈異性を〉抱いたりなでたりする, 抱き締める (⇨ caress SYN). — *vi.* 《口語》ペッティングをする. **pét·ter** /-tə | -tə(r)/ *n.* **pét·ting** /-tɪŋ | -tɪŋ/ *n.* 〘(1508)《もとスコット・北英方言》《逆成》? ← ME *pety* 'small, PETTY'〙

pet² /pét/ *n.* 不機嫌; すねる[じれる]こと, むずかり: be in a ～ すねている / take the ～ 理由もなく怒る, すねる, じれる. — *vi.* (**pet·ted**; **pet·ting**) すねる, ふくれる, むずかる. 〘(1590) ← ?: 動詞句 *take the pet* で初出〙

pet. 《略》petroleum.

Pet. 《略》Peter (新約聖書の)ペテロ書; Peter's U.S. Supreme Court Reports ピーター米国最高裁判所判例集.

PET /pét/ 《略》《医学》positron emission tomography 陽電子放射断層撮影(法) (⇨ PET scan).

PET /píːìːtíː/ 《略》《化学》polyethylene terephthalate ポリエチレンテレフタレート《ポリエチレン樹脂; 特に飲料の容器に使用される》; 《医学》pre-eclamptic toxemia [toxaemia] 子癇前症性妊娠中毒症.

PETA /píːtə/ 《略》《米》People for the Ethical Treatment of Animals《動物愛護団体》.

pet·a- /pétə | -tə/「10¹⁵, ペタ」の意の連結形 (記号 p).

Pe·tah Tiq·wa /pétəˈtíkvɑː, petɑ́ːtíːk-/ *n.* (*also* **Pe·tach Tik·va** /～/) ペターティクバ《イスラエル中央部 Tel Aviv-Jaffa の東方の都市》.

Pé·tain /peɪtǽ(ŋ), -tǽŋ; *F.* petɛ̃/, **Henri Philippe O·mer** /ɔmɛːr/ *n.* ペタン《1856–1951; 第一次大戦で活躍したフランスの将軍・元帥; 第二次大戦中の Vichy 政権の国家首席 (1940–44); 戦後反逆罪で死刑を宣告されたが, のちに終身刑, 獄死》.

pet·al /pétl | -tl/ *n.* 《植物》花弁, 花びら (cf. corolla). **～·lìke** *adj.* 〘(1726) ← NL *petalum* petal, (ML) metal plate □ Gk *pétalon* 'leaf, PETALON'〙

-pe·tal /ˊ-pətl | ˊ-pətl, ˊ--pìːtl/「…へ向かう; …を求める」の意の形容詞連結形: acro*petal*. 〘← NL *-petus* (← L *petere* to seek)＋-AL¹〙

petala *n.* petalon の複数形.

pét·aled *adj.* (*also* **pét·alled**) [複合語の第 2 構成素として] 花弁のある; …弁の: many-[single-]*petaled* 多[単]弁の / six-*petaled* 6 弁の. 〘1776〙

pétal fàll spráy *n.* 《農業》＝calyx spray.

pet·al·if·er·ous /pɛ̀təlíf(ə)rəs | -təl-ˊ/ *adj.* 花弁のある. 〘(1864) ← PETAL＋-(I)FEROUS〙

pet·al·ine /pétəlàɪn, -lɨn | -təlàɪn/ *adj.* 花弁の, 花弁状の. 〘(1793) ← NL *petalinus*: ⇨ petal, -ine¹〙

pet·al·ite /pétəlàɪt | -tə-/ *n.* 《鉱物》葉長石 ($LiAl(Si_2O_5)_2$)《白色の鉱物; リチウム塩の原料》. 〘(1808) □ G *Petalit*: ⇨ petal, -ite¹〙

pet·a·lo·dy /pétəlòʊdi | -tələʊdi/ *n.* 《植物》弁化《八重咲きの花で雄蕊(ゆうずい)・萼片(がくへん)などが花弁に変態すること》. **pet·a·lod·ic** /pɛ̀təlɑ́(ː)dɪk | pɛ̀təlɔ́d-ˊ/ *adj.* 〘(1882) ← Gk *petalṓd(ēs)* leaflike＋-Y¹: ⇨ petal, -ode¹〙

pet·al·oid /pétəlɔ̀ɪd, -tl- | -təl-/ *adj.* 花弁状の; 花弁から成る. 〘(1730) ← PETAL＋-OID〙

pe·ta·lon /pétəlɑ̀(ː)n | -təlɔ̀n/ *n.* (*pl.* **-a·la** /-lə/) (ユダヤの高僧の法冠の前部につける)黄金板. 〘(1678) □ Gk *pétalon* metal plate, leaf (neut.) ← *pétalos* outspread ← IE **pet-* to spread out (L *patēre* to lie open / fathom): cf. petal〙

pet·al·ous /pétələs | -tə-/ *adj.* 花弁のある. 〘(*c*1736) ← L PETAL＋-OUS〙

-pet·al·ous /pétələs | -tə-/「…花弁の」の意の形容詞連結形: poly*petalous*.

pe·tanque /peɪtɑ́ː(ŋ)k, -tɑ́ːŋk; *F.* petɑ̃k/ *n.* ペタンク《的玉に向けて金属球を転がし, 相手よりどれだけ近づけるかを競うゲーム; boules ともいう》. 〘(1955) □ F *pétanque* ← Prov. *pé* foot＋*tanco* prop〙

pe·tard /pɨtɑ́ə(d) | petɑ́ːd, pɨ-, pétɑːd/ *n.* **1** 城門爆破砲《城門に砲口をあてて発砲する臼形の砲》. **2** 爆竹, 花火 (firecracker).
hóist* [*be hoisted*] *with* [*by*] *one's ówn petárd (他人を陥れるために仕掛けた)わなに自分が掛かって[落ちて], 自縄自縛で (cf. Shak. *Hamlet* 3. 4. 207). (1600–01)
〘(1598) □ F *pétard* ← *péter* to break wind, explode ← *pet* fart < L *pēditum* (neut. p.p.) ← *pēdere* to break wind: cf. pedicular〙

pet·a·sos, -sus /pétəsəs | -tə-/ *n.* **1** (古代ギリシャ・ローマ人の)山の低いつば広の帽子 (⇨ chlamys 挿絵). **2** 《ギリシャ神話》Hermes のかぶった翼のある帽子. 〘(1599) □ L *petasus* // Gk *pétasos* broad brimmed hat ← IE **pətə-* to spread: ⇨ petalon〙

pe·tau·rist /pɨtɔ́ːrɪst | petɔ́ːrɪst, pɪ-/ *n.* 《動物》フクロモモンガ《有袋目ユビムスビ科フクロモモンガ属 (*Petaurus*) の空を飛ぶことができる動物の総称; オーストラリアに生息するオオフクロモモンガ (*P. australis*), フクロモモンガ (*P. norfolcensis*) など; flying phalanger ともいう》. 〘(1656) ← NL *Petaurista* ← L 'ropedancer' □ Gk *petauristḗs* tumbler ← *pétauron* springboard used by acrobats: cf. Gk. *pétesthai* to fly〙

pét·còck /pét-/ *n.* (蒸気機関などの排気用)豆コック, 小栓(こせん). 〘(1864) ← PET¹＋COCK¹ B〙

pét dày *n.* 《スコット・アイル》悪天候時期の晴天日.

pete /píːt/ *n.* 《米俗》金庫 (safe). 〘(1911)《短縮》← PETER²〙

Pete /píːt/ *n.* ピート《男性名》. ***for Péte's sáke*** ⇨ sake¹. 〘(dim.) ← PETER〙

pe·te·chi·a /pɨtíːkiə, -ték- | pɛ-, pɨ-/ *n.* (*pl.* **-chi·ae** /-kiàɪ, -kiì: | -kiìː/) 《病理》(皮膚・粘[漿](しょう)膜などに見られる)点状出血, 溢(いっ)血点. 〘(1794) ← NL ～ □ It. *petecchia* speck < ? VL **peticulam* (dim.) ← L *petigo* scab〙

pe·te·chi·al /pɨtíːkiəl, -ték- | pɛ-, pɨ-/ *adj.* 《病理》点状出血の[に関する]: ～ hemorrhages 点状出血. 〘(1710) ← NL *petēchiālis*: ⇨ ↑, -al¹〙

pe·te·chi·ate /pɨtíːkiɨt, -kièɪt | pɛ-, pɨ-/ *adj.* 《病理》点状出血のある[の認められる]. 〘(1890): ⇨ petechia, -ate²〙

pete·man /píːtmən/ *n.* (*pl.* **-men** /-mən, -mɛ̀n/) 《俗》強盗 (cracksman), 金庫破り (safeblower). 〘(1911) ← PETE＋MAN¹: 盗賊の隠語から〙

pe·ter¹ /píːtə | -tə(r)/ *vi.* 《口語》**1** 〈水流・鉱脈などが〉次第に薄く[細く]なる, 消えうせる 〈*away, off, out*〉. **2** 〈精力・勢力などが〉次第に衰えてなくなる, 先細りになる, 竜頭蛇尾になる, 尽きる 〈*away, off, out*〉: His enthusiasm for the project has completely ～*ed out*. この計画に対する彼の熱意は完全に消え去っている. **3** 《トランプ》エコー (echo) を送る. — *n.* 《トランプ》＝echo 10. 〘v.: (1812) ← ?〙

pe·ter² /píːtə | -tə(r)/ *n.* **1** 《英俗》金庫, 現金箱, 現金入れの引出し. **2** 《英俗》独房. **3** 《英俗》(法廷の) 証人席. **4** 《米卑》＝penis. 〘← PETER〙

pe·ter³ /píːtə | -tə(r)/ *n.* 《海事》＝blue peter.

Pe·ter /píːtə | -tə(r); *Dan.* péːʔdʌ, *Du.*, *Flem.* péːtər, *G.* péːtɐ, *Swed.* péːter/ *n.* **1** ピーター《男性名; 愛称形 Pete》. **2** 《聖書》**a** [(Saint) ～] ペテロ《十二使徒の一人; もとガリラヤの漁夫; ペテロ書の著者と伝えられる; 祝日 6 月 29 日; もと Simon Peter と呼ばれた; cf. *Mark* 3: 16, *Matt.* 4: 18》. ★ ラテン語系形容詞: Petrine. **b** (新約聖書の)ペテロの手紙, ペテロ書 (The First [Second] Epistle General of Peter)《前・後二書から成る; 略 Pet.》. ***rób* [*bórrow from*] *Péter to páy Pául*** (1) 一方から奪って[借りて]他方に与える[返す], 借金を別の借金で返す. (2) 一方を犠牲にして他方の利益をはかる. (1380) 〘ME □ L *Petrus* □ Gk *Pétros*《原義》stone, rock《なぞり》← Aram. *kēphā*〙

Pe·ter I /píːtə- | -tə-/ *n.* **1** ピョートル一世《1672–1725; ロシア皇帝 (1682–1725; Peter the Great (大帝); ロシア語名 Pëtr Alekseevich)》. **2** ペタル一世《1844–1921; セルビア国王 (1903–21); セルビア語名 Petar Karadjordjević /pétar karadʑǒːrdʑɛvitɕ/》.

Peter II *n.* ペタル二世《1923–70; ユーゴスラビア国王 (1934–1945)》.

Peter III *n.* ピョートル三世《1728–62; ロシア皇帝 (1762); Catherine 二世の夫; ロシア語名 Pëtr Feodorovich》.

Pe·ter·bor·ough /píːtəbə̀ːroʊ, -bə̀ːrə | píːtəb(ə)rə, -bʌrə/ *n.* **1** ピーターバラ《イングランド中東部 Leicester の東方にある都市; 大聖堂がある》. **2** ピーターバラ《カナダ Ontario 州南東部の都市》. **3** ピーターバラカヌー《カナダ Ontario 州 Peterborough で作られていた木造カヌー》. 〘ME *Petreburgh*《原義》St. Peter's town: ⇨ Peter, borough〙

Péter Dóminic *n.* ピーター ドミニク《英国の酒類販売チェーン店》.

Péter Fúnk *n.* 《米俗》(競売などの)「さくら」(by-bidder). 〘← *Peter Funk*: 特定の個人を指すのでなく, ただ一般的な固有名詞から〙

Péter Jónes *n.* ピーター ジョーンズ《London にある大百貨店》.

Pe·ter·lee /pìːtəlíː, ˊ-ˊ-- | -tə-/ *n.* ピーターリー《イングランド北東部 Durham 州の町; 1946 年にニュータウンとして建設された》.

Pé·ter·loo Mássacre /píːtəlùː- | -tə-/ *n.* ピーターループの虐殺《1819 年 Manchester の St. Peter 広場での急進派の集会に騎兵隊が襲いかかり, 死者 11 人, 負傷者約 500 人の犠牲を出した事件》.

péter·man /-mən/ *n.* (*pl.* **-men** /-mən, -mɛ̀n/) **1** 漁夫 (fisherman). **2** 《俗》**a** 泥棒; 置引き; (麻酔薬を使う)強盗. **b** 金庫破り(人) (safecracker). 〘1: (*c*1400): ← PETER 2 (ペテロが漁夫だったことから). 2: (1900) ← PETER²〙

Pé·ter·mann Péak /péɪtəmɑ̀ːn- | -tə-/ *n.* ペーテルマン山《Greenland 東部の山 (3,050 m)》.

Péter Pán /-pǽn/ *n.* **1** ピーターパン《James M. Barrie 作の同名の劇 (1904) の主人公; いつまでも成人しない勇敢な少年》. **2** [時に軽蔑的に] いつまでも子供の夢をもつ大人. **3** ＝Peter Pan collar.

Péter Pàn cóllar *n.* ピーターパンカラー《襟腰のない丸い婦人・子供服のカラー》. 〘(1908): ⇨ ↑, collar〙

Péter pènce *n. pl.* ＝Peter's pence.

Péter-pènny *n.* ＝Peter's pence.

Péter Píper *n.* ピーター パイパー《英国の伝承童謡の主人公; この童謡は 'Peter Piper picked a peck of pickled pepper' で始まり, 頭韻を踏んだ早口ことばになっている》.

Péter Prìnciple *n.* [the ～] 《経営》ピーターの法則《組織内の人間は各自の力量に応じて昇進し能力以上の地位に達する傾向があるというもの》. 〘(1968) ← *L. J. Peter* (1919–90: カナダ生まれの米国の教育学者)〙

Péter Rábbit *n.* ピーター ラビット《B. Potter 作の *The Tale of Peter Rabbit* (1902) をはじめとする一連の童話の主人公であるうさぎ》.

Pe·ters·burg /píːtəzbə̀ːg | -təzbə̀ːg/ *n.* ピーターズバーグ《米国 Virginia 州南東部の都市; 南北戦争末期に長期戦 (1864–65) が続いた地》.

Pé·ter·sen còil /píːtəsən-, -sn- | -tə-/ *n.* 《電気》ペテルゼンコイル, 消弧リアクトル《高圧回路に用いる消弧用のリアクトル》. 〘← ? *Waldemar Petersen* (1880–?: ドイツの電気技師)〙

Péter's fìsh *n.* 〘魚類〙 =John Dory.

pe·ter·sham /píːtəʃəm, -ʃæm | -təʃəm/ *n.* ピーターシャム: **a** 厚いうね織りラシャの一種; それで作ったコート《19 世紀初期に流行》. **b** 丈夫なうね織りの絹[綿]リボン《帽子のリボンなどにする》. 〖(1812) ← *Viscount Petersham* (1780–1851: 4th Earl of Harrington)〗

Pe·ter·son /píːtəsən, -sn | -tə-/, **Oscar** (**Emmanuel**) *n.* ピーターソン《1925–2007; カナダのジャズピアニスト・歌手》.

Peterson, Roger Tory *n.* ピーターソン《1908–96; 米国の鳥類学者・画家》.

Péter's pénce *n. pl.* [単数扱い] ペテロ献金: **1** 昔 St. Peter の祝日に各所帯主がローマ教皇庁へ納めた 1 ペニーの献金. **2** (1860 年以後カトリック教徒が任意に行う) 教皇への献金. 〖(?a1200) *Peterespens* (pl.) ← *Peterespeny* 《なぞり》← ML *dēnārius* (*Sanctī*) *Petrī*〗

Péter's pénny *n.* =Peter's pence.

Péters' projéction *n.* 〘地図〙 ペータース図法《修正メルカトル図法の一つで第三世界の国を際立たせている》. 〖← *Arno Peters* (b.1916) ドイツの歴史学者〗

Péter the Gréat Báy *n.* ピョートル大帝湾《ロシア連邦シベリア沿海地方の日本海の湾; 湾内に Vladivostok がある》.

Péter the Hérmit *n.* 隠修士ペトルス, 隠者ピエール《1050?–1115; フランスの隠修士; 第一次十字軍の説教師; Peter of Amiens (ラテン語名 Petrus Amianesis) ともいう》.

peth·i·dine /péθədìːn | -θ$_{\text{I}}^{\text{ɪ}}$-/ *n.* 〘薬学〙 ペチジン ($C_{15}H_{21}NO_2$)《塩酸塩として鎮痛剤に使用する; meperidine ともいう》. 〖(1942)《混成》? ← PIPERIDINE+ETHYL〗

pet·il·lant /pèɪtijáːn | pétiɑ̃(ŋ), -tiàːŋ, -tɪlənt; *F.* petijɑ̃/ *adj.* 〈ワインが〉準[微弱]発泡性の, 泡立ち気味の. 〖(1881) □ F *pétillant* (pres.p.) ← *pétiller* to fizz, crackle ← *pet* fart < L *pēditum*〗

pet·i·o·lar /pétiələ, pètióulə | pètiə́ulə^(r)/ *adj.* 〘植物〙 葉柄の; 葉柄から生じる. 〖(1760) ← NL *petiolāris*: ⇨ petiole, -ar¹〗

pet·i·o·late /pétiəlèɪt | -tiə-/ *adj.* **1** 〘植物〙 葉柄を有する, 有柄の. **2** 〘動物〙 肉柄[肉茎]を有する. 〖(1753) ← NL *petiolātus*: ⇨ petiole, -ate²〗

pét·i·o·làt·ed /-tɪd | -təd/ *adj.* 〘植物・動物〙 =petiolate. 〖(1756): ⇨ ↑, -ed〗

pet·i·ole /pétiòul | pétiəul, píː-/ *n.* **1** 〘植物〙 葉柄 (leafstalk). **2** 〘動物〙 肉柄, 肉茎, 柄部 (peduncle); (特に) 幹節, 腹柄, 柄節《はち・ありなどの胸部と腹部との間の細い環節》. **pét·i·òled** *adj.* 〖(1753) ← (N)L *petiolus* ← little foot, fruit stalk《変形》← *pediculus* 'PEDICLE'〗

pet·i·ol·u·late /pètiá(ː)ljulèɪt, -lɪt | -tiɔ́l-/ *adj.* 〘植物〙 小葉柄のついた[をもっている]. 〖(1881): ⇨ ↓, -ate²〗

pet·i·o·lule /pétiəlùːl, pètióuljuːl | pétiə(ʊ)lùːl, pètiə́uljuːl/ *n.* 〘植物〙 小葉柄. **pet·i·o·lu·lar** /pètióuljulə | -tiə́uljulə^(r)/ *adj.* 〖(1832) ← NL *petiolūlus*: ⇨ petiole, -ule〗

Pe·ti·pa /pétipàː, ⁻⁻⁻; *F.* pətipa/, **Marius** *n.* プティパ《1819–1910; フランスのバレエダンサー; ロシア帝国バレエ団の振付師; チャイコフスキーと *Sleeping Beauty* (1890) を共同創作》.

pet·it /péti, -tɪt, pətíː | péti, pətíː; *F.* pəti/ *adj.* [今は法律用語の複合語の第 1 構成素として] 小さい (small), つまらない (trifling) (cf. petty): ⇨ petit jury, petit sergeanty, petit treason. 〖(c1378) □ (O)F ~ 'little': PETTY と二重語〗

Pe·tit /pətíː; *F.* pəti/, **Roland** *n.* プティ《1924–2011; フランスのバレエダンサー・振付師》.

pe·tit beurre /pətìːbə́ː | -bə́ː^(r); *F.* pətibœːʁ/ *n.* (*pl.* **petits beurres**) プチブール《小型で, 通例 長方形のバタークッキー》. 〖(1906) □ F ~〗

petít bóurgeois *n.* (*pl.* **petits bourgeois**) **1** 小市民(的中間)階級の人, プチブル(ジョア), 小市民. **2** [the ~; 集合的] =petite bourgeoisie. — *adj.* プチブル的な. 〖(1853) □ F ~: ⇨ petit, bourgeois〗

pe·tite /pətíːt; *F.* pətit/ *adj.* (特に)〈女性が〉小柄できな (⇨ small SYN). — *n.* 小柄な女性用の衣服サイズ. **~·ness** *n.* 〖(1712) □ F ~ (fem.): ⇨ petit〗

petíte bóurgeoise *n.* (*pl.* **petites bourgeoises**) プチブル(ジョア)の女性. 〖□ F ~ (fem.): ⇨ petit bourgeois〗

petíte bourgeoisíe *n.* [the ~; 集合的] 小市民(的中間)階級, プチブルジョア, プチブル, 小ブルジョア《中産階級の中では最も貧しく勢力としても弱い階層》. 〖(1916) □ F ~〗

petíte mar·mite /-máəmaɪt, maəmíːt | -máːmaɪt, maːmíːt; *F.* pətimaʁmit/ *n.* **1** プティットマルミット《野菜・鶏または牛肉を入れたスープ; マルミットに入れて出す》. **2** =marmite 1 b. 〖□ F ~ 'small kettle'〗

petites bourgeoises *n.* petite bourgeoise の複数形.

petíte si·ráh /-sɪ̀ráː/ *n.* **1** プチシラー(ワイン)《California 産の辛口赤ぶどう酒》. **2** プチシラー《プチシラーワインの原料のぶどう》.

pe·tit feu /pətìːfə́ː; *F.* pətifø/ *n.* 〘窯業〙 小焚き, プティフォー (cf. full fire): **a** 陶磁器を低温度 (600–800°C) で焼くこと. **b** マッフル窯で低温度で焼成された陶磁器の彩色. **c** 繊細な顔料を用いて低温で焼成する方法. 〖□ F ~ 《原義》small fire〗

pe·tit four /pètifɔ́ə, pətìː-, -fúə | pètifúə^(r), -fɔ́ː^(r); *F.* pətifuːʁ/ *F. n.* (*pl.* **pe·tits fours** /~z; *F.* ~/, **petit fours**) プチフール《いろいろな形をした一口大のケーキやクッキー; 手の込んだ仕上がりのものが多い》. 〖(1884) □ F ~ 《原義》little oven〗

pét·it·grain òil /pétigrèɪn- | -ti-/ *n.* 〘化学〙 プチグレン油《ダイダイ (sour orange) の葉や小枝から得られる黄色の精油; 香水・化粧品に用いる》. 〖(1903) *petitgrain*: ⇨ F *petit grain* unripe bitter orange: ⇨ petit, grain¹〗

pe·ti·tion /pətíʃən/ *n.* **1** 請願書, 申し立書, 嘆願書: file a ~ for [against] liquidation 清算[清算反対]の申し立書を提出する / present [submit] a ~ to the Government for higher wages 政府に賃金値上げの請願書を提出する. **2** 請願, 嘆願, 陳情, 申請: on ~ 請願によって[があれば] / a ~ for retrial 再審請求 / the right of ~ 請願権 / grant a ~ 請願を許す / lodge [hand in, send in] one's ~ to ... に嘆願する / make (a) ~ to ... に請願する. **3** 〘法律〙 請願, 申請, 申し立(書): a ~ of appeal 上訴申立書 / a ~ of revision 訂正申請書 / a ~ in [of] bankruptcy 破産(申し立)書. **4** (神などに対する)祈願, 哀願, 嘆願: put up a ~ to heaven 天に祈願する.

Petítion of Ríght [the —] (1) 〘英史〙 権利請願《1628 年議会から国王 Charles 一世に提出してその承認を得た人権の宣言》. (2) [p- of r-] 〘英法〙 対国王権利回復訴願《1947 年廃止》.

— *vt.* **1** ...に請願書を出す, 請願する (⇨ appeal SYN): ~ the king [a court of law] for sanction 国王[裁判所]に裁可を申請する / They ~*ed* the mayor to take immediate measures. 市長に至急善処してほしいと申請した. **2** (申し立書で)...を願う, 請う 〈*that*〉. **3** 〈欲しいものを〉懇願する, 嘆願する, 哀願する, 願う (beg). — *vi.* **1** 願う, 請う (ask humbly): ~ *for* pardon 許しを請う / ~ *to* be allowed to go 行かせて下さいと頼む. **2** 請願書を出す. 〖n.: (a1338) □ (O)F *pétition* □ L *petītiō(n-)* ← *petere* to seek. — v.: (1606–7) ← (n.)〗

pe·ti·tion·ar·y /-ʃənèri | -ʃ(ə)nəri/ *adj.* **1** 祈願の; 請願の, 嘆願の, 哀願の. **2** 《古》 嘆願する, 哀願する. 〖(1579) □ ML *petitiōnārium*: ⇨ ↑, -ary〗

pe·ti·tion·er /pətíʃ(ə)nə | -nə^(r)/ *n.* **1** 祈願者, 請願[申請]者, 訴願人, (エクイティー裁判所における)原告; (英) (特に, 離婚訴訟の)申し立人. **2** [the Petitioners] 議会召集請願派《1680 年英国王 Charles 二世に対して議会召集の請願書を提出した民党, 後の Whigs; the Addressers ともいう; cf. Country Party, abhorrer 2》. 〖(1414): ⇨ petition, -er¹〗

pe·ti·ti·o prin·ci·pi·i /pətìtiouprɪŋkípiìː, -ʃiou-prɪnsípiài | pɪ̀tíʃiəuprɪnsípiàɪ, pɛ-, -tiəu-, -kíp-/ *n.* 〘論理〙 論点先取[窃取], 先決問題の要求 (begging the question)《論証を必要とする論点をすでに論証されたものとして前提する一種の虚偽または誤謬推理; 例えば, うさぎは狩られることを好むからうさぎ狩は残酷でないといった類; petitio と略すこともある》. 〖(1531) □ ML *petītiō prīncipiī* postulation of the beginning〗

pét·it júror /péti- | -ti-/ *n.* 〘法律〙 =petty juror.

pétit júry *n.* 〘法律〙 =petty jury.

pétit lárceny *n.* 〘法律〙 =petty larceny 1. 〖1587〗

pe·tit-maî·tre /pətìːméɪtr(ə); *F.* pətimɛtʁ/ *n.* (*pl.* **petits-maîtres, ~s**) ハイカラ男, だて男, しゃれ者 (dandy, fop). 〖(1711) □ F ~ 'small master'〗

pe·tit mal /pètimáːl, -mǽl | -timǽl; *F.* pətimal/ *n.* 〘病理〙 (癲癇(てんかん)の)小発作 (cf. grand mal). 〖(1874) □ F ~ 'small illness'〗

pe·tit pain /pətìːpǽ(ŋ), -pǽŋ; *F.* pətipɛ̃/ *n.* (*pl.* **petits pains** /~(z); *F.* ~/) 小型ロールパン, プチパン.

pe·tit point /pétipɔ̀ɪnt | pètipɔ́ɪnt; *F.* pətipwɛ̃/ *n.* **1** プチポワン《小さいテントステッチを用いた区限刺繍; cf. gros point 1》. **2** =tent stitch. 〖(1882) □ F ~ 'small stitch'〗

petits beurres *n.* petit beurre の複数形.

petits bourgeois *n.* petit bourgeois の複数形.

pe·tits che·vaux /pətìːʃəvóu | -vóu; *F.* pətiʃəvo/ *n. pl.* [単数扱い] 8 頭の玩具の馬を回してその勝ち馬に賭ける賭博の機械. 〖(1891) □ F ~ 'small horses'〗

pétit sérgeanty *n.* 〘英国中世法〙 小奉仕による不動産保有《不動産保有の対価として弓・剣などの小武器を毎年王に供する奉仕を行う; cf. grand sergeanty》. 〖□ AF ~ 'small sergeanty'〗

petits fours *n.* petit four の複数形.

petits-maîtres *n.* petit-maître の複数形.

pe·tit sou·per /pətìːsuːpéɪ; *F.* pətisupe/ *F. n.* (少数の親しい友人だけの)形式ばらない夕食. 〖(1765) □ F ~ 'small supper'〗

pe·tits pois /pètipwáː | péti-; *F.* pətipwa, -pwɑ/ *F. n. pl.* 小粒のグリンピース. 〖(1820) □ F ~ 'small peas'〗

pe·tits soins /pətìːswǽ(ŋ), -swǽŋ; *F.* pətiswɛ̃/ *F. n. pl.* 細かい心遣い. 〖□ F ~ 'small attentions'〗

pétit tréason *n.* 〘英法〙 小反逆罪《主殺し・夫殺し・僧職者殺しなど目上の者を殺す行為; 1828 年廃止, 現在は通常の謀殺 (murder) とされる; cf. high treason》. 〖《変形》← *petty treason*〗

pe·tit verre /pətìːvéə | -véə^(r); *F.* pətivɛːʁ/ *F. n.* 小型グラス, リキュール杯. 〖(1855) □ F ~ 'small glass'〗

PETN 《略》〘化学・薬学〙 pentaerythritol tetranitrate.

pét nàme *n.* 親しみを表す呼び名; 愛称 (nickname).

pét·nàpper *n.* (米) ペットさらい(人). 〖⇨ ↓, -er¹〗

pét·nàpping *n.* (*also* **pét·nàping**) (米) ペットさらい[誘拐]《売り飛ばすために犬猫などをさらうこと》. 〖← PET¹ +(*kid*)*napping*〗

Pe·tö·fi /pétəfi | -tə-; *Hung.* pétøːfi/, **Sán·dor** /ʃáːndor/ *n.* ペテーフィ《1823–49; ハンガリーの国民詩人; 本名 Sándor Petrovics /ʃáːndor pétrovitʃ/》.

Pëtr /pjóutr(ə) | pjəu-; *Russ.* pʲótr/ *n.* ピョートル《男性名》. 〖□ Russ. ~ 'PETER'〗

pe·tr- /pɛtr/ (母音の前にくるときの) petro- の異形.

Pe·tra /pétrə, píː-/ *n.* ペトラ《ヨルダン南西部の古都; 雑色の成層岩で作られた建築遺跡がある》.

Pe·trarch /píːtraək, pétraək | pétraːk/ *n.* ペトラルカ《1304–74; イタリアの詩人・人文主義者; イタリア文芸復興の主唱者; *Canzoniere*「詩歌集」; イタリア語名 Francesco Petrarca /petrárka/》. **Pe·trár·chal** /-kəl, -kl | pɛtráː-, pɪ̀-/ *adj.* **Pe·trár·chan** /-kən/ *adj.* **Pe·trár·chi·an** /-kiən/ *adj.*

Petrárchan sónnet *n.* =Italian sonnet. 〖1909〗

Pé·trarch·ìsm /-kìzm/ *n.* ペトラルカ流[調]詩体. 〖1881〗

Pé·trarch·ist /-kɪst | -kɪst/ *n.* ペトラルカ亜流詩人《特に, 16 世紀から 17 世紀初頭にかけて Petrarch の詩体をまねた英国詩人を軽蔑的に呼んだ名》. 〖(1823) ← PETRARCH+-IST〗

pet·rel /pétrəl, píːtrəl/ *n.* **1** 〘鳥類〙 ウミツバメ《ウミツバメ科の小鳥およびシロハラミズナギドリ (*Pterodroma hypoleaca*), sooty petrel など小形のミズナギドリの類の鳥の総称》; (特に)ヒメウミツバメ (storm petrel). **2** =stormy petrel 2. 〖(1602)《変形》← *pitteral* ← ? PITTER-PATTER: ⇨ PETER+-(E)REL (St. Peter のように海上を歩行するように見えるため: cf. *Matt.* 14:29) という説もある〗

pet·ri- /pétrɪ, -tri/ petro- の異形 (⇨ -i-).

Petriburg. 《略》 *ML.* Petriburgēnsis (=of Peterborough) (Bishop of Peterborough が署名に用いる; ⇨ Cantuar. 2).

pé·tri dish, P- d- /píːtri-/ *n.* ペトリ皿, (蓋付き)シャーレ《細菌培養用の蓋付きの浅いガラス皿; cf. plate culture》. 〖(1892) *petri*: ← *R. J. Petri* (1852–1921: ドイツの細菌学者)〗

Pe·trie /píːtri/, Sir (**William Matthew**) **Flin·ders** /flíndəz | -dəz/ *n.* ピートリー《1853–1942; 英国のエジプト学者・考古学者; Giza の Pyramid や先王朝時代諸遺跡の調査研究で有名》.

pet·ri·fac·tion /pètrəfǽkʃən | -trɪ-/ *n.* **1** (化)石化(作用); 石化物, 化石 (fossil). **2** 茫然(ぼう)自失, びっくり仰天. 〖(1646): ← PETRIFY+-FACTION〗

pet·ri·fac·tive /pètrəfǽktɪv | -trɪ-/ *adj.* (化)石化する, 石化力のある. 〖(1646) ← PETRIFY+FACTIVE〗

pet·ri·fi·ca·tion /pètrəfɪkéɪʃən | -trɪfɪ-/ *n.* =petrifaction. 〖(1611) □ F *pétrification*: ⇨ petro-, -fication〗

Pét·ri·fied Fórest /pétrəfàɪd- | -trɪ-/ *n.* [the ~] 石化林, 化石の森《米国 Arizona 州東部にある天然記念物; 鉱物質含有水の作用で石化した森林; 面積 100 km²》.

Pétrified Fórest Nátional Párk *n.* ペトリファイドフォーレスト国立公園《米国 Arizona 州中東部にあり, 石化林 (Petrified Forest) で有名, 1962 年指定; 面積 381 km²》.

pet·ri·fy /pétrəfàɪ | -trɪ-/ *vt.* **1 a** (驚き・恐怖などで)立ちすくませる, びっくり仰天させる, 茫然(ぼう)自失させる (paralyze): ~ a person *with* fear [shyness] 恐怖で[恥ずかしくて]身動きもできなくさせる / stand *petrified* 驚いて棒立ちになる. **b** 無感覚[無神経]にする (benumb), 鈍麻させる (deaden): ~ a person's mind 人の心を麻痺させる. **2** 〈動植物などを〉石化する. **3 a** 硬直させる, こわばらせる (harden). **b** 〈法則などの融通[弾力]性を失わせる. — *vi.* **1** 石化する, 石になる. **2 a** 立ちすくむ, 茫然自失する. **b** 麻痺する. **3 a** 硬直する. **b** 融通がきかなくなる, 硬直化する. **pét·ri·fìed** *adj.* **pét·ri·fìer** *n.* 〖(1594) □ F *pétrifier*: ⇨ petro-, -fy〗

pét·ri·fỳ·ing *adj.* **1** 石に化する. **2** 立ちすくんで動けなくする, びっくり仰天させる. 〖(1652): ⇨ ↑, -ing²〗

Pe·tri·na /pətríːnə | pɪ-, pɛ-/ *n.* ペトリーナ《女性名》. 〖(fem.) ← PETER: ⇨ -ina²〗

Pe·trine /píːtraɪn/ *adj.* **1** 使徒ペテロ (Peter) の(説いた, 書いた). **2** (教皇が使徒ペテロから受け継いだとされる) 教会における至上権. **3** ロシア皇帝ピョートル一世(治世)の. 〖(1846) ← LL *Petrus* 'PETER'+-INE¹〗

Pétrine prívilege *n.* [the ~] 〘カトリック〙 ペテロの特権《結婚時に, 一方のみが受洗者であり, 後に信仰生活の上で困難が生じた時の, 教皇による婚姻解消; privilege of the faith ともいう; cf. Pauline privilege》.

pétri plàte, P- p- /píːtri-/ *n.* =petri dish.

pet·ro- /pétrou | -trəu/ 次の意味を表す連結形: **1**「石, 岩」. **2**「石油の, 石油(および...)を含む」. **3** 原油輸出(国)の: *petropower*. ★ 時に petri-, また母音の前では通例 petr- になる. 〖← NL ~ ← Gk *pétrā* rock or *pétros* stone〗

Pet·ro·bru·sian /pètroubrúːʒən, -ʃən | -trə(ʊ)-/ *n.* ペテロブリュイス派の人《12 世紀フランスの異端的一派; 幼児洗礼・ミサ・死者のための祈禱・十字架崇敬・教会の建設などを拒否する》. 〖(1559) □ ML *petrobrusiānus* ← *Petrus Brusius* Pierre de Bruys (12 世紀フランスの宗教改革者): ⇨ -an¹〗

pet·ro·chem·i·cal /pètroukémɪkəl, -kl | pètrəu-kémɪ-/ *n.* 〘化学〙 石油化学製品《石油または天然ガスから分離合成した化学薬品またはその誘導体》. — *adj.* 石油化学(製品)の: a ~ complex 石油化学コンビナート. **~·ly** *adv.* 〖(1913) ← PETRO- 2+CHEMICAL〗

pètro·chémistry *n.* **1** 石油化学, 岩石化学. **2** 石油化学製品の製造. 〖(1937) ← PETRO- 2+CHEMISTRY〗

pétro·cùrrency *n.* オイル通貨《原油輸出に依存している国の通貨》. 〖(1974) ← PETRO- 2+CURRENCY〗

pétro·dòllar 〘経済〙 *adj.* オイルダラーの. — *n.* [*pl.*] オイルダラー《産油国が, 石油売却によって獲得したドル資金; ドル以外の通貨を含める時は petromoney という》. 〖(1974) ← PETRO- 2+DOLLAR〗

P

petrog. 《略》petrography.

pètro·génesis *n.* 〘地質〙 **1** 岩石成因論. **2** 岩石の起源. **pètro·genétic** *adj.* 〖((1901)) ← NL ～: ⇨ petro-, -genesis〗

pe·trog·e·ny /pɪ̀trá(ː)dʒəni | -trɔ́dʒ-/ *n.* 〘地質〙 = petrogenesis. 〖((1888)) ← PETRO-＋-GENY〗

pet·ro·glyph /pétrəglɪ̀f/ *n.* 〘考古〙 (先史時代または未開民族の)岩面彫刻[線画]. **pet·ro·glyph·ic** /pètrəglɪ́fɪk⁻/ *adj.* 〖((1870)) □ F *pétroglyphe*: ⇨ petro-1, glypy〗

Pet·ro·grad /pétrəgræ̀d | -trə(ʊ)-; *Russ.* pʲitragrát/ *n.* ペトログラード (St. Petersburg の旧名 (1914–24)).

pet·ro·gram /pétrəgræ̀m/ *n.* 〘考古〙 (先史時代または未開民族の描いた)岩面(上の)線画[彫刻]. 〖← PETRO- 1＋-GRAM〗

pet·ro·graph /pétrəgræ̀f | -grɑ̀ːf, -græ̀f/ *n.* 〘考古〙 **1** 岩石彫刻文字[像]. **2** ＝petroglyph. 〖((1814)) ← PETRO- 1＋-GRAPH〗

pe·trog·ra·pher /pɪ̀trá(ː)grəfə, pɛ- | -trɔ́grəfə^(r)/ *n.* 記載岩石学者, 岩石分類学者. 〖((1881)): ⇨ ↓, -er¹〗

pe·trog·ra·phy /pɪ̀trá(ː)grəfi, pɛ- | -trɔ́g-/ *n.* 記載岩石学, 岩石分類 (cf. petrology). **pet·ro·graph·ic** /pètrəgræ̀fɪk⁻/ *adj.* **pèt·ro·gráph·i·cal** /-fɪ̀kəl, -kl̩ | -fɪ-⁻/ *adj.* **pèt·ro·gráph·i·cal·ly** *adv.* 〖((1651)) ← NL *petrographia*: ⇨ petro- 1, -graphy〗

pet·rol /pétrəl/ *n.* **1** 《英》ガソリン (《米》gasoline): a ～ filling station ガソリンスタンド. **2** 《古》石油. — *vt.* (**pet·rolled; -rol·ling**) 《英》ガソリンで掃除する. 〖((1585)) □ F *pétrole* □ ML *petroleum* 'PETROLEUM'〗

petrol. 《略》petrology.

pet·ro·la·tum /pètrəléɪtəm, -láːt- | -léɪt-/ *n.* 〘化学〙 **1** ペトロラタム (石油から採る半固体状の炭化水素混合物; 軟膏の基剤や皮革製品の仕上げ剤などとして用いる; petroleum jelly ともいう; cf. mineral jelly). **2** 鉱油 (mineral oil). 〖((1887)) ← NL ～: ⇨ petroleum, -ate¹〗

pétrol bòmb *n.* 《英》瓶の中にガソリンと灯心を入れた爆弾; 火炎瓶 (cf. Molotov cocktail). 〖1958〗

pétrol-bòmb *vt.* 火炎瓶で攻撃する. **pétrol-bòmber** *n.*

pétrol càp *n.* 《英》＝gas cap (⇨ car 挿絵).

pet·ro·lene /pétrəliːn/ *n.* 〘化学〙 ペトローレン (アスファルトの油状成分; パラフィン・ナフサ・ヘキサンに溶け, アスファルテン・カーベンからは遊離している物質). 〖((1838)) □ F *pétrolène* ← *pétrole* 'PETROL': ⇨ -ene〗

pétrol éngine *n.* 《英》ガソリン機関. 〖1902〗

pe·tro·le·um /pətróʊliəm | -tráʊ-/ *n.* 石油: a ～ product 石油製品 / raw ～ 原油. 〖((?a1425)) □ ML ～ ← L *petra* (□ Gk *pétrā* rock: ⇨ PETRO-)＋*oleum* 'oil': PETROL と二重語〗

petróleum ásphalt *n.* 〘化学〙 石油アスファルト.

petróleum bénzine *n.* 〘化学〙 石油ベンジン (石油の沸点 35–80°C 留分; 溶剤).

petróleum cóke *n.* 〘化学〙 石油コークス (石油精製の残渣から得られる). 〖1881〗

petróleum éngine *n.* ＝gasoline engine.

petróleum éther *n.* 石油エーテル (石油分留で沸点が最も低い). 〖1866〗

petróleum jélly *n.* 〘化学〙 ＝petrolatum 1. 〖1897〗

petróleum spírit *n.* [通例 *pl.*] 〘化学〙 石油スピリット (ペンキ・ワニスなどの溶剤用の工業ガソリンの一種). 〖((1881)): ⇨ petroleum, spirit〗

petróleum wáx *n.* 〘化学〙 石蠟 (石油から精製されたパラフィン蠟; ろうそく・パラフィン紙製造用; cf. microcrystalline wax).

pé·tro·leur /pètrəlɜ́ː | -lɜ́ː^(r); *F.* petʀɔlœːʀ/ *n.* 石油放火人 (特に, 1871 年 5 月 Paris で政府軍の侵入に際し石油を用いて官公署に放火したパリ革命政府 (Commune of Paris) の支持者). 〖((1871)) □ F ～ ← *pétrole* 'PETROL'＋*-eur* '-ER¹'〗

pé·tro·leuse /pètrəlɜ́ːz; *F.* petʀɔløːz/ *n.* 女性の pétroleur. 〖((1871)) □ F ～ (fem.): ↑〗

pe·trol·ic /pɪ̀trá(ː)lɪk | -trɔ́l-/ *adj.* 石油の, 石油に似た, 石油から作った; 《英》ガソリンの. 〖((1899)) ← PETROL(EUM)＋-IC¹〗

pet·ro·lif·er·ous /pètrəlɪ́f(ə)rəs⁻/ *adj.* 石油を産出する: ～ countries 産油国. 〖((1890)) ← PETROL(EUM) ＋ -I-＋-FEROUS〗

pet·ro·lif·ic /pètrəlɪ́fɪk⁻/ *adj.* ＝petroliferous. 〖⇨ ↑, -fic〗

pe·tról·o·gist /-dʒɪst | -dʒɪst/ *n.* 岩石学者.

pe·trol·o·gy /pɪ̀trá(ː)lədʒi, pɛ- | -trɔ́l-/ *n.* 岩石学 (cf. petrography). **pet·ro·log·ic** /pètrəlá(ː)dʒɪk | -lɔ́dʒ-⁻/ *adj.* **pèt·ro·lóg·i·cal** /-dʒɪ̀kəl, -kl̩ | -dʒɪ-⁻/ *adj.* **pèt·ro·lóg·i·cal·ly** *adv.* 〖((1811)) (1876) ← PETRO- 1＋-LOGY〗

pétrol pùmp *n.* 《英》＝gasoline pump. 〖1928〗

pétrol stàtion *n.* 《英》ガソリンスタンド. ⇨ gas station 日英比較 〖1926〗

pétrol tànk *n.* 《英》(車・航空機などの)ガソリンタンク (《英》gas tank).

pétro·mòney *n.* 〘経済〙 オイルマネー (⇨ petrodollar).

pet·ro·nel /pètrənél/ *n.* 15–17 世紀に用いた大型ピストル. 〖((*a*1577)) □ F *petrinal* 《変形》← *poitrinal* 《原義》for the breast (adj.) ← *poitrine* chest < VL **pectorīna* ← L *pectus* chest: 射撃する際その銃座を胸に当てがうため〗

Pet·ro·nel·la /pètrənélə/ *n.* ペトロネラ (女性名). 〖□ L ～ (fem. dim.) ← *Petrōnius* (ローマの氏族名) ← ? *petra* stone: PETER の女性形として用いられた〗

Pe·tro·ni·us /pɪ̀tróʊniəs, pɛ- | -tráʊ-/, **Gaius** *n.* ペトロニウス (?–66; ローマ皇帝 Nero の廷臣, 諷刺作家; *Satyricon*「サチュリコン」の作者とされている; arbiter elegantiae (arbiter of taste) といわれた; 異名 Petronius Arbiter).

Pet·ro·pav·lovsk /pètrəpǽvlɔ(ː)fsk, -páːv- | -lɔfsk; *Russ.* pʲitrapávləfsk/ *n.* ペトロパブロフスク (カザフスタン共和国, Ishim 川沿いの都市).

Petropávlovsk-Kam·chat·ski /-kæmtʃǽtski, -tʃáː-; *Russ.* -kamtʃʲátskʲij/ *n.* ペトロパブロフスク-カムチャツキー (ロシア連邦東部, Kamchatka 半島の港市).

Pe·tró·po·lis /pətrá(ː)pələs | -trɔ́p-; *Braz.* petrɔ́polis/ *n.* ペトロポリス (ブラジル南東部, Rio de Janeiro の北にあるリゾート都市).

pe·tro·sal /pɪ̀tróʊsəl, -sl̩ | -tráʊ-/ 〘解剖〙 *adj.* ＝petrous 2. — *n.* (側頭骨の)錐(すい)体部. 〖((1741)) ← NL *petrosa* ((fem.) ← L *petrōsus* stony)＋-AL¹: cf. petrous〗

Pet·ro·sian /pɪtróʊʒən | -tráʊ-; *Russ.* pʲitrəsʲján/, **Ti·gran** /tʲigrán/ *n.* ペトローシャン (1929–84; ソ連のチェスプレーヤー; 世界チャンピオン (1963–69)).

pet·rous /pétrəs, píː-/ *adj.* **1** 岩の[でできている, のように硬い]. **2** 〘解剖〙 岩様の, 岩状(部)の, (側頭骨の)錐(すい)体部の. 〖((1541)) □ (O)F *petreux* □ L *petrōsus* ← *petra* rock: ⇨ petro-, -ous〗

Pe·tro·vich /pɪtróʊvɪtʃ | -tráʊ-; *Russ.* pjitróvjitʃ/ *n.* ペトロビッチ (男性名). 〖□ Russ. ～ 《原義》'son of PËTR'〗

Pet·rovsk /pɪtrɔ́(ː)fsk | -trɔ́f-; *Russ.* pʲitrófsk/ *n.* ペトロフスク (Makhachkala の旧名).

Pet·ro·za·vodsk /pètrəzəvá(ː)tsk | -vɔ́tsk; *Russ.* pʲitrəzavótsk/ *n.* ペトロザボーツク (ロシア連邦西部, Onega 湖畔にあるカレリア共和国の首都).

pe-tsai /pèɪtsáɪ/ *n.* 〘園芸〙 ハクサイ(白菜) (Chinese cabbage). 〖□ Chin. 《福建方言》〗

Pet·sa·mo /pétsəmòʊ | -mɑ̀ʊ; *Finn.* pétsɑmo/ *n.* ペツァモ (Pechenga のフィンランド語名).

PÉT scàn /pét-/ *n.* PET スキャン (陽電子放射断層撮影による画像・検査; 体内, 特に脳内部の異常などの判定に用いる). 〖((*a*1420)) **PÉT scànner** *n.* **PÉT scànning** *n.*

pet·ta·ble /pétəbl̩ | -tə-/ *adj.* 〈動物がペットにできる. 〖((1934)) ← PET¹＋-ABLE〗

petti *n.* petto の複数形.

pet·ti·coat /pétikòʊt | -tikɑ̀ʊt/ *n.* **1** ペチコート: **a** 下着としてのスカート; ラッフルやレース飾りがある. **b** ドレープ入りスカートの下に, 見せる目的で着た装飾的なスカート. **c** 昔, ドレスの一部として用いたスカート. **2** [*pl.*] **a** [集合的] (アンダー)スカート類: wear ～*s* 女性[子供]である. **b** ((アンダー)スカートを用いた)幼少[子供]時代: I have known him ever since he was in ～*s*. 私は彼をまだほんの子供の時分から知っている. **3** 紳士・男児用の短いスカート (kilt fustanella など). **4 a** 《口語》(こっけいな, またはやや軽蔑して)婦人, 女; 少女. **b** [*pl.*] 女性, 女の社会: She is a Cromwell in ～*s*. 彼女は女クロムウェル[女傑]だ. **5** スカート型の物[覆い]. **6** 〘電気〙 ＝petticoat insulator. — *adj.* [限定的] 女性の, 女流の; 女性的な (feminine): a ～ affair 女性(の情事)に関係のある事柄, つや話 / ～ government 《軽蔑》(家庭内の)女天下, かかあ天下; 婦人政治 / His life has been ruined by ～ influence. 彼の一生は女性(細君)に抑えられて台無しになった. 〖((*a*1420)) *petycote* 《廃》'small coat': ⇨ petty, coat〗

pétticoat brèeches *n. pl.* ペチコートブリーチズ (スカートのようにゆったりした短いズボンでリボン飾りなどがある; 17 世紀後半, 英国の男性が用いた). 〖1658〗

pét·ti·còat·ed /-tɪ̀d | -tɪ̀d/ *adj.* ペチコートを着けた. 〖((1748)) ← PETTICOAT＋-ED 2〗

pétticoat ínsulator *n.* 〘電気〙 はかま型碍子(がいし).

pét·ti·còat·ism /-tɪzm/ *n.* 女の勢力, 女かかあ天下. 〖← PETTICOAT＋-ISM〗

pétticoat·less *adj.* ペチコートを着けていない. 〖((1888)): ← -less〗

pétticoat narcíssus *n.* 〘植物〙 ＝hoop-petticoat daffodil.

pet·ti·fog /pétifɔ̀(ː)g, -fɑ̀(ː)g | -tifɔ̀g/ *vi.* (**pet·ti·fogged; -fog·ging**) **1** 三百代言をやる. **2** いかさまをはたらく, ごまかしをやる. **3** 屁(へ)理屈を言う, (くだらないことで)言い争う. 〖((1611)) 《逆成》↓〗

pet·ti·fog·ger /pétifɔ̀(ː)gə, -fɑ̀(ː)gə | -tifɔ̀gə^(r)/ *n.* **1** 三百代言, いんちき弁護士. **2** ぺてん師, いかさま師. **3** 屁(へ)理屈を言う人 (quibbler). 〖((1564–78)) ← PETTY＋(廃) ? *fogger* (1576) pettifogger ← ? *Fugger* (15–16 世紀に活躍したドイツの豪商)〗

pet·ti·fog·ger·y /pétifɔ̀(ː)gəri, -fɑ̀(ː)g- | -tɪfɔ̀g-/ *n.* ＝pettifogging. 〖((1653)): ⇨ -y¹〗

pét·ti·fòg·ging *adj.* **1** 三百代言的な, ごまかしの, ずるい (crafty); 卑劣な. **2** つまらない, くだらない, 安っぽい (paltry). — *n.* 三百代言(式のやりかた), ごまかし弁護, 言い抜け. 〖((1580)): ⇨ pettifog, -ing^(1,2)〗

pet·ting /-tɪŋ | -tɪŋ/ *n.* 《口語》ペッティング (性的な抱擁・キス・愛撫などの行為): a ～ party ひとしきりのペッティング.

pétting zòo *n.* 《米》(動物に触れられる)子供動物園.

pét·ti·pànts /péti- | -ti-/ *n. pl.* ペチパンツ (ひざ上までの長いパンティー).

pet·tish /pétɪʃ | -tɪʃ/ *adj.* 〈人がすねた, 気難しい, 怒りっぽい; 〈言葉・行動など〉腹立ちまぎれの: a ～ reply. **～·ly** *adv.* **～·ness** *n.* 〖((1570)) ← ? PET²＋-ISH¹〗

pet·ti·skirt /pétiskɜ̀ːt | -tiskɜ̀ːt/ *n.* ＝petticoat 1 a. 〖← PETTI(COAT)＋SKIRT〗

pet·ti·toes /pétitòʊz | -titɑ̀ʊz/ *n. pl.* **1** (食品としての)豚の足. **2** 人の足; (特に)子供の足. 〖((1555)) (pl.) ← 《廃》*pettytoe* □ F *petite oie* little goose: PETTY＋*toes* ((pl.) ← TOE) に異分析された〗

pet·tle /pétl̩ | -tl̩/ *vt.* 《スコット・北英》かわいがる, 愛撫する (fondle). 〖((1719)) ← PET¹＋-LE³〗

pet·to /pétoʊ | -tɑʊ; *It.* pétto/ *It. n.* (*pl.* **pet·ti** /-tiː; *It.* -ti/) 胸: ⇨ in petto. 〖((1674)) □ It. ～ < L *pectum* breast〗

pet·ty /péti | -ti/ *adj.* (**pet·ti·er; -ti·est**) **1** ささいな, 取るに足らない, つまらない: ～ theft / ～ affairs つまらない事柄 / ～ expenses 雑費. **2** 些事にこだわる; 心の狭い, 心根の卑しい, けちな: ～ minds, jealousy, etc. **3** 劣った, 従属の (subordinate); 小規模の: a ～ prince 小国王; 弱小国の君主 / a ～ current deposit 小口当座預金 / a ～ dealer [farmer] 小商人[農夫] / a ～ official 下級官吏, 小役人. **4** 〘法律〙 軽微な, 小さな: ⇨ petty jury, petty larceny, petty sessions, petty treason. — *n.* [*pl.*] 《英方言》便所. **pét·ti·ly** /-təli, -tl̩i | -tɪ̀li, -tl̩i/ *adv.* **pét·ti·ness** *n.* 〖((?a1387)) *pety* 《廃》'small' (異形) ← PETIT〗

SYN つまらない: **petty** 《軽蔑》同種のもののうちで最も小さく重要でない: a *petty* crime ささいな罪. **trivial** つまらなく平凡で取るに足りない: a *trivial* mistake つまらない誤り. **trifling** 非常に少なくて重要でないため無視してよい: a *trifling* matter ささいな事柄. **paltry** 軽蔑に値するほど価値がない: a *paltry* amount of money ごくわずかな金.
ANT important, significant.

Pet·ty /péti | -ti/, **Sir William** *n.* ペティー (1623–87; 英国の経済学者; アイルランド土地測量総監; 古典経済学全農学派の先駆者).

pétty apártheid *n.* 小アパルトヘイト (かつての南アフリカ共和国における日常的な人種差別的慣行; スポーツの観戦席を分離するなど; cf. grand apartheid). 〖1966〗

pétty bóurgeois *n., adj.* ＝petit bourgeois. 〖1888〗

pétty bóurgeoisie *n.* ＝petite bourgeoisie.

pétty cásh *n.* (事務の雑費に充てる)小口現金, 小払資金; 小口現金払い[小払い]の項目. 〖1834〗

pétty cáshbook *n.* 小口現金出納帳, 小払資金出納帳. 〖1858〗

pétty júror *n.* 〘法律〙 小陪審(員).

pétty júry *n.* 〘法律〙 小陪審 (12 人の陪審員で構成され公判に立ち会って民事・刑事の訴訟事実問題を審理し, 有罪・無罪の評決 (verdict) を与える; 陪審一致(12 人の一致)の原則は, 英国では 1967 年 12 人中 10 人という特別多数に変更された; 米国では連邦憲法で小陪審の審理を受ける権利が保障されている(修正 6・7 条); petit jury ともいう; ⇨ grand jury).

pétty lárceny *n.* **1** 〘法律〙 軽窃盗(罪) (petit larceny ともいう; cf. grand larceny): **a** (コモンローで)1827 年以前の英国で 1 シリングより少ない物の窃盗罪; 1827 年に petty larceny と grand larceny の区別は廃止. **b** (米国法で)規程の額(10 ドルから 200 ドルの間で変動)より少ない物の窃盗罪. **2** 《米俗》〘野球〙 盗塁. 〖1818〗

pétty offénse *n.* 〘法律〙 **1** 小罪 (警察犯(我が国の軽犯罪に当たる)で陪審なしで審理できる犯罪). **2** 軽罪 (正式起訴の対象とされない犯罪).

pétty òfficer *n.* **1** 〘海軍〙 下士官 (陸軍の noncommissioned officer に当たる; 略 PO): a ～ first [second, third] class 一[二, 三]等海曹. **2** 《古》下級官吏, 小役人. 〖1577–87〗

pétty sèssional divísion *n.* 〘英法〙 小治安判事裁判所の管轄区域.

pétty séssions *n. pl.* 〘英法〙 小治安裁判所[法廷] (陪審なしに治安判事によって開かれ, 軽微な事件を取り扱った; 治安判事裁判所 (magistrates' court) の前身; しばしば P & S と書かれる).

pétty tréason *n.* 〘英法〙 ＝petit treason.

pet·u·lance /pétʃʊləns | -tjʊ-, -tʃʊ-/ *n.* **1** 癇癪(かんしゃく), 怒りっぽい気分, むずかり, すねること, 不機嫌 (ill humor); 短気な言動. **2** 《まれ》横柄, 生意気. 〖((1610)) □ F *pétulance* □ L *petulantia* impudence, petulance: ⇨ petulant, -ce〗

pet·u·lan·cy /pétʃʊlənsi | -tjʊ-, -tʃʊ-/ *n.* 《古》＝petulance. 〖((1559)): ⇨ ↓, -cy〗

pet·u·lant /pétʃʊlənt | -tjʊ-, -tʃʊ-/ *adj.* **1** 〈人・態度など〉(小さな事に)いらいらする, 短気な, 怒りっぽい, むずかる (⇨ fractious SYN); せっかちな (impatient); 気まぐれな (capricious). **2** 《まれ》出しゃばりの, 生意気な (pert). **～·ly** *adv.* 〖((1599)) □ F *pétulant* □ L *petulantem* saucy, petulant ← *petere* to fall on, attack〗

pe·tu·nia /pɪ̀túːnjə, -tjúː-, -niə | pɪ̀tjúːniə, pɛ-, -njə/ *n.* **1** 〘植物〙 ペチュニア (熱帯アメリカ原産ナス科ペチュニア [ツクバネアサガオ]属 (*Petunia*) 観賞用植物の総称; 色の鮮やかなじょうご形の花をつけるペチュニア (*P. hybrida*) など). **2** 濃紫色. 〖((1825)) ← NL ～ ← F 《廃》*petun* tobacco □ S-Am.-Ind. (Tupi) *petyn*: ⇨ -ia¹〗

pe·tun·tse /pətúntsə, -tún- | pɪ̀tántsi/ *n.* (*also* **pe·tun·tze** /～/) 白不(とん)子(中国の景徳鎮で雲母質粘土を長石と混合し精製して造った磁器原料). 〖((1727–41)) □ Chin. baidunzi (白不子):「小さなれんが」の意〗

peu à peu /pɜ́ːɑːpɜ́ː; *F.* pøapø/ *F. adv.* 少しずつ. 〖□ F ～ 'little by little'〗

peu de chose /pɜ́ːdəʃóʊz | -dəʃɑ́ʊz; *F.* pødʃoːz/ *F. n.* 些細なこと. 〖□ F ～ 'small matter'〗

Peu·geot /pəːʒóʊ, p(j)uː-, ⸗⸗ | pɜ́ːʒəʊ, pjúː-; *F.* pøʒo/ *n.* (*pl.* ～**s** /～z; *F.* ～/) 〘商標〙 プジョー (フランスの Peugeot 社製の自動車など). 〖創業者兄弟の姓から〗

P

Pevs·ner /pévznə, péfs- | -nə^(r); F. pɛfsnɛːʁ, Russ. pʲévznʲer/, **Antoine** n. ペフスネル《1886–1962; ロシア生まれのフランスの彫刻家・画家; Naum Gabo の兄》.

Pevs·ner /pévznə, péfs- | -nə^(r)/, Sir **Nikolaus** n. ペブスナー《1902–83; ドイツ生まれの英国の美術史家》.

pew¹ /pjúː/ n. **1** (教会のベンチ形の)座席, 腰掛け (⇨ church 挿絵). **2** (箱形に仕切った小さな戸をあけて出入りする教会の)家族専用席. **3** [*pl.*]《まれ》座席に座っている人々, 会衆 (congregation): the ~s and the pulpit 会衆と牧師. **4**《英口語》椅子 (chair), 席 (seat): Take a ~. (客に向かって)お座り下さい. — *vt.* 座席を備えつける; (教会の家族席のように)囲う. **~·less** *adj.* 〖(?a1387) *puwe* □ OF *puie* balcony < L *podia* (pl.) ← *podium* elevated balcony: ⇨ podium〗

pew² /pjúː/ *int.*《米》あー臭い (《英》pooh).

pew·age /pjúːɪdʒ/ n. **1** 教会の座席全体. **2** 座席の配置. **3** =pew rent. 〖(1684): ⇨ pew¹, -age〗

péw chàir n. (教会の座席 (pew) に取り付けた)折り畳み式補助椅子.

pe·wee /píːwiː/ n.《鳥類》北米産タイランチョウ科ヒタキの類の小鳥の総称; (特に) =wood pewee. 〖(1796) 擬音語〗

péw·fèllow n.《廃》(教会の)隣の座席で祈る人; 同じ宗派の信者. 〖c1524〗

péw·hòlder n. (教会の)座席 (pew) 借用人[所有者]. 〖1845〗

pe·wit /píːwɪt, pjúː- | píːwɪt/ n.《鳥類》**1** タゲリ (⇨ lapwing); タゲリの鳴き声. **2** =pewee. **3**《俗用》= pewit gull. 〖(a1529)《擬音語》〗

péwit gùll n.《鳥類》ユリカモメ (*Larus ridibundus*) (laughing gull ともいう). 〖(1678) 1686〗

péw-òpener n. (教会の)座席案内人. 〖1782〗

péw rènt n. 教会の座席料. 〖1840〗

pew·ter /pjúːtə | -tə^(r)/ n. **1 a** ピューター, しろめ《スズと鉛の合金; 銅やアンチモンを少量まぜることもある》. **b** はんだ (solder). **2** [集合的にも用いて] しろめ製の器物(類)《皿・鉢・杯など》. **3** しろめ色《くすんだ銀ねず》. **4**《俗》**a** 金銭, 現なま. **b** 賞金; 賞杯, トロフィー. — *adj.* **1** しろめ(製)の. **2** しろめ色の. 〖(1310) *peutre* □ OF < VL **peltrum* ←?〗

péw·ter·er /-tərə | -tərə^(r)/ n. しろめ製器物の職人. 〖(1311) *peautrer* □ OF *peautrier*: ⇨ ↑, -er¹〗

péwter wàre n. =pewter 2.

p.ex《略》《広告》part exchange.

pex·i·a /péksiə/ n.《外科》=pexis. 〖⇨ ↓, -ia¹: cf. -pexy〗

pex·is /péksɪs | -sɪs/ n.《外科》固定(術) (fixation). 〖← NL ~ (↓)〗

-pex·y /pèksi/「固定 (fixation)」の意の名詞連結形. 〖← NL *-pexia* ← Gk *pēxia* ← *pēxis* solidity ← *pēgnúnai* to fix〗

pe·yo·te /peɪóuti | -óuti; *Am.Sp.* pejóte/ n. (*pl.* ~s /~z; *Am.Sp.* ~s/) **1**《植物》米国南西部およびメキシコ北部産のウバタマ属 (*Lophophora*) の球形サボテンの総称; (特に)ウバタマ (mescal). **2** ペヨーテ, パオタ《ウバタマの頭 (mescal button) から得られるアルカロイドを含む幻覚剤》. 〖(1849) □ Mex.-Sp. ~ □ Nahuatl *peyotl* caterpillar〗

peyóte bútton n.《俗》ペヨーテ ボタン《幻覚剤; ウバタマの頂部を乾燥しボタン状にしたもの》.

pe·yót·ism /-tɪzm/ n. **1** ペヨーテ教《ペヨーテを宗教行為として服用するアメリカインディアンの宗教の一つ》. **2** ペヨーテの服用またはペヨーテ中毒. 〖1934〗

pey·otl /peɪóutl | -óutl/ n. =peyote.

Péy·ro·nie's disèase /péɪrəniːz-; F. pɛrɔni/ n.《医学》ペイロニー病《陰茎の海綿体に斑点や繊維性索ができ陰茎変形や勃起痛を起こす原因不明の病気》. 〖← *François Gigot de La Peyronie* (1678–1747; フランスの外科医で, Louis 15 世の侍医)〗

Pey·ton Place /peɪtnplèɪs/ n. ペイトン プレイス《米国の作家 Grace Metalious の同名小説・映画の舞台である New Hampshire 州の架空の愛憎渦巻く田舎町》.

pey·trel /péɪtrəl/ n. (*also* **pey·trel** /~/)《甲冑》(馬よろいの)胸当, 鞅(むながい) (poitrel ともいう). 〖(?a1325) □ AF *peitrel*=OF *peitral* < L *pectorāle* 'PECTORAL'〗

pf《略》pfennig.

pf, PF《略》《電気》picofarad;《電気》power factor.

pF /píːéf/ n.《農業》pF 価《土壌の含水量を表す指数》. 〖← *p* (=logarithm)+*F*《略》← *free energy*〗

pf.《略》perfect;《証券》preferred 優先の; proof.

p.f.《略》《音楽》pianoforte; *It.* più forte (=a little louder); *F.* pour féliciter (=to congratulate); pro forma.

PF《略》《写真》panchromatic film;《スコット法》Procurator Fiscal.

PFA《略》Professional Footballers' Association; pulverized fuel ash.

Pfalz /G. pfálts/ n. ファルツ《Palatinate のドイツ語名; ⇨ palatinate 1》.

PFC, Pfc《略》Private First Class.

pfd《略》《証券》preferred.

PFD《略》personal flotation device 一人用浮漂用具《救命胴衣など》.

pfef·fer·nuss /féfənùːs, -nʊs | -fə-; G. pféfɐnʊs/ n. プフェファーヌス《シナモン・オールスパイス・アニス・黒コショウなどで風味をつけたボール状の小型クッキー; クリスマスに食べる》. 〖□ G *Pfeffernuss* ← *Pfeffer* pepper+*nuss* nut〗

Pfeif·fer /fáɪfə | -fə^(r)/, **Michelle** n. ファイファー《1957– ; 米国の映画女優》.

pfen·nig /fénɪg | fénɪg, pfén-; G. pfénɪç/ n. (*pl.* **~s, pfen·ni·ge** /G. pfénɪgə/) **1** ペニヒ《Euro 流通前のドイツの通貨単位; =¹/₁₀₀ deutsche mark; 記号 pf, Pf.》. **2** 1 ペニヒ硬貨. 〖(1547) □ G ~: cf. penny〗

pfg《略》pfennig(s).

Pfi·zer /fáɪzə | -zə^(r)/ n. ファイザー(社) (~, Inc.)《米国の大手医薬品メーカー; 抗生物質が主力で医師・病院向け》.

PFLP《略》Popular Front for the Liberation of Palestine パレスチナ解放人民戦線《パレスチナ ゲリラの中で過激な左翼組織; 1970–71 年のヨルダン内戦後ハイジャックや無差別テロなどの戦術を展開した; cf. PLO》.

PFM《略》《電気》pulse frequency modulation.

P45 /píːfɔːtifáɪv | -fɔːti-/ n.《英》P45《退職者の就労時の通算収入・納税額, 国民保険に納めた額を証明する書類; 再就職時に雇用者に提出する》.

Pforz·heim /fɔ́ətshaɪm | fɔ́ː-; G. pfɔ́rtshaɪm/ n. プフォルツハイム《ドイツ Baden-Württemberg 州西部の都市; 時計・宝石・貴金属装身具産業の中心地》.

pfu·i /fúːi/ *int.* =phooey. 〖1866〗

Pfúnd sèries /fʌ́nd-, pfʊ́nd-; G. pfʊ́nt-/ n.《物理》プント系列《赤外線領域に見られる水素スペクトルの系列》. 〖(1934) ← *A. Herman Pfund* (1879–1949): アメリカの物理学者〗

pg《記号》Papua New Guinea (URL ドメイン名).

PG /píːdʒíː/ n., *adj.*《映画》保護者同伴が望ましい(映画)《観客年齢制限の表示; cf. G², R², X²》. 〖《略》← *p(arental) g(uidance)*〗

PG《略》《生化学》prostaglandin; paying guest; postgraduate; Past Grand (Master)《フリーメーソン》前グランドマスター; *L.* Pharmacopoeia Germanica (=German Pharmacopoeia) ドイツ薬局方; Preacher General; Procurator General.

pg.《略》page.

Pg.《略》Portugal; Portuguese.

PGA《略》Professional Golfers' Association プロゴルフ協会;《生化学》pteroylglutamic acid.

PGCE n.《英》公立学校教員免許《公立学校 (state school) で教鞭を執る資格となる》. 〖《略》← *P(ost)g(raduate) C(ertificate of) E(ducation)*〗

PGR《略》《心理》psychogalvanic response;《豪》parental guidance recommended.

PG-13 /píːdʒìːθəːtíːn | -θəː-/ *adj.*《米》《映画》13 歳未満の子供には保護者の指導が望ましい.

ph《略》《野球》pinch hitter; phot(s).

ph《記号》Philippines (URL ドメイン名).

pH /píːéɪtʃ/ n.《化学》ピーエイチ, ペーハー水素イオン指数《水素イオン濃度[グラムイオン数]の逆数の常用対数》. 〖(1909) ← *p(otential of) H(ydrogen)*〗

Ph《記号》《化学》phenyl.

ph.《略》phase; phone.

PH, ph《略》《野球》pinch hit(s); pinch hitter; public health; (Order of the) Purple Heart《米》パープルハート勲章, 名誉戦傷勲章.

PHA《略》Public Housing Administration (米国の)公共住宅局 (1965 年廃止).

pha·ce·li·a /fəsíːliə/ n.《植物》ハゼリソウ, ファセリア《ハゼリソウ科ハゼリソウ属 (*Phacelia*) の一年草または多年草》; (特に)ファケリア カンパヌラリア (*P. campanularia*)《鐘状の濃いコバルト色の花をつける》. 〖(1818) ← NL ~ ← Gk. *phákelos* cluster〗

phac·o·lite /fǽkəlàɪt/ n. **1**《鉱物》ファコライト《斜方沸石 (chabazite) の一種で, 無色六角形のもの》. **2**《地質》=phacolith. 〖(1843) ← Gk *phako-* (← *phakós* lentil)+-LITE〗

phac·o·lith /fǽkəlɪθ/ n.《地質》弧盤《褶曲した地層の背斜・向斜部に迸入したレンズ状火成岩体》. 〖(1910) ← *phaco-* (↑)+-LITH〗

Phae·a·cia /fiːéɪʃə/ n.《ギリシャ伝説》パイアーキア《Troy 陥落後 Ulysses が訪れた国; 今の Corfu 島に当たるという》. **Phae·a·cian** /fiːéɪʃən/ *adj., n.* 〖□ L *Phaeācia* □ Gk *Phaiakía*〗

Phae·do /fíːdou | -dəu/ n. パイドン, ファイドン《紀元前 4 世紀初頭のギリシャの哲学者; Plato の「対話編」(*Dialogues*) に出てくる; Phaedon ともいう》. 〖□ L *Phaedō(n)* □ Gk *Phaidōn*〗

Phae·don /fíːdɑ(ː)n | -dən/ n. =Phaedo.

Phaed·ra /fíːdrə | fíː-/ n.《ギリシャ神話》ファイドラ《Minos と Pasiphaë との間の娘, Ariadne とは姉妹, Theseus の妻; 義理の子 Hippolytus に恋したが拒絶されたために, 彼を夫に讒訴(ざんそ)し, 自殺した》. 〖□ L ~ □ Gk *Phaídrā*〗

Phaed·rus /fíːdrəs | fíː-/ n. パイドロス, ファイドロス: **1** 紀元前 5 世紀のギリシャの哲学者; Socrates, Plato と同時代人. **2** 紀元 1 世紀ごろのローマ寓(ぐう)話作者; イソップ寓話の訳者; *Fabulae Aesopiae*; Gaius Julius Phaedrus.

phaen- /fiːn/ (母音の前にくるときの) phaeno- の異形 (⇨ pheno- 1).

phaen·o- /fíːnou | -nəu/ =pheno- 1.

phae·o- /fíːou | -əu/ =pheo-.

phae·o·chro·mo·cy·to·ma /fiːnoukróuməsɪtóumə, -saɪ- | -nə(u)krəuməsɪtə́u-, -saɪ-/ n. =pheochromocytoma.

phàeo·mélanin n.《生化学》フェオメラニン《赤褐色から黄褐色のメラニン近似の色素; cf. eumelanin》. 〖← PHAEO-+MELANIN〗

Pha·ë·thon /féɪəθɑ̀(ː)n, -θən | féɪɪθən/ n.《ギリシャ神話》ファエトン《太陽神 Helios の子; 1 日だけ父に許されて日輪の車を駆ったが, 未熟練のため車が地球に接近して危うく世界を大火事にしようとしたので, これを見た Zeus は雷を放って彼を殺し, 災禍を未然に防いだという》. 〖□ L *Phaëthon* □ Gk *Phaéthōn*《原義》a shining ← *phaéthein*, *pháein* to shine ← *pháos* light〗

pha·e·ton /féɪətn, féɪtn | féɪtn, -tən/ n. **1** (19 世紀の通例二座席の軽二頭[一頭]立て四輪馬車. **2** = touring car 1. **3** (初期の)フェートン型オープンカー《二つの横席を前後に設けたほろ型自動車》. 〖(1593) □ F *phaéton* □ L *Phaëthon* (↑)〗

phaeton 1

phag- /fæg/ (母音の前にくるときの) phago- の異形.

-phag /fæg/ n. =-phage. 〖□ Gk ~ ← *phageîn* to eat〗

phage /féɪdʒ, fáːʒ/ n.《医学》=bacteriophage. 〖(1926) ← (BACTERIO)PHAGE〗

-phage /fèɪdʒ, fàːʒ/「食う (eat); 破壊する (destroy)」の意の名詞連結形. 〖□ Gk *-phagos*: ⇨ -phagous〗

phag·e·de·na /fædʒədíːnə | -dʒɪ-/ n. (*also* **phag·e·dae·na** /~/)《病理》侵食(性)潰瘍(かいよう). **phag·e·den·ic** /fædʒədénɪk, -díːn- | -dʒɪ-/ *adj.* 〖(1657) □ L *phagedaena* □ Gk *phagédaina* eating ulcer ← *phageîn* to eat: ⇨ -phagous〗

-pha·gi·a /féɪdʒiə, -dʒə | -dʒiə/ =-phagy.

phag·o- /fǽgou | -gəu/「食う (eating); 食細胞 (phagocyte); 破壊性 (destroying)」の意の連結形. ★ 母音の前では通例 phag- になる. 〖□ Gk ~ ← *phageîn* to eat: ⇨ -phagous〗

phag·o·cyte /fǽgəsàɪt, -gou- | -gə(u)-/ n.《解剖》食細胞《細菌・異物・老廃細胞などを補食する作用のある細胞》. **phag·o·cyt·ic** /fægəsítɪk, -gou- | -gə(u)-sít-/ *adj.* **phàg·o·cýt·i·cal·ly** *adv.* 〖(1884) □ G *Phagozyten* (pl.): ⇨ ↑, -cyte〗

phágocytic índex n.《生理》食作用係数, 食細胞指数《体循環血流中からの微粒子状異物の除去の速度を示す指数》.

phag·o·cy·tize /fǽgəsətàɪz, -saɪ- | -sɪ-, -saɪ-/ *vt.*《生理》=phagocytose. 〖(1913) ← ↑+-IZE〗

phag·o·cy·tose /fǽgəsətòus, -saɪ-, -tòuz | -sɪtəus, -saɪ-/ *vt.*《生理》食菌する, 貪(どん)食する, 補食する. 〖(1912)《逆成》↓〗

phag·o·cy·to·sis /fægəsɪtóusɪs, -gou-, -saɪ- | -gə(u)saɪtə́u-/ n. (*pl.* **-to·ses** /-siːz/) (食細胞の)食作用, 食菌作用, 貪食活動[現象]. **phag·o·cy·tot·ic** /fægəsɪtɑ́(ː)tɪk, -saɪ- | -gə(u)sɪtɔ́t-, -saɪ-/ *adj.* **phàg·o·cy·tót·i·cal·ly** *adv.* 〖(1889) ← NL ~: ⇨ phagocyte, -osis〗

phag·o·ma·ni·a /fægəméɪniə, -njə | -gə(u)-/ n. 貪食症.

phag·o·ma·ni·ac /fægəméɪniæk | -gə(u)-/ n. 貪食症の人.

phag·o·some /fǽgəsòum | -gə(u)səum/ n.《生物》ファゴソーム, 食作用胞《細胞の食作用の結果生じた内部に摂取した固形物を含む液胞》. 〖(1958) ← PHAGO-+-SOME³〗

-pha·gous /-fəgəs/「食う (eating)」の意の形容詞連結形: anthropophagous, sarcophagous. 〖□ L *-phagus* □ Gk *-phagos* ← *phageîn* to eat ← IE **bhag-* to share out (Skt *bhajati* he assigns)〗

Pha·gun /fáːgʊn/ n. パーグン(の月)《ヒンズー暦の月名の一つで, 太陽暦の 2–3 月に当たる; cf. Hindu calendar》. 〖□ Hindi *phāgun* ← Skt *phālguna*〗

-pha·gy /-fədʒi/「常食 (feeding on)」の意の名詞連結形: anthropophagy. 〖□ Gk *-phagiā* (↑): ⇨ -y¹〗

pha·i·no·pep·la /feɪàɪnoupéplə, faɪnou- | -nəu-/ n.《鳥類》米国南西部およびメキシコ産の羽冠のある *Phainopepla* 属の黒色の小鳥の総称《キヌゲレンジャク (*P. nitens*) など》. 〖← NL ~ ← Gk *phaeinós* shining (← *pháein* to shine)+*péplos* robe〗

pha·lan·gal /fəlǽŋgəl, -gl/ *adj.* =phalangeal.

phal·ange /féɪlændʒ, ―⌐ | fǽlændʒ, fəlǽndʒ/ n.《解剖・動物》(手の)指(節)骨, (足の)趾(し)(節)骨 (phalanx): distal [middle, proximal] ~ 末[中, 基]指[趾](節)骨. 〖(1560) □ F ~ ← NL *phalang-*, *phalanx* 'PHALANX'〗

phalanges n. phalanx [phalange] の複数形.

pha·lan·ge·al /fəlǽndʒiəl⌐/ *adj.* **1**《解剖・動物》指[趾(し)](節)骨の: a ~ joint 指関節. **2** ファランクス (phalanx) の. 〖(1831): ⇨ ↑, -al¹〗

pha·lan·ger /fəlǽndʒə | -dʒə^(r)/ n.《動物》有袋目クスクス科クスクス属 (*Phalanger*) のフクロネズミの総称《小形で草食性, 樹上で生活し, 物をつかむのに適した尾をもつ; セレベスからオーストラリア, ニューギニア, タスマニアまで分布するハイイロクスクス (*P. orientalis*), ブチクスクス (*P. maculatus*) など》. 〖(1774) ← NL ~ ← *phalang-*, *phalanx* 'PHALANX'〗

Pha·lang·ist /fəlǽndʒɪst, feɪ- | fəlǽndʒɪst, fǽlən-/ n. =falangist.

phal·an·ste·ri·an /fælənstíəriən | -stíər-⌐/ n. **1** ファランステール (phalanstery) の一員[提唱者]. **2** ファランステール主義[組織]. **3** =Fourierist. — *adj.* ファランステールの; ファランステール主義[組織]の. 〖(1843) ← PHALANSTERY+-AN¹〗

phàl·an·sté·ri·an·ism /-nìzm/ n. ファランステール (phalanstery) 主義[組織] (⇨ Fourierism). 〖1848〗

phal·an·ster·y /fǽlənstèri | -stəri/ n. **1 a** ファランステール《フランスの社会主義者 Fourier (1772–1837) の主唱にかかる社会主義的共同生活団体; 一団約 1,800 名》. **b** その団体の住居群または建物群. **2** これに類した団体

P

(の建物). 〖(1846) □ F *phalanstère*《混成》← *phalange* 'PHALANX' + *monastére* 'MONASTERY'〗

pha·lanx /féɪlæŋ(k)s, fǽl- | fǽl-/ *n.* (*pl.* ~·**es**, **pha·lan·ges** /fəlǽndʒiːz, feɪ- | fæ-, fə-/), *4, 5* では **phalanges**) **1 a** 密集軍[部隊]. **b** (古代ギリシャの, 盾・槍を持った重装歩兵の)ファランクス, 密集方陣. **2** (人・動物などの)集結: solid ~*es* of guards and policemen 護衛と警官からなる水も漏らさぬ警戒陣 / The lawyers opposed in ~. 弁護士連は結束して反対した. **3** 同志の集まり, 結社. **4** ファランクス《Fourier の社会主義による共同生活の一単位; cf. phalanstery》. **5** 《解剖・動物》指(節)骨, 趾(し)(節)骨《phalange ともいう》. **6** 《植物》雄蕊束. — *vt.* 密集[集結]させる: ~*ed* troops. — *vi.* 《印刷》調整して仕事を均等配分する. 〖(1553) □ L *phalang-*, *phalanx* □ Gk *phálagx* bone of finger, line of battle: ⇨ balk〗

pha·lar·i·ca /fəlǽ³rɪkə | -lέər-/ *n.* =falarica.

phal·a·rope /fǽlərὸup | -rəup/ *n.* 《鳥類》ヒレアシシギ《ヒレアシシギ科ヒレアシシギ属 (*Phalaropus*) のアカエリヒレアシシギ (northern phalarope), ハイイロヒレアシシギ (red phalarope), アメリカヒレアシシギ (Wilson's phalarope) の 3 種の水鳥の総称; 足指に水かきがついていて, 1 年の半分以上を海上で過ごす》. 〖(1776) □ F ~ ← NL *Phalaropus* (属名: ← Gk *phalārís* coot (← *phalós* white, shining) + *poús* foot)〗

phal·er·a /fǽlərə/ *n.* (*pl.* **-er·ae** /-rìː, -ràɪ/) **1** (古代の鎧(よろい)に付けた金属製の)飾り円盤. **2** (古代の馬面の)額金(ひたいがね). 〖(1606) □ L ~ □ Gk *phálara* (pl.)〗

phall- /fæl/ (母音の前にくるときの) phallo- の異形.

phalli *n.* phallus の複数形.

phal·lic /fǽlɪk/ *adj.* **1** 陰茎[男根] (phallus) の, 陰茎像の. **2** 男根崇拝の. **3** 《精神分析》**a** 男根期の (genital): the ~ phase ファルス期, 男根段階, 幼児性欲発達段階の一つ; 男女共に性欲の中心が男性性器にある / ~ worship. **b** 男根期的性格の《自己確信的で傲慢, 精力的ではあるが攻撃性・支配欲をもつ》. **phál·li·cal** /-lɪ̀kəl, -kḷ | -lɪ-/ *adj.* **phál·li·cal·ly** *adv.* 〖(1789) □ Gk *phallikós*: ⇨ phallus, -ic[1]〗

phál·li·cism /-ləsìzm | -lɪ̀-/ *n.* (生産力の象徴としての)男根崇拝; 生殖器崇拝. 〖1884〗

phál·li·cist /-ləsɪ̀st | -lɪ̀sɪst/ *n.* 男根崇拝者.

phál·lism /-lɪzm/ *n.* =phallicism. 〖1879〗

phál·list /-lɪ̀st | -lɪst/ *n.* =phallicist.

phal·lo- /fǽlou | -ləu/ 「陰茎」の意の連結形. ★ 母音の前では通例 phall- になる. 〖← Gk *phallós* (⇨ phallus)〗

phal·lo·cen·tric /fæ̀lousέntrɪk | -lə(ʊ)-ˊ/ *adj.* **1** 男根中心の. **2** 男性中心主義の, 男性に規範をおいた. 〖1927〗

P

phal·loi·din /fəlɔ́ɪdṇ | -dɪn/ *n.* 《生化学》ファロイジン《タマゴテングタケ (death cap) などに含まれる毒ペプチド》. 〖(1938) ← NL *Amanita phalloides* death cap ← AMANITA + *phalloides* shaped like a phallus〗

phal·lus /fǽləs/ *n.* (*pl.* **phal·li** /fǽlaɪ, -liː/, ~·**es**) **1** 男根像《造化の生産力の象徴として宗教的に崇拝し, 古代の Dionysus [Bacchus] 祭ではこれをかつぎ回った; 通例勃起した形で表される; cf. lingam 1 a, yoni》. **2** 《解剖》**a** 陰茎 (penis), 男根, ファルス; (特に)勃起陰茎; 陰核 (clitoris). **b** 陰茎または陰核に発達していく胎児の細胞組織. **3** 《精神分析》男根《小児性欲の発達段階における快感感受の対象としての陰茎》. 〖(1613) □ L ~ □ Gk *phallós* membrum virile, penis ← IE *bhel- to swell: ⇨ bull[1]〗

Pham Van Dong /fɑ́ːmvɑ̀ːndɔ́(ː)ŋ, -dɑ́(ː)ŋ | pǽmvæ̀ndɔ́ŋ; *Viet.* fɑːm vān ˀdɔːŋm/ *n.* ファム ヴァン ドン (1906–2000; ベトナムの政治家; 北ベトナム首相 (1954–76), ベトナム社会主義共和国首相 (1976–86)).

Pha·nar·i·ot /fənǽriət/ *n.* ファナリオット: **a** トルコの首都 Istanbul のギリシャ人地区である Phanar /fǽnə | -ə(r)/ 地区に住むギリシャ人. **b** 同地区に住むギリシャ人官吏《ギリシャ語名 Phanariotes /*Mod.Gk.* fanarjótis/》. 〖(1819) □ ModGk *Phanariṓtēs* ← *Phanári* Phanar《原義》lighthouse + -*ōtēs* inhabitant〗

phan·a·tron /fǽnətrɑ̀(ː)n | -trɔ̀n/ *n.* =phanotron.

-phane /←fèɪn/「擬似」の意の名詞連結形: cello*phane*, hydro*phane*. 〖← Gk *phanḗs* ← *phaínein* to show: cf. fancy〗

phan·er- /fǽnər, fənέr/ (母音の前にくるときの) phanero- の異形.

phan·er·o- /fǽnərou, fənέr- | -rəu/「目に見える (visible), 明らかな (manifest)」の意の連結形. ★ 母音の前では通例 phaner- になる. 〖□ Gk ~ ← *phanerós* visible ← *phaínein* to show〗

phànero·crýstalline *adj.* 《岩石》顕晶質の《結晶が肉眼で認められる大きさにいう; cf. cryptocrystalline, microcrystalline》. 〖(1862): ⇨ ↑, crystalline〗

phan·er·o·gam /fǽnərəgæ̀m, fənέr-, -rou- | -rə(ʊ)-/ *n.* 《植物》顕花植物《専門用語としては現在は使われていない; cf. cryptogam spermatophyte》. **phan·er·o·gam·ic** /fæ̀nərəgǽmɪk, fənὲr-, -rou- | -rə(ʊ)-ˊ/ *adj.* **phan·er·og·a·mous** /fæ̀nərɑ́(ː)gəməs | -rɔ́g-ˊ/ *adj.* 〖(1861) □ F *phanérogame* (↓)〗

Phan·er·o·gam·i·a /fæ̀nərougéɪmiə, fənὲr- | -rə(ʊ)-/ *n. pl.* 《植物》顕花植物門《生殖器官としての花をもつ植物群; 現在は種子植物門 (Spermatophyta) と呼ぶ; cf. Cryptogamia》. 〖(1821) ← NL ~: ⇨ phanero-, -gamy〗

phan·er·o·gen·ic /fæ̀nəroudʒénɪk, fənὲr- | -rə(ʊ)-ˊ/ *adj.* 《医学》既知の原因による (cf. cryptogenic).
〖← PHANERO- + -GENIC[1]〗

phan·er·o·phyte /fǽnərəfàɪt, fənέr- | -rə(ʊ)-/ *n.* 《植物》地上植物《低温や乾燥時を耐える芽の位置が地上約 30 cm 以上にある多年生植物; cf. chamaephyte, geophyte》. 〖(1913) ← PHANERO- + -PHYTE〗

Pha·ner·o·zo·ic /fæ̀nərəzóuɪk, fənὲr- | -rə(ʊ)-zə́u-ˊ/ 《地質》*n.* 顕生代《古生代 (Paleozoic) 中生代 (Mesozoic), 新生代 (Cenozoic) から成る. — *adj.* [しばしば p-] 顕生代の. 〖(1930) ← PHANERO- + -ZOIC[2]〗

phan·er·o·zo·nate /fæ̀nərəzóuneɪt, fənὲr- | -rə(ʊ)zə́u-ˊ/ *adj.* 《動物》顕帯目の. 〖(1889) ← NL *Phanerozonia* (← PHANERO- + *zṓnē* 'girdle ZONE' + -IA[2]) + -ATE[2]〗

phan·o /fǽnou | -nəu/ *n.* (*pl.* ~**s**) 《キリスト教》= fanon.

phan·o·tron /fǽnətrɑ̀(ː)n | -trɔ̀n/ *n.* 《電気》ファノトロン《整流用二極放電管の一種》. 〖(1931) ← ? Gk *phano-* showing (← *phainein* to show) + -TRON〗

phan·ta·sime /fǽntəsìːm | -təsɪm/ *n.* 《Shak》夢想家, 変人. 〖(1594–95) □ It. *fantas(i)ma* 'PHANTASM'〗

phan·ta·size /fǽntəsàɪz | -tə-/ *v.* =fantasize.

phan·tasm /fǽntæzṃ/ *n.* **1** 幻(まぼろし), 幻影, 幻想 (fantasy): follow the ~*s* of truth 真理の幻を追う. **2** 亡霊, 幽霊: a ~ of the dead. **3** (死者・不在者の)幻影, 幻像. **4** 《古》幻覚, 錯覚 (illusion). **5** 《哲学》(実人物や実在物の)心象. 〖(?a1200) *fantasme* □ (O)F □ L *phantasma* □ Gk *phántasma* ← *phantázein* to make visible ← *phaínein* to show ← IE *bhā to shine: PHANTOM と二重語: cf. fantasy〗

phan·tas·ma /fæntǽzmə/ *n.* (*pl.* ~·**ta** /~tə | ~tə/, ~**s**) =phantasm. 〖(1598) □ It. *fantasma* // L *phantasma* (↑)〗

phan·tas·ma·go·ri·a /fæntæ̀zməgɔ́ːriə | fæntæ̀zməgɔ́riə, fæntæ̀z-, -gɔ́ːr-/ *n.* **1** 魔術幻灯《幻灯の仕掛けの一種で影像が急速に近づいたり遠ざかったりその他さまざまに変化する; 1802 年 London で初めて実演された》. **2** 変幻きわまりない光景, 走馬灯的光景. **3** (心中に去来する)さまざまな幻想, (夢の中に見る)一連の幻影. **phan·tàs·ma·gó·ri·al** /-riəlˊ/ *adj.* **phan·tàs·ma·gó·ri·an** /-riənˊ/ *adj.* **phan·tàs·ma·gó·ri·al·ly** *adv.* 〖(1802) □ F *fantasmagorie* ← *fantasme* 'PHANTASM' + -*agorie* (← ? Gk *ageírein* to assemble)〗

phan·tas·ma·gor·ic /fæntæ̀zməgɔ́(ː)rɪk, -gɑ́(ː)r- | fæntæ̀zməgɔ́r-, -tæz-, -gɔ́ːr-ˊ/ *adj.* 幻影の; 変幻きわまりない. **phan·tàs·ma·gór·i·cal** /-rɪ̀kəl, -kḷ | -rɪ-ˊ/ *adj.* **phan·tàs·ma·gór·i·cal·ly** *adv.* 〖(1818) ← ↑ + -IC[1]〗

phan·tas·ma·go·ry /fæntǽzməgɔ̀ːri | -gəri/ *n.* = phantasmagoria. 〖1837〗

phan·tas·mal /fæntǽzməl, -mḷ/ *adj.* **1** 幻(まぼろし)[幻影]の(ような); 幽霊の(ような) (spectral). **2** 錯覚的な, 非現実的な; 空想的な. ~·**ly** *adv.* 〖(1813) ← PHANTASM + -AL[1]〗

phantasmata *n.* phantasma の複数形.

phan·tas·mic /fæntǽzmɪk/ *adj.* =phantasmal. **phan·tás·mi·cal** /-mɪ̀kəl, -kḷ | -mɪ-/ *adj.* **phan·tás·mi·cal·ly** *adv.*

phan·tast /fǽntæst/ *n.* =fantast.

phan·tas·tron /fæntǽstrɑ(ː)n | -trɔn/ *n.* 《電子工学》ファンタストロン《五極管を用いたパルス発生回路》. 〖(1943) ← PHANTAS(M) + (PHANO)TRON〗

phan·ta·sy /fǽntəsi, -zi | -tə-/ *n.*, *v.* 《古》=fantasy. **phan·tas·tic** /fæntǽstɪk, fən-/ *adj.*

phan·tom /fǽntəm | -təm/ *n.* **1** 幽霊, お化け (⇨ ghost SYN). **2** 幻(まぼろし), 幻影 (vision); 影像 (image), 現れ. **3** 恐怖を起こさせるもの, 恐怖の種, ぞっとするもの. **4** 実体のない物[人], 外見だけの物[人]: He was only a ~ of a king. 彼は全く影のような[名のみの]王様だった. **5** 錯覚, 妄(もう)想. **6** 《絵画》幽霊画法《人物その他の輪郭と同時にその内部骨格の構造などまで透視できるように描く画法; 超現実主義絵画の表現などにいう》. **7** 《物理・生物》人体模型, ファントム《人体と同じように作った模型で放射線の吸収具合を測るために用いられる》; 《医学》(産科学で用いる)胎児の模型. **8** 《電気》=phantom circuit. — *adj.* **1** 幽霊の: ⇨ phantom ship. **2 a** 幻[幻影]の. **b** 錯覚の. **3** 外見上の, 見せかけの: a ~ chief 名目だけの頭(かしら) / ~ prosperity 見せかけの繁栄. **4** 《電気》重信回線 (phantom circuit) の. **5** 《絵画》幽霊画法の. ~·**like** *adj.*, *adv.* 〖(c1303) *fanto(s)me* □ OF *fantosme* (F *fantôme*) < L *phantasmam* apparition: PHANTASM と二重語〗

phántom accelerátion *n.* 《宇宙》幻の加速度《コリオリの力 (Coriolis force) などによるロケットの加速度》.

phántom círcuit *n.* 《電気》重信回線《2 対の実回線を利用して新たな線を設けずに作る第 3 の回線》.

phántom límb *n.* 《精神医学》幻(影)肢, 幻覚[幻想]肢《手足が切断された場合など, 存在しないのにあたかも実在しているように感じる手足》: ~ pains 幻(影)肢痛. 〖1879〗

phántom prégnancy *n.* 想像妊娠.

phántom shíp *n.* 幽霊船 (cf. Flying Dutchman).

phántom túmor *n.* 《病理》幽霊腫脹(しゅちょう)《一時的に腫瘍のような固まりができてまた消えてしまうもの; 腸内ガスや糞塊などによるものが多い》. 〖1857〗

phántom wíre *n.* 《電気》幽霊線路, 仮想線路《重信回線 (phantom circuit) の通る実在しない線路》.

-pha·ny /←fəni/「(超自然的なものの)出現 (appearance), 顕現 (manifestation)」の意の名詞連結形: Christo*phany*, epi*phany*. 〖□ LGk -*phán(e)ia* ← *phaínein* to show: cf. -phane〗

Phar., phar. 《略》pharmaceutical; pharmacist; pharmacopoeia; pharmacy.

Phar·aoh /fέ³rou | fέərəu/ *n.* **1** ファラオ《古代エジプト王の称号; 旧約聖書(日本語訳「パロ」)では冠詞をつけずに固有名詞として扱い, 特に Joseph がその保護支援を受けた王, イスラエル人がひどくその圧迫を受けた王 (Rameses II?) またはその迫害をのがれてエジプトを出国した時の王をいう》. **2** [しばしば p-] 専制的な国王, 酷使者 (taskmaster の代称). **Phar·a·on·ic, p-** /fɛ̀³reɪɑ́(ː)nɪk, fæ̀r- | fɛ̀əreɪɔ́n-, ←fɛərɔ́n-/ *adj.* **Phàr·a·ón·i·cal, p-** /-nɪ̀kəl, -kḷ | -nɪ-ˊ/ *adj.* 〖lateOE *Pharaon* □ LL *Pharaō(n-)* □ Gk *Pharaṓ* □ Heb. *par'ōh* □ Egypt. *pr-'3* great house: 今の語尾の *h* は Heb. から〗

Pháraoh ànt, p- a- *n.* 《昆虫》イエヒメアリ (*Monomorium pharaonis*)《熱帯や亜熱帯に広く分布, 屋内にすみ近年日本内地にも侵入したごく普通の小さいアカアリで, 家庭の害虫; Pharaoh's ant ともいう》. 〖1910〗

pháraoh hòund *n.* ファラオハウンド《光沢のある短毛で, 耳は大きく直立している中形の猟犬》.

Pháraoh's sérpent *n.* 蛇玉《ロダン化水銀を棒状に固めたもの; 火をつけるとくねくねと蛇のように伸びて行く花火のようなおもちゃ》. 〖(1865): cf. *Exod.* 7: 9〗

PharB 《略》《米》*L.* Pharmaciae Baccalaureus (= Bachelor of Pharmacy).

PharD 《略》《米》*L.* Pharmaciae Doctor (=Doctor of Pharmacy).

Phar·i·sa·ic /fæ̀rəséɪɪk, fὲr- | fæ̀rɪ̀-ˊ/ *adj.* **1** パリサイ人 (Pharisees) の. **2** [しばしば p-] 《ユダヤ教》=pharisaical. 〖(a1618) □ LL *Pharisaicus* □ LGk *Pharisaikós*: ⇨ Pharisee, -ic[1]〗

phar·i·sa·i·cal, P- /fæ̀rəséɪɪ̀kəl, fὲr-, -kḷ | fæ̀rɪ̀-ˊ/ *adj.* 《ユダヤ教》パリサイ主義の; 宗教的形式にこだわる, 虚礼を重んじる; 自らを正しいとする (self-righteous), 偽善の (hypocritical). ~·**ly** *adv.* ~·**ness** *n.* 〖1531〗

Phar·i·sa·ism /fǽrəseɪɪzṃ, fέr- | fǽrɪ̀-/ *n.* **1** パリサイ人 (Pharisees) の奉じた教義, パリサイ人の慣習[式典, 特性]. **2** [しばしば p-] 《ユダヤ教》(宗教的)形式主義 (formalism); 偽善 (hypocrisy). 〖(1601) ← NL *pharisaismus*: ⇨ ↓, -ism〗

Phar·i·see /fǽrəsìː, fέr- | fǽrɪ̀-/ *n.* **1** パリサイ人, パリサイ派の人《Hasidim の精神を継ぎ, 紀元前 2 世紀から 1 世紀まで活動した, 口伝律法を重んじて成文律法を自由に解釈し, 伝承や儀式を厳守した》. **2** [しばしば p-] (パリサイ人風の)独善家, 形式主義者, 偽善者 (hypocrite). 〖(?a1200) *pharise* □ OF □ LL *Pharisēus* □ LGk *Pharisaîos* □ Aram. *pᵉrīšayyā* (pl.) ← *pᵉrīš* separated ∞ OE *fariseus* □ LL *Pharisēus*〗

Phár·i·sèe·ism /-ɪzm/ *n.* =Pharisaism. 〖1585〗

Pharm., pharm. 《略》pharmaceutical; pharmacist; pharmacology; pharmacopoeia; pharmacy.

PharM 《略》《米》*L.* Pharmaciae Magister (=Master of Pharmacy).

phar·ma·ceu·tic /fɑ̀əməsúːtɪk | fɑ̀ːməsúːt-, -súː-, -kjúː-ˊ/ *adj.* 《まれ》=pharmaceutical. — *n.* [通例 *pl.*] ⇨ pharmaceutics. 〖adj.: (1656) — n.: (1541) □ LL *pharmaceuticus* □ Gk *pharmakeutikós* ← *pharmakeutḗs* druggist ← *pharmakeúein* to give drugs ← *phármakon* drug〗

phar·ma·ceu·ti·cal /fɑ̀əməsúːtɪ̀kəl, -kḷ | fɑ̀ːməsjúːtɪ-, -súː-, -kjúː-ˊ/ *adj.* **1** 調剤上の, 製薬の; 薬剤師の: a ~ society 薬剤師協会 / ~ chemistry 調剤[製薬]化学. **2** 薬物の, 薬物を用いる, 薬物販売の: ~ treatment 薬物治療. — *n.* 薬, 調合薬. ~·**ly** *adv.* 〖adj.: (1648) — n.: (1881): ⇨ ↑, -al[1]〗

phármaceutical chémist *n.* 《英》薬剤師. 〖1868〗

phar·ma·ceu·tics /fɑ̀əməsúːtɪks | fɑ̀ːməsjúːt-, -súː-, -kjúː-/ *n.* 薬剤学, 製剤学, 調剤学, (製)薬学 (pharmacy). 〖(1541): ⇨ pharmaceutic, -ics〗

phàr·ma·céu·tist /-tɪ̀st | -tɪst/ *n.* =pharmacist. 〖1836〗

phár·ma·cist /fɑ́əməsɪ̀st | fɑ́ːməsɪst/ *n.* 薬剤師; 製薬者. 〖(1834) ← PHARMACY + -IST〗

phar·ma·co- /fɑ́əməkou | fɑ́ːməkəu/「薬 (drug)」の意の連結形: *pharmaco*logy. 〖□ Gk *pharmako-* ← *phármakon* drug: cf. pharmacy〗

phàrmaco·dynámics *n.* 薬効学, 薬力学, 薬理学. **phàrmaco·dynámic** *adj.* **phàrmaco·dynámical** *adj.* **phàrmaco·dynámically** *adv.* 〖(1842): ⇨ ↑, dynamics〗

phàrmaco·genétics *n.* 薬理遺伝学, 遺伝薬理学《薬物の遺伝に対する影響を調べる学問》. **phàrmaco·genétic** *adj.* 〖1960〗

phar·ma·cog·no·sy /fɑ̀əməkɑ́(ː)gnəsi | fɑ̀ːməkɔ́g-/ *n.* 生薬学, 薬物学. **phar·ma·cog·nos·tic** /fɑ̀əməkɑ(ː)gnɑ́(ː)stɪk | fɑ̀ːməkɔgnɔ́s-ˊ/ *adj.* **phàr·ma·cog·nós·ti·cal** /-tɪ̀kəl, -kḷ | -tɪ-ˊ/ *adj.* **phàr·ma·cóg·no·sist** /-sɪ̀st | -sɪst/ *n.* 〖(1858): ⇨ pharmaco-, gnosis, -y[1]〗

phàrmaco·kinétics *n.* 薬物動態学, 薬物速度論. **phàrmaco·kinétic** *adj.* 〖(1960) ← PHARMACO- + KINETICS〗

pharmacol. 《略》pharmacology.

phar·mac·o·lite /fɑəmǽkəlàɪt, fɑ́əmə- | fɑːmǽkə-, fɑ́ːmə-/ *n.* 《鉱物》毒石, ファマコライト ($CaH(AsO_4)\cdot 2H_2O$)《白色または灰色の絹糸状の繊維をなした鉱物》. 〖□ G *Pharmakolith*: ⇨ pharmaco-, -lite〗

phàr·ma·cól·o·gist /-dʒɪ̀st | -dʒɪst/ *n.* 薬理学者. 〖(a1728) ← PHARMACO- + -LOGIST〗

phar·ma·col·o·gy /fɑ̀əməkɑ́(ː)lədʒi | fɑ̀ːməkɔ́l-/

n. 薬理学《元来は薬の調合・性質・用法の研究》.

phar·ma·co·log·ic /fɑ̀ːəməkəlɑ́(ː)dʒɪk | fɑ̀ːmə-kəlɔ́dʒ-ˊ/ *adj.* **phàr·ma·co·lóg·i·cal** /-dʒɪ̀-kəl, -kḷ | -dʒɪ-ˊ/ *adj.* **phàr·ma·co·lóg·i·cal·ly** *adv.* 《《1721》← NL *pharmacologia*: ⇨ pharma-co-, -logy》

phàrmaco·mánia *n.* 〘精神病理〙薬物狂. 《《1853》: ⇨ ↓, -mania》

phar·ma·co·poe·ia /fɑ̀ːəməkəpíːə, -kou- | fɑ̀ːmə-kə(ʊ)-/ *n.* (*also* **phar·ma·co·pe·ia** /~/) **1** 薬局方《薬品を列挙しその性能・用途・用法などを記載した政府出版物; 通例 P と略す; cf. dispensatory》: the Japanese *Pharmacopoeia* 日本薬局方. **2** 薬種, 薬物類.

phàr·ma·co·póe·ial, phàr·ma·co·pé·ial /-píːəl-ˊ/ *adj.* **phar·ma·co·poe·ic** /fɑ̀ːə-məkəpíːɪk | fɑ̀ː-ˊ/ *adj.* 《《1621》← NL ~ ← LGk *pharmakopoiía* art of preparing drugs ← PHARMACO- ＋*-poios* making ← *poieîn* to make》

phàr·ma·co·póe·ist /-píːɪst | -ɪst/ *n.* (*also* **phar·ma·co·pe·ist** /~/) 薬局方編者. 《《1900》: ⇨ ↑, -ist》

phàrmaco·psychósis *n.* 〘精神医学〙薬物(性)精神病.

phàrmaco·thérapy *n.* 〘医学〙薬物療法. 《《1903》← PHARMACO-＋THERAPY》

phar·ma·cy /fɑ́ːəməsi | fɑ́ː-/ *n.* **1** 薬学; 調剤(術). **2** 薬局 (dispensary); 薬屋, 薬店 (cf. drugstore). **3** =pharmacopoeia 2. 《《*c*1385》 *fermacie* ▭ OF *farmacie* (F *pharmacie*) ▭ LL *pharmacia* ▭ Gk *pharmakeía* practice of a druggist ← *phármakon* drug》

PharmD 《略》《米》=PharD.

phar·mic /fɑ́ːəmɪk | fɑ́ː-/ *adj.* 薬学[薬剤]の[に関する]. 《← PHARM(ACY)＋-IC¹》

Pha·ros /fɛ́ərɑ(ː)s | fέərɔs/ *n.* **1** ファロース《エジプト北部 Alexandria の小半島; 古くは湾内の小島; 紀元前 3 世紀ここに大理石の灯台が建てられた》. **2** ファロース灯台 (⇨ SEVEN Wonders of the World). **3** [p-] 灯台, 灯標, 航路標識 (beacon); 望楼. 《《*a*1552》▭ L ~ ▭ Gk *Pháros*》

Phar·sa·la /fɑ́ːəsələ | fɑ́ː-; *Mod.Gk.* fɑrsála/ *n.* ファルサラ (⇨ Pharsalus).

Phar·sa·li·a /fɑəséɪliə | fɑː-/ *n.* ファルサリア《Pharsalus 周辺の古代ギリシャの Thessaly の地域》.

Phar·sa·lus /fɑəséɪləs | fɑː-/ *n.* ファルサロス《ギリシャ中部 Thessaly 南部の古都; 紀元前 48 年ここで Pompey が Caesar に敗れた; 今は Pharsala という》.

pha·ryng- /fərɪŋ/ (母音の前にくるときの) pharyngo- の異形.

pha·ryn·gal /fərɪ́ŋgəl, -gḷ/ *adj.* 〘解剖・音声〙=pharyngeal. 《《1835》← NL *pharyng-*, *pharynx* 'PHARYNX'＋-AL¹》

pha·ryn·gal·i·za·tion /fərɪ̀ŋgəlɪzéɪʃən | -laɪ-, -lɪ-, fær-/ *n.* 〘音声〙=pharyngealization. 《1964》

pha·ryn·gal·ize /fərɪ́ŋgəlàɪz | fə-, fæ-/ *vt.* 〘音声〙=pharyngealize. 《1931》

phar·yn·ge·al /fərɪ́ndʒiəl, fæ̀rɪndʒíːəl, fèr- | fæ̀r-ɪndʒíːəl, fərɪ́ndʒiəl/ *adj.* **1** 〘解剖〙咽(ɪ̈ɴ)頭の: the ~ artery 頸(ᵏᵉⁱ)動脈. **2** 〘音声〙咽頭音の. — *n.* 〘音声〙咽頭音. 《《1828》← NL *pharyngeus* (← *pharyng-*, *pharynx* 'PHARYNX'＋-AL¹)》

phar·yn·ge·al·i·za·tion /fərɪ̀ndʒiəlɪzéɪʃən, fær-ɪndʒìːəl-, fèr- | fæ̀rɪndʒìːəlaɪ-, fərɪ̀ndʒiəl-, fær-, -lɪ-/ *n.* 〘音声〙咽頭(音)化. 《《1968》: ⇨ ↓, -ATION》

phar·yn·ge·al·ize /fərɪ́ndʒiə-, fæ̀rɪndʒíː-, fèr- | fæ̀rɪndʒíːəl-, fərɪ́ndʒiəl-/ *vt.* 〘音声〙咽頭(音)化する. 《《1968》← PHARYNGEAL＋-IZE》

pharýngeal tónsil *n.* 〘解剖〙咽頭扁桃 (adenoids).

phar·yn·gec·to·my /fæ̀rɪndʒéktəmi, fèr- | fær-ɪn-/ *n.* 〘外科〙咽(ᵢɴ)頭切除(術). 《《1890》← PHARYNGO-＋-ECTOMY》

pharynges *n.* pharynx の複数形. 《▭ L *pharyngēs*》

phar·yn·gi·tis /fæ̀rɪndʒáɪtɪs, fèr- | fæ̀rɪndʒáɪtɪs/ *n.* (*pl.* **-yn·git·i·des** /-dʒítədìːz | -tɪ-/) 〘病理〙咽(ᵢɴ)頭炎 (sore throat). 《《1844》← NL ~: ⇨ ↓, -itis》

pha·ryn·go- /fərɪ́ŋgou | fərɪ́ŋgəʊ/「咽(ᵢɴ)頭 (pharynx); 咽頭と…との (pharyngeal and …)」の意の連結形. ★ 母音の前では通例 pharyng- になる. 《▭ Gk *pharug-go-* ← *phárugx* throat: cf. pharynx》

pha·ryn·go·cele /fərɪ́ŋgəsìːl/ *n.* 〘病理〙咽(ᵢɴ)頭瘤. 《《1844》: ⇨ ↑, -cele¹》

phar·yn·gol·o·gy /fæ̀rɪŋgɑ́(ː)lədʒi, fèr- | fæ̀rɪŋgɔ́l-/ *n.* 咽(ᵢɴ)頭(病)学; 咽喉科 (cf. otorhinolaryngology). **pha·ryn·go·log·i·cal** /fərɪ̀ŋgəlɑ́(ː)dʒɪkəl, -kḷ | -gə(ʊ)lɔ́dʒɪ-ˊ/ *adj.* 《《1844》← PHARYNGO-＋-LOGY》

pha·ryn·go·scope /fərɪ́ŋgəskòup | fərɪ́ŋgəskə̀ʊp/ *n.* 咽(ᵢɴ)頭鏡. **pha·ryǹ·go·scóp·ic** /fərɪ̀ŋgə-skɑ́(ː)pɪk | -skɔ́p-ˊ/ *adj.* 《《1870》← PHARYNGO-＋-SCOPE》

phar·yn·gos·co·py /fæ̀rɪŋgɑ́(ː)skəpi, fèr- | fæ̀rɪŋ-gɔ́s-/ *n.* 咽(ᵢɴ)頭鏡検査(法). 《1863》

phar·yn·got·o·my /fæ̀rɪŋgɑ́(ː)təmi, fèr- | fæ̀rɪŋ-gɔ́təmi/ *n.* 〘外科〙咽(ᵢɴ)頭切開(術). 《《1736》← PHA-RYNGO-＋-TOMY》

phar·ynx /fǽrɪŋ(k)s, fér- | fǽr-/ *n.* (*pl.* **pha·ryn·ges** /fərɪ́ndʒiːz/, ~**·es**) 〘解剖〙咽(ᵢɴ)頭 (⇨ throat 挿絵; cf. epiglottis). 《《1693》← NL *pharyng-*, *pharynx* ← Gk *phárugx* throat ← IE **bher-* to cut: cf. Gk *pháragx* cleft, chasm / bore》

phas·cog·a·le /fæskɑ́(ː)gəlìː | -kɔ́g-/ *n.* フクロジネズミ《フクロネコ科フクロジネズミ属 (*Phascogale*) の動物の総称》.

phase¹ /féɪz/ *n.* **1** (目または心に映る変化する物の)相, 面, 現れ (aspect): the most attractive ~ of her character 彼女の人柄で最も人を引きつけるところ / a problem with many ~*s* 多くの面をもつ[多方面にわたる]問題. **2** (変化・発達の)段階 (stage), 様相, 状勢, 形勢: enter on [upon] a new ~ 新段階[局面]に入る / reach the critical ~ 〈物・事が〉重大な局面に達する / go through a ~ … の段階を経る. **3** 〘天文〙(天体の)象, 相; (月の)象, 位相: the ~ of an eclipse 食の位相 / a ~ of the moon 月の位相《new moon, half-moon, full moon など》/ ~ difference 位相差. **4** 〘物理・電気〙(光波・電流などの変動の)位相, 相, フェーズ. **5** 〘化学〙相, 状相: a gas [liquid] ~ 気[液]相. **6** 〘生物〙(細胞分裂の)期; (動物の季節・年齢などによる)体色変化期 (cf. color phase). **7** 〘医学〙相; 期; 位相; 反応時期. **8** 〘測量〙目標板の両面の不均等な照明. **9** 〘文法〙(体系文法で)位相.

in pháse (1) 〘物理〙〔…と〕同位相で〔*with*〕. (2) 同調して, 同時性で, 一致して〔*with*〕. *òut of pháse* (1) 〘物理〙位相を異にして. (2) 調和しないで, 同調的でなく, 非同時性で, 不一致で.

— *vt.* **1 a** (計画によって)段階的に行う, 実行する: a ~*d* withdrawal of troops 軍隊の段階的撤退. **b** 同調[順応]させる, 調整する〔*with*〕. **2** (段階的に)〔…に〕導入する〔*into*〕(cf. PHASE *in*). **3** 《米》〈過程・操業・商品などを〉必要に応じうるように予定[手配]する. **4** 〘物理〙調整して…の位相を等しくする. — *vi.* 段階的に動く.

phàse dówn 段階的に縮小[削減]する. *phàse ín* 段階的に取り入れる[導入する, 投入する]. *phàse óut* (1) 漸次廃止する, 段階的に除去する: ~ *out* restrictions, controls, etc. (2) 漸次除かれる; 〔…へ〕次第に移行する〔*into*〕.

~**·less** *adj.* **pha·se·al** /féɪziəl/ *adj.* 《《1812》▭ F ~ // 《逆成》← *phases* (pl.) ← PHASIS》

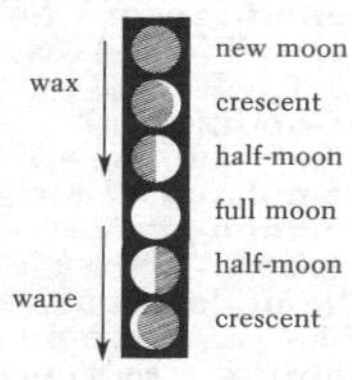

phases of the moon

SYN 様相: **phase** 形・状態の変化する物が示す主要な様相: one *phase* of the subject その主題の一様相. **aspect** ある特定の見地から見たある物の外観: Life has its absurd *aspects*. 人生には不条理な面がある. **angle** ある角度から見た限られた範囲の相: view a problem from all *angles* あらゆる角度から問題を見る. **facet** 多面体の任意の一面(を思わせるもの): many *facets* of his personality 彼の個性の多くの面.

phase² /féɪz/ *vt.* =faze.

phásе advàncer *n.* 〘電気〙進相機《系統の力率改善や電圧降下の軽減のため進相無効電力をとる回転機》. 《1909》

pháse àngle *n.* **1** 〘天文〙位相角《惑星から太陽および地球に向かって引いた両直線のなす角》. **2** 〘物理〙位相角. 《1889》

pháse-còntrast *adj.* 位相差を強度差に変える. 《1934》

pháse-contrast mícroscope *n.* 位相差顕微鏡. 《1947》

pháse contròl *n.* 〘電気〙位相制御.

pháse convèrter *n.* 〘電気〙相数変換機. 《1916》

pháse cùrrent *n.* 〘電気〙相電流.

phásed-arráy *adj.* 〘電気〙フェーズドアレイの《機械的に回転するアンテナの代わりに電子的に放射方向を制御できる複合アンテナの[を用いた]》: a ~ radar.

pháse dìagram *n.* 〘化学〙状態図《化合物・混合物・溶液など同一物質の異なる相における平衡関係をグラフで示したもの》.

pháse distòrtion *n.* 〘電気〙位相ひずみ《増幅器などの位相特性が信号の周波数によって変わるために生じる信号のひずみ》. 《1928》

pháse·dòwn *n.* (計画・作戦などの)段階的縮小[削減] (cf. phasein). 《1964》

pháse·ìn *n.* (計画・作戦などの)段階的採用[導入, 投入] (cf. phasedown, phaseout).

pháse ìndicator *n.* 〘電気〙位相計.

pháse invèrter *n.* 〘電気〙位相反転器. 《1942》

pháse-lòcked *adj.* 〘物理〙位相固定(式)の: ~ communication 位相固定通信.

pháse mìcroscope *n.* =phase-contrast microscope. 《1946》

pháse modulàtion *n.* 〘電気〙位相変調. 《1930》

pháse·òut *n.* 《米》(計画・作戦などの)段階的廃止[除去, 撤退] (cf. phasein). 《1958》

pháse rùle *n.* 〘物理化学〙相律(ˢᵒᵘ)《相と相の間の平衡条件を決める法則》. 《1896》

phases *n.* phasis の複数形.

pháse sèquence *n.* 〘電気〙相順. 《1918》

pháse shìfter *n.* 〘電気〙位相器. 《1908》

pháse spàce *n.* 〘物理〙位相空間《力学系の運動の状態を表す空間で, 一般化座標とそれに共役な一般化運動量を座標軸とする》. 《1927》

pháse spèed *n.* =phase velocity.

pháse splìtter *n.* 〘電気〙分相器. 《1896》

pháse velòcity *n.* 〘物理〙(電波・海波などの)位相速度《wave speed, wave velocity ともいう; cf. group velocity》. 《1932》

pháse vòltage *n.* 〘電気〙相電圧 (cf. line voltage).

-pha·sia /féɪʒə, -ʒiə | -ziə, -ʒiə, -ʒə/「(ある種の)言語障害 (speech disorder)」の意の連結形: *aphasia*. 《← NL ~ ▭ Gk *-phasía* speech ← *phásis* sutterance ← *phánai* to speak》

pha·si·an·id /fèɪziǽnɪd, -éɪn- | -nɪd-ˊ/ *adj.*, *n.* 〘鳥類〙キジ科の(鳥).

pha·sic /féɪzɪk/ *adj.* **1** 局面の, 形勢の; 段階的に作用する. **2** 〘天文〙象の, 位相の. **3** 〘物理〙位相の, 相の. 《《1890》: ⇨, -ic¹》

phas·ing /féɪzɪŋ/ *n.* 〘電気〙整相, 位相同期《位相を調整すること》. 《1896》

pha·sis /féɪsɪs | -sɪs/ *n.* (*pl.* **pha·ses** /-siːz/) **1** 相, 面 (phase). **2** 存在様式. 《《1660》← NL ~ ← Gk *phásis* appearance, phase ← *phaínein* to show: cf. -phane》

phas·mid /fǽzmɪd/ 〘昆虫〙*n.* ナナフシ目 (*Phasmida*) の草食昆虫《ナナフシ・コノハムシなどを含む昆虫の総称; 身体は細長く筒状; 不完全変態でしばしば単為生殖》. — *adj.* ナナフシ目の. 《《1872》← NL *Phasmida* ← *Phasma* (模式属) ← Gk *phásma* phantom》

pha·sor /féɪzə | -zə^(r)/ *n.* 〘電気〙フェーザー, ベクトル《電圧・電流などの振幅と位相に対応するベクトル》. 《《1944》← PHAS(E)¹＋(VECT)OR》

phásor dìagram *n.* 〘電気〙ベクトル図 (vector diagram).

-pha·sy /-ˊ- fəsi/ =-phasia.

phat /fǽt/ 〘印刷〙*n.* =fat *n.* 8. — *adj.* 植字の楽な. 《《変形》← FAT¹》

phat·ic /fǽtɪk | -tɪk/ *adj.* 〘言語〙〈言葉など〉交感的な, 交話的な《内容を伝えるより社交・雰囲気づくりのための言語使用》: ~ language 社交的な言葉 (⇨ phatic communion). **phát·i·cal·ly** *adv.* 《《1923》← Gk *phatós* spoken＋-IC¹》

phátic commúnion *n.* 〘言語〙交感的言語使用《情報の伝達というよりは, 社交的雰囲気を作るために言語を用いること; 特に, 沈黙のぎこちなさを避けるために用いる挨拶の言葉や決まり文句など; 例: How do you do? / Nice day!》. 《《1923》B. Malinowski の造語》

PhB 《略》《米》*L.* Philosophiae Baccalaureus (=Bachelor of Philosophy).

PhC 《略》《英》Pharmaceutical Chemist.

PhD /píːèɪtʃdíː/ 《略》*L.* Philosophiae Doctor (=Doctor of Philosophy) (哲学)博士. ★ 米国では大学の博士課程修了者に与えられ, 一般に日本の「博士号」「博士号所有者」に当たる; 姓名の後に用いて Robert Brown, *PhD* のように用いる; D Phil とも略す》.

P

pheas·ant /féz*ə*nt, -znt/ *n.* (*pl.* ~, ~**s**) 〘鳥類〙**1 a** キジ《アジア温帯地域に最も多いが全世界に分布する通例あざやかな羽根と長い尾をもったキジ科の鳥の総称; 日本産のキジ (Japanese pheasant), コウライキジ (ring-necked pheasant), キンケイ (golden pheasant), ニジキジ (Impeyan pheasant), 日本特産のヤマドリ (*Syrmaticus soemmerringii*) など》. **b** キジの肉. **2** 《米南部・中部》エリマキライチョウ (ruffed grouse). **3** キジやヤマドリに似た鳥類の総称. 《《*c*1299》*fesaunt* ▭ AF=(O)F *faisan* < L *phāsiānum* ▭ Gk *phāsiānós* (*órnis*) 《原義》Phasian (bird) ← *Phâsis* (黒海沿岸 Colchis にあった川の名, この鳥の原産地といわれる)》

phéasant-éyed *adj.* 〘植物〙〈花が〉キジの目状の模様のついた. 《《1733》: ⇨ eyed》

pheas·ant·ry /féz*ə*ntri, -zn-/ *n.* キジ飼い場. 《《1725》: ⇨ pheasant, -ry》

phéasant's èye *n.* (*pl.* ~**s**) 〘植物〙**1** アキザキフクジュソウ (*Adonis annua*)《ヨーロッパ原産フクジュソウ属の植物でキンポウゲ科の一年草》. **2** クチベニズイセン (poet's narcissus). 《1733》

Phe·be /fíːbi/ *n.* フィービ《女性名; 異形 Phoebe》. 《⇨ Phoebe》

Phec·da /fékdə/ *n.* 〘天文〙フェクダ《大熊座 (Ursa Major) の γ 星, 2.4 等星》. 《▭ Arab. *fárqad* calf (of the leg)》

Phei·di·as /fáɪdiəs | -diæs/ *n.* =Phidias.

Phei·dip·pi·des /faɪdípədìːz | -pɪ-/ *n.* ペイディッピデス《490 B.C. マラトンの戦いを前にして, 援軍を求めて Sparta へ走ったアテネの使者; ⇨ marathon 1》.

phel·lan·drene /fəlǽndriːn/ *n.* 〘化学〙フェランドレン ($C_{10}H_{16}$)《種々の精油中に含まれるテルペン炭化水素の一つ; 次の二種がある》: **a** α フェランドレン ($C_3H_7C_6H_6CH_3$)《ういきょう油・しょうが油等に含まれる無色の液体》. **b** β フェランドレン ($C_3H_7C_6H_7{=}CH_2$)《ういきょう油・テレビン油等に含まれる特有のにおいのある液体》. 《《1893》← NL *phellandrium*＋-ENE》

phel·lem /féləm, -lem/ *n.* 〘植物〙コルク組織 (⇨ cork 3). 《《1887》← Gk *phellós* (↓)＋(PHLO)EM》

phel·lo·derm /félədə̀ːm | -də̀ːm/ *n.* 〘植物〙コルク皮層, 緑皮層. **phel·lo·der·mal** /fèlədə́ːməl, -mḷ | -də́ː-ˊ/ *adj.* 《《1875》← Gk *phellós* cork＋-DERM》

phel·lo·gen /félədʒɪn, -dʒen/ *n.* 〘植物〙コルク[木栓(ˢᵉⁿ)]形成層 (cork cambium). **phel·lo·gen·et·ic** /fèlədʒɪnétɪk | -tɪk-ˊ/ *adj.* **phel·lo·gen·ic** /fèlə-dʒénɪk-ˊ/ *adj.* 《《1875》← Gk *phellós* cork＋-GEN》

phe·lo·ni·on /fəlóuniən | -lə́ʊ-/ *n.* (*pl.* ~**s**, **-ni·a** /-niə/) 〘東方正教会〙フェロニオン, 上祭服《カトリック教会や英国国教会の chasuble に相当する》. 《▭LGk *phelṓnion* ← L *paenula* cloak: cf. Gk *phainólēs* garment》

Phelps /félps/ *n.* フェルプス《男性名》. 〘《1570》: ⇨ Philips〙

Phelps /félps/, **Willam Ly·on** *n.* フェルプス《1865–1943; 米国の教育者·文芸批評家; Yale 大学教授; 大学での文学の教材に現代文学を取り入れることに貢献》.

-phe·mi·a /fíːmiə/「…の言語障害[失語症] (speech disorder)」の意の名詞連結形 (cf. -lalia): *aphemia*. 〘← NL ～ ← Gk *-phēmía* ← *phḗmē* speech ← *phēmí* I speak, *phánai* to speak: cf. –phasia〙

phen- /fiːn/ (母音の前にくるときの) pheno- の異形.

phe·na·caine /fíːnəkèɪn, fén-/ *n.* (*also* **pheno-cain**)〘薬学〙フェナカイン ($C_{18}H_{22}N_2O_2HCl$)《特に目の局部麻酔薬》. 〘《1907》← PHENO-＋A(CET)＋(CO)CAINE〙

phe·nac·e·tin /fɪnǽsətɪn, fɛ-, -tɪn, -tn | -sɪtɪn/ *n.*〘薬学〙フェナセチン (⇨ acetophenetidin). 〘《1887》← PHENO-＋ACETO-＋-IN[2]〙

phen·a·cite /fénəsàɪt/ *n.*〘鉱物〙フェナサイト (⇨ phenakite).

phén·a·cyl chlóride /fénəsɪl-/ *n.*〘化学〙塩化フェナシル (⇨ chloroacetophenone). 〘*phenacyl*: ← PHENO-＋AC(ET)YL〙

phen·a·kite /fénəkàɪt/ *n.*〘鉱物〙フェナカイト (Be_2SiO_4)《時に宝石として用いる; phenacite ともいう》. 〘《1834》□ Swed. *phenakit* ← Gk *phénak-*, *phénax* cheat, imposter＋-ITE[1]: 水晶と間違えやすいことから〙

phe·nan·threne /fɪnǽnθriːn, fɛ-/ *n.*〘化学〙フェナントレン ($C_{14}H_{10}$)《コールタールから採り, 染料·爆薬などに用いる》. 〘《1882》← PHENO-＋ANTHRA-＋-ENE〙

phenànthrene·quinóne *n.*〘化学〙フェナントレンキノン ($C_6H_4COCOC_6H_4$)《赤色結晶; 染料の原料》.

phen·ár·sa·zine chlóride /fɪnáːsəziːn, fɛ-, -zɪn- | -náːsəziːn/ *n.*〘化学〙フェナルサジン塩酸塩 (⇨ adamsite). 〘*phenarsazine*: ← PHENO-＋ARS(ENIC)＋AZINE〙

phe·nate /fíːneɪt, fén-/ *n.*〘薬学〙＝phenolate. 〘《1857》← PHENO-＋-ATE[1]〙

phen·a·zine /fénəziːn, -zɪn | -ziːn/ *n.*〘化学〙フェナジン ($C_{12}H_8N_2$)《染料の原料》. 〘《*c*1900》← PHENO-＋AZINE〙

phe·naz·o·cine /fɪnǽzəsiːn, fɛ-, -sɪn | -siːn/ *n.*〘薬学〙フェナゾシン ($C_{22}H_{27}NO$)《モルヒネより強力でそれほど癖がつかない合成鎮痛剤》. 〘← PHENO-＋AZO(I)C＋-INE[3]〙

phen·cy·cli·dine /fensáɪklɪdiːn, -sík-, -dɪn | -diːn, -dɪn/ *n.*〘薬学〙フェンサイクリジン ($C_{17}H_{25}N$)《麻酔薬の一種; 特に不法に幻覚剤として使用される; angel dust ともいう; cf. PCP》. 〘《1959》← PHENO-＋CYCLIC＋-IDINE〙

phen·el·zine /fénɪziːn, -zɪn | -ziːn, -zɪn/ *n.*〘生化学〙フェネルジン ($C_8H_{12}N_2$)《モノアミン酸化酵素阻害剤の一つ; 抗鬱剤として用いる》. 〘《1959》← PHENO-＋E(THY)L＋(HYDRA)ZINE〙

P

phe·neth·i·cil·lin /fɪnèθəsílɪn, fɛ- | -θɪsílɪn/ *n.*〘生化学〙フェネシシリン《合成ペニシリン; 呼吸器系感染症に経口的に用いる》. 〘《1960》← PHENO-＋ETH(O)-＋(PEN)ICILLIN〙

phen·éth·yl álcohol /fenéθəl-, -θɪl- | -θaɪl-, -θɪl-/ *n.*〘化学〙＝phenylethyl alcohol. 〘*phenethyl*: ← PHENO-＋ETHYL〙

phe·net·ic /fɪnétɪk, fɛ- | -tɪk/ *adj.*〘生物〙表型的な《生物分類の際に, 測定可能な表型 (phenotype) に基づいて行う場合などに用いる; cf. cladistic》. 〘《1960》← PHENO-＋-ETIC〙

phe·net·ics /fɪnétɪks, fɛ- | -tɪks/ *n.*〘生物〙表現的分類《数量分類学者が行う測定可能な変量の類似性に基づく分類》. **phe·nét·i·cist** /-təsɪst | -tɪsɪst/ *n.* 〘《1968》: ⇨ ↑, -ics〙

phe·net·i·dine /fɪnétədiːn, fɛ-, -dɪn | -tɪdiːn/ *n.* (*also* **phe·net·i·din** /-dɪn | -dɪn/)〘化学〙フェネチジン ($C_6H_4(NH_2)(OC_2H_5)$)《o, m, p の 3 異性体がある; 染料中間体》. 〘《1865》← PHENET(OLE)＋-IDINE〙

phen·e·tole /fénətòʊl | -nɪtəʊl/ *n.*〘化学〙フェネトール ($C_6H_5OC_2H_5$)《芳香のある無色の液体; phenyl ethyl ether ともいう》. 〘《1850》← PHENO-＋ET(HYL)＋-OLE[1]〙

phen·for·min /fenfɔ́ːmɪn | -fɔ́ːmɪn/ *n.*〘薬学〙フェンホルミン ($C_{10}H_{15}N_5$)《経口血糖降下剤》. 〘《1959》← PHENO-＋FORM(ALIN)＋-IN[2]〙

phen·gite /féndʒaɪt/ *n.*〘鉱物〙フェンジャイト《少量の鉄·マグネシウムを含む白雲母》. 〘《1601》□ G *Phengit* □ L *phengitēs* □ Gk *pheggítēs* ← *phéggos* light: ⇨ -ite[1]〙

phé·nic ácid /fíːnɪk-, fén-/ *n.*〘化学〙＝phenol. 〘《1852》: cf. □ F *acide phénique*: ⇨ pheno-, -ic[1], acid〙

Phe·ni·cia /fəníʃə, -níː- | -níʃə, -ʃiə/ *n.* ＝Phoenicia.

Phe·ni·cian /fəníʃən, -níː- | -níʃən, -ʃiən/ *n.*, *adj.* ＝Phoenician.

phe·nix /fíːnɪks/ *n.*《米》＝phoenix.

phen·met·ra·zine /fenmétrəziːn/ *n.*〘薬学〙フェンメトラジン ($C_{11}H_{15}NO$)《交感神経興奮剤》. 〘《1956》← PHENO-＋ME(THYL)＋(TE)TRA-＋(OXA)ZINE〙

phe·no- /fíːnoʊ | -nəʊ/ 次の意味を表す連結形: **1**「見えている, 見える」. **2**〘化学〙「ベンゼン (benzene) (からの); フェニル基 (phenyle) を含む」. ★ 母音の前では通例 phen- になる. 〘□ F *phéno-* // Gk *phaino-* shining ← *phaínein* to make visible, shine〙

phèno·bárbital *n.*〘薬学〙フェノバルビタル ($C_{12}H_{12}N_2O_3$)《催眠剤·鎮静剤·鎮痙薬; phenylethylmalonylurea, また《英》では phenobarbitone という》. 〘《1919》← PHENO-＋BARBITAL〙

phèno·bárbitone *n.*《英》〘薬学〙フェノバルビトン (⇨ phenobarbital). 〘《1932》← PHENO-＋BARBITONE〙

phe·no·cain /fíːnəkèɪn, fén-/ *n.*〘薬学〙＝phenacaine.

phe·no·cop·y /fíːnəkɑ̀(ː)pi | -kɔ̀pi/ *n.*〘生物〙表現模写, 擬似表現型化《環境の影響のため, 本来その因子がないにもかかわらず, 他の因子型 (genotype) をもつものと同様の表現型 (phenotype) を示すこと》. 〘《1937》← PHENO(-TYPE)＋COPY (n.)〙

phe·no·cryst /fíːnəkrɪst, fén-/ *n.*〘岩石〙斑(はん)晶 (cf. groundmass). **phe·no·crys·tic** /fiːnəkrístɪk, fɛn-/ *adj.* 〘《1893》□ F *phénocryste*: ⇨ pheno-, crystal〙

phèno·genétics *n.* 表現遺伝学, 発生遺伝学. 〘《1938》← PHENO(TYPE)＋*genetics*〙

phe·nol /fíːnoʊl, -nɔ(ː)l, -nɑ(ː)l, fɪ- | -nɒl/ *n.*〘化学〙**1** フェノール, 石炭酸 (C_6H_5OH)《消毒剤·防腐剤; carbolic acid, hydroxybenzene, phenic acid, phenylic acid ともいう》. **2** フェノール類《弱酸性有機化合物の類; その分子には 1 つ以上の水酸基が含まれ芳香リングの炭素原子と直接つながっている》. 〘《1852》← PHENO-＋-OL[1]〙

phe·no·late /fíːnəlèɪt, -lɪt, -nl- | -nl-/ *n.*〘薬学〙フェノラート, フェノール塩《石炭酸[フェノール]と塩基性化合物の塩; phenate, phenoxide ともいう》. — /-lèɪt/ *vt.*〘免疫〙フェノールで処理する, フェノールを混和する, フェノールで飽和する. 〘《1885》: ⇨ ↑, -ate[1,3]〙

phé·no·làt·ed /-tɪd | -tɪd/ *adj.*〘化学〙フェノラート化した. 〘《1923》: ⇨ ↑, -ed〙

phénol coefficient *n.*〘化学〙フェノール係数《フェノール[石炭酸]を標準にして表した殺菌剤の効力の指数》.

phe·no·lic /fɪnóʊlɪk, -nɑ́(ː)l- | fɪnɔ́l-/〘化学〙*adj.* フェノール系[含有]の: ～ acid フェノール酸 / ⇨ phenolic resin. — *n.* ＝phenolic resin. 〘《1871》← PHENOL＋-IC[1]〙

phenólic résin *n.*〘化学〙フェノール樹脂《アルデヒド·フェノール基から作る合成樹脂; プラスチック製品の鋳型を作るのに用いる》. 〘1917〙

phe·no·lize /fíːnəlàɪz, -nl-/ *vt.*〘免疫〙＝phenolate. 〘《1921》← PHENOL＋-IZE〙

phe·nól·o·gist /-dʒɪst | -dʒɪst/ *n.* 生物気候学者.

phe·nol·o·gy /fɪnɑ́(ː)lədʒi | fɪnɔ́l-/ *n.* 生物季節学, 生物気候学《気候と生物との関係を研究する学問》. **phe·no·log·i·cal** /fiːnəlɑ́(ː)dʒɪkəl, -nl-, -kl | -lɔ́dʒɪ-/ *adj.* **phè·no·lóg·i·cal·ly** *adv.* 〘《1884》《略》← PHEN(OMEN)OLOGY〙

phènol·phthálein *n.*〘薬学〙フェノールフタレイン ($C_{20}H_{14}O_4$)《アルカリ性指示薬; 下剤; 染料の原料》. 〘《1875》← PHENOL＋PHTHALEIN〙

phénol réd *n.*〘薬学〙フェノールレッド ($C_{19}H_{14}O_5S$)《希釈溶液にして腎臓機能の診断薬·酸塩基指示薬として用いる赤色の結晶》. 〘1916〙

phe·nom /fɪnɑ́(ː)m | -nɔ́m/ *n.*《米俗》すばらしい物[人], 驚嘆すべき事[人]; 天才, 神童. 〘《1890》《短縮》← PHENOMENON〙

phenomena *n.* phenomenon の複数形. ★《口語》ではしばしば単数扱い.

phe·nom·e·nal /fɪnɑ́(ː)mənl | -nɔ́mɪ-/ *adj.* **1** 異常な, 珍しい, すばらしい; 驚くべき, 巨大な (prodigious): ～ weather / a ～ harvest, memory, etc. / a ～ success 大成功. **2 a** 自然現象の. **b** (思考·直感によらず)五感[直接経験]によって知ることができる, 知覚できる, 認知できる (perceptible) (⇨ material SYN): the ～ world 現象の世界, 現象[自然]界. **3**《俗用》現象だけの, 知覚できるだけの: merely [only] ～. **4** (仮説でなく)自然現象に関する, 観察資料に基づく: a ～ science 現象科学. — *n.* [the ～] 知覚できるもの. **～·ly** *adv.* 〘《1825》← PHENOMEN(ON)＋-AL[1]〙

phe·nóm·e·nal·ism /-nəlɪzm, -nl- | -nəl-, -nl-/ *n.* **1**〘哲学〙現象論[主義], 唯現象論《知識の対象を現象に限り, 物自体等の仮定を否定するか, または知識から除外する立場; cf. representationalism 1》. **2** 実証主義, 経験主義 (cf. positivism 1 a). 〘《1865》← ↑＋-ISM〙

phe·nóm·e·nal·ist /-nəlɪst, -nl- | -nəlɪst, -nlɪst/ *n.* 現象論者[主義者]. 〘《1856》← PHENOMENAL＋-IST〙

phe·nom·e·nal·is·tic /fɪnɑ̀(ː)mənəlístɪk, -nl- | fɪnɔ̀mɪnəl-, -nl-/ *adj.* 現象論的な, 実証[経験]主義的な. **phe·nòm·e·nal·ís·ti·cal·ly** *adv.* 〘《1865》← PHENOMENAL＋-ISTIC〙

phe·nom·e·nal·ize /fɪnɑ́(ː)mənəlàɪz, -nl- | -nɔ́mɪ-/ *vt.*〘哲学〙現象化する, 現象的に扱う, 現象として考える, 現象として示す. 〘《1870》← PHENOMENAL＋-IZE〙

phe·nom·e·nism /fɪnɑ́(ː)mənɪzm | -nɔ́mɪ-/ *n.* ＝phenomenalism. 〘《1830》← PHENOMEN(ON)＋-ISM〙

phe·nóm·e·nist /-nɪst | -nɪst/ *n.* ＝phenomenalist. 〘1871〙

phe·nom·e·nis·tic /fɪnɑ̀(ː)mənístɪk | -nɔ̀mɪ-/ *adj.* ＝phenomenalistic. 〘1871〙

phe·nom·e·nize /fɪnɑ́(ː)mənàɪz | -nɔ́mɪ-/ *vt.*〘哲学〙＝phenomenalize. 〘1860〙

phe·nòm·e·nól·o·gist /-dʒɪst | -dʒɪst/ *n.* 表層[現象]論者.

phe·nom·e·nol·o·gy /fɪnɑ̀(ː)mənɑ́(ː)lədʒi | -nɔ̀mɪnɔ́-/ *n.*〘哲学〙**1** 現象論[主義]《超経験的存在よりも人知の直接の対象としての現象とその考察を重視する哲学的立場の総称; cf. ontology 1》. **2** 現象学 (E. Husserl らの唱導した純粋な意識体験の記述の学説). **phe·nom·e·no·log·ic** /fɪnɑ̀(ː)mənəlɑ́(ː)dʒɪk, -nl- | -nɔ̀mɪnəlɔ́dʒ-, -nl-/ *adj.* **phe·nòm·e·no·lóg·i·cal** /-dʒɪkəl, -kl | -dʒɪ-/ *adj.* **phe·nòm·e·no·lóg·i·cal·ly** *adv.* 〘《1797》: ⇨ phenomenon, -logy〙

phe·nom·e·non /fɪnɑ́(ː)mənɑ̀(ː)n, -nən | -nɔ́mɪnən/ *n.* **1** (*pl.* **-e·na** /-nə/) 現象, 事象, 事件: the *phenomena* of nature 自然界の現象 / social and political *phenomena* 社会的·政治的事象. **2** (*pl.* 通例 **～s**, 時に **-e·na**) 特異な物; 不思議 (wonder); 珍品, 絶品. **3** (*pl.* **～s**)《口語》非凡人, 天才: an infant ～ 神童. **4** (*pl.* **-e·na**) **a** 現象. **b**〘カント哲学〙(物自体に対して) 現象(界), 現れ, 外象 (cf. noumenon). 〘《1576》□ LL *phaenomenon* □ Gk *phainómenon* (neut. sing. pres. p.) ← *phaínesthai* to appear (pass.) ← *phaínein* to show: cf. phantom, -phane〙

phe·no·plast /fíːnəplæ̀st/ *n.*〘化学〙＝phenolic resin. **phe·no·plas·tic** /fiːnəplǽstɪk/ *adj.* 〘← PHENO-＋-PLAST〙

phèno·sáfranine *n.*〘化学〙フェノサフラニン ($C_{18}H_{15}ClN_4$)《緑色結晶; 減感色素; 古く染料に用いられた》. 〘《1883》← PHENO-＋SAFRANINE〙

phèno·thíazine *n.*〘薬学〙**1** フェノチアジン ($C_{12}H_9NS$)《家畜用寄生虫駆除剤·殺虫剤》. **2** フェノチアジン誘導体《鎮静剤·精神分裂病治療に用いる》. 〘《1894》← PHENO-＋THIAZINE〙

phe·no·type /fíːnətàɪp/ *n.*〘生物〙**1** 表現型《肉眼で見える生物の形質; cf. genotype 1 a》. **2 a** 共通の表現型をもつ個体群. **b** 同上の個体. **phe·no·typ·ic** /fiːnətípɪk/ *adj.* **phè·no·týp·i·cal** /-típɪkəl, -kl | -pɪ-/ *adj.* **phè·no·týp·i·cal·ly** *adv.* 〘《1911》□ G *Phänotypus*: ⇨ pheno-, -type〙

phe·nox·ide /fɪnɑ́(ː)ksaɪd, fɛ-, -sɪd | -nɔ́ksaɪd/ *n.*〘薬学〙フェノキシド (⇨ phenolate). 〘《1888》← PHENO-＋OXIDE〙

phe·nox·y /fɪnɑ́(ː)ksi | fɪnɔ́k-, fɛ-/ *adj.*〘化学〙フェノキシ《フェノールから誘導される 1 価の基 C_6H_5O- を含むことにいう》. 〘《1896》↓〙

phe·nox·y- /fɪnɑ́(ː)ksɪ, fɛ-, -si | -nɔ́k-/〘化学〙「フェノキシ基 (C_6H_5O-)」の意の連結形. 〘《1879》← PHENO-＋OXY-[1]〙

phenòxy·bénzamine *n.*〘薬学〙フェノキシベンザミン ($C_{18}H_{22}ClNO$)《血圧降下剤》. 〘← PHENOXY-＋*Benzamine*〙

phen·tol·amine /fentɑ́(ː)ləmìːn, -mɪn | -tɔ́ləmìːn, -mɪn/ *n.*〘薬学〙フェントラミン ($C_{17}H_{19}N_3O$)《交感神経遮断薬, 抗高血圧剤, クロム親和(性)芽細胞腫の診断薬》. 〘《1952》← PHENO-＋TOL(UIDINE)＋AMINE〙

phen·yl /fénl, fíːnl | fíːnaɪl, fén-, -nɪl, -nl/ *n.*〘化学〙フェニル基 (C_6H_5) (記号 Ph). **phe·nyl·ic** /fɪnílɪk/ *adj.* 〘《1850》□ F *phényle*: ⇨ pheno-, -yl〙

phènyl·acetáldehyde *n.*〘化学〙フェニルアセトアルデヒド ($C_6H_5CH_2CHO$)《ヒヤシンスのような香気を有する液体; 香料に用いる; hyacinthin ともいう》. 〘← PHENYL＋ACETALDEHYDE〙

phényl ácetate *n.*〘化学〙酢酸フェニル ($CH_3COOC_6H_5$)《無色で水に溶けない液体; 溶剤》.

phènyl·alaníne *n.*〘生化学〙フェニルアラニン ($C_6H_5CH_2CH(NH_2)COOH$)《必須アミノ酸の一種》. 〘《1883》□ G. phenylalanin: ⇨ phenyl, alanine〙

phènyl·ámine *n.*〘化学〙＝aniline 1.

phènyl·bénzene *n.*〘化学〙＝bipheny 1.

phènyl·bú·ta·zòne /-bjúːtəzòʊn | -təzəʊn/ *n.*〘薬学〙フェニルブタゾン ($C_{19}H_{20}N_2O_2$)《リウマチ関節炎·痛風の鎮痛剤, 解熱剤, 抗炎症薬》. 〘《1952》← PHENYL＋BUT-＋(PYR)AZ(OL)ONE〙

phènyl·cárbinol *n.*〘化学〙＝benzyl alcohol.

phényl cýanide *n.*〘化学〙シアン化フェニル (⇨ benzonitrile).

phen·yl·di·eth·a·nol·a·mine /fènldaɪèθənɑ́(ː)ləmìːn, fiːnl-, -noʊl-, -nɑ́(ː)l-, -mɪn | fiːnaɪldaɪèθənɔ́ləmìːn, fɛn-, -nəʊl-, -mɪn/ *n.*〘化学〙フェニルジエタノールアミン ($C_6H_5N(CH_2CH_2OH)_2$)《染料の製造に用いる》. 〘← PHENYL＋DI-[1]＋ETHANOL＋AMINE〙

phen·yl·ene /fénəliːn, fíːn-, -nl- | -nɪliːn/ *n.*〘化学〙フェニレン基 (C_6H_4). 〘《1866》: ⇨ phenyl, -ene〙

phénylene gròup [ràdical] *n.*〘化学〙フェニレン基 ($-C_6H_4-$ を有する).

phen·yl·eph·rine /fènléfriːn, fiː-, -frɪn | -friːn, -frɪn/ *n.*〘薬学〙フェニレフリン ($C_9H_{13}NO_2$)《塩酸塩の形で鼻粘膜の血管収縮剤に用いる》. 〘《1947》← PHENYL＋(EPIN)EPHRINE〙

phényl·èthyl álcohol *n.*〘化学〙フェニルエチルアルコール ($C_6H_5CH_2CH_2OH$)《無色の液体; バラ油の主成分; 香料に用いる; phenethyl alcohol ともいう》. 〘*phenylethyl*: ← PHENYL＋ETHYL〙

phènyl·éthylene *n.*〘化学〙フェニルエチレン (⇨ styrene). 〘← PHENYL＋ETHYLENE〙

phényl éthyl éther *n.*〘化学〙フェニルエチルエーテル (⇨ phenetole).

phen·yl·eth·yl·mal·o·nyl·u·re·a /fènlèθəlmæ̀lənɪljʊríːə, fiːnl- | -nɪlèθɪlmæ̀lənɪljʊ(ə)ríːə, -ríə/ *n.*〘薬学〙＝phenobarbital. 〘← PHENYL＋ETHYL＋*malon(ic ester)*＋-YL＋UREA〙

phényl gròup *n.*〘化学〙フェニル基 (C_6H_5- を含む; phenyl radical ともいう).

phènyl·hýdrazine *n.*〘化学〙フェニルヒドラジン ($C_6H_5NHNH_2$)《アルデヒド·ケトン·糖類固定用試薬として有用》.

phe·nýl·ic ácid /fɪnílɪk-/ *n.*〘化学〙＝phenol. 〘*phenylic*: ← PHENYL＋-IC[1]〙

phényl isocýanate *n.*〘化学〙イソシアン酸フェニル

(C_6H_5NCO)《アニリンにホスゲンを作用させて得られる無色の液体; アルコール・アミンの検出用試薬に用いる》.

phènyl·ke·ton·ú·ri·a /-kìːṭounúːriə, -júər-, -tn̩- | -tə(ʊ)njúər-, -njɔ́ːr-/ *n.* 〘病理〙フェニルケトン尿症《遺伝性代謝疾患で, フェニルピルビン酸を尿中に排泄する; 幼児期に知能障害がみられる; 略 PKU》. 〖《1935》← NL ～: ⇨ phenyl, ketonuria〗

phènyl·ke·ton·ú·ric /-kìːṭounúːrɪk, -júər- | -ə(ʊ)njúər-, -njɔ́ːr-ˈ/ *adj., n.* フェニルケトン尿症の(患者). 〖《1937》: ⇨ ↑, -ic¹〗

phényl mercáptan *n.* 〘化学〙フェニルメルカプタン (⇨ thiophenol).

phènyl·méthane *n.* 〘化学〙フェニルメタン (⇨ toluene). 〖← PHENYL＋METHANE〗

phényl·mèthyl·cárbinyl ácetate *n.* 〘化学〙フェニルメチルカルビニルアセテート (⇨ methylphenylcarbinyl acetate). 〖*phenylmethylcarbinyl*: ← PHENYL＋METHYL＋*carbinyl* (? ← G《廃》*karbin* methyl (⇨ carbo-)＋-YL)〗

phényl méthyl kétone *n.* 〘化学〙フェニルメチルケトン (⇨ acetophenone).

phènyl·própyl ácetate *n.* 〘化学〙フェニルプロピルアセテート ($CH_3COOCH_2CH_2CH_2C_6H_5$)《無色の液体; 香料に用いる; propylphenyl acetate ともいう》. 〖*phenylpropyl*: ← PHENYL＋PROPYL〗

phényl ràdical *n.* 〘化学〙＝phenyl group.

phényl salicýlate *n.* 〘化学〙サリチル酸フェニル ($HOC_6H_4COOC_6H_5$)《白色粉末; 医薬の原料; salol ともいう》.

phènyl·thiocárbamide *n.* 〘生化学〙フェニルチオカルバミド (⇨ phenylthiourea). 〖《1879》← PHENYL＋THIOCARBAMIDE〗

phènyl·thiouréa *n.* 〘生化学〙フェニルチオ尿素 ($C_6H_5NHCSNH_2$)《針状晶の化合物; 人によって苦みを感じたり感じなかったりするので遺伝学上味盲現象の検査に用いられる; phenylthiocarbamide ともいう》. 〖《1896》← PHENYL＋THIOUREA〗

phènyl·úrethane *n.* 〘化学〙フェニルカルバミン酸エステル ($C_6H_5NHCOOR$) の総称; (特に)フェニルウレタン ($C_6H_5NHCOOC_2H_5$)《芳香性のある白色の結晶》. 〖← PHENYL＋URETHANE〗

phényl válerate *n.* 〘化学〙吉草酸フェニル ($C_4H_9COOC_6H_5$)《液体・香料などに用いられる》.

phen·y·to·in /fènəṭóuɪn, fenítou- | fɪnítəuɪn/ *n.* 〘薬学〙フェニトイン ($C_{15}H_{12}N_2O_2$)《特に癲癇(てんかん)の長期治療において痙攣を抑えるのに用いる》. 〖《1942》← (*di*-)*pheny*(*lhydan*)*toin*〗

phe·o- /fíːou | -əu/「焦げ茶の (dun-colored)」の意の連結形. 〖□ Gk *phaio*- ← *phaiós* dusky, gray〗

phe·o·chro·mo·cy·to·ma /fìːoukróuməsɪ̀tóumə, -saɪ- | -ə(ʊ)kráumə(ʊ)sɪtə́u-, -saɪ-/ *n.* (*pl.* **-s, -ma·ta** /～tə | ～tə/) 〘病理〙クロム親和(性)芽細胞種, 好クローム性細胞種, 褐色芽細胞種. 〖《1929》← PHEO-＋CHROMO-＋CYTO-＋-OMA〗

phe·on /fíːɑ(ː)n | -ɔn/ *n.* **1** 〘紋章〙内側に波形のある矢じり《主として投げ矢に使用した; cf. broad arrow 2》. **2** 《英》(昔権威の標章として携帯した)小槍. 〖《1486》*feon* ← ?〗

pheon 1

-pher /fə | fə(r)/「運搬するもの」の意の連結形: tel*pher*. 〖← Gk *phérein* to carry〗

phe·ren·ta·sin /fərénṭəsɪn | -təsɪn/ *n.* 〘生化学〙フェレンタシン《血圧抑制剤》. 〖← Gk *phérein* to carry＋*éntasis* tension: ⇨ -in²〗

pher·o·mone /férəmòun | -məun/ *n.* 〘生化学〙フェロモン《分泌して同種の他の個体に行動や生理的な特定の反応を引き起こさせる化学情報物質; cf. exohormone》.

pher·o·mon·al /fèrəmóunl | -máu-ˈ/ *adj.* 〖《1959》← Gk *phérein* (↑)＋(HOR)MONE〗

phew /ɸː, pɸː, ʍː/ ★ 実際の発音は口笛に似たような音. 単語として読むときは /fjúː/ と発音する. *int.* ひゅー, ひゃー, ふーっ《いらだち・不快・安堵・驚きなどを表す; ⇨ whew》. ― /fjúː/ *vi.* 'phew' と言う. 〖1604〗

Ph G 《略》《米》Graduate in Pharmacy.

phi /fáɪ/ *n.* **1** フィー《ギリシャ語アルファベット 24 字中の第 21 字: Φ, φ; ⇨ alphabet 表》. **2** 〘物理〙＝phi meson. 〖《1899》□ Gk *phî* < 《古形》*pheî*〗

PHI 《略》〘保険〙permanent health insurance; Public Health Inspector.

phi·al /fáɪəl/ *n.* 小型ガラス瓶 (vial); (特に)薬瓶. 〖《?c1380》*fyole* □ (O)F *fiole*＝OProv. *fiola* □ LL *phiala* □ Gk *phiálē* broad flat vessel〗

Phi Be·ta Kap·pa /fáɪbèɪṭəkǽpə, -bíː- | -bìːtə-/ *n.* **1** [the ～] ファイベータカッパクラブ《大学の優等生で組織する米国最古の学生友愛会 (fraternity); 1776 年 William and Mary College に創設; 終身会員制; cf. Greek-letter fraternity》. **2** その会員: He was a ～ at Harvard University. 〖《1831》《頭字語》← Gk *philosophía bíou kubernḗtēs* philosophy the guide of life (そのモットー)〗

Phi Bete /fáɪbéɪt, -bíːt | -bíːt/ 《米口語》*n.* ファイベータカッパクラブ (Phi Beta Kappa) 会員. ― *vi.* 勉強する. 〖《略・変形》↑〗

Phid·i·an /fídiən | fíd-, fáɪd-/ *adj.* フェイディアス (Phidias) の, フェイディアス風の. 〖《1809》: ⇨ ↓, -an¹〗

Phid·i·as /fídiəs | fídiæ̀s, fáɪd-/ *n.* フェイディアス《紀元前 5 世紀のアテネ最盛期 (Pericles 時代) のギリシャの彫刻家; Parthenon の造営・彫刻で有名》. 〖□ L *Phidias* □ Gk *Pheidías*〗

Phi·dip·pi·des /faɪdípədìːz | -pɪ̀-/ *n.* ＝Pheidippides.

Phil /fíl/ *n.* フィル《男性名》. 〖《dim.》← PHILIP〗

phil. 《略》philological; philology; philosopher; philosophical; philosophy.

Phil. 《略》Philadelphia; Philemon (新約聖書の)ピレモン書; philharmonic; Philip; Philippians (新約聖書の)ピリピ書; Philippine; Philippines; Philosophy.

phil- /fɪl-/ (母音および /h/ の前にくるときの) philo- の異形: *phil*anthrope.

-phil /fɪl/ ＝-phile.

-phi·la /ˊ-fələ | -fɪ̀-/ 〘生物〙「…に親和性をもつもの」の意の名詞連結形《生物分類で用いられる》. 〖← NL ～ ← L ～ (fem. sing. & neut. pl.) ← *-philus*: ⇨ philo-〗

Phila. 《略》Philadelphia.

phil·a·beg /fíləbèg, fíːl- | fíl-/ *n.* ＝fillebeg.

Phil·a·del·phi·a /fìlədélfiə, -fjə-ˈ/ *n.* フィラデルフィア《米国 Pennsylvania 州南東部 Delaware 河畔の大都市; 米国独立宣言の行われた所 (1776 年 7 月 4 日); もと米国の首都 (1790–1800); 俗称 the City of Brotherly Love, the Quaker City》. **Phìl·a·dél·phi·an** /-fiən, -fjən-ˈ/ *adj., n.* 〖□ LL ～ □ Gk *Philadélpheia* ← *phílos* loving＋*adelphós* brother (Lydia の都市の名: cf. *Rev.* 1:11; 3:7): 《原義》city of *Philadelphus* (Pergamum の王 Attalus 二世の呼称 '愛兄王'; この王が先王であり兄である Eumenes を愛していたことから)〗

Philadélphia chrómosome *n.* 〘医学〙フィラデルフィア染色体《慢性骨髄性白血病患者の培養白血球にみられる微小な染色体》.

Philadélphia láwyer *n.* 《米口語・軽蔑》腕利きの法律家, すご腕の弁護士. 〖《1788》: 植民地時代 Philadelphia の法律家が敏腕だったことから〗

philadélphia pépper pòt *n.* ＝pepper pot 2 b. 〖1929〗

phil·a·del·phus /fìlədélfəs/ *n.* 〘植物〙ユキノシタ科バイカウツギ属 (*Philadelphus*) の植物の総称 (mock orange など). 〖《1783》← NL ～ ← Gk *philádelphon* mock orange (neut.) ← *philádelphos* loving one's brother: cf. Philadelphia〗

Phi·lae /fáɪliː/ *n.* フィラエ島《上エジプト Aswan Dam の北方に位置する Nile 川の中の島; 古代イシス信仰の中心; ダム完成後, 大部分が水没した》.

Phi·lam·mon /fɪlǽmɑ(ː)n | -mɔn/ *n.* 〘ギリシャ神話〙ピラムモン《Apollo と Chione との息子; 予言者・音楽家・詩人》.

phi·lan·der /fɪlǽndə | -də(r)/ *vi.* 〈男が〉恋をあさる, 女につきまとう; 〈女に〉じゃれつく, いちゃつく 〔*with*〕. ― *n.* 《まれ》女たらし. 〖《1737》← (n.) 《廃》lover □ Gk *phílandros* loving men ← PHILO＋*andr-*, *anḗr* man: 後に詩・劇・小説で恋人の名として用いられた〗

phi·lán·der·er /-dərə, -drə | -dərə(r), -drə(r)/ *n.* 恋愛遊戯にふける人, 恋をあさる人, 漁色家, 女にいちゃつく男, 女たらし. 〖1841〗

phi·lán·der·ing /-dərɪŋ, -drɪŋ | dərɪŋ, -drɪŋ/ 《古・軽蔑》*adj.* 女たらしの. ― *n.* 女遊び. 〖1737〗

phil·an·thrope /fílənθròup | -θrəup/ *n.* ＝philanthropist. 〖《a1734》□ F ～ □ Gk *philánthrōpos* loving mankind ← PHILO-＋*ánthrōpos* man: cf. anthropo-〗

phil·an·throp·ic /fìlənθrɑ́(ː)pɪk | -θrɔ́p-ˈ/ *adj.* **1** 博愛の, 仁慈の, 情深い (benevolent); 博愛主義の (cf. misanthropic). **2** 慈善事業[活動]に携わっている. **phìl·an·thróp·i·cal** /-pɪ̀kəl, -kl̩ | -pɪ-ˈ/ *adj.* **phìl·an·thróp·i·cal·ly** *adv.* 〖《1789》□ F *philanthropique*: ⇨ ↑, -ic¹〗

SYN 慈善的な: **philanthropic** 人類の福祉に関心を寄せる《特に慈善的な寄贈のなどの形で示されるもの》: *philanthropic* foundations 慈善財団. **humanitarian** 〈行為や見方や政策が人類の福祉を増進することに関心を持つ: a *humanitarian* outlook 人道主義的なものの見方. **charitable** 読むその他を貧しい人々に与える: *charitable* to the poor 貧しい人々に慈悲深い. **benevolent** 気質的に慈悲深い: *benevolent* actions 慈悲深い行為. **beneficent** 慈善心に富み情け深い: a *beneficent* institution 慈善救護施設. **ANT** cruel.

---

phi·lan·thro·pìsm /fɪlǽnθrəpɪ̀zm/ *n.* 博愛主義, 仁愛. 〖1835〗

phi·lán·thro·pist /-pɪ̀st | -pɪst/ *n.* 博愛家, 博愛主義者; 慈善家 (cf. misanthrope). **phi·lan·thro·pis·tic** /fɪlæ̀nθrəpístɪk-ˈ/ *adj.* 〖《1730–36》← PHILANTHROPY＋-IST〗

phi·lan·thro·pize /fɪlǽnθrəpàɪz/ *vi.* 仁慈を施す; 慈善事業に従事する. ― *vt.* …に博愛的に接する, …に慈善を施す. 〖《1826》: ⇨ -ize〗

phi·lan·thro·poid /fɪlǽnθrəpɔ̀ɪd/ *n.* 《米口語》慈善[博愛]事業[団体]の幹部役員. 〖《1945》《混成》← PHILANTHROP(IST)＋(ANTHROP)OID〗

phi·lan·thro·py /fɪlǽnθrəpi/ *n.* **1** 博愛(主義), 慈善 (cf. misanthropy). **2** 慈善活動, 博愛行為; 慈善[博愛]事業[団体]: A hospital is a useful ～. 病院は人類に幸福をもたらすものだ. 〖《1608》□ LL *philanthrōpia* □ Gk *philanthrōpía*: ⇨ philanthrope, -y¹〗

phil·a·tel·ic /fìlətélɪk-ˈ/ *adj.* 切手集めの; 切手収集癖のある, 切手研究の, 郵趣の. **phìl·a·tél·i·cal** /-lɪ̀kəl, -kl̩ | -lɪ-ˈ/ *adj.* **phìl·a·tél·i·cal·ly** *adv.* 〖《1865》← PHILATELY＋-IC¹〗

phi·lát·e·list /-təlɪ̀st, -tl̩- | -təlɪst, -tlɪst/ *n.* 郵趣家, 切手研究家; 切手収集家. 〖《1865》□ F *philatéliste*: ⇨ ↓, -ist〗

phi·lat·e·ly /fɪlǽtəli, -tli | -təli, -tli/ *n.* 郵趣, 切手趣味《郵便切手・消印・はがきなどの収集および研究》; 切手収集. 〖《1865》□ F *philatélie* ← PHILO-＋Gk *atéleia* exemption from tax or charage (← A-⁷＋*télos* tax: 切手を張って出せば受取人が料金を払わずに済むことから)〗

Phil·by /fílbi/, **Kim** *n.* フィルビー《1912–88; インド生まれの英国人; 大学在学中にソ連のスパイとなり, 1940 年 MI6 に採用されて英米情報機関の連絡とソ連側との二重スパイをしていた; 1963 年ソ連へ亡命; *My Silent War* (1968); 本名 Harold Adrian Russell Philby》.

-phile /faɪl/ **1**「…を愛する (loving); 愛する人 (lover)」の意の形容詞・名詞連結形 (↔ -phobe): Anglo*phile*, biblio*phile*. **2** 〘化学〙「…に親和力をもつ物」の意の名詞連結形: electro*phile*. 〖⇨ philo-〗

Philem. 《略》Philemon (新約聖書の)ピレモン書.

Phi·le·mon /fɪlíːmən, faɪ- | -mɔn, -mən/ *n.* **1** 〘ギリシャ神話〙ピレモン (⇨ Baucis). **2** (新約聖書の) ピレモンへの手紙, ピレモン(への)書 (The Epistle of Paul to Philemon)《略 Philem., Phil., Phlm》. **3** ピレモン《Paul の親しい弟子》. 〖□ L *Philēmōn* □ Gk *Philḗmōn*《原義》affectionate ← *phileîn* to love〗

Phìl·har·mo·ni·a Órchestra /fìlhɑəmóuniə-, -lə- | fìlhɑːməu-, fìlə-/ *n.* [the ～] フィルハーモニア管弦楽団《London の代表的なオーケストラ; 1945 年創設》.

phil·har·mon·ic /fìlhɑəmɑ́(ː)nɪk, fìləm- | fìlhɑːmɔ́n-, fìləm-ˈ/ *adj.* **1** 音楽を好む, 音楽愛好の: a ～ society 音楽協会 / a ～ concert (音楽協会の催す)音楽会. **2** [P-; 団体名称の場合] (演奏・鑑賞・研究を目的とした)交響楽団[合唱団, 音楽協会]の. ― *n.* **1** 音楽愛好家, 音楽好き. **2** 音楽協会, (音楽協会の催す)音楽会. **3** [P-; 音楽団体の名称として] 交響楽団: the Vienna *Philharmonic* ウィーンフィルハーモニー管弦楽団. 〖《1762》□ F *philharmonique* □ It. *filarmonico*: ⇨ philo-, harmonic〗

philharmonic pítch *n.* 〘音楽〙演奏会用標準調子(音高) (a＝440 (英国では 439); London Philharmonic Society が 1846–54 年に用いたのは a が毎秒 452.5 振動であったが, 19 世紀末, a＝439 が new philharmonic pitch として採用された; cf. diapason normal).

phil·hel·lene /fɪlhéliːn | ˊ-ˊ-, ˊ-ˊ-ˊ/ *n.* [または P-] ギリシャ愛好[崇拝]者, ギリシャ人の友; (特に)ギリシャ独立賛助者《1821–29 年にギリシャがトルコの支配を脱しようとした運動を賛助した人; philhellenist ともいう》. ― *adj.* ギリシャびいきの; ギリシャの独立主義(者)の. 〖《c1825》□ Gk *philéllēn* ← PHILO-＋*Héllēn* a Greek: ⇨ Hellenic〗

phil·hel·len·ic /fìlhəlénɪk, -hɛ-, -líːn- | -həlíːn-, -hə-, -lén-ˈ/ *adj.* ギリシャびいきの[愛好の]. 〖1830〗

phil·hel·len·ism /fɪlhélənìzm | -lɪ̀-/ *n.* ギリシャびいき[愛好]; ギリシャ独立主義[政策]. 〖1862〗

phil·hél·len·ist /-nɪ̀st | -nɪst/ *n.* ＝philhellene. 〖1811〗

Phil. I. 《略》Philippine Islands.

-phil·i·a /fíliə/ 〘病理〙次の意味を表す連結形: **1**「…の傾向」: spasmo*philia*. **2**「…の病的愛好[渇望]」: alcoholo*philia*. 〖← NL ～ ← Gk *philía* affection ← *phílos* loving: ⇨ philo-〗

-phil·i·ac /fíliæ̀k/ 〘病理〙次の意味を表す連結形: **1**「…の傾向がある者」: hemo*philiac*. **2**「…の病的愛好[渇望]者」: alcohol*philiac*. 〖⇨ ↑, -ac〗

phil·i·beg /fílɪ̀bèg/ *n.* ＝fillebeg.

Phi·li·bert /fílɪbəːt | -bə(r)t; F. filibɛːʀ/ *n.* フィリベール《男性名》. 〖□ F ～ 'FULBERT'〗

-phil·ic /fílɪk-ˈ/ 次の意味を表す形容詞連結形 (↔ -phobic): **1**「…好きな」: photo*philic*. **2** 〘化学〙「求…の, 親…の」: electro*philic*, hydro*philic*. 〖← -PHILE＋-IC¹〗

Phil·ip /fílɪ̀p | -lɪp/ *n.* **1** フィリップ《男性名; 愛称形 Phil, Pip》. **2** [(Saint) ～] 〘聖書〙ピリポ《十二使徒の一人; 祝日 5 月 1 日; cf. *Mark* 3:18; *John* 1:43–48, 6:5–7》. **3** 《廃・方言》スズメの俗称.

appéal from Phílip drúnk to Phílip sóber さめての上のご分別をと願う《ある意見・判断などが気まぐれだということをにおわす句; 酒に酔っていた Macedonia 王 Philip 二世の裁断を不服として, その酔いのさめるのを待って再び訴えると言った女性のことばに基づく》.

Phílip the Evángelist 伝導者ピリポ《初期教会で執事 (deacon) として選ばれた 7 人中の 1 人》.

Phílip the Tétrarch 小王ピリポ《4 B.C.–A.D. 34; ヘロデ大王の息子の 1 人; かつてのユダヤの領主》.

〖□ L *Philippus* □ Gk *Phílippos*《原義》lover of horses ← *phílos* loving＋*híppos* horse〗

Philip, King *n.* ⇨ King Philip.

Phil·ip /fílɪ̀p | -lɪp/, **Prince** *n.* フィリップ《1921– ; 英国現女王 Elizabeth 二世の夫君; 全名 Philip Mountbatten, Duke of Edinburgh》.

Philip. 《略》Philippians.

Philip II *n.* **1** フィリッポス二世《382–336 B.C.; Macedonia の王 (359–336 B.C.); Alexander 大王の父》. **2** フィリップ二世《1165–1223; フランス国王 (1180–1223); Philip Augustus (尊厳王)》. **3** フェリペ二世《1527–98; スペイン国王 (1556–98) および (Philip I として) ポルトガル国王 (1580–98); 英国攻撃に無敵艦隊 (Armada) を派遣し

敗北した (1588); イングランド女王 Mary 一世の夫; 通称 the Prudent》.

Philip III *n.* **1** フィリップ三世 《1245–85; フランス国王 (1270–85); Philip the Bold》. **2** フェリペ三世 《1578–1621; スペイン国王 (1598–1621)》.

Philip IV *n.* フィリップ四世 《1268–1314; フランス国王 (1285–1314); 教皇庁を Avignon へ移して (1309), 直接支配; Philip the Fair; フランス語名 Philippe le Bel (美王)》.

Philip V *n.* フェリペ五世 《1683–1746; スペイン国王 (1700–46); フランス国王 Louis 十四世の孫; 彼の即位はスペイン継承戦争を起こした; スペイン・ブルボン朝の創始者; Philip the Tall》.

Philip VI *n.* フィリップ六世 《1293–1350; フランス国王 (1328–50); Valois 王朝の始祖》.

Phílip Mór·ris /-mɔ́ːrɪ̆s | -mɔ́r-/ *n.* 〖商標〗 フィリップモリス 《米国最大のたばこメーカー Philip Morris 社製のたばこ, およびビール・清涼飲料》.

Phi·lipp /fíːlɪp; *G.* fíːlɪp/ *n.* フィーリップ 《男性名》. 〘□ G ～ 'PHILIP'〙

Phil·ip·pa /fíləpə/ *n.* フィリッパ 《女性名; 愛称形 Phil, Pippa》. 〘□ L ～ (fem.) ← *Philippus* 'PHILIP'〙

Phi·lippe /fɪlíːp; *F.* filip/ *n.* フィリップ 《男性名》. 〘□ F ～ 'PHILIP'〙

Phi·lippe·ville /fíləpvìl | fílɪp-; *F.* filipvil/ *n.* フィリップヴィル 《Skikda の旧名》.

Phi·lip·pi /fɪlípaɪ, fíləpàɪ | fɪ̆lípaɪ, fíl ɪ̆pàɪ/ *n.* フィリッピ, ピリピ 《ギリシャ北東部 Macedonia の古都; Philip 二世が建設 (356 B.C.), Octavian と Mark Antony が Brutus と Cassius とを破った所 (42 B.C.); St. Paul がヨーロッパ最初のキリスト教会を建てた場所 (*Acts* 16: 12)》.
méet at Phílippi 危険な会合の約束をたがえずに守る (cf. Shak., *Caesar* 4. 3. 283). ***Thou shalt sée me at Phílippi.*** 今にかたきをとってやるぞ (Shak., *Caesar* 4. 3. 283).

Phi·lip·pi·an /fɪ̆lípiən/ *n., adj.* フィリッピ (Philippi) の(人). 〘⇨ ↑, -an¹〙

Phi·lip·pi·ans /fɪ̆lípiənz/ *n. pl.* [単数扱い] 《新約聖書の)ピリピ人への手紙, ピリピ(人への)書 (The Epistle of Paul to the Philippians) (略 Phil., Philip.).

Phi·lip·pic /fɪlípɪk/ *n.* **1** [the ～s] **a** フィリップ王攻撃演説 《紀元前 4 世紀にアテネの雄弁家 Demosthenes が Macedonia 王 Philip 二世をギリシャの敵として攻撃した十二の演説》. **b** ローマの雄弁家 Cicero が Mark Antony を攻撃した演説. **2** [p-] 厳しい攻撃演説, 罵倒演説; 痛罵. 〘《1592》□ F *philippique* □ L *philippica* ← *ōrātiōnes philippicae* 《なぞり》← *Philippikoì lógoi* speeches against Philip〙

Phil·ip·pine /fíləpìːn, ⌐—⌐ | -lɪ̆-/ *adj.* フィリピン諸島[人]の. 〘《1812》□ Sp. (*Islas*) *Filipinas* (the islands) of Philip: スペイン王 Philip 二世にちなむ: ⇨ -ine¹〙

Phílippine Íslands *n. pl.* [the ～] フィリピン諸島 《7,083 個の小島から成る西太平洋上の群島; ⇨ Philippines 2》. 〘⇨ Philippine〙

Phílippine mahógany *n.* **1** 〖植物〗 フィリピンマホガニー 《lauan, red lauan, white lauan, tanguile などマホガニーに似た材質のフィリピンや東南アジア原産のラワン類の樹木の総称》. **2** フィリピンマホガニー 《ラワン類の木材の米国市場での呼称》. 〘1924〙

Phil·ip·pines /fíləpìːnz, ⌐—⌐ | -lɪ̆-/ *n. pl.* [the ～] **1** ＝Philippine Islands. **2** [通例単数扱い] フィリピン 《太平洋西部の約 7,100 の Philippine 諸島から成る共和国; Magellan が発見した (1521); もとスペインの属領 (1565–1898), 米国の保護領 (1898–1946) であったが 1946 年独立; 面積 300,000 km², 首都 Manila; 国語はピリピーノ語だが, 英語・スペイン語も話されている; 公式名 the Republic of the Philippines フィリピン共和国》. ★「フィリピン人」は Filipino.

Phílippine Séa *n.* [the ～] フィリピン海 《西太平洋の一部で, Philippine 諸島と Mariana 諸島の間の海》.

Phi·lip·po·po·lis /*Mod.Gk.* filipɔ́pɔlis/ *n.* フィリッポポリス 《Plovdiv のギリシャ語名》.

Phil·ips /fíləps | -lɪps/ *n.* フィリップス 《男性名》. 〘⇨ Philip〙

Phi·l·ips /fíləps | -lɪps; *Du.* filɪps/ *n.* フィリップス 《オランダに本拠を置く大手電気・電子機器メーカー》.

Phil·ips /fíləps | -lɪps/, **Ambrose** *n.* フィリップス 《1675?–1749; 英国の詩人・劇作家; 'namby-pamby' は彼につけられたあだ名から出た語》.

Philips, John *n.* フィリップス 《1676–1709; 英国の詩人; *Cyder* (1708)》.

Phílip the Góod *n.* フィリップ ル ボン 《1396–1467; Burgundy 公 (1419–67); フランス語名 Philippe le Bon; 百年戦争中 Henry 五世と Troyes 条約を結ぶ》.

Phil. Is. 《略》 Philippine Islands.

Phi·lis·ti·a /fɪ̆lístiə/ *n. pl.* **1** ペリシテ 《紀元前 12–4 世紀頃に Palestine の南西部海岸地方にあったペリシテ人の国》. **2** 教養のない俗物の住む所. **Phi·lís·ti·an** /-tiən/ *adj.* 〘《1535》□ ML ～ □ Gk *Philistía* □ Heb. *Pᵉléšeth*〙

Phil·is·tine /fíləstìːn, -stàɪn, fɪ̆lístɪ̆n, -tiːn | fílɪ̆stàɪn/ *n.* **1** [しばしば p-] (文学・芸術などに理解のない)実利主義者, 教養のない俗物 《M. Arnold が *Culture and Anarchy* で唱えたところから》. **2** ペリシテ人, フィリステア人 《紀元前 12 世紀ごろより Palestine 南西海岸に定住した非セム族の戦闘的な民族の人で, 多年にわたってイスラエル人を圧迫した; cf. Goliath 1》. **3** 《戯言》 容赦しない敵 《執達吏・批評家など》. ***fáll into the hánds of the Phílistines***＝***fáll among the Phílistines*** (執達吏・批評家などに)ひどい目に遭わされる (cf. *Judges* 16: 5–30).
— *adj.* **1** [しばしば p-] 実利的な, 凡俗の; 無趣味な (prosaic), 教養のない. **2** ペリシテ人の.
〘《a1325》□ (O)F *Philistin* ∥ LL *Philistīnī* (pl.) □ Gk *Philistînoi* □ Heb. *Pᵉlištîm* ← *Pᵉléšeth* (↑): cf. Palestine. n. 1: 《1824》 《なぞり》← G *Philister*〙

Phil·is·tin·ism, p- /fíləstiːnìzm, fɪ̆lístɪ̆n-, -tiːn- | fílɪ̆stɪ̆n-/ *n.* 俗物根性; 凡俗性, 実利主義; 無趣味, 無教養. 〘《1831》: ⇨ ↑, -ism: Carlyle の用語〙

Phil·li·da /fílədə | -lɪ̆də-/ *n.* フィリダ 《女性名》. 〘⇨ Phyllis〙

Phil·lip /fíləp | -lɪp/ *n.* フィリップ 《男性名》. 〘⇨ Philip〙

Phil·lip /fíləp | -lɪp/, **Arthur** *n.* フィリップ 《1738–1814; 英国海軍の指揮官; 第一艦隊司令長官; 囚人をオーストラリアの Sydney Cove へ運び, New South Wales の基礎を作る》.

Phil·lips /fíləps | -lɪps/ *n.* 〖商標〗 フィリップス 《十字ねじ (Phillips screw) および十字ねじ回し (Phillips screwdriver)》. 〘《1935》← *H. F. Phillips* (?–1958: 米国人でその発明者)〙

Phil·lips /fíləps | -lɪps/, **David Graham** *n.* フィリップス 《1867–1911; 米国の小説家; *Susan Lenox* (1917)》.

Phillips, Captain **Mark** *n.* フィリップス 《1948– ; 英国の馬術競技の騎手; Anne 王女の前夫》.

Phillips, Stephen *n.* フィリップス 《1868–1915; 英国の詩人・劇作家; *Paolo and Francesca* (1900)》.

Phillips, Wen·dell *n.* フィリップス 《1811–84; 米国の演説家・社会改革家・奴隷制反対論者》.

Phíllips cúrve *n.* 〖経済〗 フィリップス曲線 《失業率と賃金変化率もしくはインフレ率との関係を示す曲線》. 〘《1969》← *A. W. H. Phillips* (1914–75: 英国の経済学者)〙

Phíllips hèad *n.* 十字ねじ頭. 〘1935〙

Phíllips scrèw *n.* ＝Phillips.

Phil·lis /fílɪ̆s | -lɪs/ *n.* ＝Phyllis.

Phill·potts /fílpɑ(ː)ts | -pɔts/, **Eden** *n.* フィルポッツ 《1862–1960; 英国の小説家・劇作家; *Widecombe Fair* (小説, 1913), *The Farmer's Wife* (戯曲, 1917)》.

phil·lú·men·ist /-nɪ̆st | -nɪst/ *n.* マッチ箱ラベル収集家. 〘《1943》← PHILO-＋L *lūmen* light＋-IST〙

phil·lu·me·ny /fɪ̆lúːməni | -lúː-, -ljúː-/ *n.* マッチ箱ラベル収集趣味. 〘《1951》← PHILO-＋L *lūmen* light＋-Y¹〙

Phil·ly /fíli/ *n.* 《米俗》 フィリー 《米国 Philadelphia 市の愛称》. — *adj.* Philadelphia 市の. 〘《1891》← PHIL(ADELPHIA)＋-Y²〙

Phi·lo /fáɪloʊ | -ləʊ/ *n.* ⇨ Philo Judaeus.

phil·o- /fíloʊ | -ləʊ/「愛する (loving); …びいきの」の意の連結形 (↔ miso-). ★ 母音および h の前では phil- になる. 〘□ F ～ ∥ L ～ □ Gk ～ ← *phílos* loving (cf. *phileîn* to love) ← ?〙

phil·o·bib·lic /fìləbíblɪk⁻/ *adj.* 本[文学]好きの: 愛書癖のある; 聖書研究に没頭する. 〘《1885》← Gk *philó-biblos* (← PHILO-＋*biblos* book: cf. Bible)＋-IC¹〙

phil·o·bib·list /fìləbíblɪ̆st | -lɪst/ *n.* 愛書家, 集書家. 〘1824〙

Phil·oc·te·tes /fìləktíːtiːz | fìləktíːtiːz, fɪ̆lɔ́ktɪ̆tiːz/ *n.* 〖ギリシャ伝説〗 ピロクテーテース 《Hercules のよろい持ちで弓の名手; トロイ戦争で Hercules に与えられた毒矢で Paris を射殺した》. 〘□ L *Philoctētēs* □ Gk *Philoktḗtēs* 《原義》 he who loves to possess ← PHILO-＋*ktáomai* I get〙

phil·o·den·dron /fìlədéndrən/ *n.* (*pl.* ～**s**, **-den·dra** /-drə/) 〖植物〗 フィロデンドロン 《熱帯アメリカ原産サトイモ科ビロードカズラ属 (*Philodendron*) の蔓植物の総称; ビロードカズラ (*P. andreanum*) など室内の観葉植物として栽培される》. 〘《1877》← NL ～ ← PHILO-＋Gk *déndron* tree: ⇨ -dendron〙

phi·lóg·y·nist /-nɪ̆st | -nɪst/ *n.* 女好きな人 (cf. misogynist). 〘《1865》← Gk *philogúnēs* fond of women (↓)＋-IST〙

phi·log·y·ny /fɪ̆lɑ́(ː)dʒəni | -lɔ́dʒɪ̆-/ *n.* 女好き (cf. misogyny). **phi·lóg·y·nous** /-nəs/ *adj.* 〘《1623》□ Gk *philogunía* ← PHILO-＋*gunḗ* woman〙

Phi·lo Ju·dae·us /fáɪloʊdʒuːdíːəs | -ləʊ-/ *n.* アレクサンドリアのフィロン, フィロユダエウス 《20? B.C.–A.D.? 54; Alexandria 生まれのユダヤ人哲学者; ギリシャ哲学とユダヤ思想の融合を図った》.

philol. 《略》 philological; philology.

phil·o·log /fíləlɔ̀(ː)g, -lɑ̀(ː)g | -lɔ̀g/ *n.* ＝philologue.

phi·lol·o·ger /fɪ̆lɑ́(ː)lədʒə | -lɔ́lədʒə(r)/ *n.* ＝philologist. 〘《1588》← F *philologie* 'PHILOLOGY'＋-ER¹〙

phil·o·lo·gi·an /fìləlóʊdʒiən | -lə́ʊ-/ *n.* ＝philologist 2. 〘《1830》〙

phil·o·log·ic /fìləlɑ́(ː)dʒɪk | -lɔ́dʒ-⁻/ *adj.* ＝philological. 〘1669〙

phil·o·log·i·cal /fìləlɑ́(ː)dʒɪ̆kəl, -kl̩ | -lɔ́dʒɪ-⁻/ *adj.* 言語学(上)の, 言語学的な; 文献学(上)の, 文献学的な. **～·ly** *adv.* 〘1621〙

phi·lól·o·gist /-dʒɪ̆st | -dʒɪst/ *n.* **1** 文献学者. **2** (史的または比較)言語学者, 言語研究者 (cf. philology 2). 〘《1648》: ⇨ philology, -ist〙

phi·lol·o·gize /fɪ̆lɑ́(ː)lədʒàɪz | -lɔ́l-/ *vt.* 言語学的に論じる[考察する]. — *vi.* 言語学[文献学]を研究する. 〘《1664》: ⇨ ohilology, -ize〙

phi·lo·logue /fíləlɔ̀(ː)g, -lɑ̀(ː)g | -lɔ̀g/ *n.* ＝philologist. 〘《1594》□ F ～ □ L *philologus* □ Gk *philólogos*: ↓〙

phi·lol·o·gy /fɪ̆lɑ́(ː)lədʒi | -lɔ́lədʒi/ *n.* **1** 《米》 文献学. **2** 言語学. ★ 今は通例史的または比較的に研究する言語学を指し, 共時的に研究する言語学は linguistics という: comparative ～ 比較言語学 / English ～ 英語学. **3** 《古》 学問[文学]愛好. 〘《1614》□ F *philologie* □ L *philologia* □ Gk *philología* love of learning, literature and language: ⇨ philo-, -logy〙

phil·o·math /fíləmæ̀θ/ *n.* 学問好きの人; (特に)数学好きの人. 〘《a1643》□ Gk *philomathḗs* ← PHILO-＋*máthē* ← *manthánein* to learn〙

phil·o·mel, P- /fíləmèl | -lə(ʊ)-/ *n.* 《古・詩》 ＝nightingale. 〘《1579》 *philomele* □ L *Philomēla* (↓)〙

Phil·o·me·la /fìləmíːlə | -lə(ʊ)-/ *n.* **1** 〖ギリシャ神話〗 フィロメーラ, ピロメーラー 《アテネの王 Pandion の娘; 姉 Procne の夫の Tereus に暴行され, 人に言えないように舌を切られたが, 姉はこの秘密を知って妹と相談し, 実子 Itys を殺してその肉を夫 Tereus に食べさせた; Tereus に捕えられようとしたとき, Philomela はナイチンゲールに, Procne はつばめに, Tereus は鷹に変身した》. **2** [しばしば p-] 《詩》 ＝nightingale. 〘《1599》□ L *Philomēla* □ Gk *Philomḗlē* 《原義》 ? lover of song ← ? PHILO-＋*mélos* song ∽ 《c1386》 *philomene* □ ML *Philomena* 《変形》 ← L *Philomēla*: Gk *Melpoménē* the singing muse との連想による変形〙

Phil·o·me·na /fìləmíːnə | -lə(ʊ)-/ *n.* 女性名. 〘↑〙

phil·o·pro·gen·i·tive /fìləproʊdʒénətɪv | -prə(ʊ)dʒénɪ̆t-⁻/ *adj.* **1** 多産の, 子の多い (prolific). **2** 子供好きの; (特に)自分の子を愛する. 〘《1865》← PHILO-＋PROGENITIVE〙

phìl·o·pro·gén·i·tive·ness *n.* 子煩悩. 〘《1815》↑〙

philos. 《略》 philosopher; philosophical; philosophy.

phi·los·o·phas·ter /fɪ̆lɑ̀(ː)səfǽstə, —⌐—⌐— | fɪ̆lɔ̀səfǽstə(r), —⌐—⌐—/ *n.* 哲学者気取りの人, えせ[でも]哲学者. 〘《1611》□ LL ～ ← L *philosophus* 'PHILOSOPHER': ⇨ -aster¹〙

phi·los·o·phate /fɪ̆lɑ́(ː)səfèɪt | -lɔ́s-/ *n.* 〖カトリック〗 哲学院(期間) 《神学研究前に 2 年ないし 3 年間哲学研究を行う期間, あるいはその場所》.

phil·o·sophe /fìːlɑzɔ́(ː)f, -loʊzɑ́(ː)f | -lə(ʊ)zɔ́f; *F.* filɔzɔf/ *n.* (*pl.* ～**s** /～s; *F.* ～/) **1** フィロゾフ 《18 世紀にフランスで人気のあった自由思想家・百科全書派・啓蒙思想家; Diderot, Rousseau, Voltaire など》. **2** えせ哲学者. 〘《1779》□ F ～ (↓)〙

phi·los·o·pher /fɪ̆lɑ́(ː)səfə, -sfə | -lɔ́səfə(r)/ *n.* **1 a** 哲学者, 哲学研究者: a moral ～ 倫理学者 / ⇨ natural philosopher. **b** 哲学専攻生. **2** 哲人, 賢人, 達人, 知者; 悟りを開いた人, ものに動じない人: take things like a ～ 世の中を達観する 《むやみに喜んだり悲しんだりしない》 / You're a ～. 君は偉いよ, 君はあきらめがよい(など). **3** (時として皮相な)哲学を述べる[説を立てる]人 (philosophizer). **4** 《古》 (昔の)錬金術師 (alchemist); 秘術師. 〘《c1325》□ AF *philosophre* ＝(O)F *philosophe* □ L *philosophus* □ Gk *philósophos* 《原義》 lover of wisdom ← PHILO-＋*sóphos* wise, learned (cf. sophist): ⇨ -er¹〙

philósopher kíng *n.* **1** (Plato の理想国家で) 哲学者の統治者; 哲人王 《哲学的理想をもつ者が民衆を導くべきだとする考えに由来する》. **2** 《口語》 イデオローギーで動くエリート. 〘1979〙

philósophers' stóne *n.* **1** [the ～] 賢者の石, 哲学者の石 《昔, 錬金術師が求めて得なかった霊石で, 鉛などの卑金属を金銀に変える力があると考えられた; cf. elixir》. **2** (理想的ではあるが実現不可能な)起死回生の妙案. 〘《c1395》 《なぞり》 ? ← ML *lapis philosophōrum*〙

philósopher's stóne *n.* ＝philosophers' stone.

phil·o·soph·ic /fìləsɑ́(ː)fɪk, -zɑ́(ː)f- | -sɔ́f-, -zɔ́f-⁻/ *adj.* ＝philosophical. 〘《1644》□ L *philosophicus* □ Gk *philosophikós*: ⇨ philosopher, -ic¹〙

phil·o·soph·i·cal /fìləsɑ́(ː)fɪ̆kəl, -kl̩ | -sɔ́fɪ-, -zɔ́f-⁻/ *adj.* **1** 哲学の, 哲理的な: ～ studies 哲学研究. **2** 哲学に通じた, 哲学を研究する: a ～ student. **3** 哲学者らしい; 理性的な, 賢明な, 深慮のある; 節度を保った, 冷静な (serene), 達観した: with ～ resignation (哲学的)諦観(ていかん)をもって; 諦めて. **4** 《古》 理学の, 物理学上の: ～ instruments 物理機械 / a ～ toy 理学応用のおもちゃ.
～·ly *adv.* **～·ness** *n.* 〘《c1385》← L *philosophicus* (↑)＋-AL¹〙

philosóphical análysis *n.* 〖哲学〗 哲学的分析 《人間の言語現象や振舞いに着目して哲学的問題の解決を図る方法[運動, 立場]; 特に現代英米の哲学に顕著な傾向; cf. analytic philosophy, linguistic analysis》. 〘1936〙

philosóphical anthropólogy *n.* (哲学的)人間学.

philósophical grámmar *n.* 〖言語〗 哲学的文法 (⇨ universal grammar).

phi·los·o·phism /fɪ̆lɑ́(ː)səfìzm | -lɔ́s-/ *n.* **1** 哲学的思索. **2** えせ哲学; 曲学, 詭(き)弁 (sophistry). 〘《1792》□ F *philosophisme*: ⇨ philosopher, -ism〙

phi·lós·o·phist /-səfɪ̆st | -fɪst/ *n.* えせ哲学者, 曲学の徒, 詭(き)弁家 (sophist). 〘《1798》□ F *philosophiste*: ⇨ -ist〙

phi·los·o·phize /fɪ̆lɑ́(ː)səfàɪz | -lɔ́s-/ *vi.* **1** 思索する, 哲学する (speculate): ～ *about* life and death 生と死について思索する. **2** (しばしば浅薄な)理論を立てる, 理論に走る; 哲学者ぶる. — *vt.* 哲学化する; 哲学的に扱う[見る]. **phi·los·o·phi·za·tion** /fɪ̆lɑ̀(ː)səfɪ̆zéɪʃən | -lɔ̀səfaɪ-, -fɪ-/ *n.* **phi·lós·o·phiz·er** *n.* 〘《1594》: ⇨ -ize〙

phi·los·o·phy /fɪ̆lɑ́(ː)səfi | -lɔ́s-/ *n.* **1** 哲学, 哲学体

系: association ～ (Hume, Mill などの) 連想哲学 / Baconian ～ ベーコン哲学 / deductive [inductive] ～ 演繹(えき)[帰納]哲学 / dogmatic ～ 独断哲学 / empirical [a priori] ～ 経験 [(Kant の) 先験]哲学 / experimental ～ 実験哲学 / intuitive ～ (Bergson などの) 直観哲学 / mental ～ 心理学 / metaphysical ～ 形而上学 / practical ～ 実践哲学 / positive ～ (Auguste Comte の) 実証哲学 / transcendental ～ (Kant の) 先験哲学, 超越的哲学 / There are more things in heaven and earth, Horatio, Than are dreamt of in your ～. この天地には な, ホレーショー, 例の哲学とやらには思いも及ばんことがたくさんあるんだ (Shak., *Hamlet* 1. 5. 166–7) / ⇨ critical philosophy, First Philosophy, second philosophy, speculative philosophy, synthetic philosophy. **2** 人生哲学, 人生観, 世界観: a ～ of living 処世哲学, 処世法 / ⇨ PHILOSOPHY of life. **3 a** 哲理, 原理(研究): the ～ of grammar [history] 文法の原理[歴史哲学]. **b** 高等な学問: Doctor of *Philosophy*=Ph. D. **4** 哲学的精神, 哲人的態度; 冷静, 沈着 (composure); 悟り, 諦念, 諦め (resignation): with ～ 運命と諦めて, 冷静に, 自若として. **5** 形而上学; 道徳哲学, 倫理学; 《廃》自然哲学, 物理学: the three *philosophies* 三哲学《自然学・倫理学・哲学》. **6** 信仰, 価値または主義などの体系. **7** 哲学書, 哲学論文. **8** 《廃・文語》自然現象の研究《特に錬金術・占星術・天文学》.

philósophy of lífe (1) 人生哲学, 人生観. (2) 〖(なぞり) ← G *Lebensphilosophie*〗〖哲学〗生の哲学《人間の生とその探究を重視し, 第一の課題とする Dilthey, Bergson などの現代哲学の立場》.

〖(*c*1300) □ (O)F *philosophie* □ L *philosophia* □ Gk *philosophía* ← *philosophós* 'PHILOSOPHER': ⇨ -y¹〗

phil·o·tech·nic /fìlətéknɪk⁻/ *adj.* 工芸を愛好する. 〖(1825) ⇨ philo-, technic〗

-phi·lous /～fələs | -f-/「愛する; …に親和的な」の意の形容詞連結形 (cf. -phily): photo*philous*. 〖← Gk *phílos* loving: ⇨ philo-, -ous〗

phil·ter, 《英》**phil·tre** /fíltə | -tə(r/ *n.* **1** 媚薬(びやく), ほれ薬 (love-potion). **2** 魔法の薬 (magic potion). — *vt.* 《古》ほれ薬でほれさせる[魅する]. 〖(?1587) □ F *philtre* □ L *philtrum* □ Gk *phíltron* love, charm ← *phílos* loving (⇨ philo-)+-TRON〗

phil·trum /fíltrəm/ *n.* (*pl.* **phil·tra** /-trə/) **1** 〖解剖〗人中《鼻と口との間の縦溝; cf. nasolabial sulcus》. **2** =philter. 〖← NL ～ ← Gk *phíltron* (↑)〗

-phi·lus /～fələs | -f-/〖生物〗(属名に用いて)「…の食物[環境]を好む傾向をもつ生物」の意の名詞連結形: Sermo-*philus*. 〖← NL ～ ← L 'loving' □ Gk *phílos*〗

-phi·ly /～fəli | -fli/「…の好み, …の類縁[親和力]」の意の名詞連結形. ★ 主に生物学・化学用語に用いる (cf. -philous): necro*phily*, photo*phily*, toxo*phily*, zoo*phily*. 〖⇨ -philia, -y¹〗

phí méson *n.* 〖物理〗ファイ中間子《質量が 1020 MeV/C^2 で電荷ゼロの非常に不安定で寿命の短い中間子; 単に phi ともいう; 記号 φ》.

phi·mo·sis /faɪmóʊsɪs, fɪ- | faɪmə́ʊsɪs/ *n.* (*pl.* **-mo·ses** /-siːz/)〖病理〗包茎. **phi·mot·ic** /faɪmɑ́(ː)tɪk, fɪ- | faɪmɔ́t-/ *adj.* 〖(1677) ← NL ～ ← Gk *phímōsis* a muzzling ← *phimós* muzzle〗

Phin·e·as /fíniəs | -niəs, -niæs/ *n.* フィニアス《男性名》. 〖□ LL ～ □ Gk *Phineés* □ Heb. *Pînᵉḥās* □ Egypt. *pꜣ-nḥsj* (原義) the negro〗

Phin·e·us /fíniəs/ *n.* 〖ギリシャ神話〗フィーネウス: **1** Cadmus と Europa の兄弟. **2** Andromeda のおじ; 彼女を妻にしようとして, Perseus のため Medusa の首によって石に変えられた. 〖□ L *Phīneus* □ Gk *Phīneús*〗

Phin·ti·as /fíntiəs | -ti-/ *n.* ピンティアス《Damon との友情で知られる前 4 世紀の Pythagoras 学派の哲学者; 英語の慣用つづりは Pythias》.

phí phenòmenon *n.* 〖心理〗ファイ現象《ある対象に次いで同一の対象が短い休止時間をおいてずれた場所に呈示されるときに, その対象があたかも元の位置から移動したかのように見える運動視の現象》. 〖1928〗

phit /fít/ *n.* (銃弾の)ひゅーん[びゅーん]という音. 〖(1894)〖擬音語〗〗

phiz /fíz/ *n.* 《英俗・戯言》面相, 顔つき; 表情, 顔: a ～ snapper 《米俗》写真師. 〖(1688)《短縮》← PHYSIOGNOMY〗

Phiz /fíz/ *n.* フィズ《1815–82; 英国の画家; Dickens の小説の挿絵で有名; 本名 Hablot Knight Browne》.

phiz·og /fízɑ(ː)g, ─⁻ | fízɔg, ─⁻/ *n.* =phiz.

phleb- /flɛb/ (母音の前にくるときの) phlebo- の異形.

phle·bi·tis /flɪbáɪtɪs, fli:- | flɪbáɪtɪs, flɛb-/ *n.* (*pl.* **phle·bit·i·des** /-bítədìːz | -tɪ-/)〖病理〗静脈炎. **phle·bit·ic** /flɪbítɪk | -tɪk/ *adj.* 〖(1834) ← NL ～: ⇨ , -itis〗

phleb·o- /flébou | -bəʊ/「静脈」の意の連結形. ★ 母音の前では通例 phleb- になる. 〖ME *fleb(o)-* □ OF □ LL *phleb(o)-* □ Gk *phleb(o)-* ← *phléps* vein〗

phlèbo·clýsis *n.* 〖医学〗静脈(内)注射. 〖← NL ～ ← PHLEBO-+CLYSIS〗

phleb·o·gram /flébəgræm/ *n.* 〖医学〗静脈(脈)波(曲線). 〖(1885) ← PHLEBO-+-GRAM〗

phle·bog·ra·phy /flɪbɑ́(ː)grəfi | -bɔ́g-, flɛb-/ *n.* 〖医学〗静脈造影[撮影](法). **phleb·o·graph·ic** /flèbəgræfɪk⁻/ *adj.* 〖(1937) PHLEBO-+-GRAPHY〗

phleb·oid /flébɔɪd/ *adj.* 〖解剖〗静脈様の. 〖← PHLEBO-+-OID〗

phle·bol·o·gy /flɪbɑ́(ː)lədʒi | -bɔ́l-/ *n.* 〖医学〗静脈学. 〖(1842) ← PHLEBO-+-LOGY〗

phlèbo·sclerósis *n.* 〖病理〗静脈硬化(症).

phlèbo·sclerótic *adj.* 〖(1899) ← PHLEBO-+SCLEROSIS〗

phlèbo·thrombósis *n.* 〖病理〗静脈血栓症. 〖(1939) ← NL ～ ← PHLEBO-+THROMBOSIS〗

phle·bót·o·mist /-mɪst | -mɪst/ *n.* 〖外科〗静脈切開の専門外科医; 瀉血(しゃけつ)医; 静脈採血士. 〖(1657): ⇨ ↓, -ist〗

phle·bot·o·mize /flɪbɑ́(ː)təmàɪz | -bɔ́t-/〖外科〗*vt.* 静脈切開する, 瀉血(しゃけつ)する; 〈患者〉の血を採る, 放血させる. — *vi.* 静脈切開する. 〖(1596) □ F *phlebotomiser* □ ML *flebotomizāre*: ⇨ phlebotomy, -ize〗

phle·bót·o·mus féver /flɪbɑ́(ː)təməs- | flɪbɔ́t-/ *n.* 〖病理〗パパタシ熱 (⇨ sandfly fever). 〖*phlebotomus*: ← NL ～ ← LL 'lancet'〗

phle·bot·o·my /flɪbɑ́(ː)təmi | -bɔ́tə-/ *n.* 〖外科〗静脈切開 (venesection), 瀉血(しゃけつ), 放血 (bloodletting)《ひじ関節の静脈を刺して悪血を採る》. **phleb·o·tom·ic** /flèbətɑ́(ː)mɪk | -tɔ́m-⁻/ *adj.* **phlèb·o·tóm·i·cal** /-tɑ́(ː)mɪkəl, -kl | -tɔ́mɪ-⁻/ *adj.* 〖(*a*1400) *flebotomie* □ OF (F *phlébotomie*) □ LL *phlebotomia* □ Gk *phlebotomía*: ⇨ phlebo-, -tomy〗

Phleg·e·thon /flégəθɑ̀(ː)n, flédʒ- | -gɪθɔn, -θən/ *n.* **1** 〖ギリシャ神話〗プレゲトーン《冥界 (Hades) の火の川》. **2** [しばしば p-] 火の川, 火のように光る川. 〖(*a*1393) □ L *Phlegethōn* □ Gk *phlegéthōn* (原義) burning, blazing: ↓〗

phlegm /flém/ *n.* **1 a** 〖生理〗痰(たん). **b** 〖古生理〗粘液《これが多すぎるといわゆる粘液質 (phlegmatic) になると信じられた; ⇨ humor 5》. **2** 冷静, 沈着. **3** 粘液性の性質; 遅鈍, 無感覚 (apathy), 冷淡, 無気力. **～·less** *adj.* 〖(16C) □ LL *phlegma* ∽ (*a*1387) *fleume* □ OF (F *phlegme*) < LL *phlegmam* □ Gk *phlégma* flame, clammy humor ← *phlégein* to burn〗

phleg·mat·ic /flɛgmǽtɪk | -tɪk/ *adj.* **1** 沈着な, 冷静な (cold). **2 a** 粘液質の (⇨ impassive SYN): a ～ temperament 粘液質 / The choleric drinks, the melancholic eats, the ～ sleeps. 《諺》胆汁質の者はよく飲み, 黒胆質の者はよく食べ, 粘液質の者はよく眠る. **b** 鈍重な, 無感覚な; 鈍感な, 無気力な (dull). **3** 《廃》痰(たん)の多い; 粘液のような; 粘液を作り出す; 粘液性の. **phleg·mát·i·cal** /-tɪkəl, -kl | -tɪ-⁻/ *adj.* **phleg·mát·i·cal·ly** *adv.* **phleg·mát·i·cal·ness** *n.* **phleg·mát·ic·ness** *n.* 〖(1340) *fleumatike* □ OF *fleumatique* (F *flegmatique*) □ LL *phlegmaticus* □ Gk *phlegmatikós*: ⇨ ↑, -ic¹〗

phleg·ma·tized /flégmətàɪzd/ *adj.* 〖化学〗〈爆発物が〉減感された, 感度の低い. 〖⇨ phlegmatic, -ize〗

phleg·mon /flégmɑ(ː)n | -mɔn/ *n.* 〖病理〗フレグモーネ, 蜂巣炎; 蜂窩(ほうか)織炎, 急性結締(けってい)(組)織炎. **phleg·mon·ic** /flɛgmɑ́(ː)nɪk | -mɔ́n-/ *adj.* **phleg·mon·ous** /flégmənəs/ *adj.* 〖(1398) *flegmone* □ L *phlegmona* □ Gk *phlegmonḗ* inflammation: ⇨ phlegm〗

phlegm·y /flémi/ *adj.* (**phlegm·i·er; -i·est**) 痰(たん)の(ような), 痰を含む[生じる]. 〖(1550) ← PHLEGM+-Y⁴〗

phle·o·my·cin /flìːəmáɪsɪn, -sn | -sɪn/ *n.* 〖生化学〗フレオマイシン《青色粉末の銅を含む抗生物質; 多くの細菌および腫瘍細胞に働く; 細胞の DNA 合成を抑制するといわれる》. 〖← *phleo-* ((連結形) ← NL *phleum* a kind of marsh plant)+-MYCIN〗

Phlm 《略》Philemon (新約聖書の)ピレモン書.

phlo·em /flóʊɛm | fləʊɛm, -ɪm/ *n.* 〖植物〗師部(しぶ), 靭皮(じんぴ)部 (cf. xylem). 〖(1875) □ G ～ ← Gk *phlóos* bark〗

phlóem fìber *n.* 〖植物〗師部(しぶ)繊維, 靭皮(じんぴ)繊維 (cf. xylem fiber).

phlóem necròsis *n.* 〖植物病理〗師部(しぶ)壊死《ジャガイモ・チャ・ニレなどの病害; 高等植物の組織中の師部がウイルス・菌などに冒され変色・変形・枯死などを起こす》. 〖(1923) ⇨ phloem, necrosis〗

phlóem parénchyma *n.* 〖植物〗師部(しぶ)柔組織 (cf. ray parenchyma, wood parenchyma).

phlóem rày *n.* 〖植物〗師部(しぶ)放射組織 (cf. xylem ray). 〖(1875) ⇨ phloem, ray〗

phlo·gis·tic /floʊdʒístɪk | flɔdʒís-, flə-/ *adj.* **1 a** 〖古化学〗燃素[フロギストン]の. **b** 《廃》火の, 燃えるような. **2** 〖病理〗炎症の (inflammatory). 〖(1733) 1: ? ← NL *phlogisticus (↓). (1756) 2: ← Gk *phlogistós* (↓)+-IC¹〗

phlo·gis·ton /floʊdʒístɑ(ː)n, -tən | flɔdʒístən, flə-, -tɔn/ *n.* 〖古化学〗燃素, フロギストン《酸素の発見前まで燃焼を引き起こし, 燃えている物から発せられると信じられていた要素》. 〖(1733) ← NL ～ ← Gk *phlogistós* burnt, inflammable ← *phlog-*, *phlóx* flame: cf. phlox〗

phlog·o·pite /flɑ́(ː)gəpàɪt | flɔ́g-/ *n.* 〖鉱物〗金雲母 ($KMg_3AlSi_3O_{10}(OH)_2$). 〖(1850) □ G *Phlogopit* ← Gk *phlogōpós* fiery-looking ← *phlóx* flame+*ṓps* eye: ⇨ -ite¹〗

phlo·ri·zin /flɔ́ːrəzɪn, -zn | -rɪzɪn/ *n.* (*also* **phlo·rid·zin** /-dzɪn, -dzn | -dzɪn/) 〖化学〗フロリジン ($C_{21}H_{24}O_{10}$)《リンゴなどの果樹の根や皮から採る苦みのある配糖体》. 〖(1835) ← Gk *phlóos* bark+*rhíza* root+-IN²〗

phlo·ro·glu·cin /flɔ̀ːrəglúːsɪn, -sn | -sɪn/ *n.* 〖化学〗フロログルシン (⇨ phloroglucinol). 〖1877〗

phlo·ro·glu·cin·ol /flɔ̀ːrəglúːsənɔ̀(ː)l, -sn- | -rə(ʊ)glúːsɪnɔ̀l/ *n.* 〖化学〗フロログルシノール ($C_6H_3(OH)_3$)《タンニンや植物樹脂に含まれる; 合成品は現像薬に用いる; 1,3,5-トリヒドロキシベンゼン; phloroglucin ともいう》. 〖(1879) ← PHLOR(IZIN)+-O-+GLUCO-+-IN²+-OL¹〗

phlox /flɑ́(ː)ks | flɔ́ks/〖植物〗*n.* (*pl.* ～, ～·**es**) **1** フロックス《ハナシノブ科クサキョウチクトウ属 (*Phlox*) の一年草または多年草の総称; クサキョウチクトウ (garden phlox) など》. **2** フロックスの花. — *adj.* ハナシノブ科の植物の. 〖(1706) ← NL ～ ← L ～ 'flower' □ Gk *phlóx* (原義) flame ← *phlégein* to burn〗

phlyc·tae·na /flɪktíːnə/ *n.* (*pl.* **-tae·nae** /-niː/) 〖病理〗=phlyctena.

phlyc·te·na /flɪktíːnə/ *n.* (*pl.* **-te·nae** /-niː/) 〖病理〗(目の)フリクテン; 小疱(ほう), 小膿(のう)疱. **phlyc·té·nar** /-nə | -nə(r/ *adj.* 〖(1693) ← NL ～ ← Gk *phlúktaina* blister ← *phlúein* to swell〗

phlyc·ten·ule /flɪkténjuːl/ *n.* 〖病理〗小水疱, フリクテン《特に, 眼球結膜または角膜に生じるもの》. **phlyc·tén·ul·ar** /-ténjulə | -lə(r/ *adj.* 〖(1899) ← NL *phlyctenula* (dim.): ⇨ ↑, -ule〗

PhM 《略》Master of Philosophy.

Phnom Penh /(p)nɑ́(ː)mpén, pənɑ́(ː)m- | (p)nɔ́m-; *Cambodian* phnɔ́mpíɲ/ *n.* プノンペン《カンボジア南部 Mekong 河畔にある同国の首都》.

phob- /foʊb | fəʊb/ (母音の前にくるときの) phobo- の異形.

-phobe /～fòʊb | -fəʊb/「…を恐れる(者), …恐怖症の(人); …を嫌う(者)」の意の形容詞・名詞連結形 (↔ -phile) (cf. -phobia): Anglo*phobe*, Franco*phobe*. 〖□ F ～ □ L *-phobus* fearing □ Gk *phóbos* fear〗

pho·bi·a /fóʊbiə | fə́ʊ-/ *n.* 恐怖症, 病的恐怖, 病的嫌悪: Inflation is a national ～ now. インフレは今や国民的恐怖症である. 〖(1786) ↓〗

-pho·bi·a /fóʊbiə | fə́ʊ-/「(病的)恐怖, …恐怖症; …嫌い」の意の名詞連結形 (cf. -phobe, -mania): Anglo*phobia*, hydro*phobia*, xeno*phobia*. 〖← NL ～ ← LL ～ □ Gk *-phobía* ← *phóbos* fear, dislike: cf. -phobe〗

pho·bic /fóʊbɪk | fə́ʊ-/ *adj.* 恐怖症の, 恐怖症的な. — *n.* 恐怖症の人. 〖(1897): ⇨ ↑, -ic¹〗

-pho·bic /fóʊbɪk | fə́ʊ-/ 次の意味を表す形容詞連結形 (↔ -philic): **1**「恐怖を表す, …を恐れる; …を嫌う」. **2** 〖化学〗「…に強い親和力をもたない」. 〖↑〗

phóbic reàction *n.* 〖精神医学〗恐怖反応.

pho·bo- /fóʊboʊ | fə́ʊbəʊ/「恐怖 (fear); 忌避 (avoidance)」の意の連結形. ★ 母音の前では通例 phob- になる. 〖← LL ～ ← Gk *phóbos* fear〗

Pho·bos /fóʊbɑ(ː)s | fə́ʊbɔs/ *n.* **1** 〖ギリシャ神話〗=Phobus. **2** 〖天文〗フォボス《火星 (Mars) の第 1 衛星で, 大きい方の衛星; cf. Deimos》. 〖□ Gk *Phóbos* 'PHOBUS'〗

pho·bo·tax·is /fòʊbətǽksɪs | fəʊbə(ʊ)tǽksɪs/ *n.* 〖生物〗フォボタクシス, 走驚性, 驚動走性《不快な刺激に反応して起こす無方向な逃避反応; ゾウリムシなどの単細胞生物が物体に衝突したときなどに見られる》. 〖← NL ～ ← *phob-* (← Gk *phóbos* fear)+-TAXIS〗

-pho·bous /～fəbəs/ =-phobic. 〖⇨ -phobic, -ous〗

Pho·bus /fóʊbəs | fə́ʊ-/ *n.* 〖ギリシャ神話〗フォボス《恐怖の神; 争いの男神 Ares の息子で Deimos と兄弟》. 〖□ L ～ □ Gk *Phóbos* (原義) panic fear〗

Pho·cae·a /foʊsíːə | fəʊ-/ *n.* フォカエア《小アジアの西海岸 Ionia 地方最北にあった古代の港町》.

Pho·cae·ni·dae /foʊsíːnədìː | fə(ʊ)síːnɪ-/ *n. pl.* 〖植物〗ネズミイルカ科. 〖← NL ～ ← *Phocaena* (属名: ← Gk *phṓkaina* porpoise)+-IDAE〗

Pho·ci·dae /fóʊsədìː | fə́ʊsɪ-/ *n. pl.* 〖動物〗アザラシ科. 〖← NL ～ ← *Phoca* (属名: □ L *phōca* seal □ Gk *phṓkē*)+-IDAE〗

pho·cine /fóʊsaɪn, -sɪn | fə́ʊsaɪn/ *adj.* **1** アザラシ (seals) の(ような). **2** アザラシ亜科 (Phocinae) の[に属する]. 〖(1846) ← NL *Phoca* (↑)+-INE¹〗

Pho·ci·on /fóʊsiɑ̀(ː)n, -siən | fə́ʊsiən, -siɔ̀n/ *n.* フォキオン (402?–317 B.C.; アテネの将軍・政治家).

Pho·cis /fóʊsɪs | fə́ʊsɪs/ *n.* フォキス《古代の中部ギリシャにあった地域; Delphi の Apollo 神殿があった》.

pho·co·me·li·a /fòʊkoʊmíːliə | fəʊkə(ʊ)-/ *n.* 〖病理〗(サリドマイドなどによる)アザラシ症, 短肢症. **pho·co·me·lic** /fòʊkoʊmíːlɪk | fəʊkə(ʊ)-⁻/ *adj.* 〖(1892) ← NL ～ ← *Gk phṓkē* seal+-MELIA〗

pho·com·e·ly /foʊkɑ́(ː)məli | fəʊkɔ́mɪ-/ *n.* =phocomelia.

phoe·be /fíːbi/ *n.* 〖鳥類〗北米産タイランチョウ科ツキヒメハエトリ属 (*Sayornis*) の小鳥の総称《北米中東部・南部産のツキヒメハエトリ (ツキタイランチョウ) (*S. phoebe*) など》. 〖(1700)《変形》← PEWEE: PHOEBE にならった変形〗

Phoe·be /fíːbi/ *n.* **1** フィービ《女性名; 異形 Phebe》. **2** 〖ギリシャ神話〗フォイベー《月の女神としての Artemis の名; ローマ神話の Diana に当たる》. **3** 《詩・文語》月 (の擬人) (cf. Phoebus 2). **4** 〖天文〗フェーベ《土星 (Saturn) の第 9 衛星》. 〖(1393) □ L *Phoebē* □ Gk *Phoíbē* (fem.) ← *phoîbos* pure bright: ⇨ Phoebus〗

Phoe·be·an /fíːbiən, fiːbíːən/ *adj.* フォイボス (Phoebus) の. 〖(1621) ← L *Phoebēus* Phoebean+-AN¹〗

Phoe·bus /fíːbəs/ *n.* **1** 〖ギリシャ神話〗フォイボス《太陽神 (sun god) としての Apollo の名; Phoebus Apollo ともいう》. **2** 《詩》日輪, 太陽(の擬人) (cf. Phoebe 3): ～' brand 輝く日光. 〖ME □ L *Phoebus* □ Gk *Phoîbos* (原義) bright〗

Phoe·ni·cia /fɪníʃə, -níː- | -níʃə, -ʃiə/ *n.* フェニキア《今日のシリアとレバノンの地域にあった地中海沿岸東端の Tyre, Sidon などの古代の都市連合国家; 商業・航海にすぐれ, Carthage などの植民地を建設》. 〖□ L *Phoenīcia*, *Phenicē* □ Gk *Phoiníkē* (原義) dyed crimson ← Sem.: cf. phoenix〗

Phoe·ni·cian /fɪníʃən, -níː- | -níʃən, -ʃiən/ *adj.* **1**

フェニキア(の植民地)の. **2** フェニキア人[語]の. **3** フェニキア文字の. **—** *n.* フェニキア人; フェニキア語《アフリカ・アジア語族セム語派に属し, 2 世紀頃絶滅した》. 〖(*a*1387) ← L *phoenīcius* ← *Phoenīcia* (↑): ⇨ -IAN〗

phoe·nix /fíːnɪks/ *n.* (*also* 《米》 **phenix**) **1 a** [しばしば P-] (エジプト神話の)霊鳥, 不死鳥, フェニックス《アラビア砂漠にすむ鳥で, 500 年または 600 年ごとに自分で香木を積み重ねて焼死し, その灰の中から再び若い姿となって現れるといわれる;「不死」「永生」の象徴とされる》: Faithful friend is like a ～. 《諺》誠実な友は不死鳥のようである,「頼み難きは人心」. **b** 破滅[破壊]の中から再び立ち直った人[物]. **2** 不世出の人, 大天才; 絶世の美人; 絶品, 典型 (paragon). **3** [the P-]〘天文〙ほうおう(鳳凰)座《南天のエリダヌス座と鶴座の間にある星座》. **4** =fêng huang.
rise like a phóenix from the áshes ⇨ ash² 成句.
～·lìke *adj.* 〖OE *fēnix* ▭ ML *phēnix* ▭ L *phoenix* ▭ Gk *phoînix* phoenix, Phoenician, date palm, purple, crimson: cf. Gk *phoinós* purple, blood-red, *phónos* murder, *theínein* to strike: ⇨ defend〗

Phoe·nix /fíːnɪks/ *n.* フェニックス《米国 Arizona 州中部の都市で同州の州都; 電子[航空宇宙]機器の生産で知られる》. 〖↑: インディアンの廃墟から phoenix のごとくよみがえった新しい都市の意で命名されたもの〗

Phóenix Íslands *n. pl.* [the ～] フェニックス諸島《太平洋の中央に散在する八つの小島; ⇨ Gilbert Islands》.

pho·la·did /fóʊlədɪ̀d | fə́ʊlədɪd/ *adj.*, *n.* 〘貝類〙ニオガイ科の(貝). 〖← NL *pholadidae* (科名) ← Pholad-, *Pholas* (属名: ← Gk *phōlás* stone-boring mollusk) + -ID²〗

pho·las /fóʊləs | fə́ʊ-/ *n.* 〘貝類〙=piddock. 〖(1661) ↑〗

phol·cid /fɑ́(ː)lsɪ̀d | fɔ́lsɪd/ *adj.*, *n.* 〘動物〙ユウレイグモ科の(クモ). 〖← NL *Pholcidae* (科名) ← *Pholcus* (属名: Gk *pholkós* bandy -legged) + -ID²〗

Phol·i·do·ta /fɑ̀(ː)lədóʊtə | fɔ̀lɪdə́ʊtə/ *n. pl.* 〘動物〙有鱗目《センザンコウ (pangolin) の類を含む》. 〖← NL ～ ← Gk *pholidōtós* covered with scales ← *pholís* scale〗

-pho·lis /ˌ⁻ fəlɪ̀s | -lɪs/「ある種のうろこ (scale) をもった有機体」の意の連結形. 〖← NL ～ ← Gk *pholís* scale〗

phon /fɑ́(ː)n | fɔ́n/ *n.* 〘物理〙ホン, フォン《音の強さの単位; 健康な人間の耳で聞こえる一番小さい音が 0 ホン》: An airplane engine registers 120 ～s. 飛行機の爆音は 120 ホンである. 〖(1932) ▭ Gk *phōnḗ* voice〗

phon. 《略》phonetic; phonetics; phonology.

phon- /foʊn | fəʊn/ (母音の前にくるときの) phono- の異形.

phon·as·the·ni·a /fòʊnæsθíːniə | fə̀ʊ-/ *n.* 〘病理〙音声衰弱[無力](症)《声がしゃがれ, または弱くなる病状》. 〖← NL ～: ⇨ phon, asthenia〗

pho·nate /fóʊneɪt | fə(ʊ)néɪt/ *vi.* 声を出す; 〘音声〙発声する. **—** *vt.* 〘音声〙発声する, 言葉に出す. **pho·na·to·ry** /fóʊnətɔ̀ːri | fə́ʊnətəri, -tri, fə(ʊ)néɪtəri, -tri/ *adj.* 〖(1876) ← PHONO- + -ATE³〗

pho·na·tion /foʊnéɪʃən | fə(ʊ)-/ *n.* 〘音声〙発声《言語音をつくる際に声門が呼気に対して行う声を出す働き》. 〖(1842) ← ↑ + -ATION〗

phone¹ /fóʊn | fə́ʊn/ 《口語》*n.* **1** 電話(機) (telephone): You are wanted on the ～. 君に電話がかかっている / get a person on the ～ 電話で呼び出す / He answered our questions by ～. 彼は我々の質問に電話で答えた / put down the ～ 突然電話を切る. (1884) **2** イヤホン (earphone); =headphone.
gèt òff the phóne 電話を切る. ***gèt on the phóne*** 電話に出て話をする〔*to*〕.
— *vt.* **1** …に電話をかける, 電話で呼び出す〈*up*〉: ～ the doctor. **2** 電話で知らせる〈*off*〉: ～ a message *to* a person / He ～*d* me the news. 電話でそのことを私に知らせてくれた. **—** *vi.* 電話する〈*up*〉: I ～*d* to tell her the news. そのニュースを彼女に知らせるために電話をかけた.
phóne in (1) (職場などに)電話を入れる[かける]: ～ *in* sick 病気で休むと電話を入れる. (2) 〈情報などを〉電話で知らせる. (3) (ラジオ・テレビで)〈視聴者が〉〈意見や質問を〉(スタジオに)電話する (cf. phone-in).
〖《略》← TELEPHONE〗

phone² /fóʊn | fə́ʊn/ *n.* 〘音声〙 **1** 言語音, 単音《一つの母音または子音》. **2** =allophone. 〖(1866) ▭ Gk *phōnḗ* (↓)〗

-phone /ˌ⁻ ⁻ fòʊn | -fəʊn/ 次の意味を表す名詞連結形: **1** [特に, 器械名に用いて]「音 (sound)」: gramo*phone*, micro*phone*, tele*phone*. **2**「電話」: inter*phone*. **3**「…語を用いる人」: anglo*phone*. 〖← Gk *phōnḗ* voice, sound ← IE **bhā-* to speak〗

phóne bòok *n.* 《米口語》電話帳. 〖1925〗

phóne bòoth *n.* 《口語》(公衆)電話ボックス. 〖1927〗

phóne bòx *n.* =telephone box.

phóne càll *n.* 電話の呼び出し, 通話: make a ～ 電話をかける / I got a ～ from her. 彼女から電話があった.

phóne·càrd *n.* **1** カード式公衆電話. **2** テレフォンカード. 〖1982〗

phóne frèak *n.* 《口語》=phreak.

phone-in /fóʊnɪ̀n | fə́ʊn-/ 〘ラジオ・テレビ〙*n.* (スタジオに電話してくる視聴者の意見や質問を放送する)視聴者参加番組 (《米》call-in). **—** *adj.* [限定的]〈番組が〉電話による視聴者参加の (《米》call-in): a ～ show. 〖(1968): ⇨ phone¹, -in³〗

pho·ne·mat·ic /fòʊnɪ̀mǽtɪk | fə̀ʊnɪ̀mǽt-, -niː-ˈ⁻/ *adj.* 〘音声〙音素論の. **phò·ne·mát·ic·al·ly** *adv.* 〖(1936) ← PHONEME + -ATIC〗

pho·ne·mat·ics /fòʊnɪ̀mǽtɪks | fə̀ʊnɪ̀mǽt-, -niː-/ *n.* 音素論 (phonemics). 〖(1936): ⇨ ↑, -ics〗

pho·neme /fóʊniːm | fə́ʊ-/ *n.* 〘音声〙音素《一つの言語において意味を区別する働きをする音声上の最小単位; /t/, /s/ のように / / で囲んで示す; cf. diaphone 3》. 〖(1896) ▭ F *phonème* ▭ Gk *phṓnēma* sound ← *phōneîn* to speak〗

phóne·mèter *n.* (電話の)通話度数計.

pho·ne·mic /foʊníːmɪk, fə- | fə(ʊ)-/ *adj.* **1** 音素の (cf. phonetic): a ～ system **2** 音素論 (phonemics) の. **3** 音素的な, 別個の音素を形成する; 意義の区別に役立つ (distinctive): a ～ contrast / The contrast between [d] and [ð] is ～ in English but not is Spanish. [d] と [ð] の対照は英語では意義の区別に役立つ[別個の音素に属する]が, スペイン語ではそうではない. **pho·né·mi·cal·ly** *adv.* 〖(1931) ← PHONEME + -IC¹: PHONETIC にならった造語〗

pho·né·mi·cist /-məsɪ̀st | -mɪ̀sɪst/ *n.* 音素論学者. 〖(1942) ← ↑ + -IST〗

pho·ne·mi·ciz·a·tion /foʊnìːməsɪ̀zéɪʃən, fə- | fə(ʊ)nìːmɪ̀saɪ-, -sɪ-/ *n.* 音素分析; 音素表記(化); 音素的にすること. 〖(1942) ← ↓ + -ATION〗

pho·ne·mi·cize /foʊníːməsàɪz, fə- | fə(ʊ)níːmɪ̀-/ *vt.* 〈音声を〉音素に分析する; 音素表記する; 音素的にする. 〖(1940) ← PHONEMIC + -IZE〗

pho·ne·mics /foʊníːmɪks, fə- | fə(ʊ)-/ *n.* **1** 音素論 (⇨ phoneme). **2** (ある言語の)音素体系[組織]; 音素体系の記述. 〖(1936) ← PHONEME + -ICS〗

phonémic sýmbol [sígn] *n.* 〘音声〙音素記号.

phonémic transcríption *n.* 〘音声〙音素表記《一つの音素に対して一つの音素記号を用いる表記方式; / / で囲んで示す; 例: little /lítəl/, 日本語のハ /ha/, ヒ /hi/, フ /hu/, ヘ /he/, ホ /ho/; cf. phonetic transcription》. 〖1942〗

pho·nen·do·scope /fənéndəskòʊp | -skəʊp/ *n.* 拡声聴診器. 〖(1895): ⇨ phono-, endo-, -scope〗

phóne nùmber *n.* 《口語》電話番号. 〖1911〗

phóne phrèak *n.* 《口語》=phreak.

pho·ner /fóʊnə | fə́ʊnə^(r)/ *n.* 《口語》電話をかける人. 〖1942〗

phóne sèx *n.* テレフォンセックス.

pho·nes·theme /foʊnésθiːm | fə(ʊ)-/ *n.* 〘言語〙一群の音表象語 (symbolic words) に共通して現れる音的特徴. **pho·nes·the·mic** /fòʊnɛsθíːmɪk | fə̀ʊ-ˈ⁻/ *adj.* 〖(1930) 《混成》← PHONEME + (A)ESTHETIC〗

phonet. 《略》phonetic; phonetics.

phóne·tàp·ping *n.* 電話盗聴.

pho·net·ic /fənétɪk, foʊ- | fə(ʊ)nét-/ *adj.* **1** 音声(上)の; 音声を表す; 音声学の (cf. phonemic 1): ～ spelling 表音式つづり(法) / ⇨ phonetic change. **2** 非示差的な. **—** *n.* (漢字の表意要素 (radical) とともに用いられる) 表音要素. 〖(1826) ← NL *phoneticus* ← Gk *phōnētikós* ← *phōnḗ* sound: ⇨ -ic¹〗

pho·nét·i·cal /-tɪ̀kəl, -kḷ | -tɪ-/ *adj.* =phonetic. 〖(1845) ← ↑ + -AL〗

pho·nét·i·cal·ly *adv.* 発音通りに; 音声学的に, 音声学上. 〖(1826) ← ↑ + -LY¹〗

phonétic álphabet *n.* 音声字母, 音標文字《音声表記に使用される文字[記号]体系》. 〖1848〗

phonétic chánge *n.* 音声変化. 〖1875〗

pho·ne·ti·cian /fòʊnətíʃən, fɑ̀(ː)n- | fə̀ʊnɪ̀-, fɔ̀n-/ *n.* 音声学者. 〖(1848) ← PHONETIC + -IAN〗

pho·net·i·cism /fənétəsìzm, foʊ- | fə(ʊ)néti-/ *n.* 表音式つづり字主義. 〖(1885) ← PHONETIC + -ISM〗

pho·nét·i·cist /-təsɪ̀st | -tɪsɪst/ *n.* **1** =phonetician. **2** =phonetist. 〖(1849) ← PHONETIC + -IST〗

pho·net·i·cize /fənétəsàɪz, foʊ- | fə(ʊ)nétɪ̀-/ *vt.* 音声的に表す; 〈つづりを〉表音式にする. 〖(1848) ← PHONETIC + -IZE〗

phonétic láw *n.* 〘言語〙(史的言語学の)音法則 (Grimm's law や Verner's law など). 〖cf. G *Lautgesetz*〗

pho·net·ics /fənétɪks, foʊ- | fə(ʊ)nét-/ *n.* **1** 音声学, 発音学. **2** (一言語の)音声組織 (cf. phonology 2). 〖(1836): ⇨ phonetic, -ics〗

phonétic sýmbol [sígn] *n.* 〘音声〙音声記号. 〖1856〗

phonétic transcríption *n.* **1** 〘音声〙音声表記《一つの音声記号で一つの音を示す方式; [ ] で囲んで示す; 例: little [lítḷ | -tḷ], 日本語の ハ [ha], ヒ [çi], フ [ɸɯ], ヘ [he], ホ [ho]; cf. phonemic transcription, broad *adj.* 7 b, narrow *adj.* 6 a》. **2** 発音表記.

phonétic válue *n.* 〘音声〙音価《文字や音声記号とそれが表す実際の音との相互関係; 例えば文字 i は mix /míks/ と mine /máɪn/ と machine /məʃíːn/ とにおいて /ɪ/ と /aɪ/ と /iː/ の 3 つの音価をもつ; 単に value ともいう》.

pho·ne·tist /fóʊnətɪ̀st | fə́ʊnɪ̀tɪst, -nɛt-/ *n.* 音声学者; 表音式つづり字法主義者 (phoneticist ともいう). 〖1864〗

Phone·vi·sion /fóʊnvɪ̀ʒən | fə́ʊn-/ *n.* 〘商標〙フォーンビジョン《お互いに見ながら通話ができる電話機応用の有料テレビの一方式》. 〖(1950) ← PHONE¹ + (TELE)VISION〗

pho·ney /fóʊni | fə́ʊ-/ *adj.* (**pho·ni·er**; **-ni·est**), *n.* =phony. **～·ness** *n.* 《米》 **phó·ni·ness** *n.*

-pho·ni·a /fóʊniə | fə́ʊ-/ =-phony.

pho·ni·at·rics /fòʊniǽtrɪks | fə̀ʊ-/ *n.* 発音矯正法. 〖(1950) ← PHONE² + -IATRICS〗

phon·ic /fɑ́(ː)nɪk, fóʊn- | fɔ́n-, fə́ʊn-/ *adj.* **1** 音の; 音声の, 発音上の. **2** 初歩発音学の[に関する]. **phón·i·cal·ly** *adv.* 〖(1823) ← PHONO- + -IC¹〗

-phon·ic /fɑ́(ː)nɪk, fóʊn- | fɔ́n-, fə́ʊn-ˈ⁻/「音」「音声」「音響装置」などを表す形容詞連結形.

phon·ics *n.* **1** /fɑ́(ː)nɪks | fɔ́n-, fə́ʊn-/ フォニックス《初歩的なつづり字と発音との関係を教える教科》. **2** /fɑ́(ː)n-, fóʊn- | fɔ́n-, fə́ʊn-/ 音響学. 〖1. (1844); 2. (1684)〗

phónic whéel *n.* 〘電気〙ホニック車《同期式多重電信で送信側と受信側で同期回転している車》. 〖(なぞり) (1878) ← F *roue phonique*〗

pho·no /fóʊnoʊ | fə́ʊnəʊ/ *n.* (*pl.* ～**s**) =phonograph. 〖1909〗

pho·no- /fóʊnoʊ | fə́ʊnəʊ/「声 (voice); 音 (sound); 発音」の意の連結形. ★ 母音の前では通例 phon- になる. 〖▭ L ～ ▭ Gk *phōn(o)-* ← *phōnḗ* voice, sound: ⇨ -phone〗

phòno·angiógraphy *n.* 〘医学〙血管音検査(法)《血液の流れの音を調べて行う血管検査》.

phòno·cárdiogram *n.* 〘医学〙心音図. 〖1912〗

phòno·cárdiograph *n.* 〘医学〙心音計. **phòno·cardiográphic** *adj.* 〖(1926): ⇨ ↑, -graph〗

phòno·cardiógraphy *n.* 〘医学〙心音図検査(法). 〖1916〗

phonog. 《略》phonography.

pho·no·gen·ic /fòʊnədʒénɪk | fə̀ʊnə(ʊ)-ˈ⁻/ *adj.* 快い響きをもっている; 〈ホールなど〉音響効果のよい. 〖(1945) ← PHONO- + -GENIC¹〗

pho·no·gram /fóʊnəgræ̀m | fə́ʊ-/ *n.* **1** 表音文字 (cf. ideogram 1); 一連の表音文字; (Pitman 式の) 表音速記文字[記号]. **2** 《廃》蓄音機のレコード (phonograph record). **3** 〘通信〙電話電報 (telephone telegram ともいう). 〖TELEGRAM からの類推〗 **pho·no·gram·(m)ic** /fòʊnəgræ̀mɪk | fə̀ʊ-ˈ⁻/ *adj.* **phò·no·grám·(m)i·cal·ly** *adv.* 〖(1860) ← PHONO- + -GRAM〗

pho·no·graph /fóʊnəgræ̀f | fə́ʊnəgrɑ̀ːf, -græ̀f/ *n.* 《米》蓄音機, レコードプレーヤー (《英》gramophone); (昔の)蠟管(ろう)の旧式蓄音機. **—** *vt.* **1** 蓄音機に吹き込む. **2** 〈音を〉プレーヤーで出す. 〖(1877) ← PHONO- + -GRAPH〗

pho·nog·ra·pher /fənɑ́(ː)grəfə, foʊ- | fə(ʊ)nɔ́grəfə^(r)/ *n.* **1** 表音速記者, (Pitman 式の) 速記者. **2** 蓄音機技師.

pho·no·graph·ic /fòʊnəgrǽfɪk | fə̀ʊ-ˈ⁻/ *adj.* **1** 蓄音機の[による音の]. **2** 表音 [Pitman 式] 速記(術)の, 速記文字で書いた (⇨ phonography 2). **phò·no·gráph·i·cal·ly** *adv.* 〖(1840): ⇨ phonograph, -ic¹〗

pho·nóg·ra·phist /-fɪ̀st | -fɪst/ *n.* =phonographer. 〖(1847) ← PHONOGRAPHY + -IST〗

phónograph rècord *n.* レコード, 音盤.

pho·nog·ra·phy /fənɑ́(ː)grəfi, foʊ- | fə(ʊ)nɔ́g-/ *n.* **1** 表音式つづり[書き]方. **2** (1837 年に Sir Isaac Pitman が考案した) 表音速記法[術]. **3** 蠟管(ろう)式録音器による録音. 〖(1701) ← PHONO- + -GRAPHY〗

phonol. 《略》phonology.

pho·no·lite /fóʊnəlàɪt | fə́ʊ-/ *n.* 〘岩石〙響岩(きょう), 響石《アルカリ火山岩の一種; clinkstone ともいう》. **pho·no·lit·ic** /fòʊnəlɪ́tɪk | fə̀ʊnəlɪ́t-ˈ⁻/ *adj.* 〖(1832) ▭ F ～ ▭ G *Phonolith*: ⇨ phono-, -lite〗

pho·no·log·i·cal /fòʊnəlɑ́(ː)dʒɪ̀kəl, fɑ̀(ː)n-, -kḷ | fə̀ʊnəlɔ́dʒɪ-, fɔ̀n-ˈ⁻/ *adj.* 音韻論の; 音韻論的な; 音韻体系[組織]の. **phò·no·lóg·ic** *adj.* **～·ly** *adv.* 〖1818〗

pho·nól·ogist /-dʒɪ̀st | -dʒɪst/ *n.* 音韻学者; 音声学者, 発音学者. 〖1818〗

pho·nol·o·gy /fənɑ́(ː)lədʒi, foʊ- | fə(ʊ)nɔ́l-/ *n.* **1 a** (ある言語のある時代を対象とした)音韻論. **b** (史的)音韻論; (phonemics の意味での) 音韻論[学]《主にヨーロッパ学界での用語》. **2 a** (ある言語のある時代の)音韻体系[組織]. **b** 音韻体系の記述. 〖(1799) ← PHONO- + -LOGY〗

pho·nom·e·ter /fənɑ́(ː)mətə, foʊ- | fə(ʊ)nɔ́mɪ̀tə^(r)/ *n.* 測音器《音の強さを測定する》. 〖1823: ⇨ -meter¹〗

pho·nom·e·try /fənɑ́(ː)mətri, foʊ- | fə(ʊ)nɔ́mɪ̀-/ *n.* 測音(法); 音分析. 〖(1936)〗

pho·non /fóʊnɑ(ː)n | fə́ʊnɔn/ *n.* 〘物理〙フォノン, 音子《弾性振動の量子》. 〖(1932) ← PHONO- + -ON²〗

pho·no·phile /fóʊnəfàɪl | fə́ʊ-/ *n.* レコード愛好者[収集家]. 〖← PHONO- + -PHILE〗

pho·no·pho·bi·a /fòʊnəfóʊbiə | fə̀ʊnəfə́ʊ-/ *n.* 〘精神医学〙恐音症, 談話恐怖症. 〖(1890) ← NL ～ ← PHONO- + -PHOBIA〗

pho·no·phore /fóʊnəfɔ̀ə | fə́ʊnəfɔ̀ː^(r)/ *n.* 〘電気〙電信電話共通装置《電信線で電信・電話を同時に障害なく通じさせる; phonopore ともいう》. **pho·no·phor·ic** /fòʊnəfɔ́(ː)rɪk, -fɑ́(ː)r- | fə̀ʊnəfɔ́r-ˈ⁻/ *adj.* 〖(1886) ← PHONO- + -PHORE〗

pho·no·pore /fóʊnəpɔ̀ə | fə́ʊnəpɔ̀ː^(r)/ *n.* 〘電気〙=phonophore. **pho·no·por·ic** /fòʊnəpɔ́ːrɪk | fə̀ʊnəpɔ́r-ˈ⁻/ *adj.*

phòno·recéption *n.* 〘生理・生物〙音受容, 音覚感受《音の生理的感受》. 〖1940〗

phòno·recéptor *n.* 〘動物〙音受容器(官); (特に)耳胞 (otocyst). 〖1968〗

pho·no·scope /fóʊnəskòʊp | fə́ʊnəskə̀ʊp/ *n.* 顕微音器, 楽音自記器; 〘音楽〙検弦器. 〖1884〗

pho·no·tac·tics /fòʊnətǽktɪks, fɑ̀(ː)n-, -noʊ- | fə̀ʊnə(ʊ)-, fɔ̀n-/ *n.* 〘言語〙音素配列論《ある言語の音素の結合様式を取り扱う分野》. **pho·no·tac·tic** /fòʊnətǽktɪk, fɑ̀(ː)n-, -noʊ- | fə̀ʊnə(ʊ)-, fɔ̀n-ˈ⁻/ *adj.* 〖(1956) ← PHONO- + TACTICS〗

P

pho·no·type /fóʊnətàɪp, -noʊ- | fə́ʊnə(ʊ)-/ *n.* 表音活字[印字], 表音記号活字; その印刷物. **pho·no·typ·ic** /fòʊnətípɪk, fà(ː)n- | fəʊn-, fɔ̀n-⁻/ *adj.* **phò·no·týp·i·cal** /-pɪ̀kəl, -kl̩ | -pɪ-⁻/ *adj.* 〖(1844) ← PHONO-＋-TYPE〗

phó·no·tỳp·ist /-tàɪpɪ̀st | -pɪst/ *n.* 表音速記[印刷]者. 〖(1850) ← ↑＋-IST〗

pho·no·typ·y /fóʊnətàɪpi | fə́ʊ-/ *n.* (特に, Sir Isaac Pitman 案出の) 表音速記[印刷]法. **phó·no·tỳp·er** *n.* 〖(1844) ← PHONOTYPE＋-Y¹〗

pho·ny /fóʊni | fə́ʊ-/ (口語) *adj.* (**pho·ni·er; -ni·est**) 偽の, まがいの, 偽りの, いんちきな (fraudulent). — *n.* **1** 偽者, まやかし物, いんちき (fake); まがいもの[偽]の宝石: a ～ man 偽宝石売り. **2** いかさま師, 詐欺師. **phó·ni·ly** /-nəli, -nɪli | -nɪ̀li, -nɪli/ *adv.* **phó·ni·ness** *n.* 〖(1900) (変形) ? ← *fawney* gilt ring (泥棒の隠語) ← Ir. *fāinne*〗

-pho·ny /⁻fəni, ⁻⁻fòʊni | ⁻fə-, ⁻⁻fəʊ-/「音 (sound); 声 (voice); (ある種の)言語障害」の意の名詞連結形 (cf. -phone) (-phonia ともいう): poly*phony*, tele*phony*. 〖ME *-phonie* □ OF □ L *-phōnia* □ Gk *-phōnía* ← *phōnḗ* sound, voice: ⇨ -y¹〗

phóny-balóney *adj., n.* (米) ＝phony.

phóny disèase [pèach] *n.* 〖植物病理〗モモの矮小病 (モモ・アンズなどのウイルスによる病害; 幹の生長が止まり, 葉は暗緑色, 果実は減少し成熟しない).

phóny míne *n.* 〖軍事〗偽(ᵉ)地雷.

phóny wár *n.* [the ～] **1** 奇妙な戦争 (第二次大戦勃発直後から独軍のオランダ, ベルギー, ルクセンブルク侵攻まで, 西部戦線で英仏連合軍も独軍も軍事作戦行動に出なかった期間 (1939 年 9 月–1940 年 5 月)). **2** (平和時の) 模擬戦争. 〖1940〗

phoo·ey /fúːi/ *int.* (口語) ぺっ, ちぇっ, なーんだ, くそくらえ (軽蔑・嫌悪などを表す). 〖(1929) (擬音語): cf. phew, fie〗

-phor /⁻⁻fɔə | -fɔː^(r)/ ＝-phore.

-pho·ra /⁻fərə/「…の構造をもつ生物」の意の名詞連結形. 〖← NL ～ ← (fem. sing. & neut.pl.) ← Gk *-phóros* bearing: ⇨ -phore〗

pho·rate /fɔ́ːreɪt/ *n.* 〖薬学〗ホレート ($C_7H_{17}O_2PS_3$) (有機リン系殺虫農薬). 〖(1959) (短縮) ← *pho(spho)r(o-dithio)ate* ← PHOSPHORO-＋DITHIO-＋-ATE¹〗

phor·bol /fɔ́əbɑ(ː)l | fɔ́ːbɔl/ *n.* 〖化学〗ホルボール (4 つの環をもつ化合物; エステルはクロトン油に含まれ, 発癌促進作用がある). 〖(1935) ← Gk *phorbḗ* fodder, forage〗

Phor·cids /fɔ́əsɪ̀dz | fɔ́ːsɪdz/ *n. pl.* 〖ギリシャ神話〗 **1** フォルキデス (Phorcys の娘たち). **2** ＝Graeae. 〖□ Gk *Phorkídes*: ⇨ ↓, -id¹〗

Phor·cys /fɔ́əsɪ̀s | fɔ́ːsɪs/ *n.* (*also* **Phor·cus** /fɔ́əkəs | fɔ́ː-/) 〖ギリシャ神話〗フォルキュス (海神で, Gorgons および Graeae の父; cf. Phorcids). 〖□ L ～ □ Gk *Phórkos*〗

-phore /⁻⁻fɔə | -fɔː^(r)/「…を支えるもの; …を運ぶもの」の意の名詞連結形: carpo*phore*, galacto*phore*, sema*phore*. 〖← NL *-phorus* ← Gk *-phóros* bearing ← *phérein* 'to BEAR¹': cf. -phora〗

-pho·re·sis /fəríːsɪ̀s | fəríːsɪs/ (*pl.* **-re·ses** /-siːz/)「…伝達 (transmission)」の意の名詞連結形. 〖← NL ～ ← Gk *-phórēsis* (↓)〗

phor·e·sy /fɔ́(ː)rəsi, fɑ́(ː)r- | fɔ́rɪ̀-/ *n.* 〖動物〗運搬 (片利共生の一つで, 片方だけが相手から運搬してもらう利益を得ているもの). 〖(1923) ← NL *phoresia* ← Gk *phórēsis* (n.) being carried ← *phoreîn* to carry along ← *phérein*: ⇨ -phore〗

phor·mi·um /fɔ́əmiəm | fɔ́ː-/ *n.* 〖植物〗ニュージーランド原産ユリ科マオラン[フォルミウム]属 (*Phormium*) の植物の総称 (ニュウサイラン (New Zealand flax) などから繊維を採る). 〖(1821) ← NL ～ ← Gk *phormíon* woven or plaited mat, a kind of plant (dim.) ← *phormós* basket ← *phérein* 'to BEAR¹'〗

pho·rone /fɔ́ːroʊn | fɔ́ːrəʊn/ *n.* 〖化学〗ホロン ($[(CH_3)_2C=CH]_2CO$) (アセトンの縮合で得られる; 主に溶剤として用いられる). 〖(1859) ← (CAM)PHOR＋-ONE〗

pho·ro·nid /fəróʊnɪ̀d | -rə́ʊnɪd/ *adj., n.* 〖動物〗ホウキムシ綱の(動物). 〖← NL *Phoronidea* ← *Phoronis* (属名: ← ? L *Phorōnis* a name of Io)＋-ID²〗

-pho·rous /⁻fərəs/「…を支える; …を運ぶ (carrying)」の意の形容詞連結形: antho*phorous*, phyllo*phorous*. 〖← NL *-phorus* ← Gk *-phóros* bearing: ⇨ -phore: cf. -ferous〗

phos- /fɑ(ː)s | fɔs/「光 (light)」の意の連結形. 〖← Gk *phōs-* ← *phôs* light ← IE **bhā-* to shine〗

phos·gene /fɑ́(ː)sdʒiːn, fɑ́(ː)z- | fɔ́z-, fɔ́s-/ *n.* **1** 〖化学〗ホスゲン ($COCl_2$) (塩素置換剤・染料合成用・毒ガスに用いる; carbonyl chloride, chloroformyl chloride ともいう). **2** 〖軍事〗毒ガス. 〖(1812): ⇨ ↑, -gene〗

phos·gen·ite /fásdʒənàɪt, fɑ́(ː)z- | fɔ́zdʒɪ̀n-, fɔ́s-/ *n.* 〖鉱物〗角鉛鉱, ホスゲン石 ($Pb_2Cl_2CO_3$). 〖(1849) □ G *Phosgenit*: ⇨ ↑, -ite¹〗

phos·ph- /fɑ(ː)sf | fɔsf/ (母音の前にくるときの) phospho- の異形.

phos·pha·gen /fɑ́(ː)sfədʒɪ̀n, -dʒèn | fɔ́s-/ *n.* 〖生化学〗ホスファゲン (有機物のリン酸化合物で, リン酸を解離するとき, エネルギーを出すもの; phosphocreatine, phosphoarginine などの総称). 〖(1927) ← PHOSPHA(TE)＋(GLYCO)GEN〗

phos·pham·i·don /fɑ(ː)sfǽmədɑ̀(ː)n | fɔsfǽmɪdɔ̀n/ *n.* 〖薬学〗ホスファミドン ($C_{10}H_{19}ClNO_5P$) (有機リン系殺虫農薬). 〖← PHOSPH(ATE)＋AMID(E)＋-*on* (← ?)〗

phos·pha·tase /fɑ́(ː)sfətèɪs, -tèɪz | fɔ́s-/ *n.* 〖生化学〗ホスファターゼ, リン酸酵素 (リン酸エステルを加水分解する酵素; phosphomonoesterase, phosphodiesterase などの型がある). 〖(1912) ⇨ ↓, -ase〗

phos·phate /fɑ́(ː)sfeɪt | fɔ́sfeɪt, -fɪ̀t/ *n.* **1** 〖化学〗リン酸塩; リンエステル: calcium ～ リン酸カルシウム / ～ of lime リン酸石灰. **2** リン酸鉱物; リン酸肥料. **3** (少量のリン酸を含む)炭酸水 (清涼飲料). — *vt.* 〖化学〗リン酸[リン酸塩]で処理する (phosphatize). 〖(1795) □ F ～: ⇨ phospho-, -ate¹〗

phósphate gròup *n.* 〖化学〗リン酸基 (リン酸 (H_3PO_4) から水素原子を 1–3 個除いた基の総称).

phósphate róck *n.* 〖岩石〗燐鉱, 燐灰岩 (肥料や燐化合物に用いる). 〖1870〗

phos·phat·ic /fɑ(ː)sfǽtɪk, -féɪt- | fɔsfǽt-/ *adj.* リン酸塩の, リン酸塩を含む: ～ manure リン酸肥料. 〖(1826) ⇨ phosphate, -ic¹〗

phos·pha·tide /fɑ́(ː)sfətàɪd | fɔ́s-/ *n.* 〖生化学〗リン脂質, ホスファチド (複合脂質の一種; phospholipid ともいう). **phos·pha·tid·ic** /fɑ̀(ː)sfətídɪk | fɔ̀s-⁻/ *adj.* 〖(1884) ← PHOSPHATE＋-IDE²〗

phósphatidic ácid *n.* 〖化学〗ホスファチジン酸 ($(RCCO)_2C_3H_5OPO_3H_2$) (リン脂質の一種; 広く動植物組織中に存在; 脂肪酸 RCOOH としてはリノール酸, リノレイン酸, パルミチン酸などが多い). 〖(1927) ⇨ ↑＋-IC〗

phos·pha·ti·dyl /fɑ́(ː)sfətàɪdɪ̀l, -dl̩ | fɔ̀sfətáɪdɪ̀l, -dl/ *n.* 〖化学〗ホスファチジン酸 (phosphatidic acid) から導かれる一価の基 ($(RCOO)_2C_3H_5OPO(OH)$–). 〖(1941) ← PHOSPHATIDE＋-YL〗

phòs·pha·ti·dyl·chó·line *n.* 〖生化学〗ホスファチジルコリン (lecithin). 〖(1954): ⇨ ↑, choline〗

phos·pha·tize /fɑ́(ː)sfətàɪz | fɔ́s-/ *vt.* 〖化学〗 **1** リン酸塩にする. **2** ＝phosphate. **phos·pha·ti·za·tion** /fɑ̀(ː)sfətɪ̀zéɪʃən, fɑ(ː)sfèɪ- | fɔ̀sfətaɪ-, -tɪ-/ *n.* 〖(1883) ← PHOSPHATIC＋-IZE〗

phos·pha·tu·ri·a /fɑ̀(ː)sfətʊ́ᵊriə, -tjʊ́ᵊr- | fɔ̀sfətjʊ́ər-/ *n.* 〖病理〗リン酸塩尿(症). **phos·pha·tu·ric** /fɑ̀(ː)sfətʊ́ᵊrɪk, -tjʊ́ᵊr- | fɔ̀sfətjʊ́ər-⁻/ *adj.* 〖(1876) ← NL ～ ← *phosphatum* 'PHOSPHATE'＋-URIA〗

phos·phene /fɑ́(ː)sfiːn | fɔ́s-/ *n.* 〖生理〗光視 (つぶった眼球を圧するときなどに網膜が刺激されて起こる光感). 〖(1860) ← PHOS-＋-*phene* (← Gk *phaínein* to show): cf. pheno-〗

phos·phide /fɑ́(ː)sfaɪd | fɔ́s-/ *n.* 〖化学〗リン化物: hydrogen ～ リン化水素. 〖(1849) ← PHOSPHO-＋-IDE²〗

phos·phine /fɑ́(ː)sfiːn | fɔ́s-/ *n.* 〖化学〗ホスフィン: **1** リン化水素 (PH_3) (無色で可燃性の有毒ガス). **2** リン化水素の有機誘導体. **3** アクリジン系塩基性染料の一つの染料名. **phos·phin·ic** /fɑ(ː)sfínɪk | fɔs-/ *adj.* 〖(1873) ← PHOSPHO-＋-INE³〗

phos·phite /fɑ́(ː)sfaɪt | fɔ́s-/ *n.* 〖化学〗亜リン酸塩[エステル]. 〖(1799) □ F ～ ← PHOSPHO-＋-ITE¹〗

phos·pho- /fɑ́(ː)sfoʊ | fɔ́sfəʊ/「リン酸 (phosphoric acid); リン酸塩 (phosphate); リン (phosphorus)」の意の連結形. ★ 母音の前では通例 phosph- になる. 〖□ F ～: ⇨ phosphorus〗

phòspho·árginine 〖生化学〗アルギニンリン酸 ($C_6H_{15}N_4O_2PO_3H_2$) (無脊椎動物の筋肉中に見出され体内でのエネルギーリン貯蔵, 運搬体となる). 〖← ↑＋ARGININE〗

phòspho·créatin(e) *n.* 〖生化学〗クレアチンリン酸, フォスフォクレアチン ($C_4H_8N_3O_2PO_3H_2$) (脊椎動物の筋肉中にあり, 筋肉収縮のエネルギー源となる; creatine phosphate ともいう). 〖(1927): ⇨ phospho-, creatine〗

phòspho·di·es·ter·ase /-daɪéstərèɪs, -rèɪz/ *n.* 〖生化学〗ホスホジエステラーゼ (核酸のようなリン酸のジエステル結合を加水分解する酵素; cf. phosphomonoesterase). 〖(1936) ← PHOSPHO-＋DIESTER＋-ASE〗

phóspho·díester bònd [lìnkage] *n.* 〖生化学〗燐酸ジエステル[ホスホジエステル]結合.

phóspho·ènol·pyrúvate *n.* 〖化学〗エノルピルビン酸-2-リン酸塩[エステル] (phosphopyruvate ともいう). 〖(1956) ← PHOSPHO-＋ENOL＋PYRUVATE〗

phóspho·ènol·pyrúvic ácid *n.* 〖化学〗エノルピルビン酸-2-リン酸 ($CH_2=C(OPO_3H_2)COOH$) (炭水化物の解糖代謝の際の中間体). 〖(1959): ⇨ ↑, -ic¹〗

phóspho·frùcto·kínase *n.* 〖生化学〗ホスホフルクトキナーゼ (果糖に加リンさせる酵素; 解糖系で重要な酵素). 〖(1947): ← PHOSPHO-＋FRUCTO(SE)＋KINASE〗

phóspho·glùco·mútase *n.* 〖生化学〗ホスホグルコムターゼ (グルコース-6-リン酸をグルコース-1-リン酸に変える酵素; 炭水化物代謝に大切な酵素). 〖(1938) ← PHOSPHO-＋GLUCO-＋*mutase* (← L *mūtāre* to change＋-ASE)〗

phòspho·glyceráldehyde *n.* 〖化学〗グリセルアルデヒドリン酸エステル. 〖(1941) ← PHOSPHO-＋GLYCER(OL)＋ALDEHYDE〗

phóspho·glycèric ácid *n.* 〖化学〗ホスホグリセリン酸 ($HOOCC_2H_3(OH)OPO_3H_2$) (解糖, アルコール発酵に関与する中間体). 〖(1857) ← PHOSPHO-＋*glyceric*〗

phòspho·kínase *n.* 〖生化学〗ホスホキナーゼ (リン酸の結合・解糖を触媒する酵素; 単に kinase ともいう). 〖(1946) ← PHOSPHO-＋KINASE〗

phòspho·lípase *n.* 〖生化学〗 **1** ＝lecithinase. **2** ＝lysolecithinase. 〖(1945) ← PHOSPHO-＋LIPASE〗

phòspho·lípid *n.* (*also* **phòspho·lípide**) 〖生化学〗リン脂質 (グリセリンリン酸に脂肪酸など脂質が結合した複合脂質の総称). 〖(1928) ← PHOSPHO-＋LIPID〗

phóspho·molỳbdic ácid *n.* 〖化学〗リンモリブデン酸 (アルカロイド蛋白質などの沈澱剤; ($H_3[P(Mo_{12}O_{40})]n$-H_2O) など; 正式名 molybdophosphoric acid). 〖(1878) *phosphomolybdic*: ← PHOSPHO-＋MOLYBDIC〗

phóspho·mòno·ésterase *n.* 〖生化学〗ホスホモノエステラーゼ (モノエステルを加水分解する反応を接触する酵素, cf. phosphodiesterase); (特に) ＝phosphatase. 〖(1932) ← PHOSPHO-＋MONO-＋ESTERASE〗

phos·phón·ic ácid /fɑ(ː)sfɑ́(ː)nɪk- | fɔsfɔ́n-/ *n.* 〖化学〗ホスホン酸 (H_2PHO_3) (従来, 亜リン酸 (phosphorous acid) と呼ばれていた).

phos·pho·ni·um /fɑ(ː)sfóʊniəm | fɔsfə́ʊ-/ *n.* 〖化学〗ホスホニウム (構造がアンモニウム類似のリン化水素基 (PH_4^+)). 〖(1871) ← NL ～ ← PHOSPHO-＋(AMM)ONIUM〗

phosphónium íodide *n.* 〖化学〗ヨウ化ホスホニウム (PH_4I) (無色透明で水溶性の正方晶系結晶). 〖1871〗

phòspho·núclease *n.* 〖生化学〗＝nucleotidase.

phòspho·prótein *n.* 〖生化学〗リン蛋白質 (複合蛋白質の一つ). 〖1908〗

phòspho·pyrúvate *n.* 〖化学〗＝phosphoenolpyruvate. 〖← PHOSPHO-＋PYRUV(IC)＋-ATE¹〗

phos·phor /fɑ́(ː)sfə, -fɔə | fɔ́sfə^(r)/ *n.* **1** 〖化学〗蛍リン光体, 蛍光体, リン光体; (特に, 紫外線放射によって発光する)発光性合成物, (ブラウン管の蛍光面に塗る)蛍光体[物質]. **2** (文語) リン光を放つもの. **3** 〖郵趣〗蛍光[発光]切手 (郵便物の自動区分または押印のために, 切手の一部に蛍光インクを使ったもの). **4** (古) リン (phosphorus). ★ 今では, 特に phosphor bronze の形でしか用いない. — *adj.* (古) リン光を発する (phosphorescent). 〖(1705) □ F *phosphore*: ⇨ phosphorus〗

Phos·phor /fɑ́(ː)sfə, -fɔə | fɔ́sfə^(r)/ *n.* **1** 〖ギリシャ神話〗フォースフォロス (明けの明星の擬人). **2** (詩) ＝Lucifer 1. 〖(1635) □ L *Phōsphorus* □ Gk *Phōsphóros*: ⇨ phosphorus〗

phos·phor- /fɑ́(ː)sfər | fɔ́s-/ (母音の前にくるときの) phosphoro- の異形.

phos·pho·rate /fɑ́(ː)sfərèɪt | fɔ́s-/ *vt.* 〖化学〗 **1** リンと化合させる, …にリンを加える[含ませる]. **2** (まれ) …にリン光を出させる. 〖(1789) ← PHOSPHORO-＋-ATE³〗

phósphor brónze *n.* 〖鉱物〗燐銅, 燐青銅. 〖1875〗

Phos·phore /fɑ́(ː)sfɔə | fɔ́sfɔː^(r)/ *n.* ＝Phosphor.

phos·pho·resce /fɑ̀(ː)sfərés | fɔ̀s-/ *vi.* リンのように光る, リン光を発する. 〖(1794) (逆成)? ← PHOSPHORESCENT: ⇨ -esce〗

phos·pho·res·cence /fɑ̀(ː)sfərésṇs | fɔ̀s-/ *n.* **1** リン(燐)光(を発すること); 青光り. **2** 〖物理・化学〗 **a** リン光 (ある物質に光を当ててこれを取り去った後に残る発光; cf. fluorescence, luminescence). **b** 励起した原子の平均寿命が 10^{-8} 秒より長いリン光. 〖(1796): ⇨ ↓, -ence〗

phos·pho·res·cent /fɑ̀(ː)sfərésənt, -sn̩t | fɔ̀s-⁻/ *adj.* リン光を発する, 青光りする; リン光性の (cf. fluorescent): a ～ substance リン光性物質, リン光体. **～·ly** *adv.* 〖(1766) ← PHOSPHORO-＋-ESCENT〗

phos·phor·et·ed /fɑ́(ː)sfərètɪ̀d | fɔ́sfərèt-/ *adj.* (*also* **phos·phor·et·ted** /～/) 〖化学〗＝phosphureted.

phosphori *n.* phosphorus の複数形.

phos·phor·ic /fɑ(ː)sfɔ́(ː)rɪk, -fɑ́(ː)r- | fɔsfɔ́r-/ *adj.* 〖化学〗リンの, 五価のリン (P^V) を含む. 〖(1784) □ F *phosphorique* ← *phosphore* 'PHOSPHOR': ⇨ -ic¹〗

phosphóric ácid *n.* 〖化学〗リン酸 (正リン酸 (H_3PO_4), メタリン酸 (HPO_3), ピロリン酸 ($H_4P_2O_7$) の各種があるが, 普通は正リン酸のこと; 肥料に用いる). 〖1791〗

phosphóric anhýdride *n.* 〖化学〗無水リン酸 (⇨ phosphorus pentoxide). 〖1876〗

phos·pho·rism /fɑ́(ː)sfərɪ̀zm | fɔ́s-/ *n.* 〖病理〗(特に, 慢性の)リン中毒. 〖(1897) ← PHOSPHORO-＋-ISM〗

phos·pho·rite /fɑ́(ː)sfəràɪt | fɔ́s-/ *n.* 〖鉱物〗 **1** (塊状の)燐灰石 (apatite) (リンの主要鉱石鉱物で肥料用). **2** 燐鉱, 燐灰岩 (phosphate rock). **phos·pho·rit·ic** /fɑ̀(ː)sfərítɪk | fɔ̀sfərít-⁻/ *adj.* 〖(1796) ← PHOSPHORO-＋-ITE¹〗

phos·pho·rize /fɑ́(ː)sfəràɪz | fɔ́s-/ *vt.* 〖化学〗＝phosphorate. **phos·pho·ri·za·tion** /fɑ̀(ː)sfərɪ̀zéɪʃən | fɔ̀sfəraɪ-, -rɪ-/ *n.* 〖(1799) □ F *phosphoriser*: ⇨ phosphor, -ize〗

phos·pho·ro- /fɑ́(ː)sfəroʊ | fɔ́sfərəʊ/「リン (phosphorus); リン酸 (phosphoric acid)」の意の連結形. ★ 母音の前では通例 phosphor- になる. 〖← PHOSPHORUS〗

phos·pho·ro·graph /fɑ́(ː)sfərəgrǽf | fɔ́sfərə(ʊ)grɑ̀ːf, -grǽf/ *n.* (リン光を発する塗料で描いた)燐画. 〖(1881) ⇨ ↑, -graph〗

phos·pho·rol·y·sis /fɑ̀(ː)sfərɑ́(ː)lɪ̀sɪ̀s | fɔ̀sfərɔ́lɪ̀sɪs/ *n.* 〖化学〗加リン酸分解 (加水分解の際, リン酸が水の働きをしてリン酸塩となる分解反応; 特に, グリコシド結合の解裂反応). **phos·pho·ro·lyt·ic** /fɑ̀(ː)sfəroʊlítɪk | fɔ̀sfərə(ʊ)lít-⁻/ *adj.* 〖(1937) ← NL ～ ← PHOSPHO-RO-＋-LYSIS〗

phos·phor·o·scope /fɑ(ː)sfɔ́(ː)rəskòʊp, -fɑ́(ː)r- | fɔsfɔ́rəskəʊp/ *n.* 〖物理・化学〗リン光計. 〖(1860) ← PHOSPHORO-＋-SCOPE〗

phos·pho·rous /fɑ́(ː)sf(ə)rəs, fɑ(ː)sfɔ́(ː)r- | fɔ́sf(ə)r-/ *adj.* **1** 〖化学〗リンの, 三価のリン (P^{III}) を含む. **2** (まれ) ＝phosphorescent. 〖(1777) ← PHOSPHOR(US)＋-OUS〗

phósphorous ácid *n.* 〖化学〗亜リン酸 (H_3PO_3). 〖1794〗

phos·pho·rus /fɑ́(ː)sf(ə)rəs | fɔ́s-/ *n.* (*pl.* **-pho·ri** /-fəràɪ/) **1** 〖化学〗リン(燐) (非金属元素; 記号 P, 原子番15, 原子量 30.97376). **2** (まれ) リン光性物質, リン光体.

3 [P-] =Phosphor. 〘(1629) ← NL ～ ← L *Phōsphorus* morning star ◻ Gk *phōsphóros* light-bringer ← *phôs* light＋*-phóros* '-PHORE'〙

phósphorus 32 /-θɑ́ːṭitúː | -θɔ́ːti-/ *n.* 〖化学〗リン 32《リンの放射性同位体; 化学・生化学の研究におけるトレーサー (tracer) として病気の診断・治療に使われる; 記号 ^{32}P》.

phósphorus necrósis *n.* 〖病理〗燐壊死(え し)《リンを扱う労働者があごの骨を冒される病気; 俗に phossy jaw という》. 〘1898〙

phósphorus oxychlóride *n.* 〖化学〗オキシ塩化リン ($POCl_3$)《空気中で発煙する揮発性の液体》.

phósphorus pentachlóride *n.* 〖化学〗五塩化リン (PCl_5)《白色または微黄色の結晶で, 刺激臭がある; 有機合成の際の塩素化剤として用いられる》. 〘1873〙

phósphorus pentóxide *n.* 〖化学〗五酸化リン, 無水リン酸 ((P_2O_5)x)《無色固体; 水と激しく反応しリン酸になる; 乾燥・脱水剤; phosphoric anhydride ともいう》.

phósphorus sesquisúlfide *n.* 《俗用》〖化学〗三硫化四リン, 三硫化リン (P_4S_3)《燃えやすい黄色の結晶質化合物; 主にマッチ製造に用いられる》.

phósphorus trichlóride *n.* 〖化学〗三塩化リン (PCl_3)《空気中で発煙する揮発性の液体; 主に有機合成化学における塩素化剤として用いられる》.

phos·pho·ryl /fɑ́(ː)sfəriːl | fɔ́s-/ *n.* 〖化学〗ホスホリル《PO で表される三価の基》. 〘(1871) ← PHOSPHORO-＋-YL〙

phos·phor·y·lase /fɑ(ː)sfɔ́(ː)rəlèɪs, -fɑ́(ː)r-, -lèɪz | fɔsfɔ́rɪ-/ *n.* 〖生化学〗ホスホリラーゼ《動植物の組織中に存在し, 二糖[多糖]類にリン酸が加わって単糖リン酸を分離する反応(またはその逆反応)を触媒する酵素の総称; 澱粉およびグリコーゲンの合成および分解にあずかる》. 〘(1939): ⇨ ↑, -ase〙

phos·phor·y·late /fɑ(ː)sfɔ́(ː)rəlèɪt, -fɑ́(ː)r- | fɔsfɔ́rɪ-/ *vt.* 〖生化学〗加リン酸反応(作用)をする. **phos·phór·y·làt·ive** /-lèɪtɪv | -tɪv/ *adj.* 〘(1931): ⇨ ↑, -ate^3〙

phos·phor·y·la·tion /fɑ(ː)sfɔ̀(ː)rəléɪʃən, -fɑ̀(ː)r- | fɔsfɔ̀rɪ-/ *n.* 〖生化学〗リン酸化, 加リン酸反応《有機化合物の OH 基か NH 基にリン酸が結合する反応; 生体内のリン酸化合物の生成に重要な反応》. **phos·phór·y·làt·ive** *adj.* 〘(1925) ← PHOSPHORYL＋-ATION〙

phósphoryl gròup *n.* 〖化学〗ホスホリル基 (PO で表される陽性の基).

phóspho·tùngstic ácid *n.* 〖化学〗リンタングステン酸《リン酸とタングステン酸から生じるヘテロポリ酸 ($H_3[P(W_{12}O_{40})]$) など; 正式名 tungstophosphoric acid》.

phos·phu·ret·ed /fɑ́(ː)sfjurèṭɪd | fɔ́sfjurèt-/ *adj.* (*also* **phos·phu·ret·ted** /～/)〖化学〗リンと化合した: ～ hydrogen リン化水素. 〘(1807) ← 《廃》*phosphuret* phosphide (-*u*- は F *phosphure* の影響)＋-ED 2〙

phos·sy /fɑ́(ː)si | fɔ́si/ *adj.* 《俗》燐の, 燐による. 〘(1889) ← PHOS- (《略》← PHOSPHORUS)＋-Y^2〙

phóssy jáw *n.* 《口語》=phosphorus necrosis. 〘1889〙

phot /fɑ́(ː)t, fóut | fɔ́t, fóut/ *n.* 〖光学〗ホト《照度の単位; 1 cm^2 につき 1 lumen の照度, すなわち 10,000 luxes に等しい; 記号 ph》. 〘(1917) ◻ Gk *phōt-*, *phôs* light〙

phot. 《略》photograph; photographer; photographic; photography; photostat.

phot- /fout | fəut/ (母音の前にくるときの) photo- の異形.

pho·tal·gia /foutǽldʒə, -dʒiə | fəu-/ *n.* 〖医学〗光痛症. 〘← PHOTO-＋-ALGIA〙

pho·tic /fóuṭɪk | fə́ut-/ *adj.* **1** 光の, 光に関する. **2** 〖生物〗 **a** (生物による)発光(性)の, 発光による刺激の. **b** (特に, 太陽の)光が透過する: ⇨ photic zone. **phó·ti·cal·ly** *adv.* 〘(1843) ← PHOTO-＋-IC^1〙

phótic région *n.* 〖生物〗=photic zone. 〘1903〙

pho·tics /fóuṭɪks | fə́ut-/ *n.* 光学. 〘(1858): ⇨ photic, -ics〙

phótic zòne *n.* 〖生物〗透光層, 有光層《海面からおよそ 600 m 位の深さまでの, 光が透入し生物が光合成しうる部分》. 〘1972〙

pho·ti·no /foutíːnou | fə(u)tíːnəu/ *n.* 〖物理〗フォティーノ《光子 (photon) に対する超対称粒子》. 〘(1977) ← PHOTON: *-ino* は *neutrino* からの類推〙

pho·tism /fóutɪzm | fə́u-/ *n.* 〖精神医学〗幻視, フォティズム《聴覚・味覚・嗅覚・触覚などによって生じる視覚的な知覚》. 〘(1892) ◻ G *Photismus* ◻ Gk *phōtismós* illumination ← *phōtízein* to illuminate: ⇨ photo-, -ism〙

Pho·ti·us /fóuʃiəs | fə́uti-/ *n.* フォティオス (820?–?891; Constantinople 総主教; ローマ教会と対立し, 東西両教会分裂の端緒をつくった; 主著は 280 を超える古典の要約を集めた *Bibliotheca*).

pho·to /fóuṭou | fə́utəu/ *n.* (*pl.* ～**s**) 写真: take a ～ 写真を撮る / have [get] one's ～ taken 写真を撮ってもらう. — *adj.* =photographic 1. — *v.* 《口語》 — *vt.* …を写真に撮る, 撮影する. — *vi.* **1** 写真を撮る. **2** 写真の写りが…である: She always ～*s* well [badly]. 彼女はいつも写真写りがよい[悪い]. 〘(1860) 《略》← PHOTOGRAPH〙

pho·to- /fóuṭou | fə́utəu/ 次の意味を表す連結形: **1** 「光 (light); 写真 (photograph), 写真の (photographic)」: *photo*chemical, *photo*genic, *photo*graphy, *photo*film, *photo*type. **2** 「光(こう)電子の (photoelectric)」: *photo*current. **3** 「光子, 光量子 (photon)」: *photo*meson. **4** 「光化学の (photochemical)」: *photo*product. ★ 母音の前では通例 phot- になる. 〘◻ Gk *phōt(o)-*, *phôs* light〙

phòto·acóustic *adj.* =optoacoustic.

phótoacoustic spectróscopy *n.* 光音響分光法《光照射により試料中に発生する音波により行う分析法; 略 PAS》.

phòto·actínic *adj.* 〖写真〗(紫外線のように感光物に対して)化学変化を与える, 光活性の.

phòto·áctive *adj.* 〖生物〗光活性のある, 光能動的な. 〘1908〙

phóto·àging *n.* 太陽光線による肌の老化.

phòto·áutotroph *n.* 〖生物〗光合成の独立栄養生物, 光学的自己栄養生物《光合成によって無機物から細胞成分を合成しうる緑色植物・ある種の細菌など; cf. phototroph》. 〘1949〙

phòto·autotróphic *adj.* 〖生物〗〈緑色植物・ある種の細菌など〉光合成的独立栄養の (cf. chemoautotrophic). **phòto·autotróphically** *adv.* 〘1943〙

phóto bàse *n.* 〖測量〗主点基線《写真上の航空基地》.

pho·to·bath·ic /fòuṭoubǽθɪk | fə̀utə(u)-⁻/ *adj.* 〈海水が〉太陽光線の届く深さの. 〘← PHOTO-＋BATHO-＋-IC^1〙

phòto·biólogy *n.* 光生物学《光の生物に及ぼす影響を研究する生物学の一分野》. **phòto·biológic** *adj.* **phòto·biológical** *adj.* **phòto·biólogist** *n.* 〘1935〙

phòto·biótic *adj.* 〖生物〗(生存に)光を必要とする.

phóto bòoth *n.* 証明用[3 分間]写真ボックス.

phòto·bótany *n.* 光植物学《光の植物に与える影響を研究する植物学の一分野》.

phóto·càll *n.* 《英》=photo opportunity.

phòto·catálysis *n.* 〖物理化学〗光化学触媒作用, 光触媒作用《光の吸収により直接反応が促進されるか, または光を吸収した物質が反応を促進させる作用》. 〘(1913) ← NL ～: ⇨ photo-, catalysis〙

phòto·cátalyst *n.* 〖物理化学〗光触媒, 光化学触媒《光化学反応において, 光を吸収しないが触媒の働きをする物質》. 〘1914〙

phòto·cáthode *n.* 〖電子工学〗光電陰極, 光陰極《光の照射により電子を放出する陰極》. 〘1930〙

Phóto CD *n.* 〖商標〗フォト CD: **1** 写真を CD 上に記録する Kodak 社のフォーマット. **2** その CD.

phóto·cèll *n.* =photoelectric cell; electric eye. 〘1891〙

phòto·cerámics *n.* 写真術または写真平板術 (photolithography) を用いて装飾した陶磁器製品. 〘1895〙

phòto·chémical *adj.* 光化学の. — *n.* 光化学物質《光の物質に与える作用によって作られるもの》. **～·ly** *adv.* 〘1859〙

phótochemical óxidant *n.* 光化学オキシダント《汚染大気の光化学反応で生じる酸化性物質の総称》.

phótochemical smóg *n.* 光化学スモッグ《汚染大気中の炭化水素と窒素酸化物から太陽光線によって光化学反応で発生するスモッグ》. 〘1957〙

phòto·chémistry *n.* **1** 光化学 (actinochemistry ともいう). **2 a** 光化学特性. **b** 光化学作用. **phòto·chémist** *n.* 〘1867〙

pho·to·chro·mic /fòuṭəkróumɪk | fə̀utə(u)kráu-⁻/ 〖写真〗*adj.* 〈物質が〉ホトクロミズム (photochromism) の: ～ glass [film] ホトクロミックガラス[フィルム]. — *n.* ホトクロミズム物質《光の照射で変色し, 暗所で元の色に戻る物質》. 〘(1953) ← PHOTO-＋CHROM-＋-IC^1〙

pho·to·chr·o·mi·sm /fòuṭəkróumɪzm | fə̀utə(u)kráu-/ *n.* ホトクロミズム, 光色性《ある種の物質が光の照射を受けると着色し, 照射をやめると再び元の色に戻る性質》. 〘(1951) ← ↑＋-ISM〙

pho·to·chro·my /fóuṭəkròumi | fə́utə(u)kràu-/ *n.* 《古》天然色写真術. 〘(1888) ← PHOTO-＋CHROME＋-Y^1〙

phòto·chrónograph *n.* **1** 動体記録写真 (chronophotograph). **2** 動体記録写真機. **3** (動体)写真録秒器, フォトクロノグラフ. 〘1887〙

phòto·chronógraphy *n.* 動体写真法《一定の時間間隔で写真を写し, 変化を記録する方法》. 〘(1887) ← ↑＋-Y^1〙

phòto·coágulating *adj.* 〖眼科〗光凝固(術) (photocoagulation) を起こさせる. 〘(1969): ⇨ ↓, -ing^2〙

phòto·coagulátion *n.* 〖眼科〗(網膜の)光凝固(術). **phòto·coágulative** *adj.* 〘1961〙

phòto·coágulator *n.* 光凝固装置. 〘(1967): ⇨ ↑, -or^2〙

phòto·compóse *vt.* 〖印刷〗〈活字を〉写真植字する. 〘1929〙

phòto·compóser *n.* 写真植字機. 〘(1929): ⇨ ↑, -er^1〙

phòto·composítion *n.* 〖印刷〗写真植字 (《英》では filmsetting という). 〘1929〙

phòto·condúction *n.* 〖電子工学〗(セレニウムなどに見られる)光伝導. 〘1929〙

phòto·condúctive *adj.* 〖電子工学〗光(こう)導電性の, 光伝導の. 〘1929〙

phótoconductive céll *n.* 〖電子工学〗光(こう)導電セル (photoelectric cell ともいう).

phòto·conductívity *n.* 〖電子工学〗光(こう)伝導(現象), 光導電性. 〘1929〙

phòto·condúctor *n.* 〖電子工学〗光伝導体. 〘1929〙

phóto·còpier *n.* 写真複写機. 〘(1934): ↓＋-ER〙

pho·to·cop·y /fóuṭoukɑ̀(ː)pi, -ṭə- | fə́utə(u)kɔ̀pi, ⁻⁻⁻/ *n.* フォトコピー, 複写[複製]写真 (⇨ copy **SYN**). — *vi.* フォトコピーする, 写真複写する. — *vt.* 〈記録などを〉写真複写する. 〘1944〙

phóto·cùbe *n.* 〖写真〗写真立方体《透明なプラスチックの立方体; 各面の内側に写真を 1 枚ずつ外から見えるように入れられるようにするため, 通例内部にスポンジ質の物質が入っている》.

phóto·cùrrent *n.* 〖電子工学〗光(こう)電流《光(こう)電子の運動による電流; photoelectric current ともいう》. 〘1913〙

phòto·decomposítion *n.* 〖物理化学〗光分解《光照射による分解反応》. 〘1888〙

phòto·degrádable *adj.* 光によって分解される, 光分解性の《プラスチック・殺虫剤など》. 〘1972〙

phòto·detéctor *n.* 〖電子工学〗光検出器《光の変化を電流変化に変換することによってその強度を測定する装置》. 〘1947〙

phòto·díode *n.* 〖電子工学〗フォトダイオード, 光ダイオード《光電変換素子の一種》. 〘1945〙

phòto·disintegrátion *n.* 〖物理〗(原子核の)光(こう)分解, 光崩壊《原子核が光子を吸収し核子または核子の集団を放出すること》. **phòto·disíntegrate** *vt.* 〘1935〙

phòto·dissociátion *n.* 〖物理・化学〗光(こう)解離, 光分解《放射エネルギーの吸収によって起こる化合物(または原子や原子核)の隔離》. **phòto·dissóciate** *vt.* **phòto·dissóciative** *adv.* 〘1925〙

phóto·dràma *n.* 劇映画. **phòto·dramátic** *adj.*

phòto·dúplicate *n.*, *v.* =photocopy.

phòto·duplicátion *n.* 写真複製(法). 〘1919〙

phòto·dynámic *adj.* 光力学的な, 光エネルギーによる. **phòto·dynámical** *adj.*

phòto·dynámics *n.* 光力学《生物の運動に対する光の作用を研究する》. 〘(1909) ← PHOTO-＋DYNAMICS〙

phòto·elástic *adj.* 〖物理〗光(こう)弾性の. 〘1911〙

phòto·elastícity *n.* 〖物理〗光(こう)弾性《セルロイドなどの透明な等方性弾性体に外力を加えることによって内部に生じた応力のため, 異方性が生じ複屈折を示す現象》. 〘↑, -ITY〙

phòto·eléctric, phòto·eléctrical *adj.* 〖電子工学〗 **1** 光による電気[電子]の作用の, 光(こう)電子の. **2** 光電子写真装置の. **phòto·eléctrically** *adv.* 〘1863〙

phótoelectric céll *n.* **1** 〖電子工学〗光電管 (⇨ phototube). **2** 〖電子工学〗=photoconductive cell. **3** 〖電気〗=photovoltaic cell. 〘1891〙

phótoelectric cúrrent *n.* 〖電子工学〗=photocurrent. 〘1880〙

photoeléctric effèct *n.* 〖電気〗 **1** 光電効果, 電気的光分解 (cf. photomagnetic effect) **2** (光電子放出のような)電気および電磁放射を伴う現象. 〘1892〙

photoeléctric emíssion *n.* 〖電気〗=photoemission. 〘1958〙

phòto·electrícity *n.* **1** 光(こう)電気. **2** 光(こう)電子学. 〘(1877) ← PHOTOELECTRIC＋-ITY〙

phótoelectric méter *n.* 〖写真〗(光電管を用いた)露出計.

phótoelectric thréshold *n.* 〖電子工学〗光電限界《光電子を解放するのに必要な最小限の光のエネルギーまたは振動数》.

phótoelectric túbe *n.* 〖電子工学〗光電管 (⇨ phototube).

phòto·eléctron *n.* 〖電子工学〗光(こう)電子. **phòto·electrónic** *adj.* 〘1912〙

photoeléctron spectróscopy *n.* 光電子分光法《光照射により発生する電子のエネルギーを分析することにより物質を同定する方法; 略 PES》.

phòto·eléctrotype *n.* 写真電鋳板(画). 〘1875〙

phòto·emíssion *n.* 〖電気〗 **1** 光電子放出《光を照射することによって物質の表面から電子が放出される現象; cf. field emission, thermionic emission》. **2** 光電流. 〘1916〙

phòto·emíssive *adj.* **1** 〖電子工学〗光電子放出性の, 光電子を放出する. **2** 光電池の. 〘(1932): ⇨ ↑, -ive〙

phòto·enámel *n.* 琺瑯(ほうろう)写真.

photoeng. 《略》photoengraving.

phòto·engráve *vt.* …の写真凸版を作る. **phòto·engráver** *n.* 〘(1892) 《逆成》↓〙

phòto·engráving *n.* 写真凸版《写真製版による凸版作製技術; またその版・印刷物》. 〘1872〙

phóto·èssay *n.* 〖写真〗フォトエッセイ《あるテーマ・ストーリーを一連の写真で表現するもの》. 〘1944〙

phòto·fabricátion *n.* 〖写真〗フォトファブリケーション《写真腐食を利用して, 金属版画・道具・集積回路などを作製すること》.

phóto fínish *n.* **1** 〖競馬〗写真判定(を要する決勝)《決勝点で写真判定を必要とする激戦; cf. phototimer 2》. **2** 《口語》大接戦, きわどい勝負. **phóto-fínish** *adj.* **phòto·fínisher** *n.* 〘1936〙

phòto·fínishing *n.* (写真の)仕上げ《フィルムの現像・焼付・引伸ばしなど》.

phòto·físsion *n.* 光(こう)核分裂《γ 線による核分裂》. 〘1939〙

Photo·fit /fóuṭoufɪt, -ṭə- | fə́utə(u)-/ *n.* 〖商標〗フォトフィット《モンタージュ写真作成法; 警察が身元確認に用いる; ⇨ Identikit 日英比較》.

phóto·flàsh *n.* (写真用)閃光(せんこう)電球, フラッシュランプ, (フラッシュ)バルブ (flashbulb). — *adj.* 閃光電球を用いる. 〘1930〙

phótoflash lámp *n.* =photoflash. 〘(1930): ⇨ ↑, lamp〙

phótoflash photógraphy *n.* =flash photography.

P

phótoflash sýnchronizer *n.* 〘写真〙フラッシュ[閃光(せんこう)]同調装置.

phóto·flòod *n.* 〘写真〙白熱タングステン灯, (撮影用)溢光(いっこう)灯, 写真電球, フラッド《photoflood lamp ともいう》. — *adj.* photoflood を用いる. 〘1933〙

pho·to·flu·o·ro·gram /fòuṭouflɔ́ːrəgræ̀m, -ṭə-, -flúᵊr- | fəutə(u)flɔ́ːrə(u)-, -flúər-/ *n.* X 線蛍光撮影像. 〘(1942) ← PHOTO-+FLUORO-+-GRAM〙

phòto·fluorógraphy *n.* X 線透視(法), X 線蛍光撮影(法). **phòto·fluorográphic** *adj.* 〘1941〙

pho·tog /fətá(ː)g | -tɔ́g/ *n.* 《口語》写真を撮る人, 写真家. 〘(1906)《略》← *photographer*〙

photog. 《略》photograph; photographer; photographic; photography.

phòto·gélatin *adj.* 写真[感光]ゼラチンの. 〘1875〙

photogélatin pròcess *n.* 写真[感光]ゼラチン法《ゼラチン膜を版面とする写真製版印刷法の総称; 米国では collotype のことをいうこともある》. 〘1875〙

pho·to·gen /fóuṭədʒə̀n, -dʒèn | fəutə-/ *n.* **1** (泥板岩を乾留して取る)一種の軽油. **2** 〘生物〙発光動物[植物]の発光源. 〘(1864) ← PHOTO-+-GEN〙

pho·to·gene /fóuṭədʒìːn | fəutə(u)-/ *n.* 〘眼科〙(網膜上の)残像 (afterimage). 〘(1864) ← PHOTO-+-GENE〙

pho·to·gen·ic /fòuṭədʒénɪk, -ṭou- | fəutə(u)-ˈ-/ *adj.* **1** 〘生物〙光[燐光]を生じる, 発光する, 発光性の (phosphorescent): ~ fungi 発光菌. **2** 〈ある種の癩瘋(てんかん)・皮膚炎など〉光の作用による, 光で生じる. **3** 〈人・顔など〉(芸術)写真に適する, 写真向きの[写りのよい] (cf. radiogenic 2, telegenic). **4** =photographic. **phòto·géni·cally** *adv.* 〘(1839) ← PHOTO-+-GENIC: cf. phonogenic〙

phòto·geólogy *n.* 写真地質学. **phòto·geo·lógic** *adj.* **phòto·geológical** *adj.* 〘(1941) ← PHOTO-+GEOLOGY〙

pho·to·glyph /fóuṭəglɪf | fəutə-/ *n.* 写真彫刻板. **pho·to·glyph·ic** /fòuṭəglɪ́fɪk | fəutə-ˈ-/ *adj.* 〘(1852) ← PHOTO-+GLYPH〙

pho·to·gram /fóuṭəgræ̀m | fəutə-/ *n.* **1** 〘写真〙フォトグラム《感光紙と光源との間にそれぞれ透明・半透明・不透明の物体を置いてレンズを用いずにつくる影絵的な写真》. **2** 《廃》(絵画調の)写真. 〘(1859) ← PHOTO-+-GRAM〙

pho·to·gram·met·ric /fòuṭəgrəmétrɪk, -ṭou- | fəutə(u)-ˈ-/ *adj.* 写真測量の. 〘(1906) ← PHOTOGRAMMETRY+-IC〙

phò·to·grám·me·trist /-trɪ̀st | -trɪst/ *n.* 写真測量技術者. 〘(1939): ⇨ ↓, -ist〙

pho·to·gram·me·try /fòuṭəgrǽmətri, -ṭou- | fəutə(u)grǽmɪ̀-/ *n.* (主に空中撮影による)写真測量法, 写真製図法. 〘(1875): ⇨ photogram, -metry〙

pho·to·graph /fóuṭəgræ̀f | fəutəgrɑ̀ːf, -græ̀f/ *n.* 写真: a souvenir ~ 記念写真 / take a ~ (of a person) (人の)写真を撮る, 撮影する / take a good ~ 写真写りがよい; 写真を撮るのがうまい / have [get] one's ~ taken=sit for one's ~ 写真を撮ってもらう[撮らせる] / develop [enlarge] a ~ 写真を現像する[引き伸ばす]. — *vt.* **1** 撮影する, 写真に撮る. **2** 鮮明に言葉に表す; …に印象深く刻む[記憶に残す]. — *vi.* **1** 写真を撮る. **2** 写真の写りが…である: I always ~ badly [well]. 私はいつも写真写りが悪い[いい]. **~·a·ble** /-fəbl̩/ *adj.* 〘(1839) ← PHOTO-+-GRAPH: Sir John Herschel によって PHOTOGRAPHIC, PHOTOGRAPHY と共にこの年に初めて用いられた: cf. G *Photographie*〙

pho·tog·ra·pher /fətá(ː)grəfə | fətɔ́grəfəʳ/ *n.* 写真撮影者, カメラマン; 写真家, 写真屋. 日英比較「新聞社などの写真班員」を日本語では「カメラマン」と呼ぶが, 英語では *photographer* を用いる. 英語の cameraman は映画・テレビの撮影技師をいう. 〘(1847): ⇨ ↑, -er¹〙

pho·to·graph·ic /fòuṭəgrǽfɪk | fəutə-ˈ-/ *adj.* **1** 写真の, 写真用[製]の; 写真術の: a ~ album 写真帳, アルバム / ~ engraving 写真彫刻(術) / a ~ studio 撮影所, (フォト)スタジオ. **2** 〈描写・叙述など〉写真のような, 精密な, 写実的な: with ~ accuracy 写真のように精密に. **3** 機械的に模倣した, 芸術味のない. **4** (見たままに)詳細に記憶できる. 〘1839〙

phò·to·gráph·i·cal /-fɪ̀kəl, -kl̩ | -fɪ-ˈ-/ *adj.* =photographic 1. **~·ly** *adv.* 〘(1846): ⇨ ↑, -al〙

photográphic mágnitude *n.* 〘天文〙(天体の)写真等級《感光板を用いて測る》.

photográphic páper *n.* 印画紙, 感光紙, 写真印画紙.

pho·tog·ra·phy /fətá(ː)grəfi | -tɔ́g-/ *n.* **1** 写真を撮ること, 写真撮影: No ~. [掲示]撮影禁止. **2** 写真(術). 〘(1839) ← PHOTO-+-GRAPHY〙

pho·to·gra·vure /fòuṭəgrəvjúə, -ṭou-, -gréɪvjʊə | fəutə(u)grəvjúəʳ, -vjɔ́ːʳ/ *n.* **1** グラビア(印刷), 写真凹(おう)版, フォトグラビア. **2** グラビア版 (plate). **3** グラビア写真. — *vt.* グラビア印刷にする, 写真凹版で複写する. 〘(1879) □ F ~: ⇨ photo-, gravure〙

phòto·hálide *n.* 〘化学〙光化ハロゲン塩《感光作用により, 銀分に富んだハロゲン化銀》.

phòto·héliograph *n.* 〘天文〙太陽写真機 (⇨ heliograph 3). **phòto·heliográphic** *adj.* **phòto·heliógraphy** *n.* 〘1861〙

phóto ÍD *n.* 写真付きの身分証明書.

phòto·indúced *adj.* 〘光学・写真〙(光の作用によって)誘起された, 引き起こされた. 〘1947〙

phòto·indúction *n.* (生物に対する)光誘導(法). **phòto·indúctive** *adj.* 〘1947〙

phòto·ionizátion *n.* 〘物理〙光(こう)電離, 光イオン化. 〘1914〙

phòto·isomerizátion *n.* 〘化学〙光(こう)異性化《分子が光を吸収することによって化学構造を変じて他の異性体に変化すること》. 〘(1926) ← PHOTO-+ISOMER+-IZATION〙

phòto·jóurnalism *n.* フォトジャーナリズム, 写真ジャーナリズム《記事よりも写真を主体にした新聞・雑誌・グラフ》. **phòto·jóurnalist** *n.* 報道写真家. **phòto·journalístic** *adj.* 〘1938〙

phòto·kinésis *n.* 〘生理〙光線運動. **phòto·kinétic** *adj.* **phòto·kinétically** *adv.* 〘(1905) ← NL ~: ⇨ photo-, -kinesis: cf. kinetic〙

phóto làyout *n.* 〘ジャーナリズム〙=picture spread.

pho·to·lith /fóuṭəlɪθ | fəutə-/ *adj.* =photolithographic.

phòto·lítho 《口語》*n.* (*pl.* ~s) **1** =photolithography. **2** =photolithograph. — *adj.* =photolithographic. 〘(1864)《略》〙

phòto·líthograph *n.* 写真平版, 写真石版(画). — *vt.* 写真平版[石版]にする. **phòto·lithógrapher** *n.* 〘1855〙

phòto·lithógraphy *n.* 写真平版[石版](術). **phòto·lithográphic** *adj.* **phòto·lithográphically** *adv.* 〘1856〙

phòto·líthoprint *n.*, *vt.* =photolithograph.

phòto·luminéscence *n.* 〘光学〙光ルミネッセンス, 光冷光《光を照射することによって生じる蛍光》. **phòto·luminéscent** *adj.* 〘(1889) □ G *photolumineszenz* ← NL: ⇨ photo-, luminescence〙

pho·tol·y·sis /foutá(ː)ləsɪ̀s | fə(u)tɔ́lɪ̀sɪs/ *n.* (*pl.* -y·ses /-sìːz/) 〘化学〙光(こう)分解《光による化学分解; cf. radiolysis》. **pho·to·lyt·ic** /fòuṭəlɪ́tɪk | fəutə(u)-lɪ́t-ˈ-/ *adj.* **phò·to·lýt·i·cal·ly** *adv.* 〘(1911) ← NL ~: ⇨ photo-, -lysis〙

pho·to·lyze /fóuṭəlàɪz | fəutə-/ 〘化学〙*vt.* 光(こう)分解 (photolysis) を起こさせる. — *vi.* 光分解を起こす. **phó·to·lỳz·a·ble** /-zəbl̩/ *adj.* 〘(1936) ← PHOTO-+-LYZE〙

photom. 《略》photometrical; photometry.

phòto·mácrograph *n.* **1** 低倍率の顕微鏡写真. **2** 接写写真, 拡大写真, マクロ写真《等倍から 20–50 倍; cf. photomicrograph》. 〘1948〙

phòto·macrógraphy *n.* 低倍率の顕微鏡写真術. 〘1936〙

phòto·magnétic efféct *n.* 〘電気〙磁気光学効果, 磁気的光(こう)分解 (cf. photoelectric effect). 〘1858〙

phóto·màp *n.* 写真地図, フォトマップ《航空機撮影による多数の写真を継ぎ合わせて作る》. — *v.* (**photo-mapped**; **-map·ping**) — *vt.* …の写真地図を作る: ~ a city district, etc. — *vi.* 写真地図を作製する: be skilled in ~*ping*. 〘1939〙

phóto·màsk *n.* 〘電気〙フォトマスク (IC, LSI などのプリント基板を作る工程の一つであるフォトエッチングに際し, 基板表面に密着させて露光を行う回路パターンを描いたフィルム; 単に mask ともいう). 〘1965〙

phòto·mechánical *adj.* 写真製版法の. — *n.* 〘印刷〙張込み校了紙《写真撮影用に校了紙・挿絵などを割り付けしたもの》. **~·ly** *adv.* 〘1889〙

phótomechanical prócess *n.* 写真製版(法).

pho·tom·e·ter /foutá(ː)məṭə | fə(u)tɔ́mɪ̀təʳ/ *n.* **1** 〘物理〙測光器, 光度計. **2** 〘写真〙露出計 (exposure meter). 〘(1778) ← PHOTO-+-METER¹〙

pho·to·met·ric /fòuṭəmétrɪk | fəutə-ˈ-/ *adj.* 〘物理〙測光(法) (photometry) の; 測光器 (photometer) の; 光度測定の: ~ units 測光単位. **phò·to·mét·ri·cal** /-trɪ̀kəl, -kl̩ | -trɪ-ˈ-/ *adj.* **phò·to·mét·ri·cal·ly** *adv.* 〘(1828) ← PHOTOMETRY+-IC〙

pho·tóm·e·trist /-trɪ̀st | -trɪst/ *n.* 光度測定者. 〘(1867): ⇨ ↓, -ist〙

pho·tom·e·try /foutá(ː)mətri | fə(u)tɔ́mɪ̀-/ *n.* 〘物理〙測光(法), 測光学; 光度測定(法)《光度・光束・照度など, 光の強度の測定》. 〘(1824) ← PHOTO-+-METRY〙

phòto·mícrograph *n.* 顕微鏡写真 (cf. photomacrograph 2) 《microphotograph のほうがふつう》. — *vt.* photomicrograph で撮る. **phòto·micrógrapher** *n.* 〘1858〙

phòto·micrógraphy *n.* 顕微鏡写真術. **phò·to·micrográphic** *adj.* **phòto·micrográphical** *adj.* 〘(1865): ⇨ ↑, -y¹〙

phòto·míscroscope *n.* 顕微鏡写真撮影装置. **phòto·microscópic** *adj.*

phòto·micróscopy *n.* =photomicrography.

pho·to·mon·tage /fòuṭəmá(ː)ntɑːʒ, -mɔ̃ː(n)-, -mɔːnː-, ⏤⏤ | fəutə(u)mɔntáːʒ, ⏤⏤, -mɔ́ntɪdʒ/ *n.* 〘写真〙**1** (フォト)モンタージュ《しばしば美的効果をねらって, 数枚の写真を 1 枚に組み合わせること》. **2** モンタージュ写真 (⇨ Identikit 日英比較). 〘(1931) ← PHOTO-+MONTAGE〙

phòto·morphogénesis *n.* 〘植物〙光(こう)形態形成《光線のような放射エネルギーによって制御される形態発生》. **phòtomorphogénic** *adj.* 〘1959〙

phòto·mosáic *n.* モザイク(写真), 集成写真 (mosaic) 《連続して写した空中写真を張り合わせて 1 枚の写真図としたもの》. 〘1942〙

phóto·mòunt *n.* 写真用台紙[板].

phòto·múltiplier *n.* 光電子増倍管. 〘1940〙

phòto·múral *n.* (装飾・展示用に拡大した)壁面写真. 〘(1927) ← PHOTO-+MURAL〙

pho·ton /fóutɑ(ː)n | fəutɔn/ *n.* **1** 〘物理〙光子, 光量子, フォトン《光のエネルギー; light quantum ともいう》. **2** トロランド, フォトン《網膜照度の単位》. **pho·ton·ic** /foutá(ː)nɪk | fə(u)tɔ́n-/ *adj.* 〘(1916) ← PHOTO-+-ON²〙

Pho·ton /fóutɑ(ː)n | fəutən/ *n.* 〘商標〙フォートン《一種の写真植字機》. 〘(1953) ↑〙

pho·to·nas·ty /fóuṭounæ̀sti | fəutəu-/ *n.* 〘植物〙傾光性. 〘← PHOTO-+-NASTY〙

phòto·négative *adj.* **1** 〘物理〙光の吸収によって電気伝導度が低下する. **2** 〘生物〙(ミミズなどのように)負の走光性の, 走暗性の. 〘1914〙

phòto·néutron *n.* 〘物理〙光(こう)中性子《原子核に光子を当てたとき放出される中性子》. 〘1935〙

pho·ton·ics /foutá(ː)nɪks | fəutɔ́n-/ *n.* 光通信学《光を用いた情報伝達を扱う研究技術》. 〘1952〙

phòto·núclear *adj.* 〘物理〙光(こう)核 (反応)の: ~ reaction 光核反応. 〘1941〙

phòto·óffset 〘印刷〙*n.* 写真(平版)オフセット印刷. — *vt.* (-set; -set·ting) 写真(平版)オフセット印刷にする. 〘1926〙

phóto òp /-à(ː)p | -ɔ̀p/ *n.* 《口語》=photo opportunity.

phóto opportùnity *n.* (政府高官や有名人の)カメラマンとの会見, 写真撮影の(割当て)時間.

phòto·oxidátion *n.* 〘物理・化学〙光酸化《光照射によって起こる酸化》. **phòto·óxidative** *adj.* 〘1888〙

pho·top·a·thy /foutá(ː)pəθi | fə(u)tɔ́p-/ *n.* **1** 〘生物〙成光性; (特に, 生物が示す顕著な)負の走光性や屈光性. **2** 〘病理〙光線障害, 光線性疾患. 〘(1897) ← PHOTO-+-PATHY〙

phòto·périod *n.* 〘生物〙光周期《1 日のうちで生物が(日の)光を受ける時間; 光を受けない暗期との組み合わせが植物などの生育を左右する; cf. thermoperiod》. **phòto·periódic** *adj.* **phòto·periódical** *adj.* **phòto·periódically** *adv.* 〘1920〙

phòto·periodícity *n.* 〘生物〙光周期性, 光周性. 〘(1923): ⇨ ↑, -ic, -ity〙

phòto·périodism *n.* 〘生物〙光周期現象, 光周性《朝夕・四季などによる明暗・日照量の周期的変化に応じて生物の行動が周期的に変化する現象; cf. thermoperiodism》. 〘(1911) ← PHOTOPERIOD+-ISM〙

pho·to·phil·ic /fòuṭəfɪ́lɪk | fəutə(u)-/ *adj.* 〘生物〙=photophilous. 〘(1900) ← PHOTO-+PHILIC〙

pho·toph·i·lous /foutá(ː)fələs | fə(u)tɔ́fɪ̀-/ *adj.* 〘生物〙〈植物など〉光を好む, 好光性の《強い光線の中に育つことにいう》. 〘(1905) ← PHOTO-+-PHILOUS〙

pho·toph·i·ly /foutá(ː)fəli | fə(u)tɔ́fɪ̀-/ *n.* 〘生物〙好光性. 〘(1934) ← PHOTO-+-PHILY〙

pho·to·pho·bi·a /fòuṭəfóubiə | fəutə(u)fə́u-/ *n.* 〘病理〙羞明(しゅうめい), まぶしがり(症)《光線に対する異常な不耐性》; 〘精神医学〙輝所恐怖症《日光やひなたなどに異常な恐怖を覚える》. 〘(1799) ← PHOTO-+-PHOBIA〙

pho·to·pho·bic /fòuṭəfóubɪk | fəutə(u)fə́u-ˈ-/ *adj.* **1** 〘生物〙〈昆虫など〉光を避ける, 負の屈光性の《暗くした所で最もよく育つことにいう》. **2** 〘病理〙羞明(しゅうめい)の, まぶしがりの. 〘1842: ⇨ ↑, -ic〙

phóto·phòne *n.* 光線電話, 光(こう)電話 (radiophone) 《光波によって通信を行う装置》. 〘1880〙

pho·to·phore /fóuṭəfɔ̀ə | fəutəfɔ̀ːʳ/ *n.* 〘魚類〙発光胞《深海魚などの発光器官》. 〘(1898) ← PHOTO-+-PHORE〙

phòto·phorésis *n.* 〘物理〙フォトフォレシス, 光(こう)泳動《光の照射によってほこりなどの微粒子が光の進む方向または逆方向に進むこと》. 〘(1919) □ G *photophorese* ← NL ~: ⇨ photo-, -phoresis〙

phòto·phosphorylátion *n.* 〘生化学〙光リン酸化, 光合成的リン酸化《光エネルギーによって酸化還元反応が起こり, それに共役して ATP が合成されること》. 〘1956〙

pho·to·pi·a /foutóupiə | fə(u)tə́u-/ *n.* 〘眼科〙明所視 (↔ scotopia). **pho·to·pic** /foutóupɪk, -tá(ː)p- | fə(u)tə́u-, -tɔ́p-/ *adj.* 〘← PHOTO-+-OPIA〙

phóto·pìgment *n.* 〘生化学〙光色素 (visual pigment) 《光の作用によってその特質が変化する色素》. 〘1937〙

phóto·plày *n.* 劇映画 (photodrama); 劇映画の台本[スクリプト]. 〘1910〙

phóto·plàyer *n.* 映画俳優.

phòto·polarímeter *n.* 〘光学〙望遠写真偏光計《惑星面・太陽面の光の偏光状態を測定するための望遠鏡と偏光計の働きを兼ねた器械》. 〘← PHOTO-+POLARIMETER〙

phòto·pólymer *n.* 〘印刷〙感光性樹脂《版を作るのに用いる感光性の高分子化合物》. 〘1932〙

phòto·polymerizátion *n.* 〘化学〙光(こう)重合《光照射によって引き起こされる重合》. 〘⇨ ↑, -ization〙

phòto·pósitive *adj.* **1** 〘物理〙光の吸収によって電気伝導度の増大する. **2** 〘動物〙(ガなどのように)正の走光性の. 〘1914〙

phóto·prìnt *n.* **1** 写真印画, 写真プリント. **2** フォトプリント《写真製版法による印刷物》. **~·er** *n.* **~·ing** *n.* 〘1888〙

phòto·próduct *n.* 〘化学〙光分解生成物, 光化学生成物. 〘1926〙

phòto·prodúction *n.* 〘物理・化学〙光反応生成. 〘(1949): ⇨ ↑, -ion〙

phòto·prótón *n.* 〘物理〙光(こう)陽子《光核反応で放出される陽子》. 〘1935〙

phòto·rádiogram *n.* 無線電送写真. 〘(1924) ← *Photoradiogram* (商標名) ← PHOTO-+RADIOGRAM〙

phòto·reactivátion *n.* 〘生化学〙光回復《紫外線

P

障害が可視光で回復すること). **phòto·reáctivating** *adj.* 〖1949〗

phòto-réalism *n.* 〘美術〙写真的リアリズム《写真の映像のように迫真的な描写; 特に, 人生の悲惨な現実をそのまま描く絵画の手法; 1960–70 年代の芸術運動》. **phòto-réalist** *n., adj.* 〖1961〗

phòto·récce *n.* 《米軍俗》=photoreconnaissance. 〖《1946》《短縮》← *photorec(onnaissan)ce*〗

phòto·recéption *n.* 〘生物·生理〙光(ᵓᵘ)受容. **phòto·recéptive** *adj.* 〖1902〗

phòto·recéptor *n.* 〘生物·生理〙光(ᵓᵘ)受容体[器]. 〖1906〗

phòto·recónnaissance *n.* 〘軍事〙航空写真偵察(飛行), 写真偵察. 〖1940〗

phòto·recórder *n.* 記録写真作製機《カメラなど》.

phòto·recórding *n.* 記録写真作製.

phòto·redúce *vt.* 光(ᵓᵘ)還元する.

phòto·redúction *n.* 〘光学〙光還元《光化学反応による還元》. 〖1888〗

phóto relíef *n.* フォトレリーフ《北西方向から光線をあてて地形の模型を撮影し, 土地の起伏を示す方法》.

phòto·resíst *n.* 〘光学〙光硬化性樹脂《受ける光の強さによっていろいろな程度に堅くなるプラスチック; 特に集積回路を作製する場合にシリコン薄片の表面につける微小図形を印写するのに用いる》. **phòto·resístive** *adj.* **phòto·resístor** *n.* 〖1953〗

phòto·respirátion *n.* 〘植物〙光呼吸, 明呼吸《光合成中の二酸化炭素の放出と同時に行う呼吸》. 〖1945〗

phòto·retóuch *vt.* 〘写真〙〈写真のネガまたはポジを〉ブラシ[鉛筆, ナイフなど]で修整する.

phóto·scàn 〘医学〙*n.* 光学スキャナー(による)写真. — *vt., vi.* (…を)光学スキャナーで検査[診断]する. **phóto·scánning** *n.* 〖1956〗

phòto·scánner *n.* 〘医学〙光学スキャナー《診断のために体内に注入された放射性アイソトープの分布を X 線フィルムに記録する装置》. 〖《1959》: ⇨ ↑, -er¹〗

phòto·sénsitive *adj.* 感光性の. 〖1886〗

phòto·sensitívity *n.* 感光性, 光感受性; 光線過敏性. 〖1918〗

phòto·sensitizátion *n.* **1** 感光性を与えること. **2** 感光性を与えられた状態. **3** 〘医学〙光(ᵓᵘ)感作(ᵏᵃⁿˢᵃ). 〖1923〗

phòto·sénsitize *vt.* …に感光性を与える. **phòto·sénsitizer** *n.* 〖1923〗

phòto·sénsor *n.* 感光素子, 感光装置. 〖1962〗

phóto·sèt *vt.* 〈原稿を〉写真植字する. **phóto·sètter** *n.* 〖《1957》↓〗

phóto·sètting *n.* 写真植字. 〖1957〗

phóto shòot *n.* (モデル·俳優などのコマーシャル用)撮影会.

phòto·spéctroscope *n.* 写真分光器 (cf. spectrograph 1). 〖1881〗

pho·to·sphere /fóʊṭəsfɪə, -ṭoʊ- | fə́ʊtə(ʊ)sfɪə^(r)/ *n.* 〘天文〙光球《太陽·恒星の最も光輝の強い通常丸く見える部分》. **pho·to·spher·ic** /fòʊṭəsférɪk, -ṭoʊ-, -sfɪ°r- | fə̀ʊtə(ʊ)sfér-ˊ/ *adj.* 〖《1664》← PHOTO-＋SPHERE〗

phóto·stàge *n.* 〘植物〙光(ᵓᵘ)段階, 感光期《植物の生長過程において, 特に光の影響の顕著な段階》.

Pho·to·stat /fóʊṭəstæ̀t, -ṭoʊ- | fə́ʊtə(ʊ)-/ *n.* **1** 〘商標〙フォトスタット《書画·地図·文書などをフィルムを使わずに直接感光紙に連続的に迅速に写す複写写真機》. **2** [時に p-] フォトスタットによる複写写真. — *vt., vi.* [時に p-] フォトスタットに複写する. 〖n. —《1911》; v.—《1914》: ← PHOTO-＋-stat〗

pho·to·stat·ic /fòʊṭəstǽṭɪk, -ṭoʊ- | fə̀ʊtə(ʊ)stǽt-ˊ/ *adj.* フォトスタット (Photostat) の[による, を使う]. 〖《1919》: ⇨ ↑, -ic〗

phòto·stòry *n.* =photoessay.

phòto·súrface *n.* 〘写真〙感光面.

pho·to·syn·thate /fòʊṭoʊsínθeɪt | fə̀ʊtə(ʊ)-/ *n.* 光(ᵓᵘ)合成物. 〖《1913》: ⇨ ↓, -ate¹〗

phòto·sýnthesis *n.* 〘生物〙(炭水化物などの)光合成《特に植物が光のエネルギーで二酸化炭素から有機物質を得る作用; ある種の細菌の中でも同様の作用がある; cf. chemosynthesis》. 〖《1898》□ G *photosynthese* ← NL ~: ⇨ photo-, synthesis〗

phòto·sýnthesize 〘植物〙*vi.* 光合成する[を行う]. — *vt.* 〈蛋白質などを〉光合成で作り出す. 〖《1910》: ⇨ ↑, -ize〗

phòto·synthétic *adj.* 光合成の. **phòto·synthétically** *adv.* 〖《1900》: ⇨ photosynthesis, -ic¹〗

phótosynthetic rátio *n.* 〘植物生理〙光合成比. 〖1931〗

phóto·sỳstem *n.* 〘生化学〙(葉緑体の) 光化学系.

phótosystem I /-wʌ́n/ *n.* 光化学系 I《長波長の光が関与し NADP⁺ の還元に関連する反応系》.

phótosystem II /-túː/ *n.* 光化学系 II《短波長の光が関与し水の解離と酸素の生成に関連する反応系》. 〖1965〗

pho·to·tax·is /fòʊṭoʊtǽksɪ̀s | fə̀ʊtə(ʊ)tǽksɪs/ *n.* (*pl.* -tax·es /-siːz/) 〘生物〙走光性 (cf. heliotaxis, phototropism): positive [negative] ~ 正[負]の走光性, 向[背]光性. **phò·to·tác·tic** /-tǽktɪkˊ/ *adj.* **phò·to·tác·tic·al·ly** *adv.* 〖《1890》← NL ~: ⇨ photo-, -taxis〗

pho·to·tax·y /fóʊṭoʊtæ̀ksi | fə́ʊtə(ʊ)-/ *n.* 〘生物〙= phototaxis.

phòto·télegraph *n.* 写真電送機; 電送写真 (cf. facsimile 2 a). — *vt.* 〈写真を〉電送する. — *vi.* 写真を電送する. 〖1909〗

phòto·telegráphic *adj.* 写真電送の. **phòto·telegráphical** *adj.* **phòto·telegráphically** *adv.* 〖《1909》: ⇨ ↑, -ic¹〗

phòto·telégraphy *n.* **1** (日光反射信号法 (heliography) などの)光による通信法. **2** 写真電送(術) (cf. facsimile 2). 〖1886〗

phòto·télephone *vt.* 〈写真·文書などを〉電話ファックスで電送する.

phòto·téléscope *n.* 写真望遠鏡《星などを観測しながら撮影する器械》. 〖1893〗

phòto·theódolite *n.* 〘測量〙セオドライト《ロケットの光学的追跡装置》. 〖1892〗

phòto·therapéutics *n.* 〘医学〙=phototherapy. **phòto·therapéutic** *adj.* **phòto·therapéutically** *adv.* 〖1904〗

phòto·thérapy *n.* 〘医学〙光線療法. **phòto·thérapist** *n.* 〖1899〗

phòto·thérmal *adj.* 光熱の; 光と熱に関する. **phòto·thérmally** *adv.*

phòto·thérmic *adj.* =photothermal. **phòto·thérmically** *adv.* =photothermally. 〖1891〗

phóto·tìmer *n.* **1** (カメラの)自動露出調整器. **2** (勝者判定用)レース決勝場面撮影装置 (cf. photo finish 1). 〖1942〗

pho·tot·o·nus /foʊtɑ́(ː)tənəs | fə(ʊ)tɔ́tən-/ *n.* 〘生物〙**1** (葉などの)感光性. **2** 原形質が特定の強さの光に対して反応すること. **pho·to·ton·ic** /fòʊṭətɑ́(ː)nɪk | fəʊtətɔ́n-ˊ/ *adj.* 〖《1875》← NL ~ : ⇨ photo-, tonus〗

phòto·topógraphy *n.* =photogrammetry. **phòto·topográphic** *adj.* 〖1893〗

phòto·transístor *n.* 〘電子工学〙フォトトランジスター《光信号で電流を制御できるトランジスター; 光ダイオードとトランジスターの機能を兼ね備える》. 〖《1950》《商標》← PHOTO-＋TRANSISTOR〗

pho·to·troph /fóʊṭətrɑ̀(ː)f, -tròʊf | fə́ʊtə(ʊ)trɔ̀f, -trəʊf/ *n.* 〘生物〙光栄養生物《特に光エネルギーを用いて有機物を合成する独立栄養細菌; cf. photoautotroph》. 〖《1941》: ⇨ photo-, tropho-〗

phò·to·tróph·ic /-trɑ́(ː)fɪk, -tróʊf- | -trɔ́f-, -trə́ʊf-ˊ/ *adj.* 〘生物〙光栄養の, 光合成の.

pho·to·trop·ic /fòʊṭətrɑ́(ː)pɪk, -ṭoʊ-, -tróʊ- | fəʊtə(ʊ)trɔ́p-, -trə́ʊ-ˊ/ *adj.* 〘植物〙向日性の, 屈光性の (cf. heliotropic). **phò·to·tró·pi·cal·ly** *adv.* 〖《1899》← PHOTO-＋TROPIC〗

pho·tot·ro·pism /foʊtɑ́(ː)trəpɪzm, fòʊtoʊtróʊpɪzm | fəʊtə(ʊ)trə́ʊpɪzm, fəʊtɔ́trəpɪzm/ *n.* 〘生物〙屈光性, 光屈性 (cf. heliotropism, phototaxis): positive [negative] ~ 正[負]の屈光性, 陽[陰]性屈光性. 〖《1899》← PHOTO-＋TROPISM〗

pho·tot·ro·py /foʊtɑ́(ː)trəpi, fòʊtoʊtróʊ- | fəʊtəʊtrəʊpi, fəʊtɔ́trə-/ *n.* 〘化学〙ホトトロピー, 光同素, 光互変《光を当てると可逆的変色を起こす現象》. 〖《1900》← PHOTO-＋-TROPY〗

phóto·tùbe *n.* 〘電子工学〙光電管《光により生じる光電子を利用する電子管; photoelectric tube ともいう》. 〖1930〗

phóto·týpe *n.* 〘印刷〙**1** フォトタイプ; 写真凸版(法); 写真凸版の印刷物. **2** 《廃》=collotype. — *vt.* フォトタイプを用いて印刷する. **pho·to·typ·ic** /fòʊṭətípɪk | fəʊtə-ˊ/ *adj.* **phò·to·týp·i·cal·ly** *adv.* 〖1859〗

phòto·týpesetting *n.* =photocomposition. **phòto·týpesetter** *n.* 〖1931〗

phòto·typógraphy *n.* 〘印刷〙写真凸版術(の一般的な呼称); 写真凸版印刷術. **phòto·typográphic** *adj.* **phòto·typográphical** *adj.* **phòto·typográphical·ly** *adv.* 〖1890〗

pho·to·typ·y /fóʊṭətàɪpi | fə́ʊtə(ʊ)-/ *n.* 〘印刷〙フォトタイプ(製版)法, 写真凸版術. 〖← PHOTOTYPE＋-Y〗

phòto·voltáic *adj.* 〘電気〙光起電性の, 光電池の. 〖1923〗

phótovoltaic céll *n.* 〘電気〙光起電力セル, 光電池《二種の物質の接合部に光を照射したときに生じる電池; 半導体の PN 接合や写真の露出計などに用いられる》. 〖1923〗

phótovoltáic efféct *n.* 〘電気〙光(ᵓᵘ)起電力効果. 〖《1923》: ⇨ photovoltaic, effect〗

phòto·zincógraphy *n.* 〘印刷〙写真亜鉛凸版術. **phòto·zíncograph** *n.* 〖1860〗

p.h.p. 《略》pounds per horsepower; pump horsepower.

phpht /ft/ *int.* =pht. 〘擬音語〙

phr. 《略》phrase.

phrag·mi·tes /frægmáɪtiːz/ *n.* (*pl.* ~) 〘植物〙ヨシ属 (*Phragmites*) の数種の大形の多年草《水湿地に生える》, (特に)ヨシ(葦) (ditch reed). 〖《1920》← NL *Phragmitēs* (属名) ← Gk *phragmítēs* growing in hedges〗

phrag·mo·plast /frǽgməplæ̀st | -mə(ʊ)-/ *n.* 〘植物生理〙隔膜形成体. 〖《1912》← *phragmo-* (← NL ~ *phragma* (← Gk *phrágma* hedge, fence ← *phrássein* to fence in)＋-O-)＋-PLAST〗

phras·al /fréɪzəl, -zl/ *adj.* 句の, 句から成る. **~·ly** *adv.* 〖《1871》← PHRASE＋-AL〗

phrásal vérb *n.* 〘文法〙句動詞《二つ以上の語がまとまって 1 語の動詞のような働きをするもので, 普通は動詞に down, off, out, up のような副詞や at, for, with のような前置詞が結びついたものをいう; 例: go away (動詞＋副詞), go into (動詞＋前置詞), look up to (動詞＋副詞＋前置詞)》. 〖1879〗

phrase /fréɪz/ *n.* **1** 〘文法〙句《文法上一単位をなし, 文 (sentence) および節 (clause) 構成の一要素として用いられる二語またはそれ以上の集合体, 特にそれ自身の主部·述部または定形動詞をもたないもの (cf. word); 生成文法では句構造文法の主要語 (head) を有する単位で, 一つの語または節のこともある》: a noun ~ 名詞句 / an adjective [adjectival] ~ 形容詞句 / an adverb(ial) ~ 副詞句. **2** 熟語, 成句, 慣用句: a set ~ 成句, 決まり文句. **3** 話し[言い]方, 言い回し, 言葉遣い, 辞句 (phraseology): a turn of ~ 言い回し / turn a ~ うまい言い方をする / rhythmical ~ なだらかな辞句, 律語 / felicity of ~ 句法[言葉遣い]のうまさ / in simple ~ 簡単な言い方[言葉]で(言えば) / in Eliot's ~ エリオットの言い方によれば. **4** 簡潔(で適切)な言い回し; 寸言, 警句 (epigram), 名句: coin a ~ 名句[打ってつけの表現]を考え出す. **5** 《演説で二つの休止間の》強調的語句. **6** [*pl.*] くだらない文句, 空言: We have had enough of ~*s*. 空論はもうたくさんだ. **7** 〘音楽〙楽句, フレーズ《旋律の区切り, または音楽構成上の単位で, 一応それ自体まとまった意味をもつもの; 動機 (motive) と楽節 (sentence, period) の間に位置する》. **8** 〘ダンス〙フレーズ《一つの型を構成する一連の動作単位》.

to cóin a phráse 《戯言》(私の)独創的な言い方をすれば《実際には決まり文句などを使うときに用いる》.

— *vt.* **1** 言葉で表す, 述べる, 言い表す: Thus he ~*d* it. それを彼はこういうふうに言い表した. **2** 〘音楽〙《演奏で》〈フレーズを〉はっきり浮かび上がらせる; 〈旋律を〉フレーズに区切る. **3** 〈使用頻度の高い語句を〉速記法で書く. **4** 《北英·スコット》ほめる, こびる (flatter). — *vi.* 〘音楽〙〈旋律を楽想の一定のまとまりのフレーズに〉区切る. 〖《1530》□ L *phrasis* □ Gk *phrásis* speech, phraseology, expression ← *phrázein* to speak: L *phrasēs* (pl.) からの逆成とも考えられる〗

phráse bòok *n.* (母国語訳付きの外国語の) 慣用句[成句]集《特に旅行者用》. 〖1594〗

phráse·less *adj.* 《Shak》言葉で言い尽くせない. 〖1609〗

phráse·màker *n.* **1** 語句創造[警句作り]の上手な人, うまい言い回しをする人: a superb ~. **2** (空虚な)美辞麗句を並べ立てる人. **phráse·màking** *n.* 〖1822〗

phráse màrker *n.* 〘文法〙句構造標識《通例, 枝分かれ図 (tree diagram) か標示付きかっこ区分 (labeled brackets) で示される文の構造を示す標識; P-marker ともいう》. 〖1957〗

phráse·mònger *n.* =phrasemaker 2. 〖1815〗

phra·se·o·gram /fréɪziəgræ̀m/ *n.* (速記術などで)句を表す符号, 連語記号. 〖《1847》← PHRASE＋-O-＋-GRAM〗

phra·se·o·graph /fréɪziəgræ̀f | -gràːf, -græ̀f/ *n.* **1** (速記術などでの)符号 (phraseogram) の表す句. **2** =phraseogram. **phra·se·o·graph·ic** /frèɪziəgrǽfɪkˊ/ *adj.* **phra·se·og·ra·phy** /frèɪziɑ́(ː)grəfi | -ziɔ́g-/ *n.* 〖《1845》: ⇨ ↑, -graph〗

phra·se·o·log·i·cal /frèɪziəlɑ́(ː)dʒɪ̀kəl, -kl | -lɔ́dʒɪ-ˊ/ *adj.* 言葉遣い[言い回し]の, 語法[句法]の; 語句の. **~·ly** *adv.* 〖《1664》← PHRASEOLOGY＋-ICAL〗

phra·se·ól·o·gist /-dʒɪ̀st | -dʒɪst/ *n.* **1** 言葉遣いの研究家, 語句研究者. **2** 造語の名人. **3** うけやすいが空虚な気の利いたふうな言い回しを並べる人. 〖《1713》: ⇨ ↓, -ist〗

phra·se·ol·o·gy /frèɪziɑ́(ː)lədʒi | frèɪziɔ́l-/ *n.* **1** 言葉遣い, 言い回し (wording) (⇨ diction SYN); 語[句]法 (diction), 文体 (style). **2** 術語, 専門語: the ~ of lawyers 法律用語 / in grammatical ~ 文法用語で言えば. **3** [集合的] 語句 (phrases), 表現 (expressions). 〖《1664》← NL *phraseologia*: ⇨ phrase, -logy〗

phráse strùcture *n.* 〘文法〙句構造《文を形造っている要素の構造(を示しているもの)》. 〖1957〗

phráse-strùcture grámmar *n.* 〘言語〙句構造文法《生成文法 (transformational generative grammar) において, 深層構造 (deep structure) を生成するとされる句構造規則から成る文法》. 〖1964〗

phráse-strùcture rùle *n.* 〘言語〙句構造規則 (⇨ rewrite rule). 〖1976〗

phrás·ing *n.* **1** 言葉遣い, 言い回し, 語法 (phraseology); (話し言葉の)区切り方. **2** 〘音楽〙フレージング《旋律を phrase に区切ること》. 〖1611〗

phra·tor /fréɪṭə, -tɔə | -tə^(r), -tɔː^(r)/ *n.* phratry の一員. 〖《1847》□ Gk *phrātōr* (異形) ← *phrātēr* clansman: cf. brother〗

phra·try /fréɪtri/ *n.* **1** (古代ギリシャの)氏族《phyle を小分したもの》. **2** 〘社会学〙フラトリー, 胞族《氏族 (clan) や古代部族 (tribe) のような単系の親族集団の集合体》. **phra·tric** /fréɪtrɪk/ *adj.* **phrá·tral** /-trəl/ *adj.* 〖《1833》□ Gk *phrātría* clan, brotherhood: ↑〗

phreak /fríːk/ *n.* 《口語》**1** 電話を改造して無料でかける者 (phone freak [phreak] ともいう). **2** ネットワークに侵入する者. — *vt., vi.* 電話を改造して(通話を)無料で行う. 〖《1972》← (変形) ← FREAK¹〗

phréak·ing *n.* 《口語》フリーキング《電話回線網の不正使用; 一般にネットワークなどへの侵入》.

phre·at·ic /friǽṭɪk | -tɪk/ *adj.* 〘地質〙(地下水の)滞水した. 〖《1890》□ F *phréatique* ← Gk *phreāt-*, *phreār* well, cistern＋-IC¹〗

phre·at·o·phyte /friǽṭəfàɪt | -tə-/ *n.* 〘植物〙地下水面あるいはその直上の部分から水を吸う根を地中深くもった植物. **phre·at·o·phyt·ic** /friæ̀ṭəfíṭɪk | -təfít-ˊ/ *adj.* 〖《1920》← Gk *phreāt-* (↑)＋-O-＋-PHYTE〗

phren. 《略》phrenological; phrenology.

phren- /frɛn/ (母音の前にくるときの) phreno- の異形.

phre·net·ic /frɪnétɪk, frɛ- | -tɪk/ *adj.* 《英古》 =frenetic. — *n.* 《古》 狂乱者, 熱狂者 (madman). **phre·nét·i·cal·ly** *adv.* **～·ness** *n.* 〘(1385) ◻ OF *frenetike* ◻ L *phrenēticus*: ⇨ frenetic〙

phren·i- /frénɪ, -ni/ phreno- の異形 (⇨ -i-).

-phre·ni·a /fríːniə/ 〖精神医学〗「心的機能の障害状態」の意の名詞連結形: schizo*phrenia*. 〘← NL ～: ⇨ ↓, -ia¹〙

phren·ic /frénɪk/ *adj.* **1** 〖解剖〗 横隔膜の; [the ～] 横隔膜. **2** 《廃》〖生理〗 精神的な (mental). 〘(1704) ← NL *phrenicus* ← Gk *phrḗn* diaphragm, mind〙

phrénic nérve *n.* 〖解剖〗 横隔神経.

phre·ni·tis /frɪnáɪtɪs, frɛ- | -tɪs/ *n.* 〖病理〗 **1** 脳炎 (brain fever); (脳炎による)譫妄(せんもう), 錯乱 (delirium). **2** 横隔膜炎. **phre·nit·ic** /frɪnítɪk, frɛ- | -tɪk/ *adj.* 〘(1621) ◻ LL *phrenitis* ◻ Gk *phrenîtis* ← *phrḗn* (↑) + -ITIS〙

phren·o- /frénoʊ | -nəʊ/「横隔膜 (diaphragm); 精神 (mind)」の意の連結形. ★ 時に phreni-, また母音の前では通例 phren- になる. 〘◻ L ～ ◻ GK ～ ← *phrḗn* diaphragm, mind〙

phrèno·gástric *adj.* 〖解剖〗 横隔膜胃の. 〘(1858): ⇨ ↑, gastric〙

phrenol. 《略》 phrenological; phrenology.

phre·nól·o·gist /-dʒɪst | -dʒɪst/ *n.* 骨相学者. 〘(1815): ⇨ ↓, -ist〙

phre·nol·o·gy /frɪnɑ́(ː)lədʒi, frɛ- | -nɔ́l-/ *n.* (頭蓋(とうがい)の)骨相学 (cf. craniology). **phren·o·log·i·cal** /frènəlɑ́(ː)dʒɪkəl, -kl | -lɔ́dʒɪ-ˈ/ *adj.* **phrèn·o·lóg·ic** /-dʒɪkˈ/ *adj.* **phrèn·o·lóg·i·cal·ly** *adv.* 〘(1805) ← PHRENO- + -LOGY〙

phren·sy /frénzi/ *n.*, *v.* 《古》 =frenzy.

Phrix·us /fríksəs/ *n.* 〖ギリシャ神話〗 プリクソス《テーベ (Thebes) の王 Athamas の息子; 妹の Helle と共に継母 Ino の手から逃れるため金の羊毛 (Golden Fleece) をもった雄羊に乗って Colchis に渡り, 羊毛をそこの王 Aeëtes に与えた》. 〘◻ L ～ ◻ Gk *Phríxos*〙

phro·ne·sis /froʊníːsɪs | frəʊníːsɪs/ *n.* 〖哲学〗 実践知, 処世知《思慮分別ある生活を送るための道徳的な知恵》. 〘(1890) ◻ Gk *phrónēsis* thinking ← *phroneîn* to think ← *phrḗn* mind: ⇨ -sis〙

Phryg·i·a /frídʒiə/ *n.* フリギア《小アジアの中央および北西部にまたがる地方; 前 2000 年紀末, フリギア人が侵入し建国》. 〘◻ L ～ ◻ Gk *Phrugia*〙

Phryg·i·an /frídʒiən/ *adj.* **1** フリギア (Phrygia) の; フリギア人[語]の. **2** 〖音楽〗 フリギア旋法の; フリギア終止の. — *n.* フリギア人[語]. 〘n.: (*a*1490); adj.: (1579) ◻ L *Phrygiānus*〙

Phrýgian cáp [bónnet] *n.* **1** (昔, フリギア人がかぶった)先が前に折れ下がる三角キャップ. **2** =liberty cap. 〘1796〙

Phrýgian mòde *n.* 〖音楽〗 フリギア旋法《第 3 旋法; ⇨ mode¹ 4 a》. 〘1674〙

PHS 《略》《米》 Public Health Service; personal handyphone system (日本の)簡易携帯電話方式.

pht /ft, ɸt/ *int.* ちぇっ, ふん《軽い怒りやいらだちを表す》. 〖擬音語〗

phthal- /θæl, fθæl/ (母音の前にくるときの) phthalo- の異形.

phthal·ate /θǽleɪt, fθǽl-/ *n.* 〖化学〗 フタル酸塩[エステル]. 〘1866〙

phthal·az·ine /θælǽziːn, fθ-, -léɪz-, -zɪn | θǽləziːn, -zɪn/ *n.* 〖化学〗 フタラジン ($C_8H_6N_2$). 〘(1893) ← PHTHALO- + AZINE〙

phthal·e·in /θǽliɪn, θéɪl-, fθǽl-, fθéɪl-, -liːn | -liɪn, -liːn/ *n.* 〖化学〗 フタレイン《無水フタル酸とフェノール(類)を濃硫酸中で加熱して得た化合物; その誘導体は重要な染料》. 〘(1877) ← PHTHALO- + -IN²〙

phthal·ic /θǽlɪk, θéɪl-, fθǽl-, fθéɪl-/ *adj.* 〖化学〗 フタル酸の. 〘(1855) ← (NA)PHTHAL(INE) + -IC¹〙

phthálic ácid *n.* 〖化学〗 **1** フタル酸 ($C_6H_4(CO-OH)_2$). **2** =isophthalic acid. **3** =terephthalic acid. 〘1857〙

phthálic anhýdride *n.* 〖化学〗 無水フタル酸 ($C_6H_4(CO)_2O$)《ナフタリンを酸化して作る白色針状結晶; 染料中間物・合成樹脂などを作るのに用いる》. 〘1855〙

phthal·im·ide /θǽlɪmaɪd, fθæl-, -mɪd | -maɪd, -mɪd/ *n.* 〖化学〗 フタルイミド ($C_6H_4(CO)_2NH$)《主にアミノ化剤, アントラニル酸の原料として用いられる》. 〘(1857) ← PHTHALO- + IMIDE〙

phthal·in /θǽlɪn, fθǽl- | fθǽlɪn/ *n.* 〖化学〗 フタリン《フタレイン類を還元して得られる化合物の俗称》. 〘(1875) ← PHTHALO- + -IN²〙

phthal·o- /θǽloʊ, fθǽl- | -ləʊ/「フタル酸 (phthalic acid) に近似の)」の意の連結形. ★ 母音の前では通例 phthal- になる. 〘← PHTHAL(IC) + -O-〙

phthàlo·cýanine *n.* 〖化学〗 **1** フタロシアニン ($C_{32}H_{18}N_8$)《非常に安定した染料となる青色化合物》. **2** 金属フタロシアニン: ～ blue フタロシアニンブルー《青色の有機顔料, 銅フタロシアニン》/ ～ green フタロシアニングリーン《緑色の有機顔料, フタロシアニンブルーのポリクロロ誘導体》. 〘(1933): ⇨ ↑, cyanine〙

phthi·o·col /θáɪəkɔ̀(ː)l, fθaɪ- | -kɒ̀l/ *n.* 〖生化学〗 フチオコール ($C_{11}H_8O_3$)《結核菌中にある黄色色素の一種; ビタミン K と同様な出血を防ぐ作用があり, 抗結核性もある》. 〘(1933) ← PHTHI(SIS) + -O- + *c* (挿入音) + -OL¹〙

phthi·ri·a·sis /θɪráɪəsɪs, fθɪ-, θaɪ-, fθaɪ- | θaɪráɪəsɪs, fθaɪ-/ *n.* (*pl.* **-a·ses** /-siːz/) 〖病理〗 しらみ(寄生)症《特にケジラミ (crab louse) による; pediculosis ともいう》. 〘(1598) ◻ L *phthīriāsis* ◻ Gk *phtheiríāsis* ← *phtheirián* to be lousy ← *phtheír* louse: ⇨ -asis〙

phthises *n.* phthisis の複数形.

phthis·ic /tízɪk, θíz- | θáɪsɪk, fθáɪs-, táɪs-/ 《古》〖病理〗 *n.* =phthisis. — *adj.* 肺結核の, 肺癆(はいろう)の, 結核にかかった. **phthís·i·cal** /-zɪkəl, -kl | -sɪ-/ *adj.* 〘(*c*1387) (*p*)*tisike* ◻ OF (*p*)*tisique* (F *phtisie*) < VL *(*ph*)*tisica*(*m*) (n.) ← (fem. adj.) ← L *phthisicus* ◻ Gk *phthisikós* consumptive: ⇨ phthisis, -ic¹〙

phthis·ick·y /tízɪki, θíz- | θáɪsɪki, fθáɪs-, táɪs-/ *adj.* 《古》 **1** 結核(性)の (tubacular). **2** 喘息(性)の (asthmatic). 〘1697〙

phthi·sis /θáɪsɪs, táɪ-, fθáɪ- | θáɪsɪs, fθáɪ-, táɪ-/ *n.* (*pl.* **phthi·ses** /-siːz/) 〖病理〗 **1** 消耗. **2** 癆(ろう)《肺癆など》; 肺結核 (consumption), 結核症 (tuberculosis). 〘(1543) ◻ L ～ ◻ Gk *phthísis* ← *phthíein* to waste away ← IE **gzwhi-* to perish (Skt *kṣiṇāti* he destroys)〙

phu·goid /fjúːgɔɪd/ *adj.* 〖宇宙・航空〗 フゴイド振動の《大気中における航空機・ロケットの長周期縦揺れ運動についていう》. 〘(1908) ← Gk *phugḗ* flight + -OID〙

Phu·ket /puːkét; *Thai* phuːkéd/ *n.* プーケット: **1** タイ南西部 Malay 半島西岸の島; リゾート地. **2** 同島南端の町.

phul·ka·ri /pʊlkɑ́ːri/ *n.* プールカーリー《インドで作られる, 木綿の布地に着色絹糸で刺繍を施したもの》. 〖Hindi〗

phut /ft, fʌt/ *int.*, *n.* (*also* **phutt** /～/) 《英口語》 ぱん, ぽん《膨れた物が張り裂ける音, または小銃弾などの当たる音》. ***gò* [*be gòne*] *phút*** 《英口語》 (1) 〈タイヤが〉パンクする. (2) ひしがれる, だめになる, 参ってしまう, 疲れる. 〘(1892)〙 〘(1888)〖擬音語〗 (cf. phit): cf. Hindi *phaṭnā* to explode〙

pH vàlue *n.* =pH.

phwoah /fwɔ́ː, ɸuɔ́ə/ *int.* (*also* **phwoar** /～/) 《英俗》 やりたい, むらむらするぜ《性的な欲望を表現する》.

phyc- /faɪk/ (母音の前にくるときの) phyco- の異形.

-phy·ce·ae /fáɪsiiː, fɪs-/ 〖植物〗「藻類 (algae)」の意の複数名詞連結形: Schizo*phyceae*. ★ 藻類の分類上の科名に用いられる. 〘← NL ～ ← Gk *phûkos* seaweed ◻ Heb. *pūkh* stibium, lye: cf. fucus〙

phy·co- /fáɪkoʊ | -kəʊ/「海藻, 藻類 (algae)」の意の連結形: *phyco*chrome. ★ 母音の前では通例 phyc- になる. 〘◻ Gk *phūko-* ← *phûkos* (↑)〙

phy·co·chrome /fáɪkəkròʊm | -kə(ʊ)krəʊm/ *n.* **1** 〖生化学〗 フィコクローム《ある種の藻類に見られる青緑色の複合色素》. **2** 〖植物〗 =blue-green alga. 〘1888〙

phỳco·cólloid *n.* 〖生化学〗 藻膠質(そうこうしつ)《褐・紅藻類から出る多糖類粘液》.

phỳco·cýan *n.* 〖生化学〗 フィコシアン (⇨ phycocyanin). 〘1866–8〙

phỳco·cýanin *n.* 〖生化学〗 フィコシアニン, 藻藍(そうらん)素《藍藻類の葉緑体中に含まれる藍(あい)色の色素蛋白; phycocyan ともいう》. 〘(1875) ← PHYCO- + CYAN- + -IN²〙

phy·co·er·y·thrin /fàɪkoʊérəθrɪn, -ɪríθ- | -kə(ʊ)-ɛ́rɪθrɪn, -ɪríθ-/ *n.* 〖生化学〗 フィコエリトリン《紅藻類の葉緑体中に存在する赤色色素蛋白》. 〘1873〙

phy·cól·o·gist /-dʒɪst | -dʒɪst/ *n.* 藻類学者. 〘1890〙

phy·col·o·gy /faɪkɑ́(ː)lədʒi | -kɔ́l-/ *n.* 藻類学 (algology). **phy·co·log·i·cal** /fàɪkəlɑ́(ː)dʒɪkəl, -kl | -lɔ́dʒɪ-ˈ/ *adj.* 〘(1847) ← PHYCO- + -LOGY〙

phy·co·my·cete /fàɪkoʊmáɪsiːt, ˌ-ˌ-ˌ-ˈ- | -kə(ʊ)-/ *n.* 〖植物〗 藻菌類に属する菌《真菌類のうち担子菌と子嚢(しのう)菌を除いた残りの総称》. **phỳ·co·my·cé·tous** /-maɪsíːtəs | -təsˈ/ *adj.* 〘(1887) (1932) ← NL *phycomycetes*: ⇨ phyco-, -mycete〙

Phyfe /fáɪf/, **Duncan** *n.* ファイフ (1768–1854; スコットランド生まれの New York で活躍した米国の家具製作者・デザイナー (cf. Duncan Phyfe)).

phyl- /faɪl/ (母音の前にくるときの) phylo- の異形.

-phyl /ˌ-fɪl/ =-phyll.

phyla¹ *n.* phylum の複数形.

phyla² *n.* phylon の複数形.

phy·lac·ter·y /fɪlǽktəri | fɪ-/ *n.* **1** [the phylacteries] 〖ユダヤ教〗 聖句箱《羊皮紙に旧約聖書からの文句を記したものを納めた二つの革の小箱; ユダヤ人が祈りの時, 一つを左腕に他の一つは額に結びつけて律法を守ることを忘れないようにする; tefillin ともいう; cf. *Deut.* 6:8; 11:18》. **2** (通例これ見よがしの)律法[宗教的掟]の順守. **3** (キリスト教初期に)聖人の遺物を入れた聖箱[容器]. **4** 《まれ》 お守り, 護符 (amulet), 魔よけ (charm). **5** 思い出させる人[物]. **6** (中世の絵で, 人の言葉を示すために口から出したり手に持っている)字を書いた巻物. **7** ふち飾り, 房へり飾り. ***màke bróad the phyláctery* [*phyláctéries*]** 聖句箱を幅広くする; 道徳家ぶる (cf. *Matt.* 23:5). 〘(*c*1384) ◻ LL *phylactērium* ◻ Gk *phulaktḗrion* outpost, safeguard, amulet ← *phúlax* guard (cf. phylaxis) ∽ ME *philaterie* ◻ ML *philatērium* (変形) ← LL〙

phy·lac·tic /fɪlǽktɪk | fɪ-/ *adj.* 〖医学〗 感染防御の[に関する]. 〘(1706) ◻ Gk *phulaktikós* preservative〙

phylae *n.* phyle の複数形.

Phy·la·ko·pi /fɪlɑ́ːkəpi | -lǽk-; *Mod. Gk.* filakɔpí/ *n.* フィラコピ《ギリシャ領 Cyclades 諸島の Melos 島北岸にあるキクラデス文化の代表的遺跡》.

phy·lar /fáɪlə | -lə(r)/ *adj.* phylum の. 〘⇨ phyle, -ar¹〙

phy·lax·is /fɪlǽksɪs | fɪlǽksɪs/ *n.* 〖医学〗 感染防御, 感染に対する抵抗力. 〘(1931) ← NL ～ ← Gk *phúlaxis* ← *phulássein* to guard〙

phy·le /fáɪli/ *n.* (*pl.* **phy·lae** /-liː/) (古代ギリシャの)部族 (tribe)《仮想的親縁関係で民族を分類した政治的大単位; これを小分けしたものを phratry という》. **phy·lic** /fáɪlɪk/ *adj.* 〘(1863) ◻ Gk *phūlḗ* tribe ← *phúein* to bring forth〙

phy·le·sis /faɪlíːsɪs | -sɪs/ *n.* 〖生物〗 系統. 〘← NL ～: ⇨ ↑, -esis〙

phy·let·ic /faɪlétɪk | -tɪk/ *adj.* 〖生物〗 門 (phylum) の; 系統発生の (phylogenic); 種族の. 〘(1881) ← Gk *phūletikós* tribal: ⇨ ↑, -ic¹〙 **phy·lét·i·cal·ly** *adv.*

phyll- /fɪl/ (母音の前にくるときの) phyllo- の異形.

-phyll /ˌ-fɪl/「葉 (leaf); 植物内の…色素」の意の名詞連結形: chloro*phyll*, clado*phyll*. 〘◻ F *-phylle* ← Gk *phúllon* leaf〙

phyl·la·ry /fíləri/ *n.* 〖植物〗 総苞片の一つ《キク科植物の頭状花の外側の総苞(そうほう)を形成する一つの苞》. 〘← NL *phullarium* ← Gk *phullárion* (dim.) ← *phúllon* leaf〙

Phyl·lis /fílɪs | -lɪs/ *n.* **1** フィリス《女性名; 愛称形 Phil, Phyl; 異形 Phillis, Phillida》. **2** ピュリス《Virgil 作 *Eclogues* 中の田舎娘》. **3** きれいな田舎娘, 恋人《牧歌的名称》. 〘(1632) ◻ L ～ ◻ Gk *Phullís* (原義) leaf: cf. *phúllon* (↑)〙

phyl·lite /fílaɪt/ *n.* 〖岩石〗 千枚岩, フィライト《やや変成した粘板岩》. **phyl·lit·ic** /fɪlítɪk, fə- | fɪlít-/ *adj.* 〘(1828) ← PHYLLO- + -ITE¹〙

phyl·lo /fíːloʊ, fáɪl- | fáɪləʊ, fíːl-, fíl-; *Mod. Gk.* filo/ *n.* (*pl.* **～s**) フィロ《薄く何段にも重ねたパイ皮; 焼くと薄片状になる; 前菜やデザートに使う》. 〘(1950) ← ModGk *phúllo* leaf < Gk *phúllon* (↓)〙

phyl·lo- /fíloʊ | -ləʊ/「葉 (leaf); 葉状体の部分[物]; 葉緑素 (chlorophyll)」の意の連結形. ★ 母音の前では通例 phyll- になる. 〘◻ Gk ～ ← *phúllon* leaf ← IE **bhel-* to bloom: cf. L *folium* leaf〙

phyl·lo·clade /fíləklèɪd/ *n.* (*also* **phyl·lo·clad** /fíləklæ̀d/) 〖植物〗 (サボテンのような)偏平枝, 葉状茎 (cladophyll). **phyl·lo·cla·di·oid** /fìləkléɪdiɔ̀ɪd | -dɪ-/ *adj.* 〘(1858) ← NL *phyllocladium* (↓)〙

phyl·lo·cla·di·um /fìloʊkléɪdiəm | -lə(ʊ)kléɪdiəm/ *n.* (*pl.* **-di·a** /-diə | -diə/) 〖植物〗 =phylloclade. 〘← NL ～ ← PHYLLO- + CLADO- + -IUM〙

phyl·loc·la·dous /fɪlɑ́(ː)klədəs | fɪlɔ́klәd-/ *adj.* 〖植物〗 偏平枝[葉状茎]を有する. 〘1895〙

phyl·lode /fíloʊd | -ləʊd/ *n.* 〖植物〗 葉状茎, 仮葉, 偽葉. **phyl·lo·di·al** /fɪlóʊdiəl | fɪlə́ʊdi-/ *adj.* 〘(1848) ← NL *phyllodium*〙

phyl·lo·di·um /fɪlóʊdiəm | fɪlə́ʊdiəm/ *n.* (*pl.* **-di·a** /-diə | -diə/) 〖植物〗 =phyllode. 〘← NL ～ ← Gk *phullṓdēs* leaflike: ⇨ phyllo-, -ode¹〙

phyl·lo·dy /fílədi | -di/ *n.* 〖植物〗 葉化《萼(がく)・花弁などが葉の形に変化すること》. 〘(1888) ← PHYLLO- + -ODE¹ + -Y¹〙

phyl·loid /fílɔɪd/ *adj.* 葉状の. 〘(1858) ← PHYLLO- + -OID〙

phyl·lo·ma·ni·a /fìləméɪniə, -njə/ *n.* 〖植物〗 葉の異状発生. 〘(1670) ← NL ～: ⇨ phyllo-, -mania〙

phyl·lome /filoʊm | -ləʊm/ *n.* 〖植物〗 **1** 葉 (leaf). **2** 葉状組織, 葉状体. **phyl·lo·mic** /fɪlóʊmɪk, -lɑ́(ː)m- | fɪlə́ʊm-, lɔ́m-/ *adj.* 〘(1858) ← NL *phylloma* foliage ← Gk *phúllōma* ← *phúllon* leaf: ⇨ phyllo-, -ome〙

phyl·loph·a·gous /fɪlɑ́(ː)fəgəs | fɪlɔ́f-/ *adj.* 〖動物〗 葉食の, 草食性の. 〘(1868) ← PHYLLO- + -PHAGOUS〙

phyl·lo·phore /fíləfɔ̀ə | -fɔ̀ː(r)/ *n.* 〖植物〗 頂生芽; (特に)ヤシの幹の先端. 〘(1848) ← PHYLLO- + -PHORE〙

phyl·lo·pod /fíləpɑ̀(ː)d | -pɒ̀d/ 〖動物〗 *n.* 葉脚亜綱の動物《ミジンコなど》. — *adj.* =phyllopodan. **phyl·lop·o·dous** /fɪlɑ́(ː)pədəs | fɪlɔ́pədəs/ *adj.* 〘(1863) ← NL *phyllopoda*: ⇨ phyllo-, -poda〙

phyl·lop·o·dan /fɪlɑ́(ː)pədən | fɪlɔ́pədən/ 〖動物〗 *adj.* (遊泳用の)葉状の足をもつ, 葉脚亜綱の. — *n.* =phyllopod.

phỳllo·quinóne *n.* 〖生化学〗 フィロキノン (⇨ vitamin K_1). 〘(1939) ← PHYLLO- + QUINONE〙

phỳllo·sílicate *n.* 〖鉱物〗 フィロケイ酸塩, 層状ケイ酸塩《SiO_4 四面体の頂点の共有が二次元的に広がった層状構造を成しているもの; sheet-silicate ともいう; cf. cyclosilicate》. 〘(1947) ← PHYLLO- + SILICATE〙

phyl·lo·so·ma /fìləsóʊmə | -sə́ʊ-/ *n.* 〖動物〗 フィロソマ, (俗に)ガラスエビ《イセエビ・ウチワエビなどの長い腕肢をもつ平たくて透明な幼生》. 〘← NL ～: ⇨ phyllo-, soma¹〙

phyl·lo·stome /fíləstòʊm | -stə̀ʊm/ *n.* 〖動物〗 ヘラコウモリ科のコウモリの総称; =leaf-nosed bat. 〘1835〙

phyl·lo·tac·tic /fìlətǽktɪkˈ/ *adj.* phyllotaxis の[に関する]. **phỳl·lo·tác·ti·cal** /-tɪkəl, -kl | -tɪ-ˈ/ *adj.* 〘1857〙

phyl·lo·tax·is /fìlətǽksɪs | -sɪs/ *n.* (*pl.* **-tax·es** /-siːz/) 〖植物〗 葉序; 葉序学[研究] (phyllotaxy ともいう). **phyl·lo·tax·ic** /fìlətǽksɪkˈ/ *adj.* 〘(1857) ← NL ～: ⇨ phyllo-, -taxis〙

phyl·lo·tax·y /fílətæ̀ksi/ *n.* 〖植物〗 =phyllotaxis.

-phyl·lous /fíləs/「葉が…の, …の葉をもった」の意の形容詞連結形: di*phyllous*, mono*phyllous*. 〘← NL *-phyllus* ← Gk *-phullos* ← *phúllon* leaf: ⇨ -ous〙

phyl·lox·e·ra /fìlɑ(ː)ksíərə, -lək-, fɪlɑ́(ː)ksərə | fɪlɒksíərə, fɪlɔ́ksərə/ *n.* (*pl.* **-e·rae** /-riː/, **～s**) 〖昆虫〗 ネアブラムシ属 (*Viteus*) の昆虫の総称; (特に)ブドウネアブラムシ (*V. vitifolii*)《ブドウなどの根や葉を食い荒らす大害虫》.

phỳl·lox·é·ran *adj.*, *n.* 〘(1868) ← NL ～ ← PHYLLO- + *-xera* (← Gk *xērós* dry (cf. xero-))〙

phy·lo- /fáɪloʊ | -ləʊ/「種族 (tribe), 人種 (race); (分類の)門 (phylum)」の意の連結形. ★ 母音の前では通例

P

phyl- になる. 〘← Gk *phûlon* race, tribe: cf. phyle〙
phỳlo·génesis *n.* 〖生物〗=phylogeny 1. 〘1875〙
phỳlo·genétic *adj.* **1** 系統発生[系統学]の. **2** 系統の, 系統分類の. **3** 系統発生の過程で獲得した; 種族の (racial). **phỳlo·genétically** *adv.* 〘1877〙
phy·log·e·ny /faɪlɑ́(ː)dʒəni | -lɔ́dʒɪ̀-/ *n.* **1** 〖生物〗系統発生 (cf. ontogeny). **2** 系統発生(の研究), 系統学. **3** (無形の物の)系統発生《言語・風習などの史的発展》.
phy·lo·gen·ic /fàɪlədʒénɪk˝/ *adj.* **phỳ·lo·gén·i·cal·ly** *adv.* **phy·lóg·e·nist** /-lɑ́(ː)dʒənɪ̀st | -lɔ́dʒɪ̀nɪst/ *n.* 〘(1870) ◻ G *Phylogenie*: ⇨ phylo-, -geny〙
phy·lon /fáɪlɑ(ː)n | -lɔn/ *n.* (*pl.* **phy·la** /-lə/) 〖生物〗種族 (tribe, race)《発生的に親縁関係にある集団》. 〘← NL ~ ← Gk *phûlon* (↓)〙
phy·lum /fáɪləm/ *n.* (*pl.* **phy·la** /-lə/) **1** 〖生物〗(動植物分類上の)門 (cf. classification 1 b). **2** 〖言語〗大語族《言語分類上親縁関係が必ずしも確立されていない大言語群; cf. family 3 d》. 〘(1876) ← NL ~ ← Gk *phûlon* race, tribe: cf. phyle〙
phy·ma /fáɪmə/ *n.* (*pl.* ~**s**, ~**·ta** /~tə | -tə/) 〖病理〗腫瘤(しゅりゅう), 瘤腫, 瘤《増殖傾向の強い結節》. 〘(1693) ◻ L *phȳma* ◻ Gk *phûma* swelling, tumor ← *phúein* to bring forth〙
-phyre /←—faɪə | -faɪə(r)/「斑岩(はんがん) (porphyritic rock)」の意の名詞連結形: grano*phyre*. 〘◻ Gk *-phur* ← *pórphuros* purple〙
phys. 《略》physical; physician; physicist; physics; physiological; physiology.
phy·sa·lis /fáɪsəlɪ̀s, fɪ́s- | -lɪs/ *n.* 〖植物〗ナス科ホオズキ属 (*Physalis*) の植物 (ホオズキ (Chinese lantern plant), ショクヨウホオズキ (strawberry tomato) など). 〘(1807) ← NL ~ ← Gk *phusallís* bladder〙
phys. ed. /fɪzéd/ *n.* =physical education.
physes *n.* physis の複数形.
phys·i- /fɪ́zɪ̀, -zi/ (母音の前にくるときの) physio- の異形.
phys·i·at·rics /fìziǽtrɪks/ *n.* **1** 自然療法. **2 a** =physical medicine. **b** =physical therapy.
phys·i·at·ric /fìziǽtrɪk˝/ *adj.* **phỳs·i·át·ri·cal** /-trɪ̀kəl, -kl̩ | -trɪ-˝/ *adj.* 〘(1858) ← PHYSIO- + -IATRICS〙
phys·i·at·rist /fìziǽtrɪ̀st | -trɪst/ *n.* 物理療法専門医. 〘⇨ ↑, -ist〙
phys·i·at·ry /fìziǽtri/ *n.* =physiatrics.
phys·ic /fɪ́zɪk/ *n.* **1 a** 《口語》薬, 医薬: a dose of ~ 薬一服. **b** 下剤 (purgative). **2** 《古》医術, 医業. **3** 《古》自然科学 (natural science) (cf. physics 4).
— *vt.* (**phys·icked**; **-ick·ing**) 《古》 **1** …に薬を服用させる, 投薬する (dose); …に下剤を施す, 下す. **2** 治す, いやす (cure): No remedy can ~ his mind. 彼の心を癒す薬はない. — *adj.* **1** 自然科学の[に関する]. **2** 《古》天然の, 自然の (natural). 〘(?1125) (1340) *fisyke* ◻ OF *phisike* (F *physique*) ◻ L *physica* natural science, (ML) medical science ◻ Gk *phusikḗ* (*epistḗmē*) ← *phúsis* nature ← IE **bheu(ə)-* to be: ⇨ -ic¹: cf. physique〙

P

SYN 下剤: **physic** 下剤の一般的な語. **laxative** 鉱油・寒天・ある種の果汁などによる弱い下剤, 緩下薬. **aperient** 軟下薬 (*laxative* に対する医学用語). **purgative** ヒマシ油などのより強い下剤. **cathartic** 瀉下(しゃげ)薬 (*purgative* に対する医学用語).

phys·i·cal /fɪ́zɪ̀kəl, -kl̩ | -zɪ-/ *adj.* **1** 身体の, 肉体の (↔ spiritual) (⇨ bodily **SYN**): ~ beauty 肉体美 / a ~ checkup 健康診断 / ~ constitution 体格 / ~ drill 教練, 体力の訓練 / ~ exercises 体操, 運動 / ~ strength [force] 体力[腕力] / ⇨ physical examination. **2** 物質界の, 物質(的)の (⇨ material **SYN**); 有形の, 形而下の (↔ spiritual); 天然の, 自然(界)の: the ~ world 物質界. **3** 物理の, 物理学上の, 物理(学)的な (cf. physics): a ~ change 物理的変化. **4** 自然の法則による; 自然科学の: ~ explanations of miracles 奇跡の自然科学的な説明 / It is a ~ impossibility for the sun to rise in the west. 太陽が西から昇ることは自然の法則上不可能なことだ / a ~ philosopher 自然科学者. **5** (知覚・判断の上から)明らかな, 識別できる. **6** (行為が)荒々しい; 人の体によく触る[触りたがる]. **7** 性的な; 肉欲にふける, 好色の (carnal): ~ love 性愛. **8** 《まれ》治薬の, 病気に効く (cf. physic 1 a). — *n.* 《米》=physical examination.
~·ness *n.* 〘(?a1425) ◻ ML *physicālis* ← L *physica* (↑): ⇨ -ical〙
physical anthropólogy *n.* 自然人類学, 形質人類学 (cf. cultural anthropology). **physical anthropólogist** *n.* 〘1873〙
physical chémistry *n.* 物理化学《化学的材料を物理的手法を用いて研究する学問; 略 phys. chem.》. 〘1893〙
physical círcuit *n.* 〖電気〗実回線 (⇨ side circuit).
physical cúlture *n.* 身体文化《個人衛生, 自然力(太陽・空気・水)による組織的な身体の鍛錬, 運動手段(各種の身体的トレーニング法・体操・遊戯・スポーツ・旅行)などが含まれる; cf. physical education》. 〘1867〙
physical dóuble stár *n.* 〖天文〗=binary star.
physical educátion *n.* 体育《心身の発達や発育の助成を目的とした身体運動を通しての教育; cf. physical training》. ★ 科目名として用い, 通例衛生・運動各種スポーツの教育を含む. 〘1838〙
physical examinátion *n.* 身体検査, 体格検査; 理学的検査.
physical fórce *n.* 力ずくの説得, 武力による脅し.
physical geógraphy *n.* 自然地理学, 地文(ちもん)学. 〘1808〙
physical hándicap *n.* 身体障害.
physical házard *n.* 〖保険〗物的危険 (cf. moral hazard).
phýs·i·cal·ìsm /-lɪ̀zm/ *n.* 〖哲学〗物理主義《すべての科学は究極的には物理で表現できるとするウィーン学団(論理実証主義者)の説》. 〘◻ G *Physikalismus*: ⇨ physical, -ism〙
phýs·i·cal·ist /-lɪ̀st | -lɪst/ *n.* 〖哲学〗物理主義者. — *adj.* =physicalistic. 〘1858〙
phys·i·cal·is·tic /fɪ̀zɪ̀kəlɪ́stɪk | -zɪ-˝/ *adj.* 〖哲学〗物理主義の, 物理主義的な. **phỳs·i·cal·ís·ti·cal·ly** *adv.* 〘1934〙
phys·i·cal·i·ty /fɪ̀zɪ̀kǽləṭi | -zɪkǽlɪ̀ti/ *n.* **1** (身体の)激しい運動[適応]能力. **2** (特異な)体質. **3** 即物性, 動物性, 物欲. 〘(1593) ← PHYSICAL + -ITY〙
physical jérks *n. pl.* 《英口語》体操, 運動: do ~. 〘1919〙
phýs·i·cal·ly *adv.* **1** 自然の[物理的]法則に従って; 自然科学[物理学]的に: It's ~ impossible. それは物理的に不可能だ. **2** 物質的に (↔ spiritually). **3** 身体上, 体格では (↔ mentally): ~ strong 身体強健な / ~ and mentally 心身共に. 〘(1581) ← PHYSICAL + -LY¹〙
physically chállenged *adj.* 《米》《婉曲》身体の不自由な, 身体障害(者)の.
physical médicine *n.* 物(理)療(法)学, 物療科《理学的方法で診断・治療する医学の一分科》; (特に)物理療法 (physical therapy).
physical meteorólogy *n.* 物理気象学《大気現象を物理学的方法で説明しようとする分野; cf. dynamic meteorology》.
physical óptics *n.* 物理光学《電磁波としての光の性質を究明する光学の一部門; cf. geometrical optics》. 〘1831〙
physical péndulum *n.* 〖物理〗実体振り子, 物理振り子《剛体が水平な固定軸によって吊り下げられた振り子; compound pendulum ともいう; cf. simple pendulum》.
physical phonétics *n.* 物理的音声学.
physical próperty *n.* 物理的性質, 物理性.
physical restorátion *n.* 機能回復作業療法.
physical scíence *n.* (生物分野を除く)自然科学《物理学・化学・天文学》; (特に)物理学. **physical scíentist** *n.* 〘1845〙
physical thérapist *n.* 理学療法 (physiotherapist). 〘1954〙
physical thérapy *n.* 理学[物理]療法 (physiotherapy). 〘1922〙
physical tráining *n.* 身体訓練《身体・体力の機能・技術向上の目的をもって行う練習または訓練; cf. physical education》. 〘1889〙
phýsic gàrden *n.* 薬草園. 〘1637〙
phy·si·cian /fɪ̀zɪ́ʃən | fɪ-/ *n.* **1** 医師, 医者 (⇨ doctor **SYN**); 内科医 (cf. surgeon): ⇨ family physician / consult a ~ 医者にかかる / *Physician*, heal thyself. 医者よ, 自らおのれを医(いや)せ (*Luke* 4: 23; cf.「医者の不養生」). **2** (魂などを)救う人, (悩みなどを)いやす人, 治す人, 救済者, 治療者 (healer). **3** 《廃》=natural philosopher. 〘(?a1200) *fisicien* ◻ OF (F *physicien*) ← *phisike* 'PHYSIC': ⇨ -ian〙
phy·si·cian·ly *adj.* 内科医の; 医者の(ような). 〘(1888): ⇨ ↑, -ly²〙
physícian's [physícian] assístant *n.* 医療補助者《正規の資格をもつ見習医師》.
physícian·shìp *n.* 医師の職[地位]《特に, 任命による》. 〘1732〙
phys·i·cism /fɪ́zəsɪ̀zm | -zɪ̀-/ *n.* 物理(的)宇宙観, 宇宙機械観 (mechanism); 唯物観 (materialism). 〘(1869) ← PHYSIC + -ISM〙
phys·i·cist /fɪ́zəsɪ̀st | -zɪ̀sɪst/ *n.* **1 a** 物理学者. **b** 《古》自然科学者. **2** 機械論者, 唯物論者; (特に)物活論者 (hylozoist). 〘1716〙
phys·ick·y /fɪ́zɪ̀ki | -zɪ-/ *adj.* 薬の味[におい, 性質]のする; 薬から生じる. 〘(1764) ← PHYSIC + -Y⁴〙
phýsic nùt *n.* 〖植物〗 **1** ナンヨウアブラギリ (*Jatropha curcas*)《熱帯アメリカ産トウダイグサ科の落葉大低木》. **2** ナンヨウアブラギリの種子《薬剤・機械油などに利用される》. 〘1657〙
phys·i·co- /fɪ́zɪ̀kou | -zɪ̀kəu/ 次の意味を表す連結形: **1**「自然の, 自然研究に基づいた」: *physico*theology 自然神学. **2**「身体の, 肉体の; 身体と…との」: *physico*-mental 心身の. **3**「物理学に関連した」: *physico*-chemical. 〘← NL ~ ← L *physicus* ◻ Gk *phusikós* natural, physical〙
phỳsico·chémical *adj.* 物理学と化学に関する; 物理化学に関する, 物理化学的な. **~·ly** *adv.* 〘1664〙
phys·ics /fɪ́zɪks/ *n.* **1** 物理学; (特定の一部門の)物理学. **2 a** 物理的過程, 物理的現象. **b** 物理的性質, 物理的組成. **3** 物理学書[論文]. **4** 《古》自然科学 (natural science). 〘(1589) (pl.) ← PHYSIC: ⇨ -ICS〙
phys·i·o /fɪ́ziòu | -ziəu/ *n.* (*pl.* ~**s**) 《英口語》 **1** 理学療法士 (physiotherapist). **2** 物理[理学]療法 (physiotherapy). 〘1962〙
phys·i·o- /fɪ́ziou | -əu/「天然 (nature), 天然の (natural); (精神に対して)肉体の; 物理学の (physical); 生理学の (physiological)」の意の連結形. ★ 母音の前では通例 physi- になる. 〘◻ Gk *phusio-* ← *phúsis* nature: cf. physic〙
phỳsio·chémical *adj.* 生理化学の. 〘1887〙
phys·i·oc·ra·cy /fɪ̀ziɑ́(ː)krəsi | -ɔ́k-/ *n.* 〖経済〗重農主義《François Quesnay などが唱えた説》. 〘(1875) ◻ F *physiocratie* 《原義》rule of nature: ⇨ physio-, -cracy〙
phys·i·o·crat /fɪ́ziəkræ̀t/ *n.* 重農主義者. **phy·si·o·crat·ic** /fɪ̀ziəkrǽṭɪk | -tɪk˝/ *adj.* 〘(1798) ◻ F *physiocrate*: ⇨ physio-, -crat〙
phys·i·og·nom·ic /fɪ̀ziə(g)nɑ́(ː)mɪk | -nɔ́m-˝/ *adj.* **1** 人相学の, 観相術の. **2** 人相の. **3** 外面的な, 外形的な. **phỳs·i·og·nóm·i·cal** /-mɪ̀kəl, -kl̩ | -mɪ-˝/ *adj.* **phỳs·i·og·nóm·i·cal·ly** *adv.* 〘(1755) ◻ LL *physiognomicus*: ⇨ physiognomy, -ic¹〙
phỳs·i·óg·no·mist /-mɪ̀st | -mɪst/ *n.* 人相学者, 観相家. 〘1570〙
phys·i·og·no·my /fɪ̀ziɑ́(ː)(g)nəmi | -ɔ́(g)nə-/ *n.* **1** 人相学, 観相術. **2** 人相, 顔つき (features) (⇨ face **SYN**). **3 a** 地形, 地勢: the ~ of a country 国の地勢. **b** 〖生態〗相観. **4** (物事の)様相, 状況. 〘(a1393) ◻ LL *physiognōmia* ◻ LGk *phusiognōmía* = Gk *phusiognōmonía* the judging of one's nature ← PHYSIO- + Gk *gnṓmōn* one who knows, a judge ← IE **gen-* 'to KNOW¹' ∞ (a1393) *fisonomie* ◻ OF *phisonomie* (F *physionomie*) ◻ ML *phisonomia*: ⇨ -y¹〙
phýsiographic clímax *n.* 〖生態〗地文的極相《地形など自然地理学的な条件で決まる極相; cf. edaphic climax》.
phys·i·og·ra·phy /fɪ̀ziɑ́(ː)grəfi | -ɔ́g-/ *n.* **1** 地文学, 自然地理学 (physical geography). **2** 《米》地形学 (geomorphology). **3** 記述的自然科学. **phys·i·og·ra·pher** /fɪ̀ziɑ́(ː)grəfə | -ɔ́grəfə(r)/ *n.* **phys·i·o·graph·ic** /fɪ̀ziəgrǽfɪk˝/ *adj.* **phỳs·i·o·gráph·i·cal** /-fɪ̀kəl, -kl̩ | -fɪ-˝/ *adj.* **phỳs·i·o·gráph·i·cal·ly** *adv.* 〘(1828) ← ? NL *physiographia* ∥ ◻ F *physiographie*: ⇨ physio-, -graphy〙
physiol. 《略》physiological; physiologist; physiology.
phys·i·ol·a·try /fɪ̀ziɑ́(ː)lətri | -ɔ́l-/ *n.* 自然崇拝 (nature worship). **phys·i·ol·a·ter** /fɪ̀ziɑ́(ː)ləṭə | -ɔ́lətə(r)/ *n.* **phys·i·ol·a·trous** /fɪ̀ziɑ́(ː)lətrəs | -ɔ́l-˝/ *adj.* 〘(1860) ← PHYSIO- + -LATRY〙
phys·i·o·log·ic /fɪ̀ziəlɑ́(ː)dʒɪk | -lɔ́dʒ-˝/ *adj.* =physiological. 〘1669〙
phys·i·o·log·i·cal /fɪ̀ziəlɑ́(ː)dʒɪ̀kəl, -kl̩ | -lɔ́dʒɪ-˝/ *adj.* **1** 生理学(上)の. **2** (身体の状態が)正常な《病理的でないことにいう; ↔ pathological》, 生理的な. **~·ly** *adv.* 〘(1610) ← LL *physiologicus*: ⇨ physiology, -ical〙
physiológical phonétics *n.* 生理音声学 (⇨ articulatory phonetics). 〘1933〙
physiológical psychólogy *n.* 生理(学的)心理学《心理事象を生理学的に解明しようとする心理学の一部門; psychophysiology ともいう》. 〘1904〙
physiológical salíne *n.* 〖生化学〗生理的食塩水《血液と同浸透圧にした食塩水で, 人に対しては 0.85% の食塩水; physiological saline solution ともいう》. 〘1952〙
physiológical sált solùtion *n.* 〖生化学〗=physiological saline. 〘1896〙
physiológic fórm *n.* 〖生物〗生理型 (cf. physiologic race).
physiológic ráce *n.* 〖生物〗生理的品種, 生理品種《形態学的に同一種と認められるものの中で生理的に異なる品種; cf. morphospecies》.
physiológic specializátion *n.* 〖生物〗生理学的分化《同一種または同一品種内に種々の生理学的品種が分化すること》.
phỳs·i·ól·o·gist /-dʒɪ̀st | -dʒɪst/ *n.* 生理学者. 〘1664〙
phys·i·ol·o·gy /fɪ̀ziɑ́(ː)lədʒi | -ɔ́l-/ *n.* **1** 生理学. **2** 生理, 生理機能. 〘(1564) ◻ F *physiologie* ∥ L *physiologia* ◻ Gk *phusiología* natural science: ⇨ physio-, -logy〙
phỳsio·pathólogy *n.* 生理病理学. **phỳsio·pathológic** *adj.* **phỳsio·pathológical** *adj.* 〘(1904) ← PHYSIO- + PATHOLOGY〙
phys·i·o·ther·a·pist /fɪ̀ziouθérəpɪ̀st | -ə(ʊ)θérəpɪst/ *n.* =physical therapist. 〘1923〙
phỳsio·thérapy *n.* =physical therapy. 〘(1905) ← NL *physiotherapia*: ⇨ physio-, therapy〙
phy·sique /fɪ̀zíːk/ *n.* **1** (主に男性の筋肉質の)体格 (physical structure): be of fine ~ 立派な体格をしている. **2** 地形: the ~ of the area その地域の地形.
phy·síqued /~t/ *adj.* 〘(1826) ◻ F ~ 'physical' ◻ L *physicus* ◻ Gk *phusikós*: cf. physic〙
phy·sis /fáɪsɪ̀s | -sɪs/ *n.* (*pl.* **phy·ses** /-siːz/) **1** 自然成長の原則; (成長源としての)自然. **2** 成長するもの. 〘◻ Gk *phúsis* origin, natural form of a thing〙
phy·so·clist /fáɪsəklɪ̀st/ *adj.* 〖魚類〗浮袋と腸管と相通じない, 浮袋のふさがった. 〘← NL *Physoclisti* (属名: ← Gk *phûsa* bellows + *-clīsti* (← Gk *kleistós* closed)〙
phy·so·clis·tous /fàɪsəklɪ́stəs˝/ *adj.* 〖魚類〗=physoclist. 〘(1887): ⇨ ↑, -ous〙
phy·so·stig·mine /fàɪsoustɪ́gmiːn, -mɪ̀n | -sə(ʊ)stɪ́gmiːn, -mɪn/ *n.* 〖薬学〗フィゾスチグミン ($C_{15}H_{21}N_3O_2$)《アフリカ産のカラバルマメ (Calabar bean) の中にある透明またはピンク色の有毒アルカロイド; 縮瞳剤; eserine ともいう》. 〘(1864) ← NL *Phȳsostigma* (← Gk *phûsa* bellows + STIGMA) + -INE³〙
phy·so·stom·a·tous /fàɪsoustɑ́(ː)məṭəs, -stóʊm- |

-sə(ʊ)stóʊmətəs, -stóʊm-ˊ/ *adj.* 〘魚類〙=physostomous.

phy·sos·to·mous /faɪsɑ́(ː)stəməs | -sɔ́s-/ *adj.* 〘魚類〙〈魚が〉浮袋(うきぶくろ)と腸管と相連絡した. 〖(1887) ← NL *Physostomi* (← Gk *phûsa* bellows + -STOMI) + -OUS〗

phyt- /faɪt/ (母音の前にくるときの) phyto- の異形.

phy·tane /fáɪteɪn/ *n.* 〘化学〙フィタン ($C_{20}H_{42}$) (化石化した植物中に見出されるイソプレン系炭化水素). 〖(1907) ← PHYTO- + -ANE[2]〗

-phyte /ˊ–(–)faɪt/ 次の意味を表す名詞連結形: **1** 「…の習性[生育地]をもつ植物」: epi*phyte*, sapro*phyte*. **2** 〘病理〙「…増殖体」: osteo*phyte*. 〖← Gk *phutón* plant ← IE **bheu-* to be, grow: cf. physio-〗

-phyt·ic /fɪ́tɪk | -tɪk-ˊ/「植物に類似の」意の形容詞連結形: holo*phytic*, epi*phytic*. 〖⇨ ↑, -ic[1]〗

phý·tic ácid /fáɪtɪk- | -tɪk-/ *n.* 〘化学〙フィチン酸 ($C_6H_6(OPO(OH)_2)_6$) (広くフィチン (Phytin) として植物中に存在する帯黄色液体). 〖1908〗

phy·tin /fáɪtn̩ | -tɪn/ *n.* **1** 〘生化学〙フィチン (Ca_5Mg-$(C_6H_{12}O_{24}P_6 \cdot 3H_2O)_2$) (植物の果実・塊茎・根茎に含まれるイノシット (inosite) のリン酸エステル (phytic acid) のカルシウム, マグネシウム塩; 白い粉末; イノシトールの出発物質). **2** [P-] 〘商標〙ファイティン (フィチンを含む強壮剤の商品名; 食事でのカルシウム・有機リンなどの補給に用いる). 〖(1905) ⇨ ↓, -in[2]〗

phy·to- /fáɪtoʊ | -təʊ/「植物 (plant)」の意の連結形. ★ 母音の前では通例 phyt- になる. 〖← NL ~ ← Gk *phutón* plant: cf. -phyte〗

phỳto·aléxin *n.* 〘植物生理〙フィトアレキシン (菌の侵入によって植物内に生成される抗菌作用物質). 〖(1949): ⇨ ↑, alexin〗

phỳto·bézoar *n.* 〘獣医〙植物胃石 (牛・羊などが飲み込んだ毛や植物が胃内で凝固した塊; hair ball ともいう).

phỳto·biólogy *n.* 植物生態学 (植物とその生育環境との関係を扱う分野). 〖1890〗

phỳto·chémical *adj.* 植物化学の. — *n.* [*pl.*] ファイトケミカル (特定の病気を予防するといわれる植物由来の化合物; カロチノイドやフラボノイド). **~·ly** *adv.* 〖1858〗

phỳto·chémistry *n.* 植物化学. **phỳto·chémist** *n.* 〖1837〗

phy·to·chrome /fáɪtəkròʊm | -tə(ʊ)krəʊm/ *n.* 〘生化学〙フィトクローム, 植物性クロモプロテイン (環境の光条件を感知して生長や開花などを調節する植物ホルモンの一つ). 〖1893〗

phy·to·cid·al /fàɪtəsáɪdl̩ | -təsáɪdl̩-ˊ/ *adj.* 植物[草木]を枯らす (plant-killing). 〖(1934) ← PHYTO- + -CIDE + -AL[1]〗

phỳto·climatólogy *n.* 植物気候学.

phỳto·coe·nó·sis /-siːnóʊsɪs | -nəʊsɪs/ *n.* (*pl.* **-no·ses** /-siːz/) 〘植物〙植物共同体, 全層群落 (ある地域の植物のすべての総称). 〖← NL ~: ⇨ phyto-, coeno-, -osis〗

phỳto·flágellate *n.* 〘動物〙=plantlike flagellate. 〖(1947) ← NL *phytoflagellata* (分類名)〗

phỳto·génesis *n.* 植物発生(論). **phỳto·ge·nétic** *adj.* **phỳto·genétical** *adj.* **phỳto·genétically** *adv.* 〖(1858) ← NL ~: ⇨ phyto-, -genesis〗

phy·to·gen·ic /fàɪtədʒénɪk | -tə-ˊ/ *adj.* 〘地質〙植物起源の[に関係ある]; 植物から成る, 植物性の. 〖1858〗

phy·tog·e·nous /faɪtɑ́(ː)dʒənəs | -tɔ́dʒ-/ *adj.* 〘地質〙=phytogenic.

phy·tog·e·ny /faɪtɑ́(ː)dʒəni | -tɔ́dʒɪ-/ *n.* =phytogenesis.

phytogeog. (略) phytogeography.

phỳto·geógraphy *n.* 植物地理学. **phỳto·geo·gráphic** *adj.* **phỳto·geográphical** *adj.* **phỳto·geográphically** *adv.* 〖1847〗

phy·tog·ra·pher /faɪtɑ́(ː)grəfə | -tɔ́grəfə[r]/ *n.* 記述植物学者. 〖1889〗

phy·tog·ra·phy /faɪtɑ́(ː)grəfi | -tɔ́g-/ *n.* 記述植物学. 〖(1696) ← NL *phytographia*: ⇨ phyto-, -graphy〗

phỳto·hemagglútinin *n.* (*also* **phỳto·hae·magglútinin**) 〘免疫〙(植物性)(赤)血球凝集素, フィトヘムアグルチニン (インゲンマメからの抽出物). 〖(1949) ← PHYTO- + HEMAGGLUTININ〗

phỳto·hórmone *n.* 〘植物生理〙植物ホルモン (⇨ plant hormone). 〖1933〗

phy·to·lith /fáɪtəlɪθ | -tə-/ *n.* 〘植物〙植物蛋白石, 植物岩(がん). 〖((1794)) (1958): ⇨ -lith〗

phy·tol·o·gy /faɪtɑ́(ː)lədʒi | -tɔ́l-/ *n.* (廃) 植物学 (botany). **phy·to·log·ic** /fàɪtəlɑ́(ː)dʒɪk, -tl̩- | -təlɔ́dʒ-ˊ/ *adj.* **phỳ·to·lóg·i·cal** /-lɑ́dʒɪkəl, -kl̩ | -lɔ́dʒɪ-ˊ/ *adj.* **phỳ·to·lóg·i·cal·ly** *adv.* 〖(1658) ← NL *phytologia*: ⇨ phyto-, -logy〗

phy·to·men·a·di·one /fàɪtoʊmènədáɪoʊn | -tə(ʊ)mènədáɪəʊn/ *n.* 〘生化学〙フィトメナジオン (ビタミン K_1). 〖⇨ menadione〗

phy·to·mer /fáɪtəmə | -təmə[r]/ *n.* 〘植物〙植物体の構造単位となる部分例芽をもった節. 〖(1880) ← NL *phytomeron* ← PHYTO- + *meron* (← Gk *méros* part)〗

phy·tom·e·ter /faɪtɑ́(ː)mətə | -tɔ́mɪtə[r]/ *n.* 植物計, フィトメーター (環境の及ぼす生理的反応の変化量をみるためにその環境内におかれる植物(群)). 〖(1919) ← PHYTO- + -METER〗

phy·ton /fáɪtɑ(ː)n | -tɒn/ *n.* 〘植物〙フィトン: **1** 葉とその基部の茎とからなる植物の構成単位. **2** 挿し木などで新植物に発達できる葉・茎・根の最小部分. **phy·ton·ic** /faɪtɑ́(ː)nɪk | -tɔ́n-/ *adj.* 〖(1848) ← NL ~ ← Gk *phutón* plant: cf. phyto-〗

phy·to·na·di·one /fàɪtoʊnədáɪoʊn | -tə(ʊ)nə-dáɪəʊn/ *n.* 〘生化学〙フィトナジオン (⇨ vitamin K_1). 〖← PHYTO- + *na*(*phthoquinone*) + -DIONE〗

phỳto·páthogen *n.* 〘植物病理〙植物病原体, 植物生病原生物 (寄主である植物を犯す生物). **phỳto·pathogénic** *adj.* 〖1934〗

phỳto·pathólogy *n.* 植物病理学. **phỳto·pathológic** *adj.* **phỳto·pathológical** *adj.* **phỳto·pathólogist** *n.* 〖1864〗

Phy·toph·a·ga /faɪtɑ́(ː)fəgə | -tɔ́f-/ *n. pl.* **1** 〘昆虫〙食葉群. **2** 〘動物〙**a** 草食有袋類 (二門歯亜目 (Diprotodontia) に当たる旧分類名; cf. Zoophaga). **b** 食草有袋類 (有袋類中の一群; 菜食性で門歯は上顎に 3 対, 下顎に 1 対). 〖← NL ~: ⇨ phyto-, -phage〗

phy·toph·a·gous /faɪtɑ́(ː)fəgəs | -tɔ́f-/ *adj.* 〘動物〙植物を食する, 草食性の. **phy·toph·a·gy** /faɪtɑ́(ː)fədʒi | -tɔ́f-/ *n.* 〖(1826) ← PHYTO- + -PHAGOUS〗

phỳto·plánkter *n.* 〘生物〙プランクトン植物 (⇨ plankter). 〖1957〗

phỳto·plánkton *n.* 〘生物〙植物プランクトン (cf. zooplankton). **phỳto·planktónic** *adj.* 〖1897〗

phy·to·plasm /fáɪtəplæ̀zm | -tə-/ *n.* 植物原形質.

phỳto·sánitary *adj.* (特に農産物に関する)植物衛生の: a ~ certificate 植物検査証明書. 〖1949〗

phỳto·serólogy *n.* 植物血清学.

phy·to·sis /faɪtóʊsɪs | -təʊsɪs/ *n.* (*pl.* **-ses** /-siːz/) 寄生植物による感染[病気]. 〖⇨ -osis〗

phỳto·sociólogy *n.* 植物社会学, 植物群落学. **phỳto·sociológical** *adj.* **phỳto·socio·lógically** *adv.* **phỳto·sociólogist** *n.* 〖1928〗

phy·tos·ter·ol /faɪtɑ́(ː)stəròː(ː)l | -tɔ́stərɒ̀l/ *n.* 〘生化学〙植物ステリン (C_{29} のシトステロール; 動物・植物・菌類などに見られる; cf. zoosterol). 〖(1898) ← PHYTO- + (CHOLE)STEROL〗

phy·tot·o·my /faɪtɑ́(ː)təmi | -tɔ́t-/ *n.* 植物解剖学. 〖(1844) ← PHYTO- + -TOMY〗

phy·to·tox·ic /fàɪtətɑ́(ː)ksɪk | -tətɔ́k-ˊ/ *adj.* 植物毒素の[を含んだ]; 植物に有毒な. 〖1933〗

phỳto·tóxicant *n.* 植物にとって有毒な物質. 〖1959〗

phỳto·toxícity *n.* 〘薬学〙植物毒性 (植物への有害作用). 〖1945〗

phỳto·tóxin *n.* 植物毒素. 〖1909〗

phy·to·tron /fáɪtətrɑ̀(ː)n | -tətrɒ̀n/ *n.* フィトトロン (植物の生長の研究用に種々の条件を自在に調節できる環境調節室). 〖(1949) ← PHYTO- + -TRON〗

phy·to·zo·on /fàɪtəzóʊɑ(ː)n | -təzə́ʊən/ *n.* (*pl.* **phy·to·zo·a** /-zóʊə | -zə́ʊə/) 〘生物〙=zoophyte. 〖(1842) ← NL ~: ⇨ phyto, -zoon〗

pi[1] /páɪ/ *n.* **1** パイ (ギリシャ語アルファベット 24 字中の第 16 字: Π, π (ローマ字の P, p に当たる); ⇨ alphabet 表). **2** 〘数学〙パイ (π) (円周率 (=約 3.1416) を表す記号); 円周率. 〖1: ◻ Gk *pî* < (古形) *peî* ◻ Sem. (Heb. *pē* (原義) mouth). 2: (1841) ← Gk *p*(*eriphéreia*) 'PERIPHERY' // *p*(*erímetros*) 'PERIMETER'〗

pi[2] /páɪ/ *n.* (*pl.* **pies** /~z/, **pis** /~z/) **1 a** 乱雑にされた活字, ごっちゃ活字. **b** 外字. **2** ごったがえし, 混乱: make *pi* of …をごっちゃにする. — *adj.* **1** (組付けが悪いため)印刷されない. **2** (ライノタイプなどの母型庫にない)外字の: *pi* characters 外字. — *v.* (**pied**; **pi·ing**) — *vt.* 〈活字・組版を〉ごっちゃにする, 乱雑にする. — *vi.* ごっちゃになる, 乱雑になる. 〖(1683) (変形) ← PIE[3]〗

pi[3] /páɪ/ *adj.* (英学生俗) 信心深い, 宗教的な (pious): a *pi* jaw お説議, お説教. — *n.* 信心ぶった話, お説教. 〖(1870) (略) ← PIOUS〗

pi. (略) piaster.

PI (略) Pasteur Institute パスツール研究所; petrol injection; L. Pharmacopoeia Internationālis 国際薬局方 (International Pharmacopoeia); Philippine Islands; principal investigator; private investigator 私立探偵; programmed instruction; F. Protocol International 国際外交慣礼 (International Protocol).

PI (記号) 〘自動車国籍表示〙Philippine Islands.

pi·a /páɪə, píːə/ *n.* =pia mater.

Pi·a /píːə/ *n.* ピア (女性名). 〖◻ L ~ ← *pius* pious〗

Pia·cen·za /pjɑːtʃéntsə, piːə-; *It.* pjatʃéntsa/ *n.* ピアチェンツァ (イタリア北部 Po 河畔の都市).

pi·ac·u·lar /paɪǽkjʊlə | -lə[r]/ *adj.* **1** 贖罪(しょくざい)の, 罪滅ぼしの. **2** 贖罪を必要とする; 罪深い (sinful). **3** 言語道断の, ひどい. **~·ly** *adv.* **~·ness** *n.* 〖(1610) ◻ L *piāculāris* ← *piāculum* propitiatory sacrifice ← *piāre* to appease ← *pius* 'PIOUS': ⇨ -ar[1]〗

pi·ac·u·la·tive /paɪǽkjʊlətɪv | -tɪv/ *adj.* =piacular 1.

Piaf /píːɑːf, –ˊ | píːæf, –ˊ; *F.* pjaf/, **Edith** *n.* ピアフ (1915–63; フランスのシャンソン歌手; 本名 Edith Giovanna Gassion; 通称「小雀 (La Môme Piaf)」).

piaffe /pjǽf; *F.* pjaf/ 〘馬術〙*vi.* 〈馬が〉ピヤッフェをする; 〈乗り手が〉馬にピヤッフェをもった. — *vt.* 〈馬に〉ピヤッフェをさせる. — *n.* ピヤッフェ, 信地速歩(しんちそくほ) (高等馬術の修練歩法の一つで, その場で行う短縮速歩; だく足より少し鈍い足踏み). 〖(1761) ↓〗

piaf·fer /pjǽfə | -fə[r]/ *n.* 〘馬術〙=piaffe. 〖(1862) ◻ F ~ 'to paw the ground'〗

Pia·get /pìːəʒéɪ, piɑː- | piǽʒeɪ, piɑ́ːʒ-; *F.* pjaʒɛ/, **Jean** *n.* ピアジェ (1896–1980; スイスの発達心理学者; 人間の認識の発生過程を構造的に究明した).

Pia·get·ian /pìːəʒéɪən, pìːɑː- | pìːədʒétiən, -ʒéɪən-ˊ/ *adj.* Piaget の, Piaget の学説の. — *n.* Piaget (の学説)の支持者. 〖(1960) ↑〗

pi·al /páɪəl, píː-/ *adj.* 〘解剖〙(脳)軟膜 (pia mater) の[に関する]. 〖(1889) ← *pia* (*mater*) (↓) + -AL[1]〗

pía má·ter /-méɪtə, -mɑ́ː- | -méɪtə[r]/ *n.* **1** 〘解剖〙軟膜, 脳軟膜 (cf. dura mater). **2** 知恵. 〖(1392) ◻ ML ~ 'tender mother' (なぞり) ← Arab. *al-umm al-raqīqa*[h]: cf. dura mater〗

pi·an /piǽn, -ɑ́ːn, pjɑ́ːn/ *n.* 〘病理〙=yaws. 〖(1803) ◻ F ~ ← S-Am.-Ind. (Tupi)〗

pi·a·nette /pìːənét/ *n.* (方言) =pianino. 〖(1879) ← PIANO[1] + -ETTE〗

piani *n.* piano[2] の複数形.

pi·a·ni·no /pìːəníːnoʊ | -nəʊ; *It.* pjaniːno/ *n.* (*pl.* **~s**) ピアニーノ (低い竪(たて)型ピアノ). 〖(1862) ◻ It. ~ (dim.) ← PIANO[1]〗

pi·a·nism /píːənɪzm, piǽnɪzm | píənɪzm pjǽn-, piǽn-/ *n.* **1** ピアノ演奏, ピアノ演奏の技巧[手腕]. **2** ピアノ用編曲. 〖(1844) ← PIANO + -ISM〗

pi·a·nis·si·mo /pìːənísəmòʊ | pìːənísɪməʊ, piːæ-, pjɑː-; *It.* pjanissimo/ ★ 英国のプロの音楽家の間では /pjɑː-, piɑː-, piːə-/ の発音が多い. 〘音楽〙*adv.*, *adj.* ピアニッシモ, きわめて弱く[弱い] (略 pp). — *n.* (*pl.* **~s** /~z/, **-si·mi** /-miː/; *It.* -mi/) ピアニッシモの楽節[楽句, 楽章]. 〖(1724) ◻ It. ~ (superl.) ← PIANO[2]〗

pi·an·ist /piǽnɪst, píːən- | píːənɪst, pjǽn-, piǽn-/ ★ 英国のプロの音楽家の発音は /píːənɪst/ が普通. *n.* ピアニスト, ピアノ演奏家. 日英比較 日本語の「ピアニスト」は職業としてのピアニストにしか用いないが, 英語の pianist は「ピアノを弾く[弾いている]人」の意味でも用いる. 〖(1839) ◻ F *pianiste* ◻ It. *pianista* ← PIANO[1] + *-ista* '-IST'〗

pi·a·nis·tic /pìːənístɪk-ˊ/ *adj.* ピアノの, ピアノ的な; ピアノで演奏する(に適した). **pì·a·nís·ti·cal·ly** *adv.* 〖1881〗

pi·an·o[1] /piǽnoʊ, piɑ́ː- | piǽnəʊ, piɑ́ː-, pjǽn-, pjɑ́ː-/ ★ 英国のプロの音楽家の間では /pjɑ́ːnəʊ, piɑ́ː-/ の発音が多い. *n.* (*pl.* **~s**) ピアノ: ⇨ cottage piano, grand piano, concert grand piano, player piano, upright piano / perform [play] the ~ ピアノを弾く. ★ (米) では the を省くことがある. ロックやジャズのミュージシャンは通例 the を省く. 〖(1803) ◻ It. ~ (略) ← PIANOFORTE, *fortepiano*〗

pia·no[2] /pjɑ́ːnoʊ | pjɑ́ːnəʊ, piɑ́ː-; *It.* pjaːno/ 〘音楽〙*adv.*, *adj.* ピアノの[で], 弱音の[で] (略 p, p.; ↔ forte). — *n.* (*pl.* **~s**, **-ni** /-niː; *It.* -ni/) ピアノと指定された楽節[楽句]. 〖(1683) ◻ It. ~ < LL *plānus* smooth, flat: PLAIN[1], PLAN と三重語〗

piáno accórdion /piǽnoʊ-, piɑ́ː- | piǽnəʊ, piɑ́ː-, pjǽn-, pjɑ́ː-/ *n.* ピアノアコーディオン (初期のボタン式に対し鍵盤式の普通のアコーディオン). **piáno accórdi·onist** *n.*

piáno bàr *n.* ピアノバー (生のピアノ演奏の聞けるカクテルバー).

piáno bènch *n.* (ベンチ型の)ピアノ椅子.

piáno duét *n.* 〘音楽〙ピアノ二重奏(曲) (2 台のピアノによる二重奏または連弾).

pi·an·o·for·te /piæ̀noʊfɔ́ːteɪ, -ti, -fɔ́ːət, ––––ˊ(–) | piæ̀nəʊfɔ́ːti, -ɑ̀ːn-, -teɪ, -fɔ̀ːt; *It.* pjanofɔ́rte/ *n.* ピアノ (形式ばった用語で, 現在は通例 piano と略称する). 〖(1767) ◻ It. ~ ← *pian*(*o*) *e forte* soft and strong: ⇨ piano[2], fort〗

piáno hìnge *n.* 〘機械〙ピアノヒンジ (扉, ふたなど一辺の全長にわたって配列され, 一本の細い針金で貫かれているちょうつがい; continuous hinge ともいう).

pi·a·no·la /pìːənóʊlə, pìːæn- | -nə́ʊ-/ *n.* **1** 〘トランプ〙(ブリッジで)楽にできる手, 楽勝の手. **2** 処理しやすい事柄, 楽な仕事 (cinch). 〖(1974) ← (1913) *pianola hand*: ↓〗

Pi·a·no·la /pìːənóʊlə, pìːæn- | -nə́ʊ-/ *n.* 〘商標〙ピアノラ (自動ピアノの一種). 〖(1901) (dim.) ← PIANO[1]〗

piáno lèg *n.* **1** ピアノの脚. **2** [*pl.*] (米口語) 大根足 (pudgy legs).

pia·no no·bi·le /pjɑ́ːnounóʊbɪlèɪ | -nəʊnə́ʊ-, piɑ́ːn-; *It.* pjanonɔ́bile/ *n.* 〘建築〙ピアノノビーレ, 主階 (イタリア(風)建築で, 主要な応接室の設けられる階; 通例 2 階に当たる). 〖1909〗

piáno òrgan *n.* (barrel organ に似た)手回しオルガン. 〖1844〗

piáno plàyer *n.* 〘音楽〙**1** ピアノ演奏者[家], ピアニスト. **2** 自動ピアノ (player piano). 〖1899〗

piáno quartét *n.* 〘音楽〙ピアノ四重奏(曲) (ピアノと 3 つの弦楽器(バイオリン・ビオラ・チェロ)); ピアノ四重奏団. 〖1934〗

piáno quintét *n.* 〘音楽〙ピアノ五重奏(曲) (ピアノと 3 つの弦楽器(第 1 バイオリン・第 2 バイオリン・ビオラ・チェロ)); ピアノ五重奏団. 〖1925〗

piáno ròll *n.* =music roll.

piáno scòre *n.* 〘音楽〙**1** ピアノ楽譜. **2** ピアノスコア (管弦楽・オペラ・合唱曲などをピアノで弾けるように 2 段譜表に書き替えたもの). 〖1929〗

piáno-stòol *n.* ピアノ(用の)椅子. 〖1847〗

piáno trío *n.* **1** ピアノ三重奏(曲) (ピアノ・バイオリン・チェロ). **2** ピアノ三重奏団.

piáno tùner *n.* (ピアノの)調律師.

piáno wìre *n.* ピアノ線. 〖1870〗

pias (略) piaster.

pi·as·sa·va /pìːəsɑ́ːvə; *Braz.* piasáva/ *n.* (*also* **pi·as·sa·ba** /-bə; *Braz.* -ba/) **1 a** 〘植物〙ブラジルゾウゲヤシ (*Attalea funifera*) (ブラジル産); ピアサバヤシ (*Leopol-*

P

dinia piassaba)《レオポルドヤシの一種》. **b** ピアサバ《ブラジルゾウゲヤシやピアサバヤシから採る粗い繊維; 縄・ブラシなどを作る》. **2 a** 〖植物〗サケラフィア (*Raphia vinifera*)《アフリカ産のヤシの一種》. **b** サケラフィアの粗い繊維. 〖《1857》□ Port. ~ □ S-Am.-Ind. (Tupi) *piaçába*〗

pi·as·ter, 《英》**pi·as·tre** /piǽstə, -áːs- | -stə(r)/ *n.* **1** ピアストル《エジプト・シリア・レバノン・スーダンの通貨単位; = ¹/₁₀₀ pound; 記号 P》; 1 ピアストル硬貨. **2** 《まれ》=PIECE of eight. **3** ピアストル《仏領インドシナ (1954 年まで) および南ベトナム (1975 年まで; 後 dong に変更) の旧通貨単位; =100 cents; 記号 VN $, Pr; cf. dong²》; 1 ピアストル紙幣. **4** ピアストル《トルコの旧通貨単位; =¹/₁₀₀ lira; 現在は kurus》. 〖《1611》□ F *piastre* □ It. *piastra* thin metal plate, coin ← L *emplastrum* 'PLASTER'〗

pi·at /piǽt/ *n.* 《英》歩兵用対戦車砲, 対戦車歩兵砲. 〖《1944》(頭字語) ← *p(rojector) i(nfantry) a(nti)t(ank)*〗

Pia·ti·gor·sky /pjɑ̀ːtɪgɔ́ːski, pjæ̀t- | -tɪgɔ́ː-; *Russ.* pʲitʲigórskʲij/, **Gregor** *n.* ピアティゴルスキー (1903–76; ロシア生まれの米国のチェロ奏者).

Pi·au·í /pjauíː; *Braz.* piauí/ *n.* ピアウイ《ブラジル北東部の州; 面積 250,934 km², 州都 Teresina》.

Pia·ve /pjáːveɪ, piáː-; *It.* pjáːve/ *n.* [the ~] ピアーヴェ(川)《イタリア北東部を流れアドリア海に注ぐ (220 km); 第一次大戦のイタリア軍防衛線》.

piaz·za /piáːtsə, -ǽtsə; *It.* pjáttsa/ *n.* (*pl.* **~s** /~z/, *It.* **piaz·ze** /-tseɪ; *It.* -tse/) **1** ピアッツァ; (特にイタリア都市の)広場, 市場. **2** /piǽzə, -áːzə | piáːtsə, -ǽtsə/ (米・カナダ) ベランダ (verandah). **3** /piáːtsə | -ǽtsə/ (英) (広場の周囲や建物前面の屋根付きの)歩廊 (arcade), 回廊 (gallery). 〖《1583》□ It. ~ < VL **platteam*=L *plateam*: ⇨ place¹: cf. plaza〗

Piaz·zet·ta /pjɑːtsétə; *It.* pjattsétta/, **Giovanni Battista** *n.* ピアツェッタ (1682?–1754; イタリアの Tiepolo 以後のベニス派バロック美術の代表的画家).

PIB /píːɑ̀ːbíː/ 《略》〖経済〗Prices and Incomes Board (cf. NBPI). 〖1966〗

pi·bal /páɪbəl, -bl/ *n.* 〖気象〗 **1** =pilot balloon. **2** パイボール観測, 測風気球観測《小型気球を経緯儀で追跡して行う高層風の観測; cf. rabal》. 〖《短縮》← *pi(lot) bal(loon)*〗

pib·corn /píbkɔən | -kɔːn/ *n.* =pibgorn.

pib·gorn /píbgɔən | -gɔːn/ *n.* ピブコーン《昔, ウェールズで用いたホーンパイプに似た木管楽器》. 〖《1794》□ Welsh ~ ← *pib* pipe+*gorn* horn (cf. corn²)〗

pi·broch /píːbrɑ(ː)k, -brɑ(ː)x | -brɔk, -brɔx/ *n.* ピーブロック(曲)《主に, もとスコットランド高地人が bagpipe で奏した(勇壮な)曲》. 〖《1719》□ Sc.-Gael. *piobaireachd* pipe music, art of playing a bagpipe ← *piobair* piper ← *piob* 'bagpipe' ← ML *pipa* 'PIPE'〗

P

pic¹ /pík/ *n.* (*pl.* **~s, pix** /píks/) 《米俗》 **1** 写真 (photograph). **2** 映画 (motion picture): a ~ mob 映画の観衆. 〖《1884》《略》← PICTURE〗

pic² /píːk/ *n.* =pique². 〖□ F ~: ⇨ pique²〗

pic³ /pík/ *n.* 《米》=picayune. 〖《1839》《略》〗

pic⁴ /pík, píːk/ *n.* ピカドール (picador) の槍(ﾔﾘ). 〖《1925–26》□ Sp. *pica* ← *picar* to prick〗

pic. 《略》pictorial.

pi·ca¹ /páɪkə/ *n.* **1 a** 〖印刷〗パイカ (12 ポイント; ⇨ type¹ 3 ★). **b** =em pica. **2** パイカ (12 ポイントのタイプライター活字; 1 インチに 10 文字入る). 〖《1497》□ ? ML *pica* 'PIE⁵': 典式規則書にこの活字が用いられたことから〗

pi·ca² /páɪkə/ *n.* 〖病理〗異食(症)《土や塗料など食物に適さない物を食べたがる異常欲望》. 〖《1563》← L *pica* magpie: カササギの雑食性にちなむ〗

pic·a·dor /píkədɔə | -dɔː(r); *Sp.* pikaðór/ *n.* (*pl.* **~s, pic·a·do·res** /pìkədɔ́ːriːz, -reɪs | -dɔ́ːr-; *Sp.* pikaðóres/) ピカドール《スペインの闘牛の突き手; 2–3 人で槍(ﾔﾘ)で牛を突き, 怒らせて闘牛を開始させる騎手; cf. matador 1, toreador》. 〖《1797》□ Sp. ~ 'pricker' ← *picado* (p.p.) ← *picar* to prick < VL **piccāre* 'to PRICK': ⇨ -or²〗

pic·a·mar /píkəmɑ̀ə | -mɑ̀ː(r)/ *n.* 〖化学〗ピカマール油《木タールから採った一種の苦い油; 香料に用いられる》. 〖《1836》□ G *Picamar, Pikamar*《原義》bitter pitch ← L *pic-, pix* pitch+*amārus* bitter: ドイツの物理学者 Karl von Reichenbach (1788–1869) の造語〗

pic·a·nin·ny /píkənìni | ⌐⌐⌐, ⌐⌐⌐⌐/ *n.* 《米》=pickaninny.

pi·can·te /pɪkǽnteɪ; *Sp.* pikánte/ *adj.* 辛い, ぴりっとした. 〖□ Sp. ~ 'pricking'〗

pi·ca·ra /píːkərɑː, -kɑː-; *Sp.* píkara/ *n.* (*pl.* **~s** /~z/; *Sp.* **~s**/) 女ごろつき, 女やくざ. 〖(fem.) ← PICARO〗

Pi·card /pɪkɑ́ə, -kɑ́əd | píkɑːd; *F.* pikaːr/, **Charles Emile** *n.* ピカール (1856–1941; フランスの数学者).

Picard, Jean *n.* ピカール (1620–82; フランスの天文学者; 子午線の正確な測定をした).

Pic·ar·dy /píkədi, -kɑə- | -kədi, -kɑː-/ *n.* ピカルディー《フランス北部の地方; もと県》. 〖□ F *Picardie* ← *Picard* (? cf. OF *pic* pike)〗

Pícardy thírd, p- t- *n.* 〖音楽〗ピカルディー 3 度《短調の曲の終止で短 3 和音の代わりに用いられる長 3 和音》. 〖《なぞり》← F *tierce de Picardie*: Picardy 地方の教会音楽でよく用いられるところから〗

pic·a·resque /pìkərésk⌐/ *adj.* 〈小説など〉悪党を主題とする, ピカレスク風の《特に, スペイン起源の小説に用いる》: a ~ novel 悪党小説《Gil Blas などが代表的》. **—** *n.* **1** (文学の一形態としての)悪党小説[もの], ピカレスク(風)《悪党を主題とする写実小説の一様式で, 中世ロマンスに対する反動として起こり 16–19 世紀に流行した》. **2** (ピカレスクに出るような)悪党, 山師. 〖《1810》□ F ~ □ Sp. *picaresco* roguish ← PICARO: ⇨ -esque〗

pi·ca·ro /píːkəròu, -kɑː- | -ràu; *Sp.* píkaro/ *n.* (*pl.* **~s** /~z/; *Sp.* **~s**/) 悪党, やくざ, 山師 (adventurer). 〖《1623》□ Sp. ~ ← *picar* to prick: ⇨ picador〗

pic·a·roon /pìkərúːn/ *n.* **1 a** 悪党, 盗賊 (thief). **b** 海賊 (pirate); 海賊船. **2** =picaro. **—** *vi.* 盗賊[海賊]を働く. 〖《1624》□ Sp. *picarón* (aug.) ← ↑: ⇨ -oon〗

Pi·cas·so /pɪkɑ́ːsou, -kǽs- | -kǽsəu, -kɑ́ːs-; *Sp.* pikáso; *F.* pikaso/, **Pablo** *n.* ピカソ (1881–1973; スペイン生まれのフランスの画家・彫刻家; 立体派 (Cubism)・超現実派の祖; *Guernica*「ゲルニカ」(1936)).

pic·a·yune /pìkiúːn, -kə- | -kə-⌐/ 《米》 *n.* **1** ピキューン《昔, 米国 Florida 州, Louisiana 州などで流通したスペインの ¹/₂ real 貨幣, 初め 6 ¹/₄ セント, 後には 5 セントに相当した; cf. real²》. **2** 小銭《5 セント銀貨など》. **3** 《口語》つまらない物[人]: not worth a ~ 一文の値打ちもない. **—** *adj.* つまらない, 無価値の, ささいな, ちっぽけな; あら探しの; 偏見をもった. 〖《1804》□ F *picaillon* □ Prov. *picaioun* old copper coin of Piedmont ← *picaio* money ← *pica* to prick, jingle < VL **piccāre* 'to prick, PICK¹'〗

pìc·a·yún·ish /-nɪʃ/ *adj.* 《口語》=picayune. **~·ly** *adv.* **~·ness** *n.* 〖《a1859》: ⇨ ↑, -ish¹〗

Pic·ca·dil·ly /pìkədíli⌐/ *n.* ピカデリー《London の Hyde Park Corner と Haymarket の間の大通り; 高級店が軒を並べるので有名》. 〖《17C》← *Piccadilly Hall* ← *pickadilly* edging, ruff □ F *piccadille* (cf. Du. *pickedil*) (← ? Sp. *picado* (⇨ picador)+F *-ille* (dim. suf.)) □ Sp. **picadillo*〗

Píccadìlly Círcus *n.* ピカデリーサーカス《London の Piccadilly 通りの東端にある(円形)広場, 繁華街の中心》. 〖⇨ ↑, circus 3〗

pic·ca·lil·li /pìkəlíli, ⌐⌐⌐⌐/ *n.* ピカリリ《東インド起源の香辛料をきかせたピクルスの一種; 数種の刻んだ野菜を用いる》. 〖《1769》《古形》*piccalillo* Indian pickle《変形》? ← PICKLE¹〗

pic·ca·nin /píkənɪn, ⌐⌐⌐/ *n.* 《南アフ口語》=pickaninny.

pic·ca·nin·ny /píkənìni | ⌐⌐⌐, ⌐⌐⌐⌐/ *n., adj.* 《英》=pickaninny. 〖1657〗

Pic·card /pɪkɑ́ə, -kɑ́əd | -kɑː(r); *F.* pikaːʁ/, **Auguste** *n.* ピカール (1884–1962; スイスの地球物理学者; 気球によって 16,940 m の高度に達し (1932), また bathyscaphe を考案して深海潜水実験を行った).

Piccard, Jacques *n.* ピカール (1922–2008; A. Piccard の息子で, ベルギー生まれのスイスの海洋学者).

Piccard, Jean Félix *n.* ピカール (1884–1963; A. Piccard の双生児兄弟で, スイス生まれの米国の化学者・航空技術者; 気球によって 17,550 m の成層圏上昇記録を樹立 (1934)).

pic·co·lo /píkəlòu | -lòu/ *n.* (*pl.* **~s**) **1** ピッコロ《flute より 1 オクターブ高い音域をもつ横笛; octave flute ともいう》. **2** ピッコロ奏者. **3** 《卑》(fellatio の対象としての)ペニス: ⇨ piccolo player. **—** *adj.* 〈楽器が〉普通のサイズより小さい; ピッコロ…: a ~ cornet ピッコロコルネット. 〖《1856》□ It. ~ 'small (flute)': 《擬音語》?〗

píc·co·lò·ist /-ɪst | -ɪst/ *n.* ピッコロ奏者. 〖1881〗

píccolo plàyer *n.* 《卑》尺八好きな人《フェラチオを好んでする人》.

pic·cy /píki/ *n.* 《口語》=picture.

pice /páɪs/ *n.* (*pl.* ~) **1 a** パイス《インド・パキスタンの旧通貨単位; =3 pies, ¹/₄ anna, ¹/₆₄ rupee》. **b** 1 パイス銅貨. **2** =paisa. 〖《1615》□ Hindi *paisā* ← ? *pā'ī* 'PIE⁶'〗

pic·e·ous /písiəs, páɪs-/ *adj.* **1** ピッチ (pitch) の, ピッチ状の. **2** 《英》可燃性の. **3** 〖動物〗真っ黒な, 光沢のある黒褐色の. 〖《1646》□ L *piceus* pitchy ← *pic-, pix* 'PITCH²': ⇨ -ous〗

pich /pɪtʃ/ *n.* 〖植物〗西インド諸島産マメ科ベニゴウカン属の低木 (*Calliandra portoricensis*)《夜間白い花が咲く; ゴム状の樹脂が採れる》. 〖□ Am.-Sp. ~ ← Am.-Ind.〗

pich·i·cia·go /pìtʃɪsiéɪgou, -áːg- | -gəu; *Am.Sp.* pitʃisjáγo/ *n.* (also **pich·i·cie·go** /-éɪgou | -gəu; *Am. Sp.* -sjéγo/) (*pl.* **~s** /~; *Am.Sp.* **~s**/) 〖動物〗ヒメアルマジロ (*Chlamydophorus truncatus*)《南米南部産》. 〖《1825》□ S.-Am.-Sp. *pichiciego* ← Guarani *pichey* small armadillo+Sp. *ciego* blind (< L *caecum*)〗

Pic·i·dae /písədìː, páɪs- | -sɪ-/ *n. pl.* 〖鳥類〗キツツキ科. 〖← NL ~ ← *picus* woodpecker+-IDAE〗

pic·i·form /písəfɔ̀əm, páɪs- | -sɪ̀fɔ̀ːm/ *adj.* 〖鳥類〗キツツキ目の. 〖《1884》← NL *Piciformes* (キツツキ目) ← L *picus* woodpecker〗

pick¹ /pík/ *vt.* **1 a** (入念に)よる, 選ぶ 〈*out*〉 (⇨ choose SYN): ~ (the members of) a team チームのメンバーを選ぶ / *Pick* the ones you want (*from* these). (ここから)欲しいものを選びなさい / *Pick* a number from one to ten. 1 から 10 までの中から数字をひとつ選べ / ~ a person *to* chair a meeting 人を選んで会の議長にする / *Picking* his words carefully, he said, … 慎重に言葉を選びながら…と言った / ~ a winner 勝ち馬を選ぶ; 《口語・時に皮肉》(…という)有望な人[物]を選び当てる 〔*in*〕/ ⇨ PICK *and choose*. **b** [~ one's way として] (一歩一歩道を拾うように)気をつけて歩いて行く: He ~*ed his way* cautiously *through* the swamp [*across* the muddy field, *among* the rocks]. その沼地を[ぬかるんだ原の中を, 岩の間を]そっと足を運びながら通って行った.

2 a [時に二重目的語を伴って] 〈花・果物などを〉(木などから)摘む (cull), もぐ (pluck), 採集する (gather): ~ wild flowers, fruit, cotton, etc. / She ~*ed* only the ripest berries. 一番熟していそうな実だけを摘み取った / I ~*ed* her a rose. =I ~*ed* a rose *for* her. 彼女にバラを摘んでやった. **b** 〈木・果樹園など〉から果物[実]を摘み取る: They ~*ed* the whole field (bare) in one day. 彼らは畑全部の摘み取りを一日で済ました.

3 a 〈鳥が〉〈餌(ｴｻ)を〉拾う, ついばむ (peck); 〈他の鳥などを〉つっつく: The parrot was ~*ing* its seed. オウムが実をついばんでいた. **b** 〈人が〉少しずつ食う, ちびちび[いやいや]食べる.

4 a 〈歯・鼻・耳などを〉ほじる: ~ one's nose / ~ one's teeth with a toothpick つまようじで歯をほじくる. **b** 〈綿・ひもなどを〉指で[先のとがった道具を使って]ほどく, ほぐす: ~ oakum まいはだを作る《昔の囚人などの仕事; ⇨ oakum》.

5 a 〈骨など〉から肉をしゃぶり[つつき]取る; 〔骨から〕〈肉を〉しゃぶり[つつき]取る 〔*from*〕: ~ meat *from* bones / The dog ~*ed* the bone clean. その犬は骨の肉をきれいにしゃぶり取った. **b** 〈とげなどを〉抜き取る: ~ a thorn *out of* [*from*] one's finger 指からとげを抜き取る / ~ a cigarette *from* the pack 箱のたばこを 1 本抜き取る. **c** 《料理のため》〈鳥〉の羽毛をむしり取る: ~ a fowl, goose, etc.

6 a (つるはしなどで)突く, つつく, 突いて[つついて]掘る, 突き砕く, …に穴をあける: ~ the road with a pickax つるはしで道路をこつこつ掘る. **b** (つるはしなどで)つついて〈穴を〉あける: ~ a hole *in* the cloth 布に穴をあける / ⇨ pick HOLES [*a hole*] *in a person's coat* [*character*]. **c** 〈欠点を〉暴こうとする.

7 (鋭利な道具・針金・合い鍵などを使って)〈錠を〉こじ[ねじ]あける, ひそかにあける: ~ a lock.

8 …の中身を盗む; …からすり取る (cf. pickpocket 1; ⇨ steal SYN): ~ pockets 懐中物をする, すりを働く / I had my pocket [purse] ~*ed*. 懐中物をすられた / ⇨ *pick a person's* BRAINS. **9** 〈けんかなど〉のきっかけを作る, わざと吹っ掛ける 〔*with*〕: ~ a quarrel [fight] *with* a person 人にけんかを吹っ掛ける. **10** 《米》〈弦楽器(の弦)を〉かき鳴らす, つまびく (pluck); (弦楽器で)〈曲を〉弾く (play): ~ (the strings of) a guitar ギターをかき鳴らす / ~ a tune on one's banjo バンジョーで一曲かなでる.

— *vi.* **1 a** 〈人が〉〔食べ物などを〕(いやいや, またはたしなみながら)少しずつ食べる 〔*at*〕 (cf. PICK *at*): She just ~*ed at* her food. 食べ物にちょっと口をつけただけだった / He was ~*ing* listlessly *at* his lunch. 気乗りのしない様子で昼食を一口一口食べていた. **b** 〈鳥が〉餌をついばむ: The hens were ~*ing at* grains. めんどりが穀物をついばんでいた / I saw some chickens ~*ing around* the yard. 数羽のひよこが庭の辺りで餌をついばんでいるのが見えた.

2 a 〈果実・花などを〉摘み取る, 採集する (harvest): They've gone (fruit) ~*ing*. 彼らは(果物の)摘み取りに出かけました. **b** 〈果物などが〉摘み取れる, もげる: Grapes ~ easily. ぶどうは摘み取りやすい.

3 《口語》〔人・物事の〕あら探しをする, 小言を言う, がみがみ言う (carp) 〔*at, about*〕: You ~ *at* me day and night. しょっちゅう私に小言ばかりを言う / She's always ~*ing about* something. 彼女はいつも何かあら探しをしている.

4 突く, 突いて掘る, つつく, ほじる. **5** 《米》(ギター・バンジョーなどの)弦楽器をかき鳴らす[つまびく] (pluck). **6** (入念に, またはより好みをして)選ぶ (select). ★ 次の成句で用いる: ⇨ PICK *and choose*. **7** 盗む, くすねる (pilfer).

pick and chóose よりすぐる, より好みする: There is no time to ~ *and choose*. より好みなどしている余裕はない / You could ~ *and choose* your subjects. 主題の選択をしようと思えばすることができる. 《c1407》

pick and stéal こっそり盗む. 《1548–49》

pick apárt =pick to PIECES.

pick at (1) ⇨ *vi.* 1 a, 1 b. (2) …をひっつかもうとする, ひったくる; …に触る (touch); …をいじくる (finger): ~ *at* a scab かさぶたに触る / My grandson loves to ~ *at* my glasses frames. 孫は私の眼鏡の縁をいじくりたがる. (3) …に何となくとりかかる, …を興味なさそうに扱う. (4) ⇨ *vi.* 3.

pick in (絵画に)〈影などを〉描き込む: The shadows are ~*ed in*. 影が描き込まれている. 《1836》

pick off **a** [《*vt.*+*adv.*》 ⌐ *óff*; 《*vt.*+*prep.*》 ⌐ … *off* …》] (…から)抜き取る, ねじり取る, もぎ取る, つまみ取る, (くちばしで)くわえ取る: ~ a thorn *off* one's coat 上着からとげを抜き取る. 《c1380》 **b** [《*vt.*+*adv.*》 ⌐ *óff*] (1) 〈敵兵・獲物などを〉一人[一匹, 一羽]ずつ狙い撃ちする[打ち止める, 襲い倒す]: He ~*ed the* ducks *off* one by one. カモを一羽ずつ狙い撃ちにした. (2) 〖野球〗〈投手・捕手が〉〈走者を〉牽制(ｹﾝｾｲ)してアウトにする (cf. pick-off 1 a). (3) 〖球技〗〈相手のパスを〉途中でさえぎる《ボールを奪う》, インターセプトする (intercept): ~ *off* a pass. 《1810》

pick on (1) (特別な目的・理由のために)〈人・物〉を選ぶ, 選定する, 指名する: The teacher always ~*ed on* her *to* read the book. 先生はいつも彼女を指名して本を読ませた. (2) 《口語》(いつもやりだまに挙げて)〈人〉をいじめる (tease), …のあら探しをする, …を非難する: Why ~ *on* me every time? なぜいつも私ばかりしかられるのか. 《c1370》

pick óut (1) 掘り出す, つつき出す, ほぐし取る (peck out). 《c1380》 (2) (多数の中から)選ぶ, 選び出す (select); 抜擢(ﾊﾞｯﾃｷ)する (cf. *vt.* 1 a): Let me ~ you *out* a nice tie. =Let me ~ a nice tie *for* you. よいネクタイを選んであげましょう. 《1530》 (3) (周囲のものと)区別する (distinguish), 見分ける, 聞き分ける, 見てとる: I could easily ~ *out* his face in the crowd. 人込みの中からすぐ彼の顔を見分けることができた. 《1552》 (4) 〈意味を〉探り出す, くみ取る, 悟る (make out). 《1540》 (5) くっきりと浮き立てる, 際立たせる; (特に)〈地色と異なった色で〉〈輪郭・へりなどを〉引き立たせる 〔*in, with*〕: The glow of the streetlamps ~*ed out* the skeletal frame of the ruined castle. 廃墟(ﾊｲｷｮ)となった城の骨格が街灯の光でひときわ浮き立っていた / The color scheme of the room was brown, with the moldings *～ed out in* orange. 部屋全体の色彩は褐色を主としていたが縁形はオレンジ色で引き立っていた. 《c1450》 (6) 〈曲〉を聞き覚えのまま奏する, 一音ずつ弾く: Sitting on the music stool, he *～ed out* a tune softly with one finger. ピアノの椅子に腰を下ろすとそっと 1 本の指である曲を弾き出した. 《1893》

píck óver (1) 〈多くの物〉の中から(よく吟味して最上のものを)より出す; (不要なものを取り除くために)点検する: The women were *～ing over* the skirts on the bargain counter. 女性たちは特売の台にあるスカートを引っかき回して選んでいた. 《1917》 (2) (特に)〈不快なことを〉話し[考え]続ける: Don't keep *～ing over* our old quarrels. 昔のもめ事などをいつまでも考えるのはよそう. (3) すぐ使えるように用意する.

píck thróugh …の中からより出す (pick over).

píck to píeces ⇨ piece 成句.

píck úp (*vt.*) (1) 拾い上げる, 取り上げる: He bent to ～ *up* the stone. かがんでその石ころを拾い上げた / ～ *up* the receiver [phone] 受話器を取り上げる. 《c1325》 (2) [～ *oneself up* で] 起き上がる; 立ち直る: He was knocked down but quickly *～ed himself up*. なぐり倒されたがすばやく立ち上がった. (3) (地面から離れるように)〈足を〉上げる. (4) 〈遭難者などを〉(海中から)救い上げる: The shipwrecked sailors were *～ed up* by the lifeboat [helicopter]. 難破した船乗りたちは救助艇[ヘリコプター]に救い上げられた. (5) 〈地面を〉掘り上げる, 掘り起こす (take up). 《a1376》 (6) (途中で)〈乗客・貨物を〉車[船]に乗せる[乗せて行く] (cf. pickup *n.* 2 a); 〈車〉に乗って行く, 拾う: ～ *up* a hitchhiker ヒッチハイカーを便乗させる / Please ～ me *up* at the hotel (at noon). (正午に)ホテルへ来て私を乗せて行って[拾って]下さい / The bus *～ed up* three people at the next stop. 次の停留所では 3 人の人がバスに乗った / Then I *～ed up* a ride [a lift] and got to where I could get a bus. それから通りかかった車に乗せてもらってバスに乗れる所まで行った / There several people were waiting to ～ *up* taxis. そこで数人の人がタクシーに乗ろうとして待っていた. 《1698》 (7) 〈知識・芸事などを〉(偶然に)聞き覚える, 身につける (learn); 〈話・うわさなどを〉耳にする; 〈習慣・考えなどを〉(身に)つける, いだく; 〈病気など〉にかかる (catch): Where did you ～ *up* the habit [your excellent English]? どこでその習慣がついた[そのすばらしい英語を勉強した]のか / The media *～ed up* the story. マスコミはその話を聞きつけた / He *～ed up* bronchitis as a miner. 炭鉱夫をしているときに気管支炎にかかった. 《1513》 (8) 〈預け物などを〉要求して受け取る (claim): Don't forget to ～ *up* your clothes at the cleaners [your tickets at the office]. クリーニング店で服を[入場券売り場で入場券を]受け取って来るのを忘れないでね. (9) 《口語》(偶然)手に入れる, 買う (buy); 〈金を〉(特に, 数か所で働いて)もうける, 稼ぐ (earn), 稼いで貯める (cf. pickup *n.* 7): ～ *up* a living その日暮らしをする / ～ *up* a bargain 偶然掘出し物をする / He *～ed up* 500 dollars doing odd jobs. 手間仕事をして 500 ドル稼いだ. (10) 《口語》(通例, 関係を結ぶために)〈女性〉に近づきになる, ひっかける (cf. pickup *n.* 3): He went home with a woman he had *～ed up* at the bar. その酒場で拾った女と一緒に家に帰った. (11) 《俗》連行する, 拘引する, 逮捕する (arrest) (cf. pickup *n.* 5): The police *～ed up* the suspect [fugitive]. 警察は容疑[脱走]者を逮捕した. 《1871》 (12) 〈逃亡者・獲物の跡を〉かぎつけて(追跡する): They *～ed up* the outlaw's trail. 彼らは(手がかりをつかんで)その無法者を追跡し始めた / The dog is intent on *～ing up* the scent of its prey. その犬は躍起になって獲物の臭跡をかぎつけようとする. (13) 〈道具などを〉片付ける, まとめる: Let's ～ *up* the tools and go home. さあ道具を片付けて帰るとしよう. (14) 《米》〈部屋などを〉整頓する, きれいにする. 《1861》 (15) 〈信号・足跡などを〉発見する, 認める; (無線・探照灯などで)とらえる; 〈電波などを〉傍受する; …の放送を無線で接受する: They *～ed up* signals for help from the burning plane. 彼らは火災の起きた飛行機からの救難信号を受信した / Our radar has *～ed up* enemy aircraft (entering our airspace). レーダーで敵機(がわが領空に侵入するの)をとらえた / I *～ed up* Cairo on my radio last night. 昨夜ラジオでカイロ放送を受信した[にカイロ放送が入った]. (16) 〈間違いなどを〉見つける, 見分ける (discern): She *～ed up* his mistake at once. 彼女はすぐ彼の誤りを見つけた. (17) 〈人を〉元気づける, …の元気を回復させる; 〈勇気・健康・力・能率などを〉回復する: ～ *up* one's health [spirits, courage] 健康[元気, 勇気]を取り戻す / A bite of something will ～ you *up*. 何か一口でも食べれば元気が出ますよ (cf. pick-me-up). 《c1654》 (18) …の速度[テンポ]を増す; 〈速度を〉出す: The train *～ed up* speed as it reached (the) open country. 列車は開けた田園にはいると速力を増した. (19) 〈見失った道など〉へ再び出る: ～ *up* the lost path / He *～ed up* the main road back into the city center. 再び市中心部に通じる大通りへ出た. (20) 〈物語・活動・関係などを〉(中断後)また始める, 再開する (cf. *pick up the* THREADS): We *～ed up* the discussion after an interruption. 我々はいったんやめてからまた議論を続けた. (21) 《口語》〈勘定を〉(引き受けて)支払う: He offered to ～ *up* the check [《米》tab, 《英》bill]. 彼は自分が勘定を払うと申し出た / The government should ～ *up* the bill for the damaged building. 政府が破損した建物の補修費をもつべきだ. 《1945》 (22) 《口語》あり[間]に合わせのもので〈食事〉の用意をする: She *～ed up* a quick lunch at noon. お昼に大急ぎで簡単な食事を用意した. (23) 《口語》非難する, しかる, …と意見を異にする: I'd like to ～ the last speaker *up on* one point, if I may. 最後の演説者には一点で異論を述べたい. (24) 〖服飾〗〈編物の目を〉ひろう: ～ *up* a dropped stitch. (25) 〖競技〗〈ある距離を〉跳び越える: He *～ed up* a few yards on the last play. 最後の演技で数ヤード跳び越えた. (26) 〈他チームの選手などを〉(交渉などによって)獲得する, 引き抜く. (27) 〖競技〗〈味方〉の選手に守られるように動く; 〈相手方選手を〉守備する位置につく. (28) 《俗》〈金目の品などを〉盗む, かすめる. 《c1770》

— (*vi.*) (1) 〈人が〉病気が治る, 元気を取り戻す; 上達する; 〈健康・元気などが〉回復する (recover); 〈市場・株価が〉立ち直る, 景気づく (cf. pickup *n.* 4); 〈天気が〉よくなる (improve); 〈エンジンなどが〉再び動き[運転し]出す: Perhaps he'll ～ *up* when spring comes. 恐らく春になればよくなるでしょう / Business has [Sales have] begun to ～ *up*. 景気が立ち直り[売れ行きがよくなり]出した / World demand for petroleum will ～ *up* again. 世界の石油の需要がまた持ち直すだろう / The port engine *～ed up* again. 左舷のエンジンがまた作動し出した. 《1741》 (2) 速力を増す (cf. pickup *n.* 6): The car *～ed up* once it was on the highway. 車はひとたび大通りに出るとスピードを上げた. 《1922》 (3) 《口語》〔いかがわしい人と〕近づきになる, (特に)〔知らない女性と〕親しくなる〔*with*〕: He is liable to ～ *up with* people in pubs. 彼は酒場で会った人ともすぐ懇意になる. 《1865》 (4) 《口語》荷物をまとめる, 出て行く支度をする: You couldn't just ～ *up* and leave. 今すぐ荷物をまとめて出て行くというわけにもいくまい. (5) 部屋(など)を片付ける[整頓する]: I'm always *～ing up after* the boy. いつもあの子には後片付けをさせられている. (6) (いったんやめた話などを)また続ける: Let's ～ *up* where we left off yesterday. きのうやめたところからまた続けよう. (7) 〖ゴルフ〗(特に, 自分の負けを認めて)ボールを拾ってしまう. (8) 〖競技〗(攻撃側・守備側などの)側を交替で選ぶ.

pick úp on (1) …に気づく; …を理解する, のみ込む: She *～ed up on* his anxiety at once. 彼の不安にすぐ気づいた. (2) …をやり始める, 使い始める. (3) 〈論点などを〉再び取り上げる.

— *n.* **1 a** [通例 one's ～, the ～] 選択; 選択権〔*of*〕: You can take *your* ～. 好きなのを選び取っていい / I had *the* [*my*] ～ *of* those jobs. それらの職業に対する選択権があった / have the first ～ *of* …を最初に選べる権利をもっている / give a person *his* ～ *of* … 人に…の選択権を与える. **b** [the ～] 精選された人[物], 精鋭〔*of*〕: *the* ～ *of* the aviators [army] 航空士[陸軍]中の精鋭 / *the* ～ *of* the basket より抜き, 精選品. **c** 《米口語》選ばれた人[物]: Mr. Jones is our ～ for [as, to be] chairman. ジョーンズ氏は我々が会長に推している人です. **2** (つるはしなどでの)一つつき, 一打ち, 一突き: at the first ～ of the pickax つるはしの最初の一突きで. **3** (ある時期に)摘み取った農作物, 一度に取り入れた収穫量: the first ～ of apples 初物のりんご(の摘み取り). **4** 《方言》少量の食事; 一口, 少量. **5** 〖絵画〗縮い, 書き込み. **6** 〖印刷〗(印刷物の)しみ; (活字などの)よごれ; 白むら. **7** 〖バスケットボール〗=screen 14.

～·a·ble /-kəbl̩/ *adj.* 〖《?a1200》《混成》? ← OE *pic(i)an* to prick+OF *piquer* to prick, pick < VL *piccāre* (cf. pike³): cf. MDu. *picken, pecken* to prick, pick / G *picken*〗

pick² /pík/ *n.* **1** つつく道具; (特に)つるはし (pickax); 氷割り (ice pick). **2** ほじる道具; 錠前こじあけ道具 (picklock); つまようじ (toothpick). **3** ピック, つめ (plectrum) 《弦楽器の弦を弾くためのプラスチックまたは金属製などの小薄片》. **4** ピック《フィギュアスケートのブレード前方のギザギザの一つ》. **5** (髪のセットの際, カールを留める)ピン. 〖《1340》 *pic, pikke* 《変形》 ← PIKE⁴〗

pick³ /pík/ *vt.* **1** 《英方言》投げる, ほうる (throw): 〈干し草などを〉ほうり上げる (pitch). **2** 〖紡織〗〈杼(ひ) (shuttle)を〉打つ (cast). — *n.* **1** 《英方言》投げる[ほうる]こと; 投げられた[ほうられた]もの. **2** 〖紡織〗 **a** 杼を打つ数《これで織工程の遅速を決める》. **b** (織物の精粗を調べるための)横糸の数; 横糸. 〖《?a1200》 *picke* 《変形》 ← *picche(n)*: ⇨ pitch¹〗

pick·a·back /píkəbæ̀k/ *n., adv., adj., vt., vi.* 《英》 =piggyback. 〖《1565》《変形》 ← 《古形》 *a pick-back, on (or a) pick-pack* ← *pick-pack* 《加重》 ← PACK¹: cf. piggyback〗

píckaback plànt *n.* 〖植物〗=piggyback plant. 〖1946〗

píck-and-míx *adj.* =pick'n'mix.

píck-and-shóvel *adj.* (つるはしとシャベルの仕事のように)単調で骨の折れる. 〖1895〗

pick·a·nin·ny /píkənìni | ˌ-ˌ-ˌ-, ˌ-ˌ-ˌ-/ *n.* **1** 《米・方言》[通例軽蔑的に] 黒人の子供; 《南ア・豪》先住民の子供; 《英戯言》子供. **2** 黄褐色. — *adj.* 非常に小さい, ちっぽけな. 〖《1657》《現地語》 ← Port. *pequenino* child (dim.) ← *pequeno* little, small〗

pick·a·roon /pìkərúːn/ *n.* =picaroon.

pick·ax /píkæ̀ks/ (*also* **pick·axe** /～/) *n.* つるはし. — *vt.* 〈地面などを〉つるはしで掘る. — *vi.* つるはしを振るう[使う]. 〖《c1440》《変形》 ← ME *picois* ⊏ OF ← *pic* PIKE⁵: 今の形は PICK² + AX の連想による〗

píck clòck *n.* 〖紡織〗ピッククロック《織られた布の長さを示すため織機に取り付けられる一種の測長機》.

picked¹ /píkt/ *adj.* **1 a** 〈花・果実など〉摘み取った, もいだ: ～ fruit. **b** 〈骨が〉肉を取り除いた; 〈鳥など〉羽毛をむしり取った: ～ bones, chicken, etc. **2** 精選した, より抜きの, 最上の: ～ soldiers 選抜兵, 精兵, 精鋭. **3** 《廃》洗練された; 好みのやかましい (fastidious). 〖《?c1380》 (p.p.) ← PICK¹〗

pick·ed² /píkɪ̀d, píkt/ *adj.* 《古・方言》とげのある, 針のある; とがった. 〖《?a1300》 ← PICK² + -ED 2〗

picked-hàtch *n.* 《廃》売春宿(街)《エリザベス朝時代の London で売春宿の集中していた地域; 娼家の門上に先のとがった忍び返しが付いていたから》.

pick·el /píkəl, -kl̩; G. píkl̩/ *n.* 〖登山〗ピッケル (⇨ ice ax). 〖⊏ G *Pickel*: cf. MHG *pic* prick, stitch〗

pick·el·hau·be /píkəlhàubə, -kl̩-; G. píkl̩haubə/ *n.* (*pl.* **-hau·ben** /-bən, -bn̩; G. -bn̩/, **～s**) (19 世紀ドイツ兵の)角付き鉄兜(かぶと)《頭頂部に角が一本付いたもの》. 〖《1875》⊏ G *Pickelhaube*〗

Pick·ens /píkɪ̀nz | -kɪnz/, **Andrew** *n.* ピケンズ《1739–1817; 米国の独立戦争当時の将軍》.

Pick·ens /píkɪ̀nz | -kɪnz/, **Fort** *n.* ピッケンズ要塞《米国 Florida 州北西部の Pensacola 湾口にあった要塞》.

pick·er /píkə | -kə(r/ *n.* **1** 突く[つつく, ほじくる]人[もの], つるはしを使う人; ついばむ鳥. **2** [通例複合語の第 2 構成素として] 摘み手, 採集者: a hop [fruit, cotton] ～ ホップ[果実, 綿]摘み(人) / ⇨ ragpicker. **3** 〖金属加工〗(鋳物から原型を取り外すための先のとがった)突き棒. **4** 〖紡織〗 **a** (綿や羊毛の)開毛機, ピッカー; 綿摘み機. **b** (織機の)杼(ひ)を打つ道具. **c** 開毛機操作者. 〖《(1301)》《1526》 ← PICK¹ + -ER¹〗

pick·er·el /pík(ə)rəl/ *n.* (*pl.* ～, **～s**) **1 a** 〖魚類〗北米産のカワカマス科カワカマス属 (*Esox*) の比較的小形の淡水数種の総称《アカヒレカワカマス (*E. americanus*) など》. ★ 通例修飾語を伴う: ⇨ *chain pickerel*. **b** 〖英方言〗カワカマス (pike) の幼魚. **2** 〖魚類〗=walleye 5. 〖《1290》 *pykerel*: ⇨ pike¹, -rel〗

píckerel fròg *n.* 〖動物〗アメリカトノサマガエル (*Rana palustris*) 《背に四角い斑点がある北米東部産のアカガエル属のカエル; marsh frog ともいう》.

píckerel·wèed *n.* 〖植物〗水中に生じる単子葉植物の総称: **a** 米国沼地産ミズアオイ科 *Pontederia* 属の水草の総称; (特に)浅い水に生える花の青いポンテデリア コルダタ(ナガバミズアオイ) (*P. cordata*). **b** ヒルムシロ《池などの静水に生えるヒルムシロ属 (*Potamogeton*) の水草の総称》. — *adj.* ミズアオイ属の. 〖1653〗

Pick·er·ing /pík(ə)rɪŋ/, **Edward Charles** *n.* ピカリング《1846–1919; 米国の物理学者・天文学者》.

Pickering, William Henry *n.* ピカリング《1858–1938; 米国の天文学者; E.C. Pickering の弟》.

pick·et /píkɪ̀t | -kɪt/ *n.* **1** (労働争議中スト破りを警戒するために配置する)見張り人(の一団), ピケ(ット); (反政府デモなどでデモ隊の先頭に立つ)ピケ隊(員); デモ参加者. **2** 〖軍事〗 **a** 小哨(しょう), 哨兵《本隊を守る前哨部隊から派遣される第一線の警戒部隊》; 警戒隊: an inlying ～ 小哨交替兵 / an outlying ～ 小哨, 前哨. **b** (守備隊駐屯都市で警察業務を行う)守備隊衛兵. **3** 〖海軍・空軍〗哨艦, 哨艇, 哨機. **4** とがった杭《柵(さく)にしたり馬などを縛るのに用いる》. **5** 杭刑《昔, 軍隊で罪人を片足でとがった杭の上に立たせた刑罰》; それに用いるとがり杭. **6** 先の長くとがった一種の弾丸. **7** 《米俗》歯 (teeth). — *vt.* **1** (スト中に)〈工場などを〉見張りを立て監視する, 〈工場など〉にピケ[見張人]を配置する; …の見張り役を務める. **2 a** 〖軍事〗…に小哨を配置する; 〈夜営地などを〉(警戒隊員として)守る, 警戒する. **b** 〈人を〉歩哨に立てる, 見張りに立てる. **3** …に柵をめぐらす, 杭で固める. **4** 〈馬などを〉杭につなぐ (tether). **5** (昔の)杭刑に処する (cf. *n.* 5). — *vi.* **1** (労働争議で)見張り役を務める. **2** 〖軍事〗小哨になる; 警戒兵勤務をする. **～·er** *n.* 〖《1690》⊏ F *piquet* pointed stake, military picket (dim.) ← *pic* 'PICK¹ (n.)' + -ET: 語義の一部は *piquer* to prick, pierce との連想による〗

pícket·bòat *n.* 哨艇(しょうてい), 警戒船. 〖1866〗

pícket fénce *n.* 杭垣《横木に間隔を置いてとがった杭を打ちつけた塀・柵(さく)》. 〖1817〗

pick·et·ing /-tɪŋ | -tɪŋ/ *n.* ピケを張ること. 〖*a*1753〗

pícket lìne *n.* **1** 〖軍事〗小哨(しょう)線, 哨線《本隊を守る前哨部隊から派遣される第一線の警戒部隊による》; (警戒隊を配置した)警戒線. **2** (労働争議中に組合が配置する)見張り線, ピケ(ットライン). **3** 馬につなぐ綱 (tether). 〖1856〗

pícket pìn *n.* 繫馬杭[索]. 〖1851〗

pícket·shìp *n.* 〖軍事〗ミサイル監視[警戒]船. 〖1898〗

Pick·ett /píkɪ̀t | -kɪt/, **George Edward** *n.* ピケット《1825–75; 米国南北戦争当時の南軍の将軍》.

Pick·ford /píkfəd | -fəd/, **Mary** *n.* ピックフォード《1893–1979; 米国の無声映画時代の女優; America's Sweetheart と呼ばれた; 本名 Gladys Mary Smith》.

pick·in /píkɪ̀n | -kɪn/ *n.* 《アフリカ西部》子供. 〖← Port. *pequeno* boy, child〗

pick·ing /píkɪŋ/ *n.* **1 a** 摘み取り, 採集; 摘み取り物[高], 採集物[高]. **b** (つるはしなどで)掘る[られる]こと, つつき; (指先などでの)ほじくり. **2** [*pl.*] (鶏の餌になる)食べ残し, 残り[余り]物 (scraps); 摘み残り, 落ちこぼれ (gleanings). **3** [*pl.*] 《口語》 **a** 盗品, 分捕品(の分け前). **b** (特に, 不当な)報酬, 役得, もうけ: There are some easy ～*s* to be made in that job. その仕事からは労せずして役得にありつける. **4** なま焼けれんが《野積み焼きれんがの外部に窯壁として用いる》. 〖《a1338》: ← PICK¹ + -ING¹〗

pick·le¹ /píkl̩/ *n.* **1** 漬け汁《魚・肉・野菜類などを保存や風味付けのために漬ける, 主に塩水や酢などで作った液体》. **2** 《米》[しばしば *pl.*] ピクルス, 漬物, 塩漬物; (特に)きゅうりの漬物: mixed ～*s* 寄せ漬け; 寄せ集め. **3** 〖冶金〗(金属の酸洗い用の)希薄酸水. **4** [a ～; しばしば修飾語を伴って]《口語》困った[まずい, 不快な]立場, 窮境, 当惑, 困却: He is *in a* (sad [sorry, nice, pretty]) ～. (全く)困っている, (ひどい)苦境に陥っている. **5 a** 《英口語》いたずら者, いたずらっ子: a regular young ～ 全く手に負えぬいたずら小僧. **b** 《口語》(にこりともしない)ぶすっとした人. **6** 《米俗》酔いつぶれ, 乱酔, 泥酔.

a pickle in the middle 《米》板ばさみになった人. ***in pickle*** 用意している, 準備ができた; 蓄えて[た]: have a rod *in* ～ for a person 人を懲(こ)らしめようと構えている[手ぐすね引いている]. 《1589》

— *vt.* **1** 〈魚・肉・野菜類を〉漬け汁に漬ける. **2** 〖冶金〗

P

〈金属製品を〉酸洗いする. **3** (ごまかすために)〈絵〉に古色を帯びさせる. **4** 〘海事〙(罰として)むち打ったあげく〈人の背中〉に塩や酢をなすりつける.
〘(?*a*1400) *pykyle, pekile* ◻ MDu. & MLG *pekel*: cf. G *pökel* brine: ピクルスの製造法を試みた 14 世紀オランダの漁師 *Willem Beukelz* にちなむ〙

pick·le[2] /píkḷ/ *n.* 《スコット》 **1** 穀粒 (grain). **2** [形容詞的に]《方言》微量, 少量: a ～ meal 少量の食事. ***Mány a píckle màkes a míckle.*** ⇨ mickle *n.*
〘(1552) ← ? (廃・方言) *pickle* to pick in a small way: ⇨ pick[1], -le[1, 3]〙

píck·led *adj.* **1** 塩[酢]漬けの, 漬物にした: ～ onions. **2** [叙述的]《俗》酔っ払った. 〘1552〙

píckle-hèrring *n.* **1** 《廃》塩漬けにしん. **2** 道化. 〘1552〙

píck·ler /-klə, -klə | -klə[(r], -kl-/ *n.* ピクルスを作る人, (特に)〈塩・酢の〉漬け物にする野菜[果実]; 《米俗》大酒飲み, アル中. 〘1763〙

píckle·wòrm *n.* 〘昆虫〙ウリ科の植物のつるを食害する米国産のメイガ科の黄褐色のガ (*Diaphania nitidalis*) の幼虫.

píck·lòck *n.* **1** 錠前をこじあける道具. **2** 錠前をこじあける人; 泥棒 (thief). 〘(1553) ← PICK[1] (v.)＋LOCK[1]〙

píck·man /-mən/ *n.* (*pl.* **-men** /-mən, -mèn/) (つるはしを使う)工事人夫. 〘1856〙

píck·máttock *n.* つるはし (mattock の一種; ⇨ mattock 挿絵).

píck-me-ùp *n.* 《口語》 **1** 気付けに飲むアルコール飲料 (通例ウイスキー); 元気回復のための飲食物 (コーヒーなど). **2** 刺激剤, 強壮剤 (tonic). 〘(1867) ← *pick (me) up* (⇨ pick[1] (v.) 成句)〙

pick·ney /píkni/ *n.* 《カリブ》子供. 〘(1657) ← Port. *pequenino* a little one ← *pequeno* boy, child〙

pick'n'mix /píkənmíks‐/ *adj.* ごちゃ混ぜの, 各種取りまぜた, お好みの組合わせが選べる.

píck-òff *n.* **1 a** 〘野球〙牽制(けんせい)プレー, ピックオフ(プレー) (投手または捕手が走者を牽制球でアウトにするプレー). **b** 〘バスケットボール〙ピックオフ (攻撃に出ているチームが守勢側のバックめがけて突進し, プレーができないようにし, 攻撃チームのプレーヤーが仲間からのフォーワードパスを受けられるようにすること; できるだけ偶然に発生したかのように見せる反則行為). **2** 〘航空〙ピックオフ (飛行の安定を自動的に正す電気装置). 〘(1938) ← *pick off* (⇨ pick[1] 成句)〙

píck·pòcket *n.* **1** すり (人). **2** 〘植物〙＝shepherd's purse. 〘(1591) ← PICK[1] (v.)＋POCKET〙

píck·pròof *adj.* 〈錠前が〉こじあけられないように作られた. 〘1950〙

píck·pùrse *n.* **1** 《古》すり (人). **2** 〘植物〙＝shepherd's purse. 〘(*c*1385) *pykepurs*: ⇨ pick[1] (v.), purse〙

P

Píck's disèase /píks-/ *n.* 〘病理〙 **1** ピック病 (進行性痴呆と失語症を招く大脳皮質の萎縮). **2** ピック病 (心嚢(のう)炎による偽性肝硬変). **3** ニーマンピック病 (脂質蓄積症の一種). 〘1: (1931) ← *Arnold Pick* (1851–1924: チェコスロバキアの医者). 2: (1900) ← *Friedel Pick* (1867–1926: チェコスロバキアの医者). 3: ← *Ludwig Pick* (1868–1935: ドイツの医者)〙

pick·some /píksəm/ *adj.* えり好みする, 気難しい (fastidious). 〘(1867) ← PICK[1] (n.)＋-SOME[1]〙

píck·thànk *n.* 《古》おべっか使い (sycophant) (cf. Shak., *1 Henry IV* 3. 2. 25). 〘(1500–20) ← *pick a thank* to seek someone's favor: ⇨ pick[1] (v.), thank〙

pick·up /píkʌ̀p/ *n.* **1** (側部の低い無蓋の車台の付いた)商品集配用小型トラック, ピックアップ (pickup truck ともいう). **2 a** (貨物・商品・郵便物などの)(トラックへの)積込み (*of*); (タクシー・列車・船などが)(止まって)乗客を乗せる[乗せて行く]こと, 便乗させること: the ～ and delivery *of* farm produce 農作物の積込みと発送. **b** 車[船]に乗せた人[貨物, 積み荷, 積送品], (タクシーの)乗客; 《口語》便乗者, ヒッチハイカー (hitchhiker): Every day the cab drivers have lots of ～*s* at this airport. 毎日この空港ではタクシーの運転手たちが大勢の客を乗せる. **3** 《口語》 **a** ふとした知り合い[近づき], (異性を)ひっかけること: He made a smooth ～. 難なくいい女と懇意となった. **b** ふとしたことから近づきになった人 (通例, 女性), かりそめの恋人: your street ～*s* 君が街で仲よくなった女たち. **c** 掘出し物; 間に合わせの買物[食事]. **4** 《口語》 **a** (健康などが)よくなること, 改善; (景気などの)好転, 回復: a ～ in business [sales] 事業[売れ行き]の好転 / The stock market has registered a good ～. 株式市場がよい持ち直りの兆しを示している. **5** 《俗》《米口語》強壮剤, 刺激剤 (pick-me-up); 刺激. **5** 《俗》逮捕, 拘引 (arrest). **6** 《米口語》(特に, 自動車の)急加速能力; 加速: a car with good ～ 出足の速い車. **7** 《口語》稼ぎ, もうけ: A ten-pound Christmas bonus isn't a bad ～. クリスマスのボーナスに 10 ポンドもらえるとは悪くはない. **8** 〘通信〙 **a** (送波機で電波に変えるための)音波の受信; その装置. **b** (音波受信への)干渉, 妨害. **9 a** 〘テレビ〙ピックアップ (撮像機で光のエネルギーを電気のエネルギーに変えること); (ピックアップのための)送像装置. **b** 〘ラジオ・テレビ〙(スタジオ外の)放送(現場), 実況放送; その中継設備: This program is a live ～ from the theater. この番組は劇場からの生放送です. **10** 〘音響〙 **a** ピックアップ (機械的振動を電気信号などに変換する装置). **b** (レコードプレーヤーの)ピックアップ (レコードの音溝をたどる針の振動を電圧[音圧]変化として取り出す装置; cartridge ともいう). **c** ＝pickup arm, tone arm. **11** 〘球技〙ショートバウンドのボールを捕る[すくい上げる, 打つ]こと: He made a good ～ and throw from third base. うまくボールをすくい上げて 3 塁から送球した. **12** 〘金属加工〙焼付き, かじり, ピックアップ (galling, fouling ともいう). **13** 〘ジャーナリズム〙新しい原稿と一緒に使用できるように保存されている活字組版. **14** 〘会計〙(特に, 機械簿記での)繰越額. **15** 〘音楽〙上拍 (楽句を導入する無強勢の音・音群; cf. anacrusis 2). **16** ピックアップ (穀物や干し草の刈束を拾い上げるための収穫機用付属機). **17** 〘釣〙ピックアップ (スプールに巻き取る際に釣糸を導く金属製のループ).
— *adj.* [限定的]《口語》 **1** 〈料理など〉あり[間に]合わせのもので用意した, 即席の; 〈チーム・楽団など〉寄せ集め式に作った; 急ごしらえの: a ～ meal あり合わせ[即席]料理 / a ～ ballgame 寄せ集めのチームでする野球. **2** (ドライブスルーレストランの)料理受取り窓口の.
〘(1848) ← *pick up* (⇨ pick[1] (v.) 成句)〙

píckup àrm *n.* ＝tone arm. 〘1937〙

píckup cùrrent *n.* 〘電気〙引上げ電流 (継電器の接点が接触し始める電流).

píck-up-stìcks *n. pl.* [単数扱い]《米》木片を使って遊ぶ jackstraws.

píckup tòngs *n. pl.* 〘金属加工〙つまみやっとこ, ひょうたんやっとこ (鍛造品をつまみ上げる).

píckup trùck *n.* 《米》＝pickup 1. 〘1948〙

píckup vòltage *n.* 〘電気〙＝pickup current.

pick·wick[1] /píkwìk/ *n.* オイルランプの灯心をつまみ上げる道具. 〘(1864) ← PICK[1]＋WICK[1]〙

pick·wick[2] /píkwɪk/ *n.* 《英古》安価な葉巻たばこの一種. 〘(1851) もと商標名: PICKWICK にちなむ?〙

Pick·wick /píkwɪk/, Mr. (**Samuel**) *n.* ピックウィック (Dickens の小説 *Pickwick Papers* (1836) の主人公; Pickwick Club を創設した親切で純情な太った人物; その陽気な人柄のために滑稽な事件の中心人物になる).
〘(1836) Bath 町の御者屋の名にちなむ: cf. *Pickwick* (Wiltshire 州の村の名)〙

Pick·wick·i·an /pɪkwíkiən/ *adj.* **1** 〈人・場面など〉ピックウィックのような, 善意と滑稽に富んだ. **2** 〈言葉など〉普通の意味でなく特殊な, しゃれた滑稽な意味の, その場だけの意味の: in a ～ sense (文字通りの意味でなく)しゃれた意味で. — *n.* **1** (Pickwick が会長の) Pickwick Club 員. **2** *Pickwick Papers* の愛読者. 〘(1836): ⇨ ↑, -ian〙

pick·y /píki/ *adj.* (**pick·i·er; -i·est**) 《米口語》(つまらないことを)いやに気にする, ひどくこせこせした, 小心の (finicky); えり好みする, 気難しい (choosy). **píck·i·ly** /-kḷi/ *adv.* **píck·i·ness** *n.* 〘(1867) ← PICK[1]＋-Y[4]〙

píck-your-ówn *adj.* [限定的]〈農園・作物など〉客が自分で収穫して買える, 取入れ自由[取り放題]の (略 PYO).

pic·lo·ram /píkləræ̀m, páɪk-/ *n.* 〘薬剤〙ピクロラム ($C_6H_3Cl_3N_2O_2$) (特効性の除草剤). 〘(1965) ← PIC(O-LINE)＋(CH)LOR-＋AM(INE)〙

pic·nic /píknɪk/ *n.* **1 a** ピクニック, 遊山, 遠足, 行楽: go out *on* [*for*] a ～ ピクニックに行く / a ～ ground ピクニック用地. **b** [形容詞的に]: a ～ party 遠足[遊山]会 / a ～ lunch ピクニックの弁当. 日英比較 日本語では「ピクニック」は「野遊び, 遠足」の意だが, 英語では戸外で食事をすることに意味の重点がある. したがって 2 のように自宅の庭で行う食事や日本の花見などにもいう. **2** (特に, 郊外や自宅の庭などで行う)軽い戸外の食事, 野外食事パーティー. **3** 《口語》楽しい経験[時間], 愉快なこと, 楽な仕事: It's no ～. 遊びごと[生易しいこと]じゃない. **4** 《豪俗》いやな経験, 困ったこと. **5** (豚の)肩肉, ピクニック (燻製にしたもの; picnic ham, picnic shoulder ともいう; ⇨ pork 挿絵). **6** (缶詰の)標準型缶. — *vi.* (**pic·nicked; -nick·ing**) **1** 遠足[遊山]する, ピクニックに参加する. **2** (戸外で)ピクニックの弁当を食べる, 野外食事パーティーをする: ～ *on* food 野外で食事する. 〘(1748) ◻ G *Picknick* ∥ F *piquenique* (加重)? ← *piquer* 'to PICK', peck[2]: 第二要素は (廃) F *nique* trifle との連想による〙

pícnic àrea *n.* (道路沿いなどの)ピクニック場 (駐車スペースがあり picnic table が置いてある).

pícnic hám *n.* ＝picnic *n.* 5. 〘1897〙

pícnic hàmper *n.* 《英》(食料品を入れる)ピクニック用大型バスケット. 〘1862〙

píc·nick·er *n.* ピクニックに行く[来た]人, 行楽者; 戸外食事パーティーに参加している人. 〘(1857) ← PICNIC (v.)＋-ER[1]〙

píc·nick·ing *n.* ピクニック(をすること), 野外の食事の集まり. 〘1842〙

pic·nick·y /píknɪki/ *adj.* ピクニック式の, 遊山のような, 行楽的な. 〘(1870) ← PICNIC (n.)＋-Y[4]〙

pícnic ràces *n. pl.* 《豪・NZ》草競馬.

pícnic shòulder *n.* ＝picnic *n.* 5.

pícnic tàble *n.* ピクニックテーブル (picnic area に設置されたピクニック用テーブル).

pic·nom·e·ter /pɪknɑ́(ː)mətə | -nɔ́mɪtə[(r]/ *n.* 〘物理〙＝pycnometer.

pi·co- /píːkoʊ, páɪ- | -kəʊ/ 次の意味を表す連結形: **1** 〘物理〙「ピコ」(マイクロマイクロと同じで 10^{-12} (one trillionth) を意味する): *pico*curie ピコキュリー (極微少放射能の単位; 毎秒 $3.7×10^{-2}$ の壊変の起こる放射能; 略 pCi). **2** 「非常に小さい」. 〘← Sp. *pico* odd number, peak ← *picar* to prick: cf. It. *piccolo* small〙

Pico de Orizaba *n.* ⇨ Orizaba.

Pico de Aneto *n.* ⇨ Aneto.

Pi·co del·la Mi·ran·do·la /píːkoudèləmɪ̀rǽndələ, -rɑ́ːn- | -kəudèləmɪrǽn-, -rɑ́ːn; *It.* píːkodellamirándola/, Count **Giovanni** *n.* ピコデラミランドラ (1463–94; イタリアの人文主義者・哲学者).

Pico de Teide *n.* ⇨ Teide.

píco·fàrad *n.* 〘電気〙ピコファラド (静電容量の単位; 1 兆分の 1 ファラド; 略 pf, PF). 〘1926〙

píco·gràm *n.* ピコグラム (1 兆分の 1 g). 〘1951〙

pic·ol /píkəl, -kḷ/ *n.* ＝picul.

pic·o·line /píkəliːn, páɪk-, -lɪ̀n | -liːn, -lɪn/ *n.* (*also* **pic·o·lin** /píkəlɪ̀n | -lɪn/) 〘化学〙ピコリン, メチルピリジン (C_6H_7N) (α, β, γ の異性体があり, 溶剤に用いられる; methylpyridine ともいう). **pic·o·lin·ic** /pɪ̀kəlínɪk‐/ *adj.* 〘(1853) ← L *pic-, pix-* 'PITCH[2]'＋-OL[2]＋-INE[3]〙

píco·mèter *n.* ピコメートル (1 兆分の 1 m).

pi·cong /píkɔ(ː)ŋ, -kɑ(ː)ŋ | -kɒŋ/ *n.* 《カリブ》愚弄, あざけり, からかい. 〘(1956) ← Am.-Sp. *picón* mocking ← Sp. *picar* to prick〙

Pi·co Ri·ve·ra /pì(ː)kourɪ̀vέ°rə, -víərə | -kəurɪvέə-rə, -víərə/ *n.* ピコリベラ (米国の California 州南西部 Los Angeles 郊外の都市).

pi·cor·na·vi·rus /pìːkɔ̀ənəváɪrəs | -kɔ̀ːnəvái(ə)r-/ *n.* 〘医学〙ピコルナウイルス (リボ核酸を含む一群のウイルス). 〘(1962) ← PICO-＋RNA＋VIRUS〙

pìco·sécond *n.* ピコセカンド (1 兆分の 1 秒; 略 psec). 〘(1966) ← PICO-＋SECOND[2]〙

pi·cot /píːkou, —ˊ | píːkəʊ, pɪkə́ʊ; *F.* piko/ *n.* **1** ピコ (リボン・レース・編物などの両端につけられたループ状の飾りまたはふちの始末). **2** ピコステッチ (へり始末の一種でミシンでかけられたヘムステッチの中間を切って作る). — *vt.* …にピコで始末する. — *vi.* ピコを作る. 〘(1882) ◻ F ～ (dim.) ← *pic* pick, something pointed ← *piquer* to prick: cf. pike[3, 4]〙

pic·o·tee /pɪ̀kətíː, ˊ—ˊ | ˊ—ˊ/ *n.* ピコティー, 花 (バラ・チューリップ・カーネーションなどで縁が色変わりの花弁を有する園芸品種の花). 〘(1727) ◻ F *picoté* (p.p.) ← *picoter* to mark with pricks or spots ← *picot* (↑)〙

píco-wàve *vt.* 〈食品などを〉照射処理する.

pic·quet[1] /píkɪ̀t | -kɪt/ *n.* ＝picket 2 a.

pic·quet[2] /píkɪ̀t | -kɪt/ *n.* 〘トランプ〙＝piquet[1].

picr- /pɪkr/ (母音の前にくるときの) picro- の異形.

pic·rám·ic ácid /pɪkrǽmɪk-/ *n.* 〘化学〙ピクラミン酸 ($C_6H_2(NO_2)_2(NH_2)OH$) (赤色の針状晶; 主にアゾ染料を作るのに用いる). 〘*picramic*: ← PICRO-＋AMIC〙

pic·rate /píkreɪt/ *n.* 〘化学〙ピクリン酸塩[エステル]. 〘(1866) ← PICRO-＋-ATE[1]〙

pic·ric ácid /píkrɪk-/ *n.* 〘薬学〙ピクリン酸 ($C_6H_2(NO_2)_3OH$) (かつて染料または爆薬として用いられた黄色結晶; carbazotic acid ともいう). 〘(1838) *picric*: ← PICRO-＋-IC[1]〙

pic·rite /píkraɪt/ *n.* 〘岩石〙ピクライト (輝石, 橄欖(かんらん)石を多く含む火成岩). **pic·rit·ic** /pɪkrítɪk | -tɪk/ *adj.* 〘(1814) ◻ F ～: ⇨ picro-, -ite[1]〙

pic·ro- /píkrou | -rəu/ 「苦い (bitter); ピクリン酸 (picric acid)」の意の連結形. ★ 母音の前では通例 picr- になる. 〘◻ F ～ ← Gk *pikrós* bitter ← IE **peig-* to cut, mark〙

pic·rol /píkrɔ(ː)l | -rɒl/ *n.* 〘薬学〙ピクロール (水およびアルコールに可溶の無色の結晶性粉末; 薬品の中に防腐剤として用いられる). 〘← PICRO-＋-OL[1]〙

pic·ro·tox·in /pɪ̀krətɑ́(ː)ksɪn | -tɔ́ksɪn/ *n.* 〘化学〙ピクロトキシン ($C_{30}H_{34}O_{13}$) (ツヅラフジ科の植物 (*Anamirta cocculus*) の種子から得られる物質; 呼吸中枢の刺激剤または麻酔薬などの中毒に対する解毒剤として用いる). 〘(1815) ← PICRO-＋TOXIN〙

Pict /píkt/ *n.* **1** [the ～s] ピクト族 (スコットランドの北東部に 3 世紀末から 9 世紀ごろまで定住し, 845 年スコット族 (Scots) に征服された民族). **2** ピクト人. 〘(?*a*1200) *Pictes* (pl.) ◻ LL *Picti* (原義)? painted or tattooed people ← L *picti* (p.p. pl.) ← *pingere* 'to PAINT' ∞ ME *Peght(t)es* < OE *Peohtas, Pihtas* ◻ L: LL の形は Celt. の通俗語源による変形とも考えられる〙

pict. (略) pictorial; picture.

Píct·ish /-tɪʃ/ *adj.* ピクト族 (Picts) の; ピクト語の. — *n.* ピクト語. 〘(1710) ← PICT＋-ISH[1]〙

pic·to·gram /píktəgræ̀m/ *n.* ＝pictograph. 〘1910〙

pic·to·graph /píktəgræ̀f | -tə(ʊ)grɑ̀ːf, -græ̀f/ *n.* **1** 絵文字, 象形文字. **2** 絵[象形]文字で記した記録. **3** 〘統計〙絵画図表 (統計数値の比較を示すのに絵画を用いるもの). **pic·to·graph·ic** /pɪ̀ktəgrǽfɪk | -tə(ʊ)-‐/ *adj.* **pic·to·gráph·i·cal·ly** *adv.* 〘(1851) ← L *pictus* painted (⇨ picture)＋-o-＋-GRAPH〙

pic·tog·ra·phy /pɪktɑ́(ː)grəfi | -tɔ́g-/ *n.* 絵文字による記述; 絵[象形]文字技術法 (cf. picture writing). 〘(1851): ⇨ ↑, -y[1]〙

Pic·tor /píktə | -tə[(r]/ *n.* 〘天文〙がか(画架)座 (南天の小星座; the Painter, the Painter's Easel ともいう). 〘◻ L ～ 'painter': ↓〙

pic·to·ri·al /pɪktɔ́ːriəl/ *adj.* **1** 絵の; 絵で表した; 絵画の; 画家の: the ～ art 画術, 絵画 / a ～ record 絵記録 / a ～ puzzle 絵捜し, 判じ絵. **2** 絵を思わせるような, 絵に描いたような; 〈描写など〉生き生きとした. **3** 説明用入りの, 挿絵入りの (illustrated): a ～ magazine 画報 / a ～ map 絵地図. — *n.* **1** 画報; 絵入り雑誌[新聞]; 絵を主体に編集された定期刊行物. **2** 絵画切手, 絵切手 (図柄が絵を中心とするもの). **～·ly** *adv.* **～·ness** *n.* 〘(1646) ← LL *pictōrius* (← L *pictor* painter ← *pictus*)＋-AL[1]: ⇨ picture〙

pic·tó·ri·al·ìsm /-lɪ̀zm/ *n.* 絵を用いること, 映像を作り出すこと. 〘1869〙

pic·to·ri·al·ize /pɪktɔ́ːriəlàɪz/ *vt.* 絵に表す[描く], 絵に描いたように示す. **pic·to·ri·al·i·za·tion** /pɪktɔ̀ːriəlɪzéɪʃən | -laɪ-, -lɪ-/ *n.* 〘1870〙

pic·tur·a·ble /píktʃ(ə)rəbḷ/ *adj.* (絵に)描くに適した; 描かれる, 図示できる. **～·ness** *n.* 〘(1796) ← PICTURE (v.)＋-ABLE〙

pic·ture /píktʃə | -tʃə(r)/ *n.* **1** 絵, 画, 絵画; 画像, 肖像 (portrait); 活人画: draw [paint, sketch] a ～ (of…) (…の)絵を描く / sit for one's ～ 肖像画を描いてもらう / (as) pretty as a ～ (絵のように)とても美しい / One ～ is worth a thousand [ten thousand] words. 《諺》 一枚の絵は千語[一万語]に相当する, 百聞は一見にしかず / Every ～ tells a story. 《諺》 絵[写真]を見れば事情がよくわかる, 絵[写真]に余計な解説はいらない. **2** 写真: a souvenir ～ 記念写真 / take [snap] a ～ 写真を撮る / get [have] one's ～ taken 写真を撮ってもらう / The ～ came out well. 写真はうまく写った. **3 a** 映画: a silent ～ 無声映画 / Who starred in the ～? その映画でだれが主演したのか / Have they made a ～ about the Buddha's life? =Have they turned the Buddha's life into a ～? ブッダの生涯の映画が作られましたか. **b** [the ～s] (興行としての)映画: go to the ～s 映画(を見)に行く / see it at the ～s 映画でそれを見る / go [break] into ～s 《米俗》 (俳優として)映画界に入る / be in ～s 映画に出演する; 映画界の人間である. **4 a** (テレビ・映画の)映写スクリーン[幕], 画面; (テレビの)画像: a 14-inch ～ 14 型のテレビの画面. **b** (鏡・望遠鏡などに映る)映像 (image): recall a ～ of the event その事件を思い浮かべる / the ～ in a mirror 鏡に映った像. **c** 心像: have a vivid ～ of …を鮮明に覚えている. **5** (写実的)描写, (生き生きとした)叙述: give [present, paint] a clear [detailed] ～ of …を生き生きと[詳しく]描写する / realistic ～s of Japanese life 日本人の生活の写実的な描写. **6** [通例 the ～] 状況, 事態; 状況の把握: *the* employment ～ 就職状況 / get *the* ～ 《口語》 (事情を)のみこむ, わかる / Remember that there's another side of [to] *the* ～. この事態には別の面のあることを忘れないで. **7 a** 絵のような物[人, 光景], 美観, 風景: She is a perfect ～. 彼女は全く絵のように美しい. **b** (絵のように)美しい物: Her hat [garden] is a ～. 彼女の帽子[庭]はとてもきれいだ. **8** [通例 the ～] 生き写し, そっくりの物 (copy); (目に見えるように)具現されたもの, 権化(ごんげ), 極致: He is *the* ～ of his father. 父親にそっくり[生き写し]だ / He is [looks] *the* (very) ～ of health [misery]. 健康[悲惨]そのものだ / His face was a ～ of confusion. 彼の顔には狼狽(ろうばい)の色がありありと表れていた. **9** 《医学》 病像, 臨床像 (clinical picture), 容体 《臨床症状の総合的な様子》.

cóme into the pícture (当面の問題に)関連する, 重要[適切]である. 《1963》 ***in the pícture*** (1) (当面の問題に)関連があって, 重要で; (考慮の)対象になって, 注目を受けて. 《1900》 (2) 事情を(十分に)知って[知らされて]いて; put [keep] a person *in the* ～ 人に事情を知らせる[知らせ続ける]. 《1923》 ***òut of the pícture*** (1) 関連がなく, 筋違いで; (考慮の)対象外で. 《1926》 (2) 事情を知ら(され)ないで. ***páint a rósy [bláck, bléak, glóomy] pícture of*** …を楽観[悲観]的に述べる.

— *vt.* **1** 心に描く, 想像する (imagine): *Picture* that. そのことを考えてもみたまえ / It is hard to ～ life a hundred years ago. 百年前の生活を想像することは難しい / ～ one-self *flying* through the air 空中を飛んでいる自分を心に描く / ～ oneself in Paris [*as* a lexicographer, 20 years younger] パリにいる[辞書編集者としての, 20 歳若い]自分を思い描く. **2** [通例受身で] (新聞・雑誌などに)…の写真[絵]を載せる. **3** 描く (draw), 絵で示す, 絵に描く (paint). **4** 表す, 示す; 絵画的に叙述する, 生き生きと描写する: feelings (that are) ～*d* on one's face 顔に表れている感情 / The speaker ～*d* the sufferings of the poor. 演説者は貧困者の苦しみを生々しく伝えた. **5** 絵で飾る. **6** 撮影する, 映画にする.

pícture to oneself (絵に見るように)心に描く, 想像する (imagine): Just ～ *to yourself* the war and its horrors. あの戦争とその悲惨さを想像してみたまえ. 《1832》

〖n.: (c1420) *pycture* ☐ L *pictūra* ← *pictus* (p.p.) ← *pingere* 'to PAINT'. — v.: (c1489) ← (n.): cf. F *peinture*〗

picture bòok *n.* (特に子供用の)絵本, 絵草紙. 〖1847〗

picture càrd *n.* **1** (トランプの)絵札 (face card). **2** =picture postcard. 〖1837〗

picture dèaler *n.* 画商.

píc·ture·dom /-dəm | -dəm/ *n.* 映画界 (filmdom). 〖(1902): ⇨ -dom〗

pic·ture·drome /píktʃədròum | -tʃədrəum/ *n.* 《英古》 =picture palace. 〖(1914): ⇨ -drome〗

picture èlement *n.* 《テレビ》 画素, 絵素(えそ), 像素, 画点 《テレビ画面を構成する単位要素》. 〖1927〗

picture-fràme *n.* **1** 額縁. **2** 《米俗》 絞首台. 〖1668〗

picture frèquency *n.* 《電気》 画像[映像]周波数 《テレビなどの画像通信の画像信号の周波数》. 〖1926〗

picture gallery *n.* **1** 絵画陳列室, 画廊, 美術館. **2** 絵画コレクション. 〖1761〗

picture-gòer *n.* 《英古》 映画ファン (《米》 moviegoer). 〖1922〗

picture hàt *n.* ピクチャーハット 《顔を覆うように幅の広い縁でリボン・花・羽毛などの飾りがついた婦人帽; Gainsborough, Reynolds などの絵に見られる》. 〖1887〗

picture hòuse *n.* 《英古》 =picture palace. 〖1896〗

picture làyout *n.* 《ジャーナリズム》 =picture spread.

picture·less *adj.* 〈本など〉絵のない. 〖1821〗

picture màrriage *n.* 写真結婚 《別の国に住む者同士などが写真の交換をしただけで行う結婚》.

picture mòld [mòlding] *n.* 《建築》 額長押(なげし) 《絵を掛けるように壁面の上方に取り付けた長押のような蛇腹; cf. molding[1] 3 b》.

picture pàlace *n.* 《英古》 映画館 (《英》 cinema, 《米》 movie (theater)). 〖1908〗

picture-pérfect *adj.* 《米》 絵にかいたように完璧な.

Pic·ture·phone /píktʃəfòun | -tʃəfəun/ *n.* 《商標》 ピクチャーホン 《videophone の商品名》. 〖1964〗

picture plàne *n.* 《数学》 画面 《投影図法における投影面》. 〖1797〗

picture-plày *n.* 映画劇. 〖1911〗

picture póstcard *n.* 絵葉書 《picture card ともいう》. 〖1899〗

picture-póstcard *adj.* 絵のような, 絵葉書のようにきれいな.

picture pùzzle *n.* はめ絵 (⇨ jigsaw puzzle). 〖1898〗

picture ràil *n.* 《建築》 =picture mold.

picture ràtio *n.* 《テレビ》 画面(像)比 《画面の縦横比; cf. aspect ratio》.

picture shòw *n.* 《米口語・古》 **1** 絵画展覧会, 画展. **2** 映画興行, 映画. **3** 映画館. 〖1869〗

picture sìgnal *n.* 《テレビ》 映像信号, ビデオ信号, 画像信号 《video signal ともいう; cf. audio signal 1》. 〖1927〗

picture sprèad *n.* 《ジャーナリズム》 (新聞や雑誌などの)通例 3 段以上にわたる写真・挿絵などを中心とした記事 (cf. spread 7 a).

pic·tur·esque /pìktʃərésk◂/ *adj.* **1** 絵のような, (絵のように)美しい; 色彩に富んだ, 画趣に富む; 一風変わった: a ～ costume 華やかな衣服. **2** 〈言語・文体が〉生き生きした, 写実的な (⇨ graphic SYN): one's ～ speech. **3** 〈人が〉個性の強い, 独創的な (original), 面白い (interesting). — *n.* [the ～] 絵のように美しいもの; (特に)ある時代の雰囲気・環境・生活様式などをほうふつさせる美的特質. **～·ly** *adv.* **～·ness** *n.* 〖(1703) 《変形》 ← F *pittoresque* ☐ It. *pittoresco* ← *pittore* painter ＜ L *pictōrem* ← *pictus*: フランス語からの変形は PICTURE との連想による: ⇨ picture, -esque〗

picture telégraphy *n.* 《通信》 写真電送 (phototelegraphy, telephotography ともいう). 〖1913〗

picture télephone *n.* テレビ電話 (videophone). 〖1968〗

picture-thèatre *n.* 《英古》 =picture palace. 〖1908〗

picture tùbe *n.* 《テレビ》 受像管, ブラウン管 (Braun tube) (cf. kinescope 1). 〖1946〗

picture wíndow *n.* 《建築》 ピクチャーウインドー 《大型の一枚ガラスはめ殺し窓》. 〖1938〗

picture wrìting *n.* (事件・事実などの)絵画記録(法) 《文字使用以前に行われた》; 絵文字; 象形文字 (cf. pictography). 〖1741〗

pic·tur·i·za·tion /pìktʃərɪzéɪʃən | -raɪ-, -rɪ-/ *n.* **1** 絵画化; (特に)映画化. **2** 絵画[映画]化されたもの. 〖1917〗

pic·tur·ize /píktʃəràɪz/ *vt.* **1** 絵で示す[飾る]. **2** 絵画化する; (特に)映画化する. 〖(1846) ← PICTURE (n.) + -IZE〗

pic·ul /píkəl, -kl/ *n.* **1** ピクル 《東洋諸国で用いる重量の単位; =100 catties》. **2** (中国の)担(たん) (=100 catties, 60.48 kg; 現在は 50 kg に換算). 〖(1588) ☐ Malay *pikul* a man's load ← *pikul* (v.) to carry a full load〗

pic·u·let /píkjʊlɪt | -lɪt/ *n.* 《鳥類》 ヒメキツツキ 《南米・アフリカ・東インド諸島産キツツキ科キツツキモドキ属 (*Picumnus*) の小形の鳥類の総称》. 〖(1849) ← L *pīcus* woodpecker + -LET: cf. pike[3]〗

picul stìck *n.* かつぎ棒.

Pi·cus /páɪkəs/ *n.* 《ローマ神話》 ピークス 《古代イタリアの農業の神; Circe の愛を拒んだためキツツキに変えられたともいわれる》. 〖☐ L ～: ⇨ piculet〗

PID 《略》 《病理》 pelvic inflammatory disease.

pid·dle /pídl | -dl/ *vi.* **1** だらだらと働く, のらくらする; だらだら時を過ごす 〈*around, about*〉. **2** 《口語・小児語》 おしっこする (make water). 〖(1796) 《混成》? ← PI(SS) + (PU)DDLE〗 — *vt.* 〈時間を〉無駄に過ごす 〈*away*〉.

píd·dler /-dlə, -dlə | -dlə(r), -dl-, -dl-/ *n.* 〖(1545) 《変形》? ← PEDDLE: LG *piddeln* との連想による〗

píddle pòtty *n.* しびん, 寝室用便器.

pid·dling /-dlɪŋ, -dl-, -dlɪŋ | -dlɪŋ, -dl-/ *adj.* 《口語》 ささいな, つまらない (trifling). **～·ly** *adv.* 〖(1559): ⇨ ↑, -ing[2]〗

pid·dly /pídli, -dli | -dli, -dli/ *adj.* =piddling.

pid·dock /pídək | -dək/ *n.* 《貝類》 ニオガイ 《ニオガイ科 *Pholas* 属の二枚貝の総称; 岩石や木材に穿孔(せんこう)して生活する》. 〖(1851) ← ?: cf. OE *puduc* wart〗

pid·gin /pídʒɪn/ *n.* **1** 《言語》 ピジン 《異なった言語の話し手の間で意思疎通のために用いる(国際)補助言語; 主に一つの言語を基盤に, 単純化した文法, 限られた混成的な語彙(ごい)を用いる; cf. Creole 1》. **2** 《口語》 仕事, 用事. **3** 《口語》 (指定の)商売, 取引; (特定の)事柄 (particular affair): That's your ～. それは君の仕事だ 《私の知ったことではない》. **4** [one's ～] 《英》 (特別の)関心事, 興味の対象: Golf is *my* ～. 〖((1826) *pigeon*) (1850) 《転訛》 ← BUSINESS〗

pídgin Énglish *n.* 《言語》 ピジン英語: **a** 英語に中国語・ポルトガル語・マライ語などを混合した中国の通商英語; 中国人が外国人と取引するのに港町で用いられた; Chinese pidgin English ともいう (cf. beach-la-mar). **b** メラネシア・オーストラリア・アフリカなどにおける同様の混成語 (jargon) (cf. lingua franca). 〖1859〗

pid·gin·ize /pídʒɪnàɪz/ *vt.* 〈言語を〉ピジン (pidgin) 化する. **pid·gin·i·za·tion** /pìdʒɪnɪzéɪʃən | -dʒɪnaɪ-, -nɪ-/ *n.* 〖1937〗

pí-dòg /páɪ-/ *n.* =pye-dog. 〖《短縮》? ← Anglo-Ind. *pariah dog*〗

pie[1] /páɪ/ *n.* **1** パイ 《果物・肉・野菜などを小麦粉の生地に入れて焼いたもの》: I like ～. / ⇨ apple pie, mince pie, pumpkin pie. **2 a** レイヤーケーキ (layer cake); クリームサンド, ジャムサンド: ⇨ Washington pie. **b** パイのようなもの: a mud ～ (子供の作る)泥饅頭(まんじゅう). **3** 《米口語》 **a** とてもいいもの; ぼろい[造作ない]もの. **b** (公務員などの)不正利得, 汚職 (graft), 賄賂(わいろ) (bribe); 政治献金. **c** (皆で分け合える)恩恵, 利益(など) (cf. cake 5).

(a) píe in the ský 《口語》 (1) (当てにならない)先の楽しみ[幸福, 報酬(など)], 絵空事 (cf. JAM[2] *tomorrow*). (2) (この世では実現されそうにもない)ユートピア的な事[思いつき]. 〖(1911) ← *you'll get pie in the sky when you die* (Joe Hill, *The Preacher and the Slave* (c1906) 中の一節)〗 ***(as) éasy as píe*** 《口語》 とても容易で[な]. 《1925》 ***(as) níce [góod] as píe*** 《米口語》 とても機嫌[愛想]がいい. 《1857》 ***cút a píe*** 《米口語》 突っつき回す, (余計な)手出しをする, おせっかいをする. 《1843》 ***éat húmble píe*** ⇨ humble pie 成句. ***háve a fínger in the píe*** ⇨ finger 成句. ***pút one's fínger in another's píe*** 人のいらぬ世話を焼く, 余計なおせっかいをする.

pie and másh [(a) —] 《英》 パイアンドマッシュ 《小さなミートパイとマッシュポテト; 安い料理》.

～·lìke *adj.* 〖(1303) 《転用》? ↓〗

pie[2] /páɪ/ *n.* **1** 《鳥類》 **a** カササギ (magpie). **b** 《英》 = rain-pie. **c** =sea pie 2. **2** まだら[雑色]の動物. **3** 《古》 おしゃべり《人》. 〖(c1250) ☐ (O)F ～ ＜ L *pīca* magpie ← IE *(s)peik- woodpecker, magpie (L *pīcus* woodpecker)〗

pie[3] /páɪ/ *adj.* 《NZ口語》 [叙述的]…がとても上手である, …に熱心である 〈*at, on*〉. 〖(1920) ☐ Maori *pai* good〗

pie[4] /páɪ/ *n., v.* (**pied; pie·ing**) =pi[2]. 〖(1659) 《転用》? ← PIE[1]〗

pie[5] /páɪ/ *n.* 《キリスト教》 (英国で宗教改革以前に使った)日課規則書, 日課表. 〖(1477) 《転用》? ← 'PIE[2]': cf. pica[1]〗

pie[6] /páɪ; *Hindi* pa:i:/ *n.* パイ 《インド・パキスタンの旧通貨単位; =1/192 rupee, 1/12 anna, 1/3 pice》; 1 パイ銅貨. 〖(1859) ☐ Hindi *pā'ī* ← Skt *pādikā* quarter ← *pāda* 'quarter, FOOT': cf. pice〗

pie·bald /páɪbɔ̀:ld, -bà:ld | -bɔ̀:ld/ *adj* **1 a** 〈馬など〉白黒まだらの, ぶちの, 青駁毛(ぶちげ)の 《黒の多いもの》, 駁青毛の 《白の多いもの》. **b** =skewbald. **2** 混合した, 入り混ざった. — *n.* **1** (白黒)まだら馬, 青駁毛, 駁青毛; 白黒まだらの動物. **2** 混血の人[動物]. ★ 路上でまだら馬に遭うと縁起が悪いという迷信がある. 〖(1589) ← PIE[2] (cf. pied) + BALD〗

píebald skín *n.* 《病理》 斑(はん)状皮膚, 白斑, (部分的な)白皮症. 〖1822–34〗

píe càrt *n.* 《NZ》 パイカート 《温かい飲食物の移動販売車》.

piece /pí:s/ *n.* **1** [物質名詞・抽象名詞などと共に助数詞として] 一片, 一個, 一編, 一首, 一節, 一枚, 一門, (ぶどう酒などの)一たる(など); (動作・状態・性質などの)一例: a ～ of dust, grit, gristle, etc. / a ～ of bread, chalk, cloth, meat, wood, etc. / a ～ of paper 紙切れ, 紙片, (一定の形のない)紙一枚 (cf. sheet[1] 2 a) / a ～ of luggage 荷物 1 個 / a ～ of furniture 家具一品 / a ～ of ordnance 大砲一門 / a ～ of good luck 好運な出来事 / a strange ～ of news [information] 変なニュース[情報] / a useful ～ of advice 有益な忠告 / a ～ of sarcasm (ひとつの)当てこすりのことば / a ～ of negligence [carelessness] 怠慢[不注意]な行為 / a ～ of impudence ずうずうしい言語[動作] / What a ～ of folly [stupidity]! 何というばかなことだ. **2 a** (まとまったものの)一部, 部分 (⇨ part SYN); (機械の)部分品, パーツ: cost ten cents a ～ 1 個 10 セントかかる (cf. apiece) / a set of dishes of 100 ～s 100 個一組の皿 / I've put [fitted] the ～s of the jigsaw puzzle together. ジグソーパズルの各断片を合わせた. **b** 片, 断片, 破片 (fragment): in ～s 切れ切れに, ばらばらに / break [tear] something in [to, into] ～s 物を粉々に壊す[裂く] / cut a thing in [to, into] ～s 物を寸断する / fall [come, tumble] to ～s ばらばらになる, くずれる, 〈計画・健康などが〉駄目になる. **3 a** (ひとまとまりをなした)一部, 一区画, (量の一定した物の)一片: a ～ of ground [land] 一区画の土地 / a bad ～ of road 道路の悪い箇所 / a broad ～ of water 湖水の広がり. **b** (商品の売買などの)単位量: a ～ of calico [cambric, linen, muslin] 一反 《キャラコは 28 ヤード, 麻布は 13 ヤード, 寒冷紗は 13 ヤード, モスリンは 10 ヤード》 / a ～ of wallpaper 壁紙一巻き 《12 ヤード》 / sell (cloth) by the ～ 反いくらで売る / ⇨ *by the* PIECE. **c** (分量的にみた)一仕事(分); [the ～] 仕事の出来高: ⇨ *a* PIECE *of work*. **4 a** (文学・芸術・音楽上の)作品, 作; (短い)詩文, 脚本; (暗唱用の)一節; 楽曲, 小曲: a fine ～ of painting [sculpture] 見事な絵[彫刻] / a sea ～ 海の絵 / a violin ～ by Paganini パガニーニのバイオリン曲 / a ～ *for* violin and piano バイオリンとピアノのための曲 / ⇨ night piece / perform a ～ by Tennessee Williams テネシー ウィリアムズの作品を上演する / speak a ～ (学校で)朗読[暗唱]する. **b** (新聞・雑誌の)記事: There's a ～ in today's paper about the accident. 今日の新聞にその事故についての記事が載っている. **c** 《俗》 落書き. **5** 硬貨 (coin): a ～ of money 硬貨 / a five-cent [penny] ～ 5 セント白銅貨[ペニー銅貨] / a gold ～ 金貨 / ⇨ PIECE of eight. **6 a** (チェス・チェッカーなどの)役駒 《チェスではpawn 以外の駒》: 16 ～s and 16 pawns. **b** 《俗》 トランプ(の 1 枚). **7** お守り, 護符 (charm). **8** 《米》 分け前, 歩合 (share). **9** 《口語》 意見, 見解: state one's ～ 自分の意見を言う. **10** 《まれ》 火器, 銃砲 (firearm); 小銃, 拳

P

銃, 大砲, 砲: a field ～ 野砲 / a fowling ～鳥撃ち銃. **11** 《古・方言》 **a** 一定時間, しばらく. **b** 《米中部》ちょっとした距離: My house is just a ～ up the road. 私の家はその道をほんの少し向こうに行った所だ. **12** 《主に方言》[通例軽蔑的に] 人, やつ, 女. 〘《略》← *a piece of flesh*, etc.〙 **13** 《俗》 **a** (性交渉の相手としての)女. **b** 《卑》性行為. **14** 《方言》簡単な昼食; (間食の)一口 (snack); パン, サンドイッチ: eat a ～ 間食する. **15** 《豪》[*pl.*] 裾毛から分離した羊毛のくず (cf. oddment 4).

áll of a piece 分割できない, 一続きの; 首尾一貫した (cf. *of a* PIECE). (1585) ***áll to pieces*** (1) すっかりばらばらに, 粉々に. (2) 全く気が抜けたようになって, 自制力を失って, ぼんやりして: ⇨ go (*all*) *to* PIECES (2). (3) 《俗》十分に, すっかり. (1839) ***a násty piece of wórk*** 《英口語》残酷[卑劣]な人間. ***a piece of a ...*** 《廃》…のようなもの: He is *a* ～ *of a* poet. 彼はあれでも詩人のはしくれだ. (1581) ***a piece of cáke*** 《口語》容易な[楽しい]仕事[事柄]. (1936) ***a piece of flésh*** 《古》(1) 人間. (2) (特に, 女性・子供に対して)やつ, しろもの. (1593) ***a piece of goods*** 《俗》(1) [形容詞を伴って] 人, 男. (2) (いい)女. (1809) ***a piece of resístance*** =pièce de résistance. ***a piece of shít* [*cráp*]** くだらないもの. ***a piece of the áction*** 《俗》(仕事・もうけ(口)などへの)便乗, 一口, 分け前. (1972) ***a piece of wórk*** (1) (ひとまとまりの)仕事; 作品. (2) 困難な仕事. (3) 騒ぎ. (4) =*a* PIECE *of goods*. (*c*1540) ***by the píece*** (支払いなどが)仕事の出来高で: paid [sold] *by the* ～. (1703) ***give a person a piece of one's mínd*** ⇨ mind 成句. ***gò* (*áll*) *to píeces*** (1) 〈物が〉ばらばら[めちゃめちゃ]になる, くずれる. (2) (精神的・肉体的に)参る, だめになる; 取り乱す. (3) 〈計画などが〉だめになる, 失敗する. (4) 〈組織体などが〉崩壊する, 混乱に陥る. (1883) ***in óne piece*** (1) 継ぎ目なしに[の], 一かたまりに[の]; 単一のものから成る. (2) 無事に, 無傷で: He'll come back (all) *in one* ～. やつは無事戻って来るさ. (1929) ***knóck to píeces*** (1) 〈物を〉(打って)めちゃめちゃにする, ぶち壊す. (2) 〈議論などを〉たたきつぶす, 論破する. ***of a* [*óne*] *piece*** (1) 〔…と〕同種類の, 同型の〔*with*〕. (2) 〔…と〕一致した, 調和した〔*with*〕: His conduct is (all) *of a* ～ *with* his character. 彼の行為は彼の性格と一致している. (1612) ***on píece*** 《郵便》オンピースで[の] (消印がよくわかるように封筒[はがき]の一部を残して切り取った紙付き). ***on* (*the*) *píece*** 出来高払いの仕事をして. ***píck to píeces*** (1) 分解する, ばらばらにする; ずたずたに裂く. (2) 《口語》(吟味して)〈人・議論などの〉あら探しをする, 酷評する. ***píck up the píeces*** 《口語》事態を収拾する, 後始末をする. (1912) ***píece by píece*** 少しずつ; 漸次. (1560) ***púll to píeces*** (1) ずたずたに引き裂く. (2) 酷評する. ***ríp to píeces*** =*pull to* PIECES. ***sáy* [*spéak*] *one's piece*** 《口語》(1) 自分の考えを率直に話す. (2) (会などで)あらかじめ用意して来たこと[期待されていること]を言う. (1845) ***tàke a piece òut of a person*** 〈人を〉ひどく叱責する, しかりとばす. ***tàke to pieces*** ばらばらにする, 分解する: *take* a machine *to* ～*s* 機械を解体する. ***wànt a piece of a person*** 《米口語》〈特に有名人〉に会って話したがる (cf. want *vt.* 1 b).

piece of éight [a ―] (昔のスペインの)ペソ銀貨 (16 世紀の初め, 東方およびスペイン植民地との交易のために発行された 8 reals の銀貨; 表面に 8R という文字が記された; dollar の記号 $ の起源だともいわれる; peso または Spanish dollar とも呼ばれた). (1610)

― *adj.* [限定的; 複合語の第 2 構成素として] 〈楽器・家具・食器などが〉…一組の: a six-*piece* band 6 重奏団 / a fifty-*piece* orchestra 50 人編成のオーケストラ / a three-*piece* suit 三つぞろいのスーツ.

― *vt.* **1** 〈証拠などを〉総合する, 〈話などを〉(継ぎ合わせて)まとめる 〈*together, out*〉: ～ evidence *together* / ～ the story *out together* 物語の筋が通るようにまとめる. **2** 接合する (join up), 合わせる (fit) 〈*together*〉. **3** 継ぐ, 継いで直す, 繕う, 継ぎ合わせる 〈*together, up*〉. **4** 〈継糸などを〉つなぐ 〈*up*〉. **5** 《俗》落書きする. ***piece ín*** はさみ込む, 差し加える. (1849) ***piece on*** (相対物の)上に合う, 接合する. ***piece óut*** (1) 継ぎ足す; 補う (eke out). (2) 少しずつ使って長持ちさせる. (3) ⇨ *vt.* 1. (1589)

〘n.: (*c*1250) *pece* ⊏ AF=OF *piece* (F *pièce*) < VL **pettia*(*m*) fragment, piece of land ⊏ Gaul. **pettia* (Welsh *peth* quantity, part / Breton *pez* piece): cf. patch[1] / F *petit*. ― v.: (*c*1400) ← (n.)〙

pièce de ré·sis·tance /piésdərèɪzi:stɑ́:(n)s, -tɑ́:ns | -rèzɪs-, -rɪ̀z-; F. pjɛsdəʁezistɑ̃:s/ F. *n.* (*pl.* **pièces de ré·sist·ance** /～/) **1** (ディナーなどの)主料理, 第一のごちそう. **2** (収集物・連続物などの中の)白眉, びかいち, 呼び物, 主要行事(など). 〘(1797) ⊏ F ～ 《原義》piece of resistance〙

pièce d'oc·ca·sion /piésdɔ(:)kɑ:zjɔ́:(ŋ), -zjɔ́:ŋ; F. pjɛsdɔkazjɔ̃/ F. *n.* (*pl.* **pièces d'oc·ca·sion** /～/) 取って置きの品物; 掘出し物 (bargain). 〘(1883) ⊏ F ～ 'piece of occasion'〙

píece-dỳe *vt.* 〈反物を〉織ってから染める, 後染め[反染め, 布染め]にする (cf. yarn-dye 1). 〘1931〙

píece-dỳed *adj.* 〈反物が〉織ってから染めた, 後染めの (cf. wool-dyed 1). 〘1931〙

píece gòods *n. pl.* (ヤードやメートルなどの単位で)切り売りされる布地[反物] (特に, イングランド Lancashire の綿織物; yard goods ともいう). 〘1665〙

piece·meal /pí:smi:l/ *adv.* **1 a** 少しずつ, ちびちびと, 断片的に. **b** 漸次. **2** ばらばらに(なって). ― *adj.* かけらの, 断片的な, ばらばらの: ～ reforms. ― *n.* ★ 通例次の成句で: by ～ =piecemeal *adv.* 〘(*c*1300) *pecemele* ← *pece* 'PIECE'+*-mele* '-MEAL': cf. OE *styc̆c̆emǣlum* piecemeal〙

píec·er *n.* (織物で)糸をつなぐ人. 〘1825〙

píece ràte *n.* [通例 *pl.*] 出来[仕上]高払い, 請負単価 (cf. piecework). 〘1892〙

píece·wìse *adv.* 《口語》それぞれの部分に関して[から見て]. 〘(1674) ← PIECE+-WISE〙

píece·wòrk *n.* 出来高払いの仕事, 手間[請負, 賃]仕事 (cf. task wage, timework). 〘1549〙

píece·wòrker *n.* 出来高払いの労働者[職人], 手間取人夫. 〘1884〙

píe chàrt *n.* 《統計》パイ図表, 円グラフ (円を半径で仕切って比較数値の比率を示す図表; pie graph, circle graph ともいう). 〘(1922): ⇨ pie[1]〙

Pieck /pí:k; G. pí:k/, **Wilhelm** *n.* ピーク (1876-1960; 東ドイツの政治家; 大統領 (1949-60)).

pie·crust /páɪkrʌ̀st/ *n.* **1** パイ皮用の生地. **2** パイ皮, 殻: Promises are, like ～, made to be broken. (諺) 約束とパイ皮は破れるもの / (as) short as ～ 《米口語》非常に気短かで[怒りっぽくて]. ― *adj.* (パイ皮のように)すぐ壊れる: a ～ pledge [promise] すぐに破れる誓約[約束]. 〘(1582) ← PIE[1]+CRUST〙

piecrust tàble *n.* (18 世紀に英米で流行した天板の縁が貝殻状にかたどられた)柱脚式の小型円テーブル (tip-toe table の一種). 〘1902〙

pied /páɪd/ *adj.* **1** 〈鳥・獣など〉まだらの, 雑色の. **2** まだら染めの: a ～ coat. **3** まだら服を着た: ⇨ Pied Piper. 〘(1382) ← PIE[2]+-ED 2: magpie の羽の色が黒と白のぶちであることにちなむ〙

pied-à-terre /piéɪdɑːtéə | -téə(r; F. pjɛtatɛ:ʁ/ *n.* (*pl.* **pieds-à-terre** /～/) **1** (出張の多い人が出張先に設けた)一時休息所, 仮宿泊所. **2** 足場, 足がかり (foot-hold). 〘(1829) ⊏ F ～ 《原義》foot on land〙

píed-bìlled grébe *n.* 《鳥類》オビハシカイツブリ (*Podilymbus podiceps*) (北米産の白いくちばしに黒い帯のあるカイツブリ; hell-diver ともいう).

pied-de-biche /piéɪdədbí:ʃ | -də-; F. pjedbiʃ/ *n.* (*pl.* **pieds-de·biche** /～/) (家具の)ひづめ足 (⇨ hoof foot). 〘⊏ F ～ 《原義》doe's foot〙

píed flýcatcher *n.* 《鳥類》マダラヒタキ (*Ficedula hypoleuca*) (スズメ目ヒタキ科キビタキ属の鳥; 雄は上面・翼・尾羽が黒色, 下面が白色).

pi·ed·fort /pièɪfɔ́ə, pjèɪ- | -fɔ́:(r; F. pjefɔ:ʁ/ *n.* 《造幣》ピエフォール (普通より厚手の試鋳貨で, フランス・ボヘミア・低地諸国では流通貨として用いられた). 〘⊏ F ～ ← *pied* foot+*fort* strong〙

pied·mont /pí:dmɑ(:)nt | -mənt, -mɔnt/ *n.* 山麓地帯. ― *adj.* 山麓の, 山脈に沿った. 〘(1755) ↓〙

Pied·mont /pí:dmɑ(:)nt | pí:dmənt, -mɔnt/ *n.* **1** [the ～] ピードモント(平原) (米国の Appalachian 山脈と沿岸平野との間の高原; Piedmont Plateau ともいう). **2** ピエモンテ(州) (イタリア北西部の州; 面積 25,399 km^2, 州都 Turin; イタリア語名 Piemonte). 〘⊏ It. *Piedmonte* 《原義》foothill (region)〙

Pied·mon·tese /pì:dmɑntí:z, -tí:s | -məntí:z, -mɔn-⁻/ *adj.* (イタリアの)ピエモンテの. ― *n.* (*pl.* ～) ピエモンテの住人. 〘(1642) ← PIEDMONT+-ESE〙

pied·mont·ite /pí:dmɑ(:)ntàɪt | -mən-, -mɔn-/ *n.* 《鉱物》紅簾(こうれん)石. 〘(1854) ← PIEDMONT+-ITE[1]〙

pi·ed noir /piéɪnwɑ́ə, pjéɪ- | -nwɑ́:(r; F. pjenwa:ʁ/ F. *n.* (*pl.* **pi·eds noirs** /～/) アルジェリアのフランス人の定住者, その子孫. 〘(1961) ⊏ F ～ 《原義》black foot〙

píe-dòg *n.* =pye-dog.

Pied Píp·er /páɪdpáɪpə | -pə(r/ *n.* **1** 《ドイツ伝説》(まだら服を着た)ハーメルンの笛吹き (ねずみの襲来に困っていた Hameln の町から, 笛の妙音でねずみを誘い出して Weser 川におぼれさせたが, 約束の報酬を町が出さなかった腹いせに笛で町の子供たちを山中に隠してしまったという伝説の人物; Pied Piper of Hamelin ともいう). **2** [p- p-] 言葉巧みに相手を信用させる勧誘者. **3** [p- p-] 実現不可能なことを約束する指導者. 〘R. Browning の詩 *The Pied Piper of Hamelin* (1842) の題名から〙

píed wágtail *n.* 《鳥類》ハクセキレイの亜種 (*Motacilla alba yarrellii*) (イギリス諸島・スペイン・モロッコなどに分布; ユーラシア産のハクセキレイ (white wagtail) の亜種). 〘1837〙

píe-èater *n.* 《豪口語》取るに足らない人物, 二流の人.

píe-éyed *adj.* 《俗》酔っ払った, とろんとした. 〘(1904): ⇨ pie[1]〙

píe-fáced *adj.* 《口語》丸いのっぺりした顔の. 〘1912〙

pi·e·fort /piéɪfɔə, pjéɪ- | -fɔ:(r/ *n.* 《造幣》=piedfort.

Pie·gan /pi:gǽn/ *n.* (*pl.* ～, ～**s**) ピーガン (アメリカインディアンのブラックフット族 (the Blackfeet) の南端部の一支族); ピーガン語.

píe gràph *n.* =pie chart.

pie·man /páɪmən/ *n.* (*pl.* **-men** /-mən, -mèn/) **1** パイ製造人. **2** (街路を触れ歩く)パイ売り商人. 〘*c*1820〙

Pie·mon·te /*It.* pjemónte/ *n.* Piedmont 2 のイタリア語名.

píe pàn [plàte] *n.* パイ焼き皿.

pie·plànt *n.* 《米方言》《植物》ショクヨウダイオウ (*Rheum rhaponticum*) (酸味のある葉茎を砂糖で煮てパイの材料にする; cf. rhubarb 1). 〘(1838) ← PIE[1]+PLANT〙

pie·pou·dre /páɪpaudə | -də(r/ *n.* 《古》行商人 (peddler): the court of ～ (昔, 英国で定期市 (fair) 内に付設された)簡易裁判所 (市場の管理人 (steward) が裁判長となって取引に関して起こった事件を即決した). 〘(1228) *pipoudre* ⊏ AF *piepuldros* traveler, peddler=F *pied-poudreux*=ML *pedepulverōsus* dusty-footed (man) ← L *pēs* 'FOOT'+*pulver-*, *pulvis* 'dust, POWDER[1]'〙

pier /píə | píə(r/ *n.* **1** 桟橋, 埠頭(ふとう) (wharf); 突堤: ⇨ floating pier / a landing ～ 上陸用桟橋. **2** 遊歩桟橋. **3** 防波堤. **4** 橋脚, 橋台; 迫持(せりもち)台. **5** 《建築》(アーチとアーチの間の)支柱, 角柱, 扶壁; (窓の中間の)窓間壁; (扉を付ける)門柱; ピア, 簇柱(ぞくちゅう) (複雑な断面形をした太い柱). **6** 石[コンクリート, 鋼鉄]製の支え台. **7** 《歯科》支台 (abutment) (ブリッジの固定源). 〘(*c*1150) *per*(*e*) ⊏ ML *pera* ← ?: cf. L *petra* stone & *podium* raised platform〙

pier·age /pí(ə)rɪdʒ | píər-/ *n.* 桟橋[埠頭(ふとう)]使用料, 桟橋[埠頭]税. 〘(*c*1599): ⇨ ↑, -age〙

pierce /píəs | píəs/ *vt.* **1** 〈とがった物・弾丸などが〉刺し通す, 突き通す (stab), 貫通する 〈*through*〉: The arrow [bullet] ～*d* the soldier (*through*). **2** …に穴をあける, 貫く (perforate): have the ears ～*d* (ピアスをつけるために)耳に穴をあける. **3** 突入する, 通り抜ける: ～ the enemy's lines 敵の戦線に突入する / A tunnel ～*s* the Alps. **4** 洞察する, 見抜く, 見破る, 察知する (discern): ～ the mysteries of nature, the cause for complaint, etc. **5 a** 〈寒さ・痛みなどが〉〈人・体など〉に強くこたえる, 刺す, 〈身〉にしみる. **b** 感動させる (move): Sorrow ～*d* her heart. =Her heart was ～*d by* [*with*] sorrow. 悲しみが彼女の心を貫いた. **6** 〈悲鳴などが〉〈静寂を〉つんざく, 突き破る: A shriek ～*d* the stillness. 激しい叫び声があたりの静けさを破った. **7** 〈光が〉〈闇を〉貫く. ― *vi.* **1** 入る (enter); 通る, 貫く, 貫通する (penetrate) 〔*into, through*〕. **2** 心に徹する, 身にしみる. **～·a·ble** /-səbl/ *adj.* 〘(*c*1300) *perce*(*n*) ⊏ (O)F *percer* < VL **pertūsiāre* (freq.) ← L *pertūsus* (p.p.) ← *pertundere* to beat through ← PER-+*tundere* to beat, thrust ← IE **(s)teu-* to push, thrust: ⇨ stint[2]〙

Pierce /píəs | píəs/ *n.* ピアス (男性名; 異形 Piers). 〘《変形》← PETER: cf. F *Pierce* (姓)〙

Pierce, Franklin *n.* ピアス (1804-69; 米国の第 14 代大統領 (1853-57)).

pierced *adj.* **1** 穴のある; (特に)飾り穴のある. **2** 耳たぶに(ピアス用の)穴がある. **3** 《紋章》突き通した, 穴をあけた (perforated). 〘1391〙

pierced dóllar *n.* =holey dollar.

pierced éarring *n.* 《米》ピアス (穴をあけた耳たぶに通すように作られたイヤリング). 日英比較 日本語の「ピアス」は和製英語. 英語の pierce は動詞用法のみ. 〘1965〙

pierc·er *n.* **1** 刺し通す人[物]. **2** 穴あけ器, きり; 《鉱山》穿孔(せんこう)機. **3** 《俗》鋭い目. **4** 《動物》産卵管 (ovipositor), (虫の)針 (sting). 〘(1344-45) *persour*, *percer* ⊏ AF *perceour*, *persour*: ⇨ pierce, -er[1]〙

Piérce's disease /píəsɪ̀z- | píəs-/ *n.* 《植物病理》ピアス病 (ブドウのウイルス病の一種; 葉は斑点とむれ病を起こして早落し, 果実は早熟, 生長が遅れ結果的に株は枯死する). 〘← *Newton B. Pierce* (1856-1917: 米国の植物病理学者)〙

pierc·ing /píəsɪŋ | píəs-/ *adj.* **1** 刺し通す (penetrating): a ～ shriek 金切り声. **2** 身にしみる: the ～ cold 刺すような寒気. **3** 射るような, 鋭い; 察知する[している], 洞察力のある (perceptive): a ～ glance 刺すような[鋭い]一瞥(いちべつ) / a ～ eye 慧眼(けいがん), 鋭い眼力. **4** 辛辣な, 痛烈な; 手きびしい (cutting). ― *n.* 穴抜き, 穴あけ; 《鉱山》突刺し探鉱, 穿孔(せんこう): ⇨ jet-piercing. **～·ly** *adv.* **～·ness** *n.* 〘n.: (*c*1385): ⇨ -ing[1]. ― adj. (*a*1400): ⇨ -ing[2]〙

píer glàss *n.* 大きくて高い鏡; (特に, 窓と窓の間の壁面に掲げる)姿見 (cf. pier table). 〘1703〙

píer·hèad *n.* 埠頭(ふとう)の突端. 〘*a*1682〙

píerhead lìne *n.* 《土木》埠頭(ふとう)法線 (ピャー[突堤式埠頭]突端を結ぶ線). 〘← (*a*1682) *pier-head*〙

Pi·e·ri·a /paɪí(ə)riə | -íər-/ *n.* ピエリア (ギリシャ北部の古代 Macedonia の沿岸地域; Olympus 山がこの区域内にあり, Orpheus および Muses の生地と伝えられる). 〘⊏ L *Pieria* ⊏ Gk *Piería*〙

Pi·e·ri·an /paɪí(ə)riən | -íər-/ *adj.* **1** 《ギリシャ神話》ピーエリデス (Pierides) の, ミューズの神々 (Muses) の[に関する]. **2** ピエリア (Pieria) 地方の[に関する]. **3** 学問・詩歌の[に関する]; (詩的)霊感の. 〘(1591): ⇨ ↑, -an[1]〙

Piérian spring *n.* [the ～] ピエリアの泉 (Olympus 山のふもとにあったという Muses の泉; その水を飲む者は詩想に恵まれたという); 詩の源泉. 〘1709〙

pi·er·id /paɪérɪ̀d, páɪə- | -rɪd/ 《昆虫》*adj.* シロチョウ(科)の. ― *n.* シロチョウ (シロチョウ科の昆虫の総称). 〘(1885) ← NL *Pieridae* (科名) ← *Pieris* (属名: ⇨ Pieria)+-ID[2]〙

Pi·er·i·des /paɪí(ə)rədi:z, -ér- | -íər-, -ér-/ *n. pl.* 《ギリシャ神話》ピーエリデス: **1** ミューズの神々 (Muses). **2** Thessaly 王 Pierus /paɪí(ə)rəs, -ér- | -íər-, -ér-/ の 9 人の娘; Muses の名を取って名づけられたが本当の Muses と音楽の腕比べをして負けて小鳥にされたという. 〘⊏ Gk *Pierí-des* (pl.) ← *Pieris* a Muse〙

pi·er·is /páɪərɪ̀s | -rɪs/ *n.* 《植物》ツツジ科アセビ属 (*Pieris*) の低木 (アメリカ・東アジア産); (特に)ヒマラヤアセビ (*P. formosa* var. *forestii*) (若葉が赤く美しい). 〘(1838) ← NL *Pieris* (属名) ← Gk *Pieris* a Muse ← *Pieria* 'PIERIA'〙

Piéro della Francésca *n.* ⇨ Francesca.

Pie·ro di Co·si·mo /pjéəroudɪkóuzɪ̀mòu | pjéərəudɪkɔ́uzɪməu; *It.* pjɛ:rodikɔ́:zimo/ *n.* ピエロディコシモ (1462-1521; イタリアの画家; 本名 Piero di Lorenzo).

pie·ro·gi /pɪ̀róugi | pɪróu-/ *n.* (*pl.* ～, **-gies**) = pirogi.

Pierre[1] /píə | píə(r/ *n.* ピア (米国 South Dakota 州の州都, Missouri 川に臨む). 〘← *Pierre Chonteau* (開拓期の皮商人, この地に交易市場を作った)〙

Pierre[2] /piéə | -éə(r; F. pjɛ:ʁ/ *n.* ピエール (男性名). 〘⊏ F ～ 'PETER'〙

Piérre Car·dín /-kɑədǽ(ŋ), -dǽŋ | -kɑ́:dæ̃(ŋ), -dæŋ;

F. -kaʁdɛ̃/ *n.* 〖商標〗ピエールカルダン《フランスのデザイナー Pierre Cardin (1922–　　) のデザインした衣料品ブランド》.

Pier·rot, p- /píːəròʊ, ─ ─ ́ | píərəʊ, pjéːr-; *F.* pjɛʁo/ *n.* (*pl.* **~s** /~z; *F.* ~/) **1** ピエロ《西洋の道化役の一つ; 典型的な扮装は, 顔におしろいを塗り, 円錐形の帽子をかぶり, 大きなボタンのついただぶだぶの白服を着る》. 日英比較 日本語の「ピエロ」は道化役の意で使われるが, 英語では clown のほうが一般的. **2** [p-] (ピエロの扮装をした)芸人, 道化役, 仮装舞踏者. 〖(1741) ◻ F ~ (dim.) ← *Pierre* 'PETER'〗

pierrot cóllar *n.* ピエロカラー《道化師の服のような白の広いひだ襟》.

Piers Plow·man /píəzpláumən | píəz-/ *n.* 農夫ピアズ《William Langland の作と伝えられる英国 14 世紀末の宗教寓意詩; その主人公; 詩の正式名 *The Vision of William concerning Piers the Plowman,* 略称 *The Vision of Piers Plowman*》.

píer tàble *n.* (通例 pier glass の下の)窓間壁に据える低い小テーブル.

pies *n.* pi², pie の複数形.

píe-shàped *adj.* 《米》1 切れのパイのような形をした.

pi·et /páɪɪ̀t | -ɪt/ *n.* **1** 《古》〖鳥類〗カササギ (magpie). **2** 《スコット・北英》おしゃべりな人. 〖(?a1200) *piot*: ⇨ pie², -et〗

Piet /píːt; *Du.* pít/ *n.* ピート《男性名》. 〖cf. Pieter〗

Pi·e·tà, p- /pìːetáː, pjer- | pìːɛtáː, -eɪ-, ─ ─ ́; *It.* pjetá/ *n.* ピエタ《聖母マリアがキリストの死体をひざの上に抱き嘆いている図または像》. 〖(1644) ◻ It. ~《原義》pity < L *pietātem* 'PIETY': cf. pity〗

pi·e·tas /páɪətæ̀s | páɪɪ̀-/ *n.* 先祖[先駆者]への敬意[尊敬]. 〖(1924) ◻ L *pietās* 'PIETY'〗

Pie·ter /píːtə | -tə^r; *Du.* pítər/ *n.* ピーター《男性名》. 〖◻ Du. ~ 'PETER'〗

Pie·ter·mar·itz·burg /pìːtəmǽrɪ̀tsbɜ̀ːg, -mér- | pìːtəmǽrɪtsbɜ̀ːg; *Afrik.* piːtərmarǿtsbœrx/ *n.* ピーターマリッツバーグ《南アフリカ共和国東部の KwaZulu-Natal 州の州都》.

Pie·ters·burg /píːtəzbɜ̀ːg | -tɔːzbɜ̀ːg/ *n.* ピーターズバーグ《南アフリカ共和国 Northern 州の州都》.

Pi·e·tism /páɪətìzm | páɪɪ̀-/ *n.* **1** 敬虔(けいけん)主義《17 世紀末ドイツのルター派教会に起こった運動で, その正統主義に対して信仰の内面化と魂の敬虔を力説する》. **2** [p-] 篤信, 敬虔 (piety). **3** [p-] 信心ぶること, 偽善的敬虔. 〖(1697) ◻ G *Pietismus* // ← NL *pietismus*: ⇨ piety, -ism〗

Pí·e·tist /-tɪ̀st | -tɪst/ *n.* **1** 敬虔(けいけん)主義の信者. **2** [p-] 信心家; 信心ぶった人. 〖(1697) ◻ G ~: ⇨ ↑, -ist〗

pi·e·tis·tic /pàɪətístɪk | pàɪɪ̀-─/ *adj.* 敬虔(けいけん)な (devout); 敬虔を装う. **pì·e·tís·ti·cal** *adj.* **pì·e·tís·ti·cal·ly** *adv.* 〖(1830): ⇨ -ic¹〗

piet-my-vrou /píːtmeɪfròʊ | -fràʊ/ *n.* 《南ア》〖鳥類〗チャムネカッコウ (*Cuculus solitarius*)《アフリカ産の体色は暗灰で胸部が赤いカッコウ; 南アフリカではその声が夏の到来を告げるとされている; red-chested cuckoo ともいう》. 〖(1790) ◻ Afrik. ~《原義》Peter my wife:《擬音語》〗

Pie·tro /piétroʊ, pjér- | -trəʊ; *It.* pjéːtro/ *n.* ピエトロ《男性名》. 〖◻ It. ~ 'PETER'〗

pi·e·ty /páɪəti | páɪɪ̀ti/ *n.* **1** 敬虔(けいけん), 敬神, 信心 (godliness). **2** (親・長上・故国などに対する)敬愛, 忠敬, 恭順; 孝心, 愛国心: ⇨ filial piety. **3** 信心深い言行. 〖(a1310) ◻ OF *piete* (F *piété*) < L *pietātem* dutifulness ← *pius* 'PIOUS': PITY と二重語〗

pi·e·zo /piːéɪzoʊ, -éɪtsoʊ | piːzəʊ, piétsəʊ, paɪíːz-/ *adj.* 〖電気〗=piezoelectric.

pi·e·zo- /piːéɪzoʊ, -éɪtsoʊ | piːzəʊ, piétsəʊ, paɪíːz-/「圧力 (pressure)」の意の連結形: *piezometer.* 〖← Gk *piézein* to press ← IE **pis(e)d-* to sit upon, press ← **epi* on + **sed-* 'to SIT': ⇨ -o-〗

pièzo·chémistry *n.* 高圧化学.

pièzo·cóupler *n.* 〖電気〗圧電結合器.

pièzo·eléctric *adj.* 〖電気〗圧電気の, ピエゾ電気の. — *n.* 圧電材料. **pièzo·eléctrical** *adj.* **pièzo·eléctrically** *adv.* 〖1883〗

piézoelectric crýstal *n.* 圧電結晶《quartz など》.

piezoeléctric efféct *n.* 圧電効果《結晶に力を加えると電気分極が生じ電圧が発生する現象》.

pièzo·electrícity *n.* 〖電気〗圧電気, ピエゾ電気; 圧電現象《力をかけると電気を発生する現象およびそれによって発生する電気; ガス器具の点火のための電気火花発生装置などに用いられる》. 〖1883〗

piézoelectric óscillator *n.* 〖電気〗圧電発振器《圧電素子を用いた発振回路》.

pi·e·zoid /paɪíːzɔɪd/ *n.* 〖電子工学〗圧電素子.

pi·e·zom·e·ter /pìːəzɑ́(ː)mətə, pàɪə- | -zɔ́mɪ̀tə^r/ *n.* 〖物理〗圧度計, 水圧測深器, ピエゾメーター《液体の圧縮率を測定する器械》. 〖1820〗

pi·e·zom·e·try /pìːəzɑ́(ː)mətri, pàɪə- | -zɔ́mɪ̀-/ *n.* 圧度測定; 静水学的水圧測定. **pi·e·zo·met·ric** /pìːəzoumétrɪk, pàɪə- | -zə(ʊ)-─/ *adj.* **pi·è·zo·mét·ri·cal** *adj.*

Pif·fer /pífə | -fə^r/ *n.* 《俗》パンジャブ不正規国境軍の一員. 〖(1892) ← *P(unjab) I(rregular) F(rontier) F(orce)* + -ER¹〗

pif·fle /pífl/ 《口語》*n.* ばか話, たわごと: talk ~. — *vi.* ばかげたことを言う, たわごとをしゃべる. — *int.* ばかな. **píf·fler** /-flə, -flə | -flə^r, -fl-/ *n.* 〖(1847)《混成》? ← PI(DDLE) + (TRI)FLE: cf. OE *pyff* puff〗

pif·fling /píflɪŋ, -fl-/ *adj.* 《口語》つまらない, ささいな (trivial). 〖(1864): ⇨ ↑, -ing²〗

pig¹ /píg/ *n.* (*pl.* **~s, ~**) **1** 豚 (cf. hog, swine, boar, sow²). ★ ラテン語系形容詞: porcine. **2** 《米》(重さ 120 ポンド以下の)子豚. ★《米》では pig は通例この意味に用い, 成長した「豚」には hog を用いる. **3 a** 食用の豚肉 (pork): ~ between sheets《米》ハムサンドイッチ / roast ~ 焼豚. **b** 豚皮. **4 a** 《口語》豚のような人間[動物]; 薄汚い人; むっつり屋; 食いしん坊; 欲張り; 頑固者. **b** 《米俗》自堕落な女, ふしだらな女. **5** 《俗》警官, ポリ公. **6** 《英口語》困難[不快]なこと: a ~ of a job いやな仕事. **7 a** 〖金属加工〗金属[銑, 鉛]の鋳塊, 生子(なまこ); 鋳床 (pig bed) の型 (cf. sow² 3). **b** =pig iron. **c** =pig lead. 〖鋳床に鋳型を並べた所が子豚の乳を飲む様に似ているところから〗 **8** 《米俗》機関車 (railroad locomotive).

a pig in a póke* [*bág*]** 調べもせず[よく知らずに]買った物; 安請合い: buy *a* ~ *in a poke* 物をよく見ないで買う. 〖(c1530)〗 ***bléed like a* (*stúck*) *píg (突き刺された豚のように)たくさんの血を流す, 大出血する. ***bring* [*drive*] *one's pigs to a fine* [*a prétty, the wróng*] *márket*** 見当違いをする, やまがはずれる, しくじる. 〖(1748)〗 ***gó to pígs and whistles*** 《俗》道楽する. 〖(1786)〗 ***in a píg's éye*** 《俗》決して…ない (certainly not). 〖(1872)〗 ***in píg*** 〈雌豚が〉〈子を〉はらんでいる (pregnant). 〖(1886)〗 ***màke a* (*réal*) *píg of onesèlf*** (豚のように)大食する, 欲張る. 〖(1942)〗 ***màke a pig's èar* (*òut*) *of*** 《口語》…をやりそこなう, めちゃくちゃにする. ***on the pig's báck*** 《アイル・NZ》成功した, 確立した. ***píg in the míddle*** 《口語》板ばさみになった人. ***Pigs might* [*may*] *flý.*** (この世には)不思議なことも起こりかねない;《反語》(ありそうもない話を聞いて)そんなことは信じられない, そんなことあるものか. 〖(1616)〗 ***pléase the pigs*** 《戯言》(ふざけて please God の代用として) 都合よくいけば, 場合によったら. 〖(1702)〗 ***swéat like a píg*** 《口語》ひどく汗をかく.

pigs in blánkets (1) =angels-on-horseback. (2) 〖料理〗(小型のフランクフルト)ソーセージをパイ皮などで包んで焼いたオードブル.

— *v.* (**pigged; pig·ging**) — *vt.* **1** 〈豚が〉〈子を〉産む; 豚のように〈子を〉産む (litter). **2** [~ it として]《口語》=vi. 2. **3** 《口語》がつがつ食う. — *vi.* **1** 〈豚が〉子を産む. **2** 豚のように群がる, ごちゃごちゃいる, (豚小屋の中のような)雑居生活をする 〈*together*〉.

pig onesèlf (米口語・軽蔑) 大食いする 〔*on*〕. ***pig óut*** 《米俗》…を満腹になるまでがつがつ食う 〔*on*〕.

〖(?a1200) *pigge* < OE **picga* (cf. OE *picbrēd* swine-food) ← ?: cf. OE *docga* 'DOG', *frocga* 'FROG¹' / LG & Du. *bigge, big* young pig: その突き出た鼻との連想から, PICK², PIKE⁴ と同語源とする説もある〗

SYN 豚: **pig** 食肉用に飼育する豚《一般語》;《米》では *hog* ともいう. **hog** 《米》肉を食べるために大きくした豚; 《英》去勢した食用の雄の豚. **boar** 繁殖用の雄の豚; イノシシ. **sow** 成長した繁殖用の雌の豚.

pig² /píg/ *n.* 《スコット》陶器のつぼ[かめ]. 〖(c1450) ← ?: cf. piggin〗

píg bèd *n.* **1** 豚の寝床. **2** 〖金属加工〗(砂場上に)銑鉄を流す型, 鋳床 (cf. pig¹ 7). 〖1821〗

píg·bòat *n.* 《米軍俗》潜水艦. 〖(1921): 船首を補給船につけている様が乳を飲む子豚に似ているところから〗

píg bòiling *n.* 〖冶金〗=wet pudding. 〖1856〗

píg bùcket *n.* (豚の食料を入れる)残飯桶.

píg dòg *n.* 《NZ》いのしし狩猟用の犬.

pi·geon¹ /pídʒən | -dʒɪ̀n/ *n.* (*pl.* **~s, ~**) **1** 〖鳥類〗ハト《ハト科の鳥の総称》; (特に)イエバト(飼いバト) (domestic pigeon)《カワラバト (rock pigeon) を改良したハト; 伝書バト (homing pigeon, carrier pigeon) など》, ドバト (feral pigeon). **2** 《口語》だまされやすい人 (gull), のろま (simpleton): pluck a ~ のろまから金(など)をだまし取る. **3** 乙女, 若い女性. **4** 〖射撃〗=clay pigeon. **5** 《俗》〖トランプ〗(stud poker で)決め札《最後に配られた札で勝ちが決まる場合にいう》. — *vt.* **1** 欺く, だます; …から〈…を〉だまし取る 〔*of*〕. **2** 鳩を使って〈通信を〉送る. 〖(1373) *peion, pijon, pigeon* ◻ OF *pijon* young bird, young dove (F *pigeon*) < VL **pībiōnem* =LL *pīpiōnem* young cheeping bird ← L *pīpīre* to chirp ← IE **pīp(p)-* to peep《擬音語》: cf. pipe〗

SYN ハト: **pigeon** ハト科の鳥の総称で, dove よりも大きく, 野生バト・イエバトの両方を指す. **dove** *pigeon* よりも小形の野生のハトで, キジバトなどを指し, しばしば平和の象徴とされる.

pi·geon² /pídʒən | -dʒɪ̀n/ *n.* =pidgin.

pigeon·bèr·ry /-bèri | -b(ə)ri/ *n.* 〖植物〗アメリカヤマゴボウ (⇨ pokeweed). 〖1775〗

pigeon blòod *n.* (ルビーの)ピジョンブラッド, 鳩血色 (dark red). 〖(1894): cf. pigeon's blood〗

pigeon brèast *n.* 鳩胸 (chicken breast). 〖1842〗

pigeon-bréasted *adj.* 鳩胸の. 〖1815〗

pigeon chèst *n.* 〖医学〗=pigeon breast.

pigeon-chésted *adj.* =pigeon-breasted.

pigeon dròp *n.* 信用詐欺.

pigeon Énglish *n.* 《俗用》=pidgin English. 〖(1859)《転訛・代用形》← PIDGIN〗

pigeon·gràm /-græ̀m/ *n.* 伝書鳩の運ぶ信書. 〖(1885) ← PIGEON¹ + -GRAM: cf. telegram〗

pigeon gràpe *n.* 〖植物〗=summer grape.

pigeon guíllemot *n.* 〖鳥類〗ウミバト (*Cepphus columba*)《北太平洋に生息するウミスズメ科ウミバト属の海鳥》.

pigeon hàwk *n.* 〖鳥類〗**1** コチョウゲンボウ (*Falco columbarius*)《北米産の小形のハヤブサの一種; merlin ともいう》. **2** アシボソハイタカ (⇨ sharp-shinned hawk). 〖1731〗

pigeon-héarted *adj.* 気の弱い, 臆病な; おとなしい (cf. lionhearted). 〖1621〗

pigeon·hole /pídʒənhòʊl | -dʒɪ̀nhəʊl/ *n.* **1** (机・小だんすなどの)書類入れ仕切り, 整理棚, 分類棚, 区分け棚: He put the letter in his ~. 手紙を自分の整理棚に入れた. **2** 頭の中で物事を整理して記憶しておくところ. **3** 《口語》カテゴリー, 部門, 分類. **4** 鳩小屋[鳩の巣箱など]の出入穴; 巣房《鳩小屋の中に巣皿を置くために作る多くの仕切りの一つ》. **5** 〖印刷〗白穴《あきすぎの語間; white hole ともいう》. ***pút into a pígeonhole*** 枠[型]にはめて考える, 固定観念をもって見る.

— *vt.* **1** …に整理棚[仕切り]を取り付ける[設ける]. **2 a** 〈書類などを〉整理棚に入れる; 分類整理する. **b** (頭の中に整理して)記憶にとどめておく. **3** 一時[仮に]整理棚(など)に入れて置く, 〈計画・草案などを〉後回しにする, 棚上げする (shelve). 〖1577〗

pigeonhole 1

pígeon hòuse *n.* 鳩小屋, 鳩舎(きゅうしゃ) (pigeonry). 〖1537〗

pi·geon·ite /pídʒənàɪt | -dʒɪ̀-/ *n.* 〖鉱物〗ピジオン輝石. 〖(1900) ← *Pigeon (Point)* (米国 Minnesota 州北東部にある岬で, その産地) + -ITE¹〗

pigeon-lívered *adj.* 《まれ》優しい, おとなしい (gentle, meek). 〖1600–01〗

pigeon mìlk *n.* =pigeon's milk.

pigeon pàir *n.* 《英》男女の双生児; 二人兄妹[姉弟]. 〖1847–78〗

pigeon pèa *n.* 〖植物〗**1** キマメ, リュウキュウキマメ (*Cajanus indicus*)《熱帯地方原産のマメ科の低木; 花は黄色, 種子は円形で一端が偏平; dhal ともいう》. **2** キマメの種子《食用・薬用》. 〖1725〗

pigeon pòx *n.* 〖獣医〗鳩痘(きゅうとう)《鳩の痘瘡》.

pi·geon·ry /pídʒənri | -dʒɪ̀n-/ *n.* =pigeon house. 〖(1840): ⇨ pigeon¹, -ry〗

pigeon's blòod *n.* =pigeon blood.

pigeon's mílk *n.* **1** ハト乳, 嗉嚢(そのう)乳《鳩がひな鳥を養うためにその嗉嚢 (crop) から出す乳状液; crop-milk ともいう》. 〖(1888)〗 **2** 〖英戯言〗(All Fools' Day に) 子供をだまして取りにやらせる仮想の物. 〖(1777)〗

pigeon stèp *n.* ピジョンステップ《片方の足の爪先に接するように他方の足のかかとを運ぶステップ》.

pigeon-tóe *vi., vt.* 内股に歩く.

pigeon-tóed *adj.* 足指が内に曲がった; 内股の. 〖1801〗

pigeon·wìng *n.* 《米》鳩翼型, ピジョンウィング: **a** 〖スケート〗(フィギュアスケートで)鳩が飛び立つような滑走型. **b** 〖ダンス〗仮装ダンスの変形ステップの一種で, 跳び上がって両足を打ちつける. 〖1781〗

píg·èyed *adj.* 小さなくぼんだ目をした. 〖1835〗

píg·fàce *n.* 《豪》〖植物〗ツルナ科カルポブロトゥス属 (*Carpobrotus*) およびディスフィマ属 (*Disphyma*) の多肉多汁植物《鮮やかな花が咲く》.

píg fèrn *n.* 《NZ》大ワラビ.

píg·fìsh *n.* (*pl.* **~, ~·es**) 〖魚類〗**1** 米国の南大西洋岸に産するイサキ科クロホシイサキ属の食用魚 (*Orthopristis chrysopterus*). **2** その他イサキ科の魚類の総称. 〖(1860) 水中から引き上げられるときに豚のような鳴き声を出すところから〗

pigged òff *adj.* 《英口語》不機嫌な; 不愉快な.

pig·ger·y /pígəri/ *n.* **1** 豚飼養所; 豚小屋, 豚舎 (pigsty). **2** 豚小屋のような所, 汚い[不潔な]場所; 不潔. **3** 強欲. **4** [集合的] 豚 (pigs). 〖(1781) ← PIG¹ + -ERY〗

pig·gie /pígi/ *n., adj.* (**pig·gi·er; -gi·est**) =piggy. 〖⇨ -ie〗

pig·gin /pígɪ̀n | -gɪn/ *n.* 《方言》(長柄のついた)片手桶. 〖(1554) ← ? PIG²〗

pig·gish /-gɪʃ/ *adj.* **1** 豚のような. **2** (豚のように)強欲な (greedy), 利己的な. **3** 不潔な. **4** 《英口語》強情な, 頑固な. **~·ly** *adv.* **~·ness** *n.* 〖(1792) 1820〗

Pig·gott /pígət/, **Lester** (**Keith**) *n.* ピゴット (1935–　; イギリスの騎手; ダービー 9 回を含む 4000 以上のレースで優勝).

pig·gy¹ /pígi/ *n.* **1** 子豚. **2** 《小児語》幼児の手[足]指. **3** 《英》棒打ち遊び (tipcat). ***piggy in the míddle*** =PIG¹ *in the middle.* 〖(1799) ← PIG¹ + -Y²〗

pig·gy² /pígi/ *adj.* (**pig·gi·er; -gi·est**) **1** 《口語》= piggish. **2** 〈雌豚が〉はらんでいるらしい. 〖(a1845) ← PIG¹ + -Y¹〗

piggy·bàck *n.* **1** 背負って[背に乗せて]運ぶこと: Give me a ~. おんぶして. **2** ピギーバック方式の輸送《鉄道による貨物トレーラーでの物資輸送; cf. birdyback, fishyback》. — *adv.* **1** 肩車で, おぶって, おぶさって, 背負って, 肩に乗って: carry a baby ~ 赤ん坊を背負う[おんぶする] / ride ~ (on a person) (人の)肩車に乗る, おんぶする. **2** ピギーバック方式(の輸送)で. **3** 抱き合わせで, 便乗させて．― *adj.* **1** 肩車での，背負っての: a ～ ride. **2** ピギーバック方式(輸送)の: ～ cars, service, etc. **3**〘宇宙〙主衛星にくっつけて運ばせる. **4**〘テレビ・ラジオ〙抱き合わせコマーシャルの，相乗り広告の. **5**〘医学〙移植した心臓が患者の心臓と共に機能している. ― *vt.* **1** 背負って運ぶ. **2**〈貨物トレーラーを〉鉄道で運ぶ. ― *vi.* **1**〔…に〕便乗する〔*on, onto*〕. **2** 貨物トレーラーを鉄道で運ぶ. ★ *n., adv., adj.* では《英》pickaback. 〘(1565)《変形》← PICKABACK〙

píggyback càr *n.*《米》〘鉄道〙ピギーバック車《標準的なコンテナやトレーラーを載せる長物車》.

píggyback plànt *n.*〘植物〙ピギーバックプラント，トルミエア (*Tolmiea menziesii*)《北米西部産ユキノシタ科の多年草; 観葉植物として栽培される; pickaback plant ともいう》. 〘1973〙

píggy bànk *n.* (豚の形をした小児用)貯金箱. 〘1941〙

pig·gy-wig·gy /pígiwìgi/ *n.*《小児語》小豚，子豚，ぶうちゃん; 汚らしい子供. 〘(1862)《加重》← PIGGY〙

píg·hèad *n.*《口語》強情なやつ.

píg·héaded *adj.* 強情な，つむじ曲がりの (⇨ stubborn SYN). **～·ly** *adv.* **～·ness** *n.* 〘(1620) ← PIG[1]＋HEADED〙

pight /paɪt/ *adj.*《古》＝pitched.

pigh·tle /páɪtḷ | -tl/ *n.*《英方言》小さな囲い地[畑]. 〘(*c*1200) ← ?〙

píg-ígnorant *adj.*《口語》まるでなにも知らない，脳足りんの.

píg ìron *n.*〘金属加工〙銑物用銑鉄. 〘(1665): ⇨ pig[1] 7〙

Píg Íslander *n.*《豪俗》＝New Zealander. 〘1917〙

Píg Íslands *n. pl.*《豪俗》＝New Zealand. 〘(1927) Captain Cook がこの地に初めて豚をもたらしたことから〙

píg-jùmp *vi.*《豪俗》〈馬が〉四足を挙げて跳ぶ. 〘1893〙

Píg Làtin, p- L- *n.* ピッグラテン《子供の遊びに使う隠語; 語頭の子音(群)をその語末に移して -ay /eɪ/ を加える; 例: Pig Latin を Igpay Atinlay》. 〘1937〙

píg lèad /-lèd/ *n.*〘金属加工〙鉛地金(じがね)，なまこ鉛 (lead ingot). 〘(1825): ⇨ pig[1] 7〙

pig·let /píglɪ̀t/ *n.* 子豚，小豚. 〘(1883): ⇨ -let〙

píg·lìke *adj.* 豚に似た，豚のような. 〘1612〙

pig·ling /píglɪŋ/ *n.* ＝piglet. 〘(1713): ⇨ -ling[1]〙

píg mèat *n.* 豚肉; ハム，ベーコン. 〘1798〙

pig·ment /pígmənt/ *n.* **1** 絵の具，顔料 (paint). **2**〘生物〙色素. ― /pígmənt, -mɛnt | pɪgmɛ́nt, pígmənt/ *v.* ― *vt.* …に彩色する; に色を加える. ― *vi.* 色が着く[のる]，着色を起こす. **pig·ment·ize** /pígməntàɪz/ *vt.* 〘((?lateOE)) (*a*1398) □ L *pigmentum* spice ← *pingere* 'to PAINT': ⇨ -ment: PIMENTO と二重語〙

P

pig·men·tal /pɪgmɛ́ntḷ | -tl/ *adj.* ＝pigmentary.

pig·men·tar·y /pígməntèri | -təri/ *adj.* 絵の具[色素]の; 色素を分泌する. 〘(1382) □ L *pigmentārius* ← *pigmentum*: ⇨ pigment, -ary〙

pig·men·ta·tion /pìgməntéɪʃən, -mɛn-/ *n.*〘生物〙(皮膚などの)色どり; 顔料化，着色; 色素沈着[形成]. 〘(1866) ← LL *pigmentātus* painted (⇨ pigment)＋-ATION〙

pígment cèll *n.*〘生物〙色素細胞. 〘1842〙

pig·ment·ed /pígmɛntɪ̀d, -mənt- | pɪgmɛ́nt-, pígmənt-/ *adj.*〈レーヨンが〉原液着色の. 〘1866〙

pígment pròcess *n.*〘印刷〙カーボン印画法《クロムゼラチンの感光性を利用した写真印画法の一種》.

píg mètal *n.* 金属塊，地金. 〘1731〙

píg·mobìle *n.*《俗》パトカー.

Pig·my /pígmi/ *n., adj.* ＝Pygmy.

pígmy mòth *n.*〘昆虫〙モグリチビガ科 (*Nepticulidae*) の色彩の鮮やかな潜葉性の微小なガの総称.

pi·gno·lia /pìːnjóʊljə, -liə | -njə́ʊ-/ *n.* (*also* **pi·gno·li** /-liː/) (いわゆる) nut pine の食用の種子，(俗に)松の実. 〘← It. *pignolo* (＜ VL **pineolus* (dim.) ← L *pīneus* 'of the PINE[1]')＋-IA[1]〙

pi·gnon /píːnjɑ(ː)n | -njɔn/ *n.*〘植物〙**1** (stone pine など)数種の松の食用の種子，(俗に)松の実. **2** ナンヨウアブラギリの種子 (physic nut). 〘(1604) □ F ～ ＜ VL **pineo* ← L *pīneus* (↑)〙

pignora *n.* pignus の複数形.

pig·no·rate /pígnərèɪt/ *vt.* 質に入れる (pawn). 〘(1623) ← L *pignerātus, pignoratus* (p.p.) ← *pignerāre, pignorāre* to pledge: ⇨ -ate[3]〙

pig·nus /pígnəs/ *n.* (*pl.* **pig·no·ra** /-nərə/)〘ローマ法〙**1** 質，担保. **2** 質物，担保物. 〘□ L ～ 'pledge, gage'〙

píg·nùt *n.*〘植物〙**1** ヨーロッパ産セリ科の植物 (*Conopodium majus*) の肥大した塊茎《食用にした》. **2** 北米産のクルミ科ペカン属の高木でヒッコリー (hickory) 類の数種の別名 (*Carya glabra, C. ovalis* など); その実《豚の飼料; pignut hickory ともいう》. 〘1611〙

Pig·ou /pígu:/, **Arthur Cecile** *n.* ピグー (1877–1959; 英国の経済学者; 厚生経済学 (welfare economics) の創始者; J. M. Keynes の論敵でもあった).

Pígou effèct *n.*〘経済〙ピグー効果《物価変動が実質資産価値に変化を与え，その結果消費行動に変化を生じること; asset effect, real balance effect ともいう》.

píg·òut *n.*《俗》大食い，食べすぎ.

píg·pèn *n.*《米・カナダ》**1** 豚小屋，豚舎 (pigsty). **2** (豚小屋のように)汚い部屋，むさ苦しい住みか. 〘(1833): ⇨ pen[2]〙

píg ràt *n.*〘動物〙オニネズミ (bandicoot). 〘1859〙

píg-ròot *vi.*《NZ》＝pig-jump.

Pigs /pígz/, **the Bay of** *n.* ピッグズ湾《キューバ南部の湾; 1961 年米国に支援された反 Castro 軍が上陸を企てて失敗した》.

pig's èar *n.* **1**《ロンドン方言・押韻俗》ビール (beer). **2** 雑な仕事，めちゃくちゃ. ***màke a píg's èar of***《口語》…をしくじる，台なしにする. ***néver in a píg's èar***《押韻俗》絶対に…ない (year との押韻).

píg's frỳ *n.*〘料理〙豚のもつ料理《豚の内臓を一緒くたにして油でいためたもの》.

píg·skìn *n.* **1** 豚の皮[革]: a ～ brief case 豚革の書類かばん. **2**《口語》鞍 (saddle). **3**《米口語》フットボールのボール《当初は豚革で造られていた》. ― *adj.* 豚皮でできた. 〘1855〙

píg·stìck *vi.* (馬に乗り槍を持って)いのしし狩りに行く. 〘(1906《逆成》) ← PIGSTICKING〙

píg·stìcker *n.* **1** (槍で)いのしし狩りをする人; その狩り用に慣らした馬. **2**《口語》大型ポケットナイフ; 剣. 〘1866〙

píg·stìcking *n.* **1** 馬に乗って槍を使ういのしし狩り. **2** 豚の屠殺. 〘(1848) ← PIG[1]＋STICK[2]＋-ING[1]〙

píg·stỳ *n.*《英》＝pigpen 1. 〘(1591): ⇨ sty[1]〙

pígsty bùlwark *n.*〘海事〙下部に排水口をもつ船の手すり板.

píg's wàsh *n.* ＝pigwash 1.

píg swìll *n.* ＝pigwash 1.

píg·tàil *n.* **1** (昔，船乗りや中国人の間に普通であった)弁髪; (少女の)おさげ. **2** 弁髪をつけた人，(清(しん)朝時代の)中国人. **3** 細くねじり巻いたたばこ，よりたばこ. **4**〘電気〙ピグテール《電流を通ずるための軟らかい裸銅線をより合わせた銅線または編んだ銅線》. 〘(1688) 豚の尾に似ているところから〙

píg·tàiled *adj.* **1** 弁髪のある[に結った]. **2**〈たばこが〉細くねじり巻いた. **3** 豚のような尾をもった. 〘1754〙

píg-tailed ápe *n.*〘動物〙＝pig-tailed macaque.

píg-tailed macáque *n.*〘動物〙ブタオザル (*Macaca nemestrina*)《東南アジアに生息するオナガザルの一種; pig-tailed ape ともいう》.

pígtail macáque [mónkey] *n.*〘動物〙＝pig-tailed macaque.

píg·wàsh *n.* **1** (台所の残り物・醸造かすなどに汁を混ぜた)豚の餌. **2** 薄いまずいスープ[コーヒー(など)]. 〘1630〙

píg·wèed *n.*〘植物〙**1** ヒユ科ヒユ属 (*Amaranthus*) の植物の総称《アオゲイトウ (*A. retroflexus*) とホナガアオゲイトウ (*A. hybridus*) はしばしば香味用野菜，またその種子は食用にされる》. **2**《米》アカザ科アカザ属 (*Chenopodium*) の雑草の総称; (特に)シロザ，アカザ (lamb's-quarters)《fat hen ともいう》. 〘(1806): ⇨ weed[1]〙

pí-jàw *n.*《英俗》お説教，お談儀. 〘(1891) ← PIE[3]＋JAW[1]〙

pi·ka /páɪkə, píː-/ *n.*〘動物〙ナキウサギ《北半球の高山にすむナキウサギ科 *Ochotona* 属の小さな動物の総称; タカネナキウサギ (*O. alpina*) など》. 〘(1827) □ Tungusic *piika*〙

pi·ka·ke /píːkəkèɪ; *Hawaii.* píːkakeː/ *n.*〘植物〙マツリカ(茉莉花) (Arabian jasmine). 〘(□ Hawaiian *pikake*)〙

pi·kau /píːkaʊ/ *n.* (NZ) ナップサック，リュックサック. 〘(1836) □ Maori ～〙

pike[1] /páɪk/ *n.* (*pl.* ～, ～**s**)〘魚類〙**1** カワカマス (*Esox lucius*)《ヨーロッパ・北米産の食用淡水魚で釣りの対象として有名，極めて貪食; 成魚は luce という; アジア北部にも近縁種を産する; 米国では northern pike，ヨーロッパでは common pike ともいう》. **2** (muskellunge, pickerel などを含めた)カワカマス科の魚の総称. 〘(1314) ← PIKE[4]: 口先がとがっていることから〙

pike[2] /páɪk/ *n.* **1** 有料(高速)道路; 料金所. **2** 通行税，(高速道路の)料金. **3** 鉄道路線; 模型鉄道路線. ***còme dòwn the píke***《米口語》現れる，やって来る. ***dówn the píke***《米》これから先，将来. 〘(1812)《略》← TURNPIKE〙

pike[3] /páɪk/ *n.* (葉またはダイヤモンド形の穂先をした)矛(ほこ)，槍《重装歩兵の武器として古代から近世まで用いられた》. ***tráil a píke***《古》(矛を武器として用いた時代に)兵士を務める，軍隊生活をする. (1565) ― *vt.* 矛で刺す[傷つける，刺し殺す]. 〘(1511) □ (O)F *pique* ← *piquer* to prick, pierce ＜ VL **piccāre* ← **piccus* woodpecker＝L *pīcus* ← IE **(s)peik-* woodpecker, magpie: cf. pie[2], pike[4]〙

pike[4] /páɪk/ *n.* とがった先; 矛(ほこ)・槍などの穂先，矢尻. **piked** *adj.* 〘OE *pīc* a pick, point (i) □ ? (O)F *pic* 'PICK[2]' // (ii) ← Celt. (cf. Sc.-Gael. *pic* pickax / Breton *pik* pitchfork): cf. pike[3]〙

pike[5] /páɪk/ *n.*《英方言》(イングランド湖畔地方の)峰のとがった山，とがった峰，尖峰. ★ 特に，地名に用いる: Langdale *Pikes*. **piked** *adj.* 〘((*c*1250)) (?*a*1400) ← ? ON (cf. Norw.《方言》*pik* pointed (mountain) ← ?: cf. OE *hornpic* pinnacle)〙

pike[6] /páɪk/ *vi.*《俗》**1 a** さっさと行く，急に去る (depart). **b** 進む〈*along*〉. **2** 死ぬ (die). ***píke óut***《口語》おずおず引っ込む[退く]. 〘(*c*1470) *pyke(n)*《原義》to furnish oneself with a pike or pilgrim's staff: ⇨ pike[3]〙

pike[7] /páɪk/ *vi.*《米俗》(大金をかけた人の次などに)少しずつ(おずおず)かける. 〘(1889)《逆成》← PIKER〙

pike[8] /páɪk/ *n.* (ダイビング・体操で)エビ型《身体を腰の部分で 2 つに折り曲げ，つま先と膝を伸ばしたエビのような形; cf. layout 7, tuck[1] 6》. 〘(1928)《転用》? ← PIKE[1]〙

Pike /páɪk/, **Kenneth L.** *n.* パイク (1912–2001; 米国の言語学者; 音声学者; tagmemics の創始者).

Pike, Zebulon Montgomery *n.* パイク (1779–1813; 米国の将軍，西部地方探検家).

pike·let[1] /páɪklɪ̀t/ *n.*〘魚類〙若い[小さい]カワカマス (pike). 〘(1892) ← PIKE[1]＋-LET〙

pike·let[2] /páɪklɪ̀t/ *n.*《英北部》＝crumpet 1. 〘(1790)《短縮・変形》←《廃》*barapicklet* ← Welsh *bara pyglyd* pitchy bread〙

pike·man[1] /-mən/ *n.* (*pl.* **-men** /-mən, -mɛ̀n/) (16–17 世紀の)槍[矛(ほこ)]兵. 〘(16C) ← PIKE[3]＋-MAN[1]〙

píke·man[2] /-mən/ *n.* (*pl.* **-men** /-mən, -mɛ̀n/) 通行税取立て所の番人，(有料道路の)料金所の係員. 〘(1857) ← PIKE[2]＋-MAN〙

píke·man[3] /-mən/ *n.* ＝pickman. 〘(1845) ←《廃》*pike* 'PICK[2]'＋MAN[1]〙

píkeman's pót *n.*〘甲冑〙＝pot[1] 14.

píke·pèrch *n.*〘魚類〙ヨーロッパ産スズキ目パーチ科 *Stizostedion* の淡水魚の総称，(特に)ザンダー (*Stizostedion lucioperca*) (zander)《大形になる食用魚; 釣り用として重要; cf. walleyed pike, sauger, blue pike 1》. 〘1854〙

píke pòle *n.* **1** 鉤棒，刺し叉(さすまた)《電柱を立てるときにまっすぐに支えたりする道具》. **2** 鳶口(とびぐち).

pik·er /páɪkə | -kə[(r)]/ *n.* **1**《米俗》用心深いけちな賭博(とばく)人. (1889) **2**《米俗》こそこそ立ち働く人，けちんぼう (niggard); (株を小口売りする)まばら速，小口筋. **3**《豪俗》野生の雄牛. **4**《豪》なまけ者; 横着者. **5** (NZ) 役立たず; 失敗者. 〘(1301) ← *pike*《変形》← pick[1] (v.)) // ← *Pike* (Missouri 州の地名; ここから California へ多数の移住者が出たという)＋-ER[1]〙

Píkes Péak /páɪks-/ *n.* パイクス山《米国 Colorado 州の Rocky 山脈中の山 (4,301 m)》. 〘← *Zebulon M. Pike*〙

píke·stàff *n.* 槍の柄; 錫杖(しゃくじょう)《昔，巡礼や旅人などの用いたとがった石突きのある杖》: (as) plain as a ～ きわめて明白な，わかりきった. 〘(1356): ⇨ pike[3], staff[1]〙

pi·ki /píːki/ *n.* ピーキー《米国南西部のホピ族 (Hopi) が作るパン; ひき割りトウモロコシ粉を薄く延ばして石の上で焼く》. 〘(1889) ← Hopi〙

pik·ul /píkəl, -kʊl; *Malay* píkul/ *n.* ＝picul.

pil-[1] /paɪl/ (母音の前にくるときの) pilo-[1] の異形.

pil-[2] /paɪl, pɪl/ (母音の前にくるときの) pilo-[2] の異形.

pila *n.* pilum の複数形.

pi·laf /pɪláːf, píːlaːf | pílæf, píː-, ―⌐/ *n.* (*also* **pi·laff** /～/) ピラフ《いためた米に，だし汁・肉・野菜・干しぶどう・香辛料などを加えて煮た中近東起源の米料理》. 〘(1612) □ Turk. & Pers. *pilāw*〙

pi·lar /páɪlə | -lə[(r)]/ *adj.* 毛髪の，毛に関する; 毛の多い (hairy). 〘(1858) ← NL *pilāris* ← L *pilus* hair: ⇨ -ar[1]〙

pi·las·ter /pɪ̀lǽstə, páɪlæstə | pɪ̀lǽstə[(r)]/ *n.*〘建築〙付柱(つけばしら)，ピラスター，柱形，片蓋柱《壁の一部を平面的に張り出して作った柱; cf. half column》. 〘(1575) □ (O)F *pilastre* □ It. *pilastro* □ ML *pilastrum* ← L *pīla* 'PILLAR, PILE[2]': ⇨ -aster[1]〙

pi·lás·tered *adj.*〘建築〙付柱(つけばしら)をもった[でもたせた]. 〘(*a*1687) ↑〙

piláster màss *n.*〘建築〙扶壁(ふへき)，控壁柱《壁体に角柱を埋め込んだもの; 構造を実際に支持し，pilaster と異なり，通例柱頭をもたない; cf. pier 5》.

piláster strìp *n.*〘建築〙(壁からの突出の少ない)扶壁(ふへき)柱. 〘1874〙

pil·as·trade /pìləstrèɪd, ⌐―⌐/ *n.*〘建築〙(一連の)付柱(つけばしら). 〘(1730) □ It. *pilastrata*: ⇨ pilaster, -ade〙

Pi·late /páɪlət/, **Pon·tius** /pá(ː)nʃəs, -tiəs, -tʃəs | pɔ́ntiəs, -tʃəs, -ʃəs/ *n.* **1** ピラト《Palestine の Judea を支配した (26–?36) ローマの総督; イエスの処刑を許可した; 処刑判決に際しみずから責任のないしるしとして手を洗った; cf. *Mark* 15, *Matt.* 27》: ～'s voice ピラトの声，威厳のある大声. **2** 道徳的責任を回避する人. 〘□ L *Pīlātus*《原義》armed with javelins ← *pīlum* javelin: cf. pile[2]〙

pi·la·to·ry /pɪ̀léɪtəri | pɪléɪt-/ *adj.* 毛髪の成長を刺激する. ― *n.* 養毛剤. 〘← L *pilus* hair: ⇨ -atory〙

Pi·la·tus /pɪláːtəs | -təs; *G.* piláːtʊs/ *n.* ピラトゥス(山)《スイス中部 Lucerne 近くにあるアルプス山脈中の山 (2,128 m)》. 〘← *Pontius Pilate*: その死体が埋められているという伝説から〙

pi·lau /pɪlóʊ, -lɔ́ː, -láː | píːlaʊ, pɪ̀láʊ/ *n.* (*also* **pi·law** /～/) ＝pilaf.

pilch /píltʃ/ *n.*《英古》**1** ピルチ《毛皮[毛織物]のコート》. **2** (フランネルの)三角形のおむつカバー. 〘OE *pyl(e)ċe* robe of skin □ ML *pellicea* fur garment (fem.) ← L *pelliceus* (adj.) made of skins ← *pellis* 'skin, FELL[4]': cf. pelisse / G *Pelz* fur〙

pil·chard /píltʃəd | -tʃəd/ *n.*〘魚類〙**1** ピルチャード，ニシイワシ，ヨーロッパマイワシ (*Sardina pilchardus*)《西ヨーロッパ沿岸産のイワシの一種でニシンによく似た魚; 幼魚はサーディン (sardine) といい，重要な食用魚》. **2** サーディンに近縁の数種の魚: **a** ＝California sardine. **b** パシフィックサーディン (*Sardinops sagax*)《太平洋産》. 〘(1530) *pylcher* ← ?: *-d* は添加音〙

pil·cher[1] /píltʃə | -tʃə[(r)]/ *n.* **1**〘製紙〙ピルチャ《積み重ねた湿紙の水分を取るために上に載せる毛布》. **2**《Shak》刀の鞘(さや). 〘(1635)《変形》← PILCH〙

pil·cher[2] /píltʃə | -tʃə[(r)]/ *n.*《古》〘魚類〙＝pilchard. 〘(1601)《変形》← PILCHARD〙

Pil·co·ma·yo /pìlkəmáɪoʊ | -əʊ; *Am.Sp.* pilkomájo/ *n.* [the ～] ピルコマヨ(川)《ボリビア南部に発しパラグアイとアルゼンチンの国境を南東に流れて Asunción で Paraguay 川に注ぐ川 (1,600 km)》.

pile[1] /páɪl/ *n.* **1** (物の)積み重ね，堆積，山 (heap): a ～ of logs, stones, books, etc. **2**《口語》**a** 多数，大量，どっさり (a lot)〔*of*〕: a ～ [～s] of money, work, etc. **b** 大金，富，財産 (fortune): make a [one's] ～ 大金をもうける，財産を作る. **3** 大建築物(群): a magnificent ～ (of bricks) 堂々たる(れんが)建築. **4** 火葬用の積み薪(まき)

[薪の山]; 火刑[いけにえ]用薪材: a funeral ～. **5** 叉銃(さじゅう): a ～ of arms 叉銃. **6** 〘電気〙 **a** 電堆(でんたい)《通例 volta's [voltaic, galvanic] pile という》. **b** 電池 (battery): a dry ～ 乾電池. **7** 〘原子力〙 パイル, 原子炉 (atomic pile)《主に黒鉛を減速剤として用いた初期のもの》. **8** 〘冶金〙 =fagot 3.
be at (the) tóp [bóttom] of the píle 社会·組織の頂点[底辺]にいる, 権力·財力がある[ない].
― *vt.* **1** 〈土·石などを〉積む, 積み重ねる, 積み上げる (heap) 〈*up, together, on*〉; 〈荷物などを〉詰め込む 〈*in*〉 (cf. 3): ～ (*up*) stones, logs, etc. / ～ plates *together* / ～ all the baggage *in* 荷物を全部詰め込む / The porters were *piling* luggage *on* the bus. ポーターは荷物をバスに積んでいた. **2** 蓄積する (accumulate) 〈*up*〉: ～ (*up*) money / ～ *up* a lot of trouble 面倒なことを山と抱え込む. **3** …に(…を)山と積む 〈*with*〉 (cf.1): ～ a cart *with* hay (= ～ hay on a cart) 荷馬車に干し草を山と積む / The docks were ～*d* high *with* sandbags. 埠頭(ふとう)には土嚢(どのう)がうず高く積んであった. **4** 〘軍事〙〈通例 4 人が〉〈銃を〉組む: ～ arms 叉銃する / *Pile* arms! [号令] 組め銃(つつ). **5** 〘海事〙〈船を〉海岸[暗礁, 浅瀬(など)]に乗り上げさせる, 擱座(かくざ)[座礁]させる 〈*up*〉. **6** 〘原子力〙 原子炉で処理する, 原子炉に入れる 〈*up*〉. ― *vi.* **1** 〈金·雪·借金·仕事·証拠などが〉たまる, 積もる 〈*up*〉. **2** 《口語》(混雑の中などを)どやどやと押しかける[入る, 立ち去る, 出る(など)] 〈*in, off, out,* etc.〉: ～ *into* [*out of*] the room どやどやと部屋に入る[から出る] / ～ *on* [*down, off*] (the bus) どやどやと(バスに)乗る[(バスから)降りる].
píle ín (*vt.*) ⇨ *vt.* 1. (*vi.*) (1) ⇨ *vi.* 2. (2) [通例命令形で] 〈人などが(乗り物などの)中に詰める: *Pile in!* 中程にお進み下さい. (3) 《口語》(敵を)激しく攻撃する; (食べ物を)がつがつ食う. ***píle it ón*** 《口語》誇張する, 大げさに言う (cf. LAY² *it on* (1)). 《1852》 ***pile on*** (*vi.*) [«*vi.*+*adv.*» ～ *ón*] ⇨ *vi.* 2. (*vt.*) **a** [«*vt.*+*adv.*» ～ *ón*; ～ … *on* …] ⇨ *vt.* 1. **b** [«*vt.*+*adv.*» ～ *ón*] (1) 《口語》〈賞賛·批判などを〉誇張する, 強める (cf. PILE *it on*). (2) 《英·豪》〈体重を〉増す: ～ *on* the pounds 太る. ***píle úp*** (*vt.*) (1) ⇨ *vt.* 1, 2, 5, 6. (2) 《口語》〈車両·航空機を〉衝突させる. 《1899》 (*vi.*) (1) ⇨ *vi.* 1. (2) 《口語》〈車が(玉突き)衝突する (cf. pileup).
〘n.: 《c1378》□ (O)F ～ 'heap (of stone)' < L *pīlam* 'PILLAR, pier, mole of stone'. ― v.: 《?a1400》← (n.)〙
pile² /páɪl/ *n.* **1** (建物の基礎工事のために打ち込む木材·鋼鉄·コンクリートなどの)基礎杭, パイル: drive [raise, draw] ～*s* 杭を打ち込む[抜く] / a house on ～*s* (南方先住民などの)杭を打ってその上に建てた家. **2** 〘紋章〙 パイル《盾の約 1/3 幅の逆三角図形; ordinaries の一つで, きわめて多くの応用図形がある》. **3** 草の葉 (blade). **4** 《アーチェリー》パイル, 矢尻《矢の先端部》. ― *vt.* …に杭を打ち込む, 杭を打って固める. 〘OE *pīl* pointed stake □ L *pīlum* heavy javelin, pestle ← IE **peis-* to crush: cf. G *Pfeil* / Du. *pijl* dart〙
pile³ /páɪl/ *n.* **1** (柔らかい細い)毛 (hair), むく毛, 綿毛 (down). **2** 羊毛 (wool); 毛皮. **3** **a** (ビロード·じゅうたんなどの)けば. ★ 普通のラシャなどのけばは nap. **b** (タオル地の)わな. **4** けばのある織物, パイル織物. ― *vt.* …にけばをつける. 〘《c1350》□ AF *pyle* (異形) ← *peil* kind of cloth = (O)F *poil* // L *pilus* hair ← IE **pilo-* hair (Gk *pîlos* felt (cap))〙
pile⁴ /páɪl/ *n.* [通例 *pl.*; 単数扱い] 痔 (hemorrhoid) (cf. pilewort 1): blind ～*s* いぼ痔. 〘《?c1425》 *pyle* □ L *pila* ball: cf. pill¹〙
pile⁵ /páɪl/ *n.* 《英古》 貨幣の裏面: ⇨ CROSS¹ *and pile*. 〘《a1393》□ (O)F ～: ⇨ pile¹〙
pi·le·a¹ /páɪliə, píl-/ *n.* 〘植物〙 イラクサ科ミズ属 (*Pilea*) の多年草[一年草]; (特に)熱帯アメリカ産のコメバコケミズ (*P. muscosa* syn. *P. microphylla* (artillery plant). 〘《1918》← NL *Pilea* (属名) ← L *pileus* feltcap〙
pilea² *n.* pileum の複数形.
pi·le·ate /páɪliɪ̀t, píl-, -lièɪt/ *adj.* **1** 〘生物〙〈キノコなど〉傘のある. **2** 〘鳥類〙〈鳥が(頭頂に)冠毛を有する. 〘《1828–32》□ L *pileātus* capped ← *pileus* 'PILEUS': ⇨ -ate²: cf. pile³〙
pi·le·at·ed /páɪlièɪtɪ̀d, píl- | -tɪ̀d/ *adj.* =pileate. 〘*a*1728〙
píleated wóodpecker *n.* 〘鳥類〙 エボシクマゲラ (*Dryocopus pileatus*)《北米産の頭上が赤く, 後部が冠羽になっているクマゲラ属の鳥》. 〘1782〙
píle bènt *n.* 〘土木〙 杭橋脚《地中に打ち込んだ杭を橋脚としたもの》.
piled *adj.* (ビロードのように)けばのある: ⇨ three-piled¹. 〘《1426》← PILE³+-ED 2〙
píle dràw·er /-drɔ̀ːə, -drɑ̀ːə | -drɔ̀ːə(r/ *n.* 杭抜き機.
píle drìver *n.* **1** 杭打ち機 (pile engine ともいう). **2** 杭打ち機の運転者. **3** ものすごい力で打つ[叩く]人. **4** 《口語》猛打, 強打. **5** 〘レスリング〙 脳天杭打ち. 〘1772〙
píle dwèller *n.* (先史時代の)湖上住宅[水上家屋]生活者, 湖上住民. 〘1880〙
píle dwèlling *n.* (水中に杭を打ってその上に建てた先史時代の)湖上住宅, 水上家屋. 〘1863〙
píle èngine *n.* =pile driver 1. 〘1776〙
píle hàmmer *n.* 杭打ちハンマー《杭打ち機の一部で杭頭に衝撃力を与える》.
pilei *n.* pileus の複数形.
pi·le·ous /páɪliəs, píl-/ *adj.* (柔らかい細い)毛の; 毛深い. 〘《1842》← L *pileus* 'PILEUS'+-OUS〙
píle shòe *n.* 杭沓(くいぐつ)《杭の先端にかぶせる金属》.
pi·le·um /páɪliəm, píl-/ *n.* (*pl.* **pi·le·a** /-liə/) 〘鳥類〙 頭頂《額から後頸までの部分》. 〘← NL ～ ← L *pileum*: ⇨ pileus〙
píle·ùp *n.* **1** (いやな仕事や伝票などの)堆積, 山. **2** 《口語》(通例数台の車の)衝突(事故), 多重[玉突き]衝突. **3** 〘アメフト〙 パイリングアップ《ボール所持者に故意に重なり合ってタックルすること; 反則》. 〘《1929》← *pile up* (⇨ pile¹ (v.) 成句)〙
pi·le·us /páɪliəs, píl-/ *n.* (*pl.* **pi·le·i** /-liàɪ/) **1** (古代ギリシャ·ローマ人がかぶった)フェルトの頭巾. **2** 〘植物〙 (キノコの)かさ (cap), 菌傘(きんさん). **3** 〘鳥類〙 =pileum. **4** 〘動物〙 クラゲのかさ (umbrella). **5** 〘気象〙 ずきん雲《積雲型の雲の上に現れる帽子や頭巾の形をした雲》. 〘《1760》← NL ～ ← L *pileus, pīleum* felt cap: ⇨ pile³〙
píle·wòrt *n.* 〘植物〙 **1** =lesser celandine 《根は痔 (piles) の治療に用いられた》. **2** =carpenter's square 2 b. **3** ホナガアオゲイトウ (prince's-feather). **4** ダンドボロギク (*Erechtites hieracifolia*)《北米産キク科の茎を抱く線状披針形の葉をもつ一年草》. 〘《1578》← PILE⁴+WORT²〙
pil·fer /pílfə | -fə(r/ *vt.* **1** (つまらない物を)盗む, くすねる (⇨ steal SYN). **2** (…から)抜き荷する (*from*). ― *vi.* こそこそ盗む, くすねる, こそ泥を働く (filch). **～·er** *n.* 〘《a1548》□ OF *pelfrer* to pillage, rob ← *pelfre* booty ← ?: PILL² との連想による変形: cf. pelf〙
pil·fer·age /pílfərɪʤ/ *n.* **1** (つまらない物を)盗むこと, ちょろまかし, こそ泥 (petty theft). **2** 盗品. **3** 〘海上保険〙 抜き荷. 〘《c1626》: ⇨ ↑, -age〙
pil·gar·lic /pɪlgɑ́əlɪk | -gɑ́ː-/ *n.* **1** 《廃》(病的な)はげ頭 (baldhead); はげ頭の人. **2** 《方言》 哀れなやつ. **pil·gár·lick·y** /-ki/ *adj.* 〘《a1529》← *pilled* peeled (← PILL²)+GARLIC〙
pil·grim /pílgrɪ̀m/ *n.* **1** 巡礼者 (cf. palmer¹ 1): a ～ to the Holy Land 聖地巡礼者 / Canterbury ～*s* / a ～'s staff 巡礼者の杖(つえ), 錫杖(しゃくじょう) / a ～'s pouch 巡礼のしるしに与えた鉛その他の袋形の記念品 《pilgrim sign の一種》. **2** 放浪者, 旅人: ～*s* on earth この世の旅人. **3** **a** [P-] Pilgrim Fathers の一員. **b** [the Pilgrims] =Pilgrim Fathers. **4** **a** 《米》(ある地方へ)最初の移住者. **b** 《米西部》(ある地方, 特に西部への)新参者, 新来動物 (newcomer). ― *adj.* [限定的] 巡礼の; 放浪者の; 巡礼者から成る: a ～ life, route, train, center, etc. ― *vi.* 巡礼する, 行脚(あんぎゃ)する; 流浪する, 流れ歩く. 〘《?a1200》 *pilegrim* □ Prov. *pelegrin* =OF *peligrin* (F *pèlerin*) □ eccl.L *pelegrīnum* (変形) ← L *peregrīnum* foreigner, peregrine ← *peregrē* from abroad ← *per* through+*ager* field (⇨ acre): *l* は *r-r* 異化: cf. peregrine〙
pil·grim·age /pílgrəmɪʤ/ *n.* **1** 巡礼, 霊地[聖地]詣(もう)で, 行脚(あんぎゃ): go on (a) ～ 霊地[聖地]詣でに出る / make one's ～ to …に参詣に出かける. **2** (名所·旧跡などを訪ねる)行脚, 長途の旅行, 長い旅: go on a ～. **3** **a** (人生の)行路; 生涯のある時期: life's ～. **b** 精神的遍歴. ― *vi.* 巡礼する, 霊地[聖地]詣でに出る, 行脚[長い旅]に出る.
Pílgrimage of Gráce [the ―] 〘英史〙 恩寵の巡礼《1536–37 年に Henry 八世の宗教改革, 特に修道院解散に反対してイングランド北部で起こった暴動》.
〘《c1275》 *pelrimage, pilegrimage* □ Prov. *pilgrinage* =(O)F *pèlerinage*: ⇨ ↑, -age〙
pílgrim bòttle *n.* 偏平な円形状の水筒《頸部の二個の輪にひもを通し肩にかける》.
Pílgrim Fáthers *n. pl.* [the ～] 〘米史〙 ピルグリムファーザーズ《米国 Massachusetts 州の Plymouth 植民地建設団; 英国国教会に不満を抱き, 1620 年 Mayflower 号に乗って渡米, Plymouth に居を定めた英国の Separatist の一団; 102 名》. 〘1799〙
pil·grim·ize /pílgrəmàɪz/ *vi.* 巡礼に行く. ― *vt.* 巡礼者にする. 〘《1598–99》: ⇨ -ize〙
pílgrim's bóttle *n.* =pilgrim bottle. 〘1874〙
pílgrim scállop *n.* 聖地巡礼の記念章として身につけたほたて貝の殻(に似たさる貝などの殻)《pilgrim's scallop shell または pilgrim's shell ともいう》.
pílgrim sìgn *n.* 巡礼のしるし, 巡礼記念《聖地で巡礼者に与える各種の記念品·メダルなど》.
Pílgrim's Prógress *n.* [The ～] 天路歴程《John Bunyan (1628–88) の宗教寓意物語 (1678)》.
pílgrim's scállop shèll *n.* =pilgrim scallop.
Pílgrim's Wáy *n.* [the ～] 巡礼の路《イングランド南部の Winchester から Canterbury へ延びる中世以来の巡礼道》.
pi·li¹ /piːlíː/ *n.* 〘植物〙 **1** フィリピン産カンラン科のカナリアの木の一種ピリーナッツツリーの核果《脂肪に富み美味; pili nut ともいう》. **2** ピリーナッツツリー (*Canarium ovatum*) 《その核果のなる木》. 〘《1888》□ Tagalog *pili*〙
pili² *n.* pilus の複数形. 〘□ L *pili*〙
pil·i- /páɪlɪ̀, pílɪ̀, -li/ pilo-¹ の異形 (⇨ -i-): *pili*ferous. 〘⇨ pilo-¹〙
pi·lid·i·um /paɪlídiəm | -di-/ *n.* (*pl.* **pi·lid·i·a** /-diə | -diə/) 〘動物〙 ピリディウム《紐形動物の間接発生をするものの浮遊性幼生型で, 帽子状をしている; cf. LARVA of Desor》. 〘《1877》← NL ～ ← Gk *pilídion* (dim.) ← *pîlos* felt cap: ⇨ pile²〙
pi·lif·er·ous /paɪlíf(ə)rəs/ *adj.* 〘植物〙 **1** 毛のある, 毛の生えている. **2** (根毛の生える)根の上皮の. 〘《a1846》← PILO-¹+-FEROUS〙
pil·i·form /píləfɔ̀əm | -lɪ̀fɔ̀ːm/ *adj.* 毛のような, 毛のように細い, 毛状の. 〘《1826》← NL *piliformis*: ⇨ pilo-¹, -form〙
pil·ing /-lɪŋ/ *n.* **1** 杭打ち; 杭打ち工事. **2** 杭を打って組み立てた構造物; [集合的] 杭 (piles). 〘《c1440》← PILE²+-ING¹〙
pilí nùt *n.* 〘植物〙 =pili¹ 1.
Pi·lion /píːljɔːn/ *n.* Pelion の現代ギリシャ語名.
Pil·i·pi·no /pɪ̀ləpíːnoʊ, pɪ̀ːl- | -lɪ̀píːnəʊ; *Tagalog* pilipíno/ *n.* ピリピノ[フィリピン]語 (Filipino)《タガログ語 (Tagalog) がフィリピンの公式国語として改称されたもの (1959)》. 〘《1936》□ Tagalog ～ (変形) ← Sp. 《廃》 *Philippino* 'FILIPINO'〙
pill¹ /píl/ *n.* **1** 丸薬; 錠剤 (tablet): sleeping ～*s* 睡眠薬. **2** [the ～, the P-] 《口語》 ピル, 経口避妊薬: take *the* ～ ピルを飲む. **3** (不愉快だが我慢しなければならない)いやなこと, (必要だがいやな物. **4** [通例単数形] 《口語》 いやな人, うんざりするやつ (bore). **5** **a** 丸薬状のもの, 小球. **b** 《野球·ゴルフなどの》球. **c** 《俗·戯言》 大砲[小銃]の弾丸, 爆弾. **d** [*pl.*] 《英俗》 =billiards. **6** (毛織物などにできる)毛玉: ～*s* (of fuzz) 毛玉. **7** **a** 《俗》 巻きたばこ. **b** (吸飲用の)アヘン《1 回分》. **c** 《俗》 睡眠薬, 覚醒剤《錠剤·丸薬》. **8** [しばしば *pl.*] 《口語》 医者. **9** [*pl.*] 《卑》 睾丸(こうがん).
be [gó] on the píll ピルを常用している[飲み始める]. ***còme [gò] óff the píll*** ピルの服用をやめる. ***gíld [súgar, súgarcoat, swéeten] the píll*** (1) 丸薬を金色に塗る[砂糖をまぶす]. (2) (不愉快だが受け入れなければならない)いやな物を我慢しやすくする[よさそうに見せる].
swállow a bítter píll いやな事を我慢する, 苦言をこらえて聞く. 《1779》
― *vt.* **1** 丸薬にする; …に丸薬を飲ませる. **2** 《俗》 …に反対投票する (blackball), 排斥する, 落選させる; 〈クラブ員などを〉除名する. **3** 〈毛織物などに〉毛玉を生じさせる.
― *vi.* 〈毛織物などに〉 毛玉ができる.
〘n.: 《a1400》□ MDu. & MLG *pille* (Du. *pil*: cf. G *Pille*) □ L *pilula* 'PILULE'. ― v.: 《1736》← (n.)〙
pill² /píl/ *vt.* **1** 《英古》 略奪する. **2** 《古·方言》 むく, はがす (peel). **3** 《廃》 はげさせる. 〘(i) ME *pil(i)e(n)* < OE **pilian* to rob □ ? L *pilāre* to deprive of hair ← *pilus* hair (⇨ peel¹) // (ii) ME *pille(n)* □ (O)F *piller* to plunder < VL **pilleāre* ← L *pilleus* felt cap ← IE **pilo-* hair (cf. pile³)〙
pil·lage /pílɪʤ/ *n.* **1** 略奪, 強奪. **2** 略奪品, 分捕り品 (booty). ― *vt.* (特に)〈軍隊·ギャングなどが〉〈列車·町·人など(の物)を〉略奪する, 強奪する (⇨ ravage SYN): ～ a train, town, etc. ― *vi.* 略奪する. **pil·lag·er** *n.* 〘《a1393》□ (O)F ～ ← *piller* (↑): ⇨ -age〙
pil·lar /pílə | -lə(r/ *n.* **1** 柱; 台脚: a compound ～ 簇柱(ぞくちゅう), 束柱, 寄せ柱 / an inserted [embedded] ～ 埋め柱. **2** 柱状物; (特に)柱状の碑, (火·水·砂埃などの)柱: a ～ of a cloud [of fire] 雲[火]の柱, 神の指導 (cf. *Exod.* 13: 21; *Ps.* 105: 39). **3** (国家·社会などの)柱, 柱石, 中心勢力[人物]: a ～ of (the) state [of society] 国家[社会]の柱石 (cf. J. Milton, *Paradise Lost* II. 300–2) / a ～ of the faith 信仰の礎(いしずえ) / a ～ of strength (強力な)支援者, (困ったとき)頼りになる人. **4** 〘鉱山〙 鉱柱《上部の岩盤を支えるために柱状に掘り残した鉱石[鉱柱]または炭層[炭柱]》. **5** 〘時計〙 (上板 (upper plate) と下板 (lower plate) とを隔てている)柱.
from píllar to póst =《古》 ***from póst to píllar*** (あてもなく)ここかしこへ, 次から次へ: be driven *from* ～ *to post* あちらこちらと追いやられる, 次々と窮地へ追い込められる. 《c1420》
Píllars of Hércules [the ―] ヘラクレスの柱《Gibraltar 海峡東端の両岸にそびえ立つ二つの海角; ヨーロッパ岸の Rock of Gibraltar (古名 Calpe) とアフリカ岸の Jebel Musa (古名 Abyla); Hercules が引き裂いてできたと伝えられている》. 〘《1581》《なぞり》← L *Columnae Herculis* (Gk *Hērakleíou stêlai*)〙
― *vt.* **1** 柱で支える[飾る]; 支える. **2** …の柱石となる. 〘《?a1200》 *pilere* □ AF *piler* =(O)F *pilier* < VL **pīlāre* ← L *pīla* 'pillar, PILE¹': *-ar* の形は 14C から〙
píllar-and-bréast *adj.* 〘鉱山〙 =room-and-pillar.
píllar-bòx *n.* 《英》 (赤い円柱形の)郵便ポスト《pillar post ともいう; cf. mailbox 1》: ～ red (英国の)郵便ポストの鮮やかな赤色. 〘1858〙
píllar cràne *n.* ポスト形ジブクレーン, 柱クレーン《柱を中心として回転できるようにしたクレーン》.
píl·lared *adj.* 柱のある; 柱状になった. 〘《?c1395》← PILLAR+-ED〙
pil·lar·et /pìlərét/ *n.* 小柱. 〘《a1661》: ⇨ -et〙
píllar fìle *n.* 平角(ひらかく)やすり. 〘1683〙
píllar pòst *n.* =pillar-box. 〘1881〙
píllar sàint *n.* 〘キリスト教史〙 柱頭行者 (⇨ stylite 1).
píll bèetle *n.* 〘昆虫〙 マルトゲムシ科の甲虫の総称.
píll·bòx *n.* **1** (ボール紙製の浅くて丸い)丸薬容器. **2** 《英俗》 小箱のような馬車[自動車, 家]. **3** 〘軍事〙 トーチカ《鉄筋コンクリートの低い円形の構築物で, 中に機関銃や対戦車兵器を備える》. **4** (丸薬入れに似た形の)クラウンの平らな円形の縁なしの婦人帽. 〘《1730》← PILL¹+BOX¹〙
píllbox hát *n.* =pillbox 4.
píll bùg *n.* 〘動物〙 ワラジムシ (wood louse). 〘1884〙
píll dròpper *n.* 《米俗》 =pill popper.
pil·let /pílɪ̀t/ *n.* 小丸剤, ピレット剤. 〘《a1400–50》(変形) ← ME *pelet* 'PELLET'〙
píll-hèad *n.* 《俗》 覚醒剤·催眠剤の常用者. 〘1965〙
pil·li·cock /pílɪ̀kɑ̀(ː)k | -kɔ̀k/ *adj.* 《廃》 ペニス (cf. Shak., *Lear* 3. 4. 76). 〘《c1352》 *pilkos* ← ?: cf. pill¹, cock¹〙
pil·lion /píljən | -ljən, -liən/ *n.* **1** (同乗する女性用に鞍のすぐ後部につけた)添え鞍. **2** (オートバイなどの)後部座席: a ～ passenger オートバイ同乗者. ― *adv.* (オートバイなどの)後部座席に乗って: ride ～ 相乗りする.
〘《1503》 *pilgane, pyllyon* □ Sc.-Gael. *pillean* & Ir.-Gael. *pillin* (dim.) ← *peall* cushion □ L *pellis* 'skin, FELL⁴'〙

P

pil·li·winks /pílәwìŋks | -lɪ̀-/ *n. pl.* [単数または複数扱い]〘スコット史〙手指を押しつぶす責め道具 (cf. thumbscrew 1). 〖(1397) *pyrwykes, pyrewinkes* ← ?〗

pil·lock /pílәk/ *n.* 《英俗》ばか. 〖(1967)《変形》← PILLICOCK〗

pil·lo·ry /píləri/ *n.* **1** さらし台《昔, 罪人の首と手を板の間にはさんでさらし者にした刑具; cf. stock[1] 6 c》: put in the ~ さらし台にさらす. **2** 汚名, もの笑い, あざけり: be in the ~ もの笑いになる. **— *vt.*** **1** 〈罪人を〉さらし台にさらす. **2** 〈人を〉もの笑い(の種)にする. 〖(1275) □ (O)F *pilori* < ? ML *pīlōrium* ← ? L *pīla* 'PILLAR': ⇨ -ory[2]〗

pillory 1

pil·low /pílou | -ləu/ *n.* **1** 枕 (⇨ bolster 挿絵). **2** **a** 枕のような用をするもの. **b** 〘機械〙=pillow block. **3** 手編みレース (pillow lace) の台[クッション]. **4** 〘海事〙(やりだし (bowsprit) の)受け台.
take counsel with* [*of*] *one's píllow*=*consúlt* (*with*) *one's píllow 一晩(寝てじっくり)考える. (1573)
— *vt.* **1** 〈人が〉枕に載せる, 枕代わりにして〈頭などを〉載せる; 枕で支える: ~ one's head on one's arm 腕を枕にする. **2** 〈物が〉…の枕となる: The earth shall ~ my head tonight. 今夜は野宿するとしよう. **— *vi.*** 《まれ》枕をする, (枕をして)もたれる.
〖ME *pylwe* < OE *pylu, pyle* < (W) Gmc **pulwī(n)* (G *Pfühl* / Du. *peluw*) □ L *pulvīnus* cushion, pillow ← ?〗

píllow blòck *n.* 〘機械〙軸受け. 〖1844〗

píllow bòok *n.* (日本の古典の)枕草紙(まくらぞうし).

pil·low·case /píləkèɪs, -lou- | -lə(ʊ)-/ *n.* 枕掛け[カバー, 袋]. 日英比較 「枕カバー」の「カバー」は和製英語. 〖*a*1745〗

píllow fìght *n.* **1** (子供が就寝前にする)枕の投げ合い. **2** 模擬戦; つまらない議論. 〖1871〗

píllow làce *n.* 手編みレース《クッションの台の上でボビンを使って作る; bobbin lace ともいう》. 〖1858〗

píllow láva *n.* 〘岩石〙枕状溶岩, 俵状溶岩. 〖1903〗

píllow shàm *n.* 《米》装飾用の枕掛け. 〖1871〗

píllow slìp *n.* =pillowcase. 〖1828〗

P **píllow swòrd** *n.* (17 世紀の)枕剣《枕元にぶら下げておく剣》.

píllow tàlk *n.* 恋人同士の寝床での語らい, 睦言(むつごと). 〖1939〗

pil·low·y /píloui | -ləui/ *adj.* 枕のような; 柔らかい (soft), 押せば引っ込む (yielding). 〖(1798): ⇨ -y[1]〗

píll pòpper *n.* 《口語》(覚醒剤・精神安定剤などの)丸薬[錠剤]の常用者, (一般に)丸薬[錠剤]常用者. **píll-pòpping** *adj., n.*

píll pòol *n.* 〘玉突〙=Kelly pool.

píll pùsher *n.* 《俗》医者; 薬剤師.

Pills·bur·y /pílzbèri | -b(ə)ri/ *n.* 〘商標〙ピルズベリー《米国の食品メーカー; そのケーキミックス, 小麦粉, 冷凍ビスケット生地など》.

pil·lu·lar /píljulə | -lə(r)/ *adj.* =pilular.

pil·lule /pílju:l/ *n.* =pilule.

píll·wòrt *n.* 〘植物〙デンジソウ科 *Pilularia* 属の水生シダ類の総称; (特に)ヨーロッパ産の *P. globulifera*. 〖(1861) ← PILL[1]+WORT[2]〗

pilm /pílm/ *n.* 《南西英・ウェールズ》ちり (dust). 〖← OCorn.〗

pi·lo-[1] /páilou | -ləu/「毛 (hair)」の意の連結形. ★ 時に pili-, また母音の前では通例 pil- になる. 〖← L *pilus* hair: cf. pile[3]〗

pi·lo-[2] /páilou, píl- | -ləu/「毛氈(もうせん) (felt)」の意の連結形. ★ 母音の前では通例 pil- になる. 〖□ Gk ~ ← *pîlos* felt〗

pi·lo·car·pi·dine /pàiləkáəpədì:n, pìl-, -dɪ̀n | -lə(ʊ)ká:prdì:n, -dɪn/ *n.* 〘薬学〙ピロカルピジン ($C_{10}H_{14}N_2O_2$) (jaborandi の葉から採れるアルカロイド). 〖(1887) ← NL *Pilocarpus* (⇨ pilo-², -carp)+-IDINE〗

pi·lo·car·pine /pàiləkáəpi:n, pìl-, -pɪ̀n | pàilə(ʊ)ká:paɪn, -pɪn/ *n.* 〘薬学〙ピロカルピン ($C_{11}H_{16}N_2O_2$) (発汗・利尿剤). 〖(1875) ← NL *Pilocarpus* (↑)+-INE[3]〗

pi·lon /pi:lóun | -lə́un/ *n.* 《米南西部》(大量の買物などをした客に与えられる)おまけ, 景品 (cf. lagniappe). 〖(1892) □ Mex.-Sp. *pilón* □ Sp. *pilón* mortar, sugar loaf < L pīla mortar〗

pi·lo·ni·dal /pàilənáɪdl | -dl⁻/ *adj.* 〘病理〙毛巣の《皮様嚢(のう)腫または皮膚深層に毛を有する》. 〖(1880) ← PILO-¹+NID(US)+-AL[1]〗

Pi·los /*Mod.Gk.* pílɔs/ *n.* Pylos の現代ギリシャ語名.

pi·lose /páilous | -ləus/ *adj.* 軟毛[柔毛]で覆われた, 有毛の; 毛の多い. 〖(1753) □ L *pilōsus* ← *pilus* 'hair, PILE[3]': ⇨ -ose[1]〗

pi·los·i·ty /paɪlá(:)səti | -lɔ́sɪ̀ti/ *n.* 〘生物〙多毛性, 有毛. 〖(1605) ← ML *pilōsitātem* ← L *pilōsus* (↑)+-ITY〗

pi·lot /páilət/ *n.* **1** 〘航空〙飛行機[船]操縦者, 操縦士, パイロット: an apprentice ~ 見習い操縦者 / a chief ~ 首席操縦者, 機長 / ⇨ test pilot. **2** 水先案内人, 水先人: a licensed ~ 免許水先案内人. **3** **a** 指導者 (leader); 案内人, 猟区案内人: drop the ~ 大切な指導者[忠告者]を退ける《*Punch* に載った Bismarck を解任する Kaiser の漫画から》. **b** 《比喩》(問題解決の)指南, 指針. **4** **a** 試行, 実験的実施. **b** (テレビなどの)試験的番組, パイロット番組《レギュラー番組に対し, 視聴者の反応を見るためのもの》. **c** =pilot film. **5** =pilot lamp. **6** **a** 〘機械〙案内(部), パイロット. **b** =plug gage. **7** 《米》 **a** =cowcatcher 1. **b** (正規の機関士の不案内な軌道の運転を助ける)補助機関士. **8** **a** 水路誌, 航路案内書. **b** 羅針儀修正器. **9** 《米》(野球の)監督. **10** 《古》舵手(だしゅ), 操舵員 (steersman). **— *vt.*** **1** 〈船〉の水先案内をする: ~ a boat down [up] a river 船の水先案内をして川を下る[のぼる] / ~ a ship in [out] 水先案内をして入港[出港]する / ~ a boat through a channel 水路を通って船の水先案内をする. **2** 〈険路・人などの〉道案内をする; 《比喩》〈人を〉導く: ~ a person through a forest [difficulties] 人を案内[指導]して森の中[窮境]を通り抜け[切り抜け]させる. **3** 操舵(そうだ)する; 〈自動車・航空機などを〉操縦する (steer): ~ a car adroitly through the traffic 行き交う車の間を巧みに車を走らせる.
— *adj.* [限定的] **1** (大掛かりな企業・製造などを始める前に行う)試験的な, 予備的な (trial): a ~ dye, medicine, test, etc. / ⇨ pilot plant. **2** 指導[案内]の; 表示[指標]の: ⇨ pilot cell, pilot lamp.
〖(1512–13) □ (O)F *pilote* □ It. *pilota* 《変形》← 《廃》 *pedoto* □ MGk **pēdṓtēs* steersman ← Gk *pēdón* oar, rudder ← IE **pĕd-* 'FOOT'〗

pi·lot·age /páilətɪdʒ | -tɪdʒ/ *n.* **1** 水先案内, 航空機操縦(術). **2** 指導. **3** **a** 水先案内料. **b** 《米》操縦士の給料[手当]. **4** 〘海事〙=pilot station 1. **5** 〘航空〙=contact flight. 〖(*a*1618) □ F ~: ⇨ ↑, -age〗

pílot ballòon *n.* 〘気象〙測風気球. 〖1802〗

pílot bìrd *n.* 〘鳥類〙アンナイドリ (*Pycnoptilus floccosus*) 《オーストラリア産の高い声でさえずる小鳥》. 〖1678〗

pílot bìscuit *n.* (船用)堅パン (hardtack). 〖1836〗

pílot bòat *n.* 水先船《水先案内人を乗せて, 入港する船の要請を待つ小型船》. 〖1588〗

pílot brèad *n.* =pilot biscuit.

pílot bùrner *n.* (ガスストーブなどの)口火《pilot flame, pilot light ともいう》.

pílot cèll *n.* 〘電気〙表示電池《全電池の特性を代表させるために選んだ少数の電池》.

pílot chàrt *n.* 〘海事〙パイロットチャート《航海に役立つ気象・海象の概要を全般にわたって記した海図》.

pílot chùte *n.* 〘航空〙(主落下傘が開くのを助ける小型の)補助パラシュート, 補助傘. 〖1925〗

pílot clòth *n.* (水夫の外套用の)紺色の粗ラシャ. 〖1834〗

pílot èngine *n.* (線路故障などを確かめるための)先駆機関車. 〖1838〗

pílot èpisode *n.* =pilot 4 b.

pílot fìlm *n.* 見本フィルム, パイロットフィルム《スポンサーに売り込む目的で企画中の番組の一部分を編集して作る見本フィルム; ビデオテープに撮る番組の場合は pilottape という》. 〖1954〗

pílot fìsh *n.* 〘魚類〙 **1** ブリモドキ (*Naucrates ductor*) 《ブリに似た外洋魚》. **2** =banded mackerel. **3** ホワイトフィッシュの一種 (*Prosopium quadrilaterale*) 《北米五大湖からアラスカにかけての深い湖にすむ淡水魚》. **4** 《「案内」する者のようにサメや船にまつわり付く習性の魚の総称《コバンザメ (remora) など》. 〖(1634) しばしば鮫を伴って泳ぐことから〗

pílot flàg *n.* 〘海事〙水先旗《水先人を求める船が掲げる国際信号旗 (G 旗), あるいは船内に水先人を有するときに掲げる旗 (H 旗)》.

pílot flàme *n.* =pilot burner. 〖1895〗

pílot·hòuse *n.* 〘海事〙操舵(そうだ)室, 舵(だ)取室 (wheelhouse ともいう). 〖1812〗

pi·lo·ti /pɪ̀lá(:)ti | -lɔ́ti/ *n.* 〘建築〙ピロティ《建物を地表から持ち上げ地面を通行に開放する方式の支柱》. 〖(1947) □ F *pilotis* ← *pilot* (⇨ pile¹)+*-is* (collective suf.)〗

pí·lot·ing /-tɪŋ | -tɪŋ/ *n.* 〘航空・海事〙操縦, (操縦上の)指示《海事に関しては航海術の一部をなし, 航路標識や電波標識などによって船位を求め将来の針路を決定すること》; pilot の仕事.

pílot jàck *n.* 〘海事〙=pilot flag. 〖1858〗

pílot-jàcket *n.* =pea jacket. 〖1840〗

pílot làdder *n.* 〘海事〙=Jacob's ladder 3.

pílot làmp *n.* 表示灯 (indicator light), パイロットランプ《スイッチなどの位置を示すときや, ある装置が可動状態にあることを表すときに点灯される豆電球; 単に pilot ともいう》. 〖1884〗

pílot·less *adj.* 水先案内[操縦者, 指導者]のいない, 〈航空機が〉自動操縦の: a ~ plane 自動操縦飛行機, 無人機. 〖1605〗

pílot lìght *n.* **1** =pilot lamp. **2** =pilot burner. 〖1890〗

pílot·man /-mən/ *n.* (*pl.* **-men** /-mən, -mèn/) 《英》〘鉄道〙パイロットマン《単線区を走る列車に乗り込み安全を確保する》. 〖1881〗

pílot mòtor *n.* 〘電気〙パイロットモーター《電気回路を制御するために用いる小型電動機》.

pílot nùt *n.* 〘機械〙パイロットナット《橋桁(はしげた)などのピン接合において穴にピンが入りやすいようにピンの先端にねじ込んで使用する先のとがったナット》.

pílot òfficer *n.* 《英》空軍少尉. 〖1919〗

pílot pàrachute *n.* 〘航空〙=pilot chute. 〖1926〗

pílot plànt *n.* (新生産方法などをあらかじめ試す)試験[実験]工場, パイロットプラント. 〖1938〗

pílot prodùction *n.* 試験的生産.

pílot ràise *n.* 〘鉱山〙先進切上(きりあ)り《後に切り広げて大きな立坑や切上り[小立坑]にすること》.

pílot schème *n.* (計画などの)予備テスト. 〖1953〗

pílot sìgnal *n.* 〘海事〙水先信号: **a** 水先人を要求している信号. **b** 水先人が乗船していることを示す信号.

pílot stàtion *n.* 〘海事〙 **1** 水先人常駐所, パイロットステーション (pilotage ともいう). **2** 水先船巡航区域.

pílot stùdy *n.* 予備[試験]的研究. 〖1957〗

pílot·tàpe *n.* ⇨ pilot film.

pílot vàlve *n.* 〘機械〙パイロット弁《油圧装置の圧力制御において規定の圧力になるとパイロット弁が先に自動的に開いて主弁の開きを誘発する》. 〖1902〗

pílot wàters *n. pl.* 〘海事〙水先強制海域. 〖1788〗

pílot whàle *n.* 〘動物〙ゴンドウクジラ (blackfish). 〖(1867) 雄のリーダーが群れを導くことから〗

pi·lous /páiləs/ *adj.* =pilose.

Pils /pílz; *G.* píls/ *n.* ピルズ《Pilsner に似たドイツのラガービール》. 〖(1961)《略》← PILSNER〗

Pil·sen /*G.* pílzn/ *n.* ピルゼン《Plzeň のドイツ語名》.

Pil·sner, p- /pílznə, píls- | -znə(r), -snə(r); *G.* pílznɐ/ *n.* (*also* **Pil·se·ner, p-** /-z(ə)nə, -znə, -s(ə)nə, -snə | -nə(r), -nə(r); *G.* pílzənɐ/) **1** **a** ピルスナー, ピルゼンビール《Plzeň 産のホップのきいた色の薄いラガービール》. **b** ピルスナー[ピルゼン]風ビール《わが国の普通のビールはこの種のもの》. **2** ピルスナー[ピルゼン]グラス《ビール用の底が先細で細長い脚つきのコップ; Pilsner glass ともいう》. 〖(1877) □ G ~ 《原義》of Plzeň (原産地名): ⇨ -er[1] 1〗

Pił·sud·ski /pɪlsúdski; *Pol.* piwsútski/, **Jó·zef** /júzɛf/ *n.* ピウスツキー《1867–1935; ポーランドの政治家・陸軍元帥, 首相 (1926–28, 1930)》.

Pílt·down màn /píltdaun-/ *n.* 〘人類学〙ピルトダウン人《1912 年英国 Sussex 州 Lewes 近くの Piltdown で発見された頭蓋(とうがい); 洪積世最古の人類と想像され, *Eoanthropus dawsoni* と命名されたが, 1953 年偽物であることが立証された》. 〖1931〗

pil·u·lar /píljulə | -lə(r)/ *adj.* 丸薬の, 丸薬状の. 〖(1802): ⇨ ↓, -ar[1]〗

pil·ule /pílju:l/ *n.* 丸薬, 小丸薬 (little pill). 〖(*a*1398) □ F ~ □ L *pilula* 'PILL[1]'〗

pil·u·lous /píljuləs/ *adj.* =pilular. 〖(1872) ← PILULE+-OUS〗

pi·lum /páiləm/ *n.* (*pl.* **pi·la** /-lə/) (古代ローマ兵の)投げ槍(やり).

pi·lus /páiləs/ *n.* (*pl.* **pi·li** /-laɪ/) 〘生物〙毛 (hair). 〖(1959) □ L ~: cog. Gk *pîlos* felt (cap)〗

pil·y[1] /páili/ *adj.* (**pil·i·er**; **-i·est**) 綿毛[けば]のある; 綿毛[けば]のような, 柔らかい, ふくふくした. 〖(1533) ← PILE[3]+-Y[1]〗

pil·y[2] /páili/ *adj.* 〘紋章〙パイル (pile) の形で盾を等分割した. 〖(1638) ← PILE[2]+-Y[1]〗

PIM /pí:àiém/ 《略》〘電算〙personal information manager《メモ・電話番号簿・予定表といった個人の情報管理のためのソフトウェア》.

Pi·ma /pí:mə/ *n.* (*pl.* ~, ~**s**) **1** **a** [the ~(s)] ピマ族《米国 Arizona 州南部・メキシコ北部に住むインディアンの一種族》. **b** ピマ族の人. **2** ピマ語《ピマ族が用いる Uto-Aztecan 語族の一言語》. 〖(1850) □ Sp. ~ ← N-Am.-Ind: 宣教師が no の意の現地語を誤用したもの〗

Pí·ma cótton, p- c- *n.* ピマ綿《米国南西部産の長繊維の良質綿; cf. sea island cotton》. 〖1936〗

Pi·man /pí:mən/ *n.* ピマ語群. **— *adj.*** ピマ族 (Pima) の; ピマ語の. 〖(1891) ← PIMA+-AN[1]〗

pi·mél·ic ácid /pɪ̀mélɪk-, paɪ-, -mí:l-/ *n.* 〘化学〙ピメリン酸 ($HOOC(CH_2)_5COOH$) 《ひまし油の酸化によって得られる結晶》. 〖(1838) *pimelic*: ← *pimel-* (← Gk *pimelḗ* lard)+-IC[1]〗

pi·men·to /pɪ̀méntou | -təu/ *n.* (*pl.* ~**s**, ~) **1** =pimiento 1. **2** **a** 〘植物〙ピメント (⇨ allspice 1). **b** allspice 2. **3** 鮮紅色. 〖(1673) □ Sp. *pimienta* pepper □ LL *pigmenta* (pl.) ← *pigmentum* plant juice ← L 'PIGMENT' (ML spiced drink, spice)〗

piménto chéese *n.* =pimiento cheese.

piménto òil *n.* ピメント油(ゆ)《ピメントを蒸留して得られる; 香料》.

pi-méson /pái-/ *n.* 〘物理〙パイ中間子《電子質量の約 270 倍の静止質量をもつ中間子; 電荷をもつパイ中間子は 2.6×10^{-8} sec の寿命でミュー粒子 (*μ*-muon) と中性微子 (neutrino) に崩壊する, そのため primary (一次的)の頭文字をとって *π*-meson と命名された; 中性パイ中間子は 8.3×10^{-17} sec の寿命で, 2 個の光子に崩壊する; 記号 *π*; pion ともいう》. 〖(1950) ← PI[1]+MESON[1]〗

pi·mien·to /pɪ̀mjéntou, -mén- | pɪ̀miéntəu, -mjén-/ *n.* (*pl.* ~**s**) **1** ピメント《ヨーロッパ原産のアマトウガラシ; 野菜または薬味に使う》. **2** 〘植物〙トウガラシ (*Capsicum annuum*); その実. **3** =pimento 2. 〖(1845) □ Sp. ~: ⇨ pimento〗

pimiénto chéese *n.* ピメントチーズ《ピメントの粉入りチーズ; pimento cheese ともいう》. 〖1922〗

pim·o·la /pɪ̀móulə | -məu-/ *n.* 赤いアマトウガラシ (sweet pepper) を詰めたオリーブの実. 〖□ Sp. ~ ← PIM(IENTO)+*ol*(*iv*)*a* 'OLIVE'〗

pimp /pímp/ *n.* **1** 女を取り持つ人, 売春の手引きをする者, ポン引き, 女郎屋[売春宿]の主人; (売春婦などの)ひも. **2** 悪党, やくざ者. **3** 《豪俗》密告者, スパイ (informer). **— *vi.*** **1** 〔…に〕売春の手引きをする, 女を取り持つ (pander) 〔*for*〕. **2** 《豪俗》密告する, スパイを働く. 〖(1599) ← ?: cf. (O)F *pimper* to allure ∥ Prov. *pimpar* to dress up〗

pim·per·nel /pímpənèl, -nl | -pə-/ *n.* **1** 〘植物〙サク

ラソウ科ルリハコベ属 (*Anagallis*) の草本の総称; (特に)ベニバナルリハコベ (scarlet pimpernel). **2** ルリハコベに類似した植物. 〖(1373) □ (O)F *pimpernelle* < VL **piperinellam* ← **piperinus* pepper-like ← L *piper* 'PEPPER' ∽ OE *pipeneale*: その実が peppercorn に似ているところから〗

pimp·ing /pímpɪŋ/ *adj.* **1** 小さい, ちっぽけな (puny); けちな, 卑しい (mean). **2** 病弱な, 弱々しい (feeble). 〖(1930) ← ?: cf. 《方言》 *pimp a* small faggot, *pimpey* weak watery cider / G *pimpelig* womanish〗

pim·ple /pímpl̩/ *n.* **1** 丘疹(きゅうしん) (papule), 吹出物, にきび. **2 a** にきびのようなふくれ[腫れ物]. **b** 少し高くなった地面, 塚. 〖(1373) *pimple* ← ?: cf. OE *piplian* to be pimpled / L *papula* swelling, pimple & *papilla* nipple〗

pím·pled *adj.* 〈人・顔など〉吹出物だらけの, にきびのある. 〖1622〗

pímple mètal *n.* 〖冶金〗 77–79% の銅を含むマット (matte). 〖(1877) その表面の様子から〗

pim·ply /pímpli, -pli/ *adj.* (**pim·pli·er**; **-pli·est**) = pimpled. **pím·pli·ness** *n.* 〖1748〗

pimp·mo·bile /pímpmoubiːl, -mə- | -mə(ʊ)-/ *n.* 《米俗》(pimp が乗るような) 派手な装飾をした大型高級車. 〖1973〗

pin /pín/ *n.* **1** ピン, 留め針, 飾り針: a straight ~ まっすぐなピン / a hat ~ (帽子を頭髪に刺し留める)帽子ピン / ⇨ safety pin, (*as*) *neat as a* (*new*) PIN / The ~ pricked my finger. 指にピンがちくりと刺さった / stick ~*s* into a person《口語》人を刺激する[じらす, 悩ます] / You could hear a ~ drop. ピンが落ちても聞こえるくらい(の静けさ)だ. **2** ピン状のもの: **a** 栓 (peg). **b** かんぬき. **c** くさび, 輪止め (linchpin). **d** =wrest pin. **e** 〖音楽〗(バイオリンなどの)糸巻き (peg); (ピアノなどの)調律用ピン. **f** 干し物止め (clothespin). **g** 麺棒(めんぼう), のし棒 (rolling pin). **h** 錠にはいる鍵の心棒. **i** 〖海事〗(belaying pin などのようにロープなどを一時固定させる)栓, くさび, 小型の杭; 滑車の軸. **j** =cotter pin. **k** 〖外科〗(骨折骨端を固定する釘). **l** 〖木工〗(蟻継(ありつ)ぎの)柄(ほぞ); 千切(ちぎり) (板を継ぐときに埋め込む鼓形の木片). **m** 〖電気〗(プラグの)金属ピン (ソケットに差し込まれる部分). **3 a** ピン付きの記章, バッジ: a class ~ クラスの記章. **b** えり留め, ブローチ. **c** =bobby pin. **d** ヘアピン (hairpin). **e** 安全ピン (safety pin). **4 a** (標的の)図星, 中心. **b** 〖ボウリング〗ピン, 標柱. **c** 〖ゴルフ〗(ホールの位置を示す)旗竿, ピン. **d** 〖チェス〗ピン (ある駒が動くと敵駒がキング, もしくは重要な駒を直射してしまうために, その駒が動けない状態). **5** [通例 *pl.*]《口語》脚 (leg): be on one's ~*s* 立っている; 健康[達者]でいる / be quick on one's ~*s* 足が速い; ぴちぴちしている. **6** 〖レスリング〗フォール (fall). **7** [通例 a ~; 通例否定構文で] つまらない物 (trifle), わずか, 少量: *not* worth *a* ~ 少しの価値もない / *not* care [give] *a* ~ ちっとも構わない / The man didn*'t* care two ~*s* for her. 男は彼女に何の関心ももたなかった. **8** 《英》小型ビール樽 ($4^1/_2$ ガロン入り). **9** [pin and web として]《廃》白内障.

(*as*) ***néat as a*** (***néw***) ***pín*** (1) (とても)こざっぱりして, こぎれいで, きちんとした. (2) きらきら輝いて, ぴかぴかして. 《1787》 ***at a pín's fée*** 《古》[通例否定構文で] ピンの価値ほどにも: I do not set my life *at a* ~*'s fee.* 命なんぞちっとも惜しくはない (Shak., *Hamlet* 1. 4. 65). ***for twó píns*** 《口語》(ちょっとしたきっかけがあれば)早速, (もうちょっとのところで)わけなく: *For two* ~*s* I'd dismiss him. (何かちょっとしたことがあれば)あいつをわけなく首にしてやる / *For two* ~*s* they would have prosecuted him. もう少しのところで彼を起訴するところだったのに. 《1914》 ***píns and néedles*** 手足のしびれが治りかけてちくちくする感じ: have ~*s and needles* (in one's legs) 手足がしびれている / be on ~*s and needles* (どうなるかと)びくびく[ひやひや]している (cf. *on* TENTERHOOKS). 《1810》 ***púll the pín*** 《米俗》やめる; やめさせる. ***pùt in the pín*** 《俗》やめる; (特に)酒をやめる. 《1832–53》

— *adj.* **1** ピンの. **2** 〈皮が〉(ピンの頭を思わせるような)銀面 (grain) のある.

— *v.* (**pinned**; **pin·ning**) — *vt.* **1** 〔…に〕ピンで留める, 栓[釘(くぎ), ボルト]で留める[接合する] 〈*down, up, together*〉 / 〔*on, to*〕; 〈毛髪を〉ヘアピンで留める[押さえる]: ~ a flower *on* [*to*] one's coat 花を上着にピンで留める / ~ *up* a notice 掲示をピンで留める / ~ *up* pictures of beautiful girls きれいな女の子の写真をピンで留める (cf. pinup) / ~ the papers *together* 書類をピンでとじ合わせる / ~ *up* one's hair with hairpins. **2** 〔壁などに〕押さえつける, 釘付けにする, 身動きできなくさせる 〈*down*〉 / 〔*against, to*〕: The fallen tree ~*ned* him (*down* [*fast*]) *to* the ground. 倒れた木のために彼は地面に釘付けになった / He was ~*ned under* [*underneath*, *beneath*] a tree. 彼は木の下敷きになった. **3 a** 〔約束などに〕縛りつける, 束縛する (bind) 〈*down*〉 / 〔*to, on, upon*〕; 決心を迫る: ~ a person *down to* a promise [an admission] 人を約束で動きのとれないようにする[人にはっきり承認させる] / ~ one's faith [hopes] *on* a person 人に心からの信頼を置く[希望をかける]. **b** 《口語》〔人に〕〈犯罪など〉の責任を負わせる, 〈証拠などを〉突きつけて責任を問う 〔*on*〕: ~ a theft *on* a person 人に盗みの罪を着せる. **4** 〈ピンなどを〉刺し通す (transfix). **5** 《俗》取り押さえる, 捕縛する (seize). **6** 《米学生俗》(婚約のしるしに)〈相手の女性〉に友愛会 (fraternity) のピンを与える. **7** 〖チェス〗ピンする (cf. *n.* 4 d). **8** 〖レスリング〗フォールする. **9** =underpin. — *vi.* **1** ピンで留められる: Page 1 ~*ned to* page 2 easily. =Page 1 and page 2 ~*ned together* easily. 1 ページと 2 ページはピンで簡単に留まった. **2** 〈やすりが〉目づまりする.

pín dówn (1) ⇨ *vt.* 1, 2, 3. (2) 〈人〉に自分の立場[意向]を述べさせる. (3) 〈問題などに〉明確な定義を与える, 特定する, はっきりさせる: She tried to ~ *down* exactly when it happened. 正確にいつ起こったのか明らかにしようとした. ***pín ín*** 《野石積み》のすき間に石の小片をさし込む. ***pín úp*** (1) ⇨ *vt.* 1. (2) 〈石材を〉くさびの打込みにより水平または垂直に固定する.

〖n.: OE *pinn* peg, pin (cf. Du. *pin* / G *Pinne*) ← IE (i) **bend-* protruding point (⇨ pen²) // (ii) **pet-* to rush, fly (L *pinna* feather, pinnacle: ⇨ pen¹). — v.: (?1370–75) ← (n.)〗

PIN /pín/ *n.* (クレジットカード・キャッシュカードの)個人識別番号. 〖(1981)《頭字語》← *p*(*ersonal*) *i*(*dentification*) *n*(*umber*)〗

p-i-n /píːàɪén/ 《略》〖電子工学〗 p-type, intrinsic, n-type P 型, 真性, n 型 (半導体の性質の種類).

pi·ña /píːnjə; *Am.Sp.* píɲa/ *Sp. n.* **1** =pineapple. **2** 《南米》パイナップル飲料. 〖(1577) □ Sp. ~ □ L *pinea* pine cone ← *pīnus*: ⇨ pine¹〗

pin·ac- /pínək/ (母音の前にくるときの) pinaco- の異形.

Pi·na·ce·ae /paɪnéɪsiìː/ *n. pl.* 〖植物〗マツ科. **pi·ná·ceous** /-ʃəs/ *adj.* 〖← NL ~ ← *Pinus* (属名: ⇨ pine¹)＋-ACEAE〗

píña clòth *n.* ピーニャ布 (パイナップルの葉の繊維で織った薄い布; スカーフ・ハンカチなどに使う; pineapple cloth ともいう). 〖1858〗

pin·a·co- /pínəkou | -kəu/「平板 (tablet)」の意の連結形. ★ 母音の前では通例 pinac- になる. 〖□ L *pinaco-* picture □ Gk *pinak-*, *pinako-* board, picture ← *pínax* slab〗

pin·a·coid /pínəkɔ̀ɪd/ *n.* 〖結晶〗卓面 (互いに平行で, 対称関係をもつ一対の面). 〖(1876): ⇨ ↑, -oid〗

pin·a·col /pínəkɔ̀(ː)l | -kɔ̀l/ *n.* 〖化学〗ピナコール (エチレングリコールの置換体; 一般式 $R_2C(OH)C(OH)R_2$ のものをいう). 〖(1911) ← PINACO-＋-OL¹〗

piña co·la·da /píːnjəkouláːdə, -nə- | píːnəkə(ʊ)láːdə; *Sp.* piɲakoláða/ *n.* ピニャコラーダ (パイナップル果汁・ココナッツミルク・ラムを混ぜたアルコール飲料). 〖□ Am.Sp. ~ ← *piña* pineapple＋*colado*, *-da* strained〗

pi·nac·o·lone /pɨ̀nǽkəlòun | pɪnǽkələ̀un/ *n.* 〖化学〗 **1** ピナコロン, ピナコリン, t-ブチルメチルケトン ($(CH_3)_3$-$COCH_3$) (ピナコールがピナコール転位によって生じるケトン; 液体). **2** R_3CCOR のケトン (ketone). 〖(1925) ← PINACOL＋-ONE〗

pin·a·fore /pínəfɔ̀ə | -fɔ̀ː^(r)/ *n.* **1** 《英》ピナフォア (子供用エプロン). **2** ピナフォアドレス (袖なしのラップ式ドレス; 後ろで結ぶがボタン留めのものが多い). 〖(1782) ← PIN (v.)＋AFORE (adv.): 初めエプロンを上着の前面にピンで留めて着用したため〗

pín·a·fòred *adj.* ピナフォアを掛けた; ピナフォア(ドレス)を着た. 〖1847〗

pínafore drèss *n.* =pinafore 2. 〖*c*1909〗

Pi·nang /pɨ̀nǽŋ | pɪ-/ *n.* =Penang.

Pi·nar del Rio /pɪnάədelríːou | -náːdelríːəu; *Am. Sp.* pinaɾðelrío/ *n.* ピナルデルリオ (キューバ西部の都市).

pi·nas·ter /paɪnǽstə, ∸−− | -stə^(r)/ *n.* 〖植物〗カイガンショウ, フランスカイガンショウ (*Pinus pinaster*) (ヨーロッパ, 特に地中海沿岸地域産のマツ; cluster pine ともいう). 〖(1562) □ L *pīnaster* wild pine ← *pīnus* 'PINE¹': ⇨ -aster¹〗

pi·ña·ta /piːnjáːtə, pɪ- | -tə; *Sp.* piɲáta/ *Sp. n.* (*pl.* ~**s** /~z; *Sp.* ~s/) ピニャータ (菓子・果物・おもちゃなどを入れた陶器のつぼで, メキシコなどでクリスマスに上からつるして, 目隠しした子供が棒で割って中の物を出す). 〖(1887) □ Sp. ~ 'pot' □ It. *pignatta* ← *pigna* pinecone □ L *pīnea* ← *pīnus* pine tree〗

Pi·na·tu·bo /pìːnətúːbou | pɪnətúːbəu/ *n.* [Mount ~] ピナツボ山 (フィリピンの Luzon 島中部にある火山 (1745 m)).

pín·bàll *n.* 〖遊戯〗 **1** ピンボール (ガラス張りの盤上で玉をはじき, ピンに当てたり穴に落としたりして得点を競うゲーム). **2** ピンボールの玉. 〖1803〗

pínball machine [**gàme**] *n.* ピンボールマシン (《英》pin table). 〖1911〗

pin blòck *n.* (ピアノの)ピン板 (調律ピンをこの板に打ち込んで保持する). 〖1880〗

pín·bòard *n.* ピンボード (ピンなどで小物を留めておく壁掛け板). 〖1957〗

pín·bòne *n.* 〖動物〗(特に, 四足獣の)寛骨, 無名骨 (hipbone). 〖1640〗

pín·bòy *n.* 〖ボウリング〗=pinsetter. 〖1892〗

PINC 《略》property income certificate (オフィスビルなどの不動産分割所有の証書).

pince-nez /pǽ(ː)nseɪ, pǽns-, píns-, −∸ | −∸, ∸−; *F.* pɛ̃sne/ *n.* (*pl.* ~ /~z; *F.* ~/) 鼻眼鏡, パンスネ: put on a [one's] ~. ~**ed** /~d/ *adj.* 〖(1876) □ F ~ ← *pincer* to pinch＋*nez* nose〗

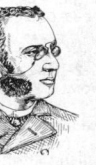

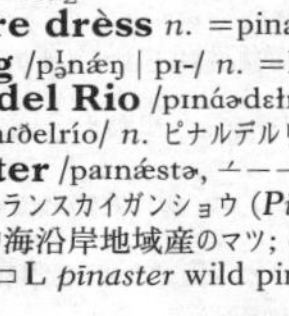
pince-nez

pin·cer /pínsə | -sə^(r)/ *n.* 〖軍事〗はさみ打ち(作戦), 挟(きょう)撃(作戦), 両側面攻撃作戦. — *adj.* [限定的] はさみ打ちの: a ~ attack 挟撃 / a ~ movement 挟撃(作戦). ~**·like** *adj.* 〖(1929) ↓〗

pin·cers /pínsəz | -səz/ *n. pl.* [単数または複数扱い] **1** 《米》ではまた píntʃəz/ やっとこ (針金・熱板などをはさむための工具; この語から「ペンチ」ができたが,「ペンチ」は pliers): a pair of ~ ペンチ 1 丁. **2** 〖動物〗(カニ・エビなどの)はさみ (chela). 〖(?*a*1325) *pynceours* □ AF **pincers*, *-ours* ← OF *pincier* 'to PINCH': cf. -er¹〗

píncer(s) mòvement *n.* 〖軍事〗=pincer. 〖1939〗

pin·cette /pæ̃ː(n)sét, pæn-; *F.* pɛ̃sɛt/ *n.* ピンセット (tweezers). 〖(*c*1532) □ (O)F ~ ← *pincier* 'to PINCH'＋-ETTE〗

pinch /píntʃ/ *vt.* **1 a** (指・歯・爪・はさみなどで)つねる, つまむ, かむ, はさむ (nip); はさみつぶす: have [get] one's fingers ~*ed* in a door ドアに指をはさむ. **b** 〈粉などを〉一つまみ入れる. **2** 〈若芽などを〉摘む, はさみ切る, 摘心する 〈*back, down, off, out*〉; 〈霜などが〉〈植物の芽を〉枯らす: ~ *back* the buds on a plant 植物の芽を摘む. **3** 〈手袋・靴などが〉締めつける (compress, constrict): The shoe [glove] ~*es* the foot [hand]. 靴[手袋]がきつくて足[手]が痛い. **4** (狭い隅などに)押しつける[込める]. **5** (苦痛・困惑などのために) 〈顔などを〉ひきつらせる. **6** [通例受身で] **a** 〔寒さ・苦しみなどで〕縮み上がらせる 〔*with*〕: be ~*ed with* cold 寒さで震え上がる. **b** 困窮させる, 難儀させる, 苦しめる 〔*with*〕: be ~*ed with* poverty 貧にやつれる. **c** 〈人〉に〔食物・金などを〕切り詰めさせる 〔*in, of, for*〕: be ~*ed for* food [money] 食物[金]に窮する, 食う[金]に困る. **d** 支障を来させる, 不自由させる 〔*for*〕. **7** 《俗》 **a** 〈物を〉巻き上げる, 盗む; 〔人から〕奪う 〔*from, out of*〕 (⇨ steal SYN): ~ money *from* [*out of*] a person 人から金を巻き上げる. **b** 〈人〉に盗みを働く. **8** 《俗》捕縛する, 拘引する (arrest). **9** 減らす, 切り詰める (stint); 出し惜しみする 〔*on*〕: He ~*ed* pennies *on* food. 食費をけちった. **10** 《英》〖競馬〗〈馬を〉早く走らせる, せきたてる (urge). **11** 〖海事〗〈帆船を〉風上に一杯に詰める (できるだけ船首を風上に向ける). **12** 〈重い物を〉てこで動かす. — *vi.* **1** 締めつける, 締まる (compress): New shoes ~. 新しい靴はきつい / ⇨ *where the* SHOE *pinches*. **2** 切り詰める, けちけちする: ~ and save [scrape] けちけちして金を貯める. **3** 苦痛[困難]を生じる: when thirst ~*es* のどが乾いて困るとき / a ~*ing* want 差し迫った窮乏. **4** 〖鉱山〗〈鉱脈などが〉狭くなる, 細くなる 〈*out*〉. **5** 〖海事〗切り上げすぎる (帆走中の船の船首が風上に向かいすぎる; cf. *vt.* 11).

— *n.* **1 a** つねる[つまむ, はさむ, かむ]こと; つねり, つまみ, はさみ, かみ (nip): give a ~. **b** (靴など)きつくて痛いこと. **2** 一つまみ, 少量: a ~ of salt, snuff, etc. / ⇨ *with a pinch of* SALT¹. **3** 切迫 (pressure), 難儀 (straits), 困難; 危機, 危急, ピンチ (emergency): feel the ~ of poverty 貧乏の苦しみを感じる / when [if] it comes to the ~ 切羽詰まったら, まさかの時には / in [at, on, upon] a ~ 危急の場合は, 切羽詰まれば (★《米》では in, 《英》では at のほうがやや普通). **4 a** 刺すような痛み, 激痛. **b** 《廃》(後悔・悲しみなどによる)苦痛. **5** =pinch bar. **6** 《英口語》警察の手入れ; 捕縛. **7** 《英口語》盗み. **8** 〖鉱山〗ピンチ (鉱脈が狭くなった所).

— *adj.* [限定的] **1** 代わりの: ⇨ pinch runner, pinch hitter. **2** ピンチヒッターの[による]: ⇨ pinch hit.

~**·a·ble** /-tʃəbl̩/ *adj.* 〖(?*a*1200) □ AF & ONF **pinchier*=OF *pincier* (F *pincer*) < VL **pinctiāre* 《混成》← **punctiāre* to prick, pierce (← L *punctum* point)＋VL **piccāre* to pick: cf. punctum, pick¹ — n.: (*c*1450) ← (v.)〗

pinch bàr *n.* こじり棒, 台付きてこ. 〖1837〗

pinch·beck /píntʃbɛk/ *n.* **1** ピンチベック, 金色銅 (銅・亜鉛の合金で模造金として使う). **2** 偽物; 安宝石類. — *adj.* **1** ピンチベック製の, 金まがいの. **2** 偽の, まがいの; 安ぴかの (flashy): a ~ hero いんちき英雄. 〖(1734) ← *Christopher Pinchbeck* (?–1732: これを発明した London の時計製造人)〗

pínchbeck brówn *n.* 〖顔料〗=burnished gold 2.

pinch·bòttle *n.* (液体を入れる)胴のへこんだ瓶. 〖1939〗

pínch·còck *n.* (ゴム管などから出る水量を調節する)つまみコック, はさみ止め, ピンチコック. 〖1873〗

pín·chèck *n.* **1** ピンチェック (極めて小柄な格子縞(こうしじま)). **2** (作業服を作る)丈夫な綿織物. — *adj.* ピンチェック模様の.

pinched *adj.* **1** 引き締めた, 締めつけられた, 窮屈な. **2** (貧乏などで)やつれた; (財政的に)困窮した. 〖*a*1338〗

pinch effèct *n.* 〖電気〗ピンチ効果 (液体や気体導体中に電流が流れると電磁力により導体断面積が小さくなる現象; これにより放電電流などが断続することがある). 〖1907〗

pinch·er *n.* **1** つまむ[つむ, はさむ]人[物]. **2** [*pl.*] = pincers. 〖1368〗

pin chèrry *n.* 〖植物〗ピンチェリー (*Prunus pensylvanica*) (米国産の野生のサクラの一種); その実.

pinch-hit *v.* (**pinch-hit**; **-hit·ting**) 《米》 — *vi.* **1** 〖野球〗代打を務める. **2** 《米口語》〔…の〕代役を務める 〔*for*〕. — *vt.* ピンチヒッターとして〈安打を〉打つ. 〖(1931) 《逆成》← *pinch hitter*〗

pinch hít *n.* 《米》代打安打, ピンチヒッターの放った安打. 〖(1966) 《逆成》↑〗

pinch hítter *n.* 《米》 **1** 〖野球〗代打(者), ピンチヒッター. **2** (危急の場合の)代役, 身代わり. 〖1912〗

pinch·pènny *n.*, *adj.* けちん坊(の), しみったれ(の) (cf. pinch pennies ⇨ penny 成句). 〖?*c*1425〗

pinch plèat *n.* (カーテンの)つまみひだ. 〖1958〗

pinch ròller *n.* (テープレコーダーの)ピンチローラー (テープをキャプスタン (capstan) に押さえつけて駆動する仕掛けのローラー). 〖1949〗

pínch-rún *vi.* 〖野球〗代走に出る.

pínch rúnner *n.* 〖野球〗ピンチランナー, 代走(者). 〖1961〗

Pinck·ney /píŋkni/, **Charles Cotes·worth** /kóʊtswəːθ | kɔ́tswɑːθ/ *n.* ピンクニー《1746–1825; 米国の政治家; 特に, 外交で活躍》.

Pinckney, Thomas *n.* ピンクニー《1750–1828; 米国の軍人·政治家; Charles Cotesworth Pinckney の弟》.

pín còde /pín-/ *n.* 《インド》郵便番号《postal index number の略; 6 桁; cf. postcode, zip code》.

pín cùrl *n.* ピンカール《髪を水またはローションでぬらして巻きこれをピンやクリップで留めるカール》. 〖1896〗

pín·cùshion *n.* 針刺し, 針山. 〖1632〗

píncushion distòrtion *n.* 〖光学〗(光学機械·テレビ受像機などの画面の)糸巻き形ひずみ (cf. barrel distortion). 〖1886〗

pin·dan /píndæn, -dən/ *n.* 《豪》 **1** 半乾燥地帯《オーストラリア西部の砂漠地帯》. **2** 1 に生える植物. 〖《1935》← Aystrak. (Bairi)〗

Pin·dar /píndə, -dɑə | -də(r), -dɑː(r)/ *n.* ピンダロス《518?–?438 B.C.; ギリシャの合唱歌詩人; *Epinicia*「祝勝歌」》. 〖◻ Gk *Píndaros*〗

Pin·dar·ic /pɪndǽrɪk, -dέr- | -dǽr-/ *adj.* **1** ピンダロス (Pindar) の; ピンダロス風の. **2** 韻律格調の凝った[整った]. — *n.* **1** 〖詩学〗=Pindaric ode. **2** [通例 *pl.*] (英詩で)行の長さや脚韻が不規則な叙情詩, 複雑な韻律の叙情詩. 〖《1640》(古形) *pindarick* ◻ L *Pindaricus* ◻ Gk *Pindarikós*: ⇨ Pindar, -ic¹〗

Pindáric óde *n.* 〖詩学〗ピンダロス風オード《ギリシャの詩人 Pindar が得意とした凱旋歌の形式に倣ったもの; regular ode ともいう》. 〖1706〗

pin·dling /pín(d)lɪŋ, -lɪŋ | -lɪŋ, -lɪn/ *adj.* **1** 《米方言》ちっぽけな (puny); 病弱な. **2** 《英西部》怒りっぽい, 気むずかしい. 〖《1861》(変形)? ← SPINDLING〗

pín·do pàlm /píndoʊ- | -dəʊ-/ *n.* 〖植物〗ピンドジョオウヤシ(女王椰子) (*Cocos australis*)《パラグアイ原産で観葉植物として温室内で栽培される》. 〖*pindo*: Am.-Sp. *pindo* ◻ Guarani *pindó*〗

Pín·dus Móuntains /píndəs-/ *n. pl.* [the ~] ピンドス山脈《ギリシャ中央部及び北西部の山系; 最高峰 2,637 m; ギリシャ語名 Pindhos /pínðɔs/》.

pine¹ /páɪn/ *n.* 〖植物〗 **1 a** マツ《マツ属 (*Pinus*) の樹木の総称》. **b** マツ材. **2** オーストラリアの数種の針葉樹: **a** カリトリスロンボイデア (*Callitris rhomboidea*). **b** ナンヨウスギ属 (*Araucaria*)·シダレイトスギ属 (*Cupressus*) などの木; その材. **3** =pineapple. — *adj.* マツ材の. 〖lateOE *pīn* ◻ L *pīnus* pine ← IE **pey(ə)-* to be fat, swell (L *pītuīta* gum (cf. pituitary) / Gk *pítus* pine / Skt *pītudārus*《原義》resin-tree)〗

pine² /páɪn/ *vi.* **1** 〔…に〕恋い焦がれる, 恋い慕う 〈*for*, 《まれ》*after*〉; 〈…することを〉切望する 〈*to do*〉: ~ *for* one's home ふるさとを恋い慕う / She ~*d to* see her mother. 彼女は母に会いたがった. **2** 思いわずらう; やつれる, やせ衰える 〈*out, away*〉. **3** 《古》愚痴をこぼす, 泣き言を言う. — *vt.* 《古》悲しむ. — *n.* 《古·スコット》恋い焦がれ, 思慕. 〖OE *pīnian* to torture ← **pīne* torture, pain ◻ ML *pēna*=L *poena* penalty: cf. pain / Du. *pijn(e)* / G *Pein* torture〗

pin·e·al /píniəl, paɪníːəl/ *adj.* **1** 松笠状の. **2** 〖解剖〗松果腺の, 松果体の. 〖《1681》◻ F *pinéal* ← L *pīnea* pine cone ← *pīnus* (↑): ⇨ -al¹〗

píneal apparátus *n.* **1** 〖生物〗松果眼(体). **2** 〖動物〗 **a** 顱頂(ろちょう)眼(器). **b** =parietal eye.

píneal bòdy *n.* 〖解剖〗松果体, 松果腺(せん)《pineal gland ともいう; 学名は epiphysis, epiphysis cerebri; ⇨ brain 挿絵》. 〖1840〗

píneal éye *n.* (下等脊椎動物の)松果腺眼. 〖1888〗

píneal glànd *n.* 〖解剖〗=pineal body. 〖1712〗

pine·ap·ple /páɪnæ̀pl/ *n.* **1 a** 〖植物〗パイナップル (*Ananas comosus*)《熱帯アメリカ原産のパイナップル科の二年草》. **b** パイナップル〖果実〗: canned [tinned] ~ 缶詰めのパイナップル / ~ juice パイナップルジュース. 日英比較 英語でも口語では pine と略すことがあるが, 日本語の「パインジュース」のようないい方はなく, 必ず *pineapple* juice という. **2** 《軍俗》爆弾, 手榴弾. **3** 《廃·方言》松笠. — *adj.* パイナップル科の. 〖《?a1350》 *pinappel* pinecone: ⇨ pine¹, apple: 形が松笠に似ていることから〗

pineapple càctus *n.* 〖植物〗=devil's-pincushion.

pineapple clòth *n.* =piña cloth.

pineapple wèed *n.* 〖植物〗コシカギク (*Matricaria matricarioides*)《黄緑の花をつけ, つぶすとパイナップルのにおいがする》.

píne bàrren *n.* 《米南部》松の木しか生えない不毛の荒地[砂地]. 〖1731〗

píne bèauty *n.* 〖昆虫〗マツキリガ (*Panolis flammea*)《幼虫がマツの木を食害するヤガ科のガの一種》. 〖1887〗

Píne Blúff *n.* パインブラフ《米国 Arkansas 州中部, Arkansas 川に臨む都市》. 〖⇨ pine¹, bluff²〗

píne càrpet *n.* 〖昆虫〗幼虫がマツの木を食害するジュウタンガ (carpet moth) の一種 (*Thera firmata*).

píne còne *n.* 松笠, 松ぼっくり. 〖1695〗

píne·dròps *n.* (*pl.* ~) 〖植物〗 **1** 北米産イチヤクソウ科の植物 (*Pterospora andromedea*)《マツの根に寄生する》. **2** =beechdrops. 〖1866〗

píne ènd *n.* 《方言》切妻[破風](の先).

píne fìnch *n.* 〖鳥類〗マツノキヒワ (pine siskin). 〖1810〗

píne grósbeak *n.* 〖鳥類〗ギンザンマシコ (*Pinicola enucleator*)《北半球北方地帯に生息するギンザンマシコ属の鳴鳥》. 〖1772〗

píne lìzard *n.* 〖動物〗カキネハリトカゲ (*Sceloporous undulatus*)《米国東部産のタテガミトカゲ科のトカゲ》. 〖1885〗

píne màrten *n.* 〖動物〗 **1** マツテン (*Martes martes*)《ブナテン (stone marten) より大きいヨーロッパ産のテン; sweet marten ともいう》. **2** アメリカテン (*Martes americana*)《ヨーロッパ産のクロテン (sable) に近縁のテン》. 〖1772〗

pi·nene /páɪniːn/ *n.* 〖化学〗ピーネン ($C_{10}H_{16}$)《テルペン (terpene) の一種》. 〖《1885》← PINE¹+-ENE〗

píne nèedle *n.* **1** [通例 *pl.*] 松葉. **2** 〖植物〗=alfilaria.

píne nùt *n.* **1** 毬果(きゅうか), 松笠 (pine cone). **2** 松の実 (nut pine の実; 食用; 主に米国南西部とメキシコで採れる). 〖lateOE〗

píne òil *n.* 〖化学〗松根油, パイン油. 〖1866〗

Pi·ne·ro /pɪníəroʊ, -nέr- | pɪníərəʊ, -nέər-/, **Sir Arthur Wing** *n.* ピネロ《1855–1934; 英国の劇作家; *The Second Mrs. Tanqueray* (1893), *Trelawny of the Wells* (1898)》.

pin·er·y /páɪnəri/ *n.* **1** パイナップル栽培園. **2** 松林. 〖《1758》← PINE¹+-ERY〗

Pines /páɪnz/, **the Isle of** *n.* ピノス島《Cuba 島西南方にあるキューバ領の小島; 面積 3,060 km²; Isle of Youth の旧名》.

píne·sàp *n.* 〖植物〗シャクジョウソウ (*Monotropa hypopithys*)《北米産イチヤクソウ科の腐生植物》. 〖《1857》← PINE¹+SAP¹〗

píne-shòot móth *n.* 〖昆虫〗幼虫が松に有害なハマキガ科のガ (*Rhyacionia buoliana*).

píne sìskin *n.* 〖鳥類〗マツノキヒワ (*Carduelis pinus*)《北米の松林にすむヒワ》. 〖1887〗

píne snàke *n.* 〖動物〗=bull snake. 〖1791〗

píne spìttlebug *n.* 〖昆虫〗北米産の松を食害するアワフキムシ科 *Aphrophora* 属の昆虫.

píne stràw *n.* 《米中部》(乾燥した)松葉. 〖1832〗

pineta *n.* pinetum の複数形.

píne tàr *n.* 松根タール, パインタール《松材を乾溜して採る粘着性のある黒茶色の液体; 屋根材·染料·皮膚病薬》.

píne trèe *n.* 松の木 (pine).

píne-tree móney *n.* 松の木貨幣《1652–62 年に松の木を印刻して Massachusetts 州で鋳造した貨幣; shilling, sixpence, threepence の種類があった》. 〖1870〗

píne-tree shílling *n.* 松の木銀貨《銀貨で旧英貨 1 シリングに相当; ⇨ pine-tree money》.

Píne Trèe Stàte *n.* [the ~] 米国 Maine 州の俗称《その紋章に由来する》.

pi·ne·tum /paɪníːtəm | -təm/ *n.* (*pl.* **pi·ne·ta** /-tə | -tə/) (各種の松の木を集めた)松栽培園, 松樹園. 〖《1842》◻ L *pīnētum* pine grove: ⇨ pine¹, -etum〗

píne wàrbler *n.* 〖鳥類〗マツアメリカムシクイ (*Dendroica pinus*)《米国東部の松林に多いアメリカムシクイ属の鳴鳥》. 〖1839〗

píne·wòod *n.* **1** [しばしば *pl.*; 単数または複数扱い] 松林. **2** 松材. 〖1809〗

pine·y /páɪni/ *adj.* (**pin·i·er, pin·i·est; more ~, most ~**) =piny.

pín-éyed *adj.* 〖植物〗〈花が〉花冠の開口部に柱頭をもっている (cf. thrum-eyed).

pín·fàll *n.* 〖レスリング〗=fall 10 a.

pín·fèather *n.* 刺毛, 筆毛《生え始めたばかりで, まだ羽鞘に収まっている羽毛; cf. pen feather 1》. **pín·fèathered** *adj.* **pín·fèathery** *adj.* 〖1775〗

pín·fìre *adj.* **1** 〈弾薬筒が〉撃針付きの《撃鉄の打撃によって点火させる撃針が弾薬筒についている方式にいう》: a ~ cartridge 撃針付き弾薬筒. **2** 〈火器が〉撃針付き弾薬筒使用の. — *n.* 撃針付き弾薬筒使用火器. — *vt.* (患部に麻酔をし電気針を刺して)〈脚の病気にかかっている〉馬を治療する. 〖1870〗

pín·fìsh *n.* (*pl.* ~, ~·es) 〖魚類〗ピンフィッシュ (*Lagodon rhomboides*)《南大西洋·メキシコ湾などにすむ背に鋭いとげがあるタイ科の小魚; sailor's choice ともいう》.

pín·fòld *n.* **1** (迷い出た家畜を入れる)檻(おり); 家畜檻 (fold). **2** 監禁場所. — *vt.* 檻[監禁場所]に入れる, 閉じ込める. 〖lateOE *pundfald* ← *pund-* 'POUND²'+*fald* 'FOLD²': *u* → *y* の変形は《廃》*pind* < OE *pyndan* to put in a pound ← *pund* 'POUND³' および PIN (v.) の影響: cf. pen²〗

ping /píŋ/ *n.* **1** ぴゅー《弾丸の飛ぶ音》; ぴしっ《弾丸の当たる音》. **2 a** ちん《卓上ベルなどの音》. **b** 〖放送〗ポーン《時報の最後の音》. **c** 《米》(内燃機関の)ノック音. **3** あらかじめセットした時刻に従ってベルを鳴らす仕掛け. — *vi.* ぴゅー[ぴしっ, ぽーん]と音がする. 〖《1746》《擬音語》〗

pin·ga /píŋgə/ *n.* 《米卑》陰茎.

píng·er *n.* 〖海洋〗ピンガ《海中の物標や地形の状況などの探査のための音波発振器》. 〖《1957》← PING+-ER¹〗

pin·go /píŋgoʊ | -gəʊ/ *n.* (*pl.* ~es, ~s) 《アラスカ·カナダ》ピンゴ《地下水の凍結によってできた小さな丘》. 〖《1928》← Inuit〗

Ping-Pong /píŋpɑ̀(ː)ŋ, -pɔ̀(ː)ŋ | -pɔ̀ŋ/ *n.* **1** 〖商標〗ピンポン《卓球用具の商品名》. **2** [ping-pong] 卓球 (table tennis). 〖《1900》: DINGDONG などにならった加重形で PING (n.) からの造語〗

pin·guid /píŋgwɪd | -gwɪd/ *adj.* 《戯言》 **1** 油のような, 油を含んだ, 油ぎった, 油っこい (greasy). **2** 〈土が〉肥えた.

pin·guid·i·ty /pɪŋgwídəti | -dɪti/ *n.* 〖《1635》◻ L *pinguis* fat+-ID⁴〗

pin·guin /píŋgwɪn | -gwɪn/ *n.* 〖植物〗熱帯アメリカ産パイナップル科の植物 (*Bromelia pinguin*)《葉からは有用な繊維を採り, 果実は食用》; その果実. 〖《1696》← ?: 西インド諸島の現地語名から: cf. L *pinguis* fat〗

pín·hèad *n.* **1** ピンの頭. **2** ささいな[つまらない]もの. **3** 《米口語》ばか者, まぬけ. 〖1662〗

pín·hèaded *adj.* 《米口語》頭の悪い, ばかな (stupid). **~·ness** *n.* 〖《1861》: ⇨ -ed 2〗

pín-hígh *adj.* 〖ゴルフ〗〈ボールが〉ピンハイの (⇨ hole-high).

pín·hòlder *n.* (切った花を挿す)剣山(けんざん). 〖1956〗

pín·hòle *n.* **1** 針で突いて作った(ような)小穴; 針や釘を差すための穴. **2** 小さな穴; 塗膜の針穴. 〖1676〗

pínhole cámera *n.* ピンホールカメラ《レンズの代わりに暗箱に小穴をあけた箱型カメラ》. 〖1891〗

pín ínsulator *n.* 〖電気〗ピン碍子(がいし)《磁気絶縁体を鋼製ピンで電柱などの腕木に取り付ける碍子》.

pin·ion¹ /pínjən/ *n.* **1** 鳥の翼の先端部《腕骨·掌骨·指骨の部分》. **2 a** 羽. **b** [集合的] 風切羽(かざきりばね) (flight feathers). **3** 《詩》翼 (wing). **4** 前翼《翼の前腕に当たる部分》. — *vt.* **1** (飛べないように)〈鳥〉の一方の翼の先端[風切羽]を切る; 〈両翼を〉縛る. **2** 〈人〉の両手を縛る, 〈両腕を〉〈胴体に〉くくりつける (bind); 〈人などを〉〈…に〉くくる, 縛る 〈*to*〉. **3** …の自由を束縛する. **pín·ioned** *adj.* 〖《?a1425》◻ (O)F *pignon* (pl.) wing-feathers (F gable) < VL **pinniōnem* (aug.) ← L *pinna* feather, wing: cf. pennon〗

pin·ion² /pínjən/ *n.* 〖機械〗ピニオン, 小歯車《gear wheel とかみ合っている小さい歯車; ⇨ rack 挿絵》: ⇨ lazy-pinion. 〖《1659》◻ F *pignon*《変形》← ? *peignon* ← *peigne* comb < L *pectinem*: cf. pectinate〗

pin·ion³ /pínjən, píːnjoʊn, ━ ́ | píːnjəʊn, pínjən, pɪnjə́ʊn/ *n.* =piñon.

Pi·niós /piːnjɔ́(ː)s | -njɔ́s; *Mod. Gk.* pinjós/ *n.* [the ~] ピニオス(川)《ギリシャ東部, Thessaly 地方を東に流れて Salonika 湾に注ぐ川 (201 km); Salambria ともいう; 古名 Peneus》.

pi·nite /píːnaɪt/ *n.* ピニ石《菫(きん)青石 (cordierite) から変質してできた絹雲母と緑泥石の微粒集合物》. 〖《1805》◻ G *Pinit* ← *Pini* (Saxony の鉱山): ⇨ -ite¹〗

pi·ni·tol /páɪnətɔ̀(ː)l | -nɪtɒ̀l/ *n.* 〖化学〗ピニット, ピニトール ($C_6H_6(OH)_5OCH_3$)《マツ科植物の心材などから抽出される甘みの強い結晶》. 〖← 《廃》 *pinite* pinitol (◻ F ~: ⇨ pine¹)+-OL¹〗

pín jòint *n.* 〖機械〗ピン継手, 滑節《接続する 2 軸の端を重ね合せピンを通して接続する軸継手》.

pink¹ /píŋk/ *n.* **1** ピンク(色), 桃色, とき色: ⇨ rose pink, salmon pink. 日英比較 英語の *pink* には日本語の「ピンク」のような性的な意味合いは含まれない. 英語ではその意味では blue を用いる. **2** 〖植物〗 **a** ナデシコ, セキチク《カーネーションなどナデシコ属 (*Dianthus*) の多年草または一年草の総称; セキチク (china pink), タツタナデシコ (garden pink), ビジョナデシコ (sweet william) など》. **b** ナデシコの花. **3 a** 《英》(特に, 狐狩りをする人の)深紅色の上着(の服地); 狐狩りをする人. **b** [*pl.*] (米陸軍将校が着用する準正装用冬服の)明るい色のズボン. **4** 《米俗·軽蔑》左翼がかった人, 共産思想をもっている人, シンパ (cf. red¹ 5). **5** 〖魚類〗カラフトマス (pink salmon). **6** [通例 the ~] 《戯言》典型, 精華, 精粋; 絶頂, 極致 (acme): the ~ of girls 娘の典型 / *the* ~ of fashion 流行の粋 / *the* ~ of health [elegance, perfection] 健康[優雅, 完全]の極致. **7** おしゃれ, めかしや (fop).

in the pínk (*of condítion*) 《口語》非常に健康[元気]で. 《1767》

— *adj.* **1** ピンク(色)の, 桃色の, とき色の: a ~ ribbon. **2** 〖植物〗ナデシコ科の. **3** 《口語·軽蔑》左翼がかった, シンパの (cf. red¹ 4). **4 a** 感動した, 興奮した; 立腹した: get ~. **b** [しばしば強意副詞として用いて] ひどく: You're scared ~ of me. 君は私にひどく脅えているね.

~·ness *n.* 〖《1573》(略)? ← 《廃》*pink eye*《原義》small eye ← Du.《古形》*pinck oogen* small eyes ← *pinck* small (Du. *pink* the little finger) (← ?)+*ooghen* ((pl.) ← *ooghe* eye): cf. F *œillet* the pink (dim.) ← *œil* eye〗

pink² /píŋk/ *vt.* **1** 刺す (stack), 突き通す (pierce): ~ a man *through* the arm 人の腕を貫く. **2** (ほつれを止めるため, または装飾として)〈布地の端を〉ぎざぎざに切る: ⇨ pinking shears. **3** 〈布·皮などに〉飾り穴をあける 〈*out*〉. **4** (酷評などして)〈プライドなどを〉傷つける; 怒らせる. **5** 飾る (adorn) 〈*out, up*〉. **6** 《豪口語》(肌が見えるくらいぎりぎりに)〈羊〉の毛を刈る. — *n.* 《古》小穴, 飾り穴 (eyelet). **~·er** *n.* 〖《?a1200》 ME *pinge(n)* < OE *pyngan* to prick // L *pungere* to pierce (⇨ POINT): cf. OE *pynca* a point / LG *pinken* to strike, peck〗

pink³ /píŋk/ *vi.* 《英》〈エンジンなどが〉(異常爆燃のため)ノッキングを起こす, がたがたいう (knock). 〖《1768》《擬音語》〗

pink⁴ /píŋk/ *n.* 〖海事〗 **1** (以前用いられた船尾の細くなった)オランダの釣り船 (pinkie ともいう). **2** 船尾が細く突き出ている小舟. 〖《1471》*pinck* ◻ MDu. *pin(c)ke* fishing boat ← ?〗

pink⁵ /píŋk/ *n.* 《英》〖魚類〗 **1** タイセイヨウサケ (salmon) の子. **2** 《方言》ヒメハヤ (minnow). 〖《a1490》(変形) ← 《古形》*penk* ← ?: cf. 《方言》G *Pinke* minnow, small salmon〗

pink⁶ /píŋk/ *n.* 黄味がかったレーキ顔料. 〖《1634》?〗

pink bóllworm *n.* 〖昆虫〗ワタキバガ (*Pectinophora gossypiella*) の幼虫《綿の種子や花の子房を食う害虫; 綿栽培地に広く分布する; bollworm ともいう》. 〖1906〗

pink cóat *n.* (狐狩りで着る)深紅色の乗馬服 (pink).

pink cóckatoo *n.* 〖鳥類〗クルマサカオウム (*Cacatua leadbeateri*)《オーストラリア内陸産のオウム属の鳥》.

pink-cóllar *adj.* ピンクカラーの《秘書·店員など, 通例女性が従事してきた職種を示す》.

pínk córal *n.* 桃色さんご色《濃い桃色から黄色の強い桃色までの色; cf. coral pink》.

pínk corýdalis *n.* 〖植物〗=pale corydalis.

pínk disèase *n.* **1** 〖植物病理〗赤衣病《*Corticium salmonicolor* 菌による病気で幹・枝が桃色の菌糸に覆われる》. **2** 〖病理〗=acrodynia. 〖1921〗

pínk élephants *n. pl.* 《戯言》大量の酒や麻薬などによるいろいろな幻覚. 〖1940〗

pink·en /píŋkən/ *vi.* ピンク色[桃色]になる. 〖(1890) ← PINK¹+-EN¹〗

Pink·er·ton /píŋkətṇ | -kə-/ *n.* 《米俗》私立探偵 (private detective). 〖← *Allan Pinkerton* (1819–84: スコットランド生まれの米国の私立探偵)〗

pin·key /píŋki/ *n.* =pinkie¹.

pínk·èye *n.* **1** 《口語》伝染性結膜炎, はやり目. **2** 〖獣医〗ピンクアイ《*Moraxella bovis* 菌による牛の伝染性角結膜炎》. 〖(1882): ⇨ pink¹〗

pínk·èye *n.* 《豪》ピンクアイ《Aborigines の祭日》.

pínk-fòoted góose *n.* 〖鳥類〗コザクラバシガン (*Anser brachyrhynchus*)《ユーラシア産の小形の灰色のガン; 脚とくちばしがピンク色; ヒシクイ (*A. fabalis*) の亜種とされることもある》.

pínk gín *n.* ピンクジン《アンゴスツラビターズ (angostura bitters) で香味付けしたピンク色のジン; 《米》では通例 gin and bitters という》. 〖1930〗

pink-hi /píŋkàɪ/ *n.* 《豪》=pink-eye.

Pin·kiang /pìnkiáːŋ, -kjáːŋ/ *n.* =Binjiang.

pin·kie¹ /píŋki/ *n.* 《米・スコット》小さなもの; (特に)小指. 〖(1808) ▭ ? Du. *pinkje* (dim.) ← *pink* little finger: cf. pink¹〗

pin·kie² /píŋki/ *n.* 〖海事〗=pink⁴ 1. 〖(1843) ▭ ? MD *pinkje* small pink (dim.) ← *pink* 'PINK⁴': ⇨ -ie〗

pink·ie³ /píŋki/ *n.* **1** 《米俗・豪俗》変性アルコール, 安赤ワイン. **2** 《俗》肌の色の薄い黒人娘; 《黒人俗》白人; 《俗》赤毛《人》. **3** 《俗》左翼がかった人. 〖(1897) ← PINK¹+-IE〗

pínkie squáre *n.* 指切り(げんまん).

pínk·ing *n.* ピンキング《布・革などをほつれ止めまたは装飾のためにピンキングばさみを使ってぎざぎざや波形に切ること》. 〖(1503) ← PINK²+-ING¹〗

pínking shèars [scìssors] *n. pl.* ピンキング(用)ばさみ, ジグザグばさみ《布・革のほつれ止めなどにぎざぎざに切るはさみ》. 〖1951〗

pínk·ish /-kɪʃ/ *adj.* ピンク色がかった, 桃色っぽい, 薄紅色の; (特に)左翼的傾向の. **~·ness** *n.* 〖1784〗

pínk lády *n.* ピンクレディー《ジン・ブランデー・レモンジュース・グレナディンと卵の白身に氷片を加えてシェークしたカクテル》. 〖1944〗

pínk·ly *adv.* ピンク色に, 桃色に, とき色に. 〖1836〗

pínk nóise *n.* 〖物理〗ピンクノイズ《白色騒音のオクターブごとのエネルギーを一定にしたもの; cf. white noise》.

pín knòt *n.* 〖木工〗ピン節目(ふしめ)《木材の小さな節; 《米》では直径 ¹/₂ インチ以下, 《英》では直径 ¹/₄ インチ以下のもの》.

pink·o /píŋkoʊ | -kəʊ/ *n.* (*pl.* **~s, ~es**) 《米俗》左翼がかった人 (cf. pink¹ 4). 〖(1957) ← PINK¹+-O〗

pínk rhododéndron *n.* 〖植物〗モモイロシャクナゲ (*Rhododendron macrophyllum*)《米国太平洋岸に多いシャクナゲの一種; California rosebay ともいう》. ★ 米国 Washington 州の州花.

pínk·ròot *n.* 〖植物〗 **1** セッコンソウ(赤根草)《フジウツギ科セッコンソウ属 (*Spigelia*) の数種の草本の総称》; (特に)メリランドセキチク (*S. marilandica*)《米国南東部産の林地に生え, 時に栽培され, 黄の混じる赤い花をつける》. **2** セツコンソウの根《駆虫剤》. 〖1763〗

pínk sálmon *n.* 〖魚類〗カラフトマス (⇨ humpback salmon). 〖1905〗

pínk sált *n.* 〖化学〗ピンク塩 ($(NH_4)_2SnCl_6$)《植物繊維染色の媒染剤に用いられた白色結晶》. 〖1856〗

pínk slíp *n.* 《米口語》解雇通告. 〖1915〗

pínk spót *n.* 〖医学〗ピンクスポット《幻覚剤メスカリン (mescaline) と近縁の物質で, 精神分裂病の際に尿中に検出される》. 〖(1966) 尿分析で試験紙にピンク色の斑点として現れることから〗

Pink·ster /píŋkstə | -stə(r)/ *n.* 《米方言》=Whitsuntide. 〖(1821) ▭ Du. *pinkster* Easter < MDu. *pinxter* 《変形》← *pinxten* ▭ Goth. *paintēkustē* ▭ Gk *pentēkostē* 'PENTECOST': cf. G *Pfingsten*〗

pínk·ster flòwer /píŋkstə- | -stə-/ *n.* 〖植物〗=pinxter flower.

pínk stèrn *n.* 〖海事〗とがった船尾. 〖(1759) ⇨ pink⁴〗

pínk téa *n.* 《米口語》 **1** 《極度に儀式ばった》公式のお茶の会; 派手なもてなし. **2** しゃれた人. 〖1886〗

pink·y¹ /píŋki/ *adj.* (**pink·i·er; -i·est**) ピンク色の, 薄桃色の. — *n.* =pinkie³. 〖(1776–96) ← PINK¹+-Y⁴〗

pin·ky² /píŋki/ *n.* =pinkie¹.

pin·ky³ /píŋki/ *n.* (英国の Essex 州や米国 Massachusetts 州で造られる)船尾のとがったスクーナー型帆船. 〖(1843) ▭ Du. *pinkje* (dim.) ← *pink* 'PINK⁴': ⇨ -y²〗

pín lèver escàpement *n.* 〖時計〗=pin pallet escapement.

pín màrk *n.* **1** 〖印刷〗ピンマーク《活字の側面上部にある円形の浅いくぼみ》. **2** 針跡(はりあと)《ほうろう器物を金属製焼台に載せて焼成するためにその部分にできる小傷》. 〖1888〗

pín mòney *n.* **1** 妻が自分で稼ぐ小遣い銭. **2** (臨時の出費に充てるための)少額の金. **3** 女性に対する年払いの被服手当. **4** 《古》(特に, 衣類などを買うために妻や娘などに与える)小遣い銭. 〖1697〗

pinn- /pɪn/ (母音の前での) pinni- の異形.

pin·na /pínə/ *n.* (*pl.* **pin·nae** /-niː, -naɪ/, **~s**) **1** 〖植物〗羽片(うへん)《羽状複葉の一片》. **2** 〖動物〗 **a** 羽, 翼 (wing), (ミミズクなどの)耳翼. **b** ひれ (fin), ひれ足 (flipper). **3** 〖解剖〗耳介(じかい) (auricle ともいう). **pín·nal** /-nḷ/ *adj.* 〖(1668) ← NL ~ ← L ~ 'feather, wing, fin' 《変形》← *penna* 'feather, PEN¹'〗

pin·nace /pínɪ̣s/ *n.* **1** ピンネース《艦載の中型ボート; cutter と launch の中間の大きさ》; 小艇. **2** (親船に付属する)縦帆艇《通報艦・哨(しょう)戒艇として, また乗員揚陸用として以前用いられた》. **3** 〖造船〗ピンネース《普通のカッター (cutter) より大型の, 帆走もできるオール用の 2 本マストの艇》. 〖((1321–27)) (1546) ▭ OF *pinace* (F *péniche*) ▭ OSp. *pinaza* pinnace, 《原義》a thing made of pinewood ← *pino* 'PINE¹'〗

pin·na·cle /pínəkḷ, -nɪ-/ *n.* **1** [the ~] (…の)頂点, 頂上 〔*of*〕 (⇨ top SYN): the ~ *of* prosperity [power] 繁栄[権勢]の極点 / He was once on [at] the ~ *of* fame. かつては名声の絶頂にあった / *The Tale of Genji* is the highest ~ *of* Japanese literature. 「源氏物語」は日本文学の最高峰だ. **2** 高峰; (とがった)頂上, 尖峰. **3** 〖建築〗(屋上に突き出した)小尖(せん)塔, ピナクル. — *vt.* **1** 高所に置く, 高く揚げる. **2** …に小尖塔を取り付ける; 小塔で飾る. 〖(?c1300) ▭ OF *pin(n)acle* (F *pinacle*) ▭ LL *pinnāculum* (dim.) ← L *pinna* 'feather, wing, PINNA': ⇨ -cle: cf. pin〗

pín·na·cled *adj.* 小尖(せん)塔のある; 高所にある. 〖?c1380〗

pinnae *n.* pinna の複数形.

pin·nate /píneɪt, -nɪ̣t/ *adj.* **1** 〈形など〉羽に似た. **2** 〖植物〗〈葉が〉羽状の: a ~ leaf 羽状葉, 羽状複葉 / abruptly ~ 偶数羽状の (paripinnate). **3** 〖動物〗翼・ひれの類をもつ, 羽状の. **~·ly** *adv.* 〖(1704) ← NL *pinnātus* < L *pinnātus* feathered, pinnate ← *pinna* 'PINNA': ⇨ -ate²〗

pin·nat·ed /píneɪtɪ̣d | -tɪ̣d/ *adj.* =pinnate. 〖1753〗

pinnated gróuse *n.* 〖鳥類〗ソウゲンライチョウ (prairie chicken). 〖1831〗

pin·nat·i- /pɪ̣nǽtɪ̣, -ti | pɪnǽtɪ-/「羽状の (pinnate)」の意の連結形. 〖← NL ~ ← *pinnātus* 'PINNATE'〗

pin·nat·i·fid /pɪ̣nǽtəfɪ̣d, -fid | pɪnǽtɪfɪd/ *adj.* 〖植物〗〈葉が〉羽状中裂の (cf. palmatifid). **~·ly** *adv.* 〖(1753) ← NL *pinnātifidus*: ⇨ pinnati-, -fid〗

pinnàti·lóbate *adj.* 〖植物〗〈葉が〉羽状浅裂の. 〖(1866) ← PINNATI-+LOBATE〗

pin·nat·i·lobed /pɪ̣nǽtəlòʊbd | pɪnǽtɪləʊbd/ *adj.* 〖植物〗=pinnatilobate. 〖1866〗

pin·na·tion /pɪ̣néɪʃən | pɪ-/ *n.* 〖植物〗羽状組織. 〖← PINNATE+-ATION〗

pinnàti·pártite *adj.* 〖植物〗〈葉が〉羽状深裂の. 〖(1857) ← PINNATI-+PARTITE〗

pin·nat·i·ped /pɪ̣nǽtəpèd | pɪnǽtɪ-/ *adj.* 〖鳥類〗弁足 (lobate feet) のある. 〖(1828) ← PINNATI-+-PED〗

pin·nat·i·sect /pɪ̣nǽtəsèkt | pɪnǽtɪ-/ *adj.* 〖植物〗〈葉が〉羽状全裂の. 〖(1857) ← PINNATI-+-SECT〗

pín·ner *n.* **1** ピンで留める人[もの]. **2** 〖(1846) 《変形》? ← PINAFORE〗《方言》=pinafore. **3** 〖1652〗[通例 *pl.*] (18 世紀に使われた垂れぶたが両側についた)女性用キャップ. 〖(?a1400): ⇨ pin, -er¹〗

pin·ni- /pínɪ̣, -ni/「羽毛 (feather); ひれ (fin)」の意の連結形. ★ 母音の前では通例 pinn- になる. 〖▭ L ~: ⇨ pinna〗

pin·ni·grade /pínəgrèɪd | -nɪ-/ 〖動物〗*adj.* (アザラシ・セイウチのように)ひれ足 (flipper) で動く (cf. digitigrade, plantigrade). — *n.* ひれ足動物. 〖(1849–52) ← NL *Pinnigrada* ← PINNI-+L *-grada* ((neut. pl.) ← *-gradus* ← *gradī* to walk): ⇨ -grade〗

pin·ni·ped /pínəpèd | -nɪ-/ 〖動物〗*adj.* 鰭(き)脚亜目の. — *n.* 鰭脚亜目の動物《オットセイ・アザラシ・セイウチなど》. 〖(1842) ↓〗

Pin·ni·pe·di·a /pìnəpíːdiə | -nɪpíːd-/ *n. pl.* 〖動物〗鰭(き)脚亜目. 〖← NL ~ ← PINNI-+-PED+-IA²〗

pin·ni·pe·di·an /pìnəpíːdiən | -nɪpíːd-ˊ/ *adj., n.* 〖動物〗=pinniped. 〖1880〗

pin·no·tere /pínətɪə | -tɪə(r)/ *n.* 〖動物〗=pinnothere.

pin·no·there /pínəθɪə | -θɪə(r)/ *n.* 〖動物〗=pinnotheres. 〖(1651) ↓〗

pin·no·the·res /pìnəθɪ́(ə)riːz | -θɪ́ər-/ *n.* 〖動物〗カクレガニ《カクレガニ科カクレガニ属 (*Pinnotheres*) の非常に小型で半寄生性のカニの総称; ムラサキガイに寄生する *P. pisum* など》. 〖(1601) ← NL ~ ← L *pinot(h)ērēs* crab living in the mantle cavity of the pen shell ▭ Gk *pinotērēs* ← *pīno-* (← *pínē* pen shell)+*-tērēs* (← *tērein* to guard)〗

pin·nu·la /pínjʊlə/ *n.* (*pl.* **-nu·lae** /-lìː, -làɪ | -lìː/) **1** 〖植物〗=pinnule 1. **2** 〖動物〗=pinnule 2. **3** 〖鳥類〗羽枝 (barb). **pín·nu·lar** /pínjʊlə | -lə(r)/ *adj.* 〖(1748) ← NL ~ ← L ~ 'small feather, small fin' (dim.) ← *pinna* 'feather, fin, PINNA': ⇨ -ule〗

pin·nu·late /pínjʊlèɪt/ *adj.* **1** 〖植物〗小羽片のある. **2** 〖動物〗小ひれのある. 〖(1828–32): ⇨ ↑, -ate²〗

pin·nu·lat·ed /pínjʊlèɪtɪ̣d | -tɪ̣d/ *adj.* =pinnulate.

pin·nule /pínjuːl/ *n.* **1** 〖植物〗(二回羽状複葉の)小葉. **2** 〖動物〗小ひれ (finlet); (ウミユリの)腕の羽状に分かれた小枝. **3** 〖測量〗(アリダード (alidade) の)後視準板. 〖(1594): ⇨ pinnula〗

PÍN nùmber /pín-/ *n.* =PIN.

pin·ny /píni/ *n.* 《小児語・口語》=pinafore. 〖(1851) 《短縮・変形》← PINAFORE: ⇨ -y²〗

pín òak *n.* 〖植物〗アメリカガシワ, アメリカナラ (*Quercus palustris*)《米国東部産の高さ 25–40 m になるナラの一種; 生成期には枝がピラミッド形になり, 葉は羽状に深裂する; swamp oak ともいう》; 北米中部原産のコナラ属の落葉高木 (*Q. ellipsoidalis*). 〖1813〗

Pi·noc·chio /pɪ̣nóʊkiòʊ | pɪnə́ʊkiəʊ, -nɔ́k-; *It.* pinɔ́kkjo/ *n.* ピノキオ《イタリアの児童文学者 Collodi 作の *Le Avventure di Pinocchio* (The Adventures of Pinocchio) (1883) の主人公; 木の人形であったが, 最後に人間の子になる》.

Pi·no·chet (U·gar·te) /pìːnoʊtʃét (uːgáːəteɪ) | píːnə(ʊ)ʃeɪ (uːgáːteɪ); *Am.Sp.* pinotʃé(t) (uɣárte)/, **Augus·to** /augyústo/ *n.* ピノチェト《1915– ; チリの軍人・政治家; チリ大統領 (1974–89)》.

pi·noch·le /píːnʌkḷ, -nɑ(ː)kḷ | -nʌkḷ, -nɔkḷ/ *n.* 《米》〖トランプ〗ピノクル《日本の花札遊びに似たゲームの総称で, 基本的には 2–8 を除く 24 枚のトランプ 2 組を用い, 3–4 人で手役, 出来役, また獲得した札による得点を競う》; (このゲームの役の一つとして)スペードのクイーンとダイヤのジャックの組合わせ. 〖(1864) 《変形》← 《古形》*binochle* ▭ ? Swiss-G *Binokel* ▭ Swiss-F *binocle* ← F *binocle* eyeglasses ← NL *binoculus* 'BINOCULAR'〗

pinóchle rúmmy *n.* 〖トランプ〗=five hundred rum.

pi·noc·le /píːnʌkḷ, -nɑ(ː)kḷ | -nʌkḷ, -nɔkḷ/ *n.* =pinochle.

pin·o·cy·to·sis /pìnəsaɪtóʊsɪ̣s, pàɪn- | -nə(ʊ)saɪtə́ʊsɪs/ *n.* (*pl.* **-to·ses** /-siːz/) 〖生物〗飲細胞活動, 飲作用《細胞が液体を外界から取り込む働き》. 〖(1895) ← NL ~ ← *pino-* (← Gk *pínein* to drink)+CYTO-+-OSIS〗

pin·o·cy·tot·ic /pìnəsaɪtɑ́(ː)tɪk, pàɪn- | -nə(ʊ)saɪtɔ́t-ˊ/ *adj.* 〖生物〗飲細胞活動の[に関する]. **pìn·o·cy·tót·i·cal·ly** *adv.* 〖1959〗

pi·nol /páɪnɔ(ː)l | -nɒl/ *n.* 〖化学〗ピノール ($C_{10}H_{16}O$)《樟脳に似たにおいの液体》. 〖(1893) ← PIN(ENE)+-OL²〗

pi·no·le /pɪ̣nóʊli | pɪnə́ʊ-; *Am.Sp.* pinóle/ *n.* ピノーレ《乾燥させたトウモロコシか小麦の粗挽き粉に本来甘みをもっている mesquite の豆の粉を混ぜ合わせた携帯食品; メキシコおよび米国の南西部で用いる》. 〖(1842) ▭ Am.-Sp. ~ ▭ Nahuatl *pinolli*〗

pi·ñon /pínjən, píːnjoʊn, ˗ˊ | pínjəʊn, pínjən, pɪnjə́ʊn; *Am.Sp.* piɲón/ *n.* (*pl.* **~s, pi·ño·nes** /pɪnjóʊniːz | -njə́ʊ-; *Sp.* piɲónes/) 〖植物〗Rocky 山脈南部地方産の実が食用になる数種のマツ類の総称 (*Pinus monophylla, P. cembroides, P. edulis* など); そのマツの実. 〖(1839) ▭ Am.-Sp. *piñón*=Sp. *piñón* pine nut ← *piña* pine cone ▭ L *pīnea*: cf. pineal〗

piñon bìrd [jày] *n.* 〖鳥類〗マツカケス (*Gymnorhinus cyanocephalus*)《米国西部産の青色のカケス》.

piñones *n.* piñon の複数形.

Pi·not /piːnóʊ | píːnəʊ, ˗ˊ; *F.* pino/ *n.* **1** ピノー《米国 California 州産のワイン用の紫または白のブドウ》. **2** ピノー(ワイン)《ピノー種のブドウで造る赤ワイン (Pinot Noir) または白ワイン (Pinot Blanc)》. 〖(1912) ▭ F ~ ← 《方言》*pine* pine cone: その房の形から〗

pin·ot·age /pìnətɑ́ːʒ/ *n.* 《南ア》ピノタージュ《Pinot Noir と Hermitage を掛け合わせたブドウの品種; またそれから造られる赤ワイン》. 〖(1964) ← PINOT (NOIR)+HERMITAGE¹〗

Pi·not Blanc /píːnoʊblɑ́ː(ŋ), -bláːŋ | -nəʊ-; *F.* -blɑ̃/ *n.* ピノーブラン《ピノー種のブドウで造った白ワイン》.

Pinot Noir /-nwɑ́ə | -nwɑ́ː(r); *F.* -nwaːʁ/ *n.* ピノーノワール《ピノー種のブドウで造った赤ワイン》.

pín pàllet escàpement *n.* 〖時計〗ピン レバー脱進機《アンクルのつめに鋼製のピンを使った脱進機; pin lever escapement ともいう》. 〖1884〗

pín plàte *n.* 〖土木〗ピンプレート《ピン継手においてピン穴まわりに付加する鋼板》. 〖1893〗

pin·point /pínpɔ̀ɪnt/ *vt.* **1** 正確に示す[述べる], 正確に定める. **2** 正確に…の位置を示す. **3** …の地図上の位置をピンを刺して示す. **4** 〖軍事〗位置を精密に決定する; 精密に射撃する, 精密照準爆撃をする. — *n.* **1 a** ピンの先. **b** (ピンの先ほどの)ごく小さな点: ~*s* of light (ピンの先ほどの)小さな光. **2** 小さな物; つまらない事柄 (trifle): argue about ~*s* つまらない[ささいな]事を論議する. **3** 〖軍事〗 **a** 精密照準点《きわめて小さな目標の位置する精密に確認された点》. **b** (直接地上を観測して決定された航空機の)地上位置. — *adj.* [限定的] **1** 正確にねらいをつけた; 正確な, 精密な: ~ landing 正確な着陸 / ~ bombing 〖軍事〗精密(照準)爆撃, ピンポイント爆撃 / ~ accuracy (ねらいなどの)非常な正確さ. **2** ピンの先(ほど)の: little ~ bugs ペンの先のようなちっちゃな虫. **3** 〈的が〉小さくて正確な爆撃を必要とする. 〖1849〗

pín·prìck *n.* **1** 針で一刺し刺すこと; 針で刺した(ような)小さな穴. **2** 小うるさいこと, ちょっとした意地悪; 小うるさくいらだたせるもの: a ~ policy いやがらせ政策. — *vt., vi.* 針で刺す; ちくりと突く[攻撃する]. 〖1862〗

pín·ràil *n.* **1** 〖劇場〗舞台上部のレール《大道具を操作する線が固定されている》. **2** 〖海事〗帆船でデッキ側面に設けた belaying pin を通すための強いレール. 〖1877〗

pín sèal *n.* (自然の銀面の)アザラシ革. 〖(1926–7) *pin*: ⇨ pin: 革の表面にピンの頭状のぼつぼつがあることから〗

pín·sètter *n.* 《米》〖ボウリング〗ピンセッター《レーン上にピンをセットする機械[人]; pinspotter ともいう》. 〖1916〗

Pinsk /pínsk; *Russ.* pʲinsk/ *n.* ピンスク《ベラルーシ共和国南西部の都市》.

pín-spòt *vt.* 〖演劇〗ピンスポットで照らす. 〖1900〗

pín spòt *n.* 〖演劇〗ピンスポット《舞台の小さな局所を照明するスポット》. 〖1894〗

pín·spòtter *n.* 〖ボウリング〗=pinsetter. 〖1958〗

pín·strìpe *n.* (服地中の)ピンストライプ《細い縦縞(たてじま)》; 細い縦縞模様の織物. **pín-strìped** *adj.* 〖1897〗

pín·stripe súit *n.* ごく細い縦縞(たてじま)の服 (pinstripe).

pint /páɪnt/ *n.* **1** パイント《液量の単位; =4 gills, ½ quart; 略 pt.》: **a** 《米》28.875 立方インチ, 0.473 リットル. **b** 《英》34.678 立方インチ, 0.568 リトル. **2** パイント《乾量の単位; =½ quart; 略 pt.》: **a** 《米》33.600 立方インチ, 0.550 リットル. **b** 《英》34.678 立方インチ, 0.568 リットル. **3** 1 パイント入り容器. **4** 《英口語》**a** 1 パイントのビール[飲料, 牛乳]. **b** 一杯のビール: He's gone out for a ~. ビールを一杯やりに行った. 〖(1354) □ (O)F *pinte* □ ? ML *pincta* painted mark=VL **pincta* (fem.) ← **pinctus* painted《変形》← L *pictus* (p.p.) ← *pingere* 'to PAINT': 容量を示すために着色した液で容器に印をつけたところからか〗

pint·a¹ /páɪntə | -tə/ *n.* 《英口語》1 パイント (pint) の飲物《特に, 牛乳・ビール》. 〖(1959)《短縮》← *pint of*: *drinka pinta milka day*=drink a pint of milk a day という宣伝文句から: cf. cuppa〗

pin·ta² /píntə, -tɑː | píntə, píːn-; *Am.Sp.* pínta/ *n.* 《病理》ピンタ《中南米に多い熱帯性皮膚病の一種; 皮膚にさまざまな色の斑点が生じる》. 〖(1825) □ Am.-Sp. ~=Sp. ~ 'spot, mark' < VL **pinctam* (↑)〗

Pin·ta /píntə | -tə; *Sp.* pínta/ *n* [the ~] ピンタ号《Columbus がアメリカ発見の航海に用いた三隻の帆船キャラベル (caravels) のうちの一隻; cf. Martín Alonso PINZÓN, Santa Maria, Niña》.

pín táble *n.* 《英》=pinball machine. 〖1936〗

pin·ta·de·ra /pɪ̀ntədéᵊrə | pɪ̀ntədéərə/ *n.* 《考古》ピンタデラ《地中海東部や米国の新石器文化に見られる粘土でできた装飾スタンプ》. 〖(1910) □ Sp. ~ ← *pintado* (p.p.) ← *pintar* to paint〗

pin·ta·do /pɪntɑ́ːdoʊ | -dəʊ/ *n.* (*pl.* ~s, ~es) **1** 《魚類》=cero. **2** 《鳥類》**a** =pintado petrel. **b** ホロホロチョウ (guinea fowl). 〖(1602) □ Port. ~ 'guinea-fowl', 《原義》painted (p.p.) ← *pintar* to paint < VL **pinctāre* ← **pinctus* (p.p.)=L *pictus* ← *pingere* 'to PAINT'〗

pintádo pétrel *n.* 《鳥類》マダラフルカモメ (⇨ Cape pigeon). 〖1894〗

pín·tàil *n.* (*pl.* ~, ~s) 《鳥類》尾の中羽が長く突き出たさまざまな鳥の俗称: **a** オナガガモ (*Anas acuta*). **b** アカオタテガモ (ruddy duck). **c** ホソオライチョウ (sharp-tailed grouse). **d** =pin-tailed sandgrouse. 〖(?*a*1300) 1768〗

pín-tàiled *adj.* 尾の中羽が長く突き出た: a ~ duck = pintail a. 〖1875〗

pín-tailed sándgrouse *n.* 《鳥類》ノドグロサケイ (*Pterocles alchata*)《ヨーロッパ・アフリカ・アジア産のサケイの一種》.

pin·ta·no /pɪntɑ́ːnoʊ | -nəʊ/ *n.* (*pl.* ~s) 《魚類》= cow pilot. 〖□ Am.-Sp. ~〗

P

Pin·ter /píntə | -tə(r)/, **Harold** *n.* ピンター (1930–2008; 英国の劇作家・俳優; *The Birthday Party* (1957); 本名 da Pinta).

pin·tle /píntḷ | -tḷ/ *n.* **1** (蝶番(ちょうつがい)などをつぼ金に差し込む)軸, 軸針, 棒, ピントル. **2** 牽引かぎ《牽引車の後部に砲・トレーラーを取り付けるための掛け金つきのかぎ》. **3** 《造船》ピントル, 舵(だ)栓, 舵の軸針. 〖lateOE *pintel* penis ← **pint* (← Gmc **pin-* ← IE **bend-* protruding point) +-LE¹: cf. LG & Du. *pint* / G *Pint* penis〗

pin·to /píntoʊ | -təʊ/ *adj.* (白黒)まだらの, 駁毛(ぶちげ)の, ぶちの, 斑(ふ)入りの. — *n.* (*pl.* ~s, ~es) 《米西部》**1** まだら馬, 駁毛馬. **2** 《植物》=pinto bean. 〖(1865) □ Am.-Sp. ~ ← Sp. *pinto* (adj.) spotted, mottled < VL **pinctum* painted: cf. pint〗

pínto bèan *n.* 《植物》米国南西部で栽培されるインゲンマメ (kidney bean) の類の植物《食料・飼料用; 単に pinto ともいう》. 〖1916〗

pínt pòt *n.* (通例しろめ (pewter) 製の)1 パイント入り容器[ジョッキ]: get [put] a quart into a ~ ⇨ quart. 〖1522〗

Píntsch gás /píntʃ-; *G.* píntʃ-/ *n.* ピンチガス《頁(けつ)岩油や石油から製した照明用ガス》. 〖← *Richard Pintsch* (1840–1919: ドイツの発明家)〗

pínt-sìze *adj.* 《口語》小さな, 小型の (small). 〖1949〗

pínt-sìzed *adj.* =pint-size. 〖1938〗

pín tùck *n.* 《服飾》ピンタック《ピンのように細い装飾的なタック》. 〖1903〗

Pin·tu·ric·chio /pɪ̀ntərìːkiòʊ | -tərìːkiəʊ; *It.* pinturíkkjo/ (*also* **Pin·to·ric·chio** /~; *It.* -to-/) *n.* ピントリッキョ (1454–1513; イタリアの Umbrian 画派の画家; 本名 Bernardino di Betto).

pín-týpe ínsulator *n.* 《電気》=pin insulator.

pin·up /pínʌ̀p/ *n.* **1** 《口語》(ピンで壁に留める)美人[有名人]の写真, ピンナップ (cf. pin *vt.* 1). **2** 《口語》ピンナップ(向き)の美人. **3** (部屋の)壁にかけるよう設計されたランプ(など). — *adj.* **1** 《口語》(魅力的で)ピンナップに適する: a ~ picture / ⇨ pinup girl. **2** 《米》(部屋の)壁にかけるよう設計された: a ~ lamp 壁ランプ. 〖(1941) ← *pin up* (⇨ pin (v.) 成句)〗

pínup gìrl *n.* 《口語》**1** ピンナップガール《ピンナップ向きの魅力的な美人》. **2** =pinup 1. 〖1941〗

pín·wàle *adj.* 〈コール天などの織物が〉ごく細うねの.

pín·wèed *n.* 《植物》**1** ハンニチバナ科 *Lechea* 属の多年草の総称. **2** オランダフウロ (alfilaria). 〖1854〗

pín·whèel *n.* **1** 《機械》ピン歯車. **2** 火輪花火, 回転花火《点火する支軸を中心に回転する》. **3** 《米》(おもちゃの)風車 (windmill). 〖1704〗

pín·whèeling *n.* 《米》《海事》その場回頭《いくつかの機関の一部を逆に駆動させる多軸船の急転回》.

pín·wòrk *n.* 《服飾》ピンワーク《ニードルポイントレースで模様の表面から浮いたステッチ》. 〖1875〗

pín·wòrm *n.* **1** 《動物》ギョウチュウ(蟯虫) (*Enterobius vermicularis*)《寄生虫; threadworm ともいう》. **2** 《昆虫》植物組織に寄生する細長い昆虫の幼虫の総称; (特に)米国西部のトマトの害虫であるキバガ科のガ (*Keiferia lycopersicella*) の幼虫. 〖1910〗

pín wrènch *n.* ピン付きスパナ.

pinx. 《略》pinxit.

pinx·it /píŋ(k)sɪt | -sɪt/ *L. vt.* …写す, …描く, …作《昔画家が作品の署名に添えた; 略 pinx., pxt.; cf. sculpsit, fecit》. 〖□ L *pinxit* he or she painted it (3rd. sing. perf.) ← *pingere* 'to PAINT'〗

Pinx·ter /píŋkstə | -tə(r)/ *n.* =Pinkster.

pínx·ter flòwer /píŋkstə- | -stə-/ *n.* 《植物》米国産の淡紅色の花をつけるツツジ (*Rhododendron nudiflorum*)《swamp pink ともいう》.

pin·y /páɪni/ *adj.* (**pin·i·er**; **-i·est**) **1** 松の生い茂った; 松から成る. **2** 松の(ような), 松の香りのする. 〖(1627): ⇨ pine¹, -y¹〗

Pin·yin /pìnjín; *Chin.* pʰīnīn/ *n.* ピンイン式《中国語のローマ字表記法; ピンインが制定されたのは 1958 年; 1979 年より国際的に中国語表記法と認められた》.

pi·nyon /pínjən, píːnjoʊn, —⸗ | pínjəʊn, pínjən, pɪnjə́ʊn/ *n.* =piñon.

pínyon jày *n.* 《鳥類》マツカケス (piñon bird). 〖*pinyon*: □ Am.-Sp. *piñón* 'PIGNON'〗

Pin·zón /pɪnzóʊn | -zɔ́n; *Sp.* pinθón/, **Mar·tín** /martín/ **Alonso** *n.* ピンソン (1440?–?93; Columbus に同行したスペインの航海家; Pinta 号の船長).

Pinzón, Vicente Yá·ñez /jáɲeθ/ *n.* ピンソン (1460?–? 1524; Columbus の同行者; Niña 号の船長; M. A. Pinzón の弟, のちにギアナ, Amazon 河口, ブラジル海岸を発見 (1500)).

pi·o·let /pìːəléɪ | ⸗⸗⸗; *F.* pjɔlɛ/ *n.* 《登山》ピッケル (ice ax). 〖(1868) □ F ~ (dim.) ← *piola* small ax ← Gmc.〗

pi·on /páɪɑ(ː)n | -ɔn/ *n.* 《物理》=pi-meson. 《短縮》

pi·o·neer /pàɪəníə | -níə(r)/ *n.* **1** 新分野の開拓[開発]者, 草分け, 先駆者, 首唱者 (⇨ forerunner SYN): early ~*s* in Japanese education 日本教育(界)の先駆者たち. **2** (未開地などの)開拓者 (explorer). **3** 《軍事》(本隊の移動を助け, 敵部隊の行動を妨害する土工作業・爆破などをした)工作兵士, 工兵. **4** 《生態》先駆生物《動植物の無生息地帯にうまくすみついた動物[生えた植物]》: a ~ plant 先駆植物. **5** [P-] 《宇宙》パイオニア《米国の一連の月および惑星探査機の名》. **6** [P-] (旧ソ連の)少年[少女]同盟員, ピオネール《満 10–15 歳の少年[少女]を対象とした組織; cf. Komsomol, Octobrist 2》. — *vi.* 開拓者になる; 率先する: do ~*ing* work on …に関する先駆的業績を残す. — *vt.* **1** 開拓する, 〈道路などを〉開く. **2** 〈新分野を〉切り開く, 開拓する, …の開拓[率先]者となる: ~ a new technique [way of life] 新しい技術[生活方法]を開拓する. **3** 指導する, 導く. — *adj.* [限定的] **1** (ある分野の)草分けの, 最初の: a ~ study 草分け的研究 / in the ~ days of the cold war 冷戦の最初の頃に. **2** (特に, 開拓者時代の)開拓者の[に関する], 開拓者的な: the ~ spirit 開拓者精神. **3** 〈人が〉開拓者である; 先駆的な: ~ settlers 開拓民 / a ~ physicist 新分野を切り開く物理学者. 〖n.: (1523) *pioner* □ F *pionnier* < OF *paonier, peon*(*n*)*ier* ← *paon, peon* foot soldier: ⇨ peon², -eer: cf. pawn¹. — v.: (1780) ← (n.)〗

Pionéer Dày *n.* 開拓者の日 (7 月 24 日; 1847 年 Brigham Young が Salt Lake City に到着した日を祝って Utah 州で設けられた法定休日).

pi·o·neer·ing /pàɪəníᵊrɪŋ | -níər-⸗/ *adj.* 開拓(的)の; 先駆的な, 草分けの: a ~ experiment 先駆的な実験. 〖1816〗

pi·on·ic /paɪɑ́(ː)nɪk | -ɔ́n-/ *adj.* 《物理》パイ中間子 (pi-meson) の, パイ中間子による. 〖(1960) ← PION+-IC¹〗

pi·os·i·ty /paɪɑ́(ː)səṭi | -ɔ́sɪ̀ti/ *n.* 神聖ぶること, 信心ぶること. 〖(1922) ← PIOUS+-ITY: RELIGIOUS と RELIGIOSITY からの類推による〗

piou·piou /pjùːpjúː; *F.* pjupju/ *n.* 《俗》(典型的な)フランス歩兵. 〖(1854) □ F ~ 'small chicken' 《擬音語》: 幼児語〗

pi·ous /páɪəs/ *adj.* **1** 信心深い, 篤信の, 敬虔(けいけん)な (⇨ devout SYN). **2** 宗教的動機からの; 宗教にかこつけた, 偽善的な (hypocritical): a ~ founder 宗教的動機から大学などを創立する人 / a ~ fraud (宗教的動機などによる)善意の偽り[うそ], 方便の偽り[うそ]. **3** 宗教的な, 宗教上の (sacred) (↔ secular): ~ literature, poetry, etc. **4** 立派な, 感心な: a ~ effort 殊勝な努力 / a ~ hope [wish] (せっかくながら)望み薄の希望. **5** 《古》(近親者などに)義理堅い, (特に)親孝行な (filial). **~·ly** *adv.* **~·ness** *n.* 〖(*c*1450) □ L *pius* dutiful < ? IE **pwiyos* ← **peu-* to clean (L *purus* 'PURE'): ⇨ ous〗

Pi·oz·zi /piɔ́(ː)tsi, -ɑ́(ː)tsi | -ɔ́tsi/, **Hester Lynch** *n.* ピオッツィ (1741–1821; 英国の著述家; Samuel Johnson の友人; Henry Thrale と結婚 (1763); 一般に Mrs. Thrale として知られる; *British Synonymy* (1794)).

pip¹ /píp/ *n.* **1** (リンゴ・ナシ・ミカンなどの)種子 (seed). **2** 《米俗》すばらしい人[物] (pippin): You're really a ~. — *vt.* 〈果実〉の種子を取り除く. 〖(*c*1450) 《略》← PIPPIN〗

pip² /píp/ *v.* (**pipped**; **pip·ping**) 《英俗》 — *vt.* **1** …に黒票を投じる, 排斥する, 反対する. **2** 〈計画などを〉くじく, じゃまをする. **3** 打ち負かす, へこます, 出し抜く: ~ one's opponent at [to] the post 最後の瞬間において相手を打ち負かす. **4** 殺す. — *vi.* [通例 ~ out で] 死ぬ. 〖(1880) ← PIP⁵ // PIP¹〗

pip³ /píp/ *n.* 《英》ピッという音: the three ~*s* of the time signal 時報のピッピッピッ / Pip, ~, ~, ping! ピッピッピッ, ポーン《時報の音》. — *vi.* ピッという音を出す. 〖(1907) 《擬音語》〗

pip⁴ /píp/ *n.* =blip 1. 〖擬音語?〗

pip⁵ /píp/ *n.* **1** (さいころやドミノの牌の上の)点, 星, 目. **2** 《口語》(英国陸軍士官が肩章につける金色の)星《大尉 3 個, 中尉 2 個, 少尉 1 個》. **3** 《園芸》(特に, スズランの)根株 (rootstock); (シャクヤク・アネモネなどの)根茎. **4** 《植物》(パイナップルの表皮の)小仕切り. **5** 《植物》房状の花の中の一輪. 〖(1593–94) *peep* ← ?〗

pip⁶ /píp/ *n.* **1** 《獣医》家禽(かきん)の舌病《舌に偽膜が生じ, のどに粘液がたまる》. **2** **a** 《戯言・俗》(不消化・風邪などの)軽い病気. **b** 《英俗》[the ~] 不機嫌, ふさぎこみ, 嫌悪: have *the* ~ 気分[機嫌]が悪い / give a person *the* ~ 人を不機嫌にする. 〖(*a*1425) *pippe* □ MDu. *pippe* & MLG *pip* < (WGmc) **pipit* (OHG *pfiffiʒ* / G *Pips*) □ ? VL **pip*(*p*)*īta* 《変形》← L *pītuīta* phlegm, nasal mucus ← IE **pey*(*ə*)- to be fat, swell〗

pip⁷ /píp/ *v.* (**pipped**; **pipping**) — *vi.* 〈ひなが〉ぴよぴよ鳴く; 〈ひなが〉殻を破って出る[かえる]. — *vt.* 〈ひなが〉〈殻〉を破って出る. — *n.* ちっちっ, ちゅっちゅっ《小鳥の鳴き声》. 〖(1598) 《擬音語》: cf. peep²〗

Pip /píp/ *n.* ピップ《男性名》. 〖(dim.) ← PHILIP〗

pi·pa /píːpə/ *n.* 《動物》コモリガエル, ピパ (⇨ Surinam toad). 〖(1718) ← ? Galibi〗

PIPA 《略》Pacific Industrial Property Association; Pacific Islands Producers Association.

pip·age /páɪpɪdʒ/ *n.* **1** (水・ガス・油などの)パイプ輸送. **2** [集合的] 輸送管. **3** (パイプ輸送による)輸送料. 〖(1612) ← PIPE (n.)+-AGE〗

pi·pal /píːpəl, -pḷ; *Hindi* piːpəl/ *n.* 《植物》インドボダイジュ (⇨ bo tree)《pipal tree ともいう》. 〖(1788) □ Hindi *pīpal* ← Skt *pippala*: cf. pepper〗

pipe /páɪp/ *n.* **1** **a** (液体・ガス・石油などを送る)管, 導管, 筒 (tube), パイプ: an air ~ 空気管 / a closed [an open] ~ 閉[開]管 / a distributing ~ 配水管 / ⇨ water pipe. 日英比較 日本語の「パイプ役」の「パイプ」はこの意味では和製英語.「パイプ役」は英語では arbitrator または mediator などという. **b** (人体中の)管状器官, 導管, 脈管. **c** [*pl.*] 《口語》気管, のど (windpipes); 呼吸器. **2** (火山の噴火口・間欠泉の噴出路などの)管状部分, 管状路《volcanic pipe ともいう》. **3** (刻みたばこ用)パイプ, マドロスパイプ, キセル (cf. cigarette holder); (刻みたばこの)一服, (一服の)たばこ: fill a ~ パイプにたばこをつめる / light one's [a] ~ 一服つける / puff (on) a ~ パイプを吹かす / smoke [have] a ~ 一服吸う / ~ tobacco パイプ用たばこ. **4** 《音楽》**a** (パイプオルガンの)音管 (organ pipe). **b** 管楽器. **c** パイプ《英国で中世に用いられた左手のみで奏する 3 穴の小笛; cf. tabor》. **d** 《古》単管楽器, 笛: ⇨ pitch pipe. **e** [*pl.*] =bagpipe. **f** [*pl.*] =panpipe. **g** [*pl.*] (総称的に)木管楽器. **h** [通例 *pl.*] (歌に使う)声帯. **5** (鳥などの)鳴き声, 金切声; 《古》鋭い音[声, 歌声], 笛の音. **6** 《米俗》**a** =pipe dream. **b** 骨の折れない[楽な]仕事[学科(など)]: That's a ~. それは朝飯前だ. **7** 〖□ OF ~ 'pipe, cask' < VL **pippa*=**pīpa*〗 **a** (ワイン・油用の)大樽. **b** 大だる一杯の液量 (126 U.S. gallons [105 Brit. gallons] に相当; cf. octave 2). **8** 《鉱山》管状鉱脈, 鉱条. **9** 《海事》**a** (水夫長・掌帆(しょうはん)長の)号笛, 呼子. **b** 号笛の音《召集や作業始めの合図》. **10** 《植物》茎 (stem). **11** 《冶金》鋳塊の頭の中心に起こる凹地(おうち).

dance to a person's pipe ⇨ dance 成句. ***lày pipe*** [***pipes***] 《米俗》(1) ごまかす, 汚職に手を染める. (2) セックスする, やる. ***pùt a person's pípe òut*** 人の成功の邪魔をする; 人の顔色をなからしめる《「他人のたばこの火を消す」の意味から》. (1720) ***Pùt thát in your pípe and smóke it!*** 《口語》(小言を言ったあとなどに)今言ったことをよく考えて, できれば言ったようにしなさい. (*c*1824)

pipe of péace [the —] (アメリカインディアンが吸い合う)平和のキセル (calumet)《peace pipe ともいう》: smoke *the ~ of peace* 和親のしるしとしてたばこを飲み回す. (1722)

pipes of Pán =panpipe.

— *vt.* **1** 〈水・ガス・石油などを〉パイプ[管]で通す[送る]. **2** 〈建物などに〉パイプをつける, 管を設備する. **3** 金切声で言う[歌う]. **4** (笛で)吹く; 管楽器で奏する: ~ a song [tune] 歌[曲]を吹奏する. **5** 笛を吹いて…させる: ~ a person asleep [*into* good spirits] 笛を吹いて人を眠らせる[元気づける]. **6** 〈ケーキなど〉にクリームや砂糖衣を絞り袋の口金から絞り出して飾る. **7** 〈衣服〉にパイピングを施す: ~ a dress *with* red 服に赤いパイピングを付ける. **8** 《海事》**a** 〈船員を〉(号笛で)呼ぶ, 命令する〈*up*〉: ~ all hands *to* a meal [*to* work] 号笛を吹いて総員を食事[作業]につかせる. **b** (ボースン呼笛 (boatswain's pipe) の合図で)船に迎え入れる[船から送り出す]. **9** 《ラジオ・テレビ》〈番組を〉有線放送する; 同軸ケーブルで送信する: ~ music in a hall / ~*d* TV 閉回路テレビ, 有線テレビ. **10** 《俗》見る, 目にする.

— *vi.* **1** きーきー声で話す, 金切声を立てる; 〈鳥が〉ぴーぴー鳴く[さえずる] (peep); 〈風が〉ひゅーひゅー鳴る. **2** 泣く (weep). **3** 笛を吹く. **4** 《海事》号笛を吹いて命令する, 号笛を吹いて命令[号令]を伝える: ⇨ PIPE *away*. **5** 《鉱山》円筒形に掘る. **6** 《冶金》鋳造後の冷却で頭に円錐形の凹地(おうち)ができる.

pipe awáy 《海事》号笛を鳴らして〈ボート〉に出発の合図をする. (1833) ***pipe dówn*** (1) 《米俗》低い声で話す; [しばしば命令形で] 黙る, 静かに[おとなしく]なる. (1900) (2) 《海事》(号笛を吹いて)水夫などを甲板の仕事から解散させる, 水夫に終業を命ずる. (1833) ***pipe ín*** (1) 〈ガス・水などを〉パイプで送り入れる. (2) 〈言葉・音楽などを〉電送する. ***pipe úp*** (*vt.*) (1) パイプで〈水などを〉汲み上げる. (2) 吹

奏し[歌い]始める. (3) ⇨ *vt.* 8. —(*vi.*) (1)《口語》声を張り上げる, きーきー声で話す. (2) 吹奏し[歌い]始める. (3)《口語》〈風などが〉勢いを増す, 募る. 《c1425》

～·less *adj.* **～·lìke** *adj.* 〘n.: OE *pīpe* < Gmc **pīpa* (Du. *pijp* / G *Pfeife*) ◻ VL **pīpa*《逆成》← L *pīpāre* to pipe, chirp ← IE **pīp(p)-* to peep (Gk *pippízein* to chirp):《擬音語》. — v.: OE *pīpian* ← *pīpe* (n.)〙

pipe·age /páɪpɪdʒ/ *n.* ＝pipage.

pípe bánd *n.* バグパイプ楽隊, パイプバンド.

pípe bòmb *n.* 鉄パイプ爆弾.

pípe-clày *vt.* **1** パイプクレーで漂白する, 〈白靴・軍装品など〉に白土を塗る. **2** 磨きたてる; 整頓する, 整理する. 〘1833〙

pípe clày *n.* **1** パイプクレー《焼成色の白いケイ酸質粘土; たばこのパイプ製造のほか陶芸や軍人の帯皮類磨きに用いる》. **2**《軍隊で部下の服装や教練に対して》非常に厳格なこと. 〘1758〙

pípe clèaner *n.* 《先に房がついている》たばこパイプの柄《の内部》の掃除具. 〘1870〙

pípe cùtter *n.* 〘機械〙パイプカッター, 管切り.

pípe dìe *n.* 〘機械〙パイプダイス, オスター《管用ねじ (pipe thread) を切るためのダイス》.

píped músic /páɪpt-/ *n.* 背景音楽《店・レストラン・ホテルなどで切れ目なく流される(単調な)軽い音楽》.

pípe drèam *n.* 《口語》(あへん吸入によって起こるような)空想的な考え (daydream), 突飛な話, 大風呂敷. 〘1896〙

pípe·fìsh *n.* (*pl.* ～, ～·es) 〘魚類〙ヨウジウオ(楊子魚)《管状の吻と角張った細長い体をもつタツノオトシゴの類のヨウジウオ亜科の数種の魚の総称; ヨウジウオ (*Syngnathus schlegeli*) など; needlefish ともいう》. 〘1769〙

pípe fìtter *n.* 《冷暖房敷設などの》配管工. 〘1890〙

pípe fìtting *n.* **1** 管敷設用具, 管具. **2** 管敷設作業, またその工程.

pipe·ful /páɪpfʊ̀l/ *n.* パイプ一杯, 一服分(のたばこ)〔*of*〕. 〘1605〙

pípe hànger *n.* 〘機械〙管つり《天井などから管をつり下げるために用いる》.

pípe jàcking *n.* 〘土木〙推進工法《地面に挿し込むようにして配管する方法》.

pípe kèy *n.* 中が空になっている鍵 (barrel key ともいう). 〘1540〙

pípe·làyer *n.* **1** 水道管[ガス管]敷設工, 水道屋, 配管工. **2**《米》路線を敷く人, 計画の推進者; (特に)政治家. 〘1840〙

pípe·làying *n.* 《米》＝wire-pulling. 〘1848〙

pípe lìght *n.* キセルに詰めたたばこに火をつけるつけ木[こより]. 〘1852〙

pipe·line /páɪplàɪn/ *n.* **1** (ガソリン・ガスなどの)配管系, 管路, 管線, 輸送管路, 送油管, パイプライン: build [lay down] a new ～ 新しいパイプラインを建設[敷設]する. **2 a**《米口語》(機密)情報ルート, 経路. **b** 商品供給ルート. **3** (制度・工程などの)経路, 流れ. **4** 〘電算〙パイプライン《出力を他のプログラムに渡すデータ路》. ***in [into] the pipeline*** 〈品物・提案など〉運送[実行]されようとして; 準備[完成]の途中で, 進行[発展]中で: Any other books *in the* ～? 何か他の著作が進んでいますか. 《1955》 — *vt.* 輸送管路で輸送する[を配備する]. — *vi.* 輸送管路を取り付ける. 〘1873〙

pípe·lìn·ing *n.* **1** パイプラインの敷設[敷設技術, 敷設業]. **2** 〘電算〙パイプライン処理: **a** ある処理の出力を次の処理の入力とすること. **b** 大型計算機に用いられている高速処理方式. 〘1959〙

pípe·lòad *n.* パイプ一杯の量: ten ～*s* of tobacco.

pípe májor *n.* **1** 〘音楽〙(bagpipe 隊の)主席バグパイプ奏者. **2** 〘英軍〙連隊付バグパイプ隊の隊長《下士官》. 〘1893〙

pip em·ma /pípémə/ *n.*, *adv.* 《英口語》午後 (p.m.) (↔ ack emma). 〘(1913) PM の通信用呼び名から: cf. Emma²〙

pípe òpener *n.* 《英口語》準備運動.

pípe òrgan *n.* パイプオルガン (cf. reed organ). ⇨ organ 日英比較. 〘1895〙

pip·er¹ /páɪpə | -pə(r)/ *n.* **1 a** 笛を吹く人; (特に) ＝bagpiper. **b** 若鳩《笛を吹くような声から》. **2** 〘魚類〙フランス近海に生息するヨーロッパ産ホウボウ科の魚 (*Trigla lyra*)《食用にならない》. **3** 息切れする馬, のど鳴りのする馬. **4** (おどけた動作で野鳥をわなにおびき寄せる)おとりの犬. ***(as) drúnk as a piper*** 《口語》たわいなく酔っ払って. 《1727》 ***páy the píper*** (1) (娯楽などの)費用を負担する: He who *pays the* ～ calls [may call] the tune. 《諺》笛吹きに金を払う者が曲を注文する権利がある, 費用を受け持つものに支配権がある (cf. *call the* TUNE). (2) 自分がまいた種を自分で刈る, (やったことの)責めを負う. 《1681》 〘OE *pīpere*: ⇨ pipe, -er¹〙

pi·per² /páɪpə | pə(r)/ *n.* 《俗》かなり偉い人 (cf. VIP). 〘(頭字語) ← *p*(retty) *i*(mportant) *per*(son)〙

Pi·per /páɪpə | -pə(r)/, **John (Egerton Christmas)** *n.* パイパー《1903–92; 英国の画家》.

Pip·er·a·ce·ae /pɪpəréɪsiː, pàɪp-/ *n.pl.* 〘植物〙(コショウ目)コショウ科. **pìp·er·á·ceous** /-ʃəs⁺/ *adj.* 〘← NL ～ ← *Piper* (属名: ← L *piper* 'PEPPER') ＋ -ACEAE〙

pípe ràck *n.* (パイプを並べておく)パイプ掛け. 〘1855〙

Píper Álpha *n.* パイパーアルファ《英国の北海油田の油井の一つ; 1988 年に火災が発生して 167 名が死亡; その事件の結果, 油井の安全基準や油田探査法への批判が巻き起こり, 改善されることになった》.

pi·per·a·zine /paɪpérəzìːn, pɪ̀-, pípərə-, -zɪ̀n | paɪpérəzìːn, pɪ-, -zɪn/ *n.* 〘化学〙ピペラジン ($(C_2H_4NH)_2$)《窒素 2 原子を環に含む結晶; 家畜用駆虫剤, 殺虫剤に用いる》. 〘(1889)《混成》← PIPERIDINE＋AZO-〙

pípe rèamer *n.* 〘機械〙パイプリーマー《パイプの端部内径に沿って面取りしたり, まくれを除去するために用いる多条の錐状工具》.

pi·per·i·dine /pɪ̀pérədìːn, -dɪ̀n | -dìːn, -dɪn/ *n.* 〘化学〙ピペリジン ($C_5H_{11}N$)《無色アンモニア臭の液体; 有機合成・医薬原料に用いる》. 〘(1854)《混成》← PIPERINE＋-IDE²〙

pip·er·ine /pípərìːn, -rɪ̀n | -rìːn, -rɪn/ *n.* 〘化学〙ピペリン ($C_{17}H_{19}NO_3$)《コショウなどに含まれる成分》. 〘(1820) ← *piper-* (← L *piper* 'PEPPER')＋-INE³〙

pípe ròll *n.* 〘英史〙(1131–1831 年の)国庫年報, 財務府記録簿 (the Great Roll of the Exchequer ともいう). 〘(1612): この書類が筒の中に納められていたことから〙

pi·per·o·nal /pɪ̀pérənæ̀l, paɪ-/ *n.* 〘化学〙ピペロナール ($(CH_2O_2)C_6H_3CHO$)《ニセアカシアなどの花の精油; 香水原料; heliotropin ともいう》. 〘(1869) ◻ G ～: ⇨ piper-ine, -one, -al³〙

pi·per·o·nyl bu·tóx·ide /pɪ̀pérənɪ̀lbjuːtá(ː)k-saɪd, -sɪ̀d | -tɔ́k-, paɪ-, -nɪ̀-/ *n.* 〘薬学〙ピペロニルブトキシド ($C_{19}H_{30}O_5$)《淡褐色の液体; 殺虫剤の効力増強剤として用いる》. 〘(1871) *piperonyl*: ← PIPERON(AL)＋-YL〙

pi·per·y·lene /pɪ̀pérəlìːn, paɪ- | -rɪ̀-/ *n.* 〘化学〙ピペリレン ($CH_3CH{=}CHCH{=}CH_2$) (1, 3–ペンタジエンともいう). 〘← PIPER(IDINE)＋-YLENE〙

pípe smòker *n.* 《米》あへん中毒患者. 〘1866〙

pípe snàke *n.* 〘動物〙パイプヘビ (*Cylindrophis rufus*)《セイロンに生息するパイプヘビ属の無毒のヘビ; 胴体は円筒形で地中にすむ》.

pípe·stèm *n.* **1** たばこパイプの軸, (キセルの)羅宇(らう). 《a1734》 **2**《口語》やせた細い脚[腕]. 《1883》

pípe stìll *n.* 〘化学〙パイプスチル《加熱炉内の多数パイプを油が通過する際に連続的に蒸留される装置; コールタールの蒸留に用いる》. 〘1931〙

pípe·stòne *n.* 硬赤粘土《北米インディアンがパイプ作りに使う》. 〘1809〙

pípe stòp *n.* (オルガンの)ストップ, 音栓(おんせん).

pi·pet /paɪpét, pɪ- | pɪ-/ *n.*, *vt.* (**pi·pet·ted**; **-pet·ting**) ＝pipette.

pípe thrèad *n.* 〘機械〙管用ねじ《管類の接続に用いる細かいピッチのねじ》.

pi·pette /paɪpét, pɪ- | pɪ-/ *n.* ピペット《極少量の液体またはガスを移すのに用いる化学実験用の小管》: ⇨ absorption pipette. — *vt.* 〈液体などを〉ピペットで移す[取る]. 〘(1839) ◻ F ～ (dim.) ← PIPE: ⇨ -ette〙

pípe vìne *n.* 〘植物〙ウマノスズクサ属 (*Aristolochia*) の蔓性植物の総称《パイプの形に似た花をつける》; (特に) ＝ Dutchman's-pipe. 〘1857〙

pípe vìse *n.* 〘機械〙パイプ万力《管または棒用の万力》.

pípe·wòrk *n.* (オルガンの)管機構; (ある音栓に属する)一組のパイプ. 〘1890〙

pípe·wòrt *n.* 〘植物〙ホシクサ科ホシクサ属の多年草 (*Eriocaulon septangulare*)《アイルランド西部・スコットランドの Herbrides 諸島・米国東部の湿地に産する》. 〘1806〙

pípe wrènch *n.* 〘機械〙パイプレンチ, 管回し, 管用レンチ (⇨ Stillson wrench).

pi·pi¹ /píːpiː/ *n.* (*pl.* ～, ～s) 〘貝類〙ピピガイ《食用となる二枚貝; オーストラリアでは *Plebidonax deltoides*, ニュージーランドでは *Mesodesma novaezelandiae* を指す》. 〘(1843) ← Maori〙

pip·i² /pípi/ *n.* 《小児語》おしっこ, シー (urine).

pip·ing /páɪpɪŋ/ *n.* **1 a** 笛を吹くこと; 管楽器の吹奏. **b** 管楽 (pipe music). **2** 笛の音; 鳥の(甲高い)鳴き声[さえずり]; 甲走った声; 泣くこと, 泣き声: the ～ of birds in the meadows 牧場に響く鳥の鳴き声. **3** 〘集合的〙管 (pipes); (水道管などの)管組織[系統], 配管. **4** 管状になったもの. **5** パイピング《バイヤス状の細いテープ; 中に細いコードを入れたりする》; その飾り. **6** 〘料理〙ケーキなどの絞り袋の口金から絞り出された装飾用のクリームや砂糖衣など. **7** 〘土木〙パイピング, 貫孔作用《土の中の浸透水により水みちができる土粒子の移動現象》. ***dánce to a person's píping*** ⇨ dance 成句. — *adj.* **1** 笛を吹く, 管楽を奏する; (平和な)笛の音のする; 平和な, 穏やかな (tranquil): the ～ time(s) of peace ⇨ peace 4. **2** 鋭い音を出す, ぴーぴーいう. **3** 〘副詞的に; 通例 ～ hot で〙《口語》(焼き[煮え]たてで)しゅーしゅー音を立てて: be ～ *hot* 〈食べ物など〉しゅーしゅー煮立つ(ほど熱い), ほやほやの, 焼きたての / a ～ *hot* shower. 〘(c1250): ⇨ pipe, -ing¹·²〙

píping bàg *n.* 〘料理〙絞り袋 (⇨ piping 6).

píping crów *n.* 〘鳥類〙カササギフエガラス (*Gymnorhina tibicen*)《オーストラリア産フエガラス属の物真似のうまい, 小さなカラスぐらいの黒と白の鳥》. 〘1845〙

pip·is·trelle /pɪ̀pɪ̀strél, ⸗⸗⸗/ *n.* (*also* **pip·is·trel** /～/) 〘動物〙アブラコウモリ, イエコウモリ《アブラコウモリ属 (*Pipistrellus*) の小形のコウモリの総称》; (特に)ヨーロッパアブラコウモリ (*P. pipistrellus*)《英国で最も普通の種類》. 〘(1771) ◻ F ～ ◻ It. *pipistrello*《変形》← *vipistrello* < VL **vespertillium*＝L *vespertiliōnem* bat,《原義》belonging to the evening ← *vesper* 'evening, VESPER'〙

pip·it /pípɪ̀t | -pɪt/ *n.* 〘鳥類〙タヒバリ《セキレイ科タヒバリ属 (*Anthus*) の食虫性の鳥類の総称; マキバタヒバリ (meadow pipit) など; titlark ともいう》. 〘(1768)《擬音語》〙

pi·pi·whar·au·ro·a /pìːpiːfæ̀rɑʊrɔ́ːə, -rɑ́ːə | -rɔ́ːə/ *n.* 《NZ》ヨロジマテリカッコウ (*Chalcites lucidus*)《メラネシア・オーストラリア産カッコウ科テリカッコウ属の鳥; 太平洋沿岸の渡り鳥》. 〘(1835) ← Maori〙

pip·kin /pípkɪ̀n | -kɪn/ *n.* **1** 〘窯業〙(1 個または 2 個の取手のついた, 耐熱器で造られた)小さなシチュー鍋《ミルク, ソース, その他液状食物などを加熱するのに用い, 内面だけが施釉されている》. **2**《方言》片手桶(おけ) (piggin). 〘(1565) ← ? PIPE (n. 11)＋-KIN〙

pip·less *adj.* 種のない (cf. pippy). 〘(1869): ⇨ pip¹〙

Pip·pa /pípə; *It.* píppa/ *n.* ピッパ《女性名》. 〘《イタリア語形》← PHILIPPA〙

pip·per /pípə | -pə(r)/ *n.* (銃の環状の穴照門の中心にある)照星, 照準器の十字線の中心. 〘← PIP²＋-ER¹〙

pip·pin /pípɪ̀n | -pɪn/ *n.* **1** 生食に向けられる質のよいリンゴの総称《普通果皮は黄または緑黄色で赤みがさし, さびも少ない; cf. codling¹》. **2**《英方言》＝pip¹ 1. **3** リンゴの実生樹またはその栄養系. **4**《俗》すばらしい物[人] (pip). 〘(a1325) *pepin*, *pipin* ◻ (O)F *pépin* seed of fruit ← VL **pipp-* ← ?: もとは粒の小ささを表す擬音語か: cf. Sp. *pepita* / It. *pippolo*〙

pip-pip /pìppíp/ *int.* 《英》＝goodbye. 〘(1904) 警笛を表す擬音語か〙

pip·py /pípi/ *adj.* (**pip·pi·er**; **-pi·est**) 〈リンゴ・オレンジなど〉種子の多い. 〘(1892): ⇨ pip¹, -y⁴〙

pip·sis·se·wa /pɪpsísəwɔ̀ː, -wɑ̀ː, -wə | -wə/ *n.* 〘植物〙ウメガサソウ《イチヤクソウ科ウメガサソウ属 (*Chimaphila*) の植物の総称》; (特に)オオウメガサソウ (*C. umbellata*)《葉は薬用: prince's pine, wintergreen ともいう》. 〘(1789) ◻ N-Am.-Ind. (Cree) *pipisisikweu*《原義》it (i.e., its juice) breaks it (i.e., a gallstone) into fragments〙

píp·squèak *n.* **1** 〘軍事〙(第一次大戦でドイツ軍が用いた)ピップーというような音を立てる小砲弾. **2**《俗》つまらない人, 成上がり (upstart); 取るに足らない物, くだらない物. 〘(1910) *pip*: 《擬音語》: ⇨ pip²〙

pip·y /páɪpi/ *adj.* (**pip·i·er**; **-i·est**) **1** 管[円筒]状の. **2** ぴーぴーいう (piping); きーきー声の, 甲走った (shrill). **píp·i·ness** *n.* 〘(1724) ← PIPE＋-Y⁴〙

pi·quant /píːkənt, -kɑːnt/ *adj.* **1** 〈味など〉快くぴりっとする, 刺すような (⇨ pungent SYN). **2 a** 〈言葉など〉きびきびした, 痛快な; ぴりっとする, 気のきいた, 小気味よい: ～ sarcasm. **b** 〈文学作品など〉興味[好奇心]をそそる, 興味津々たる: a ～ anecdote. **3**《古》(人の感情を)刺激する (stinging), いらだたせる; 刺すような, 痛烈な (sharp). **pi·quan·cy** /píːkənsi/ *n.* **～·ly** *adv.* **～·ness** *n.* 〘(1521) *pickande*, *-ante* ◻ (O)F *piquant* (pres.p.) ← *piquer* 'to prick, sting, PICK¹'〙

pique¹ /píːk/ *n.* **1** (個人間の)悪感情, 敵意 (enmity): take a ～ against a person 人に悪感情を抱く. **2** (軽蔑や侮辱に対する)立腹, 憤懣(ふんまん), 癪(しゃく) (⇨ offense SYN); 不興, 不機嫌 (displeasure): in a (fit of) ～ ＝out of ～ 腹立ち紛れに. — *vt.* **1** (自尊心などを傷つけて)〈人を〉憤慨させる (resent), 〈人の〉癪にさわる (irritate): be ～*d at* a refusal 拒絶されて癪にさわる. **2** 〈誇り・虚栄心などを〉傷つける. **3** 〈好奇心・興味などを〉そそる, かきたてる. **4**《古》誇る (pride): ～ *oneself* (*up*)*on* [(まれ) *at*, *in*] … を鼻にかける[自慢する]. **5**《廃》〘航空〙…に向かって急降下する. — *vi.* 腹を立てさせる, 癪にさわる. 〘(1532) *pyke*, *picke* ◻ F ～ ← *piquer* to prick < VL **piccāre* 'to PICK¹': cf. pike³〙

pique² /píːk/ *n.* (piquet で)手役とプレーの総合得点で相手を 30 対 0 に抑えること《ボーナスとしてさらに 30 点加算される; cf. repique》. — *vt.*, *vi.* (相手を)30 対 0 に抑える. 〘(1668) (O)F *pic* prick, sting, game of piquet ← *piquer* (↑)〙

pi·qué /pɪ̀kéɪ, piːkeɪ | píːkeɪ; *F.* pike/ (*also* **pi·que** /～/) *n.* (*pl.* ～s /～z/; *F.* ～/) **1** ピケ《太いうね織り綿布》. **2** 〘バレエ〙ピケ《ひざを曲げないでつま先で踊るステップ》. — *adj.* **1** (手袋の縫い目などの)布の端を重ねて縫いとじた. **2** ＝inlaid. 〘(1852) ◻ F ～ (p.p.) ← *piquer*: ⇨ pique¹〙

pi·quet¹ /pɪ̀kéɪ, -két | pɪkét/ *n.* 〘トランプ〙ピケット, ピケ《pinochle 系の古いフランスのゲーム; 2 から 6 までを除く 32 枚のカードを用い, 二人が 12 枚の手札で手役の宣言と獲得した組数等により得点を競う; cf. pique²》. 〘(1646) ◻ F ～ (dim.) ← *pic* 'PIQUE²': ⇨ -et〙

pi·quet² /píkɪ̀t | -kɪt/ *n.* ＝picket. 〘《異形》← PICKET〙

pir /píə | píə(r)/ *n.* 〘イスラム〙聖者《宗教グループの長の尊称》. 〘(1672) Hindi *pīr* ◻ Pers.〙

pi·ra·cy /páɪrəsi | páɪ(ə)r-, pír-/ *n.* **1** 海賊行為; 海上・海岸での不法行為. **2** 著作[特許]権侵害, 偽作: literary ～ 著作の剽窃(ひょうせつ), 海賊版の出版. **3** 〘法律〙公海における略奪(暴行)《陸上であれば重罪 (felony) に当たる行為; 国籍不明の土地に対して海から襲撃する場合も含まれる》. **4** 〘地理〙＝capture 5. 〘(1419) ◻ ML *pīrātia* ◻ LGk *peirāteía* ← Gk *peirātḗs* 'PIRATE': ⇨ -cy〙

Pi·rae·us /paɪríːəs, pɪ̀réɪ-/ *n.* ピレエフス, ピレウス《ギリシャ南東部, アテネ (Athens) の海港; 商工業の中心地; Peiraeus ともいう; ギリシャ語名 Peiraiévs /*Mod.Gk.* pireɛ́fs/》.

pi·ra·gua /pɪ̀rɑ́ːgwə, -rǽg- | pɪ-/ *n.* **1** ＝pirogue 1. **2** 二本マスト平底の小帆船. 〘(1535) ◻ Sp. ～ ◻ W-Ind. (Carib.) ～ 'dug-out': cf. pirogue〙

pirańa *n.* ⇨ piranha.

Pi·ran·del·lo /pìrəndélou | -ləu; *It.* pirandéllo/, **Luigi** *n.* ピランデルロ《1867–1936; イタリアの劇作家・小説家・詩人; *Sei personaggi in cerca d'autore*「作者を捜す六人の登場人物」(1921); Nobel 文学賞 (1934)》. **Pi·ran·dél·li·an** /-liən⁻/ *adj.*

Pi·ra·ne·si /pìrənéɪzi; *It.* piranéːzi/, **Giovanni Battista** ピラネージ《1720–78; イタリアの版画家・建築家》.

P

pi·ra·nha /pɪ̈rɑ́ːnjə, -rǽn-, -nə | pɪ̈rɑ́ːnə, -njə/ *n.* (*also* **pi·ra·ña** /〜/)〘魚類〙ピラニア《南米産カラシン科 *Serrasalmus* 属の体高が高く側扁し両顎に鋭い歯をもつ熱帯魚の総称; ナッテリーピラニア (*S. nattereri*) など; 貪食で川を渡る牛や遊泳者を食い殺すことがある; caribe ともいう》. 〖□ Port. 〜 □ Tupi 〜《原義》toothed fish ← *pirá* fish ＋*sainha* tooth〗

Pi·rá·ni gàuge /pɪ̈rɑ́ːni-/ *n.*〘電気〙ピラニ真空計, ピニゲージ《真空度による冷却効果を熱線の電気抵抗で検出する方式の真空計》. 〖《1921》← *Marcello St. Pirani* (1880–1968: ドイツ生まれの英国の物理学者)〗

pi·ra·ru·cu /pɪ̈rɑ̀ːrəkúː | pɪ-/ *n.*〘魚類〙ピラルクー, ピラルク (*Arapaima gigas*)《南米北部アマゾン川流域に産する 4.5 m にも達するスズキ目オステオグロッスム科の世界最大の淡水魚; 現地では食用にする; arapaima ともいう》. 〖《1840》□ Port. 〜 □ Tupi *pirá-rucú*《原義》red fish〗

pi·rate /páɪrɪ̈t | páɪ(ə)r-/ *n.* **1** 海賊 (sea robber). **2** 海賊船. **3** 剽窃(ひょうせつ)者 (plagiarist), 著作[特許]権侵害者, 海賊版の出版者: a literary 〜 剽窃者, 著作権侵害者 / a 〜 copy 海賊版(の本) / a 〜 publisher 海賊版発行者. **4** 盗む人, 略奪者 (plunderer): a 〜 listener〖通信〗盗聴者. **5**《英》**a** 無法なバス《他社の線を荒らしたり法外の料金を取ったりする》. **b** 海賊放送局[者]《違法な放送局》: a 〜 radio [TV] station 海賊[もぐり]放送[テレビ]局. **6**〘地理〙他の川の上流部を争奪した川 (cf. capture 5). — *vt.* **1** …に海賊を働く, 略奪する. **2** 剽窃する (plagiarize), …の著作権を侵害する, 〈版権書を〉無断で出版する, …の海賊版を出す: a 〜*d* edition 盗版, 海賊版. **3** 〈他社の従業員を〉引き抜く. — *vi.* 海賊を働く, 海賊行為に出る. 〖《?*a*1300》□ L *pīrāta* □ Gk *peirātḗs* ← *peirân* to attempt ← *peîra* attempt, trial ← IE **per*- to try, risk (L *perīc(u)lum* danger, *experīrī* to try)〗

pírate pèrch *n.*〘魚類〙カイゾクスズキ (*Aphredoderus sayanus*)《北米産サケスズキ目カイゾクスズキ科の淡水魚; 原始的な硬骨魚類と高等な硬骨魚類との中間の形態的な特徴を備えている点で, 系統上重要な魚の一つ》. 〖1857〗

pi·rat·ic /paɪrǽtɪk, pɪ̈- | paɪ(ə)r-, pɪ̈r-/ *adj.* ＝piratical.

pi·rat·i·cal /paɪrǽtɪ̈kəl, pɪ̈-, -kḷ | paɪ(ə)rǽtɪ-, pɪ̈r-/ *adj.* **1** 海賊の, 海賊行為をする. **2** 剽窃(ひょうせつ)の, 著作[特許]権侵害の: 〜 editions 海賊版. **〜·ly** *adv.* 〖《1565》← OF *piratique* // L *pīrāticus* (□ Gk *peirātikós*)＋-AL¹: ⇨ pirate〗

Pire /píə | píə(r); *F.* piːʁ/, **Dominique Georges** *n.* ピール (1910–69; ベルギーの聖職者・社会事業家; Nobel 平和賞 (1958)).

pir·i·form /pírəfɔ̀əm | -rɪ̈fɔ̀ːm/ *adj.* ＝pyriform.

pir·i·for·mis /pìrəfɔ́əmɪ̈s | -rɪ̈fɔ́ːmɪs/ *n.* (*pl.* **〜·es, -for·mes** /-miːz/)〘解剖〙梨状筋. 〖《1913》← NL 〜 (《原義》pear-shaped《変形》← *pyriformis* ← ML *pyrum* (L *pirum* pear)＋*-formis* '-FORM'〗

pir·i·pi·ri /pírɪpìri | -rɪ̈píri/ *n.*〘植物〙ニュージーランド産バラ科のいが (bur) のついた多年草 (*Acaena sanguisorbae*)《雑草》. 〖《1866》□ Maori 〜〗

pir·i-pir·i /píripìri/ *n.* ピリピリ《瓶入りの非常に辛いチリソース》. 〖《1964》□ ? Swahili *pilipili* pepper〗

Pi·rith·o·üs /paɪríθouəs | -θəʊ-/ *n.*〘ギリシャ神話〙ペイリトオス《Lapithae 族の王; Theseus と共に黄泉(よみ)の国 (Hades) に下って Persephone を連れ出そうとして果たさずに倒れた》. 〖□ L 〜 □ Gk *Peiríthoos*〗

pirn /pə́ːn, píən | pə́ːn, píən/ *n.*《スコット》**1** (横糸を巻き取る)横糸木管, 糸巻き, パーン《これを杼(ひ) (shuttle) の中に入れる》. **2** (釣竿の)リール (reel). 〖《*c*1440》?〗

pi·rog /pɪ̈róug | -rɔ́ug/ *n.* (*pl.* **-ro·gi** /-gi/, **-ro·gen** /-gən/) ピローグ《肉や魚や野菜を中に詰めたロシアの大きなパイ; cf. piroshki》.

pi·ro·gi /pɪ̈róugi | -rɔ́ugi/ *n.* (*pl.* 〜, 〜**·es**)《米》〘料理〙ピローギ《小麦粉の生地に肉・チーズ・マッシュポテトなどを詰めてゆでてから炒めた, 餃子(ギョーザ)のような形の料理で, タマネギやサワークリームといっしょにだされることが多い》. 〖□ Russ. 〜 (pl.) ← *pirog* (↑): cf. Pol. *pieróg*〗

pi·rogue /pɪ̈róug, pɪ̈róug | pɪ̈rɔ́ug/ *n.* **1** (先住民の)丸木舟 (piragua ともいう). **2** カヌー式の小舟. **3** ＝ piragua 2. 〖《1665》□ F 〜 □ Sp. *piragua*: ⇨ piragua〗

pir·o·plasm /pírəplæ̀zm/ *n.*〘動物〙ピロプラズマ《胞子虫綱ピロプラズマ亜綱に属する原生動物; 主に哺乳動物の赤血球に寄生し, 時に大きな被害を与える; babesia ともいう》. 〖《1901》↓〗

pir·o·plas·ma /pìrəplǽzmə/ *n.* (*pl.* **〜·ta** /〜tə | 〜tə/)〘動物〙＝piroplasm. 〖《1895》← NL 〜 ← ? L *pirum* pear＋-o-＋-PLASMA〗

pir·o·plas·mo·sis /pìrəplæzmóusɪ̈s | -mə́usɪs/ *n.*〘獣医〙ピロプラズマ病《バベシア科およびタイレリア科の原虫によって起こる家畜の病気》. 〖《1901》← NL 〜 ← *Piroplasma* (← ? L *pirum* (↑)＋-o-＋-PLASMA)＋-OSIS〗

pi·rosh·ki /pɪ̈rɔ́(ː)ʃki, -rɑ́(ː)ʃ-, pìrəʃkíː | pɪ̈rɔ́ʃki, pìrəʃkíː; *Russ.* pʲɪraʃkʲí/ *n. pl.* ピロシキ《小麦粉の生地に刻んだ肉・魚・卵・野菜などを包んで揚げたロシア風のパイ》. 〖《1912》□ Yid. *pirozshke* (sing.) // Russ. *pirozhki* (pl.) ← *pirozhok* (dim.) ← *pirog* stuffed pie〗

pir·ou·ette /pìruét; *F.* piʁwɛt/ *n.* **1**〘ダンス・スケート〙ピルエット, つま先[片足]旋回: turn [perform, give] a 〜 つま先[片足]で旋回する. **2**〘馬術〙ピルーエット, 後肢旋回《後駆を軸に体長を半径として前駆をそのまわりに回転させる 360° の旋回》. — *vi.* つま先[片足]旋回をする, 旋回舞踏をやる. 〖《1706》□ F 〜 < OF *pirouet* teetotum, top < ?VL **piro* peg □ Gk *peírein* to pierce weather-vane〗

pi·rozh·ki /pɪ̈rɔ́(ː)ʒki, -rɑ́(ː)ʒ-, pìrəʒkíː | pɪ̈rɔ́(ː)ʒki, pìrəʒkíː; *Russ.* pʲɪraʃkʲí/ *n. pl.* ＝piroshki.

pis *n.* pi¹ の複数形.

Pi·sa /píːzə; *It.* píːza/ *n.* ピサ《イタリア北西部, Tuscany 地方の Arno 河畔の都市; 商工業の中心地; 斜塔 (Leaning Tower) で有名》.

Léaning Tówer of Písa [the 〜] ⇨ leaning tower.

pis all·er /pìːzæléɪ | pìːzǽleɪ, ⏝—⏝—; *F.* pizale/ *F. n.* (*pl.* **pis allers** /〜z; *F.* 〜/) 最後の手段; 応急策, 応急手段 (makeshift). 〖《1676》□ F 〜《原義》to go worst ← *pis* worst＋*aller* to go〗

Pi·san /píːzən, -zṇ/ *adj.* **1** ピサ (Pisa) の, ピサ独特の. **2** ピサの住民[に特有の]. — *n.* ピサ生まれの人, ピサの住民. 〖n.: 《1613》; adj.: 《1813》: ⇨ Pisa〗

Pi·sa·nel·lo /pìːzənélou, -sɑː- | -ləu; *It.* pizanéllo/, **Antonio** *n.* ピサネロ (1395?–1456; イタリアのルネサンス期の肖像画家・鳥獣画家・メダル彫刻家; Vittore Pissano ともいう).

Pi·sa·no /pɪzɑ́ːnou, -sɑ́ː- | -nəu; *It.* pizáːno/, **Andrea** *n.* ピサーノ (1270?–1349; イタリアのピサ派の彫刻家).

Pisano, Giovanni *n.* ピサーノ (1245–?1320; イタリアの彫刻家・建築家).

Pisano, Nicola *n.* ピサーノ (1220?–78; イタリアの彫刻家・建築家; Giovanni Pisano の父).

pis·ca·ry /pískəri/ *n.* **1**〘法律〙(特別漁区内での)漁業権: the common of 〜 (他人所有の河川における)入会漁業権. **2** 漁場 (fishing place). 〖1: 《1475》□ ML *piscāria* fishing rights (neut. pl.) ← L *piscārius* of fish ← *piscis* fish: ⇨ -ary. 2: 《*a*1625》□ ML *piscāria* (fem.) ← L *piscārius*〗

Pis·cat·a·way /pɪ̈skǽtəwèɪ | -tə-/ *n.* ピスカタウェイ《米国 New Jersey 州北東部の都市》.

pis·ca·tol·o·gy /pìskətɑ́(ː)lədʒi | -tɔ́l-/ *n.* (まれ) 漁猟学. 〖《1867》← L *piscātus* ((p.p.) ← *piscārī* to fish ← *piscis* fish)＋-o-＋-LOGY〗

pis·ca·tor /pɪ̈skéɪtə, pískə- | pɪskéɪtə(r)/ *n.* 漁夫, 魚釣りの人. 〖《1653》□ L *piscātor*: ⇨ ↑, -or²〗

Pis·ca·tor /pɪ̈skɑ́ːtɔə | pɪskéɪtə(r); *G.* piskáːtɔʁ/, **Erwin** (**Friedrich Max**) *n.* ピスカートル (1893–1966; ドイツの前衛的な演出家・劇場経営者).

pis·ca·to·ri·al /pìskətɔ́ːriəl⁻/ *adj.* ＝piscatory. **〜·ly** *adv.* 〖《1828》← L *piscātōrius* of fishermen: ⇨ piscator, -ory¹, -al¹〗

pis·ca·to·ry /pískətɔ̀ːri | -təri, -tri/ *adj.* **1** 魚釣りの, 魚釣り好きの; 漁業(上)の, 漁夫(について)の. **2** 漁猟を業とする. 〖《1631》□ L *piscātōrius* (↑)〗

Pis·ce·an /páɪsiən, pís- | páɪs-, pís-/〘占星〙*n.* ＝ Pisces 1 b. — *adj.* うお座生まれの人の. 〖《1924》← PISCES＋-IAN〗

Pi·sces /páɪsiːz, pís- | páɪsiːz, pís-, pískiːz/ *n.* **1** [単数扱い]〘占星〙**a** うお座双魚宮《黄道 12 宮の第 12 宮; the Fishes ともいう; cf. zodiac》. **b** うお座生まれの人. **2** [単数扱い]〘天文〙うお(魚)座《北天の星座; the Fishes ともいう》. **3** [複数扱い]〘魚類〙**a** 魚類. **b** 硬骨魚類 (bony fish). — *adj.*〘占星〙うお(魚)座生まれの. 〖1: 《1841》← NL 〜 ← L *piscēs* (pl.) ← *piscis* 'FISH'. 2: 《1391》□ ML *piscēs* the Fishes (constellation) (pl.) ← *piscis*〗

pis·ci- /písɪ̈, páɪ-, -si/「魚 (fish)」の意の連結形. 〖□ L 〜 ← *piscis* 'FISH'〗

pis·ci·cide /písəsàɪd, páɪs- | -sɪ̈-/ *n.* (特に, 一定の地域の)魚の皆殺し[根絶]. **pis·ci·ci·dal** /pìsəsáɪdḷ, pìs- | -sɪ̈sáɪdḷ⁻/ *adj.* 〖《1963》← PISCI-＋-CIDE〗

pis·ci·cul·ture /písəkʌ̀ltʃə, páɪs- | pisɪkʌ̀ltʃə(r)/ *n.* 養魚(法). **pis·ci·cul·tur·al** /pìsəkʌ́ltʃ(ə)rəl, pàɪs- | pìsɪ-⁻/ *adj.* **pìs·ci·cúl·tur·al·ly** *adv.* 〖《1859》□ F 〜: ⇨ pisci-, culture〗

pis·ci·cul·tur·ist /pìsəkʌ́ltʃ(ə)rɪ̈st, pàɪs-, ⏝—⏝—(—) — | pìsɪ-, ⏝—⏝—(—)—/ *n.* 養魚家. 〖《1862》: ⇨ -ist〗

pis·ci·form /písəfɔ̀əm, páɪs- | pɪ̈sɪ̈fɔ̀ːm/ *adj.* 魚の形をした. 〖《1828》← PISCI-＋-FORM〗

pis·ci·na /pɪ̈síːnə, -sáɪ- | pɪ-/ *n.* (*pl.* **〜s, -ci·nae** /-síːniː, -sáɪniː/) **1**〖《1793》□ eccl.L *piscina*〗〘キリスト教〙(石造の)聖杯洗盤, 手洗い盤《ミサの前またはその間に司祭が手を洗ったり使用後の聖杯などを洗うため, 祭壇近くの壁に取り付けてある》. **2 a** (古代ローマ人の)水泳用の池. **b** 養魚池. **pis·cí·nal** /-nḷ/ *adj.* 〖《1599》□ L *piscina* fishpond ← *piscis* fish＋*-ina* '-INE²'〗

pi·scine¹ /páɪsiːn, písaɪn, -siːn | písaɪn, pískaɪn, páɪs-/ *adj.* 魚(類)の[に関する]. 〖《1799》□ L *piscīnus*: ⇨ pisci-, -ine¹〗

pis·cine² /pɪ̈síːn | písɪn, pɪsíːn/ *n.* (水泳用)プール. 〖《*a*1325》□ (O)F 〜: ⇨ piscina〗

Pis·cis Aus·tri·nus [**Aus·tra·lis**] /páɪsɪ̈sɔ̀ːstráɪnəs, pís-, -ɑːs- | písɪsɔs-, píkis-, -ɔːs-/ [/-ɔːstréɪlɪ̈s, -ɑːs- | -ɔstrɑ́ːlɪs, -ɔːs-/] *n.*〘天文〙みなみのうお(南の魚)座《南天の星座: the Southern Fish ともいう》. 〖← NL *Piscis Austrīnus* ← L *picis* 'FISH'＋*austrīnus* southern: cf. Australia〗

Píscis Vólans *n.*〘天文〙とびうお(飛魚)座 (⇨ Volans). 〖← NL *Piscis Volāns*《原義》flying fish〗

pi·sciv·o·rous /pɪ̈sív(ə)rəs | pɪ-/ *adj.* 〈鳥など〉魚を食う, 魚類食の. 〖《1668》← PISCI-＋-VOROUS〗

pis·co /pískou, píːs- | -kəu; *Am.Sp.* písko/ *n.* (*pl.* **〜s**) ピスコ《ペルーで造られるブランデー; しばしばカクテルに用いられる》. 〖《1849》□ Sp. 〜 ← *Pisco* (ペルーの生産地名)〗

pi·sé /piːzéɪ; *F.* pize/ *n.* (*pl.* **〜s** /〜z; *F.* 〜/)〘建築〙(建築材料としての)日干しれんが, ピゼ《土を練って型に入れ, 乾燥したもの; pisé de terre ともいう》. 〖《1797》□ F 〜 (p.p.) ← *piser* to pound □ L *pi(n)sāre* to pound, stamp down〗

Pis·gah /pízgə | -gə, -gɑː/, **Mount** *n.* ピスガの山《死海の北端の東方にある山の背; この山頂 Mt. Nebo から Moses が死の直前に約束の地 Canaan を望見したという; cf. *Deut.* 3: 27; 34: 1–4》: ⇨ Pisgah sight. 〖□ Heb. *Pisgāh*《原義》? cleft〗

Písgah sìght *n.* (望んでいながら得られないものの)遠くからの眺め[望見]. 〖1650〗

pish /pʃ, píʃ/ *int.* へん, ふん《軽蔑・じれったさなどを表す》. — /píʃ/ *n.* へん[ふん]という声. — /píʃ/ *vi., vt.* (…に)へん[ふん]と言う: 〜 *away* [*down*]「ふん」とけなす, 鼻であしらう, 一笑に付する. 〖《1592》《擬音語》〗

pi·shogue /pɪ̈ʃóug | pɪʃə́ug/ *n.*《アイル》**1** 金言, 格言 (aphorism). **2** 魔術, 魔法 (sorcery). **3** まじない, 呪文(じゅもん) (spell). 〖《1829》□ Ir.-Gael. *piseog* sorcery〗

Pish·pek /pɪ̈ʃpék/ *n.* ＝Bishkek.

Pi·sid·i·a /pɪsídiə, paɪ- | paɪsídiə/ *n.* ピシディア《小アジア南岸, Phrygia の南にあった古国; 後にローマ領》.

pi·si·form /páɪsəfɔ̀əm | pɪ̈sɪ̈fɔ̀ːm/ *adj.* **1** えんどう豆形[大]の. **2**〘解剖・動物〙豆状の, えんどう状の: the 〜 bone (手首の)豆状骨. — *n.*〘解剖・動物〙豆状骨. 〖《1767》← NL *pisiformis* ← *pis-* (← L *pisum* pea)＋-FORM〗

Pi·sis·tra·tus /paɪsístrətəs, pɪ̈- | paɪsístrət-, pɪ-/ *n.* ペイシストラトス (605?–527 B.C.; アテネの政治家・僭主(せんしゅ) (tyrant); 文学の興隆に尽くした; Peisistratus ともいう).

pis·kie /píski/ *n.* ＝pixie.

pis·mire /písmaɪə, píz- | písmaɪə(r)/ *n.*《古・方言》アリ (ant). 〖《?*c*1350》*pissemyre* ← *pisse* 'PISS'＋*mire* ant ← ON *maurr* ← IE **morwi-* ant (Gk *múrmēx* / L *formīca*)): 蟻塚のにおいから〗

pís·mo clám, P- c- /pízmou- | -məu-/ *n.*〘貝類〙メキシコハマグリ (*Tivela stultorum*)《北米南西海岸の砂浜で採れる殻の厚い食用の貝》. 〖《1913》← *Pismo Beach* (California 州)〗

pi·so·lite /páɪsəlàɪt | -sə(ʊ)-/ *n.*〘岩石〙**1** 豆石《同心円構造をもった大豆くらいの大きさの石で, 泥質水成岩などの中に見いだされる》. **2** ピソライト《豆石を含む堆積岩》.

pi·so·lit·ic /pàɪsəlítɪk | -sə(ʊ)lít-⁻/ *adj.* 〖《1708》← NL *pisolithus* ← Gk *písos* pea＋-LITE〗

pis·o·lith /pízəlìθ, páɪsə-/ *n.*〘岩石〙＝pisolite 1.

piso·lith·ic /pìzəlíθɪk, pàɪsə-/ *adj.* 〖《1799》← Gk *písos* pea＋-LITH〗

piss /pís/ *vi.* **1**《卑》小便をする, 放尿する: 〜 and shit / *Piss* and fart, a sound heart.《諺》小便をして放屁する人は心臓が健康である. **2**《俗》[it を主語として] どしゃ降りである 〈*down*〉. — *vt.*《卑》**1** 〈血などを〉小便とともに排泄(はいせつ)する. **2** 小便でぬらす. **3** [〜 *oneself* で] 腹をかかえて笑う.

gó piss ùp a rópe《米俗》あっちへ行け, とっとと消えうせろ. ***nót hàve a pót to píss ìn***《米》ひどく貧乏である. ***píss abòut*** [***aròund***]《英卑》ぼやぼやする, ぐずぐずする, ばかげた[子供じみた]ふるまいをする, ふざけ回る. (1961) ***píss áll óver*** *a person* 〈人を〉こてんこてんにやっつける, へこます. ***píss awáy***《卑》〈金などを〉むだ使いする (waste). ***píss in the wínd***《卑俗》むだなことをする, ばかなことをする. ***píss óff***《卑》(1)《英》[通例命令形で] 行ってしまう, うせる. (1958) (2) [通例 p.p. 形で] 怒らせる, うんざり[くさくさ]させる (disgust): be 〜*ed off* at [with] a person 人に腹を立てる[うんざりする]. (1968) (3) [通例 p.p. 形で] 酔っ払わせる: be 〜*ed off* 酔っ払っている.

— *n.* **1** 尿, 小便 (urine); 小用: take [have, do] a 〜 小便をする. **2**《豪》安ビール.

a piece of piss《英俗》しごく簡単なこと. ***fúll of píss and vínegar***《米》元気いっぱいな, 活気に満ちた. ***on the píss***《英俗》大酒を飲んで. ***táke the píss òut of***《英俗》〈人・考えなど〉をからかう. (1958)

— *adv.*《俗》[形容詞を伴って, 時に複合語の第 1 要素として] ひどく: 〜 easy / 〜 awful / ⇨ pisspoor. — *int.*《卑》ちょっ《嫌悪を表す》.

〖《*c*1300》□ OF *pissier* (F *pisser*) < VL **pissiāre*《擬音語》〗

piss·a·bed /písəbèd/ *n.*《方言》利尿草,《通例》タンポポ (dandelion);《卑》寝小便たれ. 〖《1597》← PISS＋ABED〗

pis·sa·la·dière /pìsɑːlədjéə | -djéə(r); *F.* pisaladjɛːʁ/ *n.*〘料理〙ピサラディエール《アンチョビー・タマネギ・ニンニクのピザ》.

piss·ant /písænt/《米俗》*adj.* くだらない. — *n.* くだらない人, ろくでなし. 〖《*c*1750》← PISS＋-ANT〗

Pis·sar·ro /pɪ̈sɑ́ːrou | pɪsɑ́ːrəu; *F.* pisaʁo/, **Camille** *n.* ピサロ (1830–1903; バージン諸島生まれのフランスの印象派画家).

piss àrtist *n.*《英俗》酔っ払い, のんべえ; できないのに偉そうにするやつ.

píss-àss *adj.*《米》くだらない.

pissed /píst/ *adj.*《卑》**1** (ひどく)腹を立てて; (ひどく)うんざり[くさくさ]して 〈*off*〉. **2**《英》(ひどく)酔っ払って 〈*up*〉.

(*as*) ***pissed as a néwt***＝***pissed out of one's héad and mínd***＝***pissed up to the éyebrows***《英卑》ぐでんぐでんに酔っ払って.

píss·er *n.*《卑》**1** ペニス. **2** いやなやつ.

píss·hèad *n.*《俗》酔っ払い;《米俗》いやなやつ. 〖1961〗

píss·hòle *n.*《卑》(公衆)便所; いやな場所.

píss·ing《卑》*adj.* わずかな, くだらない, ちっぽけな, しょうもない; どえらい. — *adv.* やけに, ひどく, むちゃくちゃ. 〖1937〗

pis·soir /pɪswɑ́ə, piːs- | -swɑ́ː(r); *F.* piswaːʁ/ *F. n.* (*pl.* **〜s** /〜/) 男性用公衆小便所. 〖《1919》□ F 〜 ← *pisser* 'to PISS'〗

píss·póor *adj.* 《俗》ひどく貧乏な, すかんぴんの; ひどくお粗末な, どうしようもない. 〖1946〗

píss-pòt *n.* 《俗》室内尿器, しびん (chamber pot). 〖*c*1440〗

píss-tàke *n.* 《英俗》パロディー, あざけり. ― *vt.* からかう. **píss-tàker** *n.*

píss-ùp *n.* 《英俗》**1** 混乱, へま. **2** 酒盛り.

piss·y /písi/ *adj.* 小便をもらした; くだらない, つまらない, うとましい. 〖(1926): ⇨ -y¹〗

pis·tache /pɪstǽʃ | pɪs-; *F.* pistaʃ/ *n.* ＝pistachio. 〖□F ～: ↓〗

pis·tach·i·o /pɪstǽʃiòu, -táːʃ- | -táːʃiəu, -tǽʃ-/ *n.* (*pl.* ～s) **1** 〘植物〙ピスタチオノキ (*Pistacia vera*) 《南ヨーロッパおよび小アジア産ウルシ科の小木; 実は食用》. **2** ＝pistachio nut. **3** ピスタチオの香味. **4** (ピスタチオの実のような)淡黄緑色. ― *adj.* 淡黄緑色の. 〖《1598》 *pistaccio* □ It. *pistacchio* □ L *pistācium* □ Gk *pistákion* pistachio nut (dim.) ← *pistákē* pistachio tree □ Pers. *pistah* ← ? ∞ 《1420》 *pistache* □ OF *pistace* (F *pistache*) □ L *pistācium*〗

pistáchio nùt *n.* ピスタチオ《ピスタチオノキの実; 核の中の多肉の子葉; 食用にもなり, すりつぶして食品の香料にもする》. 〖1598〗

pis·ta·reen /pìstəríːn⁻/ *n.* ピスタレーン《昔のスペインの小銀貨で, 名目上は 2 レアル相当; 18 世紀に米国や西インド諸島で使われた》. ― *adj.* 無価値の, つまらない. 〖《1774》 (dim.) ← ? PESETA: cf. peso〗

piste /piːst; *F.* pist/ *n.* **1** ピスト, ピステ《しっかり固めた雪のスキー滑走路[小路]》. **2** 〘フェンシング〙ピスト, 試合路《試合に使用する床面の部分》. 〖《1727-41》□F ～ □It. *pista* ← *pistare* to beat: ⇨ piston〗

pis·til /pístl̩ | -tɪl, -tl̩/ *n.* 〘植物〙**1** 雌蕊(ずい), めしべ (cf. stamen): open [united] ～ 展開[合生]雌蕊. **2** [集合的] 雌蕊群[圏]《一花の中の全雌蕊》. **pis·til·lar·y** /pístəlèri | -ləri/ *adj.* 〖《1578》□F *pistile* ‖ NL *pistillum* ← L: PESTLE と二重語〗

pis·til·late /pístəlèɪt, -lɪ̀t | -tɪ-/ *adj.* 〘植物〙**1** 雌蕊(ずい)のある. **2** (雄蕊(ずい)がなくて)雌蕊だけある (cf. staminate): a ～ flower 雌花. 〖《1828-32》← PISTIL＋-ATE²〗

pis·til·lif·er·ous /pìstəlíf(ə)rəs | -tɪ-⁻/ *adj.* 〘植物〙雌蕊のある (cf. staminiferous). 〖《1785》: ⇨ ↑, -ferous〗

pis·til·line /pístəlàɪn, -lɪ̀n | -tɪlàɪn/ *adj.* 〘植物〙雌蕊の, 雌蕊を有する. 〖← NL *pistillum* (⇨ pistil)＋-INE¹〗

pis·til·lo·dy /pístəlòudi | -tɪlàudi/ *n.* 〘植物〙**1** 他の器官が変形してできた雌蕊. **2** 退化した役に立たない雌蕊. 〖← NL *pistillōdium*: ⇨ pistil〗

Pis·to·ia /pɪstɔ́ɪə, -tóujə | -tɔ́ɪə, -tə́ujə; *It.* pistóːja/ *n.* (*also* **Pis·to·ja** /～/) ピストイヤ《イタリア中部, Tuscany 州 Florence の北西方の都市》.

pis·tol /pístl̩/ *n.* **1** ピストル, 拳銃(けんじゅう)《片手照準で発射されるようになっている軽火器; 現在は revolver か automatic pistol の型が普通; 特に, revolver と区別して弾倉が銃把(は)の中にあるものだけをいうこともある》: a revolving ～ 輪胴式ピストル / hold a ～ to a person's head ピストルを人の頭に突きつけて脅す, 脅して強制する. **2** (一発ずつこめて撃つ旧式の)短銃, 単発拳銃. ― *vt.* (**pis·toled, -tolled; -tol·ing, -tol·ling**) ピストルで撃つ. **～·lìke** *adj.* 〖《*c*1570》□F *pistole* dagger, pistol □G *Pistole* □Czech *píšt'al* [原義] pipe [擬音語]?: cf It. *pistolese* dagger made at Pistoia〗

pis·tole /pɪstóul | pɪstə́ul/ *n.* **1** ピストール(金貨)《16 世紀の初めに造られたスペインの金貨; フランスのルイ金貨の原型であるとされ, ブファルツやスイスの諸州もこれを模した; のちのドイツの 5 ターレル金貨やその他の国の同種の古金貨》. **2** a William 3 世が 1701 年, スコットランドのために造った 12 ポンド金貨. **b** 1642 年のアイルランド金貨. 〖《1592》□(O)F ～ 《逆成》? ← *pistolet* small pistol (dim.) ← *pistole* (↑): ピストルが火縄銃より小さいように, スペイン硬貨がフランス硬貨よりも小さいことからふざけてこう呼んだもの〗

pis·tol·eer /pìstəlíə | -lɪ́ə⁻/ *n.* 《古》ピストル使用者; (特に)ピストルを持った軍人. 〖《1832》□F *pistolier*: ⇨ pistol, -eer〗

pis·to·le·ro /pìstəlé(ə)rou | -léərəu; *Am. Sp.* pistoléɾo/ *n.* (中南米で)ガンマン. 〖《1937》□Sp. ～ 'gunman, gangster'〗

pístol grìp *n.* (のこぎりなどの)ピストル形の握り, (小銃銃床のピストル形の)握り, 銃把. 〖1874〗

pis·tol·o·gy /pɪstá(ː)lədʒi | pɪstɔ́l-/ *n.* 〘神学〙信仰論《キリスト教の信仰内容を解明する神学の一部門》. 〖← Gk *pístis* faith＋-LOGY〗

pístol-pòint *n.* ピストルの銃口: at ～ ピストルを突きつけて (cf. *at* GUNPOINT).

pístol·pròof *adj.* ピストルの弾丸の通らない, 防弾の. 〖1590〗

pístol shòt *n.* **1** 拳銃(けんじゅう)の射程. **2** 拳銃の名手. **3** ピストルの射撃. 〖*c*1645〗

pístol shrìmp *n.* 〘動物〙テッポウエビ (⇨ snapping shrimp). 〖はさみで鋭い音を出すことから〗

pístol-whìp *vt.* (**-whipped, -whip·ping**) ピストルでたたく; (特に)ピストルの側面で続けざまに〈人〉の頭や顔をたたく. 〖1942〗

pis·ton /pístən, -tn̩/ *n.* **1** 〘機械〙ピストン: a dummy ～＝balance piston / a counter ～ 逆ピストン.

日英比較 日本語の「ピストン輸送」の「ピストン」は和製英語. 英語では動詞の shuttle や run back and forth などを用いて表す. **2** 〘音楽〙＝piston valve. 〖《1704》□F ～ (□It. *pistone* pestle (aug.) ← *pistare* to pound ＜ ML *pistāre* (freq.) ← L *pīnsere* to pound ← IE **peis-* to crush: cf. pestle〗

Pis·ton /pístən, -tn̩/, **Walter** *n.* ピストン《1894-1976; 米国の作曲家; 現代米国音楽先駆者の一人》.

píston displàcement *n.* 〘機械〙行程容積, ピストン排出量, ピストン排除容積.

píston drìll *n.* 〘機械〙ピストン削岩機. 〖1919〗

píston èngine *n.* 〘機械〙ピストン機関[エンジン]. 〖1907〗

píston·hèad *n.* 〘機械〙ピストンヘッド《流体圧を受けるピストンの頭部》. 〖1875〗

píston pìn *n.* 〘機械〙ピストンピン《ピストンと連接棒を結合するピン》. 〖1897〗

píston pùmp *n.* 〘機械〙ピストンポンプ《シリンダー内のピストンの往復運動によって吸水・吐出を行うポンプ》.

píston rìng *n.* 〘機械〙ピストンリング《ピストンとシリンダーとのすき間を埋める輪》. 〖1867〗

píston ròd *n.* 〘機械〙**1** ピストン棒. **2** ＝connecting rod. 〖1786〗

píston slàp *n.* ピストンスラップ《シリンダー内のピストンがひどく磨耗したために発生する異常音》.

píston spring *n.* 〘自動車〙ピストンスプリング, ピストンばね《ピストンリングを支えるためのばね》.

píston vàlve *n.* **1** 〘機械〙ピストン弁. **2** 〘音楽〙(金管楽器の)ピストン(弁)《自然倍音だけでなく半音階も吹奏できるようにした装置; 単に piston ともいう》. 〖1815〗

pis·tou /piːstúː | ⸗⸗; *F.* pistu/ *n.* ピストゥー《ニンニク・バジル・オリーブ油・チーズなどが入ったソース》; ピストゥーソースのはいった濃い野菜スープ》. 〖《1951》□prov. ～〗

pit¹ /pít/ *n.* **1** a (地面にできた[作った])穴 (hole), くぼみ. **b** (冬期貯蔵用の根菜などを入れておく)穴; (穴を掘って苗木などを囲う)霜よけ用フレーム. **2** 採掘坑, 採掘場: a chalk ～ チョーク採掘場 / a gravel ～ 砂利採り場. **3** a 立坑 (shaft); 炭坑. **b** 縦穴《垂直方向に発達した石灰洞》. **c** (建築現場の)根(ね)切り. **4** a 落とし穴 (pitfall): dig a ～ for a person 人を陥れようと企てる (cf. *Eccles.* 10:8). **b** 不慮の危険. **5** a わきの下 (armpit): at [in] the ～ of the stomach みぞおちに. **b** 〘病理〙(膿疱 (pustule) の)跡; あばた, 痘痕(とうこん) (pockmark). **c** (虫歯の)穴. **d** 〘植物病理〙(植物の)表面のくぼみ. **6** ピット: **a** [しばしば the pits] 〘自動車レース〙コースわきに設けられた給油・修理のための場所. **b** 自動車修理所などに設けられた床より低い長方形のくぼみで油差し・修理用の場所 (grease pit ともいう). **7** [通例 the ～] 〘劇場〙**a** 《英》一階席, 平土間《特に 19 世紀半ば以降は一階の後方, 二階下の無指定席の部分 (《米》 parquet circle) をいう; 今日の劇場ではまれ; cf. stall¹ 1 c); 一階席の観客たち. **b** 楽団席 (orchestra pit): ⇨ pit band. **8** a [the ～] 《文語》地獄 (hell), 地獄の底; 大苦難: *the* (bottomless) ～ (底無しの)穴, 奈落(地獄) / *the* ～ of darkness＝*the* ～ of hell 地獄. **b** [the ～s] 《俗》最悪の場所[状態]; 最低のやつ. **9** 床[地面]より低い場所. **10** (一段低くしてある闘犬・闘鶏などの)囲い; 闘鶏場 (cockpit): shoot [fly] the ～ 〈闘鶏・人などが〉逃げ出す. **11** a 《米》(穀物取引所などの立会場における特定商品の)取引場所: the grain ～ / ⇨ wheat pit. **b** (穀物取引所をまねた)騒がしいトランプゲーム. **12** ピット《昇降機などの通路で最下階より低位の空間部》. **13** 〘陸上競技〙＝jumping pit. **14** 〘ボウリング〙ピット《レーン (alley) 末端の, 打ち倒されたピン (pin) を後方で受け集める場所》. **15** 〘植物〙膜孔, 孔紋, 紋孔《肥厚した細胞膜のところどころに残る小孔》: ⇨ bordered pit, simple pit. **16** [通例 one's ～] 《英俗》寝床; 寝室.

― *v.* (**pit·ted; pit·ting**) ― *vt.* **1** 〈鶏・犬などを〉(闘鶏[犬]場で)(…と)戦わせる; 〈人などを〉(…に)取り組ませる, 対抗させる (*against*): ～ a dog [hen] *against* another / ～ one's wits *against* …と知能を競う, 知恵比べをする. **2** [特に p.p. 形で] へこみを作る; 穴ぼこだらけにする, くぼみ[あばた]を作る; …に跡をつくる: a face ～*ted with* smallpoxes 天然痘であばたのできた顔. **3** (貯蔵のために)〈根菜などを〉穴の中に埋める[入れる]. ― *vi.* **1** くぼみ[あばた]ができる. **2** (指で押した後, 皮膚がしばらく)くぼんだままになっている. **3** (自動車レース中)給油・修理のためにピットに寄る (⇨ pit¹ (*n.*) 6 b).

〖OE *pytt* ＜ (WGmc) **puttjaz* (Du. *put* / G *Pfütze*) □L *puteus* a well, pit, [原義] something dug? ← IE **pēu-* to cut, strike〗

pit² /pít/ 《米》*n.* (モモ・スモモ・アンズなどの)核, さね (stone). ― *vt.* (**pit·ted; pit·ting**) 〈果物〉の核を除く. 〖《1841》□Du. ～ ＜ MDu. *pitte*, *pit* ＜ (WGmc) **pip(p)on* 'pit, PITH'〗

pit³ /pít/ *v.* 《スコット》＝put¹.

pi·ta¹ /píːtə | pítə, pítː-; *Am.Sp.* píta/ *n.* **1** 〘植物〙繊維の採れる植物の総称《アオノリュウゼツラン (century plant), イトラン (yucca), 野生のパイナップル科の一種 (*Aechmea magdalenae*) など》. **2** ピタ麻, アロー繊維《同上から採れる繊維; 綱・細工物類などに用いる》. **3** イストレ (istle) 繊維. 〖《1698》□Sp. & Port. ～ □Quechua ～ 'fine thread'〗

pi·ta² /píːtə, píː-| píː-/ *n.* ピーター《中東諸国で食料とする平たく丸い大麦[小麦]粉のパン; pita bread ともいう》. 〖《1951》□ModHeb. *pitáʰ* (dim.) ← *pat* loaf〗

pit·a·ha·ya /pìtəháɪə | -tə-/ *n.* 〘植物〙**1** 米国南西部・メキシコ産の汁の多い食用の実がなるサボテン数種の総称 (*Lemaireocereus thurberi*, *Acanthocereus pentagonus* など); (特に)ベンケイチュウ (saguaro). **2** その実《果汁は鮮紅色でしばしばモモの実大になる》. 〖《1783》□Am.-Sp. ～ □Taino ～〗

pi·tan·ga /pɪtǽŋgə | pɪ-/ *n.* 〘植物〙ピタンガ (⇨ Surinam cherry). 〖□Port. ～ ← Tupi〗

pit-a-pat /pítəpæ̀t | pìtəpǽt, ⸗⸗⸗/ *adv.* ぱたぱたと; どきどきして: go ～ ぱたぱたする, 小走りする; (どきどきと)動悸を打つ. ― *n.* **1** ぱたぱたすること[音]. **2** (心臓の)どきどき, 動悸. ― *vi.* (**pit-a-pat·ted; -pat·ting**) **1** ぱたぱたする. **2** 〈心臓が〉どきどきする. 〖《1522》[擬音語]〗

pít bànd *n.* (劇場の)楽団席で演奏するオーケストラ (cf. pit¹ *n.* 7 b). 〖1942〗

pít bòss *n.* **1** (カジノの)賭博台の元締め. **2** 《米俗》(鉱山の)現場監督, 班長.

pít bùll *n.* **1** ピットブル《American Staffordshire terrier など, 闘犬用に作られた, 力・スタミナが強い数種の犬あるいはそれらとの雑種の総称; American pit bull terrier ともいう》. **2** 《口語》攻撃的なやつ, 乱暴者.

pít bùll térrier *n.* ＝pit bull 1.

Pít·cairn Ísland /pítkɛən-, ⸗⸗ | pítkɛən-, ⸗⸗/ *n.* ピトケアン島《南太平洋 Tuamotu 諸島南東方にある英領の小島; Bounty 号の反乱者が住みついた (1790-1808); 面積 518 km²》.

pitch¹ /pítʃ/ *vt.* **1** a [通例, 目的語＋方向の副詞語句を伴って] 投げる, ほうる (⇨ throw SYN); 〈槍などを〉投げ飛ばす; 投げ捨てる; (特に)〈干し草を〉(フォークで)ほうり上げる[込む] (hurl): The farmers were ～*ing* hay *onto* a wagon. 農夫たちは干し草を荷車にほうり込んでいた / He ～*ed* the letter *into* the fire. 手紙を火中に投げ込んだ. ★ しばしばいらだちなどの感情を伴う場合に用いる: *Pitch* him *out* (*of* our house)! この男を(家から)つまみ出せ. **b** 〈人を〉(ある状態・立場に)突然追い込む (*into*). **c** (遊戯で標的目がけて)〈銭(ぜに)・鉄輪(かなわ)〉などをほうる: ～ pennies [quoits] ペニー(銅貨)[輪]をほうる. **2** a 〘野球〙〈投手が〉(打者に)〈ボールを〉投げる (*to*): The pitcher ～*ed* a fast ball *to* him and he struck out. 投手は彼に速球を投げて三振に打ち取った. **b** 〘クリケット〙〈投手が〉〈ボールを〉(例えばある地点目がけて)ほうる. **c** 〘野球〙(通例, 先発投手として)登板させる. **d** 〘野球〙〈試合〉で投手を務める[として投げる]: ～ a no-hitter [a perfect game] ノーヒットゲーム[完全試合]をやってのける / He ～*ed* the first four innings. 最初の 4 イニングを投げた. **3** a 〈テントなどを〉張る, 立てる (set up) (↔ strike): ～ a tent [camp] テント[キャンプ]を張る / ～ one's tent 住居を定める. **b** 〘クリケット〙〈三柱門を〉(地面に)立てる: ～ wickets (ゲームの始まる前に)三柱門を立ててその上に横木 (bails) を渡す. **c** 《まれ》〈杭などを〉打ち込む[据える], 埋め込む (embed): ～ stakes. **4** [副詞語句を伴って] **a** 〘音楽〙〈声を〉あるピッチ[音の高さ]にする; 〈旋律・楽器など〉の高さを調整する: She sang, ～*ing* her voice too high. 歌ったが声の調子を高くしすぎた / *Pitch* the song *in* a lower key. 歌をもっと低い調子に合わせなさい. **b** 〈希望・物語などを〉ある調子[程度, 気分]に調節する: ～ one's expectations [hopes, aspirations] 期待[希望, 願い]を高く掲げる, 高望みする / ～ a story *in* a sentimental strain 感傷的な調子で物語る / ～ one's speech *at* a very simple level 話の調子をずっと下げる[やさしいものにする] / ～ the conversation *along* idealistic lines 会話を理想的方向に進ませる / You ～ it hot [strong] again! 《口語》また大げさなことを言う. **5** 《口語》**a** 《米》〈商品を〉(強引に)売り込む, 宣伝する. **b** 《英》〈商品を〉店頭に陳列する, 市場に出す. **6** 《口語》**a** 《英》〈話などを〉語る, 物語る (narrate): ～ a yarn [tale] ほら話[作り話]をする. **b** 調子よく[大げさに, きざっぽく]言う: I don't like the line she ～*es*. 調子のよい[きざっぽい]話しぶりはいやだ. **7** [目的補語を伴って] 〈屋根などを〉ある角度に〉傾ける: The roof of the house was ～*ed* too steep. その家の屋根の傾斜は急すぎるものだった. **8** 〈道路を〉小石で舗装する. **9** 〈陣列などを〉敷く, 整備する (arrange). ★ p.p. 形で次の用例に用いる以外は《廃》: ⇨ pitched battle. **10** 〘トランプ〙〈カードを〉打ち出して切札に定める. **11** 〘ゴルフ〙〈ボールを〉ピッチショット (pitch shot) する. **12** 〘石工〙〈石を〉直線や平面をもつように切る (square).

― *vi.* **1** 投げる, ほうる (throw). **2** a 〘野球〙投球する; 投手を務める, 登板する. **b** 〘クリケット〙〈ボールが〉地面に当たる. **3** [副詞語句を伴って] 前向きに倒れる, つんのめる; 真っ逆さまに落ちる: ～ *on* one's head 真っ逆さまに落ちる / ～ *over* the railing 手すりから真っ逆さまに落ちこちる / My foot caught in a creeper and I ～*ed forward*. つる草に足をからめてつんのめった. **4** [副詞語句を伴って] (前方または下方に)傾く (slope); 〈鉱脈などが〉傾斜する, ちょっと下がる (dip): The roof of the house ～*es* sharply. その家の屋根は急角度に傾斜している / The vein of ore ～*ed* 35 degrees west. その鉱脈は西方へ 35 度に傾いていた. **5** a 〈船・飛行機・ミサイル・宇宙船が〉縦に揺れる, 縦揺れする (cf. roll *vi.* 5, rock² *vi.* 1): The ship was ～*ing* and rolling in the storm. 船はあらしで縦に横に揺れていた. **b** 〈車などが〉急に傾く, ぐらりと揺れる (lurch). **c** 〈馬などが〉急に跳ね上がる. **6** a テントを張る, (テントを張って)野宿する. **b** 《古》住居を定める, 定住する (settle). **7** 〘ゴルフ〙ピッチショット (pitch shot) をする. **8** 《南西英方言》[it を主語として] 雪が降り積もる.

in there pitching 《米口語》(困難にめげず)頑張って, 奮闘して, 懸命に立ち働いて: Whatever happens, you must stay *in there* ～*ing*. どんなことがあっても頑張り通さなければならない. 〖← 野球用語 (cf. vi. 2 a)〗 ***pitch in*** 《口語》(1) 勢いよく(仕事に)取りかかる; 勢いよく食べ始める. (2) (共同出資に)寄付する (chipin); 援助する, 協力する: They ～*ed in* with an offer to meet advertising costs. 彼らは広告費は出そうと申し出てきた. 《1847》 ***pitch into*** 《口語》(1) …を激しく攻撃する, …に殴りかかる; …をひどくしかる (reprimand). (2) 〈仕事〉をせっせとやり出す, …に勢いよく取りかかる; 〈食物を〉勢いよく食べ始める, …にかぶりつく. 《1829》 ***pitch on*** [***upòn***] (よく考えずに)…を選ぶ, …を決める: They ～*ed on* the husband *as* the guilty party. 彼らは夫を犯人と決めてかかった. 《1628》 ***pitch óut*** (1) ⇨ *vt.* 1 a ★. (2) 〘野球・アメフト〙ピッチ

P

トアウト (pitchout) する. ***pitch úp*** 《英口語》到着する, 現れる.

— *n.* **1 a** [a ～] (ひと)投げ (a throw): ⇨ pitch-and-toss. **b** 〘野球〙(打者に対する)投球, ピッチング, 投げたボール; 投球ぶり; (投手としての)登板(の番): take a ～ 投球を見送る / The first ～ was fouled off. 第 1 球はファウルとなった / It's your ～ now. 今度は君の登板だ. **c** 〘アメフト〙=pitchout 2. **2 a** 《英》(クリケット・サッカーなどの)競技場, 試合場 (field). **b** [the ～]〘クリケット〙ピッチ《その間に球が投げられる三柱門と三柱門との中間のならされた部分; クリケット場の中心部; cf. end¹ 9 b》; (バウンドさせる)ボールの投げ方. **3 a** (強さ・高さの)程度: maintain a high ～ *of* anger at the event その事件に対して強い怒りを抱き続ける / He was at the highest ～ *of* honor. 彼は名誉の絶頂にあった / The storm rose to a deafening ～. あらしは耳もつぶれるほどに強く吹き荒れた / The affairs reached such a ～ that … 事態は…するほどに至った. 日英比較 日本語では「仕事のピッチを上げる」「作業を急ピッチで行う」などのように「ピッチ」を「調子, 速度」の意で用いるが, 英語の *pitch* にはそのような意味はなく, speed up, at a fast pace のような表現を用いる. 日本語の「ピッチ」は英語の *pitch* の「調子, 度合い」などの訳語の誤解からと思われる. **b** [the ～]《古》頂点, 極点 (top): cry out at *the* ～ *of* one's voice 声を限りに叫ぶ. **c** 〘鷹狩〙(鷹が獲物を目がけて降りて来る前に)飛び上がる高さ: fly (at) a high ～ 〈鷹が〉高々と飛び上がる; 《比喩》高いものに憧れる, 高望みをする. **4 a** 〘音楽〙音高, 調子, ピッチ: a high [low] ～ 高[低]調 / the standard ～ 標準調子 / ⇨ absolute pitch, concert pitch, international pitch, philharmonic pitch. **b** 〘音響・音声〙音調の高さ, ピッチ《基音の周波数; cf. stress 4 a》. **5 a** 〘建築〙傾斜度, 勾配(こうばい) (slope), 角度 (angle); 傾斜: the ～ of a roof [a stair] 屋根[階段]の傾斜度 / a road ascending [descending] at a steep ～ 急な傾斜をなして上って[下って]いる道. **b** 〘地質・鉱山〙(褶曲地層や鉱体の)傾斜 (dip). **c** 〘航空〙(プロペラの)羽根角 (blade angle). **d** (のこぎりの)目の粗さ. **e** 傾斜面, (急な)坂 (declivity): The milestone stood on the ～ of the hill. その里程標は丘の傾斜面に立っていた. **6 a** (自分のものとして定めた)居場所, (割り当てられた)持ち場; (特に)《英》(露天商・辻音楽師・競馬の賭元・乞食などの)決まった居場所, 店張り場: The performer took up his ～ at the corner of the street. 芸人は街角のいつもの場所に出て来た. **b** 《英》(市場・店頭に)陳列した商品(の量). **7** 《口語》**a** (セールスマンなどの)強引な売込み口上 (sales pitch); 宣伝, 広告; コマーシャル. **b** 自己宣伝; 巧言. **8** 《米口語》**a** やり口, 手口, 角度. **b** 情勢, 状況: What's the ～? 状況はどうだ. **9** (船・飛行機・ロケット・ミサイルの)縦揺れ (cf. roll A 2, scend 1, yaw¹). **10 a** 〘機械〙ピッチ, 刻み《歯車の隣り合う歯と歯, ねじの隣り合うねじ山同士など, 機械部品で同じものが繰返し存在するとき, 隣り合う対応 2 点間の距離》: the axial ～ 軸方向ピッチ / the circular ～ 円周ピッチ / the circumferential ～ 周ピッチ / the divided ～ 小割りピッチ, 割付 / the normal ～ 垂直ピッチ. **b** 〘航空〙ピッチ《プロペラの羽根の断面がねじのように固体の中を 1 回転すると仮定したときの進み; effective pitch ともいう》. **c** 〘紡織〙ピッチ《じゅうたんの織り目の緻密度を測る単位》. **11** 〘ゴルフ〙=pitch shot. **12** 〘トランプ〙**a** ピッチ《打出しの札を切札とする seven-up の一種; auction pitch の前身》. **b** =auction pitch. **13** 〘石工〙石の平らな面.

màke a [*one's*] ***pitch for*** … (1)《口語》うまく持ちかけて…を手に入れよう[ものにしよう]とする; (異性の)気を引こうとする. (2)《米口語》…を推薦する. ***quéer a person's pitch*** = ***quéer the pitch for a person*** 《英俗》(よからぬ手段で)〈人〉の計画[成功の機会]をぶち壊す.

〖lateOE **piċċ(e)an* to prick ← **pician* 'to PICK¹': cf. OE *picung* stigmata〗

pitch² /pítʃ/ *n.* **1** ピッチ《原油・石油タール・木タールなどを蒸留した後に残る黒色のかす; 防水や道路の舗装に用いる》: coal-tar ～ コールタールピッチ / wood ～ 木ピッチ / (as) black [dark] as ～ 真っ黒[暗]な (cf. pitch-black, pitch-dark) / ～ black [darkness] 真っ暗闇 / He who touches ～ shall be defiled therewith.=You can't touch ～ without being defiled. 《諺》朱に交われば赤くなる / touch ～ 悪友と交わる, 悪事に関係する. **2** 歴青物質: ⇨ mineral pitch. **3** 松脂(やに); 樹脂 (resin). **4** ピッチ状の物質. **—** *vt.* …にピッチ[松脂]を塗る.

～·lìke *adj.* 〖OE *piċ* ◻ L *pic-*, pix pitch ← IE **pik-* sap, juice, pitch (Gk *píssa*)〗

pitch àccent *n.* 〘音声〙高さアクセント《中国語・日本語など; tonic accent ともいう; cf. stress accent》. 〖1880〗

pítch-and-pútt *adj.* 〘ゴルフ〙ピッチアンドパットの《通例 5–20 エーカーの広さで, tee から cup までの長さがおよそ 50 ヤード, 9 ホールの小規模コースにいう; cf. par-three》. **—** *n.* ピッチアンドパットのコース(で行われる試合). 〖1963〗

pítch-and-rún shòt *n.* 〘ゴルフ〙=chip shot 1.

pítch-and-tóss *n.* 〘遊戯〙投銭遊び, コイン投げ《硬貨を標的に投げ, その一番近くに投げた者がすべての硬貨を取って空中に投げ, 落ちた硬貨の内で表面の出たものを自分のものとする; toss and catch ともいう; cf. chuck-farthing》: play ～. 〖1810〗

pítch·bènd *n.* 〘音楽〙ピッチベンド《シンセサイザーのピッチを変化させる装置》.

pítch-bláck *adj.* ピッチ[アスファルト]のように黒い, 真っ黒の, 真っ暗の《pitch-dark ともいう》. **～·ness** *n.* 〖(1599): ⇨ pitch²〗

pítch·blènde *n.* ピッチブレンド, 歴青ウラン鉱《ウラニウムとラジウムの主要原鉱》. 〖(1770)《部分訳》← G *Pech-blende*: ⇨ pitch², blende〗

pítch chàin *n.* 〘機械〙=power chain. 〖1844〗

pítch chàmber *n.* 〘植物〙(膜孔の)室.

pítch cìrcle *n.* 〘機械〙ピッチ円, 刻み円《ピッチ面を歯車の軸に直角な平面で切断した仮想的円; cf. pitch line, addendum circle》. 〖1819〗

pítch còal *n.* 歴青炭, 有煙炭 (bituminous coal).

pítch còne *n.* 〘機械〙ピッチ円錐《かさ歯車のピッチ面を成す円錐》.

pítch-dárk *adj.* =pitch-black. **～·ness** *n.* 〖1827〗

pítch diàmeter *n.* 〘機械〙ピッチ円直径. 〖1819〗

pitched *adj.* **1** 〈ボールなど〉投げた, ほうった: a well ～ ball うまい投球. **2** 〈屋根など〉傾斜した, 勾配のある: a ～ roof. 〖((?c1380)) (1549) ← PITCH¹ (v.)+-ED ∽ ME *pyġt*, *piġht* (p.p.) ← *piche(n)*〗

pítched báttle *n.* **1** 〘軍事〙(遭遇戦などでなくしっかり陣形を整えた)両軍の対戦[会戦] (cf. skirmish) (cf. pitch¹ *vt.* 9). **2 a** (全力をあげての)戦い, 総力戦, 激戦. **b** (議論などの)大衝突, 大論戦. 〖1549–62〗

pitch·er¹ /pítʃə | -tʃə(r)/ *n.* **1 a** 水差し《通例一つの取っ手と口がついている; 昔のものには耳 (ear) が二つついたものもあった; cf. jug¹》: Little ～*s* have long [wide] ears. 《諺》小さい水差しに長い[大きな]耳[取っ手]がある,「子供は早耳」/ You are a little ～! 君は耳が早い / *Pitchers* have ears. 《諺》「壁に耳あり」/ The ～ goes (once too) often to the well but is broken at last. 悪だくみも度重なればしっぽを出す[つかまれる]. **b** 水差し一杯(分の量). **2** 〘植物〙(ウツボカズラなどの, 虫を捕えるための)袋状葉, 嚢(のう)状葉; つぼ状器官 (ascidium). **～·lìke** *adj.* 〖(1208–9) *picher* ◻ OF *pichier* (cf. F *pichet*) < VL **piccārium* 《異形》=ML *bīcarium* 'goblet, BEAKER': cf. Egypt. *bik* oil vessel〗

pitcher¹ 1

pitch·er² /pítʃə | -tʃə(r)/ *n.* **1** 投げる人; (特に)〘野球〙投手, ピッチャー: the ～'s mound ピッチャーズマウンド / play as a ～ ピッチャーをやる. **2** (舗装用)敷石. **3** 〘ゴルフ〙ピッチャー, 7 番アイアン (number seven iron ともいう). 〖(1707) ← PITCH¹ (v.)+-ER¹〗

pitch·er·ful /pítʃəfʊl | -tʃə-/ *n.* (*pl.* **～s**, **pitch·ers·ful**) 水差し一杯分(の量) 〔*of*〕. 〖1693〗

pítcher plànt *n.* 〘植物〙**1** 袋葉植物《サラセニア科ヘイシソウ属 (*Sarracenia*), ランチョウソウ属 (*Darlingtonia*) ウツボカズラ科ウツボカズラ属 (*Nepenthes*), ケファロツス科フクロユキノシタ属 (*Cephalotus*) など, つぼ形になった葉の中に虫を捕える食虫植物の総称》. **2** =Indian pitcher. 〖1819〗

pítcher's pláte *n.* 〘野球〙ピッチャーズプレート.

pitch·er·y /pítʃəri/ *n.* 〘植物〙ピチュリー (⇨ pituri 1).

pítch-fàced *adj.* 〘石工〙〈石積みが江戸切りの《目地に沿った部分だけ平滑に仕上げ, 他の部分は粗く残した石積みにいう》. 〖1884〗

pítch-fàrthing *n.* =chuck-farthing. 〖1742〗

pitch·fork /pítʃfɔək | -fɔːk/ *n.* **1** 干し草用フォーク: It rains ～*s*. 《口語》雨が土砂降りに降る. **2** 〘音楽〙音叉(さ). **—** *vt.* **1** (フォークで)ほうり上げる. **2** (不意にまたは無思慮に)〈人を〉(ある地位に)押し込む 〔*into*〕: His father ～*ed* his son *into* his own firm. 父が息子を無理やりに自分の会社に引き入れた. 〖(?a1200) ← PITCH¹+FORK ∽ ME *picforck*, *pickfork* (⇨ pick¹, fork)〗

pitch·ing *n.* **1** 〘野球〙投球(法), ピッチング: a ～ board (練習用)投球板 / a ～ machine (打撃練習用)ピッチングマシーン. **2** ピッチング《船・航空機の縦揺れ; 船[航空機]の左右軸のまわりに船[機]首を上げたり下げたりする運動; cf. rolling 2》. **3** (傾斜面の)石積み; (道路の)敷石, 石畳. 〖(1398) *picching*: ⇨ pitch¹, -ing¹〗

pítching chìsel *n.* 〘石工〙(石工の)平たがね.

pítching mòment *n.* 〘航空〙(航空機の)縦揺れモーメント. 〖1913〗

pítching nìblick *n.* 〘ゴルフ〙ピッチングニブリック《頭が鉄のクラブで, その面は pitcher より多く傾斜し, niblick より傾斜の少ないもの; number eight iron の別称》.

pítching tòol *n.* 石工の荒削り用のみ.

pítch invàsion *n.* (サッカー・ラグビー・クリケットの)ファンのフィールドへの侵入.

Pítch Láke /pítʃ-/ *n.* [the ～] ピッチ湖《西インド諸島の Trinidad 島にある天然アスファルト沈積層》.

pítch lìne *n.* 〘機械〙ピッチ線, 刻み線 (cf. pitch circle). 〖1797〗

pítch·man /-mən, -mæn/ *n.* (*pl.* **-men** /-mən, -mèn/) **1** 《米口語》(縁日などに路傍で小間物などを売る)露天商人 (cf. pitch¹ *n.* 6 a). **2** 《米俗》(テレビなどに出る)売込みの強引なセールスマン[商品宣伝係] (cf. pitch¹ *n.* 7 a). 〖(1926): ⇨ pitch¹ (n.)〗

pitch·om·e·ter /pɪtʃɑ́(ː)mətə | -tʃɔ́mɪ̀tə(r)/ *n.* 船のスクリューのピッチを測る計器.

pítch·òut *n.* **1** 〘野球〙ピッチドアウト《盗塁またはスクイズを防ぐために捕手からのサインでコースを遠く高くはずれるようにほうる投球》. **2** 〘アメフト〙ピッチアウト《スクリメージラインの後で行われるバックス間の横後のパス》. 〖(1912) ← *pitch out* (pitch¹ (v.) 成句)〗

pítch·òver *n.* 〘宇宙〙(ロケットなどの垂直飛行からの)軌道修正.

pítch pìne *n.* **1** 〘植物〙リギダマツ (*Pinus rigida*) 《米国東部に多く松脂(やに)を取る》. **2** リギダマツ材. 〖1676〗

pítch pìpe *n.* (弦楽器の基音を定める)調子笛. 〖1711〗

pítch pòcket *n.* 〘林業〙脂壺(やにつぼ)《木材の細胞間隙に樹脂がたまったもの》.

pítch pòint *n.* 〘機械〙ピッチ点, 刻み点《二つのピッチ円の接する点》. 〖1859〗

pítch·pòle *vi.* 〈小舟などが〉波であおむけにひっくり返る. 〖1851〗

pítch ràtio *n.* 〘機械〙ピッチ直径比, ピッチ比.

pítch shòt *n.* 〘ゴルフ〙ピッチショット《ボールをグリーンに乗せるため地上で転がらないようにバックスピンをかけたショット; cf. chip shot 1》.

pítch·stòne *n.* 歴青岩, 松脂(やに)岩, ピッチストーン《黒曜岩に似たガラス質火山岩》. 〖(1784)《なぞり》← G *Pechstein*: ⇨ pitch², stone〗

pítch sùrface *n.* 〘機械〙ピッチ面, 刻み面《一対の歯車において, それぞれの歯車と同じ回転速度で回転すると考えられる仮想的摩擦車の表面; ピッチ面では両車の接触点において滑りがない》. 〖1887〗

pitch·y /pítʃi/ *adj.* (**pitch·i·er**, **-i·est**; **more ～**, **most ～**) **1** ピッチの多い. **2** ピッチで汚れた. **3** ピッチのような; (ピッチのように)粘る. **4** 真っ黒な, 真っ暗な.

pítch·i·ness *n.* 〖(1513): ⇨ pitch², -y⁴〗

pít còal *n.* 《英》石炭 (cf. charcoal 1). 〖1617〗

pít dwèlling *n.* (主に先史・原始時代の)竪(たて)穴住居 (pit house ともいう). 〖1898〗

pit·e·ous /pítiəs | -tiəs/ *adj.* **1** 哀れな, 痛ましい, 気の毒な, 悲しげな (⇨ pitiful **SYN**). **2** 《古》情け深い (compassionate). **～·ly** *adv.* **～·ness** *n.* 〖((?a1300)) *pite(o)us* (⇨ pity, -ous) ∽ ((c1300)) *pitous* ◻ AF=OF *pitos*, *piteus* < VL **pietōsum* ← L *pietās* 'PIETY'〗

pit·fall /pítfɔːl, -fɑːl | -fɔːl/ *n.* **1** (動物などの)落とし穴 (⇨ trap¹ **SYN**). **2** 落とし穴, 魔の手, 誘惑; 陥りやすい過ち: Popularity has its ～*s*. 人気にはいろいろな落とし穴がある. 〖(a1305): ⇨ pit¹ (n.), fall (n.)〗

pít gràve *n.* 〘考古〙=pit tomb. 〖1897〗

pith /píθ/ *n.* **1** 〘植物〙**a** 髄; (丸太などの)樹心, 木髄. **b** 中果皮《オレンジ・グレープフルーツなどの皮の内側の白い粗鬆質》. **2** 〘解剖・動物〙髄 (marrow); 脊髄 (spinal cord); 毛髄. **3** 真髄, 核心, 要点: the ～ and marrow of …の最重要部分[核心, 心髄] / the ～ of one's speech 演説の要点. **4** 《文語》体力, 精力, 気力, 元気 (vigor); (文章などの)力, 勢い: a man of ～ 精力家 / a speech full of ～ 力のこもった演説. **5** 重要さ, 重み, 実質[実(み)](のあること): a matter of ～ and moment 至極重大な問題 (cf. Shak., *Hamlet* 3. 1. 86).

to the pith 《古》髄まで, 完全に, すっかり. 《1577》

— *vt.* **1** 〈植物〉の髄を取り去る. **2** 〈カエルなどの〉脊髄[脳]を(針を刺して)つぶす. **3** (殺すため, もしくは実験のため)〈牛などの〉脊髄を切断する.

〖OE *piþa* < (WGmc) **piþ(þ)on* (Du. *pit* pith) ← ?〗

pít·hèad *n.* 〘鉱山〙立坑坑口(こうこう); そのすぐ近くの土地[建物]. 《1839》

pith·ec- /píθɪk | -θɪk/ (母音の前にくるときの) pitheco- の異形.

pith·e·can·thrope /pìθɪkǽnθroʊp, píθɪkənθròʊp | pìθɪkǽnθrəʊp, píθɪkənθrəʊp/ *n.* 〘人類学〙=pithecanthropus. 〖(1876): ⇨ pithecanthropus〗

pithecanthropi *n.* pithecanthropus の複数形.

pith·e·can·throp·ic /pìθɪkænθrɑ́(ː)pɪk | -θɪkæn-θrɔ́p-⁻/ *adj.* 〘人類学〙猿人の, ピテカントロプスの. 〖1897〗

pith·e·can·thro·pine /pìθɪkǽnθrəpàɪn | pìθɪ-/ 〘人類学〙*adj.* =pithecanthropic. **—** *n.* =pithecanthropus. 〖1925〗

pith·e·can·thro·poid /pìθɪkǽnθrəpɔ̀ɪd | pìθɪ-/ 〘人類学〙*adj.* 猿人の, ピテカントロプスの. **—** *n.* 猿人[ピテカントロプス]に似た哺乳動物[化石]. 〖(1929): ⇨ ↓, -oid〗

pith·e·can·thro·pus /pìθɪkǽnθrəpəs, -kæn-θróʊpəs | pìθɪkænθróʊpəs, -kǽnθrə-/ *n.* 〘人類学〙ピテカントロプス《中期洪積世に生存していたピテカントロプス属 (*P*-) の原始人; ジャワ原人 (Java man) に命名された名; ピテカントロプス属は今はヒト属 (*Homo*) に包含される》. 〖(1876) ← NL *pithēcanthrō-pus* (E. H. Haeckel が 1868 年に想定上の猿人につけ命名): ⇨ pitheco-, anthropo-〗

pith·e·co- /píθɪkoʊ | -θɪkəʊ/「サル (ape, monkey)」の意の連結形. ★ 母音の前では通例 tithec- になる. 〖← Gk *píthēkos* ape ← ? IE **bhidh-* dreadful ← **bhōi-* to be afraid (L *foedus* ugly)〗

píth hèlmet [**hàt**] *n.* =sola topi. 〖1884〗

píth·less *adj.* **1** 髄のない. **2** 気力[精力]のない. **～·ly** *adv.* 〖1555〗

pithoi *n.* pithos の複数形.

pít·hòle *n.* 《古・方言》**1** 小穴; 小さいくぼみ. **2** あばた. **3** 〘鉱山〙坑. **4** 墓 (grave). 〖1601〗

Pith·om /páɪθəm/ *n.* 〘聖書〙ピトム《イスラエル人がエジプト捕囚中に Pharaoh のために建設した二つの都市の一つ; cf. *Exod.* 1:11》.

pi·thos /páɪθɑ(ː)s | -θɒs/ *n.* (*pl.* **pi·thoi** /-θɔɪ/)〘考古〙(ギリシャ時代の)大がめ《極めて大型の広口のかめで, 主に大量の穀物や酒・油などの貯蔵に, 時には棺としても使われた》. 〖(1879) ◻ Gk *píthos*〗

píth ràv *n.* 〘植物〙=medullary ray. 〖1913〗

pith·y /píθi/ *adj.* (**pith·i·er**, **-i·est**; **more ～**, **most ～**) **1** 髄の, 髄のある[多い]; 髄のような. **2** 〈表現など〉力のこもった, 含蓄のある, 簡潔な, きびきびした: a ～ opinion

P

説得力のある意見. **píth·i·ly** /-θɨli/ *adv.* **píth·i·ness** *n.* 〚(*a*1325): ⇨ pith, -y[4]〛

pit·i·a·ble /pítiəbl | -tiə-/ *adj.* **1** 哀れな, かわいそうな, みじめな, 情けない (⇨ pitiful SYN): in a ～ fright 見るも哀れにおびえて. **2** 哀れむべき, 卑しむべき, 浅ましい. **pít·i·a·bly** *adv.* **～·ness** *n.* 〚(1450) *piteable* ◻ OF *piteable, pitiable* ← *pite* (F *pitié*) 'PITY': ⇨ able〛

pit·i·er *n.* 哀れむ人, 気の毒がる人. 〚(1601) ← PITY + -ER[1]〛

pit·i·ful /pítɪfəl, -fl | -tɪ-/ *adj.* **1** 哀れを催す, かわいそうな, みじめな. **2** 軽蔑に値する, 哀れむべき, 卑しむべき, くだらない: a ～ ambition. **3** 《古》〈人が〉哀れみ[情け]深い, 同情的な. **～·ly** *adv.* **～·ness** *n.* 〚(*c*1350) *petefull*: ⇨ pity, -ful[1]〛

SYN 哀れな: **pitiful** 人や物があまりに痛ましくて哀れみの念を引き起こす: a *pitiful* sight 哀れな光景. **pitiable** 哀れみと同時に軽蔑の念を起こさせる: The great party dwindled to a *pitiable* minority. その大きな党も情けないほどの小人数になってしまった. **piteous** 《文語》= *pitiful*.
ANT cruel.

pit·i·less /pítɪlɪs, -tl- | -tɪ-/ *adj.* 哀れみの心のない, 無慈悲な, 無情な, 薄情な, 冷酷な (⇨ cruel SYN): ～ criticism. **～·ly** *adv.* **～·ness** *n.* 〚(*a*1410) *piteeles*: ⇨ *pity, -less*〛

pit·man /pítmən/ *n.* **1** (*pl.* **-men** /-mən, -mèn/) 坑夫; (特に)炭坑夫 (collier). **2** (*pl.* **～s**) 《米》〚機械〛= connecting rod. **3** (自動車レースの)ピットマン, ピット要員[クルー] (cf. pit[1] 6 a). 〚(1609): ⇨ pit[1]〛

Pit·man /pítmən/, **Sir Isaac** *n.* ピットマン (1813–97; 速記術を考案した英国人 (cf. phonography 2, phonotypy)).

pít mèmbrane *n.* 〚植物〛閉鎖膜 (細胞の膜孔部分をなす細胞膜; closing membrane ともいう). 〚1913〛

Pi·to·cin /pɪtóusɪn | pɪtə́usɪn/ *n.* 〚商標〛ピトシン (oxytocin の薬品名).

pi·tom·e·ter /pɪtɑ́(ː)mətə | pɪtɔ́mɪtə[(r)]/ *n.* 〚物理〛ピトーメーター (2 本のピトー管 (pitot tube) をそれぞれ上流と下流に向けて流速を測定する計器). 〚(1907) ← *pito(t)* (⇨ Pitot tube) + -METER[1]〛

pi·ton /píːtɑ(ː)n | -tɔn, -tɔ̃ː(ŋ), -tɔːŋ; *F.* pitɔ̃/ *n.* (*pl.* **～s** /～z; *F.* ～/) **1** 〚登山〛ハーケン, ピトン (頭部に穴のある鋼鉄製の釘; ザイルを通したりする; carabiner, hammer とともに岩登りの三つ道具). **2** 険しい峰. 〚(1898) ◻ F ～ 'peak (of a mountain)': cf. Sp. *pitón* protuberance, prominence〛

Pí·tot-státic tùbe, p- t- /píːtou- | -təu-/ *n.* 〚航空〛ピトー静圧管 (対気速度計の受感部の一種). 〚(1975) ↓〛

Pítot tùbe, p- t- *n.* **1** 〚物理〛ピトー管 (流体の流速測定に用いられる管). **2** 〚航空〛= Pitot-static tube. 〚(1881) ← F (*tube de*) *Pitot* ← *Henri Pitot* (1695–1771: フランスの物理学者・技師で, これを発明した)〛

pit·pan /pítpæn/ *n.* (中央アメリカで使う)丸木舟 (dugout). 〚(1798) ◻ Miskito *pitban* boat〛

pit-pat /pítpæ̀t/ *n., adv., vi.* = pit-a-pat. 〚1522〛

pít pòny *n.* 《英》(昔, 坑内で石炭運搬に使用した)坑内用ポニー. 〚1905〛

pít pròp *n.* 〚鉱山〛坑道支柱, 坑木. 〚1883〛

pít sàmple *n.* 〚冶金〛ピット試料 (溶けた鋼を鋳塊にするために型に注ぐときに, 化学分析用にとられる試料).

pít sàw *n.* (*also* **pít·sàw**) 二人びき大のこぎり (一人は丸太の上で, 一人はその下または製材のために地中に穿(ほ)たれた木びき穴 (sawpit) の中でひく). 〚1679〛

pít sàwing *n.* pit saw によるのこぎりのひき方. 〚1908〛

pít-sàwn *adj.* 〈材木が〉木びき穴 (sawpit) で製材された.

pít sàwyer *n.* 下びき人 (⇨ bottom sawyer). 〚1941〛

pít sìgn *n.* 〚自動車レース〛ピットサイン (ピットからドライバーに向けて, ボードによって出されるサイン).

pít stòp *n.* **1** ピットストップ (自動車レース中, 給油・タイヤ交換・修理のためにピットに寄ること; ⇨ pit[1] (*n.*) 6 a). **2** 《俗》**a** (旅行中, 飲食などのためにとる)休憩: make a ～ (米口語) (長距離ドライブで給油・休憩などで)途中停車する. **b** (旅行中の)休憩場所.

Pitt /pít/, **William** *n.* ピット: **1** (1708–78) 英国の政治家; 首相 (1766–68); 通称 the Elder Pitt (大ピット), the Great Commoner; 七年戦争を勝利に導いた功労者; 称号 1st Earl of Chatham. **2** (1759–1806)「大ピット」の次子, 英国の政治家; 首相 (1783–1801, 1804–06); 通称 the Younger Pitt (小ピット); Tory 党の近代化を図り, また反ナポレオン派の急先鋒としてその打倒に努めたが, Austerlitz の敗戦のショックで病歿.

pit·ta[1] /pítə | -tə/ *n.* 〚鳥類〛ヤイロチョウ (主に東南アジア・アフリカ・オセアニアに生息するヤイロチョウ属 (*Pitta*) の鳥の総称; 地上性で色彩が美しい; ヤイロチョウ (*P. nympha*), アカハラヤイロチョウ (*P. erythrogaster*) など). 〚(1840) ← NL ～ ← Telugu *piṭṭa* bird〛

pit·ta[2] /pítə | -tə/ *n.* = pita[2].

pítta brèad *n.* = pita[2].

Pit·ta·cus /pítəkəs | -tə-/ *n.* ピッタコス (650?–?570 B.C.; Mytilene の政治家; ギリシャの七賢人 (Seven Sages) の一人). 〚◻ L ～ ◻ Gk *Pittakós*〛

pit·tance /pítṇs, -təns | -tṇs, -təns/ *n.* **1** わずかのあてがい[支給], わずかの収入: live *on* a small ～ わずかな手当[収入]で暮らす. **2** [通例 a mere ～ として] 僅少, 少量. **3** (修道士の)あてがい扶持(ぶち). 〚(?*a*1200) ◻ OF *pi(e)tance* pity ◻ ML *pietantia* pious donation ← L *pietās* 'PITY': ⇨ -ance〛

pít·ted[1] /-tɪd | -tɪd/ *adj.* くぼみ[あばた]のある: a ～ surface. 〚OE *pytted*: ⇨ pit[1], -ed 2〛

pít·ted[2] /-tɪd | -tɪd/ *adj.* (果物の)核[さね]を除いた. 〚⇨ pit[2]〛

pit·ter-pat·ter /pítəpæ̀tə | -təpæ̀tə[(r)]/ *n.* ぱたぱた, ぱらぱら (雨の降る音など). — *adv.* ぱらぱら[ぱたぱた]と(音を立てて): His heart went ～. 心臓がどきどきした. — *adj.* ぱらぱら[ぱたぱた]音を立てる. — *vi.* ぱらぱら[ぱたぱた]音をさせながら降る[来る](など). 〚(*c*1425) 《擬音語》〛

Pit·ti /píti | -ti; *It.* pítti/ *n.* **1** ピッティ (Florence の有力な家族; 15 世紀に政治的・経済的に大勢力を得た; Luca (1394–1472) は Palazzo Pitti を建造させた). **2** ピッティ美術館 (Palazzo Pitti の中にある).

pít·ting /-tɪŋ | -tɪŋ/ *n.* **1** 穴[くぼみ]ができること, へこむこと; くぼみ (ペンキの表面の穴); 点食 (金属面の腐食). **2** 〚木工〛柄(ほぞ)穴あけ, 仕口(しぐち). **3** 闘鶏を(闘鶏場で)戦わせる[けしかける]こと. 〚(1665) ← PIT[1] (v.) + -ING[1]〛

pit·tite /pítaɪt/ *n.* 《英》(劇場の)一階後方無指定席 (pit) の観客. 〚(1812) ← PIT[1] + -ITE[1]〛

Pit·tite /pítaɪt/ *n.* ピット党員[支持者]. 〚(1808) ← *William* PITT (1759–1806): ⇨ -ite[1]〛

pít tòmb *n.* 〚考古〛竪(たて)穴式墳墓 (墓の形式の一種; pit grave ともいう).

pit·tos·por·um /pɪtɑ́(ː)spərəm | pɪtɔ́s-/ *n.* 〚植物〛トベラ科トベラ属 (*Pittosporum*) の常緑低木・高木. 〚(1789) ← NL ← Gk *pítta* pitch + *spóros* seed〛

Pitt-Riv·ers /pítrívəz | -vəz/, **Augustus Henry Lane-Fox** *n.* ピットリバーズ (1827–1900; 英国の軍人・考古学者).

Pitts·burgh /pítsbəːg | -bəːg/ *n.* ピッツバーグ (米国 Pennsylvania 州南西部の鉄工業都市; Allegheny 川と Monongahela 川とが合流して Ohio 川となる地点に位置する). 〚← *William Pitt* (1708–78) + -s[2] + -BURGH〛

Pitts·field /pítsfiːld/ *n.* ピッツフィールド (米国 Massachusetts 州西部の都市).

Pítt Strèet Fármer *n.* 《豪俗》= Collins Street Farmer.

pit·ty·pat /pítipæ̀t | -ti-/ *adv., n., vi.* = pit-a-pat. 〚(1871): ⇨ pit-a-pat〛

pi·tu·i·tar·y /pɪtúːətèri, -tjúː- | -tjúːɪtəri, -tri/ *adj.* **1** 〚解剖〛**a** 下垂体(性)の. **b** 《古》粘液の[を分泌する] (mucous). **2** (下垂体機能亢進による)先端肥大を伴う異常発達の. — *n.* **1** 〚解剖〛= pituitary body. **2** 〚薬学〛下垂体剤. 〚(1615) ◻ L *pītuitārius* ← *pītuita* phlegm ← IE **pī-* juice, food ← **pey(ə)-* to be fat, swell: ⇨ -ary〛

pitúitary bòdy [glànd] *n.* 〚解剖〛下垂体 (hypophysis, hypophysis cerebri) (⇨ brain 挿絵). 〚(1615), (1895)〛

pitúitary èxtract *n.* 〚医学〛下垂体エキス.

pi·tu·i·tous /pɪtúːətəs, -tjúːə- | -tjúːɪtəs/ *adj.* 《古》**1** 粘液の多い, 粘液の(ような) (mucous). **2** 粘液を出す (phlegmatic): the ～ membrane 《古》鼻粘膜. 〚(1607) ◻ L *pītuitōsus* ← *pītuita* phlegm: ⇨ pituitary, -ous〛

Pi·tu·i·trin /pɪtúːətrɪn, -tjúːə- | -tjúːɪtrɪn/ *n.* 〚商標〛ピツイトリン (脳下垂体後葉ホルモンの一種). 〚(1909) ← PITUITARY + -IN[2]〛

pit·u·ri /pítʃəri/ *n.* 〚植物〛**1** ピチュリー (*Duboisia hopwoodii*) (オーストラリア産ナス科の低木; ニコチンを含み, 原住民はこれから興奮剤を作る; pitchery ともいう). **2** ピチュリー (ピチュリーから採る興奮剤). 〚(1863) ← Austral. (現地語)〛

pít vìper *n.* 〚動物〛米大陸・アジアなどに生息するマムシ亜科の毒ヘビの総称 (上あごの両側にピット器官と呼ばれる温度を感知するくぼみをもつ; ハブ (*Trimeresurus flavoviridis*), マムシ (*Agkistrodon halys*), ガラガラヘビ (rattlesnake) など). 〚1885〛

pít·wòod *n.* 〚鉱山〛坑木 (木材; cf. pitprop). 〚1841〛

pit·y /píti | -ti/ *n.* **1** (他人の不幸などに対する)哀れみ, 同情 (compassion): I cannot help feeling ～ *for* her. 彼女を同情せずにはいられない / have [take] ～ *on* [*upon*] … を哀れむ, 気の毒に思う / in ～ *of* …を気の毒に思って / out of ～ (*for*) (…を)気の毒に思って / *Pity* is akin to love. 《諺》哀れみは恋(心)に近い (cf. Shak., *Twel N* 3. 1. 119) / It is [was] ～ of them. 《古》彼らが気の毒だ[だった]. **2** 哀れみの心, 同情(する)心. **3** 遺憾の原因, 惜しい[残念な]事: It is a ～ [a thousand *pities*] (that) you cannot come. 君が来られないのは残念[遺憾(いかん)千万]だ. ★《口語》では *Pity* you cannot come. のようにもいう / The ～ is that …ということは遺憾なことだ / more's [the more's] the ～ それだけかえって[ますます]残念だ / What a ～! 何と気の毒な[惜しい]ことだろう / The ～ of it! まったく残念 / for ～'s sake [挿入句的に] 哀れと思って, 後生だから.
— *vt.* かわいそう[気の毒]に思う: He is to be *pitied*. 彼は気の毒な男だ / I ～ you if you think so. 君がそう考えるとは情けない人だ. — *vi.* 気の毒に思う, 哀れむ.
〚n.: (?*a*1200) *pite* ◻ OF (F *pitié*) < L *pietātem* piety ← *pius* 'PIOUS'. —v.: (1515) ← (n.): ME *pite* pity, *pie-te*, piety はいずれも初め compassion, 後に piety の意味で用いられたが, 1600 年ごろ以降現在のような形態・意味の区別が確立した〛

SYN 哀れみ: **pity** 自分より下か弱い者の苦痛や不幸を見て感じる悲しみ (時に軽い軽蔑を含む): feel *pity* for the poor 貧乏人をかわいそうに思う. **compassion** 他人の苦しみに対する同情で, 援助したいという衝動を伴うもの: He was filled with *compassion* for the orphans. 孤児に対する同情でいっぱいになった. **commiseration** 哀れみや同情(の表現) (格式ばった語): *Commiseration* won't help. 哀れみは助けとはならない. **sympathy** 他人の不幸を心から理解し進んでそれを共有しようとする感情: They don't want pity. What they need is your thoughtful *sympathy*. 彼らは哀れみを欲しているのではない. 彼らに必要なのはあなたの思いやりです.

pít·y·ing *adj.* 哀れむ, 同情する. **～·ly** *adv.* 〚(1650): ⇨ ↑, -ing[2]〛

pit·y·ri·a·sis /pɪ̀tərάɪəsɪs | -tɪrάɪəsɪs/ *n.* **1** 〚病理〛粃糠疹(ひこうしん) (米ぬか様の細かい落屑を徴ちする病変). **2** 〚獣医〛粃糠疹 (家畜の皮膚病の一種で, 乾燥した(うろこ状に脱落する)鱗片形成を特徴とする疾病). 〚(1693) ← NL ～ ← Gk *pitūríasis* branlike eruption ← *pítūron* bran ← ?: ⇨ -iasis〛

pit·y·roid /pítərɔ̀ɪd | -tɪ-/ *adj.* 〚病理〛粃糠(ひこう)様の. 〚(1846) ← Gk *pítūron* (↑) + -OID〛

più /pjúː, piúː | pjúː; *It.* pju/ *adv.* 〚音楽〛もっと, 一層 (more): ～ allegro もっと速く / ～ forte もっと強く. 〚(1724) ◻ It. ～ < L *plūs* more: cf. plus〛

pi·u·pi·u /píːuːpìːuː/ *n.* 《NZ》ピーウーピーウー (亜麻の葉で作るマオリ族の儀式用スカート). 〚(1882) ← Maori〛

Piu·ra /pjúːrə; *Am.Sp.* pjúɾa/ *n.* ピウラ (ペルー北西部の都市; Pizarro が 1532 年に建設したペルー最古の植民都市; 農業地帯の商業の中心地).

pi·u·ri /piúəri, pijúəri | piúəri, pijúəri/ *n.* (*pl.* **～s**) 〚絵画〛= Indian yellow 2 a. 〚◻ Hindi *piyūrī*: cf. Skt *pīta* yellow〛

Pi·us II /páɪəs-/ *n.* ピウス[ピオ]二世 (1405–64; イタリアの聖職者・著述家; 教皇 (1458–64); *Euryalus and Lucretia* (小説, 1444); 本名 Enea Silvio de' Piccolomini /*It.* enέːa sílvjodepikkolóːmini/, 文学者としては Aeneas Silvius /sílviəs/). (cf. pious)〛

Pius IV *n.* ピウス[ピオ]四世 (1499–1565; イタリアの聖職者; 教皇 (1559–65); 本名 Giovanni Angelo /ándʒelo/ de' Medici; 1562 年にトレント公会議を召集し, この会議における最終的な教令を定めた).

Pius V, Saint *n.* ピウス[ピオ]五世 (1504–72; イタリアの聖職者; 教皇 (1566–72); 英国の Elizabeth 一世を破門した (1570); 祝日 5 月 5 日; 本名 Michele Ghislieri /*It.* mikέːle gizljέːri/).

Pius VII *n.* ピウス[ピオ]七世 (1740–1823; イタリアの聖職者; 教皇 (1800–23); 本名 Luigi Barnaba Chiaramonti /*It.* bárnaba kjaramónti/).

Pius IX *n.* ピウス[ピオ]九世 (1792–1878; イタリアの聖職者; 教皇 (1846–78); 無原罪懐胎説 (1854) や教皇無謬説 (1870) を教理と定めた; 本名 Giovanni Maria Mastai-Ferretti /*It.* mástaiferrétti/).

Pius X, Saint *n.* ピウス[ピオ]十世 (1835–1914; イタリアの聖職者; 教皇 (1903–14); 祝日 9 月 3 日; 本名 Giuseppe Sarto /*It.* sárto/).

Pius XI *n.* ピウス[ピオ]十一世 (1857–1939; イタリアの聖職者; 教皇 (1922–39); 本名 Achille Ratti /*It.* akílle rátti/).

Pius XII *n.* ピウス[ピオ]十二世 (1876–1958; イタリアの聖職者; 教皇 (1939–58); 本名 Eugenio Pacelli /*It.* eudʒέːnjopatʃélli/).

Pi·ute /páɪuːt, -juːt, ―́―/ *n.* = Paiute.

piv·ot /pívət/ *n.* **1** 〚機械〛**a** ピボット, 旋回支軸, 尖(せん)軸, 枢(すう)軸: the antifriction ～ 減摩ピボット / the conical ～ 円錐ピボット. **b** 軸の尖(せん)端. **2** (論議・事実などの)中心, かなめ, 要点; 肝心かなめの人, (決定権などをもった)重要人物. **3** 〚軍事〛軸兵, 嚮導(きょうどう) (行進・教練・戦術機動中に隊列の方向変換の軸となる個人またはグループ). **4 a** 〚球技〛軸となるプレーヤー(の位置). **b** 〚バスケット〛相手のゴール下に入ってリターンパスをしたり, シュートをしたりするプレーヤー(センターなど)の位置. **c** 〚バスケット〛ピボット(プレー) (片足を軸にして他方の足だけを動かして身体の向きを変えること). **d** 〚ゴルフ〛(打球の際の)腰のひねり. **5** 〚歯科〛(歯根に人工歯冠を継ぐ)金属小棒. **6** 〚ダンス〛ピボット (片足を軸足にして他の足に体重を移しかえるようにして踏みかえながら回るステップ). — *adj.* **1** 軸になる. **2** = pivotal. — *vi.* **1** 枢軸で旋回する; (あおり戸のように)〔…を軸にして〕動く[回転する]〔*on, upon*〕: ～ *on* one's heel. **2** 〈議論などが〉〔…によって〕決まる, 〔…に〕かかる (turn)〔*on, upon*〕. — *vt.* 枢軸上に置く; …に枢軸をつける. 〚(1611) ◻ (O)F ～ ← ?: cf. OProv. *pua* tooth of a comb < ? VL **pugam* ← ? L *pungere* to prick〛

piv·ot·al /pívəṭl | -tl/ *adj.* **1** 枢軸の(ような). **2** 中枢[枢要]の, 重要な: a ～ event. **～·ly** *adv.* 〚(1844): ⇨ ↑, -al[1]〛

pívot bèaring *n.* 〚機械〛ピボット軸受. 〚1877〛

pívot brìdge *n.* ピボット旋開橋 (鉛直軸の回りに上部構造が回転する可動橋; swing bridge ともいう). 〚1875〛

pívot cròwn *n.* 〚歯科〛= pivot tooth.

pívot fòot *n.* 〚バスケット〛ピボットフット, 軸足 (cf. pivot 4 c).

pív·ot·ing /-tɪŋ | -tɪŋ/ *n.* 〚歯科〛合釘(ごうてい)継続歯装着 (継ぎ歯を歯根に装着する). 〚1855〛

pívot jòint *n.* 〚解剖〛滑車関節. 〚1872〛

pívot·màn /-mæ̀n/ *n.* (*pl.* **-men** /-mèn/) **1** 〚軍事〛(隊列の方向変換の軸となる)軸兵, 嚮導(きょうどう). **2** 〚球技〛ピボットマン (軸となるプレーヤー); (特に)バスケットボールのセンター. 〚*a*1814〛

pívot tòoth *n.* 〚歯科〛継続歯 (金属棒 (dowel) により歯根に継ぐ人工歯冠; pivot crown, dowel crown ともいう). 〚1875〛

pix[1] /píks/ *n.* 《廃》= pyx 2. — *vt.* = pyx.

pix[2] /píks/ *n.* pic[1] の複数形. 〚(1932) 《短縮》← *pictures*〛

pix·el /píksəl, -sl/ *n.* 〚電子工学〛画素, ピクセル (テレビな

P

どの画像を作り上げる映像単位).〘((1969))《略》← *pix*[2] *el(ement)*〙

pix·e·late /píksəlìt/ *vt.* (*also* **pix·el·late** /~/, **pixi·late**)〈画像を〉ピクセル化する《ピクセル画像データに変換する》;〖テレビ〗〈人・ものの画像にモザイクをつける《画素を大きくしてわからなくする》. **pix·e·la·tion** /pìksəléɪʃən, -sl-/ *n.* ピクセル化.

pix·ie /píksi/ *n.* **1** (特に, イングランド南西部に伝承されるいたずらっぽい)妖精, 小妖精 (elf). **2** いたずら者.
— *adj.* いたずらの, いたずらっぽい, ふざけ(たが)る. **~·ish** /-siɪʃ/ *adj.* 〘((c1630)) ← ?: cf. Swed. *pysk* little fairy〙

pixie 1

píxie hàt *n.* とがり帽子. 〘((1954))〙

píxie hòod *n.* とがり頭巾. 〘((1940))〙

pix·i·late /píksəlèɪt | -sɪ̀lèɪt/ *vt.* =pixelate.

pix·i·lat·ed[1] /píksəlèɪtɪ̀d | -sɪ̀lèɪt-/ *adj.* (*also* 《英》 **pix·il·lat·ed** /~/) **1 a** 頭が少しおかしい; とぼけた, ばかげた; 風変わりでおかしい: a ~ comedy. **b** 混乱した, 首尾一貫しない. **c** 気まぐれな, 小悪魔的な. **2** 《俗》少し酔っ払った. 〘((1848)) 《変形》← *pixy led* led astray by pixie: *elated, titillated* などとの類推による変形〙

píx·i·làt·ed[2] /-tɪ̀d | -tɪ̀d/ *adj.* (*also* **pix·il·lat·ed** /~/) 〈画像が〉ピクセル化した; モザイクがかかった, ぼやけた.

pix·i·la·tion /pìksəléɪʃən | -sɪ̀-/ *n.* (*also* **pix·il·la·tion** /~/) **1** 〖映画〗ピクシレーション《人物の動きをアニメのように見せる技法》. **2** 頭のおかしいこと; 混乱, 当惑.

pix·y /píksi/ *n., adj.* =pixie. **~·ish** /-siɪʃ/ *adj.* **píx·i·ness** *n.*

pi·zaine /pí:zeɪn/ *n.* 〖甲冑〗(14 世紀に鎖帷子(くさりかたびら)と共に用いた)鎖襟巻. 〘← OF *piz* breast (< L *pectus*) + *-aine* (n. suf.)〙

Pi·zar·ro /pɪ̀zá:roʊ | pɪzá:rəʊ; *Sp.* piθáro, *Am.Sp.* -sáro/, **Francisco** *n.* ピサロ (1471 (または1475)–1541; スペインの軍人; 南米ペルーにあったインカ帝国 (Incaic Empire) を滅ぼした (1524–33)).

pi·zazz /pɪ̀zǽz | pɪ-/ *n., adj.* =pizzazz.

pize /páɪz/ *vt.* 《ヨークシャー方言》〈人を〉殴る. 〘((1796)) ← ?〙

P **pizz.** 《略》〖音楽〗pizzicato.

piz·za /pí:tsə | pí:tsə, pítsə; *It.* píttsa/ *n.* ピザ, ピッツァ, ピザパイ (pizza pie)《円形に伸ばしたイースト入りの生地の上にトマトソースとチーズの他に, ベーコン・アンチョビー・オリーブなどを載せて焼いた平たいイタリアのパイの一種》. 〘((1935)) ◻ It. ~ < VL **piceam* (cf. MGk *pítta* cake, pie=Gk *pítta* pitch[2] ← L *piceus* of pitch ← *pic-, pix* 'PITCH[2]')〙

pízza bòx *n.* 《口語》ピザボックス《ピザの箱に似た大きめの平たい電子機器の筐体(きょうたい)》.

pízza pàrlor *n.* ピザーパーラー, ピザレストラン《ピザを供する店》. 〘((1976))〙

pízza pìe *n.* =pizza.

piz·zazz /pɪ̀zǽz/ 《米俗》 *n.* **1** 元気, 活気. **2** 冴(さ)え, ひらめき; 粋(いき), 派手さ, けばけばしさ. — *adj.* 〈車など〉かっこいい, 派手な, スマートな. **piz·záz·zy** /-zi/ *adj.* 〘((1937)) 《擬音語》?〙

piz·ze·ri·a /pì:tsərí:ə | pì:tsə-, pìtsə-; *It.* pittserí:a/ *n.* ピッツァ (pizza) の製造・販売所[料理店]. 〘((1943)) ◻ It. ~: ⇨ pizza, -ery〙

piz·zi·ca·to /pìtsɪ̀ká:toʊ | -təʊ; *It.* pittsiká:to/ 〖音楽〗 *adv., adj* ピッチカート, つまびきで[の] (略 pizz.; cf. arco). ★ 弦楽器の奏者への指示として用いる. — *n.* (*pl.* **-ca·ti** /-ti:/; *It.* -ti, ~s) ピッチカートの曲[楽節, 楽句, 楽章] 〘((1845)) ◻ It. ~ (p.p.) ← *pizzicare* to pick, twang ← *pizzare* to sting, prick ← *pizzo* point, edge〙

piz·zle /pízl/ *n.* 《卑》獣(特に, 雄牛)の陰茎; (昔)それで作ったむち. 〘((1523)) *peezel, pysell* ◻ LG *pēsel* & Flem. *pēzel* (dim.) ← MLG *pēse* & MDu. *pēze* (Du. *pees* sinew, penis) ◻ ? L *pēniculus* (dim.) ← *pēnis* 'PENIS': ⇨ -le[1]〙

PJ 《略》〖法律〗Police Judge, Police Justice; Presiding Judge; Probate Judge.

pj's /pí:dʒèɪz/ *n.pl.* 《米口語》=pajamas. 〘← P(A)J(AMA)S〙

pk 《略》pack; park; peak; peck(s); pike.

PK 《略》psychokinesis.

PKF 《略》peacekeeping force.

pkg. 《略》package; packing.

pkge 《略》package.

PKO /pí:kèɪóʊ | -əʊ/ 《略》peacekeeping operation.

pks. 《略》packs.

pkt 《略》packet; pocket.

PKU 《略》〖病理〗phenylketonuria.

pkwy 《略》parkway.

pl 《記号》Poland (URL ドメイン名).

PL 《略》Paradise Lost; 〖保険〗partial loss 分損; paymaster lieutenant; *L.* Pharmacopoeia Londinensis (=Pharmacopoeia of London); Place; 〖海事〗Plimsoll line; Poet Laureate; 〖海事・航空〗position line; private line; public law; public library.

PL 《記号》〖自動車国籍表示〗Poland.

pl. 《略》〖数学〗place; plain; plate; platoon; plural.

P/L 《略》profit and loss 損益.

PL/1 /pí:èlwʌ́n/ *n.* 〖電算〗ピーエルワン (簡単なプログラム用言語). 〘((1965)) ← *P(rogramming) L(anguage Version) One*〙

PLA 《略》People's Liberation Army (中国の)人民解放軍; Palestine Liberation Army パレスチナ解放軍; Port of London Authority ロンドン港管理公団[委員会].

plaas /plá:s/; *Afrik.* plá:s/ *n.* 《南ア》農場. 〘((1834)) ◻ Afrik. ~ ◻ Du. *plaats* farm, place: Du. plaats は E place と同語源〙

plac- /plæk/ (母音の前にくるときの) placo- の異形.

plac·a·ble /plǽkəbl, pléɪk- | plǽk-/ *adj.* なだめられる, なだめやすい, 懐柔しやすい (appeasable); 温和な, 寛容な. **plac·a·bil·i·ty** /plæ̀kəbílətɪ, plèɪk- | plæ̀kəbílɪ̀ti/ *n.* **plác·a·bly** *adv.* 〘((c1450)) 'pleasing' ◻ OF ~ ◻ L *plācābilis* ← *plācāre* to please: ⇨ -able: cf. placate[1]〙

plác·a·ble·ness *n.* 《古》=placability.

plac·ard /plǽkɑəd -kəd | -kɑ:d/ *n.* **1 a** (公示・広告などの)張り紙, 掲示, ポスター (poster), プラカード: put up a ~ 掲示する. **b** 標札, 名札, 荷札. **2** 小カード, 小(金属)板. **3** 《古》〖甲冑〗(胸と腹を二枚はぎにした胴の腹部に当てる)腹当の板.
— *v.* /plǽkɑəd, -kəd, pləkɑ́əd, plæ- | plǽkɑ:d/ *vt.* **1** 〈場所に〉張り紙[広告]を掲示する[張る]: ~ a wall. **2** …の掲示を出す, 〈商品などを〉張り紙で広告する: 張り紙として掲示する[張る]: ~ a bill. — *vi.* 掲示する. **~·er** *n.* 〘((a1500–1542)) *plakart, placquart* ◻ OF *placquart* (F *placard*) ← *plaquier* (F *plaquer*) to lay flat, plaster ◻ MDu. *placken* to patch, paste ← ?: ⇨ -ard〙

pla·cate[1] /pléɪkeɪt, plǽk- | pləkéɪt, pleɪ-/ *vt.* なだめる, 慰める; 懐柔する. **pla·ca·tion** /pleɪkéɪʃən, plæ- | plə-, pleɪ-/ *n.* 〘((1678)) ← L *plācātus* (p.p.) ← *plācāre* to appease ← IE **plā-k-* to be flat: cf. please〙

plac·ate[2] /plǽkeɪt, -kɪ̀t/ *n.* 〖甲冑〗=placard 3. 《異形》← PLACARD〙

pla·cat·er /pléɪkeɪtə | pləkéɪtə(r, pleɪ-/ *n.* なだめる人, 慰める人; (特に)調停者 (mediator). 〘((1894)) ← PLACATE[1] + -ER[1]〙

pla·ca·tive /pléɪkeɪtɪv, plǽk- | pləkéɪt-, pleɪ-/ *adj.* =placatory. 〘((1931)) ← PLACATE[1] + -IVE〙

pla·ca·to·ry /pléɪkətɔ̀:ri, plǽk- | pləkéɪtəri, pleɪ-/ *adj.* 〈言動などが〉なだめる, 和解的な, 懐柔的な (conciliatory): ~ policies. 〘((a1640)) ◻ LL *plācātōrius* ← L *plācātus*: ⇨ placate[1], -ory[1]〙

place[1] /pléɪs/ *n.* **1 a** (特定の)場所, 所: We cannot be in two ~s at once [one, the same] time. 同時に二つの場所にいることはできない / This is the ~ where we first met. ここが私たちが最初に会った所です / I need a ~ to stay for a while. しばらく滞在するところが必要だ / He wished he could go to some [a] new ~. どこか新しいところへ行けたらよいのにと思った. **b** 《文語》(抽象概念としての)場所, 空間 (cf. time *n.* 1 a): time and ~ 時間と空間, 時空. **c** 《古》(ある人・物の占める)空間: Only in the world I fill up a ~. 私はただこの世の穴を埋めているだけです (Shak., *As Y L* 1. 2. 191). **d** [someplace [anyplace, noplace] などと通例 1 語にして, 副詞的に用いて] 《米》=somewhere; anywhere; nowhere: He wished he could go *someplace* (new). どこか(新しいところ)へ行けたらよいのにと思った.
2 (特定の目的に使用される)場所, 建築物, …場, …所: one's ~ of birth [residence, work] 出生地[居住地, 職場] / a ~ of amusement 娯楽場 / a ~ of business 営業所 / a ~ of worship 礼拝所, 教会 / a ~ of refuge 避難所 / a ~ of arms 《古》軍隊集合場《退却地としての要塞またはその増築部》/ holy ~s 聖地《キリストまたは殉教者の遺跡》/ ⇨ meeting-place.
3 a (物の表面の特定の)部分, 箇所 (spot), 位置: a rough ~ in the road 道路のでこぼこの所 / a worn ~ in the carpet じゅうたんのすり切れた箇所 / a sore ~ on one's arm 腕の痛む箇所 / Show me the ~ where it hurts. 痛むところを見せなさい / the ~ and manner of articulation (口の中での)調音の位置と様式. **b** (書物などの)箇所, 節 (passage); 読みさしの箇所: find [lose, keep, mark] one's ~ 読みかけていた所を見つける[を見失う, を忘れないようにしておく, に印を付ける] / She always cried *at* the sad ~s. 哀れなところへくるといつも泣いた.
4 a 地域, 地方, 土地 (region); 市, 町, 村: one's native ~ 故郷 / He has traveled to a great many distant ~s in the world. 世界の非常に多くの遠い国々に旅行している. **b** 土地の環境[雰囲気]: He had a sense of ~. 土地の雰囲気に敏感だった.
5 [P—; 通例, 固有名詞に用いて] **a** (都市の)広場 (Square) (cf. place[2]): Gloucester *Place* (London の)グロスタープレース. **b** 短い通り (Street); 路地: University *Place* (New York の)大学通り.
6 a [しばしば one's ~] 住居, 家 (house): They had a party at *their* [*some else's*] ~. 彼らは自分[ほかの人]の家でパーティーをやった / Our house [apartment] is a pretty small ~, really. 私たちの家[アパート]はかなり狭いところなんです. **b** (田舎の)屋敷 (country house): He has a nice ~ in the country. 田舎にすてきな屋敷をもっている. **c** [P-; 固有名詞に用いて] (広い土地の付いた)田舎屋敷: Penshurst *Place* ペンズハースト荘. **d** 《米》農園, 農場.
7 a (乗物・劇場などの)座席, 立ち席: change [trade] ~s (*with* a person) (人と)席を交換する / There are three ~s left in [on] the bus. バスには 3 人分の席が空いている / Is this ~ free [taken, occupied]? この席は空いて[ふさがって]いますか / Keep a ~ for me.=《米》Save me a ~. 席をとっておいてくれ. **b** (食卓での)席; 一席分の膳(ぜん)立て: lay [set] a ~ for one's friend 友人のために 1 人前の膳を用意する / There were two empty ~s at the table. その食卓には 2 人分席が空いていた.
8 a (人・物のいる[ある]べき場所, あり[置き]場所; つくべき位置: slide the door of the safe back *into* ~ 金庫の扉を元通りに閉める / Find a ~ *for* this picture. この絵を掛ける場所を探してくれ / Does anyone still think a woman's ~ is in the home? 女性は家にいるべきだと思う人がまだいるだろうか / It is no ~ *for* you. 君のいるべき所でない / Some students were not in their ~s. 席に着いてない学生がいた / Everything was in its (proper) ~. すべてがあるべきところに整頓されていた / Take your ~s for the next dance. 皆次の踊りの位置につきなさい. **b** (順番を待つ人の列などでの)番, 場所: Would you please hold my ~ (for) a minute? ちょっと番をとっておいて下さいませんか. **c** 適当な場所[機会]; ふさわしい環境: A dinner party is not the ~ *for* an argument. 晩餐会は議論にはふさわしい場でない / A ~ *for* everything, and everything in its ~. 《諺》物には置き場所がある, きちんと整理整頓(されている)《★ 後者の place は 8 a》/ It was no ~ *to* educate a child. そこは子供を教育するような環境ではなかった / This is not the ~ *to* discuss such a subject. 今はそのような問題を議論する場合ではない. **d** [*pl.*] 〖演劇〗(舞台で各出演者のつくべき)位置: *Places!* 位置について《俳優に対する開幕直前の合図》. **e** 《廃》(もっともな)根拠 (basis), 理由 (ground): There is no ~ *for* doubt. 疑いの余地がない.
9 地位, 身分, 分限, 位置; (成績・重要性などの)順位: keep a person *in* his (proper) ~ 人に身のほどを知らせる / put a person *in* his (proper) ~ (思い上がったりしている)人の鼻を折る / know one's ~ 〈召使・従業員などが〉身のほどを知る, 出過ぎたことをしない / teach a person his ~ 人に身のほどを知らせる / forget one's ~ 身のほどを知らない / the ~ of [occupied by] Minamoto-Yoritomo in Japanese history 日本史において占める源頼朝の位置 / His last work will take its ~ among the most important novels of this century. 彼の近作は今世紀における最も重要な小説の一つとしての位置を占めるだろう / He was always *in* a high ~ at school. 《英》学校では常に高い席次を占めていた.
10 立場 (position): *in* a tight ~ 苦境にあって / if I were *in* your ~ もし君の立場にあったら / put oneself in a person's ~ 人の身になってみる.
11 a 勤め口, 職, 役; (特に)官公吏の職, 公職: people *in* high [prominent] ~s in government 政府高官 / He decided to take a ~ as a servant. 召使として勤めに就こうと決心した / He was offered a ~ *on* the board [publisher]. 理事のポスト[その出版社の口]を提供された. **b** (大学(の課程)・委員会などでの)一員としての席[地位], (学習などの)機会: She got a ~ *at* Oxford [*on* the course]. 彼女はオックスフォードに入学を認められた[そのコースの聴講生になった]. **c** (運動チーム・団体旅行などの)一員としての資格[地位] (membership): get a ~ *in* [《米》*on*] a team チームの一員になる. **d** 《古》[集合的] 高官の地位, 高位; 官職(の威信): a corrupt use of ~ 高官の職権濫用.
12 本分 (duty), 役目 (role), 職務: It's not my ~ to watch them. 彼らを見張っているのは私の仕事ではない.
13 空位, 空席, 代理: His son went *in* [took] his ~. 息子が父に代わって行った (⇨ take the PLACE of, *in* PLACE of).
14 (物事を列挙する場合の)順位, 段階 (step): ⇨ *in the first* PLACE / *in* the second ~ 第二に, 次に(は).
15 a 〖スポーツ〗(競馬などの)先着順位. ★《米》では 1, 2 着(通例 2 着); 《英》では 1 着から 3 着まで; 特に, 2, 3 着 (cf. win[1] 3, show 9): get a ~ 《米》2 着になる; 《英》3 着以内に入る. **b** (競技などで)受賞[入選, 合格]の順位: He took first ~ in the contest.=First ~ in the contest went to him. その弁論大会で 1 等となった / She won second ~ in her division. その部門で 2 位に入選した / His team was in last ~ most of the time. 彼のチームはたいていビリだった. **c** 〖競馬〗複勝式勝馬投票《英では 3 着まで, 米では 2 着まで》.
16 〖数学〗桁(けた), 位 (略 pl.); (特に小数点以下)…位: a three-*place* number 3 桁の数 / the tens ~ 10 の桁, 10 の位 / Calculate the answer to three decimal ~s [to the third decimal ~]. その答を小数点以下 3 位まで計算せよ.
17 〖演劇〗場所の一致 (cf. unity 9).
18 〖天文〗(天体の)位置.
19 《廃》〖鷹狩〗=pitch[1] *n.* 3 c. ★ 今は次の成句にのみ用いる: ⇨ PRIDE of *place*.

àll óver the plàce 《口語》(1) その辺り一帯に, 所嫌わず, 至る所に: Restaurants sprang up *all over the* ~. その辺至る所に料理店ができた. (2) 乱雑にして, 取り散らして, だらしない[くして]: He's left his papers strewn *all over the* ~. 書類を雑然と広げたままにしている. (3) 途方に暮れて, 取り乱して. ((1923)) ***anóther plàce*** (1) 他の所, よそ. (2) 《英》あちら, 他院《下院では上院を, 上院では下院を指していう; cf. *the other* PLACE》. ((1789)) ***click into pláce*** (1) 〈部品などが〉かちっとはまる. (2) 〈事が〉つじつまが合う, すべて納得がいく. ***fáll [fít] into pláce*** (1) 正しい場所に収まる, ぴったりはまる. (2) 〈話などが〉つじつまが合う, ぴったりする. ***from pláce to pláce*** 転々と, あちらこちらに, ところどころに. ((c1380)) ***give pláce to*** …に席[地位]を譲る; …に代えられる. ((c1384)) ***gó plàces*** 《口語》(1) いろいろな所へ行く: 遊び回る: go ~s and see things 方々を見て回る. (2) (どんどん)成功する, 出世する: That writer will go ~s. あの作家はどんどん伸びるだろう / He is *going* ~s in business. 商売でどんどん成績を上げている. ***in pláce*** (↔ out of place) (1) 決まった[正しい, もとの]場

所に, 整頓された, きちんとして: Everything was *in* ～ (for the event). (その行事のために)何もかもきちんと用意されていた. (2) 適所に, 所を得て; 適当[適切]な: The proposal is not quite *in* ～. その提案はどうもあまり時宜にかなっていない. ⦅*a*1425⦆ ***in pláce of*** (1) …の代わりに (cf. *n.* 13): Use cotton *in* ～ *of* silk. 絹の代わりに木綿を使いなさい. (2) …と交換に. ⦅1566⦆ ***in pláces*** ところどころに[で]: rain *in* ～*s* ところどころで雨. ***in the fírst plàce*** (1) 第一に(は), まず. (2) 初めは[から], もとは. ⦅1660⦆ ***in the néxt plàce*** (順次に話して)次に(は), 第二に (cf. *n.* 14). ***màke pláce for*** ⦅古⦆ 引き下がって…を入れる[通す], 余地を作って…を取り入れる. ⦅*a*1400⦆ ***òut of pláce*** (↔ in place) (1) いつもの[正しい]場所にない, 置き違えた. (2) 場違いの; 不適当な: I felt [My remarks seemed] somewhat *out of* ～ in their company. 私[私のことば]は彼らの前では何か場違いの感じがした. ⦅1551⦆ ***supplý the pláce of*** …に代わる, …の代わりになる. ***tàke pláce*** 起こる, 開催される (⇨ happen SYN): The meeting will *take* ～ next Monday. 会は来週の月曜日に催される / Next century there will *take* ～ many changes. 次の世紀にはいろいろ変化が見られよう. ⦅1770⦆ ***táke the pláce of*** …の代理をする, …に代わる (cf. *n.* 13): Electric trains have *taken the* ～ *of* steam trains. 電車が汽車にとって代わった. ⦅1875⦆ ***the óther plàce*** ⦅英戯言⦆ あちら: (1) 天国に対して地獄. (2) 下院から見て上院, 上院から見て下院 (cf. *another* PLACE). (3) 向こうの大学 (Cambridge と Oxford 両大学がそれぞれお互いを指していう). ⦅1944⦆

pláce of sáfety órder 〖英法〗青少年保護命令 (虐待などのおそれのあるとき).

— *vt.* **1** [副詞語句を伴って] **a** 置く, 載せる, 据える (set) (⇨ put SYN); [通例 p.p. で] 位置づける: The picture was ～*d* too high *on* the wall. その絵は掛かっている所が高すぎた / She ～*d* the ham *over* [*under*] the vegetables. 野菜の上[下]にハムを載せた[置いた] / I'm going to ～ an advertisement *in* the newspaper. 新聞に広告を載せようと思っている / The store is well ～*d* to attract customers. その店はお客を呼ぶのによい所にあった. **b** 配置する, 配列する, 整理する (arrange): She began to ～ the silverware *on* [*around*] the table. 彼女は銀の食器を食卓に並べ始めた / *Place* the books *in* the right order. 本を正しく整頓しなさい / High on the wall (there) were ～*d* the shields of my ancestors. 壁の高い所に祖先の盾がかかっていた.

2 a 〈信頼・希望などを〉かける, 寄せる, 〈重要性などを〉認める〔*in*, (*up*)*on*〕: ～ one's faith [confidence, trust] *in* science 科学を信頼する / He ～*s* too much importance *on* correct grammar. 正確な語法を重視しすぎている. **b** 〈議題・問題などを〉持ち出す, 提起する〔*before*〕: This topic must be ～*d before* a larger audience. この議題はもっと多くの聴衆の前に提起すべきである. **c** 〈爆弾などを〉〔既定の目標などに〕目がけて投じる, ねらい撃ちする〔(*up*)*on*〕: The bombs appeared to have been ～*d* directly *upon* the spot. 爆弾はその地点を直撃したらしかった.

3 a [通例前置詞句を伴って] 〈人・物を〉〈ある状態に〉置く: He was endeavoring to ～ the company *in* a better financial position. 会社の財政を立て直そうと努力していた / ～ a suspect *under* surveillance 容疑者を監視する / I ～*d* myself *at* her disposal [service]. 自分はいつでも彼女の役に立てるようにした / He was well ～*d to* give advice. 彼は忠告するのに都合のよい立場にあった. **b** [目的語＋前置詞句または *as* 付きの句を伴って] 〈人を〉〈ある地位・職に〉就ける, 任じる, …に勤務を命じる (assign): The president was intending to ～ her *in* a key position. 社長は彼女を要職に就けようと考えていた / He was ～*d in* command of the fleet. 彼は艦隊司令官に任命された / They decided to ～ him *as* a typist. 彼をタイピストに任じることに決定した.

4 a 〈資金を〉投資する (invest): ～ one's money *in* bonds 公債に投資する / ～ the capital *in* aircraft production 資本を飛行機生産に投じる / He agreed to ～ all the interest *with* his broker. 利子は全部ブローカーの手に任せることに同意した. **b** 〔しかるべき人に〕提出する, 届ける〔*with*〕; 〈商品などを〉売りさばく; …の処置・配布を手配する: ～ a shipment [goods] 出荷の手配を済ます / ～ evidence *with* [in the hands of] the district attorney 検察官に証拠を申し出る / ～ a book *with* a publisher 出版社に本を引き受けさせる / Her novels are easy to ～ (*with* publishers). 彼女の小説は(出版社に)売り込みやすい. **c** 〔商会などへ〕〈注文を〉出す (give)〔*with*〕; …の注文を出す, 申し込む, 依頼する (apply for): He ～*d* an order *for* 1,000 pairs of shoes *with* the firm. その商会に靴千足の発注をした / ～ a bet かけを申し出る / ～ a telephone call 電話をかける / ～ one's insurance *with* the company 保険会社に保険加入を申し込む.

5 a [しばしば目的語＋前置詞句または *as* 付きの句を伴って] 〈人〉に仕事[勤め口]を見つけてやる; 〈孤児などに〉家[里親]を世話する: Can you ～ this girl *as* a typist? この少女にタイピストの職を世話してくれませんか / All physically handicapped persons should be ～*d in* remunerative positions. 身体障害者はすべて十分な報酬の得られる職に就けるようにすべきである / The agency will ～ you *with* a good firm. その周旋所は君によい会社を世話してくれるだろう / The homeless children were ～*d in* care [*for* adoption, *with* loving families]. 孤児たちは保護者に[養子として, 優しい家庭に]預けられた. **b** 〈小説・劇などが〉出版社[演出家]を世話する.

6 (特徴から)突き止める (identify); (特に)〈以前に会った[聞いた]ことのある人[物]を〉だれ[何]だと思い出す: The gentleman looked familiar but I couldn't ～ him. 確かにその紳士には見覚えがあったが, だれだったか思い出せなかった / I couldn't quite ～ his face. 彼の顔を見てどうもだれだったかよく思い出せなかった / I tried to listen and ～ the sounds. 私は耳を澄ましてその音が何の音なのか突き止めようとした.

7 [通例, 目的語＋副詞語句または補語を伴って] **a** …の等級を定める, (…に)位するとみなす: Of many factors this may be ～*d first* [*above* all others]. 多くの要因のうちでもこれが第一のものだろう / You can ～ health *among* the greatest gifts of life. 健康は人生最大のたまものとみなされうる. **b** 評価する, 値踏みする (estmate): He ～*d* the value of the house too high [*at* five million dollars]. その家の価値を高く評価しすぎた[500 万ドルと踏んだ]. **c** …の年代[範疇(はんちゅう)]を推定する: He has ～*d* the find *as* Neolithic [*in* the Jomon period]. その出土品を新石器時代[縄文時代]のものと推定した. **d** …の範疇に属させる[含める].

8 …に(競技などの)出場の資格を得させる, 出場させる: ～ players *in* [⦅米⦆ *on*] the Olympic team 選手をオリンピックに出場させる / Our college ～*d* two students *in* the Intercollegiate Public-Speaking Contest. 我々の大学は大学連合弁論大会に学生二人を送った.

9 〈競走者・競技者〉の順位を判定する; [通例 受身で] 〈競走馬・競走者などを〉1[2, 3]着と判定する, ⦅米⦆ 2 着と判定する (cf. *n.* 15 a): She was ～*d* first in English. 彼女は英語(の試験)で 1 位になった / *be* ～*d* ⦅米⦆ 2 着に入る, ⦅英⦆ 3 着以内に入る / The horse *was* ～*d* first [second]. その馬は1[2]着となった.

10 a 〖球技〗〈ボールを〉ねらったところに打つ (cf. place hitter). **b** 〖ラグビー〗〈ゴールを〉プレースキック (placekick) で陥れる.

11 〈声楽家・演説者が〉〈声量や音域を考慮に入れて〉〈声を〉調節する.

— *vi.* ⦅米⦆ **1** (競技などで)入賞する; [first, second, last などの副詞語句を伴って] 〈ある順位〉になる: He ～*d* second *in* the chess tournament. チェスの勝抜き戦で 2 等となった. **2** ⦅米⦆ (競馬・競走などで)3 着以内に入る, (特に)2 着になる (cf. win[1] *vi.* 1, show *vi.* 4).

～·a·ble /-səbl̩/ *adj.* 〖*n.*: (?*a*1200) ▭ (O)F ～ 'open space in a city, locality' < VL **plattiam*＝L *platēa* street, open space ▭ Gk *plateîa* (*hodós*) broad way (fem.) ← *platús* broad ← IE **plat-* to spread (Skt *prathati* he spreads out) ∽ OE *plæċe*, *plætse* ▭ L *platēa*. — v.: (1442) ← (n.): PLAZA, PIAZZA と三重語: cf. plate〗

place[2] /plɑ́:s; *F.* plas/ *n.* (都市の)広場 (square) (cf. plaza 1). ★ 特に, 固有名詞に用いる (cf. place[1] *n.* 5 a): the *Place* de la Cncorde. 〖(1699) ▭ F ～ (↑)〗

pláce bèt *n.* 〖競馬〗複勝式の賭け (cf. place[1] *n.* 15 c). 〖cf. (1885) *place betting*〗

pla·ce·bo /pləsí:boʊ | pləsí:bəʊ, plæ-/ *n.* (*pl.* ～**s**, ～**es**) **1** 〖医学〗プラシーボ, 偽薬 (有効な薬効成分を含まぬもの). **2** 気休めの言葉[行為], 慰め; お世辞 (flattery). **3** /⦅米⦆ では plɑ:tʃéɪboʊ/ 〖カトリック〗死者のために唱える聖務の晩課. 〖(?*a*1200) ← L *placēbō* I shall please ← *placēre* 'to please, PLACATE[1]': ラテン語訳聖書 (Vulgate) *Ps.* 114:9 の文頭語から〗

placébo efféct *n.* 〖医学〗プラシーボ効果 (placebo による治療効果で, 薬理作用以外による効果; 心理的なものなど). 〖1950〗

pláce brìck *n.* (野積み焼でできた)極めて品質の悪い建築用れんが (cf. picking 4).

pláce càrd *n.* (公式の宴会席などでの)座席札; その宴会. 〖1922〗

pláce hìtter *n.* 〖野球〗プレイスヒッター (野手のいないところをねらって打てるバッター).

pláce·hòlder *n.* 〖数学〗プレースホールダー (式の中の文字のうち, 定められた集合の要素の名前を代入しうるもの). 〖((1560)) (19C)〗

pláce·hùnter *n.* 求職者; 猟官運動者. 〖1713〗

pláce·kìck 〖ラグビー・サッカー・アメフト〗 *n.* プレースキック (ボールを地に置いて蹴ること; cf. dropkick 1, punt[2]). **—** *vt.* 〈ボールを〉プレースキックする; プレースキックで〈点を〉あげる. **—** *vi.* プレースキックをする. **～·er** *n.* 〖1845〗

pláce·less *adj.* 適当な場所のない. **～·ly** *adv.* 〖*a*1387〗

pláce·man /-mən/ *n.* (*pl.* **-men** /-mən/) ⦅英・軽蔑⦆ 役人, 官吏 (特に, 18 世紀英国の通例政治家の力などで任命された人); 猟官運動者. 〖1741〗

pláce màt *n.* 食卓マット (ナイフ・フォークなどの下に敷く). 〖1951〗

place·ment /pléɪsmənt/ *n.* **1** 布置, 配置, 配合〔*of*〕: the ～ *of* lights 光の配合, 彩光の具合. **2** (学力成績による学生の)クラス[コース]分け. **3** ⦅米⦆ (職業安定所などで行う) 求職者の配置, 職業紹介, 授産: a ～ agency [office] 職業紹介所. **4 a** 〖アメフト〗プレースキック (placekick) をするためにボールを地面に置くこと; そのボールの位置. **b** ＝placekick. **c** プレースキックによる得点. **5** ねらったところへボールを打つこと; (特に, テニス・バドミントンで)プレースメント, 配球 (相手が取りにくい, またはまず取れない場所へのショット). 〖(1844) ← PLACE[1]＋-MENT〗

plácement tèst *n.* ⦅米⦆ (新入生などのクラス分けのために行う)学力テスト, クラス分け試験. 〖1934〗

pláce-nàme *n.* 地名. 〖1868〗

pla·cen·ta /pləsénṭə | -tə/ *n.* (*pl.* ～**s**, **-cen·tae** /-ti:/) **1** 〖動物・解剖〗(哺乳(ほにゅう)類の)胎盤; (哺乳類以外の)胎盤. **2** 〖植物〗**a** 胎座 (子房内にある胚珠が付着する部分). **b** シダ植物の胞子嚢(のう)がついている組織. 〖(1677) ← NL ～ ← L ～ 'cake' ▭ Gk *plakóenta* (acc.), *plakóeis* flat cake ← *pláx* flat surface ← IE **plāk-* to be flat: cf. placate[1]〗

pla·cen·tal /pləsénṭl̩ | -tl̩/ *adj.* 〖動物・解剖〗胎盤 (placenta) のある: a ～ mammal 胎盤哺乳(ほにゅう)類. 〖1808〗

placénta pré·vi·a /-prí:viə/ *n.* (*pl.* **placentae pre·vi·ae** /-viì:/) 〖医学〗前置胎盤.

pla·cen·tate /pləsénteɪt/ *adj.* 胎盤[胎座]を有する. 〖(1890) ← NL *placentātus* ← *placenta*: ⇨ placenta, -ate[2]〗

plac·en·ta·tion /plæ̀səntéɪʃən, -sṇ-, pləsèn-/ *n.* **1** 〖動物・解剖〗胎盤形式, 胎盤構造, 胎盤排列. **2** 〖植物〗胎座排列, 胎座式. 〖1: (1871); 2: (1760) ▭ F ～: ⇨ ↑, -ation〗

plac·er[1] /pléɪsə | -sə(r)/ *n.* **1** (物を)セットしたり配列したりする人. **2** …位の人[馬(など)]: the fifth ～ in the contest コンテストでの第 5 位(入賞者). 〖(1579) ← PLACE[1]＋-ER[1]〗

plac·er[2] /plǽsə | -sə(r)/ *n.* 〖鉱山〗**1** 沖積鉱床, 砂鉱床, 含鉱砂利 (cf. lode 1). **2** 砂金採取場, 砂鉱. 〖(1842) ▭ Am.-Sp. ～ 'deposit, shoal' ← Sp. *plaza* place〗

plác·er gòld /plǽsə- | -sə-/ *n.* 〖鉱山〗砂金. 〖1848〗

plác·er mìner /plǽsə- | -sə-/ *n.* 〖鉱山〗砂金鉱夫. 〖1872〗

plác·er mìning /plǽsə- | -sə-/ *n.* 〖鉱山〗砂鉱(床)採鉱, 砂金採取. 〖1856〗

plá·cer·y bòom /pléɪsəri- | -ri-/ *n.* 〖海事〗両側に増設した横帆のすそを張り出すためのブーム (昔の帆船が用いた). 〖*placery*: (変形)? ← *passaree* ▭ F *passeresse* (fem.) ← *passeur* passer〗

pláce·sèekers *n. pl.* 猟官連, 地位を求める人たち. 〖1902〗

pláce sètting *n.* **1** プレースセッティング (食卓で個人別に並べる皿やナイフ・フォークなどの一揃い). **2** (販売単位としての)プレースセッティング. 〖1950〗

pla·cet /pléɪsɨ̬t | -sɛt, -sɪt/ *n.* (placet という語を用いて示す)賛成(表明) (★ 英国の大学や教会で票決の際に用いられる文句); 賛成投票: non ～ 不賛成, 反対投票 / The ～*s* were in the majority. 賛成が大多数だった. 〖(1589) ▭ L ～ 'it pleases' ← *placēre* 'to PLEASE'〗

pláce vàlue *n.* 〖電算〗桁(けた)の値 (例えば 532 で 3 のある桁の値は 10 であり, 数字そのものは 30 を示す). 〖1911〗

plac·id /plǽsɨd | -sɪd/ *adj.* **1** 穏やかな, 静かな, 静穏な: a ～ stream 波を立てずに静かに流れる水. **2 a** 静かで落ち着いた, 温和な, 冷静な (⇨ calm SYN): a ～ mood [temper] 落ち着いた気分[気質] / a ～ smile 静かなほほえみ. **b** 満足した. **pla·cid·i·ty** /pləsídəti, plæ- | -dɪti/ *n.* **～·ly** *adv.* **～·ness** *n.* 〖(1626) ▭ F ～ // L *placidus* pleasing, smooth ← *placēre* 'to PLEASE': ⇨ -id[4]〗

Plac·id /plǽsɨd | -sɪd/, **Lake** *n.* プラシッド湖 (米国 New York 州北東部, Adirondack 山脈中の湖; 行楽地; 全長 6 km). 〖↑〗

Plá·ci·do's dísk /plɑ́:sədòʊz- | -sɪdəʊz-/ *n.* 〖眼科〗プラシド角膜計. 〖← *A. Placido* (19 世紀のポルトガルの眼科医)〗

Plac·i·dyl /plǽsɨdɪl | -sɪ-/ *n.* 〖商標〗プラシディル (米国製の睡眠薬・鎮静剤で, エトクロルビノール (ethchlorvynol) 製剤). 〖⇨ placid, -yl〗

plac·ing /pléɪsɪŋ/ *n.* (競技などの)順位: He failed to get even a sixth ～ in any of the throwing events. どの投擲(とうてき)競技でも 6 位にすら入賞できなかった. 〖*c*1449〗

plácing-óut *n.* 里子制度 (boarding-out system).

plack·et /plǽkɨt | -kɪt/ *n.* **1** (衣服の着脱のための)あき (placket-hole ともいう). **2** ⦅古⦆ (スカートの)ポケット. **3** ⦅古⦆ **a** ＝petticoat. **b** ＝woman. 〖(1546) (変形)? ← *plackerd* 'PLACARD': ⇨ -et〗

plac·o- /plǽkoʊ | -kəʊ/ 「平板 (flat table, tablet)」の意の連結形. ★ 母音の前では通例 plac- になる. 〖▭ Gk *plak-*, *plako-* ← *pláx* flat surface〗

plac·ode /plǽkoʊd | -kəʊd/ *n.* 〖動物〗プラコード (胎児器官の原基を形成する外胚葉の肥厚). 〖(1909): ⇨ ↑, -ode[1]〗

plac·o·derm /plǽkədə̀:m | -də̀:m/ *n.* 〖古生物〗板皮(ばんぴ)綱の魚類 (デボン紀に栄え, 石炭紀に絶滅). 〖(1859–65)〗

plac·oid /plǽkɔɪd/ *adj.* 〖動物〗〈魚が〉板金状のうろこのある; 〈うろこが〉板金状の. 〖(1842) ← PLACO-＋-OID〗

placque /plǽk | plɑ́:k/ *n.* 〖紋章〗プラーク (紋章官の官服 (tabard); 仕える王・領主などの紋章を衣服いっぱいにデザインしたもの). 〖(1848) ▭ F *plaque*: ⇨ plaque〗

pla·fond /pləfɔ̃́:(ŋ), -fɔ́:ŋ; *F.* plafɔ̃/ *n.* **1** 〖建築〗(装飾を施した)天井, 飾り天井; 天井画. **2** 〖トランプ〗プラフォンド (contract bridge の前身; 20 世紀初めフランスで行われた). 〖(1664) ▭ F ～ ∽ (1664) *platfond* ▭ OF ← *plat* flat＋*fond* bottom: ⇨ plate, fund〗

pla·gal /pléɪgəl, -gl̩/ *adj.* 〖音楽〗変格の (cf. authentic 4): **a** 教会旋法で主音が音域 (ambitus) の中央に位する. **b** 下属和音から主和音へ終止する: ⇨ plagal cadence. 〖(1597) ▭ ML *plagālis* ← *plaga* plagal mode (逆成)? ← *plagius* ▭ MGk *plágios* plagal (Gk 'oblique') ← Gk *plágos* side〗

plágal cádence [clóse] *n.* 〖音楽〗変格終止(法) (属和音以外の和音(特に, 下属和音)から主和音に終止すること). 〖1875〗

plage /plɑ́:ʒ, pléɪdʒ; *F.* pla:ʒ/ *F. n.* **1** 浜辺; (特に, 多くの人でにぎわう)海浜. **2** 〖天文〗プラージュ (太陽彩層中の現象の一種で, 黒点周辺の明るく輝線を発する部分; flocculus ともいう). 〖((*c*1390)) ▭ F ～ ▭ It. *piaggia* < LL *plagiam* beach, shore ▭ Gk *plágios*: cf. plagal〗

pla·gi- /pléɪdʒi, -dʒɪ/ (母音または h の前にくるときの) plagio- の異形.

P

pla·gia·rism /pléɪdʒərìzm, -dʒiə-/ *n.* **1** 他人の文章・思想・考案などを盗み取って自分のものと称すること, 剽窃(ひょうせつ), 盗作. **2** 剽窃物, 盗作(したもの). 〘(1621) ← PLAGIARY＋-ISM〙

plá·gia·rist /-rɪst | -rɪst/ *n.* 剽窃(ひょうせつ)者. **pla·gia·ris·tic** /plèɪdʒərístɪk, -dʒiə-ˊ/ *adj.* **plà·gia·rís·ti·cal·ly** *adv.* 〘1674〙

pla·gia·rize /pléɪdʒəràɪz, -dʒiə-/ *vt.* 〈他人の文章・思想・考案などを盗み取って自分のものと称する, 剽窃(ひょうせつ)する. — *vi.* 他人の文[思想, 考案など]を剽窃する. **plá·gia·rìz·er** *n.* 〘1716〙

pla·gi·ar·y /pléɪdʒièri, -dʒəri | -dʒəri, -dʒiə-/ *n.* 《古》 **1** ＝plagiarism. **2** ＝plagiarist. 〘(1601) □ L *plagiārius* kidnapper ← *plagium* kidnapping ← *plaga* net: ⇨ -ary: cf. placate¹〙

pla·gi·o- /pléɪdʒiou | -dʒiəu/「斜めの (oblique)」の意の連結形. ★ 母音および h の前では通例 plagi- になる. 〘□ Gk ～ ← *plágios* oblique ← *plágos* side: cf. plagal〙

plàgio·céphaly *n.* 〘医学〙斜頭(症). **plàgio·cephálic** *adj.* **plàgio·céphalous** *adj.* 〘(1890): ⇨ ↑, -cephaly〙

pla·gi·o·clase /pléɪdʒiəklèɪs | -dʒiə(ʊ)-/ *n.* 〘鉱物〙斜長石 (Na·Ca を主成分とする長石の一種). **pla·gi·o·clas·tic** /plèɪdʒiəklǽstɪk | -dʒiə(ʊ)-ˊ/ *adj.* 〘(1868) □ G *Plagioklas* ← PLAGIO-＋Gk *klásis* fracture ← *klân* to break: cf. clastic〙

plàgio·clímax *n.* 〘生態〙偏向的極相 (人為的な外的要因によって, 動植物の群集の一次遷移がゆがめられたまま安定した極相). 〘1935〙

pla·gi·o·he·dral /plèɪdʒiouhíːdrəl | -dʒiə(ʊ)hédrəl, -híːdrəlˊ/ 〘結晶〙 *adj.* 偏形の (水晶に見られるような角を斜めに切り落としたような形にいう). — *n.* 偏形の面.

pla·gi·o·sere /pléɪdʒiəsɪə | -dʒiə(ʊ)sɪə^(r)/ *n.* 〘生態〙偏向的遷移系列 (人為的な要因により, 通常の発達からは逸脱した生態学的遷移). 〘(1935): ⇨ sere²〙

pla·gi·o·tro·pic /plèɪdʒioutróupɪk, -trɑ́(ː)p- | -dʒiə(ʊ)trɔ́p-ˊ/ *adj.* 〘植物〙〈根・茎など〉(生長発達が)斜生の, 斜行する, 斜向性の, 傾斜屈性の (cf. orthotropic 2). **plà·gi·o·tró·p·i·cal·ly** *adv.* 〘1882〙

pla·gi·ot·ro·pism /plèɪdʒiɑ́(ː)trəpìzm | -dʒiɔ́trə-/ *n.* 〘植物〙傾斜屈性 (cf. tropism, orthotropism). 〘1886〙

pla·gi·ot·ro·pous /plèɪdʒiɑ́(ː)trəpəs | -dʒiɔ́trə-/ *adj.* 〘植物〙＝plagiotropic. 〘1900〙

plague /pléɪg/ *n.* **1 a** 猛烈な伝染病, 悪疫, 疫病 (pestilence): ⇨ white plague. **b** [しばしば the ～] ペスト (pest). ★ ペスト菌 *Pasteurella pestis* による猛烈な伝染病; 数種類あるが the pest と言えば通例, 腺ペスト (bubonic plague) を指す; ヨーロッパでは有史以来数回大流行を見, 中世に黒死病 (Black Death) と呼ばれた流行病はこれとされる: the pneumonic [pulmonary] ～ 肺ペスト / the London ～＝Great Plague. [日英比較] 日本語では「ペスト」というが, 英語では *plague* が普通. **2** 《口語》(有害動物の)異常[大量]発生, (いなご・ばったなどの)大襲来: a ～ of locusts. **3** 《口語》厄介な物[人] (nuisance), 面倒なこと (trouble). **4** (神のたたりによる)不幸, 天災, 災難; 呪い: A ～ *on* [*upon*] it [him, etc.]! 《古》＝*Plague* take it [him. etc.]! いまいましい, ちくしょう / A ～ *on* [*o'*] both your houses! 《米》[けんかを止めようとしない 2 人に嫌悪を示して] いい加減にしろ, よせったら / What the [a] ～! 一体全体; まあ. ***avóid like the plágue*** 〈人を〉(まるでペストにでもかかっているように)忌避する.
— *vt.* **1** …に災いする, 悩ます, いじめる, 苦しめる (pester): Political unrest ～*d* the country. その国は政治不安に見舞われた. **2** 《口語》〈質問・要求などで〉〈人を〉うるさく困らす, うるさがらせる 〔*with*〕 (⇨ worry SYN): Stop *plaguing* me *with* your problems. 私に質問はやめてくれ / I am ～*d* to death. 死ぬほどうるさい思いだ. **3** 疫病にかからせる.
plá·guer *n.* 〘(*c*1384) *plage* □ OF *plague* □ L *plāga* blow, stroke, LL pestilence □ ? Gk (Doric) *plāgā*, (Attic) *plēgē* stroke ← IE **plāk-* to strike (L *plangere* / Gk *plēssein*)〙

plágue grásshopper [lócust] *n.* 異常発生するイナゴ類; (特に)オーストラリアに生息するオーストラリアトビバッタ (*Chortoicetes terminifera*) と *Austroicetes cruciata* の二種を指す.

plágue pit *n.* (London の大疫病 (Great Plague) の犠牲者たちをまとめて埋葬した)疫病の穴. 〘1841〙

plague·some /pléɪgsəm/ *adj.* 《口語》厄介な, うるさい (troublesome). 〘1828〙

plágue spòt *n.* **1** (腺(せん)ペストの時の皮膚の)斑(はん)状出血. **2** 疫病流行地. **3** 堕落の地[兆し]. 〘1711〙

plágue-stricken *adj.* 悪疫が流行している: a ～ district [region] 悪疫流行地.

plagu·ey /pléɪgi/ 《口語・方言》 *adj.* **1** 厄介な, うるさい; 腹立たしい, 癪(しゃく)にさわる. **2** はなはだしい, ひどい. — *adv.* 癪にさわるほど, うるさく; ひどく, やけに: He was ～ glad to get back again. 帰って来て彼は無性に喜んだ. 〘(1574) ← PLAGUE＋-Y⁴〙

plagu·i·ly /pléɪgɪli/ *adv.* ＝plaguey. 〘(*a*1586): ⇨ ↑, -ly¹〙

plagu·y /pléɪgi/ *adj., adv.* ＝plaguey.

plaice /pléɪs/ *n.* (*pl.* ～, **plaic·es**) 〘魚類〙 **1** 《米》グリーンランドアカガレイ (*Hippoglossoides platessoides*) (大西洋産アカガレイ属の重要食用魚). **2** プレイス (*Pleuronectes platessa*) (大西洋産ツノガレイ属の魚; ヨーロッパの重要食用魚). 〘(1267) □ OF *plaiz*, *plais* (F *plie*) □ LL *platessam* flatfish ← Gk *platús* broad: ⇨ place¹〙

plaid /plǽd/ *n.* **1** 格子柄の織物; 格子織柄 (cf. check³): ⇨ TARTAN¹ plaid. **2** (スコットランド高地で冬季に外套の代わりにする)格子柄の肩掛け. — *adj.* 格子柄の織物でできた; 格子柄の. 〘(1512) □ Sc.-Gael. *plaide*＝Ir. *ploid* blanket, plaid ← ?〙

Plaid Cym·ru /plάɪdkʌ́mri; *Welsh.* plάɪdkə́mri, -ri/ *n.* ウェールズ民族党 (ウェールズの英国からの独立を目標とする政党; 1925 年結成; ウェールズ語で party of Wales の意).

plaid·ed /plǽdɪd | -dɪd/ *adj.* **1** 格子柄の肩掛け (plaid) を着た. **2** 格子柄の布で作った. **3** 格子柄の. 〘(1802): ⇨ ↑, -ed 2〙

plain¹ /pléɪn/ *adj.* (～·**er**; ～·**est**) **1 a** 明白な, 分かりやすい, 平明な, 平易な (⇨ evident SYN): ～ writing 平明な文章 / in ～ English 平易な英語で / in ～ everyday language＝in ～ words [terms] 分かりやすい言葉で, 平たく言えば / I will make my meaning ～ to you. 意味をはっきりさせよう / make oneself ～ 言わんとすることをはっきりさせる / (as) ～ as day [a pikestaff, the nose on one's face] きわめて明白な / (as) ～ as Salisbury 《英》 (Salisbury Plain にかけて) きわめて明瞭な. **b** 符丁[符号, 暗号]で記したのではない. **2** はっきり見える[聞こえる], はっきり[すっきり]した: ～ print, writing, etc. **3** 無装飾の, 凝っていない; 模様[意匠, 彩色]のない, 無地の; 平織の (untwilled) (↔ fancy): a ～ tile 平[板]がわら / ～ cloth 無地織, 平織 / ⇨ plain clothes, plain paper. **4** 〈生活など〉質素な, 地味な, 粗末な, 簡素な: ～ living and high thinking ⇨ living *n.* 3. **5** 〈人・言動など〉率直な, 飾り[ごまかし]のない, 腹蔵のない (frank): ～ speaking 直言 / to be ～ with you 率直に話しますと / The ～ truth [fact] is … 率直に言って / with ～ displeasure あからさまに嫌な顔をして. **6** 威張らない, 気取らない; 無骨な; 普通の, 平凡な; 社会的地位[教育程度]が低い: ⇨ Plain People. **7** 全くの, 徹底した (sheer): ～ folly, nonsense, etc. **8** 混ざり物のない, 純の. **9** 〈食物などあっさりした, 味をつけていない; 簡単に調理した; (小麦粉に)ふくらし粉が入っていない: ～ food, cooking, etc. / ～ rice 白いご飯 / ⇨ plain chocolate / a ～ diet 簡易食. **10** 《婉曲》〈女性が〉美しくない, 不器量な (homely): a plump girl with a ～ face 太って美しくない娘. **11** 《古》平らな, 平坦な (⇨ level SYN); 広々とした: ～ fields 平野 / in ～ sight さえぎるものもなくよく見えて. **12** 〘トランプ〙切札でない; 絵札でない: a ～ card 平札; 数札 (cf. court card).
— *adv.* **1** はっきりと; (発音など)明瞭に (articulately); 分かりやすく: write [speak] ～ 平明に書く[話す]. **2** あからさまに, 率直に. **3** 《口語》全く, すっかり (absolutely): a ～ silly person / This summer was (just) ～ hot. この夏は(ほんとうに)全く暑かった.
— *n.* **1 a** [《米》ではしばしば *pl.*] 平原 (cf. prairie), 平野. **b** [the Plains] ＝Great Plains (cf. Plains Indian). **2** 《詩》戦場 (field). **3** [the P-] 平原党 (フランス革命当時の穏和党; 議院内で低い座席を占めていたところから; cf. mountain 3). 〘(なぞり) ← F *la Plaine*〙 **4** 《米》無地の織物. **5** 〘編物〙＝plain stitch. **6** 〘玉突〙 **a** 黒点のついていない白球. **b** その球を使う競技者. **7** 《アイル》弱い黒ビール.
Pláins of Ábraham [the —] アブラハム高原 (カナダの Quebec 市西部, St. Lawrence 河畔の高原; 七年戦争中の 1759 年 Wolfe 将軍指揮下の英軍が Montcalm 侯指揮下のフランス軍を破り Quebec 占領の端緒となった戦跡地).
〘adj.: (?*a*1300) □ (O)F ～ < L *plānum*, *plānus* flat ← IE **pelə-* flat (Gk *pláx* the plain). —n.: (*a*1300) □ OF ～ < L *plānum* a plain (neut.) ← *plānus* flat: cf. flat¹, field, piano², plane²〙

plain² /pléɪn/ *vi.* 《古・詩・英方言》 **1** 不平を言う (complain); 嘆く, 悲しむ. **2** 悲しげに歌う[泣く]. 〘(?*a*1200) *plei(g)ne(n)* □ (O)F *plaindre* to mourn < L *plangere* to beat (breast), lament (⇨ plague): cf. plaint〙

pláin bèaring *n.* 〘機械〙平軸受. 〘1917〙

pláin·chànt *n.* 〘キリスト教〙＝plainsong 1. 〘(1727–41) □ F *plain-chant* (原義) plain song〙

pláin chócolate *n.* (ミルクを加えてない)プレーンチョコレート, ブラックチョコレート (cf. milk chocolate).

pláin-clóthes *adj.* 平服の, 私服の. 〘1866〙

pláin clóthes *n. pl.* (制服に対して)私服, 平服, 通常服 (cf. mufti, uniform): in ～ 〈警官が〉私服の[で]. 〘1822〙

pláin·clóthes·man /-mən/ *n.* (*pl.* **-men** /-mən, -mèn/) 私服警官, (特に)私服刑事. 〘1899〙

pláin·clóthes·wòm·an /-wʊ̀mən/ *n.* (*pl.* **-wom·en** /-wɪ̀mɪn/) 女性私服刑事[警官].

pláin cóncrete *n.* 無筋コンクリート (補強鉄筋などを含まないコンクリート).

pláin-déaler *n.* 率直[淡泊]な人; 正直な人. 〘1571〙

pláin déaling *n.* 淡泊; 正直, 公明正大: *Plain dealing* is a jewel. 《諺》正直は宝石,「正直は一生の宝」. — *adj.* 淡泊な, 率直な; 正直な, 公明正大な. 〘1573〙

Plain·field /pléɪnfiːld/ *n.* プレーンフィールド (米国 New Jersey 州北東部の都市).

pláin flóur *n.* 《英》ふくらし粉を含まない小麦粉 (《米》 all-purpose flour).

pláin·ing *n.* 〘ガラス製造〙清澄(せいちょう) (⇨ refining). 〘(1340): ⇨ -ing¹〙

pláin-Jáne *adj.* 《口語》普通の, ありふれた (ordinary). 〘1936〙

pláin Jáne *n.* 普通の女性, ありふれた女性. 〘1912〙

pláin knít *n.* メリヤス編み (stockinette).

pláin knítting *n.* **1** ガーター編み (garter stitch). **2** メリヤス編み (plain knit, stockinette ともいう). 〘1861〙

pláin-láid *adj.* 〘海事〙〈綱が〉平撚(ひらよ)りの, 普通撚りの (3 本の平撚りの索を右撚りにした; cf. cable-laid): a ～ rope. 〘← PLAIN¹＋*laid* (p.p.) ← LAY²〙

pláin lánguage *n.* 〘通信〙(暗号を使用しない)普通の言葉. 〘1827〙

pláin-lòoking *adj.* 《米》器量のよくない, 不器量な (↔ good-looking). 〘1825〙

plain·ly /pléɪnli/ *adv.* **1** 明らかに, 明白に; 平明に: He didn't mention it ～. はっきりとその事に触れなかった / *Plainly*, the accident was caused by carelessness. 明らかにその事故は不注意によるものだ. **2** 率直に, 飾らずに, ありのままに: To speak ～ 率直に言えば. **3** 質素に, 簡素に, 簡易に: She was dressed ～. 彼女は質素な身なりをしていた. 〘(*a*1350): ⇨ plain¹, -ly¹〙

pláin·ness *n.* **1** 明白, 平明. **2** 率直. **3** 質素, 簡素, 簡易. **4** 無器量. 〘(?*a*1300) *play-*, *pleynesse* □ OF *plai(g)nesse* flatness < L *plānitiēs* flat surface ← *plānus* flat: 後に PLAIN¹＋-NESS と連想された〙

pláin pàper *n.* **1** 無罫紙(けいし). **2** 〘写真〙 **a** 食塩紙. **b** 感光層などの塗布していない紙, 普通紙.

Pláin Pèople *n. pl.* **1** [the ～] 〘キリスト教〙プレーンピープル, 簡素派 (簡素な生活をし, 古い習慣を守るアマン派 (Amish)・メノー派 (Mennonites)・ダンカー派 (Dunkers) の信者). **2** [p- p-] 普通の人. 〘1904〙

Plains /pléɪnz/ *adj.* 平原インディアン (Plains Indian) (の文化)の. 〘(1844) 《略》← *Plains Indian*〙

pláin sáil *n.* 帆船のいつも使う帆, 普通の帆. 〘1829〙

pláin sáiling *n.* **1 a** 順調な航行. **b** 《口語》(事の)滞りない進行, とんとん拍子に運ぶこと: It's all ～. 至極順調に行っている. **2** 〘海事〙＝plane sailing 1. 〘1756〙

pláin-sàw *vt.* 〘木工〙＝tangent-saw.

pláin séam *n.* 〘服飾〙平縫い(の縫目) (2 枚の布端を合わせて縫う縫目).

pláin sérvice *n.* 略式礼拝.

Pláins Índian *n.* 平原インディアン (もと Great Plains に住み, 野牛を狩猟して生活をたてたアメリカ先住民; Buffalo Indian ともいう). 〘1844〙

pláins·man /-mən/ *n.* (*pl.* **-men** /-mən, -mèn/) 平原の住民; (特に)平原児. 〘1870〙

pláin·sòng *n.* **1** 〘キリスト教〙(古くから教会で用いられている)単旋律聖歌; 礼拝の音楽; グレゴリオ聖歌 (Gregorian chant) (plainchant ともいう). **2** (対位法的展開のもととなる)定旋律 (cantus firmus). **3** 素朴な旋律[歌調]. **4** (ヒンズー教で歌われる)単純な旋律の聖歌. 〘(1448) 《なぞり》← ML *cantus plānus*〙

pláin·spóken *adj.* 〈人が〉率直な言い方をする, あからさまな; 〈言葉など〉露骨な, むき出しの. **～·ness** *n.* 〘1678〙

pláin stítch *n.* ＝knit stitch.

pláin sùit *n.* 〘トランプ〙＝side suit.

plaint /pléɪnt/ *n.* **1** 《文語・詩》悲しみ, 嘆き, 悲嘆 (lamentation). **2** 苦情. **3** 〘法律〙訴訟申立書, 告訴, 告訴状. 〘(?*a*1200) *pleinte* □ (O)F *plainte* ← (p.p.) ← *plaindre* 'to PLAIN²' // OF *plaint*, *pleint* < L *planctum* lamentation ← (p.p.) ← *plangere* to lament: ⇨ plain²〙

pláin tàble *n.* 〘測量〙＝plane table.

pláin téa *n.* プレーンティー (《米》low tea) (お茶とバター付きパンだけが出るティー; cf. high tea).

pláin·tèxt *n.* 普通の言葉で述べられている暗号のもとの文 (clear text) (cf. cyphertext). 〘1918〙

plaint·ful /pléɪntfəl, -fl/ *adj.* 《文語》悲しみに沈んだ. 〘*a*1325〙

plain·tiff /pléɪntɪf | -tɪf/ *n.* 〘法律〙(第一審の)原告, 提訴者 (cf. appellant; ↔ defendant). 〘(*a*1400) □ AF *pleintif*＝(O)F *plaintif* (n.): ⇨ plaintive〙

pláin tíme *n.* 規準内労働時間 (↔ overtime).

plain·tive /pléɪntɪv | -tɪv/ *adj.* もの悲しい, 哀れを誘う, 哀れな; 泣き言を言う: a ～ voice / a ～ melody 哀調. **～·ly** *adv.* **～·ness** *n.* 〘(*a*1393) □ (O)F *plaintif*, (fem.) *plaintive* ← *plaint(e)* 'PLAINT': ⇨ -ive〙

pláin trípe *n.* プレイントライプ (⇨ tripe 1 a).

pláin wèave [wèaving] *n.* 平織り (縦糸と横糸が交互に 1 回ごとに交錯した最も単純な織り方). **pláin-wèave** *adj.* **pláin-wòven** *adj.* 〘1888〙

plait /plǽt, pléɪt | plǽt/ *vt.* **1** 〈髪などを〉編む; 〈むしろなどを〉編む, 編んで作る: ～*ed* work 編み細工. **2** 〈布などに〉ひだをとる, 畳む. — *n.* **1** (髪・麦わらなどの)編んだもの, (編み)お下げ, 麦わらさなだ (braid). **2** 《まれ》(布などの)ひだ (pleat). **3** 《英》巻きやねじりの入ったパン. **～·er** /-tə | -tə^(r)/ *n.* 〘n.: (*c*1385) □ OF *pleit* folding < VL **plic(i)tum* ← L *plicitus* (p.p.) ← *plicāre* 'to fold, PLY¹' — v.: (*c*1330)〙

pláit·ing /-tɪŋ | -tɪŋ/ *n.* **1** (髪・わらなどを)編むこと; 弁髪. **2** ひだ, プリーツ (pleat). **3** (ひも・リボン・革ひもなどを)組むこと; 組みひも, 打ちひも (braiding). 〘(1400) ME *pleityng*: ⇨ ↑, -ing¹〙

plan /plǽn/ *n.* **1** 計画, プラン; 制度; 画策, 計略: a ～ of attack [campaign, operations] 攻撃[作戦]計画 / contingency ～*s* 非常事態計画 / a five-year development ～ 開発 5 か年計画 / a health-care ～ 健康保険プラン[制度] / form [make, devise, work out] a ～ 計画を立てる / change [carry out] a ～ 計画を変更[実行]する / have no ～*s for* the future 将来の計画がない / have big ～*s* 大きなことを考えている / I hope nothing spoils [upsets, thwarts] their ～*s*. 彼らの計画が何事にも邪魔されないように希望する. **2** 計画表, 予定表. **3** やり方, 方法; 流儀, 式 (way): A better [The best] ～ is to peel them after boiling. それは煮てから皮をむいたほうがいい[むくのが最もよい] / ⇨ American plan, European plan. **4**

P

図面 (diagram), 設計図, 輪郭図 (design); 〘建築〙平面図 (floor plan): a raised ～ 投影図, 正面図 / a working ～ 工作図, 施工図 / a seating ～ 座席の配置図. **5** (市街などの)地図, 案内図 (map): a town ～. **6 a** 透視画法. **b** (透視画法の)透視面《目と対象物の間にあって視線に垂直な想像上の面》.

accòrding to plán (1) 予定通り: Everything will go [run] *according to* ～. 何もかも予定通りに行くだろう. (2)《皮肉》当初の計画通り: We always retreated *according to* ～. 退却するときはいつも「当初の計画により」だった.

— *v.* (**planned; plan·ning**) **—** *vt.* **1** …の計画[プラン]を立てる, 計画する, 画策する, 立案する, もくろむ 〈*out*〉; 〈…しようと〉思う, 〈…する〉つもりである 〈*to do*〉: ～ (*out*) a tour, crime, book, etc. / I ～*ned* (*out*) where I would go [where to go]. どこへ行くのか計画を立てた / I'm ～*ning to* visit London. ロンドンに行ってみようと思っている / I came back even though I wasn't ～*ning to* [～*ning that* I would]. そう予定していなかったけれど戻った / We've got it all [everything] ～*ned* (*out*). すっかり計画を立てた / We intend to carry on *as* (originally) ～*ned*. (元の)計画通り進めるつもりだ. **2** …の設計図を画く; 設計する: ～ a house. **3** 〈地面・建物などの〉図面を作る. **—** *vi.* **1** 〔…の〕計画を立てる〔*for*〕; 〔…を〕予期する〔*for, on*〕: ～ ahead 前もって計画を立てる / ～ *for* a party [the future] パーティー[将来]の計画を立てる / I hadn't ～*ned for* [*on*] so many guests (arriving). こんなに大勢の客(の到来)を予定していなかった. **2** [～ on で]《口語》〔…しようと〕思う, 〔…する〕つもりである: I'm ～*ning on* visiting London. ロンドンに行こうと思う / They ～*ned on* my preparing everything. 彼らは私にすべての手配をさせるつもりであった. 〘《1678》□ F ～ 'ground-plan' 《変形》← 《廃》*plant* (cf. It. *planta*) ← *planter* 'to PLANT': F *plan* ← *plant* の変形は *plan* 'PLANE' の影響による〙

SYN 計画: **plan** ある事をするためにあらかじめ練った方法で, 詳しいものも漠然としたものも含む: make *plans* for the holiday 休暇の計画を立てる. **design** 技術・技巧面の計画に重点があるが, しばしば術策・奸計を含意する: frustrate his *design* 彼の計画をくじく. **blueprint** 細微な点まで決定された完璧な計画: a *blueprint* for a better future よりよい未来の青写真. **project** 特に組織的な事業のための計画: complete a huge *project* 巨大な計画を完成する. **scheme** 仕事や活動の詳しい計画: The *scheme* was frustrated by lack of funds. その計画は資金不足で挫折した.

---

plan-[1] /pleɪn/ (母音の前にくるときの) plano-[1] の異形.

plan-[2] /plæn/ (母音の前にくるときの) plano-[2] の異形.

pla·nar /pléɪnə, -nɑə | -nə(r/ *adj.* 平面の; 平らの, 平坦な. **pla·nar·i·ty** /pleɪnǽrəṭi, -nér- | -rɨ̞ti/ *n.* 〘《1850》□ LL *plānāris*: ⇨ plane[2], -ar[1]〙

pla·nar·i·a /plənέ°riə | -néər-/ *n.* 〘動物〙プラナリア属 (*Planaria*) の二眼をもった扁形動物の総称; =planarian. 〘《1819》← NL *Plānāria* (fem.) ← L *plānārius* flat, level ← *plānus* 'flat, PLAIN[1]': ⇨ -aria[1]〙

pla·nar·i·an /plənέ°riən | -néər-/ *n.* 〘動物〙プラナリア科の渦虫類の動物の総称. 〘《1858》: ↑〙

plánar prócess *n.* 〘電子工学〙プレーナープロセス《半導体装置に拡散接合を形成する一方法》.

plánar strúcture *n.* 〘地質〙面構造 (cf. linear structure, lineation 5).

pla·nate /pléɪneɪt/ *adj.* 平面をした; 平たい. 〘□ LL *plānātus* (p.p.) ← *plānāre*: ⇨ plane[2], -ate[2]〙

pla·na·tion /pleɪnéɪʃən, plə-/ *n.* 〘地質〙平坦化作用, 均平作用《浸食により平面の生じること》. 〘《1877》: ⇨ ↑, -ation〙

planch /plǽntʃ | plɑ́ːnʃ/ *n.* (エナメルがまの)敷台《金属板・耐火れんがなど》; 《英方言》床 (floor), 板 (plank). 〘《1327》*plaunche* □ (O)F *planche* 'PLANK[1]'〙

planched *adj.* 《廃》板製の, 板で覆われた. 〘1604〙

plan·chet /plǽntʃɨ̞t, -tʃɛt | plɑ́ːntʃɪt/ *n.* 貨幣地板《型押しする前の貨幣の形をした平金》. 〘《1611》: ⇨ ↑, -et〙

plan·chette /plænʃέt, -tʃέt | plɑ̃ː(n)ʃέt, plɑːn-; *F.* plɑ̃ʃɛt/ *n.* **1** プランセット《心臓形の小板に2個の脚輪と垂直に一本の鉛筆を付けたもの; 指を軽くその上に載せると自動的に文字が書けると信じられているもの; cf. Ouija》. **2** 〘測量〙=circumferentor. 〘《1860》□ F ～ (dim.) ← *planche* 'PLANK[1]': ⇨ -ette〙

Planck /plɑ́ːŋk, plǽŋk | plǽːŋk; *G.* pláŋk/, **Max (Karl Ernst Ludwig)** *n.* プランク《1858–1947; ドイツの理論物理学者; 量子論 (quantum theory) の確立者; Nobel 物理学賞 (1918)》.

Plánck cónstant *n.* [the ～] 〘物理〙=Planck's constant. 〘1940〙

Plánck·i·an radiátion /plɑ́ːŋkiən-, plǽŋ- | plǽŋ-/ *n.* 〘物理〙プランクの放射 (⇨ blackbody radiation). 〘*Planckian*: ← *Max Planck*+-IAN〙

Plánck radiátion làw *n.* [the ～] 〘物理〙プランクの放射の法則《プランクが熱放射の理論中に導入した量子論の基本となるもの》.

Plánck's cónstant *n.* 〘物理〙プランクの定数《プランクの放射の法則において導入され, 量子力学の基本となる定数; 記号 h; Planck constant ともいう》. 〘《1910》 *Planck's*: ← *M. Planck*+-'s[1]〙

Plánck's radiátion làw *n.* 〘物理〙=Planck radiation law. 〘1909〙

plane[1] /pléɪn/ *n.* **1** 飛行機, 水上機: go by ～ 飛行機で行く / I traveled to Mexico in [on] a ～. 私は飛行機でメキシコへ旅行した. 〘《1908》《略》← AIRPLANE〙 **2** 〘航空〙翼板, 翼: ⇨ monoplane. **—** *vi.* **1** 〈飛行機・グライダーが〉滑空する 〈*down*〉. **2** (競走ボートなど速度を増すにつれて)水面から浮き上がり気味となる; 〈水上機が〉離水する. **3** 《口語》飛行機で旅行する. 〘《1410》*plane(n)* □ ? (O)F *planer* < LL *plānāre* to plane[3] ← L *plānus*〙

plane[2] /pléɪn/ *n.* **1** 平面, (結晶体の)面: a horizontal ～ 水平面 / an inclined ～ 斜面 / the ～ of a lake 湖面. **2** 〘数学〙平面《その上のどの2点を結ぶ直線もそれにすっかり含まれてしまう面》: in ～ 平面図で. **3** (発達・達成などの)程度, 水準 (level), 段階 (stage): a high ～ of civilization 高度の文明 / be on another ～ 趣を異にしている / His superstition places him *on* the same ～ as the savage. 彼は迷信を信じているので野蛮人と同列だ. **4** 薄く平らな物; テーブルの甲板(など). **5** 〘鉱山〙水平坑道.

reflect in a pláne 〘数学〙面対称移動をする《空間内の図形を与えられた面に関して面対称な図形に移す》.

pláne of íncidence 〘光学〙入射面. 《1825–30》

pláne of polarizátion 〘光学〙偏光面 (cf. linear polarization). 《1831》

pláne of projéction 〘数学〙投影平面.

pláne of sýmmetry (1) 〘結晶〙対称面. (2) 〘航空〙対称面《飛行機の前後軸および上下軸を含む平面; 飛行機は通常この面に関して対称にできている》.

— *adj.* **1** 〈面が〉平らな (⇨ level SYN): a ～ surface 平面 / a ～ figure 平面図形 / a ～ mirror 平面鏡. **2** 平面図形の: ⇨ plane geometry.
〘n.: 《1604》□ L *plānum* level ground ← *plānus* 'PLAIN[1]'. — adj.: 《1704》(L *plānus*: PLAIN[1] をラテン語風のつづりにかえて幾何学的用法に当てたもの)〙

plane[3] /pléɪn/ *n.* **1** かんな, 平削り盤. 日英比較 欧米のかんなは前に押して削る. **2** (れんがの型にはいった粘土をならす)ならしごて. **—** *vt.* **1** …にかんなをかける, かんなで削る 〈*away, off, down*〉: ～ wood, metal, irregularities, etc. **2** 《古》平らに[滑らかに]する, ならす: ～ the way 道をならす. **—** *vi.* **1** かんなをかける. **2** 削れる: This tool ～*s* well. 〘n.: 《*c*1350》□ (O)F ～ 《変形》← OF *plaine* < LL *plānam* planing instrument ← *plānāre* to level, make flat (↑) — v.: 《*a*1325》*pleine(n)* □ (O)F *planer* < LL *plānāre*〙

plane[4] /pléɪn/ *n.* 〘植物〙=plane tree. 〘《*c*1384》□ (O)F ～ < L *platanum* □ Gk *plátanos* ← *platús* broad: その広い葉の形から〙

pláne ángle *n.* 〘数学〙(平)面角《相交わる2平面のなす角》. 〘1570〙

pláne chárt *n.* (緯線も経線もみな平行線で表した)平面海図《plane sailing はこの海図によって行われる》. 〘1625〙

pláne cràsh *n.* (飛行機の)墜落事故.

pláne cúrve *n.* 〘数学〙平面曲線.

pláne fígure *n.* 〘数学〙平面図形.

pláne geómetry *n.* 〘数学〙平面幾何学. 〘1747〙

pláne íron *n.* かんなの刃. 〘1583〙

pláne·lòad *n.* 飛行機にいっぱい(の荷)〔*of*〕. 〘1941〙

pláne·màker *n.* 《米》航空機製造業者[メーカー].

pláne·ness *n.* 平ら, 平坦 (flatness). 〘1656〙

pláne polarizátion *n.* 〘光学〙平面偏光《偏光面が同一平面に含まれること》.

pláne-pòst *vt.* 《英》〈手紙などを〉航空便で送る.

pláne pòst *n.* 《英》航空便 (air mail).

plán·er *n.* **1** かんな工. **2** 〘機械〙平削り盤, プレーナー; 〘木工〙かんな盤, 機械かんな, 自動木工用かんな盤. **3** 〘印刷〙ならし木, 平ら木《活字組版を平らにするための厚板》. 〘《1413》: ⇨ plane[3], -er[1]〙

plá·ner trèe *n.* 〘植物〙ミズニレ (*Planera aquatica*)《米国南部の湿地に産するニレ科の小高木で卵形の葉を有し, 堅果がなる; water elm ともいう》. 〘《1810》← J. J. Planer (1743–89: ドイツの植物学者)〙

pláne sáiling *n.* **1** 〘海事〙平面航法《地球面上の狭い範囲で船が平面上を走っているものと見て船位を決定する方法; cf. plane chart, spherical sailing》. **2** =plain sailing 1. 〘1699〙

pláne·shèar *n.* 〘造船〙=plank-sheer. 〘1711〙

pláne·sìde *n., adj.* 飛行機きわ(のそば)(の). 〘1968〙

plánes·man /-mən, -mæ̀n/ *n.* (*pl.* **-men** /-mən, -mɛ̀n/) (潜水艦の) 水平舵操作係. 〘《1952》: cf. helmsman, steersman〙

pláne survéying *n.* 〘測量〙平面測量, 平地測量, 局地測量 (cf. geodetic surveying).

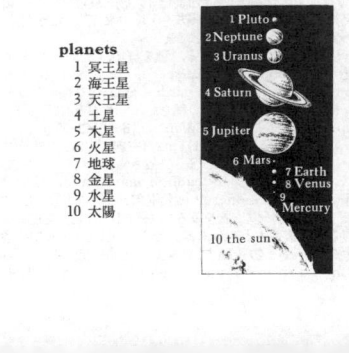

plan·et[1] /plǽnɨ̞t | -nɪt/ *n.* **1** 〘天文〙**a** 惑星《太陽の周りを公転する9個の大型天体の一つ; 小惑星にもいう; cf. fixed star, star 1 b, sun 3》: primary ～*s* 惑星 / secondary ～*s* 衛星 / ⇨ inferior planet, major planet, minor planet, superior planet / on this ～ 地球上において, この世で. **b** (太陽以外の恒星の周りを公転する)惑星. **c** [the ～] 地球. **2** 〘占星〙(人間の運命・人事を左右すると考えられた)運星: It rains by ～*s*. 《諺》星回りで雨が降る, 場所によって降ったり降らなかったりする. **3** 運星のような働きをするもの, 重要人物, 重大事.

be (líving) on anóther plánet 《戯言》〈考え方などが〉現実離れしている, まともでない. ***Whát plánet is a person ón?*** 《戯言》…は本当に地球に住んでいるのか《考え方などが現実離れしてまともでない》.
〘《?*a*1300》□ (O)F *planète* □ LL *planēta* □ Gk *planḗtēs* wanderer, planet ← *planâsthai* to wander (pass.) ← *planân* to lead astray ← IE **pelə-* to spread〙

planets
1 冥王星
2 海王星
3 天王星
4 土星
5 木星
6 火星
7 地球
8 金星
9 水星
10 太陽

plan·et[2] /plǽnɨ̞t | -nɪt/ *n.* 〘教会〙=chasuble. 〘*c*1450〙

pla·ne·ta /pləníːṭə | -tə/ *n.* 〘教会〙=chasuble. 〘《1848》□ ML *planēta* chasuble □ ? Gk *planḗtēs*: ⇨ planet[1]〙

pláne-tàble 〘測量〙*adj.* 平板の: a ～ survey 平板測量. **—** *vt., vi.* (…を)平板で測量する. 〘1870–75〙

pláne tàble *n.* 〘測量〙平板《三脚の上に載せた平板; 測量しながらその上で図を引く》. 〘1607〙

pláne·tàb·ler *n.* 〘測量〙平板測量者[士]. 〘1888〙

plan·et·al /plǽnɨ̞tl̩ | -nɪtl̩/ *adj.* =planetary.

plan·e·tar·i·um /plæ̀nətέ°riəm | -nɨ̞téər-/ *n.* (*pl.* **～s, -i·a** /-riə/) **1** プラネタリウム, 星座投影機, 天象儀《太陽系内の各天体の運行を説明するための模型; 近年は太陽系に限らず種々の天象を再現して見せるために作られた精巧な投影装置》. **2** プラネタリウム《上記を観客に見せる天文館》. 〘《1734》← PLANET[1]+-ARIUM〙

plan·e·tar·y /plǽnɨ̞tèri | -nɨ̞təri, -tri/ *adj.* **1** 惑星の; 惑星のような: ～ year 惑星年 / ～ aberration 惑星光行差 / a ～ system 太陽系 / ～ motion 惑星運動. **2** 〘占星〙惑星に影響される. **3** さまよう, 漂浪する (wandering): a ～ tramp. **4** この世の, 地上の (mundane); 世界的な (global). **5** 〘機械〙〈自動車の伝動装置など〉遊星運動装置の. **6** 〘物理〙〈電子が〉原子核の周囲を回る. **—** *n.* [*pl.*] 遊星歯車装置の列. 〘《1593》□ LL *planētārius* of planets: ⇨ planet[1], -ary〙

plánetary géar [géaring] *n.* 〘機械〙遊星(歯)車装置.

plánetary hóur *n.* 〘天文〙惑星時間《日の出から日没まで[日没から日の出まで]の時間の十二分の一》. 〘1593〙

plánetary nébula *n.* 〘天文〙惑星状星雲《銀河系内星雲の一種》. 〘1785〙

plánetary precéssion *n.* 〘天文〙惑星歳差《他の惑星の引力により地球黄道面が変動することに起因する歳差》. 〘1860–65〙

plánetary scíence *n.* 惑星学 (planetology).

plánetary scíentist *n.* 惑星学者.

plan·e·tes·i·mal /plæ̀nətέsəməl, -téz-, -ml̩ | -nɨ̞tésɨ̞-ˈ/ *n., adj.* 〘天文〙微小惑星体(の). 〘《1903》← PLANET[1]+(INFINIT)ESIMAL〙

planetésimal hypóthesis [théory] *n.* 〘天文〙微惑星説《太陽系に属する惑星や衛星は無数の微小な天体が次第に集まってできたという説》. 〘1904〙

plánet gèar *n.* 〘機械〙=planet wheel. 〘1916〙

plan·et·oid /plǽnətɔ̀ɪd | -nɨ̞-/ *n.* 小惑星 (asteroid). **plan·et·oi·dal** /plæ̀nətɔ́ɪdl̩ | -nɨ̞tɔ́ɪdl̩ˈ/ *adj.* 〘《1803》← PLANET[1]+-OID〙

plan·e·tol·o·gy /plæ̀nətɑ́(ː)ləʤi | -nɨ̞tɔ́l-/ *n.* 惑星学. **plan·e·to·log·i·cal** /plæ̀nətəlɑ́(ː)ʤɨ̞kəl, -tl̩-, -kl̩ | -təlɔ́ʤ-ˈ/ *adj.* **plàn·e·tól·o·gist** /-ʤɨ̞st | -ʤɪst/ *n.* 〘《1907》← PLANET[1]+-LOGY〙

pláne trèe *n.* 〘植物〙プラタナス, スズカケノキ《スズカケノキ属 (*Platanus*) の木の総称; 単に plane ともいう》; (特に)スズカケノキ (*P. orientalis*) (Oriental plane)《日本で普通に植えられる種類》; アメリカスズカケノキ (*P. occidentalis*)《米国では buttonwood または sycamore と呼ばれる》; モミジバスズカケノキ (*P.* × *hispanica* syn. *P.* × *acerifolia*) (London plane)《アメリカスズカケノキとスズカケノキの雑種と見られ, 街路樹にされる》. **pláne-trèe** *adj.* 〘《*c*1395》: ⇨ plane[4]〙

plane trigonómetry *n.* 〘数学〙平面三角法[術]. 〘1800–10〙

plánet-strìcken *adj.* **1** 凶運の惑星の邪気に当てられた, 呪われた (blasted). **2** 恐怖を来した. 〘1599〙

plánet-strùck *adj.* =planet-stricken. 〘1614〙

plánet whèel *n.* 〘機械〙遊星輪. 〘1827〙

pláne wàve *n.* 〘物理〙平面波.

plán·fòrm *n.* 〘航空〙平面図, 上から見た航空機の輪郭. 〘1908〙

plan·gent /plǽnʤənt/ *adj.* **1** (大きく)鳴り響く (resounding), 騒がしい (noisy). **2** 〈波など〉打ち寄せる; (特に)〈鐘など〉もの悲しい響きの. **plán·gen·cy** /-ʤənsi/ *n.* **～·ly** *adv.* 〘《1822》□ L *plangentem* (pres.p.) ← *plangere* to beat, strike, lament: ⇨ -ent: cf. plague, plain[2]〙

plán·hòlder *n.* 年金受給資格保有者. 〘1965〙

pla·ni- /pléɪnɨ̞, -ni/「平らな (flat); 平面 (plane)」の意の連結形. 〘□ L ～ ← *plānus* 'PLAIN[1], PLANE[2]'〙

pla·ni·form /pléɪnəfɔ̀əm, plǽn- | -nɨ̞fɔ̀ːm/ *adj.* 平らな形をした, 平らな, 偏平な. 〘1830〙

plan·i·fy /plǽnəfàɪ | -nɨ̞-/ *vt.* 〈経済などを〉計画化する. **plan·i·fi·ca·tion** /plæ̀nəfɨ̞kéɪʃən | -nɨ̞fɪ-/ *n.* 〘《1973》□ F *planifier*〙

pla·ni·gram /pléɪnəgræ̀m, plǽn- | -nɨ̞-/ *n.* 〘医学〙身体断面図《放射線図》.

pla·nig·ra·phy /plənígrəfi/ *n.* 〘医学〙断層撮影(法), プラニグラフィー.

pla·nim·e·ter /plənímətə, pleɪ- | plænímɨ̞tə(r,

P

plə-/ *n.* プラニメーター, 測面器《不規則な図形の面積を測る面積計》: a compensation ～ 補正プラニメーター / a disc [polar] ～ 円盤[定極]プラニメーター. 〖(1858) □ F *planimètre*: ⇨ plani-, -meter¹〗

pla·ni·met·ric /plèɪnəmétrɪk, plæ̀n- | plæ̀nɪ-ˊ/ *adj.* **1** プラニメーターの[に関する]. **2** (等高線などで起伏を表現していない)平面図の. **plà·ni·mét·ri·cal** /-trɪ̀kəl, -kḷ | -trɪ-ˊ/ *adj.* 〖1828–32〗

pla·nim·e·try /plənímətri, pleɪ- | plænímɪ̀tri, plə-/ *n.* 面積測定, 測面法 (cf. stereometry). 〖(*a*1393) *planemetrie* □ ? ML *plānimetria*: ⇨ plani-, -metry〗

plán·ing hùll *n.* 〖海事〗プレーニング向きの船体《ある速度以上ではさらに浮上する傾向のある船体; cf. displacement hull》.

pláning machìne *n.* 〖機械〗 **1** 平削り盤, プレーナー (planer). **2** かんな盤, 機械かんな. **3** 自動式木工用かんな. **4** 石板削り機. 〖1840〗

pláning mìll *n.* 木材切削所[工場]. 〖1844〗

plan·ish /plǽnɪʃ/ *vt.* **1** 〈金属板などを〉(ハンマーやローラーで)平ら[滑らか]にする. **2** 〈金属・紙などを〉つや出しして仕上げる, 磨く. **～·er** *n.* 〖(1361) *planyssyng* (ger.) □ OF *planiss-* (stem) ← *planir* (F *aplanir*) to flatten ← *plan* smooth, level: ⇨ plane², -ish〗

pla·ni·sphere /pléɪnɪ̀sfɪə | plǽnɪ̀sfɪə(r/ *n.* **1** 平面球形図. **2** 〖天文〗星座早見, 平面天体図. **pla·ni·spher·ic** /plèɪnɪ̀sfíᵊrɪk, -sfér- | plæ̀nɪ̀sfér-ˊ/ *adj.* 〖(1571) □ (O)F *planisphère* ∽ (*a*1393) *planisperie* □ ML *plānisphaerium*: ⇨ plani-, -sphere〗

plank¹ /plǽŋk/ *n.* **1 a** 板. **b** ＝planking 1. **c** 〖木工〗厚板《board より厚く, 通例軟木で厚さ 2–4 インチ, 幅 8 インチ以上》, 盤. **d** 《米》(しずくが切れるように溝が作ってある)料理板《料理してそのまま食卓に出す》. **2** 板材. **3** (政党綱領などの)一項目, 原則 (cf. platform 9): put in a ～ in the platform 政綱の一綱領として掲げる. **4** 支持物, 頼みとなるもの. **5** 《米俗》〖野球〗安打 (hit). ***wálk the plánk*** (1) 舷(げん)側から突き出した板を目隠しして歩かされる《17 世紀ごろ海賊がこうして捕虜を殺した》. (2) 強制的に辞任[退職]させられる, 詰腹を切らされる. 〖1822〗

— *vt.* **1** …に板を張る, 張板で覆う. **2** 《口語》置く, どしん[どさっ]と置く (slam down) 〈*down*〉. **3** 座る: ～ oneself in the chair どしんと椅子に座る. **4** 《口語》すぐ支払う 〈*down, out*〉: You'll have to ～ *down* six months' rent in advance. 6 か月分の家賃を前払いしなければならない. **5** 《米》〈魚・鶏などを〉料理板に載せて焼いてそのまま食卓に出す. **6** 〈肉を〉たたいて軟らかくする. **7** 《米俗》〖野球〗〈ボールを〉打つ (bat). **8** [～ it として] 板の間に寝る, 板の上に横になる.

〖n.: (1294–95) □ ONF *planke*＝(O)F *planche* < LL *plancam* board ← L *plancus* flat ← IE **plāk-* to be flat (Gk *pláx* flat): cf. plain¹. — v.: (1432) *planken* ← (n.): cf. planch〗

plank² /plǽŋk/ *vt.* 《スコット》隠す; ひそかに蓄える. 〖(1886) ↑〗

plánk bèd *n.* (刑務所などのふとんなしの)板床(とこ), 板寝台. 〖1868〗

plánk·er *n.* **1** 《米》〖造船〗木造船建造の外板張り担当の舟大工. **2** 浮き板. **3** 《俗》ステーキ (steak). 〖(1902) ← PLANK¹＋-ER¹〗

plánk-fràme *adj.* 〖建築〗枠組み板張りでできた《柱・梁・貫きなどを構造材にして厚板を打ちつけて作り上げた》.

plánk·ing *n.* **1** 板を張る[はめる]こと, 板張り. **2** [集合的] (床(ゆか)などの)板 (planks), 敷き板, 床板; (特に)〖造船〗(船体)外板. 〖(1432): *plankyng*: ⇨ -ing¹〗

plánk-shèer *n.* 〖造船〗(木造船の)船鍔(ふなつば), 舷縁材. 〖(*a*1687) *planksheering* (ger.) 《変形》← 《廃》*plancher* □ (O)F *plancher* floor ← *planche* 'PLANK': PLANK, SHEER² との連想による〗

plank·ter /plǽŋ(k)tə | -tə(r/ *n.* 〖生物〗プランクトン生物《プランクトンを構成する個々の生物; プランクトン動物 (zooplankter) とプランクトン植物 (phytoplankter) がある》. 〖(1935) □ Gk *plangktḗr* wanderer: ⇨ plankton〗

plank·tol·o·gy /plæŋ(k)tá(ː)ləʤi | -tɔ́l-/ *n.* 浮遊生物学. 〖(1893): ⇨ ↓, -logy〗

plank·ton /plǽŋ(k)tən, -tɑ(ː)n | -tən, -tɔn/ *n.* [通例集合的]〖生物〗浮遊生物, プランクトン (cf. benthos 2, nekton): a ～ net プランクトン採集用の網 / Some ～ are plants, and others are animals. **plank·ton·ic** /plæŋ(k)tá(ː)nɪk | -tɔ́n-/ *adj.* 〖(1891) □ G *Plankton* □ Gk *plagktón* (neut.) ← *plagktós* wandering ← *plázesthai* to wander ← IE **plāk-* to strike (⇨ plague): ドイツの生理学者 Viktor Hensen (1835–1924) の命名〗

plán·less *adj.* **1** 図面のない. **2** 方案[工夫]のない, 無計画の, プランのない, 行き当たりばったりの. **～·ly** *adv.* **～·ness** *n.* 〖1800〗

planned *adj.* 計画にそって遂行される, 計画的な. 〖1770〗

plánned ecónomy *n.* 〖経済〗計画経済《生産手段を国有とし, 生産・流通・消費・信用を全面的に国家の一元的な運営の下に置く経済体制; cf. free economy》. 〖1931〗

plánned obsoléscence *n.* 旧式化《機能的なものと心理的なものとあり, 前者は技術革新, 後者はモデルチェンジなどによって行われる》. 〖1956〗

Plánned Párenthood *n.* **1** 《米》家族計画(連盟)《家族計画・出産に関する問題についてカウンセリングなどを行う非営利組織; cf. Family Planning Association》. **2** [p- p-] (産児制限による)家族計画; 産児制限 (birth control).

plan·ner /plǽnə | -nə(r/ *n.* **1** 計画者, 立案者: a city ～ 都市計画の立案者. **2** 社会経済計画統率者[参与者, 唱導者]. 〖(1716) ← PLAN (v.)＋-ER¹〗

plan·ning /plǽnɪŋ/ *n.* 計画の立案; (特に, 経済計画・学術研究などの目標実現の)大規模な構想[方針]の確立: in the ～ stage 計画段階で / He did the ～ for the project. 彼がその企画を立案した. 〖(1748) ← PLAN＋-ING¹〗

plánning blìght *n.* プランニングブライト《不動産価格の下落など, 開発計画による地域や住民への悪影響》.

plánning bòard *n.* 《米》(都市拡張などのための)計画[企画]委員会《市民からなる》.

plánning gàin *n.* プランニングゲイン《建築などの計画許可の条件として開発業者が提供する公共の利益となる施設》.

plánning permìssion *n.* 《英》(土地・建物の開発・建築・用途変更の前に地方自治体レベルの機関などから得る必要がある)計画許可.

Pla·no /pléɪnoʊ | -nəʊ/ *n.* プレイノー《米国 Texas 州北東部, Dallas の郊外の都市》.

pla·no-¹ /pléɪnoʊ | -nəʊ/ 「平面 (plane); 平たく (flatly)」の意の連結形. ★ 母音の前では通例 plan- になる. 〖← L *plānus* 'PLANE²'〗

plan·o-² /plǽnoʊ | -nəʊ/ 「動く, 動くことができる」の意の連結形: *plano*gamete. ★ 母音の前では通例 plan- になる. 〖← Gk *plános* wandering: cf. planet¹〗

plan·o·blast /plǽnəblæ̀st | -nə(ʊ)-/ *n.* 〖動物〗(腔腸動物ヒドロ虫目の)クラゲ型. 〖(1871): ⇨ plano-²〗

plà·no-concáve /plèɪnoʊ- | -nəʊ-ˊ/ *adj.* 〖光学〗〈レンズが〉平凹(へいおう)の《一面が平らでもう一面が凹であること; ⇨ lens 挿絵》. 〖(1693): ⇨ plano-¹〗

plàno-convéx *adj.* 〖光学〗〈レンズが〉平凸(へいとつ)の《一面が平らでもう一面が凸であること; ⇨ lens 挿絵》. 〖(1665): ⇨ plano-¹〗

plan·o·ga·mete /plǽnəgəmìːt/ *n.* 〖生物〗運動性配偶子, 動配偶子《鞭毛(べんもう)または繊毛で水中を遊泳する配偶子; zoogamete ともいう; cf. aplanogamete》. 〖(1886): ⇨ plano-²〗

pla·no·graph /pléɪnəgræ̀f, plǽn- | -grɑ̀ːf, -græ̀f/ 〖印刷〗 *vt.* 平版印刷する. — *n.* 平版印刷物. 〖⇨ plano-¹〗

pla·no·graph·ic /plèɪnəgrǽfɪk, plæ̀n- | -nə(ʊ)-ˊ/ *adj.* 平版印刷の, 平版の. **plà·no·gráph·i·cal·ly** *adv.* 〖1897〗

pla·nog·ra·phy /pleɪná(ː)grəfi, plə- | -nɔ́g-/ *n.* 〖印刷〗平版印刷(術)《平らな版面を使って印刷する方法; surface printing ともいう》. 〖(1847)) (*c*1909): ⇨ plano-¹〗

pla·nom·e·ter /plənɑ́(ː)mətə | plænɔ́mɪ̀tə(r/ *n.* 〖機械〗プラノメーター, 平面計 (surface plate). **pla·no·met·ric** /plèɪnəmétrɪk, plæ̀n- | -nə(ʊ)-ˊ/ *adj.* **plà·no·mét·ri·cal·ly** *adv.* **pla·nom·e·try** /plənɑ́(ː)mətri | plænɔ́mɪ̀-/ *n.* 〖(1864): ⇨ plano-¹, -meter¹〗

pla·no·mill·er /pléɪnəmɪ̀lə | -nə(ʊ)mɪ̀lə(r/ *n.* 〖機械〗平削りフライス盤, プラノミラー, キカ保全. 〖← PLANO-¹＋-MILLER〗

plá·no-mill·ing machìne /pléɪnəmɪ̀lɪŋ- | -nə(ʊ)-/ *n.* 〖機械〗＝planomiller.

pla·no·sol /pléɪnəsɔ̀ː(ː)l | -sɔ̀l/ *n.* 〖土壌〗プラノゾル《緻密(ちみつ)になった高い粘土含量をもつ土壌》. 〖(1938) ← PLANO-¹＋L *solum* ground, soil: cf. solum〗

plan·o·spore /plǽnəspɔ̀ə | -spɔ̀ː(r/ *n.* 〖植物〗遊走子 (zoospore). 〖(1950): ⇨ plano-²〗

plán posítion ìndicator *n.* 〖電子工学〗＝PPI. 〖1932〗

plant /plǽnt | plɑ́ːnt/ *n.* **1 a** 植物, 草木 (vegetable) (cf. herb): light-seeking ～ 好日性植物 / a pot(ted) ～ 鉢植えの植物, 盆栽 / a parasitic ～ 寄生植物 / grow ～*s* 植物を栽培する / *plant*-breeders 植物栽培家 / ⇨ flowering plant, sensitive plant. 日英比較 日本語では「動植物」と言うが, 英語では *plants* and animals と語順が逆. **b** (樹木に対して)草本 (herb). **2** 苗木 (seedling), 挿し木苗: cabbage ～*s* キャベツの苗. **3 a** 作物 (crop). **b** (作物などの)生長: miss ～ 芽が出損なう, 生え損なう. **4 a** (道具・機械類・取付品, 時には土地・建物をも含めた)生産設備, プラント; (製造)工場 (factory): an automobile ～ 自動車工場 / a manufacturing ～ 製造工場 / a hydraulic [nuclear] power ～ 水力[原子力]発電所 / ～ export プラント輸出 / ～ and equipment investment 設備投資 / ⇨ pilot plant. **b** (機械作用を果たす)装置[装備, 設備](一式). **c** (研究所・大学などの)設備, 建物, 施設. **d** 《豪》家畜商人や牧場の設備. **5** (立った)姿勢, 態度. **6** 《俗》 **a** (隠した)盗品; (盗品の)隠し場所. **b** ごまかし, 手管 (trick), 詐欺, (計画的な)強盗. **c** (犯罪者などを)わなにかける[おびき寄せる]策略, おとりの品物, 落とし穴. **d** スパイ, 回し者; (劇場などで拍手する)さくら. **7** 〖演劇〗伏線となる台詞(せりふ)[人物, 事件(など)]. **8** 〖玉突〗二つのボールのうちの一方をポケットに落とすために他方を突き玉 (cue ball) で打つこと.

— *vt.* **1** 〈若木などを〉植える, 〈種を〉まく; 〈土地〉に木を植え込む: ～ cabbages, trees, seeds, etc. / ～ a garden *with* roses＝～ roses *in* a garden 庭にバラを植える / ～ over 植え換える. **2 a** …の種をまく. **b** (樹木鉢・苗床などから)移[定]植する (transplant). **3** 〈思想・感情などを〉(…に)植えつける (implant) 〔*in*〕; 〈主義・学説などを〉樹立する. **4** 置く, 据える, 立てる; 位置させる; 〈人をある位置に置く, 部署につかせる: ～ cannon against a fort 要塞攻撃に砲を据える / ～ oneself [副詞(句)を伴って] 立ちはだかる; (どっかと)座り込む, 腰を下ろす; (確固たる)地位を占める. **5** 〈動物を〉(繁殖させるためにある土地に)入れる (stock); 〈魚を〉放流する; 〈かきを〉養殖する; 〈魚を〉(川)に放流する 〔*with*〕: ～ fish *in* a river＝～ a river *with* fish. **6 a** 〔…に〕打ち込む, 差し込む, 突き刺す 〔*in, on*〕: ～ a stake *in* the ground 杭を地面に打ち込む / ～ a dagger *in* a person's heart 短刀を人の胸に突き刺す. **b** 〈弾丸を〉撃ち込む. **7** 〈都市・植民地・教会などを〉建設する, 創設する. **8** 〈人を〉定住させる, 植民させる; 〈人を〉…に植民する 〔*with*〕: ～ (people as) settlers *in* a colony / ～ a colony *with* settlers. **9** 〖演劇〗〈人物・道具など〉伏線となるものを〉劇に入れる. **10** 《俗》〈パンチなどを〉一発食らわす, かます; 〈キスを〉する: ～ a punch [a kiss] *on* a person's forehead 額に(ねらって)パンチを食らわす[キスする]. **11** 《口語》〈スパイを〉配置する: ～ a spy *in* a factory / ～ a bugging device *in* a room 部屋に盗聴器を仕掛ける. **12** 《俗》(ある魂胆から新聞などに)〈情報を〉流す. **13** 《俗》(相手に発見させてだましたり陥れたりするために)〈物や人を〉こっそり置いておく. **14** 《俗》 **a** 前もって用意する, 示し合わす. **b** 〈悪事を〉たくらむ. **15** 《俗》 **a** 〈盗品などを〉隠す. **b** 《米》〈物・死体などを〉埋める (bury). **c** (鉱山の値打ちをごまかすため)〈砂金などを〉埋めておく. **16** 《俗》〈人を〉見捨てる (desert). **17** 〖木工〗〈木材に繰形などを〉(接着材や釘などで)取り付ける. — *vi.* 植える, 植樹する.

plánt on (1) (人を陥れるため)〈盗品などを〉…の持ち物に紛れ込ませる, …の住まい[部屋]に隠す: ～ drugs *on* a person 麻薬を人の荷物にしのばせて運ばせる. (2) 〔人に〕〈ありがたくないものを〉押しつける. ***plánt óut*** (1) (苗床などから)地面に移[定]植する. (2) 〈苗を〉適当な間隔を置いて植えつける. (2) 〖造園〗樹木で目隠しする.

〖n.: OE *plante* □ L *planta* a sprout, shoot 《逆成》? ← **plantāre* to plant, 《原義》tread in saplings with the sole of the foot ← *planta* sole of the foot ← IE **plat-* to spread: ⇨ place¹. — v.: OE *plantian* □ (L)L *plantāre*〗

plant·a·ble /plǽnṭəbḷ | plɑ́ːnt-/ *adj.* 〈植物が〉植えられる; 〈土地が〉耕作できる (arable). 〖1675〗

plant·age /plǽnṭɪʤ | plɑ́ːnt-/ *n.* 《廃》植込み, 植物, 栽培.

Plan·tag·e·net /plæntǽʤənɪ̀t/ 〖英史〗 *n.* **1** プランタジネット家《Henry 二世から Richard 二世に至るまでの英国王家 (1154–1399); 朝祖 Anjou 伯 Geoffrey が帽子にエニシダ (planta genista) の小枝をはさんでいたことから出た名; the House of Plantagenet ともいう》. **2** プランタジネット家の人《Angevin ともいう》. — *adj.* プランタジネット家の. 〖(1868) □ (O)F ～ 《原義》sprng of broom ← L *planta* 'sprig, PLANT'＋L *genista, genesta* broom plant (← ? Etruscan)〗

plán·ta genísta /plǽnṭə-| -tə-/ *n.* 〖紋章〗エニシダ (⇨ Plantagenet). 〖← NL ～: ⇨ ↑〗

plánt agrèement *n.* 工場レベルでの労働協約.

plan·tain¹ /plǽntṇ, -tɪ̀n | plǽntɪ̀n, plɑ́ːn-/ *n.* 〖植物〗オオバコ《温帯産オオバコ科オオバコ属 (*Plantago*) の植物の総称》; (特に)オオバコ (*P. major*). — *adj.* オオバコの. 〖(*a*1300) *plantein(e)* □ OF *plauntein*, (O)F *plantain* < L *plantāginem, plantāgō* ← *planta* sole of the foot: その地面をはう幅広い葉の形から: cf. plant〗

plan·tain² /plǽntṇ, -tɪ̀n, -teɪn | plǽntɪn, plɑ́ːn-/ *n.* 〖植物〗料理用バナナの木 (*Musa paradisiaca*); その実《生食用のバナナと異なり, 大形で熟しても加熱しなければ食べられない; cf. banana 1 b》. 〖(1604) 《混成》← Sp. *plá(n)tano* plantain, plane tree＋Carib *balatana* banana: ⇨ plane⁴〗

plántain-èater *n.* 〖鳥類〗エボシドリ (⇨ touraco).

plántain líly *n.* 〖植物〗ギボウシ (⇨ hosta). 〖1882〗

plánt anátomy *n.* 植物解剖学.

plan·tar /plǽnṭə, -tɑə | -tə(r, -tɑː(r/ *adj.* 〖解剖・動物〗足底の, 足の裏 (sole) の: the ～ arch 足底弓; (足の)土踏まず. 〖(1706) □ L *plantāris* of the sole ← *planta* sole of the foot: ⇨ -ar¹: cf. plant〗

plántar rèflex *n.* 〖医学〗足底反射《足底を刺激すると足の指が屈曲するごく普通の反射現象; cf. Babinski reflex》.

plan·ta·tion /plæntéɪʃən | plæn-, plɑːn-/ *n.* **1 a** 栽培場, 農園. **b** プランテーション《熱帯または亜熱帯地方で大規模にチャ・ゴム・ワタ・タバコなどの一種類だけを栽培する大農園; 通例, 場内居住の労働者が仕事に当たる》: a coffee [rubber, sugar] ～ コーヒー[ゴム, 砂糖]園 / the ～ system (米国南部諸州において 1840 年ごろまで続いた)大農園制度 / ⇨ plantation song. **2** 植林地; 造林地, 植込み. **3** 《まれ》栽植, 栽培 (planting). **4 a** (植民地などの)創設, 建設; 植民. **b** [しばしば P-] 《古》植民地, 新開拓地 (colony). 〖(?*a*1425)) (1669) *plantacioun* □ F *plantation* ∥ L *plantātiō(n-)* a planting: ⇨ plant, -ation〗

Plan·ta·tion /plæntéɪʃən | plæn-, plɑːn-/ *n.* プランテーション《米国 Florida 州南東部 Fort Lauderdale 西郊外の都市》.

plantátion rùbber *n.* 栽培ゴム《Malay 半島, インドネシアなどで主にパラゴム樹を栽培して採取する生ゴム》.

plantátion sòng *n.* 《米》プランテーションソング《南部農園の黒人労働歌の総称》. 〖1871〗

plánt bùg *n.* 〖昆虫〗メクラカメムシ《メクラカメムシ科の昆虫の総称; 植物害虫が多い; ミドリメクラガメ (tarnished plant bug) など》. 〖1855–60〗

plánt cùtter *n.* 〖鳥類〗 **1** クサカリドリ《南米産のマシコに似たクサカリドリ科の鳥の総称》. **2** エボシドリ (towaco). 〖(1802): くちばしに葉などを切るのに役立つ歯状の構造があるところから〗

plant·er /plǽnṭə | plɑ́ːntə(r/ *n.* **1** プランター《植物などを植えたり入れたりする箱・鉢など》. **2** 栽培[耕作]者; 耕地主, 農園主: a coffee [sugar] ～ コーヒー[砂糖]園主. **3 a** 《古》植民者; 米国の初期の開拓移民. **b** 17 世紀にアイルランドの没収地へ移住したイングランドとスコットランドの

移民. **4 a** 植えつける[種をまく]人. **b** 種まき機, 播種(はしゅ)機. **5** 《米》川床に深く突入した木, 隠れ木 (cf. sawyer 2). 〘(*c*1384): ⇨ plant, -er¹〙

plánter's púnch *n.* プランターポンチ《ラム・レモン[ライム]ジュース・砂糖などに氷片を加えてシェークした飲み物》. 〘1840–50〙

plánt fàctor *n.* 〖電気〗発電所利用率《発電所の機械の定格出力の合計に対する平均負荷の比》.

plánt fòod *n.* 〖園芸〗 **1** 植物の栄養物. **2** ＝fertilizer 2. 〘1869〙

plánt geògraphy *n.* 植物地理学.

plánt hòrmone *n.* 〖植物生理〗植物ホルモン《植物細胞により生産されるホルモンの作用がある有機化合物; auxin など; phytohormone ともいう》. 〘1935〙

plan·ti·grade /plǽntəgrèɪd | -tɪ-/ 〖動物〗 *adj.* 足裏を地につけて歩く, 足裏歩きの, 蹠行(しょこう)の. — *n.* 蹠行動物《ヒト・サル・クマなど; cf. digitigrade, pinnigrade》. 〘(1831) ◻ F ～ ← NL *plantigradus* ← L *planta* sole of the foot＋*-gradus* walking: ⇨ plant, -grade〙

plánt·ing /-tɪŋ | -tɪŋ/ *n.* **1** 植えつけ, 栽培; 造林, 植林, 種まき. **2** 〖建築〗(組織造りの)基礎底層. 〘OE *plantung*: ⇨ plant, -ing¹〙

plánt kìngdom *n.* [the ～] (博物学上の)植物界《vegetable kingdom ともいう; cf. animal kingdom, mineral kingdom》. 〘1884〙

plant·let /plǽntlɪ̀t | plɑ́:nt-/ *n.* 小植物 (little plant); 苗木, 苗 (sapling). 〘(1816): ⇨ -let〙

plánt·lìke *adj.* (サンゴのように)〈動物が〉植物のような.

plántlike flágellate *n.* 〖動物〗植物性鞭毛虫類.

plánt lòuse *n.* 〖昆虫〗植物にたかる種々の小さな虫; (特に)アリマキ (aphid). 〘1805〙

plan·toc·ra·cy /plæntɑ́(:)krəsi | plɑ:ntɔ́k-/ *n.* **1** (もと, 西インド諸島にあったような支配階級としての)栽培業者たち, 大農園経営者たち. **2** 植民者政治. 〘(*a*1846) ← PLANT(ER)＋-O-＋-CRACY〙

plánt pathòlogy *n.* 植物病理学. 〘1895〙

plánt physiòlogy *n.* 植物生理学. 〘1898〙

plánt pòt *n.* 《英》植木鉢.

plánts·man /-mən, -mæ̀n/ *n.* (*pl.* **-men** /-mən, -mèn/) 養樹園主 (nurseryman); 草花栽培者, 植木職人, 園芸家 (horticulturist); 植物愛好家. 〘1881〙

plánt sociòlogy *n.* 植物社会学 (phytosociology).

plánts·wòman *n.* plantsman の女性形.

plan·u·la /plǽnjulə/ *n.* (*pl.* **-u·lae** /-lì:/) 〖動物〗プラヌラ(幼生)《腔腸動物の幼生》. **plan·u·lar** /plǽnjulə | -lə^(r)/ *adj.* **plán·u·làte** /-lèɪt/ *adj.* **plan·u·loid** /plǽnjulɔ̀ɪd/ *adj.* 〘(1870) ← NL ～ (fem. dim.) ← L *plānus* 'flat, PLANE²'〙

plán vìew *n.* **1** 上から眺めた景色. **2** 〖航空〗＝planform. 〘1850〙

planx·ty /plǽŋ(k)sti/ *n.* 〖音楽〗プランクスティ《アイルランドの三拍子のハープ曲; それに合わせて行うダンス》. 〘(1790) ← ?〙

plaque /plǽk | plǽk, plɑ́:k, pléɪk/ *n.* **1** (壁や家具などに取り付ける金属・陶器・象牙などで作った)飾り板[額]; (事件・人物を記念する, または史跡を示す)銘板, 刻板, 記念額. **2** (名誉の標示として用いる)小板状の胸飾り, 小牌(はい), ブローチ, バッジ (brooch). **3** 〖歯科〗歯垢, 歯苔, プラーク. ★《英》ではこの意味では /plɑ́:k/ または /pléɪk/ と発音して他の意味と区別する人がいる. **4** 〖医学〗斑. **5** 〖解剖・動物〗丸く平たいできもの, 板(ばん); 丸く盛り上がった斑点(はんてん); 血小板 (blood platelet). **6** 〖細菌〗プラーク, 溶菌斑. 〘(1848) ◻ F ～ ◻ Du. *plak* flat board ← *plakken* to stick ← ?: cf. placard / G *Placken* spot, patch〙

pla·quette /plækét | plæk-, plɑ-/ *n.* 小飾り板, メダルの浮彫り. 〘((1883)) (1888) ◻ F ～: ⇨ ↑, -ette〙

-plases -plasis の複数形.

plash¹ /plǽʃ/ *n.* **1** (水が砕けて)ざぶざぶ[ざあざあ, ぴちゃぴちゃ](いう音): the ～ of oars. **2** 浅い小池, 水たまり. — *vi.* **1** 〈水が〉はねる. **2** ざぶざぶ[ざあざあ, ばしゃばしゃ]いう. — *vt.* **1** 〈水を〉はね飛ばす. **2** ざぶざぶ[ばしゃばしゃ]いわせる. 〘OE *plæsc* (擬音語): cf. splash / MDu. *plasschen* (Du. *plassen*)〙

plash² /plǽʃ/ *vt.* **1** (生垣や木陰道を作るために)〈木の枝などを〉(曲げたり切ったりして)織りかわす: ～ branches *into* a hedge, an arbor, etc. **2** 《英》木の枝を織りかわして〈生垣などを〉作る[修理する] (pleach). 〘(1495) ◻ OF *pla(i)ssier* ＜ VL **plectiāre*＝L *plectere* to plait ← IE **plek-* to plait: cf. pleach〙

plash·y /plǽʃi/ *adj.* (**plash·i·er**; **-i·est**) **1** 水たまりの多い (marshy); じめじめした; 泥だらけの. **2** ざあざあ[ざぶざぶ]音がする. 〘(*a*1552): ⇨ plash¹, -y⁴〙

-pla·si·a /pléɪʒiə, -ʒə | -ziə, -ʒiə/ 「形成 (formation); 生長, 生成, 発達 (growth)」の意の名詞連結形: hypo*plasia*. 〘← NL ～ ← Gk *plásis* molding: ⇨ ↓, -ia¹〙

-pla·sis /pléɪsɪ̀s | -sɪs/ (*pl.* **-pla·ses** /-si:z/) 「造形 (molding)」の意の名詞連結形. 〘← NL ～ ← Gk *plásis* molding ← *plássein* to mold ← IE **pelə-* flat: cf. plasma〙

plasm /plǽzm/ *n.* **1** 特定の原形質. **2** ＝plasma.

plasm- /plǽzm/ (母音の前にくるときの) plasmo- の異形.

-plasm /⌐—plæzm/ 〖生物〗「形成されたもの」の意の名詞連結形: meta*plasm*, neo*plasm*, proto*plasm*. **-plas·mic** /⌐—plǽzɪk⌐/ *adj.* 〘↓〙

plas·ma /plǽzmə/ *n.* **1** 〖解剖・生理〗血漿(けっしょう) (blood plasma), プラズマ; リンパ漿. **2** 〖生物〗原形質 (protoplasm); 細胞質 (cytoplasm). **3** 乳漿 (whey). **4** 半透明の緑玉髄. (◻ G ～) **5** 〖物理〗プラズマ《自由に動きうる正負の荷電粒子の集まり》: gaseous ～ 気体プラズマ / metallic ～ 金属プラズマ. **plas·mat·ic** /plæzmǽtɪk | -tɪk/ *adj.* **plas·mic** /plǽzmɪk/ *adj.* 〘(1712) ◻ LL ～ 'form, image, mould' ◻ Gk *plásma* something molded ← *plássein* to form, mold: ⇨ -plasis: cf. plastic〙

-plas·ma /plǽzmə/ ＝-plasm. 〘↑〙

plásma árc cùtting *n.* 〖金属加工〗プラズマ溶断[切断].

plásma árc wèlding *n.* 〖金属加工〗プラズマアーク溶接《plasma jet の超高温を利用する溶接法》.

plásma cèll *n.* 〖生物〗形質細胞, プラズマ細胞. 〘1888〙

plas·ma·cyte /plǽzməsàɪt/ *n.* 〖生物〗＝plasma cell. 〘1941〙

plásma ènɡine *n.* プラズマエンジン《plasma jet の噴射で動く》.

plásma·gèl *n.* 〖生物〗細胞質ゲル, プラズマゲル《細胞の表層にあるゲル状の原形質》. 〘1923〙

plas·ma·gene /plǽzmədʒì:n/ *n.* 〖生物〗プラズマジーン, 細胞質内遺伝子. **plas·ma·gen·ic** /plæzmədʒénɪk⌐/ *adj.* 〘(1939) ← PLASMA＋-GENE〙

plásma jèt *n.* **1** 〖物理〗プラズマジェット《気体放電で生じたプラズマを小孔から噴出させて作った高温のプラズマ気流》. **2** 〖宇宙〗 **a** プラズマジェット《気体にエネルギーを与えてプラズマとし, 噴出した流れをいう》. **b** プラズマジェットを作る装置. 〘1957〙

plas·ma·lem·ma /plæ̀zməlémə/ *n.* 〖生物〗プラズマレンマ《細胞質の表層部》. 〘(1923) ← NL ～ ← PLASMA＋Gk *lémma* husk〙

plas·mal·o·gen /plæzmǽlədʒən, -dʒèn/ *n.* 〖生化学〗プラズマロゲン《動物細胞中にあるビニルエーテル結合をもつグリセロリン脂質の総称》. 〘(1925) ← PLASMO-＋AL(KALI)＋-O-＋-GEN〙

plásma mémbrane *n.* 〖生物〗原形質膜, 形質膜《細胞原形質の表面の層; cell membrane, ectoplast ともいう》. 〘1900〙

plas·ma·pause /plǽzməpɔ̀:z, -pɑ̀:z | -pɔ̀:z/ *n.* [the ～] 〖地球物理〗プラズマ境界面《大気とプラズマスフェア (plasmasphere) の境界面》. 〘1966〙

plas·ma·pher·e·sis /plæ̀zməfərí:sɪ̀s | -rɪ̀sɪs/ *n.* 〖医学〗血漿(けっしょう)瀉血, 血漿搬出, プラスマフェレーゼ. 〘(1914) ← NL ～ ← PLASMA＋Gk *aphaíresis* a taking away: cf. aphaeresis〙

plásma phỳsics *n.* プラズマ物理学. **plásma phỳsicist** *n.* 〘1958〙

plásma·sòl *n.* 〖生物〗細胞質ゾル, プラズマゾル《細胞質内にあるゾル状の原形質; 流動していることもある》. 〘(1923) ← PLASMA＋SOL⁴〙

plas·ma·sphere /plǽzməsfɪə | -sfɪə^(r)/ *n.* 〖地球物理〗[the ～] プラズマスフェア《惑星の周りの高度にイオン化したガスの集まり; cf. plasmapause》. 〘1966〙

plásma sprày·ing *n.* 〖金属加工〗プラズマ溶射《プラズマを用いて高融点材料を溶融し, 高速で吹きつけ被覆を行う方法》.

plásma thromboplástic compònent *n.* 〖生化学〗血漿トロンボプラスチン成分 (⇨ Christmas factor).

plásma tòrch *n.* 〖金属加工〗プラズマトーチ《プラズマを用いて高温ガスを発生させる装置》. 〘1959〙

plas·mid /plǽzmɪ̀d | -mɪd/ *n.* 〖生物〗プラスミド (episome). 〘(1952) ← PLASMO-＋-ID¹〙

plas·min /plǽzmɪ̀n | -mɪn/ *n.* 〖生化学〗プラスミン《動物の組織のみに見られるフィブリン塊を分解して可溶性にするもの; fibrinolysin ともいう》. 〘((1866)) (1945) ← PLASMO-＋-IN²〙

plas·min·o·gen /plæzmínədʒən, -dʒèn/ *n.* 〖生化学〗プラスミノーゲン《プラスミンの前駆物質》. 〘(1945) ← PLASMIN＋-O-＋-GEN〙

plas·mo- /plǽzmoʊ | -məʊ/ 「血漿(けっしょう)」の意の連結形. ★ 母音の前では通例 plasm- になる. 〘◻ F ～: ⇨ plasma〙

Plas·mo·chin /plǽzməkɪ̀n | -kɪn/ *n.* 〖商標〗プラスモキン《マラリア治療薬 pamaquine の商品名》. 〘(1926): ⇨ ↑, quin(ine)〙

plas·mo·cyte /plǽzməsàɪt | -mə(ʊ)-/ *n.* 〖解剖〗形質細胞, プラズマ細胞 (plasma cell ともいう). 〘1897〙

plas·mod- /plǽzmoʊd, plæzmóʊd | plǽzməʊd, plæzmə́ʊd/ (母音の前にくるときの) plasmodio- の異形.

plas·mo·desm /plǽzmədèzm/ *n.* 〖生物〗＝plasmodesma.

plas·mo·des·ma /plæ̀zmədézmə/ *n.* (*pl.* **-ma·ta** /～tə | ～tə/, **～s**) 〖生物〗原形質連絡; 原形質糸, 細胞間橋. **plàs·mo·dés·mal** /-məl, -ml⌐/ *adj.* **plas·mo·des·mic** /plæ̀zmədézmɪk⌐/ *adj.* 〘(1905) ← NL ～ ← PLASMO-＋Gk *désma* a bond: ⇨ desmo-〙

plas·mo·di- /plæzmóʊdi | -mə́ʊdi/ (母音の前にくるときの) plasmodio- の異形.

plasmodia *n.* plasmodium の複数形.

plas·mo·di·o- /plæzmóʊdioʊ | -mə́ʊdiəʊ/ 〖生物〗「変形体 (plasmodium)」の意の連結形. ★ 母音の前では通例 plasmodi-, または plasmod- になる. 〘⇨ plasmodium〙

plas·mo·di·um /plæzmóʊdiəm | -mə́ʊdi-/ *n.* (*pl.* **-di·a** /-diə | -diə/) **1** 〖植物〗変形体《変形菌類の栄養体で, 多核の原形質塊》. **2** 〖動物〗プラスモジウム, マラリア原虫《胞子虫綱住血胞子虫目に属する *Plasmodium* 属の原生動物の総称; 人間を含む脊椎動物の赤血球に寄生し, 一生の間に世代の交代や宿主の変換があり生活史は複雑》. 〘(1875) ← NL ～ ← PLASMA＋-ODE¹＋-IUM〙

plas·mog·a·my /plæzmɑ́(:)gəmi | -mɔ́g-/ *n.* 〖生物〗細胞質融合, プラスモガミー《(生殖)細胞の合体の際の, 核融合 (karyogamy) が起こる以前の細胞質融合の段階》. 〘1912〙

plas·mol·y·sis /plæzmɑ́(:)ləsɪ̀s | -mɔ́lɪ̀sɪs/ *n.* (*pl.* **-y·ses** /-sì:z/) 〖植物〗原形質分離. **plas·mo·lyt·ic** /plæ̀zməlítɪk | -tɪk⌐/ *adj.* **plàs·mo·lýt·i·cal·ly** *adv.* 〘(1883) ← NL ～: ⇨ plasmo-, -lysis〙

plas·mo·lyze /plǽzməlàɪz/ 〖植物〗 *vt.* 原形質分離を起こす. — *vi.* 原形質分離が起こる. **plás·mo·lỳz·a·ble** /-zəbl/ *adj.* 〘(1888): ⇨ ↑, -ize〙

plas·mon /plǽzmɑ(:)n | -mɔn/ *n.* 〖物理〗プラズモン《プラズマ振動またはプラズマ波に付随する量子》. 〘(1900) ← PLASMA＋-ON²〙

plas·mop·ty·sis /plæzmɑ́(:)ptəsɪ̀s | -mɔ́ptɪsɪs/ *n.* (*pl.* **-ty·ses** /-sì:z/) 〖生物〗原形質吐出. 〘← NL ～ ← PLASMO-＋-PTYSIS (← Gk *ptúein* to spit)〙

plas·mo·quine /plǽzməkwàɪn, -kwì:n/ *n.* 〖薬学〗＝pamaquine. 〘1926〙

plas·mo·some /plǽzməsòʊm | -mə(ʊ)sə̀ʊm/ *n.* 〖生物〗プラスモソーム, 真正核小体《細胞の核内の核小体; 染色体が凝縮してできた染色核小体 (karyosome) に対して使う語》. 〘1889〙

Plas·sey /plǽsi, plɑ́:si | plǽsi/ *n.* プラッシー《インド West Bengal 州 Calcutta の北約 130 km にある村; Robert Clive がここで Bengal 軍を破り (1757 年), インドにおける英国勢力を確立した》.

-plast /⌐—plæ̀st/ 〖生物〗「形成されたもの」の意の名詞連結形: bio*plast*, chloro*plast*. 〘← Gk *plastós* formed, molded ← *plássein* to form, mold: cf. plastic〙

plas·teel /plǽsti:l/ *n.* プラスチール《SF に登場する超強力な非金属材料》. 〘(*c*1975) ← PLASTIC＋STEEL〙

plas·ter /plǽstə | plɑ́:stə^(r)/ *n.* **1** プラスター, 漆喰(しっくい), 壁土. **2** 焼き石膏(せっこう) (plaster of Paris): a ～ figure 石膏像[模型]. **3** 膏薬, 硬膏; 《英》絆創膏 (adhesive [sticking] plaster) / ⇨ court plaster, mustard plaster, porous plaster.

pláster of Páris (1) 焼き石膏 ($CaS_4{}^1/_2H_2O$ または $2Ca{-}SO_4H_2O$) 《水を加えればすぐに固まる石膏; cf. gypsum 1, selenite¹ 1》. (2) 固まった焼き石膏. 〘(*a*1425): Paris 付近にある沈積物から取れることから〙

— *vt.* **1** …に漆喰を塗る 〈*down, over, up*〉. **2 a** …に膏薬を張る. **b** …を膏薬のように張る. **3 a** …に〈バターなどを〉(こってりと)塗りたてる (besmear) 〈*down*〉 〔*with*〕; …に〈ポスターなどを〉一面に張りつける 〔*with*〕: be ～*ed with* mud [butter, pomade] 泥[バター, ポマード]を一面に[こてこてと]塗ってある / a wall ～*ed with* posters 一面にビラを張った壁 / His picture was ～*ed* all over the front page of the newspaper. 彼の写真はその新聞の一面に派手に扱われていた / ～ labels on a parcel 小包にラベルを張る / ～ oneself *in* …をべたべた塗る. **b** …の〈称賛などを〉過剰に与える 〔*with*〕: ～ a person *with* praise 人をやたらにほめたてる / a stout middle-aged woman ～*ed with* diamonds ダイヤモンドで飾りたてたでっぷり太った中年女性. **c** 滑らかに[平らに]する, 〈髪を〉(ポマードなどで)なでつける: hair ～*ed down* on one's head. **4 a** 〈人の感情などを〉和らげる, なだめる. **b** 《戯言》(けがなどに対して)慰謝料[膏薬代]を払う. **5** 焼き石膏 (plaster of Paris) で処理する; ギプスで固定する: ～ wine (酸性中和のため)ワインに焼き石膏(粉末)を混和させる. **6** 《俗》 **a** (集中攻撃などで)徹底的にたたく, 猛爆[猛撃]する: The town was ～*ed* (*with* bombs). **b** したたか[ぺしゃんこ]にやっつける, 完敗させる.

pláster ón (バターなどを)…に塗りつける. ***pláster óver* [*úp*]** (1) ⇨ *vt.* 1. (2) 〈悪い所を〉塗りつぶす, 糊塗する, ごまかす.

〘OE～ ◻ ML *plastrum* (短縮) ← L *emplastrum* ◻ Gk *émplastron* salve ← *émplastros* daubed ← *emplássein* to daub on, stuff in ← *em-* 'EN-²'＋*plássein* to mold: cf. plastic〙

pláster·bòard *n.* プラスターボード, 石膏板《石膏を芯にした板紙; 壁下地に用いる》. 〘1897〙

pláster cást *n.* **1** 〖彫刻〗石膏(せっこう)による模作[像]. **2** 〖医学〗ギプス(包帯); ギプスコルセット《患部の動くのを防ぐためにその上を包む石膏を含ませたガーゼ; 単に cast ともいう》. 〘1825〙

plas·tered /plǽstəd | plɑ́:stəd/ *adj.* 《俗》酔っ払った: ～ to the wall ぐでんぐでんに酔っ払った / pleasantly ～ ほろ酔いの. 〘1400〙

plás·ter·er /-tərə, -trə | -tərə^(r), -trə^(r)/ *n.* **1** 漆喰(しっくい)屋, 左官. **2** 石膏細工人.

plás·ter·ing /-tərɪŋ, -trɪŋ/ *n.* **1 a** 漆喰(しっくい)塗り; 漆喰[左官]工事; [集合的] 石膏細工. **b** 壁などに塗られた漆喰. **2** 膏薬を張ること. **3** (ワインの)焼き石膏処理 (cf. plaster *vt.* 5). **4** 《俗》猛爆, 猛撃; 完敗, 惨敗. 〘1423〙

pláster mòld *n.* **1** 〖植物病理〗プラスター黴(かび)《ツクリタケ栽培の床に発生する *Papulaspora byssina* などの不完全糸状菌で, 床の表面に白または褐色の菌糸が石膏(せっこう)を流したように広がる》. **2** プラスター黴による床の異変. 〘*c*1790〙

pláster sáint *n.* 聖人君子(と考えられる人). 〘1890〙

pláster·wòrk *n.* 左官工事. 〘1600〙

plas·ter·y /plǽstəri, -tri | plɑ́:s-/ *adj.* **1** 漆喰(しっくい)のような. **2** 膏薬(こうやく)に似た. 〘(?*c*1425): ⇨ plaster, -y⁴〙

plas·tic /plǽstɪk | plǽs-, plɑ́:s-/ *n.* **1 a** プラスチック, 合成樹脂《ガラス・木材・金属の代用品で, 尿素樹脂・石炭酸樹脂・ビニール樹脂などがある》. **b** (材質としての)プラスチック: The toy is (made of) ～. **2** 《口語》クレジットカード(による信用貸し). **3** [*pl.*] ⇨ plastics. **4** 〖バレエ〗

P

=plastique 2. **—** *adj.* **1 a** プラスチック(製)の (cf. plastics); ビニール製の (cf. vinyl): a ～ cup, straw, etc. / a ～ bag ビニール袋. 日英比較 日本語の「プラスチック」は形の決まった堅いものを指すが, 英語の *plastic* はビニールのような柔らかいものも指す. a *plastic* bag は「ビニール袋」, 英語の vinyl は専門用語で一般には使われない. **b** 人工の, 合成の. **c** 人工的な, 不自然な, まやかしの: a ～ smile 情味のない[人形のような]微笑 / the ～ horrors of the film その映画の不自然な恐怖の場面. **d** 《口語》クレジットカードの[による]; クレジットカードによる信用の. **2** こねて物を造れる, 塑造できる, 可塑性の, (思うように)形作れる (⇨ pliable SYN): ～ substances 可塑物質 《粘土・合成樹脂など》/ ⇨ plastic clay. **3** 形成力のある, 形成的な (formative), 創造的な: the ～ force of nature 自然の創造力. **4** 〔美術〕 **a** 塑造した; 塑像(術)の: ～ figures [images] 塑像. **b** 造形的な. **c** (絵画の)二次元的表現の. **5** 〈性格・精神など〉柔軟な, 従順な (pliant), 感化されやすい, 教えやすい: a ～ mind, character, etc. **6** 〔外科〕形成の, 成形の: ⇨ plastic operation. **7** 〔生物・病理〕生活組織を形成する, 成形的な: ～ elements 成形素 / ～ exudation 成形浸出[分泌]物. **8** 〔物理〕可塑性の.

plás·ti·cal·ly *adv.* 〖(1598) □ F *plastique* // L *plasticus* □ Gk *plastikós* that may be molded ← *plastós* molded (p.p.) ← *plássein* to mold ← IE **pela-* to spread: ⇨ plain¹, -ic¹: cf. plasma〗

-plas·tic /ˈ—plǽstɪk/ *adj.* **1**「形成する, 促進する」の意の形容詞連結形: xylo*plastic*. **2** -plast, -plasty, -plasm に終わる名詞に対応する形容詞連結形: proto*plastic*, neo*plastic*. 〖↑〗

plástic árt *n.* **1** (詩・音楽などに対して)造形芸術《絵画・彫刻・製陶術など》. **2** (狭義で)彫塑《彫刻・浮き彫り細工など》. 〖(*a*1637)) 1850〗

plástic binding *n.* 〔製本〕プラスチックとじ.

plástic bómb *n.* プラスチック爆弾《粘着性のあるパテのような物質からなり, テロ活動やゲリラ戦に使用》. 〖1955〗

plástic búllet *n.* プラスチック弾《ポリ塩化ビニルでできた弾丸; 暴動鎮圧用; cf. baton round》. 〖1972〗

plástic cláy *n.* 塑性粘土.

plástic crédit *n.* クレジットカードの使用[による信用(貸し)]. 〖(1971): カードが通例プラスチック製であることから〗

plástic deformátion [flów] *n.* 〔力学〕塑性変形《外力を除去しても元に戻らない弾性限界を超えた変形》. 〖1877〗

plástic explósive *n.* プラスチック爆弾, 可塑性爆薬. 〖1906〗

plástic fóam *n.* 〔化学〕=expanded plastic. 〖1943〗

Plas·ti·cine /plǽstəsìːn | plǽstɪ̀-, plɑ́ːs-/ *n.* 〔商標〕プラスティシン《工作用粘土; すぐ乾いて固まらないところから学用品として多く使用される》. 〖(1897) ← PLASTIC+-INE³〗

plas·tic·i·ty /plæstísəṭi | plæstísɪ̀ti, plɑːs-/ *n.* **1** 塑性, 可塑性, 柔粘性. **2** 柔軟性 (pliability), 適応性 (adaptability). **3** 〔生物〕可塑性, 塑性《異なった環境条件に適応できる生物の能力》. 〖(1782-83) ← PLASTIC+-ITY: cf. F *plasticité*〗

plastícity index *n.* 〔土壌〕塑性指数《液性限界と塑性限界との差》.

plas·ti·cize /plǽstəsàɪz | plǽstɪ̀-, plɑ́ːs-/ *vt., vi.* 成形[可塑]的にする[なる]; 柔軟にする[なる]. **plas·ti·ci·za·tion** /plæ̀stəsɪ̀zéɪʃən | plæ̀stɪ̀saɪ-, plɑ̀ːs-, -sɪ-/ *n.* 〖1927〗

plás·ti·cìz·er *n.* 〔化学〕可塑剤《プラスチック・合成ゴムに塑性を与えるために加える物質》. **2** 〔建築〕可塑剤, 減水剤《塗壁材料やコンクリートの塑性を増すための混和剤》. 〖1925〗

plas·tick·y /plǽstɪki | plǽs-, plɑ́ːs-/ *adj.* プラスチック[ビニール]のような, 安っぽい. 〖1972〗

plástic mác *n.* 《英》(安物の)ビニール製レインコート.

plástic mémory *n.* 塑性復原《一度きちんとした形をしたプラスチックを溶かしてしまってもそれが冷えると元の形状に戻る傾向[性向]》. 〖1967〗

plástic móney *n.* クレジットカード. 〖1974〗

plástic operátion *n.* 形成手術. 〖1879〗

plas·tics /plǽstɪks | plǽs-, plɑ́ːs-/ *n.* **1** 合成樹脂化学. **2** =plastic surgery. **—** *adj.* [限定的] プラスチック(製)の (plastic): a ～ factory プラスチック製造工場 / ～ materials プラスチック素材. 〖⇨ -ics〗

plástic súrgeon *n.* 形成外科医. 〖1911〗

plástic súrgery *n.* 形成外科. 〖1839〗

Plástic Wóod *n.* 〔商標〕プラスチックウッド《スチロール樹脂などに発泡剤を入れて形成した擬似木材; 家具・調度品の成形部材として使用する》.

plástic wráp *n.* 《米》(食品を包む)ラップ (《英》cling-film).

plas·tid /plǽstɪ̀d | -tɪd/ *n.* 〔生物〕 **1** 原形質体の単位, 細胞. **2** 色素体, プラスチド《植物細胞の原形質中にある小体》. 〖(1876) □ G *Plastide* ← Gk *plastós* formed ← *plássein* to mold: cf. plastic, -idium: ドイツの生物学者 E. H. Haeckel (1834-1919) の命名〗

plas·tique /plæstíːk; *F.* plastik/ *n.* **1** =plastic bomb. **2** 〔バレエ〕プラスティク《ゆっくりと抑えた動きや彫像のようなポーズを習得するためのバレエの技術》. 〖(1803) □ F ～: ⇨ plastic〗

plas·ti·sol /plǽstəsɔ̀(ː)l | -tɪsɔ̀l/ *n.* 〔物理化学〕プラスチゾル《成形用の樹脂と可塑剤を混合したペースト状の液体》. 〖(1946) ← PLASTIC+SOL⁴〗

plas·to- /plǽstou | -təu/ 次の意味を表す連結形: **1**「形成 (formation), 発達」: *plasto*chron. **2**「可塑性」: *plasto*meter. **3**「細胞質 (cytoplasm)」. **4**「プラスチド (plastid)」: *plasto*gene. 〖← Gk *plastós* formed〗

plas·to·chron /plǽstəkrɑ̀(ː)n | -krɔ̀n/ *n.* 〔植物〕葉間期《苗の初葉から次葉に至る期間》. 〖(1929) ← PLASTO-+Gk *khrónos* time: cf. plastic, chrono-〗

plas·to·gene /plǽstəʤìːn/ *n.* 〔植物〕プラストジーン《植物細胞原形質中にあってその生理作用および遺伝現象に関係があると信じられている超顕微鏡的因子》. 〖← PLASTO-+-GENE〗

plas·to·mer /plǽstəmə | -mə(r)/ *n.* 〔化学〕プラストマー《可塑性に富む高分子物質; cf. elastomer》.

plas·tom·e·ter /plæstɑ́(ː)məṭə | -tɔ́mɪ̀tə(r)/ *n.* 可塑度計, プラストメーター《物体の流動度・可塑性を測定する機械》. **plast·o·met·ric** /plæ̀stəmétrɪk | -tə(u)-ˈ/ *adj.* **plas·tom·e·try** /plæstɑ́(ː)mətri | -tɔ́mɪ̀-/ *n.* 〖(1919) ← PLASTO-+-METER¹〗

plàsto·quinóne *n.* 〔生化学〕プラストキノン《緑色植物や藻類にあるベラベンゾキノン誘導体; 単一の成分でなく A, B, C, D の類似物がある; ビタミンと関連があり光合成に役立つ》. 〖(1958) ← PLASTO-+QUINONE〗

plas·to·type /plǽstətàɪp | -tə(u)-/ *n.* 〔生物〕模式標本から直接型取りした人工標本《化石など》.

plas·tral /plǽstrəl/ *adj.* **1** プラストロン (plastron) の. **2** 〔動物〕腹甲 (plastron) の. 〖(1889): ⇨ ↓, -al¹〗

plas·tron /plǽstrən/ *n.* **1** プラストロン《衣服の胸当ての部分または別布の胸当て》: **a** 婦人ドレスの胸当てのような飾り. **b** 男子用シャツの胸 (dickey). **2 a** (フェンシング用の)胸当て. **b** (連隊を色別した槍騎兵用の)胸覆い. **c** (中世武士が鎖かたびらを補強した)鋼鉄製の胸当て. **3** 〔動物〕(カメなどの)腹甲 (cf. carapace). **4** 〔昆虫〕プラストロン《ある種の水生昆虫を取り巻く薄い空気の膜または気泡で, 発水性の体毛に付着する》. 〖(1506-7) □ F ～ □ It. *piastrone* (aug.) ← *piastra* breastplate □ L *emplastrum* 'PLASTER'〗

-plas·ty /ˈ—plæ̀sti/「形成 (formation)」の意の名詞連結形: auto*plasty*, dermato*plasty*. 〖□ F *-plastie* □ Gk *-plastía* ← *-plastos* '-PLAST': ⇨ -y³〗

-pla·sy /ˈ—plèɪsi, ˈ—plə̀si, ˈ—pləsi/ =-plasia.

plat¹ /plǽt/ *n.* **1** 《米》(土地の)図面, 地図; (特に)市街地図. **2** 《古》地所, (花壇などに用いる)小地面. **—** *vt.* (**plat·ted; plat·ting**) 《米》…の図面[地図]を作る. 〖(1511-12) 《変形》← PLOT〗

plat² /plǽt/ *n., vt.* (**plat·ted; plat·ting**) 《方言》=plait. 〖(?*a*1300) *platte(n)* 《変形》← *pleite(n)*: ⇨ PLAIT〗

plat³ /plɑ́ː; *F.* pla/ *F. n.* (*pl.* ～**s** /～(z); *F.* ～/) 料理の一皿: ⇨ plat du jour. 〖(1763) □ F ～ 《原義》'plate'〗

plat. 《略》plateau; platform; platinum; platonic; platoon.

plat- /plæt/ =platy-. 〖⇨ platy-〗

Pla·ta /plɑ́ːṭə, -tɑː | -tə; *Am.Sp.* pláta/, **the Rí·o de la** /ríːoudəlɑ- | ríːəu-, -də-; *Am.Sp.* ríoðela-/ *n.* ラプラタ(川)《南米の南東部, Uruguay 川と Paraná 川によってアルゼンチンとウルグアイの間にできた三角江 (estuary); 長さ 274 km, 幅 32-195 km; 英語名 the River Plate》. 〖□ Sp. ～ 《原義》silver〗

Pla·tae·a /plətíːə/ *n.* (*also* **Pla·tae·ae** /-tiːiː/) プラタイアイ《Athens の北西部の古代都市; ギリシャ連合軍がペルシャ軍を破った戦跡 (479 B.C.)》.

plat·an /plǽtn/ *n.* (*also* **plat·ane** /～/) 〔植物〕=plane tree. 〖(*c*1384) □ L *platanus* 'plane tree'〗

pla·tan·na /plətǽnə/ *n.* 〔動物〕アフリカツメガエル (*Xenopus laevis*)《雌に妊婦の尿を注射すると 24 時間後に産卵するので妊婦の診断に用いられる》. 〖(1856) □ Afrik. ～ ← *plat* flat+*-hander* handed one〗

plat·a·nus /plǽṭənəs | -tə-/ *n.* 〔植物〕=plane tree. 〖(1398) ← NL ～ ← L ～ □ Gk *plátanos*: ⇨ plane⁴〗

plát·bànd *n.* **1** 〔建築〕平縁(ひらぶち); (装飾的な)扉口の楣(まぐさ). **2** 花縁(かえん), 芝縁(しばぶち). 〖(1696) □ F *platebande* 《原義》flat band〗

plat du jour /plɑ́ːdəʒúə | plɑ́ːduːʒúə(r), -djuː-, -də-; *F.* pladyʒuːʁ/ *F. n.* (*pl.* **plats du jour** /～; *F.* ～/) (レストランのその日のおすすめ料理. 〖(1906) □ F ～ 'dish of the day'〗

plate /pléɪt/ *n.* **1 a** (主に陶磁器製の浅く丸い)皿, 銘々皿; (料理を取り分ける)大皿: on a ～ 皿に載せて / a cake ～ (大型の)ケーキ皿 / a dessert ～ デザート皿 / a tea ～ お茶のときの銘々皿 / ⇨ bread-and-butter plate, dinner plate, salad plate, service plate, soup plate. ⇨ dish 日英比較 **b** [集合的] 鍍(と)金した金属(のもの); (金・銀(めっき)製の)食器類 (cf. silverware): a piece of ～ 金・銀(めっき)の食器一個 / family ～ 家紋を刻印した金・銀食器《家伝の宝物》/ ⇨ gold plate, silver plate. **c** 貴金属《特に銀の地金》. **2 a** 一皿の料理, 料理一皿(分) (cf. plateful): a ～ of soup [meat] スープ[肉料理]一皿 / clean [clear, empty] one's ～ 一皿分全部を平らげる. **b** 《米》(料理の)一品, 一皿 (course); (一皿に盛りつけた)メーンコース; (資金集めのパーティーで出る一皿盛りの)料理一人前 (meal): a fruit ～ / a dinner at [costing] $100 a ～ 1 人前 100 ドルの食事. **c** 《豪》(バザーなどに持ち寄る)一皿(ずつ)の菓子やサンドイッチ). **3** (通常 6 mm より厚い)(金属などの)板, 平板; 板金: ⇨ hotplate. **4** (姓名などを書いた)標札, (各種)銘板; (特に)医者の看板: put up one's ～ 看板を出す; (特に)医者を開業する / ⇨ coffin plate, doorplate, nameplate. **5** 〔写真〕感光板, 種板 (cf. roll film): ⇨ dry plate 1, wet plate. **6 a** 〔印刷〕版, 鉛版, 電鋳版; その印刷物. **b** 〔郵趣〕切手を印刷する実用版. **7** 図版, ページ大挿絵 (cf. cut 4 a): in *Plate* 3 第 3 図(版)に / ⇨ fashion plate 1. **8** (本の表紙裏に貼る)蔵書票 (bookplate). **9** 〔野球〕 **a** 本塁, ホームプレート (home plate). **b** 投手板, プレート (pitcher's mound). **10** [しばしば *pl.*] **a** 〔歯科〕義歯床 (dental plate). **b** 《口語》義歯, 入れ歯 (denture). **11** 〔地球物理〕プレート《地球の最表部を構成している岩板; ⇨ plate tectonics》. **12 a** 〔解剖・動物〕薄板, 薄層 (lamina). **b** 〔細菌〕(培養に用いる)平板. **13 a** (競馬・競技などの)金[銀]賞杯 (prize cup). **b** =plate race. **14** (教会で使う)献金皿; 献金; (慈善などのための)募金: put ten dollars in the (collection) ～ 10 ドルを喜捨する / pass the ～ 献金皿を回す. **15** =communion plate. **16** 《米》〔電気〕極板; (電子管の)陽極 (anode), プレート: a positive ～ 陽極板. **17** 〔爬(は)虫類・魚などの〕甲. **18 a** =plate armor 2. **b** plate armor 2 をつくる金属[プラスチック]の板. **19** 〔建築〕(間柱の上下の)横材: roof-*plate* / window-*plate* / ⇨ wall plate 1. **20** =petri dish. **21** (牛の)バラ肉, 三枚肉 (⇨ beef 挿絵). **22** 〔紋章〕銀の小円 (cf. roundel 7). **23** 《英》〔鉄道〕=plate rail 2. **24** [*pl.*] =PLATES *of meat.* **25** 《俗》=fashion plate 2. **26** 〔競馬〕蹄鉄. **27** 磨き板ガラス (plate glass).

on a pláte (1) ⇨ l a. (2) 《口語》=*on a* (*silver*) PLATTER. ***on one's pláte*** 《口語》(仕事などを)抱えていて, やることになっていて (cf. plateful 2): I have enough [a lot, too much] *on my* ～. やるべきことが十分にある[ありすぎる]. 〖(1928)〗 ***plátes of méat*** 《英俗》足 (feet). 〖1857〗

— *vt.* **1** 〈金属〉に(金・銀・ニッケルなど)薄くかぶせる, めっきをする: It was ～*d with* [*in*] silver all over.=Silver ～*d* it all over. 銀が一面にめっきしてあった. **2** 板金で覆う, 固定する, 〈軍艦など〉に装甲を施す, …に板金よろいを着せる. **3** 〔冶金〕〈鋳塊を〉板型に鍛造する. **4** 〔印刷〕…の版を作る, ステロ[電鋳]版にする[を作る]. **5** 〔製紙〕(ローラーなどで)〈紙〉にプレート光沢仕上げをする. **6** 〔野球〕〈得点を〉加える. **7** 〈微生物を〉培養基で培養する.

～·less *adj.* 〖(*c*1250) □ OF ～ 'thin sheet of metal' ← (fem.) ← *plat* flat < VL **plattus* flat □ Gk *platús* broad ← IE **plat-* to spread: cf. place¹〗

Plate /pléɪt/, **the River** *n.* =the Río de la PLATA.

pláte àrmor *n.* **1** (軍艦・要塞などの)装甲板. **2** (14 世紀以後の)板金よろい (cf. mail² 1); よろい. 〖1802〗

pla·teau /plætóu, ˈ—ˈ— | plǽtəu, ˈ—ˈ—, plətə́u/ *n.* (*pl.* ～**s, plat·eaux** /～z/) **1 a** 台地, 高原, プラトー. **b** 海台. **2** 上昇も低下もしない比較的変動の少ない時期, 景気の高原 (cf. trough 7): The industrial output has reached a ～. **3 a** (グラフの)平坦域, プラトー. **b** 〔心理〕高原, 高平部. **c** 〔教育〕学習高原《学習効果の上昇が停滞して水平的に進む状態》. **4** 頂の平らな婦人帽. **5** (ダイニングテーブルの中央部に載せた低脚つきの)飾り台. **—** *vi.* 比較的変動の少ない時期[景気の高原]に達する (cf. *n.* 2). 〖(1791) □ F ～ < OF *platel* flat object (dim.) ← *plat* flat: ⇨ plate〗

Pla·teau /plætóu, ˈ—ˈ— | plǽtəu, ˈ—ˈ—, plətə́u/ *n.* プラトー《ナイジェリア中部の州; 1976 年 Benue-Plateau 州の一部よりつくられた》.

pláte·bàsket *n.* 《英》(粗ラシャで裏張りした)食器かご《スプーン・フォークなどを入れる》. 〖1838〗

pláte bàttery *n.* 〔電気〕陽極電池 (⇨ B battery).

pláte blòck *n.* 〔郵趣〕原版番号が印刷されている部分を含んだブロック (block).

pláte cálender *n.* 〔製紙〕プレートカレンダー《枚葉紙に光沢をつけるための機械》.

pláte círcuit *n.* 〔電気〕陽極回路《電子管回路で陽極電流の流れる部分》. 〖1919〗

pláte clútch *n.* 〔自動車〕板クラッチ (⇨ disk clutch). 〖1906〗

pláte cólumn *n.* 〔化学〕=plate tower.

pláte cúlture *n.* 〔細菌〕平板培養《ペトリ皿 (petri dish) を使用して行う細菌培養法》.

pláte cúrrent *n.* 〔電気〕陽極電流《電子管の陽極回路を流れる電流》. 〖1915〗

plat·ed /pléɪṭɪ̀d | -tɪ̀d/ *adj.* **1** 表と裏の色や材質が異なるように編まれた: ～ knit fabric. **2** 〔軍事〕装甲の; よろいをつけた. **3** [しばしば複合語の第 2 構成素として] めっきした (cf. solid 3 a): ～ spoons 銀めっきしたさじ / silver-*plated* 銀めっきした. 〖(1408) (p.p.) ← PLATE〗

pláted amberína *n.* 〔ガラス製造〕炎光または白色の裏打ちの上をアンバリーナで包んだ工芸ガラス.

pláted stém *n.* 〔海事〕=fashion plate stem.

plate·ful /pléɪtfʊ̀l/ *n.* (*pl.* ～**s, plates·ful**) **1** 皿一杯, 一皿(分). **2** 《口語》手一杯の仕事 (cf. *on one's* PLATE). 〖1766〗

pláte gírder *n.* 〔土木〕プレートガーダー《鋼板および形鋼を組み合わせて I 型とした桁(けた)》. 〖1849〗

pláte·glàss *adj.* (1960 年代に建てられた)英国大学の, 現代英国大学に関する (cf. redbrick, whitetile). 〖(1968): 現代の英国の大学の建造物に板ガラスが多く使われていることから〗

pláte glàss *n.* 磨き板ガラス《表面を研磨しつや出しした平らな板ガラス; cf. sheet glass》. 〖1727-41〗

pláte·hòlder *n.* 〔写真〕乾板取枠《写真乾板を入れてカメラに取り付ける遮光容器》. 〖1875〗

pláte kèel *n.* 〔海事〕平板キール, 平板竜骨《現在大部分の船に使われている平板形のキール; cf. bar keel》.

pláte·làyer *n.* 《英》線路工夫, 保線員 (《米》track-layer). 〖1836〗

plate·let /pléɪtlɪ̀t/ *n.* 〔解剖〕血小板, 栓球《正式には blood platelet という; 以前は thrombocyte といった》. 〖(1895) ← PLATE+-LET〗

pláte·lìke *adj.* 皿状の, 皿板に似た. 〖1862〗

pláte·màker *n.* 〔印刷〕(特に, オフセット)製版機. 〖1904〗

P

pláte·màking *n.* 〘印刷〙(オフセット)製版.
pláte màrk *n.* **1** (金銀器につけた)刻印 (hallmark)《製造者名, 純度証印など》. **2** 〘印刷〙プレートマーク《銅版画などの版面のまわりにできた紙のへこみ》. 〖1858〗
pláte-màrked móunt *n.* へりに押模様のある写真台紙.
pláte màtter *n.* (連合通信から地方新聞に提供されるような)ステロ版のニュース. 〖1887〗
pláte modulátion *n.* 〘電気〙陽極変調《真空管の陽極回路での振幅変調》.
plat·en /plǽtn/ *n.* **1** 圧盤《手引き印刷機・平圧印刷機の紙を版面に押しつけるための平らな盤》. **2** 〘印刷〙(円圧印刷機の)圧胴. **3** (平削り盤などの)テーブル. **4** 〘機械〙(引張試験機の試験片に力を与えるための)つかみ. **5** (タイプライターの)プラテン《印字するために紙を巻く円筒》. 〖(*c*1410) *plateyne* ◻ (O)F *platine* a flat plate ← *plat* flat: ⇨ plate[1]〗
pláte nùmber *n.* 〘郵趣〙プレートナンバー: **a** 切手のシートの耳, 時に切手の印面に印刷された実用版の番号[文字]. **b** それのついた切手[ブロック (block)]. 〖1912〗
pláte-pòwder *n.* (銀食器などの)磨き粉. 〖1883〗
pláte prèss *n.* 銅板[凹版]印刷機.
pláte prìnting *n.* 〘印刷〙銅板印刷, 凹版印刷.
pláte prìnter *n.*
pláte pròof *n.* 〘印刷〙鉛版校正.
plat·er /pléɪtə | -tə(r)/ *n.* **1** めっき工 (gilder); 金属版工, 鉄板工. **2** 〘製紙〙=plate calender. **3** 〘競馬〙 **a** (主に金[銀]杯の出るレースに出場する)劣った競走馬; (特に)劣等馬. **b** 装蹄師. 〖(1777) ← PLATE+-ER[1]〗
pláte ràce *n.* 《英》金[銀]杯の出る競馬[競技]; (ステークスと異なり, 競馬基金によって所定の賞が保証されている)一般レース.
pláte-ràck *n.* 《英》(水を切って乾かすため, もしくは保管用の)皿かけ. 〖1807–8〗
pláte ràil *n.* **1** 〘建築〙(装飾用皿類を飾るために壁の上部に細い桟(さん)で作った)皿棚, プレートレール. **2** 〘鉄道〙板レール《車輪がはずれないように外側が立ち上がった鉄板で作った昔のレール》. 〖1825〗
pláte resìstance *n.* 〘電子工学〙=anode resistance.
plat·er·esque /plæ̀tərésk | -tə-⁻/ *adj.* 〘建築〙プラテレスク様式の《16 世紀のスペインルネサンス建築の極度に技巧的な銀細工式の装飾法にいう》. 〖(1842–76) ◻ Sp. *plateresco* (原義) resembling the work of silversmiths ← *platero* silversmith ← *plata (d'argento)* (plate of) silver*: ⇨ -esque: cf. plate〗
pláte·ròom *n.* 《英》(銀)食器保存室. 〖1888〗
pláte shòp *n.* 〘造船〙鉄板を熱を加えないで工作する作業場《structural shop ともいう》.
pláte sỳstem *n.* 平面製氷方式《直接膨張式冷却管に鋲止めされた板が凍結面の役目をする製氷方式》.
pláte tectónics *n.* 〘地球物理〙プレートテクトニクス, プレート構造論《地球の表層部を構成しているいくつかの大きな岩板 (plate) が水平方向に移動することによって種々の地殻変動が起こるとする学説》. 〖1969〗
pláte tòwer *n.* 〘化学〙棚段塔, 段塔, プレート塔《塔内に多くの段板を設けてガスと液とが十分接触するようにした石油分留などのための装置; plate column ともいう》.
pláte tràcery *n.* 〘建築〙プレートトレーサリー《ゴシック建築初期の, 石の版をくり抜いて作った》. 〖1855〗
pláte vàlve *n.* 〘機械〙板弁《流体圧力の変化に応じて平板に穴があいた形の弁体が弁座上を上下運動する弁; 高速運転に適し圧縮機の重要部をなす》.
pláte vòltage *n.* 《米》〘電気〙陽極電圧《電子管の陽極にかかる電圧》. 〖1922〗
pláte·wòrk *n.* 板金仕事. 〖*a*1400–50〗
plat·form /plǽtfɔəm | -fɔːm/ *n.* **1** (講演・公演などの)舞台, 壇; 演壇, 教壇, 講壇; (建物の)基壇. **2** (駅の)乗降場, (プラット)ホーム: ~ 4 4 番ホーム / a departure [an arrival] ~ 発車[到着]ホーム. **3 a** 《米》客車後部の乗降口, デッキ (vestibule): an observation ~ (列車最後部の)展望台. **b** 《英》バスの乗降口わきの部分. **4 a** (高くした)足場, (石油などの掘削)作業台, 井桁(いげた). **b** (発着などのための)台. **5** (階段の)踊り場 (landing). **6** 〘軍事〙砲床, 砲座; (砲の周囲についている砲手用の)操作台. **7** 〘海事〙船艙甲板《周囲より一段高い小面積の甲板; platform deck ともいう》. **8** 高台, 台地. **9** (政党の)政綱, 綱領 (cf. plank[1] *n.* 3): accept [adopt] the socialist ~ 社会党の政綱を採る / support the ministerial ~ 与党の政綱を支持する. **10** 《米》(候補者を指名する政党の大会などでの)政綱発表, 綱領宣言. **11 a** 発言の機会[場]. **b** 討論会(場). **c** [the ~] 講演, 演説. **12** (決心・行動などの)根拠, よりどころ, 基本方針; (討論・思想などの)水準, 標準, めど. **13** 〘電算〙プラットホーム《基盤となるシステム》. **14 a** =platform shoe. **b** =platform sole. **15** 〘宇宙〙プラットホーム《ロケット・宇宙船の位置の規準となるジャイロテーブル》. **16** 《まれ》宗教教義などの体系. — *vt.* 台の上に置く. — *vi.* 壇上から演説する. 〖(1535) ◻ F *plateforme* (原義) flat form or area: ⇨ plate, form〗
plátform bàlance *n.* =platform scale. 〖1811〗
plátform bèd *n.* プラットホームベッド《脚つきの台で支えられたベッド; 下部は収納部になっていることが多い》.
plátform càr *n.* 《米》〘鉄道〙=flatcar. 〖1843〗
plátform fràme *n.* 〘建築〙お神楽(かぐら), 太神楽(だいかぐら)軸組み《上階までの通し柱をもたず, 各階ごとに間柱をたてる軽量木構造; western frame ともいう; cf. balloon frame》.
plátform gàme *n.* 〘電算〙背景の動かないコンピューターゲーム.

plát·form·ing pròcess *n.* 〘化学〙プラットホーミング法《白金触媒を用いるガソリン改質法の一つ》.
plátform ròcker *n.* 《米》台付き揺り椅子. 〖1944〗
plátform scàle *n.* 台ばかり《platform balance ともいう》. 〖1834〗
plátform shóe *n.* 厚底の婦人靴《platform sole つきの靴》. 〖1969〗
plátform sóle *n.* (木・コルク・革製などの)厚手の靴底. 〖1939〗
plátform ténnis *n.* 《米》プラットフォームテニス《大型の卓球ラケットでボールを打つ paddle tennis に似たスポーツ》. 〖1955〗
plátform tìcket *n.* 《英》(駅の)入場券. 〖1901〗
Plath /plǽθ/, **Sylvia** *n.* プラス (1932–63; 米国の詩人・小説家; *The Colossus* (1960), *The Bell Jar* (小説, 1963), *Ariel* (1965)).
plat·in- /plǽtn, -tn | -tɪn, -tn/ (母音の前にくるときの) platino- の異形.
pla·ti·na /plətíːnə, plǽtənə, -tnə | plǽtɪnə, plətíːnə/ *n.* 〘化学〙プラチナ《白金と palladium, iridium, osmium などの自然合金; cf. platinum 1》. — *adj.* プラチナ色の. 〖(1750) ◻ Sp. ~ (dim.) ← *plata* silver: ⇨ platinum〗
plat·i·nate /plǽtənèɪt, -tn- | -tɪn-, -tn-/ 〘化学〙 *n.* 白金酸塩[エステル]. — *vt.* =platinize. 〖(1858) ← PLATINO-+-ATE[1]〗
plat·ing /pléɪtɪŋ | -tɪŋ/ *n.* **1** めっき, 金・銀きせ, 金・銀めっき. **2** 〘金属加工〙コーティング, 表面被覆; めっき層金属, 表面被覆材. **3** (軍艦の)装甲. **4** 〘金属加工〙焼きつけ (coating). **5 a** 懸賞競馬[競技], 競馬の一般レース. **b** 装蹄 (horse shoeing). 〖(1825) ← PLATE+-ING[1]〗
plat·i·ni- /plǽtəni, -ni, -tn- | -tɪ-/ platino- の異形 (⇨ -i-).
pla·tin·ic /plətínɪk/ *adj.* 〘化学〙白金の; (特に)四価の白金 (Pt^{IV}) を含む, 第二白金の (cf. platinous). 〖(1842) ← PLATIN(A)+-IC[1]〗
platínic ácid *n.* 〘化学〙白金酸 ($H_2Pt(OH)_6$)《淡黄色の粉末》.
platínic chlóride *n.* 〘化学〙塩化第二白金, 塩化白金 (IV), 四塩化白金 ($PtCl_4$)《白金酸を塩素中で加熱して得られる赤褐色の結晶》. 〖1866〗
plat·i·nif·er·ous /plæ̀tənɪ́f(ə)rəs | -tɪn-⁻/ *adj.* 白金を含む[を生じる]. 〖(1828–32) ← PLATINO-+-FEROUS〗
plat·i·ni·rid·i·um /plæ̀tənaɪrɪ́diəm, -nɪr- | -tɪnaɪ(ə)rɪ́d-, -nɪr-/ *n.* 〘鉱物〙白金イリジウム《万年筆のペン先などに用いるきわめて硬質の鉱物》. 〖(1848) ← NL ~: ⇨ platino-, iridium〗
plat·i·nize /plǽtənaɪz, -tn- | -tɪn-, -tn-/ *vt.* …に白金を着せる, 白金と合金にする. **plat·i·ni·za·tion** /plæ̀tənɪzéɪʃən, -tn- | -tɪnaɪ-, -nɪ-, -tn-/ *n.* 〖1825〗
plat·i·no- /plǽtənoʊ, -tn- | -tɪnəʊ, -tn-/「白金, プラチナ (platinum), 白金酸 (platinic acid)」の意の連結形. ★ 時に platini-, また母音の前では通例 platin- になる. 〖⇨ platinum〗
plátino·cyànic ácid *n.* 〘化学〙シアン化白金酸 (⇨ tetracynoplatinic acid).
plàtino·cýanide *n.* 〘化学〙白金シアン化物《cyanoplatinite ともいう》. 〖1845〗
plat·i·noid /plǽtənɔ̀ɪd, -tn- | -tɪn-, -tn-/ *adj.* 白金状の, 白金に似た[まがいの]. — *n.* 〘化学〙 **1** 白金合金《白金と合金される palladium, iridium など》. **2** プラチノイド《一種の洋銀; 銅・亜鉛・ニッケルの合金に少量のタングステンまたはアルミニウムを加えたもの; 装飾または電気抵抗線に用いる》. 〖(1864): ⇨ -oid〗
plat·i·no·tron /plǽtənətrɑ̀(ː)n, -tn- | -tɪnətrɔ̀n, -tn-/ *n.* 〘電子工学〙プラチノトロン《マグネトロンと同様の磁界を利用したマイクロ波増幅管》. 〖⇨ -tron〗
plat·i·no·type /plǽtənoʊtàɪp, -tn- | -tɪnə(ʊ)-, -tn-/ *n.* 〘写真〙(鉄塩の感光性を利用する)白金写真(版[法]). 〖(1880): ⇨ -type〗
plat·i·nous /plǽtənəs, -tn- | -tɪn-, -tn-/ *adj.* 〘化学〙白金の, 二価の白金 (Pt^{II}) を含む, 第一白金の (cf. platinic): ~ chloride 塩化第一白金, 塩化白金 (II) ($PtCl_2$). 〖(1842) ← PLATIN(A)+-OUS〗
plat·i·num /plǽtənəm, -tn- -tn- | -tɪnəm, -tn-/ *n.* **1** 〘化学〙白金, プラチナ《記号 Pt, 原子番号 78, 原子量 195.09; cf. platina》. **2** プラチナ色《銀色より幾分青みがかった灰白金属色》. **3** 《米口語》=platinum disc. — *adj.* 〈レコード・CD などが〉プラチナディスク(級)の, プラチナディスク級に売れた (cf. platinum disc, gold 4). 〖(1812) ← NL ~ (変形) ← Sp. *platina* (dim.) ← *plata* silver < VL *plattus* flat: cf. plate〗
plátinum bláck *n.* 〘化学〙白金黒《触媒用粉末》. 〖1854〗
plátinum blónde *n.* 《口語》 **1** プラチナブロンド《薄い白金色の髪をした女性; 脱色した結果のことが多い》. **2** プラチナブロンドの髪の色. — *adj.* **1** 〈髪が〉プラチナブロンド色の. **2** 〈人が〉プラチナブロンドの髪をした. 〖1931〗
plátinum dísc *n.* プラチナディスク: **1** 売上げが特定数(100 万組のアルバム, 200 万枚のシングルレコード [CD] など) 以上を達成したアーティスト(グループ)に贈られる額入りのプラチナのディスク. **2** そのヒット曲[レコード, CD]. 〖1971〗
plátinum métal *n.* 〘化学〙白金属 (platinum, palladium, iridium, osmium など). 〖1865〗
plat·i·tude /plǽtətùːd, -tjùːd | -tɪtjùːd/ *n.* **1** 単調 (flatness); 平凡, 陳腐. **2** (事新しそうに, または意味深げにいう)平凡[陳腐]な話, 月並みな言葉, 常套(じょうとう)文句 (⇨ commonplace SYN): talk ~*s*. 〖(1812) ◻ F ~ ← *plat* flat: LATITUDE, ALTITUDE にならった造語: ⇨ plate, -tude〗

plat·i·tu·di·nal /plæ̀tətúːdənl, -tjúː-, -dnl | -tɪtjúːdɪ-, -dnl⁻/ *adj.* =platitudinous. 〖(1870): cf. latitudinal〗
plat·i·tu·di·nar·i·an /-tùːdənéᵊriən, -tjùː-, -dn- | -tɪtjùːdɪnέər-⁻/ *adj.*, *n.* 陳腐な事を得意に話す(人), 平凡[陳腐]な(人). 〖(1855): ⇨ ↑, -arian: cf. latitudinarian〗
plat·i·tu·di·nize /plæ̀tətúːdənaɪz, -tjúː-, -dn- | -tɪtjúːdɪn-, -dn-/ *vi.* 平凡[陳腐]なことを言う, 自明の説を得意そうに述べる. **plàt·i·tú·di·nìz·er** *n.* 〖1885〗
plat·i·tu·di·nous /plæ̀tətúːdənəs, -tjúː-, -dn- | -tɪtjúːdɪn-, -dn-⁻/ *adj.* **1** くだらないことを言う. **2** 平凡な, 単調な, つまらない. **~·ly** *adv.* **~·ness** *n.* 〖(1862) ← PLATITUDE+-OUS: cf. multitudinous〗
Pla·to /pléɪtoʊ | -təʊ/ *n.* **1** プラトン (427?–?347 B.C.; ギリシャの大哲学者; 本名は Aristocles; *Dialogues* (*Symposium*, *Republic*, etc.)). **2** プラトー《月面第 2 象限のクレーター; 直径約 100 km できわめて暗い底をもつ》. 〖◻ L ~ ◻ Gk *Plátōn* (原義)? broad-shouldered ← *platús* broad (肩幅が広いのにちなんだ呼び名か): cf. platy-〗
Pla·ton·ic /plətɑ́(ː)nɪk, pleɪ- | plətɔ́n-, plæ-/ *adj.* **1** プラトン (Plato) の; プラトン哲学[学派]の: ~ philosophy プラトン哲学. **2** プラトン的な愛 (Platonic love) の[に関する]. **3** [p-] 純精神的恋愛を実践する: ⇨ Platonic love. **4 a** [p-] 純理的な, 名目だけの (nominal), 実行を伴わない, 観念的な. **b** 実害のない, 無害な. — *n.* **1** プラトン学派の人 (Platonist); プラトン哲学研究者. **2** [しばしば p-] 精神的恋愛の実践者. **3** [しばしば p-; 通例 *pl.*] 精神的恋愛に基づく言行[感情]. 〖(1533) ◻ L *Platōnicus* ◻ Gk *Platōnikós*: ⇨ ↑, -ic[1]〗
Pla·tón·i·cal /-nɪkəl, -kl | -nɪ-/ *adj.* 《まれ》=Platonic. **~·ly** *adv.*
platónic bódy *n.* 〘数学〙=platonic solid. 〖*a*1696〗
Platónic lóve, p- l- *n.* **1** プラトン的な愛《地上における肉体との結合を離れて, 超越的な理想である真善美のイデアとの結合に向かわせる動因, 憧憬としての普遍的な愛》. **2** (男女間の肉欲を超越した)純精神的恋愛, プラトニックラブ. 〖1631〗
platónic sólid *n.* 〘数学〙プラトンの立体《五種の正多面体の一つ; platonic body ともいう》. 〖1952〗
Platónic yéar *n.* 〘天文〙プラトン年《歳差運動が一巡するおよそ 25,800 年の周期; great year ともいう》. 〖1639〗
Pla·to·nism /pléɪtənɪzm, -tn- | -tən-, -tn-/ *n.* **1 a** プラトン哲学; (特に, Plato の唱道した)イデア論, 理想主義的観念論. **b** プラトン主義《Plato および彼の伝統に立つ後代の哲学》: ⇨ Cambridge Platonism, Neoplatonism. **2** [しばしば p-] =Platonic love. 〖(1570) ← NL *Platonismus*: ⇨ Plato, -ism〗
Plá·to·nist /-nɪst, -nəst | -nɪst, -nɪst/ *adj.*, *n.* プラトン学派の(人), プラトン哲学を奉じる(人), プラトン主義者(の).
Pla·to·nis·tic /plèɪtənɪ́stɪk, -tn- | -tən-, -tn-⁻/ *adj.* 〖(1549) ◻ ML *Platonista*: ⇨ Plato, -ist〗
Pla·to·nize /pléɪtənaɪz, -tn- | -tən-, -tn-/ *vi.* **1** プラトン説[哲学]を奉じる. **2** プラトン流に論じる. — *vt.* **1** プラトン哲学を論拠として説く. **2** プラトン的にする. 〖(1608) ◻ F *platoniser* ◻ LGk *platōnízein*: ⇨ Plato, -ize〗
pla·toon /plətúːn/ *n.* **1** 〘軍事〙(歩兵・工兵などの)小隊《隊長は lieutenant; cf. army 3》; 《米》警察小隊. **2** (人の)集団, 一団. **3** プラトーン: **a** 〘アメフト〙攻撃専門あるいは防御専門に鍛えられたチーム《攻撃が終わって守備に移る際には攻撃チーム全部が退き, 防御専門のチームと交代する; こういう制度を(ツー)プラトーンシステム ((two-)platoon system) という》. **b** (野球などで)一つのポジションを交互に起用するように組み合わせた二人(以上)の選手. **4** 《古》一斉射撃隊.
— *vt.* **1** 小隊編成にする, 小隊に分ける. **2** (野球などで, 二つのポジションに)〈選手を〉(他の選手と交互に)起用する. — *vi.* **1** 〈同一のポジションを〉代わりの選手と変える. **2** 〈同一のポジションに二人以上の選手を〉交互に起用する, (ツー)プラトーンシステム ((two-)platoon system) を用いる. 〖(1637) (古形) *plotton* ◻ F *peloton* small ball, group of people (dim.) ← *pelote* 'PELLET': ⇨ -oon〗
platóon sérgeant *n.* 〘米陸軍〙一等軍曹, 小隊軍曹 (sergeant first class) (略 PSG; ⇨ sergeant 1). 〖1915〗
platóon sỳstem *n.* **1** 〘警察〙プラトンシステム《大都市を 24 時間態勢で警備できるよう警官を組に分け, 時間別に配置する制度》. **2** 〘アメフト〙プラトーンシステム (⇨ platoon 3 a).
Platt·deutsch /plǽtdɔ̀ɪtʃ, pláːt- | plǽt-; G. plátdɔʏtʃ/ *n.* (北ドイツの)低地ドイツ語方言 (Low German) (cf. Hochdeutsch). 〖(*a*1834) ◻ G ~ ◻ Du. *Platduitsch* ← *platt* flat (◻ OF *plat*)+*duitsch* German〗
Platte /plǽt/ *n.* [the ~] プラット(川)《米国 Nebraska 州の中央を, North Platte, South Platte 両河の合流点から東に流れて Omaha 市の南で Missouri 川に注ぐ支流 (500 km)》. 〖◻ F (*Rivière*) *Platte* flat (river)〗
plat·te·land /pláːtəlɑ̀ːnt | -tə-/ *n.* =backveld. 〖(1933) ◻ Afrik. ~ ◻ Du. ~ (原義) flatland〗
plat·ter /plǽtə | -tə(r)/ *n.* **1** 《米》 **a** (通例長円形をした, 肉などを盛る浅い)大皿, 鉢. **b** (大皿の)盛りつけ料理. **2** プラター《クラウン[帽体]が低く皿を伏せたような婦人帽; platter hat ともいう》. **3** 《口語》〘競馬〙=plater 3. **4** 《米俗》 **a** レコード, 音盤; 録音盤 (transcription record). **b** 〘野球〙本塁 (home base). ***on a (silver) plátter***

P

《米口語》据え膳で, 楽々と, 努力しないで (《英口語》 on a plate): have *on a* ～ …を苦もなく手に入れる / I'll give it to you *on a* ～. のしをつけてあげますよ. 〖《c1280》 *platere* ◻ AF *plater* ← (O)F *plat* flat, dish: ⇨ plate〗

Plátt Nátional Párk /plǽt-/ *n.* プラット国立公園《米国 Oklahoma 州南部にあり, 硫黄泉で有名; 1906 年指定; 面積 3.7 km²》. 〖← *O. H. Platt* (1827–1905: 米国の上院議員)〗

Platts·burgh /plǽtsbəːg | -bəːg/ *n.* (*also* **Platts·burg** /～/) プラッツバーグ《米国 New York 州北東部, Champlain 湖畔の都市; 英侵攻軍撃退の地 (1814)》. 〖← *Z. Platt* (初期の植民者): ⇨ -*s*², -burgh〗

plat·y¹ /pléɪṭi | -ti/ *adj.* (**plat·i·er**; **plat·i·est**) **1** 薄く平らに裂ける. **2** 〘地質〙〈鉱物・地層・溶岩など〉板状の. 〖《1533》← PLATE+-Y⁴〗

plat·y² /plǽṭi | -ti/ *n.* (*pl.* ～, ～**s**, **plat·ies**) 〘魚類〙 プラティ (*Xiphophorus maculatus*) 《メキシコ原産カダヤシ科の熱帯魚; 体色が多種多様で美しい; platyfish ともいう; cf. swordtail 3》. 〖《1930–35》← NL *Platy(poecilus)* (属名: PLATY-+-*poecilus* (◻ Gk *poikílos* mottled))〗

plat·y- /plǽṭɪ, -ṭi | plǽt-/ 「広い (broad, wide); 平らな (flat)」の意の連結形. 〖◻ LL *plat*- ← Gk *platús* broad: cf. plate〗

plàt·y·cephálic /plæ̀ṭi- | -ti-/ *adj.* 〘人類学〙 頭蓋(ずがい)骨が平らの, 偏平頭蓋の《長高示数が 70 以下のものにいう》. 〖《1861》← PLATY-+-CEPHALIC〗

plàty·céphalous *adj.* 〘人類学〙 =platycephalic.

pláty·fish *n.* 〘魚類〙 =platy².

plat·y·hel·minth /plæ̀ṭihélmɪ̀nθ | -tihélmɪnθ/ *n.* (*pl.* ～**s**, ～**es**) 扁形動物 (flatworm). **plat·y·hel·min·thic** /plæ̀ṭihelmínθɪk, -míntɪk | -tihelmínθɪk, -mínt-ˉ/ *adj.* 〖《1878》↓〗

Plat·y·hel·min·thes /plæ̀ṭəhelmínθiːz | plæ̀tɪ-/ *n. pl.* 〘動物〙 扁形動物門. 〖《1901》← NL ～ ← *Platyhelmintha* ← PLATY-+Gk *hélminth*-, *hélmins* worm: 複数語尾 -*a* を英語化したもの: ⇨ helminth〗

pláty jòint *n.* 〘地質〙 板状節理《火山岩によく見られる平板状の規則正しい割れ目》.

plat·y·kur·tic /plæ̀ṭikɜ́ːṭɪk | -tikɜ́ːt-ˉ/ *adj.* 〘統計〙 緩尖の《度数分布曲線のとがり方が緩い》. 〖《1905》← PLATY-+*kurt*- (← Gk *kurtós* bulging, swelling)+-IC¹〗

plat·y·kur·to·sis /plæ̀ṭikəːtóʊsɪ̀s | -tikəːtáʊsɪs/ *n.* 〘統計〙 緩尖であること. 〖《1939》← NL ～: ⇨ ↑, -osis〗

platypi *n.* platypus の複数形.

plat·y·pod /plǽṭəpɑ̀(ː)d | -tɪ̀pɔ̀d/ *adj., n.* 〘動物〙 平足類の(動物). 〖1846〗

plat·y·pus /plǽṭəpəs, -pʊ̀s | -tɪ̀pəs/ *n.* (*pl.* ～**·es**, **-y·pi** /-pàɪ/) 〘動物〙 カモノハシ, プラティパス (*Ornithorhynchus anatinus*) 《オーストラリア産で卵生の哺乳動物; duckbill ともいう》. 〖《1799》← NL ～ ← Gk *platúpous* flatfooted ← PLATY-+Gk *poús* 'FOOT'〗

P

platypus

plat·yr·rhine /plǽṭəràɪn, -rɪ̀n | -tiràɪn, -rɪn/ *adj.* 〘動物・人類学〙 広鼻型の《鼻示数が 85 以上のものにいう; cf. leptorrhine》. **—** *n.* **1** 鼻の幅が広く低い人. **2** 広鼻(猿)類のサル (cf. catarrhine). **plat·yr·rhi·ny** /plǽṭəràɪni | -ti-/ *n.* 〖1842〗

plat·yr·rhin·i·an /plæ̀ṭərɪ́niən | -ti-ˉ/ *adj., n.* 〘動物・人類学〙 =platyrrhine.

pla·tys·ma /plətízmə/ *n.* (*pl.* ～**s**, ～**·ta** /～ṭə | ～tə/) 〘解剖〙 広頸筋. 〖《1693》← NL ～ ← Gk *plátusma* flat piece, plate ← *platúnein* to widen, flatten: cf. platy-〗

plau·dit /plɔ́ːdɪ̀t, plɑ́ː- | plɔ́ːdɪt/ *n.* [通例 *pl.*] 喝采(かっさい), 拍手; 賞賛. 〖《1567》(古形) *plaudite* ◻ L *plaudite* applaud ye! (imper.) ← *plaudere* 'to APPLAUD, clap': cf. plausible〗

Plau·en /pláʊən; G. pláʊən/ *n.* プラウエン《ドイツ中東部の都市》.

plau·si·ble /plɔ́ːzəbl̩, plɑ́ː- | -zɪ̀-/ *adj.* **1** 〈言葉・陳述など〉妥当[本当]と思われる, なるほどと思わせる, 理にかなった (reasonable); もっともらしい, まことしやかな (specious): on a ～ pretext もっともらしい口実をもうけて. **2** 〈人が〉口先のうまい, もっともらしい口をきく. **3** 《廃》 称賛に値する, 歓迎すべき. **plau·si·bil·i·ty** /plɔ̀ːzəbílə̀ṭi, plɑ̀ː- | plɔ̀ːzɪ̀bílɪ̀ti/ *n.* **～·ness** *n.* **pláu·si·bly** *adv.* 〖《(1541)》《1565》 ◻ L *plausibilis* deserving applause ← *plausus* (p.p.) ← *plaudere* to applaud: ⇨ -ible: cf. plaudit〗

SYN もっともらしい: **plausible** 一見真実で合理的に思われる《意図的な偽りはないが実際には真実ではないことを暗示する》: a *plausible* explanation もっともらしい説明. **specious** 一見もっともらしいが, 実はそうではない《意図的な偽りがあることを暗示する; 格式ばった語》: a *specious* excuse もっともらしい言い訳.

plau·sive /plɔ́ːzɪv, -sɪv, plɑ́ː- | plɔ́ːsɪv/ *adj.* **1** 喝采(かっさい)する. **2** 《廃》 愉快な, 楽しい. **3** =plausible 1. 〖《1600》← L *plausus* (↑)+-IVE〗

Plau·tus /plɔ́ːṭəs, plɑ́ː- | plɔ́ːtəs/, **Titus Mac·ci·us** /mǽksiəs/ *n.* プラウトゥス (254?–184 B.C.; ローマの喜劇作家; *Miles Gloriosus*「空(から)威張り軍人」). **Pláu·tine** /-taɪn/ *adj.*

play /pléɪ/ *vi.* **1 a** 遊ぶ, 遊戯をする (sport); 慰みごとをする; 〈子供・動物などが〉ふざける, 戯れる (frolic) 〔*with*〕: ～ indoors [in the street] 屋内[通り]で遊ぶ / ～ *with* one's dolls 人形と遊ぶ / a kitten ～*ing with* a ball ボールに戯れる子猫 / Can Joe and I ～ (*together* [*with* each other])? ジョーと(一緒に)遊んでもいい? **b** 遊び半分に[ふざけて]ふるまう: ⇨ PLAY *at* (2) / They're only ～*ing*. 遊び半分にやっているだけだ. **c** 《廃》 (異性と)戯れる, 性的関係をもつ: ⇨ PLAY *around* (2). **d** 《英方言》 (仕事をしないで)遊ぶ, 休む; ストライキをする (strike).

2 もてあそぶ, いじくる (finger) (⇨ toy SYN); いい加減に扱う, ばかにする (trifle) 〔*with*〕: ～ *with* matches [pointed tools] / ～ *with* a woman's affections 女性の愛情をもてあそぶ / He ～*ed with* the idea of working in films. 映画界に入って仕事をしてみようかとあれこれ考えた / He's not a man to be ～*ed with*. からかえる相手ではない.

3 a 競技[プレー]する, 競技に出る, トランプ(など)をする; (トランプなどで)札を出す, こまを動かす; (クリケットなどで)ある打ち方をする: ⇨ PLAY *at* (3) / ～ *against* …と対戦する / In mixed doubles, he ～*ed with* Saito *against* Smith and Ogura. 混合ダブルスで彼は斎藤と組んでスミス・小倉組と対戦した / ～ in a set of tennis テニスを 1 セットする (★ 今は通例 in を省く; cf. *vt.* 1) / ～ for two innings 2 イニングに出る / ～ *for* England [the New York Yankees] 英国[ニューヨークヤンキース]の代表選手となる / England and Scotland ～*ed* (*against* each other) *for* the championship. イングランドとスコットランドは選手権を賭けて対戦した (cf. *vt.* 2) / ～ *as* goalkeeper ゴールキーパーをする / ～ *with* [*in*, 《英》 *on*] a boys' baseball team 少年野球チームの選手をする / ～ back [forward] 〘クリケット〙 〈打手が〉(三柱門[投手]の方へ)一歩下がって[踏み出して]打つ / *Play!* 試合[勝負]始め / It's your turn [you] to ～. 君の番だ. **b** ある部署に(ある仕方で)つく: ～ deep [in the outfield] 深く[外野を]守る. **c** 〘球技〙 (ある方向へ)ボールを打つ: ～ *into* a sand trap サンドトラップにボールを入れる / ～ *to* another's weaknesses [backhand] 相手の弱点[バックハンド]へボールを打つ. **d** 〈クリケット競技場・テニスコート・球場などが〉球技[プレー]をするのに(ある状態に)ある: ～ fast [slowly] 〈コートが〉速い[遅い] / The stadium ～*s* well. 競技場の状態は良好だ.

4 勝負事をする; 賭博をする, 賭ける (gamble): ～ high [low] 大博打(ばくち)[少しの金でけちな博奕]を打つ / ～ *for* high [low] stakes 大きな[小さな]賭けをする / ～ *for* money [love] 金を賭けて[賭けないで]勝負をする / ～ *for* a kingdom [an empire] 天下取りの博奕を打つ.

5 a [形容詞・副詞を伴って] (ある仕方で)ふるまう, 行う: ～ fair 尋常に勝負する, 公明正大にふるまう / ～ false 不正な勝負をする; 〔…に〕卑劣にふるまう, 〔…を〕だます 〔*with*〕 (cf. *vt.* 5 b). **b** [形容詞を伴って] (…であるような)ふりをする: ～ dead, dumb, sick, etc. **c** 協力する, 同調する 〔*with*〕: ⇨ PLAY *along* (1).

6 a 〈楽器などを〉演奏する, 鳴らす, 弾く 〔*on*, *upon*〕. 日英比較 日本語では楽器を演奏することを表す語は対象の楽器によって「弾く」「吹く」「たたく」などと分けて用いるが, 英語では一般的には *play* 一語で表す. ただし「吹く」という動作に注目する場合は blow, 打楽器などを「たたく」動作を強調する場合は beat, また音を出すことに重点がある場合は sound を用いることがある: a band ～*ing* in the distance 遠くで演奏している楽隊 / ～ *on* the piano ピアノを弾く / Will you ～ *for us*? 演奏[伴奏]して下さいませんか / Will Yehudi Menuhin ～ *with* the Boston Symphony? メニューインはボストン交響楽団と共演しますか / Will the Boston Symphony ～ *under* Seiji Ozawa? ボストン交響楽団の演奏は小沢征爾の指揮ですか. ★ play the piano etc. と play (*up*)*on* the piano etc. とでは今は前者の方が普通 (cf. *vt.* 6). **b** 〈音楽・楽器が〉奏せられる, 鳴る: The music began to ～. / The flutes are ～*ing*. フルートが鳴っている. **c** 〈ラジオ・レコード・テープレコーダーなどが〉音を出す, かかる: The phonograph stopped ～*ing*. レコードプレーヤーが止まった.

7 a 芝居をする, 演じる, 役を務める (act); 〔観客などに〕受けるように演ずる, 迎合する 〔*to*〕: ～ in a drama / The actor ～*s* well. あの俳優は演技がうまい / ～ *to* packed [full] houses 満員の観客に演じる / ⇨ PLAY *up to* (1), *play to the* GALLERY. **b** 〈劇・映画などが〉上演[放映]される (run): What's ～*ing* at the movies [theater] tonight? 今夜映画館[劇場]で何が上映[上演]されるか. **c** 〈脚本・場面などが〉上演[放映]に適する, 上演できる: a drama that does not ～ well 上演にはあまり向かないドラマ.

8 《口語》 [通例副詞を伴って] 〈話・考えなどが〉〔…に〕(うまく)受け入れられる, 成功する 〔*with*〕.

9 〈動物などが〉飛び[跳ね]回る (frisk), 飛び交う (flit); 〈物が〉軽やかに[不規則に]動く, 遊動する, はためく (flutter); 〈光・色などが〉きらめく, ちらつく, ゆらめく, 色を変える; 〈波などが〉軽く寄せる; 〈風が〉そよぐ; 〈微笑などが〉浮かぶ 〔*about*, (*a*)*round*, *on*, *over*〕: Bees ～ *around* [*among*] flowers. ハチは花から花へ飛び回る[花の間を飛び交う] / The waves ～*ed on* the shore. 波が浜辺に打ち寄せた / His fancy ～*ed around* [*on*] the idea. その考えをめぐって空想が働いた.

10 《口語》 要求された通りに行動する, 協力[参加]する: He wouldn't ～. なかなか言うことをきかなかった.

11 〈機械の一部が〉(ある範囲内で)自由に動く: A piston rod ～*s* within a cylinder. ピストン棒はシリンダーの中で運転する.

12 砲を発射する, 〈砲などが〉続けざまに発射される; 水[光など]を放射する[浴びせる], 〈ホース・照明などが〉向けられる, 〈水などが〉放射される, 噴出する 〔*on*, *over*, *along*〕: The fountains ～ on Sunday. 噴水は日曜日に噴出する / a light ～*ing along* [*over*] a wall 塀を照らす照明.

— *vt.* **1 a** 〈遊戯・競技などを〉する, …をして遊ぶ[楽しむ]: ～ cards, chess, bridge, tag, hide-and-seek, billiards, catch, baseball, football, etc. / ～ a golf course ゴルフコースでゴルフをする / ～ a good [poor] game 試合[勝負]が上手[下手]だ / ⇨ *play* BALL, *play the* GAME¹ / ～ a match *against* a person [a team] 人[チーム]と試合をする / ～ a set of tennis テニスを 1 セットする (cf. *vi.* 3 a) / When will the match [game] be ～*ed*? 試合はいつ行われるか / I'll ～ a game of chess *with* you. =I'll ～ you a game of chess. 君とチェスをしよう / I'll ～ you (a game of chess) *for* $10. 君と(チェスを) 10 ドル賭けてやろう. **b** [時に *that*-clause または gerund を伴って] …であるふり[…のまね]をして遊ぶ, …ごっこをする (cf. PLAY *at* (1)): ～ soldiers [house] 兵隊ごっこ[ままごと]をして遊ぶ / The boys ～*ed* (*that* they were) pirates. 男の子たちは海賊ごっこをして遊んだ / The children ～*ed going* to work by car [*that* the street was a river]. 車で出勤する遊びをした[通りを川に見立てて遊んだ].

2 (競技・勝負事などで)…と勝負[試合]をする, 相手になる; 〈相手〉に対抗する(位置につく): England ～*ed* Scotland *for* the championship. イングランドは選手権を賭けてスコットランドと対戦した / We ～*ed* their best team *at* football. 彼らの最強チームとフットボールの試合をした.

3 a 〈遊戯・競技などで〉〈あるポジションを〉務める, 守る: ～ first base, shortstop, fullback, the outfield, a position, etc. **b** 〈競技者・選手などを〉試合に出す; 起用する: ～ Smith (*at* first base [*as* goalkeeper]) (一塁に[ゴールキーパーとして])スミスを起用する.

4 a 〘球技〙 〈ボールを〉ある方向へ[ある打ち方で]打つ[蹴る]; 〈ボールを〉リバウンドさせる: He ～*ed* the ball *into* the net [*over* the net, *to* his opponent's backhand]. ボールをネットに[ネット越しに, 相手のバックハンドへ]打った / She ～*ed* the ball well [low]. ボールをうまく[低く]打った. **b** 〈打球を〉捕える, さばく.

5 a [時に間接目的語を伴って] (戯れに)〈いたずらなどを〉する, 〈詐欺などを〉働く (perform): ～ a person a trick = ～ a trick *on* a person 人に悪ふざけ[ひどい仕打ち]をする / ～ tricks *with* …を(下手に)いじくりまわす / ～ a practical joke *on* a person 人にいたずらをする / ⇨ *play* (*silly*) GAMES *with*. **b** 〈人を〉に対してあるふるまいをする: ～ a person false 人を勝負でだます; 人を裏切る[だます] / His memory is ～*ing* him false here. この点で彼は記憶違いをしている (cf. *vi.* 5 a). **c** (クリケットなどで)〈打撃を〉行う (cf. *vt.* 4 a): ～ a stroke (一発)打つ. **d** 〈破壊などを〉もたらす: ～ havoc *with* ⇨ havoc.

6 a 〈楽器を〉演奏する, 弾く; [時に間接目的語を伴って] 〈楽曲・作品を〉演奏する, 〈作曲家〉の作品を演奏する: ～ the piano [horn] =《米》 ～ piano [horn] ピアノを弾く[ホルンを吹く] (cf. *vi.* 6 a) / ～ (the) first violin (管弦楽で)第一バイオリンを弾く / ～ a concerto 協奏曲を演奏する / ～ a tune *on* the piano [flute] ある曲をピアノで弾く[フルートで吹く] / *Play* us some more Chopin. =*Play* some more Chopin *for* [*to*] us. もう少しショパンを弾いて下さい. **b** [時に間接目的語を伴って] 〈ラジオ・レコードなどを〉かける; (ラジオ・レコードなどで)〈音楽を〉かける: He ～*ed* his radio [some popular music]. ラジオ[ポピュラー音楽]をかけた. **c** 音楽を演奏して〈人などを〉案内する[送り出す] 〈*in*, *out*〉: The organist ～*ed* the congregation *out*. オルガン演奏者がオルガンを奏して会衆を外に送り出した / ～ the New Year *in* with a tune on the bagpipes バグパイプを演奏して新年を迎える.

7 a 〈劇を〉上演する (perform): ～ *Othello* [a tragedy] 「オセロ」[悲劇]を公演する. **b** (芝居で)〈…の役を〉演じる, …に扮する: ～ one's part well [badly] 役をうまく[へたに]演じる / ～ a leading part [role] 主役を演じる / ～ a great part *in* …で大役を務める, 重要な役割を果たす / ～ (the part of) Hamlet ハムレットの役を演じる / ～ Hamlet *as* a modern intellectual ハムレットを現代のインテリとして演じる. **c** 〈…の役を〉務める; まねる (mimic), …となりすます, …ぶる: ～ the host [hostess] 亭主[主婦]役を務める / ～ the hypocrite 猫をかぶる / ～ the man 男らしくふるまう / ～ the fool ばかみたいにふるまう / ～ truant 学校[勤務]をサボる / ～ the deuce [the devil, heck, hell] with …をめちゃめちゃに壊す, 台なしにする. **d** 〈劇団・役者などが〉〈ある場所〉で公演[興行]する; 〈劇・映画などが〉…で上演[上映]される: ～ the large houses [London] 大劇場[ロンドン]で興行する / ～ the principal cities 主要都市を巡業する / The film was booked to ～ two theaters in New York. その映画をニューヨークの二つの映画館で上映する契約がなされた.

8 a …に賭ける (bet on); 〈金を〉賭ける: ～ the horses [races] 競馬に賭ける. **b** 〈相場〉に手を出す: ～ the market 株式相場をやる. **c** 〈勘・運などに〉頼る: ～ a hunch 直観で行動する.

9 a 〘トランプ〙 〈手札を〉出す, 使う (use): ～ an ace [a spade, a trump] / ～ one's last card 最後の[とっておきの]札を使う; 万策尽きる. **b** 〘チェス〙 〈駒を〉動かす (move), 対局する: ～ a pawn.

10 a 〈人などを〉(ある目的のために)使う, 利用する (exploit); 〔…として〕扱う, 考える 〔*for*〕: ～ a person *for* a fool 人をばか扱いする. **b** (意図があって)敵対させる, 張り合わせる (pit): ⇨ PLAY *off* (*vt.*) (2) / He ～*ed* his two opponents *against* each other. 自分に反対する者を互いに張り合わせた. **c** [しばしば it を伴って] 《口語》 〈物事などを〉(ある仕方で)取り扱う, 処理する (treat): ～ *it* cool ⇨ cool *adv.*

11 遊動させる, ゆらめかせる, ちらつかせる, ひらめかせる 〔*on*, *over*〕.

12 〈砲などを〉続けざまに発射[放出]する; 〈ホース・照明などを〉向ける, 〈噴水などを〉噴出させる; 〈水・光などを〉放つ, 浴びせる〔on, over, along〕: ～ cannon *upon* a fort 要塞に大砲を発射する / ～ water [a hose] *on* a burning house 燃えている家に水をかける[ホースを向ける] / ～ a searchlight (*up*)*on* a ship [*over* the courtyard, *along* the road] サーチライトを船[中庭, 道路]に向ける.
13 〈針にかかった魚を〉あちこちと泳ぎ回らせて疲れさせる, 遊ばせる, あやなす: ～ a fish (on a line).
14 《古》(自由に)振り回す, 振るう (wield): ～ a good stick 剣術がうまい.
15 〖新聞〗〈記事・写真などを〉特定の場所に入れる: ～ the news big on the front page そのニュースを第一面に大きく扱う.
pláy abóut =PLAY *around*. **pláy alóng** (1) 〔…と〕調子を合わせていく, 〔…に〕協力する〔*with*〕. (2) (返事などをしないで)〈人を〉待たせる, …の気をもませる, じらす. **pláy aróund** (1) 遊び[とび]回る. (2) (仕事などを)遊び半分にやる; 〔大事な物・危険物や考えなどを〕もてあそぶ, いいかげんに扱う; 《婉曲》〔…と〕(異性交遊をして)遊ぶ, 性的関係をもつ〔*with*〕. **pláy at** (1) 〈子供などが〉…のまねをして遊ぶ, …ごっこをする: ～ *at* (being) pirates 海賊ごっこをする (cf. *vt.* 1 b) / ～ *at* running a store 店屋ごっこをする. (2) …を遊び半分にする; …に興味があるようなふりをする: He is only ～*ing at* business [be*ing* a lawyer]. 遊び半分に商売[弁護士]をしている / What do you think you are ～*ing at*? (いたずらをしている子供などに向かって)一体何をしているの《そんなことをしてはいけません》. (3) 〈競技などを〉する, …に加わる: only ～ *at* hockey. 《*c*1250》 **pláy awáy** (1) 博打(ばくち)で〈金を〉失う, 〈身上を〉つぶす. (2) 遊んで〈時間を〉過ごす. (3) (スポーツで)遠征試合をする. 《1562》 **pláy báck** (*vt.*) (1) 〈録音したテープ・レコード・会話・音楽などを〉再生する (cf. playback): She ～*ed* the song *back to* us.=She ～*ed* us *back* the song. 彼女はその歌を再生してくれた. (2) 〈ボールを〉返す, 返送する. —(*vi.*) ⇨ *vi.* 3 a. **plày báll** ⇨ ball[1] 成句. **plày bóth énds agàinst the míddle** ⇨ end[1] 成句. **pláy by éar** ⇨ ear[1] 成句. **pláy** *one's* **cárds wéll [bádly]** ⇨ card[1] 成句. **pláy cátch-up bàll** (スポーツで)負けているのを取り返すためにやり方を変える. **pláy dówn** (1) 重要でないように思わせる, 軽く扱う, (実際より)低く評価する (downplay, minimize); 強調[宣伝]しない (cf. PLAY *up* (*vt.*) (1)). (2) 〔相手に合わせて調子を落とす〔*to*〕. (3) (演技の)調子を下げる. 《1889》 **plày fást and lóose** ⇨ fast[1] *adv.* 成句. **pláy for tíme** ⇨ time 成句. **pláy hárd** 〈選手が〉力強くプレーする. **pláy hárd to gét** (自分の立場を強めるために)相手(の考え)に関心のないふりをする, 近づき難い風を装う. 《1945》 **pláy ín** (1) ⇨ *vt.* 6 c. (2) [～ oneself in で] (ゲームなどで)徐々に調子を出す, 腕を慣らす. **pláy ínto** …に好都合である, …の価値を高める. **pláy ínto the hánds of** ⇨ hand 成句. **pláy it lòw dówn on** *a person* ⇨ low[1] 成句. **pláy it on** *a person* 《口語》人をだます; 人に悪ふざけをする. **pláy it** *one's* (*ówn*) **wáy** 自分が最善と思うしかたでする. **pláy (it) sáfe** ⇨ safe *adv.* **pláy óff** (*vt.*) (1) 〈引き分けなどの〉決定試合[プレーオフ]を行う; 〈同点者に〉決定試合をさせる; 〈延期または中断中のゲームなどを〉行って終了させる. (2) (自分の利益のために)張り合わせる (oppose): ～ *off* one person [～ one person *off*] *against* another 甲を乙に張り合わせて漁夫の利を占める. (3) 〈悪ふざけなどを〉する, 行う (do). (4) …に恥をかかせる. (5) 発射する. (6) 《古》〈偽物を〉つかませる. —(*vi.*) (1) (同点または引き分けゲームの)決勝戦をする (cf. play-off). (2) ふりをする, 装う. (3) 〖ゴルフ〗ティーからプレーする. (4) (演劇などで)…に反応する, …と意思を伝え合う. 《1712》 **pláy on** (*vi.*) **a** [《*vi.*+*adv.*》 ∸ ón] (1) プレー[演奏]を続ける. (2) 〖クリケット〗〈打者が〉打った球を三柱門に当ててアウトになる. **b** [《*vi.*+*prep.*》 ∸ on] (1) 〈恐怖心・信頼心など〉をむやみにかきたてる, 利用する, 〈弱点などに〉つけ込む: ～ *on* a person's fears [sympathies]. (2) 〈物事が〉…に影響を与える. (3) (ユーモラスな効果をねらって)〈意味・あいまいさ・テーマなどを〉巧みに使う. (4) ⇨ *vi.* 6 a. —(*vt.*) **a** [《*vt.*+*adv.*》 ∸ … ón] 〖アメフト〗〈選手を〉オンサイド (onside) に入れる: Smith accidentally ～*ed* Sanchez *on*, so the Spanish goal was allowed. スミスは誤ってサンチェスをオンサイドに入れてしまいスペインチームのゴールを許してしまった. **b** [《*vt.*+*prep.*》 ∸ … on …] ⇨ *vt.* 5 a. 《1602》 **pláy onesèlf [itsèlf] óut** 役立たなくなる. **pláy óut** (*vt.*) (1) 特に(実人生で)〈争い・場面などを〉演じる, …にかかる; 最後まで演じる[競技する]: ～ a comedy *out* 喜劇を(最後まで)演じる. (2) 〈感情などを〉行動に現す. (3) 《口語》[通例受身で] へとへとにさせる; 使い尽くす[古す] (exhaust) (cf. played-out). (4) 〈綱などを〉繰り出す. (5) ⇨ *vt.* 6 c. —(*vi.*) (1) 尽きる, すたれる, だめになる. (2) 〈綱などが〉かなり繰り出る. 《1596》 **pláy óut tíme** ⇨ time 成句. **pláy óver** (1) =PLAY *through* (1). (2) 繰り返して〈レコードなどを〉かける. **pláy thróugh** (1) 〈曲を〉完全に演奏する, 〈テープなどを〉最後までかける. (2) 〖ゴルフ〗(プレーの遅い)先発グループを追い越させてもらう. **pláy úp** (*vi.*) (1) (演奏などを)始める, ますます強く弾奏する. (2) [通例命令形で] 《英》(競技などで)頑張る: *Play up!* しっかりやれ. (3) 談話などに加わる. (4) (演技の)調子を上げる. (5) 《英口語》〈子供などが〉面倒を起こす, うるさくする; 〈古傷・身体の一部などが〉痛む, うずく; 〈機械が〉調子が悪くなる. (6) 〈馬が〉暴れる. —(*vt.*) (1) 重要と思わせる, 重視する; 強調[宣伝]する (cf. PLAY *down* (1)). (2) 〈子供・傷などが〉〈人を〉悩ます, いらだたせる; 〈人を〉なぶりものにする. ★ ～ *up on* a person という言い方もある. 《1803》 **pláy upòn** =PLAY *on* (*vi.*) b. **pláy upòn [on] wòrds** ⇨ word 成句. **pláy úp to** 《口語》(1) (演芸などで)〈相手〉に調子を合わせる, 〈人〉の相手役を務める, 助演する. (2) 〈人〉に取り入る, こびへつらう. (3) 〈人・考えなど〉を支持する. **pláy with fíre** ⇨ fire 成句. **pláy with onesèlf** 《婉曲》自慰をする. **to pláy with** [名詞の後につけて] 使える, 利用できる: time [money] *to* ～ *with* 使える時間[金].
— *n.* **1** 遊び, 戯れ, 遊戯 (frolic), (特に, 子供生来の)遊び(の行為); 気晴らし, 娯楽: The kids are at ～. 子供たちは遊んでいる / ⇨ child's play.
2 a 遊戯[競技](をすること), 勝負, 試合(の進行): during ～ プレー中に / *Play* begins at 3 p.m. 試合は午後 3 時に始まる / Rain stopped ～. 雨で競技は中止された. **b** [通例 *pl.*] 《古》(個々の)ゲーム, 競技.
3 勝負[競技]の順番: It's your ～. 君の番だ.
4 a 遊戯[勝負]のやり方, 演技[試合]ぶり, わざ; 《米》(競技などの)ある動き, プレー: fine ～ 美技(びぎ), ファインプレー / rough ～ 荒っぽい演技[試合]ぶり / a hit-and-run ～ ヒットエンドラン. **b** やり方, 手; 《米》(特に, 試合での)計算した動き, 策動 (maneuver): a poor ～ for such a situation そういう事態に対処するにはまずいやり方 / ⇨ *make a* [*one's*] PLAY *for*.
5 (人に対する)行為, 仕打ち (conduct). ★ 今は次のような句以外には用いない: foul ～ 卑劣な行為, 裏切り行為 / ⇨ fair play.
6 賭事, 賭博, 博打(ばくち).
7 いたずら, 戯れ, 冗談 (joke); しゃれ (pun): a ～ of words 《古》詭弁(きべん) / a ～ *on* words しゃれ, 地口.
8 戯曲, 劇, 脚本 (drama); 芝居, 演劇: a ～ by Shakespeare シェークスピア作の劇 / a ～ within a ～ 劇中劇 / put on a ～ 劇を上演する / see an amusing ～ 面白い芝居を見る / go to [be at] the ～ 芝居見物に行く[見物中である] / When does the ～ begin [end]? 芝居は何時に始まり[終わり]ますか / The ～ ran for two years. 芝居は 2 年間続演された. ⇨ ticket agency 日英比較
9 (物の)軽快な[すばやい]動き; (光・色などの)ゆらめき, ひらめき, ちらつき: the ～ of light and shadow *upon* the grass 草原の光と影のゆらめき / the ～ of colors (オパールなどの)七色閃(せん)転, 遊色 / the ～ of expression in a face 顔の表情の動き.
10 a 自由自在の動き, 随意運動; (機械などの)運転: the ～ of one's muscles 筋肉の(随意)運動 / the ～ of the piston ピストンの動き. **b** (機械の)運動の範囲[余地], 遊び, がた: Give the wheel more ～ on the axle. 車輪と軸をもっとゆるめにしなさい[にもう少し遊びをもうけなさい].
11 a (自由な)活動 (activity), 働き, 運用 (operation): the lively ～ of fancy 空想の活発な働き / be in full ～ 十分活動している. **b** 活動の自由[余地]: give [allow] full [free] ～ to one's imagination [thoughts] 想像力[思考]を十分働かせる / give ～ to the fish 針にかかった魚を(急に引き上げずに)自由に遊ばせる.
12 (新聞・報道などでの)強調, 扱い(方), 宣伝; (一時的な)注目, 関心.
13 事業, 取引 (venture).
14 [しばしば複合語の第 2 構成素として] 武器を操る[振るう]こと: ⇨ swordplay.
15 レコードをかけること.
16 a 〖トランプ〗プレー, 競技《ビッド (bid) などののち, 実際に札を出して勝負を争う過程; cf. deal[1] 3 d》. **b** 〖チェス〗駒を動かすこと, 対局をすること: a pawn ～ 駒さばきを主とする戦法 / a positional ～ 陣形戦法.
17 《英方言》失業, 休み, (ストライキ中の)休業 (cf. playday 2).
18 男女のたわむれ; 《廃》性交.
as góod as a pláy (芝居を見るように)面白くてたまらない. 《1672》 **bríng [cáll] into pláy** …を活動させる[活用する]. 《1799》 **cóme into pláy** 活動し[働き, 作用し]始める. 《1650》 **in pláy** (1) ⇨ 11. (2) (試合で)〈ボールが〉生きて, セーフで; ライン内で (cf. *out of* PLAY (1)): The ball is *in* ～. ボールはインプレーである. (3) 〖トランプ〗(競技中)〈カードが〉まだ生きている《場札として使える, など》. **màke a [*one's*] pláy for** 《米口語》(1) (手練手管を用いて)〈異性〉を誘惑しようとする. (2) …を引きつけ[手に入れ]ようと努める. 《1868》 **màke pláy** (1) (競馬や狩りで)率先する, 追手を悩ます; (ボクシングで)相手を積極[効果]的に打つ. (2) 盛んに働く; せく, せいて進む. **màke pláy with** …を効果的に[これ見よがしに]用いる, 強調する: *make* great ～ *with* the contrast between …の間の差異をはでに強調する. 《1857》 **pláy upòn [on] wórds** ⇨ word 成句. **óut of pláy** (1) (試合で)〈ボールが〉死んで, アウトで (cf. *in* PLAY (2)): go *out of* ～ 〈ボールが〉ラインから外へ出る. (2) 〖トランプ〗〈カードが〉おみそとなる《場札として使えない, など》. **the státe of pláy** ⇨ state 成句.
〘*v.*: OE *pleg(i)an* to play < ? (WGmc) **plegan* to pledge for, risk, exercise oneself (MDu. *pleien* to dance / G *pflegen* to take care of) ← ? — n.: OE *plega, plæga* exercise, sport〙

SYN 遊ぶ: **play** 娯楽・気晴らしを目的として肉体的・精神的な活動をする: *play* cards トランプをする. **frolic** 気楽に快活に浮かれ騒ぐ: They *frolicked* at the party. パーティーで浮かれ騒いだ. **romp** 活発に騒々しく走り回ったり跳んだりする: Several boys were *romping* on the playground. 数人の子供が運動場で跳ね回っていた. **gambol** 小さい子供や子羊のように跳ね回る《*frolic* よりも一層の喜びを含意する》: Let the dogs *gambol* on the lawn. 犬たちを芝生の上で跳ね回らせておやり.

pla·ya /pláɪə | plá:jə; *Sp.* plája/ *n.* **1** 〖地理〗プラヤ《砂漠の窪地(くぼち)に粘土・塩・石膏(せっこう)などの沈積物がたまってできた平野; 雨期には浅い湖になる; cf. bolson》. **2** 《米南西部》(スペインの, ホテルや大きい行楽地が近くにある)砂浜, 海岸. 〘《1854》□ Sp. ～ 'shore, beach' □ ML *plagia* hillside □ ? Gk *plágia* sides (neut. pl.) ← *plágios* ← *plágos* side: cf. plagal〙
play·a·ble /pléɪəbl/ *adj.* **1** 〈楽曲・劇など〉演じられる, 〈楽器など〉奏せられる, 上演[演奏]がきく. **2** 〈競技など〉行える; 〈競技場など〉競技のできる; 〖クリケット〗〈ボールが〉打つことができる. **plày·a·bíl·i·ty** /-bíləti | -lə̀ti, -lɪti/ *n.* 〘(?*c*1475) *playabyll*: ⇨ play, -able〙
pláy·àct *vi.* **1** 〈子供がまねて遊ぶ; (オーバーに)見せかける, お芝居をする. **2** 劇で演ずる, 演技する. — *vt.* 劇的に表現する, ドラマ化する. **pláy·àct·ing** *n.* 〘(1896) 《逆成》 ← *playacting*〙
pláy-àction páss *n.* 〖アメフト〗アクションパス《クォーターバックがボールをハンドオフするように見せかけてからのパスプレー》. 〘1964〙
pláy·àctor *n.* 《軽蔑》俳優, 役者. 〘1633〙
pláy àgent *n.* 〖演劇〗=playbroker.
pláy·bàck *n.* **1** プレーバック, 録音[録画]の再生; (特に, 試聴時の)再生(録)音. **2** (レコード・録音テープの)再生装置 (turntable, playback machine ともいう). **3** 巻き戻しボタン. 〘1929〙
pláy·bìll *n.* **1** 芝居のビラ[番付] (cf. daybill). **2** 《米》芝居[演劇]のプログラム. 〘1673〙
pláy·bòok *n.* **1** (エリザベス朝演劇で)演出用台本. **2** 脚本(集). **3** プレーブック《アメリカンフットボールチームの攻撃や守備のシグナルプレーを解説した図解入りノートブック》. 〘1535〙
pláy·bòx *n.* 《英》(特に)寄宿学校の生徒が自宅から菓子や本などを入れて持って行く木箱. 〘1865〙
pláy·bòy *n.* **1** 道楽者, 遊び人, プレイボーイ; 陽気な男性. 日英比較 日本語の「プレイボーイ」は次々と女性を誘惑してその身をもてあそぶ男を指すが, 英語の *playboy* は暇と金にあかせて様々な趣味や快楽を追及する男の意. 日本語でいう「プレイボーイ」は英語では woman chaser, womanizer, ladies' man などという. **2** 《アイル》道化者 (buffoon); ずるい人. 〘(1630) 'school-boy actor'〙
Play·boy /pléɪbɔɪ/ *n.* "プレイボーイ"《米国の男性向け月刊誌; Hugh Hefner が 1953 年に創刊; 発行元 Playboy Enterprises, Inc.》.
pláy·bròker *n.* 〖演劇〗脚本仲買人《劇作者と興行人などとの間の仲介をする》. 〘1910〙
pláy-by-pláy 《米》 *adj.* **1** 〈試合などの放送が〉実況放送の. **2** 〈記事・報告など〉詳細な (detailed). — *n.* (試合・競技などの)実況放送. 〘1927〙
pláy-cèntre *n.* 《NZ》=playgroup.
pláy·clòthes *n. pl.* レジャーウェア, スポーツウェア.
pláy·dày *n.* **1** (学校で正規の)授業のない日《スポーツなどをする》. **2** (炭坑夫などの)休業日 (cf. play *n.* 17). **3** 《米》(何校かの間の)非公式試合, 対抗競技会. **4** (劇場の)上演日. 〘1601〙
pláy dèbt *n.* 《古》賭博でできた借金. 〘1712〙
pláy dòctor *n.* 〖演劇〗上演前に脚本の手入れを頼まれる人. 〘1922〙
Play-Doh /pléɪdòʊ | -dəʊ/ *n.* 〖商標〗プレイドー《幼児がこねて遊ぶ色のついた合成粘土》.
pláy dòugh *n.* 工作粘土.
pláy·dòwn *n.* 《カナダ》(異なったリーグ[地方]からの勝利チームの間で行われる)決勝シリーズ戦の一つ. 〘1939〙
pláyed-óut *adj.* **1** 〈人など〉へとへとになった, 疲れ切った: a ～ old man. **2** 使い尽くした; 〈言葉など〉使い古した, 陳腐な: a ～ joke. 〘*c*1859〙
play·er /pléɪə | -ə(r)/ *n.* **1** 選手, 競技者, ゲームをする人, 勝負師: a ～ *at* tennis=a tennis ～ / He's a very good ～. プレーが大変上手だ; 大変すぐれた選手だ. **2** 《英》(クリケット・サッカーなどの)職業的選手, プロ: *Players* versus Gentlemen. **3** 演奏者, 弾奏者, 吹奏者: a ～ *on* a violin=a violin ～ バイオリン奏者. **4** (重要な役割を果たす)関与者《人・会社・組織・国など》: a major ～ *in* the computer industry コンピューター産業で活動する一流会社. **5 a** 演奏装置, プレーヤー: a CD [tape, video] ～ / ⇨ record player. **b** (自動ピアノ (player piano) などの)自動演奏装置. **6** 演技者; 俳優: a strolling ～ 旅役者. **7** 遊ぶ人[動物]. **8** なまけ者; 道楽半分でやる人: a ～ *at* farming 道楽に農業をやる人. **9** 博打(ばくち)打ち (gambler). 〘OE *pleġere*: ⇨ play, -er[1]〙
Play·er /pléɪə | -ə(r)/, **Gary (Jim)** *n.* プレーヤー《1935– ; 南アフリカ共和国のプロゴルファー》.
pláyer-mánager *n.* 〖スポーツ〗(野球などの)プレーイングマネージャー, 監督兼選手. 日英比較 「プレーイングマネージャー」は和製英語.
pláyer piáno *n.* 自動ピアノ. 〘1901〙
Play·er's /pléɪəz | pléɪəz/ *n.* 〖商標〗プレイヤーズ《米国 Philip Morris 社製の紙巻きたばこ》.
Play·fair /pléɪfɛə | -fɛə(r)/, **John** *n.* プレーフェア《1748–1819; スコットランドの数学者・地質学者; 地質学者 James Hutton の強力な支持者》.
pláy·fèllow *n.* =playmate. 〘1513〙
pláy·fìeld *n.* (野外)運動場, 競技場. 〘1568〙
play·ful /pléɪfəl, -fl/ *adj.* **1** 〈人・動物など〉遊び好きな, いたずらな; ふざける, はしゃぐ, 陽気な: be (as) ～ as a kitten 子猫のようによくじゃれる / in a ～ mood いたずら気分で. **2** 〈言葉・行為など〉冗談の, 滑稽な, おどけた: a ～ remark, discussion, kiss, shove, etc. **～·ly** *adv.* **～·ness** *n.* 〘(*c*1225) ME *pleiful*: ⇨ play, -ful[1]〙
pláy·gàme *n.* 遊戯, 児戯: It is a ～ in comparison. それに比して児戯に等しい. 〘1598〙
pláy·gìrl *n.* 遊び好きな女性, プレイガール. 日英比較 日本語の「プレイガール」は次々に男を誘惑する遊び好きの女の意味であるが, 英語の *playgirl* は様々な趣味や快楽を追求して遊び回る女を指す. 日本語でいう「プレイガール」は英語では flirt, wanton [fickle] woman などという. 〘1934〙

pláy·gòer *n.* 芝居の常連, 芝居ファン, 演劇通. 〖1822〗

pláy·gòing *n.* 芝居見物. 〖1896〗

play·ground /pléɪgràʊnd/ *n.* **1** (学校付属の)運動場: in [on] a ～. **2** (特に, 遊戯施設のある)遊び場, 公園(など). **3** 行楽地: The *Playground* of Europe スイスの異名. **4** (ある)活動の場[領域]: Reading is her personal ～. 読書が彼女個人の活動の領域です. 〖1780〗

pláyground bàll *n.* =softball.

play·group /pléɪgrù:p/ *n.* 《英》(親の監督の下で決まった場所で遊ぶ)就学前の幼児のグループ; (一種の)無認可保育所. 〖1909〗

play·house /pléɪhàʊs/ *n.* **1** 劇場, 芝居小屋 (theater). **2** 子供の家《小型で中で遊ぶためのもの》; 小型の遊戯館. **3** 《米》おもちゃの家 (toy house). 〖OE *pleg-hūs*: ⇨ play, house〗

pláy·ing *n.* play すること: There was some good ～. よいプレー[演奏]だった. 〖?c1225〗

pláying càrd *n.* トランプ(の一枚), カルタ. 〖1543〗

pláying fìeld *n.* [しばしば *pl.*] 《英》(学校などの)運動場, グラウンド, 球技場《しばしばいくつかに区切られている草地; cf. Waterloo 1》. 〖1583〗

pláying trìck *n.* 『トランプ』(ブリッジで)勝札《攻撃側 (declarer またはその partner) が所有する有力な札; cf. defensive trick》. 〖1959〗

pláy·lànd *n.* **1** (児童)遊園地. **2** 行楽[観光]地, プレイランド, 観光都市. 〖1918〗

play·let /pléɪlɪ̀t/ *n.* 短い芝居, 小劇. 〖(1884): ⇨ -let〗

pláy·lìst *n.* **1** (劇の)上演予定(一覧)表. **2** 『ラジオ・テレビ』放送録音テープリスト. 〖((1962)) 1975〗

pláy·lùnch *n.* 《NZ》児童の午前のおやつ《10 時ごろにとる軽食》.

pláy·màker *n.* **1** 『スポーツ』(バスケットボールなどで)攻撃を組み立てるプレーヤー. **2** 《古》劇作家 (dramatist), 脚本家. 〖((1530)) 1942〗

pláy·màte *n.* 遊び仲間; (特に, 子供時代の)遊び友達 (play fellow). 〖1642〗

play-off /pléɪɔ̀(:)f, -ɑ̀(:)f | -ɔ̀f/ *n.* **1** 『スポーツ』(引き分け・同点のときの)決勝試合, 再試合, 延長戦, (優勝)決定戦 (cf. runoff 1): We won after a ～ against them. 彼らとの決勝戦に勝って優勝した. **2** 《米・カナダ》『スポーツ』プレーオフ《特に, 同一リーグ内におけるチャンピオンを決めるシリーズ戦》. **3** 映画の上映. 〖(1895) ← *play off* (⇨ play (v.) 成句)〗

pláy·pàrk *n.* 遊び場, 遊園地.

pláy·pèn *n.* ベビーサークル《格子(こう)で囲った赤ん坊の遊び場》. 日英比較 日本語の「ベビーサークル」は和製英語. 〖(1931): ⇨ pen²〗

pláy·pìt *n.* 《英》くぼんだ形の子供の遊び場《砂の入っている場合もある》. 〖1971〗

pláy·rèader *n.* 『演劇』(脚本の採否判定のための)脚本顧問閲覧者. 〖1711〗

pláy·ròom *n.* 遊戯室 (rumpus room). 〖1819〗

pláy schòol *n.* 《英》幼稚園, 保育所《正式な用語ではない》. 〖1935〗

pláy scrìpt *n.* 脚本の原稿.

play·some /pléɪsəm/ *adj.* じゃれつく, 戯れる (sportive). 〖(1612): ⇨ -some¹〗

pláy·sùit *n.* (婦人・子供用の)遊び着《ショートパンツ・スカート・シャツどの組合わせ服[つなぎ]》. 〖1609〗

pláy-the-báll *n.* 『ラグビー』タックルの後でタックルされた選手に味方へボールをかかとで後に押し出させ試合を再開させること.

pláy thèrapy *n.* 『精神医学』遊戯療法, 遊び療法. 〖1939〗

pláy·thìng *n.* **1** 遊び道具, おもちゃ (toy). **2** おもちゃ扱いにされる人, 慰みもの: a ～ of fate. 〖1675〗

pláy·tìme *n.* **1** 遊び時間; 休息時間. **2** 興行時間. 〖1616〗

pláy·wèar *n.* プレーウェア, カジュアルウェア《レジャー用などの活動的でくつろいだ感じの服》. 〖1964〗

play·wright /pléɪràɪt/ *n.* 劇作家, 脚本家, 脚色者 (dramatist). 〖(1687) ← PLAY (n.)＋WRIGHT〗

pláy·wrìght·ing /-ràɪtɪŋ | -tɪŋ/ *n.* =playwriting. 〖《変形》← PLAYWRITING: ↑〗

pláy·wrìting *n.* 劇作; 劇作家稼業, 劇作業. 〖(1809) ← PLAY (n.)＋WRITING〗

pláy yàrd *n.* 《米》=playground 1. 〖1960〗

pla·za /plá:zə, plǽzə | plá:zə; *Sp.* pláθa/ *n.* **1** (特に, スペインの都市の)広場, 広辻; 市の立つ広場: a shopping ～ 買物広場 (cf. place²). **2** 《米》商店[ビル]街; ショッピングセンター. **3** サービスエリア《高速道路沿いの駐車・整備などのための広場》. 〖(1683) □ Sp. ～ < VL *plat-tiam=L *platēa*: ⇨ place¹: cf. piazza〗

pla·za de to·ros /plá:zədeɪtɔ́:rous | -rəus; *Sp.* pláθaðetóros/ *Sp. n.* 闘牛場 (bullring). 〖(1846) □ Sp. ～《原義》plaza of bulls〗

PLC 《略》product life cycle.

PLC, plc /pí:èlsí:/ 《略》《英》Public Limited Company.

-ple /pl̩/ *suf.* 「重, 倍」の意 (cf. -fold, -ply): tri*ple*, quadru*ple*. 〖□ F ～ □ L *-plex* or *-plus*〗

plea /plí:/ *n.* **1** 嘆願 (entreaty), 請願, 訴願: make a ～ *for* mercy [help] 慈悲[助け]を懇願する. **2** 申し立て, 言い訳, 弁解, 言抜け (⇨ apology SYN): on [under] the ～ of [that] …を口実として, …にかこつけて. **3** 『法律』抗弁; 弁護, 弁論, (民事被告人の)答弁(書) (answer); (原告または被告の)申し立て; (衡平法で)特殊答弁 (special plea); (刑事訴訟で)起訴認否手続 (arraignment) における被告人の答弁: a foreign ～ 管轄違いの抗弁. **4** 《廃》訴訟 (suit): hold a ～ 裁判する.

cóp a pléa 《俗》罰を軽くしようと(重罪のほうを避けて)軽いほうの罪を申し立てる.

pléas of the crówn [the ～] 『英法』刑事訴訟, 刑事手続 (cf. common pleas). 〖1529〗

〖(c1250) ME *plai* □ AF *ple, plai*=OF *plait, plaid* agreement □ ML *placitum* court, plea, L opinion, decision, 《原義》that which is agreeable ← *placitus* (p.p.) ← *placēre* 'to PLEASE'〗

pléa-bàrgain *vi.* 有罪答弁取引をする.

pléa bàrgain *n.* 『法律』有罪答弁取引 (plea bargaining) によって成立した取引.

pléa bàrgaining *n.* 『法律』有罪答弁取引《例えば, 有罪答弁 (plea of guilty) と引き換えに, 被告人にはこれまで拘置所に勾留されていた期間に相当する刑を言い渡すという検察・弁護士・裁判所間の一種の司法取引; 無罪よりも自由を望む被告人の心理に向けられる取引》. 〖1964〗

pleach /plí:tʃ, pléɪtʃ | plí:tʃ/ *vt.* 《英》**1** (生垣・木陰道などを作るため)〈枝やつるを〉からませる, 組み合わせる (entwine). **2** (枝やつるをからませて)〈生垣などを〉作る, 新しくする: ～ a hedge. **3** 〈髪などを〉編む《plash ともいう》. 〖(a1398) *pleche(n)* □ ONF *plechier*=OF *ple(i)ssier, pla(i)ssier* 'to PLASH²'〗

plead /plí:d/ *v.* (～·ed, 《米》pled /pléd/) — *vi.* **1** 嘆願する, 懇願する (entreat) (⇨ appeal SYN): ～ *for* the postponement of …の延期を嘆願する / ～ (*with* a person) *for* (one's) life (人に)助命を請う / He ～*ed with* her not *to* go. 彼女に行かないでくれと頼んだ. **2** 弁じる, 抗弁する: ～ *for* one's friend 友人のために弁じる[とりなす] / ～ *against* the oppression 圧迫に対して抗弁[抗議]する. **3** 〈事が〉言い訳になる: His youth ～*s for* him. 彼は若さが言い訳になる, 若いのでと言えば申し開きが立つ. **4** 『法律』**a** 弁論する, (相手方の訴答に)答弁する: ～ *for* the defendant 被告の弁護をする / ～ *against* the plaintiff 原告に反論する / ～ guilty [not guilty] 〈刑事被告人が〉身に覚えがある[ない]という, 罪を認める[無罪を申し立てる] (★ 通俗には plead innocent [innocence] (身の潔白を主張する)のようにも用いられる). **b** 弁護人として法廷で弁護する. **c** 《廃》訴訟を起こす, 起訴する. — *vt.* **1** (理由・言い訳として)主張する, 申し立てる, 申し開きをする: ～ ignorance 知らなかったと言う / ～ poverty [headache] 貧乏な[頭痛の]ためと弁解する. **2** …のために弁じる, 弁護する: ～ the rights of the unemployed 失業者の権利を擁護する. **3** 『法律』〈訴訟事実などを〉申し立てる; 〈訴訟を〉弁護する; 訴答として提出する; 弁護の引合いに出して弁護[抗弁]する: ～ one's cause 自分の立場を弁じる[主張する] / ～ one's case 事件を弁護する / ～ insanity 精神異常を理由として弁じる. 〖(c1250) *plaide(n), plede(n)* □ AF *pleder*=OF *plaidier* (F *plaider*) to go to law ← *plaid* 'PLEA'〗

pléad·a·ble /-dəbl̩ | -də-/ *adj.* 弁解[申し開き, 抗弁]できる. 〖(c1436) ME *pledable* □ OF *pleidable*: ⇨ ↑, -able〗

pléad·er /-də | -də(r)/ *n.* 『法律』弁論者, 抗弁者, 申立人; 弁護士 (advocate); 嘆願者. 〖(?a1300) *playdur* □ OF *plaideor* (F *plaideur*): ⇨ plead, -er¹〗

plead·ing /plí:dɪŋ | -dɪŋ/ *n.* **1** 弁論, 抗弁, 申し開き. **2** 『法律』**a** (法廷の)弁論. **b** 訴答手続き, 訴訟書類の作成. **c** [*pl.*] (原告と被告とが交互に提出する)訴答書面, 訴答. — *adj.* 嘆願する, 懇願する. 〖(c1250) ME *plaiding*: ⇨ plead, -ing¹〗

pléad·ing·ly *adv.* 訴えるように, 嘆願して. 〖(1847): ⇨ ↑, -ly¹〗

pleas·ance /plézəns, -zns/ *n.* **1** (主に大邸宅に付属する)遊園(地). **2** **a** 愉快(なこと). **b** 《古》楽しみ(の種) (pleasure). 〖(c1340) *plesaunce* □ (O)F *plaisance* pleasure ← *plaisant* (pres.p.): ⇨ pleasant, -ance〗

Pleas·ance /plézəns, -zns/ *n.* プレザンス《女性名》. 〖↑〗

pleas·ant /plézənt, -znt/ *adj.* (more ～, most ～; ～·er, ～·est) **1** 愉快な, 面白い, 心地よい, 気持ちのよい (agreeable); 天気のよい: a ～ companion, walk, evening, etc. / ～ *to* the eye [taste] 見た目に美しい[味わってうまい] / have a ～ time 愉快に遊ぶ, 面白く時を過ごす / It was a ～ surprise. それは思いがけない喜びだった / It is ～ *for* me. **2** 〈人・態度・気立てなど〉陽気な, 快活な; 人好きのする, 愛想のよい: He has a ～ manner. 彼の態度は見ていて気持ちがいい / make oneself ～ (*to*) (…に)如才なくふるまう, 好かれるようにする. **3** 《古》おかしい, 滑稽な, ひょうきんな. **～·ly** *adv.* **～·ness** *n.* 〖(c1350) *ple-saunt* □ (O)F *plaisant* (pres.p.) ← *plaisir* 'to PLEASE': ⇨ -ant〗

SYN 愉快な: **pleasant** 心や感覚に快感を与える《ものの性質を強調する》: The book is *pleasant* to read. その本は読んで楽しい. **pleasing** 心や感覚に快感を与える《効果を強調する》: things *pleasing* to women 女性が喜ぶもの. **agreeable** 人や物が好みや気分に一致する: *agreeable* companions 意にかなう仲間. **enjoyable** 喜びや楽しみを与える能力がある: a very *enjoyable* movie 大変楽しい映画. **gratifying** 人の希望をかなえて満足を与える: *gratifying* news うれしい知らせ.

ANT unpleasant, diaagreeable.

Pleas·ant /plézənt, -znt/ *n.* プレザント《男性名》. 〖↑〗

Pléasant Ísland *n.* プレザント島《Nauru の旧名》.

Pleas·an·ton /plézəntən | -tən/ *n.* プレザントン《米国 California 州西部, Oakland の南東の都市》.

pleas·ant·ry /plézəntri, -zn-/ *n.* **1** (座談・会話での)滑稽味, ひょうきんさ, ふざけ. **2** おどけ(た所作), 滑稽(な言い草), 冗談 (jest); (社交上の)言辞: exchange two or three *pleasantries* 二, 三儀礼的な言葉を交わす. **3** 《まれ》喜び, 楽しみ. 〖(1655) □ F *plaisanterie*: ⇨ pleasant, -ry〗

pléasant-vóiced *adj.* 感じのよい声の.

please¹ /plí:z/ *adv.* どうぞ, すみません(が): This way, ～. どうぞこちらへ / Two coffees, ～. コーヒーを 2 つ[二人分]下さい / What time is it, ～? すみません, 今何時ですか / *Please* be seated.=Be seated, ～. どうぞおかけ下さい / *Please* don't forget to call me up. 忘れないでお電話を下さいね / Will you ～ shut the door! ドアを閉めて下さい / *Please* do [don't]. どうぞそうして[しないで]ください, はいけっこうです[いえ困ります].

語法 (1) please はまた依頼・要求などの意を含まない疑問文に添えて, これを依頼・要求とする: Can you go now, ～? 今出かけて下さいませんか (cf. Can you go now? 今出かけられますか) / Who's speaking, ～? どなたでしょうか. (2) 独立しても用いられる: Will you have another cup? —*Please* (=Yes, ～, 《米》(Yes,) thank you). もう 1 杯いかがですか—お願いします. (3) to 不定詞と共に用いることもある: I want you to ～ be quiet. 恐れ入りますがお静かに願います (cf. *Please* be quiet. どうぞ静かにして下さい). (4) May I ～ …?, Could I ～ …? などとして許可を求める形がある: May I ～ use your phone? 電話をお借りできるでしょうか / Could I speak to Bob, ～? ボブをお願いします. (5) 依頼・要求を暗示する文に用いることもある: *Please*, it's cold in here. すみません, ここは寒いのですが(窓を閉めて下さい) / That will be $10, ～. (お支払いは) 10 ドルになります. (6) 《主に英》(特に子供が目上の)人の注意を促すのに用いる: *Please*, sir [miss], I don't understand. 先生, すみませんがよく説明して下さい. (7) 時に戯言的に抗議や不可能などを示す「やめて」や「まさか」などの意味でも用いられる: Tom, ～, no swearing. トムやめて, 口汚いことばはよして / Are you really the King of Scotland?—*Please!* (Of course not!) スコットランド王ってほんとですか—やめて下さいよ(違いますったら).

日英比較 日本語の「どうぞ」や「…して下さい」と英語の *please* は必ずしもすべての場合において一致しない. 相手に対して利益になることを勧める場合, たとえば電車で老人に席を譲って「おかけ下さい」という場合とか, 「どうぞお帰り下さい」(もう帰ってもよいという意味で), あるいは「いってらっしゃい」Have a nice trip. などに *please* を使うと半ば強制的な意味となって, 失礼で奇妙なニュアンスとなる. このような場合はその文脈に応じて単純な命令文, あるいは You can …; Won't you …? など別の表現を用いる.

〖(c1650) ← 《古》*please you* 'may it please you' (↓)〗

please² /plí:z/ *vt.* **1** **a** 喜ばす, 楽しませる; 満足させる, …の気に入る (gratify): a picture that ～*s* the eye 見て楽しめる絵 / He is hard to ～. = He is a hard person to ～. 彼は気難しい / She is easily ～*d* by flattery. 彼女はお世辞に弱い / You can't ～ everybody! みんなを満足させることなんかできないよ / There's (just) no *pleasing* some people! どうしたって満足しない人がいるさ. **b** [p.p. 形で, 形容詞的に] 喜ぶ, 気に入る (cf. pleased): I'm ～*d with* him. 彼が気に入った / He was (very) ～*d with* himself. (自分のしたことに)(とても)満足していた, 悦に入っていた / She was very ～*d with* herself for finding a bargain. 彼女は安い買い物を見つけたことにとても満足した / She was ～*d with* [*by*] the gift. その贈り物が気に入った / She was ～*d with* [*at, by*] the compliment. そのお世辞を喜んだ / She was ～*d about* [*at, by*] her success. 自分の成功を喜んだ / They were ～*d with* [*at, by*] the news. その知らせを喜んだ / He was ～*d at* being elected chairman. 議長に選ばれて満足だった / I will be ～*d to* come. 喜んで参ります / I am very ～*d* (*that*) you have agreed. ご賛同を得て大変うれしく思います / I'll be very ～*d* if you will come. おいで頂ければ大変うれしく思います / not very [too] ～*d*=none too ～*d* 《口語・戯言》面白くない, 不快な, ご機嫌ななめで. **2** [it を主語として] 《文語》…の要望を満たす, 気に入る: (May *it*) ～ your honor. 《古》恐れながら申し上げます / May *it* ～ the court *to* admit this as evidence. なにとぞ法廷がこれを証拠としてお認め下さいますように / *It* ～*s* her *to* ask her friends to tea. 彼女は友だちをお茶に呼ぶのが好きだ. **3** [～ *oneself* で] **a** 満足する: I read to ～ *myself*. 自分の楽しみで読書する. **b** 《口語》好きなようにする, 勝手にやる: You may ～ *yourself* (as far as I'm concerned). どうでも好きなようにしなさい. **4** [as, what などの導く関係詞節内で] …したいと思う, よいと思う: Take as many [much] *as* you ～. いくつでも好きなだけ取りなさい / I do *what* I ～ and go *where* I ～. 自分のしたいことをし行きたいところに行きます.

— *vi.* **1** 喜びの[満足]を与える, 喜ばれる, 気に入られる, 好感を与える: a play intended merely to ～ 面白さだけをねらった芝居 / He aims [is anxious] to ～. 人に気に入られたがっている / She never fails to ～. 決して人をそらさない. **2** したいと思う, 好む (like) (cf. *vt.* 4): (Do) *as* you ～. 好きなように[勝手に]しなさい / He will come when he ～*s*. 気が向いたら来るだろう. **3** 《古》喜んで…する, どうぞ(…して)下さい (be willing) 〈*to do*〉 (cf. please¹): *Please* not *to* interrupt me. どうぞ口を出さないで下さい / Will you ～ *to* remember this? どうかこのことを忘れないで下さい.

(as) … as you pléase 《口語》とても, まったく, すごく: bold [cool, casually, charming] *as you* ～. ***be pléased to do*** (1) …してうれしい: I *am* very ～*d to* see you here. ここで君に会えてとてもうれしい. (2) 喜んで…する: ⇨ *vt.* 1 b / We *are* ～*d to* send you a bale of cotton. 綿花 1 梱(こり)お送り申し上げます《★ 商業文で敬語

として》. (3) [You'll *be* ~*d to* do として; 主に know, hear, see などと共に] ぜひ…していただきたいと存じます: *You'll be* ~*d to know* that Mr. White was selected for the job. ホワイト氏がその仕事に選ばれたことをご通知申し上げます. (4) …したもう; …して下さる: Her Majesty *was* graciously ~*d to* pay a visit. 《文語》女王陛下にはかしこくも行幸あらせられた. ***if you pléase*** (1) どうぞ, 何とぞ. ★ 単に please と言うよりていねいな言い方: Close the windows, *if you* ~. (2) [皮肉な口調] 驚いたことには, あきれた話だが: And now, *if you* ~, he blames me for it! そしてどうでしょう, あの人はそれを私のせいにするんですよ / He calls himself the King of Scotland, *if you* ~! あの男はあきれるじゃありませんか自分はスコットランドの王だと称している. (3) 《古》ご免こうむって, お許しを得て: I will have another cup, *if you* ~. 失礼してもう 1 杯いただきましょう (cf. F *s'il vous plaît*). 《1530》 ***pléase Gód*** ⇨ God 成句.

pléas·er *n.* **pléase·a·ble** /-zəbl̩/ *adj.* 〖《c1303》*pleise(n), plese(n)* ◻ OF *plaisir* (F *plaire*) < L *placēre* to be agreeable, please ← IE **plāk-* to be flat (L *plācāre* to calm / Gk *pláx* level): cf. flake[1,2]〗

pleased /plíːzd/ *adj.* 〈人が喜び[満足]を感じている, うれしい; うれしそうな, 満足げな (cf. please[2] *vt.* 1 b): a ~ look 満足げな様子 / feel ~ 満足に思う / look ~ うれしそうに見える, 満足そうである / (as) ~ as Punch ⇨ punch[4].

pléas·ed·ly /-zɪ̀dli/ *adv.* **~·ness** /-zd-/ *n.* 〖c1384〗

pleas·ing /plíːzɪŋ/ *adj.* (人に)喜びを与える, 楽しい, 愉快な, 快い (⇨ pleasant SYN); 好ましい, 人好きのする; 満足な: a ~ performance 胸のすく演技 / ~ taste 舌に心地よい味 / a ~ result 満足すべき結果 / a ~ young girl with ~ manners 気持ちよい作法を身につけた感じのいい娘 / ~ *to* the eye [ear] 見て[聞いて]快い / The view was very ~ *to* us. 景色は我々を大いに楽しませてくれた.

~·ly *adv.* **~·ness** *n.* 〖《a1376》*plesing(e)*: ⇨ please[2], -ing[2]〗

plea·sur·a·ble /pléʒ(ə)rəbl̩, pléɪʒ- | pléʒ-/ *adj.* 愉快な, 楽しい, うれしい (pleasant); 気持ちのよい (agreeable): a ~ experience 愉快な経験 / Good printing would make the book more ~ to read. 印刷がよければこの本は一層楽しく読めるであろう. **plea·sur·a·bil·i·ty** /plèʒ(ə)rəbílәṭi | -lɪ̀ti/ *n.* **~·ness** *n.* **pléa·sur·a·bly** *adv.* 〖《1579》: ⇨ ↓, -able〗

plea·sure /pléʒə, pléɪʒə | pléʒə(r)/ *n.* **1** 愉快, 喜び, 楽しさ (↔ pain); 満足; 快感: the ~(*s*) and pain(s) of growing up 大人になる喜びと悲しみ / It will give me [It will be my] great ~ to oblige you. ご希望に添えれば幸甚です / She gets a lot of ~ from [out of] (playing) chess. チェスをたいへん楽しんでいる / Rain can take all the ~ out of a vacation. 雨では休暇も楽しみがなくなる. **2** (世俗の)慰み, 娯楽; 快楽, 放縦; 《婉曲》性的喜び: a life of ~ =a life given (up) to ~ 逸楽の生活 / a man [woman] of ~ 道楽者[自堕落女] / seek ~ 快楽を追い求める, 悦楽にふける / I'm off to Paris!—(On) business or (for) ~? パリに出かけるんだ—仕事それとも遊びですか (⇨ *for* PLEASURE) / *pleasure*-lovers 遊び好きな人. **3** 楽しい事, 楽しみ(の種); (むしろ)喜んでする[した]事: My chief ~ at the time was reading. その当時の私の何よりの楽しみは読書でした / He has many ~*s* in life. 彼には人生の楽しみがたくさんある / It has been a (real) ~ to talk to them.=They've been a (real) ~ to talk to. 彼らとお話しできて(とても)愉快でした / It's a ~ to do [doing] business with you. ご一緒に仕事ができて喜んでいます / Thank you for your information.—My [Our] ~ [It was a ~]. 教えて頂いてありがとう—どういたしまして / It's a ~ to meet you.—The ~ is mine [ours]. お会いできて光栄です—こちらこそ. **4** [社交的な常套句に用いて]: May I have *the* ~ (of the next dance with you)? (ダンスパーティーで)(次の曲に)お相手をさせて頂けましょうか / I have *the* (great) ~ *of* present*ing* our lecturer. 本日の講師をご紹介申し上げます / Mr. Jones requests *the* ~ *of* the company of Miss Smith at … スミス様に何卒…へご列席の栄を賜りたくジョーンズよりご案内申し上げます《招待状の文句》/ We look forward to *the* ~ *of* serving you again. またお役に立てるときをお待ちしています. **5** [特に所有代名詞を伴って] 意志 (will), 望み (desire), 好み (choice): make known one's ~ 自分の意志を伝える / ask a person's ~ 人の希望[来意(など)]を聞く / consult a person's ~ 人の都合を聞く / What is your ~, madam? 何をお見せしましょうか《店員の言葉》/ It is our ~ to do … [that …] 朕(ちん)は…することを望む《勅語の文句》; 《皮肉》おれなら喜んで…する.

at** (**a person's**) **pléasure (人の)都合で[によって]: It can be altered *at* (your) ~. (ご)都合次第で変更できます / *at* His [Her] Majesty's ~ 《英法》(刑が)無期で. 《1442》 ***dùring a person's pléasure*** 人が望む間: hold office [be detained] *during* Her Majesty's ~ 女王より沙汰(さた)のあるまで職に留まる[拘留される]. ***for pléasure*** 楽しみに, 娯楽として (cf. *n.* 2): travel *for* ~. ***tàke* (*a*) *pléasure*** 〔…を〕好む, 喜ぶ 〔*in*〕: He *takes* (*a*) ~ *in* contradict*ing* [contradiction]. 彼は人の言うことに逆らうのが好きだ. 《1538》 ***tàke one's pléasure*** 《古》(官能的に)楽しむ, 享楽する: Englishmen *take their* ~ sadly. 英国人は楽しむときも控え目だ[あまりうれしそうにしない]. ***with pléasure*** (1) 喜んで, 楽しんで: do one's work *with* ~ 喜んで仕事をする. (2) [快諾の返事] いいですとも, 喜んで: Could you help me?—(Yes,) *with* ~. 手を貸していただけませんか—(ええ)いいですとも.

— *vt.* 《古》喜ばす, 満足させる (please); (特に)…に性的な快楽を与える; …と性交する. — *vi.* **1** 楽しむ, 満足する 〔*in*〕. **2** 《口語》(休暇などを取って)遊ぶ, 楽しむ.

〖《c1370》*plesir* ◻ OF *plesir* (F *plaisir*) 《不定詞の名詞用法》: ⇨ please, -ure〗

SYN 喜び: **pleasure** 幸福または満足の感情《表面に表れなくてもよい; 一般的な語》: I felt *pleasure* in her company. 彼女と一緒にいると楽しかった. **delight** 表面に表れた明白な強い喜び: He could not conceal his *delight*. 喜びを隠せなかった. **joy** *delight* よりさらに大きく躍り上がりたくなるような強烈な幸福感: He found deep *joy* in rural life. 田園生活に深い喜びを感じた. **enjoyment** ある対象に喜びを見つけること: I got little *enjoyment* from the book. その本はあまり面白くなかった. **rapture** 有頂天になるような強烈な喜び《格式ばった語》: He was glowing with *rapture* as be listened to the music. 彼はほおを紅潮させるほどに夢中に音楽に聞き入っていた. **ecstasy** 無我夢中で有頂天になるような喜び: Speechless with *ecstasy*, the boy gazed at the toys. わくわくするうれしさに言葉もなく, 男の子はおもちゃを見つめた. **bliss** 天にも昇るようなこの上もなく幸せな感じ: In *bliss* the child listened to the talking doll. ただもううっとりして子供はしゃべる人形の声を聞いていた.

ANT displeasure, anger, vexation.

pléasure bèach *n.* 《英》海岸の遊園地.

pléasure bòat [cràft] *n.* 遊覧船; 娯楽[レジャー]用の舟[ボート]. 〖1906〗

pléasure dòme *n.* 歓楽宮; 行楽地, 盛り場 (resort). 〖1797〗

plea·sure·ful /pléʒəfəl, pléɪʒ-, -fl̩ | pléʒə-/ *adj.* 非常に楽しい, 十分満足できる. 〖1553〗

pléasure gròund *n.* 遊園地 (recreation ground); 公園 (park).

pléasure·less *adj.* 楽しみのない[を与えない]. 〖1814〗

pléasure prìnciple *n.* 《精神分析》快楽原則《人間は本来不快や苦痛を避けて快楽を追求する傾向があるという原理; cf. reality principle》. 〖1912〗

pléasure-sèeker *n.* 快楽を求める人; (特に)行楽客. 〖1825〗

pléasure-trìp *n.* 遊覧(旅行), 回遊 (excursion).

pleat /plíːt/ *n.* (服などにつける)ひだ, プリーツ (plait): ⇨ inverted pleat. — *vt.* …にひだを入れる[つける], 畳む: a ~*ed* skirt プリーツスカート. **~·less** *adj.* 〖n.: 《(1495)》《1581》*plete* (異形) ← PLAIT. — v.: 《a1376》*pleten*〗

pléat·ed /-ṭɪ̀d | -tɪ̀d/ *adj.* ひだ[プリーツ]のある[ついた]. 〖1483〗

pléat·er /-ṭə | -tə(r)/ *n.* **1** ひだを取る人. **2** (ミシンの)ひだ取り用付属器 (tucker ともいう). 〖《1921》: ⇨ ↑, -er[1]〗

pleb /pléb/ *n.* **1** 《英俗・軽蔑》平民, 庶民. **2** 《米軍》=plebe 1. 〖《1865》《略》← PLEBEIAN: cf. plebs〗

pleb·by /plébi/ *adj.* 《英俗・軽蔑》野卑[下品]な (plebeian).

plebe /plíːb/ *n.* **1** 《口語》《米軍》(士官学校・兵学校の)新入生. **2** [the ~; 集合的] 《廃》**a** (古代ローマの)平民. **b** 庶民, 大衆. 〖《(1612)》《c1833》◻ F *plèbe* ◻ L *plēbs* (↓)〗

ple·be·ian /plɪ̀bíːən/ *n* **1** (古代ローマの)平民, 下層民 (commoner) (cf. patrician). **2 a** 庶民, 下賤な人. **b** 野卑[下品]な人. — *adj.* **1 a** (古代ローマの)平民[下層民]の. **b** 庶民の. **2 a** 粗野な, 俗悪な, 下品な. **b** ありふれた, 平凡な (commonplace). **~·ly** *adj.* **~·ness** *n.* 〖《1533》← L *plēbēius* belonging to plebs (← *plēb(ē)s* common people, multitude ← IE **plē-* ← **pel-* to fill (Gk *plēthos* people, great number / L *plēnus* full))+-AN[1]〗

ple·bé·ian·ìsm /-nìzm̩/ *n.* 庶民気質[気風]; 俗悪, 卑俗. 〖1775〗

ple·be·ian·ize /plɪ̀bíːənàɪz/ *vt.* 粗野[下品]にする. 〖1844〗

plebes *n.* plebs の複数形. 〖◻ L *plēbēs*〗

pleb·i·scite /plébəsàɪt, -sɪ̀t | -sɪt, -sàɪt/ *n.* **1** 憲法または国家主権などに関する)国民投票, 一般[住民]投票 (cf. referendum 1 a): by ~. **2** 世論[総意]の表明. **3** 《ローマ法》(元老院にかけないで)一般投票で制定する法.

ple·bis·ci·tar·y /plɪ̀bísəṭèri, plɪ̀-, plèbəsáɪṭəri | plɪ̀bísɪtəri, -tri/ *adj.* 〖《1533》◻ F ~ ◻ L *plēbiscitum* ← *plēbi-*, *plēb(ē)s* (⇨ plebeian)+*scitum* decree (neut. p.p.) ← *sciscere* to seek to know, vote for (cf. science)〗

plebs /plébz/ *n.* (*pl.* **ple·bes** /plíːbiːz, pléɪbeɪs | plíːbiːz/) [the ~; 集合的] **1** [単数または複数扱い] (古代ローマの)平民, 庶民 (commons) (↔ patrician). **2** [複数扱い] 大衆, 民衆 (populace) (cf. pleb). 〖《1593–94》◻ L *plēb(ē)s*: ⇨ plebeian〗

Ple·cop·ter·a /plɪ̀kɑ́(ː)ptərə | plɪkɔ́p-/ *n. pl.* 《昆虫》襀翅(せきし)目, カワゲラ目. 〖← NL ~ ← *pleco-* (← Gk *plékein* to plait)+-PTERA〗

ple·cop·ter·an /plɪ̀kɑ́(ː)ptərə | plɪkɔ́p-/ *n.* 《昆虫》カワゲラ (stonefly). 〖《c1890》↑〗

plect- /plɛkt/ (母音の前にくるときの) plecto- の異形.

plec·to- /pléktou | -təu/ 「ねじれた, からみ合った, 屈曲した (twisted)」の意の連結形. ★ 母音の前では通例 plect- になる. 〖← Gk *plektós* twisted ← *plékein* to plait, twist〗

plec·tog·nath /plékta(ː)gnæθ | -tɔg-/ *adj., n.* 《魚類》癒顎(ゆがく)目の(魚). 〖《1835》← NL *Plectognathi* (pl.) ← PLECTO- (↑)+*gnáthos* jaw (cf. gnathic)〗

plectra *n.* plectrum の複数形. 〖◻ L *plēctra*〗

plec·tron /pléktra(ː)n | -trɔn/ *n.* (*pl.* **~s, plec·tra** /-trə/) =plectrum. 〖◻ Gk *plêktron*: ↓〗

plec·trum /pléktrəm/ *n.* (*pl.* **-tra** /-trə/, **~s**/) **1 a** (マンドリンなどの)ピック, つめ. **b** (チェンバロの)つめ, プレクトラム. **2** 《動物》垂《ヒトの口蓋垂》, 桿《ばちに似た棒状の器官; カエルの耳小柱桿など》. 〖《(a1398)》《1626》◻ L *plēctrum* ◻ Gk *plêktron* striking instrument ← *plḗssein* to strike+-TRON〗

pled *v.* 《米口語》plead の過去形・過去分詞. 〖《15C》*pladde, pled*〗

pledge /plédʒ/ *n.* **1 a** 誓約, (政党などの)公約; 言質(げんち): under (the) ~ of secrecy 秘密を守ることを誓って / give a ~ 誓約をする; 言質を与える / take a ~ 誓約する / the *Pledge* of Allegiance (米国の)忠誠の誓い ("I pledge allegiance to the flag" で始まる) / the *Pledge* to the Flag 《米》国旗に対する誓約《その成文は国旗礼の一部として用いられる》. **b** [the ~] (通例書面による)禁酒の誓約: keep *the* ~ 禁酒の誓いを守る / sign [take] *the* ~ 禁酒の誓いをする. **2** 保証, かた (earnest); 印 (token): as a ~ of fidelity [friendship] 忠誠[友情]の印[保証]として / Christ's rising is the ~ of our resurrection. キリストの昇天は我々の復活の保証である / in ~ of good faith 信義の印として. **3** 質入れ, 抵当 (mortgage); 質物, 質草, 抵当物, 担保品 (pawn): be [lie] in ~ 担保に[入質]してある / give to [lay in, put in] ~ 担保に入れる; 質に置く / hold in ~ 質[担保, 抵当]に取ってある / put in [take out of] ~ 質入れ[質受け]する. **4** (「愛のしるし」の)子供: a ~ of (conjugal) affection (夫婦の)愛のしるし(である子供) / They had two fair ~*s* (of their love [union]). 彼らには二人の美しい子供(女の子)があった. **5** 《米》(クラブ・友愛会などへの)入会約束; 入会約束者, 非公認会員. **6** (乾杯して示す)支援[親善]の保証; (健康・成功などを祝しての)乾杯, 祝杯 (toast). **7** 定期的支払を約束して寄付(金). **8** 《廃》**a** 人質 (hostage). **b** 保釈保証人.

— *vt.* **1 a** …にかけて誓う[誓約する] 〔*to*〕/〈*to* do〉: ~ one's word (*to* it) (それに対して)言質を与える, (それを)保証する / ~ one's honor (*that* …) 名誉にかけて(…であることを)誓う / ~ one's life *that* …であることに絶対に間違いないと言う. **b** 〈人に誓約させる, 誓約して…させる 〔*to*〕/〈*to* do〉: ~ a person [oneself] *to* secrecy [*to* keep a secret] 秘密(を守ること)を人に誓わせる[(自分で)誓う]. **c** …(すること)を誓う〈*to* do〉: ~ one's support / ~ *to* curb inflation インフレ抑制を誓う. **2** 質に入れる, 抵当に入れる (pawn). **3** 《米》〈人を〉仮入会させる. **4** …のために祝杯をあげる, 〈人の健康・成功を〉祝して乾杯する (toast): Let's ~ his health. 彼の健康を祝して乾杯しよう. **5** …の寄付を申し込む. — *vi.* **1 a** 誓約する, 誓う. **b** 保証人になる 〔*for*〕. **2** 乾杯する.

〖n.: 《c1384》*ple(g)ge* ◻ OF *plege* (F *pleige*) < ? LL *plevium, plebium* ← *plebīre* to warrant 《混成》? ← Frank. **plegan* to guarantee (< (Gmc) **pleʒan* to pledge *for* (OHG *pflegan* to care for))+L *praebēre* to grant. — v.: 《?c1400》*plegge(n)* ◻ OF *plegier* (F *pleiger*) ← *plege* (n.): cf. plight[2]〗

SYN 担保・抵当: **pledge** 約束履行の印として手渡したもの: I gave her a ring as a *pledge*. 約束の印として指輪を与えた. **guarantee** 保証または保証書の意味から不履行の場合に没収される担保の意になる: offer a *guarantee* 担保を提供する. **security** 借金などの担保, または契約などの保証金で敷金の意にもなる: pay two months' rent as *security* 2か月分の家賃を敷金として払う. **collateral security** とほぼ同義だが主として担保物件をいう: use one's land as *collateral* for the loan 土地を借金の担保にする. **pawn** 借金の抵当として質屋に渡す品物, 質草: redeem a *pawn* 質受けする.

pledge·a·ble /plédʒəbl̩/ *adj.* **1** 質[抵当]に入れられる, 保証できる. **2** 誓約できる. **3** 祝杯を挙げられる, 祝すべき. 〖1865〗

pledg·ee /plèdʒíː/ *n.* 質権者, 質取人 (pawnee). 〖《1766》: ⇨ -ee[1]〗

pledge·or /plèdʒɔ́ə, plédʒə | plèdʒɔ́ː(r, plédʒə(r/ *n.* =pledger.

plédg·er *n.* **1** 質入れ主. **2** 《法律》動産質入れ者 (cf. pledgee). **3** (禁酒などの)誓約者. **4** 乾杯する人. 〖1576〗

pled·get /plédʒɪ̀t/ *n.* **1** 《医学》(傷口に当てる外科用)綿撒糸(めんさんし), ガーゼ. **2** 《海事》(ボートの水もれを防ぐ)まいはだ, 索状オーカム. 〖《c1540》(古形) *plagette, pleget* ← ?: cf. ML *plāgella* lint plug for a wound〗

pledg·or /plèdʒɔ́ə, plédʒə | plèdʒɔ́ː(r, plédʒə(r/ *n.* = pledger. 〖⇨ -or[2]〗

-ple·gi·a /plíːdʒiə, -dʒə/ 《医学》「麻痺 (paralysis)」の意の名詞連結形: hemi*plegia*, para*plegia*. **-plé·gic** /-dʒɪk/ *adj., n.* 〖← NL ← Gk *-plēgía* ← *plēgḗ* blow, stroke ← *plḗssein* to strike ← IE **plāk-* to strike (L *plangere* to strike): cf. plaint〗

-ple·gy /plìːdʒi/ 《医学》=-plegia. 〖↑〗

Ple·iad /plíːəd, pléɪ-, pláɪ-, -æd | pláɪəd, plíː-, pléɪ-, -æd/ *n.* **1** 《ギリシャ神話》プレ(ー)イアス (Pleiades の一人). **2 a** [p-] (普通 7 人[個]から成る)輝かしい[華やかな]一団, 七名士. **b** [the ~] プレイヤード[七星]詩派《16 世紀フランスで詩壇における Ronsard, J. du Bellay ら 7 人の詩人; フランス語名 la Pléiade [plejad]》. 〖《c1839》1: ◻ L *Plēias* ◻ Gk *Pleiás* (sing.) (↓): ⇨ -ad[1]. 2: ◻ F *Pléiade* < L *Plēias*〗

Ple·ia·des /plíːədìːz, pléɪ-, pláɪ- | pláɪə-/ *n. pl.* [the ~] **1** 《ギリシャ神話》プレイアデス《Atlas の 7 人の娘, Alcyone, Celaeno, Electra, Maia, Merope, Sterope [Asterope], Taygete のこと; Orion に追われて星になった

P

という; そのうち Merope は人間を愛したことを恥じて姿を隠したので the Lost Pleiad と呼ばれ, そのためプレアデス星団には星が6個しか見えないのだという; cf. Hyades 1). **2** 〘天文〙プレアデス, すばる《おうし(牡牛)座中の散開星団; the Seven Sisters ともいった》. 〖(*a*1393) *Pliades* ▭ L *Plēiades* ▭ Gk *Pleiádes* ← *Peleiádes* 《原義》 constellation of the dove ← *peleiádes* (pl.) ← *peleiás* dove, 《原義》 the gray bird: cf. fallow²〗

plein air /pleɪnéə | -éə^(r); F. plɛ̃nɛːʁ/ F. *n.* **1** 大気; (特に)外光. **2** 〘美術〙外光. ― *adj.* 〘美術〙(フランスに 1865 年ごろ起こった)外光派の. 〖(1894) ▭ F ~ 《原義》 full air〗

plein·air·ism /pleɪnéə^rɪzm | -éər-/ *n.* (*also* **plein-air·isme** /plènɛríːsm; F. plɛnɛrism/) 〘美術〙(1870 年ごろフランスに起こった)外光派, 戸外主義《印象主義にほぼ同じ》. 〖▭ F *pleinairisme*: ⇨ ↑, -ism: 戸外で絵を描いたところから〗

plein·áir·ist /-rɪ̀st | -rɪst/ *n.* (*also* **plein·air·iste** /plènɛríːst; F. plɛnɛrist/) 〘美術〙外光派画家. 〖(1891) ▭ F *pleinairiste*: ⇨ ↑, -ist〗

plei·o- /pláɪoʊ | pláɪəʊ/「もっと多くの (more)」の意の連結形. 〖← Gk *pleíōn* more (comp.) ← *polús* (⇨ poly-): cf. plus〗

Plei·o·cene /pláɪəsìːn | -ə(ʊ)-/ *adj.*, *n.* 〘地質〙= Pliocene.

plei·om·e·ry /plaɪá(ː)məri | -ɔ́m-/ *n.* 〘植物〙増数性, 多数性《一つの節に生じる葉の数が茎の上部へ向かうに従って増加すること; 萼片(がく), 花弁, 雄蕊(ずい)などの花葉の増加の場合にも使う》. 〖(1890) ← PLEIO-+-MERY〗

plei·o·tax·y /pláɪətæ̀ksi/ *n.* 〘植物〙多数軸. 〖1885–90〗

plei·o·tro·pic /plàɪətróʊpɪk, -trá(ː)p- | -trɔ́p-⁻/ *adj.* 〘生物〙多面発現の《一つの遺伝子が二つ以上の形質を支配することにいう》. **plèi·o·tró·pi·cal·ly** *adv.* 〖(1938) ← PLEIO-+-TROPIC〗

plei·ót·ro·pism /-pɪzm/ *n.* 〘生物〙多面発現(状態). 〖1927〗

plei·ot·ro·py /plaɪá(ː)trəpi | -ɔ́trə-/ *n.* 〘生物〙(遺伝子の)多面発現(性). 〖1939〗

Pleis·to·cene /pláɪstoʊsìːn, -tə- | -tə(ʊ)-/ 〘地質〙 *adj.* 更新[洪積(こう)]世[統]の: the ~ epoch [series] 更新[洪積]世[統]《第四紀の前期; しばしば氷河に覆われ, 人類が出現した時期》. ― *n.* [the ~] 更新[洪積]世[統]. 〖(1839) ← *pleisto-* (▭ Gk *pleîstos* most (superl.) ← *polús* many)+-CENE〗

Ple·kha·nov /plɪ̀kɑ́ːnɔ(ː)f | plɪkɑ́ːnɔf; Russ. plʲixánəf/, **Ge·or·gi Va·len·ti·no·vich** /gʲiórgʲij vəlʲintʲínəvʲitʲ/ *n.* プレハーノフ (1856–1918; ロシアのマルクス主義の哲学者・政治学者).

P

plen. (略) plenipotentiary.

plena *n.* plenum の複数形.

ple·na·ry /plíːnəri, plén-/ *adj.* **1** 〈会議など〉全員出席の, 全体構成の: a ~ meeting [session] 本会議, 総会 / ⇨ plenary council. **2** 十分な, 完全な; 無条件の, 絶対的な; 全権を有する, 全権の: ~ power [authority] 絶対権, 全権 / ⇨ plenary inspiration. **3** 〘法律〙 **a** 〈手続きなど〉正式の, 本式の (cf. summary 1). **b** 〈訴訟など〉完全な (regular)《他の訴訟に付随せず, 独立していて, それ自体で完結できることにいう》. ― *n.* **1** 聖餐式で朗読される福音書[使徒書簡]と説教を載せた本. **2** 本会議, 総会. **plé·na·ri·ly** /-rəli | -rɪ̀-/ *adv.* 〖(?*a*1425) *plenarie* ▭ LL *plēnārius* ← L *plēnus* ∽ (*c*1250) *plener*, *plenar* ▭ AF *plener*=(O)F *plénier* < LL *plēnārium*: ⇨ plenum, -ary〗

plénary cóuncil *n.* 〘キリスト教〙全国[全域]教会会議.

plénary indúlgence *n.* 〘カトリック〙全免償, 大赦, 全贖宥(しょく). 〖1675〗

plénary inspirátion *n.* 〘神学〙十全霊感[神感(説)]《聖書中のあらゆる観念はみな神感によるとする考え; cf. verbal inspiration》.

plench /plén(t)ʃ/ *n.* 〘機械〙プレンチ《プライアーとレンチを組み合わせた工具; ハンドルを握ることにより, 栓を引き抜いたりねじを回したりできる》. 〖(混成) ← PL(IER)+(WR)ENCH〗

ple·nip·o·tent /plɪ̀nípətənt, -tn̩t | plɪnípətənt, -tn̩t/ *adj.* 全権を有する. 〖▭ LL *plēnipotentem* ← L *plēnus* 'FULL¹'+*potent-*, *potēns* 'POTENT¹'〗

plen·i·po·ten·tia·ry /plènəpoʊténʃ(ə)ri, -pə-, -ʃièri | plènɪ̀pə(ʊ)ténʃ(ə)ri, -ʃiə-⁻/ *n.* 全権使節[委員], 全権大使. ― *adj.* **1** 〈人が〉全権を有する: ⇨ minister plenipotentiary / an ambassador extraordinary and ~ 特命全権大使. **2** 〈命令・職権などが〉全権を与える. **3** 〈権力など〉絶対的な, 完全な (complete). 〖(*c*1645) ▭ ML *plēnipotentiārius* ← LL *plēnipotentem* (↑): ⇨ -ary〗

plen·ish /plénɪʃ/ *vt.* **1 a** 満たす. **b** 《方言》補充する (replenish). **2 a** 《英》〈家〉に造作をつける, 家具を備えつける. **b** 《スコット》〈農場〉に家畜を入れる (stock). **~·er** *n.* **~·ment** *n.* 〖(*c*1470) *plenyssen* ▭ OF *pleniss-* (pres.p. stem.) ← *plenir* to fill ← *plein*, *plen* < L *plēnum* 'FULL¹'〗

plén·ish·ing *n.* 《スコット》家具, 家財. 〖1477〗

plen·i·tude /plénətùːd, -tjùːd, -dn̩- | -nɪ̀tjùːd/ *n.* **1 a** 充満, 充実, 十分; 完全(さ). **b** (権力・活力などの)絶頂. **2** (あり余るほどの)豊富(さ) (abundance): a ~ of natural resources, theories, etc. **3** 〘紋章〙満月. 〖(?*a*1425) ▭ OF ~ // L *plēnitūdō* ← *plēnus* 'FULL¹': ⇨ -tude〗

plen·i·tu·di·nous /plènətúːdənəs, -tjúː-, -dn̩- | -nɪ̀tjúːdɪ̀n-⁻/ *adj.* **1** 充実した, 完全な, 豊富な. **2** 恰幅(かっ)のよい, 太った (portly). 〖(1812): ⇨ ↑, -ous〗

ple·no ju·re /plíːnoʊdʒʊ́əri, plénoʊjʊ́əri | plíːnəʊdʒʊ́əri, plénəʊjʊ́əri/ L. 全権をもって (with full right). 〖▭ L *plēnō jure* with full authority〗

plen·te·ous /plénṭiəs | -tiəs/ *adj.* 《詩》豊富な, 潤沢な; 実り豊かな (plentiful): ~ crops. **~·ly** *adv.* **~·ness** *n.* 〖(*c*1300) *plentifous*, *-evous* ▭ OF *plentivous* ← *plentif* abundant: ⇨ plenty, -ous〗

plen·ti·ful /plénṭɪ̀fəl, plén-, -fl̩ | plénṭɪ̀-/ *adj.* 豊富な, 十分な, たくさんの, 豊富にある[生じる]: a ~ harvest 豊作 / (as) ~ as blackberries ⇨ blackberry 2. **~·ly** *adv.* **~·ness** *n.* 〖(*c*1400): ⇨ -ful〗

SYN 豊富な: **plentiful** 供給量が豊富な: a *plentiful* supply of fuel 豊富な燃料の蓄え. **abundant** 十二分に豊富な: The forest is *abundant* in insect life. その森には昆虫が多く生息している. **copious** 生産・消費などの量が豊富で尽きない: a *copious* stream 水を満々とたたえた流れ. **profuse** 涙・出血・言葉・感謝・謝罪などが非常に多量の: He was *profuse* in apologies. 盛んにわびを言った. **ample** すべての要求を満たしてなお余裕があるくらい豊富な: There is *ample* room for all of you in the car. 車にはみんなが乗れる空きが十分にある.
ANT scarce, scant.

---

plen·ti·tude /plénṭətùːd, -tjùːd | -tɪ̀tjùːd/ *n.* = plenitude. 〖1615〗

plen·ty /plénṭi, pléni | plénti/ *pron.* [通例 ~ of の形で] (必要なだけまたは必要以上に)十分, たくさん, たっぷり: ~ of food [money, books] 十分な食糧[金, 書籍] / There is [We have, We are in] ~ *of* time. 時間は十分ある / This is ~ (*for* me).=I've got ~. これで十分です / There's [There are] ~ more. まだたくさんある.

語法 (1) 数・量ともに用い, 否定文では many, much, 疑問文では enough を用いるのが普通 (cf. lot 1). (2) a ~ *of* food のように前に a を添えるのは《古》(cf. aplenty).

― *n.* 豊富 (abundance), 潤沢 (opulence): a year of ~ 豊年 / Here is cake in ~. 菓子が豊富にある / the horn of ~=cornucopia 1 / *Plenty* breeds [brings, causes] pride. 《諺》豊富は傲慢のもの,「富みておごる」. ― *adj.* 《口語・方言》たくさんの, 十分な (plentiful) (⇨ enough SYN): There's ~ room here. ここには十分な余地がある / (as) ~ as blackberries ⇨ blackberry 2. ― *adv.* 《口語》 **1** [しばしば後続の形容詞の後に enough を伴って] 十分に (fully), たっぷり. **2** 《米》非常に, 大変 (very): It is ~ long *enough*. 長さはたっぷりだ / She sure works ~! 全くよく働く. 〖(?*a*1200) *plente(th)* ▭ OF *plente(t)* < L *plēnitātem* fullness ← *plēnus* 'FULL¹': ⇨ -ty〗

Plen·ty /plénṭi | -ti/, **Bay of** *n.* プレンティー湾《ニュージーランド北島の北東岸にある太平洋側の湾》.

ple·num /plíːnəm, plén-/ *n.* (*pl.* **~s**, **ple·na** /-nə/) **1** 全員出席の会議, 全体会議, 総会. **2** 高圧《周囲よりも大きい圧力で空気その他の気体を満たした空間(の状態)》. **3** (特にストア哲学で)物質が充満した空間 (cf. vacuum 3); 充満, 充実. ― *adj.* プレナム(利用)の. 〖(1678) ▭ NL *plēnum* ← L ~ (neut.) ← *plēnus* (↑)〗

plénum chàmber *n.* 〘建築〙プレナムチャンバー《空調設備[装置]において, 送風のために気圧を高めた空気だまり(用の小区画室)》. 〖1908〗

plénum sỳstem *n.* 強制換気システム《大気圧よりも強い圧力で空気を送り込む空調装置》.

plénum ventilàtion *n.* 〘建築〙(plenum chamber を用いた) 空調設備[方式]. 〖1844〗

ple·o- /plíːoʊ | plíːəʊ/ =pleio-.

plèo·chró·ic /-króʊɪk | -krəʊ-⁻/ *adj.* 〘結晶〙〈異方性結晶が〉多色性の (cf. dichroic, trichroic). 〖(1864) ← PLEIO-+-CHROIC〗

pléochroic hálo *n.* **1** 〘鉱物〙多色(性)ハロー. **2** 〘物理〙多色ハロー. 〖1894〗

ple·och·ro·ism /pliːá(ː)kroʊɪ̀zm | -ɔ́krəʊ-/ *n.* 〘結晶〙多色性《結晶を透過する光の色が方向によって異なる性質; 二色性と三色性の総称; cf. dichroism, trichroism》. 〖1857〗

plèo·mórphic *adj.* **1** 〘植物〙多形態性の. **2** 〘昆虫〙多形(現象)の. 〖(1886) ← PLEIO-+-MORPHIC〗

plèo·mórphism *n.* **1** 〘植物〙多形態性, 多態性《一つの細菌などが生活環において種々の顕著に異なる形態を示す性質》. **2** 〘生物〙=polymorphism 2. **3** 〘結晶〙=polymorphism 1. 〖1864〗

plèo·mórphous *adj.* 〘植物・昆虫〙=pleomorphic.

ple·o·mor·phy /plíːəmɔ̀əfi | -ə(ʊ)mɔ̀ː-/ *n.* 〘植物・昆虫〙=pleomorphism.

ple·on /plíːɑ(ː)n | -ɔn/ *n.* 〘動物〙泳腹《小エビ・カニ・ロブスターの腹》. 〖(1855) ← Gk. *pléōn* (pres.p.) ← *pleîn* to swim: この部位に遊泳の肢があることから〗

ple·o·nasm /plíːənæ̀zm | plíː(ə)-/ *n.* 〘修辞〙冗言法, 冗語句《必要以上の語を用いて表現すること; その表現(語句); 例: a false lie / hear with one's ears; cf. periphrasis 1》. 〖(1550) ▭ LL *pleonasmus* ▭ Gk *pleonasmós* ← *pleonázein* to add superfluously ← *pleíōn* more (compar.) ← *polú* much: cf. pleio-〗

ple·o·nas·tic /plìːənǽstɪk | plìː(ə)(ʊ)-⁻/ *adj.* 〘修辞〙冗言の. **plè·o·nás·ti·cal·ly** *adv.* 〖(1778): ⇨ ↑, -ic¹: SPASM—SPASTIC の類推から〗

ple·oph·a·gous /pliːá(ː)fəgəs | -ɔ́f-/ *adj.* **1** 〘動物〙多食[漸食]性の (polyphagous). **2** 〘生物〙〈寄生動植物が〉1 種類の寄主に限定されていない, 多宿主性の. 〖⇨ pleio-〗

ple·o·pod /plíːəpɑ̀(ː)d | -pɔ̀d/ *n.* 〘動物〙(甲殻類の)腹脚, 遊泳脚 (swimmeret). 〖(1855) (1893) ← PLEIO-+-POD〗

pler·er·gate /plɪ́rəːgeɪt | plɪ(ə)rə́ː-/ *n.* 〘昆虫〙膨職蟻(ぼうしょくぎ) (⇨ replete). 〖← Gk *plḗrēs* full+*ergate* (▭ *ergátēs* worker (⇨ erg))〗

ple·ro·cer·coid /plɪ̀ᵊroʊsə́ːkɔɪd | plɪ̀ərə(ʊ)sə́ː-/ *n.* 〘動物〙プレロケルコイド, 擬充尾虫《裂頭条虫の第二中間宿主体内における幼生》. 〖(1906) ← *plero-* (← Gk *plḗrēs* full)+*cerc-* (← Gk *kérkos* tail)+-OID〗

ple·rome /plɪ́ᵊroʊm | plɪ́ərəʊm/ *n.* 〘植物〙原中心柱《原組織説において茎および根端の中心柱の起原となるとした初生組織》. 〖(1875) ▭ G *Plerom* ▭ LL *plērōma* fullness ▭ Gk *plḗrōma* that which fills ← *plēroûn* to make full ← *plḗrēs* full〗

ple·si- /plíːsi, -zi/ (母音の前にくるときの) plesio- の異形.

ple·si·o- /plíːsioʊ, -zioʊ | -siəʊ, -ziəʊ/「接近した (close), 近い (near)」の意の連結形. ★ 母音の前では通例 plesi- になる. 〖← NL ~ ← Gk *plēsio-* ← *plēsíos* ← *pélas* near〗

ple·si·o·saur /plíːsiəsɔ̀ə, -ziə- | -ə(ʊ)sɔ̀ː^(r)/ *n.* 〘古生物〙=plesiosaurus.

plesiosauri *n.* plesiosaurus の複数形.

ple·si·o·sau·rus /plìːsiəsɔ́ːrəs, -ziə- | -ə(ʊ)sɔ́ːr-/ *n.* (*pl.* **-sau·ri** /-raɪ/) 〘古生物〙長頸竜, プレシオサウルス《長頸竜亜目 *Plesiosaurus* 属に代表される中生代水生爬(は)虫類の総称; 小頭・長頸・短尾と鰭(ひれ)状に発達した巨大な四肢をもつ》. 〖(1821) ← NL *Plēsiosaurus*: ⇨ plesio-, -saurus: W. D. Conybeare (1787–1857) の造語〗

ples·sor /plésə | -sə^(r)/ *n.* 〘医学〙=plexor.

Ples·sy v. Fer·gu·son /plésivə̀ːsfə́ːgəsən, -sn̩ | -və̀ːsəsfə́ː-/ *n.* 〘米史〙プレッシー対ファーガソン判決《公共機関で黒人・白人が隔離されていても扱いが平等なら憲法違反にはならないとする 1896 年の最高裁の判決; この判決は 1954 年ブラウン対教育委員会判決 (Brown v. Board of Education of Topeka) で, 最高裁が人種差別を禁ずる判決を下した時点で破棄された》.

Pleth·o·don·ti·dae /plèθədá(ː)nṭədìː | -dɔ́ntɪ-/ *n.* *pl.* 〘動〙(脊椎動物門両生綱)プレトドン科, アメリカサンショウウオ科. 〖← NL ~ ← *Plethodont-*, *Plethodon* (← *pletho-* (← Gk *plêthos* mass (↓))+-ODON)+-IDAE〗

pleth·o·ra /pléθərə | pléθərə, pleθɔ́ːrə, plɪ̀-/ *n.* **1** 過剰(状態), 過多 (overfullness): make an acceptable choice from a ~ of material あり余る材料の中から妥当な選択をする. **2** 〘病理〙充満症; 多血(症), 赤血球過多(症). 〖(1541) ▭ LL *plēthōra* ▭ Gk *plēthṓrē* fullness ← *plḗthein* to become full ← IE **pelə-* to fill: ⇨ full¹〗

ple·thor·ic /plɪ̀θɔ́(ː)rɪk, plɛ-, -θɑ́(ː)r-, pléθər- | plɛθɔ́r-, plɪ-/ *adj.* **1** 赤血球過多の, 多血の. **2** 過多な; 膨れ上がった. **ple·thór·i·cal·ly** *adv.* 〖(1620) ▭ LL *plēthōricus* ▭ Gk *plēthōrikós*: ⇨ ↑, -ic¹〗

ple·thys·mo·gram /plɪ̀θízməgræ̀m, plɛ-, -θɪs- | -mə(ʊ)-, -θɪs-/ *n.* 〘医学〙体積曲線, プレチスモグラム. 〖(1894): ⇨ ↓, -gram〗

ple·thys·mo·graph /plɪ̀θízməgræ̀f, plɛ-, -θɪs- | -mə(ʊ)grɑ̀ːf, -græ̀f/ *n.* 〘医学〙(肢(し)体)容積計, 体積(変動)記録器, 血量計, プレチスモグラフ. **ple·thys·mo·graph·ic** /plɪ̀θɪzməgrǽfɪk, plɛ-, -θɪs- | -mə(ʊ)-græ̀f-⁻/ *adj.* **ple·thỳs·mo·gráph·i·cal·ly** *adv.* **ple·thys·mog·ra·phy** /plɪ̀θɪ̀zmɑ́(ː)grəfi, -θɪ̀s- | prɪ̀θɪzmɔ́g-, prɛ-, -θɪs-/ *n.* 〖(1872) ← *plethysmo-* (▭ Gk *plēthūsmós* multiplication ← *plēthū́s* mass: cf. plethora)+-GRAPH: cf. It. *pletismografo*〗

pleuch /plúː, plúːx/ *n.*, *vt.*, *vi.* 《スコット》=plow.

pleugh /plúː, plúːx/ *n.*, *vt.*, *vi.* 《スコット》=plow.

pleur- /plʊᵊr | plʊər, plɔ́ːr/ (母音の前にくるときの) pleuro- の異形.

pleu·ra¹ /plʊ́ᵊrə | plʊ́ərə, plɔ́ːrə/ *n.* (*pl.* **pleu·rae** /-riː, -raɪ | -riː/, **~s**) 〘解剖〙肋(ろっ)膜, 胸膜. 〖(?*a*1425) ▭ ML ~ ▭ Gk *pleurá* side, rib ← ?〗

pleura² *n.* pleuron の複数形.

pleu·ral /plʊ́ᵊrəl | plʊ́ər-, plɔ́ːr-/ *adj.* **1** 〘解剖〙肋(ろっ)膜[胸膜] (pleura) の: ~ effusion [fluid] 胸水. **2** 〘動物〙側板 (pleuron) の, 側片 (pleurite) の. 〖(1843): ⇨ pleura¹, -al¹〗

pléural cávity *n.* 〘解剖〙胸腔, 胸膜腔. 〖1843〗

pléural gánglion *n.* 〘動物〙側神経節, 体側神経節《軟体動物の皮部神経中枢の一つ》.

pleu·ri- /plʊ́ᵊrɪ̀, -ri | plʊ́ər-, plɔ́ːr-/ pleuro- の異形 (⇨ -i-).

pleu·ri·sy /plʊ́ᵊrəsi | plʊ́ərəsi, plɔ́ː-, -rɪ-/ *n.* **1** 〘病理〙肋(ろっ)膜[胸膜]炎: dry [exudative, moist] ~ 乾性[湿性]肋膜炎. **2** (まれ) 過剰. **pleu·rit·ic** /plʊ-rɪ́ṭɪk | plʊ(ə)rɪ́t-, plɔːr-/ *adj.* 〖(*a*1398) *pluresy*, *pleresie* ▭ OF *pleurisie* (F *pleurésie*) ▭ LL *pleurisis* ▭ Gk *pleurîtis* ← *pleurá* 'PLEURA¹'〗

pléurisy ròot *n.* **1** 〘植物〙ヤナギトウワタ (⇨ butterfly weed 1). **2** ヤナギトウワタの根《肋膜炎の民間薬に用いた》. 〖1785〗

pleu·rite /plʊ́ᵊraɪt | plʊ́ər-, plɔ́ːr-/ *n.* 〘動物〙側片《節足動物の側板が 2 個以上に分かれているとき, その各々をいう》. 〖(1868): ⇨ ↓, -ite¹〗

pleu·ro- /plʊ́ᵊroʊ | plʊ́ərəʊ, plɔ́ːr-/「側腹 (side); 肋(ろっ)膜 (pleura); 肋膜と…との (pleura and …)」の意の連結形. ★ 時に pleuri-, また母音の前では通例 pleur- にな

る. 〘← NL ～ ← L ～ ← Gk *pleurá* ‘PLEURA[1]’: cf. pleuron〙

plèuro·cárpous *adj.* 〘植物〙〈蘚(せん)類が〉側果の《雌雄の生殖器官が短い側枝上に生じる; cf. acrocarpous》. 〘1863〙

pleu·ro·dont /plúᵊrədɑ̀(ː)nt | plúərədɔ̀nt, plɔ́ːr-/ 〘動物〙 *adj.* 側生歯の[を有する] (cf. acrodont). — *n.* 側生歯動物《ある種の両生類・爬虫類などのように歯が顎骨の側面に生じる動物》. 〘(1840) ← PLEURO-+-ODONT〙

pleu·ro·dyn·i·a /plùᵊrədíniə | plùərə-, plɔ̀ːrə-/ *n.* 〘病理〙 **1** 胸膜痛, 側胸痛, 側刺, 胸間筋痛, 胸間神経痛. **2** =epidemic pleurodynia. 〘(1802) ← NL ～: ⇨ pleuro-, -odynia〙

pleu·ron /plúᵊrɑ(ː)n | plúərɔn, plɔ́ː-/ *n.* (*pl.* **pleu·ra** /-rə/) 〘動物〙 (甲殻類などの)側板, 甲側《体の側部が硬質化したもの》. 〘(1706) ← NL ～ ← Gk *pleurón* side: cf. pleura[1]〙

plèuro·peritonéum *n.* 〘解剖〙 胸腹膜. 〘← NL ～: ⇨ pleuro-, peritoneum〙

plèuro·pneumónia *n.* 〘病理・獣医〙 胸膜肺炎《牛に特有な伝染病》. 〘(1725) ← NL ～: ⇨ pleuro-, pneumonia〙

pleuropneumónia-lìke órganism *n.* 〘生物〙 牛肺疫菌様微生物, マイコプラズマ《*Mycoplasma* 属の病原体; 家畜の不妊症を引き起こす; 略称 PPLO》. 〘1935〙

pleu·rot·o·my /plʊrɑ́(ː)təmi | plʊ(ə)rɔ́tə-, plɔː-/ *n.* 〘外科〙 胸膜切開(術). 〘← PLEURO-+-TOMY〙

pleus·ton /plúːstən, -tɑ(ː)n | -tən, -tɔn/ *n.* 〘生態〙 浮漂植物, プロイストン《ウキクサのように水中または水面に浮漂する植物》. **pleus·ton·ic** /pluːstɑ́(ː)nɪk | -stɔ́n-/ *adj.* 〘(1943) ← *pleus-* (← Gk *pleûsis* sailing ← *pleîn* to sail ← IE **pleu-* ‘to FLOW’)+(PLANK)TON〙

Plev·en /plévən; *Bulg.* plévenʲ/ *n.* プレベン, プレブナ《ブルガリア北部の都市で, モスクが多い; 露土戦争の戦跡 (1877); Plevna /plévnə; *Bulg.* plevná/ ともいう》.

plew /plúː/ *n.* 《米西部・カナダ》 ビーバーの皮 (beaver skin) 《毛皮取引の基準とされた; plu, plue ともいう》. 〘(1790–1800) ⊏ Canad.-F *pelu* hairy ⊏ F ～, *poilu* ← *poil* hair ⊏ L *pilus*: ⇨ pile[3]〙

-plex /plèks/「(ある数の部分からなる)建物」の意の名詞連結形; 構成単位を示す数を伴う: four*plex*, six*plex*. 〘← COMPLEX〙

plex·i·form /pléksəfɔ̀ːm | -sɪ̀fɔːm/ *adj.* 叢 (plexus) の, 網状の; 込み入った. 〘(1828) ← PLEX(US)+-FORM〙

Plex·i·glas /pléksɪglæ̀s | -siglɑ̀ːs/ *n.* 〘商標〙 プレキシガラス《plexiglass の商品名; cf. polymethyl methacrylate》. 〘(1935) ↓〙

plex·i·glass /pléksɪglæ̀s | -siglɑ̀ːs/ *n.* プレキシガラス《メタクリル酸メチルの熱可塑性重合体; アクリル酸ガラスの一種; 透明度が高く加熱によって自在な形に加工できる; 飛行機の操縦席上部の円蓋・窓・レンズその他用途が多い》. 〘← PL(ASTIC)+(FL)EXI(BLE)+GLASS〙

plex·im·e·ter /plɛksímətə | -símɪtə(r)/ *n.* 《廃》〘医学〙 打診板《通例象牙の薄板でこの板を打診すべき所に当て, その上を打診槌(つち) (plexor) で打診する》. **plex·i·met·ric** /plɛ̀ksəmétrɪk | -sɪ̀-/ *adj.* 〘(1842) ← Gk *plêxis* a striking+-METER[1]〙

plex·or /pléksə | -sə(r)/ *n.* 〘医学〙 (昔用いた)打診槌(つち) (plessor). 〘(1844) ← NL ～ ← Gk *plêxis* (↑)+-OR[2]〙

plex·us /pléksəs/ *n.* (*pl.* ～·**es**, ～) **1 a** 〘解剖〙 (神経・血管または腺維などの)叢(そう), 網状組織 (network): the spinal ～ 脊椎(せきつい)静脈叢 / ⇨ pulmonary plexus, solar plexus. **b** 〘動物〙 集網, 叢. **2** 網, 網細工 (network). **3** (考え・感情・事件などの)もつれ, 錯雑 (complication). 〘(1682) ← NL ～ ← L ～ ‘network’ ← (p.p.) ← *plectere* to plait: ⇨ ply[2]〙

plf 《略》〘法律〙 plaintiff.

plff 《略》〘法律〙 plaintiff.

pli·a·bil·i·ty /plàɪəbíləṭi | -lɪ̀ti/ *n.* **1** 柔軟性. **2** 従順な性質, 素直, 柔順. 〘(1768): ⇨ ↓, -ity〙

pli·a·ble /pláɪəbl/ *adj.* **1** 〈物が〉曲げやすい, 柔軟な, しなやかな. **2** 〈心・性質など〉柔順な, 素直な, 言いなりになる, 融通のきく (↔ rigid). **plí·a·bly** *adv.* **～·ness** *n.* 〘(1392) ⊏ (O)F ～ ← *plier* ‘to bend, PLY[1]’: ⇨ -able〙

SYN 柔軟な: **pliable** 柔軟で折れずに曲げやすい; 他人の意志に従いやすい: a *pliable* person 言いなりになる従順な人. **pliant**=*pliable*; 従順よりも柔軟な: *pliant* to fate 素直に運命に従う. **plastic** 〈漆喰(しっくい)・粘土など〉柔らかくて思うように形づくれる; 従順で感化されやすい: a *plastic* character 感化されやすい性格. **malleable** 〈金属が〉打ち延ばしのできる; 〈人や性質が〉外からの力・影響力によって容易に形づくられる: a *malleable* young man 従順な若者.
ANT rigid, stiff, inflexible.

pli·an·cy /pláɪənsi/ *n.* =pliability. 〘(1711): ⇨ ↓, -cy〙

pli·ant /pláɪənt/ *adj.* **1** 柔軟な, しなやかな. **2** 言いなりになる, 柔順な (⇨ pliable SYN). **3** 適応できる, 順応性に富む. **～·ly** *adv.* **～·ness** *n.* 〘(*c*1384) *plyande, pleaunt* ⊏ (O)F *pliant* (pres.p.) ← *plier*: ⇨ pliable〙

pli·ca /pláɪkə/ *n.* (*pl.* **pli·cae** /-siː, -kiː/) **1** 〘解剖・動物〙 褶襞(しゅうへき), ひだ (fold). **2** 〘病理〙 糾髪(きゅうはつ)病《ポーランド地方の風土病; ダニと剝離した頭皮で頭髪が結れる; plica polonica /pəlɑ́(ː)nɪkə | -lɔ́nɪ-/ ともいう》. **3** 〘音楽〙 プリカ《中世音楽の主に経過音に用いられた装飾音記号》. **plí·cal** /-kəl, -kl̩/ *adj.* 〘(1684) ← NL ～ ‘fold, plait’ ← L *plicāre* to fold: cf. ply[2]〙

pli·cate /pláɪkeɪt, -kɪ̀t/ *adj.* 〘生物〙 ひだのある, 扇だたみの, 褶襞(しゅうへき)のある (folded): a ～ leaf 褶畳葉. **～·ly** *adv.* **～·ness** *n.* 〘(1698) (1760) ⊏ L *plicātus* (p.p.) ← *plicāre* to fold (↑): ⇨ -ate[2]〙

pli·cat·ed /pláɪkeɪṭɪd | -tɪ̀d/ *adj.* 〘生物〙 =plicate. 〘1666〙

pli·ca·tion /plaɪkéɪʃən/ *n.* **1** 折畳み (folding). **2** ひだ, 褶襞(しゅうへき) (fold); ひだ[褶襞]状態. **3** 〘地質〙 (層のある岩の)褶曲. **4** 〘医学〙 皺襞形成(術). 〘(1392) ME *plicacioun* ⊏ OF *plication, -acion* // ML **plicātiō(n-)*: ⇨ plicate, -ation〙

plic·a·ture /plíkətʃə, -tʃʊ̀ə | -tʃə(r), -tjʊ̀ə(r)/ *n.* =plication. 〘(?a1425) ⊏ L *plicātūra* ← *plicātus*: ⇨ plicate, -ure〙

pli·é /pliːéɪ | —´, ——´; *F.* plie/ *F.n.* (*pl.* ～**s** /～z; *F.* ～/) 〘バレエ〙 プリエ《背筋を伸ばし, 両足を床につけて両脚を開き, 両膝を曲げる運動》. 〘(1892) ⊏ F ～ (p.p.) ← *plier* to bend: ⇨ ply[2]〙

pli·er /pláɪə | pláɪə(r)/ *n.* **1** ply する人[物]. **2** [*pl.*; しばしば単数扱い; また a pair of ～s の形で] ペンチ, プライヤー《小型の pincers で, 小さい物をはさんだり, 針金を曲げたり切ったりする工具; ⇨ cutting pliers》. 〘(1568–69) ← PLY[1]+-ER[1]〙

plight[1] /pláɪt/ *n.* **1** 有様, 状態 (state), 立場 (situation); [通例悪い意味に用いて] ざま, 苦境, 窮状, 羽目 (⇨ fix SYN): in a miserable [evil, hopeless, piteous, sorry, strange] ～ 窮状で / Their ～ only worsened. 彼らの立場は悪化の一途をたどった / What a ～ to be in! とんだことになったものだ. **2** 体調 (physical condition). 〘(?a1200) *plit, plyt* ⊏ AF *plit*=OF *pleit* ‘fold, PLAIT’〙

plight[2] /pláɪt/ 《古》 *vt.* **1** 誓う, 固く約束する: ～ one's faith [promise, troth, word, honor] 固く約束する. **2** [通例 p.p. 形または ～ oneself で] (…と)婚約する (*to*): ～ one's troth 婚約する / She ～*s herself to* a young scholar. 彼女は若い学者と婚約している / ～*ed* lovers 固く誓い合った恋人同士. — *n.* 誓い, 契り (pledge); 婚約 (engagement). **～·er** /-ṭə | -tə(r)/ *n.* 〘n.: OE *pliht* danger, risk < Gmc **pleχtiz* ((M)Du. *plicht* / G *Pflicht* duty) ← **pleʒan* to pledge for, risk. — v.: lateOE *plihtan* to endanger ← (n.)〙

plim /plím/ *v.* (**plimmed; plim·ming**) 《英方言》 — *vi.* 膨れる (swell); 太る 〈*out*〉. — *vt.* 膨らます; 太らせる. 〘(1654) 《変形》? ← 《方言》 *plum* < ME *plume(n)* to swell, rise〙

plim·soll /plímsəl, -sl̩, -soʊl | -səl, -sl̩, -səʊl/ *n.* (*also* **plim·sol** /～/, **plim·sole** /-səl, -soʊl | -səl, -səʊl/) [通例 *pl.*] 《英》 (安価な)ゴム底のズック靴 (《米》 sneakers). 〘(1881) (1907) ← *Plimsoll mark*: 靴底の泥よけの上端が Plimsoll mark に似ているところから〙

Plim·soll /plímsəl, -sl̩, -soʊl | -səl, -sl̩, -səʊl/, **Samuel** *n.* プリムソル (1824–98; 英国の政治家; 下院議員として船員の生活擁護に尽くし, 満載喫水線改革の提唱者で, 商船条令 (1876) を成立させた; 通称 the Sailors' Friend).

Plímsoll màrk [lìne] *n.* 〘海事〙 プリムソル標, 乾舷(かんげん)標《商船の船側中央部に白ペンキで描いた線や円のマーク; 満載喫水線標 (load line) の通称, このマークが没入するほど貨物を積載してはならない; 商船条例 (1876 年) で英国商船はこれをつけるように規定されたのに始まる; cf. draft mark》. 〘(1881) ↑〙

Pli·ni·an /plíniən/ *adj.* 〘地質〙 〈噴火が〉ガス・火山灰などを空高く噴出する. 〘小プリニウス (Pliny, the Younger) が描いた Vesuvius 山の噴火の情景から〙

plink /plíŋk/ 《米》 *vi.* **1** (並んでいる物などを)めくら撃(う)ちする, 物を投げつける. **2** ちりんちりん鳴る[音を立てる]; 楽器をかき鳴らす. — *vt.* **1** …をめくら撃ちする, …に物を投げつける. **2** 〈鈴などを〉ちりんちりん鳴らす; 〈曲を〉かき鳴らす: A harp ～*ed* the theme. ハープがそのテーマ曲をかき鳴らしていた. — *n.* ちりんちりん[楽器の]鳴る音. **～·er** *n.* 〘(1941): 擬音語〙

plinth /plínθ/ *n.* 〘建築〙 **1** (円柱の下の四角な)台座, 方形台座; (銅像の台石 (pedestal) の中間の主要部 dado の下で基底部をなす)台座. **2** (れんが壁など基底部をなす)土台回り《端部を斜めに切り落とした形のれんが; plinth course ともいう》. **3** (銅像の台石に使う)角石: the ～ of a statue. **4** (部屋の内壁の)幅木(はばき). **5** (家具の)台輪. 〘(1563) (1611) ⊏ F *plinthe* // L *plinthus* ⊏ Gk *plínthos* brick ← ?: cf. OE *flint*〙

plin·thite /plínθaɪt/ *n.* 〘地質〙 (Antrim と Hebrides 諸島のトラップ (trap) の間にでる) 一種の赤れんが色の粘土. 〘(1836) ← PLINTH+-ITE[1]〙

Plin·y /plíni/ *n.* プリニウス: **1** (23–79) ローマの博物学者・百科辞典編集者・著述家; the Elder「大プリニウス」; ラテン語名 Gaius Plinius Secundus. **2** (*c*62–113) ローマの著述家・政治家; 前者の甥(おい): the Younger「小プリニウス」; ラテン語名 Gaius Plinius Caecilius Secundus.

pli·o- /pláɪoʊ | pláɪəʊ/ =pleio-.

Pli·o·cene /pláɪəsìːn | -ə(ʊ)-/ 〘地質〙 *adj.* 鮮新世[統]の: the ～ epoch [series] 鮮新世[統]《第三紀の最新期》. — *n.* [the ～] 鮮新世[統]. 〘(1831) ← PLEIO-+-CENE〙

Pli·o·film /pláɪəfɪlm/ *n.* 〘商標〙 プライオフィルム《包装用透明防水シート》. 〘(1934) ← PLI(ABLE)+FILM〙

pli·o·saur /pláɪəsɔ̀ə | -sɔ̀ː(r)/ *n.* 〘古生物〙 プリオサウルス《中生代の *Pliosaurus* 属の海生爬虫類; プレシオサウルス (plesiosaurus) に近いが, 首は短くて頭が大きい》. 〘(1859) ← NL *Pliosaurus* (属名): ⇨ pleio-, -saur〙

pli·que-à-jour /plíːkɑːʒʊ̀ə | -ʒʊ́ə(r); *F.* plikaʒuːʁ/ *n.* 〘窯業〙 省胎七宝(しょうたいしっぽう)《あらかじめ模様を金属線でつくり, 着色琺瑯(ほうろう)をその中に入れて溶かし, 両側を研磨する; 光を通すとステンドグラスの効果を表す; 《英》では openwork plait ともいう》. 〘(1878) ⊏ F ～ 《原義》 braid letting in daylight〙

Pli·sets·ka·ya /plɪsétskaɪə; *Russ.* plʲɪsʲétskəjə/, **Maiya Mikhailovna** *n.* プリセツカヤ (1925– ; ロシアのボリショイバレエ団のプリマバレリーナ; 代表的な役は「白鳥の湖」のオデット (Odette), オディール (Odile) など).

plis·kie /plíski/ *n.* (*also* **plis·ky** /～/) 《スコット》 いたずら, 悪ふざけ. 〘1706〙

Pliss /plís/ *n.* 〘宇宙〙 =PLSS.

plis·sé /pliséɪ | plíːseɪ, plís-; *F.* plise/ *n.* (*also* **plis·se** /～z; *F.* ～/) 〘紡織〙 **1** プリセ《クレープを化学的に出した織物》; ひだ. **2** プリセ織りの生地 (綿・レーヨン・ナイロンなど). — *adj.* プリセ加工を施した. 〘(1873) ⊏ F ～ ← (p.p.) ← *plisser* to pleat: cf. ply[1]〙

PLM 《略》 Paris-Lyon-Méditerranée (鉄道名).

PLO /píːèlóʊ | -ə́ʊ/ 《略》 Palestine Liberation Organization パレスチナ解放機構《1964 年アラブ首脳会議の決議により結成されたパレスチナアラブ人の反イスラエル解放組織の統一戦線; cf. PFLP》. 〘1965〙

ploat /plóʊt | pláʊt/ *vt.* 《英方言》 **1** 強くたたく, 打つ. **2** (鳥の)毛をむしる. 〘(1718) ⊏ Du. *ploten* & Flem. *plotten*〙

plo·ce /plóʊsiː | pláʊ-/ *n.* 〘修辞〙 強調反復《強調のため語句を反復すること: I am that I am. 我は有りて在る者なり (*Exod.* 3:14)》. 〘(1586) 《古形》 *ploche* ⊏ LL *plocē* ⊏ Gk *plokḗ* plaiting ← *plékein* to plait: cf. ply[2]〙

plock /plɑ́(ː)k | plɔ́k/ *int.* かつん, こつん, かたっ, かちっ, こん, ぽこん《固いものがぶつかるときの音》. 〘(1936) 擬音語〙

plod /plɑ́(ː)d | plɔ́d/ *v.* (**plod·ded; plod·ding**) — *vi.* **1** (道などを)とぼとぼ歩く (trudge): ～ wearily *along* [*on*] the road 疲れた足を引きずって歩く. **2** こつこつ働く[勉強する], 苦しい[いやな]仕事をする (drudge): ～ *on* [*along*] *with* a job こつこつ仕事を続ける / ～ *away at* one's books こつこつ読書する / ～ *through* a task 骨折って仕事をやり通す / He's ～*ding away* day and night. 日夜こつこつやっている. — *vt.* 〈道を〉とぼとぼ歩く: ～ one's way home とぼとぼと家路をたどる. — *n.* **1** 足の重たそうな歩行, たどたどしい歩み, 重たげな足音. **2** こつこつ働く[勉強する]こと; 苦しい仕事. **3** 《英口語》 警官 (policeman) 《しばしば Mr Plod, PC Plod と呼ばれる》. 〘(1562) 擬音語?〙

plód·der /-də | -də(r)/ *n.* **1** とぼとぼ歩く人; こつこつ働く人, 地味な努力家. **2** 圧出機《石鹸の乾燥チップを圧縮し固状の石鹸に変える機械》. 〘1594–5〙

plód·ding /-dɪŋ | -dɪŋ/ *adj.* **1** とぼとぼ歩く. **2** こつこつ働く[勉強する]: a ～ genius こつこつやる努力型の天才. **3** 〈仕事など〉単調な, 退屈な (dull). **～·ly** *adv.* **～·ness** *n.* 〘(1589): ⇨ plod, -ing[2]〙

-ploid /plɔɪd/ 〘生物〙 染色体数を示す形容詞連結形: di*ploid*, ha*ploid*. 〘(1928) ← Gk *-plóos* -fold (← IE **pel-* ‘to FOLD[1]’)+-OID〙

ploi·dy /plɔ́ɪḍi | -di/ *n.* 〘生物〙 倍数性《近縁の種または変種間において染色体数に増減の見られる現象》. 〘(1939): ⇨ ↑, -y[1]: cf. diploidy〙

Plo·ieș·ti /plɔ(ː)jéʃt(i), plɑ(ː)- | plɔɪéʃti; *Rom.* plojéʃtʲ/ *n.* プロエシテ《ルーマニア南東部, Bucharest の北の都市; ルーマニアの石油産業の中心地; Ploiești ともつづる》.

Plo·mer /plóʊmə, plúːmə | plúːmə(r), plúː-/, **William** (**Charles Franklyn**) *n.* プルーマー (1903–73; 南アフリカ共和国生まれの英国の小説家・詩人). ★ 同氏は始めは /plóʊmə(r)/ と発音していたが, 後に /plúːmə(r)/ に変えたという.

plon·geur /plɔ̃ː(n)ʒə́ː, plɔːn- | -ʒə́ː(r); *F.* plɔ̃ʒœːʁ/ *n.* (レストラン・ホテルの) 皿洗い係. 〘(1933) ⊏ F ～ ← *plonger* ‘to PLUNGE’〙

plonk[1] /plɑ́(ː)ŋk, plʌ́ŋk | plɔ́ŋk/ *v.*, *n.*, *adv.* =plunk.

plonk[2] /plɑ́(ː)ŋk, plɔ́(ː)ŋk | plɔ́ŋk/ *n.* 《英俗》 (安)ワイン (cf. vino). 〘(*c*1930) 《変形》? ← F *blanc* white〙

plonk·er /plɑ́(ː)ŋkə | plɔ́ŋkə(r)/ *n.* 《英俗》 **1** ばか, まぬけ. **2** ペニス. 〘(1966): ⇨ PLONK[1]〙

plonk·o /plɑ́(ː)ŋkoʊ | plɔ́ŋkəʊ/ *n.* (*pl.* ～**s**) 《豪俗》 大酒飲み, のんだくれ, アル中. 〘(1963): ⇨ PLONK[2]〙

plook /plúːk/ *n.* 《スコット》 =plouk.

plop /plɑ́(ː)p | plɔ́p/ *n.* ぽちゃん[ぽとん]と落ちること[音]: with a ～. — *v.* (**plopped; plop·ping**) — *vi.* **1** ぽちゃん[ぽとん]という[落ちる]. **2** (栓などを抜くときに)ぽんと音がする (pop). **3** (どさん[どたり]と)落ちる. **4** どっかりと腰を下ろす 〈*down*〉 〈*into*〉: ～ *into* a chair. — *vt.* **1** ぽちゃん[ぽとん]と落とす; ぽんと音を立てる. **2** (どさんと)落とす. **3** [～ oneself で] どっかりと腰を下ろす: ～ (oneself) down. — *adv.* **1** ぽちゃん[ぽとん]と; ぽんと: fall ～ into the water ぽちゃんと水の中に落ちる / The cork came out ～! コルクがぽんと音を立てて抜けた. **2** だしぬけに, 不意に. 〘v.: (1833) — n.: (1821) 擬音語〙

plo·sion /plóʊʒən | pláʊ-/ *n.* 〘音声〙 **1** (閉鎖音の)破裂 (explosion). **2** (広義に閉鎖音の調音で)呼気の突然の開放. 〘(1899) 《略》 ← EXPLOSION, IMPLOSION〙

plo·sive /plóʊsɪv, -zɪv | pláʊ-/ 〘音声〙 *n.* 破裂音, 閉鎖音 (stop) ([p] [b], [t] [d], [c], [ɟ], [k], [g], [ʔ]; cf. continuant 1). — *adj.* 破裂音の: ～ consonants 破裂子音. 〘(1899) 《略》 ← EXPLOSIVE, IMPLOSIVE: cf. F *plosive*〙

plot /plɑ́(ː)t | plɔ́t/ *n.* **1** (通例悪意をもった)計画, たくらみ, 計略, 陰謀, 謀略 (stratagem): Gunpowder Plot / hatch a ～ (*against*) (…に対し)陰謀をたくらむ / be privy to a ～ 陰謀にあずかる. **2** (詩・小説・脚本などの) 筋, 構想, 仕組, プロット: The ～ thickens. ⇨ thicken *vi.* 3. **3 a** 小区域の地所, 小地面 (patch); そこで取れる

作物: a garden ～ 野菜畑, 菜園 / a ～ of barley 一畑の大麦. **b** 〘建築〙敷地, 画地: a ～ plan 配置図. **4** 《米》(敷地・建物などの)図面, 図. **5** 表 (diagram); 〘軍事〙(砲兵射撃目標の位置・移動経路などの)表示, 図示. **6** (いくつかの)点を結ぶことによって浮かび出てくる曲線[図形]. **7** 《廃》(芝居などの上演[上映]用の)割り付け[振り](表).

— v. (**plot·ted; plot·ting**) **— vt. 1** たくらむ, ひそかに謀る, …の陰謀をめぐらす (conspire); 計画する (plan), 立案する ⟨*to do*⟩: ～ a person's assassination [*to* assassinate a person] 人の暗殺を謀る. **2** ⟨小説・脚本などの⟩筋を作る, 構想を練る. **3** …の区画[分割]計画を立てる, 分ける ⟨*out*⟩: ～ *out* one's time 時間を割り当てる. **4** ⟨土地を⟩小地面に分ける, 小区画する, 敷地割りをする ⟨*out*⟩. **5** ⟨建物・敷地などの⟩図面[地図]を作る, 地取りをする. **6** (海図などに)⟨自船の位置・航路などを⟩記入する; ⟨砲兵射撃目標の位置・移動経路などを⟩(図上で)表示する. **7** 〘数学〙プロットする: **a** 方眼紙などに寸法・座標によって⟨点を⟩決める. **b** 決めた点を結んで⟨曲線を⟩描く. **c** 曲線で⟨式を⟩表示する. **8** (芝居などの上演[上映]用の)割付け[振り]表を作る. **9** グラフで⟨計算を⟩する: ～ a calculation. **— vi. 1** 〔…に対し〕陰謀を企てる, 徒党を組む (conspire)〔*for, against*〕: ～ *against* a person's life 人の殺害を企てる. **2** (小説などの)筋を作る, 構想を練る. **3** ⟨データなどが⟩(方眼紙などに座標によって)位置が決まる. 〖n.: (1551) 1: 《略》← COMPLOT. 2: 《変形》? ← PLAT[1]. 3: lateOE ← ? (cf. F *pelote* clod) — v.: (1588) ← (n.)〗

SYN たくらみ: **plot** 邪悪なことをするための計画《一般的な語》: The *plot* to kidnap him failed. 彼を誘拐しようという計画は失敗した. **intrigue** 秘密の, しばしば不法な計画: a *political* intrigue 政治的な陰謀. **conspiracy** 多数の人がひそかに共謀すること: the *conspiracy* to overthrow the government 政府を転覆する共謀. **scheme** 悪いたくらみ《それほど重大でないたくらみにも用いる》: hatch a *scheme* to rob a bank 銀行強盗をもくろむ. ⇨ plan.

Plo·ti·nism /plout́ainìzm, plóuṭənìzm | plə(u)tái-nìzm, pláutɪ-/ *n.* 〘哲学〙プロティノス (Plotinus) 主義. 〖(*c*1890) ← *Plotinus*＋-ISM〗

Plo·tí·nist /-n̩ɪst | -nɪst/ *n.* 〘哲学〙プロティノス (Plotinus) 派の人. 〖1864〗

Plo·ti·nus /ploutáinəs | plə(u)-/ *n.* プロティノス (204 または 205–269 または 270; エジプト生まれのギリシャ・ローマの新プラトン派哲学者). **Plo·tí·ni·an** /-niən/ *adj.*

plót·less *adj.* 計画のない; ⟨小説など⟩プロットのない. **～·ness** *n.* 〖(1704): ⇨ plot, -less〗

P

plot·tage /plá(ː)tɪdʒ | plɔ́t-/ *n.* 敷地. 〖(1936) ← PLOT＋-AGE〗

plot·ter /plá(ː)tə | plɔ́tə[r]/ *n.* **1** 陰謀者, 共謀者. **2** プロッター《分度器のような器具》. **3** 計画者 (contriver). **4** 〘電算〙プロッター《データを図面化する出力装置》. **5** 地図や表示板の上に飛行中の飛行機の位置をマークする人. 〖(1589) ← PLOT＋-ER[1]〗

Plótt hòund /plá(ː)t- | plɔ́t-/ *n.* プロットハウンド《米国作出のぶちの大形猟犬で, 熊や野豚の狩猟用; foxhound, bloodhound など数種の犬の交雑種とされる》. 〖(1945) ← *Jonathan Plott* (fl. 1750: 米国の犬飼養家)〗

plót·ting /-tɪŋ | -tɪŋ/ *n.* 製図; 〘建築〙敷地割り. 〖1593〗

plótting bòard *n.* **1** 〘軍事〙標定板, 表示板, 射撃板, 位置測定板《砲兵射撃の目標と味方の砲との関係位置を縮尺で板上に示し, 正しい標定を可能にする装置》. **2** 〘海事〙位置記入図板. 〖1903〗

plótting pàper *n.* 方眼紙, グラフ用紙 (graph paper).

plot·ty /plá(ː)ṭi | plɔ́ti/ *adj.* 《口語》筋の込み入った, 手の込んだ, 複雑な. 〖(1897) ← PLOT＋-Y[4]〗

plotz /plá(ː)ts | plɔ́ts/ *vi.* 《米口語》**1** 崩れる, 倒れる; 感情に流される[おぼれる], 興奮する, かっとなる; 大喜びする. **2** 散々に失敗する. 〖(1941) □ Yid. ～ □ G *platzen* to burst〗

plough /pláu/ *n., v.* 《英》＝plow. **～·er** *n.*

plóugh·lànd *n.* 《英》**1** ＝plowland 1. **2** ＝hide[3].

plóugh·man /-mən/ *n.* (*pl.* **-men** /-mən, -mèn/) ＝plowman.

plóughman's lúnch *n.* 《英》スナックランチ《パブのランチで, パン・チーズ・サラダ・ピクルスなどが出る》.

plóugh pàne *n.* 〘木工〙溝鉋(みぞかんな) (grooving plane).

plouk /plúːk/ *n.* 《スコット》ニキビ (pimple). **plóuk·y** *adj.* 〖(?*c*1425) ← ?: cf. Sc.-Gael. *pluc* a pimple〗

plou·ter /pláuṭə | -tə[r]/ *vi.* **1** ＝putter[2]. **2** 《スコット》**a** ⟨水・泥が⟩はねる; パチャパチャ水遊び[泥遊び]する. **b** ざぶざぶと⟨水・泥の中を⟩進む (wade). 〖(1808) ← *plout* to plunge into《擬音語》＋-ER[4]: cf. Du. *ploeteren* to splash in the water〗

Plov·div /plá(ː)vdɪv, plóuv- | plɔ́v-; *Bulg.* plɔ́vdif/ *n.* プロブディフ《ブルガリア南部, Maritsa 河畔の都市; ギリシャ風カテドラルやトルコ風モスクが多い》.

plov·er /plʌ́və, plóuvə | plʌ́və[r]/ *n.* (*pl.* **～, ～s**) 〘鳥類〙チドリ《チドリ科の鳥の総称; フタオビチドリ (killdeer), タゲリ (lapwing) など; cf. golden plover》. 〖(1304–05) □ AF ～＝OF *plovier* (F *pluvier*) < VL **ploviārius* rain-bird ← L *pluvia* rain (⇨ pluvial[1])〗

plóver pàge *n.* 《スコット》〘鳥類〙チドリ (plover) について飛ぶイソシギ・クサシギなど小形のシギ類の総称; (特に)ハマシギ (dunlin)《plover's page ともいう》. 〖1837〗

plow, 《英》**plough** /pláu/ *n.* **1** (耕作用の)すき, プラウ. ★ しばしば農業の象徴として使われる: follow [hold] the ～ 農業に従事する / be at the ～ 農業をやっている / The ～ goes before the oxen. 《諺》すきが牛の前を進む, 「本末転倒」(cf. *put the* CART *before the horse*). **2** ⟨形・用途が⟩すきに似た物: **a** 除雪機 (snowplow). **b** 〘木工〙溝鉋(みぞかんな) (plough). **c** 〘印刷〙(昔の)仕上げ鉋《活字の脚部 (foot) の溝 (groove) を掘る道具》. **d** 〘製本〙プラウ《手動の小口裁断器》. **3** 耕作された土地, 田畑: fifty acres of ～ 50 エーカーの耕地. **4** [the P-] 〘天文〙**a** 北斗七星《おおぐま(大熊)座 (the Great Bear) 中の七つの主星; Charles's Wain, 通例《米》では the Big Dipper ともいう》. **b** おおぐま座. **5** [plough で]《英俗》落第 (flunk).

pùt* [*sèt*] *one's hánd to the plów ⇨ hand 成句.

ùnder the plów ⟨土地が⟩耕作されて.

— vt. 1 すきで耕す, すく: ～ the fields / ～ *down* weeds 雑草をすき倒す / ～ manure *in* [*into*] the land 土に肥料をすき込む / ～ *out* roots 根をすき[掘り]出す / ～ *up* potatoes じゃがいもを掘り起こす[出す]. **2 a** (すいて)…に溝[あぜ]を作る (furrow); (すいたように)…にしわを作る: ～ the road after the snow 雪が降ったあと道路の雪かきをする / a face ～*ed with* sorrow 悲しみのしわが刻まれた顔. **b** (すいて)⟨溝・あぜを⟩作る: ～ furrows. **c** ⟨車などが⟩⟨道路などを⟩掘り返す: ～ the streets *into* quagmire ⟨車が⟩街路を泥沼のようにする. **3 a** ⟨波を⟩切って進む; 波を切って⟨海などを⟩行く: ～ the waves [ocean] 波を切って[大洋を]航行する. **b** [～ one's way として] 骨折って前進する: I ～*ed my way through* (the crowd). (人込みの中を)やっとのことで進んだ. **4** 〘木工〙…に溝を掘る; 〘製本〙⟨紙を⟩裁(た)つ, ⟨本の小口を⟩裁断する. **5** ⟨資本などを⟩つぎ込む, 投下する〔*into*〕. **6** [plough で]《英俗》⟨学生・試験を⟩落とす (flunk): be ～*ed in* English 英語で落ちる.

— vi. 1 すきで耕す. **2** ⟨土地が⟩耕される, すけ具合が…である: The land ～*s hard* after the drought. 日照りの後は土地が堅くなってすきにくい. **3** (すきですくように)骨折って進む, なんとか乗り切る; 苦労して読む: ～ *along* [*ahead*] 苦労して進む / ～ *across* the ocean 大洋を航行する / ～ *through* the snow [high seas] 雪の中を骨折って進む[荒海を突き進む] / ～ *through* one's work [a negotiating session] こつこつと仕事を進める[交渉をなんとか乗り切る] / ～ *through* a dull book 退屈な本をとにかく読み通す. **4** 《米》衝突する, 突っ込む; 勢いよく取りかかる: ～ *into* a parked car [one's work]. **5** [plough で]《英俗》試験に落ちる.

plów báck (1) ⟨草などを⟩また元の畑にすき込む. (2) ⟨利益を⟩再投資する (cf. plowback): ～ *back* profits (*into* equipment) 利潤を(設備に)再投資する. (1930) ***plów únder*** (1) (肥料として)⟨草などを⟩土の中にすき込む; ⟨土地を⟩耕して草(など)をすき込む; (過剰生産にならぬよう)⟨未収穫の作物を⟩埋める. (2)《口語》破壊する, 抹殺する, 埋もれさせる. (1900) ***plów úp*** (1) ⇨ *vt.* 1. (2) ⟨土・道路などを⟩掘り起こす[返す]. (3) …に(深い)傷をつける. (1593–94) ***plów with a person's héifer* [*óx*]** 他人の妻[物]を利用する (cf. *Judges* 14:18). (1584)

～·a·ble /-əbl̩/ *adj.* 〖n.: lateOE *plōh* plowland < ON *plōgr* < Gmc **plōʒaz* (Du. *ploeg* / G *Pflug*): cf. L *plōvus, plōvum* plow. — v.: (?*a*1200) (1423) ← (n.)〗

plów·bàck *n.* 〘経済〙利益の再投資; 再投資資金. 〖1946〗

plów bèam *n.* 〘馬具〙犂柱(りちゅう), プラウビーム (⇨ whippletree 挿絵). 〖*a*1325〗

plów·bòy *n.* **1** 《古》耕作用牛馬の手綱を取る若者. **2** 農村の若者. 〖1569〗

plów·er *n.* ＝plowman. 〖*c*1515〗

plów·hèad *n.* すきの U リンク (⇨ clevis). 〖*a*1325〗

plów hòrse *n.* (馬耕用の)農馬. 〖1451〗

plów·lànd *n.* **1** 耕地, 田畑. **2** [ploughland で] ＝hide[3]. 〖*c*1350〗

plów·man /-mən, -mæ̀n | -mən/ *n.* (*pl.* **-men** /-mən, -mèn/) **1** (特に馬で)すきをすく人, 耕作者. **2** 農場労働者; 田舎者. 〖1263〗

plówman's spíkenard *n.* 〘植物〙黄色い散房花序をつけるヨーロッパ産キク科オグルマ属の草本 (*Inula conygae*).

Plow [《英》**Plóugh**] **Mónday** *n.* Epiphany (1 月 6 日)後の第一月曜日. 〖(1542): この日もと北部・東部の英国ではみんなですきを引きながら行列して耕作始めを祝う慣習があったことから〗

plów pàn *n.* 〘農業〙＝plow sole.

plów·shàre *n.* すき先. 〖(*a*1387): ⇨ share[2]: cf. G *Pflugschar*〗

plów·shòe *n.* [通例 *pl.*] 〘農業〙プラウシュー《すき先を保護するもの》. 〖1348〗

plów sòle *n.* 〘農業〙耕盤《plow pan ともいう》.

plów·stàff *n.* **1** 棒の先に小さなすきのようなものを付けた道具《すき先についた土を取り除くのに使う》. **2** すきの柄 (plow-tail). 〖*c*1300〗

plów stèel *n.* 〘冶金〙鋼線用の鋼 (0.5–0.9% 炭素を含む).

plów·tàil *n.* すきの後部; すきの柄 (plowstaff 2): at the ～ 耕作[農業]に従事して. 〖(1523): ⇨ tail[1]〗

plow·ter /pláuṭə | -tə[r]/ *vi.* 《英方言》＝plouter.

plów wìnd *n.* 《米口語》(切り進むような)局地的スコール, 突風.

plów·wright *n.* すき製作職人. 〖1440〗

ploy[1] /plɔ́ɪ/ *n.* **1** 《口語》(ゲームや会話で人をしのぐための)策略, 術策, 手. **2** (目下従事中の)仕事, 職, 趣味, 芸事. **3** 《英》悪ふざけ, とっぴないたずら. **—** 《古》〘軍事〙 *vt.* 縦列に並べる《正面を縮小するため》. **— vi.** 縦列に並ぶ. **～·ment** *n.* 〖(1481) (1840) 《頭音消失》? ← DEPLOY: cf. MF *ployer* deploy〗

ploy[2] /plɔ́ɪ/ *n.* 《口語》**1** 遠征 (expedition). **2** 仕事, 職業 (job); 《英学生俗》課業 (task). **3** 遊び, 楽しみ (pastime); いたずら (trick). 〖(1722) 《頭音消失》? ← EMPLOY〗

PLP 《略》Parliamentary Labour Party (英国)議会労働党.

PLR 《略》Public Lending Right. 〖1969〗

PLSS /plís/ *n.* 〘宇宙〙携帯型[用]生命維持装置 (Pliss). 〖(1968)《頭字語》← *p*(*ersonal*) [*p*(*ortable*)] *l*(*ife*) *s*(*upport*) *s*(*ystem*)〗

plu /plúː/ *n.* ＝plew.

plu. 《略》plural.

pluck /plʌ́k/ *vt.* **1** ⟨鳥の毛・果実・花などを⟩むしる, もぎ取る, 摘む (pick); ⟨鳥などの⟩毛をむしる: ～ feathers, flowers, fruit, etc. / ～ a fowl 鳥の毛をむしる. **2** ぎゅっと引く, 引っぱる (pull, snatch); ひょいと[さっと]取る ⟨*away, down, off, out, up, etc.*⟩: ～ *out* a thorn とげを引き抜く / ～ a letter *from* one's pocket ポケットから手紙を引っぱり出す / ⇨ PLUCK *up*. **3** ⟨人を⟩高い地位から引き下ろす. **4** ⟨楽器を⟩かき鳴らす. **5** 《口語》⟨金などを⟩⟨人⟩からひったくる, 奪う, かすめる (swindle): ～ a pigeon ⇨ pigeon[1] 2. **6** 《英古》落第させる, はねる (reject): be [get] ～*ed* 落第する, はねられる. **7** 《卑》…と性交する. **— vi. 1** 〔…を〕ぐいと引く (tug)〔*at*〕. **2** 〔…を〕つかもうとする (snatch)〔*at*〕. **3** 楽器をかき鳴らす. **4** 《廃》(果実などを)もぎ取る (pick): *Pluck* not where you never planted. 《諺》労せずして甘い汁だけ吸おうとするな.

plúck dówn 《古》(1) (地位から)引き(ずり)下ろす. (2) 取り壊す. (3) ⟨人の⟩高慢の鼻を折る (humble). ***plúck … out of the áir*** ⟨数字・名前・日付などを⟩思いつきで言う. ***plúck úp*** (1) 引き抜く, 根こそぎにする (uproot): ～ *up* weeds. (2) ⟨勇気・元気などを⟩奮い起こす (rouse): ～ *up* (one's) courage [heart, spirits] 勇気[元気]を出す. (3) 元気を出す, 朗らかになる (cheer up). (?*c*1300)

— n. 1 むしること; (ぎゅっと)引く[引っぱる]こと (pull): give a ～ (*at*) (…を)ぎゅっと引く. **2** 勇気, 元気, 胆力: a man of ～. **3** 臓物《食用にする動物の心臓・肝臓・肺臓など》. **4** 《英古》落第.

～·er *n.* 〖v.: OE *ploccian, pluccian* to pull out < Gmc **plukkōn, *plukkōjan* (Du. *plukken* / G *pflücken*) □ VL **piluccāre* to remove the hair, pick ← L *pilus* 'hair, PILE[3]'. — n.: (?*a*1400) ← (v.)〗

plucked /plʌ́kt/ *adj.* **1** [通例複合語の第 2 構成素として]《口語》勇気のある: a well-[good-]*plucked* one 大いに勇気のある人 / hard-*plucked* 無慈悲な, 無情な. **2** 羽をむしった: a ～ chicken. **3** 《英古》落第した. 〖(1508) ← PLUCK (n.)＋-ED 2〗

plúck·less *adj.* 勇気のない, 元気のない. 〖1821〗

pluck·y /plʌ́ki/ *adj.* (**pluck·i·er; -i·est**) 胆力のある, 勇気のある, 元気のいい, 断固とした (⇨ brave SYN).

plúck·i·ly /-kɨli/ *adv.* **plúck·i·ness** *n.* 〖(1826) (1842) ← PLUCK＋-Y[1]〗

plue /plúː/ *n.* ＝plew.

plug /plʌ́g/ *n.* **1 a** 〘電気〙差込み, プラグ. 日英比較 プラグの差し込み口を「コンセント」というのは concentrical *plug* からの和製英語. 《米》では (electrical) outlet, あるいは (wall) socket, 《英》では (power) point という. また受け口の意で receptacle ともいう. 「コンセントにつなぐ」は *plug* in. **b** 《口語》ソケット (socket). **2 a** 栓, 楔(くさび) (peg), つめ (stopper). **b** 〘病理〙(導管などを閉塞する)凝固物, 結成体, 栓. **3 a** 消火栓 (fireplug). **b** 《口語》(水洗便所の)放水栓. **4** (内燃機関の)点火栓 (spark plug). **5** 《口語》(ラジオ・テレビ番組の中や新聞・雑誌記事中に無料でさしはさむ, 人物または製品などの)宣伝[推薦, 広告, 売込み]; しつこい宣伝[広告, 推薦]. **6** 《俗》**a** 一なぐり (punch). **b** 狙い撃ち (shot): take a ～ *at* a bird. **7** 《米俗》＝plug hat. **8** 棒たばこ (cf. plug tobacco); かみたばこ. **9** 《米口語》店ざらし品, 売れ残り物: an old ～. **10** 《米西部俗》廃馬, やくざ馬 (jade); くだらぬ物. **11** (メロンなどの熟し具合を調べるために切り取った)小片, 試食品. **12** 〘歯科〙詰め物, 充填(じゅうてん)物 (filling). **13** 〘石工〙(壁面に埋める)埋め木, プラグ《釘をきかすためのもの》. **14** 〘金属加工〙プラグ, 芯金《管の内側に挿入される工具》; 押抜き具, 穴あけ具 (punch); (鋳型の)突出部; (打抜き型の)対向ポンチ. **15** 〘釣〙プラグ《小魚などの形に似せたルアー (lure); いかり針がつく》. **16** 〘地質〙プラッグ《火道 (vent) 中で固結した迸(ほう)出岩体 (extrusive mass; volcanic plug ともいう)》.

nót cáre a plúg 《古》少しも構わない: I don't *care a* ～ what you do. 私はあなたがどうしようとちっとも構わない.

púll the plúg 《口語》(1) (患者の)生命維持装置をはずす. (2) 〔…を〕終わらせる, 打ち切る〔*on*〕.

— v. (**plugged; plug·ging**) **— vt. 1** …に栓をする, ふさぐ, 詰める; (詰め物をして)きっちりさせる ⟨*up*⟩: ～ a hole 穴をふさぐ / ～ a wall *up* 壁の穴をふさぐ / ～ a tooth (虫)歯に詰め物をする / ～ the gap [gaps] みぞを埋める; 不足を補う. **2** 《口語》(講演・テレビ番組の中などで繰り返し)ほめる, 推奨する; 鳴物入りで広告する, しつこく売り込む: ～ a song *on* the audience 歌を聴衆にしつこく聞かせてはやらせようとする. **3** 《口語》…に拳固を食わす (punch); …に弾丸を打ち込む, 撃つ (shoot). **4** ⟨メロンなどの⟩小片を切り取って熟し具合を試食する. **— vi. 1** 《口語》こつこつ[根気よく]働く, 頑固に(仕事を)続ける (plod) ⟨*away, along*⟩: ～ (*away*) *at* a task こつこつ仕事をやる[続ける]. **2** 〔…を〕拳固で打つ (strike)〔*at*〕; (銃で)撃つ (shoot). **3 a** ふさがる, 詰まる ⟨*up*⟩. **b** 〘ゴルフ〙⟨球が⟩(バンカーなどに)めり込む.

plúg in (*vt.*) 〘電気〙⟨器具を⟩(プラグでコンセントに)つなぐ.

(*vi.*) (1)〖電気〗(差込みにより)つながる. (2)《卑》性交する. 《1903》 ***plúg ìnto*** (1)〈物を〉…に差し込む: ~ one's hands *into* one's pockets 両手をポケットに突っ込む. (2) (コンセントでつなぐように)〈情報ルートなどを〉…に連絡する[引き入れる].

plúg and féather(s)〖石工〗矢割《石に穴を並べてあけそこに石鑿(のみ) (plug) を打ち, 楔(くさび) (feather) を打って石材を割る》. 《1842》

Plúg and ['n'] Pláy〖電算〗プラグ アンド プレイ《コンピューターに周辺機器などを接続すると自動的に認識・設定が行われ, すぐ使用できること; また それを実現する規格; 略 PnP》.

~·ga·ble /-gəbl/ *adj.* **~·less** *adj.* **~·lìke** *adj.* 〖n.: 《1627》□ MD *plugge* (Du. *plug*) plug, peg 《擬音語》?: cf. G *Pflock* / Dan. & Norw. *plugg*. — v.: 《1630》← (n.): cf. MLG & Du. *pluggen*〗

plug-and-pláy *adj.*〖電算〗プラグアンドプレイの (⇨ PLUG and Play).

plúg·bòard *n.*〖電気・電算〗配線盤. 〖1883〗

plúg càsting *n.*〖釣〗プラグキャスティング《プラグを使った投げ釣り》.

plúg còck *n.*〖機械〗プラグコック《円錐形の栓を回して開閉する水道用コック; 樽の穴に押し込む円錐形の栓》. 〖1884〗

plúg-compàtible *adj.*〖電算〗プラグが共通で互換性のある《異なるメーカーのものが使える》.

plúg fùse *n.*〖電気〗プラグヒューズ《プラグ状のねじ込み式ヒューズ》. 〖1905〗

plúg gàge *n.*〖機械〗プラグゲージ, 栓ゲージ《丸い穴の寸法測定に用いられる》. 〖1895〗

plugged *adj.* **1** (栓などで)ふさがれた. **2**〈貨幣が〉詰め物をした《一枚の貨幣から一部の金属を取り去って安い金属を詰めた》. 〖《1694》← PLUG (n.)+-ED 2〗

plúg·ger *n.* **1**〖歯科〗充填(てん)器, プラガー. **2**《口語》勉強家, がっつき屋. **3**《口語》しつこく宣伝[広告]する人; (競技などの)熱心なファン. 〖1867〗

plúg·ging *n.* **1** 栓をすること. **2**〖歯科〗充填(じゅうてん). **3** [集合的] 栓類; 栓[充填]材料. 〖1708〗

plúg hát *n.*《米口語》=top hat. 〖1863〗

plúg·hòle *n.*〖海事〗栓穴.

plúg-ín *n., adj.*〖電気〗差込み(式の), プラグイン(の). 〖1922〗

plúg-ìn únit *n.* プラグインユニット《電子装置の一部; 差しかえて種々の機能に使うための部分》.

plúg mìll *n.*〖金属加工〗プラグミル《継目なし管製造用のプラグのある圧延機》.

plug·o·la /plʌgóulə | -gə́u-/ *n.*《米俗》**1** テレビ・ラジオの番組の中で製品などの宣伝をしてもらうように放送者に贈られる賄賂. **2** 偏ったニュース報道. **3** (ラジオ・テレビ番組の中の)無料広告[宣伝]. 〖《1959》《混成》← PLUG+PAYOLA〗

plúg swìtch *n.*〖電気〗差込み[プラグ]スイッチ.

plúg tobàcco *n.* 棒状に圧搾したかみたばこ. 〖1814〗

plúg-ùgly *n.*《米古・俗》ならず者 (tough), 暴漢 (ruffian). — *adj.*《口語》ひどく醜い. 〖《1856》← *plug-ugly gang* (19 世紀の New York のギャングの一味で plug hat をかぶっていた)〗

plúg wèld *n.*〖金属加工〗栓溶接, 穴溶接, プラグ溶接《重ね継手の一方の板に穴をあけて溶着金属を充填する》.

plum[1] /plʌ́m/ *n.* **1 a**〖植物〗セイヨウスモモ, プラム《バラ科スモモ類の果樹の総称; damson, greengage, prune など》. **b** プラム《セイヨウスモモの果実》. **2** プラム状の実をつける植物の総称《テリハタマゴノキ (hog plum) など》; その果実. **3 a** (ケーキやプディングに使う)干しぶどう (raisin). **b** =sugar plum 1. **4**〖建築〗埋め石《コンクリート打ちの時, コンクリート量の節約のために埋め込む大きな石; displacer ともいう》. **5** 深紫色 (deep purple). **6**《口語》一番よいもの, 最良部, 逸品, 精粋 (the pick); きわめてよい地位, 収入のよい職. **7** (思わぬ)もうけ物. **8**《英古》10 万ポンド(の金); 10 万ポンドの持主. — *adj.* **1** 深紫色の. **2**《口語》きわめて望ましい, すばらしい: a ~ job.

~·lìke *adj.* 〖OE *plūme* (cf. MDu. *prūme* (Du. *pruim*) / OHG *pfrūma* & *pflūma* (G *pflaume*)) □ ML *prūna* ← (pl.) ← L *prūnum* □ Gk *proûmnon* ← ?: PRUNE[1] と二重語〗

plum[2] /plʌ́m/ *adj., adv.* =plumb.

plum·age /plú:mɪdʒ/ *n.* **1**〖動物〗羽毛, 羽衣(うい) (feathers)《鳥類の羽毛の集合的な名称》: winter ~ 冬衣. **2**《米・戯言》(きらびやかな)凝った[儀式ばった]服装. 〖《c1395》□ (O)F ~: ⇨ plume, -age〗

plúm·aged *adj.* [しばしば複合語の第 2 構成素として] …の羽毛のある (feathered): bright-*plumaged* 羽毛の鮮やかな / full-*plumaged* 羽が生えそろった (full-fledged). 〖《1820》: ⇨ ↑, -ed 2〗

plu·mas·sier /plù:məsíə, plu:mǽsièɪ | plù:məsíə[r], plu:mǽsièɪ; *F.* plymasje/ *F. n.* 羽毛細工商. 〖《1598》□ (O)F ~ ← 《廃》*plumasse* great plume: ⇨ plume, -ier[2]〗

plu·mate /plú:meɪt, -mlt/ *adj.*〖動物〗羽毛状の (plumose): ~ hair 羽状毛. 〖《1826》← NL *plūmātus* covered with feathers ← L *plūma* down: ⇨ plume, -ate[2]〗

plumb /plʌ́m/ *vt.* **1 a** 見通す, …の真相を見抜く: ~ a mystery 謎(の事件)を究明する / ~ the depths of the spirit 精神の深奥部を探求する. **b**〈極端な逆境などを〉経験する, …を窮める: ~ the depths of despair 絶望のどん底に陥る / ~ new depth さらにひどくなる[悪化する]〔*of*〕. **2**〔cf. vi. 2〕《口語》…に配管工事をする, 水道[ガス管, 下水]工事をする; 鉛管工として…に加工する[細工をする]; 給排水系の一部として設置する: ~ a new house 新しい家の配管工事をする. **3** 下げ振り糸 (plumb line) で…の垂直さを調べる: ~ a wall. **4** 垂直にする〈*up*〉. **5**〖造船〗=horn *vt.* 5. **6**〈海などを〉測鉛栓で測量する,〈水深を〉測る (fathom). **7 a**〈すき間などを〉鉛で封じる;〈荷物などを〉封印する. **b** …に鉛のおもりをつける;〈競走馬に〉おもりを負わす. — *vi.* **1** 垂直にぶらさがる[垂れる]. **2**〖《逆成》← PLUMBER〗《口語》配管工事をする, 水道[ガス管, 下水]工事をする; 鉛管工をする. ***plúmb ín*** …に配管工事をして備え付ける: ~ *in* a new sink.

— *adv.* **1** 正確に, きちんと (precisely): ~ in the face of …の真向かいに / ~ in the middle まん真ん中に / ~ southward 真南に. **2**《米口語》すっかり, 全然 (absolutely): ~ crazy すっかり気が違って. **3** 垂直に (vertically): hang ~ 垂直にかかる / fall ~ down 垂直に落下する.

— *adj.* **1** 垂直の (⇨ vertical SYN). **2**〖クリケット〗〈三柱門が〉水平の (level). **3**《口語》徹底した, 全くの (sheer): ~ nonsense, ignorance, etc.

— *n.* **1 a** 鉛錘, 下げ振り, おもり (plumb bob). **b**〖海事〗(水深を測る)測鉛 (sounding lead). **2** 鉛直, 垂直 (perpendicularity): off [out of] ~ 垂直でない, ゆがんでいる.

~·a·ble /-məbl/ *adj.* 〖《a1325》*plum* □ OF *plombe* (F *plomb*) sounding-lead < L *plumbum* lead ← ?: cf. Gk *mólubdos* & *mólibos* lead〗

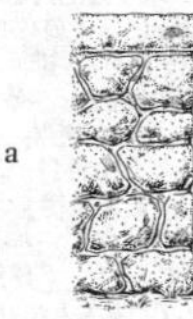

plumb 1 a

plumb- /plʌmb/ (母音の前にくるときの) plumbo- の異形.

Plum·bag·i·na·ce·ae /plʌmbæ̀dʒənéɪsiì: | -dʒɪ-/ *n. pl.*〖植物〗イソマツ科. **plùm·bag·i·ná·ceous** /-ʃəs⁻/ *adj.* 〖← NL ~ ← *Plumbāgin-*, *Plumbāgō* (属名: ⇨ plumbago)+-ACEAE〗

plum·bag·i·nous /plʌmbǽdʒənəs | -dʒɪ-/ *adj.* 黒鉛から成る[を含んだ, 黒鉛に似た]. 〖《1796》: ⇨ ↓, -ous〗

plum·ba·go /plʌmbéɪgou | -gəu/ *n.* (*pl.* ~s) **1 a**〖化学〗黒鉛, 石墨 (⇨ graphite). **b** 黒鉛[石墨]で描いた絵[図]. **2**〖植物〗イソマツ《イソマツ科イソマツ属 (*Plumbago*) の植物の総称; ハワイでは生垣として栽培されている; ルリマツリ (*P. capensis*) など》. 〖1: 《1612》□ L *plumbāgō* lead ore ← *plumbum* lead ← ?: cf. plumb. 2: 《1747》← NL ~: 花の色からか〗

plum·bate /plʌ́mbeɪt/ *n.*〖化学〗鉛酸塩《酸化鉛と塩基性酸化物とから成る塩》. 〖《1851》← PLUMBO-+-ATE[1]〗

plúmb bòb *n.* =plumb *n.* 1 a. 〖1835–40〗

plum·be·ous /plʌ́mbiəs/ *adj.* **1** 鉛の, 鉛でできた, 鉛のような (leaden). **2** 鉛色の, どんよりした. **3**〖窯業〗〈陶磁器が〉鉛釉(なまりぐすり)を掛けた (lead-colored). 〖《1570–80》← L *plumbeus* (← *plumbum* lead)+-EOUS〗

plumb·er /plʌ́mə | -mə[r]/ *n.* **1** 鉛管(敷設)工, 配管工. **2**《廃》鉛工, 鉛細工職人. 〖《(1385–86)》《1370》*plomber*, *plummer* □ OF *plommier*, *plombier* < L *plumbārius* ← *plumbum* lead: ⇨ -er[1]: cf. plumb〗

plúmber blòck *n.* 軸(受け)台, 軸受け (plummer).

plúmber's fríend [hélper] *n.*《口語》=plunger 4. 〖1952〗

plúmber's snáke *n.* パイプ通し《詰まったパイプを通すための自在に曲がる金属棒》. 〖1938〗

plumb·er·y /plʌ́məri/ *n.* **1** =plumbing 1. **2** 鉛工場, 鉛管製造所. 〖《c1450》ME *plomerye* □ OF *plommerie* leadwork: ⇨ plumber, -y[1]〗

plum·bic /plʌ́mbɪk/ *adj.* **1**〖化学〗鉛の, 鉛を含む; (特に)四価の鉛 (Pb[(IV)]) を含む, 第二鉛の: ~ chloride [oxide] 塩[酸]化鉛. **2**〖病理〗鉛毒による. 〖《1799》← PLUMBO-+-IC[1]〗

plum·bi·con /plʌ́mbɪkɑ̀(:)n | -bɪkɔ̀n/ *n.*〖商標〗プランビコン《酸化鉛を主材料とする光導電形撮像管 (vidicon)》. 〖← PLUMB(UM)+(VID)ICON〗

plum·bif·er·ous /plʌmbíf(ə)rəs/ *adj.* 鉛を含む[生じる]. 〖《1796》← PLUMBO-+-I-+-FEROUS〗

plumb·ing /plʌ́mɪŋ/ *n.* **1** 配管職, 鉛管職; 配管, 衛生工事, 鉛管敷設[修繕]: ~ equipment 衛生設備. **2** [集合的] 鉛管類; (一建築物内の)水道[ガス, 下水]管; 給排水系統: ~ work 給排水工事. **3** 水深測量, 鉛錘(すい)測量, 建入れ. 〖1666〗

plum·bism /plʌ́mbɪzm/ *n.*〖病理〗(慢性)鉛中毒(症), 鉛毒(症) (lead poisoning). 〖《1876》← PLUMBO-+-ISM〗

plum·bite /plʌ́mbaɪt/ *n.*〖化学〗亜ナマリ(鉛)酸塩《酸化鉛をアルカリの水溶液に溶解した溶液中に存在する》. 〖《1851》← PLUMBO-+-ITE[1]〗

plúmb jòint *n.* 鉛詰め継手, ハンダ接手, ろう接手. 〖1875〗

plúmb·less *adj.* (測鉛で)測量不可能の. 〖1651〗

plúmb lìne *n.* **1** 下げ振り糸[線]; 下げ墨(すみ) (plumb rule). **2** 垂直線, 鉛直線 (vertical line). **3** 測深線 (sounding line). 〖*a*1449〗

plúmb·ness *n.* 鉛直, 垂直.

plum·bo- /plʌ́mbou | -bəu/「鉛 (lead)」の意の連結形. ★ 母音の前では通例 plumb- になる. 〖← L *plumbum*: ⇨ plumbum〗

plum·bous /plʌ́mbəs/ *adj.*〖化学〗鉛の[を含む]; (特に)二価の鉛 (Pb[(II)]) を含む. 〖《1685》□ L *plumbōsus*: ⇨ ↑, -ous〗

plúmb rùle *n.*〖木工〗下げ墨(すみ), 下げ振り, 下げ振り定規. 〖1391〗

plum·bum /plʌ́mbəm/ *n.*〖化学〗=lead. 〖《1587》□ L ~ 'lead' ← ?〗

plúm càke *n.* 干しぶどう入りケーキ《婚礼などに用いる》. 〖1635〗

plúm dúff *n.* 干しぶどう入りプディング《小麦粉の生地に干しぶどうを加え, 布袋に入れてゆでたもの》. 〖1840〗

plume /plú:m/ *n.* **1** 羽毛状のもの: **a** むくむく立ち昇る煙[雲]: a ~ of smoke. **b** 山に積もった雪が風に飛ばされて生じる雪煙. **c** (核爆弾水中爆発による)円錐(すい)状の水柱. **2** (特に, 長くて目立つ)羽毛 (feather): a cock's [an eagle's] ~ / ⇨ borrowed plumes. **3** 柔らかでふわふわした羽毛. **4** (帽子・かぶとなどの)羽飾り(の房). **5** 名誉[栄誉]のしるし. **6 a**〖昆虫〗羽状毛 (plumate hair). **b**〖動物〗羽毛状の構造. **7**〖植物〗羽状部, (タンポポなどの)冠毛. **8**《詩》=plumage. **9**〖地質〗地球深部に生じると考えられている上昇流 (mantle plume ともいう).

plúme of óstrich fèather〖紋章〗ダチョウの羽 3 本を冠の中に立てた Prince of Wales の badge (cf. SHIELD for peace).

— *vt.* **1**〈鳥が〉(くちばしで)〈羽毛を〉整える, 羽づくろいをする (preen): Cocks ~ themselves [their feathers]. おんどりは羽かきをする. **2** …に羽毛をつける, 羽毛で飾る; 借り着で飾る: ~ oneself 着飾る. **3** …の羽毛をむしり取る. **4** [~ *oneself*]〔…に〕得意になる, (特に)〔つまらない事, そうする資格[いわれ]もない事を〕自慢する (pride)〔*on, upon*〕: He ~*s himself upon* being able to speak French. 彼はフランス語が話せるというので自慢している.

~·lìke 〖n.: (*c*1399) □ (O)F ~ < L *plūmam* down ← IE **pleus-* to pluck out (cf. fleece) ∽ OE *plūm* □ L *plūma*. — v.: (*c*1399) □ (O)F *plumer* to pluck ← (n.)〗

plúmed *adj.* **1**《廃》羽毛をむしりとられた. **2** 羽毛のある[の飾りのある]. 〖《c1399》(p.p.) ↑〗

plúme·less *adj.* (飾り)羽毛のない. 〖1608〗

plume·let /plú:mlɪt/ *n.* **1** 小羽毛 (small plume). **2**〖植物〗=plumule 2. 〖《1816》← PLUME+-LET〗

plúme mòth *n.*〖昆虫〗トリバガ(鳥羽蛾)《トリバガ科のガの総称》.

plúme pòppy *n.*〖植物〗アジア産ケシ科タケニグサ属の多年草 (*Macleaya cordata*).

plu·me·ri·a /plu:mí[ə]riə | -míər/ *n.* =frangipani.

plum·er·y /plú:məri/ *n.* [集合的] 羽毛, 羽.

plum·i·corn /plú:məkɔ̀ən | -mɪkɔ̀:n/ *n.*〖鳥類〗フクロウの耳の羽毛. 〖《1884》← L *plūma* 'PLUME'+-I-+*cornu* 'HORN'〗

plum·mer /plʌ́mə | -mə[r]/ *n.* 軸受け台, 軸受け (plummer block ともいう). 〖← ? *Plummer* (人名): cf. 《方言》*plum* to rise, swell〗

plum·met /plʌ́mlt | -mɪt/ *vi.* **1**〈物価などが〉下がる, 落ち込む. **2** (まっすぐに)落ちる, 飛び込む: The airplane ~*ed* to the sea. 飛行機はまっすぐ海に落ちて行った.

— *n.* **1** =plumb *n.* 1. **2**〖木工〗下げ振り糸 (plumb line); 下げ墨(すみ), 下げ振り定規 (plumb rule). **3** 重し, おもり (weight); (釣り糸の)おもり. **4** 心の重荷, 負担, 重圧. 〖《c1384》*plomet* □ OF *plommet*, *plombet* (dim.) ← *plomb* lead: ⇨ plumb, -et〗

plum·my /plʌ́mi/ *adj.* (**plum·mi·er; -mi·est**) **1 a** プラムの多い; プラムのような(味のする). **b**〈頬などが〉ふっくらした, 丸ぽちゃの. **2** 干しぶどうのたくさん入った. **3**《口語》《特に》仕事がけっこうな, 上等な, すてきな (desirable); 金持ちの (rich). **4**《口語》〈声が〉豊かで柔らかみのある, 朗々とした《特に《英》ではしばしば「気取り」をにおわす》. 〖《1759》← PLUM[1]+-Y[4]〗

plu·mose /plú:mous | -məus/ *adj.* **1** 羽毛をつけた (plumaged). **2** 羽毛(状)の. **3** 綿毛状のものがついた.

plu·mos·i·ty /plu:mɑ́(:)səṭi | -mɔ́sɪti/ *n.* **~·ly** *adv.* **~·ness** *n.* 〖《1727》□ L *plūmōsus* downy, feathered ← *plūma* 'down, PLUME': ⇨ -ose[1]〗

plump[1] /plʌ́mp/ *adj.* (~·**er**; ~·**est**) **1** (生き生きとして)まるまる太った, 肉付きのいい; (よい意味で)〈女性が〉ふくよかな, 太り肉(じし)の (⇨ fat SYN): a ~ woman, dog, face, etc. **2**〈財布など〉膨らんだ, 中身の詰まった: a ~ purse (中身で)膨らんだ財布. — *vi.* 太る〈*up, out*〉. — *vt.* 太らせる;〈果物を〉熟して膨らませる,〈風船などを〉膨らませる〈*up, out*〉: ~ *up* a pillow 枕を膨らます. 〖《1481》*plompe*《廃》dull, rude □ (M)Du. *plomp*《原義》falling suddenly & MLG *plump* blunt, thick, rude: ↓〗

plump[2] /plʌ́mp/ *vt.* **1** どさんと落とす[投げる]. **2** 出しぬけ[ぶっきらぼう]に言う〈*out*〉. **3** …に好意的な[ひいきをした]言及をする, ほめる. — *vi.* **1 a**〔…に〕どしんと落ちる〔*into, upon*〕: ~ overboard 水中へざぶんと落ちる / ~ *into* a chair 椅子などにどしんと腰を下ろす. **b**〔…に〕(どすんと)突然突きあたる〔*against*〕. **2 a**〔…に〕絶対的に賛成する;《口語》〔…を〕選ぶ〔*for*〕: ~ *for* a tax increase 増税を絶対的に支持する / He ~*ed for* a boarding school for his son. 息子のために寄宿学校を選んだ. **b**《英》(連記投票権がある時)〔一人に〕だけ投票する〔*for*〕. **3**《米》出しぬけに来る[行く], 突然やって来る[出発する].

plúmp dówn《口語》(*vi.*) どしんと落ちる,〔椅子などに〕どしんと座る〔*into, on*〕. (*vt.*)〔…に〕どしんと落とす[降ろす]〔*into, on*〕.

— *n.* どしんと落ちること; どしんと落ちる音.

— *adv.*《口語》**1** どしんと, どさんと, ざぶんと, ばったりと: fall ~ どしんと落ちる / He sat down ~. どしんと腰を下ろした. **2** まっすぐに, 真下に. **3** 出しぬけに (abruptly),

P

不意に. **4** 率直に, むきだしに, ぶっきらぼうに (bluntly): Say it out ～! さっさと言ってしまえ / He lied ～. あいつは真っ赤なうそをついた.
— *adj.* 《口語》〈言葉など〉無遠慮な, ぶっきらぼうな, ずばりと言う: a ～ refusal 頭からの拒絶 / a ～ lie 大うそ / ～ and plain 露骨な.
〘(v.: ?*a*1300; n.: *c*1450) □ (M)LG *plumpen* & MDu. *plompen* to fall into water《擬音語》?〙

plump[3] /plʌ́mp/ *n.* 《古・方言》(人・物などの)仲間, (小さくまとまった)組, 一団 (company): a ～ of spears 槍部隊. 〘(?*a*1400) *plumpe, plomp* ← ?〙

plump·en /plʌ́mpən, -pn̩/ *vi., vt.* 《まれ》= plump[1]. 〘← PLUMP[1]＋-EN[1]〙

plúmp·er[1] *n.* **1** 太る[太らせる]物. **2** (口にくわえて頬を形よく見せる)含み物. 〘(1690): ⇨ plump[1]〙

plúmp·er[2] *n.* **1** (急に)どしんと落ちること. **2** 《英》一人の候補者に全票を与えること[投票する人]. **3** 《俗・方言》大うそ (downright lie). 〘(1764): ⇨ plump[2]〙

plúmp·ish /-pɪʃ/ *adj.* 太り気味の; 体格のよい. 〘1758〙

plúmp·ly[1] *adv.* ぽっちゃりした, 丸々とした. 〘1611〙

plúmp·ly[2] *adv.* 率直な態度で, 単刀直入に. 〘1786〙

plúmp·ness[1] *n.* ふくよかさ, 丸々としていること. 〘1545〙

plúmp·ness[2] *n.* 率直さ, 単刀直入 (forthrightness). 〘1780〙

plúm púdding *n.* **1** プラムプディング《小麦粉・パン粉・スエット・干しぶどう・すぐり・卵・香辛料, 時にブランデーなど酒類で作った濃厚な味のプディング; 英国では Christmas pudding ともいう》. **2** (普通の)干しぶどう入りスエットプディング. 〘1640–50〙

plúm-pùdding stóne *n.* 〘岩石〙礫岩(れきがん). 〘1784〙

plump·y /plʌ́mpi/ *adj.* (**plump·i·er; -i·est**) 膨れた, (はち切れそうに)膨らんだ, 肉付きのいい (plump). 〘(1606) ← PLUMP[1]＋-Y[4]〙

plúm tomàto *n.* 〘園芸〙プラムトマト《西洋梨形の実をつけるチェリートマト》.

plúm trèe *n.* 〘植物〙(セイヨウ)スモモの木 (*plum*).

plu·mu·la·ceous /plùːmjuléɪʃəs←/ *adj.* 綿毛[幼芽]に関する, 綿毛[幼芽]に似た (plumular). 〘(1879): ⇨ ↓, -aceous〙

plu·mu·late /plúːmjulèɪt, -lɪ̀t/ *adj.* 立派な羽毛をつけた, 羽毛の華やかな. 〘(1890): ⇨ ↓, -ate[2]〙

plu·mule /plúːmjuːl/ *n.* **1** 〘鳥類〙綿羽, 綿毛 (down feather). **2** 〘植物〙幼芽, 幼茎 (胚(はい)の一部). **plu·mu·lar** /plúːmjulə | -lə(r)/ *adj.* 〘(1727–41) ← NL *plūmula* (dim.) ← L *plūma* 'PLUME': ⇨ -ule〙

plu·mu·lose /plúːmjulòus | -làus/ *adj.* 〘鳥類〙綿毛 (plumule) 状の. 〘(1826) ← NL *plumulosus*: ⇨ ↑, -ose[1]〙

plum·y /plúːmi/ *adj.* (**plum·i·er; -i·est**) **1** 羽毛のある (feathery), 羽毛に似た. **2** 羽毛で飾った: a ～ helmet. **3** 羽毛状の. 〘(1582) ← PLUME＋-Y[1]〙

plun·der /plʌ́ndə | -də(r)/ *vt.* **1** 〈侵略軍などが〉〈都市などを〉略奪する (⇨ ravage SYN); 〈都市・寺院・市民などから〉〔物を〕略奪[強奪]する, 分捕る〔*of*〕: ～ a village [coast] 村[沿岸]を荒らす: Mobs ～*ed* the stores *of* their goods. 暴徒が商店の品物を略奪した. **2** 〔…から〕〈貴重品などを〉略奪する〔*of*〕. **3** 盗む (steal), 横領する (embezzle). **— *vi.*** 略奪する, 分捕る (pillage). **— *n.*** **1** 略奪, 強奪, 分捕り (pillage). **2** 強奪品, 分捕品; 盗品, 横領物 (⇨ spoil SYN). **3** 《口語》利益, もうけ, 役得 (booty). **4** 〘(1805) □ ? Du. *blunje* baggage〙《米口語》**a** 動産, 家財. **b** 手荷物. 〘v.: (1632) □ G *plündern* < MHG *plundern* to pillage, 《原義》to rob of household effects ← *plunder, blunder* bedclothes, household effects ← ?: cf. Du. *plunje* clothes〙

plun·der·a·ble /plʌ́ndərəbl̩/ *adj.* **1** 略奪されうる, 略奪を受ける. **2** 略奪に値する. 〘1802–12〙

plun·der·age /plʌ́ndərɪdʒ, -drɪdʒ/ *n.* **1** 略奪, 強奪 (plundering). **2** 〘法律〙船荷横領; 横領(した)船荷. 〘1796〙

plún·der·er /-dərə, -drə | -dərə(r), -drə(r)/ *n.* 略奪者, 強奪者 (pillager); 盗賊 (robber). 〘1647〙

plun·der·ous /plʌ́ndərəs, -drəs/ *adj.* 略奪を好む, 略奪的な. 〘(1845) ← PLUNDER＋-OUS〙

plunge /plʌ́ndʒ/ *vi.* **1** 〔…に〕飛び込む, 落ち込む, 潜る〔*in, into*〕: ～ *into* the river. **2** 〔…に〕突進する〔*into, to, through*〕: ～ *into* a room [*through* a doorway] 部屋[戸口]へ飛び込む / ～ *down* [*up*] the stairs 階段を転がるようにして降りる[駆け上がる] / ～ *into* the crowd 群衆の中へ躍り込む / ～ *into* the business world 実業界に投ずる. **3** 〔ある状態に〕飛び込む, 陥る, 性急に[突然]やり出す〔*into*〕: ～ *into* war [discussion] 戦争に突入する[急いで討論に入る] / ～ *into* debt [grief, dissipation] 借金する[悲哀に沈む, 道楽にふける]. **4** 〈数量・価値などが〉急に落ち込む[下がる], 急落[急減]する: The temperature ～*d* below freezing. 温度が急に氷点下に下がった. **5** 〈崖・道などが〉急に下り坂になる, 急勾配になる. **6 a** 〈船が〉船首を下にして縦にひどく動揺する (pitch). **b** 〈馬が〉後脚を上げて跳び上がる. **7** 《口語》大博打(ばくち)を打つ, 無茶な賭け方をする; 借金をつくる. **8** 〈婦人服の襟などが〉深く[V 字型に]刳(く)られている: ⇨ plunging neckline.
— *vt.* **1** 〔…(の中)に〕(ぐっと)突っ込む, 突き刺す, 沈める〔*into, in*〕(⇨ dip SYN): ～ a dagger *into* a person's heart 短剣を人の心臓に突き刺す / ～ one's head *into* a bucket of water バケツの水の中に頭をつける. **2** 〔ある状態・境遇などに〕突っ込む, 陥れる, 沈める, 投じる〔*into, in*〕: ～ a nation *into* bad inflation 国を悪性のインフレに陥れる / ～ one's family *into* poverty 家族を貧困に沈める / ～*d into* gloom [silence] ふさぎ[黙り]込んで / He is ～*d into* philosophical thoughts. 哲学的思弁にふけっている. **3** 〘園芸〙〈植木鉢を〉へりまで地中に埋める. **4** 〘測量〙〈トランシット[測距儀]の望遠鏡を〉反転させる.
— *n.* **1** 突っ込む[飛び込む]こと (plunging); 潜り (diving), 水泳: take a ～ *into* the water. **2** (向こうみずな)突進, 突入: take a ～ *into* danger 危険に突入する / There are risks in Japan's headlong ～ *into* the consumer society. 日本が一気に消費社会に変貌を遂げることには危険がある. **3 a** 船が縦に揺れること. **b** 馬が後足を上げて跳ぶこと. **4** 《口語》大博打, 大投機, 無茶賭け; 思い切った手段: take the ～ 思い切って乗り出す, 冒険をやる; 結婚する. **5** 《米口語》飛び込みができたり泳げたりする場所《プールなど》, 深み. **6** 〘地学〙沈下角, 落とし.
〘(*c*1380) □ OF *plungier* (F *plonger*) < VL **plumbicāre* ← L *plumbum* 'lead, PLUMB'〙

plúnge bàsin *n.* (大)滝つぼ, プランジ孔(こう). 〘1905〙

plúnge bàth *n.* (飛び込みができたり全身を浸せるほどの)大浴槽.

plúnge nèckline *n.* 〘服飾〙= plunging neckline.

plúnge pòol *n.* **1** 滝つぼ. **2** (サウナ用などの小さな)水風呂.

plung·er /plʌ́ndʒə | -dʒə(r)/ *n.* **1 a** 飛び込む人, 潜水者. **b** 《口語》無謀な賭博[相場]師, 向こう見ずな相場師. **2** 〘機械〙(押上げポンプ・水圧機などのピストンの)プランジャー. **3** 〘自動車〙(タイヤのバルブの棒状の)プランジャー. **4** プランジャー, ラバーカップ《排水の滞りを直すための管用掃除具》. **5** (後装銃の)撃針. **6** 〘海事〙《米国太平洋岸の)カキ運搬船《キャットリグ帆装 (cat rig) のものが多い; oyster sloop ともいう》. 〘(1611): ⇨ plunge, -er[1]〙

plúnger pùmp *n.* 〘機械〙プランジャーポンプ《往復ポンプの一種; シリンダー中のプランジャーが流体を吸入・排出する; force pump ともいう》. 〘1882〙

plúng·ing *adj.* **1** 飛び込む (leaping); 突進する. **2** 〘軍事〙拝み撃ちの, 瞰射(かんしゃ)の: ⇨ plunging fire.
— *n.* 飛び込むこと; 突進. 〘*a*1398〙

plúnging fìre *n.* 〘軍事〙拝み撃ち, 瞰射(かんしゃ)《高所から見下ろして砲火などを浴びせること》. 〘1870–75〙

plúnging néckline *n.* 〘服飾〙プランジング ネックライン《婦人服に見られる深く刳(く)られたまたは V 字型のネックライン; plunge neckline ともいう》. 〘1949〙

plunk /plʌ́ŋk/ *vt.* 《口語》**1 a** どすんとほうり出す, ぽんと押す[置く], ぐいと突く: ～ a book onto the table 本をひょいと机の上に置く. **b** 《米》(鉄砲で)不意に打つ, (こぶしで)なぐりつける. **2** 〈弦・弦楽器などを〉ぽろんと鳴らす, 弾く (twang): ～ a guitar. **— *vi.*** 《口語》**1** ぽつんと鳴る (twang). **2** (弦楽器・ピアノなどを)ぽろんぽろんと弾く〈*away*〉. **3** どすんと落ちる (plump)〈*down*〉. **4** 支持する (support)〔*for*〕. ***plúnk dówn*** 《口語》(*vi.*) (1) どすんと落ちる. (2) どっかりと身を[腰を]落ちつける. (*vt.*) (1) どすんと[どしんと]置く. (2) [～ *oneself* down で] どっかりと身を落ちつける. (3) 〈金を〉さっさと支払う. 〘1891〙
— *n.* **1** 《口語》どすんと落ちる[投げる]こと[音]. **2** 《口語》ぽんと鳴らすこと[鳴る音]. **3** 《米口語》ぴしゃりと打つこと, 痛打. **4** 《米俗》1 ドル. **— *adv.*** 《口語》**1** どすんと[ぽつんと](と音をたてて). **2** きっかり, ちょうど, まさに.
〘v.: (?*a*1800) (1805) 擬音語. — n.: (1809) (1767) 《廃》a large sum ← (v.)〙

plúnk·er *n.* **1** ぽつんと[どすんと]音を立てる人[物]. **2** 〘釣〙擬餌(ぎじ)鉤.

Plún·ket bàby /plʌ́ŋkɪt- | -kɪt/ *n.* 《NZ 口語》プランケット協会で世話される幼児.

Plúnket nùrse *n.* 《NZ》プランケット協会で働く(児童係の)看護婦.

Plúnket Socìety *n.* プランケット協会《ニュージーランドの児童福祉協会; The Royal New Zealand Society for the Health of Women and Children の旧名; 1907 年に創設》. 〘(1938) ← *Governor* and *Lady Plunket* (夫人は協会の初代会長)〙

plup. 《略》〘文法〙pluperfect.

plu·per·fect /plùːpə́ːfɪ̀kt | -pɜ́ːfɪkt, -fɛkt←/ *adj.* **1** 〘文法〙過去完了の (cf. preterit 1): the ～ tense 過去完了時制. **2** [ときに強意的に用いて] 完璧(かんぺき)な; 最高の.
— *n.* 〘文法〙**1** 過去完了時制《past perfect の方が普通; 略 plup., plupf.》. **2** (動詞の)過去分詞形.
〘(*a*1500) *pluperfyth* ← NL *plūsperfectum* ← L (*tempus praeteritum*) *plūs quam perfectum* (past tense) more than perfect《なぞり》← Gk (*khrónos*) *hupersuntelikós*: ⇨ plus, perfect〙

plupf. 《略》〘文法〙pluperfect.

plur. 《略》plural.

plu·ral /plʊ́ᵊrəl | plʊ́ər-, plɔ́ːr-/ *adj.* **1** 〘文法〙複数の (cf. singular 1): the ～ number 複数. **2** 二個以上から成る, 複数の; 複数の一つをなす: ～ livings [offices] 一人がついている二つ以上の聖職禄(ろく)[職務], 兼職 / ⇨ plural marriage, plural vote. **— *n.*** 〘文法〙複数 (plural number); 複数形(の語): in the ～ 複数形で[の].
〘(*c*1378) *plurel* □ OF (F *pluriel*) □ L *plūrālis* ← *plūr-, plūs* more: ⇨ plus, -al[1]〙

plúral fòrm *n.* 〘文法〙複数形.

plu·ra·li·a tan·tum /plurɑ́ːliətɑ́ːntum | plʊ(ə)r-/ *n. pl.* (*sing.* **plu·ra·le tantum** /-leɪ-/) 〘文法〙絶対複数《特定の語で, またその意味により, 常に複数形で用いられるもの; 例: news, riches, thanks, etc》. 〘(1930) □ L *plūrālia tantum* only plural〙

plu·ral·ism /plʊ́ᵊrəlɪzm | plʊ́ər-, plɔ́ːr-/ *n.* **1** 複数(性). **2 a** 二つ以上の職務についていること, 兼職. **b** 〘キリスト教〙= plurality 4 a. **3** 多元的文化《一国内において, 人種・宗教・文化などを異にする雑多な集団が共存する社会状態》; 多元的文化を支持する主義[政策]. **4** 〘哲学〙多元論 (cf. monism, dualism 2). **5** 〘経営〙労資二元論《労資双方の利害関係をうまく保持するために, 労資間の力関係を複眼的にとらえる考え方》. **plu·ral·is·tic** /plʊ̀ᵊrəlɪ́stɪk | plʊ̀ər-, plɔ̀ːr-←/ *adj.* **plù·ral·ís·ti·cal·ly** *adv.* 〘1818〙

plu·ral·ist /plʊ́ᵊrəlɪ̀st | -lɪst/ *n.* **1** 二つ以上の職務をもつ人, 兼職者; 〘キリスト教〙数個の教会の聖職禄を兼領する人. **2** 〘哲学〙多元論者 (cf. monist, dualist).
— *adj.* 多元的: a ～ democracy 多元的民主主義国家 / a ～ society 多元的社会 (cf. pluralism 3). 〘1626〙

plu·ral·i·ty /plʊᵊrǽləṭi | plʊərǽlɪ̀ti, plɔːr-/ *n.* **1** 複数[多数]であること; 多数 (multitude). **2** 大多数, 過半数 (majority). **3** 《米》〘政治〙相対多数; 投票数の開き, 超過得票数《特に, 最高得票者が次点得票者よりも多く得た票数; cf. majority 4》. **4** 〘キリスト教〙**a** 数教会の聖職禄兼領《pluralism ともいう》. **b** 兼領している聖職禄(の一つ), 兼職. **5** 〘数学〙1 より大きい数. 〘(*a*1376) □ (O)F *pluralité* □ LL *plūrālitātem*: ⇨ plural, -ity〙

plu·ral·ize /plʊ́ᵊrəlàɪz | plʊ́ər-, plɔ́ːr-/ *vt.* 複数(形)にする; 複数(形)で示す. **— *vi.*** **1** 複数になる. **2** 《英》〘キリスト教〙数職を兼務する; 数教会の聖職禄を兼領する. **plu·ral·i·za·tion** /plʊ̀ᵊrəlɪ̀zéɪʃən | plʊ̀ərəlaɪz-, -lɪz-/ *n.* **plú·ra·lìz·er** *n.* 〘(1803) □ F *pluraliser*〙

plú·ral·ly /-rəli | -rl̩i/ *adv.* 複数(形)で, 複数として; 複数的に, 複数の意味で. 〘(*a*1425) *pluraliche, plureli*: ⇨ plural, -ly[1]〙

plúral márriage *n.* 一夫多妻. 〘1869〙

plúral socíety *n.* 〘社会学〙(複数民族から成る)複数社会. 〘1939〙

plúral vóte *n.* (二つ以上の選挙区で投票できる)複投票(権)《plural voting ともいう》.

plúral vóter *n.* 複投票権所有者.

plúral vóting *n.* **1** = plural vote. **2** 《英》(1948 年以前に行われた)複数選挙区投票制度.

plúral wífe *n.* 一夫多妻の妻の一人 (cf. plural marriage).

plu·ri- /plʊ́ᵊrɪ̀, -ri | plʊ́ər-, plɔ́ːr-/「多数の (several, many), 複数の, 多くの… (multi-)」の意の連結形. 〘□ L ～ ← *plūr-, plūs*, more: cf. plus〙

plùri·áxial *adj.* 〘植物〙複軸の. 〘⇨ ↑, axial〙

plùri·líteral *adj.* 〘ヘブライ文法〙3 文字以上を含む. 〘(1828–32) ← PLURI-＋LITERAL〙

plu·rip·o·tent /plʊᵊrípəṭənt | plʊərípət-, plɔːr-/ *adj.* 〘生物〙〈胚域が〉分化可能の (cf. totipotent). 〘1916〙

plùri·présence *n.* 〘神学〙同時に 2 か所以上に臨在すること, 偏在 (cf. omnipresence).

plu·ri·syl·lab·ic /plʊ̀ᵊrəsɪlǽbɪk | plʊ̀ərɪ̀-, plɔ̀ːr-←/ *adj.* 〈語が〉(2 音節以上の)多音節の[から成る] (cf. monosyllabic, polysyllabic). 〘1934〙

plu·ri·syl·la·ble /plʊ́ᵊrəsɪ̀ləbl̩, ⌣–⌣–– | plʊ́ərɪ̀sɪləbl̩, plɔ́ːr-/ *n.* (2 音節以上の)多音節語 (cf. monosyllable, polysyllable). 〘1924〙

plur·ry /plə́ːri | plʌ́ri/ *adj.* 《豪俗》= bloody 4. 〘(1900)《転訛》← BLOODY〙

plus /plʌ́s/ (↔ minus) *adj.* **1 a** プラス(＋)の, プラスを示す; 正の (positive); 加法の: ⇨ plus sign / a ～ quantity 正量, 正数. **b** 〘電気〙陽の (positive): the ～ terminal 〘電気〙陽極. **c** 〈温度が〉0 度を超える. **2** 〘植物〙〈菌糸体が〉陽性の, 雄性の. **3** 《口語》余分の, その上の (extra): a ～ benefit 余分の恩典 / a ～ value 余分の価値. **4** [名詞の後に用いて] **a** 標準以上の, その上の (and more): 100 ～ 100 以上 / style ～ 並以上のスタイル / She has personality ～. 彼女には個性プラス α がある. **b** (ある範囲の中で)上位の: B ～ B プラス, 乙の上 / a grade of B ～ in English B⁺ の英語の評点. **5** 〘ゴルフ〙ハンディキャップを付けられた: a ～ player.
— *prep.* **1** …をプラスして, …を加えると, …の上に (besides): Four ～ three equals seven (4+3=7). / The salary is £500, ～ commissions. 俸給は 500 ポンド, それに歩合金付き. **2** [通例 be 動詞の後に用いて]《口語》…を加えて, …を付けて, …をもうけて: He *was* ～ a coat. 上着を着ていた / I'*m* ～ a dollar. 1 ドル得した[もうけた] / He *was* minus a big toenail, and ～ a scar upon the nose. 彼は足の親指のつめを失い, 鼻には傷跡がついていた.
— *adv.* [接続詞的に]《口語》その上に (in addition): He has the time ～ he has the money. 彼にはその暇もあるしそのうえ金もある.
— *n.* (*pl.* **～·es, ～·ses**) **1** 〘数学〙プラス記号, 加号, 正(符)号 (plus sign) (＋); 正量, 正数 (plus quantity). **2** 《口語》プラス(になるもの); 剰余 (surplus), 利益 (gain); 好条件: The clear weather was a ～ for the tennis match. そのテニスの試合にとって晴天はプラスだった. **3** [数字を伴って]〘ゴルフ〙ハンディ(キャップ)…: ～ one [two] ハンディ 1 [2] 点.
— *vt.* 《口語》加える; 増加する: We are planning to ～ our sale. 売り上げを増やすことを計画している.
plus ça change /plúːsɑːʃɑ́ː(n)ʒ, -ʃɑ́ːŋʒ; *F.* plysaʃɑ̃ːʒ/ それは変われば変わるほど同じものである《plus ça change, plus c'est la même chose の前半部》.
〘(1615) □ L *plūs* more ← IE **pelə-* to fill (L *plēnus* full / Gk *polús* much, many, *pléōn* more)〙

plús fours *n. pl.* プラスフォーズ《昔, スポーツ, 特にゴルフなどに着用された; cf. plus twos》. 〘(1920): ニッカボッカー (knickerbockers) より 4 インチ長いことから〙

plush /plʌ́ʃ/ *n.* **1** プラシ天《velvet よりけばがやや長めの絹・綿・毛・レーヨンなどの生地》. **2** [*pl.*] (馬丁などの)プラシ天のズボン. **— *adj.*** **1** プラシ天製の. **2** 《俗》**a** 〈家

具・建物など)超エレガントな, 豪華な (luxurious); 気取った (grandiose); ハイカラな (stylish): a ~ chair, sofa, hotel, etc. **b** 〈仕事など〉楽な (easy): a ~ job. **~·ly** *adv.* **~·ness** *n.* 〖(1594) □ F **pluche* (短縮) ← OF *peluche* (n.) ← *peluchier* to pluck < VL **pilūccāre* to remove the hair ← L *pilāre* to remove the hair ← *pilus* hair: cf. pluck〗

plush·y /plʌ́ʃi/ *adj.* (**plush·i·er**; **-i·est**) **1** プラシ天の(ような). **2** 《俗》贅沢(ぜいたく)な, 豪華な (luxurious), 派手な (showy). **plúsh·i·ly** *adv.* **plúsh·i·ness** *n.* 〖(1611): ⇨ ↑, -y⁴〗

plús jùncture *n.* 〖言語〗プラス連接 (⇨ open juncture). 〖1951〗

plús-pòint *n.* 利点, 強み, 長所 (advantage).

plus·sage /plʌ́sɪdʒ/ *n.* 他より超えた額[量]. 〖(1924) ← PLUS＋-AGE〗

plusses *n.* plus の複数形.

plús sìght *n.* 〖測量〗正視《水準測量における後視》.

plús sign *n.* 〖数学〗プラス記号(＋); 加号; 正(符)号 (positive sign) (↔ minus sign). 〖*c*1907〗

plús twós *n. pl.* プラストゥーズ《plus fours よりも短く細いニッカーズ (knickers)》. 〖1967〗

plut- /plúːt/ (母音の前にくるときの) pluto- の異形.

Plu·tarch /plúːtaːk | -taːk/ *n.* プルタルコス, プルターク《46?–?120; ギリシャの伝記作家・歴史家・道徳哲学者; *Parallel Lives*「対比列伝(プルターク英雄伝)」》. 〖□ L *Plutarchus* □ Gk *Ploútarkhos*〗

Plu·tarch·i·an /pluːtáːkiən | -táː-/ *adj.* **1** プルタルコスの[に関する]. **2** プルタルコスの(書いた)伝記[の描いた人物]風の (Plutarchan ともいう). 〖(1856): ⇨ ↑, -ian〗

plu·tar·chy /plúːtaːki | -taː-/ *n.* ＝plutocracy. 〖(*c*1643) ← Gk *ploûtos* wealth＋-ARCHY: cf. Pluto¹〗

plute /plúːt/ *n.* 《米俗》富豪階級の人 (plutocrat). 〖(1908) 《短縮》← PLUTOCRAT〗

plutei *n.* pluteus の複数形.

plu·te·us /plúːṭiəs | -ti-/ *n.* (*pl.* **-te·i** /-ṭiàɪ | -ti-/, **~·es**) **1 a** (古代ローマ建築の)円柱の間を閉じた低い塀[手すり]. **b** (古代ローマの)読書机, 書類置き. **2** 〖動物〗プルテウス《ウニ類およびクモヒトデ類の嚢胚につづく浮遊性幼生》. 〖(1832) □ L ~ 'shelf, backrest': 画架の形状をしているところから〗

Plu·to¹ /plúːṭou | -təu/ *n.* **1** 〖ギリシャ・ローマ神話〗プルートーン, プルートー: **a** 黄泉(よみ)の国 (Hades) の王 (cf. Dis 1; Orcus 1). **b** Tantalus の母である nymph. **2** 〖天文〗冥(めい)王星《太陽系中の惑星で, 現在太陽から最も遠いとされているが 1979 年 1 月から'99 年 3 月までは海王星 (Neptune) が最も遠くなる; 1930 年発見; 衛星 Charon》. 〖(*c*1330) □ L *Plūtō(n)* □ Gk *Ploútōn*＝*Ploutodótēs* 《原義》giver of riches ← *ploûtos* riches＋*dótēs* giver〗

Plu·to² /plúːṭou | -təu/ *n.* 《米》プルートー《イギリス海峡の下を通っている英仏間の送油管》. 〖(1945) 《頭字語》← *P(ipe) l(ine) u(nder) t(he) o(cean)*〗

plu·to- /plúːṭou | -təu/「富; 金権」の意の連結形: *plutocracy*. ★ 母音の前では通例 plut- になる. 〖□ Gk *plouto-* ← *ploûtos* wealth: cf. Pluto¹〗

plu·toc·ra·cy /pluːtá(ː)krəsi | -tɔ́k-/ *n.* **1** 富豪政治, 金権政治; 金権主義. **2** [the ~] 富豪階級, 財閥. 〖(1652) □ Gk *ploutokratía*: ⇨ pluto-, -cracy〗

plu·to·crat /plúːṭəkræ̀t | -tə(u)-/ *n.* **1** 富豪政治家, 金権主義者. **2** 《口語》財閥家, 富豪, 金持ち. 〖(1850) ↑: ARISTOCRACY—ARISTOCRAT の類推から〗

plu·to·crat·ic /plùːṭəkrǽṭɪk | -tə(u)krǽt-⁺/ *adj.* 金権主義(者)の, 富豪政治(家)の; 財閥の. **plù·to·crát·i·cal** /-ṭɪ̀kəl, -kl̩ | -tɪ-⁺/ *adj.* **plù·to·crát·i·cal·ly** *adv.* 〖1866〗

plùto·demócracy *n.* 《軽蔑》(ヨーロッパの)金権民主主義(国). 〖1895〗

plu·tol·a·try /pluːtá(ː)lətri | -tɔ́l-/ *n.* 黄金崇拝, 拝金(主義). 〖1889〗

Plúto mónkey *n.* 〖動物〗プルーモンキー (*Cercopithecus mitis*)《西アフリカ産のオナガザルの一種》. 〖⇨ Pluto¹ 1〗

plu·ton /plúːtɑ(ː)n | -tɔn/ *n.* 〖地質〗プルトン《深成岩体の総称》. 〖(1933) 《逆成》← PLUTONIC〗

Plu·to·ni·an /pluːtóuniən | -tə́u-/ *adj.* **1** 〖ギリシャ・ローマ神話〗プルートーン (Pluto) の. **2** [しばしば p-] 地獄の (infernal). **3** [しばしば p-] 〖地質〗＝Plutonic 2. **4** 〖天文〗冥(めい)王星の. 〖(1667) ← L *Plūtōnius* (□ Gk *Ploutṓnios*)＋-AN¹: ⇨ Pluto¹〗

Plu·ton·ic /pluːtá(ː)nɪk | -tɔ́n-/ *adj.* **1** 〖ギリシャ・ローマ神話〗＝Plutonian 1. **2** [しばしば p-] 〖地質〗**a** 火成論の: the *plutonic* theory ＝plutonism. **b** 深成(岩)の (cf. Neptunian 3, effusive 3). 〖(1796) ← Gk *Ploútōn* 'PLUTO¹'＋-IC¹: cf. F *plutonique*〗

plutónic róck *n.* 〖岩石〗深成岩《火成岩の一種; 地下深所でマグマがゆっくり冷却してできる粗粒完晶質岩石 (花崗岩など); abyssal rock ともいう》.

plu·to·nism /plúːṭənɪ̀zm | -tə-/ *n.* 〖地質〗深成作用, 火成論《岩石はみな岩漿から生じたとする論; plutonic theory ともいう; cf. neptunism》. 〖1847〗

plú·to·nist /-nɪ̣st | -nɪst/ *n.* 火成論者. 〖1799〗

plu·to·ni·um /pluːtóuniəm | -tə́u-/ *n.* 〖化学〗プルトニウム《核分裂性の放射性元素; 記号 Pu, 原子番号 94; 1941 年 Seaborg たちが加速器による核反応で生成, 後に原子炉中で大量生成され, 原子爆弾の材料となった》. 〖(1942) ← NL ~ ← Gk *Ploútōn* 'PLUTO¹'＋-IUM: URANUS—URANIUM, NEPTUNE—NEPTUNIUM からの類推: Glenn Theodore Seaborg (1912–99) ならびに Arthur Charles Wahl (1917–) の造語〗

plu·tón·o·mist /-mɪ̣st | -mɪst/ *n.* 政治経済学者; 経済学者. 〖1851〗

plu·ton·o·my /pluːtá(ː)nəmi | -tɔ́n-/ *n.* 政治経済学 (political economy); 経済学 (economics). **plu·to·nom·ic** /plùːṭənɑ́(ː)mɪk | -tənɔ́m-⁺/ *adj.* 〖(1851) ← PLUTO-＋-NOMY〗

Plu·tus /plúːṭəs, -tus | -təs, -tus/ *n.* 〖ギリシャ神話〗プルートス《富を司る盲目の神; Demeter の息子》. 〖□ L *Plūtus* □ Gk *Ploûtos* 'PLUTO¹'〗

plu·vi- /plúːvi/ (母音の前にくるときの) pluvio- の異形.

plu·vi·a- /plúːviə/ pluvio- の異形.

plu·vi·al¹ /plúːviəl/ *adj.* **1** 雨の, 雨の多い (rainy). **2** 〖地質〗雨成の, 雨の作用による. — *n.* 雨期《特に更新世において氷河作用の及ばない地域における豪雨期》. 〖(*c*1656) □ L *pluviālis* ← *pluvia* rain (dim.) ← *pluvius* rainy ← *pluere* to rain ← IE **pleu-* 'to FLOW'〗

plu·vi·al² /plúːviəl/ *n.* 《古》〖キリスト教〗＝cope² 1. 〖(1669) □ ML *pluviāle* rain-cloak ← (neut.) ← L *pluviālis* (↑)〗

plu·vi·o- /plúːviou | -əu/「雨 (rain)」の意の連結形. ★ 時に pluvia-, また母音の前では通例 pluvi- となる. 〖← L *pluvia* rain: ⇨ pluvial¹〗

plu·vi·o·graph /plúːviəgræ̀f | -grɑ̀ːf, -græ̀f/ *n.* 自己雨量計. 〖1886〗

plu·vi·om·e·ter /plùːviá(ː)məṭə | -ɔ́mɪ̣tə^(r)/ *n.* 雨量計 (rain gage). 〖1791〗

plu·vi·o·met·ric /plùːviəmétrɪk⁺/ *adj.* 雨量計の, 雨量測定の. 〖1884〗

plù·vi·o·mét·ri·cal /-trɪ̣kəl, -kl̩ | -trɪ-⁺/ *adj.* ＝pluviometric. **~·ly** *adv.*

plu·vi·om·e·try /plùːviá(ː)mətri | -ɔ́mɪ̣-/ *n.* 雨量測定(法). 〖1890〗

plu·vi·ose /plúːviòus | -əus/ *adj.* 〈地域・時など〉(豪)雨の多い. **plu·vi·os·i·ty** /plùːviá(ː)səṭi | -ɔ́sɪ̣ti/ *n.* 〖(1824) ↓〗

Plu·viôse /plúːviòus | -əus; *F.* plyvjoːz/ *n.* 雨月《フランス革命暦の第 5 月; ⇨ Revolutionary calendar》. 〖(1796) □ F ~ □ L *pluviōsus* rainy (↓)〗

plu·vi·ous /plúːviəs/ *adj.* 雨の; 雨の多い (rainy); 雨による. 〖(?*c*1440) □ L *pluviōsus* rainy ← *pluvia* rain: ⇨ pluvial¹, -ous〗

PLWA 《略》person living with AIDS.

ply¹ /pláɪ/ *vt.* **1 a** 〔酒・食べ物などを〕…にうるさくあてがう, 強いる, しつこく勧める 〔*with*〕: ~ a person *with* drink 人に酒を強いる / ~ horses *with* a whip 馬にしきりにむちを当てる. **b** 〔議論・質問などを〕…に盛んに吹き掛ける, 盛んに攻撃する, せがむ (importune) 〔*with*〕: ~ a speaker *with* questions 演説者に質問を浴びせる. **2** …に精を出す, 勉強する (work at); 営む (carry on): ~ one's book こつこつ本を読む / ~ a trade 商売に励む / ~ the water *with* one's oars オールでせっせと水を漕(こ)ぐ, 力漕(そう)する. **3 a** 〈道具などを〉せっせと働かす, 使う (use): ~ one's needle せっせと針を動かす / ~ one's oars 熱心にかいを漕ぐ, 力漕する. **b** 〈知恵などを〉働かす. **4** 〈川・道などを〉往復することを仕事とする, 定期的に通う. **5** 〔まきなどを〕〈火〉に盛んにくべる 〔*with*〕: ~ the fire *with* fresh fuel. — *vi.* **1** 〈船・バスなどが〉〔…の間を〕定期的に往復する, 通う 〔*between*〕: the steamer that *plies between* Hong Kong and Yokohama 香港横浜間通いの汽船 / ~ for hire 料金を取って往復する. **2** 〈船・タクシーなどが〉客を待つ 〔*at, in*〕: a ~*ing* cab 流しタクシー / a taxi ~*ing* in the streets 街を流しているタクシー. **3** せっせと[まめに]働く 〔*at, with*〕: ~ *at* one's business 仕事に精を出す / ~ *with* the oars 熱心に漕ぐ. **4** 〖海事〗間切る (tack), 風に逆航する. **5** 《詩・古》〈船が〉舵を取って進む. 〖(?*c*1380) *plie(n)* 《頭音消失》← *applie(n)* 'to APPLY'〗

ply² /pláɪ/ *n.* **1** (ベニヤ板・カラー布などの)重ね (fold), 層 (layer), 厚さ (thickness). **2** (綱の)一撚(よ)り, 撚り (strand): a single ~ 一子(こ)[撚り] / a 2-[3-]*ply* rope 二子(ふたこ)[三子(みこ)]撚りの綱. **3 a** 曲がった[ねじれた]状態. **b** 傾向, 癖, 傾き: take a ~ 傾向をもつ, 癖がつく. **4** ＝plywood. — *vt.* 《方言》曲げる (bend), ねじる (twist), 畳む (fold). — *vi.* 《廃》屈従する, 言いなりになる. 〖n.: ((*c*1470)) (1532) □ (O)F *pli* ← *plier* to fold, bend < L *plicāre* to fold ← IE **plek-* to plait (Gk *plékein* to twist). — v.: (?*c*1380) □ (O)F *plier* to fold, bend < L *plicāre* ← IE **plek-* to plait (Gk *plékein* to twist)〗

-ply /plàɪ/ *suf.* ply² (1, 2) の意の形容詞を造る (cf. -ple): three-*ply*, four-*ply*, six-*ply*.

plý·er *n.* **1** ＝plier. **2** [*pl.*] 可動橋 (drawbridge) を上下するために用いられる平衡輪の一種.

plý mètal *n.* 金属合板, プライメタル.

Plym·outh /plíməθ/ *n.* プリマス: **1** 米国 Massachusetts 州南東部の港; 1620 年 Pilgrim Fathers の建設した New England 地方の都市. **2** イギリス海峡に臨むイングランド南西部の港湾都市, 海軍基地; カテドラル, ギルドホール, 博物館がある; Mayflower 号の出航地 (1620). **3** 西インド諸島の東部にある Montserrat 島の町で行政の中心地. **4** 〖商標〗プリマス《米国 Chrysler 社製の自動車》. 〖ME *Plummuth* 《原義》'the MOUTH of the river *Plym*' ((逆成)) ← *Plympton* < OE *Plȳm(an)tūn* 'PLUM-tree TOWN'〗

Plýmouth Bréthren 〖キリスト教〗**1** [the ~] プリマスブレズレン, プリマス同胞教会派《1830 年代に英国人 John Darby が Plymouth, Bristol および Dublin に創始した Calvin 主義と敬虔主義との折衷とみられる一派; 1849 年比較的自由な Open Brethren とその反対の Exclusive Brethren との二派に分かれた; Darbyites ともいう》. **2** プリマスブレズレンの一員. 〖1842〗

Plýmouth Clóak *n.* 《戯言》杖 (staff), 棍棒 (cudgel). 〖(1608): 航海から英国の Plymouth 港に帰ってきた者が(笞(むち)打ちを避けるため?)外套代わりに杖をもって歩き回ったことから〗

Plýmouth Còlony *n.* [the ~] プリマス植民地《Pilgrim Fathers が 1620 年現在の Massachusetts 州 Plymouth 付近に開き, 1691 年 Massachusetts Bay 植民地に併合された; the New Plymouth Colony ともいう》.

Plýmouth Róck *n.* **1** プリマスの岩《米国 Massachusetts 州の Plymouth 港にある岩; 1620 年 Pilgrim Fathers がそこから上陸したと伝えられる》. **2** 〖1849〗プリマスロック《米国原産の昔は卵肉兼用, 今は繁殖用品種のニワトリ》.

ply·o·met·rics /plàɪəmétrɪks, plàɪou- | plàɪə(u)-/ *n.* **1** [単数扱い] 筋力強化法. **2** [複数扱い] 筋力強化運動.

plý ròlling *n.* 〖金属加工〗＝pack rolling.

ply·wood /pláɪwʊ̀d/ *n.* プライウッド, (ベニヤ)合板《建築・家具・細工などに使う; cf. veneer》: a ~ door 張合わせ戸. 日英比較 日本語の「ベニヤ板」に当たる. 英語の veneer はベニヤ板の表に張る上質の薄板を指す. 〖(1907): ← PLY¹＋WOOD¹〗

Plz·eň /pǽlzen; *Czech* pl̩zeɲ/ *n.* プルゼニ《チェコ, Bohemia 西部の都市; 石炭業の中心地, ビール生産地, 重工業地区でもある; ドイツ語名 Pilsen /pílzn̩/》.

Pm 《記号》〖化学〗promethium.

PM 《略》Pacific Mail; Parachute Mine; Past Master; Paymaster; Peculiar Meter; *L.* Piae Memoriae (＝of pious memory); Police Magistrate; Pope and Martyr; Postmaster; post meridium; Prime Minister; product manager; 〖陸軍〗Provost Marshal 憲兵司令官; purchase money.

PM, p.m. 《略》〖電気〗phase modulation.

pm. 《略》paymaster; premium; 〖解剖・歯科〗premolar.

p.m., P.M. /píːém⁺/ *adj.* 午後… (after noon) (⇨ a.m.): 3 *p.m.* 午後 3 時. 〖《略》← P(OST) M(ERIDIEM)〗

p.m. 《略》〖化学〗*F.* poids moléculaire (＝molecular weight).

p.m., PM 《略》〖医学・法律〗postmortem (examination).

P-màrker /píː-/ *n.* 〖文法〗＝phrase marker.

PMB 《略》Potato Marketing Board.

PMG 《略》Pall-Mall Gazette; Paymaster General; Postmaster General.

PMH 《略》production per man hour 1 人 1 時間当たりの生産高.

p.m.h. 《略》per man hour 1 人 1 時間当たり.

pmk 《略》postmark.

pmkd 《略》postmarked.

PMLA 《略》Publications of the Modern Language Association of America 米国近代語学文学協会の研究発表雑誌.

PMO 《略》Principal Medical Officer; Provost Marshal's Office.

PMS 《略》premenstrual syndrome.

pmt 《略》payment.

PMT /píːèmtíː/ 《略》premenstrual tension.

pn 《略》pronoun.

PN 《略》practical nurse.

PN, P/N, pn 《略》〖金融〗promissory note.

p.n. 《略》please note.

PNA 《略》〖生化学〗pentose nucleic acid.

PNdB, PNdb 《略》perceived noise decibel(s). 〖1959〗

-pne·a /(p)níːə/「呼吸 (breath), 呼吸法 (breathing)」の意の名詞連結形: poly*pnea*. 〖← NL ~ ← Gk *pnoē* breath ← *pneîn* to breathe〗

pneum- /nuːm, njuːm | njuːm/ (母音の前にくるときの) pneumo- の異形.

pneu·ma /núːmə, njúː- | njúː-/ *n.* **1** 〖ギリシャ末期の哲学・キリスト教的古代哲学でいう〗生命原理, 精神, 霊 (spirit). **2** 〖神学〗聖霊 (Holy Ghost). **3** 〖音楽〗＝neume b. 〖(1880) □ Gk *pneûma* wind, breath ← *pneîn* to blow ← IE **pneu-* to breathe 《擬音語》〗

pneu·mat- /núːmət, njúː-, nuːmǽt, njuː- | njúː-mət, njuːmǽt/ (母音の前にくるときの) pneumato- の異形.

pneu·mat·ic /nuːmǽṭɪk, njuː- | njuːmǽt-/ *adj.* **1** 気学 (pneumatics) の, 気学上の. **2** 空気の; 気体の (gaseous) (cf. hylic). **3** 空気作用による, 空気で動く: a ~ brake 空気ブレーキ / a ~ pump 気圧ポンプ / a ~ drill 空気ドリル / a ~ tube fire alarm system 空気管式火災警報装置 / ⇨ pneumatic dispatch, pneumatic pump, pneumatic tube. **4** 空気を含む, 空気入りの, 圧搾空気を満たした: a ~ tire 空気(入り)タイヤ / a ~ cushion 空気クッション, 空気座ぶとん / ⇨ pneumatic trough. **5** 空気入りタイヤ付きの: a ~ bicycle. **6** 〖動物〗空気を含む; 気腔(こう)[気嚢(のう)]を有する. **7** 《口語》〈女性が〉均斉のとれた; (特に)胸の豊かな. **8** 《まれ》〖神学〗霊的な (spiritual). — *n.* **1** 空気入りタイヤ (pneumatic tire). **2** 《古》空気タイヤ付き自転車[自動車].

pneu·mát·i·cal·ly *adv.* 〖(1659) □ F *pneumatique* ∥ L *pneumaticus* □ Gk *pneumatikós* ← *pneûma*: ⇨ pneuma, -ic¹〗

pneumátic árchitecture *n.* 〖建築〗空気構造, ニューマチック建築《気密性の膜を空気によって膨らませた構造物; airhouse ともいう》.

pneumátic cáisson *n.* 〖土木・建築〗ニューマチックケーソン, 空気ケーソン《圧縮空気を入れて水の侵入を防ぐようにした水中基礎工事などにおけるケーソンの一種》. 〖1875〗

P

pneumátic convéyor *n.* 〘機械〙空気コンベヤー《管路の中の空気の流れに穀粒などを載せて運搬する装置》.

pneumátic dispátch *n.* 気送《書状・小包などを圧縮空気管で伝送する装置》. 〖1863〗

pneumátic dríll *n.* 《英》空気ドリル.

pneumátic dúct *n.* 〘魚類〙呼吸管, 浮袋気管, 鰾(ひょう)気管《チョウザメ・アユ・コイ・フナ・ウナギ・メダカなどにみられる浮袋と消化管をつなぐ細管》.

pneumátic hámmer *n.* 〘機械〙=air hammer. 〖*a*1877〗

pneu·ma·tic·i·ty /ǹuːmətísəṭi, njùː- | njùːmətísə̀ti/ *n.* **1** 空気を含むこと[状態], 空気入り. **2** 〘動物〙含気性. 〖(1858) ⇨ -ity〗

pneumátic píle *n.* 〘建築〙ニューマチックパイル, 気圧杭《水面下に打ち込む中空の杭; 中空部分を減圧して大気圧によって杭を押し込む》. 〖1855–60〗

pneumátic púmp *n.* 押揚げ[圧水]ポンプ (force pump).

pneu·mat·ics /nuːmǽṭɪks, njuː- | njuːmǽt-/ *n.* 気学, 気(体)力学《pneumodynamics ともいう》. 〖(1656) ⇨ pneumatic, -ics〗

pneumátic tróugh *n.* ガス採取用の水槽[液槽]. 〖1826〗

pneumátic túbe *n.* **1** 気送管《気送 (pneumatic dispatch) に用いられる管》. **2** 〘化学〙気送管《気体の圧力で試料を送り込む装置; 原子炉で照射する試料を輸送するために使われる》. 日英比較「エアシューター」は和製英語. 〖1863〗

pneu·mat·ique /ǹuːmətíːk, njùː-| njùː-; *F.* pnømatik/ *n.* (*pl.* ~, ~**s**) (Paris で) 気送管郵便《管の中を空気圧で送って郵便物を配達するシステム; それで配達された郵便物》. 〖(1924) □ F ~: ⇨ pneumatic〗

pneu·ma·to- /ǹuːməṭou, njùː-, nuːmǽṭ-, njuː- | njúːmətəu, njuːmǽt-/「空気 (air); 呼気 (breath); 精神 (spirit)」の意の連結形. ★ 母音の前では通例 pneumat- になる. 〖□ (L)Gk *pneumat-*, *pneûma* 'PNEUMA'〗

pneu·ma·to·cyst /núːmətousɪst, njúː- | njúːmətə(ʊ)-/ *n.* 〘動物〙気胞. 〖(1859) ← PNEUMATO-＋-CYST〗

pneu·ma·to·graph /núːməṭougræ̀f, njúː- | njúːmətə(ʊ)grɑ̀ːf, -græ̀f/ *n.* 〘医学〙=pneumograph. 〖1895〗

pneu·ma·to·lit·ic /njùːməṭəlíṭɪk, njùː-, nuː-mæ̀ṭ-, njuː- | njùːmətə(ʊ)lít-, njuːmæ̀t-⁻/ *adj.* = pneumatolytic.

pneu·ma·tol·o·gy /nùːmətɑ́(ː)lədʒi, njùː- | njùːmətɔ́l-/ *n.* **1** 霊物学. **2** 〘神学〙聖霊論. **3** 《古》= psychology. **4** 《廃》=pneumatics. **pneu·ma·to·log·ic** /nùːməṭəlɑ́(ː)dʒɪk, njùː-, nuːmæ̀tl-, njuː- | njùːmətə(ʊ)lɔ́dʒ-, njuːmæ̀t-⁻/ *adj.* **pnèu·ma·to·lóg·i·cal** /-lɑ́(ː)dʒɪ̀kəl, -kl | -lɔ́dʒɪ-⁻/ *adj.* 〖(1678) ← NL *pneumatologia*: ⇨ pneumato-, -logy〗

pneu·ma·tol·y·sis /ǹuːmətɑ́(ː)ləsɪ̀s, njùː- | njùːmətɔ́lɪ̀sɪs/ *n.* 〘地質〙気成作用《マグマ (magma) から放散した高温ガスによる鉱物の晶出や変質》. 〖(1896) ← NL ~: ⇨ pneumato-, -lysis〗

pneu·ma·to·lyt·ic /nùːməṭəlíṭɪk, njùː-, nuː-mæ̀ṭ-, njuː- | njùːmətə(ʊ)lít-, njuːmæ̀t-⁻/ *adj.* 〘地質〙〈鉱物・鉱石が〉気成作用で出来た, 気成の. 〖1896〗

pneu·ma·tom·e·ter /nùːmətɑ́(ː)məṭə, njùː- | njùːmətɔ́mɪ̀tə(r)/ *n.* 〘生理〙**1** 呼吸圧計. **2** 肺活量計 (spirometer). 〖1834〗

pneu·mat·o·phore /nuːmǽṭəfɔ̀ə, njuː- | njúːmətə(ʊ)fɔ̀ː(r), njuːmǽt-/ *n.* **1** 〘植物〙呼吸根. **2** 〘動物〙気胞体, 浮嚢. **pneu·mat·o·phor·ic** /nuːmæ̀ṭəfɔ́(ː)rɪk, njuː-, -fɑ́(ː)r- | njuːmæ̀tə(ʊ)fɔ́r-⁻/ *adj.* **pneu·ma·toph·o·rous** /nùːmətɑ́(ː)f(ə)rəs, njùː- | njùːmətɔ́f-⁻/ *adj.* 〖1859〗

pneumàto·therapéutics *n.* 〘医学〙=aerotherapeutics. 〖1930〗

pneumàto·thérapy *n.* 〘医学〙空気療法. 〖1930–35〗

pneu·mec·to·my /nuːméktəmi, njuː- | njuː-/ *n.* 〘医学〙肺切除(術). 〖(1895) ← PNEUMO-＋-ECTOMY〗

pneu·mo- /núːmou, njúː- | njúːməu/「肺 (lung), 呼吸 (respiratory)」の意の連結形. ★ 母音の前では通例 pneum- になる: *pneum*ectomy, *pneum*ograph. 〖← Gk *pneúmōn* lung: ⇨ pneuma〗

pnèumo·bacíllus *n.* (*pl.* -cilli) 〘細菌〙肺炎桿菌 (*Klebsiella pneumoniae*). 〖⇨ ↑, bacillus〗

pnèumo·cóccus *n.* (*pl.* -cocci) 〘細菌〙肺炎(双)球菌 (*Diplococcus pneumoniae*). **pnèumo·cóccal** *adj.* **pnèumo·cóc·cic** /-kɑ́(ː)ksɪk | -kɔ́k-⁻/ *adj.* 〖(1890) ← PNEUMO-＋-COCCUS〗

pnèumo·co·ni·ó·sis /-kòunióusɪ̀s, -mə- | -kàu-nióusɪs, -kɔ̀n-/ *n.* (*pl.* -o·ses) 〘病理〙塵肺(じんぱい)(症) (cf. black lung, silicosis). 〖(1881) ← PNEUMO-＋Gk *konía* dust＋-OSIS〗

pneu·mo·cys·tis /nùːmousístɪ̀s, njùː- | njùː-məusístɪs/ *n.* [P-] 〘生物〙ニューモシスチス属《分類上の位置の不明な微生物の一属》; 〘医学〙=Pneumocystis carinii. 〖(1955) ← NL *Pneumocystis*〗

Pneumocýstis ca·rí·ni·i /-kəráɪniàɪ/ *n.* ニューモシスチス カリニ《分類上の位置の不明な原虫またはカビの一種とみられる》.

Pneumocýstis carínii pneumónia *n.* 〘病理〙(ニューモシスチス)カリニ肺炎 (*Pneumocystis carinii* の感染; 免疫力が低下した状態で起こる(日和見感染); エイズ患者によく見られる; 略 PCP).

pnèumo·dynámics *n.* =pneumatics. 〖1839〗

pnèumo·encephalítis *n.* 〘獣医〙肺脳炎 (⇨ Newcastle disease). 〖← NL ~: ⇨ pneumo-, encephalitis〗

pnèumo·encéphalogram *n.* 〘医学〙気脳図《気脳造影法で撮ったレントゲン写真》. 〖(1935) ← PNEUMO-＋ENCEPHALOGRAM〗

pnèumo·encephalógraphy *n.* 〘医学〙気脳造影[撮影](法), 気体脳造影[撮影](法)《脳室内に気体を注入して脳のレントゲン写真を撮ること》. 〖1932〗

pnèumo·gástric 〘解剖〙*adj.* **1** 肺と胃との. **2** = vagal. — *n.* =vagus《現在の用語》. 〖(1831) ← PNEUMO-＋GASTRIC〗

pnéumogastric nérve *n.* 〘解剖〙=vagus nerve. 〖1831〗

pneu·mo·gram /núːməgræ̀m, njúː- | njúː-/ *n.* 〘医学〙気体造影[撮影]写真《器官に空気注入後のレントゲン写真; aerogram ともいう》. 〖(1921) ← PNEUMO-＋-GRAM〗

pneu·mo·graph /núːməgræ̀f, njúː- | njúːməgrɑ̀ːf, -græ̀f/ *n.* 〘医学〙呼吸(曲線)記録器. 〖1878〗

pneu·mog·ra·phy /nuːmɑ́(ː)grəfi, njuː- | njuː-mɔ́g-/ *n.* 〘医学〙**1** 気体注入撮影法. **2** 呼吸[曲線]描写[撮影]法. 〖(1842) ← PNEUMO-＋-GRAPHY〗

pneu·mon- /núːmən, njúː- | njúː-/ (母音の前にくるときの) pneumono- の異形.

pneu·mo·nec·to·my /nùːmənéktəmi, njùː- | njùːmə(ʊ)-/ *n.* 〘医学〙肺切除(術). 〖(1890) ← PNEUMONO-＋-ECTOMY〗

pneu·mo·ni·a /numóunjə, njʊ-, nuː-, njuː-, -njə | njuːmə́u-/ *n.* 〘病理〙肺炎: acute ~ 急性肺炎 / croupous ~ クループ性肺炎 / ⇨ catarrhal pneumonia, double pneumonia, lobar pneumonia, lobular pneumonia, septic pneumonia, bronchial pneumonia. 〖(1603) ← NL ~ ← Gk *pneumonía* disease of the lungs ← *pneúmōn* lung《変形》← *pleúmōn* lung < IE **pl(e)umon-* lung(s),《原義》floater ← **pleu-* to flow: *pl-* から *pn-* への変化は Gk *pnein* to breathe との連想による〗

pneu·mon·ic /nuːmɑ́(ː)nɪk, njuː- | njuːmɔ́n-/ *adj.* **1** 肺の (pulmonary). **2** 肺炎 (pneumonia) の, 肺炎に冒された. 〖(1675) ← NL *pneumonicus* ← Gk *pneumonikós* ← *pneúmōn* (↑): ⇨ -ic[1]〗

pneumónic plágue *n.* 〘病理〙肺ペスト.

pneu·mo·ni·tis /nùːmənáɪṭɪ̀s, njùː- | njùːmənáɪtɪs/ *n.* (*pl.* **-mo·nit·i·des** /-nɪ́ṭədìːz | -tɪ-/) 〘病理〙**1** 肺臓炎, 肺実質炎. **2** 肺炎 (pneumonia). 〖(1822–34) ← NL ~: ⇨ ↓, -itis〗

pneu·mo·no- /núːmənou, njúː- | njúːmənəu/「肺 (lung)」の意の連結形. ★ 母音の前では通例 pneumon- になる. 〖← Gk *pneúmōn* lung: ⇨ pneumonia〗

pneumono·co·ni·o·sis /-kòunióusɪ̀s | -kə̀unɪ̀-óusɪs/ *n.* =pneumoconiosis. 〖1866〗

pnéumono·ultramicroscópic·silico·volcáno·co·ni·ó·sis /-kòunióusɪ̀s | -kəunìóu-sɪs/ *n.* 〘病理〙塵肺(じんぱい)症《顕微鏡で見えないほどの微細なケイ酸末・石英粉末を絶えず吸入するために起こるもので pneumonoconiosis の一種; 鉱夫などに多い; cf. silicosis》. ★ この辞典の中の英語語彙の中で最も長い語. 〖(1966) ← NL ~ ← PNEUMONO-＋ULTRAMICROSCOPIC＋SILICO-＋VOLCANIC＋-O-＋Gk *konía* dust＋-OSIS〗

pnèumo·thórax *n.* 〘病理〙気胸: artificial [spontaneous] ~ 人工[自然]気胸. 〖(1821) ← NL ~: ⇨ pneumo-, thorax〗

pneu·mo·tro·pic /nùːmətrɑ́(ː)pɪk, njùː-, -tróup- | njùːmətrɔ́p-⁻/ *adj.* 〘生理〙肺向性の, 肺親和性の. 〖1925–30〗

pneu·mot·ro·pism /nuːmɑ́trəpɪ̀zm, njuː- | njuː-mɔ́trə-/ *n.* 〘生理〙肺向性, 肺親和性.

PNF 《略》Palestine National Front.

PNG 《略》Papua New Guinea.

p-n jùnction /píːén-/ *n.* 〘電子工学〙PN 接合《半導体の単結晶中の P 型と N 型との移り変わりの部分》.

pnl 《略》panel.

PNM, p.n.m. 《略》〘電気〙pulse number modulation パルス密度変調.

-pnoe·a /(p)níːə/ =-pnea.

Pnom·penh /(p)nɑ́(ː)mpén, pənɑ́(ː)m- | (p)nɔ́m-/ *n.* =Phnom Penh.

PNP 《略》positive-negative-positive.

PNR 《略》point of no return 〘航空〙帰還不能地点.

Pnt. 《略》Pentagon.

pnxt 《略》pinxit.

Pnyx /(p)nɪ́ks/ *n.* プニックス《ギリシャの Athens の Acropolis 近くにある丘; 古代アテネの集会の場》.

po /póu | pə́u/ *n.* (*pl.* ~**s**) 《英口語》おまる (chamber pot). 〖(1880); F *pot* (⇨ pot) の発音から〗

Po /póu | pə́u; *It.* pɔ/ *n.* [the ~] ポー(川)《Alps に発し北西部を東流してアドリア海に注ぐイタリア最大の川; 668 km; 古名 Padus》.

Po /píːóu | -ə́u/ 《記号》〘化学〙polonium.

PO /píːóu | -ə́u/ 《略》personnel officer 職員; 〘海軍〙petty officer; pilot officer; post office 郵便局, 郵政省[公社]; 《英》postal order 郵便為替 (《米》money order) Province of Ontario 《米》(カナダの)オンタリオ州; Public office [officer]; purchase order; putout.

po. 《略》pole.

p.o. 《略》〘野球〙putout(s) アウト.

po·a /póuə | pə́uə/ *n.* 〘植物〙イネ科イチゴツナギ属 (*Poa*) のほぼ全世界に広く分布している雑草の総称《スズメノカタビラ (*P. annua*), イチゴツナギ (*P. sphondyloes*), ナガハグサ (*P. pratensis*) など》. 〖← NL ~ ← Gk *póa* grass〗

POA 《略》〘化学〙palmitoleic acid; 《英》Prison Officers' Association 刑務所職員連合《労働組合》.

Po·a·ce·ae /pouéɪsiìː | pəu-/ *n. pl.* 〘植物〙イネ科 (Gramineae). **po·á·ceous** /-ʃəs/ *adj.* 〖(1753) □ NL ~: ⇨ ↑, -aceae〗

poach[1] /póutʃ | pə́utʃ/ *vt.* **1** (他人の土地に侵入して)密猟[密漁]する; (不正に侵入して)〈猟場などを〉荒らす: ~ pheasants, salmon, etc. / ~ preserves, a river, etc. **2 a** 〈他人の権利などを〉侵害する, 侵し取る. **b** 不正手段で取る, 盗む; (他社から)〈人を〉引き抜く, スカウトする: ~ ideas from another 他人のアイデアを盗む. **c** (競走で)不正手段で〈有利な地歩を〉得る: ~ a start in a race スタートをごまかして先に出る. **3** (テニスなどで)〈パートナーが打つべき球を〉ポーチする《横から飛び出して打つ》: ~ one's partner's ball. **4** 《英》〈棒・指などを〉突き入れる (thrust); 踏み込んで〈芝地など〉に穴をあける, 踏んでぬかるみにする: The cattle have ~*ed* the meadow. 牛に踏まれて牧場はぬかるみだらけだ. **5** 〈粘土などを〉水を混ぜて均質にねる. — *vi.* **1** (密猟するために他人の土地に)侵入する, (他人の土地・猟場・漁場などで)密猟[密漁]する: ~ *on* [*upon*] another's preserves 他人の狩猟地で密漁する; (他人の縄張りを荒らす) / ~ *for* pheasants [salmon] (他人の猟場[漁場]に入って)キジ[サケ]を密猟[密漁]する. **2** (他人の領域などに)踏み込む; (他人の権利などを)横取りする: ~ *in* other people's business 他人の縄張りを荒らす / ~ *for* fresh ideas (他人の著書などから)新しい考えをあさる. **3** (競走などで)不正手段を用いる. **4** (テニスなどで)ポーチする《普通ならパートナーが取る球を横から飛び出して打つ》. **5** (歩きながら)泥にはまる, (泥道を)骨折って進む. **6** (地面・道などが踏みにじられて)ぬかる. 〖(1528) □ (古形) *poche* F *pocher* < OF *pochier* to tread upon, poach into □ MHG *bochen*, *puchen* to strike upon: cf. poke[1]〗

poach[2] /póutʃ | pə́utʃ/ *vt.* 〈魚などを〉(沸騰直前の温度で)軽くゆでる, 湯煮する, ミルクでゆでる; 〈割った卵を〉熱湯に落し入れてゆでる, ポーチする: ⇨ poached egg. 〖(*c*1450) *pocche(n)* □ OF *pochier* (F *pocher*)《原義》to enclose in a bag ← (O)F *poche* pouch □ Frank. **pokka* bag, pocket ← IE **beu-* to swell: cf. poke[2], pouch: 卵の白味が黄味を包む袋とみなされたため〗

póached égg *n.* 落とし卵, ポーチドエッグ. 〖*c*1450〗

póach·er[1] *n.* **1** 猟区侵入者, 密猟[密漁]者. **2** 他人のお得意を横取りする商人, (商売などの)縄張り荒らし. **3** 〘鳥類〙=baldpate 2. **4** 〘魚類〙=sea poacher. ***a póacher túrned gámekeeper*** 《英》犯罪者から転身した捜査官. 〖(1667) ← POACH[1]＋-ER[1]〗

póach·er[2] *n.* **1** 落とし卵用鍋《上底に何枚か受け皿が並び, 卵を一つずつ落とし, 下からの蒸気で加熱する》. **2** (魚などを)ゆでる鍋. 〖(1861) ← POACH[2]＋-ER[1]〗

poach·y /póutʃi | pə́u-/ *adj.* (**poach·i·er**; **-i·est**) 〈土地が〉水浸しになった, ぬかった; ぬかるみの, 湿地の, 水気の多い (swampy). **póach·i·ness** *n.* 〖(1707) ← POACH[1]＋-Y[4]〗

POB 《略》Post Office Box (郵便)私書箱.

PÓ bòx /píːóu- | -ə́u-/ *n.* 〘電気〙PO 箱《中抵抗測定用の抵抗ブリッジ箱; 電池・検流計・被測定抵抗を接続して測定する》. 〖*P.O.* =post office: 電信に用いられたため〗

PÓ Bòx /píːóu- | -ə́u-/ *n.* (郵便)私書箱 (Post Office Box).

po'boy /póubɔ̀ɪ | pə́u-/ *n.* =hero sandwich. 〖《変形》← *poor boy*: 米国南部方言の発音から〗

POC, p.o.c. /píːòusíː | -ə̀u-/ 《略》port of call.

Po·ca·hon·tas /pòukəhɑ́(ː)nṭəs | pɔ̀kəhɔ́ntəs/ *n.* ポカホンタス (1595?–1617; アメリカインディアンの首長 Powhatan の娘で Captain John Smith を処刑から救ったと伝えられる; 後に英国人と結婚して Rebecca Rolfe といった).

Po·ca·tel·lo /pòukətélou | pə̀ukətéləu/ *n.* ポカテロ《米国西部, Idaho 州南東部の都市》.

po·chard /póutʃəd | pə́utʃəd, pɔ́tʃ-/ *n.* (*pl.* ~**s**, ~) 〘鳥類〙**1** ホシハジロ (*Aythya ferina*)《雄の頭部が栗色の潜水ガモ; アメリカホシハジロ (redhead) に似ている; 《英》ではまた dunbird ともいう》. **2** ハジロ属 (*Aythya*) のスズガモの類の海ガモの総称. 〖(1552) ← ?: cf. F *pocher* 'to pocket, POACH[2]'〗

po·chette /pouʃét | pə-; *F.* pɔʃɛt/ *F. n.* **1** 小さなポケット. **2** ポシェット, (小型の)ハンドバッグ (handbag). 〖((1889)) (1913) □ F ~ (dim.) ← *poche*: cf. pocket〗

po·cho /pɑ́(ː)tʃou | pɔ́tʃ-; *Am.Sp.* pótʃo/ *n.* [軽蔑的] ポーチョ《メキシコ系アメリカ人; アメリカナイズされたメキシコ人》. 〖(1944) □ Am.-Sp. ~ □ Sp. ~ 'discolored, faded'〗

Po Chü-i /póutʃúːíː | pə́u-/ *n.* =Bai Juyi.

pock /pɑ́(ː)k | pɔ́k/ *n.* **1** 〘病理〙膿疱(のうほう) (pustule); 痘瘡(とうそう), 痘疱, 痘疹, 疱瘡. **2** 痘瘡の跡, あばた. **3** 《卑》梅毒, かさ. — *vt.* あばた(状)にする: be ~*ed* with …であばた(状)になっている. 〖lateOE *poc(c)* ← Gmc **pukno-* (Du. *pok* / G *Pocke*) ← IE **beu-* to swell: cf. pox〗

pocked *adj.* =pockmarked.

pock·et /pɑ́(ː)kɪ̀t | pɔ́kɪt/ *n.* **1** ポケット; 小袋, 金入れ: an inside ~ 内ポケット / pay out of (one's own) ~ 自腹を切って払う / pick a ~ 懐中を掏(す)る (cf. pickpocket). **2 a** (ポケットの中の)銭, 小遣い銭 (pocket money): an empty ~ 無一文(の人) / ~ expenses 小遣い銭. **b** 資力, 財力 (means): have a deep ~ 十分な資力がある / It is beyond my ~. 財布に合わない, 手が届かない. **3 a** (体表面の)くぼみ; くぼみ, くま; 囲まれた場所. **b** 袋小路 (blind alley). **c** 《米》山間(やまあい), 谷間. **4** (地図などを入れるための本の内表紙の)ポケット, ブックポケット; (レコードアルバムなどの同様の)袋. **5** (窓枠などの)凹(くぼ)所, 戸袋,

P

サッシポケット，空洞《窓を上下するための分銅をつるすところなど》．**6** (スーツケースのふたの裏側の)物入れ；(自動車の扉の内側の)物入れ，ポケット．**7** ポケット《玉突き台の角と横に付いている玉受け》．**8 a** 《英》(ホップ・羊毛などの) 1 袋(の量)《168–224 ポンド》．**b** 《南ア》(フルーツ・野菜の) 1 袋分．**9 a** 〘地質〙鉱石塊；鉱穴，鉱嚢(のう)，鉱脈瘤(りゅう)．**b** 〘鉱山〙投鉱台．**10 a** 〘動物〙(カンガルーなどの)袋．**b** 〘野球〙(ミットの)凹(くぼ)所，ポケット．**11 a** (周囲から孤立した異質の)小地区[集団]: a ～ of poverty / There are rural ～*s* even round London. ロンドンの近くでもひなびた土地はまだ残っている．**b** 〘軍事〙(敵に完全にまたはほとんど包囲された)孤立地帯，ポケット地帯，孤立した戦闘地域，孤立した部隊: mop up enemy ～*s* [～*s* of resistance] ポケット地帯の敵兵[残敵]を掃討する．**c** (閉じ込められて)いらだたしい状況．**12** 〘航空〙=air pocket. **13 a** 〘陸上競技〙ポケット《他の選手に囲まれて思うように進めない状態》．**b** 〘アメフト〙ポケット《前パスを行うクォーターバックなどを相手のチャージから守るために作る地域》．**c** 〘競馬〙ポケット《他の馬に前方と側方を邪魔されて前進を阻まれる位置》．**d** 〘豪式フットボール〙ポケットプレーヤー《後方サイドの位置》．**14** 〘ボウリング〙ポケット《二つのピンの間の空間；特に，1 番ピンとそのすぐ後のいずれかのピンとの間をいう》．**15** 〘海事〙バッテン通し《縦帆の後端に帆布を縫い付けて作った長い小袋；帆をぴんと張らせるために当木などをこれにはめて止める》．**16** (柱などに穿(うが)たれた梁の)承口(うけぐち)．**17** 〘劇場〙=stage pocket.

be* [*live*] *in èach óther's póckets 《口語》(二人が)いつもいっしょに[頼り合って]暮らしている．***búrn a hóle in*** *one's* ***pòcket*** (金を)使いたくてうずうずしている．***díg déep into*** *one's* ***pócket*** 金を盛んに使う．***hàve*** *a person* [*thing*] ***in*** *one's* ***pócket*** 〈人・物を〉手のうちに押さえている，…完全に支配している．***in*** *a person's* (***hip***) ***pócket*** (1) 人にぴったりと付き添われて．(2) 人と親密で．(3) 人のいうなりになって．***in pócket*** 手元に持って；(商売で)もうけて: I am 5 dollars *in* ～.=I am *in* ～ by 5 dollars. (1751) ***líne*** *one's* (***ówn***) ***pócket****s* ⇨ line[2] *vt.* 3. ***òut of pócket*** (1) (商売で)損をして．(2) 資金なしで，金に窮して．(3) 手元の金で．(1693) ***pùt*** *one's* ***príde*** [***ánger***] ***in*** *one's* ***pócket*** 自尊心[怒り]を抑える，恥を忍ぶ．***sáve*** *one's* ***pócket*** 懐を痛めない，損をしない．***súffer in*** *one's* ***pócket*** 懐を痛める，損をする．

— *adj.* [限定的] **1** ポケットに入れられる；ポケット用の；小型の，ポケット型の: a ～ dictionary 小型辞書．**2** 局地的な，孤立した (isolated): a ～ war 局地戦．

— *vt.* **1 a** ポケット[懐]に入れる；(ポケットの中などに)隠す，しまい込む．**b** [通例受身で] 閉じ込める，囲む．**2** (通例不正に)〈金を〉もうける，着服する，くすねる (embezzle): He ～*ed* a nice sum over the transaction. 彼はその取引でたんまりもうけた．**3** 〈侮辱などを〉こらえる (tolerate)；〈感情を〉顔に表さない，隠す (conceal): ～ an insult 侮辱を忍ぶ，泣寝入りする / ～ one's pride (目的を遂げるために)自尊心を抑える，恥を忍ぶ．**4** 《米》〈大統領・州知事が〉〈議案などを〉握りつぶす (⇨ pocket-veto). **5** 〘玉突〙〈球を〉ポケットに入れる．**6** 〘機械〙箱[穴]に入れる．**7** (競馬などで)〈相手を〉邪魔する (hem in) (cf. *n.* 13 c). **8** [主に受身で] …にポケットをつける．**9** 〘軍事〙〈敵を〉ポケット地帯に包囲する．

～·like *adj.* 〘n.: 《(1350)》□ AF *poket(e)* (F *pochette*) (dim.) ← *poke* 'POKE[2]'. — v.: 《(1589)》← (n.): ⇨ -et〙

pock·et·a·ble /pɑ́(ː)kɪ̈təbl | pɔ́kɪt-/ *adj.* **1** ポケットに入れられる，懐中にできる；私用にされる: a ～ book. **2** 隠すことができる．〘*a*1700〙

pócket báttleship *n.* (第二次大戦でドイツ海軍が Versailles 条約の制限内で造った 1 万トンの)小型戦艦，豆戦艦，袖珍(しゅうちん)戦艦．〘1930〙

pócket bìlliards *n. pl.* [通例単数扱い] =pool[2] 4. 〘1913〙

pócket·bòok *n.* **1 a** (昔の男子用)紙入れ，札入れ；《米》ハンドバッグ (handbag). **b** 懐具合，収入，資力，財源 (pecuniay resources): hurt one's ～ 自分の懐を痛める，自腹を切る / The prices were beyond the average ～. 一般の人々には買えない値段だった / The price suited my ～. 値段は私の予算に手頃だった / The laws go deep into the ～*s* of the citizens. これらの法律は市民の懐に深く影響する．**2** 《米》=pocket book. **3** 《英》手帳 (notebook). 〘1617〙

pócket bòok *n.* (*also* **pócket·bòok**) ポケット型廉価版，文庫本；(特に)ペーパーバック (paperback).

pócket bòrough *n.* 〘英史〙ポケット選挙区，懐中選挙区《国会議員選出の実権が特定の有力者や顔役一族の手中にあった選挙区；1832 年の選挙法改正で廃止；cf. rotten borough 1》．〘1856〙

pócket cálculator *n.* (ポケット)電卓．

pócket chàmber *n.* 〘物理〙ポケット線量計．

pócket chìsel *n.* (刃先の短い)ポケットのみ．

pócket dòor *n.* ポケットドア《壁の中に納まる引戸》．

pócket edìtion *n.* =pocket book. 〘1715〙

pock·et·ful /pɑ́(ː)kɪ̈tfʊ̀l | pɔ́kɪt-/ *n.* (*pl.* **～s, pock·ets·ful**) **1** ポケット一杯(分) 〔*of*〕. **2** 《口語》たくさん，一杯: a ～ *of* money 大金．〘1611〙

pócket glàss *n.* (懐中用)小型鏡 (pocket mirror ともいう)．

pócket gòpher *n.* 〘動物〙ホリネズミ，ポケットゴファー (⇨ gopher[1] 1 a). 〘1873〙

pócket-hándkerchief *n.* **1** (ポケットに入れておいて手や顔をふく)ハンカチ．**2** (ポケットに入るような)小さな物；狭い土地．〘1645〙

póck·et·ing /-tɪŋ | -tɪŋ/ *n.* ポケット裏地．

pócket·knìfe *n.* (*pl.* **-knives**) 小刀，ポケットナイフ (折り畳み式小型ナイフ)．〘1727〙

pócket·less *adj.* ポケットのない．〘1889〙

pócket mìrror *n.* =pocket glass.

pócket mòney *n.* **1** 《英》(主に子供に与える 1 週間分の)小遣い銭《単に pocket ともいう》．**2** (小支出用の)小遣い銭，ポケットマネー (spending money). 〘1632〙

pócket mòuse *n.* 〘動物〙ポケットマウス[ネズミ]《米国南西部・メキシコ北部に生息するポケットマウス科ポケットマウス属 (*Perognathus*) の齧歯(げっし)動物の総称；穴にすみ夜活動する；えさをためるためのほお袋がある》．〘1884〙

pócket pàrk *n.* (市街地などの)ミニ公園．

pócket pìece *n.* (お守りに懐中に入れる)縁起銭《多くは古銭》．〘1706〙

pócket pìstol *n.* **1** (懐中用)小型ピストル．**2** 《戯言》(ウイスキーなどの)懐中瓶(びん)．〘1612〙

pócket ràt *n.* 〘動物〙ほお袋のある種々の齧歯(げっし)動物の総称《カンガルーネズミ (kangaroo rat)，ホリネズミ (pocket gopher)，ポケットマウス (pocket mouse) など》．

pócket ròt *n.* 〘建築〙うつろ，虚(うろ)《木材の内部に生じた腐朽による空洞》．〘1927〙

pócket-sìze *adj.* ポケット型の；小型の: a ～ camera. 〘1907〙

pócket-sìzed *adj.* =pocket-size.

pócket-vèto *vt.* 《米》〈大統領・州知事が〉〈議案を〉握りつぶす．

pócket vèto *n.* 《米》(大統領の)議案握りつぶし《議会閉会前 10 日以内に署名を求められた議案を閉会日まで大統領が保留すること；事実上の拒否に等しい》；(州知事などの)議案握りつぶし (⇨ pocket *vt.* 4). 〘1842〙

pócket wàtch *n.* 懐中時計．

pock·et·y /pɑ́(ː)kɪ̈ti | pɔ́kɪti/ *adj.* **1** 〘鉱山〙(鉱石が広く全般的でなくところどころに)鉱穴状に存在する，鉱脈瘤(りゅう)の．**2** ポケットのような；閉じ込められた (pent in)，うっとうしい (close). 〘《(1874)》← POCKET+-Y[4]〙

póck·màrk *n.* **1** あばた，痘痕(とうこん)《天然痘の治った跡》．**2** あばたに似た跡．— *vt.* **1** あばたにする．**2** 〈地面など〉にあばたのような穴を作る: ～ a field, road, etc. 〘《(1673)》: ⇨ mark[1]〙

póck·màrked *adj.* あばたのある；あばたのように穴のできた．〘1756〙

póck púdding *n.* 《スコット》**1** 太った大食家の人．**2** 《軽蔑》イングランド人 (Englishman). **3** 袋に入れて作ったプディング (bag pudding). 〘《(《1552》)》《(*c*1730)》*poke pudding*〙

pock·y /pɑ́(ː)ki | pɔ́ki/ *adj.* (**pock·i·er; -i·est**) **1** あばただらけの．**2** 《古》あばたの(ある)．**3** 《卑》梅毒にかかった．**póck·i·ly** /-kɪ̈li/ *adv.* 〘《(*c*1350)》*pokky*: ⇨ pock, -y[4]〙

po·co /póʊkoʊ | pə́ʊkəʊ; *It.* pɔ́ːko/ *adv.* 〘音楽〙少し，やや (somewhat): ～ allegro やや速く，いくらか快活に / ～ largo [presto] やや遅く[速く]．〘《(1724)》□ It. & Sp. ～ 'little' < L *paucum* few〙

po·co a po·co /póʊkoʊɑːpóʊkoʊ | pə́ʊkəʊɑːpə́ʊkəʊ; *It.* pɔ̀koapɔ́ːko/ *adv.* 〘音楽〙徐々に，少しずつ (gradually). 〘□ It. ～ 'little by little' (↑)〙

po·co·cu·ran·te /pòʊkoʊkjʊrǽnti | pə̀ʊkəʊkjʊrǽnti, -teɪ/ *adj.* のん気な (easygoing)，平気な，無頓着な (indifferent). — *n.* 無頓着者，のん気者 (trifler). 〘《(1762)》□ It. *poco curante* ← *poco* little+*curante* caring < L *cūrantem* (pres.p.) ← *cūrāre* to care ← *cūra* 'care, CURE[1]'. cf. curious〙

pò·co·cu·rán·tism /-tɪzm/ *n.* のん気，無頓着；冷淡．〘1831〙

Pó·co·no Mountains /póʊkənòʊ- | pə́ʊkənəʊ-/ *n. pl.* [the ～] ポコノ山脈《米国 Pennsylvania 州東部，アパラチア山脈 (the Appalachians) の一部》．〘*Pocono*: ← N-Am.-Ind. ← ?〙

po·co·sin /pəkóʊsən, póʊkə-, -sn | pəkə́ʊ-, pə́ʊkə-/ *n.* (*also* **po·co·sen** /～/, **po·co·son** /～/) 《米南東部》サバンナの低地に分布する平らな沼地．〘《(1634)》□ N-Am.-Ind. (Delaware) *pâkwesen* ← *pâkw* shallow+*-sen* (suf. of location)〙

pod[1] /pɑ́(ː)d | pɔ́d/ *n.* **1** (エンドウなどの)さや (seed vessel)；(豆の入っている)さや．**2** さやの形をしたもの: **a** カマス (pike) の子；(イナゴの細長い)卵袋；(蚕の)繭(まゆ)．**b** (首の締まった)ウナギ網．**3** 《俗》太鼓腹 (potbelly). **4** 〘植物〙裂開果実．**5** 〘航空〙ポッド《燃料・ジェットエンジン・荷物・武器などを納めるための胴体[翼]下に取り付ける流線型の容器》．**6** 〘宇宙〙計器配線の干渉保護のために固定剤を施すこと．

in pód 《俗》妊娠して (pregnant).

— *v.* (**pod·ded; pod·ding**) — *vi.* **1** さやになる，さやを生じる 〈*up*〉: Beans are ～*ding* early this year. **2** a (さやのように)膨れる．**b** [～ up として]《俗》(妊娠して)〈腹が〉膨れる (shell). — *vt.* …のさや[殻]をむく．

～·like *adj.* 〘《(1688)》《(逆成)》? ← 《(方言)》*podware*, *podder* field crops, plants having pods 《(変形)》? ← ME *cod-ware* legume (⇨ cod[3], ware[1]): c → p の変化は PEA との連想か〙

pod[2] /pɑ́(ː)d | pɔ́d/ *n.* (アザラシ・鯨などの)小群；(小鳥の)小群．— *vt.* (**pod·ded; pod·ding**) 〈アザラシなどを〉追い集めて群れさせる．〘《(1832)》《(転用)》? ↑: 鳥・鯨・アザラシなどがちょうどさやに入ったエンドウのように群をなす習性があるところからか〙

pod[3] /pɑ́(ː)d | pɔ́d/ *n.* 〘木工〙**1** (木工錐(きり)) (auger) などの縦溝 (groove). **2** (繰り子錐 (brace and bit) の)錐の受け口 (socket). 〘《(1573)》《(異形)》? ← PAD[1]: cf. OE *pād* covering〙

POD /píːòʊdíː | -əʊ-/ 《略》pay on death 死後払い；〘商業〙pay on delivery 現物引換え払い (cf. COD); Pocket Oxford Dictionary; Post Office Department 《米》郵政省《1971 年までの》．

pod- /pɑ́(ː)d | pɔ́d/ (母音の前にくるときの) podo- の異形．

-pod[1] /pɑ̀(ː)d | pɔ̀d/「足のある (footed)；…足の動物[人]」の意の形容詞・名詞連結形 (cf. -podous): cephalo*pod*. 〘□ Gk *-podos, -podon* ← *pod-, poús* 'FOOT'〙

-pod[2] /pɑ̀(ː)d | pɔ̀d/ =-pode. 〘← NL *podium* foot: ⇨ podium〙

-po·da /-pədə | -də/ 〘動物〙「多くの足をもった動物」の意の名詞連結形《動物学の分類名の綱に用いる》: Cephalo*poda* 頭足綱．〘← NL ～ ← Gk ～ (neut.pl.) ← *podos*: ⇨ pod[1]〙

po·dag·ra /pədǽgrə, pɑ́(ː)dəg- | pə(ʊ)dǽg-, pɔ-, pɔ́dəg-/ *n.* 〘病理〙足部痛風；痛風 (gout). 〘《(*a*1398)》□ L ～ □ Gk *podágrā* ← PODO-+*ágrā* a seizure ← ?IE **agro-* ← **ag-* to drive, draw move (cf. AGONY): cf. **podagre* (*c*1300–1578) (□ OF □ L *podagra*)〙

po·dag·ral /pədǽgrəl, pə-, pɑ́(ː)dəg- | pə(ʊ)dǽg-, pɔ-, pɔ́dəg-/ *adj.* 〘病理〙=podagric. 〘《(1822–34)》⇨ ↑, -al[1]〙

po·dag·ric /pədǽgrɪk, pɑ́(ː)dəg- | pə(ʊ)dǽg-, pɔ-, pɔ́dəg-/ *adj.* 〘病理〙痛風の，(足指)痛風にかかった (gouty). 〘《(?*a*1425)》□ L *podagricus* □ Gk *podagrikós*: ⇨ podagra, -ic[1]〙

po·dag·rous /pədǽgrəs, pɑ́(ː)dəg- | pə(ʊ)dǽg-, pɔ-, pɔ́dəg-/ *adj.* 〘病理〙=podagric.

po·dal·gia /pədǽlʤə, -ʤiə | pə(ʊ)dǽlʤiə, -ʤə/ *n.* 〘病理〙足痛．〘《(1842)》← PODO-+-ALGIA〙

po·dal·ic /pədǽlɪk, pə- | pə(ʊ)-/ *adj.* 足の[に関する]．〘《(1890)》← *podal* of the feet (⇨ podo-, -al[1])+-IC[1]〙

pód còrn *n.* 〘園芸〙有稃(ふ)種トウモロコシ (*Zea mays* var. *tunicata*)《実がよく発達した稃で覆われたトウモロコシ (Indian corn) の一変種》．〘1893〙

pód·ded /-dɪ̈d | -dɪd/ *adj.* **1** さや (pod) を生じる；さやにできる；豆類の (leguminous). **2** [フランス語法] 暮らし向きのよい，裕福な (well-off). 〘《(1753)》← POD[1]+-ED[2]〙

pod·dy /pɑ́(ː)di | pɔ́di/ *n.* 《豪》(個別に飼育した (hand-fed))子牛，子羊；(一般に)幼い動物．— *vt.* (個別に)飼育する．〘《(《1844》)》《(1893)》← ?〙

póddy-dòdger *n.* 《豪口語》(特に焼き印のない子牛を盗む)家畜泥棒．

-pode /pòʊd | pə̀ʊd/ 次の意味を表す名詞連結形: **1** 「足のような部分」: psudo*pode*. **2** 「足 (foot)」: mono*pode*. **3** 〘動物〙=-podite. 〘⇨ -pod[1]〙

po·de·sta /poʊdéstə, pòʊdəstɑ́ː | pɔdéstə; *It.* podestá/ *n.* **1** イタリアの自治都市の行政官；中世イタリアの都市長官．**2** 〘イタリア史〙ファシスト党から任命されたイタリアの市長《ただしローマとナポリを除く》．〘《(1548)》□ It. *podestà, potestà* < L *potestātem* power ← *potis* able ← IE **poti-* powerful; lord〙

po·de·ti·um /pədíːʃiəm, -ʃəm | pə(ʊ)-/ *n.* (*pl.* **-ti·a** /-ʃiə, -ʃə/) 〘植物〙子器柄《地衣類の裸子器にある柄》．〘《(1857)》← NL ～ ← PODO-+*-etium* (?)〙

podge /pɑ́(ː)ʤ | pɔ́ʤ/ *n.* 《英口語》ずんぐりした人[動物，物]．〘《(1833)》← ?: cf. PUDGE〙

Pod·go·ri·ca /pɔ́dgɔ̀riːtsɑ | pɔ́d-; *Serb.* pɔ̂dgoritsa/ *n.* ポドゴリツァ《ユーゴスラビア連邦共和国を構成するモンテネグロ共和国の首都；Podgoritsa ともいう；旧名 Titograd /*Serb.* tîtograːd/ (1946–92)》．

Pod·gor·ny /pɑ(ː)dgɔ́əni | pɔdgɔ́ːni; *Russ.* padgórnij/, **Nikolai Vik·to·ro·vich** /vʲiktórəvʲitʃ/ *n.* ポドゴルヌイ《1903–83；ソ連の政治家，最高会議幹部会議長(元首) (1965–77)》．

podg·y /pɑ́(ː)ʤi | pɔ́ʤi/ *adj.* (**podg·i·er; -i·est**) 《英口語》〈人など〉ずんぐりした (pudgy)，〈顔など〉丸ぽちゃの: a ～ finger, leg, etc. **pódg·i·ly** /-ʤɪ̈li/ *adv.* **pódg·i·ness** *n.* 〘《(1846)》← PODGE+-Y[4]: cf. pudgy〙

podia *n.* podium の複数形．〘□ L ～〙

po·dí·a·trist /-trɪ̈st | -trɪst/ *n.* 《米》足病医 (chiropodist). 〘1914〙

po·di·a·try /pədáɪətri, poʊ- | pə(ʊ)-/ *n.* 《米》足病学；足病治療 (chiropody). **po·di·at·ric** /pòʊdiǽtrɪk | pə̀ʊd-⁻/ *adj.* 〘《(1914)》← PODO-+-IATRY〙

pod·ite /pɑ́(ː)daɪt | pɔ́d-/ *n.* 〘動物〙(節足動物の)肢節 (podomere). **po·dit·ic** /pədɪ́tɪk | pədɪ́t-/ *adj.* 〘《(1875)》← PODO-+-ITE[1]〙

-po·dite /-pədàɪt/ 〘動物〙「肢節」の意の名詞連結形．〘← POD-+-ITE[1]〙

po·di·um /póʊdiəm | pə́ʊd-/ *n.* (*pl.* **～s, -di·a** /-diə | -diə/) **1 a** (オーケストラの)指揮台 (dais). **b** 演壇．**c** 聖書台．**2** 〘建築〙**a** 基壇，ポディウム《古代神殿建築などが建つ高い石造の土台》．**b** (古代の円形劇場の貴賓席下の)闘技場 (arena) の周囲の低い腰壁；(舞台と観客席の)仕切り壁．**c** 大広間などの周囲の壁の下部を突き出して作った腰掛け．**3** 〘動物〙(下等動物の)足；特に)棘皮動物の管足．**4** 〘植物〙葉柄 (footstalk). ***táke* [*móunt*] *the pódium*** 《米》オーケストラの指揮をとる；聴衆に話しかける．〘《(1743)》□ L ～ 'elevated place, balcony' □ Gk *pódion* (dim.) ← *pod-, poús* foot: ⇨ podo-, -ium〙

-po·di·um /póʊdiəm | pə́ʊd-/「…の足をもつもの；足状 (footlike) の部分(をもつもの)」の意の名詞連結形．〘← NL ～ (↑)〙

pod·o- /pɑ́(ː)doʊ | pɔ́dəʊ/「足の」の意の連結形．★ 母音の前では通例 pod- になる．〘□ Gk ～ ← *pod-, poús* foot〙

pod·o·carp /pɑ́(ː)dəkɑ̀ːp | pɔ́dəkɑ̀ːp/ *n.* 〘植物〙マキ科の針葉樹．〘1858〙

Pod·o·car·pa·ce·ae /pɑ̀(ː)doʊkɑəpéɪsiː | pɔ̀də(ʊ)kɑː-/ *n. pl.* 〘植物〙マキ科《裸子植物》．〘← NL ～ ← *Podocarpus* (属名: ↓)+-ACEAE〙

P

pod·o·car·pus /pὰ(:)ḍoukάəpəs | pɔ̀də(ʊ)kά:-/ *n.* 〘植物〙イヌマキ《マキ科マキ属 (*Podocarpus*) の高木の総称; イヌマキ (*P. macrophyllus*) など; 材はシロアリに強く建材用》. 〖(1880-85) ← NL ～: ⇨ podo-, -carpus〗

pod·o·dyn·i·a /pὰ(:)dədíniə | pɔ̀d-/ *n.* 〘病理〙= podalgia. 〖(1895-1900) ← PODO-＋-ODYNIA〗

Po·dolsk /pədɔ́:lsk | -dɔ́lsk; *Russ.* padólʲsk/ *n.* ポドリスク《ロシア連邦西部, Moscow の南方にある都市》.

pod·o·mere /pά(:)dəmìə | pɔ́dəmìə^(r)/ *n.* 〘動物〙肢節《節足動物の手足の関節; podite ともいう》.

podophylli *n.* podophyllum の複数形.

pod·o·phyl·lin /pὰ(:)ḍəfílɪ̀n | pɔ̀də(ʊ)fílɪn/ *n.* ポドフィリン《薬用植物ポドヒルム (podophyllum) から採った黄色樹脂; 下剤用》. 〖(1851) ⇨ ↓, -in²〗

pod·o·phyl·lum /pὰ(:)ḍəfíləm | pɔ̀d-/ *n.* (*pl.* **-phyl·li** /-laɪ/, **～s**) 薬用植物ポドヒルム (mayapple) の乾燥地下茎 (podophyllin の原料). 〖(1760) ← NL ～ ← PODO-＋Gk *phúllon* leaf (⇨ -phyll)〗

pod·o·the·ca /pὰ(:)dəθí:kə | pɔ̀d-/ *n.* (*pl.* **-the·cae** /-θí:si:/) 〘動物〙肢殻脚鞘《鳥類や爬虫類の脚を覆う角質の外皮》. 〖(1872) ← NL ～: ⇨ podo-, theca〗

-po·dous /⁻pədəs | -dəs/「…の足をもった, …足の」の意の形容詞連結形 (cf. -pod¹, -pode). 〖← -POD＋-OUS〗

pod·sol /pά(:)dsɑ(:)ɫ, -sɔ(:)ɫ | pɔ́dsɔɫ/ *n.* 〘地質〙= podzol. **pod·sol·ic** /pɑ(:)dsά(:)lɪk, -sɔ́(:)l- | pɔdsɔ́l-/ *adj.*

pod·sol·ize, (英) pod·sol·ise /pά(:)dsɑ(:)làɪz, -sɔ(:)l- | pɔ́dsɔl-/ 〘地質〙*vt., vi.* =podzolize.

Po·dunk /póudʌŋk | páʊ-/ *n.* 《米·戯言》 **1** (平凡·単調な)田舎町. **2** 名もないちっぽけな所, 寒村. 〖(1656)) (1846) 《転用》← *Podunk* (米国 Massachusetts 州と Connecticut 州にある地名) ← N-Am.-Ind. (Algonquian) 《原義》a neck or corner of land〗

pod·zol /pádzɑ(:)ɫ, -dzɔ(:)ɫ | pɔ́dzɔɫ; *Russ.* padzól/ *n.* 〘土壌〙ポドゾル《上部は灰白色, 下部は淡茶色で酸性の強い森林土; 北米北部およびロシア北部に広がる耕作に不適な不毛の土壌》. **pod·zol·ic** /pɑ(:)dzά(:)lɪk, -dzɔ́(:)l- | pɔdzɔ́l-/ *adj.* 〖(1906) ← Russ. ～ alkaline ashes ← *pod* bottom, ground (⇨ -pod²)＋*zola* ashes〗

pod·zol·i·za·tion /pὰ(:)dzɑ(:)lɪ̀zéɪʃən, -zɔ(:)l- | pɔ̀dzɔlaɪ-, -lɪ-/ *n.* 〘地質〙ポドゾル化作用. 〖1912〗

pod·zol·ize /pά(:)dzɑ(:)làɪz, -zɔ(:)l- | pɔ́dzɔl-/ [通例受身で] *vt., vi.* 〘地質〙ポドゾル化[灰色土壌化]する. 〖(1923) ← PODZOL＋-IZE〗

po·e /póui | páʊi/ *n.* (*also* **po·ë** /～/) 〘鳥類〙エリマキミツスイ (⇨ tui). 〖□ Tanitian ～ 《原義》pearl beads: Captain Cook による命名; この鳥がのどに2つの羽毛の房をつけているところから, この語を earring の意だと考え命名したという〗

Poe /póu | páʊ/, **Edgar Allan** *n.* ポー《(1809-49; 米国の詩人·短編小説家·批評家; *The Raven* (1845), *Tales of the Grotesque and Arabesque* (1840)》.

POE 《略》port of embarkation 仕出港, 船積港; port of entry 関税手続地, 通関港.

póe bìrd *n.* 〘鳥類〙=tsui. 〖1777〗

poe·cil- /pí:səl | -sɪ̀l/ (母音の前にくるときの) poecilo- の異形.

poe·cil·i·id /pi:sílìɪ̀d | -lɪɪd/ *adj., n.* 〘魚類〙カダヤシ科の(魚). 〖↓〗

Poe·ci·li·i·dae /pì:səláɪədì: | -sɪláɪɪ-/ *n. pl.* 〘魚類〙カダヤシ科. 〖← NL ～ ← *Poecilia* (属名: ⇨ poikilo-) ＋-IDAE〗

poe·cil·o- /pí:səlou | -sɪ̀ləʊ/ =poikilo-.

PO'ed /pì:óud | -áʊd/ *adj.* 《米口語》とてもいらいらしている (annoyed), 怒った (pissed off). 〖← *pissed off*〗

po·em /póuɪ̀m, -ɛm | páʊ-/ *n.* **1** (一編の)詩 (cf. prose, verse¹): a lyric [epic] ～ 叙情[叙事]詩. **2** 詩のような作品, 美文; 詩的なこと[もの], 詩趣に富むもの: a prose ～ 散文詩 / Their lives are a ～. 彼らの生活はさながら一編の詩である. 〖(1548) □ (O)F *poème* // L *poēma* □ Gk *poíēma* something made, poem ← *poieîn* to make ← IE **kwei-* to pile up, make ∽ (c1378) *poesy*: cf. poesy〗

poe·nol·o·gy /pi:nά(:)lədʒi | -nɔ́l-/ *n.* =penology.

po·e·sy /póuɪ̀zi, -si | póuɪ̀zi, páʊɛ-/ *n.* **1** 《古》[集合的] 詩, 詩歌 (poetry), 韻文 (verse). **2** 《詩·古》作詩(法) (poetic writing). **3** 《廃》 **a** 詩(の一つ) (poem). **b** 銘 (motto); (特に)指輪に刻んだ銘 (posy). **4 a** 詩的霊感, 創造力, 想像力. **b** 詩才. 〖(c1378) *poysye* □ (O)F *poésie* <VL **poēsium*=L *poēsis* □ Gk *póēsis*, *poíēsis* a making, poetry ← *poieîn* to make: ⇨ poem〗

po·et /póuɪ̀t | páʊɪ̀t, -ɛt/ *n.* **1** 詩人, 歌人: a minor ～ 小詩人. **2** 詩人のような(思考力·想像力·創造力·表現能力を備えた)人; 詩人肌の人. 〖(a1325) □ (O)F *poète* □ L *poēta* □ Gk *poiētḗs* maker: ⇨ poem〗

SYN 詩人: **poet** 詩を作る人で, 想像·直感·表現の能力のすぐれた人. **versifier** 本来は作詞家の意だが, つまらない詩を書く人という軽蔑的な意味が強い. **rhymer** つまらないことを押韻詩に作るへぼ詩人《*versifier* よりさらに軽蔑的》. **poetaster** *rhymer* と同じく軽蔑的な語で, へぼ詩人.

poet. 《略》poetic; poetical; poetically; poetics; poetry.

po·et·as·ter /póuɪ̀tæ̀stə | pàʊɪ̀tǽstə^(r)/ *n.* へぼ詩人, 三文詩人 (⇨ poet SYN). 〖(1599) ← NL ～: ⇨ poet, -aster¹〗

po·ète mau·dit /pouɛtmoudí: | páʊɛtmáʊ-; *F.* pɔɛtmodi/ *n.* (*pl.* **po·ètes mau·dits** /～/) 呪われた詩人《同時代の人に過小に評価されている詩人》. 〖(1930) □ F ～ 'cursed poet'〗

po·et·ess /póuɪ̀tɪ̀s | pàʊɪ̀tés, páʊɪtɪ̀s, -tès/ *n.* 女性の詩人 (woman poet). 〖(1530): ⇨ poet, -ess¹〗

po·et·ic /pouétɪk | pəʊét-/ *adj.* **1** 詩の, 韻文の (cf. prosaic 1): a ～ drama 詩劇. **2** 詩に適する[用いられる], 詩題[詩材]になる: (a) ～ imagination [inspiration] 詩的想像力[霊感] / a ～ subject [theme] 詩題 / ⇨ poetic diction. **3** 〈場所など〉詩で有名な. **4** 詩人の(ような), 詩人的な, 詩人肌の; 想像力に富んだ: ～ genius [faculty] 詩才. **5** 詩のような, 詩的な, 詩趣に富んだ, ロマンティックな (romantic): ～ descriptions of natural scenery 風景の詩的描写. ― *n.* =poetics. 〖(1530) □ (O)F *poétique* □ L *poēticus* □ Gk *po(i)ētikós* inventive, ingenious: ⇨ poet, -ic¹〗

po·ét·i·cal /-tɪ̀kəl, -kɫ | -tɪ-/ *adj.* =poetic: a ～ romance 伝奇物語詩 / ～ works 韻文の作品, 詩集 / ～ prose 詩的な散文 / a ～ person 詩人肌の人. ★ poetic と poetical の厳密な区別はないが, 一般に poetic は詩の本質や内容に関して, poetical は詩の形式に関して用いられる. **～·ly** *adv.* **～·ness** *n.* 〖(c1380) ← L *poēticus* (↑)＋-AL¹〗

poétic díction *n.* 詩語法《日常の談話や散文の用法と区別して, 詩に特有な用語や語法; 例: even (=evening), beauteous (=beautiful) など》; (陳腐な)詩的用語《特に18世紀英国の擬古典主義の詩に多い》. 〖1800〗

po·ét·i·cism /-təsìzm | -tɪ̀-/ *n.* (散文中の)詩的語法, 古風な表現. 〖1847〗

poet·i·cize /pouétəsàɪz | pəʊétɪ̀-/ *vt.* **1** 詩によむ[作る], 詩に歌う; 詩的にいう. **2** 詩化する, 美化する. ― *vi.* 詩を作る, 作詩する. **po·ét·i·ciz·er** *n.* 〖(1804) ⇨ poetic, -ize〗

poétic jústice *n.* (善人は栄え悪人は滅びるという詩や小説に現れる)理想的正義, 因果応報, 勧善懲悪. 〖1728〗

poétic lícense *n.* 詩的許容《詩的効果をあげるために韻律·文法·論理·事実などに関する破格や逸脱が許されること》. 〖1530〗

po·et·ics /pouétɪks | pəʊét-/ *n.* [通例単数扱い] **1** 詩論, 詩学. **2** 韻律学, 韻律研究. **3** 一般文学理論, 文学の構造的研究. **4** [the Poetics]「詩学」《劇詩を中心とした Aristotle の文学·芸術論》. **5** (特定の詩人の)詩風[詩的実践, 詩論]: Chaucer's [Victorian] ～. **6** 詩的感情; 詩的表現. 〖(1727-41): ⇨ -ics〗

po·et·i·cule /pouétɪkjù:l | pəʊétɪ-/ *n.* =poetaster. 〖(1872) ← POET＋-I-＋-CULE〗

po·et·ize /póuɪ̀tàɪz | páʊɪ̀-/ *vt., vi.* =poeticize. 〖(1581) □ (O)F *poétiser*: ⇨ poet, -ize〗

póet láureate *n.* (*pl.* **poets l-**, **～s**) **1** 桂冠詩人《英国の王室付き詩人として終身任命され, 王室および国家の行事や重大事件について国民感情を表明する詩を作ることを任務とする; 最初の桂冠詩人は Ben Jonson, 正式に任命されたのは Dryden が最初といわれる》. **2** 《古》(詩神 Muses の月桂冠をいただくに値する大詩人の意で)有名詩人に与えられた称号. **3** 《米》州出身[定住]の代表的詩人(に与えられる称号). **4** (昔)大学などから詩人にその詩業をたたえて与えられた称号. **5** (特定の国[地域]の)代表的詩人. 〖(c1395) *laureate poete*〗

po·et·ry /póuɪ̀tri | páʊ-/ *n.* **1** (文学の一形式としての)詩; 韻文, 詩歌 (verse) (cf. prose 1 a, drama 1, fiction 1 a): didactic [erotic, satiric] ～ 教訓[恋愛, 諷刺]詩 / epic [lyric] ～ 叙事[叙情]詩 / historical [dramatic] ～ 史[劇]詩 / prose ～ 散文詩 / a piece of ～ 一編の詩 (a poem). **2** (作品としての)詩: write ～ 詩を作る. **3** (ある詩人の)作風, 詩風. **4** [集合的] 詩的作品, 詩 (poems), 詩集: Tennyson's ～ / English ～. **5** 詩を思わせるような物[事, 事情, 場面], さながら一編の詩のようなもの. **6** 詩趣, 詩的感興, 詩情 (poetic feeling); 歌心, 詩心 (poetic spirit). **7** [P-] 詩神 (the Muse). 〖(c1380) *poetri(e)* □ OF *poet(e)rie* // ML *poētria* ← L *poēta* 'POET': ⇨ -RY〗

Póets' Córner *n.* [the ～] **1** 詩人記念隅, 文人顕彰コーナー《London の Westminster Abbey の南(右)袖廊 (transept) の一区画; Chaucer はじめ有名な詩人や文学者の墓や記念碑がある》. **2** 《戯言》(新聞などの)詩歌欄. 〖1765〗

póet's narcíssus [dáffodil] *n.* 〘植物〙クチベニズイセン (*Narcissus poeticus*) (cf. narcissus). 〖1870〗

POEU 《略》《英》Post Office Engineers Union.

pó-faced /póu- | páʊ-⁻/ *adj.* 《英口語》 **1** 無表情の, 平然とした, ポーカーフェースの. **2** 〈顔が〉いかめしい (stern); おつにすました (smug). 〖(1934) *po*: 《変形》← POT chamber pot: F *pot de chambre* の *pot* の発音 /po/ から; 意味の上で POKER-FACED の影響を受けた〗

P. of W. 《略》Prince of Wales.

po·gey /póugi | páʊ-/ *n.* (*pl.* **～s**) **1** 《カナダ口語》失業手当 (dole), 失業保険, (政府の)失業対策事務所. **2** 《米俗》福祉施設, 監獄. **3** 《米俗》(差し入れの)菓子. 〖(1891) ← ?〗

pogge /pά(:)g | pɔ́g/ *n.* 〘魚類〙ヨロイトクビレ (*Agonus cataphractus*)《大西洋産トクビレ科の体が骨質板に覆われた魚; armed bullhead ともいう》. 〖(a1672) ← ?〗

po·gie /póugi | páʊ-/ *n.* 〘魚類〙 **1** ブラック(サーフ)パーチ (*Embiotoca jacksoni*)《米国太平洋 California 沿岸に生息するウミタナゴ科の魚》. **2** 米国太平洋の浅い海に生息するウミタナゴ科の卵胎生魚 (*Amphistichus*). 〖(異形) ← POGY〗

po·go /póugou | páʊgəʊ/ *n.* (*pl.* **～s**) **1** ポーゴー《棒の先にばねのついた一本棒の竹馬に似た遊び道具; pogo stick ともいう》. **2** ポーゴー遊び. ― *vi.* ポーゴーで跳び跳ねる. **～·er** *n.* 〖(1921) ← ? PO(LE)¹＋GO¹〗

pogo

POGO /póugou | páʊgəʊ/ *n.* 極軌道地球観測衛星. 〖(頭字語) ← *P(olar) O(rbiting) G(eophysical) O(bservatory)*〗

pógo effèct *n.* 上下振動《エンジン発火中に発生する(打上げ)ロケットの縦ゆれ; 単に pogo ともいう》.

po·gon- /póugən | páʊ-/ (母音の前にくるときの) pogono- の異形.

po·go·ni·a /pəgóuniə | -gáʊ-/ *n.* 〘植物〙トキソウ《ラン科トキソウ属 (*Pogonia*) のランの総称; トキソウ (*P. japonica*), ヤマトキソウ (*P. minor*), snakemouth など》. 〖← NL ～ 'bearded plant' ← Gk *pōgōníās* bearded ← *pṓgōn* beard: 黄色の毛が花弁を覆っているところから〗

pog·o·nip /pά(:)gənɪ̀p | pɔ́g-/ *n.* 《米西部》(Sierra Nevada 山脈や西部の渓谷に特有の) 氷霧 (ice fog). 〖(1865) ← N-Am.-Ind. (Shoshonean) ← *pagina-* cloud, fog＋*-pi* (n. suf.)〗

po·go·no- /póugənou | páʊgənəʊ/「鬚(ひげ), あごひげ; あごひげに似たもの」の意の連結形. ★ 母音の前では通例 pogon- になる. 〖← NL ～ ← Gk *pōgōno-* ← *pṓgōn* beard ← ?: ⇨ pogonia〗

po·go·nol·o·gy /pòugənά(:)lədʒi | pàʊgənɔ́l-/ *n.* (あご)ひげ学. 〖← NL *pogonologia*: ⇨ ↑, -logy〗

po·go·noph·o·ran /pòugənά(:)fərən | pàʊgənɔ́f-/ *n.* 〘動物〙有鬚(ゆうしゅ)動物門の海産動物の総称《背部に管状の神経索があり, 外面は多毛類に似る》. 〖(1963) ← POGONO-＋-PHORE＋-AN¹〗

po·go·not·o·my /pòugənά(:)ṭəmi | pàʊgənɔ́t-/ *n.* ひげ剃り (shaving).

po·go·not·ro·phy /pòugənά(:)trəfi | pàʊgənɔ́trə-/ *n.* (あご)ひげが生えること. 〖□ Gk *pōgōnotrophía*: ⇨ pogono-, -trophy〗

pógo stìck *n.* =pogo 1. 〖1921〗

po·grom /póugrəm, pά(:)g-, pougrά(:)m, pə- | pɔ́grəm, -grɔm; *Russ.* pagróm/ *n.* (被圧迫少数民族に対する組織的·計画的な)虐殺, ポグロム; (帝政ロシア時代にしばしば行われた)ユダヤ人虐殺. ― *vt.* 集団虐殺する. 〖(1882) □ Yid. ～ □ Russ. *pogrom* destruction, 《原義》like thunder ← *po-* like, next to (← IE **apo-* off, away)＋← *grom* thunder (← IE **ghrem-* angry): cf. off, grim〗

po·gróm·ist /-mɪ̀st | -mɪst/ *n.* (ユダヤ人)集団虐殺の指導者[加担者]. 〖1907〗

po·gy¹ /póugi | páʊ-/ *n.* (*pl.* **～, po·gies**) 〘魚類〙 **1** = menhaden. **2** =porgy. **3** =pogie. 〖(a1847) 《短縮》← N-Am.-Ind. (Algonquian) *pauhaugen*〗

po·gy² /póugi | páʊ-/ *n.* =pogey.

poh /póu | páʊ/ *int.* =pooh.

Po·hai /pòuhάɪ | pàʊ-/ *n.* =Bo Hai.

Po·hjo·la /póuhjoulə | páʊhiəʊ-; *Finn.* póhjola/ *n.* 〘フィンランド伝説〙ポホヨラ《*Kalevala* で Louhi によって支配されていた国; 光と繁栄の国 Kalevala に対し, 北方の暗く寒い国》.

po·hu·tu·ka·wa /pouhù:ṭəká:wə | pəhù:təká:wə, ⁻⁻⁻⁻⁻/ *n.* 〘植物〙 **1** ニュージーランド産フトモモ科ムニンフトモモ属の紅の花と銀色の葉をつける常緑樹 (*Metrosideros tomentosa*). **2** 《方言》クリスマスツリー (Christmas tree). 〖(1832) □ Maori ～〗

poi¹ /pɔ́ɪ, póui | pɔ́ɪ, páʊi; *Hawaii.* pɔ́i/ *n.* (*pl.* **～, ～s**) ポイ《火を通したタロイモ (taro) の根をペースト状にし, しめらせて発酵させたハワイの食物》. 〖(1823) □ Hawaiian ～〗

poi² /pɔ́ɪ/ *n.* (*pl.* **～, ～s**) 《NZ》 **1** ポイ《マオリ人がダンスの際に糸をつけて振り回す小ボール》. **2** ポイを用いるダンス (poi dance). 〖(1843) □ Maori ～〗

pói dànce *n.* 《NZ》ポイダンス《マオリの女性たちが歌いながら, ポイを操って踊るダンス》.

poi·e·sis /pɔɪí:sɪ̀s | -sɪs/ *n.* (*pl.* **-e·ses** /-si:z/) 〘文学〙創造; 創造力 (creativity). 〖(1934) □ Gk *poíēsis* creation: cf. poesy〗

-poi·e·sis /pɔɪí:sɪ̀s | -sɪs/ (*pl.* **-e·ses** /-si:z/)「産出 (production); 形成 (formation)」の意の名詞連結形. 〖← NL ～ ← Gk *poíēsis*: ⇨ ↑〗

-poi·et·ic /pɔɪéṭɪk | -tɪk⁻/「生み出す (productive)」の意の形容詞連結形: hemato*poietic*. 〖□ Gk *poiētikós* creative, active: cf. poetic〗

poi·gnance /pɔ́ɪnjəns, -nəns/ *n.* =poignancy.

poi·gnan·cy /pɔ́ɪnjənsi, -nən-/ *n.* 鋭さ, 激しさ, 痛烈; (文章等の強く心に訴える)迫力; 辛辣(しんらつ). 〖a1688〗

poi·gnant /pɔ́ɪnjənt, -nənt/ *adj.* **1** 〈空腹·悲しみ·話など〉痛めつけるような, 身にこたえるような, 痛切な, 痛ましい. **2** 〈興味など〉強く心に訴える (touching), 激しい (bitter): ～ tears [regret] 激しい涙[悔恨] / a story of ～ interest ひどく面白い物語. **3** 胸を刺すような, 辛辣(しんらつ)な (biting): ～ questions, remarks, sarcasm, etc. **4** 舌のぴりっとする, 辛い, 鼻をつく: ～ sauce. **～·ly** *adv.*

〘(c1387–95) *poynaunt* ⊏ OF *poignant* (pres.p.) ← *poindre* to sting < L *pungere* to prick: ⇨ -ant: cf. point, pungent〙

poi·gnard /pɔ́ɪnjəd, pwɑ́ːn- | pɔ́ɪnjəd, -nɑːd; *F.* pwaɲaːʁ/ *n.*, *vt.* =poniard.

poi·kil- /pɔ́ɪkəl, pɔɪkíl | pɔ́ɪkl̩, pɔɪkíl/ (母音の前にくるときの) poikilo- の異形.

poi·ki·lit·ic /pɔ̀ɪkəlítɪk | -kɪlít-⁻/ *adj.* 〘岩石〙〈火成岩の組織が〉ポイキリチックの《ある鉱物の大きな単結晶が他の鉱物の小結晶を多数, 不規則に包含するものにいう; cf. poikiloblastic》. 〘(1836): ⇨ ↓, -ite¹, -ic¹〙

poi·kil·o- /pɔ́ɪkəlou, pɔɪkíl- | pɔ́ɪkl̩əu, pɔɪkíl-/「(色・形など)変化のある, 斑(ふ)入りの」の意の連結形: *poikilo*cyte. ★ 母音の前で通例 poikil- になる. 〘⊏ Gk ～ ← *poikílos* variegated, dappled: ⇨ paint〙

poi·kil·o·blas·tic /pɔ̀ɪkələblǽstɪk, pɔɪkɪl- | pɔ̀ɪkɪlə(ʊ)-, pɔɪkɪl-/ *adj.* 〘岩石〙〈変成岩中の組織が〉ポイキロブラスチックの《他種の鉱物粒を包含して斑状の大きな結晶になったものにいう; cf. poikilitic》. 〘1920〙

poi·kil·o·cyte /pɔ́ɪkəlousàɪt, pɔɪkílə- | pɔ́ɪkl̩-, pɔɪkílə(ʊ)-/ *n.* 〘解剖〙変形[異型, 奇形]赤血球. 〘(1897) ← POIKILO-＋-CYTE〙

poi·kil·o·therm /pɔ́ɪkəlouθə̀ːm, pɔɪkílə- | pɔ́ɪkl̩əθə̀ːm, pɔɪkílə(ʊ)-/ *n.* 〘動物〙変温[冷血]動物 (cf. homoiotherm). **poi·kil·o·ther·mism** /pɔ̀ɪkəlouθə́ːmɪzm, pɔɪkɪlə- | pɔ̀ɪkl̩əθə́ːm-, pɔɪkílə-/ *n.*

poi·kil·o·ther·my /-θə́ːmi | -θə́ː-/ *n.* 〘(1920) ← POIKILO-＋-THERM〙

pòikilo·thérmal *adj.* 〘動物〙=poikilothermic. 〘1885〙

pòikilo·thérmic *adj.* 〘動物〙(環境に応じて体温を変化する)変温(性)の, 冷血の (cold-blooded) (cf. homoiothermic): ～ animals 変温[冷血]動物. 〘1884〙

poi·lu /pwɑːl(j)úː, ⁻⁻ | pwɑ́ːluː; *F.* pwaly/ *n.* (*pl.* ～**s** /～z; *F.* ～/) 《古》(第一次大戦の)フランス兵《あだ名; cf. Tommy Atkins》. 〘(1914) ⊏ F ～ 'hairy, virile' ← *poil* hair < L *pilum* 'PILE³'〙

poi·men·ics /pɔɪménɪks/ *n.* 牧会(神)学 (pastoral theology). 〘(1880–85) ← Gk *poimenikós* of a shepherd ← *poimḗn* shepherd: ⇨ -ics〙

Poin·ca·ré /pwɑ̀ːŋkɑːréɪ | pwǽŋkærèɪ, ⁻⁻⁻; *F.* pwɛ̃kaʁe/, **Jules Henri** *n.* ポアンカレ (1854–1912; フランスの数学者).

Poincaré, Raymond *n.* ポアンカレ (1860–1934; フランスの政治家, 大統領 (1913–20), 首相 (1912–13, '22–24, '26–29); J. H. Poincaré のいとこ).

poin·ci·an·a /pɔ̀ɪnsiǽnə/ *n.* 〘植物〙ポインシアナ, ホウオウボク《熱帯産のマメ科ホウオウボク属 (*Delonix*) の観賞植物の総称; だいだい色または赤色の美花を開く高木》; (特に)ホウオウボク (*D.* [旧属名 *Poinciana*] *regia*). 〘(1731) ← NL ～ ← *M. de Poinci* (17 世紀の仏領西インド諸島総督)＋-ANA〙

poind /pɔ́ɪnd, pínd | pɔ́ɪnd, pínd/ 《スコット》*vt.* **1** 〈債務者〉の財産を(自救的に)差し押さえて競売する. **2** 〈債務者の動産・家畜を〉差し押さえる: No man may ～ for unkindness. 《諺》不親切のかどで差押さえを行うことはだれにもできない. **—** *n.* **1** 差押さえ (distraint). **2** 差し押さえられた動産[家畜]. 〘(a1400)《スコット》*punden, pynden* < OE *pyndan* to impound: cf. pound³〙

poin·set·ti·a /pɔɪnséṭiə, -ṭə | -tiə/ *n.* 〘植物〙ポインセチア, ショウジョウボク (*Euphorbia pulcherrima*)《メキシコ・中米原産トウダイグサ科トウダイグサ属の小低木; 上部の葉は燃えるような真紅色でクリスマスの飾りに用いられる》. 〘(1836) ← NL ～ ← *Joel R. Poinsett* (1779–1851: 米国の外交官でその発見者)＋-IA¹〙

point /pɔ́ɪnt/ *n.* **1 a** (問題となる)点, 論点, 重要な考え[事柄]; 論旨, 主張: a debating ～ 論点 / the ～ at issue 問題点 / a ～ of law 法的な観点 / a ～ of conscience [principle] 良心[原則]の問題 (cf. POINT *of honor*) / a sore ～ (言及されると)痛い所[問題], 泣き所 / just as a ～ of interest ちょっと興味のあることとして / That is the ～ (on which) he refused to yield. そこが彼の譲歩しなかった点だ / get [see] a person's ～ 人の話の論旨をつかむ / ⇨ *make* [*prove*] *a* POINT / He made several good ～*s*. いくつか適切な考えを述べた / That just proves my ～! それは私の主張の正しさを証明するものだ. **b** [通例 the ～] 要点, 主眼点, ねらい, 力の入れ所, ポイント; (話・冗談などの)やま, おち, 急所: *the* ～ of a joke [story] / *the* ～ of a speech [an argument, a sermon] 演説[議論, 説教]の要点 / That is just *the* (whole) ～. そこが要点だ / That's not *the* ～. それが重要じゃない / ⇨ *beside* [*away from, off*] *the* POINT / come [get] (back) to *the* ～ 要点[核心]に触れる / catch [miss] *the* ～ of an argument 議論の要点をとらえる[とらえそこなう] / keep [stick] to *the* ～ 要点をはずさない / see [take] the ～ of …の要点[意義]がわかる. **c** (文章・話などの)ぴりっとした[興味を引く]ところ, 趣, 妙味; 迫力 (effectiveness): a joke [an epigram, a story] without any ～ 少しも面白みのない冗談[警句, 物語] / The speech lacked ～. その演説は迫力がなかった. **2** (行為などの)目的 (purpose), 意義; 利益, 効用 (use): (one's) ～ and purpose 目的 / carry [gain, win] one's ～ 目的を達する, 言い分を通す / see the ～ in [of] doing [通例否定構文で] …する意味がわかる / There's no [little, not much] ～ (in) doing that. そんなことをしても何にもならない[大して役に立たない] / There is no ～ to your going. 君が行っても意味はない / What is the ～ of getting angry [anger]? 怒って何になるか / I keep on working, but what's the ～? 私は勉強を続けているが, それが何になるんだ / The ～ is to do better [that we should do better]. その目的はもっといい成績をあげるためだ.

3 特徴(となる点), 特質, (欠・美)点; (特に畜産で体型の審査標準に用いる)動物の特徴: the good ～*s* and bad ～*s* of a plan 計画の長所と欠点 / the weakest [best, strongest] ～ in [of] one's character 人格の一番の短所[長所] / Work is not his strong ～. 仕事は得意ではない / The horse has some good ～*s*. その馬にはいい点がいくらかある / Here are the ～*s* to look for. (物の購入などの際に)注意しておくべき特徴は次の点です / ⇨ *have one's* POINTS. **4** (全体の中の)細かな点[部分], 項目, 条項, 事項 (item); (計算の)単位: make the ～*s* of a plan clear 計画の細目をはっきりさせる / Is there any ～ that is not clear? はっきりしない点が何かあるか / Here are the main ～*s* of the news [to bear in mind]. ニュースの要点[留意点]は次の通り / Possession is nine [《古》eleven] ～*s* of the law. 《諺》現実占有は九分の利《預りものはわがもの》/ a ten*point* plan 10 項目から成る計画. **5 a** (競技などの)点数, 得点; 〘豪式フットボール〙《口語》キックによる 1 点: win [lose, be beaten] on ～*s* 〘ボクシング〙得点[判定]で勝つ[負ける] / gain [score] a ～ 1 点を得る; 優勢になる / be ahead by six ～*s* 6 点リードしている / win a game (by) ten ～*s* to three 10 対 3 で勝つ / A gives three ～*s* to B. A は(ハンディとして) B に 3 点を許す. **b** (評価の単位としての)点, ポイント. **c** (食糧・衣料などの)配給単位, 点数: on ～*s* (物品が)点数で配給されて, 点数制度で. **6 a** (空間の)ある点, 箇所, 地点 (spot): a ～ on a road [map] 道路[地図]上の一点 / the highest [lowest] ～ 最も高い[低い]地点 / ⇨ starting point / Slough and (all) ～*s* west スラウとそれ以西の土地[町, 駅] / visit the ～*s* of interest in a town 町で興味のある所を訪ねる / There was no ～ of contact between them. その間に接触[共通]点がなかった / the ～ of entry [exit]=the entry [exit] ～ 入口[出口] / the ～ run to [sailed from] 〘海事〙到達[出航]地点 / the fixed [dead] ～ of a crank 〘機械〙クランクの死点. **b** 《口語》停車場, 停留所 (stopping place). **7** (時間の)ある点, 時点; 瞬間, 間際 (exact moment): ⇨ turning point 1 / At this [that] ～ he got up. この[その]瞬間彼は跳ね起きた[起立した] / at [on] the ～ of death [dying] 死に際に / from that ～ onwards それ以来 / What can we do at this ～ in time? この時点で我々は何ができるか / When it came to the ～, he declined. いざという段になって彼は断った. **8 a** (事態・進展・増減などの)段階, 程度 (stage); (決定的な)状況: up to a (certain) ～ ある点までは / be full to a [the] bursting ～ はちきれそうである / reach the ～ where it is no use to argue any more もはや議論しても無駄な段階に至る / reach the ～ of giving up 断念せざるを得ない段階に至る / He drove her to a ～ beyond human endurance. 彼女を人間として耐えられないところまで追いやった / He is polite to the ～ of obsequiousness. 卑屈なほど丁寧だ. **b** (目盛などの)度 (degree), 点: the boiling [freezing, melting] ～ 沸騰[氷, 融解]点 / The temperature has gone up (by) two ～*s*. 温度は 2 度上昇した. **9 a** 点, 小さなしるし, ぽつ (dot): a ～ of light かすかな光. **b** 句読点 (punctuation mark); 終止符 (full stop); (点字法の)点. **10** (武器・道具などの)鋭い[とがった]先端, 先; 《米》ペン先 (cf. nib 1): ⇨ ball-point pen / the ～ of a sword [needle] 剣[針]先 / a star with five ～*s* 5 つの先端をもった星印 / come [grow] to a ～ 先が細くなる[とがる] / cut [shape] to a ～ 先をとがらせる / put [make] a ～ on a pencil 鉛筆をとがらせる. **11 a** 突き出た[細くなった]先端 (tip): the ～ of one's toes [the nose] 足指の[鼻]先. **b** 突端, 岬 (promontory, cape). ★ 多く地名に用いる: Start *Point* イングランド南岸 Devonshire 州の岬 / *Point* Conception 米国西岸 California 州の岬. **12** 尖端のある物, 先のとがった器具[武器]; 接種針 (vaccine point); 彫刻針 (engraving needle) (cf. dry point); (レースの)編針. **13** 《口語》ヒント, 示唆 (cf. pointer 3): get ～*s* on passing an exam 試験合格の秘訣を教わる. **14 a** 〘経済〙(物価・株式相場などの)単位名目, 刻み, 丁(ちょう), ポイント《米国では株式は $1, 綿・コーヒーは $^1/_{100}$ c., 油・穀物・豚肉などは 1 c.》: Cotton has gone down (by) several ～*s*. 綿は数丁下落した. **b** [*pl.*] 〘証券〙ポイント《借り手が借入金に対してあらかじめ支払う割増し利子の刻みの単位; 抵当の 1% に相当する》. **15** 〘宝石〙ポイント《重量の単位; $=^1/_{100}$ carat》. **16** 〘印刷〙**a** ポイント《活字の大きさの単位; 英米では 0.0138 inch, ヨーロッパ大陸諸国では 0.0148 inch; cf. point system》: of 12 ～*s* 12 ポ(イント)の. **b** 見当針 (press point ともいう). **c** ポイント《紙や板紙の厚さの単位; $=^1/_{1000}$ インチ》. **17** 〘海事〙**a** 方位: ⇨ cardinal point, POINTS of the compass. **b** 点, ポイント《羅牌(らはい)の周囲を 32 等分している各点; 二つのポイントのはさむ角度; 11°15′》. **c** 縮帆索. **18** 《米》**a** 〘教育〙(学科制度の)単位 (single credit)《通例毎週一時間一学期間の授業》. **b** 〘教育〙(成績の平均点を算定するための)ポイント《例えば成績 A は 4 ポイントに相当など》; 〘軍事〙給与制度の単位; 勤務評点の単位, 従軍点数. **19** 〘軍事〙**a** 路上斥候《前衛尖(せん)兵の前方または後衛尖兵の後方を進み警戒に当たる》. **b** 《銃剣による》突き, 刺突. **20** 〘天文〙点: equinoctial ～*s* (春分・秋分の)分点 / ⇨ solstitial point. **21** 〘数学〙**a** 点: the angular ～ 頂点 / a ～ of contact [intersection] 接点[交点]. **b** 小数点 (decimal point): two ～ five 2 点 5 (2.5) / ～ one 零点 1 (0.1). **22 a** 〘言語〙=vowel point. **b** 〘音声〙舌尖(ぜっせん)《舌先 (tip, apex) の先端》. **c** 舌先. **23** 〘紋章〙**a** POINTS of escutcheon の一つ. **b** label の垂れ下がった部分. **24** 〘電気〙**a** (分配器 (distributor) の)スイッチ, 接点. **b** 《英》コンセント (outlet): ⇨ power point. **c** 《英口語》ソケット (socket). **25 a** (各種の競技で)競技者の位置. **b** 〘クリケット〙ポイント《打者側の三柱門に近い off 側の守備位置; ⇨ cricket¹ 挿絵》. **c** 〘ラクロス〙ゴールキーパーに一番近い右側および前方の守備側のプレーヤー(の位置). **d** 〘アイスホッケー〙ポイント《敵のブルーラインのすぐ内側の位置》. **26** 〘スポーツ〙クロスカントリーで走ること (cf. point-to-point); その終着点. **27** 〘狩猟〙**a** (pointer や setter が) 獲物の居場所を突き止めたときの身構え(の動作): make [come to] a ～ 獲物を見つけて身構える / ⇨ *potatoes* [*bread*] *and* POINT. **b** 直進(して目指す地点). **28** 〘服飾〙**a** 手編み[針編み]レース (point lace). **b** (ニードルポイント刺繍・レースの)ステッチ. **29** 《古》〘服飾〙ポイント《衣服や靴の部分をつなぎ合わせるための端金のついたひも》. **30** (手袋の)飾りステッチ. **31** 〘ボクシング〙《急所とされる》あご先: the ～ (of the jaw). **32** 〘バレエ・ダンス〙**a** (足の)指先: be [dance] on ～*s* トウダンスをする. **b** ポアント《片足を伸ばし, 体重はかけずにその(足の)指先のみを軽く床に触れさせる動作》. **33** 《英》〘鉄道〙**a** 先端レール (tapering rail); 轍叉(てっさ)を作る頂点. **b** [通例 *pl.*] 転轍(てつ)器, ポイント (《米》switch). **34** バックギャモン (backgammon) の盤の先細 3 角形の区画. **35** (シカの枝角の)尖(せん): a buck of eight [ten] ～*s*=an eight-[ten-] *point* buck 両角を合わせて 8 [10] 尖のシカ. **36** [*pl.*] (馬・豚などの)四肢(と尾など), 足先 (extremities); (シャム猫の)顔・耳・尾・足: a bay with black ～*s* 足先の黒い栗毛. **37** 〘鷹狩〙《鷹が獲物を目がけて降りて来る前に》跳び上がる高さ. **38** 〘音楽〙**a** (弦楽器の)弓の先の部分. **b** 短い楽句《特にフーガの主題など対位法の曲に用いる》. **c** 付点. **d** スタッカート記号. **39** クラップス (craps) で勝つために振り出す必要のある賽(さい)の目《4, 5, 6, 8, 9, 10 のいずれか》. **40** 《古》(健康などの)状態 (condition). **41** 《古》結末 (end), 結論 (conclusion). **42** 《廃》少量, ほんの少し. **43** 《廃》頂点, 極地.

at* (*a*) *póint 《廃》用意[準備]を整えて; 適切に. ***at áll póints*** あらゆる点において; 完全に (completely): be armed [prepared] *at all* ～*s* すっかり武装[準備]している. 〘c1300〙 ***at swórds' pòints*** (今にも争い[戦い]を始めそうなほど)反目して, 敵視して, にらみ合って. ***at* [*on*] *the póint of*** …の間際に (⇨ *n.* 7). 〘c1450〙 ***at the póint of the swórd* [*báyonet*]** 刀[銃剣]を突きつけて; 武力で. ***beside* [*awáy from*] *the póint*** =off the POINT. ***bréad and póint*** =potatoes and POINT. ***from póint to póint*** (1) 一地点から一地点へ(動く). (2) 《まれ》一項一項と逐次, 詳細に (in detail) (cf. F *de point en point*). 〘1390〙 ***give póint to*** …に先をつける; …をとがらせる; …に力[勢い]をつける, …を強める. ***give póints to*** 〘1883〙 (1) …にハンディキャップを与える (give odds to); …にまさる (have the advantage of) (cf. *n.* 5 a): He can *give* ～*s to* any opponent at golf. ゴルフではどんな相手にも負けない. (2) …に助言する, ヒントを与える (cf. *n.* 13). ***have a póint*** (1) 一理ある: You *have a* ～ (there)! (それは)もっともな話だ, その通りだ. (2) 長所がある (cf. *n.* 3). ***hàve one's póints*** それなりによいところがある: These machines *have their* ～*s* after all! なんたってこの機械はそれなりにすぐれているよ. ***hít the hígh póints*** ⇨ hit 成句. ***in póint*** 適切な, 適当な (suitable); 当面の(議論に関係する): a case *in* ～ その場合に当てはまる問題, 適例, 例証. 〘1481〙 ***in póint of*** …に関して, …について: *In* ～ *of* learning he has no equal. 学問にかけては彼に匹敵する者はない / *in* ～ *of* fact=*as a* MATTER *of fact*. 〘1605〙 ***màke* [*próve*] *a póint*** 主張の正しいことを示す[立証する], 主張を通す; 考えを述べる, 主張する; (目的に向かって)一歩前進する. 〘1962〙 ***màke a póint of dóing*** (1) …を主張[強調, 重視]する (lay stress on). (2) 決まって…する (make it a rule to do): He *makes a* ～ *of* attend*ing* any meeting. 彼はどんな会にでも出席することにしている. 〘a1806〙 ***màke it a póint to dó*** 決まって[必ず]…する. ***màke one's póint*** (1) 主張を通す. (2) 〘狩猟〙〈狐などが〉一直線に目指す所へ走っていく. ***màke the póint that*** …と主張する, 強調する. ***nót to pùt tóo fíne a póint on it*** ⇨ fine¹ *adj.* 成句. ***òff the póint*** 要点をはずれた[て], 見当[見込み]違いの[で] (↔ to the point). ***on the póint of dóing*** …しようとして: He *was on the* ～ *of* go*ing*. 出掛けようとしていた (cf. F *sur le point de*). 〘1525〙 ***póint by póint*** 一点一点, 一項一項(論じる). ***póint for póint*** 逐一, 詳細に; 正確に. ***Póint táken.*** おっしゃる通りです《相手の主張・批判を認めることば》: *Point taken*. You're right! わかった. 君の言う通りだ. ***potátoes* [*bréad*] *and póint*** 《方言・戯言》チーズ(やベーコンや魚)は見るだけで食べるのはじゃがいも[パン]だけ(の食事). ***próve a póint*** =make [prove] a POINT. ***púsh the póint*** 《古》自分の主張を押し通す. ***scóre a póint off* [*against, over*]** 〘1956〙 =***score points off*** …を(議論などで)やりこめる, …から一本とる (cf. *n.* 5 a, SCORE *off*). ***stánd upòn póints*** 《廃》細かいことにこだわる, きちょうめんである. 〘c1590〙 ***stráin* [*strétch*] *a póint*** 限度を超える, 理を曲げる; 誇張する; 特別に考慮する, 斟酌(しんしゃく)する (make a special concession): Could you *stretch a* ～ and punish me in some other way than dismissing me? 特別のご考慮で解雇ではなくて何か別の懲罰が願えないでしょうか. ***táke a person's póint*** 人の主張[論旨]を認める[理解する]. 〘1892〙 ***to the póint*** 適切な[に], 要領を得た[て] (pertinent) (↔ off the point): (what is) more *to the* ～ さらに適切[重要]なことには / (that's) more *to the* ～ (そのほうが)もっと重要である / Your answer is short and *to the* ～. 君の返答は簡潔で要を得ている. 〘1817〙 ***to the póint of*** …と言ってもよいほど (⇨ *n.* 8 a). ***wéather a póint*** (1) 〘海事〙岬の風上を通る. (2) 難局を乗り切る.

P

póint at infínity 〖数学〗無限遠点《射影幾何学において,平面上の平行線が無限のかなたで交わると考える交点; 複素数平面上の無限のかなたにあると考える一点》.

póint of accumulátion 〖数学〗=accumulation point.

póint of articulátion 〖音声〗調音点《自らは比較的動きが少なく調音時に動きの自由な器官による近接または接触の対象となる音声器官; 上歯歯茎など; cf. articulator 2》.

póint of depárture (1) 〖海事〗起程点, 発航地点. (2) 《議論などの》出発点, 立脚点, 論拠. 《1857》

póint of hónor 一身の名誉[面目]にかかわる問題. 《《1612》《なぞり》← F *point d'honneur*》

póint of infléction 〖数学〗変曲点, 湾曲点 (inflection point). 《1743》

póint of nó retúrn [the —] (1) 〖航空〗帰還不能点《大洋を横断する航空機などがもはや出発点へ帰る燃料がなくなる点》. (2) もはや後へ引けぬ所[段階]. 《1941》

póint of órder 〖議会〗議事手続きに関する問題. 《1734》

póint of sáiling 〖海事〗《風の方向との関係でいう》帆船の方位.

póint of sále 店頭での販売時点 (略 POS) (cf. point-of-sale).

póint of víew (1) 観点. (2) 見地 (viewpoint): from *a* political ~ *of view* 政治的な見地から(言えば) / from *my* [every] ~ *of view* 私の[あらゆる]見地から(みて). (3) 見解, 意見 (opinion). (4) 《物語などを進行させる時に用いる》視点. 《《1720》《なぞり》← F *point de vue*》

póints of escútcheon 〖紋章〗盾の表面 (field) に作画するための目安の点.

póints of the cómpass [the —] 羅針盤の 32 方位 (⇨ compass card 挿絵).

— vi. 1 指さす, 指示する; 示す, 暗示する; 言及する (allude) 〔*at, to, toward(s)*〕: ~ back [off, out, up] うしろ[遠く, 外, 上]の方を指さす / It is rude to ~ (*at* a person) (*with* one's finger). 人を指さすのは失礼である / The needle ~*s* (*to* the) north. 磁針は北を指す / The evidence ~*s to* [*toward*] the guilt of the accused. 証拠は被告の有罪を示している / Everything ~*s* that way. あらゆることからみてそういうこと[結論]になる. **2 a** 〈ある方向に〉向く, 向いている; 〈建物が〉〈道路などに〉面する (face) 〔*toward(s), to*〕. **b** 狙う, 目指す〔*at*〕; 〈政策・状態などが〉傾向を示す, 傾く (tend) 〔*to, toward(s)*〕. **3** 〖狩猟〗〈pointer や setter が〉立ち止まって前肢の片方をあげて獲物の所在を知らせる (set *vi.* 11). **4** 〖海事〗《帆船が》詰開きで帆走する 〈*up*〉. **5** 《はれ物が》口を開きそうになる. **6** 〖バレエ・ダンス〗ポアントをして脚を伸ばす, つま先を立てる.

— vt. 1 〈指・武器・乗物などを〉向ける, 狙う (aim) 〔*at, to, toward(s)*〕; 〈注意などを〉向ける〔*to*〕: ~ one's finger *at* a person 人を指さす / ~ a gun *at* [*toward(s)*] a bird 鳥を狙って[の方に]銃を向ける / He ~*ed* the car *toward* the town [homeward]. 町[家]の方向に車を向けた. **2** 〈道などを〉指し示す (cf. POINT *out*); 〈人〉に場所などを〉示す〔*to*〕: The sign ~*ed* the way *to* the town. 標識は町へ行く道を示していた. **3** 〖石工〗**a** 〈目地を〉しっくいで塗る; 〈れんが積みの壁などの〉目地を塗る. **b** 〈石材〉の表面整形をする. **4 a** …の先をとがらす, 削る (sharpen): ~ a pencil, stake, etc. **b** 〔…に〕先を付ける〔*with*〕: a stick ~*ed with* steel 鋼を先端に付けた棒. **5** 〈言葉・動作などを〉鋭くする, 辛辣(しんらつ)にする (make pungent); …に勢いをつける, 強調する, 目立たせる (cf. POINT *up*): ~ (*up*) a moral (to [for]) 〈適切な話などが〉(…に)この通りになると強調して教訓を教える / He ~*ed* his remarks *with* apt illustrations. 適例をあげて所論を進めた. **6 a** 点で…にしるしをつける; 〈文〉に句読点を打つ (punctuate); 〈ヘブライ語の文字などに〉母音点 (vowelpoint) を打つ. **b** 〈数字〉に点を打つ (cf. POINT *off*). **c** 〈詩編の聖歌などに詠唱用の付点を付ける (⇨ pointing 4 a). **7** 〖彫刻〗《所要の形を得るために》〈石材などに〉あらかじめ穴をあける. **8** 〖バレエ・ダンス〗ポアントを行って〈脚を〉伸ばす, 〈つま先を〉立てる (cf. *n.* 32). **9** 〖金属加工〗〈線・管材に〉口付け[先付け]する (cf. pointing 5). **10** 〖狩猟〗〈pointer や setter が〉立ち止まって鼻先を向けて〈獲物〉の所在を知らせる (cf. set *vt.* 31).

póint for 〈試合〉に向けて猛練習する. ***póint ín*** すきの先で〈肥料を〉せせる (prick). ***póint óff*** 〈数字を〉(小数点などの)点で区切る. ***póint óut*** 指し示す, 指示する; 〈事実などに注意を向ける, 指摘する; 〈…ということを〉明らかにする〈*that*〉: She ~*ed* him *out* to me. 彼を私に指し示した / *Point out* the mistakes. 誤りを指摘せよ / *Point out* the thing you want. 欲しいものを言って下さい / Let me ~ *out that* it is getting late. もう時刻が遅いことをご注意いたします. 《1579》 ***póint óver*** すきの先で〈土を〉返す (turn). ***póint úp*** 〈話・感情・変化などを〉強調する (emphasize): ~ *up* the difference. 《1934》

~·a·ble /-təbl | -tə-/ *adj.* 〖n.: 《(?a1200)》□ (O)F *point* dot, prick (< L *pūnctum* (neut. p.p.)) & *pointe* sharp end (< LL **pūnctam* sharp or pointed extremity (fem. p.p.)) ← L *pungere* to pierce: ⇨ pungent. — v.: 《(a1376)》□ (O)F *pointer* ← *point* (n.)〗

póint àfter tóuchdown *n.* =extra point.

póint-and-shóot *adj.* 〈カメラが〉(被写体に向けてシャッターを)押すだけの, 全自動の; 〖電算〗〈プログラムが〉(アイコン操作で)ワンタッチ式の, ポイント アンド クリックの.

póint-bèaring pìle *n.* 〖建築〗先端支持杭(くい)《基礎杭のうち, 先端が硬質地盤に達しそこで支持しているもの; cf. friction pile》.

point-blank /pɔ́ıntblǽŋk⁻/ *adv.* **1** 率直に, むき出しに, ぶっきらぼうに (bluntly) (cf. blankly 2); 即座に (offhand): He refused the offer ~. 申し込みを頭から拒絶した / He asked me ~ why I was [had been] absent. なぜ欠席したか単刀直入に尋ねた. **2** 直射して, 水平打ちに (directly); まっすぐに (straight): fire ~ 直射する / The gun was aimed ~ at his head. 銃は彼の頭にまともに向けられた. **— *adj.* 1** 〈質問など〉まともな, 単刀直入の, あからさまな, 率直な (straightforward): a ~ refusal, question, assertion, etc. **2** 〈射撃など〉(特に, 至近距離から)直射の (direct), 水平に狙った: a ~ shot 直射, 水平射撃. 〖《1571》← ?POINT (v.)+?BLANK (n.) 7〗

póint-blànk dístance [ránge] *n.* 〖砲術〗《弾道が直線状になる》直線弾道距離, 零距離, 至近距離. 〖1627〗

póint-by-póint *adj.* 〈議論など〉一点[項目]ごとの, 実に詳細な.

póint chàrge *n.* 〖物理〗点電荷. 〖1903〗

póint cònstable *n.* 《英・まれ》立番巡査, 交通巡査. 〖1905〗

Póint Cóok *n.* 《豪》ポイントクック《Victoria 州の南部, Port Phillip Bay に面した所にある航空士官学校; Royal Australian Air Force College の通称》.

póint còunt *n.* 〖トランプ〗《ブリッジで》ポイントカウント, 点勘定《手札の強さを数値化して評価する方法; ビッドする際の目安となる》. 〖1959〗

point cou·pé /pwǽ(ŋ)ku:péı, pwæ̃ŋ-; *F.* pwɛ̃kupe/ *n.* 〖服飾〗**1** ポワンクッペ《レースの作り方の一種; レース地の一部をカットしてできた空間に模様をはめ込む手法; cut-work ともいう》. **2** (その手法でできた)カットワークレース. 〖《1865》□ F ~ 《原義》cut point〗

point d'ap·pui /pwǽ(:)ndæpwí:, pwǽn-; *F.* pwɛ̃dapɥi/ *F. n.* (*pl.* **points d'ap·pui** /~/) **1** 支点, 拠点; 《議論などの》基盤, 論拠. **2** 〖軍事〗《補給処を有し, 攻撃の発起地となる》作戦基地《古い用語》. 〖《1819》□ F ~ 《原義》point of support〗

Point de Galle /pɔ́ıntdəgɑ́:l/ *n.* Galle の旧名.

póint-devíce 《古》*adj.* 完全な (perfect), 全く正確な (exact), 非常にきちんとした. **— *adv.*** 完全に; 正確に, きちんと. 〖《a1400》 *at poynt devys* at point fixed, perfectly □ ? AF **à point devis* arranged to perfection ← OF *à point* to perfection+*devis* arranged, 《原義》divided: ⇨ point, device〗

póint dùty *n.* 《英》《交差点等で交通整理等をする巡査・交通指導員の》立番勤務 (cf. beat[1] 5 a): on ~ 立番で. 〖1888〗

pointe /pwǽ(:)nt, pwǽnt; *F.* pwɛ̃:t/ *F. n.* (*pl.* **~s** /~(s); *F.* ~/) 〖バレエ〗ポアント, トウティップ: **a** つま先. **b** つま先で体の平均を保つ姿勢. 〖《1830》□ F ~ 'point, sharp end'〗

Pointe-a-Pitre /pwǽ(n)təpí:tə, pwǽnt- | -tə(r; *F.* pwɛ̃tapi:tʁ/ *n.* ポアンタピートル《カリブ海の Grande Terre 島の南西部にある Guadeloupe の港湾都市》.

point·ed /pɔ́ıntɪd, pɔ́ınɪd | pɔ́ıntɪd/ *adj.* **1** 先がとがった[細くなった], とがった先のある; 尖頭(アーチ)の: a ~ stake, pencil, nose, roof, beard, etc. / ~ shoes 先のとがった靴 / ~ architecture 《ゴシック式の》尖頭(せんとう)式建築(様式). **2** 〈言葉などが〉とげのある, 刺すような, 鋭い, 辛辣(しんらつ)な (piquant); 的を射た, 適切な (pertinent), 迫力のある: a ~ wit, joke, remark, question, etc. **3** 狙いをつけた; 《ある人・物事を》はっきり狙った, 当てつけた: a ~ gun, comment, etc. **4** 目立った (conspicuous); 強調した (emphatic); 明白な: a ~ lack of interest 目につく関心のなさ / in a very ~ way はっきりした仕方で. **5** 〖紋章〗〈cross など〉の先端がとがった. **6 a** 〖音楽〗〈歌詞〉に詠唱用の付点を付けた. **b** 〖言語〗〈ヘブライ語〉に母音点を打った. **~·ness** *n.* 〖c1300〗

pòinted árch *n.* 〖建築〗尖頭アーチ, 尖りアーチ (cf. round arch). 〖1750〗

pòinted brácket *n.* 〖印刷〗山パーレン (⇨ bracket 2 b).

pòinted fóx *n.* 《ギンギツネ (silver fox) の皮に見せかけるために》アナグマの毛をくっつけたアカギツネ (red fox) の皮. 〖1913〗

póint·ed·ly *adv.* 鋭く; 適切に; はっきりと, 明白に. 〖1860〗

poin·telle /pɔıntél/ *n.* ポインテル《レースや透かし模様の生地; アクリル製が多く, ブラウスやセーターに用いる》. 〖《1973》← ? *point* (n. 28): -elle は F の指小辞を模したものか〗

Pointe-Noire /pwǽ(:)ntnwɑ́ə, pwǽnt- | -nwɑ́:(r; *F.* pwɛ̃tnwa:ʁ/ *n.* ポアントノアール《コンゴ共和国の大西洋沿岸にある海港; 精油の中心地》.

point·er /pɔ́ıntə, pɔ́ınə | pɔ́ıntə(r/ *n.* **1** 指す[指示する, とがらせる]人[物]; とがった物. **2** 《時計・はかり・電気計器などの》針, 指針. **3** 《口語》《勧所などについての》示唆, 助言, ヒント (hint): a ~ *to* the truth 真相を知る手がかりとなるもの / give a person [get] some ~*s on* fishing 釣りの秘訣を教える[教わる]. **4** 《棒・レーザーなどの》指示器具; 《図などを指すのに用いる》むち, 教鞭. **5 a** ポインター《立ち止まって鼻を向け前肢の片方をあげて獲物の所在を示す猟犬; cf. setter 1》: ⇨ German shorthaired pointer, German wirehaired pointer. **b** [*pl.*] 男性 (men) (↔ setters). **6** [the Pointers] 〖天文〗北極指示星, 指極星, 指《おおぐま座の α, β の二星; 北極星を見いだすのに用いる星として有名》. **7** 〖米海軍〗射手《艦砲を垂直方向に照準する砲員; cf. trainer 3》. **8** 《米》従軍点数を取っている兵士. **9** 〖鉄道〗転轍(てんてつ)器の柄. **10** 〖電算〗ポインター: **a** 画面上の位置を示す矢印などの記号. **b** プログラミングにおいて, データの所在地を確認する変数. 〖《1500》: ⇨ point (v.), -er[1]〗

póint èstimate *n.* 〖数学・統計〗点推定値《点推定 (point estimation) で得られた値》.

póint estimàtion *n.* 〖数学・統計〗点推定《パラメーターの値を推定する統計的方法; パラメーターの値の存在する区間を推定する区間推定に対していう》. 〖1960–65〗

Póint Fóur Prògram *n.* [the ~] 政策の第四項《米国第 33 代大統領 Truman が議会で就任演説に発表 (1949) した発展途上国援助計画》.

point·ful /pɔ́ıntfəl, -fl/ *adj.* 迫力[効果]のある; 適切な, 意味のある (↔ pointless). 〖1897〗

póint gròup *n.* 〖結晶〗点群《並進を含まない対称操作のうち, 結晶で可能なもの; 32 種ありの数学的に群を作る; symmetry class ともいう》. 〖(1896) 1903〗

póint guàrd *n.* 〖バスケット〗ポイントガード《攻撃の指示をするガードの選手》.

poin·til·lé /pwǽ(:)ntijéı, pwǽn- | -ti-; *F.* pwɛ̃tije/ *adj.* 〈表紙が〉点画で飾られた; 〈絵が〉点描画法で描かれた. 〖《1903》□ F ~ (p.p.) ← *pointiller* to dot, point (↓)〗

Poin·til·lism, p- /pɔ́ıntəlìzm, -tl-, pwǽntiјìzm | pɔ́ıntɪlìzm, -tl-, pwǽtijìzm/ *n.* 〖美術〗点描画法, ポワンティイスム《フランス印象派の Pissarro などに始まり Signac, Seurat などが用いた手法; 色の面や線で描かず小さな筆触で描く; cf. Divisionism》. 〖《1901》□ F *pointillisme* ← *pointiller* to dot ← *pointille* □ It. *puntiglio* (dim.) ← *punto* 'POINT': ⇨ -ism〗

poin·til·list /pɔ́ıntəlɪst, -tl-, pwǽnti:jí:st | pɔ́ıntɪlɪst, -tl-, pwǽtɪlɪst, -tl-/ *n.* (*also* **poin·til·liste** /~/; *F.* pwɛ̃tijist/) 点描画家. 〖《1891》□ F *pointilliste*: ⇨ ↑, -ist〗

poin·til·lis·tic /pɔ̀ıntəlístık, -tl-, pwæ̀ntijís- | pɔ̀ıntɪ-, -tl-⁻/ *adj.* 点描画法[画像]の. 〖1922〗

point·ing /pɔ́ıntıŋ | -tıŋ/ *n.* **1** とがらすこと; 指すこと, 指示; 句読点(を打つこと), 句読法. **2** 〖建築〗《れんがの間などの》目地塗り; 化粧目地, 目地仕上. **3** 〖海事〗綱の端を編んで細くとがらすこと《ほぐれを防ぐため》. **4 a** 〖音楽〗ポインティング《アングリカン チャント (Anglican chant) において歌詞の音節または単語の強調あるいは休息点を"で示すこと, またはその方法》. **b** 〖言語〗ポインティング《ヘブライ語原文に母音指示の印をつけること》. **c** a [b] の一連の印. **5** 〖金属加工〗口付け, 先付け《線材・管材を引抜き加工する時, その先端部を細くして型またはロールにかみこませること》. 〖《1374–75》: ⇨ point, -ing[1]〗

póinting devìce *n.* 〖電算〗位置指示装置《画面を通して入力を行う場合の位置指定と入力操作をするための装置; マウス・ライトペンなど》.

póint làce *n.* 手編み[針編み]レース (needlepoint lace). 〖1655–65〗

point·less /pɔ́ıntləs/ *adj.* **1** 先のない, 鈍い (blunt): a ~ sword 鈍刀. **2** 迫力[効果]のない, むだな, 無意味な, 要領を得ない (↔ pointful): a ~ joke だじゃれ / It's ~ to argue this subject seriously. この問題を真剣に論じても無意味だ. **3** 〖植物〗芒(のぎ)のない. **4** 〖競技〗無得点の: a ~ draw. **~·ly** *adv.* **~·ness** *n.* 〖c1330〗

póint màn *n.* **1** 〖米軍〗偵察隊の先頭に立つ斥候兵. **2** 《政治活動などで》先頭に立ち活躍する人. 〖1903〗

póint mutàtion *n.* 〖生物〗点突然変異.

póint-of-púrchase *adj.* 〖商業〗=point-of-sale.

póint-of-sále[-sáles] *adj.* 店頭の, 販売時点の (略 POS) (cf. POINT of sale): ~ advertising 店頭広告 / a ~ system 販売時点情報管理システム《レジを端末 (point-of-sale terminal) としてコンピューターを直結させて販売活動を管理する方法》. 〖1953〗

póint-of-sále tèrminal *n.* 〖商業〗POS 端末, 店頭[販売時点]端末《コンピューターに回線が直結しているキャッシュレジスター; レジに商品売り上げをインプットすると同時に, 在庫から落とされるので, 売り上げ計算と在庫管理とが容易に行える; 略 POST》.

póint polìceman *n.* 《英・まれ》=point constable. 〖1895〗

póint-sèt *adj.* 〖印刷〗〈活字が〉ポイントセットの《1 または $^1/_2$ ポイントの倍数を活字幅の単位として鋳造したものにいう》.

póint sèt *n.* 〖数学〗点集合《位相空間 (topological space), 特にユークリッド空間の点の集合をいう》.

póint-set topólogy *n.* 〖数学〗点集合論的位相学《点集合の位相的性質を研究する分野》. 〖1957〗

póint shòe *n.* 《英》〖バレエ〗=toeshoe. 〖1957〗

póint sìze *n.* 〖活字〗《活字の》深さ《活字の大きさ; body size ともいう》.

points·man /pɔ́ıntsmən/ *n.* (*pl.* **-men** /-mən, -mèn/) 《英》**1** 《鉄道の》転轍(てつ)手 (《米》switchman). **2** 《交通整理などの》立番巡査 (point constable). 〖1849〗

póint sòurce *n.* 〖物理〗点光[音]源《場や波を生じる点状の源》. 〖1903〗

póint sprèad *n.* 《米》《フットボールやバスケットボール試合の賭けで本命チームが弱いチームを破る際の》予想点差, ハンディキャップポイント《これを弱いチームの点数に加算して勝敗の率を五分にする》.

póint swìtch *n.* 《まれ》〖鉄道〗=split switch.

póint sỳstem *n.* **1** 〖印刷〗ポイントシステム, ポイント制《活字・込め物の大きさをポイントで示す方式; pica 活字の $^1/_{12}$ を 1 ポイント=$^1/_{72}$ インチ=(英米日本では) 0.3514 mm とする》. **2** 《盲人の》点字法. **3** 〖教育〗単位進級制, 成績点数制度《5 点法など》. **4** =Bedaux system. **5** 〖交通〗《違反の》点数制.

póint tìe *n.* 《まれ》〖鉄道〗分岐枕木《レールが二つに分かれる箇所に使う普通より長い枕木》.

póint-to-póint *n.* クロスカントリー競馬《特定の地点からゴール地点まで, 通るコースは騎手が自由に選べる大野外障害物競走; 古くは steeplechase ともいった》. **— *adj.* 1** クロスカントリー競馬の: a ~ race. **2** 〈ルートが〉2 点間でつながった. **3** 〖通信〗2 局間接続の. **póint-to-póint·er** *n.* 〖1883〗

point·y /pɔ́ınti | -ti/ *adj.* (**point·i·er, -i·est; more ~, most ~**) **1** 先のとがった: a ~ head, nose, etc. / ~

shoes / fresh ～ breasts 若々しい先のとがった乳房. **2** 突き出た先端を多くもった; 〈植物など〉とげ立った. 〚(1644): ⇨ point, -y⁴〛

póinty·hèad *n.* 《米俗・軽蔑》インテリ (egghead), ばか. **póinty·hèaded** *adj.* 〚1968〛

Poi·rot /pwɑːróʊ | pwɑ́ːrəʊ; *F.* pwaʀo/, **Her·cule** /ɛʀkyl/ *n.* ポワロ《Agatha Christie 作の推理小説に登場するベルギー人の私立探偵》.

poise¹ /pɔ́ɪz/ *vt.* **1** [しばしば ～ *oneself* で] 平衡[釣合い]を保たせる (balance): ～ a bucket on one's head 頭の上に釣合いを取ってバケツを載せる / ～ *oneself* on …の上で体の釣合いをとる. **2 a** [通例受身で] 〈槍などを〉(投げるように)構える; 〈頭などを〉ある状態[位置]に保つ; 宙に浮かす: The head is ～*d* very much forward. 頭がぐっと前に突き出ている. **b** 〈身を〉構える, 奮起させる 〔*for*〕/ 〈*to* do〉: ～ oneself *for* obstacles ahead 前途の障害に対して奮起する / be ～*d to* make a fight 一戦を交えようと身構える[態勢を整える]. **3** 《まれ》〈反対意見などを〉検討する, 比較考量する (weight). — *vi.* **1** 釣合いを保つ: a bird *poising* on a bough (体の釣合いをとって)枝にとまっている鳥. **2** (落ちずに)ぶら下がる, 載っている. **3** 〈鳥などが〉空を舞う (hover). — *n.* **1** 平衡, 釣合い (balance); 安定 (stability); 心の安定, 落着き, 平静, 泰然(自若) (equanimity) (⇨ tact **SYN**). **2** 頭[体(など)]の動かし[置き]方, 身ごなし; 姿勢, 態度 (bearing). **3** (鳥などが)空を舞うこと (hovering). **4** 《まれ》宙ぶらりん (suspension); あやふや, 未決定 (indecision): hang at ～ 未決定である. **5** (さおばかりの)分銅 (weight). **6** 《廃》衝撃 (impact), 打撃. 〚v.: (*c*1378) *poisen* ◻ OF *poiser* (語幹強勢形) ← (O)F *peser* < VL **pēsāre*=L *pēnsāre* (freq.) ← *pendere* to weight ← IE **(s)pen-* to draw, stretch. — n.: (1421) *poys* ◻ OF *pois*, (古形) *peis* (F *poids*) < VL **pēsum*=L *pēnsum* weight ← *pensus* (p.p.) ← *pendere* to weigh〛

poise² /pwɑ́ːz; *F.* pwaːz/ *n.* 〘物理〙ポアズ, ポイズ《流体の粘性率の cgs 単位》. 〚(1913) ◻ F ～ ← *J. L. M. Poiseuille* (1799–1869: フランスの物理学者・解剖学者)〛

poised /pɔ́ɪzd/ *adj.* **1** 平衡して[釣り合って]いる. **2** 宙に浮いた; 揺れて[ふらついて]いる: talk with ～ forks フォークを手に持ったまま話をする / be ～*d* between … (危険な状態で)…の間をさまよっている, どっちつかずでいる. **3** 用意ができている 〔*for*〕/ 〈*to* do〉. **4** 落ち着き払った, 泰然自若とした. 〚(*a*1643) (p.p.) ← POISE¹〛

póis·er *n.* **1** 釣合いをとる人[もの]. **2** 〘昆虫〙平均棍(こん). 〚(1422)) 1805〛

poi·sha /pɔ́ɪʃə/ *n.* (*pl.* ～) =paisa.

poi·son /pɔ́ɪzən, -zn/ *n.* **1** 毒, 毒薬, 毒物, 劇薬: aerial ～ マラリア (miasma) / slow [cumulative] ～ 作用の緩慢な(たびたび用いて効果の出る)毒薬 / take ～ 毒を飲む / hate each other like ～ 《口語》犬猿の仲である / Roast pork is ～ to some people. 焼豚にあたる人がいる / One man's meat is another man's ～. ⇨ meat 5. **2** 害毒, 病毒, 毒; 弊害, 有害な主義[説, 感化]: the ～ of jealousy [envy] 嫉妬[ねたみ]の毒 / the ～ of nihilism 虚無主義の害 / (a) moral [political] ～ 道徳[政治]的害毒. **3** [one's ～ として] 《口語》飲み物, (特に)酒: What's *your* ～? 飲み物は何にするかね. **4** (原子炉の)毒物質, 有害物質《中性子を吸収し反応度を低下させるような物質; 安全ないし反応制御用》: burnable ～ 可燃毒. **5** 〘化学〙毒, 抑制剤, 阻害剤《酵素作用・触媒作用などを阻害する物質》: a catalyst ～ 触媒毒.
— *adj.* [限定的] **1** 有害な, 有毒な (poisonous); 悪意の (venomous): ～ plants, tongues, etc. **2** 毒を入れた[盛った, 塗った]: ～ food, water, etc. / a ～ arrow=a ～*ed* arrow.
— *vt.* **1 a** …に毒を入れる[盛る, 塗る]; 〈空気を〉有毒物で汚染する: ～ a person's food. **b** 〈人・動物を〉(…で)毒殺する, …に毒を盛る 〔*with*〕: ～ a person *with* strychnine ストリキニーネで人を毒殺する. **c** 毒にかぶれさせる, 中毒させる: be ～*ed* by lacquer うるしにかぶれる / I got ～*ed* by (eating) fish. 魚で中毒した. **d** 〈血液などに〉病変を起こす. **2 a** 〈行動・性格・心などを〉毒する, ゆがめる (corrupt); 〔…に対して〕〈人(の心)〉に偏見[敵意]を抱かせる 〔*against*〕: She ～*ed* his mind *against* his friend. 彼が友人に反感をもつように彼女は仕向けた. **b** 〈楽しみなどを〉損なう, 台なしにする. **3** 〈土地・炉などを〉(付加物などで)使えなくする, だめにする 〔*with*〕. **4** 〘生化学〙〈触媒・酵素〉の力をなくする[減じる].
〚n.: (?*c*1200) *poyson, puison* ◻ OF *puison, poison* (F *poison*) potion, draught, poison < L *pōtiōnem*. — v.: (?*a*1300) *poisone(n)* ◻ OF *poisonner* to give to drink ← (n.): POTION と二重語〛

Poi·son /pwɑːzɔ́ː(ŋ), -zɔ́ːŋ; *F.* pwazɔ̃/ *n.* 〘商標〙プワゾン《フランス Christian Dior 製の香水》.

póison béan *n.* 〘植物〙ツノクサネムの一種 (*Daubentonia drummondii*)《米国南部産マメ科の低木; 種子に毒性がある》; その種子.

póison·bèr·ry trèe /-bèri- | -b(ə)ri-/ *n.* 〘植物〙オーストラリア産トベラ科の常緑低木 (*Pittosporum phillyraeoides*)《butter bush, native willow ともいう》.

póison dárnel *n.* 〘植物〙ドクムギ (⇨ bearded darnel).

póison dógwood [élder] *n.* 〘植物〙 =poison sumac. 〚1814〛

pói·soned *adj.* 毒入りの, 毒を塗った; 病菌で炎症を起こした: a ～ arrow 毒矢. 〚*a*1325〛

pói·son·er /-z(ə)nə, -znə | -z(ə)nə⁽ʳ, -znə⁽ʳ/ *n.* 毒害者[物], 毒殺者. 〚*c*1384〛

póison fáng *n.* 毒歯, 毒牙(どく).

póison flág *n.* 〘植物〙 =blue flag. 〚1845–50〛

póison gás *n.* (化学戦で使用する)毒ガス. 〚1915〛

póison hémlock *n.* 〘植物〙 **1** ドクニンジン (*Conium maculatum*)《単に hemlock ともいう》. **2** ドクゼリ (water hemlock). 〚*c*1818〛

pói·son·ing /-z(ə)nɪŋ, -zn-/ *n.* 中毒, …毒: food ～ 食中毒 / lead [mercury] ～ 鉛[水銀]中毒. 〚*c*1395〛

póison ívy *n.* **1** 〘植物〙 **a** 北米産のツタウルシの一種 (*Rhus toxicodendron*)《灰色の実がなる三枚葉のウルシ; 触れるとかぶれる》. **b** ウルシ属 (*Rhus*) の数種の植物の総称. **2** (ツタウルシ類による)かぶれ. 〚1784〛

póison óak *n.* 〘植物〙強いかぶれを引き起こす数種のウルシ属 (*Rhus*) の植物 (poison ivies) の総称: **a** アメリカツタウルシ (*R. diversiloba*)《太平洋岸産の低木》. **b** =poison sumac. **c** 米国南東部産の低木 (*R. quercifolia*). **d** 米国南東部産の高木 (*R. toxicodendron*). 〚1743〛

poi·son·ous /pɔ́ɪz(ə)nəs, -zn-/ *adj.* **1** 有毒な, 毒性の, 有害な (pernicious): a ～ snake 毒ヘビ / a ～ dose 致死量. **2** 人を損なう, 有害な; 腐敗させる (corrupting); 非常に悪意のある[に満ちた]: a ～ influence (害毒を及ぼす)悪影響 / a ～ slander 悪意に満ちた中傷. **3** 悪臭を放つ, ひどく不快な, 汚い (filthy). **4** 《口語》〈人・物・事が〉不快きわまる, いやらしい (disgusting): He is a perfectly ～ fellow. ぞっとするような[全くいやな]やつだ / The heat is simply ～. まるでぞっとするような暑さだ. **～·ly** *adv.* **～·ness** *n.* 〚(1573–80) ← POISON+-OUS〛

póison-pén *adj.* **1** 〈手紙など〉(匿名で)中傷して[悪意をこめて]書かれた: a ～ letter. **2** 〈人が〉中傷の手紙を書く; 〈行動が〉中傷を目的とした: a ～ writer. 〚1914〛

póison pén *n.* (個人宛に)悪意のある手紙を書く人, 毒筆家. 〚1935〛

póison pìll *n.* 〘経営〙毒薬錠, ポイズンピル《企業買収防衛策の一つで, 買収側に買収コストがひどく高くつき手が出せないようにする》.

póison súmac *n.* 〘植物〙米国東部の湿地に生え, 人間が触れるとかぶれるウルシ属の植物 (*Rhus vernix*)《poison dogwood ともいう》. 〚1817〛

póison·wòod *n.* 〘植物〙フロリダ・西インド諸島産ウルシ科の有毒樹 (*Metopium toxiferum*)《人が触れるとかぶれるが, 有用な樹脂を採る; coral sumac ともいう》. 〚1721〛

pois·son /pwɑːsɔ́ː(ŋ), pwæ-, -sɔ́ːŋ | ⏑ˊ⏑; *F.* pwasɔ̃/ *F. n.* 魚料理. 〚◻ F ～ 'FISH¹'〛

Pois·son /pwɑːsɔ́ː(ŋ), pwæ-, -sɔ́ːŋ | ⏑ˊ⏑; *F.* pwasɔ̃/, **Si·mé·on** /simeɔ̃/ **Denis** *n.* ポアソン (1781–1840; フランスの数学者・物理学者; 定積分・微分方程式論・確率論・天体力学などで大きな功績を残した).

Poissón distribùtion *n.* 〘統計〙ポアソン分布《理論的分布の一つの型; 起こる確率がまれな事象が, 多数回の試行で起こる回数はほぼこの分布にしたがう》. 〚(1922) ↑〛

Poissón's rátio *n.* 〘物理〙ポアソン比《弾性体に外力を加えて引っぱった際に生じるその軸方向の伸びと横方向の縮みとの比; Poisson ratio ともいう》. 〚1886〛

Poi·tier /pwɑ́ːtieɪ, -tjeɪ | pwɔ́t-, pwǽt-, pwɑ́ːt-/, **Sidney** *n.* ポワチエ (1927– ; 米国の俳優・監督; 黒人で初のアカデミー男優賞受賞 (1963)).

Poi·tiers /pwɑ́ːtièɪ, -tjeɪ | pwɔ́tièɪ, pwɑ́ːt-, ⏑⏑ˊ; *F.* pwatje/ *n.* ポアティエ《フランス西部の都市, Vienne 県の県都, 旧 Poitou 県の県都; ローマの遺跡, Tours およびこの地で Charles Martel がサラセン軍の侵入を阻止した古戦場 (732)》.

Poi·tou /pwɑːtúː; *F.* pwatu/ *n.* **1** ポワトゥー《フランス西部の地方で旧県; 県都 Poitiers》. **2** Poitiers 付近の大きな峠.

Poi·tou-Cha·rentes /pwɑːtúːʃɑːrɑ́ː(n)t, -rɑ́ːnt | -ʃæ-; *F.* pwatuʃaʀɑ̃ːt/ *n.* ポアトゥー シャラント《フランス中西部の Biscay 湾に臨む地域圏》.

poi·trel /pɔ́ɪtrəl/ *n.* 〘甲冑〙 =peytral. 〚(*c*1489) ◻ MF *poitral* ◻ L *pectorāle* breastplate: ⇨ pectoral〛

poi·trine /pwɑːtríːn, pwɑː-; *F.* pwatʀin/ *F. n.* 胸; (特に)女性のふくよかな胸. 〚◻ F ～ 'breast'〛

poke¹ /póʊk | pə́ʊk/ *vt.* **1 a** (指・腕・棒などで)突く, 突き込む, こづく, つつく (jab): ～ a person in the ribs (親しげに)人の横腹をこづく. **b** 《俗》(拳で)なぐる, げんこつを食らわす. **c** 〈埋火などを〉かき立てる 〈*up*〉: ～ (*up*) the dying fire. **2** 〔…に〕〈穴・進路などを〉突きあける 〔*in*〕: ～ a hole *in* the ground / ～ one's way *in* the crowd. **3** 〈棒・頭・指などを〉突き[押し]つける, 突き[押し]出す 〈*out*〉; 突き[押し]のける 〈*away*〉; 突っ込む 〈*in, into*〉: ～ one's head *into* the room 頭を部屋に突っ込む / The dog ～*d* his nose *into* my hand. 犬が鼻を私の手の中に突っ込んだ / ～ (a thing) *away* (邪魔にならないように)〈物を〉押しのける / ～ one's nose *into* another's affairs [*in* where it is not wanted] 《口語》他人のことに[余計なことに]くちばしを入れる. **4** 〈冗談などを〉(こっそり)突きつける, 向ける: ～ fun at a person 人をからかう, 愚弄する. **5** 《口語》窮屈な所に閉じ込める 〈*up*〉: He ～*s himself up* in a dull town. 活気のない町でくすぶっている. **6** 《卑》〈女性〉と性交する.
— *vi.* **1** (指や棒などで)突く, つつく: He was *poking at* the lobster. 彼はロブスターをつついていた. **2** 突き出る 〈*out, above*, etc.〉; (すき間などから)突き出ている 〈*up, down*〉/ 〔*through*〕: icebergs *poking above* the water 水面に突き出ている氷山. **3** おせっかいする, でしゃばる: ～ *into* other people's business 他人のことに口出しする[余計な世話を焼く]. **4** ほじくる, 穿鑿(せんさく)する (pry): ～ *about* [*around*] ほじくり回す, あれこれ穿鑿する / ～ and pry しつこく穿鑿する. **5** 探りながら進む, のろのろと進む; ぶらぶらする, のらくらする: He is *poking about* [*along, around*] for the lost child. 迷い子をあちこち探し回っている. **6** 〘クリケット〙(打棒を上げずに)ゆるく慎重に打つ.
— *n.* **1 a** (指・棒・ひじなどで)突くこと, 突き, つつき (thrust): a ～ in the ribs [the eyes] 横腹[目]を突くこと. **b** 《口語》なぐること: give a person a ～ on his nose 鼻柱をなぐる. **2** 《米》(牛や馬などが柵を越えるのを防ぐ)妨害物つき首輪. **3** 《口語》のろま, ぐず. **4** 〚(1770): ← ? POKE¹ (n.) // POKE² (v.)〛 **a** ボンネット (bonnet) の突き出た前ひさし. **b** =poke bonnet. **5** 《卑》女との性交.
〚v.: (?*a*1300) ME *poken* ◻ (M)LG & (M)Du. *poken* to stick (with a knife), thrust ← ? — n.: (1796) ← (v.): cf. poach² / G *pochen* to knock〛

poke² /póʊk | pə́ʊk/ *n.* **1** 《古》=pocket. **2** 《スコット》小袋. **3** 《俗》紙入れ, 財布 (purse); 有り金.
a pig in a poke ⇨ pig¹ 成句.
〚(1228) ◻ ONF *poque*=(O)F *poche* pocket ◻ Frank. **pokka* bag < Gmc **pukan* bag (OE *pocca, pohha* / MDu. *poke*) ← IE **beu-* to swell: cf. pocket, pouch〛

poke³ /póʊk | pə́ʊk/ *n.* 〘植物〙 =pokeweed. 〚(1599) *uppowoc, apooke* ◻ N-Am.-Ind. (Algonquian) *puccoon, pakon* plant used in staining and dyeing ← *pak* blood〛

póke·bèr·ry /-bèri | -b(ə)ri/ *n.* 〘植物〙 **1** ヨウシュヤマゴボウ (pokeweed). **2** ヨウシュヤマゴボウの実. 〚(1774) ↑〛

póke bònnet *n.* ポークボンネット《クラウンは小さく前ブリムが顔を覆うほど突き出た婦人帽; 単に poke ともいう》. 〚(1820): ⇨ poke²〛

póke chèck *n.* 〘アイスホッケー〙ポークチェック《スティック (stick) を突き出すようにして相手からパック (puck) を奪うこと》. 〚1945〛

poke·lo·gan /póʊklòʊgən | pə́ʊkləʊ-/ *n.* (*also* **poke·lo·ken** /póʊklòʊkən | pə́ʊkləʊ-/) 《米北東部》河・湖などから分岐した沼[よどみ]. 〚(1848) ← N-Am.-Ind. (Algonquian): cf. Ojibwa *pokenogun* stopping place〛

póke púdding *n.* =pock pudding. 〚⇨ poke¹〛

po·ker¹ /póʊkə | pə́ʊkə⁽ʳ/ *n.* 〘トランプ〙ポーカー《米国起源の最も人気のある賭博ゲーム; 通常 5 枚の持札から役を作り, その強さに基づいて賭けをするが, 自分の持札が実際以上に強力だと相手に思わせる表情や態度がものをいう》: ⇨ draw poker, stud poker. ★ ポーカーの手役の順位は高いものから次のとおり: (1) royal flush, (2) straight flush, (3) four of a kind, (4) full house, (5) flush, (6) straight, (7) three of a kind, (8) two pairs, (9) one pair. 〚(1836) (変形)? ← F *poque* a kind of card game similar to poker: cf. G *Poch(spiel)* ← ? *Ich poche* I defy: このゲームの時に使う言葉からか〛

pok·er² /póʊkə | pə́ʊkə⁽ʳ/ *n.* **1** 火かき棒, 火突き棒 (⇨ fire irons 挿絵): (as) stiff as a ～ 〈態度など〉きわめて堅苦しい. **2** 突く人[物]. **3** 焼画用具 (cf. poker work). **4** 《英俗》(Oxford, Cambridge 大学で) 副総長の権標 (vice-chancellor's mace); それを持って行列の先導をする役人. — *vt.* 〈図案を〉焼絵に仕上げる, 焼絵で飾る. 〚(1534): ⇨ poke², -er¹〛

po·ker³ /póʊkə | pə́ʊkə⁽ʳ/ *n.* 《まれ》化け物 (hobgoblin); 悪魔 (devil): by the holy ～ 誓って, 断じて. 〚((1598)) (1601) ← ? Scand. (cf. Dan. *pokker* / Swed. *pocker* devil): cf. puck¹〛

póker dìce *n. pl.* 〘遊戯〙 **1** 5 個一組のダイス《各面に点の代わりにキング (king), クイーン (queen), ジャック (jack), 10, 9 の絵が記してある》. **2** [通例単数扱い] このダイスを用いて遊ぶポーカーに似たゲーム. 〚1874〛

póker fàce *n.* 《米口語》 **1** 無表情な顔, わけのわからない顔つき, ポーカーフェース (cf. deadpan). **2** ポーカーフェース[を装う]人. 〚1885〛

póker-fàced *adj.* 無表情な[心の知れない]顔つきの, ポーカーフェースの. 〚1923〛

pók·er·ish /-k(ə)rɪʃ/ *adj.* 《古》恐ろしい, 気味の悪い. 〚(1827) ← POKER³+-ISH¹〛

póker machìne *n.* 《豪口語》スロットマシーン (slot machine) 《pokie ともいう》.

póke·ròot *n.* 〘植物〙 =pokeweed. 〚1687〛

póker wòrk *n.* (白木の)焼画; 焦筆画法 (cf. poker² 3, pyrography). 〚1813〛

poke·sy /póʊksi | pə́ʊk-/ *adj.* のろい, のんきな (easygoing). 〚(変形) ← POKY〛

póke·wèed *n.* 〘植物〙ヨウシュヤマゴボウ, アメリカヤマゴボウ (*Phytolacca americana*)《新芽は食用, 根は吐剤・下剤のエキス; 単に poke, あるいは scoke, pigeonberry などともいう》. — *adj.* ヤマゴボウ科の. 〚(1751): ⇨ poke³〛

pok·ey¹ /póʊki | pə́ʊ-/ *adj.* (**pok·i·er, -i·est; more ～, most ～**) 《口語》 =poky.

po·key² /póʊki | pə́ʊ-/ *n.* (*pl.* **～s, pok·ies**) 《米・カナダ俗》刑務所, 豚箱 (jail). 〚1919〛

pok·ie /póʊki | pə́ʊ-/ *n.* 《豪口語》 =poker machine.

pók·ing *adj.* 《口語》ささいな, 卑しい (mean). 〚(1769) ← POKE²+-ING²〛

póking-stìck *n.* (ひだ襟のひだの型を整えるための)熱した鉄の棒. 〚1592〛

pok·y /póʊki | pə́ʊki/ *adj.* (**pok·i·er, -i·est; more ～, most ～**) 《口語》 **1** 〈場所が〉窮屈な (stuffy): a ～ dark house / a ～ hole of a place 穴のような息苦しい場所. **2** 《米》鈍い (dull), のろい (slow). **3** 〈服装など〉みすぼらしい (shabby), だらしない (dowdy). **4** 〈仕事・職業など〉つまらない, 退屈な (dull); けちな: a ～ life. — *n.* 《米・カナダ俗》 =pokey². **pók·i·ly** /-kɪ̀li/ *adv.* **pók·i·ness** *n.* 〚(1849): ← POKE²+-Y⁴〛

pol /pɑ́(ː)l | pɔ́l/ *n.* 《米口語》[軽蔑的に] (老練な)政治家 (politician). 〚(1942) 《略》 ← POLITICIAN〛

POL 《略》Patent Office Library 特許局図書館; 〘軍事〙petroleum, oil and lubricants.

pol. 《略》polar; polarize; police; polish; political; politician; politics.

P

Pol. 《略》Poland; Polish.
Po·la[1] /It. pɔ́:la/ *n.* Pula のイタリア語名.
Po·la[2] /póulə | páu-/ *n.* ポーラ《女性名》.
Po·la·bi·an /poulɑ́:biən, -léɪb- | pə(u)léɪb-, -lɑ́:b-/ *n.* **1** (*also* **Po·lab** /-lɑ́:b/) ポラーブ人《Elbe 川下流流域およびドイツのバルト海 (Baltic Sea) 沿岸地域に住んでいたスラブ民族の一員》. **2** ポラーブ語. 〖《1866》← Slav. *Polab* (cf. Pol. *po* on, *Laba* River Elbe)＋-AN[1]〗
pol·ac /pɑ́(:)læk | pɔ́l-/ *n.* 《英》警察の車を巻き込んだ事故. 〖← *pol*(*ice*) *ac*(*cident*)〗
po·lac·ca[1] /pouléka | pə(u)-/ *n.* =polacre. 〖《1794》▫ It. ～ ← ?: cf. polacre〗
po·lac·ca[2] /pouléka | pə(u)-/ *n.* =polonaise 1. 〖《1806》▫ It. ～ (fem.) ← *polacco* Polish ← Pol. *Polak* Pole: cf. Polack〗
Po·lack /póulɑ:k | póulæk/ *n.* **1** 《米俗》[軽蔑的に] ポーランド系の人. **2** 《廃》ポーランド人 (Pole) (cf. Shak., *Hamlet* 1. 1. 63). 〖《1574》▫ F *Polaque* // G *Polack* ▫ Pol. *Polak*: ⇨ POLE〗
po·la·cre /poulɑ́:kə | pə(u)lɑ́:kə[r]/ *n.* 地中海で用いられた二本または三本マストの帆船. 〖《1625》F ～, *polaque* ← It. *polacca* 'POLACCA[1]' ← ?〗
Po·land /póulənd | páu-/ *n.* ポーランド《ヨーロッパ中東部のバルト海 (Baltic Sea) に臨む共和国; 面積 312,520 km², 首都 Warsaw; 公式名 the Republic of Poland ポーランド共和国; ポーランド語名 Polska》. 〖← POLE＋LAND〗
Póland Chína *n.* ポーランドチャイナ《米国産黒白まだらの一品種の大形の豚; Poland China hog, また単に Poland ともいう》. 〖1879〗
Pó·land·er *n.* ポーランド人 (Pole). 〖《1601》: ⇨ Poland, -er[1]〗
Po·lan·ski /pəlǽnski, pou- | pə(u)-, pɔ-; *Pol.* polánsk'i/, **Roman** *n.* ポランスキー《1933–　; ポーランドの映画監督; *Rosemary's Baby* (1968)》.
po·lar /póulə | páulə[r]/ *adj.* **1** (地球の南・北)極 (pole) の, 極地の; 極地に近い; 極地からの: the ～ regions 極地方 / ～ expeditions 極地(南・北極)探検. **2 a** 惑星の北極と南極を通る: ⇨ polar orbit. **b** 極軌道を回る: a ～ satellite 極軌道衛星. **3** (電池・磁気の)極 (pole) の, 電極の, 磁極の, 磁気のある (magnetic), 極のある: ⇨ polar axis 1. **4** 《数学》極の, 極線[面]の: the ～ line 極線. **5** 《物理化学》極性の, 多極性の (cf. homopolar 2, nonpolar). **6** 〈性格・傾向・行動など〉正反対の, 逆の: ～ personalities 正反対の二人の性格. **7** 中心軸 (axis) のような; 中心的な (central). **8** (北極星のように)しるべとなる, 指導的な: the ～ principle 指導原理. **—** *n.* 《数学》極線. 〖《1551》▫ F *polaire* // ML *polāris* ← L *polus* 'POLE[2]': ⇨ -ar[1]〗
pólar áxis *n.* **1** 《物理》極性軸《地球の自転軸に平行な直線》. **2** 《数学》原線, 始線《極座標系で角を測り始める出発点となる半直線》. 〖1816〗
pólar bèar *n.* 《動物》ホッキョクグマ, シロクマ (*Thalarctos* (or *Ursus*) *maritimus*). 〖1781〗
pólar bódy *n.* 《生物》極体 (polocyte ともいう). 〖1888〗
pólar cáp *n.* 《天文》極冠《火星の両極付近に見える白く輝いた部分; 火星の季節により大きさが変化する》. 〖1894〗
pólar céll *n.* 《生物》極細胞.
pólar círcle *n.* [the ～] 極圏 (cf. Arctic Circle, Antarctic Circle). 〖1551〗
pólar continéntal *n.* 《気象》寒帯大陸気団.
pólar coórdinate *n.* [*pl.*] 《数学》極座標(系)《平面上の点を, 極 (pole) からの距離と原線 (polar axis) からの角とで表す座標系》. 〖1816〗
pólar cúrve *n.* 《数学》極座標曲線《極座標の方程式で表された曲線》. 〖1831〗
pólar dístance *n.* 《天文》極距離 (codeclination). 〖1816〗
pólar equátion *n.* 《数学》極方程式. 〖1848〗
pólar frònt *n.* 《気象》極前線. 〖1920〗
Po·la·ri /pəlɑ́:ri, pou- | pə(u)-/ *n.* ポラーリ《イタリア語系の語彙を特徴とする英語の俗語[隠語]; 18 世紀以来劇場・サーカス関係者, 同性愛者の間で用いられてきた; Parlyaree ともいう》. 〖《1933》*Parlyaree* ← It. *palare* to speak〗
po·lar·im·e·ter /pòulərímətə | pàulərím̩ɪtə[r]/ *n.* 《光学》**1** 偏光計《光の偏光度を測定する装置》. **2** 偏光鏡 (polariscope). **po·lar·i·met·ric** /poulærəmétrɪk, -lèr- | pəulærɪ-ˊ/ *adj.* 〖《c1859》← POLAR＋-I-＋-METER[1]〗
po·lar·im·e·try /pòulərímətri | pàulərím̩ɪtri/ *n.* 《光学》偏光測定. 〖《1864》: ⇨ -metry〗
Po·lar·is /pəlǽrɪs, pou-, -lér- | pə(u)lɑ́:rɪs, -lǽr-/ *n.* **1** 《天文》北極星《こぐま(小熊)座 (Ursa Minor) の α 星で 2.0 等星; 現在は北極より 1 度離れている; the North Star, the polestar ともいう》. **2** 《米軍》ポラリス《通例潜航中の潜水艦から発射できる核弾頭つき弾道弾》. ★《英軍》では /pə(u)lɑ́:rɪs/ が普通. 〖《1957》← NL ～ ← ML (*stella*) *polāris* 'POLAR (star)'〗
po·lar·i·scope /pouléraskòup, pə-, -lér- | pə(u)lǽrɪskòup/ *n.* 《光学》**1** 偏光器《肉眼による光の偏光度測定装置》. **2** =polarimeter 2. **po·lar·i·scop·ic** /poulærəskɑ́(:)pɪk, pə-, -lèr- | pəulærɪskɔ́p-ˊ/ *adj.* 〖《1829》← POLAR＋-I-＋-SCOPE〗
po·lar·i·ty /pouléraṭi, pə-, -lér- | pə(u)lǽrɪti/ *n.* **1** 《電気》**a** 両極のあること; 《電気の》両性. **b** (陽・陰)極性《一極に引きつけられ他極に反発される性質》; 磁性引力: magnetic ～ 磁極性. **2** 《生物》極性《生物体で一つの方向に沿って性質の分化が見られること》. **3 a** 正反対の一つの傾向[性質・意思など]をもつこと, 両極性; 正反対(なもの). **b** (思考・感情などの)ある一つの方向に向かう傾向, (一方への)極性. 〖《1646》← POLAR＋-ITY〗
po·lar·iz·a·bil·i·ty /pòulərɑ̀ɪzəbíləṭi | pəulərɑ̀ɪzəbíl̩ɪti/ *n.* **1** 分極が起こりうること[状態]. **2** 《化学》分極率《電場の作用により生じる双極子モーメントの大きさを与える物質に固有の比例定数》. 〖《1900》← POLARIZE＋-ABILITY〗
po·lar·i·za·tion /pòulərɪzéɪʃən | pàulərɑɪ-, -rɪ-/ *n.* **1** 極性を生じる[得る]こと. **2** 《電気》**a** 分極(作用), 成極(作用): a ～ battery 成極電池. **b** 磁気分極. **3** 《光学》偏光, かたより: ～ of light 偏光 / rotary ～ 回転偏光 / ⇨ circular polarization, elliptical polarization / the angle of ～=polarizing angle / ⇨ PLANE[2] of polarization. **4** (グループ・思想・勢力などが)二分すること, 分裂, 対立化, 分極化. 〖《1812》▫ F *polarisation* ← *polariser* (↓): ⇨ -ation〗
po·lar·ize /póulərɑɪz | páu-/ *vt.* **1** (両極端に)分極化する. **2** 《電気》**a** …に極性を与える: a ～*d* bell 有極電鈴 / *polarizing* action 分極[成極]作用. **b** 偏波させる: ～*d* wave 偏波. **3** 《光学》偏光させる: ～*d* light 偏光. **4** 〈考え方・思想などに〉特殊の方向と目的をもたせる; 〈言葉などに〉特別な意味を与える: ～ one's thought [ideas] 思考[考え]を偏向させる. **—** *vi.* **1** 分極化する. **2** 極性をもつ. **pó·lar·ìz·a·ble** /-zəbl̩/ *adj.* 〖《1811》▫ F *polariser* ← *polaire* 'POLAR': ⇨ -ize〗
pó·lar·ìz·er *n.* **1** 《光学》偏光子, 偏光プリズム《Nicol prism など》. **2** 《化学》分極剤[者]. 〖《1854》: ⇨ ↑, -er[1]〗
pólarizing àngle *n.* 《光学》偏光角 (⇨ Brewster angle). 〖1820–30〗
pólarizing fìlter *n.* 《写真》偏光フィルター《レンズに入る光の偏光面を調節するレンズフィルター》.
pólarizing micróscope *n.* 《光学》偏光顕微鏡. 〖1957〗
pólar líghts *n. pl.* [the ～] 極光, オーロラ: **a** 北極光 (aurora borealis). **b** 南極光 (aurora australis).
pó·lar·ly *adv.* **1** 極(地)のように, 極に近く. **2** 磁気をもって, 陰陽の電気をもって, 極線をもって. **3** 正反対に. 〖《1830》← POLAR＋-LY[1]〗
pólar marítime *n.* 《気象》寒帯海洋気団《高緯度地方に発生する洋上冷乾気団》.
pólar mólecule *n.* 《物理・化学》有極分子.
pólar núcleus *n.* 《植物》極核《種子植物の胚嚢中にあり後に癒合して胚乳となる 2 つの核のうちの一つ》. 〖1882〗
po·lar·o·gram /poulǽrəgræ̀m, -lér- | pə(u)lǽr-/ *n.* 《電気》ポーラログラム《Polarograph によって得られる電圧電流曲線》. 〖《1925》← POLAR＋-O-＋-GRAM〗
Po·lar·o·graph /poulǽrəgræ̀f, -lér- | pə(u)lǽrəgrɑ̀:f, -græ̀f/ *n.* 《商標》ポーラログラフ《polarography に用いる電気分解自記器》. 〖《1925》← POLAR＋-O-＋-GRAPH〗
po·lar·o·graph·ic /poulæ̀rəgrǽfɪk, -lèr- | pə(u)læ̀r-ˊ/ *adj.* 《物理》ポーラログラフィーの[による]. **po·làr·o·gráph·i·cal·ly** *adv.* 〖《1926》: ⇨ ↑, -ic[1]〗
po·lar·og·ra·phy /pòulərɑ́(:)grəfi | pàulərɔ́g-/ *n.* 《物理》ポーラログラフィー《一種の電気分解を行って, 電流と電圧との関係を解析する方法》. 〖《1936》: ⇨ -graphy〗
Po·lar·oid[1] /póulərɔ̀ɪd | páu-/ *n.* 《商標》ポラロイド《カメラ内で撮影直後に印画ができるもの; 米国 Massachusetts 州の Polaroid Corporation の製造; 正式名は Polaroid (Land) camera》; ポラロイド写真. 〖《1961》《略》← *Polaroid Land camera*: ↑〗
Po·lar·oid[2] /póulərɔ̀ɪd | páu-/ *n.* 《商標》ポラロイド《人造偏光板》. 〖《1936》← POLAR＋-OID〗
po·lar·on /póulərɑ̀(:)n | páulərɔ̀n/ *n.* 《物理》ポーラロン《結晶中での電子で導電に寄与し, 格子の分極を起こさせるもの》. 〖《1946》← POLAR＋-ON[2]〗
pólar órbit *n.* 極軌道.
Pólar Séas *n. pl.* [the ～] 極洋《南極海と北極海》.
pólar séquence *n.* 《天文》天球の北極付近の一連の光度標準星《星の実現等級 (visual magnitude) や写真等級 (photographic magnitude) の基準となる》.
pólar stár *n.* [the ～] 《天文》=polestar 1.
pólar válence *n.* 《化学》極性原子価.
pólar wándering *n.* 《地球物理》極移動《地球の自転軸の極が地球に対して行う運動》.
po·la·touche /pɔ̀:lətú:ʃ | pàu-/ *n.* 《動物》タイリクモモンガ (*Pteromys volans*)《シベリアに生息する》. 〖《1827》▫ F ～ ▫ Russ. *poletutcha* 《原義》flying animal ← *poletat* to fly ← *po* behind, after＋*letet* to fly〗
pol·der /póuldə | pɔ́ldə[r], páuł-/ *n.* ポルダー《オランダで海を干拓し造りだした平地; 海面よりも低いため堤防によって海水の流入を防ぎ, 電動ポンプで排水する; その動力には昔は風車が用いられた》. 〖《1604》▫ Du. ～ ＜ MDu. ～, *polre* ← ?〗
pole[1] /póuł | páuł/ *n.* **1** 棒, さお, 柱: a punt ～ (平底船に用いる)舟さお / a tent ～ テントの中心支柱 / a telegraph [telephone] ～ 電柱 / ⇨ flagpole, Maypole. **2** 棒状のもの: **a** (棒高跳びの)ポール, マスト. **b** (電車の)ポール; 床屋の看板棒 (barber pole); (車の)轅(ながえ). **c** =ski pole. **d** =totem pole. **e** 《競馬》ハロン棒《走路の内側に 1/8 マイル毎にゴールまでの距離が示されている棒》. **f** 《卑》ペニス. **3** 《海事》**a** 軽い円材 (spar). **b** マスト (mast) の上端: under [with] (bare) ～*s* 《船が》(強風のため)帆をかけずに. **4** =rod 4 b, c. **5** (競馬・カーレースの)最も内側のコース[走路] (cf. post[3] 4). **6** 《自動車レース》=pole position 1.
climb úp the gréasy póle 困難な事を始める. ***hàve [tàke] the póle*** 《米》(1) (競馬・競走などで)内側のコースを走る (cf. *n.* 5). (2) 優利な地位を占める. ***nòt tóuch with a tén-foot póle*** 《米口語》(長ざおで触れるのも)まっぴらだ, 大嫌いだ (cf. *not touch with a* BARGE POLE). 《1903》 ***ùnder báre póles*** (1) ⇨ *n.* 3 b. (2) むき出しの[で], はがれた[て] (naked, stripped). 《1726》 ***ùp the póle*** 《英口語》(1) 気が触れて; 酔っ払って (drunk). (2) 進退窮まって, 困った破目になって (in a fix). 《1886》
— *vt.* **1** 棒で支える, …に棒を備えつける: ～ beans ソラマメに支えをする. **2** 〈舟・いかだなどを〉棒で押す (push) 〈*off*〉; 〈舟〉にさおさす. **3** 《俗》《野球》(バットを思い切り振って)〈長打を〉放つ; (特に)〈ホームランを〉かっ飛ばす. **4** 《冶金》〈溶けた銅などを〉生木の棒でかき混ぜて脱酸[脱ガス]する, ポーリングする. **—** *vi.* **1** 棒[さお]を使う, さおさす. **2** (スキーで)スピードを出すためにストックを使う. **3** 《豪口語》〔…に〕つけこむ 〔*on*〕.
〖lateOE *pāl* ▫ L *pālus* a stake ← IE **pakslo-* ← **pak-* to fasten: PALE[2] と二重語〗
pole[2] /póuł | páuł/ *n.* **1 a** 《天文・地理》極; (漠然と)極地: ⇨ north pole, south pole / the ～*s* of the heavens 天極. **b** 《天文》=celestial pole. **c** 《天文》=polestar. **2 a** (思想・性格などの)正反対, (両)極端の一方. **b** (関心などの)極まる所, 中心. **3** 《電気・磁気》電極; (電池などの)極, 極性, 極板, 極線; 電極 (magnetic pole): ⇨ negative pole, positive pole. **4** 《生物》**a** (核・細胞・卵子などの)極《特に動物極 (animal pole) および植物極 (vegetal pole)》. **b** (有糸核分裂の際現れる紡錘体の)極. **5** 《解剖》極《神経細胞の中で神経突起の出る部分》. **6** 《数学》極(点)《極座標系における原線 (polar axis) の始点; 複素関数の特異点の一種; 極線[極面]が生じるもとになる点》.
depréss the póle 《海事》(北半球において)南航して中天に見える北極星を水平線に近づける; 南進する. ***from póle to póle*** 世界中(至る所で). ***póles asúnder [apárt]*** 〈人・意見・思想・性格など〉天と地ほども隔たって; 全くの正反対で. 《1869》
póles of a círcle of a sphére 《数学》球面上の円の極《球面上の円の中心を通り, 円に垂直な直線が球面と交わる 2 点》.
póles of cóld 《気象》寒極《地球上最寒の地点; ロシアのシベリア北東部の Verkhoyansk, Oimyakon, および Ellesmere 島の Fort Conger など》.
〖《c1380》*po*(*o*)*l* ▫ L *polus* ▫ Gk *pólos* pivot, axis, pole ← IE **kwolo-* ← **kwel-* to revolve, move around〗
Pole /póuł | páuł/ *n.* ポーランド人. 〖《1535》▫ G *Pole* (sing.) ← *Polen* (pl.) ＜ MHG *Polāne* (pl.) ▫ Pol. *Poljane* 《原義》field-dwellers ← *pole* field: ⇨ Polack〗
Pole /póuł, pú:ł | páuł, pú:ł/, **Reginald** *n.* ポール《1500–58; 英国の聖職者, カトリック最後の Canterbury 大司教》.
pole·ax /póulæ̀ks | pául-/ (*also* **pole·axe** /～/) *n.* **1** 長柄の戦斧(おの)《斧(おの)と矛(ほこ)と鉤(かぎ)または槌(つち)を組み合せた中世の歩兵用武器》. **2** 矛槍 (halberd). **3** 畜殺用斧. **4** (先端に鉤の付いた)敵船乗込み用斧. **—** *vt.* 斧で襲う[切り倒す]. 〖《1355》*pol-axe*: ⇨ poll[1], axe: cf. LG *pollexe*〗
póle·àxed *adj.* [通例叙述的] 《口語》びっくり仰天して. 〖1898〗
póle bèan *n.* 《植物》ポールビーン《支柱等に巻きつきまっすぐに生長する蔓性のマメ類; インゲンマメなど》. 〖*c*1770〗
pole·cat /póułkæ̀t | páuł-/ *n.* (*pl.* ～**s**, ～) **1** 《動物》ケナガイタチ (fitch)《ヨーロッパ産のイタチの一種》. **2** 《米》《動物》シマスカンク (skunk). **3 a** 《米俗》つまらぬ人, 軽蔑すべき人間. **b** 《英俗》売春婦 (prostitute). 〖《1320》*polcat* ← *pol-* (▫ ? OF *pole, poule* chicken, fowl)＋CAT〗
póle chànge mòtor *n.* 《電気》極数切換電動機.
Pol. Econ., pol. econ. 《略》political economy.
póle hàmmer *n.* (長柄の)戦槌 (cf. war hammer). 〖1873〗
póle-hígh *adj.* 《ゴルフ》=hole-high.
póle hòrse *n.* (四頭馬車の)後馬《poler ともいう; cf. leader 2 b》. 〖1815–20〗
póle hòuse *n.* 《NZ》(地面に打ち込んだ丸太に支えられた)木造家屋.
poleis *n.* polis[1] の複数形.
póle-jùmp *vi.* 《英》《陸上競技》=pole-vault. **～·er** *n.*
póle jùmp *n.* 《陸上競技》=pole vault. 〖1886〗
póle làmp *n.* 柱上灯.
póle·less[1] *adj.* 〈テントなど〉棒[さお, 支柱]のない. 〖《1647》← POLE[1]＋-LESS〗
póle·less[2] *adj.* 〈磁石など〉無極の: a ～ magnet. 〖← POLE[2]＋-LESS〗
pol·e·march /pɑ́(:)ləmɑ̀ək | pɔ́l̩ɪmɑ̀:k/ *n.* 《ギリシャ史》陸軍指揮官; (アテネで)第三アルコン職 (third archon). 〖《1656》▫ Gk *polémarkhos* ← *pólemos* war＋*arkhós* ruler: ⇨ -arch[1]〗
póle màst *n.* 《海事》棒マスト《継ぎ足しなしの 1 本棒のマスト》. 〖1730〗
po·lem·ic /pəlémɪk, pou- | pə(u)-, pɔ-/ *adj.* (他人の説・信条などに)反論する, 論難する (cf. irenic): a ～ divine 神学的議論を事とする聖職者 / ～ theology 論争(的)神学 / a ～ writer 論客. **—** *n.* **1** 反論, 論争. **2** (特に神学上の)議論家, 論客. **3** [*pl.*] ⇨ polemics. **po·lem·i·cal** /-m̩ɪkəł, -kł | -mɪ-/ *adj.* **po·lém·i·cal·ly** *adv.* 〖《1638》▫ F *polémique* // ML *polemicus* ▫ Gk *polemikós* of war, hostile ← *pólemos* war: ⇨ -ic[1]〗
po·lém·i·cìst /-məsɪ̀st | -m̩ɪsɪst/ *n.* =polemist.

po·lem·ics /pəlémɪks, pou- | pə(ʊ)-, pɔ-/ *n.* [通例単数扱い] **1** 論議法, 論争術. **2** (神学上の)論争学, 論争神学, 論証法 (theological polemics) 《キリスト教内部の異端・分派などに対する論争; cf. irenics》. 〖《1638》: ⇨ polemic, -ics〗

pol·e·mist /pɑ́(ː)ləmɪ̀st, pəlém-, pou- | pɔ́ləmɪst/ *n.* (特に神学上の)論争者, 論客. 〖《1825》◻ Gk *polemistḗs* warrior: ⇨ polemic, -ist〗

pol·e·mize /pɑ́(ː)ləmàɪz | pɔ́lɪ-/ *vi.* 議論する, 争論する, 反論する. 〖《1828》: ⇨ polemic, -ize〗

po·le·mol·o·gy /pòuləmɑ́(ː)lədʒi | pàulɪmɔ́lədʒi/ *n.* 戦争学《争い, 特に国家間の戦争についての研究》. **po·le·mo·log·i·cal** /pəlèməlɑ́(ː)dʒɪkəl, -dʒə-, -kḷ | pə(ʊ)lèməlɔ́dʒɪ-ˊ/ *adj.* 〖《1938》← Gk *pólemos* war + -LOGY〗

Pol·e·mo·ni·a·ce·ae /pɑ̀(ː)ləmòuniéɪsiː | pɔ̀lɪmàʊ-/ *n. pl.* 〘植物〙ハナシノブ科. **pòl·e·mò·ni·á·ceous** /-ʃəsˊ/ *adj.* 〖← NL ～: ⇨ Polemonium, -aceae〗

pol·e·mo·ni·um /pɑ̀(ː)ləmóuniəm | pɔ̀lɪmə́ʊ-/ *n.* 〘植物〙ハナシノブ《ハナシノブ科ハナシノブ属 (*Polemonium*) の植物の総称; ハナシノブ (Jacob's ladder), ミヤマハナシノブ (*P. nipponium*) など》. 〖《1900》← NL ～ ← Gk *polemṓnion* a kind of plant, valerian ← *Polémōn* (人名) ← *pólemos* war〗

Po·lén·ske vàlue /poulénski- | pə(ʊ)-; G. polénski-/ *n.* 〘化学〙ポレンスケ価《食用油脂・バター中の揮発性で水に不溶性の脂肪酸の含量を示す価》. 〖《1906》← *Edward Polenske* (20 世紀のドイツの化学者)〗

po·len·ta /pouléntə, pə-, -tɑː | pə(ʊ)léntə; It. poléntа/ *n.* ポレンタ《とうもろこしの粉を使ったかゆ》. 〖《(OE)》(*a*1398) ◻ It. ～ < L *polentam* pearl barley: cf. pollen〗

póle pìece *n.* 〘電気〙極片, 磁極片《適当な磁束分布が得られるような形に作られた突極形磁極の先端の部分》. 〖1883〗

póle pìtch *n.* 〘電気〙磁極ピッチ《2 磁極の中心軸間の距離》.

póle plàte *n.* **1** 〘建築〙軒桁(のきげた). **2** 〘生物〙極板《原生動物の有糸分裂の際, 紡錘体の両極に形成される》. 〖1823〗

póle posìtion *n.* **1** (カーレース・競馬で)最も内側第 1 列の有利な位置. **2** 有利な立場[位置]. 〖1953〗

pol·er /póulə | pə́ulə(r)/ *n.* **1** 棒で押す[支える]人[物]; 舟をさおさす人. **2** =pole horse. **3** 《豪俗》なまけ者, たかり屋. 〖《1848》: ⇨ pole¹, -er¹〗

póle scrèen *n.* =banner screen. 〖1870〗

póle shòe *n.* 〘電気〙極片, 磁極片《界磁コイルを支えるために時に磁極に取り付けられる鉄片》. 〖1892〗

póle·stàr *n.* **1** [the ～]〘天文〙北極星《ある年代に天の北極に最も近い明るい恒星; 現在は Polaris; the North Star, the Northern Star ともいう》. **2** 指標, 道しるべ, 目標 (lodestar), 指導原理 (guiding principle). **3** 注目の的, 魅力の中心. 〖1555〗

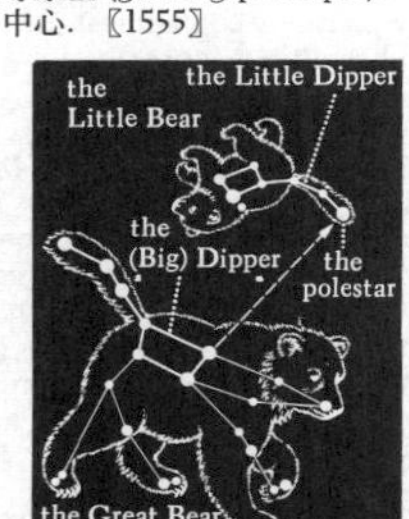

polestar

póle stèp *n.* (電柱の)足場くぎ.

póle strip *n.* 型板(かたいた)《主にリベット穴の位置を決めるために用いる》.

Po·lé·sye Márshes /pəːljéɪsjə- | pɔ-; Ukr. pol'ís'sʲa/ *n. pl.* [the ～] ポレシエ沼沢地《東ヨーロッパのベラルーシ南部とウクライナ北部とにまたがる湿地帯; 面積 270,000 km²; Pripet Marshes ともいう》.

póle topgállant màst *n.* 〘海事〙=long topgallant mast.

póle transfòrmer *n.* 柱上変圧器.

póle-vàult *vi.* 〘陸上競技〙棒高跳びをする. **póle-vàulting** *n.* 〖1890–95〗

póle vàult *n.* 〘陸上競技〙 **1** [the ～] 棒高跳び《種目》. **2** 棒高跳び《跳躍》. **póle-vàulter** *n.* 〖1890〗

pole·ward /póulwəd | pə́ulwəd/ *adv., adj.* 極(地)へ. 〖1875〗

póle·wards /-wədz | -wədz/ *adv.* =poleward.

po·leyn /póuleɪn | pə́ʊ-/ *n.* 〘甲冑〙(よろいの)膝当て (kneecap) (⇨ armor 挿絵). 〖《*a*1338》◻ OF *po(u)lain* ← ?〗

po·li- /póuli | pə́u-/ (母音の前にくるときの) polio- の異形.

po·li·a·nite /póuliənàɪt | pə́u-/ *n.* 〘鉱物〙ポリアナイト, 軟(なん)マンガン鉱《結晶のよく成長した軟マンガン鉱 (pyrolusite)》. 〖《1849》◻ G *Polianit* ◻ Gk *poliaínesthai* to grow white (with sea foam) ← *poliós* gray: その色から: ⇨ -ite¹〗

po·lice /pəlíːs, plíːs | pəlíːs, pu-, plíːs/ *n.* (*pl.* ～) **1 a** 警察《組織》. **b** [(the) ～; 集合的; 複数扱い] 警察(官), 警官(隊) (police force): *the* harbor [marine] ～ 水上警察 / call (*the*) ～ 警察を呼ぶ / *The* ～ are on his track. 警察は彼を追跡している / *The* ～ have a clue. 警察では手がかりを握っている. **c** [*pl.*] 警官 (policeman, policewoman, police officer): two ～ / More ～ came. 日英比較 日本語で個々の警察官や巡査を「ポリス」というのは和製英語.「個々の警察官」は英語では *police* officer, policeman, policewoman, くだけて cop などである.

★ 米英の警察の階級は下から順に次の通り《括弧内の訳語は一応の目安として示したものである》.

a 米国《州または都市により階級制度が異なるため, 次に掲げるのはその一例である》: police officer, patrolman (巡査)—sergeant (巡査部長)—lieutenant (警部補)—captain (警部)—deputy inspector (警視)—inspector (警視正)—deputy chief of police (本部長補佐)—assistant chief of police (副本部長)—chief of police (警察本部長, 警察署長)《inspector の上が deputy superintendent (副本部長)—superintendent (警察本部長)となる場合もある》.

b 英国: constable (巡査)—sergeant (巡査部長)—inspector (警部補)—chief inspector (警部)—superintendent (警視)—chief superintendent (警視正)—この上は, (1) Metropolitan Police Force (首都警察, ロンドン警視庁)では, commander (警視長)—deputy assistant commissioner (副警視監)—assistant commissioner (警視監)—deputy commissioner (警視副総監)—Commissioner of Police of the Metropolis (警視総監). (2) City of London Police Force (ロンドン市警察)では, assistant commissioner (副本部長)—Commissioner of Police (警察本部長). (3) 他の自治体[地方]警察では, assistant chief constable (警察次長)—chief constable (警察長).

2 [集合的] 警備隊, 保安隊[要員]: campus [railway] ～ 大学保安隊[鉄道公安官] / ⇨ military police. **3** 《古》(地域社会の)治安, 公安; (政府の)治安, 公安局. **4** 〘米軍〙(地区・建造物・装備品などの)清掃, 清潔保持, 整理整頓; 整頓係, 環境整備係 (cf. kitchen police).

— *vt.* **1** …に警察を置く. **2** …の治安を維持する, 警備する. **3** 統治する, 管理[支配]下におく. **4** (警察などによって)取り締まる, 規制する (control). **5** 《米》〈兵舎などを〉清掃する, 清潔にする, 整理整頓する 〈*up*〉.

〖n.: 《1530》《廃》'civil organization' ◻ (O)F ～ ◻ ML *polītia* = L *polītia* the state ◻ Gk *politeía* polity, citizenship ← *polítēs* citizen ← *pólis* city ← IE **pel-* citadel, fortified high place (Skt *pur*):「警察」の意に用いられるようになったのは 1800 年以後: POLICY, POLITY と二重語〗

políce àction *n.* 警備行動, 軍事治安行動《国際平和・秩序を乱すと考えられるゲリラなどに対する宣戦布告なしの小規模・局地的な軍事行動》. 〖1885〗

políce àgent *n.* (フランスなどの)警官. 〖1852〗

políce blòtter *n.* =blotter 2 b. 〖1965〗

políce càr *n.* =squad car. 〖1924〗

políce commìssioner *n.* 《米》警察(公安)委員長; 《英》(ロンドン警視庁の)警視総監, (ロンドン市警察の)警察本部長 (⇨ police 1 ★); 《スコット》警察事務監督委員. 〖1869〗

políce cónstable *n.* 《英》巡査, 警官 (⇨ police 1 ★). 〖1800〗

políce còurt *n.* **1** 警察裁判所《police judge が裁判する軽犯罪即決裁判所; cf. magistrates' court 2》. **2** 《スコット》自治都市 (burgh) 裁判所《1975 年廃止; 現在は district court》. 〖1823〗

políce depàrtment *n.* **1** (行政組織の)警察業務を管理運営する部局: the Metropolitan *Police Department* 警視庁. **2** =police force. 〖1810〗

políce dòg *n.* **1** 警察犬. **2** 《米》=German shepherd dog. 〖1908〗

políce fòrce *n.* 警官隊. 〖1838〗

políce inspèctor *n.* 《米》警視正; 《英》警部補 (⇨ police 1 ★). 〖1855〗

políce júdge [jústice] *n.* 警察裁判所判事 (cf. police court). 〖1862〗

políce làboratory *n.* **1** 科学警察研究所. **2** (警察の)鑑識課 (laboratory).

políce·man /pəlíːsmən, plíːs- | pəlíːs-, pu-, plíːs-/ *n.* (*pl.* **-men** /-mən, -mɛn/) **1** 警官, 巡査 (constable): a ～ in plain clothes 平服巡査, 角袖(かくそで)巡査 / a ～ on guard 護衛巡査, 警備中の巡査. **2** 〘化学〙ポリスマン《ガラス棒の先にゴム管などをはめ込んだ器具; ビーカーなどから沈殿物を除くために用いる》. **～·lìke** *adj.* 〖1801〗

políceman's hèlmet *n.* 〘植物〙インパティエンス グランドゥリフェラ (*Impatiens glandulifera*)《暗紫色の花をつけるヒマラヤ原産のツリフネソウ科の一年草; 欧米で野生化し, 日本でも栽培される》.

políce mágistrate *n.* =police judge.

políce màtron *n.* (警察署や刑務所に拘留中の女性・子供に対する)婦人監督者. 〖1934〗

Políce Mó·tu /-móutuː | -mə́u-/ *n.* (パプアで用いられる)ピジン化したモツ語《もと警官が使用したことから》.

políce offènse *n.* 警察犯《警察裁判所 (police court) で即決される程度の軽犯罪》.

políce òffice *n.* 《英》(市・町の)警察署. 〖1798〗

políce òfficer *n.* 警官, 婦人警官; 《米》巡査 (⇨ police 1 ★). ★ 性差別を避けるために policeman, policewoman の代わりに公式には police officer を使う傾向にある. 〖1800〗

políce pòwer *n.* 福祉権能, 規制権限《福祉・安全・健康などのために個人の権利を制限する政府の権限》. 〖1827〗

políce procédural *n.* (警察の捜査活動を現実的に扱った)警察小説, 警察映画[ドラマ]《Ed McBain の小説がその典型》.

políce repòrter *n.* 警察回りの新聞記者, 刑事記者. 〖1834〗

políce sérgeant *n.* 巡査部長 (⇨ police 1 ★).

políce stàte *n.* 警察国家《政治警察によって支配される全体主義国家; cf. garrison state》. 〖1865〗

políce stàtion *n.* (地方の)警察署《station house ともいう》. 〖1846〗

políce sùbstation *n.* 派出所, 交番.

políce superintèndent *n.* 《米》警察本部長; 《英》警視 (⇨ police 1 ★).

políce súrgeon *n.* 警察医.

políce tràp *n.* (自動車の違反などを取り締まる)警官の監視所; スピード違反の取り締まり;「ねずみ捕り」(cf. speed trap). 〖1903〗

políce wàgon *n.* 《米》=patrol wagon.

po·lice·wom·an /pəlíːswʊ̀mən, plíːs- | pəlíːs-, pu-, plíːs-/ *n.* (*pl.* **-wom·en** /-wɪmɪ̀n | -mɪn/) 婦人警官, 婦警 (⇨ police officer ★). 〖1853〗

po·li·cier /pɑ̀(ː)ləsjéɪ | pɔ̀lɪ-; F. pɔlisje/ *n.* (小説・映画の)探偵[推理]もの, ミステリー. 〖《1969》◻ F ～ (adj.) 《原義》police〗

pol·i·clin·ic /pɑ̀(ː)ləklínɪk | pɔ̀lɪ-/ *n.* **1** (病院の)外来患者診療所[部] (cf. polyclinic). **2** (昔, 医学生が教師の監督の下で診療した私宅の)診療室. 〖《1827》◻ G *Poliklinik* 《原義》clinic instruction held at a patient's house in town ← Gk *pólis* city + *klīnikḗ* clinic art: ⇨ police, clinic〗

pol·i·cy¹ /pɑ́(ː)ləsi | pɔ́lɪ-/ *n.* **1** (政府・政党・為政者・事業家などの)政策, 方策, 方針: domestic ～ 内治政策 / a business ～ 営業方針 / a ～ writer 政策立案者 / foreign policy 外交政策 / The government's ～ *on* economic recovery is inadequate. 景気回復に関する政府の政策は不十分だ. **2** やり方, 手段, 手: It is the best ～ not to quarrel. 争わないのが一番いいやり方だ / Honesty is the best ～. ⇨ honesty 1. **3 a** 賢明 (sagacity); 機略, 知恵 (wit): *Policy* goes beyond strength. 《諺》才知は力にまさる. **b** 《古》抜け目なさ, 狡猾. **4** 《古》政治 (statecraft); 政治形態 (polity). **5** 《スコット》(田舎屋敷周辺の)遊園. 〖《*c*1385》◻ OF *policie*: (O)F *police* 'POLICE' の異形: POLITY, POLICE と二重語〗

pol·i·cy² /pɑ́(ː)ləsi | pɔ́lɪ-/ *n.* **1 a** 保険証券《正式には policy of assurance または insurance policy という》: a life ～ 生命保険証券[証書] / a ～ of marine insurance 海上保険証券 / group *policies* 団体保険証券 / a ～ proof of interest 名誉保険証券 / ⇨ floating policy, open policy, time policy, valued policy / take out a ～ on one's life 生命保険に加入する[をかける]. **b** 保険契約. **2** 《米》**a** (場末などで行われる)回転抽選器から出る数に賭ける一種のばくち《この常設店を policy shop という》: play ～. **b** =number 7. 〖《1565》*police* ◻ F ◻ It. *polizza* 《変形》← ML *apodixa* 《変形》← L *apodīxis* ◻ Gk *apódeixis* proof ← *apodeiknúnai* to demonstrate ← APO- + *adiknúnai* to show: cf. diction〗

pol·i·cy·hold·er /pɑ́(ː)ləsihòuldə | pɔ́lɪsihə̀ʊldə(r)/ *n.* 保険契約者, 被保険者. 〖1851〗

pólicy lòan *n.* 〘保険〙保険証券担保貸付.

pólicy·màker *n.* 政策当事[担当]者, 政策立案者: economic ～s 経済政策担当者. 〖1948〗

pólicy·màking *n.* (高度のレベルでの)方針決定; (特に政府の)政策決定, 政策立案. 〖1943〗

pólicy ràcket *n.* =number 7.

pólicy scìence *n.* 政策科学《政府や企業の高度のレベルの方針決定を扱う社会科学》. 〖1950〗

pólicy shòp *n.* ⇨ policy² 2 a.

pòli·encèphalo·myelítis *n.* 〘病理〙=polioencephalomyelitis.

pol·i·gar /pɑ́(ː)ləgɑə | pɔ́lɪgɑː(r)/ *n.* インド Madras 州の封建的首長; その下役. 〖◻ Marathi *pālegār* ← ? Telugu *pāḷegāḍu* // Kanarese *pāḷeyagāra*〗

pòli·metrícian *n.* 数理的・統計的研究方法を用いる政治学者. 〖← POLI(TICS) + METRICIAN〗

pól·ing bòard /póulɪŋ- | pə́ul-/ *n.* 〘土木〙土留板《掘削した地盤の崩壊を防ぐためのもの》. 〖1839〗

po·li·o /póuliòu | pə́uliə̀u/ *n.* (*pl.* **～s**) 《口語》〘病理〙ポリオ, 小児まひ (poliomyelitis). 〖《1931》《略》← POLIOMYELITIS〗

po·li·o- /póuliou | pə́uliəu/ 〘医学〙「脳または脊髄の灰白質の[に関する]」の意の連結形. ★ 母音の前では通例 poli- になる. 〖← Gk *poliós* gray〗

pòlio·encephalítis *n.* 〘病理〙灰白髄炎; 灰白脳炎. 〖《1885》← NL ～: ⇨ polio-, encephalitis〗

pòlio·encèphalo·myelítis *n.* 〘病理〙灰白脳脊髄炎. 〖← NL ～: ⇨ ↑, myelitis〗

pòlio·myelític *adj.* 〘病理〙急性灰白髄炎の, ポリオ (polio) に罹(かか)った. 〖1911〗

pòlio·myelítis *n.* 〘病理〙(急性)灰白髄炎, ポリオ, (脊髄性)小児麻痺, 脊髄灰白質炎, ハイネメジン病《acute anterior poliomyelitis, infantile spinal paralysis, polio ともいう》. 〖《1878》← NL ～: ⇨ polio-, myelitis〗

pólio vaccìne *n.* 《口語》〘医学〙ポリオワクチン.

pólio·vìrus *n.* 〘医学〙ポリオウイルス, 灰白髄炎ウイルス《人の(急性)灰白髄炎 (poliomyelitis) を起こす; cf. picornavirus》. 〖《1953》← POLIO- + VIRUS〗

pol·is¹ /pɑ́(ː)lɪ̀s, póul- | pɔ́lɪs/ *n.* (*pl.* **po·leis** /-leɪs/) ポリス《古代ギリシャの都市国家》. 〖《1894》◻ Gk *pólis* city: ⇨ police〗

pol·is² /pɑ́(ː)lɪ̀s | pɔ́lɪs/ *n.* 《スコット・アイル》警察 (police); 警官 (policeman). 〖《*c*1874》← POLICE: 発音に

よる異綴り〗

-po·lis /‐pəlɪs | -pəlɪs/「都市 (city)」の意の名詞連結形: metro*polis*, necro*polis*. 〖← Gk *pólis* (↑)〗

Po·li·sa·rio /pɑ̀(ː)ləsáːriòu | pɔ̀lɪsáːriəu; *Sp.* polisárjo/ *n.* **1** ポリサリオ戦線《西サハラの独立を目指すゲリラ組織; Polisario Front ともいう》. **2** (*pl.* **-ri·os**) ポリサリオ戦線のメンバー. 〖《1975》《頭字語》← Sp. Frente *Po*pular para la *Li*beración de *Sa*gnia el-Hamra y *Río* de Oro (サギア・アルハムラとリオ・デ・オロ解放のための人民戦線)〗

pol·ish /pɑ́(ː)lɪʃ | pɔ́l-/ *vt.* **1** こすり磨く, 光らせる, …のつやを出す: ~ furniture, metal, lenses, etc. / ~ one's boots up 靴を磨いてぴかぴかにする / ~ rice 精米する. **2** …に磨きをかける, 仕上げを施す, 推敲(すいこう)する; 洗練する, 上品にする: ~ the manners [appearance] 作法[風采(ふうさい)]を上品にする / ~ a set of verses 詩を練る / ~ the reform program [plan] 改革案を推敲する.
— *vi.* **1** 光沢が出る, 磨きがかかる: This wood won't ~. この木材は(磨いても)つやが出ない. **2** 《文語》上品になる, 洗練される.
pólish awáy こすり取る, すり減らす. ***pólish óff*** 《口語》 (1) 〈仕事・原稿などを〉素早く仕上げる[片付ける]; 〈食べ物などを〉さっさと平らげる: ~ *off* sandwiches, a bottle of beer, etc. (2) 〈相手・敵などを〉さっさと負かす, やっつける (defeat); 殺す, 片付ける (kill): ~ *off* work [a job] 仕事をさっさと仕上げる / ~ *off* an opponent 相手を簡単にやっつける. ***pólish úp*** (1) …のつやを出す; 小ぎれいにする, 飾る. (2) 《口語》よくする, 改良する, 改善する, …に磨きをかける: ~ *up* one's English. (3) 完成する, 仕上げる.
— *n.* **1** 磨き材料, 磨き粉, 光沢剤, ワニス, うるし: metal ~ 金属磨き粉 / shoe [boot] ~ 靴墨. **2** 《態度・作法の)洗練; 上品, 優美 (elegance): the ~ of cultivated society 教養社会の上品さ / the exquisite ~ of Stevenson's style スティーヴンスンの文体の洗練された優雅さ / His manners lack ~. 彼の態度には上品さが欠けている. **3** 磨き, 光沢, つや, (つやつやした)滑らかさ (gloss); 磨きをかけること: the brilliant ~ of silver 銀のぴかぴかした光沢 / a dry ~ からぶき / give it a ~ それに磨きをかける.
〖《*a*1325》← (O)F *poliss-* ← *polir* < L *polīre* to make smooth ← IE **pel-* to thrust, strike, drive (L *pellere* to drive, push): ⇨ -ish²〗

SYN 磨く: **polish** 布・研磨剤・ねり粉でこすって磨く: *polish* the floor with wax ワックスで床を磨く. **burnish** 特に〈金属を〉こすって光らせる《格式ばった語》: *burnish* the silver 銀器を磨く. **buff** 特に柔かい布で〈金属・木・革を〉磨いて光らせる: *buff* lenses レンズを磨く. **shine** 〈靴・金具などを〉磨いて光らせる: *shine* shoes 靴を磨く.

P

Pol·ish /póulɪʃ | páu-/ *adj.* ポーランド (Poland) の; ポーランド人[語]の. — *n.* **1** ポーランド語. **2** [the ~; 集合的] ポーランド人[国民]. 〖《1674》← POLE＋-ISH¹〗

pol·ish·a·ble /pɑ́(ː)lɪʃəbl | pɔ́l-/ *adj.* 磨ける, 光沢の出る. 〖《1611》: ⇨ polish, -able〗

Pólish Córridor *n.* [the ~] ポーランド回廊《Vistula 河口付近の帯状地帯; バルト海 (Baltic Sea) への出口を与えるために, Versailles 条約でドイツからポーランドに割譲された; 第二次大戦でドイツに占領されたが戦後ポーランドに復帰; 海への出入口に Gdańsk 港がある》.

pol·ished /pɑ́(ː)lɪʃt | pɔ́l-/ *adj.* **1** こすり磨いた, 磨きあげ(られ)た; (自然に)光沢のある (glossy): ⇨ polished rice. **2** 〈人・態度など〉上品な, 洗練された, あか抜けのした (refined): ~ manners, gentlemen, etc. **3** 〈計画など〉推敲(すいこう)した, 練られた. **4** 優秀な, 卓越した. 〖《*c*1375》 (p.p.) ← POLISH〗

pólished ríce *n.* 精米, 精白米, 白米. 〖1922〗

pól·ish·er *n.* 磨く[光沢を出す]人; つや出し器, 研磨器. 〖1552〗

pól·ish·ing-pòwder *n.* 磨き粉. 〖1849〗

Pólish notátion *n.* 《電算》ポーランド記法, 前置記法《数式記法の一つで, 演算子を演算数の前に置く; 例: ＋1 2 (一般的である中置記法では 1+2)》. 〖ポーランドの論理学者 Jan Łukasiewicz (1878–1956) の考案によることから〗

Pólish sáusage *n.* ＝kielbasa.

polit. 《略》political; politician; politics.

Po·lit·bu·ro, p- /pɑ́(ː)lɪtbjùːrou, póul-, poulít-, pə- | pɔ́lɪtbjùərəu, pəlít-, -bjùːr-, -bjuràu; *Russ.* palʲɪdbʲuró/ *n.* (*also* **Po·lit·bu·reau** /~/) (*pl.* ~**s**) **1** [the ~] (ソ連の)共産党政治局《行政執行委員会と対外宣伝部から成る党の最高指導機関; 一時 Presidium (最高会議幹部会)と称した (1952–66)》. **2** (これに似た)指導機関. 〖《1925》← Russ. *Polit*(*icheskoe*) *Byuro* political bureau〗

po·lite /pəláɪt/ *adj.* (**more** ~, **most** ~; **po·lit·er, -est**) **1** 〈態度・言葉など〉丁寧な, 丁重な, 礼儀正しい (⇨ civil SYN); 愛想よい, 如才ない (obliging): a ~ answer, request, etc. / have ~ manners 礼儀正しい / She was just [only] being ~. 儀礼的にそう言っただけ / You've got to be ~ *to* your teacher. 先生には礼儀正しくしなければいけない. **2** 上品な, 教養のある (cultured), 行儀のよい (well-bred): ~ society 上流社会 / the ~ thing 行儀作法 / the ~ style of a court 宮廷のみやびな作法. **3** 《文語》〈文章など〉洗練された, 練れた (polished), 優雅な (elegant): ~ letters [literature] 純文学 / ~ learning (高雅な趣味と高尚な理想を学ぶ)人文学 (humanities) / ~ arts 美術. ***dó the políte*** 《口語》努めて丁寧にふるまう (cf. do² *vt.* 11). 〖《*a*1398》□ L *polītus* (p.p.) ← *polīre* 'to POLISH'〗

po·lite·ly /pəláɪtli/ *adv.* 丁寧に, 礼儀正しく, 上品に, 優雅に: He bowed ~. 彼は丁寧におじぎをした / He behaves the most ~. 彼がいちばん礼儀正しい. 〖1597〗

po·lite·ness /pəláɪtnɪs/ *n.* **1** 丁寧; 上品, 優雅: I think his ~ is overdone. 彼のいんぎんさは行き過ぎだと思う / He spoke to the woman with studied ~. 彼は丁寧な態度を装ってその女性に話しかけた. **2** 丁寧な行為[言動]: One never loses anything by ~. 《諺》人は丁寧な言動をしたからといって何も損をしない. **3** 儀礼的なこと, おざなり. 〖1641〗

pol·i·tesse /pɑ̀(ː)lɪtés, pɔ̀(ː)l- | pɔ̀l-; *F.* pɔlitɛs/ *F. n.* ＝politeness. 〖《1717》□ F ~ □ It. *pulitezza* cleanliness ← *pulito* polished (p.p.) ← *pulire* < L *polīre* 'to POLISH'〗

Po·li·tian /pəlíʃən, pou- | pə(u)-/ *n.* ポリツィアーノ《1454–94; イタリアの古典学者・詩人; 本名 Angelo Ambrogini /ándʒelo ambrodʒíːni/, イタリア語名 Poliziano /polittsjáːno/》.

pol·i·tic /pɑ́(ː)lətìk | pɔ́lɪtɪk/ *adj.* **1** 思慮のある, 分別のある (prudent), 賢い (sagacious). **2** 〈人・行動など〉策を弄する, 抜け目のない, ずるい (artful). **3** 政策的な, 便宜的な (expedient), 時宜に適した (opportune): a ~ retort [move, speech] 時宜にかなった仕返し[処理, 言葉]. **4** 《まれ》政治上の (political): ⇨ body politic. — *n.* 支配関係, 政治力学, 力関係. — *vi.* 政治に携わる. 〖《1427》□ (O)F *politique* □ L *politicus* □ Gk *politikós* civic, political ← *polítēs* citizen ← *pólis* city: ⇨ police, -ic¹〗

po·lit·i·cal /pəlítɪkəl, -kl | -tɪ-/ *adj.* **1** 政治学(上)の, 政治に関する, 政治的な: ~ news 政治記事 / a ~ reporter 政治報道記者 / a ~ writer 政論家, 政治記者 / a ~ view 政見 / ~ measures 政治手段 / ⇨ political theory / illegal ~ payoffs 不法政治献金 / for ~ reasons 政治上の理由で. **2 a** 国政[政治, 国家]の, 国政に関する: ⇨ political liberty, political rights. **b** 《法律》政治犯[国事]犯罪の[に関する]; 政治活動[政治的権力闘争]をする: ⇨ political crime, political prisoner. **3** 政治に携る; 政治組織を有する: a ~ community 政治組織をもつ社会 / ⇨ political party. **4 a** 政党の, 政派の, 党略の; 政党活動の: a ~ campaign 政治[選挙]運動 / a ~ meeting 政治集会. **b** 政治に精通した, 政策通の, 政治にのめり込んだ. **5** 行政に関する[関与する]: a ~ office [officer] 行政官庁[行政官]. **6** 個人[団体]の地位[影響力]に関係する. — *n.* **1** 《英史》＝political agent. **2** ＝political prisoner. 〖《1551》: ⇨ ↑, -al¹〗

polítical áction *n.* 政治活動[行動]《政治力や政治的手段によって権力状況の変革を意図する行動》; (特に労働階級の組織的)政治運動 (cf. direct action). 〖1944〗

polítical áction committèe *n.* 《米》政治活動委員会《企業・組合などが支持政治家を議会に送り込むために資金集めをする目的で設立する機関; 略 PAC》.

polítical ágent *n.* 《英史》(インドの藩王国の政治を補佐した英国人)駐在官《political resident また単に political ともいう》. 〖1849〗

polítical ánimal *n.* 政治家としての活力[才能, 見識]のある人. 〖1776〗

polítical asýlum *n.* 政治亡命者に対する保護.

polítical cómissar *n.* ＝commissar 2.

polítical corréctness *n.* 《時に軽蔑》(言動の)政治的公正(運動), 反差別(性) (略 PC) (⇨ politically correct): check documents for ~ 文書が政治的に正しくなっているかチェックする. 〖(1948) 1979〗

polítical críme *n.* 政治犯罪, 国事犯罪 (political offense).

polítical ecónomist *n.* 経済学者《現在は単に economist という》.

polítical ecónomy *n.* **1** 政治経済学《経済を政治現象とのかかわりの中で追求する社会科学の一分野》. **2** (19 世紀の)経済学《国家の政策と関連をもった; 現在は economics という》. **3** (17–18 世紀の)国家の重商主義的政策を進めるための経済論. 〖《1740》《なぞり》← F *économie politique*〗

polítical fóotball *n.* 《英》いっこうに解決されない政治問題, 政争の具, 政治論争のたね.

polítical geógraphy *n.* 政治地理(学).

polítical incorréctness *n.* (言動の)政治的不公正, 差別(性) (⇨ politically correct). 〖1989〗

po·lit·i·cal·ize /pəlítɪkəlàɪz | pəlítɪ-/ *vt.* 政治的にする, 政治的に組織する. 〖1869〗

polítical lévy *n.* 政治賦課金《政治目的のために労働組合員が, 組合費以外に負担する金》.

polítical líberty *n.* 政治的自由.

po·lit·i·cal·ly /pəlítɪkəli, -kli | -tɪ-/ *adv.* **1** 政治[国政, 行政]上(からみて); 政略上, 党略的に. **2** 《古》賢明に, 如才なく. 〖《1588》← POLITICAL＋-LY¹〗

polítically corréct *adj.* 《時に軽蔑》**1** 〈言動が〉政治的に公正な, 反差別の《女性・少数者・弱者などの差別を避けること, 特に差別となりそうな言葉に対して正しい[遠回しの]表現の仕方を求める態度にいう; この動きは 1980 年代に最初に米国のリベラルな知識人・フェミニストの間で広まった; 略 PC; 例えば (chairman の代わりに) chairperson, (American Indian の代わりに) Native American, (blind の代わりに) visually impaired などを用いる; 極端になると (fat の代わりに) differently sized などという》: What's the ~ term for disabled people? 障害者を表す反差別用語は何ですか. **2** [the ~; 名詞的に] 反差別の立場の人々 (略 PC). 〖(1793) 1970〗

polítically incorréct *adj.* 〈言動など〉政治的に正しくない, 差別的な; 言葉に配慮のない: accuse a person of being ~ 人を差別的だと非難する. 〖(1947) 1986〗

polítical machíne *n.* (自己の利益優先を図る)政治組織, 政治的利益集団.

polítical offénse *n.* ＝political crime.

polítical párty *n.* 政党.

polítical prísoner *n.* 政治犯, 国事犯《人; 単に political ともいう》. 〖1860〗

polítical quéstion *n.* 《法律》統治行為《条約の締結など司法審査権 (judicial review) の適用範囲外とされる国家行為》.

polítical refugée *n.* 政治亡命者.

polítical résident *n.* ＝political agent.

polítical ríghts *n. pl.* 参政権, 国政参与権, 政治的自由権.

polítical scíence *n.* 政治学 (politics). **polítical scíentist** *n.* 〖1779〗

polítical theólogy *n.* 政治神学《キリスト教信仰・神学を政治とかかわるものにしようとするもの》.

polítical théory *n.* 政治理論. 〖1896〗

polítical vérse *n.* 《ギリシャ詩学》(ビザンチン期, または近代の)ギリシャ語音符詩; (特に) 15 音節の弱強格の詩行.

pol·i·ti·cian /pɑ̀(ː)lətíʃən | pɔ̀lɪ-/ *n.* **1** 政治家 (statesman): He is an able ~. 彼は有能な政治家だ. **2** 《米》[軽蔑的に] 政党政治家, 政治屋, (政界の)策士 (cf. statesman): A ~ thinks of the next election; a statesman of the next generation. 政治屋は次の選挙のことを考え, 政治家は次の世代のことを考える. **3** 地位・利権を目当てに強引に立ち回る人. **4** 《まれ》政治学者. 〖《1588》← POLITIC＋-IAN〗

SYN 政治家: **politician** 政治を仕事にしている人, 特に自己または党派中心に駆け引きをする人《後者は軽蔑的》: a crafty *politician* 悪賢い政治家. **statesman** 聡明で見識ある立派な政治家で, 政府において重要な役割を演じる人: a distinguished *statesman* 著名な政治家.

---

po·lit·i·ci·za·tion /pəlìtəsɪzéɪʃən | -tɪsaɪ-, -sɪ-/ *n.* **1** 政治問題化. **2** 政治的技術訓練. 〖1934〗

po·lit·i·cize /pəlítəsàɪz | -tɪ-/ *vt.* 政治[政党]化する, 政治的に扱う[論じる]: ~ an issue 問題を政治的に扱う / We became rather ~*d* in the language of the day. 当時の言葉で言えば我々はかなり政治づいていた. — *vi.* 政治に携わる, 政治を論じる. 〖《1758》← POLITIC＋-IZE〗

pol·i·tick /pɑ́(ː)lətìk | pɔ́lɪ-/ *vi.* 《米口語》政治(運動)に従事する. **~·er** *n.* 〖《*c*1934》《逆成》? ← POLITICS〗

pól·i·tick·ing *n.* 政治工作, 政治活動, 選挙運動. 〖1928〗

pól·i·tìc·ly *adv.* 狡猾(こうかつ)に, 巧妙に; 抜け目なく. 〖《*c*1475》← POLITIC＋-LY¹〗

po·lit·i·co /pəlítɪkòu | -tɪkəu/ *n.* (*pl.* ~**s**, ~**es**) 《米》＝politician 1. 〖《1630》□ It. // Sp. ~ 'political, politician' < L *politicus* 'POLITIC'〗

po·lit·i·co- /pəlítɪkou | -tɪkəu/ 次の意味を表す連結形: **1**「政治」: *politico*mania 政治狂. **2**「政治的な[に]」: *politico*-pressure 政治的圧力. **3**「政治的および…(political and …)」: *politico*-economical 政治経済的な / *politico*-geographical 政治地理的な. 〖← NL ~ ← L *politicus* 'POLITIC, political'〗

pol·i·tics /pɑ́(ː)lətìks | pɔ́lɪ-/ *n.* **1** [単数または複数扱い] (実際的・職業的な)政治; 政務, 政治運動; 政略, (党利)党略, (政党の)駆引き, 策略; (党派的または個人的)利害, 動機, 目的 (aims): ~ affairs 政務 / ~ maneuvers 政治活動 / party ~ 党政策 / enter [go into] ~ 政界入りをする, 政治家になる / be engaged in ~ 政治に関与する / talk ~ 政治を論じる. **2** [複数扱い] (行政・法律に対して)政府の政策立案; (軍事に対して)政府の民生機能. **3** [複数扱い] 政綱, 政見: ~ principles 政綱 / ~ opinions 政見 / What are your ~? あなたの政見は? **4** [単数扱い] (学問・技術としての)政治, 政治学 (political science): *Politics* is not a science, as many of our professors imagine, but an art. 政治とは教授諸君の多数が想像されるような学問ではなくて術である《Bismarck が議会で述べた言葉》. **5** [単数扱い] 経営, 管理: the ~ of a business 事業の経営. **6** [P-]「政治学」《Aristotle の都市国家論》. ***nót pràctical pólitics*** (1) 〈事柄など〉(余り実際から離れていて)論じる価値がない. (2) 実際上の困難に遭遇する恐れがある. ***pláy pólitics*** (1) 〔…と〕党利本位に動く[行動する]〔*with*〕. (2) (策動によって)私利を図る. 〖《*a*1529》《変形》? ← Gk *politiká* (neut.pl.) ← *politikós* political: ⇨ -ics〗

pol·i·ty /pɑ́(ː)ləti | pɔ́lɪti/ *n.* **1** 政治形態[組織]: civil ~ 国家行政形態[組織] / ecclesiastical ~ 教会組織 / The units of Greek ~ were called city states. ギリシャの行政組織の単位は都市国家とよばれた. **2** 政治的組織体, 国家組織, 国家. **3** 政治, 行政. 〖《1538》□ (L)L *polītia* □ Gk *politeiā* citizenship, government ← *polítēs* citizen ← *pólis* city: POLICY¹, POLICE と二重語〗

po·lje /pɑ́(ː)ljə | pɔ́l-; *Serb./Croat.* pɔ̂ʎe/ *n.* 《地理》ポリエ《石灰岩地域に見られる溶食盆地; 時には沼や小さな湖も含む》. 〖《1894》□ Serbo-Croat *pölje* field〗

polk /póuk | páuk/ *vi.* 《口語》＝polka. 〖□ F *polker* ← *polka* 'POLKA'〗

Polk /póuk | páuk/, **James Knox** *n.* ポーク《1795–1849; 米国第 11 代大統領 (1845–49)》.

pol·ka /póulkə, póukə | pɔ́l-, pául-/ *n.* **1** ポルカ《19 世紀に Bohemia から広まった快活な ²/₄ 拍子の円舞》; その舞曲. **2** (通例毛糸で編んだ)婦人用ジャケット. — *vi.* ポルカを踊る. 〖《1844》□ F // G *Polka* □ Czech *polka* □ Pol. *Polka* 《原義》? Polish woman (fem.) ← *Polak* 'POLACK': cf. Czech *pùlka* half step ← *pùl* half〗

pól·ka dòt /póukə- | pɔ́l-, pául-/ *n.* **1** ポルカドット《織物用デザイン風に等間隔に配列した同じ大きさの水玉; 水玉

の大きさはピンからコインまでのものとされる). **2** 水玉模様(の織物). **pólka-dòt** *adj.* **pólka-dòtted** *adj.* 〘1884〙

poll[1] /póʊl | pə́ʊl/ *n.* **1** (ある問題についての)世論調査 (public-opinion poll), その調査結果[記録]; (世論調査などのための)質問, 質問表: ⇨ Gallup poll. **2 a** 選挙投票 (voting); 投票結果, 投票数: a heavy [light, poor] ~ 投票多数[少数] / declare the ~ 選挙結果を発表する / at the head of the ~ 得票の第 1 位で, 最高得票で / How is the ~ going? (開票の途中で)投票の結果はどうだ. **b** 《米》選挙投票時間. **3** [《米》では通例 *pl.*] (選挙)投票所: go to the ~*s* 投票所へ行く; 選挙に候補者として打って出る. **4** 納税者[選挙人]名簿[登録] (cf. pollbook): have [put] one's name on the ~ 納税者[選挙人]名簿に登録する. **5 a** (数人の中の)一人 (head), 個人. **b** 人頭税 (poll tax). **6** 数え上げること, 列挙. **7 a** (髪でおおわれた)頭頂部, 後頭部: a flaxen ~ 亜麻色の毛の頭 / a gray [snow-white] ~ ごま塩[白髪]頭. **b** 襟首; (牛・馬などの)うなじ, 両耳の間の部分. **8 a** 頭 (head). **b** (つち・ハンマーなどの)頭.
— *vt.* **1** 世論調査をする: ~ the public opinion 世論を調査する. **2** (評決を確かめるため)〈陪審員を〉一々尋問する; (代表などの一人一人の)賛否表示を求める. **3** 〈候補者が〉…の投票を得る[記録する]: ~ a quarter of the votes cast 投票数の 1/4 を得る. **4** 〈票を〉投じる (cast). **5** 投票場で〈投票用紙を〉受け取る. **6** 〈投票者を〉投票場に行かせる. **7** (課税・投票のために)名簿に登録する. **8** 〈人〉の頭髪を短く刈る (clip); 〈頭髪を〉短く刈る: ~ a man [his head, his hair] 人の頭の毛を刈る. **9** [通例 p.p. 形で] 〈牛など〉の角を切る; 〈木など〉の枝先を摘む (pollard): ~*ed* cattle [trees] 角を切られた牛[枝を刈り込んだ木]. **10** 〘法律〙〈証書を〉(ぎざぎざ (indentation) をつけないで)平らに切り取る (cf. poll[2] *adj.*). **11** 〘電算〙ポーリングする《通信回線を共有する場合, サービスを要求している端末を見極めるため, 順次各端末に呼びかけを行う》. — *vi.* (投票場で)〔候補者に〕投票する (vote) 〔*for*〕: ~ *for* a candidate. **~·er** /-lə | -lə(r)/ *n.* 〘(c1300) ◻ MDu. *pol(le)* top of the head〙

poll[2] /póʊl | pə́ʊl/ *adj.* 〘法律〙〈証書など〉切り取り線を平らに切った, 当事者の一方だけで作成した (cf. poll[1] *vt.* 10; ⇨ deed poll). — *n.* 角のない獣; (特に)角のない品種の牛 (cf. poll[1] *vt.* 9). 〘(1523) 《短縮》 ← *pold* polled (p.p.) ← POLL[1] (v.)〙

poll[3] /pɑ́(ː)l, pɔ́(ː)l | pɔ́l/ *n.* [時に P-] 《英》《Cambridge 大学》 **1** [the ~; 集合的] (優等卒業生 (honoursmen) に対して) 普通(学位)卒業者 (cf. passman): go out in *the Poll* 普通で卒業する. **2** 普通学位 (poll degree ともいう): a ~ man 普通卒業生. 〘(1831) ← Gk *oi polloí* the many (pl.) ← *polús* much〙

Poll /pɑ́(ː)l | pɔ́l/ *n.* **1** Mary の愛称. **2** 《口語》売春婦 (courtesan). 〘《変形》 ← MOLL: cf. Peg (=Meg)〙

poll·a·ble /póʊləbl | pə́ʊl-/ *adj.* **1** 刈り込める, 先が摘める, 〈牛の角など〉切り取れる. **2** 投票できる, 投票させられる. 〘(1844) ← POLL[1]+-ABLE〙

pol·lack /pɑ́(ː)lək | pɔ́l-/ *n.* (*pl.* ~, ~**s**) 〘魚類〙タラ科ポラック属 (*Pollachius*) の下あごが突出している数種のタラの類の食用魚の総称 (cf. walleyed pollack): **a** ポラック (*P. pollachius*) 《ヨーロッパ沿岸産》. **b** セース (*P. virens*) 《北大西洋産; saithe, coalfish ともいう》. 〘(1602) 《変形》 ← 《スコット》《古形》 *podlok* ← ?〙

Pol·lai·uo·lo /pòʊlaɪwóʊloʊ | pəʊlaɪwə́ʊləʊ; *It.* pollaiwɔ́ːlo/, **Antonio** *n.* ポライウォロ (1432?–98; イタリアの画家・彫刻家・金細工師).

Pollaiuolo, Pietro *n.* ポライウォロ (1443?–96; イタリアの画家・彫刻家; Antonio Pollaiuolo の弟).

pol·la·ki·u·ri·a /pɑ̀(ː)ləkijʊ́ᵊriə, -kaɪ- | pɔ̀ləkijʊ́ər-, -kaɪ-/ *n.* 〘医学〙頻尿(症), 尿意頻数 (排尿回数の増加). 〘← Gk *polláki(s)* many times+-URIA〙

pol·lam /pɑ́(ː)ləm | pɔ́l-/ *n.* =poligar の封土. 〘(1783) ◻ Tamil *pālaiyam* ← Skt *pālayati* he guards: cf. Poligar〙

pol·lan /pɑ́(ː)lən | pɔ́l-/ *n.* (*pl.* ~) 〘魚類〙ポーラン (*Coregonus lavaretus*) (アイルランドの内陸の湖にいるシロマス属の魚). 〘(1713) ← ?: cf. Gael. *pollag* & Ir. *pollōg, pullōg* ← Ir. *poll* inland lake+-*ōg* (Celt. suf.)〙

pol·lard /pɑ́(ː)lərd | pɔ́ləd, -lɑːd/ *n.* **1** (密に枝を出させるために枝先を刈った)刈り込み木. **2** 角を落とした鹿; 無角種の牛[羊, ヤギ(など)] (poll ともいう). **3** もみがら; (少し麦粉を含んだ)ふすま (家畜の飼料). — *vt.* **1** 〈木を〉坊主に刈り込む. **2** 〈牛など〉の角を切る. 〘(1546) ← POLL[1] (v.)+-ARD〙

Pol·lard /pɑ́(ː)lərd | pɔ́lɑːd, -ləd/, **Albert Frederick** *n.* ポラード (1869–1948; 英国の歴史家; Historical Association を 1906 年に創立; *History* (1916–22) の編者).

póll·bòok /póʊl- | pə́ʊl-/ *n.* (ある地区内の)選挙人名簿. 〘1681〙

póll dèed /póʊl- | pə́ʊl-/ *n.* 〘法律〙=deed poll.

póll degrèe /pɑ́(ː)l- | pɔ́l-/ *n.* 《英》普通学位(卒業) (⇨ poll[3] 2). 〘1837〙

polled /póʊld | pə́ʊld/ *adj.* **1** 〈木が〉坊主に刈り込まれた: a ~ tree. **2** 毛[髪]をつんだ; はげ頭の (bald). **3** 〈牛など〉角のない, 無角種の (hornless). 〘(?a1300) (p.p.) ← POLL[1]〙

Pólled Ángus /póʊld- | pə́ʊld-/ *n.* =Aberdeen Angus.

poll·ee /poʊlíː | pəʊ-/ *n.* 世論調査で質問を受ける人, 回答者. 〘(1940) ← POLL[1]+-EE[1]〙

pol·len /pɑ́(ː)lən | pɔ́lɪn/ *n.* **1** 〘植物〙(顕花植物の)花粉 (cf. microspore): be allergic to ~ 花粉症である. **2** (昆虫の体の表面を覆う花粉のような)粉. — *vt.* 〘植物〙=pollinate. **~·less** *adj.* **~·lìke** *adj.* 〘(1523) ◻ L ~ 'fine powder, flour' ← IE **pel-* dust, flour (L *pulvis* dust, powder): cf. polenta〙

Pol·len /pɑ́(ː)lən | pɔ́lɪn/, **Daniel** *n.* ポレン (1813–96; ニュージーランドの政治家; 首相 (1876)).

póllen anàlysis *n.* 〘古生物〙花粉分析 (地層の年代推定などの手段として泥炭層や湖底などの堆積物中の花粉化石を検出・解析すること); その結果の集成による古気候・古植生の研究. 〘1924〙

pol·len·ate /pɑ́(ː)lənèɪt | pɔ́lɪ-/ *vt.* 〘植物〙=pollinate. **pol·len·a·tion** /pɑ̀(ː)lənéɪʃən | pɔ̀lɪ-/ *n.*

póllen bàsket *n.* 〘昆虫〙=corbicula.

póllen brùsh *n.* 〘昆虫〙花粉ばけ, 花粉ブラシ (昆虫の足や腹に生えている花粉を集めるための剛毛).

póllen chàmber *n.* 〘植物〙花粉室 (裸子植物の胚珠の珠心の頂端にある小さなすき間). 〘1887〙

póllen cóunt *n.* (一定の時と場所において一定量の空気中に含まれている)花粉の数 (普通ブタクサ (ragweed) の花粉; その数が花粉アレルギー警報として発表される). 〘1926〙

póllen gràin *n.* 〘植物〙(顕花植物の)花粉粒. 〘1835〙

pol·len·iz·er /pɑ́(ː)lənàɪzər | pɔ́lɪnàɪzə(r)/ *n.* **1** 〘植物〙授粉用植物 (果樹園などで他花受粉や花粉不完全の果樹を受粉させるために混栽する近縁種). **2** =pollinator a. 〘(1897) ← POLLEN+-IZE+-ER[1]〙

póllen móther cèll *n.* 〘植物〙花粉母細胞 (若い葯(やく)中で分化した細胞; 還元分裂によって花粉四分子を作り, それぞれが花粉粒になる). 〘1884〙

pol·len·o·sis /pɑ̀(ː)lənóʊsɪs | pɔ̀lɪnə́ʊsɪs/ *n.* (*pl.* **-o·ses** /-siːz/) 〘病理〙=pollinosis. 〘《変形》 ← POLLINOSIS: POLLEN との連想による変形〙

póllen sàc *n.* 〘植物〙花粉嚢(のう), 葯(やく)室 (葯の中の花粉を作る袋). 〘1875〙

póllen tùbe *n.* 〘植物〙花粉管 (花粉が発芽して生じる管状突起; 子房内の胚珠まで伸びて核の通路となり受精が起こる). 〘1835〙

póll èvil /póʊl- | pə́ʊl-/ *n.* 〘獣医〙項瘻(ろう) (馬の項部にできる化膿性瘻管). 〘1607〙

pol·lex /pɑ́(ː)lɛks | pɔ́l-/ *n.* (*pl.* **pol·li·ces** /pɑ́(ː)ləsìːz | pɔ́lɪ-/) 〘解剖〙第一指, 母指, 親指 (thumb). **pol·li·cal** /pɑ́(ː)lɪkəl, -kl | pɔ́lɪ-/ *adj.* 〘(1835–36) ← NL ~ ← L ~ 'thumb, big toe'〙

pol·lice ver·so /pɑ́(ː)ləsivə́ːsoʊ, póʊlɪkèrwə́ə- | pɔ́lɪsivə́ːsəʊ, pɔ́lɪkèrwə́ə-/ *L. adv.* 親指を下に向けて (古代ローマで, 「負けた剣闘士を殺せ」という皇帝および観衆から勝った剣闘士へ送った合図; 一説では「剣を捨てて相手の命を助けよ」の合図ともいう; cf. *turn up* [*down*] *the* THUMB(*s*)). 〘◻ L *pollice versō* 'with thumb turned (down)'〙

pol·lic·i·ta·tion /pəlɪ̀sətéɪʃən | -sɪ-/ *n.* 〘ローマ法〙承諾されていない一方的約束[申込み]. 〘(1528) ◻ L *pollicitātiō(n-)* ← *pollicitārī* (p.p.) ← *pollicitārī* to promise (freq.) ← *pollicērī* to promise, 《原義》bid for ← *pol-* (⇨ pro[2])+*licērī* to bid〙

pol·lie /pɑ́(ː)li | pɔ́li/ *n.* =polly[2].

pol·lin- /pɑ́(ː)lən | pɔ́lɪn/ (母音の前にくるときの) pollini- の異形.

pol·li·nate /pɑ́(ː)lənèɪt | pɔ́lɪ-/ *vt.* 〘植物〙〈花, 植物〉に授粉する. 〘(1875) ← POLLINI-+-ATE[3]〙

pol·li·na·tion /pɑ̀(ː)lənéɪʃən | pɔ̀lɪ-/ *n.* 〘植物〙授粉(作用), 受粉(作用) (cf. cross-pollination, self-pollination). 〘(1875) ⇨ ↑, -ation〙

pól·li·nà·tor /-tər | -tə(r)/ *n.* 授粉するもの: **a** 花粉を媒介するもの (昆虫など). **b** 〘植物〙=pollenizer 1. 〘1903〙

poll·ing /póʊlɪŋ | pə́ʊl-/ *n.* **1** 投票: heavy [light] ~ 高[低]投票率. **2** [通例 *pl.*] 刈り取ったもの. **3** 〘電算〙ポーリング(すること) (cf. poll[1] *vt.* 11). **4** [形容詞的に] **a** 投票(用)の, 選挙(のための). **b** 世論調査の: a ~ method. 〘1625〙

pólling bòoth *n.* **1** (選挙の時の)仮設投票所[場]. **2** 《英》=voting booth. 〘1852〙

pólling dày *n.* 投票日, 選挙日. 〘1865〙

pólling plàce *n.* 《米》投票場[所]. 〘1832〙

pólling stàtion *n.* 《英》=polling place.

pol·li·ni- /pɑ́(ː)lənɪ, -ni | pɔ́lɪ-/ 「花粉 (pollen)」の意の連結形. ★ 母音の前では通例 pollin- になる. 〘← NL ~: ⇨ pollen〙

pollinia *n.* pollinium の複数形.

pol·lin·ic /pəlínɪk/ *adj.* 〘植物〙花粉の. 〘(1856) ← POLLINI-+-IC[1]〙

pol·li·nif·er·ous /pɑ̀(ː)lənɪ́f(ə)rəs | pɔ̀lɪ-ˈ-/ *adj.* **1** 〘植物〙花粉を有する[生じる]. **2** 〘動物〙花粉を運ぶ(に適する), 花粉採集型[保持型]の. 〘(1830) ← POLLINI-+-FEROUS〙

pol·lin·i·um /pəlɪ́niəm, pɑ- | pəlɪ́n-, pɔ-/ *n.* (*pl.* **-i·a** /-niə/) 〘植物〙花粉塊. 〘(1862) ← NL ~: ⇨ pollini-, -ium 3〙

pol·li·nize /pɑ́(ː)lənàɪz | pɔ́lɪ-/ *vt.* 〘植物〙=pollinate.

pól·li·nìz·er *n.* =pollenizer.

pol·li·nose /pɑ́(ː)lənòʊs | pɔ́lɪnəʊs/ *adj.* 〈昆虫が〉装粉状の (表面が花粉様の粉で覆われていることにいう). 〘(1826) ← NL *pollinosus*: ⇨ pollini-, -ose[1]〙

pol·li·no·sis /pɑ̀(ː)lənóʊsɪs | pɔ̀lɪnə́ʊsɪs/ *n.* 〘病理〙花粉症, 花粉過敏症 (特定の花粉に対して過敏性があるために起こるアレルギー疾患). 〘← NL ~: ⇨ pollini-, -osis〙

pol·li·wog /pɑ́(ː)liwɑ̀(ː)g, -wɔ̀(ː)g | pɔ́liwɔ̀g/ *n.* **1** 《英方言・米》〘動物〙オタマジャクシ (tadpole). **2** 《口語》赤道を横切ったことがない船乗り (cf. shellback). 〘《変形》 ← (1592) ME *polwygle*: *wig-* > *-wog* の変化は *pol-* の母音と同化による: ⇨ poll[1], wiggle〙

pol·lo /pɑ́(ː)loʊ | pɔ́ləʊ/ *n.* **1** 鶏肉, チキン: ~ al ajillo ニンニク入りチキン / ~ con higos イチジク入りチキン. **2** 《俗》(メキシコで)金を払って米国に不法に入国をはかる労務者, ポーヨ. 〘(1846) ◻ Sp. ~ 'chicken'〙

pol·lock /pɑ́(ː)lək | pɔ́l-/ *n.* (*pl.* ~, ~**s**) 〘魚類〙=pollack. 〘《変形》 ← 《スコット》(16 C) *podlok* ← ?〙

Pol·lock /pɑ́(ː)lək | pɔ́l-/, **Sir Frederick** *n.* ポロック (1845–1937; 英国の法学者・著述家; *A First Book of Jurisprudence* (1896), *Expansion of the Common Law* (1904)).

Pollock, Jackson *n.* ポロック (1912–56; 米国の抽象派画家).

pol·loi /pəlɔ́ɪ/ *n. pl.* =hoi polloi. 〘◻ Gk *polloí* many (pl.) ← *polús* much: cf. poly-, plus〙

póll-pàrrot /pɑ́(ː)l- | pɔ́l-/ *vt., vi.* (インコのように)繰返し言う.

póll pàrrot /pɑ́(ː)l- | pɔ́l-/ *n.* 《口語》 **1** (かごに飼った)インコ, オウム (poll, polly ともいう). **2** 同じことを繰返し言う人, 陳腐な語句[議論]を繰り返す人. 〘(1865): ⇨ Poll〙

poll·ster /póʊlstər | pə́ʊlstə(r)/ *n.* (職業的な)世論調査員, (世論)調査表編集者. 〘(1939) ← POLL[1]+-STER〙

póll·tàker /póʊl- | pə́ʊl-/ *n.* =pollster.

póll tàx /póʊl- | pə́ʊl-/ *n.* **1** 人頭税 (head tax) (米国では選挙権行使の必要条件とすることは憲法違反). **2** 《英口語》=community charge. 〘1694〙

póll-tàxer /póʊl- | pə́ʊl-/ *n.* 《米俗》 **1** 人頭税制度主張者. **2** 人頭税制度のある州からの選出国会議員.

pol·lu·cite /pəlúːsaɪt, pɑ́(ː)ljusàɪt | pɔ́ljʊsàɪt, pəlúː-saɪt/ *n.* 〘鉱物〙ポルサイト (無色透明正六面体結晶または塊状; セシウムの重要な原料鉱物). 〘(1868) ← L *Pollūc-, Pollux* 'POLLUX': 葉長石に似た外見の石があり, そこから Castor and Pollux が連想された〙

pol·lu·tant /pəlúːtənt, -tnt | -lúːt-, -ljúː-, -tənt/ *n.* (特に大気や水の)汚染物(質), (水の)汚濁物: harmful ~*s* 有害汚染物質. — *adj.* 汚染物(質)の. 〘(1892): ⇨ ↓, -ant〙

pol·lute /pəlúːt | -lúːt, -ljúːt/ *vt.* **1** 〈大気・水・土壌など〉をよごす, 不潔にする; (特に, 廃棄物などで)〈環境を〉汚染する (⇨ contaminate SYN): ~ water, air, the environment, etc. **2** (道徳的に)汚す, 堕落させる (corrupt): ~ the mind. **3** …の神聖を汚す (defile), 冒瀆(とく)する: ~ a temple. 〘(c1380) ◻ L *pollūtus* (p.p.) ← *polluere* to defile ← *pol-* (⇨ pro-[2])+-*luere* to wash (← IE **leu-* make dirty (L *lutum* / Gk *lûma* filth))〙

pol·lút·ed /-tɪd | -tɪd/ *adj.* **1** よご(さ)れた, 汚染された, 汚(さ)れた. **2** 《米俗》酔っ払った. 〘c1384〙

pol·lut·er /pəlúːtər | -lúːtə(r), -ljúː-/ *n.* (環境)汚染者; 汚染源: industrial ~*s* (汚染物質をたれ流したりする)公害企業, 汚染源. 〘1550〙

pol·lu·tion /pəlúːʃən | -lúː-, -ljúː-/ *n.* **1 a** 汚染, 環境汚染; 公害: marine ~ 海洋汚染 / the ~ problem 公害問題 / ~ disease 公害病 / ⇨ ENVIRONMENTAL pollution, air pollution, noise pollution, water pollution. **b** 汚染物質. 日英比較 日本語の「公害」に当たる英語には, *pollution*, contamination, public nuisance などがあり, *pollution* は化学物質などによる環境の汚染, contamination は細菌, 有毒物質などまたり目には見えないような形での汚染, public nuisance はハトの糞や悪臭などの迷惑な問題について用いる. **2** 汚すこと; 汚れ; 不潔, 不浄; (精神の)堕落. **3** 〘医学〙遺精: nocturnal ~ 夢精. 〘(a1349) ◻ (O)F ~ // LL *pollūtiō(n-)*: ⇨ pollute, -tion〙

pol·lú·tion·al /-ʃnəl, -ʃənl/ *adj.* 汚染の, 公害の: ~ material 汚染物質. 〘1921〙

pol·lu·tive /pəlúːtɪv | -lúːt-, -ljúːt-/ *adj.* 汚染をもたらす. 〘1970〙

Pol·lux /pɑ́(ː)ləks | pɔ́l-/ *n.* **1** 〘ギリシャ神話〙ポリュデウケース, ポルックス (⇨ Castor and Pollux). **2** 〘天文〙ポルックス (ふたご(双子)座 (Gemini) の β 星; 1.2 等星; cf. Castor 2). 〘◻ L ~ ← Gk *Poludeúkēs* the twin brother of Castor, 《原義》very sweet〙

póll wàtcher /póʊl- | pə́ʊl-/ *n.* (選挙投票所の)立会人 (単に watcher ともいう).

pol·ly[1] /pɑ́(ː)li | pɔ́li/ *n.* =poll parrot 1. 〘← POLLY[1]〙

pol·ly[2] /pɑ́(ː)li | pɔ́li/ *n.* 《米俗・豪俗》=politician. 〘1942〙

Pol·ly[1] /pɑ́(ː)li | pɔ́li/ *n.* ポリー (女性名; Mary の愛称形). 〘《押韻変形》 ← MOLLY[1]: ⇨ Mary〙

Pol·ly[2] /pɑ́(ː)li | pɔ́li/ *n.* 《口語》=Apollinaris[2]. 〘《短縮》 ← APOLLINARIS[2]〙

Pol·ly·an·na /pɑ̀(ː)liǽnə | pɔ̀l-/ *n.* 盲目的な楽観者. **~·ish** /-nɪʃˈ-/ *adj.* **~·ism** /-nɪzm/ *n.* **Pol·ly·án·nish** /-nɪʃˈ-/ *adj.* 〘米国の少女小説家 Eleanor Porter (1868–1920) の小説 (1913) の女主人公〙

pólly sèeds *n. pl.* 《口語》ヒマワリの種子. 〘← POLLY[2]: オウムが好んで食べることから〙

pol·ly·wog /pɑ́(ː)liwɑ̀(ː)g, -wɔ̀(ː)g | pɔ́liwɔ̀g/ *n.* = polliwog.

po·lo /póʊloʊ | pə́ʊləʊ/ *n.* **1** ポロ (四人一組の両チームで行うホッケーに似た馬上球戯; ポロポニー (polo pony) に乗ってマレット (polo mallet [stick]) で木製のボールを打ってゴールに入れる). **2** ポロに似たゲーム; (特に) =water polo. **3** =polo neck. **~·ist** /-ɪst | -ɪst/ *n.* 〘(1872) ◻ Balti Tibet. ~ 'ball': cf. Tibetan *pulu* ball〙

Po·lo /póʊloʊ | pə́ʊləʊ/ *n.* 〘商標〙ポロ: **1** 米国のファッ

ションデザイナー Ralph Lauren によるブランド. **2** 英国製のペパーミントキャンディー.

Po·lo /póuloʊ | pə́uləʊ; *It.* pɔ́ːlo/, **Marco** *n.* (マルコ)ポーロ《1254?–?1324; イタリア Venice の旅行家; アジアにはいって Kublai Khan に重用された (1275–92); *The Book of Marco Polo*「東方見聞録」》.

pólo còat *n.* ポロコート《ラクダの毛織物またはそれに似た布地でつくったテーラード仕立のゆったりしたオーバーコート》. 〖1910〗

po·lo·crosse /póuloukrɔ̀(ː)s, -krɑ̀(ː)s | pə́uləʊkrɔ̀s/ *n.* 〘球戯〙ポロクロス《先端にネットの付いた柄の長いスティックを持ち, 馬に乗って行うゲーム》. 〖(1952) ← POLO＋LACROSSE〗

po·lo·cyte /póuləsàɪt | pə́ʊ-/ *n.* 〘生物〙=polar body. 〖(1915) ← POLE²＋-O-＋-CYTE〗

poloi *n.* polos の複数形.

po·loi·dal /pəlɔ́ɪdl -dḷ/ *adj.* 〘物理〙〈磁場などが〉極方向の, ポロイダルな《極座標において, 天頂角の変化する方向(地球で言えば経線方向)を表す; cf. toroidal》. 〖(1946) ← POL(AR)＋(TOR)OIDAL〗

pólo màllet *n.* マレット《ポロ用スティック; cf. polo 1》.

pol·o·naise /pɑ̀(ː)lənéɪz, pòul- | pɔ̀l-; *F.* pɔlɔnɛːz/ *n.* **1** ポロネーズ《ポーランド起源のゆるやかな 3 拍子の舞踏; 行列を組んで荘重に踊られた》; その舞曲. **2** ポロネーズ《18 世紀ごろ着用されたオーバードレス; 身体に沿ったウエスト, 短い袖, 丸くカットされたスカートの裾などを特徴とする; もとポーランドの民族衣装》. 〖(1773) □ F (*danse*) *polonaise* a Polish dance (fem.) ← *polonais* Polish: cf. Pole〗

pólo nèck *n.* 〘服飾〙タートルネック, とっくり襟; タートルネックのセーター. 〖1944〗

Po·lo·ni·a /pəlóuniə | -lə́ʊ-/ *n.* (米国などにおける)ポーランド系地区. **Po·ló·ni·an** /-niən/ *adj.*

po·lo·ni·um /pəlóuniəm | -lə́ʊ-/ *n.* 〘化学〙ポロニウム《1898 年 Curie 夫妻が発見した放射性元素; 記号 Po, 原子番号 84, 原子量 209》. 〖(1898) ← NL ～ ← ML *Polōnia* Poland (Curie 夫人の生国)＋-IUM〗

Po·lo·ni·us /pəlóuniəs | pələ́ʊ-, pɔ-/ *n.* ポローニアス《Shakespeare 作 *Hamlet* 中の人物; 多弁な内大臣で Ophelia と Laertes の父》.

Po·lo·nize, p- /póulənàɪz | pə́ʊ-/ *vt.* **1** ポーランドの風(ふう)に従わせる, ポーランド風にさせる. **2** 〈語(句)などを〉ポーランド語風[的]に(変え)させる. 〖(1888) ← ML *Polōnia* Poland (⇨ Pole)＋-IZE〗

Po·lon·na·ru·wa /pɑ̀(ː)lənáːruwə | pɔ̀l-/ *n.* ポロンナルワ《スリランカ中部の古都; 1070 年に首都となり, 多くの仏教寺院や涅槃(ねはん)像 (14 m), 磨崖仏などで知られる》.

po·lo·ny /pəlóuni | -lə́ʊ-/ *n.* 《英》ポロニー《一種の豚肉ソーセージ polony sausage ともいう》. 〖(1661)《変形》← *Bologna* (その生産地であるイタリア北部の都市の名)〗

pólo pòny *n.* ポロポニー《ポロのために馴らした pony または普通の馬》. 〖1885〗

pol·os /pɑ́(ː)lɑ(ː)s | pɔ́lɔs/ *n.* (*pl.* **pol·oi** /-lɔɪ/) ポロス《古代ギリシャの女神などの彫像に見られる円筒形頭飾り》. 〖(1850) □ Gk *pólos* sphere: ⇨ pole²〗

pólo shìrt *n.* ポロシャツ《スポーツ用の襟なしまたは襟付きのプルオーバーシャツ》. 〖1920〗

pólo stìck *n.* =polo mallet.

Pol Pot /pɑ́(ː)lpɑ́(ː)t | pɔ̀lpɔ́t/ *n.* ポルポト《1925–98; カンボジアの政治家; 民主カンボジア軍事最高会議議長[首相] (1976, 1977–79); ポルポト政権下で 300 万人の人々が, 処刑・強制労働・飢餓で死亡したといわれる》.

pol. sci. 《略》political science.

Pol·ska /*Pol.* pólska/ *n.* ポルスカ《Poland のポーランド語名》. 〖□ Pol. ～ 'Poland'〗

Pol·ta·va /pəltáːvə; *Ukr.* poltáva, *Russ.* paltávə/ *n.* ポルタヴァ《ウクライナ (Ukraine) 共和国中部の都市; Peter 大帝のロシア軍がスウェーデン軍を破った古戦場 (1709 年)》.

Pölten *n.* ⇨ Sankt Pölten.

pol·ter·geist /póultəgàɪst | pɔ́ltə-, pə́ʊl-; G. pɔ́ltɐgaɪst/ *n.* ポルターガイスト《不思議な音を立てたり, 家具をひっくり返したり, 食器類を壊すような不可解な作用をすると考えられる霊》. 〖(1848) □ G *Poltergeist* ← *poltern* to make a noise＋*Geist* ghost〗

pólt·fòot /póult- | pə́ult-/ *n.* (*pl.* **-feet**) 《古》湾曲足 (clubfoot). ── *adj.* 湾曲足をもった. 〖(1579) ← ? 《廃》*polt* a pestle, club＋FOOT〗

Pol·to·ratsk /pɑ̀(ː)ltəráːtsk | pɔ̀ltə-/ *n.* ポルトラツク《Ashkhabad の旧称》.

pol·troon /pɑ(ː)ltrúːn | pɔl-/ 《文語》 *n.* 卑怯者, 臆病者 (coward), 腰抜け (dastard). ── *adj.* 卑怯な, 臆病な (cowardly). 〖(a1529) □ (O)F *poultron* (F *poltron*) □ (O)It. *poltrone* coward (aug.) ← *poltro* colt < VL **pullitrus* ← L *pullus* young animal ← IE **pau-* little: ⇨ -oon 1: cf. pullet〗

pol·troon·er·y /pɑ(ː)ltrúːnəri | pɔl-/ *n.* 《文語》卑怯, 臆病 (cowardice). 〖(1590) □ (O)F *poltronnerie*: ⇨ ↑, -ery〗

pol·troon·ish /-nɪʃ/ *adj.* 《文語》臆病[腰抜け]のような; 臆病な (cowardly). **～·ly** *adv.*

pol·y /pɑ́(ː)li | pɔ́li/ *n.* 〘解剖〙多形核白血球. 〖《略》← *polymorphonuclear leukocyte*〗

poly, poly. 《略》polytechnic. 〖1858〗

Pol·y /pɑ́(ː)li | pɔ́li/ *n.* (*pl.* ～s) 《口語》=polytechnic 1. 〖《略》〗

pol·y- /pɑ́(ː)lɪ, -li | pɔ́l-/ 次の意味を表す連結形: **1** 「多, 複」: *poly*gamy, *poly*hedron. **2** 「過度」: *poly*phagia. **3** 〘化学〙「重合体 (polymer)」: *poly*vinyl. 〖ME □ L ～ □ Gk *polu-* ← *polús* much, many: cf. plus〗

pòly·acétylene *n.* 〘化学〙ポリアセチレン《導電性高分子の通称; 太陽電池・表示素子・軽量電線などの用途が期待されている》. 〖1885〗

póly·ácid 〘化学〙 *n.* ポリ酸, 多重酸《V 族, VI 族の酸化物の水和物が縮合して作る弱酸》. ── *adj.* ポリ酸の, 多重酸の. 〖1858〗

pòly·acrýlamide *n.* 〘化学〙ポリアクリルアミド《アクリルアミドの重合体; 表面活性》. 〖1944〗

polyacrýlamide gél *n.* 〘化学〙ポリアクリルアミドゲル《主に電気泳動に用いるポリアクリルアミドの水和物》. 〖1962〗

póly·acrýlic ácid *n.* 〘化学〙ポリアクリル酸 $((-CH_2CH(COOH)-)_x)$《アクリル酸の重合体; 接着剤, 塗料や繊維や紙の樹脂加工用》. 〖1973〗

pòly·acrylonítrile *n.* 〘化学〙ポリアクリロニトリル $((-CH_2CH(CH)-)_x)$《合成繊維を作るのに用いられるアクリロニトリルの重合体; 略 PAN》. 〖1935〗

pol·y·a·del·phous /pɑ̀(ː)liədélfəs | pɔ̀l-⁻/ *adj.* 〘植物〙〈雄蕊(ずい)が〉多体の, 多体雄蕊を有する (cf. monadelphous): ～ stamens 多体雄蕊. 〖← NL *Polyadelphia* (← Gk *poluadelphía* possession of many brothers ← *poluádelphos* ← *polu-* 'POLY-'＋*adelphós* brother)＋-OUS〗

pol·y·ad·ic /pɑ̀(ː)liǽdɪk | pɔ̀liǽd-⁻/ *adj.* 〘数学・論理〙〈関係・演算などが〉ポリアディックの《多数の項を取る》. 〖(1906) ← POLY-＋(MON)AD＋-IC¹〗

pòly·álcohol *n.* 〘化学〙多価アルコール, ポリアルコール《水酸基を 2 個以上もつアルコール》. 〖1900〗

pòly·alphabétic substitútion *n.* 複式置換え法《暗号文字を解読するための置換え用アルファベット表を幾種類も使い, 暗号化方式が絶えず変化する暗号記法; cf. monoalphabetic substitution》.

pòly·ámide *n.* 〘化学〙ポリアミド《ナイロン・アミラン・蛋白質など酸アミド基が長鎖状につながった化合物; 塗料, 接着剤用》. 〖1929〗

pòly·amíne *n.* 〘化学〙ポリアミン《ナイロン・アミラン・蛋白質などの 2 個以上の酸アミノ基をもつ化合物》. 〖(1861) ← POLY-＋AMINE〗

pol·y·an·drist /pɑ́(ː)liændrɪ̀st, ⸗⸗⸗⸗ | pɔ́liæn-drɪst, ⸗⸗⸗⸗/ *n.* 多夫を有する女性 (cf. polygamist). 〖(1833) ← POLYANDRY＋-IST〗

pol·y·an·drous /pɑ̀(ː)liǽndrəs | pɔ̀l-⁻/ *adj.* **1** 〘文化人類学・社会学〙一妻多夫の (cf. polygamous 1, polygynous 1). **2** 〘動物〙一雌多雄性の. **3** 〘植物〙(20 以上の雄蕊(ずい)を有する)多雄蕊の. 〖(1830): ⇨ ↓, -ous〗

pol·y·an·dry /pɑ́(ː)liændri, ⸗⸗⸗⸗ | pɔ́liændri, ⸗⸗⸗⸗/ *n.* **1** 〘文化人類学・社会学〙一妻多夫制《かつてはポリネシアの Marquesas 諸島で行われ, 現在はチベット, インドの Toda 族で行われる; cf. polygamy, monandry, monogamy》. **2** 〘動物〙一雌多雄. **3** 〘植物〙多雄蕊(ずい) (cf. polygyny 3). **poly·an·dric** /pɑ̀(ː)liǽndrɪk | pɔ̀l-⁻/ *adj.* 〖(1780) □ LGk *poluandría* condition of having many men ← *polúandros* having many men: ⇨ poly-, -andry〗

pòly·ángular *adj.* 多角の (multiangular). 〖1690〗

pól·y·an·tha róse /pɑ́(ː)liænθə- | pɔ́l-/ *n.* 〘園芸〙ポリアンサ系バラ《日本のノイバラ系と中国種との交雑による四季咲で房咲きの小輪バラ; 低木性; poly-pompon rose ともいう》. 〖(1889) ← NL ～: ↓〗

pol·y·an·thus /pɑ̀(ː)liǽnθəs | pɔ̀l-/ *n.* (*pl.* ～**·es, -an·thi** /-θaɪ/) 〘植物〙 **1** ポリアンサス, クリンザクラ (*Primula polyantha*)《セイヨウサクラソウ[プリムラ]の一種》. **2** フサザキスイセン, エダザキスイセン (*Narcissus tazetta*)《普通の星状の花をつけるスイセン; cf. narcissus》. 〖(1727) ← NL ～ ← Gk *polúanthos* much blooming ← POLY-＋*ánthos* flower (⇨ -anthous)〗

pol·y·arch /pɑ́(ː)liɑ̀ək | pɔ́liɑ̀ːk/ *adj.* 〘植物〙多原型の《放射維管束で, 多くの木部から成る; cf. monarch²》. 〖1884〗

pol·y·ar·chy /pɑ́(ː)liɑ̀əki | pɔ́liɑ̀ː-/ *n.* 多頭政治(国) (cf. oligarchy). **pol·y·ar·chic** /pɑ̀(ː)liɑ́əkɪk | pɔ̀liɑ́ː-⁻/ *adj.* **pòl·y·ár·chi·cal** *adj.* 〖(1609) □ Gk *poluarkhía*: ⇨ poly-, -archy〗

pòly·arterítis *n.* =periarteritis nodosa. 〖← NL ～: ⇨ poly-, arteritis〗

pòly·arthrítis *n.* 〘病理〙多発関節炎. 〖(1898) ← NL ～: ⇨ poly-, arthritis〗

pòly·artícular *adj.* 〘解剖〙多関節の. 〖1874〗

pòly·atómic *adj.* 〘化学〙多原子の, 数原子から成る, 多価の. 〖1857〗

pòly·básic *adj.* 〘化学〙多塩基の: a ～ acid 多塩基酸. **pòly·basícity** *n.* 〖1842〗

pol·y·ba·site /pɑ̀(ː)libéɪsaɪt | pɔ̀l-/ *n.* 〘鉱物〙ポリバス鉱, 硫安銅銀鉱 $((Ag, Cu)_{16}Sb_2S_{11})$《低温から中間温度の銀鉱脈中に産する》. 〖(1830) □ G *Polybasit*: ⇨ poly-, basi-, -ite¹〗

Po·lyb·i·us /pəlɪ́biəs, pou- | pə-, -pɔ-/ *n.* ポリュビオス《205?–?123 B.C.; ギリシャの歴史家; *Histories* (40 巻)》.

pòly·bútene *n.* 〘化学〙=polybutylene.

pòly·bútylene *n.* 〘化学〙ポリブチレン《ブチレンのいくつかの重合体》; (特に)=polyisobutylene.

pòly·cárbonate *n.* 〘化学〙ポリカーボネート, ポリ炭酸エステル《透明な熱可塑性樹脂; 衝撃度が高く融点も高い; polycarbonate resin ともいう》. 〖1886〗

Pol·y·carp /pɑ́(ː)lɪkɑ̀əp, -li- | pɔ́lɪkɑ̀ːp, -li-/, **Saint** *n.* ポリュカルポス《69?–?155; Smyrna の主教・殉教者; Apostolic Fathers の一人》.

pòly·cárpellary *adj.* 〘植物〙多心皮の, 多心皮から成る (cf. monocarpellary). 〖1860〗

pòly·cárpic *adj.* 〘植物〙 **1** 多巡の《毎年繰り返して開花・結実することのできる》. **2** 多子房の離器を有する.

póly·càrpy *n.* 〖(1849) ← NL *polycarpicus*: ⇨ poly, -carpic〗

pòly·cárpous *adj.* 〘植物〙=polycarpic.

pol·y·cen·trism /pɑ̀(ː)lɪséntrɪzṃ | pɔ̀l-/ *n.* 〘政治〙多中心主義《共産主義国家間のように一つの政治組織中にも多くの中心がみられること》. **pol·y·centric** /pɑ̀(ː)lɪséntrɪk | pɔ̀l-⁻/ *adj.* **pòl·y·cén·trist** /-trɪ̀st | -trɪst/ *n.* 〖1956〗

Pol·y·chae·ta /pɑ̀(ː)likíːtə | pɔ̀likíːtə/ *n. pl.* 〘動物〙(環形動物門)多毛綱. 〖← NL ～ ← Gk *polukhaítēs*: ⇨ poly-, -chaeta〗

pol·y·chaete /pɑ́(ː)likìːt | pɔ́l-/ 〘動物〙 *n.* 多毛類の環形動物《主としてゴカイ (clam worm) などの海産の動物》. ── *adj.* 多毛綱の. 〖(1886) ⇨ polychaeta〗

pol·y·chae·tous /pɑ̀(ː)likíːtəs | pɔ̀likíːt-⁻/ *adj.* 〘動物〙=polychaete.

pol·y·cha·si·um /pɑ̀(ː)likéɪʒiəm, -ziəm | pɔ̀likéɪziəm, -zjəm/ *n.* (*pl.* **-si·a** /-ʒiə, -ziə | -ziə, -ʒiə/) 〘植物〙複出集繖(さん)花序, 複繖花序 (cf. monochasium). 〖← NL ～ ← POLY-＋Gk *khásis* separation＋-IUM〗

póly·chlòrinated biphényl *n.* 〘化学〙ポリ塩化ビフェニル《ビフェニルの 1 個以上の水素を塩素で置換して得られる合成有機化合物; 複写用油剤, 変圧器の絶縁油として用いられたが, 有害な環境汚染物質で生体内に蓄積される; polychlorobiphenyl, PCB ともいう》. 〖1962〗

póly·chlòro·biphényl *n.* 〘化学〙=polychlorinated biphenyl.

póly·chlòro·éthylene *n.* 〘化学〙=tetrachloroethylene.

pòly·chlóroprene *n.* 〘化学〙ポリクロロプレン《クロロプレンの重合体; cf. neoprene》. 〖1931〗

pol·y·chot·o·mous /pɑ̀(ː)likɑ́(ː)təməs | pɔ̀likɔ́t-⁻/ *adj.* 〘生物〙多くの部分などに分かれる. 〖1858〗

pol·y·chot·o·my /pɑ̀(ː)likɑ́(ː)təmi | pɔ̀likɔ́t-/ *n.* 〘生物〙多数の部分への細分[細別](法). 〖(1887) ← POLY-＋-*chotomy* (⇨ dichotomy)〗

pol·y·chrest /pɑ́(ː)likrèst | pɔ́l-/ *n.* **1** (薬品などの)多用途. **2** (言葉などの)多義. **pol·y·chres·tic** /pɑ̀(ː)likréstɪk | pɔ̀l-⁻/ *adj.* 〖(1656) □ ML *polychrestus* □ Gk *polúkhrēstos* ← POLY-＋*khrēstós* useful〗

pol·y·chro·ism /pɑ́(ː)likroʊɪ̀zṃ | pɔ́likrəʊ-/ *n.* 〘結晶〙=pleochroism. 〖(1858) ⇨ poly-, -chroic, -ism〗

pòly·chromásia *n.* 〘解剖〙=polychromatophilia 1. 〖(1909) ← NL ～: ⇨ poly-, -chromasia〗

pòly·chrómate *n.* 〘化学〙ポリクロム酸塩《2–4 クロム酸塩の総称; 暗赤色結晶で潮解性を有する》. 〖← POLY-＋CHROM-＋-ATE¹〗

pòly·chromátic *adj.* **1** 種々の色を表す[出す], 多色の (polychromic). **2** 〘解剖〙〈細胞・組織が〉多染性 (polychromatophilia) の. **3** 〘物理〙〈放射線が〉2 つ以上の異なる波長から成る光の. **pòly·chró·ma·tism** *n.* 〖*c*1847〗

pòly·chromatophília *n.* **1** 〘解剖〙多染性《数種の色素に染まり得る性質; 病的赤血球にみられる; polychromasia ともいう》. **2** 〘病理〙多染性赤血球増多(症). 〖(1897) ← NL ～: ⇨ poly-, chromato-, -philia〗

pol·y·chrome /pɑ́(ː)likròum | pɔ́likrəʊm/ *adj.* **1** 多色の, 多彩の: ～ decoration. **2** 〈像・花瓶・壁画など〉多色装飾の, 〈印刷物など〉多色刷の: ～ jewelry, printing, etc. / ～ coloring 多色装飾[彩色]. ── *n.* 多色画[彫刻] (cf. monochrome); 色彩装飾像[花瓶], 多色刷(印刷物), 色彩配合. ── *vt.* …に多色彩飾を施す. 〖(1801) □ G *polychrom* // F ～ □ Gk *polúkhrōmos*: ⇨ poly-, chrome〗

pol·y·chro·mic /pɑ̀(ː)likróumɪk | pɔ̀likrə́ʊ-⁻/ *adj.* 多色の (many-colored). 〖1839〗

pol·y·chro·mous /pɑ̀(ː)likróuməs | pɔ̀likrə́ʊ-⁻/ *adj.* =polychromic.

pol·y·chro·my /pɑ́(ː)likròumi | pɔ́likrəʊ-/ *n.* (古代建築・彫像・陶芸などの)多色装飾. 〖(1859) □ F *polychromie*: ⇨ polychrome, -y¹〗

pòly·cistrónic *adj.* 〘生物〙多シストロン性の《1 個の遺伝子が数個のシストロンに分かれたことにいう》. 〖1963〗

pol·y·clad /pɑ́(ː)liklæ̀d | pɔ́l-/ *n.* 〘動物〙多岐腸目の扁形動物. 〖(1888) ↓〗

Pol·y·clad·i·da /pɑ̀(ː)lɪklǽdədə | pɔ̀lɪklǽdɪdə/ *n. pl.* 〘動物〙(扁形動物門)多岐腸目. 〖← NL *Polycladus* (属名: Gk *polúklados*: ⇨ poly-, clado-)＋-IDA〗

Pol·y·clei·tus /pɑ̀(ː)lɪ̀kláɪtəs | pɔ̀lɪkláɪt-/ *n.* (*also* **Pol·y·cle·tus** /-klíːtəs | -təs/) =Polyclitus.

pol·y·clin·ic /pɑ̀(ː)liklínɪk | pɔ̀l-/ *n.* 総合病院; 各科診療所 (general hospital) (cf. policlinic). 〖1890〗

Pol·y·cli·tus /pɑ̀(ː)lɪ̀kláɪtəs | pɔ̀lɪkláɪt-/ *n.* ポリュクレイトス《450?–?420 B.C.; 古代ギリシャの彫刻家》.

pòly·clónal *adj.* 〘生物〙多クローン(性)の. 〖1914〗

pòly·condensátion *n.* 〘化学〙重縮合《2 分子間で水などの副生成物の脱離を伴って高分子化合物を生成する反応》. 〖1936〗

pòly·cónic *adj.* 多円錐の, 多円錐による[基づく]: ⇨ polyconic projection. 〖1864〗

polycónic projéction *n.* 〘地図〙多円錐(投影)図法. 〖1864〗

pol·y·cot /pɑ́(ː)likɑ̀(ː)t | pɔ́likɔ̀t/ *n.* 〘植物〙=polycotyledon. 〖《略》← POLYCOTYLEDON〗

pòly·cótton *n.* ポリエステルと綿の混合織物. 〖1978〗

pol·y·cot·yl /pɑ́(ː)likɑ̀(ː)tḷ | pɔ́likɔ̀tɪl/ *n.* =polycotyledon. 〖《略》↓〗

pol·y·cot·y·le·don /pɑ̀(ː)likɑ̀(ː)təlíːdṇ, -tḷ- | pɔ̀likɔ̀tɪ̬líːdən, -dn̩/ *n.* 〘植物〙多子葉植物《単に polycot ともいう》. **pol·y·cot·y·le·don·ous** /pɑ̀(ː)likɑ̀(ː)təlíːdənəs, -tl̩-, -dn̩- | pɔ̀likɔ̀tɪ̬líːdən-, -dn̩-, -dn̩-ˈ/ *adj.* 〘(1813) ← NL *polycotyledones* (pl.): ⇨ poly-, cotyledon〙

Po·lyc·ra·tes /pəlíkrətìːz | pə-, pɔ-/ *n.* ポリュクラテス《?–?522 B.C.; ギリシャの Samos 島の僭(せん)主; 文芸と美術を奨励した》.

pòly·crýstalline *adj.* 〘物理〙多結晶の: **a** 二つ以上の結晶から成る. **b** いろいろな方位をもつ結晶の[から成る]. **pòly·crýstal** *adj.* 〘1918〙

pòly·cýclic *adj.* **1** 〘化学〙多環式の. **2** 〘電気〙多周波の. **3 a** 〘動物〙多輪廻の《輪虫など異常生殖を示す動物において雄虫の出現が年複数回みられる場合》. **b** 〘植物〙多環の. — *n.* 〘化学〙多環式化合物. 〘1869〙

pòly·cýstic *adj.* 〘医学・生物〙多嚢胞(のうほう)(性)の: a ~ kidney 多発性嚢胞腎 / ~ disease 多嚢胞性疾患. 〘1872〙

pol·y·cy·the·mi·a /pɑ̀(ː)lisaɪθíːmiə | pɔ̀l-/ *n.* (*also* **pol·y·cy·thae·mi·a** /~/) 〘病理〙赤血球増加症; (特に) =polycythemia vera. **pol·y·cy·the·mic** /pɑ̀(ː)lisaɪθíːmɪk | pɔ̀l-ˈ/ *adj.* 〘(1857) ← NL ~: ⇨ poly-, -cyte, -aemia〙

pólycythemia vé·ra /-víᵊrə | -víərə/ *n.* 〘病理〙真正多血症, 真正赤血球増加症. 〘(1925) ← NL ~ 'true polycythemia'〙

pol·y·dac·tyl /pɑ̀(ː)lidǽktɪ̬l, -tl̩ | pɔ̀lidǽktɪl, -tl̩ˈ/ *adj.* **1** 〘動物〙多指[趾(し)]の. **2** 普通以上に多くの手指[足指]をもった. — *n.* 〘動物〙多指[趾]動物. **pol·y·dac·ty·ly** /pɑ̀(ː)lidǽktɪ̬li | pɔ̀lidǽktɪli/ *n.* 〘(1890) ▭ Gk *poludáktulos* many toed: ⇨ poly-, dactyl〙

pòl·y·dác·tyl·ìsm /-tl̩ìzm | -tɪ-/ *n.* 〘病理・動物〙多指[趾(し)]症, 指[趾]過剰(症). 〘1865〙

pòly·dáctylous *adj.* =polydactyl.

pòly·démonism *n.* (*also* **pòly·dáemonism**) 多魔神信仰, 多邪神教. 〘1711〙

Pol·y·deu·ces /pɑ̀(ː)lɪdúːsiːz, -djúː- | pɔ̀lɪdjúː-/ *n.* ポリデウケース《Pollux のギリシャ語名》.

pol·y·dip·si·a /pɑ̀(ː)lidípsiə | pɔ̀l-/ *n.* 〘病理〙《糖尿病などに併発する》多渇症, 煩渇多飲(症). **pol·y·dip·sic** /pɑ̀(ː)lidípsɪk | pɔ̀l-ˈ/ *adj.* 〘(1660) ← NL ~ ← POLY-+Gk *dípsa* thirst〙

pòly·dispérse *adj.* 〘物理化学〙多分散系の《分散系で分散相の粒子が種々の大きさをもつ》. **pòly·dis·pér·si·ty** /-səti | -sɪ̬ti/ *n.* 〘(1915) ← POLY-+DISPERSE (adj.)〙

po·lyd·o·mous /pəlídəməs | -də-/ *adj.* 〘昆虫〙《蟻の集団が多巣の《いくつかの巣に分かれてすむ; cf. monodomous》. 〘← POLY-+Gk *dómos* house+-OUS〙

pol·y·don·tia /pɑ̀(ː)lidɑ́(ː)nʃiə, -ʃə | pɔ̀lidɔ́nʃiə/ *n.* 〘歯科〙多歯症, 歯牙過剰. 〘← POLY+-ODONT+-IA¹〙

Pol·y·do·rus /pɑ̀(ː)lɪdɔ́ːrəs | pɔ̀lɪ-/ *n.* ポリュドロス: **1** 紀元前1世紀のギリシャ Rhodes 島の彫刻家. **2** 〘ギリシャ神話〙Priam の末子, トロイ戦争中莫大な宝と共に Polymnestor に預けられたが, のち彼に殺された. **3** 〘ギリシャ神話〙Cadmus と Harmonia の息子で Thebes の王. 〘▭ L *Polydōrus* ▭ Gk *Polúdōros* 《原義》one who has received many gifts ← *polu-* 'POLY-'+*dôron* gift〙

pòly·eléctrolyte *n.* 〘化学〙高分子電解質, 多価電解質《蛋白質やヌクレオチド (nucleotide) など》. 〘1947〙

pòly·ém·bry·o·ny /-émbriəni/ *n.* 〘生物〙多胚[多胎]現象. **pòly·embryónic** *adj.* 〘1849〙

pol·y·ene /pɑ́(ː)liìːn | pɔ́l-/ *n.* 〘化学〙ポリエン《多数の二重結合を有する有機化合物》. 〘(1928) ← POLY-+-ENE〙

pol·y·es·ter /pɑ́(ː)lièstə, ⏑⏑⏑ | pɔ́lièstəʳ, ⏑⏑⏑/ *n.* 〘化学〙**1** ポリエステル《多価アルコールと多塩基酸とが縮合して生じる高分子化合物; アルキッド樹脂はその一つ》. **2 a** =polyester fiber. **b** =polyester resin. **pol·y·es·ter·i·fi·ca·tion** /pɑ̀(ː)lièstèrəfɪ̬kéɪʃən | pɔ̀lièstèrɪ̬fɪ-/ *n.* 〘(1929) ← POLY-+ESTER〙

pólyester fíber *n.* 〘化学〙ポリエステル繊維《エステル結合を有する重合物を原料とする繊維; テトロン, ダクロンなど》. 〘1958〙

pólyester résin *n.* 〘化学〙ポリエステル樹脂《化粧板・建材などに使用される》. 〘1952〙

pòly·éstrous *adj.* 〘動物〙年に1回以上発情期のある. 〘1900〙

pòly·éthene *n.* 〘化学〙=polyethylene.

pòly·éther *n.* 〘化学〙**1** ポリエーテル《主鎖中にエーテル結合を含む重合体》. **2** ポリエーテルを用いて作ったポリウレタンフォーム. 〘1922〙

poly·eth·nic /pɑ̀(ː)liéθnɪk | pɔ̀l-ˈ/ *adj.* 多民族から成る: ~ areas. 〘1888〙

pol·y·eth·yl·ene /pɑ̀(ː)liéθəlìːn | pɔ̀liéθɪ̬-ˈ/ *n.* 《米》〘化学〙ポリエチレン《《英》polythene》《エチレンの重合体; 軽くて強い熱可塑性合成樹脂膜; 瓶などに成型し, また電気絶縁材として用いられる》. 日英比較 日本語にはこれを「ポリ」と短縮して用いた「ポリバケツ」「ポリ袋」「ポリ容器」などの和製複合語があるが, これらは英語では普通 *polyethylene* は用いずに, それぞれ plastic bucket, plastic bag, plastic garbage can というのが一般的. 〘(1862) ← POLY-+ETHYLENE〙

pólyethylene glýcol *n.* 〘薬学〙ポリエチレングリコール ($HOCH_2CH_2(OCH_2CH_2)_nOH$)《エチレングリコールの縮合またはエチレンオキシド (ethylene oxide) を開環重合させて得られる水溶性のポリエーテル; 潤滑剤・軟膏基剤・クリーム剤などに用いられる; 略 PEG》. 〘1886〙

polyéthylene terephthálate *n.* 〘化学〙ポリエチレンテレフタレート (⇨ PET).

Poly·fil·la /pɑ̀(ː)lɪfílə | pɔ̀l-/ *n.* 〘商標〙ポリフィラ《英国製の壁の穴を埋めるパテ》.

pol·y·foil /pɑ́(ː)lifɔ̀ɪl | pɔ́l-/ *adj.* 〘建築〙多弁(特に5枚以上の)装飾の, 多弁形の. — *n.* 多弁装飾. 〘1842〙

pòly·fúnctional *adj.* 〘化学〙多官能性の《2個以上の官能基をもつことにいう》. 〘1929〙

po·lyg·a·la /pəlígələ/ *n.* 〘植物〙ヒメハギ《ヒメハギ科ヒメハギ属 (*Polygala*) の草本や低木の総称; セネガ (senega root) など; milkwort ともいう》. **po·lỳg·a·lá·ceous** /-léɪʃəsˈ/ *adj.* 〘(1578) ← NL ~ ← L ~ ▭ Gk *polúgala* (pl.) ← *polúgalon* milkwort: ⇨ poly-, galaxy〙

pol·y·gam·ic /pɑ̀(ː)ligǽmɪk | pɔ̀l-ˈ/ *adj.* =polygamous.

pòl·y·gám·i·cal /-mɪ̬kəl, -kl̩ | -mɪ-ˈ/ *adj.* =polygamic. **~·ly** *adv.*

po·lyg·a·mist /pəlígəmɪ̬st | pəlígəmɪst, pɔ-/ *n.* 〘文化人類学・社会学〙**1** 複婚の人, 多妻の人. **2** 一夫多妻主義[論]者 (cf. polyandrist, monogamist). 〘1637〙

po·lyg·a·mize /pəlígəmàɪz | pə-, pɔ-/ *vi.* 〘文化人類学・社会学〙複婚する, 一夫多妻を実行する. 〘1598〙

po·lyg·a·mous /pəlígəməs | pə-, pɔ-/ *adj.* **1** 〘文化人類学・社会学〙複婚の《一人の人間が同時に複数の異性と婚姻を結ぶ制にいう; cf. monogamous, polyandrous》: a ~ family 複婚家族. **2** 〘植物〙〈花が〉雑性の, 雌雄混株の. **3** 〘動物〙多婚性の. **~·ly** *adv.* 〘(1613) ▭ Gk *polúgamos*: ⇨ poly-, -gamous〙

polýgamous fámily *n.* 〘文化人類学・社会学〙複婚家族, 一夫多妻 (cf. extended family). 〘1835〙

po·lyg·a·my /pəlígəmi | pə-, pɔ-/ *n.* **1** 〘文化人類学・社会学〙**a** 複婚《一夫多妻制および一妻多夫制を指す》. **b** =polygyny. **2** 〘植物〙雑性花, 雌雄混株《両性花と単性花を有する; トネリコ (ash) に見られる》. **3** 〘動物〙多婚性; (特に)一雄多雌. (cf. monogamy, polyandry) 〘(*a*1591) ▭ (O)F *polygamie* < LL *polygamia* ▭ Gk *polugamiā*: ⇨ poly-, -gamy〙

pol·y·gen /pɑ́(ː)lidʒɪ̬n, -dʒèn | pɔ́l-/ *n.* **1** 〘化学〙二種以上の原子価をもつ元素. **2** 〘医学〙多価抗血清. 〘← POLY-+-GEN〙

pol·y·gene /pɑ́(ː)lidʒìːn | pɔ́l-/ *adj.* 〘地質〙二種以上の成因による, 重複した作用による. — *n.* 〘生物〙ポリジーン, 多数同義因子. 〘(1941) ← POLY-+-GENE〙

pol·y·gen·e·sis /pɑ̀(ː)lidʒénəsɪ̬s | pɔ̀lɪdʒénɪ̬sɪs/ *n.* **1** 〘生物〙多元発生説《二つ以上の原種から生物の種 (species) や類 (race) が発生するという説; polyphylesis ともいう; ↔ monogenesis》; 多元発生. **2** =polygenism.

pòl·y·gén·e·sist /-nəsɪ̬st | -nɪ̬sɪst/ *n.* 〘1862〙 ← NL ~: ⇨ poly-, -genesis〙

pòly·genétic *adj.* **1** 〘生物〙多元の; 多元発生説の. **2** 数種の原因[方法・部分]による[から成る]. **3** 〘地質〙= polygene: a ~ volcano 複成火山. **pòly·genét·ically** *adv.* 〘1861〙

pol·y·gen·ic /pɑ̀(ː)lidʒénɪk | pɔ̀l-ˈ/ *adj.* **1** 〘地質〙= polygene. **2** 〘化学〙二種以上の原子価をもつ. **3** 〘生物〙ポリジーン (polygene) の. **4** 〘土壌〙複合の生成作用による (cf. monogenetic 4): ~ soil 多元土壌《同一断面において異なる土壌生成作用が異なる時期に相次いで働いて生じた土壌》. 〘(1858) ← POLY-+-GENIC¹: cf. F *polygenique*〙

polygénic inhéritance *n.* 〘生物〙ポリジーン遺伝. 〘1961〙

po·lyg·e·nism /pəlídʒənìzm | pəlídʒɪ̬-, pɔ-/ *n.* 〘人類学〙人類多源説《人類の発生が二つ以上の霊長類の系統に由来するとする説; かつては種々の人種が別々の祖先をもっていたと考えられたこともある; 現在は一源説 (monogenism) の方が有力》. 〘(1878) ← POLY-+-GEN+-ISM〙

po·lýg·e·nist /-nɪ̬st | -nɪst/ *n.* 人類多源論者. 〘1861〙

po·lyg·e·nous /pəlídʒənəs | pəlídʒɪ̬-, pɔ-/ *adj.* **1** 〘地質〙〈岩石など〉多源の形成物から成る. **2** 〘化学〙= polygenic 2.

po·lyg·e·ny /pəlídʒəni | pəlídʒɪ̬-, pɔ-/ *n.* 〘人類学〙**1** (人類の)多源派生 (cf. monogeny). **2** =polygenism. 〘1799〙

pòly·glándular *adj.* 多腺性の.

póly·glàss tíre *n.* (*also* **poly·glas tire** /-glæ̀s- | -glɑ̀ːs-/) 〘自動車〙ポリグラスタイヤ《ポリエステル繊維コードとグラスファイバーブライベルトで強化したタイヤ》.

pol·y·glot /pɑ́(ː)liglɑ̀(ː)t | pɔ́liglɔ̀t/ *adj.* **1** 多[数か]国語に通じた[を話す]: a ~ speaker / a ~ area 数か国語の通じる地域. **2** 多[数か]国語で記した: a ~ Bible. **3** 多[数か]国民のやる[行う]: a ~ sport. — *n.* **1** 数か国語に通じた人, 数か国語を読める[話せる, 読んで話せる]人. **2** 数か国語で記した書物; (特に)数か国語対訳聖書. **3** 数か国語の混交. **pól·y·glòt·ism, pól·y·glòt·tism** /-tɪzm̩/ *n.* **pol·y·glot·tic** /pɑ̀(ː)liglɑ́(ː)tɪk | pɔ̀liglɔ́t-ˈ/ *adj.* **pòl·y·glót·tous** /-təs | -təsˈ/ *adj.* 〘(*c*1645) ▭ F *polyglotte* ▭ Gk *polúglōttos*: ⇨ poly-, -glot〙

pol·y·glot·tal /pɑ̀(ː)liglɑ́(ː)tl̩ | pɔ̀liglɔ́tl̩ˈ/ *adj.* **1** 数か国語で書いた; (特に)数か国語対訳の. **2** 数か国語を話す. 〘(1837): ⇨ ↑, -al¹〙

Pol·yg·no·tus /pɑ̀(ː)lɪ̬gnóʊtəs | pɔ̀lɪgnə́ʊt-/ *n.* ポリュグノトス《紀元前5世紀のギリシャの画家》.

pol·y·gon /pɑ́(ː)ligɑ̀(ː)n | pɔ́lɪ̬gən, -gɔ̀n/ *n.* 〘数学〙多角形, 多辺形《通例四角以上》: a regular ~ 正多角形 / a salient ~ 凸(とつ)多角形 / ⇨ concave polygon, convex polygon.

pólygon of fórces [the —] 〘数学・物理〙力の多角形《一点に作用する多くの力の合力を求めるために作図される多角形》.

〘(1571) ▭ LL *polygōnum* ▭ Gk *polúgōnon* ← (neut.) ← *polúgōnos* polygonal: ⇨ poly-, -gon〙

Po·lyg·o·na·ce·ae /pəlìgənéɪsiìː | pə-, pɔ-/ *n. pl.* 〘植物〙タデ科. **po·lỳg·o·ná·ceous** /-ʃəsˈ/ *adj.* 〘← NL ~ ← POLYGONUM+-ACEAE〙

po·lyg·o·nal /pəlígənl̩ | pə-, pɔ-/ *adj.* 〘数学〙多角形[多辺形]の. **po·lýg·o·nal·ly** *adv.* 〘1704〙

po·lyg·o·num /pəlígənəm | pə-, pɔ-/ *n.* 〘植物〙タデ科タデ属 (*Polygonum*) の植物の総称《ミチヤナギ (knotgrass), イブキトラノオ (bistort), ヤナギタデ (water pepper), ハルタデ (lady's thumb) など》. 〘(1706) ← NL ~ ← Gk *polúgonon* knotgrass ← *polu-* 'POLY-'+*gónu* 'joint, KNEE'〙

pol·y·graph /pɑ́(ː)ligræ̀f | pɔ́ligrɑ̀ːf, -græ̀f/ *n.* **1** ポリグラフ, うそ発見器 (lie detector): a ~ examination うそ発見器による検査. **2** 〘医学〙ポリグラフ, 多用途記録器《一般に, 二つ以上の変化を同時に記録する機械》. **3** 謄写器, 複写器. **4** 多作家. 〘(1805) ← POLY-+-GRAPH〙

pol·y·graph·ic /pɑ̀(ː)ligræ̀fɪk | pɔ̀l-ˈ/ *adj.* **1** 謄写[複写]の[による]. **2** ポリグラフ[うそ発見器]の[による]. **3** 多作の (voluminous): a ~ writer. **4** 〈論文など〉広範囲の問題を扱った. **pòl·y·gráph·i·cal·ly** *adv.* 〘1735〙

po·lyg·ra·phy /pəlígrəfi | pə-, pɔ-/ *n.* **1** (文筆上の)多作, 多才. **2** 《廃》=cryptography. 〘1593〙

pol·y·gy·noe·ci·al /pɑ̀(ː)lɪdʒɪ̬níːʃiəl, -gaɪní:-, -siəl, -ʃəl | pɔ̀lɪdʒaɪníːsiəl, -gaɪníː-ˈ/ *adj.* 〘植物〙融合雌蕊(しべ)をもった. 〘(1876) ⇨ poly-, gynoecium, -al¹〙

po·lyg·y·nous /pəlídʒənəs | pəlídʒɪ̬-, pɔ-/ *adj.* **1** 〘文化人類学・社会学〙多妻の, 一夫多妻の (polygamous). **2** 〘動物〙多雌性の. **3** 〘植物〙多雌蕊(しべ)の (cf. polyandrous 3). 〘1846〙

po·lyg·y·ny /pəlídʒəni | pəlídʒɪ̬-, pɔ-/ *n.* **1** 〘文化人類学・社会学〙一夫多妻制 (cf. monogyny). **2** 〘動物〙多雌性《雄の動物が一度に二匹以上の雌の仲間を作ること》. **3** 〘植物〙多雌蕊(しべ) (cf. polyandry 3). **po·lýg·y·nist** /-nɪ̬st | -nɪst/ *n.* 〘(1780) ← Gk *polugúnes* having many wives ← *polu-* 'POLY-'+*gunḗ* woman, wife: ⇨ poly-, -gyny〙

pòly·háploid 〘生物〙*adj.* 倍数体の配偶子染色体数の[に関する, を構成する]. — *n.* 多倍性半数体, 倍数性半数体. 〘1935〙

polyhédra *n.* polyhedron の複数形.

pol·y·he·dral /pɑ̀(ː)lihíːdrəl | pɔ̀lihíːdrəl, -hédrəlˈ/ *adj.* 〘数学・結晶〙多面体の, 多面の (many-faced): ⇨ polyhedral angle. **pòl·y·hé·dric** /-drɪkˈ/ *adj.* 〘(1811) ← POLYHEDR(ON)+-AL¹〙

pólyhedral ángle *n.* 〘数学〙多面角《3個以上の平面が頂点を共有して尖った形を成す立体図形》. 〘1864〙

pol·y·he·dron /pɑ̀(ː)lihíːdrən | pɔ̀lihíːdrən, -hédrən/ *n.* (*pl.* **-he·dra** /-drə/, **~s**) **1** 〘数学・結晶〙多面体[形]《通例6面以上》: a regular ~ 正多面体. **2** 〘昆虫〙多角体《蚕その他の昆虫の多角体病 (polyhedrosis) の際に細胞中にみられる結晶様小体》. 〘(1570) ← NL ~ ← Gk *poluédron* (neut. adj.) (figure) having many bases: ⇨ poly-, -hedron〙

pol·y·he·dro·sis /pɑ̀(ː)lihiːdróʊsɪ̬s | pɔ̀lihiːdrə́ʊsɪs/ *n.* 〘昆虫〙多角体病《昆虫のウイルス病》. 〘(1947) ← NL ~: ⇨ ↑, osis〙

pol·y·his·tor /pɑ̀(ː)lihístə | pɔ̀lihístəʳ/ *n.* 博学者, 大学者. **pol·y·his·tor·ic** /pɑ̀(ː)lihɪstɔ́(ː)rɪk, -tɑ́(ː)r- | pɔ̀lɪstɔ́r-ˈ/ *adj.* 〘(1588) ▭ Gk *poluhístōr* very learned ← POLY-+*hístōr* learned: cf. history〙

pol·y·his·to·ri·an /pɑ̀(ː)lihɪstɔ́ːriən | pɔ̀li-/ *n.* = polyhistor.

pòly·hýbrid *n.* 〘生物〙多性雑種《多くの対立遺伝子について異なる両親間の雑種》. 〘1911〙

pòly·hýdric *adj.* 〘化学〙多価アルコールの (polyhydroxy). ★ 特に, アルコールとフェノールに関して用いる. 〘1879〙

pol·y·hy·drox·y /pɑ̀(ː)lihaɪdrɑ́(ː)ksi | pɔ̀lihaɪdrɔ́ksiˈ/ *adj.* 〘化学〙数個の水酸基の[を含んだ], 多価アルコールの. 〘1895〙

Pol·y·hym·ni·a /pɑ̀(ː)lihímniə | pɔ̀li-/ *n.* 〘ギリシャ神話〙ポリュヒュムニア《讃歌を司る Muse; Polymnia ともいう》. 〘▭ L ~ ▭ Gk *Polúmnia* ← *Poluúmnia* ← *polúumnos* abounding in hymns ← polu-, 'POLY-'+*húmnos* 'HYMN'〙

pol·y I:C /pɑ́(ː)liàɪsíː | pɔ́li-/ *n.* 〘生化学〙多重イノシン: シトシン《イノシン (inosine) とシチジル酸を多重に縮合させた人工二重鎖リボ核酸; 伝染病ウイルスのリボ核酸の核と似ている; 抗ウイルス蛋白質インターフェロンの製造を刺激する合成化合物; poly I·poly C ともいう》. 〘1969〙

pòly·ímide *n.* 〘化学〙ポリイミド《強靱な耐熱性の合成樹脂; ロケットなどの融除材 (ablator)・電気絶縁材料用》. 〘(1945) ← POLY-+*-imide* (⇨ imido-)〙

pol·y I·pol·y C /pɑ́(ː)liàɪpɑ́(ː)lisíː | pɔ́liàɪpɔ́li-/ *n.* 〘生化学〙=poly I:C. 〘← POLY-+*i*(*nosinic acid*)+POLY-+*c*(*ytidylic acid*)〙

pòly·isobútylene *n.* 〘化学〙ポリイソブチレン《イソブチレンの重合体で分子量によって液体, ゴム状, あるいは固体など; 特に合成ゴムの製造に用いられる高分子量ポリイソブチレンをいうことが多い》. 〘(1931) ← POLY-+ISO-+BUTYLENE〙

pòly·isómerism *n.* 〘生物〙多等節化《生物体の同様な部分間の差が減少する系統的変化; cf. anisomerism》.

P

pòly·ísoprene *n.* 〖化学〗 ポリイソプレン《イソプレンの重合体; 天然ゴムの主な成分で, 今は合成的に製造される》. 〘1935〙

pol·y·lem·ma /pɑ̀(ː)lilémə | pɔ̀l-/ *n.* 〖論理〗 多刀論法 (cf. dilemma, trilemma). 〘(1867) POLY-＋-LEMMA[1]〙

pòly·língual *adj.* 多言語使用の; 多言語で書かれた.

pol·y·mas·ti·gote /pɑ̀(ː)limǽstɪ̀gòut | pɔ̀limǽs-tɪgəut⁻/ *adj.* 〖動物〗 多くの鞭毛を有する. 〘(古形) *polymastigate* ← POLY-＋Gk *mastig-*, *mástix* whip＋-ATE[2]〙

pol·y·math /pɑ́(ː)limæ̀θ | pɔ́l-/ *n.* 博学者, 大学者. — *adj.* 博学の. **pol·y·math·ic** /pɑ̀(ː)limǽθɪk | pɔ̀l-⁻/ *adj.* 〘(1621) ◻ Gk *polumathḗs* knowing much ← *polu-* 'POLY-'＋*manthánein* to learn: cf. mathematical〙

po·lym·a·thy /pəlíməθi | pə-, pɔ-/ *n.* 博学. 〘1642〙

pol·y·mer /pɑ́(ː)lɪ̀mə | pɔ́lɪ̀mə(r)/ *n.* 〖化学〗 重合体, ポリマー; (特に) ＝high polymer (cf. monomer). 〘(1866) 《逆成》 ← POLYMERIC〙

pol·y·mer·ase /pɑ́(ː)lɪ̀mərèɪs, -rèɪz | pɔ́lɪ-/ *n.* 〖生化学〗 ポリメラーゼ《ヌクレオチド (nucleotide) を結合させポリヌクレオチドを形成する酵素の一般名称》. 〘(1958): ⇨ ↑, -ase〙

pol·y·mer·ic /pɑ̀(ː)lɪ̀mérɪk | pɔ̀lɪ-⁻/ *adj.* 〖化学〗 **1** 〈化合物が〉異量の. **2** 重合体 (polymer) の, 重合の. **pòl·y·mér·i·cal·ly** *adv.* 〘(1833) ◻ G *polymerisch* ← Gk *polumerḗs* having many parts (← *polu* 'POLY-'＋*méros* part)＋*-isch* '-IC[1]': スウェーデンの化学者 Baron J. J. Berzelius の造語 (1830)〙

po·lym·er·ism /pəlímərìzm, pɑ́(ː)lɪ̀mə- | pəlím-, pɔ-, pɔ́lɪ̀m-/ *n.* **1** 〖化学〗 異量《化合物の元素の百分率組織が同一で, 異なった分子量をもつ現象》. **2** 〖生物〗 多部分から成ること. **3** 〖植物〗 複合輪生. 〘(1833) ← POLYMER＋-ISM: cf. F *polymérisme*〙

po·lym·er·i·za·tion /pəlìmərɪ̀zéɪʃən, pɑ̀(ː)lɪ̀m- | pɔ̀lɪ̀mərai-, pəlìm-/ *n.* 〖化学〗 重合《同一の化合部の分子が 2 個以上結合して新たな化合物となること》: ⇨ addition polymerization, condensation polymerization, copolymerization. 〘1872〙

po·lym·er·ize /pəlíməràɪz, pɑ́(ː)lɪ̀mə- | pɔ́lɪ̀m-, pəlím-/ *vi.*, *vt.* 〖化学〗 重合する[させる]: a highly ～*d* compound 高分子化合物. 〘1865〙

po·lym·er·ous /pəlímərəs | pə-, pɔ-/ *adj.* **1** 〖化学〗 多部分から成る. **2** 〖植物〗 複合輪生体の. **3** 〖化学〗 ＝polymeric 2. 〘(1858) ← POLY-＋-MEROUS〙

pòly·metállic *adj.* 多金属の〈鉱床〉, 数種の金属を含む. 〘1892〙

pòly·méthylene *n.* 〖化学〗 ポリメチレン《メチレン基から成る炭化水素》: **a** ＝cycloparaffin. **b** ジアゾメタンから脱窒素反応によって合成される高重合体《ポリエチレンに似るが分枝が全くない》. 〘1892〙

póly·mèthyl methácrylate *n.* 〖化学〗 ポリメタクリル酸メチル《メタクリル酸メチルの重合体; 透明合成樹脂で航空機の風防ガラス・光学器具などに用いる有機ガラス; Plexiglas, Perspex, Lucite などの商標名で知られている; methyl methacrylate ともいう》. 〘1936〙

Pol·ym·nes·tor /pɑ̀(ː)lɪ̀mnéstə | pɔ̀limnéstɔ(r)/ *n.* 〖ギリシャ神話〗 ポリュムネストル, ポリメストル《トラキア (Thrace) の王; Polydorus を殺害し, トロイ戦争中護身のため Priam が与えていた宝を盗んだ》. 〘◻ L ～ ◻ Gk *Polumḗstōr*〙

Po·lym·ni·a /pəlímniə | pəlím-, pɔ-/ *n.* 〖ギリシャ神話〗 ＝Polyhymnia. 〘← NL *Polyhymnia* ← Gk *Polúmnia*: ⇨ Polyhymnia〙

póly·mòrph *n.* **1** 〖生物〗 多形, 多形体. **2** 〖結晶・化学〗 多形, 同質異像. **3** 多形核(白血)球 (polymorphonuclear leukocyle). 〘1828〙

pòly·mórphic *adj.* **1** 〖結晶・化学〗 ＝polymorphous 2. **2** 〖生物〗 多形性の, 多形の (cf. monomorphic 1). **pòly·mór·phi·cal·ly** *adv.* 〘1816〙

polymórphic fúnction *n.* 〖電算〗 多様型関数《プログラム言語の中で多様な型のデータを扱える関数》.

pòly·mórphism *n.* **1** 〖結晶・化学〗 多形, 多像, 同質異像. **2** 〖生物〗 多形(現象), 多形性《社会性昆虫における階級などのように同一種に属する生物が特定の形質に関して多様性を示すこと; cf. heteromorphism 1》: seasonal ～ 季節的多形現象 / sexual ～ 雌雄異形. 〘1839〙

pòly·mòrpho·núclear 〖生理〗 *adj.* 〈白血球が〉複雑に分裂した核をもつ, 多形核の: a ～ leukocyte 多形核(白血)球. — *n.* 多形核(白血)球 (poly). 〘(1897) ← POLY-＋-MORPHO(US)＋NUCLEAR〙

pòly·mórphous *adj.* **1** 〖生物〗 ＝polymorphic 2. **2** 〖結晶・化学〗 多形の, 同質異像の. **～·ly** *adv.* 〘(1785) ◻ Gk *polúmorphos*: ⇨ poly-, -morphous〙

polymórphous pervérse *adj.* 〖精神医学〗 多形倒錯の《幼児性欲があらゆる倒錯的傾向を発現しやすいことをいう》.

pòly·myosítis *n.* 〖医学〗 多発(性)筋炎《複数の随意筋の同時炎症》. 〘1878〙

pol·y·myx·in /pɑ̀(ː)limíksɪ̀n | pɔ̀limíksɪn/ *n.* 〖薬学〗 ポリミクシン《赤痢に効果のある抗生物質》. 〘(1947) ← NL (*Bacillus*) *polymyxa* (⇨ poly-, myxo-)＋-IN[2]〙

Pol·y·ne·sia /pɑ̀(ː)lənìːʒə, -ʃə | pɔ̀lɪ̀níːʒə, -ziə, -siə/ *n.* ポリネシア《オセアニア (Oceania) の一区分; Melanesia と Micronesia の東方にあり Hawaii 諸島からニュージーランド南部, 東は Easter 島に広がる諸島から成る》. 〘(1766) ← NL ～ ← F *Polynésie* ← POLY-＋Gk *nêsos* island ＋-IA[1]〙

Pol·y·ne·sian /pɑ̀(ː)ləníːʒən, -ʃən | pɔ̀lɪ̀níːʒən, -ziən, -siən⁻/ *adj.* **1** ポリネシアの. **2** ポリネシア人[語]の. **3** 〖生物地理〗 ポリネシア亜区の. — *n.* **1** ポリネシア人. **2** ポリネシア語(派)《Austronesia 語族の最東部方言; マオリ語, タヒチ語, サモア語, ハワイ語や, Easter 島などの現地語を含む》. 〘(1812) ⇨ ↑, -an[1]〙

pòly·neurítis *n.* 〖病理〗 多発性神経炎. 〘(1886) ← NL ～: ⇨ poly-, neuritis〙

po·ly·nia /pəlínjə; *Russ.* pəlʲinʲjá/ *n.* 〖地理〗 ＝polynya.

Pol·y·ni·ces /pɑ̀(ː)lɪ̀náɪsiːz | pɔ̀li-/ *n.* 〖ギリシャ神話〗 ポリュネイケス《Thebes の王 Oedipus の息子; 遠征軍 SEVEN against Thebes は彼の Thebes 王位への復帰を企図したもの; cf. Eteocles》. 〘◻ L *Polynicēs* ◻ Gk *Poluneíkēs* 《原義》 much wrangling ← *polu-* 'POLY-'＋*neikos* quarrel, strife〙

pol·y·no·mi·al /pɑ̀(ː)lɪ̀nóumiəl | pɔ̀linə́u-⁻/ *adj.* **1** 〖生物〗 〈動植物の学名が〉3 個以上の名称[学名]から成る, 多名式の. **2** 〖数学〗 多項(式)の: a ～ expression 多項式. — *n.* **1** 多名. **2** 〖数学〗 **a** 多項式. **b** 多項式関数, 有理整関数《多項式で表される関数; polynomial function ともいう》. **3** 〖生物〗 多名式名称[学名]. 〘1674〙

pólynomial ríng *n.* 〖数学〗 多項式環《ある環の元を係数とする多項式全体のつくる環》.

pòly·núclear *adj.* **1** 〖生物〗 多核(性)の (multinuclear). **2** 〖化学〗 **a** 多環式の (polycyclic). **b** 多核の: a ～ complex 多核錯体《二つ以上の中心金属原子をもつ錯体》. 〘1876〙

pòly·núcleate *adj.* 〖化学〗 ＝polynuclear 1.

pòly·núcleotide *n.* 〖生化学〗 ポリヌクレオチド《ヌクレオチドが多数結合した(核酸などの)高分子物質》. 〘1911〙

po·ly·nya /pəlínjə; *Russ.* pəlʲinʲjá/ *n.* 〖地理〗 パルィーヤ, ポリニア, 氷湖《極地方の海氷で囲まれた不凍の海域; 通例長方形の海面》. 〘(1853) ◻ Russ. *polyn'ya* an open place amidst ice ← *polyĭ* open ← IE **pelə-* flat〙

pòly·óestrous *n.* 〖動物〗 ＝polyestrous.

pol·y·ó·ma vìrus /pɑ̀(ː)lióumə- | pɔ̀liə́u-/ *n.* 〖病理〗 ポリオーマウイルス《人間の急性灰白髄炎を起こす DNA ウイルス》. 〘(1958) *polyoma*: ← NL *polyoma*: ⇨ poly-, -oma〙

pol·y·om·i·no /pɑ̀(ː)liɑ́(ː)mənòu | pɔ̀liɔ́mɪ̀nəu/ *n.* ポリオミノ《ゲーム盤のいくつかの目を覆い他の同じようなこまと合わさるように作られた多辺形のこま》. 〘(1954) ← POLY-＋(D)OMINO〙

pol·y·on·y·mous /pɑ̀(ː)liɑ́(ː)nəməs | pɔ̀liɔ́nɪ̀-⁻/ *adj.* 数個の名のある. 〘(1678) ← Gk *poluṓnumos* having many names (← *polu-* 'POLY-'＋*ónoma* 'NAME')＋-OUS〙

pol·y·on·y·my /pɑ̀(ː)liɑ́(ː)nəmi | pɔ̀liɔ́nɪ̀-/ *n.* 多名(使用). 〘(1678) ◻ Gk *poluōnumía*: ⇨ ↑, -y[1]〙

pol·y·o·pi·a /pɑ̀(ː)lióupiə | pɔ̀liə́u-/ *n.* 〖病理〗 多視症, 複視, 重視(症). 〘(1853) ← NL ～: ⇨ poly-, -opia〙

pòly·òxy·méthylene *n.* 〖化学〗 ポリオキシメチレン《ホルムアルデヒドの重合体》; (特に) ＝paraformaldehyde. 〘(1908) ← POLY-＋OXY-[1]＋METHYLENE〙

pol·yp /pɑ́(ː)lɪ̀p | pɔ́l-/ *n.* **1** 〖病理〗 ポリプ, 隆起性病変《膀胱(ぼうこう)・直腸・子宮・鼻などにできる粘膜の肥厚による突起; 鼻たけ, (子宮の)茸腫(じょう)など; polypus ともいう》. **2** 〖動物〗 ポリプ《ヒドロ虫類で口と触手をもつ固着性の個体》; (群体 (colony) を構成する)虫 (zooid). 〘(*a*1400) ◻ (O)F *polype* < L *polypus* ◻ Gk *polúpous* ← *polu-* 'POLY-'＋*poús* 'FOOT'〙

pol·yp·ar·y /pɑ́(ː)ləpèri | pɔ́lɪpəri/ *n.* 〖動物〗 ポリプ母体《サンゴ (coral) など》. 〘(1750): ⇨ ↑, -ary〙

pol·y·pep·tide /pɑ̀(ː)lipéptaɪd | pɔ̀li-/ *n.* 〖生化学〗 ポリペプチド《二つ以上のアミノ酸と一つ以上の peptide 基から成る化合物群》. **pol·y·pep·tid·ic** /pɑ̀(ː)lipeptídɪk | pɔ̀lipeptíd-⁻/ *adj.* 〘1903〙

pòly·pétalous *adj.* 〖植物〗 分離花弁の, 多弁の (cf. gamopetalous): a ～ corolla 多弁花冠. 〘(1704) ← NL *polypetalus*: ⇨ poly-, petalous〙

pol·y·pha·gi·a /pɑ̀(ː)liféɪdʒiə, -dʒə | pɔ̀liféɪdʒiə/ *n.* **1** 〖動物〗 雑食性, 多食性, 広食性. **2** 〖病理〗 過食(症), 大食症 (bulimia) (cf. hyperphagia). 〘(1693) ← NL ～ ← Gk *poluphagía*: ⇨ poly-, -phagia〙

po·lyph·a·gous /pəlífəgəs | pə-, pɔ-/ *adj.* 〖動物〗 雑食性[多食性, 広食性]の: ～ insects. 〘1815〙

po·lyph·a·gy /pəlífədʒi | pə-, pɔ-/ *n.* 〖動物・病理〗 ＝polyphagia. 〘⇨ polyphagia〙

pol·y·phase /pɑ́(ː)lifèɪz | pɔ́li-/ *adj.* 〖電気〗 多相の《二つ以上の相をもっている[生じる]》: a ～ current 多相交流 / a ～ generator [motor] 多相発電[電動]機. 〘1891〙

pólyphase indúction mòtor *n.* 〖電気〗 多相誘導電動機《多相の巻線をもつ誘導電動機》.

pol·y·pha·sic /pɑ̀(ː)liféɪzɪk | pɔ̀li-⁻/ *adj.* **1** 〖電気〗 多相の《二つ以上の相から成る》. **2** 〖生物〗 〈動物が〉1 日の間に何回か活動期をもつ (cf. monophasic). 〘1922〙

Pol·y·phe·mus /pɑ̀(ː)ləfíːməs | pɔ̀lɪ̀-⁻/ *n.* 〖ギリシャ神話〗 ポリュフェーモス《食人種 Cyclops の首長; 彼に幽閉された Odysseus は彼を盲目にして逃れた》. 〘(1829) ◻ L *Polyphēmus* ◻ Gk *Polúphēmos* 《原義》 much spoken of ← *polu-* 'POLY-'＋*phḗmē* voice, report〙

Pólyphemus móth, p- m- *n.* 〖昆虫〗 ポリフェムスヤママユ (*Antheraea polyphemus*) 《米国産のヤママユガ科の一種》. 〘*Polyphemus*: ↑: その後翅の目のような斑紋から〙

pòly·phénol *n.* 〖化学〗 ポリフェノール, 多価フェノール《水酸基が 2 個以上あるフェノール》. **pòly·phenólic** *adj.* 〘1894〙

pol·y·phone /pɑ́(ː)lifòun | pɔ́lifəun/ *n.* **1** 〖音声〗 多音字《二つ以上の音価をもつ文字; head /héd/ と tea /tíː/ の ea など》. **2** 多音価記号. 〘1872〙

pol·y·phon·ic /pɑ̀(ː)lifɑ́(ː)nɪk | pɔ̀lifɔ́n-⁻/ *adj.* **1** 多音の, 多声の. **2** 〈文字など〉多音価の. **3** 〖音楽〗 **a** 多声の, 対位法上の (contrapuntal); 多声[対位]音楽の. **b** ポリフォニーの[的な]《各声部が独立した動きをもつ; cf. homophonic 2》. **c** 《オルガンやハープなどのように》同時に二つ以上の声部を奏せる. **pòl·y·phón·i·cal·ly** *adv.* 〘(1782) ← Gk *polúphōnos*: ⇨ poly-, -phone, -ic[1]〙

pólyphonic próse *n.* 〖詩学〗 多韻律散文《韻律その他種々の詩的技巧を採り入れた散文体》. 〘1916〙

po·lyph·o·nist /pəlífənɪ̀st | pəlífənɪst, pɔ-/ *n.* 〖音楽〗 多声曲(の得意な)作曲家; 対位法楽曲[多声曲]演奏家. 〘1829〙

po·lyph·o·nous /pəlífənəs | pə-, pɔ-/ *adj.* ＝polyphonic. **～·ly** *adv.*

po·lyph·o·ny /pəlífəni | pə-, pɔ-/ *n.* **1** 〖音楽〗 **a** 多声音楽[曲] (cf. monophony). **b** ポリフォニー《各声部が独立して動き, 音楽の水平要素に重点をおいた様式; cf. homophony 2》. **c** 対位法 (counterpoint). **2 a** (やまびこにおけるような)多音. **b** 同一文字[記号]による二つ以上の音の表示 (cf. polyphone). 〘(1828) ◻ Gk *poluphōnía* variety of tones: ⇨ poly-, -phony〙

póly·phosphòric ácid *n.* 〖化学〗 ポリ燐酸《一般式 $(H_{n+2}P_nO_{3n+1})$ $(H_{n+2}P_nO_{3n+2})$; 無色透明な粘着性液体; 脱水剤・触媒・酸化剤に用いられる》.

pol·y·phy·le·sis /pɑ̀(ː)lifaɪlíːsɪ̀s | pɔ̀lifaɪlíːsɪs/ *n.* 〖生物・人類学〗 ＝polygenesis 1. 〘(1897) ← NL ～: ↓: GENETIC—GENESIS の対応にならう〙

pol·y·phy·let·ic /pɑ̀(ː)lifaɪlétɪk | pɔ̀lifaɪlét-⁻/ *adj.* 〖動物〗 〈一群の動物が〉多元的な, 多種の祖先から発生した (↔ monophyletic). **pòl·y·phy·lét·i·cal·ly** *adv.* **pòl·y·phy·lét·i·cism** /-təsìzm | -tɪ-/ *n.* 〘(1875) ← POLY-＋Gk *phuletikós* of the same tribe (← *phulḗ* clan): ⇨ -ic[1]: cf. G *polyphyletisch*〙

pol·y·phy·le·ty /pɑ̀(ː)lifáɪləṭi, -fíl- | pɔ̀lifáɪlɪ̀ti, -fíl-/ *n.* 〖生物・人類学〗 ＝polyphylesis.

pol·y·phyl·lous /pɑ̀(ː)lifíləs | pɔ̀l-⁻/ *adj.* 〖植物〗 多葉の. 〘(1785) ◻ Gk *polúphullos*: ⇨ poly-, -phyllous〙

pol·y·phy·ly /pɑ́(ː)lifàɪli | pɔ́l-/ *n.* 〖生物〗 多原性, 多元(性), 多系統《ある生物群が異なるいくつかの祖先から進化したものを含むこと》. 〘(1927): ⇨ poly-, phylo-, -y[1]〙

pol·y·phy·o·dont /pɑ̀(ː)lifáɪədɑ̀(ː)nt | pɔ̀lifáɪədɔ̀nt/ 〖動物〗 *adj.* 多換歯性の《歯が消耗に伴って何度でも更新する; cf. diphyodont, monophyodont》. — *n.* 多換歯性の動物 (shark や teleost など). 〘(1878) ← POLY-＋Gk *-phuēs* (← *phúein* to bring forth)＋-ODONT〙

polypi *n.* polypus の複数形.

pol·yp·ide /pɑ́(ː)ləpàɪd | pɔ́lɪ̀-/ *n.* 〖動物〗 **1** 個虫《コケムシ類の群体を構成する各個体》. **2** ＝polyp 2. 〘(1850) ← POLYP＋*-ide* (《異形》 ← -ID[2])〙

po·lyp·i·dom /pəlípəḍəm, -dɑ̀(ː)m | pəlípɪdəm, pɔ-, -dɔ̀m/ *n.* 《古》 〖動物〗 ＝polypary. 〘(1824) ← POLYP＋-I-＋Gk *dómos* house〙

pol·y·ploid /pɑ́(ː)liplɔ̀ɪd | pɔ́l-/ 〖生物〗 *n.* 倍数体《多倍数関係の染色体をもつ個体》. — *adj.* 倍数体の.

pol·y·ploi·dal /pɑ̀(ː)liplɔ́ɪḍḷ | pɔ̀liplɔ́ɪdḷ⁻/ *adj.* 〘(1920) ← POLY-＋-PLOID〙

pol·y·ploi·dic /pɑ̀(ː)liplɔ́ɪdɪk | pɔ̀liplɔ́ɪd-⁻/ *adj.* 〖生物〗 ＝polyploid.

pol·y·ploid·ize /pɑ́(ː)liplɔ̀ɪdaɪz | pɔ́l-/ 〖生物〗 *vt.* …に(染色体の)倍加を起こさせる. — *vi.* (染色体の)倍加を起こす. 〘1941〙

pol·y·ploi·dy /pɑ́(ː)liplɔ̀ɪḍi | pɔ́liplɔ̀ɪdi/ *n.* 〖生物〗 (染色体の)倍数性, 倍加現象. 〘(1922): ⇨ polyploid, -y[1]〙

pol·yp·ne·a /pɑ̀(ː)lɪ̀pníːə, pɑ(ː)lípniə | pɔ̀lɪpníːə, pɔlípniə/ *n.* (*also* **pol·yp·noe·a** /～/) 〖医学〗 多呼吸, 呼吸頻繁《呼吸数が著しく増加した状態》. **po·lyp·ne·ic** /pɑ̀(ː)lɪ̀pníːɪk | pɔ̀lɪp-⁻/ *adj.* 〘(1890) ← NL ～: ⇨ poly-, -pnea〙

pol·y·pod /pɑ́(ː)lipɑ̀(ː)d | pɔ́lipɔ̀d/ *adj.* 〖動物〗 **1** 足が多数ある (cf. polypoda). **2** 多岐型の《腹脚を有する》. — *n.* **1** 〖植物〗 ＝polypody. **2** 〖動物〗 多岐型の動物《昆虫の幼虫など》. 〘(1612) ← POLY-＋-POD[1]〙

po·lyp·o·da /pəlípəḍə | pəlípədə, pɔ-/ *n.* (*pl.* **-o·dae** /-dìː, -dàɪ/) 〖動物〗 《ムカデ・ヤスデなどの》多足類・《ゴカイなどの》多毛類・《イカ・タコなどの》頭足類・《カギムシなどの》軟脚類など多数の足をもつ動物の総称. 〘← NL ～: ⇨ poly-, -poda〙

pol·y·po·dy /pɑ́(ː)lipòuḍi | pɔ́lipə̀udi/ *n.* 〖植物〗 エゾデンダ《ウラボシ科エゾデンダ属 (*Polypodium*) のシダ類の植物の総称; オオエゾデンダ (*P. vulgare*) (common polypody) など》. 〘(*a*1398) ◻ L *polypodium* ◻ Gk *polupódion*: ⇨ polypus〙

pol·yp·oid /pɑ́(ː)lɪ̀pɔ̀ɪd | pɔ́lɪ̀-/ *adj.* **1** 〖動物〗 ポリプ (polyp) に似た. **2** 〖医学〗 ポリプ様の: ～ degeneration ポリプ変性. 〘(1842) ← POLYP＋-OID〙

póly·pòmpon róse *n.* 〖園芸〗 ＝polyantha rose.

pol·y·pore /pɑ́(ː)lipɔ̀ə | pɔ́lipɔ̀ː(r)/ *n.* 〖植物〗 ＝pore fungus. 〘← POLY-＋PORE[1]〙

pol·y·po·sis /pɑ̀(ː)lɪpóusɪs | pɔ̀lɪpə́usɪs/ *n.* (*pl.* **-ses** /-siːz/) 〖医学〗 ポリープ病, ポリポシス《多数の腫瘍[ポリープ]の形成》. 〘(1914) ← POLYP＋-OSIS〙

pol·yp·ous /pɑ́(ː)ləpəs | pɔ́lɪ̀-/ *adj.* ポリプ (polyp) のような, ポリプ状の. 〘1748〙

pòly·própylene *n.* 〖化学〗 ポリプロピレン《プロピレンの

重合体; 特に合成繊維やプラスチック成型品などに用いられる熱可塑性樹脂). 〖(1935) ← POLY-+PROPYLENE〗
pol·y·prot·ic /pɑ̀(ː)lɪprɑ́(ː)tɪk | pɔ̀lɪprɔ́t-⁻/ *adj.* 〖化学〗〈酸が〉多塩基の《置換できる陽子を 2 個以上含む》. 〖← POLY-+PROT(ON)+-IC[1]〗
pol·y·pro·to·dont /pɑ̀lɪpróuṭədɑ̀(ː)nt | pɔ̀lɪpróutədɔ̀nt/ *n.* 〖動物〗多門歯[食肉有袋]類 (Polyprotodontia) の動物《オポッサム (opossum), バンディクート (bandicoot) など; cf. diprotodont》. 〖(1889) ← NL *Polyprotodontia*: ⇨ poly-, proto-, -odontia〗
pol·yp·tych /pɑ́(ː)ləptɪk, pəlɪ́ptɪk | pɔ́lɪptɪk, pəlɪ́ptɪk/ *n.* 〖美術〗(多数の羽目板をつづり合わせた)びょうぶ状の構成物, 多翼祭壇画《聖壇の背後などの飾りにする; cf. triptych 3》. 〖(1859) ← Gk *polúptukhos* having many folds ← *polu-* 'POLY-'+*ptúx, ptukhḗ* fold〗
pol·y·pus /pɑ́(ː)ləpəs | pɔ́lɪ-/ *n.* (*pl.* **-y·pi** /-pàɪ, -piː | -pàɪ/, **~·es**) 〖病理〗=polyp 1. 〖(*a*1398) □ L ~: ⇨ polyp〗
póly·rhỳthm *n.* 〖音楽〗ポリリズム《対照的な二つ以上のリズムが同時に演奏されること》. **pòly·rhýthmic** *adj.* **pòly·rhýthmically** *adv.* 〖1929〗
pòly·ribo·núcleotide *n.* 〖化学〗ポリリボヌクレオチド《多数のリボヌクレオチドから成る高分子化合物》. 〖(1956) ← POLY-+RIBO(SE)+NUCLEO-+-IDE[2]〗
pòly·ríbosome *n.* 〖生化学〗ポリ(リボ)ソーム, ポリ(リボ)ソーム《リボソーム (ribosome) の集合体; polysome ともいう》. **pòly·ribosómal** *adj.* 〖(1962) ← POLY-+RIBOSOME〗
pòly·sáccharide *n.* 〖化学〗多糖類《澱粉 (starch), セルロース (cellulose), イヌリン (inulin) など; cf. monosaccharide》. 〖1892〗
pòly·sáprobe *n.* 〖生物〗強腐水性生物.
pòly·saprόbic *adj.* 〖生物〗強腐水性の. 〖1925〗
pol·y·se·mous /pɑ̀(ː)lɪsíːməs, pəlɪ́sə- | pəlɪ́sɪ-, pɔ-, pɔ̀lɪsíː-⁻/ *adj.* 〖言語〗多義の. 〖(1884): ⇨ ↓, -ous〗
pol·y·se·my /pɑ̀(ː)lɪsíːmi, pəlɪ́sə- | pəlɪ́sɪ-, pɔ-, pɔ̀lɪsíː-, ⁻⁻⁻⁻/ *n.* 〖言語〗(語句などの)多義(性) (cf. monosemy); 意味の多様化. 〖(1900) ← NL *polysēmia* ← LL *polysēmus* □ Gk *polúsēmos* with many significations ← *polu-* 'POLY-'+*sêma* a sign: ⇨ -y[1]〗
pòly·sépalous *adj.* 〖植物〗萼(ｶﾞｸ)片の分離した; 萼片の多い. 〖1829〗
pol·y·so·ma·ty /pɑ̀(ː)lɪsóuməṭi | pɔ̀lɪsóuməti/ *n.* 〖生物〗染色体倍加《体細胞内の染色体が分裂して増数し, しかもそれに続いて核分裂が行われないために染色体数が普通の場合の倍数関係にあること》. **pol·y·so·mat·ic** /pɑ̀(ː)lɪsoumǽṭɪk, -sə- | pɔ̀lɪsə(ʊ)mǽt-⁻/ *adj.* 〖(1937) ← POLY-+SOMATO-+-Y[1]〗
pol·y·some /pɑ́(ː)lɪsòum | pɔ́lɪsəum/ *n.* 〖生化学〗ポリソーム (⇨ polyribosome). 〖(1962) ← POLY-+-SOME[3]〗
pol·y·so·mic /pɑ̀(ː)lɪsóumɪk | pɔ̀lɪsə́u-⁻/ 〖生物〗 *adj.* 多染色体性の《一つの細胞内にある染色体の組合せのうちで, その一部の染色体が普通の場合よりも多いまたは少ないことにいう》. — *n.* 多染色体性の個体. 〖1932〗
pòly·sór·bate /-sɔ́ːbeɪt, -bɪ̀t | -sɔ́ː-/ *n.* 〖化学〗ポリソルベート《医薬品や食品に用いられる乳化剤》. 〖1950〗
pol·y·sper·mi·a /pɑ̀(ː)lɪspə́ːmiə | pɔ̀lɪspə́ː-/ *n.* 〖医学〗多精液症, 精液過多(症). 〖□ Gk *polyspermía* abundance of seed: ⇨ poly-, sperm[1], -ia[2]〗
pol·y·sper·my /pɑ́(ː)lɪspə̀ːmi | pɔ́lɪspə̀ː-/ *n.* 〖生物〗多精受精, 多精《2 個以上の精子が同時に卵細胞内に侵入しての受精; cf. monospermy》. **pol·y·sper·mic** /pɑ̀(ː)lɪspə́ːmɪk | pɔ̀lɪspə́ː-⁻/ *adj.* 〖(1889): ⇨ ↑, -y[1]〗
pol·ys·ti·chous /pəlɪ́stɪkəs | pəlɪ́stɪ-, pɔ-/ *adj.* 〖植物〗多列性の《葉などが多数の列を作って配列していることにいう》. 〖(1890) □ Gk *polústikhos* in many rows: ⇨ poly-, -stichous〗
pol·y·stome /pɑ́(ː)lɪstòum | pɔ́lɪstəum/ *n., adj.* 〖動物〗ポリストム(の)《単生吸虫類に属する》. 〖(1859) □ F ~ □ Gk *polústomos* many-mouthed: ⇨ poly-, -stome〗
póly·stỳle *adj.* 〈建物が〉多柱式の. — *n.* 多柱式, ポリスタイル; 多柱式建築(物). 〖(1843) □ Gk *polústūlos*: ⇨ poly-, -style[1]〗
pòly·stýrene *n.* 〖化学〗ポリスチレン, 重合スチレン《無色透明の合成樹脂で塑造材・絶縁体》. 〖1927〗
pòly·súlfide *n.* 〖化学〗多硫化物. 〖1849〗
pòly·súlfonate *n.* 〖化学〗ポリスルホン酸塩《スルホン化した高分子》. 〖1934〗
pòly·súlfone *n.* 〖化学〗ポリスルホン ($-SO_2-$ 結合を有する重合体; 堅くて変形せず抗腐食性の機械[電気]部品の製造に広く用いられる合成重合体). 〖1934〗
pòly·súlphide *n.* 〖化学〗=polysulfide
pòly·suspénsoid *n.* 〖物理化学〗多分散性懸濁質.
pol·y·syl·lab·ic /pɑ̀(ː)lɪsɪlǽbɪk | pɔ̀l-⁻/ *adj.* 〖言語〗 **1** 〈語が〉(3 音節以上の)多音節の[からなる] (cf. monosyllabic, plurisyllabic): ~ words 多音節語. **2** 〈言葉など〉多音節語使用を特徴とする. **pòl·y·syl·láb·i·cal** /-bɪ̀kəl, -kl | -bɪ-⁻/ *adj.* **pòl·y·syl·láb·i·cal·ly** *adv.* 〖(1782) ← ML *polysyllabus* □ Gk *polusúllabos* of many syllables)+-IC[1]: ⇨ poly-, syllabic〗
pol·y·syl·la·ble /pɑ́(ː)lɪsɪləbl̩, ⁻⁻⁻⁻⁻ | pɔ̀lɪsɪ́ləbl̩, ⁻⁻⁻⁻⁻/ *n.* 〖言語〗(3 音節以上の)多音節語 (cf. monosyllable, plurisyllable). 〖(1570) ← POLY-+SYLLABLE《なぞり》← ML *polysyllaba* (ↄ) (↑)〗
pòly·sýllogism *n.* 〖論理〗複合三段論法《複数の三段論法が連結し重なったもの; cf. monosyllogism》. 〖1837〗
pòly·synáptic *adj.* 〖生理〗多シナプスの《中枢神経に 2 つ以上のシナプスを含む》: ~ reflexes 多シナプス反射. **pòly·synáptically** *adv.* 〖(1964) ⇨ poly-, synapse, -ic[1]〗
pol·y·syn·de·ton /pɑ̀(ː)lɪsɪ́ndətɑ̀(ː)n, -tən | pɔ̀lɪsɪ́ndɪtən/ *n.* (*pl.* **~s, -de·ta** /-tə | -tə/) 〖修辞〗連辞畳用, 接辞多用《文中に接続詞を多く用いること; 例: *The Jews had light, and gladness, and joy, and honour.* (*Esth.* 8: 16); ↔ asyndeton》. 〖(1577) ← NL ~ ← LGk *polusúndeton* (neut.) ← *polusúndetos* using many conjunctions ← *polu-* 'POLY-'+*súndetos* bound together (⇨ syndetic): cf. asyndeton〗
pòly·sýnthesis *n.* いくつかの要素の総合; (特に)=polysynthesism. 〖(1869) ← NL ~: ⇨ poly-, synthesis〗
pol·y·syn·the·sism /pɑ̀(ː)lɪsɪ́nθəsɪzm | pɔ̀lɪsɪ́nθɪ-/ *n.* **1** (多数[多様]の部分の)統合[総合]. **2** 〖言語〗多総合《イヌイット語・アメリカインディアン諸語などのように文を構成する複雑な内容を一語として表現すること; cf. agglutination 3》. 〖(1862): ⇨ ↑, -ism〗
pòly·synthétic *adj.* **1** 総合的な, 統合的な. **2** 〖言語〗多総合的な (incorporative) (cf. synthetic). **pòly·synthétically** *adv.* 〖(1805-17) ← LGk *polusúnthetos* much compounded+-IC[1]: ⇨ poly-, synthetic〗
pol·y·tech·nic /pɑ̀(ː)lɪtéknɪk, -lɪ- | pɔ̀lɪ-/ *n.* **1** [the P-] ポリテクニク《英国の大学レベルの総合制高等教育機関; 1968 年に制度化されたが 1992 年に大学 (university) になる; the Polytechnic Institute ともいう》. **2** 工芸学校; (特に)科学技術専門学校, 理工科大学. — *adj.* 諸工芸の; (特に)科学技術(教育)の, 理工科の: a ~ school / the *Polytechnic* Institute=Polytechnic (⇨ *n.* 2). 〖adj.: (1805) □ F *polytechnique* ← Gk *polútekhnos* skilled in many arts ← *polu-* 'POLY-'+*tekhnikós* the arts or skill): cf. technic. — n.: (1836)《略》← *Polytechnic Institution*〗
pol·y·tene /pɑ́(ː)lɪtìːn | pɔ́li-/ *adj.* 〖生物〗多糸性の《染色体が縦裂を繰り返して多数になり, 分離しないでそのまま束になっている性質にいう》. **pól·y·tè·ny** /-tìːni/ *n.* 〖(1935) ← POLY-+-TENE〗
pòly·térpene *n.* 〖化学〗ポリテルペン《テルペン炭化水素の天然または合成重合体》: **a** ゴム炭化水素, 純ゴム《天然ゴムの主成分》. **b** テレビンの重合で得られる粘稠性の液体または熱可塑性樹脂. 〖1885〗
pòly·tétra·flùoro·éthylene *n.* 〖化学〗ポリテトラフルオルエチレン《テトラフルオルエチレンの重合体; 商品名 Teflon など成型品や電線被膜・パッキングなどに用いられる》. 〖1946〗
pol·y·the·ism /pɑ́(ː)lɪθìːɪzm, -θiː.ɪzm | pɔ́lɪ-/ *n.* 多神論, 多神教 (cf. monotheism). 〖(1613) □ F *polythéisme* ← (L)Gk *polútheos* of many gods ← *polu-* 'POLY-'+*theós* god: ⇨ -ism〗
pol·y·the·ist /pɑ́(ː)lɪθiːɪ̀st | pɔ́li-/ *n., adj.* 多神論者(の), 多神教徒(の) (cf. monotheist). 〖*a*1619〗
pol·y·the·is·tic /pɑ̀(ː)lɪθiɪ́stɪk, -θiː-⁻/ *adj.* 多神教[論]の, 多神教を信じる, 多神教徒的な (cf. monotheistic). **pòl·y·the·ís·ti·cal** /-tɪ̀kəl, -kl | -tɪ-⁻/ *adj.* **pòl·y·the·ís·ti·cal·ly** *adv.* 〖?*a*1770〗
pol·y·thene /pɑ́(ː)ləθìːn | pɔ́lɪ-/ *n.* 《英》〖化学〗=polyethylene. 〖(1939)《短縮》← POLYETHYLENE〗
póly·thiònic ácid *n.* 〖化学〗ポリチオン酸, 多チオン酸《分子の中に硫黄原子を 3 個以上含むチオン酸》. 〖1849〗
po·lyt·o·cous /pəlɪ́ṭəkəs | -lɪ́t-/ *n.* 〖動物〗一度に多くの卵[子]を生む, 多胎の. 〖(1702) ← Gk. *polutókos* prolific ← *polu-* 'POLY-'+*tókos* childbirth, offspring〗
po·lyt·o·my /pəlɪ́ṭəmi | pəlɪ́t-, pɔ-/ *n.* 〖生物〗多分裂《三つより多くの部分への細分》. 〖(1875) ← POLY-+-TOMY〗
pòly·tónal *adj.* 〖音楽〗多調(主義)の. **~·ly** *adv.* 〖1924〗
pòly·tonálity *n.* 〖音楽〗多調(主義), 多調性. 〖1923〗
pol·y·top·ic /pɑ̀(ː)lɪtɑ́(ː)pɪk | pɔ̀lɪtɔ́p-⁻/ *adj.* 〖生物〗〈ある種の生物が〉多起源の《2 箇所以上の離れた地域で発生した》. 〖(1904) ← POLY-+TOPO-+-IC[1]〗
pol·y·tro·phic /pɑ̀(ː)lɪtróufɪk, -trɑ́(ː)f- | pɔ̀lɪtrɔ́f-⁻/ *adj.* **1** 〖病理〗〈病原菌が〉多種栄養の. **2** 〖昆虫〗〈昆虫・昆虫の卵巣が〉交互栄養室型の, 多栄養の. 〖(1661) ← POLY-+-TROPHIC〗
pol·y·type /pɑ́(ː)lɪtàɪp | pɔ́l-/ *n.* **1** 〖結晶〗ポリタイプ, 多層繰返し型構造《結晶構造の相違が一次元的な多形》. **2** 〖生物〗多型《生物の同一種の個体がある形質や形態に関して多様な状態; polymorph ともいう》. **pól·y·tỳp·ism** /-pɪzm/ *n.* 〖1802〗
pol·y·typ·ic /pɑ̀(ː)lɪtɪ́pɪk | pɔ̀l-⁻/ *adj.* **1** 〖生物〗進化が多型の, 複型の《幾つかの型または二つ以上の下位区分を有する; cf. monotypic》: ~ species 多型種. **2** 〖結晶〗ポリタイプの. **3** (幾つかの)異なるタイプの, 異型の. 〖1888〗
pòl·y·týp·i·cal /-pɪ̀kəl, -kl | -pɪ-⁻/ *adj.* 〖生物・結晶〗=polytypic.
pòly·unsáturate *n.* 多価不飽和脂肪(酸)《不飽和結合を二つ以上もつ脂肪酸エステルを含む油脂; ある種の植物石油・魚油に似た低コレステロール食に用いる; cf. monounsaturate》. 〖(1950)《逆成》↓〗
pol·y·un·sat·u·rat·ed /pɑ̀(ː)liʌnsǽtʃərèɪṭɪ̀d, -tʃu- | pɔ̀liʌnsǽtʃərèɪtɪ̀d, -tʃu-, -tju-/ *adj.* 〈脂肪が〉多価不飽和脂肪(酸)の. 〖(1932) ← POLY-+UNSATURATED〗
pòly·úrethane *n.* (*also* **pòly·úrethan**) 〖化学〗ポリウレタン《ブタン 1, 4 ジオールとヘキサメチレンジイソシアナートより合成する樹脂; 電線の絶縁塗料, 耐薬品塗料用》. 〖1944〗
pol·y·u·ri·a /pɑ̀(ː)lijúᵊriə | pɔ̀lijúər-/ *n.* 〖病理〗多尿(症). **pol·y·u·ric** /pɑ̀(ː)lijúᵊrɪk | pɔ̀lijúər-⁻/ *adj.* 〖(1842) ← NL ~: ⇨ poly-, -uria〗
pòly·válence *n.* **1** 〖化学〗多原子価 (multivalence). **2** 〖生物〗(染色体の)多価性. 〖1902〗
pòly·válent *adj.* **1** 〖化学〗多価の (multivalent). **2 a** 〖細菌〗多価の, 多価抗体の (cf. monovalent). **b** 〖生物〗=multivalent 2. 〖1881〗
pòly·vínyl *adj.* 〖化学〗ポリビニルの, ビニル重合体の. 〖1927〗
pólyvinyl ácetal *n.* 〖化学〗ポリビニルアセタール《ポリビニルアルコールとアルデヒド類を反応させてできる合成樹脂; 狭義にはポリビニルアルコールとアセトアルデヒドのアセタールをいう; 電気絶縁材料・接着剤・塗料などに用いる》. 〖1933〗
pólyvinyl ácetate *n.* 〖化学〗ポリ酢酸ビニル《通称酢酸ビニル; 略 PVA》. 〖1927〗
pólyvinyl álcohol *n.* 〖化学〗ポリビニルアルコール ($(CH_2CHOH)_x$)《合成樹脂の一種; 略 PVA》. 〖1927〗
pólyvinyl bútyral *n.* 〖化学〗ポリビニルブチラール《ポリビニルアルコールとブチルアルデヒドから得られる強靭でたわみ性のある無色透明な樹脂; 安全ガラスの中間膜などに用いられる》. 〖1973〗
pólyvinyl chlóride *n.* 〖化学〗ポリ[重合]塩化ビニル《通称塩化ビニル; 略 PVC》. 〖1933〗
pólyvinyl fórmal *n.* 〖化学〗ポリビニルホルマール《ポリビニルアルコールとホルマリンの縮合物; 電線の絶縁エナメル, 金属の保護塗料に用いられる》.
pòly·vinýlidene *adj.* 〖化学〗ポリ[重合]ビニリデン化合物の. 〖(1940) ← POLY-+VINYLIDENE〗
pólyvinylidene chlóride *n.* 〖化学〗ポリ塩化ビニリデン《塩化ビニリデンの重合体; Saran などに用いられる》. 〖1940〗
pólyvinylidene résin *n.* 〖化学〗ポリビニリデン樹脂 (⇨ vinylidene resin).
pólyvinyl·pyr·ról·i·done /-pɪ̀róuləd̀oun, -rɑ́(ː)l- | -pɪróulɪdòun, -rɔ́l-/ *n.* 〖化学〗ポリビニルピロリドン《水に可溶の高分子化合物; 主に薬剤の賦形剤として用いられる》. 〖(1945) ← POLYVINYL+PYRROLIDONE〗
pólyvinyl résin *n.* 〖化学〗ポリビニル樹脂 (⇨ vinyl resin). 〖1943〗
pòly·vóltine *adj.* 〖昆虫〗(特に)〈カイコが〉多化性の《1 年間に 3 世代以上を繰り返すことにいう》. 〖(1890) ← POLY-+-*voltine* (⇨ bivoltine): cf. F *voltin*〗
póly·wàter *n.* 〖物理・化学〗ポリウォーター《重合した水; 1966 年ソ連の物理化学者が融点・沸点・密度が通常の水より高い異常な水の発見と報告したが, 後に容器のシリカなどが溶け込んだものと判明; anomalous water, orthowater, superwater, water II ともいう》. 〖1969〗
Po·lyx·e·na /pəlɪ́ksənə, pòulɪksɪ́ː- | pəlɪ́ksɪ-, pɔ-/ *n.* 〖ギリシャ神話〗ポリュクセネ《Priam と Hecuba の娘; 死んだ Achilles のいいなずけとして犠牲にされた》. 〖□ L ~ □ Gk *Poluxénē* (fem.) ← *polúxenos* entertaining many guests ← *polu-* 'POLY-'+*xénos* stranger, guest〗
Pol·y·zo·a /pɑ̀(ː)lɪzóuə | pɔ̀lɪzə́uə/ *n. pl.* 〖動物〗 **1** コケムシ綱 (Bryozoa). **2** 条虫綱 (Cestoda). 〖(1842) ← POLY-+-ZOA〗
pol·y·zo·an /pɑ̀(ː)lɪzóuən | pɔ̀lɪzə́u-⁻/ *adj., n.* 〖動物〗 **1** コケムシ綱の(動物) (bryozoan). **2** 条虫綱の(動物) (cestode). 〖1856〗
pol·y·zo·ar·i·um /pɑ̀(ː)lɪzouɛ́ᵊriəm | pɔ̀lɪzəuɛ́ər-/ *n.* (*pl.* **-i·a** /-riə/) 〖動物〗コケムシ群体[骨格]. 〖← NL ~: ⇨ Polyzoa, -arium〗
pol·y·zo·ic /pɑ̀(ː)lɪzóuɪk | pɔ̀lɪzə́u-⁻/ *adj.* **1** 〈コケムシ類が〉群体を形成する. **2** 〈胞子が〉多くの種虫(ｼｭﾁｭｳ)を生む. **3** 〈生息場所が〉多くの(種類の)動物のいる. 〖(1855) ← POLY-+-ZOIC[1]〗
pom[1] /pɑ́(ː)m | pɔ́m/ *n.* 《口語》=Pomeranian 2. 〖(略) ← *Pomeranian dog*〗
pom[2] /pɑ́(ː)m | pɔ́m/ *n.* 《豪俗》=pommy. 〖(略) ← POMMY〗
Po·ma /póumə | pə́u-/ *n.* 〖商標〗ポマ《フランスの Pomagalski 社製の, 吊り下げ部分の取りはずしが可能なスキーリフト; Poma lift, Pomalift ともいう》. 〖(1954) ← *Jean Pomagalski* (d. 1969: 発明者のポーランド人)〗
pom·ace /pʌ́mɪ̀s, pɑ́(ː)m- | pʌ́mɪs, pɔ́m-/ *n.* **1** (りんご酒などを造るための)つぶしたりんご(など); その搾りかす. **2** (魚油・ひまし油などの)搾りかす. 〖(*c*1450) □ ML *pōmācium* cider ← LL *pōmum* apple (L fruit) ← ?〗
po·ma·ceous /pouméɪʃəs | pə(ʊ)-/ *adj.* **1** 梨(ﾅｼ)状果 (pome) の, 梨(ﾅｼ)果の. **2** 《詩》りんごの. 〖(1706) ← NL *pōmāceus* (← L *pōmum* (⇨ pomace))+-OUS〗
po·made /pouméɪd, pɑ(ː)-, pɑ́(ː)meɪd, -mɑːd | pə(ʊ)-méɪd, pɔ-, -mɑ́ːd/ *n.* ポマード, 香油, 髪油. — *vt.* 〈頭髪などに〉ポマード[香油]をつける. 〖(1562) □ (O)F *pommade* □ It. *pomata* < ML *pōmāta* 'POMATUM': 最初の原料はりんご〗
Po·mak /póumæk | pə́u-/ *n.* ポマーク《ギリシャとの国境付近の山岳地帯に住むブルガリアのイスラム教徒》. 〖(1887) ← Bulg.〗
po·man·der /póumændə, ⁻⁻⁻ | pə(ʊ)mǽndəʳ, pɔ-/ *n.* **1** (昔, 防臭または疫病よけのため細かい穴のあいた金属製の小箱に入れて携帯した)におい玉; (金属製の)におい玉入れ. **2 a** (衣料戸棚に入れるにおい玉に似た)香料. **b** (衣料戸棚のにおい玉の代りに入れる)着香したオレンジ[りんご]. 〖(*c*1470)《変形》← 《古形》*pom(e)amber* □ AF **pome ambre*=OF *pome d'embre* (F *pomme d'ambre*) □ ML *pōmum dē ambrā* 《原義》apple of amber〗

P

Po·mard /poumáə | pəumáː(r; F. pɔmaːʀ/ n. = Pommard.

po·ma·tum /pouméɪtəm, pə-, -máː- | pəméɪt-, -máːt-/ n., vt. =pomade. 〘(1562) ← NL ~ ← LL *pōmum* apple: ⇨ pomace〙

Pom·bal /pɑ(ː)mbáːl | pɔm-; *Port.* põbáł/, **Mar·quês de** /məɾkéʒ du/ n. ポンバル (1699–1782; ポルトガルの政治家; 外相 (50–56), 首相 (56–77) となり独裁的に支配し, 啓蒙専制主義を確立; 本名 Sebastião José de Carvalho e Mello).

pom·be /pɑ́(ː)mbeɪ | pɔ́m-; *Swahili* pómbe/ n. ポンビ (穀類から造るアフリカ中部および東部産の酒). 〘(1857) ← Afr. (Swahili)〙

pome /póum | pə́um/ n. **1** 〘植物〙梨(なし)状果, 梨果(りか) (リンゴ・ナシ・マルメロなど; cf. fruit 1 b). **2** 金属球 (metal ball). **3** 〘詩〙りんご (apple). 〘(1392) ▭ OF ~, *pomme* (F *pomme*) < VL **pōma* apple ← L *pōmum* fruit: ⇨ pomace〙

pom·e·gran·ate /pɑ́(ː)m(ə)grænɪ̀t, pʌ́mg- | pɔ́mɪ̀grèn-/ n. **1** 〘植物〙 **a** ザクロ (*Punica granatum*). **b** ザクロの実. **2** 〘聖書〙ザクロ模様(の装飾) (cf. *Exod.* 28: 33–34; *1 Kings* 7:18). 〘(?c1300) *pomegarnet* ▭ OF *pome grenate* ← *pome* apple+*grenate* (F *grenade*) seedy (▭ L *grānātus* having seeds): ⇨ pome, grain〙

pom·e·lo /pɑ́(ː)məlòu | pɔ́mɪ̀ləu, pəméləu/ n. (*pl.* ~s) 〘植物〙 **1** =shaddock 2. **2** =grapefruit 1. 〘(1858) (変形) ← *pompelmous*〙

Pom·er·a·ni·a /pɑ̀(ː)məréɪniə | pɔ̀m-/ n. ポメラニア: **1** 旧ドイツ北東部の州; 現在はドイツとポーランドに分割; ドイツ語名 Pommern. **2** ポーランド北西部の旧県; ポーランド語名 Pomorze.

Pom·er·a·ni·an /pɑ̀(ː)məréɪniən | pɔ̀m-ˊ/ adj. ポメラニア (Pomerania) の. — n. **1** ポメラニア人. **2** [しばしば p-] ポメラニアン (口吻が細く耳が直立して上毛と下毛の豊富な小形のイヌ). 〘(1760): ⇨ ↑, -an[1]〙

Po·me·rol /pɑ́(ː)məràː(ː)l | pɔ́mərɔ̀l; F. pɔmʀɔl/ n. ポムロル (フランス南西部 Gironde 県の町; こくのある飲み口のよい赤ワイン Pomerol の産地).

póme·wàter /pɑ́(ː)mə- | pɔ́mɪ-/ n. (まれ・方言) 大きくて汁気の多いリンゴ. 〘(c1430)? ← POME+WATER〙

pom·fret /pɑ́(ː)mfrɪ̀t, pʌ́m- | pɔ́m-, pʌ́m-/ n. 〘魚類〙 **1 a** シマガツオ(縞鰹), エチオピア (*Brama japonica*) (北太平洋産の体が側扁した黒色の食用魚; Pacific pomfret ともいう). **b** 北大西洋産シマガツオの一種 (*B. raii*) (Atlantic pomfret ともいう). **2** インド・西太平洋産マナガツオ科マナガツオ属 (*Pampus*) の数種の魚の総称 (マナガツオ (*P. argenteus*), シナマナガツオ (*P. chinensis*) など). **3** その他近縁の数種の魚類の総称. 〘(1727) (変形) ← (古形) *pamflet* ▭ ? F *pample* ← Port. *pampo* a kind of fish〙

pómfret càke n. 〘英〙ポンフレットケーキ (甘草を入れて作った小さい丸い菓子 (単に pomfret, Pontefract cake ともいう)). 〘(1838) *pomfret*: ← *Pomfret* (英国 West Yorkshire 州の市名 PONTEFRACT の表音式つづり)〙

po·mi- /póumɪ̀, -mi | pə́u-/「りんご (apple)」の意の連結形. 〘← LL *pōmum* 'apple, POME'〙

po·mi·cul·ture /póuməkʌ̀ltʃə | pə́umɪkʌ̀ltʃə(r/ n. 果樹栽培. 〘1876〙

po·mif·er·ous /poumíf(ə)rəs | pə-, pə(u)-/ adj. 〘植物〙梨(なし)状果 (pome) を結ぶ. 〘(1656) ← L *pōmifer* fruit-bearing (← POMI-+-*fer* '-FEROUS')+-OUS〙

Pom·mard /poumáə | pəumáː(r; F. pɔmaːʀ/ n. ポマール(ワイン) (Burgundy 産の上等の赤ぶどう酒). 〘(1833) ← F ~ (その産地であるフランス Côte d'Or 県にある村の名)〙

pom·mée /pɑ(ː)méɪ, pə- | pɔméɪ; F. pɔme/ adj. 〘紋章〙〈十字架が〉先端に丸味を帯びた. 〘(1725) ▭ F ~ ← OF *pomme* 'apple, POME'+-*ée* '-EE'〙

pom·mel /pʌ́məl, pɑ́(ː)m-, -mɪ | pɔ́m-, pʌ́m-/ n. **1** 鞍頭, 前橋 (horn) (鞍 (saddle) の前方の突起した部分; cf. cantle). **2** (剣のこぶ状の)柄頭(つかがしら) (⇨ sword 挿絵). **3** 〘建築〙円形の尖端装飾 (cf. finial 1). **4** 〘体操〙(鞍馬 (pommeled horse) の)把手, ハンドル, ポメル. — vt. (**pom·meled, -melled; -mel·ing, -mel·ling**) =pummel. 〘(c1250) ▭ OF *pomel* (F *pommeau*) < VL **pōmellum* ball, knob (dim.) ← L *pōmum* fruit〙

póm·meled adj. 〘紋章〙〈刀剣〉の柄頭(つかがしら)が刃の色と異なる. ★ 通例 hilted and pommeled で用いる: a sword argent, *hilted and* ~ 柄と柄頭が金色をした銀の剣. 〘1766–87〙

pómmeled hòrse n. 〘体操〙鞍馬(あんば). 〘1908〙

pómmel hòrse n. 〘体操〙=pommeled horse.

Pom·mern /G. pɔ́mɐn/ n. ポメルン (Pomerania 1 のドイツ語名).

pommes frites /pɑ́(ː)mfríːt | pɔ́m-; F. pɔmfʀit/ n. *pl.* フレンチフライポテト (から揚げした細切りじゃがいも).

pom·my /pɑ́(ː)mi | pɔ́mi/ [時に P-] (豪俗) [軽蔑的に] n. (*also* **pom·mie** /~/) **1** (オーストラリアまたはニュージーランドへの)英国[イングランド]からの新入植者. **2** 英国人 (Englishman). — adj. 英国人の. 〘(1915) (短縮)? ← POME(GRANATE): その若い色のほおにちなむ〙

po·mo /póumou | pə́uməu/ (口語) adj. =postmodern. — n. =postmodernism.

Po·mo /póumou | pə́uməu/ n. (*pl.* ~s) **1 a** [the ~(s)] ポモ族 (米国 California 州北部のアメリカインディアン). **b** ポモ族の人. **2** ポモ語 (ポモ族の用いるポモ語群の言語の一つ). 〘1852〙

po·mól·o·gist /-dʒɪ̀st | -dʒɪst/ n. 果実栽培家. 〘1833〙

po·mol·o·gy /poumɑ́(ː)lədʒi | pəumɔ́l-/ n. 果実栽培法[論]; 果実学. **po·mo·log·i·cal** /pòuməlɑ́(ː)dʒɪ̀kəl, -kl | pəuməlɔ́dʒɪ-ˊ/ adj. **pò·mo·lóg·i·cal·ly** adv. 〘(1818) ← NL *pōmologia*: ⇨ pome, -logy〙

Po·mo·na[1] /pəmóunə | pə(u)məu-, pɔ-/ n. **1** 女性名. **2** 〘ローマ神話〙ポーモーナ (果樹の女神; 胸に果実を抱き, 手に刈り込み鋏をもった姿で表される; エトルリアの神 Vertumnus の妻). 〘(1584) ▭ L *Pōmōna* ← *pōmum* fruit〙

Po·mo·na[2] /pəmóunə | pə(u)məu-, pɔ-/ n. **1** ポモーナ (米国 California 州の都市). **2** =Mainland 2. 〘↑〙

Po·mo·rze /*Pol.* pɔmɔʒɛ/ n. ポモジェ (Pomerania 2 のポーランド語名).

pomp /pɑ́(ː)mp | pɔ́mp/ n. **1** 華やかさ, 華麗 (splendor); 壮観: in great ~ 威風堂々と. **2** [*pl.*] (威厳などの)誇示, 見せびらかし, 虚飾: the ~s and vanity of this wicked world 浮世の虚栄 (*Prayer Book*: *Catechism* 中の句). **3** (古) 華美な行列, 盛儀 (pageant): ~ and circumstance of glorious war 輝かしい戦いの盛儀盛宴 (Shak., *Othello* 3. 3. 354). 〘(c1303) ▭ (O)F *pompe* // L *pompa* ▭ Gk *pompḗ* solemn procession, parade, pomp ← *pémpein* to send ← ?〙

pomp, pomp. (略) 〘音楽〙pomposo.

pom·pa·dour /pɑ́(ː)mpədɔ̀ə | pɔ́mpədùə(r, -dɔ̀ː(r; F. pɔ̃padu:ʀ/ n. **1** ポンパドゥール: **a** 前髪を高くする女性の髪型. **b** (米) 額からなで上げる男子の理髪型, オールバック. **2** 〘服飾〙ポンパドゥール (Pompadour 夫人の衣装の特徴とされるデザイン; 特にネックラインが四角にデコルテした婦人用胴衣). **3** 鮮やかな色の小さな花模様の柄の絹[木綿]地. **4** 桃色 (rose pink). 〘(1752) ↓〙

pompadour 1 a

Pom·pa·dour /pɑ́(ː)mpədɔ̀ə | pɔ́mpədùə(r, -dɔ̀ː(r; F. pɔ̃padu:ʀ/, Marquise **de** n. ポンパドゥール(夫人) (1721–64; フランス国王 Louis 十五世の愛人; 本名 Jeanne Antoinette Poisson).

pom·pa·no /pɑ́(ː)mpənòu | pɔ́mpənəu/ n. (*pl.* ~, ~s) 〘魚類〙 **1** アジ科コバンアジ属の魚 (*Trachinotus carolinus*) (米国東部・南部沿岸産; 食用魚). **2** 米国 California 州産マナガツオ科の高級食用魚 (*Peprilus simillimus*) (butterfish の一種). 〘(1778) ▭ Sp. *pámpano* vine tendril, name of a stromateoid fish < L *pampinum* vinen tendril〙

Póm·pa·no Béach /pɑ́(ː)mpənòu- | pɔ́mpənəu-/ n. ポンパノビーチ (米国 Florida 州南東部, Fort Lauderdale の近くにある都市).

Pom·pe·ian /pɑ(ː)mpéɪən, -píː- | pɔm-/ adj. **1** ポンペイ (Pompeii) の[に関する]. **2** ポンペイ(風)の美術[(特に)壁画]の. — n. ポンペイ人. 〘(1823) ▭ L *Pompeiānus* ← POMPEII: ⇨ -an[1]〙

pompéian réd, P- r- n. ポンペイ赤 (Pompeii の家屋の壁色に似ている). 〘1881〙

Pom·pe·ii /pɑ(ː)mpéɪi, -péɪ | pɔm-/ n. ポンペイ (イタリア南部 Vesuvius 火山のふもとの古都; 紀元 79 年同山噴火で埋没, 19 世紀以降, 学術的に貴重な発見がなされている; イタリア語名 Pompei /pompɛ́ːi/; cf. Herculaneum).

Pom·pé·ii·an /-píːən, -péɪən/ adj., n.

pom·pel·moose /pɑ́(ː)mpəlmùːs, -pɪ- | pɔ́m-/ n. 〘植物〙=pompelmous.

pom·pel·mous /pɑ́(ː)mpəlmùːs, -pɪ- | pɔ́m-/ n. (*pl.* ~, ~·es) 〘植物〙ザボン (shaddock). 〘(1696) ▭ Du. *pompelmoes* ← *pompel* thick+Javanese *limoes* lemon ← Port.: 一説では第一要素は Du. *pompoen* pumpkin〙

Pom·pey[1] /pɑ́(ː)mpi | pɔ́m-/ n. (英俗) ポンペイ (Portsmouth 1 の俗称).

Pom·pey[2] /pɑ́(ː)mpi | pɔ́m-/ n. ポンペイウス (106–48 B.C.; ローマの将軍・政治家; 第一回三頭政治 (trium virate) に参加; 通称 Pompey the Great, ラテン語名 Gnaeus Pompeius Magnus).

Pom·pi·dou /pɑ́(ː)mpɪ̀dùː | pɔ́m-; F. pɔ̃pidu/, **Georges Jean Raymond** n. ポンピドー (1911–74; フランスの政治家・大統領 (1969–74)).

Pómpidou Cèntre n. [the ~] ポンピドーセンター (Paris にある総合文化センター; Pompidou 大統領によって創設が決定され, 1977 年開館; フランス語名 Centre Pompidou /sɑ̃tʀə-/).

pom·pier[1] /pɑ́(ː)mpíə, pɑ̀(ː)mpiéɪ, pɑ(ː)mpjéɪ | pɔ́mpiə(r; F. pɔ̃pje/ n. **1** 消防士 (fireman). **2** =pompier ladder. 〘(1871) ▭ F ~ 'fireman, pump maker' ← *pompe* 'PUMP[1]': ⇨ -ier[2]〙

pom·pier[2] /pɑ̀(ː)mpiéɪ, pɑ(ː)mpjéɪ | pɔ̀mpiéɪ, pɔmpjéɪ; F. pɔ̃pje/ adj. 型にはまった (conventional), 堅苦しい, 古くさい (old-fashioned). 〘(1924) ▭ F ~ : ↑〙

pompíer làdder n. (先端にかぎのある)消防はしご. 〘1893〙

pom·pi·lid /pɑ́(ː)mpəlɪ̀d | pɔ́mpɪlɪd/ n., adj. 〘昆虫〙ベッコウバチ科 (Pompilidae) の(ハチ) (⇨ spider wasp). 〘← Gk *pompílos* (トゲウオの一種)〙

pom-pom[1] /pɑ́(ː)mpɑ̀(ː)m | pɔ́mpɔ̀m/ n. (*also* **pom-pom** /~/) **1** (第一次大戦の)自動機関銃. **2** (第二次大戦以後の)ポンポン砲, 自動高射砲, 多連装高射機関砲 (特に艦船で用いるもの; cf. ack-ack). **3** 〘軍俗〙性交. 〘(1899): 擬音語〙

pom-pom[2] /pɑ́(ː)mpɑ(ː)m | pɔ́mpɔm/ n. ポンポン (⇨ pompon[1] 1).

póm-pom gìrl[1] n. (卑) 売春婦, パンパン (prostitute).

póm-pom gìrl[2] n. 女性のチアリーダー (大きな玉房を振って応援する).

pom·pon[1] /pɑ́(ː)mpɑ(ː)n | pɔ́mpɔn, pɔ̃ː(m)pɔ̃ː(ŋ), pɔ́ːmpɔːŋ; F. pɔ̃pɔ̃/ n. **1** ポンポン, 玉房 (絹または毛糸で作ったボール状の飾り房; 女性や子供の帽子の頂上・靴の先の飾りに, また大きなものはチアガールが競技の応援などに用いる; pom-pom ともいう). **2** (筒形軍帽 (shako) の正面の)羽飾り, 前立て. **3** 〘植物〙ポンポン咲きの花 (ダリアや菊など). 〘(1748) *pong pong* ▭ F ~ ← ? *pompe* 'POMP': または擬音語か〙

pom·pon[2] /pɑ́(ː)mpɑ(ː)n | pɔ́mpɔn/ n. 〘魚類〙アツクチイサキ (*Anisotremus surinamensis*) (米国 Louisiana 州・Florida 州以南の大西洋に産するイサキ科の食用魚; 口唇が肥厚している; black margate ともいう). 〘▭ Am.-Sp. *pom-pón*〙

pom·pos·i·ty /pɑ(ː)mpɑ́(ː)səti | pɔmpɔ́sɪ̀ti/ n. **1** 華やかさ, 豪華, 誇示. **2** (言葉・態度などの)もったいぶり, 尊大. **3** もったいぶった[尊大な]言動. **4** 尊大ぶる人, 威張り屋. 〘(?a1425) ▭ LL *pompōsitāt-*, *pompōsitās* ← *pompōsus* 'POMPOUS': ⇨ -ity〙

pom·po·so /pɑ(ː)mpóusou | pɔmpə́usəu; *It.* pompóːzo/ adv. 〘音楽〙華やかに, 荘重に (pompously). 〘(1801) ▭ It. ~ < LL *pompōsum* (↓)〙

pom·pous /pɑ́(ː)mpəs | pɔ́m-/ adj. **1** 〈態度など〉もったいぶった, 横柄な, 尊大な. **2** 〈言語・文体など〉気取った, 大げさな. **3** (古) 華やかな, 豪華な, 壮麗な (magnificent). **~·ly** adv. **~·ness** n. 〘(c1375) ▭ (O)F *pompeux* < LL *pompōsum*: ⇨ pomp, -ous〙

pon. (略) pontoon.

'pon, pon /pɑ(ː)n, pɔ(ː)n; pən | pɔn; pən/ *prep.* (詩・古) =upon: ~ my word. 〘(1557) (頭音消失) ← UPON〙

Pon·ca /pɑ́(ː)ŋkə | pɔ́ŋ-/ n. (*pl.* ~s, ~) **1 a** [the ~(s)] ポンカ族 (米国 Nebraska 州北部 のスー語族の一支族). **b** ポンカ族の人. **2** ポンカ語 (ポンカインディアンの方言). — adj. ポンカ族の, ポンカ語の.

ponce /pɑ́(ː)ns | pɔ́ns/ (英俗) n. **1** (売春婦などの)「ひも」; =pimp 1. **2** にやけ男. — vi. **1** 売春婦の「ひも」をする. **2** にやけた様子で歩き回る 〈*around, about*〉. ***pónce óff*** 〈たばこ・酒などを〉無心する. ***pónce onesèlf úp*** 着飾る, めかし込む. 〘(1872) (変形)? ← POUNCE[1]〙

Pon·ce /pɔ́(ː)nseɪ | pɔ́n-; *Am.Sp.* pónse/ n. ポンセ (西インド諸島, Puerto Rico 南部の海港).

pon·ceau /pɑ(ː)nsóu | pɔ́nsəu; F. pɔ̃so/ n. **1** ひなげし色. **2** 〘染色〙ポンソー (鮮紅色の酸性アゾ染料; 食品用色素). — adj. ひなげし色の. 〘(1835) ▭ F ~ < OF *pouncel* ← F *paon* peacock: その色が七面鳥のとさかに似ていることから〙

Pon·ce de Le·ón /pɑ́(ː)nsdəlíːən, pɑ́(ː)nsədeɪlióun | pɔ́nsdəlíːən, pɔ́nsədeɪliə́un; Sp. pɔ̃nθeðeleón/, **Juan** n. ポンセデレオン (1460?–1521; スペインの探検家; Puerto Rico (1509 年), Florida (1513 年)を発見).

ponc·ey /pɑ́(ː)nsi | pɔ́n-/ adj. =poncy.

Pon·chiel·li /pɑ̀(ː)ŋkiéli | pɔ̀ŋ-; *It.* poŋkjɛ́lli/, **A·mil·ca·re** /amílkare/ n. ポンキエルリ (1834–86; イタリアの作曲家; *La Gioconda*「ジョコンダ」(歌劇 1876)).

pon·cho /pɑ́(ː)ntʃou | pɔ́ntʃəu; *Am.Sp.* póntʃo/ n. (*pl.* ~s) ポンチョ: **a** 真中に頭を通すあきのある毛布のような外套; 主に南米のインディオが用いる. **b** それに似た衣服; 特に, ゴム・防水布・ビニール製などの袖無しレインコート. 〘(1717) ▭ Am.-Sp. ~ ▭ Araucanian ~, *pontho* woolen fabric〙

ponc·y /pɑ́(ː)nsi | pɔ́n-/ adj. 〘英口語〙〈男が〉(ふるまい・服装など)なよなよした, きざな. 〘(1964) ← PONCE+-Y[4]〙

pond /pɑ́(ː)nd | pɔ́nd/ n. **1** (自然または人造の)池, 泉水. **2** (米) 小さな湖 (通例 lake より小さく pool より大きい自然湖): ⇨ Walden Pond. **3** (英戯言) 海; [the ~ [P-]] (特に)大西洋 (the Atlantic Ocean): across [on the other side of] the ~ 大西洋の向こう(の米国[英国])で / ⇨ herring pond. — vt. 〈流れをせき止める; (せき止めて)池にする 〈*back, up*〉. — vi. 〈水がたまる; 〈水が〉(たまって)池になる. 〘(c1300) (異形) ← *pounde, poonde* 'POUND[3]'〙

pond·age /pɑ́(ː)ndɪdʒ | pɔ́n-/ n. 池の水量, (貯水池の)貯水量. 〘(1877): ⇨ ↑, -age〙

póndage tỳpe pówer plànt n. 〘電気〙調整池式発電所.

pónd àpple n. 〘植物〙熱帯アメリカ原産バンレイシ属の常緑高木 (*Annona glabra*); その食用の果実 (卵円形で带黄色). 〘1890〙

pon·der /pɑ́(ː)ndə | pɔ́ndə(r/ vt. とくと考える, 熟考する, 思案する: ~ a question, an answer, a problem, etc. / ~ what to do どうすべきかを思案する. — vi. 〔問題などを〕熟考する, 思案する, つくづく考える 〔*on, over*〕. **~·er** /-dərə | -rə(r/ n. 〘(a1338) *pundre(n)* ▭ OF *pondérer* to consider (F to balance) ▭ L *ponderāre* to weigh ← *pondus* weight ← IE **(s)pend-* to draw, spin (L *pendēre* to hang): cf. pound[1]〙

SYN 熟考する: **ponder** あれこれ思いめぐらして深く考える: *ponder* on when to leave school 学校をいつやめようかと慎重に考える. **cogitate** 深く真剣に考え込む (様子をする) (格式ばった語): He had *cogitated* long before he answered. 答える前に長らく考え込んでいた. **deliberate** じっくりと筋道を立てて考えてみる: I am *deliberating* what to do. 何をすべきかを熟考中だ. **reflect** 〈過去のこ

とやこれからなすべきことなどを〉じっくりと反省して考える: *reflect* on [upon] one's actions 自分の行動を反省する. **meditate, ruminate** 時間をかけてじっくり考える《格式ばった語》: *meditate* [*ruminate*] on the cause of one's failure 自分がなぜ失敗したか思いめぐらす. **muse** 深刻な集中力なしに思案にふける《格式ばった語》: *muse* over memories of the past 過去の思い出にふける. **brood** 失敗・落胆などでふさぎ込んでじっと考え込む: *brood* over one's misfortunes 身の不運をくよくよと考える.

---

pon·der·a·ble /pɑ́(ː)ndərəbl, -drə- | pɔ́n-/ *adj.* **1** 重さが量られる, 重みのある. **2** 慎重な考慮に値する, 一考の価値のある, かなりすぐれた. — *n.* [the ~s] 前もって考えられる[予想される]事; 考慮に値する重要なもの. **pòn·der·a·bíl·i·ty** /-drəbíləṭi | -lɪ̀ti/ *n.* 〖((1646)) □ LL *ponderābilis* ← L *ponderāre* (↑): ⇨ -able〗

pon·der·ance /pɑ́(ː)ndərəns, -drəns | pɔ́n-/ *n.* **1** 重さ, 重量. **2** 厳粛 (gravity). 〖((1812)) ← PONDER＋-ANCE〗

pon·der·a·tion /pɑ̀(ː)ndəréɪʃən | pɔ̀n-/ *n.* 計量; 考量, 熟考. 〖((1556)) □ L *ponderātiō(n-)*: ⇨ ponder, -ation〗

pón·der·ing·ly /-dərɪŋ-, -drɪŋ-/ *adv.* 考えながら. 〖((1647)〗

pon·der·o·sa /pɑ̀(ː)ndəróusə, -róuzə | pɔ̀ndəróuzə, -sə⁻/ *n.* 〘植物〙 ＝ponderosa pine.

pónderosa píne *n.* 〘植物〙 ポンデロサマツ (*Pinus ponderosa*) 《米国西部産の大きな五葉松の一種》. 〖((1878)) ← NL *Pinus ponderōsa* heavy pine: ⇨ ↓, pine¹〗

pon·der·os·i·ty /pɑ̀(ː)ndərɑ́(ː)səṭi | pɔ̀ndərɔ́sɪ̀ti/ *n.* **1** 重いこと, 重さ (heaviness). **2** 《文体などの》重々しさ, 重苦しさ, 鈍重 (dullness). 〖((?a1425)) □ ML *ponderōsitātem* ← L *ponderōsus* heavy: ⇨ ↓, -osity〗

pon·der·ous /pɑ́(ː)ndərəs, -drəs | pɔ́n-/ *adj.* **1** 重々しい, どっしりした: a ~ building [figure] どっしりした建物[格好]. **2** 〈談話・文体など〉軽妙でない, 重苦しい; 生硬な, 退屈な (dull): a ~ joke 苦しいしゃれ. **3 a** 〈物など〉非常に重い (⇨ heavy¹ SYN): a ~ ax. **b** 〈重くて〉扱いにくい (unwieldy): ~ furniture. **4** ぶざまな, 不格好な. **~·ly** *adv.* **~·ness** *n.* 〖(a1400) □ (O)F *pondéreux* □ L *ponderōsus* ← *pondus* weight: ⇨ ponder, -ous〗

pónd hòckey *n.* 《カナダ》 **1** 凍った池(など)でする略式ホッケー. **2** 下手なホッケー.

Pon·di·cher·ry /pɑ̀(ː)ndɪ̀tʃéri, -ʃéri | pɔ̀ndɪ-/ *n.* ポンディシェリー《フランス語名 Pondichéry /F. pɔ̃diʃeʁi/》: **1** インド南東部, Coromandel 海岸の旧フランス植民地; 面積 480 km². **2** その旧主都・海港.

pónd-lìfe *n.* 池やよどんだ水にすむ生物《小動物類; 特に無脊椎動物》. 〖1886〗

pónd lìly *n.* 〘植物〙 ＝water lily.

Pon·do /pɑ́(ː)ndou | pɔ́ndəu/ *n.* (*pl.* ~, ~s) **1 a** [the ~(s)] ポンド族《主に Pondoland に住む黒人部族》. **b** ポンド族の人. **2** ポンド語《Bantu 語の一種》. 〖((1919)) ← Bantu (Xhosa)〗

pon·dok·kie /pɑ́(ː)ndɑ(ː)ki | pɔ́ndɔki/ *n.* (*also* **pon·dok** /pɑ́(ː)ndɑ(ː)k | pɔ́ndɔk/) 《アフリカ南部で》粗末な小屋, 掘っ立て小屋, バラック. 〖((1862)) ← Afrik. *pondok* hut (□ Malay): ⇨ -ie〗

Pon·do·land /pɑ́(ː)ndoulæ̀nd | pɔ́ndəu-/ *n.* ポンドランド《南アフリカ共和国南部 Eastern Cape 州東部の Pondo 族居住地域》.

Pond's /pɑ́(ː)ndz | pɔ́ndz/ *n.* 〘商標〙 ポンズ《米国製のスキンケア用品; 特にコールドクリームが知られる》.

pónd scùm *n.* 〘植物〙 **1 a** 接合藻目ホシミドロ科の藻類の総称; (特に)アオミドロ (spirogyra). **b** アオミドロに近縁の種々の藻類. **2** よどんだ水の中のもつれた毛髪状の藻の塊, アオミドロ塊. 〖1890〗

pónd-skàter *n.* 〘昆虫〙 アメンボ《アメンボ科の昆虫の総称; water strider, water skater ともいう》.

pónd snàil *n.* 〘貝類〙 モノアラガイ科の貝《淡水にすむ巻貝; 特に great pond snail (*Limnaea stagnalis*) を指す》.

pónd·wèed 〘植物〙 *n.* **1** ヒルムシロ科ヒルムシロ属 (*Potamogeton*) および近縁の水草の総称《ヒルムシロ (*P. distinctus* など)》. **2** 《英》 ＝waterweed. — *adj.* ヒルムシロ科の. 〖1578〗

pone¹ /póun | pə́un/ *n.* 《米南部・中部》 **1** ＝corn pone. **2** ミルク・卵入りの軽いパン(の一塊). 〖((1634)) □ N-Am.-Ind. (Algonquian) ~, *apone*, *oppone* 《原義》? baked (p.p.): cf. Virginian *āpān* something baked, bread〗

pone² /póun, póuni | pə́un, pə́uni/ *n.* 《まれ》〘トランプ〙 親の右隣りの人, 《二人の場合は》親の相手《どちらも札をカットする役》. 〖((1890)) □ L *pōne* place thou (sing. imper.) ← *pōnere* to place〗

po·ney /póuni | pə́uni/ *n.* ＝pony.

pong /pɔ́(ː)ŋ, pɑ́(ː)ŋ | pɔ́ŋ/ *n.* 《口語》 悪臭, いやな匂い (stink). — *vi.* 悪臭[嫌な匂い]を放つ. 〖((1919)) □ ? Romany *pan* to stink〗

pon·ga /pɑ́(ː)ŋ(g)ə, pɑ́ŋ- | pɔ́ŋ-, pɑ́ŋ-/ *n.* 〘植物〙 《ニュージーランド産の》ヘゴ科ヘゴ属の樹木状の木生シダ (*Cyathea dealbata*). 〖((1832)) ← Maori〗

pong·al /pɑ́(ː)ŋgəl, -gl | pɔ́ŋ-/ *n.* (*also* **pon·gol** /-gɑ̀l/) ポンガル: **1** 新年に行われる南インドの祭礼; 新米を炊いて祝う. **2** 炊いた米. 〖((1788)) □ Tamil *poṅkal* 《原義》 boiling〗

pon·gee /pɑ̀(ː)ndʒíː | pɔ̀n-⁻/ *n.* **1** 繭紬(けんちゅう)《サクサンガ (*Antheraea pernyi*) から採った柞蚕(さくさん)糸で織った自然色の薄地の絹織物》; それの模造織物《木綿または人絹の織物》. **2** 黄色がかった褐色, 薄茶色. 〖((1711)) □ North-Chin. *pun-chī*＝Mandarin *pun-kī* (本機) (made by) one's own loom)〗

pon·gid /pɑ́(ː)ndʒɪ̀d | pɔ́ndʒɪd/ *n.*, *adj.* 〘動物〙 ショウジョウ科の類人猿(の). 〖((1950)) ↓〗

Pon·gi·dae /pɑ́(ː)ndʒədìː, pɑ́(ː)ŋgə- | pɔ́ndʒɪ-, pɔ́ŋgɪ-/ *n. pl.* 〘動物〙 ショウジョウ科, 類人猿科《Anthropoidea ともいう》. 〖← NL ~ ← *Pongo* (属名: ↓)＋-IDAE〗

pon·go /pɑ́(ː)ŋgou | pɔ́ŋgəu/ *n.* (*pl.* ~s) **1** 類人猿; (特に)オランウータン (orangutan). **2** 《英俗》 兵士. **3** 《豪・軽蔑》 英国人. 〖((1625)) ← NL ~ □ Kongo *mpongi*, *mpongo*〗

pong·y /pɔ́(ː)ŋi, pɑ́(ː)ŋi | pɔ́ŋi/ *adj.* 《英俗》 悪臭がする, いやな匂いのする. 〖((1936)) ← PONG＋-Y⁴〗

pon·gyi /poundʒíː, puːn- | pəun-, puːn-/ *n.* 《ミャンマーの》僧. 〖((1788)) □ Burmese *phungyi* ← *phun* glory＋*gyī* great〗

pon·iard /pɑ́(ː)njəd | pɔ́njəd, -jɑːd/ *n.* 《刃の断面が三角または四角の》短剣 (dagger). — *vt.* 短剣で刺す. 〖((1593–94)) □ F *poignard* ← *poing* fist (< L *pugnum*)＋-ARD〗

po·no·graph /póunəgræ̀f | pə́unəgrɑ̀ːf, -græ̀f/ *n.* 〘医学〙 《筋肉の》疲労計. 〖← Gk *pónos* pain, work＋-GRAPH〗

po·nor /póunɔə | pə́unɔː⁽ʳ⁾/ *n.* 〘地質〙 ポノール (⇨ swallow¹ 4). 〖((1922)) ← Serbo-Croatian〗

pons /pɑ́(ː)nz | pɔ́nz/ *n.* (*pl.* **pon·tes** /pɑ́(ː)ntiːz | pɔ́n-/) 〘解剖〙 **1** 脳橋《間脳と延髄との間にある中枢神経組織; pons Varolii ともいう》. **2** 橋(きょう)《一つの器官の2つの部分を結び付ける組織》. 〖((1693)) ← NL ~ ← L *pōns* bridge ← IE **pent-* to tread, go〗

Pons /pɔ̃ː(n)s, pɑ́(ː)ns; *F.* pɔ̃ːs/, **Lily** *n.* ポンス《(1904–76; フランス生まれの米国のオペラ歌手(ソプラノ))》.

pons as·i·no·rum /pɑ́(ː)nzæ̀sənɔ́ːrəm | pɔ́nzæ̀sɪ̀nɔ́ːrəm, -rum/ *n.* **1** 〘数学〙 ろばの橋 (asses' bridge) 《ユークリッド幾何学で「二等辺三角形の両底角は相等しい」という定理; 愚かな生徒 (ass) がよくつまずく橋の意; この定理の証明として引く補助線と二等辺三角形の底辺とが見たところ橋の形をしていることから》. **2** 未経験者を試す設問. **3** 初心者にとって難しいもの. 〖((1751)) ← NL ~ 'asses' bridge' ← L *pōns* (⇨ pons)＋*asinōrum* ((gen. pl.) ← *asinus* 'ASS')〗

pons Va·ro·li·i /pɑ́(ː)nzvəróuliàɪ, -lìː | pɔ́nzvəróul-/ *n.* (*pl.* **pontes V-**) 〘解剖〙 ＝pons 1. 〖((1693)) ← NL ~ 《原義》 bridge of Varoli ← *Costanzo Varoli* (1542–75: イタリアの外科医・解剖学者)〗

pont /pɑ́(ː)nt | pɔ́nt/ *n.* **1** 《南ア》 《綱を使った》渡し舟 (ferryboat). **2** ＝pontoon¹. 〖((1631)) □ Du. ~ □ L *pontō* 'PONTOON'〗

Pon·ta Del·ga·da /pɑ́(ː)nṭədelgɑ́ːdə, -gǽdə | pɔ́ntədelgɑ́ːdə; *Port.* põtɐdɛɫgáðɐ/ *n.* ポンタデルガダ《大西洋 Azores 諸島中の Sao Miguel 島の海港・観光地》.

pon·tage /pɑ́(ː)ntɪdʒ | pɔ́nt-/ *n.* 〘英法〙 **1** 橋梁営繕税. **2** 橋梁通行税. 〖((1447)) □ OF ~ □ ML *pontāticum* bridge-toll ← L *pont-*, *pōns* bridge: ⇨ -age〗

Pont·char·train /pɑ́(ː)ntʃətrèɪn, ⌐–⌐ | pɔ́ntʃə-trèɪn, ⌐–⌐/, **Lake** *n.* ポンチャートレーン湖《米国 Louisiana 州南東部, New Orleans 北部のメキシコ湾の入江》. 〖← *J. P. Pontchartrain* (1674–1747: フランス人の牧師) // *Louis, Comte de Pontchartrain* (1643–1727: フランスの政治家)〗

Pon·te·fract /pɑ́(ː)ntɪ̀frækt | pɔ́nt-/ *n.* ポンテフラクト《イングランド北部 Leeds 南東の町; Richard 2 世が幽閉され殺された (1400) 城がある》. 〖ME *Pontfreit* □ ML *Pontefractus* ← L *pōns* bridge＋*fractus* broken〗

Póntefract càke *n.* 《英》 ＝pomfret cake.

pontes *n.* pons の複数形.

Pon·te·ve·dra /pɑ̀(ː)nṭəvéɪdrə | pɔ̀nt-; *Sp.* ponteβéðɾa/ *n.* ポンテベードラ《スペイン北西部の県, その県都である港湾都市; ローマ時代の the Pons Vetus (12 のアーチ橋) に由来する》.

Pon·ti·ac¹ /pɑ́(ː)nṭiæ̀k | pɔ́nti-/ *n.* ポンティアック《(1720?–69; アメリカインディアン Ottawa 族の首長》.

Pon·ti·ac² /pɑ́(ː)nṭiæ̀k | pɔ́nti-/ *n.* ポンティアック: **1** 米国 Illinois 州北東部の町. **2** 米国 Michigan 州南東部の工業都市. 〖↑〗

Pon·ti·ac³ /pɑ́(ː)nṭiæ̀k | pɔ́nti-/ *n.* 〘商標〙 ポンティアック《米国 General Mortors 社製の大衆向け乗用車》.

Póntiac fèver *n.* 〘病理〙 ポンティアック熱《頭痛・疲労感・咳・呼吸困難などのインフルエンザに似た症状を示す》. 〖最初にこの病気が発生した Illinois 州 Pontiac から〗

Pon·ti·a·nak /pɑ̀(ː)nṭiɑ́ːnək | pɔ̀ntiǽnæk; *Indon.* pontiánaʔ/ *n.* **1** ポンティアナク《インドネシア中部, Borneo 島西部の海港》. **2** [p-] 《マレーの民話で》女吸血鬼.

pon·tic /pɑ́(ː)nṭɪk | pɔ́nt-/ *n.* 〘歯科〙 《ブリッジの》ポンティック, 架工歯. 〖((1916)) ← L *pont-*, *pōns* bridge＋-IC¹〗

Pon·tic /pɑ́(ː)nṭɪk | pɔ́nt-/ *adj.* **1** Pontus¹ の. **2** 黒海 (Black Sea) の. 〖((1551)) □ L *Ponticus* □ Gk *Pontikós* ← *póntos* open sea, 《原義》 path〗

pon·ti·fex /pɑ́(ː)nṭəfèks | pɔ́ntɪ̀-/ *n.* (*pl.* **-tif·i·ces** /pɑ(ː)ntífəsìːz | pɔntífɪ̀-/) **1** 〘古代ローマ〙 高位神官: the *Pontifex* Maximus 祭司長, 大神官, 教皇. **2** 〘キリスト教〙 ＝pontiff 3. 〖((1579–80)) □ L ~ 'high priest, 《原義》 bridgemaker' ← *pont-*, *pōns* bridge＋*-fic-*, *-fex* ← *facere* to make, do〗

pon·tiff /pɑ́(ː)nṭɪ̀f | pɔ́ntɪf/ *n.* **1** 〘古代ローマ〙 ＝pontifex 1. **2** 《ユダヤの》大祭司, 祭司長 (high priest). **3** 〘キリスト教〙 **a** 司教, 主教, 監督 (bishop). **b** [the P-] 《特に, ローマの司教である》教皇 (Pope): *the* Supreme [Sovereign] *Pontiff* ローマ教皇. 〖((1596)) □ F *pontife* □ L *pontifex* (↑)〗

pon·tif·i·cal /pɑ(ː)ntífɪ̀kəl, -kl | pɔntífɪ-/ *adj.* **1** 〘古代ローマ〙 pontifex の. **2** 〘キリスト教〙 司教[主教, 監督] (bishop) の; (特に)ローマ教皇の (Papal): ~ authority 教皇権 / ⇨ Pontifical Mass. **3** 絶対確実だと言わんばかりの, 非常に独断的な. — *n.* 〘カトリック〙 **1** [*pl.*] 《司教の用いる》ミサ祭服: in full ~*s* 司教の正装で. **2** 司教定式書, 司教式目. **~·ly** *adv.* 〖adj.: ((?c 1425)) □ L *pontificālis*. — n.: ((c1380)) □ ML *pontificālia* (neut. pl.) ← L *pontificālis*: ⇨ pontifex, -al¹〗

Pontífical Cóllege *n.* **1** ＝COLLEGE of Pontiffs. **2** 〘キリスト教〙 司教[主教, 監督]団.

pon·tif·i·ca·li·a /pɑ(ː)ntɪ̀fəkéɪliə | pɔntɪ̀fɪ̀-/ *n. pl.* 司教祭服 (pontificals). 〖((1577–87)) □ ML *ponificālia* (neut. pl.) ← L *pontificālis* 'of a PONTIFF'〗

Pontífical Máss *n.* 〘カトリック〙 司教盛儀ミサ.

pon·tif·i·cate /pɑ(ː)ntífəkèɪt | pɔntífɪ̀-/ *v.* — *vi.* **1** もったいぶって話す; 権柄ずくに言う[ふるまう]. **2** 司教として儀式[ミサ]を執行する. — *vt.* 独断的に[権威ありげに]言う. — /pɑ(ː)ntífɪ̀kɪ̀t, -fəkèɪt | -fɪ̀kɪ̀t, -fɪ̀kèɪt/ *n.* 〘キリスト教〙 教皇の職[位, 任期]. **pon·tíf·i·cà·tor** /-ṭə | -tə⁽ʳ⁾/ *n.* 〖((?a1425)) □ (O)F *pontificat* // ML *pontificātus* ← L *pontific-*, *pontifex* (⇨ PONTIFF): ⇨ -ATE¹〗

pontifices *n.* pontifex の複数形.

pon·ti·fy /pɑ́(ː)nṭəfàɪ | pɔ́ntɪ̀-/ *vi.* ＝pontificate 2. 〖□ F *pontifier*: ⇨ pontiff, -fy〗

pon·til /pɑ́(ː)ntl | pɔ́ntɪl/ *n.* 〘ガラス製造〙 ＝punty. 〖□ F ~ □ ? It. *puntello* (dim.) ← *punto* 'POINT'〗

pon·tine /pɑ́(ː)ntiːn, -taɪn | pɔ́ntaɪn/ *adj.* **1** 〘解剖〙 脳橋 (pons) の. **2** 橋(きょう)の. 〖((1889)) ← PONS＋-INE¹〗

Pón·tine Márshes /pɑ́(ː)ntiːn-, -taɪn- | pɔ́ntaɪn-/ *n. pl.* [the ~] ポンティーナ沼沢地《イタリア中部 Rome 市南東部の地帯; 以前は沼沢地》.

Pon·tius /pɑ́(ː)nʃəs, -ṭiəs, -tʃəs | pɔ́ntiəs, -tʃiəs, -ʃəs/ *n.* ポンティウス, ポンテオ《Pilate の氏族名》.

Pont l'É·vêque /pɔ̃ː(n)lervék, pɔ̀n(t)- | pɔ̃ː(n)leɪ-, pɔ̀ːn-; *F.* pɔ̃levɛk/ *n.* ポンレベック《全乳 (whole milk) から作る薄黄色のチーズ》. 〖((1889)) □ F ~: フランス北西部の原産地名〗

pont·lev·is /pɑ(ː)ntlévɪ̀s | pɔ̀ntlévɪs/ *n.* 〘土木〙 跳開橋 (drawbridge). 〖((1489)) □ F ~ ← *pont* bridge＋*levis* movable up and down (← L *levāre* to raise)〗

pon·ton /pɑ́(ː)ntn, -ṭən, pɑ(ː)ntúːn | pɔ́ntn, -tən, pɔntúːn/ *n.* 〘軍事〙 ＝pontoon¹ 1 a. 〖□ F ~: ⇨ pontoon¹〗

pon·ton·eer /pɑ̀(ː)nṭəníə, -tn- | pɔ̀ntəníə⁽ʳ⁾, -tn-/ *n.* 〘軍事〙 舟橋(しゅうきょう)架設員, 鉄舟係将兵, 架橋兵.

pon·toon¹ /pɑ̀(ː)ntúːn | pɔ̀n-⁻/ *n.* **1 a** 〘軍事〙 舟橋(しゅうきょう)用平底ボート, 鉄舟, 橋脚舟 (ponton ともいう). **b** 〘土木〙 ポンツーン, 浮舟, 箱舟《架橋の際用いる》. **c** 〘海軍〙 浮きドック. **2** 《水上飛行機用の》フロート (float). **3** 《沈没船引揚げのための》浮揚函(かん); 《水中作業用の》ケーソン (caisson), 潜函. **4** 〘海事〙 浮桟橋. — *vt.* …に舟橋をかける; 〈川を〉舟橋で渡る. — *vi.* 舟橋で渡河する. 〖((1676)) □ (O)F *ponton* floating bridge < L *pontōnem* bridge, pontoon¹ ← *pōns* bridge: ⇨ pons, -oon: cf. punt¹〗

pon·toon² /pɑ(ː)ntúːn | pɔn-/ *n.* 《英》〘トランプ〙 **1** ＝twenty-one 1. **2** ＝natural 5 a. 〖((1917)) 《転訛》? ← F *vingt(-et)un* twenty-one〗

póntoon brìdge *n.* 〘土木〙 舟橋(しゅうきょう), 鉄舟橋, 浮橋 (floating bridge) 《鉄舟をいくつも横にならべ, 上に板を渡した橋》. 〖1796〗

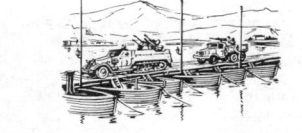

pontoon bridge

póntoon húll *n.* 〘海事〙 箱船型船体《船首が四角な平底の船体》.

Pon·top·pi·dan /pɑ(ː)ntɑ́(ː)pədæ̀n | pɔntɔ́pɪ-; *Dan.* pɔntɔ́bidàn/, **Henrik** *n.* ポントピダン《(1857–1943; デンマークの小説家; Nobel 文学賞 (1917)》.

Pon·tor·mo /pɑ(ː)ntɔ́əmou | pɔntɔ́ːməu; *It.* pontórmo/, **Ja·co·po da** /jɑ́ːkopoda/ *n.* ポントルモ《(1494–1577; イタリアのマニエリスムの画家》.

Pon·tus¹ /pɑ́(ː)nṭəs | pɔ́nt-/ *n.* ポントス《黒海に臨んだ小アジアの古国; 紀元 64 年ローマ領となった》. 〖□ L ~ □ Gk *Póntos*: ⇨ Pontic〗

Pon·tus² /pɑ́(ː)nṭəs | pɔ́nt-/ *n.* **1** ポンタス《男性名》. **2** [the ~] 〘ギリシャ神話〙 ポントス《海の神》. 〖□ L ~ □ Gk *Póntos*: *póntos* sea の擬人化〗

Póntus Eux·í·nus /-juːksáɪnəs/ *n.* [the ~] ポントスエウクセイノス, ポントスエウクシヌス《黒海 (Black Sea) の古名》. 〖□ L *Pontus Euxīnus* □ Gk *Póntos Eúxe(i)nos* 《原義》 the hospitable sea〗

pon·ty /pɑ́(ː)nṭi | pɔ́nti/ *n.* 〘ガラス製造〙 ＝punty.

Pon·ty·pool /pɑ̀(ː)nṭəpúːl | pɔ̀ntɪ̀-; *Welsh* pɔ̀ntəpúːl/ *n.* ポンティプール《ウェールズ南東部 Newport の北にある町; 18 世紀は金物漆器で知られた》.

Pon·ty·pridd /pɑ̀(ː)nṭəpríːð | pɔ̀ntɪ̀-; *Welsh* pɔ̀ntəpríːð, -tiː-/ *n.* ポンティプリーズ《ウェールズ南部 Cardiff の北西にある町》.

po·ny /póuni | pə́uni/ *n.* **1 a** ポニー《高さが 14 (時に

14 1/4) ハンド (hand) を越さない小形の馬; 強健で忍耐強く, 英国では Shetland, Exmoor, Galloway 種などが有名; cf. horse 1 b). **b** 米国西部産の野生馬 《bronco, mustang, cayuse など》. **2** 《口語》 小馬. **3** [通例 *pl.*] 《俗》 競走馬. **4** 《米口語》 (外国語教科書などの)ひとり案内, 虎の巻 (trot) (cf. crib 4 c). **5 a** 《米》 同種類のうちで小型のもの 《pony car, pony engine など》. **b** (ビールなどの)小コップ(一杯分). **6** 《英俗》 25 ポンド 《賭博用語》.
— *vt.* 《米俗》 **1** 虎の巻で〈学課を〉下調べする. **2** 決済[清算]する, 支払う 〈*up*〉. — *vi.* 《米俗》 決済する, 清算する 〈*up*〉. — *adj.* **1** 普通より小さい, 小型の: a ~ glass / a ~ edition (雑誌などの)小型版. **2** 〈ニュースなど〉短くて重要な. 〖(1659) ← 《スコット》 *pown(e)y* < ? **poulney* ▭ ? F 《廃》 *poulenet* (dim.) ← *poulain* foal < LL *pullānum* ← L *pullus* young animal: cf. pullet〗

póny càr *n.* 《米》 (スポーツタイプの)小型車 (cf. pony 5 a).

póny èngine *n.* 《米》 (車両入替え用の)小型機関車. 〖1864〗

póny exprèss *n.* (1860–61 年米国で行われた)小馬速達便, 早馬便 《Missouri 州の St. Joseph から California 州の Sacramento まで 1,960 マイルを小馬や普通の馬のリレーによって 8 日目間で配達した》. 〖1847〗

Póny Lèague *n.* [the ~] 《米》 ポニーリーグ 《Boy's Baseball の旧称》.

póny shàft *n.* 《土木》 ポニーシャフト 《2 つの空気ケーソンを水面下でつなぐ空気閘(こう) (air lock) のついた通路》.

póny·skin *n.* ポニー革(に似た織物), ポニースキン.

póny·tàil *n.* ポニーテール (horsetail): in a ~ ポニーテールにして. 〖1952〗

póny-trèkking *n.* 《英》 ポニー(による)旅行. 〖1959〗

póny trùck *n.* 《鉄道》 ポニー台車 《機関車の前端に取り付けられる 2 輪の台車》. 〖1884〗

póny trùss *n.* 《土木》 ポニートラス 《構高が低くて上部に横構などのないトラス》.

Pón·zi schème /pá(ː)nzi- | pɔ́nzi-/ *n.* 《米》 「ネズミ講」式の詐欺の一種 《Ponzi game ともいう》. 〖*Ponzi*: ← *C. A. Ponzi* (1877–1949: イタリア生まれの米国の詐欺師で, 考案者)〗

poo /púː/ *int.* = pooh[1] 2

POO 《略》 《英》 post office order (cf. MO) 受取人通知式郵便為替.

-poo /puː, púː/ *suf.* 「取るに足らない, 卑小な」の意を表す, 名詞・形容詞に付く指小辞: ik*ypoo*.

pooch[1] /púːtʃ/ *n.* 《米俗》 犬 (dog); (特に)雑種犬 (mongrel). 〖(1924) 《変形》 ← POUCH〗

pooch[2] /púːtʃ/ *vt., vi.* 《方言》 突き出す, ふくれる (bulge) 〈*out*〉. 〖(1647) ← POUCH〗

pood /púːd, púːt/; *Russ.* pút/ *n.* プード 《ロシアの旧重量単位; = 16.38 kg》. 〖(1554) ▭ Russ. *pud* ▭ LG *pund* // ON *pund* 'POUND[1]'〗

P

poo·dle /púːdl | -dl/ *n.* **1** プードル 《フランスの国民の犬とみなされていて活発で聡明な犬; standard, miniature, toy など 3 種ある; 毛は一色で, 種々の刈りこみ方がなされる》. **2** こびへつらう人; 人の手先: be a person's ~ ひとの言いなりになる. — *vt.* 〈犬〉の毛を刈り込む. 〖(1820) ▭ G *Pudel(-hund)* poodle (dog) ← *pudeln* to splash in water ← *pudel* 'PUDDLE'〗

póodle cùt *n.* プードルカット 《女性のヘアスタイル; 全体に短く切ってカールする》. 〖1952〗

póodle-fàker *n.* 《俗》 女の機嫌をとる男, 女とつきあうのに熱心な男. **póodle-fàk·ing** *adj.*

poof[1] /púf, púːf/ *n.* (*pl.* ~**s**) 《俗・軽蔑》 女々しい男; (特に)ホモ (cf. poovey). **póof·y** /-fi/ *adj.* 〖← POOH〗

poof[2] /púːf, púf | púf, púːf/ *int.* **1** ふっ, ぱっ 《消え方・現れ方などの突然さを表す》. **2** = pooh-pooh. 〖(1824) 擬音語〗

poof·ter /púːftə, púf- | púftə(r), púːf-/ *n.* (*also* **poof·tah** /~/) 《英・豪口語》 = poof[1]. 〖(1908) ← POOF[1]〗

poo·gye /púːgi/ *n.* = pungi. 〖▭ Hindi *pūgī*: cf. pungi〗

pooh[1] /púː, pʰúː/ *int.* **1** くさい. **2** = pooh-pooh. 〖(1600–01) *pwh, pugh, poh* 《擬音語》〗

pooh[2] /púː/ *vt.* 《俗》 = poop[4].

Pooh *n.* ⇨ Winnie the Pooh.

Pooh-Bah, pooh-bah /púːbàː | pùːbáː, ⌐⌐/ *n.* **1** 多数の役を兼ねる人. **2 a** 偉い人, 大官. **b** 偉そうに見える人. 〖(1888) Gilbert & Sullivan の喜歌劇 *The Mikado* (1885) 中の Lord-High-Everything-Else の肩書をもつ横柄官吏の名から〗

pooh-pooh /pùːpúː/ *int.* ふーん, ばかな (nonsense), 何をぬかす (fudge) 《いらだち・あざけりまたは軽蔑を表す》. — *vt.* からかう, ばかにする, あざける, 鼻であしらう, 軽視する: ~ the idea [suggestions] 考え[提案]を一笑に付す. 〖(*a*1814) 《加重》 ← POOH〗

pooh-póoh thèory *n.* [the ~] 《言語》 ぷーぷー言語起源説 《強い感覚または感動に伴って自然に発した音が言語の起源になったという説; cf. bowwow theory, dindong theory》. 〖1861〗

Pooh·sticks /púːstɪks/ *n.* プーの枝流し, プースティックス 《子供の遊びで, 橋の上から上流に向かって木の枝を投げ落とし, だれの枝がいちばん早く橋の下流側で見られるかを競う》. 〖(1928) ← *Winnie-the-Pooh*〗

poo·ja /púːdʒə/ *n.* = puja.

pook /púːk/ *n.* 《英方言》 = haycock.

poo·ka /púːkə/ *n.* 《アイル伝説》 プーカ 《いろいろな動物の姿で現れるいたずら好きな妖精; イングランドの Puck に当たる; しばしば蝸牛(かたつむり)と連想される》. 〖(1825) ▭ Ir.-Gael. *pūca* (OE *puck, pūca* mischievous demon / ON *pūki* / Welsh *pwca*)〗

poo·koo /púːkuː/ *n.* (*pl.* ~**s**) 《動物》 = puku.

pool[1] /púːl/ *n.* **1** (水泳・水浴用の)プール (swimming pool); (人工的な)小池, 貯水池: an indoor ~ 室内プール / a heated ~ 温水プール / ⇨ paddling pool, wading pool. **2** 水たまり (puddle); (一般に)たまり: a ~ of blood 血の海 / a ~ *of* sunlight 日だまり. **3** (川などの)よどみ, とろ, ふち. **4** 〖《略》← *Pool of London*〗 [the P-] プール 《Thames 川の London Bridge のすぐ下手の水域; London 港はここから始まり外洋船はここまで航行できる》. **5** 《地質》 プール 《単一の油層またはガス層》. **6** 《生理》 血液・化学成分などの予備的な貯蔵分[貯蔵所]. **7** 《病理》 (通例静脈循環遅滞によって身体の部分に起こる)鬱血(うっけつ).
— *vi.* **1** たまりを成す, たまる (accumulate). **2** 《病理》 〈血液が〉たまる, 鬱血する. — *vt.* **1** …に水たまりをつくる. **2** 《鉱山》 〈くさびを打ち込むために〈穴を〉作る; 〈石炭を〉下から掘りくずす (undermine). **3** 《生理》 (予備的に)貯蔵する, プールする. **4** 《病理》 〈血液を〉ためる, 鬱血させる. 〖OE *pōl* < (WGmc) **pōlaz, *pōljōn* (Du. *poel* / G *Pfuhl*) ← ? IE **bhel-* to shine, glimmer〗

pool[2] /púːl/ *n.* **1 a** 資金合同, 共同出資[管理, 利用]; 合同資金, プール: a ~ to buy a bus バス購入のための共同資金. **b** (相互利益のために協定を結ぶ)企業連合, (企業)カルテル: ⇨ blind pool. **c** 《金融》 (証券・穀物などの)買占め連合, 共同相場売買組合, プール制組合; [集合的] その組合員. **2** (共同の目的・利用のために)出し合ったもの; 共同設備[施設]; 蓄え, 予備: ⇨ carpool, gene pool, motor pool / a ~ *of* ideas 知識の蓄え / form [replenish] a ~ 蓄えを補充する. **3 a** (トランプ・競馬などの)積立て賭金 (stakes); 賭金入れ[置き場] (cf. auction pool): ⇨ *scoop the* POOL. **b** [the ~s] (主に英国で行われる(プロ)サッカーくじ[賭博], 「トトカルチョ」(football pools): do *the* ~*s* トトカルチョをやる / win a fortune on *the* ~*s* サッカーくじでひと山当てる. **4** 《玉突》 プール 《一種の賭けビリヤード》: shoot ~ プールをする 《(1) 《米》 二人以上で 6 つ pocket のあるビリヤード台でする; pocket billiards ともいう. (2) 《英》 数人で各々色の違った玉を持ってする》. **5** 《フェンシング》 プール戦 《チームの各メンバーがそれぞれ相手チームの一人一人と勝負する方式》.
scóop the póol (1) (勝負に勝って)賭け金をそっくりせしめる (cf. 3 a). (2) 万事うまくいく, 大成功を収める.
— *vt.* **1 a** (共同利益のために)〈権利・資金などを〉プールする, 共同出資する: ~ money 共同で金を出す. **b** 〈知識・経験などを〉(寄せて)分かち合う (share): ~ ideas 考えを持ち寄る[出し合う]. **2** 〈競合する(鉄道)会社などが〉〈輸送量・収益などを〉分ける, 分割する (share). **3** 《豪口語》 〈人を〉密告する. — *vi.* 共同出資する, 企業連合を作る. 〖(1693) ▭ F *poule* stake, 《原義》 hen, chicken < ML *pulla(m)* (fem.) ← L *pullus* young animal: cf. pullet〗

Pool /púːl/ *n.* [the ~] **1** ⇨ pool[1] *n.* 4. **2** = Liverpool.

Poole /púːl/ *n.* プール 《イングランド南部 Bournemouth 西方の港市; 陶器の生産地》. 〖ME *Pole*: ⇨ pool[1]〗

Poole /púːl/, **Ernest** *n.* プール (1880–1950; 米国の小説家; *The Harbor* (1915)).

póol hàll *n.* 《米》 《玉突》 = poolroom 1.

Pool Ma·le·bo /púːłmælíːbou | -bəu/ *n.* プールマレボ 《コンゴ共和国とコンゴ民主共和国との境にある湖; Congo 川の幅が広くなってできたもの; 長径 35 km, 幅 23 km; 旧名 Stanley Pool》.

póol·ròom *n.* 《米・カナダ》 **1** 《玉突》 プールゲームホール (cf. pool[2] 4). **2** 《まれ》 公開賭博場 《遠隔地で行われる競馬やボクシングに対して賭けをする場所》; ブックメーカーの馬券売場. 〖(1861) ← POOL[2] + ROOM〗

póol·sìde *n.* プールサイド.

póol tàble *n.* 《米》 《玉突》 プールテーブル 《6 個の pocket のある台; cf. pool[2] 4》. 〖1860〗

poon[1] /púːn/ *n.* **1** 《植物》 テリハボク, ヤラボ 《東南アジアの海岸に広く自生するオトギリソウ科テリハボク属 (*Calophyllum*) の高木の総称; テリハボク (*C. inophyllum*) など; poon tree ともいう》. **2** テリハボク材 《家具・帆柱・ボート用としてきわめて有用》. 〖(1699) ▭ Singhalese & Telugu *pūna* ▭ ? Tamil *punnai*〗

poon[2] /púːn/ 《豪口語》 *n.* まぬけ, 無能. — *vt.* [~ up] めかしこむ. 〖(1941) ← ?〗

poon[3] /púːn/ *n.* 《米俗》 = poontang.

Poo·na /púːnə | -nə, -naː; *Hindi* punaː/ *n.* プーナ 《インド中西部 Maharashtra 州の Bombay の南東 120 km にある都市》.

póo·nah brùsh /púːnə-/ *n.* poonah painting 用の筆. 〖(1889) *poonah*: ← *Poonah* 'POONA'〗

póonah pàinting *n.* 19 世紀に英国に流行した薄紙に不透明絵の具で花鳥などを描いた東洋風の絵画. 〖1840〗

póonah pàper *n.* poonah painting 用の用紙. 〖1829〗

póon·òil *n.* ヤラボ油 《テリハボク (poon) の種子から採る; 薬用・灯用》.

poon·tang /púːntæŋ/ *n.* 《米俗》 **1** 性交. **2** 性的対象としての女性. 〖(1929) ▭ F *putain* prostitute ← OF *pute* girl < VL **putto* child〗

poop[1] /púːp/ 《米俗》 *n.* うんこ, うんち. — *vi.* うんちする. 〖(1721–36) ← ME *poupe(n)* 《擬音語》〗

poop[2] /púːp/ *n.* [the ~] 《米・カナダ俗》 情報 (information); 実情, 内幕. 〖(1941) ← ?〗

poop[3] /púːp/ *n.* 《海事》 **1** 船尾 《船の最後部》. **2** 船尾楼 (↔ forecastle). **3** = poop deck. — *vt.* 〈波が〉〈船〉の船尾にくずれかかる; 〈船が〉〈大波を〉船尾越しに受ける: The ship was ~*ed*. 大波が船尾に打ち込んだ. 〖(1405–10) *pouppe, pope* ▭ OF *pupe* (F *poupe*) ▭ It. *poppa* // OProv. *poppa* < VL **puppam* = L *puppis* stern of a ship ← ?〗

poop[4] /púːp/ 《米・カナダ俗》 *vt.* 疲れさせる, へとへとにさせる (exhaust) (cf. pooped). — *vi.* 疲れ切る, へたばる, あごを出す; 〈植物などが〉生気を失う 〈*out*〉. ***póop óut*** (疲労・恐怖などが原因で)やめる, 投げ出す: ~ *out* of the race レースを捨てる.
〖(*c*1390) ← ?: cf. ME *puope(n)* to gulp, break wind 《擬音語》〗

poop[5] /púːp/ *n.* 《英俗》 つまらないやつ, ばか (boob). 〖(1915) 《略》 ← NINCOMPOOP〗

poop[6] /púːp/ *vi., n.* 《英俗》 = peep[2] 3.

poop[7] /púːp/ *n., vt.* = pope[3].

poop[8] /púːp/ *vt.* 《廃》 だます, ばかにする. 〖(1575) ← ?〗

póop càbin *n.* 《海事》 船尾楼甲板下の船室. 〖1851〗

póop dèck *n.* 《海事》 船尾楼甲板, プープ(デッキ) 《単に poop ともいう》. 〖1840〗

póoped *adj.* 《俗》 疲れ切った (exhausted): be ~ *out* へたばって[あごを出して]いる. 〖(1932) (p.p.) ← POOP[4]〗

póop·er *n.* 《俗》 = party pooper.

poop·er-scoop·er /púːpəskùːpə | púːpəskùːpə(r)/ *n.* 《口語》 = poop-scoop.

Po·o·pó /pòuəpóu, poupóu | pàuəpáu; *Sp.* po(o)pó/, **Lake** *n.* ポーポー湖 《Bolivia 南西部, Andes 山脈中にある湖; 海抜 3,686 m, 長さ 90 km》.

póo-pòo *n., vi.* = poop[1].

póop-scòop *n.* 《口語》 プープスクープ 《犬や馬などの糞をすくう小さなシャベル状の道具》.

póop shèet *n.* 《米》 データ表 (data sheet), (指図)摘要書. 〖1941〗

poor /pʊ́ə, pɔ́ə | pɔ́ː(r), pʊ́ə(r)/ ★ 《米》 では /pʊ́ə/ も /pɔ́ə/ も全体としてはともに一般的だが, /pʊ́ə/ は特に北部, /pɔ́ə, -pɔ́ə/ は南部に多い傾向がある. 《英》 では /pɔ́ː(r)/ のほうが /pʊ́ə(r)/ よりわずかに優勢になった. *adj.* (~·**er**; ~·**est**)
1 a 貧しい, 貧乏な (↔ wealthy): a ~ man, family, country, etc. / a ~ institution 財源の乏しい協会[学会] / (as) ~ as a church mouse 〖1731〗 きわめて貧しい / How can you be ~ if you live in this neighborhood? この付近に住んでいるならどうして貧乏といえますか / How much ~*er* can we get? どこまで貧乏になれるだろうか / ⇨ poor man's / Rich men feed, and ~ men breed. ⇨ rich 1 a. **b** [the ~; 名詞的; 複数扱い] 貧しい人々: 《法律》 (生活扶助を受けている)貧困階級: *the* hungry ~ 飢えた貧困者たち / *the* needy ~ 極貧の人たち / *the* deserving [undeserving] ~ 援助するに価する[しない]貧しい人たち / *the* worthy ~ 清貧に甘んじている人々 / Blessed are *the* ~ in spirit. 幸福(さいわい)なるかな心の貧しき者(高ぶらない[謙虚な]人々) (*Matt.* 5:3) / rich and ~ ⇨ rich 1 b.
2 [限定的に用いて] **a** 不幸な, 不運な (unfortunate); かわいそうな, 気の毒な (pitiable): The ~ old man lost his only child. 気の毒にその老人は一人っ子に死なれた / He's lost his only child, (the) ~ man! = *Poor* man, he's lost his only child! 気の毒に一人っ子を亡くしたんだ / *Poor* fellow [soul, thing]! かわいそうに / *Poor* you! お気の毒に / *Poor* Gertrude! かわいそうなガートルード. **b** 故人となった, 亡き… (late) (cf. sainted 3): My ~ brother died in the war. (今は亡き)うちの兄は戦死でした.
3 a 〈衣服・住居・場所など〉貧相な, みすぼらしい; みじめな (wretched): ~ clothes, dwellings, etc. / a ~ place うらぶれた所. **b** (質の)劣った, 悪い, 粗末な, 劣等な (inferior): ~ wine 水っぽいぶどう酒 / ~ food 滋養のない食物 / a ~ physique お粗末な体格 / a ~ essay [picture, performance] 粗末な論文[絵, 演技] / a ~ apology [excuse] まずい言い訳[弁解] / ~ stuff [workmanship] いいかげんな代物[細工] / of ~ quality 品質の劣った / have a ~ command of English 英語がよくできない / The weather has been ~ this week. 今週は天候が不順だった / The results were classified as good, fair, and ~. 成績は優・良・可に分けられた. **c** 面白くない, つまらない: ~ jokes 下手な[面白くない]冗談 / have a ~ time 退屈する. **d** 好意的でない, 好ましくない (unfavorable): take a ~ view of ... をよく思わない; を悲観する.
4 (やり方の)下手な, まずい, 無能な: a ~ cook, driver, player, etc. / a ~ speaker 話し下手な人, 粗末な弁士 / a ~ sleeper 眠りの浅い人 / a ~ sailor 船に弱い人 / be a ~ hand (*at*) (…が)下手だ / He is ~ *at physics*. 物理が不得手だ[できない].
5 a 豊かでない, 貧弱な (scanty): a ~ crop [harvest] 不作 / a ~ supply 不十分な供給. **b** 天然資源の乏しい: ~ country. **c** 産出の少ない; 〈土地が〉やせた, 不毛の (barren); 〈鉱石など〉含有量の少ない: ~ soil やせた土地 / a ~ mine 産出の少ない鉱山 / ~ ore 貧鉱.
6 a 〈身体(の機能)が〉虚弱な (weak), よくない, 不健康な (unhealthy): ~ digestion 消化不良 / a ~ memory 悪い記憶力 / in ~ health 健康を害して / in ~ spirits 意気消沈して. **b** 《方言》 〈人が〉気力のない, 弱々しい (feeble). **c** 〈家畜など〉やせ(細っ)た. **7 a** 不十分な, わずかな (meager); 〈劇場など〉入りの少ない; 〈人が〉わずかしか食べない; 〔…に〕乏しい (lacking) 〔*in*〕: ~ consolation ほんの気休め / a ~ attendance [audience] わずかな出席者[聴衆] / a ~ pittance of $10 a week 週わずか 10 ドルの手当て / a ~ eater 少食家 / There was a ~ house. 劇場は不入りだった (cf. There was a full house.) / a conference ~ *in* results 実りの少ない会議 / a man ~ *in* ideas アイディアに乏しい人 / have a ~ chance of ... の見込みは乏しい / A desert is ~ *in* vegetation. 砂漠には植物はほとんど見られない. **b** [数詞に冠して] わずか, たったの: a ~ three day's holiday たった 3 日の休暇. **8** 卑しい (mean), 見下げ果てた (despicable): a ~ loser 負けてぶつくさ言う人 (cf. a good loser) / The ~ fool is asking for trouble again. あのばか者がまた厄介なことをしている. **9** [謙譲語として] つ

まらない, 取るに足らない, 粗末な (humble): in my ~ opinion 卑見では《しばしば皮肉・戯言》/ to the best of my ~ ability 微力ながら力の及ぶ限り / a ~ thing but mine own つまらぬものだがわたくしのもの(だ) (cf. As Y L 5. 4. 60–1) / He deigned to visit my ~ home. わざわざ拙宅へおいで下さった.
〖(?a1200) po(u)re, povere ◻ OF povre, poure (F pauvre) < VL *pauperu(m)=L pauper ← IE *pau- few, little (L paucus little): cf. pauper, poverty〗

SYN 貧乏な: **poor** 金や財産をほとんど持たない: aid the poor 貧しい人々を助ける. **penniless** 特に一時的に無一文で貧乏である: a penniless youth 無一文の若者. **impoverished** 元は裕福だった人が貧乏している: an impoverished aristocrat 落ちぶれた貴族. **destitute** 金や食料やその他の基本的な生活必要品がなく大変困った状態である: They were abjectly destitute. みじめなほど金がなかった. **impecunious** 自分の働き方が不足したり, 生活習慣が悪かったりした結果いつも金がない《格式ばった語》: an impecunious writer いつも貧窮している作家. **needy** 生活に困っている: help needy people 困窮している人々を助ける. **ANT** rich, wealthy.

póor bòx n. (教会の門前などに備えた貧民救済のための)慈善箱, 献金箱. 〖1738〗
póor bòy n. **1** 《ニューオリンズ》=hero sandwich. **2** 《米俗》(油田労働者のいう)安っぽい間に合わせ装置. 〖1952〗
póor-boy sàndwich n. 《ニューオリンズ》=hero sandwich.
póor bòy swèater n. (体にぴったり合う)うね編みのプルオーバー《女性用》. 〖貧乏な少年が無理に伸ばして着る小さなセーターに喩えたもの〗
Póor Cláre n. 聖クララ会の修道女《1212 年, Saint Clare がイタリアの Assisi に創始した厳しい清貧を旨とする女子修道会の一員; フランシスコ会第 2 会に属する》.
póor fàrm n. 《米》救貧農場《貧民救済のため公費で維持される農場; cf. county house》. 〖1852〗
póor·hòuse n. (昔あった公費による)救貧院 (cf. workhouse 2.). ***in the póorhouse*** ひどく貧困で. 〖1745〗
poor·ish /pʊ́ərɪʃ | pɔ́ːr- | pɔ́ːr-, pʊ́ər-/ adj. 貧乏気味な; 貧乏じみた. 〖1657〗
póor-Jóhn n. 《廃》タラの干物, 塩漬けにした安魚 (cf. Shak., Tempest 2. 2. 27). 〖c1585〗
póor·lànd·er n. 《米口語》貧乏白人 (poor white).
póor làw n. 貧民救助法, 救貧法. ★英国ではこれに代わって 1947 年 National Assistance Act (国民救助法) が制定され, 貧民救助事業は地方から国家に移管された. 〖1752〗
póor-làw ùnion n. =union 5 a.
poor·ly /pʊ́əli, pɔ́ə- | pɔ́ː-, pʊ́ə-/ adv. **1** 貧しく: ~ dressed 貧しい服装をした / live ~ 貧しい生活をする. **2** 貧弱に; 不十分に: ~ paid 薄給の / He slept very ~. 彼はよく寝られなかった. **3** 不完全に, まずく, 下手に (awkwardly): a ~ built house 貧弱な[ぞんざいな]建て方の家 / do ~ in the examination 試験の出来がよくない / He speaks very ~. 彼は話が下手だ. **4** 悪く: think ~ of …をよくは思わない, …には感心しない.
— adj. [叙述的]《口語》健康[気分]がすぐれない, 病身で (sickly): I feel rather ~ this morning. 今朝は少し気分が悪い / He is ~ with fever. 熱があって健康がすぐれない. ***póorly óff*** (1) 暮らし向きが悪い, 貧しい. (2) 〔…が〕不足して〔for〕: We are ~ off for oil. 石油が不足している. 〖(?a1200) poureliche: ⇨ poor, -ly[1]〗
póor màn's adj. (安く, 質の劣る)代用品の, お徳用の, 小型版の: a ~ mink 貧乏人のミンク《安いウサギの毛皮》/ a ~ Porsche 貧困マニア向けスポーツカー.
póor màn's órange n. 《NZ口語・廃》(ニュージーランド産の小粒な)グレープフルーツ《マーマレードにされる》.
póor màn's órchid n. 〖植物〗=shizanthus.
póor màn's wéatherglass n. 〖植物〗ベニバナルリハコベ (⇨ scarlet pimpernel). 〖(1847) 雨天になる時にはその花を閉じることから〗
póor-mòuth /-màʊð, -màʊθ/ 《米口語》vi. (言い訳などに)貧乏を口にする[かこつ]. — vt. 悪く言う, 見くびる, 見下す. 〖1963〗
póor mòuth n. 貧乏を誇張して言い立てること: make a ~. 〖1822〗
póor·ness n. ★「貧乏」の意には通例 poverty を用いる. **1** 乏しいこと, 不十分 (insufficiency); 欠乏, 不足 (scantiness): the ~ of the harvest 収穫物の不足. **2** 貧弱さ, まずさ, 拙劣: the ~ of his performance 彼の下手な演技. **3** 劣等, 下劣 (meanness): ~ of character 人格低劣. **4** 虚弱, 病弱 (sickliness): ~ of health, constitution, etc. **5** 不毛 (barrenness): the ~ of the soil. 〖((?a1300)) (1577): ⇨ poor, -ness〗
póor ràte n. 〖英史〗(教区などの)救貧税 (cf. poor law). 〖1601〗
póor relátion n. (同類の中で)劣った(位置にある)もの[人]. 〖1720〗
póor relíef n. 〖英史〗貧民救済.
Póor Ríchard's Álmanack n.「貧しきリチャードの暦」《米国の Benjamin Franklin が編んだ金言入りの暦 (1732–57)》. 〖← as poor Richard says (金言の終りに添えた句; Richard Saunders は B. Franklin の筆名)〗
Póor Ríchard's sáying n. Poor Richard's Almanack に出てくる金言.
póor rísk adj. 〖医学〗プアリスクの, 予後不良の《手術などによる危険度が高いと見込まれる》.
Póor Róbin's plántain n. 〖植物〗 **1** =Robin's plantain. **2** =rattlesnake weed 1.
póor-spírited adj. 気の弱い, 臆病な (timorous). **~·ly** adv. **~·ness** n. 〖1670〗
poort /pʊ́ət | pʊ́ət/ n. 《南ア》山越えの道, 山道 (pass). 〖(1796) ◻ Afrik. ~ =Du. 'gate, gateway' ◻ L porta 'PORT[4]'〗
poor·tith /pʊ́ətɪθ | pʊ́ə-/ n. 《スコット》=puirtith.
póor whíte n. 《軽蔑》(特に, 米国南部・南アフリカの無知な)貧乏白人, 劣等白人 (mean white). 〖1819〗
póor whíte trásh n. [the ~; 集合的; 軽蔑的に] 貧乏[劣等]白人たち.
poor·will /pʊ́əwɪl, pɔ́ə- | pɔ́ː-, pʊ́ə-/ n. 〖鳥類〗プアーウィルヨタカ (Phalaenoptilus nuttallii)《米国西部およびメキシコ産のヨタカ科プアーウィルヨタカ属の鳥》. 〖(1888)〗
poo·ter /púːtə | -tə(r)/ n. 吸虫管《気圧を利用して瓶に小さな昆虫やくもを採取する装置》. 〖(1939) ← ? F. W. Poos (1891–1987: 米国の昆虫学者)+-ER[1]〗
Poo·ter·ish /púːtərɪʃ | -tə-/ adj. 俗物的な, 尊大な, 気取った. 〖(1966): George and Weedon Grossmith 作 Diary of a Nobody (1892) の登場人物 Charles Pooter の性格から〗
poo·tle /púːtl | -tl/ vi. 《英口語》ゆっくり行く[進む]. 〖(1977)《混成》← POO(DLE)+(TOO)TLE〗
poove /púːv/ n. 《俗・軽蔑》=poof[1].
poo·vey /púːvi/ adj. (also **poo·vy** /~/)《英俗》同性愛の, ホモ (homosexual) の (cf. poof[1]). 〖(1967) ← poove (《変形》← POOF[1])+-Y[4]〗
pop[1] /pɑ́(ː)p | pɔ́p/ n. **1 a** ポピュラー音楽, 軽音楽. **b** ポピュラー音楽のレコード: ⇨ TOP[1] of the pops. **2** [pl.; 通例単数扱い] ポピュラー音楽の交響楽団; ポップ(ス)コンサート, ポップス (pop(s) concert): the Saturday [Monday] ~s. **3** =pop culture. **4** [しばしば P-]〖美術〗=pop art. — adj. **1 a** ポピュラーな, 通俗的な, 大衆的な (popular): a ~ magazine ポピュラーマガジン. **b** ポピュラー音楽の, 軽音楽の, ポップスの (pops): a ~ fan / a ~ singer 流行歌手 / a ~ song ポップス, 流行歌. **2** ポップ(文化)の: ~ society ポップ(文化)社会. **3** [しばしば P-] ポップアートの(様式をまねた). 〖(1862)《略》← POPULAR〗
pop[2] /pɑ́(ː)p | pɔ́p/ v. (**popped; pop·ping**) — vi. **1** ぽんと鳴る[はじける, 爆発する]: The cork [chestnuts] ~ped (out). 栓がぽんととれた[栗がぽんとはぜた]. **2** 《口語》(銃などの小火器で)撃つ (fire): ~ at a bird [target] 鳥[的]を撃つ. **3** 《口語》ひょいと行く[来る, 入る, 出る, 上る, 降りる], 急に動く: ~ back すぐ戻ってくる / ~ off そそくさと出かける / ~ in and out (of a room) (部屋を)出たり入ったりする / ~ across [over] to …へちょいと行ってくる / ~ into one's mind ふと頭に浮かぶ / ~ to attention はっとして気をつけの姿勢をとる / ~ in to see a friend ちょっと立ち寄って友達に会う / Pop around when you get time. 暇があったら寄って下さい / I'll just ~ out [next door]. ちょいと出かけて[隣へ行って]くるよ. **4** 《口語》〈目玉が〉とび出る (protrude): His eyes almost ~ped out (of his head) in surprise. 驚いて目がとび出しそうだった. **5** 〖野球〗 **a** 凡[ポップ]フライを打ち上げる〈up〉: ~ to the first baseman. **b** ポップフライでアウトになる〈out〉. **6** 《英》〈衣服が〉スナップ (popper) で留められる: The skirt ~s up the side. スカートはわきがスナップで留められる. **7** [特に進行形で]《口語》〈催しが〉活気に満ちあふれている. **8** 《俗》[for を伴って] 払う: I'll ~ for lunch. 昼食は私が払おう.
— vt. **1** ぽんといわせる[鳴らす], ぱちっとはじかせる; 《米》〈トウモロコシなどを〉はじけるまでいる (cf. popcorn 2): ~ a balloon 風船をぽんと割る / The bottle was ~ped open. ボトルがぽんといってあいた. **2** 《口語》 **a** 〈鉄砲などを〉撃つ (fire); 射撃する, 射止める (shoot): ~ (off) a gun at …に向けて(ずどんと)発砲する / ~ down a rabbit ウサギを仕留める. **b** 激しく打つ (hit): ~ a person on the jaw 人のあごにがつんと 1 発くらわせる. **3** 《口語》 **a** すばやく[突然]置く, ひょいと入れる[出す, のせる]: ~ a coat on [off] 無造作に上衣を着る[脱ぐ] / ~ one's head around a door ドアからひょいと頭を出す / ~ a candy into one's mouth キャンデーをひょいと口の中へほうりこむ / ~ a cap back on a bottle さっと瓶にふたをする. **b** 突然〈質問などを〉する: ~ questions at a person いきなり人に質問を浴びせる. **4** 《英俗》質に入れる (pawn): ~ a watch. **5** 〖野球〗〈ボールを〉凡[ポップ]フライに打つ: ~ the ball (up). **6** 《俗》〈麻薬を〉(習慣的に)飲む, 打つ: ~ pills ピル状の麻薬を飲む. ***póp óff*** 《口語》(vi.) (1) ⇨ vi. 3. (2) 〈ボタンなどが〉ぽんとはずれる[とれる]. (3) 死ぬ, (特に)急死する, ぽっくり亡くなる. (4) すぐ眠ってしまう. (5) (興奮して後先の考えもなく)しゃべりまくる: ~ off about taxes 税金が高いとまくしたてる. (6) 《英》急いで立ち去る. (vt.) ⇨ vt. 2 a. ***póp one's clógs*** 《英》死ぬ. ***póp óut*** 《口語》(1) ⇨ vi. 1, 3, 4. (2) 〈火が〉突然消える: A gust of wind made the candle ~ out. ***póp the quéstion*** 《口語》結婚を申し込む. ***póp úp*** 《口語》(vi.) (1) ⇨ vi. 5. (2) (思わぬ所に)突然[ひょっこり]現れる. (3) 〈パンが〉(焼けて)ぽんと上がる, 〈絵などが〉(本を開くと)立体的に起き上がる (cf. pop-up) (vt.) ⇨ vt. 5.
— n. **1** ぽん, ぱん(という音): the ~ of a cork, pistol, etc. / with a ~ ぱちんと(鳴って), ぽんと(音を立てて). **2 a** (銃などの)発射, 発砲 (shot): take a ~ at …めがけて 1 発撃つ. **b** 《俗》ピストル, 銃. **3** 〖栓を抜くとぽんと音がすることから〗《口語》炭酸水, シャンパン酒(など): ginger ~ =ginger beer / ⇨ pop wine, soda pop. **4** 〖野球〗=pop fly. **5** 《口語》 **a** 試み, ためし (attempt): take another ~ at …をもう一度やってみる. **b** [a ~ として副詞的]《米》1 つ[1 回, 1 人]について, それぞれ(に対して): We paid $2 a ~. 各自 2 ドル払った. **6** 《英俗》質入れ. ★時に次の成句で: in ~ 質に入って. **7** 《英方言》打つ[なぐる]こと (blow). ***áll of a póp*** 突然に.
— adv. **1** ぽんと, ぱちんと: go ~ ぽんと鳴る[破裂する]. **2** ひょっと, すばやく; 出し抜けに.
pop góes the wéasel 〖ダンス〗「イタチがぴょんと跳んで出る」《19 世紀に流行した英国のダンス; 手をつないだ男女ペアの腕の下から順番に跳び出す》.
— int. ぽん, ぱちん.
〖(c1400) 擬音語〗
pop[3] /pɑ́(ː)p | pɔ́p/ n. 《口語》[通例, 呼掛け] **1** お父さん (cf. poppa). **2** おっさん, おじさん. 〖(1838)《略》← POPPA〗
pop[4] /pɑ́(ː)p | pɔ́p/ n. 《英》ポップ (Eton 校の社交・弁論クラブ). 〖(1865) ← ? L popina cookshop〗
POP /píːòʊpíː | -əʊ-/《略》〖商業〗point of purchase 購買時点; 《英》Post Office Preferred《封筒などの寸法の規定について用いる》; 〖写真〗printing-out paper (cf. DOP); printing-out process.
PoP, POP /pɑ́(ː)p | pɔ́p/《略》〖電算〗point of presence《広域ネットワークで, 市内電話回線でアクセスできるサーバーの'現地'》.
pop. 《略》popular; popularly; population.
pop·a·dam /pɑ́(ː)pədəm | pɔ́pəd-/ n. (also **pop·a·dum** /~/) =poppadom.
póp árt n. ポップアート《1950 年代後半から米国を中心に広まった美術の一傾向; 広告・漫画など大衆文化やマスコミの産物を素材・主題とする; cf. optical art》.
póp ártist n. 〖1957〗
póp cóncert n. ポップコンサート《(夏期などのシーズンオフに)交響楽団がポピュラー[セミクラシック]音楽のプログラムで広い聴衆層を対象として開く演奏会; Boston Pops Orchestra が有名; pops concert ともいう》. 〖1880〗
pop·corn /pɑ́(ː)pkɔ̀ən | pɔ́pkɔ̀ːn/ n. **1** 〖園芸〗爆裂種トウモロコシ, ハゼトウモロコシ (Zea mays var. everta)《トウモロコシ (Indian corn[1]) の一品種》. **2** ポップコーン《ハゼトウモロコシの実をいってはじけさせ, 塩・バターあるいは砂糖で味付けしたもの》. 〖(1819)《短縮》← popped corn: ⇨ pop[2], corn[1]〗
pópcorn stìtch n. ポップコーンステッチ《糸がぷくっとふくれてポップコーンのようにみえるかぎ針編み》.
póp cùlture n. ポップ[大衆]文化《特に若い世代の文化現象としての大衆文化》. 〖1959〗
pope[1] /póʊp | pə́ʊp/ n. **1** [しばしば the P-] (ローマ)教皇. ★「教皇」はカトリック教会の正式な称号で「法王」は俗称: It is hard to sit in Rome and strive with the Pope.《諺》ローマにいて教皇と争うのは難しい. **2** (初期キリスト教会の) bishop. **3** 教皇的存在者《言行の絶対無過誤を自他共に認める人》. **4** (東方正教会またはコプト教で) Alexandria の主教. **5** 〖魚類〗=ruffe. **~·less** adj. 〖OE pāpa ◻ LL ~ bishop, pope ◻ LGk pápas, papâs bishop, patriarch=Gk páppas 'father, PAPA[1]'〗
pope[2] /póʊp | pə́ʊp/ n. 〖東方正教会〗教区(付き)司祭 (parish priest). 〖(1662) ◻ Russ. pop ← OSlav. popŭ ◻ (WGmc) *Papo (OHG pfaffo) ◻ MGk pápas (↑)〗
pope[3] /póʊp | pə́ʊp/ n. ももの急所《打つと激しい痛みを感じるまたはしびれる部分》: take a person's ~ 人のももの急所を打つ. — vt. [通例 p.p. 形で] …のももの急所を打つ. 〖獣肉のその部分を教区の司祭が要求したと考えられるところから?: cf. pope's-eye〗
Pope /póʊp | pə́ʊp/, **Alexander** n. ポープ《1688–1744; 英国の詩人: An Essay on Criticism (1711) The Rape of the Lock (1712, '14), An Essay on Man (1733–34), The Dunciad (1728, '43)》.
Pope, Joan n. ポープ《1822–92; 南北戦争における北軍の将軍》.
Pó·pe·an /-piən/ adj. =Popian.
pópe·dom /-dəm/ n. **1** (ローマ)教皇職[権] (papacy). **2** (ローマ)教皇管区; 教皇領. **3** 教皇政治(組織). **4** [軽蔑的に] =popery. 〖(a1121) pāpdōm: ⇨ pope[1], -dom〗
Pópe Jóan n. 〖トランプ〗ポープジョーン《Michigan に似た stop 系のゲーム; ダイヤの 8 を除いて行う; (このゲームで)ダイヤの 9. 〖1732〗
pop·e·line /pɑ́(ː)pəliːn, ˌ-ˈ- | pɔ́pəliːn, ˌ-ˈ-/ n. ポプリン《縦糸に絹またはレーヨンを, 横糸に毛糸を用いて織ったうねのある絹服地》. 〖◻ F ~: ⇨ poplin〗
pop·er·y /póʊpəri | pə́ʊ-/ n. 《軽蔑》ローマカトリック; カトリックの教義[慣習, 制度(など)]. 〖(a1534) ← POPE[1]+-ERY〗
pópe's-éye n. **1** (牛・羊の)もも部リンパ腺. **2** 《スコット》ステーキの一切れ. 〖(1673) ⇨ pope[3]: cf. G Pfaffensbisschen priest's bit / F œil de Judas Juda's eye: eye はそれの丸い形を示す〗
pópe's héad n. 《古》(天井掃除に使う)長柄の羽根ぼうき (Turk's head). 〖(1699) その形の類似から〗
pópe's nóse n. (料理した)カモ[ガチョウなど]のしり, 尾隆起《parson's nose ともいう; cf. uropygium》. 〖1796〗
póp·èye n. (びっくりして)丸くした目, みひらいた目. 〖(1828)《逆成》← POPEYED〗
Pop·eye /pɑ́(ː)paɪ | pɔ́p-/ n. **1** ポパイ《米国の漫画の主人公の水夫; ホウレンソウを食べると俄然力がつく》. **2** 《米俗》ホウレンソウ (spinach).
póp·èyed adj. 《口語》出目の; 驚いて目を丸くした. 〖(1824) ← POP[1]+EYE+-ED 2〗
póp fèstival n. ポピュラー音楽祭典. 〖1970〗
póp flý n. 〖野球〗(内野の)凡フライ, ポップフライ, 小飛球. 〖1887〗
póp gàte n. 〖金属加工〗=shower gate.
póp gròup n. 〖音楽〗ポップグループ《ポピュラー音楽を演奏しながら歌うグループ》. 〖1965〗
póp·gùn n. **1** (玩具の)空気鉄砲, 紙鉄砲, 豆鉄砲. **2**

P

《軽蔑》役に立たない銃器. 〘《1622》← POP[1] (n.) ＋GUN[1]〙

póp·hòle *n.* (フェンス・仕切りなどにあけた)動物の通り抜け用の穴. 〘《1944》: ⇨ pop[2], hole〙

Pop·i·an /póupiən | pə́u-/ *adj.* A. Pope の[に関する].

pop·in·jay /pɑ́(ː)pɪ̀nʤèɪ | pɔ́pɪn-/ *n.* **1** おしゃべりな気取り屋, しゃれ者, めかしや (fop), ハイカラ (dandy). **2 a** 《古》オウム (parrot). **b** (昔の)棒先につけたおうむ形の標的. **3** 《英方言》〘鳥類〙ヨーロッパアオゲラ (green woodpecker). 〘《c1325》 *papeiai, papinjai* ◻ AF *papejaye* ＝(O)F *papegay* parrot (F *papegai*) ◻ Sp. *papagayo* ◻ Arab. *babaghā'* ◻ WAfr. *pampakei* 《擬音語》: 語尾 -*jay* は JAY との連想〙

pop·ish /póupɪʃ | pə́up-/ *adj.* [通例軽蔑的に] カトリックの. **~·ness** *n.* 〘《1528》← POPE[1]＋-ISH〙

póp·ish·ly *adv.* [通例軽蔑的に] カトリックに従って, カトリック教的に. 〘1538〙

Pópish Plót *n.* [the ~] 〘英史〙教皇派陰謀事件 《カトリック教徒が英国王 Charles 二世を暗殺して政府転覆・カトリックの復活を企図したという架空の陰謀 (1678); Titus Oates という男が偽証したために多くの教徒が無実の罪で処刑された》.

pop·lar /pɑ́(ː)plə | pɔ́plə[(r)]/ *n.* 〘植物〙 **1** ポプラ 《ヤナギ科ヤマナラシ属 (*Populus*) の落葉高木の総称; ポプラ (Lombardy poplar), アメリカヤマナラシ (American poplar), ヨーロッパヤマナラシ (European poplar), ハクヨウ (white poplar), trembling poplar など; cf. aspen》; (特に)クロポプラ (black poplar). **2** ポプラ材. **3 a** ポプラに似た樹木の総称; (特に)ユリノキ (tulip tree). **b** ユリノキ材. 〘《c1356》 *popler(e)* ◻ AF *popler*＝OF *poplier* (F *peuplier*) ← *pople* (*peuple*) < L *pōpulum* ∽ OE *pōpul* ◻ L *pōpulus*〙

Pop·lar /pɑ́(ː)plə | pɔ́plə[(r)]/ *n.* ポプラー 《London の旧自治区; 現在は Tower Hamlets 区の一部》. 〘ME *Popeler*: ↑〙

Pop·lar·ism /pɑ́(ː)plərìzm | pɔ́p-/ *n.* 《英》 **1** (London の Poplar 地区の救貧委員会 (Board of Guardians) が 1920 年ごろ行ったような)極端な救済策. **2** 地方税をつり上げる恐れのある政策; (同委員会が大量の失業者を抱えているとの理由で行ったような)本部への基金送付拒否行為. 〘《1922》: ⇨ ↑, -ism〙

pop·lin /pɑ́(ː)plɪn | pɔ́plɪn/ *n.* ポプリン 《もとは絹・羊毛, 今は綿・レーヨンなどの横方向にうねのあるうね織; cf. broadcloth 3》: double [single] ~ 厚地[薄地]ポプリン. 〘《1710》◻ F 《古形》 *papeline* (F *popeline*) (i) ◻ ?It. *papalina* (fem.) ← *papalino* 'PAPAL': papal town の Avignon で最初に作られたことから ∥ (ii) ← *Poperinghe* (フランダース地方の織物町の名)〙

pop·li·te·al /pɑ̀(ː)plətíːəl, pɑ(ː)plítiəl | pɔ̀plɪtíː-, pɔplíti-/ *adj.* 〘解剖〙膝窩(しっか)の, ひかがみ (ham) の: the ~ region ひかがみ. 〘《1786》← NL *popliteus* of the ham (← L *poplit-*, *poples* the ham of the knee)＋-AL[1]〙

pópliteal ártery *n.* 〘解剖〙膝窩動脈, ひかがみ動脈. 〘1786〙

pópliteal nérve *n.* 〘解剖〙膝窩神経, ひかがみ神経.

póp músic *n.* ポップミュージック, ポピュラー音楽.

Po·po·ca·té·petl /pòupəkǽtəpètl, ─ ─ ─ ─ ─ | pɔ̀pə(ʊ)kæ̀təpétl, ─ ─ ─ ─ ─; *Am.Sp.* popokatépetl/ *n.* ポポカテペトル(山) 《メキシコ南部の火山 (5,452 m)》.

póp-òff *n.* **1** 《米俗》せきを切ったようにわめき立てる(癖の)人, まくしたてる人. **2** 〘窯業〙銅板珐琅(ほうろう)掛けのときに発生する欠点の一種; 下釉が小円盤状に離れて上釉の中にふくれ上る現象. 〘《1876》← *pop off* (⇨ pop[1] (v.) 成句)〙

póp·òut *n.* 雑な作りのサーフボード (surfboard). 〘《1963》← POP[1] (v.)＋OUT〙

póp-òut *n.* 〘野球〙ポップフライを取られてアウトになること.

Po·pov /poupɔ́(ː)f | pəupɔ́f; *Russ.* papóf/, **Alexandr Stepanovich** /sʲtʲipánəvʲitʲ/ *n.* ポポフ (1859–1906; ロシアの物理学者; 電波の実験で最初にアンテナを用いた).

póp·òver *n.* **1** 《米・カナダ》一種の軽焼きパン 《muffin より軽く, 焼く時になべからとび出る》. **2** 《英》＝Yorkshire pudding. **3** 頭からかぶせる女性・子供用の上着. 〘《1876》← POP[1] (v.)＋OVER〙

pop·pa /pɑ́(ː)pə | pɔ́pə/ *n.* 《米俗》父さん (poppy). 〘《1897》《変形》← PAPA[1]〙

pop·pa·dom /pɑ́(ː)pədəm | pɔ́pəd-/ *n.* (*also* **pop·pa·dum** /~/) パーパル 《豆類の粉や小麦粉を味付けして薄い円板状にし, 火であぶったり, 油で揚げたりしたインドの食べ物; カレーなどとともに食べる》. 〘◻ Tamil *pappaḍam*〙

Pop·pae·a Sa·bi·na /pɑ(ː)píːəsəbáɪnə, -bíː- | pɔ-/ *n.* ポッパエア サビーナ (? –?65; ローマ皇帝 Nero の後妻).

pop·per /pɑ́(ː)pə | pɔ́pə[(r)]/ *n.* **1** ぽんという[いわせる]物[人]. **2** 《英口語》＝snap fastener. **3** 《米》(上に網をかぶせてとばないようにした)ポップコーン (popcorn) をいる器[なべ]. **4** 《俗》(興奮剤として用いる)亜硝酸ブチルのアンプル. **5** 《口語》花火, 銃, ピストル(など). **6** 《口語》射手 (shooter). **7** さっと動く人; ひょっこり行く[来る]人. **8** 《英俗》質に入れる人. **9** 〘釣〙＝chugger. 〘《1750》← POP[1] (v.)＋-ER[1]〙

Pop·per /pɑ́(ː)pə | pɔ́pə[(r)]/, **Karl Rai·mund** /réɪmənd/ *n.* ポパー (1902–94; オーストリア生まれの英国の哲学者; *The Logic of Scientific Discovery* (1934) などで, 科学理論の反証可能性を提唱した).

pop·pet /pɑ́(ː)pɪt | pɔ́pɪt/ *n.* **1** 《英口語》子供(の愛称); [my ~ で呼掛けに用いて] かわい子ちゃん, 私のお気に入り(の動物). ★ 主に女性の言葉. **2** 〘造船〙 **a** ポペット, かかえ台 《進水の際船体の両端を両側から支えたまま船台上をすべる多数の柱材からなる枠》. **b** ポペット 《ボートのガンネル (gunnel) の權座(ろざ)のへこみに差し込む木片, 權座栓; かい架または波除(なみよけ)板の支えとなる》. **3** 〘機械〙 **a** 心受(しんうけ)台. **b** ＝poppet valve. **4** 《古》人形 (doll), あやつり人形 (puppet). 〘《?a1300》 *popet, popette* ← ?: cf. puppet / L *pūpa, puppa* girl, doll〙

póppet·hèad *n.* **1** 〘機械〙心受(しんうけ)台 《旋盤の主軸台》. **2** 《英》〘鉱山〙立坑の櫓(やぐら). 〘1665〙

póppet vàlve *n.* 〘機械〙きのこ弁, ポペット弁. 〘1829〙

pop·pie /pɑ́(ː)pi | pɔ́pi/ *n.* 《南ア口語》ガールフレンド. 〘《1975》← Afrik. *pop* doll＋-IE〙

pop·pied *adj.* **1** 《古》ケシ (poppy) で覆われた[飾られた]. **2** 生気のない (lethargic), 眠気がする (drowsy), けだるい (listless); (麻薬で)麻痺した. 〘⇨ poppy[1], -ed 2〙

póp·ping crèase *n.* 〘クリケット〙打者線 《三柱門 (wicket) の 4 フィート前にあって打者がその後に立つ線; 打者はこの線と三柱門線の間で打たなければならない; ⇨ cricket[1] 挿絵》. 〘1774〙

pópping plùg *n.* 〘釣〙＝chugger.

pop·ple[1] /pɑ́(ː)pl | pɔ́pl/ *vi.* 〈海水などが〉わき立つ, 泡立つ; 逆巻く, 波打つ, 波立つ. ── *n.* わき立ち, 波打ち, 波立ち, 波動; 荒波. 〘《?c1380》 *pople(n)* ◻ ? (M)Du. *popelen* to murmur, babble 《擬音語》〙

pop·ple[2] /pɑ́(ː)pl | pɔ́pl/ *n.* 《口語・方言》〘植物〙＝poplar 1, 3 a. 〘OE *popul* ◻ L *pōpulus*: 現在の語形は OF *pople* の影響: ⇨ poplar〙

pop·ply /pɑ́(ː)pli, -pli | pɔ́p-/ *adj.* (**pop·pli·er**; **-pli·est**) ＝choppy[2].

pop·py[1] /pɑ́(ː)pi | pɔ́pi/ *n.* **1** 〘植物〙 **a** ケシ 《ケシ属 (*Papaver*) の各種の植物の総称; ヒナゲシ (corn poppy), オニゲシ (Oriental poppy), ツノゲシ (horned poppy) など》; (特に)ケシ (opium poppy). **b** ケシ属に近縁の植物の総称 《ハナビシソウ (California poppy) など》. **c** ケシの花. ★ ラテン語系形容詞: papaverous. **2** ケシのエキス, 阿片 (opium). **3** ＝poppy red. **4** 〘建築〙＝poppyhead. **5** 《英》(傷痍(しょうい)軍人基金への寄付のしるしの)(造花の)ケシ. ── *adj.* ケシ科の. 〘lateOE *popiġ* < OE *popæġ* < (WGmc) **pāpau* ◻ VL **papāvum* ← L *papāver* poppy ← ?: cf. papaverous〙

pop·py[2] /pɑ́(ː)pi | pɔ́pi/ *n.* 《米俗》父さん (poppa) (cf. mammy). 〘← POPPA＋-Y[2]〙

pop·py[3] /pɑ́(ː)pi | pɔ́pi/ *adj.* 〈ポピュラー音楽が〉メロディーがきれいな, 旋律的な. 〘《1970》: ⇨ pop[1], -y[4]〙

Pop·py /pɑ́(ː)pi | pɔ́pi/ *n.* 女性名. ★ 19 世紀より一般化. 〘← POPPY[1]〙

póppy anèmone *n.* 〘植物〙アネモネ, ボタンイチゲ (*Anemone coronaria*) 《地中海沿岸原産の多年草; 鑑賞用に広く栽培される》. 〘1866〙

pop·py·cock /pɑ́(ː)pikɑ̀(ː)k | pɔ́pikɔ̀k/ *n.* 《俗》ばかげた話, たわごと, ナンセンス (bosh). ── *int.* くだらん, ばかばかしい. 〘《1863》◻ Du. 《方言》 *pappekak* soft dung ← *pap* 'soft food, PAP[1]'＋*kak* dung〙

Póppy Dày *n.* ケシの日: **1** 《英》休戦記念日 (Armistice Day) 《11 月 11 日に最も近い日曜日; この日に傷痍(しょうい)軍人の作った造花の赤いケシを身に着けて記念する; ⇨ Remembrance Sunday》. **2** 《米》戦没将兵記念日 (Memorial Day). 〘1921〙

póppy·hèad *n.* **1** ケシの蒴果(さくか). **2** 〘建築〙けし飾り; (特に, 教会の座席の側板の)頂華. 〘1839〙

póppy réd *n.* けし色, 黄赤色 (yellowish red). 〘1831〙

póppy sèed *n.* けしの実 《パンや菓子の上につける》. 〘*c*1420〙

póp quìz *n.* 不意の小試験. 〘《1960》← POP[1]〙

póp rivet *n.* ポップリベット 《穴に挿入したあと心棒を引き抜くことにより固定される管状のリベット》. ── *vt.* ポップリベットで固定する.

pops /pɑ́(ː)ps | pɔ́ps/ *adj.* ＝pop[1] 1 b. ── *n. pl.* [通例単数扱い] ＝pop[1] 2. 〘⇨ pop[1]〙

póps cóncert *n.* ＝pop concert.

póp·shòp *n.* 《英俗》質屋 (pawnbroker's shop). 〘《1772》← POP[2] (vt.)＋SHOP〙

Pop·si·cle /pɑ́(ː)psɪkl | pɔ́psɪ-/ *n.* 《米》〘商標〙ポプシクル 《棒付きアイスキャンデー》. 日英比較 日本語の「アイスキャンデー」は和製英語. 〘《1923》 1: ← POP[2] (n.)＋(I)CICLE. 2: ← POP[2] (n.)＋(MOTOR)CYCLE〙

pop·sie /pɑ́(ː)psi | pɔ́p-/ *n.* ＝popsy.

póp·skùll *n.* 《米俗》密造ウイスキー[酒]. 〘1867〙

póp·stàr *n.* 《口語》有名な[人気のある]ポップミュージシャン, ポップスター. 〘1967〙

pop·ster /pɑ́(ː)pstə | pɔ́pstə[(r)]/ *n.* 《米俗》ポップアート画家 (pop artist). 〘《1963》← POP[1]＋-STER〙

pop·sy /pɑ́(ː)psi | pɔ́p-/ *n.* 《古・英俗》若い女の子, ガールフレンド, 恋人 (sweetheart). 〘《1862》(dim.) ← POP(PET)〙

pópsy-wòp·sy /-wɑ̀(ː)psi | -wɔ̀p-/ *n.* ＝popsy. 〘《1887》《加重》↑〙

póp-tòp *adj.* (簡単に手で開けられるように)缶のふたにつまみのついた, 引き上げ式の (cf. ring-pull, zip-top): a ~ beer can. ── *n.* ふたのついた容器. 〘《1965》: ⇨ pop[2], top[1]〙

pop·u·lace /pɑ́(ː)pjʊləs | pɔ́p-/ *n.* [集合的] 《文語》 **1** [the P-] 民衆, 大衆, 庶民 (common people); [軽蔑的に] 下層社会 (the rabble). **2** (ある地域の)住民: the ~ of a city. 〘《1572》◻ F ◻ It. *popolaccio* 《軽蔑語》← *popolo* < L *populum* 'PEOPLE'＋-*accio* (軽蔑を表す接尾辞) (< L-*āceus* '-ACEOUS')〙

pop·u·lar /pɑ́(ː)pjʊlə | pɔ́pjʊlə[(r)]/ *adj.* **1** 一般の評判がよい; 〔…に〕人望のある, 受けのよい, 俗受けのする, 人気がある 〔*with, among, in*〕: a ~ singer 流行歌手 / a ~ novel 一般に評判のよい小説 / a ~ officer 人望のある役人 / a ~ seaside resort 評判のよい海岸リゾート地 / ~ *in* society 社交界で人気がある / He is ~ *with* [*among*] his men. 彼は部下に人気がある[評判がよい, 受けがよい]. **2** 民衆的な, 大衆向きの, 通俗の, 平易な (⇨ common SYN): ~ lectures [science] 通俗講話[科学] / in ~ language 平俗[平易]な言葉で(言えば) / the ~ press 大衆新聞[雑誌] / ~ prices (広告などの)大衆向き値段; 安価, 廉価 / a ~ edition 普及[廉価]版 / ~ music ポピュラー[軽]音楽 (cf. classical 2 b). **3** 民衆の, 庶民の, 人民の; 民衆が行う: the ~ voice [opinion] 民衆の声[意見], 世論 (vox populi) / ~ feelings 庶民感情 / ~ support 大衆の支持 / contrary to ~ belief [opinion] 一般人が信じて[言って]いるのとは反対に / ~ government 民主政治 (cf. AUTOCRATIC government, OLIGARCHIC government) / ~ election 普通選挙 / ~ education 庶民のための教育 / a ~ meeting [sport] 一般集会[競技]. **4** 民間に普及[流布]している, 民間伝承の: ~ superstitions 民間の迷信 / ~ ballads 民謡.
── *n.* **1** 大衆新聞[雑誌] (cf. quality paper). **2** 《古》＝pop concert.
〘《1490》◻ AF *populer* ◻ OF *populeir* (F *populaire*) ∥ L *populāris* ← *populus* 'PEOPLE': ⇨ -ar[1]〙

pópular cóncert *n.* ＝pop concert.

pópular etymólogy *n.* 〘言語〙＝folk etymology.

pópular frónt *n.* [しばしば P- F-] 人民戦線 (people's front); (特に, フランスでの)人民戦線 《1936–39 年ファシズムの台頭を抑え, 社会改革を推進するために中道・左翼の政党が作った連立政権》. 〘《1936》《なぞり》← F *front populaire*〙

póp·u·lar·ist /-lərɪst | -rɪst/ *adj.* 大衆の興味[参加]を得ようとする, 大衆に人気のある[を包含する]. 〘1890〙

pop·u·lar·i·ty /pɑ̀(ː)pjʊlǽrəṭi, -lér- | pɔ̀pjʊlǽrɪti/ *n.* 大衆性, 通俗性; 人気, 人望, 俗受け: an actor's ~ 俳優の人気 / the ~ of a sport [proposal] 競技[提案]の人気 / enjoy general ~ 人気[好評]を博する, 一般に好かれる / The singer lost ~ *with* young people. その歌手は若者たちに受けなくなった. 〘《1548》: ⇨ popular, -ity〙

pop·u·lar·ize /pɑ́(ː)pjʊləràɪz | pɔ́p-/ *vt.* 民衆[大衆]化する, 通俗化する; 普及する[させる], 広める: ~ good art, science, methods of hygiene, etc. **póp·u·lar·ìz·a·ble** /-zəbl/ *adj.* **pop·u·lar·i·za·tion** /pɑ̀(ː)pjʊlərɪzéɪʃən | pɔ̀pjʊləraɪ-, -rɪ-/ *n.* 〘《1593》《1797》《廃》'to court popular favor': ⇨ popular, -ize〙

póp·u·lar·ìz·er *n.* **1** 普及者. **2** 流布本[通俗書]の著者. 〘1848〙

pópular Látin *n.* 〘言語〙古典期の口語ラテン語.

pop·u·lar·ly /pɑ́(ː)pjʊləli | pɔ́pjʊlə-/ *adv.* **1** (世間)一般に (generally); 通例 (usually); 一般投票で: as ~ understood [accepted] 一般に理解[認容]されているように / Smoking is ~ believed to cause lung cancer. 喫煙は肺癌(がん)の原因になると一般に信じられている / ~ elected 一般投票で選ばれた. **2** 大衆[一般]向きに, 通俗に, 平易に: an encyclopedia that is ~ written 通俗的に書かれた百科辞典. **3** 人気を得るように. 〘《1576》: ⇨ popular, -ly[1]〙

pópular sóng *n.* ポピュラーソング, 流行歌 (cf. folk song). 〘1841〙

pópular sóvereignty *n.* **1** 主権在民主義, 国民主権, 人民主権. **2** 〘米史〙新開拓地定住者が所有する定住地の立法権; その土地の所有権 《南北戦争前の奴隷制をめぐる議論で Stephen A. Douglas 上院議員により主張された》. 〘1848〙

pópular vóte *n.* 《米》(大統領選挙人を選出する)一般投票.

pop·u·late /pɑ́(ː)pjʊlèɪt | pɔ́p-/ *vt.* **1** 〈国・町などに〉居住する (inhabit), 〈国・町などの〉人口を形成する: a sparsely [densely, thickly] ~*d* district 人口希薄[稠密(ちゅうみつ)]な地方. **2** 〈国・町・地域などに〉住民を住まわせる, 植民する (people). **3** 〈ある分野などに〉所属する. 〘《1578》← ML *populātus* (p.p.) ← *populāre* to inhabit ← L *populus* 'PEOPLE': ⇨ -ate[2,3]: cf. popular〙

pop·u·la·tion /pɑ̀(ː)pjʊléɪʃən | pɔ̀p-/ *n.* **1** 人口; 住民数, 人数: the farming ~ of a country 一国の農業人口 / Japan's city-dwelling ~ 日本の都市(居住)人口 / What [How large] is the ~ of London? ロンドンの人口はどれくらいか. **2** (一地域の)全住民. **3** 〘生態〙(動物の)生息数; (観察下にある)全個体群, 集団: the whale ~ of the Atlantic Ocean 南氷洋の鯨の生息数. **4** 〘生物〙(純系に対して)混系. **5** 〘統計〙母集団, 祖集団. **6** 物の総数(量). **7** 〘物理〙(あるエネルギー準位における)原子[素粒子]の総数. **8** 〘天文〙種族 《恒星の年齢や場所による分類》. **9 a** 植民[居住](すること). **b** ある土地の植民の割合[程度]. **pòp·u·lá·tion·al** /-ʃnəl, -ʃənl/ *adj.* 〘《1578》◻ LL *populātiō(n-)*: ⇨ ↑, -ation〙

populátion cènter *n.* 人口集中地域.

populátion contròl *n.* **1** 人口抑制 《発展途上国などにおける》. **2** 〘生態〙個体群制御.

populátion explòsion *n.* 人口爆発; (特に, 近年の)人口の爆発的急増. 〘1953〙

populátion invérsion *n.* 〘化学〙分布反転 《高いエネルギー準位にある分子数が低いエネルギー準位にある分子数より大きい状態; レーザーはこの状態を利用する》. 〘1961〙

populátion paràmeter *n.* 〘統計〙母集団の分布関数の定数 《例えば母集団の平均・母集団の分散など》.

populátion prèssure *n.* 〘生態〙個体群圧力 《個体群密度の増加による個体群の分散・消滅などを促す力》. 〘1931〙

populátion pỳramid *n.* 〘社会学〙ピラミッド形人口分布グラフ 《性別・年齢別などによる正常な人口分布グラフ》. 〘1950〙

póp·u·lism /-lìzm/ *n.* **1** ポピュリズム, 人民[民衆]主義 《民衆の利益増進を目指す政治哲学》. **2** [P-] 〘米史〙人

民党 (Populist Party) の主義・政策. **3** [P-]〘ロシア史〙人民主義《19 世紀後半にあらわれたロシアの反体制的インテリゲンチア (intelligentsia) の社会思想》. 〖(1893) ← L *populus* 'PEOPLE'＋-ISM〗

pop·u·list /pá(ː)pjʊlɪst | pɔ́pjʊlɪst/ *n.* **1** ポピュリズムの支持者, 人民主義者. **2** [P-]〘米史〙人民党員《農民の生活向上を中心に人民全体の利益を目指した Populist Party の所属者; cf. People's Party》. **3** [P-]〘ロシア史〙人民主義者, ナロードニキ. ― *adj.* 人民党(員)の. 〖(1892) ← L *populus* 'PEOPLE'＋-IST〗

Pop·u·lis·tic /pɑ̀(ː)pjʊlístɪk | pɔ̀p-/ *adj.* **1**〘米史〙人民党の. **2**〘ロシア史〙人民主義の. 〖1894〗

Pópulist Párty *n.* [the ～]〘米史〙人民党 (People's Party) の通称. 〖1893〗

pópulist shóp stèward *n.* (組合の)職場代表.

pop·u·lous /pá(ː)pjʊləs | pɔ́p-/ *adj.* **1** 人口の多い, 人口稠密(ちゅうみつ)な. **2 a** 数[量]が多い (numerous). **b** 〔…で〕満員の; 込み合った (crowded)〔*with*〕. **3**《廃・詩》民衆の (popular). **～·ly** *adv.* **～·ness** *n.* 〖(*c*1425) ← LL *populōsus* ← *populus* 'PEOPLE': ⇨ -ous〗

pop-up /pá(ː)pʌ̀p | pɔ́p-/ *n.* **1**〘野球〙ポップフライ (pop fly), 内野小飛球. **2** ポップアップ《テニスなどでネット近くの楽に処理できる高球》. ― *adj.* **1** ぽんと(上に)上がる(仕掛けの): a ～ toaster 自動式トースター《パンが焼けると飛び出す》/ a ～ book 立体絵本《開くと絵が立つ本》. **2**〘電算〙ポップアップ(式)の《プログラム実行中にウィンドーを開いて作業メニューなどを表示する方式》. 〖1906〗

póp wine *n.* ポップワイン《アルコール分が少なく甘みのフルーツジュース入りワイン》. 〖cf. soda pop〗

por. 《略》porosity; porous; portion; portrait.

p.o.r. 《略》pay [payable] on receipt; pay on return.

po·rang·i /pɔːræŋi/ *adj.* 《NZ口語》気が狂った. 〖(1847) ← Maori〗

por·bea·gle /pɔ́əbìːgl | pɔ́ː-/ *n.*〘魚類〙ニシモウカサメ, ニシラクダザメ (*Lamna nasus*)《北大西洋・北太平洋産のネズミザメ属のサメ; 約 4 m; mackerel shark ともいう》. 〖(1758) ← Corn. *porgh-bugel*〗

por·ce·lain *n.* /pɔ́əs(ə)lɪn, -sl- | pɔ́ː-/ *n.* 磁器《多少とも透化性のある溶化 (vitreous) 粘土製品の総称; 釉薬(ゆうやく)の有無には関係がない; cf. china¹, earthenware》; [*pl.*] 磁器製品, 磁器類: Nanking ～ ナンキン磁器 / a painter on ～ 磁器絵付師 / a ～ insulator〘電気〙磁器碍子(がいし). **～·lìke** *adj.* 〖(*c*1530) (古形) *porcel(l)ana* □ It. *porcellana* Venus shell (貝殻の光沢との連想) ← *porcella* (dim.) ← *porca* sow < L *porcam* (fem.) ← *porcus* swine (その貝殻の形が雌豚の vulva に似ているところから) ∞ (*c*1530) *porcelana* □ It.〗

pórcelain cláy *n.* **1** 陶土《可塑性がカオリン (kaolin) よりも大きく, ある程度天然の水簸(すいひ)をうけた粘土; カオリンほど純粋なものはほとんどなく, 主に匣鉢(さや)やシャモットの原料に用いる》. **2** ＝kaolin. 〖1690〗

pórcelain enámel *n.*〘窯業〙琺瑯(ほうろう), 瀬戸引き《金属素地をガラス質の釉薬(ゆうやく)で被覆したもの; vitreous enamel ともいう》. 〖1883〗

por·ce·lain·ize /pɔ́əs(ə)lɪnàɪz | pɔ́ː-/ *vt.* 磁器にする, 磁器に似せたものにする. 〖(1863): ⇨ porcelain, -ize〗

pórcelain péarl *n.* 軟磁器《特に, フリット磁器 (frit-procelain) または長石だけで造られた人工真珠》.

pórcelain sánd *n.* 磁器原料用の純粋の珪砂.

pórcelain shéll *n.*〘貝類〙タカラガイ (cowrie). 〖1601〗

pórcelain stóne *n.* 陶石《中国の白不子 (petuntse), イギリスの Cornish stone および変質した花崗岩に類似した岩石; 日本磁器の主原料》.

por·ce·la·ne·ous, 《英》**por·cel·la·ne·ous** /pɔ̀əsəléɪniəs | pɔ̀ːsɪ-ˈ/ *adj.* 磁器製の; 磁器のような. 〖(1833) ← It. *porcellana* 'PORCELAIN'＋-EOUS〗

por·ce·lan·ic, 《英》**por·cel·lan·ic** /pɔ̀əsəlǽnɪk | pɔ̀ːsɪ-ˈ/ *adj.* ＝porcelaneous.

por·ce·lan·ous, 《英》**por·cel·lan·ous** /pɔ́əsələnəs, pɔ̀əsəléɪ-ˈ, pɔəsélə- | pɔ́ːsələ-, pɔ̀ːsəléɪ-ˈ/ *adj.* ＝porcelaneous. 〖← It. *porcellana* 'PORCELAIN'＋-OUS〗

porch /pɔ́ətʃ | pɔ́ːtʃ/ *n.* **1 a** 玄関, ポーチ《建物のドアより外の部分》; 《英》教会の袖廊. **b** 《古・俗》〘建築〙＝portico 1. **2** 《米》ベランダ (veranda): ⇨ sleeping porch. **3** [the P-]〘哲学〙**a** 昔ギリシャの Athens でストア派の哲学者 Zeno が弟子を集めて講義した歩廊 (stoa). **b** ストア派(哲学) (the Stoics) (cf. academy 3, garden 6, Lyceum 2 stoa 2). **～·less** *adj.* 〖(*c*1300) *porche* □ (O)F < L *porticum* colonnade, porch ← *porta* 'gate, PORT⁴': PORTICO と二重語〗

pórch clìmber *n.* 《米俗》(2 階から忍び込む)こそ泥. 〖1900〗

pórched *adj.* 玄関[ポーチ]のある. 〖1859〗

por·cine /pɔ́əsaɪn, -sɪn | pɔ́ːsaɪn/ *adj.* **1** 豚の. **2** 豚に似た, 豚のような; 不潔な, いやしい, 貪欲な, 意地汚い. 〖(1656) □ F *porcin, -ine* ∥ L *porcinus* ← *porcus* 'hog, PORK': ⇨ -ine¹〗

por·ci·no /pɔətʃíːnoʊ | pɔːtʃíːnəʊ; *It.* portʃíːno/ *n.* (*pl.* **por·ci·ni** /-niː; *It.* -ni/) [通例 *pl.* で]〘植物〙ヤマドリタケ, ポルチーニ (*Boletus edulis*)《ヨーロッパで食用にされるイグチ科の大形キノコ; 茎の表面に網目模様がある; cep ともいう》. 〖□ It. (*fungo*) *porcino* porcine (mushroom) < L *porcīnum* (↑)〗

por·cu·pine /pɔ́əkjʊpàɪn | pɔ́ː-/ *n.* **1**〘動物〙ヤマアラシ(齧歯(げっし)類ヤマアラシ科とアメリカヤマアラシ科の動物の総称; アフリカ産のタテガミヤマアラシ (*Hystrix cristata*), 北米産のカナダヤマアラシ (*Erethizon dorsatum*) など). **2** (紡績用の)針のついたローラー[シリンダー]. **pór·cu·pìn·ish** /-nɪʃ/ *adj.* **pór·cu·pìn·y** /-ni/ *adj.* 〖(?*a*1400) *porkepyn, porke despyne* □ OF *porc espin* spiny pig < VL **porcospīnum* ← L *porcus* 'hog, PORK'＋*spīna* 'thorn, SPINE'〗

pórcupine ánteater *n.*〘動物〙＝echidna 1.

pórcupine cráb *n.*〘動物〙イバラガニ科のカニの一種 (*Lithodes hystrix*).

pórcupine físh *n.*〘魚類〙熱帯地方の海に広く分布するハリセンボン科の魚類の総称《ネズミフグ (*Diodon hystrix*), ハリセンボン (*D. holocanthus*) など》. 〖1681〗

pórcupine gràss *n.*〘植物〙米国中部産イネ科ハネガヤ属の草 (*Stipa spartea*)《牧草にもする》. 〖1902〗

Pórcupine Ríver *n.* [the ～] ポーキュパイン川《カナダ Yukon 州北部の川; 米国 Alaska 州北東部の Yukon 川に注ぐ; 721 km》.

pore¹ /pɔ́ə | pɔ́ː(r)/ *n.* **1** (皮膚や葉の)細穴, 毛穴, 気孔 (stoma): sweat *from* every ～ うだるほど暑い; (ひどく恐れてまたは興奮して)冷汗を流す / from [in] every ～ どこから(見て)も, 何から何まで(全体が). **2** (岩石などの)細穴, 吸収孔. **pored** *adj.* 〖(*a* 1387) □ (O)F ～ □ L *porus* □ Gk *póros* passage: cf. fare〗

pore² /pɔ́ə | pɔ́ː(r)/ *vi.* **1** 〔…を〕熱心に読む; 〔研究・勉学に〕うち込む〔*over*〕: ～ *over* books 本に読みふける. **2** じっと考え込む, 熟考する (meditate); 夢中になる〔*on, upon, over, through*〕: ～ *on* the mysteries of nature 自然界の神秘に思いをこらす. **3** 《古》〔…を〕じっと見詰める, 熟視する〔*at, on, upon, over*〕. ― *vt.* [目的補語を伴って] 熟視して〈眼を〉…にする: ～ oneself blind 本などを読みすぎて盲目になる / ～ one's eyes *out over* the book 読書で目を疲れさせる. 〖(?*c*1225) *poure(n), pure(n)* < ?OE **pūrian*: cf. peer¹〗

-pore /-pɔ̀ə | -pɔ̀ː(r)/「穴, 口 (opening)」の意の名詞連結形: blasto*pore*, gono*pore*. 〖← LL *porus*: ⇨ pore¹〗

pore fùngus [mùshroom] *n.*〘植物〙多孔菌《内面に子実層のある管孔をかさの裏に密生するサルノコシカケ科またはイグチ科の菌類の総称》. 〖1922〗

porge /pɔ́ədʒ | pɔ́ːdʒ/ *vt.*〘ユダヤ教〙(ユダヤ人の儀式として, 特に腰部 (hindquarters) の脂, 筋, 血管を取り去って)〈屠畜した動物の〉食肉を清める (cf. *Gen.* 32: 32, *Lev.* 3: 3, 4; 7: 25–27). 〖(1773) □ Judeo-Sp. *porgar*＝Sp. *purgar* < L *purgāre* 'to PURGE'〗

por·gy /pɔ́əgi | pɔ́ː-/ *n.* (*pl.* ～, **por·gies**)〘魚類〙**1** ヨーロッパマダイ (*Pagrus pagrus*)《ヨーロッパ産のマダイの類の魚》. **2** タイ科の食用海産魚の総称 (scup, pinfish, sea bream など). 〖(1671) (変形)? ← *pargo* □ Sp. < L *p(h)agrum* seabream □ Gk *phágros* (原義) whet-stone: ⇨ -y² 1〗

poria *n.* porion の複数形.

po·ri·fer /pɔ́ːrəfə | -rɪfə(r)/ *n.* 海綿動物. 〖↓〗

Po·rif·er·a /pərɪ́f(ə)rə, pɔː- | pɔː-/ *n. pl.*〘動物〙海綿動物門. 〖(1843) ← NL ～ ← L *porus* 'PORE¹'＋-I-＋-*fera* (neut. pl.) '-FER'＋-A²〗

po·rif·er·al /pərɪ́fərəl, pɔː- | pɔː-/ *adj.*〘動物〙＝poriferous 2. 〖1877〗

po·rif·er·an /pərɪ́f(ə)rən, pɔː- | pɔː-/〘動物〙*n.* 海綿動物. ― *adj.* ＝poriferous 2. 〖1864〗

po·rif·er·ous /pərɪ́f(ə)rəs, pɔː- | pɔː-/ *adj.* **1** 穴のある, 多孔の. **2**〘動物〙海綿動物門の (poriferal, poriferan ともいう). 〖(1862): ⇨ Porifera, -ous〗

po·ri·form /pɔ́ːrəfɔ̀əm | -rɪfɔ̀ːm/ *adj.* 穴に似た, 穴状の. 〖(1846) ← L *porus* 'PORE¹'＋-I-＋-FORM〗

po·ri·na /pəráɪnə, -ríː- | -ráɪ-/ *n.* 《NZ》(牧草地をいためる)コウモリガ科 *Wiseana* 属 (以前は *Porina* 属) のガの幼虫. 〖(1929) ← NL ← ? LL *porus* 'PORE¹'〗

po·ri·on /pɔ́ːriɑ̀(ː)n | -riɒn/ *n.* (*pl.* **po·ri·a** /-riə/, ～s)〘人類学〙ポリオン《外耳孔上縁の外耳孔中心から垂直上方に当たる点》. 〖(1909) ← NL ～ ← Gk *póros* passage, way＋-ION (dim.): cf. fare〗

po·rism /pɔ́ːrɪzm/ *n.*〘数学〙不定設題; (ギリシャ幾何学の)系, 系論 (corollary). **po·ris·mat·ic** /pɔ̀ːrɪzmǽtɪk | pɔ̀ːrɪzmǽt-ˈ/ *adj.* 〖(*c*1380) □ LL *porisma* □ Gk *pórisma* deduction ← *porízein* to deduce ← *póros* passage: ⇨ pore¹, -ism〗

po·ris·tic /pɔːrɪ́stɪk/ *adj.*〘数学〙不定設題の; (ギリシャ幾何学の)系の, 系論の (porismatic). 〖(1704) □ Gk *poristikós* able to procure ← *porízein* (↑)〗

pork /pɔ́ək | pɔ́ːk/ *n.* **1 a** 豚肉, ポーク: pickled [roast] ～ 塩[焼]豚肉. **b** 《古》豚 (swine). **2** 《米俗》〘政治〙政府に政策的に与えさせる助成金[官職(など)] (cf. pork barrel 2). **～·ish** /-kɪʃ/ *adj.* **～·like** *adj.* 〖(*c*1300) *porc* □ (O)F < L *porcum* hog, pig < IE **porkos* young pig: cf. farrow¹〗

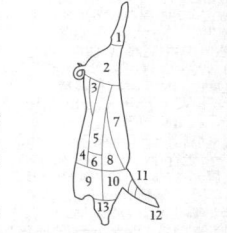

pork 1
1 hind foot
2 ham
3 tenderloin
4 fatback
5 center loin
6 rib chop
7 bacon
8 spareribs
9 Boston butt
10 picnic
11 hock
12 forefoot
13 jowl

pórk bàrrel *n.* 《米》**1** 豚肉保存用たる. **2** 《俗》〘政治〙議員の人気取りのために政府に支出させる国庫交付金[地方開発金, 土木費など] (cf. pork 2). 〖1801〗

pórk-bàrreling *n.* 《米俗》国庫交付金[地方開発金など]を政策的に議員の選挙区に与えること.

pórk·bùrger *n.* **1** 豚のひき肉; 豚のひき肉のパイ. **2** ポークバーガー《豚肉のハンバーグをパンにはさんだもの》. 〖(1967): ⇨ burger〗

pórk bùtcher *n.* 豚屠畜屋; 豚肉屋. 〖1807〗

pork·er /pɔ́əkə | pɔ́ːkə(r)/ *n.* 豚 (hog); (特に, 若くて肥えた)子豚, 食用豚. 〖(1643): ⇨ -er¹〗

pork·et /pɔ́əkɪt | pɔ́ːkɪt/ *n.* 《方言》＝porker. 〖(1554) □ ONF ～, *porquet*＝OF *porchet* (dim.) ← *porc* 'pig, PORK'〗

pórk·fìsh *n.* (*pl.* ～, ～**·es**)〘魚類〙クロオビダイ (*Anisotremus virginicus*)《米国 Florida 州からブラジルにかけての大西洋西部に産する黒に黄色の縞(しま)模様があるイサキ科アツクチイサキ属の魚》. 〖1734〗

pork·ling /pɔ́əklɪŋ | pɔ́ːk-/ *n.* ＝piglet. 〖⇨ pork, -ling¹〗

pórk·pìe *n.* **1** 豚肉のミンチ入りパイ. **2** 《米》＝porkpie hat. 〖1732〗

pórkpie hát *n.* 《米》ポークパイハット《山の部分は低く平らで縁は上げたり下げたりすすすることができるフェルト・麦わらなどの帽子; porkpie ともいう》. 〖(1860) ポークパイに似ているところから〗

pórk pìg *n.* 肉豚《脂肪の少ない肉用の豚》.

pórk rínds *n. pl.* 《米》豚の皮揚げ.

pórk scràtchings *n. pl.* かりかりした焼き豚の上皮《冷やして前菜として食べる》.

pórk tàpeworm *n.*〘動物〙有鉤(こう)条虫 (*Taenia solium*)《人間の小腸に寄生し, 中間宿主は豚》.

pork·y¹ /pɔ́əki | pɔ́ːki/ *adj.* (**pork·i·er; -i·est**) **1** 豚の(ような). **2** 《口語》肥えた, でぶの (fat). **3** 《俗》生意気な, 気取った, 無礼な. **pórk·i·ness** *n.* 〖(1852): ⇨ pork, -y⁴〗

por·ky² /pɔ́əki | pɔ́ː-/ *n.* 《米》〘動物〙ヤマアラシ (porcupine). 〖(1902) ← PORC(UPINE)＋-Y²〗

por·ky³ /pɔ́əki | pɔ́ːki/ *n.* 《英俗》うそ (lie)《porky pie ともいう》. 〖← *porky pie*: lie との音韻俗語で, porky¹ から〗

porn /pɔ́ən | pɔ́ːn/ *n., adj.* 《口語》ポルノ (pornography) (の).

pórn fìlm *n.* ポルノ映画. 〖1969〗

por·no /pɔ́ənoʊ | pɔ́ːnəʊ/ 《口語》*n.* **1** ＝pornography. **2** ポルノ映画; ポルノ作家. ― *adj.* ＝pornographic: the ～ industry ポルノ産業. 〖(1952) 《略》← PORNOGRAPHY〗

pòrno·bíography *n.* ポルノ的伝記. 〖1970〗

por·noc·ra·cy /pɔənɑ́(ː)krəsi | pɔːnɔ́k-/ *n.*〘ローマ史〙娼婦政治《特に 10 世紀前半のローマ教皇庁において Theodora とその娘たちが黒幕として権勢をふるい, 教皇庁は彼らの愛人・息子・孫たちでみたされた》. 〖1860〗

por·nog·ra·pher /pɔənɑ́(ː)grəfə | pɔːnɔ́grəfə(r), pə-/ *n.* 春画家; ポルノ作家, エロ本作者. 〖1850〗

por·no·graph·ic /pɔ̀ənəgrǽfɪk | pɔ̀ːnə-ˈ/ *adj.* ポルノ(グラフィー)の: a ～ book ポルノ本 / a ～ film ポルノ映画. **pòr·no·gráphi·cal·ly** *adv.* 〖1880〗

por·nog·ra·phy /pɔənɑ́(ː)grəfi | pɔːnɔ́g-, pə-/ *n.* **1** ポルノ(グラフィー)《性的興奮を引き起こす春画・好色文学・ポルノ写真など》(cf. erotica). **2** ポルノ製作. 〖(1857) □ F *pornographie* ← Gk *pornográphos* writing of prostitutes ← *pórnē* harlot＋*-graphos* (⇨ -graph): ⇨ -y¹〗

por·no·to·pi·a /pɔ̀ənətóʊpiə | pɔ̀ːnətə́ʊ-/ *n.* 好色行為に最適の場所[環境]. 〖(1966) ← PORNO(GRAPHIC)＋(U)TOPIA〗

pórn·shòp *n.* ポルノショップ[専門店].

porn·y /pɔ́əni | pɔ́ːni/ *adj.* 《俗》＝pornographic. 〖(1961) ← PORN(O)＋-Y⁴〗

po·ro- /pɔ́ːroʊ | -rəʊ/「細穴 (pore)」の意の連結形. 〖← Gk *póros* passage〗

po·rog·a·my /pɔːrɑ́(ː)gəmi | -rɔ́g-/ *n.*〘植物〙珠孔受精《精核が花柱を通り子房内の珠孔内に入って受精が行われること》. 〖(1902): ⇨ ↑, -gamy〗

po·ro·mer·ic /pɔ̀ːrəmérɪk-ˈ/〘化学〙*adj.* 極微孔性の, 通気性のよい, ポロメリックの[で作った]. ― *n.* ポロメリック物質《極微孔性のポリエステルで強化したポリウレタンの合成皮革; 靴の甲革などに用いられる》. 〖(1963) ← PORO-＋(POLY)MERIC〗

pòro·plástic 〘医学〙*adj.* 多孔かつ可塑(そ)性の. ― *n.* 多孔可塑性のフェルト《外科用副木などに使用する》. 〖(1879) ← PORO-＋PLASTIC〗

po·rose /pɔ́ːroʊs | -rəʊs/ *adj.* ＝porous 1.

po·ros·i·ty /pərɑ́(ː)səti, pɔːr- | pɔːrɔ́sɪti/ *n.* **1** 穴のあること, 有孔性, 多孔性 (porousness). **2 a**〘地質〙岩石中の間隙(げき)[孔隙]率. **b**〘化学〙多孔度, 気孔率. **3** 穴, 穴のあいた所. 〖(*a* 1392) □ ML *porōsitātem*: ⇨ ↓, -ity〗

po·rous /pɔ́ːrəs/ *adj.* **1** 穴のある, 穴の多い. **2** (水・空気などの)しみ通る, 多孔性の: ～ waterproof 通気性防水布 / ～ porous cell. **～·ly** *adv.* **～·ness** *n.* 〖(*a*1392) □ ML *porōsus* ←LL *porus*: ⇨ -ous〗

pórous céll [cúp] *n.*〘電気〙(一次電池に使う)素焼びん, 素焼がめ.

pórous pláster *n.* 多孔絆創膏(ばんそうこう).

por·pen·tine /pɔ́əpəntàɪn | pɔ́ː-/ *n.* ヤマアラシ (porcupine). 〖(1530) □ ?F *por(c) d'épin*: ⇨ porcupine〗

por·phin /pɔ́əfɪn | pɔ́ːfɪn/ *n.* (*also* **por·phine** /pɔ́əfɪn, -fiːn | pɔ́ːfɪn/)〘化学〙ポルフィン ($C_{20}H_{14}N_4$)《pyrrole と formaldehyde から合成しポルフィン類の母核をなす暗赤色の結晶状化合物》. 〖(1926)《略》← PORPHY-RIN〗

P

por·phy·ra·tin /pɔ̀əfírətṇn | pɔːfírətɪn/ *n.* 〘生化学〙ポルフィラティン《ヘマチン (hematin) など金属とポルフィリン (porphyrin) との化合物》. 〖← PORPHYR(IN)＋(HAE-M)ATIN〗

por·phyr·i·a /pɔəfíriə, -fáɪr- | pɔːfír-, -fáɪ(ə)r-/ *n.* 〘病理〙ポルフィリン症《組織内にポルフィリン (porphyrin) の沈着する代謝障害; 光に対して敏感となる》. 〖(1923) ← NL ～: ⇨ ↓, -ia¹〗

por·phy·rin /pɔ́əfərṇn | pɔ́ːf̬rɪn/ *n.* 〘生化学〙ポルフィリン《四つのピロール核を環状に結合させた構造をもつ物質の総称; 呼吸色素に関連が深い》. 〖(1910) ← Gk *porphúra* 'PURPLE'＋-IN²: その色から〗

por·phy·rite /pɔ́əfəràɪt | pɔ́ːf̬-/ *n.* ＝porphyry. 〖□ L *porphyrītēs* □ Gk *porphurī́tēs* 'PORPHYRY': ⇨ -ite¹〗

por·phy·rit·ic /pɔ̀əfərítɪk | pɔ̀ːf̬rít-/ *adj.* 〘岩石〙斑(はん)状の, 斑岩状の. 〖(1432–50) □ ML *porphyriticus* □ Gk *porphuritikós* ← *porphurī́tēs* (↑): ⇨ -itic〗

por·phy·ri·za·tion /pɔ̀əfərṇzéɪʃən | pɔ̀ːf̬raɪ-, -rɪ-/ *n.* (斑岩(はんがん)板の上でついて)粉にすること. 〖(1831): ⇨ ↓, -ation〗

por·phy·rize /pɔ́əfəràɪz | pɔ́ːf̬-/ *vt.* (斑岩板上で)…を粉にする. 〖(1747) ← PORPHYRY＋-IZE〗

por·phyr·o·blast /pɔ́əfírəblæ̀st | pɔːfírə(ʊ)-, pɔ́ː-f̬rə(ʊ)-/ *n.* 〘地質〙斑(はん)状変晶, 普斑晶 (⇨ metacryst). 〖(1920) ← Gk *porphúra* 'PURPLE'＋-BLAST〗

por·phyr·o·crast /pɔ́əfírəkræ̀st | pɔːfírə(ʊ)-/ *n.* 〘地質〙斑上残晶. 〖1975〗

por·phy·rog·e·nite /pɔ̀əfərɑ́(ː)dʒənàɪt | pɔ̀ːf̬rɔ́dʒṇ-/ *n.* **1** 東ローマ帝国の皇子《Byzantium の宮廷の Porphyra という部屋で誕生したといわれる》. **2** 父帝の即位後に生まれた皇子. **3** 高貴の生まれの人. — *adj.* (水晶を含んだ)斑状組織がみられる. 〖(1614) □ ML *porphyrogenitus* born in the purple □ MGk *porphurogénnētos* ← *porphúra* 'PURPLE'＋*gennētós* born: ⇨ porphyry, genesis, -ite¹〗

por·phy·roid /pɔ́əfərɔ̀ɪd | pɔ́ːf̬-/ *n.* 〘岩石〙斑(はん)状変成岩. 〖(1796): ⇨ porphyry, -oid〗

por·phy·rop·sin /pɔ̀əfərɑ́(ː)psṇn | pɔ̀ːf̬rɔ́psɪn/ *n.* 〘生化学〙ポルフィロプシン, 視紫《淡水魚類の網膜中にみられるカロチノイド (carotenoid) 色素; cf. rhodopsin》. 〖(1930) ← Gk *porphúra* (↓)＋(RHOD)OPSIN〗

por·phy·ry /pɔ́əfəri | pɔ́ːf̬-/ *n.* **1** (古代エジプトで切り出された)長石結晶を含んだ美しい硬岩石. **2** 斑(はん)状構造岩石, 斑岩. 〖(*c*1395) *porfirie* □ AF **porfurie*, **-firie*＝OF *porfire* (F *porphyre*) < ML *porphyreum* ← L *porphyrītēs* □ Gk *porphurī́tēs* (*líthos*) purple-colored (stone) ← *porphúra* 'PURPLE' ←?〗

Por·phy·ry /pɔ́əfəri | pɔ́ːf̬-/ *n.* ポルピュリオス《232?–? 304; 古代ギリシャの新プラトン主義の哲学者》: ⇨ TREE of Porphyry.

P

por·poise /pɔ́əpəs | pɔ́ː-/ *n.* (*pl.* **-pois·es**, ～) 〘動物〙**1** ネズミイルカ属 (*Phocoena*) などくちばしのないイルカの総称; (特に)ネズミイルカ (*P. phocoena*). **2** 《米》イルカ《マイルカ (dolphin), タイセイヨウバンドウイルカ (bottle-nosed dolphin) などイルカの総称》. — *vi.* **1** 〈水上艇などが〉水面を滑走する. **2** 〈潜水艇などが〉水面に浮上する.
～·lìke *adj.* 〖(1309–10) *porpays* □ OF *po(u)rpeis* < VL **porcopiscis* ← L *porcus* 'swine, PORK'＋*piscis* 'FISH¹'〗

por·ra·ceous /pɔːréɪʃəs, pə- | pɔ-/ *adj.* 《古》＝leek-green. 〖□ L *porraceus* ← *porrum* leek: ⇨ -aceous〗

por·rect /pərékt, pɑ(ː)- | pɔ-/ *adj.* 〘動物〙(前に)伸ばした, 突き出した; 広げた: ～ antennae 突き出した触角. 〖(*a*1420) ← L *porrectus* (p.p.) ← *porrigere* to stretch out, extend ← *por-* 'PRO-¹'＋*regere* to direct: cf. right〗

por·rec·tion /pərékʃən, pɑ(ː)- | pɔ-/ *n.* 〘教会〙提出, 授与, 贈呈 (presentation): the ～ of the instruments (叙品式で)受品者への用具の授与, (叙任式で)聖杯 (chalice) と聖書の授与. 〖(1649) □ L *porrectiō(n-)* ← *porrigere* (↑): ⇨ -tion〗

por·ridge /pɔ́(ː)rɪdʒ, pɑ́(ː)r- | pɔ́r-/ *n.* **1** ポリッジ: **a** オートミールや穀類を水または牛乳でどろどろに煮たかゆ《朝食用》. 日英比較 英米には日本のものと同じ「かゆ」はないが, 米のかゆで濃いものは rice *porridge*, 「いもがゆ」なら rice and potato *porridge*, 「おもゆ」のように薄いものは rice gruel といえばよい. **b** 大麦などを入れて濃くした肉・野菜のスープ. **2** ごたまぜ; たわいのない代物. **3** 《英俗》刑期, ムショ暮らし. ***dó (one's) pórridge*** 《英俗》服役する.
～·lìke *adj.* 〖(*c*1532) (古形) *porage* 《変形》← POTTAGE: cf. 《方言》*porray* leek broth〗

por·rin·ger /pɔ́(ː)rṇdʒə, pɑ́(ː)r- | pɔ́rṇdʒə^(r)/ *n.* (ポリッジやスープ用の)深皿, かゆ皿; (特に, 片手のついた金属性の)浅いボウル《子供の食事などに用いる》. 〖(1467) 《変形》← 《方言》*pottinger* □ (O)F *potager* ← *potage* 'POTTAGE': ⇨ -er¹〗

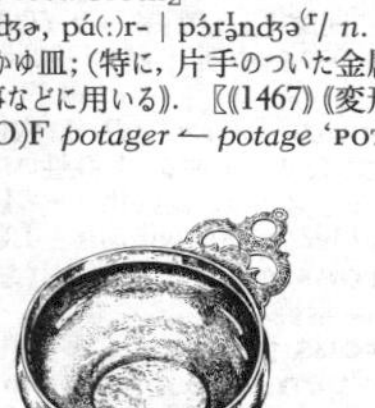

porringer

Pó·ro prìsm /pɔ́(ː)roʊ-, pɑ́(ː)- | pɔ́rəʊ-; *It.* pɔ́rro-/ *n.* 〘光学〙ポロプリズム《直角プリズムを2個組み合わせたプリズム; 内部で4回全反射し, 像の上, 下, 左右を反転かつ平行移動する; 像正立プリズムとして双眼鏡, 望遠鏡に用いられる; cf. Dove prism, reversing prism》. 〖← *Ignazio Porro* (1801–75: イタリアの工学者でその発明者)〗

Por·sche /pɔ́əʃ, pɔ́əʃə, -ʃi | pɔ́ːʃ, pɔ́ːʃə; *G.* pɔ́ʁʃə/ *n.* 〘商標〙ポルシェ《ドイツのスポーツカーメーカー; その製品》.

Por·sche /pɔ́əʃ, pɔ́əʃə, -ʃi | pɔ́ːʃ, pɔ́ːʃə; *G.* pɔ́ʁʃə/, **Ferdinand** *n.* ポルシェ (1875–1951; ドイツの自動車設計士; 後部にエンジンのある革命的な大衆車 Volkswagen の設計者として有名).

Por·se·na /pɔ́əsənə | pɔ́ːsṇnə/ (*also* **Por·sen·na** /pɔəsénə | pɔː-/), **Lars** /lɑ́əz | lɑ́ːz/ *n.* ポルセナ《伝説上の Etruria 王; 追放された Tarquinius Superbus の復位を企てローマを攻めたという》.

Por·son /pɔ́əsən, -sṇ | pɔ́ː-/, **Richard** *n.* ポーソン (1759–1808; 英国の古典学者; *Letters to Archdeacon Travis* (1790)).

port¹ /pɔ́ət | pɔ́ːt/ *n.* **1** 港, 港湾; 商港, 貿易港, 開港場: clear a [leave (a)] ～ 出港する / make (a) ～ ＝enter (a) ～ ＝come into ～ 入港する, 着港する / in ～ 入港して, 停泊中で(の) (cf. *at* SEA) / touch a ～ 寄港する / reach ～ 〈船が〉港に着く / a close ～ 《英》川の上流にある港, 河港 / a naval ～ 軍港 / ⇨ open port, free port / a ～ of arrival [departure] 到着[出帆]港 / a ～ of coaling 石炭積込み港 / a ～ of delivery 荷卸港, 貨物引き渡し港 / a ～ of destination 仕向け港, 到着港, 目的港 / a ～ of distress 避難港 / a ～ of recruit 食料品積込み港 / a ～ of registry 船籍港 / a ～ of refuge 避難港 / a ～ of sailing 発航地 / a ～ of shipment [unloading] 船積[陸揚]港 / the ～ office 港務部 / a ～ town 港市, 港町 / a ～ named＝a said ～ 指定港, 名指し港. **2** 港町, 港湾都市, 港市 (port town); 港湾地域. **3** 避難港, 避難所, 休息所 (refuge): come to ～ 難を避ける, 避難する. **4** 〘法律〙＝PORT of entry. **5** 《口語》空港 (airport).
ány pórt in a stórm 窮余の策, せめてもの頼り. (1749)
pórt of cáll (1) (石炭積込み・修理などのための)寄港地, 寄航港. (2) (旅行途上の)逗留地, 滞在地.
pórt of díscharge 揚げ地, 陸揚げ港.
pórt of éntry (1) 関税手続地, 通関港, 輸入港[空港] (略 POE). (2) 入国管理事務所のある港[空港].
Pórt of Lóndon [the —] ロンドン港《河口から 111 km にわたる Thames 川の流域にある港湾施設》: *the Port of London* Authority ロンドン港管理委員会《ロンドン港を運営する28人の委員から成る》.
Pórt of Nèw Yórk [the —] ニューヨーク港《北米東岸の Hudson 河口, Manhattan 島の両岸, New York 湾にまたがる世界最大港の一つ》: *the Port of New York* Authority ニューヨーク港管理委員会.
Pórt of Spáin ＝Port-of-Spain.
～·less *adj.* 〖OE ～ □ L *portus* harbor, haven ← IE **per* to lead, pass over (⇨ fare): cf. ford〗

SYN 港: **port** 船荷を積み降ろしする *harbor* のある町全体: a commercial *port* 商業港. **harbor** 設備を提供する港: enter *harbor* 入港する. **haven** 《文語》避難港; 一般的には避難所: provide a *haven* for political refugees 政治亡命者に安全な場所を提供する.

---

port² /pɔ́ət | pɔ́ːt/ *n.* **1** 〘海事〙左舷(さげん)《船首に向かっていう; ↔ starboard; cf. larboard》: Put the helm to ～! (昔の号令で)舵柄(だへい)を左舷に取れ, (現在の命令で)取りかじ (cf. aport). **2** 航空機の左側. **3** 〘海事〙＝port watch. **4** 〘海事〙＝port tack. — *adj.* 左舷の: a ～ anchor 左舷大錨(いかり) / the ～ side 左舷側 / on the ～ quarter 左舷船尾に. — *adv.* 左舷に: put the wheel ～ 舵輪(だりん)を左舷に取る, 取りかじにする. — *vt.* 〈舵柄を〉左舷に取る, (船の)取りかじを取る《もとは舵柄を左に回すという考えからの号令で船首は右に曲がったが, 1930 年ごろ以後はこの号令で船首は左に曲がる; cf. starboard *vt.*》: *Port* the wheel [《古》helm]! 取りかじ (cf. aport); (1930年以前に反対に)おもかじ. — *vi.* 〈船が〉左 [《古》右] に向かう[変針する]. 〖(1625–44) 《転用》? ← PORT¹: (昔右舷に steer board があったころ)港に横づけになるのは(または荷役口が)ふつう左舷であることから (cf. larboard)〗

port³ /pɔ́ət | pɔ́ːt/ *n.* ポート(ワイン) (port wine)《ポルトガル原産の甘口の赤[時にロゼまたは白]のワイン; cf. dessert wine》. 〖(1691) 《略》← *O Porto* (wine) ← *Oporto* (ポルトガルのワイン主要輸出港の名) ← Port. *O Port* 《原義》the port: ⇨ port¹〗

port⁴ /pɔ́ət | pɔ́ːt/ *n.* **1** 〘電算〙ポート《コンピューター本体と周辺機器・外部回線とのデータの受け渡しのための本体側の接合部》. **2 a** (商船の船側の)載貨門, 荷役口. **b** (戦車・航空機・要塞・昔の軍艦の)砲門, 銃眼. **c** 舷(げん)窓 (scuttle). **d** 載貨門や砲門のふた (port lid). **3** 〘機械〙(蒸気・空気・水などの通路となる)シリンダーの穴, 蒸気口, 出入口; (自動火器に連発作用を起こさせる)ガス漏孔: an exhaust ～ 排気口; 排出口 / a steam ～ 蒸気口. **4** (ある種の馬銜(はみ)または轡(くつわ)の)中高部, 屈曲部, 舌寛(ぜつかん). **5** 《スコット》(城市・砦(とりで)などの)門, 城門, 市門, 関門 (gate). — *vt.* 〘電算〙〈プログラムなどを〉移植する 〔*to*〕. 〖(*c*1300) □ (O)F *porte* < L *portam* gate ← IE **per* (⇨ port¹): cf. OE *port* gate □ L〗

port⁵ /pɔ́ət | pɔ́ːt/ *n.* **1** 〘軍事〙控え銃(つつ)の姿勢: at the ～ 控え銃の姿勢で / high ～ (走行・跳躍のときの)控え銃の姿勢《体の正面で銃身を左肩から右腰の方向に斜めに保持する姿勢》. **2** 《古》態度, 身振り, 挙動 (bearing); 様子 (manner). **3** 《まれ》豪奢な暮らしぶり; 高い地位.
— *vt.* **1** 〘軍事〙〈銃を〉控え銃にする: *Port arms!* 控え銃 (cf. port arms). **2** 《古》運ぶ (carry); になう (bear). 〖n.: (?*a*1300) □ (O)F ～ ← *porter* to carry, bear < L *portāre* to carry, 《原義》to bring into port ← *portus* 'PORT¹'. — v.: (1566) □ F *porter* to carry〗

port⁶ /pɔ́ət | pɔ́ːt/ *n.* **1** 《豪》＝portmanteau. **2** バッグ, 買い物袋. 〖1908〗

port. 《略》portrait.

Port. 《略》Portugal; Portuguese.

por·ta·ble /pɔ́ətəbḷ | pɔ́ːtə-/ *adj.* **1 a** 持ち運びのできる, 移動可能の; 携帯に便利な, 手軽に持ち運びできる, 携帯用の, ポータブルの (↔ stationary): ～ property [baggage] 持ち運びできる所有物[荷物] / a ～ engine [crane] 移動機関[起重機] / a ～ telephone [radio] 携帯電話[ラジオ]. **b** 〘電算〙〈プログラムが〉転送可能な. **2** (年金制度が異なる職種間で)通算可能な. **3** 《廃》耐えられる (endurable). — *n.* **1** 移動可能な校舎. **2** 携帯用タイプライター[ラジオ, テレビ(など)]. **por·ta·bil·i·ty** /pɔ̀ətəbíləṭi | pɔ̀ːtəbílṇti/ *n.* **pór·ta·bly** *adv.* **～·ness** *n.* 〖(?*a*1425) □ (O)F ～ // LL *portābilis* ← L *portāre* to carry: ⇨ port⁵ (v.) -able〗

Por·ta·crib /pɔ́ətəkrɪb | pɔ́ːtə-/ *n.* 〘商標〙ポータクリブ《米国製の携帯用ベビーベッド》.

Pòrt Ádelaide *n.* ポートアデレード《オーストラリア South Australia 州 Adelaide の外港都市》.

pórt ádmiral *n.* 《英古》海軍基地司令官, 鎮守府司令長官. 〖1829〗

Por·ta·down /pɔ̀ətədáʊn | pɔ̀ːtə-/ *n.* ポータダウン《北アイルランド南部 Armagh 地区の港湾都市》.

por·tage /pɔ́ətɪdʒ | pɔ́ːt-/ *n.* **1** 持ち運び, 運搬 (transport). **2** (船で貨物を二水路間にわたって輸送する際の)陸路運搬; 連水路運搬陸路 (carry). **3** 《廃》運搬物, 貨物 (freight): mariner's ～ (昔)水夫が給料の代わりに船に積み込むことを許された貨物, その置場. **4** 《古》運賃 (carriage cost). — *vt.* 〈船・貨物などを〉二水路間の陸路で運ぶ. — *vi.* 所持品を二水路間の陸路で運ぶ. 〖n.: (1423) □ (O)F ～ ← *porter* 'to carry, PORT⁵': ⇨ -age. — v.: (1864) ← (n.)〗

Por·ta·ka·bin /pɔ́ətəkæ̀bṇn | pɔ́ːtəkæbɪn/ *n.* 〘商標〙ポータキャビン《英国製の移動可能なプレハブ小屋》.

por·tal¹ /pɔ́əṭḷ | pɔ́ːtḷ/ *n.* **1** [*pl.*] (建物・公園・都市などの堂々たる)入口, 正門, 表玄関, ポルタイユ. **2** [*pl.*] 《詩》入口: death's dark ～. **3** 〘土木〙**a** 橋門《下路トラス橋の両端で最初の2つの主構の間の空間》. **b** 杭門, ポータル《トンネルの坑口を防護するため出口・入口に設ける門状の構造物》. **4 a** 〘医学〙(病原菌などの)侵入門. **b** 〘解剖〙＝portal vein. **5** 〘電算〙ポータル《インターネット利用の出発点となるページ》. — *adj.* **1** 〘解剖〙肝門(かんもん)(部)の; 門脈の. **2** ＝portal-to-portal. 〖(?*c*1380) *portale* □ OF *portal* □ ML *portāle* city-gate, porch ← *portālis* of a gate ← L *porta* 'PORT⁴': ⇨ -al¹〗

por·tal² /pɔ́əṭḷ | pɔ́ːtḷ/ *n.* ポータル式組立家屋. 〖← *Wyndham Raymond Portal* (1942–44: 英国の建設相)〗

pórtal fràme *n.* 〘土木〙門型構造, 門形ラーメン《2本の柱に1本の梁の最も簡潔な枠構造》.

pórtal sỳstem *n.* 〘解剖〙門脈系. 〖1851〗

pórtal-to-pórtal *adj.* 《米》拘束時間賃金の. 〖1943〗

pórtal-to-pórtal páy *n.* 《米》拘束時間賃金, 拘束時間払い賃金《労働者が義務として工場・事業所内にいることを要する時間, すなわち門を入ってから門を出るまでの時間に対して支払われる賃金》. 〖1943〗

pórtal véin *n.* 〘解剖〙門脈. 〖1845〗

Pòrt Amélia *n.* ⇨ Pemba.

por·ta·men·to /pɔ̀əṭəméntoʊ | pɔ̀ːtəméntəʊ; *It.* portaménto/ *n.* (*pl.* **-men·ti** /-tiː; *It.* -ti/, ～**s**) 〘音楽〙ポルタメント《一つの音がなめらかに他の音に移っていくこと》. 〖(1771) □ It. ～ 《原義》act of carrying ← L *portāre* 'to carry, PORT⁵'＋*-mento-* 'MENT'〗

por·tance /pɔ́əṭəns, -tṇs | pɔ́ːtəns, -tṇs/ *n.* 《古》態度, 身ごなし, 姿勢 (bearing) (cf. port⁵ 2). 〖(1590) □ OF ～ ← *porter* 'to carry PORT⁵': ⇨ -ance〗

Por·ta Pot·ti /pɔ́əṭəpɑ̀(ː)ti | pɔ́ːtəpɔ̀ti/ *n.* 〘商標〙ポータポッティ《米国製のアウトドア生活用の持ち運び式便器》.

pórt árms *n.* 控え銃(つつ)(の姿勢). 〖(1877) ← *Port arms!* (imp.)〗

Pòrt Árthur *n.* ポートアーサー: **1** 米国 Texas 州南東部, Sabine 湖に臨む港湾都市. 《← *Arthur Edward Stilwell* (1859–1928: 博愛主義者)》 **2** オーストラリアの Tasman 半島南岸に19世紀の半ばにあった流刑地. **3** 旅順 (Lüshun) の旧英語名.

por·ta·tive /pɔ́əṭəṭɪv | pɔ́ːtət-/ *adj.* 《古》**1** 持ち運びできる, 携帯用の (portable). **2** 運搬能力のある, 運搬の. 〖(*c*1378) *portatif* □ (O)F ← L *portātus* (p.p.) ← *portāre* 'to carry, PORT⁵': ⇨ -ative〗

pórtative órgan *n.* ポータティブオルガン《小型で持ち運びできるパイプオルガン》. 〖1518–19〗

Pòrt Augústa *n.* ポートオーガスタ《South Australia 州 Spencer 湾先端の港湾都市》.

Port-au-Prince /pɔ̀ətoʊpríns | pɔ̀ːtə(ʊ)-; *F.* pɔʁtopʁɛ̃ːs/ *n.* ポルトープランス《西インド諸島のハイチ (Haiti) の海港; 同国の首都》.

pórt authòrity *n.* 港湾管理委員会 (⇨ PORT¹ of London [New York]).

pórt bàr *n.* **1** 河口[港口]の洲(す). **2** 港口閉塞(へいそく)用の防材. **3** 〘海事〙載貨門や砲門の扉の閂(かんぬき).

pórt bèam *n.* 〘海事〙左舷正横 (cf. starboard beam): on the ～.

Pòrt Bláir /-bléə | -bléə^(r)/ *n.* ポートブレア《インド洋の Andaman and Nicobar 群島の海港・主都》.

pórt bów /-báʊ/ *n.* 〘海事〙左舷船首: on your ～ 左舷船首に, 左前方の.

pórt càptain *n.* 〘海事〙 **1** 荷役監督. **2** 海務監督 (marine superintendent).

pórt chàrges *n. pl.* 港税, 入港税, トン税. 〘1652〙

pòrt·cràyon *n.* 《古》 (金属製の)クレヨンばさみ 《鉛筆の補助軸に似た形のもの》. 〘(1720) □ F *portecrayon* ←: ⇨ porte-, crayon〙

port·cul·lis /pɔətkʌ́lɪs | pɔːt-/ *n.* **1** 〘築城〙 落とし格子門, 落とし門, つるし門 《縦みぞによって上下の開閉が自由になっている; 城門などに取り付けて必要なときには下ろして通行を防ぐ》. **2** 〘紋章〙 落とし格子の図形. **~ed** *adj.* 〘(?a1300) *port colice, portcoles* □ OF *porte coleice* ← *porte* 'gate, PORT⁴' + *coleice* (F *coulisse*) ((fem.) ← *couleis* sliding < VL **cōlāticium* ← L *cōlātus* (p.p.) ← *cōlāre* to filter, strain)〙

portcullis 1

port de bras /pɔ̀ədəbrɑ́ː | pɔ̀ː-; *F.* pɔʀdəbʀa/ *n.* 《バレエ》 ポールドブラ 《腕の運び, 腕の動き》; そのレッスン[練習]. 〘(1912) □ F ~ 《原義》 carriage of the arm〙

Port du Salut /pɔ̀ədəsəlúː | pɔ̀ːdjusəlúː, -ljúː; *F.* pɔʀdysaly/ *n.* = Trappist cheese.

Porte /pɔ́ət | pɔ́ːt/ *n.* [the ~] オスマン帝国政府, オスマン宮廷. 〘(1600) ← F (*la Sublime*) *Porte* 《なぞり》 ← Arab. *al-Bāb al-ʿĀlī* 《原義》 the high gate: ⇨ port⁴〙

porte- /pɔ́ət | pɔ́ːt; *F.* pɔʀt/ *F.* 「…ばさみ, …差し, …入れ」の意の連結形: ⇨ porte-crayon. 〘← F *porte* (imper.). ← *porter* 'to carry, PORT⁵'〙

porte co·chere /pɔ̀ətkouʃέə | pɔ̀ːtkɔʃέə^(r); *F.* pɔʀtkɔʃɛːʀ/ *n.* (*also* **porte co·chère** /~/) **1** 馬車出入口; 車寄せ (carriage porch). **2** 《米》 (自動車に乗降する人の雨よけなどになる)玄関のひさし (porch roof). 〘(1698) □ F *porte cochère* 《原義》 coach gate: ⇨ port⁴, coach〙

porte-cray·on /pɔ̀ətkréɪən | pɔ̀ːt-/ *F. n.* 《古》 = portcrayon.

porte·feuille /pɔ̀ətfɜ́ːɪ | pɔ̀ːt-; *F.* pɔʀtfœj/ *F. n.* 《古》 紙ばさみ (portfolio). 〘(1699) □ F ~ 《原義》 leaf-carrier: ⇨ porte-, foil¹: cf. portfolio〙

Pòrt Elízabeth *n.* ポートエリザベス 《南アフリカ共和国南部, Eastern Cape 州の海港》.

porte-mon·naie /pɔ̀ətmʌ̀ni, ⌐–⌐– | pɔ̀ːtmʌ̀ni, ⌐–⌐–; *F.* pɔʀtmɔnɛ/ *F.n.* (*pl.* **~s** /~z; *F.* ~/) 紙入れ (pocketbook), 財布, がまぐち. 〘(1855) □ F ~ 《原義》 money-carrier: ⇨ porte-, money〙

Por·te·ña /pɔətéɪnjə | pɔː-; *Am.Sp.* poɾtéɲa/ *Sp.n.* Porteño の女性形. 〘(1884) □ Sp. ~ (fem.) ← PORTEÑO〙

por·tend /pɔəténd | pɔː-/ *vt.* **1** 〈物・事が〉〈よくない事〉の前兆になる, 〈重大なことを〉予示する, 予告する (presage): Black clouds ~ a storm. 黒雲はあらしの前兆だ. **2** 《廃》 意味する (signify), 示す (indicate). 〘(?a1425) *portende(n)* □ L *portendere* to point out, foretell ← *por-* forward (⇨ pro-¹) + *tendere* 'to stretch, TEND¹'〙

Por·te·ño /pɔətéɪnjou | pɔːtéɪnjəu; *Am.Sp.* poɾtéɲo/ *Sp. n.* ブエノスアイレス (Buenos Aires) の住民. 〘(1904) □ Sp. ~ ← *puerto* 'harbor, PORT¹'〙

por·tent /pɔ́ətent | pɔ́ːtent, -tənt, -tn̩t/ *n.* **1** (不吉・重大事の)兆し, 前兆 (omen): ~*s* of war, a storm, etc. **2** 驚異(的なもの) (marvel), 異常な人[物] (prodigy): the ~*s* of atomic science 原子科学の驚異. **3** (特に未来についての不吉な)意味合い (significance): an occurrence of evil ~ 不吉な出来事. 〘(1563–87) □ L *portentum* strange sign ← *portentus* (p.p.) ← *portendere* 'to PORTEND'〙

por·ten·tous /pɔəténtəs | pɔːtént-/ *adj.* **1** 《軽蔑》 おごそかな, もののしい (solemn); 尊大な, もったいぶった: a ~ manner しかつめらしい態度. **2** 不吉な兆しの, 不吉な (⇨ ominous SYN); 〔…の〕前兆となる 〔*of*〕: a ~ event, occurrence, etc. / the ~ days before the outbreak of war 戦争勃発(ぼっ)前の険悪なころ. **3** 驚くべき, 驚異的な (amazing); 非常な, すさまじい (prodigious): a building of ~ size 恐ろしく大きな建物 / a man of ~ abilities すごい手腕家. **4** 非常に意味のある, 極めて重要な: ~ happenings. **~·ly** *adv.* **~·ness** *n.* 〘(c1540) ← L *portentōsus* monstrous, marvelous ← *portentum* (↑): ⇨ -ous〙

por·ter¹ /pɔ́ətə | pɔ́ːtə^(r)/ *n.* **1 a** (駅や空港の)赤帽, ポーター; (ホテルの)ボーイ. **b** 運搬人, かつぎ人夫. **2** 《米・カナダ》 (寝台[食堂]車の)ボーイ, ウェーター. **3** (ビルなどの)掃除人[夫]. **4** 《古》 (ニュースなどを)もたらす人; (病気を)うつす人. **5** 《アフリカ東部》 肉体労働. 〘(c1384) *portour* □ OF *porteour* (F *porteur*) < ML *portātōrem* ← L *portātus* (p.p.) ← *portāre* 'to carry, PORT⁵': ⇨ -er¹〙

por·ter² /pɔ́ətə | pɔ́ːtə^(r)/ *n.* **1** 《英》 門番, 受付, 玄関番 (doorkeeper); (大学の)門衛: a ~'*s* lodge 門番小屋, 門衛所. **2** 〘カトリック〙 = ostiary 1 b. 〘(c1250) □ AF ~ = (O)F *portier* < LL *portārium* ← L *porta* 'gate, PORT⁴': ⇨ -er¹〙

por·ter³ /pɔ́ətə | pɔ́ːtə^(r)/ *n.* 《英》 ポーター 《焦がした麦芽を使った stout より弱い黒ビール》. 〘(1727) 《略》 ← *porter's ale, porter('s) beer*: もとは London などの荷物運搬人夫などが飲んだことから〙

Por·ter /pɔ́ətə | pɔ́ːtə^(r)/, **Cole** *n.* ポーター 《1893–1964; 米国の流行歌・ミュージカル作曲家; *Night and Day*》.

Porter, Gene *n.* ポーター 《1868–1924; 米国の小説家; 筆名 Stratton-Porter; *A Girl of the Limberlost* (1909)》.

Porter, George *n.* ポーター 《1920– ; 英国の化学者; Nobel 化学賞 (1967)》.

Porter, Katherien Anne *n.* ポーター 《1890–1980; 米国の小説家; *Flowering Judas* (短編集) (1930), *Ship of Fools* (1962)》.

Porter, Noah *n.* ポーター 《1811–92; 米国の哲学者・著述家・辞書編集家》.

Porter, Peter *n.* ポーター 《1929–2010; オーストラリア Brisbane 生まれの英国(在住)の詩人》.

Porter, William Sydney *n.* ⇨ O. Henry.

por·ter·age /pɔ́ətərɪdʒ | pɔ́ːtə-/ *n.* **1** 運搬 (carriage); 運送業 (carriage business). **2** 運搬料, 運賃. 〘(1437–38) ← PORTER¹ + -AGE〙

por·ter·ess /pɔ́ətərɪs | pɔ́ː-/ *n.* = portress.

pórter·hòuse *n.* 《米》 **1** ポーターハウス 《上腰部の肉からとった大型ステーキ; T-bone とヒレ肉からなる; porterhouse steak ともいう; cf. club steak; ⇨ beef 挿絵》. **2** 《古》 ポーターなどを飲ませる(時にはステーキなど食べさせる)居酒屋, 簡易食堂 (chophouse). 〘(1800): ⇨ porter³〙

pórter's chàir *n.* ポーターチェア 《背が伸びて上方を覆い, 左右を袖で閉じてすき間風を防ぎ, 通例ホール入口に備えつける椅子; cf. wing chair》. 〘1939〙

pórter's knòt *n.* 《英》 かつぎ人夫が用いる肩当て.

Pòrt Étíenne *n.* ⇨ Nouadhibou.

pórt·fìre *n.* **1** のろし打上げ装置. **2** 〘鉱山〙 発破点火装置. 〘(1647) 《部分訳》 ← F *portefeu* ← PORTE- + *feu* 'FIRE'〙

port·fo·li·o /pɔətfóuliòu | pɔːtfə́uliəu/ *n.* (*pl.* **~s**) **1 a** 紙ばさみ, 折りかばん, 書類かばん. **b** (携帯用の)官庁の書類入れ. **2** (紙ばさみ式の)画集, 画帳; (自分の業績を示す写真などの)作品集. **3** 〘経済〙 有価証券明細表[書]; ポートフォリオ 《一定の投資計画に従って構成された, 債券・株式などの投資の集合[全体]》. **4** 大臣の職[地位]: a minister without ~ 無任所大臣, 国務大臣 (★ *pl.* 形は ministers without portfolios). 〘(1722) *porto folio* □ It. *portafoglio* ← *porta* ((imper.) ← *portare* 'to carry, PORT⁵') + *foglio* 'leaf, FOIL¹': cf. portefeuille〙

Port-Gen·til /pɔ̀əʒɑ̃ː(n)tíːl, -ʒɑːn- | pɔ̀ː-; *F.* pɔʀʒɑ̃ti/ *n.* ポールジャンティ 《ガボン西部の港湾都市》.

Pòrt Hár·court /-hɑ́əkɔət, -kət | hɑ́ːkɔːt, -kət/ *n.* ポートハーコート 《ナイジェリア南西部の港湾都市; Rivers 州の州都》.

Pòrt Héd·land /-hédlənd/ *n.* ポートヘッドランド 《オーストラリア Western Australia 州北西部の港町》.

pórt·hòle *n.* **1** 〘海事〙 (船側にあけた)砲門, 舷窓(げん), 載貨門, 荷役口. **2** 〘航空〙 機窓. **3** (城壁・戦車などにあけた)砲門, 銃眼, 砲眼. **4** 〘機械〙 蒸気口. 〘1591〙

pórthole dìe *n.* 〘金属加工〙 組合わせダイス, ポートホールダイス 《棒材から管材を押し出し加工するときに用いる中子(なかご)付きのダイス》.

Por·tia /pɔ́əʃə | pɔ́ːʃə, -ʃiə/ *n.* **1** ポーシャ 《女性名》. **2** ポーシャ 《Shakespeare 作 *The Merchant of Venice* の女主人公; 男装して裁判官になり名判決を下す才女》. **3** 女弁護士. 〘□ L *Porcia* (*fem.*) ← *Porcius* (ローマの氏族名)? ← *porcus* (⇨ pork)〙

pór·tia trèe /pɔ́əʃə- | pɔ́ː-/ *n.* 〘植物〙 サキシマハマボウ, トウユウナ, タイワンアオイ (*Thespesia populnea*) 《熱帯アジア・太平洋諸島産アオイ科の常緑低木; 心臓形の葉と黄あるいは紫色の鐘状の花をつける; bendy tree ともいう》. 〘← Tamil *purašu*〙

por·ti·co /pɔ́ətɪkòu, pɔ́ə- | pɔ́ːtɪkəu/ *n.* (*pl.* **~es**, **~s**) **1** 〘建築〙 ポーチコ, (破風(はふ)のある)柱廊玄関 《円柱または迫持(せりもち)で支えられた破風付きの建物; 通例玄関として主建築物に付属している》. **2** [the P-] 〘哲学〙 = porch 3. 〘(1605) □ It. ~ < L *porticum*: PORCH と二重語〙

portico 1

pór·ti·còed *adj.* ポーチコのある, 柱廊玄関になった: a ~ front door. 〘(1665): ⇨ ↑, -ed 2〙

por·tiere /pɔətjέə, -tíə, pɔ́ətiə | pɔ̀ːtiέə^(r); *F.* pɔʀtjɛːʀ/ *n.* (*also* **por·tière** /~/) (*pl.* **~s** /~z; *F.* ~/) (戸口に戸代わりまたは装飾に下げる)仕切り幕, とばり, のれん, カーテン. **por·tièred** *adj.* 〘(1843) □ F *portière* ← *porte* 'door, PORT⁴': ⇨ -ier¹〙

Porțile de Fier /*Rom.* poɾtsíːledefjér/ *n.* [the ~] 鉄門 《Iron Gate のルーマニア語名》.

por·tion /pɔ́əʃən | pɔ́ː-/ *n.* **1** 一部, 部分, 構成部分 (⇨ part SYN): a small ~ of the whole 全体の小部分 / a ~ of land 少しばかりの土地. **2** 1 人前の食物, 1 皿分; 盛り (serving): one ~ of roast beef ローストビーフ 1 人前. **3** 分け前 (share). **4 a** 〘法律〙 分与相続分 《親の財産から子に分与されるべき部分》. **b** (分け与えられた)持参金 (dowry), (marriage portion). **5** 神から割り当てられたもの, 運命 (fate): our ~ in life 我々の運命. — *vt.* **1** 分ける (divide), 分配する, 配分する (parcel 〈*out*〉): ~ *out* food, land, property, etc. **2** 〈人〉に分け前[分与産, 持参金]を与える[あてがう]: ~ a person handsomely たくさんの分け前[持参金]を与える. **3** 運命づける, …に運命を負わせる. 〘*n.*: (a1325) *porcion, porciun* □ OF *porcion* □ L *portiō(n-)* a share, part. — v.: (a1338) *portione(n)* □ OF *portionner* ← (n.): cf. L *pars* a part〙

pór·tion·er /-ʃ(ə)nə | -nə^(r)/ *n.* **1** 分配者, 配当者; 被分配者, 配当受領者. **2** 〘教会〙 共同牧師, 共同聖職者 《牧師職を分担して教会収入の分け前を受けている二人以上の牧師の中の一人》. 〘(1552): ⇨ ↑, -er¹〙

pór·tion·ist /-ʃ(ə)nɪst | -nɪst/ *n.* **1** 《英》 = postmaster². **2** 〘教会〙 = portioner 2. 〘(a1672) □ ML *portiōnista* ← L *portiō(n-)* 'PORTION': ⇨ -ist〙

pórtion·less *adj.* 分け前のない; (特に)持参金[分与相続分]のない: a ~ daughter. 〘1782〙

Pòrt Jáckson *n.* ポートジャクソン湾 《オーストラリアの南東部, 太平洋岸の小湾; Sydney の良港を形成する; 1788 年 Botany Bay 沿岸の犯罪者植民地が 8 km 北にあるここに移された》.

Port·land /pɔ́ətlənd | pɔ́ːt-/ *n.* ポートランド: **1** 米国 Oregon 州北西部, Willamette 川と Columbia 川の合流点にある港湾都市. **2** 米国 Maine 州, Casco 湾に臨む海港. 〘⇨ port¹, land: 英国の地名から〙

Portland, the Isle of *n.* ポートランド島 《イングランド Dorsetshire 州にある石灰岩の半島; 南端 Portland Bill には灯台がある; Portland Prison (刑務所, 現在は感化院)がある; Portland stone の産地》.

Portland, 3rd Duke of *n.* ⇨ Bentinck.

pórtland blást-fúrnace slág cemént *n.* 高炉セメント, 鉄セメント 《高炉の水砕スラグとポルトランドセメントクリンカーとから成る水硬性の混合セメント》.

pórtland cemént *n.* ポルトランドセメント 《粘土と石灰岩その他を混ぜてほとんど溶融するまで焼いた焼塊 (clinker) を粉砕したもの; その凝固したものが Portland stone に似ている; 普通に「セメント」と称するもの; cf. natural cement》. 〘(1824) ← *Portland stone*: その色が類似しているところから〙

Pórtland róse *n.* 〘園芸〙 ポートランド系バラ 《Damask rose の一系統で, 返り咲き性があるバラ; hybrid perpetual rose 前によく栽培された》.

Pórtland stóne *n.* ポートランド石 《イングランド Isle of PORTLAND 産の黄白色の石灰岩; 建築用材》. 〘(1673) ← (*Isle of*) *Portland*〙

Port·laoi·se /pɔətlíːʃə | pɔːt-/ *n.* (*also* **Port·laoigh·i·se** /~/) ポートリーシェ, ポートレイイシェ 《アイルランド中部 Laoighis 州の州都; 刑務所の所在地》.

Pòrt Lóuis *n.* ポートルイス 《モーリシャスの海港で, 同国の首都》.

port·ly /pɔ́ətli | pɔ́ːt-/ *adj.* (**port·li·er**; **-li·est**) **1** 〈体など〉大柄の, 太った, 恰幅(かっぷく)のよい (⇨ fat SYN): a ~ belly 太鼓腹 / be of ~ build 太った体格をしている. **2 a** 《古・方言》 風采(ふうさい)の立派な, 押し出しのいい, 堂々たる, 威厳のある: a ~ gentleman, policeman, etc. / a lady of ~ presence 押し出しの立派な女性. **b** 〈本など〉分厚い. **pórt·li·ness** *n.* 〘(a1529) ← PORT⁵ (n.) + -LY²〙

Pòrt Lyau·téy /-lioutéɪ, -óuteɪ | -əutéɪ, -áuteɪ/ *n.* ポールリョーテー 《Kenitra の旧名》.

Port Mahon *n.* ⇨ Mahon.

port·man·teau /pɔətmǽntou | pɔːtmǽntəu/ *n.* (*pl.* **~s**, **-man·teaux** /~z/) 《英》 **1** 旅行かばん 《背中の真ん中が蝶番(ちょうつがい)になっていて, 二つに開かれる小型トランク; 元は馬に乗せて着替えなどを持ち運んだ; cf. Gladstone 1》. **2** 〘(1871): cf. Lewis Carroll, *Through the Looking-Glass* ch. vi〙 〘言語〙 = portmanteau word. — *adj.* 二つ以上の用途[性質]を兼ねた. 〘(1584) □ F *portemanteau* cloak carrier: ⇨ port⁵ (v.), mantle〙

portmánteau wòrd *n.* 〘言語〙 **1** かばん語 《二語が混交して一語になった語; 例: *snark* (← *snake* + *shark*) / *brunch* (← *breakfast* + *lunch*); blend ともいう》. **2** 転用語, 代用語 (counterword) 《単に portmanteau ともいう》. 〘1962〙

Pòrt Móres·by /-mɔ́əzbi | -mɔ́ːz-/ *n.* ポートモレスビー 《New Guinea 島南東部, Papua New Guinea の首都・海港》.

Pòrt Ní·chol·son /-níkəlsən, -sn̩/ *n.* ポートニコルソン: **1** ニュージーランドにおける最初の英国植民地; 1840 年に Wellington Harbour に設立; 後 Wellington になる. **2** ニュージーランドの Wellington Harbour の旧名.

Por·to /*Port.* póɾtu/ *n.* ポルト 《Oporto のポルトガル語名》. 〘□ Port. ~ ← *Oporto*〙

Por·to A·le·gre /pɔ̀ətuːəlégri, -tu-, -grə | pɔ̀ːtəu-əlégri; *Braz.* poɾtualégɾi/ *n.* ポルトアレグレ 《ブラジル南部の海港で商業の中心》. 〘□ Braz. ~ 《原義》 cheerful port〙

por·to·bel·lo /pɔ̀ətəbélou | pɔ̀ːtə(u)béləu/ *n.* (*pl.* **~s**) ポルトベロ(マッシュルーム) 《かさの大きな香りの強い褐色の食用キノコで, ツクリタケの栽培品; portobello mushroom ともいう》.

Por·to·be·lo /pɔ̀ətəbélou, -tou- | pɔ̀ːtə(u)béləu; *Sp.* poɾtoβélo/ *n.* (*also* **Por·to Bel·lo** /~/) ポルトベロ 《パナマの Colón の北東にある小港; もとスペインのアメリカ植民地主都, Columbus により発見, 命名 (1502)》. 〘□ It. ~ 《原義》 beautiful port〙

Pórt-of-Spáin *n.* ポートオブスペイン 《Trinidad 島北西部にある海港; トリニダード トバゴ (Trinidad and Tobago) の首都》.

por·to·lan /pɔ́ətəlæ̀n | pɔ́ːtə-/ *n.* (*also* **por·tu·lan** /pɔ́ətəlæn, -tʃu- | pɔ́ːtə-, -tʃu-/) = portolano.

P

por·to·la·no /pɔ̀ətəlá:noʊ, -tḷ- | pɔ̀:təlá:nəʊ; *It.* portolá:no/ *n.* (*pl.* ~**s**, **-la·ni** /-ni:; *It.* -ni/) ポルトラーノ, ポルトラニ《中世の海図付き公用水路誌》. 〖《1858》□ It. ~ 'shipmaster's guidebook, harbor master'□ML *portulānus*: ⇨ port¹, -ule, -an¹〗

Por·to-No·vo /pɔ̀ətənóʊvoʊ, -toʊ- | pɔ́:tə(ʊ)nə́ʊvəʊ/ *n.* ポルトノボ《アフリカ西部ベニン (Benin) 共和国南部にある海港で同国の首都》. 〖□ Port. ~《原義》new port〗

Pòrt Ór·ford cédar /-ɔ́əfəd- | -ɔ́:fəd-/ *n.* **1**〖植物〗ベイヒ, ローソンヒノキ (*Chamaecyparis lawsoniana*)《米国南西部産ヒノキの一種; 高さ 60 m にも達する; Oregon cedar, white cedar ともいう》. **2** ベイヒ材. 〖← *Port Orford* (米国 Oregon 州の海港名)〗

Por·to Ri·can /pɔ̀ətərí:kən | pɔ̀:tə(ʊ)-/ *n., adj.* =Puerto Rican.

Por·to Ri·co /pɔ̀ətərí:koʊ | pɔ̀:tə(ʊ)rí:kəʊ/ *n.* 1932 年までの Puerto Rico の旧名.

Pôr·to Ve·lho /pɔ̀ətuvélju: | pɔ̀:-/ *n.* ポルトヴェリェ《ブラジル西部 Madeira 川に臨む都市》.

Pòrt Phíllip Báy *n.* ポートフィリップ湾《オーストラリア南東部の湾; 長さ 50 km, 幅 32 km; Melbourne 港を擁する》.

Pòrt Pí·rie /-píri/ *n.* ポートピリー《South Australia 州南部 Spencer 湾の東の港湾都市; 世界最大の鉛の製錬所がある》.

por·trait /pɔ́ətrɪ̣t, -treɪt | pɔ́:-/ *n.* **1** (特に, 顔の)肖像(画, 彫刻), 肖像[人物]写真; 似顔: a ~ photographer 人物写真家. **2** 彫像, 胸像. **3** (言葉による)描写; 人物描写. **4** 生き写し(のもの), 類似物 (image), 類型 (type). — *adj.*〖印刷〗(印刷内容に対して)〈紙面が〉縦置きの, ポートレートの (cf. landscape). 〖《1570》□ F ~ (p.p.) ← OF *portraire* 'to PORTRAY'〗

pór·trait·ist /-tɪ̣st | -tɪst/ *n.* 肖像画家, 人物写真家. 〖1866〗

pórtrait flàsk *n.* 側面に肖像がかたどられている酒瓶.

pórtrait mòde *n.* 縦長の紙 [絵, 写真].

por·trai·ture /pɔ́ətrətʃə, -tʃʊə, -t(j)ʊə | pɔ́:trɪ̣tʃə^(r), -tjʊə^(r)/ *n.* **1** 肖像画法. **2** [集合的に] 肖像画, 人物画; 肖像画集: in ~ (肖像に)描かれた / ~ of celebrities 有名人の肖像画. **3** (言葉による)人物描写(法), 描写(品). 〖《*c*1380》 *purtreyture* □ OF *portraiture*: ⇨ portrait, -ure〗

por·tray /pɔətréɪ, pə- | pɔ:-/ *vt.* **1**〈人物・風景を〉(絵画・彫刻などで)表現する, 描く (depict); …の肖像を描く. **2** (言葉で)描く, 生き生きと描写する, 活写する: ~ oneself as … 自らを…だと述べる. **3** (舞台で)〈役を〉表現する, 演じる. **~·a·ble** /-əbl/ *adj.* **~·er** *n.* 〖《*c*1250》 *purtreie(n)* □ OF *pourtraire* < L *protrahere* to draw forth ← PRO-¹+*trahere* to draw (← IE **tragh-* to draw, drag)〗

P

por·tray·al /pɔətréɪ(ə)l, pə- | pɔ:-/ *n.* **1** 描くこと, 描画, 描写; 記述 (description). **2** 描画[描写]物, 肖像. 〖《1847》: ⇨ ↑, -al¹〗

port·reeve /pɔ́ətrì:v | pɔ́:-/ *n.* **1**〖英史〗市長 (mayor); (町の)助役, 代官 (bailiff). **2** (港町の)首席役人. 〖OE *portgerēfa* mayor of a town: ⇨ port¹, reeve¹〗

por·tress /pɔ́ətrɪ̣s | pɔ́:-/ *n.* **1** (女子修道院・アパートなどの)女性の門番[玄関番] (woman porter). **2** (家庭の)雑役婦; 掃除婦 (charwoman). 〖《?*c*1408》: ⇨ porter^1, 2, -ess¹〗

Port-Roy·al /pɔ̀ətrɔ́ɪ(ə)l | pɔ̀:t-; *F.* pɔʀʀwajal/ *n.*〖キリスト教〗ポールロワイヤル《17 世紀にヤンセン説 (Jansenism) の中心となったパリの(女子)修道院》. 〖1692〗

Pòrt Róyal *n.* ポートロイヤル: **1** 米国 South Carolina 州南部にある島. **2** Port Royal 島の村; フランスプロテスタント教徒ユグノー (Huguenots) の植民地 (1562). **3** Jamaica 島南東部 Kingston 港入口の都市; Jamaica の旧主都. **4** Annapolis Royal の旧名. **5** =Port-Royal.

Pòrt Róy·al·ist /-lɪ̣st | -lɪst/ *n.*〖キリスト教〗ヤンセン説 (Jansenism) の信奉者 (cf. Port-Royal). 〖《1727–41》□ F *port-royaliste*: ⇨ Port-Royal, -ist〗

Pòrt Sa·íd /-sɑ:í:d, -sáɪd | -sáɪd, -sɑ́:i:d/ *n.* ポートサイド《エジプト北東部 Suez 運河の地中海側の海港》.

Port Sa·lut /pɔ̀əsəlú: | pɔ̀:səlú:, -ljú:; *F.* pɔʀsaly/ *n.* =Trappist cheese.

pórt·sìde¹ *n., adj.* 左舷(の); 左の, 左翼の. — *adv.* 左舷へ[に]. 〖《1926》← PORT²〗

pórt·sìde² *n., adj.* 河岸(かし)(の), 海岸通り(の). 〖← PORT¹〗

pórt·sìd·er *n.*《米俗》左利き;〖野球〗左腕投手 (southpaw). 〖《1926》← PORTSIDE¹+-ER¹〗

Ports·mouth /pɔ́ətsməθ | pɔ́:ts-/ *n.* ポーツマス: **1** イングランド南部 Wight 島の対岸にある, イギリス海峡に臨む港湾都市, 海軍の主要基地. **2** 米国 Virginia 州南東部の海港, 海軍造船所がある. **3** 米国 New Hampshire 州南東部の海港・海軍基地; 日露講和条約締結 (1905) の地. 〖OE *Portesmūþa*《原義》the mouth of Port harbour: ⇨ port¹, mouth〗

pórt spèed *n.*〖造船〗ポートスピード《荷役作業能率》.

Pòrt Stánley *n.* ⇨ Stanley.

Pòrt Sudán *n.* ポートスーダン《スーダン北東部, 紅海に臨む海港》.

pórt superintèndent *n.*〖海事〗=marine superintendent.

pórt tàck *n.*〖海事〗(帆船の)左舷開き《風を左側から受けた状態での帆走》. 〖1857〗

Pòrt Tál·bot /-tǽlbət | -tɔ́:lbət/ *n.* ポートトールボット《ウェールズ南西部 Swansea 湾にある港湾都市で工業が盛ん; 大規模な製鉄所がある》.

Por·tu·gal /pɔ́ətʃʊ̣gəl | pɔ́:tʃʊ-, -tjʊ-; *Port.* puɾtuɣáɫ/ *n.* ポルトガル《ヨーロッパ南西部の共和国; (Azores および Madeira 諸島を含めて) 面積 91,500 km², 首都 Lisbon; 公式名 the Republic of Portugal ポルトガル共和国》. 〖《*c*1390》 *Portyngale* □ Port.《古形》*Portucale* □ ML *Portus Cale* 'PORT¹ of Cale (Douro 河口の港湾都市)': Portucalé 伯 Afonso が初代の国王になったため〗

Por·tu·guese /pɔ̀ətʃʊ̣gí:z, -gí:s | pɔ̀:tʃʊgí:z, -tjʊ-⁻/ *adj.* **1** ポルトガルの. **2** ポルトガル人[語]の. — *n.* (*pl.* ~) **1** ポルトガル人. **2** ポルトガル語. 〖《1586》□ Port. *português* ∥ Sp. *portugués*: ⇨ ↑, -ese〗

Pórtuguese cýpress *n.*〖植物〗メキシコイトスギ (*Cupressus lusitanica*)《メキシコ原産の半耐冬性のヒノキ科イトスギ属の高木; 庭木に用いる》.

Pórtuguese Èast África *n.* ポルトガル領東アフリカ《Mozambique (1) の旧名》.

Pórtuguese Guínea *n.* ポルトガル領ギニア (⇨ Guinea-Bissau).

Pórtuguese Índia *n.* 旧ポルトガル領インド《インド西海岸 Goa 植民地と, その付近の島; 1962 年インドに併合》.

Pórtuguese màn-of-wár *n.*〖動物〗カツオノエボシ, (俗に)電気クラゲ《カツオノエボシ属 (*Physalia*) の数種のクラゲの総称; カツオノエボシ (*P. physalis*) など; きわめて強い刺胞毒をもち, 海水浴者の皮膚に害を与える》. 〖《1707》英国近海のものはポルトガル沿岸に生じたものが海流に流されて来るのでこの名がある〗

Pórtuguese Tímor *n.* ポルトガル領ティモール (⇨ East Timor).

Pórtuguese wáter dòg *n.* ポルトガルウォータードッグ《水泳の巧みな中形犬; 趾指間に水かきのついた足をもつ; 元来ポルトガルの沿岸で漁師の手助けに使われた》.

Pórtuguese Wèst África *n.* ポルトガル領西アフリカ《Angola の旧名》.

por·tu·lac·a /pɔ̀ətʃʊlǽkə | pɔ̀:tjʊlǽkə, -léɪ-/ *n.*〖植物〗スベリヒユ科スベリヒユ属 (*Portulaca*) の植物の総称《スベリヒユ (purslane) など》; (特に)マツバボタン (garden portulaca). 〖《1548》← NL ~ ← L *portulāca* purslane ← *portula* (dim.) ← *porta* 'gate, PORT⁴': その蒴果の包皮が開くさまが門に似ているところから〗

Por·tu·la·ca·ce·ae /pɔ̀ətʃʊləkéɪsiì: | pɔ̀:tjʊ-/ *n. pl.*〖植物〗(アカザ目)スベリヒユ科. **pòr·tu·la·cá·ceous** /-ʃəs⁻/ *adj.* 〖← NL ~ ← *Portulaca* (属名: ↑): ⇨ -aceae〗

Port-Vi·la /pɔ̀ətví:lə | pɔ̀:t-/ *n.* ポートビラ《太平洋南西部バヌアツ共和国 (Vanuatu) の首都; Vila ともいう》.

pórt wàtch *n.*〖海事〗左舷直《全乗組員を左右舷の組に分けた場合の左舷側の組の当直》. 〖1867〗

pórt wíne *n.* =port³.

pórt-wíne stàin [màrk] *n.*〖医学〗ぶどう酒様血管腫《皮膚表面の紫色の血管腫; 通例 母斑》.

POS《略》〖商業〗point of sale(s) 販売時点. 〖1972〗

pos.《略》position; positive; possession; possessive.

po·sa·da /pəsɑ́:də, poʊsɑ́:də | pə(ʊ)sɑ́:də; *Sp.* posáða, *Am.Sp.* pos-áða/ *Sp.n.* (*pl.* ~**s**) **1** (スペイン語圏の)旅館, 宿屋 (inn). **2** ポサダ《(メキシコの)クリスマス直前 9 日間の儀式; Joseph と Maria が Nazareth から Bethlehem まで 9 日間旅した伝説に基づく》. 〖《1763》□ Sp. ~ ← *posado* (p.p.) = *posar* to lodge: cf. pose¹〗

pose¹ /póʊz | pə́ʊz/ *vt.* **1 a**〈事が〉〈問題などを〉提起する, 生む, …の(元)になる: The increase in postage ~*s* an economic threat to magazines and newspapers. 郵便料金の値上げは新聞, 雑誌に経済的脅威をもたらす. **b**〈問題などを〉持ち出す, 言い出す;〈要求などを〉主張する (assert): ~ a question, a claim, an argument, etc. **2**〈モデルに〉姿勢[姿態]をとらせる, ポーズをつくらせる: ~ a model for a picture, statue, etc. **3**〈人・物を〉適当に配置する: The girls were well ~*d for* the photograph. 少女たちは写真を撮るため適当な位置に並べられた. **4**《古》置く (put). **5**〖ドミノ〗〈第 1 のドミノの牌を〉場に出す. — *vi.* **1** (モデルとして)姿勢[態度]をとる, あるポーズをつくる: He ~*s for* his portrait. **2** 気取った態度をとる, 装って見せる; (…を)気取る, 見せかける (*as*): ~ *as* a hero 英雄を気取る / ~ *as* a model of all the virtues 美徳のかがみのように見せかける.

— *n.* **1** 姿態, 姿勢, 身構え (attitude), ポーズ: strike a ~ ポーズをとる, 気取る / in a ~ ポーズをとって / He adopted a careful ~. 注意深く身構えた / His ~ has something defiant in it. 彼のポーズには何か反抗的なものがある. **2** 心的態度, 心構え. **3** 気取った[取り繕った]態度, 見せかけ (pretence): Everything he says is only a ~. 彼の言うことはすべて見せかけにすぎない. **4** (画像・人物画・写真のモデルの)姿勢, ポーズ, ポーズの具合 (⇨ posture SYN). **5**〖ドミノ〗第 1 のドミノ牌を場に出すこと[権利].

〖v.:《*a*1325》 *pose(n)* □ (O)F *poser* < L *pausāre* 'to cease, PAUSE' (VL において L *pōnere* to place, put の代用として用いられた). — n.:《1818》□ F ~ ← *poser*: cf. position〗

SYN 気取り: **pose**《軽蔑》ただ他人に印象づけるためにとる自然でもなく誠実でもない態度: His liberalism is just a *pose*. 彼のリベラリズムは見せかけにすぎない. **affectation**《しばしば軽蔑》他人に印象を与えようとするわざとらしい行為や話し方: speak with *affectation* 気取って話す. **airs** よい作法や上品さを気取ること: give oneself *airs* 気取る. ⇨ posture.

---

pose² /póʊz | pə́ʊz/ *vt.* **1** (難問を出して)まごつかせる, 困惑させる (puzzle). **2**《古》(問題を出して)試験する. 〖《1526》《頭音消失》←《古形》*appose*《変形》← OPPOSE〗

Po·sei·don /poʊsáɪdṇ, pə- | pə-, pɒ-/ *n.* **1**〖ギリシャ神話〗ポセイドン《Zeus に次ぐ威厳をもつ海神; ローマ神話の Neptune に当たる》. **2** ポセイドン《米国の潜水艦発射の弾道ミサイル》. 〖□ L *Poseidōn* □ Gk *Poseidôn* ← ?: 一説では *pósis* master + *dā* = *gê* earth〗

Po·sen /*G.* pó:zṇ/ *n.* ポーゼン (Poznań のドイツ語名).

pos·er¹ /póʊzə | pə́ʊzə^(r)/ *n.* **1** =poseur. **2**《口語》(ディスコなどで)流行の服を着て人前に出るのが好きな人. 〖⇨ pose¹, -er¹: cf. F *poseur*〗

pos·er² /póʊzə | pə́ʊzə^(r)/ *n.* **1** 難問, 難題, なぞ (puzzle). **2**《古》難問提出者, 試験官. 〖《1587》《頭音消失》←《古形》*apposer* ←《廃》*appose*: ⇨ pose², -er¹〗

pos·er·ish /póʊzərɪʃ | pə́ʊ-/ *adj.* =posey.

po·seur /poʊzə́: | pəʊzə́:^(r); *F.* pozœːʀ/ *n.* (*pl.* ~**s** /~z; *F.* ~/) 気取った態度をとる人, 気取り屋, すまし屋. 〖《1881》□ F ~ ← *poser* 'to POSE¹': ⇨ -er¹〗

po·seuse /poʊzə́:z | pəʊ-; *F.* pozø:z/ *n.* poseur の女性形. 〖□ F ~ (fem.) ↑〗

pos·ey /póʊzi | pə́ʊ-/ *adj.*《口語》〈場所が〉気取った, 高級な, もったいぶった, うぬぼれた, てらった.

posh¹ /pɑ́(:)ʃ | pɒ́ʃ/《英俗》*adj.* 優雅な, エレガンドな (elegant), 粋な (smart); 第一流の (tiptop); (上流階級だけの)高級な《主に軽蔑》: a ~ dinner, restaurant, etc. — *vt.* [通例受身で] めかす (spruce) 〈*up*〉: all ~*ed up* すっかりめかしこんで. — *adv.* 〈アクセントが〉優雅に, 上流階級の. **~·ly** *adv.* **~·ness** *n.* 〖《1903》← ?: cf. polish〗

posh² /pɑ́(:)ʃ | pɒ́ʃ/ *int.* ふふん, ぺっ《軽蔑・嫌気(いや)などを表す》.

po·sho /pɑ́(:)ʃoʊ | pɒ́ʃəʊ/ *n.*《アフリカ東部》**1** =cornmeal 2. **2** 労働者に対する金でなく食料による報酬支払い. 〖《1892》□ Swahili ~ 'daily rations'〗

pó·sied *adj.*《まれ》**1** (贈物の指輪の内側に)銘の刻まれた. **2** 花(束)で飾った. 〖《1609》← POSY+-ED 2〗

pos·i·grade /pɑ́(:)zɪ̣grèɪd | pɒ́z-/ *adj.* **1**〈ロケットや宇宙船の〉推進力が進行方向に向いている (cf. retrograde 6). **2** 推進ロケット(から)の. 〖《1961》← POSI(TIVE)+-GRADE (cf. retrograde)〗

pósigrade ròcket *n.*〖宇宙〗偏向用ロケット《宇宙船の推進力を進行方向に向けるための補助ロケット》. 〖1961〗

po·sish /pəzíʃ/ *n.*《米口語》=position. 〖短縮〗

pos·it /pɑ́(:)zɪ̣t | pɒ́zɪt/ *vt.* **1**〖哲学・論理〗(肯定的に)断定する, 措定する, 仮定する (postulate) (cf. sublate, infer 1). **2** [主に受身で] 置く (put), 配置する. — *n.* 置かれたもの; 措定, 仮定 (assumption). 〖《1647》← L *positus*: ⇨ position〗

posit.《略》position; positive.

pos·i·tif /pɑ́(:)sɪ̣tɪ̀f, -zɪ̣- | pɒ́sɪt-, -zɪt-; *F.* pozitif/ *n.*〖楽器〗=choir organ.

po·si·tion /pəzíʃən/ *n.* **1** (物・人の)位置 (site); 場所, 所在地, 所 (place); (物を)置くこと: the ~ of a house / in subject [object] ~ 主語[目的語]の位置に. **2 a** (人・物の居る[ある]べき)位置, 適所, はまり役の場所 (the proper place): get into ~ (所定の)位置につく (cf. *in* POSITION, *out of* POSITION) / move into [take up] one's ~ 部署につく. **b** (銀行・郵便局などの)窓口: You can't get stamps here because the ~ is closed. ここでは切手を買えません. 窓口は閉まっています. **3** 状態 (condition), 境遇, 立場 (situation): be (placed [put]) in a difficult [an awkward, a favorable] ~ 困難な[困った, 有利な]立場に立つ / be in a ~ of strength [strong ~] 有利な立場にある / Try putting yourself in my ~. 私の立場になってみよ. **4** 情況, 形勢, 局面: What is the current ~ of the economy? 経済の現状はどうか. **5** 地位, 身分, 席次 (rank); 高い身分: a responsible ~ 責任ある地位 / a high [low] ~ in society 高い[低い]社会的地位 / a person in a ~ of authority[trust] 権力の[責任の ある]地位にある人 / a man [people] of rank and ~ 地位と身分のある人[人々]. **6 a** 姿勢, 構え (⇨ posture SYN); (物の)あり方, 置かれた形: sit in a comfortable ~ 楽な姿勢で座る / change (one's) ~ 姿勢を変える / ⇨ lotus position / in a horizontal [vertical] ~ 水平[垂直]に / Turn the switch to the on ~. スイッチをオン(の状態)にして下さい. **b** (性交などの)体位. **c**〖バレエ〗ポジション《バレエの脚の基本のポジション; 形・姿勢で五つのポジションがある》: ⇨ first position. **7** (問題などに対する)立場, 態度 (attitude); 見解: one's ~ *on* the labor question 労働問題に対する態度 / state one's ~ 自分の立場を述べる / make one's ~ clear=clarify one's ~ 自分の立場を明確にする / take (up) the ~ *that* …という立場をとる[意見を主張する]. **8** 勤め口, 職: He has a ~ in the Civil Service [in a bank, with a bank]. 彼は文官として職を奉じて[銀行に勤めて]いる. **9** (競技などでの)順位, 席次 (place): They finished the season in sixth ~. 今期は 6 位に終わった. **10**〖スポーツ〗ポジション《フィールドにおける選手の位置》: Which ~ does he play?—Shortstop. —彼のポジションはどこ?—ショートだ. **11**〖軍事〗陣地, 射撃陣地, 戦略的要点, 有利な地点: take a ~ [an enemy ~] by assault 強襲によって[敵の]陣地を奪取する. **12**〖論理〗命題 (proposition); 命題の提示. **13**〖音楽〗**a** 和音の位置: ⇨ close [open, root] position. **b** ポジション《弦楽器の運指法に関する語で, 指板上で左指を用いる位置》. **c** ポジション《トロンボーンスライド (U 字管) の位置》. **14**〖古典詩学〗短母音が 2 個の子音または二重子音の前に位置すること《この場合その短母音を含む音節は長音節とみなされる; これを long by position といい, 長[二重]母音を含む本来長い (long by nature) 音節と対照される; 例えば honestus (=honorable) における e の位置》. **15**〖証券〗(証券や外国為替などの)持ち高: a long ~ 買い持ち高 / a short ~ 売り持ち高, 空売り高. **16** (時計

の)姿勢《歩度の検査に関連し文字盤やりゅうずの向きで指定される》. **17** (ゲームで盤面の)駒(など)の配置, 陣形盤面の模様. **18** 《廃》〈物を〉置くこと, 配置.

in a fálse posítion (誤解を招くような)不本意[迷惑]な立場にあって[置かれて]: He was put *in a false* ～. 彼は不本意な立場に陥った. ***in a posítion to dó***…する立場にある, することができる: I *am* not *in a* ～ [*in no* ～] *to* answer your question. ご質問にはお答えしかねます[できません] / I *am in no* ～ to talk. そんなことを言える立場ではない. ***in posítion*** (1) 正しい位置にあって[ついて]: The exhibits are *in* ～. / The players are *in* ～. 選手たちは所定の位置についている. (2) 〈人が〉所を得ている, 適任で. ***jóckey for posítion*** ⇨ jockey *v.* 成句. ***màke posítion*** 短母音を韻律的に長母音にする (⇨ 14). ***manéuver [jóstle] for posítion*** (1) 〖軍事〗有利な地点を占めるために軍を動かす. (2) 有利な地位を得ようと画策する. ***òut of posítion*** (1) 正しい[所定の]位置からはずれて. (2) 〈人が〉所を得ていない, 適任でなく. ***tàke a posítion*** 〖証券〗〈証券業者が〉買い持ちをする.

— *vt.* **1** (適当なまたは特定の場所に)置く: ～ a vase carefully / Our company has ～*ed* itself to dominate the market. わが社は市場を支配するところにきている. **2** 〈部隊を〉配備する, 位置につける. **3** 〖スポーツ〗〈選手を〉守備位置につかせる. **4** 《まれ》…の位置を定める.

〖《c1380》□ (O)F ～ ∥ L *positiō(n-)* ← *positus* (p.p.) ← *pōnere* to place < OL **posinere* to lay aside ← IE **apo-* ‘OFF, away’+*Lsinere* to lay, leave (cf. site): ⇨ -tion: cf. posit, pose¹〗

po·sí·tion·al /-ʃnəl, -ʃənl/ *adj.* **1** 位置の, 位置上の; 地位の. **2** 〈試合など〉比較的動きの少ない. **3** 〈発音など〉前後関係[周囲の条件]で変わる. 〖《1571》: ⇨ ↑, -al¹〗

posítional érror *n.* 〖時計〗姿勢差《置かれている姿勢によって生じる時計の歩度変化》.

posítional notátion *n.* 〖数学〗位取り記数法, 位取り表記《通常の 10 進法の表記のように, 数字の書かれる各桁がそれぞれ一定の値をもち, 数字の列が各数字と各桁の値との積の和を表すような記数法》. 〖1941〗

posítion bùoy *n.* 〖海事〗**1** 曳航(えいこう)[霧中]浮標《霧の中で後続船に間隔を保たせる》. **2** 位置浮標《ある地点を示すために錨で下端を留めて設置する浮標》.

posítion effèct *n.* 〖生物〗位置効果《遺伝子がその占める座位によって表現型に変化の生じること》. 〖1930〗

po·sí·tion·er /-ʃ(ə)nə | -nə^r/ *n.* 〖金属加工〗ポジショナー《溶接物を取り付けて自由な方向に回転させるようにした台》. 〖1934〗

po·sí·tion·ing /-ʃ(ə)nɪŋ/ *n.* 位置調整, 位置調節. 〖1867〗

posítion ìsomer *n.* 〖化学〗位置異性体《構造異性の一つで置換基の位置だけが違うもの》.

posítion lìght *n.* 〖航空〗=navigation light.

posítion lìght signal *n.* 〖鉄道〗灯列信号機《数個の白色電灯の点灯位置によって信号を示す設備》.

posítion lìne *n.* =LINE of position.

posítion pàper *n.* ポジションペーパー, 所信表明(論文), 討議資料《重要な問題についての政治団体[政府, 労働組合]などの立場を述べた文書》. 〖1949〗

posítion vèctor *n.* 〖数学〗(与えられた点の)位置ベクトル《原点を始点とし, 与えられた点を終点とするベクトル》. 〖1961〗

pos·i·tive /pá(ː)zətɪv, pá(ː)ztɪv | pɔ́zɪ̀tɪv, pɔ́ztɪ̀v/ *adj.* **1 a** 〔…を〕確信している, 過信している〔*about, of*〕/ 〈*that*〉 (⇨ sure SYN): Are you sure?—Yes, I'm (dead) ～. 確かかい—絶対確かだ / I am ～ *that* it is so. そうであると私は確信する[断言する]. **b** 自信のある; 自信過剰の, 独断的な (dogmatic): Don't be too ～. あんまり言い張るな / a ～ sort of person 独断的な人. **2** 肯定的な, 積極的な (↔ privative, negative); 〈批評など〉建設的な: a ～ reply (そうだという)肯定的な返事 / ～ criticism 建設的批評. **3** 明確な, はっきりした, 明白な; 無条件の; 疑いをいれない, 選択を許さない, 断定的な; 事実に基づいた: a ～ fact はっきりした事実 / ～ proof =proof positive 確証 / ～ orders 強制的命令 / a ～ promise 確約. **4 a** 〖医学〗〈検査・反応の結果が〉陽性の (↔ negative); 〈薬や治療法が〉効果的な, 有益な: ⇨ false-positive. **b** =Rh positive. **5** 〖数学・物理〗プラスの (plus), 正の, 陽の (↔ negative): a ～ component 正の成分 / a ～ number 正数 / a ～ quantity 正量. **6** プラス[増加, 向上]の方向に進む, 好ましい; 有意義な: a ～ trend 好ましい傾向 / Clockwise motion is ～. 時計回りの運動は正の運動である. **7** 絶対的な (absolute) (↔ relative): The idea of beauty is not ～. 美の観念は絶対的なものではない《相対的なものだ》. **8** 《口語》完全な, 全くの (downright): a ～ fool 全くのばか / It is a ～ nuisance. 全く迷惑なことだ. **9 a** 実在的な, 現実的な (actual); 実際的な, 実践的な (practical): a ～ good 現実の善 / ～ morals 実践道徳 / ～ virtue 実行によって示す徳 / a ～ term 実名辞《人・家・木などという名辞》/ a ～ mind 実際的な人, 実際家. **b** 《米》(政府などが経済的・社会的に)積極的な(統制を行う), 実効を目指す. **10** 〖哲学〗実証的な, 積極的な (↔ speculative): ～ philosophy 実証哲学 (positivism) 《Auguste Comte などの》/ ⇨ positive religion. **11** 〖電気〗陽(性)の, 相対的に高電位の, 正の; (電子が欠けて)正電荷を持つ (↔ negative; cf. neutral 6): ～ charge 陽電荷, 正電荷 / ～ electrode 正極. **12 a** 〖生化学〗陽性の (↔ negative). **b** 〖生物〗正の, 陽性の《動植物が刺激源へ向かう》. **13 a** 〖写真〗陽画の (↔ negative): a ～ picture 陽画. **b** 〖光学〗〈レンズが〉正の, 凸の: ⇨ positive lens. **14** 〖化学〗〈元素・基が〉陽性の (basic) (↔ negative). **15** 〖文法〗原級の (cf. comparative 3, superlative 3): the ～ degree 原級 / a ～ adjective [adverb] 原級形容詞[副詞]. **16** 〈法令など〉協定・慣習などによって定められた, 人為的な: ⇨ positive law. **17** 〖機械〗確実動作の: ～ lubrication 確実潤滑《押込み注油など》. **18** 〖占星〗黄道十二宮の[に支配された].

— *n.* **1** 明確[絶対, 積極, 実在]性(のあるもの). **2** 〖文法〗**a** (形容詞・副詞の)原級 (positive degree). **b** 原級の語(形). **3** 〖写真〗陽画, ポジ. **4** 〖電気〗=positive plate; positive pole. **5** 〖数学〗正の数; 正符号; 正量. **6** 〖哲学〗実証できるもの, 実在的なもの. **7** =positive organ. **8** =positif.

～·ness *n.* 〖《a1325》□ (O)F *positif* ∥ L *positivus* settled by agreement ← *positus* (p.p.) ← *pōnere* to place: ⇨ position, -ive〗

pósitive accelerátion *n.* 〖物理〗正の加速度《時間の経過につれて速度の大きさが増大するような加速度; cf.negative accleration》.

pósitive clútch *n.* 〖機械〗=claw clutch.

pósitive còlumn *n.* 〖物理〗陽光柱《気体放電の陽極付近に見られる明るい部分》.

pósitive crýstal *n.* 〖光学〗正結晶《常光線の屈折率が異常光線の屈折率より小さい単軸性結晶; cf. negative crystal》.

pósitive définite *adj.* 〖数学〗正定値の《二次形式 (quatratic form) が, それに含まれる変数の 0 以外の値に対しては常に正の値をとることにいう》. 〖1907〗

pósitive discriminátion [áction] *n.* 《英》積極的差別《雇用などで女性・少数民族などを特に保護する規定; 《米》affirmative action》.

pósitive electrícity *n.* 〖電気〗陽電気, 正電気《ガラス棒を絹布でこすったとき, ガラス棒に生じる電気, またはそれと同性質の電気; cf. vitreous electricity》.

pósitive eléctron *n.* 〖物理・化学〗陽電子 (⇨ positron). 〖1909〗

pósitive eugénics *n.* 〖生物〗積極優生学《劣性形質の遺伝を減少させるより優性形質の遺伝を増加させようとする優生学》.

pósitive féedback *n.* 〖電気〗正帰還, 正フィードバック《出力の一部を入力を助ける向きに加えて感度を高める手法; cf. negative feedback》. 〖1946〗

pósitive féeder *n.* 〖電気〗正給電線, 正饋(き)電線.

pósitive íon *n.* 〖物理化学・電気〗陽イオン (ion).

pósitive láw *n.* 〖法律〗実定法《自然法・慣習法・道徳律などに対し, 憲法・法律のように, 議会で制定された法や裁判所で定立された判例法; cf. natural law》.

pósitive léns *n.* 〖光学〗正のレンズ《入射する平行光束を収束させるレンズ; ⇨ converging lens》.

pos·i·tive·ly /pá(ː)zətɪvli, pá(ː)ztɪv- | pɔ́zɪ̀tɪv-, pɔ́zt-/ *adv.* **1** 《口語》全く, ほんとうに; 断然; [yes の代わりに用いて] もちろん: Will you come? —*Positively!* いらっしゃいますか — 行きますとも. ★ この意味では《米》では /pà(ː)zətívli, pɑ(ː)ztív-/ とも発音する. **2** 積極的に; 建設的に; 肯定的に. **3** 明確に, はっきりと, 断定的に. **4** きっぱりと, 断固として. **5** 〖電気〗陽電気で. 〖*c*1443〗

pósitive òrgan *n.* 〖楽器〗**1** ポジティフオルガン《中世の小型のパイプオルガン》. **2** =choir organ.

pósitive philósophy *n.* 〖哲学〗=positivism 1.

pósitive pláte *n.* 〖電気〗(電池の)陽極板.

pósitive polárity *n.* 〖文法〗肯定極性《delicious, rather のように通例, 意味的・統語的に肯定の文脈でのみ使用される語句の特性》.

pósitive póle *n.* 〖電気〗陽極, 正極 (anode).

pósitive préssure *n.* 正圧《大気圧より高い圧力》. 〖1885〗

pósitive rày *n.* 〖物理化学〗陽極線, 陽イオンビーム《anode ray ともいう》. 〖1903〗

pósitive relígion *n.* 〖哲学〗(啓示・伝承に基づいた)積極的宗教 (cf. revealed religion, natural religion).

pósitive sígn *n.* 〖数学〗=plus sign.

pósitive theólogy *n.* 〖神学〗積極神学, 実証神学《自然神学や理性神学に対し歴史的啓示に基づきその内容の解明を目的とする神学; cf. negative theology》.

pósitive tránsfer *n.* 〖心理〗正の転移《positive transfer effect ともいう; ⇨ transfer 8》. 〖1921〗

pósitive vétting *n.* 〖政治〗積極的審査《英国政府・軍などの機密に関与する職員が受ける厳しい身上調査》.

pos·i·tiv·ism /pá(ː)zətɪvìzm | pɔ́zɪ̀t-/ *n.* **1** 〖哲学〗**a** 実証哲学, 実証論, 実証主義《思弁を排除した経験的・実在的事実に基づく科学的知識を真の知識として主張する立場; フランスの Auguste Comte (1798–1857) が唱え出したので Comtism ともいう; cf. phenomenalism 2, negativism》; (実証論を基礎にした)人道主義的宗教, 人類教 (cf. humanism 4). **b** =logical positivism. **2** 積極性, 明確性, 確実性; 積極主義; 確信 (assurance); 過信, 独断(論). **3** 〖法律〗法的実証主義《法律の合法性は内容より規定の仕方に依存するとする考え方》. 〖《1847》□ F *positivisme*: ⇨ positive, -ism〗

pós·i·tiv·ist /-vɪ̀st | -vɪst/ *n.* 〖哲学〗実証哲学者, 実証主義者, コント学派の人 (Comtist). 〖《1854》□ F *positiviste*: ⇨ ↑, -ist〗

pos·i·tiv·is·tic /pà(ː)zətɪvístɪk- | pɔ̀zɪ̀tɪ-⁻/ *adj.* 実証哲学(者)の. 〖1875〗

pos·i·tiv·i·ty /pà(ː)zətívəṭi | pɔ̀zɪ̀tívɪ̀ti/ *n.* 確実; 確信; 積極性 (positiveness). 〖1659〗

pos·i·tron /pá(ː)zətrà(ː)n | pɔ́zɪ̀trɔ̀n, -trən/ *n.* 〖物理・化学〗陽電子《電子の反粒子; positive electron ともいう; ↔ negatron》. 〖《1933》← POSI(TIVE)+(ELEC)TRON〗

pos·i·tro·ni·um /pà(ː)zətróuniəm | pɔ̀zɪ̀tráu-/ *n.* 〖物理〗ポジトロニウム《陰電子と陽電子の一時的な結合でできる不安定な物質; 化学的には水素と同じ; cf. annihilation 3》. 〖《1945》: ⇨ ↑, -ium〗

po·sol·o·gy /pəsá(ː)ləʤi, pou- | pə(u)sɔ́l-/ *n.* 〖医学〗薬量学. **pos·o·log·ic** /pà(ː)səlá(ː)ʤɪk, pòu- | pɔ̀səlɔ́ʤ-⁻/ *adj.* **pòs·o·lóg·i·cal** /-lá(ː)ʤɪ̀kəl, -kl | -lɔ́ʤɪ-⁻/ *adj.* 〖《1823》□ F *posologie* ← Gk *pósos* how much+-LOGY〗

poss¹ /pá(ː)s | pɔ́s/ *vt.* 〈衣服を〉長い棒などでかき回して洗う. 〖《1382–85》← ?〗

poss² *adj.* 《英》=possible.

poss. 《略》possession; possessive; possible; possibly.

pos·se /pá(ː)si | pɔ́si/ *n.* **1 a** 《口語》一団(の人), 集団; 暴徒 (rabble); (特にポピュラーミュージックに熱狂する)少年[若者]グループ. **b** 《俗》一団の友達, 仲間たち. **2** (特に北米において治安維持のために法的権威をもつ)武装隊; 〔警官などの〕一隊, 一団 (body) 〔*of*〕. **3** 〖英法〗=posse comitatus 1. **4** (米国において)麻薬取引に関係するジャマイカ人のギャング. **5** 可能性 (possibility), 潜在力 (potentiality): ⇨ in posse. 〖《1583》□ ML ～ ‘power, force’ ← L *posse* to be able (inf.) ← *possum* I can: cf. possible, potent¹〗

pósse co·mi·tá·tus /-kà(ː)mətá:ṭəs, -téɪ- | -kɔ̀mɪtá:t-, -téɪ-/ *n.* **1** 〖英法〗民兵隊, 警防団, 壮年団《治安維持・犯人逮捕・法律執行などのため 15 歳以上の男子を州長官 (sheriff) が召集できる》. **2** =posse 2. 〖《a1626》□ ML *posse comitātus* power of the county: ⇨ county〗

pos·sess /pəzés/ *vt.* **1 a** (所有物として)持つ, 持っている (own), 所有する (hold) (⇨ have¹ SYN): ～ property, wealth, a house, etc. **b** 〈能力・性質などを〉有する, 備えている (have): ～ courage, wisdom, good health, etc. **2** [しばしば受身で] 〈悪霊などが〉〈人に〉取りつく, 乗り移る; 〈考え・感情などが〉〈人を〉とらえる, 支配する (dominate), …にしみ込む (imbue) (cf. possessed 2): He is ～*ed by* a devil [*by* [*with*] an idea]. 悪魔に[ある考えに]取りつかれている / A faint uneasiness ～*ed* him. かすかな不安が彼(の心)をとらえた / What ～*ed* you (*to* do that)? なぜそんなかなまねをするんだ[したんだ]. **3** 《まれ》**a** 〈心・感情などを〉抑える, 制御する; 〔ある状態に〕維持する, 保つ (maintain) 〔*in*〕: ～ one's temper 怒りを抑える / ～ one's soul *in* patience [peace] じっとこらえている[心の平静を保つ] (cf. *Luke* 21: 19). **b** [～ *oneself* で] 自制する, 忍耐する (cf. possessed 3, self-possessd). **4** 〈女性と〉肉体関係をもつ: ～ a woman 女をものにする. **5** …に精通している: ～ several languages 数か国語を自由に操る. **6 a** 《古》取る, 捕える (take); 手に入れる, 獲得する (gain). **b** 《廃》占領する, 領有する (occupy). **7** 《古》〈人に〉〔物を〕所有させる, 〔情報などを〕知らせる 〔*of, with*〕.

be posséssed of 《文語》…を持っている, 所有している (have): He *is* ～*ed of* a large fortune [good qualities]. 大きな財産[すぐれた性質]を持っている. ***posséss onesèlf of*** 《文語》…を所有する, 獲得する.

～·a·ble /-səbl/ *adj.* **～·i·ble** /-səbl | -sɪ̀-/ *adj.* 〖《c1380》□ OF *possess(i)er* ← L *possessus* (p.p.) ← *possidēre* to possess ← *pos-* (← *potis* capable: ⇨ potent¹)+*sīdere* to sit down (← *sedēre* ‘to SIT’): cf. G *besitzen* to possess〗

pos·sessed /pəzést/ *adj.* **1** 〔…を〕所有した, 持った 〔*of*〕: ～ *of* riches [a sharp tongue] 富[毒舌]をもった. **2** (死霊・悪魔などに)取りつかれた; 気の狂った (crazy); うつつを抜かした (infatuated): like one ～=like all ～ 《米口語》(ものにつかれたように) 夢中になって[猛烈に] / ～ *by* [*with*] a demon [fury] 悪魔に取りつかれて[怒り心頭に発して] / You are surely ～. 君は確かにものにつかれている《正気じゃない》. **3** 落ち着いた, 冷静な (self-possessed): remain ～ under all trials あらゆる苦難に動じない. **4** 〖文法〗所有格(形)の: ～ noun 所有格形名詞《例: my sister's piano の *sister's*》. **～·ly** *adv.* **～·ness** *n.* 〖1534〗

pos·ses·sion /pəzéʃən/ *n.* **1** 所有すること, 所有下にあること, 入手; 所有, 所持 (ownership); 占有, 占領, 占拠 (occupation): come into ～ of a fortune 財産の主(ぬし)になる[にありつく] / have … in one's ～ …を所有している / take [get, gain] ～ of …を手に入れる, を占有[占領]する / rejoice in the ～ of 幸いにも…を有する / The house is *in* his ～. その家は彼の所有である / The widow was *in* ～ *of* a large fortune. 未亡人は大きな財産をもっていた / A large fortune was *in the* ～ *of* the widow. 大財産が未亡人の所有になっていた. **2** 〖法律〗(所有権の有無に無関係の)占有: civil [constructive] ～ 推定占有 / naked ～ (占有権のない)事実上の占有 / enter into ～ of a house 家を正式に占有する / *Possession* is nine [《古》eleven] points [parts] of the law. 《諺》現実に占有していることは九分の利《預り物はわが物》. **3 a** 所有物; [*pl.*] 財産, 富 (property): a man of great ～*s* 大財産家 / This guitar is my most beloved ～. このギターは私の最も大事な財産だ. **b** 属領, 領地. **4** 〖スポーツ〗**a** (アメフトの)フィールドの現在位置; (バスケットボールの)ボールのコントロール; (アイスホッケーの)パックのコントロール, キープ. **b** (プレー再開時のボールの)権利, ボールを投げ入れる権利《サッカー・バスケットボールのスローインの権利など》. **5 a** 魅(み)入られること, 魔[悪霊など]の取りつくこと; ある感情[考え]などにつかれる[支配される]こと; こびりついた[抜け切らない]感情[考え] (cf. obsession 1): ～ by evil spirits 悪霊に取りつかれる[つかれている]こと. **b** 〖心理〗憑依(ひょうい); 憑依状態[現象], ものつき現象. **6** 自制, 沈着, 冷静: be in (full) ～ of one's senses [faculties] (全く)正気である[異常がない]. ★ self-possession のほうが普通.

gèt posséssion 〖球技〗ボールを持つ. ***lóse posséssion*** 〖球技〗ボールを失う.

～·al /-ʃnəl, -ʃənl/ *adj.* 〖《1340》□ (O)F ～ ∥ L

P

possessiō(n-): ⇨ possess, -sion〛
possession òrder *n.* 〘英法〙占有回復命令《占拠者[占有者]を立ち退かせるなどして所有者に占有を回復させる裁判所命令》.
pos·ses·sive /pəzésɪv/ *adj.* **1** 所有の, 所有を表す: ～ rights 所有権. **2** 所有欲を示す, 所有欲[独占欲]の強い: a ～ person, manner etc. / the ～ instinct 所有本能, 独占欲 / be ～ about ...を独占[一人占めに]しようとする. **3** 〘文法〙所有を示す, 所有(格)の: the ～ case [form] 所有格. **—** *n.* 〘文法〙所有格; 所有代名詞[形容詞] (cf. genitive). **～·ness** *n.* 〖(*c*1450) ◻ (O)F *possessif* ∥ L *possessīvus*: ⇨ possess, -ive〗
posséssive ádjective *n.* 〘文法〙所有形容詞《my, your, his など》. 〖1870〗
posséssive indivídualism *n.* 〘社会学〙所有個人主義.
pos·sés·sive·ly *adv.* **1** 〘文法〙所有格代名詞として. **2** 所有物として, わがもの顔に. 〖1590〗
posséssive prónoun *n.* 〘文法〙所有代名詞《mine, yours, hers, theirs など》. 〖1530〗
pos·ses·sor /pəzésə | -sə(r)/ *n.* **1** 持主, 所有者 (holder): the ～ of a sharp tongue 毒舌家. **2** 占有者 (occupier), 所持者: a naked ～ 〘法律〙(占有権のない)事実上の占有者. **～·ship** *n.* 〖(*c*1395) *possessour* ◻ AF ◻ L *possessōrem*: ⇨ possess, -or²〗
pos·ses·so·ry /pəzésəri/ *adj.* **1** 占有の, 占有する; 占有者の: a ～ title to land 〘法律〙土地占有権. **2** 占有[所有]から生じる, 占有による: a ～ interest 〘法律〙(所有権を伴わない)単純占有権利. 〖(1425) ◻ LL *possessōrius*: ⇨ possess, -ory¹〗
posséssory áction *n.* 〘法律〙占有訴訟《占有に基づく侵害訴訟 (trespass)》. 〖1540〗
pos·set /pɑ́(ː)sɪ̈t | pɔ́sɪt/ *n.* ポセット, ミルク酒《熱い牛乳をエールやぶどう酒などで固まらせる飲み物; 時に香料・砂糖・パンなども加える; 昔かぜをひいたときなどに多用された》. **—** *vt.* 《廃》ポセットのように凝固させる. 〖(*a*1425) *poshote*, *possot* ← ?〗
pos·si·bi·list /pɑ́(ː)səbəlɪ̈st, pəsíb- | pɔ́sɪ̈bɪ̈lɪst, pəsíb-/ *n.* 〘政治〙現実的改革主義の人《改革はまず実現可能のものから着手すべきだとする, 以前のスペイン共和党やフランス社会党内の一派の人》. 〖(1881) ◻ F *possibiliste* ∥ Sp. *posibilista*: ⇨ possible, -ist〗
pos·si·bil·i·ty /pɑ̀(ː)səbíləṭi | pɔ̀sɪ̈bílɪ̈ti/ *n.* **1** あり[起こり]うること, 可能性; 実現性 (feasibility): the ～ of ghosts [miracles] 幽霊[奇跡]の可能性 / discount the ～ of ... の可能性はないと考える / the ～ of life on Mars 火星に生物が存在するという可能性 / There is a good [strong] ～ of rain this weekend. 週末には雨の降る公算が大である / There is almost no ～ of our winning the lottery. =There is almost no ～ for us to win the lottery. くじに当たる可能性はほとんどない / Is there any ～ *of* the Diet being dissolved [that the Diet will be dissolved] anytime soon? 近く国会解散がありうるでしょうか. **2** あり[起こり]うる事態, 可能な事; 可能性: a bare [remote] ～ 万一の事 / exhaust all the *possibilities* できることはみなやってみる / Failure is a ～. 失敗もありうる / But there is another ～. 別の事も考えられる, 別の可能性もある / There are a lot of *possibilities*. いろいろな事[場合]が考えられる, 可能性はたくさんある. **3** [*pl.*] (発展・改善・利用などの)見込み (prospects), 将来性, 可能力 (potentiality): the commercial *possibilities* of a city 町の商業上の発展性 / The scheme has great *possibilities*. この計画は大いに見込みがある. **4** 《口語》選ばれうる[ふさわしい]人[物]: a ～ as a wife 妻とするのに似つかわしい人.
be within* [*out of*] *the bóunds* [*ránge*] *of possibílity 可能の限度内[外]にある, ありうる[えない]. ***by ány possibílity*** (1) [否定構文で] 万一にも[とても] (…ない): You cannot *by any* ～ be in time. とても間に合いそうにもない. (2) [条件構文で] 万が一にも, ひょっとして. ***by sóme possibility*** ひょっとして, あるいは.
〖(*c*1385) *possibilite* ◻ (O)F *possibilité* ∥ L *possibilitātem* ← *possibilis*: ⇨ ↓, -ity〗
pos·si·ble /pɑ́(ː)səbḷ | pɔ́sɪ̈-/ *adj.* **1 a** 可能な, 実行できる (cf. actual) (⇨ probable **SYN**): a ～ but difficult task できるがむずかしい仕事 / a result not ～ *to* foresee 予見できない結果 / There are three [no] ～ excuses [excuses ～]. 言い訳として通りそうなことが三つある[全くない] / It is not ～ *to* prevent every kind of disease. あらゆる病気を防止することは不可能だ / Is it ～ *for* you *to* come with me? 一緒に行けますか / Call on me if (at all) ～. できればお訪ね下さい (⇨ IF *possible*) / whenever ～ できるときはいつでも / where [wherenever] ～ できるところはどこでも / We express our thanks to him for making this book ～ [for making it ～ (for us) to do this book]. この本ができたことに対し彼に感謝の意を表したい / He got five actually right out of a ～ 20. 実は 20 取れるのに 5 取っただけだ. **b** [最上級や all, every などに伴いその意味を強めて] できる限りの. ★ possible は名詞の後に置いたほうが強意的である: the *highest* ～ speed=the *highest* speed ～ 最高速力 / with the *least* ～ delay [delay ～] できるだけ早く / *all* [*very*] ～ means [means ～] ありとあらゆる手段 / *all* ～ assistance=*all* the assistance ～ できる限りの援助. **2** (可能性としては)ありうる, 起こりうる; 考えられる (thinkable, conceivable): a ～ danger 起こりうる危険 / provide for ～ expenses 不時の出費に備える / Frost is ～ in late spring. 晩春に霜が降ることもある / That is quite [entirely, very] ～. それは全くありうることだ / It is ～ *that* you are right. ひょっとして君の言う通りかもしれない (★ You may be right. のほうが口語的) / It is ～ but hardly likely *that* he will be late. あるいは彼は遅れるかもしれないがまず大丈夫だろう / It's just [barely] ～ *that* he knows something. 彼が何かを知っていることは考えられる. ★ しばしば否定を示す副詞を伴って強い疑念を表す: I can't believe it. It's (*just*) *not* ～. 信じられない. そんなことありえない / It is *hardly* [*scarcely*] ～ *that* he knows nothing. 彼が何も知らないということはほとんどありえない[考えられない]. **3** [限定的] (被修飾語が意味するものに)なりうる[なるにふさわしい]: a ～ candidate 出馬を予想される候補者 / a ～ president 大統領になりうる人 / a ～ site for the new office building 新しいビル建設の一つの候補地. **4 a** 受け入れられる (acceptable), 適切な (suitable, appropriate): one of many ～ answers 多くの許容しうる答えのひとつ / the only ～ man for the position 唯一の適任者. **b** 《口語》可もなく不可もない, まずまずの. **5** 〘論理〙 **a** 〈陳述など〉(ある解釈のもとで)真でありうる. **b** 可能的な《modality の一種; cf. necessary》.
as ... as póssible できるだけ… (as ... as one can): Come *as* soon *as* ～. できるだけ早く来て下さい / Read *as* much *as* ～. できるだけ多読をしなさい / The survey is *as* accurate *as* ～. =The survey is accurate *as* far *as* ～. その調査は可能な限り正確さを尽くしている.
— *n.* **1** [the ～] 可能性 (possibility): It is hard to see the limit of *the* ～ in modern technology. 近代科学技術における可能性の極限は見極め難い / Politics is the art of *the* ～. 政治は可能性を探る術である《英国保守党政治家 R. A. Butlen (1902–82) の言葉とされる; cf. politics 4》. **2** [通例 *pl.*] 可能な事, あり[起こり]うる事. **3** (射撃等の)最高点: score a ～ 最高点を得る. **4** 立候補者, 選手候補者 (など) (cf. probable *n.* 2 d): A trial game was played between ～*s* and probables. 《英》練習試合は選手候補者と補欠選手の間で行われた / She is a ～ for the job. 彼女はその仕事をする候補者の一人だ. **5** [*pl.*] 《俗》必要な品, 必需品.
dó one's póssible できるだけのことをする, 全力を尽くす. 〖(なぞり) ← F *faire son possible*〗
～·ness *n.* 〖(?1350–75) ◻ (O)F ～ ∥ L *possibilis* ← *posse* to be able ← *pos-* (← *potis* able) + *esse* to be: ⇨ potent¹, -ible〗
póssible wórld *n.* **1** 〘哲学〙可能的世界《Leibniz の哲学で, 現実界も含めて神が創造した無数の可能な世界》. **2** 〘論理〙可能(的)世界《様相論理学の意味論[モデル理論]で要請される複数の解釈領域》: ～'s semantics 可能(的世)界の意味論.
pos·si·bly /pɑ́(ː)səbli | pɔ́sɪ̈-/ *adv.* **1** あるいは, 多分, 事によると (cf. *not* IMPOSSIBLY) (⇨ probably **SYN**): He may [might] ～ recover. あるいは回復するかもしれない / *Possibly* it is as you say. もしかすると君の言う通りかもしれない / The news is true, ～. そのニュースはひょっとしたら真実だろう / He was a tall man, ～ about thirty years of age. 彼は背が高く, 年の頃はまず 30 歳くらいの男であった / Can you come with me?—(Yes,) *possibly*. 一緒に行けるかい—多分ね / Is it true?—*Possibly* (so), ～ not. それは本当?—本当かもしれないしそうでないかもしれない. **2** [can, could に伴って強意的に] **a** どうしても, できる限り: We have done all [everything] we ～ *could*. できるだけのことは尽くした / Come as often as you ～ *can*. 何とかしてできるだけ何回も来て下さい. **b** [否定構文で] どうあっても[とても] (…ない): I *cannot* ～ do it. そんなことは私にはとてもできない / It *cannot* ～ succeed. それは万が一にも成功するはずがない / You *can't* ～ mean that! まさか本気ではないでしょう. **c** [疑問・条件構文で] どうにかして, 何とか: *Can* you ～ lend me $1,000? 何とか千ドル都合してくれないか / How *can* I ～ do it? どうして私にそれができるものか / I will try and save him if I ～ *can*. 何とかして助けられるものなら助けてやりたい. 〖(1391): ⇨ ↑, -ly¹〗
pos·sie /pɑ́(ː)si | pɔ́zi/ *n.* 《豪俗》地位 (position), 勤め口, 仕事 (job). 〖(1915) (変形) ← POSITION〗
POSSLQ /pɑ́(ː)slkjùː | pɔ́s-/ *n.* (*pl.* ～, ～'s) 《米口語》血縁・結婚・養子組織の関係にないが二人で同居している男女の一方《米国商務省国勢調査部の用語》.
〖(1979) (頭字語) ← *p*(*erson of the*) *o*(*pposite*) *s*(*ex*) *s*(*haring*) *l*(*iving*) *q*(*uarters*)〗
pos·sum /pɑ́(ː)səm | pɔ́s-/ *n.* 《口語》〘動物〙 **1** オポッサム (opossum). **2** 《豪》=phalanger.
a póssum up a gúm trèe 《米古》進退きわまった人.
come the póssum over 《米口語》〈人〉をだます. ***pláy* [《米》*áct*] *póssum*** (1) 死んだふりをする, たぬき寝入りをする, 仮病をつかう. (2) しらばくれる, とぼける (dissemble) (cf. opossum 1). 〖1822〗
— *vi.* 《米口語》 **1** =*play* POSSUM. **2** オポッサム (opossum) を狩る. **—** *vt.* …であるふりをする.
〖(1613) (頭音消失) ← OPOSSUM〗
Pos·sum /pɑ́(ː)səm | pɔ́s-/ *n.* 《英》ポッサム《身体障害者が電話・パソコンなどを操作する際に使う電子装置の愛称》.
〖(1961) (頭字語) ← *patient operated selector mechanism*〗
póssum hàw *n.* 〘植物〙 **1** 北米南東部に産するモチノキ属の赤い実のつく落葉樹 (*Ilex decidua*) 《bearberry ともいう》. **2** =withe rod.
pos·sy /pɑ́(ː)si | pɔ́zi/ *n.* 《豪俗》=possie.
post¹ /póust | pə́ust/ *n.* **1** 《英》 **a** 郵便, …便; [集合的] 郵便物. ★ 英国でも air mail, mail train のように長距離の運搬には mail が用いられる (cf. mail¹): send [forward, dispatch] by (first-class [second-class, registered]) ～ (第一種郵便で[第二種郵便で, 書留で]) 郵送する / catch [miss] the morning [last] ～ 朝の便[最終便]に間に合う[合わない] / receive a letter by [in, with] the morning ～ 午前中の配達で来た手紙を受け取る / The ～ came [arrived, was] late this moring. 今朝は郵便の来るのが遅かった / Has the ～ been [come, arrived] yet? 郵便はもう来たか / Is there any ～ today? きょうは何か郵便が来たか / The ～ has been collected. 郵便取集が済んだ / I had a heavy ～ yesterday. 昨日はたくさん郵便物が来た. **b** (一便の)郵便物取集[配達]. **2** [the ～] 《英》郵便局 (post office); 郵便箱, ポスト (letterbox, mailbox); 郵便車[船]: Take these letters to *the* ～. 手紙を郵便局[ポスト]に出して下さい / Put [Drop] these letters in the ～ (for me). この手紙を投函して下さい. **3** [P-; 新聞紙名]: ⇨ Washington Post. **4 a** 〘印刷〙ポスト(判)《印刷用紙の大きさ; 英国では $15^1/_2 \times 19^1/_4$ インチ [393.7×488.9 mm]; 米国では 16×20 インチ [406.4×508 mm] から $16^1/_4 \times 21$ インチ》. **b** ポスト(判)《英国の筆記用紙の大きさ; $15^1/_4 \times 19$ インチ [387,3×482.6 mm] から $16^1/_2 \times 21$ インチ》. **c** 〘製紙〙ポスト《湿紙を重ねた山》. **d** ポスト(判)《書籍の大きさ; 特に ⇨ post octavo, post quarto》. **5** 《古》 **a** (飛脚・駅馬などが道中交代する)駅, 宿場 (station) (cf. post-horse, post chaise). **b** 飛脚, 急使 (courier); 早馬, 駅馬, 駅伝馬車. **6** 〘金属加工〙(まわし形鋳型の)心棒.
by retúrn of póst ⇨ return *n.* 成句. ***in the póst*** 《英》郵送されて: put [get] a parcel *in the* ～ 小包を郵送する / Your cheque is *in the* ～: it went (out) (by the) first ～ yesterday. 小切手は郵送途中です, 昨日第一便で出しましたから.
— *vt.* **1** 郵送する, ポストに入れる (mail): ～ letters early [late] 郵便を早く[遅く]出す / ～ a person a letter =～ a letter *for* a person 人に手紙を出す / I got the letter and ～*ed* it *on* to her. 私が手紙を受け取って彼女に転送した. **2** 《英口語》(郵便受けなどに)置く, 入れる (deposit, put): ～ something in the waste-paper basket 物をくずかごに捨てる. **3** 〘簿記〙(仕訳帳から)〈元帳〉に転記する; 〈台帳など〉に必要登録をする[済ます]; (仕訳して)記帳する. **4** [通例受身で] 〈人〉を〈新知識など〉に通じさせる (inform) 〔*about*, *on*〕: He is well ～*ed on* the latest news. 彼は最新のニュースに通じている / keep a person ～*ed about* what is going on 人に絶えず情報を送る / Whatever happens, keep me ～*ed*. 何事が起きても知らせてくれ. **5** 《古》早馬[駅馬]で送る, 急送する. **—** *vi.* **1** 《英古》早馬[駅馬, 駅馬車]で旅行する. **2** 急いで旅する; 急ぐ (hurry) 〈*off*〉: *Post off* at once. **3** 〘馬術〙〈乗馬者が〉速歩 (trot) など斜対歩の馬のリズムに合わせて鞍から離れたり座ったりする.
— *adv.* 《古》 **1** 早馬で (by courier). **2** 大急ぎで, 急行で: ride ～ (現場などに)急いで行く,急ぐ. **3** 郵便で.
〖n.: (1506) ◻ F *poste* ◻ It. *posta* station < VL **postam*=*positam* placed (fem. p.p.) ← *pōnere* to put, place (↑). — v.: (1533) ← (n.)〗
post² /póust | pə́ust/ *n.* **1** (衛兵・警官などの)部署, 持ち場 (station), (歩哨などの)哨所, 警戒[巡回]区域 (beat): the guard at his ～ 部署についている衛兵 / take one's ～ 部署につく. **2 a** 地位, 持ち場 (place of duty); 官職 (appointment), 勤め口, 職, 任務 (position): a diplomatic [an educational] ～ 外交官職[教職] / a ～ in [with] the Civil Service 文官の職 / desert [stay at] one's ～ 持ち場を放棄する[守る] / fill a ～ 任[職]につく / resign (from) [remain at] one's ～ 辞任[留任]する / have a ～ at a hospital (as a physiotherapist) (理学療法士として)病院に勤務する / have [hold] the ～ of advisor to the president 大統領の顧問を務める. **b** 〘バスケット〙ポストプレーのときに軸となるプレーヤーの位置《セットオフェンスの際, 相手ゴール下に(長身)プレーヤーが入る》; (特に)=pivot 4 b. **3** (軍隊の)駐屯(とん)地; 駐屯軍: a frontier ～ 辺境駐屯地. **4** (証券取引所の)売買ポスト (trading post). **5** 《米》(在郷[退役]軍人会の)地方支部[分会]. **6** 〘英軍〙就床らっぱ: the first ～ 就床予備らっぱ / the last ～ 消灯らっぱ (《米》taps); 軍葬礼のらっぱ. **7** 《英》〘海軍〙もと, 備砲 20 門以上を有する軍艦を指揮する士官としての任命.
— *vt.* **1** 〈歩哨などを〉配置する; 〈人を〉〔…に〕配属する 〔*to*〕: Where's he being ～*ed* (*to*)? 彼はどこに転出[転任]するのか. **2** 〘英軍〙指揮官[艦長]に任じる; 〈ある部隊などに勤務を命じる. **3** 〈金銭などを〉差し入れる, 〈担保の債券などを〉差し入れる. **4** 《英》別の部隊[船]に転属させる.
póst awáy 《英》〈将校などを〉他の任地に転出[転任]させる.
póst báil for ⇨ BAIL¹ 成句.
〖n.: (1598) ◻ F *poste* ◻ It. *posto* < VL **postum* =L *positum* (p.p.) ← *pōnere* to place. — v.: (1683) ← (n.): cf. position〗
post³ /póust | pə́ust/ *n.* **1** (木・金属性の)柱, くい, 支柱, 標柱 (pillar): (as) stiff as a ～ しゃちほこばって / (as) deaf as a ～ 全く耳がきこえない / ⇨ gatepost, goalpost, lamppost. **2** 〘競馬〙(発走点・決勝点などの)標識柱; フィニッシュ: the finishing ～ ゴール(の柱) / ⇨ starting post, winning post. **3** (炭坑などで支柱として掘り残された)炭柱, 鉱柱. **4** (トラックの)最も外側の走路 (cf. pole¹ 5). **5** (椅子の背もたれや寝台の天蓋などを支える)支柱 (cf. stump 12). **6** 〘電気〙電極, 端子《外部回路と接続するための金属棒電極など》. **7** 〘歯科〙合釘(ごう) (⇨ dowel 2). **8** 《廃》(居酒屋で客の勘定を記した)戸口の柱.
béaten* [《口語》*pípped*] *at the póst (1) 〘競馬〙決勝点になって負けて. (2) ほんのわずかの差で[最後のどたんばになって]破れて. ***fírst past the póst*** (1) 〘競馬〙一位の[で]: I've won. My horse was *first past the* ～. 勝った. 私の馬が一位だ. (2) 〘政治〙〈制度など〉比較多数得票者が当選する (⇨ first-past-the-post). ***léft at the póst*** (1) 〘競馬〙初めからはるかに引き離されて. (2) 全く先を越されて(茫然として). 〖1935〗 ***on the wróng side of the póst*** ⇨ side 成句.
póst and páling [**ráiling**] 柵(さく)《要所要所に太いくいを立ててとがり杭[横木]を配した塀(へい)》.

— *vt.* **1** 〈掲示・広告などを〉(柱や壁などに)張る;〈壁など〉に〔掲示などを〕張る〔*with*〕: ～ (*up*) an advertisement 広告を張り出す / *Post* no bills. 張り紙無用 / ～ notices *on* a wall＝～ a wall *with* notices 壁に掲示を出す. **2 a** 掲示する, 広告する,〔…だと〕言いふらす〔*for, as*〕: ～ a reward 報酬を広告する / ～ a ship *as* missing＝(英) ～ a ship missing 船が行方不明であると公表する / ～ a person *for* cowardice [*as* a coward] (英) 人を臆病(おくびょう)者だと評判を立てる[言いふらす]. **b** 〘電算〙〈メッセージを〉(ネットワーク上に)掲示する. **3** 〈クラブの会費未納者などの名を掲示する, 公表する, 張り出す; 〘英大学〙〈落第者〉の名を掲示する. **4** (米) 処罰の掲示をして〈ある土地〉への入漁[入猟]を禁じる, …に立入禁止の掲示を出す: ～ a brook, one's land, etc. **5** (米)〘スポーツ〙(得点[演技]で)…の記録を挙げる[収める].
〚n.: lateOE ～ < (WG mc) **posta* (Du. *post* / G *Pfosten*) □ L *postis* doorpost ← IE **porsti-* that which stands before ← **per* before (⇨ for)＋**sta-* 'to STAND'. — v.: (c1520) ← (n.)〛

post⁴ /póust | pə́ust/ *L. prep.* …の後に (after): ⇨ post factum, post obitum. 〚(1607) □ L ～ (adv., prep.)〛

Post /póust | pə́ust/ *n.* 〘商標〙ポスト《米国製シリアルで, ふすまのフレーク》.

Post /póust | pə́ust/, **Emily** *n.* ポースト《(1873–1960; 米国の社交作法に関する著述家; *Etiquette* (1922); 旧姓 Price)》.

Post, George Browne *n.* ポースト《(1837–1913; 米国の建築家)》.

POST /póust | pə́ust/ (略) point-of-sales terminal.

post- /pòust | pə̀ust/ *pref.* **1** 「(時間的に)…後の, ポスト…」の意 (↔ ante-, pre-): *post*-Elizabethan, *post*-graduate, *post*war. **2** 「(空間的に)…の後に」の意: *post*fix, *post*orbital, *post*palatal. 〚ME □ L ～ ← *post* (prep., adv.) behind, after: ⇨ post⁴〛

pòst·ádjunct *n.* 〘文法〙後位付加詞[語]《後位の限定形容詞; 例: things *Japanese* 日本の文物》.

post·age /póustɪdʒ | pə́ust-/ *n.* **1** 郵便料金: ～ due [free] 郵便料金不足[無料] / ～ paid＝postpaid / ～ to America on a letter 米国宛手紙の郵便料金 / ～ and packing (英)(通信販売などで)荷造り料込みの郵送料《略 p and p, p&p; cf. SHIPPING and handling》. **2** 郵便料金を表す切手やマーク. 〚(1590) ← POST³＋-AGE〛

póstage-dúe stàmp *n.* 〘郵便〙不足料切手《切手が貼ってなかったり料金が不足のとき, その不足分を示すため郵便局で貼る切手, 料金は受取人からとる》. 〚1893〛

póstage mèter *n.* (米・カナダ)(料金別納郵便などの)郵便料金メーター, メータースタンプ《郵便物に切手の代わりに局名・日付と金額を記録する器械; postal meter ともいう》. 〚1927〛

póstage stàmp *n.* 郵便切手; (封書・はがきに印刷済みの)切手のマーク. 〚1840〛

post·al /póustḷ | pə́us-/ *adj.* 郵便の: a ～ convention 郵便会議 / ～ insurance 簡易保険 / ～ matter 郵便物 / a ～ package 郵便小包 / ～ savings 郵便貯金 / ～ service 郵便, 郵便事業 (cf. Postal Service) / a ～ tube 気送管で郵送する筒 / a ～ district [(米) zone] (大都市の)郵便区. — *n.* (米口語) ＝postal card. **～·ly** *adv.* 〚(1843) □ F ～: ⇨ post³, -al¹〛

póstal càr *n.* (列車の)郵便車. 〚1873〛

póstal càrd *n.* (米) **1** 郵便はがき, はがき ((英) post-card)(官製; cf. postcard 1). **2** (俗用) ＝postcard 1. 〚1872〛

SYN はがき: **postal card, postcard** (米)では官製はがきは *postal card* と呼び, 切手を貼って出す私製のはがき(通例絵はがき)を *postcard* という. (英)では, どちらも *postcard* という.

---

póstal clèrk *n.* (米) 郵便局員. 〚1872〛

póstal còde *n.* ＝postcode.

Póstal Còde Nùmber [Nò.] *n.* (英) ＝postcode.

póstal còurse *n.* (英) 通信教授, 通信教育講座 (cf. correspondence school).

póstal delívery zòne *n.* ＝zone 4 b.

póstal mèter *n.* (米) ＝postage meter.

póstal móney òrder *n.* (米) 郵便為替 (cf. post-office order, postal order [note]).

póstal nòte *n.* (カナダ・豪) ＝postal order; (米)(昔の 10 ドル以下の)郵便為替.

póstal órder *n.* (英)(受取人名記入の)郵便為替 (cf. postal money order): enclose a ～ for two pounds 2 ポンドの郵便為替を同封する. 〚1883〛

póstal sávings bànk *n.* (米国政府による)郵便貯金局《業務は郵便局に委任》.

Póstal Sèrvice *n.* [the ～] (米国の)郵政公社《もとの郵政省 (Post Office Department); 1971 年公社化; 公式名 the United States Postal Service》. 〚1920〛

póstal stàtionery *n.* 〘郵便〙郵便ステーショナリー《料金を示す証票が印刷された官製はがき・封筒・帯封・航空書簡などの総称》.

póstal stórage càr *n.* (列車で区分をする設備のない)郵便車, 護送用郵便車.

Póstal Ùnion *n.* [the ～] ＝Universal Postal Union.

póstal vòte *n.* (英) ＝absentee vote.

póst-and-béam *adj.* 〘建築〙柱・梁式の《重い支柱を支えるために間柱ではなく梁を用いる壁構造についていう》.

póst-and-ráil fènce *n.* 垂直の支柱と水平の木材で組み立てた柵.

póst-and-ráil tèa *n.* (豪口語) 茎(くき)茶《(19 世紀の)粗末なお茶で, 浮いた茎が柵を連想させた》.

pòst·atómic *adj.* **1** 原子力以後の: the ～ age 原子力時代. **2** (最初の)原爆(投下)後の (↔ preatomic). 〚1948〛

pòst·áudit *n.* 〘会計〙事後監査 (↔ preaudit). 〚← POST-＋AUDIT〛

pòst·áxial *adj.* 〘解剖・動物〙軸後の, 軸背の, 腕[脚]の中軸より後部の[に関する]. **～·ly** *adv.* 〚(1872) ← POST-＋AXIAL〛

póst·bàg *n.* (英) **1** 郵便袋, (郵)行嚢(こう), 郵袋(たい) (mailbag). **2** (雑誌・公人などに一度に届く)一束の郵便物. 〚1813〛

post·bel·lum /pòus(t)béləm | pə̀us(t)-ˈ/ *adj.* (↔ antebellum) **1** 戦後の (postwar): the ～ generation 戦後の世代. **2** (米) 南北戦争後の. **3** 第一次[第二次]大戦後の. 〚(1874) □ L *post bellum* after the war〛

póst·bòat *n.* (英) 郵便船 (mail boat); (まれ)(短距離間の)定期旅客船, 連絡船 (stage boat). 〚1600〛

póst·bòx *n.* (英) 郵便(差出し)箱 ((米) mailbox); (英) ＝pillar-box. 〚1754〛

póst·bòy *n.* (英) **1** 郵便配達人 (mailman). **2** ＝postilion.

póst·bùs *n.* 郵便バス《客を乗せながら郵便物を配達するバス; 英国の田舎に見られる》. 〚1960〛

póst cáptain *n.* **1** (英)〘海軍〙(もと, 備砲 20 門以上を有する大艦の正式な)大佐艦長. **2** (世間で儀礼的に用いられる敬称でなく)正式に任命された海軍大佐. 〚(1747): ⇨ post² 7〛

post·card /póus(t)kàəd | pə́us(t)kà:d/ *n.* (*also* **post card** /～/) **1** はがき《私製・絵はがきなどを含む; cf. postal card 1; ⇨ postal card SYN》: a picture ～. **2** (英)(米俗用) ＝postal card 1. 日英比較 英米では絵葉書 (picture *postcard*) を除くと官製の葉書は日本ほど使われず, 短い手紙でも封書にすることが多い. なお絵葉書は頻繁に使われる. 〚1870〛

pòst·cá·va /-kéɪvə, -kɑ́:-/ *n.* (*pl.* **-ca·vae** /-kéɪvi:, -vaɪ, -kɑ́:vi:/) 〘動物〙後大静脈, 上行大静脈. **pòst·cá·val** /-vəl, -vḷˈ/ *adj.* 〚(1866) ← NL ～: ⇨ post-, cava¹〛

pòst·cénsorship *n.* 事後検閲 (cf. pre-censorship).

póst chàise *n.* (18–19 世紀初めに使われた 4–5 人乗りの)駅伝馬車 (cf. post¹ *n.* 5 a): a ～ and pair 二頭立ての駅伝馬車. 〚1712〛

pòst·clássic *adj.* ＝postclassical.

pòst·clássical *adj.* 〈芸術・文学など〉古典時代後の. 〚1867〛

pòst·clímax *n.* 〘生態〙後極相, 後安定期《局部的好気候によって, そこの群落が周囲の安定群落よりも少し進んだ段階にある状態; ↔ preclimax; cf. climax 3》. 〚1916〛

póst·còde *n.* (*also* **póst còde**) (英) 郵便番号《例: BH52BN; cf. zip code》. 〚1967〛

pòst·cóital *adj.* 性交後に生じる[に残る]. 〚1922〛

pòst·colónial *adj.* 〘建築〙ポストコロニアル様式の《米国東部に見られる独立後に建てられたコロニアル様式をもった建築にいう》. 〚1934〛

pòst·commúnion, Pòst- C- *n.* 〘カトリック〙聖体拝領後の文《ミサ聖祭の時聖体拝領後に行う感謝の祈り》. 〚(?c1350) □ ML *postcommūniō(n-)*: ⇨ post-, communion〛

pòst·concíliar *adj.* 第 2 回バチカン公会議 (Vatican Council) (1962–65) による教会改革後の[に起こった, に関連した] (↔ preconciliar). 〚(1968) ← POST-＋CONCILIAR〛

pòst·cónquest *adj.* **1** 征服以後の. **2** 〘英史〙 Norman Conquest (1066 年)以後の (↔ preconquest). 〚1922〛

pòst·consonántal *adj.* 〘音声〙〈母音が〉子音の直後にある. 〚(1934): ⇨ post-〛

póst crówn *n.* 〘歯科〙＝pivot tooth.

pòst·dáte *vt.* (↔ predate) **1** 〈史実・手形・送状などの〉の日付を実際より遅らせる[繰り下げる], 先[事後]日付にする: ～ one's birth / ～ a check 先日付小切手を出す / a ～*d* bill 先[事後]日付手形. **2** (時間的に)…の後にくる (follow). — *n.* 先日付, 事後日付 (↔ antedate). 〚(1624) ← POST-＋DATE¹〛

pòst·dáted *adj.* 〘図書館〙事後年記の. 〚1622〛

pòst·déntal *n.*, *adj.* 〘音声〙後部歯音(の). 〚1899〛

pòst·dilúvian *adj.* ノアの大洪水[大水] (Deluge) 以後の (↔ antediluvian). — *n.* ノアの大洪水[大水]以後の人. 〚(1680) ← POST-＋DILUVIAN〛

pòst·dóc *n.* (口語) **1** ポスドク (＝postdoctoral). **2** 博士課程終了後の研究[研究奨学金].

pòst·dóctoral *adj.* [限定的]〈研究など〉博士課程修了後の. — *n.* 博士課程修了の研究者. 〚(1936) ← POST-＋DOCTORAL〛

pòst·dóctorate *adj.*, *n.* ＝postdoctoral.

post·ed *adj.* **1** (口語)〈事情に〉精通[通暁]している, 通じている, 消息通の (informed). **2** 地位[職]のある. 〚1: (p.p.) ← POST¹ (v.). 2: (p.p.) ← POST²〛

pósted príce *n.* (石油の)公示価格.

po·steen /pousti:n | pə(ʊ)-/ *n.* ポスティーン《アフガニスタンの羊皮製大外套(がいとう)》. 〚(1815) □ Pers. *pōstīn* of leather ← *pōst* skin〛

pòst·eléction *adj.* 選挙後の. 〚1962〛

pòst·embryónic *adj.* 〘生物〙後胚の, 胚期以後の. 〚(1895): ⇨ post-〛

pòst·emérgence *n.*, *adj.* 〘植物生理〙種子の後熟期間(の). 〚1940〛

póst·èntry *n.* **1** 〘簿記〙転記, 転記記入. **2** (植物類の輸入許可が下りた後の)検疫隔離期間.

póst·èntry *adj.* 〘労働〙(クローズドショップ制で)採用[入社]後の労組加入を必要とする(型の) (cf. pre-entry). 〚1964〛

póst èntry *n.* 〘競技〙締切り期間際の参加申し込み.

post·er¹ /póustə | pə́ustə(r)/ *n.* **1** ポスター, 広告ビラ (placard), 張り札 (bill): put up a ～ ポスターを張る. **2** ビラ張り(人): ⇨ billposter. **3** ＝poster seal. — *vt.* **1** …にポスター[ビラ]を張りつける: ～ the walls. **2** ポスターで宣伝する: The campaign was well-*postered*. 運動はよく宣伝された. 〚(1838) ← POST³ (v.) ＋ -ER¹〛

post·er² /póustə | pə́ustə(r)/ *n.* **1 a** (古) 急ぎの旅人. **b** 駅馬, 早馬 (post-horse). **2** 手紙の投函者. **3** 簿記係書記[事務員]. 〚(1606) ← POST¹ (v.)＋-ER¹〛

póster còlor *n.* ポスターカラー, テンペラ絵の具 (poster paint ともいう). 〚1925〛

poste res·tante /pòustrestɑ́:nt | pə̀ustréstɑ:nt, ˌ—ˌ—ˈ; *F* pɔstʀɛstɑ̃:t/ *n.* (英) **1** 留置郵便, 局留め《郵便封筒などに書く指示文句; ⇨ general delivery》. **2** (郵便局の)局留め課. — *adv.* 局留めで. 〚(1768) □ F ～ 'letter(s) remaining (at the post office)'〛

pos·te·ri·ad /pɑ(:)stíᵊriæd, pous- | pɔstíər-/ *adv.* 〘医学〙体の後面に向かって. 〚⇨ ↓, -ad³〛

pos·te·ri·or /pɑ(:)stíᵊriə, pous- | pɔstíəriə(r)/ *adj.* **1** (位置が)うしろの, 後部の〔*to*〕(↔ anterior): the ～ parts of the body 体の後部. **2** (順序が)〔…より〕あとの[にくる], (時間的に)〔…より〕後の[にくる] (later)〔*to*〕(↔ prior): various events that happened ～ *to* the end of the war 終戦後に起きたさまざまな事件. **3 a** 〘解剖〙後部の, 背部の (dorsal). **b** 〘動物〙尾部の (caudal), うしろの, 後部の. **4** 〘植物〙茎軸に近いほうにある, 後部の, 後面の. **5** 〘統計〙事後確率. — *n.* **1** 後部. **2** [～(s)] しり, 臀部(でんぶ) (buttocks). **pos·té·ri·or·ly** *adv.* 〚(1534) □ L ～ (compar.) ← *posterus* coming after ← *post* after: ⇨ post⁴, -ior¹〛

posteriori *adv.*, *adj.* ⇨ a posteriori.

pos·te·ri·or·i·ty /pɑ(:)stìᵊriɔ́(:)rəṭi, pous-, -ɑ́(:)r- | pɔstìəriɔ́rɨ̀ti/ *n.* **1** (位置・時間的に)〔…より〕後[次]であること〔*to*〕(↔ priority). **2** (廃) ＝inferiority. 〚(c1385) □ AF **posteriorité* (F *postériorité*) □ ML *posteriōritātem* ← L *posterior* (↑): ⇨ -ity〛

postérior tóoth *n.* 〘歯科〙臼歯 (cf. anterior tooth).

póster·ish *adj.* ポスターのような[みたいな].

pos·ter·i·ty /pɑ(:)stérəṭi | pɔstérɨ̀ti/ *n.* [集合的] **1** 子孫 (descendants) (↔ ancestry): Abraham and his ～. **2** 後世, 後代: transmit to ～ 後世に伝える / write for ～ 後世を目当てに書く. 〚(a1387) *posterite* □ (O)F *postérité* □ L *posteritātem* ← *posterus*: ⇨ posterior〛

post·er·i·za·tion /pòustərɨ̀zéɪʃən | pə̀ustəraɪ-, -rɪ-/ *n.* ポスタリゼーション《分解ネガを使って連続的なトーンまたは色調の写真などから不連続なトーンまたは色調の複製をつくる技法》. **post·er·ize** /póustəràɪz | pə́u-/ *vt.* 〚(1950): ⇨ poster¹, -ization〛

pos·tern /póustən, pɑ́:s- | pɔ́stə(:)n, pə́u-/ *n.* (古) **1** 裏門, からめ手, 裏口, 抜け道 (back door), 小門 (side gate): a privy [private] ～ 通用門, 裏口, 勝手口 / The ～ door makes (the) thief and whore. (諺) 裏口は泥棒と身持ちの悪い女をつくる. **2** 〘築城〙地下道, 抜け道. — *adj.* **1** 裏門の, うしろの, わきの: a ～ gate, door, etc. **2** 裏門[小門]のような. **3** より小さい (lesser), 劣った (inferior). **4** 内密の, 秘密の (private). 〚(?a1300) □ OF *posterne* (F *poterne*) (変形) ← *posterle* < LL *posterulam* (dim.) ← *posterus* (↑)〛

pos·ter·o- /pɑ́(:)stərou | pɔ́stərəu/ 「後部と…との (posterior and); 後部に」の意の連結形. 〚← L *posterus* coming after: ⇨ posterior〛

póster pàint *n.* ＝poster color.

póster sèal [stàmp] *n.* 特別大型の慈善シール《単に poster ともいう》.

Póst Exchànge, p- e- *n.* 〘米陸軍〙(軍人・家族などに商品・サービスを提供する軍専用の)販売[購買]部, 売店, ピーエックス, 酒保 (略 PX) (cf. Navy Exchange). 〚1892〛

pòst·exílian *adj.* (ユダヤ人の)バビロニア補囚 (Babylonian captivity) 以後の. 〚(1871) ← POST-＋EXILIAN〛

pòst·exílic *adj.* ＝postexilian.

post·face /póus(t)fɨ̀s, -feɪs | pə́us(t)fɨ̀s; *F*. pɔstfas/ *n.* (本の)あとがき. 〚(1782) □ F ～ ← POST-＋(*pré*)*face* 'PREFACE'〛

póst·fàctor *n.* 〘数学〙後因子《積の形の式の右の因子; cf. prefactor》. 〚← POST-＋FACTOR〛

post-fac·tum /pòus(t)fǽktəm | pə̀us(t)-ˈ/ *adj.* 事後の. 〚(1753) ↓〛

post fac·tum /pòust(t)fǽktəm | pə̀us(t)-/ *L. adv.* 事後に. 〚(1692) □ L ～ 'after the fact'〛

pòst·féminist *adj.* フェミニズム運動隆盛期後の[に生じた]. — *n.* フェミニズム運動後のイデオロギーの信奉者, ポストフェミニスト. **-féminism** *n.* 〚1981〛

pòst·figurative *adj.* 成人や年輩の世代の価値が重んじられる社会の[を表す] (cf. prefigurative).

post·fix /póus(t)fɪks | pə́us(t)-/ *n.* **1** 後に付加されたもの. **2** 〘文法〙接尾辞 (suffix). — /pòus(t)fɪ́ks | pə̀us(t)-/ *vt.* **1** …の後に付加する; …に添加する (append). **2** (まれ)〘文法〙…の語尾につける (suffix).

post·fix·al /pòus(t)fɪ́ksəl, -sḷ / pə̀us(t)-ˈ/ *adj.* **pòst·fix·i·al** /-siəlˈ/ *adj.* 〚(1805) ← POST-＋(PRE)FIX〛

pòst-Fórdism *n.* ポストフォード主義《20 世紀の第 3

P

四半期までの大量生産主義に取って代わった, ロボットや情報工学に基づく小規模多種生産の考え方). **pòst-Fórdist** *n.*

pòst·fórm *vt.* 1 後で作る. 2 〘化学〙ポストフォーミング[後成形]で加工する: a ~*ing* laminate ポストフォーミング積層品《フェノール樹脂の積層板を再び加熱軟化させて簡単な形にしたもの》. 〘1945〙

pòst-frée *adj.* 1 《英》郵便料金無料の. 2 《英》郵便料金前払い[支払済み]の (《米》postpaid); (通信販売の広告などで)郵送料不用の, 販売元持ちの. — *adv.* 《英》郵便料金前払い[支払済み]で (《米》postpaid). 〘1723〙

pòst·fróntal *adj., n.* 〘動物〙前頭後部(の), 後額(の). 〘1852〙

pòst·gangliónic *adj.* 〘解剖〙(神経)節後の. 〘1897〙

pòst·glácial *adj.* 〘地質〙後氷河期の (↔ preglacial). 〘← POST-＋GLACIAL〙

pòst·grád *adj., n.* 《口語》＝postgraduate.

post·graduate /pòus(t)grǽdʒuət, -dʒuèt | pàus(t)grǽdʒuət, -dju-ˊ/ *adj.* 1 大学卒業後の, 大学研究科の, 大学院の. ★ 今は graduate のほうが普通: a ~ course 研究科, 大学院(課程) / a ~ student 大学院生. 2 《米》(高校卒業後)大学進学勉強(中)の. — *n.* 1 《米》研究科生, 大学院生. 2 (高校卒業後)大学進学準備中の学生. 〘1858〙

pòst·hárvest *adj.* 刈入れ[収穫]以後の. 〘1962〙

póst·háste *n.* 《古》大急ぎ (great haste): in ~ 大急ぎで. — *adv.* 大急ぎで: come [ride] ~ (現場などに)急行する. — *adj.* 《廃》大急ぎの. 〘(1545) ← POST¹＋HASTE: 昔, 急ぎの郵便に Haste, post, haste. と記したことから〙

pòst·héating *n.* 〘金属加工〙ポスト加熱, 溶接部加熱法, 後熱《溶接後の冷却速度を調節するために行う》. 〘1938〙

post hoc /pòusthá(ː)k, -hóuk, -hóuk | pàusthɔ́k, -hə́uk/ *n.* 〘論理〙前後即因果の虚偽. 〘(1704) ◻ L *post hōc* after this〙

post hoc, er·go prop·ter hoc /póusthá(ː)kə́ːgouprá(ː)ptəhà(ː)k, -há(ː)k, -ɛ́əgouprόuptəhà(ː)k | pə́usthɔ́kə̀ːgəuprɔ́ptəhɔ̀k, -hə́uk, -ɛ́əgəu-/ *L. adv.* 〘論理〙この後に, それゆえにこのために《乙が甲の後に起きたから, 甲が乙の原因であると考える論理的誤り; 時間的前後関係をただちに因果関係と同一視する誤謬》. 〘(1704) ◻ L *post hoc, ergō propter hoc* after this, therefore because of this〙

póst·hòle *n.* 柱(を差し込む)穴. 〘1703〙

póst hòrn *n.* 馬車らっぱ, ポストホルン《昔, 駅馬車や郵便馬車の到着を知らせるために御者が用いた長さが 2–4 フィートもあるまっすぐな真鍮(しんちゅう)らっぱ》. 〘(1675): ⇨ post¹〙

póst·hòrse *n.* 早馬, 駅馬 (poster). 〘(1527): ⇨ post¹〙

póst·hòuse *n.* 1 (駅馬を置く)駅舎, 宿駅. 2 《英方言・古》＝post office. 〘1635〙

post·hu·mous /pá(ː)stʃʊməs | pɔ́stju-, -tʃʊ-/ *adj.* 1 父の死後に生まれた: a ~ child. 2 著者の死後に出版された: ~ works 遺稿, 遺著, 遺作. 3 死後の, 死後生じた, 死後存在[存続]する: ~ fame [renown, reputation] 死後の名声, 遺名 / one's ~ name 贈り名 / confer ~ honors (on a person) (人に)贈位する, 追叙する. **~·ly** *adv.* **~·ness** *n.* 〘(*a*1464) ◻ LL *posthumus* (変形) ← L *postumus* last (super.) ← *post* 'POST⁴': LL 形は *humus* ground, *humāre* to bury との連想による: ⇨ -ous〙

pòst·hypnótic *adj.* 催眠後の[に関する]; 〈暗示が〉催眠後に効果を表す: a ~ suggestion 後睡眠暗示. 〘1890〙

pos·tiche /pɔ(ː)stíːʃ, pɑ(ː)s- | pɔstíːʃ; *F.* pɔstiʃ/ *n.* 1 見せかけ, 虚飾 (pretense). 2 模造品, まがい物 (imitation). 3 a 入れ毛, かもじ (switch). b 仮前髪, 仮巻き毛 (toupee). — *adj.* 1 〈彫刻・建築的な装飾など〉余計に付け加えた (superadded). 2 技巧的な, わざとらしい, 偽の, まがいの (counterfeit). 〘(1854) ◻ F ~ ◻ It. *posticcio* counterfeit 《頭音消失》← *apposticcio* added to < LL *appositicium* put on, factitious ← L *appositus*: ⇨ apposite〙

pos·ti·cous /pɑ(ː)stáɪkəs | pɔstíː-, -táɪ-/ *adj.* 〘植物〙 1 後(側)にある (posterior). 2 花糸の外側にある. 〘(1866) ← L *posticus* behind (⇨ post⁴)＋-ous〙

post·ie /póusti | pə́usti/ *n.* 《スコット・カナダ・豪口語》＝postman¹.

pos·til /pá(ː)stl̩ | pɔ́stɪl/ *n.* 1 (簡単な)注解, (特に聖書の)傍注 (marginal note). 2 説教, 法話. 〘(*c*1395) ◻ (O)F *postille* ◻ ML *postilla* ← ?L *post illa* (*verba*) after those (words) (写字生への指示用語)〙

pos·til·ion /poustíljən, pɑ(ː)s- | pəstíliən, pɔs-, -ljən/ *n.* (*also* **pos·til·lion** /~/) 1 (四・六頭立て馬車の)第一列左馬騎手; (二頭立て馬車の)左馬騎手. 2 騎手帽形の婦人帽《円筒形のクラウンに細いふちがついている》. 〘(*a*1586) ◻ F *postillon* ◻ It. *postiglione* post-boy ← *posta* 'POST³' ＋-*iglione* (< L -*iliōnem* (compound suf.))〙

Pòst·impréssionism *n.* 〘美術〙後期印象派《印象派から出発して別風を樹立した Cézanne, van Gogh, Gauguin などによって代表される近代画法・画論; cf. Neo-Impressionism》. 〘(1910) ← POST-＋IMPRESSIONISM: R. E. Fry の造語〙

Pòst·impréssionist, p- *n.* 〘美術〙後期印象派の画家. 〘1910〙

Pòst·impressionístic, p- *adj.* 〘美術〙後期印象派の, 後期印象派的な. 〘1913〙

pòst·indústrial *adj.* 脱工業化の, 大規模産業[工業]支配後の (↔ preindustrial): a ~ society 脱工業化社会. 〘1947〙

post·ing¹ /póustɪŋ | pə́ust-/ *n.* 地位に任ずる[じられる]こと《特に, 長期にわたる任務について》. 〘⇨ post²〙

póst·ing² *n.* 〘簿記〙(仕訳帳から元帳への)転記. 〘(1682): ⇨ post¹〙

pòst·irradiátion *adj.* 照射後の, 放射線治療後に起こる.

Póst-it *n.* 〘商標〙ポストイット《付箋(ふせん)》.

pòst·júvenal *adj.* 〘鳥類〙幼羽が終わったあとの《通例第 1 回冬羽となる》.

pòst-Kántian *adj.* 〘哲学〙〈哲学・哲学者など〉カント以後の《Fichte, Schelling, Hegel など》. 〘1843〙

post·lap·sar·i·an /pòustlæpsɛ́ᵊriən | pàustlæpsɛ́ər-/ *adj.* (特に 人類の) 堕落後の, 堕罪後の. 〘(1733): cf. infralapsarian〙

pòst·lap·sár·i·an·ism /-ìzm/ *n.* 〘神学〙＝infralapsarianism.

post·lim·i·nar·y /pòustlímənèri | pàustlímɪnəriˊ/ *adj.* 1 〘国際法〙(財産の)戦前回帰権 (jus postliminii) の. 2 《まれ》続いて起こる, 後の (subsequent) (↔ preliminary). 〘1: ⇨ ↓, -ary. 2: ← POST-＋L *limen* threshold＋-ARY: cf. preliminary〙

post·li·min·i·um /pòustl̩míniəm | pàustlɪmín-/ *n.* (*pl.* **-i·a** /-niə/) ＝jus postliminii. 〘(1638) ◻ L *postlīminium* 《原義》return behind one's threshold ← POST-＋*līmen* threshold: cf. liminal〙

post·lim·i·ny /poustlíməni | pəustlímɪni/ *n.* 1 〘ローマ法〙公民権回復《流刑者・捕虜などが帰国した際権利を回復すること》. 2 〘国際法〙＝postliminium. 〘(1658) ◻ L *postlīminium* (↑)〙

pòst·língual *adj.* 〘言語〙言語習得後の[に起こる]: ~ deafness 言語習得後の難聴. **~·ly** *adv.*

post·lude /póus(t)luːd | pə́us(t)luːd, -ljuːd/ *n.* 1 〘音楽〙後奏曲《教会で礼拝後のオルガン独奏; ↔ prelude》; (楽曲の)終末部, 結尾. 2 (文学作品などの)結語, あとがき. 〘(1851) ← POST-＋L *lūd*(*us*) game: PRELUDE, INTERLUDE からの類推〙

post·man¹ /póus(t)mən/ *n.* (*pl.* **-men** /-mən/) 1 郵便集配人 (《米》mailman, 女性は postwoman). 2 《古》＝courier. 〘(1529): ⇨ post¹〙

póst·man² /-mən, -mæ̀n/ *n.* (*pl.* **-men** /-mən, -mèn/) 〘古英法〙優先申立弁護士《申立てに優先権を有した財務裁判所 (Court of Exchequer) のバリスター (barrister)》. 〘(1768): ⇨ post³〙

póstman's knóck *n.* 《英》〘遊戯〙＝post office 3.

póst·màrk *n.* (郵便の)消印: The letter had [bore] a London ~. — *vt.* 〈郵便物〉に消印を押す: a letter ~*ed* in Rome. 〘1678〙

póst·màster¹ *n.* 1 郵便局長. 2 (昔の)駅馬仕立人, 宿駅長. 〘1513〙

póst·màster² *n.* 《英》(Oxford 大学の) Merton College 給費生 (portionist). 〘(1593) ← ?〙

Póstmaster Géneral *n.* (*pl.* **Postmasters G-, ~s**) 1 a (米国の)郵政公社総裁 (cf. Postal Service). b (米国の)郵政長官《国務長官の 1 人; 1971 年廃止》. 2 a (英国の)郵政公社総裁 (cf. Post Office Corporation). b (英国の)逓信大臣《国務大臣の 1 人; 1969 年廃止; 略 PMG》. 〘1626〙

póstmaster-géneral·shìp *n.* postmaster general の職[地位]. 〘1882〙

póstmaster·shìp *n.* 1 郵便局長の職[地位]. 2 《英》(Oxford 大学の) Merton College 給費生の資格[身分]. 〘(*a*1603) 1: ← *postmaster*¹＋-SHIP. 2: ← POSTMASTER²〙

pòst·menopáusal *adj.* 〘生理〙閉経後の, 閉経後に起こる. 〘(1928) ← POST-＋MENOPAUSAL〙

post·me·rid·i·an /pòus(t)mərídiən | pàus(t)mərídiənˊ/ *adj.* 1 午後の. 2 午後に行われる[起こる]. 〘(1626) ◻ L *postmerīdiānus*: ⇨ post-, meridian〙

post me·rid·i·em /póus(t)mərídiəm, -dièm | pə́us(t)mərídiəm, -dièm/ *adj.* 午後(の) (afternoon) (略 p.m.; cf. ante meridiem) (⇨ a.m.). 〘(1647) ◻ L *post merīdiem* after midday (↑)〙

póst·mill *n.* 太い円柱状の台に支持され上方で旋回して風方向に向く風車. 〘1825〙

pòst·millenárianism *n.* 〘神学〙＝postmillennialism. **pòst·millenárian** *adj., n.*

pòst·millénnial *adj.* 〘神学〙至福千年期 (millennium) 後の (↔ premillennial). 〘(1851) ← POST-＋MILLENNIAL〙

pòst·millénnialism *n.* 〘神学〙至福千年期 (millennium) 後にキリストが再臨するという説[信仰] (↔ premillennialism). 〘1879〙

pòst·millénnialist *n.* 〘神学〙postmillennialism の信奉[信仰]者. 〘1851〙

pòst·mil·lén·ni·an /-niənˊ/ *adj.* 〘神学〙＝postmillennial.

póst·mìstress *n.* 女性の postmaster. 〘(1697) ← POST¹＋MISTRESS〙

post·mod·ern /pòus(t)má(ː)dən | pàus(t)mɔ́dn, -dənˊ/ *adj.* ポストモダニズム[ポストモダン]の[的な]. 〘1949〙

post·mod·ern·ism /pòus(t)má(ː)dənìzm | pàus(t)mɔ́dən-, -dn-/ *n.* ポストモダニズム《20 世紀の modernism を批判することから生じた建築・人文科学の傾向; 古典的・歴史的な様式・手法を引用・折衷したり, アイロニカル・非体系的な方法を採り入れたりする》. 〘(1979): ⇨ ↑, -ism〙

post·mod·ern·ist /pòus(t)má(ː)dənɪst | pàus(t)mɔ́dənɪst, -dn-/ *n.* ポストモダニズムの芸術家. — *adj.* ポストモダニズムの. 〘1965〙

post·mor·tem /pòus(t)mɔ́ətəm | pàus(t)mɔ́ːtəm, -tem/ *n.* 1 〘医学・法律〙＝postmortem examination (略 p.m., PM). 2 a (失敗などの)事後の検討, 反省会 〔*on*〕. b 〘トランプ〙勝負決定後の検討; (特に, ブリッジ終了後の)悔やみ, 愚痴(など). — *adj.* 1 死(直)後の (↔ antemortem); 死後に行われる[起こる]: ~ delivery 死後分娩 / ~ rigidity (死体)強直. 2 検死[検屍] (postmortem examination) の. 3 事後の: a ~ analysis, discussion, etc. — *adv.* 死後に. 〘(*a*1734) ◻ L ~ 'after death': ⇨ post-, mortal〙

postmórtem examinátion *n.* 1 〘医学〙剖検, 死体解剖, 検死 (略 p.m., PM). 2 〘法律〙検視. 〘1837〙

pòst·múltiply *vt.* 〘数学〙右から掛ける. 〘(1862) ← POST(FACTOR)＋MULTIPLY〙

pòst·násal 〘解剖・動物〙*adj.* 鼻後の[に位置する, に起こる]. — *n.* 鼻後部. 〘1897〙

póstnasal dríp *n.* 1 〘医学〙鼻後方滴注(法). 2 後鼻漏. 〘1949〙

pòst·nátal *adj.* 出生後の[に起こる]; (特に)新生児の (↔ prenatal): ~ care. **~·ly** *adv.* 〘(*a*1859): ⇨ ↓, -al¹〙

postnátal depréssion *n.* 産後の鬱(うつ)病.

post·na·tus /pòus(t)néɪtəs | pàus(t)néɪt-/ *n.* (*pl.* **-na·ti** /-taɪ/) 国家状勢変革事件や特別重要事件の後に生まれた人《例えば Scotland の England との同君連合 (1603 年)後に生まれたスコットランド人, 独立宣言 (1766 年)後に生まれた米国人など》. 〘(1609) ← NL *postnātus* born after ← POST-＋*nātus* ((p.p.) ← *nāscī* to be born)〙

pòst·neonátal *adj.* 新生児期が過ぎてからの[起こる]. 〘(1958) ← POST-＋NEONATAL〙

post·no·tum /pòus(t)nóuṭəm | pàus(t)náut-/ *n.* 〘昆虫〙後背板《昆虫の胸部の背板の後部にある膜質の部分》. 〘(1926) ← NL ~: ⇨ post-, notum〙

pòst·núptial *adj.* 結婚[婚姻]後の. **~·ly** *adv.* 〘(1807) ← POST-＋NUPTIAL〙

póst òak *n.* 〘植物〙米国産の耐湿性の材をもつ数種のナラ類の総称; (特に)米国東部・中部産の柱に用いるナラの一種 (*Quercus stellata*). 〘1775〙

pòst-óbit 〘法律〙*adj.* (個人の)死後に効力を生じる. — *n.* ＝post-obit bond. 〘(1751) 《略》← POST OBITUM〙

post-óbit bònd *n.* 〘法律〙死後払い捺印(なついん)金銭債務証書. 〘1788〙

post o·bi·tum /pòustóubətùm, -á(ː)bəṭəm | pàustáubɪtùm, -ɔ́bɪtəm/ *L. adv.* 死後に (after death). 〘◻ L ~ 'after death': ⇨ post-, obit〙

póst octávo *n.* 〘製本〙ポストオクタボ(判) [八折判]《本の大きさ; 《米》5×8 インチ [127×203.2 mm] から $5^{1}/_{4}\times8^{1}/_{4}$ インチ; 《英》5×8 インチ; 略 post 8 vo》.

póst-òffice *adj.* 郵便(用)の; 郵便局の; 郵政省の: a ~ address 郵便の宛名 / a ~ annuity 《英》郵便年金 / a ~ car 郵便車 (railway mail car) / a ~ life insurance 簡易生命保険 / a ~ savings bank 郵便貯金局.

póst òffice *n.* 1 郵便局: ⇨ General Post Office / a traveling ~ (列車の)郵便車 (postal car). 2 [the P-O-] a (米国の)郵政公社 (Postal Service). b (英国の)郵政公社 (Post Office Corporation). 3 《米》〘遊戯〙(子供の)郵便局ごっこ, キス遊び《局長になった者が, 手紙を渡すまねをしては(異性の)相手にキスを求める》. 〘(1652) ← POST¹＋OFFICE ∞ (1635) 《廃》*letter-office*〙

póst òffice bòx¹, P- Ò- B- *n.* (郵便)私書箱 (PO Box) (略 POB). 〘1894〙

póst òffice bòx² *n.* 〘電気〙＝PO box.

Póst Óffice Corporàtion *n.* [the ~] (英国の)郵政公社《もと Post Office Department といった》.

Póst Óffice Depàrtment *n.* [the ~] 1 (米国の)郵政省《1971 年廃止され公社 (United States) Postal Service が生まれた》. 2 (英国の)逓信省《1969 年以降は郵政公社 (Post Office Corporation) となる》. 〘1782〙

póst-office òrder *n.* 《英》(受取人指定の)郵便為替 (略 POO) (cf. postal money order, postal order). 〘1843〙

pòst-óp *adj.* 《口語》＝postoperative.

pòst·óperative *adj.* (手)術後の: ~ care [course] 術後処置[経過]. **~·ly** *adv.* 〘1890〙

pòst·órbital *adj.* 〘解剖・動物〙眼窩(がんか)後部の. — *n.* (爬(は)虫類)眼窩後部の骨またはうろこ. 〘1835〙

pòst·páid *adj.* 1 郵便料金前払い[支払済み]の (《英》post-free): a ~ reply card 往復はがき. 2 郵便料金受取人払いの. — *adv.* 郵便料金前納で; 郵便料金受取人払いで: available at two dollars, ~ 送料とも 2 ドルで入手可能. 〘(1653) ← POST¹＋PAID〙

pòst-páinterly *adj.* 〘美術〙絵画的抽象以後の《hardedge の抽象絵画を描くのに伝統的な色彩・形態などを用いた絵画形態にいう》: *Post-Painterly Abstraction* ポストペインタリーアブストラクション《現代の抽象画法の一つ》. 〘(1965) ← POST-＋PAINTERLY〙

pòst·pálatal *adj., n.* 〘音声〙後部(硬)口蓋音(の). 〘1899〙

post·par·tum /pòus(t)páəṭəm | pàus(t)páːt-ˊ/ *adj., adv.* 〘産科〙産後の[に], 分娩(ぶんべん)後の[に]: ~ care 産後の看護. 〘(1844) ◻ L *post partum* ← POST-＋*partum* ((acc.) ← *partus* bringing forth ← *parere* to bear): ⇨ parent〙

pòst·pitúitary *adj.* 〘解剖〙下垂体後葉の[に起こる].

post·pon·a·ble /pous(t)póunəbl̩ | pəus(t)pə́un-, pəspə́un-/ *adj.* 1 延期できる. 2 次位[文尾]に置ける. 〘1890〙

post·pone /pous(t)póun | paus(t)páun, paspáun, páus(t)pəun/ *vt.* **1** 延期する, 延ばす (put off) (⇨ delay SYN): ~ one's departure / We cannot ~ answering that letter any longer. もうこれ以上手紙の返事を延ばすわけにはいかない《★ postpone *to* answer とはいわない》. **2** 《まれ》〔…の〕次位に置く (subordinate)〔*to*〕: ~ private interests *to* public welfare 私利を公共の福利の後回しにする. **3** 〈語などを〉文尾(の近く)に置く. 〘《1500–20》□ L *postpōnere* to put after ← POST-+*pōnere* to place: ⇨ position〙

post·pone·ment /pous(t)póunmənt | paus(t)-páun-, pəs-/ *n.* 延期; 後回し: ask for a ~ of five days 5日間の日延べを求める. 〘1818〙

post·pón·er *n.* (物事を)延期する人. 〘1533〙

post·pose /pòus(t)póuz, ⌐⌐ | pàus(t)páuz, ⌐⌐/ *vt.* 〖文法〗後置する (⇨ postposition 2). 〘《1598》□ (O)F *postposer* (変形) ← L *postpōnere* 'to POSTPONE': cf. L *poser* to put〙

post·po·si·tion /pòus(t)pəzíʃən, ⌐⌐⌐ | pàus(t)-pəzíʃən, ⌐⌐⌐⌐/ *n.* **1** 後置する[される]こと. **2** 〖文法〗後置; 後置詞, 後置語《例えば日本語の「てにをは」, 次例の副詞用法の前置詞・形容詞など: all the world *over* / the house we live *in* / God *almighty* / postmaster *general*; cf. preposition》. **~·al** /-ʃnəl, -ʃənl/ *adj.* **~·al·ly** *adv.* 〘1: 《1546》□ F ~ □ ML *postpositiō(n-)* ← L *postpōnere* (↑). 2: 《1846》← POST-+POSITION: cf. preposition〙

post·pos·i·tive /pous(t)pá(:)zətɪv | paus(t)pɔ́zɪt-ˉ/ 〖文法〗*adj.* 後に置いた, 後置の (↔ prepositive). **—** *n.* =postposition 2. **~·ly** *adv.* 〘《1786》: ⇨ post-, positive〙

póst póstscript *n.* (手紙の)再追伸 (略 PPS, pps). 〘□ L *post postscriptum* after the postscript〙

pòst·prándial *adj.* [しばしば戯言的] 食後[晩餐(ばんさん)後]の (after-dinner) (cf. preprandial): a ~ nap. **~·ly** *adv.* 〘《1820》← POST-+PRANDIAL〙

pòst·prodúction *n.* 〖映画・テレビ〗ポストプロダクション《撮影終了後, 上映・放映までに行われる編集・CG処理・音響調整などの作業》. 〘1976〙

póst quárto *n.* 《英》〖製本〗ポストクォート(判)[四折判]《本の大きさ; 8×10インチ(=203.2×254 mm); 略 post 4to》.

póst ràce *n.* 〖競馬〗ポスト競走《一頭分の登録料を支払うのみで複数の馬を出走させることができ, また出走登録を決定された時期まで出走馬の決定を留保しうる競走; 今日ではほとんど行われていない》.

pòst·recórd *vt.* 〖映画・テレビ〗〈声・音響効果などを〉撮影後に録音する.

pos·tre·mo·gen·i·ture /pɑ(:)strì:moudʒénətʃə, -nɪtʃùə | pɔstrì:mə(u)dʒénɪtjùə^(r), -tʃə^(r)/ *n.* 〖法律〗 = ultimogeniture. 〘← L *postrēmus* last ((superl.) ← *posterus* coming after)+-o-+GENITURE〙

pòst-Renaissánce *adj.* ルネサンス以後の.

póst·rìder *n.* 騎馬郵便配達人. 〘《1705》← POST¹+RIDER〙

póst ròad *n.* **1** 郵便が配達されるまでの経路. **2** 郵便集配員の集配経路[巡路]. **3** 《古》駅馬車街道《駅馬車 (stagecoach) や郵便馬車 (mailcoach) の通った街道》. 〘1657〙

póst ròom *n.* (会社などの)郵便物の出入りを扱う部署, 郵便集配室.

pos·trorse /pá(:)strɔəs, póus- | pɔ́strɔ:s, páus-/ *adj.* 〖生物〗下方または後方に向いた (retrorse) (↔ antrorse). 〘《1657》← NL *postrorsus* ← POST-+L *retrōrsus*, *retrōversus* (← RETRO-+*vertere* to turn): cf. antrorse, retrorse, dextrorse〙

pòst·scóre *vt.* 〖映画・テレビ〗=postrecord.

post·script /póus(t)skrɪpt | páus(t)-/ *n.* **1** (手紙の)二伸, 追伸 (略 PS, P.S., p.s.) (cf. post postscript). **2** (書物の)追記, 跋文(ばつぶん); 後記, あとがき, 跋. **3** 《英》〖放送〗ニュース解説. 〘《1523》□ L *postscrīptum* written afterward (neut. p.p.) ← *postscrībere* to write after: ⇨ post-, script〙

Post·Script /póus(t)skrɪpt | páus(t)-/ *n.* 〖電算・商標〗ポストスクリプト《米国 Adobe System 社が開発したページ記述言語》.

pòst·séason *adj.* [限定的] シーズン後の, 季節明けの.

pòst·strúcturalism *n.* ポスト構造主義《構造主義を批判的に継承した一群の思想; 1960年代後半のフランスに台頭した; J. Derrida などが代表とされ, 1980年代米国の文学研究などに影響を与えた; cf. deconstruction》.

pòst·synáptic *adj.* 〖生物・生理〗シナプシス (synapsis) 後(部)の. **pòst·synáptically** *adv.* 〘1909〙

pòst-sýnc (*also* **pòst-sýnch**) *vt.* =postsynchronize. **—** *n.* =postsynchronization.

pòst·sýnchronize *vt.* 〖映画・テレビ〗〈音声を〉あとから映像に同調させる. **pòst·synchronizátion** *n.*

pòst·táx *adj.* 〈所得が〉税引き後の.

pòst·ténsion *vt.* 〖土木〗(prestressed concrete において)コンクリート打ちしてから〈鉄筋〉に引っ張り応力を与える (cf. pretension). 〘1950〙

póst·tèst *n.* 〖教育〗事後テスト《受講後に課せられるテスト》. 〘1951〙

póst tìme *n.* **1** 郵便発送[到着, 締切]時; 郵便集配時. **2** 《米》〖競馬〗(レースの)発馬予定時刻, 公示発走時刻. 〘1941〙

pòst·tónic *adj.* 〖音声〗〈音節・母音が〉アクセントのある音節の(直)後の. 〘《1885》← POST-+TONIC〙

póst tòwn *n.* **1** (昔の, 駅馬車が馬を仕立てた)宿駅, 宿場, 宿場町. **2** (特定地域の)郵便(本)局のある町. **3** 《英》集配局のある町. 〘1635〙

pòst·traumátic *adj.* **1** 〖病理〗外傷後の[に起こる]. **2** 〖精神分析〗精神的外傷[ショック]後の[に起こる]. 〘1904〙

pòst-traumátic stréss disòrder *n.* 〖精神分析〗(精神的)外傷性ストレス障害 (略 PTSD). 〘1980〙

pòst·tréatment *adj.*, *adv.* 治療後の[に]. 〘1946〙

pòst·týphoid *adj.* 〖病理〗腸チフス後の.

pós·tu·lance /-ləns/ *n.* =postulancy.

pos·tu·lan·cy /pá(:)stʃʊlənsi | pɔ́stjʊ-/ *n.* 請願(期); (特に)修道[聖職]志望(期). 〘1882–3〙

pos·tu·lant /pá(:)stʃʊlənt | pɔ́stjʊ-/ *n.* 請願者, 志望者 (candidate); (特に)修道[聖職]志願者. 〘《1759》□ F ~ □ L *postulantem* (pres.p.) ← *postulāre* (↓): ⇨ -ant〙

pos·tu·late /pá(:)stʃʊlèɪt | pɔ́stjʊ-/ *vt.* **1** (自明のものとして)仮定する (assume), (立論の基礎として)前提とする, 当然のこととする 〈*that*〉 (⇨ presume SYN). **2** 〖数学・論理〗公理とみなす, 要請する; 仮定する. **3** [通例 p.p. 形で] 要求する, 主張する: the claims ~*d* 提出された要求, 要求事項. **4** 〖教会法〗(ある上位機関の認可を条件に)〈人を〉聖職に任命する.
— /pá(:)stʃʊlɪt, -lèɪt | pɔ́s-/ *n.* **1** (証明なしの)仮定; (ある事が可能だとする)先決条件, 必要条件 (prerequisite). **2** 根本原理. **3** 〖数学・論理〗公理, 公準, 要請. 〘《1433》← L *postulātus* (p.p.) ← *postulāre* to demand, request ← IE **posto-* ← *prek-* to ask (Skt *pṛcchā* question)〙

pos·tu·la·tion /pà(:)stʃʊléɪʃən | pɔ̀stjʊ-/ *n.* **1** 仮定. **2** 要求 (demand). **3** 〖教会法〗(上位機関の認可条件付き)聖職任命. **~·al** /-ʃnəl, -ʃənlˉ/ *adj.* 〘《*a*1400》□ (O)F ~ // L *postulātiō(n-)*: ⇨ ↑, -ation〙

pós·tu·là·tor /-tə | -tə^(r)/ *n.* **1** 仮定[要求, 要請]する人. **2** 〖カトリック〗列聖[列福]調査請願者《殉教 (fame of martyrdom) した信者や模範的な生涯 (fame of sanctity) を送った信者を死後聖人に列するためには, 礼部聖省 (Congregation of Rites) において法的な手続きを経なくてはならないが, その手続きの請願を取り扱う職; cf. devil's advocate 2》. 〘1863〙

pos·tur·al /pá(:)stʃərəl | pɔ́stʃər-, -tjuər-/ *adj.* **1** 姿勢の, 構えの; 心構えの. **2** 位置の; 状態の. 〘《1857》: ⇨ ↓, -al¹〙

pos·ture /pá(:)stʃə | pɔ́stʃə^(r), -tjuə^(r)/ *n.* **1** (身体的な)姿勢, 身構え, ポーズ (attitude): a ~ of defense 防御の姿勢 / in a sitting ~ 座った姿勢で. **2** 気取った姿勢, わざとらしい態度. **3** 心的態度, 心構え, 気構え, 心組み. **4** ありさま, 状態 (situation, state): the present ~ of affairs 現下の形勢. **5** (一国(など)のある問題に対する)姿勢, 公式態度: the political ~ of the U.S. 合衆国の政治姿勢. **—** *vt.* …にある姿勢[態度]をとらせる, ポーズをつける. **—** *vi.* **1** ある姿勢[態度]をとる, 身構える. **2** 気取った態度をとる, 嬌態を示す, 科(しな)を作る, ポーズをとる.

pós·tur·er /-tʃərə | -tʃərə^(r), -tjuərə^(r)/ *n.* 〘《1605》□ F ~ □ It. *postura* < L *positūram* position ← *positus* (p.p.) ← *pōnere* to place: ⇨ position, -ure〙

SYN 姿勢: **posture** 特に人が立ったり歩いたり座ったりするときにとる姿勢: have good [bad] *posture* よい[悪い]姿勢をしている. **position** 体全体のとる姿勢: in a sitting [kneeling, standing] *position* 座った[ひざまずいた, 立った]姿勢で. **attitude** 体の姿勢《格式ばった語》: in a relaxed *attitude* くつろいだ姿勢で. **pose** 美術的効果のために意識的にとる姿勢: strike a *pose* for the camera カメラのためにポーズをとる. **stance** 野球やゴルフでボールを打とうとする際の立姿勢: Change one's batting *stance* バッティングの構えを変える. ⇨ pose.

pós·tur·ing /-tʃərɪŋ | -tʃər-, -tjuər-/ *n.* [通例 *pl.*; 悪い意味で] 気取ったポーズ(をとること); 見せかけ. 〘*a*1628〙

pos·tur·ize /pástʃəràɪz | pɔ́stʃər-, -tjur-/ *vi.* 姿勢[態度]をとる (posture), ポーズをとる. 〘《1706》: ⇨ posture, -ize〙

pòst·vélar *adj.*, *n.* 〖音声〗後部軟口蓋音(の). 〘1934〙

Pòst-Vietnám Sỳndrome *n.* 《米》〖病理〗ベトナム後症候群《ベトナム戦争帰還兵に見られた適応障害・情緒障害》.

pòst·víral sýndrome *n.* 〖病理〗ウイルス後症候群《ウイルス感染後の慢性病労症候群; 略 PVS; cf. chronic fatigue syndrome, myalgic encephalomyelitis》.

pòst·vocálic *adj.* 〖音声〗〈子音が〉母音の直後にある. 〘1892〙

post·war /póus(t)wɔ́ə | páus(t)wɔ́:^(r)ˉ/ *adj.* 戦後の (↔ prewar): in the ~ years 戦後 / ~ inflation 戦後のインフレ / The ~ period [era] is over now. もう戦後の時代は終わった. 〘1908〙

po·sy¹ /póuzi | páu-/ *n.* 《古》**1** 花; 花束. **2** (贈物の指輪の内側やナイフなどに刻む)銘[格言]: a ~ ring 銘を刻んだ指輪. 〘《1533》(中音消失) ← POESY〙

pos·y² /póuzi | páu-/ *adj.* =posey.

pot¹ /pá(:)t | pɔ́t/ *n.* **1 a** (陶器・ガラス・金属製の)丸く深い容器, つぼ, 鉢(はち), かめ, 瓶, 鍋(なべ), ポット(など); (装飾用の手作りの)陶器: ~*s* and pans [集合的] 鍋釜(なべかま), 炊事用具 / a jam ~ ジャム容器 / a cooking ~ 調理鍋 / ⇨ coffeepot, inkpot, stewpot, teapot, watering pot / If ifs and ans [an's] were ~*s* and pans (, there'd be no trade for tinkers). 《諺》物事が望み通りいくものなら(浮世は楽なものだ) / A little ~ is soon hot. 《諺》小鍋はすぐ熱くなる《小人(しょうじん)は怒りやすい》/ A watched ~ is long in boiling [takes long to boil]. 《諺》じっと見ていると鍋は煮え立たない《待つ身は長い》/ The ~ calls [is calling] the kettle black. 《諺》自分のことを棚に上げて相手を非難する, 「目くそ鼻くそを笑う」. 日英比較 日本語の「ポット」は「魔法瓶」の意味で用いられるが, 英語の *pot* にはその意味はない. ⇨ jar 日英比較 **b** 白鑞(しろめ)(pewter) などの)茶碗, コップ, ジョッキ; 《豪》(ビールを量る)ます: ⇨ pint pot. **c** 植木鉢 (flowerpot). **d** おまる, しびん (chamber pot) (cf. potty²). **2** pot の中身; pot 一杯分 (potful); 一つぼ, 一かめ; 酒一瓶 (pot of liquor), 飲み物 (drink), 酒 (liquor): a ~ of ale [stew, coffee, tea, jam]. **3 a** 《英》(煙突頂部の)通風土管 (chimney pot). **b** 《スコット》縦穴 (pit). **4** るつぼ (crucible): ⇨ melting pot. **5** 〖トランプ〗**a** 《口語》(ポーカーなどで)一勝負ごとの賭金の総額《通常テーブルの中央に積んでおき, 勝った者が取る; cf. jackpot》. **b** ポーカーの一回, 一勝負《札を配ってから勝者が決定するまで》. **6 a** 《口語》大金 (large sum): make a ~ [~*s*] of money 大金をもうける / put the ~ on … に大金をかける. **b** 《米口語》共同資金. **7** 《口語》太鼓腹 (potbelly). **8** 《口語》=potshot. **9** 《口語》(競技などの)銀賞杯; 《俗》賞品, 賞 (prize): ⇨ pothunter. **10 a** 《英方言》(食糧などを運ぶ)大かご(の一種). **b** (ウナギやエビなどをとる)筌(うけ), 筬(ど) (trap); エビ取りかご (lobster pot) (cf. pound net): an eel ~. **11** 《英俗》**a** (偉そうな)人, 大物: a big ~ お偉方. **b** [the ~] (競馬の)本命, 人気馬. **12** 〖冶金〗**a** (溶鉱炉の)湯だまり. **b** (アルミニウムなどの溶融塩電解用)電解槽. **13** 〖製紙〗=pott. **14** 〖甲冑〗(17世紀の pikeman がかぶった)つば広の帽子形かぶと《pikeman's pot ともいう》; 同様のかぶと《morion などの別名》. **15** 《英》〖玉突〗(snooker でまず1点になる赤玉を)ポケットに入れるようにねらい打つこと. **16** [the ~] 《俗》便所.
áll to pót 《口語》ごちゃごちゃ[めちゃめちゃ]になって. ***a pót of góld*** 決して手に入ることのない富[報い]. ***bóil the pót***=***máke the pót bòil*** 暮らしを立てる (cf. potboil). ***gò (áll) to pót*** 《口語》〈人が〉落ちぶれる; おじゃんになる, 破滅する; 死ぬ (die)《肉などを切り刻んで鍋に入れることから》. 《1530》 ***in one's póts*** 酔って(いる). ***kéep the pót bòiling*** 《口語》(なんとか)暮らしを立てていく; 景気よく続けていく. 《1657》 ***máke a pót at*** …に顔をゆがめる. ***pút a person's pót òn*** 《豪俗》人を密告する. ***táke a pót at*** …をねらい撃つ.
— *v.* (**pot·ted**; **pot·ting**) **—** *vt.* **1** 〈植木を〉鉢植えにする: ~ a rose バラを植木鉢に移す. **2 a** (じっとしている動物または地面・水面にいる鳥を)(手当たりしだいに)撃つ. **b** (遊びでなく食料を得るために規則を破って)…の猟をする. **3** 〖玉突〗=pocket. **4** [特に p.p. 形で]〈肉・果物などを〉(保存するために)瓶[つぼ]に入れて置く, かめにつける (preserve). **5** (鍋に入れて)料理する, とろ火で煮る (stew). **6** とらえる (seize); 《口語》手に入れる (win): ~ an heiress 跡取り娘をものにする. **7** [通例 p.p. 形で]《英口語》簡略化する (⇨ potted 3 a). **8** 《口語》〈子供を〉おまるにかけさせる. **9** 〖電子工学〗〈素子などを〉絶縁材とともにはめ込む. **10** 〈陶芸家が〉陶磁器を〉製造する, (特に)装飾する前に成形し焼成する. **—** *vi.* **1** 《口語》〔…を〕(手当たりしだいに)ねらい撃ちする; 猟をする (shoot)〔*at*〕. **2** 《廃》酒を飲む.
pót ón 《英》大きな鉢[ポット]に植えかえる.
〘n.: lateOE *pott* □ VL **pottus* (cf. Du. *pot* / G *Pott* / F *pot*) ← ? Celt. (Corn. & Welsh *pot* / Ir. *pota* / Gael. *poit*): cf. pout¹. — v.: 《1594》← (n.)〙

pot² /pá(:)t | pɔ́t/ *n.* 《俗》マリファナ (marijuana). 〘《1938》← ?: cf. Mex.-Sp. *potiquaya* marijuana leaves〙

pot³ /pá(:)t | pɔ́t/ *n.* (主にラグビーで)キックでゴールしようとする試み. **—** *vt.* (**pot·ted**; **pot·ting**) 〈ゴールを〉得る. 〘《*c*1955》《略》← POTSHOT〙

pot⁴ /pá(:)t | pɔ́t/ *n.* 《スコット・北英》深穴. 〘《1375》: おそらく pot¹ と同語源〙

pot. 《略》potash; 〖化学〗potassium; potential; 〖電気〗potentiometer; *L.* potio (=dose); pottery.

po·ta·ble /póutəbl | páut-/ *adj.* 〈水が〉飲むのに適した (drinkable). **—** *n.* [通例 *pl.*] 飲み物 (drinkables); 酒. **po·ta·bili·ty** /pòutəbíləti | pàutəbílɪti/ *n.* **~·ness** *n.* 〘《*a*1425》□ F ~ // LL *pōtābilis* drinkable ← L *pōtāre* to drink (cf. bib²): ⇨ -able〙

pot·ae /pá(:)taɪ | pɔ́t-/ *n.* 《NZ》帽子, かぶりもの. 〘《1770》← Maori〙

po·tage /poutá:ʒ, pɑ(:)- | pɔtá:ʒ, pəu-, ⌐⌐; F. pɔta:ʒ/ *n.* とろみのある濃いスープ, ポタージュ (cf. consommé). 日英比較 英米では thick [cream] soup が一般的. 〘《1567》□ (O)F ~ 《原義》what is put in a pot: ⇨ pot, -age: cf. pottage〙

pot·a·ger /pá(:)tədʒə | pɔ́tədʒə^(r)/ *n.* 家庭[自家]菜園. 〘《*c*1786》□ F ~ 《原義》edible〙

pót àle *n.* (ウイスキーやアルコールの)蒸留かす《豚の飼料》. 〘1812〙

pot·am- /pá(:)təm | pɔt-/ (母音の前にくるときの) potamo- の異形.

po·tam·ic /pətǽmɪk/ *adj.* 河川の; 河川航行の. 〘《1883》← POTAMO-+-IC¹〙

pot·a·mo- /pá(:)təmou | pɔ́təməu/ 「川」の意の連結形. ★ 母音の前では通例 potam- になる. 〘← Gk *potamós* river ← IE **pet-* to rush, fly〙

pot·a·mol·o·gy /pà(:)təmá(:)lədʒi | pɔ̀təmɔ́l-/ *n.* 河川学. 〘《1829》: ⇨ potamo-, -logy〙

pòtamo·plánkton *n.* 河川プランクトン. 〘《1902》← POTAMO-+PLANKTON〙

pót àrch *n.* 〖ガラス製造〗あぶり窯, 予熱炉《ガラスを溶かすつぼを融解窯内に置く前に焼き締めまたは予熱するための炉》. 〘1839〙

pot·ash /pá(:)tæʃ | pɔ́t-/ *n.* 〖化学〗**1 a** 木灰から得る不

純な炭酸カリ (potassium carbonate). **b** =potassium hydroxide. **2** 酸化カリウム(K_2O). **3** potassium の俗称: carbonate of ～ 炭酸カリウム / yellow prussiate of ～ =potassium ferrocyanide / red prussiate of ～ = potassium ferricyanide. 〘(1648) *pot-ashes* (pl.) ◻ Du. (廃) *potasschen*: cf. G *Pottasche*〙

pótash álum *n.* 〖化学〗カリ明礬 (⇨ alum 2 a). 〘1839〙

pótash búlb *n.* [しばしば *pl.*]〖化学〗カリ球 (化学分析で二酸化炭素を捕集するために使うガラス器具).

pótash féldspar *n.* 〖鉱物〗カリ長石 ($KAlSi_3O_8$). 〘1862〙

pótash fértilizer *n.* カリ肥料.

pótash sóap *n.* 〖化学〗カリ石鹸. 〘1899〙

pótash wàter *n.* カリ水 (potassic water). 〘1802〙

pot·ass /pάt(ː)æs | pɔ́t-/ *n.* **1** =potash. **2** 〖化学〗= potassium. 〘1: (1799) ◻ F *pottasse* ◻ G *Pottasche* 'POTASH'. 2: (略) ← POTASSIUM〙

po·tas·sa /pətǽsə/ *n.* 〖化学〗=potassium hydroxide. 〘(1812) ← NL ～ ← POTASH〙

po·tas·sic /pətǽsɪk/ *adj.* カリウム (potassium) の, カリウムを含む[から成る]: ～ water =potash water. 〘(1858) ← POTASS(IUM)+-IC[1]〙

potássic wáter *n.* カリ水 (カリウムイオン濃度の高い鉱水).

po·tas·si·um /pətǽsiəm/ *n.* 〖化学〗カリウム (アルカリ金属元素の一つ: 化学記号 K, 原子番号 19, 原子量 39.0983). 〘(1807) ← NL ～: ⇨ potassa, -ium〙

potássium ácetate *n.* 〖化学〗酢酸カリウム (CH_3COOK).

potássium ácid cárbonate *n.* 〖化学〗=potassium bicarbonate.

potássium ácid óxalate *n.* 〖化学〗=potassium binoxalate.

potássium ácid súlfate *n.* 〖化学〗=potassium bisulfate.

potássium álum *n.* 〖化学〗カリ明礬(ﾐｮｳﾊﾞﾝ) (⇨ alum 2 a).

potássium ántimonate *n.* 〖化学〗アンチモン酸カリウム ($KSb(OH)_6$).

potássium ántimonyl tártrate *n.* 〖化学〗酒石酸アンチモニルカリウム (⇨ tartar emetic).

potássium-árgon *adj.* 〖地質〗(岩石・鉱物などの年代を測定する)カリウム アルゴン年代測定法の: ～ dating カリウム アルゴン年代測定法, K-Ar 法. 〘1953〙

potássium ársenite *n.* 〖化学〗亜ヒ酸カリウム (K_3ASO_3) (医薬用).

potássium bicárbonate *n.* 〖化学・薬学〗炭酸水素カリウム, 重炭酸カリウム($KHCO_3$) (白色結晶性粉末; 制酸剤, カリウム補給剤; 加熱すると二酸化炭素と水を失って炭酸カリウムとなる).

potássium bichrómate *n.* 〖化学〗=potassium dichromate.

potássium binóxalate *n.* 〖化学〗蓚(ｼｭｳ)酸水素カリウム, 重蓚酸カリウム (KHC_2O_2) (インクのしみ抜き・金属洗浄剤・写真などに用いる).

potássium bisúlfate *n.* 〖化学〗硫酸水素カリウム, 重硫酸カリウム ($KHSO_4$).

potássium bitártrate *n.* 〖化学〗酒石酸水素カリウム, 重酒石酸カリウム ($KHC_4H_4O_6$).

potássium brómate *n.* 〖化学〗臭素酸カリウム ($KBrO_3$) (白色結晶; 分析用試薬).

potássium brómide *n.* 〖化学〗臭化カリウム, ブロームカリ (KBr) (写真用; 鎮静剤). 〘1873〙

potássium cárbonate *n.* 〖化学〗炭酸カリ, 炭酸カリウム (K_2CO_3) (薬・石鹸などの製造に用いる).

potássium chlórate *n.* 〖化学〗塩素酸カリウム ($KClO_3$) (強い酸化剤; マッチや花火の原料).

potássium chlóride *n.* 〖化学〗塩化カリウム(KCl) (無色の結晶[粉末]; カリ肥料として用いられる).

potássium chrómate *n.* 〖化学〗クロム酸カリウム (K_2CrO_4) (橙黄色の結晶; 水溶液を酸性にすると赤橙色のニクロム酸カリウムに変わる).

potássium chróme àlum *n.* 〖化学〗カリウムクロム明礬(ﾐｮｳﾊﾞﾝ) (⇨ chrome alum).

potássium chrómic súlfate *n.* 〖化学〗硫酸クロムカリウム (⇨ chrome alum).

potássium cobaltinítrite *n.* 〖化学〗ヘキサニトロコバルト (III) 酸カリウム, 亜硝酸コバルトカリウム($K_3Co(NO_2)_6$) (顔料などに用いる).

potássium cýanide *n.* 〖化学〗シアン化カリウム (KCN), (俗に)青酸カリ (cyanide of potassium ともいう).

potássium dichrómate *n.* 〖化学〗二クロム酸カリウム, 重クロム酸カリウム ($K_2Cr_2O_7$) (酸化剤・分析試薬・マッチ・染色に用いられる橙赤色の結晶).

potássium éthyl dithiocárbonate *n.* 〖化学〗エチルジチオカルボン酸カリウム (⇨ potassium xanthate).

potássium éthyl xánthogenate *n.* 〖化学〗エチルキサントゲン酸カリウム (⇨ potassium xanthate).

potássium ferricýanide *n.* 〖化学〗フェリシアン化カリウム, 赤血カリ($K_3Fe(CN)_6$) (赤色結晶; 酸化剤; 青写真紙の感光剤の原料; red prussiate of potash, potassium hexacyanoferrate (III)ともいう).

potássium ferrocýanide *n.* 〖化学〗フェロシアン化カリウム, 黄血カリ ($K_4Fe(CN)_6$) (黄色結晶; ベルリン青の製造原料; yellow prussiate of potash, potassium hexacyanoferrate (II) ともいう).

potássium flúoride *n.* 〖化学〗フッ化カリウム (KF) (無色の結晶で有毒; 水溶液はアルカリ性; ガラスを侵す).

potássium hexacyanoférrate (II) *n.* 〖化学〗ヘキサシアノ鉄 (II) 酸カリウム (potassium ferrocyanide の慣用名).

potássium hexacyanoférrate (III) *n.* 〖化学〗ヘキサシアノ鉄 (III) 酸カリウム (⇨ potassium ferricyanide).

potássium hýdrogen tártrate *n.* 〖化学〗酒石酸水素カリウム ($KHC_4H_4O_6$) (ふくらし粉・下剤などに用いられる無色または白色の結晶塩; cream of tartar ともいう).

potássium hydróxide *n.* 〖化学〗水酸化カリウム (KOH) (caustic potash ともいう; 石鹸・ガラスなどの製造に用いる).

potássium hypochlórite *n.* 〖化学〗次亜塩素酸カリウム(KClO) (酸化剤に用いられ, 漂白作用を有する; 水溶液だけ知られている).

potássium íodide *n.* 〖化学・薬学〗ヨウ化カリウム (KI), (俗に)ヨウドカリ (白色結晶性粉末; 分析試薬・写真・医薬に用いる).

potássium mánganate *n.* 〖化学〗マンガン酸カリウム (K_2MnO_4) (暗緑色の結晶).

potássium metabisúlphite *n.* 〖化学〗二亜硫酸カリウム ($K_2S_2O_5$) (抗菌性保存料として用いられる白色の化合物).

potássium mýronate *n.* 〖化学〗ミロン酸カリウム (⇨ sinigrin).

potássium nítrate *n.* 〖化学〗硝酸カリウム (KNO_3) (niter, saltpeter ともいう; 肥料・火薬・薬などに用いられる).

potássium óxalate *n.* 〖化学〗蓚(ｼｭｳ)酸カリウム (K_2C_2O) (分析試薬; インクのしみ抜き・血液凝固防止剤に用いられる).

potássium perchlórate *n.* 〖化学〗過塩素酸カリウム ($KClO_4$) (酸化剤・爆薬に用いられる).

potássium permánganate *n.* 〖化学〗過マンガン酸カリウム ($KMnO_4$) (酸化剤・漂白剤・殺菌剤・収斂剤に用いられる). 〘1869〙

potássium persúlfate *n.* 〖化学〗ペルオキソ二硫酸カリウム, 過硫酸カリウム ($K_2S_2O_8$) (ブタジエン スチレン共重合の開始剤として用いられる).

potássium phósphate *n.* 〖化学〗リン酸カリウム (K_3PO_4) (合成洗剤の builder として用いられる).

potássium rhódanide *n.* 〖化学〗ロダン化カリウム (⇨ potassium thiocyanate).

potássium sódium tártrate *n.* 〖化学〗酒石酸ナトリウムカリウム (⇨ Rochelle salt).

potássium súlfate *n.* 〖化学〗硫酸カリウム (K_2SO_4) (無色の結晶; ガラス・明礬(ﾐｮｳﾊﾞﾝ)の原料).

potássium tetróxalate *n.* 〖化学〗テトラ蓚(ｼｭｳ)酸カリウム ($KHC_2O_4 \cdot H_2C_2O_4 \cdot 2H_2O$) (salt of sorrel ともいう).

potássium thiocýanate *n.* 〖化学〗チオシアン酸カリウム (KSCN) (黄色結晶で, 鉄の分析試薬・織物染色・捺印に用いる; potassium rhodanide ともいう).

potássium xánthate *n.* 〖化学〗キサントゲン酸カリウム ($KS_2COC_2H_5$) (土壌の殺菌剤・分析試薬に用いる; potassium ethyl dithiocarbonate, potassium ethyl xanthogenate ともいう).

po·ta·tion /poutéɪʃən | pə(ʊ)-/ *n.* **1** (酒など)飲むこと; 一飲み (draft), 一口, 一杯; アルコール飲料, 酒. **2** [通例 *pl.*] 飲酒 (tippling), 酒宴. 〘(?c1425) *potacioun* ◻ OF *potacion* // L *pōtātiō(n-)* ← *pōtātus* (p.p.) ← *pōtāre* to drink (⇨ PORTION): ⇨ -ATION〙

po·ta·to /pətéɪtou, -ṭə | -təʊ/ *n.* (*pl.* ～**es**) **1** 〖植物〗 **a** ジャガイモ (*Solanum tuberosum*). **b** ジャガイモ (その根茎; white potato, Irish potato ともいう). **2** (米) サツマイモ (sweet potato) (16–17 世紀には催淫効果があるとされていた. cf. Shak., *Merry W* 5. 5. 19). **3** [通例 the ～] (口語) 適当な[あつらえ向きの, つまらない]もの: quite *the* ～ もってこいのもの / It's not quite *the* clean ～. それはだめだ[不適当だ] / ⇨ small potato. **4** =potato chip. **5** (口語) 靴下の穴.
dróp like a hót potáto ⇨ hot 成句. ***hóld one's potátoes*** (米口語) 待つ, 辛抱する. ***potátoes and póint*** ⇨ point 成句.
〘(1565) ◻ Sp. *patata* white potato (変形) ← *batata* sweet potato ◻ Taino *batata*〙

potáto ápple *n.* じゃがいもの果実 (緑の球形液果).

potáto bèan *n.* 〖植物〗アメリカホドイモ (groundnut).

potáto bèetle *n.* 〖昆虫〗=Colorado potato beetle. 〘1821〙

potáto blìght *n.* 〖植物病理〗ジャガイモ凋萎(ﾁｮｳｲ)病 (種々の菌に冒されて萎縮する). 〘1879〙

potáto bòx *n.* (俗) 口 (mouth) (potato-trap ともいう).

potáto bùg *n.* 〖昆虫〗=Colorado potato beetle. 〘1799〙

potáto chìp *n.* **1** ポテトチップ (薄切りジャガイモの油揚げ; Saratoga chip ともいう). **2** (英) =French fries.

potáto crísp *n.* (英) =potato chip 1.

potáto-dìgger *n.* 〖機械〗ジャガイモ掘り機. 〘1845〙

Potáto Fámine *n.* (Ireland の) ジャガイモ飢饉 (1845–46 の食糧飢饉で全人口の 5 分の 1 が死に, 100 万人が米国に移住した; Irish Famine ともいう). 〘1875〙

potáto léafhopper *n.* 〖昆虫〗米国東部・南部で作物(特に, ジャガイモ)に甚大な被害を与えるヒメヨコバイ科の昆虫 (*Empoasca fabae*) (緑色で白斑がある). 〘1921〙

potáto màsher *n.* **1** ジャガイモつぶし器. **2** (投げるための木の柄のついた)手榴(ﾘｭｳ)弾. 〘1855〙

potáto mòth *n.* 〖昆虫〗ジャガイモガ (*Phthorimaea operculella*) (キバガ科のガ; その幼虫 potato tuberworm は, 特にジャガイモとタバコの葉と茎を食害し, 通例ジャガイモの塊茎中で越年する). 〘1891〙

potáto móttle *n.* 〖植物病理〗=latent virus disease.

potáto ónion *n.* 〖園芸〗ポテトオニオン (タマネギ (*Allium cepa*) の一種; 分球により繁殖する). 〘1845〙

potáto páncake *n.* ポテトパンケーキ (ジャガイモをすりおろして作るパンケーキ).

potáto psỳllid *n.* 〖昆虫〗トマト・ジャガイモにつくキジラミ (*Paratrioza cockerelli*) (ウイルス病を媒介).

potáto rìng *n.* (Ireland で 18 世紀に用いられた)銀製の碗[皿]立て. 〘1893〙

potáto-ròt *n.* 〖植物病理〗=potato blight. 〘1848〙

potáto ròt nématode *n.* 〖動物〗イモグサレセンチュウ (*Ditylenchus destructor*) (ジャガイモの塊茎を腐らす線虫の一種).

po·ta·to·ry /póuṭətɔ̀ːri | pə́utətəri, -tri/ *adj.* (まれ) 飲酒癖のある, 飲酒にふける: a ～ club. 〘(1834) ← L *pōtātōrius* ← *pōtātus* (p.p.) ← *pōtāre* to drink: ⇨ -ory[1]〙

potáto sálad *n.* ポテトサラダ.

potáto scàb *n.* 〖植物病理〗ジャガイモ斑点病 (ジャガイモの塊茎が種々の菌に冒されて表面にかさぶたの生じる病害).

potáto-tràp *n.* =potato box.

potáto túberworm *n.* 〖昆虫〗ジャガイモガ (potato moth) の幼虫. 〘1920〙

potáto vìne *n.* 〖植物〗ジャガイモ (potato). 〘1774〙

potáto wòrm *n.* 〖昆虫〗=tomato hornworm.

pot-au-feu /pάt(ː)oufə́ː- | pɔ̀təʊ-; *F.* pɔtofø/ *F.n.* (*pl.* ～) **1** ポトフ (牛肉の塊と野菜を水から煮込んだフランス料理; 通例スープと肉料理の 2 品として出す). **2** ポトフ用の土鍋. 〘(1791) ◻ F ～ (原義) pot on the fire〙

Pot·a·wat·o·mi /pὰ(ː)ṭəwά(ː)ṭəmi | pɔ̀təwɔ́ːtəmi/ *n.* (*pl.* ～**s**, ～) **1 a** [the ～(s)] ポタワトミ族 (もと北米 Michigan 湖西岸に住み, 今は Oklahoma 州その他に少数残っている Algonquian 語族の一支族). **b** ポタワトミ族の人. **2** ポタワトミ語. 〘1698〙

pót bàrley *n.* 殻を取り去った大麦 (cf. pearl barley). 〘1857〙

pót·bèllied *adj.* **1** 〈人が〉太鼓腹の. **2** 〈ストーブなど〉太鼓型の, 太くて丸型の: a ～ stove だるまストーブ. 〘1657〙

pót·bèlly *n.* **1** 太鼓腹, ほてい腹. **2** 太鼓腹の人 (通例男性). **3** だるまストーブ. 〘1714〙

pót·bòil *vi.* (生計のために)金もうけの作品 (potboiler) を作る. 〘1775〙

pót·bòiler *n.* **1** (口語) 生計のための(粗製の)文学[美術]作品(を作る作家[画家]). **2** 〖英史〗=potwalloper 1. 〘(1824) ← *boil the pot* (⇨ pot (n.) 成句)〙

pót·bòiling *n., adj.* (口語) 生計のための(創作). 〘1775〙

pót-bòund *adj.* **1** 〖園芸〗〈植物の根が〉植木鉢一杯に根を張った, 根づまりの (root-found ともいう). **2** (まれ) 発展の余地のない. 〘1850〙

pót·bòy *n.* (宿屋・居酒屋などの)給仕の少年, ボーイ; (居酒屋などの)給仕 (ビール瓶を洗ったり栓(ｾﾝ)を抜いたりする). 〘1795〙

potch[1] /pά(ː)tʃ | pɔ́tʃ/ *n.* (豪俗) 品質の劣る値打ちのないオパール. 〘(1896) ← ?〙

potch[2] /pά(ː)tʃ | pɔ́tʃ/ *vi.* (廃) =poach[1].

pót chèese *n.* (米) =cottage cheese. 〘(1812): cf. Du. *potkaas* a kind of cheese prepared in pots〙

Potch·ef·stroom /pά(ː)tʃəfstròum | pɔ́tʃəfstrəum/ *n.* ポチェフストルーム (南アフリカ共和国 North-West 州南東部の町).

pót-compànion *n.* (古) 飲み友達 (fellow toper). 〘1549〙

pót cùlture *n.* **1** 〖園芸〗鉢栽培. **2** (米) マリファナ文化 (マリファナ常用者の生活様式).

pot-de-fer /póuḍəféə | pə́udəféə[r]; *F.* podfɛːʁ/ *n.* 〖甲冑〗(中世の鎖頭巾(ｽﾞｷﾝ)の上または下に着ける)鉄鉢(ﾃｯﾊﾟﾁ). 〘◻ F ～ (原義) pot of iron〙

po·teen /poutíːn, pə-, -tʃíːn | pɒtʃíːn, pɒ-, -tíːn/ *n.* (アイルランドの)密造ウイスキー. 〘(1812) ◻ Ir. (*uisge*) *poitín* little-pot (whiskey) (dim.) ← *pota* 'POT': ⇨ -een[2]〙

Po·tëm·kin /poutémk(ɪ)n, pə-, pətjɔ́(ː)m- | pətémkɪn, pɒ-; *Russ.* patʲómkʲin/ (*also* **Po·tyom·kin** /～/), Prince **Grigory Aleksandrovich** *n.* ポチョムキン (1739–91; ロシアの政治家・軍人; Catherine 二世の寵臣(ﾁｮｳｼﾝ)).

Potémkin víllage *n.* 偽りの見せかけ, 貧しさを取り繕うためのりっぱな外観 (Potemkin が Catherine 二世の目を欺くために急造したといわれる見せかけだけの村に由来).

po·tence[1] /póutəns, -tn̩s | pə́utəns, -tn̩s/ *n.* =potency. 〘(1413) ◻ (O)F ～ ◻ L *potentia*: ⇨ potency〙

po·tence[2] /póutəns, -tn̩s | pə́utəns, -tn̩s/ *n.* **1** 磔(ﾀｸ)用十字架 (cross). **2** 〖時計〗下受 (全板(ｾﾞﾝｲﾀ)式時計でテンプの下ほぞの受板). 〘(*a*1500) ◻ (O)F ～ 'crutch, gibbet' ◻ ML *potentia* crutch (特別用法) ← L *potentia* (↓)〙

po·ten·cy /póutənsi, -tn̩-, -tənsi, -tntsi | pə́utənsi, -tn̩-, -təntsi, -tn̩tsi/ *n.* **1** 力; 潜在的能力, 潜勢力 (potentiality). **2** 勢力 (power), 権力 (authority). **3** 勢力を及ぼす人[もの]. **4** (薬などの)効能, 効力, 有効性 (⇨ power SYN). **5** (思想や感情に及ぼす)影響力, 効力. **6** 可能性, 潜在的能力 (potentiality). **7** (特に, 男性の)性交能力. **8** 〖数学〗濃度 (⇨ cardinal number 2). 〘(*a*1450) ◻ L *potentia* power: ⇨ ↓, -cy〙

po·tent[1] /póutənt, -tn̩t | pə́utənt, -tn̩t/ adj. **1** (文語) 有力な, 力強い, 勢力のある: a ～ prince. **2** 〈薬など〉効力のある, よく効く (efficacious); 〈飲み物など〉強い, 濃い: ～ narcotic 強い麻酔剤. **3** (精神的)影響を及ぼす; 〈議論など〉人を心服させる (cogent), 説得力のある (⇨ mighty

SYN): ~ reasoning なるほどと思わせる論法. **4** 〈男性が〉性的[勃起]能力のある (↔ impotent). **—** *n.* 《廃》 = potentate. **~·ly** *adv.* **~·ness** *n.* 〖(?c1425) □ L *potentem* (pres. p.) ← *posse* to be able ← *potis* able + *esse* to be: ⇨ possible, -ent〗

po·tent² /póuṭənt, -tn̩t | pə́utənt, -tn̩t/ *adj.* 〘紋章〙 **1 a** T 形が正逆交互に並んだ. **b** T 形の: ⇨ cross potent. **2** 毛皮模様の一種 (cf. fur 7). 〖(a1376) 《廃》 'crutch' (変形) ← (O)F *potence* crutch: ⇨ potence²〗

po·ten·tate /póuṭəntèɪt, -tn̩- | pə́utəntèɪt, -tn̩-/ *n.* **1** 有力者: some local ~ 地方のさる有力者. **2** 主権者, 君主. **3** 強大な国, 都市. 〖(?c1400) □ LL *potentātus* potentate, (L) power, rule, dominion: ⇨ potent¹, -ate¹〗

po·ten·tial /pəténʃəl, pou-, -téntʃ-, -téntʃəl, -téntʃl̩ | pə(ʊ)-/ *adj.* **1 a** 可能の, (未発達だが将来十分)可能性を包蔵する (⇨ latent SYN): a ~ genius 天才の素質のある人 / ~ presidential assassins 大統領を暗殺しそうな人. **b** 潜在[潜勢]力を有する, 潜在的な: a ~ stock 潜在的株式 《新株引受権・株式買取権・転換社債など》 / The seed is the ~ flower and fruit. 種子には花も実も宿っている. **2** 〘物理〙 位置の, 電位の. **3** 〘文法〙 可能を表す: the ~ mood 可能法 (「助動詞 may, might, can, could + 不定詞」の形で能力または可能性を表す; subjunctive mood の一種とされることがある). **4** 《古》 有力な, 強力な (potent).
— *n.* **1 a** 可能性, 潜在性 (potentiality); 潜在力, (潜在的な)能力: ⇨ war potential / a ~ of success / ~ *for* leadership 潜在的指導能力. **b** 潜在物; 利用可能な資源[財源]. **2** 〘文法〙 可能法 (potential mood); 可能法の動詞(形). **3** 〘物理〙 位; 電位 (electric potential): difference of ~ = potential difference / ⇨ magnetic potential. **4** 〘物理・数学〙 ポテンシャル(関数). 〖(a1398) □ OF *potencial* ∥ LL *potentiālis*: ⇨ potent¹, -ial〗

poténtial ádversary *n.* 仮想敵国.

poténtial bárrier *n.* 〘物理〙 ポテンシャル障壁 《ポテンシャルエネルギーの高い地域; 粒子がそれに近づくに従って減速・停止させられたり, 量子論的トンネル効果によって通過したりする》. 〖1929〗

poténtial dífference *n.* 〘電気〙 電位差 《電場または導体内の 2 点間の電位の差》. 〖1896〗

poténtial divíder *n.* 〘電気〙 = voltage divider.

poténtial énergy *n.* 〘物理〙 位置エネルギー, ポテンシャルエネルギー (cf. kinetic energy). 〖1853〗

poténtial grádient *n.* 〘電気〙 電位の傾き, 電位降度, 電位傾度. 〖1895〗

poténtial héad *n.* 〘物理〙 = elevation head.

po·ten·ti·al·i·ty /pətènʃiǽləṭi, pou- | pə(ʊ)tènʃiǽləti/ *n.* **1** 可能力, 可能性 (possibility); 潜在的能力, 潜勢力 (latency). **2** 可能[潜勢]力を有するもの, 発展する見込み. 〖(1625) □ ML *potentiālitātem*: ⇨ potential, -ity〗

po·ten·tial·ize /pəténʃəlàɪz, pou- | pə(ʊ)-/ *vt.* 可能にする; 〘物理〙 〈エネルギーなどを〉潜勢力化する. **po·ten·tial·i·za·tion** /pətènʃələzéɪʃən, pou- | pə(ʊ)tènʃəlaɪ-, -lɪ-/ *n.* 〖(1856): ⇨ potential, -ize〗

po·tén·tial·ly /-ʃəli, -ʃli/ *adv.* 潜在的に, 可能性として; もしかすると (possibly). 〖(1430): ⇨ potential, -ly¹〗

poténtial transfórmer *n.* 〘電気〙 計器用変圧器 (voltage transformer).

poténtial wéll *n.* 〘物理〙 井戸型ポテンシャル 《力の場で位置エネルギーが急減する領域》.

po·ten·ti·ate /pəténʃièɪt, pou- | pə(ʊ)-/ *vt.* **1** 可能にする, …に力を与える, 有力[強力]にする. **2** 〘薬学〙 増強する 《ある薬物[物質]の作用を他の薬物[物質]の併用による相乗作用にして増強することにいう》. **po·tén·ti·à·tor** /-ṭə | -tə(r)/ *n.* **po·ten·ti·a·tion** /pətènʃiéɪʃən, pou- | pə(ʊ)-/ *n.* 〖(1817) ← L *potenti(a)* 'POTENCY' + -ATE³: G *potenzieren* からの類推〗

po·ten·til·la /pòuṭəntílə, -tn̩- | pə̀utən-, -tn̩-/ *n.* 〘植物〙 キジムシロ 《バラ科キジムシロ属 (*Potentilla*) の植物の総称; キジムシロ (*P. fragarioides*), ヨウシュノツルキンバイ (silverweed) など》. 〖(1548): ⇨ ML *Pottentilla* garden valerian ← L *potentem* 'POTENT¹' + -*illa* (dim. suf.)〗

po·ten·ti·om·e·ter /pətènʃiá(ː)məṭə, pou- | pə(ʊ)tènʃiɔ́mɪtə(r)/ *n.* 〘電気〙 **1** 電位差計. **2** 分圧器 《普通は可変の抵抗分圧器をいう》. **po·ten·ti·o·met·ric** /pətènʃiəmétrɪk, pou- | pə(ʊ)tènʃiə(ʊ)-ˊ-/ *adj.* **po·tèn·ti·o·mét·ri·cal·ly** *adv.* 〖(1881) ← POTENTI(AL) + -O- + -METER¹〗

potentiométric titrátion *n.* 〘化学〙 電位差滴定 《滴定の終点を電極電位の変化で知る分析法》. 〖(1926): ⇨ ↑, -ic¹〗

po·ten·ti·om·e·try /pətènʃiá(ː)mətri, pou- | pə(ʊ)tènʃiɔ́mɪtri/ *n.* 〘電気〙 電位差測定. 〖(1931) ← POTENTIAL + -O- + -METRY〗

Po·ten·za /pəténzə/ *n.* ポテンツァ 《イタリア南部 Basilicata 州の州都; 古代ローマ起源(前 2 世紀)の都市》.

po·tes·tal /póutéstl̩ | pəu-/ *adj.* 〘ローマ法〙 権能の, 権限の, 支配の, 家父長権の, 治安判事の権限の. 〖(1880): ⇨ ↓, -al¹: cf. matripotestal, patripotestal〗

po·tes·tas /poutéstaːs, -tæs | pə(ʊ)-/ *n.* (*pl.* **po·tes·ta·tes** /pòuṭestáːteɪs, pàːṭəstéɪtiːz | pə̀utɛs-, pàːtəs-/) 〘ローマ法〙 家父長権, 権能, 権限, 治安判事の権限. 〖(1870) □ L *potestās* power ← *potis* 'able, POTENT¹'〗

pot·ful /pá(ː)tfʊl | pɔ́t-/ *n.* **1** つぼ[鍋, 鉢(はち)]一杯(分). **2** 大量, 多量 (*of*). 〖a1376〗

pót fùrnace *n.* **1** 〘ガラス製造〙 るつぼ窯(がま) 《ガラス融解用のるつぼを収容する窯》. **2** 〘冶金〙 鍋炉, るつぼ炉, るつぼ窯 《金属の精錬にるつぼを使用する場合, そのるつぼを収容する窯炉》. 〖1839〗

pót·hànger *n.* (炉の上の)自在鉤(かぎ)(など)をつり下げる仕掛け; なべ掛け, 自在鉤 (pothook). 〖1580〗

pót hát *n.* 山高帽子 (bowler). 〖1798〗

pót·hèad *n.* **1** 〘動物〙 ゴンドウクジラ (blackfish). **2** 〘電気〙 配線管. **3** 《俗》 マリファナ常用者 (cf. head 18 a). 〖1863〗

poth·e·car·y /pá(ː)θəkèri | pɔ́θɪk(ə)ri/ *n.* 《古・英俗》 薬(種)屋 (druggist). 〖(c1387–95) 《頭音消失》 ← APOTHECARY〗

po·theen /pouθíːn, pə- | pɒtʃíːn, pɔ-, -θíːn/ *n.* = poteen.

poth·er /pá(ː)ðə | pɔ́ðə(r)/ *n.* 《文語》 **1** 騒動, 騒ぎ, 取乱し (fuss): be in a ~ 騒いでいる / make [raise] a ~ about a small thing つまらない事でわいわい騒ぎ立てる. **2** 騒音, 騒がしい物音. **3** たちこめるほこり[煙], 砂煙. **4** 心配, 精神的動揺. **—** *vt.* 悩ます, 困らせる, (些細(ささい)なことで)煩わす. **—** *vi.* (些細なことで)悩む, 心配する. 〖(1591) *puther, pudder* ← ?: cf. bother〗

pót·hèrb *n.* 煮込み用に栽培される野菜; 香草. 〖1538〗

pót·hòlder *n.* (熱い鍋を持つための)鍋つかみ. 〖1944〗

pót·hòle *n.* **1** (深い)穴 (hole); (路面に生じたつぼ状の)穴, 穴ぼこ. **2** 〘地質〙 甌穴(おうけつ) (かめあな), ポットホール 《渦巻のために小石が回転して河床の岩石にできたつぼ状の穴》. **3** 陶磁器原料粘土を掘り採ったあとの地面の穴; (上面に開口する)深い洞窟. **4** 《米西部》 泥沼(どろぬま). **—** *vi.* 《英》 (スポーツや趣味として)洞窟を探険する. **pót·hòled** *adj.* **pót·hòl·ing** *n.* 〖1839〗

pót·hòl·er *n.* 《英》 = spelunker.

pót·hòok *n.* **1 a** (炉の上に鍋を掛ける)自在鉤(かぎ), S 字型鍋掛け鉤. **b** 鉤付きの長火ばし 《鍋を引き上げたり, ストーブのふたを上げたりする》. **2** (子供などが手習いに稽古(けいこ)する)〈ねり書き (curved stroke); [*pl.*] 下手な文字, かなくぎ流の文字: It is very hard to decipher his ~*s*. 彼の悪筆を判読するのはなかなか骨だ. 〖1397〗

po·thos /póuθɑ(ː)s, θəs, pá(ː)θə- | pə́uθɒs, pɔ́θə-/ *n.* (*pl.* ~, ~·es) 〘植物〙 **1** オウゴンカズラ, ポトス (*Epipremnum aureum*) 《Solomon 諸島原産のサトイモ科ハブカズラ属のつる性多年草; 観葉植物, hunter's robe ともいう》. **2** ポトス 《ポトス属 (*Pothos*) 植物の総称》. 〖← NL ~ ← Sinhalese〗

pót·hòuse *n.* 《英》 [軽蔑的に] (小さな)ビール店, (あまり上等でない)居酒屋: the manners of a ~ 無作法 / a ~ club 飲みクラブ. **—** *adj.* (二流の)居酒屋の; 下等な, 下劣な: a ~ politician 二流の政治家. 〖1724〗

pót·hùnter *n.* **1** (スポーツ精神などを無視した)獲物目当ての狩猟家, (何でも撃ち取る)乱猟家 (cf. pothunt 4). **2** 《口語》 賞品目当ての競技参加者. **3** (採集上の心得を知らない)素人考古品採集家. 〖1592〗

pót·hùnting *n.* **1** 獲物目当ての乱猟. **2** 素人による考古品採集. 〖1808〗

po·tiche /poutíːʃ | pɔ-; *F.* pɔtiʃ/ *n.* (*pl.* **-tich·es** /~ɪz; *F.* ~/) (原型が中国または日本の)首の短いつぼ. 〖(1895) □ F ~ 'porcelain vase': ⇨ pot〗

po·tion /póuʃən | pə́u-/ *n.* **1** (通例, 水薬・毒薬などの)一服 (dose): a sleeping ~ 眠り薬 / ⇨ love-potion / Men take bitter ~*s* for sweet health. 《諺》 人は健康のために苦い薬を飲む, 「良薬は口に苦し」. **2** 《まれ》 飲み物 (beverage). **—** *vt.* 《古》 …に薬を与える. 〖(?a1300) *pocioun* □ (O)F *potion* □ L *pōtiō(n-)* drinking, draft: POISON と二重語〗

Pot·i·phar /pá(ː)ṭəfə | pɔ́tɪfə(r, -fɑː(r/ *n.* 〘聖書〙 ポテパル 《エジプトの役人; その妻が Joseph を誘惑しようとした; cf. *Gen.* 39》.

pot·latch /pá(ː)tlætʃ | pɔ́t-/ *n.* **1** [しばしば P-] ポトラッチ 《北米北西岸インディアンの間で, 自分の財力を誇示するために行われる贈答の儀式; cf. Kwakiutl 1 a》. **2** 《米口語》 (贈物の出る)大宴会; 贈物 (gift). **—** *vt.* **1** 〈部族など〉のためにポトラッチを行う[催す]. **2** (特に, お返しを期待して)〈贈物などを〉与える. **—** *vi.* ポトラッチを行う. 〖(1845) □ N-Am.-Ind. (Chinook) *patshatl* gift〗

pót làyering *n.* 〘園芸〙 = air layering.

pót·lèad /-lèd/ *vt.* 〈競走用ボートの底などに〉黒鉛を塗る. 〖(1894) □ Du. *potlood*: ⇨ pot, lead²〗

pót lèad /-lèd/ *n.* 〘海事〙 (摩擦を防ぐために競走用ボートの底に塗った)黒鉛 (graphite). 〖1890〗

pot·lick·er /pá(ː)tlɪkə | pɔ́tlɪkə(r/ *n.* = pot liquor.

pót·lìd *n.* つぼの蓋(ふた): Such (a) pot, such (a) ~. 《諺》 つぼがつぼなら蓋も蓋; 似たもの同士. 〖1404〗

pot·lik·ker /pá(ː)tlɪkə | pɔ́tlɪkə(r/ *n.* 《米南部・中部》 = pot liquor.

pót·lìne *n.* 〘冶金〙 (アルミニウム等の)電解槽の列.

pót lìquor *n.* 《米南部・中部》 ポットリカー 《塩漬け豚肉を主に野菜を煮た鍋に残った煮汁; 米国南部の soul food の一種》.

pot·luck /pá(ː)tlʌ́k | pɔ́t-/ *n.* **1** あり合わせの食べ物; 普段の食事: a ~ party [supper] あり合わせの食べ物を持ち寄って行うパーティー[夕食]. **2** 時の運, 出たとこ勝負.
tàke pótlúck (1) 〈不意の客などが〉あり合わせの料理を食べる: Come and *take* ~ with us. 何もないけど食事に来ませんか. (2) (やむを得ず)出たとこ勝負でいく, 向こうに任せる. 〖(1592) ← POT + LUCK: cf. F *la fortune du pot*〗

pót·man /-mən/ *n.* (*pl.* **-men** /-mən, -mèn/) 《英》 (居酒屋などの)給仕 (cf. potboy). 〖1846〗

pót màrigold *n.* 〘植物〙 キンセンカ(金盞花) (*Calendula officinalis*) 《切り花用の園芸植物; 頭花は調味に用いる》. 〖1814〗

pót màrjoram *n.* 〘植物〙 ハナハッカ, オレガノ (*Origanum onites*) 《シソ科ハナハッカ属の多年生の唇状の花をつける草; wild marjoram ともいう》. 〖1597〗

pót mètal *n.* **1** 鍋類を造るのに適した鋳鉄. **2** 銅・鉛の合金 《もと大鍋を造るのに用いた》. **3** 〘ガラス製造〙 るつぼの中の融解ガラスにステンドガラスを混ぜて着色させたガラス; るつぼ内で融解したガラス. 〖1693〗

pót·mòtor *n.* 〘電気〙 ポットモーター 《紡糸巻き取り用の小型モーター》.

Pot·ok /pá(ː)tək | pɔ́t-/, **Chaim** *n.* ポトク 《1929–2002; 米国の小説家; *The Chosen* (1967)》.

Po·to·mac /pətóumək, -mɪk | -táumæk, -mək/ *n.* [the ~] ポトマク(川) 《米国北東部の川; West Virginia 州の Allegheny 山中に源を発し, Maryland, Virginia 両州を貫流し Washington 市を通過して Chesapeake 湾に注ぐ (462 km)》. 〖← N-Am.-Ind. (Algonquian) (部落名) 《原義》? the place where the tribute is brought〗

po·tom·e·ter /poutá(ː)məṭə | pə(ʊ)tɔ́mɪtə(r/ *n.* 〘植物・気象〙 ポトメーター, 吸水計 《植物の蒸散量を測定する装置》. 〖(1884) ← Gk *potón* drink + -METER¹〗

po·too /poutúː | pəu-/ *n.* (*pl.* ~s) 〘鳥類〙 タチヨタカ 《タチヨタカ科タチヨタカ属 (*Nyctibius*) の, ヨタカ (goatsucker) に近縁の鳥の総称; 中米から南米まで分布する》. 〖(1847) 《擬音語》〗

po·to·roo /pòuṭərúː | pə̀utə-, pɔ̀t-/ *n.* (*pl.* ~, ~s) 《豪》 〘動物〙 ネズミカンガルー (rat kangaroo). 〖(1790) ← New South Wales (Australia) 《現地語》〗

Po·to·sí /pòuṭəsíː | pɔ̀tə(ʊ)-; *Am.Sp.* potosí/ *n.* ポトシ 《南米中部ボリビア (Bolivia) 南部の都市; もと銀採掘の中心地, 今はスズが主; 海抜約 4,000m》.

pót·pìe *n.* **1** 肉・野菜・果物などの具を深皿に入れ表面をパイ皮で覆って焼いたパイ. **2** 鶏肉または子牛肉を材料とし, 中に肉だんごを入れて作ったシチュー. 〖1792〗

pót plànt *n.* 鉢植え(の草花). 〖1816〗

pot·pour·ri /pòupuríː, ˌ--ˊ- | pəupúəri, pɔt-, -púri; *F.* pupuʀi/ *n.* (*pl.* ~s /~z; *F.* ~/) **1** ポプリ, 百花香 《室内を香らすためにバラなどの乾燥花弁を香料と混ぜてつぼに入れたもの》. **2** ごたまぜ; 混合物. **3** (文学などの)雑集, 雑録, 雑筆 (miscellany). **4** 〘音楽〙 混成曲, 接続曲 (medley) 《よく知られた曲・旋律を幾つかつなぎ合わせ, 続けて演奏する曲》. **5** 肉と野菜のシチュー[ごった煮] (cf. olla podrida 1). 〖(1611) □ F ~ 'rotten pot' 《なぞり》 ← Sp. *olla podrida*〗

po·tre·ro /pa(ː)tréˀrou | pɔtréərəu/ *n.* **1** 《米国南西部・南米の》牛馬の放牧場. **2** 《米国南西部の》細長い切り立った台地. 〖(1848) □ Sp. ~〗

pót·ròast *vt.* 鍋で〈牛の腿肉などの塊を〉蒸し焼きにする. 〖1917〗

pót ròast *n.* ポットロースト 《牛の腿肉などの塊を厚手の鍋で焼き目をつけてから蒸し焼きにした料理》. 〖1881〗

Pots·dam /pá(ː)tsdæm | pɔ́ts-; *G.* pɔ́tsdam/ *n.* ポツダム 《ドイツ Brandenburg 州の Berlin 近郊の都市; 旧ドイツ皇帝の離宮がある》.

Pótsdam Cónference *n.* [the ~] ポツダム会談 《1945 年 7 月 17 日–8 月 2 日, ドイツの Potsdam に Stalin, Truman, Churchill (途中から Attlee) など連合国首脳が集まって開いた第二次大戦後の敗戦国処理に関する会談》.

Pótsdam Proclamátion [Declarátion] *n.* [the ~] ポツダム宣言 《第二次大戦終末に近い 1945 年 7 月 26 日, 日本に無条件降伏を要求した米・英・中国の共同宣言; 8 月 8 日旧ソ連も参加》.

pot·sherd /pá(ː)tʃəːd | pɔ́tʃəːd/ *n.* (*also* **pot·shard** /-ʃaəd | -ʃɑːd/) 土器や陶器の破片 《特に, 考古学的研究の対象とされる》. 〖(a1325) *potschoord*: ⇨ pot, shard〗

pót·shòt *n.* **1 a** でたらめの射撃. **b** (近距離からの)ねらい撃ち, 近接射撃. **2** やみくも[思いつき]の評言[論評], 妄評(もうひょう). **3** 行きあたりばったり(の試み): take a ~ at … を試しに[でたらめに]やってみる. **4** (スポーツ精神を無視して単に食料を得るための)獲物目当ての銃猟 (cf. pothunter 1). **—** *vt.* 〈人・獲物を〉やみくもに撃つ; 思いつきで批評[攻撃]する. **—** *vi.* やみくもに撃つ[攻撃する]. 〖1858〗

pót spìnning *n.* 〘紡織〙 ポット紡糸, ポットスピニング 《レーヨンを作る一方法》.

pót·stìck *n.* (鍋の中の物を混ぜる)料理ばし. 〖c1350〗

pót stìll *n.* ポットスチル 《単式蒸留機で, 発酵したもろみを入れる銅製の蒸留釜とアルコール蒸気を冷却する凝縮器から成る; Scotch whiskey は主としてこれによって製する; cf. patent still》. 〖1799〗

pót·stòne *n.* 石鹸石 《滑石の塊》; 不純な滑石 《特に, 石器製造に用いられた》. 〖1771〗

pot·sy /pá(ː)tsi | pɔ́tsi/ *n.* 《米東部》 石蹴り遊び (hopscotch) (の石). 〖1931〗

pott /pá(ː)t | pɔ́t/ *n.* 〘製紙〙 ポット(判) (pot ともいう): **a** 《米》 12½ × 16 インチ (= 317.5 × 406.4mm) の大きさの印刷用紙. **b** 《英》 12½ × 15 インチ (= 317.5 × 381 mm) の図画または印刷用紙. 〖(1579) 《異形》 ← POT〗

pot·tage /pá(ː)ṭɪdʒ | pɔ́t-/ *n.* **1 a** 野菜や肉の入ったシチュー. **b** = *a* MESS *of pottage* (1). **2** ポタージュ (potage). **3** 《古》 オートミール (oatmeal). 〖(?a1200) *potage* □ (O)F: ⇨ potage〗

pot·ted /pá(ː)ṭɪd | pɔ́tɪd/ *adj.* **1** 鉢植えの: a ~ flower. **2** つぼ[瓶, かめ]に詰めた, 缶詰の: ~ meat 缶詰の味付け肉. **3** 《英俗》 **a** 〈古典の〉本・記述など〉(皮相的に)簡略化した, 平易化した; 通俗的にした: a ~ biography (不適当な要約による)簡約版の伝記 / ~ Shakespeare. **b** 〈音楽など〉録音された (recorded). **4** 《米俗》 酔っ払った (drunk). 〖1646〗

pot·teen /pɑ(ː)tíːn | pɔ-/ *n.* = poteen.

pot·ter¹ /pá(ː)ṭə | pɔ́tə(r/ *n.* 陶工, 陶芸家, 焼物師: ~'s work [ware] 陶器. 〖lateOE *pottere*: ⇨ pot, -er¹〗

pot·ter² /pá(ː)tə | pɔ́tə^(r)/ *n.*, *v.* 《英》=putter². **~·er** /-tərə | -tərə^(r)/ *n.* **~·ing·ly** /-tərɪŋli | -tər-/ *adv.* 〖(? 1530) (freq.) ← 《廃》 *pote* to push, poke < OE *potian* to push, thrust: ⇨ put¹, -er⁴〗

Pot·ter /pá(ː)tə | pɔ́tə^(r)/, **(Helen) Beatrix** *n.* ポッター《1866–1943; 英国の児童文学作家・挿絵画家; *Peter Rabbit* (1902) の作者; 本名 Mrs. William Heelis》.

Potter, Dennis (Christopher George) *n.* ポッター《1935–94; 英国の脚本家》.

Potter, Paul *n.* ポッター《1625–54; オランダの画家; 特に, 牛や馬の放牧風景の名手として知られる》.

Potter, Simeon *n.* ポッター《1898–1976; 英国の英語学者: *Our Language* (1950), *Modern Linguistics* (1957)》.

Potter, Stephen *n.* ポッター《1900–69; 英国の随筆家・ユーモア作家; *Gamesmanship, or the Art of Winning Games without Actually Cheating* (1947)》.

Pot·ter·ies /pá(ː)təriz | pɔ́t-/ *n. pl.* [the ~] ポッタリーズ《イングランド中西部の陶磁器製造業の中心地; この地区の五つの町が 1910 年に合併して Stoke-on-Trent になった (cf. Five Towns)》. 〖← POTTERY〗

pótter's ásthma [bronchítis] *n.* 〘病理〙陶工喘息(ぜんそく)[気管支炎]《塵肺による喘息・気管支炎類似状態》.

pótter's clày [èarth] *n.* 陶土《陶磁製作に用いられる粘土》. 〖1616〗

pótter's field *n.* 無縁墓地, 公有[共同]墓地 (cf. *Matt.* 27: 7). 〖1777〗

pótter's whèel *n.* 〘窯業〙(製陶用)ろくろ《陶工が成形に用いる回転する円盤》. 〖1727–41〗

pótter wàsp *n.* 〘昆虫〙トックリバチ《泥・粘土・砂などでとっくり状の巣をつくる膜翅目スズメバチ科トックリバチ属 (*Eumenes*) のハチの総称; カギゾノトックリバチ (*E. unguiculata*) など; cf. mason wasp》. 〖1880〗

pot·ter·y /pá(ː)təri-, -tri | pɔ́təri, -tri/ *n.* **1** 陶器 (earthenware) (cf. stoneware, porcelain); 陶磁器, 陶磁器類《一般的には家庭用陶磁器製品全体を指すが, 工業的にはタイル類・電気用品・化学用品の製造も含む》: unglazed ~ 素焼き. ★ ラテン語系形容詞: fictile. **2** 陶土. **3** 陶器製造, 製陶術 (ceramics). **4** 陶器製造所. 〖(*c*1483) ◻ (O)F *poterie* ← *potier* potter: ⇨ pot, -ery〗

póttery stòne *n.* 陶石《陶磁器の原料》.

pot·ting /pá(ː)tɪŋ | pɔ́tɪŋ/ *n.* **1** つぼや缶などを用いて行う仕事. **2** (食料品の)つぼ[瓶]詰め. **3** (植物の)鉢植え: the ~ of plants / a ~ shed (外に植える前に)ポットで養育するハウス. **4** 《廃》飲酒 (cf. Shak., *Othello* 2. 3. 77). 〖(1594): ⇨ pot, -ing¹〗

pótting còmpost /-tɪŋ | -tɪŋ/ *n.* 鉢植え用コンポスト.

Pot·tin·ger /pá(ː)tṇdʒə, -tn- | pɔ́tṇdʒə^(r)/, **Sir Henry** *n.* ポッティンジャー《1789–1856; 英国の軍人・植民地政治家; 初代香港総督 (1843), マドラス総督(1847)》.

pótting sòil *n.* 鉢植え用土.

pot·tle /pá(ː)tl | pɔ́tl/ *n.* **1** 《英古》ポットル《昔の液量単位; =2 quarts, 半ガロン》. **2 a** 1 ポットル入りのたる[瓶]. **b** 1 ポットル瓶に入ったワイン[リキュール]. **3** (イチゴなどを入れる)小かご, バスケット. 〖(1310) ◻ OF *potel* (dim.) ← POT〗

pot·to /pá(ː)tou | pɔ́təu/ *n.* (*pl.* ~**s**) 〘動物〙 **1** ポットー (*Perodicticus potto*) 《西アフリカ産ロリス科のロリス (loris) に似た動物》. **2** =kinkajou. 〖(1705) ← W-Afr. (現地語)〗

pótto octávo *n.* 〘製紙〙ポットオクタボ(判) [八折判]《(米) 6×6³/₄ インチ; 《英》4×6¹/₄ インチ; 略 pott 8 vo》.

pótto quárto *n.* 〘製紙〙ポットクォート(判)[四折判]《6¹/₄ ×8 インチ; 略 pott 4 to》.

Pótt's disèase /pá(ː)ts- | pɔ́ts-/ *n.* 〘病理〙ポット病, 脊椎(せきつい)カリエス. 〖(1788) ← *Percivall Pott* (1714–88: 英国の外科医)〗

Pótt's fràcture *n.* 〘病理〙ポット骨折, 腓骨(ひこつ)骨折《腓骨下部の骨折》. 〖(1849) ↑〗

pot·ty¹ /pá(ː)ti | pɔ́ti/ *adj.* (**pot·ti·er**; **-ti·est**) 《英口語》 **1 a** 馬鹿げた, くだらない: a ~ idea. **b** 〔…に〕狂気じみて熱中している, 狂っている 〔*about, on, over, with*〕: go ~ *over* cards トランプに熱中している. **2** [しばしば ~ little で] ちっぽけな, つまらない, 取るに足らない(insignificant): a ~ *little* town. **3** 〈人・態度・言葉など〉傲慢な, 自分の身分[知識]を鼻にかける. **4** 《古》造作ない, たやすい (easy): a ~ sort of game. 〖(1860) ← ? POT+-Y⁴: cf. *go to pot* (⇨ pot (n.) 成句)〗

pot·ty² /pá(ː)ti | pɔ́ti/ *n.* 〘口語〙 **1** (小児用の)室内便器, おまる. **2** (便器の上にのせる)小児用便座. **3** 《小児語》(小児用)トイレ. 〖(1942) ← POT+-Y²〗

pótty-chàir *n.* 小児用便器椅子. 〖1961〗

pótty-tràin *vt.* 〈幼児を〉便器[トイレ]が使えるようにしつける.

pótty-tràined *adj.* 〈幼児が〉便器[トイレ]を使うようにしつけられた.

pótty-tràining *n.* 〈幼児を〉便器[トイレ]が使えるようにしつけること, トイレ トレーニング.

pót-vàliant *adj.* 《古》一杯機嫌で元気な, 酒で勢いのついた, 空(から)元気の. **~·ly** *adv.* **pót-vàliance** *n.* **pót-vàliancy** *n.* 〖1641〗

pót-vàlor *n.* 酒を飲んだ勢い(による大胆さ[勇気]). 〖1627〗

pot·wall·er /pá(ː)twà(ː)lə | pɔ́twɔ̀lə^(r)/ *n.* 〘英史〙= potwalloper 1. 〖(1701) 《原義》potboiler ← POT+《廃》*wall* (< OE *weallan* to boil)+-ER¹〗

pot·wal·lop·er /pá(ː)twà(ː)ləpə | pɔ́twɔ̀ləpə^(r)/ *n.* **1** 〘英史〙家長[戸主]選挙権者《borough で家長[戸主] (householder) たることで議員選出権を与えられていた者; 一家の煮たき用の炉をもっていることが資格とされた; 1832 年の選挙法改正で廃止》. **2** 《米俗》身分の低い台所使用人; (特に)皿洗い. 〖(1725) 《変形》↑: WALLOP to boil との連想〗

Po·tyom·kin /pətjɔ́(ː)mkɪn, pe^(r)-, poutém- | pətjɔ́mkɪn, pə-, pətém-/ *n.* =Potemkin.

pouch /páutʃ/ *n.* **1** 小袋, (袋型)小物入れ (sack): a ~ pocket 袋型の張りつけポケット / ⇨ tobacco-pouch. **2 a** 〘解剖・動物〙(ペリカンのくちばしなどの)袋状部; (カンガルーなどの)腹袋, (サル・リスなどの)ほお袋 (cheek pouch). **b** 〘植物〙嚢状(のうじょう)胞. **3** (下まぶたの)たるみ: have ~*es* under one's eyes. **4** (口ひもで締める)金入れ袋, 巾着 (purse); 《英俗》心付け (tip). **5 a** (錠前付きの)郵袋(ゆうたい) (mailbag); (特に)外交嚢《外交文書送達用の袋》. **b** 〘軍事〙(革の)弾薬入れ. **6** 《スコット》(衣服の)ポケット. — *vt.* **1** 袋に入れる; 懐中に入れる (pocket); 錠付き郵袋に入れる. **2** 〈衣服〉の一部を(袋のように)だぶっとさせる (blouse). **3** 〈魚・鳥が〉のみ込む (swallow). **4** 異議を唱えずに服従する. **5** 《英俗》〈人〉に金をやる, 心付け[チップ]をやる (tip). — *vi.* **1** 〈衣服の一部が〉ブラウジングする (blouse). **2** 郵便物・連絡文書を錠付き郵袋で郵送する. 〖(1299) ◻ ONF *pouche* =(O)F *poche* pouch, pocket: cf. poke¹〗

pouched *adj.* **1** 〈動物など〉袋のある《ペリカンやカンガルーなどのような》: ~ animals 有袋(ゆうたい)動物. **2** 袋の形をした, 袋状の. 〖(1834): ⇨ ↑, -ed 2〗

póuched móle *n.* 〘動物〙フクロモグラ (⇨ marsupial mole).

póuched rát *n.* **1** =pocket gopher. **2** =kangaroo. **3** 有袋類・齧歯(げっし)類の動物.

pouch·y /páutʃi/ *adj.* (**pouch·i·er**; **-i·est**) **1** 袋のある. **2** ふくらんだ, たるみのある, ぶくぶくの. 〖(1828): ⇨ pouch, -y⁴〗

poud /púːd, púːt; *Russ.* pút/ *n.* =pood.

pou·drette /puːdrét/ *n.* 乾燥下肥に木炭・石膏などを混ぜた肥料の一種. 〖(1840) ◻ F ~ (dim.) ← *poudre* 'POWDER¹': ⇨ -ette〗

pouf /púːf/ *n.* (*also* **pouff** /~/, **pouffe** /~/) **1** プーフ《18 世紀後半に流行した高く結って飾り立てた婦人の髪型》. **2** プーフ《衣服・髪飾りのふくれた部分, ふくらみ》. **3** 《英》 **a** クッション付きの円形の椅子. **b** 厚いクッション (hassock)《ひざまずくためなどのひざぶとん》. **4** 《英口語》= poof¹. — *int.* =poof². **~ed** *adj.* **pouffed** *adj.* 〖(1817) 《戯言的転用》← F ~ (int.): cf. puff〗

Pough·keep·sie /pəkípsi, pou- | pə(u)-/ *n.* ポキプシー《米国 New York 州南東部, Hudson 河畔の都市; ボートレースで有名》. 〖◻ Du. ~ ← N-Am.-Ind. (Algonquian)〗

Pouil·ly Fuis·sé /puːjíːfwiːséɪ; *F.* pujifɥise/ *n.* プイイフュイッセ《フランス Burgundy 産辛口の白ワイン》.

Pou·ja·dism /puːʒaːdɪzm/ *n.* プジャード主義《小規模商人・手工業者の利益を守るための保守反動思想・運動; 1954 年にフランスの出版業者・書籍販売業者である Pierre Poujade (1920–　) が提唱》. 〖(1955) ◻ F *Poujadisme*〗

pou·laine /puːléɪn/ *n.* プーレン: **1** 14, 15 世紀に流行した先がとがった細長い靴. **2** (一般的に)先の細長い靴. 〖(1530) ◻ OF ~ (fem.) ← *poulain* Polish〗

pou·larde /puːláəd | -láːd/ *n.* (*also* **pou·lard** /~/) (食用にするために)卵巣を取って太らせた雌鶏, 肥えた雌鶏 (cf. capon 1). 〖(1732) ◻ F ~ < OF *pollarde* ← *polle* (F *poule*) hen+-ARD: cf. pullet〗

pou·lard·ize /puːláədaɪz | -láːd-/ *vt.* 〈雌鶏を〉卵巣切除する (cf. caponize). 〖⇨ ↑, -ize〗

poulárd whèat *n.* 〘植物〙リベットコムギ (*Triticum turgidum*) (rivet wheat, mummy wheat ともいう). 〖(部分訳) ← F *blé poulard* ← *blé* wheat+*poulard* (← ? POULARDE)〗

poul·dron /póuldrən | pául-/ *n.* 〘甲冑〙=pauldron.

poule /púːl; *F.* pul/ *F. n.* **1** 雌鶏 (hen). **2** (1926) 《俗》売春婦 (prostitute). 〖(1884) ◻ F ~ 'hen': ⇨ pullet〗

Pou·lenc /puːlǽ(ŋ)k, -lǽŋk, ⌐–⌐ | ⌐–⌐; *F.* pulɛ̃ːk/, **Francis** *n.* プーランク《1899–1963; フランスの作曲家》.

poulp /púːlp/ *n.* (*also* **poulpe** /~/) 〘動物〙タコ (octopus). 〖(1601) ◻ F *poulpe* < L *pōlypum* 'POLYPUS'〗

Póul·sen árc /páulsən-, -zn, -sən-, -sṇ/ *n.* 〘電気・物理〙プールゼンアーク《高周波振動を伴う直流アーク; cf. singing arc》. 〖(1906) ← *Valdemar Poulsen* /*Dan.* páwlsən/ (1869–1942: デンマークの電気工学者)+ARC〗

poult¹ /póult | pə́ult/ *n.* (鶏・七面鳥・雉(きじ)などの)ひな (chick): a turkey ~ 七面鳥のひな. 〖(*a*1376) *pult(e)* 《短縮》← *poullet* ◻ (O)F *poulet* 'PULLET'〗

poult² /púːlt, pʊ́lt; *F.* pu/ *n.* =poult-de-soie. 〖(1938) 略〗

poult-de-soie /púːdəswáː | -də-; *F.* pudswa/ *n.* プードソア《婦人服用の色物のうね織絹》. 〖((1835)) (1850) ◻ F ~, *put-de-soie* ← ?: cf. paduasoy〗

poul·ter /póultə | pə́ultə^(r)/ *n.* 《古》=poulterer. 〖(1226) *pulter* ◻ (O)F *pouletier*: ⇨ poult¹, -er¹ 2〗

poul·ter·er /póultərə, -trə | pə́ultərə^(r), -trə^(r)/ *n.* 鳥屋, 家禽(かきん)商 (poultryman ともいう). 〖((1534)) (1638): ⇨ ↑, -er¹〗

póulter's méasure *n.* 〘詩学〙鳥屋律《6 詩脚(12 音節)と 7 詩脚(14 音節)が交代する韻律》. 〖(1841) 鶏卵を売る際, 2 ダース目からは 14 個を 1 ダースとして売ったことから〗

poul·tice /póultɪs | pə́ultɪs/ *n.* **1** 〘医学〙パップ(剤), 罨法(あんぽう), 湿布 (cataplasm ともいう). **2** 《豪俗》大金; 借金. — *vt.* 〈患部〉にパップ剤を当てる, 湿布する. 〖(1392) *pultes* ◻ L *pultēs* (pl.) ← *puls* thick pap: cf. pulse²〗

poul·try /póultri | pə́ul-/ *n.* **1** [集合的] 食用飼鳥類, 家禽《鶏・アヒル・七面鳥などの総称; cf. game 8 a》. **2** (食用としての)家禽(の肉). 〖(1345–46) *pult(e)rie* ◻ OF *pouleterie* ← *poul(l)etier* 'POULTER': ⇨ -ery〗

póultry-fàrm *n.* 家禽飼養場, 養鶏場. 〖1891〗

póultry·man /-mən, -mæ̀n/ *n.* (*pl.* **-men** /-mən, -mèn/) **1** 家禽飼養[養鶏]業者. **2** 鳥肉屋. 〖1573–74〗

POUNC /páuns/ 《略》Post Office Users' National Council.

pounce¹ /páuns, -páunts/ *vi.* **1** 〔…に〕急に襲いかかる, 飛びつく 〔*on, upon, at*〕: a cat ready to ~ *on* [*upon*] a rat ねずみに飛びかかろうとしている猫. **2** 〔人の欠点・誤りなどを激しく攻撃する[なじる]; 得たりと押さえる (seize); 〔人を〕攻撃する, 非難する 〔*on, upon*〕. **3** 〔申し出・招待などに〕飛びつく 〔*on, upon*〕. **4 a** 〔…を〕いきなりつかむ, 握る 〔*at*〕. **b** 急にはねる[駆け出す]; 突然やって来る: ~ *into* a room (だしぬけに)部屋に飛び込んで来る. **5** 急に話に口出しをする. — *vt.* (猛鳥のように)爪でつかむ, わしづかみにする; 急に襲う, 飛びつく. — *n.* **1** 急に飛びつく[つかみかかる]こと, 急襲: on the ~ 今にも飛びつこうとして / make a ~ (upon …) (…に)飛びつく. **2 a** 〘鷹狩〙(タカの)前足指 (3 本の爪のうち 1 本); (肉食鳥の)爪 (talon). **b** 武器. **3** 《方言》(注意を促すための)小突き. 〖n.: (1841) ← (v.). — v.: (1686) ← POUNCE²〗

pounce² /páuns/ *vt.* **1** 〈金属の面など〉に穴を開ける, 打ち出し模様をつける. **2** 《古》〈靴・布など〉に飾り穴を開ける. 〖(*c*1384) *pownse(n)* 《変形》← *pounsone(n)* ◻ OF *pounçonner* to prick, stamp ← *poinçon* 'pointed tool, PUNCHEON¹': cf. pounce¹〗

pounce³ /páuns/ *n.* **1** (昔用いた)インクのにじみ止め粉《イカの甲などを粉にしたもの》. **2 a** 色粉, 型づけ粉《下の紙に型を写し取るために目抜きにした型紙に振りかける木炭粉》. **b** 色粉袋 (pounce bag ともいう). — *vt.* **1** …ににじみ止め粉を振る. **2** 〈帽子〉の表面をやすり紙などでみがいてなめらかにする. **3** 〈型紙〉に色粉を振りかける; 色粉を振って…の型を写す. **póunc·er** *n.* 〖v.: (1580) ◻ (O)F *poncer* to polish with pumice ← *ponce* < L *pūmicem*, *pūmex* 'PUMICE'. — n.: (1706) ◻ (O)F *ponce*〗

póunce bòx *n.* 色粉箱[入れ]《ふたに小穴があいて模写・筆記の際に振りかけるようになっている》. 〖1799〗

póun·cet-bòx /páunsɪt- | -sɪt-/ *n.* 《古》 **1** (ふたに小穴のあいている)におい[香水]箱 (pomander). **2** = pounce box. 〖(1596–97) 《変形》← *pounced-box* pierced or perforated box: ⇨ pounce³, box: cf. F *poncette*〗

pound¹ /páund/ *n.* (*pl.* ~**s**, ~) **1** ポンド(封度)《質量および重量の単位》: **a** 常用ポンド (avoirdupois pound)《英語圏で一般用品を量るのに用いられる; =16 avoirdupois ounces, 7,000 grains, 0.454kg; 略 lb., lb. av.》: by the ~ 1 ポンドいくらで / It costs $1.50 a ~. 1 ポンドにつき 1.5 ドルかかる / ~ for ~ 等分に. **b** トロイポンド (troy pound)《以前金銀など貴金属を量るのに用いられた; =12 troy ounces, 240 pennyweight, 5,760 grains, 0.373 kg; 略 lb. t.》. **c** 《古》薬用ポンド《薬剤師・薬種商で用いる; =12 ounces, 5,760 grains; 略 lb. ap.》. **d** 〘物理〙ポンド《力の単位; 1 常用ポンド重》. **2** ポンド(磅)(記号 £): **a** 英国の通貨単位; もと=20 shillings, =240 pence; 1971 年 2 月より =100 (new) pence; £ は数字の前につけるのが普通であるが, 数字の後につける *l.* を用いることもある: 例 £5 =5 *l.* (5 ポンド); pound sterling ともいう》: a ~ sign ポンド記号 (£) / five ~(s) ten (旧制度で)5 ポンド 10 シリング; (新制度で)5 ポンド 10 ペンス / a shilling [five pence] in the ~ 1 ポンドにつき 1 シリング [5 ペンス](の割合) / a (one-) *pound* coin [note] 1 ポンドコイン[札] / a five-*pound* note 1 [5] ポンド紙幣 / ~*s*, shillings and pence [£. s. d., L.S.D.] 金銭 / pay twenty shillings in the ~ きれいに全部 (100 %) 支払う / In for a penny, in for a ~. ⇨ penny *n.* 1. ★ 旧制度の英貨では £2.3s. 4d. [£2–3–4, £2/3/4] (=two pounds three shillings and four pence) (2 ポンド 3 シリング 4 ペンス)のように用いたが, 十進法になってからは £1.07 (1 ポンド 7 ペンス) / £ 6.10 (=six pounds ten) (6 ポンド 10 ペンス)のように用い, 2 p *or* £0.02 / 23 p *or* £0.23 などと書く, また, 例えば 2¹/₂ p は two and a half pence [p] と読む. **b** 以下の国の通貨単位: Euro 流通前のアイルランド (=100 pence, 記号 £); レバノン(記号 £, L, LL), シリア(記号 £S, LS) (=100 piasters), エジプトアラブ共和国(記号 £E), スーダン(記号 £S, LSD) (=100 piasters, 1000 milliemes); キプロス (=100 cents, 記号 £). **c** イスラエルの旧通貨単位《1980 年 shekel に変更》. **3** (昔の)スコットランドポンド (pound Scots)《イングランドと合併 (1603) 前のスコットランドの通貨単位; 最初は英貨 1 ポンドと等価であったが後には =¹/₁₂ 英ポンド(1 シリング 8 ペンス)》. **4** 〘聖書〙(新約聖書で)ムナー, ミナ (mina)《古代ギリシャなどの重量・通貨単位; cf. *Luke* 19: 13, etc.》.

one's póund of flésh (証文通りの)貸金の全額(返済); (契約などによって合法的ながら)因業[苛酷]な要求(物) (cf. Shak., *Merch V* 4. 1. 99, 308): My boss pays me all right, but he sure wants [demands, has, gets] *his ~ of flesh* from me (in return)! 社長はちゃんと給料を払ってくれるが, (お返しに)情容赦なく仕事を要求するよ.

— *vt.* 《英》〘造幣〙(一定数をはかりに掛けて)ポンド(磅)で〈貨幣〉の重量を検査する.

〖OE *pund* < Gmc **punda* (Du. *pond* / G *Pfund*) ◻ L *pondō* pound (abl.) ← L *pondus* weight ← IE **(s)pen-* to draw, stretch, spin: cf. pendant, ponder〗

pound[2] /páʊnd/ *vt.* **1** (重い道具・ひじ・武器などで)続けざまに打つ[たたく] (⇨ beat[1] SYN); 猛烈な攻撃[砲撃]を加える: ～ the walls of a fort / waves ～*ing* the shore 岸を打つ波 / ～ a drum 太鼓をたたく / ～ the door down 戸をどんどんたたく / ～ a nail *into* [*through*] a plank 板に釘を打ち込む. ★ 手段の目的語をとることもある: ～ one's fist *against* [*on*] the door＝～ the door *with* one's fist こぶしでドアを続けざまにたたく. **2** (ハンマーなどで)打ち砕く, 粉々にする ⟨*up*⟩; ペースト状につぶす: ～ (*up*) stones, sugar, nuts,etc. / ～ earth [dough] 土[練り粉]をこねる / be ～*ed* (*down*) *to* pieces [*to* (a) powder, *to* (a) pulp, *to* rubble, *to* smithereens, flat] 打たれて粉々に[粉に, どろどろに, がれきに, こなみじんに, 平らに] なる. **3** ⟨ピアノ・タイプライターなどを⟩ぽんぽんたたく; ⟨曲を⟩じゃんじゃん弾く, (タイプライターでぽんぽん)打って⟨物語などを⟩作り出す ⟨*out*⟩: ～ the piano [typewriter] / ～ *out* a tune *on* the piano ピアノで曲をぽんぽん弾く / ～ *out* a report *on* the word processor ワープロをたたいて報告書を書く. **4** どすんどすん[足音高く]⟨道を⟩進む: ～ one's way *in* / a policeman ～*ing* the beat 巡回区域を回っている警察官. **5** ⟨人に⟩⟨知識などを⟩(繰り返し)たたき込む 〔*in, into*〕: ～ some sense *into* a person [a person's head] 人に分別を教え込む / I'll ～ those ideas *out of* you yet! これからそんな考えはたたき出してやる. — *vi.* **1 a** 〔戸などを〕しきりにたたく 〔*at, on*〕: ～ *at* [*on*] a door / ～ *on* the table. **b** 木槌 (gavel) をたたく: The judge started to ～ *for* silence. 裁判長は木槌をたたいて静粛を命じた. **2** ⟨太鼓・ピアノなどが⟩高々と鳴る ⟨*away*⟩; ⟨心臓などが⟩どきどき打つ / My heart ～*ed* with fear [excitement]. 恐怖[興奮]で心臓が高鳴った / ～*ing* drums 鳴り響くドラム / a ～*ing* headache ずきずきする頭痛. **3** 〔陣地などを〕猛攻撃する, 激しい砲撃を浴びせる ⟨*away*⟩ 〔*at, on*〕. **4** 絶えず〔…に〕努力する, 一生懸命に仕事をする ⟨*away*⟩ 〔*at, on*〕. **5** 足音高く騒がしく[どすんどすん]進む[歩く] ⟨*about, along*⟩: He ～*ed along* the road [down the hall]. / ～*ing* hooves ぱかぱかと響くひづめ. **6** ⟨船が⟩しきりに⟨波を⟩たたく. **7** 《卑》性交する. ***póund the pávement*** ⇨ pavement.
— *n.* **1** 続けざまに強く打つこと; 強打. **2** (ピアノ・タイプライターなどの)ぽんぽんたたくこと[音].
〖(16C) 《変形》← *poune*(*n*) < lateOE *pūnian* to bruise ← ?: *-d* は剰音 (cf. sound[1]): cf. LG *pün* / Du. *puin* rubbish〗

pound[3] /páʊnd/ *n.* **1 a** (迷い犬・捨て猫などを引き取り人のあるまで入れて置く, 官設の)動物収容所 (pinfold): a dog ～. **b** (違法駐車した車などの)置き場, 保管所: a car ～. **c** (牛や羊などの)家畜の囲い場[おり] (corral). **2 a** 野獣をわなにかけるための囲い. **b** (魚をとる)簗(やな) (weir), 壺網(つぼあみ) (pound net), いけす. **3** (押収品・差し押さえ品などの)留め置き場, 保管所. **4** 留置所, 収監所. **5** (運河の 2 水門間の)区間 (reach). — *vt.* **1** ⟨迷い犬などを⟩官設のおりに入れる (impound) ⟨*up*⟩: ～ *up* stray dogs 野良犬を収容する. **2** 留置する, 監禁する ⟨*up*⟩.
〖(?c1378) *po*(*o*)*nde* < lateOE *pund* enclosure, fold ← ?: cf. OE *pyndan* to enclose〗

Pound /páʊnd/, **Ezra** (**Loo·mis** /lúːmɪs | -mɪs/) *n.* パウンド (1885–1972; 米国の詩人, 主にイタリアに住み, imagism などの詩運動を推進; *Personae* (1909), *The Cantos* (1925–69; 未完)).

Pound, Louise *n.* パウンド (1872–1958; 米国の英語学者・民俗学者).

Pound, Roscoe *n.* パウンド (1870–1964; 米国の法律学者・著述家; L. Pound の兄; *Interpretation of Legal History* (1923)).

pound·age[1] /páʊndɪdʒ/ *n.* **1** 〖英史〗輸出入税, ポンド税 (輸出入品 1 ポンドについて 1 シリングずつ取り立てる国王の収入): ⇨ TONNAGE and poundage. **2** 金高[目方] 1 ポンドにつき支払う金額 (税・手数料・歩合など). **3** ポンドで示される重量. **4** (郵便・小為替などの)料金. **5** 事業総収益に賃金の占める割合 (パーセントで表す). 〖(1399–1405): ⇨ pound[1], age〗

pound·age[2] /páʊndɪdʒ/ *n.* **1** (官設おり (pound) に収容した動物の)受け出し手数料. **2** 収容; 留置, 監禁 (confinement). 〖(1554) ← POUND[3]＋-AGE〗

pound·al /páʊndḷ/ *n.* 〖物理〗ポンダル (ヤード系の力の単位; 質量 1 ポンドの質点に作用して 1ft/sec^2 の加速度を起こす力; ＝13,825 dynes). 〖(1879) ← POUND[1]＋(CENT)AL〗

póund càke *n.* **1** パウンドケーキ (小麦粉・卵・バター・砂糖などで作った濃厚なケーキ). **2** 《俗》美人, 美女.
〖(1747) ← POUND[1]: 各材料を 1 ポンドずつ使ったことから〗

pound·er *n.* 打つ人; 搗(つ)く人; 杵(きね). 〖lateOE *punere*: ⇨ pound[2], -er[1]〗

-pound·er /páʊndə | -dəʳ/ *n.* 〔複合語の第 2 構成素として〕 **1 a** 目方 1 ポンドのもの[魚など]. **b** ⟨重量が⟩…ポンドのもの[人]: She gets around well for a 300-*pounder*. 彼女は 300 ポンドもある巨体にしてはよく動き回る / ⇨ ten-pounder. **2** …ポンド砲: a five-*pounder* 5 ポンド砲 (5 ポンド弾を発射する). **3** …ポンド支払う人; 収入[財産]…ポンドの人; (紙幣・宝石などについて)価格…ポンドの物. 〖(1684): ⇨ pound[1], -er[1]〗

póund-fóolish *adj.* 一文惜しみの百知らずの, 大金を使うのが下手な (⇨ penny-wise). 〖1607〗

póund-fórce *n.* 〖物理〗力のフィート・ポンド・秒の単位 (poundal) (略 lbf).

póund·ing *n.* 〖海事〗パウンディング (航走中の船がピッチングにより船首船底が海面をたたく衝撃). 〖(1591): ⇨ pound[2], -ing[1]〗

póund-lòck *n.* (川の水をためる)水門. 〖(1783) ← POUND[3]＋LOCK[1]〗

póund·màster *n.* (迷い犬などの)動物収容所長. 〖(1792): ⇨ pound[3]〗

póund nèt *n.* 壺網(つぼあみ), (網地を使った)魞(えり), 簀(す)立て, 筌(うけ)(の類) (魚網の一種; cf. pound[3] 2 b, pot[1] 10 b). 〖(1865): ⇨ pound[3]〗

póund nòte *n.* 1 ポンド紙幣.

póund·nóte·ish /-nóʊtɪʃ | -nəʊtɪʃ⁻/ *adj.* (*also* **pound·not·ish** /～/) 《英口語》貴族ぶった, わざと貴族風の. 〖(1936) ↑〗

póund Scóts *n.* ＝pound[1] 3.

póund síɡn *n* **1** 《米》# 記号 (pound(s) (量)を表す記号). **2** £ 記号 (⇨ pound[1] 2a).

póund stérling *n.* 英貨 1 ポンド (⇨ pound[1] 2).

pour /pɔ́ə | pɔ́ːʳ/ *vt.* **1** ⟨液体などを⟩注ぐ, つぐ, 流し込む, 流す: ～ wine *into* a glass / ～ wine *from* [*out of*] a bottle / ～ *out* a cup of tea 茶をつぐ / He ～*ed* her [himself] some coffee.＝He ～*ed* some coffee *for* her [himself]. 彼女[自分]にコーヒーを入れた / He ～*ed* the contents of his bag *on* (*to*) the table. かばんの中身を机の上にあけた. **2 a** ⟨光・熱などを⟩注ぐ, 放射する (shed): The sun ～*ed* forth [*out*] its rays. 太陽はさんさんと光を注いだ. **b** ⟨国土・建物などが⟩⟨人などを⟩大量に送り出す[込む]: ～men and resources into a hopeless conflict 人と資金を望みのない戦いに投入する. **3 a** ふんだんに供給する, ⟨金・エネルギーなどを⟩〔…に〕つぎ込む 〔*into, on*〕; ⟨恩恵などを⟩浴びせる (shower): ～ money *into* a project / ～ *out* money *on* useless projects つまらない企画に大金を投じる / ～ gifts *upon* [*on*] a person 人に贈物をたくさんあげる. **b** ⟨弾丸などを⟩集中的に浴びせる. **c** ⟨侮辱(の言葉)などを⟩浴びせる. **d** ⟨むちなどを⟩しきりにあてる; ⟨精力などを⟩注ぐ, 傾注する. **4** (あふれるほどに)大量に作り出す[製造する] ⟨*forth, out*⟩: travel-books that the presses ～ *forth* [*out*] in floods 洪水のように出版される旅行書. **5 a** ⟨心の中などを⟩ぶちまける (vent) ⟨*out*⟩: ～ *out* one's heart＝～ oneself *out* 心中を打ち明ける / ～ *out* one's problems to one's friend 友に悩みの種を打ち明ける. **b** ⟨言葉を⟩しゃべりまくる; ⟨歌を⟩歌いまくる ⟨*forth, out*⟩. **6** 〖冶金〗鋳込む.
— *vi.* **1 a** ⟨水・涙・汗・光・煙などが⟩(大量に)流れ出る ⇨ flow SYN); ⟨弾丸などが⟩降り注ぐ ⟨*forth, off, out, down*⟩: Tears were [came] ～*ing down* her cheeks. 涙が彼女のほおを伝って流れていた[流れ出た] / Sunlight ～*ed through* the window. 日光が窓から流れ込んだ / He opened the door and let the rain ～ *in*. 彼はドアを開けて雨の入るままにした / smoke ～*ing from* chimneys [burning buildings] 煙突[炎上中のビル]から出ている煙 / wine ～*ing from* [*out of*] bottles *into* glasses 瓶からグラスに注がれているワイン. **b** ⟨雨が⟩土砂降りに降る: The rain is ～*ing* (*down*).＝It is ～ *ing* (《英》*with* rain). 雨が車軸を流すように降っている / It is ～*ing* rain [hail] 《米》雨[あられ]が降っている / It never rains but it ～*s*. ⇨ rain *vi.* 1. **c** 〔…に〕注ぐ 〔*in, into*〕. **2** ⟨人や動物の群れなどが⟩流れるように[勢いよく, ひっきりなしに]動く; 押し寄せる, 殺到する ⟨*in, out*⟩: The congregation ～*ed out* [*in, through*]. 会衆がどっと流れ出た[入った, 通過した] / Letters of encouragement ～*ed in* from all quarters. 各方面から激励の手紙がどっと来た / travel-books ～*ing out* in floods 大量に出回っている旅行書. **3** ⟨言葉などが⟩口早に出る, 連発する: Entreaties ～*ed from* his lips. 嘆願が口をついて出た / words ～*ing out* [*forth*] よどみなく出てくることば. **4** 紅茶[コーヒーなど]を茶碗につぐ: ～ *out* 《英》紅茶[コーヒーなど]を注ぐ. **5** (歓迎会などで客のために飲み物をついで)女主人役を務める. **6** ⟨容器(の中身)が⟩注がれて出る, つぐ(のに適している): This teapot is hardly ～*ing* at all! このティーポットは出が全く悪いよ / Salt may not ～ easily when it rains. 雨が降ると振り塩の出が悪いことがある.
póur awáy ⟨液体を⟩流して捨てる; (流れて)取れる, 落ちる: ～ excess fat *away* 余分な脂肪を落とす / The liquid fat ～*ed away* easily. 脂肪は容易に落ちた.
pour into (1) [《*vt.*＋*prep.*》 ～ … into …] ⇨ *vt.* 1, 2 b, 3 a. (2) [《*vt.*＋*prep.*》 ～ … ínto …] 《口語》⟨人⟩の体を ⟨ぴったり合った衣服⟩ にはめ込む[納める]: She wore a dress so tight she seemed ～*ed into* it. 彼女はぴちっと測って体を納めたようなきついドレスを着ていた.
póur it ón 《米俗》(1) 口をきわめてほめる[(機嫌取りなどを)言う]. (2) (この時とばかりに[ここぞと])力を出す, 頑張る. (3) (車を)ぐんと飛ばす.
pour off (*vt.*) [《*vt.*＋*adv.*》 ～ óff; 《*vt.* ＋ *prep.*》 ～ … off …] ⟨汚れなどを⟩水を注いで取る, 洗い流す: *Pour off* the cream from the milk. ミルクからクリームを流し取れ. ～ fat *off* soup スープの中の脂肪分を流し出す. (*vt.*) [《*vi.* ＋ *prep.*》 ～ óff …] …から流れ出る, ⟨汗が⟩…からふき出る: rain ～*ing off* eaves 軒から流れ落ちる雨 / sweat ～*ing off* athletes 運動選手からしたたり落ちる汗 (cf. athletes ～*ing with* sweat).
pour over (1) [《*vt.* ＋ *prep.*》 ～ … over …; 《*vi.*＋ *prep.*》 ～ over …] ⟨通例液体を⟩ …にふりかける; ⟨液体が⟩ふりかかる: ～ dressing *over* salad サラダにドレッシングをふりかける / rain ～*ing* (all) *over* me 全身にふりかかる雨. (2) [《*vt.* ＋ *adv.*》 ～ óver; 《*vi.* ＋ *adv.*》 ～ óver] こぼす; こぼれる; ⟨川などが⟩氾濫する.
— *n.* **1** 注出, 流出. **2** 大降り, どしゃ降り. **3** 〖金属加工〗(鋳造型の)注入口; (溶解金属の)1 回の注入量. **4** 《スコット》大量.
～·a·ble /pɔ́ːrəbḷ | pɔ́ːr-/ *adj.* 〖(?c1300) *poure*(*n*) ← ?: cf. ONF *purer* to purify, pour off impurities (← L *pūrus* 'PURE')〗

pour ac·quit /pʊəɑːkíː | pʊə(r)ɑː-; F. puʁaki/ F. *n.* 領収済み; 領収書.

pour·boire /pʊəbwɑ́ə | pʊəbwɑ́ːʳ, ⸗⸗; F. puʁbwaːʁ/ F. *n.* (酒席などでの)心付け, 祝儀, チップ (tip). 〖(1817) □ F ～ ← *pour* for＋*boire* to drink〗

pour en·cou·ra·ger les au·tres /pʊ̀əɑː(ŋ)kùːrɑːʒéɪleɪzóːtr(ə), -ɑːŋ-; F. puʁɑ̃kuʁaʒezotʁ/ F. *adv.* [しばしば反語的] 人を励まそうとして, 他人を力づけるために.

pour·er /pɔ́ːrə | -rəʳ/ *n.* 注ぐ[流す]人; 注ぐもの[器具]; 《英》瓶につけた口. 〖(1594): ⇨ pour, -er[1]〗

pou·rie /pɔ́ːri | pɔ́ːri/ *n.* 《スコット》つぎ口のある容器 (特にミルクジョッキ). 〖(1821) ← POUR＋-IE〗

pour·ing /pɔ́ːrɪŋ/ *adj.* **1** 流れるような, どんどん[続々]出ている: (a) ～ rain 土砂降りの雨, 篠(しの)突く雨. **2** 注ぐための. — *adv.* (降雨が)激しく: ～ wet 土砂降りで.
～·ly *adv.* 〖(1601): ⇨ pour, -ing[2]〗

póuring bàsin [**bòx**] *n.* 〖金属加工〗堰鉢(せきばち), 掛堰(かけぜき), 湯溜(ゆだま)り (熔湯を鋳型に注ぎ込むとき湯口の上でいったん溜めておくところ).

pour le mé·rite /pʊ̀ələmeríːt | pʊ̀ə-; F. puʁləmeʁit/ F. *adv.* 勲功により. — *n.* [P- le M-] プロイセンの勲功章 (フリードリヒ大王 (Frederick the Great) が創設; 1810–1918 年には軍人の最高勲章). 〖□ F ～ 'for the MERIT'〗

pour·par·ler /pʊ̀əpɑəléɪ | pʊ̀əpɑ́ːleɪ; F. puʁpaʁle/ F. *n.* [通例 *pl.*] (外交上の)予備交渉, 非公式会談. 〖(1795) □ F ～ ← *pour* for＋*parler* to speak〗

pour·par·ty /pʊ́əpɑ̀əṭi | pʊ́əpɑ̀ːti/ *n.* 〖法律〗＝purparty.

pour·point /pʊ́əpɔɪnt, -pwæ̃(n)t, -pwænt | pʊ́ə-; F. puʁpwɛ̃/ *n.* (*pl.* ～**s** /～s/; F. ～/) プルプワン (13–17 世紀に男子が着用した一種の綿入れまたは刺し子の胴衣). 〖(?a1300) □ OF ～ (p.p.) ← *pourpoindre* to quilt ← *pour* through (＝*par* < L *per*)＋*poindre* (< L *pungere* to prick)〗

póur pòint *n.* 〖化学〗流動点 (油が流動しうる最低温度). 〖1922〗

pour pren·dre con·gé /pʊ̀əprɑ̃ː(n)dr(ə)kɔ̃ː(n)ʒéɪ, -prɑ́ːndr(ə)kɔːn- | pʊ̀ə-; F. puʁprɑ̃dʁkɔ̃ʒe/ F. *adv.* いとまごいのため, お別れのご挨拶(あいさつ)に (PPC, p.p.c. と略して名刺の左下のすみに書く). 〖□ F ～ 'to take leave'〗

póur tèst *n.* 〖化学〗石油製品の流動点試験 (cf. cold test).

pou·sa·da /poʊsɑ́ːḍə | -də; / *n.* ポサーダ (ポルトガルの国営の宿屋). 〖(1934) □ Port. ～ 《原義》 resting-place〗

pousse-ca·fé /púːskæféɪ | -kǽfeɪ; F. puskafe/ *n.* (*pl.* ～**s** /～z; F. ～/) プースカフェ: **a** コーヒーとともに出されるリキュールまたはブランデー. **b** 比重の異なったリキュールを混ざらないように色分けしてついだカクテル. 〖(1880) □ F ～ 《原義》 coffee-pusher〗

pousse-pousse /pùːspúːs; F. puspus/ F. *n.* 人力車. 〖□ F ～ ← *pousser* (↓)〗

pous·sette /puːsét; F. pusɛt/ *n.* 〖ダンス〗プセット (一組または数組の者が手を握り合って踊り回るカントリーダンス).
— *vi.* (**pous·set·ted**; **-set·ting**) プセットを踊る, 手を握り合って踊り回る. 〖*v.*: (1812) □ F ～ (dim.) ← *pousser* 'to PUSH'. — *n.*: (1814) ← (*v.*): ⇨ -ette〗

pous·sin /puːsǽ(ŋ), -sǽŋ; F. pusɛ̃/ *n.* 肉用のひな鶏. 〖(c1938) □ F ～ < VL **pullicīnum* ＝LL *pullicēnum* young table fowl (dim.) ← *pullus* youns bird: cf. pullet〗

Pous·sin /puːsǽ(ŋ), -sǽŋ; F pusɛ̃/, **Nicolas** *n.* プッサン (1594–1665; フランスの歴史風景画家; 古典主義の代表者).

Pous·sin·isme /pùːsænísm, -sæn-; F. pusɛnism/ F. *n.* 〖美術〗プッサン主義 (プッサンの画風を範とする 17 世紀後半のフランス古典主義; 線による端正な形態を重視し, 知的格調を重んじた; アカデミーで盛行した). 〖□ F ～: ⇨ ↑, -ism〗

pou sto /púːstóʊ | páʊstəʊ/ Gk. *n.* 立脚地, よりどころ; 活動の根拠地, 足場. 〖(1847) □ Gk *poû stô* where I may stand (Archimedes の次の言葉から: *Dós moi poû stô, kai kinô tēn gên.* ＝Give me a place where I may stand, and I will move the earth.)〗

pout[1] /páʊt/ *vi.* **1 a** ⟨人が⟩(いやな顔をして)口をとがらす. **b** 《米》ふくれっつらをする, ふてくされる (sulk). **c** (性的魅力を出すために)⟨モデルなどが⟩両唇を突き出す. **2** ⟨口が⟩(不機嫌なために[不機嫌なふりをして])とがった形になる, 突き出る. — *vt.* ⟨唇を⟩とがらす; ⟨唇を⟩突き出す. — *n.* **1** (*out*) the lips 口をとがらす[唇を突き出す]こと; 《米》ふくれっつらをすること, ふてくされ. **2** [the ～s] 不機嫌: be in [have] *the* ～*s* 不機嫌である, ふてくされる. 〖(?a1325) *poute*(*n*) < ? OE **pūtian* to swell ← ? IE **beu-* to swell (⇨ pock): cf. Swed. *puta* to be inflated〗

pout[2] /páʊt/ *n.* (*pl.* ～, ～**s**) 〖魚類〗 **1** フランスダラ (*Trisopterus luscus*) (ヨーロッパ産タラ科フランスダラ属の魚; 肝油原料; bib ともいう). **2** ＝horned pout. **3** ＝eelpout 1. 〖(lateOE) (1591) (cf. *ǣlepūte* eelpout) (cf. Du. *puit* frog / G (*Aal*-)*putte* eelpout) ← IE **beu-* (↑)〗

póut·er /-tə | -təʳ/ *n.* **1** 口をとがらす人, ふくれっつらをする人, すねる人. **2** 〖鳥類〗パウター, ムネタカバト (胸をふくらますハトの一種; pouter pigeon ともいう). 〖(1725) ← POUT[1] (v.) ＋-ER[1]〗

póut·ing /-tɪŋ | -tɪŋ/ *n.* 《英》〖魚類〗＝pout[2] 1. 〖(1591) ← POUT[2]＋-ING[3]〗

póut·ing·ly *adv.* 口をとがらして; ふくれっつらをして. 〖(1632): ⇨ pout[1]〗

pout·y /páʊṭi | -ti/ *adj.* (**pout·i·er**; **-i·est**) 《口語》⟨人が⟩ふくれた, ふくれやすい, よくすねる. 〖(1863) ← POUT[1] (n.)＋-Y[4]〗

POV 《略》〖映画〗point of view 観点 (場面の素材に対する

P

監督作家の態度を表している撮影法についていう).

po·ve·ra /pɑ́(ː)vərə, pɔ́(ː)v- | pɔ́v-; It. pɔ́ːvera/ *adj.* ポヴェラ《完成した作品そのものよりもそのアイディアや過程を重視する芸術形式についていう》: a ~ artist. 〖□ It. (*arte*) *povera*《原義》poor (art)〗

pov·er·ty /pɑ́(ː)vəṭi | pɔ́vəti/ *n.* **1 a** 貧乏, 貧窮, 窮乏 (indigence): come to [sink into] ~ 貧乏になる / in one's extreme ~ 貧乏のどん底にあって / When ~ comes in at (the) doors, love leaps [jumps, flies] out at (the) windows. 《諺》「金の切れ目が縁の切れ目」. **b** 〖キリスト教〗清貧《修道生活に入るに際しての三つの誓願 (vows) の一つで, 個人的に何物も所有しないという所有権の放棄; 他の二つは chastity と obedience》. **2 a** (数量の)不足 (scarcity), 欠乏 (dearth): a ~ of good books 良書の不足 / (a) ~ of ideas 思想の貧困. **b** 〈ある要素・性質などの〉不足, 欠乏 (deficiency)〈*in*〉; 土地の不毛: ~ *in* vitamins ビタミンの欠乏 / Japan's ~ *in* oil 日本の石油不足 / the ~ of the soil [land] 土地の不毛. **c** (質の)低劣, 貧弱: the ~ of his imagination 彼の貧弱な想像力. **3** (体の)貧弱さ, (栄養不良による)衰弱. 〖? lateOE *poverte* □ OF (F *pauvreté*) < L *paupertātem* ← *pauper* 'POOR': ⇨ -ty²〗

SYN 貧乏: **poverty** 生活必需品を買う金がほとんどないこと: live in *poverty* 貧しく暮らす. **destitution** 食住にこと欠くほどの極端な貧乏《格式ばった語》: He died in complete *destitution*. 全く貧困のうちに死んだ. **want** *poverty* と同義であるが, 格式ばった語: live in *want* 貧乏暮しをする. **need** 生活に必要な物に事欠く困窮の状態: be in great *need* 大変困窮している. **indigence** 生命の危険があるほどではないが貧窮している状態《格式ばった語》: be reduced to *indigence* in old age 年老いて貧困になる. **penury** 金がなくて不自由している状態《格式ばった語》: She could not face *penury*. 貧窮を直視することができなかった.

ANT wealth, affluence, riches.

---

póverty lìne [lèvel] *n.* 貧困線《適正な人間生活を維持するための収入の最低限度》. 〖1901〗

póverty-strìcken *adj.* **1** 貧乏に悩む, 非常に貧乏な. **2** 〈国土・言語などが〉貧弱な; 〈住居・服装などが〉みすぼらしい, 貧乏じみた, 薄汚い (shabby). 〖1844〗

póverty tràp *n.* 貧困のわな《低所得者の収入が増加したため, 生活保護給付などが受けられず, 以前と変わらない貧困が続く状況》.

póv·i·done íodine /pɑ́(ː)vədòun- | pɔ́vɪdòun-/ *n.* 〖化学〗ポビドンヨウ素, ポビドンヨード《ポビドン重合体とヨウ素との反応で生じる化合物; 局所消毒剤》.

P

pow¹ /póu, páu | páu, póu/ *n.* 《スコット・英方言》頭 (head). 〖《1792》《変形》← POLL¹〗

pow² /páu/ *int.* ばーん, ぼん《打撃・破裂などを表す》. 〖《1881》擬音語〗

pow³ /páu/ *n.* 《スコット》小川; 緩やかなせせらぎ. 〖《1746》《変形》←《スコット》*poll*=POOL¹〗

POW /píːòudʌ́blju | -əu-/ 《略》Please oblige with; Prince of Wales; prisoner(s) of war 捕虜.

pow·an /póuən | páu-/ *n.* (*pl.* ~, ~**s**) 〖魚類〗**1** (スコットランドの湖沼に生息する)サケ科シロマス属の淡水魚 (cf. laki herring). **2** =pollan. 〖《1633》《変形》← POLLAN〗

pow·der¹ /páudə | -dəʳ/ *n.* **1** 粉, 粉末 (dust): grind into [to] ~ ひいて粉にする; 粉みじんに砕く. **2 a** 化粧粉 (cosmetic powder), おしろい (face powder). **b** 歯磨き粉 (tooth powder). **c** (18 世紀頃, かつらに振りかけた)髪粉 (hair-powder): wear [put on] ~ 髪粉をつけている [振りかける]. **3** 〖スキー〗=powder snow. **4** 散薬, 粉薬: take a ~ 粉薬を飲む. **5** 火薬 (gunpowder): ⇨ smokeless powder / the smell of ~ 実践の経験 / smell ~ 実戦の経験をする / burn ~ 《米俗》弾薬を使用する / food for ~ ⇨ food 1. **6** 土ぼこり (dust). **7** (競技などで)打撃に加える力 (force): Put more ~ into it. それをもっとも強く打て.

kéep one's pówder drý 用意して待つ, 万一に備える. 〖《1834》← 4: Cromwell の言葉から〗 ***pówder and shót*** (1) 弾薬, 軍需品. (2) 《口語》費用, 労力. 《1579》 ***nòt wórth pówder and shót*** 撃つまでのこともない, そのために闘うほどのものではない; 骨折りがいがない. 《1776》 ***tàke a pówder*** 《米俗》(すばやく)立ち去る; ずらかる, とんずらする, どろんをきめ込む.

pówder of Álgaroth 〖化学〗アルガロート末 ($Sb_4O_5Cl_2$)《オキシ塩化アンチモンを主成分とする白色の粉末; もと下剤に用いられた》. 〖《部分訳》← F *poudre d'algaroth* powder of algaroth ← It. *algarotto* ← *Vittorio Algarotto* (*d.*1604: イタリアの医師)〗

— *vt.* **1 a** 〈顔・皮膚などに〉粉おしろい[化粧粉]をつける; …に粉を[粉のように]振りかける: ~ one's nose 粉おしろいをたたく; 《婉曲》お手洗いに行く《★ 女性用語》. **b** 〖紋章〗〈盾一面に〉図形を小さくちりばめる (cf. semé). **c** 〖美術〗砂子(すなご)を吹きつける, 小紋(こもん)で飾る. **d** 〈装丁で〉小紋散らしにする. **2** …に一面に粉のように振りかけて装飾する. **3** [特に p.p. 形で] 粉にする, 粉砕する (pulverize). **4** (競技などで)〈ボートなどを〉強く打つ. **5** 《古》(貯蔵のために肉に)塩や薬味を振りかける. — *vi.* **1** 髪粉をつける, おしろいをつける. **2** 粉になる, 砕ける.

~·er /-dərə | -rəʳ/ *n.* 〖《*a*1300》*poudre* □ (O)F < L *pulverem*, *pulvis* dust, powder ← IE **pel-* dust, flour: cf. pulverize, pollen〗

pow·der² /páudə | -dəʳ/ *vi.* 《英方言》突進する (rush); あわて急ぐ. — *n.* (性急な)突進: with [at, in] a ~ 勢いよく, 猛烈に. 〖《*c*1600》↑: 火薬の爆発からの連想か〗

pówder blúe *n.* **1** 〖顔料〗粉末花紺青(はなこんじょう) (smalt の粉末で青色顔料として陶磁器・ガラス・琺瑯(ほうろう)の着色および洗濯の青み付けに使う). **2** 淡青色. — *adj.* 淡青色の: a ~ coat. 〖1707〗

pówder-bòx *n.* 化粧箱, おしろい[髪粉]箱. 〖1403〗

pówder bòy *n.* =powder monkey 1. 〖1805〗

pówder bùrn *n.* 火薬による火傷. 〖1969〗

pówder chàrge *n.* 装薬《火器の発射火薬; cf. propellant 1》.

pówder chèst *n.* 弾薬箱. 〖1669〗

pówder-clòset *n.* (18 世紀ごろ流行した)化粧部屋《寝室・更衣室等に隣接する小屋で, ここで頭髪やかつらに化粧粉をつけた》. 〖1905〗

pówder còmpact *n.* おしろい入れ, コンパクト《単に compact ともいう》. 〖1927〗

pówder dòwn *n.* 粉綿羽(ふんめんう)《サギ・オウムなどの胸に生える柔らかな羽毛で, 常に成長して末端は粉末状に脱落して羽を覆う》. 〖1816〗

pow·dered /páudəd | -dəd/ *adj.* **1** 粉末にした[なった] (pulverized): dried and ~ herbs 乾燥して粉末にした薬草 / ~ egg 乾燥卵粉末卵. **2** 白粉[おしろい]を塗った: Her face was heavily ~. 彼女は厚化粧をしていた. **3 a** 多数の小斑点で飾った. **b** 〖紋章〗盾一面に図形を小さくちりばめた (semé). **c** 〈虫など〉無数の小斑点のある. 〖?*a*1325〗

pówdered mílk *n.* 粉乳, 粉ミルク (dry milk). 〖1889〗

pówdered súgar *n.* 粉(こな)砂糖, 粉糖.

pówder flàg *n.* 〖海事〗=red flag 5. 〖1872〗

pówder flàsk *n.* (旧式銃のための角(つの), 金属または皮製の)火薬入れ, 火薬筒《一回分の火薬が出る仕掛けになっている》. 〖1753〗

pówder hòrn *n.* **1** 角製の火薬入れ (cf. powder flask). **2** 〖植物〗ミミナグサ《ナデシコ科ミミナグサ属 (*Cerastium*) の植物; セイヨウミミナグサ (grasswort) など》. 〖1533〗

pówder hòuse *n.* 火薬庫[室]. 〖1720〗

pów·der·ing /-dərɪŋ, -drɪŋ | -dərɪŋ, -drɪŋ/ *n.* **1** おしろい(など)をつけること. **2** たくさんの小さい物での装飾; 無数の小さい物の集まり: The ground was covered with a ~ of snow. 地面は一面雪で覆われていた. 〖*a*1400〗

pówdering-tùb *n.* **1** 塩や薬味を振りかけて肉を貯蔵する桶(おけ). **2** 《廃》性病治療用の蒸し風呂桶. 〖1530〗

pow·der·ize /páuḍəràɪz | -də-/ *vt.* 粉にする, 砕く (pulverize). 〖《*a*1800》⇨ powder¹, -ize〗

pówder kèg *n.* **1** (いつ爆発するかわからない)危険物; 危険状態. **2** (小さな金属製の火薬貯蔵用)火薬樽(だる). 〖1855〗

pówder magazìne *n.* 火薬庫, 弾薬庫. 〖1769〗

pówder mètallurgy *n.* 〖冶金〗粉末冶金《金属または合金の粉末を型に詰めて圧縮したものを焼結して種々の形のものを製造する方法》. 〖1933〗

pówder mìll *n.* 火薬工場. 〖1650〗

pówder mònkey *n.* **1** (昔の軍艦の)少年火薬運搬手. **2** 《米》(鉱山などの)爆薬保管者[取扱者]; ダイナマイトを仕掛ける人. 〖1682〗

pówder phòtograph *n.* 粉末(結晶)写真《X 線で写した回折写真》. 〖1917〗

pówder-pùff *adj.* 女性(用・向き)の; かよわい: ~ baseball.

pówder pùff *n.* **1** (化粧用)パフ. **2** 《口語》(テニスなどの)弱いまたは効果のないショット. **3** 〖植物〗タカサゴマル (*Mammillaria bocasana*)《メキシコ北・中部原産のサボテンの一種; powder puff cactus ともいう》. 〖*a*1704〗

pówder ròom *n.* **1** 化粧室, 洗面所の前室; 婦人洗面所 (rest room); (住宅の)一階便所. **2** 《婉曲》浴室. 〖1627〗

pówder snòw *n.* 粉雪 (cf. corn snow). 〖1929〗

pow·der·y /páudəri, -dri | -dəri, -dri/ *adj.* **1** 粉の, 粉状の: ~ snow 粉雪. **2** 粉だらけの, 粉にまみれた: a ~ nose. **3** 粉になりやすい, もろい: a ~ stone, rock, etc.

pów·der·i·ness *n.* 〖《*c*1425》: ⇨ powder¹, -y⁴〗

pówdery míldew *n.* 〖植物病理〗**1** ウドンコ病菌《子嚢(しのう)菌類ウドンコ病菌科オイジウム属 (*Oidium*) の菌》. **2** ウドンコ病《ウドンコ病菌により大麦などの葉に粉状の分生胞子を生じる》. 〖1889〗

Pow·ell¹ /páuəl/ *n.* 〖商標〗パウエル《米国 V. Q. Powell 社製の管楽器; 特にフルートやピッコロ》.

Pow·ell /póuəl, páu- | páu-/, **Anthony** (**Dym·oke** /dɪ́mək/) *n.* ポウエル《1905–2000; 英国の小説家; *A Dance to the Music of Time* (12 巻) (1951–76)》.

Pow·ell /páuəl, póu- | páuəl, pəu-/, **Cecil Frank** *n.* パウエル《1903–69; 英国の物理学者; Nobel 物理学賞 (1950)》.

Powell, Colin L(**uther**) *n.* パウエル《1937–　; 米国の軍人; Reagan 大統領の国家安全保障問題担当補佐官 (1987–88); G. Bush 政権下で統合参謀本部議長(1989–93); G. H. W. Bush, Jr. 政権下で国務長官(2001–　)》.

Powell, Bud *n.* パウエル《1924–66; 米国のジャズピアニスト; モダンジャズピアノの開祖; 本名 Earl Powell》.

Powell, John Enoch *n.* パウエル《1912–98; 英国の政治家; 保守党議員で Powellism の提唱者》.

Powell, Lewis Franklin, Jr. *n.* パウエル《1907–98; 米国連邦最高裁判事; Nixon 大統領が合衆国最高裁判事に指名》.

Powell, Maud *n.* パウエル《1868–1920; 米国のバイオリニスト》.

Powell, Michael (**Latham**) *n.* パウエル《1905–90; 英国の映画監督・制作者・脚本家; *A Matter of Life and Death* (1946), *The Red Shoes* (1948)》.

Pow·ell·ism /páuəlɪ̀zm/ *n.* パウエリズム《J. E. Powell が提唱した政治運動; 自由放任経済の実施と英国への黒人移民の排除を主張する》. **Pów·ell·ist** /-lɪ̈st | -lɪst/ *adj.* **Pówell·ìte** /-làɪt/ *n.*, *adj.* 〖《1965》← J.E. *Powell*: ⇨ -ism〗

pow·er /páuə | páuəʳ/ *n.* **1 a** 支配力[権], 権力 (government); 権威, 影響力: political ~ 政権 / a ~ struggle 権力闘争 / the balance of ~ in Europe ヨーロッパにおける(列国の)勢力の均衡 / the ~ of life and death (*over* …) (…に対する)生殺与奪の権 / the ~ of veto (*over*…) (…に対する)拒否権 / the ~ of darkness 闇の力, 悪の支配(力) (*Col.* 1:13) / the queen's ~ *over* her people 女王の臣民に対する権勢 / parent [patient] ~ 親権[患者の権利] / student ~ スチューデントパワー / *Power* to the people! 人民に権力を / the party in ~ 政府与党 / fall into the ~ of …の支配に帰する / fall from ~ 政権を失う / be in one's ~ …の手中にある (cf. 2) / have (a person) in one's ~ 〈人を〉自由に動かす, 思うままに使う / have [hold] ~ *over* …を支配する, 自由にする / come to [into] ~ 勢力を得る, 政権を握る / return to ~ 再び勢力を得る, 政権に返り咲く / sweep into [in] ~ ⇨ sweep 成句 / get warring factions to share ~ 相争う派閥に権力を共有させる. **b** 委任された権能, 権限, 法律的に与えられる権力; 委任状: the ~*s* of the Prime Minister, the President, Congress, Parliament, etc. / have the ~ *to* sign a document 文書に署名する権限をもつ / police ~*s* 警察の権限 / exceed [go beyond, overstep] one's ~*s* 権限を超える.

2 力, 能力: the ~ of vision [speech, hearing] 視力[発話能力, 聴力] / beyond [outside] one's ~*s* 力が及ばない; 権限外で / do all [everything] in one's ~ to do something あることをするためにできる限りのことをする / It is not in [within] my ~ to help you. 君を援助することはできない (cf. 1 a).

3 a (物理的・心理的な)力, 威力 (effectiveness): the ~ of nature, heat, light, love, a blow, an explosion, a theory, etc. / steam [solar, wind, water, geothermal] ~ / ⇨ nuclear power / the ~ of her performance 彼女の演技力. **b** (薬などの)効きめ, 効力, 効能.

4 [通例 *pl.*] (特殊な)才能, 知力 (faculty): conversational ~*s* 座談の才 / mental [imaginative] ~*s* 知力[想像力] / lose one's ~*s* もうろくする / a person's ~*s* of persuasion 説得力.

5 a 力, 体力 (force), 精力 (energy); 生活力: by sheer ~ of intellect [imagination] まったく知力[想像力]によって / a person's ~*s* of resistance [recuperation] 抵抗[回復]力 / hold on by muscle ~ alone 筋肉の力のみでつかまっている / She is still at the height of her ~*s*. 彼女はまだまだ体力十分だ / More ~ to you [your elbow]! 《口語》ますますご健康を祈る, しっかり[うまく]やれ. **b** 〖野球〗長打力, パワー: ⇨ power hitter.

6 権力のあるもの, 有力者, 実力者: the ~*s* that be (時の)権力者, 官憲, 当局 (cf. *Rom.* 13: 1) (★ この be は《古》=are) / Who is the ~ behind the throne? 陰の実力者はだれか / Are they still a ~ in the land [a ~ to be reckoned with]? 彼らはまだ地元の[無視できない]実力者だろうか.

7 [しばしば *pl.*] 強国, 列強: a concert of ~*s* 列強国の協約 / treaty ~*s* 締盟国 / a world industrial [naval] ~ 世界の工業[海軍]大国 / China, the No. 1 Communist ~ 中国, 世界第一の共産国 / the Allied [Axis] *Powers* 連合[枢軸]国 / ⇨ air power, Great Power, nuclear power, sea power, world power.

8 a 〖物理〗力, 能《記号 P》: calorific ~ 発熱力[能] / dispersing ~ (光の)分散力[能]. **b** 工率, 工程, 仕事率《単位時間内になされる仕事》.

9 a 〖機械〗動力, 機械力, 工程力: mechanical [motive] ~ 機械[原動]力 / a ~ tool 動力機械. **b** 電力, 電気 (electricity): a ~ failure [suspension] 停電 / ~ transmission 送電.

10 〖数学〗冪(べき), 累乗; 冪指数 (exponent): raise to the second [third, fourth] ~ 2 [3,4] 乗する / 32 is the fifth ~ of 2. 32 は 2 の 5 乗. / to the nth power n 次[乗]まで, 極端に. **11** 〖数学〗=cardinal number 2. **12** 〖統計〗検定力《仮設検定で, 帰無仮説が正しくないときに, それが棄却される確率》. **13** 〖光学〗(レンズの)倍率; 屈折力《光学素子あるいは光学系の焦点距離の逆数; cf. diopter 1》. **14** [a ~ of の形で]《口語》多数, 多量, たくさん (a lot): *a ~ of* work, people, money, etc. / It'll do you *a ~ of* good. (酒・休日などが)とても効き目があるだろう. **15** [しばしば *pl.*] 神; 悪魔: the ~*s* above 天の神々 / merciful ~*s*! 情け深い神々よ / (the) ~*s* of darkness [evil] 暗黒[悪]の神々, 悪魔ども / the ~*s* of good 神.

16 〖神学〗能天使《天使の九階級中第六階級の天使; cf. angel》. **17** 《古》軍勢, 軍隊, 兵力 (military force).

18 《古》簡単な機械《てこ・くさび・ねじなど》: ~ consumption 電力消費 / ~ workers 発電所従業員.

in pówer 政権を握っている, 与党である. ***ùnder one's ówn pówer*** 自力で: The ship managed to reach port *under its own* ~. その船は自力で入港した / She's still spry enough to get around *under her own* ~. まだひとりで歩き回れるほど元気だ.

pówer of appóintment 〖法律〗(遺言者・受贈者の死後, 財産の帰属者を決定する)指名権.

pówer of attórney 〖法律〗代理権; 委任状 (letter of attorney) (略 PA). 《1747》

pówer of representátion 〖法律〗代理権, 代表権.

pówer of the kéys [the —] ⇨ key¹ 19 a.

— *vt.* **1** 〈飛行機・自動車・船舶などに動力を供給する; 動力機関の設備をする: Diesel engines ~ trucks, trac-

tors and trains. ディーゼルエンジンはトラック・トラクター・列車などの動力源となる. **2** 〈決定などを〉促進する, 強化する. **3** …の(精神的な)力[支え, 励み]になる. **4** 〘野球〙〈ボールを〉強打する, 遠くに飛ばす: He ~*ed* the ball (in) to left field. 強打してレフト後方にまで飛ばした. **— *vi.*** 《俗》勢いよく動く[走る].
pówer dówn 〈宇宙船・ジェットエンジンなどの〉の出力を減少させる. ***pówer úp*** (1) 〈エンジン・コンピューター・チームなどを〉始動させる, 使えるように(準備)する; 〈エンジンなどが〉始動する. (2) 〈宇宙船・ジェットエンジンなどの〉の出力を増加させる. ***pówer** one's **wáy*** 破竹の勢いで進む 〔*to*〕.
〘(?*a*1300) *po(u)er* ◻ OF *poeir* (n.) (F *pouvoir*) ← *po-e(i)r* (v.) < VL **potēre* =L *posse* to be able: cf. possible, potent¹〙

SYN **1** 権力: **power** 身分・地位・人格などから派生する支配する能力: enlarge one's *power* 権力を拡大する. **authority** 命令を下し, 他人を服従させる権限: exercise one's *authority* 権力を行使する. **jurisdiction** 法律的な決定と判断を下す公的な権限: the *jurisdiction* of the court 法廷の裁判権. **sovereignty** 全体を絶対的な権力で支配する力, 主権: Japan claims *sovereignty* over these islands. 日本はこれらの島々の主権を主張している. **control** 統制・制限する権限: man's *control* over nature 人間の自然支配.
2 力: **power** 何かをする能力《最も一般な語》: *power* to think 思考力. **strength** 働きかけたり抵抗したりできる人や物の性質: one's physical *strength* 体力. **force** 実際の物理的な力: the *force* of a blow 打撃の力. **might** 《文語》非常に大きな力: the *might* of an army 軍勢. **energy** 強く精力的に行為する能力: apply one's *energy* to saving money 貯蓄に精力を傾ける. **potency** あることを達成する潜在的または本質的能力《格式ばった語》: the *potency* of a drug 薬の効用.
ANT inpotence.

---

pówer àmplifier *n.* 〘電気〙 電力増幅器, パワーアンプ. 〘1920〙
pówer-assìsted stéering *n.* =power steering.
pówer bàr *n.* 《米》 OA タップ《主にパソコンと周辺機器の電源用のタップ (tap) でしばしばスイッチ付き》.
pówer bàse *n.* 《米》(政治などで, 勢力の)拠点, 地盤, 勢力基盤: The firm used the agent as its ~ in the US. その会社は米国進出拠点としてその代理店を利用した. 〘1959〙
Pówer Bìlt /-bɪ̀lt/ *n.* 〘商標〙 パワービルト《米国 Hillerich Bradsby 社製のゴルフクラブ》.
pówer blòck [blòc] *n.* (大国を中心とした)国家集団, パワーブロック《まとまった政治力を構成する》.
pówer·bòat *n.* **1** 動力船, 発動機艇. **2** =motorboat. 〘1908〙
pówer bràke *n.* 機力[動力]ブレーキ《蒸気圧・水圧・油圧・空気圧などを利用したブレーキ》. 〘1896〙
pówer bròker *n.* (政財界の)大物調停役《各党派や権力組織に働きかけて, 巧みに権力間の取りまとめができる人》. 〘1961〙
pówer càble *n.* 〘電気〙 電力ケーブル. 〘1905〙
pówer cènter *n.* **1** 権力中枢; 権力者. **2** 《米》(大型の)ディスカウントショッピングセンター.
pówer chàin *n.* 〘機械〙 動力チェーン, ピッチチェーン《鎖車間に動力を伝達するエンドレスチェーン》.
pówer cùt *n.* 送電停止, 停電. 〘1952〙
pówer-dìve *vi., vt.* (**-dived, -dove; -dived**) (エンジンをかけたまま)急降下する[させる]. 〘(1937) ↓〙
pówer dìve *n.* 〘航空〙 動力急降下《エンジンをかけたままの急降下》. 〘1930〙
pówer drèssing *n.* パワードレッシング《女性の管理職者や政治家がその地位と力を強調するための服装; 地味・上品・高級を特徴とする》: practice ~.
pówer drìll *n.* 動力ドリル. 〘1961〙
pówer-drìven *adj.* エンジン[モーター, 電力]で動く, 動力運転の. 〘1835〙
pów·ered *adj.* [しばしば複合語の第 2 構成素として] …の電力[発電機]を備えた: a jet-*powered* cruise missile ジェット推進巡航ミサイル. 〘(1879): ⇨ -ed〙
pówer égg *n.* パワーエッグ《動力のもととしてコンパクトにまとまっている内燃機関単体》. 〘1916〙
pówer elìte *n.* [集合的] パワーエリート《権力機構の中心にいる人たち》. 〘1953〙
pówer fàctor *n.* 〘電気〙 力率《交流回路における平均実効電力と皮相電力の比; cf. reactive factor》. 〘1892〙
pówer-fòrming pròcess *n.* 〘化学〙 パワーホーミング法《白金触媒利用のガソリン接触改質法の一つ; platforming process に似るが, 触媒再生方法が違う》.
pówer fórward *n.* 〘バスケットボール〙 パワーフォワード《非常に身体が大きくて背が高く, 主として防御にあたるフォワード; strong forward ともいう》.
pow·er·ful /páʊəfəl, -fl | páʊə-/ *adj.* **1** 強い, 力強い, 強力な; (倍率が)高い, 大きい (⇨ mighty **SYN**): a ~ hand, mind, blow, battery, etc. / a ~ torch 強い光を発する懐中電灯 / a ~ glass [lens] 高倍率の望遠鏡[レンズ]. **2** 勢力[権力]のある, 有力な (influential): a ~ nation. **3** 〈論旨など〉人を動かす, うなずかせる (cogent): ~ reasoning. **4** 〈薬など〉効能のある. **5** 《方言》たくさんな: a ~ lot of food [cares] いやというほどの食べ物[心配].
— *adv.* 《方言》ひどく (very): I'm ~ sorry.
~·ness *n.* 〘(?*a*1400): ⇨ power, -ful〙
pów·er·ful·ly *adv.* **1** 強力に, 大いに, 激しく; 有力に; 有効に. **2** 《米方言》たくさん, いやというほど. 〘(1602): ⇨ ↑, -ly¹〙
pówer fùnction *n.* **1** 〘統計〙 検定力関数《仮設検定で, 各帰無仮説にそれが正しいのに棄却される確率を対応させる関数》. **2** 〘数学〙 冪(べき)関数.
pówer gàme *n.* 権力闘争.
pówer gàs *n.* 動力(用)ガス. 〘1901〙
pówer hítter *n.* 〘野球〙 長距離ヒッター, ホームランバッター.
power·house /páʊəhàʊs | páʊə-/ *n.* **1** 精力旺盛(おうせい)な人; 強力な組織; 原動力: She is a ~ in the art world. 彼女は画壇で精力的に活躍している人だ / an economic ~ 経済大国. **2** 《米》 発電所 (power station). **3** 〘スポーツ〙 最強チーム: Our team is a ~. **4** 〘野球〙 長距離ヒッター (power hitter). **— *vi.*** 精力的に行動する[動く]. 〘1881〙
pówer·làthe *n.* 動力旋盤, 動力ダライ盤. 〘1875〙
pówer·less *adj.* **1** 力のない, 無気力な; たよりのない; 体力のない, 弱い (weak); 効能のない. **2** 無能な (incapable), 無力な; 権力[勢力]のない 〈*to do*〉: be ~ *to* help 助ける力が全くない. **~·ly** *adv.* **~·ness** *n.* 〘*a*1420〙
pówer·lìft·ing *n.* 〘重量挙〙 パワーリフティング《squat, bench press, dead lift で競う》. **pówer·lìft·er** *n.*
pówer lìne *n.* 〘電気〙 電力線, 動力線. 〘1894〙
pówer lòading *n.* 〘航空〙 馬力荷重. 〘1920〙
pówer lòom *n.* 力織機(りきしょくき), 機械機(はた) (cf. handloom). 〘1808〙
pówer mòwer *n.* 動力付き芝刈り機 (cf. hand mower). 〘1940〙
pówer òutage *n.* **1** 停電. **2** 停電時間.
pówer pàck *n.* 〘通信・電子工学〙 電源函(ばこ), パワーパック《変圧器・整流器・フィルターなどから成る小型電源装置》. 〘1937〙
pówer pìtcher *n.* 〘野球〙 速球で三振の取れる投手.
pówer plànt *n.* **1** 発電所 (powerhouse). **2** 発電[動力]装置, 発動機. 〘1890〙
pówer plày *n.* **1** 〘スポーツ〙 パワープレー: **a** 〘アメフト〙 ボールキャリアーの前にブロッカー (blockers) を出すランプレー. **b** 〘アイスホッケー〙 相手側選手が penalty box にいる間にかける集中攻勢. **2** (政治・商業・軍事などでの)攻勢的行動. 〘1961〙
pówer pòint *n.* **1** (壁付きの電気の)コンセント. **2** 最大 15 アンペア使用のパワーコンセント. 〘1951〙
pówer pòle *n.* 《米》 電柱. 〘1959〙
pówer-polìtical *adj.* 武力外交の. 〘1942〙
pówer polìtics *n.* 権力政治; (特に)武力外交. 〘(1937) (なぞり) ← G *Machtpolitik*〙
pówer prèss *n.* 動力印刷機 (printing press).
pówer ràte *n.* 《米》 電気料金率.
pówer reàctor *n.* 〘原子力〙 動力(用原子)炉. 〘1946〙
pówer sàw *n.* 〘機械〙 動力のこ(ぎり). 〘1960〙
pówer sèries *n.* 〘数学〙 冪(べき)級数《各項が変数の冪の定数倍であるような級数》. 〘1893〙
pówer sèt *n.* 〘数学〙 冪(べき)集合《一つの集合の部分集合全体から成る集合》. 〘1953〙
pówer shàring *n.* 権力分担.
pówer shòvel *n.* パワー[動力]ショベル, ユンボ《クレーンの先に大きなショベルを付けた土掘り工事用機械》.
日英比較 「ショベルカー」は和製英語. 〘1940〙
pówer shòwer *n.* 強力なシャワー.
pówer stàtion *n.* 発電所 (powerhouse). 〘1901〙
pówer stéering *n.* 〘自動車〙 パワーステアリング《ハンドル操作を容易にする装置》. 〘1932〙
pówer stròke *n.* 〘機械〙 仕事[動力]行程. 〘1903〙
pówer strùcture *n.* **1** (政治・教育などの)権力機構 (cf. establishment 7 b, system 3). **2** 権力機構を作る人. 〘1950〙
pówer supplỳ *n.* 〘電気〙 給電, 電源装置[ユニット], 給電系統. 〘1906〙
pówer·sùrge *n.* パワーサージ《電圧の急激な上昇》.
pówer swèep *n.* 〘アメフト〙 パワースイープ《一人またはそれ以上のブロッカーを伴ってエンドランを試みる攻撃方法の一つ》.
pówer tákeoff *n.* (トラック・トラクターなどの)動力取出装置, 動力取出口. 〘1929〙
pówer tèst *n.* 〘心理〙 力量テスト, 力量検査法《やさしい方から難しい方へ配列した問題に対する正答の数によって, 能力を測定する時間制限のないテスト; cf. speed test》.
pówer tòol *n.* 電動工具.
pówer tràin *n.* 〘機械〙 伝動装置, 動力伝達装置. 〘1943〙
pówer transmìssion *n.* 〘電気〙 送電. 〘1891〙
pówer trip *n.* 《口語》 権力の誇示 [ひけらかし], 親分風[気取り]: be on a ~ 権力をほしいままにしている.
pówer tùbe *n.* 〘電子工学〙 電力増幅管. 〘1924〙
pówer ùnit *n.* 〘機械〙 動力装置. 〘1907〙
pówer-ùp *n.* (コンピューター・エンジンなどの)起動, 始動.
pówer ùser *n.* 〘電算〙 パワーユーザー《コンピューターのハードウェア・ソフトウェアの機能を熟知して, その能力を最大限に活用する使用者》.
pówer wìndow *n.* 〘自動車〙 パワーウィンドー《モーターで開閉される自動車の窓》.
pówer wòrker *n.* 電力業界の労働者.
Pow·ha·tan /pàʊhətǽn, paʊhǽtn/ *n.* パウハタン《1550?–1618; アメリカ先住民の首長; Jamestown 植民地に対するインディアン同盟の指導者; Pocahontas の父》.
pow·wow /páʊwàʊ/ *n.* **1 a** アメリカ先住民間の[アメリカ先住民との]会議, 評定. **b** 社交的な会合, 会談, 懇談会: at a ~ *with* a group of backers 後援者の人たちとの会合の席で[折に]. **2 a** (アメリカ先住民の間で)病気の回復・猟の成功などのために行う一種の儀式《まじない・酒宴および踊りが加わる》. **b** (アメリカ先住民の)まじない師, 僧, 医者 (powwow doctor ともいう). **3** 〘軍俗〙 高級将校の(作戦)協議; 作戦会議. **— *vi.*** **1** まじないの儀式を行う[に参加する]; まじないによる治療を行う. **2** 〔…について〕会談する, 協議する; しゃべる (chat) 〔*about*〕. **— *vt.*** 魔法[まじない]を施す. 〘(1624) ◻ N-Am.-Ind. (Algonquian) *pow-waw, po-wao* medicine man, sorcerer, 《原義》 he dreams〙
Pow·ys /páʊɪs, póʊ- | páʊɪs; *Welsh* páwɪs, pó-/ *n.* パウイス《ウェールズ中部の州; 1974 年に新設, 旧 Montgomeryshire, Radnorshire および Breconshire 州の北部より成る; 面積 5,080 km², 州都 Llandrindod Wells》.
Pow·ys /póʊɪs | páʊɪs/, **J**(ohn) **C**(owper) *n.* ポウイス《1872–1963; 英国の小説家・詩人・批評家; *Wolf Solent* (1929)》.
Powys, Llewelyn *n.* ポウイス《1884–1939; 英国の作家; J. C. および T. F. Powys の弟; *Black Laughter* (1924)》.
Powys, T(heodore) **F**(rancis) *n.* ポウイス《1875–1953; 英国の小説家; J.C. Powys の弟; *Mr. Weston's Good Wine* (1927)》.
pox /pɑ́(ː)ks | pɔ́ks/ *n.* (*pl.* ~, ~·es) **1** 〘病理〙 **a** [通例, 複合語の第 2 構成素として] 痘(症), 発疹: ⇨ chicken pox, cowpox, fowl pox. **b** 《古》 疱瘡(ほうそう), 痘瘡(とうそう) (smallpox). **c** 水疱瘡(みずぼうそう). **2** [the ~] 《俗》 瘡(かさ), 梅毒 (syphilis) (great pox, French pox ともいう). **3** [複数扱い] 《古》 瘡あと, あばた (pocks); (疱瘡などの)膿疱(のうほう) (pustules). **4** 〔…への〕災厄, 災い, 疫病 (plague), のろい (curse) 〔*on, of*〕: ⇨ A POX *on you!* **5** 〘植物病理〙 放線菌の *Streptomyces ipomoea* による表面に多くのあばたを生じるサツマイモの病害 (soil rot ともいう).
***A póx on* [*of*] *you* [*him,* etc.]!** 《古》 疫病にでもとっつかれろ, こんちくしょう (Plague take you!). 〘1594–95〙
Whát a póx! 一体全体, まあ. 〘1710〙
— *vt.* 《古》 瘡[梅毒]をうつす[感染させる].
〘(1503) (変形) ← *pocks* (pl.) ← POCK: cf. smallpox〙
póx-dòctor *n.* 《俗》 性病(専門)医.
póx·vìrus *n.* 〘細菌〙 ポックスウイルス, 痘瘡(とうそう)ウイルス. 〘(1941): ⇨ ↑, virus〙
pox·y /pɑ́(ː)ksi | pɔ́k-/ *adj.* 《俗》 **1** 瘡(かさ)[梅毒] (pox) の. **2** いやな, 不愉快な. 〘1922〙
Po·yang Hu /póʊjɑ̀ːŋhúː | páʊ-; *Chin.* pʰóiɑ́ŋxú/ *n.* 鄱陽湖(ポーヤンこ)《中国江西省 (Jiangxi) 北部にある中国最大の淡水湖》.
Poz·i·driv /pɑ́(ː)zɪ̀dràɪv/ *n.* (*also* **Poz-i-Driv** /~/) 〘商標〙 ポジドライヴ《英国製のプラスねじとそのねじ回し; positive drive (正のねじ溝; 溝が+形をしているところから)に由来すると思われる》.
Poz·nań /póʊznæn, -nɑːn | pɔ́znæn; *Pol.* pɔ́znaɲ/ *n.* ポズナニ《ポーランド西部, Warta 河畔の都市》.
Po·zso·ny /póʒoɲ/ *n.* ポジョニ《Bratislava のハンガリー語名》.
poz·zo·la·na /pɑ̀(ː)tsəlɑ́ːnə | pɔ̀ts-/ *n.* (*also* **poz·zo·lan** /pɑ́(ː)tsələn | pɔ́ts-/) **1** 〘岩石〙 ポッツォラン, 火山灰[塵]《過熱水蒸気のため火山灰状に変化した溶岩; 粉砕してセメント原料にする》. **2** ポゾラン, ポッツォラナ《火山灰などのケイ酸質セメント混合材》. **poz·zo·la·nic** /pɑ̀(ː)tsəlǽnɪk | pɔ̀ts-⁻/ *adj.* 〘(1706) ◻ It. *pozz(u)olana* (adj.) < ML *puteolānam* =L *puteolāna* (fem.) ← *puteolānus* belonging to *Puteolī* (=It. *Pozzuoli* (↓)): もと形容詞の名詞用法〙
Poz·zuo·li /pɑ(ː)tswóʊli, -tswɔ́ːli | pɔtswáʊli; *It.* pottswɔ́ːli/ *n.* ポッツオーリ《イタリア南西部, Naples 付近の海港; ローマ古跡》. 〘◻ It. ~ < L *Puteolī* 《原義》 little springs ← *puteus* 'PIT¹'〙
poz·zy /pɑ́(ː)zi | pɔ́zi/ *n.* 《豪俗》 =possie.
pp 《略》 〘音楽〙 pianissimo; part paid, partial paid, past President; 〘文法〙 past participle; 〘法律〙 per procurationem; physical properties; 〘海事〙 picked ports 選択港; pickpocket; present position; *F.* publié par (= published by).
pp. /péɪdʒɪz/ 《略》 pages ページ: *pp.* 15-30. ★ page fifteen to thirty と読む.
PP. 《略》 parcel post; parish priest; personal pension; postpaid; post prandium; prepaid; privately printed.
p.p. 《略》 per procurationem.
p.p.a. 《略》 per power of attorney.
ppb 《略》 〘地質・化学〙 part(s) per billion ピーピービー《10 億分の 1; 微少含有量の単位》; 〘印刷〙 paper, printing, and binding.
PPB 《略》 planning-programming-budgeting (⇨ PPBS).
PPBS 《略》 planning-programming-budgeting system 企画計画予算方式《プログラム作成を媒介にして計画策定と予算編成とを結びつけ, 資源配分に関する企業などの組織体の意思決定を合理的に行う制度》.
PPC, p.p.c. 《略》 pour prendre congé: a ~ card. 〘1809–12〙
ppd. 《略》 postpaid; prepaid.
PPE, P.P.E. 《略》 《英》 Philosophy, Politics, and Economics 《Oxford 大学の近代学科; cf. Modern Greats》. 〘1955〙
PPFA 《略》 Planned Parenthood Federation of America.
PP fàctor /píːpíː-/ *n.* 〘生化学〙 ピーピー因子 (⇨ pellagra-preventive factor); ニコチン酸 (niacin). 〘(1925) *PP*: 《略》 ← *p(ellagra-)p(reventive)*〙
pph 《略》 〘印刷〙 pages per hour 《印刷速度》.
ppi 《略》 〘電算〙 pixels per inch.

P

PPI /píːpìːáɪ/ *n.* 〖電子工学〗電波探知器《飛行機・船舶・建物・山岳などの位置が映像されるレーダー》. 〖《1945》《頭字語》← *P*(*lan*) *P*(*osition*) *I*(*ndicator*)〗

p.p.i. 《略》〖海上保険〗policy proof of interest 名誉保険証券. 〖1895〗

ppl. 《略》〖文法〗participial; 〖文法〗participle.

PPLO *n.* (*pl.* ～) 〖生物〗=pleuropneumonia-like organism. 〖《1947》略〗

ppm /píːpìːém/ 《略》〖地質・化学〗part(s) per million ピーピーエム《100 万分の 1; 微少含有量の単位》; pulse per minute; 〖通信〗pulse phase modulation. 〖1913〗

PPM, ppm 《略》〖電気〗pulse position modulation; peak program meter.

PPP 《略》Pakistan People's Party パキスタン人民党; personal pension plan; 〖インターネット〗Point to Point Protocol《モデムとシリアル回線(電話回線)を使って IP 接続するための通信手順》; 〖経済〗purchasing power parity (theory) 購買力平価(説).

ppr, p.pr. 《略》〖文法〗present participle.

pps 《略》〖電気〗pulse per second パルス毎秒, 毎秒…パルス; postscriptum.

PPS 《略》《英》Parliamentary Private Secretary. 〖1936〗

PPS, pps 《略》post postscript.

ppt. 《略》〖化学〗precipitate 沈澱(物).

p.p.t., ppt., ppt 《略》part(s) per thousand; part(s) per trillion; precipitate.

PPTA 《略》《NZ》Post-Primary Teachers Association

pptn 《略》precipitation.

PPU 《略》Peace Pledge Union.

PPV 《略》〖テレビ〗pay-per-view.

PPWP 《略》Planned Parenthood-World population

pq 《略》〖議会〗previous question.

PQ 《略》Parliamentary Question; Previous Question; Preceding Question; 《カナダ》Province of Quebec; Parti Québecois.

PQLI 《略》〖社会学〗physical quality of living index 物質的生活充足指数《個人生活での物質的充足度を計測する方法》.

Pr 《記号》〖化学〗praseodymium; 〖化学〗propyl.

PR /píːáə | -áː(r)/ *n.* =public relations. [日英比較] 日本語では「商業広告」の意味で用いることが多いが, 英語の *PR* (=public relations) にはその意味はなく, 「商業広告」は advertisement という. なお「公共広告」は public service announcement [message] という.

PR 《略》payroll; 〖航空略称〗Philippine Airlines; preliminary progress report 中間経過報告; preliminary project report; Pre-Raphaelite; press release; press representative; 〖ボクシング〗Prize Ring; 〖政治〗Proportional Representation; Puerto Rican《軽蔑的》; 〖米郵便〗Puerto Rico.

PR 《記号》⇨ PAL.

pr. 《略》pair(s); paper; per; pounder; power; 〖証券〗preferred (share [stock]); preposition; present; pressure; price; priest; primitive; prince; printed; printer; printing; 〖文法〗pronoun; proper; prove; proved; 〖医学〗per rectum.

Pr. 《略》Priest; Prince; Provençal; 〖聖書〗Proverbs.

PRA 《略》President of the Royal Academy; 〖獣医〗progressive retinal atrophy (犬の)進行性網膜萎縮; Public Roads Administration 合衆国道路公団.

praam /prάːm/ *n.* 〖海事〗=pram[2].

prac. 《略》practical; practice; practitioner.

pra·cha·rak /prətʃάːrək/ *n.* 《インド》宣伝普及家《草の根運動により主張を宣伝する人》. 〖□ Hindi *pracārak*《原義》spreading: Hindi は Skt *pra* before＋*carati* he spreads, walks にさかのぼる〗

prac·ti·ca·ble /prǽktᵻkəbl | -tɪ-/ *adj.* **1** 〈計画など〉実行[実施]できる, 実行性のある (⇨ practical); 実用向きの (practical): a ～ plan, scheme, suggestion, etc. **2** 〈道路など〉通行できる: a ～ ford, passage, etc. / a road ～ *for* automobiles 自動車の通れる道路. **3 a** 使用可能な (usable): a ～ tool, weapon, etc. **b** 〖演劇〗〈大道具・小道具が〉実際に使用できる: a ～ door, window, etc. **prac·ti·ca·bil·i·ty** /prӕktᵻkəbíləṭi | -lᵻti/ *n.* **～·ness** *n.* 〖《1670》□ F *praticable* ← *pratiquer* 'to PRACTICE': ⇨ -able〗

prác·ti·ca·bly /-bli/ *adv.* 実行できる[可能な]ように, 実際的に, 実用向きに. 〖《1649》: ⇨ -ly[1]〗

prac·ti·cal /prǽktɪkəl, -kl | -tɪ-/ *adj.* **1 a** 実地の, 実際的な; 実地から割り出した, 実践的な (↔ theoretical): ～ experience 実地の経験 / ～ training 実地訓練, 実習, 実技 / ～ measures 実際的処置 / a ～ scheme 実際的な案 / ～ philosophy 実践哲学 / ～ mathematics 実用数学 / for [to] (all) ～ purposes (理論は別として) 実際上(で)は. **b** 実行[実施]上の: ～ difficulties 実施上の困難. **2** 実用的な, 実際の役に立つ, 実際に即した (useful): a ～ book 実用書 / ～ clothes [shoes] 実用着[靴] / a ～ machine 実用的な機械 / articles for ～ use 実用向きの品 / acquire a ～ knowledge of English 実用英語を身につける / The idea is clever, but not ～. その考えは巧妙だが実用的でない. **3** (机上の論でなく)実地の経験から学んだ, 実地に慣れた; 経験に富んだ (experienced): a ～ gardener, engineer, etc. / a ～ politician 老練な政治家; 《軽蔑》老獪(ろうかい)な政治屋 / ⇨ practical nurse / My wife is a good ～ cook. 家内は(料理学校へ通ったことはないが)料理が上手だ. **4** 実際活動[実務]向きの, 働きのある (efficient): a ～ housewife 家事向きの主婦 / a ～ person 実際家 / a ～ mind 実際的に働く頭(の人); 《軽蔑》(有能だが面白みのない)実利的な頭(の持ち主) / a ～ approach 実際的な取り組み方. **5** 生計のために従事する, 実地に仕事をしている: ～ farmers 生業として農業に携わる農民. **6** (名目は違うが)実質上の, 事実上の (virtual) (↔ nominal): a ～ failure. **7** 実習[実技](用)の: ～ examinations 実技[実地の]試験. **8** =practicable 3 b. **— *n.*** 《口語》**1** 実地の授業, 実習; 実地の技術試験: a science ～. **2** 《米》=practical nurse. **3** 実際[実利]主義者. **～·ness** *n.* 〖《1570》《廃》'crafty, artful' ← LL *practicus* (□ Gk *praktikós* fit for action ← *praktós* done, things to be done ← *prássein, prāttein* to do, practice)＋-AL[1]〗

SYN 実行可能な: **practical** 〈人や考えなどが〉実際的な: *practical* knowledge 実際的な知識. **practicable** 〈計画などが〉今後実行の可能性がある: a *practicable* plan 実行可能な計画. ★ 一部の人は *practical* を *practicable* の意味に使い始めている: a *practical* [*practicable*] suggestion 実行可能な提案.

práctical àrt *n.* [通例 *pl.*] (木工・手芸などの)実用的技芸.

práctical astrónomy *n.* 〖天文〗実地天文学.

prác·ti·cal·ism /-lìzm/ *n.* 実際[実用]主義, 実利主義. **prác·ti·cal·ist** /-lᵻst | -lɪst/ *n.* 〖《1856》: ⇨ -ism〗

prac·ti·cal·i·ty /prӕktᵻkǽləṭi | -tɪkǽlᵻti/ *n.* **1** 実際[実用]性, 実際的可能性 (practicalness): I'm not sure about the ～ of the idea. その考えの実用性については自信がない. **2** [通例 *pl.*] 実際的な事柄.

prac·ti·cal·ize /prǽktᵻkəlàɪz | -tɪ-/ *vt.* 実際に役立たせる; 実行可能にする. 〖1844〗

práctical jóke *n.* (たちの悪い)いたずら, 悪ふざけ, (実際の害を及ぼす)うそ: play a ～ on a person 人にいたずら[悪ふざけ]をする. 〖1804〗

práctical jóker *n.* (たちの悪い)いたずらをする人. 〖1830〗

prac·ti·cal·ly /prǽktᵻk(ə)li, -kli | -tɪ-/ *adv.* **1** 《口語》ほとんど (⇨ almost SYN), …も同然 (nearly): ～ all [every] ほとんど全部 / He is ～ dead. 彼は死んだも同然だ / *Practically* any bus will do. 大体どのバスでも大丈夫です / There is ～ nothing left. ほとんど何も残っていない / I ～ never see him. まず彼に会うことはない. **2** 実際的にみて, 事実上, 実質上 (virtually): ～ speaking 実際は, 実を言えば / The reply was ～ a refusal. その回答は事実上の拒絶であった. **3** 実際的に, 実地に; 実用的に: look at a question ～ 実際[実用]的な見地から問題をみる / learn English ～ 実地に英語を学ぶ / *Practically*, the plan did not work well. その計画は実行してみるとうまくいかなかった. 〖《1623》: ⇨ practical, -ly[1]〗

práctical músic *n.* 〖音楽〗=applied music.

práctical núrse *n.* 《米》**1** 有資格実地看護婦[士] (licensed practical nurse). **2** 準看護婦[士]《正規の看護婦養成課程を履習していない; 略 PN; ⇨ nurse 1 ★》. 〖1921〗

práctical phonétics *n.* 実用音声学; 発音学.

práctical réason *n.* 〖哲学〗(カント哲学での)実践理性《道徳的行為において, 意志を規定する理性》.

práctical theólogy *n.* 実践神学《教会固有の実践に関する学問で, 一般的には説教学・礼拝(典礼)学・牧会学・教会法学などの諸科を含む神学部門をいう》.

práctical únit *n.* 〖物理〗実用単位 (cf. absolute unit).

práctical wórk *n.* (理論を補足する)実習, 実技 (cf. bookwork 1).

prac·tice /prǽktᵻs | -tɪs/ *n.* **1 a** 練習, 演習, 実習, 稽古(けいこ) (exercise): choir ～ 合唱の練習 / pronunciation ～ 発音練習 / target ～ 射撃練習 / a ～ examination 実技試験 / an hour's ～ *at* [*in*] the nets 一時間のテニスの練習 / ～ *in* music=music ～ 音楽の稽古 / do five hours' piano ～ 5 時間のピアノの稽古をする / a ～ match 練習試合 / ⇨ practice teaching / It takes years of ～. それは何年もの修練が必要だ / *Practice* makes perfect. 《諺》「習うより慣れよ」. **b** (練習で得た)熟練, 手腕 (skill): beyond one's ～ 手に負えない, 手にあまる. **2** 常習的行為, 常習, (個人の)習慣 (⇨ habit[1] SYN): office ～ 役所のしきたり / the ～ of advertising 広告の慣用手段 / a matter of common [daily] ～ 日常普通の事[茶飯事] / as is one's usual ～ いつものように習慣として / make a ～ of *rising* early =make it a [one's] ～ *to* rise early 早起きを習慣にする. **3 a** (社会の)習わし, 習俗, 慣習 (custom); 慣例, 慣行 (usage): the ～ of *shaking* hands 握手の習わし / conform to local ～*s* 土地の慣習に従う. **b** [*pl.*] (社会的に許されない)習俗, 悪習: the unwholesome ～*s* of folk medicine 民間療法という不健全な悪習. **4 a** 実施, 実行, 実践 (performance); 実地, 実際 (↔ theory, speculation): the ～ of one's religion 宗教の実践 / the ～ of a theory 理論の実践 / put [bring] a plan into ～ 計画を実行[実施]する / reduce a rule to ～ 規則を実施する. **b** (実地に得た)経験 (experience): Have you had any ～ (*in*) teaching students? 実際に学生を教えた経験はおありですか. **5 a** (医者・弁護士などの)実務, 業務, 営業; 営業状態: the ～ of law 弁護士開業 / doctors in general ～ (専門医でなく)一般開業医 / go into [set up in] ～ (as a doctor) (医者として)開業する / The lawyer sold [retired from] his ～. その弁護士は業務を人に譲った[から引退した]. **b** 開業している場所: Where is his ～? どこで開業して[どこに事務所をもって]いるのですか. **c** [集合的に] 患者(全体), 事件依頼人(全部): buy a ～ 〈医者・弁護士が〉患者[依頼人]全体を譲り受ける / The doctor [lawyer] has a large ～ (there). あの医者[弁護士]ははやっている. **6 a** [*pl.*] (悪人の)常套手段, 常習的行為 (actions): the ～*s* of blackmailers 恐喝者のお決まりの手口. **b** 《古》計略, 策略 (stratagem), 陰謀 (plot), たくらみ (artifice): artful ～*s* 狡猾(こうかつ)な策略 / ⇨ sharp practice. **7** 〖数学〗実算. **8** 〖法律〗訴訟手続き[法規]; (訴訟の)実務, (裁判の)実務上の慣行. **9** 〖教会〗礼拝式, 儀式: Christian [Jewish, Muslim, Buddist, religious] ～*s*.

in práctice (1) 実際上(は), 実際問題として: an idea that will hardly work *in* ～ とても実行できそうにない考え. (2) 練習を続けて, 熟練して (↔ out of practice): You must always keep *in* ～. 常に練習を積んでおかなければいけない. (3) 開業して: He is *in* ～ *as* a physician [lawyer]. 医者[弁護士]をしている. 《1577》 ***òut of práctice*** 練習不足で, 腕が落ちて (↔ in practice): get *out of* ～ *at* golf ゴルフの腕が鈍る / I am *out of* ～ *on* the piano. この頃ピアノの練習はさっぱりしてない. 《1888》

— ★《英》では動詞は practise とつづることが多い. *vt.* **1 a** 繰り返し練習する, 規則正しく稽古(けいこ)する: ～ tennis, music, the violin, etc. / ～ bat*ting*, shoot*ing*, sing*ing*, etc. / ～ scales *on* the piano ピアノで音階を繰り返し練習する / I ～ my English *on* visiting foreigners. 来訪中の外国人を相手に英語の練習をする. **b** …に[…を]しつける, 反復練習する (cf. practiced 1) 〔*in*〕: ～ oneself 独習する / ～ pupils *in* English pronunciation 生徒に英語の発音を教える. **2** 〈医術・法律・芸術などを〉業とする, 営む, …に従事する; 〈魔法などを〉行う: ～ medicine [(the) law, one's profession] 医者[弁護士, 専門職]を開業している / ～ magic 魔法を行う. **3** (意識して)常に[習慣的に]行う; 実行する, 実践する, 実施する (carry out), 守る: ～ early rising 常に早起きを実行する / ～ economy [thrift] 倹約を実行する[守る] / ～ one's religion 宗教を実践する, 教会員として活動する / ～ patience 常に忍耐強くある / *Practice* what you preach. 自分の説くことを実行せよ. **4** 〔人を〕〈ぺてんなどに〉かける 〔*on, upon*〕: ～deceit (*up*) *on* a person.

— *vi.* 1 反復練習する, 稽古する: ～ *on* the keyboard [*on* the piano, *at* the piano] キーボード[ピアノ]の練習をする / ～ *with* the [a] rifle ライフルの射撃練習をする. **2** (医者・弁護士などを)開業する[している]: ～ *as* a doctor 医者をしている / ～ *at* the bar [*as* a barrister] 弁護士を開業する. **3** 習慣的にする, いつも行う. **4** 〔人の弱味などに〕つけ込む; 〔人を〕だます, ぺてんにかける 〔*on, upon*〕: ～ *on* a person [a person's weakness]. **5** 《古》**a** 陰謀を企てる (plot): ～ *against* [*with*] a person 人に対して[人と共謀して]謀略をめぐらす. **b** 〈…しようと〉たくらむ, 謀る (attempt) 〈*to* do〉: ～ *to* deceive (人を)欺こうとする.

prác·tic·er *n.* 〖《1421》*practyse* ← PRACTISE: ⇨ -ice〗

SYN 練習する: **practice** 熟達するために習慣的・規則的に繰り返し練習する: *practice* the violin バイオリンの練習をする. **exercise** 心身を鍛えるために練習させる: He hired a man to *exercise* his horse. 彼は馬の調教に一人の男を雇った. **drill** 〈兵士などを〉厳格で規則正しい反復によって集団訓練する: *drill* students in the sound of English 学生に英語の発音を鍛え込む. **train** 運動・技術などに熟達するために一定期間繰り返し訓練する: *train* a person as nurse 人を看護婦として養成する.

prac·ticed /prǽktᵻst | -tɪst/ *adj.* **1** 練習を積んだ, 経験のある (experienced); (練習の結果)熟練した, 上手な (skilled): a ～ hand 熟練家; 慣れた手つき / a ～ liar したたかなうそつき / a ～ palate 肥えた舌 / with ～ skill 慣れた[熟練した]手つきで / be ～ *in* …に熟達している / to the ～ eye 熟練した人が見て, 肥えた目で見ると. **2** [the ～; 名詞的に] 熟練した人たち, 上手な人たち: *the* ～ *in* trade 商売のうまい人たち. 〖《1568》: ⇨ ↑, -ed〗

práctice hèad *n.* 演習用弾頭 (cf. warhead).

práctice shìp *n.* 練習船, 訓練船.

práctice-tèach *vi.* 教育実習に行く[参加する].

práctice tèacher *n.* 教育実習生, 教生 (student teacher).

práctice tèaching *n.* 教育実習.

prac·ti·cian /prӕktíʃən/ *n.* **1** 実行者, 実際家. **2** =practitioner. **3** 熟練者, 経験者. 〖《*a*1500》□ OF *practicien* (F *praticien*): ⇨ practice, -ian〗

prác·tic·ing *adj.* **1** 現在活動している, 現役の; 開業している: a ～ physician [doctor] 開業医 / a ～ nurse ⇨ nurse 1 ★. **2** 宗教の教えを実践している, 教会員として活動している: a ～ Catholic, Jews, etc. 〖《1625》← PRACTISE＋-ING[2]〗

prac·ti·cum /prǽktᵻkəm | -tɪ-/ *n.* 〖教育〗演習[実習]科目; 実用講座. 〖《1904》□ G *Praktikum* □ LL *practicum* (neut.) ← *practicus* (↓)〗

prac·ti·sant /prǽktᵻsənt, -snt | -tɪ-/ *n.* 《Shak》陰謀家, 建策家, 策略家. 〖《1589–90》□ F 《廃》← (pres. p.) ← *practiser*: ⇨ practice, -ant〗

prac·tise /prǽktᵻs | -tɪs/ *v.* =practice. 〖《1392》*practise*(*n*) □ OF *pra*(*c*)*tiser* ← *pra*(*c*)*tiquer* □ ML *pra*(*c*)*ticāre* ← LL *practicus* 'PARCTICAL': 発音は名詞 PRACTICE の影響か〗

prác·tised *adj.* =practiced.

prác·tis·ing *adj.* =practicing.

prac·ti·tion·er /prӕktíʃ(ə)nə | -nə(r)/ *n.* **1** 従事者; (特に)開業医, 弁護士: a medical ～ 開業医 / ⇨ general practitioner. **2** (あることを)習慣的にやっている人, 常習的実行者. **3** 〖クリスチャンサイエンス〗実践士《治療を専門とする人》. 〖《1544》*practicioner* ← 《廃》*practitian* (=PRACTICIAN)＋-ER[1]〗

prad /prǽd/ *n.* 《英俗》馬 (horse). 〖《1798》《音位転換》← Du. *paard* horse〗

Pra·da /prɑ́ːdə | -də; *It.* prá:da/ *n.* 〘商標〙プラダ《イタリア Fratelli Prada 社製の服飾品などのブランド》.

Prá·der-Wíl·li sỳndrome /prɑ́ːdəvíli- | -də-; *G.* pʁá:dɐvíli/ *n.* 〘医学〙プラーダー ヴィリ症候群《短身, 精神遅滞, 筋緊張低下, 著しい肥満に至る多食などを特徴とする》. 〖← *Andrea Prader* (1919–)+*Heinrich Willi* (1900–71: 共にスイスの小児科医)〗

Pra·desh /prədéɪʃ, -déʃ; *Hindi* prəde:ʃ/ *n.* 《インド》州, 県《特にインド連邦の行政区域》. 〖□ Hindi *prades'* ← Skt *pradeśa* district, spot; pointing out: Skt は *pra* before+*diś-* to point out にさかのぼる〗

Pra·do /prɑ́ːdoʊ | -dəʊ; *Sp.* práðo/ *n.* [the ~] **1** プラド通り《スペイン Madrid の目抜き通り; the Paseo del Prado ともいう》. **2** プラド美術館《プラド通りに接するスペイン第一の美術館》. 〖□ Sp. ~ < L *prātum* 'PRAIRIE'〗

prae- /priː/ *pref.* 《古》=pre-《特に, ラテン語またはローマ時代の事物に関連する語に付けられる》.

prae·ci·pe /príːsəpiː, prés- | -sɪ-/ *n.* 〘法律〙 **1** 令状申請書. **2** 《英古》訴訟開始令状《国王から執行官 (sheriff) に向けられた令状で, 被告に一定の行為または抗弁の提出を命じるもの》. 〖《*a*1500》□ L ~ (imper.) ← *praecipere* to give orders to: その令状の冒頭の語: cf. precept〗

prae·cip·i·ta·ti·o /priːsìpɪ̀téɪʃiòʊ | -pɪtà:ʃiə̀ʊ/ *n.* 〘気象〙雲降水《雲から尾をひき地面に届いている降水; cf. virga》. 〖□ L *praecipitātiō(n-)* headlong hurry: ⇨ precipitation〗

prae·co·cial /priːkóʊʃəl, -ʃl | -kə́ʊ-/ *adj.* 〘動物〙= precocial.

prae·di·al /príːdiəl | -diəl/ *adj.* **1** 農地の, 土地の, 田畑の; 土地所有による[伴う], 不動産の (real). **2** 農業の, 農耕の, 農作の. **3** 〈奴隷など〉土地に隷属する: ~ serfs 農奴. **4** 〈十分の一税 (tithe) が〉農作物の物納による. — *n.* 農奴. **prae·di·al·i·ty** /prìːdiǽləti | -diǽləti, -lɪ-/ *n.* 〖《1464》□ ML *praediālis* ← L *praedium* farm, estate ← *praes* surety, 《原義》surety before somebody < **praevas* ← *prae* before+*vas* security: ⇨ -al[1]〗

práedial sérvitude *n.* 〘法律〙地役権. 〖*a*1765〗

práedial títhe *n.* 土地収益十分の一税. 〖1531〗

prae·fect /príːfɛkt/ *n.* =prefect. **prae·fec·to·ri·al** /prìːfɛktɔ́ːriəl˘/ *adj.*

prae·lect /prɪlékt/ *vi.* =prelect.

prae·lec·tor /prɪléktə | praɪléktə(r, priː-/ *n.* **1** (大学の)講師 (lecturer). **2** (Cambridge 大学などで)学寮生の入学[卒業]の推薦を担当する評議員. 〖《1586》□ L ~: ⇨ prelect, -or[2]〗

prae·mu·ni·re /prìːmjʊnáɪri | -nái(ə)ri/ *n.* 〘英史〙教皇尊信罪, 王権蔑視罪《ローマ教皇は国王に優越すると主張する罪》; その糾問令状; その犯罪に対する懲罰《財産没収・監禁・追放など》. 〖《1425》□ ML *praemūnīre* (*facias*) (that you cause) to warn ← L *praemūnīre* to fortify, protect ← PRAE-+*mūnīre* to build a wall: ML の語義は L *praemonēre* to forewarn の影響による: cf. premonish〗

prae·no·men /priːnóʊmən | priːnə́ʊ-, praɪ-/ *n.* (*pl.* **~s, prae·nom·i·na** /-nɑ́(ː)mənə, -nóʊm- | -nɔ́mɪ̀-, -nə́ʊm-/) (古代ローマ人の)第一名, 個人名《例: Gaius Julius Caesar の *Gaius*; cf. nomen[1] 1》. **prae·nom·i·nal** /priːnɑ́(ː)mənl, -nóʊm- | -nɔ́mɪ̀-, -nə́ʊm-/ *adj.* **prae·nóm·i·nal·ly** *adv.* 〖《*a*1661》□ L *praenōmen* ← PRAE-+*nōmen* 'NAME'〗

prae·pos·tor /priːpɑ́(ː)stə | -pɔ́stə(r/ *n.* 《英》(public school の)監督生, 風紀生, 級長, 指導生 (monitor). **prae·pos·to·ri·al** /prìːpɑ(ː)stɔ́ːriəl | -pɔs-˘/ *adj.* 〖《1768》《語中音消失》*prepositor* □ ML *praepositor* ← L *praepositus* (p.p.) ← *praepōnere* to set before ← PRAE-+*pōnere* to place〗

Prae·se·pe /praɪsíːpiː/ *n.* 〘天文〙プレセペ(星団)《肉眼で見えるかに座 (Cancer) にある微光星から成る散開星団》. 〖《1658》□ L *praesēpe* enclosure, stall ← *prae* before +*saepēs* fence〗

prae·sid·i·um /prɪ̀sídiəm, praɪ-, -zíd- | -sídiəm/ *n.* (*pl.* **-i·a** /-diə | -diə/, **~s**) =presidium.

prae·tex·ta /priːtékstə/ *n.* (*pl.* **-tex·tae** /-tiː/) (古代ローマの)紫のへりのついた白いトーガ (toga)《もとは, 政務官・神官などが着用した; 後に身分ある家で男子は toga Virilis を着るまで, 女子は結婚まで着た》. 〖《1601》□ L (*toge*) *praetexta* (gown) fringed in front (p.p. fem.) ← *praetexere* to fringe ← PRAE-+*texere* to weave〗

prae·tor /príːtə | -tə(r, -tɔː(r/ *n.* 〘ローマ史〙プラエトル《もとは軍を統率した執政官 (consul) の称号; 後には執政官に次ぐ高級行政官 (magistrate); 初めは 1 人であったが, 後には 16 人にまで増えた; 最初は司法専門官だったが, 後には地方の総督にもなった》. **prae·to·ri·al** /priːtɔ́ːriəl, prɪ̀- | priː-, prɪ-/ *adj.* 〖《?*a*1425》*pretour* □ (O)F *préteur* // L *praetor* ← **praeitor* one who goes before ← *praeit-* (p.p. stem) ← *praeīre* to go before ← PRAE-+*īre* to go〗

prae·to·ri·an /priːtɔ́ːriən, prɪ̀- | priː-, prɪ-/ 〘ローマ史〙*adj.* **1** プラエトル (praetor) の: the ~ gate (ローマ軍の陣営の四つの門のうち敵軍に直面した)陣営正門. **2** [しばしば P-] Praetorian Guard の. — *n.* **1** プラエトルの地位にある[あった]人. **2** [P-] 親衛隊員, 近衛(ごえ)兵. 〖《?*a*1400》□ L *praetōriānus*: ⇨ ↑, -ian〗

praetórian cóhort *n.* 〘ローマ史〙(ローマ皇帝の)近衛兵団. 〖1606〗

Praetórian Guárd *n.* 〘ローマ史〙(古代ローマ皇帝の)親衛隊, 近衛(ごえ)兵団; 親衛隊兵, 近衛兵 (Praetorian). 〖1651〗

prae·tó·ri·an·ìsm /-nɪzm/ *n.* **1** (古代ローマの)軍閥政治. **2** 腐敗した独裁政治. 〖《1870》: ⇨ -ism〗

Prae·to·ri·us /prɪ̀tɔ́ːriəs; G pretó:rius/, **Michael** *n.* プレトリウス (1571–1621; ドイツの作曲家・音楽学者).

práetor·shìp *n.* praetor の職[地位, 任期]. 〖1541〗

prag. 《略》pragmatic; pragmatism.

prag·mat·ic /prægmǽtɪk | -tɪk/ *adj.* **1** 実用的な, 実利[実際]的な, 実用本位の. **2** 〘哲学〙プラグマティズム (pragmatism) の: ~ lines of thought 実用主義的な考え方. **3** 〘言語〙語用論 (pragmatics) の. **4** (歴史的な諸事件の因果的関連を明らかにして)実践[実際]的効果を目指す; 物事をその実用的[直接的]重要性に従って処理する: the ~ method (史学の) 実用主義的方法(上記の叙述法). **5** 国事の, 内政の: ⇨ pragmatic sanction. **6** 《まれ》忙しい, 活動的な; おせっかいな, 干渉的な (meddlesome). **7** 《まれ》独断的な (dogmatic), 独りよがりの. — *n.* **1** 〘法律〙=pragmatic sanction. **2** おせっかいな人 (busybody). **3** うぬぼれた[独断的な]人. 〖《n.: 1587》; 《adj.: 1616》□ L *prāgmaticus* skilled in the law □ Gk *prāgmatikós* active, versed in state affairs ← *prâgmat-*, *prâgma* deed, affair, 《原義》a thing done ← *prássein* to do: ⇨ -ic[1]: cf. practical〗

prag·mát·i·cal /-tɪ̀kəl, -kl | -tɪ-/ *adj.* 《古》=pragmatic. ★ 特に「おせっかいな」「独断的な」の意味ではこの形が普通. **prag·mat·i·cal·i·ty** /prægmæ̀təkǽləti | -tɪkǽlɪ̀ti/ *n.* **prag·mát·i·cal·ly** *adv.* 〖《1543》← LL *prāgmaticus* (↑)+-AL[1]〗

prag·mát·i·cìsm /-təsìzm | -tɪ-/ *n.* 〘哲学〙プラグマティシズム《William James の実用主義哲学と区別するためにいう C.S.Peirce の哲学(的方法)》. **prag·mát·i·cist** /-sɪ̀st | -sɪst/ *n.* 〖《1865》: ⇨ pragmatic, -ism〗

prag·mat·ics /prægmǽtɪks | -tɪks/ *n.* 〘言語・哲学〙語用論《(1) 言語または文を実際の使用場面[文脈]と関連づけて研究する. (2) semantics, syntactics と区別して, 記号とその使用者との関係を研究する; cf. semiotics》. 〖《1973》: ⇨ pragmatic, -ics〗

pragmátic sánction *n.* 〘法律〙 **1** 憲法的勅令《基本法の効力を有する勅命》. **2** (フランス聖職者会議の)教令. **3** [the P- S-] プラグマティッシェ ザンクティオン: **a** Charles 六世がオーストリア王位継承を定めるために発した詔勅 (1724). **b** フランス王 Charles 七世が教皇権制限のために発した詔勅 (1438). 〖1643〗

pragmatic thèory *n.* 〘哲学〙実用主義的理論, 実用説 (cf. coherence theory, pragmatism 2 a).

prag·ma·tism /prǽgmətɪzm/ *n.* **1** 実際[実用]本位, 実際[実用]的処理; 実用的な考え方. **2 a** 〘哲学〙プラグマティズム, 実用主義《米国の C. S. Peirce が示唆し William James, John Dewey らが提唱・発展させた米国固有の哲学; 真理の基準その他において実用的効果を重視する》. **b** (政治上の)現実主義, 実際主義. **3** おせっかい, 干渉主義. **4** 独断(性); 独りよがり. 〖《1863》← PRAGMAT(IC)+-ISM〗

prág·ma·tist /-tɪ̀st | -tɪst/ *n., adj.* **1** 実際家(の). **2** 〘哲学〙実用主義者(の). **3** 世話をやく人(の). 〖《1640》← PRAGMAT(IC)+-IST〗

prag·ma·tis·tic /prægmətístɪk˘/ *adj.* 〘哲学〙実用主義の. 〖《1906》: ⇨ ↑, -ic[1]〗

prag·ma·tize /prǽgmətaɪz/ *vt.* **1** 〈空想的なことを〉現実として表現する; 〈比喩・神話などを〉実際化する, 合理的に扱う. 〖《1834》: ⇨ pragmatic, -ize〗

Prague /prɑ́ːg/ *n.* プラハ《チェコ共和国, Vltava 河畔の首都; 港湾工業都市; チェコ語名 Praha》.

Prágue Schòol *n.* 〘言語〙プラハ学派《1920 年代プラハに興った構造主義言語学の学派》. 〖1935〗

Prágue Spríng *n.* [the ~] プラハの春《1968 年前半, チェコスロバキアで行われたドプチェク (Alexander Dubček) 政権下の自由化政策; ソ連の率いるワルシャワ条約軍の介入で 1969 年に挫折》.

Pra·ha /*Czech* práha/ *n.* プラハ《Prague のチェコ語名》.

pra·hu /prɑ́ːuː, prɑ́ːhuː/ *n.* 〘海事〙プラウ(船)《船首・船尾がとがっていて前後に進めるマライ諸島の快走帆船; 普通 30 フィート程度で一方に outrigger がある》. 〖《1582》□ Malay *pĕrahu*〗

Pra·ia /prɑ́ːjə | práɪə/ *n.* プライア《カボベルデ共和国 (Republic of Cape Verde) の首都》.

Prai·ri·al /prèˑriǽl | prɛ̀ər-; *F.* pʀeʀjal/ *n.* 草月《フランス革命暦の第 9 月; ⇨ Revolutionary calendar》. 〖《1806》□ F ~ ← *prairie* (↓): ⇨ -al[1]〗

prai·rie /préˑri | préəri/ *n.* **1** (米国 Mississippi 川からカナダ南部に広がる)大草原, プレーリー (cf. pampa, steppe). **2** 草地, 牧草地. **3** (米国 Florida 州の)(草の茂った)湿地, 《米南部》(草原)湿地帯. **4** 《米方言》林間の小空き地. **5** [P-] (米国の)「プレーリー」型車輪配列の蒸気機関車. 〖《1773》□ F ~ < OF *pra(i)erie* < VL **prātāriam* ← L *prātum* meadow: cf. -ary〗

práirie brèaker *n.* 長い犂(すき)べらつきの犂. 〖1884〗

práirie bùtton snákeroot *n.* 〘植物〙ユリアザミ (⇨ Kansas gay-feather).

práirie chìcken *n.* 〘鳥類〙 **1** ソウゲンライチョウ (*Tympanuchus cupido*)《北米産》. **2** ホソオライチョウ (⇨ sharp-tailed grouse). 〖1840〗

práirie clóver *n.* 〘植物〙北米西部の草原に分布するマメ科 *Petalostemon* 属の植物の総称.

práirie cóneflower *n.* 〘植物〙キク科バレンギク属 (*Ratibida*) の植物の総称; (特に)米国中部からメキシコ原産の黄色の花をつける多年草 (*R. columnifera*).

práirie còal *n.* 《米口語》乾燥牛糞《燃料》.

práirie cráb àpple *n.* 〘植物〙=crab apple 1 b.

práirie cròcus *n.* 〘植物〙北米産のセイヨウオキナグサの一種 (*Pulsatilla nuttaliana* syn. *Anemone patens*)《綿毛状の葉と紫色の花をつける》.

práirie dòck *n.* 〘植物〙北米産のキク科ツキヌキオグルマ属の多年草 (*Silphium terebinthinaceum*)《黄色の頭状花を咲かせる》.

práirie dòg *n.* 〘動物〙プレーリードッグ (*Cynomys ludovicianus*)《北米大草原に群居するリス科の動物; 犬のような鳴き声を出す; prairie marmot ともいう》. 〖1774〗

prairie dog

práirie fàlcon *n.* 〘鳥類〙ソウゲンハヤブサ (*Falco mexicanus*)《北米産のハヤブサの一種》. 〖1874〗

práirie flàx *n.* 〘植物〙北米西部産野生のアマの一種 (*Linum lewisii*).

práirie gòurd *n.* 〘植物〙米国中部および南西部の乾燥地帯に産するウリ科カボチャ属の蔓性多年草 (*Cucurbita foetidissima*)《wild pumpkin, calabazilla ともいう》.

práirie hèn *n.* 〘鳥類〙 **1** =prairie chicken. **2** = clapper rail. 〖1804〗

práirie Júne gràss *n.* 〘植物〙米国中部の草原に多いイネ科ミノボロ属の多年草 (*Koeleria cristata*)《June grass ともいう》.

práirie lìly *n.* 〘植物〙 **1** 北米中部草原に生えるロアサ科の多年草 (*Mentzelia decapetala*)《全草にとげがあり夜間に開花する》. **2** =evening star 2.

práirie màrmot *n.* 〘動物〙=prairie dog. 〖1826〗

práirie òyster *n.* **1** 生のままで飲む卵《全卵または卵黄を塩・こしょう・酢・ブランデーなどで調味したもので, 二日酔いに効くという》. **2** 《方言》(食用とする)子牛の睾丸(こうがん) (cf. mountain oyster). 〖1883〗

práirie phlòx *n.* 〘植物〙北米産のフロックスの一種 (*Phlox pilosa*)《ハナシノブ科の多年草》.

Práirie Próvinces *n. pl.* [the ~] プレーリー諸州《カナダ西部 Manitoba, Saskatchewan, Alberta の諸州の通称》.

práirie ràttlesnake *n.* 〘動物〙プレーリーガラガラヘビ, ニシガラガラ (*Crotalus viridis*)《米国 Mississippi 川と Rocky 山脈の間に広く生息する》. 〖1817〗

práirie róse *n.* 〘植物〙北米原産のピンクを帯びた白い花をつけるつるバラの一種 (*Rosa setigera*). 〖1822〗

práirie schòoner *n.* (19 世紀に開拓者たちが北米大草原地帯横断に用いた大型の)幌馬車《prairie wagon ともいう; cf. Conestoga, covered wagon》. 〖1841〗

prairie schooner

práirie smòke *n.* 〘植物〙 **1** 北米原産バラ科ダイコンソウ属の多年草 (*Geum triflorum*)《紫の花と銀色の毛のついた実をもつ; Johnny smokers ともいう》. **2** オキナグサ (pasqueflower). 〖1893〗

práirie sòil *n.* 〘土壌〙プレーリー土《米国中西部の草原下の, 表層が暗褐色で肥沃な, 成帯的土壌》. 〖1817〗

Práirie Stàte *n.* [the ~] 米国 Illinois 州の俗称. 〖1842〗

práirie tùrnip *n.* =breadroot.

práirie wàgon *n.* =prairie schooner. 〖1856〗

práirie wárbler *n.* 〘鳥類〙チャスジアメリカムシクイ (*Dendroica discolor*)《北米産の鳴き鳥; 腹が黄色, 背が黄緑色, 顔の両側に黒いしまがある》.

práirie wòlf *n.* 〘動物〙コヨーテ (⇨ coyote 1). 〖1804〗

prais·a·ble /préɪzəbl/ *adj.* 称賛に値する, 褒めるべき, 殊勝な, 感心な. 〖《14C》*preisable*: ⇨ ↓, -able〗

praise /préɪz/ *vt.* **1** 〈人・行為などを〉称賛する, 褒める 〈*up*〉: ~ a person's bravery = ~ a person for his bravery 人の勇気を褒める / ~ a person to the skies 人を褒めちぎる. **2** 〈神を〉(言葉・歌で)賛美する, 褒めまつる (glorify): *Praise* ye the Lord! エホバ[主]を褒めたたえよ / God [Heaven] be ~*d*! ありがたや. — *vi.* 褒める, 称賛する. — *n.* **1** 褒める[褒められる]こと; 称賛, 称揚(されること): beyond all ~ いくら褒めても褒めきれない / be loud [warm] in a person's ~(*s*) 人を大いに褒めそやす / win high ~ 称賛を博する / sing a person's [one's own] ~*s* 人を称賛[自賛]する / in ~ of ... を褒めて / be full of ~ for ... ~ を大いに褒める / give ~ where it is due 褒めるべきときに(は)褒める. **2** (神に対する言葉・歌による)賛美, 尊崇, 崇拝 (glorification): *Praise* be (to God)! ありがたや. **3** 《古》称賛すべき点[理由]. **4** 《廃》称賛すべき人[もの]. ***dámn with fáint práise*** 〈文芸作品などを〉冷淡な[気のない]褒めかたでけなす (cf. Pope, *The Prologue to the Satires*). 《1735》

〖v.: 《?*a*1200》*preise(n)* □ OF *preisier* (F *priser*) < LL *pretiāre* to value ← *pretium* 'PRICE, value'. — n.: ⦅*a*1325⦆ ← (v.): cf. prize²〗

SYN ほめる: **praise** 称賛または是認を表明する: The villagers *praised* him for his courage. 村人は彼の勇敢さを褒めたたえた. **laud** 大いに(時に過度に)褒めたたえる《格式ばった語》: His victory was highly *lauded*. 彼の勝利は大いに称賛された. **acclaim** 大声で喝采・歓呼して強く賛意を表明する《格式ばった語》: *acclaim* the winner of a race 競争の勝利者に喝采を浴びせる. **applaud** 〈劇・演技・出演者などを〉拍手して褒める: The audience *applauded* the actress. 観客はその女優に拍手を送った. **eulogize** 葬儀や特別の機会などに言葉や文章で褒めそやす《格式ばった語》: *eulogize* the deceased 故人を褒めたたえる. **ANT** blame.

praise·ful /préɪzfəl, -fl/ *adj.* 賛辞に満ちた, 褒めそやす, 称賛的な. 〖⦅c1384⦆ 1613–16 *preiseful*: ⇨ ↑, -ful〗

práis·er *n.* 称賛者, 賛美者. 〖⦅c1384⦆ *preiser*: ⇨ -er¹〗

práise·wòrthy *adj.* 褒めるべき, 称賛に値する, 感心な, 殊勝な. **práise·wòrthily** *adv.* **práise·wòrthiness** *n.* 〖⦅1538⦆ ← PRAISE＋-WORTHY〗

Pra·ja·dhi·pok /prətʃɑ́ːtɪpɑ̀(ː)k | -tɪpɔ̀k/ *n.* プラチャティポック《1893–1941; シャム国王 (1925–35)》.

praj·na /prɑ́dʒnə/ *n.* 〘仏教〙智慧(ちえ), 慧, 般若(はんにゃ)《悟りの智見をいい, 一般の分析的知識と区別される; enlightenment ともいう》. 〖□ Skt *prajñā* ← *prajānāti* he knows ← *pra-* (↓)＋*jānāti* he knows: ⇨ know〗

Pra·krit /prɑ́ːkrɪt | -krɪt/ *n.* 〘言語〙プラークリット《文学語の Sanskrit に対する古代・中世インドの口語; Hindi など近代インド語の祖》. **Pra·krit·ic** /prəkrɪ́tɪk | -tɪk/ *adj.* 〖⦅1786⦆ □ Skt *prākṛta* natural, original, unrefined ← *prakṛti* nature ← *prakaroti* he produces ← *pra-* before, forward (⇨ pro-¹)＋*karoti* he does, makes (← *kṛ* to make ← IE **kʷer-* to make): cf. Sanskrit〗

prak·ri·ti /prɑ́krəti | -rɪti/ *n.* 〘インド哲学〙(数論(すろん)派 (Sankhya) で)自然, 本性《精神 (purusha) に対する物質的原理; cf. guna》. 〖□ Skt *prakṛti* (↑)〗

pra·lin /prɑːlǽ(ŋ), -lǽŋ; F. pʁalɛ̃/ *n.* F. 〘菓子〙プララン《煮つめたシロップに刻んだアーモンドを加えて冷やし固め, 細かくすりつぶしたもの》. 〖↓〗

pra·line /prɑ́ːliːn, préɪ- | prɑ́ːliːn/ *n.* 〘菓子〙 **1** プラリーヌ《アーモンド・ペカンなどの木の実に糖衣をかけたボンボン》. **2** ＝pralin. 〖⦅1727⦆ □ F ～ ← *César de choiseul, Comte de Plessis-Praslin* (1598–1675: フランスの軍人で, その料理人が初めてこの菓子を作ったことから)〗

P

prall·tril·ler /prɑ́ːltrɪlə | -lə(r; G. pʁáltʁɪlɐ/ *n.* 〘音楽〙プラルトリラー《主要音から急速に上 2 度の音を経て主要音に返る装飾音; inverted mordent, upper mordent ともいう; cf. mordent》. 〖⦅1841⦆ □ G *Pralltriller* ← *prall* tight＋*Triller* a trill〗

pram¹ /prǽm/ *n.* 〘英口語〙 **1** 乳母車《米・カナダでは baby carriage, baby buggy という》. **2** (牛乳屋の配達用)手押し車 (handcart). 〖⦅1884⦆《短縮》← PERAMBULATOR〗

pram² /prɑ́ːm, prǽm/ *n.* 〘海事〙 **1** (Baltic 海辺で使用する)平底はしけ, プラム. **2** (Norway の)角船首の小舟. 〖⦅1548⦆ □ Du. *praam* < MDu. *praem* □ Czech *prám* < OSlav. *pramŭ* boat,《原義》a going foreward ← IE **per-* forward, through: ⇨ fare〗

PRAM /prǽm/ 《略》〘電算〙programmable random access memory プログラム可能ランダムアクセスメモリー《プログラムのできる等速読出し記憶装置》.

prám bòw /-bàʊ/ *n.* 〘海事〙角船首《船首の型の一つ》. 〖1902〗

prám pàrk *n.* 《英》乳母車駐車場. 〖⦅1963⦆: ⇨ pram¹〗

pra·na /prɑ́ːnə/ *n.* 〘ヒンズー教・ジャイナ教〙息, 呼吸, 生気《一般には呼気・吸気等 5 種あるとされる》. 〖⦅1830⦆ □ Skt *prāṇa*《原義》breath〗

pra·nam /prənɑ́ːm/ *n.* 《インド》プラナーム《敬意をこめたお辞儀》. 〖□ Hindi *praṇām*: Hindi は Skt *pra* before ＋*nam-* to bow にさかのぼる〗

prance /prǽns | prɑ́ːns/ *vi.* **1** 〈人が〉踊り跳ねて行く; 大威張りで歩く, 意気揚々と闊歩(かっぽ)する (swagger) 〈*about, around*〉. **2** 〈馬が〉後脚で跳ねまわる, 踊り跳ねて行く, 跳ね上がって進む 〈*along*〉. **3** 〈人が〉馬を踊らして乗る; 威張って[ふんぞり返って]馬に乗る 〈*about*〉. — *vt.* 〈馬を〉後脚で跳ねさせる. — *n.* **1** (馬などが)踊り跳ねること. **2** 〘ダンス〙威張った歩き振り, 闊歩. 〖⦅c1385⦆ *pra(u)nce(n)* ← ?〗

pránc·er *n.* **1** 馬; (特に)元気な馬. **2** 《俗》騎馬士官. **3** 踊り跳ねる人 (dancer), 跳ね回る人. 〖⦅1567⦆: ⇨ ↑, -er¹〗

pránc·ing·ly *adv.* 大威張りで, ふんぞり返って.

prand. 《略》〘処方〙 *L.* prandium (＝dinner) 食事.

pran·di·al /prǽndiəl/ *adj.* [しばしば戯言的] 食事の, (特に)晩餐(ばんさん) (dinner) の: ⇨ preprandial, postprandial. **～·ly** *adv.* 〖⦅1820⦆ ← L *prandium* lunch ← **pram-* first＋*-dium* (← *edere* 'to EAT'): ⇨ -al¹〗

Prán·dtl nùmber /prɑ́ːntl- | -tl-; G. prántl-/ *n.* 〘物理〙プラントル数《流体の粘性に比例する無次元量》. 〖⦅1933⦆《なぞり》← G *Prandtlsche Zahl* ← *Ludwig Prandtl* (1875–1953: ドイツの物理学者)〗

prang /prǽŋ/ 《英俗》*vt.* **1** 〈自動車など〉に衝突する, …にぶち当たる (bump into). **2** 爆撃で破壊する, 爆砕する. **3** 〈飛行機などを〉墜落させる (crash), 不時着させる. — *vi.* 飛行機を墜落させる; 自動車を衝突させる[ぶつける]. — *n.* **1** 衝突; 墜落(による破壊); 爆撃. **2** 手柄, 偉業. 〖⦅1941⦆ 擬音語〗

prank¹ /prǽŋk/ *n.* **1** 冗談, たわむれ (frolic); たちの悪いいたずら, わるさ: play ～*s* on [upon] …にわるさをする, …をからかう / They are up to their old ～*s*. また例の悪ふざけをやっている. **2** 《古》悪だくみ, 邪行. **3** (機械などの)不規則な運転, 狂い. — *vi.* **1** 《英方言》＝prance. **2** ふざける, たわむれる. **～·ful** /prǽŋkfəl, -fl/ *adj.* **～·some** /-səm/ *adj.* 〖⦅*a*1529⦆ ← ?〗

prank² /prǽŋk/ 《文語》*vt.* 飾り立てる (adorn), 着飾る, 派手に飾る (deck) 〈*out, up*〉: meadows ～*ed with* flowers 花の咲き乱れた草原 / ～ oneself *up* [*out*] *with* fine clothes 美服を着飾る. — *vi.* めかす 〈*out, up*〉: ～ *with* the best 晴れ着でめかす. 〖⦅c1450⦆ ← ? Du. *pronk* finery, ornament: cf. prink / MLG *prank* promp〗

pránk·ish /-kɪʃ/ *adj.* いたずらの; ふざける, ふざけたがる, じゃれる. **～·ly** *adv.* **～·ness** *n.* 〖⦅1827⦆ ← PRANK¹＋-ISH¹〗

prank·ster /prǽŋkstə | -tə(r/ *n.* いたずら者; ふざけ屋. 〖⦅1927⦆ ← PRANK¹＋-STER〗

prao /práʊ/ *n.* (*pl.* ～s) 〘海事〙＝prahu.

P'raps /prǽps/ *adv.* 《口語》＝perhaps.

Pra·sad /prəsɑ́ːd/, **Ra·jen·dra** /rɑːdʒéndrə/ *n.* プラサド《1844–1963; インドの政治家, 独立運動の指導者; インド共和国大統領 (1950–62)》.

prase /préɪz/ *n.* 〘鉱物〙緑石英. 〖⦅1398⦆ *pras(s)ius* □ L *prasius* leek-green stone □ Gk *prásios* leek-green: cf. F *prase*〗

pra·se·o·dym·i·um /prèɪzioʊdɪ́miəm | -ziə(ʊ)-/ *n.* 〘化学〙プラセオジム《希土類元素の一つ; 銀白色の金属; その塩は緑色; 記号 Pr, 原子番号 59, 原子量 140.9077; cf. didymium》. 〖⦅1885⦆ ← NL ～ ← PRASE＋-O-＋(DI)DYMIUM〗

prat /prǽt/ 《俗》*n.* **1** 《英》能なし, 間抜け. **2** [しばしば *pl.*] 臀部(でんぶ), 尻. — *vt.* 尻で〈人などを〉押す. 〖⦅1567⦆ ← ?: もと盗賊の隠語〗

prate /préɪt/ *vi.* ぺらぺらしゃべる, むだ話をする. — *vt.* (つまらない事を)ぺちゃくちゃしゃべる (prattle). — *n.* (たわいもない)おしゃべり, むだ話 (chatter). 〖⦅?*a*1425⦆ □ MDu. *praten* to chatter: cf. MLG *praten*: cf. prattle〗

prát·er /-tə | -tə(r/ *n.* よくしゃべる人, おしゃべり, むだ口をたたく人. 〖⦅?*a*1475⦆: ⇨ ↑, -er¹〗

prat·fall /prǽtfɔ̀ːl, -fɑ̀ːl | -fɔ̀ːl/ *n.* 《米俗》 **1** (低俗喜劇やどたばた道化芝居の所作として)しりもち(をつくこと). **2** ばつの悪い失敗[しくじり]. 〖⦅1939⦆ ← PRAT＋FALL〗

pra·tie /préɪti | -ti/ *n.* 《英・アイル口語》ジャガイモ (potato). 〖⦅1781⦆《転訛》← POTATO〗

prat·in·cole /prǽtŋkòʊl, préɪtŋ-, -tɪŋ- | -tɪŋkàʊl/ *n.* 〘鳥類〙ニシツバメチドリ (*Glareola pratincola*)《ツバメチドリ科ツバメチドリ属の鳥; ツバメに似て尾が燕尾で翼は長く先がとがっている》. 〖⦅1773⦆ ← NL *pratincola* ← L *prātum* meadow＋*incola* dweller〗

pra·tin·co·lous /prətɪ́ŋkələs/ *adj.* 〘動物〙草地にすむ.

prát·ing /-tɪŋ | -tɪŋ/ *n.* おしゃべり, 悪口. — *adj.* よくしゃべる, べちゃくちゃ[ぺらぺら]しゃべる. 〖⦅*a*1450⦆: ⇨ prate, -ing¹〗

prát·ing·ly *adv.* ぺらぺらと, べちゃくちゃと. 〖⦅1755⦆: ⇨ ↑, -ly²〗

pra·tique /prætíːk, prǽtɪk | prǽtiːk, -tɪk; F. pʁatik/ *n.* 〘海事〙(検疫の結果, 船舶に与えられる)入港許可証, 健康証明書. 〖⦅1609⦆ □ F ～《原義》practice □ ML *practica*: ⇨ practical〗

Pra·to /prɑ́ːtoʊ | -təʊ; It prɑ́ːto/ *n.* プラート《イタリア中部 Tuscany 州, Florence の近くの都市》.

pratt·fall /prǽtfɔ̀ːl, -fɑ̀ːl | -fɔ̀ːl/ *n.* ＝pratfall.

prat·tish /prǽtɪʃ | -tɪʃ/ *adj.* 《英口語》ばかな, まぬけな. 〖⇨ prat〗

prat·tle /prǽtl | -tl/ *vi.* **1** 〈たわいもない事などを〉ぺちゃくちゃしゃべる 〈*away, on*〉; 子供のように片言を言う. **2** 〈小川などが〉さらさら音を立てる, さざめく. — *vt.* しゃべり散らす (gossip). — *n.* **1** 片言を言うこと. **2** 片言, 子供じみた話; むだ口, くだらぬ[たわいもない]話 (idle talk). **3** (小川などの)さらさらいう音, せせらぎ (babble). **prát·tling** /-tlɪŋ, -tl-, -tl- | -tl-/ *adj.* **prát·tling·ly** *adv.* 〖⦅1532⦆ □ MLG *pratelen*: ⇨ prate, -le³〗

prát·tler /-tlə, -tlə | -tlə(r, -tl-/ *n.* 片言を言う人[子供]; おしゃべりの人. 〖⦅1567⦆: ⇨ ↑, -er¹〗

Prátt trùss /prǽt-/ *n.* 〘建築〙プラットトラス, プラット構《垂直の圧縮材と左右対称な斜めの引張材から成る結構》. 〖← *Pratt* (人名)〗

prau /práʊ, prɑ́ːuː/ *n.* ＝prahu.

Prav·da /prɑ́ːvdə; *Russ.* právdə/ *n.*「プラウダ」《ソ連共産党中央委員会の機関紙だったが 1991 年から一般紙となる; cf. Izvestia, Red Star 1》. 〖□ Russ. ～ 'truth'〗

prav·i·ty /prǽvəti | -vɪti, -vɪ-/ *n.* 《古》堕落 (corruption); (食物などの)腐敗 (badness). 〖⦅1550⦆ □ L *prāvitātem* ← *prāvus* crooked: ⇨ -ity〗

prawn /prɔ́ːn, prɑ́ːn | prɔ́ːn/ *n.* 〘動物〙プローン《ひげが長く shrimp より大きい食用エビの総称; テナガエビ属 (*Macrobrachium*) やクルマエビ属 (*Penaeus*) やネフロプス属 (*Nephrops*) のエビ; ヨーロッパアカザエビ (Dublin Bay prawn) など; cf. lobster 1》. ***cóme the ráw práwn*** 《豪口語》だまそうとする, たぶらかす 〔*on, over, with*〕. — *vi.* **1** エビを取る. **2** エビを餌にして釣りをする. **～·er** *n.* 〖⦅1426⦆ *pra(y)ne* ← ?〗

práwn cócktail *n.* エビのカクテル《前菜》.

práwn cràcker *n.* プローンクラッカー《米粉で作ったプローン風味のクラッカー; 中国料理の一種》.

prax·e·ol·o·gy /prӕksiɑ́(ː)lədʒi | -ɔ́l-/ *n.* 人間の行動・行為を研究する学問. **prax·e·o·log·i·cal** /prӕksiəlɑ́(ː)dʒɪkəl, -kl | -lɔ́dʒɪ-ˊ/ *adj.* 〖⦅1904⦆: ⇨ ↓, -(o)logy〗

prax·is /prǽksɪs | -sɪs/ *n.* (*pl.* **prax·es** /-siːz/) **1** 実習 (practice), 練習 (exercise) (↔ theory). **2** 習わし, 慣習. **3** 〘言語〙例題, 応用問題集: linguistic theory and ～ 言語理論と例題. 〖⦅1581⦆ □ ML ～ □ Gk *prâxis* ← *prássein* to do: ⇨ practical〗

Prax·it·e·les /prӕksɪ́təlìːz, -tl- | -tɪl-/ *n.* プラクシテレス《紀元前 4 世紀の Athens の彫刻家; 優美な女神裸体像で有名》. **Prax·i·te·le·an** /prӕksɪtəlíːən | -tɪ-ˊ/ *adj.* 〖□ L ～ □ Gk *Praxitélēs*〗

pray /préɪ/ *vi.* **1 a** 〔…に〕祈る; 祈願をこめる, 祈りを捧げる 〔*to*〕: ～ *to* God 神に祈る. **b** 〔…のために〕祈る 〔*for, on behalf of*〕. **2** 〔…を〕懇願する, 嘆願する, 願い求める 〔*for*〕: ～ *for* pardon 許しを請う / I ～ *for* your success [for you to succeed]. ご成功を祈る / ～ *for* rain [for it *to* rain] 雨請いをする / ～ to God *for* mercy [*to* show mercy] 神の慈悲を請う / ～ *to* be set free 解放を乞う. — *vt.* **1** 〈神などに〉祈願する; 〈人に〉懇願する, 嘆願する; 懇望する, 懇請する, 願う (ask for): ～ God's forgiveness and mercy 神の許しと恵みを求めて祈る / ～ God *for* help [*to* help] 神に救いを祈る / ～ God *for* mercy 神に慈悲を懇願する / ～ a person *to* help [*that* help may be given] 援助してくれるように人に懇望する. **2** 〈祈りを〉祈る, 捧げる (say): ～ the Rosary twice a week. **3** 《古》[I pray you の省略として] 願わくは, どうぞ (please): "*Pray* you, undo this button: thank you, sir," (Shak., *Lear*, 5. 3. 311) どうかこのボタンを外してくれ. ありがとう / *Pray* come with me. どうぞ私と一緒においで下さい / *Pray* be seated. どうぞお座り下さい / *Pray* consider that … ということをまあ考えてみてください / *Pray* do not mention it. どういたしまして / *Pray* don't speak so loud. どうぞもう少しお声を低く / Tell me the reason, ～. 理由をおっしゃって下さい, どうぞ / What is the use of that, ～ (tell)? ねえ, それは何の役に立つんですか. **4** 《古》 **a** 祈願[嘆願]して…する[させる] 〈*out, into*, etc.〉. **b** 祈り倒す, 説伏(せっぷく)する 〈*down*〉.

be pást práying for 改心させる見込みがない (Shak., 1 *Hen IV* 2: 4: 209–11). ⦅1596⦆ ***práy in áid (of)*** 《古・詩》(…の)助力を頼みこむ, …の助けを懇願[懇望]する《in は副詞》. ⦅1531⦆

～·ing·ly *adv.* 〖⦅?c1225⦆ *preie(n)* □ OF *preier* (F *prier*) < LL *precāre*＝L *precārī* to beg, pray ← *prex* prayer, request ← IE **perk-* to ask: cf. OE *frignan* / G *fragen* to ask〗

prayer¹ /préə | préə(r/ *n.* **1** 祈り, 祈禱(きとう), 祈願; 霊的交渉: the efficacy of ～ 祈りのしるし / a house of ～ 礼拝堂, 教会堂 / kneel down [bend one's head] in ～ ひざまずいて[頭を下げて]祈る / the five daily ～*s* of the Muhammadans イスラム教徒の毎日 5 回の祈り. **2** 祈禱文句; [しばしば *pl.*] 祈禱式: family ～*s* 家族の祈禱 / ⇨ common prayer, Lord's Prayer, Evening Prayer, Morning Prayer / be at one's ～*s* 祈禱をしている / give [say] one's ～*s* 祈禱する, お祈りをする / say ～*s* backward 逆に祈りを唱える; わけのわからないことをもぐもぐ言う; 呪う. **3 a** 嘆願, 請願; 願いごと: a humble petition and ～ つまらぬお願い / the unspoken ～ 秘願. **b** 〘法律〙嘆願請求 **4** 《口語》[否定構文で] 露ほどの見込み 〔*of*〕: He does*n't* have a ～ *to* succeed. 成功する見込みは全くない.

Práyer of Manásseh [Manásses] [The —] ＝Manasseh 2 c.

～·less *adj.* 〖⦅?*a*1300⦆ *preiere* □ OF (F *prière*) < VL **precāria* (neut. pl.) ← L *precāria* (fem.) ← *precārius* obtained by prayer ← *precārī* 'to PRAY': ⇨ -er³: cf. precarious〗

pray·er² /préɪə | préɪə(r/ *n.* 祈る人, 祈願者; 懇願者. 〖⦅1384⦆: ⇨ ↑, -er¹〗

práyer bèads /préə- | préə-/ *n. pl.* (祈禱(きとう)用の)数珠(じゅず), ロザリオ (rosary). 〖⦅1630⦆ ↑〗

práyer bònes /préə- | préə-/ *n. pl.* 《米俗》ひざ (knees). 〖1926〗

práyer bòok /préə- | préə-/ *n.* **1 a** [the P- B-] ＝BOOK of Common Prayer. **b** 祈禱(きとう)書. **2** 〘海事俗〙甲板みがき石 (holystone) の小さなもの《手に持って隅などをこする》. 〖1596–97〗

práyer càrpet /préə- | préə-/ *n.* ＝prayer rug. 〖1861–62〗

prayer·ful /préəfəl, -fl | préə-/ *adj.* よく祈る; 信心深い, 信仰的な (devotional). **～·ly** *adv.* **～·ness** *n.* 〖⦅1626⦆: ⇨ prayer¹, -ful¹〗

práyer màt /préə- | préə-/ *n.* ＝prayer rug. 〖1885〗

práyer mèeting /préə- | préə-/ *n.* 祈禱(きとう)会; (特に, プロテスタントで毎週ある夜に定期的に行われる)祈禱会. 〖1780〗

práyer mìll /préə- | préə-/ *n.* 《まれ》〘ラマ教〙＝prayer wheel. 〖1832〗

práyer pàper /préə- | préə-/ *n.* 〘文化人類学〙焼紙, 礼拝紙《祈りの文句を記した紙片で, 中国・チベットなどでこれを火に燃やしてまじないや祈願に用いる》.

práyer rùg /préə- | préə-/ *n.* (イスラム教徒が祈りの際に用いる)ひざ敷き《prayer carpet [mat], praying carpet [mat, rug] ともいう》. 〖1898〗

práyer scàrf [shàwl] /préə- | préə-/ *n.* 〘ユダヤ教〙＝tallith. 〖1867〗

práyer sèrvice /préə- | préə-/ *n.* ＝prayer meeting.

práyer stìck /préə- | préə-/ *n.* (北米インディアンの)祈禱(きう)杖《羽の装飾が施してあり, 宗教儀式に使う》.

práyer whèel /préə- | préə-/ *n.* 〖ラマ教〗地蔵車, 回転礼拝器, 転輪蔵《チベットで祈りの時に用いる; 1 回転が 1 回の祈りに相当すると考えられている》. 〘1814〙

práy-ìn *n.* 集団抗議祈禱(きう). 〘(1963): ⇨ -in³〙

pray·ing /préɪɪŋ/ *n.* **1** 祈禱(きう), 祈願. **2** [形容詞的に] 祈禱[祈願]用の. 〘c1303〙

práying càrpet *n.* =prayer rug. 〘1844〙

práying mántis [mántid] *n.* 〖昆虫〗カマキリ (mantis); (特に)ウスバカマキリ (*Mantis religiosa*). 〘(1895): その前肢を振り上げる威嚇姿勢が祈るときの格好に似ているところから〙

práying màt [rùg] *n.* =prayer rug. 〘1869〙

práying scàrf [shàwl] *n.* 〖ユダヤ教〗=tallith. 〘1887〙

PRB 《略》Pre-Raphaelite Brotherhood. 〘1849〙

PRC 《略》People's Republic of China; 《米》Permanent Record Card 指導要録.

pre- /prìː/ *pref.* **1** 動詞・形容詞およびそれらの派生名詞に付いて「(時間・時代・時期的に)前…」,「(地位, 順位が)上位の, すぐれた」の意を表す (↔ cis-, post-): *pre*arrange(ment), *pre*examine, *pre*examination, *pre*adolescent. **2** 〖言語〗「前…」《同系言語の共通基語以前の時代を表す》: *Pre*-Germanic 'Proto-Germanic 以前'. **3** (まれ)「(空間的に)…の前」の意: *pre*central, *pre*frontal. ★ (1) 「前」の意味を強調する時には /priː/ となる. (2) 時に英語起源の語に付くことがある: *pre*name, *pre*war. 〘ME ◻ (O)F *pré-* // L *prae-* ← *prae* (prep., adv.) before: cf. pro-¹·², preter-〙

preach /priːtʃ/ *vi.* **1** 説教する: ~ *at* the Abbey / ~ *on* [*about*] the Epistles / ~ *to* a congregation / ~ *at* a person 人に当てつけて[を目指して]説教する. **2** 〔…に〕(くどくどと)お説教をする, 説諭する (admonish) 〔*to, at*〕: ~ *to* deaf ears 聞こうとしない[耳の聞こえない]人にお説教する / Don't ~ (*at* me). (私に向かって)お説教はやめてくれ. **3** 〔…に〕伝道する〔*to*〕: ~ *to* the heathen. — *vt.* **1** 〈説教を〉する, 述べる (deliver): ~ a good [long] sermon. **2** 説教する, 説く: ~ the Gospel [Cross] 福音[キリスト教]を説く. **3 a** 〈徳行・主義などを〉説く, 勧める, 唱道する (advocate); 宣伝する: ~ clean living, peace, temperance, etc. / practice what one ~*es* 自分の説くところを実行する. **b** 〈人〉にお説教する: ~ one's son / He ~*ed* me *about* my manners. 私の行儀のことで説教[小言]を聞かされた.

préach agàinst …の反対を説く; …を戒める. *préach dówn* (口やかましく)けなす; 説き伏せる. (1644) *préach úp* 推賞する, ほめそやす. (1644) *préach to the convérted* 相手が既に知って[実践して]いることを説く, 釈迦に説法をする.

— *n.* 《口語》説法 (preaching); 説教, 法話 (sermon).

~·ing·ly *adv.* 〘(?a1200) *preche(n)* ◻ OF *preëchier* (F *prêcher*) < LL *praedicāre* to cry in public, proclaim ← *prae-* 'PRE-'+*dicāre* to make known (cf. *dicere* to say: ⇨ diction): PREDICATE と二重語〙

preach·a·ble /priːtʃəbl/ *adj.* 説教できる; 説きうる; 説教の材料になる. 〘c1449〙

préach·er /priːtʃə | -tʃə(r)/ *n.* **1** 説教者[師]; 伝道者; 牧師: a soapbox ~ 街頭説法者. **2** 訓戒者; お談義をする人. **3** 唱道者. **4** 〖カトリック〗=Friar Preacher. **5** [the P-] 伝道者《旧約聖書の一書「伝道の書」(Ecclesiastes) の筆者; Solomon と言い伝えられるが, 実際は不明; the Ecclesiast ともいう》;「伝道の書」. 〘(?a1200) *prech(o)ur* ◻ OF *prech(e)or* ◻ L *praedicātōrem* proclaimer: ⇨ preach, -er¹〙

préacher bìrd *n.* 〖鳥類〗=red-eyed vireo.

préacher·shìp *n.* 説教者であること; 説教者の役. 〘(a1656): preacher, -ship〙

preach·i·fy /priːtʃəfàɪ | -tʃɪ-/ *vi.* 《口語》だらだら[くどくど]とお説教をする. 〘(1775) ← PREACH+-(I)FY〙

préach·i·ness *n.* 《口語》お説教好き, お談義好き. 〘(1861): ⇨ preachy, -ness〙

préach·ing *n.* **1** 説教すること, 説法; 説教術: a ~ shop 《米俗》教会. **2** 説教 (sermon). **3** 説教のある礼拝. — *adj.* 説教する, 説教風の. **~·ly** *adv.* 〘(a1300) *preching*: ⇨ preach, -ing¹〙

préaching-fríar *n.* 〖カトリック〗**1** ドミニコ会の説教修道士, ドミニコ会士 (Dominican, predicant). **2** [the ~s] ドミニコ修道会 (cf. Dominican Order). 〘(c1300) 1700〙

préach·ment *n.* [通例軽蔑的に] お説教; (長たらしい)説法, お談義. 〘(?c1300) *prechement* ◻ OF ◻ LL *praedicāmentum* public speech: ⇨ preach, -ment〙

preach·y /priːtʃi/ *adj.* (**preach·i·er; -i·est**) 《口語》**1** お説教[談義]好きな. **2** 説教[説法]じみた. **préach·i·ly** /-tʃɪli/ *adv.* **preach·i·ness** *n.* 〘(1819): ⇨ preach, -y¹〙

prè·acquáint *vt.* 前もって知らせる, 予告する. **prè·acquáintance** *n.* 〘(1609) ← PRE-+ACQUAINT〙

prè·áctivated *adj.* 〖化学〗〈樹脂が〉前もって活性処理された.

prè·adámic *adj.* =preadamite. 〘(1846) ← PRE-+ADAMIC〙

pre·ad·am·ite /prìːǽdəmàɪt | -ǽdə-/ *n.* **1** アダム (Adam) 以前の人. **2** アダム以前に人類が生存したと信じる[論じる]人. — *adj.* **1** アダム以前の人の. **2** アダム以前の[に生存した]. 〘(1662) ← NL *praeadamita*: ⇨ pre-, Adam, -ite¹〙

prè·adápt *vi.* 〖生物〗前適応をうける (cf. preadaptation). 〘1849〙

prè·adaptátion *n.* **1** 前もって適応すること. **2** 〖生物〗前適応《ある形質が将来の環境変化に対応できるような系統的変化を前もって示すこと》. 〘1886〙

prè·adápted *adj.* 前もって適応された; あらかじめ環境変化に対応できるようになった. 〘1911〙

prè·adáptive *adj.* 前もって適応する; あらかじめ環境変化に対応する. 〘1915〙

prè·áddict *n.* 麻薬経験者《潜在的麻薬中毒患者》. 〘1967〙

prè·adjúst *adj.* 前もって調整する, 事前調整をする. **~·able** *adj.*

prè·adjústment *n.* 前もって調整すること, 事前調整. 〘1884〙

prè·admíssion *n.* **1** 前もっての許可. **2** 〖機械〗早期進入, 早期給気《ピストンに緩衝作用を与えるため, 蒸気機関のシリンダー内のピストンが排気行程の最終端に到達する前に蒸気を進入させること》. 〘1887〙

prè·admónish *vt.* 前もって訓戒する[忠告する]. 〘1649〙

prè·admonítion *n.* 予戒, 前もっての勧告. 〘1652〙

prè·adoléscence *n.* 思春期直前期 (9–12 歳ごろ). 〘1930〙

prè·adoléscent *adj.* 思春[青春]期直前の. — *n.* 思春期直前の人, 思春期の青少年. 〘1910〙

prè·adúlt *adj.* 大人になる以前の, 成人前の. 〘1902〙

prè·advíce *n.* 前もっての忠告, 警告.

prè·agricúltural *adj.* 農耕以前の. 〘1927〙

pré-ÁIDS *n.* 〖病理〗=AIDS-related complex. 〘1984〙

Préak·ness Stákes /priːknəs-/ *n.* [the ~] 〖競馬〗プリークネス ステークス《3 歳馬による米国三冠レースの一つ; 1873 年創設; その後中断や競走条件の改訂を経て現在は距離 1 ³⁄₁₆ マイル (約 1,900 メートル); cf. classic races 2, triple crown 3》.

prè·allótment *n.* 前もって与えられる割当て[分け前].

prè·áltar *adj.* 祭壇前の.

prè·álternate mólt *n.* 〖鳥類〗換羽前の抜け毛.

prè·alvéolar *adj., n.* 〖音声〗前部歯茎音(の).

pre·am·ble /priːæmbl, priǽm- | priǽmbl, priː-ǽm-/ *n.* **1** 前口上, 前置き, 序文 (foreword); (通例, Whereas で始まる条約・憲法などの)前文〔*to, of*〕(cf. purview 1) (⇨ introduction SYN): without ~ 単刀直入に. **2** (物事の)序幕, 序曲 (preliminary); 前兆, 前触れ. **3** [P-] (アメリカ合衆国憲法の)前文. — *vi.* 前口上を述べる; 前置きをする[となる]. 〘(c1395) ◻ (O)F *préambule* ◻ ML *praeambulum* (neut.) ← LL *praeambulus* walking before ← *praeambulāre*: ⇨ pre-, amble〙

pre·am·bu·lar /prìːǽmbjʊlə, pri- | -lə(r)/ *adj.* 前置きの, 序文の. 〘c1645〙

pre·am·bu·lar·y /prìːǽmbjʊlèri, pri- | -ləri/ *adj.* =preambular.

pre·am·bu·late /prìːǽmbjʊlèɪt/ *vi.* **1** 前口上を述べる. **2** 《廃》先導する. 〘(1594–95) ← L *praeambulātus* (p.p.) ← *praeambulāre*: ⇨ preamble, -ate〙

pre·amp /priːæmp/ *n.* 《口語》〖電気〗=preamplifier. 〘(1957) 《略》↓〙

prè·ámplifier *n.* 〖電気〗前置増幅器, プリアンプ. 〘1935〙

prè·anesthésia *n.* 〖医学〗前麻酔.

prè·anesthétic *adj.* 〖医学〗前麻酔の; 麻酔前の. — *n.* 前麻酔薬. 〘1892〙

prè·annóunce *vt.* 前もって知らせる, 予告する, 予報する. **~·ment** *n.* 〘1846〙

prè·antiséptic *adj.* 〖医学〗防腐剤発見 (1867) 前の.

prè·appóint *vt.* 前もって任命する. **~·ment** *n.* 〘1633〙

prè·arránge *vt.* 前もって整える[打ち合わせる], 事前に調整する; 予定する: a ~*d* course of action 予定の行動. **~·ment** *n.* 〘1811〙

prè·arránged *adj.* 打ち合わせ済みの. 〘1875〙

prè·assígned *adj.* 前もって割り当てた[選定した].

prè·atómic *adj.* **1** 原爆投下[使用]以前の《1945 年 8 月 6 日広島に初めて原爆が落とされる前の; ↔ postatomic》. **2** 原子力利用以前の. 〘1914〙

prè·áudience *n.* 〖英法〗(法廷で他に先立って発言しうる)先述権, 優先発言権《法務長官 (attorney general), 法務次官 (solicitor general) がバリスターに対し, また勅選バリスター (King's Counsel) がジュニアバリスター (junior barrister) に対して有する権利》. 〘1768〙

prè·áudit *n.* 〖会計〗事前監査 (↔ postaudit). 〘1938〙

prè·áxial *adj.* 〖解剖〗前軸の; 軸前の. **~·ly** *adv.* 〘1872〙

preb. 《略》prebend; prebendary.

prè·básic mólt *n.* 〖鳥類〗ふつう年一回繁殖期後の全身の羽毛の抜け替わり.

preb·end /prébənd, -bn̩d/ *n.* **1** (大)聖堂参事会員 (canon) の聖職禄《大聖堂 (cathedral) の収入から支給される》. **2** 聖職禄を生じる土地. **3** =prebendary. 〘(1422) ◻ (O)F *prébende* ◻ LL *praebenda* allowance ← L *praebendus* ← *praebēre* to supply ← *prae-* 'PRE-'+*habēre* to have: cf. habit〙

pre·ben·dal /prɪbéndl, prébən-, -bn̩-/ *adj.* (prebend を受けた)聖職者の[に関する]; (大聖堂参事会員の)聖職禄の[に関する]. 〘(1447): ⇨ ↑, -al¹〙

prebéndal stáll *n.* **1** (大聖堂 (cathedral) での)参事会員[受禄聖職者]の席. **2** 聖職禄. 〘1839〙

preb·en·dar·y /prébəndèri, -bn̩- | -dəri, -dri/ *n.* 《英》**1** (prebend を受けた)聖職者; (大)聖堂参事会員 (canon); (大)聖堂受禄聖職者. **2** 〖英国国教会〗名誉参事会員《現在は実際には聖職禄を受けない名誉職》. — *adj.* =prebendal. **~·shìp** *n.* 〘(1422) ◻ ML *praebendārius* holder of a prebend: ⇨ prebend, -ary〙

prè·bínd *vt.* (図書館用などに)〈本を〉堅牢に製本する.

prè·biológic *adj.* =prebiological.

prè·biológical *adj.* 生物が出現する以前の, 生命の起源の前駆物の《分子など》. 〘1960〙

prè·biótic *adj.* =prebiological. 〘1958〙

prebiótic sóup *n.* 〖生物〗=primordial soup.

Pre·ble /prébl, Edward *n.* プレブル (1761–1807; 米国の海軍士官; 米国で初めて喜望峰を回り東インド諸島へ行った).

prè·bóard *vt.* 〈特別の乗客を〉一般乗客よりも前に搭乗させる. — *vi.* 前もって搭乗する. 〘1940〙

prè·bóok *vt.* 前もって予約する.

Pre·bo·re·al /priːbɔ́ːriəl/ *adj.* 〖地学〗プレボレアル期の《北ヨーロッパで後氷期の第 1 気候期; 約 10,000–9,000 年前の冷涼期; ⇨ Boreal》. — *n.* [the ~] プレボレアル期.

prec. 《略》preceded; preceding.

prè·cálculable *adj.* あらかじめ算定する. 〘1864〙

prè·cálculate *vt.* 前もって算定する, 予算する. 〘1841〙

prè·calculátion *n.* 前もっての算定. 〘1841〙

prè·cálculus *adj., n.* 微積分学を学ぶ前に必要な(事項). 〘1964〙

Prè·cámbrian 〖地質〗*adj.* 先カンブリア時代の: the ~ era. — *n.* [the ~] 先カンブリア時代《最古の地質時代で前半は Archeozoic (Early Precambrian Era), 後半は Proterozoic (Late Precambrian Era)》. 〘1864〙

precanc. 《略》〖郵趣〗precancel(l)ed.

prè·cáncel 〖郵趣〗*vt.* (**pre·can·celed, -celled; -cel·ing, -cel·ling**) 〈郵便切手を〉使用前に消印する. — *n.* 使用前に消印を押された切手. **prè·cancel·látion** *n.*

prè·cáncer *n.* 〖病理〗前癌(状態). 〘1938〙

prè·cáncerous *adj.* 〖病理〗前癌状態の《premalignant ともいう》: a ~ condition. 〘1882〙

prè·cápillary *adj.* 〖解剖〗前毛細血管の《毛細血管に連絡移行する部分にいう》.

prè·carcínogen *n.* 〖医学・化学〗発癌前駆物質, 前発癌物質. 〘1973〙

pre·car·i·ous /prɪkéəriəs | -kéər-/ *adj.* **1** 事情次第の, 不確かな, 不安定の: a ~ livelihood [living] 心もとない生計[生活]. **2** 危険な (risky), あぶない: a ~ foothold 危険な足場 / a ~ life [state of health] 危ない生活[健康状態]. **3** 《古》他人の心次第の, 人任せの; 他人の生きている間だけの: ~ privileges [tenure] (他人の心次第で)いつ取り上げられるかわからない特権[保有権] / a ~ pension [allowance] 生存中だけもらえる恩給[手当]. **4** 《古》〈推定など〉根拠の不確かな, よりどころのない, あやふやな, 当てずっぽうの: a ~ assumption [argument] 危なっかしい推断[議論]. **~·ly** *adv.* **~·ness** *n.* 〘(1646) ← L *precārius* doubtful, 《原義》gained by begging or prayer ← *prec-*, *prex* prayer: ⇨ pray, -ous〙

pre·cast /⌐⌐, ⌐⌐ | ⌐⌐/ 〖建築〗*vt.* (**pre·cast**) プレキャストする《建物のコンクリート部材または部分をあらかじめ型に入れて作り, 現場ですぐこれを組み上げて使用できるようにする; cf. precut, prefabricate 1》. — *adj.* プレキャストの, 既製の. 〘1914〙

précast cóncrete *n.* 前もって(工場などで)成型したコンクリート部材: a ~ fence 既製コンクリート塀(へい).

prec·a·tive /prékətɪv | -tɪv/ *adj.* **1** 〖文法〗嘆願の, 依頼の (cf. optative). **2 a** 〈遺言など〉懇願の, 嘆願的な. **b** 〖法律〗懇願的な. 〘(1662) ◻ LL *precātīvus* prayed ← L *precātus* (p.p.) ← *precārī* 'to PRAY': ⇨ -ive〙

prec·a·to·ry /prékətɔ̀ːri | -təri, -tri/ *adj.* 嘆願の, 懇願の, 哀願の (supplicatory). 〘(1636) ◻ LL *precātōrius* ← *precātor* one who prays ← *precātus*: ⇨ ↑, -ory¹〙

précatory trúst *n.* 〖法律〗懇願的信託《hope, recommend のような懇願的な文言で表示された遺言信託》. 〘1890〙

précatory wórds *n.pl.* 〖法律〗(遺言状の中の)懇願的文言《目的と対象が明確であれば, 受遺者を受託者とする信託の成立の基礎となる文言》. 〘1782〙

pre·cau·tion /prɪkɔ́ːʃən, -kɑ́ː- | -kɔ́ː-/ *n.* **1** 用心, 警戒: by way of ~ 用心のため, 念のため. **2** 〔…に対する〕予備策, 予防手段[措置]〔*against*〕: take ~*s against* …に用心[警戒]する, …の予防策を講じる / take the ~ of doing 用心して …をする[…という]. — *vt.* あらかじめ警戒させる[につかせる] (forewarn). 〘(1603) ◻ F *précaution* ◻ LL *praecautiō(n-)* ← L *praecautus* (p.p.) ← *praecavēre* to guard against ← *prae-* 'PRE-'+*cavēre* to be on one's guard: ⇨ caution〙

pre·cáu·tion·al /-ʃənl, -ʃnəl/ *adj.* =precautionary.

pre·cáu·tion·àr·y /-ʃənèri | -ʃ(ə)nəri/ *adj.* 用心の, 警戒の; 予防の: ~ warnings *against* typhoon 台風に対する警戒予告[警告] / ~ measures 予防手段. 〘(1757): ⇨ precaution, -ary〙

pre·cau·tious /prɪkɔ́ːʃəs, -kɑ́ː- | -kɔ́ː-/ *adj.* 用心する, 警戒する (precautionary); 用心深い, 慎重な (prudent). 〘(1713): ⇨ precaution, -ous〙

pre·ca·va /prìːkɑ́ːvə, -kéɪ-/ *n.* (*pl.* **-ca·vae** /-kɑ́ːviː, -vaɪ, -kéɪviː/) 〖動物〗前大静脈. **prè·cá·val** /-vəl, -vl/ *adj.* 〘(1882) ← NL ~: ⇨ pre-, cava¹〙

pre·ced·a·ble /prɪsíːdəbl, priː- | -də-/ *adj.* **1** 先立ちうる, 前に起こりうる. **2** 上席に着かれる.

pre·cede /prɪsíːd, priː-/ *vt.* **1** (時間・場所・順序の点

P

で)…の先に立つ, 先に起こる, …に先んずる (cf. follow, succeed): Lightning ~*s* thunder. 稲妻は雷鳴より先に来る / the years *preceding* the war 戦前 / The regiment was ~*d* by its band. 連隊は軍楽隊に先導された. **2** (位・重要性などで)…の前[上]にくる, …に優先する, …より重要である: Sons of barons ~ baronets. 男爵の子息は従男爵の上席である / Economy ~*s* every other problem. 何よりも先立つものは経済問題である / Such duties ~ all others. こういう義務は何よりも大事だ. **3** …に〔…を〕先行させる, 前置きする (preface) 〔*by, with*〕: The book is ~*d by* a short bibliography. その本には巻頭に簡単な参考書目録が付いている / You must ~ this measure *by* [*with*] milder ones. この手段を取る前に他のもっと穏やかな手段を取らなければならない. ― *vi.* 先立つ, 先んずる, 先行する; 優位[上位]を占める: the words that ~ その前にある語句.

― *n.* 〘ジャーナリズム〙(新しいニュースを入れるためにスペースを保留する)埋め草冒頭記事, 前文 (特に, 既に組んであった記事の冒頭に入れる最新のニュースなど).

〖(*c*1375) *precede(n)* ◻ (O)F *précéder* ◻ L *praecēdere* to go before: ⇨ pre-, cede〗

prec·e·dence /présədəns, prɪ̀sí:-, pri:-, -dns, -dənts, -dnts | -dən-, -dn-/ *n.* **1** (時間・順序が)先立つ[先である, 前にある]こと, 先行. **2 a** (位・重要性などでの)上位, 優位, 優先: give a person the ~ 人の優位を認める. **b** (特に, 会合などでの)優先権, 上席席次[上座](につくこと); (地位による)席次, 席順, 序列: the order of ~ 席次 / personal ~ 家柄による席次. **3** (廃) 前述の事柄. ***in órder of précedence*** 重要度順に. ***tàke* [*hàve*] (*the*) *précedence of* [*òver*]** …の上位[優位]に立つ, …に優先する. 〖(1484): ⇨ precedent, -ence〗

prec·e·den·cy /présədənsi, prɪ̀sí:d-, prii-, -dn- | -dən-, -dn-/ *n.* =precedence. 〖(1612): ⇨ ↓, -ency〗

prec·e·dent /présədənt, -dnt, -dənts, -dnts | -dənt, -dnt/ *n.* **1** (よりどころなどになる)先例, 前例: without ~ 先例のない / set [create, establish] a ~ *for* …の先例をつくる / break with ~ 先例を破る / There is no ~ *for* it. それには先例がない. **2** 先例[前例]から派生した慣行, 慣例. **3** 〘法律〙判決例, 先例, 判例. **4** (廃) しるし (sign), あかし. **5** (Shak) 原本, 正本. ― /prɪ̀sí:dənt, pri:-, -dnt | -dənt, -dnt/ *adj.* 先行する; 〔…に〕先立つ, 〔…の〕前の (preceding) 〔*to*〕: ⇨ condition precedent. 〖adj.: (1391) ◻ (O)F *précédent* ◻ L *praecēdentem* going before (pres.p.) ← *praecēdere* 'to PRECEDE': ⇨ -ent. ― n.: (1427) ← (adj.)〗

precédent condítion *n.* 〘法律〙=condition precedent.

prec·e·dent·ed /présədɛ̀ntɪ̀d, -dən-, -dn- | -dɛ̀nt-ɪ̀d, -dən-, -dn-/ *adj.* 先例のある, 先例によって支持される (cf. unprecedented). 〖(1653): ⇨ precedent, -ed〗

prec·e·den·tial /prèsədénʃəl, -ʃl⁻/ *adj.* **1** 先例となる. **2** 先行する, 予備の. **3** 先例のある (precedented). **~·ly** *adv.* 〖← PRECEDENT+-IAL〗

pre·ce·dent·ly /prɪ̀sí:dəntli, pri:-, -dnt- | -dənt-, -dnt-/ *adv.* 前に, 先に; あらかじめ, 前もって (beforehand). 〖(1624) ← PRECEDENT+-LY¹〗

pre·céd·ing /-dɪŋ | -dɪŋ/ *adj.* 先行する; すぐ前の, 先の (⇨ previous SYN); 前述の (↔ following): the ~ year [day] 前年[日] / the ~ words 前述の言葉 / in the ~ chapter 前章に[で]. 〖(?*a*1425): ⇨ precede, -ing²〗

prè·cénsor *vt.* (出版物・映画などの)事前検閲をする.

prè·cénsorship *n.* 事前検閲 (出版物や新聞・雑誌・映画などの内容に対して, 発表前に強制的に行われる検閲; 討論・思想の統制や風俗取締まりなどを目的とする場合が多い; cf. post-censorship). 〖1962〗

pre·cent /prɪ̀sént, pri:-/ *vi.* 音頭を取る, 先唱[首唱]者となる. ― *vt.* 〈聖歌などの〉音頭を取る, 先唱[先詠]者を務める. 〖(1732) ◻ L *praecantāre* to sing before // (逆成) ↓〗

pre·cen·tor /prɪ̀séntə, pri:- | -tə^(r)/ *n.* **1** (聖歌隊や会衆の歌をリードする)先唱[先詠]聖職者, (歌い始めの)音頭取り. **2** 〘英国国教会〙 **a** (古い教区の大聖堂では, dean の次に位する)参事会 (chapter) の一員. **b** (新しい教区の大聖堂では)小キャノン (minor canon) の一人またはチャプレン (chaplain). **3** 〘ユダヤ教〙会衆の祈禱(きとう)の先唱者.

pre·cen·to·ri·al /prì:sentɔ́:riəl⁻/ *adj.* 〖(1613) ◻ LL *praecentor* leader in music ← L *praecinere* to sing before ← *prae-* 'PRE-'+*canere* to sing: ⇨ chant〗

precéntor·ship *n.* 先唱[先詠]者の役目. 〖1819〗

pre·cen·trix /prɪ̀séntrɪks, pri:-/ *n.* 女性の precentor. 〖(1706) ◻ ML *praecentrix*: ⇨ -trix〗

pre·cept /prí:sept/ *n.* **1** 教え, 教訓 (instruction) (⇨ doctorine SYN); 教戒, 戒律 (commandment); 格言 (maxim): Practice [Example] is better than ~. (諺) 実行[実例]は教えにまさる (口で説くより実行で示せ). **2** 神の命令. **3** (技術などの)規則 (rule), 型. **4 a** 〘法律〙命令書, 令状, 指令. **b** 州長官が出す選挙管理および実施の命令書. **c** (英) 課税査定額 (rate) による金銭徴集[支払]命令. 〖(*c*1375) ◻ L *praeceptum* (p.p.) ← *praecipere* to instruct ← *prae-* 'PRE-'+*capere* to take: ⇨ captive〗

pre·cep·tial /prɪ̀sépʃəl, ʃl | pri:-/ *adj.* (まれ) 教訓めいた. 〖(1598–99): ⇨ ↑, -ial〗

pre·cep·tive /prɪ̀séptɪv, pri:-/ *adj.* 教訓の, 教戒的な; 教訓的な. **~·ly** *adv.* 〖(1456) ◻ OF *preceptif* ◻ L *praeceptīvus*: ⇨ precept, -ive〗

pre·cep·tor /prɪ̀séptə, pri:-, prí:sep- | prɪ̀séptə^(r)/ *n.* **1** (米) 〘医学〙(病院で医学生を助手にしながら実地指導をする)指導医師. **2** 〘教育〙(米国 Princeton 大学で)学生の研究グループ指導教師. **3** preceptory の長. **4** 教訓者, 教師 (teacher); 個人指導者 (tutor); 校長 (principal). 〖(*a*1425) ◻ L *praeceptor*: ⇨ precept, -or²〗

pre·cep·tor·ate /prɪ̀séptərɪ̀t, pri:-, prí:sep- | prɪ̀-sép-/ *n.* =preceptorship. 〖(1896): ⇨ ↑, -ate¹〗

pre·cep·to·ri·al /prì:septɔ́:riəl⁻/ *adj.* **1** 教師の; 個人指導者の. **2** 個人指導者を利用する: the ~ system. ― *n.* (大学の上級課程での)個人指導科目. 〖(1727–41): ⇨ preceptory, -al¹〗

precéptor·shìp *n.* preceptor の地位[職務]. 〖(1802): ⇨ -ship〗

pre·cep·to·ry /prɪ̀séptəri, pri:-, prí:sep- | prɪ̀sép-/ *n.* テンプル騎士団 (Knights Templars) の地方分団; その礼拝堂; (それを維持する)領地 (cf. commandery 1). 〖(1540) ◻ ML *praeceptōria* ← L *praeceptor*: ⇨ preceptor, -y¹〗

pre·cep·tress /prɪ̀séptrɪ̀s, pri:-, prí:sep- | prɪ̀-/ *n.* 女性の preceptor. 〖(1784): ⇨ preceptor, -ess¹〗

pre·cess /pri:sés, prɪ̀-/ *vi.* **1** 〘天文〙歳差運動で前進する. **2** 〘力学〙歳差[すりこぎ]運動する (cf. precession 2 b). 〖(1892) (逆成) ↓: cf. process²〗

pre·ces·sion /pri:séʃən, prɪ̀-/ *n.* **1** =precedence. **2 a** 前進(運動). **b** 〘力学〙歳差運動, すりこぎ運動 (回転する独楽(こま)などの回転軸の位置が一定せずふれ回ること). **3** 〘天文〙 **a** =PRECESSION of the equinoxes. **b** (地球の)歳差運動.

precéssion of the équinoxes [the ―] 〘天文〙春分点歳差. 〖(1621) (なぞり) ← NL *praecessiō aequinoctiōrum*〗

~·al /-ʃnəl, -ʃənl/ *adj.* 〖((*a*1325)) (1594) ◻ LL *praecessiō(n-)* ← *praecessus* (p.p.) ← *praecēdere* 'to PRECEDE': ⇨ -sion〗

prè·chéck *vt.* 前もって点検する, 前もって照合する. ― *n.* 事前点検, 事前照合.

prè-Chéllean *adj.* 〘考古〙シェル期 (Chellean) 以前の, アブビル期 (Abbevillian) 以前の.

prè·chlorinátion *n.* 〘化学〙前塩素処理 (濾過(ろか)以前の原水に塩素を注入すること).

prè-Chrístian *adj.* キリスト教以前の; 西暦紀元前の[に関する]: the ~ centuries. 〖1828〗

pré·cieuse /preɪsjə́:z, prèsiə́:z; *F.* pʀesjø:z/ *n.* (*pl.* ~s /~/) **1** (フランス 17 世紀の)文学かぶれした社交婦人 (bluestocking). **2** 学者ぶった女性. ― *adj.* =précieux. 〖(1727) ◻ F ~ (fem.) ← *précieux* 'PRECIOUS': Molière の喜劇 *Les Précieuse ridicules* (1659) から一般化した〗

pré·cieux /preɪsjə́:, prèsiə́:; *F.* pʀesjø/ *adj.* この上もなく洗練された. ― *n.* (*pl.* ~ /~(z)/) 洗練された男性. 〖(1891) ↑〗

pre·cinct /prí:sɪŋ(k)t/ *n.* **1** (米) **a** (行政上などの)区域, 行政管区; 学区; (投票所が一つの)選挙区 (ward の下位区分): an election ~ 選挙区 / a police ~ 警察管区. **b** 警察管区; [集合的] 管区警察隊. **2** [通例 *pl.*] (建物などの)構内 (enclosure), (教会・寺院などの)境内. **3** [*pl.*] 付近, 周囲, 郊外 (environs). **4 a** (都市などでしばしば行政的目的のための特定の)地域, 区域: a shopping ~ 商店街. **b** =pedestrian precinct. **5** (思想・行動・影響などの)領域, 範囲. **6** [通例 *pl.*] 境界(線) (bound). 〖(*c*1400) ◻ ML *praecinctum* (neut. p.p.) ← L *praecingere* to encircle, surround: ⇨ pre-, cincture〗

précinct hòuse *n.* (米) (警察官区内の)警察署.

pre·ci·os·i·ty /prèʃiɑ́(:)səti | -ʃiɔ́sɪ̀ti/ *n.* **1** (言葉遣い・趣味などの)凝り性, 気取り. **2** 気難しさ, やかまし[細か]すぎること[人]. 〖(*a*1400) ◻ OF *preciosité* (F *préciosité*) ◻ L *pretiōsitātem*: ⇨ ↓, -ity〗

pre·cious /préʃəs/ *adj.* **1 a** 貴い, 貴重な (valuable): ~ knowledge, etc. / ~ words 金言. **b** 〈宝石・金属などが〉高価な: ~ diamonds, gold, ore, etc. / ⇨ precious metal, precious stone. **2** (精神的な)価値のある, 尊重される, 尊い: ~ memories 尊い思い出[形見]. **3** かわいい, いとしい (dear): My ~ darling! かわいい人 (cf. *n.*). **4** (口語) [皮肉に] ご立派な, 大した (worthless): A ~ friend you have been! 君はいい友人だったよ. **5** 〈言葉遣い・趣味など〉凝り性の, いやに気取った (affected): a ~ style, pronunciation, etc. **6** 非常に大事な, かけがえのない. **7** (口語) 全くの (perfect); 実にひどい, 大変な (gross); 大の (very great): a ~ rogue, liar, fool, etc. / He made a ~ mess of it. ひどいへまをやった.

― *n.* [呼び掛け] 大事な人 (precious one) (名詞の省略; ★ dear が両性に用いられるのに対し, precious は女性のみに用いられる): My ~! かわいい人.

― *adv.* (口語) 大変, 非常に, ばかに, やけに (very): It is ~ cold. ひどく寒い / I will take ~ good care of that. うんと気をつけましょう / I'm ~ glad I live in the Age of Space. 宇宙時代に生きているのはとてもありがたい / There is ~ little of it. それはごく少ししかない.

~·ness *n.* 〖(*c*1280) ◻ OF *precios* (F *précieux*) ◻ L *pretiōsus* costly ← *pretium* 'PRICE': ⇨ -ous〗

précious córal *n.* 〘動物〙=red coral.

précious gárnet *n.* 〘宝石〙プレシャスガーネット, 貴ざくろ石 (almandine).

pré·cious·ly *adv.* **1** 気難しく, いやに気取って: speak [write] rather ~ 大いに気取って言う[書く]. **2** (口語) 大いに, 非常に (extremely). 〖?*c*1350〗

précious métal *n.* 貴金属 (金・銀・白金のように産出が少なく高価な金属; cf. base metal). 〖1776〗

précious stóne *n.* 宝石 (ダイヤモンド・サファイア・ルビー・エメラルドなど; cf. semiprecious stone). 〖*c*1300〗

pre·cip /prɪ̀síp/ *n.* =precipitation.

pre·ci·pe /prí:səpì:, prés- | -sɪ-/ *n.* 〘法律〙=praecipe.

prec·i·pice /présəpɪ̀s | -sɪ̀pɪs/ *n.* **1** (ほぼ垂直の)崖, 絶壁 (sheer cliff): fall over a ~ / stand on the edge of a [the] ~ 崖っぷちに立つ. **2** 危険な場所, 危地, 危機 (crisis): The present world stands on the brink of a ~. 現在の世界は危機に瀕(ひん)している. **préc·i·piced** *adj.* 〖(1598) ◻ F *précipice* ◻ L *praecipitium* steep place, (原義) falling down headlong ← *praecipitāre* to throw down headlong ← *praecipit-*, *praeceps* headlong ← *prae-* 'PRE-'+*caput* head: ⇨ capital[1,2]〗

pre·cip·i·ta·ble /prɪ̀sípəṭəbl | -pɪ̀tə-/ *adj.* 〘化学〙沈澱させられる, 沈澱性の. **pre·cìp·i·ta·bíl·i·ty** /-ṭəbíləṭi | -təbílɪ̀ti/ *n.* 〖(1670) ← PRECIPITATE+-ABLE〗

pre·cip·i·tance /-ṭəns, -tns | -təns, -tns/ *n.* =precipitancy.

pre·cip·i·tan·cy /prɪ̀sípəṭənsi, -tn- | -pɪ̀tən-, -tn-/ *n.* **1** 大急ぎ, 大あわて (rashness). **2** [*pl.*] (取り急いだ)あわてた行為, 軽挙. 〖(*a*1619): ⇨ ↓, -ancy〗

pre·cip·i·tant /prɪ̀sípəṭənt, -tnt | -pɪ̀tənt, -tnt-/ *adj.* **1** 真っ逆さまに落ちる, まっしぐらに進む, 大急ぎで進む. **2** 無鉄砲な (headlong); 性急な, 軽率な (rash). **3** 〈事が〉唐突な, 出し抜けの (abrupt). ― *n.* 〘化学〙沈澱剤. **~·ly** *adv.* **~·ness** *n.* 〖(1608) ◻ L *praecipitāntem* (pres.p.) ← *praecipitāre* (↓): ⇨ -ant〗

pre·cip·i·tate /prɪ̀sípətèɪt, | -pɪ̀-/ *vt.* **1** 突如として引き起こす; (やたらに)せき立てる, 促進する, 早める, 急がせる: ~ a crisis, failure, quarrel, etc. / The assassination of the Archduke ~*d* World War I. オーストリアの皇太子の暗殺が第一次大戦の導火線となった. **2** 〈人を〉〔ある状態に〕(急に)投げ込む (fling), (突然)陥らせる 〔*into*〕: ~ oneself *into* debt [danger] 一挙に負債を作る[突如危機に陥る]. **3** (崖のような所から)真っ逆さまに落とす, 投げ[突き]落とす (throw down): ~ oneself *upon* [*against*] the enemy 敵にぶち当たる, 敵を猛攻する. **4** 〘気象〙〈水蒸気を〉雨・露などに凝結させる, (凝結させて)雨・雪などとして降らせる. **5** 〘化学〙〈溶解物を〉沈澱させる.

― *vi.* **1** 〘化学〙〈溶解物が〉沈澱する, 沈降する. **2** 〘気象〙〈空中の水気が〉凝結して雨露になる. **3** 真っ逆さまに落ちる.

― *adj.* **1** 〈人・行動が〉大急ぎの, 慌ただしい; 大あわての, そそっかしい; 性急な, 早まった; 無謀な: a ~ action [measure] 軽率な行為[処置]. **2** 突然の, 出し抜けの (abrupt): a ~ illness 急病. **3** 真っ逆さまの (headlong); まっしぐらに進む: ~ movement, rush, etc.

― /prɪ̀sípəṭɪ̀t, -tèɪt | -prɪ̀-/ *n.* **1** 〘化学〙沈澱物 (deposit). **2** 〘気象〙(雨露となって)凝結した水分.

~·ly *adv.* **~·ness** *n.* 〖v.: (1528) ← L *praecipitātus* (p.p.) ← *praecipitāre* to throw headlong: ⇨ precipice, -ate³〗

pre·cíp·i·tàt·ed súlfur /-tèɪtɪ̀d- | -tɪ̀d-/ *n.* 〘薬学・化学〙沈降硫黄, 硫黄乳 (硫化カルシウム溶液に塩酸を加え沈降させて製する; 皮膚病に用いる). 〖1899〗

pre·cip·i·ta·tion /prɪ̀sìpətéɪʃən | -pɪ̀-/ *n.* **1** 〘気象〙降水 (大気中の水蒸気凝結の降下物である雨・みぞれ・雪・あられなどを含める); (一定の場所・期間の)降水量, 降雨量, 雨量. **2** 〘化学〙沈澱(物) (precipitate). **3** 〘生理・免疫〙沈澱(反応); 沈降(反応); 析出. **4** 突如として起こること; せき立てること, 急な促進. **5** 大急ぎ, 大あわて; 軽挙: *with* [*in*] ~ 大急ぎで, あわてふためいて. **6** 真っ逆さまに投げ落とす[落とされる]こと, 投下, 落下. **7** 〘心霊〙霊魂が形態を表すこと (materialization). 〖(*a*1475) ◻ F *précipitation* ◻ L *praecipitātiō(n-)* falling headlong ← *praecipitātus*: ⇨ precipitate, -ation〗

precipitátion hárdening *n.* 〘冶金〙析出硬化.

precipitátion nùmber *n.* 〘化学〙沈澱価, 沈降値 (潤滑油中のアスファルト性物質の量を示す尺度).

pre·cip·i·ta·tive /prɪ̀sípətèɪṭɪv, -ṭət- | -sípɪ̀tət-, -tèɪt-/ *adj.* **1** 大急ぎの, 加速的な, 促進的な. **2** 〘化学〙沈澱を促進する. 〖(1883) ← PRECIPITATE+-ATIVE〗

pre·cip·i·tà·tor /-ṭə | -tə^(r)/ *n.* **1** 促進する物, 促進者 (hastener). **2** 〘化学〙沈澱剤[器]. 〖(*a*1660): ⇨ precipitate, -or²〗

pre·cip·i·tin /prɪ̀sípəṭɪ̀n | prɪ̀sípɪ̀tɪn/ *n.* 〘免疫〙沈降素 (抗体の一種). 〖(1900) ← PRECIPIT(ATE)+-IN²〗

pre·cip·i·tin·o·gen /prɪ̀sìpəṭínəʤən, -ʤèn | -prɪ̀-/ *n.* 〘免疫〙沈降原. **pre·cip·i·tin·o·gen·ic** /prɪ̀sìpəṭɪnəʤénɪk | -sìpɪ̀-⁻/ *adj.* 〖(1904) ← PRECIPITIN+-(O)GEN〗

pre·cip·i·tous /prɪ̀sípəṭəs | -pɪ̀t-/ *adj.* **1 a** 崖のような, 断崖絶壁の, 切り立った, 険しい (⇨ steep¹ SYN): a ~ height 険しい山. **b** 〈階段など〉急な, 急勾配の: a ~ slope. **2** 性急な, せっかちな, 無謀な (precipitate). **~·ly** *adv.* **~·ness** *n.* 〖(1646) ◻ F *précipiteux* (fem. *précipiteuse*) ← *précipitere* ◻ L *praecipitāre*: ⇨ precipitate, -ous〗

pré·cis /preɪsí:, ⁻⁻ | préɪsi:-; *F.* pʀesi/ *n.* (*pl.* ~ /~z; *F.* ~/) (論文などの)要約, 大要 (⇨ summary SYN): write [make] a ~ *of* …の大要を書く. ― *vt.* …の大要を作る[書く], 要約する (summarize). 〖(1760) ◻ F ~ (名詞用法) ↓〗

pre·cise /prɪ̀sáɪs/ *adj.* **1** はっきりした, 明確な, 正確な (↔ woolly) (⇨ explicit¹ SYN); 厳密な, 精密な: a ~ statement / ~ boundaries 正確な境界 / a ~ interpretation of the law 法律の正確な解釈. **2** 〈数量など〉過不足のない, 寸分違わない: the ~ amount 正味量 / with ~ accuracy 全く正確に. **3** 正にその, 当の (very): at the

~ moment ちょうどその時. 4 〈人・行為など〉間違いのない, 正確な (correct). 5 〈言葉が〉明確な, 非常にはっきりした. 6 〈人が〉几帳面な (punctilious), 細心の; 厳格な (rigid); いやに堅苦しい, まじめすぎる (puritanical): a man ~ in his manner. ***to be precise*** 厳密[正確]に言えば. **~·ness** *n.* 〘(*c*1392) □ (O)F *précis* cut short, brief □ LL *praecisus* (p.p.) ← *praecidere* to cut short ← *prae-* 'PRE-'+*caedere* to cut: cf. concise〙

pre·cise·ly /prɪ̈sáɪsli/ *adv.* 1 正確に, 的確に: It is ~ as you said. 全く君が言ったとおりだ / Tell me ~ what you want. 欲しいものをはっきり言いなさい / The plane took off at tweleve ~. 飛行機は12時きっかりに離陸した. 2 几帳面に, いやに堅苦しく. 3 [返答に用いて] 正にその通り, 全くそうだ (quite so): *Precisely* (so). まさにその通り. 〘(1392): ⇨ ↑, -ly¹〙

pre·ci·sian /prɪ̈síʒən/ *n.* 1 (宗教上の形式に)やかましくこだわる人 (formalist); (特に16–17世紀英国の)清教徒 (Puritan). 2 =precisionist. 〘(1571) ← PRECISE+-IAN〙

pre·cí·sian·ìsm /-ʒənìzm/ *n.* 几帳面, 形式主義; 清教徒主義. 〘1573〙

pre·ci·sion /prɪ̈síʒən/ *n.* 1 正確, 精密 (accuracy); 正[精]確さ(の度合), 精度: ~ in calculation / with ~ 正確に / arms of ~ 正照準の火器. 2 几帳面 (punctiliousness). 3 a 〖数学〗精度 (計算値・測定値などで不確定さが小さいことをいい, accuracy とは区別する). b 〖電算〗精度; プレシジョン (計算機の1語を表す桁数で決まる数字の精度). — *adj.* 1 精密な. 2 〖機械〗高精度の (寸法許容差が小さい範囲に製作されたものにいう): ~ apparatus [instruments] 精密機械 / ~ gauges 精密計器. 3 〖軍事〗(目標などを)精密に射撃する. 〘(1640) □ F *précision* // L *praecīsiō(n-)* a cutting off: ⇨ precise, -sion〙

precísion bómbing *n.* 〖軍事〗精密(照準)爆撃 (特定の点目標に対する正確な照準爆撃; pinpoint bombing ともいう; cf. pattern bombing). 〘1939〙

precísion cásting *n.* 〖金属加工〗精密鋳造.

precísion dánce *n.* ラインダンス (レビューなどでの踊り). **precísion dáncer** *n.*

pre·ci·sion·ism /-ʒənìzm/ *n.* 1 几帳面, 精密主義. 2 [時に P-] 〖美術〗プレシジョニズム (1920年代の米国の絵画運動; キュービズムの手法を用いて日常生活や工業社会を描写). 〘1868〙

pre·cí·sion·ist /-ʒ(ə)nɪ̈st | -nɪst/ *n.* 1 (言葉・作法などが)几帳面な人; 精密主義の人. 2 [しばしば P-] 〖美術〗プレシジョニズムの画家. 〘(1827): ⇨ precision, -ist〙

pre·ci·sive /prɪ̈sáɪsɪv/ *adj.* 1 (他のものから)切り離した, あるものにのみ限定した. 2 正確な, 厳密な. 〘(1679) ← L *praecīsus* (⇨ precise)+-IVE〙

prè·clássic *adj.* 〈ギリシャ・ローマ文学など〉古典期(以)前の, 前古典期の. **prè·clássical** *adj.* 〘1956〙

prè·clássics *n.* 〖音楽〗前古典派 (Haydn, Mozart などの古典派の先触れと考えられる様式期 (約1720–80年); マンハイム楽派 (Mannheim school) が中心).

prè·cléar *vt.* …に前もって安全を保証する.

prè·clímax *n.* 〖生態〗前極相, 前安定期 (局部的な気候の不適な方への変化によって, そこの群落が周囲の安定群落よりも一歩手前の段階にある状態; ↔ postclimax; cf. climax 3). 〘1916〙

prè·clínical 〖病理〗*adj.* 症状発現前の; 前臨床の: a ~ study [test] (薬物の)前臨床試験. — *n.* 前臨床コース (解剖・生理学などの). 〘1930〙

pre·clude /prɪ̈klúːd/ *vt.* 1 (前もって)排除する, 阻む, 防ぐ (exclude): ~ all objections. 2 妨げる, 邪魔する (⇨ prevent SYN): A prior engagement ~*d* his coming [him *from* coming]. 先約があって彼は来られなかった / Abdication is ~*d* by the lack of a successor. 後継者がないので退位できない. **pre·clúd·a·ble** *adj.* 〘(1618) □ L *praeclūdere* to shut off ← *prae-* 'PRE-'+*claudere* to shut: ⇨ close¹ (v.)〙

pre·clu·sion /prɪ̈klúːʒən/ *n.* (まれ) 排除, 防止; じゃま. 〘(1616) ← L *praeclūsiō(n-)* ← *praeclūsus* (↓)〙

pre·clu·sive /prɪ̈klúːsɪv | -zɪv | -sɪv/ *adj.* 〔…を〕排除[除外]する (exclusive); 〔…を〕防止する; 〔…の〕予防の (preventive) 〔*of*〕. **~·ly** *adv.* 〘(1695) ← L *praeclūsus* ((p.p.) ← *praeclūdere* (↑))+-IVE〙

pre·co·cial /prɪ̈kóuʃəl, -ʃl | -kə́u-/ *adj.* 〖動物〗〈鳥など〉早成[早熟]性の (孵化(ふか)した時全身羽毛で覆われてすぐ活動できる; cf. nidifugous; ↔ altricial). — *n.* 早成[早熟]性の鳥 (ライチョウなど). 〘(1872): ⇨ ↓, -al¹〙

pre·co·cious /prɪ̈kóuʃəs | -kə́u-/ *adj.* 1 〈子供・言葉など〉早熟の, ませた (premature); 発達の早い: ~ children, talents, etc. 2 〖植物〗a わせの, 早咲きの, 早なりの (early). b 〈植物が〉葉の出る前に花の咲く; 〈花が〉葉の出る前に咲く. **~·ly** *adv.* **~·ness** *n.* 〘(1650) ← L *praecōc-, praecox* (← *prae-* 'PRE-'+*coquere* 'to boil, COOK')+-IOUS〙

pre·coc·i·ty /prɪ̈ká(ː)səti | -kɔ́sɪ̈ti, -sɪ-/ *n.* 早熟, 早咲き, 早なり (precociousness). 〘(1640) □ F *précocité* ← L *praecōc-* (↑): ⇨ -ity〙

pre·cog·ni·tion /prìːka(ː)gníʃən | -kɔg-/ *n.* 1 a 事前認知; 予知, 予見 (foreknowledge). b (心霊現象で, 将来起こる事象の)予知. 2 〖スコット法〗(公判前に検察側の行う)証人の予備尋問; その証人の供述による証拠.

pre·cog·ni·tive /priːká(ː)gnətɪv, -kɔ́(ː)g- | -kɔ́gnɪ̈t-/ *adj.* 〘(1611) □ LL *praecognitiō(n-)* ← L *praecognitus* (p.p.) ← *praecognōscere* to foreknow ← *prae-* 'PRE-'+*cognōscere* to know: ⇨ cognition〙

prè·cóital *adj.* 性交に先立つ, 性交前の, 前戯の: ~ play 前戯. **~·ly** *adv.* 〘1935〙

prè·cóllege *adj.* 大学(入学)前の, 大学入学の準備をしている. 〘1957〙

prè·colónial *adj.* 植民地時代前の. 〘1961〙

Prè·Colúmbian *adj.* コロンブス (Columbus) のアメリカ大陸発見以前の[に属する], コロンブス以前の. 〘1888〙

prè·combústion chámber *n.* 〖機械〗予燃室, 予燃焼室. 〘1972〙

prè·compétitive *adj.* 基礎研究の (製品開発とすぐには結びつかない).

prè·compóse *vt.* あらかじめ作る, 前もって構成する. 〘1648〙

prè·concéive *vt.* …について先入見をもつ, 前もって考える, 予想する: a ~*d* idea [notion] 先入主[観]. 〘1597〙

pre·con·cep·tion /prìːkənsépʃən/ *n.* 1 予想, 予知 (anticipation). 2 [通例 a ~ または *pl.* で] 先入主[観], 偏見 (⇨ prejudice SYN); 偏好 (predilection). 〘1625〙

prè·concért *vt.* 前もって協定する, 前に打ち合わせをしておく. 〘(1748) ← PRE-+CONCERT〙

prè·concérted *adj.* 前もって協定[打ち合わせ]をした, あらかじめ示し合わせた: a ~ plan. **~·ly** *adv.* **~·ness** *n.* 〘1766〙

prè·concíliar *adj.* 第2回バチカン公会議 (Vatican Council) (1962–65) による教会改革の前の[に起こった, に現れた] (↔ postconciliar). 〘1967〙

prè·condémn *vt.* 〖法律〗(証拠調べをせずに)前もって有罪と決する. 〘*a*1631〙

prè·condemnátion *n.* 〖法律〗有罪の事前決定 (証拠を調べずに前もって有罪を宣告すること). 〘1847〙

prè·condítion /prìːkəndíʃən/ *n.* 必須条件, 前提条件: The cessation of nuclear tests is a ~ for peace negotiations. 核実験の中止が平和交渉の前提条件だ. — *vt.* 1 あらかじめ所望の状態に置く[調整する], あらかじめ条件[気分]を整える; あらかじめテスト[処理, 処置など]に備える. 2 〖心理〗事前条件付けをする (相乗作用のない2種類の刺激を連続して与える). 〘n.: (1825); v.: (1922)〙

prè·cónference *n.* 予備会議[会談].

pre·co·nize /príːkənàɪz/ *vt.* 1 (公に)宣言する, 声明する (proclaim); 公表する. 2 〖カトリック〗〈教皇が〉〈新任司教などを〉公表する, 正式に裁可任命する. 3 〈宗教裁判などが〉指名召喚する. **pre·co·ni·za·tion** /prìːkənɪ̈zéɪʃən | prìːkənaɪ-, -nɪ-/ *n.* 〘(?1440) *preconise(n)* □ ML *praecōnīzāre* ← L *praecō(n-)* herald, public crier ← ? *praedicāre* ← *prae-* 'PRE-'+*dicāre* to make known: ⇨ -ize: cf. predicate〙

prè·conjécture *vt.* 予測する, 憶測する.

prè·cónquest *adj.* 1 征服以前の. 2 〖英史〗Norman Conquest (1066年)以前の (↔ postconquest): ~ churches. 〘1922〙

prè·cónscious *adj.* 〖精神分析〗前意識の. — *n.* [the ~] 前意識 (無意識的精神過程には, 思い出そうと努力すれば思い出せる[意識にのぼらせることができる]ものと, 催眠術や精神分析法を用いなくては意識されない狭義の無意識とがあり, 前者を前意識と呼ぶ). **~·ly** *adv.* **~·ness** *n.* 〘1860〙

prè·consíder *vt.* 前もって考える, 予考[予察]する. **prè·considerátion** *n.* 〘1647〙

prè·consonántal *adj.* 〖音声〗〈母音が〉子音の直前にある.

pre·con·tract /prìːká(ː)ntrækt | -kɔ́n-/ *n.* 1 先約, 予約. 2 (教会法における)結婚の予約, 婚約 (これによって他の者との結婚は無効). — /⸗⸗⸗/ *vt.* 1 予約する, 先約する. 2 (教会法にのっとって)婚約する. 3 (習慣などを)前もってつけておく. 〘?*c*1425〙

prè·convéntion *adj.* (宗教・政治など重要問題の)予備集会[会議]の.

prè·cóok *vt.* 〈食品を〉あらかじめ調理する; 下ごしらえする: ~*ed* foods 半調理食品. 〘1946〙

prè·cóol *vt.* 〈果物・野菜・肉類などを〉荷造り[発送]前に人工的に冷やす. 〘(1911) ↓〙

prè·cóoler *n.* 〖機械〗予冷器 (使用前にガス・流体などの温度を下げるための装置; 一種の熱交換器 (heat exchanger)). 〘1904〙

prè·cópulatory *adj.* 性交[交尾]前の.

prè·córdial *adj.* 〖解剖〗前胸部の; 胸内の: ~ anxiety 胸内[前胸部]苦悶(症). 〘1562〙

prè·cóstal *adj.* 〖解剖〗肋骨の前にある. 〘1854〙

prè·crítical *adj.* 〖病理〗発症前の, 危期前の; 批判的能力発達前の.

pre·cur·rer /prɪ̈kə́ːr, priː- | -kə́ːrə(r)/ *n.* 《Shak》前触れ, 先駆け (forerunner). 〘(1600–01) ← L *paecurrier*: ⇨ precursor〙

pre·curse /prɪ̈kə́ːs, priː- | -kə́ːs/ *vt.* …の先駆[前兆]となる. — *n.* 《Shak》先駆け, 前兆. 〘□ L *praecursus* (p.p.) ← *praecurrere* to run before: ⇨ precursor〙

pre·cur·sive /prɪ̈kə́ːsɪv, priː- | -kə́ː-/ *adj.* =precursory. 〘(*a*1814): ⇨ ↑, -ive〙

pre·cur·sor /prɪ̈kə́ːsə, priː- | -kə́ːsə(r)/ *n.* 1 先駆者, 先覚者 (forerunner). 2 a 先行するもの, もとの姿. b 前兆, 前触れ; 先駆け (presage). 3 [P-] (Christ の先駆者としての)洗礼者ヨハネ (John the Baptist). 4 先任者, 前任者, 先輩 (predecessor). 5 〖生化学〗前[先]駆物質, 前駆体 (生合成されるもとの物質, またある活性物質の非活性状態の時のもの). 〘(1504) □ L *praecursor* ← *praecursus* (p.p.) ← *praecurrere* to run before ← *prae-* 'PRE-'+*currere* to run: ⇨ course¹, -or²〙

pre·cur·so·ry /prɪ̈kə́ːsəri, priː- | -kə́ː-/ *adj.* 1 先行の (preceding), 前触れの, 前兆の. 2 〔…の〕予備の, 準備となる (preliminary) 〔*of*〕. 〘(1599) □ L *praecursōrius* ← *praecursus* (↑): ⇨ -ory¹〙

prè·cút *vt.* (**pre·cut; -cut·ting**) 〖建築〗プレカットする (建物のある部材または部分をあらかじめ刻んで作る; cf. precast). 〘1945〙

prè·cýst *n.* 〖動物〗被嚢(のう)前期 (原生動物が被嚢して休止期にはいる直前のもの; 摂食を停止し, 貯蔵物質が著しく増加している). 〘← PRE-+CYST〙

pred. (略) predicate; predication; predicative; predicatively; prediction.

pre·da·ceous /prɪ̈déɪʃəs/ *adj.* 〖生物〗=predacious.

predáceous díving bèetle *n.* 〖昆虫〗ゲンゴロウ (ゲンゴロウ科の種々の肉食性の水生甲虫の総称; cf. water scavenger beetle).

pre·da·cious /prɪ̈déɪʃəs/ *adj.* 〖生物〗=predatory 1. **~·ness** *n.* 〘(1713) ← L *praedārī* to take booty, plunder (⇨ predatory)+-ACIOUS〙

pre·dac·i·ty /prɪ̈dǽsəti | -sɪ̈ti/ *n.* 〖生態〗捕食性. 〘(1836–39): ⇨ predatory, -acity〙

prè-Darwínian *n.* ダーウィン (Darwin) の進化論以前の.

pre·date /prìːdéɪt/ *vt.* 1 (実際より)前日付けにする (antedate) (↔ postdate): ~ a letter, check, etc. 2 (時間的に)…より前にくる, …に先んずる. — /⸗⸗/ *n.* 〖新聞〗(遠隔地へ配達するための)前日版. 〘(1864) ← PRE-+DATE¹ (v.)〙

pre·da·tion /prɪ̈déɪʃən/ *n.* 1 捕食, 略奪 (depredation). 2 〖生態〗=predatism. 〘((*c*1460)) (1932) □ L *praedātiō(n-)* ← *praedātus* (p.p.) ← *praedārī* to plunder: ⇨ predatory〙

predátion prèssure *n.* 〖生態〗捕食圧 (弱小動物がそれを餌食(えじき)とする捕食動物 (predator) によって種(しゅ)の保存が脅かされること).

pred·a·tism /prédətìzm | -də-/ *n.* 〖生態〗(動物の)捕食(習性) (逃げ回る生き餌を襲って捕え食うこと). 〘(1930) ← PREDAT(ION)+-ISM〙

pred·a·tor /prédətə, -tɔ̀ə | -dətə(r)/ *n.* 1 捕食者, 捕食動物, 食肉動物, 食肉鳥(など). 2 奪い取る人[物], 略奪者. 〘(1922) □ L *praedātor* (↓)〙

pred·a·to·ry /prédətɔ̀ːri | -dətəri, -tri/ *adj.* 1 a 〖生態〗動物を捕食する, 捕食性の, 食肉の (carnivorous): ~ birds 食肉鳥. b 〈作物などを〉食い荒らす: ~ insects. 2 (よく)略奪する, 略奪性の; 略奪を目的[事]とする: a ~ war, expedition, etc. / a ~ ruffian 強盗. **pred·a·to·ri·ly** /prèdətɔ́ːrəli, ⸗⸗⸗⸗ | prédətərɪ̈li, -trə-, -trɪ̈-/ *adv.* **préd·a·tò·ri·ness** *n.* 〘(1589) □ L *praedātōrius* of a plunderer ← *praedātor* plunderer ← *praedārī* to plunder ← *praeda* 'plunder, PREY': ⇨ -ory¹〙

prédatory prìcing *n.* 〖商業〗略奪的価格設定 (競争相手を市場から追い出すような価格設定).

prè·dáwn *n.* 夜明け前. — *adj.* 夜明け前の: in the ~ hours. 〘1964〙

prè·decéase *vt.* 〈ある人, まれにある事件〉より前に死ぬ: ~ one's parents 両親に先立つ. — *vi.* 先に死ぬ, 先立つ. — *n.* (ある人より)前に死ぬこと: Owing to the ~ of his father, he succeeded his grandfather directly in his estates. 父が(祖父より)先に死んだため彼は祖父の財産を直接相続した. 〘v.: (1593–94); n.: (*a*1765)〙

pred·e·ces·sor /prédəsèsə, ⸗⸗⸗ | príːdɪ̈sèsə(r), ⸗⸗⸗/ *n.* 1 前任者, 先輩 (senior) (↔ successor): one's ~*s* in office 前任者 / one's immediate ~ 直接の前任者. 2 前のもの, 取って代わられたもの: My present car is far superior to its ~*s*. 今の車はこれまでのどれよりもずっと上等だ. 3 先祖 (ancestor): be buried with one's ~*s* 先祖と共に葬られる. 〘(*a*1387) *predecessour* □ (O)F *prédécesseur* // LL *praedēcessor* ← *prae-* 'PRE-'+*dēcessor* retiring official (← *dēcēdere* to go away ← DE-¹+*cēdere* to go (⇨ cede)): ⇨ -or²〙

prè·décimal *adj.* (英国で)十進法通貨導入(1971年)以前の. **prè·decimalizátion** *n.*

prè·defíne *vt.* あらかじめ定める. 〘1542〙

pre·del·la /prɪdélə; *It* predélla/ *n.* (*pl.* **-del·le** /-li, -leɪ; *It* -le/) 〖美術〗祭壇 (altar) の台[段]; その垂直面上の絵画[彫刻]. 〘(1848) □ It. ~ ← ? OHG *bret* 'BOARD'+*ella* (dim. suf.)〙

prè·désignate *vt.* 1 前もって命名[指定]する. 2 数量詞 (all, some, no など)を前置して〈名辞・命題〉の量を示す. **prè·designátion** *n.* 〘1837–38〙

pre·des·ti·nar·i·an /priːdèstənɛ́əriən, prɪ̈- | -tɪ̈nɛ́ər-/ *n.* 〖神学〗運命予定説信奉者, 予定論者. — *adj.* 1 〖神学〗予定説の. 2 宿命を信じる, 宿命論的な. 〘(*a*1638) ← PREDESTINE+-ARIAN〙

pre·dès·ti·nár·i·an·ism /-nìzm/ *n.* 〖神学〗運命予定説, 宿命論. 〘(1722): ⇨ ↑, -ism〙

pre·des·ti·nate /priːdéstənèɪt, prɪ̈- | -tɪ̈-/ *vt.* 1 〖神学〗〈神が〉〈人間などの〉運命を(…に)前もって定める, 予定する (foreordain) 〔*to*〕 / 〈*to* do〉: ~ a person *to* election [reprobation] 〈神が〉人を前もって選抜[永罰]する. 2 (古) 予定する, …の前途を定める (predetermine). — /priːdéstənɪ̈t, prɪ̈-, -nèɪt | -tɪ̈-/ *adj.* 予定せられた運命の, 宿命の, 前もって定まっている. 〘(adj.: *c*1380; v.: ?*c*1450) ← L *praedēstinātus* (p.p.) ← *praedēstināre* 'to PREDESTINE': ⇨ ate²˒³〙

pre·des·ti·na·tion /priːdèstənéɪʃən, prɪ̈-, prìːdɛs- | -tɪ̈-/ *n.* 1 〖神学〗a 予定説 (世界に出現する一切の事は, 神が永遠の昔から既に予定したものだとする説): ⇨ double predestination. b (Calvin 派の)予定説 (人間が救われるか否かは神によって予定されているという説). 2 a 予定(すること). b 天命, 宿命, 運命 (destiny). 〘(*c*1340) □ LL *praedestinātiō(n-)*: ⇨ predestine, -ation〙

pre·dés·ti·nà·tor /-ṭə | -tə(r)/ *n.* **1** 予定者. **2** 《古》〘神学〙=predestinarian. 〘(1579): ⇨ predestinate, -or[2]〙

pre·des·tine /priːdéstɪn/ *vt.* **1** 〈神が〉〈人を〉〔…に〕予定する (predetermine); (…に)運命づける 〔*for, to*〕/ 〈*to* do〉: He was ~*d for* a scholar. 彼は学者になるように運命づけられていた. **2** 〘神学〙=predestinate 1. 〘(1385) □ (O)F *prédestiner* ∥ L *praedestināre*: ⇨ pre-, destine〙

prè·detérminate *adj.* 前もって決められた, 先定の, 予定された: the ~ will of God 〘神学〙神の予定意志. 〘(1635) □ LL *praedēterminātus*: ⇨ ↓, -ate[2]〙

prè·detérmine *vt.* **1 a** =predestine 1. **b** 前もって決定する, 先決する. **2** 〈物事が〉〈人に〉前もって〔…に〕向かわせる, (…の方向[傾向]を)予定する 〔*to*〕/ 〈*to* do〉. — *vi.* あらかじめ決める[解決する]. **prè·de·ter·mi·nátion** *n.* **pre·detérminative** *adj.* 〘(1625) □ LL *praedetermināre*: ⇨ pre-, determine〙

predetérmined váriable *n.* 〘経済〙先決変数.

prè·detérminer *n.* 〘文法〙前決[限]定辞 (both, all などのように決定辞の前にくる語). 〘1959〙

prè·diabétes *n.* 〘病理〙糖尿病前症, 前糖尿病. 〘1937〙

prè·diabétic 〘病理〙 *adj.* 糖尿病前症の. — *n.* 前糖尿病(患)者. 〘1921〙

pre·di·al /príːdiəl | -diəl/ *adj.* =praedial. 〘1464〙

prè·diástole *n.* 〘生理〙(心臓の)前拡張期. **prè·diastólic** *adj.*

pred·i·ca·ble /prédɪkəbl | -dɪ-/ *adj.* 断定される (affirmable); 〔…の〕属性として断定できる 〔*of*〕: Length is ~ *of* a line. 長さは線の属性である. — *n.* **1** 断定されるもの, 属性. **2** 〘論理〙賓位語[概念], 客位語[概念] (predicament すなわち category に準じる根本的な概念; Aristotle の論理学では五つの根本概念, すなわち genus (類), species (種), difference (差), property (属性), accident (偶有性, 付帯性)の一つ). **pred·i·ca·bil·i·ty** /prèdɪkəbíləṭi | -bílәti, -lɪ-/ *n.* **~·ness** *n.* **préd·i·ca·bly** *adv.* 〘(1551) □ F *prédicable* □ L *praedicābilis*: ⇨ predicate, -able〙

pre·dic·a·ment /prɪdíkəmənt/ *n.* **1** (ある)状態, 境遇 (state); (特に)苦境, 窮境, 窮地 (⇨ fix SYN): be in a ~ 苦境に立つ. **2** 《古》(特殊な)状態. **3** /prédɪkəmənt | -dɪ-/ **a** 断定されたもの. **b** 〘論理・哲学〙範疇(はんちゅう) (category); [*pl.*] Aristotle の 10 の範疇. **pred·i·ca·men·tal** /prèdɪkəméntl, prɪdɪk- | prèdɪkəméntl, prɪdɪk-⁻/ *adj.* 〘(*a*1425) □ LL *praedicāmentum* ((なぞり)) ← Gk *katēgoría* 'CATEGORY' ← L *praedicātus* (p.p.) ← *praedicāre* 'to proclaim, PREDICATE': ⇨ -ment〙

P

pred·i·cant /prédɪkənt | -dɪ-/ *adj.* 説教する (preaching), 説教に当たる: a ~ order (of friars) (ドミニコ会のような)説教士の修道会. — *n.* **1** 説教師; (特に, ドミニコ会の)修道士 (Dominican), ドミニコ会士. **2** =predikant. 〘(1590) □ LL *praedicantem* ← *praedicāre* (↓): ⇨ -ant〙

pred·i·cate /prédɪkɪt, -kèɪt | prédɪ-, príːdɪ-/ *n.* **1** 〘文法〙述部, 述語 (cf. subject 6, object 8). **2** 〘論理〙述語, 賓位語, 賓辞: ⇨ predicate logic. **3** 〘哲学〙述語, 属性 (attribute) (↔ subject).
— *adj.* **1** 〘文法〙述部の, 述語の: a ~ verb 述語動詞. **2** 〘論理〙述語の, 賓位語[賓辞]の.
— /prédəkèɪt | -dɪ-/ *v.* — *vt.* **1** 〈言明・行動などを〉〔…に〕基づかせる (found) 〔*on, upon*〕. **2** (真実である[実在する]と)断言する, 断定する (affirm): We ~*d* his statement *to* be true.=We ~*d that* his statement was true. 我々は彼の陳述は真であると断定した. **3** 〘論理〙〔主題について〕〈何かを〉断定する, 断言する, 賓述する, 述語を加える, 属性を示す 〔*about, of*〕: We ~ goodness or badness *of* a motive. 我々は動機をよいとか悪いとか言う / Knowledge cannot be ~*d of* the brute creation. 動物に知識があるとは言えない. **4** 〘文法〙叙述する. **5** 意味する (imply), 内包する (connote): Snow ~*s* whiteness. 雪には白さという属性がある. **6** 《口語》予言する, 予報する (predict). — *vi.* 断言する, 断定する (affirm). 〘(n.: *c*1450; v.: 1552) ← LL *praedicātum* ((なぞり)) ← Gk *katēgoreúmenon*) ← L *praedicāre* to proclaim, publish ← *prae-* 'PRE-'+*dicāre* to make known: ⇨ -ate[1,2,3]: PREACH と二重語〙

prédicate ádjective *n.* 〘文法〙=predicative adjective. 〘1887〙

prédicate cálculus *n.* =functional calculus. 〘1950〙

prédicate lógic *n.* 〘論理〙述語論理 (論理学の一分野で, 命題論理を含み, さらに命題の内部構造を個体記号と述語に分けて量化詞の働きに依存する推理形式を探究する; quantification theory ともいう).

prédicate nóminative *n.* 叙述主格, 述語主格 (ギリシャ語・ラテン語などの主格の述語名詞または主語形容詞). 〘1887〙

prédicate nóun *n.* 〘文法〙=predicative noun.

prédicate vérb *n.* 〘文法〙述部動詞 (主語について何らかの陳述をなし述部の中心をなす動詞; 一般に SVO という場合の V に当たる; 例: I *came* home yesterday morning. の came).

pred·i·ca·tion /prèdəkéɪʃən | -dɪ-/ *n.* **1** 断言, 断定. **2** 〘論理〙叙述・断言・判断・命題において述語[賓辞]を与えること. **3** 〘文法〙(述語的)叙述, 賓述; 述語 (predicate). **4** 《古》説教 (sermon). 〘(*c*1303) □ (O)F *prédication* □ L *praedicātiō(n-)*: ⇨ predicate, -ation〙

pre·dic·a·tive /prɪdíkəṭɪv, prédəkèɪ- | prɪdíkətɪv-/ *adj.* **1** 断定する, 断定的な (declaratory). **2** 〘文法〙叙述的な, 述語的な (↔ attributive): the ~ use of a noun [an adjective] 名詞[形容詞]の叙述的用法 / ⇨ predicative adjective, predicative noun. — *n.* 〘文法〙述詞, 叙述語 (一般に補語 (complement) といわれているもの). 〘(1846) □ LL *praedicātīvus* ← L *praedicātus* (p.p.): ⇨ predicate, -ative〙

prédicative ádjective *n.* 〘文法〙叙述[述部]形容詞 (例: He is *dead*. / It made him *sick*. における dead, sick のように補語として用いられた形容詞; cf. attributive adjective).

préd·i·cà·tive·ly *adv.* 〘文法〙叙述的に, 述詞[叙述語]として. 〘(1875): ⇨ -ly[1]〙

prédicative nóun *n.* 〘文法〙叙述[述部]名詞 (例: He is a *fool*. / I made him a *servant*. における fool, servant のように補語として用いられた名詞; cf. attributive noun).

prédicative úse *n.* 〘文法〙叙述[述語]用法 (形容詞が動詞の補語として用いられて, 主語または目的語を間接に修飾する用法; 例: They are *happy*. | She looks *pale*.; cf. attributive use).

pred·i·ca·tor /prédɪkèɪṭə | -dɪkèɪtə(r)/ *n.* 〘文法〙述詞, 叙述語 (動詞群を含む文または句の一部を構成し, 句構造によって分類される主要成分のひとつ; 他の成分は通例主語 (subject), 目的語 (object), 付加詞 (adjunct) とされる; cf. complement, predicative). 〘1899〙

pred·i·ca·to·ry /prédɪkətɔ̀ːri | prédɪkèɪtəri, -tri/ *adj.* 説教(的)の, 説教に関する; 説教する (preaching), 説教された (preached); 説教者の. 〘(1611) □ LL *praedicātōrius* of preaching: ⇨ predicate, -ory[1]〙

pre·dict /prɪdíkt/ *vt.* (事実・経験・資料などによって)予言する, 予測する, 予知する, 予報する (⇨ foretell SYN): ~ the future / ~ the result of …の結果を予想する / ~ *that* rain is coming 雨になると予報[予測]する. — *vi.* 予言する, 予測する. 〘(1546) ← L *praedictus* (p.p.) ← *praedīcere* to say before ← *prae-* 'PRE-'+*dīcere* to say: cf. diction〙

pre·dict·a·bil·i·ty /prɪdìktəbíləṭi | -lɪti/ *n.* 予言されうること, 予測可能性. 〘(1868) ↓〙

pre·dict·a·ble /prɪdíktəbl/ *adj.* **1** 予言できる, 予測できる; 簡単に見越せる. **2** 《軽蔑》〈人が〉何一つ新しい[面白い]ことをするでもない, 凡庸な. **~·ness** *n.* 〘(1857): ⇨ predict, -able〙

pre·díct·a·bly /-bli/ *adv.* [文修飾詞として] 予想どおりに, 果たして, 案の定. 〘(1914): ⇨ ↑, -ly[1]〙

pre·dic·tion /prɪdíkʃən/ *n.* 予言[予測]する[される]こと; 予言, 予測: ~ of earthquake 地震の予知. 〘(1561) □ L *praedictiō(n-)*: ⇨ predict, -tion〙

pre·dic·tive /prɪdíktɪv/ *adj.* **1** 予言する, 予測する, 予言的な. **2** 〔…の〕前兆となる (boding) 〔*of*〕: a cold wind ~ *of* snow 雪の前触れの冷たい風. **~·ly** *adv.* 〘(1659) □ LL *praedictīvus*: ⇨ predict, -ive〙

pre·dic·tor /prɪdíktə | -tə(r)/ *n.* **1** 予言[予測, 予報]者. **2** 〘軍事〙 **a** 未来位置算定器[計測装置] (敵機の正確な未来位置を計測する装置). **b** 水中(制御)機雷発火時機指示器 (敵艦船の移動に合わせ機雷発火の最適の時機を指示する装置). **3** 〘数学〙 **a** 予報値. **b** 補間公式 (関数の与えられた幾つかの値から他の値の近似値を求めるための公式). **4** 〘統計〙=independent variable. 〘(1651) □ ML *praedictor*: ⇨ predict, -or[2]〙

prè·digést *vt.* **1** (病人のために消化しやすいように)〈食物を〉調理する, (前もって酵素などで処理して)人工的に消化しておく. **2** 〈作品などを〉(学習者のために注をつけたり書き直したりして)理解しやすくする. **prè·digéstion** *n.* 〘1663〙

prè·digésted *adj.* (ニュースなどが)やさしく書き直された. 〘1905〙

pre·di·kant /prèɪdɪkáːnt | -dɪkǽnt/ *n.* (特に, アフリカ南部の)オランダプロテスタントの牧師 (predicant). 〘((1634)) (1849) □ Du. ~: ⇨ predicant〙

pre·di·lec·tion /prèdəlékʃən, prìː-, -dl- | prìːdɪl-, -dl-/ *n.* [通例 a ~] 〔…に対する〕(先入的な)好み, ひいき, 偏愛, 偏好 〔*for*〕 (⇨ prejudice SYN). 〘(1742) □ F *prédilection* ← ML *praedilēctus* (p.p.) ← *praedīligere* to prefer ← *prae-* 'PRE-'+L *dīligere* to choose out, love: ⇨ -tion: cf. diligent〙

pre·dis·pose /prìːdɪspóuz | -dɪspə́uz/ *vt.* **1** 〈物事が〉〈人を〉〔…に〕傾かせる, (…の)素地を作る 〔*to, towards*〕/ 〈*to* do〉: My training ~*d* me *to* conservatism. 私の受けたしつけは私を保守主義に傾かせた. **2** 〘病理〙…に素因を与える, 〈人を〉〈病気に〉かかりやすくする 〔*to*〕: Heredity may ~ an organism *to* disease. 遺伝は生体に対して病因となることがある / A cold ~*s* a person *to* other diseases. かぜをひくとほかの病気にかかりやすくなる[を誘発する]. **3** 前もって処置[処分]する. — *vi.* 素因を与える, 〔病気に〕かかりやすくする 〔*to*〕. 〘(1646) ← PRE-+DISPOSE〙

prè·dispósed *adj.* **1** 〔…に〕傾いた, 〈…する〉傾向のある 〔*to, toward*〕/ 〈*to* do〉. **2** 〘病理〙〔病気に〕かかりやすい 〔*to, toward*〕. 〘1646〙

pre·dis·po·si·tion /prìːdɪspəzíʃən, ⏤⏤⏤⏤⏤/ *n.* **1** 傾向, 素地, たち: a ~ *toward(s)* piety 信心深くなる素地. **2** 〘病理〙素因 (disposition); 疾病素質 (susceptibility) 〔*to*〕: a ~ *to* apoplexy 卒中にかかりやすい素質. 〘(1622): ⇨ pre-, disposition〙

prè·distórtion *n.* 〘通信〙先行歪(ひず)ませ (preemphasis).

pred·nis·o·lone /prednísəlòun | -ləun/ *n.* 〘薬学〙プレドニゾロン ($C_{21}H_{28}O_5$) (ステロイド系抗炎症剤). 〘← PREDNIS(ONE)+-OL[1]+-ONE〙

pred·ni·sone /prédnəsòun, -zòun | -nɪsəun, -zəun/ *n.* 〘薬学〙プレドニゾーン ($C_{21}H_{26}O_5$) (ステロイド系抗炎症剤). 〘← PRE(GNANE)+-D(IE)N(E)+(CORT)ISONE〙

pre·dom·i·nance /prɪdɑ́(ː)mənəns | -dɔ́mɪ-/ *n.* 優越, 卓越, 優勢; 〔…の〕支配 (preponderance) 〔*over*〕. 〘1602〙

pre·dóm·i·nan·cy /-nənsi/ *n.* =predominance.

pre·dom·i·nant /prɪdɑ́(ː)mənənt | -dɔ́mɪ-/ *adj.* **1** 他よりも力[権力, 勢力]のある, 優勢な (predominating) (⇨ dominant SYN); 優れた, 卓越した: the ~ member 優位連合国 (1894 年第五代 Rosebery 伯爵がアイルランドに対してイングランドのことをいうのに用いた). **2** 主要素をなす, 支配的な, 主な: a ~ color 主色 / a ~ idea 主意. **3** 〘占星〙〈惑星が〉優位の, 優勢な (cf. ascendant). 〘(1576) □ F *prédominant* □ ML *praedominantem* (pres.p.) ← *praedomināre* ← *prae-* 'PRE-'+L *domināre* to rule: ⇨ dominant〙

predóminant·ly *adv.* 圧倒的に; 他に勝って, 優勢に: The passengers on the plane were ~ Japanese tourists. 飛行機の乗客はほとんどが日本人観光客だった. 〘1681〙

pre·dom·i·nate /prɪdɑ́(ː)mənèɪt | -dɔ́mɪ-/ *vi.* **1** 幅をきかせる, 優れている, 目立っている, 優勢を占める, 卓越する: a garden in which dahlias ~ ダリアの一番多い庭 / a mixed feeling in which jealousy ~*s* ねたみが主な複雑な感情. **2** 〔…の〕主権を握る, 〔…を〕支配する (rule) 〔*over*〕. **3** 〈ある色などが〉主[顕著]である, 勝っている. — *vt.* **1** 支配する. **2** 幅をきかせる, より優れている. — *adj.* =predominant. **~·ly** *adv.* **pre·dóm·i·nà·tor** /-ṭə | -tə(r)/ *n.* 〘(1594) ← ML *praedominātus* (p.p.) ← *praedomināre* (↑)〙

pre·dóm·i·nàt·ing /-ṭɪŋ | -tɪŋ/ *adj.* **1** 支配的な, 主な. **2** 群を抜いた, 優勢な, 卓越した. **~·ly** *adv.* 〘(1595): ⇨ ↑, -ing[2]〙

pre·dom·i·na·tion /prɪdɑ̀(ː)mənéɪʃən | -dɔ̀mɪ-/ *n.* =predominance. 〘(1586): ⇨ predominate, -ation〙

prè·dóom *vt.* 《古》前もって…の運命を定める, 〔…に〕運命づける 〔*to*〕: be ~*ed to* ruin 破滅の運命をになわされる. 〘1618〙

pre·dor·mi·tum /prìːdɔ́əməṭəm | -dɔ́ːmɪtəm/ *n.* 〘医学〙睡眠前期. 〘← NL ~ ← PRE-+L *dormitum* sleeping〙

prè·dórsal *adj.* 〘解剖〙背部の前にある. 〘1831〙

prè·dynástic *adj.* (特に, Egypt の)王朝以前の, 先王朝時代の. 〘1898〙

pree /príː/ *vt.* (~d; ~·ing) 《スコット》試食[試飲]する (sample). ***prée the móuth of*** 《スコット》…にキスする. 〘1785〙 — *n.* 《スコット》ためし, 試食. 〘(?*a*1700) (短縮) ← 《スコット》《廃》*preve* (変形) ← PROVE〙

prè·écho *n.* (*pl.* ~es) **1** 前エコー (録音した本来の音の前に聞こえるかすかな音). **2** 前兆, 前触れ. — *vt.* 予示する. 〘1935〙

prè·eclámpsia *n.* 〘病理〙(妊婦のかかる)子癇(しかん)前症. 〘1923〙

prè·eléct *vt.* **1** 予選で選ぶ, 予選を行う[する]. **2** 〈神が〉…の救済を予定する. 〘1570〙

prè·eléction *n.* 《古》予選. — *adj.* 〈公約・運動など〉選挙前の[に起こる], 事前の. 〘1589〙

prè-Elizabéthan *adj.* エリザベス女王時代以前の, エリザベス朝前の.

prè·émbryo *n.* 〘生物〙前期胚子. **prè·em·bryónic** *adj.* 〘1904〙

prè·emérgence *adj.* 〘植物〙出芽前の[に起こる]. 〘1940〙

prè·emérgent *adj.* 〘植物〙=preemergence. 〘1959〙

pree·mie /príːmi/ *n.* 《米口語》未熟児, 早産児. 〘(1927) (短縮) ← PREMATURE: ⇨ -ie〙

pre·em·i·nence /priémənəns, prìː- | -mɪ-/ *n.* 卓越, 傑出, 抜群: bad ~ 悪評. 〘(?*a*1200) □ LL *praeēminentia*: ⇨ ↓, -ence〙

pre·em·i·nent /priémənənt, -prìː- | -mɪ-/ *adj.* 抜群の, 傑出した, 卓越した, 秀でた; 顕著な, 目立った (⇨ dominant SYN). **~·ly** *adv.* 〘(?*a*1425) □ L *praeēminentem* (pres.p.) ← *praeēminēre* to project forward ← *prae-* 'PRE-'+*ēminēre* stand out: ⇨ eminent〙

prè·émphasis *n.* 〘通信〙プレエンファシス (周波数変調方式において, 送信側で周波数の高い方を前もって強調して信号対雑音比を高めたりひずみを減らしたりすること; cf. emphasis 5, de-emphasis 2). 〘1940〙

prè·emplóyment *adj.* 就職前の[に起こる]; 採用[雇用]前の: a ~ test [examination] 採用時(身体)検査. 〘1942〙

pre·empt /priém(p)t/ *vt.* **1** 〈行動・計画などを〉先手を打って妨げる, …の機先を制する. **2** 〘ラジオ・テレビ〙〈予定の番組を〉差し替える. **3** 先買権によって〈公有地を〉獲得する. **4** 《米》先買権を得るために前もって〈土地を〉占有する. **5** 他に先んじて占有する, 先取する, 買い占める. — *vi.* 〘トランプ〙(ブリッジで)先制ビッドをする. — *n.* 〘トランプ〙=PREEMPTIVE bid. 〘(1857) (逆成) ↓〙

pre·emp·tion /priém(p)ʃən/ *n.* **1** 先制(攻撃). **2 a** 先買. **b** 先買権, 優先買取権 (preemption right). **c** 先買権によって得た土地. 〘(1602) □ ML *praeemptiō(n-)* ← L *praeemptus* ((p.p.) ← *praeemere* to buy beforehand ← *prae-* 'PRE-'+L *emere* to buy)+-TION: cf. exempt〙

preémption right *n.* 先買権, 優先買取権 (公有地などを他人に優先して買うことができる権利). 〘1784〙

pre·emp·tive /priém(p)tɪv/ *adj.* **1**〘軍事〙先制の, 相手の攻撃を封ずるためにしかけた: a ～ strike 先制攻撃. **2**〘トランプ〙(ブリッジで)プリエンプティブの, 先制の《相手のビッド (bid) を封じる目的の, 飛躍的に高いビッドにいう》: a ～ bid [overcall, response] 先制ビッド[オーバーコール, レスポンス]. **3** 先買の; 先買権のある. **～·ly** *adv.* 〘(1855) ← ML *praeemptus* (⇨ preemption)＋-IVE〙

preémptive ríght *n.*〘証券〙新株引受権《一定数の株式を, 発行会社に一定金額を払い込むことによって取得することができる選択権》. 〘1855〙

pre·emp·tor /priém(p)tə, pri:-|-tɔ(r)/ *n.* 先買権獲得[所有]者. 〘1846〙

pre·emp·to·ry /priém(p)təri, pri:-, -tri/ *adj.* 先買(権)の. 〘(1895): ⇨ preemption, -ory¹〙

preen¹ /prí:n/ *vt.* **1 a** [～ *oneself* で] しゃれる, 身じまいする. **b**〈着衣を〉整える. **2**〈鳥が〉〈羽を〉(くちばしで)整える, 羽(ʰᵃ)づくろいする (trim),〈獣が〉〈毛を〉舌でそろえる. **3** [～ *oneself* で]〔…で〕得意になる, 喜ぶ〔*on, upon*〕. — *vi.* **1**〈鳥が〉羽を整える, 羽(ʰᵃ)づくろいする. **2** めかす, しゃれる. **～·er** *n.* 〘(c1390) *proyne, preyne*《混成》?← PRUNE＋PREEN²: くちばしでつつくことの連想から〙

preen² /prí:n/ *n.*〘英方言〙**1** 留め針, ピン (pin); えり留め, ブローチ (brooch). **2** 取るに足らない物. — *vt.*《スコット》ピンで留める. 〘OE *prēon* pin, brooch: cf. Du. *priem* pin / G *Pfriem* awl〙

prè·engáge *vt.* **1** 予約する, 先約する. **2** …の心を傾かせる; …の心を占める[奪う] (prepossess). — *vi.* 予約する. **～·ment** *n.* 〘1646〙

prè·enginéered *adj.*〈建物が〉工業化された《プレハブ式の部材や部分で作り上げてあることにいう》. 〘1958〙

préen glànd *n.*〘鳥類〙＝uropygial gland. 〘1923〙

prè-Énglish *n.* **1** (今日の英語の先祖に当たる)古代西ゲルマン語 (West Germanic) の一方言. **2** アングロサクソン族侵入前に英国で行われていた諸言語. — *adj.* pre-English の. 〘1922〙

préen·ing *adj.*〈鳥が〉羽(ʰᵃ)づくろいをしている. 〘(1903): ⇨ preen¹〙

prè·éntry *adj.*〘労働〙(クローズドショップ制で)採用に先立つ, 採用前に組合に加入する (cf. post-entry). 〘1941〙

prè·equalizátion *n.*〘通信〙＝preemphasis.

prè·estáblish *vt.* 前もって設立[制定]する; 予定[先定]する. 〘1643〙

pré·estàblished hármony *n.*〘哲学〙(Leibniz の唱えた)予定調和. 〘1727–41〙

pre·es·ti·mate /prì:éstəmèɪt|-ést₃-/ *vt.* 前もって評価する, 予測する. — /prì:éstəmət|-t₃-/ *n.* 予測, 予算. 〘1889〙

prè·examinátion *n.* 予備試験[調査]. 〘17C〙

prè·exámine *vt.* 前もって調査[試験]する; …に予備試験をする. 〘1659〙

prè·exílian *adj.* (ユダヤ人の)バビロニア捕囚 (Babylonian captivity) 以前の. 〘← PRE-＋L *exilium* 'EXILE'＋-AN¹〙

prè·exílic *adj.* ＝preexilian.

prè·exíst *vi.* **1** 先在する. **2** 前生に存在する. **3** (具体化する前に)心中に[観念的に]存在する. — *vt.*〈ある事〉より前に存在する. **prè·exístent** *adj.* 〘1599〙

prè·exístence *n.* **1** 先在; (特に, 肉体と結合する前の)霊魂先在. **2**〘神学〙先在《特に, キリストが肉体の形をとる前から存在したこと》. 〘a1652〙

prè·exísting *adj.* 前から存在する, 先在の. 〘1599〙

prè·experiméntal *adj.* 予備実験の. 〘1923〙

prè·expósure *n.* あらかじめの露出;〘写真〙前露光《撮影前に, 写真材料の感度を増すために弱い均一露光を行うこと》. 〘(1937) ← *preexpose* ← PRE-＋EXPOSE〙

pref. 《略》preface; prefaced; prefatory; prefect; prefecture; prefer; preferably; preference; preferred; prefix; prefixed.

pre·fab /prí:fæ̀b/〘建築〙*adj.* プレハブ(式)の, 組立て式の (prefabricated). — *n.*《口語》プレハブ(住宅), 組立て家屋; (特に第二次大戦後英国で数多く建てられた)小さなプレハブ住宅. — /prì:fǽb/ *vt.* (**-fabbed; -fab·bing**) ＝prefabricate. 〘(1937)《略》← *prefabricated* (p.p.) (↓)〙

pre·fab·ri·cate /prì:fǽbrɪkèɪt/ *vt.* **1**〘建築〙〈家屋を〉組立て部分品で[プレハブ式に]作る (cf. precast, precut). **2** 前もって作り上げる. **3** 人工的に作る;〈小説の筋などを〉紋切り型に展開させる. **4**〈笑顔などを〉もっともらしく[紋切り型に]作る. **prè·fábri·ca·tor** /-tə|-tɔ(r)/ *n.* **pre·fab·ri·ca·tion** /prì:fæbrɪkéɪʃən/ *n.* 〘(1932) ← PRE-＋FABRICATE〙

prè·fábricated *adj.* プレハブの, 組立て式の: a ～ house. 〘1933〙

pref·ace /préfɪs/ *n.* **1 a** (書物・論文などの)序文, 序説, 緒言, まえがき, はしがき〔*to*〕(cf. foreword) (⇨ introduction SYN). **b** (演説などの)前置き, 前口上. **2** [しばしば P-]〘カトリック〙(ミサ典文 (Canon) の前に唱えられる)序誦. **3** 前置き[前触れ]となるもの, きっかけ. — *vt.* **1** …に〔…を〕先行させる,〈話などを〉〔…を〕前置きして始める〔*by, with*〕: ～ a book *by* [*with*] a life of the author 書物の初めに著者の略歴をつける / He ～*d* his remarks *with* a snort [*by* an apology]. 話の前に息をはずませた[言い訳をした]. **2**〈書物〉に序文を書く. **3** …の序[端緒]となる, …の端を開く (introduce). — *vi.* 序文を書く, あらかじめ言っておく. **pref·ac·er** /préfɪsə|-sə(r)/ *n.* 〘n.: (c1380) ◻ (O)F *préface* // ML *praefātia*＝L *praefātiō* a saying beforehand ← *praefārī* to say beforehand ← *prae-* 'PRE-'＋*fārī* to say: cf. fable. — v.: (1616) ← (n.)〙

prè·fáctor *n.*〘数学〙前因子《積の形の式の左の因子; ↔ postfactor》. 〘1884〙

pref·a·to·ri·al /prèfətɔ́:riəl-/ *adj.* ＝prefatory. **～·ly** *adv.* 〘1799〙

pref·a·to·ry /préfətɔ̀:ri|-təri, -tri/ *adj.* 序文の, 前置きの, 前口上の: ～ remarks in a speech 演説の前置きの言葉. **pref·a·to·ri·ly** /prèfətɔ́:rəli, ⌐–⌐⌐⌐|préfətərɪli/ *adv.* 〘(1675) ← L *praefātus* ((p.p.) ← *praefārī*: ⇨ preface)＋-ORY¹〙

prefd. 《略》〘証券〙preferred (stock) 優先(株式).

pre·fect /prí:fekt/ *n.* **1** (英国の public school や米国のある種の私立学校の)監督生, 風紀生, 級長 (praepostor)《他の学校の monitor に当たる》. **2** (フランス・イタリア・日本などの)知事 (governor), 長官: the *Prefect* of Police (パリの)警視総監. **3**〘ローマ史〙長官 (chief magistrate); (特に)属州 (province) の長官[総督]. **4** 陸軍[海軍]司令官. **5**〘カトリック〙(イエズス会系の学校の)学部長(など)の役職. **6** ＝prefect apostolic. **～·ship** *n.* **pre·fec·tor·al** /pri:féktərəl/ *adj.* **pre·fec·to·ri·al** /prì:fektɔ́:riəl-/ *adj.* 〘(?c1350) ◻ OF ～ (F *préfet*) // L *praefectus* overseer, director (p.p.) ← *praeficere* to set over ← *prae-* 'PRE-'＋*facere* to do, make: cf. fact〙

préfect apostólic *n.* (*pl.* **prefects a-**)〘カトリック〙知牧, 使徒座直轄地区長《宣教地および定住司教制がまだ設置されていない地方において特別の裁治権を与えられている司祭》.

pre·fec·ture /prí:fektʃə|-tʃə(r), -tʃʊə(r), -tjʊə(r)/ *n.* **1** (ローマ帝国やフランス・イタリア・日本などの)県, 府. **2** 県庁, 府庁; 知事官舎. **3** prefect の職[職権, 任期, 管轄区]. **pre·fec·tur·al** /pri:féktʃərəl/ *adj.* 〘(1577) ◻ L *praefectūra* office of an overseer ← *praefectus*: ⇨ prefect, -ure〙

préfecture apostólic *n.* (*pl.* **prefectures a-**)〘カトリック〙知牧区, 使徒座直轄地区《司教座が設置されていない宣教地区に置かれる教区》.

pre·fer /prɪfə́:|-fə́:(r)/ *v.* (**pre·ferred; -fer·ring**) — *vt.* **1**〔…より〕むしろ…の方を取る, 好む, よいと思う (like better)〔*to*〕(⇨ choose SYN): ～ the town *to* the country 田舎よりも都会を好む / ～ working *to* doing nothing 遊んでいるよりは働く方が好きだ / I ～ *to* leave it alone [I ～ *that* it is left alone]. それはそのままにしておいた方がいいと思う / I ～ it when you stand. 立ったときの方がよいと思う / I'd ～ 《米》*for*) you to stand.＝I'd ～ it if you stood. 立っていただきたいのですが / I would [should] ～ not to go. 行きたくないのですが / I ～ coffee (to be) black. コーヒーはブラックが好きだ / I'll come, if you ～ it [～ me *to*]. そのほうがよろしければ参ります / This answer is ～*red* by the examiners. この答えは試験官好みだ.

語法 (1) この語の目的語が不定詞の場合は to の代わりに rather than を用いる: He ～*red to* play golf *rather than* (to) go swimming. 泳ぎに行くよりゴルフの方を好んだ. (2) 目的語が名詞の場合にも rather than を用いることがある: I ～ wine *rather than* whiskey. ウイスキーよりワインの方が好きだ. (3) 比較されるものが省略される場合がある: I (much) ～ standing (*to* sitting).＝I (much) ～ *to* stand (rather than (*to*) sit). 私は立っている方が(ずっと)いい / I ～ *to* wait (rather than (*to*) go at once). (すぐ出かけるより)待つ方がいい

2 (承認・考慮などを求めるために裁判所などに対して)持ち出す, 提出する: ～ a request, statement, bill, etc. / ～ charges against a person 人を告発する. **3**《古》〈人を〉〔…に〕昇らせる, 抜擢(ᵇᵃᵗˢᵘᵗᵉᵏᵢ)する, 昇進させる (promote); 位につける, 任命する (appoint)〔*to*〕: ～ a priest *to* a bishopric 司祭を bishop に任命する. **4**〘法律〙…に優先権を与える. **5**《古》推薦する.
— *vi.* (…の方を)好む, 選ぶ: I will come, if you ～. その方がよろしければお伺いいたします.
〘(a1393) *preferre(n)* ◻ (O)F *préférer* // L *praeferre* to bear or set before, prefer ← *prae-* 'PRE-'＋*ferre* 'to BEAR¹'〙

pref·er·a·ble /préf(ə)rəbl, -fəbl|-f(ə)rəbl/ ★ /prɪfə́:rəbl|-fə́:r-/ と発音する人もいるが, 英米ともに必ずしも標準的発音とは認められていない. *adj.* 〔…より〕選ぶべき,〔…より〕ましな, 望ましい (more desirable)〔*to*〕: Any principle is ～ *to* none. どんな主義でも無主義よりはましだ / Poverty is ～ *to* ill health. 貧乏は病身よりましだ / It is ～ that he (should) stay behind. 彼は残った方がよい / It is ～ to stay rather than to go. 行くより留まる方がよい.
★ more [most] ～ とは言わないことに注意. **prèf·er·a·bíl·i·ty** /prèf(ə)rəbíləti|-lɪti/ *n.* **～·ness** *n.* 〘(1648) ◻ F *préférable*: ⇨ ↑, -able〙

pref·er·a·bly /préf(ə)rəbli/ *adv.* 好んで, むしろ, いっそ, なるべくなら(…の方がよい) (rather): We want an assistant, ～ a young man. 助手を求めています, なるべくなら若い人を希望. 〘(1729): ⇨ ↑, -ly¹〙

pref·er·ence /préf(ə)rəns, -fəns, -rənts, -fənts|-f(ə)rəns, -rənts/ *n.* **1** 他のものより先に取ること, 採択, 好み, ひいき (⇨ choice SYN): ～ of A *to* [*over*] B B よりも A を選ぶ[好む]こと / have a ～ *to* [*for*] …の方を選ぶ[好む], …を一層よいと思う / by [for] ～ 好んで, 選んで; なるべくなら / in ～ *to* …に先立って; よりはむしろ / Teachers should not show [give] any ～ *for* [*to*] any one of their pupils. 教師はどの生徒にもえこひいきをすべきでない. **2** 他のものより好まれるもの, 好物 (favorite); 採択物;〘電算〙ユーザーの好みの設定: French novels are my ～. フランス小説こそ私の好むところだ. **3 a** 優先(権), 先取(権): offer [afford] a ～ 優先権を与える. **b** (支払いにおける)優先権: give a creditor an illegal ～ 債権者に非合法的な優先権を与える. **4**〘経済〙(貿易などの)特恵. 〘(1603) ◻ F *préférence* ◻ ML *praeferentia*: ⇨ prefer, -ence〙

préference bònd *n.*《英》〘財政〙優先政府公債. 〘1885〙

préference shàre [stòck] *n.*《英》〘証券〙＝preferred stock [share]. 〘1890〙

pref·er·en·tial /prèfərénʃəl, -ʃl-/ *adj.* **1** 先取の, 優先の, 先取権のある: ～ right 先取特権, 優先権 / ～ treatment 優待. **2** 選択的な, 差別制の. **3**〘経済〙〈関税法・運賃制など〉特恵の: the ～ duties 特恵関税 / a ～ trade agreement 特恵貿易協定. 〘(1849) ← ML *praeferenti(a)*＋-AL¹: ⇨ preference〙

prèf·er·én·tial·ìsm /-ʃəlìzm/ *n.*〘経済〙特別恩恵主義, 特恵《特定の国の産物に限り関税を低くするなど》. 〘1903〙

prèf·er·én·tial·ist /-ʃ(ə)lɪst|-lɪst/ *n.* 特別恩恵[特恵]の主張者. 〘1903〙

prèf·er·én·tial·ly /-ʃəli/ *adv.* **1** 優先的に, 先取権によって. **2**〘経済〙特恵によって. 〘1873〙

preferéntial shóp *n.*《米》労働組合員優先雇用工場《資本家と組合の協定により組合員が優先的に雇用される工場》.

preferéntial táriff *n.* 特恵関税.

preferéntial vóting [sýstem] *n.*〘政治〙選択投票(制), 順位指定連記投票《投票者が数名の候補者に選択順位をつけて行う投票法; alternative vote ともいう; cf. proportional representation》. 〘1870〙

pre·fer·ment /prɪfə́:mənt|-fə́:-/ *n.* **1** 昇進, 昇級; 抜擢(ᵇᵃᵗˢᵘᵗᵉᵏᵢ) (promotion). **2** 高官, (聖職者の)高位. **3** 優先[先取]権, 貸金の取立優先権(など). **4** (告発などの)提起. 〘(1443) ← PREFER＋-MENT〙

pre·férred *adj.* **1**〘証券〙〈請求権が〉先順位の, 優先の: ⇨ preferred share. **2** 抜擢(ᵇᵃᵗˢᵘᵗᵉᵏᵢ)された, 昇進した. 〘1483〙

preférred líe *n.*〘ゴルフ〙プリファードライ《競技者がペナルティーなしに置き換えることができるボールの位置; ストローク数は変わらない》.

preférred sháre [stóck] *n.*《米》〘証券〙優先株式(《英》preference share [stock])《普通株式に優先して所定額までの配当を受ける権利をもつ株式; cf. common stock, ordinary 3》. 〘1864〙

pre·fér·rer /-fə́:rə|-fə́:rə(r)/ *n.* **1** 選択者. **2** 提出者. 〘(1536): ⇨ prefer, -er¹〙

prè·fétch *vt.*〘電算〙〈CPU などが〉〈データを〉先読みする;〈ブラウザーが〉〈あるサイトのデータを〉あらかじめ(自動的に)読み込んでおく.

prè·figurátion *n.* **1** 予示, 予表; 予想 (prefigurement). **2** (前もって示す)原型 (prototype). 〘(c1384) ◻ LL *praefigūrātiō(n-)*: ⇨ prefigure, -ation〙

prè·fígurative *adj.* 若い世代の価値が重んじられる社会の[を表す]. **～·ly** *adv.* **～·ness** *n.* 〘(1504) ◻ ML *praefigūrātīvus*: ⇨ ↓, -ive〙

prè·fígure *vt.* **1** …の形[型]を前もって示す, 予表する, 予示する (foreshadow). **2** 予想する. 〘(?c1425) ◻ LL *praefigūrāre*: ⇨ pre-, figure (v.)〙

prè·fígure·ment *n.* **1** 予示; 予想. **2** 予想図[像]. 〘1843〙

prè·fínish *vt.* 前もって完成する[仕上げる]. 〘1935〙

pre·fix /prí:fɪks/ *n.* **1**〘文法〙接頭辞 (cf. suffix, affix). **2 a** 氏名の前につける敬称《例えば Sir, Mr., Dr. など》. **b** (分類・区分のために)コード・番号などの前につける数字[文字, 記号];《英》＝dialling code. **3**〘論理〙冠(ᵏᵃⁿ), 冠詞《一つ以上の量化詞で, 特に冠頭標準形 (prenex normal form) におけるそれをいう》.
— /prí:fɪks, ⌐⌐/ *vt.* **1**〈序文・敬称などを〉前につける, …の前[初め]に〔…を〕置く〔*by, with*〕: ～ a paragraph [chapter] to a chapter [book] 章[巻]の初めに節[章]をつける / Ungrammatical sentences are ～*ed by* an asterisk. 非文法的な文にはその前に星印を付けてある (cf. I have ～*ed* the sentence *with* an asterisk to indicate that it is ungrammatical.). **2**〘文法〙〔語に〕接頭辞としてつける〔*to*〕: 'Out' is ～*ed to* many verbs. **3**《古》前もって決める[任命する].
〘n.: (1646) ← NL *praefixum* (neut.) ← *praefixus* (p.p.) ← L *praefigere* to fix before ← *prae-* 'PRE-'＋*figere* 'to FIX'. — v.: (1414) ◻ (O)F *préfixer* ← PRE-＋*fixer* 'to FIX'〙

pre·fix·al /prí:fɪksəl, -sl, ⌐⌐⌐|⌐⌐⌐, ⌐⌐⌐/ *adj.*〘文法〙**1** 接頭辞の, 接頭辞を成す. **2**〈序文・敬称など〉前に置かれた. **～·ly** *adv.* 〘1863〙

pre·fix·ion /pri:fíkʃən/ *n.*〘文法〙接頭辞[語]を用いること. 〘((1526)) (1811–31) ◻ F *préfixion*: ⇨ prefix, -ion〙

pre·fix·ture /pri:fíkstʃə|-tʃə(r)/ *n.*〘文法〙**1** 接頭辞をつけること. **2** 接頭辞 (prefix). 〘(1821) ← PREFIX＋(FIX)TURE〙

prè·flíght *adj.* [限定的] 飛行前の. 〘1922〙

prè·fócus *vt.* (取り付け前に)〈ヘッドライトなど〉の焦点を合わせる. 〘1944〙

prè·fórm *vt.* **1** [通例 p.p. 形で] 前もって形成する: ～*ed* faculties. **2** 前もって…の形を定める, 前もっておおよその形[型]に仕立てておく. — /⌐⌐/ *n.* **1** 前もっての形成物. **2** 宝石用原石 (gemstone). **3** ＝biscuit 5 a. 〘(1599) ◻ L *praeformāre*: ⇨ pre-, form〙

prè·formátion *n.* **1** 前もっての形成. **2**〘生物〙前成節, 予造説《完成有機体の各部は胚子(ʰᵃⁱˢʰᵢ)の中に既存していて, それらが単に成長するにすぎないという説; 今は信じられていない; theory of preformation ともいう; cf. epigenesis 1》. 〘1732〙

P

prè·fórmative 〘言語〙 *adj.* (語形成要素として)接頭された, 接頭辞的な. — *n.* 接頭要素 《語頭に添えられる語根以外の語形成要素》. 〘1821〙

prè·fróntal 〘解剖・動物〙 *adj.* **1** 前額骨の前にある. **2** 前頭葉前部にある. — *n.* 前額骨の前にある部分 《骨など》. 〘(1854): ⇨ pre-, frontal〙

prefróntal lobótomy *n.* 〘外科〙 前頭葉(白質)切截(せっ)(術). 〘1936〙

prè·gáme *adj.* ゲーム前の. 〘1951〙

prè·gangliónic *adj.* 〘動物〙 節前の. 〘1895〙

prè·génital *adj.* 〘精神分析〙 前性器期の: the ~ period 前性器期. 〘1890〙

preg·gers /prégəz | -gəz/ *adj.* 《英口語》 妊娠している (pregnant). 〘(1942) ← PREG(NANT): ⇨ -er[1] 1 i〙

Pregl /préɪgl; G. pʁéːgl/, **Fritz** *n.* プレーグル 《1869–1930; オーストリアの化学者; Nobel 化学賞 (1923)》.

prè·glácial 〘地質〙 *n.* 氷河前縁地域. — *adj.* 前氷河期の (↔ postglacial). 〘1855〙

preg·na·bil·i·ty /prègnəbíləti | -lɪ̣ti/ *n.* 攻撃されやすいこと, 弱点. 〘(1838) ↓〙

preg·na·ble /prégnəbl/ *adj.* **1** 略取される, 占領しやすい: a ~ fortress. **2** 攻撃される, 攻撃されやすい; 弱味のある, 弱い: a ~ idea (攻撃を受ける)弱点のある考え / an infidel ~ *to* neither religion nor common sense 宗教も常識も歯の立たない不信心者. 〘(*a*1393) □ (O)F *prenable* ← *prendre* to take < L *prendere* 《略》 ← *pr(a)ehendere*: -*g*- 音は pregnant からの類推で 16C から: ⇨ prehensile, -able〙

preg·nan·cy /prégnənsi, -nəntsi/ *n.* **1 a** 妊娠, 懐妊: extrauterine [spurious] ~ 子宮外[想像]妊娠 / a ~ test 妊娠テスト[検査]. **b** 妊娠期間. **2** 充満, 豊富. **3** 含蓄[可能性]に富むこと, 意味深長. **4** 当意即妙. **5** 《古・詩》 多産, 豊穣(ほうじょう). 〘(*a*1529): ⇨ pregnant, -ancy〙

preg·nane /prégneɪn/ *n.* 〘化学〙 プレグナン ($C_{21}H_{36}$) 《天然にはないステロイドの一種; プレグナン誘導体の基本炭化水素》. 〘(1932): ⇨ ↓, -ane[2]〙

preg·nant[1] /prégnənt/ *adj.* **1** 妊娠している: be six months [twenty weeks] ~ 妊娠 6 か月[20 週]である / be ~ *with* one's first child 初めての妊娠をしている / She is ~ *by* her former husband. 先夫の子を宿している. **2** 妊娠の[に関する]: ~ urine. **3** 〔…に〕満たされた, 充満した (filled) 〔*with*〕. **4** 〈言語・行動など〉意味深い, 含蓄のある (suggestive): a ~ word, speech, etc. / a ~ pause [silence] 意味深長な沈黙 / a phrase ~ *with* [*in*] meaning 含蓄の深い句 / a ~ construction 〘文法・修辞〙 含蓄[簡約]構文 《例えば Put it into and keep it in your pocket. を意味する Put it in your pocket. など》. **5** 可能性に富んだ; 重大な(結果をはらんだ): an event ~ *with* grave consequences 重大な結果をはらむ事件 / clouds ~ *with* rain 雨をはらんだ[をもたらす]雲. **6** 〈人・頭脳など〉想像[工夫]に富む: a ~ wit / a ~ mind 想像力の豊かな心(の持主). **7** 《古・詩》 多産の, 豊穣(ほうじょう)な (fertile): the ~ fields / a ~ year 豊年. **8** 《廃》 反応の速い (receptive) (cf. Shak., *Twelf N* 3. 1. 89). **~·ly** *adv.* **~·ness** *n.* 〘(1402) □ L *praegnantem* with child 《変形》 ← *praegnātem, praegnās* 《原義》 before birth 《変形》 ← *prae-* 'PRE-' + (*g*)*nāscī* to be born: ⇨ -ant: cf. nature〙

preg·nant[2] /prégnənt/ *adj.* 《古》 〈議論・証拠・理由など〉確実な, 明白な. 〘(*c*1385) □ OF *preignant* (F *prégnant*) (pres.p.) ← *preiendre* < L *premere* 'to PRESS[1]'〙

preg·nen·o·lone /prɛgnénəlòʊn, -nl- | -nələ̀ʊn, -nl-/ *n.* 〘化学〙 プレグネノロン ($C_{21}H_{32}O_2$) 《プロゲステロン (progesterone) 系で性ホルモンの中間体として重要》. 〘(1936) ← PREGN(ANE) + -EN(E) + -OL[1] + -ONE〙

prè·hárdener *n.* **1** あらかじめ硬くするもの. **2** 〘写真〙 前硬膜液, 前硬膜剤 《現像処理などの前に感光材料の膜面を丈夫にする処理液》.

prè·héat *vt.* (操作に)先だって熱する; 〈オーブンなどを〉あらかじめ温める, 〈エンジンを〉暖機する. 〘1898〙

prè·héater *n.* 〘機械〙 予熱器 《炉・装置などに入る流体をあらかじめ加熱する装置》. 〘(1910) ↑〙

pre·hen·sile /prɪ̣hénsəl, -sl, -saɪl | -saɪl/ *adj.* **1** 〘動物〙 〈足・尾など〉物をつかむに適している, 把握(はあく)力のある: the ~ tail of a monkey サルの巻き尾 / a ~ arm (頭足類の)捉腕(そくわん). **2** 〈人が〉理解力のある, 洞察力のある. **3** 強欲な, 貪欲な (avaricious). **pre·hen·sil·i·ty** /prìːhensíləti | -lɪ̣ti/ *n.* 〘(1781–85) □ F *préhensile* ← L *prehensus* (p.p.) ← *pr(a)ehendere* to take hold of ← *prae-* 'PRE-' + -*hendere* (← IE **ghend-* to grasp (Gk *khandánein* to hold)): ⇨ -ile[1]: cf. apprehend〙

pre·hen·sion /prɪ̣hénʃən/ *n.* **1** 〘動物〙 捕捉(ほそく), 把握(はあく) (grasping). **2** 理解, 会得 (apprehension). 〘(1828) □ L *prehensiō(n-)* ← *prehensus* (↑): ⇨ -sion〙

prè-Hispánic *adj.* (中南米において)(16 世紀前半の)スペイン征服以前の. 〘1919〙

prehist. 《略》 prehistoric; prehistory.

pre·his·tor·ic /prìːhɪstɔ́(ː)rɪk | -tɔ́r-ˈ/ *adj.* **1** 有史以前の, 先史時代の; 前世界の: ~ times. **2** 《口語・戯言》 大昔の, 旧式な, 古風な (old-fashioned). **3** 記録に残る以前の言語の. **prè·his·tór·ical** /-rɪ̣kəl, -kl | -rɪ-ˈ/ *adj.* **prè·his·tór·i·cal·ly** *adv.* 〘(1851): ⇨ pre-, historic〙

prè·hístory *n.* **1** 先史時代(の事物[事柄]). **2** 先史学, 先史時代史. **3** (ある事件・情況のよって来る所を述べた)前史, いきさつ, プロセス. **prè·históriàn** *n.* 〘(1871): ⇨ pre-, history〙

prehn·ite /préːnaɪt, prén-/ *n.* 〘鉱物〙 ぶどう石 ($Ca_2Al_2Si_3O_{10}(OH)_2$). 〘(1795) □ G *Prehnit* ← *Van Prehn* (これを Cape of Good Hope から持ち帰った (1774) オランダの軍人): ⇨ -ite[1]〙

pre·hom·i·nid /prìːhɑ́(ː)mənɪ̣d | -hɔ́mɪ̣nɪd/ 〘人類学〙 *n.* 先行人類 《猿人および原人を指す言葉で, イタリアの人類学者 S. Sergi /sérdʒi/ が使ったが, 現在は使用されていない》. — *adj.* 先行人類の (prehuman). 〘1939〙

prè·hórmone *n.* 〘生化学〙 プレホルモン, 前[前駆]ホルモン 《光の刺激などで誘発されてホルモンとなるもの; 例えば, 皮膚のある種のコレステロールが紫外線の刺激でビタミン D 形成を促進させるなど》.

prè·húman *adj.* **1** 人間以前の(時代の). **2** 〘人類学〙 人類以前の. — *n.* 人類(出現)以前の動物. 〘1844〙

prè·ignítion *n.* (内燃機関の)過早(かそう)着火[点火] (cf. autoignition 1). 〘1898〙

prè-Ínca *adj.* インカ帝国以前の. 〘1908〙

prè-Íncan *n.* プレインカ 《インカ帝国以前の Bolivia, Ecuador, Peru の先住民》.

prè·incarnátion *n.* 〘神学〙 受肉[託身]前のキリストの存在. 〘1903〙

prè·inclíne *vt.* あらかじめ…の心を傾かせる, 用意の態勢にする. 〘1671〙

prè·íncubate *vt.* 〘生化学〙 前保温する. 〘1943〙

prè·incubátion *n.* 〘生化学〙 前保温 《本試験に先立つ反応混合液の保温》. 〘1943〙

prè·índicate *vt.* あらかじめ示す. 〘1804〙

prè·indúction *adj.* 入隊[入営]前の, 徴兵前の.

prè·indústrial *adj.* 大規模産業化以前の (↔ postindustrial). 〘1934〙

prè·infórm *vt.* あらかじめ[事前に]知らせる[教える, 情報を与える]. 〘1791〙

prè·instáll *vt.* = preload.

prè·íntimate *vt.* あらかじめ知らせる. 〘*a*1821〙

prè·invásive *adj.* 〘病理〙 〈悪性細胞が〉(原発部位にとどまり, まだ他組織への)侵襲前の.

prè·júdge *vt.* **1** 前もって判断する; 早まった判断を下す, 速断する. **2** 〈人・事件などを〉十分審理せずに判決する. **prè·júdg·er** *n.* 〘(1561) □ F *préjuger* □ L *praejūdicāre*: ⇨ pre-, judge〙

prè·júdg·ment *n.* (*also* 《英》 **pre·judge·ment**) **1** 予断, 速断. **2** 〘法律〙 公判審理前に判決すること, 予断裁決. 〘(1605) □ F 《廃》 *préjugement*: ⇨ ↑, -ment〙

pre·ju·di·ca·tion /prɪ̀dʒùːdəkéɪʃən | -dʒ-/ *n.* **1** = prejudgment. **2 a** 〘ローマ法〙 予審. **b** 〘法律〙 先例 (precedent). 〘← L *praejūdicātus* (p.p.) ← *praejūdicāre* 'to PREJUDGE' + -TION〙

prej·u·dice /prédʒədɪ̣s | -dɪs/ *n.* **1** 〔…に対する〕(悪い)先入主[観], 偏見, ひがみ, 毛嫌い (preoccupation) 〔*against*〕; 〔…に対する〕(よい)先入主, 偏愛 (predilection) 〔*in favor of*〕: be swayed by ~ 偏見に左右される / He has a ~ *against* Jews. ユダヤ人を毛嫌いする / He has a ~ *in* our favor. むやみに我々の肩をもっている. **2** 〘法律〙 (他人の偏見や行為から来る)不利益, 損害, (権利の)侵害, 損傷 (damage): *in* [*to*] the ~ of …を害するように, の損害となるように. ***without préjudice*** (1) 偏見なしに. (2) 〘法律〙 あとの手続きを何ら拘束することなく. (1426) — *vt.* **1** …に偏見[先入観]をもたせる, ひがませる (cf. prejudiced): His voice ~*d* his audience *against* him. 声で彼は聴衆に毛嫌いされた. **2 a** 〈権利・主張・陳述など〉の妥当性を損なう. **b** 〘法律〙 侵害する, 傷つける, 損傷する (damage): ~ one's chances of success 成功の機会をだめにする.

~·less *adj.* 〘*n.*: (*c*1300) □ (O)F *préjudice* // L *praejūdicium* preceding judgement ← *prae-* 'PRE-' + *jūdicium* judgement. — v.: (1447) □ (O)F *préjudicier* ← *préjudice*〙

SYN 偏見: **prejudice** 恐怖や間違った情報に基づく, 人・グループ・習慣などに対する嫌悪または不信感で, 態度や行動に影響するもの: race *prejudice* 人種的偏見. **bias** 好意的, 非好意的のいずれの場合もありうる偏見: Journalism should be free from *bias*. ジャーナリズムは偏向があってはならない. **partiality** 一方を他方よりも特に好むこと 《格式ばった語》: She has a *partiality* for French cuisine. フランス料理が特に好きだ. **preconception** 充分な情報も得ずに抱く偏った先入観 《通例複数形で》: *preconceptions* about professional wrestlers プロレスラーに対する先入観. **predilection** ある人の経歴・気質などの結果として形成される強い好み 《格式ばった語》: He has a *predilection* for dancing. 特にダンスが好きだ.
ANT aversion.

---

prej·u·diced /prédʒədɪ̣st, | -dɪst/ *adj.* (先入主[観]的)偏見をもった, 食わず嫌いの; 偏頗(へんぱ)な, 偏愛的な: a ~ judge / a ~ opinion 偏見 / be ~ *against* [*in favor of*] …に対して反感[好感]をもつ, …を毛嫌い[偏愛]する. 〘(1579): ⇨ ↑, -ed〙

prej·u·di·cial /prèdʒədíʃəl, -ʃl⁻/ *adj.* **1** 〔権利・利益などに〕不利になる, 損害を与える 〔*to*〕: a course of action ~ *to* a person's interests 人に不利な訴訟. **2** 偏見を抱かせる, 先入主[観]をもたせる. **~·ly** *adv.* **~·ness** *n.* 〘(1418) □ ML *praejūdiciālis*: ⇨ prejudice, -ial〙

prè·kíndergarten *adj.* 幼稚園前の, 入園前の: ~ training 入園前のしつけ.

prel·a·cy /préləsi/ *n.* **1** 高位聖職者 (prelate) の地位[職]. **2** [the ~; 集合的] 高位聖職者たち (prelates). **3** 《軽蔑》 (教会の)主教[監督]制度[政治] (episcopacy). 〘(*c*1300) *prelacie* □ AF □ ML *praelātia* ← L *praelātus*: ⇨ prelate, -cy〙

pre·lap·sar·i·an /prìːlæpsέəriən | -sέər-ˈ/ *adj.* (Adam と Eve の) 人類の堕罪[堕落]以前の. 〘(1879) ← PRE- + L *lapsus* fall (⇨ lapse) + -ARIAN〙

prel·ate /prélɪ̣t/ *n.* **1** 高位聖職者 《archbishop, bishop, patriarch など; カトリックでは司教以上の裁治権を有する聖職者や, 大修道院長 (abbot) などに広く用いられ, 英国国教会では今日, 主教にのみ用いられる》. **2** (友愛組合 (fraternal society) などの)宗教儀式執行者 (chaplain). **pre·lat·ic** /prɪ̣lǽtɪk | -tɪk/ *adj.* **pre·lát·i·cal** /-tɪ̣kəl, -kl | -tɪ-/ *adj.* **pre·lát·i·cal·ly** *adv.* 〘(?*a*1200) □ (O)F *prélat* // ML *praelātus* (p.p.) ← L *praeferre* 'to PREFER'〙

prélate nul·lí·us /-nʊlíːəs/ *n.* (*pl.* **prelates n-**) 〘カトリック〙 (信者が少数のため, 司教区ではなくかつ他の司教区に所属しない)独立区域の監督の任にある高位聖職者. 〘(部分訳) ← NL *praelātus nullius dio(e)cēsis* prelate of no diocese〙

prélate·shìp *n.* 高位聖職者 (prelate) の身分[職]. 〘(1570): ⇨ -ship〙

prel·at·ess /prélətɪ̣s | -tɪ̣s, -tès/ *n.* **1** 女子大修道院長 (abbess). **2** 高位聖職者 (prelate) の妻. 〘(1642): ⇨ prelate, -ess[1]〙

prel·a·tism /prélətìzm/ *n.* 《廃》 [通例軽蔑的に] (教会の)主教[監督]制度[政治](支持). 〘(1611) ← PRELATE + -ISM〙

prél·a·tist /-tɪ̣st | -tɪst/ *n.* [通例軽蔑的に] 主教[監督]制度擁護[支持]者; (特に)高教会派の人 (High Churchmen). 〘(1659) ← PRELATE + IST〙

prel·a·tize /prélətàɪz/ *vt.* 〈教会を〉主教[監督]制の下に置く. — *vi.* 主教[監督]制度[政治]支持者である[になる]. 〘(1641) ← PRELATE + -IZE〙

prel·a·ture /prélətʃə, -tʃʊ̀ə | -tʃə(r, -tjʊ̀ə(r, -tjɔ̀ː(r/ *n.* **1 a** 高位聖職者の地位[職] (prelacy). **b** その階級; その禄. **2** [集合的] 高位聖職者たち. 〘(1607) □ F *prélature* □ ML *praelātūra* ← L *praelātus*: ⇨ prelate, -ure〙

prè·láunch *adj.* 〘宇宙〙 (宇宙船などの)発射前の準備段階の. 〘1963〙

prè·láw *adj.* 《米》 **1** 法学研究の基礎となる: ~ studies. **2** 〈人が〉法律の予備教育を受ける, ロースクール (law school) 入学準備(中)の. 〘1961〙

pre·lect /prɪ̣lékt/ *vi.* (特に, 大学の講師として)講義する, 講演する: ~ *to* an audience on Greek history. 〘((1620)) (1785) ← L *praelectus* (p.p.) ← *praelegere* ← *prae-* 'PRE-' + *legere* to read: ⇨ lecture〙

pre·lec·tion /prɪ̣lékʃən/ *n.* (大学の講師としての)講義, 講演. 〘(1587) □ L *praelectiō(n-)* lecture: cf. LECTION〙

pre·lec·tor /prɪ̣léktə, priː- | -tə(r/ *n.* = praelector. 〘(1586) □ L *praelector* ← *praelectus*: ⇨ prelect, -or[2]〙

prè·léxical *adj.* 〘文法〙 (変形生成文法で)語彙挿入前の. 〘1971〙

prè·libátion *n.* [通例比喩的に] 試食, 毒見 (foretaste). 〘(1526) □ LL *praelibātiō(n-)* ← L *praelibāre* to taste beforehand: ⇨ pre-, libation〙

pre·lim /príːlɪm, priːlím, prɪ̣-/ 《略》 *adj., n.* 《口語》 = preliminary.

prelim. /príːlɪm, priːlím, prɪ̣-/ 《略》 preliminaries; preliminary.

pre·lim·i·nar·i·ly /prɪ̣lìmənérəli, ―⸗―⸗―― | prɪ̣límɪ̣n(ə)rɪ̣li/ *adv.* 前に, 前もって, 準備的に, 予備として. 〘(1768): ⇨ ↓, -ly[1]〙

pre·lim·i·nar·y /prɪ̣límənèri | -mɪ̣n(ə)ri/ *adj.* 予備の, 準備的な (preparatory); 前置きの, 序の (introductory) (↔ postliminary): a ~ examination 予備試験 / a ~ hearing 《米》 〘法律〙 予審 (cf. grand jury, hearing 6) / ~ matter 〘印刷〙 = *n.* 3 / ~ negotiations 予備交渉 / ~ investigations (警察の行う)初動捜査 《現場検証など》 / ~ remarks 前置きの言葉, 緒言. — *adv.* = preparatorily. — *n.* **1** [通例 *pl.*] 予備行為[手段], 準備, 下ごしらえ: the *preliminaries* of a business 仕事の下準備 / without *preliminaries* 前置きなしに, 単刀直入に. **2 a** 予備試験 (preliminary examination). **b** (競技などの)予選; (ボクシングなどで主要試合前に行われる)前座試合. **3** [*pl.*] 〘印刷〙 前付け (preliminary matter) (⇨ front matter). 〘(1656) □ F *préliminaire* // NL *praelīmināris* ← PRE- + L *līminaris* of threshold (← *limen* threshold: ⇨ limen, -ary)〙

prè·límit *vt.* 前もって制限する. 〘*a*1649〙

prelims. /príːlɪmz, priːlímz, prɪ̣-/ 《略》 preliminaries; preliminary pages.

prè·língual *adj.* 〘言語〙 (子供の言語などにおける)言語(の習得・使用・発達)以前の. **~·ly** *adv.* 〘1873〙

prè·linguístic *adj.* 〘言語〙 = prelingual. 〘1900〙

prè·linguístics *n.* 〘言語〙 プレ[前段]言語学 《小言語学 (microlinguistics) の基礎資料として利用される物理学的・生理学的音声研究, すなわち, 音響音声学のこと》. 〘1949〙

prè·líterate *adj.* 文字使用以前の, 文字使用を知らない; 文献をもたない[残さない], 文献以前の: a ~ culture, period, etc. — *n.* 文字使用を知らない(社会に属す)人. 〘1925〙

prè·lóad *vt.* **1** 前もって〈カメラ〉にフィルムを入れる. **2** 〘電算〙 〈ソフトを〉プレインストールする (preinstall).

prè·lóad·ed *adj.* 〘電算〙 プレインストールされている.

prè·lógical *adj.* 〈思考様式など〉論理以前の: ~ mentality 論理以前の心理傾向. **~·ly** *adv.* 〘1893〙

P

prel·ude /prélju:d, préɪ-, prí:lu:d | prélju:d/ *n.* **1** 準備[予備]行為; 前座; 序幕; 序, 序文, 前口上 (preface) 〔*to*〕: a ~ *to* a greater work (将来の)大作に対する序幕的作品. **2** 〘音楽〙 **a** 前奏曲: Chopin's [a Chopin] ~ ショパンの前奏曲. **b** (歌劇の)序曲 (overture). **c** フーガ(fugue)の前奏曲. **d** 前奏曲《教会の礼拝前のオルガン独奏; ↔ postlude》: the organ ~ *to* a church service. **3** (詩歌の)導入部, 序. **4** 前触れ, 前兆, きざし: a ~ *to* winter 冬の先駆け. — *vt.* **1** …の序となる, 前置きをする; 先導する, 導く (introduce); …の前兆となる (foreshadow). **2** 前置きとして始める, …に前置きをつける〔*with*〕: ~ one's remarks *with* a jest 話の前置きに冗談をしゃべる. **3** …の序曲となる, …の前奏曲を奏する. — *vi.* **1** 〔…の〕序になる[する]〔*to*〕. **2** 前置きをする, 前口上を述べる: He ~*d* with some banal remarks. 陳腐な言葉で話を始めた. **3** 序曲[前奏曲]を奏する; 序曲[前奏曲]となる. **prél·ud·er** /-də | -də(r)/ *n.* **pre·lu·di·al** /prɪlú:diəl | -lú:d-, -ljú:d-/ *adj.* **prel·ud·ize** /prélju:dàɪz, préɪ-, prí:-, -lu:- | prélju:-/ *vi.* 〘n.: (1561) ◻ F *prélude* ∥ ML *praelūdium* ← L *praelūdere* ← *prae-* 'PRE-'+*lūdere* to play (← *lūdus* a play). — v.: (1655) ◻ L *praelūdere*: ⇨ ludicrous〙

pre·lu·sion /prɪlú:ʒən | -lú:-, -ljú:-/ *n.* =prelude. 〘(1597) ◻ L *praelūsiō(n-)*: ⇨ ↑, -sion〙

pre·lu·sive /prɪlú:sɪv, -zɪv | -lú:sɪv, -ljú:-/ *adj.* **1** 序[前置き]となる, 序言的な. **2** 〔…の〕先導[前兆]となる〔*to*〕. **3** 序曲[前奏曲]の. **~·ly** *adv.* 〘← L *praelūsus* ((p.p.) ← *praelūdere* 'to PRELUDE')+-IVE〙

pre·lu·so·ry /prɪlú:səri | -lú:-, -ljú:-/ *adj.* =prelusive. **pre·lú·so·ri·ly** /-sərəli | -rɪli/ *adj.* 〘(1640): ⇨ -ory[1]〙

prem. 《略》 premium.

prè·malignant *adj.* 〘病理〙 =precancerous. 〘1897〙

prè·mán *n.* (*pl.* **-mén**) 先行人類《人類の祖先の猿人および原人; 例えば北京原人》. 〘1921〙

prè·márital *adj.* 結婚[婚姻]前の, 婚前の: ~ sex [affairs] 婚前交渉 / a ~ contract 《米》 婚前契約《離婚した場合の財産分割について結婚前にあらかじめ決めておく契約; cf. extramarital》. **~·ly** *adv.* 〘(1886): ⇨ pre-, marital〙

prè·mátch *adj.* 試合前の.

pre·ma·ture /prì:mətúə, -tjúə, -tʃúə | prémətʃə(r), prí:m-, prèmətʃúə(r), -tjúə(r), -tʃɔ:(r), -tjɔ:(r)/ *adj.* **1** 早過ぎる, 時ならぬ (untimely): a ~ decay [death] 早老[若死] / the ~ grayness 若白髪 / a ~ lunch 定刻よりも早い昼食, 早めし. **2** 早産の: a ~ birth [delivery] 早産, 月足らずの出産《予定日より通例 3–12 週早く出産すること》. **3** 時期尚早の, 早まった, 早計の (overhasty): a ~ decision 早まった決定 / It may be ~ to abandon the case. 事件から手を引くのはまだ早計というものだ. **4** 《廃》 早熟の. — *n.* **1** =premature baby. **2** (砲弾の)過早破裂, 早発 (premature explosion). **~·ly** *adv.* **~·ness** *n.* 〘(*c*1529) ◻ L *praemātūrus* very early: ⇨ pre-, mature〙

prémature báby *n.* 早産児, 月足らずの子.

prémature béat *n.* 〘病理〙 (心臓の)期外収縮.

prematúre ejaculátion *n.* 〘病理〙 早漏. 〘1910〙

pre·ma·tu·ri·ty /prì:mətúərəti, prèm-, -tjúər-, -tʃúər- | prèmətjúərəti, prì:m-, -tʃúər-, -tjɔ:r-, -tʃɔ:r-/ *n.* **1** 早熟 (precocity), 早咲き. **2** 時ならぬこと, 時期尚早, 早計. **3** 早産. 〘(1611) ◻ F *prématurité*: ⇨ pre-, maturity〙

prè·maxílla *n.* (*pl.* **-illae**) 〘解剖・動物〙 前顎(がく)骨. 〘(1866) ← NL *praemaxilla*: ⇨ pre-, maxilla〙

prè·máxillary 〘解剖・動物〙 *adj.* 前顎骨の. — *n.* =premaxilla. 〘(1854) ↑〙

pre·med /prì:méd/ 《口語》 *n.* 医学進学課程の学生, 医科大学予科生; 医学進学課程. — *adj.* =premedical. 〘(1962) 《略》 ← *premed(ical student)*〙

prè·médial *adj.* =premedian. 〘1852〙

prè·médian *adj.* 中心部の前にある. 〘1852〙

prè·médic *n.* =premed.

prè·médical *adj.* 医学部進学課程の, 医科大学予科の: a ~ student. 〘1904〙

prè·medicátion *n.* 〘医学〙 麻酔前投薬《手術患者の不安・恐怖などを取り除くために麻酔前に行う投薬》. 〘1926〙

prè·mediéval *adj.* 中世以前の. 〘1859〙

pre·med·i·tate /prì:médətèɪt, prɪ- | -dɪ-/ *vt.*, *vi.* 前もって考える[熟慮する], 工夫する, 計画する], 予謀する (cf. premeditated). **prè·méd·i·tà·tor** /-tə | -tə(r)/ *n.* 〘(*a*1548) ← L *praemeditātus* (p.p.) ← *praemeditārī*: ⇨ pre-, meditate〙

pre·méd·i·tàt·ed /-tɪd | -tɪd/ *adj.* 前もって考えた, 予謀した, 計画的な: a ~ crime [insult] 計画的犯罪[侮辱] / a ~ murder 謀殺. **~·ly** *adv.* 〘(1595): ⇨ ↑, -ed〙

pre·med·i·ta·tion /prì:mèdətéɪʃən, prɪ- | -dɪ-/ *n.* **1** 前もって考える[られる]こと, 予謀, 計画. **2** 〘法律〙 予謀, 故意. 〘(?*a*1425) ◻ L *praemeditātiō(n-)*: ⇨ premeditate, -ation〙

pre·med·i·ta·tive /prì:médətèɪtɪv, prɪ-, -tət- | -dɪtèɪt-, -tɪt-/ *adj.* 前もって考えた, 工夫を凝らした, 計画的な. 〘(1858) ← PREMEDITATE+-IVE〙

prè·meiótic *adj.* 〘生物〙 (細胞核の)減数分裂前の: ~ tissue. 〘1905〙

prè·ménstrual *adj.* 月経前(期)の: ~ tension [syndrome] 月経前緊張症. **~·ly** *adv.* 〘1885〙

premia *n.* premium の複数形.

pre·mie /prí:mi/ *n.* =preemie.

pre·mier /prɪmíə, -mjéə, prí:miə | prémiə(r), prí:-/ *n.* **1** (英国および英連邦やフランス・イタリアなどの)首相, 総理大臣 (prime minister). **2** (カナダ・オーストラリアの)州知事. **3** 〘バレエ〙 =premier danseur. — *adj.* [限定的] **1** 第一位の, 首位の (principal); 一流の: take [hold] the ~ place 首席を占める / the ~ spy novelist of that time 当時きってのスパイ小説家. **2** 最初の (earliest), 最も古い (oldest): the ~ baron 古参の男爵. 〘(adj.: 1448; n.: 1711) ◻ OF *primier* (F *premier*) first < L *prīmārium* ← *primus* first: ⇨ primary〙

pre·mier cru /prɪmíəkrú: | prémiə-; *F.* pʀəmjekʀy/ *n.* (*pl.* **pre·miers crus** /~/) (*also* **premier crû** /~/) プルミエクリュ《フランスの第一級格づけワイン[ぶどう園]》. 〘(1868) ◻ F ~ 'first growth'〙

premiér danséur *n.* (*pl.* **premiers danseurs**) 〘バレエ〙 主役の男性ダンサー. 〘(1828) ◻ F ~ 'principal dancer': ⇨ premier〙

Premíer Divísion *n.* [the ~] プレミア ディビジョン《スコットランドのプロサッカーの 1 部リーグ; cf. Premier League》.

pre·mière, 《米》 **pre·miere** /prɪmíə, prɛm-, -mjéə, prɪmiéə | prémièə(r), -miə(r); *F.* pʀəmjɛ:ʀ/ *n.* **1** (演劇の)初演, 初興行, 初日 (first night); (映画の)特別封切, プレミア(ショー). **2** 花形[主役]女優. **3** 〘バレエ〙 =première danseuse. — *vt.* 〈演劇・作曲〉の初公演[公開]を行う: His piano trio was ~*d* in Tokyo. — *vi.* **1** 初公演[公開]される, 初出演する. **2** 初めて主役[花形]を演ずる. — *adj.* **1** 初日の, 最初の, 皮切りの (initial); 主な, 第一の. **2** 〘バレエ〙 主役の: ⇨ première danseuse. 〘(1889) ◻ F *première* (fem.) ← PREMIER〙

première danseuse /―――――― | ――――――; *F.* pʀəmjɛʀdɑ̃søːz/ *n.* (*pl.* **premières danseuses**) 〘バレエ〙 主役の女性ダンサー. 〘1828〙

Premíer Léague *n.* [the ~] プレミアリーグ, 第一リーグ《イングランドのプロサッカーの 1 部リーグ; Premiership ともいう; cf. Premier Division》.

première par·tie /――pɑətí: | ―― pɑ:tí:; *F.* pʀəmjɛʀpaʀti/ *n.* べっこうの地板にかたどりした真鍮(しんちゅう)をはめて文様を構成する象眼細工《フランスのブール象眼の技法の一つ; cf. contre-partie》. 〘◻ F ~ 'the first part'〙

Prémiers' Cónference *n.* [the ~] 英連邦首相会議 (cf. Imperial Conference).

pre·mier·ship /prɪmíəʃɪp, -mjéə-, prí:miə- | prémiə-, prí:-/ *n.* **1** 総理[首相]の職[地位, 任期]. **2** 《豪》 (フットボールの)ペナントレース. **3** [the P-] =Premier League. 〘(1800): ⇨ -ship〙

prè·millenárianism *n.* 〘神学〙 =premillennialism. **prè·millenárian** *adj.*, *n.* 〘1844〙

prè·millénnial *adj.* 〘神学〙 至福千年期 (millennium) 前の, キリスト再臨以前の; 現世の (↔ postmillennial). **~·ly** *adv.* 〘(1846) ← PRE-+MILLENNIAL〙

prè·millénnialism *n.* 〘神学〙 至福千年期 (millennium) 前にキリストが再臨するという説[信仰] (↔ postmillennialism). 〘1848〙

prè·millénnialist *n.* premillennialism の信奉者. 〘1848〙

Prem·in·ger /prémɪndʒə | -dʒə(r)/, **Otto** (**Ludwig**) *n.* プレミンガー (1906–86; オーストリア生まれの米国の映画監督・制作者; *Laura*「ローラ殺人事件」(1944)).

prem·ise /prémɪs | -mɪs/ *n.* **1** [*pl.*] **a** 建物のついている土地, 上物付きの地所, 家屋敷, 構内; 建物, 店舗 (building(s)), 店内 (compounds): the back [front] ~*s* 裏[表]構内 / the baron's magnificent ~*s* 男爵の壮麗な屋敷 / business ~*s* 事務所, 営業所 / the ~*s* insured 被保険家屋 / people living *on* [(まれ) *in*] the ~*s* その建物内に居住する人々 / Keep off the ~*s*. 構内に立入り禁止 / to be drunk [consumed] on the ~*s* 〈酒類が〉店内で飲用すべき[持ち出すべきでない]. **b** 《古》 (譲渡の対象となる)土地, 不動産 (real estate). **2 a** 前提となる命題; 推論の根拠. **b** 〘論理〙 前提 (⇨ syllogism 1): a major [minor] ~ 大[小]前提. **3** [*pl.*] **a** 前述の事項. **b** 〘法律〙 (エクイティー (equity) で)訴えの根拠となる事実. **c** 〘法律〙 前述の家屋[地所, 借家, 借地]; (譲渡物件・譲渡理由などを記した)証書の頭書.
— /prémɪs, prɪmáɪz | prɪmáɪz, prémɪs/ *v.* — *vt.* **1** 〈説明の言葉などを〉前置きとして言う. **2** [*that*-clause を伴って] 〈…であることを〉前提とする, 条件とする, 仮定する. — *vi.* 前提する, 前置きをする; 仮定する.
〘(*c*1380) *premisse* ◻ (O)F *prémisse* ∥ ML *praemissa* put before (fem. p.p.) ← L *praemittere* to put before ← *prae-* 'PRE-'+*mittere* to send: ⇨ mission〙

premi·sed *adj.* **1** 《まれ》 前述の. **2** 《Shak》 早々と到来した, 時ならぬ.

prem·iss /prémɪs | -mɪs/ *n.* =premise. 〘⇨ premise〙

pre·mi·um /prí:miəm/ *n.* (*pl.* **~s**, **-mi·a** /-miə/) **1** (保険の)掛金, 保険料: ~*s* on one's life insurance. **2** (特別勤労に対して払う)賞与金; (額面・契約以上に払う)割増し金, プレミアム (⇨ reward SYN): put a ~ on … にプレミアムをつける / pay a ~ *for* the lease of a house 家屋の借用に対してプレミアムを払う. **3** (競争などの)賞, 賞金, 賞状, 賞品, ほうび, 特別賞与 (prize): a ~ *for* good conduct 善行賞 / give ~*s for* obtaining new subscriptions. **4** 〘経済〙 打歩(うちぶ)《ある貨幣が他の貨幣に比べてもつ超過購買力; agio ともいう》. **5 a** 〘証券〙 株価の額面超過分; 貸株料, 借株料; 株式買付[売付]選択権 (option) の価格, プレミアム. **b** 《米》 (借用金に対して利子以外に支払う)貸付け謝礼金 (cf. discount 3). **6** (昔, 徒弟がその職業指導に対して主人に払った)謝礼 (fee), 授業料 (tuition). **7** 不当に高い価値: ⇨ *at a* PREMIUM (2). **8** 〘トランプ〙 (ブリッジで)プレミアム《スコア表の上欄につく得点; オーバートリック (overtricks), 相手側のダウン (penalties), 手札 (honors), スラム (slam) などに対するボーナス (bonus) から成る; cf. *above the* LINE[2] (2)》. **9** [P-] 〘商標〙 プレミアム《米国 RJR Nabisco 社製の塩味クラッカー》.

at a prémium (1) プレミアム付きで, 額面以上で (above par) (cf. *at a* DISCOUNT). (2) (品不足のため)大いに需要があって, 珍重されて; 非常に高価で. (1828) ***pùt* [*place*] *a prémium on* [*upòn*]** (1) ⇨ *n.* 2. (2) 〈よい事〉を重んじる, 尊重する. (3) 〈詐欺・うそなど〉を奨励する, 誘発させる. (1907)

— *adj.* 〈品物が〉ひとつ[一段]上等[高級, 高価]な; 〈人が〉特別にできのよい, 優れた: ~ gasolines, students, etc. 〘(1601) ◻ L *praemium* reward, payment ← *prae-* 'PRE-'+*emere* to take, buy: cf. exempt〙

Prémium Bònds *n. pl.* 《英》 プレミアム付き国債《利子の代わりにくじで賞金がつく債券》. 〘1956〙

prémium lòan *n.* 〘保険〙 保険料振替貸付け. 〘1882〙

prémium nòte *n.* 〘保険〙 保険料支払約束手形.

prémium prìces *n. pl.* (品不足などによる)割増価格, プレミアム価格.

Prémium Sávings Bònds *n. pl.* 《英》 =Premium Bonds.

prémium sỳstem *n.* 賞与制度《仕事の量・価値に応じて割増し金を支給する》. 〘1901〙

prè·míx *vt.* 使用前に混合する. — *n.* 前もって混ぜてあるもの, 「(…の)素(もと)」. **~·er** *n.* 〘1957〙

prè·módern *adj.* 近代以前の, 前近代的な: ~ European history. 〘1966〙

prè·módify *vt.* 〘文法〙 〈ある語(句)〉の直前に修飾語(句)を置く. **prè·módifier** *n.* **prè·modificátion** *n.* 〘1976〙

prè·mólar *adj.* 〘歯科〙 臼歯(きゅうし)の前方にある, 小臼歯の: a ~ tooth. — *n.* **1** 〘動物〙 前臼歯. **2** 〘歯科〙 小臼歯 (bicuspid) (⇨ tooth 挿絵). 〘1842〙

pre·mon·ish /prɪmá(:)nɪʃ | -mɔ́n-/ *vt.*, *vi.* 《古》 前もって警告する, 予告[予戒]する (forewarn). **~·ment** *n.* 〘(1526) ← L *praemon(ēre)* (← *prae-* 'PRE-'+*monēre* to warn)+-ISH[2]〙

pre·mo·ni·tion /prì:mənɪ́ʃən, prèm- | prèm-, prì:m-/ *n.* **1** 予戒, 予告 (forewarning): a ~ of coming winter. **2** 兆候, 前兆; 予感: have a ~ of disaster 災難の予感がする. 〘(1545) ◻ OF *premonicion* ∥ L *praemonitiō(n-)* ← *praemonitus* (p.p.) ← *praemonēre* (↑): ⇨ -tion〙

pre·mon·i·tor /prɪmá(:)nətə | -mɔ́nɪtə(r)/ *n.* 予戒者, 予告者; 徴候, 前兆. 〘(*a*1656) ◻ L *praemonitor* ← *praemonitus* (↑): ⇨ -or[2]〙

pre·mon·i·to·ry /prɪmá(:)nətɔ̀:ri | -mɔ́nɪtəri, -tri/ *adj.* 予戒の, 予告の; 前触れの, 前兆の; 〘医学〙 前駆の: ~ pains 前陣痛 / ~ symptoms 前駆症状, 前徴. **pre·mon·i·to·ri·ly** /prɪmà(:)nətɔ́:rəli, ――――― | prɪmɔ́nɪtərɪli, -trɪ-/ *adv.* 〘(1647) ◻ LL *praemonitōrius*: ⇨ ↑, -ory[1]〙

Pre·mon·stra·ten·sian /prì:mà(:)nstrəténʃən | -mɔ̀n-/ 〘カトリック〙 *adj.* プレモントレ修道会の; プレモントレ会士の. — *n.* プレモントレ会士《1119 年 Saint Norbert がフランス Prémontré /premɔ̃tre/ に開いた修道会の一員》. 〘(1695) ← ML *Praemonstrātensis* belonging to Prémontré ← *Praemonstrātus* 《原義》 foreshown (=F *Prémontré*): ⇨ -ian〙

pre·morse /prɪmɔ́əs | -mɔ́:s/ *adj.* 〘生物〙 《根・触角など》 (端の方が)かみ切られた(ような), 切断状の. 〘(1753) ◻ L *praemorsus* (p.p.) ← *praemordēre* to bite (off) in front ← *prae-* 'PRE-'+*mordēre* to bite〙

prè·mórtal *adj.* 〘医学〙 臨終の, 死(亡)直前の. 〘1848〙

prè·mótion *n.* 先立つ動き, あらかじめの行動; (特に, 神意などによる)前もって浮かぶ霊感, あらかじめの決意. 〘*a*1643〙

prè·múltiply *vt.* 〘数学〙 左から掛ける. 〘(1862) ← PRE(FACTOR)+MULTIPLY〙

pre·mun·dane /prì:mʌndéɪn, ――――/ *adj.* =antemundane. 〘⇨ pre-, mundane〙

pre·mune /prì:mjú:n/ *adj.* 〘免疫〙 予免疫を示している. 〘《逆成》 ← PREMUNITION〙

pre·mu·ni·re /prì:mjunáɪri | -náɪəri/ *n.* 〘英法〙 =praemunire.

prè·munítion *n.* 〘免疫〙 予免疫《病原体がすでに生体内に存在するためにこの病原体の感染に対して免疫になっている状態》. 〘(1456) ◻ L *praemūnītiō(n-)* ← *praemūnīre* ← *prae-* 'PRE-'+*mūnīre* to fortify, defend: cf. munition〙

prè·nàme *n.* =forename. 〘1894〙

prè·nátal *adj.* 出生[誕生]前の, 胎児期の (antenatal) (↔ postnatal): ~ infection 胎内感染 / ~ training 胎教. **~·ly** *adv.* 〘(1826): ⇨ pre-, natal〙

prè·néed *adj.* 死ぬ前にしておくべき, まさかの時のための.

pré·nex nórmal fórm /prì:nɛks-/ *n.* 〘論理〙 冠頭標準形《量化理論の式の形態で, 一つ以上の量化詞が否定その他の命題結合詞を一切交えずに命題関数の前にまとめて置かれた場合をいう》. 〘(1944) *prenex*: ◻ LL *praenexus* bound infront: ⇨ pre-, nexus〙

pre·no·men /prì:nóumən | -nə́u-/ *n.* (*pl.* **~s**, **pre·nom·i·na** /-ná(:)mənə, -nóum- | -nɔ́mɪ-, -nə́um-/) = praenomen.

P

prè·nóminal *adj.* 〘文法〙〈形容詞などの修飾語が〉名詞の前に置かれる. 〘1961〙
prè·nótion *n.* 《まれ》予想, 予知 (preconception); 予感. 〘《1588》□ L *praenōtiō(n-)*: ⇨ pre-, notion〙
pren·tice /préntɪs | -tɪs/ 《古》 ── *n.* =apprentice 1. ── *vt.* =apprentice. ── *adj.* **1** 年季奉公人の. **2** 無経験の, 未熟な, 洗練されない: I will try my ～ hand at it. 未熟ながらやってみましょう. 〘《a1325》 *prentis* (頭音消失) ← *apprentis* 'APPRENTICE'〙
préntice·ship *n.* 《古》=apprenticeship. 〘1535〙
prè·núbile *adj.* 結婚適齢期前の.
prè·núclear *adj.* **1** 核兵器時代以前の. **2** 〘生物〙目に見える核のない. 〘1952〙
pre·nup /priːnʌ́p/ *n.* 《米口語》=PRENUPTIAL agreement.
prè·núptial *adj.* **1** 婚前の (antenuptial): a ～ agreement 結婚前の取り決め. **2** 〘動物〙婚姻前の, 交尾前の.
prè·óccupancy *n.* **1** 先占, 先領, 先取(権): the right of ～ 先取権. **2** うわの空, 放心 (preoccupation). 〘1755〙
pre·oc·cu·pa·tion /priɑ̀(ː)kjʊpéɪʃən | -ɔ̀kjʊ-/ *n.* **1 a** (よそごとに)気をとられていること, うわの空, 放心, 忘我, 没頭, 夢中 〔*with*〕. **b** 何よりも先にすべき事柄, 最大の急務[関心事]. **2** 先入主[観], 偏見 (prejudice). **3** 先占, 先取. 〘《1584》《廃》'prolepsis' □ L *praeoccupātiō(n-)* ← *praeoccupāre* to seize beforehand: ⇨ pre-, occupation〙
pre·oc·cu·pied /priːɑ́(ː)kjʊpàɪd | -ɔ́kjʊ-/ *adj.* **1** 夢中の, 余念のない, 気をとられている, うわの空の (⇨ absent-minded SYN): anxious and ～ 気が気でなく夢中になって. **2** 先に占められた, 先取された. **3** 〘生物〙〈種・属名など〉すでに使用済みの《新種名・新属名などに用いることができない》. **～·ly** *adv.* 〘1842〙
prè·óccupy *vt.* **1** [しばしば受身または ～ oneself で] 夢中にする, 没頭させる (engross); いちずに思い込ませる: ～ a person's mind / He *was preoccupied* [He *preoccupied himself*] *with* private cares. 彼の心は自分の心配事で一杯だった. **2 a** 先に占領する, 先取りする: ～ a seat. **b** …を先に満たす (fill before) 〔*with*〕. 〘《1567》 ← PRE-＋OCCUPY〙
prè·ócular *adj.* 〘解剖・動物〙眼球の前にある. 〘《1826》 ← PRE-＋OCULO-＋-AR¹〙
prè·óp *adj.* 《口語》=preoperative.
prè·óperative *adj.* 手術前の, 手術前に起こる. **～·ly** *adv.* 〘1904〙
prè·óption *n.* 先に選択する権利, 第一選択権. 〘1666〙
prè·óral *adj.* 〘動物〙口の前にある. 〘1870〙
prè·órbital *adj.* 〘天文〙軌道に入る前の. 〘1852〙
prè·ordáin *vt.* 〈神・運命などが〉予定する, 前もって…の運命を定める (predetermine): The outcome was ～*ed*.
prè·ordinátion *n.* **～·ment** *n.* 〘1533〙
prè·órdinance *n.* 《廃》既存の法令. 〘《c1385》: ⇨ pre-, ordinance〙
prè·ovipositión *adj.* 〘昆虫〙〈昆虫が〉産卵前の.
prè·óvulatory *adj.* 〘生理〙排卵前期の: the ～ phase [stage].
prè·ówned *adj.* 《婉曲》中古の (secondhand).
prep /prép/ 《口語》 *n.* **1** 《英》宿題 (homework). **2** 《英》(寄宿学校の教師が立ち会う)予習; 予習時間; 予習室: do one's French ～ フランス語の予習をする. **3 a** 《米》=preparatory school. **b** preparatory school の生徒. **4** (看護婦が)患者に手術の準備をすること. **5** 《米》=preppy. **6** (競馬の)試走. ── *adj.* 予備の, 準備の (preparatory): a ～ course 予備コース / a ～ school=preparatory school / a ～ student=*n.* 3 b. ── *v.* (**prepped; prep·ping**) ── *vi.* **1** 準備(のための研修)をする, 予備学習[訓練]を受ける; 準備する: The Secretary of State visited Beijing to ～ *for* the presidential trip. 国務長官は大統領の訪問に備えて北京入りをした. **2** 《米》preparatory school に通う. ── *vt.* **1** 〈人〉に〔…の〕準備をさせる 〔*for*〕: ～ a person *for* an exam 人に試験の準備をさせる. **2** 《米》(レストランで)〈料理〉の下ごしらえをする. **3** 〈患者・患部〉に〔手術の〕準備をする 〔*for*〕. **4** 《米》〈学科を〉予習する. 〘《1862》《略》 ← PREPARATION // PREPARATORY〙
prep. 《略》 preparation; preparatory; prepare; 〘文法〙 preposition.
prè·páck *vt., n.* =prepackage. 〘1928〙
prè·páckage *vt., n.* 〘商業〙事前包装[プレパッケージ](する)《食料品などを販売前に一定量ずつに包装しておく(こと)》. 〘1944〙
prè·páckaged *adj.* =prepacked.
prè·pácked *adj.* 〈品物が〉(売る前に)包装されている. 〘1928〙
pre·paid /priːpéɪd⁻/ *v.* prepay の過去形・過去分詞. ── *adj.* (料金など)前払いした, 支払い済みの: a telegram with reply ～ 返信料付き電報 / postage ～ 郵便料金前納済み / a ～ envelope 料金前納の封筒. 〘1854〙
prépaid càrd *n.* プリペイドカード, 料金前払いカード.
prepáid expénse *n.* 〘簿記〙前払費用, 未経過費用《保険料・賃借料などを前払いし, 決算日になってまだ役務の提供を受けていない未経過分をいう》.
prepáid insúrance prèmium *n.* 〘簿記〙前払い保険料.
prépaid rént *n.* 〘簿記〙前払い賃借料.
prè·pálatal *adj., n.* 〘音声〙前部(硬)口蓋音(の).
pre·par·a·ble /prɪpǽrəbl, -pér-, prépər- | prɪpéər-, prépər-/ *adj.* 準備[下調べ]のできる; 調合できる. 〘《1663》□ F *préparable*: ⇨ prepare, -able〙

P

prep·a·ra·tion /prèpəréɪʃən/ *n.* **1 a** 準備, 用意, 支度, 手はず: a hurried ～ *of* supper 慌ただしい夕食の支度 / the ～ *of* land *for* sowing 種まきのための地作り / without the least ～ 全くの準備なしで / do little [much] ～ *for* one's examination 試験の準備をほとんどしない[大いにする]. **b** [通例 *pl.*] 用意の手はず, 準備万端: ～*s for* war [elections] 戦争[選挙]の下準備 / make ～*s for* one's marriage 結婚の準備を万端整える / My ～*s* are complete. 用意は万事完了した[できた]. **2 a** (教師・生徒の)予習, 予習時間. **b** =prep 2. **3** 心の用意, 覚悟. **4 a** (料理・食事などの)調理, 調製; (特別に調理した)食品, 料理. **b** (薬剤などの)調製, 調合; 調合剤[薬], 製剤: ～ *of* drugs 調剤 / pharmaceutical ～*s* 調合薬 / a ～ *for* colds [the hair] かぜ薬[毛髪用薬剤]. **5 a** 標本《実験・解剖用などの生体》. **b** プレパラート, 組織標本《顕微鏡・観察用に作製された標本》. **c** 試料 (sample). **6** 〘音楽〙 **a** (不協和音の)予備《ある音がある和音中で不協和音となるに先立ち, あらかじめ先行和音の一音として協和音的に使用されること》. **b** 予備音. **7 a** 〘教会〙[時に the P-] (安息日祭礼の)予備勤行(ごんぎょう). **b** 〘新約聖書〙準備日, 備えの日, 安息日(その他の祭日)の前日 (cf. *Matt.* 27: 62).
in preparátion (1) 準備中で: The book is *in* active ～. その本は目下鋭意編集中です. (2) 〔…の〕用意に, 〔…に〕備えて 〔*for*〕: get things together *in* ～ *for* a journey 旅行に備えて持って行く物をまとめる. (3) 〔…の準備が〕整って 〔*for*〕: The ship is *in* good ～ *for* the voyage. 船は航海に出る[出港の]準備がすっかり整っている.
〘《c1390》□ (O)F *préparation* □ L *praeparātiō(n-)* ← *praeparātus* (p.p.) ← *praeparāre* 'to PREPARE': ⇨ -ation〙
pre·par·a·tive /prɪpǽrətɪv, -pér- | -pǽrət-/ *n.* **1** 予備, 準備(行為). **2** 〘軍事・海事〙用意の信号[号音]. ── *adj.* 予備の, 準備の. **～·ly** *adv.* 〘《1530》□ (O)F *préparatif, -ive* (adj., n.) □ ML *praeparātīvus*: ⇨ prepare, -ative〙
pre·par·a·tor /prɪpǽrətə, -pér-, prépərèɪtə | prɪpǽrətə(r)/ *n.* 《米》(科学標本などの)準備者, (薬品などの)調合者. 〘《1762》□ LL *praeparātor* ← L *praeparātus*: ⇨ preparation, -or²〙
pre·par·a·to·ri·ly /prɪpæ̀rətɔ́ːrəli, -pèr-, ────, prèpərətɔ́ːr-, ────── | prɪpǽrətərɪli, -trɪ-/ *adv.* 予備的に; 準備として, まず. 〘《c1630》: ⇨ ↓, -ly¹〙
pre·par·a·to·ry /prɪpǽrətɔ̀ːri, -pér-, prépərət- | prɪpǽrətəri, -tri/ *adj.* **1** 予備[準備]になる, 予備[準備]の (introductory): a ～ stage 準備期 / ～ training (*to* [*for*] the next stage of education) (次の教育段階への[のための])準備訓練 / ～ pleadings [proceedings] 〘法律〙準備書面[手続き]. **2** 序文の, 前置きの (preliminary): ～ remarks 序文, 緒言. **3** (大学などへの)入学準備の: a ～ course 進学コース; 予科 / a ～ student 《米》予備校生 (cf. preparatory school 1). **4** 〘文法〙予備の (cf. anticipatory 2): a ～ it [there] 予備の 'it' ['*there*'] (O. Jespersen の用語; 例えば *It* is no use crying over spilt milk. 《諺》 / *There* is no book on the desk.). ── *adv.* 〔…の準備として; 〔…に〕先立って, 〔…を〕見越して 〔*to*〕: I wrote to him ～ *to* meeting him. 会う前に手紙を出しておいた. ── *n.* =preparatory school. 〘《1413》□ LL *praeparātōrius* ← *praeparātor*: ⇨ preparator, -ory¹〙
prepáratory schòol *n.* **1** 《米》大学進学コースの私立中等学校[ハイスクール]. **2** 《英》public school 進学コースの私立小学校《8 歳から 5 年間; cf. preparatory school》. ★ いずれも主として上流階級または金持ちの子弟が入学する. 〘1822〙
prepáratory séminary *n.* 〘カトリック〙=minor seminary.
pre·pare /prɪpéə | -péə(r)/ *vt.* **1 a** 準備する, 支度する, 用意する: ～ the table 食卓の用意をする, 食事の支度をする / ～ one's muscles *for* vigorous exercise 激しい運動ができるように筋肉を慣らす / ～ the ground *for* crops 作物を作るために地作りをする / ～ the way *for* development 発展の準備をする / ～ a room *for* a visitor お客に部屋を用意する / ～ the equipment *for* a trip 旅行の支度をする. **b** 〈人〉に準備[用意]をさせる 〔*for*〕 / 〈*to do*〉: ～ a child *for* an examination 子供に受験準備をさせる / ～ *oneself for* the ministry 聖職につく準備をする / ～ a patient *for* an operation [*to* go to the hospital] 病人に手術[入院]の用意をさせる. **c** 〈人〉に心の準備をさせる, 覚悟をさせる 〔*for*〕 / 〈*to do*〉: ～ a person *for* [*to* receive, *to* face] bad news 人に悪い知らせを聞く覚悟をさせる / ～ (*oneself*) *for* death [*to* die] 死の覚悟を決める《★ oneself を省略した場合は ⇨ *vi.*》/ *Prepare to* meet thy God! 死ぬ覚悟をせよ, 念仏でも唱えろ / If you have tears, ～ to shed them now. (Shak., *Caesar*, 3. 2. 174) 涙があるなら, 今こそ流す用意をするがよい. **2 a** 〈学科などを〉下調べする, 予習する: ～ one's assignment [lessons] 宿題[学科]の予習をする (cf. *vi.* ★) / ～ one's part 〈役者が〉自分の役柄をリハーサルする. **b** 〈計画・設計などを〉作成する, 立案する (work out): ～ plans for a battle [for a building] 作戦計画[建築設計]を作る. **c** 〈演説・声明書などを〉起草する (draw up): ～ a report, speech, etc. / ～ a statement 声明書の草稿を書く. **3 a** 〈食事・ご馳走などを〉調理する, 作る: ～ potatoes *for* frying から揚げ用にじゃがいもの下ごしらえをする / She ～*d* us a dinner.=She ～*d* (a) dinner *for* us. 我々にご馳走を作って[用意して]くれた. **b** 〈薬などを〉調製する, 調合する: ～ medicine, lotion, etc. / ～ a doctor's prescription 医者の処方薬を調合する / ～ a vaccine *from* …からワクチンを作る. **4** 〈旅行団・軍隊など〉に装備を施す (equip): ～ an expedition [a military force] 探検隊[軍隊]の装備をする. **5** 〘音楽〙〈不協和音を〉予備する (cf. preparation 6): ～ a dissonance.
── *vi.* 準備[用意]をする, 支度を整える; 覚悟をする: ～ *for* war [a journey, a party, an examination] 戦争[旅行, パーティー, 試験]に備えて準備をする / ～ *for* (a career in) teaching 教職につく準備をする / ～ *for* death 死の覚悟をする / ～ *for* the worst 最悪の事態に備える, 万一の覚悟をする. ★ ～ for は重大なことや特に時間を要する事の準備の場合に用いる (cf. *vt.* 2 a) / ～ *for* [《古》 *against*] a disaster [any eventuality] 災害[まさかのとき]に備える / They are busy *preparing to* leave. 出発の用意に忙しい.
pre·pár·er /-péərə | -péərə(r)/ *n.* 〘《1466》□ (O)F *préparer* // L *praeparāre* ← *prae-* 'PRE-'＋*parāre* to set in order, make ready: ⇨ pare〙
pre·pared /prɪpéəd | -péəd/ *adj.* **1** [叙述的] 〔…に〕備えて, 〔…を〕覚悟して 〔*for*〕; 〈…する〉用意[覚悟]ができて, 喜んで〈…し〉ようとして (willing) 〈*to do*〉: be ～ *for* anything (*to* happen) 何が起こっても驚かない / I'm not ～ *to* give an opinion. 意見を述べる用意はしておりません, ノーコメントです / We are ～ *to* serve you. 御用は早速に承ります / Be ～. 常に備えよ《Boy [Girl] Scouts の合言葉》/ a long-*prepared-for* discussion ずっと前から準備されていた討論会. **2** 用意[調製, 調理]された: a ～ statement 用意された声明 / specially ～ glass *for* scientific use 科学用に特別に作られたガラス / food ～ *from* the best materials 極上の材料を使って調理された食べ物. **3** 〈食物が〉あらかじめ調理された, 即席(料理用)の. **pre·pár·ed·ly** /-péərɪdli, -péəd- | -péəd-, -péərɪd-/ *adv.* 〘《1526》: ⇨ ↑, -ed〙
pre·pár·ed·ness /-péərɪdnɪs, -péəd- | -péəd-, -péərɪd-/ *n.* **1** 準備, 用意; 覚悟 (readiness): in a state of ～ 準備完了して; 覚悟ができて. **2** (特に, 戦争抑止手段として唱えられる)軍備の充実, 戦備; 防御態勢: military ～ 軍備, 戦備.
prepáred piáno *n.* 〘音楽〙プリペアードピアノ《通常のピアノに異物を装着して音質を変化させたり, 普通とは異なる調律を施したもの》. 〘1952〙
prè·paréntal *adj.* 親となる前の, 親となることに先立っての.
prè·pátent périod *n.* 〘病理〙(病原体の増加する)感染初期無症候段階. 〘1926〙
prè·páy *vt.* (**pre·paid**) 前払いする, 前金で払う, 〈郵便料金を〉前納する; …の税[手数料]を先払い[前納]する, 〈手紙・小包などの〉の郵便料金を前納する: ～ a reply to a telegram 電報の返信料を先払いする. 〘1839〙
prè·páyable *adj.* 前払い[前納]できる. 〘1899〙
prè·páyment *n.* 前払い, 前納. 〘1838〙
prepd. 《略》 prepared.
pre·pense /prɪpéns/ *adj.* [名詞の後に置いて] あらかじめ考えた, 熟考の上での, 計画的な, 故意の: ⇨ malice prepense. **～·ly** *adv.* 〘《1702》 ← 《廃》 *prepensed* 《変形》 ← *purpensed* □ OF *purpense* (p.p.) ← *purpenser* to meditate beforehand ← *pur-* 'PRO-¹'＋*penser* to think: cf. pensive〙
prepg. 《略》 preparing.
prè·plán *vt., vi.* 事前に[の]計画を立てる. 〘1934〙
prè·plánt *adj.* 〘農業〙作物の植付け前の[に用いられる].
prè·plánting *adj.* 〘農業〙=preplant. 〘1955〙
prepn. 《略》 preparation.
prè·pólymer *n.* 〘化学・工学〙初期重合体, プレポリマー《反応を調節され部分的に重合したプラスチック樹脂などの中間体》. 〘1956〙
pre·pon·der·ance /prɪpɑ́(ː)ndərəns, -drəns | -pɔ́n-/ *n.* **1** (数・量・力・重要性などにおいて)優位にあること, 優勢, 優越 (predominance): have the ～ *over* …より優勢である. **2** 重さにおいて勝ること, 過重. 〘《1681》: ⇨ preponderant, -ance〙
pre·pón·der·an·cy /-dərənsi, -drənsi/ *n.* =preponderance. 〘《1646》: ⇨ ↓, -ancy〙
pre·pon·der·ant /prɪpɑ́(ː)ndərənt, -drənt | -pɔ́n-/ *adj.* **1** 〈力・勢力・数・重要度が〉〔…に〕勝る, 優勢の, 圧倒的な 〔*over*〕 (⇨ dominant SYN). **2** 重さにおいて勝る. **～·ly** *adv.* 〘《1660》□ L *praeponderantem* (pres.p.) ← *praeponderāre* (↓): ⇨ -ant〙
pre·pon·der·ate /prɪpɑ́(ː)ndərèɪt | -pɔ́n-/ *vi.* **1** 〔…に〕権力[数量など]で勝る, 優位を占める, 幅をきかす (predominate) 〔*over*〕. **2** 重さで勝る. **3** 〈はかりの皿が〉一方へ傾く, 下がる (sink). ── *vt.* 《古》=outweigh. ── /-rɪt/ *adj.* =preponderant. **pre·pón·der·àt·ing** /-tɪŋ | -tɪŋ/ *adj.* **pre·pón·der·àt·ing·ly** *adv.* 〘《1611》 ← L *praeponderātus* (p.p.) ← *praeponderāre* to outweigh ← *prae-* 'PRE-'＋*ponderāre* to weigh (← *ponder-, pondus* weight): ⇨ -ate³: cf. pound¹〙
pre·pon·der·a·tion /prɪpɑ̀(ː)ndəréɪʃən | -pɔ̀n-/ *n.* **1** =preponderance. **2** 《古》はかりの片方に重みを加えること. 〘《1653》□ LL *praeponderātiō(n-)*: ⇨ ↑, -ation〙
pre·pone /priːpóʊn | -pə́ʊn/ *vt.* 《インド》…の時期を早める, 予定を早める (↔ postpone). 〘《1941》 ← PRE-＋(POST)PONE〙
pre·pose /priːpóʊz | -pə́ʊz/ *vt.* 〘文法〙前置する. 〘《1491》□ (O)F *préposer*: ⇨ pre-, pose¹〙
prep·o·si·tion /prèpəzíʃən/ *n.* 〘文法〙前置詞 (in, by, for, with, to など; cf. postposition 2). 〘《c1395》 *preposicioun* □ LL *praepositiō(n-)* ((なぞり)) ← Gk *próthesis* preposition) ← *praepōnere* to put before: ⇨ pre-, position〙
prèp·o·sí·tion·al /-ʃnəl, -ʃənl⁻/ *adj.* 〘文法〙前置詞

の, 前置詞的な: ~ phrases 前置詞(語)句《on the desk, at school など前置詞とその目的語から成る句, または by means of, for the sake of などや owing to, in order to などのような群前置詞 (group preposition) をいうこともある》. 〖(*a*1831): ⇨ ↑, -al¹〗

prèp·o·sí·tion·al·ly /-ʃ(ə)nəli/ *adv.* 前置詞として, 前置詞的に, 前置詞のように. 〖(1845): ⇨ ↑, -ly¹〗

pre·pos·i·tive /prɪpɑ́(ː)zətɪv, prɪ̀- | -pɔ́zɪ̀tɪv⁻/ 〖文法〗 *adj.* 前に置いた, 前置の (↔ postpositive). — *n.* 前置語[辞] 《*white* sail の white, *Mary's* book の Mary's など》. **~·ly** *adv.* 〖(1583) ◻ LL *praepositīvus*: ⇨ preposition, -ive〗

pre·pos·i·tor /priːpɑ́(ː)zətə | -pɔ́zɪ̀tɔː(r, -tə(r/ *n.* = praepostor. **pre·pos·i·to·ri·al** /priːpɑ̀(ː)zətɔ́ːriəl | -pɔ̀zɪ̀tɔ́ːr-⁻/ *adj.* 〖(*a*1518) ← L *praepositus* head, chief ((p.p.) ← *praepōnere* (⇨ preposition)) + -OR²〗

pre·pos·sess /priːpəzés/ *vt.* **1** [しばしば受身で] あらかじめ〈感情・観念を〉〈人〉にしみ込ませる[抱かせる] (imbue) 〔*with*〕: ~ a person *with* some sentiment, idea, etc. / He *is* ~*ed with* a strange idea. 彼には妙な考えが先入主になっている. **2** [しばしば受身で] 〈考え・感情などが〉〈人を〉捕える; 〈人・態度・顔などが〉〈人〉に好印象を与える, 好感を抱かせる: She [Her manners] ~*ed* me in her favor. 彼女[彼女の態度]が気に入った / I *was* ~*ed* by his appearance [manners]. 私は彼の風采(ふうさい)[礼儀正しさ]に好感を感じた. **3** [通例よい意味で] 偏見を抱かせる, 偏愛させる, …の意中に先入主となる (prejudice): His long life in a sickbed ~*ed* him toward religion. 彼は長い病床生活で宗教に引かれていた. 〖(1614) ← PRE-+POSSESS: cf. ML *prēpossidēre*〗

pre·pos·séss·ing *adj.* 人に好感を与える, 感じのいい, 人好きのする, 魅力のある (attractive): ~ manners. **~·ly** *adv.* **~·ness** *n.* 〖(1642): ⇨ ↑, -ing²〗

pre·pos·ses·sion /priːpəzéʃən/ *n.* **1 a** 先入主[観], 先入主的好感, 偏愛的好意, ひいき (favor). **b** 偏見 (prejudice). **2** 《古》 先領, 先有 (prior possession). 〖(1646) ← PREPOSSESS+-SION〗

pre·pos·ter·ous /prɪ̀pɑ́(ː)stərəs, -trəs | -pɔ́s-/ *adj.* **1** 不合理な, 途方もない (absurd), 非常識な, 実にばかげた (nonsensical). **2** 前後転倒の. **~·ly** *adv.* **~·ness** *n.* 〖(1542) ◻ L *praeposterus* with the hinder part foremost, inverted ← *prae-* 'PRE-'+*posterus* coming after: ⇨ posterior, -ous〗

pre·pos·tor /priːpɑ́(ː)stə | -pɔ́stə(r/ *n.* = praepostor.

pre·pó·tence /-təns, -tn̩s | -təns, -tn̩s/ *n.* = prepotency.

pre·po·ten·cy /priːpóutənsi, -tn̩- | -páutənsi, -tn̩-/ *n.* **1** 優勢, 優力. **2** 〖生物〗 優性遺伝(力) 《この考えは今は信じられていない》. 〖(1646) ◻ L *praepotentia* superior power: ⇨ ↓, -ency〗

pre·po·tent /priːpóutənt, -tn̩t | -páutənt, -tn̩t/ *adj.* **1** 非常に優勢な (predominant), 大きな勢力を有する (very potent). **2** 〖生物〗 〈親の一方が〉優性遺伝力を有する, 有性の. **~·ly** *adv.* 〖(*a*1450) ◻ L *praepotentem* very powerful (pres.p.): ⇨ pre-, potent¹〗

prep·py /prépi/ (*also* **prep·pie** /~/) 《米俗》 *n.* **1** preparatory school (1) の生徒[卒業生], プレッピー. **2** プレッピー風の服装[ふるまい]の人. — *adj.* (**prep·pi·er; -pi·est**) 〈服装・ふるまいなどが〉プレッピー風の 《流行に左右されないオーソドックスな》. 〖(1900) ← PREP+-Y⁴〗

prè·prándial *adj.* [しばしば戯言的] 食前[晩餐(ばんさん)前]の (before-dinner) (cf. postprandial): a ~ drink. 〖(1822) ← PRE-+PRANDIAL〗

pre·preg /príːprɛg/ *n.* 〖化学〗 プレプレッグ 《不飽和ポリエステル樹脂を十分に浸透させたガラス織物など; 加熱して成形する》. 〖(1954) ← PRE-+(IM)PREG(NATE)+-ED〗

prè·preparátory schòol *n.* 《英国の》 preparatory school 進学のための私立小学校 《5 歳から 11 歳または 13 歳まで》. 〖1960〗

prè·préss *adj.* 〖印刷〗 印刷にかかる前の; 〈校正刷が〉印刷前の.

prè·prímary *adj.* 《米》〖政治〗 予備選挙前の: ~ convention 予備選挙前党大会 《予備選挙前に党の政綱項目の発表・候補者名簿の承認のため開かれる》.

prè·prímer *n.* 初歩入門読本.

pré·print *n.* **1** (書物の一部や雑誌記事の)前刷り, 別刷り, 見本刷り, プレプリント. **2** (会議などに先立って出される)プレプリント. — *vt.* 前刷り[プレプリント]で出す. 〖(n.: 1889; v.: 1928)〗

prè·prócess *vt.* 〖電算〗 前処理する 《データ処理の前段階で施す処理; 例えばファイルの初期化など》. 〖1964〗

prè·prócessor *n.* 〖電算〗 プリプロセッサー 《主な処理を行う前にデータの前処理を行うプログラム》. 〖1967〗

prè·prodúction *n.* **1** 試作品; 予備生産(品). **2** 生産前の作業[準備]. — *adj.* 予備生産の; 生産前の. 〖1938〗

prè·proféssional *adj.* 専門研究前の, 専門職のための特別研究以前の. 〖1948〗

prè·prógram *vt.* (ある用途のために)前もって…のプログラムを作る. **prè·prógrammed** *adj.* 〖1964〗

prép schòol *n.* 《口語》 =preparatory school. 〖1895〗

prép·tìme *n.* (学校の)空き時間 《授業のない時間》.

prè·púberal *adj.* 思春期直前の. **~·ly** *adv.* 〖1942〗

prè·púbertal *adj.* =prepuberal. **~·ly** *adv.* 〖1859〗

prè·púberty *n.* 思春期直前の時期, 青春前期. 〖1922〗

prè·pubéscence *n.* =prepuberty. 〖1916〗

prè·pubéscent *adj.* =prepuberal. 〖1904〗

prè·publicátion *adj.* (書物の)出版前の. 〖1922〗

pre·puce /príːpjuːs/ *n.* 〖解剖〗 (陰茎・陰核の)包皮 (foreskin). **pre·pu·tial** /priːpjúːʃəl, -ʃɪ̀l/ *adj.* 〖(*c*1400) ◻ (O)F *prépuce* < L *praepūtium* ← PRE-+? **pūtos* penis (← IE **pu-* to swell)〗

prè·púnch *vt.* (ある用途のために)前もって…に穴をあける. 〖1953〗

prè·púpa *n.* 〖昆虫〗 前蛹(ぜんよう), 前さなぎ 《成虫になる直前の幼虫》. 〖(1925) ← NL ~: ⇨ pre-, pupa〗

prè·púrge *vt.* 〖冶金〗 (次の作業のために)あらかじめ〈炉内を〉空にする. 〖⇨ pre-, purge〗

prè·quálify *vi.* 競技への参加資格を獲得する, 予選を通過する. 〖1974〗

pre·quel /príːkwəl/ *n.* 《口語》 (小説・映画などの)後から作る前編 《作品が成功した場合それにつながるように前編を作ること; cf. sequel》. 〖(1973) ← PRE-+(SE)QUEL〗

Prè-Ráphael *adj.* 〖美術〗 ラファエル以前の. 〖1850〗

Prè-Ráphaelism *n.* 〖美術〗 =Pre-Raphaelitism. 〖1852〗

Prè-Ráphaelite *adj.* 〖美術〗 ラファエル前の, ラファエル前派の: the ~ Brotherhood ラファエル前派 《1848 年に英国の画家 W. H. Hunt, Millais, D. G. Rossetti などが "truth, sincerity, earnestness に帰れ" と叫んで Raphael 以前におけるイタリアの写実画風を尊重して起こした画派; 略 PRB》. — *n.* **1** ラファエル前派の画家. **2** (ラファエル以前の)初期ルネサンスのイタリア画家. 〖(1849): ⇨ -ite¹〗

Prè-Ráphaelitism *n.* 〖美術〗 ラファエル前派の主張した写実主義[運動]. 〖(1851): ⇨ ↑, -ism〗

prè·recórd *vt.* **1** 〖ラジオ・テレビ〗 〈番組などを〉放送前に録音[録画]する. **2** =prescore. 〖1937〗

prè·recórded *adj.* 〈テープなどあらかじめ録音[録画]された. 〖1958〗

prè·recórding *n.* 前もっての録音[録画], プレレコ. 〖1937〗

prè·régister *vi.* (一般の履修科目登録より前に)特別登録をする. 〖1967〗

prè·registrátion *n.* (帰宅[帰国]する学生のために)一般の履修科目登録 (registration) 期間より前に行われる特別登録. 〖1922〗

prè·reléase *n.* 予定に先立って公開する物 (release) 《レコード, ソフトなど》; (特に, 映画の)封切前上映, 試写会, 事前公開. — *vt.* 〈ソフトなどを〉予定に先立って公開する, 〈映画などを〉封切前に上映する. — *adj.* 〈映画・ソフトなど〉事前公開された. 〖1929〗

pre·req·ui·site /priːrékwəzɪ̀t | -kwɪ̀zɪt/ *n.* **1** 〔…の〕先要[必要, 前提]条件, 資格要件 〔*to, for, of*〕. **2** (ある学科目を取るためにその前に取っておくべき)必修科目. — *adj.* **1** 〔…に〕前もって[まず]必要な, 先要の, (先行条件として)欠くことのできない 〔*to, for, of*〕. **2** (ある学科目を取るための)必修科目となる 〔*to*〕. 〖(1633) ← PRE-+REQUISITE〗

prè·revolútionary *adj.* 革命前の; (特に)米国独立戦争以前の. 〖1861〗

pre·rog·a·tive /prɪ̀rɑ́(ː)gətɪv | -rɔ́gət-/ *n.* **1 a** (官職上の)特権; (君主の)大権 (⇨ privilege SYN): the royal ~ 大権 / the ~ of mercy 赦免権. **b** 〖ローマ史〗 優先投票権. **2** 特権, 特典: It is within his ~ to leave. 退場するのは彼の特権[自由]である. **3** 生まれもった[神から与えられた]他に優る点[長所, 優越性], 生得の優れた能力. **4** 《廃》 優先 (precedence). — *adj.* **1** 特権の, 大権の, 特権のある (privileged); 特権によって保有する: a ~ right 特権. **2** 〖ローマ史〗 優先投票権のある. **3** 〖法律〗 prerogative court の. 〖(*a*1387) ◻ (O)F *prérogative* // L *praerogātīva* previous choice (fem. sing.) ← *praerogātīvus* ← *praerogāre* to ask before (others): ⇨ pre-, rogation, -ative〗

prerógative còurt *n.* 〖法律〗 **1** 《英》 **a** (大主教所管の)遺言事件裁判所, 大主教特権裁判所 《1857 年遺言に関する教会裁判所の管轄権が他に移され事実上廃止された》. **b** 大権裁判所 《絶対主義時代に国王大権に基づいて設置され, common law ではなく大権の行使に任じた裁判所の総称; 星室庁裁判所 (Court of Star Chamber), 高等宗務官裁判所 (Court of High Commission) などが代表》. **2** 《米古》 (New Jersey 州の)(遺言)検認裁判所 (probate court) (cf. surrogate 3). 〖1603〗

prerógative wrìt *n.* 〖法律〗 大権令状, 緊急勅令. 〖1759〗

pres, P- /préz/ *n.* 《米俗》 大統領. 〖《略》 ← PRESIDENT〗

Pres /prés, préz/ *n.* プレス, プレズ 《男性名》. 〖(dim.) ← PRESLEY〗

pres. 《略》 present; presidency; presidential; presumptive.

Pres. 《略》 Presbyterian; Presentation; President; Presidency.

pre·sa /préɪsə | -sə, -sɑː; *It.* préːza/ *n.* (*pl.* **pre·se** /-seɪ; *It.* -ze/) 〖音楽〗 プレーサ (:S:, +, または ※; canon で後続声部の入る箇所を指示する記号). 〖(1724) ◻ It. ~ 《原義》 a taking (fem.) ← *preso* (p.p.) ← *prendere* to take < L *prehendere*: ⇨ prehensile〗

pre·sage /prɪ̀séɪdʒ | présɪdʒ, prɪ̀séɪdʒ/ *v.* — *vt.* **1** 〈ものが〉…の前兆である (portend), 前もって知らせる, …の前兆となる (foreshadow): The lowering clouds ~ a storm. 暗雲低迷は嵐の前兆である / Such ideas are held to ~ insanity. こうした考えは精神錯乱の前に起こるものと考えられている. **2** 〈人が〉予感する, 予覚する. **3** 〈人が〉予言する (predict). — *vi.* **1** 《廃》 予知する, 予感する. **2** 予言する (prophesy) 〔*of*〕.

— /présɪdʒ/ *n.* **1** 前兆, 兆し (omen); (時間的・場所的に)先のこと[物]を予示するもの: a ~ of a fine day 好天の兆し / of evil ~ 不吉な, 縁起の悪い. **2** (通例悪いことの)予感, 虫の知らせ, 胸さわぎ: the ~ of a coming disaster 災難の来そうな予感. **3** 予知, 先見 (prescience). **4** 《古》 予報 (forecast), 予言 (prediction).

pre·ság·er *n.* 〖n.: (*a*1393) ◻ (O)F *présage* // L *praesāgium* omen ← *praesāgīre* to forebode ← *prae-* 'PRE-'+*sāgīre* to perceive keenly (cf. sagacious). — v.: (1562) ◻ (O)F *présager* // L *praesāgīre*〗

pres·age·ful /présɪdʒfəl, -fl̩/ *adj.* 前兆を含んだ, 前兆となる; 予感に満ちた: a ~ victory. 〖1591〗

pre·ság·ing *adj.* 予感する; 予知する; 予言する. **~·ly** *adv.* 〖(1598): ⇨ -ing²〗

prè·sánctified *adj.* 〈聖餐用のもの (Eucharistic elements) が〉前もって清められた, 前もって奉献された: a ~ Host (すでに)聖別されたパン. 〖1758〗

Presb. 《略》 Presbyter; Presbyterian.

pres·by- /prézbi, prés-/ (母音の前にくるときの) presbyo- の異形.

pres·by·cu·sis /prèzbəkjúːsɪ̀s, près- | prèzbɪkjúːsɪs/ *n.* (*pl.* **-cu·ses** /-siːz/) (*also* **pres·by·cou·sis** /-kúː-/) 〖病理〗 老人性難聴. 〖(1890) ← NL ~ ← PRESBYO-+Gk (*á*)*kousis* hearing (← *akoúein* 'to HEAR': ⇨ acoustic)〗

pres·by·o- /prézbiou, prés- | -biəu/ 「老年 (old age)」の意の連結形. ★ 母音の前では通例 presby- になる. 〖← Gk *présbus* old, venerable (man)〗

pres·by·o·pi·a /prèzbióupiə, près- | -óupiə/ *n.* 〖病理〗 老眼, 老視. 〖(1793) ← NL ~: ⇨ presbyo-, -opia〗

pres·by·op·ic /prèzbiɑ́(ː)pɪk, près- | -biɔ́p-⁻/ *adj.*, *n.* 老眼の(人). 〖(1801): ⇨ ↑, -ic¹〗

pres·by·ter /prézbətə, prés- | -bɪ̀tə(r/ *n.* **1** (初期キリスト教会の)長老, 世話役 (elder). **2** (長老派教会の)長老 (elder). **3** (監督教会の)司祭 (priest). **pres·byt·er·al** /prezbítərəl, pres- | -tə-/ *adj.* **~·shìp** *n.* 〖(1597) ◻ LL ~ ◻ Gk *presbúteros* older (compar.) ← *présbus* old: PRIEST と二重語〗

pres·byt·er·ate /prezbítərɪ̀t, pres-, -rèɪt | -tə-/ *n.* **1** presbyter の職[地位]. **2** =presbytery 1. 〖(1640) ◻ LL *presbyterātus*: ⇨ ↑, -ate¹〗

pres·by·te·ri·al /prèzbətí(ə)riəl, près- | -bɪ̀tíər-⁻/ *adj.* **1** (初代教会の)長老 (presbyter(s)) の. **2** [P-] 《古》 =presbyterian 2. — *n.* [P-] 長老派教会の長老会[中会]と関係のある婦人組織. **~·ly** *adv.* 〖(1592): ⇨ presbytery, -al¹〗

pres·by·te·ri·an /prèzbətí(ə)riən, près- | -bɪ̀tíər-⁻/ *adj.* **1** [時に P-] (主教制 (Episcopal) に対して)長老制の. **2** [P-] 長老派(教会)の: ~ missionaries. — *n.* [P-] **1** 長老派(教会)の人, 長老派(教会)会員. **2** 長老制主義者. 〖(1641) ← PRESBYTERY+-AN¹〗

Présbyterian Chúrch *n.* [the ~] 長老派協会 《カルヴァン主義 (Calvinism) に基づくキリスト教プロテスタントの一派; 主教制度によらず, 教職者同権を唱え, 長老は司祭でなく, 十字架の宣伝者・福音の伝道者であるとする; 英・米などに各種の分派があるが, スコットランド教会 (Church of Scotland) もこの派に属する》. 〖1817〗

Près·by·té·ri·an·ìsm /-nɪzm/ *n.* (教会の)長老制度; 長老派主義. 〖(1644): ⇨ -ism〗

pres·by·te·ri·an·ize, P- /prèzbətí(ə)riənàɪz, prɛs- | -bɪ̀tíər-/ *vt.* 長老派[長老制度]にする. 〖(*a*1843): ⇨ -ize〗

pres·by·ter·y /prézbətèri, prés-, -təri, -tri | -bɪ̀təri, -tri/ *n.* **1** [集合的] (初代教会の)長老会[団]. **2** (長老派教会の)長老会, 中会 《一地方の全教会の牧師と長老から成る評議会》. **3** 長老会の管轄区; 同管轄区内の全教会. **4** (教会堂の東端にある)内陣 (sanctuary). **5** 〖カトリック〗 司祭館 (parsonage). 〖(1466) *presbetory* ◻ OF *presbiterie* (F *presbytère*) ◻ LL *presbyterium* ◻ Gk *presbutérion* place of the presbyter ← *presbúteros* 'elder, PRESBYTER': ⇨ -ery〗

prè·schóol *adj.* 就学前の, 学齢未満の, 小学校入学前の 《2 歳から 5, 6 歳まで》. — /⌐⌐⌐/ *n.* 幼稚園, 保育園 (kindergarten). 〖1924〗

prè·schóoler *n.* **1** 未就学児(童). **2** 幼稚[保育]園児. 〖1954〗

pre·science /préʃəns, príː-, -ʃiəns | présiəns, -ʃiəns/ *n.* **1 a** 全知 (omniscience). **b** 予見, 先見 (foresight). **2** 予知能力, 先見の明. 〖(*c*1385) ◻ (O)F ~ ◻ LL *praescientia*: ⇨ ↓, -ence〗

pre·scient /préʃənt, príː-, -ʃiənt | présiənt, -ʃiənt/ *adj.* 〔…を〕予知する 〔*of*〕; 先の見える, 先見の明ある. **~·ly** *adv.* 〖(*a*1626) ◻ F ~ ◻ L *praescientem* (pres.p.) ← *praescīre* to know before ← *prae-* 'PRE-' +*scīre* to know: ⇨ -ent: cf. science〗

prè·scientífic *adj.* 近代科学発生以前の, 科学以前の. 〖1836〗

pre·scind /prɪ̀sínd/ *vt.* **1** (早まって[突然に])…の一部分を〔…と〕切り離す (remove) 〔*from*〕. **2** 〔…と〕切り離して考える, 抽象する (abstract) 〔*from*〕: an idea ~*ed from* the particulars 個々の具体物から抽象された考え. — *vi.* 〔…から〕注意をそらす, 考えをそらす, 〔…を〕考慮しない 〔*from*〕. 〖(1636) ◻ L *praescindere* to cut off in front ← *prae-* 'PRE-'+*scindere* to cut: cf. scission〗

prè·scóre *vt.* (映画で)〈声・音楽を〉撮影前に録音する. 〖1977〗

Pres·cott /préskət, -kɑ(ː)t | -kət, -kɔt/, **William Hickling** *n.* プレスコット 《1796–1859; 米国の歴史家; *History of the Conquest of Mexico* (1843), *History of*

P

the Conquest of Peru (1847)》.

pre·scréen *vt.* **1** 前もってふるいにかける. **2** 〈候補者などを〉予備審査[選抜]する. 〖1967〗

pre·scrib·a·ble /prɪ̀skráɪbəbḷ/ *adj.* **1** 命じることができる, 指図できる, 規定できる. **2** 〖医学〗処方できる. **3** 〖法律〗時効によって取得できる. 〖1967〗

pre·scribe /prɪ̀skráɪb/ *vt.* **1** 〖医学〗〈薬物療法・休養などを〉〈人・病気に〉指示する, 処方する 〔*for, to*〕: ~ medicine *for* a patient 患者に処方を書く / ~ contact lenses / ~ a holiday 〈医師が〉〈患者に〉休暇をとらせる. **2** (規則・方針として)定める, 規定する (ordain); 〔人に〕指令する, 指図する (order) 〔*to, for*〕: a ~*d* book (試験の)指定参考書 / Do not ~ *to* me what to do. 何をせよと指図してくれるな. **3** 〖法律〗時効によって取得する. **—** *vi.* **1** 〖医学〗〔人・病気に対して〕処方する, 処方を書く 〔*to, for*〕: ~ *to* [*for*] a patient 病人に処方を書いて与える[療法を指示する] / ~ *for* a complaint 病気の処方を書く. **2** 〔…に対して〕規定する, 指令する, 指図する 〔*for*〕: The law does not ~ *for* such offenses. そういう犯罪に対しては法律には規定がない. **3** 〖法律〗 **a** 時効によって無効となる. **b** 時効によって権利を主張する: ~ *for* [*to*] a thing. **pre·scríb·er** *n.* 〖(1455) □ L *praescribere* to write before ← *prae-* 'PRE-'+*scribere* to write: ⇨ script〗

pre·script /príːskrɪpt/ *n.* 規定, 定め (rule), 指令 (instruction), 法令, 政令 (ordinance). **—** /ˌ-ˈ-, -ˈ-/ *adj.* 規定[指令, 指図]された (prescribed). 〖adj.: 《?*a*1430》 □ L *praescriptus* (p.p.) ← *praescribere* (↑)〗

pre·scrip·ti·ble /prɪ̀skríptəbḷ | -tə-, -tɪ-/ *adj.* **1** 規定[時効]を受ける. **2** 規定[時効]から生じる[に基づく]. 〖(1542) □ ML *praescriptibilis*: ⇨ ↑, -ible〗

pre·scrip·tion /prɪ̀skrípʃən/ *n.* **1** 〖医学〗処方, 処方箋(ˢ); 処方薬: a medical ~ 処方箋 / write out a ~ for …の処方を書く / make up a ~ 処方箋どおりに調剤する / on ~ (医者の)処方によって. **2** 規定する[定める]こと, 指令, 訓令; 指示, 指定; おきて, 法規. **3** 〖法律〗時効, 取得時効: extinctive [negative] ~ (刑の)消滅時効, 満期免除 / acquisitive [positive] ~取得時効. **4 a** 長年の使用[慣行]に基づいて公認された権利. **b** 長年行われ権威を帯びた慣行. **—** *adj.* (医師の)処方箋[指示]により調製される; (医師の)処方箋によってのみ買いうる (cf. over-the-counter 3): ~ lenses / a ~ drug [medicine] 処方箋・調剤薬, 要指示医薬品. 〖(?1383) □ (O)F ~ // L *praescriptiō(n-)*: ⇨ prescript, -tion〗

prescríption chàrge *n.* [通例 *pl.*] 《英》(国民健康保険制度 (National Health Service) で薬をもらう時に払う)薬代 《患者負担分》. 〖1961〗

pre·scrip·tive /prɪ̀skríptɪv/ *adj.* **1** 規定[指示]する, 指令[指図]を与える. **2** 〖言語〗規範的な (cf. descriptive). **3** 〖法律〗時効による, 時効によって得た: a ~ right 時効によって得た権利. **4** 永年の使用[慣行]によって公認された, 慣例の. **~·ly** *adv.* **~·ness** *n.* 〖(1748) □ LL *praescriptīvus*: ⇨ prescript, -ive〗

prescríptive grámmar *n.* 〖文法〗規範文法《言語使用の実際を無視して規範を定め, その規則に従うべきであるとする文法; 学校文法の多くは規範文法である》. 〖1933〗

pre·scríp·tiv·ìsm /-tɪ̀vìzm | -tɪv-/ *n.* **1** 〖文法〗規範文法主義. **2** 〖倫理〗規範主義《道徳的言明は真理値をもたないが他に対する態度を規定し話者の信念を表明するものであるとする立場》. 〖1954〗

pre·scríp·tiv·ist /-tɪ̀vɪ̀st | -tɪvɪst/ *n.* 規範主義者; (特に)規範文法信奉者. 〖(1952): ⇨ -ist〗

presdl 《略》presidential.

prese *n.* presa の複数形.

prè·séason *n., adj.* シーズン前(の). **prè·séasonal** *adj.* 〖1961〗

prè·seléct *vt.* 前もって選ぶ[選んでおく]. 〖1864〗

prè·seléction *n.* 予選択, 事前選択. 〖1924〗

prè·seléctive *adj.* 〖自動車〗〈装置が〉自動的に最適なギヤを選択できる, 自動変速の. 〖1925〗

prè·seléctor *n.* **1** 〖無線〗プレセレクター《無線受信機で入力信号が最初に選択される部分》. **2** 《英》〖通信〗プレセレクター《自動交換機の加入者線と一次セレクターの間に入る, 一次セレクターを選択する回転スイッチ》. **3** 〖自動車〗自動変速機構. 〖1912〗

preseléctor géar *n.* 〖自動車〗自動変速ギヤ. 〖1935〗

prè·séll *vt.* (**pre·sold**) 〖商業〗(広告などの方法により)〈商品〉の需要を喚起する, 事前販売をする; 〈消費者〉の購買意欲をそそる. 〖1950〗

prè·sélling *n.* 〖商業〗事前販売《製品を市場に売り出す前のマーケティング広告が主たる内容をなす》. 〖1961〗

pres·ence /préz*ə*ns, -zṇs/ *n.* **1 a** 〔…が〕いる[ある]こと, 〔…の〕存在 (↔ absence); 〔事態の〕身近な存在, 近接, 〔感情などの〕内在 〔*of*〕: the ~ of strangers / the ~ *of* fear, joy, etc. / in the ~ *of* …〈危険などを〉前にして; 〖化学〗…の存在において, …の存在下に. **b** (駐留する軍隊などの形で代表される)国外での影響力の存在, プレゼンス: the American ~ abroad 外国でのアメリカ(軍隊)の存在 / retain a military ~ 軍隊の駐留を保持する. **2** 出席, 臨席, 同席, 立会い (attendance): Your ~ is requested. 御出席を願います / The function was honored with the ~ of the Crown Prince. 儀式は皇太子ご臨席の栄に浴した. **3** 人前, 面前, 対面: in the ~ of ladies 女性の前で / in this ~ この方がおられるところで / saving your ~ ⇨ saving *prep.* 2 / be admitted to [banished from] a person's ~ 面接を許される[面前から追われる]. **4** [the ~] 貴人の身辺; 《英》御前: approach [remain, withdraw from] *the* (royal) ~ 御前に進む[に侍する, から引き下がる] / be admitted to *the* royal ~ 拝謁を許される. **5 a** [修飾語を伴って] 風采(ﾌｳｻｲ) (mien), 態度 (bearing); 威厳のある風采, 立派な態度, 押し出し, 貫禄: a man of (a) poor [noble, dignified, fine] ~ 風采のよくない[上品な, 堂々とした, 立派な]人 / a man of no ~ 風采の上がらない人. **b** 落ち着き[自信]を感じさせる物腰, 悠揚(ﾕｳﾖｳ)迫らぬ態度; (特に)舞台度胸(のすわった様子): stage ~ 舞台度胸. **6 a** (ある場所に)存在する(と思われる)人[物]. **b** (身分の高い)人物; 風采の堂々とした[よい]人. **c** (ある形で)影響力をもつ人[物]. **d** (その場に感じられる)気, 霊; 物の怪(ｹ), 妖怪: a ~ in a house 家の中の霊気. **7** 〖音楽〗臨場感. **8** 《古》(人の)集まり, 集合 (assembly). **9** 《古》=presence chamber.

màke* one's *présence félt 他の人に影響力をもつ.

présence of mínd 沈着, 平静 (calmness) (cf. ABSENCE *of mind*): lose one's ~ *of mind* 動揺する, あわてる. 《1665》

〖(*c*1330) □ (O)F *présence* □ L *praesentia* ← *praesent-, praesēns*: ⇨ present¹, -ence〗

présence chàmber *n.* 謁見室. 〖1575〗

prè·sénile *adj.* 老年期前の, 初老(期)の; 早老の.

pres·ent¹ /préz*ə*nt, -zṇt/ *adj.* **1** [通例限定的] 現在の, 現存の, 今の (current) (cf. past, future): the ~ Cabinet 現内閣 / the ~ King [President] 現国王[大統領] / my ~ sentiments 今の私の心持ち / your ~ address 君の現住所 / at the ~ day [time, moment] 現今, 今日 / during the ~ month [year] 今月[年]中に / in [under] (the) ~ circumstances 現状で(は) / on ~ form 現状から見て. **2** [通例叙述的] **a** 〈人が〉(一つ所に)いる, 出席している, 居合わせている (↔ absent): Very many people were ~ at the lecture [in the lecture-hall]. 講演の出席者[聴講者]はきわめて多かった / No one else was ~. そのほかには一人もいなかった / *Present*, Sir [Miss]. [点呼の返事] はい / All ~ and correct, Sir! 全員整列 《軍隊などで点呼に対して全員そろっているときの表現》 / All ~ assented. 出席者一同賛成した / those (here) ~ ここにいる人たち / ~ company excepted [excluded] 《口語》ここにお出での方(々)は例外[別]として 《話し手が批判的な発言をする時に言う》. **b** 〈物が〉ある, 存在している, 含まれている (existing): a metal ~ in many minerals 多くの鉱物中に存在する金属 / It is doubtful whether water is ~ on Mars. 火星に水があるかどうか疑わしい. **c** 〈物事が〉〈心・記憶などに〉ある, 生きている, 忘れられない 〔*to*〕: be ~ *to* one's mind [in one's memory] 心[記憶]に浮かぶ[生き生きと残っている] / Her face is ever ~ *to* my eye [mind]. 彼女の顔が始終目[心]に浮かぶ / an ever-*present* influence 絶えることのない影響力. **3** [通例限定的] 目下の, 当面の, 問題の, 当の, この: the ~ case 本件, この場合 / the ~ author [writer] この著者 《私》, 筆者自身. **4** 〖文法〗現在(時制の) (cf. past 7, future 3): the ~ form 現在形 / ⇨ present tense. **5** 《古》応急の, 直ちに間に合う (ready), 早速の (instant): a ~ wit 機転, とんち / a very ~ help in trouble 困難の応急的救助, 急場の助け (cf. *Ps.* 46:1). **6** 《古》 **a** (危急時に)心の落ち着いている, 沈着な (calm). **b** 注意[用心]している (attentive), 注意を怠らない.

— *n.* **1** [通例 the ~] 現在, 現時, 現今 (cf. future 1, past 1): at ~ 目下, 今は (now) / for *the* ~ 当分, ただ今のところ / live in *the* ~ without regret or remorse くよくよせずに現在に生きる / in ~ 《古》直ちに / until [up to] *the* ~ 今日まで(は), 今に至るまで / (There's) No time like *the* ~. こんなよい時はまたとない《今が好機》. **2** 〖文法〗現在時制 (present tense); 現在形: ⇨ historical present. **3** [these ~s] 〖法律〗本文, 本証書, 本[この]書類: Know all men by *these* ~*s* that …. 本書類により…を証する. ★ しばしば戯言的にも用いる. **4** 《廃》(当面の)問題.

~·ness *n.* 〖(adj.: *c*1303; n.: ?*a*1300) □ (O)F *présent* □ L *praesent-, praesēns* (pres.p.) ← *praeesse* to be before, at hand ← *prae-* 'PRE-'+*esse* to be (⇨ essence)〗

pre·sent² /prɪ̀zént/ *vt.* **1 a** 〔…に〕贈呈[進呈]する, 贈る (⇨ give SYN); (儀礼的に)渡す, 呈する, 献じる; 〈伝言・挨拶などを〉送る, 伝える, 述べる (offer) 〔*to*〕 《give の形式ばった語》: ~ a book *to* a person 人に本を贈る (cf. 1 b) / ~ one's card *to* …に名刺を差し出す / ~ one's compliments [respects] *to* …によろしくと言う / ~ one's apologies *to* … にわびる. **b** 〈人・団体など〉に〔…を〕贈呈する; …に〔…を〕与える, もたらす 〔*with*〕: ~ a person *with* a book 人に本を贈る (cf. 1 a) / This ~*ed* me *with* a problem. =I was ~*ed with* a problem. この結果として私にはある問題が生じた / My wife has just ~*ed* me *with* a lovely daughter! 女房が可愛い女の子を産んでくれた. **2 a** 〔…に〕〈文書・小切手・信任状などを〉差し出す, 提出する (hand over); 呈示する (display) 〔*to*〕; 〈研究論文・考えなどを〉発表する (⇨ offer SYN): ~ a case for discussion 事件を討議のために出す / ~ a check (for payment) (支払いを受けるため)小切手を呈示する / ~ an idea differently 違った形で考えを提示する. **b** 〈人〉に〈文書などを〉差し出す, 呈示する 〔*with*〕: ~ (a person *with*) a petition (人に)嘆願書を提出する. **3** 〈物事が〉〈機会・可能性などを〉〔…に〕与える, 提供する, 呈する (afford) 〔*to*〕: The situation ~*s* a wonderful opportunity. 千載一遇のチャンスがめぐってきた / The villagers ~*ed* easy targets for snipers. 村人たちは狙撃兵にとって格好の標的だった. **4** 〔…に〕(正式に)対面させる, 紹介する (introduce); 拝謁させる, 伺候させる 〔*to*〕: Allow me to ~ Mr. A. A 氏をご紹介致します / Mrs. B, may I ~ Mr. A? B さん, A 氏をご紹介しましょう / ~ a person *to* the king 人を国王に拝謁させる / be ~*ed* at court 宮中で拝謁を賜わる. **5 a** 〈女性を〉社交界にデビューさせる, 披露(ﾋﾛｳ)する. **b** 〈映画会社が〉〈映画を〉提供する, 公開する; 〈劇を〉上演[上場]する, 〈俳優を〉出演させる (represent); 〈俳優が〉〈役を〉演じる (play): ~ a new play 新しい劇を上演する / ~ an unknown actor in *Hamlet* [as *Hamlet*] 無名の俳優を「ハムレット」に[ハムレット役で]出演させる. **c** 〈テレビ・ラジオ番組を〉司会する (cf. presenter). **d** 〈新製品を〉公開[披露]する. **6 a** 〈光景などを〉呈する, 示す, 見せる; 〔…と〕思わせる 〔*as*〕: ~ a smiling face to the world 世間(の人)に笑顔を見せる / ~ an appearance of …のように見える, の印象を与える. **b** 〈銃を〉捧げ銃(ﾂﾂ)をする (cf. *vi.* 1, present arms): *Present arms!* 捧げ銃! **7** 〈無形のものが〉〈…に〉〈ある性質を〉見せる, 〈困難などを〉起こす, 生じさせる 〔*to*〕: The question ~*s* great difficulties. この問題は大きな困難を引き起こす. **8** [~ one*self* で] **a** 〈姿を〉現す, 〈考えなどが〉浮かぶ: ~ one*self* (受験者・志願者として)現れる, 出頭[出席]する / He just ~*ed himself* at my door and asked to stay! 彼はたった今わが家に現れて泊めてほしいと言ったところだ / A good opportunity ~*ed itself*. よい機会がきた / A strange idea ~*ed itself* in his mind. 妙な考えが彼の心に浮かんできた. **b** 〖産科〗=*vi.* 3. **c** 〖医学〗=*vi.* 4. **9** 〈議論などを〉述べる, 陳述する, 申し立てる: ~ one's arguments in an orderly way 整然と議論を述べる. **10** 〈武器を〉向ける (direct), 〈銃〉の狙いをつける (aim); 〈体の(一部)などを〉向ける, 向き合わせる. **11** 〖法律〗 **a** 〈苦情・違反などを〉〈立法府・裁判所などに〉正式に持ち出す[提起する]. **b** 〈人を〉〈正式に〉告発する, 起訴する. **c** 《米》〈大陪審が〉〈違反を〉認定する. **12** 《英》〖教会〗〈聖職者を〉推薦する (recommend): The Rev. H. G. has been ~*ed* by his college *to* the living of W. H. G. 師は大学から W. の牧師に任じられた.

— *vi.* **1** 捧げ銃(ﾂﾂ)をする (cf. *vt.* 6 b). **2** 《英》〖教会〗聖職推薦権を行使する. **3** 〖産科〗〈胎児の一部が〉(子宮口に)現れる, 先露する, 先進する: The head of the fetus ~*ed* at parturition. 出産で胎児の頭が出て来た. **4** 〖医学〗〈症例や疾患が〉(診療の対象として)現れる: Nowadays, many patients ~ *with* stress-related illnesses. 昨今ストレスに関わる病気を訴える患者が多い.

— *n.* **1** /préz*ə*nt, -zṇt/ 贈物, プレゼント: a birthday [Christmas, wedding] ~ / make a ~ of a thing to a person=make a person a ~ of a thing 人に物を贈る / make [give] a ~ to a person=give a thing to a person *as* a ~ 人に贈物をする. **2** /prɪzént, prə-/ **a** 銃[槍]などの狙いをつけること; 狙った時の[銃]槍の位置. **b** 〖軍事〗捧げ銃(ﾂﾂ)の姿勢: standing at (the) ~ 捧げ銃をして.

〖v.: 《?*a*1300》 □ (O)F *présenter* □ L *praesentāre* to set before, exhibit, (LL & ML) to make present ← *praesent-* (↑). — n.: 《?*a*1200》 □ (O)F *présent* 《略》← OF *en present* as a gift, 《原義》in the presence of〗

SYN 贈物: **present** あいさつまたは好意の表現として人に贈るもの: a birthday *present* 誕生日のプレゼント. **gift** 個人または団体に対する正式の贈物 《present より格式ばった語》: a *gift* to the library 図書館への寄贈. **donation** 多額の金銭的な寄付: a *donation* of fifty thousand dollars to the college 大学に対する５万ドルの寄付. **largess** 気前のよい施し物 《格式ばった語》: cry *largess* 祝儀を求める.

---

pre·sent·a·bil·i·ty /prɪ̀zèntəbílәti | -təbílɪ̀ti/ *n.* **1** 体裁[押出し](のよさ), 見栄え. **2** 贈り物に向くこと. **3** 上演できること. 〖(1865): ⇨ ↓, -ity〗

pre·sent·a·ble /prɪ̀zéntəbḷ | -tə-/ *adj.* **1** 贈呈[紹介, 上演など]できる[に適した]: a ~ gift (贈って)恥ずかしくない贈物 / a ~ play 人に見せられる劇. **2** 人前に出せる, 見苦しくない, 体裁のよい (decent, seemly): ~ clothes / look quite ~ ちゃんとした体裁をしている / make oneself ~ (人前に出られるように)身なりを整える. **3** しつけのよい, 礼儀正しい, 上品な (well-bred): a ~ person / in ~ language (礼儀にかなった)立派な言葉遣いで. **pre·sént·a·bly** *adv.* **~·ness** *n.* 〖(1451) ← PRESENT²+-ABLE〗

presént árms *n.* 〖軍事〗 **1** 捧げ銃(ﾂﾂ)(の姿勢). **2** (整列中の兵士で銃を持たない者が捧げ銃の号令で行う)挙手の礼 (hand salute). 〖(1759) ← *Present arms!* (imp.)〗

pres·en·ta·tion /prèzəntéɪʃən, prìːz-, -zṇ-, -zen- | prèz-/ *n.* **1** 贈呈, 献呈, 授与; 授与式; (伝言・挨拶などを)述べること, 伝えること: the ~ of credentials 信任状の奉呈. **2** (公式の)贈物, 進物, 贈呈品 (gift): A handsome ~ was made to the retiring rector. 引退する牧師に対して見事な記念品が贈られた. **3** (正式の)紹介, 披露(ﾋﾛｳ), 拝謁, 伺候: a ~ at Court 宮中伺候, 参内. **4 a** 提出, 提示; 表現, 説明 (exposition): the ~ of a plan 案の提出, 提案 / the ~ of a research paper 研究論文の発表. **b** 〖金融〗=presentment 5. **c** (宣伝のための商品[製品]の)提示[説明, 展示], プレゼンテーション. **d** 〖放送〗番組の提供[司会]. **5 a** (女性の)社交界へのデビュー. **b** 公に見せること, 公開; 上場, 上演: the ~ of a new play 新しい劇の上演. **6** 外見, 見せかけ. **7** 〖教会〗聖職推挙, 推薦(権). **8** 〖哲学・心理〗表象, 表出. **9** 〖産科〗胎位 《分娩(ﾌﾞﾝﾍﾞﾝ)時の子宮口における胎児の位置》: a transverse ~ 横位分娩. 〖(?1383) □ (O)F *présentation* □ LL *praesentātiō(n-)*: ⇨ present², -ation〗

prè·sen·tá·tion·al /-ʃnəl, -ʃənḷ/ *adj.* **1** 提示の; 公開(のため)の; 発表に関する. **2** 〖哲学・心理〗表象的の[な]. **3** 〖言語〗=presentive. 〖(1886): ⇨ ↑, -al¹〗

près·en·tá·tion·al·ìsm /-ʃ(ə)nəlìzm/ *n.* 〖演劇〗表象主義 《写実に拘らず, 状況を即物的に呈示する演出法》. 〖(1886): ↑, -ism〗

presentátion còpy *n.* 贈呈本, 献(呈)本. 〖1803〗

presentátion dày *n.* (大学の)学位授与式[日]. 〘1843〙

prè·sen·tá·tion·ism /-ʃənìzm/ *n.* 〘哲学〙 **1** 表象実在論《知覚表象と実在を同一視する認識論的立場》. **2 a** =phenomenalism 1. **b** =representationalism 1. **prè·sen·tá·tion·ist** /-ʃ(ə)n̩ɪst | -nɪst/ *n.* 〘(*a*1842) ← PRESENTATION+-ISM〙

presentátion pàck *n.* 〘郵趣〙 贈呈用パック《切手のセットと説明書が入っている》.

pre·sen·ta·tive /prɪzéntətɪv, prézəntèɪt-, -zn̩- | prɪzéntət-/ *adj.* **1** 〘哲学〙 表象の, 直覚の (intuitive). **2** 考えを浮かばせる, 思いつかせる. **3** 〘教会〙 聖職推薦権の(ある), 聖職者推挙による (cf. donative 2). 〘(1559) ← PRESENT²+-ATIVE〙

presèntative réalism *n.* 〘哲学〙 =presentationism.

pres·ent-day /prézəntdéɪ, -znt-/ *adj.* 現代の, 今日の (current): ~ speech 現代語 / ~ fashions 現代の流行. 〘1887〙

Présent-day Énglish *n.* 現代英語 (⇨ English).

pres·en·tee /prèzəntíː, -zn̩-, prɪzèn-/ *n.* **1 a** 被推挙者. **b** 〘教会〙 聖職禄(ろく)付き牧師職に推挙された聖職者. **2** 被贈与者, (贈与物の)受領者 (recipient). **3** (宮廷で)拝謁を受けた人. 〘(1498–99) □ AF ~ 'a presentee' =(O)F *présenté* (p.p.) ← *présenter* 'to PRESENT²': ⇨ -ee¹〙

pre·sent·er /prɪzéntə, -zénə | -zéntə(r)/ *n.* **1** 《英》 ニュース放送者, ニュースアナウンサー (newscaster); (テレビ・ラジオ番組の)司会者 (《米》 anchorman, anchorwoman): a news [sports] ~. **2** 推挙[推薦]者, 任命者. **3** 贈与者, 進呈者. **4** 提出者; 申告者; 告訴者. 〘(1544) ← PRESENT²+-ER¹〙

pre·sen·ti·ent /prɪsénʃənt, priː-, -ʃiənt/ *adj.* 予覚的な, 予感的な; 〔…を〕予覚[予感]する 〔*of*〕. 〘(1814) □ L *praesentientem*: ⇨ pre-, sentient〙

pre·sen·ti·ment /prɪzéntəmənt | -zéntɪ-, -sén-/ *n.* (悪い)予感, 予覚, 虫の知らせ, 胸騒ぎ (foreboding): feel a ~ of danger, death, etc. / I have a ~ *that* something will happen. 何か起こるような予感がする. **pre·sen·ti·men·tal** /prɪzèntəméntl̩ | -zèntɪméntl̩, -sèn-/ *adj.* 〘(1714) □ F 《廃》 ~ (F *pressentiment*) ← *pressentir* □ L *praesentīre* to perceive beforehand: ⇨ pre-, sentiment〙

pre·sent·ism /prézəntɪzm, -zn̩-/ *n.* 現在[今日]中心の見方[考え方], 現在主義. 〘1956〙

pres·ent·ist /prézəntɪst, -zn̩tɪst | -tɪst/ *n.* **1** 〘神学〙 (聖書, 特にヨハネ黙示録の)予言の成就が現に進行しつつあると信じる人 (cf. futurist 4, preterist). **2** 現在中心の考え方をする人, 現在主義者. 〘(1878): ⇨ present¹, -ist〙

pre·sen·tive /prɪzéntɪv | -tɪv/ *adj.* 〘言語〙 〈言葉が〉対象や概念を直接に表す, 直示的な, 観念的な (notional) (cf. representative 2, symbolic 4): a ~ word 表示語, 観念語. **~·ly** *adv.* 〘(1871): ⇨ present², -ive〙

pres·ent·ly /prézəntli, -znt-/ *adv.* **1** 現在, 目下 (at present): those ~ at college 目下在学中の学生 / He is ~ traveling in Canada. 彼は今カナダを旅行中だ. **2** 間もなく, やがて (soon): He will be here ~. 彼は間もなくここへ来るだろう. **3** 〘古・方言〙 ただちに, 即刻 (immediately). **4** 〘文語・古〙 直接, ただちに, 必然的に (directly): It does not ~ follow that he knew. だからといって彼が知っていたということにはならぬ. 〘(?*c*1378): ⇨ present¹, -ly¹〙

pre·sent·ment /prɪzéntmənt/ *n.* **1** 表示 (representation); 陳述, 叙述 (description): the ~ of a case 事件の陳述. **2** 描写 (delineation); 絵, 肖像; (劇の)上演, 演出. **3** 〘法律〙 大陪審の告発, 公訴, 正式起訴. **4** 〘教会〙 (教区委員が bishop または archdeacon に対してする)苦情の申立て, 陳情; 推薦. **5** 〘金融〙 (手形の)提出, 提示; 申し出. **6** 〘哲学・心理〙 =presentation 8. **7** 暗示 (suggestion). **8** 《まれ》 **a** 贈与(すること) (bestowal). **b** (書物などの)献呈. 〘(*c*1303) OF *presentement* ← *presenter* 'to PRESENT²': ⇨ -ment〙

présent párticiple *n.* 〘文法〙 現在分詞(形) (cf. past participle).

présent pérfect 〘文法〙 *n.* [the ~] 現在完了(時制) (cf. past perfect, future perfect); 現在完了形. — *adj.* 現在完了の: the ~ form 現在完了形 / the ~ tense 現在完了時制 / the ~ progressive form 現在完了進行形. 〘1904〙

présent progréssive fòrm *n.* [the ~] 〘文法〙 現在進行形.

présent ténse *n.* [the ~] 〘文法〙 現在時制 (cf. historical present). 〘*c*1390〙

présent válue [wórth] *n.* 〘財政〙 現在価額, 現在価値, 現価; 現在換算額; 複利現価: the ~ of £100 in 12 years (複利で)12年後に 100 ポンドとなるべき現在の金額. 〘1797〙

pre·serv·a·ble /prɪzə́ːvəbl̩ | -zə́ːv-/ *adj.* 保存[貯蔵]のきく, 保管[保護]できる. **pre·serv·a·bil·i·ty** /prɪzə̀ːvəbíləti | -zə̀ːvəbílɪti/ *n.* 〘(1647) ← PRESERVE+-ABLE〙

pres·er·va·tion /prèzəvéɪʃən | -zə-/ *n.* **1** 保存, 保管, 貯蔵, 保蔵, 保護; 予防: the ~ of one's health 健康の保持 / eggs in a good state of ~ 貯蔵(状態)のいい卵. **2** (自然物の)保護. **3** 保存[保管]状態: The pictures are in fair [poor] ~. 絵の保存状態がよい[悪い] / a ~ order 《英》 (古い建物などの)文化財保護命令[条例]. 〘(?*a*1425) □ (O)F *préservation* □ ML *praeservātiō(n-)*: ⇨ preserve, -ation〙

près·er·vá·tion·ist /-ʃ(ə)n̩ɪst | -nɪst/ *n.* (自然・野生動物の)保護主義者; (歴史的文化財の)保存主義者. 〘1927〙

pre·serv·a·tive /prɪzə́ːvətɪv | -zə́ːvət-/ *adj.* **1** 保存する, 保存力のある, 防腐剤の: a ~ agent 防腐剤 / the art ~ of all (other) arts (「すべての技術を保存する技術」の意味で)印刷術. **2** 〔…を〕予防する 〔*against*〕. — *n.* **1** 腐敗・損傷などを防ぐもの; 防腐剤[薬], 保存剤: Salt is a ~ for meat. **2** 〔…の〕予防法; 〔…の〕予防薬, 保健剤 〔*against*〕. **3** 《古》 保護物, …よけ (safeguard) 〔*from, against*〕. **4** 〘写真〙 保恒剤 《写真現像液の空気酸化を防いで現像液の保存性をよくするために加える試薬》. 〘(*a*1398) □ (O)F *préservatif* □ ML *praeservātīvus*: ⇨ preserve, -ative〙

pre·serve /prɪzə́ːv | -zə́ːv/ *vt.* **1** 保護する, 守る (⇨ defend SYN): May God keep and ~ you. 神があなたを守護したまわんことを / Saints ~ us! 聖人たちよ我らを守り給え《しばしば驚きを表す》 / ~ a thing *from* harm [decay] 損傷[腐朽]から守る. **2** 〈食物を〉腐敗しないように保存する, 保蔵する; 〈果物・肉などを〉砂糖[塩]漬けにして貯蔵する: Ice helps to ~ food. / ~ fruit 果物を砂糖煮にする[ジャムにする] / ~ fish in [with] salt 魚を塩漬けにする. **3** 保存する, しまっておく (hoard): ~ old letters 古い手紙を保存する. **4** 〈自然・環境などを〉保護する; 〈ある場所を〉禁猟[禁漁]とする, (密猟[密漁]されないように)管理する; 〈猟獣・魚などの〉猟[漁]を禁じる: ~ game [a river] 鳥獣の猟を禁じる[川を禁漁にする]. **5** 保持する, 維持する, 持ち続ける (retain): ~ one's looks [strength] 容貌(ぼう)[力]を保つ / ~ appearances 体面を維持する / ~ one's friendly relations with …と親しい関係を持ち続ける / He has always ~*d* his innocence. 彼はいつまでも無邪気さを失わない / She is well-*preserved*. 彼女は容色が衰えていない《いつまでも若々しい》. **6** 〈名前・記憶などを〉留める: A tiny village ~*s* the names of great men. 小さな村に偉人の名が留められている. — *vi.* **1** (果物などの)砂糖煮[塩漬け]を作る, ジャムを作る. **2** 禁猟[禁漁]にする.
— *n.* **1** [しばしば *pl.*] 貯蔵食料; 砂糖煮, ジャム; 缶詰め, 瓶詰め. **2** [通例 *pl.*] **a** 動植物保護地域, (特に)禁猟地, 禁漁の池[水域], 動物飼養場 (vivarium). **b** 《米》 天然資源保護地域. **3** (個人の活動の)領分, 領域: poach on [upon] another's ~*s* 他人の領分[分野]に手を出す, 他人の縄張りを侵す. **4** [*pl.*] 遮光(しゃこう)眼鏡, ちりよけ眼鏡 (goggles).
〘(1392) □ (O)F *préserver* □ ML *praeservāre* ← *prae-* 'PRE-'+*servāre* to keep, save: cf. observe〙

pre·sérv·er *n.* **1** 保護者, 守護者 (guardian); 救助者 (savior): a life ~. **2** (食品の)保存加工業者. **3** 猟鳥獣保護者, 禁猟地管理人. 〘(1535): ⇨ ↑, -er¹〙

prè·sét *vt.* 前もって調整[セット]する. — *adj.* **1** 前もって調整[セット]された. **2** 〘宇宙〙 プリセット誘導の《前もって誘導方式を設定した状態にいう》. **prè·sét·ta·ble** /-təbl̩ | -tə-/ *adj.* 〘1934〙

prèsettlement *adj.* [限定的] 《米》 (北米において)ヨーロッパからの移民以前の.

prè·shrúnk *adj.* 〈布地など〉(洗濯しても縮まないように)前もって縮ませた, 防縮加工を施した. 〘(1942): ⇨ shrink〙

pre·side /prɪzáɪd/ *vi.* **1** 議長[座長]となる, 司会する 〔*at, over*〕 《★ at は単に場所を示すだけに対し, over は司会者としての権威を含意する; 受動態では over が好まれる》: ~ *at* [*over*] a meeting 会議の議長となる, 集会を司会する. **2** (食事などの)主人役を務める 〔*at, over*〕: ~ *at* [*over*] a public dinner 宴会で主人役を務める / ~ *at* a family dinner 《戯言》 食卓の主人席につく. **3** 〔…を〕主宰する, 統轄する (superintend) 〔*at, over*〕. **4** 《口語》 〔主要楽器を〕演奏する 〔*at*〕: ~ *at* the organ [piano] (音楽会などで)オルガニスト[ピアニスト]を務める. 〘(1611) □ F *présider* □ L *praesidēre* to sit before, guard, preside over ← *prae-* 'PRE-'+*sidēre* to sit down (← *sedēre* 'to SIT')〙

pres·i·den·cy /prézədənsi, -dn̩-, -dəntsi, -dn̩tsi | -zɪdənsi, -dn̩-, -dəntsi, -dn̩tsi/ *n.* **1** president の地位[職, 任期]: He died during his ~. 彼は大統領の任期中に死んだ / toward(s) the end of Mr.Truman's ~ トルーマン氏の大統領任期の終わりごろに. **2** [P-; 通例 the ~] 米国大統領の地位. **3** [しばしば P-] 英領インド時代のインドの三大地域 (Bengal, Bombay, および Madras) の行政上の名称. **4** 〘モルモン教〙 会長会, 部長会《3 人の指導者から成る定員会 (quorum), ステーキ部 (stake) の管理機関》: the First *Presidency* 大管長会《大管長と 2 人の副管長 (counselors) から成る全教会の最高管理機関》. 〘(1591) □ ML *praesidentia*: ⇨ ↓, -ency〙

pres·i·dent /prézədənt, -dn̩t | -zɪdənt, -dn̩t/ *n.* **1** [しばしば P-] (共和国の)大統領: *President* Kennedy, Clinton, etc. / sources close to the *President* 大統領側近筋. **2** (官庁の)総裁, 長官: the Lord *President* of the Council (英国の)枢密院議長《Privy Council の長》. **3** (学術会議・各種協会などの)議長, 会長; (会などの)司会者, 座長: the *President* of the Royal Society 英国王立協会会長. **4** (大学の)総長, 学長; (学寮の)学長: the *President* of Columbia University / the *President* of Trinity [Queen's] College. **5** 州長官, 知事; 植民地総督. **6** 《米》 (会社・銀行・クラブなどの)社長, 会長, 頭取. **7** 級長: the ~ of one's class. **8** 〘モルモン教〙 大管長, 会長, 部長 (cf. presidency 4). 〘(*c*1384) □ (O)F *président* □ L *praesidentem* (pres.p.) ← *praesidēre* 'to PRESIDE': ⇨ -ent〙

président-eléct *n.* (就任前の)大統領[会長, 総長]当選者, 次期大統領[会長, 総長].

pres·i·den·tial /prèzədénʃəl, -ʃl̩, -tʃəl, -tʃl̩ | -zɪ-/ *adj.* **1** president の, (特に)大統領の: the ~ chair 大統領[総裁, 総長など]の地位 / a ~ aide 大統領補佐官 / ~ candidates 大統領候補(者) / a ~ election 大統領選挙 / the ~ term 大統領(など)の任期 / a ~ timber 《米》 大統

代	米国大統領		党	就任年
1	George Washington	(1732– 99)	F	1789
2	John Adams	(1735–1826)	F	1797
3	Thomas Jefferson	(1743–1826)	DR	1801
4	James Madison	(1751–1836)	DR	1809
5	James Monroe	(1758–1831)	DR	1817
6	John Quincy Adams	(1767–1848)	NR	1825
7	Andrew Jackson	(1767–1845)	D	1829
8	Martin Van Buren	(1782–1862)	D	1837
9	William Henry Harrison	(1773–1841)	W	1841
10	John Tyler	(1790–1862)	W	1841
11	James Knox Polk	(1795–1849)	D	1845
12	Zachary Taylor	(1784–1850)	W	1849
13	Millard Fillmore	(1800– 74)	W	1850
14	Franklin Pierce	(1804– 69)	D	1853
15	James Buchanan	(1791–1868)	D	1857
16	Abraham Lincoln	(1809– 65)	R	1861
17	Andrew Johnson	(1808– 75)	R	1865
18	Ulysses Simpson Grant	(1822– 85)	R	1869
19	Rutherford Birchard Hayes	(1822– 93)	R	1877
20	James Abram Garfield	(1831– 81)	R	1881
21	Chester Alan Arthur	(1830– 86)	R	1881
22	Grover Cleveland	(1837–1908)	D	1885
23	Benjamin Harrison	(1833–1901)	R	1889
24	Grover Cleveland	(1837–1908)	D	1893
25	William McKinley	(1843–1901)	R	1897
26	Theodore Roosevelt	(1858–1919)	R	1901
27	William Howard Taft	(1857–1930)	R	1909
28	Woodrow Wilson	(1856–1924)	D	1913
29	Warren Gamaliel Harding	(1865–1923)	R	1921
30	Calvin Coolidge	(1872–1933)	R	1923
31	Herbert Clark Hoover	(1874–1964)	R	1929
32	Franklin Delano Roosevelt	(1882–1945)	D	1933
33	Harry S. Truman	(1884–1972)	D	1945
34	Dwight David Eisenhower	(1890–1969)	R	1953
35	John Fitzgerald Kennedy	(1917– 63)	D	1961
36	Lyndon Baines Johnson	(1908– 73)	D	1963
37	Richard Milhous Nixon	(1913– 94)	R	1969
38	Gerald Rudolph Ford	(1913–2006)	R	1974
39	James Earl Carter, Jr.	(1924–)	D	1977
40	Ronald Wilson Reagan	(1911–2004)	R	1981
41	George Herbert Walker Bush	(1924–)	R	1989
42	William Jefferson Clinton	(1946–)	D	1993
43	George Walker Bush	(1946–)	R	2001

党: F=Federalist R=Republican D=Democrat DR=Democratic-Republican NR=National Republican W=Whig

領の器 / ～ messages《米》大統領教書. **2** 主宰する, 統轄する (presiding).

Presidéntial Médal of Fréedom [the ―] 大統領自由勲章 (⇨ MEDAL of Freedom).

〘(1601) □ ML *praesidentiālis*: ⇨ president, -ial〙

presidéntial góvernment *n.* 〘政治〙大統領制《憲法上議会から独立する大統領政府をおく政治機構; cf. parliamentary government》.

près·i·dén·tial·ly /-ʃəli/ *adv.* 大統領(など)の資格で. 〘1882〙

presidéntial prímary *n.* 《米》〘政治〙大統領予備選挙《州ごとに各政党の大統領候補者または全国党大会に出席する代議員を決める選挙》.

presidéntial yéar *n.* 《米》〘政治〙(4 で割切れる年に当たる)大統領選挙の年.

président pro tém·po·re /-proutémpəri, -riː | -prəu-/ *n.* 《米口語》上院議長代行《副大統領(上院議長を兼任)が不在などの場合副大統領に代わって上院議長の職務を務める上院議員》.

Président's Dày *n.* =Washington's Birthday.

Président's Énglish *n.* [the ～] 純正アメリカ英語《King's English をまねた言い方; 実際には存在しない》.

président·shìp *n.* 《英》=presidency. 〘(*c*1525): ⇨ -ship〙

pre·síd·er /-də | -də(r)/ *n.* 主宰者, 司会者 (chairman). 〘(1692): ⇨ preside, -er¹〙

presidia *n.* presidium の複数形.

pre·sid·i·al /prɪsídiəl | -diəl/ *adj.* 要塞(ようさい)の, 要塞地の; 守備隊の. 〘(1611) □ LL *praesidiālis* ← L *praesidium*: ⇨ presidio, -ial〙

pre·sid·i·ar·y /prɪsídièri | -sídiəri, -zíd-/ *adj.* = presidial. 〘(1599) □ L *praesidiārius* ← *praesidium*: ⇨ presidio, -ary〙

pre·síd·ing /-dɪŋ | -dɪŋ/ *adj.* 主宰する, 統轄する; 司会する: a ～ judge 〘法律〙裁判長 / a ～ officer 投票場監督; 試験場監督. 〘(1667) ← PRESIDE+ING²〙

presíding bíshop *n.* 総裁主教《米国聖公会全体を代表する主教; 英国国教会などの archbishop と異なり, 自己の教区 (diocese) をもたない》.

pre·si·di·o /prɪsídiòu | -diəu; *Sp., Am.Sp.* presíðjo/ *n.* (*pl.* **～s** /～z; *Sp.* ～s/) **1** (スペインおよび旧スペイン領アメリカで)砦(とりで), 要塞(ようさい) (fort); 要塞地. **2** (スペインの)囚人の流刑地. 〘(1808) □ Sp. ～ < L *praesidium* garrison ← *praesidēre* 'to PRESIDE'〙

pre·sid·i·um /prɪsídiəm | -diəm/ *n.* (*pl.* **-i·a** /-diə | -diə/, **～s**) **1** [P-] **a** (ソ連の)最高会議幹部会 (cf. Politburo 1, Supreme Soviet). **b** (他の共産国などの類似の)幹部会. **2** (共産主義組織における)統轄機関, 常設委員会. **3** (非政府機関の)理事会. 〘(1924) □ Russ. *prezidium* □ L *praesidium*《原義》a sitting before (↑)〙

P

prè·sígnify *vt.* **1** …について予告する (foreshow). **2** …の前兆となる, 徴候を示す (presage). 〘(1586) □ L *praesignificāre*: ⇨ pre-, signify〙

Pres·ley /présli, préz- | préz-, prés-/ *n.* プレスリー, プレズリー《男性名; 愛称形 Pres》. 〘← *Pres(s)lie* (スコットランドの地名): ⇨ priest, lea¹〙

Pres·ley /présli, préz- | préz-, prés-/, **Elvis** (**Aron**) *n.* プレスリー (1935–77; 米国のロック歌手; 1950 年代にロックンロールを米国から世界中に流行させた).

prè·sóak *vt.* 〈衣服・食品などを〉(洗濯[料理]前に)前もって浸す, つけおきする. ― /⌐―⌐/ *n.* **1** 衣服・食品などを洗濯[料理]前に水に浸すこと. **2** プレソーク《洗濯前に洗濯物をつけ込む水に入れるしみ取り用物質》. 〘1919〙

prè-Socrátic *adj.* 〘哲学〙ソクラテス以前の; (特に)ソクラテスの学説以前の. ― *n.* ソクラテス前の哲学者. 〘1871〙

prè·sórt *vt.* 〘郵便〙〈郵便物を〉郵便局に渡す前に仕分けする.

pres.part. 《略》〘文法〙present participle.

press¹ /prés/ *vt.* **1 a** 圧する, 押す, 押しつける: ～ the trigger 引き金を引く / ～ (*down*) the accelerator アクセルを踏む / ～ a thing *down into* [*through*] a tube 管に物を押し込む / ～ a crowd *back* 群集を押し戻す / ～ a cork *back into* a bottle 瓶にまた栓を押し込む / ～ a hat *back into* shape 帽子を押して元の形に戻す / ～ a thing *under* [*with*] a stone 物に石で重しをする / ～ one's ear (*up*) *against* the door 耳を戸に押し当てる / ～ one hand *against* the other=～ one's hands *together* 両手をぴったり合わせる / He ～*ed* himself (*up*) *against* her. 彼は体を彼女に押しつけた / I got ～*ed against* a wall by the crowd. 群集によって壁に押しつけられた / ～ stickers *on* a trunk ステッカーをトランクに押して張る / ～ a cover *on*(*to*) a box 箱にしっかりふたをする / ～ a lid (*down*) shut [tight] ふたをしっかり閉じる / ～ a kiss *on* a person's lips 人の唇に強く口づけする / ～ clothes *into* a suitcase 衣類をスーツケースに押し込む. **b** 押して延ばす[平らにする], 押して…のしわを延ばす (iron), プレスする: ～ flowers 押し花をする / ～ clothes [trousers] (*with* an iron) (アイロンで)衣類[ズボン]をプレスする / ～ creases *out of* trousers プレスしてズボンのしわを伸ばす. **c** 押して(ある状態に)する: ～ clay *into* the shape of a head 粘土を押して頭の形に作る / ～ paste flat and thin 練り粉を薄く平らに伸ばす.

2 a 〈靴などが〉締めつける (squeeze), 締めつけて痛める: My shoe ～*es* my toes. 靴がつま先を締めつけて痛い. **b** 抱き締める; 握る, 握り締める (clasp): ～ a person *in* one's arms 人を両腕できゅっと抱き締める / ～ a child *to* one's breast 子供を胸にひしと抱き締める / ～ a person's hand (愛情のしるしに)人の手を握る[握り締める].

3 a 圧縮する, 圧搾する, 絞る (squeeze): ～ beef 牛肉を圧搾する (cf. PRESSED beef) / ～ grapes ぶどうを押しつぶす[絞る]. **b** 〈汁・液を〉絞り出す[取る] (extract): ～ the juice *out* (*of* a lemon) (レモンから)ジュースを絞り出す.

4 押し型にあてて作る[複製する], プレス(加工)する: ～ brick [steel] れんが[鋼鉄]を押し型にあてて一定の型に加圧・成形する (cf. PRESSED brick, PRESSED steel) / ～ phonograph records プレス型 (stamper) からレコードを作る[複製する].

5 〈意見・進物などを〉押しつける, 無理強いする (force): ～ one's opinion [a gift, a drink, money] *on* a person 自分の考え[贈物, 酒, 金]を人に強いる.

6 a 〈議論・要求・権利などを〉押し進める, 言い張る (insist on), 強調する, 力説する (emphasize): ～ the [a] matter [point] その事[点]を言い張る / ～ a difficult demand *on* a person 人に無理な要求をする / ～ one's claims [suit] しきりに主張[嘆願]する / ～ charges (*against* a person) (人を)告訴する. **b** 〈攻撃などを〉強行する.

7 〈人〉にせがむ, うるさく求める (solicit); 強要する (⇨ urge SYN); 〈人〉に無理やり〈…さ〉せる (constrain) 〈*to* do〉: I won't ～ you. 君に強要はしない / ～ a person *for* money [an answer] 人に金をせがむ[回答を迫る] / They ～*ed* me *to* come [stay all night, have a drink]. 私にぜひ来る[1 晩泊る, 1 杯飲む] ようにと勧めてくれた / He was ～*ed to* retire [*into* retiring]. 彼は退職を強いられた / We ～*ed* him *into* the position of adviser. 彼を無理やり顧問の地位に就けた.

8 a 苦しめる, 圧迫する (oppress), 悩ます (harass): ～ a person *with* questions 人を質問で悩ます / a pack *hard* ～*ed* by hunger 飢えに迫られた動物の群 / be ～*ed* by one's creditors 債権者たちにうるさく責めたてられる. **b** [受身に用いて] 〔…に〕詰まって[窮して]いる 〔*for*〕: *be* ～*ed for* funds [time, space] 資金[時間, 場所]がなくて困っている.

9 …に迫る, 肉薄する; 激しく攻めたてる (assail): ～ one's opponent (in a game) 競争相手に追い迫る / ～ the enemy [town] *hard* 敵[町]を猛攻する.

10 a [～ one's way として] 押しわけて進む: I ～*ed my way through* the crowd. 人込みの中を押しのけて進んだ. **b** 急がせる, せきたてる. **11** 〈語・隠喩などを〉厳密に[こじつけて]解釈する: ～ the words [metaphor]. **12** 〘重量挙げ〙〈バーベルを〉プレスで持ち上げる (cf. *n.* 11). **13** 《古》…の所に押し寄せる, 群がる (crowd upon).

― *vi.* **1** 圧する, 押す; 〈靴などが〉締めつける: ～ *against* each other 押し合いへし合いする / *Press To* Start 押せば動きます《説明の文句》/ I don't like shoes that ～ *against* my toes. きつい靴は嫌いだ.

2 a アイロンを掛ける, しわを延ばす (iron). **b** アイロン[プレス]が掛かる[きく]: This cloth ～*es well.* この生地はよくアイロンが掛かる.

3 a 押しのけて進む; 〈群集などが〉押し進む, 詰め寄る, 押しかける (throng): ～ *through* a crowd 人込みを押しわけて進む / The fans ～*ed toward* [*about, around*] the actress. ファンがその女優の方へ[まわりに]どっと押し寄せた / He ～*ed* (*up*) *against* her. 彼は体を彼女に押しつけた / The crowd came ～*ing in* [*out, through*]. 群集はどっと入った[出た, 通り抜けた]. **b** どんどん[急いで]進む (hasten): ～ *forward*=～ *on* (one's way) (道を)急ぐ.

4 〈仕事などを〉押し進める (continue) 〈*with*〉: ～ *ahead* [*forward, on*] *with* one's work [plans] 仕事[計画]を押し進める.

5 肉薄する, 急迫する; 切迫する: ～ hard *upon* …に肉薄する / famine ～*ing* close *upon* his heels 彼に襲いかかる飢え / Time ～*es*. 時間が切迫している / The matter is ～*ing*. 事は急を要する, 事態は切迫している / Nothing remains that ～*es*. 急を要するものは何も残っていない.

6 〔…を〕せがむ, 迫る 〔*for*〕: ～ *for* [*to* get] payment [an answer] 支払い[返事]を迫る. **7** 〔…に〕圧迫を加える, 重くのしかかる (weigh) 〔*on, upon*〕: Taxes [Anxiety] ～*ed* (*down*) heavily *upon* them. 税金[不安]が重く彼らにのしかかってきた. **8** 〘ゴルフ〙ボールを打つ時力を入れすぎてストロークを乱す.

préss hóme ⇨ home *adv.* 成句. ***press to death*** 《廃》胸に重しをのせる拷問にかける (cf. Shak., *Rich II* 3. 4. 72).

― *n.* **1 a** [通例 the ～; 集合的] 出版物; (特に)定期刊行物《新聞・雑誌など》; 報道界, 言論界, ジャーナリズム (journalism): *the* local [daily, national] ～ 地方[日刊, 全国]紙 / the influence [power] of *the* ～ 新聞の力 / advertise in [release to, write for] *the* ～ 新聞に広告[発表, 寄稿]する / freedom of *the* ～=～ freedom 出版[報道]の自由 / get the support of *the* ～ 言論界の支持を受ける / I saw it in *the* ～ this morning. 今朝新聞でそれを見た / *The* ～ supports me. 新聞は私を支持している / a ～ photographer 報道カメラマン / a ～ report 新聞報道 / ⇨ yellow press. **b** [通例 the ～; 集合的; しばしば複数扱い] 新聞雑誌記者[編集者, 発行者]たち, 報道関係たち: *The* ～ is [are] waiting for the interview. 記者団が会見を待っている / Several members of *the* ～ would like a word with you. 記者団の数人が会見を希望しています. **c** [通例 P-] …紙[通信社, プレス]: The Detroit Free *Press* デトロイトフリープレス《新聞名》/ ⇨ United Press International. **d** [修飾語を伴って] (新聞などの)論評: get [have, be given] a good [bad] ～ (新聞紙上などで)好評を博する[悪評を受ける].

2 a 印刷機 (printing press); 《英》手動印刷機 (handpress): a rotary ～ 輪転(印刷)機 / a cylinder ～ 円圧(印刷)機. **b** [しばしば the ～] 印刷術, 印刷: at [in] (《英》the) ～ 印刷中 / off the ～ 印刷を終わって, 発行されて / hot off *the* ～ 〈新聞が刷り上がったばかりの / prepare [get ready] for ～ 印刷するばかりにする / send [come] to *the* ～ 印刷に付する[付される] / go to ～ 印刷に回される / out of ～ 絶版で, 品切れで. **c** [通例 P-] 印刷所; 出版社 (publishing company), …プレス: the Clarendon *Press* (Oxford 大学)クラレンドンプレス.

3 a プレス《大きな力を加えて材料の加工や切断ができる機械の総称》; 圧搾機, 圧縮器; 絞り器; プレッサー: a wine [cider, olive] ～ ぶどう[りんご, オリーブ]絞り器 / a trouser ～ ズボンプレッサー / ⇨ drill press, hydraulic press, punch press. **b** プレス工場. **c** プレス業.

4 プレス《運動用具を型がくずれないように保存するための留め枠》: a racket ～ ラケット枠[プレス] / keep one's skis in a ～ スキーに枠をしておく.

5 押し寄せる[押しかける]こと; (群集などの)ひしめき (jostle), 雑踏 (bustle); (押し寄せる・ひしめく)群集 (⇨ crowd¹ SYN): the ～ of memories 次々に浮かぶ思い出 / a great ～ of people 大雑踏 / in the ～ of battle 混戦の中で / get lost in the ～ (to get out) (外に出ようとして)人込みで迷子になる / fight one's way through the ～ 人込みの中を悪戦苦闘して進む.

6 a アイロンを掛けること, プレス(すること). **b** きちっとアイロンの掛かった[プレスされた]状態: Your trousers need a ～. ズボンをプレスする必要がある / Give your trousers a ～. ズボンにアイロンをかけなさい. **7** 圧する[押す]こと; 圧迫, 圧搾, 押し; 握りしめ: a ～ of the hand. **8** 切迫, 急迫 (urgency, pressure); 忙しさ, 繁忙: the ～ of business 業務繁忙, 差し迫った仕事 / the ～ of modern life 近代生活のあわただしさ. **9** 〘製紙〙(湿紙の水分をとる)プレスロール. **10** 戸棚; 衣装だんす; 本箱: ⇨ clothes-press. **11** 〘重量挙げ〙プレス《肩まで上げたバーベルを反動を用いず両腕が完全に伸びるまで頭上に押し上げること; オリンピック大会では 1972 年以降廃止; cf. CLEAN and jerk, snatch 7》. **12** 〘バスケットボール〙プレスディフェンス《相手の選手を徹底的にマークする攻撃的防御》.

press of sáil [**cánvas**] 〘海事〙風などの許す限り帆をたくさん揚げた時の推力. (1794)

〘v.: (*a*1325) □ (O)F *presser* □ L *pressāre* (freq.) ← *premere* to press ← IE **per-* to strike. ― n.: (?*a*1200) *presse, pres* □ (O)F *presse* ← *presser*〙

press² /prés/ *vt.* **1** (特に, 18 世紀英国で)強制的に兵役につかせる, 強いて水兵[兵士]にする. **2** 徴発する; 無理に使う, 急場の代用にする: ～ a shirt *into* the service as a towel シャツを無理してタオルの代用にする. ― *n.* (昔の水兵・兵士の)強制徴募. 〘(1578) (↑ との連想による変形) ← (廃) *prest* (v., n.) □ OF *prest* (F *prêt*) loan, advance pay for soldiers ← *prester* to lend: ⇨ prestation〙

préss àgency *n.* **1** 通信社 (news agency). **2** 新聞切抜き提供会社. 〘1897〙

préss àgent *n.* (芸能人・スポーツ選手・企業などの, 雇われた)広報宣伝係[担当者], PR 係, 広告代理業者, プレスエージェント (略 PA). 〘1883〙

préss associàtion *n.* 〘新聞〙報道協会《ニュースを取材して会員に伝える組織; 略 PA; cf. news agency 1》.

press at·ta·ché /⌐―⌐―, ⌐―⌐― | ⌐―⌐―/ *n.* 〘外交〙大使館付報道官. 〘1938〙

préss bàron *n.* 新聞王, 有力な新聞社主. 〘1958〙

préss bèd *n.* (戸棚や押し入れに備え付けの)折り畳み寝台. 〘1660〙

préss·bòard *n.* **1** 圧縮紙, 板紙, 厚紙《主にメリヤス製品の仕上げに使う》. **2** プレスボード《木綿・麻・ウッドパルプを原料にして作った厚紙》. **3** プレスボード《板の表に詰物をしたアイロン台 (ironing board)》; (特に)袖うま (sleeveboard)《衣服の肩の部分や袖などのふくらみのあるところに用いるもの》. 〘1849〙

préss bòx *n.* (議場・競技場などの)新聞[報道]記者席. 〘1889〙

préss bràke *n.* プレスブレーキ, ベンディングブレーキ《金属板[棒]を種々の型に押し曲げる機械》.

préss bùreau *n.* 報道部[局].

Press·burg /*G.* prɛ́sbʊrk/ *n.* プレスブルク (Bratislava のドイツ語名).

préss-bùtton *n.* 《英》=push button. 〘1892〙

préss campàign *n.* プレスキャンペーン《新聞による世論喚起のための組織的運動》. 〘1903〙

préss clìpping *n.* 《米》新聞の切り抜き (《英》press cutting). 〘1903〙

préss cònference *n.* (共同)記者会見《政治家や映画俳優などと新聞記者団との会見; news conference ともいう》: hold a ～. 〘1937〙

préss còpy *n.* 〘印刷〙(コピープレスによる)写し. 〘1796〙

préss còrps *n.* 記者団, 新聞班. 〘1940〙

préss corrèctor *n.* 校正者. 〘1964〙

préss cóuncil *n.* **1** プレスカウンシル《メディアの活動の監視・苦情処理のための組織》. **2** [the P- C-] プレスカウンシル《英国の伝統的な出版の自由を守る目的で出版社により 1953 年に設立された民間組織; 読者からの苦情の対応・処置を主として行っている》.

préss cùpboard *n.* プレスカバード (16–17 世紀の戸棚; court cupboard と同型で, 背が高く二層式; 上段, 下段とも扉を備えている).

préss cùtting *n.* 《英》=press clipping. 〘1888〙

pressed /prést/ *adj.* **1** 圧搾された, プレス[押し型]加工の: ～ beef (缶詰の)圧搾牛肉 / ～ ham (パックに入った)プレスハム / ～ brick 押し型れんが / ～ steel プレス加工された鋼板 / ～ flowers 押し花. **2** せきたてられた, 強いられた: ～ for time [money] 時間に追われて[金に困って]. 〘(*c*1400): ⇨ press¹ (v.)〙

préssed dístillate *n.* 絞り油《含パラフィン留出油を圧搾してパラフィンを分離する時に得られる油分をいう; cf. pressed oil》.

préssed gláss *n.* プレス[押し型]ガラス, 押し型ガラス器

具《金属製の押し型で造られたガラス製品》. 〖1869〗

préssed óil *n.* 絞り油《固形化しやすい成分を圧搾冷却により取り除いた植物油·鉱油; cf. pressed distillate》.

préssed wáre *n.* 押し型ガラス製品.

préss·er *n.* 圧する人[物]; (洗濯物などに)アイロンをかける人[器械], プレス係; 圧搾機. 〖(1545): ⇨ press¹, -er¹〗

présser fòot *n.* (ミシンの)押さえ金 (foot). 〖1895〗

préss fàstener *n.* 《英》 スナップ (snap fastener). 〖1926〗

préss fìt *n.* 〖機械〗 プレスばめ, 圧入《ねじや水圧プレスによるはめあい; cf. loose fit》. 〖1888〗

préss gàllery *n.* (議会などの)新聞[報道]記者席《英国では特に下院の》; (議会詰め)記者団. 〖1884〗

préss·gàng *n.* **1** (特に, 18 世紀英国の)水兵[兵士]強制徴募隊. **2** (1 のように)人を強制する団体. — *vt.* 《英》 **1** 強制的に徴用する, 軍に強制編入する. **2** 〈人·事を〉強制してさせる〔*into*〕. 〖(1693) ← PRESS²〗

pres·sie /prézi/ *n.* 《英口語》 贈り物, プレゼント《prezzie ともいう》. 〖(1937) ← PRESENT²: ⇨ -ie〗

press·ing /présɪŋ/ *adj.* **1** 〈仕事·要求など〉火急の, 緊急の, 差し迫った, 急を要する (urgent): ～ business 火急の用事, 急用 / a ～ danger 目前に迫った危難 / a ～ need 差し迫った必要 / a ～ question 緊急問題 / The most ～ concern is inflation. 最も焦眉の問題はインフレである. **2** せっつく, せがむ, 懇願する; 熱心な, たっての: since you are so ～ 君がそんなにせがむのなら / a ～ invitation たっての招待. — *n.* **1 a** press すること: the ～ of grapes for wine. **b** 圧搾物, プレス加工した物[部品]. **2** (プレス型 (stamper) から作った)レコード; [集合的; 単数扱い] (同時にプレスした)レコード(全体): The first ～ of her song was sold out in a week. 彼女の歌の最初のプレスは 1 週間で売り切れた. **～·ly** *adv.* **～·ness** *n.* 〖(adj.: 1591; n.: 1343)): ⇨ press¹, -ing¹·²〗

préss kìt *n.* 新聞社に流すための資料一式《時には煽動的なものもある》; その資料の入れ物. 〖1968〗

préss làw *n.* [通例 *pl.*] 新聞条令; 出版法, 出版法規. 〖1897〗

préss·man /-mən, -mæ̀n | -mæ̀n, -mən/ *n.* (*pl.* **-men** /-mən, -mɛ̀n | -mɛ̀n, -mən/) **1** 印刷機係, 印刷工. **2** 《英》 新聞記者, (新聞社の)報道員 (reporter). 〖1598〗

préss·màrk *n.* 《英》〖図書館〗 (書物の)書架記号 (cf. call number). 〖1802〗

préss mòney *n.* =prest money. 〖(1585) 《変形》 ← *prest money*〗

préss òffice *n.* (政府·大企業などの)新聞報道課, 広報担当課《報道機関へ情報を流す》.

préss òfficer *n.* 新聞報道係, 広報担当官.

pres·sor /présə, -sɔə | -sə^(r), -sɔː^(r)/ *adj.* 〖生理〗 機能高進の; 血圧増進の. — *n.* 昇圧剤. 〖(1890) ← PRESS¹ (v.)+-OR²: もと名詞の形容詞用法〗

pres·so·re·cep·tor /prèsoʊrɪsέptə | -sə(ʊ)rɪsέptə^(r)/ *n.* 〖生理〗 圧受容体. 〖(1941) ← PRESS(URE)+-O-+RECEPTOR〗

préssor nérve *n.* 〖生理〗 昇圧神経 (cf. depressor nerve). 〖1890〗

préss pàrty *n.* (披露·宣伝などのための)記者[カメラマン]招待会.

préss pòint *n.* 〖印刷〗 =point 16 b.

préss pròof *n.* 〖印刷〗 **1** 最終校正刷り. **2** 機械校正《本刷り前に印刷機に組み付けた版からの試し刷りによる校正》. 〖1841〗

préss rèader *n.* (最終校正刷りの)校正者.

préss relèase *n.* 〖新聞〗 新聞発表, プレスリリース《政府などによる新聞社など報道機関への記事の発表, また宣伝業者が新聞雑誌記事への掲載資料として送ったり発表したりする新企画·新商品についてまとめたもの; news release ともいう; 略 PR》. 〖1958〗

préss representàtive *n.* 《米》 新聞(記者団)代表.

préss revìse *n.* 〖印刷〗 最終校正刷り. 〖1888〗

préss ròll *n.* 〖機械〗 圧搾ロール《材料を送りこむフィードローラーの上に, 材料を押しつけて圧縮成形するローラー》. 〖1881〗

préss·ròom *n.* **1** (印刷所内の)印刷室 (《英》 machine room). **2** 新聞記者室. 〖(1683)〗

préss·rùn *n.* (一定部数を刷るための)連続印刷, 印刷機の連続稼動, プレスラン; その印刷部数《単に run ともいう》: a ～ of 3,000. 〖1958〗

préss sècretary *n.* 《米》 (大統領)報道官; 新聞係秘書. 〖1959〗

préss-shòw *vt.* (一般公開前に)報道関係者に公開する[見せる].

préss-stùd *n.* 《英》 スナップ (《英口語》 では popper ともいう; ⇨ snap fastener). 〖1917〗

préss tìme *n.* (新聞·雑誌の)プレスタイム《印刷開始の時間》. 〖1927〗

préss-ùp *n.* [通例 *pl.*] 《英》〖体操〗 腕立て伏せ (《米》 pushup). 〖1947〗

pres·sure /préʃə | -ʃə^(r)/ *n.* **1** 圧する[押す]こと; 圧搾, 圧縮 (compression): the ～ of a crowd 群集のひしめき / a feeling of ～ in one's chest 胸が締めつけられるような感じ / be painful on ～ 押すと痛い. **2** 圧, 圧力; 〖機械·物理〗 圧力《単位面積に加わる力》; 〖電気〗 起電力; 〖気象〗 気圧 (atmospheric pressure); 〖医学〗 血圧 (blood pressure): fluid ～ 液体圧力, 液圧 / electric ～ 電圧 / downward [upward] ～ 下[上]圧力 / high [low] ～ 高[低]圧; 高[低]気圧; 高[低]血圧 / outside ～ 外圧 / working ～ 使用圧力. **3** 圧迫, 圧力, 強制〔*for*〕: congressional [political, public] ～ 議会[政治, 世論]の圧力 / under the ～ of hunger 飢えに迫られて / act under ～ 圧力をかけられて[仕方なしに]行動する / put ～ [bring ～ (to bear), exert ～] on [upon] a person (*to do*) 人に圧力を加え(て…させ)る. **4** 窮迫, 苦難, 難儀, 困却 (distress): financial ～ 財政難, 金融逼迫(ひっぱく) / mental ～ 精神的苦悩 / ～ *for* money 金詰まり, 金融の逼迫. **5** 緊急, 切迫 (urgency); 慌ただしさ, 多忙: the ～ of business 事務の繁忙 / the ～ of city life 都会生活の慌ただしさ. **6** 〖生物〗 淘汰圧, 選択圧《個体群の中で働く淘汰の強さ; これにより個体数が減少する》. **7** 《古》 刻印 (impression), 印 (stamp).

at high [*lów*] *préssure* 猛烈に[ゆっくりと]: work *at high* [*low*] ～. 〖(1888)〗

— *vt.* **1** 圧迫する; 〈人〉に圧力を加えて〔ある行動を〕とらせる〔*into*〕: He was ～*d into signing* the papers. 彼は強制されて書類に署名した. **2** 加圧する, 与圧する (pressurize). **3** =pressure-cook.

～·less *adj.* 〖(*c*1384) □ OF *pressur* □ L *pressūra* ← *pressus* (p.p.) ← *premere*: ⇨ press¹ (v.), -ure〗

préssure accùmulator *n.* 〖化学〗 蓄圧機《高圧気体用タンクないし, 液体·気体流路中の衝撃緩和装置》.

préssure altìmeter *n.* 〖気象〗 気圧高度計.

préssure àltitude *n.* 〖気象〗 気圧高度.

préssure àngle *n.* 〖機械〗 圧力角, 圧角.

préssure bòttle *n.* 〖化学〗 加圧[耐圧]瓶《加圧下に加熱して化学反応を進行させるための厚手のガラス瓶》. 〖1899〗

préssure càbin *n.* 《米》〖航空〗 気密室《高度飛行の際気圧調節を行うための予圧室; cf. pressurize 1 a》. 〖1935〗

préssure cènter *n.* 〖気象〗 高[低]気圧の中心.

préssure-còok *vt.* 圧力鍋[釜]で料理する. 〖1940〗

préssure còoker *n.* **1** 圧力鍋[釜]. **2** プレッシャーがかかっている状態. 〖1915〗

prés·sured *adj.* (精神的に)プレッシャーを受けた. 〖1960〗

préssure dìstillate *n.* 〖化学〗 加圧蒸留[留出]油, 分解留出油.

préssure dràg *n.* 〖航空〗 圧力抗力[抵抗].

préssure fàn *n.* 〖機械〗 押込みファン[送風機]. 〖*c*1890〗

préssure fìlter *n.* 〖土木·機械〗 圧力[加圧]濾過(ろか)器. 〖1874〗

préssure-frée *adj.* 悠々とした.

préssure gàuge *n.* **1** (気体または液体の)圧力計. **2** (薬室·砲[銃]腔内における装薬爆発時の)爆圧計. 〖1862〗

préssure gràdient *n.* 〖気象〗 気圧勾配. 〖1918〗

préssure gròup *n.* 〖政治〗 圧力団体《その利益を立法によって確保するために立法機関·政党などに働きかける団体; 米国で禁酒法をかち得た Anti-Saloon League of America はその好例》. 〖1928〗

préssure hèad *n.* 〖物理〗 圧力水頭[ヘッド] (cf. velocity head). 〖1907〗

préssure hùll *n.* 〖海事〗 (潜水艦の)耐圧船殻. 〖1923〗

préssure mìcrophone *n.* 〖電気〗 圧力マイクロホン. 〖1934〗

préssure mìne *n.* 水圧機雷. 〖1949〗

préssure plàte *n.* 〖自動車〗 プレッシャープレート《自動車の乾式摩擦クラッチの部品で, 動力伝達時にクラッチディスクをエンジンのフライホイールに押しつける》. 〖1845〗

préssure pòint *n.* **1** 〖心理〗 圧点. **2** 〖病理〗 (止血の時, 押す身体上の)圧点. **3** 弱点, 痛いところ. 〖1876〗

préssure sòre *n.* 床ずれ (decubitus). 〖1889〗

préssure sùit *n.* 〖航空〗 (飛行中の気圧の低下や加速度の変化から飛行士を守る)与圧服, 気密服《pressurized suit ともいう》. 〖1936〗

préssure tànk *n.* 〖機械〗 圧力タンク, 圧力水槽, 気圧水槽. 〖1862〗

préssure vèssel *n.* 圧力容器. 〖1915〗

préssure wàve *n.* 〖機械〗 圧力波《水撃·音波など》. 〖1949〗

préssure wèlding *n.* 〖機械〗 圧接《溶融状態まで加熱した材料を強く圧しつけてくっつけること》. 〖1926〗

préssure wìre *n.* 〖電気〗 電圧線, 示圧線.

pres·sur·i·za·tion /prèʃərɪzéɪʃən | -raɪ-, -rɪ-/ *n.* **1** 〖航空〗 与圧. **2** 気圧増大(法), 高圧密封法. 〖(1937): ⇨ ↓, -ation〗

pres·sur·ize /préʃəràɪz/ *vt.* **1** 〖航空〗 **a** 〈操縦室·客室などを〉与圧する《高々度飛行中に旅客や乗員の生命を維持するために, 客室などの気圧を外部の大気圧より高める》. **b** 〈機体などを〉圧力に耐えるように設計する. **2 a** 〈気体·液体などを〉加圧する, …に圧力をかける (supercharge). **b** 〈油井〉にガスを圧入する. **3** =pressure-cook. **4** =pressure 1. **prés·sur·ìz·er** *n.* 〖(1944) ← PRESSURE+-IZE〗

pres·sur·ized /préʃəràɪzd/ *adj.* **1** 〈航空機·潜水具などの内部が〉気圧調節された, 一定の気圧に保たれた: a ～ cabin 与圧室 / ⇨ pressurized water reactor. **2** 《英》 =pressured.

préssurized súit *n.* 〖航空〗 =pressure suit. 〖1958〗

préssurized wáter reàctor *n.* 〖原子力〗 加圧水型原子炉 (略 PWR). 〖1953〗

préss·wòrk *n.* **1** 印刷機の操作, 印刷作業. **2** 印刷物. 〖1771〗

pres·ta·tion /prestéɪʃən/ *n.* (封建君主または教会への, 金·物納·労役による)年貢の支払い. 〖(1473) □ (O)F ← □ LL *praestātiō(n-)* required payment, L warranty ← *praestatus* ← *praestāre* to become surety for (LL & ML) to lend ← *prae-* 'PRE-'+*stāre* to stand〗

Pres·tel /préstɛl/ *n.* 〖商標〗 プレステル《英国電気通信株式会社 (British Telecommunications; 通称 British Telecom) が一般向けに提供する家庭情報検索サービス (viewdata); cf. Datel》. 〖1978〗

Prés·ter Jóhn /préstə- | -tə-/ *n.* プレスタージョン《中世に Abyssinia またはアジアに強大なキリスト教国家を建設したと言われる伝説上の聖職者·王》. 〖(?*a*1300) *prestre Johan* □ OF *prestre Jehan* (F *prêter-Jean*) □ ML *presbyter Johannes* (原義) Priest John〗

prè·stérnum *n.* 〖解剖〗 胸骨柄(へい) (manubrium). 〖(1828) ← NL ～: ⇨ pre-, stenum〗

pres·ti·dig·i·ta·tion /prèstədɪdʒətéɪʃən | -tɪ̀-dɪ̀dʒɪ-/ *n.* 手品 (sleight of hand). 〖(1859) □ F ～: ⇨ ↓, -ation〗

pres·ti·dig·i·ta·tor /prèstədídʒətèɪtə | -tɪ̀dídʒɪ-tèɪtə^(r)/ *n.* 手品師 (conjurer). 〖(*a*1843) □ F *prestidigitateur* (変形) ? ← *prestigiateur* □ L *praestigiātor* ← *praestigiāl* (↓): ⇨ -ator〗

pres·tige /prestíːʒ, -tíːdʒ; F. pʀɛstiːʒ/ *n.* **1** (業績·地位などに由来する)名声, 信望 (fame), 威信, 威勢, 威光 (⇨ influence SYN): national ～ 国威 / America's ～ in the Middle East 中東における米国の威信 / loss of ～ 面目失墜(しっつい) / of high ～ 格式の高い. **2** 《古》 手品師のトリック; 錯覚; まやかし (deception). — *adj.* 声価のある, 声価がものを言う, 一流の; 高い社会的地位を示す: a ～ school 名門[有名]校. **～·ful** /～fəl, -fl/ *adj.* 〖(1656) 《廃》 'illusion' □ F *prestige* 'illusion, glamour' □ L *praestigium* illusion (fem.pl.) ← *praestigiae* juggler's tricks ← *praestringere* to bind fast, blind (the eyes): ⇨ pre-, stringent〗

prestíge pàper *n.* 〖新聞〗 =quality paper.

pres·ti·gious /prestídʒəs, -tíːdʒ-, -dʒiəs | prɛstídʒ-, prɪ̀s-/ *adj.* **1** 名声のある, 信望のある, 格式の高い: a ～ address, school, tennis tournament, etc. / A corner office is more ～ than one next to the elevator or at the end of a long hall. 角にある事務所の方がエレベーターの隣や長い廊下のはずれにある事務所より格が上である. **2** /-tídʒiəs/ 《古》 手品[魔術]の, まやかしの, 人をまどわす; 錯覚の. **～·ly** *adv.* **～·ness** *n.* 〖(1546) □ LL *praestigiosus* full of tricks: ⇨ prestige, -ous〗

pres·tis·si·mo /prestísəmòʊ | -sɪ̀məʊ; *It.* prestíssimo/ 〖音楽〗 *adj.*, *adv.* きわめて急速な[に]. — *n.* プレスティッシモの曲[楽章, 楽節]. 〖(1724) □ It. ～ (superl.) ← PRESTO¹〗

prést mòney *n.* (昔英国で強制徴募した水兵·兵士に与えた)前払い金. 〖(1445) ← 《廃》 *prest*: ⇨ press² (n.)〗

pres·to¹ /préstoʊ | -təʊ; *It.* présto/ 〖音楽〗 *adj.*, *adv.* プレスト, 急速な[に]: a ～ passage 速い楽節. — *n.* (*pl.* **～s**) プレスト(の曲[楽章, 楽節]). 〖(1683) □ It. ～ 'quick(ly)' < L *praestum* ready, ML quick ← L *praestō* (adv.) at hand〗 P

pres·to² /préstoʊ | -təʊ/ *adv.*, *int.* **1** (奇術師の言葉で)それ, このとおり (cf. presto chango): Hey ～, pass [begone]! そーれさっと変わり[消え]まーす. **2** 直ちに, さっそく; すると, さっと: Press the button, and ～, you get your ticket and change. ボタンを押すと, さっと切符とつり銭が出ます. 〖(1598) □ It. ～ (↑): 上の 2 語はそれぞれ別個の借入〗

présto chán·go /-tʃéɪndʒoʊ | -dʒəʊ/ *n.* **1** すぐ移ること, すぐ変わること. **2** (魔法のように)突然起こる変化. — *adv.*, *int.* =presto² 1. 〖↑: *chango* は ↑ と押韻した CHANGE からの変形〗

Pres·ton /préstən, -tn̩/ *n.* プレストン《イングランド Lancashire 州の海港; 工業の中心地で州庁所在地》. 〖OE *Prēostatūn* (原義) the village of the priests: ⇨ priest, -ton〗

Pres·ton·pans /prèstənpǽnz, -tn̩-/ *n.* プレストンパンズ《スコットランド南東部, Edinburgh 東郊の町; 海水浴場, 古戦場 (1745)》. 〖(古形) *Prestounepannis*: ⇨ ↑, pan¹〗

prè·stóre *vt.* **1** 前もって貯える[貯蔵する]. **2** 〖電算〗 初期設定する《データの処理を開始する前にコンピューターの特定の記憶領域にデータを格納する》.

prè·stréss 〖土木〗 *vt.* 〈コンクリート〉に(鉄線を入れて)圧縮応力を生じさせる, プレストレスを施す. — *n.* **1** 圧縮応力を生じさせること, プレストレスを施すこと. **2** プレストレス《静荷重·動荷重などの荷重による応力を打消すためにあらかじめ生じさせる応力度》. **3** プレストレスの施された状態.

prè·stréssed *adj.* 〖1934〗

préstressed cóncrete *n.* 〖土木〗 プレストレストコンクリート《コンクリートの引っ張りに対する抵抗を増すために, 引っ張られた状態の鋼線を打込みの時に入れておき, 固まった時に圧縮応力が起こるようにしたコンクリート》. 〖1936〗

Prest·wich /préstwɪtʃ/ *n.* プレストウィッチ《イングランド北西部 Manchester の北隣にある町》. 〖↓〗

Prest·wick /préstwɪk/ *n.* プレストウィック《スコットランド南西岸, Ayr の北隣の町; 国際空港の所在地》. 〖lateOE ～ (原義) priest's dwelling: ⇨ -wick¹〗

pre·sum·a·ble /prɪzúːməbl | -zjúː-, -zúː-/ *adj.* 仮定できる, 推定できる, もっともらしい, ありそうな (probable). 〖(1692) ← PRESUME+-ABLE〗

pre·sum·a·bly /prɪzúːməbli | -zjúː-, -zúː-/ *adv.* 仮定上, 推定上, 思うに, 多分 (probably); きっと: *Presumably*, your umbrella was left in the train. 恐らく君は傘を電車の中に忘れたんだろう. 〖(1646) 《廃》 'with presumption': ⇨ ↑, -ly¹〗

pre·sume /prɪzúːm | -zjúːm, -zúːm/ *vt.* **1 a** (ある程度確信をもって)推定する (take for granted), 仮定する (assume). **b** 〖法律〗 (反証が出るまで)…が真実であると推定する: ～ a person's death 人の死が真実であると推定す

る《死んだと推定する》/ A person is ~*d* (to be) innocent until proved guilty. 人は有罪が証明されるまでは無罪と推定される. **c** …を証明する十分な証拠となる: A receipt for the premium on a policy ~*s* preceding payments. 証券面上の保険料領収証があればそれによりそれ以前の保険料は支払い済みと見なされる. **2**《口語》[*that*-clause または目的語＋*to* be の形で]〈…と〉思う[考える] (suppose): I ~ this decision (*to be*) final [*that* this decision is final]. 思うにこれが最後の決定であろう / Dr. Livingstone, I ~? リビングストン博士ではありませんか《★ H.M. STANLEY が D. Livingstone を発見した時の言葉; 未知の人や知友との奇遇に戯言的に用いられる; 適当に人名を入れて Mr. Jones, I ~? のようにも用いられる》. **3** 思い切って[大胆に]…する; 差し出がましく[ずうずうしく]…する (dare)〈*to* do〉: ~ an attempt 思い切ってやってみる / May I ~ *to* tell you you are wrong? 失礼ながらお考え違いではないでしょうか.

— *vi.* **1** 推測[仮定]する; 想像する, 思う (suppose). **2** 差し出がましくふるまう, ずうずうしく言う: a man inclined to ~ 差し出がましい人 / You ~! 差し出がましい[生意気だ, ずうずうしい]ぞ. **3**〔…に〕つけ込む; つけ上がる〔*on*, *upon*〕: ~ *upon* a person's good nature [credulity] 人のいい[軽信な]のにつけ込む / ~ *upon* a short acquaintance かりそめの知合いをたてに慣れ慣れしくする / ~ too much *on* one's ability 自分の才能を頼みすぎる.
〖(*c*1340) □ (O)F *présumer* □ L *praesūmere* to take beforehand, venture ← *prae-* 'PRE-'＋*sūmere* to take: cf. assume〗

SYN 推定する: **presume** 通例確からしい証拠があるため事実だと考える: I *presume* her (to be) dead. 彼女は死んだものと思っている. **assume** 証明なしに真として受け入れる: I *assume* him guilty. 彼は有罪だと想定している. **presuppose** ある事が証明されてはいないが一つの論理的前提として想定してみる: Let's *presuppose* that it is true. それが真だと仮定しよう. **postulate** 推理・議論の基礎として真であると仮定する《格式ばった語》: He *postulates* that knowledge is power. 知識は力だと仮定している.

pre·súmed *adj.* 当然のことと思われている. 〖1597〗

pre·súm·ed·ly /-mɨ̀dli/ *adv.* 推定上, 仮定上, 多分, 定めし (probably). 〖1869〗

pre·súm·er *n.* 仮定者, 推定者; 出しゃばり者, つけ込む人. 〖1509〗

pre·súm·ing *adj.* 差し出がましい, 出しゃばりな, 横柄な, 生意気な (presumptuous). **~·ly** *adv.* 〖1582〗

pre·sump·tion /prɪ̀zʌ́m(p)ʃən/ *n.* **1** 推定, 仮定 (assumption), 推定されたもの, 推定[仮定]事項: This is a mere ~. これは単なる推定に過ぎない / on the ~ that … と推定[仮定]して. **2**《法律》＝PRESUMPTION of fact. **3**《論理》推定. **4** 推定[仮定]の根拠, 推定理由; ありそうなこと; 見込み (probability): There is a strong ~ that he will succeed. 彼が成功するであろうという見込みが強い. **5** 出しゃばり, 無遠慮, ずうずうしさ, 厚かましさ (effrontery); うぬぼれ: I have never heard of such ~. こんなずうずうしさは聞いたことがない / He had *the* ~ *to* refuse my offer. ずうずうしくも私の申し出を断った.

presúmption of déath《法律》死亡の推定《common law では 7 年間の生死不明の場合》.

presúmption of fáct《法律》(既知の事実に基づく)事実の推定. 《1877》

presúmption of innocence《法律》無罪の推定《だれも有罪が証明されるまでは無罪であるという考え方》.

presúmption of láw《法律》法律上の推定. 《1596》

presúmption of survívorship《法律》死亡順位の推定《同一の事故で二人が死亡した際, 相続について死亡の前後が問題となる場合に, 年齢・性・体力・健康状態などから死亡の前後を推定すること》.

〖(*a*1250) *presum*(*p*)*cioun* □ OF *presumpcion* (F *présomption*) □ L *praesumptiō*(*n-*) ← *praesumptus* (p.p.) ← *praesūmere* 'to PRESUME': ⇨ -tion〗

pre·sump·tive /prɪ̀zʌ́m(p)tɪv/ *adj.* **1**《法律》**a** 推定の根拠となる: ~ proof 推定証拠. **b** 推定に基づく, 推定上の (cf. apparent 5): a ~ title 推定上の権利 / ⇨ heir presumptive. **2** (恐らくこうだと)推測される, 見た所での. **3**《生物》(将来いかなる組織・器官を形成するかという)運命の予定される. **~·ly** *adv.* **~·ness** *n.* 〖(1561) □ F *présomptif* □ ML *praesumptīvus* ← *praesumptus* (↑): ⇨ -ive〗

presúmptive évidence *n.*《法律》推定証拠, 情況証拠 (circumstantial evidence). 〖1766〗

pre·sump·tu·ous /prɪ̀zʌ́m(p)tʃuəs, -tʃəs | -tʃuəs, -tjuəs, -tʃəs/ *adj.* **1** 押しの強い, 出しゃばりな, 無遠慮な, 生意気な (impudent) (⇨ bold **SYN**). **2**《古》＝presumptive. **~·ly** *adv.* **~·ness** *n.* 〖(*a*1349) *presumptuose* □ OF *presumptuex* (F *présomptueux*) □ LL *praesumptuōsus*＝L *praesumptiōsus* ← *praesumptus*: ⇨ presumption, -ous〗

pre·sup·pose /prìːsəpóuz | -pə́uz/ *vt.* **1** 必要条件とする, 前提とする: Success ~*s* diligence. 成功は勤勉を前提要件とする《成功するにはまず勤勉であらねばならない》. **2**〈人が〉前もって仮定[推定]する, 予想[予断]する, きめてかかる〈*that*〉(⇨ presume **SYN**): I ~*d that* it was the truth. もちろんそれは真実だと思った. **3**《言語・論理・哲学》前提とする (⇨ presupposition 3). 〖(?*a*1425) □ (O)F *présupposer* ← ML *praesuppōnere*: ⇨ pre-, suppose〗

pre·sup·po·si·tion /prìːsʌ̀pəzíʃən/ *n.* **1** 前提(要件) (prerequisite). **2** 仮定, 予想 (presumption). **3**《言語》(特に, 意味論の用語として)前提《Ben isn't a good boy. という文では Ben is a boy. が前提になっている, というように用いられる》. 〖(*a*1533) □ ML *praesuppositiō*(*n-*): ⇨ ↑, -ition〗

prè·surmíse *n.* 予測, 予感 (presentiment). 〖1598〗

prè·synáptic *adj.*《生理》シナプス前(部)の, 接合部前(部)の《神経単位相互の接合部より前に位置する[起こる]ことにいう》. **prè·synáptically** *adv.* 〖1909〗

pret.《略》preterit(e).

prêt-à-por·ter /prétɑːpɔətéɪ | -pɔ́ːteɪ; *F.* pʀɛtapɔʀte/ *F. n.* プレタポルテ, 高級既製服《特に, 高級衣装店 (haute couture) で注文服とは別に作られる既製服》.

— *adj.* プレタポルテの, 高級既製服の: a ~ collection プレタポルテコレクション. 〖(1957) □ F ~ 'ready-to-wear'〗

pre·tax /prìːtǽks←/ *adj.* 税込みの (before-tax): ~ earnings [profits] 税込みの収入[利益]. 〖1963〗

pre·teen /prìːtíːn←/《米》*n.* 9 歳から 12 歳までの子供.
— *adj.* **1** 9 歳から 12 歳までの. **2** 13 歳未満の: ~ magazines. 日英比較「ローティーン」は和製英語. なお, 日本語の「ローティーン」は 15 歳くらいまでを指すが, 英語の *preteen* は -teen のつく前, すなわち 12 歳までを指す. 〖(1960) ← PRE-＋TEEN²〗

pre·tence /príːtɛns, -tɛnts, prɪ̀téns, -ténts | prɪ̀téns, -ténts/ *n.*《英》＝pretense.

pre·tend /prɪ̀ténd/ *vt.* **1** [しばしば *to* do, *that*-clause を伴って] 口実にする; 〈…と〉偽る, 偽って述べ立てる; 装う, …らしく見せかける, 〈…の〉ふりをする (⇨ assume **SYN**): ~ ignorance 知らぬふりをする, そらとぼける / ~ *to* be asleep たぬき寝入りをする / He ~*ed* not *to* know me. 私など知らないというようなふりをした / Don't ~ you don't understand. わからないような顔をするな / He ~*ed* illness [*to* be ill, (*that*) he was ill]. 彼は病気と偽った[仮病を使った]. **2** [*to* do, *that*-clause を伴って]〈(通例)子供が〉(遊びで)〈…である[…する]ような〉ふりをする (make believe): Let's ~ *to* be [(*that*) we are] policemen. お巡りさんごっこをしよう. **3** [否定構文で; *to* do を伴い] (力がないのに)あえて…する (venture), (ずうずうしくも)…しようとする, 〈…であると〉触れ込む (presume): I can*not* ~ *to* judge between them. 私は彼らの正邪を裁く自身はない / I do*n't* ~ *to* be a scholar. 私が学者だなどと言うつもりはない.
— *vi.* **1 a** 見せかける, 偽る. **b** まねごと遊びをする: play at 'Let's ~.' ごっこ遊びをする. **2 a**〈価格のない者が〉〈…を〉要求する, 主張する (lay claim)〔*to*〕: ~ *to* the throne [Crown] 王位を望む. **b**〔…(をもっている)と〕自任[自負]する, うぬぼれる〔*to*〕: ~ *to* beauty [learning] 美人[博学]をもって自任する / He cannot ~ *to* the brilliance of Hercule Poirot. いかに彼でもエルキュールポワロほどの才気は持ち合わせまい. **3**《古》〔…に〕求婚する〔*to*〕: ~ *to* the lady [her hand] その女性と結婚を望む.
— *adj.* [限定的] **1** 空想上の, 見せかけの, うそっこの (imaginary). ★ 通例子供が用いる: This is my ~ father. (ごっこ遊びなどで)この子が僕[私]のお父さん. **2**《口語》模造の, イミテーションの (imitation): ~ pearls.
~·ing *adj.* 〖(?1382) □ L *praetendere* to put forward, pretend: ⇨ pre-, tend¹〗

pre·ténd·ed *adj.* **1** 装った, 空とぼけた, ふりをした: ~ illness 仮病. **2** 偽りの, にせの (feigned): a ~ friend. **3** (一般から)見なされた (reputed), いわゆる (so-called); 自称: a ~ duke 自称公爵. **~·ly** *adv.* 〖1461〗

pre·tend·er /prɪ̀téndə | -də^(r)/ *n.* **1** 装う人, ふりをする人; 詐称者 (imposter)〔*to*〕: a ~ *to* philosophy 哲学者ぶる[と自称する]男. **2** (資格や能力のない)志望者; (不当な)要求者; (特に)王位を狙う者: ⇨ Old Pretender, Young Pretender. **~·ship** *n.* 〖1591〗

pre·tense,《英》**pre·tence** /príːtɛns, -tɛnts, prɪ̀téns, -ténts | prɪ̀téns, -ténts/ *n.* **1** 見せかけ, ふり, 仮面, 虚偽 (simulation): ⇨ false pretenses / make a ~ of affection [looking at one's watch] 愛情のある[時計を見る]ふりをする / His grief [illness, religion] is all (a) ~. 彼の悲しみ[病気, 信心]はほんの見せかけだ. **2** 口実, 言い抜け, かこつけ (pretext): *on* the slightest ~ ほんのわずかの口実にかこつけて / *on* the [a] ~ [*under* (the) ~] of urgent business 急用にことよせて[と見せかけて] / *on* [*under*] the ~ *that* …という口実で. **3**〔…(をもっている)と〕主張[要求, 自負]すること (claim)〔*to*〕: He makes no ~ *to* learning. 学問があるという風を少しも見せない. **4** 見えを張ること, 見せびらかし, てらい (ostentation): devoid of all ~ 少しも誇示することなく / full of ~ 大いに気取って. **5**《廃》目的, 意図 (intention).
in pretense《紋章》盾の中央に配した (cf. ESCUTCHEON of pretense). 《1869》
〖(*a*1420) □ AF *pretensse* □ ML *praetensa (n.) (fem. p.p.) ← L *praetendere* 'to PRETEND'〗

pre·ten·sion¹ /prɪ̀ténʃən, -téntʃən/ *n.* **1** (しばしば根拠のない[不当な])主張, 申し立て; 口実, かこつけ (pretext). **2** (権利・資格などの)主張, 要求 (claim); 権利 (title): ~ *to* the throne 王位継承の権利 / have some social ~*s* ある程度の社会的地位を占めている. **3** [しばしば *pl.*] 間接の要求, 暗黙の主張; 自負, 自任: He has no ~*s to* the name [*to* be a gentleman]. 彼はその名に値する[紳士だ]などとは自負していない / She makes no ~*s to* beauty. 彼女は美人ぶらない. **4** (あつかましい)野望, (能力のない)志望 (aspiration): a man with literary ~*s* 文学的野心を自負する男. **5** てらい, 気取り, もったいぶり (pretentiousness): without ~ もったいぶらないで(た), 地味に[で]. **6** 見せかけ, 偽装: ~*s* of religion 宗教の仮面. **~·less** *adj.* 〖(1600) □ ML *praetensiō*(*n-*) ← L *praetendere*: ⇨ pretend, -sion〗

prè·ténsion² *vt.*《土木》〈コンクリートに〉プレストレス (prestress) を与える (cf. prestressed concrete, posttension). 〖(1936) ← PRE-＋TENSION〗

pre·ten·tious /prɪ̀ténʃəs, -téntʃəs/ *adj.* **1** もったいぶった, うぬぼれた, 気取った, 自信たっぷりの (self-conceited): a ~ man, manner, speech, etc. **2** 外観を装う, 見えを張る (ostentatious): a ~ book, house, etc. **3**〈計画など〉野心的な (ambitious): It is a more ~ work than his last. それは前作よりはもっと野心的な作品だ. **~·ly** *adv.* **~·ness** *n.* 〖(1845) □ F *prétentieux* ← *prétention* □ ML *praetentiō*(*n-*): ⇨ pretend, -tious〗

pre·ter- /príːtə | -tə^(r)/「過, 超」の意の連結形: *preter*natural, *preter*pluperfect. 〖□ L *praeter-* ← *praeter* (adv., prep.) past, beyond, beside(s) (compar.) ← *prae* before: ⇨ pre-〗

prèter·húman *adj.*《まれ》人間以上の; 超人的な (superhuman). 〖(1811): ⇨ ↑, human〗

pret·er·ist /prétərɪ̀st, príː- | -tərɪst/ *n.*《神学》(聖書, 特にヨハネ黙示録の)預言の成就がすでに終わったと信じる人 (cf. futurist 4, presentist). 〖(1843) ← PRETER-＋-IST〗

pret·er·it /prétərɪ̀t | -tərɪ̀t, -trɪ̀t/ (*also* **pret·er·ite** /~/)《米》*adj.* **1**《文法》過去の (past) (cf. pluperfect): the ~ tense 過去時制 / ⇨ PRETERIT-PRESENT verb. **2**《古》過去の (past), 過ぎ去った (bygone). — *n.*《文法》過去時制 (preterit tense); (動詞の)過去形. 〖(1340) □ (O)F *prétérit* □ L *praeteritus* (p.p.) ← *praeterīre* ← PRETER-＋*īre* to go〗

pret·er·i·tion /prètəríʃən | -tə-/ *n.* **1** 看過 (disregard); 省略, 脱落 (omission). **2**《法律》(相続人に対しての)遺言中の文言の脱漏. **3**《神学》(特に, カルヴァン神学において)神の選びに漏れて永遠の滅びに陥ること. **4**《修辞》暗示的看過法《paraleipsis の一種; 特に, I will not say he is honorable, he is learned, he is just. のような総括的表現の場合をいう》. 〖(1609) □ LL *praeteritiō*(*n-*) a passing over: ⇨ ↑, -tion〗

pre·ter·i·tive /prɪ̀térətɪv | -tɪv/ *adj.*《文法》**1** 過去の (preterit). **2**〈動詞が〉過去形しかもたない. 〖(1836) ← PRETERIT＋-IVE〗

préterit-présent《文法》*n.* 過去現在動詞形《形や起源は過去であるが, 意味は現在を表す形》. — *adj.* 過去現在動詞形の: a ~ verb 過去現在動詞《can, may, shall, must, ought などのように古くは過去形であったが, 後に現在形の助動詞として用いられるようになった動詞》. 〖1885〗

prèter·légal *adj.* 法の範囲を超える[の外に出る, によらない]. 〖(1648) ← PRETER-＋-LEGAL〗

prè·térm《医学》*adj.* (出産)予定日より早い, 早産の: ~ labor 早期陣痛. — *adv.* (出産)予定日より早く. — *n.* 早産児. 〖1928〗

prè·términal *adj.* 最終[終末, 語末など]の前の; 死の前に起こる. 〖1947〗

pre·ter·mit /prìːtəmít | -tə-/ *vt.* (**-mit·ted; -mit·ting**) **1** 不問に付する, 黙過する, 看過する (pass over). **2** 怠る, ゆるがせにする, 無視する; 抜かす, 省略する, 脱落する. **3** 中断する, 中絶する (interrupt): ~ a course of studies 課程を中断する. **pre·ter·mis·sion** /prìːtəmíʃən | -tə-/ *n.* **prè·ter·mít·ter** /-tə | -tə^(r)/ *n.* 〖(1513) □ L *praetermittere* to omit, let pass ← PRETER-＋*mittere* to let go: cf. message〗

prèter·nátural *adj.* **1** 超自然的な (supernatural). **2** 異常な, 奇異な, 不可思議な. **~·ly** *adv.* **~·ness** *n.* 〖(1580) □ ML *praeternātūrālis*: ⇨ preter-, natural〗

prèter·náturalism *n.* 超自然性[状態]; 超自然物; 超自然主義[信仰]. 〖1834〗

prèter·sénsual *adj.* 超感覚的な. 〖(1885) ← PRETER-＋SENSUAL〗

prè·tést *n.* **1** 予備試験, 予備テスト; (精密検査の前の)予備検査. **2**《統計》試験調査《本格的な調査に先立って行う調査; 売れる可能性を推測する》. — *vt., vi.* (…の)予備試験[調査]をする. 〖(1949) ← PRE-＋TEST¹〗

pre·text /príːtɛkst/ *n.* **1**〔…に対する〕もっともらしい理屈, 口実 (pretense) (⇨ apology **SYN**); 弁解 (excuse)〔*for*〕: on some ~ or other ＝on one ~ or another なんだかんだと理由をつけて / find a ~ *for* …の口実を見つける / make a ~ of …を口実にする. **2** 包み隠し[ごまかし](の行為), 偽装, 見せかけ (cover). ***on* [*upòn, ùnder*] *the prétext of* [*that*]** …を口実として, …という口実で: He stayed home *on the* ~ *of* being ill. 具合が悪いという口実で家にいた. 《1856》
— /‒ ⁄ / *vt.*〈事物を〉口実にする, [*that*-clause を伴って] 口実として…と言う.
〖(1513) □ L *praetextus* (p.p.) ← *praetexere* to place before ← *prae-* 'PRE-'＋*texere* to weave: ⇨ texture〗

pre·tex·ta /prɪ̀tékstə/ *n.* (*pl.* **-tex·tae** /-tiː/)《ローマ史》＝praetexta.

pré·tòne *n.*《音声》アクセントのある音節の前[直前]の音節[母音]. 〖1874〗

prè·tónic *adj.*《音声》〈音節・母音が〉アクセントのある音節の(直)前の. 〖1864〗

pre·tor /príːtə | -tə^(r), -tɔː^(r)/ *n.*《ローマ史》＝praetor.

pre·to·ri·al /priːtɔ́ːriəl, prɪ-/ *adj.*

Pre·to·ri·a /prɪ̀tɔ́ːriə; *Afr.* pratɔ̀ːriːa/ *n.* プレトリア《南アフリカ共和国北東部の都市で同国の行政上の首都 (cf. Cape Town); 旧 Transvaal 州の首都; 二つの大学がある文化・教育の中心地》. 〖建設者 A. W. J. Pretorius にちなむ〗

pre·to·ri·an /prɪ̀tɔ́ːriən, priː-/ *adj., n.*《ローマ史》＝praetorian.

Pre·to·ri·us /prɪ̀tɔ́ːriəs/, **Andries Wilhelmus Ja-**

cobus *n.* プレトリウス《1798–1853; 南アフリカの農民; Great Trek の Boer 人の指導者の一人; Battle of Blood River (血の川の戦い) (1838) に勝利した; Pretoria は彼の名にちなむ》.

Pretorius, Marthinus Wessels *n.* プレトリウス《1819–1901; 南アフリカ共和国の初代大統領 (1857–71); オレンジ自由国の初代大統領 (1859–63); 前者の息子》.

prè·tréat *vt.* **1** 前もって処理する. **2**〖化学〗前処理する. 〖1934〗

prè·tréatment *n.* **1** 前もって処理すること. **2**〖化学〗前処理. ― *adj.* 処理以前の. 〖1925〗

pre·tríal〖法律〗*n.* (裁判所と弁護士の間の審理促進のための)事前審理. ― *adj.* 事前審理の: ~ hearings 事前審理. 〖(1938): ⇨ pre-, trial〗

pret·ti·fy /prítəfàɪ | prɪ́tɪ-/ *vt.* きれいに[かわいらしく, 美しく]する; (特に, 安っぽくまたは下品に)飾りたてる. **pret·ti·fi·ca·tion** /prìtəfɪkéɪʃən | prɪ̀tɪfɪ-/ *n.* **prét·ti·fi·er** *n.* 〖(1850): ← PRETTY＋-FY〗

prét·ti·ly /-təli, -tḷi | -tɪli, -tḷi/ *adv.* **1** きれいに, かわいらしく: be ~ dressed きれいに服を着ている. **2** 〈子供が〉行儀よく, ちゃんと. 〖?a1437〗

prét·ti·ness *n.* **1** きれいさ, かわいらしさ (loveliness): *Prettiness* dies first [quickly]. (諺) 美は先がけて死す,「佳人薄命」. **2** (文章・絵画などの)小ぎれいさ. **3** かわいらしい仕草[ことば, 品物, 装飾品]. 〖1530〗

pret·ty /príti | príti/ ★(米)ではくだけた会話では /prʊ́ti, prʌ́ti, pə́ti/ という発音もある. *adj.* (**pret·ti·er**; **-ti·est**) **1** 〈女・子供が〉美しい, きれいな, かわいらしい, かれんな (⇨ beautiful SYN): a ~ child [face] かわいらしい子供[顔] / She's not just a ~ face: she's our most efficient executive! 彼女はただ顔がかわいいだけではない. 最も有能な管理職なのだ. **2** 〈男性が〉しゃれた, いきな; にやけた, 男性的なところがない (effeminate): a ~ young gentleman いきな青年 / a ~ fellow にやけた男 / ⇨ pretty boy. **3** 〈物・場所などが〉きれいな, 小ぎれいな (neat): a ~ cottage 小ぎれいな小住宅. **4** (耳や心などに)快い, きれいな, 愉快な (pleasing, pleasant); 面白い: a ~ song [voice] 美しい歌[声] / ~ ways 気持のいい[愛嬌(あいきょう)のある]態度 / The victims of the accident were not a ~ sight. 事故の犠牲者たちは見られたものではなかった. **5** 〈天気が〉ちょうどよい, すばらしい. **6** いい, 結構な, すてきな, 見事な; (反語) とんでもない, ひどい, 困った (cf. nice 2): a ~ stroke〖クリケット・ゴルフ〗快打, 痛打 / a ~ pass とんでもない事態 / a ~ kettle of fish＝a ~ state of affairs 混乱(状態), ごった返し / A ~ mess you have made (of it)! 何というへまをしでかしたんだ / Here is a ~ mess [business, muddle]! これはまあ何というざまだ / a ~ wit (古) なかなかの頓知(とんち)者. **7** 〈数量などが〉かなりの, 随分の: earn a ~ sum かなりの金をもうける / a ~ penny [pot of money] 大金. **8** (古・スコット) 勇敢な, 雄々しい (brave). **9** (古) 上品な (elegant).
as prétty as a pícture (絵のように)とてもかわいらしい.
a prétty hòw d'you dó (口語) 困ったこと.
― /prɪti, prɪ̀ti, prʊ̀əti, pəti/ *adv.* **1** [肯定文に用いて] かなり, 相当に (considerably), わりに (fairly): They know each other ~ well. お互いにかなりよく知っている / ~ soon 間もなく, すぐに / I am ~ sure of it. そのことについてはかなり自信がある / It's ~ awful, really. まったく, 相当ひどい / feel (only) ~ well (気分は)まあいい方だ. **2** 大いに, 非常に: ~ nearly ほとんど / ~ much the same thing ほとんど同じこと / do ~ much as one likes ずいぶん好き勝手をする / She's ~ well [much] refuted his argument. 彼の議論をほとんど論破した / I am ~ sick and tired of it. 全くいやになってしまった. **3** (口語) ＝prettily: Walk ~. 美しく歩け《靴屋の看板》.
prètty dámn quick (俗) すぐに, 急に (略 PDQ). ***sítting prétty*** (口語) 恵まれた立場にあって, 裕福で; 楽で, ぐあいのいい《巣ごもっているひな鳥の様子から》. (1921)
― *n.* **1** [妻・子などに対する呼掛けとして] いい子: my ~ / my *pretties*. **2** [通例 *pl.*] きれいな物, 装身具 (trinket)(cf. pretty-pretty): She has put on all her *pretties*. 彼女はありったけの装身具で飾り立てた. **3** (口語)〖ゴルフ〗＝fairway 2. **4** (英) (グラスの)溝彫り, 縁飾り.
― *vt.* [通例 ~ *up* として] (口語) 〈人・家・話などを〉美しくする, きれいに飾り立てる (cf. prettify): She *prettied* herself [her house] *up* for the party. パーティーのために盛装した[家を飾った].
~·ism /-tiìzm | -ti-/ *n.* 〖ME *prati(e), pretti* < OE *prættig* cunning ← *prætt* craft, trick ← (WGmc) **pratt-* trick (Du. *pret* / ON *prettr* trick) ← ?: ⇨ -y[1]: 今の意味は 15C 初から〗

prétty bóy *n.* (口語) **1** にやけた[女みたいな]男, かわいい坊や. **2** ホモ.

prétty·fàce *n.*〖植物〗米国 California 州産ユリ科ハナニラ属の草本 (*Brodiaea ixioides*).

prétty-fàce wállaby *n.*〖動物〗＝whiptail wallaby.

prét·ty·ish /-tiɪʃ | -ti-/ *adj.* 小ぎれいな, かわいい, ちょっと気持ちのいい, ちょっと愛嬌(あいきょう)のある; よさそうな (rather pretty). 〖(1741): ← PRETTY＋-ISH[1]〗

prétty-prètty (口語) *adj.* 飾り過ぎた, ただきれいなだけの; 気取った (affected); にやけた, きざな: just a ~ face ただきれいなだけの顔 / one's affected, ~ ways 気取ったにやけた態度. ― *n.* [*pl.*] 無用の飾り, 安ぴかの服飾品, やくざ物 (knickknacks): wear all one's *pretty-pretties* ありったけの安ぴか服飾品を身につける. 〖(1875) (加重) ← PRETTY〗

prè·týpify *vt.* 前もって代表する; 予示する (prefigure). 〖(1659): ← PRE-＋TYPIFY〗

pret·zel /prétsəl, -tsl; G. prɛ́tsl/ *n.* プレッツェル《棒状または結び目状の堅いクラッカー; 外側に塩がついていてビールのつまみなどにする》. 〖(1879) □ G *Pretzel* (語頭音無声化) ← *Bretzel* < OHG *brezitella* ← L *brachiātus* having branches like arms ← *bracchium* arm: cf. brace: 腕組をしたような形から〗

Preus·sen /G. prɔ́ʏsn/ *n.* プロイセン《Prussia のドイツ語名》.

preux che·va·lier /prə́ːʃəvæljéɪ; F. prøʃəvalje/ *F. n.* 義侠心のある騎士, 勇士. 〖(1771) □ F ~ 'gallant CHEVALIER' ← F *preux* < OF *proz* (nom.) < LL *prōdem, prōdis*: ⇨ prow[2]〗

prev. (略) previous; previously.

pre·vail /prɪvéɪl/ *vi.* **1** 〔…に〕勝利を得る[得ている], 勝つ, 勝っている〔*over, against*〕: ~ *against* wrong 悪に勝つ / Truth will ~. (諺) 真理は勝つもの. **2** 優勢である; 広がる, 普及する, はびこっている, 流行する: The east wind ~*s* in spring. 春には東風が多い / Such ideas ~ in this age. そういう考えが今日幅をきかせている[支配している] / A number of curious customs ~ in this country. この国には多くの奇習が広く行われている. **3** 首尾よく行く, 効果がある, ききめがある. **4** 〔人を〕うまく勧誘する, 説き伏せる, 納得させる〔*on, upon, with*〕(⇨ persuade SYN): He is easy to ~ *upon* [*with*]. 彼を説き伏せるのは造作ない.
~·er *n.* 〖a1400〗□ L *praevalēre* ← *prae-* 'PRE-'＋*valēre* to be strong: cf. value〗

pre·vail·ing /prɪvéɪlɪŋ/ *adj.* **1** 広く行われ(ている), 普及している, 流行の; (世間)一般の, 普通の: a ~ practice / a ~ epidemic 疫病 / a ~ opinion 広く行われている説, 支配的な意見 / the ~ fashions 流行型. **2** 優勢な, 主な: the ~ wind〖気象〗卓越風. **3** 有効な (effective). **~·ly** *adv.* **~·ness** *n.* 〖a1586〗

SYN 一般的な: **prevailing** 一定の時に最も広くまた優勢に行われている: the *prevailing* opinion among conservative people 保守的な人々に一般的な見解. **prevalent** 一定の時と場所に流行している《*prevailing* と違って最も広く行われていることは必ずしも意味しない》: ideas *prevalent* in the Renaissance ルネサンスに流行していた概念. **widespread** 地域的に広くゆきわたった: *widespread* flooding 広範囲にわたる洪水. **current** 現代において広く受け入れられている: The superstition is still *current*. その迷信はまだ広く受け入れられている.

prev·a·lence /prévələns/ *n.* **1** 広く行われること, 普及, 広まり, 流行, はやり: the ~ of rumors うわさの流布 / the ~ of disease 病気の流行 / the ~ of minicomputers ミニコンの普及. **2**〖医学〗有病率, 罹患(りかん)率. 〖(1592) □ F *prévalence* □ LL *praevalentia* superior force: ⇨ prevail, -ence〗

prév·a·len·cy /-lənsi/ *n.* ＝prevalence. 〖1623〗

prev·a·lent /prévələnt/ *adj.* **1** 一般に行きわたっている, 広く用いられている (⇨ prevailing SYN); 流行する, はやっている, 流布している: a ~ fashion 目下の流行 / ~ habits 広く行われている慣習 / Cholera was ~ in those tropical countries. その熱帯の国々でコレラがはやっていた. **2** まさる, 優勢な (predominant), 主な (chief). **3** (古) 効果のある (effective). **~·ly** *adv.* **~·ness** *n.* 〖(?a1425) □ L *praevalentem* ← *praevalēre* 'to PREVAIL': ⇨ -ent〗

pre·var·i·cate /prɪvǽrəkèɪt, -vér- | -vǽrɪ-/ *vi.* 言い紛らす, 言い逃れる; ごまかす, うそをつく. 〖(1582) (廃) 'to go astray' ← L *praevāricātus* (p.p.) ← *praevāricārī* to walk crookedly ← *prae-* 'PRE-'＋*vāricāre* to straddle (← *vārus* knock-kneed): ⇨ -ate[3]〗

pre·var·i·ca·tion /prɪvæ̀rəkéɪʃən, -vèr- | -væ̀rɪ-/ *n.* 言い逃れ, 逃げ口上; ごまかし, うそ. 〖((c1384)) (a1655) □ (O)F *prévarication* // L *praevāricātiō(n-)*: ⇨ ↑, -ation〗

pre·vár·i·cà·tor /-tə | -tə(r)/ *n.* **1** 言い逃れをする人, ごまかしを言う人. **2** (昔, Cambridge 大学で修士)学位授与式で諷刺演説の代表に指名された学生《18 世紀以後廃止; cf. terrae filius 2》. 〖((a1400)) (1650) □ L *praevāricātor*: ⇨ prevaricate, -ator〗

prè·vélar *adj., n.*〖音声〗前部軟口蓋音(の).

pré·ve·nance /prèɪvənɑ̃́ː(n)s, -nɑ́ːns; F. prevnɑ̃ːs, prev-/ *n.* (他人の心情を察してする)行き届いた心遣い, 思いやり, 親切. 〖(1823) □ F ~ ← *prévenir* □ L *praevenīre* to come before, anticipate: ⇨ prevent, -ance〗

pre·ve·nience /prɪvíːnjəns/ *n.* **1** ＝prévenance. **2** 先行(性). 〖1859〗

pre·ve·nient /prɪvíːnjənt/ *adj.* **1** 先行する, 先んずる, 見越しての; 前の. **2** 〔…を〕予期する, 見越す〔*of*〕. **3** 〔…を〕妨げる, 予防的な〔*of*〕. **~·ly** *adv.* 〖(a1607) □ L *praevenientem* (pres.p.) ← *praevenīre*: ⇨ prevent〗

prevénient gráce *n.*〖神学〗先行恩恵[恩寵]《人の心に働きかけてそれを前もって悔悟に導く神の恩恵; cf. Milton, *Paradise Lost* 11. 3》. 〖1667〗

pre·vent /prɪvént/ *vt.* **1** 止める, 妨げる, 邪魔する, (人を妨げて)…させない (hinder)〔*from*〕: ~ progress 進行を妨げる / Rain ~*ed* the game *from* taking place [the game taking place]. 競技は雨に妨げられた / a law ~*ing* strikes ストを禁止する法律 / He ~*ed me from going* [my going, me going]. 彼は私を行かせなかった / I wanted to go, but he ~*ed* me. 私は行きたかったが彼はそうさせなかった. **2** 予防する, 起こらないようにする (check); 〔…が起こらない, しないように〕守る, 保護する (guard against)〔*from*〕: ~ a disease [waste] 病気[浪費]を予防する / ~ war [disputes, accidents] 戦争[議論, 事故]が起こらないようにする / ~ spillage [spilling] こぼれないようにする / ~ a person *from* injuring himself [a person injuring himself] 人がけがをしないように守る / I bit my lips to ~ a smile [myself *from* smiling, myself smiling]. 笑いをこらえようと唇をかんだ. **3** /prìːvént, prɪ-/〖神学〗先立つ, 先んずる, 導く; (罪の危険から前もって)保護する, 守る: God ~*s* us with His grace. 神は恵みもて我らを導きたもう / *Prevent* us, O Lord, in all our doings. 主よ我らのなすことを導きたまえ (*The Book of Common Prayer*). **4** /prìːvént, prɪ-/ (廃・古) **a** 〈願望などに〉先手を打つ, …の先回りをする; 〈質問などを〉見越して処理する (anticipate). **b** 先行する, 先に到着する. ― *vi.* 妨げる, 邪魔する (intervene): I will leave if nothing ~*s*.
~·ing·ly /-tɪŋli | -tɪŋ-/ *adv.* 〖(?a1425) ← L *praeventus* (p.p.) ← *praevenīre* to come before, hinder ← *prae-* 'PRE-'＋*venīre* 'to COME'〗

SYN 邪魔する: **prevent** 人や事が…するのを完全に妨げる: What *prevented* you (from) coming? なぜ来られなかったのか. **hinder** 人やある行為を一時的に妨げたり遅らせたりする: Rain *hindered* us from completing the work. 雨で我々の仕事の完成が遅れた (*hinder* の代わりに *prevent* を用いると全くできなかった意味となる). **interrupt** 話の腰を折ったり, 仕事を妨害する: Don't *interrupt* me while I'm talking. 私がしゃべっているときに口出ししないでくれ. **preclude** ある事情が存在するために事を不可能にする《格式ばった語》: *preclude* nonprofit organizations from competing with small firms for government contracts 非営利団体が政府契約の仕事の獲得で小企業と競合できないようにする. **obstruct** 進路の途中にじゃま物をおいて進行・運動を妨害する: The snowslide *obstructed* traffic. 雪崩のために交通が妨げられた.
ANT permit.

pre·vent·a·bil·i·ty /prɪvèntəbíləti | -təbílɪti/ *n.* 止められること, (病気などの)予防可能性. 〖(1860): ↓〗

pre·vent·a·ble /prɪvéntəbl | -tə-/ *adj.* 止められる, 予防できる, 妨げられる. **pre·vént·a·bly** *adv.* 〖(1640): ⇨ prevent, -able〗

pre·vent·a·tive /prɪvéntətɪv | -tət-/ *adj., n.* ＝preventive. 〖(1654–66): ⇨ prevent, -ative〗

prevént defénse *n.*〖アメフト〗プリベントディフェンス《攻撃側のロングパスを予測し, それを防止するためラインバッカーおよびバックスプレーヤーが深く守備すること》.

pre·vént·er /-tə | -tə(r)/ *n.* **1** 止めるもの, 防止者, 予防者, 予防法[策, 薬] (preventive). **2** 邪魔(者), 妨害(者, 物). **3**〖海事〗**a** (破損に備えて付加された)副索, 添え綱, 補助綱具. **b** プリベンタ《不慮の事故に備え予備に取付けられた増し索》. 〖(1587): ⇨ prevent, -er[1]〗

prevénter báckstay *n.*〖海事〗＝jumper stay b. 〖1832〗

pre·vent·i·ble /prɪvéntəbl | -tɪ-/ *adj.* ＝preventable. **pre·vént·i·bly** *adv.* 〖1850〗

P

pre·ven·tion /prɪvénʃən, -véntʃən/ *n.* **1** 〔…を〕止めること, 〔…の〕防止〔*of*〕: ~ *of* fire / the ~ *of* crime 犯罪防止 / by way of ~ 妨げるために; 予防法として / the Royal Society for the *Prevention* of Cruelty to Animals 英国王立動物虐待防止協会 (略 RSPCA). **2** 防止, 予防; 妨害, 邪魔 (obstruction): *Prevention* is better than cure. (諺) 予防は治療にまさる,「転ばぬ先の杖(つえ)」. **3** (まれ) 防止法, 予防法. **4** (廃) 先んじること (precedence), 先手を打つこと (anticipation). 〖(1447) □ LL *praeventiō(n-)*: ⇨ prevent, -tion〗

pre·ven·tive /prɪvéntɪv, -vénɪv | -véntɪv/ *adj.* **1** 予防の, 防止する; 予防医学の: ~ measures against diseases 疾病予防策[手段] / ~ inoculation 予防接種 / ~ penology 犯罪予防刑事学. **2** 防止に役立つ, 妨げる: ⇨ preventive war. **3** (英) 密輸取締りの: a ~ officer 密輸取締官. ― *n.* **1** 防止するもの;〖医学〗予防薬; 避妊薬 (contraceptive): a ~ *of* [*for*] malaria マラリアの予防薬. **2** 妨害物. **3** (英) (密輸取締りの)沿岸警備員. **~·ly** *adv.* **~·ness** *n.* 〖(a1639): ⇨ prevent, -ive〗

prevéntive deténtion [cústody] *n.* **1**〖英法〗予防拘禁《30 歳以上の常習犯人の犯罪を予防するため, 矯正的措置として, 判決で 5 年ないし 14 年の間拘禁すること》. **2**〖米法〗予防勾留《裁判以前に犯罪を犯さないように容疑者を保釈せずに勾留すること》. 〖1908〗

prevéntive láw *n.*〖法律〗予防的法律, 予防司法 (preventive justice)《いまだ法体系として独立していない法律》. ★ 以下に必要な一連の法律をさす:〖刑事〗犯罪の予防のための虞犯(ぐはん)者の隔離, 刑事実体法・手続法の整備;〖民事〗訴えの原因除去, 訴え自体の予防[調停, 仲裁の活用].

prevéntive médicine *n.* 予防医学. 〖1769〗

prevéntive ménstrual périod *n.*〖産科〗最終月経(期).

Prevéntive Sérvice *n.* [the ~] (英国の)(密貿易取締りの)沿岸警備隊.

prevéntive wár *n.* 予防戦争《切迫してはいないが, 将来武力闘争は不可避と予見し, 遅延は危険の増大につながると信じて開始される戦争》. 〖1639〗

pre·ven·to·ri·um /prìːvəntɔ́ːriəm/ *n.* (*pl.* **-ri·a** /-riə/, **~s**) (感染・発病の恐れのある者(特に, 子供)のための)予防的収容[医療]施設, 予防所. 〖(1907): ⇨ prevent, -orium〗

pré·vèrb *n.*〖文法〗動詞接頭辞 (become, disobey, withdraw の be-, dis-, with- など). 〖(1930): ⇨ pre-, verb〗

prè·vérbal *adj.* **1**〖文法〗動詞の前の[に起こる]: a ~ adverb 動詞の前に置かれる副詞. **2** 〈子供が〉まだしゃべれない, 言語習得前の. 〖1931〗

Pré·vert /preɪvéə | prévɛə$^{(r}$; *F.* prevɛ:ʁ/, **Jacques** *n.* プレヴェール《1900–77; フランスの詩人・シナリオ作家》.

pre·view /prí:vju:/ *n.* **1** 先立って見ること, 下見, 下検分. **2 a** 《劇・映画などの》試演, 試写(会). **b** 《展覧会などの》内見, 内覧. **3** 《映画・テレビの》予告編《の映写》《cf. trailer 3; ★《米》では prevue ともつづる》. **4** 《講義などの》予備知識[事前の理解]を与えるもの. **5** 《放送》下稽古, 番組のリハーサル. **6** 《電算》プレビュー《印刷イメージの画面表示》. — *vt.* **1** …の試演[試写]を見る[見せる]. **2** 《体系的に教える前に》〈科目〉の全体的予備知識を与える. — *vi.* 〈劇・映画などが〉試演[試写]される. 〘《v.: 1607; n.: 1855》← PRE-＋VIEW〙

préview mònitor *n.* 《テレビ》《放送中に映像を切り替える際に次に送出する映像の状態を見る》監視用の有線受像装置.

Prev·in /prévɪ̀n | -vɪn/, **André** *n.* プレビン《1929– ; ドイツ生まれの米国の指揮者・作曲家・ピアニスト》.

pre·vi·ous /prí:viəs | -viəs, -vjəs/ *adj.* **1** 先の (foregoing), 〔…の〕前の, 以前の (prior) 〔*to*〕: a ~ illness 既往症 / on the ~ evening [page] 前の晩[ページ]に / on some day ~ *to* Christmas クリスマス前のある日に. **2** 前もっての, あらかじめの: without ~ notice 予告なしに. **3** 《口語》早すぎる (premature), 早まった, せっかちな (hasty): You have been a bit too ~ about it. 君はそれについて少し早まった. — *adv.* 以前に (before); 〔…よりも〕前に (previously) 〔*to*〕: I had rung him ~ *to* writing. 手紙をやる前に電話した. **~·ness** *n.* 〘《1625》□ L *praevius* going before: ⇨ pre-, via², -ous〙

SYN 以前の: **previous** 時間・順序に関して, 前にくる: a *previous* engagement 先約 / the *previous* owner of the house その家の前の持ち主. **preceding** 時間的・空間的に, すぐ前の (↔ following, succeeding): the *preceding* year その前年 / the *preceding* chapter 前章. **foregoing** 前に述べた《陳述に限られる》: the *foregoing* statement 上述したこと. **former** 時間的に, 前の (↔ latter): the *former* president 前社長.
ANT following, succeeding, latter, posterior.

prévious examinátion *n.* [the ~] (Cambridge 大学で) BA 第一次学位試験 (cf. little-go, responsion 1). 〘1828〙

pre·vi·ous·ly /prí:viəsli | -viəs-, -vjəs-/ *adv.* **1** 先に, その前に, かねて, あらかじめ: two months ~ 2 か月前に / as ~ announced 予告どおり / The castle is earlier in date than ~ thought. その城はそれまで考えられていたより年代が古い. **2** 〔…よりも〕前に 〔*to*〕. **3** 早まって (hastily). 〘1718〙

prévious quéstion *n.* 《議会》先決問題《本問題の採決いかんを前もって決める問題; 英国では本問題を一時撤回するために, 米国は討議を早めるためにこの動議が用いられる; 略 PQ, pq》. 〘1700–15〙

pre·vise /prɪ̀váɪz/ *vt.* **1** 前もって知らせる, 警告する, 予告する (foretell). **2** 予知する, 見抜く (foresee). 〘《c1470》← L *praevīsus* (p.p.) ← *praevidēre* to foresee ← *prae-* 'PRE-'＋*vidēre* to see: ⇨ vision〙

pre·vi·sion /pri:víʒən, prɪ̀- | pri:-, prɪ̀-/ *n.* **1** 先見, 予見, 予知 (foresight). **2** 予告, 予言 (prophecy). — *vt.* 予見する, 予知する (foresee). 〘《1612》□ F *prévision*: ⇨ ↑, -sion〙

pre·ví·sion·al /-ʒnəl, -ʒənl/ *adj.* 先見の明のある (foreseeing), 見越す, 予知する; 前もって知れた, 見越した (anticipated). **~·ly** *adv.* 〘《1836》: ⇨ ↑, -al¹〙

prè·vocálic *adj.* 《音声》〈子音が〉母音の直前にある. 〘1909〙

prè·vocátional *adj.* 《職業学校 (vocational school) 入学前に要求される》予備[準備]教育の, 職業教育前の.

Pré·vost /preɪvóʊ | -vəʊ; *F.* pʁevo/, **Marcel** *n.* プレヴォ《1862–1941; フランスの小説家; *Les Demivierges*「半処女」(1894)》.

Pré·vost d'Ex·iles /preɪvóʊdɛgzí:l | -vəʊ-; *F.* -dɛgzil/, **Antoine François** *n.* プレヴォ デグジル《1697–1763; フランスの小説家; *Manon Lescaut*「マノンレスコー」(1731); 通称 Abbé Prévost》.

pre·vue /prí:vju:/ *n.* 《米》＝preview 3.

pre·war /prì:wɔ́ə | -wɔ́:$^{(r}$/ *adj.* 戦前の (cf. antebellum) (↔ postwar): in ~ days 戦前 / a return to ~ conditions 戦前の状態への復帰. — *adv.* 戦前に. 〘《1908》: ⇨ pre-, war¹〙

prè·wásh *n.* 前洗い液, 予洗液, つけおき洗剤, プレウォッシュ《汚れのひどい部分に, 洗濯前につけておく洗剤》.

prè·wáshed *adj.* 販売前に洗濯された, プレウォッシュの《ジーンズなどの布地を柔らかくし着込んだ感じを出すため》.

prex /préks/ *n.* ＝prexy. 〘《1828》《短縮》← PRESIDENT〙

prex·y /préksi/ *n.* 《米学生俗》大学総長, 学長 (president). 〘《1871》: ⇨ ↑, -y²〙

prey /préɪ/ *n.* [単数形でのみ用いて] **1** 《他の動物の》えじき(となる動物), えさ: hawks circling in search of ~ 獲物を求めて旋回する鷹. **2** 《環境・悪人・敵などの》食い物, 犠牲(者), 被害者 (victim) 〔*of, to*〕: make a ~ *of* …をえじき[食い物]にする / become the ~ *of* fashion 流行の奴隷[とりこ]になる / a ~ *to* fears 恐怖に悩む人. **3** 《動物の行う》捕食; 捕食する習性: an animal [a beast] of ~ 猛獣 / a bird [fish] of ~ 猛禽(きん) [食肉魚]. **4 a** 《古》略奪品 (plunder), 戦利品 (booty). **b** 《聖書》争いなどから無事に持ち帰る[出す]もの, 分捕り物 (*Jer.* 21:9).
be* [*becóme, fáll*] (*a*) *préy to (1) 〈他の動物〉のえじきになる. (2) 〈人が〉…にとらわれている, …の犠牲となる: *fall* (*a*) ~ *to* circumstances 境遇の犠牲(者)となる / He *was* (*a*) ~ *to* all sorts of illnesses. あらゆる病気にさんざん悩まされた / Some men *are* (*a*) ~ *to* lust for power. 権力欲のとりこになっている人間もある. ★ a を省くのは《米》.
— *vi.* **1** 〔…を〕捕食する, えじきにする 〔*upon, on*〕: Cats ~ *upon* mice. **2** 犠牲にする, 食い物にする 〔*upon, on*〕: The swindler ~*s upon* the credulous. 詐欺師はだまされやすい人間を食い物にする. **3** 〔場所などを〕略奪する, 強奪する, 荒らす (plunder) 〔*on, upon*〕: Bands of robbers ~*ed upon* the defenceless villages. 強盗団が無防備な村落を略奪した. **4** 〈心配・病気などが〉〔…を〕苦しめる, 悩ます; 次第にそこなう, 痛める (afflict) 〔*upon, on*〕: Care ~*ed on* his health. 心配で健康を害した / It seemed to ~ *on* him to think of the meeting. その会合のことを考えると彼の心は重くなってくるようだった.
~·er *n.* 〘n.: 《?c1225》 *preye, praie* □ OF *preie* (F *proie*) < L *praedam* a booty, prey ← *praehendere* to seize: ⇨ prehensile. — v.: 《c1300》□ OF *preier* < LL *praedāre*＝L *praedārī* to plunder ← *praeda*〙

Prey /práɪ/; *G.* pʁaɪ/, **Hermann** *n.* プライ《1929–98; ドイツのバリトン歌手; オペラ歌手として活躍》.

prez¹, Prez /préz/ *n.* 《米俗》大統領. 〘《1892》《短縮》← PRESIDENT〙

prez² /préz/ *n.* 《英口語》贈り物, プレゼント. 〘1922〙

prez·zie /prézi/ *n.* 《英口語》＝pressie.

PRF 《略》pulse recurrence frequency; pulse repetition frequency.

prf. 《略》proof.

pri- /praɪ/「のこぎり (saw); 鋸歯(きょし)状のもの」の意の連結形. 〘← Gk *príōn* saw〙

Pri·a·can·thi·dae /pràɪəkǽnθədì: | -θɪ-/ *n. pl.* 《魚類》キントキダイ科. 〘← NL ~ ← *Priacanthus* (属名: ⇨ ↑, acanthus)＋-IDAE〙

pri·al /práɪəl/ *n.* 《トランプ》＝pair royal.

Pri·am /práɪəm, -æm/ *n.* 《ギリシャ神話》プリアム, プリアモス《Troy 最後の王; Hector と Paris の父; Troy 陥落と共に殺された》. 〘□ L *Priamus* □ Gk *Príamos*〙

Pri·a·pe·an /pràɪəpí:ən⁻/ *adj.* **1** 《ギリシャ・ローマ伝説》プリアポス (Priapus) の. **2** [p-] 《病理》持続勃起(ぼっき) (priapism) の. 〘《a1693》□ F *priapéen* ← L *Priāpeius* 'of PRIAPUS'＋-*en* '-AN¹'〙

priapi *n.* priapus の複数形.

pri·a·pic /praɪǽpɪk, -éɪp-/ *adj.* **1** 《ギリシャ・ローマ伝説》[P-] プリアポス (Priapus) の. **2** 男根(像)の; 男根を連想させる. **3** 〈男性が〉自分の性を誇張する, 男根崇拝の. **4** 男性としての機能を誇る, 男らしい; (特に)性的能力の高い, 性欲の強い. 〘《1786》← PRIAP(US)＋-IC¹〙

pri·a·pism /práɪəpɪ̀zm/ *n.* **1** みだら, 好色 (lewdness). **2** 《病理》プリアピズム, (有痛性)持続勃起(ぼっき)(症)《必ずしも性欲に起因しない》. 〘《a1625》□ F *priapisme* ∥ LL *priāpismus* □ Gk *priāpismos* ← *Príāpos*: ⇨ Priapus, -ism〙

Pri·a·pus /praɪéɪpəs/ *n.* **1** 《ギリシャ・ローマ伝説》プリアポス《男根で表される豊穣の神》. **2** [p-] (*pl.* **pri·a·pi** /-paɪ/, **pri·a·pus·es**) 男根 (phallus). 〘□ L *Priāpus* □ Gk *Príāpos*〙

PRIBA 《略》President of the Royal Institute of British Architects.

Príb·i·lof Íslands /príbəlɔ̀(:)f-, -lɑ̀(:)f- | -bɪlɔ̀f-/ *n. pl.* [the ~] プリビロフ諸島《米国 Alaska 州, Bering 海南東部の群島; オットセイ繁殖地; Fur Seal Islands ともいう》. 〘← G. L. *Pribylov* (*d.* 1796: ロシア人で島の発見者)〙

price /práɪs/ *n.* **1** 価格, 値段, 売[買]価 (charge); 相場, 物価, 市価 (market price): ~ brackets [ranges] 《商》価格幅 / a ~*s* and incomes policy 《経済》物価所得政策 / *Prices* rise [go up]. 物価が上がる / *Prices* fall [go down]. 物価が下がる / a rise [fall] in ~*s* 物価の上昇[下降] / ~*s* of commodities 物価, 商品値段 / the average [closing] ~ 平均価格[終値] / a cash ~ 現金価格 / a cost [market] ~ 原[市]価 / a set ~ 定価 / a normal ~ 正常価格 / a net ~ 正価 / ⇨ fixed price, natural price / the ~ asked＝the asking ~ 言い値 / a reduced [bargain] ~ 割引値段 / competitive [《英》keen] ~*s* 競争[格安]価格 / top [high, low, rock-bottom] ~*s* 最高値[高値, 安値, 底値] / the selling ~ 売価 / the trade ~ 仲間相場 / the wholesale [retail] ~ 卸売[小売]相場 / the ~ in dollars ドル建て価格 / fetch a high ~ 高く売れる / get a good ~ for …をよい値で売る / give [quote] a good ~ よい値をつける[言う] / name one's ~ 売り[買い]たい希望の値段を言う / I'll buy it if the ~ is right. 値段が適当なら買おう / She bought that dress (at) full [half] ~. 彼女はあの服を定価[半額]で買った / make a ~ 値段を言う, 指し値する / What is the ~ of that? それの値段は幾らか. ★ 物の値段をいうとき, 一定した値段には of であるが, 商取引などで掛け合う値段などで変動する値段には for が用いられる: What is the ~ *for* that? それの見積り価格[支払った値段]は幾らか. **2** (獲得するための)代償, 代価 (cost), 犠牲にしたもの: A life of toil is [Lives of toil are] the ~ of [the ~ paid for] success. 成功するためには苦労しなくてはならない / No ~ is too high to pay for success. 成功するためならどんな代償も高すぎはしない / Work is a small ~ to pay for success. 成功のためなら苦労は安いものだ / I succeeded—but at what a ~! 成功はした, だが何という代償だ. **3 a** 節操を売って得る金品, 買収金: Every man [Everyone] has his ~. 《諺》だれでも誘いの水はきくものだ《買収のきかない人はない》/ You can get her support for a ~! 彼女の支持を得ることはできるが金が要るよ. **b** (人の首などにかかった)懸賞金: ⇨ *have a* PRICE *on one's head, put* [*set*] *a* PRICE *on a person's head* [*life*]. **4** (賭事で)賭金の歩合, 賭率, 差額 (odds); 払戻金: the starting ~ (競走馬の)出発間際[最後]の賭. **5** 価値, 値打ち: of great ~ 非常に価値のある, 高価な, 貴重な / of little [no] ~ ほとんど[全く]無価値な, つまらない.
abòve* [*beyònd*] *príce 価の知れない(ほど貴重な). 《1582》 ***at àny príce*** (1) どんな代価を払っても, ぜひとも: We want peace *at any* ~. いかなる代償を払っても平和を望む / It must be done *at any* ~. それはぜひともやらなければならない. (2) [通例否定構文で] どんな値段でも, どんなに高く[安く]とも; どうあっても, 決して(…しない): My carpets are *not* for sale *at any* ~. カーペットはどんなに高くても売らない / I will *not* have it *at any* ~. 幾ら安くてもそれはいやだ / I won't have that man in my house *at any* ~. あんな男はどうあっても二度と家へ来させない. 《c1647》 ***at a príce*** 相当の値段[代価]で, 相当な代償を払って; 市価よりも高い値で. 《1594》 ***at the príce of*** …をかけて, 犠牲にして (at the cost of); …という犠牲を払って: gain success *at the* ~ *of* one's health 健康を犠牲にして成功を勝ち取る. ***hàve a príce on one's héad*** 首[捕縛]に賞金をかけられている, 賞金付きで狙われている. ***pùt* [*sèt*] *a príce on*** …に値をつける: *put* a ~ *on* a jewel 宝石に値をつける / We cannot *put* a ~ *on* friendship. 友情に値はつけられない. ***pùt* [*sèt*] *a príce on a person's hèad* [*life*]** 人の首[捕縛]に賞[賞金]をかける; 〈事が〉人の首に賞金をかけさせる. 《1766》 ***Whàt príce …?*** 《口語》(1) …の見込みはどうか, …をどう思うか (What is the likelihood of …?): *What* ~ (there'll be) fine weather tomorrow? 明日の天気はどんなもんだね. (2) (失敗したものをからかって)…は何というざまだ; …なんか何の役に立つか (What's the use [value] of …?): *What* ~ the Asiatic League? アジア連盟のざまはどうだ / *What* ~ glory? 栄光何するものぞ. 《1893》 ***withòut a príce*** 無報酬で. 《c1390》 ***withòut príce*** ＝*above* PRICE. 《1859》
— *vt.* **1** …に値をつける. **2** 《口語》…の値段[相場]を尋ねる[確かめる].
príce dówn 〈品物〉の値段を下げる. ***príce onesèlf* [*one's próduct*] *òut of the márket*** 〈生産者が〉法外な値をつけて市場から締め出される[(品物が)売れなくなる]. 《1938》 ***príce úp*** 〈品物〉の値段を上げる.
〘n.: 《?a1200》 *pris* □ OF (F *prix*) < LL *precium*＝L *pretium* price, value, 《原義》that which is equivalent ← IE **per-* forward, beyond. — v.: 《c1380》← ME *prise(n)* 'to PRIZE': cf. praise〙

Price /práɪs/, **(Mary) Le·on·tyne** /lí:əntì:n | -tàɪn/ *n.* プライス《1927– ; 米国のソプラノ歌手》.

Price, Vincent *n.* プライス《1911–93; 米国の映画および舞台俳優; 映画では *The Ten Commandments*「十戒」(1956) など》.

príce cartèl *n.* 価格協定.

Príce Commìssion *n.* 《英》物価統制委員会《1973 年インフレ対策のために政府が設立; 1980 年廃止》.

príce contròl *n.* [通例 *pl.*] 《経済》物価統制《行政指導や法令などで物価変動を規制すること》. 〘1914〙

príce cúrrent *n.* (*pl.* **prices c-**) [しばしば *pl.*] 価格表, 時価表, 相場付け《price list ともいう》. 〘1696〙

príce-cùt *vt.* 値引きする, 値引く. 〘1925〙

príce-cùtter *n.* 値下げ競争をする業者. 〘1901〙

príce cùtting *n.* 値引, 割引(販売). 〘1899〙

priced /práɪst/ *adj.* 定価付きの; [複合語の第 2 構成素として] 価[値]が…の: a ~ catalog 定価表 / high-[low-] *priced* 値の高い[安い]. 〘《1552》: ⇨ -ed 1, 2〙

príce discriminàtion *n.* 《経済》価格差別《同じ商品・サービスを相手によって違う価格で売ること》.

príce-dívidend ràtio *n.* 《証券》株式配当比率《ある株式の市場価格と前年度の配当との比率; 会社の潜在能力を判断する資料として用いられる; 略 P-D ratio, PDR》.

príce-éarnings mùltiple *n.* 《証券》＝price-earnings ratio.

príce-éarnings ràtio *n.* 《証券》株価収益率《ある株式の市場価格をその会社の一株当たり純利益の倍数で表わしたもの; price-earnings multiple ともいう; 略 P/E, PER》. 〘1961〙

príce elastícity *n.* 《経済》(需要の)価格弾力性《ある商品の価格の変化がその商品の需要に及ぼす影響力; 後者の変化率を前者の変化率で割って得た値で示す; price elasticity of demand ともいう》. 〘1952〙

príce-fìxing *n.* 《経済》**1** (業者による)価格操作[協定, 決定]. **2** ＝price control. 〘1920〙

príce frèeze *n.* 価格[物価]凍結.

príce góuging *n.* 《米》法外な値段で売ること, 大幅な物価急騰. 〘1967〙

príce ìndex *n.* 《経済》物価指数《一定の商品・サービス群を対象とし, その単価の加重平均の変動によって, 基準年と比較した物価の動きを表示できるようにした数値; cf. price level 2》. 〘1886〙

príce léadership *n.* 《経済》価格先導制, プライスリーダーシップ《有力企業が特定の産業で主導権を握って価格を決定し, 他社がこれに従うこと》.

price·less /práɪslɪ̀s/ *adj.* **1** 金で買えない, 値踏みのできない (inestimable); 貴重な (invaluable): ~ jewels 貴重な宝石 / ~ service to one's country 祖国に対する尊い奉仕. **2** 《口語》すてきな, とても愉快な; [反語的に] ばかげた, お話にならない (utterly absurd): a perfectly ~ evening とても愉快な晩 / a ~ ass お話にならぬばか, 大ばか. **~·ness** *n.* **~·ly** *adv.* 〘《1593–94》: ⇨ price, -less〙

príce lèvel *n.* **1** (ある期間における製品の)平均価値段. **2** 《経済》物価水準 (cf. price index). 〘1927〙

príce lìst *n.* ＝price current. 〘1872〙

príce pòint *n.* 《商業》統一[規準]小売価格《小売商が

仕入原価の多少の差を無視して数種の商品に付ける消費者うけをねらった統一的価格).

pric·er *n.* **1** 値を付ける人, (特に, 宝石・骨董品などの)値踏みする専門家. **2** (ただ値段を聞くだけの)ひやかし客, 値を聞く商売がたき. **3** 〘証券〙(株式相場の問合わせに応答する)株式市況係. 〘1878〙

príce-rìng *n.* 《英》〘商業〙値くずれしないように協力し合う生産者[業者]グループ. 〘1928〙

príces and íncomes pòlicy *n.* 〘経済〙＝incomes policy.

príce-sénsitive *adj.* 〈情報が〉株や証券の価格に影響を与えそうな, 価格を左右する; 〈市場が〉価格に左右される, 〈商品が〉売り上げに価格の影響を受けやすい; 〈消費者が〉価格に敏感な.

príce-stòp *adj.* 《米》物価くぎ付けの.

príce suppòrt *n.* 〘経済〙(政府の買上げなどによる)価格支持[維持] (例えば, 麦がだぶついて価格が低下しすぎたとき, その一部を買い上げ貯蔵したりして人為的に価格をつりあげること). 〘1949〙

príce tàb *n.* 《米》＝price tag.

príce tàg *n.* **1** 定価札, 正札. **2** 価格, 値段. 〘1881〙

príce tàker *n.* 〘経済〙価格受容者, プライステーカー (市場価格に影響を与えたり操作したりする力がなく, 他者が設定した価格を受け入れるだけの者).

príce wàr *n.* 〘商業〙価格戦争 (値下げ競争): win [lose] a ～ 価格競争に勝つ[負ける]. 〘1930〙

pric·ey /práɪsi/ *adj.* 《口語》値の張った, 金のかかる, 高価の (expensive). 〘(1932): ⇨ price, -y[4]〙

prick /prík/ *vt.* **1** (針の先などで)ちくりと刺す, (ちくっと)突く (puncture): ～ one's finger / She ～*ed* her thumb *on* [*with*] a needle [thorn]. 針[とげ]で親指を刺した. **2 a** 〈良心などに〉ちくちく刺すような痛みを起こさせる: The lie ～*ed* her conscience. うそをついたことで良心がうずいた. **b** 〈人〉の心を刺す (sting), 苦しめる, 悩ます (vex): Her conscience ～*ed* her for having told a lie. うそをついたために良心がとがめた. **3 a** 突いて〈穴を〉あける: ～ holes in the ground. **b** (蹄鉄を打つときに馬の足の肉の部分にまで)釘を打ちつけてけがをさせる. **4** (穴をあけて)〈型を〉写す 〈*out*〉: ～ (*out*) a pattern with a needle 縫針で(縫取りなどの)模様[模型]を描く. **5** 〘海事〙(海図の上でディバイダー (dividers) を用いて)〈距離などを〉測る 〈*off, out*〉: ～ *out* a ship's course on a chart. **6** 〈名簿などの中の名前〉にしるしをつける, (名前にしるしをつけて)選び出す: ～ a man for … 人を…に選任する. **7** 《英》〈州長官 (sheriff) を〉選ぶ. **8** 〈馬・犬などが〉〈耳を〉立てる, そばだてる (cock); 〈人が〉(急に)聞き耳を立てる, 熱心に聴く 〈*up*〉: ～ *up* one's ears ⇨ ear[1] 成句. **9** (動物の足跡をつけて)…の跡を追う: ～ a hare うさぎの跡をつける. **10** 〈苗を〉(苗床などから)移植する 〈*in, out, off*〉. **11** 《古》 **a** 〈馬に〉拍車をかける (spur). **b** 〈人を〉刺激する, 駆り立てる (incite) 〈*on, off*〉. **12** 《廃》(ピンで)留める, 串刺しにする. **— *vi.*** **1** ちくりと刺す: The leaves of this plant ～ rather badly. この植物の葉はひどく刺す. **2** ちくちく痛む, 刺すように痛む: My toe is ～*ing* with the gout. 足の指が痛風で痛む. **3** 〔…を〕刺すように突き立てる; 〈義務などが〉〔良心などを〕うずかせる (thrust) 〔*at, into*〕. **4 a** 〈犬などの耳が〉ぴんと立つ 〈*up*〉. **b** 〈塔などがそびえる 〈*up*〉: The church spire ～*s up* into the sky. 教会の尖塔(せんとう)が空高くそびえ立っている. **5** 〈ワインなどが〉酸っぱくなる. **6** 《古》拍車を当てて馬を駆る (spur on), 馬で駆ける[走る] 〈*on, onward*〉.

príck a* [*the*] *bládder* [*búbble*]** (人・物事の)実体を暴く, 化けの皮をはぐ. ***príck dówn (ある目的のために)〈人を〉選ぶ〔*for*〕〈*to* do〉 (cf. *vt.* 6). 〘1654〙 ***príck úp*** (*vi.*) (1) ⇨ *vi.* 4. (2) 〈星などがきらめき出る. —(*vt.*) (1) ⇨ *vt.* 8. (2) 〈壁〉の下塗りをする. 〘1657〙

— *n.* **1 a** ちくりとする刺した痛み, 疼(うず)き: feel a slight ～ 少し痛みを感じる. **b** (良心の)呵責(かしゃく): feel the ～*s* of conscience 良心のとがめを感じる. **2** (針・とげなどで)刺すこと; 刺傷: the ～ of a needle 針で刺すこと / a ～ in the finger 指の刺傷. **3** 突く物, 刺す物: **a** (動物の)角, (植物の)とげ. **b** (蜂などの)針. **c** 《古》(牛の)突き棒 (goad). **4** 《俗・軽蔑》嫌な奴, 奴. **5** 《俗》ペニス, 陰茎 (penis). **6** 〘音楽〙 **a** (中世記譜法の)音符. **b** (音符・休止符の後につく)付点. **7** (ウサギなどの)足跡. **8 a** 《古》句読点 (punctuation mark). **b** 《古》点 (point), ぽち (dot). **c** (標的の)図星. **9** 《まれ》(日時計の)目盛, 刻み目.

féel like a spáre príck at a wédding 《卑》不用の人間[除け者]のように感じる. ***kíck agáinst the pricks*** (支配者や規則に)むだな反抗をする, むだな抵抗をしてけがをする[ばかをみる] (*Acts* 9: 5) (牛が突き棒で追い立てられるのに怒ってけることから). 〘1520〙

— *adj.* 〈耳など〉立っている, 直立した: keep one's ears ～ for …を聞こうとして耳を澄ましている.

〘n.: OE *pric(c)a* dot, point ← (WGmc) **prikk-* (Du. & LG *prik* point) ← ? IE **bhrēi-* to cut (L *fricāre* to rub away). — v.: OE *prician* < (WGmc) **prik(k)ōjan* (Du. *prikken* to prick)〙

príck-èared *adj.* **1** 〈犬が〉立ち耳の. **2** 人目につく耳をもった. **3** 《英口語》〈人が〉坊主頭の, 丸刈の. ★ 英国では清教徒または Roundheads をあざけって呼んだ; cf. prick ears 2. 〘*a*1425〙

príck èars *n. pl.* **1** (犬などの)立ち耳. **2** (特に, Roundheads の髪を短く刈り上げたために露出した) 人目につく耳. 〘(1634)(逆成) ↑〙

pricked /príkt/ *adj.* **1** ＝winged[2] 1. **2** 〈ワインなど〉酸っぱくなった. 〘(1467): ⇨ -ed〙

príck·er *n.* **1 a** 刺す人. **b** 刺す道具, 穴あけ器, 小ぎり; 針, とげ. **2** 《古》 **a** 騎手. **b** 軽騎兵 (light horseman). 〘(*c*1325) *priker*: ⇨ prick, -er[1]〙

prick·et /príkɪ̀t | -kɪt/ *n.* **1** 蠟燭(ろうそく)立ての釘; 燭台(しょくだい) (candlestick). **2** 二歳の雄鹿 (角がまっすぐで枝分かれしていない; cf. brocket 2): a ～'s sister 二歳の雌鹿. 〘(1358) *priket*: ⇨ prick, -et〙

príck·ing *adj.* ちくちくと刺す, 刺すような. **— *n.*** ちくちくと刺すこと; ちくちく刺すような感じ[痛み]. **～·ly** *adv.* 〘((lateOE)) (*c*1175): ⇨ prick, -ing[1,2]〙

prick·le[1] /príkḷ/ *n.* **1** 針, とげ (thorn). **2 a** (植物の)刺状突起, とげ, いが. **b** (ハリネズミなどの)針状毛, とげ. **3** (皮膚を)ちくちく刺すような感じ[痛み]: feel a ～. **— *vt.*** 刺す, 突く (prick); ちくちくさせる, ひりひり痛ませる. **— *vi.*** 〈いがなどが〉ちくちく刺す[突く]. 〘((OE)) (*a*1838) *pricel* goad ← *pric-* (← *prica* ‘PRICK’)＋-le[1]: cf. MDu. & MLG *prickel*〙

prick·le[2] /príkḷ/ *n.* 柳細工のかご. 〘(1609) ← ?〙

príckle·bàck *n.* 〘魚類〙背びれに堅いとげがある魚類の総称: **a** タウエガジ科の数種のギンポ. **b** トゲウオ (⇨ stickleback). 〘1746〙

prick·ly /príkli, -kḷi/ *adj.* (**prick·li·er; -li·est**) **1** とげだらけの, 針のある. **2** ちくちく[ひりひり]痛む. **3** 〈問題など〉手のつけにくい, 厄介な. **4** 〈人が〉怒りっぽい, すぐかみつく, 過敏な. **príck·li·ness** *n.* 〘(1578) ← PRICKLE[1] (v.)＋-Y[4]〙

príckly ásh *n.* 〘植物〙 **1** アメリカザンショウ (*Zanthoxylum americanum*) (米国産のサンショウ属の一種; toothache tree ともいう). **2** ＝Hercules'-club 2. 〘1709〙

príckly cómfrey *n.* 〘植物〙オオハリソウ, コンフリー (*Symphytum asperum*) (ヨーロッパ原産の茎葉に毛の多いムラサキ科ヒレハリソウ属の多年草).

príckly héat *n.* あせも (miliaria). 〘1736〙

príckly péar *n.* 〘植物〙 **1** ウチワサボテン (ウチワサボテン属 (*Opuntia*) の植物の総称; へら状の扁平多肉の茎節が連結するサボテン; その一種 *O. ficusindica* の多肉の茎は家畜の飼料用で, セイヨウナシ (pear) に似た果実は食用). **2** ウチワサボテンの実 (nopal). 〘1612〙

príckly phlóx *n.* 〘植物〙カリフォルニア産のハナシノブ科の多年草 (*Gilia californica*).

príckly póppy *n.* 〘植物〙アザミゲシ (*Argemone mexicana*) (メキシコ原産のアザミに似た葉をもつケシ科の雑草; 世界各地に帰化). 〘1724〙

príckly rhúbarb *n.* 〘植物〙＝gunnera. 〘1895〙

príckly shíeld fèrn *n.* 〘植物〙ホソイノデ (*Polystichum braunii*) (北米産のシダの一種).

príckly thríft *n.* 〘植物〙葉が堅くて先が鋭いイソマツ科 *Acantholimon* 属の植物の総称; (特に) *A. glumaceum*.

príck pùnch *n.* 〘機械〙目打ち(ポンチ).

príck·sèam *n.* ＝outseam. 〘1632〙

príck sòng *n.* **1** 《古》書かれた[印刷された]歌曲. ★ 17 世紀の英国で口伝の民謡や即興演奏の曲と区別するために用いた用語. **2 a** ＝descant 1 a. **b** 対位法的音楽 (contrapuntal music). 〘(1463) *pricked song, pricket song*: ⇨ prick (n.) 5〙

príck·spùr *n.* (中世の)棘(とげ)形拍車 (cf. rowel-spur). 〘1688〙

príck·tèaser *n.* 《卑》＝cockteaser. **príck-tèase** *vt., vi.* 〘1961〙

príck-ùp *adj.* 《口語》きりっとした.

pric·y /práɪsi/ *adj.* ＝pricey. 〘1932〙

príd·dy òggy /prídi- | -di-/ *n.* ＝Cornish pastry.

pride /práɪd/ *n.* **1** 自慢, 誇り, 得意; 誇りにするもの, 自慢の種: a glow of ～ 強い誇り / feel ～ at one's promotion [in one's success] 昇進[成功]を誇る[に得意になる] / the ～ of the desert ラクダ (camel) / take (a) ～ in one's work [being rich] 仕事[金のあること]を自慢する / He is the ～ (and joy) of his parents.＝He is a source of (great) ～ to his parents. 彼は両親の自慢の息子だ / His parents speak of him with (great) ～. 両親は彼のことを(とても)自慢げに話す. **2** 自尊, 自尊心, プライド (self-respect): proper ～ 正しい自尊心, ふさわしい誇り / false ～ 誤った自尊心, うぬぼれ, 見え / hurt [injured, wounded] ～ 傷つけられたプライド / They have too much ～ to beg. 頼みごとをするには気位が高すぎる / ⇨ *put one's pride in one's* POCKET. **3** 自負, うぬぼれ, 思い上がり, 増長 (self-conceit), 高慢, 横柄, 尊大 (arrogance); 誇示, 見せびらかし (ostentation): *Pride* will have a fall.＝*Pride* goes before a fall. 《諺》「驕(おご)れる者久しからず」 (cf. *Prov.* 16: 18). **4** [the ～] 最良の部分[状態], 極点, 全盛 (prime): *the* ～ of one's youth 若盛り, 青春 / in *the* ～ of manhood 男盛りに / ⇨ *in pride of* GREASE. **5** 《古》 **a** 華麗, 壮観, 美観 (splendor). **b** 華麗な装飾[衣装]. **6** (馬の)気力, 元気 (spirit). **7** 《古・方言》(雌獣の)性欲, さかり (heat). **8** (クジャクなどの羽を下げて)十分に広げた尾: the ～ of a peacock. **9** 〘紋章〙(クジャク・七面鳥などの)尾羽展開の状態: a peacock in his ～ 尾羽を一杯に広げたクジャク. **10 a** (獣, 特に, ライオン・鳥の)群れ (flock): a ～ of lions, peacocks, etc. **b** 《口語》派手な[目につく, 見てくれをかざる]一群[一団].

príde of pláce 高位, 最上位(の優越感) (cf. Shak., *Macbeth* 2. 4. 12): take [have] ～ *of place* 最高の座を占める, 最上のもの[王者]とみなされる. 〘(1606) ← PLACE[1] (n.) 19〙

príde of Barbádos 〘植物〙オオゴチョウ (*Caesalpinia pulcherrima*) (熱帯産マメ科ジャケツイバラ属の植物; Barbados pride, Barbados flower fence, dwarf poinciana ともいう). 〘1756〙

príde of Califórnia 〘植物〙米国 California 州原産マメ科レンリソウ属の淡桃色または紫色の大輪の蝶形花をつける一年草 (*Lathyrus splendens*). 〘1895〙

príde of Chína 〘植物〙タイワンセンダン (⇨ chinaberry 2). 〘1785〙

príde of the mórning (洋上での)朝方の薄霧または小雨 (好天の前触れ). 〘1854〙

— *vt.* [～ *oneself* で] 〔…を〕自負する, 誇る, 自慢する 〔*on, upon*〕: She ～*s herself on* her skill in [at] cooking [*on* being able to speak French]. 彼女は料理が[フランス語の話せるのが]自慢だ.

〘n.: OE *prȳde, prȳte* ← *prūd* ‘PROUD’. — v.: (?*c*1150) *pride(n)* to adorn proudly ← (n.)〙

SYN 誇り: **pride** 自分の価値・優越などに正当なまたは過度の自信を持つこと: His words hurt [wounded] my *pride*. 彼のことばが私の自尊心を傷つけた. **vanity** 過度に他人の注意・是認・称賛を望むこと: He is mad with wounded *vanity*. 虚栄心を傷つけられて怒っている. **conceit** 自己の能力や業績などを過大評価するうぬぼれ: be inflated [puffed up] with *conceit* 思い上がって増長している. **self-esteem** 他人の評価よりも高く自己の能力や業績を評価すること: They have low [high] *self-esteem*. 彼らは自尊心が低い[高い]. **vainglory** 《文語》自慢や傲慢(ごうまん)な見せびらかしなどに表れる極端な誇り: nationalistic *vainglory* 民族主義的な大自慢.

ANT humility.

Pride /práɪd/, **Thomas** *n.* プライド (?–1658; 英国の軍人; Charles 一世の処刑者の一人; ⇨ Pride's Purge).

pride·ful /práɪdfəl, -fḷ/ *adj.* 《スコット》高慢な, 横柄な (haughty). **～·ly** *adv.* **～·ness** *n.* 〘(*c*1450): ⇨ pride, -ful[1]〙

príde·less *adj.* 自尊心のない, プライドをもたない. **～·ly** *adv.* 〘*c*1395〙

príde-of-Índia *n.* 〘植物〙＝chinaberry 2. 〘1803〙

Príde's Púrge *n.* 〘英史〙プライドの追放 (清教徒革命中の 1648 年 12 月 Thomas Pride 大佐が Charles 一世と妥協した議員約 120 名を武力をもって下院から追放した事件; この結果, 以後の議会は Rump Parliament と呼ばれた).

prie-dieu /prìːdjə́ː, -djúː, ⌐⌐⌐ | prìːdjə́ː, ⌐⌐⌐; *F.* pʀidjø/ *n.* (*pl.* **～s, prie-dieux** /～z; *F.* ～/, ～) **1** 祈禱(きとう)台[机] (祈禱書などを載せる棚付きの机で, 祈禱中にひざまずく). **2** 祈禱椅子 (背の高い後ろに傾斜した椅子で祈禱中に用いる; prie-dieu chair ともいう). 〘(1760) □ F ～ (原義) ‘pray God’〙

prí·er *n.* うるさく詮索(せんさく)する人, ほじくり屋, 探究者. 〘(1552) ← PRY[1]＋-ER[1]〙

priest /príːst/ *n.* **1** (各宗教・宗派の)聖職者, 牧師, 司祭, 僧, 僧侶(そうりょ), 神官, 神主. **2 a** 〘キリスト教〙(聖書・初期教会では)祭司, 長老 (presbyter); (カトリック教会・英国国教会系・東方正教会系では)司祭 (カトリックで上級聖職階 (major orders) の一つ); 聖餐(せいさん)の司式をする権能をもつ; cf. minister). **b** 〘モルモン教〙祭司 (アロン神権 (Aaronic Priesthood) の職の一つ). **3** 奉仕者, 崇拝者, 擁護者, 使徒: a ～ of art, nature, science, etc. **4** (捕った)魚を殺すつち[棍棒]. **5** [ときに P-] 〘鳥類〙プリースト (ペット用のハト; 頭がはげていて後頭部にとさか状のものがある). **— *vt.*** [主に受身に用いて] 司祭にする, 僧侶にする, 牧師に任命する; (特に) 〈deacon を〉司祭に昇任する. **～·less** *adj.* 〘OE *prēost* (短縮) ← LL *presbyter* ‘PRESBYTER’〙

príest·cràft *n.* **1** 聖職者としての(活動上の専門的)知識技能. **2** (俗界に勢力を張ろうとする)聖職者[僧侶]たちの政略, 聖職者[僧侶]の策謀. 〘1483〙

priest·ess /príːstɪ̀s | priːstés, príːstɪ̀s/ *n.* (主にキリスト教以外の)尼, 尼僧, 女司祭. 〘(1693): ⇨ priest, -ess[1]〙

príest hóle *n.* (カトリック教徒であることが禁止されていた 16–17 世紀の, カトリックの)司祭の隠れ家[部屋]. 〘1660〙

priest·hood /príːsthʊ̀d/ *n.* **1** 司祭職, 聖職, 聖職[僧職]の身分[地位, 職能]; (聖書における)祭司職[制]. **2** [the ～; 集合的] 聖職者, 僧職者, 僧侶; 聖職制, 僧組織; 聖職団, 僧団, 僧門. **3** 〘モルモン教〙神権. 〘OE *prēosthād*: ⇨ priest, -hood〙

príest-in-the-púlpit *n.* 〘植物〙＝cuckoopint.

Priest·ley /príːstli/, **J(ohn) B(oyn·ton)** /bɔ́ɪntən | -tən/ *n.* プリーストリー (1894–1984; 英国の小説家・劇作家・批評家; *The Good Companions* (1929), *Dangerous Corner* (1932)).

Priestley, Joseph *n.* プリーストリー (1733–1804; 英国の化学者・聖職者; 酸素を発見 (1774)).

príest·lìke *adj.* ＝priestly. 〘*c*1470〙

priest·ling /príːstlɪŋ/ *n.* 小坊主, 納所(なっしょ)坊主. 〘(1629) ← -LING[1]〙

priest·ly /príːstli/ *adj.* (**priest·li·er; -li·est**) 聖職者の, 僧侶の, 司祭の; 聖職者に似た, 聖職者[僧侶]にふさわしい: ～ formation 司祭養成 / ～ vestments 聖職服 / ～ spirituality 司祭のもつべき霊性. **príest·li·ness** *n.* 〘((OE)) (?*a*1439): ⇨ priest, -ly[2]〙

Príestly códe *n.* 〘聖書〙祭司法典 (旧約聖書最初の六書 (Hexateuch) の資料のうち最も多い部分を占め, 祭司的特色をもつ; 資料の中では一番新しい). 〘1899〙

priest-ridden *adj.* 聖職者[僧侶]の支配を受けている[権力下にある], 聖職者に左右されている. 〘1653〙

priest's hóle *n.* ＝priest hole.

priest's hóod *n.* 〘植物〙＝cuckoopint.

priest vícar *n.* 〘英国国教会〙プリーストヴィカー (聖職者の大聖堂礼拝役員 (vicar choral); cf. minor canon). 〘1688〙

prig[1] /príg/ *n.* (言葉・態度などの)几帳面な人, やかまし屋 (precisian); 気取り屋, 学者[教育者]ぶる人. 〘(1567)〙

← ?: cf. *prig*《廃・俗》tinker, coxcomb: cf. prink》
prig² /príg/ *v.* (**prigged; prig·ging**) — *vt.* **1**《英俗》盗む, くすねる (steal). **2**《スコット・北英》〈値などを〉値切る (haggle)〈*down*〉. — *vi.*《スコット》頼み込む, 願う (beg); 値切る (haggle). — *n.*《英俗》泥棒, 盗人 (thief), すり. 〖《1513》← ?: cf. prig¹〗
prig·ger·y /prígəri/ *n.* 几帳面, しかつめらしさ; 気取り, 知ったかぶり, 衒学趣味 (priggishness). 〖《1823》← PRIG¹+-ERY〗
príg·gish /-gɪʃ/ *adj.*〈言葉・態度などが〉ばかに几帳面な, 堅苦しい, しかつめらしい; 知ったかぶりの, きざな. **~·ly** *adv.* **~·ness** *n.* 〖《*a*1700》← PRIG¹+-ISH¹〗
prig·gism /prígɪzm/ *n.* 堅苦しい[きざな]性格. 〖《1743》← PRIG¹, -ISM〗
Pri·go·gine /prɪgóʊʒɪn | prɪgóʊʒɪn; *F.* pʁigɔʒin/, **Ilya** *n.* プリゴジン, プリゴジーヌ《1917–2003; ベルギーの化学者・物理学者; ノーベル化学賞 (1977)》.
prill /príl/《冶金》*n.* =button 11. — *vt.* **1** 金属粒にする. **2** 粒状にする.
prim¹ /prím/ *adj.* (**prim·mer, -mest; more ~, most ~**) **1**〈人・態度・言語などが〉きちんとした (neat and precise), しかつめらしい (prudish), いやに形式ばった; (特に)〈女性がとりすました, お上品ぶった: ~ and proper きちんとした. **2**〈物が〉小ぎれいな, きれいさっぱりとした (trim): a ~ room. — *v.* (**primmed; prim·ming**) — *vt.* **1**〈人・物・場所を〉きちんと整える, きちんと飾る〈*out, up*〉. **2** (すまして)〈口を〉きゅっと結ぶ, 〈顔を〉きっと引きしめる: ~ one's lips, face, etc. — *vi.* 口をきゅっと結ぶ, 顔をきっと引きしめる. **~·ly** *adv.* **~·ness** *n.* 〖《1684》? F《廃》*prime* fine, delicate, thin < L *primum first*, PRIME¹〗
prim² /prím/ *n.*《植物》セイヨウイボタノキ (⇨ privet 1). 〖《略》←《廃》*primprint* privet ← ?〗
prim.《略》primary; primitive.
pri·ma /príːmə, prímə | príː-; *It.* príːma/ *adj.* 第一の (first), 主なる, 首位の. 〖《1930》◻ It. ~ (fem.) ← PRIMO¹〗
príma ballerína *n.* バレエのプリマ, プリマバレリーナ《バレエ団最高位の女性ダンサー; 主役を演じソロを踊る》. 〖《1870》◻ It. ~ 'first female dancer'〗
príma búf·fa /-búːfə, -fɑː; *It.* -búffa/ *It.n.* 喜歌劇 (opera buffa) の第一[主役]女性歌手. 〖◻ It. ~ 'chief comic actress [singer]'〗
pri·ma·cy /práɪməsi/ *n.* **1** 第一位, 首位; 最高, 卓越 (preeminence). **2**《英国国教会》大主教 (primate) の職[地位, 威厳]. **3**《カトリック》(最高司教としての)教皇の首位権. 〖《*c*1384》*primacie* ◻ OF (F *primatie*) ◻ ML *prīmātia* ← L *prīmāt-, prīmās* PRIMATE: ⇨ -acy〗
pri·ma don·na /priːmədɑ́(ː)nə, prímə- | priːmədɔ́nə; *It.* primadɔ́nna/ *n.* (*pl.* **~s**, *It.* **pri·me don·ne** /priːmeɪdɑ́(ː)neɪ | -dɔ́n-; *It.* primedɔ́nne/) **1** (歌劇の)主役[花形]女性歌手, プリマドンナ. **2**《口語》他と協調性のない人, 人から指図されること[団体行動をとること]が嫌いな人, お天気屋 (temperamental person)《特に女性》. 〖《1782》◻ It. ~《原義》first lady: ⇨ prime¹, dame〗
pri·mae·val /praɪmíːvəl, -vl/ *adj.* =primeval.
pri·ma fa·cie /práɪməféɪʃiː, -ʃiː, -ʃə | -ʃi, -ʃiː, -ʃiː/ *adv.* 一見したところでは, 第一印象では. — *adj.* [限定的] 一見しただけでの, 一応の, 仮の: I see a ~ reason for it. まず一見したところではその方に理があるようだ. 〖《?*a*1475》◻ L *prīmā faciē*《原義》at first face: ⇨ prime¹, face〗
príma fàcie cáse *n.*《法律》一応有利な事件《反証がない限り勝訴となる》. 〖《1895》〗
príma fàcie évidence *n.*《法律》一応の証拠《反証でくつがえされない限り立証に十分な証拠》. 〖《1800》〗
pri·mage¹ /práɪmɪdʒ/ *n.*《海事》**1** 運賃割増し《船主または係員に払う運賃以外の割増し金》. **2** 船長謝礼《以前荷主が積荷の世話に対し船長などに与えた心付け》. 〖《1540》◻ ML *prīmāgium*: ⇨ prime¹, -age〗
pri·mage² /práɪmɪdʒ/ *n.*《機械》ボイラーから蒸気とともに送られる水の量 (cf. prime² *vi.* 2). 〖《1881》← PRIME²+-AGE〗
pri·mal /práɪməl, -ml/ *adj.* **1** 第一の, 最初の; 原始の. **2** 首位の, 主要な; 根本の. **3**《精神医学》原初的な. — *n.*《精神医学》(primal therapy における)幼児期の精神抑圧体験の再体験. **~·ly** *adv.* 〖《1543》◻ ML *prīmālis* ← L *prīmus* PRIME¹: ⇨ -al¹〗
prímal scéne *n.*《精神分析》原光景《子供が目撃した両親の性交または動物の交尾などを手掛かりに想像する両親の性交の光景; 子供は通例父親による暴力と解釈する》. 〖《なぞり》← G *Urszene* (S. Freud の用語)〗
prímal scréam *n.*《精神医学》**1** =primal therapy. **2** primal therapy における患者の叫び.
prímal scréam thèrapy *n.*《精神医学》=primal therapy.
prímal thèrapy *n.*《精神医学》プライマル(スクリーム)療法《幼児期の外傷体験を想像によって再体験させ, 怒りや欲求不満を絶叫・ヒステリーで表現させて, 神経症を治療する; primal scream therapy, scream therapy ともいう》.
pri·ma·quine /práɪməkwìːn, -kwɪn | -kwiːn/ *n.*《薬学》プリマキン ($C_{15}H_{21}N_3O$)《抗マラリア剤》. 〖《1949》← PRIMA+QUI(NOLI)NE〗
pri·mar·i·ly /praɪmérəli, práɪmer- | praɪmérɪli, -méər-, práɪm(ə)rɪli/ ★《英》でも最近《米》式の発音がやや優勢となった. *adv.* **1** 第一に, 最初に; 主として, 主に. **2** なによりもまず, 初めは; 根本的に(は), 本来, 元来 (originally). 〖《1617》: ⇨ ↓, -ly¹〗
pri·mar·y /práɪmeri, -məri | -məri/ *adj.* **1** 主な, 主要な (chief); 首位の, 第一位の (first) (cf. secondary, tertiary): a matter of ~ importance 最重要事項. **2** 最初の, 原始的な, 初期の, 原始時代の (primitive): the ~ organization of society 社会の原始的組織. **3** 初歩の, 初等教育の (elementary) (cf. secondary 4): ~ grades《米》小学校の下級の 3 [4] 学年 / ⇨ primary school. **4** 元来の, 本来の, 根源の (original); 根本の, 基本の, 基礎になる, 根本的な (basic): the ~ meaning of a word 語の第一義[本義] / the ~ causes of war 戦争の根本原因. **5**〈情報などが〉直接得られた, また聞きではない. **6**《病理》(他の病気の結果生じたのではなく)それ自体発生した, (転移などによらない)原発性の, 特発性の (idiopathic) (cf. secondary 5): a ~ disease [cancer] 原発性疾患[癌]. **7** 予備の (preparatory): ⇨ primary meeting. **8**〈生産物など〉初めにできる, 直接にできる, 第一次の: ⇨ primary industry. **9 a**《生物》発達の第一段階にある, 初生の: the ~ larva 第一次幼虫. **b**《植物》〈初生篩部(ʲ)など〉第一次分裂組織からできる, 一次の: the ~ leaf 初生葉. **10**《生化学》一次(構造)の《特に, 蛋白質でのアミノ酸のペプチド結合状態をいう》. **11**《電気》一次の: a ~ current 一次電流. **12**《地質》**a** 原成の, 初生の, 結晶岩の, 最下層の: a ~ mineral 初生鉱物. **b**《古》古生代 (Paleozoic) やそれ以前の地質時代の. **13**《鳥類》〈羽が〉初列の, 初列風切りの: ⇨ primary feather. **14**《化学》第一の, 第一級の: ~ primary alcohol. **15**《冶金》鉱石から直接得られた: ~ metals. **16**《文法》**a**〈単語が〉第一次派生の, 基本語から派生した《例: reasonable=reason+able; cf. secondary 8 a》. **b** 一次(時制)の, 現在を基点とする: the ~ tenses 一次時制《例えば, ギリシャ語で現在・未来・完了および未来完了; cf. historical 3》. **c** 一次語(句)の (⇨ *n.* 7). **17**《音声》〈アクセント[強勢]が〉第一の: ⇨ primary stress.
— *n.* **1** [しばしば *pl.*]《米》《政治》**a** (政党の)予備選挙会, 予選会; (特に, 各政党で行う)大統領予備選挙《党大会 (national convention) で大統領候補者を選出する代議員 (delegates) を選挙する; primary election ともいう》: He won the Florida ~ with 45% of the Democratic vote. 彼は 45 パーセントの民主党の票を獲得してフロリダ州の党の大統領選予備選挙で勝利を収めた. **b** =caucus 1 a. **2** =primary color. **3** 第一の[最初の, 主要な]事物. **4**《天文》(二重星の)主星, (衛星をもつ)惑星. **5**《鳥類》初列風切羽 (primary feather). **6**《電気》=primary coil. **7**《文法》一次語(句)《Jespersen が唱えた rank の一つで, 名詞および名詞相当語句を指す; 例えば a furiously barking dog における dog; なお barking を二次語 (secondary), furiously を三次語 (tertiary) という》. **8**《音声》=primary stress. **9**《昆虫》(チョウ類の)前翅. 〖《?*a*1425》◻ L *prīmārius* of the first rank: ⇨ prime¹, -ary〗
prímary áccent *n.*《音声》=primary stress.
prímary áir *n.*《機械》一次空気《ボイラーに供給される燃焼用の空気》. 〖《1931》〗
prímary álcohol *n.*《化学》第一アルコール《$-CH_2OH$ の構造をもつアルコール》.
prímary amíne *n.*《化学》第一アミン (RNH_2)《NH_2 基 1 個のアミン》.
prímary amputátion *n.*《外科》第一次切断《炎症が広がる前に行われる手術》. 〖《1879》〗
prímary assémbly *n.* =primary meeting.
prímary atýpical pneumónia *n.*《病理》原発性異型[非定型]肺炎. 〖《*c*1944》〗
prímary báttery *n.*《電気》一次電池《primary cells から成る充電のできない電池》.
prímary bódy càvity *n.*《生物》原体腔(ᵏ), 一次体腔.
prímary cáre *n.*《医学》プライマリケアー, 初期(包括)医療《最初に患者に接する段階で広い視野から良質な医療の提供を志向する医学領域》.
prímary cáuse *n.* =first cause.
prímary céll *n.*《電気》一次電池《蓄電池 (storage cell, secondary cell) に対し, 使用後再び充電して使用することのできない電池; voltaic cell ともいう》. 〖《1902》〗
prímary círcles *n.pl.*《天文》主圏《horizon, celestial equator, ecliptic, galactic equator の四つ》.
prímary círcuit *n.*《電気》一次回路《変圧器の電源側の回路》.
prímary cóil *n.*《電気》(変圧器の)一次線輪, 一次コイル.
prímary cólor *n.* 原色《光では赤・緑・青の 3 色のうちの一つ; 絵の具では一般に赤・黄・青の 3 色だが, 厳密には緑を加えて 4 色, またはこの他に白と黒を加えて 6 色とすることもある; 単に primary ともいう; cf. secondary color, complementary color》. 〖《1612》〗
prímary consúmer *n.*《生態》一次消費者《草や木を食う小形草食動物で secondary consumer に食われる; ⇨ food chain》.
prímary cóntact *n.*《社会学》一次的接触《親密な直接的・対面的接触関係; cf. secondary contact》.
prímary cóvert *n.*《鳥類》初列雨覆い, 初列雨羽, 一次雨覆い(羽).
prímary depósit *n.*《金融》本源的預金《個々の銀行が顧客から受け入れた預金; 国民経済的にみるとこれが信用創造の基礎となる; cf. derivative deposit》.
prímary derívative *n.*《言語》一次派生語《直接構成素 (immediate constituent) が共に拘束形態である語; 例 telegram》.
prímary educátion *n.* 初等教育. 〖《1868》〗
prímary efféct *n.*《心理》初頭効果《対象になる人間に関する情報のうち, 最初に与えられたものがそれ以後全体の印象を支配すること》.
prímary elèction *n.* =primary 1 a.
prímary eléctron *n.*《電子工学》一次電子《熱陰極などから放出される電子; cf. secondary electron》.
prímary éndosperm núcleus *n.*《植物》一次胚乳核《胚嚢内で 2 個の極核が癒合して生じた核》. 〖《1899》〗
prímary féather *n.*《鳥類》初列風切羽.
prímary formátion *n.*《言語》=primary derivative.
prímary gróup *n.*《社会学》第一次集団《非功利的な情緒的動機や対面的接触を特徴とする小規模の集団; 家族・近隣集団・遊び仲間など; cf. secondary group》. 〖《1894》〗
prímary hèalth càre *n.* プライマリーヘルスケア《一般開業医による傷病の一次的治療のほか, 医師以外の保健医療担当者も加えた疾病予防や健康増進なども含む包括的概念》.
prímary índustry *n.*《経済》第一次産業《農林水産業を指す》.
prímary inféction *n.*《医学》初感染.
prímary insùrance *n.*《保険》第一次保険《損害が発生した場合, 第二次保険 (excess insurance) に先立って塡補の責めを負う保険》.
prímary létter *n.* 基本文字《a, c, e, のように descender, ascender のない小文字》.
prímary márket *n.* **1**《証券》発行市場《有価証券が発行されてから投資家に取得されるまでの過程; cf. secondary market》. **2**《商業》一次市場, 素材市場《未加工商品の市場》. **3**《商業》一次市場, 生産者市場《製造業者や農産物生産者が売り手である市場》.
prímary médical càre *n.* =primary health care.
prímary méeting *n.* **1** 予選会, 打ち合わせ会. **2** (政党などの)幹部会 (caucus).
prímary méristem *n.*《植物》一次分裂組織, 前分裂組織《原始分裂組織から直接に生じた分裂組織; cf. secondary meristem》. 〖《1875》〗
prímary óptical àrea *n.* 書物を開いたとき最初に眼が行く左ページの上の部分.
prímary phlóem *n.*《植物》一次篩部(ʲ)《原始形成層から直接に造られた篩部; cf. secondary phloem》.
prímary plánet *n.* (衛星と区別して)惑星. 〖《1664》〗
prímary prócesses *n. pl.*《精神分析》一次過程《快楽原則 (pleasure principle) に従い快を求め不快を避ける本能的願望の充足を求める無意識の過程; cf. secondary processes》.
prímary prodúcer *n.*《生態》一次生産者《草や木などで primary consumer に食われる; ⇨ food chain》.
prímary prodúction *n.*《生態》一次生産《光合成生物による有機物の生産》.
prímary quálity *n.*《哲学》第一性質《延長・固体性・運動などのように知覚と共通に物体自身に備わると J. Locke らが考えた性質; cf. secondary quality, tertiary quality》. 〖《1690》〗
prímary ráy *n.*《植物》一次放射組織 (cf. secondary ray).
prímary rócks *n. pl.*《地質》始原岩石.
prímary róot *n.*《植物》初生根. 〖《*c*1890》〗
prímary sált *n.*《化学》第一塩《三塩基酸以上で水素 1 原子のみが金属原子で置換されたもの; 例: リン酸二水素ナトリウム, 第一リン酸ナトリウム (NaH_2PO_4)》.
prímary schòol *n.* **1**《英》小学校《1944 年の教育法により elementary school からこの名称に代わった; 5 歳から 11 歳までの児童を収容する公立小学校; ふつう 7・8 歳を境にして infant school と junior school とに分かれる》. **2**《米》elementary school の下級 3 [4] 学年 (primary grades) のみの小学校《幼稚園 (kindergarten) を含むこともある》. 〖《1802》〗
prímary séx characterìstic *n.*《医学》一次性徴.
prímary stréss *n.*《音声》第一強勢[アクセント]《例: 動詞の separate /sépərèɪt/ の第 1 音節に置かれた強勢; primary accent ともいう》.
prímary strúcture *n.*《美術》ミニマルアートの彫刻 (cf. minimal art).
prímary strúcturist *n.*《美術》ミニマルアートの彫刻家.
prímary sýphilis *n.*《病理》早期梅毒, 一期梅毒. 〖《*c*1890》〗
prímary tìssue *n.*《植物》一次組織《一次分裂組織から生じた永久組織》.
prímary tóoth *n.*《解剖》一次歯, 乳歯 (milk tooth).
prímary týpe *n.*《生物》一次基礎標本, 正基準標本《ある種を初めて記載・発表する時に用いる標本》.
prímary wáll *n.*《植物》(細胞壁の)一次膜 (cf. secondary wall). 〖《*c*1933》〗
prímary wáve *n.*《地震》縦波 (⇨ P wave).
prímary wínd·ing /-wáɪndɪŋ/ *n.*《電気》一次巻線.
prímary xýlem *n.*《植物》一次木部.
pri·ma·tal /praɪméɪtl | -tl/ *adj.* =primatial 2. 〖← PRIMAT(ES)+-AL¹〗
pri·mate /práɪmɪt, -meɪt/ *n.* **1** [しばしば P-]《カトリック》首座司教;《英国国教会》大主教 (archbishop): the *Primate* of All England 全イングランドの首位聖職[大主教]《Canterbury の大主教のこと》/ the *Primate* of England イングランドの首位聖職[大主教]《York の大主教のこと》. **2**《古》首領 (chief), 主導者 (leader). **3** /práɪmeɪt/《動物》霊長目の動物《man, apes, monkeys, lemurs を含む》. — *adj.* =primatial 2. **~·ship** *n.* 〖《? *a*1200》◻ (O)F *primat* ◻ ML *prīmāt-, prīmās* chief bishop《名詞用法》← L *prīmās* of first rank ←

prīmus 'first, PRIME[1]')

Pri·ma·tes /praɪméɪtiːz | práɪmeɪts, praɪméɪtiːz/ *n. pl.* 〖動物〗霊長目．〘(1774) ← NL ～ ← LL *prīmātēs* (pl.) ← *prīmās* (↑)〙

pri·ma·tial /praɪméɪʃəl, -ʃl/ *adj.* **1** 霊長目の． **2** 首座司教[大主教] (primate) の．〘(1623) □ F ～ ← L *prīmātia* 'PRIMACY': ⇨ -al[1]〙

pri·ma·tol·o·gy /pràɪmətɑ́(ː)ləʤi | -tɔ́l-/ *n.* 霊長類 (動物)学． **pri·ma·to·log·i·cal** /pràɪmətəlɑ́(ː)ʤɪkəl, -tl-, -kl | -təlɔ́ʤɪ-, -tl-ˊ/ *adj.* **prì·ma·tól·o·gist** /-ʤɪst | -ʤɪst/ *n.* 〘(1926) ← PRIMATES＋-o-＋-LOGY〙

pri·ma·ve·ra /priːməvéɪrə | -véər-; *Am.Sp.* primaβéra/ *n.* **1** 〖植物〗明るい黄色の花をつける中央アメリカ産ノウゼンカズラ科の樹木 (*Cybistax donnellamithii*). **2** その木材 (家具に用いる; white mahogany ともいう)．〘(1892) □ Sp. ～ (原義) spring < L *prīma vēra* first spring: 早くから開花することから〙

pri·ma vol·ta /priːməvɔ́(ː)ltə, -vɑ́(ː)l- | -vɔ́ltə; *It.* primavɔ́lta/ *It.n., adv.* 〖音楽〗第 1 回目(に演奏せよ) (繰返しの部分で第 1 回目のみ演奏される部分につけられる演奏指示語; 略 Ia volta または I; cf. seconda volta)．〘□ It. ～〙

prime[1] /práɪm/ *adj.* [限定的] **1** 首位の (first), 主な, 主要な (chief): the ～ agent 主因 / of ～ importance 最も重要な / Plutonium is the ～ ingredient of atomic bombs. プルトニウムは原子爆弾の主成分だ． **2 a** 優良の, 最良の (best); すばらしい (excellent); 〈食料品など〉最上等の: feel ～ とても元気である / ～ wheat 最上等の小麦 / a ～ target for theft 格好の盗みの対象 / ～ fish (下魚に対して)上魚 (cf. offal 1 b). ★ 業者間で用いる語． **b** (特に)〈牛肉が〉極上の． ★ 上から prime, choice (最上の), good (上の), commercial (中の)の順になる． **3 a** 最初の, 第一の; 起源的な; 原始的な (primitive): the ～ cause 第一原因 / ⇨ prime mover / A ～ example occurred some years ago. 最初の例が数年前に見つかった． **b** 基礎的な, 根本的な (fundamental). **4 a** 若い盛りの, 青春の (youthful). **b** 壮年の． **5** 〖数学〗**a** 素(そ)の, 素数の． **b** 公約数をもたない: 7 and 12 are ～ *to* each other. 7 と 12 は公約数をもたない． **6** 〖金融〗信用等級が最高の, 短期貸付金利の, プライムの: ⇨ prime rate. **7** (Shak) 性的に興奮した, 盛りのついた.

— *n.* **1** [通例 the ～] **a** 全盛, 盛時: be in *the* ～ of life [manhood] 壮年だ, 脂が乗り切っている / He was already past his ～. 彼はすでに盛りを越えていた． **b** 青春, 若い盛り: *the* ～ of youth 青春の盛り / be cut off in one's ～ 若死に[夭折(ようせつ)]する． **c** 春 (spring). **2** [通例 the ～] 最初期, 最初 (beginning): *the* ～ of *the* moon 新月 / *the* ～ of the year 春． **3** [通例 the ～] 最良部: He chooses to have *the* ～ of everything. 彼は何でも一番いいところを取ろうとする． **4 a** 〖数学〗＝prime number. **b** プライム符号 (′) (ある単位が通例 60 または 10 等分されたもの); 分 (minute): 6′5″ 6 分 5 秒 / A′ /éɪ práɪm/ A プライム． **c** 韻脚[詩脚]を表示するプライム符号 (′). **5** 〖金融〗＝prime rate. **6** 〖言語〗プライム (語の意味の最小構成素). **7** 〖音声〗第一アクセント (primary accent) 符号 (ˊ または ˈ). **8** 〖フェンシング〗プリム, 第 1 の構え (8 種の受けの構えの一つ; cf. guard 6). **9** 〖音楽〗**a** 一度, 同度, 同音 (unison). **b** 主音 (tonic). **10** 〖冶金〗(金属製品の)最高級製品 (傷[欠陥]のない板など). **11** [しばしば P-]〖カトリック〗(聖務日課の) 1 時課, 早朝勤行(ごんぎょう) (午前 8 時, もとは 6 時の祈り; cf. canonical hour 1). **12** (米) (牛肉等級の)最上等, 極上． **13** (古) 夜明け, 暁, 早朝 (early morning).

～·ness *n.* 〘n.: OE *prīm* □ L *prīma* (*hōra*) first (hour) (fem.) ← *prīmus* first (superl.) ← **prī-* ← IE **per* before: ME 以後 (O)F *prime* (□ L *prīma*) によって補強された． — adj.: (c1385) □ (O)F ～ (fem.) ← OF *prim* □ L *prīmus*: cf. pre-, prior[1]〙

prime[2] /práɪm/ *vt.* **1** 前もって〈人〉に知らせておく, 予備知識を与える, 入れ知恵をする; 〈人〉に準備させる 〈*to do*〉〔*for*〕: ～ a witness 証人に入れ知恵する / fully ～*d with* the latest news 最近のニュースに精通して． **2** 〈爆発物など〉に雷管[導火線]をつける, 〈火器〉に火薬を詰める． **3 a** 〈ポンプ〉に迎え水を入れる, 呼び水を差す (fang). **b** (始動するために)〈内燃機関のシリンダーや気化器〉にガソリンを注入する． **4** (口語) 〈人〉に〔食べ物・酒などを〕たらふく食べさせる[飲ませる], 詰め込む 〔*with*〕: ～ a person *with* food [wine] / well ～*d* たらふく詰め込んで; 酔っぱらって． **5** 〈画面・壁など〉に(油[ペンキ]などの)下塗りをする, 荒塗りをする． **6** …の下準備をする, 用意する． **7** 〈タバコの葉〉をできたものから順に少しずつ収穫する． — *vi.* **1** 雷管[導火線]を装置して発火用意をする． **2** 〈蒸気がまが〉蒸気と共に水をシリンダーに導くように動く, 〈水が〉蒸気と共にシリンダーに入る (cf. primage[2]).

prime the púmp ⇨ pump 成句.

〘(1513) (転用) ? ← PRIME[1] (adj.)〙

príme condùctor *n.* 〖電気〗(摩擦起電機の)陽電気導体．〘1751〙

príme cóst *n.* 〖経済〗主要費用 (賃金・利子・地代・原料費・減価償却費の一部から成る; first cost ともいう)．〘1718〙

prime donne *n.* prima donna の複数形.

príme fáctor *n.* 〖数学〗素因数 (素数である因数)．〘1875〙

príme field *n.* 〖数学〗素体 (部分体を含まない体; 有理数体など).

príme idéal *n.* 〖数学〗素イデアル (積 *ab* が含まれれば, *a* または *b* の少なくとも一方がまた含まれるようなイデアル).

príme·ly *adv.* **1** (口語) すばらしく, 最高に (excellently). **2** (古) 最初, 本来; 主に (chiefly).〘1613〙

príme merídian *n.* [the ～] 〖地理・天文〗本初子午線 (英国 Greenwich を通過する子午線[経線]で, これをもって経度 0° と定めている)．〘1859〙

príme mínister *n.* 総理大臣, 首相 (cf. premier 1). **～·shìp** *n.* **príme ministérial** *adj.* 〘1646〙

Príme Mínister's quéstion tìme *n.* (英) 首相への質疑応答時間 (首相が毎週下院に出向き, 議員からの質問に答える時間).

príme mínistry *n.* 首相の地位[職権, 任期].〘1730〙

príme móver *n.* **1** 〖機械〗原動力 (風・電力など); 原動機 (水車・蒸気機関など). **2** 原動力, 主導力． **3** 大砲牽引(けんいん)車 (牛馬・トラック・トラクターなど). **4** [通例 the P- M-] 〖哲学〗(アリストテレス哲学での)最初[根源, 至高]の原動者 (自らは動かずに万象を動かす者, すなわち不動の動者である神; cf. first cause 1)．〘1674〙

príme númber *n.* 〖数学〗素数 (1 および自分自身以外に約数をもたない 2 以上の整数; 2, 3, 5 など; 単に prime ともいう; cf. composite number)．〘1570〙

príme númber thèorem *n.* 〖数学〗素数定理 (自然数 *n* が十分大きい時, *n* 以下の素数の個数は, *n*/log *n* にほぼ等しいという定理).

prim·er[1] /práɪmə | -mə^(r)/ *n.* **1** 雷管 (⇨ shell 挿絵), 火管, 導火線． **2** 雷管[火管]を装着する人; 装薬者． **3** 〖化学〗従爆薬 (爆発しにくい爆薬を爆発させるための爆薬 (booster)). **4** 〖生化学〗プライマー, 始動[起動]物質: **a** DNA や RNA の合成反応の際に鋳型 (template) となる分子. **b** 酵素反応において反応のきっかけを作る物質． **5** プライマー (画壁などの下塗剤)．〘(1497) ← PRIME[2]＋-ER[2]〙

prim·er[2] /prímə | práɪmə^(r), prím-/ *n.* **1** 手引き, 入門(書); 初歩読本: a Latin ～ ラテン語読本． **2** /(英) prím-/ 〖活字〗プライマー: ⇨ great primer, long primer. **3** 〖教会〗小祈禱(きとう)書 (宗教改革前に一般人用に作られたもの)．〘(1378) □ ML *prīmārius* (*liber*) primary (book): ⇨ primary〙

príme ráte *n.* 〖金融〗プライムレート, 最優遇貸出し金利 (大銀行が信用度の高い大企業への無担保の短期事業資金貸付に適用する金利; 同種貸付金利では最低; prime interest rate, prime lending rate ともいう)．〘1958〙

príme ríbs *n. pl.* (牛の)最上等のあばら肉．〘1960〙

pri·me·ro /prɪméɪ^ərou, -mí^ər- | -méərəu/ *n.* (*pl.* **～s**) (古) 〖トランプ〗プリメロ (英国で 16–17 世紀に流行した賭博ゲーム)．〘(1533) □ Sp. *primera* (fem.) ← *primero* first < L *prīmārium* PRIMARY〙

príme tíme *n.* 〖ラジオ・テレビ〗視聴率の最も高い[広告料金が最も高い]時間帯,「ゴールデンアワー」(通例午後 7 時–11 時をいうが, はっきりした定義はない). 日英比較「ゴールデンアワー」は和製英語． **príme·tíme** *adj.* 〘1958〙

pri·meur /priːmə́ː | -mə́ː^(r); *F.* pʀimœːʀ/ *F.n.* [通例 *pl.*] (果物・野菜などの)初物, はしり (firstlings).〘(1885) □ F ～ ← *prime* (← PRIME[1])＋-*eur* -OR[1]〙

pri·me·val /praɪmíːvəl, -vl/ *adj.* 原始時代の, 原始の (primitive), 太古の; 原始的な, 太古のような: a ～ forest 原生[原始]林． **～·ly** *adv.* 〘(1653) ← L *prīmaev*(*us*) young (← *prīmus* first＋*aevum* AGE)＋-AL[1]〙

priméval sóup *n.* [the ～] 〖生物〗＝primordial soup.

príme vértical *n.* 〖天文〗卯酉(ぼうゆう)圏, 東西圏 (天球上観測者の天頂と東西とを通る大圏)．〘1669〙

príme vértical círcle *n.* 〖天文〗＝prime vertical.〘1704〙

primi *n.* primo[1] の複数形.

pri·mi·ge·ni·al /pràɪmɪʤíːniəl, -njəl | -mɪ-ˊ/ *adj.* ＝primogenial.〘(1602) ← L *prīmigenius* (← *prīmus* first＋*genus* kind)＋-AL[1]〙

pri·mi·grav·i·da /pràɪmɪgrǽvɪdə | -mɪgrǽvɪdə/ *n.* (*pl.* **～s, -i·dae** /-dìː/) 〖医学〗初妊婦．〘(1890) ← NL ～: ⇨ prime[1], gravid〙

primi inter pares *n.* primus inter pares の複数形.

pri·mine /práɪmɪn | -mɪn/ *n.* 〖植物〗胚珠(はいしゅ)の外皮 (cf. secundine).〘(1832) □ F ～ ← L *prīmus* 'first, PRIME[1]'＋-INE[3]〙

prim·ing *n.* **1 a** 雷管装備[装薬](する[される]こと). **b** 点火薬, 起爆剤． **2** (絵・壁・ペンキなどの)下塗り, 荒塗り; 下塗り塗料． **3 a** (ポンプの)呼び水, 呼び水入れ. **b** 〖機関〗水気だち, プライミング (ボイラーにおいて蒸発が盛んになりすぎると蒸気が微小水滴を供に運び出すようになる現象). **4** (ビールのこくを増し味を調えるために加える)濃い砂糖水. **5** (知識の)急速な詰込み, にわか勉強 (cramming). **6** ＝PRIMING of the tide.

príming of the tíde 潮早 (小潮から大潮に移る間の潮の加速; cf. LAG of the tide).

〘(1598) ← PRIME[2], -ING[1]〙

pri·mip·a·ra /praɪmípərə/ *n.* (*pl.* **～s, -a·rae** /-rìː/) 〖医学〗初産婦 (cf. nullipara, multipara); 子供をひとりしか産まなかった女性 (Para. I とも書く). **pri·mi·par·i·ty** /pràɪmɪpǽrəṭi, -pér- | -mɪpǽrɪti/ *n.* 〘(1842) □ L *prīmipara* ← *prīmi-, prīmus* first (← PRIME[1])＋-*para* ((fem.p.p.) ← *parere* to bring forth)〙

pri·mip·a·rous /praɪmípərəs/ *adj.* 初産(婦)の (cf. multiparous 2).〘1857〙

prim·i·tive /prímətɪv | -mɪt-/ *adj.* **1** 原始の, 原始時代の (prehistoric); 太古の (ancient); 初期の (earliest); 原始的な: ～ man 原始人 / ～ customs [religion, culture] 原始的慣習[宗教, 分化] / ～ Christians 初期キリスト教徒 / the ～ fathers 原始キリスト教の教父 / the ～ mode of life [language] 原始的生活[言語]様式． **2** 自然のままの, 未発達の, 未開の; 単純な, 素朴な, 手の込んでない, 粗末な, 野暮(やぼ)ったい; 古風な, 旧式の (old-fashioned): ～ tools [methods, habits] 古風な道具[方法, 習慣] / a ～ mode of dressing [cooking] 素朴な服装[料理法]． **3** 根本の, 根源の, 本源の (radical); 一次の (primary): ～ colors 原色 / the ～ line 〖数学〗原線 / the ～ chord 〖音楽〗基礎和音． **4** (美術について専門の教育を受けていない)素人の, 独学の: a ～ painter / ～ art プリミティブアート (素人画家の生み出した芸術). **5** 〖地質〗始原期の, 古紀の． **6** 〖生物〗**a** 〈形質など〉初生の (primordial) (cf. definitive). **b** 退化しながら原始時代から残存する, 原始的な． **7** 〖言語〗**a** 祖語の (proto-), 原始の: ～ Germanic ゲルマン祖語 / ～ Indo-European 原始印欧語. **b** 語源となる: a ～ word 語根語 (hope, use など派生語 (hopeful, useless) のもとになる語) / a ～ verb 原動詞 (派生語のもとになる動詞). **8** 〖キリスト教〗福音書の基本的な教えに戻るために宗派から離れた少数者グループの． — *n.* **1 a** 原始時代の人[物]; 原始人 (prehistoric man). **b** 原住民 (aboriginal). **c** (考え方・行動などが)素朴な[原始的な]人． **2 a** 文芸復興期以前の画家[絵画]. **b** 原初主義 (primitivism) の画家[作品]. **c** プリミティブアートの画家[作品], 地方画家(の作品): the Italian [French] *Primitives*. **3** 〖言語〗**a** 語根語 (root). **b** 原素． **4** 〖数学〗原線 (primitive line). **5** [P-] (英) ＝Primitive Methodist.

～·ly *adv.* **～·ness** *n.* **prim·i·tiv·i·ty** /prìmətívəṭi | -mɪtívəti, -vɪ-/ *n.* 〘(1392) *primitif* □ (O)F *primitif, -ive* // L *prīmitīvus* first or earliest of its kind ← *prīmus* first: ⇨ prime[1], -itive〙

prímitive àrea *n.* (米国国有林の)原生林地域 (火災防止以外の人工的処置をしない自然のままの地域).

Prímitive Báptist *n.* 原始バプテスト派の人 (1835 年 Baptist 教会から分離して Calvin 主義・反伝道主義を固持する一派の人; Hard-Shell Baptist ともいう).

prímitive céll *n.* 〖結晶〗単純格子, 単一格子.

prímitive chúrch, P- C- *n.* [the ～] 原始[初代]キリスト教会 (組織・形態の上から, またはキリスト教本来の姿を表すものとしていう)．〘1526〙

prímitive gróove *n.* 〖生物〗原溝(げんこう) (原条 (primitive streak) の正中の溝状の部分)．〘1857〙

Prímitive Méthodism *n.* 原始メソジスト主義 (フレンド会 (Society of Friends) と関係をもち, 女性を説教者に起用するなどが特色; cf. Primitive Methodist Church).

Prímitive Méthodist *n.* 原始メソジスト教(会の信)徒 (cf. ranter 2 b)．〘1812〙

Prímitive Méthodist Chúrch *n.* [the ～] 原始メソジスト教会 (Wesley などの初期の熱意に立ち帰ろうとして 1810 年本派から分離したメソジスト教会の一派; 1932 年他のメソジスト系の教会と合同して現在の Methodist Church となった; Primitive Methodist Connection ともいう)．〘1851〙

prímitive polynómial *n.* 〖数学〗原始多項式 (係数の最大公約数が 1 であるような整数係数の多項式).

prímitive rócks *n. pl.* 〖地質〗＝primary rocks.

prímitive stréak *n.* 〖生物〗原条, 原始条 (鳥類および哺乳類の発生初期の胚盤葉に正中に沿って走る線条のような盛り上がり部分)．〘1857〙

prim·i·tiv·ism /prímәṭɪvìzm | -mɪtɪ-/ *n.* **1** 原始主義, 尚古主義 (原始的な習俗や様式が今日のものよりも優秀だとする立場). **2** 〖美術〗原初主義 (先史時代または未開民族の原始芸術やまたルネサンス (14–15 世紀)の素朴な芸術を尊重する立場)．〘1861〙

prim·i·tiv·ist /-məṭɪvɪst | -mɪtɪvɪst/ *n.* **1** 原始主義者, 尚古主義者． **2** 〖美術〗原初主義者．〘1926〙

prim·i·tiv·is·tic /prìməṭɪvístɪk | -mɪti-ˊ/ *adj.* 原始主義の, 尚古主義の．〘1943〙

pri·mo[1] /príːmou | -məu; *It.* príːmo/ *n.* (*pl.* **～s, pri·mi** /-miː; *It.* -mi/), *adj.* 〖音楽〗(二重奏[唱]・三重奏[唱]などの)第 1 部(の), 主要部(の), 最高声部(の) (cf. secondo): ～ soprano 第 1 ソプラノ / ～ tempo ⇨ tempo 2.〘(1740) □ It. ～ < L *prīmum* first (↓)〙

pri·mo[2] /práɪmou | -məu/ *L. adv.* 第一に (in the first place) (1° と略記する; cf. secundo[2], tertio[2]).〘□ L *prīmō* at first ← *prīmus* PRIME[1]〙

pri·mo- /práɪmou | -məu/「始, 原始, 主部, 第一」などの意の連結形．〘□ L *prīmō-* ← *prīmus* (↑)〙

Pri·mo de Ri·ve·ra /príːmouderivéːrə | -məu-; *Sp.* prímoðeriβéra/, **Jose Antonio** *n.* プリモ デ リベラ (1903–36; スペインの政治家; 独裁政党ファランヘ党の創立者).

Primo de Rivera y Or·ba·ne·ja /-iːɔəbənéɪhɑː | -iːɔː-/, **Miguel** *n.* プリモ デ リベラ イ オルバネハ (1870–1930; スペインの将軍・政治家; 独裁執政官 (1923–30); 前者の父).

pri·mo·ge·ni·al /pràɪmouʤíːniəl, -mə-, -njəl | -mə(u)-ˊ/ *adj.* **1** 最初の, 原始(型)の (primordial). **2** (廃) 最初に造り出された (first generated).〘← LL *prīmōgenius* state of being first born＋L *prīmigenius* (⇨ primigenial)〙

pri·mo·gen·i·tive /pràɪmouʤénəṭɪv, -mə- | -mə(u)ʤénɪtɪv/ *n.* (廃) ＝primogeniture.

pri·mo·gen·i·tor /pràɪmouʤénəṭə, -mə- | -mə(u)ʤénɪtə^(r), prìː-/ *n.* 始祖 (first parent); 先祖 (ancestor).〘(1654) □ ML *prīmōgenitor* ← PRIMO-＋L *genitor* father, begetter (← *gignere* to give birth)〙

pri·mo·gen·i·ture /pràɪmouʤénəṭʃùə | -mə(u)ʤénɪtʃə^(r), -tʃùə^(r), -tjùə^(r)/ *n.* **1** 長子であること, 長子の身分． **2** 〖法律〗長(男)子相続権[法] (cf. ultimogeniture): representative ～ 男系長子相続法 / the right of ～ 長(男)子相続権. **pri·mo·gen·i·tal** /pràɪmoudʒénətl | -mə(ʊ)dʒénɪ̈tl⁻/ *adj.* **pri·mo·gen·i·tar·y** /pràɪmoudʒénətèri | -mə(ʊ)dʒénɪ̈təri⁻/ *adj.* 〚(1602) □ ML *primōgenitūra* ← PRIMO-＋*genitūra* birth (← *genitus* (p.p.) ← *gignere* (↑)): ⇨ -ure〛

primordia *n.* primordium の複数形.

pri·mor·di·al /praɪmɔ́ədiəl | -mɔ́:d-/ *adj.* **1** 原初の, 原始の, 世界[宇宙]の初めから存在する: ～ matter 原生物質 / ～ sin 原罪 / ～ customs 原始時代の[からある]慣習. **2** 根源的な, 根本的な. **3** 〘生物〙 発達の最初期に形成される, 原始の, 初生の (cf. definitive): a ～ germ cell 原始生殖細胞 / ～ leaves 原始葉. **～·ly** *adv.* **pri·mor·di·al·i·ty** /pràɪmɔədiǽləti | -mɔ:diǽlɪ̈ti/ *n.* 〚(*a*1398) □ LL *primōrdiālis*: ⇨ primordium, -al[1]〛

primórdial bróth *n.* [the ～] 〘生物〙 ＝primordial soup.

primórdial méristem *n.* 〘植物〙 ＝primary meristem.

primórdial sóup *n.* [the ～] 〘生物〙 原始スープ《地球上に生物を発生させた化合物の混合体 (soup); primeval soup, primordial broth, prebiotic soup ともいう; cf. soup 5》. 〚1956〛

primórdial útricle *n.* 〘植物〙 原始胞果.

pri·mor·di·um /praɪmɔ́ədiəm | -mɔ́:d-/ *n.* (*pl.* **-di·a** /-diə | -diə/) 〘生物・解剖〙 原始細胞, 原基, 胚胞《個体発生においてこれから発生する器官のもととなるもので, それが形態的・機能的に成熟するまでの段階》. 〚(1671) □ L *primōrdium* (neut.) ← *primōrdius* original ← *primus* first (⇨ prime[1])＋*ōrdīrī* to begin〛

Pri·mor·sky Kray /pri:mɔ́əskikráɪ | -mɔ́:-; *Russ.* prʲimórskʲikraj/ *n.* プリモルスキー地方, 沿海州《ロシア連邦極東部の(行政単位としての)地方 (Kray); 中心地 Vladivostok》.

Pri·mo·rye /*Russ.* prʲimórʲje/ *n.* ＝Primorsky Kray.

primp /prímp/ 《口語》 *vi.* めかし込む, 身だしなみをよくする (preen). — *vt.* **1** 〈頭髪・衣服を〉きちんとする, 整える. **2** [～ one*self* で] めかす, おしゃれをする (prink). **～·er** *n.* 〚(1801) 《変形》 ← PRIM[1] (v.)〛

prim·rose /prímrouz | -rəuz/ *n.* **1** 〘植物〙 サクラソウ《サクラソウ属 (*Primula*) の各種の植物の総称; クリンザクラ (polyanthus), oxlip など; (特に)キバナノクリンザクラ (cowslip): ⇨ bird's eye primrose. **2** 〘植物〙 マツヨイグサ, (俗に)宵待草 (evening primrose). **3** サクラソウ色, 淡黄色《primrose yellow ともいう》. **4** 最盛期, 活躍期. — *adj.* **1** サクラソウの(多い). **2** はなやかな, 陽気な, 楽しい: the ～ way＝primrose path. **3** 淡黄色の. **4** サクラソウ科の. 〚(1373) □ OF *primerose* // ML *prīma rosa* first rose (⇨ prime[1], rose) ∽ ME *primerole* □ OF (dim.) ← *prime* first〛

P

Prim·rose /prímrouz | -rəuz/, **Archibald Philip** *n.* プリムローズ (⇨ Rosebery).

Prímrose Dày *n.* 《英》 桜草の日, 桜草忌《4 月 19 日; サクラソウを好んだといわれる B. Disraeli の命日; cf. Primrose League》. 〚1884〛

prímrose jásmine *n.* 〘植物〙 中国産のジャスミンの一種 (*Jasminum mesnyi*) 《モクセイ科の低木》.

Prímrose Léague *n.* [the ～] 〘英史〙 桜草連盟《1883 年結成された保守党員の団体; 保守・帝国主義を綱領とした》. 〚(1883) 結成の 2 年前に死んだ保守党の B. Disraeli がサクラソウを好んだと伝えられたことから〛

prímrose páth *n.* [the ～] 歓楽の道, 安逸と快楽をむさぼる生活, 享楽の生活 (cf. Shak., *Hamlet* 1. 3. 50; *Macbeth* 2. 3. 21). 〚1602〛

prímrose péerless *n.* 〘植物〙 ウスギズイセン (*Narcissus biflorus*) 《南フランス原産ヒガンバナ科スイセン属の栽培用植物》. 〚1578〛

prímrose wáy *n.* ＝primrose path.

prímrose yéllow *n.* サクラソウ色, 淡黄色. 〚1882〛

prim·ros·y /prímrouzi | -rəuzi/ *adj.* サクラソウ色[淡黄色]の. 〚(1826) ← PRIMROSE＋-Y[4]〛

prim·u·la /prímjulə/ *n.* 〘植物〙 ＝primrose 1. 〚(1753) □ ML *primula* (*vēris*) 《原義》 firstling (of spring), cowslip, field daisy (fem.) ← *primulus* (dim.) ← *primus* first: ⇨ prime[1], -ule: cf. primrose〛

Prim·u·la·ce·ae /prìmjuléɪsiì:/ *n. pl.* 〘植物〙 サクラソウ科. **prìm·u·lá·ceous** /-ʃəs⁻/ *adj.* 〚← NL ～: ⇨ ↑, -aceae〛

prim·u·line /prímjulì:n, -lɪ̈n | -lì:n, -lɪn/ *n.* プリムリン《黄色の直接染料》. 〚(1887) ← PRIMUL(A)＋-INE[3]〛

pri·mum mo·bi·le /práɪməmmóubəli:, prí:- | -máubɪ-/ *n.* **1** 〘天文〙 第十天 (Ptolemy 天文学で仮想された地球を取り巻く 10 個の同心円球の最外部の層で, すべての恒星はこの層に固着していて, 24 時間で地球を一周し, これが全天界運行の原動力と想像された; 第九天と数えたこともある). **2** 原動力 (prime mover). 〚(*a*1475) □ ML *primum mōbile* first movable thing (⇨ prime[1], mobile) 《なぞり》 ← Arab. *al-muḥárrik al-awwal* the first mover〛

pri·mus /práɪməs/ *adj.* **1** (処方で)第一の (cf. decimus 1). **2** 《英》(ある男子 public school で同姓の生徒中, 年長順や学年順により)第 1 の (cf. secundus, tertius 2, major[1] 5, senior 2). ★ 姓のあとに付ける: Smith ～ 第 1 のスミス, スミス 1. — *n.* [しばしば P-] (スコットランド聖公会[監督派教会] (Scottish Episcopal Church) の) 最高位の bishop, 首座主教. 〚adj.: (*c*1592) □ L *primus* first: ⇨ prime[1]. — n. (1860) ← (adj.)〛

Pri·mus /práɪməs/ *n.* **1** 〘商標〙 プライマス《英国 Bahco Tools 社製の石油ストーブ・携帯用石油こんろ》. **2** [p-] (キャンプなどで使う)料理用小型こんろ《primus stove ともいう》. 〚1904〛

pri·mus in·ter par·es /práɪməsìntəpéəri:z, prí:-, -pér- | -təpá:r-, -pǽr-/ *L. n.* (*pl.* **pri·mi in·ter pa·res** /práɪmaɪ-, prí:mi:-/) 同僚中で首位に立つ人《例えば, 英国内閣では首相を指す》. 〚(1813) □ L *primus inter parēs* 《原義》 first among equals〛

prin. 《略》 principal; principally; principle.

Prin. 《略》 Principal; Principality.

princ. 《略》 principal; principle.

prince /príns, prínts/ *n.* **1** 王子, 皇子, 皇孫, 親王, 皇族: a ～ of the blood (royal) (英国の)皇子, 皇孫 / the *Prince* Imperial 皇太子 / ⇨ prince regent, prince royal / live like a ～ ぜいたくな生活をする / (as) happy as a ～ きわめて幸福な / the manners of a ～ みやびやか[上品]な態度 / a ～ among men ひときわ気品の高い君子[貴公子] / Hamlet without the ～ (of Denmark) ⇨ Hamlet 1. **2 a** (ある分野における)第一人者, 巨頭, 王者, 大御所, 大立物: a merchant ～ 豪商 / the ～ of bankers 銀行王 / the ～ of poets 詩壇の王者 / the ～ of swindlers [rogues] 詐欺漢[悪漢]の親玉. **b** 《米口語》 とてもいいやつ, すてきで気風(きっぷ)がいい人. **3 a** (英国以外の国の皇族の種々の位を表して)侯爵, 公爵, …公《通例 duke の次の位の者にいう; cf. duke 1, marquess》: *Prince* Bismarck (ドイツの)ビスマルク公. **b** 英国の duke, marquess, earl に対する敬称《公文書などに用いる》: the Most High and Puissant *Prince*. **4** (帝王を上にいただかない)小国の統治者, 公: the *Prince* of Monaco モナコ公. **5** (封建時代の)諸侯, 大名, 殿様: the Grand [Great] ～ (旧ロシア・オーストリアなどの)大公. **6** 《古》 王 (king), 帝 (emperor), 君主 (sovereign).

Prínce of Dárkness [**Évil**] [the —] 暗黒の君, 闇の王子, 魔王 (the Devil, Satan).

Prínce of Péace [the —] 〘聖書〙 平和の君《キリスト, 救世主; cf. *Isa.* 9: 6》.

Prínce of the Apóstles [the —] 聖ペテロ (St. Peter).

Prínce of the (**Hóly Róman**) **Chúrch** 〘カトリック〙 枢機卿 (cardinal) の称号.

Prínce of (**the Pówer of**) **the Áir** [the —] 〘聖書〙 魔王 (Satan) (cf. *Ephes.* 2: 2).

Prínce of this [**the**] **Wórld** [the —] 〘聖書〙 魔王 (satan) (cf. *John* 12: 31).

Prínce of Wáles [the —] プリンス オブ ウェールズ《英国皇太子の称号; 14 世紀に始まり, 15 世紀以降慣習的に国王長子に授けられた; 現在は 21 歳で立太子式を行ってこの称号を受ける; cf. crown prince 1》.

Prínces in the Tówer [the —] 塔の中の二王子《イングランド王 Edward 5 世 (1470–83) とその弟 Richard (1472–83); おじの Gloucester 公 (のちの Richard 3 世) によって London 塔に幽閉され, 殺害されたとされる; Shakespeare をはじめ多くの作家に取り上げられた》.

〚(? *a*1200) □ (O)F ～ □ L *princip-*, *princeps* first person, chief, 《原義》 one who occupies the first place ← *primus* 'first, PRIME[1]'＋*-cip-* (← *capere* to take: cf. captive)〛

Prince[1] /príns/ *n.* 〘商標〙 プリンス《米国 Prince 社製のテニスラケット》.

Prince[2] /príns/ *n.* プリンス (1958– ; 米国のポップミュージシャン; 本名 Prince Roger Nelson).

Prince Álbert[1] *n.* 《米口語》 **1** プリンス アルバート(コート)《ダブルの打ち合わせで丈の長いフロックコート (frock coat); Prince Albert coat ともいう》. **2** (男子用の)部屋ばき, スリッパ. 〚Prince Albert (後の Edward 七世)が訪米の際流行させたのにちなむ〛

Prince Álbert[2] *n.* プリンスアルバート《カナダ西部, Saskatchewan 州中央部の都市》.

Prince Álbert Nátional Párk *n.* プリンスアルバート国立公園《カナダ西部, Saskatchewan 州中央部にある国立公園; 面積 3,875 km²》.

prínce bíshop *n.* (特にドイツの)領主司教. 〚1867〛

Prince Chárming *n.* **1** 魅惑の王子 (Cinderella と結婚する王子). **2** (女性にとっての)理想の男性[求婚者]; (女性に表面上愛想のよい)魅力的な男性. 〚1855〛

prínce cónsort *n.* **1** (*pl.* **princes c-**, **～s**) 女王[女帝]の夫君《王・皇帝の位および称号をもたない》. **2** [P- C-] ⇨ Prince ALBERT. 〚1861〛

prínce·dom /-dəm/ *n.* **1** prince の地位[権力, 領地]. **2** [*pl.*] 〘神学〙 ＝principalities (⇨ principality 5 a). 〚(1560) ← PRINCE, -DOM〛

Prince Édward Ísland *n.* プリンスエドワード島《北米 St. Lawrence 湾内のカナダ領の島; カナダの一州をなす; 漁業・キツネ飼育場; 面積 5,656 km²; 州都 Charlottetown; 略称 PE(I)》. **～·er** *n.*

Prince Géorge *n.* プリンスジョージ《カナダ南西部, British Columbia 州中部の都市; 製材の中心地》.

Prince Hár·ald Cóast /-hǽrəld-, -hér- | -hǽr-/ *n.* [the ～] プリンスハラルド海岸《南極大陸東部のインド洋に面する海岸; 日本の南極観測隊が上陸 (1957)》.

Prínce Ísland *n.* プリンス島 (Principe Island の英語名).

prince·kin /prínskɪ̈n | -kɪn/ *n.* ＝princeling. 〚← PRINCE＋-KIN〛

prince·let /prínslɪ̈t/ *n.* ＝princeling. 〚(1682): ⇨ prince, -let〛

prínce·lìke *adj.* **1** 王侯然とした, 皇子[王子]らしい. **2** 気高い, 威厳のある; おおまかな, 気前のよい. 〚(1532): ⇨ -like〛

prince·ling /prínslɪŋ/ *n.* 小国の君主; 小公子, 幼君《princekin, princelet ともいう》. 〚(*a*1618): ⇨ -ling[1]〛

prince·ly /prínsli/ *adj.* (**more ～, most ～; prince·li·er, -li·est**) **1** 王子の, 王侯の, 王子[王侯]としての: ～ rank 王侯の地位 / ～ birth 王子[王侯]としての生まれ. **2** 王侯[王子]らしい[にふさわしい]; 気品のある, 気高い, 威厳のある; 鷹揚(おうよう)な, 気前のよい. **3 a** 広大な, 壮麗な (magnificent): a ～ house 豪壮な家. **b** 〈金額など〉相当に高い: a ～ sum 巨額. — *adv.* 王侯[王子]らしく; 気高く; 鷹揚に. **prínce·li·ness** *n.* 〚(1500–20) ← PRINCE＋-LY[2]〛

Prínce of Wáles, Cape *n.* プリンスオブウェールズ岬《米国 Alaska 州西部の岬; 北米大陸の最西端》.

Prínce of Wáles Ísland *n.* プリンスオブウェールズ島: **1** カナダ Nunavut の Victoria 島北東方の島; 面積約 33,230 km². **2** 米国 Alaska 州南東部, Alexander 諸島最大の島; 面積約 6,700 km². **3** オーストラリア北東部, Queensland 州北部の島; 面積 181 km². **4** Penang 島の旧名 (1867 年ごろまで).

prin·ceps /prínseps, prɪ́ŋkeps | prínseps/ *L. adj.* **1** 第一の (first), 最初の (original): edition ～ 第一版, 初版 / facile ～ 優に第一位の. **2** 〘解剖〙 主要な: ⇨ princeps cervicis, princeps pollicis. — *n.* (*pl.* **prin·ci·pes** /prínsəpì:z, prɪ́ŋkəpèɪs | prínsɪpì:z/) **1** 主要なもの. **2 a** (ローマ帝国の元首制の)プリンケプス, 元首. **b** (チュートン人やアングロサクソン人の)君主, 族長. **3** 初版(本) (editio princeps). 〚(1809) □ L *princeps*; (adj.) first, chief: ⇨ prince〛

prínceps cer·ví·cis /-sə:váɪsɪ̈s | -sə:váɪsɪs/ *n.* 〘解剖〙 後頭動脈の枝《頸部(けいぶ)の筋肉に分布する》. 〚□ L *princeps cervīcis* chief of the neck〛

prínceps pól·li·cis /-pá(:)ləsɪ̈s | -pɔ́lɪ̈sɪs/ *n.* 〘解剖〙 親指の内側を走る動脈. 〚□ L *princeps pollicis* chief of the thumb〛

prínce régent *n.* **1** 摂政の宮. **2** [P- R-] (特に) (George 三世の治世中の)摂政の宮 George (1811–20; 後の George 四世; cf. regency 4). 〚1789〛

prínce róyal *n.* (*pl.* **princes r-**) 第一皇子[王子], 皇太子 (cf. princess royal). 〚(1702) □ F ～ 《原義》 royal prince〛

Prince Rú·pert /-rú:pət | -pət/ *n.* プリンスルーパート《カナダ西部 British Columbia 州の港湾都市; 大陸横断鉄道の終点》.

Prìnce Rúpert dróp *n.* [通例 *pl.*] ルパート王子の滴, 「なみだガラス」《溶融ガラスの滴を水に落として急冷して作った尾を引いた球状の小さなガラス; 残留応力 (residual stress) があるのでこのもの自体はなかなか壊れないが, 表面を引っかいたり尾を少し壊すと一度に全体が激しく破壊する; Rupert's drop ともいう》. 〚(1695) ← *Prince Rupert* (これを初めて英国にもたらした)〛

Prìnce Rúpert's Lánd *n.* プリンスルーパーツランド《カナダ西部および北部の鉱物資源の豊かな広大な Hudson 湾集水域の旧称; 1670 年英国王 Charles 二世から Hudson's Bay Company に贈られ, 1869 年カナダ自治領 (Dominion of Canada) に売却された; 単に Rupert's Land ともいう》.

Prìnce Rúpert's métal *n.* 王金《銅 75% と亜鉛 25% の合金; Prince's metal ともいう》. 〚(1698) ← *Prince Rupert* (その発明者)〛

prínce's-féather *n.* 〘植物〙 **1** ホナガアオゲイトウ (*Amaranthus hybridus*) 《ヒユ科の一年草》. **2** オオケタデ (*Polygonum orientale*) 《アジア・オーストラリア産タデ科の大形一年草; 紅色の小花を密に穂状につけて垂れ下がる》. 〚1629〛

prínce·shìp *n.* prince の身分[位]. 〚1570〛

Prínce's métal *n.* ＝Prince Rupert's metal.

prínce's píne *n.* 〘植物〙 ＝pipsissewa.

prin·cess /prínsɪ̈s, -ses, -tsɪ̈s, -tses | prìnsés, -tsés⁻, prínsɪ̈s, -tsɪ̈s/ *n.* **1** 王女, 皇女, 内親王: a ～ of the blood 王女, 皇女, 内親王. **2** 親王妃; (小国の)王妃 (cf. prince 4). **3** (英国以外の)公爵夫人 (duchess). **4** 《古》 女王 (queen). **5** (傑出していて)女王にたとえられる女性[もの]; 上品な教養のある女性, 高慢な女性: the ～ of tennis players 女子テニスの第一人者. ★ 擬人化して川などにも用いる. **6** ＝princess dress.

Príncess of Wáles [the —] プリンセス オブ ウェールズ《英国皇太子妃の称号; cf. PRINCE of Wales》.

— *adj.* 〈婦人服が〉(ウエストラインに縫い目を入れないでしかも身体にぴったりさせた)プリンセスラインの, プリンセスシルエットの: a ～ robe, coat, etc.

～·lìke *adj.* 〚(*c*1385) *princes(se)* □ (O)F *princesse*: ⇨ prince, -ess[1]〛

príncess drèss *n.* プリンセスドレス《身ごろから裾にかけて縦にのみ縫い目を入れ, ウエストは細く裾にフレアを出すシルエットのドレス》. 〚(1867): Queen Alexandra (1844–1925) が皇太子妃の時着用したことから〛

prin·cesse /prɪnsés; *F.* pʀɛ̃sɛs/ *adj.* ＝princess. 〚□ F ～ 'PRINCESS'〛

prín·cess·ly *adj.* **1** 王女の, 王女としての. **2** 王女[王妃]らしい[にふさわしい]. 〚1747〛

príncess régent *n.* 摂政内親王, 摂政の宮妃. 〚1714〛

príncess róyal *n.* (*pl.* **princesses r-**) 第一皇女[王女] (cf. prince royal). 〚(1646–47): cf. *royal princess* (1594)〛

príncess·shìp *n.* princess の身分[位]. 〚1733〛

príncess trèe *n.* 〘植物〙 キリ (*Paulownia tomentosa*) 《中国原産ゴマノハグサ科の落葉高木で, 米国東部でも栽培; karri-tree, empress tree ともいう》. 〚⇨ paulownia〛

Prince·ton /prínstən/ *n.* プリンストン《米国 New Jersey 州中央部の町; 戦跡 (1777); Princeton 大学がある》.

〖← Prince of Orange (後の William 三世): ⇨ -ton〗

Prínceton Univérsity *n.* プリンストン大学《米国 New Jersey 州にある大学; Ivy League の一つ; 1746 年創立》.

prin·ci·pal /prínsəpəl, príntsə-, -pḷ | -sɪ-, -tsɪ-/ *adj.* **1** 主な, 主だった (⇨ chief SYN); 第一の, 先頭の; 最も重要な: the ~ town of the district その地方の中心都市 / the ~ actor [actress] 主演俳優[女優] / ⇨ principal boy, principal girl / the ~ debtor 借用本人 / the ~ post〖建築〗主柱, 大黒柱 / the ~ person concerned 関係者中の主要人物 / the ~ offender〖法律〗正犯者 / the ~ penalty〖法律〗主刑 / the ~ thing〖法律〗主物 / the ~ tone〖音楽〗主音 / The news appeared in all the ~ papers. そのニュースは主要な新聞すべてに出ていた. **2** 元金の, 資本金の (capital). **3**〖文法〗主部の, 主要な: ⇨ principal clause, principal parts, principal verb. **4**〖数学〗(楕円(だえん)または双曲線の軸が)焦点を通る.
— *n.* **1**〖金融〗元金, 元本 (cf. interest 9 a, dividend 1 a); (債券の)額面価格 (face value). **2 a** 長官, 社長, 会長; (特に)校長; 学長: a lady ~ 女性の校長. **b**〖英〗学寮長. **3 a** (演劇・オペラ・バレエなどの)主役, 主演者. **b** (コンサートでの)独奏者, 主演者; (弦楽団でコンサートマスターをもつ第一バイオリン以外の楽器の)主演奏者, トップ. **4 a** 主動者. **b** (競走・決闘などの)本人[当事者] (cf. second¹ 3 a). **5**〖法律〗**a** (代理人 (agent) に対し)本人, 主たる債務者 (cf. surety 2): consult one's ~ 本人と相談する. **b** 正犯, 主犯者 (cf. accessory 3, accomplice 1): the ~ in first [second] degree 第一[第二]級正犯《それぞれ実行正犯と補助犯》. **c** 主物. **6** 頭, 支配者; 長上 (superior). **7**〖音楽〗**a** (英米では)基本オルガン開口管より1オクターブ高く奏音しうる開口音管; (ドイツでは)(オルガンの)主要音管. **b** フーガの導主題. **8**〖文法〗主役語句《同格の語群により説明される語句; 例: *The year 1939* was the crucial one. においては The year が主役語句, 1939 が同格語句》. **9**〖英〗大臣 (Secretary) の下位の役人. **10**〖建築〗主材, 主構. **11** =principal rafter.
〖(c1300) □ (O)F ~ (adj. & n.) □ L *principālis* first, chief, (LL) (n.) an overseer, chief ← L *princeps* 'PRINCEPS': ⇨ -al¹〗

príncipal árgument *n.*〖数学〗偏角の主値, 主偏角《複素数の偏角のうち −π より大きく π 以下であるようなもの; cf. amplitude 5 b》.

príncipal áxis *n.* **1**〖機械・物理〗主軸(線)《(回転)楕円(面)や(回転)双曲(面)対称中心を通り互いに直交する対称軸》. **2**〖光学〗主軸, 光軸, 軸《回転対称な結像の系の対称軸》. **3**〖数学〗主軸《楕円や双曲線の焦点を通る軸》. 〖1879〗

príncipal bóy *n.* (pantomime で) 男性の主役を務める女優《今はしばしば男優が務める; cf. principal girl》. 〖1893〗

príncipal cláuse *n.*〖文法〗(複文の)主節 (main clause) (cf. DEPENDENT clause). 〖1876〗

príncipal diágonal *n.*〖数学・物理〗主対角線《正方行列の左上から右下へ向かう対角線》. 〖1965〗

príncipal fócus *n.*〖光学〗主焦点《光学系の光軸に平行に入射する平行光線束が光学系を通過後収束する点; 無限遠物点の共役点; focal point ともいう; cf. focus 2》. 〖1831〗

príncipal gírl *n.* (pantomime で)女性の主役を務める女優 (cf. principal boy). 〖1893〗

príncipal idéal *n.*〖数学〗主[単項]イデアル《単位元を含む環において一つの元を含む最小のイデアル》. 〖1937〗

príncipal idéal domáin *n.*〖数学〗主[単項]イデアル整域《すべてのイデアルが単項イデアルであるような単位元をもつ可換整域》.

prin·ci·pal·i·ty /prìnsəpǽləti | -sɪpǽlɪti/ *n.* **1** prince が支配する国, 公国. **2** [the P-]〖英〗=Wales. **3** 公国君主の地位; その支配権, 主権. **4** 校長[学長]の地位. **5**〖神学〗**a** [*pl.*] 権(けん)天使 (princedoms)《天使の九階級中第七階級の天使 (cf. *Rom.* 8: 38); cf. angel, principate 3》. **b** 霊力. **6**《廃》優位, 卓越 (preeminence). ***principálities and pówers*** 支配者と権力者, 君主と政治家 (Carlyle, *Sartor Resartus*).
〖(c1350) *principal(i)te* □ OF *principalite* (F *principauté*) dominion □ LL *principālitātem*: ⇨ principal (adj.), -ity〗

prin·ci·pal·ly /prínsəp(ə)li, -pḷi, -príntsə- | -sɪ-, -tsɪ-/ *adv.* 主として, 主に; たいてい (chiefly): Accidents of this kind occur ~ on rainy days. この種の事故は主に雨の日に起こる. 〖1340: ⇨ principal (adj.), -ly¹〗

príncipal merídian *n.*〖測量〗標準子午線《米国で定めた陸地測量の基準となる子午線》.

príncipal núrsing ófficer *n.*〖英〗主任看護担当官.

príncipal párts *n. pl.* **1**〖文法〗(動詞の)(変化)主要形《英語では不定詞または現在・過去・過去分詞の3形; これに -ing 形を加えて4形とすることもある》. **2** (三角形の)辺と内角のすべて. 〖1870〗

príncipal pláne *n.*〖光学〗主平面《主点を通って主軸に垂直な平面》. 〖1862〗

príncipal póint *n.*〖光学〗主点《レンズなどの回転対称性をもつ結像光学系において, 横倍率が1である主軸(光軸)上の共役点; 物体空間側の物体共点と像空間側の像主点がある》. 〖1704〗

príncipal quántum númber *n.*〖物理〗主量子数《中心力場内の1粒子の運動を量子力学で記述する場合, エネルギーの固有状態を定める量子数のうち, 動径方向の運動に対応するもの; total quantum number ともいう》. 〖1922〗

príncipal ráfter *n.*〖建築〗合掌 (⇨ beam 挿絵). 〖1663〗

príncipal ráy *n.*〖光学〗主光線《光軸外の物点より出て光学系の開口絞りの中心を通る光線》. 〖1704〗

príncipal séction *n.*〖結晶〗(結晶の)主断面. 〖1831〗

príncipal séntence *n.*〖文法〗主文.

príncipal séries *n.*〖数学〗=composition series.

príncipal·shìp *n.* 首領者[長官, 特に校長] (principal) の身分[地位, 職]. 〖1593〗

príncipal súm *n.*〖保険〗基本保険金額. 〖1540〗

príncipal válue *n.*〖数学〗主値《多価関数を一価関数として扱えるようにするために, 定義域の各点で選ばれる関数値; 発散する積分の値として利用しうる一種の極限値》.

príncipal vérb *n.*〖文法〗主動詞 (main verb). 〖1590〗

prin·ci·pate /prínsəpèɪt, -pɪt | prínsɪpɪt, -pèɪt/ *n.* **1** 最高の地位[権力]. **2** 公国(領). **3** 権(けん)天使 (principalities) の中の一人 (cf. angel). **4**〖ローマ史〗元首政治, プリンキパトゥス《ローマ帝国初期の政治体制》.
〖(c1340) □ L *principātus* first place, preeminence ← *princeps*: ⇨ princeps, -ate¹〗

prin·ci·pe /prínsəpèɪ | -sɪ-; *It.* príntʃipe, *Sp.* prínθipe, *Port.* prísipɯ/ *n.* (*pl.* **~s** /~z; *Sp.* ~s, *Port.* ~ʃ/, **-ci·pi** /-pìː; *It.* -pi/) **1** =prince. **2** (特に, スペイン・ポルトガルの)皇太子 (cf. infante). 〖□ It. ~ // Sp. & Port. *príncipe* 'PRINCE'〗

Prín·ci·pe Ísland /prínsəpèɪ- | -sɪ-; *Port.* prísipɯ-/ *n.* [the ~] プリンシペ島 (⇨ São Tomé and Príncipe).

principes *n.* princeps の複数形.

prin·ci·pes·sa /prìntʃɪpésə; *It.* printʃipéssa/ *n.* (*pl.* **-pes·se** /-seɪ; *It.* -se/) =princess. 〖(1823) □ It. ~〗

principi *n.* principe の複数形.

prin·cip·i·um /prɪnsípiəm/ *n.* (*pl.* **-cip·i·a** /-sípiə/) **1** 原理, 原則 (principle), 第一原理, 基礎 (element). **2** =inception 2. **3** [*pl.*]〖ローマ史〗(露営地での)将軍宿舎. 〖(1600) □ L *principium* beginning ← *princeps* 'first, PRINCEPS'〗

prin·ci·ple /prínsəpl, príntsə-, -spḷ | -sɪ-, -tsɪ-/ *n.* **1** (行動のための)根本方針, 主義, 信念(に基づく習慣): the conservative ~ 保守主義 / a dangerous ~ 危険な主義 / one's moral ~s 道徳的信念 / against one's ~ 主義に反して / as a matter of ~=by ~ 主義として / make it a ~ to do 信条として…することにしている / act on the ~ *that* the end justifies the means 目的は手段を正当化するという方針で行動する. **2** [しばしば *pl.*] 道, 正道, 道義, 節義, 節操: good [right, moral] ~ 節義, 道義 / a man of (high) ~ 高潔な人 / a man of no ~ 節操のない人, 無定見の人 / moral ~ 道義 / stick to one's ~s 自己の主義を固く守る / Good ~s are more important than good abilities. 節義は手腕よりも重要である / He has ability but no ~s. 才はあるが節操のない男だ. **3** 原理, 原則: the ~ of political economy 経済学の原則 / the ~ of the telephone 電話の原理 / the ~ of the thing 物事の基本, 当然のこと / The ~ in both machines is the same. 両機械の原理は同一だ. **4** (自然・論理などの)原理, 法則, 公理 (law): the ~ of causality 因果律 / the ~ of contradiction [identity]〖論理〗矛盾[同一]律 / the ~ of natural selection〖生物〗自然選択の原理 / Capillary attraction is the ~ of a blotter. 毛管引力が吸取紙の原理である / ⇨ Archimedes' principle. **5** (定まった)やり方, 定石(じょうせき), 秘訣(ひけつ). **6** 本原, 本質, 本体 (essence): ⇨ vital principle / the first ~ (of all things) 万物の根原. **7** 素因, 動因; 本然の性能《本能・才能など》. **8**〖化学〗素, 精《ある物質に特殊の性能を与える要素》: a coloring ~ 染色素 / ⇨ active principle, bitter principle. **9** [P-] (Christian Science において) 神 (God). **10**《古・廃》発端 (beginning).
in principle (細かい点はともかく)一般原則として, 大体において (generally): have an agreement *in* ~ 原則的に一致する. 〖(1820)〗 ***on principle*** 主義として, 主義によって; 道徳的動機から: I refuse *on* ~. 私は主義で拒絶するのだ《感情からではない》. 〖(1824)〗

príciple of correspóndence [complementárity] [the —]〖物理〗=correspondence principle.

príciple of duálity [the —]〖数学・論理〗双対の原理《集合代数・命題論理・射影幾何などで, 一つの命題が成立すればその双対命題もまた成立するという原理》.

príciple of ecónomy [the —]〖哲学〗=Occam's razor.

príciple of indífference [the —]〖哲学〗無差別性の原理《他の出来事よりある出来事のほうが起こる可能性が強いと予想しうる根拠がない場合には, すべての起こりうる出来事について等しい可能性を考えるべきであるという原理》.

príciple of léast áction [the —]〖物理〗最小作用の原理《作用量と呼ばれる力学系の量が実際に起こる運動においては極小になるという原理; Maupertuis principle ともいう》.

príciple of mathemátical indúction [the —]〖数学〗数学的帰納法の原理《自然数についての命題が, 1 について成り立ち, ある自然数について成り立つ時, 必ずその次の数についても成り立つならば, その命題はすべての自然数について成り立つ, という原理》.

príciple of proxímity [the —]〖文法〗近接原則《動詞の形は文法的主語よりも一番近い名詞・代名詞の影響をうけるという原則》.

príciple of relatívity [the —]〖物理〗(Einstein の)相対性原理 (cf. relativity 3).

príciple of superposítion [the —]〖物理〗=superposition principle.

príciple of the propórtional párts [the —]〖数学〗比例部分の原理《関数値の増分は変数値の増分が微小な時には後者に比例するという原理》.

príciple of vírtual wórk [the —]〖物理〗仮想仕事の原理《平衡状態にある力学系の束縛条件を満足するように微小な力を加えて微小変位を仮想的に与えた時, 外力のなす仮想的仕事は 0 になるという原理》.
〖(c1380) ← (O)F *principe* // L *principium* (↑): *-le* の語尾については cf. manciple, participle〗

prín·ci·pled *adj.* [しばしば複合語の第2構成素として] 主義をもった, 節操のある; …主義の, 主義が…の: high-*principled* / loose-*principled*. 〖1642〗

prin·cock /prínkɑ(ː)k, príŋ- | -kɔk/ *n.* =princox.

prin·cox /prínkɑ(ː)ks, príŋ- | -kɔks/ *n.* **1**《古》めかし屋, しゃれ者 (coxcomb). **2**《廃・方言》生意気な若者, 青二才. 〖(1540) ← *prin-* (← ?: cf. prink) + *cox*《変形》← COCK¹)〗

Prin·gle /príŋgl/ *n.*〖商標〗プリングル《スコットランドの Pringle of Scotland 社製のニットウェア》.

Prin·gle's /príŋglz/ *n.*〖商標〗プリングルズ《米国 The Procter & Gamble 社製のポテトチップス》.

prink /príŋk/ *vt.* **1** めかし立てる, 派手に飾る ⟨*up*⟩: ~ one*self* (*up*) おめかしする. **2** ⟨鳥が⟩⟨羽を⟩くちばしでそろえる. — *vi.* **1** お化粧する, おめかしする ⟨*up*⟩. **2** (鏡の前で)身仕度にあれやこれやと大騒ぎする. **~·er** *n.*
〖(1573)《変形》← ? PRANK²: cf. prick〗

print /prínt/ *vt.* **1** ⟨本・絵などを⟩印刷する, 出版する, プリントにする: ~ a book 本を出版する / The book is being ~*ed* now. その本は現在印刷中です / ~ a newspaper 新聞を発行する / ~ the full text of the President's speech 大統領の演説の全文を印刷する. **2** ⟨意見などを⟩印刷物を通じて表明[発表]する: ~ opinions [rumors] 見解[噂]を紙上に発表する / "All the news that's fit to ~." 報道にふさわしいすべてのニュースを《*The New York Times* のモットー》. **3** 活字体で書く: *Print* your name in capital letters. お名前は活字体の大文字で書いて下さい. **4**〖電算〗⟨コンピューターが⟩印字する, 打ち出す ⟨*out, off*⟩ (cf. printout): The computer has ~*ed out* the results. **5** 押し付ける (impress), …の跡をつける〔*on, in*〕; …に〔…の〕しるし[跡]をつける〔*with*〕: the mark of a foot ~*ed on* [*in*] the sand 砂上の足跡 / ~ a kiss (*up*)*on* a person's cheek 頬(ほお)にキスする / ~ a seal (*up*)*on* a surface=~ a surface *with* a seal 表面に押印する. **6 a** ⟨布⟩に捺染(なっせん)する, ⟨模様などを⟩〔…に〕プリントにする (stamp)〔*on, in*〕: ~ a flower pattern *on* [*in*] calico サラサに花模様をプリントする. **b** ⟨陶磁器⟩に転写 (transferring) で絵付けをする. **7** ⟨心⟩に刻みつける (instill, imprint), 印象づける: ~ an idea [a scene] *in* a person's mind [memory] 考え[光景]を心に焼きつける[記憶にはっきり残す] / The name was ~*ed in* her heart. その名は心に刻みつけられた. **8**〖写真〗⟨ネガ⟩から写真を焼き出す, 焼き付ける ⟨*out, off*⟩.
— *vi.* **1 a** 印刷する. **b**〖英〗印刷される: The book is ~*ing* now. その本は印刷中です. **2**《古》出版する; (特に)印刷を業とする. **3** ⟨活字などが⟩紙に写る. **4** 活字体で書く (cf. write 1 c). **5** ⟨写真などが⟩出る, 写る (come out), 焼ける.
a license to print móney すごくもうかること[手段]: Owning an oil-well was like having *a license to* ~ *money*. 油田を所有すればぼろもうけの口を得たようなものだった. ***print móney*** (インフレなどに対処するため)紙幣を乱発する: Will the government ~ more *money*? 政府は貨幣をさらに乱発するだろうか. ***print óut*** (1) ⇨ *vt.* 4, 8. (2) 印刷して配る.
— *n.* **1 a** 印刷物 (printed matter); [*pl.*]《古》出版物《新聞・雑誌など》: ~ (and electronic) media 活字(および電波)媒体 / ~ (and TV) journalists 新聞雑誌(およびテレビ)記者 / daily ~s 日刊新聞 / weekly ~s 週刊紙[誌]. **b** 新聞用紙 (newsprint). **2 a** 印刷(されること) (cf. handwriting): get into ~ 印刷[出版]される / get … into ~ ⟨著作などが⟩印刷[出版]される / put … into ~ ⟨著作などを⟩印刷[出版]する / ⇨ *in* PRINT, *out of* PRINT, *rush into* PRINT. **b** 印刷(された)字体, 活字の型[大きさ], 印刷具合: clear ~ 鮮明な印刷 / small ~ 小さい活字 (cf. small print, fine print) / a book in large ~ 大きな活字の本 (cf. large-print). **3** 一回の印刷部数 (cf. print run). **4** 捺染(なっせん)布, プリント(地), サラサ(の服): cotton ~ サラサ / a ~ dress サラサの服 / ⇨ India print. **5** (印・模様を押すための)型, 印 (stamp); 型押しでできたもの《バターなど》. **6 a** (押しつけられてできた)しるし (mark, trace), 跡形, 跡 (stamp): the ~ of a foot on the sand 砂上の足跡 (cf. footprint) / a paw [palm] ~ 動物の足跡[手型] / the ~ of a person's fingers on a glass コップに残った指紋. **b** =fingerprint: take a person's ~s 人の指紋を取る. **c**〖スケート〗=tracing 5. **7** 印象 (impression, imprint, traces), 名残: sorrow's ~ (*up*)*on* one's face 顔に残る悲しみの跡. **8**〖写真〗印画, 陽画 (positive): a blue ~ 青写真 / make a ~ from a negative ネガからプリントする / ⇨ color print. **9** 版画《木版画・石版画など》; (浮彫り (relief)・沈み彫り (intaglio) に材料を押し当てて作った)複写 (reproduction): a ~ *from* Hiroshige 広重の版画. **10**〖冶金〗金属製鋳型, 原型.
in cóld print (1) 活字で印刷して. (2) (印刷になってしまったもののように)変更の余地のない状態になって. ***in print*** (1) ⟨書物が⟩印刷になって, 出版されて (published); 出版発売されて, (出版元に)在庫のある: appear [come out] *in* ~ 出版される / see one's name *in* ~ (自分の意見などを)新聞[書物など]に発表する, 印刷公表する / I have seen it *in* ~. それが本に出ているのを見た / Is that book

P

still *in* ～? その本はまだ出版されていますか. (2) 印刷体で. ***out of print*** 〈書物が〉絶版になって. ***rúsh into print*** (1) 〈本などを〉急いで出版する. (2) 〈著者などが〉(根拠などが不十分なままに)急いで世間に発表する; あわてて出版する ***sée print*** 〈論文などが〉活字になる.
〖n.: ((c1300)) *printe, prente* ▭ OF *preinte, priente* impression, print (fem. p.p.) ← *preindre* < L *premere* 'to PRESS[1]'. — v.: ((c1380)) ← (n.)〗

print. ((略)) printing.

print·a·bil·i·ty /prìntəbíləṭi | -təbíləti/ *n.* 〖印刷〗印刷適性. 〖1967〗

print·a·ble /príntəbl | -tə-/ *adj.* **1** 〖通例否定構文で〗 **a** 印刷できる, 印刷がきく: The original plate is *no* longer ～. 原版はもう印刷がきかない. **b** 印刷[出版]するに適した (cf. unprintable). **c** 印刷[出版]価値のある. **2** 〈写真が〉焼き付けられる, 型押しのできる. **～·ness** *n.* 〖1837〗

prin·ta·nier /prɛ̃ː(n)tanjéɪ, prɛ̀ntə- | -tə-/; *F.* pʀɛ̃tanje/ *adj.* (*also* **prin·ta·nière** /prɛ̃ː(n)tanjéə, prɛ̀ntə- | -tənjéə(r)/; *F.* pʀɛ̃tanjɛːʀ/) 〈料理が〉種々の春野菜を(さいの目切りにして)使った[あしらった, 取り合わせた]. 〖((1861)) ▭ F ～ (原義) of spring ← *printan-* (← *printemps* spring)＋-*ier* -ary〗

print·bàck *n.* 〖写真〗プリントバック《小さく複写されているマイクロフィルムからもとのように大きく引き伸ばしたプリント》. 〖← PRINT＋BACK[1]〗

print·clòth *n.* プリント布地《捺染(なっせん)用の灰色の綿布》. 〖1886〗

print·ed /príntɪd, prínɪd | príntɪd/ *adj.* **1** 印刷した[された] (cf. manuscript, written 2): a ～ invitation 印刷した招待状 / ⇨ printed page. **2** 捺染(なっせん)した, プリントの: ～ cotton 綿プリント / ～ goods 捺染反物, サラサ. 〖*c*1483〗

printed bóard *n.* 〖印刷・電気〗プリント基板《樹脂板などにスクリーン印刷法または写真製版法などによって接続端子と素子取付端子, 素子間配線を行ったもの; プリント配線 (printed circuit) の中心となる》.

printed círcuit *n.* 〖印刷・電気〗プリント配線《プリント基板 (printed board) 上に素子を取り付けて作った電子回路; printed circuit board [card] ともいう》. 〖1946〗

printed màtter *n.* 〖印刷〗印刷物《活版印刷・平版印刷など機械的または化学的方法で印刷した文書・書画またはそのコピーなどの総称》. 〖1876〗

printed páge *n.* [the ～] 出版物, 公刊された著作.

printed páper pòst *n.* ((英)) 印刷物郵便《日本の第三種郵便にあたる; cf. book post, THIRD-CLASS matter》.

printed pápers *n. pl.* 〖印刷〗＝printed matter. 〖1897〗

printed wórd *n.* [the ～] 書きことば, 文章.

P **print·er** /príntə, prínə | príntə(r)/ *n.* **1** 〖電算〗プリンター, 印字[印刷]装置. **2 a** 印刷業者, 印刷工; 印刷所: a Public *Printer* (米国)印刷局長官 / send to the ～ 印刷所にまわす, 印刷に付する. **b** 出版社[者], 発行所. **3 a** 印刷機. **b** 〖写真〗(印画)焼付け器. **c** 〖映画〗フィルム焼付け機《陰画から陽画を作る》. **4** 型押し人, 捺染(なっせん)工[業者]: calico ～*s* サラサの捺染工. 〖((1504)): ⇨ print, -er[1]〗

Printers' Bíble *n.* [the ～] 1702 年頃出版の欽定訳聖書の俗称《*Psalms* 119: 161 の Princes が Printers と誤植印刷されたことから》. 〖1898〗

printer's dévil *n.* 印刷所の使い走り[見習い工]. 〖((1763)): 手や顔が印刷インクでよごれていることから〗

printer's érror *n.* 〖印刷〗(植字工による)誤植 (misprint) (略 PE, p.e.; cf. author's alteration).

printer's ímprint *n.* 〖印刷〗印刷(者)事項《図書の標題紙裏などに印刷された印刷者・印刷地など印刷に関する事項の総称》.

printer's ínk *n.* 印刷インキ (printing ink); 印刷物 (printed matter): spill ～ 書いた物を印刷してもらう[本にする], 本(など)を出す. 〖1820〗

printer's màrk *n.* 〖印刷〗印刷者マーク《印刷所[者]が自家の印刷物であることを示すために使用する標章; cf. imprint 2 b》.

printer's píe *n.* ＝pi[2].

printer's réader *n.* ((英)) ＝proofreader.

printer's rèam *n.* 〖製紙〗印刷業者連《516 枚の用紙; cf. ream[1] 1》.

print·er·y /príntəri | -tə-/ *n.* **1** サラサ捺染(なっせん)所. **2** ((米)) 印刷所 (printing office). 〖((1638)) ⇨ print, -ery〗

print hànd *n.* 活字体の書体[文字]. 〖1773〗

print·hèad *n.* 〖電算〗印字ヘッド《プリンターの印字をする部分》. 〖1968〗

print·ing /príntɪŋ, prínɪŋ | prínt-/ *n.* **1** 印刷術; 印刷業; 印刷, 活版: colored ～ 色刷り / three-colored ～ 3 色刷り. **2** 印刷物 (printed matter). **3** 刷 (impression) 《版を変えずに一度に刷った総部数; cf. edition 3》: The first ～ was 5,000 copies. 初刷は 5 千部だった. **4** 活字(書)体. **5** 印刷された語・文(など). **6** (織布への)捺染(なっせん)印刷; (転写紙による陶磁器などへの)転写印刷. **7** 〖写真〗焼付け. **8** [*pl.*] 印刷用紙. 〖((*a*1398)): ⇨ print, -ing[1]〗

printing fràme *n.* 〖写真〗焼枠(わく)《ネガと印画紙(またはフィルム)を密着して焼き付けるための木・金属・プラスチックなどの枠》. 〖1855〗

printing ìnk *n.* 印刷インキ (printer's ink).

printing machìne *n.* ((英)) (動力)印刷機. 〖1858〗

printing òffice *n.* 印刷所. 〖1733〗

printing-óut pàper *n.* 〖写真〗焼出し印画紙《以前に用いられた, 直接太陽光などに当てて焼き付けると直ちに画像が現れてくる印画紙; 現在は現象紙 (developing-out paper) を用いる; 略 POP》. 〖1902〗

printing-óut pròcess *n.* 〖写真〗焼出し法《現象をしないで焼き付けただけで像の出る方法[方式]》. 〖1891〗

printing pàper *n.* **1** 印刷用紙. **2** 〖写真〗印画紙. 〖1828〗

printing plàte *n.* 〖印刷〗＝plate 6 a.

printing prèss *n.* **1** 印刷機; ((英)) (動力印刷機 (printing machine) に対して)手動印刷機. **2** 捺染(なっせん)機. 〖1588〗

printing súrface *n.* 〖印刷〗(紙版などの)版面.

printing tèlegraph *n.* 〖電気〗印刷[印字]電信機《受信信号を自動的に対応する字号に変換する機械》.

print·less *adj.* 跡を残さない, 跡のない. 〖1611〗

print·màker *n.* 版画を作る人, 版画家. 〖1928〗

print·màking *n.* 版画製作(技術). 〖1928〗

print·òut *n.* 〖電算〗(コンピューターの打ち出した)出力情報指示テープ, プリントアウト. 〖((1953)) (名詞用法) ← *print out* (⇨ print (vt.) 4)〗

print-òut pàper *n.* 〖写真〗＝printing-out paper.

print prèss *n.* 出版・新聞界.

print quèue *n.* 〖電算〗印刷待ち行列, プリントキュー《順番待ちの 1 件または複数件の印刷ジョブ》.

print rùn *n.* 一回の印刷部数: a large ～.

print·sèller *n.* **1** ((米)) 美術商, 画商. **2** ((英)) 版画商. 〖1710〗

print·shòp *n.* **1** ((米)) 印刷工場, 印刷所 (printing office). **2** ((英)) 版画店. 〖*a*1697〗

print-thròugh *n.* 〖電算〗プリントスルー《磁気テープデータ媒体において, 接近しておかれた部分間で, 記録されているデータが意に反して他方に移ること》.

print ùnions *n. pl.* ((英)) 印刷業界職能別組合 (cf. NGA, SOGAT).

print·whèel *n.* ＝daisy wheel.

print·wòrks *n.* (*pl.* ～) (サラサの)捺染(なっせん)工場. 〖1835〗

pri·on[1] /práɪɑ(ː)n | -ɔn/ *n.* 〖鳥類〗クジラドリ《ミズナギドリ科クジラドリ属 (*Pachyptila*) の鳥の総称; 南極近海に分布》. 〖((1848)) ← NL ～ ← Gk *príōn* saw〗

pri·on[2] /príːɑ(ː)n, práɪ- | -ɔn/ *n.* 〖生化学〗プリオン《狂牛病など変性神経疾患の原因とされる感染性小蛋白質》. 〖((1982)) ← *pro*(*teinaceous*) *in*(*fectious particle*): i と r の入れ替えによる: cf. virion〗

pri·on- /práɪən/ (母音の前にくるときの) priono- の異形.

pri·o·no- /práɪənoʊ | -nəʊ/ (動物の分類名などの前につけ)「鋸歯状, または鋸歯に似た働きをもつ」の意の連結形. ★ 母音の前では通例 prion- になる. 〖← NL ～ ← Gk *prīono-* ← *príōn* saw ← *prí(z)ein* to saw ← ?〗

pri·or[1] /práɪə | práɪə(r)/ *adj.* **1** [限定的] 〔…より〕前の, 先の〔*to*〕(↔ posterior): a ～ engagement 先約 / ～ conviction 前科 / one's ～ experience 前の経験 / ～ consultation 事前協議 / He stayed there a week ～ *to* going to the South Seas. 彼は南太平洋へ出かけるのに先立って 1 週間そこに泊まった. **2** 〔…より〕強い (stronger), 〔…に〕優先する, 〔…より〕重要な〔*to*〕: ～ claims / This duty is ～ *to* all others. この義務は他のすべてに優先する. **—** *adv.* 〔…より〕前に, 先に〔*to*〕: He started ～ *to* my arrival. 彼は私の到着に先立って出発した. **—** *n.* 〖統計〗＝prior probability. 〖((1714)) ▭ L ～ 'former, superior' (compar.) ← OL *pri* before ← IE **per* before: cf. prime[1]〗

pri·or[2] /práɪə | práɪə(r)/ *n.* **1** 小修道院長 (cf. priory). **2** 修道院次長. **3** (中世イタリアの) Florence 共和国の行政長官. 〖lateOE *prior* ▭ L *prior* (↑): ME 期に OF *priour* (F *prieur*) によって補強された〗

Pri·or /práɪə | práɪə(r)/, **Matthew** *n.* プライア (1664–1721; 英国の詩人・外交官; 当意即妙な挨拶詩の名手).

prior árt *n.* (特許法で)発明の公表前に一般に知られているその発明と類似の技術(など).

pri·or·ate /práɪərɪt/ *n.* **1** ＝priorship. **2** ＝priory. 〖← PRIOR[2]＋-ATE[1]〗

pri·or·ess /práɪərɪs | pràɪərés, práɪərɪs, -rès/ *n.* **1** 女子小修道院長. **2** 女子修道院の次長. 〖((c1300)) ▭ OF *prioresse* ▭ ML *priōrissa*: ⇨ prior[2], -ess[1]〗

pri·or·i·ti·za·tion /praɪɔ̀(ː)rəṭɪzéɪʃən, -ɑ̀(ː)r- | -ɔ̀rɪtaɪ-, -tɪ-/ *n.* 優先(順に並べること). 〖1977〗

pri·or·i·tize /praɪɔ́rətàɪz, -ɑ́(ː)r- | -ɔ́rɪ-/ *vt.* **1** 〈計画などを〉順位をつけて表にする[並べる]. **2** 優先する. 〖((1964)): ⇨ ↓, -ize〗

pri·or·i·ty /praɪɔ́(ː)rəṭi, -ɑ́(ː)r- | -ɔ́rɪti/ *n.* **1** 優先事項: a first [((口語)) top] ～ まず第一に考えるべきこと / national *priorities* 国家が優先的に配慮すべきこと. **2** (配給を受ける場合など)(…より)優先(権), 先取(権) (preference)〔*over, to*〕: the ～ system 重点主義 / ～ of claim 優先権, 先取権 / the creditor by ～ 優先権者 / give ～ to …に優先権を与える / give buses ～ *over* automobiles 自動車よりバスに優先権を与える / take ～ of …を先取する, …の優先権を得る; …より上位を占める / Fire engines have ～ *over* other traffic. 消防自動車は他の車に対して優先通行権をもつ. [日英比較] 電車などの優先席の「シルバーシート」は和製英語. 英語では *priority* seat という. なお英語の silver には「高齢」という意味合いはない. **3** (順位が)〔…より〕先であること, より重要であること; 上位, 上席 (precedence)〔*to*〕: ～ of one's claim *to* another's 甲の主張が乙の主張よりも重要であること. **4 a** ((米)) (戦時の軍用資材需給・割当計画の)優先順位. **b** (政府が重要な人[物]に与える運輸機関などの)優先使用権. **5** (時間的に)〔…より〕前[先]であること〔*to*〕(↔ posteriority): (his) ～ of birth (*to* his cousin) (彼がいとこよりも)先に生まれていること / according to ～ 優先して, 順番に, 順次.
gèt one's priórities right [*wróng*] 何が優先事項[大事]かを見極める[見誤る].
〖((c1385)) *priorite* ▭ (O)F *priorité* ▭ ML *priōritātem*: ⇨ prior[1], -ity〗

priórity màil *n.* ((米)) 13 オンス(約 368 グラム)またはそれ以上の国内第一種郵便の割引き扱い《地域ごとに細かく料金が設定されている; 海外の軍の郵便局宛にも適用される; 制限重量は 70 ポンドまで》.

priórity sèat *n.* (老人や身障者のための)優先席.

príor probabílity *n.* 〖統計〗事前確率.

príor·shìp *n.* prior[2] の職[地位, 任期]. 〖((1553)): ⇨ prior[2], -ship〗

pri·o·ry /práɪəri/ *n.* 小修道院《独立の場合と大修道院 (abbey) の別院としてその支配下にある場合とがある; いずれの場合にも院長は prior または prioress; ⇨ cloister SYN》. 〖((c1300)) *priorie* ▭ AF ▭ ML *priōria*: ⇨ prior[2], -y[1]〗

priory álien *n.* (外国の)小修道院《abbey の支配下にある; alien priory ともいう》. 〖1502〗

Pri·pet /prípɪt, -pɛt, príːpɛt/ *n.* [the ～] プリピャチ(川)《ウクライナ Kiev 付近で Dnieper 川に合する川 (775 km); ウクライナ語名 Pry'yat' /prípʲjatʲ/, ロシア語名 Pripyat' /prʲípʲitʲ/》.

Prípet Márshes *n. pl.* [the ～] プリピャチ沼沢地《Polesye Marshes の別名》.

pri·sage /práɪzɪdʒ/ *n.* 〖英史〗ワイン輸入税特権《本来は国王が輸入品を安く購入しうる特権; 1809 年廃止》. 〖((1505)) ▭ AF ～ ← *prise* taking; (pl.) dues: ⇨ prize[4], -age〗

Pris·cian /príʃən, -ʃiən/ *n.* プリスキアヌス《6 世紀ごろのローマの文法家; ラテン語名 Priscianus Caesariensis /prìʃiéɪnəs siːzèriénsɪs | -zɛəriénsɪs/》.
bréak Príscian's héad 文法上の誤りを犯す.

Pris·cil·la /prɪsílə/ *n.* プリシラ《女性名; 愛称形 Prissie, Prissy》. 〖((古形)) *Precilla* ▭ L *Priscilla* (fem.) ← *Priscillus* (dim.) ← *Priscus* (原義) ancient〗

prise /práɪz/ *vt., n.* ((英)) ＝prize[3].

pri·sere /práɪsɪə | -sɪə(r)/ *n.* 〖生態〗一次遷移系列《全く新しい裸地上で始まる群落の遷移系列; cf. sere[3]》. 〖((1916)) ← PRI(MARY)＋SERE[2]〗

prism /prízm/ *n.* **1** 〖数学〗角柱: a regular ～ 正角柱 / a right [an oblique] ～ 直[斜]角柱 / a triangular ～ 三角柱. **2** 〖結晶〗三角[多角]柱状結晶. **3** 〖光学〗 **a** プリズム, 稜鏡(りょうきょう): a ～ finder 〖写真〗プリズム式反射ファインダー / a ～ pentagonal 五面プリズム / ⇨ prism binocular, Nicol prism / through a ～ プリズムを通して. **b** [*pl.*] ＝prismatic colors. **c** (水滴のように)光を屈折させるもの. **4** カットグラス製品. ***prúnes and prísm(s)*** ⇨ prune[1] 成句. **pris·mal** /prízməl, -ml/ *adj.* 〖((1570)) ▭ LL *prisma* ▭ Gk *prîsma* (原義) thing sawn ← *prízein* to saw ← ?〗

pris·mat·ic /prɪzmǽṭɪk | -tɪk/ *adj.* **1** プリズムの[に似た]. **2** プリズムで分解した, 分光の; プリズムのように光を分解する. **3** 角壔(かくとう)の, 三稜形の; 多面的な. **4** 鮮やかな (brilliant), 虹色の, 多彩の. **5** ＝orthorhombic.
pris·mát·i·cal·ly *adv.*
〖((1709)) ▭ F *prismatique* ← Gk *prîsmat-, prîsma* (↑)＋-IC[1]〗

pris·mát·i·cal /-ṭɪkəl, -kl | -tɪ-/ *adj.* ((古)) ＝prismatic.

prismátic binócular *n.* [通例 *pl.*] ＝prism binocular.

prismátic coefficient *n.* 〖造船〗＝longitudinal coefficient.

prismátic cólors *n. pl.* 〖光学〗(白色光がプリズムで分解された)七色《red, orange, yellow, green, blue, indigo, violet の七色》. 〖1728〗

prismátic cómpass *n.* 〖測量〗プリズムコンパス, 稜鏡[装稜]羅針盤. 〖1859〗

prismátic láyer *n.* 〖動物〗角柱層, 小柱層, 稜柱層《軟体動物の貝殻の第 2 層》.

prismátic télescope *n.* 〖測量〗プリズム望遠鏡《急な角度で視準するために用いられる反射プリズムを備えつけた望遠鏡》.

pris·ma·toid /prízmətɔ̀ɪd/ *n.* 〖数学〗擬角柱《どの頂点も二つの平行平面のどちらかの上にあり, どちらの平面も三つ以上の頂点を含む多面体》. **pris·ma·toi·dal** /prìzmətɔ́ɪdl | -dl/ *adj.* 〖((1858)) ← Gk *prîsmat-* (⇨ prismatic)＋-OID〗

prísm binòcular *n.* [通例 *pl.*] プリズム双眼鏡《prism glass ともいう》. 〖1901〗

prísm diópter *n.* 〖光学〗プリズムジオプター《プリズム屈折度; プリズム的に光線の方向を変化させる作用の大きさの単位で, 光線を 1 m の距離で 1 cm ずらせる屈折度; cf. diopter 1》.

prísm glàss *n.* [通例 *pl.*] ＝prism binocular.

pris·moid /prízmɔɪd/ *n.* 〖数学〗角錐台《角錐の頭部を, 底面に平行な平面で切り取って得られる立体; frustum of a pyramid ともいう》. **pris·moi·dal** /prɪzmɔ́ɪdl | -dl/ *adj.* 〖((1704)) ← PRISM＋-OID〗

prísm spectròmeter *n.* 〖光学〗プリズム分光計《プリズムの分散を利用してスペクトルを生じさせる分光計》.

prism·y /prízmi/ *adj.* ＝prismatic.

pris·on /prízən, -zn/ *n.* **1** 刑務所, 監獄 (jail), 拘置所, 監禁所: the warden [((英)) governor] of a ～ 刑務所長 / be [lie] in ～ 在監[拘留]中である / break (out of) [escape from] ～ 脱獄[破獄]する / cast into [put in] ～ 投獄する / send [take] to ～ 投獄する / go to ～ 服役する. **2** ((米)) ＝state prison. **3** 禁固, 監禁, 幽閉 (custody).
prison without bárs 格子なき牢獄《犯罪者が居住を強制され, 身体的拘束は受けないが, そこから出ることを許されない地域).
— *vt.* 《詩・方言》 監禁する (imprison).
〚? lateOE *prisun* □ OF *prisun,* (O)F *prison* < L *prēnsiō(n-)*=*praehensiō(n-)* seizure, arrest ← *praehendere* to seize, take: ⇨ prehensile〛
príson bàrs *n.* (*pl.* ~) 〘遊戯〙 =prisoners' base.
príson bàse *n.* 〘遊戯〙 =prisoners' base.
príson bìrd *n.* =jailbird.
príson brèach *n.* 〘法律〙 脱獄, 牢(ろう)破り, 暴力による逃走 (cf. rescue 2). 〚1903〛
príson brèak *n.* 脱獄.
príson-brèaker *n.* 脱獄者, 脱監者. 〚1725〛
príson brèaking *n.* 〘法律〙 =prison breach.
príson càmp *n.* **1** 囚人作業宿舎. **2** 捕虜[政治犯]収容所. 〚1908〛
príson cèll *n.* 刑務所の部屋, 収監房.
príson èditor *n.* (新聞の)編集責任者[名義人] 《記事に対する刑罰を受ける》. 〚1896〛
pris·on·er /príz(ə)nə, -zṇə | -z(ə)nə(r, -zṇə(r/ *n.* **1** 囚人, 在監人, 被検束者, 刑事被告人 《prisoner at the bar ともいう》: a model ~ 模範囚. **2** 捕虜 (prisoner of war): give oneself up a ~ 自らとりことなる / hold ~ 捕虜にしておく / make [take] a person ~ =make a ~ of a person 人を捕虜にする. **3** 捕えられた者, 自由を奪われた人[もの], とりこ: a ~ to one's room [chair] 病人[椅子から離れられない人] / a ~ of love 恋のとりこ / She made his hand a ~. 彼女は彼の手を握って離さなかった.
***prísoner of Stàte* [*cónscience*]** 国事犯(人), 政治囚[良心の囚人] (state prisoner, political prisoner).
prísoner of wár 捕虜 (略 POW, PW).
〚(?1350–75) □ OF *prisonier* (F *prisonnier* (⇨ prison, -er¹) ∞ ME *prisun* □ OF PRISON〛
prísoners' bárs *n.* (*pl.* ~) 〘遊戯〙 =prisoners' base.
prísoners' báse *n.* 〘遊戯〙 「とりこ」 《陣取りの類の遊戯; prisoner's base, prison base ともいう》. 〚1773〛
príson fèver *n.* 〘病理〙 発疹チフス.
príson gòvernor *n.* 《英》 刑務所長.
príson hòuse *n.* 《文語・詩》 牢屋(ろうや), 獄舎 (prison). 〚1395〛
príson òfficer *n.* 《英口語》 (刑務所の)看守 〚1907〛
príson psychòsis *n.* 〘精神病理〙 拘禁精神病 《拘禁(の予想)によって起こる精神病》.
príson-vàn *n.* 《英》 囚人護送車 (《米》 patrol wagon). 〚1858〛
príson vísitor *n.* 《英》 囚人面会者.
priss /prís/ 《米口語》 *n.* こうるさい人. — *vi.* こうるさくする. 〚(1923) 《逆成》 ← PRISSY〛
Pris·sie /prísi/ *n.* プリシー 《女性名》. 〚(dim.) ← PRISCILLA〛
pris·sy /prísi/ *adj.* (**pris·si·er; -si·est**) 《口語》 **1** きちんとした (prim), やかましやの, こうるさい; とりすました, 気取りやの (prudish). **2** 男らしさに欠けた, 女々しい (sissified). **prís·si·ly** /-sḷli/ *adv.* **prís·si·ness** *n.* 〚(1895) 《混成》 ← ?PR(IM¹)+(S)ISSY〛
Pris·sy /prísi/ *n.* プリシー 《女性名》. 〚(dim.) ← PRISCILLA〛
Priš·ti·na /prístiːnə, prɪʃtɪnə; *Serb.* prîːʃtina/ *n.* プリシュティナ 《Kosovo の州都》.
pris·tine /prístiːn, ─⌐ | prístiːn, -taɪn/ *adj.* **1** 初期の, 太古の (ancient); 原始時代の (primitive), 元の (original): ~ jungles. **2** 原始的な; 素朴な, 俗化していない, 清純な (uncorrupted): ~ innocence, purity, savagery, etc / in ~ condition 〈中古品など〉新品同様の.
~·ly *adv.* 〚(1534) □ L *prīstinus* early ← *priscus* ancient & *prīmus* 'PRIME¹': ⇨ -ine¹〛
Pritch·ett /prítʃɪ̣t/, Sir V(ictor) S(aw·don) /sɔ́ːdṇ, sáː- | sɔ́ː-/ *n.* プリチェット (1900–97; 英国の小説家・批評家; *Mr. Beluncle* (1951)).
prith·ee /príði, -ðiː/ *int.* 《古》 願わくは, 何とぞ (please): Tell me, ~. 〚(1577) ← (*I*) *pray thee*〛
prit·tle-prat·tle /prítḷprǽtḷ | -tḷprǽtḷ/ *n.* 《まれ》 くだらないおしゃべり. 〚1556〛
priv. 《略》 private; privately; privative.
pri·va·cy /práɪvəsi | prív-, práɪv-/ *n.* **1** (他人からの干渉を受けない個人の自由な)私生活, プライバシー: in the ~ of one's thoughts 心の奥底で / the invasion of ~ プライバシーの侵害 / the lack of ~ 自由な私生活の欠如 / disturb a person's ~ 人の静かな生活のじゃまをする / guard the ~ of one's home 家庭の私生活を侵されないように守る. **2** 隠退, 隠遁(いんとん) (seclusion): live in ~ 隠遁生活をする. **3** 秘密, 内密 (secrecy): in ~ 内々に, 極秘に / In such matters ~ is impossible. こういうことは隠せるものではない / I tell you this in strict ~. このことは絶対秘密として申し上げます. **4** [*pl.*] 《古》 だれもいない所, 人目につかない場所, 隠退所 (retreat). 〚(?c1450) *priuacie*: ⇨ private, -acy〛
privacy communicátion sỳstem *n.* 〘通信〙 秘密通信方式.
pri·vat·do·cent /prɪváːtdoutsént | -də(ʊ)-; *G.* pʁiváːtdotsént/ *n.* (*pl.* **~s, -do·cen·ten** /-tən, -tṇ | -tən, -tṇ; *G.* -tṇ/) (ドイツその他ドイツ語を用いる大学の)無給講師, 員外講師 《大学からは俸給を受けずに学生から謝礼をもらう; 1935 年以後廃止》. 〚(1854) □ G *Privatdozent* private teacher〛
pri·vat·do·zent /prɪváːtdoutsént | -də(ʊ)-; *G.* pʁiváːtdotsént/ *n.* (*pl.* =**s, -do·zen·ten** /-tən, -tṇ | -tən, -tṇ; *G.* -tṇ/) =privatdocent.
pri·vate /práɪvɪ̣t/ *adj.* **1** 私用の, 私有の; 民間の, 私営の, 私立の, 私設の, 非公開の (↔ public): ~ property 私有財産 / a ~ carriage 自家用馬車 / a ~ door 私用出入口, 勝手口 / a ~ road 私道 / a door marked *Private* 関係者以外立入禁止と書かれたドア / a ~ party 私的なパーティー / a ~ showing 非公開の上映 / a ~ wedding [funeral] 内輪の結婚[密葬] / share a ~ joke 仲間うちの冗談を共有する / a ~ army 私兵団 / the ~ and public sectors of the economy 経済の民間および公共部門 / a ~ detective agency 《米》 人事興信所 / ~ education 私立学校による教育, 私立教育 / ⇨ private detective, private enterprise, private school. **2** 私の, 自己の, 各自の, 個々の (individual); 個人専用の; 〈医療などが〉自己負担の (cf. private patient): a ~ room 私室; 《病院の》個室 (cf. ward *n.* 1) / a ~ house 私宅 / with (a) ~ bath (room) バス付き / a ~ business 私事, 私用 / a ~ teacher [tutor] 家庭教師 / a ~ pupil 個人指導の生徒 / ~ right 〘法律〙 私権 / ⇨ private view / a collection in ~ hands 個人の所有になるコレクション. **3** (公人としてでなく)私人の, (官職を帯びない)個人的な, 私的な (personal); 非公式の (unofficial) (cf. official 1): a ~ citizen [person] (官職をもたない)普通の市民, 民間人, 一市民 / ~ information 非公式の通知 / ~ life (公人としての生活に対し)私生活; 隠居生活 / a ~ man 私人, 庶民 / ~ means [income] (俸給以外の)私的(財産)収入 《利子・配当など》 / speak [act] in one's ~ capacity [as a ~ person] 私人[個人]として語る[行動する] / in my ~ opinion 私の個人的意見では, 卑見では. **4** 秘密の, 内密の; 秘密を守る, 口をつぐんで語らない: ~ affairs [matters] 内緒事 / ~ concerns 私事, 内緒事 / a ~ conversation [meeting] 内緒の話[会合] / a ~ document 〘法律〙 私書証 《遺言書, 契約書など》 / a ~ letter 私信, 親展書 / ~ negotiations (to end the fighting) (戦闘終結のための)裏面交渉 / Keep the news ~. このニュースは秘密にしておいて下さい. **5 a** 〈場所・人など〉人目につかない (retired), 引っ込んでいる, 隠遁的な (secluded): a ~ corner / We are completely ~ here. ここは人目に触れる心配はない. **b** 〈人が〉引っ込みがちな, 人と交わらない: She's a very ~ person. とても非社交的な人です. **6** (将校・下士官に対し)一兵卒の: *Private* (James) Jones (ジェームズ)ジョーンズ一[二]等兵 / ⇨ private soldier.
gò private 〘経済〙 公開株を買い戻して再び会社の所有権を獲得する.
— *n.* **1 a** =private soldier. **b** 〘米陸軍〙 一等兵, 二等兵 《上等兵 (private first class) の下》. **c** 〘米海兵隊〙 二等兵 《最下位で一等兵 (private first class) の下》. **d** 〘英陸軍〙 一等兵, 二等兵 《上等兵 (lance corporal) の下》. **2** [*pl.*] 陰部 (private parts). **3** [the ~] =private bar. **4** 《廃》 私人, 庶民.
in private 内緒で, こっそり; 非公式に.
~·ness *n.* 〚(c1350) □ L *prīvātus* (p.p.) ← *prīvāre* to set apart, deprive of ← *prīvus* single, alone ← IE **per* before (⇨ PRE-): ⇨ -ate²: PRIVY と二重語〛
prívate accóunt *n.* 〘銀行〙 個人名義預金口座 (cf. joint account). 〚1924〛
prívate áct *n.* 〘法律〙 個別的法律 《特定の個人または特定の法人に対してのみ適用のある制定法; cf. public law 1 a》. 〚1818〛
prívate attórney *n.* 〘法律〙 (個人に依嘱された)代理人 (attorney-in-fact).
prívate báptism *n.* 〘キリスト教〙 緊急洗礼, 略式洗礼 《死の危険にある者に対してその場に居合わせた者が緊急に行う洗礼; これを認めない教派もある》. 〚1662〛
prívate bár *n.* 《英》 (パブの)高級室 《the private ともいう; ⇨ public house 1》. 〚1909〛
prívate bíll *n.* 〘法律〙 個別的法律案 《特定の個人または法人に関する個別的法律 (private act) となる法案; cf. public bill》. 〚1678〛
prívate bránch-exchànge *n.* 〘通信〙 構内交換; 構内交換機[所] (略 PBX). 〚1905〛
prívate bránd *n.* 商業者[自家]商標, プライベートブランド 《販売業者がつけて売り出す商標; cf. national brand》.
prívate càr *n.* 〘鉄道〙 私有車両; (会社などの)上級職員専用車, 私用車. 〚1897〛
prívate cómpany *n.* 〘英法〙 非公開会社 《public company 以外のすべての会社; 付属定款をもって株式の譲渡を制限し, さらに株式または社債の公募を禁止した会社; わが国の有限会社に当たる; cf. public company》. 〚1908〛
prívate convéntion *n.* 〘トランプ〙 (ブリッジで)馴合(なれあい)ルール 《味方にだけ通じていて相手方にはわからないビッド上の取決めや特殊なプレーの仕方; 正式なゲームでは反則とされる》.
prívate corporátion *n.* 私法人 《私の目的で設立された私法上の法人; 営利法人と非営利法人とから成る; 営利法人である事業会社 (business corporation) と同じ意味に使われることもある》.
prívate detéctive *n.* 私立探偵 《private investigator, 《口語》 では private eye ともいう》; 《米》 人事興信所員. 〚1868〛
prívate énterprise *n.* (政府の支配を受けない)私企業, 民間企業, 個人企業 (free enterprise). 〚1844〛
pri·va·teer /pràɪvətíə | -vətíə(r/ *n.* **1** (海賊船のうちの)私掠(しりゃく)船 《戦時敵船攻撃捕獲の免許を得た武装民有船》. **2** 私掠船の船長; [*pl.*] 私掠船の乗組員. — *vi.* 私掠船として行動する. 〚(1664): ⇨ private, -eer: VOLUNTEER にならった形〛
prì·va·téer·ing /-tíərɪŋ | -tíər-ˊ/ *adj.* 私掠船に乗り組んで公然と海賊行為をする: a ~ expedition. — *n.* 私掠船の行う公然たる海賊行為, 海賊の業[生活]. 〚1664〛
prì·va·téers·man /-tíəzmən | -tíəz-/ *n.* (*pl.* **-men** /-mən, -mèn/) 私掠船の船長[乗組員]. 〚(1824): ⇨ privateer, -s² 2, -MAN〛
prívate éye *n.* 《口語》 私立探偵 (private detective). 〚1938〛
prívate fírst cláss *n.* 〘米陸軍〙 上等兵 《corporal の下》; 〘米海兵隊〙 一等兵 《lance corporal の下》 (略 PFC). 〚1918〛
prívate héalth insùrance *n.* 《英》 個人健康保険 《自己負担医療を受ける費用を保障する保険》.
prívate hotél *n.* **1** (知人・被紹介者以外の者は泊めない)民宿, しろうと下宿. **2** 《豪》 酒類販売許可をもたないホテル[下宿屋]. 〚1857〛
prívate internátional láw *n.* 国際私法 (conflict of laws) 《国際的な私法関係に最も密接な関係を有する法を準拠法として解決することを任務とする法; cf. public law 3》. 〚1834〛
prívate invéstigator *n.* =private detective.
prívate júdgment *n.* (宗教・政治などについての)個人的見解. 〚1565〛
prívate lánguage *n.* 〘哲学〙 私的言語 《神秘的体験等を語る場合のように個人にのみ限定され, 公共性をもたないとされる言語》.
prívate láw *n.* **1** 私法 《私的自治の原則に従った対等な私人間に適用される法; 民事・商事法; cf. public law 2》. **2** =private act. 〚1773〛
prívate-lìne càr *n.* 〘鉄道〙 専用貨車.
pri·vate·ly /práɪvɪ̣tli/ *adv.* 秘密に; ひそかに; 個人[私人]として, 非公式に: Could I speak with you ~? (他の人を交えないで)二人だけでお話ししたいんですが / *Privately,* he thought her work a failure. ひそかに彼は彼女の作品は失敗だと考えていた / a ~ owned house 私有家屋. 〚?*a*1425〛
prívate márk *n.* 符牒(ふちょう) 《金のインコット・絵画などに入れた, しばしば秘密のマーク》.
prívate médicine *n.* 《英》 (有料の)民間医療機関での治療[医療].
prívate mémber, P- M- *n.* 《英》 (閣僚でない下院の)平(ひら)議員, 非閣僚議員 《private member of Parliament ともいう》. 〚1606〛
prívate mémber's bíll, P- M- B- *n.* 《英》 議員立法法案. 〚1908〛
prívate núisance *n.* 〘法律〙 私的不法妨害 (cf. public nuisance 1).
prívate párts *n. pl.* 陰部 (privates, genitals). 〚1785〛
prívate pátient *n.* 《英》 (国民保険制度 (National Health Service) によらない)個人負担の患者. 〚1754〛
prívate páy bèd *n.* 《英》 (国民保険制度 (National Health Service) による病院の)差額ベッド 《pay bed ともいう; cf. amenity bed》.
prívate práctice *n.* 《英》 (医師・建築家などの)個人営業[開業] 《特に, 国民保険制度 (National Health Service) 適用外の医業》: a lawyer in ~ / in ~ 自営の[で], 個人開業の[で].
prívate préss *n.* (小規模で必ずしも利益を主としない)個人印刷所[出版社]. 〚1834〛
prívate-protéctor *n.* (クリケットなどをするときの)前当て.
prívate schóol *n.* **1** 《米》 (州の財政援助を受けないか, またはその額が少ない)私立学校 《preparatory school, parochial school など》. **2** 《英》 (経費はすべて授業料のみによって賄われる個人経営の)私立学校. 〚1830〛
prívate sécretary *n.* (個人の)秘書. ★ 通例は単に secretary を用いるが, 特に「大臣」「書記」などと区別する必要のある場合に使われる. 〚1773〛
prívate séctor *n.* 〘経済〙 民間部門, 私的セクター (cf. public sector).
prívate sóldier *n.* (将校・下士官以外の)兵, 兵卒. ★ 《米》 では新兵 (recruit) を除く. 〚1579〛
prívate státute *n.* 〘法律〙 =private act.
prívate stúdent *n.* private school の生徒[学生].
prívate tréaty *n.* 私的売却 《売り手と買い手の協議に基づく財産の売却; cf. auction》.
prívate vérb *n.* 〘文法〙 私的動詞 《眼前に行われている動作を表すのに進行形を用いない動詞 believe, see, love, understand など; cf. public verb》.
prívate víew *n.* **1** 個人的な意見, 私見. **2** (絵画などの一般公開前の)招待展[日] (preview). 〚1837〛
prívate víewdata *n.* =videotex.
prívate wár *n.* 私闘 《氏族間に行われるまたは自国政府の承認なしに他国の成員と始める戦争行為》. 〚1866〛
prívate wáy *n.* **1** 〘法律〙 他人の所有地通行権. **2** (各種の)私道 (cf. public way).
prívate wróng *n.* 〘法律〙 私的権利の侵害 (cf. public wrong).
pri·va·tion /praɪvéɪʃən/ *n.* **1** (生活必需品などの)欠乏, 窮乏, 不自由, 困難: die of ~ 窮乏のため死ぬ / suffer (many) ~s いろいろ難儀する. **2** 奪われること, 喪失; (ある性質の)欠乏, 欠如. **3** 奪うこと, 奪取, 没収: ~ of property 財産の没収. **4** 《廃》 〘哲学・論理〙 欠如態, 性質欠如[欠落], 欠性. 〚(*a*1398) *privacion* □ (O)F *privation* // L *prīvātiō(n-)* ← *prīvātus* (p.p.) ← *prīvāre* to deprive: ⇨ private, -ation〛
prí·va·tism /-vətìzṃ | -vɪ̣-/ *n.* 《米》 私事本位[私的立場第一](の生活態度), (自分と直接関係のない公的・社会的なものへの)我関せず的態度. 〚(1948): ⇨ private, -ism〛
prí·va·tist /-tɪ̣st | -tɪst/ *adj.* =privatistic.
pri·va·tis·tic /pràɪvətístɪkˊ/ *adj.* **1** 孤独を愛する, 引きこもりがちな. **2** (集産主義 (collectivism) によらず)

P

私的企業の利用に賛成する[に基づく]. 〖(1970): ⇨ ↑, -istic〗

priv·a·tive /prívəṭɪv | -tɪv/ *adj.* **1** ある性質の欠如[欠落]を示す, 欠乏の, 欠如している. **2** 消極的な (negative) (↔ positive). **3** 奪取する, 奪取的な. **4** 〘文法〙(接辞などが)欠性を示す, 否定 (negative). **5** 《廃》〘論理〙(命題が)欠性概念を表す. **—** *n.* **1** 〘文法〙 **a** (属性の欠如を示す)欠性語 (dumb, voiceless など). **b** 欠性辞 (a-, un-, -less など). **2** 〘論理〙欠性概念, 欠けている概念 (privative concept). **~·ly** *adv.* 〖(1590) □ L *prīvātīvus*: ⇨ private, -ative〗

pri·va·ti·za·tion /pràɪvəṭɪ̀zéɪʃən | -vɪ̀taɪ-, -tɪ-/ *n.* **1** 民営化: They favor ~ of public corporations. 彼らは公共企業体の民営化に賛成している. **2** 私事中心主義 《直接利害のないことに関与しないこと》. 〖(1959) ↓〗

pri·vat·ize /práɪvətàɪz | -vɪ̀-/ *vt.* **1** 民営化する: ~ an airline 航空会社を民営化する. **2** 私事中心の生活をする. 〖(1970) ← PRIVATE＋-IZE〗

priv·et /prívɪ̀t | -vɪt/ *n.* 〘植物〙 **1** モクセイ科イボタノキ属 (*Ligustrum*) の樹木の総称; (特に)セイヨウイボタノキ (common privet) 《ヨーロッパ産で垣根にされる; prim ともいう》. **2** ＝swamp privet. 〖(1542) ← ?: cf. 《廃》*primprint*: 今の形は PRIVATE との類推か(主に目隠しに用いることから)〗

prívet hàwk *n.* 〘昆虫〙コエビガラスズメ (*Sphinx ligustri*) 《旧世界産スズメガの一種; 幼虫は privet を食害する》. 〖1859〗

priv·i·lege /prív(ə)lɪʤ | -v(ə)l-, -vɪl-/ *n.* **1** (官職・身分などを有する特定の人だけに与えられた)特権 (prerogative), 特典, 特別扱い: exclusive ~ 専有特権 / ~ of clergy＝BENEFIT of clergy / ~ of Parliament 《英》議会[議員]の特権《議会開会中は民事事件による不逮捕の特権と言論・人身の自由の特権を有する》/ ⇨ BILL[1] of privilege, special privilege, WRIT[1] of privilege, water privilege / grant a ~ to …に特権を与える. **2** (個人的な)恩典, 特恵, 格別の恩恵, 名誉: enjoy the ~ of a person's friendship 人と親しく交際する光栄をもつ / To converse with him is a ~. 彼と談話を交えることは特別の名誉だ. **3** 専売権, 特許(権). **4** (弁護士などが有する)守秘権. **5** 《米》〘証券〙＝option 3 b. **6** [the ~] 《まれ》(近代立憲国における)基本的人権: *the* ~ of citizenship 市民権.

privilege of the fáith [the —] 〘カトリック〙＝Petrine privilege.

— *vt.* **1** …に特権[特典]を与える: I was ~*d* to see him everyday. 毎日彼に会う特権を与えられた. **2** (特典的に)許可する. **3** 特典として(…から)免除する (exempt) 〔*from*〕.

〖(?a1160) *privileg(i)e* □ AF **privilegie* & (O)F *privilège* □ L *prīvilēgium* law for or against any individual ← *prīvus* 'PRIVATE'＋*lēg-*, *lēx* law (⇨ legal)〗

SYN 特権: **privilege** 特定の人やグループにだけ許されている特別な権利: Alumni have the *privilege* of using the library. 校友は図書館を利用する特権がある. **prerogative** 資格によってしばしば法的または公的に与えられた特権: the royal *prerogative* 国王の大権.

prívilege càb *n.* 《英》特権タクシー《特殊な場所(特に駅)で客待ちすることを許されるタクシー》. 〖1906〗

priv·i·leged /prív(ə)lɪʤd | -v(ə)l-, -vɪl-/ *adj.* **1** 特権[特典]を与えられた[有する], その人だけが持っている; 特別許可[免除]された: a ~ class 特権階級 / a ~ few 少数の特権階級の人々 / a ~ parking place 専用駐車場 / a youth of his ~ background 彼ほどに恵まれた環境の青年. **2** 〘法律〙 **a** 〈発言・情報など〉免責特権の《一定の情況にあっては名誉棄損の責任を免れる》. **b** 〈発言・情報など〉証言拒否特権の《何らかの証言を裁判所に提出するよう要求されないことにいう》. **3** 〘海事〙〈船舶が〉先行権のある (cf. burdened). 〖a1398〗

prívileged áltar *n.* 〘カトリック〙特権のある祭壇《その祭壇でミサを行うと死者のための贖宥(しょくゆう)が与えられる》. 〖1885〗

privileged communicátion *n.* 〘法律〙 **1** 秘密情報《弁護士・牧師・夫・妻など信頼関係にある者に話したことで法廷において発表を強制されないもの; confidential communication ともいう》. **2** 免責表示.

priv·i·ly /prívɪ̀li/ *adv.* 《古・文語》ひそかに, 秘密に. 〖(c1300): ⇨ privy (adj.), -ly[1]〗

priv·i·ty /prívəṭi | -vɪ̀ti/ *n.* **1** 〔…に〕内々関知すること《同意・共感を意味する》〔*to*〕: with his ~ and consent 彼の同意を得て / with [without] the ~ of others 他人に知らせて[知らせないで] / He was suspected of ~ *to* the plot. 彼はその陰謀に内々関与したという疑いを受けた. **2** 〘法律〙(契約など同一権利に関する)相互関係, (二人の当事者間の)貸借[血縁, 雇用]関係; (二人以上の者の間の)特殊関係, 当事者関係: ~ of estate [tenure] 不動産権保有関係《地主・借地人関係》. **3** [*pl.*] 陰部 (private parts). 〖(?a1200) *privite*, *privete* □ OF *priveté* ← L *prīvus* 'PRIVATE': ⇨ -ity〗

priv. pr. 《略》privately printed 自費出版の, 私家版の.

priv·y /prívi/ *adj.* (**priv·i·er**; **-i·est**) **1** 〔秘密などに〕内々関与している, 〔…の〕内情に通じた, 〔陰謀などに〕加わっている〔*to*〕: ~ *to* the company's innermost secrets 会社の最高機密に関与して. **2** 《古》一個人の (personal), (国王)私用の, 私有の. **3** 《古》〈物・場所が〉人目を避けた (secluded), 引っ込んだ (retired), 隠れた; 秘密の, 内密の[に行われた].

— *n.* **1** 便所, (特に)屋外便所 (latrine). **2** 〘法律〙(訴訟において)当事者関係人《判決の拘束力を受ける当事者以外の者》: Ancestor and heir are *privies* by estate. 被相続人と相続人とは遺産によって(法的)関係人[当事者]である. ***in prívy*** 内証で, 私的に, ひそかに.

〖(?a1200) *prive* □ (O)F *privé* ＜ L *prīvātum* 'PRIVATE': ⇨ -y[3]〗

prívy chámber *n.* **1** 宮廷の私室. **2** 《古》(個人の)専用室. 〖c1300〗

prívy cóuncil *n.* **1** [the P- C-] (英国の)枢密院《国務に関する国王の顧問官の集合体; 内閣制度ができる前は内閣の役割をしていたが現在は主として名誉職》. **2** [時に P- C-] (英連邦(特にカナダ)または他の国の)枢密院. **3** 顧問院《国王の私的な補弼(ほひつ)者の一団》. **4** 《古》私的[秘密]諮問機関. 〖c1300〗

prívy cóuncillor [cóunsellor] *n.* 《英》 **1** [P- C-] 枢密顧問官 (略 PC). **2** 機密問題に関する相談役. 〖c1380〗

prívy párts *n. pl.* 《古》陰部.

prívy púrse *n.* **1 a** [しばしば the P- P-] 《英》御内帑(ど)金, お手許金《国王の個人的用途に供する金で王室費 (civil list) の一部をなす》. **b** (一般に)王室費. **2** [通例 P- P-] ＝KEEPER of the Privy Purse. 〖1664〗

prívy séal *n.* 《英》 **1** [通例 the ~] 王璽(おうじ) 《国璽 (great seal) を要しない認可書などに以前使った》: the Keeper of the *Privy Seal* (英国)王璽保管官. **2** [the P- S-] ＝Lord Privy Seal. 〖?1350–75〗

prívy vérdict *n.* 〘法律〙未公式評決; 一時保留評決《後の公開の法廷で確認することを条件に, 法廷外で内密に裁判官に知らせる評決; 今は密封評決 (sealed verdict) を用いる》. 〖1628〗

prix /príː; *F.* pʁi/ *n.* (*pl.* ~) ＝prize[1] 1. 〖□ F ＜ OF *pris*: ⇨ price〗

prix fixe /príːfìːks, -fíks | -fíks, -fiːks; *F.* pʁifiks/ *F. n.* (*pl.* **~s** /~; *F.* ~/) (通例フルコースの)定食 (table d'hôte) (cf. à la carte); 定食の値段. 〖□ F ~ 'fixed price'〗

Príx Goncóurt *n.* [the ~] ＝Goncourt Prize.

prize[1] /práɪz/ *n.* **1 a** 賞, 褒美(ほうび), 賞品 (⇨ reward SYN): a money ~ 賞金 / ⇨ Nobel prize / a ~ for good conduct 善行賞 / a ~ at an exhibition 展覧会の賞品 /carry off [gain, take] a ~ 賞を得る / win (the) first ~ 1 等賞を得る. **b** 景品, 懸賞, 当たりくじ: draw a ~ in the lottery 当たりくじを引く / My number came up a ~ in the lottery. 福引で私の番号が当たった. **2** (競争または努力する)目的物, 競争する価値のあるもの, 人のうらやむもの: the ~s of life 人生の追及物《富・名誉など》/ a ~ of a girl すばらしい女の子 / gain the ~s of a profession 高い地位をかち得る. **3** 《口語》(同類の中で)ずばぬけてすばらしいもの, 申し分のないもの, 貴重なもの: pick up a ~ at a sale 売出しですばらしいものを見つける. **4** 《古》競争, 試合.

pláy a prize 《古》(賞品[賞金]を得ようとして)試合[競争]に出る. ***pláy one's príze*** 私利を計る. ***(there are) nó prízes for guéssing*** … はだれにでもわかる, 明白だ.

— *adj.* **1** 賞品として得た[与えられた]: a ~ cup 賞杯 / a ~ medal 優勝[優等]メダル / ⇨ prize money. **2** 受賞の, 入賞の, 入選の (cf. 3 b): a ~ dog, rose, etc. / a ~ essay, poem, novel, etc. / I want you to have a look at our ~ bull. 品評会で入賞した雄牛をちょっとご覧いただきたい. **3 a** 懸賞つきの: a ~ contest 懸賞コンクール / ⇨ prizefight. **b** 懸賞コンクールに参加した (cf. 2): a ~ film, story, etc. **4** 《口語》賞品を得るにふさわしい, 一流の (first-rate); 非常に尊敬される, すばらしい. **b** [反語的に] 表彰ものの, 実にひどい, 名うての: a ~ idiot 実にひどい大ばか者. 〖(c1250) *prise*, *pris* □ OF *pris* (F *prix*): ⇨ price: 今の形は prize[4] の影響を受けたもので, Shakespeare の頃から〗

prize[2] /práɪz/ *vt.* **1** 重んじる (esteem), 高く評論する, 尊ぶ, ありがたく思う; 大切にする, 秘蔵する (⇨ appreciate SYN): my most ~*d* possessions＝the possessions I ~ most 私の最も貴重な所有物 / We ~ liberty more than life. 我らは生命よりも自由を尊ぶ. **2** 《廃》評価する (rate). 〖(1375) *prise(n)* □ OF *pr(e)isier* (F *priser*) to praise ＜ L *pretiāre* to prize, value: ⇨ praise〗

prize[3] /práɪz/ *vt.* てこで揚げる[動かす], 押し開ける, こじ開ける (pry): ~ *off* [*out*, *up*] a door 戸をこじ開ける / ~ a window open 窓をこじ開ける / He ~*d up* the lid of [*off*] the box. 箱のふたをこじ開けた.

prize out (***of***) (1) 〈石などを〉(…から)苦労して取り除く. (2) 〈〈人〉から〉〈秘密などを〉やっと聞き[探り]出す: ~ *out* a secret / ~ a secret *out of* a person.

— *n.* 《方言》てこ (lever); てこの力 (leverage).

〖(c1400) *prise* □ (O)F 'a taking hold' (↓)〗

prize[4] /práɪz/ *n.* **1** 分捕(ぶんど)り品, 捕獲物, 戦利品 (booty); (特に)分捕り艦船, 拿捕(だほ)船 (capture); 捕獲財産 (cf. booty): become (the) ~ of [*to*] …に捕獲される / condemn the commodities as lawful ~ その商品を正当の拿捕物件として没収する / make (a) ~ of 〈船・積荷などを拿捕する. **2** 掘出し物, 意外の利得 (windfall). **3** 《廃》捕獲, 分捕り. **—** *vt.* 分捕る, 捕獲[拿捕]する. 〖(?a1300) *prise* □ (O)F (fem. p.p.) ← *prendre* ＜ L *pr(a)ehendere* to seize: cf. prey, prehensile〗

príze cóurt *n.* 《英》〘法律〙(戦時海上)捕獲物審判所 《1873 年廃止; 現在その管轄権は High Court の所管》. 〖1810〗

príze crèw *n.* 〘海事〙拿捕(だほ)艦船回航員. 〖1830〗

prized *adj.* 大変貴重な; かけがえのない. 〖(1538): ⇨ prize[2]〗

príze fèllow *n.* 《英》prize fellowship を受ける学生. 〖1897〗

príze fèllowship *n.* 《英》試験成績の優秀な学生に与える奨学金. 〖1897〗

príze·fìght *n.* プロボクシングの試合; (特に素手でやった 18–19 世紀のボクシングの)懸賞試合. 〖(1824)《逆成》↓〗

príze·fìghter *n.* プロボクサー. 〖1703〗

príze·fìghting *n.* ボクシング; (特に)プロボクシング. 〖1706〗

príze-gìving *n.* 《英》(学校などの)賞状授与式. 〖1905〗

príze·less *adj.* 賞を受けたことのない, 無名の. 〖1897〗

príze·man /-mən/ *n.* (*pl.* **-men** /-mən, -mèn/) 《英》(学術関係の)受賞者: a Nobel ~ ノーベル賞受賞者. 〖1800〗

príze màster *n.* 〘海事〙拿捕(だほ)艦船回航指揮官. 〖1760〗

príze mòney *n.* **1** 〘海事〙捕獲賞金《捕獲物を売却して捕獲者に分配する賞金》. **2** 賞金. 〖1748〗

príz·er *n.* **1** 《古》懸賞金目当ての競技者. **2** 《廃》＝appraiser. 〖1: (1599): ⇨ prize[1], -er[1]. 2: (1427): ⇨ prize[2], -er[1]〗

príze rìng *n.* **1** プロボクシング場, リング. **2** [集合的] プロボクサー; その後援者. **3** [しばしば the ~] プロボクシング; プロボクシング界. 〖1822〗

príze·wìnner *n.* 受賞者, 賞品[賞金]獲得者; 受賞作品[製品]. 〖1893〗

príze·wìnning *adj.* 受賞した, 入賞の: a ~ design, writer, etc. 〖1919〗

príze·wòrthy *adj.* 賞に値する. 〖1635〗

Prjeválski's hórse *n.* ＝Przewalski's horse.

PR màn /píːáəmæ̀n | -áː-/ *n.* (*pl.* **PR men** /-mèn/) 《米》広報担当官 (《英》public relations officer).

PRN, p.r.n. 《略》〘法律・処方〙pro re nata.

pro[1] /próʊ | prə́ʊ/ *n.* (*pl.* **~s** /~z/) **1** 《口語》プロ, 玄人(くろうと), 専門家, 職業選手: a golf [cricket] ~ プロゴルファー[プロのクリケット選手] / investment ~s 投資の専門家, 玄人筋 / turn [go] ~ 《口語》プロに転向する. **2** 《俗》売春婦 (prostitute). **—** *adj.* 《口語》玄人の, 専門家の, 職業の, プロの: a ~ boxer プロボクサー. 〖(1866)《略》← PROFESSIONAL〗

pro[2] /próʊ | prə́ʊ/ *n.* (*pl.* **~s** /~z/) **1** 賛成論 **2** 賛成の立場, 賛成者, 賛成側. **3** 賛成票.

the prós and cóns [***contras***] 賛成投票[論]と反対投票[論], 賛否両論; 利点と欠点: listen to *the ~s and cons* [contras] of a matter ある問題の賛否両論に耳を傾ける / consider *the ~s and cons* before deciding to buy a house 家を買う前にその有利と不利を考慮する.

— *adv.* 賛成して (↔ con): They debated it ~ and con [contra]. 賛成反対の討論をした.

— *adj.* 好意のある, 賛成の. **—** /pròʊ | prəʊ/ *prep.* …に賛成して (for). ★ 通例次の句で: ~ and con [contra] …の賛否を戦わして, の可否を問うて.

〖(?c1400): ⇨ pro-[1]〗

pro[3] /pròʊ | prəʊ/ *L. prep.* …のために; …に応じて. 〖(1468) □ L *prō* before, in front of, on behalf of: cf. for, fore[1] / Gk *pró* before〗

Pro 《略》Professional; Provost.

PRO /píːàəóʊ | -àː(r)əʊ/ 《略》public relations officer; 《英》Public Record Office.

pro. 《略》procedure; proceed; procure; profession.

pro-[1] *pref.* **1** /pròʊ | prəʊ/ 英語の現用接頭辞として次の意味を表す: **a**「…の代わりに[の], 副 (vice)」: *pro*cathedral; (文法用語として) *pro*infinitive, *pro*-verb. **b**「…に賛成の, …びいきの」(↔ anti-): *pro*slavery / *pro*-Japanese 日本びいきの. **2** /prə, proʊ | prə(ʊ)/ ラテン語系の接頭辞として次の意味を表す: **a**「前へ」: *pro*ceed, *pro*duce, *pro*ject, *pro*gress. **b**「前方へ下降して, 前下に」: *pro*lapse, *pro*strate. **c**「正面で, 前面に」: *pro*hibit, *pro*tect. **d** /pròʊ, próʊ | prəʊ, prə́ʊ/「代わり」: *pro*consul, *pro*noun. **e**「公に (publicly)」の意: *pro*claim, *pro*nounce. **f**「…に応じて」: *pro*portion. 〖ME □ (O)F ~ // L *prō-* ← *prō* (adv., prep.) before, to, for ＜ IE **pro* forward (Gk *pró* before / G *ver-*)〗

pro-[2] /prə, pròʊ, prɑ̀(ː) | prə, prə(ʊ), prɒ/ *pref.* **1**「(位置が)前の」の意で多く学術用語に用いる: *pro*gnathous, *pro*scenium. **2**「(時間・順序が)前の」の意: *pro*logue, *pro*phet. 〖□ L & Gk ~ ← Gk *pró* before (↑)〗

pro·a /próʊə | prə́ʊə/ *n.* 〘海事〙＝prahu.

pro·ac·cel·er·in /pròʊæksélərɪ̀n | prəʊæksélərɪn/ *n.* 〘生化学〙プロアクセレリン《血液凝固促進因子の一つ; 血漿または組織中にあり, 活性化されるプロトロンビン (prothrombin) をトロンビン (thrombin) に変化させる; accelerator globulin ともいう》. 〖(1951) ← PRO-[1]＋ACCELER(ATE)＋-IN[2]〗

prò·áctive *adj.* **1** 〘心理〙順向の, 先行学習に影響された. **2** イニシアティブをとる, 出来事を予測して行動する. 〖1933〗

proáctive inhibítion [interférence] *n.* 〘心理〙順向[前進]抑制《前に記憶[学習]した事柄によって次の記憶[学習]が妨げられること; cf. retroactive inhibition》.

prò-Álly *adj.* (第一次・第二次大戦で)連合国側を支援する. 〖(1951) ← PRO-[1]＋ALLY[1]〗

pro-am /próʊǽm | prə́ʊ-ˊ-/ *adj.* 〈ゴルフトーナメントなど〉プロアマ混合の; プロアマ混合競技(参加選手)の. **—** *n.* (ゴルフなどの)プロアマ混合試合《通常, プロへの登竜門》. 〖(1949) ← PRO[1]＋AM(ATEUR)〗

prob. 《略》probability; probable; probably; problem.

prob·a·bil·i·o·rism /prɑ̀(ː)bəbíliərɪzm | prɒ̀b-/ *n.* 〘カトリック〙厳格蓋然(がいぜん)説《法の解釈は証拠の多い方に従うべしとする説》. **pròb·a·bíl·i·o·rist** /-rɪ̀st | -rɪst/ *n.* 〖(1845) □ F *probabiliorisme* ← L *probābilior* (compar.) ← *probābilis* 'PROBABLE': ⇨ -ism〗

prob·a·bi·lism /prɑ́(ː)bəbəlìzm | prɔ́bəbɪ̀-/ *n.* **1**

〖哲学〗蓋然(がいぜん)論. 2〖カトリック〗蓋然説(法の解釈に疑義のあるときは蓋然性に従うべきだとする説; cf. equiprobabilism). **prób·a·bi·list** /-lɪ̈st | -lɪst/ *n.* **prob·a·bi·lís·tic** /prɑ̀(ː)bəbəlístɪk | prɔ̀bəbɪ̈-⁻/ *adj.* **pròb·a·bi·lís·ti·cal·ly** *adv.* 〖《1842》□ F *probabilisme* ← L *probābilis* 'PROBABLE': ⇨ -ism〗

prob·a·bil·i·ty /prɑ̀(ː)bəbíləti | prɔ̀bəbílɪ̈ti/ *n.* **1** ありそうなこと, もっともらしいこと; 見込み, 公算. ★ possibility, likelihood よりも確実性が強く certainty よりは弱い: There is a strong [high] ~. 公算が強い[高い] / The *probabilities* are against us [in our favor]. 我々に勝目はない[ある] / The ~ is *that* ...多分...であろう / There is every [no] ~ *of* [*of doing, that*] ...ということは十分ありそうだ[全くありそうもない]. **2**〖哲学〗蓋然(がいぜん)性. **3**〖数学・統計〗確率. **4** [*pl.*]《米俗》天気予報. ***in áll probabílity*** 多分, 十中八九は (quite probably). 〖《*c*1443》□ F *probabilité* □ L *probābilitātem* ← *probābilis* 'PROBABLE': ⇨ -ity〗

probabílity cùrve *n.*〖数学・統計〗**1** 確率(密度)曲線, 確率グラフ《確率密度関数 (probability density function) のグラフ》. **2** 正規曲線 (⇨ Gaussian curve). 〖1893〗

probabílity dènsity *n.*〖数学・統計〗**1** 確率密度関数 (⇨ probability density function). **2** 確率密度《確率密度関数のある点における値》. 〖1939〗

probabílity dènsity fùnction *n.*〖数学・統計〗確率密度関数《確率分布 (probability distribution) の導関数; 単に density function ともいう; cf. cumulative distribution function, frequency distribution》. 〖1957〗

probabílity distribùtion *n.*〖数学・統計〗確率分布《確率変数 (random variable) や統計量のとる値が *x* 以下である確率を *F*(*x*) とおいて得られる関数; probability distribution function, distribution function, 単に distribution ともいう》. 〖1937〗

probabílity fùnction *n.*〖数学・統計〗確率関数《離散確率変数の各値に, それが起こる確率を対応させる関数》. 〖1906〗

probabílity thèory *n.*〖数学〗確率論 (theory of probability). 〖1930〗

prob·a·ble /prɑ́(ː)bəbl̩ | prɔ́b-/ *adj.* **1** ありそうな, ありうる, ...しそうな, もっともらしい, 蓋然(がいぜん)的な (cf. possible 2): the ~ cost 費用の見積もり / ~ issues [results] of an action ある行為のありそうな結果 / It is [is not] ~ that he will succeed. 彼は成功しそうである[でない] (★ He is [is not] ~ *to* succeed. や It is [is not] ~ for him to succeed. とはいわない) / This account seems ~. この話は本当らしい. **2** 有望な: ~ evidence 確からしい証拠 / a ~ winner 勝ちそうな人[馬], 優勝候補, 有望な候補者. — *n.* **1** 起こりそうな事件, できそうなこと. **2 a** 予想出場者[馬]; 予想される候補者. **b** 有望な候補者. **c** (フットボールなどの)未来の選手, 新人. **d** 補欠 (cf. possible 4). **3** (敵機の)撃墜落見込(数), (敵艦の)撃沈見込(数), (敵戦車の)撃破見込(数), 推定撃墜[撃沈]機[艦] (cf. kill[1] 4). 〖《*a*1387》□ (O)F □ L *probābilis* ← *probāre* to prove, approve, test: ⇨ probe, prove, -able〗

SYN 可能な: **probable** 確実ではないにしても, 統計上あるいは状況から判断して大いに起こりそう[ありそう]な: A railroad strike seems highly [very] *probable*. 鉄道ストはまず確実と思われる. **possible** *probable* ほどではないが, 状況によって理論的に起こりうる[なされうる]: a *possible* event 起こりうる事件. **likely** *possible* よりは物事の起こる可能性は大きいが, *probable* よりは確実性が低い: There are a number of *possible* explanations; the first three are all *likely*, but the second seems the *probable* one. 可能な説明はいくつかある. 最初の三つはいずれもありそうな説明だが, 二番目のものが確実性が高いようだ.
ANT improbable, unlikely.

---

próbable cáuse *n.* **1** 考えられる原因. **2**〖法律〗(被疑者が犯罪を遂行したことあるいは権利の存在を認めるに足りる)相当な根拠, 相当な理由. 〖*a*1676〗

próbable érror *n.*〖統計〗確率誤差, 蓋然(がいぜん)誤差.

prob·a·bly /prɑ́(ː)bəbli | prɔ́b-/ ★くだけた会話では /prɑ́(ː)bli | prɔ́bli/ と発音されることもある. *adv.* 恐らく, たいてい, 十中八九は (most likely): It will ~ be near midnight by the time we get home. 家に着くのは恐らく真夜中近くだろう / She is most [very] ~ struck in a traffic jam. 彼女は十中八九交通渋滞で動きがとれないんだろう / The case will ~ be dropped for lack of evidence. 事件は証拠不十分のためにたぶん却下されるだろう / Is it true? —*Probably* (so) [*Probably* not]. それは本当ですか—多分ね[多分本当じゃないね]. 〖《*c*1535》: ⇨ probable, -ly[1]〗

SYN 恐らく: 話し手の確信度は次の順に低くなる: **probably** 十中八九は: He will *probably* succeed. 十中八九は成功する. **perhaps, maybe** ことによると《確率が高い場合に用いる》: *Perhaps* [*Maybe*] he will come. あるいは来るかもしれない. **possibly** ひょっとしたら《確率が低い場合に用いる》: It may *possibly* true. ひょっとしたら本当かもしれない.

---

pro·band /próʊbænd | práʊ-/ *n.*〖法律〗=propositus 3. 〖《1929》□ L *probandus* (ger.) ← *probāre* to try, test: ⇨ prove〗

pro·bang /próʊbæŋ | práʊ-/ *n.*〖外科〗推下器, 咽喉[食道]消息子《薬物塗布や異物除去用に使用する殺菌ガーゼ付きの器具》. 〖《1657》《変形》← 《古形》*provang* ← ? 《廃》*prov*(*et*) probe (← F *éprouvette*)+(F)ANG〗

pro·bate /próʊbeɪt | práʊbeɪt, -bɪ̈t/〖法律〗*n.* **1** 遺言書内容適法性確認手続き《裁判所が遺言書の内容の有効性と遺言執行者 (executor) の指定の有無を確認すること; 執行者が指定されていない場合には裁判所が遺産管理人 (administrator) を任命する; ⇨ probate court》. **2** 遺言書内容確定権. **3** 遺言内容が確定した遺言書. **4**《米》検認裁判所所管事項. — *adj.* 遺言検認の: a ~ judge 検認判事.
— /próʊbeɪt | práʊ-/ *vt.*《米》**1**〈遺言書を〉検認する, 〈遺言書〉の検認を受ける (《英》prove). **2**〈刑の執行猶予を受けた者などを〉保護観察に付ける.
〖《*a*1400》□ L *probātum* (neut. p.p.) ← *probāre* 'to try, test, PROVE': ⇨ -ate[1]〗

próbate cóurt *n.*〖法律〗(遺言)検認裁判所《米国では州によって異なった名で呼ばれる; Connecticut では court of probate, New York では surrogate's court, Georgia と以前の South Carolina では ordinary's court, Maryland や New Jersey などでは orphans' court など》. 〖1847〗

próbate dúty *n.*〖法律〗相続動産税《今は estate tax に含まれる》. 〖1845〗

pro·ba·tion /proʊbéɪʃən | prə(ʊ)-/ *n.* **1**〖法律〗(刑の宣告または執行を猶予して行う)保護観[監]察(期間): the ~ system 保護観察[執行猶予]制度 / grant ~ to 〈犯罪者〉を保護観察に付する. **2 a** 試験[見習い]期間, 仮採用期間, 試補期間: during ~ 見習い期間中 / pass a ~ 見習い期間を無事通過する. **b** (人物・技能などを見定めるための一定期間の)試験, 見習い, 仮採用. **c** 吟味, 試験. **3**《米》(解雇するかどうか様子を見るための)観察期間; (失格・処罰学生の)仮及第期間, 謹慎期間. **4** (宗教団体が聖職・入会希望者に課する)入会試験, 聖職見習い期間. **5**〖神学〗試練 (ordeal): future [second] ~ 来世試験説 / This life is a ~. この世は試練だ. **6**《廃》証拠, 立証, 証明. ***on probátion*** (1)〖法律〗保護観察[執行猶予]で; 《米》〈従業員が〉観察期間中で: place [put] an offender *on* ~ 犯罪者を保護観察に付する. (2) 試験のため; 見習いで, 仮及第で. ***ùnder probátion***〖法律〗= *on* PROBATION (1).
~·shìp *n.* 〖《*c*1412》□ OF *probacion* (F *probation*) // L *probātiō*(*n*-): ⇨ probate, -ation〗

pro·bá·tion·al /-ʃnəl, -ʃənl̩/ *adj.* =probationary. **~·ly** *adv.* 〖⇨ ↑, -al[1]〗

pro·ba·tion·ar·y /proʊbéɪʃənèri | prə(ʊ)béɪʃ(ə)nəri/ *adj.* **1**〖法律〗(宣告または執行を猶予されて)保護観察(中)の: a ~ prisoner 保護観察中の被告 / a ~ officer=probation officer. **2** 試補の, 見習いの. **3**《米》仮及第中の, 謹慎中の. **4** 試みの, 試練の. 〖《1664》← PROBATION+-ARY〗

probátionary assìstant *n.* (NZ) (見習い期間の)教師(略 PA).

pro·bá·tion·er /-ʃ(ə)nə | -nə(r)/ *n.* **1** 刑執行猶予者, 保護観察処分を受けた者. **2** 見習い期間にある者, 試補; 見習看護婦; 仮採用の奨学生; 仮入会者, 仮及第者. **3 a** =licentiate 3. **b**《スコット》伝道試験中の神学生. **~·shìp** *n.* 〖《1603》: ⇨ probation, -er[1]〗

probátion hòstel *n.*《英》プロベーションホステル《地方自治体が運営する被保護観察者用宿舎; cf. bail hostel》.

probátion òfficer *n.*〖法律〗(刑の宣告または執行猶予中の者の)保護観察官, 保護司(略 prob. off.). 〖1906〗

pro·ba·tive /próʊbətɪv, prɑ́(ː)b- | práʊbət-/ *adj.* **1** 試みる, ためす, 試験的な. **2** 立証の, 証明する, 証拠となる. **~·ly** *adv.* 〖《1453》□ L *probātīvus*: ⇨ probate, -ative〗

pro·ba·to·ry /próʊbətɔ̀ːri | práʊbətəri, -tri/ *adj.* = probative. 〖《1593》□ ML *probātōrius* ← L *probātus*: ⇨ probate, -ory[1]〗

probe /próʊb | práʊb/ *vi.* **1** (真相を突き止めるべく) [...に]メスを入れる, 厳密に探る [*at, into*]: ~ *at* a person (尋問などして)人を厳密に調べる. **2** [...を]探り針で探る (explore); (手などを入れて)深く探る [*for*]: ~ *for* the bullet. — *vt.* 徹底的に調べる, 精査する: ~ a person 's throat, body, etc. / ~ a matter to the bottom 事件を徹底的に調査する. — *n.* **1 a**〖医学〗探り(針), 消息子, ゾンデ; 探り針による診察, 探針法. **b**《英》〖歯科〗探針(たん), プローブ《組織・器官の直視できない部分を探る針状の器具》. **2** 試験, 試み (trial). **3** 徹底的な調査[探求], 精査; 《米》(不法行為に対する議会委員会の)調査 (⇨ inquiry SYN). **4** 探検, 偵察, 探査, 探測. **5**〖宇宙〗**a** 探測機《自動観測装置などを積載した無人飛行体》: moon [Mars, Venus] ~*s* 月[火星, 金星]探測機 / lunar ~*s* 月探査用ロケット. **b** 探査装置《大気圏外など到達不可能な地域の調査に用いられる探査用ロケット・人工衛星・望遠鏡など》. **6**〖物理・電気〗(検査器の)プローブ, 探針《計測用の針状電極または類似の形態の計測用前処理用装置》. **7**〖航空〗(空中給油用)プローブ, 空中受油パイプ《ドローグ (drogue) に挿入して給油を受ける; cf. boom[2] 2 b》. **8**〖電子工学〗プローブ《外部回路に連結させるため導波管 (waveguide) または空洞共振器 (cavity resonator) に挿入する伝導体》. **~·a·ble** /-bəbl̩/ *adj.*

prób·er *n.* 〖n.: 《?*a*1425》《廃》'printer's proof' □ ML *proba* test, (LL) proof ← L *probāre* 'to PROVE, test'. — v.: 《1649》← (n.): PROOF と二重語〗

pro·ben·e·cid /proʊbénəsɪ̈d | prə(ʊ)bénɪ̈sɪd/ *n.*〖薬学〗プロベネシッド ($C_{13}H_{19}NO_4S$)《痛風の尿酸排泄促進薬》. 〖《1950》← PRO(PYL)+BEN(ZEN)E+(A)CID〗

prób·ing *adj.* 探りを入れる; 徹底的な; 鋭い. **~·ly** *adv.* 〖1795〗

prob·it /prɑ́(ː)bɪ̈t | prɔ́bɪt/ *n.*〖統計〗プロビット《確率を計る一単位; 正規偏差値 (normal equivalent deviate) に 5 を足した値》. 〖《1934》← PROB(ABILITY)+(UN)IT〗

pro·bi·ty /próʊbəti, prɑ́(ː)b- | práʊbɪ̈ti, prɔ́b-/ *n.* 正直, 廉潔 (⇨ honesty SYN). 〖《*c*1425》(O)F *probité* // L *probitātem* honesty ← *probus* good: ⇨ prove, -ity〗

prob·lem /prɑ́(ː)bləm, -lɛm | prɔ́blɪ̈m, -lɛm/ *n.* **1** 問題, 課題; 疑問, 困ったこと, 解しかねること: the housing [unemployment] ~=the ~ of housing [unemployment] 住宅[失業]問題 / the ~*s* of city life 都会生活の[に伴う]諸問題 / set a person a ~ 人に問題を課する / Money poses [presents] a ~. 金は問題を引き起こす / He has a drinking ~. 彼は酒癖が悪い / The ~ is (how) to prevent it. それをどうして防ぐかが問題である / He had the ~ *of finding* [*of how to* find] a job. 仕事を見つける[どうして見つけるか]という問題があった / She had no ~ finding [to find] a job. 彼女はすぐ仕事を見つけた / That always is the ~ *with* tourists. それはいつも観光客のいけないところです / Will it be finished by tonight?—That's [It's] not my ~: speak to the plumber. 今夜までに終わりますか—そんなこと私にはわかりません. 工事担当者に話して下さい / That's your ~. それは君の問題だ; 私の知ったことではない / What's your ~? どうかしてるんじゃないの《不可解なことをした相手に対して》. **2** 扱いにくい人, 悩みの種: The child is a (great) ~ (*to* me). あの子は(とても)やっかいだ / His whole attitude is a ~ to me. 彼の態度はどれもこれも私にはわからない. **3**〖物理・数学〗問題, 課題: a ~ *in* mathematics =a mathematical ~ 数学の問題[課題]. **4**〖数学〗作図(問)題 (problem for construction). **5**〖チェス〗(ある種の制限を加えた)作局, 問題, 詰め将棋 (chess problem).
hàve a próblem with ... のことで困っている; ...を受け入れがたく[どうかと]思う: Do you *have any* ~*s with* that? 一体どこが悪いっていうの《対立する意見をもつ相手に対して》. ***Nó próblem.***《口語》問題[わけ]ないよ, 大丈夫だよ; おやすいご用だ.
— *adj.* [限定的] **1** 厄介な, 問題となる, 手に負えない: a ~ child 問題児 / a ~ drinker 酒癖の悪い人. **2**〖文学〗社会・道徳的問題を扱う: a ~ novel [play] 問題小説[劇].
〖《*c*1384》*probleme*《廃》riddle □ (O)F *problème* // L *problēma* □ Gk *próblēma* something thrown forward (for discussion) ← *probállein* to throw before ← PRO-[2]+*bállein* to throw (cf. emblem, ballistic)〗

prob·lem·at·ic /prɑ̀(ː)bləmǽtɪk | prɔ̀blɪ̈mǽt-⁻/ *adj.* **1** 問題の, 問題となる, 疑問の (questionable); 未決の, 未定の (undecided); 疑わしい, おぼつかない, 不確かな (doubtful): Its success is ~. その成否は疑問だ. **2**〖論理〗蓋然(がいぜん)的な《可能的だが必然的には真でない》: ~ judgment 蓋然(的)判断. — *n.* (研究分野での)未解決の問題. 〖《1609》□ F *problématique* // LL *problēmaticus* □ Gk *problēmatikós* ← *próblēma* (↑): ⇨ -atic: cf. G *problematisch*〗

pròb·lem·át·i·cal /-tɪ̈kəl, -kl̩ | -tɪ-⁻/ *adj.* =problematic.

pròb·lem·át·i·cal·ly *adv.* 問題として, 疑わしく, 疑問となって, おぼつかなく. 〖1588〗

prob·lem·a·tist /prɑ(ː)blémətɪ̈st | prɔblémətɪst/ *n.*〖チェス〗=problemist. 〖← L *problēmat-*, *problēma* chess problem+-IST〗

prob·le·ma·tize /prɑ́(ː)bləmətàɪz, -blɛm- | prɔ́blɪ̈m-, -blɛm-/ *vt.*《まれ》問題化[視]する, 問題とみなす.

prob·le·ma·ti·za·tion /prɑ̀(ː)bləmətɪ̈zéɪʃən, -blɛm- | prɔ̀blɪ̈mətaɪ-, -tɪ-/ *n.* 〖《1910》: ⇨ problem, -ize〗

prób·lem·ist /-ləmɪ̈st | -ləʃmɪst, -lɛ-/ *n.*〖チェス〗作局[詰め将棋] (problem) の研究者, 作局者. 〖《*a*1615》← PROBLEM (n.) 5+-IST〗

próblem pàge *n.* (新聞・雑誌の)読者相談ページ[コラム], 悩み相談(欄).

próblem-sòlving *n., adj.* 問題解決(の).

prob. off.《略》〖法律〗probation officer.

pro bo·no /pròʊbóʊnoʊ | pràʊbə́ʊnəʊ/ *adv., adj.* 公共の利益のために[の], 無料(奉仕)で[の] (⇨ pro bono publico). 〖↓〗

prò bó·no púb·li·co /-pʌ́blɪkòʊ | -pʌ́blɪkəʊ/ *L. adv., adj.* 公益のために. ★通例 pro bono の形で用いられる. 〖《*a*1726》□ L *prō bono pūblicō* for the public good〗

Pro·bos·cid·e·a /pròʊbəsídiə, -bɑ(ː)s- | pràʊbəsídiə, -bɒs-/ *n. pl.*〖動物〗長鼻目. 〖《1836》← NL ~ ← L *proboscid-*, *proboscis* (⇨ proboscis)+-IDEA〗

pro·bos·ci·de·an /pròʊbəsídiən, -bɑ(ː)s- | pràʊbəsídiən, -bɒs-⁻/ (*also* **pro·bos·cid·i·an** /~/) *adj.* 長鼻の; 長鼻のある; 〖動物〗長鼻目の. — *n.*〖動物〗長鼻目の動物の総称《象・マンモスなど》. 〖《1839–47》: ⇨ ↑, -an[1]〗

proboscides *n.* proboscis の複数形.

pro·bos·ci·dif·er·ous /proʊbɑ̀(ː)sədíf(ə)rəs | prə(ʊ)bɒ̀sɪ̈-⁻/ *adj.* 口先[吻(ふん), 大きい鼻] (proboscis) をもつ. 〖1828〗

pro·bos·cid·i·form /pròʊbɑ(ː)sídəfɔ̀ːm, -bɒs- | prəʊbɒsídɪ̈fɔ̀ːm, -bɒs-/ *adj.* proboscis の形をした. 〖《1837》← NL *proboscid-* (← L *proboscis* (↓))+-I-+-FORM〗

pro·bos·cis /prəbɑ́(ː)sɪ̈s, proʊ-, -skɪ̈s | prə(ʊ)bɒ́sɪs/ *n.* (*pl.* **~·es**, **-bos·ci·des** /prəbɑ́(ː)sədìːz, proʊ- | prə(ʊ)bɒ́sɪ̈-/) **1**〖動物〗口先《ゾウ・バク・テングザルの鼻のようによく発達した鼻口部》. **2 a** (昆虫などの)口先, 吻(ふん). **b** (その他の生物の)同じ様な形の器官 **3**《戯言》(人間の)大きい鼻. 〖《1609》□ L ~ □ Gk *proboskís* elephant's trunk, 《原義》 means of providing food ← PRO-²＋ *bóskein* to feed, graze》

probóscis mónkey *n.* 〘動物〙 テングザル (*Nasalis larvatus*) 《ボルネオ特産; 成長した雄の鼻が大きい; nose ape, nose-monkey ともいう》. 〚1793〛

proboscis monkey

proc. 《略》 procedure; proceedings; process; proclamation; proctor.

pro·caine /próʊkeɪn | próʊkeɪn, ―⌐/ *n.* 〘薬学〙 プロカイン ($C_{13}H_{20}O_2N_2$) 《局部麻酔剤の一種》. 〚(1918) ← PRO-¹＋-CAINE〛

prócaine ámide *n.* 〘薬学〙 プロカインアミド ($C_{13}H_{21}ON_3$) 《心臓性の不整脈の治療薬》. 〚1950〛

prò·cámbium *n.* 〘植物〙 前形成層. **prò·cám·bial** *adj.* 〚(1875) ← NL ～: ⇨ pro-², cambium〛

pro·carp /próʊkɑəp | próʊkɑ:p/ *n.* 〘植物〙 前果体 《造果器と受精糸との総称》. 〚(1887) ← NL *procarpium*: ⇨ pro-², -carp〛

pro·car·y·on /proʊkǽriὰ(:)n, -kér- | prəʊkǽriɒn/ *n.* 〘生物〙 原核 《原核生物の核》. 〚⇨ pro-², karyon: cf. ↓〛

pro·car·y·ote /proʊkǽriòʊt, -kér- | prəʊkǽriəʊt/ *n.* 〘生物〙 原核生物, 前核生物 《核のない生物; 細菌類・藍藻類をいう; cf. eucaryote》. **pro·car·y·ot·ic** /proʊkæ̀riά(:)tɪk, -kèr- | prəʊkæ̀riɔ́t-⁻/ *adj.* 〚(1963) ◻ F ← PRO-²＋Gk *karuōtós* provided with nuts ← *káruon* nut〛

pro·cat·a·lep·sis /proʊkæ̀tələ́psɪ̀s, -tl̩- | prəʊkæ̀t-əlέpsɪs/ *n.* 〘修辞〙 ＝prolepsis 2. 〚(1586) ◻ ML ～ ◻ Gk *prokatálēpsis* anticipation: ⇨ pro-², catalepsy〛

prò·cathédral *n.* 〘教会〙 臨時司教[主教]座聖堂, 仮大聖堂 《大聖堂の修復中などに一時的にその代わりに使われる教区教会》. 〚(1868) ← PRO-¹＋CATHEDRAL〛

pro·ce·dur·al /prəsí:dʒ(ə)rəl, -dʒʊ-/ *adj.* 手続き(上)の; 議事[訴訟]手続きの. ― *n.* 《米》 警察小説 (police procedural) 《警察の捜査を中心としたミステリー》. **～·ly** *adv.* 〚1889〛

procédural agréement *n.* 〘労働〙 団体交渉上の取決め.

pro·ce·dure /prəsí:dʒə | -dʒə(r, -djə(r/ *n.* **1** 《行動の》手続き, 手順, 順序 (process); 行動, 行為, 「手」; 処置, 処分 (measures): a prearranged ～ 予定の行動 / follow the ～ 手順通りにやる; (所定の)手続きを踏む. **2** 〘法律〙 訴訟手続き; 議会議事手続き: the code of civil [criminal] ～ 民事[刑事]訴訟法典 / legal ～ 訴訟手続き / ⇨ summary procedure. **3** 〘電算〙 手続き 《コンピューターで実行される一連の処理》. **4** 《廃》 (行動・状態・事情などの)進行, 前進, 進展, 発展 (progress). 〚(1611) ◻ F *procédure* ← *procéder* 'to PROCEED': ⇨ -ure〛

pro·ceed /prəsí:d | prə-, prəʊ-/ *vi.* **1** 〔…へ〕移る, 改めて行う 〔*to*〕; 〈…し〉始める, 着手する, やり出す (begin) 〈*to do*〉: ～ *to* take off one's coat 上着を脱ぎ始める / Let us now ～ *to* the next business. さあ, 次の仕事に移ろう / ～ *to* blows なぐる, なぐり合いになる. **2 a** 〈仕事などを〉(一時中断した後で)続ける, 続けて行う (continue) 〔*in, with*〕: ～ *with* the game [one's story, investigation] 競技[話, 調査]を続ける. **b** (一時中断した後で)言葉を続ける: 'But this,' he ～*ed*. 'is an exception.' 「しかしこれは例外だ」と彼は続けて言った. **3** 〔…へ〕(停止後また)進む, 進行する, 先へ出る, 進み出す, おもむく 〔*to*〕. ★ この用法では日常語では go が普通: ～ *to* New York ニューヨークへ行く / He then ～*ed to* the next village. それから次の村へ出かけた. **4** 〈事が〉行われる, 運ぶ, 進行する: The trial is ～*ing*. 裁判は進行中である / Decay does not ～ so rapidly in a buried body as in one exposed to the air. 死体を埋めた場合, その腐敗は空気にさらしておく場合ほど早くはない. **5** 〔…から〕発する, 起こる, 出る, 来る, 生じる; 〔…に〕由来する, 起因する (issue) 〔*from, out of*〕: diseases that ～ *from* dirt 不潔から起こる病気 / Sobs were heard to ～ *from* her room. 彼女の部屋からすすり泣きが聞こえた. **6 a** 〔…の〕手続きをする, 処分する 〔*in, with*〕. **b** 〘法律〙 〔…を相手どって〕訴えを提起する, 訴える 〔*against*〕. **7** 〘英大学〙 〔…の〕学位をとる: ～ *to* (the degree of) MA＝～ MA MA の学位をとる. ― /próʊsi:d | prə́ʊ-/ *n.* 《古》 ＝proceeds. 〚(*c*1380) *procede(n)* ◻ (O)F *procéder* ◻ L *prōcēdere* ← PRO-¹＋*cēdere* to go: ⇨ cede〛

pro·céed·er /-də | -də(r/ *n.* **1** 行為者. **2** 《古》 学位取得を志す人; 進歩向上する人.

pro·ceed·ing /prəsí:dɪŋ, proʊ- | prəsí:dɪ-, prəʊ-/ *n.* **1 a** 進行, 続行. **b** [通例 *pl.*] 行為, 所業, やり方 (doings). **c** 処置, 処分: a high-handed ～ 高圧手段. **2** [*pl.*] 議事, 議事録, 会議録, (学会の)会報, 紀要. **3** [*pl.*] 〘法律〙 **a** 訴訟手続き: divorce ～*s* 離婚手続き / oral ～*s* 口頭弁論 / ～*s* in error 破棄手続き, 控訴手続き. **b** 訴訟行為: take [institute] (legal) ～*s* against a person 人に対して訴訟を提起する. **4** [*pl.*] (一連の)出来事. 〚(1425): ⇨ proceed, -ing¹〛

pro·ceeds /próʊsi:dz | prə́ʊ-/ *n. pl.* 収入 (profits), 所得, 売上げ高 (receipts); 収益, 純益: net ～ / the ～ of a business 営業収益 / the gross of a sale ～ 総売上げ高 / the ～ of a cargo 積荷売上げ高 / The ～ will be devoted to charity. 売上げ金は慈善事業に寄付されるはずだ. 〚(1665) (pl.) ← PROCEED (n.)〛

pró·celébrity *adj.* 《スポーツ大会が》有名人がプロ選手と(チームを組んで)参加する.

pro·ce·leus·mat·ic /prὰ(:)sɪ̀l(j)u:smǽtɪk | prɔ̀sɪ̀l-u:smǽt-, -lju:s-⁻/ *adj.* **1** 〈歌が〉鼓舞する, 煽動的な. **2** 〘詩学〙 四短音格の: a ～ foot. ― *n.* 〘詩学〙 四短音格 (tetrabrach). 〚(1751) ◻ LL *proceleusmaticus* ◻ Gk *prokeleusmatikós* ← *prokéleusma* ← *prokeleúein* to incite ← PRO-²＋*keleúein* to urge on〛

pro·ce·phal·ic /pròʊsɪ̀fǽlɪk | prəʊsɪ̀f-, -kef-, -kɪf-, -sef-, -kɪf-⁻/ *adj.* **1** 〘動物・解剖〙 前頭部の. **2** 〘詩学〙 (dactylic hexameter で) 行首余剰音節的な. 〚(1874) ← PRO-²＋-CEPHALIC〛

pro·ceph·a·lon /proʊséfəlὰ(:)n, -lən | prəʊséfələn, -lən/ *n.* **1** 〘動物〙 前脳 《脊椎動物の脳の前部の膨大部分》. **2** 〘昆虫〙 前頭部: **a** 胚子の頭部で, 最初は 3 環節の合着によりなるもの. **b** 昆虫の頭の一部で, 大腮のある節の前方. 〚← NL ～ ← PRO-²-＋-*cephalon* (← Gk *kephalḗ* head)〛

pro·cer·coid /prousə́:kɔɪd | prəʊsə́:-/ *n.* 〘動物〙 プロケルコイド, 前擬充尾虫 《裂頭条虫の第一中間宿主体内にある幼生》. 〚(1926) ← PRO-²＋CERCO-＋-OID〛

proc·ess¹ /prά(:)ses, próʊs-, -səs | prə́ʊses, prɔ́s-, -sɪs/ *n.* (*pl.* ～·**es** /～ɪ̀z, ～i:z | ～ɪ̀z/) **1** 進行, 遂行(されること) (proceeding), (時の)経過, (事の)成り行き, 過程, プロセス, 推移: in ～ of time 時の経過につれて / in (the) ～ of construction [completion] 建造中[完成の途上にある] / We were in the ～ of having breakfast when he came. 彼がやってきた時は朝食の最中だった. **2** (一連の)作用 (operation), 変化, 変遷: a mental [psychological] ～ 精神[心理]作用 / the ～ of decaying [growth] 腐敗[成長]作用. **3** 方法 (method), 手順, 処置; 製法, 工程, 過程: the ～ of making paper 紙の製法 / the ～ of reasoning 推理法. **4** 〘法律〙 被告召喚令状 (summons), 令状 (writ); 訴訟手続き; 訴訟の開始: serve a ～ on …に令状を送達する / ⇨ final process, process server. **5** 〘解剖・生物〙 突起, 隆起. **6** 〘印刷・写真〙 製版(法), 写真製版: the three-color ～ 三色版. **7** 〘映画〙 背景を合成する映画手法, スクリーンプロセス. **8** (機械によらず化学作用などによる)生産方法. **9** 〘電算〙 プロセス 《処理の単位》. **10** ＝conk³. ***in the prócess*** その過程において.
― *adj.* [限定的] **1** (化学的・物理的に)処理加工した: ⇨ process butter, process cheese. **2** 写真製版による; 機械的に複製された: ⇨ process printing. **3** 製造過程中副産物として得られた: ～ heat, steam, etc. **4** 〘映画〙 背景を合成する手法の: ⇨ process shot.
― *vt.* **1 a** (商品化するために防腐など)〈材料や食品〉に加工する, 処理する (treat). **b** フードプロセッサー (food processor) で〈食品を〉下ごしらえする. **c** (再利用などのために)〈廃物などを〉化学的に処理加工する. **2** 〘法律〙 〈人を〉相手取って訴訟を起こす; …に被告召喚令状を出す. **3** 〘写真〙 **a** 〈カラーフィルムなどを〉現像する. **b** 〈写真, スライドなどを〉焼きつける. **4** (機械的に)複製[複写]する (reproduce). **5** 〈資料などを〉調査分析する, 整理する, 〈書類などを〉処理[作製]する. **6** 〘電算〙 〈データを〉コンピューター処理する. **7** …に訓練・装備などの予備コースを受けさせる, 試験・審査などの課程を受けさせる. **8** …に病院でいろいろな治療を受けさせる. **9** 〘軍事〙 〈入隊者・除隊者を〉(適性別に分類するため)適性検査を実施する, 適性を検査して類別する. **10** ＝conk³. **11** 《廃》 物語; 説明. **12** 《Shak》 命令.

pro·ces·su·al /prɑ(:)séʃuəl | prəʊ-/ *adj.* 〚n.: (*a*1338) *proces, processe* ◻ (O)F *procès* ◻ L *prōcessus* (p.p.) ← *prōcēdere* 'to PROCEED'. ― v.: (1532) ◻ OF *pocesser* ← (n.): vt. の 1, 3, 4, 5 は 19C から〛

pro·cess² /prəsés, proʊ- | prə(ʊ)-/ *vi.* 《口語》 行列をして歩く, 練り歩く. 〚(1814) 《逆成》 ← PROCESSION〛

proc·ess·a·ble /prά(:)sesəbl̩, próʊ-, -sɪ̀s- | prə́ʊ-/ *adj.* ＝processible. **pròc·ess·a·bíl·i·ty** /-səbíləṭi | -ləti, -lɪ-/ *n.*

prócess àrt *n.* 〘美術〙 ＝conceptual art.

prócess automàtion *n.* 生産工程オートメーション.

prócess-blòck *n.* 写真凸版, 写真版. 〚1888〛

prócess bùtter *n.* プロセスバター 《一度溶解して精製したバター》. 〚1899〛

prócess chèese *n.* プロセスチーズ 《ナチュラルチーズを加熱殺菌後, 小型にして包装したチーズ》. 〚1926〛

prócess contròl *n.* プロセス制御 《自動制御の一部門》. 〚1931〛

prócess còsting *n.* 〘会計〙 ＝process cost system.

prócess còst sỳstem *n.* 〘会計〙 総合原価計算 《主として市場生産形態の工場に適用される原価計算の方法; cf. job-order cost system》.

próc·essed *adj.* 加工した (cf. process¹ *adj.* 1): ～ food 加工食品 / ～ butter [cheese] ＝process butter [cheese]. 〚1899〛

prócess engineèring *n.* 〘工学〙 プロセス工学; (石油化学製品などの)処理工学.

prócess engràving *n.* 写真製版. 〚1894〛

próc·ess·er *n.* ＝processor.

proc·ess·i·ble /prά(:)sesəbl̩, próʊ-, -sɪ̀s- | prə́ʊses-ə-, -sɪsə-, -sɪbl̩/ *adj.* 加工することができる, 加工に適する. **proc·ess·i·bil·i·ty** /-prὰ(:)sesəbíləṭi | prɔ̀(ʊ)sɪ̀s-bíl-ɪ̀ti/ *n.* 〚1954〛

prócessing tàx *n.* 《米》 (農産物を加工食料品にする)加工税. 〚1933〛

pro·ces·sion /prəséʃən/ *n.* **1** (儀式・宗教行事・政治的示威行為・祝祭などのための集団・船舶などのきちんとした)行進, 行列 (cortege) (⇨ line¹ SYN): a funeral ～ 葬列 / form a ～ 行列を作る / go [walk, march] in (a) ～ 行列して行く[歩く], 行進する / the *Procession* of the Blessed Sacrament 〘教会〙 聖体行列. **2** 連続, 一続きのもの. **3** 進行, 前進, 発出. **4** (いつまでたっても順位に変化の起こらない)面白くない競走. **5** 〘神学〙 聖霊の発出 (the procession of the Holy Ghost ともいう; cf. *John* 15:26): double ～ 聖霊複発説 《聖霊は神とキリストから発出すると説く説》 / single ～ 聖霊単発説 《聖霊は神から発出すると説く説》. **6** 〘教会〙 行列祈禱(きとう), 礼拝行進. ― *vi.* 行列を成して進む, 練り歩く. ― *vt.* 《まれ》 〈道路・土地を〉行列して歩く: ～ the street [a town] 通り[町]を行列して歩く.
〚?lateOE *processioun* ◻ (O)F *procession* ∥ LL *prōcessiō(n-)* religious procession, (L) a marching on ← *prōcēdere* 'to PROCEED': ⇨ -sion〛

pro·cés·sion·al /-ʃnəl, -ʃənl/ *adj.* 行列の, 行列を成した; 行列の際に用いられる[歌われる]: a ～ chant 〘教会〙 行列聖歌 / a ～ cross (行列の先頭に行く)行列十字架. ― *n.* 〘教会〙 行列式書; 行列聖歌. **～·ly** *adv.* 〚(1440): ⇨ ↑, -al¹〛

pro·cés·sion·ar·y /-ʃənèri | -ʃ(ə)nəri/ *adj.* 行列の; 行列を成して動く. 〚(1597): ⇨ procession, -ary〛

processionary cáterpillar *n.* 〘昆虫〙 行列毛虫 《ギョウレツケムシガ (procession moth) の幼虫; 多数集にこもり行列を成して移動し木の葉を食害する》. 〚1850〛

processionary móth *n.* 〘昆虫〙 ＝procession moth.

pro·cés·sion·ist /-ʃ(ə)nɪ̀st | -nɪst/ *n.* 行列に加わる人, 行列隊員. 〚1824〛

pro·ces·sion·ize /prəséʃənàɪz/ *vi.* 行列を作って進む. 〚1774〛

procéssion mòth *n.* 〘昆虫〙 ギョウレツケムシガ (*Thaumetopoea processionea*) (⇨ processionary caterpillar). 〚1816〛

pro·ces·sive /prəsésɪv/ *adj.* 前進的な, 発展的な (progressive). 〚1819〛

proc·es·sor /prά(:)sesə, próʊ-, -səsə | prə́ʊsesə(r, prɔ́s-, -sɪs-/ *n.* **1** 処理する人[もの]; (農産物を加工食料品とする)農産物加工業者: ⇨ food processor. **2** process art の作家. **3** 〘電算〙 **a** 中央処理装置 (central processing unit): ⇨ data processor, word processor. **b** プロセッサー 《プログラム言語などに関連した情報交換用ソフトウェア》. 〚(1909) ← PROCESS²＋-OR²〛

prócess plàte *n.* 〘化学〙 プロセス乾板 《写真印刷用の乾板》. 〚1894〛

prócess prìnting *n.* 原色版印刷 《赤・黄・青・黒 4 色の網版を使ってほとんどすべての色を出す印刷法》. 〚1931〛

prócess sèrver *n.* 〘法律〙 令状送達者, 執行官. 〚1611〛

prócess shòt *n.* 〘映画〙 特殊撮影によって表現された画面. 〚1953〛

prócess stèam *n.* 〘機械〙 プロセス蒸気 《化学工場などで乾燥や加熱作業などのために使われる蒸気》. 〚1924〛

prócess wàter *n.* 工程用水, プロセス用水, プロセスウォーター.

pro·cès-ver·bal /prά(:)seɪvəbά:ł, próʊ- | prə́useɪvə:-; *F.* pʁɔsɛvɛʁbal/ *F. n.* (*pl.* -**ver·baux** /-bóʊ | -báʊ; *F.* -bo/) **1** (会議の)議事報告書, 議事録 (minutes). **2** 〘フランス法〙 (官吏の前で作成された)調書. 〚(1635) ◻ F ～: ⇨ process¹, verbal〛

pro·chein /próʊʃɛn | prə́ʊ-/ *adj.* (*also* **pro·chain** /prouʃǽ(ŋ), -ʃǽŋ | prəʊ-; *F.* pʁɔʃɛ̃/) 〘法律〙 (時間・関係・程度の)最も近い (next): ⇨ prochein ami. 〚(1473–75) ◻ AF *prochein* < VL **propiānum* ← L *prope* (adv.) near〛

pro·chein a·mi /próʊʃɛnəmí:, -ɑ:mí:, -ɑ:mí: | prə́ʊ-/ *n.* (*also* **pro·chein a·my** /～/) 〘法律〙 (未成年者の訴訟代理人となる)近友 《多くの場合親族が当たる》. 〚(1473–75) ◻ AF ～ 《原義》 near friend: ⇨ ↑, ami〛

prò·chlórite *n.* 〘鉱物〙 プロクロライト, 扇石 (⇨ ripidolite). 〚(1867) ← PRO-²＋CHLORITE²〛

pro·chlor·per·a·zine /pròʊklɔəpérəzì:n | prəʊ-klɔ:-/ *n.* 〘薬学〙 プロクロルペラジン ($C_{20}H_{24}ClN_3S$) 《トランキライザー・制吐剤》. 〚(1958): ⇨ *pro(pyl-)*＋*chlor-*＋*(pi)perazine*〛

prò·chóice *adj.*, *n.* 中絶支持(派)(の), (産むか産まないかの)選択尊重(の) (cf. pro-life). **prò·chóic·er** *n.* 〚1975〛

pro·chro·nism /próʊkrənìzm, prά(:)k- | prə́ʊk-, prɔ́k-/ *n.* 年代の誤り, 時日前記 《年代や年月日を実際より前に付けること; prolepsis ともいう; cf. anachronism 3, parachronism》. 〚(*a*1646) ← Gk *prókhronos* proceeding in time (← PRO-²＋*khrónos* time)＋-ISM: cf. anachronism〛

pro·claim /prəkléɪm, proʊ- | prə(ʊ)-/ *vt.* **1 a** 〈人が〉公告する, 宣言する, 布告する, 公表[声明]する (⇨ declare SYN): ～ the good news 吉報を公告する / ～ one's opinion 意見を公表する / ～ a state of emergency 非常事態を宣言する / ～ the king's accession 国王の即位を宣言する / ～ war [peace] 宣戦する[平和宣言をする] / ～ a victory 勝利を宣する. **b** [目的補語または *that*-clause を伴って] …と宣言する: ～ a person a traitor 人を謀反人と宣する / They ～*ed* him (to be) king [*that* he was king]. 彼らは彼を王と宣言した. **2** [目的補語または *that*-clause を伴って] 〈物・事が〉明らかに表す, …と示す (reveal … as): His conduct ～*s* him [*that* he is] a fool. 彼の行いを見ればばか者であることがわかる. **3** 公然と称揚[賞賛]する, 称(たた)える (praise). **4 a** (違法・罪人・追放者であると)公告する. **b** 《まれ》 公に禁止する: ～ a meeting 集会を違法

だと宣する[禁止する]. c《古》《場所》に禁制をしく. 〘(a1393) *proclame(n)* □ L *prōclāmāre* ← PRO-¹+*clāmāre* to cry out: ⇨ claim (v.): 今の形は claim にならったもの〙

pro·cláim·er *n.* 宣言者, 布告者. 〘1548〙

pro·cla·ma·tion /prɑ̀(ː)kləméɪʃən | prɔ̀k-/ *n.* **1** 宣言 (declaration), 布告, 公布, 発布 (announcement): by public ~ / the ~ of neutrality 局外中立布告 / the ~ of war [peace] 宣戦[平和回復]布告 / ⇨ Emancipation Proclamation. **2** 声明[宣言, 公布]したもの, 声明[宣言, 公布]書. **3**《古》告白 (confession). 〘(1386) □ (O)F ~ □ L *prōclāmātiō(n-)*: ⇨ proclaim, -ation〙

pro·clam·a·to·ry /proʊklǽmətɔ̀ːri, prə- | prə(ʊ)klǽmətəri, -tri/ *adj.* 宣言的な, 告示的な, 公布の. 〘(1636) ← L *prōclāmātus* ((p.p.) ← *prōclāmāre* 'to PROCLAIM')+-ORY¹〙

prò·clímax *n.*〘生態〙準極相《気候以外の原因で生じた極相に近い形の植物群落》. 〘(1934) ← PRO-²+CLIMAX〙

proc·li·nate /prɑ́(ː)klənèɪt | prɔ́klɪ̀-/ *adj.*〘動物〙前向きの, 前傾の. 〘← L *prōclīnātus* bent foward ((p.p.) ← *prōclīnāre*): ⇨ pro-¹, recline, -ate²〙

pro·clit·ic /proʊklítɪk | prə(ʊ)klít-/〘文法〙*adj.* **a** 後接的な (↔ enclitic). **b**〈古典ギリシャ語で〉後接的な《次語にアクセントが移る》. — *n.* 後接語《単音節の冠詞・前置詞・助動詞などでそれ自身にアクセントがなく, 次語に密接して発音される; 例: a cat /əkǽt/, to go /təgóʊ | -gə́ʊ/ の a, to など》. **pro·clít·i·cal·ly** *adv.* 〘(1846) ← NL *procliticus* ← Gk *proklínein* ← PRO-²+*klínein* to incline〙

pro·cliv·i·ty /proʊklívəti | prə(ʊ)klívɪ̀ti/ *n.* (通例悪い意味で)(…したがる)性癖, 気質, 傾向 (tendency)〔*to, towards, for* (*doing*)〕/〈*to do*〉(⇨ inclination SYN): a ~ *to* vice [*to* fall, *for* saying the wrong thing] 不行跡をしでかす[ころぶ, 間違ったことを言いたがる]癖 / Despite her ~ *for* gossip she was reticent upon family affairs. 彼女はゴシップ好きなのに自分の家のことになると多くを語らなかった. 〘(a1591) □ L *prōclīvitātem* a sloping, tendency ← *prōclīvis* (↓): ⇨ -ity〙

pro·cli·vous /proʊkláɪvəs | prə(ʊ)-/ *adj.* 傾斜した (inclined), 前方へ傾いた. 〘(1727) ← L *prōclīv(is)* (← PRO-¹+*clīvus* slope)+-OUS〙

Pro·clus /próʊkləs, prɑ́(ː)k- | prə́ʊk-, prɔ́k-/ *n.* プロクロス《410?–485; ギリシャの哲学者》.

Proc·ne /prɑ́(ː)kni | prɔ́k-/ *n.*〘ギリシャ神話〙プロクネ《Tereus の妻で Philomela の姉; 自分の息子を殺した咎(とが)でツバメに姿を変えられた》. 〘□ L *Procnē* □ Gk *Próknē*〙

prò·coágulant〘医学〙*adj.* 凝血促進性の. — *n.* 凝血原. 〘1958〙

pro·coe·lous /proʊsíːləs | prə(ʊ)-/ *adj.*〘動物〙前くぼみの《脊椎動物の椎骨の隣接椎骨に対する面を表すものについていう》. 〘(1870) ← PRO-²+Gk *koîlos* hollow: ⇨ -ous〙

pro·con·sul /proʊkɑ́(ː)nsəl, -sl̩ | prəʊkɔ́n-/ *n.* **1** (古代ローマの, consul 経験者の)属州総督. **2** (近代の)植民地総督 (viceroy); 占領地軍司令官. **3** 副領事 (deputy consul). **4**〘動物〙プロコンスル属 (*Proconsul*) の類人猿《化石類人猿で, ゴリラやチンパンジーの先祖の可能性がある》. **pro·con·su·lar** /proʊkɑ́(ː)ns(ə)lə | prə(ʊ)kɔ́nsjʊlə(r)/ *adj.* 〘(c1384) □ L *prōconsul* ← *prō consule* (one acting) for the consul. 4: (1933): A. Tindell Hopwood (英国の古生物学者)の命名: ⇨ pro-¹, consul〙

pro·con·su·late /proʊkɑ́(ː)ns(ə)lɪ̀t | prəʊkɔ́nsjʊ-/ *n.* proconsul の職[任期, 管轄区域]. 〘(1656) □ L *prōconsulātus*: ⇨ ↑, -ate¹〙

procónsul·shìp *n.* =proconsulate.

Pro·co·pi·us /proʊkóʊpiəs, prə- | prə(ʊ)kə́ʊ-/ *n.* プロコピオス《500?–562 以後; ビザンチン帝国の歴史家》.

pro·cras·ti·nate /proʊkrǽstənèɪt, prə- | prə(ʊ)krǽstɪ̀-/ *vi.* 長引く, 延引する, ぐずぐずする, 遅滞する. — *vt.* ずるずると先に延ばす (put off). 〘(1588) ← L *prōcrāstinātus* (p.p.) ← *prōcrāstināre* ← PRO-¹+*crāstinus* belonging to tomorrow (← *crās* tomorrow ←?): ⇨ -ate³〙

pro·crás·ti·nàt·ing /-tɪŋ | -tɪŋ/ *adj.* 延引する, ぐずぐずする, 因循な (tardy). **~·ly** *adv.* 〘(1624): ⇨ ↑, -ing²〙

pro·cras·ti·na·tion /proʊkræ̀stənéɪʃən, prə- | prə(ʊ)kræ̀stɪ̀-/ *n.* 延引, 遅延 (delay), 因循 (tardiness), 問題の先送り: *Procrastination* is the thief of time.《諺》遅延は(他人の)時間盗人. 〘(a1548) □ L *prōcrāstinātiō(n-)*: ⇨ procrastinate, -ation〙

pro·cras·ti·na·tive /proʊkrǽstənèɪtɪv, prə- | prə(ʊ)krǽstɪ̀nèɪt-/ *adj.* =procrastinating. **~·ly** *adv.* 〘⇨ procrastinate, -ative〙

pro·crás·ti·nà·tor /-tə | -tə(r)/ *n.* 延引者, 因循家. 〘(1607): ⇨ -or²〙

pro·cras·ti·na·to·ry /pro(ʊ)krǽstənətɔ̀ːri, prə- | prə(ʊ)krǽstɪ̀nətəri, -tri/ *adj.* =procrastinating. 〘⇨ procrastinate, -atory〙

pro·cre·ant /próʊkriənt | prə́ʊ-/ *adj.* =procreative. 〘(1588) □ L *prōcreantem* (pres.p.) ← *prōcreāre* (↓): ⇨ -ant〙

pro·cre·ate /próʊkrièɪt | prə́ʊ-/ *vt.*〈子を〉産む,〈子孫を〉作る;〈新種などを〉生じる: ~ children [offspring] / ~ a new breed [variety] 新種を作る. — *vi.* 産まれる, 生じる. 〘(1536) ← L *prōcreātus* (p.p.) ← *prōcreāre* ← PRO-¹+*creāre* 'to CREATE'〙

pro·cre·a·tion /pròʊkriéɪʃən | prə̀ʊ-/ *n.* 出産, 生殖 (generation). 〘(c1395) □ OF *procreacion* ∥ L *prōcreātiō(n-)*: ⇨ ↑, -ation〙

pro·cre·a·tive /próʊkrièɪtɪv | prə́ʊkrièɪt-/ *adj.* 生み出す, 作り出す, 生殖[繁殖]力のある (generative). 〘(1634): ⇨ procreate, -ative〙

pró·cre·à·tor /-tə | -tə(r)/ *n.* 産む人 (generator), (父)親 (parent). 〘(a1548) □ L *prōcreātor*: ⇨ procreate, -or²〙

Pro·cris /próʊkrɪ̀s, prɑ́(ː)k- | prə́ʊkrɪs, prɔ́k-/ *n.*〘ギリシャ神話〙プロクリス《アテネの王 Erechtheus の娘で Cephalus の妻; 暁の女神に嫉妬され, 誤って夫の手で殺された》. 〘□ L ~ □ Gk *Prókris*〙

Pro·crus·te·an, p- /proʊkrʌ́stiən, prə- | prəʊ-/ *adj.* プロクルステス式の, 無理に規準に合わせ(ようとす)る, 牽強付会(けんきょうふかい)な, 杓子(しゃくし)定規な: a ~ method (強引に規準に合わせようとする)杓子定規な方法. 〘(a1846): ⇨ Procrustes, -an¹〙

Procrústean béd, p- b- *n.* 人が無理に[情け容赦なく]従うよう強制される組織[政治, 主義]. 〘1844〙

Pro·crus·tes /proʊkrʌ́stiːz, prə- | prəʊ-/ *n.*〘ギリシャ伝説〙プロクルステス《古代ギリシャの強盗; 捕えた人を鉄製の寝台に寝かせ, その人が寝台より長ければ余った部分を切り, 短ければ引き延ばして寝台と同じ長さにしたという》. 〘(1583) □ L ~ □ Gk *Prokroústēs*《原義》stretcher ← *prokroúein* to stretch out〙

prò·crýptic *adj.*〘動物〙〈体色が敵から身を守るような,〈昆虫・カメレオンなど〉保護色をもった (cf. anticryptic, aposematic): ~ color 順隠匿色 / ~ coloration 保護色. **prò·crýp·ti·cal·ly** *adv.* 〘(1891) ← PRO-(TECT)+CRYPTIC〙

proct- /prɑ(ː)kt | prɔkt/ (母音の前にくるときの) procto- の異形.

-proc·ta /prɑ́(ː)ktə | prɔ́k-/「…型の肛門をもつ動物」の意の名詞連結形. 〘← NL ~ ← Gk *prōktós* anus〙

proc·tec·to·my /prɑ(ː)ktéktəmi | prɔk-/ *n.*〘外科〙直腸(肛門)切除(術). 〘← PROCT(O)-+-ECTOMY〙

Proc·ter & Gam·ble /prɑ́(ː)ktəən(d)gǽmbl̩ | prɔ́ktə(r)-/ *n.* プロクターアンドギャンブル(社)《米国の石鹸・洗剤を中心とする家庭用品の大手メーカー》.

proc·ti- /prɑ́(ː)ktɪ̀, -ti | prɔ́k-/ procto- の異形 (⇨ -i-).

proc·ti·tis /prɑ(ː)ktáɪtɪ̀s | prɔktáɪtɪs/ *n.*〘病理〙直腸炎. 〘1811〙

proc·to- /prɑ́(ː)ktoʊ | prɔ́ktəʊ/「肛門(こうもん) (anus); 直腸 (rectum); 肛門と直腸」の意の連結形. ★ 時に procti-, また母音の前では通例 proct- になる. 〘← NL ~ ← Gk *prōkto-* ← *prōktós* anus〙

proc·to·dae·um /prɑ̀(ː)ktədíːəm | prɔ̀ktə(ʊ)-/ *n.* (*pl.* **-dae·a** /-díːə/, **~s**) (*also* **proc·to·de·um** /prɑ̀(ː)ktədíːəm | prɔ̀k-/)〘動物〙肛門(こうもん)陥, 肛陥, 肛門道《動物の発生に際して, 外胚葉(はいよう)が陥入し, 中腸と開通して肛門付近を形成する部分; cf. stomodaeum》. **pròc·to·dáe·al** /-díːəl⁻/ *adj.* 〘(1878) ← NL ~ ← PROCTO-+Gk *hodaîos* on the way (← *hodós* way)〙

proc·tól·o·gist /-dʒɪ̀st | -dʒɪst/ *n.* 肛門科医. 〘1899〙

proc·tol·o·gy /prɑ(ː)ktɑ́(ː)lədʒi | prɔktɔ́l-/ *n.* 直腸肛門(病)学, 肛門科. **proc·to·log·ic** /prɑ̀(ː)ktəlɑ́(ː)dʒɪk | prɔ̀ktəlɔ́dʒ-⁻/ *adj.* **pròc·to·lóg·i·cal** /-dʒɪ̀kəl, -kl̩ | -dʒɪ-⁻/ *adj.* 〘(1899) ← PROCTO-+-LOGY〙

proc·tor /prɑ́(ː)ktə | prɔ́ktə(r)/ *n.* **1 a** (Cambridge および Oxford 大学の)学監 (cf. bulldog 3): a senior [junior] ~. **b**《米》(大学の)試験監督官. **2**〘法律〙代理人 (agent); 代弁人, 代訴人; (宗教裁判所・海事裁判所の)ソリシター (solicitor): ⇨ King's Proctor. **3**〘英国国教会〙(聖職議会 (Convocation) における教区選出の)聖職代議員. **4**《古》十分の一税の取り立て人. — *vi.*《米》(大学で)試験監督をする (《英》invigilate). **proc·to·ri·al** /prɑ(ː)ktɔ́ːriəl | prɔk/ *adj.* **proc·to·ri·al·ly** *adv.* 〘(?c1378) *proc(u)tour*《中略形》← *procuratour* 'PROCURATOR'〙

proc·tor·ize /prɑ́(ː)ktəràɪz | prɔ́k-/ *vt.*〈学生を〉学監の前に呼び出す,〈学監が〉〈学生を〉譴責(けんせき)[処罰]する. — *vi.* (学生に)学監の職務を執行する. 〘1833〙

próctor·shìp *n.* proctor の職[任期]. 〘1535〙

proc·to·scope /prɑ́(ː)ktəskòʊp | prɔ́ktəskə̀ʊp/ *n.*〘医学〙直腸鏡, 肛門鏡 (rectoscope). **proc·to·scop·ic** /prɑ̀(ː)ktəskɑ́(ː)pɪk | prɔ̀ktəskɔ́pɪ-⁻/ *adj.* 〘(1896) ← PROCTO-+-SCOPE〙

proc·tos·co·py /prɑ(ː)ktɑ́(ː)skəpi | prɔktɔ́s-/ *n.*〘医学〙直腸鏡検査(法). 〘(1896) ← PROCTO-+-SCOPY〙

pro·cum·bent /proʊkʌ́mbənt | prə(ʊ)-/ *adj.* **1**〘植物〙地に伏した, はう, 匍匐(ほふく)性の (trailing, prostrate). **2** 平伏した, うつぶせになった (prone). 〘(1668) □ L *prōcumbentem* (pres.p.) ← *prōcumbere* to fall forward ← PRO-¹+*-cumbere* (← *cubāre* to lie down)〙

pro·cur·a·ble /prəkjʊ́ərəbl̩, proʊ- | prəkjʊ́ər-, -kjɔ́ːr-/ *adj.* 得られる, 手に入れられる. 〘(1611): ⇨ procure, -able〙

proc·u·ra·cy /prɑ́(ː)kjʊrəsi | prɔ́k-/ *n.*《古》代理 (procurator) の職[任務], 代理事務. 〘(c1380) *procuracie* □ ML *prōcūrātia*: ⇨ procure, -acy〙

pro·cur·al /prəkjʊ́ərəl, proʊ- | -kjʊ́ər-, -kjɔ́ːr-/ *n.* 獲得 (procurement); (特に)獲得行為. 〘(1861): ⇨ procure, -al²〙

pro·cur·ance /prəkjʊ́ərəns, proʊ- | -kjʊ́ər-, -kjɔ́ːr-/ *n.* 獲得; (特に)斡旋, 周旋, 代理. 〘(1533): ⇨ procure, -ance〙

proc·u·ra·tion /prɑ̀(ː)kjʊréɪʃən | prɔ̀kjʊ(ə)r-/ *n.* **1** 得ること, 手に入れること, 獲得 (obtainment). **2 a** 売春婦をかかえること, 売春婦周旋 (pimping). **b**〘法律〙売春婦周旋の罪. **3**〘法律〙**a** 代理 (agency), 代弁, 委任権; 委任状: by [per] ~ 代理で / a letter of ~ 委任状 / have [hold] ~ 委任状を有する. **b** (訴訟)代理人選任. **4**〘法律〙貸金周旋料, 手数料 (procuration fee, procuration money ともいう). **5**〘英国国教会〙巡錫(じゅんしゃく)料, 巡回お礼《教会などから巡回する聖職者に贈るもの》. **6**《古》他人の事の代行. 〘(c1400) *procuracioun* □ OF *procuracion* □ L *prōcūrātiō(n-)* taking care ← *prōcūrāre* (↓): ⇨ -ation〙

proc·u·ra·tor /prɑ́(ː)kjʊrèɪtə | prɔ́kjʊ(ə)rèɪtə(r)/ *n.* **1 a** (古代ローマの, 財政としばしば行政権をもった)行政長官, 地方収税官 (magistrate). **b** (イタリアなどの)行政官, 知事: a chief public ~. **c** =public prosecutor. **2**〘カトリック〙(修道院の)庶務担当修道士. **3**〘法律〙代理人 (proxy).

prócurator of the físk〘スコット法〙=procurator fiscal.

proc·u·ra·to·ri·al /prɑ̀(ː)kjʊrətɔ́ːriəl | prɔ̀kjʊ(ə)r-⁻/ *adj.* 〘(c1300) □ OF *procuratour* ∥ L *prōcūrātor* ← *prōcūrātus* (p.p.) ← *prōcūrāre* to take care of: ⇨ procure, -ator〙

prócurator físcal *n.*〘スコット法〙地方検察官《検視官 (coroner) の役を兼ねる; procurator of the fisk ともいう; cf. prosecuting attorney》. 〘1583–84〙

prócurator géneral *n.* 高位の行政官;《英》大蔵省の法規課長. 〘1561〙

prócurator·shìp *n.* procurator の職[任期]. 〘1577〙

proc·u·ra·to·ry /prɑ́(ː)kjʊrətɔ̀ːri | prɔ́kjʊ(ə)rətəri, -tri/ *n.*〘法律〙**1** 代理命令. **2** 委任権 (power of attorney). — *adj.*《まれ》procurator の. 〘(c1380) □ LL *prōcūrātōrius*: ⇨ procurator, -atory〙

proc·u·ra·trix /prɑ́(ː)kjʊrèɪtrɪks, ⌐⌐⌐ | prɔ́kjʊrèɪtrɪks, ⌐⌐⌐/ *n.*〘カトリック〙(女子修道院の)庶務担当修道女. 〘(1851) □ L *prōcūrātrix* (fem.) ← *prōcūrātor* 'PROCURATOR': ⇨ -trix〙

pro·cure /prəkjʊ́ə, proʊ- | prəkjʊ́ə(r), -kjɔ́ː(r)/ *vt.* **1** (努力して)手に入れる, 得る,〈必需品を〉調達する (⇨ get¹ SYN): ~ evidence 証拠を手に入れる / I cannot ~ employment [an appointment, a situation]. 就職ができない[勤め口がない] / I must ~ you a copy [a copy *for* you]. どうしても君に一部手に入れてあげなければなるまい. **2** 来たす, 致す, 招来する, かもす (cause): ~ a person's death by poison 人を毒殺する. **3**〈売春婦を〉周旋する;〈売春婦を〉かかえる. — *vi.* 売春の周旋をする (pimp). 〘(?a1300) *procure(n)* □ (O)F *procurer* □ L *prōcūrāre* to take care of: ⇨ pro-¹, cure¹〙

pro·cure·ment /prəkjʊ́əmənt, proʊ- | prəkjʊ́ə-, -kjɔ́ː-/ *n.* **1** 獲得; (必需品の)調達; 周旋, 斡旋(あっせん): ~ cost 調達費. **2** (政府の)買い上げ, 調達: a ~ demand (占領軍の)調達要求書 (略 P.D.). 〘(c1303) □ OF ~: ⇨ ↑, -ment〙

pro·cur·er /prəkjʊ́ərə, proʊ- | prəkjʊ́ərə(r), -kjɔ́ːr-/ *n.* **1** 獲得者 (obtainer). **2** 売春周旋者, 女衒(ぜげん). 〘(a1393) □ AF *procurour* < L *prōcūrātōrem* 'PROCURATOR': ⇨ procure, -er¹〙

pro·cur·ess /prəkjʊ́ərɪ̀s | -kjʊ́ərɛs, -kjɔ́ːr-, -rɪ̀s/ *n.* 売春を周旋する女. 〘(1413): ⇨ ↑, -ess¹〙

Pro·cy·on /próʊsiɑ̀(ː)n | prə́ʊsiən/ *n.*〘天文〙プロキオン《こいぬ座 (Canis Minor) の α 星で 0.4 等星》. 〘(1658) □ L *Procyon* □ Gk *Prokúōn* ← PRO-²+*kúōn* dog: Sirius (the dogstar) よりも前に天に上ることから〙

prod /prɑ́(ː)d | prɔ́d/ *v.* (**prod·ded; prod·ding**) — *vt.* **1** 突く, つつく (poke); 突き入れる, 突っ込む: ~ a pig *with* a stick 豚を棒でつつく / ~ the tobacco *into* one's pipe *with* one's thumb 親指でたばこをパイプに詰め込む. **2** 刺激する (incite), 呼び起こす, 促す, 励ます; いじめる (irritate): ~ a lazy boy 怠け坊主を励ます / ~ one's memory 記憶を呼び起こす. — *vi.* (…を)突く, つつく〔*in, into, at*〕.
— *n.* **1** (家畜を追うための)突き棒; 刺し棒 (goad); くし. **2** 刺し (thrust), 突き, つつき (poke): give a person a ~ in the ribs 人のあばらを突く. **3** 行動への刺激となるもの, 促すもの, (思い出させるための)暗示, 助言, 合図 (reminder): give a person ~ 人に催促する, 思い出させる.
on the pród《米西部》(興奮して)すぐにもけんかする気で.
〘(1535)《混成》← POKE²+《方言》*brod* to sprout, goad (← (n.) sprout, goad, prick □ ON *broddr*: cf. BRAD)〙

Prod /prɑ́(ː)d | prɔ́d/ *n.* [しばしば p-]《アイル俗》[軽蔑的] プロテスタント. 〘(1942)《略》← PROTESTANT〙

prod.《略》produce; produced; producer; product; production.

pród·der /-də | -də(r)/ *n.* つつく者[物], 刺激者. 〘1894〙

Prod·die /prɑ́(ː)di | -di/ *n.* (*also* **Prod·dy** /~/) = Prod.

pród·ding *n.* 駆り立てること; 励まし. 〘1883〙

prod·e·li·sion /prɑ̀(ː)dɪ̀líʒən | prɔ̀d-/ *n.*〘言語〙頭母音の脱落 ('gainst, (')midst など; cf. aphesis). 〘(1906) ← L *prōd-* (PRO-¹ の母音の前の古形)+ELISION〙

prod·i·gal /prɑ́(ː)dɪ̀gəl, -gl̩ | prɔ́dɪ-/ *adj.* **1** 浪費する, 贅沢(ぜいたく)な, 放蕩(ほうとう)の (⇨ profuse SYN): ~ expenditure 浪費 / play the ~ 道楽をする. **2** 惜しげもなく使う[与える], 気前のよい, おおまかな (lavish): be ~ *of* benefactions [*with* smiles] むやみに施しをする[にこにこする]. **3** ありあまる, 豊富な (profuse). — *n.* **1** 浪費家, 道楽者, 放蕩息子: the return of the ~ 放蕩息子の帰宅, 罪人の悔い改め (cf. *Luke* 15: 11–32). **2**〘ローマ法〙浪費者. **~·ly** *adv.* 〘(1500–20) □ ML *prōdigālis* ← L *prōdigus* (↓)〙

prod·i·gal·i·ty /prὰ(:)ḍəgǽləṭi | prɔ̀dɪgǽlɪ̀ti/ *n.* **1** 放蕩(ほうとう) (dissipation), 道楽, 浪費, 金銭を湯水のように使うこと (lavishness): be ruined by one's ～ 道楽で破産する. **2** ありあまること, 豊富 (profusion). 〖(1340) *prodigalite* ◻ (O)F *prodigalité* ◻ LL *prōdigālitātem* ← L *prōdigus* prodigal ← *prōdigere* to squander ← *prōd-*=PRO-¹+*agere* to drive〗

prod·i·gal·ize /prά(:)dɪ̀gəlὰɪz | prɔ́dɪ-/ *vt.* 浪費[濫費]する. 〖(1611) ← PRODIGAL+-IZE〗

pródigal són *n.* **1** [the ～]〚聖書〛(帰宅した)放蕩(ほうとう)息子, 悔い改めた罪人 (cf. *Luke* 15: 11–32). **2** 〚魚類〛 **a** =cobia. **b** =rainbow runner. 〖1551〗

pro·di·gious /prədídʒəs/ *adj.* **1** 巨大な (enormous), 莫大な (vast), 並外れて大きな, けたはずれの; はなはだしい, 無量の (immense): a ～ noise びっくりするような大きな音. **2** 非常な, 異常な (extraordinary); 驚異的な, 不思議な (marvelous); 怪奇な: a ～ memory / a man of ～ energy 驚異的な精力の持ち主. **3** 〘古〙不吉な (ominous). **～·ly** *adv.* **～·ness** *n.* 〖(1552) ◻ L *prōdigiōsus*: ⇨ ↓, -ous〗

prod·i·gy /prά(:)ḍədʒi | prɔ́dɪ̀dʒi/ *n.* **1** 嘆賞すべき人[物]; 天才 (genius), 奇才, 神童; 絶世の美人: an infant [a child, a youthful] ～ 神童, 天才児 / a piano ～=a ～ pianist ピアノの天才 / a ～ of learning [energy] 不世出の学者[絶倫の精力家]. **2 a** すばらしい物[こと], 驚異, 不思議: *prodigies* of nature 自然界の驚異 (Grand Canyon のようなもの). **b** 奇怪なもの, 怪物. **3** 〘古〙(日食・月食・流星のような)不吉の徴候, 前兆 (portent). 〖(*a*1470) ◻ L *prōdigium* portent ← ?*prōd-*=PRO-¹+OL **agiom* (← *aiō* I say): cf. adage〗

prod·i·tor /pά(:)ḍəṭə | dɪ̀tə^(r)/ *n.* 〘廃〙反逆者, 裏切者. (traitor). 〖◻ AF *proditour*=OF *proditeur* ◻ L *prōditōrem* ← prōdere to betray〗

pro·do·mos /proʊdóʊmα(:)s | prə(ʊ)dóʊmɔs/ *n.* (*pl.* **-do·moi** /-mɔɪ/) 〚建築〛(古代のギリシャ神殿等の)前室, 玄関広間. 〖◻ Gk *pródomos* (原義) fore-house ← PRO-²+*dómos* house〗

pro·dro·mal /proʊdróʊməl, prά(:)drə-, -mḷ | prəʊdrə́ʊ-/ *adj.* **1** 序言の, 序論の. **2** 〚病理〛前徴の: ～ symptoms of a disease 病気の前駆症状. 〖(1716): ⇨ ↓, -al¹〗

pro·drome /próʊdroʊm | prə́ʊdrəʊm/ *n.* (*pl.* **pro·dro·ma·ta** /proʊdróʊməṭə | prəʊdrə́ʊmətə/, **～s**) **1** 〚病理〛前徴, 前駆症状 〈*of*〉. **2** =prolegomenon. 〖(1643) ◻ F ～ ← NL *prodromus* ← Gk *pródromos* running before: ⇨ pro-², -drome〗

pro·drom·ic /proʊdrά(:)mɪk | prəʊdrɔ́m-/ *adj.* = prodromal. 〖(1866): ⇨ ↑, -ic¹〗

P

prò·drúg *n.* 〚薬学〛プロドラッグ (そのままでは薬効は示さないが, 体内または投与部位で酵素その他の化学物質などの作用により薬に変わる物質). 〖1968〗

pro·duce *v.* /prədú:s, proʊ-, -djú:s | prədjú:s/ — *vt.* **1** 生じる, 産する, 生み出す (yield) (⇨ invent SYN): The soil ～*s* grain. 土地は穀物を産する / Russia ～*s* vodka. ロシアではウオツカが造られる / The investment ～*s* a small income. この投資ではわずかの利益しかあがらない / Labor ～*s* wealth. かせげば財産ができる / California ～*s* good tennis players. カリフォルニアからはよいテニス選手が生まれる. **2** 〈動物が〉〈子を〉産む, 〈実を〉結ぶ (bear): The flock ～*d* many lambs. (羊の)群れは子羊をたくさん産んだ. **3** 〚経済〛〈交換価値のあるものを〉作り出す, 製造する, 生産する: ～ cars on the (assembly) line 組立てライン作業で車を大量生産する (cf. production line) / two reactors that will ～ 2,000,000 kilowatts of electricity 200 万キロワットの電力を生産する原子炉 2 基. **4** 〈頭[体]を使って〉作り出す; 〈詩を〉作る, 〈絵を〉描く, 〈研究を〉完成する: ～ a poem, painting, play, masterpiece, plan, etc. **5** 引き起こす, もたらす, 生じさせる, 招来する (bring about): ～ a sensation 大評判を巻き起こす / ～ pollution 汚染(による公害)を生ずる / ～ a sudden burst of speed 突然スピードを出す / ～ order from [out of] chaos 混沌から秩序を作り出す / The experiment is expected to ～ fine results. その実験はよい結果を結ぶものと期待されている. **6** 〈切符などを〉示す, 見せる, 提示する; 提出する, 出す (bring forth): ～ one's ticket [driver's license] 切符[運転免許証]を出して見せる / ～ five dollars from one's pocket 懐中から 5 ドルを出す / ～ evidence [witnesses] 証拠[証人]を出す / ～ a report レポートを提出する. **7 a** 〘米〙〈劇などを〉上演する (stage): ～ a play 劇を公演する. **b** 〈俳優などを〉出演させる, 出す: ～ a performer. **c** 〈映画・放送番組・レコードなどを〉製作する. **d** 〘英〙〈劇などを〉演出する (direct). **8** 〈本を〉出版する: ～ a book. **9** 〚数学〛〈線などを〉延長する (extend), 結ぶ (connect): ～ a line from one point to another 一点から他の点に直線を引く. — *vi.* **1** 産出する: a mine which no longer ～*s* もう産出しない鉱山. **2** 生産する: The salvation of trade is to ～. 貿易振興のかぎは増産だ. **3 a** 映画などを製作する. **b** 〘英〙劇などを演出する. **4** 創作する: With [For] all his scholarship, he seems unable to ～. あれだけの学問がありながら創作はできないようだ.
— /prά(:)du:s, -dju:s, próʊd- | prɔ́dju:s, -dʒu:s/ *n.* **1** 生産額, 生産高; 産出量[高]. **2** [集合的] 農産物, 天産物 (⇨ crops SYN); 作, 製品 (products): agricultural [farm] ～ 農産物 / fresh ～ 新鮮な農作物 / the ～ of the fields 農作物 / a ～ market 農作物市場. **3** (通例, 動物の雌の)子. **4** (労働・努力の)成果, 産物; 作品, 成績. 〖v.: (?*a*1425) ◻ L *prōdūcere* ← PRO-¹+*dūcere* to lead. — n.: (1699) ← (v.): cf. duct〗

pro·duced /prədú:st, proʊ-, -djú:st | prədjú:st/ *adj.* 一方向へ長く延びた, ひょろ長い: a ～ leaf.

pro·duc·er /prədú:sə, proʊ-, -djú:- | prədjú:sə^(r)/ *n.* **1** 〚経済〛生産者, 製作者 (cf. consumer): a ～ of rice =a rice ～ 米生産者[地, 国] / the ～ states 生産国. **2** 〚映画・ラジオ・テレビ〛 **a** プロデューサー, 製作(責任)者. **b** 〘英〙演出者[家]. **3** 〚演劇〛 **a** 座元, 興行主. **b** 〘英〙演出者[家]. **4** (レコードの)プロデューサー. **5** 〚化学〛ガス発生炉. **6** 〚生態〛生産者 (自然の生物界において, 無機物から有機物を合成し, エネルギーを固定する役割をする独立栄養の緑色植物; cf. consumer 3, food chain). 〖(1513): ⇨ produce, -er¹〗

próduce ràce *n.* 〚競馬〛産駒競走 (出馬登録の際, 馬名登録をした馬または個体識別した馬の産駒によって行われる競走; cf. futurity race 1).

prodúcer gàs *n.* 発生炉ガス(燃料) (air gas) (cf. water gas). 〖1895〗

prodúcer gòods *n. pl.* 〚経済〛生産財 (消費財生産の過程で使用される財の総称; producers' goods, production goods, intermediate goods ともいう; cf. consumer goods, capital goods). 〖1948〗

prodúcer prìce *n.* 〚経済〛=producers' price.

prodúcers' gòods *n. pl.* 〚経済〛=producer goods.

prodúcers' prìce *n.* 〚経済〛生産者価格 (cf. consumer price).

pro·duc·i·bil·i·ty /prədù:səbíləṭi, -djù:- | -djù:sɪ̀bílɪ̀ti/ *n.* **1** 生産しうること, 生産性. **2** 提出しうること. **3** 〚数学〛延長可能性. 〖(1656): ⇨ ↓, -ility〗

pro·duc·i·ble /prədú:səbḷ, -djú:- | prədjú:sə-, -sɪ-/ *adj.* **1** 生産できる, 造れる. **2** 示せる, 提出できる. **3** 〚数学〛延長できる. **4** 上場[上演]できる. 〖(*a*1641) ◻ LL *prōdūcibilis*: ⇨ produce, -ible〗

pro·dúc·ing lòt *n.* 〘米〙映画製作所.

prodúcing mànager *n.* (劇団の)製作責任者.

prod·uct /prά(:)dʌkt, -dəkt | prɔ́d-/ *n.* **1** 産出物, 生産品; 製作物, 製品 (⇨ crop SYN); 創作(品); 生産高: the ～*s* of the soil 農産物 / agricultural [marine] ～*s* 農[海]産物 / factory ～*s* 工場製品 / natural ～*s* 天然の産物 / ⇨ residual product. **2** 所産, 創作: intellectual ～*s* 知力の産物 / the ～*s* of Shakespeare's genius シェークスピアの天才の所産. **3** 結果, 成果, 効果 (result): the ～ of one's labor 労力の成果. **4** 〚数学〛 **a** 積, 乗積: The ～ of 6 and 3 is 18. 6 と 3 の積は 18 である / ⇨ Cartesian product. **b** =intersection 2. **5** 〚化学〛生成物 (cf. educt 2). **6** 〚論理〛連言: ⇨ conjunction. 〖(*c*1450) ◻ L *prōductum* (n.) (neut. p.p.) ← *prōdūcere* 'to PRODUCE'〗

próduct differentiàtion *n.* 〚商業〛製品差別化 (他社の製品と違いをもたせて自社製品をアピールしようとする戦略).

próduct engineèr *n.* 生産技師.

pro·duc·tion /prədʌ́kʃən/ *n.* **1 a** 生産, 産出, 製作, (大量の)製造 (manufacture) (cf. consumption): ⇨ mass production / the ～ *of* radios ラジオの製造 / go into [out of] ～ 生産が始まる[中止になる]. **b** 生産量[高], 生産率: increase ～ 生産量[率]を増大する. **c** 産物, 製品: the newest ～ of the factories 工場の最新の製品. **d** 〚経済〛交換価値をもつ物の生産, 経済価値の創造. **2 a** 著作, 創作. **b** 作品, 著作物 (work); (研究の)結果 (result): Rodin's ～*s* ロダンの作品 / the ～ of scientific research 科学的研究の結果. **3 a** 〘英〙(劇などの)上演; (映画・放送番組の)製作; (劇の)演出: a student ～ of *Tom Sawyer* 学生の「トムソーヤー」上演 / have a movie in ～ 映画を製作中である. **b** 上演作品[劇]; 製作映画[番組]: the company's best ～ to date 今日までその一座が上演した最もすぐれた劇. 日英比較 日本語では「芸能プロダクション」のようにいうが, 英語の *production* にはこのような組織の意味はなく, theatrical agency という. **4 a** 〈レコードの〉製作. **b** 〈レコードの〉音質, 出来ばえ. **5** (役人などへの)提示, 提出 (presentation): on ～ *of* a passport パスポートを提示した時に. **6** 〘口語〙(無用の[大仰な])騒ぎ(立て): make a (big) ～ (out) of ... 〈小さな事〉で大騒ぎを演じる. **7** 〚教育〛(理解 (recognition), 受容 (reception) に対して)発表. **8** 〚数学〛 **a** 延長 (extension): the ～ of a line 線の延長. **b** 延長線. 〖(1410) ◻ (O)F ～ // LL *prōductiō(n-)* a bringing forward, (L) a lengthening: ⇨ product, -tion〗

pro·dúc·tion·al /-ʃnəl, -ʃənḷ/ *adj.* 生産の, 生産的な: ～ values 生産価値. 〖(1931): ⇨ ↑, -al¹〗

prodúction càr *n.* 〘英〙(特注車に対して)量産車 (stock car). 〖1971〗

prodúction contròl *n.* 生産管理, 工程管理. 〖1929〗

prodúction còst *n.* 〚経済〛生産費用 (生産原価に適正利潤・輸送費・諸掛(保険料・損料等)を加えた総経費).

prodúction engineér *n.* 生産工業技師.

prodúction engineéring *n.* 生産工学.

prodúction gòods *n. pl.* 〚経済〛生産財 (⇨ producer goods).

prodúction lìne *n.* 流れ作業, 生産ライン, 工程線. 〖1935〗

prodúction mànager *n.* (劇の上演・番組・映画製作などの)製作責任者.

prodúction nùmber *n.* (ミュージカルなどでの)出演者全員による[勢ぞろいの]歌[ダンス], プロダクションナンバー.

prodúction plàtform *n.* (海底油田掘削用で浮遊式の)採油プラットホーム (掘削から精製, 積み出しまでの設備を備えたもの).

prodúction vàlues *n. pl.* 〚映画〛プロダクションバリュー (照明・装飾・音響など映画製作の技術的要素で, スクリーン上での映像価値のこと).

pro·duc·tive /prədʌ́ktɪv/ *adj.* **1** 生産的な, 生産力を有する: a ～ society 生産組合. **2** 多産の, 豊かな (⇨ fertile SYN): ～ soil 肥えた土地 / a ～ writer 多作の作家. **3** 創造力に富む, 実り多い: a ～ day 充実した 1 日. **4** 〔…を〕生じる 〔*of*〕: an age ～ *of* great men 偉人輩出の時代 / the land ～ *of* figs いちじくを産する土地 / be ～ *of* great annoyance 騒ぎを引き起こす. **5** 〚経済〛純益を生じる, 利益を生じる, 営利的な: ～ labor 生産的労働. **6** 〚言語〛〈接頭[尾]辞など〉造語力のある (例: un-). **7** 〚病理〛(気管などから)痰(たん)[粘液]の出る: a ～ cough. 〖(1612) ◻ F ～ // LL *prōductīvus* fit for production: ⇨ product, -ive〗

pro·dúc·tive·ly *adv.* 生産的に, 多産で, 豊かに. 〖*a*1832〗

pro·dúc·tive·ness *n.* 多産, 多作. 〖1727〗

prodúctive vocábulary *n.* 〚教育〛発表語彙, 使用語彙 (⇨ active vocabulary).

pro·duc·tiv·i·ty /pròʊdəktívəṭi, prὰ(:)d-, proʊdʌk-, prə- | prɔ̀dʌktívəti, prəʊd-, -dək-, -vɪ-/ *n.* **1** 生産性[力], 多産(性): ～ of labor=labor ～ 労働生産性 / ～ per acre 1 エーカー当たりの(農作物)生産量 / ～ movement 生産向上運動. **2** 〚生物〛生産性, 生産力 (単位時間当たりの生産量; 特に, 生産者により有機物として固定される量). 〖(1809–10): ⇨ productive, -ity〗

productívity bàrgaining *n.* 生産性向上交渉 (賃上げなどを見返りに生産性をあげるための労使間交渉).

próduct liabìlity *n.* 製造物責任 (製品の欠陥から生じた損害について製造会社に責任を負わせること; 略 PL). 〖1972〗

próduct lífe cỳcle *n.* 製品ライフサイクル (製品が売り出されてから経過する段階; 導入 (introduction), 成長 (growth), 成熟 (maturity), 衰退 (decline) の 4 段階とされ, それぞれに応じたマーケティング活動が必要とされる).

próduct lìne *n.* 製品ライン (一つの製造業者によって市販される相互に関連性のある商品群; テレビ・ステレオなど).

próduct tàmpering *n.* 製品への毒物混入.

pro·em /próʊɛm | prə́ʊ-/ *n.* 緒言 (introduction), 序文 (preface), 前置き; 発端. **pro·e·mi·al** /proʊí:miəl | prəʊ-/ *adj.* 〖(*c*1395) *proheme* ◻ OF *pro(h)eme* (F *proème*) // L *prooemium* ◻ Gk *prooímion* ← PRO-²+*oímē* song (← ? *oîmos* way, course, strain of a song)+*-ion* (dim. suf.)〗

prò·émbryo *n.* 〚植物〛前胚(はい) (植物の胚発生の初期段階で, 受精卵の分割から真の胚が生ずるまで). 〖(1849) ← PRO-² +EMBRYO〗

prò·environméntal *adj.* 環境保護[保全]の.

prò·énzyme *n.* 〚生化学〛プロ酵素 (⇨ zymogen). 〖1900〗

prò·erýthroblast *n.* 〚解剖〛前赤芽球. 〖1927〗

prò·éstrus *n.* 〚動物〛発情前期. 〖1923〗

pro·ette /proʊét | prəʊ-/ *n.* スポーツの女子プロ選手 (特に, 女子プロゴルファー). 〖(1968) ← PRO¹+-ETTE〗

Pro·e·tus /proʊí:ṭəs | prəʊí:t-/ *n.* 〚ギリシャ伝説〛プロイトス (アルゴス王 Danaus の孫, Acrisius と兄弟; 盾の発明者といわれる). 〖◻ L ～ ◻ Gk *Proîtos*〗

prò-Européan *adj.* **1** 西欧諸国の社会[文化, 経済]的統一を主張[支持]する. **2** 英国の欧州共同体加盟に賛成する. — *n.* pro-European の人. 〖1944〗

prof /prά(:)f | prɔ́f/ *n.* 〘口語〙教授. 〖(1838) (略) ← PROFESSOR〗

prof. 〘略〙profession; professional; professor.

Prof. /prά(:)f | prɔ́f/ 〘略〙Professor (⇨ professor 語法).

pro·face /proʊféɪs | prəʊ-/ *int.* 〘廃〙さあさあ, 召し上がれ (食事の時のもてなしの文句) (cf. Shak, *2 Hen IV* 5. 3. 28). 〖(1515) ◻ OF (*bon*) *prou* (*vous*) *fasse* may it make you good profit!: cf. prosit〗

prò·fámily *adj.* 〘米〙妊娠中絶反対の, 中絶非合法化に賛成の (pro-life). 〖1977〗

prof·a·na·tion /prὰ(:)fənéɪʃən | prɔ̀f-/ *n.* **1** 神聖を汚すこと, 冒瀆(ぼうとく) (⇨ sacrilege SYN): ～ of a temple 神殿[寺院]の冒瀆. **2** (神聖なものの)濫用, 悪用 (misuse): the ～ of the name of God 神の名の濫用. **3** (濫用による)俗化. 〖(1552) ◻ OF *prophanation* // LL *profānātiō(n-)*: ⇨ profane, -ation〗

pro·fan·a·to·ry /prəfǽnətɔ̀:ri, proʊ- | -təri, -tri/ *adj.* 神聖を汚す, 冒瀆(ぼうとく)的な (profaning). 〖(1853) ← PROFANAT(ION)+-ORY¹〗

pro·fane /prəféɪn, proʊ- | prə(ʊ)-/ *adj.* **1** 神を汚す, 神聖を冒す, 不敬な: ～ swearing [language] みだりに神の名を唱える呪い[不敬な言葉]. **2** (宗教的に対して)世俗的な, 宗教と無関係の: ～ history [literature, art] (宗教史[文学, 芸術]に対して)世俗史[文学, 芸術]. **3** 邪教の, 異教の: ～ rites and ceremonies 異教の儀式礼典. **4** 宗教に無縁の, 教外の, 外道の (uninitiated); 凡俗の, 卑俗な (vulgar): ～ ears [persons] 俗耳[人] / the ～ (crowd) 俗衆. **5** 奥義を極めていない, 専門的知識のない. — *vt.* **1** …の神聖を汚す (desecrate), 冒瀆(ぼうとく)する, 辱める (violate), 汚す: ～ a shrine 神社を汚す / ～ the national flag 国旗を辱める. **2** 濫用する, 悪用する (misapply). **～·ly** *adv.* **～·ness** *n.* **pro·fán·er** *n.* 〖adj.: (*c*1450) *prophane* ◻ MF (⇨ fane) ◻ L *profānus* (ML *prophānus*), (原義) outside the temple ← PRO-¹+*fānum* temple. — v.: (*c*1384) *prophane(n)* ◻ OF *prophaner* ◻ L *profānāre* to render unholy, violate ← *profānus* (adj.)〗

pro·fan·i·ty /prəfǽnəṭi, proʊ- | prə(ʊ)fǽnɪ̀ti-/ *n.* **1** 神聖[神]を汚すこと, 冒瀆(ぼうとく), 不敬 (irreverence). **2** 神聖を汚すような行為, 罰当たりな言葉 (⇨ blasphemy SYN). 〖(1607) ◻ LL *profānitātem*: ⇨ ↑, -ity〗

prò·fér·ment *n.* 〘生化学〙プロ酵素 (⇨ zymogen). 〘← PRO-²+FERMENT〙

pro·fert /próufət | prə́ufət/ *n.* 〘法律〙(法廷において原告のする)書証の申し出. 〘(1719) ← L *prōfert* (*in cūriā*) he produces (in court) (pres. 3 sg.) ← *prōferre* ← PRO-¹+*ferre* to bring〙

pro·fess /prəfés/ *vt.* **1 a** [しばしば ~ *oneself* で目的補語を伴って] 自分のものらしく主張する; 装う, …のふりをする (pretend); …と偽る ⟨*to* be⟩: ~ regret [eagerness, ignorance] 遺憾[熱心, 無知]の風をする / ~ *to* be a learned man 学者ぶる / ~ *oneself* fond of music 音楽が好きだと自称する. **b** …の知識[技能]があると主張する; 職とする: ~ law [medicine, plumbing] 弁護士[医者, 鉛工]を業とする. **2** [しばしば ~ *oneself* で目的補語を伴って] 公言する, 明言する (declare) ⟨*to* do, *that*⟩: ~ one's satisfaction 満足だという / ~ *to* know the truth 真実を知っていると公言する / ~ *oneself* a Christian [converted, a convert] キリスト教徒である[改宗した]と公言する / He ~*ed himself* glad *to* be home again. 彼は帰国できてうれしいと述べた / I ~ (*that*) this is news to me. 実のところこれは私には初耳です. **3** ⟨宗教・神などの⟩信仰を公言する, (公に)信仰[告白]する, 奉じる: ~ Christianity キリスト教を信仰する / ⇨ *profess* RELIGION. **4** (誓願させて)教団に入会させる, 入信させる. **5** …の教授として教える (cf. *vi.* 3): ~ Greek, history, etc.
— *vi.* **1** 公言する, 明言する (declare). **2 a** 信仰告白する (confess): a ~*ing* Christian 誓約して帰依するキリスト教徒. **b** 〘キリスト教〙(修道会に)誓願する, 誓願して入会[入信]する. **3** 大学教授を務める (cf. *vt.* 5): He ~*es* at Oxford.
〘(*a*1333) ← L *professus* (p.p.) ← *prōfitērī* to declare publicly ← PRO-¹+*fatērī* to confess〙

pro·féssed *adj.* **1** 公言した, 公然の (avowed): a ~ Christian [Jew] 公然と名乗るキリスト教信者[ユダヤ人] / a ~ enemy of reform 改革の公然の敵. **2** 専門的な, 本職の: a ~ critic 本職の批評家. **3** 誓約して宗門にはいった: a ~ monk, nun, etc. **4** 見せかけの, 偽りの (pretended), 自称の (self-styled): one's ~ piety [friendship] 見せかけの敬神[友情] / a ~ anatomist 自称解剖学者. 〘(*c*1390) *profes* professed (↑)+-ED〙

pro·féss·ed·ly /-sɨ̀dli, -st- | -sɨ̀dl-/ *adv.* **1** 公言して, 公然と. **2** 偽って, うわべでは, 表面上. 〘1570〙

pro·fes·sion /prəféʃən/ *n.* **1** 職業 (vocation); (特に)知的[専門的]職業 (⇨ occupation SYN): ⇨ learned profession / the ~ of teaching [a barrister] 教職[弁護士業] / the clerical [medical] ~ 聖職[医業] / Adam's ~ 園芸 (gardening) / the (world's) oldest ~ 《戯言》売春 / ⇨ *by* PROFESSION. **2** [the ~; 集合的] **a** 同業者連[仲間]: the etiquette of *the* ~ 同業者間の礼儀 / be condemned by *the* ~ 同業者から非難される. **b** 《俗》〘演劇〙俳優[芸人]仲間; 俳優稼業. **3** 公言, 告白 (avowal), 宣言 (declaration): ~ of faith [loyalty] 信仰[忠節]の宣言 / in practice if not in ~ 公言こそしないが実際には / Accept my sincere ~*s* of regard. 私の真心からの敬意を受けて下さい / Spare me these ~*s*. こういう告白は私にさせないで下さい. **4** 〘宗教〙信仰告白; 告白した信仰; 宗門入りの誓約[宣言]: the ~ of Christianity キリスト教信仰告白 / make one's ~ 聖職者になる誓いを立てる; (修道会の)誓願を立てる. ***by profession*** 職業は, 商売は: He is a doctor *by* ~. 職業は医者だ.
~·less *adj.* 〘(?*a*1200) □ (O)F ~ □ L *prōfessiō(n-)* avowal, declaration: ⇨ profess, -sion〙

pro·fes·sion·al /prəféʃnəl, -ʃənl/ *adj.* **1** 知的職業に従事している, 専門職業の: a ~ man 専門家; プロ選手 / the ~ classes (商人階級に対して)技能的階級; (有産・地主階級に対して)知的職業階級. **2** 職業的な, 本職の, 玄人(くろうと)の; 本職にふさわしい, 専門家的な: a ~ name 芸名 / a ~ painter [actor, singer, photographer] 本職の画家[俳優, 歌手, 写真家] / a ~ ballplayer プロ野球選手 / a ~ golfer プロゴルファー / ~ traders (商取引所の)玄人筋 / ~ skill 特技 / ~ education (一般教育に対し, 高度の知識を授ける)専門教育; (普通教育に対し)職業教育 / ~ etiquette [jealousy] 同業者間の礼儀[ねたみ] / the ~ gravity of a judge 裁判官らしいまじめさ. **3** (娯楽のためのものを)職業とする: a ~ politician 政治屋 / ~ basketball (teams) 職業[プロ]バスケットボール(チーム) / the work of a ~ burglar 夜盗を専門とする者の仕業. **4** 専門家[玄人, プロ選手]の行う: a ~ ball game プロ野球試合. **5** 《軽蔑》常習的な, 根っからの, 生まれついての: a ~ liar 生まれついてのうそつき. **6** 《婉曲》故意の《特にスポーツのルール違反》: a ~ foul (サッカーなどで相手の得点を防ぐための)故意の反則. — *n.* **1 a** 専門家; 本職の芸術家《画家・俳優・歌手など》. **b** 〔ある分野で〕(力量・経験からして)専門家と言える人〔*in*〕. **2** (amateur に対し)専門家, 玄人, プロ選手: turn [go] ~ プロに転向する. **3** 知的職業人. 〘adj.: (1748); n.: (1811): ⇨ ↑, -al¹〙

proféssional associátion *n.* 専門職協会《新規参入者のチェック, 水準の維持ほか, 業界を代表して他との交渉にあたる同業者の団体》.

proféssional corporátion *n.* 専門職法人《医師・弁護士など公的免許を受けた者が税制上の優遇措置を受けるために組織した法人; 略 PC》.

proféssional devélopment *n.* 職能開発.

pro·fes·sion·al·ism /prəféʃ(ə)nəlìzm/ *n.* **1** 職業根性, 職人かたぎ, 専門家気質; 専門家技術, 玄人芸. **2** プロであること; (特に)プロ選手であること: The ~ of the crew gave us confidence. 乗務員のプロかたぎが我々に信頼感を与えた. **3** (野球などの)試合にプロ選手を使うこと.

pro·fés·sion·al·ist /-lɨ̀st | -lɪst/ *n.*, *adj.* 〘(1856): ⇨ professional, -ism〙

pro·fes·sion·al·ize /prəféʃ(ə)nəlàɪz/ *vt.*, *vi.* **1** (…に)職業的性質を与える, 職業化する, 専門的に取り扱う, 専門化する, 専門家[プロ]になる. **2** (野球・ゴルフなどの)試合にプロ選手を使う[出す]. **pro·fes·sion·al·i·za·tion** /prəféʃ(ə)nəlɨ̀zéɪʃən | -laɪ-, -lɪ-/ *n.* 〘(1856) ← PROFESSIONAL+-IZE〙

pro·fés·sion·al·ly /-ʃ(ə)nəli/ *adv.* 職業的に, 職業として, 職業上, 専門的立場から言えば. 〘1784〙

pro·fes·sor /prəfésə | -sə(r)/ *n.* **1 a** 大学教授: a ~ emeritus=an emeritus ~ 名誉教授 / a visiting ~ 客員教授 / a ~ extraordinary 員外教授 / a ~'s chair 大学教授の講座 / He is a ~ of economics *at* [*of*] Indiana University. 彼はインディアナ大学の経済学の教授です. ★ at の代わりに of を用いる場合は所属を表す. **b** 《米》大学で講義をする教師《特に地位は問わない》.

語法 (1) 肩書としては準教授・助教授にも用いる. 米国の大学では full ~ (正教授), associate [adjunct] ~ (準教授), assistant ~ (助教授)の順, 英国の大学では講座担当の教授を professor といい, その下は reader (助教授)という. (2) 姓名の前ではしばしば Prof. と略す, ただし姓だけに直接つける場合には略さない: *Prof.* William Clark / *Professor* Clark. (3) 《米》では呼び掛けのときには普通 Dr. Clark, Mr. [Mrs.] Clark のようにいう.

2 《米口語》(男の)教師, 先生 (teacher). **3** (ダンス・手品・人相見・ボクシングなどの)先生 (master). ★ 今日ではやや古風で通例滑稽な気取った呼称. **4** 公言者, 自称者; 信仰告白者, (正式に誓願を立てた)修道士: a ~ of Calvinism カルビン主義の信仰者. 〘(*a*1387) □ (O)F *professeur* // L ~: ⇨ profess, -or²〙

米国	英国	日本
(full) professor	professor	教授
associate [adjunct] professor		
assistant professor	reader	助教授
instructor	lecturer	講師

pro·fes·sor·ate /prəfésərɨ̀t | -rɨ̀t, -rèɪt/ *n.* **1** (大学)教授の職[地位, 任期]. **2** [集合的] 一大学の教授団; 教授会. 〘(1860) □ F *professorat*: ⇨ ↑, -ate¹〙

pro·fes·so·ri·al /pròufəsɔ́ːriəl, prɑ̀(ː)f- | prɔ̀fɨ̀s-, -fes-⁻/ *adj.* **1** 教授の, 教授らしい: a ~ manner 教授らしい態度. **2** 学者ぶった (pedagogic), 独断的な. **~·ly** *adv.* 〘(1713) ← L *professōrius* of a public teacher: ⇨ -ial〙

pro·fes·so·ri·at /pròufəsɔ́ːriɨ̀t, prɑ̀(ː)f- | prɔ̀fɨ̀s-, -fes-/ *n.* (*also* **pro·fes·so·ri·ate** /-rɨ̀t, -rièɪt/) **1** (一大学の)教授団; (ある社会の)大学教授という集団. **2** = professorship. 〘(1860) 〘変形〙 ← F *professorat* 'PROFESSORATE': PROFESSORIAL の影響を受けた〙

proféssor·ship *n.* 教授の職[地位]: take up a ~ in linguistics at Indiana University インディアナ大学の言語学の教授の職に就く. 〘(1641): ⇨ -ship〙

prof·fer /prɑ́(ː)fə | prɔ́fə(r)/ 《文語》*vt.* [主に p.p. 形で用いて] 提供する, 進呈する; 申し出る (⇨ offer SYN): ~ services / ~ help [《古》to help] 助力を申し出る. — *n.* 提出, 提供; 申し出; 提出[提供]物: ~*s* of peace 平和の申し出. **~·er** ; /-fərə^r/ *n.* 〘v.: (?*a*1300) *profre(n)* □ AF *profrer*=OF *p(o)roffrir* ← *por* forth (⇨ pro-¹)+*offrir* 6 (< VL **offerīre*=L *offerre* 'to OFFER'). — n.: (*a*1325) □ AF *profre* ← *profrer*〙

pro·fi·cience /-ʃəns/ *n.* 《古》=proficiency.

pro·fi·cien·cy /prəfíʃənsi/ *n.* 熟達, 堪能(たんのう) (skill); 向上, 上達〔*in*〕: ~ *in* music 音楽の熟達 / attain great ~ *in* English 英語が大いに上達する. — *vt.* 《米》⟨人⟩に実力検定試験で必須課目を免除する ⟨*out*⟩. 〘(1544) ← L *prōficientem*: ⇨ -ency〙

pro·fi·cient /prəfíʃənt/ *adj.* 〔…に〕熟達[熟練]した, 堪能(たんのう)な, 敏腕な〔*in*, *at*〕(⇨ expert SYN): a ~ liar うそつきの名人 / be ~ *in* doing … するのに熟練している. — *n.* 《古》〔…の〕達人, 名人〔*in*〕. **~·ly** *adv.* 〘(1589) □ L *prōficientem* (pres.p.) ← *prōficere* to advance, accomplish ← PRO-¹+*facere* to do, make: cf. fact, profit〙

pro·file /próufaɪl | prə́u-/ *n.* **1** (人・彫像などの)横顔(のシルエット), 側面, プロフィール; 半面像 (⇨ outline SYN): drawn in ~ 半面像の / She has a fine ~ [is fine in ~]. 彼女は横顔が美しい. **2 a** 輪郭 (outline), 外形 (contour). **b** (歴史・政治情勢などの)素描 (sketch). **c** (新聞・放送などによる)人物紹介[素描], 横顔: a ~ of the new premier. **3** 〘建築〙縦断面図, 側面の輪郭線図, 側面図 (vertical section). **4** 〘心理〙=psychograph 3. **5** 〘地質〙地質断面(図), 土壌断面(図): the ~ of a mountain. **6** (断面にそって現れる変化量などの)曲線, グラフ. **7** 〘劇場〙切出し《ある輪郭に切った舞台背景》. **8** 〘統計〙プロフィール《対象の特徴・傾向などを示す表や図》. **9** 河川流域図《水源から河口までを long profile, 川の流れに直角なものを cross profile という》. ***kéep a lów* [*high*] *prófile*** (1) 目立たない[目立つ]. (2) 低[高]姿勢を保つ.
— *vt.* **1** …の輪郭[外形]を描く; …の側面[縦断面]図を描く; …の素描[人物紹介]を書く. **2** ⟨鋼板などから⟩形を切り抜く.
〘(1656) □ It. 《廃》*profilo* ← *profilare* to draw in outline ← PRO-¹+*filāre* to spin (□ L *filāre* ← L *filum* thread): ⇨ file¹〙

prófile compònent *n.* 《英》〘教育〙(生徒の総合評価のための)各教科の到達目標.

prófile dràg *n.* 〘航空〙翼形(抵)抗力, 断面抵抗, 形状抵抗《翼の全抗力から誘導抗力 (induced drag) を差し引いた残りの抗力で, 通常の飛行状態では翼の表面に働く摩擦によるものが大部分である》. 〘1922〙

prófile mìcroscope *n.* プロフィール顕微鏡《地表面の輪郭測定用器械》.

prófile pàper *n.* 〘土木〙縦断面図用紙《縦断図面用の製図用紙》. 〘1874〙

prófile plàn *n.* 〘造船〙=sheer plan.

pró·fil·er /-lə | -lə(r)/ *n.* 〘機械〙ならい盤, 型彫(かたほり)機《型板にならって, それと同じ形状に加工する工作機械; profiling machine ともいう》. 〘1904〙

pró·fil·ing machìne /-lɪŋ-/ *n.* 〘機械〙=profiler.

pro·fil·ist /próufəlɨ̀st | prə́ufɪlɪst/ *n.* プロフィール[シルエット]画家. 〘*a*1800〙

prof·it /prɑ́(ː)fɨ̀t | prɔ́fɪt/ *n.* **1** [しばしば *pl.*] 〘経済〙利益, 収益, 利得 (pecuniary gain); 利潤: gross ~(*s*) 総益金 / net [clear] ~ 純益 / ~ rate 利潤率 / operating ~ 営業利益 / sell at a ~ of …のもうけで売る / make a ~ on …でもうける / work for ~ 利益目当てに働く. **2** [通例 *pl.*] **a** (資本・保険に対する)利子 (interest). **b** 利率 (profit ratio). **3** 益, 得 (benefit): make one's ~ of …を利用する / I have read it with great ~ [to my great ~]. それを読んで大いにためになった / There is no ~ in smoking. 喫煙は何の益もない. **4** (賃金などとは別に支払われる)リスク負担の補償.
prófit and lóss 〘会計〙損益 (cf. profit-and-loss).
— *vi.* **1** 利益を得る, もうける: ~ *by* [*over*, *at*] transaction 取引でもうける. **2** 〔…で〕得をする, 利する〔*by*, *from*, *out of*〕(★ by のほうが普通); 役立つ: You may ~ *by* [*from*] the experience of others. 他人の経験によって[から]学ぶことができる / I ~*ed by* his confusion to make my escape. 彼が慌てているすきに逃げた / It ~*s* little to do …しても得をするところはほとんどない. **3** 《廃》上達する, 進歩する. — *vt.* …の利益[ため]になる, 益する (benefit): All his wealth didn't ~ him. 全財産は彼には何のためにもならなかった / It will not ~ him to act thus. そういう行動は彼のためになるまい / What [How] will it ~ me? それは私に何の[どういう]役に立つか.
~·er *n.* /-tə | -tə(r)/ 〘n.: (1263) □ (O)F ~ < L *prōfectum* progress, profit (p.p.) ← *prōficere*: ⇨ proficient. — v.: (*c*1330) □ (O)F *profiter*〙

prof·it·a·bil·i·ty /prɑ̀(ː)fɨ̀təbíləti | prɔ̀fɪtəbílɪti/ *n.* 〘経済〙収益性, 利益性. 〘*a*1340〙

prof·it·a·ble /prɑ́(ː)fɨ̀təbl | prɔ́fɪt-/ *adj.* **1** もうかる, もうけの多い; 〔…に〕有利な〔*to*〕: a ~ business, trade, etc. **2** 〔…に〕ためになる, 有益な〔*for*〕: ~ advice, instruction, etc. **próf·it·a·bly** *adv.* **~·ness** *n.* 〘(?*c*1300) □ (O)F ~: ⇨ profit, -able〙

prófit-and-lóss *adj.* 〘会計〙損益の (cf. PROFIT and loss): a ~ account 損益勘定 (⇨ income account) / a ~ statement=income statement. 〘1588〙

prófit cènter *n.* 〘経営〙プロフィットセンター: **a** 事業部制において, 利益計算上独立と見なされているときの責任単位, 利益責任単位. **b** ある企業内で中心的な利益をあげている部門.

prof·i·teer /prɑ̀(ː)fətíə | prɔ̀fɪtíə(r)/ *n.* 暴利獲得者, 不当利得者, 悪徳業者: a war ~ 戦時利得者. — *vi.* 暴利獲得を事とする, 不当利得を占める. 〘(1912) ← PROFIT (v.)+-EER〙

pròf·i·téer·ing /-tíᵊrɪŋ | -tíər-/ *adj.* 不当利得[暴利]を占める[あさる]. — *n.* 不当利得[暴利]行為. 〘1814〙

pro·fit·er·ole /prəfítəròul | prəfítərə̀ul/ *n.* プロフィトロール《小型のシュークリーム; 中に詰めるものによりデザートやオードブルになる》. 〘(1515) □ F ~ ← *profiter* 'to PROFIT': ⇨ -ole²〙

prófit·less *adj.* 利益のない, もうからない; 無益な, むだな: a ~ business もうからない商売 / a ~ effort むだ骨. **~·ly** *adv.* **~·ness** *n.* 〘1598–99〙

prófit-màking *adj.* 利益をあげる, 営利の. 〘1891〙

prófit màrgin *n.* 〘商業〙利幅. 〘1926〙

prófit-shàring *adj.* 利益分配制の. 〘1881〙

prófit shàring *n.* (固定給のほかに出す雇い主と雇い人の間の)利益分配(制).

prófit sỳstem *n.* =free enterprise.

prófit tàking *n.* 〘証券〙利食い: **a** 買った値段より高く売って利益をあげること. **b** 空(から)売りした値段より安く買い戻して利益をあげること. 〘1896〙

prof·li·ga·cy /prɑ́(ː)flɨ̀gəsi | prɔ́f-/ *n.* **1** 放蕩, 道楽, 不品行. **2** 浪費, 乱費. 〘(1738): ⇨ ↓, -acy〙

prof·li·gate /prɑ́(ː)flɨ̀gɨ̀t | prɔ́f-/ *adj.* **1** 不品行な, 乱行な, 放埒(ほうらつ)な, 放蕩(ほうとう)の. **2** 浪費する, 乱費する. — *n.* 放蕩者, 道楽者. **~·ly** *adv.* **~·ness** *n.* 〘(1535) □ L *prōflīgātus* (p.p.) ← *prōflīgāre* to overwhelm, destroy ← PRO-¹+*flīgere* to strike: cf. afflict: ⇨ -ate²〙

prof·lu·ent /prɑ́(ː)fluːənt | prɔ́fluənt/ *adj.* とうとうと流れる. **próf·lu·ence** /-əns/ *n.* 〘(*c*1420) □ L *prōfluentem* (pres.p.) ← *prōfluere* ← PRO-¹+*fluere* to flow: ⇨ fluent〙

pró-fòrm *n.* 〘文法〙代用形. 〘(1964): ⇨ pro-¹〙

pro for·ma /pròufɔ́əmə | prəufɔ́ː-⁻/ *adj.* **1** 形式上の, 形式のための, 形式としての. **2** 〘商業〙見積りの, 仮の: a ~ invoice [account of sale] 見積り送り状[売上計算書]. — *adv.* 形式上, 形式として. — *n.* 見積り送り

P

状. 〖(1573–80) ◻ L *prō formā* for (the sake of) form: ⇨ pro-[1], forma〗

pró fòrma bálance shèet *n.* 〖商業〗見積り貸借対照表.

pro·found /prəfáund, prou- | prə(ʊ)-/ *adj.* (**~·er, ~·est; more ~, most ~**) **1** きわめて大きな, 深い, 強い (intense) (⇨ deep SYN); 深甚(じん)な, 心からの; 全くの, 十分な (thoroughgoing): a ~ effect [change] 非常に大きい影響[変化] / (a) ~ respect 深い尊敬 / ~ sympathy [apologies] 深甚の同情[陳謝] / a ~ sigh 深いため息 / a ~ interest 深い興味 / sink in ~ thought 深い物思いにふける / ~ contempt 激しい軽蔑 / ~ sleep 深い眠り, 熟睡 / He simulated a ~ indifference. いかにも平気だという顔を装った. **2** (学問など)深い, 深遠な, 該博な; 事物の奥底まで見きわめる, 深い洞察力をもった, (物事を)見抜く (penetrating) (↔ superficial): a ~ scholar [thinker] 学識の深い学者[深く考える思索家] / ~ insight [knowledge, learning] 深い識見[知識, 学識] / a ~ statesman 達識の政治家 / a ~ treatise [inquiry] 深遠な論文[研究] / a ~ doctrine 深遠な学理. **3** 〖解剖〗深在性の. **4** 〈おじぎなど〉低く腰をかがめた, うやうやしい (humble): make a ~ curtsy [reverence] うやうやしく会釈する[敬意を表する]. **5** 深い: depths ~ 淵(ふち), 深海 / a ~ abyss 深い淵. — *n.* [the ~] 〖詩・古〗深み, 深所, 淵 (depth); 〖心の〗奥底, 〖精神の〗深奥部; 深海 (ocean). **~·ness** *n.* 〖(c1300) ◻ OF *profond, profund* < L *profundum* deep ← PRO-[1]+*fundus* bottom: ⇨ fund〗

pro·fóund·ly *adv.* **1** 深く (deeply); 痛く, 切に (heartily): apologize ~ 心から陳謝する / be ~ moved 大いに感動する / be ~ impressed 深く感銘する. **2** 完全に: ~ deaf 全く耳が聞こえない / ~ ignorant 全く知らない[無知の]. 〖?c1408〗

Prof. Reg. 《略》 Regius Professor.

Pro·fú·mo Affáir [Càse] /prəfjúːmou- | prə(ʊ)fjúːməʊ-/ *n.* [the ~] 《英》プロヒューモ事件 《1963 年 Macmillan 内閣の陸軍大臣 John D. Profumo (1915–　)とモデルでショーガールの Christine Keeler との関係が明るみに出て, 同嬢がソ連大使館の海軍武官とも関係があったことから, スパイに利用された疑いがもたれて陸軍大臣を罷免された事件》.

pro·fun·di·ty /prəfʌ́ndəti, prou- | prə(ʊ)fʌ́ndɨti/ *n.* **1** 深いこと, 深さ (depth); 深遠, 深奥, 幽玄 (abstruseness): the ~ of an abyss / the ~ of feeling [sorrow, thought] 感情[悲哀, 思索]の深さ. **2** [*pl.*] 深い思想[意味], 深遠な事柄 (profound matters). **3** 〖詩〗深み, 深い淵(ふち) (abyss). 〖(?a1425) ◻ OF *profundite* // LL *profunditātem* depth, intensity: ⇨ profound, -ity〗

pro·fuse /prəfjúːs, prou- | prə(ʊ)-/ *adj.* **1** 〈物・事が〉豊富な, おびただしい (⇨ plentiful SYN); 〈言い訳など〉たっぷりの; 〈約束が〉気前のよい: ~ hospitality [generosity] あふれるばかりの歓待[寛大] / ~ perspiration 多量の発汗 / ~ apologies 弁明たらたら. **2** 〈人が〉物惜しみしない, 気前のよい, おおまかな (liberal); 〔…に〕無駄遣いする, 金遣いの荒い 〔*in, of, with*〕: He is ~ *in* his hospitality. 彼は惜しみなく人をもてなす / He was ~ *in* [*with*] his thanks [apologies]. 彼はやたらに礼を言った[謝罪した] / He is ~ *of* [*in, with*] his money. 彼は金にはおおまかだ[無駄遣いをする]. **~·ly** *adv.* **~·ness** *n.* 〖(?a1425) ◻ L *profūsus* (p.p.) ← *profundere* ← PRO-[1]+*fundere* to pour: ⇨ found[3]〗

SYN やたらに与える: **profuse** 大量に流れ出る: *profuse* thanks 過剰なほどの礼. **lavish** 〈人が〉ふんだんにまたは過度に与える: be *lavish* with praise やたらに人をほめる. **extravagant** 《通例悪い意味で》過度に不経済な消費をする: He is *extravagant* in his way of living. 暮らし向きがぜいたくだ. **spendthrift** 金を不必要, 不適切なものに浪費する: a *spendthrift* millionaire 金を浪費する百万長者. **prodigal** 金を使い果たすほどに浪費しすぎる《格式ばった語》: a *prodigal* son 放蕩息子. ⇨ plentiful.

---

pro·fu·sion /prəfjúːʒən, prou- | pr(ʊ)ə-/ *n.* **1** 豊富 (profuseness); 多量 〔*of*〕: a ~ *of* gifts たくさんの贈り物 / in ~ 豊富に, ふんだんに. **2** おおまか, 濫費 (prodigality), 贅沢(ぜいたく): a house furnished with ~ 調度に贅を尽くした家. 〖(1545) ◻ F ~ ◻ L *profūsiō(n-)*: ⇨ ↑, -sion〗

prog[1] /prɑ́(ː)g | prɔ́g/ *n.* **1** 《英俗・方言》(捜し回ったりくすねたりして得た)食物 (food). **2** 《カナダ・方言》(Newfoundland で)食物. — *vi.* (**progged; prog·ging**) 《英俗・方言》食物をあさり歩く, (盗みをするために)うろつく. 〖(1655) ← ?: cf ME *prokke(n)* to beg〗

prog[2] /prɑ́(ː)g | prɔ́g/ 《英学生俗》 *n.* =proctor 1 a. — *v.* (**progged; prog·ging**) *vt. vi.* =proctorize. 〖(1898) 〖変形〗← PROCTOR〗

prog[3] /prɑ́(ː)g | prɔ́g/ 《英口語》 *n.* **1** 進歩的な人, 革新主義者 (progressive). **2** (政党内の)革新グループの一員. — *adj.* **1** 進歩的な. **2** 〈ロック音楽が〉プログレッシブの (cf. progressive rock). 〖(1958): 略〗

prog[4] /prɑ́(ː)g | prɔg/ *n.* 《英口語》=program.

prog. 《略》 prognosis; program(me); progress; progressive.

pro·ga·mete /prougǽmiːt, pròugəmíːt | prəugǽmiːt, prəugəmíːt/ *n.* 〖生物〗**1** 卵母細胞 (oocyte). **2** 精母細胞 (spermatocyte). 〖(1892) ← PRO-[2]+GAMETE〗

pro·gen·i·tive /proudʒénətɪv, prə- | prəudʒénɨt-/ *adj.* 生殖力のある, 繁殖する. **~·ness** *n.* 〖(1838) ← L *prōgenitus* (↓)+-IVE〗

pro·gen·i·tor /proudʒénəṭə, prə- | prə(ʊ)dʒénɪtə(r)/ *n.* **1** (人・動物などの)先祖 (ancestor). **2** (学問・政治などでの)元祖, 開祖, 先駆者, 先駆け, 先輩 (predecessor). **3 a** (動植物の)原種. **b** (文書・書物の)原本.

pro·gen·i·to·ri·al /proudʒènətɔ́ːriəl | prə(ʊ)dʒènɪtɔ́ːr-⁻/ *adj.* **~·ship** *n.* 〖(c1384) *progenitour* ◻ OF *progeniteur* ◻ L *prōgenitor* ← *prōgenitus* (p.p.) ← *prōgignere*: ⇨ progeny, -tor〗

pro·gen·i·tress /proudʒénətrɨs, prə- | prə(ʊ)dʒénɪtrɨs, -tres/ *n.* =progenitrix. 〖⇨ ↑, -ess[1]〗

pro·gen·i·trix /proudʒénətrɪks, prə- | prə(ʊ)dʒénɪ-/ *n.* (*pl.* **-i·tri·ces** /proudʒènətráɪsiːz, prə- | prə(ʊ)dʒènɪ-/) 女性の progenitor. 〖(1610) ◻ LL *prōgenitrix*: ⇨ progenitor, -trix〗

pro·gen·i·ture /proudʒénətʃə, prə- | prə(ʊ)dʒénɪtʃə(r), -tjùə(r)/ *n.* **1** 子孫を産むこと. **2** [集合的] (人・動植物の)子孫 (progeny). 〖(1801) ◻ F *progéniture* ← L *prōgenitus*: ⇨ progenitor, -ure〗

prog·e·ny /prɑ́(ː)dʒəni | prɔ́dʒɨ-/ *n.* **1** [集合的] (人・動植物の)子孫. ★ offspring のほうが普通. **2** 結果, 所産 (issue). **3** [集合的] 信奉者, 弟子, 後継者. **4** 《廃》一族; 血統, 家柄. 〖(a1325) *progenie* ◻ OF ◻ L *prōgeniēs* descent, family ← *prōgignere* ← PRO-[1]+*gignere* to beget〗

pro·ge·ri·a /proudʒíəriə | prəudʒíər-/ *n.* 〖病理〗早老症. 〖(1904) ← NL ← Gk. *progērōs* prematurely old ← PRO-[2]+*gēras* old: ⇨ -IA[1]〗

prò·gestátional *adj.* 〖医学〗**1** 月経前期の, 黄体期の 《排卵および黄体形成によって, 女性のホルモン系および乳腺(にゅうせん)系が変化している状態にいう》. **2** 黄体ホルモンの. **3** 妊娠前の. 〖(1923): ⇨ pro-[2], gestation, -al[1]〗

pro·ges·ter·one /proudʒéstəròun | prə(ʊ)dʒéstəràun/ *n.* **1** 〖生化学〗プロゲステロン, 黄体ホルモン ($C_{21}H_{30}O_2$) 《女性ホルモンの一種; corpus luteum hormone ともいう》. **2** 〖薬学〗黄体ホルモン剤 《妊娠中の出血の治療, 経口避妊薬の一成分として用いられる corpus luteum ともいう》. 〖(1935) ← PROGE(STIN)+STER(OL)+-ONE〗

pro·ges·tin /proudʒéstɨn | prə(ʊ)dʒéstɪn/ *n.* 〖生化学〗プロゲスチン 《子宮腔に受精卵の着床準備をさせる物質で化学的に純粋でないものにもいう; 化学的に結晶として取り出されたものが progesterone である》. 〖(1930) ← PRO-[1]+GEST(ATION)+-IN[2]〗

pro·ges·to·gen /proudʒéstədʒən, -dʒèn | prə(ʊ)-/ *n.* 〖生化学〗プロゲストゲン 《月経を調節するステロイド薬品》. 〖(1941) ← PROGEST(ATIONAL)+-O-+-GEN〗

prog·gins /prɑ́(ː)gɨnz | prɔ́gɪnz/ *n.* 《英学生俗》= proctor 1 a. 〖《変形》← PROCTOR〗

pro·glot·tid /prouglɑ́(ː)tɨd | prəuglɔ́tɪd/ *n.* 〖動物〗片節 《サナダムシの体の節》. **pro·glot·tid·e·an** /pròuglɑ(ː)tídiən | prəuglɔtíd-⁻/ *adj.* 〖(1878) ← NL *proglottid, proglottis* (↓)〗

pro·glot·tis /prouglɑ́(ː)tɨs | prəuglɔ́tɪs/ *n.* (*pl.* **-glot·ti·des** /-tədìːz | -tɪ-/) 〖動物〗=proglottid. **pro·glot·tic** /prouglɑ́(ː)tɪk | prəuglɔ́t-/ *adj.* 〖(1855) ← NL ~ ← Gk *proglōssís, proglōttís* tip of the tongue ← PRO-[2]+*glōssa, glōtta* tongue: ⇨ glottis〗

prog·nath·ic /prɑ(ː)gnǽθɪk, -néɪθ- | prɔgnǽθ-/ *adj.* 〖人類学〗=prognathous. 〖(1850): ⇨ pro-[2], gnathic〗

prog·na·thism /prɑ́(ː)gnəθìzm, prɑ(ː)gnéɪθɪzm | prɔ́gnəθìzm, prɔgnǽθɪzm/ *n.* 〖人類学〗上顎(がく)前突. 〖(1864): ⇨ ↓, -ism〗

prog·na·thous /prɑ́(ː)gnəθəs, prɑ(ː)gnéɪ- | prɔgnéɪ-, prɔ́gnə-/ *adj.* 〖人類学〗あごの突き出た, 突顎(がく)の, 両顎前突の (cf. opisthognathous); 〈顎が〉前突の (⇨ facial angle 挿絵). 〖(1836) ← PRO-[2]+-GNATHOUS〗

prog·na·thy /prɑ́(ː)gnəθi | prɔ́g-/ *n.* 〖人類学〗= prognathism. 〖(1890): ⇨ ↑, -y[1]〗

prog·nose /prɑ(ː)gnóus, -nóuz | prɔgnə́us, -nə́uz/ *vt., vi.* 〖医学〗(病気の経過や転帰を)予測する. 〖(1900) 《逆成》↓〗

prog·no·sis /prɑ(ː)gnóusɨs | prɔgnə́usɪs/ *n.* (*pl.* **-no·ses** /-siːz/) **1** 〖医学〗**a** 予後, 治療後の経過[転帰]の予想 (cf. diagnosis 1): The ~ is bad [poor]. **b** 回復の見込み. **2** 予言, 予測, 予断. 〖(1655) ◻ LL *prognōsis* ◻ Gk *prógnōsis* knowing beforehand ← *progignṓskein* ← PRO-[2]+*gignṓskein* to learn: ⇨ gnosis〗

prog·nos·tic /prɑ(ː)gnɑ́(ː)stɪk | prɔgnɔ́s-, prəg-/ *adj.* **1** 〖医学〗予後の[を知るに足る]: ~ symptoms 予後を物語る徴候. **2** 〔…を〕予示する (foreshowing), 〔…の〕前兆となる (forecasting) 〔*of*〕. — *n.* **1** 予知, 予想, 予言. **2** 前兆, きざし. **3** 〖医学〗予後(判定). 〖n.: (?a1420) *pronostike* ◻ OF *pronostique* ◻ L *prognōsticon* ◻ Gk *prognōstikón* (neut.) ← *prognōstikós* ← *progignṓskein* (↑): ⇨ -ic[1]. — adj.: (?c1440) ◻ ML *prognōsticus* ◻ Gk *prognōstikós*〗

prog·nos·ti·cate /prɑ(ː)gnɑ́(ː)stəkèɪt | prɔnɔ́stɪ-, prəg-/ *vt.* (前兆・徴候によって)予言する, 予知する (⇨ foretell SYN); …の徴候を示す, 予示する: The clouds ~ a storm. — *vi.* 予示[予言]する. **prog·nós·ti·ca·ble** /-tɨkəbl | -tɪ-/ *adj.* 〖(?a1425) ← ML *pro(g)nōsticātus* (p.p.) ← *prognōsticāre* ← L *prognōsticon*: ⇨ ↑, -ate[3]〗

prog·nos·ti·ca·tion /prɑ(ː)gnɑ̀(ː)stəkéɪʃən | prɔgnɔ̀stɪ-, prəg-/ *n.* **1** (前兆によって)予知[予言, 予示]すること; 予示, 予言 (prediction). **2** 前兆, 徴候. **3** 〖医学〗=prognosis 1. **4** 《廃》占星術に基づく運勢を記した暦 (cf. Shak., *Winter's* 4. 4. 788). 〖(1392) *pronostica-cioun* ◻ OF *pronosticacion* // ML *pro(g)nōsticātiō(n-)*: ⇨ ↑, -ation〗

prog·nos·ti·ca·tive /prɑ(ː)gnɑ́(ː)stəkèɪtɪv | prɔgnɔ́stɪkèɪt-, prəg-/ *adj.* 〔…の〕前兆となる, 〔…を〕予示する 〔*of*〕. 〖(1594) ◻ OF *prognosticatif* // ML *prognōsticātīvus*: ⇨ prognosticate, -ative〗

prog·nós·ti·cà·tor /-tə | -tə(r)/ *n.* 予言者, 予報者, 占い者. 〖(1552) ◻ MF *prognosticateur*: ⇨ prognosticate, -or[2]〗

Pro·go·ne·a·ta /prougòuniάːtə, -éɪtə | prə(ʊ)gəuniάːtə, -éɪtə/ *n. pl.* 〖動物〗(節足動物門)前性類. 〖← NL ~ ← PRO-[2]+Gk *gonḗ* genitals (⇨ gono-)+-ATA〗

pro·grade /próugreɪd | prə́u-/ *adj.* 〖天文〗(軌道[回転]運動において)他の天体と同方向の (↔ retrograde). 〖(1969) ← PRO-[1]+(RETRO)GRADE〗

pro·gram, 《英》**pro·gramme** /próugræm, -grəm | prə́ugræm/ *n.* **1** プログラム, 番組(表), (行事などの)次第(書): a theater ~ 芝居のプログラム / put in the ~ プログラムに載せる. **2** [集合的] 上演[演奏]種目: The entire ~ is delightful. 全種目[曲目]が面白い. **3** (ラジオ・テレビの)放送番組. ★ 全体の番組にも個々の番組にも用いる: What is the next thing on the ~? = What is the next ~? 次の番組は何でしょう. **4** 予定, 計画, もくろみ (plan): a full ~ 手一杯の仕事[約束など] / draw up a ~ of work for the next term 来学期の予定表を作る / What is the ~ for today? 《口語》今日はこれから何をしますか. **5 a** 計画表; (講義などの)要項 (syllabus), 学科課程表 (schedule): a school ~ 学校行事予定表. **b** (公民館, キャンプ地などでの)活動予定. **6** 〖電算〗プログラム 《コンピューターに指令する作業の手順を精密に記述したもの》. ★ 6, 7 の意味では《英》でも名詞・動詞ともに program. **7** 《英》(政党の)綱領, 政綱 (platform). **8** 序言, 前置き (preface) **9** 〖教育〗(自動的学習の)プログラム, 学習計画 《情報や設問の提示, 学習者の反応, その当否の確認, 次の設問の選択, という一連の活動を計画的に配列したもの》. **10** 〖音楽〗標題 (cf. program music). **11** 《古》公示 (public notice), 公布 (proclamation).

prógramme of stúdy 《英》〖教育〗全国統一教育課程 (National Curriculum) の重要な各段階で教えるべき事項.

— *v.* (**pro·grammed, -gramed; -gram·ming, -gram·ing**) — *vt.* **1** …のプログラム[番組]を作る; 計画する, もくろむ (plan, design). **2** 〖電算〗**a** 〈コンピューター〉のプログラムを作る. **b** 〈コンピューター〉にプログラムを組み込む. **3** (電子機器の)プログラムを組む. **4** 〖教育〗プログラム学習 (programmed learning) 用に〈教材を〉作成する. **5** 〖生物〗**a** …に生体プログラムを組み込む. **b** …に生物プログラムを供給する. — *vi.* **1** プログラム[番組]を作る. **2** (コンピューターなどの)プログラムを作る. **3** 予定[計画]通りに(行動)する.

〖(1633) ◻ F *programme* // LL *programma* ◻ Gk *prógramma* public notice, edict ← *prográphein* to write in public ← PRO-[2]+*gráphein* to write: ⇨ -gram. — v. (1896) ← (n.)〗

pro·gram·a·ble /próugræməbl, -grəm- | prəugrǽm-, prə́ugræm-/ *adj.* =programmable.

pró·gram dirèctor *n.* 〖ラジオ・テレビ〗番組演出の責任者. 〖1953〗

pró·gramed *adj.* =programmed.

pró·gram·er *n.* =programmer.

prógram evaluátion and revíew technìque *n.* =PERT.

prógram gènerator *n.* 〖電算〗プログラム ジェネレーター 《プログラムを自動的に生成するプログラム》.

pró·gram·ing *n.* 〖電算・教育〗=programming 2.

prógram lánguage *n.* 〖電算〗=computer language.

pro·gram·ma·ble /próugræməbl, ⁻⁻⁻ | prəugrǽm-, ⁻⁻⁻⁻/ *adj.* プログラムに作ることができる. **pro·gram·ma·bil·i·ty** /pròugræməbíləti, ⁻⁻⁻⁻⁻ | prəugæməbílɨti, ⁻⁻⁻⁻⁻⁻/ *n.* 〖(1959) ← PROGRAM+-ABLE〗

pro·gram·mat·ic /pròugrəmǽtɪk | prəugrəmǽt-⁻/ *adj.* **1** プログラム[要綱](的)の; 標題音楽(的)の. **2** (政党の)綱領の[による]. **prò·gram·mát·i·cal·ly** *adv.* 〖(1896) ← Gk *prógramma* (← *prógramma* 'PROGRAM')+-IC[1]〗

programme *n., v.* =program.

pró·grammed *adj.* **1** 〖教育〗〈教材などが〉プログラム化された; プログラム学習の (⇨ program *n.* 9). **2** 〈機器などが〉プログラムによってコントロールされた. 〖1947〗

prógrammed cámera *n.* 自動カメラ.

prógrammed cóurse *n.* 〖教育〗プログラム学習課程.

prógrammed instrúction *n.* 〖教育〗プログラム学習にもとづく教授法. 〖1962〗

prógrammed léarning *n.* 〖教育〗プログラム学習 《ティーチングマシンを用いて行われる教育活動で, 個別指導の一形態; 必ずしも機械に限らず, 設問の提示, 学習者反応の分析, フィードバックの 3 つの機能をもつ問い本やシートでもよい》. 〖1967〗

pro·gram·mer /próugræmə, -grəm- | prə́ugræmə(r)/ *n.* **1** 《米》(映画・ラジオなどの)番組[プログラム]作成者. **2** (コンピューターの)プログラム作製者, プログラマー. **3** 〖教育〗プログラマー 《プログラム学習用のプログラム作成者; cf. program 9》. 〖(1890): ⇨ -er[1]〗

pro·gram·met·ry /prougrǽmətri, -grəm- | prəugrǽmɨ-/ *n.* 〖電算〗プログラムの性能を測定すること. 〖← PROGRAM+-METRY〗

pró·gram·ming *n.* **1** (ラジオ・テレビの)(編成された)番組. **2** 番組編成[制作]. **3** 〖電算・教育〗プログラミング, プログラム作成. 〖1940〗

prógramming lànguage *n.* 〖電算〗=computer language.

prógram mùsic *n.* (物語・情景などを描写する)標題

音楽 (cf. absolute music). 〖1879〗
prógram nòte *n.* (コンサートなどの)プログラムに載っている簡単な解説.
prógram pìcture *n.* (二本立て映画で)添え物に出す短編映画, (大作以外の)普通作品. 〖1928〗
prógram stàtement *n.* 〘電算〙 プログラムの記述に用いる文 《宣言・実行などの単位》.
prógram tràder *n.* 〘証券〙 プログラム売買業者 (cf. program trading).
prógram tràding *n.* 〘証券〙 プログラム売買 《コンピューターの指示よる株式売買の取引き》.
prò·grávid *adj.* 〘医学〙 ＝progestational 1. 〖← PRO-²＋GRAVID〗
prog·ress /prɑ́(ː)grɛs, -grəs | prə́ʊgrɛs, prɔ́g-/ *n.* **1** 前進, 進行: The ～ of the ship was hindered by (the) thick fog. 船は濃霧のため先へ進めなかった. **2** 進歩, 向上, 発達, 上達, 進展 (cf. regress); (特に, 人類・社会の)進歩, 進化: the ～ of the arts and sciences 芸術と科学の進歩 / the ～ of mankind [the world] 人類[世界]の進歩 / (significant) ～ in education [knowledge] 教育[知識]の(著しい)発達 / believe in ～ (人類・社会の)進歩を信じる / He is making no ～ in his studies [in (speaking) English]. 彼は研究[英語(会話)]が一向に進歩[上達]しない / He is making good ～ with his German. 彼はドイツ語がかなり上達している. **3** 発展, 増進; 流布, 普及: the ～ of the Christian spirit キリスト教精神の普及 / the ～ of Marxism among young people マルクス主義の青年層への広がり. **4** はかどり, 進行, 進捗(しんちょく): make rapid [good] ～ on a journey 旅行がはかどる / No appreciable ～ has been made in the work. 仕事は目に見えるほどはかどっていない. **5** 成行き, 経過, 推移 (course): the ～ of events, storms, time, etc. / The chimes of the distant church told us of the ～ of the night. 遠くの教会の鐘の音で夜がふけて行くのがわかった. **6** 〘生物〙 発育, 進化. **7** 《英》 巡幸, 行幸 (sovereign's journey): a royal [an Imperial] ～ 行啓[行幸].
in prógress 進行して, 進行中で: work *in* ～ 進行中[未完]の仕事 / inquiries *in* ～ 進行中の調査 / Preparations are *in* ～. 準備は進行中である / "Meeting [Exams] *in Progress*" 「会議[試験]中」. ***móve to repórt prógress*** 〘英議会〙 (多く妨害の目的をもって)討論中止の動議を提出する.
— /prəgrɛ́s, proʊ- | prə(ʊ)-/ *vi.* **1** 進行する, 前進する; (特に)巡幸する: He caught a cold which later ～*ed* to pneumonia. 彼は風邪をひきそれがこじれて肺炎となった / As the match ～*ed*, it became clear that the champion would win. 試合が進むにつれチャンピオンが勝つのがはっきりしてきた. **2** はかどる, (うまく)運ぶ, 《健康が》よくなる: ～ well うまく行く / ～ toward(s) recovery [health] 快方[健康]に向かう / How is the patient ～*ing*? 患者はどのくらいよくなっていますか / The construction work is ～*ing* satisfactorily: 建設工事は順調に進んでいる. **3** 進歩する, 発達する, 上達する: We ～ in knowledge. 知識が進歩する. **—** *vt.* 〈仕事などを〉進捗させる.
〖n.: (?*a*1425) □ L *prōgressus* going forward (p.p.) ← *prōgredī* to go forward ← PRO-¹＋*gradī* to step, go (← *gradus* step: ⇨ grade). — v.: (1539) ← (n.) // (ii) ← L *prōgressus* (p.p.)〗
Prog·ress /prɑ́(ː)grɛs, -grəs | prə́ʊgrɛs, prɔ́g-/ *n.* 〘商標〙 プログレス 《米国 Progress Lightning 製の照明器具》.
prógress chàser *n.* 定期的に製造過程を検査する人. **prógress chàsing** *n.* 〖1939〗
pro·gres·sion /prəgrɛ́ʃən, proʊ- | prə(ʊ)-/ *n.* **1** 前進, 進行 (advance): a mode of ～ 進み方, 歩き[走り, 泳ぎ]方. **2** 連続, 継続; 連鎖 (series); 累進, 漸進: in ～ 連続して, 逐次, 次第に. **3** 《まれ》 進歩, 発達, 向上 (progress). **4** 〘数学〙 数列 (cf. series 5): ⇨ arithmetic progression, geometric progression, harmonic progression / in geometrical ～ 《俗用》 加速度的に, めきめき. **5** 〘音楽〙 進行: melodic [harmonic] ～ 旋律[和声]の進行. **6** 〘天文〙 (惑星の)順行(運動) (↔ regression). **～·al** /-ʃənḷ, -ʃnəl/ *adj.* **～·al·ly** *adv.* 〖(*c*1380) □ (O)F ～ // L *prōgressiō(n-)*: ⇨ progress, -sion〗
pro·grés·sion·ism /-ʃənɪzm/ *n.* 社会進歩論 《社会は徐々に完成へ向かって進歩し続けているという説》. 〖1861〗
pro·grés·sion·ist /-ʃ(ə)nɪ̈st | -nɪst/ *n.* **1** 社会進歩論者. **2** 進歩論者 (progressive). 〖(1849): ⇨ ↑, -ist〗
prog·res·sist /prɑ́(ː)grɛsɪ̈st, -grəs- | prə́ʊgrɛsɪst, prɔ́g-/ *n.* (政治的)進歩論者, 進歩党員 (progressive). 〖(1848) □ F *progressiste*: ⇨ progress, -ist〗
pro·gres·sive /prəgrɛ́sɪv, proʊ- | prə(ʊ)-/ *adj.* **1 a** 進歩的な, 進歩[革新]性の, 進歩主義の (cf. conservative 1 a); 進歩する, 向上の (improving): ～ ideas 進歩思想 / a ～ organization 進歩的な団体. **b** [P-] (米国の)進歩党 (Progressive Party) の. **2** 前進する (advancing); 漸進する: a ～ movement [changes] 漸進運動[変化] / make a ～ advance 漸進する. **3 a** 〈病気など〉進行性の, 漸進性の: ～ paralysis 〘病理〙 進行性麻痺(まひ). **b** 〈改革など〉段階的な, 漸進的な. **c** 〈税など〉累進的な (graduated): ～ taxation 累進課税. **4** 〘教育〙 進歩主義の 《児童の実地の生活における個性的・自発的学習活動を重視する》: a ～ school / ⇨ progressive education. **5** 〘文法〙 進行を表す, 進行形の (cf. expanded tense): the ～ form 進行形 / the ～ aspect 進行相. **6** 〈ダンスなど〉相手を順次替えてゆく. **7** 〘トランプ〙 進行式の (cf. progressive game): a ～ party / ～ bridge 進行式ブリッジ競技会. **—** *n.* **1** 進歩論者, 革新主義者. **2** [P-] (米国の)進歩党員. **b** 〘カナダ史〙 農地改革運動の支援者 《1920 年代, 鉄道の国有化, 関税の引き下げなどを求めた》. **3** 〘文法〙 **a** 進行形. **b** 進行相. **～·ness** *n.* 〖(1607–12) □ F *progressif* ← L *prōgressus* 'PROGRESS': ⇨ -ive〗

SYN 進歩的な: **progressive** 改善のために新しい方法や信念を進んで求めようとする: *progressive* education. 進歩主義教育. **advanced** 人や思想が時代よりも進んでいる: He has very *advanced* ideas. ひどく進んだ[進歩的な]意見を持っている. **ANT** conservative.

---

progréssive assimilátion *n.* 〘音声〙 進行同化 《前の音が後の音に影響を与えること; 例: ME swan /swán/ ＞ ModE swan /swɔ́n/; cf. regressive assimilation》. 〖1915〗
Progréssive Consérvative *adj.* (カナダの)進歩保守党の. **—** *n.* 進歩保守党員; [the ～s] 進歩保守党. 〖1944〗
Progréssive Consérvative Pàrty *n.* [the ～] 進歩保守党 《カナダの主要政党で, 伝統的に経済的ナショナリズムと親英的態度が基調》.
progréssive educátion *n.* 進歩主義教育 《J. Dewey の学説に基づいて, ある教育課程に生徒を合せるのでなく, 生徒の能力と関心に重点を置いて教育課程を編成した教育》. 〖1839〗
progréssive gáme *n.* 〘トランプ〙 進行式競技 《bridge や whist のパーティーで 1 ゲーム終わるごとに勝者が次のテーブルに移り, 新たなパートナーと組んでいく競技方式》. 〖1963〗
progréssive jázz *n.* 〘音楽〙 プログレッシブジャズ 《1940 年代に流行したジャズ; メロディーよりもハーモニー・対位法・リズムに重点を置いている》. 〖1947〗
pro·grés·sive·ly *adv.* 累進的に; 次第に, 漸次; 連続的に, 継続的に. 〖1620〗
progréssive múscular dýstrophy *n.* 〘病理〙 進行性筋異栄養症, 進行性筋ジストロフィー.
Progréssive Párty *n.* [the ～] (米国の)進歩党: **a** 1912 年 Theodore Roosevelt が組織したもの. **b** 1924 年 Robert M. La Follette 上院議員が組織したもの. **c** 1948 年 Henry A. Wallace が組織したもの. 〖1898〗
progréssive próof *n.* 〘印刷〙 分色校正刷り 《多色印刷の各色版を別々に, それに用いる色インクで校正刷りをつくり, 同時に各色版を順次刷り重ねて完成するまでの各段階を示した多色校正刷り》.
progréssive róck *n.* 〘音楽〙 プログレッシブロック 《ジャズやクラシックや現代音楽の要素を取り入れた前衛的ロック音楽; シンセサイザー等の利用・内省的歌詞が特徴》. 〖1977〗
progréssive táx *n.* 累進税.
progréssive ténse *n.* [the ～] 〘文法〙 進行時制.
progréssive tríals *n. pl.* 〘海事〙 逓増速力試運転 《船舶の性能試験の一つで, 機関回転を段階的にあげて各種の資料を得る試験》.
progréssive wáve *n.* 〘電子工学〙 進行波.
pro·grés·siv·ism /prəgrɛ́sɪ̈vìzm, proʊ- | prə(ʊ)-grɛ́sɪ-/ *n.* **1** 進歩主義. **2** 〘教育〙 進歩主義, 革新論 《19 世紀末から欧米で台頭した新教育運動の原理の一つ; 児童中心主義的で児童の活動や表現を重視する; その理論的指導者は John Dewey; cf. essentialism 2》. **3** [P-] (米国の)進歩党の綱領[方針]. 〖1892〗
pro·grés·siv·ist /-vɪ̈st | -vɪst/ *n., adj.* 進歩主義者(の). **pro·gres·siv·is·tic** /prəgrɛ̀sɪ̈vístɪk, proʊ- | prə(ʊ)grɛ̀sɪ-ˊ/ *adj.* 〖1884〗
prógress pàyment *n.* 中間払い 《仕事のある段階までの達成に対して行われる支払い》.
prógress repòrt *n.* 進行[経過]記録 〔*on*〕.
pro hac vi·ce /próʊhɑːkvάɪse | prə́ʊ-/ *L. n.* この時[この折]のために. 〖□ L ～ 'for this occasion'〗
pro·hib·it /proʊhíbɪ̈t, prə- | prə(ʊ)híbɪt/ *vt.* **1** (法令・命令などによって)禁じる, 禁止する (⇨ forbid **SYN**); 〈人〉に(…することを)禁じる, 差し止める 〔*from doing*〕: ～ pupils *from* drinking ＝～ pupils' drinking 生徒の飲酒を禁じる / Smoking strictly ～*ed*. 喫煙厳禁 / ～*ed* articles [goods] 禁制品. **2** 〈物事が〉妨げる, 阻む; 〈人〉に(…することを)妨げる 〔*from doing*〕: A prior engagement ～*ed* me *from* joining you. 先約があって参加できなかった. **～·er** /-tə | -tə(r)/ *n.* **pro·híb·i·tor** /-tə | -tə(r)/ *n.* 〖(?*a*1425) *prohibite(n)* ← L *prohibitus* (p.p.) ← *prohibēre* to hold back ← PRO-¹＋*habēre* to keep (⇨ habit)〗
pro·híb·it·ed degrée *n.* 〘法律〙 禁婚親等 (⇨ forbidden degree). 〖1615〗
pro·hi·bi·tion /pròʊəbíʃən | prə̀ʊ(h)ɪ-/ *n.* **1 a** 禁止, 差止め, ご法度(はっと); 禁制, 禁令 (interdiction): ⇨ WRIT¹ of prohibition. **b** 禁止令. **2** 酒類の製造販売禁止: the ～ law (米国の)禁酒法 《1920 年から 33 年まで; cf. Eighteenth Amendment / a ～ state 禁酒州 (cf. DRY state)》. **3** [the P-] (米国の)禁酒法時代 (1920–33). **4** 〘法律〙 禁止令状 《英国の上位裁判所が下位裁判所に対して, 管轄権がないことを理由として事件の手続を進めることを禁じる令状》. **～·àr·y** /-ʃənèri | -ʃ(ə)nəri/ *adj.* 〖(*c*1385) □ (O)F ～ // L *prohibitiō(n-)*: ⇨ prohibit, -tion〗
Prohibítion Enfórcement Àct *n.* [the ～] 禁酒法 (⇨ Volstead Act).
prò·hi·bí·tion·ism /-ʃənɪzm/ *n.* 酒類(の製造販売)禁止主義. 〖(1889) ← PROHIBITION＋-ISM〗
prò·hi·bí·tion·ist /-ʃ(ə)nɪ̈st | -nɪst/ *n.* **1** (酒類製造販売)禁止論者. **2** [P-] (米国の)禁酒党 (Prohibition Party) 党員. 〖(1846) ← PROHIBITION＋-IST〗
Prohibítion Pàrty *n.* [the ～] (米国の)禁酒党 《酒類の製造販売禁止を綱領として 1869 年結成》. 〖1869〗
pro·hib·i·tive /proʊhíbəṭɪv, prə- | prə(ʊ)híbɪ̈t-/ *adj.* **1** 禁止する, 禁制の. **2 a** 〈価格・税金など〉使用[購入]を禁止する[思い止まらせる]目的で高額に設定された: a ～ tax 禁止税. **b** 〈値段が〉高くて寄りつけない: a ～ price 禁止的価格 《手が出せないほどの高価》. **～·ly** *adv.* **～·ness** *n.* 〖((?*a*1425)) (1602) □ F *prohibitif*: ⇨ prohibit, -ive〗
pro·hib·i·to·ry /proʊhíbətɔ̀ːri, prə- | prə(ʊ)híbɪ̈tərɪ, -tri, prəʊ-/ *adj.* ＝prohibitive. **pro·hib·i·to·ri·ly** /proʊhìbətɔ́ːrəli, prə-, ―――― | prə(ʊ)híbɪ̈tərɪ̈li, -trɪ̈-/ *adv.* 〖(*a*1591) □ L *prōhibitōrius*: ⇨ prohibit, -ory¹〗
pró·infìnitive *n.* 〘文法〙 代不定詞 《不定詞の代わりをする to; 例えば You need not go unless you want to. における to (＝to go); cf. to *prep.* 22 ★》. 〖(1905): ⇨ pro-¹〗
prò·ínsulin *n.* 〘生化学〙 プロインシュリン 《インシュリンの生合成前駆体》. 〖1916〗
proj. 《略》 project; projector.
proj·ect¹ /prɑ́(ː)dʒɛkt, -dʒɪ̈kt | prɔ́dʒɛkt, -dʒɪkt, próʊdʒɪkt/ *n.* **1** (広範で意欲的な)計画, もくろみ, 企画, 設計 (⇨ plan **SYN**): draw up [form] a ～ 計画を立てる. **2** (大がかりな)事業, 企業 (undertaking, enterprise); 研究計画: engineering ～*s* 土木事業 / public works ～*s* 公共土木事業. **3** 〘教育〙 (生徒の自主的研究と総合的活動を必要とする)研究課題, 構案教授 (⇨ project method): a home ～ (家庭科・農業科の)家庭実習, ホームプロジェクト. **4** 《米》 ＝housing project. 〖(?*a*1400) (1601) □ L *prōjectum* projection (neut. p.p.) ← *prō(j)icere* (↓)〗
pro·ject² /prədʒɛ́kt, proʊ- | prə(ʊ)-, prɔ-/ *vt.* **1** (既知の事実から)〈結果などを〉推定する, 予測する. **2 a** …の特徴[実状]を伝える, 明らかにする: ～ Japan today 今日の日本の実状を伝える / In this volume I am trying to ～ how they live. この本の中で私は彼らの生活様式を明らかにしようとしている. **b** 〔…として〕描く〔*as*〕: ～ him *as* a paradigm of moderation 彼を中庸の典型として描写する. **3 a** 〘心理〙 〈無意識の感情・観念などを〉〈他の対象に〉投射する, (心から投げ出して)客観化する 〔*on, upon*〕 (cf. introject): You must not ～ your own feeling *on* others. 他の人も君と同じように感じると思ってはいけない. **b** [～ *oneself* で] 〔…に〕身を置いて考える, 〔…の〕身になってみる 〔*into*〕: He ～*ed himself into* the hero's situation. 主人公の立場になって考えてみた. **4** 突き出す (stick out), 突き出させる: a ～*ed* forehead おでこ / A rock ～*s* its point far into the water. 岩の先がずっと水の中まで突き出している. **5** 〈光・陰などを〉〈…の表面に〉投影する, 投射する; 〈姿・映像などを〉写し出す, 映写する 〔*on, against*〕: ～ a ray of light [shadow] *on* …の上に光線[影]を投射する / ～ motion pictures *on* the screen 映画を写す. **6** 工夫する, 考案する, 計画する, もくろむ, 設計する (contrive); 提案する, 発起する (propose); 見積もる, 算出する: ～ (the building of) a new dam 新しいダムの(建設)を計画する. **7** 投げ出す, ほうり出す (throw); 射出する 〔*into*〕: A new rocket was ～*ed into* space. 新型ロケットが宇宙に発射された. **8** 〘数学・地図〙 **a** 射影する, 投影する. **b** …の射影線を引く. **c** …の投影図を作る. **9** 〘演劇〙 **a** 〈声・しぐさなどを〉はっきりと[強調して]演出[表現]する. **b** …の性格などを(観客に)生き生きと伝える[写し出す]. **10** 〘化学〙 〔…に〕投入する 〔*into, on*〕. **—** *vi.* **1** 突出する, 突き出る, 出張る (protrude): A balcony ～*s* over the street. バルコニーが街路にのし出ている. **2** 自分の思想[役割など]を強く[はっきり]伝える. **3** 〘心理〙 他人も自分と同じだと思う (cf. *vt.* 3 a). 〖(*c*1477) ← L *prōjectus* (p.p.) ← *prō(j)icere* to throw out ← PRO-¹＋*jacere* to throw: ⇨ jet¹〗
pro·jéct·ed wíndow *n.* 〘建築〙 突出し窓, すべり出し窓.
pro·jec·tile /prədʒɛ́ktḷ, proʊ- | prə(ʊ)dʒɛ́ktaɪl, prɔ́dʒɛktàɪl, -dʒɪk-/ *adj.* **1** 投射する, 射出[発射]する; 推進する: ～ force [movement] 推進力[運動]. **2** 発射できる; 射出[発射]用の: a ～ weapon 飛道具, 発射器. **3** 〘動物〙 〈魚のあごなど〉突き出せる (protrusile). **—** *n.* **1** 投射[射出]物. **2** 〘軍事〙 発射体, 弾丸 《銃弾・砲弾・ロケット弾・手榴(しゅりゅう)弾など》. **3** 〘物理〙 (原子核や素粒子などの衝突過程における)入射粒子. 〖(1696) ← NL *prōjectilis* projecting ← L *projectus* (p.p.): ⇨ project², -ile¹〗
projéctile láthe *n.* 〘機械〙 砲弾旋盤.
pro·jéct·ing *adj.* 突き出る, 出っ張った: ～ eyes 出目 / ～ teeth 出っ歯, そっぱ. 〖(1635): ⇨ -ing²〗
pro·jec·tion /prədʒɛ́kʃən, proʊ- | prə-, prəʊ-, prɔ-/ *n.* **1** (将来を)予測して示す[試算する]こと; (既知の事実から)推定すること. **2** (映画・テレビ・スライドなどでの)映写, 投写; 映像. **3** 突出, 突起 (protruding; 突出させること; 突出[突起]部: the ～ of the lower lip 下唇の突出. **4** 投出, 射出, 発射, 投射, 放射. **5** 〘心理〙 主観の投射[投出]; 主観の客観化; そのように客観化された観念. **6** 〘精神分析〙 投射 《(あまり望ましくないと思っているような)ある自身の心理を無意識に他人の内面に投げ入れそれを他人の心理とみなすこと》. **7** 〘地図〙 投影図法: ⇨ globular projection, Mercator projection. **8** 〘数学〙 射影, 投影(法): central [perspective] ～ 透視投影 / cylindrical [conical] ～ 円柱[円錐]射影 / horizontal [parallel] ～ 水平[平行]投影 / ⇨ oblique projection, PLANE² of projection, SUPRFACE of projection. **9** (声・しぐさなどの)はっきりとした演出[表現]; (観客に性格などを)ありありと

伝えること. **10** (建物などの)図面. **11** 計画, 立案, 工夫. **12** 〘錬金術〙(金・銀に変質させるために)賢者の石 (philosopher's stone) の粉を溶解金属に投入すること; 卑金属から貴金属への変質.
projéction of a póint 〘数学〙点の射影《図形を射影したときその図形上の点が写る点》.
~·al /-ʃnəl, -ʃənl/ *adj.* 〘(c1447) □ (O)F ~ // L *prōjectiō(n-)* a throwing out: ⇨ project², -tion〙

SYN 突起部: **projection** 表面から際立って突き出ている部分: a *projection* on a bone 骨の突起部. **protrusion** 異常にまたは醜く突き出ていること[もの]: a *protrusion* of rock 岩の突き出た部分. **protuberance** 丸くふくれ出ていること[部分]: a *protuberance* on a tree 樹木のこぶ. **bulge** 内部の圧力によって外部にふくれ出ていること[もの]: His fat wallet made a noticeable *bulge* in his suit jacket. 彼のたっぷり中身の入った財布で上着は目につくほどふくれあがっていた.

projéction bòoth *n.* 《米》映写室. 〘1929〙
pro·jéc·tion·ist /-ʃ(ə)nɪst | -nɪst/ *n.* 映写技師; テレビ装置を操作する技師: a theater ~ 映画館の映写技師. 〘1922〙
projéction machìne *n.* 映写機 (motion-picture projector).
projéction pàper *n.* 〘写真〙引伸し用印画紙.
projéction prìnt *n.* 〘写真〙映写焼付け印画, 映写焼付けプリント, 引伸し印画 (cf. contact print).
projéction prìnting *n.* 〘写真〙映写焼付け《写真の引伸機または映画のオプチカルプリンターで映写して焼付けること》. 〘1940〙
projéction ròom *n.* **1** =projection booth. **2** (個人用の)映写室. 〘1914〙
projéction rùle *n.* 〘文法〙投射規則《統語構造に働き, 統語構造から得られる情報を手掛りに文全体の意味を得るための意味解釈規則》. 〘1962〙
projéction tèlevision *n.* 投射型テレビ《映像を大型スクリーン上に拡大投影するテレビ》.
projéction tèst [technìque] *n.* 〘心理〙投影[投映]検査法《ロールシャッハ検査 (Rorschach test) や課題統覚検査 (thematic apperception test) によって代表されるパーソナリティーテスト; 自由に行動させたり, 芝居をやらせたり, 絵画に対する反応などを観察したりして被実験者の内面にひそむ動機や個性などを発見するテスト》. 〘1958〙
pro·jec·tive /prədʒéktɪv, prou- | prə(u)-/ *adj.* **1** 射影の, 投影の; 投射[投影]される[された]. **2 a** 〘数学〙射影幾何学的な. **b** 射影的な: a ~ figure 投影図. **3** 〘心理〙投影的な: the ~ imagination / the ~ power of the mind 心の内面を主観的に投出する能力《想像力》. **~·ly** *adv.* 〘(1632) ← PROJECT²+-IVE〙
projéctive geómetry *n.* 〘数学〙射影幾何(学). 〘1885〙
projéctive próperty *n.* 〘数学〙射影的性質《射影変換によって不変であるような幾何学的性質》. 〘1885〙
projéctive tèst *n.* 〘心理〙=projection test.
projéctive transformátion *n.* 〘数学〙射影変換.
Próject Mércury *n.* 《米》マーキュリー計画《米国航空宇宙局の最初の(一人乗り)有人衛星船で月旅行計画の第一段階の計画であった》.
próject mèthod *n.* 〘教育〙構案(教授)法《学習活動を組み立てる手段として project を用いる新教育の教授法; J. Dewey の理論をもとに W. H. Kilpatrick (1871–1965) が体系立てた; cf. project¹ 3》. 〘1939〙
pro·jec·tor /prədʒéktə, prou- | prə(u)dʒéktə(r, prə-/ *n.* **1** 投射器; (探照灯などの)投光器[装置]; 映写機 (film [cine] projector), プロジェクター; 幻灯機 (slide projector). **2** 計画者, 設計者 (schemer). **3** 泡沫(ほうまつ)会社の発起人[創立者], 会社屋, 山師. **4** 〘数学〙投影線. 〘(1596) ← PROJECT¹·²+-OR²〙
pro·jec·tu·al /prədʒéktʃuəl, prou- | prə(u)dʒéktjuəl, -tʃuəl/ *n.* 映写教材, 光学用教材《スライド・フィルム・オーバーヘッドプロジェクター用のトランスペアレンシーなど, プロジェクターを使って投影することにより, 提示あるいは表現される教材》.
pro·jet /prouʒéɪ, ─ ́| prɔ́ʒɪ; *F.* pʀɔʒɛ/ *n.* (*pl* **~s** /~(z); *F.* ~/) **1** 計画, 設計. **2** (条約・法律などの)草案 (draft): a ~ de loi /də lwa/ 〘議会〙議案, 法案 (bill). 〘(1808) □ F ~ □ L *prōjectum*: ⇨ project¹〙
pro·kar·y·on /proukǽriɑ̀(:)n, -kéə- | prəukǽriɔ̀n/ *n.* 〘生物〙=procaryon. 〘(1957) ← PRO-²+KARYON〙
pro·kar·y·ote /proukǽriòut, -kéə- | prəukǽriəut, -riɔ̀t/ *n.* 〘生物〙=procaryote.
pro·kar·y·ot·ic /proukæ̀riɑ́(:)tɪk, -kèr- | prəukæ̀riɔ́t-/ *adj.* 〘生物〙=procaryotic.
Pro·kho·rov /próukərɔ̀(:)f, -rɑ̀(:)f | práukərɔf; *Russ.* próxərəf/, **Aleksandr Mikhailovich** *n.* プロホロフ《1916–2002; ロシアの物理学者; Nobel 物理学賞 (1964)》.
Pro·kof·iev /proukɔ́(:)fièf, prə-, -kóuf- | prəkɔ́f-; *Russ.* prakófʲjif/, **Sergei Sergeevich** *n.* プロコフィエフ《1891–1953; ソ連の作曲家; *Classical Symphony* (1918), *Romeo and Juliet* (1935), *Peter and the Wolf* (1936)》.
Pro·ko·pyevsk /prəkɔ́(:)pjəfsk, prou-, -kɑ́(:)-, -pjèfsk | prə(u)kɔ́pièfsk; *Russ.* prakópʲjifsk/ *n.* プロコピエフスク《ロシア連邦中部, Kuznetsk 盆地にある石炭の産地》.
prol. 《略》prologue.
pro·lac·tin /proulǽktɪn | prəulǽktɪn/ *n.* 〘生化学〙プロラクチン《腺性脳下垂体から分泌される蛋白質性ホルモン; 分子量 24,000, 17 種 211 のアミノ酸から成る; 乳腺の発達と泌乳の刺激を促す; lactogenic hormone, luteotrophic hormone, mammotropin ともいう》. 〘(1932) ← PRO-¹+LACTO-+-IN²〙
pro·lam·in /próuləmɪn, proulǽm- | prə́uləmɪn, prəulǽm-/ *n.* 〘生化学〙=prolamine. 〘(1908): ⇨ ↓, -in²〙
pro·lam·ine /próuləmɪn, -mìːn, proulǽmɪn, -miːn | prə́uləmìːn, prəulǽmiːn/ *n.* 〘生化学〙プロラミン《小麦などから採るグルテンカゼイン (glutin) などで純水や純アルコールには不溶, 70–80%アルコールには可溶の単純蛋白の総称; cf. gliadin》. 〘(1908) ← PROL(INE)+AM(MONIA)+-INE³〙
pro·lan /próulæn | prə́u-/ *n.* 〘生化学〙プロラン《受精卵の栄養胚葉から出される生殖腺刺激ホルモン; 妊婦の尿中に多量に含まれている; prolan A (濾胞成熟ホルモン) と prolan (B 黄体形成ホルモン) がある》. 〘(1931) □ G *Prolan* ← L *prōl(ēs)* offspring+-AN²〙
pro·lapse /proulǽps, ─ ́| prəulǽps, ─ ́/ 〘病理〙*n.* (子宮・直腸などの)脱出(症): anal ~ 肛門脱, 脱肛. — /─ ́| ─ ́, ─ ́/ *vi.* 脱出する, 脱垂する. 〘(1736) ← NL *prolapsus* ← LL *prōlapsus* (p.p.) ← *prōlābī* to slide forward: ⇨ pro-¹, lapse〙
pro·lapsed /proulǽpst | prəu-/ *adj.* 〘病理〙〈腸など〉脱(出)した. 〘1738〙
pro·lap·sus /proulǽpsəs | prəu-/ *n.* 〘病理〙=prolapse: ~ uteri 子宮脱. 〘(1753) ← NL ~: ⇨ prolapse〙
prò·lárva *n.* 〘動物〙前幼魚《卵膜内から孵化(ふか)して出たばかりの幼魚で, 口は未完成, 卵黄嚢(のう)内の卵黄を栄養とする》. 〘← PRO-²+LARVA〙
pro·late /próuleɪt | prə́uleɪt, ─ ́/ *adj.* **1** 〘数学〙扁長(へんちょう)の (cf. oblate¹ 2): ⇨ prolate spheroid. **2** 〈丸いものが〉(上下の両極方向に)延びた, 広がった, 長形の. **3** 〘文法〙=prolative. **~·ly** *adv.* **~·ness** *n.* 〘(1694) □ L *prōlātus* (p.p.) ← *prōferre* to extend ← PRO-¹+*ferre* 'to bear': cf. -fer〙
prólate sphéroid *n.* 〘数学〙長球面. 〘1694〙
pro·la·tion /prouléɪʃən | prəu-/ *n.* 〘音楽〙プロラツィオ《中世・ルネサンス音楽の定量記譜法においてセミブレービス (semibrevis) とミニマ (minima) 両音符間の時価の関係; 3:1 または 2:1》. 〘(c1380) *prolacion* □ L *prōlātiō(n-)* a bringing forward: ⇨ prolate, -ation〙
pro·la·tive /prouléɪtɪv | prəuléɪt-/ *adj.* 〘文法〙叙述補助の: the ~ infinitive 叙述補助不定詞《例えば must go, consent [willing] to go の go, to go のように(助)動詞・形容詞に結合して叙述を拡充させると見られる不定詞》. 〘← L *prōlātus* (⇨ prolate)+-IVE〙
prole /próul | prə́ul/ 《口語・軽蔑, 英》*n.* **1** プロレタリア階級の人, 無産者, 貧乏人: the ~s 無知な大衆. **2** 決まりきった[判で押したような]仕事に従事する人. — *adj.* プロレタリアの, 無産階級の. 〘(1887) 《短縮》← PROLETARIAN〙
pró·lèg *n.* 〘動物〙推進脚《昆虫類の幼虫時代だけにある歩行用の脚》. 〘(1816) ← PRO-¹+LEG〙
prolegomena *n.* prolegomenon の複数形.
pro·le·gom·e·nar·y /pròulɪgɑ́(:)mənèri | prəulɪgɔ́mɪnəri, -lɛ-/ *adj.* =prolegomenous 1. 〘(1846): ⇨ ↓, -ary〙
pro·le·gom·e·non /pròulɪgɑ́(:)mənɑ̀(:)n, -nən | prəulɪgɔ́mɪnən, -lɛ-, -nɔ̀n/ *n.* (*pl.* **-e·na** /-nə/) [通例 *pl.*; 時に単数扱い] 序言, 序文 (introduction); 緒論 (introductory treatise) 〔*to*〕. **pro·le·gom·e·nal** /pròulɪgɑ́(:)mənl | prəulɪgɔ́mɪ-/ *adj.* 〘(a1652) ← L ~ ← Gk *prolegómenon* (neut. pres.p. passive) ← *prolégein* ← PRO-²+*légein* to say: ⇨ lecture〙
pro·le·gom·e·nous /pròulɪgɑ́(:)mənəs | prəulɪgɔ́mɪ-, -lɛ-/ *adj.* **1** 序言の, 緒論の. **2** 長々しい前置きのある, 長口上つきの. 〘(1749): ⇨ ↑, -ous〙
pro·lep·sis /proulépsɪs | prəulépsɪs, -líːp-/ *n.* (*pl.* **-lep·ses** /-siːz/) **1** 予期, 予想 (anticipation). **2** 〘修辞〙予弁法《反対論を予期して前もって異議・抗弁などを反駁(はんばく)し, 予防線を張っておく技巧; procatalepsis ともいう》. **3** 〘文法〙予期的資辞法《動作の結果を予想してそれを表す形容詞または名詞を用いること; 例えば He struck her dead. における dead の用法》. **4 a** 予期的表示《未来の事件などを現在または過去のこととして記すこと》. **b** =prochronism. **5** 〘医学〙早期発症, 早発. 〘(1550) □ LL *prolēpsis* □ Gk *prólēpsis* ← *prolambánein* to anticipate ← PRO-²+*lambáein* to take: cf. lemma¹〙
pro·lep·tic /prouléptɪk | prəulép-, -líːp-/ *adj.* **1** 予期の, 予想上の (anticipative). **2** 〘修辞〙予弁法の (⇨ prolepsis 2). **3** 〘文法〙予期的資辞法の (⇨ prolepsis 3). **4** 〘病理〙《次第に間隔を縮めて》早期に発症する. **pro·lép·ti·cal·ly** *adv.* 〘(a1656) □ Gk *prolēptikós* ← *prolambánein* (↑): ⇨ -ic¹〙
pro·les /próuliːz | prə́u-/ *L. n. pl.* [集合的]〘法律〙直系卑属, 子孫 (progeny). 〘(1672) □ L *prōlēs* offspring〙
pro·lé·taire /pròulətéə | prəulɪtéə(r, -lɛ-; *F.* pʀɔletɛːʀ/ *F. n.* =proletarian. 〘(1820) □ F ~ □ L *prōlētārius* (↓)〙
pro·le·tar·i·an /pròulətéəriən | prəulɪtéər-, -lɛ-/ *n.* **1** 無産階級の一員, プロレタリア, 無産者 (cf. bourgeois¹ 3). **2** (古代ローマの)最下層民. — *adj.* **1** プロレタリアの, 無産階級の, 無産者の: ~ classes 無産階級 / a ~ revolution 無産階級による革命. **2** (古代ローマの)最下層民の. **~·ly** *adv.* **~·ness** *n.* 〘(1658) ← L *prōlētārius* one who served the State not with property but with offspring (← *prōlēs* offspring)+-AN¹〙
próletarian díctatorship *n.* プロレタリア独裁《共産主義の目標ないし理想; dictatorship of the proletariat ともいう》.
prò·le·tár·i·an·ìsm /-nìzm/ *n.* **1** プロレタリア[無産者]の境遇[身分]. **2** 無産主義, 無産階級政治. 〘(1861) ← PROLETARIAN+-ISM〙
pro·le·tar·i·an·ize /pròulətéəriənàɪz | prəulɪtéər-, -lɛ-/ *vt.* プロレタリア化する, 無産(主義)化する.
pro·le·tar·i·an·i·za·tion /pròulətèəriənɪzéɪʃən | prəulɪtèəriənaɪ-, -lɛ-, -nɪ-/ *n.* 〘1887〙
pro·le·tar·i·at /pròulətéəriət, -riæ̀t | prəulɪtéəri-, -lɛ-/ *n.* (*pl.* ~) (*also* **pro·le·tar·i·ate** /~/) **1** [通例 the ~] プロレタリア階級, プロレタリアート, 無産階級; 労働社会, 労働者階級 (cf. bourgeoisie): the dictatorship of the ~=proletarian dictatorship. **2 a** (古代ローマの)最下層社会. **b** 社会の最下層. 〘(1853) □ F *prolétariat* ← L *prōlētārius*: ⇨ proletarian, -ate¹〙
pro·le·tar·ize /pròulətéəraɪz | prəulɪtéəri-, -lɛ-/ *vt.* =proletarianize. **pro·le·tar·i·za·tion** /pròulətèərɪzéɪʃən | prəulɪtèəraɪ-, -lɛ-, -rɪ-/ *n.*
pro·le·tar·y /próulətèri | prə́ulɪtəri, -lɛ-/ *n., adj.* =proletarian. 〘(1579) □ L *prōlētārius*: ⇨ proletarian, -ary〙
pro·li·cide /próuləsàɪd | prə́ulɪ-/ *n.* (出産前または直後の)胎児殺し, 嬰児(えいじ)殺し. **pro·li·cid·al** /pròuləsáɪdl | prəulɪsáɪdl/ *adj.* 〘(1842) ← L *prōl(ēs)* (⇨ proliferation)+-I-+-CIDE〙
prò-lífe *adj.* 生命尊重(派)の (↔ pro-choice)《妊娠中絶合法化に反対する》. **prò-líf·er** /-láɪfə | -fə(r/ *n.* 〘1961〙
pro·lif·er·ate /prəlífərèɪt, prou- | prə(u)-/ *vi., vt.* **1** 〘生物〙(分芽・細胞分裂などにより急に)増殖[繁殖]する[させる], 複生する. **2** 急増する[させる], 急に拡張する. 〘(1873) 《逆成》↓〙
pro·lif·er·a·tion /prəlìfəréɪʃən, prou- | prə(u)-/ *n.* **1** 〘生物〙増殖. **2** 急増; (特に, 核兵器の)拡散: nuclear ~ 核の拡散. 〘(1858) □ F *prolifération* ← *prolifère* □ ML *prōlifer* bearing offspring ← L *prōlēs* (⇨ proles)+-*fère* '-FEROUS'〙
pro·lif·er·a·tive /prəlífərèɪtɪv, prou- | prə(u)lífərət-/ *adj.* 〘生物〙増殖する, 複生する. **~·ly** *adv.* 〘(1888): ⇨ ↑, -ative〙
pro·lif·er·ous /prəlíf(ə)rəs, prou- | prə(u)-/ *adj.* **1** 〘植物〙(球芽・匍匐(ほふく)枝などによって)繁殖する; 終極器官から新個体を発生する《花の中から花が出るなど》. **2** 〘動物〙分枝繁殖する. **3** 〘病理〙増殖性の. **~·ly** *adv.* 〘(1654) ← ML *prōlifer* (adj.) bearing offspring+-OUS: ⇨ proles, -ferous〙
pro·lif·ic /prəlífɪk, prou- | prə(u)-/ *adj.* **1 a** 制作の多い, 多作の 〔*of*〕: a ~ writer [author] 多作の作家, 多作家. **b** 〈スポーツ選手が〉多くの得点[勝利]をあげる. **2** 〈人・動物が〉子を(たくさん)産む, 多産の, 〈植物が〉実を(たくさん)結ぶ: ~ rabbits, trees, etc. / a family ~ *of* children よく子供の生まれる家庭. **3** 〈土地が〉豊かな, 肥えた (fertile). **4 a** 〔…の〕豊富な, 〔…に〕富む (abounding) 〔*in*〕: a period ~ *in* great poets 大詩人輩出の時代. **b** 〔…を〕たくさん生じる[起こす], 〔…の〕原因となる (productive) 〔*of*〕: a war ~ *of* crime and misery 犯罪と悲惨を引き起こす戦争 / a subject ~ *of* controversy 論争を大いに生む問題. **pro·líf·i·cal·ly** *adv.* **pro·líf·i·cal·ness** *n.* **~·ness** *n.* **pro·lif·i·ca·cy** /prəlífɪkəsi, prou- | prə(u)lífɪ-/ *n.* 〘(1650) □ F *prolifique* □ ML *prōlificus*: ⇨ proles, -fic〙
pro·li·fic·i·ty /pròuləfísəti | prəulɪfísɪti/ *n.* 出産力, 生産力; 多産性. 〘1725〙
pro·line /próuliːn, -lɪn | prə́uliːn/ *n.* 〘生化学〙プロリン (C_4H_8NCOOH)《蛋白質に含有されるアルコール可溶性アミノ酸》. 〘(1904) □ G *Prolin* 《略》← *P(yr)rol(id)in* 'PYRROLIDINE'〙
pro·lix /proulíks, ─ ́| prə́ulɪks, ─ ́/ *adj.* 長たらしい, 冗長な, くどい (verbose): a ~ speech 長広舌 / a ~ writer 冗漫な作家. **~·ly** *adv.* **~·ness** *n.* 〘(a1420) □ (O)F *prolixe* // L *prōlixus* poured forth, extended ← PRO-¹+*liquēre* to flow (⇨ liquid)〙
pro·lix·ious /proulíkʃəs | prəu-/ *adj.* 《廃》冗長な (prolix), 長い (long). 〘(1527): ⇨ ↑, -ious〙
pro·lix·i·ty /proulíksəti | prə(u)líksɪti/ *n.* 長たらしい[くどい]こと, 冗長, 冗漫. 〘(c1385) □ (O)F *prolixité* // L *prōlixitātem* ← *prōlixus*: ⇨ prolix, -ity〙
pro·loc·u·tor /proulɑ́(:)kjutə | prə(u)lɔ́kjutə(r/ *n.* **1** 議長, 司会者 (chairman). **2** (英国国教会の聖職会議 (convocation) の)下院議長. **~·shìp** *n.* 〘(?a1425) □ L *prōlocūtor* ← PRO-¹+*locūtor* speaker (← *locūtus* (p.p.) ← *loquī* to speak): ⇨ locution, -or²〙
pro·log /próulɔ(:)g, -lɑ(:)g | prə́ulɔg/ *n., vt.* =prologue.
PRO·LOG, Pro·log /próulɔ(:)g, -lɑ(:)g | prə́ulɔg/ *n.* 〘電算〙プロログ《述語論理に基づくプログラミング言語; 人工知能の研究・開発に利用》. 〘(1977) 《略》← *pro(gramming in) log(ic)*〙
pró·log·ist /-gɪst, -dʒɪst | -gɪst/ *n.* 序文[序詞, プロローグ]の筆者; 前口上の語り手, 前口上を述べる俳優. 〘1716〙
pro·log·ize /próulɔ(:)gàɪz, -lɑ(:)g-, -lədʒàɪz | prə́ulɔg-/ *vi.* 序文[序詞, プロローグ]を書く; 前口上を述べる. **pró·log·ìz·er** *n.* 〘(1608) □ Gk *prologízein* to speak a prologue ← *prólogos* (↓): ⇨ -ize〙
pro·logue /próulɔ(:)g, -lɑ(:)g | prə́ulɔg/ *n.* **1** (論文の)序文, 序言, (詩の)序詞, 序詩, (小説の)プロローグ; 予備

P

(⇨ introduction SYN): the *Prologue to* Chaucer's 'Canterbury Tales' チョーサーの「カンタベリー物語」の序詩. **2 a** 序幕. **b** (劇の)開幕の前口上《しばしば韻文で書かれる; cf. epilogue》; 前口上を述べる俳優. **3** 〔…の〕序幕的事件[行動], 前触れ, 発端〔*to*〕: The murder at Serajevo was ～ *to* World War I. サラエボの暗殺が第一次世界大戦の発端だった.
— *vt.* **1** 〈俳優が〉…の前口上を述べる; …に序文[序詞]をつける. **2** …の発端となる, 前触れをする.
〖(*a*1325) *prolog* ▭ (O)F *prologue* ▭ L *prologus* ▭ Gk *prólogos* ← PRO-²+*lógos* speech: ⇨ logos〗

pró·logu·ist /-gɪ̀st | -gɪst/ *n.* =prologist.

pro·logu·ize /próulɔ(ː)gàɪz, -lɑ(ː)g- | prə́ulɔg-/ *vi.* =prologize. **pró·logu·ìz·er** *n.* 〖(1855): ⇨ prologue, -ize〗

pro·long /prəlɔ́(ː)ŋ, prou-, -lɑ́(ː)ŋ | prə(u)lɔ́ŋ/ *vt.* **1** (空間的に)長くする, 延長する: ～ a line [road] 線[道路]を延長する. **2** (時間的に)長くする, 長引かせる; 延期する (⇨ extend SYN): ～ one's life [the agony] 寿命を伸ばす[苦痛を長引かせる] / a ～*ed* visit 長引いた[ている]滞在. **3** 〖音声〗〈母音・音節などを〉引き伸ばす, 長く発音する.
～·a·ble /-əbl/ *adj.* **～·er** *n.* **～·ment** *n.*
〖(*c*1387) ▭ OF *prolonguer* (F *prolonger*) ▭ LL *prōlongāre* ← PRO-¹+*longus* 'LONG¹'〗

pro·lon·gate /prəlɔ́(ː)ŋgeɪt, prou-, -lɑ́(ː)ŋ- | prə(u)lɔ́ŋ-/ *vt.* =prolong. 〖(1597) ← LL *prōlongātus* (p.p.) ← *prōlongāre* (↑): ⇨ -ate³〗

pro·lon·ga·tion /pròulɔ(ː)ŋgéɪʃən, prə-, -lɑ(ː)ŋ- | prəulɔŋ-, prɔ̀l-/ *n.* **1** 延ばす[される]こと, 長引かす[される]こと, 延長: the ～ of a line [life] 線の延長[長寿]. **2** 延長[付加]された部分, 延長部. **3 a** 延長線. **b** 延長形. **4** 〖音声〗(母音や音節などの)引き伸ばし. 〖(1392) ▭ (O)F ～ // LL *prōlongātiō(n-)* ← *prōlongātus* (↑): ⇨ -ation〗

pro·longe /proulɑ́(ː)ndʒ | prə(u)lɔ́ndʒ; *F.* pʁɔlɔ̃ːʒ/ *n.* 〖軍事〗(車両[砲車]を引くのに用いる鉤(かぎ)と留木の付いた)曳索(えいさく), 砲車引綱. 〖(1858) ▭ F ～ ← *prolonger* 'to PROLONG'〗

pro·longed /prəlɔ́(ː)ŋd, prou-, -lɑ́(ː)ŋd | prə(u)lɔ́ŋd/ *adj.* 延長した; 長引いた, (非常に)長い: over a ～ period of time 長期間にわたって. 〖1976〗

pro·lo·ther·a·py /pròulouθérəpi | prə̀ulə(u)-/ *n.* 〖医学〗増殖療法. 〖← L *prōlēs* progeny+-o-+THERAPY〗

pro·lu·sion /proulúːʒən | prə(u)lúː-/ *n.* **1** 準備[予備]練習, 準備運動; 試演 (rehearsal). **2** 緒論, 緒言 (preface); 前口上, 前座, 序幕, 序楽 (prelude). **pro·lu·so·ry** /proulúːsəri, -zəri | prə(u)-/ *adj.* 〖(1601) ▭ L *prōlūsiō(n-)* preliminary exercise ← *prōlūsus* (p.p.) ← *prōlūdere* to play or practice beforehand ← PRO-¹+*lūdere* to play: ⇨ ludicrous, -sion〗

prom /prɑ́(ː)m | prɔ́m/ *n.* **1** 《米口語》(大学・高校などで通例学年末に行う)ダンスパーティー. **2** 《英口語》= promenade concert. **3** 《口語》=promenade. 〖(1894)《略》← PROMENADE〗

PROM /prɑ́(ː)m | prɔ́m/ *n.* 〖電算〗ピーロム《ユーザーがプログラムを書き込むことが可能な読み出し専用のメモリー》. 〖(1973)《頭字語》← *p(rogrammable) r(ead) o(nly) m(emory)*〗

prom. 《略》promenade; prominent; promontory; promote; promotion; promotor.

pro·ma·zine /próuməzìːn | prə́u-/ *n.* 〖薬学〗プロマジン ($C_{17}H_{20}N_2S$)《鎮静剤》. 〖(1956) ← PRO(PYL)+M(ETHYL)+(THI)AZINE〗

pro me·mo·ri·a /pròumɪ̀mɔ́ːriə | prə̀u-/ *adv.* 覚えとして《長時間消滅している権利を思い起こさせるために使う外交用語》. — *n.* (*pl.* ～) 外交メモ. 〖▭ L *prō memoriā* for (the sake of) memory〗

prom·e·nade /prɑ̀(ː)mənéɪd, -nɑ́ːd | prɔ̀mɪ̀nɑ́ːd⁻/ *n.* **1** 舗装散歩場, 遊歩場, 遊歩道, プロムナード; 《英》海浜遊歩道路. **2** (徒歩・乗馬などで, 通例正装して行う)散歩, 遊歩; ドライブ (drive); (騎馬または車での)練り歩き, 行列: the Easter ～ 復活祭の行列. **3 a** =promenade deck. **b** (劇場の)休憩廊下. **4** 《米》〖ダンス〗**a** (公式舞踏会開始の際の)全来客者の行進. **b** (民族舞踊・スクエアダンスなどの)舞踏者の一連のステップ. **c** =prom 1. ★この意味では《英》でも /-néɪd/ とも発音する. **5** = promenade concert.
— *vi.* **1** 散歩する (walk), 遊歩する, (見せびらかすために)気取って歩く, 練り歩く, 行進する: ～ in the streets [on the seafront] 街路[海岸通り]を遊歩する / ～ about ぶらつき回る, 気取って[澄まして]練り歩く. **2** 馬(車)を駆る (drive). **3** 〖ダンス〗プロムナードを踊る. — *vt.* **1** 散歩[遊歩]する: ～ the streets. **2** 〈人を〉遊歩[見せびらかし]に連れて歩く. **3** 〖ダンス〗(スクエアダンスの一連のステップで)〈相手を〉行進させる.
〖(1567) ▭ F ～ ← *promener* to take for a walk (変形) ← F (廃) *pourmener* < LL *prōmināre* to drive (cattle) out to pasture ← PRO-¹+*mināre* to drive (=L *minārī* to threaten ← *minae* (pl.) threats ← IE **men-* to project): ⇨ -ade〗

prómenade cóncert *n.* プロムナードコンサート《聴衆は席を取らずに途中を立ったままで聴く; 現在では野外コンサート一般を指すこともあり, 席の有無ではなく開放的な雰囲気を表現する用語》; [the P- C-] ⇨ Proms. 〖1839〗

promenáde dèck *n.* (客船の一等船客用)遊歩甲板. 〖1829〗

pròm·e·nád·er /-də | -də(r)/ *n.* **1** 遊歩する人. **2** プロムナードコンサートの客[聴衆]. 〖1830〗

pròméristem *n.* 〖植物〗前分裂組織. 〖(1898) ← PRO-²+MERISTEM〗

prom·er·ops /prɑ́(ː)mərɑ̀(ː)ps | prɔ́mərɔ̀ps/ *n.* 〖鳥類〗オナガミツスイ《アフリカ南部産ミツスイ科オナガミツスイ属 (*Promerops*) の尾の小さな鳴鳥の総称; 好んで花の蜜を吸う》. 〖(1827) ← NL ～ ← PRO-²+Gk *mérops* bee eater〗

pròmétacenter *n.* 〖造船〗プロメタセンター, 副メタセンター《船が横に大角度傾斜した時の浮心を通る垂直線と, 船が垂直の時の浮心を通る垂直線との交叉点; cf. metacenter》. 〖← PRO-²+METACENTER〗

pròmétaphase *n.* 〖生物〗(細胞の核分裂の)前中期《前期 (prophase) と中期 (metaphase) の中間にあって仁が消失する時期》. 〖(1931) ← PRO-²+METAPHASE〗

pro·meth·a·zine /prouméθəzìːn | prəu-/ *n.* プロメタジン《抗ヒスタミン剤・制吐剤・精神安定剤》. 〖(1951) ← PRO(PYL)+(*di*)*meth*(*ylamine*) (← DI-+METHYLAMINE)+(PHENOTHI)AZINE〗

pro·mé·the·a mòth /prəmíːθiə-, prou- | prə(u)míːθjə-, -θiə-/ *n.* 〖昆虫〗北米東部産の巨大なヤママユガの一種 (*Callosamia promethea*)《幼虫はユリノキ・サクラ類など多くの樹木の葉を食害する》. 〖(1889) *promethea*: ← NL ～ (fem.) ← L *Prometheus* 'PROMETHEUS'〗

Pro·me·the·an /prəmíːθiən, prou- | prə(u)-/ *adj.* プロメテウス (Prometheus) の(ような), 生命を与える, 創造的な: the ～ spark from heaven (プロメテウスがもたらしたような)天からの霊火 / ～ agonies (プロメテウスの受けたような刑罰の)猛烈な苦痛. — *n.* **1** プロメテウスのような人. **2** 《古》マッチに似た昔の発火用具. 〖(1594–95): ⇨ Prometheus, -an¹〗

pro·me·the·um /prəmíːθiəm, prou- | prə(u)-/ *n.* 〖化学〗=promethium.

Pro·me·the·us /prəmíːθiəs, prou-, -θjuːs | prə(u)míːθjuːs, -θiəs/ *n.* 〖ギリシャ神話〗プロメテウス《天上から火を盗んで来て土人形に生命を与えて人類を創造した神; そのため Zeus の怒りに触れて, Caucasus 山の岩に縛られ, 鷲に肝臓を食われたという》. 〖▭ L *Promētheus* ▭ Gk *Promētheus* 《原義》forethinker ← PRO-²+**mēthos* care (← IE **men-* to think): ⇨ mind〗

pro·me·thi·um /prəmíːθiəm, prou- | prə(u)-/ *n.* 〖化学〗プロメチウム《希土類元素の一つ; 記号 Pm, 原子番号 61, 原子量 145》. 〖(1948) ← NL ～: ⇨ ↑, -ium〗

Pro·min /próumɪn | prə́umɪn/ *n.* 〖商標〗プロミン《薬品 glucosulfone の商品名》. 〖1937〗

pro·mine /próumɪ̀n, -miːn | prə́umɪn, -miːn/ *n.* 〖生理〗プロミン《体内にわずかに存在し細胞の成長を促進する物質; cf. retine》. 〖(1937) ← PROM(OTE)+-INE³〗

prom·i·nence /prɑ́(ː)mənəns, -nənts | prɔ́mɪ̀-/ *n.* **1** 目立つこと, 顕著; 卓越, 傑出 (distinction): a person of considerable ～ 大いにすぐれた人物 / come [bring] into ～ 目立つ[目立たせる] / give ～ to …を目立たせる / rise to [gain] ～ 目立つようになる / The hotel has bounced into ～. そのホテルは一躍著名になった. **2 a** 目立つ物, 目立つ場所 (eminence); 突起, 突出 (projection); 突出[隆起]物: a ～ on the landscape 景色の中の目立つ場所 / the ～ of a man's nose 鼻の隆起 / His jaw protruded to fuller ～. 彼のあごはいっそう突き出て張った. **b** 〖解剖〗隆起. **3** 〖音声〗卓立《ある音や音節が他の音や音節より目立つこと》. **4** 〖天文〗(太陽の)紅炎. 〖(1598) ▭ F 《廃》～ ▭ L *prōminentia* ← *prōminentem* 'PROMINENT': ⇨ -ence〗

próm·i·nen·cy /-nənsi/ *n.* =prominence. 〖(1645): ⇨ ↓, -ency〗

prom·i·nent /prɑ́(ː)mənənt | prɔ́mɪ̀-/ *adj.* **1** 卓越した, 傑出した; 重きをなす, 有名な (⇨ famous SYN): a ～ politician すぐれた[高名の]政治家 / occupy a ～ position in the educational world 教育界で重きをなしている. **2** 突起した, 突出した (projecting) (⇨ noticeable SYN): a ～ nose 際立って高い鼻 / ～ eyes [teeth] 出目[出っ歯] / a ～ paunch ほてい腹. **3** 目につきやすい, 目立つ, 顕著な. **～·ly** *adv.* **～·ness** *n.* 〖(?1440) ▭ L *prōminentem* (pres.p.) ← *prōminēre* to project ← PRO-¹+-*minēre* (← IE **men-* to project): cf. eminent, promenade〗

próminent móth *n.* 〖昆虫〗シャチホコガ科のガ《体翅共に鱗片と毛で被われている; 前翅の後縁にふさを有し背方に突出する》.

prom·is·cu·i·ty /prɑ̀(ː)məskjúːəti, pròum- | prɔ̀mɪ̀skjúːɪti, -ɪti/ *n.* **1** 男女の乱交. **2 a** 入り交じった状態, ごたまぜ. **b** 無差別な社会的関係[混合]: ～ in racial relations 民族関係の混交. 〖(*a*1849) ▭ F *promiscuité*: ⇨ ↓, -ity〗

pro·mis·cu·ous /prəmɪ́skjuəs | -kju-/ *adj.* **1** 〈性関係が〉乱交の, 〈人が〉乱交する: ～ sexual relations [connections] (結婚や同棲に拘束されない)でたらめな性関係, 男女の乱交. **2** 男女一緒くたの, 男女無差別の: ～ bathing 男女混浴. **3** 入り交じった, ごたまぜの; 無差別の, 乱雑な, 混然とした (⇨ miscellaneous SYN): a ～ heap of clothing ごたまぜになった衣類の山 / a ～ mass ごたまぜの群衆 / ～ hospitality [massacre] 誰彼となしのもてなし[手当たり次第の虐殺]. **4** 《口語》でたらめの, 行き当たりばったりの; 偶然の (casual): take a ～ stroll ぶらぶら歩く / in a ～ manner 手当たり次第に. **～·ly** *adv.* **～·ness** *n.* 〖(1603) ← L *prōmiscuus* mixed ← PRO-¹+*miscēre* 'to MIX': ⇨ -ous〗

prom·ise /prɑ́(ː)mɪ̀s | prɔ́mɪs/ *vt.* **1** 〈人に〉約束する, 契約する; 〈人に〉〈物を〉与える約束をする; 〈人に〉〈…を〉約束する 〈*to do, that*〉: ～ a reward *to* a person = ～ a person a reward 人に報酬を約束する / ～ most of one's property *to* one's children 自分の子供に財産の大部分を与えると約束する / I ～*d* (you) *to* come. = I ～*d* (you) *that* I would come. 行くことを約束した / I ～ (you) not *to* see him again. 彼に二度と会わないことを約束します / Don't worry: I won't see him again if I ～*d* (you) not *to* [I ～*d* (you) I wouldn't]. 心配しないで. 会わないと約束したら二度と会わないから / I can't ～ anything yet, but things look hopeful. まだ請け合えないけれど見込みありそうです / I ～*d* him a sound beating. きっと今に思い切りやっつけてやるぞと彼に言った. ★受動態には He was ～*d* a reward. と A reward was ～*d* (*to*) him. のどちらも可能である. **2 a** 〈物事が〉…を期待[予想, 恐れ]させる: This weather ～*s* large crops. この天気では豊作らしい / All this ～*s* (*to* cause) future trouble. これはすべて将来のトラブルを予想させる《今に起こる》. **b** 〈人・物事が〉〈…になる〉見込みがある 〈*to be*〉: This ～*s to be* a difficult task. これはやっかいな仕事になるだろう. **3** [I ～ you で]《口語》保証する, 間違いない (I assure you): It won't be so easy, *I ～ you*. 全くそう容易じゃありませんよ. ★未来以外のことを言うときは主に《古・方言》: *I ～ you* I'm tired. ほんとに私は疲れたよ. **4** [～ oneself で] **a** (ひそかに)期待する, 楽しみに待つ, 心待ちにする: ～ *oneself* (*to* have) a pleasant trip 楽しい旅を心待ちにする. **b** 決心する 〈*that*〉. **5** 《古・方言》〈娘を〉嫁にやる約束をする (betroth) 〔*to*〕.
— *vi.* **1** 約束[契約]する: I can't ～ yet. まだ約束できません. **2** [しばしば I ～ で]《口語》保証する, きっと…だ: Will you go?—I ～. 行くかね—行くとも / But daddy, you ～*d*! だってお父さん, 約束したじゃない. **3** [通例 well などを伴って] 見込みがある, 有望である, 頼もしい: The crops ～ *well*. 豊作らしい.
***prómise the éarth* [*móon*]** 非常に気前のよい約束をする, できそうもないことを請け合う.
— *n.* **1** 約束, 契約 (engagement, undertaking): an express [explicit] ～ 明示契約 / an implied ～ 黙約 / a ～ *of* help [*to* help] 助ける約束 / break [keep] a [one's] ～ 約束を破る[守る] / under (a) ～ *to do* …すると約束[誓約]して / on the ～ *that* …という約束で / make [give] a person a ～ (*to do* … [*that* …]) = make [give] a ～ to a person (*to do* … [that …]) (…すると)人に約束する / hold a person to a [his] ～ 人に約束を守らせる / put a person off with (fair) ～*s* うまいことを言って人を追い払う / A ～ is a ～. 約束は約束《破れない》/ *Promises,* ～*s*—that's all I ever get [hear]! 約束した, 約束した—いつもその言葉だけしか聞かない《いつも約束するだけで少しも守らないね》. **2 a** (将来そうなるという)保証(になるもの); 将来[前途]の見込み, 頼もしさ, 嘱望 (hope): a writer of great ～ 前途有望の作家 / a young woman full of ～ 有望な若い女性 / give [afford, show] ～ (of success) (成功の)望みをもたせる[見込みがある] / There is [The situation holds out] every ～ of success. ものになりそうな見込みが十分ある. **b** 恐れ, 不安, 心配: The icy wind gave ～ of more snow to come during the night. 風が身を切るように冷たかったので夜の間にもっと雪が降る恐れがあった. **3** 約束された事[物], 契約事項: I claim your ～. お約束の物をいただきたい[約束したことを果たしてもらいたい].
〖n.: (*c*1400) ▭ L *prōmissum* (neut. p.p.) ← *prōmittere* to put forth ← PRO-¹+*mittere* to send (⇨ mission). — v.: (?*a*1400) ← (n.)〗

Prómised Lánd *n.* [the ～] **1** 〖聖書〗(神が Abraham とその子孫に約束した)約束の地《Land of Promise ともいう; カナン (Canaan) のこと; cf. *Gen.* 12: 7》. **2** 天国 (Heaven). **3** [p- l-] 希望の土地[状態]. 〖1667〗

prom·is·ee /prɑ̀(ː)mɪ̀síː | prɔ̀mɪ-/ *n.* 〖法律〗受約者, 被約束者 (↔ promisor). 〖(1733) ← PROMISE+-EE¹〗

Prómise Kèepers *n.* [the ～] プロミスキーパーズ《米国で 1990 年に結成された男性のみのキリスト教団体; スタジアムなどで大規模な集会を開き, 男性優位の保守的態度で知られる》.

próm·is·er *n.* 約束する[した]人 (cf. promisor). 〖(1530): ⇨ -er¹〗

prom·is·ing /prɑ́(ː)mɪ̀sɪŋ | prɔ́mɪs-/ *adj.* 将来[前途]有望な, 見込みのある, 末頼もしい (hopeful): a ～ beginning 好調な滑り出し, 幸先(さいさき)のよいスタート / a ～ youth [colt] 有望な青年[子馬] / a ～ sky 晴れてきそうな空模様 / in a ～ state [way] 見込みのある; 快方に向かって; 妊娠して / The weather is ～. 天気がよくなりそうだ. **～·ly** *adv.* **～·ness** *n.* 〖(1602–03): ⇨ promise, -ing²〗

prom·i·sor /prɑ̀(ː)mɪ̀sɔ́ə, ⌐—⌐ | prɔ̀mɪsɔ́ː(r), ⌐—⌐/ *n.* **1** =promiser. **2** 〖法律〗約束者, 約諾者 (↔ promisee). **3** 約束手形振出し人. 〖(1846) ← PROMISE+-OR²〗

prom·is·so·ry /prɑ́(ː)məsɔ̀ːri | prɔ́mɪs(ə)ri, prə(u)mís-/ *adj.* **1** 約束の, 約定の; 〖保険〗約束の; 〖商業〗支払いを約束する: ⇨ promissory note. **2** 〔…を〕約束する, 〔…の〕見込みが十分にある〔*of*〕. 〖(1649) ▭ ML *prōmissōrius*: ⇨ promise (n.), -ory¹〗

prómissory nòte *n.* 〖商業〗約束手形《note of hand ともいう》. 〖1710〗

pròmitósis *n.* 〖生物〗前有糸分裂《原生生物門 (Protista) にみられる有糸分裂に類似する原始的核分裂法》. 〖← NL ～: ⇨ pro-², mitosis〗

prom·mer /prɑ́(ː)mə | prɔ́mə(r)/ *n.* 《英口語》プロムナードコンサートの客 (promenader). 〖(1947) ← PROM+-ER¹〗

pro·mo /próumou | prə́uməu/ 《口語》*n.* (*pl.* ～*s*) (販売促進用の)宣伝広告; 宣伝用ビデオテープ《特にポップスの》. — *adj.* (広告)宣伝の, 販促用の. 〖(1946)《略》← PROMOTIONAL〗

próm·on·tò·ried *adj.* 岬[突起]のある. 〖1649〗

prom·on·to·ry /prɑ́(ː)məntɔ̀ːri | prɔ́məntəri, -tri/ *n.* **1** 岬 (headland). **2** 低地に突き出た[を見おろす]絶壁[丘]. **3** 〖解剖〗隆起, 突起. 〖(1548) ▭ ML *prō-*

montōrium 《変形》← L *prōmunturium* ← ? PRO-¹+ *mont-, mōns* 'MOUNT²': ⇨ -ory²: cf. prominent〗

pro·mot·a·ble /prəmóuṭəbl | prəmə́ut-/ *adj.* **1** 〈人が〉昇進できる, 進級できる. **2** 〈商品が〉(広告宣伝よって)販売促進のできる, 売り込める. **pro·mòt·a·bíl·i·ty** /-ṭəbíləṭi | -təbílɪ̀ti/ *n.* 〖1716〗

pro·mote /prəmóut | -mə́ut/ *vt.* **1 a** 〈発達・進歩・活動などを〉助長[助成]する, 促進[増進]する, 進展[進捗(しんちょく)]させる (further) (⇨ advance SYN); 振興[奨励]する (encourage): ~ digestion [good will] 消化[好意]を促進する / ~ the love of learning 学問の愛好心を奨励する / ~ disorder [ill will] 混乱[悪意]を助長する. **b** (広告)宣伝で〈商品〉の販売を促進する, 売り込む. **2 a** 昇進[昇格]させる, 進級させる, 抜擢(ばってき)する 〔*to*〕 (↔ demote): ~ an officer (*to* the rank of) captain [*to* captaincy, *to* be captain] 士官を大尉に昇進させる / ~ a person *to* Cabinet rank [the peerage] 人を内閣[貴族]に列せしめる / be ~*d* by selection [seniority] 選抜[年功序列]で進級[昇進]する. **b** 〈サッカーチームなどを〉上のグループに昇格させる (↔ relegate). **3** 《米》〖教育〗進級[進学]させる. **4 a** 〈企業などを〉発起する, 〈会社などを〉設立する: ~ a scheme [an undertaking] 計画をはかどらせる[事業を発起する]. **b** 〈催し物などを〉主催する. **5** 〈謀反・騒動などを〉引き起こす, 煽動する: ~ a treason. **6** 〈議案を〉提出支持する, 通過するように努める: ~ a bill in Parliament. **7** 〖チェス〗〈ポーン (pawn) を〉ならせる (cf. promotion 5). **8** 《米俗》(瞞着[術策]により)手中にする, せしめる, ちょろまかす. 〖(*a*1387) ← L *prōmōtus* (p.p.) ← *prōmovēre* to move forward ← PRO-¹+*movēre* 'to MOVE'〗

pro·mot·er /prəmóuṭə | -mə́utə^(r)/ *n.* **1 a** (プロボクシング試合などの)興業主, プロモーター. **b** 助成者, 支持者, 奨励者; 後援者 (patron): a ~ of learning [charity] 学問[慈善行為]の奨励者. **2** 促進者[物], 推進者, 首唱者: the chief ~ of the Paris conference パリ会議の首唱者. **3** (株式会社の)発起人, 創立者, (悪い意味で)会社屋 (company promotor). **4** 煽動者 (inciter), 発頭人: a ~ of disorder [treason, crime] 混乱[謀反, 犯罪]の張本人. **5** 〖化学〗助触媒 《触媒に微量添加することにより触媒の活性を増大させる作用のある物質》. **6** 《廃》密告者 (informer). **7** 〖鉱山〗促進剤, 捕収剤 (collector). **8** 〖生物〗プロモーター(因子) 《オペロン (operon) の構造遺伝子の機能を発現させるのに不可欠な部位》.

promóter of jústice 〖カトリック〗教会裁判所判事.

promóter of the fáith 〖カトリック〗=devil's advocate 2.

〖(*c*1450) 《変形》← 《廃》*promotor* ▭ OF *promoteur* ▭ ML *prōmōtor* ← L *prōmōtus* (↑) // ← PROMOTE+-ER¹〗

P

pro·mo·tion /prəmóuʃən | -mə́u-/ *n.* **1** 昇級, 昇進, 昇格, 進級 (advancement): ~ to Cabinet rank 閣員への昇任 / obtain [get, be given a] ~ 昇進する / on ~ 昇進[昇格]しかかって; 見習い中で. **2 a** (商品の販売促進の)宣伝(活動), 売込み (sales promotion). **b** 商品の販売促進のための手段 《値引き・無料見本・景品・パンフレット・ビデオ・テレビ[ラジオ]コマーシャルなど》. **c** 販売促進中の商品. **3** 促進, 助長; 振興, 奨励; 刺激 (incitement): the ~ of learning [a scheme] 学問の振興[計画の促進] / ~ of sedition [disorder] 反乱[混乱]の助長[唆(そそのか)し]. **4** (計画などの)首唱, 発起: the ~ of a company 会社の発起[創立]. **5** 〖チェス〗(ポーン (pawn) を)(通例クイーン (queen) に)ならせること.

be on one's promótion (1) 昇進の資格[見込み]がある, 昇級の時期にきている; 昇進を目当てにし身を慎しむ (cf. 1). (2) 《口語》結婚を目当てに身を慎しむ.

〖(*a*1400) ▭ (O)F ~ ▭ L *prōmōtiō(n-)*: ⇨ promote, -tion〗

pro·mó·tion·al /-ʃnəl, -ʃənl/ *adj* **1** 昇級[昇進]の: a ~ examination. **2** 促進の, 奨励の. **3** 宣伝の, 販売促進(用)の. 〖1922〗

promótion expènses *n. pl.* 創業費 《会社の創立および開業に要する費用; cf. organization expenses》. 〖1899〗

promótion shàres *n. pl.* 〖証券〗会社設立の功労者に報酬として与えられる株式.

pro·mo·tive /prəmóuṭɪv | -mə́ut-/ *adj.* 進める, 増進する, 奨励の. **~·ness** *n.* 〖(1644): ⇨ promote, -ive〗

prompt /prɑ́(ː)m(p)t | prɔ́m(p)t/ *vt.* **1** 刺激する, 鼓舞する; 誘発する, 促す, おだてる (incite) 〔*to*〕 / 〈*to* do〉: ~ a person *to* an action 人を促してある行為をさせる / be ~*ed* by instinct [necessity, pride] 本能[必要, 自負心]に迫られる. **2** 思いつかせる (suggest), 〈思想・感情を〉吹き込む (inspire), 喚起する, 起こさせる, 指令する (dictate) 〈*to* do〉: Conscience ~*s me to* do justice to everybody. 良心は私にすべての人を公平に扱うよう命じる. **3** 〖演劇〗〈台詞を忘れた俳優・朗唱者などに〉陰から台詞をつけてやる, 後見する. **4** 〈学習者〉にそばから暗示を与える, 誘導してやる; 〈言い淀んでいる人〉に助け舟を出す. **5** 〖電算〗プロンプトで情報の入力を促す. — *vi.* 〖演劇〗台詞をつける, 後見する.

— *adj.* (~·er; ~·est) **1** 〈返答など〉即座の, 早速の (⇨ quick SYN): ~ action [assistance] 即座の行動[援助] / a ~ reply [answer] 即答 / a ~ decision 即断. **2** 〈人が〉敏速な, 機敏な, すばやい, てきぱきした; 時間に遅れない (punctual); すぐ[喜んで]…する (ready) 〔*in*〕 / 〈*to* do〉: a ~ supporter [assistant] てきぱきした支持者[助手] / be ~ in one's payments 支払いが速い / be ~ *to* obey [carry out an order] すぐさま[快く]命令に従う[命令を果たす]. **3** 〖商業〗じき渡しの, 即時払いの: ~ cash 即金, 即時払い / ~ delivery 即時渡し / make ~ payments 即時払いをする / ~ sale 延べ取引き / ⇨ prompt day. **4** 〖物理〗《核分裂が》即発の: a ~ neutron 即発中性子.

— *adv.* 《口語》かっきり, 正確に (sharp): You must call ~ at seven [at seven ~]. きっかり7時に来ないといけない.

— *n.* **1** 刺激する[促す]もの. **2** 〖商業〗**a** 支払い期日, 延べ渡し, 延べ取引き受渡しの期限. **b** 期限付き契約. **c** 即時払い. **d** =prompt note. **3** 〖演劇〗**a** (台詞を忘れた俳優に対する)台詞つけ, 後見: take a ~ プロンプターについて言う[しぐさをする], つけ台詞の後をつける / wait for a ~. **b** =prompt side. **4** 〖電算〗プロンプト 《操作する人に情報やコマンドの入力を促す表示》.

~·ness *n.* 〖v.: (*c*1340) ▭ ML *prōmptāre* ← L *prōmptus* (p.p.) ← *prōmere* to bring forth, take out ← PRO-¹+*emere* to take: cf. exempt. — adj.: (*c*1415) ▭ (O)F ~ // L *promptus*: PRONTO と二重語〗

prómpt·bòok *n.* 〖演劇〗(演劇などで用いる)プロンプター用台本, 演出台張. 〖1809〗

prómpt bòx *n.* (観客からは見えない舞台上の)プロンプター席. 〖1859〗

prómpt còpy *n.* 〖演劇〗=promptbook.

prómpt dày *n.* 〖商業〗延べ渡し日.

prómpt·er *n.* **1** 激励者, 鼓舞者; 喚起する人. **2** 〖演劇〗(俳優の)プロンプター, 台詞つけ役, 後見; プロンプター《台詞を伝える装置》. 〖(1440): ⇨ prompt, -er¹〗

prompt·ing /prɑ́(ː)m(p)tɪŋ | prɔ́m(p)t-/ *n.* **1** 刺激, 激励, 鼓舞. **2** 暗示 (suggestion); 命令 (dictation): the ~*s* of conscience 良心の命令. **3** 〖演劇〗台詞つけ, 後見. 〖(1401): ⇨ prompt, -ing¹〗

promp·ti·tude /prɑ́(ː)m(p)tətùːd, -tjùːd | prɔ́m(p)tɪ̀tjùːd/ *n.* 敏速, 機敏; 即応, 即決. 〖(*c*1450) ▭ (O)F ~ // LL *promptitūdō*: ⇨ prompt, -tude〗

prómpt·ly *adv.* **1** 敏速に, すばやく: act ~ 敏速に行動する. **2** 即座に, てきぱきと: I answered his letter ~. 私は即座に彼に返事を出した. **3** きっかり, ちょうど. 〖1490〗

prómpt nòte *n.* 〖商業〗(買い物の)代金請求書, 支払い期日通知. 〖1858〗

prómpt·nèutron *n.* 〖物理〗即発中性子.

prómpt sìde *n.* [the ~] 〖演劇〗プロンプター側 《prompter の立つ側で, 客席に向かって, 《米》では右手, 《英》左手; 単に prompt ともいう; 略 PS; その反対側は opposite prompt (side) という》. 〖1824〗

Proms /prɑ́(ː)mz | prɔ́mz/ *n.* [the ~] 《英》プロムズ 《毎年7月中旬から8週間 London の Royal Albert Hall で行われる BBC 主催のプロムナードコンサートの通称》.

prom·ul·gate /prɑ́(ː)məlgèɪt, -ml̩-, proumʌ́lgeɪt | prɔ́məl-, -ml̩-/ *vt.* **1 a** 〈法令などを〉発布する, 公布する, 施行する (⇨ declare SYN): ~ a decree [laws] 命令[法律]を発布する. **b** 公表する, 発表する: ~ news 報道を公表する. **2** 〈主義などを〉広める, 普及させる, 宣伝する; 〈秘密などを〉世間に漏らす: ~ knowledge 知識を広める / ~ a person's secrets 人の秘密をぶちまける. **prom·ul·ga·tion** /prɑ̀(ː)məlgéɪʃən, -ml̩-, pròu- | prɔ̀məl-, -ml̩-/ *n.* **próm·ul·gà·tor** /-tə | -tə^(r)/ *n.* 〖(1530) ← L *prōmulgātus* (p.p.) ← *prōmulgāre* to publish 《変形》← ? *provulgare* to publish ← PRO-¹+*vulgus* the people: cf. vulgus〗

pro·mulge /proumʌ́lʤ | prə(u)-/ *vt.* 《古》=promulgate. 〖(1488) ▭ L *prōmulgāre* (↑)〗

prò·mycélium *n.* 〖植物〗前菌糸体. **prò·my·célial** *adj.* 〖(1867) ← NL ~: ⇨ pro-², mycelium〗

pron. 《略》pronominal; 〖文法〗pronoun; pronounced; pronunciation.

pro·na·os /prounéɪɑ(ː)s | prəunéɪɔs/ *n.* (*pl.* **-na·oi** /-néɪɔɪ/) 〖建築〗プロナオス 《古代ギリシャ神殿建築において, 三方を壁で囲まれ前面を列柱によって区切られた naos (=cella) の前室; cf. epinaos》. 〖(1613) ▭ L *pronāos* ▭ Gk *prónāos* ← PRO-²+*nāós* temple: ⇨ naos〗

pro·nase /próuneɪs, -neɪz | prə́uneɪs/ *n.* 〖生化学〗プロナーゼ 《糸状菌 *Streptomyces griseus* にある蛋白分解酵素》. 〖(1960) ← ? PRO(TEI)N+-ASE〗

pro·nate /próuneɪt | prəunéɪt, ˌ-ˊ-/ *vt.* 〈手などを〉前方に伸ばして手のひらを下向きにする, 回内する (↔ supinate). — *vi.* 〈手などが〉回内する. — *adj.* 《まれ》〈手など〉下向きの, 回内した. 〖(1836-39) ← LL *prōnātus* (p.p.) ← *prōnāre* to bend forward ← L *prōnus* 'PRONE¹': ⇨ -ate³〗

pro·na·tion /prounéɪʃən | prə(u)-/ *n.* 〖生理・解剖〗(手(または時に足)の)回内(運動)(↔ supination). 〖(1666): ⇨ ↑, -ation〗

pro·na·tor /próuneɪṭə | prəunéɪtə^(r)/ *n.* 〖解剖〗回内筋 (↔ supinator). 〖(1727-41) ← NL ~ ← LL *prōnatus*: ⇨ pronate, -or²〗

prone¹ /próun | prə́un/ *adj.* **1 a** (通例よくない事について)(…の)傾向のある, (…し)がちな (liable) 〔*to*〕 / 〈*to* do〉 (⇨ apt SYN): be ~ *to* anger [*to* get angry] 怒りやすい. **b** [複合語の第2要素として] …を起こしやすい: accident-*prone*, strike-*prone*, etc. **2 a** うつぶせになった, うつむいた (cf. erect, supine²): lie [fall] ~ うつぶせに寝る[倒れる]. **b** 平伏した; ひれ伏した; 屈従した; 卑しい.: a ~ obeisance 平伏. **3** 手のひらを伏せた. **4** 〖植物〗平伏した (cf. erect 3): an ~ stem 平伏茎. **5** 《古》下に傾斜した, 下り坂の, 逆落としの, 険しい: a ~ stretch of ground 下り勾配(こうばい)の土地 / ~ bombing 《米》急降下爆撃 (dive bombing). **~·ly** *adv.* **~·ness** *n.* 〖(*c*1395) ▭ L *prōnus* bend forward, leaning forward ← *prō* before, forward: ⇨ pro-¹〗

SYN 横たわった: **prone** うつぶせに横たわった: fall *prone* うつぶせに倒れる. **supine** 仰向けになった 《格式ばった語》: lie *supine* on the bed ベッドに仰向けになる. **prostrate** 屈伏・卑下・恐怖・悲しみなどの表われとして, べったり腹ばい[時に仰向け]になった 《格式ばった語》: be *prostrate* with grief 悲しみに打ちひしがれている. **recumbent** ゆったり休息するため横になった 《どんな姿勢でもよい, 格式ばった語》: *recumbent* on the sofa ソファーにもたれて.
ANT erect.

prone² /próun | prə́un/ *n.* 〖教会〗主日ミサ中説教者が会衆に勧める祈り. 〖(1670) ▭ F *prône* 《原義》choir screen (ここで告知や演説が行われたことから) < VL **protinum*: ⇨ proneur〗

próne flòat *n.* 〖水泳〗=dead man's float.

pro·neph·ros /prounéfrɑ(ː)s, -rəs | prəunéfrɔs, -rəs/ *n.* (*pl.* **-neph·roi** /-rɔɪ/, **-neph·ra** /-rə/) 〖生物〗前腎(じん), 原腎 (cf. mesonephros, metanephros). **pro·neph·ric** /prounéfrɪk | prəu-/ *adj.* 〖(1881) ← NL ~ ← PRO-²+Gk *nephrós* kidney: ⇨ nephro-〗

próne préssure mèthod *n.* 俯位(ふい)圧陰の法 (⇨ Schafer's method).

pro·neth·a·lol /prounéθəlɔ̀(ː)l | prə(u)néθəlɔ̀l/ *n.* 〖薬学〗プロネタロール 《ベーター遮断薬; 狭心症・心室性不整脈の治療に用いる》. 〖← PRO(PYL)+(AMI)NE+(M)ETH(YL)+(NAPHTH)AL(ENE)+(METHAN)OL〗

pro·neur /prounə́ː | prəunə́ː^(r); *F.* pʁɔnœːʁ/ *n.* (*pl.* **~s** /~z; *F.* ~/) ほめる人, 称賛者 (eulogist). 〖(1812) ▭ F *prôneur* ← *prôner* to eulogize ← *prône* religious instruction, 《原義》choir screen < VL **protinum* vestibule, screen before an entrance〗

prong /prɔ́(ː)ŋ, prɑ́(ː)ŋ | prɔ́ŋ/ *n.* **1** 尖った先, 尖った器具. **2** (フォーク・熊手などの)股[叉](また) (tine). **3** (叉のある)フォーク (fork), 熊手 (rake), 乾草熊手 (hayfork). **4** (オオジカの角の)枝; 牙(きば)の先. **5** (政策・戦略・議論などの)段階, 部分 (cf. pronged). **6** 《米南部・中部》(河川などの)支流. **7** 《米卑》ペニス. — *vt.* **1** (フォーク・角などで)突く, 刺す. **2** (熊手の先などで)かく, 〈土などを〉掘り返す. **3** 〈フォーク・熊手などに〉股[叉]をつける. 〖(?*c*1425) *prange, pronge* ← ?: cf. Du. *prang* pinching〗

próng·bùck *n.* 〖動物〗=pronghorn.

pronged /prɔ́(ː)ŋd, prɑ́(ː)ŋd | prɔ́ŋd/ *adj.* [しばしば複合語の第2構成素として] (…の)股[叉](また)のある; (…の)段階[部分]から成る, (…の)方面からの: ⇨ three-pronged. 〖1767〗

próng·hòrn *n.* (*pl.* ~, **~s**) 〖動物〗プロングホーン, エダツノレイヨウ (*Antilocapra americana*) 《米国西部産で角は洞角だが枝分かれして毎年鞘が抜け代わる; pronghorn antelope, pronghorned antelope, prongbuck, American antelope ともいう》. 〖(1823) 《短縮》← *pronghorned (antelope)*〗

próng·hòrned ántelope *n.* 〖動物〗=pronghorn.

próng kèy *n.* (とがった先や突起が二つある)スパナ 《ナットや部品の表面の穴にかみ合わせて, 回して締め付けたり, 調節したりする》.

pronk /prɑ́(ː)ŋk | prɔ́ŋk/ *vi.* 《南ア》(springbok がするように) (ぴょーんぴょーんと)はねまわる. 〖(1796) ▭ Afrik. ~ 'to show off'〗

pro·no·grade /próunəgrèɪd | prə́u-/ *adj.* 〖動物〗水平歩行の (cf. orthograde). 〖(1902) ← L *prōn(us)* 'leaning forward, PRONE¹'+-O-+-GRADE〗

pronom. 《略》pronominal.

pro·nom·i·nal /prounɑ́(ː)mənl̩ | prə(u)nɔ́mɪ̀-/ *adj.* **1** 〖文法〗代名詞(的)の: a ~ adjective 代名(詞的)形容詞 《my, his など》. **2** 〖紋章〗盾の4分割に紋章を付けた 《婚姻などによって複数の紋章を組み合わせる時, 最重要の父系の紋章は盾に向かって左上の quarter に配置することにいう》. — *n.* 〖文法〗代名詞的語句 《代名詞およびその相当語句》. **~·ly** *adv.* 〖(1644) ▭ LL *prōnōminālis* ← L *prōnōmen*: ⇨ pro-¹, nominal〗

pro·nom·i·na·li·za·tion /prounɑ̀(ː)mənələzéɪʃən, -nl̩- | prə(u)nɔ̀mɪ̀nəlaɪ-, -lɪ-, -nl̩-/ *n.* 〖文法〗代名詞化(変形) 《前方照応 (anaphoric) の代名詞などを導き出す変形操作》. 〖1961〗

pro·nom·i·na·lize /prounɑ́(ː)mənəlàɪz, -nl̩- | prə(u)nɔ́mɪ̀-/ *vt.* 〖文法〗…を代名詞化する. 〖1871〗

pro·non·cé /pròunɔ̃ː(n)séɪ, -nɔːn- | prə̀u-; *F.* pʁɔ̃nse/ *F. adj.* 目立った, 際立った (pronounced); 誇張的な. 〖(1838) ▭ F ~ (p.p.) ← *prononcer* 'to PRONOUNCE'〗

prò·nótum *n.* 〖動物〗(昆虫の)前背板, 前胸背板. 〖(1836) ← NL ~: ⇨ pro-², notum〗

pro·noun /próunaun | prə́u-/ *n.* 〖文法〗代名詞 (cf. pro-verb): an adjective ~ 形容代名詞 《my, your, his など》 / a demonstrative ~ 指示代名詞 《this, that など》 / a distributive ~ 個別代名詞 《each, either など》 / an interrogative ~ 疑問代名詞 / ⇨ indefinite pronoun, intensive pronoun, personal pronoun, possessive pronoun, reciprocal pronoun, reflexive pronoun, relative pronoun. 〖(1530) ▭ F *pronom* ▭ L *prōnōmen* ← PRO-¹+*nōmen* 'NAME, NOUN'〗

pro·nounce /prənáuns, -náunts/ *vt.* **1 a** 発音する, 音読する; (特に)正しく発音する: ~ English badly 英語を下手に発音する / a word difficult to ~ 発音しにくい語. **b** 〈語句〉の発音を(記号で)示す. **2** [通例目的補語または *that*-clause を伴って] (…であると)断言する, 公言する: I ~ the pears unripe. はっきり言うがこの梨(なし)は熟していない / The expert ~*d* the signature *to* be [*that* the signature was] a forgery. 鑑定人は署名を偽署と断言した / I cannot ~ him [*that* he is] out of danger. 彼が危険を脱したとは断言できない. **3** (厳粛に)(…に)申し渡す, 宣言する 〔*on, upon*〕: ~ sentence of death *on* [*upon*] …に死

刑の宣告を下す / ~ a curse *on* [*upon*] …をのろう. **4** 《まれ》〈詩文などを〉朗読する, 〈演説などを〉上手に[型通りに]やる. — *vi.* **1 a** 発音する: ~ well [clearly, nasally] うまく[はっきり, 鼻にかけて]発音する. **b** 発音を(記号で)示す. **2** 〔…に(不利・有利な)〕意見を述べる[表明する], 判断[判決]を下す〔*on, upon, against, for*〕: ~ *on* a subject ある問題について意見を述べる / ~ *against* …に反対の意見を述べる; …に不利な判決を下す / ~ *for* [in favor of] …に賛成する; …に有利な判決を下す. **pro·nóunc·er** *n.* 〘《*a*1338》 *pronunce(n)* □ OF *pronuncier* □ L *prōnuntiāre* to proclaim, announce, utter ← PRO-[1]+*nūntiāre* to report (← *nuntius* messenger: cf. nuncio)〙

pro·nounce·a·ble /prənáunsəbl̩/ *adj.* 発音[断言, 公言]できる. 〘1611〙

pro·nounced /prənáunst, -náuntst/ *adj.* **1** 際立った, 著しい, 明白な: a ~ Cockney accent 顕著なロンドンなまり / a ~ tendency [improvement] 著しい傾向[改善]. **2** はっきりした, きっぱりした, 決然たる, 強硬な: ~ opinions きっぱりした意見. **3** 有声(音)の. **4** 口に出し(て表明され)た. **pro·nóunc·ed·ness** /-sɪ̈d-, -st-/ *n.* 〘1577〙

pro·nóunc·ed·ly /-sɪ̈d-, -st-/ *adv.* 明白に, きっぱりと. 〘1867〙

pro·nounce·ment /prənáunsmənt, -náunts-/ *n.* **1** 公告, 宣言, 発表; (意見の)表明, 断言, 断定. **2** (表明された)意見, 見解 (opinion); (宣告された)決定, 判決 (decision); 声明書. 〘《1593》: ⇨ pronounce, -ment〙

pro·nóunc·ing *adj.* 発音の, 発音を示す: ~ alphabet. 〘《1451》: ⇨ pronounce, -ing[2]〙

pronóuncing dìctionary *n.* 発音辞典. 〘1764〙

pron·to /prá(ː)ntou | prɔ́ntəu/ *adv.* 《口語》急速に, すばやく (promptly). 〘《1740》□ Sp. ~ 'quick, quickly, prompt' < L *promptum*: PROMPT と二重語〙

pron·to·sil /prá(ː)ntəsìl | prɔ́ntə-/ *n.* 〘薬学〙プロントジル ($C_{12}H_{13}O_2N_5S \cdot HCl$) 《赤色結晶; 化膿(かのう)性細菌による病気に対する特効薬として発見され, サルファ剤を生むもとになった》. 〘《1936》□ G *Prontosil* 《商標》〙

prò·núclear *adj.* **1** 核兵器賛成の; 原子力発電推進派の. **2** 〘生物〙前核(性)の.

prò·núcleus *n.* (*pl.* **-nuclei**) 〘生物〙前核, 生殖核 《受精前の卵および精子の核》. 〘《1880》← NL ~: ⇨ pro-[2], nucleus〙

prò·núke *adj.* 《口語》=pronuclear 1.

pró nùmber *n.* (発送の)累進番号.

prò·númeral *n.* 〘数学〙未知数(を表す文字); 変数 (variable). 〘← PRO-[2]+NUMERAL〙

pro·nun·ci·a·men·to /prənʌ̀nsiəméntou, prou-, -ʃiə- | prə(u)nʌ̀nsiəméntəu, -ʃiə-; *Sp.* pronunθjaménto/ *n.* (*pl.* **~s, ~es**) 宣言書; (特にスペイン語諸国の)革命党の宣言. 〘《1835》□ Sp. *pronunciamiento* ← *pronunciar* □ L *prōnuntiāre* to proclaim: ⇨ pronounce, -ment〙

pro·nun·ci·a·tion /prənʌ̀nsiéɪʃən/ *n.* **1** 発音; 発音の仕方. **2** 一般に容認されている[標準的な]発音. **3** 発音記号による発音表記. **~·al** /-ʃnəl, -ʃənl̩/ *adj.* 〘《?*a*1425》□ (O)F *prononciation* ∥ L *prōnuntiātiō(n-)*: ⇨ pronounce, -ation〙

pró·ny bràke, P- b- /próuni- | prə́u-/ *n.* 〘電気〙プロニーブレーキ 《電動機のトルクを測るための装置》. 〘*proney*: ← *G. C. F. M. Riche, Baron de Prony* (*d.* 1839), フランスの技師〙

prò-óestrus *n.* 〘動物〙=proestrus.

proof /prúːf/ *n.* **1** 物事を証明する事実[議論]; [集合的] 証拠: concrete ~ 具体的な証拠 / ocular ~ 目に見える証拠, 具体的な確証 (Shak., *Othello* 3. 3. 360) / ask for ~ 証拠を求める / give ~ *of* [*that*] …を[…であることを]証明する / give a ~ *on* one's loyalty [affection] 忠誠[愛情]の真実であることを示す / Have you any ~ of it? 何かそれの証拠がありますか. **2** 証拠だてること, 立証, 証明 (demonstration): ~ by exhaustion 窮極証明 / ⇨ proof positive / in ~ of … =as (a) ~ of …の証拠に[として] / afford ~ of …を証するに足る / make ~ of …であることを証明する, …を証拠だてる; …を試してみる / It is not susceptible of ~. それは立証し得ない. **3 a** 〘法律〙(立証された)証拠; 証拠書類. ★ evidence より証明力が強い. **b** 〘スコット法〙(単独判事による陪審なしの)決定. **4** 〘印刷〙 **a** [集合的] (一回分の)校正刷り, 試刷(しずり) (proof sheets), (特に)ゲラ(刷り) (galley proofs) (cf. revise 3): read [correct] the ~*s* of a book 本の校正刷りを読む[直す], 校正する / a sheet of ~ 校正刷り / the first ~ of a book 書物の初校刷り / an author's ~ 著者校正刷り / a clean ~ 誤植の少ないきれいな校正刷り; 清刷り / a foul ~ (誤植が多く)訂正だらけの校正刷り / ⇨ foundry proof. **b** (一枚の)校正刷り (proof sheet): corrections *on* a ~ 校正刷りに記入された訂正. **5** プルーフ, 標準強度 《アルコール飲料のアルコール含有量を示す単位; 米国では 50%, 英国では 57.1%, 日本では 56.9% を 100 proof としている; cf. proof spirit》: above [below] ~ 標準強度以上[以下]の / an 86-*proof* whiskey 標準強度 86 のウイスキー. 《火酒と綿火薬を等量混和し点火したとき一様に青い炎で燃えると proved (証明された)としたことから》 **6 a** 試験, 吟味 (trial), 引き合わせ (check); (製品の)品質試験; (火器・火薬などの)試験(所): put [bring] to the ~ 試す, 試験する / This will stand a severe ~. これはどんな厳しい試験にも耐える 《壊れる心配はない》 / The ~ of the pudding is in the eating. 《諺》「論より証拠」. **b** 〘数学〙検算; 〘論理〙論証. **7** 〘製本〙(紙葉が狭すぎて化粧裁ち後も未裁のままの)耳付き未裁小口. **8** 〘版画〙試し刷り: an artist's [engraver's] ~ / a signed ~ (版画家の)署名入り試し刷り / ⇨ PROOF before letter(s). **9** 〘郵趣〙プルーフ, 印刷試刷(しずり). **10** 〘写真〙試し焼き, 見本焼き (trial print). **11** 〘貨幣〙 **a** よく磨いた特製の極印を用いて造った鏡面状の地, 結霜状のデザインを有するコイン 《近来は打刻後さらに手を加えてつや消ししたものも多い》. **b** =proof coin. **12** (パンなどの生地を)ねかせること. **13 a** 《古》試験済み(の状態), 試験済みの強度[品質], (特に, 武器などの)耐力, 不貫通性 (impenetrability): have ~ of shot 弾丸に耐える / armor of ~ 不貫通の堅固なよろい. **b** 《廃》よろい (armor): Authoritarian regimes are no ~ against violence. 権威主義の政体では暴力に対する盾にはならない.

in próof (1) 証拠として. (2) 校正の段階で, 校正(中)で: The book is *in* ~. その本は校正中だ / Few alterations should be made *in* ~. 校正の段階ではできるだけ(本文の)変更をさけるべきである.

próof befòre létter(s) 〘印刷〙(版画の)無署名校正刷 《題銘などが彫られる前の試し刷り》.

— *adj.* **1** 〔火・水・誘惑などに〕耐える; 〔弾丸などの〕通らない, 〔…に〕耐える〔*against, to*〕: ~ *against* the severest weather どんな悪天候にも耐える / ~ *against* the pricks of conscience 良心のとがめを一向感じない / ~ *against* all temptations どんな誘惑にも耐える. **2** 校正の, 校正刷りの. **3** 〈酒類など〉標準強度の: ~ alcohol 標準強度のアルコール / ⇨ proof spirit. **4** (品質・性能など)試験された, 検査済みの, 保証付きの: ~ armor. **5** 試験[検査]用の. **6** 《米》〈国家分析試験・造幣局が〉標準として用いる純金[銀]の片の.

— *vt.* **1** 〈繊維質の物を〉〔…に〕耐えられるようにする〔*against*〕; (特に) 〈布など〉に防水加工を施す. **2** 校正する. **3** …の試験刷り[校正刷り]を刷る. **4** 試験[吟味]する, 検査する, 〈製品〉の品質試験をする.

〘n.: 《?*a*1200》 *pro(o)f, preef, proeve, preeve* □ OF *proeve, prueve* (F *preuve*) < LL *probam* proof ← L *probāre* 'to test, PROVE'. — adj.: 《1595–96》 ← (n.). ME *proof* の母音は動詞 *prove(n)* の影響による: PROBE と二重語〙

SYN 証拠: **proof** ある事が真であることを決定的に示す証拠: There is abundant *proof* of it. その証拠はたっぷりある. **evidence** 法廷において, あることを証明するために利用される情報: circumstantial *evidence* 状況証拠. **testimony** 証人が宣誓の上で行う口頭または文書による証言: reliable *testimony* 信頼できる証言. **exhibit** 法廷で証拠として出される物件: *exhibit* A 証拠物件第一号.

-proof /prùːf/ 「…を通さない, 耐…, 防…」の意の形容詞連結形 (cf. -tight): water*proof* 耐水の / sound*proof* 防音の / bullet*proof* 防弾の / slander*proof* 悪口を言われても平気な / a burglar-*proof* window catch どろぼう除けの窓の掛け金 / ⇨ foolproof.

próof bòx *n.* パン生地発酵器.

próof còin *n.* 〘貨幣〙プルーフコイン, 試鋳硬貨 《新発行硬貨で収集家用に特別に刻印された限定のもの》.

próof·er *n.* 〘印刷〙校正刷り工, ゲラ刷り工.

próof·ing *n.* **1** (防水などの)補強(工程). **2** (この工程に用いる)補強薬品. 〘《1902》: ⇨ -ing[1]〙

próof·less *adj.* 証拠のない; 証明できない. 〘1610〙

próof·lìke *adj.* プルーフコイン (proof coin) のような(ぴかぴかした).

próof lòad *n.* 耐力試験用装塡(そうてん)弾 《薬室・銃身・発火装置の強度をテストするため通常の弾薬よりも強力な装薬を入れた薬筒》. 〘1858〙

próof·màrk *n.* (銃などの)耐力試験済み標. 〘1781〙

próof plàne *n.* 〘物理〙(帯電)試験板. 〘1855〙

próof pósitive *n.* (*pl.* **proofs p-**) 確証 (positive proof): ~ of one's intention 人の意志の確証.

próof·rèad /-rìːd/ *vt.* 〈校正刷りを〉読む, 校正する: ~ a text. — *vi.* 校正する. 〘《1920》《逆成》↓〙

próof·rèader *n.* 校正者, 校正係. 〘1832〙

próof·rèading *n.* 校正. 〘1852〙

próof·ròom *n.* 校正室. 〘1903〙

próof sèt *n.* プルーフコイン (proof coin) のセット. 〘1879〙

próof shèet *n.* 〘印刷〙校正刷り, ゲラ 《一枚》: correct a ~. 〘*a*1625〙

próof spìrit *n.* プルーフスピリット, 標準強度のアルコール飲料 《アルコール含有量が米国では 50%, 英国では 57.1%, 日本では 56.9% のもの; cf. proof 5》. 〘1790〙

próof strèss *n.* 〘機械〙耐力 《引張試験片に力をかけて引っ張るとき一定の(普通は 0.2 パーセント)の永久ひずみを生ずるような応力》. 〘1862〙

próof tèxt *n.* 〘神学〙証明する聖句[聖書の一節] 《神学上の学説や信仰などのため証拠として引用される聖書の一節; cf. dicta probantia》. 〘1847〙

próof thèory *n.* 〘論理〙証明論 《論理・数学等の公理体系を構文論的・演繹的にのみ追究し, その対象領域との関連を考慮しない論理学の一部門; ↔ model theory》.

Proops /prúːps/, **Marjorie** *or* **Ma·je** /máədʒi | mάː-/ *n.* プループス 《1911?–96; 英国の身上相談の回答者 (agony aunt); Daily Mirror 紙に定期的に執筆》.

prop[1] /prá(ː)p | prɔ́p/ *v.* (**propped; prop·ping**) — *vt.* **1 a** (つっぱりなどで)支える, …に支柱を施す support): ~ (*up*) a roof / ~ a door open (つっかい棒などで)ドアを開けておく. **b** (金銭的・精神的に)支える, 支援する 〈*up*〉. **2** 〔…に〕寄り掛からせる 〈*up*〉〔*against*〕: He was ~*ping* himself *up against* the wall. 彼は壁に寄りかかっていた. **3** 《英俗》…に一撃を加える, なぐりつける. **4** 支持する (sustain) 〈*up*〉: ~ *up* democracy 民主主義を支持する.
— *vi.* 《豪》〈馬などが〉前脚をつっぱってぴたりと止まる.
— *n.* **1** 支柱, つっぱり, 支えづえ (support). **2** = clothes prop. **3** 支持者, 擁護[後援]者, 支え, たより (supporter): the main ~ of a state 国家の柱石. **4** 〘ラグビー〙プロップ 《スクラムを組むとき, 最前列のフッカー (hooker) の両端に立つフォワード》. **5** 《豪・アフリカ》(馬が)前脚をつっぱってぴたりと止まること. **6** 《英俗》一撃, 殴打 (blow). 〘n.: 《1440》 *proppe* □ ? MDu. *proppe* prop, support: cf. MLG *proppe* stopper. — v.: 《1456》 *proppe(n)* ← (n.)〙

prop[2] /prá(ː)p | prɔ́p/ *n.* 〘演劇〙=property 7 a. 〘《1841》《略》〙

prop[3] /prá(ː)p | prɔ́p/ *n.* 《口語》=propeller 1. 〘《1914》《略》〙

prop[4] /prá(ː)p | prɔ́p/ *n.* 〘数学〙=proposition 7. 〘略〙

PROP /prá(ː)p | prɔ́p/ 《略》Preservation of the Rights of Prisoners 囚人権利擁護.

prop. 《略》propeller; proper; properly; property; proposition; proprietary; proprietor.

pro·pa·di·ene /pròupədáɪiːn | prəu-/ *n.* 〘化学〙プロパジエン (⇨ allene). 〘← PROPA(NE)+-DIENE〙

pro·pae·deu·tic /pròupiːdúːtɪk, -djúː- | prəupiːdjúːt-/ *adj.* 予備の, 初歩の, 入門の (introductory). — *n.* **1** 予備学科, 準備研究. **2** [*pl.*; 単数扱い] 予備知識, 基礎訓練, 入門教育. **pro·pae·deu·ti·cal** /pròupiːdúːtɪ̈kəl, -djúː- | prəupiːdjúːtɪ-/ *adj.* 〘《1798》← PRO-[2]+Gk *paideutikós* of teaching (← *paideúein* to educate, teach): ⇨ -ic[1]〙

prop·a·ga·ble /prá(ː)pəgəbl̩ | prɔ́p-/ *adj.* **1** 普及[宣伝]されうる, 普及[宣伝]可能な. **2** 〈動植物が〉繁殖されうる, 繁殖可能な. **pròp·a·ga·bíl·i·ty** /-gəbíləti | -lɪ̈ti/ *n.* **~·ness** *n.* 〘《1651》□ ML *propāgābilis*: ⇨ propagate, -able〙

prop·a·gan·da /prɑ̀(ː)pəgǽndə | prɔ̀p-/ *n.* **1** (主義・信念の)宣伝, 宣伝運動, プロパガンダ 《通例悪い含みをもって用いる; cf. public relations》: make ~ for …の宣伝をする / antigovernment ~ 反政府宣伝 / a ~ film 宣伝映画. **2** 《軽蔑》(宣伝された)主義, 主張. **3** 《古》宣伝機関[団体]: set up a ~ for …の宣伝機関を作る. **4** 〘カトリック〙 **a** 布教, 伝道, 宣伝. **b** [the P-] =COLLEGE of Propaganda. **c** [the P-] =CONGREGATION of (the) Propaganda. 〘《1718》□ It., Sp. & Port. ~ ← NL (*Congregātiō dē*) *propāgandā* (*fidē*) (congregation for) propagating (the faith) ← L *propāgāndus* be propagated (gerundive) ← *propāgāre* 'to PROPAGATE': cf. It. *propaganda*〙

pròp·a·gán·dism /-dɪzm̩/ *n.* 伝道, 布教; 宣伝; 拡張. 〘《1800》□ F *propagandisme*: ⇨ ↑, -ism〙

pròp·a·gán·dist /-dɪ̈st | -dɪst/ *n.* 伝道者, 布教者, 宣伝者. — *adj.* 伝道(者)の, 宣伝の, プロパガンダの. **prop·a·gan·dis·tic** /prɑ̀(ː)pəgændístɪk | prɔ̀p-/ *adj.* **pròp·a·gan·dís·ti·cal·ly** *adv.* 〘《1797》□ F *propagandiste*: ⇨ propaganda, -ist〙

prop·a·gan·dize /prɑ̀(ː)pəgǽndaɪz | prɔ̀p-/ *vt.* **1** 〈主義・教義などを〉宣伝する, 布教する. **2** …に布教[宣伝]する: ~ a community [country] ある社会[国]に布教する. — *vi.* 〔…の〕宣伝[布教]活動に従事する〔*for*〕: ~ *for* terrorism. 〘《1844》: ⇨ propaganda, -ize〙

prop·a·gate /prá(ː)pəgèɪt | prɔ́p-/ *vt.* **1** 〈思想などを〉伝え広める, 普及させる, 宣伝する; 〈病気を〉蔓延(まんえん)させる: ~ disease [infection] 病気[伝染病]を蔓延させる / ~ doctrines [news] 教義[報道]を広める. **2** 〈動植物・病菌などを〉繁殖させる, 増殖させる: Plants of this strain ~ themselves rapidly. この種の植物は繁殖が速い. **3** 〘園芸〙(取り木・接ぎ木・挿し木などして)〈植物を〉生育させる. **4** 〈音・振動などを〉伝える, 伝播(でんぱ)する: ~ vibration, earthquake, etc. **5** 〈特質などを〉遺伝させる. — *vi.* **1** 繁殖する, 増殖する. **2** 広まる[広がる], 普及[波及]する. 〘《1570》← L *propāgātus* (p.p.) ← *propāgāre* to multiply plants from layers ← *propāgēs* layer (of a plant), offspring ← PRO-[1]+*pāg- to fix: ⇨ -ate[3]: cf. pact, page[1]〙

prop·a·ga·tion /prɑ̀(ː)pəgéɪʃən | prɔ̀p-/ *n.* **1** (思想などを)広めること, 宣伝, 普及; (病気などの)蔓延(まんえん): the ~ of the Gospel [ideas] 福音[思想]の宣伝 / the ~ of disease [infection] 病気[伝染病]の蔓延. **2** (動植物の)繁殖, 増殖: ~ of the species 種の繁殖. **3** (音などの)伝播(でんぱ), 伝わり, 伝達: the ~ of sound [heat, light] 音[熱, 光]の伝播. **4** 遺伝. **5** (ひび割れなどの)拡大. **~·al** /-ʃnəl, -ʃənl̩/ *adj.* 〘《?1440》□ (O)F ~ □ L *propāgātiō(n-)*: ⇨ ↑, -ation〙

propagátion cónstant *n.* 〘電気〙伝搬定数. 〘1943〙

propagátion lòss *n.* 〘電気〙伝搬損.

propagátion reáction *n.* 〘化学〙伝搬反応, 成長反応 《連鎖反応の段階の一つで, 反応を連鎖的に次々と繰り返し, '鎖' を成長させる過程》. 〘1940〙

prop·a·ga·tive /prá(ː)pəgèɪtɪv | prɔ́pəgèɪt-/ *adj.* 増殖性の; 蔓延[伝播]する. 〘1660〙

próp·a·gà·tor /-tə | -tə(r)/ *n.* **1** 繁殖者, 普及者, 宣伝者, 布教者 (propagandist). **2** 〘物理〙導伝関数. **3** プロパゲーター 《発熱体を含んだ底の浅い土壌の箱; 種子の発芽や切り枝の根付け用》. 〘《1613》□ L *propāgātor*: ⇨ propagate, -or[2]〙

prop·a·gule /prá(ː)pəgjùːl | prɔ́p-/ *n.* 〘植物〙=propagulum. 〘《1858》↓〙

pro·pag·u·lum /proupǽgjuləm | prəu-/ *n.* (*pl.* **-u·la** /-lə/) 〘植物〙胎芽, 珠芽 《枝として生じたものが主軸から離れて独立して発育するもの》. 〘← NL ~ (dim.) ← L *propāgo* shoot, runner: ⇨ -ulum〙

pro·pane /próupeɪn | práu-/ *n.* 〖化学〗プロパン ($CH_3CH_2CH_3$)《石油から取るメタン系炭化水素の一種で, 無色の可燃性気体; 加圧液化した液化石油ガス (liquefied petroleum gas) の主成分として燃料・潤滑油精製用溶剤などに利用》. 〖(1866) ← PROP(IONIC)+-ANE²〗

própane·di·o·ic ácid /-daɪòuɪk- | -əùɪk-/ *n.* 〖化学〗プロパン二酸 ($C_3H_4O_4$)《天然には, テンサイ中にカルシウム塩として存在する; malonic acid ともいう》. 〖*propanedioic*: ⇨ ↑, di-¹, -oic〗

pro·pa·nil /próupənìl | práu-/ *n.* 〖薬学〗プロパニル ($C_9H_9Cl_2NO$)《除草剤》. 〖← PROP(IONIC)+ANIL-(IDE)〗

pró·pa·no·ic ácid /próupənòuɪk- | práupənəu-/ *n.* 〖化学〗=propionic acid.

pro·pa·nol /próupənɔ̀(ː)l | práupənɔ̀l/ *n.* 〖化学〗= propyl alcohol.

pro·pa·none /próupənòun | práupənəun/ *n.* 〖化学〗プロパノン (⇨ acetone). 〖⇨ ↑, -one〗

prò·paróxytone 〖ギリシャ文法〗 *adj.* 〈語が〉語尾から第三音節目に鋭アクセント (acute accent (ˊ)) のある (cf. oxytone). ― *n.* プロパロクシトーン, 末尾第三音節強勢語. 〖(1764) □ Gk *proparoxútonos*: ⇨ pro-², paroxytone〗

prò·paroxytónic *adj.* 〖ギリシャ文法〗=proparoxytone. 〖(1887): ⇨ ↑, -ic¹〗

pro pa·tri·a /proupáːtriàː, -péɪtriə, -pǽtriə | prəu-/ *L. adv.* 祖国のために. 〖□ L *prō patriā* for (one's) country: ⇨ pro-¹〗

pro·pel /prəpél/ *vt.* (**pro·pelled; -pel·ling**) **1** 進ます, 推進する (⇨ push SYN): *~ling* power 推進力 / ~ a boat by oars ボートをオールで進ませる / be *~led* by steam [wind, rowing] 蒸気[風, かい]で進む. **2** 駆る, 促す (urge on): be *~led* by the desire of wealth 金銭欲に駆られる / The stench *~led* him *out of* the door. 悪臭にたまりかねて彼はその部屋から外に出た. **pro·pél·la·ble** /-ləbl/ *adj.* 〖((?1440)) (1658) □ L *prōpellere* ← PRO-¹+*pellere* to push: cf. pulse¹〗

pro·pel·lant /prəpélənt/ *n.* **1 a** (ロケット)推進剤, 推(進)薬《ロケット推進に使用される化学薬品(燃料と酸化剤)の総称; cf. bipropellant》. **b** 〖軍事〗(銃砲の)発射薬, 装薬, 推進薬. **2** (スプレー用の)高圧ガス. **3** 推進させるもの, 推進体 (propelling agent). ― *adj.* 推進する (propellent). ★ propellant は propellent より, 特に軍事用語として好まれる. 〖(1644) □ L *prōpellentem* (pres.p.) ← *prōpellere* 'to PROPEL': ⇨ ↑, -ant〗

pro·pel·lent /prəpélənt/ *adj., n.* =propellant.

pro·pel·ler /prəpélə | -lə(r)/ *n.* **1** (汽船・飛行機などの)推進器, プロペラ, スクリュー (screw propeller): spin [turn] the ~ プロペラを回転させる. **2** 推進者, 推進するもの. 〖(1780) ← PROPEL, -ER¹〗

P

propéller blàde *n.* **1** 〖航空〗プロペラブレード[羽根, 翼]. **2** プロペラ羽根. 〖1898〗

propéller hèad *n.* 《口語》コンピューターおたく.

propéller pòst *n.* 〖海事〗推進器柱《船尾骨材の一部で, プロペラ軸を垂直方向から支えている部分; screw post ともいう》.

propéller shàft *n.* **1** 〖海事・航空〗プロペラ軸《プロペラを装備する軸》. **2** 《英》〖自動車〗プロペラシャフト, 推進軸 (drive shaft). 〖1839〗

propéller túrbine èngine *n.* 〖航空〗=turboprop engine.

propéller wàsh *n.* 〖航空〗プロペラ後流.

pro·pél·ling pèncil /-lɪŋ-/ *n.* 《英》シャープペンシル. 日英比較 シャープペンシルは商標名の Eversharp から作られた和製英語. 《米》では mechanical pencil, 《英》では *propelling pencil* という. 〖1895〗

pro·pene /próupiːn | práu-/ *n.* 〖化学〗プロペン (⇨ propylene). 〖(1866) ← PROP(IONIC)+-ENE〗

próp·e·no·ic ácid /próupənòuɪk- | práu-/ *n.* 〖化学〗プロペン酸 (acrylic acid).

pro·pe·nol /próupənɔ̀(ː)l | práupənɔ̀l/ *n.* 〖化学〗プロペノール (⇨ allyl alcohol). 〖⇨ propene, -ol¹〗

pro·pense /prəpéns, prou- | prə(u)-/ *adj.* 《古》〔…の〕傾向のある 〔*to*〕; 〈…し〉がちの (prone) 〈*to* do〉. **~·ly** *adv.* **~·ness** *n.* 〖(1528) □ L *prōpensus* (p.p.) ← *prōpendēre* to hang forward, to be inclinded: ⇨ PRO-¹, pendent〗

pro·pen·sion /prəpénʃən, prou- | prə(u)-/ *n.* 《古》= propensity. 〖(*c*1530) □ F ~ □ L *prōpensiō(n-)*: ⇨ ↑, -sion〗

pro·pen·si·ty /prəpénsəṭi, prou- | prə(u)pénsɪ̀ti/ *n.* **1** (生まれつき)(…を好む)傾向, 性質, 性癖 〔*for, to*〕 / 〈*to* do〉 (⇨ inclination SYN): a ~ *to* contradict 口答えする性質 / a ~ *to* extravagance [*for* gambling, *for* drink] 贅沢(ぜいたく)[賭博(とばく)], 飲酒]の癖 / These workers exhibit a high ~ *for* cancer. この労働者たちは癌(がん)にかかる傾向が高いことを示している. **2** 《廃》偏愛, えこひいき (partiality) 〔*to*〕. 〖(1570) ← L *prōpensus* (p.p.) ← *prōpendēre*: ⇨ -ITY〗

pro·pe·nyl /próupənìl | práu-/ *n.* 〖化学〗プロペニル《一価の不飽和炭化水素基 $CH_3CH=CH-$ をいう》. 〖(1866) ← PROPEN(E)+-YL〗

própenyl álcohol *n.* 〖化学〗プロペニルアルコール (⇨ allyl alcohol).

própenyl gròup *n.* 〖化学〗プロペニル基《プロピレンから誘導した一価の基 ($CH_3CH=CH-$)》.

prop·er /práː(ː)pə | prɔ́pə(r)/ *adj.* **1 a** 〔…に〕適当な, ふさわしい (⇨ fit¹ SYN); (本来)そうあるべき 〔*for*〕: at a ~ time 適当な時に / ~ *for* the occasion 時宜に適した / with dignity ~ *to* his rank その位にふさわしい威厳をもって / choose the ~ time [tools] (*to* do it [*for* it]) (それをするのに)適当な時[道具]を選ぶ / as you think ~ 然るべく, 適宜に / in the ~ way 適当な方法で, 然るべく / do the ~ thing by a person 人を正しく扱う / I think it (only) (right and) ~ *to* let him know of it. それを彼に知らせるのが本当だと思う / It is ~ for you *to* [that you (should)] deny the rumor. 君がそのうわさを否定するのは当然だ. **b** 規則[風習]にかなった, 正式の, 正しい (correct): the ~ spelling [pronunciation] 正しいつづり[発音] / ~ dress [clothes] *to* wear [*for* wearing] at the President's reception 大統領のレセプションに着用すべき正式の服装. **2** 礼儀正しい, 上品な, 体裁のいい (decent); いやに行儀のよい, 澄まし込んだ (prim): quite a ~ book [play] 非常に品のいい書物[戯曲] / She is distressingly (prim and) ~. 彼女は堅苦しいほど礼儀正しい. **3** 正確な, 厳密な (exact): in the ~ sense of the word その語の厳密な[本来の]意味において / paint a person in his ~ colors 人をありのままに批評する. **4** [通例名詞の後に置いて] 厳密な意味での, 本当の, 本来の, 真正の, 純粋の (genuine): Japan ~ 日本本土 / a building separate from the farm house ~ 農家の母屋から離れた建物 / Consult a ~ doctor, not some quack! にせ医者でなく, 本物の医者に見てもらいなさい. **5** 〔…に〕固有の, 独特の, 特有の (peculiar) 〔*to*〕: instincts ~ *to* mankind 人類特有の本能. **6** 《英口語》全くの, 完全な (real): a ~ rascal 全くのならず者 / be in a ~ rage ひどく腹を立てている / There will be a ~ row about it. その事で大騒ぎが持ち上がるだろう. **7** 〖文法〗固有の; 固有名詞的な (cf. appellative 3, common A 4 b): ⇨ proper name, proper noun, proper adjective. **8** 〖紋章〗〈具象図形の色彩が〉自然のままの: a peacock [tiger] ~ 自然色で表した孔雀(くじゃく)[虎(とら)]. **9** 〖教会〗特定の日[祝日]だけに用いる: ~ lessons 特定日課《特定の日の礼拝の時に読むように指定された聖書中の一部》/ the ~ introit 特定入祭文 / the ~ psalms for Christmas クリスマスに読むべき詩編. **10** 〖天文〗(天体)自身の, 本来の, 固有の. **11** 〖数学〗真の, 固有の: ⇨ proper subset. **12** 《古》自分の (one's own): one's own ~ possession 自分自身の所有物 / with my (own) ~ eyes 私のこの目で. **13** 《古・方言》立派な, すてきな (excellent); 姿のいい, 美しい (handsome) (cf. *Heb.* 11: 23).
― *adv.* **1** 《英口語》**a** 正しく, 正確に, 上品に: talk ~. **b** 本当に, ひどく (very): It's ~ hot in here! ここはひどく暑いな. **2** 《方言》完全に, すっかり (thoroughly). ***góod and próper*** 《口語》完全に: get drunk *good and* ~ 完全に酔っぱらう.
― *n.* [しばしば P-] 〖教会〗(聖節のための)特定礼拝式, 特禱(とくとう), 特別賛美歌: the ~ for Christmas クリスマス特別聖餐(せいさん) / the ~ of the Mass ミサ聖祭特定文.
~·ness *n.* 〖adj.: (?*a*1300) *propre* □ (O)F □ L *proprius* one's own, particular, special ← **prō privō* as a private thing: cf. private. ― n.: (*c*1380) 《廃》 'private property' ← (adj.)〗

próper ádjective *n.* 〖文法〗固有形容詞 (English, French, Johnsonian など). 〖1905〗

pro·per·din /proupɚ́ːdn̩, -dn̩ | prə(u)pɚ́ːdɪn/ *n.* 〖生化学〗プロパージン《血清蛋白の一種; 殺菌作用・ウイルス中反応などの働きをする》. 〖(1954) ← PRO-¹+L *perd(ere)* to destroy (⇨ perdition)+-IN²〗

próper fráction *n.* 〖数学〗真分数《分母より分子が小さい分数; ↔ improper fraction》. 〖1674〗

próper fúnction *n.* 〖数学〗固有関数 (⇨ eigenfunction). 〖1935〗

pro·per·i·spom·e·non /pròupèrəspáː(ː)mənàː(ː)n, -spóum-, -nən | pràupèrɪspə́umɪnən, -nɔ̀n/ 〖ギリシャ文法〗 *adj.* 〈語が〉語尾から第二音節目に曲アクセント (circumflex accent (ˆ)) を有する《例: prôtos first》. ― *n.* (*pl.* **-e·na** /-nə/) 語尾から第二音節目に曲アクセントを有する語. 〖□ Gk *properispṓmenon*: ⇨ pro-², perispomenon〗

prop·er·ly /práː(ː)pəli | prɔ́pə-/ *adv.* **1** 適当に, ほどよく (fitly); (礼儀)正しく, きちんと (decorously): ~ dressed きちんとした身なりをして / behave ~ 不都合なくふるまう. **2** 正確に, 正しく, 本式に, ちゃんと (rightly): speak English ~ 英語を正しく[正式に]話す / play a game ~ 本式に勝負をする / ~ speaking=speaking ~ =to speak ~ 正式[正確]に言えば, 本当を言えば. **3** 正当に, 当然 (justifiably): He very ~ refused. 彼が断ったのは全く当を得ている / ~ so called そう呼ばれるのが当然であるが, 本当の意味で / quite [very, perfectly] ~ 当然のことながら. **4** 《英口語》全く, 徹底的に (thoroughly): I thrashed him ~. うんとなぐりつけた / It puzzled him ~. 彼はすっかり当惑した. 〖(?*a*1200): ⇨ -ly¹〗

próper mótion *n.* **1** 〖天文〗固有運動. **2** 《英》〖海事〗(レーダーなどで観測した)目標物(他船など)の真運動《自船の動きに関係なく地球に対する動き》. 〖1604〗

próper náme *n.* 〖文法〗《類名 (common name) に対する》特定名, 固有名; 固有名詞 (proper noun). 〖*c*1300〗

próper nóun *n.* 〖文法〗固有名詞 (cf. common noun). 〖1551〗

próper súbset *n.* 〖数学〗真部分集合《与えられた集合の部分集合のうち, もとの集合と異なるもの》. 〖1953〗

próp·er·tied *adj.* **1** 財産[資産]のある; (特に)土地[不動産]のある: the ~ classes 有産階級; (特に)地主階級. **2** 〖演劇〗小道具を用いる. 〖(1606–07): ⇨ property, -ed 2〗

Pro·per·ti·us /proupɚ́ːʃəs, -ʃiəs | prə(u)pɚ́ː-/, **Sextus** /sékstəs/ *n.* プロペルティウス《50?–?15 B.C.; ローマの哀歌 (elegy) 詩人》.

prop·er·ty /práː(ː)pəṭi | prɔ́pəti/ *n.* **1** (動産・不動産を含む)財産: a man of ~ 資産家 / individual ~ 個人財産 / private [public] ~ 私有[公共]財産 / real [movable, personal] ~ 不動産[動産] / the preservation of life and ~ 生命と財産の保全 / right of ~=property right. **2** [集合的] (相当の価値のある)所有物, 財 (possessions): Much ~ was destroyed by the war. 多くの財物が戦争で破壊された / Is this your ~? これは君の物ですか / She regards him as her exclusive ~. 彼女は彼を自分の専有物と考えている / The news [secret] is common ~. その報道[秘密]はだれでも皆知っている. **3** 所有地, 地所; 農地; 《主に豪》牧場, 農場: He has a ~ in Devon [on Main Street]. Devon 州[本町通り]に地所を持っている. **4 a** (物が)人の所有に帰していること; (物を)所有していること. **b** 〖法律〗所有権 (property right), 所有 (ownership); (著作権などの)権利の存在する物: ~ in copyright 版権所有 / literary ~ 著作権. **5** (ある物の)固有性, 属性, 特性: the *properties* of iron 鉄の特性 / Soda has the ~ of dissolving grease. ソーダには脂肪を溶解する特性がある / Bitterness is a ~ of wormwood. 苦味はニガヨモギの特性である. **6** 〖哲学・論理〗属性《一般には事物の性質・徴表; アリストテレス論理学では偶有性と区別した属性》. **7 a** [通例 *pl.*] 〖演劇〗小道具《《英》では衣装も含む; ふつう prop と短縮される; cf. property man》. **b** 《口語》劇, 脚本, 翻案物, 文芸もの《上演・上映・興行のための》. **8** 《廃》道具, 手段; 手先. ― *vt.* 《廃》**1** (手先として)利用する. **2** 占有する, 所有する.
~·less *adj.* 〖(*c*1303) *proprete* □ AF **proprete*= (O)F *propriété* □ L *proprietātem*: ⇨ proper, -ty〗

SYN 財産: **property** 人が正当に所有する動産・不動産を含む財産: immovable *property* 不動産. **goods** 家財その他の動産: household *goods* 家財. **belongings** 土地・家屋などの不動産や金銭などを除いた所有物・財産: my personal *belongings* 私の身の回りの品. **effects** 法律上から見たあらゆる種類の個人の動産としての所有物《衣類・化粧品なども含む; 格式ばった語》: gather one's personal *effects* 私物をまとめる. **means** 物を購入できる財力, 収入: live within [beyond] *means* 身分相応[不相応]な暮らしをする. **estate** 遺言の対象となる一切の財産: He left an *estate* of $100,000 to his son. 彼は10万ドルの遺産を息子に残した.

próperty ànimal *n.* 《米》(映画・舞台に)出演のために慣らした動物.

próperty bònd *n.* 生命保険会社発行の証券《その代金は不動産購入基金に投資される》.

próperty cènter *n.* 不動産センター《その土地の事務弁護士 (solicitor) が中心になって作られ不動産売買を扱う; solicitor's property center ともいう》.

próperty devèloper *n.* 不動産[宅地]開発業者.

próperty insùrance *n.* 〖保険〗財産[損害]保険. 〖1946〗

próperty màn [màster] *n.* 〖演劇〗小道具方《《英》では衣装方にもいう; propman, props ともいう; cf. property 7 a》. 〖1633〗

próperty mànager *n.* (アパートなどの)管理人.

próperty mìstress *n.* 〖演劇〗女性の小道具方.

próperty òwner *n.* 地主, 家主. 〖1865〗

próperty qualificàtion *n.* 〖法律〗土地所有に基づく(選挙権などの)資格. 〖1807〗

próperty rìght *n.* 財産権, 所有権 (ownership). 〖1903〗

próperty-ròom *n.* 〖劇場〗小道具部屋. 〖1784〗

próperty tàx *n.* 〖法律〗財産税. 〖1808〗

próper válue *n.* 〖数学〗固有値 (⇨ eigenvalue). 〖1914〗

próp·fàn *n.* 〖航空〗**1** プロップファン《ジェットエンジンで駆動する8枚羽根のプロペラ》. **2** propfan で飛ぶ航空機. 〖(1970) ← PROP³+FAN〗

próp fórward *n.* 〖ラグビー〗=prop¹ 4.

pro·phage /próufeɪdʒ | práu-/ *n.* 〖生物〗プロファージ《宿主細胞のゲノムの一部となったファージ》. 〖(1951)《短縮》← PRO-²+PHAGE〗

pro·phase /próufeɪz | práu-/ *n.* 〖生物〗(細胞の核分裂の)前期 (cf. anaphase, metaphase, telophase). **pro·pha·sic** /proufeɪzɪk | prəu-/ *adj.* 〖(1884) ← PRO-²+PHASE〗

proph·e·cy /práː(ː)fəsi | prɔ́fɪ̀-/ *n.* **1** 予言(すること). **2** (予言者[霊感]による)予言; 〖キリスト教〗(神意を体した)預言, 神のお告げ, 天啓, 啓示: His ~ has come true. 彼の予言が当たった. **3** 予言能力: the gift of ~ 予言する力. 〖(?*a*1200) *prophecie* □ OF (F *prophétie*) □ LL *prophētīa* □ Gk *prophēteía* ← *prophḗtēs* 'PROPHET': ⇨ -cy〗

próph·e·sì·er *n.* 予言する人. 〖(1477): ⇨ ↓, -er¹〗

proph·e·sy /práː(ː)fəsàɪ | prɔ́fɪ̀-/ *vt.* **1** (予言者が霊感によって)予言する; 〖キリスト教〗預言する. **2** 予言する, 予報する (⇨ foretell SYN): ~ a storm, disaster, etc. / We cannot ~ what may happen. 何が起こるか予言はできない. **3** 《まれ》予示する (foreshadow). ― *vi.* **1** (霊感によって)予言する. **2** (神の代弁者として)話す, 預言する, 教える. **3** 予言する: He *prophesied* right. 予言は当たった. **4** 《古》宗教問題を教える, 聖書を解釈[説明]する. ― *n.* =prophecy. **próph·e·sì·a·ble** /~-əbl/ *adj.* 〖(*c*1350) □ OF *prophecier* ← *prophecie* (n.): ⇨ prophecy〗

proph·et /práː(ː)fɪt | prɔ́fɪt/ *n.* **1** (霊感によって神意を告げまたは未来の事を告げる)予言者, 先覚者. **2** 〖キリスト教〗預言者《旧約聖書では霊感によって神意を告げ神を語り神の裁きを代弁する, 新約聖書では神の特別の啓示を受けた

人で使徒 (apostle) の次位を占める; cf. *I Cor.* 12: 28): A ～ has sprung up [has risen up]. 預言者が起こった / No ～ is accepted in his own country. 預言者はおのが里にて喜ばるることなし (*Luke* 4: 24). **3** [the P-] **a** イスラムの教祖マホメット (Muhammad). **b** モルモン教会の初代大管長 Joseph Smith; その後継者. **4** 〘聖書〙 **a** [the Prophets] (旧約聖書の)預言書 (Nebiim) (cf. Torah ★): ⇨ Former Prophets, Latter Prophets, Major Prophets, Minor Prophets. **b** [the Prophets, the ～s] 預言書の作者たち. **5 a** 神より霊感を受けたと称する神がかり的な人. **b** 〘聖書〙(にせの)預言者. **6** 《詩》(霊感を受けた)詩人, 先見者, 先覚者 (seer). **7** (団体·主義などの)代弁者, 唱道者, 提唱者, 指導者, 使徒: a ～ of socialism 社会主義の使徒. **8** 物事を予知できる人, 予報者: a ～ of woe 災難を予知できる人 / ⇨ weather prophet. **9** 《俗》(競馬の)予想屋 (racing prophet). ***Sául among the próphets*** ⇨ Saul 成句.

～·ism /-tìzṃ/ *n.* **～·less** *adj.* **～·like** *adj.* **～·shìp** *n.* 〘? lateOE *prophete* ▭ (O)F *prophète* ▭ L *prophēta*, *-tēs* ▭ Gk *prophḗtēs* spokesman ← PRO-²+*phánai* to say (← IE **bhā-* to speak): ⇨ fame〙

proph·et·ess /prɑ́(ː)fɪ̀təs | prɔ̀fɪtés, prɔ́fɪtès, -təs/ *n.* **1** 女性予言者. **2** 予言者の妻. 〘《?c1280》▭ OF *prophetesse* ▭ LL *prophētissa*: ⇨ ↑, -ess¹〙

próphet flòwer *n.* 〘植物〙 カフカス·アルメニア産のムラサキ科の多年草 (*Arnebia echioides*) 《根から染料をとる》. 〘(なぞり) ← Pers. *guli paighāmbar* flower of the prophet (i.e., Muhammad)〙

próphet·hòod *n.* 予言者の身分[立場, 天分, 職分, 人格]. 〘《1840》: ⇨ -hood〙

pro·phet·ic /prəfétɪk, prou- | prə(ʊ)fét-/ *adj.* **1** 〔…を〕予言する, 予言的な; 〔…を〕予感させる 〔*of*〕: ～ dreams / ～ utterances 予言 / ～ *of* a coming event 来るべき事件を予示する. **2** 予言の, 予言を記した: ～ writings 予言書. **3** 予言者の, 予言者的な, 予言者らしい: ～ inspirations 予言者の霊感 / a ～ man 予言者.

pro·phét·i·cìsm /-tɪ̀sìzṃ | -tɪ-/ *n.* 〘《*a*1475》▭ F *prophétique* // LL *prophēticus* ▭ G *prophētikós* ← *prophḗtēs* 'PROPHET': ⇨ -ic¹〙

pro·phét·i·cal /-tɪ̀kəl, -kḷ | -tɪ-/ *adj.* 予言者の; 予言の, 予言を記した: the *Prophetical* Books of the Old Testament 旧約聖書の預言書 (⇨ prophet 4).

～·ly *adv.* 〘*c*1450〙

pro·phy·lac·tic /pròufəlǽktɪk, prɑ̀(ː)f- | prɔ̀fɪ-⁻/ 〘医学〙 *adj.* (病気を)予防する (preventive) (cf. curative): a ～ drug [treatment] 予防薬[処置]. — *n.* **1** 予防薬; 予防法 (preventive). **2** 《米》(性病)予防器具, コンドーム (condom); 避妊用具. **prò·phy·lác·ti·cal·ly** *adv.* 〘《adj.: 1574; n.: 1642》▭ Gk *prophulaktikós* ← *prophulássein* ← PRO-²+*phulássein* to guard (← *phulak-*, *phúlax* guard): ⇨ -ic¹〙

pro·phy·lax·is /pròufəlǽksɪs, prɑ̀(ː)f- | prɔ̀fɪlǽksɪs/ *n.* (*pl.* **-lax·es** /-siːz/) **1** 〘医学〙(病気などの)予防(処置), 予防法. **2** 〘歯科〙(歯垢除去のための)歯の掃除. 〘《1842》← NL ～ ← PRO-²+Gk *phúlaxis* a watching (↑)〙

pro·phyll /próufɪl | prə́ʊ-/ *n.* 〘植物〙 前出葉 《側芽で最初に形成される葉》. 〘《1898》← NL *prophyllum*: ⇨ pro-², -phyll〙

pro·pine /prəpíːn, -páɪn/ 《スコット·古》 *vt.* **1** (友情のしるしとしての)贈る. **2** …のために乾杯する. — *n.* (好意を受けたお礼のしるしとしての)贈物. 〘《1448》▭ OF *propiner* to give to drink ▭ L *propīnāre* ▭ Gk *propínein* to drink first ← PRO-²+*pínein* to drink〙

pro·pin·qui·ty /proupíŋkwəti, prə- | prə(ʊ)píŋkwɪti, prɒ-/ *n.* **1** (場所·時·関係の)近いこと, 近接 (⇨ proximity SYN). **2** 近親 (kinship). **3** 近似, 類似. 〘《*c*1380》 *propinquite* ▭ OF ▭ L *propinquitātem* ← *propinquus* (adj.) near ← *prope* (adv. & prep.) near ← IE **prokʷe* near ← **per* near, forward: ⇨ pro-¹, -ity: cf. proximity〙

pro·pi·on·al·de·hyde /pròupiɑ(ː)nǽldəhàɪd | prəʊpiɒnǽldɪ-/ *n.* 〘化学〙 プロピオンアルデヒド (C_2H_5CHO) 《無色の液体; propyl aldehyde ともいう》. 〘← PROPION(IC)+ALDEHYDE〙

pro·pi·o·nate /próupiənèɪt | prə́ʊ-/ *n.* 〘化学〙 プロピオン酸塩[エステル]. 〘《1862》← PROPIONIC, -ATE¹〙

pro·pi·one /próupiòun | prə́ʊpiəʊn/ *n.* 〘化学〙 プロピオン《プロピオン酸の蒸気を炭酸カルシウム上に通じて造る液体》. 〘《1851》← PRO-²+Gk *píōn* fat: ⇨ -one〙

pró·pi·òn·i·bactérium /próupiɑ̀(ː)nə-, -òunə- | prə́ʊpiɒnɪ-, -əʊnɪ-/ *n.* (*pl.* **-bacteria**) 〘細菌〙 プロピオニバクテリウム《炭化水素に作用しプロピオン酸および酢酸を形成する *Propionibacterium* 属のバクテリア》. 〘← NL ～: ⇨ ↓, bacterium〙

pro·pi·on·ic /pròupiɑ́(ː)nɪk, -pjóu- | prəʊpiɒ́n-, -piə́un-⁻/ *adj.* 〘化学〙 プロピオン酸の. 〘《1850》← PRO-²+Gk *píōn* fat+-IC¹〙

própionic ácid *n.* 〘化学〙 プロピオン酸 (C_2H_5COOH) 《刺激臭のある無色·油性·水溶性の液体で香料·殺菌剤用》. 〘1850〙

pro·pi·ti·ate /proupíʃièɪt, prə- | prə(ʊ)-/ *vt.* なだめる, 慰める; 〈神など〉の怒りを和らげる, 和解させる; 〈人〉の機嫌をとる: offerings to ～ the deity of the place その土地の神をしずめるための供物. **pro·pí·ti·a·ble** /-ʃiəbl/ *adj.* **pro·pi·ti·a·tious** /proupìʃiéɪʃəs, prə- | prə(ʊ)-⁻/ *adj.* 〘《1583》← L *propitiātus* (p.p.) ← *propitiāre* to make favorable: ⇨ propitious, -ate³〙

pro·pi·ti·a·tion /proupìʃiéɪʃən, prə- | prə(ʊ)-/ *n.* **1** 機嫌をとること, なだめ, 融和, 慰め (appeasement), 和解 (conciliation). **2** 償い, 贖(あがな)い; (特に, キリストの)贖罪(しょくざい). **3** 《古》〘神学〙 なだめの供え物: He is the ～ for our sins. 彼はわれらの罪のためになだめの供え物たり (*1 John* 2: 2). 〘《*c*1395》 *propiciacioun* ▭ LL *propitiātiō(n-)*: ⇨ ↑, -ation〙

pro·pi·ti·a·tive /proupíʃièɪtɪv, prə- | prəpíʃièɪt-/ *adj.* なだめる, 慰める; 和解的な. 〘《1928》← PROPITIATE, -ATIVE〙

pro·pí·ti·à·tor /-tə | -tə(r)/ *n.* なだめる人 (appeaser); 和解調停者 (reconciler). 〘← LL *propitiātor* ← L *propitiātus*: ⇨ propitiate, -or²〙

pro·pi·ti·a·to·ry /proupíʃiətɔ̀ːri, prə- | prə(ʊ)píʃ-ətəri, -tri/ *adj.* なだめる, 慰める (appeasing); 怒りを和らげる, 和解の (conciliatory): ～ gifts 和解の[ご機嫌取りの]贈物. — *n.* 〘ユダヤ教〙 神の座 (mercy seat). **pro·pi·ti·a·to·ri·ly** /proupìʃiətɔ́ːrəli, prə-, ⸗⸗⸗⸗⸗ | prə(ʊ)píʃiətərɪli, -trɪ-/ *adv.* 〘《n.: *a*1325; adj.: 1551》▭ LL *propitiātōrium* (neut.): ⇨ propitiate, -ory¹〙

pro·pi·tious /prəpíʃəs, prou- | prə-/ *adj.* **1** 幸先(さいさき)のよい, 吉兆の (auspicious); 〔…に〕都合のよい (suitable) 〔*for*, *to*〕 (⇨ favorable SYN): a ～ sign [omen] 吉兆 / the ～ moment お目出たい瞬間 / ～ weather *for* our trip 旅行にあつらえ向きの天候 / be ～ *to* the undertaking その企てに好都合である. **2** 〈神など〉好意を有する, 慈悲深い (merciful): ～ fate 慈悲深い運命, 幸運.

～·ly *adv.* **～·ness** *n.* 〘《1440》 *propicius* ▭ OF *propicieus* // L *propitius* favorable, 《原義》 falling forward ← PRO-¹+*petere* to go toward: ⇨ -ous〙

próp·jèt *n.* 〘航空〙 ターボプロップ(機) (turboprop). 〘《1946》← PROP³+JET²〙

própjet éngine *n.* 〘航空〙 =turboprop engine.

pro·plas·tid /prouplǽstɪd | prəuplǽstɪd/ *n.* 〘生物〙 原色素体, プロプラスチド, 前色素体《胚や若い根などの細胞にある将来色素体になる小体》. 〘《1922》← PRO-²+PLASTID〙

próp·màn /-mæ̀n/ *n.* (*pl.* **-men** /-mèn/) 〘演劇〙 = property man. 〘《1888》《略》〙

pro·pneus·tic /prounúːstɪk, -njúːs- | prəunjúːs-/ *adj.* 〘昆虫〙 〈幼虫が〉前気門式の《体の前部に一対の気門を有するものにいう》. 〘← PRO-²+Gk *pneustikós* of breathing (← *pnein* to breathe): ⇨ -ic¹〙

prop·o·dite /prɑ́(ː)pədàɪt | prɔ́p-/ *n.* 〘動物〙 前節《節足動物の関節肢の基部から第 6 番目の肢節》. 〘《1870》← PRO-²+-PODITE〙

prò·pódium *n.* 〘動物〙 前足《軟体動物·腹足類のうち, ツタノガイ·マクラガイのように砂の中を潜行するものに見られる足の前部の非常に発達した強力な部分》. 〘《1853》← PRO-²+-PODIUM〙

prop·o·lis /prɑ́(ː)pəlɪs | prɔ́pəlɪs/ *n.* プロポリス, 蜂蠟(ろう), 蜂にかわ《ミツバチが木の芽から集める赤みがかった樹脂で巣のすきまを詰めるのに用いる; 抗菌·抗ウイルス作用などがある; bee glue, hive dross ともいう》. 〘《1601》▭ L ～ ▭ Gk *própolis* suburb ← PRO-²+*pólis* city〙

pro·pone /prəpóun, prou- | prə(ʊ)páun/ *vt.* 《スコット》 **1** 提議する, 提案する. **2** 〈弁解などを〉持ち出す. 〘《*c*1375》 *propone(n)* ▭ L *prōpōnere* to propound: ⇨ propose〙

pro·po·nent /prəpóunənt | prə(ʊ)páu-/ *n.* **1** 提議者, 提案者; 弁護者, 支持者 (↔ opponent). **2** 〘法律〙 遺言検認の申し立て人. 〘《1588》▭ L *prōpōnentem*: ⇨ ↑, -ent〙

Pro·pon·tis /prəpɑ́(ː)ntɪs | prə(ʊ)pɔ́ntɪs/ *n.* [the ～] プロポンティス (Sea of MARMARA の古名).

pro·por·tion /prəpɔ́ːəʃən, pəp- | prəpɔ́ː-/ *n.* **1** 部分, 一部(分) (part); 分け前: a large ～ of the earth's surface 地球表面の大部分 / a small ～ of the divisible profits 割前の小部分 / A ～ of the apples proved rotten. そのリンゴのうち一部は腐っていた. **2** 割合, 比, 比率: the ～ of births to the population 人口に対する出生比率 / Mix sugar and salt in the ～ of three to one. 砂糖と塩を 3 対 1 の割合で混ぜなさい / in ～ to his success=in ～ as he succeeds 彼の成功[彼が成功する]に比例して[準じて] / The room is long in ～ to its width. その部屋は幅の割に長い. **3 a** 釣合い, 調和 (harmony), 均整, 均衡 (balance): beauty of ～ 調和[均整]の美 / due [proper] ～ 適当な釣合い, 調和: (a) sense of ～ 調和[釣合い]の感覚 (cf. b) / All is in admirable ～. すべてが非常によく調和がとれている. **b** (物事に対する)均衡[釣合い]のとれた評価[見方]. **4 a** [*pl.*] 面積, 容積, 寸法, 大きさ (dimensions): a building of magnificent ～*s* 堂々たる大建築 / a tippler of no mean ～*s* なみなみならぬ酒好き, 大の酒豪. **b** (標準と比較した場合の)大きさ, 程度, 量. **5** 〘数学〙 **a** 比例: ⇨ compound proportion, direct proportion, geometrical proportion, inverse proportion, simple proportion / do a sum in [by] ～ 比例で計算する. **b** 比例算, 三数法 (rule of three). ***gét [blów] things (áll) òut of propórtion*** 事態を必要以上に深刻に受け止める. ***òut of propórtion*** 釣合いを失って [*to*]; 過度に: His extravagance is *out of* (all) ～ *to* his means. 彼の濫費は(全く)資力に釣合わない.

— *vt.* **1** 〔…と〕比例させる, 釣合わせる, 調和させる 〔*to*, *with*〕: ～ the expenses *to* the receipts 支出を収入に順応させる / We must ～ the punishment *to* the crime. 罪に応じて罰しなければいけない. **2** 《古》割り当てる, 割り振る, 配分する (distribute).

〘n.: 《*c*1384》▭ (O)F ～ // L *prōportiō(n-)*. — v.: 《?c1350》▭ (O)F *proportionner* ← *proportion*: ⇨ pro-¹, portion〙

pro·por·tion·a·ble /prəpɔ́əʃ(ə)nəbl | -pɔ́ː-/ *adj.* 《古》=proportional. **pro·pór·tion·a·bly** *adv.*

pro·por·tion·a·bil·i·ty /prəpɔ̀əʃ(ə)nəbíləti | prəpɔ̀ːʃ(ə)nəbílɪti/ *n.* 〘《*c*1380》▭ LL *prōportiōnābilis*: ⇨ ↑, -able〙

pro·por·tion·al /prəpɔ́əʃnəl, pəp-, -ʃənḷ | prpɔ́ː-/ *adj.* **1** 〔…と〕釣合った, 均整のとれた〔*to*〕. **2** 釣合いの, 相対的な (relative). **3** 〘数学〙 比例の, 〔…に〕比例する 〔*to*〕: ～ compasses=proportional dividers / a ～ number [quantity] 比例数[量] / be directly [inversely, reciprocally] ～ *to* …に正[反]比例する. — *n.* 〘数学〙 比例数, 比例項: a mean ～ 比例中項 / the third ～ 第三比例項 / 5, 3, 10, and 6 are ～*s*. 5, 3 と 10, 6 とは比例する項目である / 6 is a mean ～ between 3 and 12. 6 は 3 と 12 の比例中項である. 〘《1392》 *proporcionel* ▭ L *prōportiōnālis*: ⇨ proportion, -al¹〙

SYN 釣り合った: **proportional** 〈大きさ·数量などが〉互いに比例している《格式ばった語》: *proportional* representation 比例代表制. **proportionate** 互いに釣り合っている《意図的な調整を含意する》: The profit is *proportionate* to the creativity and effort expended on the product. 利益はその製品に費した創造性と努力に準じる. **commensurable, commensurate** 〈二つの物が〉厳密な意味で均等に釣り合っている《後者は格式ばった語》: His salary is not *commensurate* to his worth. 彼の給料は彼の真価に釣り合っていない.

propórtional cóunter *n.* 〘物理〙 比例計数管《管内の荷電粒子のエネルギー損失に比例した大きさの放電パルスを与えるよう調整された計数管》. 〘1937〙

propórtional divíders *n. pl.* 比例コンパス, 比例両脚器《寸法を種々の比率で拡大·縮小するのに用いるコンパス; proportional compasses ともいう》.

pro·pór·tion·al·ist /-ʃ(ə)nəlɪst | -lɪst/ *n.* 〘政治〙 比例代表主義[論]者 (cf. proportional representation). 〘1857〙

pro·por·tion·al·i·ty /prəpɔ̀əʃənǽləti, pəp- | prəpɔ̀ːʃənǽlɪti/ *n.* 比例をなして[釣合いのとれて]いること, 比例, 均整. 〘《1569》▭ F *proportionnalité* // LL *prōportiōnālitātem*: ⇨ proportional, -ity〙

propórtional límit *n.* 〘物理〙 比例限度《固体に力を加えて変形させた場合に生じる応力とひずみの正比例関係が成立する限界; 弾性限度 (elastic limit) とほぼ同程度であるが, 一般にこれより小さい》.

pro·pór·tion·al·ly /-ʃ(ə)nəli/ *adv.* 比例して, 相応じて; 比較的に. 〘1396〙

propórtional párts *n. pl.* 〘数学〙 比例部分《数表に載っていない変数値に対する関数値の近似値を求めるため比例部分の原理 (principle of the proportional parts) を用いて算出した増分》.

propórtional representátion *n.* 〘政治〙(選挙の)比例代表制 (略 PR) (cf. preferential voting). 〘1876〙

propórtional spácing *n.* プロポーショナルスペース《英文の印刷において文字本来の形に合わせて文字間隔を変えること》.

propórtional táx *n.* 〘税法〙 比例課税. 〘1943〙

pro·por·tion·ate /prəpɔ́əʃ(ə)nɪt | prəpɔ́ː-/ *adj.* 〔…と〕比例した, 釣合いのとれた; 〔…に〕適応した, ふさわしい 〔*to*〕 (⇨ proportional SYN). — /prəpɔ́əʃənèɪt | -pɔ́ː-/ *vt.* 〔…と〕比例させる, 釣り合わせる; 〔…に〕適応させる 〔*to*〕.

～·ly *adv.* **～·ness** *n.* 〘《adj.: *a*1398; v.: 1570》▭ LL *prōportiōnātus*: ⇨ proportion, -ate²·³〙

pro·pór·tioned *adj.* **1** 比例[釣合い]のとれた: an evenly ～ share 公平な分配 / be well ～ よく釣合いがとれている. **2** [複合語の第 2 構成素として] 釣合いの…な: well-[ill-]*proportioned* よく釣合いのとれた[とれていない]. 〘《*a*1386》: ⇨ proportion, -ed〙

pro·pór·tion·ment *n.* 比例させること, 釣合いの取れること; 調和, 均整. 〘《1697》← PROPORTION, -MENT〙

pro·pos·al /prəpóuzəl, -zḷ | -páu-/ *n.* **1** 申し込む, 申し出 (offer): agree to a ～ 申し出に応じる / make [offer] ～*s* of [for] peace 和解を申し込む. **2** 結婚の申し込み, プロポーズ: make a ～ (of marriage) 結婚を申し込む / I have had a ～. 私は結婚を申し込まれている. 日英比較 日本語の「プロポーズ」のように英語の propose を名詞として使うことはない. **3** 提案, 提議 (proposition). **4** (提議された)計画, 案, もくろみ: a ～ from the United Nations on safeguarding human rights 人権擁護に関する国連の提案. **5** 保険の申し込み. 〘《1653》: ⇨ ↓, -al¹〙

SYN 提案: **proposal** 受諾を求めて申し出た計画: approve a *proposal* 提案を是認する. **proposition** 特にビジネス上で提案されたもの: an attractive *proposition* 魅力的な提案. **suggestion** 具体的な考え, 企画などの提案: make a new *suggestion* about [on] the matter その件について新しい提案をする. **motion** 会議, 討論などでの公式な提案でその場で賛否を問うもの, 動議: propose [second] a *motion* 動議を提出[支持]する.

pro·pose /prəpóuz | -páuz/ *vt.* **1 a** 〈目的·計画·意志などを〉提案する, 発議する 〈*that*, *to* do, *doing*〉; 〈動議·決議を〉出す (put forward, suggest): ～ a motion [resolution] 動議[決議]を提出する / ～ a plan (*to* a group) 案を(グループに)出す / ～ a toast 乾杯を提案する / ～ a person's health 人の健康を祝して乾杯を提案する / She ～*d* his going in my place. 私の代わりに彼が行くことを彼女は提案した / He ～*d that* a doctor (should) be sent for [send*ing* for a doctor, *to* send for a doctor]. 彼は医

P

者を迎えにやることを提議した.

[語法] (1) should を省くのは主に《米》. (2) 直接話法では He said, "Send for a doctor." となる / I ～ *that* a manifesto (should) be issued by someone. だれかが声明を出すように提案する (cf. 3).

b 〈問題・なぞなどを〉持ち出す: ～ a question [riddle] 問題[謎(なぞ)]を出す. **2** 申し込む, 申し出る (offer): ～ marriage to …に結婚を申し込む[プロポーズする]. **3** もくろむ, 〈…することを〉企てる (plan) 〈*to* do, do*ing*〉 (⇨ intend SYN): the object I ～ (to) myself 私が企図する目的 (★ be going to の形式ばった言い方) / I ～ *to* issue [issu*ing*] a manifesto myself. 私が自分で声明を出すつもりだ (cf. 1 a) / How do you ～ *to* help her? 彼女をどう援助するつもりですか. **4** 推薦する, 指名する: ～ Mr. Jones *as* [*for*, *to be*] president ジョーンズ氏を会長に推挙する. **5** [～ oneself で] 保険に申し込む. **6** 《まれ》話し合う. **7** 《廃》予期する, 待ち望む. **8** 《廃》仮定する, 想像する. ― *vi.* **1** 画策する, 計画する (plan): Man ～*s*, God disposes. 《諺》事を計るは人, 事をなすは天. **2** 〔…に〕結婚を申し込む, プロポーズする〔*to*〕: ～ (*to* a girl).
― *n.* 《廃》 **1** 話題, 論題. **2** ＝purpose.
pro·pós·er *n.* **pro·pós·a·ble** /-zəbl/ *adj.*
〖(1340) *propose(n)* □ (O)F *proposer* 《変形》: cf. *poser* 'to POSE[1]') ← L *prōpōnere* to display, declare, propound: ⇨ pro-[1], pose[1]〗

pro·posed /prəpóuzd | -póuzd/ *adj.* 提案された, 提唱された; 申し込まれた. 〖*c*1430〗

propositi *n.* propositus の複数形.

prop·o·si·tion /prɑ̀(ː)pəzíʃən | prɔ̀p-/ *n.* **1 a** 提案(すること), 提議, 発議 (⇨ proposal SYN): make [put] a ～ 提案する. **b** (提案された)案, 計画 (scheme). **2** 叙述, 陳述 (statement), 主張, 說 (assertion): a ～ too plain to need argument 議論の余地のないほど明らかな陳述. **3 a** 《口語》仕事, 問題, 事; 代物(しろもの), 手合い, 相手: an awkward [a queer] ～ 厄介な[へんてこな]事[やつ] / She is not a very romantic ～. 彼女はあまりロマンチックなタイプではない / ⇨ *be not a* PROPOSITION. **b** 企て, 事業 (undertaking): a paying ～ もうかる仕事. **4** 〚文法〛陳述(文) (statement). **5** 〚論理〛命題; 命題の表す意味: an absolute [a predicative, a categorical] ～ 定言命題 / an affirmative ～ 肯定命題 / a conditional ～ 条件命題 / a disjunctive ～ 選言命題 / a hypothetical ～ 仮言命題 / a major [minor] ～ 大[小]前提 / a universal ～ 全称命題 / ⇨ existential proposition, singular proposition. **6** 〚修辞〛(論文の)主題 (theme) 《論証・解明さるべき主題・問題》. **7** 〚数学〛命題; 定理 (theorem) 《縮約して prop とも表記する》. **8** 《口語》(女性に)性交渉を持ちかけること, 誘い. **9** (商取引などで)条件の提示: make a person a ～. **10** 《米口語》提供品, 商品 (commodity). ***be nòt a propositíon*** 〈事業などが〉うまく行きそうにない.
― *vt.* 《口語》…に提案[取引]を持ちかける; (特に)〈女性〉に性交渉を持ちかける, 誘いをかける.
～·al /-ʃnəl, -ʃənl/ *adj.* **～·al·ly** *adv.*
〖(*c*1340) *proposicioun* □ (O)F *propostition* □ L *prōpositiō(n-)* a putting forward: ⇨ pro-[1], position〗

própositional áttitude *n.* 〚哲学・論理〛命題的態度《命題に対する信念・欲求・意図などの態度》.

própositional cálculus *n.* 〚論理〛命題計算 (cf. propositional logic, predicate calculus). 〖1903〗

propositional connéctive *n.* 〚論理〛命題結合詞[子]《命題(変項), 式を結合して複雑な命題, 式を構成する論理語; 否定・連言・選言・条件・同値などはその基本的なもの; sentential connective ともいう》. 〖1938〗

própositional fúnction *n.* 〚論理〛命題関数《「x は人間である」のように, 個体変項[数] x の部分に値としての個体の名前が代入されることによって真か偽の値をとる形式; cf. open sentence》. 〖1903〗

própositional lógic *n.* 〚論理〛命題論理学《量化理論 (quantification theory) と共に, 最狭義の論理学の二部門の一つで, 命題の内部構造を問わず, 未分解な単位としての命題から構成され論理の性格を探求する分野; cf. propositional calculus》.

pro·pos·i·tus /proupɑ́(ː)zətəs | prə(u)pɔ́zɪt-/ *n.* (*pl.* **-i·ti** /-tàɪ/) 〚法律〛**1** 相続人. **2** 申立人. **3** 系譜上の出発点に位置する人, 祖先 (proband). 〖(1899) ← NL ～ (p.p.) ← L *prōpōnere* to set forth: ⇨ propone〗

pro·pound /prəpáund, prou- | prə-/ *vt.* **1** 〈計画などを〉提出する, 提議する: ～ a question [problem] 問題を提起する / ～ a theory 学說を出す / ～ a scheme [plan] to a person 人に計画を提案する. **2** 〚法律〛**a** 〈遺言書を〉(検認のために)提出する. **b** 〈遺言執行者が〉〈遺言検認を〉正式に行う. **～·er** *n.*
〖(1537) *propoun* 《変形》← PROPONE: cf. compound, expound〗

pro·pox·y·phene /proupɑ́(ː)ksəfiːn | prəupɔ́ksɪ-/ *n.* 〚薬学〛プロポキシフェン ($C_{22}H_{29}NO_2$)《鎮痛薬》.
〖(1955) ← PROP(IONIC)＋OXY-[1]＋-*phene* (← PHENYL)〗

propr. 《略》proprietary; proprietor.

pro·prae·tor /proupríːtə | prəupríːtə^(r)/ *n.* (*also* **pro·pre·tor** /～/) (古代ローマの praetor 経験者の)属州総督. 〖(1579–80) □ L *prōpraetor*: ⇨ pro-[1], praetor〗

pro·pran·o·lol /proupræ̀nəlɔ̀(ː)l | prəupræ̀nəlɔ̀l/ *n.* 〚薬学〛プロプラノロル ($C_{16}H_{21}NO_2$)《心臓性不整脈・狭心症の治療に用いる》. 〖(1964) 《変形》← 《廃》*propanolol* ← *propanol* (⇨ propane, -ol[1])＋-OL[1]〗

pro·pri·e·tar·y /prəpráɪətèri, pəp- | prəpráɪətəri, -tri/ *adj.* **1** (製造販売)独占の, 登録商標のある: ～ articles 特許商品 / a ～ medicine 特許売薬. **2** 〈態度など〉所有者のような; 所有の, 所有権の; 財産(上)の: ～ rights 所有権. **3** 財産のある (propertied): the ～ classes 有産階級; (特に)地主階級. **4** 私有の, 私立の, 私営の.
― *n.* **1** 〚法律〛所有主, 持主 (owner). **2** [集合的] 所有者たち (proprietors), 所有団体: the landed ～ 地主連. **3** 《米》(独立前の)領主植民地 (proprietary colony) の領主[知事] (lord proprietary). **4** 所有, 所有権 (ownership): an exclusive ～ 独占的所有権. **5** ＝proprietary company. **6** 所有物; (特に)不動産. **7** 〚薬学〛特許売薬[薬品] (proprietary medicine, patent medicine).

pro·pri·e·tar·i·ly /prəprɑ̀ɪətérəli, pəp- | prəpráɪətərɪli, -trɪ-/ *adv.* 〖n.: (*a*1401) □ LL *proprietārius* owner ← (adj.) ← L *proprietās* 'PROPERTY'. ― adj.: (*c*1450) □ LL *proprietārius* (adj.): ⇨ -ary〗

propríetary cólony *n.* 《米》(独立前の)領主[独占]植民地《英国王から特定の人たちに全統治権を与えられた初期の Maryland, Pennsylvania など; cf. charter colony, royal colony》.

propríetary cómpany *n.* 《豪》＝private company. 〖1892〗

propríetary informátion *n.* 企業秘密.

propríetary térm [náme] *n.* (商品の)特許登録名, 商標名. 〖1921〗

pro·pri·e·tor /prəpráɪətə, pəp- | prəpráɪətə^(r)/ *n.* **1** 持主, 所有主; (事業などの)経営者, 事業主: a landed ～ 地主 / the ～ of a school [hotel] 校主[旅館営業主] / a copyright ～ 著作権所有者 / a peasant ～ 小自作農. ⇨ master [日英比較] **2** 《米》＝proprietary 3. 〖(1639) 《変形》← PROPRIETARY: -or[2] の影響を受けた〗

pro·pri·e·to·ri·al /prəprɑ̀ɪətɔ́ːriəl, pəp- | prəp-/ *adj.* 所有の, 所有権の (proprietary): ～ rights 所有権. 〖(1851): ⇨ ↑, -ial〗

pro·prì·e·tó·ri·al·ly *adv.* 持ち主として, 所有権により. 〖1864〗

propríetor·shìp *n.* **1** 所有権 (ownership). **2** 個人企業 (sole proprietorship). 〖1669〗

pro·pri·e·tress /prəpráɪətrɪs, pəp- | prəpráɪətrɪs, -très/ *n.* 女性の proprietor. 〖(1692) ← PROPRIETOR, -ESS[1]〗

pro·pri·e·trix /prəpráɪətrɪks, pəp- | prəp-/ *n.* ＝proprietress.

pro·pri·e·ty /prəpráɪəṭi, pəp- | prəpráɪəti/ *n.* **1** [the proprieties] 礼儀作法, 礼節 (good manners): observe *the proprieties* 礼儀を守る, 社交界の慣例に従う. **2** 礼儀[作法]にかなっていること, 礼儀正しさ, たしなみ (⇨ decorum SYN): a breach of ～ 失礼, 無作法. **3** 適当, 妥当 (appropriateness); 適当, 正当 (justness): ～ of language [style] 言葉[文体]の適正 / I doubt the ～ of the term. 私はその用語の適否を疑う. **4** 《まれ》常態, いつもの様子. ***with propríety*** 作法通りに; 正しく, 適当に. 〖(1456) □ (O)F *propriété* □ L *proprietātem*: ⇨ property〗

pro·pri·o·cep·tion /pròuprioʊsépʃən | pròupriə(ʊ)-/ *n.* 〚生理〛固有受容. **pro·pri·o·cep·tive** /pròupriouséptɪv | pròupriə(ʊ)-/ *adj.* 〖(1906) ← *proprio-* (← *proprius* 'own, PROPER')＋(RE)CEPTION〗

pro·pri·o·cep·tor /pròuprioʊséptə | pròupriə(ʊ)séptə^(r)/ *n.* 〚生理〛固有受容体《筋・腱・迷路などにあって自己刺激を感ずる知覚神経末端装置; cf. proprioception》. 〖(1906): ⇨ ↑, -or[2]〗

prò·próctor *n.* 〚英大学〛副学監, 学監代理. 〖(1650) ← PRO-[1]＋PROCTOR〗

próp ròot *n.* 〚植物〛支柱根《トウモロコシなどの気根; brace root ともいう》. 〖1905〗

props /prɑ́(ː)ps | prɔ́ps/ *n. pl.* [単数扱い]〚演劇〛＝property man. 〖(1831) 《短縮》← PROPERTIES: cf. prop[2]〗

próp·shàft *n.* ＝propeller shaft.

prop·ter hoc /prɑ́(ː)ptəhɑ́(ː)k | prɔ́ptəhɔ́k/ *L. adv.* 〚論理〛このために, この故に (cf. post hoc). 〖□ L ～ 'because of this'〗

pro·pto·sis /prɑ(ː)tóusɪs | prɔptóusɪs/ *n.* (*pl.* **-pto·ses** /-siːz/) 〚病理〛(器官の)前方脱出; (特に)(眼球などの)突出 (protrusion). 〖(1676) ← NL ～ ← LL *proptōsis* prolapse □ Gk *próptōsis* ← *propíptein* to fall forward (← PRO-[2]＋*píptein* to fall: ⇨ ptosis)〗

pro·pug·na·tion /proupʌ̀gnéɪʃən | prəu-/ *n.* 《廃》防衛, 保護. 〖(1586) □ L *propugnatio(n-)*: ⇨ pro-[1], pugnacious〗

pro·pul·sion /prəpʌ́lʃən, prou- | prə-/ *n.* **1** 前進, (船などの)推進 (propelling). **2** 推進力 (propulsive force). **3** 〚病理〛(パーキンソン病での)前方突進.
〖(1611) □ ML *prōpulsiō(n-)* ← L *prōpulsus* (↓)＋-SION〗

pro·pul·sive /prəpʌ́lsɪv, prou- | prə-/ *adj.* 推進力のある, 推進する (propelling). 〖(1648) ← L *prōpulsus* ((p.p.) ← *prōpellere* 'to PROPEL')＋-IVE〗

propúlsive coefficient *n.* 〚海事〛推進係数《船用機関の図示馬力と有効馬力との比率; 普通は速力を V とし, その時の抵抗を R とし, その時のプロペラ回転に要した力を P として, VR/P で表す》.

pro·pul·sor /prəpʌ́lsə, prou- | prəpʌ́lsə^(r)/ *n.* 推進力を与えるもの, 推進機[動力]. 〖(1975) ← L *prōpulsus* (p.p.) ← *prōpellere* 'to PROPEL': ⇨ -or[4]〗

pro·pul·so·ry /prəpʌ́lsəri, prou- | prə-/ *adj.* ＝propulsive.

próp wàsh *n.* 《口語》〚航空〛＝propeller wash.

próp wòrd *n.* 〚文法〛支柱語《形容詞(相当語)に添えて, 複合語または句としてこれを(代)名詞化する語; 典型的な例としては, His family is a large one. における one; everybody, anything における -body, -thing も含められる》. 〖1839〗

pro·pyl /próupɪl | prə́u-/ *n.* 〚化学〛プロピル基 (C_3H_7)《プロパンから誘導する一価の基; 記号 Pr》. **～·ic** /pro(u)pílɪk | prə(u)-/ *adj.* 〖(1850) ← PROP(IONIC)＋-YL〗

propyla *n.* propylon の複数形. 〖1841〗

prop·y·lae·um /prɑ̀(ː)pəlíːəm | prɔ̀pɪ-/ *n.* (*pl.* **-lae·a** /-líːə/) [通例 *pl.*] (神殿などの建物や構内などの)主要な入口, 門: the *Propylaea* (古代ギリシャの)プロピュライア《アテネの Acropolis の入口をなす前殿》. 〖(1706) □ L ～ □ Gk *propúlaion* (neut.) ← *propúlaios* situated before the gate ← PRO-[2]＋*púlē* gate: ⇨ pylon〗

própyl álcohol *n.* 〚化学〛プロピルアルコール (C_3H_7-OH). 〖1859〗

própyl áldehyde *n.* 〚化学〛プロピルアルデヒド (⇨ propionaldehyde). 〖1873〗

pro·pyl·ene /próupəliːn | prə́upɪ-/ 〚化学〛*n.* プロピレン ($CH_3CH{=}CH_2$)《オレフィンの無色で可燃性の気体; propene ともいう》. ― *adj.* プロピレン基 (propylene group) を含んだ. 〖(1850) ← PROPYL＋-ENE〗

própylene glýcol *n.* 〚化学〛プロピレングリコール ($CH_3CHOHCH_2OH$)《粘稠(ねんちゅう)な液体; 溶剤・湿潤剤・防腐剤などに用いられる》. 〖1885〗

própylene gròup [ràdical] *n.* 〚化学〛プロピレン基 (二価基 $-CH(CH_3)CH_2-$).

própyl gròup *n.* 〚化学〛プロピル基《式 C_3H_7- を有する二種の一価の基; propyl radical ともいう》.

pro·pyl·hex·e·drine /pròupɪlhéksədriːn | prə̀u-pɪlhéksɪ-/ *n.* 〚薬学〛プロピルヘキセドリン ($C_6H_{11}CH_2CH(NHCH_3)CH_3$)《交感神経興奮性アミンの一つ》. 〖← PROPYL＋HEXA-＋(EPH)EDRINE〗

prop·y·lite /prɑ́(ː)pəlàɪt | prɔ́pɪ-/ *n.* 〚岩石〛プロピライト, 変朽[粒状]安山岩《火山岩が変質し緑色化したもの》.
prop·y·lit·ic /prɑ̀(ː)pəlíṭɪk | prɔ̀pɪlít-ˈ/ *adj.* 〖(1867) ← PROPYL(ON)＋-ITE[1]〗

prop·y·lon /prɑ́(ː)pəlɑ̀(ː)n | prɔ́pɪlɔ̀n/ *n.* (*pl.* **-y·la** /-lə/, **～s**) (古代エジプトの, 神殿の前に建つ)前門, プロパイロン《塔門 (pylon) の前に設けられる》. 〖(1831) □ L ～ □ Gk *própulon* ← PRO-[2]＋*púlē* gate: ⇨ pylon〗

própyl·phènyl ácetate *n.* 〚化学〛＝phenylpropyl acetate. 〖← PROPYL＋PHENYL〗

própyl ràdical *n.* 〚化学〛＝propyl group.

pro ra·ta /pròuréɪṭə, -rɑ́ːṭə, -rǽṭə | prə̀urɑ́ːtə, -réɪ-/ *adv.* 案分して, 比例して (in proportion); 基準率に準じて. ― *adj.* 比例した; 基準率に準じた. 〖(1575) ← L *prō ratā* (*parte*) according to the reckoned (part): ⇨ pro-[1], rate[1]〗

pro·rat·a·ble /prouréɪṭəbl | prəuréɪt-/ *adj.* 割り当てられる[配分できる]. 〖1879〗

pro·rate /prouréɪt, ˌ-ˈ- | prəuréɪt, ˌ-ˈ-/ *vt., vi.* 《米》比例配分する, (一定の比率で)割り当てる. **pro·ra·tion** /prouréɪʃən | prəu-/ *n.* 〖(1860) ← PRO RATA〗

pro re na·ta /pròuriːnéɪṭə, -reɪ-, -nɑ́ː- | prə̀uriː-néɪtə, -reɪ-, -nɑ́ː-/ *L. adv., adj.* 〚法律〛必要に応じて(の), 臨時に[の], 随時に[の] (略 PRN, p.r.n.): a meeting held ～＝a ～ meeting 臨時集会. ★ 医師の処方にも用いられる. 〖□ L *prō rē nātā* 《原義》for a thing born: ⇨ pro-[1], real[1], nation〗

pro·ro·gate /próurougèɪt | prə́urə(ʊ)-/ *vt.* ＝prorogue.

pro·ro·ga·tion /pròurougéɪʃən, -rə- | prə̀urə(ʊ)-/ *n.* **1** (英国議会の)停会, 閉会. **2** 《まれ》延期 (deferment). 〖(?1419) □ (O)F □ L *prōrogātiō(n-)* ← *prōrogātus* (p.p.) ← *prōrogāre* (↓): ⇨ -ation〗

pro·rogue /prouróug, prə- | prə(ʊ)rə́ug/ *vt.* **1** (英国その他の国で会期の終わりに)〈議会を〉停会する, 閉会する: Parliament stands ～*d*. 議会は停会中. **2** 延期する (defer). ― *vi.* 〈議会が〉停会[閉会]になる. 〖(1410) □ (O)F *proroger*, OF *proroguer* □ L *prōrogāre* to prolong ← PRO-[1]＋*rogāre* to ask: ⇨ rogation〗

pros /prɑ́(ː)s | prɔ́s/ *n.* 《俗》＝proscenium.

pros. 《略》prosodical; prosody.

pros- /prɑ(ː)s | prɔs/ *pref.* 「…の方へ, 近くに; …の前に; …の代わりに」の意: *pros*elyte, *pros*encephalon, *pros*thesis. 〖□ LL ～ □ Gk ～ ← *prós* near, toward, to ← IE **per* forward (Skt *prati* against): ⇨ pro-[1]〗

pro·sa·ic /prouzéɪɪk | prə(ʊ)-/ *adj.* **1** 散文の, 散文体の (cf. poetic, poetical). **2** 散文的な, 面白味のない (uninteresting); 平凡な, 単調な, うんざりする (dull); 想像力のない (unimaginative): ～ views [words] 平凡な見解[言葉] / ～ life 無味乾燥な生活 / a ～ speaker 退屈な語り手. **pro·sá·i·cal** /-zéɪɪkəl, -kl | -zéɪɪ-/ *adj.* **pro·sá·i·cal·ly** *adv.* **pro·sá·i·cal·ness** *n.* **～·ness** *n.* 〖(1656) □ LL *prōsaicus* ← L *prōsa*: ⇨ prose, -ic[1]〗

pro·sá·i·cìsm /-zéɪəsɪ̀zm | -zéɪɪ-/ *n.* ＝prosaism. 〖(1804): ⇨ ↑, -ism〗

pro·sa·ism /prouzéɪɪzm, ˌ-ˈ-ˌ- | prəuzéɪɪzm/ *n.* **1** 平凡, 単調, つまらなさ. **2** 散文的な語[句, 表現]; 散文体, 散文調. 〖(1787) □ F *prosaïsme* ← *prosaïque* 'PROSAIC': ⇨ -ism〗

pró·sa·ist /-ɪst | -ɪst/ *n.* 散文家; 平凡で単調な人. 〖(1803) ← L *prōsa* 'PROSE'＋-IST〗

pro·sa·teur /pròuzətə́ː | prə̀uzətə́ː^(r); F. pʁozatœːʁ/ *F. n.* (詩人と区別して)散文作家 (prose writer). 〖(1880) □ F ～ □ It. *prosatore* □ ML *prōsātōrem* ← L *prōsa* 'PROSE': ⇨ -ator〗

Pros. Atty. 《略》prosecuting attorney.

pro·sau·ro·pod /prousɔ́ːrəpὰ(ː)d | prəusɔ́ːrəpɔ̀d/ *n.* 〘古生物〙プロサウロポッド《三畳紀の雄形草食恐竜》. 〘《1951》← NL *Prosauropoda*: ⇨ pro-², sauropod〙

pro·sce·ni·um /prousíːniəm, prə- | prə(ʊ)-/ *n.* (*pl.* ~**s**, **-ni·a** /-niə/) **1** 〘劇場〙 **a** =proscenium arch. **b** (アーチ·緞帳(どんちょう)も含めての)舞台開口部《舞台を客席から仕切る部分》. **c** 《古》前舞台 (forestage)《舞台の前部で幕と奏楽席との中間部》. **2** (古代ギリシャ·ローマの)舞台 (stage). 〘《1606》□ L *proscēnium* □ Gk *proskḗnion* stage ← PRO-²+*skēnḗ* 'tent, SCENE'〙

proscénium àrch *n.* 〘劇場〙 プロセニアムアーチ《幕の前で舞台を囲む額縁状の枠》. 〘1901〙

pro·sciut·to /prouʃúːtou | prə(ʊ)ʃúːtəʊ; *It.* proʃʃútto/ *n.* (*pl.* **-sciut·ti** /-tiː; *It.* -ti/, ~**s**) プロシュット《イタリアの乾燥生ハム; 薄切りにしてメロン·イチジクなどと共にオードブルとして出すことが多い》. 〘(*c*1929)□ It. ~《原義》predried《変形》← 《廃》*presciutto* ← PRE-+-*sciutto* (← L *exsuctus* dried up (p.p.) ← *exsugere* to suck out)〙

pro·scribe /prouskráɪb | prə(ʊ)-/ *vt.* **1** (危険として) 禁止する, 差し止める; 排斥する: ~ smoking 喫煙を禁じる. **2** 〈人を〉法律の保護外におく, 〈人〉の人権を剥奪(はくだつ)する (outlaw). **3** 追放する. **4** (古代ローマで, 財産没収の上死刑が確定した罪人として)…の名を公にする, 罪人として布告する (cf. proscription 2). **pro·scríb·er** *n.* 〘《?*a*1425》□ L *prōscrībere* to publish ← PRO-¹+*scrībere* to write: ⇨ scribe〙

pro·scrip·tion /prouskrípʃən | prə(ʊ)-/ *n.* **1** (書物などの)禁止. **2** (古代ローマの)追放·死刑または財産没収者名の公表. **3** 《古》人権剥奪, 追放, 死刑の確定 (outlawry), 破門 (interdiction). 〘《*c*1380》□ L *prōscrīptiō(n-)* ← *prōscrīptus* (p.p.) ← *prōscrībere* (↑): ⇨ -tion〙

pro·scrip·tive /prouskríptɪv | prə(ʊ)-/ *adj.* 人権を奪う; 追放の; 禁止の. **~·ly** *adv.* 〘《1757》: ⇨ ↑, -ive〙

prose /próuz | prə́uz/ *n.* **1 a** 散文(cf. poem); 散文体 (cf. poetry 1, verse¹ 1 a): in ~ 散文(体)で. **b** 散文詩 (prose poem, prose poetry). **c** 散文による牧歌 (prose idyll). **2** 平凡, 単調, 無趣味, 無味乾燥: the ~ of life 平凡な人生. **3** 退屈な話, 長談義. **4** 《英》外国語への翻訳練習問題. **5** 〘カトリック〙続唱 (⇨ sequence 9). — *adj.* [限定的] **1** 散文の, 散文から成る: ~ style 散文体 / ~ rhythm 散文のリズム / a ~ writer 散文作家 / Milton's ~ works ミルトンの散文作品. **2** 散文的な, 平凡な, 退屈な, 無味乾燥な. — *vt.* 散文で書く; 〈韻文を〉散文に書き直す. — *vi.* 散文的な書き方をする; 単調な話し方をする, 退屈そうに語る: He sat *prosing about* the event. 座ってくどくどとその事件の話をした. **~·like** *adj.* 〘《?*a*1300》□ (O)F ~ □ L *prōsa* (*ōrātiō*) straightforward (talk) (fem.) ← *prōsus, prorsus*《短縮》← *prōversus* (p.p.) ← *prōvertere* ← PRO-¹+*vertere* to turn: ⇨ version〙

pro·sect /prousékt | prə(ʊ)-/ *vt.* 〘医学〙(実習のため)〈死体を〉解剖する. 〘《1890》《逆成》↓〙

pro·sec·tor /prouséktə | prə(ʊ)séktə^(r)/ *n.* (解剖学実習の)死体解剖者《助手など》. **pro·sec·to·ri·al** /pròʊsektɔ́ːriəl- | prə(ʊ)sek-ˈ-/ *adj.* **~·ship** *n.* 〘《1857》□ ? F *prosecteur* □ LL *prōsector* □ L *prōsecūtus* (p.p.) ← *prōsecāre* ← PRO-¹+*secāre* to cut〙

pros·e·cute /prɑ́(ː)sɪ̀kjùːt | prɔ́s-/ *vt.* **1** 〘法律〙〈人を〉〔…で〕起訴する, 告訴する, 訴追する〔*for*〕; (法に訴えて)〈権利を〉要求する, 〈要求を〉貫徹する: ~ a person *for* theft 窃盗罪で人を訴追する / ~ a claim 告訴して権利を要求する / ~ a crime 犯罪を訴える / Trespassers will be ~*d*. [掲示]無断で立ち入る者は告訴される. **2** 〈調査·研究などを〉行う, 遂行する (pursue); 続行する: ~ war 戦争を遂行する. **3** 〈商売·仕事などに〉従事する, 営む (practice). — *vi.* **1** 〘法律〙起訴する, 告訴する, 訴追する. **2** 検査官となる[を務める]. **prós·e·cùt·a·ble** /-ṭəbl | -tə-/ *adj.* 〘《?*a*1425》*proscute(n)* ← L *prōsecūtus* (p.p.) ← *prōsequī* to pursue ← PRO-¹+*sequī* to follow: PURSUE と二重語〙

prós·e·cùt·ing attórney /-ṭɪŋ- | -tɪŋ-/ *n.* 《米》検察官 (《英》public prosecutor)《公訴の提起維持を任務とする政府任命か州の選挙による官吏·地方検事; cf. district attorney). 〘1832〙

pros·e·cu·tion /prɑ̀(ː)sɪ̀kjúːʃən | prɔ̀s-/ *n.* **1** 〘法律〙 **a** 起訴, 告発, 訴追: a criminal ~ 刑事訴追 / the Director of Public *Prosecutions*《英》公訴局長 (public prosecutor). **b** [the ~; 集合的] 公訴[告発]側, 検察当局 (↔ defense). **2** 遂行, 実行; 続行 (pursuit): in the ~ of one's duties 任務を遂行するために. **3** 従事, 経営: the ~ of a trade 営業. 〘《1564》□ OF ~ // LL *prōsecūtiō(n-)* ← L *prōsecūtus*: ⇨ prosecute, -tion〙

pros·e·cu·tor /prɑ́(ː)sɪ̀kjùːṭə | prɔ́sɪ̀kjùːtə^(r)/ *n.* 〘法律〙検察官, 告発者, 訴追者: ⇨ prosecuting attorney, public prosecutor. 〘《1599》□ LL *prōsecūtor*: ⇨ prosecute, -or²〙

pros·e·lyte /prɑ́(ː)səlàɪt | prɔ́sɪ̀-/ *n.* **1** (信条·政党などの)変節者, 転向者. **2 a** 新帰依者, 改宗者 (convert): a ~ of the gate (古代ユダヤで, 割礼などのモーセの掟を守る義務のない改宗者 / a ~ to Christianity キリスト教への改宗者. **b** (非ユダヤ人の)ユダヤ教への改宗者. — *vt.* 改宗させる (convert), 変節させる. — *vi.* **1** 人を改宗させ(ようとす)る, 信念を変えさせる. **2** 《米》(運動選手を学校·チームなどに好条件で)勧誘する, 引き抜く. **prós·e·lỳt·er** /-ṭə | -tə^(r)/ *n.* **pros·e·lyt·ic** /prɑ̀(ː)səlíṭɪk | prɔ̀sɪ̀lít-ˈ-/ *adj.* 〘(n.: *c*1384; v.: 1624)□ LL *prosēlytus* □ Gk *prosḗlutos*《原義》one who has come, newcomer ← PROS-+*eluth-* to come (cf. *eltheîn* to come)〙

pros·e·lyt·ism /prɑ́(ː)sələ̀tɪzm, -làɪtɪzm | prɔ́sɪ̀lɪ̀tɪzm/ *n.* 改宗, 変節(行為). 〘(*a*1660): ⇨ ↑, -ism〙

pros·e·ly·tize /prɑ́(ː)sələtàɪz | prɔ́sɪ̀lɪ̀-/ *v.* =proselyte. **pros·e·ly·ti·za·tion** /prɑ̀(ː)sələtɪ̀zéɪʃən | prɔ̀sɪ̀lɪ̀taɪ-, -tɪ-/ *n.* **prós·e·ly·tìz·er** *n.* 〘《1679》← PROSELYTE, -IZE〙

pròséminar *n.* (大学院の)プロゼミ《大学生上級向けの前段階ゼミナール》. 〘《1922》← PRO-², SEMINAR〙

pròs·encéphalon *n.* 〘解剖〙前脳 (forebrain). **pròs·encephálic** *adj.* 〘《1846》← NL ~: ⇨ pros-, encephalon〙

pros·en·chy·ma /prɑsέŋkəmə | prɔséŋkɪ̀-/ *n.* 〘植物〙繊維細胞組織, 紡錘(ぼうすい)組織. **pro·sén·chy·mal** /-məl, -ml/ *adj.* **pros·en·chym·a·tous** /prɑ̀(ː)seŋkíməṭəs | prɔ̀seŋkímət-ˈ-/ *adj.* 〘《1832》← NL ~: ⇨ pros-, -enchyma〙

próse pòem *n.* 散文詩. 〘1842〙

próse pòet *n.* 散文詩人.

prós·er *n.* **1** 散文家 (prose writer). **2** 散文的に[くどくどと]書く[話す]人. 〘《1627》← PROSE, -ER¹〙

Pro·ser·pi·na /prəsə́ːpənə, prou- | prəsə́ːpɪ̀-, prɔ-/ *n.* **1** プロセルピナ《女性名》. **2** 〘ローマ神話〙プロセルピナ《ギリシャ神話の Persephone に当たる》. 〘□ L ~ □ Gk *Persephónē*: L の形はエトルリア語を経由したための変形: cf. Persephone〙

Pros·er·pine /prɑ́(ː)səpàɪn, prousə́ːpənìː | prɔ́səpàɪn/ *n.* 〘ローマ神話〙=Proserpina 2.

pró shòp *n.* プロショップ《ゴルフコースやテニスクラブなどで, 住込みのプロのコーチやインストラクターによって管理されているスポーツ用具·用品の専門店》.

pros·i·fy /próuzəfàɪ | prə́uzɪ̀-/ *vt.* **1** 散文に変える. **2** 散文的にする, 平凡にする, くだくだしくする. — *vi.* 散文を書く. 〘《1774》: ⇨ prose, -fy〙

prós·i·ly /-zɪ̀li/ *adv.* 散文体に[で]; 無趣味に, 面白くなく, くどくどと. 〘《1849》: ⇨ prosy, -ly¹〙

pro·sim·i·an /prousímiən | prəu-/ *n.* 〘動物〙原猿《キツネザル·メガネザル·ノロマザルなど》. — *adj.* 原猿類の (cf. anthropoid). 〘《1890》← PRO-²+SIMIAN〙

prós·i·ness *n.* 散文体的なこと; 平凡, 冗漫, 無趣味. 〘《1814》← PROSY, -NESS〙

pro·si·o·pe·sis /prɑ̀usaɪəpíːsɪ̀s | prə̀usaɪəpíːsɪs/ *n.* (*pl.* **-pe·ses** /-siːz/) 〘修辞〙頭部省略《主に会話体または詠嘆的な文体で文頭の語句が表現されない現象; 例: Glad to see you. / Funny that he should say such a thing.; cf. aposiopesis》. 〘《1924》← PRO-²+Gk *siōpân* to be silent: APOSIOPESIS に倣った造語〙

pro·sit /próusɪ̀t, -zɪ̀t | prə́uzɪt, -sɪt/ *int.* [乾杯のことばとして] ご健康を祈ります (To your health!), おめでとう (Good luck to you!). 〘《1846》□ G *Prosit* □ L *prōsit* may it be advantageous (3 sing. pres. subj.) ← *prōdesse* to do good ← *prōd-* PRO-¹+*esse* to be: ⇨ esse: もとはドイツの学生が用いたもの〙

pròslávery *n.* 奴隷制度支持. — *adj.* **1** 奴隷制度支持の. **2** 〘米史〙黒人奴隷制度支持[賛成]の. 〘《1843》: ⇨ pro-¹, -slavery〙

pro·so /próusou | prə́usəu; *Russ.* prósə/ *n.* (*pl.* ~**s**) 〘植物〙キビ (millet). 〘《1917》□ Russ. ~〙

pros·o- /prɑ́(ː)sou | prɔ́səu/ 「前(部)…, 前方…」の意の連結形: *proso*plasia. 〘← NL ~ ← Gk *prósō* forward〙

pros·o·branch /prɑ́(ː)səbræ̀ŋk | prɔ́s-/ *n.* 〘貝類〙(腹足綱)前鰓(ぜんさい)類 (cf. Prosobranchia). 〘《1851》↓〙

Pros·o·bran·chi·a /prɑ̀(ː)səbræ̀ŋkiə | prɔ̀sə(ʊ)-/ *n. pl.* 〘貝類〙(腹足綱)前鰓(ぜんさい)亜綱《捩神経亜綱 (Streptoneura) ともいう; cf. Opisthobranchia》. 〘← NL *Prosōbranchia*: ⇨ proso-, branchia〙

pros·o·deme /prɑ́(ː)sədìːm | prɔ́s-/ *n.* 〘言語〙韻律素, 楽音素 (suprasegmental phoneme の別名). 〘《1940》← PROSODY+-EME〙

pro·sod·ic /prəsɑ́(ː)dɪk, prou- | prəsɔ́d-/ *adj.* **1** 韻律学[詩形論]の; 作詩法による, 韻律学にかなった. **2** 〘言語〙韻律素(論)の. **pro·sód·i·cal** /-dɪ̀kəl, -kl | -dɪ-/ *adj.* **pro·sód·i·cal·ly** *adv.* 〘《1774》□ F *prosodique* ← *prosodie* □ L *prosōdia*: ⇨ prosody, -ic¹〙

prós·o·dist /-dɪ̀st | -dɪst/ *n.* 韻律学者, 詩形学者. 〘1779–81〙

pros·o·dy /prɑ́(ː)sədi, -zə- | prɔ́sədi, -zə-/ *n.* **1** 韻律学 (metrics), 詩形論, 作詩法 (versification). **2** (特定の)詩形, 韻律組織: Chaucer's ~. **3** 〘言語〙 **a** 韻律素《高さ (pitch), 強勢 (stress), 音調 (tone), 長さ (length) などの音特徴; prosodic feature ともいう》. **b** 韻律素論. 〘《?*a*1475》□ L *prosōdia* □ Gk *prosōidía* tone, accent, modulation of voice ← PROS-+*ōidḗ* 'ODE'〙

pro·so·ma /prousóumə | prəusə́ʊ-/ *n.* 〘昆虫〙前体部, 頭胸部. **pro·só·mal** /-məl, -ml/ *adj.* 〘《1872》← NL ~: ⇨ pro-², -some³〙

pros·op- /prɑ́(ː)səp | prɔ́s-/ (母音の前にくるときの) prosopo- の異形.

pros·o·pag·no·si·a /prɑ̀(ː)səpæ̀gnóuziə | prɔ̀səpæ̀gnə́ʊ-/ *n.* 失顔症《他人の顔が識別できなくなる病気》. 〘《1950》: ⇨ ↓, agnosia〙

pros·o·po- /prɑ́(ː)səpou | prɔ́səpəʊ/ 「人 (person); 人相, 表情」の意の連結形. ★ 母音の前では通例 prosop- になる. 〘□ LL *prosōpo-* □ Gk ~ ← *prósōpon* person, face,《原義》that which is toward the eyes ← PROS-+-*ōpon* (← *ṓps* face, eye)〙

pros·o·pog·ra·phy /prɑ̀(ː)səpɑ́(ː)grəfi | prɔ̀səpɔ́g-/ *n.* 人(々)の容貌·性格·対人関係·係累·履歴などの記述[描写], 人の伝記的スケッチ; その研究. **pros·o·pog·raph·er** /prɑ̀(ː)səpɑ́(ː)grəfə | prɔ̀səpɔ́grəfə^(r)/ *n.* **pros·o·po·graph·i·cal** /prɑ̀(ː)səpəgrǽfɪ̀kəl, -kl | prɔ̀səpəgrǽfɪ-ˈ-/ *adj.* **pròs·o·po·gráph·i·cal·ly** *adv.* 〘《1577》← NL *prosopographia*: ⇨ ↑, -graphy〙

pro·so·po·poe·ia /prousòupəpíːə, prɑ̀(ː)- | prɔ̀sə(ʊ)-/ *n.* (*also* **pro·so·po·pe·ia** /~/) 〘修辞〙 **1** 擬人法 (personification). **2** 活喩(かつゆ)法《想像上[不在]の人物や故人などに現存の人のように行動させる表現法》. **pro·sò·po·póe·ial, pro·sò·po·pé·ial** /-píːəl-ˈ/ *adj.* 〘《1555》□ L *prosōpopoeia* □ Gk *prosōpopoiía* personification ← PROSOPO-+*poieîn* to make: ⇨ poet〙

pros·o·pyle /prɑ́(ː)səpàɪl | prɔ́s-/ *n.* 〘動物〙前門《海綿の体表の小孔と鞭毛室をつなぐ細管の鞭毛室への開口部; cf. apopyle》. 〘《1887》← PROSO-+-*pyle* (← Gk *púlē* gate: ⇨ pylon)〙

pros·pect /prɑ́(ː)spekt | prɔ́s-/ *n.* **1** 見通し, 展望, 予想, 期待; [通例 *pl.*] 見込み: a ~ of success [recovery] 成功[回復]の見通し / good business ~*s* 好景気の見込み / with the ~ of the situation improving 状況がよくなることを期待して / There is no ~ of fine weather. 晴天の望みがない / An unexpected incident opened up quite a new ~ to me. 予期せぬ出来事によってまったく新しい可能性がひらけて来た / The ~*s* of the crop are splendid. 大豊作の見込みだ / *Prospect* is often better than possession. 《諺》(所有するという)期待はしばしば実際の所有に勝る,「開けて悔しい玉手箱」. **2** 見込みのある顧客, 寄付してくれそうな人; (地位·職などに)有望な応募者[候補者, 選手, タレントなど]. **3 a** 眺め, 見晴らし, 景色; 視野, 視界; (家などの)向き: a fine ~ to the south 南方を見晴らす美しい眺め / command a fine ~ 眺めがよい / a house with a southern ~ 南向きの家. **b** 見晴らしのよい場所. **4** 観察, 考察. **5** 〘鉱山〙採鉱の見込み; 採鉱有望地; 試掘(された鉱山); 鉱石見本: strike a good (gold) ~ いい(金)鉱脈を掘り当てる.

in próspect 予期されて, 見込みがあって; 〔…を〕予期して, 見込んで〔*of*〕: We have a pleasant time *in* ~. 先に楽しみがある / Farmers plough and sow *in* ~ *of* the harvest. 農夫は収穫を見込んで農作する.

— /prɑ́(ː)spekt | prəspékt, prɔs-, prɔ́spekt/ *v.* — *vi.* **1** 〔…を求めて〕土地[地域]を探査する〔*for*〕, 見込みの有無を調べる: ~ *for* gold [oil] 金[石油]の試掘をする. **2** 〔…を〕探す〔*for*〕. **3** 〈鉱山などが〉見込みがある, 有望である (promise): The mine ~*s* well [ill]. — *vt.* **1 a** …を調査[踏査]する. **b** 〘鉱山〙…を試掘する: ~ a mine 鉱山を試掘する. **2** 〈鉱山が〉産出する見込みがある. **~·less** *adj.* 〘n.: 《?*a*1425》□ L *prōspectus* (p.p.) ← *prōspicere* to look forward ← PRO-¹+*specere* to look: ⇨ species. — v.: 《(1555)》《1848》《廃》'to face' ← (n.): cf. L *prōspectāre* (freq.) ← *prōspicere*〙

pro·spec·tive /prəspéktɪv, prous-, prɑ(ː)s- | prəspék-, prɔs-, prɔ́spek-/ *adj.* 予期された, 見込みのある; 未来の, 将来の; 〈法律など〉将来[今後]発効する: my ~ son-in-law 未来のむこ / a ~ peer 将来貴族になれそうな人 / a ~ tenant 入居予定者. **~·ness** *n.* 〘《1588》□ LL *prōspectīvus*: ⇨ prospect, -ive〙

pro·spéc·tive·ly *adv.* 先を見越して, 予期して; 将来. 〘1826〙

pros·pec·tor /prɑ́(ː)spektə | prəspéktə^(r), prɔs-/ *n.* (金銀·石油などの)探鉱者, 試掘者, 踏査者; 投機者. 〘《1857》□ LL *prōspector*: ⇨ prospect, -or²〙

pro·spec·tus /prəspéktəs, prous-, prɑ(ː)s- | prəs-, prɔs-/ *n.* **1 a** (会社などの)設立趣意書, (新事業などの)内容説明書. **b** (新刊書の)内容見本. **2** 《英》学校案内(など). 〘《1765》□ F ~ // L *prōspectus* (n.): ⇨ prospect〙

pros·per /prɑ́(ː)spə | prɔ́spə^(r)/ *vi.* 〈人·事業などが〉栄える, 繁栄する, 成功する (⇨ succeed SYN): ~ in business 商売が繁盛する / Everything he does ~*s* with him. 彼のする事はみなうまく行く. — *vt.* **1** …に幸いする[都合がよい]: a ~*ing* breeze 順風. **2** 《古》栄えさせる, 繁栄させる, 成功させる: Heaven [May heaven] ~ us [our attempt]! 神が我々[我々の企図]を成功せしめたまわんことを. 〘《*c*1350》□ (O)F *prospérer* // L *prosperāre* to make prosperous ← *prōsperus* favorable ← *prōspere* fortunately=OL *prō spēre* (L *prō spē*) according to hope ← *prō* according to+*spēre* ((abl.) ← L *spēs* hope ← IE **sp(h)ēi-* to prosper): cf. pro-¹, speed〙

Pros·per /prɑ(ː)spéə, prɔ(ː)s- | prɔspéə^(r); *F.* pʀɔspɛːʀ/ *n.* プロスパー《男性名》. 〘cf. L *prōsperus* prosperous (↑)〙

pros·per·i·ty /prɑ(ː)spérəṭi | prɔspérɪ̀ti, prəs-/ *n.* **1** 繁栄, 隆盛, 成功 (success), 幸運; 富 (wealth): the ~ of business 商売の繁盛 / national ~ 国運の隆盛 / I wish you all ~. ご成功を祈る / *Prosperity* makes friends, adversity tries them. 《諺》繁栄は友を作り逆境はそれを試す. **2** [しばしば *pl.*] 順境, 隆盛[富裕]の状態, 繁栄期; (特に)好景気: in ~ 裕福に; 好景気で. 〘《?*a*1200》□ (O)F *prospérité* □ L *prōsperitātem* ← *prōsperus* prosperous: ⇨ -ity〙

pro·sper·mi·a /prouspə́ːmiə | prə(ʊ)spə́ː-/ *n.* 〘病理〙早漏 (premature ejaculation). 〘← NL ~: ⇨ pro-², -sperm, -ia¹〙

Pros·per·o /prɑ́(ː)spəròu | prɔ́spərəʊ/ *n.* プロスペロ《Shakespeare, *The Tempest* の主人公; 弟の策略で娘 Miranda とともに追放されて無人島に漂着し, 魔法を体得した Milan の公爵》.

P

pros·per·ous /prά(ː)sp(ə)rəs | prɔ́s-/ *adj.* **1** 栄える, 繁栄する; 富裕な (well-off): a ~ enterprise 繁盛する事業 / a ~ merchant [family] 事業に成功した商人[暮らし向きのいい家庭]. **2** 《古》都合のよい, 順調な, 幸せな: ~ weather 上天気, 好天 / It looks ~ for rain. 具合よく雨になりそうだ / in a ~ hour 好都合にも, 幸いに (cf. F *à la bonne heure* (=in the good hour)). **~·ly** *adv.* **~·ness** *n.* 〘(c1425) □ OF *prospereus* □ L *prŏsperus*: ⇨ prosper, -ous〙

pros·pho·ra /prά(ː)sfərὰː, -rə | prɔ́s-/ *n.* (*pl.* **-pho·rae** /-rèɪ, -rìː/) 〘東方正教会〙プロスフォラ, 供えのパン, 聖パン (聖餐(せいさん)準備のために祝福されたパンの一つ). 〘(1874) □ G *prosphorá* an offering, 《原義》a bringing to: ⇨ pros-, -phora〙

prost /próʊst | prə́ʊst/ *int.* =prosit.

Prost /prά(ː)st | prɔ́st, prə́ʊst; F. pʀɔst/, **Alain** *n.* プロスト (1955– ; フランスの自動車レーサー; F1 ワールドチャンピオン (1985, '86, '89, '93)).

pros·ta·cy·clin /prὰ(ː)stəsáɪklɪ̀n | prɔ̀stəsáɪklɪn/ *n.* 〘生化学〙プロスタサイクリン ($C_{20}H_{32}O_5$) (動脈壁でプロスタグランジンからでき, 凝血を防ぎ, 血管を拡張させる物質). 〘(1976) ← PROSTA(GLANDIN) + CYCLO-[1] + -IN[2]〙

prostades *n.* prostas の複数形.

pros·ta·glan·din /prὰ(ː)stəglǽndɪ̀n | prɔ̀stəglǽndɪn/ *n.* 〘生化学〙プロスタグランジン (前立腺・精嚢から作った有効成分で, 血管拡張作用を示し, 腸・子宮筋層に対する刺激剤). 〘(1936) ← PROSTA(TE) + GLAND[1] + -IN[2]〙

pro·stas /próʊstæs | prə́ʊ-/ *n.* (*pl.* **pro·sta·des** /proʊstéɪdiːz | prə(ʊ)-/) 〘建築〙**1** (古代ギリシャ神殿の) 前室, 玄関. **2** =prostasis. 〘□ Gk *prostás* 《原義》that which stands before: ⇨ pro-[2], state〙

pro·sta·sis /proʊstéɪsɪ̀s | prə(ʊ)stéɪsɪs/ *n.* (*pl.* **-sta·ses** /-siːz/) 〘建築〙(古代ギリシャで) 前面に 2 本の柱を並べた形式 (in antis) の神殿の前の部分. 〘□ Gk *prostásis*: ⇨ pro-[2], -stasis〙

prost·at- /prά(ː)stət | prɔ́s-/ (母音の前にくるときの) prostato- の異形.

pros·tate /prά(ː)steɪt | prɔ́s-/ 〘解剖〙*adj.* 前立腺(せん)の. — *n.* =prostate gland. **pros·tat·ic** /prα(ː)stǽtɪk | prɔstǽt-/ *adj.* 〘(1646) □ F ~ ← NL *prostata* ← Gk *prostátēs* one who stands before, guardian: ⇨ pro-[2], -stat〙

pros·ta·tec·to·my /prὰ(ː)stətéktəmi | prɔ̀s-/ *n.* 〘外科〙前立腺切除(術). 〘(1890) ← PROSTATO- + -ECTOMY〙

próstate glànd *n.* 〘解剖〙前立腺, (旧称は)摂護腺 (精子とともに体外に出るアルカリ性物質を分泌する). 〘1754–64〙

Pró. Stàtion /próʊ- | prə́ʊ-/ 《略》Prophylactic Station (軍隊などの)性病予防処置施設.

pros·ta·tism /prά(ː)stətɪ̀zm | prɔ́s-/ *n.* 〘病理〙前立腺症 (特に排尿を妨害する腺の肥大). 〘(1900) ← PROSTATO- + -ISM〙

pros·ta·ti·tis /prὰ(ː)stətáɪtɪ̀s | prɔ̀stətáɪtɪs/ *n.* 〘病理〙前立腺炎. 〘(1844) ← NL ~: ⇨ prostate, -itis〙

pros·ta·to- /prά(ː)stətoʊ | prɔ́stətəʊ/ 「前立腺 (prostate)」の意の連結形. ★ 母音の前では通例 prostat- になる. 〘← NL ~ ← *prostata* □ Gk *prostátēs*: ⇨ prostate〙

pros·ta·tot·o·my /prὰ(ː)stətά(ː)təmi | prɔ̀stətɔ́t-/ *n.* (まれ) 〘外科〙前立腺切開(術). 〘(1890) ← PROSTATO- + -TOMY〙

prò·stérnum *n.* (*pl.* **-na**, **~s**) 〘昆虫〙前胸腹板. 〘(1826): ⇨ pro-[2], sternum〙

pros·the·sis /prά(ː)sθəsɪ̀s, prα(ː)sθíː- | prɔ́sθɪ̀sɪs, prɔsθíː-/ *n.* (*pl.* **-the·ses** /prα(ː)sθíːsiːz, prά(ː)sθəsiːz | prɔ́sθɪ̀siːz, prɔsθíːsiːz/) **1** 〘外科〙プロテーゼ(法); 人工装具[器官]; 義肢, 義手, 義足. **2** 〘歯科〙補綴(ほてつ)(術, 物): dental ~ 歯科補綴 (義歯, あるいは義歯を入れること). **3** /prά(ː)sθəsɪ̀s | prɔ́sθɪ̀sɪs/ 〘言語〙語頭音添加 (beloved の be, newt の n など) (cf. epenthesis, paragoge). 〘(1550) □ LL ~ □ Gk *prósthesis* 《原義》addition ← *prostithénai* ← PROSO- + *tithénai* to put: ⇨ thesis〙

pros·thet·ic /prα(ː)sθétɪk | prɔsθét-/ *adj.* **1** 〘外科〙プロテーゼ(法)の, 人工装具[器官]の, 義肢[手, 足]の. **2** 〘歯科〙補綴(ほてつ)の. **3** 〘言語〙語頭音添加の. **pros·thét·i·cal·ly** *adv.* 〘(1837) □ Gk *prosthetikós* adding ← *prósthetos* (p.p.) ← *prostithénai* (↑): ⇨ -ic[1]〙

prosthétic déntistry *n.* =prosthodontia.

prosthétic gròup *n.* 〘生化学〙配合群, 補欠分子団(族) (複合蛋白質の非蛋白成分). 〘1898〙

pros·thet·ics /prα(ː)sθétɪks | prɔsθét-/ *n.* **1** 〘外科〙プロテーゼ(法) (義肢・義手・義足などを取りつける術). **2** 〘歯科〙補綴(ほてつ)歯科学 (prosthodontia). 〘(1894): ⇨ prosthetic, -ics〙

pros·the·tist /prά(ː)sθətɪ̀st | prɔ́sθɪtɪst, prəs-/ *n.* (歯科の)補綴(ほてつ)専門家, 技工手. 〘(1902): ⇨ prosthetic, -ist〙

pros·thi·on /prά(ː)sθiὰ(ː)n | prɔ́sθiɔ̀n/ *n.* 〘人類学〙プロスチオン, 歯槽(しそう)点 (上顎(がく)骨の左右中切歯間の歯槽縁の中央矢状面 (mid-sagittal plane) と交わる最前点; cf. facial angle). 〘(1925) ← NL ~ ← Gk *prósthion* (neut.) ← *prósthios* foremost ← *prósthen* before, in front〙

pros·tho·don·ti·a /prὰ(ː)sθədά(ː)nʃiə, -ʃə | prɔ̀sθədɔ́n-/ *n.* 〘歯科〙補綴(ほてつ)歯科学. 〘(1917) ← NL ~: ⇨ ↓, -ia[1]〙

pros·tho·don·tics /prὰ(ː)sθədά(ː)ntɪks | prɔ̀sθədɔ́nt-/ *n.* 〘歯科〙=prosthodontia. **pros·tho·don·tic** /prὰ(ː)sθədά(ː)ntɪk | prɔ̀sθədɔ́nt-ˉ/ *adj.* 〘(1947): ⇨ prosthesis, -odont, -ics〙

pròs·tho·dón·tist /-tɪ̀st | -tɪst/ *n.* 補綴(ほてつ)[義歯]専門家. 〘1917〙

pro·stig·min /proʊstígmɪ̀n | prə(ʊ)stígmɪn/ *n.* (*also* **pro·stig·mine** /-mɪ̀n, -miːn | -mɪn, -miːn/) 〘薬学〙=neostigmine. 〘《商標》← *Prostigmin*〙

pros·ti·tute /prά(ː)stətùːt, -tjùːt | prɔ́stɪ̀tjùːt/ *n.* **1 a** 売春婦, 娼婦. ★ この語には whore のように軽蔑的な含みはない. **b** 同性愛を商売にする男. **2** 金の奴隷, 節を売る人, 腐敗した人; (特に)金のために乱作する作家[画家など]. — *adj.* **1** 売春の. **2** 金銭ずくの, 堕落した. — *vt.* **1 a** 売春させる. **b** [~ one*self* で] 身を売る, 売春する. **2** 〈名誉などを〉(利益のために)売る, 〈能力などを〉卑劣な目的に使う, 悪用する: ~ one's honor [talents] 利益のために名誉[才能]を売る / ~ one's pen 売文を業とする / ~ oneself by a servile act 卑劣な行為で身を売る.

prós·ti·tù·tor /-tə | -tə(r/ *n.* 〘v.: (1530) ← L *prōstitūtus* (p.p.) ← *prōstituere* to offer for sale ← PRO-[1] + *statuere* to put: ⇨ statute. — n.: (1613) □ L *prōstitūta* (fem.) ← *prōstitūtus*〙

pros·ti·tu·tion /prὰ(ː)stətúːʃən, -tjúː- | prɔ̀stɪ̀tjúː-/ *n.* **1** 売春, 醜業: illicit ~ 密売春 / licensed [public] ~ 公娼(こうしょう)(制度). **2** 節操のないこと, 堕落, 退廃 (corruption); 悪用. 〘(1553) □ LL *prōstitūtiō(n-)*: ⇨ ↑, -tion〙

prostoa *n.* prostoon の複数形.

pro·sto·mi·um /proʊstóʊmiəm | prəʊstə́ʊ-/ *n.* (*pl.* **-mi·a**) 〘動物〙口前葉, 前口葉, 前口節, 頭葉 (環状動物の頭部第一節). **pro·stó·mi·al** /-miəl/ *adj.* 〘(1870) ← NL ~ ← Gk *prostómion* 《原義》little afore-mouth ← PRO-[2] + *stóma* mouth + -*ion* (dim. suf.)〙

pro·sto·on /proʊstóʊα(ː)n | prə(ʊ)stə́ʊɔn/ *n.* (*pl.* **-sto·a** /-stóʊə | -stə́ʊə/) (古代建築で)柱廊玄関, ポーティコ (portico). 〘□ Gk *próstoon*: ⇨ pro-[2], stoa〙

pros·trate /prά(ː)streɪt | prɔ́streɪt, prɔstréɪt, prə-/ *adj.* **1** 腹ばいになった, 倒れた, 伏した. **2** (屈従や尊敬を示すために)ひれ伏した, 平伏した, 平身低頭した (⇨ prone SYN); 従順な, 言いなりの. **3** 屈服した, 降伏した, 打ちのめされた (overthrown): a ~ enemy / They laid the Republicans ~. 彼らは共和党を屈服させた. **4** 力を失った, 元気をなくした, 意気阻喪した; 疲れ切った, へこたれた, 弱り果てた (exhausted) 〔*with, by*〕: ~ *with* grief 悲しみに打ちひしがれて / be ~ *with* fatigue [illness] 疲れてへとへとになる[病気でまいっている]. **5** 〘植物〙地をはう, 匍匐(ほふく)性の (procumbent).
— /prά(ː)streɪt | prɔstréɪt, prə-/ *vt.* **1 a** 伏させる. **b** [~ one*self* で] 身を伏せる, 平伏する, 平身低頭する: ~ *oneself* before rank and wealth 高官・富豪に屈従する. **2** (地上にばったりと)投げ倒す. **3** (完全に)打ち破る, 屈服させる (overcome). **4** [通例受身で] 〈人を〉〔…で〕打ちのめす, (すっかり)衰弱させる, 疲れ果てさせる (exhaust) 〔*with, by*〕: *be* ~*d with* [*by*] the heat [fatigue, illness] 暑さ[疲れ, 病気]で弱り果てる.
〘adj.: (?c1350) *prostrat* □ L *prōstrātus* (p.p.) ← *prōsternere* to spread out ← PRO-[1] + *sternere* to strew: ⇨ stratum. — v.: (a1425) (廃) 'to become prostrate' ← L *prōstrātus*: ⇨ -ate[2,3]〙

pros·tra·tion /prα(ː)stréɪʃən | prɔ-, prə-/ *n.* **1** 身を伏せること; 平伏, 平身低頭, 伏し拝み: ~ before the alter 祭壇の前にひれ伏すこと / with many ~*s* 三拝九拝して. **2** (肉体的・精神的な極度の)衰弱, 消耗, 疲労; 意気消沈 (dejection): ~ of mind and spirit 精神の衰弱 / general ~ 全身衰弱 / ⇨ nervous prostration, heat prostration. 〘(a1400) □ (O)F ~ // LL *prōstrātiō(n-)* ← L *prōstrātus*: ⇨ ↑, -ation〙

pro·style /próʊstaɪl | prə́ʊ-/ 〘建築〙*n.* 前柱式[プロスタイル]の建築 (ギリシャ建築または神殿建築で前面のみに吹放しの柱列を有する形式の建築). — *adj.* 前柱式の (cf. pseudoprostyle). 〘(1696) □ L *prostȳlos* □ Gk *próstūlos* ← PRO-[2] + *stûlos* pillar: ⇨ -style[1]〙

pros·y /próʊzi | prə́ʊ-/ *adj.* (**pros·i·er**; **-i·est**) **1** 散文体の. **2** 〈話など〉散文的な, 平凡な, 無趣味な; 〈生活など〉単調な, 退屈な, あじけない: a ~ talk, book, author, style, etc. 〘(1814) ← PROSE + -Y[4]〙

prò·sýllogism *n.* 〘論理〙前[起後]三段論法 (複合三段論法で, その結論が次の三段論法の前提となるもの; cf. episyllogism). 〘(1584) □ ML *prosyllogismus* □ Gk *prosullogismós*: ⇨ pro-[2], syllogism〙

Prot /prά(ː)t | prɔ́t/ *n.* (アイル・軽蔑) プロテスタント, 新教徒(のやつ). 〘(1725) (略) ← PROTESTANT〙

Prot. 《略》Protectorate; Protestant.

prot- /proʊt | prəʊt/ (母音の前にくるときの) proto- の異形.

prot·ac·tin·i·um /pròʊtæktíniəm | prə̀ʊ-/ *n.* 〘化学〙プロトアクチニウム (放射性元素の一つ; 記号 Pa, 原子番号 91, 原子量 231.0359; 旧名 protoactinum). 〘(1918) ← NL ~ ← PROTO- + ACTINIUM〙

pro·tag·o·nist /proʊtǽgənɪ̀st | prə(ʊ)tǽgənɪst/ *n.* **1** 〘ギリシャ劇〙主役, 第一俳優 (leading actor) (cf. deuteragonist 1, tritagonist); (劇・小説などの)立役, 主人公. **2** 先に立ってする人, 首領 (leader), 主唱者, リーダー (advocate); (思想・主義などのために)戦う人, 闘士. **3** (スポーツ・ゲームなどの)競技者, 出場者. **pro·tág·o·nism** /-nɪzm/ *n.* 〘(1671) □ Gk *prōtagōnistḗs* ← PROTO- + *agōnistḗs* actor (← *agōnízesthai* to contest, agonize ← *agṓn* assembly at games, contest, : ⇨ agony)〙

Pro·tag·o·ras /proʊtǽgərəs | prə(ʊ)tǽgəræs, -rəs/ *n.* プロタゴラス (490?–421 B.C.; ギリシャの哲学者; ソフィスト (Sophist) の一人で, "Man is the measure of all things" という言葉は有名). **Pro·tag·o·re·an** /proʊtægəríːən | prə(ʊ)-ˉ/ *adj.*

prot·a·mine /próʊṭəmìːn, proʊtǽmɪ̀n | prə́ʊtəmìːn, prə(ʊ)tǽmɪn/ *n.* 〘生化学〙プロタミン (強塩基性純蛋白質; アンモニアに溶け, 熱で凝固しない; 出血を抑制するのに使われる). 〘(1874) ← PROTO- + AMINE〙

prot·an·dry /proʊtǽndri | prə(ʊ)-/ *n.* **1** 〘植物〙雄蕊(ずい)先熟. **2** 〘動物〙雄性先熟 (cf. protogyny). **prot·án·drous** /-drəs/ *adj.* 〘(1870) ← PROTO- + -ANDROUS + -Y[1]〙

pro·ta·nom·a·ly /pròʊṭənά(ː)məli | prə̀ʊtənɔ́m-/ *n.* 〘眼科〙第一色弱 (赤色弱; cf. trichromat). 〘(1938) ← PROTO- + ANOMALY〙

pro·ta·nope /próʊṭənòʊp | prə́ʊtənə̀ʊp/ *n.* 〘眼科〙第一色盲の人. 〘(1908) (逆成) ← PROTANOPIA〙

pro·ta·no·pi·a /pròʊṭənóʊpiə | prə̀ʊtənə́ʊ-/ *n.* 〘眼科〙第一色盲, 赤色盲 (cf. deuteranopia). **prò·ta·nóp·ic** /-pɪkˉ/ *adj.* 〘(1902) ← NL ~: ⇨ proto-, a-[7], -opia〙

pro tan·to /proʊtǽntoʊ, -tάː n- | prəʊtǽntəʊ/ *L. adv.* それだけ, それほど; その程度[範囲]まで. 〘(1780) □ LL *prō tantō*: ⇨ pro-[1]〙

prot·a·sis /prά(ː)ṭəsɪ̀s | prɔ́təsɪs/ *n.* (*pl.* **-a·ses** /-sìːz/) **1** 〘文法〙条件節, 前提節 (例えば *If I were you*, I would not do so. の斜体の部分; cf. apodosis). **2** (古代演劇の)前提部, 導入部 (劇の第一部で登場人物が紹介され主題が示される; cf. epitasis). **3** 〘論理〙(アリストテレス論理学で三段論法の)前提命題. **pro·tat·ic** /prα(ː)tǽṭɪk, proʊ- | prɔtǽt-, prəʊ-/ *adj.* 〘(1616) □ LL ~ □ Gk *prótasis* proposition ← *proteínein* to put forward ← PRO-[2] + *teínein* to stretch〙

pro·te- /próʊṭi | prə́ʊti/ (母音の前にくるときの) proteo- の異形.

pro·te·a /próʊṭiə | prə́ʊtiə/ *n.* ヤマモガシ科プロテア属 (*Protea*) の低木 (熱帯・アフリカ南部にみられ, 派手な色の包葉をもった花をつける). **prò·te·á·ceous** /-ṭiéɪʃəs | -ti-ˉ/ *adj.*

pro·te·an[1] /próʊṭiən, proʊtíː- | prəʊtíːən, prə́ʊtiən/ *adj.* **1** [P-] プロテウス (Proteus) の. **2** プロテウスのような: **a** 変幻自在な. **b** 一人数役を演じる: a ~ performer. **3** 〘動物〙(アメーバのように)形態を種々に変じる. 〘(1598) ← PROTE(US) + -AN[1]〙

pro·te·an[2] /próʊṭiən, proʊtíːən | prə(ʊ)tíːən, prə́ʊtiən/ *n.* 〘生化学〙プロテアン (グロブリンを水・酵素・希酸で加水分解した最初の生成物である誘導蛋白質). 〘← PROTEO- + -AN[1]〙

pro·te·ase /próʊṭièɪs, -èɪz | prə́ʊti-/ *n.* 〘生化学〙プロテアーゼ (蛋白質に作用する酵素の総称; cf. endopeptidase, expopeptidase). 〘(1903) ← PROTEO- + -ASE〙

protec. 《略》protectorate.

pro·tect /prətékt/ *vt.* **1** 〔…から〕保護する, 守る, かばう, 〔危険・損害などから〕防ぐ 〔*from, against*〕(⇨ defend SYN): fight to ~ one's country [children] 国[子供]を守るために戦う / ~ a person [thing] *from* [*against*] danger 人[物]を危険に陥らせないようにする[危険から守る] / This book is ~*ed* by copyright. この本は著作権の保護を受けている. **2** 〘経済〙(関税などにより)〈産業・企業などを〉保護する: ~ domestic industries. **3** 〈保険(証)が〉〔…に対して〕〈人〉に保障する〔*against*〕. **4** 《英》〈手形の〉支払い準備をする: ~ a bill [draft] 手形の支払い準備をする. **5** 〘機械〙〈機械〉に保護装置を施す (cf. protected). **6** 〈列車〉に注意[停止]信号を送る. — *vi.* 保護の働きがある, 防護になる 〔*against*〕: "To *Protect* And To Serve." 「保護し奉仕する」(ロサンゼルス警察のモットー) / ~ *against* cancer [heart attack] 癌(がん)[心臓発作]の予防に効く. **~·a·ble** /-təbl/ *adj.* 〘(?a1425) ← L *prōtectus* (p.p.) ← *prōtegere* to cover over ← PRO-[1] + *tegere* to cover: ⇨ tegument〙

pro·tec·tant /prətéktənt/ *n.* 〘薬学〙(植物の)予防保護剤 (主に噴霧用殺虫・殺菌剤で, 病虫害に侵される前に施すもの; cf. eradicant). 〘(1935): ⇨ ↑, -ant〙

pro·téct·ed *adj.* **1** 〈機械が〉安全装置つきの: a ~ rifle 安全装置銃. **2** 法律で保護された: a ~ building 《米》文化財指定建造物. 〘(1836): ⇨ -ed〙

protécted stàte *n.* 保護国 (国際的に大国の保護が認められた国). 〘1836〙

pro·téct·ing *adj.* 保護する, 守る, 防ぐ: a ~ power 利益代表国 (二国間の一方の利益を代表する第三国). 〘(c1586): ⇨ -ing[2]〙

pro·téct·ing·ly *adv.* 保護する[防ぐ]ように. 〘1828〙

pro·tec·tion /prətékʃən/ *n.* **1** 〔…に対する〕保護, 保安, 擁護, 防護 (defense) 〔*against, from*〕: ~ of the weak 弱者の保護 / live under the ~ of …の世話[保護]を受けて暮らす; 《古》〈女性が〉…に囲われる / take a person under one's ~ 人を保護する. **2** 〔…を〕保護する物[人], 防護になる人[物]〔*against*〕: various ~*s against* cold 種々の防寒具[装置] / a ~ *against* moths [fire, lightning] 蛾[火, 雷]よけ / A dog is a great ~ *against* burglars. 犬はよい泥棒よけである. **3** 後援, 引き立て (patronage): The book is indebted to his ~. 本書のできたのは彼の援助のおかげだ. **4** 〘保険〙=coverage 3. **5** 〘経済〙**a** (関税・数量割当により)国内産業を保護すること. **b** その政策 (protectionism). **6** 〘米口語〙**a** (賭博場の所有者などが他の暴力団から保護してもらうために地元の暴力団に払う)保証金; その保護. **b** (暴力団などがその筋に払う)見逃し[目こぼし]料, 賄賂(わいろ) (protection money ともいう). **7** 旅券, 通行券 (passport). **8** 〘英

史》保護令状: **a** かつて海外勤務者を不当な訴訟から守ったもの. **b** 船員を海軍への徴発から守ったもの. **9** 《米》(船員などの)国籍証明書. **10** 〖登山〗ザイルを打ち込むことなどによる安全確保.
Cóurt of Protéction [the —] ⇨ court.
protéction of posséssion 〖法律〗占有保全.
— *adj.* 保護(用)の, 安全のための: a ～ forest 保護林.
〖(*c*1350) □ (O)F ～ ∥ LL *prōtectiō(n-)*: ⇨ protect, -tion〗

pro·tec·tion·ism /prətékʃənìzm/ *n.* 〖経済〗保護貿易論[主義], 国内産業保護政策 (cf. free trade 1).
〖(1852): ⇨ ↑, -ism〗

pro·te·ction·ist /prətékʃ(ə)nɪst | -nɪst/ *n.* **1** 〖経済〗保護貿易論者, 国内産業保護改策論者. **2** 野生動物保護論者. — *adj.* 保護貿易論(者)の: ～ measures 保護貿易措置. 〖(1844): ⇨ -ist〗

protéction ràcket *n.* 《俗》 冥加(みょうが)金取立て《暴力団などが商店などに害を加えない代償として金を取ること》.

protéction ràtio *n.* 混信保護比《放送電波の希望する信号が妨害電波よりどれだけ強ければよいかを示す比率》.

pro·tec·tive /prətéktɪv/ *adj.* **1** 保護する, 擁護する, 防御する, 守る (defensive) 〔*toward*〕: feel ～ *toward* a person 人をかばいたくなる / ～ armor 防護のよろい / ～ instinct (母親が子供をかばうような)保護本能 / ～ spectacles 護眼鏡, 保護めがね / ～ clothing 保護服 / a ～ vest 防弾チョッキ. **2** 〖経済〗保護貿易[政策]の: ～ duties 保護税関 / ～ trade 保護貿易 (cf. free trade 1).
— *n.* **1** 保護物. **2** コンドーム (condom). **～·ly** *adv.* **～·ness** *n.* 〖(1661): ⇨ protect, -ive〗

protéctive cóating *n.* 保護塗装《装飾的な塗装に対し被塗装物の防食に主眼をおいた塗装》.

protéctive cólloid *n.* 〖物理化学〗保護コロイド《疎水コロイドの安定度を増すために加える親水コロイド; cf. gold number》. 〖1909〗

protéctive colorátion [cóloring] *n.* 〖生物〗保護色 (cf. SEMATIC colors). 〖1892〗

protéctive cústody *n.* 〖法律〗保護拘置. 〖1936〗

protéctive déck *n.* 〖海事〗保護甲板.

protéctive fóods *n. pl.* 栄養食品《乳製品・肉・野菜のようなビタミン・ミネラル・蛋白質に富み, 種々の病気を防ぐ食品》. 〖1938〗

protéctive legislátion *n.* **1** 〖経済〗保護貿易法 (cf. free trade). **2** 使用人保護法制.

protéctive resémblance *n.* 〖動物〗保護擬態.

protéctive sỳstem *n.* 〖経済〗=protection 5 a.

protéctive táriff *n.* 〖経済〗保護関税(率) (cf. revenue tariff).

pro·tec·tor /prətéktə | -tə(r/ *n.* **1** 保護者, 擁護者, 防御者 (defender). **2 a** 保護する物, 保護[安全]装置: a point ～ 鉛筆のキャップ. **b** 防護する物; 〖球技〗(捕手などのつける)胸当て, プロテクター (cf. leg guard): a chest ～ 胸当て, プロテクター. **3** 後援者 (patron). **4** 〖英史〗 **a** 摂政 (regent). **b** [the P-] =LORD Protector of the Commonwealth. **～·al** /-t(ə)rəl/ *adj.* **～·less** *adj.* 〖(*c*1390) *protectour* □ (O)F *protecteur* □ LL *prōtector*: ⇨ protect, -or²〗

pro·tec·tor·ate /prətéktərɪt, -trɪt/ *n.* **1** (大国の小国に対する)保護政治; 保護国, 保護領. **2** 〖英史〗 **a** 摂政の職[任期]; 摂政政治. **b** [the P-] (Cromwell 父子による)護国卿政治 (1653–59).
Protéctorate of Sóuth Arábia [the —] 南アラブ保護領 (⇨ FEDERATION of South Arabia).
〖(1692): ⇨ ↑, -ate¹〗

protéctor·shìp *n.* protector の職[任期]. 〖(1456): ⇨ -ship〗

pro·tec·to·ry /prətéktəri, -tri/ *n.* 《古》(カトリックで)孤児院, 保護院; (非行少年を収容する)少年(教護)院, 感化院. 〖(1658) (1868) ← PROTECT+-ORY²〗

pro·tec·tress /prətéktrɪs/ *n.* 女性の保護[擁護, 防御, 後援]者. 〖(1570) ← PROTECTOR+-ESS¹〗

pro·té·gé /próutəʒèɪ, ⸗⸗⸗ | prɔ́teʒèɪ, práu-, -tɛ-, -teɪ-; *F.* prɔteʒe/ *n.* (芸術・政治・スポーツなどで有力者・パトロンなどから)保護[庇護]を受けている人, 被保護者, 子分, 弟子 (pupil). 〖(1778) □ F ～ (p.p.) ← *protéger* □ L *prōtegere* 'to PROTECT'〗

pro·té·gée /próutəʒèɪ, ⸗⸗⸗ | prɔ́tɪʒèɪ, práu-, -tɛ-, -teɪ-; *F.* pʀɔteʒe/ *n.* 女性の protégé. 〖(1778) □ F ～ (fem. p.p.) ← *protéger* (↑)〗

protei *n.* proteus の複数形.

pro·teid /próutiːd | práu-/ *n.* 〖生化学〗=protein 1. 〖(1871) ← PROTE(IN)+-ID⁵〗

pro·te·ide /próutiàɪd | práuṭi-/ *n.* 〖生化学〗=protein 1.

pro·te·i·form /proutíːəfɔ̀əm | prəutíːɪfɔ̀ːm/ *adj.* = protean 1, 2, 3. 〖(1793) □ F *protéiforme*: ⇨ Proteus, -form〗

pro·tein /próutiːn, -tiɪn | práutiːn, -tiːn/ *n.* **1** 〖生化学〗蛋白質: animal ～ 動物性蛋白質. **2** 《古》あらゆる有機体の本質的成分と考えられた窒素物質. — *adj.* 蛋白質の[を含む]. **pro·tein·a·ceous** /pròuṭɪnéɪʃəs, -tiɪn- | pròutiːn-, tiːn-ˊ/ *adj.* **pro·tein·ic** /proutíːnɪk, proutíːn- | prəutiːn-, prəutíːn-ˊ/ *adj.* 〖(1844) □ G *Protein* ← Gk *prōteîos* primary+-IN²〗

pro·tein·ase /próuṭənèɪs, -tiːn-, -tiɪn-, -nèɪz | práutiːnèɪs, -tiːɪn-, -tiːn-/ *n.* 〖生化学〗プロティナーゼ《蛋白質を加水分解する酵素; ペプチダーゼと対比させられていたが, 今は使わない; cf. protease》. 〖(1929) ← PROTEIN+-ASE〗

pro·tein·ate /próutiːnèɪt, -tiɪn- | práutiːn-, -tiːn-/ *n.* 〖生化学〗蛋白化合物. 〖← PROTEIN+-ATE¹〗

pro·tein·oid /próutiːnɔ̀ɪd, -tiɪn- | práutiːn-, -tiːn-/ *n.* 〖生化学〗プロテノイド, 蛋白質様化合物《非生物的に合成されたペプチッド結合化合物; 分子量 300–10,000》. 〖(1956) ← PROTEIN+-OID〗

pro·te·i·nous /proutíːɪnəs | prəutíːɪ-/ *adj.* 蛋白質の[に関する, の性質の]. 〖(1844): ⇨ -ous〗

pro·tein·u·ri·a /pròutɪnjúəriə, -njúə-r- | pròuti-njúər-/ *n.* 〖病理〗=albuminuria. 〖(1911) ← NL ～: ⇨ protein, -uria〗

pro tem. /proutém | prəu-/ 《口語》 *L. adj.* =pro tempore. — *adv., adj.* 一時的に[の], 当分 (for the time being). 〖(1828) 《略》↓〗

pro tem·po·re /proutémpəri, -rì | prəu-/ *L. adj.* 一時的の, 臨時の (temporary). ★ 官職の任命について用いる. — *adv.* 一時的に. 〖(1468) □ L *prō tempore* for the time: ⇨ pro-¹, temporal〗

pro·te·o- /próuṭiou | práutiəu/「蛋白質 (protein)」の意の連結形. ★ 母音の前では通例 prote- になる.
〖← F *protéine* 'PROTEIN'〗

pròteo·clástic *adj.* 〖生化学〗蛋白質加水分解の[に関する]. 〖(1929) ← PROTEO-+-CLASTIC〗

pròteo·glýcan *n.* 〖生化学〗プロテオグリカン《蛋白質を結合した多糖の総称で, 多糖鎖が主体の分子群》. 〖1969〗

pro·te·ol·y·sis /pròuṭiɑ́(ː)ləsɪs | prəutiɔ́lɪsɪs/ *n.* 〖生化学〗蛋白質加水分解《消化作用におけるように蛋白質がさらに単純な同種化合物に加水分解すること》. **pro·te·o·lyt·ic** /pròuṭiəlítɪk | prəutiəlít-ˊ/ *adj.* 〖(1880) ← NL ～: ⇨ proteo-, -lysis〗

pro·te·ose /próuṭiòus, -òuz | práutiəus/ *n.* 〖生化学〗プロテオーゼ, プロテオース《消化酵素などの作用で蛋白質が分解し生じる可溶性化合物の一つ; cf. albumose》. 〖(1890) ← PROTE(IN)+-OSE²〗

pro·te·o·so·ma /pròuṭiəsóumə | prəutiəsə́u-/ *n.* 〖動物〗プロテオソーマ《鳥類の血液中に寄生する *Proteosoma* 属の原虫の総称; 鳥のマラリア性発熱の起因体と考えられる; 既知・未知の複数の血液寄生原虫をミックスした名称; 今日学術用語としては使われない》. 〖← PROTEO-+SOMA¹〗

prot·er- /prɑ́(ː)tər, próu- | prɔ́tər, práu-/ (母音の前にくるときの) protero- の異形.

prot·er·an·dry /prɑ̀(ː)təræ̀ndri, próu- | prɔ́tə-, práu-/ *n.* 〖植物・動物〗=protandry. 〖(1887): ⇨ protero-, -andry〗

prot·er·an·thous /prɑ̀(ː)tərǽnθəs, pròu- | prɔ̀tə-, prəu-ˊ/ *adj.* 〖植物〗葉より先に花の出る. **prot·er·an·thy** /prɑ́(ː)təræ̀nθi, próu- | prɔ́tə-, práu-/ *n.* 〖(1832): ⇨ ↓, -anthous〗

prot·er·o- /prɑ́(ː)tərou, próu- | prɔ́tərə(u), práu-/「以前の (before); より以前の (earlier)」の意の連結形.
★ 母音の前では通例 proter- になる. 〖← NL ～ ← Gk *próteros* former, earlier (compar.) ← *pró* before〗

Prot·er·o·zo·ic /prɑ̀(ː)tərəzóuɪk, pròu- | prɔ̀tərə(u)zə́u-, prəu-ˊ/ 〖地質〗 *adj.* 原生代の: the ～ era 原生代. — *n.* [the ～] **1** 原生代《始生代 (Archeozoic) に続く地質年代; cf. Precambrian》. **2** 原生界《原生の地層》. 〖(1905) ← PROTERO-+-ZOIC²〗

Pro·tes·i·la·us /proutèsəléɪəs | prəutèsɪ-/ *n.* 〖ギリシャ伝説〗プロテシラオス《Thessaly の勇士で Laodamia の夫; Troy 戦争で戦死した最初のギリシャ人》.
〖□ L *Prōtesilāus* □ Gk *Prōtesílāos*〗

pro·test /próutest | práu-/ *n.* **1** 〔…に対する〕抗議, (公式書面による)異議の申し立て, 不服 〔*against*〕; 抗議集会[デモ]: after [without] ～ 抗議ののち[抗議もしないで] / under ～ 異議を留保して, 不承不承 / resign in ～ 抗議して辞任する / make [lodge, register] a ～ *against* [*about*] …に[の件で]抗議を申し込む / a ～ meeting [movement] 抗議集会[運動]. **2** 言明, 声明, 断言, 主張: a ～ of innocence 無実の声明. **3** 〖商業〗(約束手形などの)引受拒絶, 拒絶証書《公証人の作成した正式の宣言書; 公証人が手形の引受け・支払いを求めたが拒絶されたことやその理由を記載した証書》: a ～ for nonacceptance [nonpayment] 引受け[支払い]拒絶証書. **4** 〖税務〗 **a** (不当な税金取立てに対する)抗議書. **b** 海難報告[証明]書《遭難船の船長から遭難後最初の入港地の監督官庁にあてて海難の経過や事情を報告するもの; 通例この文中において損害は不可抗力によるもので, 船長に責任のないことを主張することから, この報告書を protest という》. **5** 〖英議会〗(上院の通過議案に対する)少数意見書. **6** 〖スポーツ〗(審判員・理事会などに対して行う正式の)抗議.
énter a prótest (1) 〖英議会〗(上院で)異議申し立てを議事録に書き込む. (2) 異議を申し立てる, 抗議する.
— /prətést, prou-, próutest | prə(u)tést, práutest/ *v.*
— *vi.* **1** 〔…に〕抗議する, 異議を申し立てる, 不服を言う 〔*against, at, about*〕: The papers ～*ed against* the measure. 新聞はその政策に反対した. **2** 断言する, 言明する, 主張する, (愛などの変わらぬことを)誓う: ～ too much 誓い(が多)すぎる (Shak., *Hamlet* 3. 2. 240); 文句[不服]が多すぎる; (かえって怪しまれるほどに)むきになって主張[否定]する. **3** 《古》言う. — *vt.* **1** 《米》…に異議を申し立てる, 抗議する, 抗弁する: ～ a decision / ～ low wages 低賃金に抗議する. **2** 言明する, 声明する, 断言する, 主張する, 誓う (affirm): ～ friendship [love] 友情[愛]の変わらぬことを誓う / ～ one's innocence [*that* one is innocent] 身に覚えがないと主張する. **3** 〈約束手形などの〉支払いを拒絶する, 拒絶証書を作る. **4** 《古》証人とする.
I protést 《古語》ほんとに, 全く (I assure you) (cf. 1 *Cor.* 15:31).
pro·tést·a·ble /-təbḷ/ *adj.* **pro·tést·ing·ly** *adv.* 〖n.: (?*c*1400) □ OF ～ (F *protêt*) ← *protester* □ L *prōtestārī* to declare publicly ← PRO-¹+*testārī* to be a witness (← *testis* a witness). — v.: (1430) □ (O)F *protester*: ⇨ testament〗

Prot·es·tant /prɑ́(ː)təstənt, -tnt | prɔ́tɪs-/ *n.* **1** 〖キリスト教〗 **a** プロテスタント, 新教徒《カトリックの教義に反抗し教皇の権威を否定して起こった教派に属する信者》. **b** 非カトリック非東方正教会のキリスト教徒《ローマカトリック教会にも東方正教会にも属さないキリスト教徒を漠然と指す》. **2** [*pl.*] 〖ドイツ史〗宗教改革 (Reformation) を否認した皇帝に対し Spires 第二国会 (1529) で抗議書を提出した福音派のドイツ諸侯. **3** 《古》 **a** ルター派の信者 (Lutheran). **b** 英国国教派の信者 (Anglican). **4** 抗議者, 異議申し立て者. ★ この意味では《米》ではまた /prətéstənt, prou-, -tnt/ とも発音する. — *adj.* **1** プロテスタント[新教(徒)]の (cf. Catholic 1): a ～ church 新教[プロテスタント]の教会. **2** 抗議する, 異議を申し立てる. ★ この意味では《米》ではまた /prətéstənt, prou-, -tnt/ とも発音する. 〖(1539) □ G *Protestant* ∥ F *protestant* □ L *prōtestantem* (pres.p.) ← *prōtestārī* (↑): ⇨ -ant〗

Prótestant Epíscopal Chúrch *n.* [the ～] 米国聖公会, プロテスタント監督教会《1789 年に英国国教会から独立して米国にできた教派; 教義・教則・礼拝などはほぼそのまま受け継いでいる; 1982 年 9 月 Episcopal Church と改称; cf. Anglican Communion》. 〖1780〗

Prótestant éthic *n.* プロテスタンティズムの倫理《世俗的職業への専念と, そこでの合理的禁欲を説く倫理で, 資本主義社会の支配的エトスと見なされる; Protestant work ethic ともいう》. 〖(1904) 1926〗

Prót·es·tant·ism /-tìzm/ *n.* **1** プロテスタンティズム, プロテスタント主義《プロテスタントの教義》. **2** [集合的] プロテスタント教会 (Protestant churches); プロテスタント, 新教徒 (Protestants). 〖(1649) □ F *protestantisme*: ⇨ Protestant, -ism〗

prot·es·tant·ize /prɑ́(ː)təstəntàɪz, -tnt- | prɔ́tɪs-/ *vt., vi.* プロテスタント[新教徒]にする[なる], プロテスタント化する. 〖(1834) ← PROTESTANT+-IZE〗

Prótestant Reformátion *n.* [the ～] 〖キリスト教〗宗教改革 (⇨ reformation 3).

prot·es·ta·tion /prɑ̀(ː)testéɪʃən, pròu-, -təs- | prɔ̀tɪs-, prəut-, -tɛs-/ *n.* **1** 言明, 断言, 申し立て 〔*of*〕/ 〈*that*〉: a ～ of innocence, loyalty, faith, etc. / with fervent ～*s* of thanks しきりに礼を言いながら. **2** 〔…に対する〕抗議, 異議, 不服 (protest) 〔*against*〕; 異議申し立て, 拒絶. 〖(1382) *protestacioun* □ (O)F *protestation* □ LL *prōtestātiō(n-)*: ⇨ protest, -ation〗

pro·test·er /prətéstə, prou-, próutestə | prətéstə(r, prəu-, práutestə(r/ *n.* **1** 抗議者, 異議申し立て者. **2** (手形支払いなどの)拒絶者. 〖(1599) ←: ⇨ protest, -er¹〗

pro·tes·tor /prətéstə, prou-, próutestə | prətéstə(r, prəu-, práutestə(r/ *n.* =protester. 〖(1550) □ F (廃) *protesteur*: ⇨ protest, -or²〗

pro·te·us /próuṭiəs | práut-/ *n.* (*pl.* **pro·te·i** /-ṭiàɪ, -tìː | -ti-/) **1** 〖細菌〗変形菌, プロテウス菌 (*Proteus* 属の微生物). **2** 〖動物〗=olm. 〖(1802) ↓〗

Pro·te·us /próuṭiəs, -tjuːs | práutjuːs, -tiəs/ *n.* **1** 〖ギリシャ神話〗プロテウス《変幻自在の姿と予言力を有した海神》. **2** プロテウス (Euripides の劇で本物の Helen をその保護下においたエジプトの王; Troy に行ったのは Helen の生霊(いきりょう)という》. **3** [しばしば p-] (形や性質の)変わりやすい物[人], 簡単に変節する人, 絶えず意見の変わる人. 〖(?*a* 1400) □ OF *Protheus* ∥ L *Prōteus* □ Gk *Prōteús* ← *prôtos* first: ⇨ proto-〗

pro·tha·la·mi·on /pròuθəléɪmiən, -mià(ː)n | prəuθəléɪmiən/ *n.* (*pl.* **-mi·a** /-miə/) 結婚の前祝いの歌 (cf. epithalamium). 〖← NL ～ ← PRO-²+*-thalamion* (← Gk *thálam(os)* bridal chamber+-IUM): Edmund Spenser が Gk *epithalámion* 'EPITHALAMIUM' にならった造語〗

pro·tha·la·mi·um /pròuθəléɪmiəm | prəu-/ *n.* (*pl.* **-mi·a** /-miə/) =prothalamion. 〖↑〗

prothalli *n.* prothallus の複数形.

pro·thal·li·um /prouθǽliəm | prəu-/ *n.* (*pl.* **-li·a** /-liə/) 〖植物〗(シダ類の)前葉体, 原葉体, 扁平体. **pro·thál·li·al** /-liəl/ *adj.* **pro·thál·lic** /-lɪk/ *adj.* **pro·thál·line** /-laɪn/ *adj.* **pro·thál·loid** /-lɔɪd/ *adj.* 〖(1858) ← NL ～: ⇨ pro-², thallus, -ium〗

pro·thal·lus /prouθǽləs | prəu-/ *n.* (*pl.* **-thal·li** /-laɪ/, **～·es**) 〖植物〗=prothallium. 〖(1854) ← NL ～: ⇨ pro-², thallus〗

proth·e·sis /prɑ́(ː)θəsɪs | prɔ́θɪsɪs/ *n.* (*pl.* **-e·ses** /-sìːz/) **1** 〖音声〗語頭音添加 (prosthesis) (cf. epenthesis, paragoge). **2** 〖東方正教会〗 **a** 聖餐(せいさん)準備, 奉献礼儀《正式には office of prothesis という》. **b** 奉献台. **c** 聖餐整備所 (cf. diaconicon). **3** [しばしば P-] (ギリシャ古物で)正装安置された(帝王などの)遺体の像. **pro·thet·ic** /prəθéṭɪk | prəθét-/ *adj.* **pro·thét·i·cal·ly** /-kəli, -kḷi/ *adv.* 〖(1672) □ LL ～ □ Gk *próthesis* (原義) a putting before ← *protithénai* ← PRO-²+*tithénai* to put (⇨ thesis)〗

proth·e·tel·y /prɑ́(ː)θətèli, próu- | prɔ́θɪtèli, práu-/ *n.* 〖昆虫〗プロセテリー《昆虫の幼虫に蛹(さなぎ)や成虫の特徴があらわれること; cf. hysterotely》. **proth·e·tel·ic** /prɑ̀(ː)θətélɪk, pròu- | prɔ̀θə-, prəu-ˊ/ *adj.* 〖(1934) ? ← Gk **prothe(tos)* (← *protithénai* (↑)) + *tél(os)* end, completion+-Y¹〗

pro·thon·o·tar·y /prouθɑ́(ː)nətèri, pròuθənóuṭəri | prəuθəunáutəri, prə(u)θɔ́nə-ˊ/ *n.* (*also* **protonotary**) **1 a** 〖古英法〗(裁判所の)首席書記. **b** (オーストラリアの)最高裁判所首席書記. **2** [通例 protonotary で] 〖カトリック〗=protonotary apostolic. **3** 〖東方正教会〗

P

Constantinople の総主教 (patriarch) の秘書長.

pro·tho·no·tar·i·al /proυθɑ̀(:)nətéəriəl, pròυθə-noυ- | prəυθənə(υ)téər-, prə(υ)θɔ̀nə-ˊ/ *adj.* 〘(1477) ◻ LL *prōt(h)onotārius* ← PROTO-+L *notārius* 'NOTARY'〙

prothónotary apostólic *n.* 〘カトリック〙 = protonotary apostolic.

prothónotary wárbler *n.* 〘鳥類〙 オウゴンアメリカムシクイ (*Protonotaria citrea*) 《米国南東部産のアメリカムシクイ科の小鳥》. 〘1783〙

prò·thorácic *adj.* 〘昆虫〙 前胸の. 〘(1826) ← NL *prothorac-, prothōrax*+-IC¹: ⇨ prothorax〙

prothorácic glànd *n.* 〘昆虫〙 前胸腺 《完全変態する昆虫の幼虫や蛹(さなぎ)にみられる内分泌腺で, 蛹化や成虫化を促すエクジソンというホルモンを分泌する》. 〘1887〙

prò·thórax *n.* (*pl.* ~·es, **-thoraces**) 〘昆虫〙 前胸 《昆虫類における第 1 胸節》. 〘(1826) ← NL ~: ⇨ pro-², -throax〙

prò·thrómbin *n.* 〘生化学〙 プロトロンビン 《血液中の凝血要素; thrombogen ともいう》. 〘(1898) ← PRO-²+THROMBIN〙

pro·tist /próυtɪ̣st | prə́υtɪst/ *n.* 〘生物〙 原生生物 《原生動物門 (Protozoa) と原生植物門 (Protophyta) との生物を合わせていう》. **pro·tís·tan** /proυtístən | prəυ-/ *adj., n.* **pro·tís·tic** /-tístɪk/ *adj.* 〘(1889) ← NL *Protista* (↓)〙

Pro·tis·ta /proυtístə | prəυ-/ *n. pl.* 〘生物〙 原生生物門 (cf. Protozoa). 〘(1878) ← NL ~ ← Gk *prṓtista* (neut. pl.) ← *prṓtistos* primary, principal (superl.) ← *prôtos* first: ⇨ proto-〙

pro·tis·tol·o·gy /pròυtɪ̣stɑ́(:)ləʤi | prəυtɪstɔ́l-/ *n.* 原生生物学. 〘(1911) ← PROTIST+-O-+-LOGY〙

pro·ti·um /próυṭiəm, -ʃiəm | prə́υtiəm/ *n.* 〘化学〙 プロチウム 《水素の同位元素; 記号 H¹, ¹H》. 〘(1933) ← PROTO-+-IUM〙

pro·to- /próυṭoυ | prə́υtəυ/ 次の意味を表す連結形: **1** 「最初の (first); 原始の (original); 主要な (chief); 原型の」. **2** 〘化学〙 **a** 「第一…, 初級…」: *protoxide*. **b** 「親の, 先立つ, 原(げん)の」. **3** [P-] 〘言語〙 「(ある言語または語族の)始源の」: *Proto*-Indo-European. ★ 母音の前では通例 prot- になる. 〘ME *protho-* ◻ OF // LL *prōto-* ◻ LGk ← Gk *prôtos* first (superl.) ← *pró* before: ⇨ pro-²〙

pro·to·ac·tin·i·um /pròυtoυæktíniəm | prəυtəυ-/ *n.* 〘化学〙 = protactinium. 〘(1918): ⇨ ↑, actinium〙

pròto·bíont *n.* 原始生物 《生命のない有機分子が集まって偶然に生命のある有機体になったもの》. 〘(1964) ← PROTO-+-BIONT〙

P

próto·biòtic sóup *n.* [the ~] 〘生物〙 = primordial soup. 〘← *protobiotic*: ⇨ ↑, -biotic〙

pro·to·cer·a·tops /pròυṭousérətɑ̀(:)ps | prəυtə(υ)-sérətɔps/ *n.* 〘古生物〙 プロトケラトプス属 (*Protoceratops*) の草食恐竜 《モンゴルで発見された白亜紀後期の小形の角竜; オウムのような強いくちばしと, 幅広い襟飾りがある; 角は発達していない》.

pròto·cerébrum *n.* 〘動物〙 前大脳 《節足動物の脳の第 1 部》. 〘(1885) ← NL ~: ⇨ proto-, cerebrum〙

proto·chórdate *adj., n.* 〘動物〙 原索動物類の(動物). 〘(1894) ← NL ~: ⇨ proto-, chordate〙

pro·to·col /próυṭəkɔ̀(:)l, -ṭoυ-, -kòυl, -kɑ̀(:)l, -kəl | prə́υtə(υ)kɔ̀l/ *n.* **1 a** 外交上の儀礼[典礼]. **b** 軍隊儀礼. **c** [the P-] (フランスなどの)外務省儀典[典礼]局. **2** 条約原案. **3** 〘外交〙(会談の結果到達した)暫定協定, 議定書, プロトコール. **4 a** (条約・協定の)改正(案), 修正(条項). **b** (条約・協定の)付随書. **5** (ローマ教皇の勅書などの)首尾の定式文, 正式前文[結文]. **6** 〘電算〙 プロトコル 《ネットワーク上の異なる端末間で通信を行うため, データの通信の手順などを決めた規約》. **7** 《米》 **a** 〘医学〙 治療プログラム, プロトコル. **b** 実験の計画[記録]. **8** 〘哲学・論理〙 プロトコール命題 《経験科学の基礎にある観察命題; protocol statement ともいう》.

protocol of compárison 〘法律〙 (筆跡などの)対照調書.

— *vt., vi.* (**-to·colled, -coled; -col·ling, -col·ing**) (…の)議定書[調書]を作る, 議定書に記録する.

〘(1541) *prothocoll* ◻ OF *prothocole* (F *protocole*) ◻ ML *prōtocollum* ◻ LGk *prōtókollon* flyleaf glued to a book ← PROTO-+Gk *kólla* glue (⇨ collage)〙

pròto·cóntinent *n.* 〘地質〙 = supercontinent. 〘1958〙

pròto·déacon *n.* 〘東方正教会〙 首席輔祭, 長輔祭 《輔祭の長》. 〘1698〙

pròto-Dóric *adj.* 〘建築〙 原始ドリス式の. 〘1876〙

pròto·gálaxy *n.* 〘天文〙 (形成中の)原始銀河[小宇宙]. 〘1959〙

pro·to·gene /próυṭəʤì:n | prə́υtə(υ)-/ *n.* 〘生物〙 原遺伝子 《生命の起源に際し, 炭素化合物から合成されたと想定される現在の遺伝子 (gene) の原型》. 〘(1868) ← NL *protogenes* primeval ← Gk *prōtogenḗs*: ⇨ proto-, -gene〙

pro·to·ge·nic /pròυṭəʤí:nɪk | prəυtə(υ)-ˊ/ *adj.* **1** 〘地質〙 岩漿(しょう)から固結した. **2** 〘化学〙 (化合物が)化学反応によって水素イオン[陽子]を解離して生じることができる. 〘(1931) ← PROTO-+-GENIC¹〙

Pròto·geométric, p- *adj.* 〈ギリシャのつぼ絵が〉原幾何学様式の 《紀元前 10 世紀頃》. 〘1926〙

Pròto-Germánic *n.* 〘言語〙 ゲルマン基語 《インドヨーロッパ基語 (Proto-Indo-European) と歴史上のゲルマン諸語の中間に想定される, ゲルマン諸語の共通基語》. 〘1934〙

pro·to·gine /próυṭəʤì:n | prə́υtə(υ)-/ *n.* 〘岩石〙 (アルプスに発見される)片麻状花崗(こう)岩 《地球最古のものと考えられている》. 〘(1832) ← F ~ ← PROTO-+-*gine* (← Gk -*genḗs* born): ⇨ -gen〙

pro·tog·y·ny /proυtɑ́(:)ʤəni | prə(υ)tɔ́ʤɪ̣-/ *n.* **1** 〘植物〙 雌蕊(ずい)先熟. **2** 〘動物〙 雌性先熟 (cf. protandry). **pro·tóg·y·nous** /-ʤənəs | -ʤɪ̣-/ *adj.* 〘(1870) ← PROTO-+-GYNY〙

pròto·híppus *n.* 〘古生物〙 プロトヒップス 《中新世から鮮新世の北米にいた *Protohippus* 属の三指性の原始馬の総称》. 〘(1876) ← PROTO-+-HIPPUS〙

pròto·hístory *n.* **1** 原史. **2** 原史時代 《先史時代と歴史時代の間の時代》. **3** 原史学. **pròto·his·tóric** *adj.* 〘1920〙

pròto·húman *adj.* 初期の人類の(ような). — *n.* 原(始)人. 〘1910〙

Próto-Ìndo-Européan *n.* 〘言語〙 インドヨーロッパ[印欧共通]基語, 印欧祖語 《歴史上のインドヨーロッパの諸語の分裂以前に理論的に想定されるそれらの共通基語; cf. Ursprache》. 〘1947〙

próto·lànguage *n.* 〘言語〙 基語言語, 祖語, 共通基語 《ある言語または語族の始源の言語》: the Indo-European ~ = Proto-Indo-European. 〘1948〙

pròto·líthic *adj.* 〘考古〙 原石器の; [P-] 前期旧石器時代の (Eolithic). 〘(1897) ← PROTO-+-LITHIC〙

pro·to·log /próυṭəlɔ̀(:)g, -lɑ̀(:)g | prə́υtəlɔ̀g/ *n.* 〘生物〙 原記載 《新種・新属などのもとになる記載》. 〘(1905) ← PROTO-+-LOG〙

pro·tol·y·sis /proυtɑ́(:)ləsɪ̣s | prə(υ)tɔ́lɪ̣sɪs/ *n.* 〘化学〙 プロトリシス 《中和過程での陽子の移行》.

pro·to·lyt·ic /pròυṭəlíṭɪk, -ṭl̩- | prəυtəlít-ˊ/ *adj.* 〘化学〙 プロトリチックの, 陽子移行の. 〘← PROTO-+-LYTIC〙

próto·màrtyr *n.* 最初の殉教者 《特に, キリスト教最初の殉教者 Saint Stephen をいう; cf. *Acts* 7:60》. 〘(*c*1433) ◻ OF *prothomartir* (F *protomartyr*) // ML *prōtomartyr* ◻ LGk *prōtomartur-, -mártus* first martyr: ⇨ proto-, martyr〙

próto·mòrph *n.* 〘生物〙 原態 《生物の原始的性質・構造》. 〘(1876) ← PROTO-+-MORPH〙

pròto·mórphic *adj.* 〘生物〙 原始的性質[構造]をもった, 原態の. 〘(1859) ← PROTO-+-MORPHIC〙

pro·ton /próυṭɑ(:)n | prə́υtɔn/ *n.* 〘物理・化学〙 陽子 《1 個の陽電荷を帯びた素粒子で, 原子核の構成要素の一つ, 水素の原子核でもある; cf. electron》. 〘(1920) ◻ Gk *prôton* (neut.) ← *prôtos* first: ⇨ proto-〙

pro·ton·ate /próυṭənèɪt | prə́υtə-/ 〘物理・化学〙 *vt., vi.* (…に)陽子を付加する. **pro·to·na·tion** /pròυṭənéɪʃən | prəυtə-/ *n.* 〘(1945): ⇨ ↑, -ate³〙

próton decáy *n.* 〘物理〙 陽子崩壊 《原子核が陽子を放出することによって他の原子核に変換する現象》.

pro·to·ne·ma /pròυṭəní:mə | prəυtə(υ)-/ *n.* (*pl.* ~·**ta** /~ṭə | ~tə/) 〘植物〙 原糸体, 系状体. **prò·to·né·mal** /-ní:məl, -ml̩ˊ/ *adj.* **pròto·né·ma·tal** /-ní:məṭl̩, -ném- | -tl̩ˊ/ *adj.* 〘(1857) ← NL ~ ← PROTO-+-*nema* (← Gk *nêma* thread: ⇨ nemato-)〙

pròto·nephrídium *n.* 〘動物〙 原腎(じん)管, 水脈管, 原始泌尿器 《扁形動物・いも形動物・輪形動物などの幼生および成体の原始的な排出器官》. 〘(1895) ← PROTO-+NEPHRIDIUM〙

pro·ton·ic /proυtɑ́(:)nɪk | prə(υ)tɔ́n-/ *adj.* 〘化学〙 (水のような溶剤が)分子を溶解するため水素イオン[陽子]を解離して生じることができる. 〘1951〙

próton mìcroscope *n.* 陽子顕微鏡 《陽子のビームを用い, 高い分解能力と鮮明なコントラストをもつ強力な顕微鏡》.

próton nùmber *n.* 〘物理・化学〙 = atomic number.

Pròto-Nórse *n.* 〘言語〙 ノルド基語[祖語] 《700 年ごろまでスカンジナビアにあったと考えられる北ゲルマン語群の言語》.

pro·ton·o·tar·y /proυtɑ́(:)nəṭèri, pròυṭounóυṭəri | prəυtənóυtəri, prə(υ)tɔ́nət-ˊ/ *n.* = prothonotary.

pro·ton·o·tar·i·al /proυtɑ̀(:)nəté*ə*riəl, pròυṭou-noυ- | prəυtənə(υ)téər-, prə(υ)tɔ̀nə-ˊ/ *adj.*

protónotary apostólic *n.* (*pl.* **protonotaries apostolic**) 〘カトリック〙 ローマ教皇の最高記録官 《かつては殉教者の記録を取り扱う七人の最高記録者の一人; 現在は名誉称号; 略 PA》. 〘(1555) 1682〙

próton sỳnchrotron *n.* 〘物理〙 陽子シンクロトロン[加速装置] 《陽子を超高エネルギーに加速する装置; cf. accelerator 7》.

próto·nỳmph *n.* 〘動物〙 第一若虫期のダニ. **pròto·nýmphal** *adj.*

pro·to·path·ic /pròυṭəpǽθɪk | prəυtə(υ)-ˊ/ *adj.* **1** 〘生理〙 〈皮膚感覚が〉原始的な, 一次的な (cf. epicritic): ~ sensation 原始感覚[知覚] 《強い刺激によってしか感じない感覚; 例えば痛さ・冷たさなど》. **2** 〘病理〙 原発性の (idiopathic). 〘(1858) ← PROTO-+-PATHIC〙

pròto·péctin *n.* 〘生化学〙 プロトペクチン 《水に不溶のペクチン質で加水分解によりペクチンまたはペクチン酸を生じる; 植物の細胞壁に含まれる》. 〘(1908) ← PROTO-+PECTIN〙

pròto·phílic *adj.* 〘化学〙 水素イオン[陽子]を含む, 水素イオン[陽子]に親近性がある. 〘(1930) ← PROTO(N)+-PHILIC〙

pròto·phlóem *n.* 〘植物〙 篩部(しぶ), 原生篩部 (cf. metaphloem). 〘(1884) ← PROTO-+PHLOEM〙

pro·to·phyte /próυṭəfàɪt | prə́υtə(υ)-/ *n.* 〘植物〙 **1** 原生植物門 (Protophyta) の植物. **2** 単細胞植物. 〘(1853) ← PROTO-+-PHYTE〙

próto·plànet *n.* 〘天文〙 原始惑星 《惑星のもとになると考えられる仮説上の気体の渦》. 〘1949〙

pro·to·plasm /próυṭəplæ̀zm | prə́υtə(υ)-/ *n.* 〘生物〙 **1** 原形質 《生物体内の生命現象を表すもとになっている物質系の総称; 主に水・蛋白質・脂質・炭水化物・無機塩から成り, 普通は核と細胞質に分化している; cf. metaplasm》. **2** 〘古〙 細胞質 (cytoplasm). 〘(1848) ◻ G *Protoplasma*: ⇨ proto-, -plasma〙

pro·to·plas·mal /pròυṭəplǽzməl, -ml̩ | prəυtə(υ)-ˊ/ *adj.* 〘生物〙 = protoplasmic. 〘(1885): ⇨ ↑, -al¹〙

prò·to·plás·mic /-mɪkˊ/ *adj.* 〘生物〙 原形質の[からなる], 原形質状の. 〘(1854): ⇨ protoplasm, -ic¹〙

pro·to·plast /próυṭəplæ̀st | prə́υtə(υ)-/ *n.* **1** 最初に発生したもの; (想像上の)原生生物[最初の人間]; 原物 (original). **2** 〘生物〙 原形質体 (protoplasmic cell). **3** 〘生物〙 エネルギド (energid). **pro·to·plas·tic** /pròυṭəplǽstɪk | prəυtə(υ)-ˊ/ *adj.* 〘(*c*1532) ◻ (O)F *protoplaste* ◻ LL *prōtoplastus* first man ◻ Gk *prōtóplastos* first formed: ⇨ proto-, -plast〙

pro·to·pod /próυṭəpɑ̀(:)d | prə́υtə(υ)pɔ̀d/ *n.* 〘動物〙 = protopodite. 〘1925〙

pro·top·o·dite /proυtɑ́(:)pədàɪt | prə(υ)tɔ́p-/ *n.* 〘動物〙 原節, 脚基, 基肢 《節足動物の甲殻(こう)綱にある二叉した付属肢》. **pro·top·o·dit·ic** /proυtɑ̀(:)pədíṭɪk | prə(υ)tɔ̀pədít-ˊ/ *adj.* 〘(1870) ← PROTO-+-PODITE〙

próto·pòpe *n.* 〘東方正教会〙 首席司祭 《主教の不在や空位の期間中には教区を管理する》. 〘(1662) ◻ Russ. *protopop* ◻ MGk *prōtopapâs* chief priest ← PROTO-+Gk *pápas* 'priest, POPE¹'〙

pròto·pórcelain *n.* 〘窯業〙 プロト磁器 《初期中国磁器と類似した組成であるが, 焼成温度が低いために真磁器のような透光性をもっていない》. 〘← PROTO-+PORCELAIN: cf. G *Urporzellan*〙

pròto·pórphyrin *n.* 〘生化学〙 プロトポルフィリン ($C_{34}H_{34}N_4O_4$) 《ポルフィリンの一種》. 〘1925〙

pròto·présbyter *n.* 〘東方正教会〙 = protopope. 〘(1882–83) ← NGk *prōtopresbúteros*: ⇨ proto-, presbyter〙

prot·ore /próυtɔə | prə́υtɔ:ʳ/ *n.* プロトオア 《富化作用を受ける前の原鉱》. 〘← PROTO-+ORE〙

Pròto-Semític *n.* 〘言語〙 セム基語[祖語] 《理論的に想定されるセム語族諸語の共通基語》. 〘1948〙

próto·stàr *n.* 〘天文〙 原始星 《恒星に進化すると考えられるちりや原子の集まり》. 〘1954〙

pro·to·stele /próυṭəstì:l, -stì:li | prə́υtə(υ)-/ *n.* 〘植物〙 原生中心柱 《中央に木部, その周囲に篩部(しぶ) (protophloem) のある最も原始的な中心柱; cf. siphonostele》. **pro·to·ste·lic** /pròυṭəstí:lɪk | prəυtə(υ)-ˊ/ *adj.* 〘(1901) ← PROTO-+STELE〙

proto·stome /próυṭəstòυm | prə́υtəstə̀υm/ *n.* 〘動物〙 旧口動物, 前口動物 《発生過程で原口が口になり, のちに肛門ができる無脊椎動物》. 〘1959〙

Pro·to·the·ri·a /pròυṭəθí*ə*riə | prəυtə(υ)θíər-/ *n. pl.* 〘動物〙 原獣亜綱, 原哺乳亜綱 《哺乳類の最下等な類で卵生; カモノハシ (platypus), ハリモグラ (echidna) などを含む》. 〘(1880) ← NL ~: ⇨ proto-, Theria〙

pro·to·the·ri·an /pròυṭəθí*ə*riən | prəυtə(υ)θíər-ˊ/ *adj., n.* 〘動物〙 原獣亜綱の(動物). 〘(1881): ⇨ ↑, -an¹〙

pro·to·troph /próυṭətrɑ̀(:)f, -tròυf | prə́υtətrɔ̀f/ *n.* 〘生物〙 原栄養株(しゅ), プロトトローフ 《自分で栄養を合成できる菌株; cf. autotroph》. 〘(1946) 《逆成》 ↓〙

pro·to·troph·ic /pròυṭətrɑ́(:)fɪk, -tróυf- | prəυtə(υ)trɔ́f-ˊ/ *adj.* 〘生物〙 原始栄養の, 栄養を無機物から作る 《原形質合成に光のエネルギーを利用するなど; cf. heterotrophic》. 〘(1900) ← PROTO-+-TROPHIC〙

pro·tot·ro·py /proυtɑ́(:)trəpi | prə(υ)tɔ́trə-/ *n.* 〘物理化学〙 プロトトロピー, プロトン移動 《分子内でプロトンが転位する現象; ⇨ cationotropy》. 〘(1923) ← PROTO(N)+-TROPY〙

pro·to·typ·al /pròυṭətáɪpəl, -pl̩ | prəυtə(υ)-ˊ/ *adj.* 原型の, 模範の, 先駆けの. 〘(*a*1693): ⇨ ↓, -al¹〙

pro·to·type /próυṭətàɪp | prə́υtə(υ)-/ *n.* **1** 原型, プロトタイプ (cf. ectype); (航空機などの)試作モデル, 試作品. **2** 模範, 手本; 典型, 標本. **3** 先駆け, はしり. **4** 〘生物〙 原形, 原型 (archetype). 〘(1603) ◻ F ~ ◻ Gk *prōtótupon* 《原義》 original, primitive: ⇨ proto-, -type〙

pro·to·typ·i·cal /pròυṭətípɪ̣kəl, -kl̩ | prəυtə(υ)-ˊ/ *adj.* = prototypal. **prò·to·týp·ic** /-típɪkˊ/ *adj.* 〘(1650): ⇨ ↑, -ical〙

pròto·vírus *n.* 〘生物〙 原形ウイルス.

prot·ox·id /proυtɑ́(:)ksɪ̣d | prəυtɔ́ksɪd/ *n.* 〘化学〙 第一酸化物, 初級酸化物. 〘(1804) ← PROTO-+OXID〙

prot·ox·ide /proυtɑ́(:)ksaɪd, -sɪ̣d | prəυtɔ́ksaɪd/ *n.* 〘化学〙 = protoxid.

pròto·xýlem *n.* 〘植物〙 原生木部 《原始形成層から造られる最初の木部; cf. metaxylem》. 〘(1887) ← PROTO-+XYLEM〙

protozoa *n.* protozoon の複数形.

Pro·to·zo·a /pròυṭəzóυə, -ṭoυ- | prəυtə(υ)zə́υə/ *n. pl.* 〘動物〙 原生動物門, 原虫類 《単細胞で顕微鏡的な動物の総称; 普通次の 4 群に分けられる: Sarcodina, Mastigophora, Sporozoa, Ciliata; cf. Metazoa》. 〘(*a*1834) ← NL ~: ⇨ proto-, -zoa〙

pro·to·zo·al /pròυṭəzóυəl, -ṭoυ- | prəυtə(υ)zə́υ-ˊ/ *adj.* 〘動物〙 = protozoan. 〘⇨ Protozoa, -al¹〙

pro·to·zo·an /pròυṭəzóυən, -ṭoυ- | prəυtə(υ)zə́υ-ˊ/ 〘動物〙 *adj.* 原生動物の, 原虫類の. — *n.* 原生動物, 原虫. 〘(1864): ⇨ ↑, -an¹〙

pròto·zoéa *n.* 〘動物〙 プロトゾエア 《節足動物・甲殻類の

うち主として十脚類の発生でゾエア (zoea) の前の時期の幼生; cf. metazoea). 〖← NL ~: ⇨ proto-, zoea〗

pro·to·zo·ic /pròuṭəzóuɪk, -ṭou- | pròutə(u)zóu-⁻/ *adj.* **1** 〘地質〙〈地層が〉ごく原始的な化石を含んだ. **2** 〘動物〙= protozoan. 〖(1838): ⇨ Protozoa, -ic¹〗

pròto·zoólogy *n.* 原生動物学, 原虫学. **pròto·zoológical** *adj.* **pròto·zoólogist** *n.* 〖(1904): ⇨ Protozoa, -logy〗

pròto·zóon *n.* (*pl.* **-zoa**) 〘動物〙= protozoan.

pro·tract /proutrǽkt, prə- | prə(u)-/ *vt.* **1** …の時間を長引かせる, 延ばす, 繰り延べる (⇨ extend SYN): We ~*ed* our stay for some weeks. 2, 3 週間滞在を延ばした. **2** 〘測量〙(比例尺・分度器に合わせて)製図する, 図取りする. **3** 〘解剖・生理〙〈器官を〉伸ばす, 突き出す. 〖(*a*1548) ← L *prōtractus* (p.p.) ← *prōtrahere* to draw out ← PRO-¹+*trahere* to drag: ⇨ tract¹〗

pro·tráct·ed *adj.* 長引いた, 伸ばした; 〘医学〙遅延(性)の, 苒(ぜん)延(性)の: ~ disease [suffering] 長引く病気[苦痛] / ~ labor 遅延分娩 / ~ miction 苒延性排尿(困難). **~·ly** *adv.* **~·ness** *n.* 〖(1696) (p.p.) ↑〗

protrácted méeting *n.* 延長集会[大会]. 〖1832〗

pro·trac·tile /proutrǽktḷ, prə- | prətrǽktaɪl/ *adj.* (*also* **pro·tract·i·ble** /-ṭəbḷ | -tɪ̀-/) 〘動物〙〈鳥類の舌などの器官が〉伸ばせる, 伸長性の (extensile). 〖(1828) ← PROTRACT+-ILE¹〗

pro·trac·tion /proutrǽkʃən, prə- | prə-/ *n.* **1** (時間的に)長引かすこと, 引き延ばし: the ~ of a debate. **2 a** 引き延ばされた状態. **b** 引き延ばされた物. **3** 器官を伸ばすこと, 伸長 (extending): the ~ of a muscle. **4** (比例尺・分度器に合わせた)図取り, 製図. **5** 〘音声〙短音節を不規則に長く発音すること. 〖(*c*1450) ◻ F ~ // LL *prōtractiō(n-)*: ⇨ protract, -tion〗

pro·trác·tive /-tɪv/ *adj.* 長引く, 遅延する (delaying). 〖1601–02〗

pro·trác·tor *n.* **1** 時間・行為などを引き延ばす人[もの]. **2** 〘数学・測量〙分度器. **3** 〘解剖〙伸出筋, 牽出(けんしゅつ)筋 (extensor の旧名; cf. retractor 3). **4** 〘外科〙異物摘出器. 〖(1611) ◻ ML *prōtractor*: ⇨ protract, -or²〗

pro·trep·tic /proutréptɪk | prə(u)-/ *n.* 奨励, 勧告, 説教, 忠告; 奨励[勧告]のための本[言葉] (exhortation). **—** *adj.* 奨励[勧告, 説教]を目的とした (exhortative). 〖(1656) ◻ LL *protrepticus* ◻ Gk *protreptikós* ← PRO-²+*trépein* to turn: ⇨ -ic¹〗

pro·trude /proutrú:d, prə- | prə(u)-/ *vi.* 突き出る, 押し出る, はみ出る: His eyes ~. 彼は出目だ / a handkerchief *protruding* from his pocket 彼のポケットからはみ出たハンカチ. **—** *vt.* **1** 突き出す: ~ one's lips 唇を突き出す. **2** 無理やり押しつける. **pro·trúd·a·ble** /-ḍəbḷ | -də-/ *adj.* 〖(1620) ◻ L *prōtrūdere* ← PRO-¹+*trūdere* 'to THRUST'〗

pro·trú·dent /-dənt, -dṇt | -dənt, -dṇt/ *adj.* 突き出した, 押し出た (protruding). 〖(1891) ◻ L *prōtrūdentem* (pres.p.) ← *prōtrūdere*: ⇨ ↑, -ent〗

pro·trú·si·ble /-səbḷ | -sɪ̀bḷ, -zɪ̀-/ *adj.* 押し[突き]出される. 〖(1836–39) ← PROTRUS(ION)+-IBLE〗

pro·tru·sile /proutrú:sḷ, prə-, -sɪl | prə(u)trú:saɪl/ *adj.* 〘動物〙(手足・カタツムリの触覚などのように)突き出せる, 押し出せる (cf. retractile). 〖(1847): ⇨ ↓, -ile¹〗

pro·tru·sion /proutrú:ʒən | prə-/ *n.* **1** 突出したもの, 突出部, 突起(部) (⇨ projection SYN). **2** 突出, 押出し, はみ出し: the ~ of the eyeballs 出目. **3** 〘歯科〙**a** 前歯[下顎]前方移動. **b** 前歯[下顎]が前方に出ている状態. 〖(1646) ◻ F ~ // L *prōtrusiō(n-)* ← *prōtrūsus* (p.p.) ← *prōtrūdere*: ⇨ protrude〗

pro·tru·sive /proutrú:sɪv, -zɪv | prətrú:s-/ *adj.* **1** 押し出る, 突き出た. **2** でしゃばる, 無遠慮な (obtrusive のほうが普通). **3** 突き出す, 押し出す. **~·ly** *adv.* **~·ness** *n.* 〖(1676): ⇨ ↑, -ive〗

protrúsive occlúsion *n.* 〘歯科〙前方咬合 (通常のかみ合わせよりも前方でかみ合わせること).

pro·tu·ber·ance /proutú:b(ə)rəns, -tjú:- | prətjú:-/ *n.* **1** 隆起(していること), 突出. **2** 隆起[突出]部, 突起; こぶ, 結節 (⇨ projection SYN): a ~ on a tree 樹木のこぶ. **pro·tú·ber·an·cy** /-rənsi/ *n.* 〖(1646) ← LL *prōtūber(are)*+-ANCE: ⇨ protuberant〗

pro·tu·ber·ant /proutú:b(ə)rənt, prə-, -tjú:- | prətjú:-/ *adj.* **1** 突出した, 突起した, 盛り上がった: ~ eyes 出目. **2** 顕著な, 目立った. **~·ly** *adv.* 〖(1646) ◻ LL *prōtūberantem* (pres.p.) ← *prōtūberāre* to bulge out ← PRO-¹+L *tūberāre* to swell (← *tūber* lump): ⇨ tuber¹, -ant〗

pro·tu·ber·ate /proutú:bərèɪt, -tjú:- | prətjú:-/ *vi.* 盛り上がる, 隆起する. (bulge). 〖(1578) ← LL *prōtūberātus* (p.p.) ← *prōtūberāre* (↑): ⇨ -ate³〗

Pro·tu·ra /prətúᵊrə, -tjúᵊrə | -tjúərə/ *n. pl.* 〘昆虫〙原尾目. 〖← NL ~: ⇨ proto-, -ura〗

pro·tu·ran /prətúᵊrən, -tjúᵊr- | -tjúər-/ *adj., n.* 〘昆虫〙原尾目の(昆虫) (カマアシムシなど). 〖⇨ ↑, -an¹〗

pro·tyl /próuṭḷ | práut-/ *n.* 〘化学〙= protyle.

pro·tyle /próutaɪl | práu-/ *n.* 〘化学〙原質 (すべての元素を構成する基本要素と考えられた). 〖(1886) ← PROTO-+Gk *hūlē* material, matter: ⇨ -yl〗

proud /práud/ *adj.* (~·er; ~·est) **1** 〔…を〕誇った, 自慢の, 得意で〔*of*〕: be ~ *of* one's country [one's children, oneself] 自国[わが子, 自分]を自慢している / a ~ father (よい息子などをもって)得意の父 / the ~ possessor of a BA 得意になった文学士の取得者 / (as) ~ as a peacock とてもうぬぼれて; 大得意で (cf. SWELL like a turkey-cock) / It was not something to be ~ of. 自慢できるようなものではなかった. **2 a** (…を)誇りに思う, 光栄とする〔*of*〕〈*to do*〉: be ~ *of* a person's friendship 人との友情[知り合い]を名誉とする / be ~ *to* die for one's country 国のために誇らしく死ぬ. **b** 〘方言〙非常にうれしい (much pleased)〔*of*〕〈*to do*〉: I'm ~ *to* meet you. **3** 高慢な, えらがる, 尊大な (arrogant) (↔ humble): a ~ man 高慢な人 / He is too ~ to ask questions. 彼は威張っていて質問をしない. **4** 〈…することに〉誇りをもった, 誇り高い, 名誉を重んじる, 自尊心のある, 見識のある〈*to do*〉: be too ~ *to* beg 物請いをするのを潔しとしない / too ~ *to* fight 戦うのは自尊心が許さない, 戦うのを潔しとしない (第一次大戦中, 米国大統領 Wilson が使った句として一般化した). **5** [限定的に用いて]〈物・事が〉誇るに足る, 名誉とすべき; 〈人・物・事が〉あっぱれな, 立派な, 堂々とした (splendid): a ~ achievement あっぱれな業績 / a ~ period in the country's history 国史上の全盛期 / the ~*est* moment of my life 私の一生で一番得意な時 / on a ~ occasion 晴れの舞台で / ~ nobles 立派な貴族たち / in ~ array 堂々と整列して. **6** 〈河川など〉増水する[した]. **7 a** 〘英〙(周囲よりも)盛り上がった〔*of*〕: stand ~ *of* the surface 表面より盛り上がっている. **b** 〘病理〙〈傷跡などが〉ふくれ上がる[上がった]: ⇨ proud flesh. **8** 〘詩〙〈馬など〉元気のあふれる: a ~ steed 威勢のいい馬. **9** 〈特に雌の動物が〉(性的に)興奮した, 発情した. **10** 〘古〙勇敢な (brave).
dò a person próud 〘口語〙(1) 〈人に〉面目を施させる, 〈人を〉喜ばせる[得意にする]: It *does* [*will do*] me ~. 大変結構[大満足]です. (2) もてなす: You really *did me* ~. ごちそうになりました. ***dò onesèlf próud*** 〘口語〙(1) あっぱれなふるまいをする, 面目を施す, 出世をする. (2) (思いきり)贅沢(ぜいたく)なことをする, 贅沢に暮らす. 〖1884〗
— *adv.* 〘廃〙= proudly.
~·ness *n.* 〖?lateOE *prūd, prūt* ◻ OF *prud, prod* (F *preux*) gallant ◻ LL *prōde* profitable, useful (逆成) ← L *prōdesse* to be useful ← *prō* before, for+-*esse* to be: ⇨ pro-¹, esse: cf. pride, prow²〗

SYN 高慢な: **proud** [よい意味で]〈人が〉誇りを持っている; [悪い意味で] 高慢な: He is *proud* of his success. 成功を誇りとしている / He is *proud* as a peacock. ひどくうぬぼれている. **arrogant** 〘悪い意味で〙自分はほかの人々よりもずっと重要だと考えている: a rude, *arrogant* man 無礼で傲慢(ごうまん)な男. **haughty** 自分の生まれ・身分・人物を過度に意識し, 自分より下の者をはっきりと軽蔑する: a *haughty* air 尊大な態度. **self-important** 自分が実際より偉いかのようにふるまう: a *self-important* official もったいぶっている役人. **overbearing** 他人に対して極端に横柄で無礼な: an *overbearing* employer 威張り散らす雇い主. **disdainful** 目下の者に対して強い軽蔑心を抱く (格式ばった語): a *disdainful* glance 侮蔑的な一瞥(いちべつ).
ANT humble.

---

próud flésh *n.* 〘病理〙(創傷・潰瘍(かいよう)がいえて生じる)肉芽. 〖(*c*1400): ⇨ proud 7 b〗

próud·héarted *adj.* 高慢な, 尊大な. 〖*c*1378〗

Prou·dhon /pru:dɔ́(:)n, -dɑ́(:)n | prú:dɒn; *F.* pʁudɔ̃/, **Pierre Joseph** *n.* プルードン (1809–65; フランスの社会主義者・著述家; 無政府主義思想を展開した).

proud·ly /práudli/ *adv.* **1** 誇らしげに; 自慢して; 自尊心をもって: display the photo ~ 写真を自慢げに見せびらかす. **2** うぬぼれて, 高慢に, 尊大に. **3** 見事に, 堂々と: The king rode ~ at the head of his soldiers. 王は兵士の先頭に立って堂々と馬に乗って行進した. 〖lateOE *prūtlīce*: ⇨ -ly¹〗

Proust /prú:st; *F.* pʁust/, **Joseph Louis** *n.* プルースト (1754–1826; フランスの化学者; 定比例の法則 (law of definite proportions) を確立).

Proust, Marcel *n.* プルースト (1871–1922; フランスの心理主義小説家; *À la recherche du temps perdu*「失われた時を求めて」(7 parts, 1913–27); cf. Shak., *Sonnets* 30. 2).

Proust·i·an /prú:stiən | -tjən, -tiən/ *adj.* プルースト (Marcel Proust) 風[的, 流]の. **—** *n.* プルースト賛美[模倣]者. 〖(1919): ⇨ ↑, -ian〗

proust·ite /prú:staɪt/ *n.* 〘鉱物〙淡紅(たんこう)銀鉱, プルースタイト (Ag_3AsS_3) (ruby silver ともいう). 〖(1835) ← *J. L. Proust*: ⇨ -ite¹〗

Prout /práut/, **Ebenezer** *n.* プラウト (1835–1909; 英国の音楽学者・作曲家).

Prout, William *n.* プラウト (1785–1850; 英国の化学者; 原子論を修正したことで知られる).

prov. (略) proverb; proverbial; providence; provident; province; provincial; provincialism; provincially; provision; provisional; provost.

Prov. (略) provençal; Provence; Proverbs (旧約聖書の)箴言(しんげん); Providence; Province; Provost.

prov·a·ble /prú:vəbḷ/ *adj.* 立証[証明]できる, 確かめられる; 試みられる: a ~ alibi. **próv·a·bly** *adv.* **~·ness** *n.* **prov·a·bil·i·ty** /prù:vəbíləṭi | -lɪ̀ti/ *n.* 〖(*c*1395) ◻ OF ~: ⇨ ↓, -able〗

prove /prú:v/ *v.* (**proved; proved,** 〘米・英古〙 **proven** /prú:vən/) **—** *vt.* **1** 証明する, 証拠立てる, 確かめる; (行為により)証明する; (証拠によって)立証する: ~ its truth [*that* it is true, it (*to* be) true] それが真実であることを証明する / ~ the existence of God 神の存在を証明する / ~ an alibi アリバイを証明する / ~ the contrary 反対の証明をする / ~ a charge [something] against a person 人に対して罪を立証する / It's truth remains [has yet] to be ~*d*. それが真実であることはまだ証明されていない / It just goes to ~ *that* you can't trust them. それは彼らを信用できないことを証明するのに役立つ. **2** [~ *oneself* で; 目的補語を伴って]〈自身が〉〈…で〉あることを立証する[身をもって示す]: ~ *oneself* (*to* be) worthy of confidence 信任するに足りることを自証する, 信頼に答える. **3** 〘法律〙〈遺言書〉の適法性の確認手続きを踏む (〘米〙 probate). **4** 〘数学〙証明する; 検算する. **5** 〘印刷〙…の校正刷り (proof) をとる, ゲラを刷る. **6** 〈パン・こね粉などを〉(ある)柔らかさに膨らませる. **7 a** 〈武器などを〉試験[検査]する: ~ gold [a gun] 金[銃]の試験をする. **b** 〘古〙試す, 試験する (try): ~ a man's honesty [the genuineness of a text] 人の誠実[原本の真偽]を試す. **c** 〘古〙(経験によって)確かめる. **8** 〘古〙経験する, 体験する (experience): ~ great woes 大災難を体験する. **—** *vi.* **1** 〈…であることが〉わかる, 〈…と〉判明する; 〈…と〉なる (turn out) 〈*to do*〉: He will ~ *to* know [*to* have known] nothing about it. 彼はそれについて何も知っていないことがわかるだろう / It will ~ (*to be*) of great use. 非常に役に立つだろう / The report [rumor] ~*d* (*to be*) true. 報告[うわさ]は本当だった / The lost key ~*d* to be in the lock! なくした鍵は錠前に入れたままだった / What will we do if the facts ~ (*to* be) otherwise? 事実が違うとしたらどうしようか. **2** 〈パンなどが〉(ある)柔らかさに膨らむ. **3** 〘古〙試験する, 試す.
próve one's cáse 主張の正しさを証明する. ***próve óut*** (1) 希望どおりになる, 条件にかなう, うまくいく. (2) …の性能(など)を確認する, 徹底的に調べる. (1959) ***próve úp*** 〘米〙(1) 〔ある要求権を得る〕条件を完了する, 権利を立証する〔*on*〕. (2) うまくいく (prove out). (1867)
〖?lateOE *proven* ◻ OF *prover* (F *prouver*) < L *probāre* to test ← *probus* good, proper ← PRO-¹+IE **bheu(ə)-* 'to BE': cf. probe, proof, reprove〗

pro·ved·i·tor /prouvédəṭə | prə(u)védɪtə(r)/ *n.* **1** ベネチア共和国の官吏・属領の総督・軍の顧問などの肩書. **2** (軍隊・船などの)必需品調達係. 〖(1585) ◻ It. (廃) *proveditore* ← *provedere* to provide〗

prov·e·dore /prɑ́(:)vədɔ̀ə | prɔ́vɪdɔ̀:(r)/ *n.* (*also* **prov·e·dor** /~/) = proveditor. 〖(1578) ◻ Port. *provedor* ← L *prōvidēre* 'to PROVIDE'〗

próved resérves *n. pl.* 〘鉱山〙確定鉱量[埋蔵量].

prov·en /prú:vən/ *v.* 〘米・英古〙 prove の過去分詞. **—** *adj.* 証明済みの, 立証された (proved): not ~ 〘スコット法〙証拠不十分. **~·ly** *adv.* 〖(*c*1536) (p.p.) ← ME *preve(n)* (異形) ← *prove(n)* 'to PROVE': ME *preve(n)* は OF *prover* の強音節にある時の発音 -*ē*- から来たもの: cf. CHOOSE–CHOSEN; WEAVE–WOVEN〗

prov·e·nance /prɑ́(:)vənəns, -vənɑ̀ns | prɔ́vənəns/ *n.* 起源 (⇨ origin SYN); 出所 (source): a picture of doubtful ~ 出処の疑わしい絵. 〖(1861) ◻ F ~ ← *provenant* coming from (pres. p.) ← *provenir* to originate ◻ L *prōvenīre* to appear ← PRO-¹+*venīre* to come (← IE **gʷā-* 'to go, COME')〗

Pro·ven·çal /pròuvɑ:nsɑ́:l, prɑ̀(:)v-, -vən- | prɔ̀vɑ:n-, -vɑ:n-, -vən-⁻; *F.* pʁɔvɑ̃sal/ *adj.* **1** プロバンス (Provence) の. **2** プロバンス人[語]の. **3** = Provençale. **—** *n.* (*pl.* **~s, -ven·çaux** /-sóu | -sóu; *F.* -so/) **1** プロバンス人. **2** プロヴァンス語 (略 Prov.; ⇨ Old Provençal). 〖(1589) ◻ OF ~ ← *Provence* ◻ L *Provincia* (原義) 'PROVINCE': ⇨ ↓, -al¹〗

Pro·ven·çale /pròuvɑ:nsɑ́:l, prɑ̀(:)v-, -vɑ:n-, -vən-, -vɛn- | prɔ̀vɑ:n-, -vɑ:n-, -vən-⁻; *F.* pʁɔvɑ̃sal/ *adj.* (料理が)プロバンス風の (油・ニンニク・トマトなどを用いる). 〖◻ F ~ (fem.) ← *provençal* (↑)〗

Pro·vence /prəvɑ́:ns, prɑ(:)-, prou-, -vɑ́:ns | prɔ-, prə(u)-; *F.* pʁɔvɑ̃:s/ *n.* プロバンス (フランス南東部地中海沿岸地方; 古くは一州をなしていた; 中世の吟遊叙情詩人の一派 (troubadours) と騎士道で有名; ワイン・果物・野菜を産する; 観光地; 主都 Marseilles, Nice). 〖(1578) ◻ F ~ ← L *prōvincia* 'PROVINCE'〗

Pro·vence-Côte d'A·zur /prəvɑ́:(n)skòutdəzúə, -vɑ́:ns- | prɔvɑ́:(n)skəutdəzúə(r)/ *n.* プロバンスコートダジュール (フランス南東部の大都市地域; 面積 31,435 m^2; 主都 Marseilles).

Provénce róse *n.* 〘植物〙= cabbage rose. 〖((1578)) (1707)〗

prov·en·der /prɑ́(:)vəndə | prɔ́vɪndə(r)/ *n.* **1** 飼い葉, まぐさ (fodder) (主に乾草とひき割り穀物). **2** 〘口語・戯言〙(人間の)食物,「えさ」(food). **—** *vt.* 〈家畜〉に飼い葉をやる. 〖(*c*1300) *provendre* ◻ OF *provend(r)e* ◻ ML *provenda* (変形) ← LL *praebenda* 'PREBEND': ML の形は L *prōvidēre* 'to PROVIDE' の影響を受けた〗

Prov. Eng. (略) Provincial English.

pro·ve·ni·ence /prəví:niəns, prou- | prə(u)-/ *n.* = provenance. 〖(1882) (変形) ← PROVENANCE: L *prōvenientem* ((pres.p.) ← *prōvenīre* to come forth) の影響を受けた〗

pro·ven·tric·u·lus /pròuvɛntríkjuləs | prə̀u-/ *n.* (*pl.* **-u·li** /-làɪ/) 〘動物〙**1** 前胃 (鳥類の砂嚢(さのう) (gizzard) の前方にある). **2** (昆虫の)前胃, 咀嚼(そしゃく)胃 (嗉嚢(そのう)に続く部分). **prò·ven·tríc·u·lar** /-lə | -lə(r)/ *adj.* 〖(1835–6) ← NL ~: ⇨ pro-¹, ventriculus〗

próv·er *n.* **1** 試験器[装置]. **2** 〘印刷〙校正刷り工, ゲラ刷り工 (proofer). **3** 〘古〙証明者. 〖(*c*1384) *prevere*: ⇨ prove, -er¹〗

prov·erb /prɑ́(:)vəːb | prɔ́vəːb/ *n.* **1** 諺(ことわざ); 金言, 教訓 (⇨ saying SYN): as the ~ runs [goes, says] 諺にいう通り. **2** (ある特徴などのために)あまねく知られている人; 知らぬ人のない物: pass into a ~ 諺になる; 評判[笑い草]になる / His punctuality is a ~.=He is a ~ for punctuality. 彼の時間厳守は定評がある (知らない人がない). **3 a**

(諺を仕組んだ)諺劇. **b** [*pl.*; 単数または複数扱い] 諺遊戯《諺を考えて当てさせる遊戯》. **4 a** [Proverbs; 単数扱い] (旧約聖書の)箴言(しんげん)《Solomon をはじめイスラエルの賢人たちの言葉を含む; 略 Prov.》. **b** 《古》たとえ (parable), 謎(なぞ) (enigma) (cf. *Num.* 21:27, *John* 16:29).

to a próverb 諺になるほど, 定評になって: be punctual *to a* ～ 時間厳守で定評がある.《1743》

— *vt.* **1** 諺風に言い表す. **2** 諺の種にする. **3** 通り言葉にする.

〘n.: (*c*1303) □ (O)F *proverbe* ∥ L *prōverbium*: ⇨ pro-[1], verb. — v.: (*c*1385) ← (n.)〙

pró·vèrb *n.* 〘文法〙代動詞《例えば I chose my wife as she did her gown. における did (=chose); cf. pronoun, substitute 2》. 〘← PRO-[1]+VERB: PRONOUN にならった造語〙

pro·ver·bi·al /prəvə́ːbiəl, proʊ- | prə(ʊ)və́ː-/ *adj.* **1** 諺(ことわざ)の, 諺風の, 諺で表現された: ～ brevity 諺式の簡潔さ / a ～ phrase [saying] 諺 / ～ wisdom 金言. **2** 諺になった; 評判の, 天下周知の, 名うての (notorious): the ～ London fog 有名なロンドンの霧 / His meanness is ～. 彼の卑劣さは有名だ. **pro·vèr·bi·ál·i·ty** /prəvəːbiǽləti, proʊ- | prə(ʊ)vəːbiǽlɪ̀ti/ *n.* 〘(*c*1475) □ L *prōverbiālis* ← *prōverbium*: ⇨ proverb, -al[1]〙

pro·vér·bi·al·ist /-lɪ̀st | -lɪst/ *n.* **1** よく諺(ことわざ)を使う[作る]人. **2** 諺研究者. 〘(1709): ⇨ -ist〙

pro·vér·bi·al·ly /-biəli/ *adv.* **1** 諺(ことわざ)の通りに; 諺風に. **2** 諺になるほど, 一般に, 広く(知られて): Why, medicine is ～ nasty. そりゃ薬は苦いに決まっている. 〘(1432–50): ⇨ proverb, -ly[1]〙

pró-vìce-cháncellor *n.* (大学の)副学長[副総長]補佐[代理].

pro·vide /prəváɪd/ *vt.* **1 a** 〈人〉に〔必要・有用な物を〕与える, 供給する (⇨ offer, supply[1] SYN); 〈物〉に〔…を〕装備する (equip) 〔*with*〕: ～ a person *with* food [a room] 人に食物[部屋]を提供する / a car ～*d with* seat belts シートベルトの付いた自動車 / He ～*d* his child *with* a good education. 彼は子供によい教育を受けさせた. ★二重目的語を従えるのは《米》: The store ～*s* us all we need. あの店へ行けば必要なものは何でも間に合う[そろう] / be ～*d with* …の設備がある, …が備わっている / Students must ～ their own pens and write only on paper ～*d* (by the examiners). 学生は各自ペンを用意して, (試験官から)与えられた用紙のみに書くこと / She ～*d* assurances that it would never happen. 彼女はそれは決して起こらないだろうと保証してくれた. **b** 〈必要品を〉〈人に〉与える, 支給する 〔*for*,《米》*to*〕: ～ a hint / ～ a meal (*for* one's guests) (客に)食事を出す / The dam ～*s* electricity *for* [*to*] farmers. そのダムは農家に電気を供給している / The company ～*s* accident insurance *for* its employees.＝The company ～*s* its employees *with* accident insurance. 会社は従業員に傷害保険をかけている / The theater ～*s* seats [seating] *for* 2,000 spectators. 劇場は2,000人の観客を収容する. **2** 〘法律〙〈法律・契約・規定などが〉約定する, 規定する (stipulate) 〈*that*〉: The contract ～*s that* the tenant shall be responsible for all repairs. 契約では修繕はすべて借家人の責任と規定されている / unless [except where] otherwise ～*d* 他の規定がない限り, 例外規定がなければ. **3** 《まれ》 **a** あらかじめ用意する, 準備する (prepare): The ant … ～*th* her meat in the summer. 蟻(あり)は夏のうちに食を備える (*Prov.* 6:6–8). **b** 〈口実・理由などを〉考えておく, 用意しておく: ～ an excuse [a chance for escape] 口実[逃げ道]を用意しておく. **4** 〘キリスト教〙(空位になる前に)〘聖職に〙任命する 〔*to*〕: ～ an incumbent *to* a benefice 牧師を聖職に任命する.

— *vi.* **1** 準備する, 備えをする, 予防手段を講じる (⇨ supply SYN): ～ *for* a rainy day 不時に備える / ～ *for* one's old age [child's education] 老後[子供の教育]に備える / ～ *for* shrinkage in the wash 洗った時に縮むことを考慮に入れておく / ～ *against* accidents [an attack] 事故[攻撃]に備える / ～ *against* inflation インフレに歯止めを掛ける. **2** 扶養する, 養う, 必要物を供給する, まかなう: The Lord will ～. 神は養いを与えたもう. **3** 〔…を〕禁じる 〔*against*〕: ～ *against* absence without leave 無断欠勤を禁止する.

provide for (1) 〈事故・万一など〉に備える (cf. *vi.* 1): Every possible failure has been ～*d for*. どんな故障に対しても予防手段が講じられている. (2) 〈家族を〉扶養する, 養う (support): ～ *for* oneself 自活する / He has ～*d* well *for* his family. 家族に何不足なくしてやっている / The children are adequately ～*d for*. その子供たちは(親があって)きちんと扶養されている. (3) (生活に困らないように) …のことを考えておく, …に対して必要な手段を講じておく: "～ *for* the common defense" 国防のために必要な手段を講じておく《アメリカ合衆国憲法の中の文句》/ ～ *for* employees *against* on-the-job accidents 就業中の事故に対し従業員に保障する / She was properly ～*d for* in his will. 彼女のことは(後顧の憂いがないように)彼の遺言にきちんと配慮してあった. (4) 〘法律〙…を約定する, 規定する: ～ *for* equal pay for women 女性にも同一賃金を認める / It is ～*d for* in the agreement. その件は契約書に規定されている. 《*c*1420》

〘(*c*1408) □ L *prōvidēre* to foresee, provide for ← PRO-[1]+*vidēre* to see: ⇨ vision: PURVEY と二重語〙

pro·vid·ed /prəváɪdɪ̀d | -dɪ̀d/ *conj.* [しばしば ～ *that* として] …という条件で (on condition that), もし…とすれば (⇨ if SYN). ★ if よりも文語的で意味が強い: You can make a perfectly respectable cup of tea with a tea bag, ～ you buy good-quality ones. 上等のものを購入しさえすればティーバッグでも本当においしいお茶が入れられる.

— *adj.* 用意[支給]された; 規定[約定]された (cf. provide *vt.* 1 a): in the space ～ above 上の空欄に. 〘conj.: 《1430》(p.p.) ↑〙

províded schóol *n.* ＝county council school. 〘1902〙

prov·i·dence /prɑ́(ː)vədəns, -dṇs, -dèns, -dənts, -dṇts, -dènts | prɔ́vɪ̀dəns, -dənts, -dṇts/ *n.* **1** [しばしば P-] 摂理, 神意, 神慮, 天祐(てんゆう); 神意のあらわれ: the *Providence* [～] of God＝divine ～ 神の摂理 / a special ～ 特別な神慮 (Shak., *Hamlet* 5. 2. 230–1). **2** [P-] 神, 天帝 (God): visitation of *Providence* 天災, 不幸 / We must trust in [to] *Providence*. 天に任せなければならない. **3** 先見, (将来への)配慮, 用心; 《古》(先を考えての)倹約 (thrift): *Providence* is better than (a) rent. 《諺》倹約は収入にまさる. ***témpt províDence*** ⇨ tempt *v.* 成句. 〘(*c*1384) □ (O)F ～ ∥ L *prōvidentia* ← *prōvidentem*: ⇨ provident, -ence〙

Prov·i·dence /prɑ́(ː)vədəns, -dṇs, -dèns | prɔ́vɪ̀dəns, -dṇs/ *n.* プロビデンス《米国北東部 Rhode Island 州の州都・海港》. 〘↑: Roger Williams による命名〙

prov·i·dent /prɑ́(ː)vədənt, -dṇt, -dènt | prɔ́vɪ̀dənt, -dṇt/ *adj.* **1** 先見の明のある. **2** 用心深い, 慎重な; 〔…の〕用意が周到な 〔*of*〕. **3** (先を考えて)〔…を〕倹約する, つましい 〔*of*〕. **～·ly** *adv.* 〘(?*c*1408) □ L *prōvidentem* (pres.p.) ← *prōvidēre*: ⇨ provide, -ent〙

próvident associàtion *n.* ＝friendly society.

próvident clùb *n.* 《英》(大型小売店の)分割払い購入法 (cf. hire purchase).

prov·i·den·tial /prɑ̀(ː)vədénʃəl | prɔ̀vɪ̀-ˈ-/ *adj.* **1** 神の, 摂理の, 神意による. **2** 神助の, 幸運な (⇨ lucky SYN). **～·ly** *adv.* 〘(1648) □ L *prōvidentiālis*: ⇨ providence, -al[1]〙

próvident socìety *n.* ＝friendly society.

pro·vid·er /-dər | -də(r)/ *n.* **1** 供給者; 調達者 (purveyor); 準備者, 設備者: ⇨ lion's provider / a universal ～ 《英》よろず屋, 何でも売る店. **2** [通例修飾語を伴って] 家族に衣食を(十分または不十分に)供給する人, 一家の働き手: a good [bad, ill, poor] ～ 家族に贅沢(ぜいたく)な[不自由な]生活をさせる人. **3** 〘電算〙プロバイダー, 接続業者 (service provider). 〘(1523): ⇨ provide, -er[1]〙

pro·vid·ing /prəváɪdɪŋ | -dɪŋ/ *conj.* [しばしば ～ *that* として] …という条件なら, もし…ならば (⇨ if SYN): I will come ～ (*that*) I am well enough. 体の具合がよければ参りましょう. 〘(1632) (pres. p.) ← PROVIDE〙

prov·ince /prɑ́(ː)vɪns, -vɪ̀nts | prɔ́vɪns, -vɪnts/ *n.* **1** (カナダ・オーストリア・スペイン・昔の日本などの行政区として)国, 州, 省: the *Province* of Alberta (カナダの)Alberta 州 / the *Provinces* 《俗》カナダ / ⇨ Maritime Provinces / one's native ～ 故郷, 生国. **2** 地域, 区域, 地方 (region). **3** [the ～s] (都市から遠い)田舎, 地方《英国では London, フランスでは Paris を除いた全国》: London and *the* ～*s* / Educational standard is lower in *the* ～*s* than in cities. 教育程度は地方では都市よりも低い. **4** 〘教会〙 **a** 管区《archbishop, presiding bishop などの管轄区域; 英国国教会は2管区, 米国聖公会は8管区から成る》: the *Provinces* of Canterbury and York. **b** 〘カトリック〙管区《大司教が首都大司教 (metropolitan) として裁治権を行う地域》. **5 a** (学問などの)範囲, 領域, 分野 (branch): the ～ of polite letters 純文学の部門. **b** (個人の)活動範囲, 職分, 職能 (⇨ function SYN): That kind of work is not (in) my ～. そんな仕事は私の本領でない / That is outside my ～. それは私の専門外だ / It is not (within) my ～ to interfere. 干渉するのは私の分ではない. **6** 〘生物地理〙(動植物分布区の)地方 (cf. realm 3). **7** (古代ローマの, 本国以外の領土で中央から派遣した総督に支配された)地方, 属州. **8 a** 州《英領インドの下位区分域》. **b** (英領カナダや独立前の米国におけるある地方の)英領植民地. **9** 《米》〘鉱山〙鉱山地区.

〘(*a*1338) □ (O)F ～ □ L *prōvincia* official duty, province ← ? IE **prōwo-* ← **pro-* (Gk *prôira* 'PROW[1]'): ⇨ pro-[1]〙

Prov·ince·town /prɑ́(ː)vɪ̀nstàʊn | prɔ́vɪns-/ *n.* プロビンスタウン《米国 Massachusetts 州南東部の Cape Cod の先端にある行楽地; Pilgrim Fathers の最初の上陸地》. 〘← *Province Lands* (Cape Cod の先端にある公有地)〙

Próvincetown Plàyers *n. pl.* [the ～]〘演劇〙プロビンスタウン劇団《1916年 Provincetown に設立され, 後 New York に移って演劇活動を続けた米国の劇団; O'Neil などの劇を上演したが, 1929年解散》.

próvince·wìde 《カナダ》 *adj.* 州全体に広まった: a ～ referendum 州全体の住民投票. **—** *adv.* 州全体にわたって. 〘1964〙

pro·vin·cial /prəvínʃəl, proʊ-, -ʃl, -víntʃəl, -tʃl | prə(ʊ)-/ *adj.* **1** (中央に対し)地方の, 田舎の; (全国的に対し)地方[地域]的な: a ～ hamlet, town, etc. / the ～ areas 地方. **2** 国の, 州の, 省[県]の; 領土の (territorial): a ～ governor 地方長官 / the ～ system of Ancient Rome 古代ローマの地方制度 / a ～ park 《カナダ》州立公園 / the ～ police (イギリスの Scotland Yard に対して)地方[自治体]警察; 《カナダ》州警察. **3** ある国[州, 省など]の習慣・言葉・態度などをもった. **4** 田舎めいた (rustic), 粗野な, 野卑な (coarse); 偏狭な, 視野の狭い (narrow): a ～ accent 田舎なまり / a ～ hotel 田舎ホテル / a ～ point of view 狭い見解. **5** 〘教会・カトリック〙管区の. **6** 《NZ》ある province を代表するフットボールチームの. **7** [P-] 〘美術〙《家具・建築物など》地方的な, 田舎風の《特に18世紀ヨーロッパの家具についていう》(cf. French provincial). **8** 《米》(独立前の)英領植民地の. **—** *n.* **1** (首都の住民に対し)地方民[在住者]. **2** 国[州, 省]民; (古代ローマの)属州人. **3** 視野の狭い人, 洗練されない[知的でない]人, 田舎者, 田夫, 野人. **4** 〘教会〙地方分区管長[司教]; 《英》(大主教管区の管区長である)大主教 (archbishop); 〘カトリック〙(修道会の)管区長. **～·ly** *adv.* 〘(adj.: *c*1378; n.: *a*1376) □ (O)F ～ ∥ L *prōvinciālis*: ⇨ province, -al[1]〙

Províncial Cóuncil *n.* (昔の)ニュージーランドの州の議会.

pro·vin·cial·ism /prəvínʃəlìzm, proʊ- | prə(ʊ)-/ *n.* **1** 田舎風; 粗野, 野卑; 偏狭. **2** お国なまり, お国言葉, 方言. **3** 地方的感情, 地方かたぎ, 田舎の習慣, 田舎根性, 郷党心, 地方第一主義 (localism). 〘(1770): ⇨ ↑, -ism〙

pro·vín·cial·ist /-ʃ(ə)lɪ̀st | -lɪst/ *n.* 地方の住民. 〘(1656): ⇨ -ist〙

pro·vin·ci·al·i·ty /prəvɪ̀nʃiǽləti, proʊ- | prə(ʊ)vɪ̀nʃiǽlɪ̀ti/ *n.* **1** ＝provincialism 1. **2** 田舎風[粗野, 偏狭]な行為. 〘(1782): ⇨ -ity〙

pro·vin·cial·ize /prəvínʃəlàɪz, proʊ- | prə(ʊ)-/ *vt.* 地方的にする, 田舎風[田舎者]にする; 粗野[偏狭]にする. **pro·vin·cial·i·za·tion** /prəvɪ̀nʃ(ə)lɪ̀zéɪʃən, proʊ- | prəvɪ̀nʃ(ə)laɪ-, -lɪ-/ *n.* 〘(1803): ⇨ provincial, (n.) -ize〙

Províncial ròse *n.* 《Shak》ダマスクローズを型どったばら飾り. 〘1600–01〙

próv·ing gròund *n.* **1** (新兵器などの)性能試験場, 実験場. **2** (新理論などの)実験場. 〘1899〙

pró·virus *n.* 〘細菌〙プロウイルス《溶原菌内に存在すると想定されたウイルス》. **prò·víral** *adj.* 〘(1952) ← NL ～: ⇨ pro-[2], virus〙

pro·vi·sion /prəvíʒən/ *n.* **1** 〔…を〕用意[準備]すること, 用意, 準備, 設備; あらかじめ準備しておいた対策 〔*for*, *against*〕: ～ *for* cleanliness 浄化設備 / make ～ *against* unforeseen expenses 不慮の支出に備える. **2** (食料その他の生活必需品の)支給, 供給, 用意: Make ample ～ *for* the sufferers. 被災者たちのため十分な生活物資を供給[用意]せよ / *Provision* in season makes a rich meason /míːzṇ/ [house]. 《諺》旬(しゅん)のものを食べておれば家は富む《出盛りのものは安いから》. **3 a** 用意[準備]されたもの. **b** 貯蔵品, 蓄え, 食物のストック. **4** [*pl.*] 糧食, 食料 (⇨ food SYN): They took plenty of ～*s* on their journey. 旅行に沢山の食料を持って行った / run out of [short of] ～*s* 食料がなくなる. **5** 〘法律〙契約条項 (stipulation), 法的規定, 但し書 (proviso): an express ～ (法律の)明文 / the ～*s* of lease 賃貸借の規定 / according to the ～*s* of the Act 同法令の条項に従って / make ～ for …を規定[考慮]する / with the ～ that …という条件で. **6** [通例 Provisions] 《英》(13–14世紀の)政令, 条例 (ordinance). **7** 〘キリスト教史〙聖職叙階; (未空位管区への教皇による)聖職直任. **—** *vt.* …に糧食を給する: ～ a town 町に糧食を送る[給する]. **～·er** /-ʒ(ə)nər | -nə(r)/ *n.* **～·ness** *adj.* 〘n.: (*a*1387) □ (O)F ～ □ L *prōvīsiō(n-)* foresight, (LL) a providing, provisions ← *prōvīsus* (p.p.) ← *prōvidēre*: ⇨ provide, -sion. — v.: (1809) ← (n.)〙

pro·vi·sion·al /prəvíʒnəl, -ʒənl/ *adj.* **1** 仮の, 間に合わせの, 暫定的な, 臨時の (⇨ temporary SYN): a ～ agreement [treaty] 仮協約[条約] / a ～ consent [contract] 仮承諾[契約] / a ～ government 臨時政府, 暫定政権. **2** 試験的な, 条件付きの (conditional). **3** [P-] (目的達成のために暴力とテロ行為を使う)アイルランド共和国国陸軍 (IRA) 臨時部隊の; シンフェーン党の **—** *n.* **1** 〘郵趣〙(切手不足時に応急措置として発行された)郵便切手, 暫定切手 (cf. commemorative, definitive). **2** [P-] アイルランド共和国陸軍 (IRA) の(極端な軍国主義者よりなる)臨時部隊[あるいはシンフェーン党 (Sinn Fein)] の一員 (《口語》では Provo ともいう). **～·ness** *n.* 〘(1601): ⇨ ↑, -al[1]〙

pro·vi·sion·al·i·ty /prəvɪ̀ʒənǽləti | -lɪ̀ti/ *n.* 一時的な[暫定的]なこと. 〘(1821): ⇨ ↑, -ity〙

provísional lícence *n.* 《英》仮(自動車運転)免許証 (《米》learner's permit). 〘1931〙

pro·ví·sion·al·ly /-ʒ(ə)nəli/ *adv.* 臨時に, 仮に, 一時的に (temporarily). 〘1602〙

provísional órder *n.* 〘法律〙暫定命令《当該所轄の公的機関が暫定的に判定する命令; その効力は議会の追認を得ることを条件とする》. 〘((1848)) (1963)〙

pro·ví·sion·àr·y /-ʒənèri | -ʒ(ə)nəri/ *adj.* ＝provisional. 〘(1617): ⇨ provision, -ary〙

pro·ví·sion·ment *n.* 糧食供給. 〘(1827): ⇨ -ment〙

provísion-mèrchant *n.* 食料品商人.

pro·vi·so /prəváɪzoʊ, proʊ- | prə(ʊ)váɪzəʊ/ *n.* (*pl.* ～s, ～es) **1** (通例 provided で始まる文書の)但し書. **2** 条件 (condition): with (a) ～ 但し書付きで, 条件付きで / I make it a ～ that …ということを条件にする. 〘(1434) □ L *prōvīsō* (*quod*) provided (that) (abl.) ← *prōvīsum* (neut. p.p.) ← *prōvidēre* 'to PROVIDE'〙

pro·vi·sor /prəváɪzər, proʊ- | prə(ʊ)váɪzə(r)/ *n.* **1** 〘キリスト教史〙(現職者の退職を見込んで)聖職後任者に叙せられた人. **2** 〘カトリック〙司教代理. **3** (軍隊などの)賄い方. 〘(*a*1376) *provisour* □ AF (F *proviseur*) □ L *prōvīsor* provider ← *prōvidēre* 'to PROVIDE': ⇨ -or[2]〙

pro·vi·so·ry /prəváɪz(ə)ri, proʊ- | prə(ʊ)-/ *adj.* **1** 但し書付きの, 条件付きの (conditional): a ～ clause 但し書(条項). **2** 仮の, 一時的な (provisional). **pro·ví·so·ri·ly** /-rəli | -rɪ̀li/ *adv.* 〘(1611) □ F *provisoire* ∥ ML *prōvīsōrius* ← L *prōvīsus*: ⇨ provision, -ory[1]〙

prò·vítamin *n.* 〘生化学〙プロビタミン《体内でビタミンに変わる物質》: ～ A プロビタミン A (carotene など). 〘(1927) ← PRO-[2]+VITAMIN〙

Pro·vo[1] /próʊvoʊ | prə́ʊvəʊ/ *n.* 《口語》＝provisional

2. 〖((1971)) ((短縮)): ⇨ -o〗

Pro·vo² /próuvou | prə́uvəu/ n. プローボー (米国 Utah 州北部の都市).

prov·o·ca·tion /prὰ(ː)vəkéiʃən | prɔ̀və(u)-/ n. 1 怒らせること, じらすこと; ある気分[欲望など]を起こさせること, 刺激, 誘発, 挑発: give ~ 怒らせる, 立腹させる / feel ~ 立腹する, かっとなる / under ~ 立腹[憤慨]して; 挑発されて / an act of ~ by …による挑発行為. 2 誘発するもの, 怒らせる原因: There was no ~ for such an angry letter. こんな憤慨の手紙をもらうようなことをした覚えはない. 3 〘法律〙殺人誘発的言行, 挑発: be guilty of ~ 怒らせた罪がある / commit murder without ~ [on the slightest ~] 何もしないのに[ちょっとしたことで]人を殺す. 4 〘医学〙誘発(試験). 〖((a1400)) ◻ (O)F ~ // L *prōvocātiō(n-)* a calling forth: ⇨ provoke, -ation〗

pro·voc·a·tive /prəvά(ː)kətɪv, prou- | prə(u)vɔ́kət-/ adj. 1 (人を)怒らせる, じらす; 刺激する, 挑発的な (stimulating); エロティックな (erotic): ~ language [laughter] 人を怒らせるような言葉[笑い]. 2 〔…の〕気分[欲望など]をそそる, 誘発する, 起こさせる〔*of*〕: be ~ *of* anger [lust, curiosity] 怒りを呼ぶ[情欲をそそる, 好奇心をそそる]. 3 興奮性の, 刺激性の. 4 〘医学〙誘発(試験)の. — n. 怒らすもの, 刺激[誘発]物; 興奮剤. **~·ness** n. 〖((c1443)) ◻ (O)F *provocatif* // LL *prōvocātīvus* calling forth: ⇨ provoke, -ative〗

pro·vóc·a·tive·ly adv. (人を)怒らせるように, (人の)腹が立つほど. 〖((1661)): ⇨ -ly¹〗

pro·voke /prəvóuk, prou- | prə(u)vóuk/ vt. 1 〈感情などを〉起こさせる: ~ a person's mirth [amusement] 人を面白がらせる / ~ a person's anger [indignation] 人を怒らせる. 2 〈人を〉怒らせる, 憤慨させる: be ~*d* by a person's impudence 人の厚かましさに憤慨する. 3 〈人を〉刺激して(…)させる〔*into, to*〕/〈*to* do〉 (⇨ stir SYN): ~ a person *to* anger 人を怒らせる / Oppression ~*d* the people *to* rebellion. 圧制に憤慨して人民は謀反を起こした. 4 〈行動などを〉煽動する, 唆す (allure), 誘発する, 引き起こす, 惹起(じゃっき)する (cause): ~ a riot 一揆(いっき)を起こさせる / ~ fermentation 騒がせる / ~ inquiry 取調べ[調査, 研究]の必要を生ずる / ~ a storm 大騒ぎを起こす. 5 ((古)) 招集する (summon). 〖((a1400)) ◻ (O)F *provoquer* ◻ L *prōvocāre* to call forth ← PRO-¹ + *vocāre* to call: ⇨ voice〗

SYN 1 刺激する: **provoke** ある感情・行動を起こさせる: *provoke* laughter [violence] 笑いを誘う[暴力を誘発する]. **excite** 強く感情や情緒をかき立てる: My curiosity was *excited* by the rumor. そのうわさで私の好奇心がかき立てられた. **incite** 人をそそのかしたり煽動してある行動を起こさせる ((格式ばった語)): *incite* a mob to riot 暴徒を煽動して騒動を起こさせる. **stimulate** 刺激してもっと活動的または機敏にさせる: *stimulate* the growth of plants 植物の発育を刺激する. 2 怒らせる ⇨ irritate¹.

pro·vók·er n. 誘発者[物], 刺激者[物]. 〖((?a1425)): ⇨ ↑, -er¹〗

pro·vók·ing adj. 〈人・言葉・行為など〉刺激する; (特に)腹の立つ, しゃくにさわる, じれったい, うるさい (annoying): ~ behavior [noises] しゃくにさわる行動[物音] / with ~ coolness しゃくにさわるほど冷静に / most ~ children とてもうるさい子供たち. **~·ly** adv. **~·ness** n. 〖((1530)): ⇨ provoke, -ing²〗

pro·vo·lo·ne /pròuvəlóuni | prə̀uvəlɔ́u-; It. provolóːne/ n. プロボローネ (乾燥後薫製にしたイタリアのチーズ; provolone cheese ともいう). 〖((1946)) ◻ It. ~ (aug.) ← *provola* kind of cheese〗

pro·vost /próuvoust, -vəst, prά(ː)vəst | prɔ́vəst, prə́uvɔst/ n. 1 a ((米)) (大学 (university) の)学長. b ((英)) (大学の学寮 (college) の)学寮長; (Eton 校の)校長. 2 ((スコット)) 市長 (mayor): ⇨ Lord Provost. 3 〘英国国教会〙 (cathedral や collegiate church の)主席[主任]司祭, (大)聖堂参事会長 (dean). 4 〘カトリック〙修道院副院長. 5 (ドイツなどの都市の)プロテスタント教会の牧師. 6 /próuvou | prəvə́u/ 〘陸軍〙 = provost marshal. 7 ((古)) 刑務所長, 典獄 (prison warden). 8 (昔の)長官, 監督官 (superintendent); (中世荘園の)荘官, 荘司. 〖OE *prōfost* (i) ◻ ML *prōpositus* = L *praepositus* one placed before, president // (ii) ◻ (O)F ~ ◻ ML *prōpositus*: ⇨ praepostor〗

pró·vost cóurt /próuvou- | prəvə́u-/ n. 軍事裁判所 (軍政下の占領地域内で, 通例一人の将校が軍人・一般人の軽犯罪を即決する).

próvost guàrd /próuvou- | prəvə́u-/ n. ((米)) 憲兵隊 (憲兵隊長の指揮で警務に当たる分遣隊). 〖1778〗

próvost màrshal /próuvou- | prəvə́u-/ n. 〘陸軍〙憲兵隊長, 憲兵司令官, 警務隊長; 〘海軍〙未決監長. 〖1535〗

pró·vost sèrgeant /próuvou- | prəvə́u-/ n. 〘軍事〙拘置所係[教戒係]下士官, 営倉係下士官, 憲兵軍曹 (軍の拘置所[監禁施設]の拘置人[在監者]や憲兵部隊の監督取締まりに当たる上級下士官). 〖1868〗

pró·vost·ship /próuvoust-, -vəst-, prά(ː)vəst- | prɔ́vəst-, -vɔst-/ n. provost の職[地位, 任期]. 〖((1514)): ⇨ -ship〗

Prov. Scot. ((略)) Provincial Scotch.

prow¹ /práu/ n. 1 a 舳先(へさき), 船首 (bow). b (航空機の)機首. c (競走用スケート・(昔の2輪の)戦車などの)突端, 前部. 2 ((詩)) 船 (ship). 〖((1555)) ◻ (O)F *proue*, ((廃)) *proe* ◻ ? It. ((方言)) *prua* < L *prōram* ◻ Gk *prôira* ← *pró* before: ⇨ pro-¹〗

prow² /práu/ adj. (~·er; ~·est) ((古)) 勇ましい, 勇敢な (brave). 〖((1340)) ◻ OF *prou, prud* (F *preux*) good, brave < LL *prōde*: ⇨ proud〗

prow·ess /práuɪs | práuɪs, -es, praués/ n. 1 勇気, 武勇 (bravery); (特に, 武器を取っての)勇敢な行為, 武勲 (⇨ heroism SYN). 2 〔…の〕優れた腕前 (skill), 卓越 (excellence)〔*at*〕. 〖((?c1225)) *prowesse* ◻ OF *proesce* (F *prouesse*) ← *prou* (↑): ⇨ -ess²〗

prów·fish n. 〘魚類〙ボウズギンポ (*Zoprora silenus*) (北太平洋産ボウズギンポ属の魚). 〖⇨ prow¹〗

prowl /prául/ vi. (えさを求めて・盗みのために)こそこそうろつく, えさをあさり歩く; 何か見つからないかとうろうろ歩き回る, さまよう (wander): beasts ~*ing* after their prey えさを追ってうろつく獣. — vt. 〈野獣が〉〈場所を〉えさを求めて歩き回る[さまよう]; 〈通りなどを〉獲物を狙ってうろつく: wolves ~*ing* the forest. — n. うろつき, さまよい (roving); あさり歩き; 巡回: take a ~ うろつく, さまよう. ***on the prówl*** (1) (獲物を求めて・盗みの機会を狙って)うろついて: The tiger is *on the* ~ for food. 虎はえさを求めてうろうろしている. (2) 異性を熱心に追いかけて. 〖((c1395)) *prolle(n)* ← ?〗

SYN こそこそ動く: **prowl** 動物が獲物を求めたり, 泥棒が盗みの機会をねらったりしてうろつく: *prowl* the streets for girls 女の子を探して街を徘徊する. **skulk** こそこそ忍び歩く ((臆病・恐怖・邪悪な意図を暗示する)): Reporters *skulked* around his house. 新聞記者が彼の家の周りをこそこそ忍び歩いた. **slink** こわくて, または恥ずかしくてこそこそ歩く: *slink away* こそこそ逃げる. **sneak** [副詞語句を伴って] 人に見聞きされないようにこっそりどこかへ行く: *sneak* into a room こっそり部屋に入る. **lurk** 邪悪な意図を持ってこそこそ歩く: *lurk* about こそこそ歩き回る. **creep** 忍び足で歩く: *creep* up the staircase 階段を忍び足で上がる.

prówl càr n. ((米)) = squad car. 〖1937〗

prówl·er /-lə | -lə(r)/ n. うろつく人; 密行巡査; (特に)空き巣(狙い), こそどろ (sneak thief). 〖((1519)): ⇨ prowl, -er¹〗

prox /prά(ː)ks | prɔ́ks/ n. ((米方言)) (Rhode Island, Connecticut 両州で)代理[委任]投票 (vote by proxy); 記名投票 (written vote). 〖((1698)) ((略)) ← PROXY〗

prox. /prά(ː)ks, prά(ː)ksəmòu | prɔ́ks, prɔ́ksɪməu/ ((略)) proximo. 〖1881〗

prox. acc. ((略)) proxime accessit.

prox·e·mics /prα(ː)ksíːmɪks | prɔk-/ n. 近接学 (人間に必要な個人的・文化的空間の度合い, および人間[生物]がまわりの空間に対してもつ関係を研究する). **prox·é·mic** /-mɪk/ adj. 〖((1963)) ← PROX(IMITY) + *-emics* (⇨ phonemics)〗

prox·ies /prά(ː)ksiz | prɔ́k-/ n. pl. ((米方言)) (Rhode Island, Connecticut 両州で)記名投票 (written votes). 〖((1660)) (pl.) ← PROXY〗

Prox·i·ma /prά(ː)ksəmə | prɔ́ksɪmə/ n. 〘天文〙プロクシマ (ケンタウルス座にある閃光星で, 太陽に最も近い恒星; 赤色矮星で等級は非常に低い; 距離は 4.3 光年; Proxima Centauri ともいう; ⇨ Alpha Centauri). 〖← NL ~ (fem.) ← L *proximus* (↓)〗

prox·i·mal /prά(ː)ksəməl, -ml | prɔ́ksɪ-/ adj. 1 〘解剖〙近位の, (身体の)中心[基部]に近い方の, 基部の (cf. distal). 2 〘歯科〙隣接の. 3 = proximate. **~·ly** adv. 〖((1727)) ← L *proximus* nearest ((superl.) ← *prope* near) + -AL¹〗

próximal cónvoluted túbule n. 〘解剖〙近位曲(尿)細管 (Bowman's capsule から出ている nephron の渦巻状の管になった部分; 濾過により除かれた水・糖・ナトリウム・塩化物イオンを血液に移し, 血液が正しい成分を保ち不要な物質だけが尿に残るようにする).

prox·i·mate /prά(ː)ksəmət | prɔ́ksɪ-/ adj. 1 a (場所・順序・時間的に)最も近い, すぐ次[前]の; 近接的. b (因果関係が)最も近い, 直接の. 2 近似の, 類似の (approximate). 3 来たるべき, 差し迫った. **~·ly** adv. **~·ness** n. 〖((1661)) ← LL *proximātus* (p.p.) ← *proximāre* to draw near ← *proximus*: ⇨ proximal, -ate²〗

próximate análysis n. 〘化学〙近成分析, 近似分析. 〖1831〗

próximate cáuse n. 近因; (特に) 〘法律〙主因 (cf. remote cause). 〖1771〗

prox·i·me ac·ces·sit /prά(ː)ksɪmiæksésɪt, -ək- | prɔ́ksɪmeɪæksésɪt, -ək-, -əkés-/ n. (pl. **proxime ac·ces·ser·unt** /-æksésərùnt, ək-/) ((英)) (競走の)第二着(の人); (試験・競争などの)二番, 次席, 次点(者): I was [I got] a ~. 次点だった. 〖((1878)) ◻ L *proximē accessit* 'he or she has come very near': ⇨ proximate, access〗

prox·im·i·ty /prα(ː)ksíməti | prɔksímɪti/ n. 1 (時・場所・関係などの)近いこと, 近接 (nearness)〔*to*〕: ~ of blood 近親, 血族関係 / in close ~ (*to* …) (…に)きわめて接近して; …に近似して. 2 〘言語〙近接性 (近い (this), 遠い (that), 中立 (the) などの尺度上の位置による指示). 〖((1480)) ◻ (O)F *proximité* ◻ L *proximitātem* ← *proximus*: ⇨ proximal, -ity〗

SYN 近接: **proximity** 通例一時的な空間的近接: in the *proximity* of a town 町の近くに. **propinquity** 通例場所・時間・趣味などの近接・類似 ((格式ばった語)): *propinquity* of blood 近い血縁関係. **ANT** distance.

proxímity effèct n. 〘電気〙近接効果 (多くの導体が近接して配置されている場合, 各導体に流れる電流の大きさ・向き・周波数によって各導体断面に流れる電流の密度分布が変わる現象).

proxímity fùze n. 〘軍事〙近接(電波)信管 (砲弾・ミサイルなどの頭部に装備した電波装置で, 目標に近づくと破裂させることができる; radio proximity fuze ともいう; cf. variable time fuze). 〖1945〗

prox·i·mo /prά(ː)ksəmòu | prɔ́ksɪməu/ adj. ((まれ)) 来月 (略 prox.) (cf. ultimo, instant 4 a) (★ 通例商業文や公文書のみに用いる): on the 3rd ~ [*prox.*] 来月 3 日に. 〖((1855)) ◻ L *proximō (mense)* in the next (month) (abl. sing.) ← *proximus* next: ⇨ proximal〗

prox·i·mo- /prά(ː)ksəmou | prɔ́ksɪməu/「中心に近い, 近位の (proximal)」の意の連結形 (↔ disto-). 〖← L *proximus*: ⇨ proximal〗

prox·y /prά(ː)ksi | prɔ́k-/ n. 1 a 代理, 代理人 (⇨ agent SYN): be [stand] ~ for …の代理[代人, 代わり]を務める / He made me his ~. 彼は私を代理に立てた. b 代わりの物, 代用品 (substitute). 2 代理(になること); 代理権: vote by ~ 代理[委任]投票する / be married by ~ (一方の相手が不在のため)代理人に誓約させて結婚する / a marriage by ~ = proxy marriage. 3 〘証券〙(株主総会の)議決権代理行使の委任状; 代理行使により投じられた票. 4 〘電算〙プロクシ, プロキシ (proxy server). — adj. 代理の[による]. 〖((?a1425)) *prokecye* ((短縮)) ← PROCURACY〗

próxy bàttle n. 代理戦争.

próxy màrriage n. 代理結婚 (結婚式に際して当事者の一方が出席できず, その指定する代理人が代わって行う結婚; 米国ではその法的効力は州により異なる). 〖1900〗

próxy sèrver n. 〘電算〙プロクシサーバー (LAN 内の端末からの要求を調整して外部へのアクセスを代行するサーバー).

próxy vòte n. 代理投票. 〖1716〗

próxy wàr n. 〘軍事〙代理戦争 (冷戦 (cold war) 以後の用語で, 他国を身代わりに戦わせるもの). 〖1955〗

Pro·zac /próuzæk | prə́u-/ n. 〘商標〙プロザック (米国 Eli Lily 社製の抗鬱(うつ)剤). 〖1985〗

pró·zòne n. 〘免疫〙前地帯, 阻止帯 (高濃度すぎて抗原抗体反応が起こらない希釈域). 〖((1916)) ← PRO-² + ZONE〗

prs ((略)) pairs.

PRS ((略)) President of the Royal Society. 〖1927〗

PRT ((略)) petroleum revenue tax.

prtd ((略)) printed.

prtg ((略)) printing.

prude /prúːd/ n. お上品ぶる人; 淑女ぶる女; (特に, 男女関係に)慎み深さを装う女 (cf. coquette 1). 〖((1704)) ◻ F ~ 'wise or good woman' ((略)) ← *prudefemme* (変形) ← *preudefemme* < OF *prode femme*: ⇨ proud, femme: cf. prow²〗

pru·dence /prúːdəns, -dns, -dənts, -dnts | -dəns, -dns, -dənts, -dnts/ n. 1 思慮分別, 賢明さ; 慎重, 細心(なこと) (circumspection). 2 抜け目のないこと, 打算. 3 つましさ, 倹約 (economy). 〖((1340)) ◻ (O)F ~ ◻ L *prūdentia* (変形) ← *prōvidentia* 'PROVIDENCE': ⇨ prudent, -ence〗

SYN 思慮分別: **prudence** 将来のことを考えて知恵と用心をもって行動すること ((格式ばった語)): act with *prudence* 慎重にふるまう. **discretion** 自分の言行について注意深いこと: Use your own *discretion*. 自分で自由に決定しなさい. **foresight** 起こりうることを予見し, それに対して思慮深く準備する才能と賢明さ: He lacks *foresight*. 先見の明に欠けている. **forethought** 将来に対して十分に準備していること: act without *forethought* 将来のことを考えずに行動する.

Pru·dence /prúːdəns, -dns | -dəns, -dns/ n. プルーデンス (女性名; 愛称形 Prue). 〖◻ LL ~ (fem.) ← *Prūdentius* ← L *prūdentia* (↑)〗

pru·dent /prúːdənt, -dnt | -dənt, -dnt/ adj. 1 用心深い, 慎重な, 細心の (⇨ cautious SYN). 2 分別のある, 賢明な (⇨ wise¹ SYN). 3 抜け目のない, 世事にたけた, 打算的な. 4 つましい, 倹約な. **~·ly** adv. 〖((c1384)) ◻ (O)F ~ // L *prūdentem* (変形) ← *prōvidentem* 'PROVIDENT'〗

pru·den·tial /pruːdénʃəl, -ʃl/ adj. 1 用心深い, 慎重な, 細心な, 深慮の (prudent), 分別の, 慎重に行う: ~ motives 考え深い動機 / ~ policies 慎重な政策. 2 ((米)) 諮問の, 顧問の (advisory): a ~ committee 諮問委員会. — n. [pl.] 慎重な配慮; 慎重を要する事柄; (特に) ((米)) (政治・財政上の)あまり重要でない問題. **~·ly** adv. **~·ist** /-ʃ(ə)lɪst | -lɪst/ n. 〖((c1454)): ⇨ ↑, -ial〗

pru·dén·tial·ism /-ʃəlɪzm/ n. 慎重主義, 事なかれ主義. 〖((1835)): ⇨ ↑, -ism〗

Pru·den·tius /pruːdénʃəs, -ʃiəs/, **Aurelius Clemens** n. プルデンティウス (348–410; スペイン生まれのローマカトリック教徒の詩人; 主要作品は寓話の Psychomachia).

prud·er·y /prúːdəri | -dəri/ n. 1 上品ぶり, 上品ぶった淑女ぶり: the Victorian ~ ビクトリア朝時代特有のおつにすました淑女ぶり. 2 [pl.] いやに上品ぶった行為[言葉]. 〖((1709)) ◻ F *pruderie*: ⇨ prude, -ery〗

Prúd·hoe Báy /prúːdou- | -dəu-/ n. プルードー湾 (米国 Alaska 州北部, ボーフォート海 (Beaufort Sea) の入江; 大きな油田がある).

pru·d'homme /pruːdɔ́(ː)m | -dɔ́m; F. pʁydɔm/ n. 1 労働協調会会員. 2 ((古)) a 賢明[慎重]な人. b 熟練工. 〖((1292)) ((1701)) ◻ F ~ 'wise or skilful man' <

P

OF *prod(h)ome* ← *prod-*, *pros* 'PROW[2]'+*ome*, *homme* man: ⇨ prude, human〕
Pru·dhomme, René F. A. Sully *n.* ⇨ Sully-Prudhomme.
Prud'hon /pruːdɑ́(ː)n | -dɔ́ː(ŋ), -dɔ́ŋ | -dɔ̃ː(ŋ), -dɔ́ːŋ; *F.* prydɔ̃/, **Pierre Paul** *n.* プリュドン《1758–1823; フランスの画家; 神秘的な肖像画で知られる》.
prud·ish /prúːdɪʃ | -dɪʃ/ *adj.* 淑女ぶる, しとやかしくする, 慎み深いふりをする, いやに澄ました; ひどくしかつめらしい. **～·ly** *adv.* **～·ness** *n.* 〘(1717) ← PRUDE+-ISH[1]〙
Prue /prúː/ *n.* プルー《女性名》. 〘(dim.) ← PRUDENCE〙
pru·i·nose /prúːənòus | -ɪ̀nəus/ *adj.* 〖生物〗白い粉で覆われた. 〘(1826) ← L *pruīnōsus* covered with frost (← *pruīna* hoarfrost ← IE **preus-* 'to FREEZE, burn') +-OSE[1]〙
prune[1] /prúːn/ *n.* **1** 〖植物〗プルーン: **a** 乾燥したセイヨウスモモ (plum). **b** 除核しなくとも発酵せず乾燥できる乾果用のセイヨウスモモ. **2** 赤みがかった濃紫色. **3** 《俗》間抜け; いやなやつ, 嫌われ者: You poor ～! このばか野郎. **4** 〖英空軍俗〗下手くそな操縦士. ***full of prúnes*** 《米俗》(1) きざっぽい, 高慢ちきな (arrogant). (2) 変な (queer). ***prúnes and prísm(s)*** (1) 気取った言葉遣い. (2) 生半可な知識, 皮相な教養《Dickens, *Little Dorrit* 2.5. で, Amy Dorrit にむかって Mrs. General が口あたりのよい語として *P-* で始まる語をいくつかあげ, 特に *prunes* とか *prism* がよいという箇所から》. 《1855》〘(1345–46) □ (O)F ～ < VL **prūnam* =L *prūna* (pl.) ← *prūnum* □ Gk *proû(m)non* 'PLUM[1]'〙
prune[2] /prúːn/ *vt.* **1** 〈木を〉刈り込む, 剪定(せんてい)する, 〈余分の根などを〉切り取る, 〈枝を〉おろす (trim) 〈*away, back, off, down*〉: ～ roses. **2 a** 〈余分な部分を〉取り除く (remove) 〈*away*〉. **b** 〈本などから〉〔余分な部分を〕除く 〔*of*〕: ～ a book of superfluities 本からむだな箇所を省く. **3** 〈予算・費用などを〉切り詰める (reduce), 〈人員などを〉削減する, 〈文章などを〉簡潔にする 〈*down, off*〉. **— *vi.*** 刈り込む, 剪定する; 不要な部分を除く. **prún·a·ble** /-nəbl/ *adj.* 〘(?1426) *prouyne(n)* □ OF *proignier* to trim (vines) < VL **prōrotundiāre* to cut round in front ← PRO-[1]+**rotundiāre* to cut round (← L *rotundus* 'ROUND[1]')〙
prune[3] /prúːn/ *vt.* 《古》=preen[1]. 〘(*c*1390) *prune(n)*, *pruyne*, *proyne* □ OF *poroign-* ← *poroindre* ← *por-* (F *pour-*) (< L *prō-* 'PRO-[1]')+*oindre* to anoint (< L *ungere* to anoint: cf. unguent)〙
prúne jùice *n.* **1** プルーンジュース. **2** 《英俗》(胃を痛めるほど)アルコール度の強い酒.
pru·nel·la[1] /pruːnélə/ *n.* **1** 〖古医学〗狭心症 (angina pectoris). **2** 〖古医学〗 **a** 鵞口瘡(がこうそう) (thrush): ～ salt 〖薬学〗溶硝石《鵞口瘡の薬》. **b** 扁桃膿瘍(へんとうのうよう) (quinsy). **3** 〖植物〗ウツボグサ, カコソウ(夏枯草)《シソ科ウツボグサ属 (*Prunella*) の多年草の総称; ウツボグサ (*P. vulgaris*) など; cf. self-heal》. 〘(1627) ← NL ～ 《変形》← *brunella* (dim.) ← ML *brūnus* 'BROWN': cf. G *die Bräune* 《原義》the browns: 舌に褐色のかさぶたができることから〙
pru·nel·la[2] /pruːnélə/ *n.* **1** プルーネラ《毛または絹・毛混織の丈夫なラシャ; 以前は婦人靴の上部や牧師服や裁判官のガウンを作ったが, 現在は靴の上部にだけしか使わない》. **2** [*pl.*] プルーネラ製の靴. ***léather and* [*or*] *prunélla*** ⇨ leather 成句. 〘(1656) □ F *prunelle* 《原義》sloe-colored (dim.) ← *prune* 'PRUNE[1]': cf. prunelle: その色にちなむ〙
Pru·nel·la /pruːnélə/ *n.* プルーネラ《女性名》. 〘↑〙
pru·nelle /pruːnél/ *n.* **1** (皮と枝を除いた)上等の干したセイヨウスモモ. **2** セイヨウスモモで造ったリキュール《フランス産》. **3** =prunella[2]. 〘((1616)) (1712) □ F ～ (dim.) ← *prune* 'PRUNE[1]'〙
pru·nel·lo /pruːnélou | -ləu/ *n.* (*pl.* **～s**) =prunelle 1. 〘(1616) 《変形》← It. 《廃》*prunella* small plum (dim) ← *pruna* plum < VL **prūna(m)*: ⇨ prune[1]〙
prún·er *n.* **1** 植木の剪定(せんてい)をする人, 刈込み職人. **2** [*pl.*] =pruning shears. 〘(1586): ⇨ prune[2], -er[1]〙
prún·ing *n.* 〖園芸〗(植木などの)刈り込み, 剪定(せんてい) (cf. training 3). 〘(1548): ⇨ prune[2], -ing[1]〙
prúning hòok *n.* 〖園芸〗高枝切りばさみ《長い棒の先に刃物がついていて綱でそれを動かして高い枝を切る》. 〘1611〙
prúning knìfe *n.* 刈込み[剪定(せんてい)]ナイフ. 〘1589〙
prúning shèars *n. pl.* 刈込み[剪定(せんてい)]ばさみ《pruning scissors ともいう》.
prunt /prʌ́nt/ *n.* ガラス器に溶かしつけた記章. 〘(1891) 《方言》← PRINT〙
pru·nus /prúːnəs/ *n.* 〖植物〗サクラ属 (*Prunus*) の植物《総称; スモモ, サクラ, アンズなど; バラ科》. 〘(1706) ← NL *Prūnus* (属名) ← L *prūnus* plum-tree〙
pru·ri·ence /prúᵊriəns | prúər-/ *n.* **1** 好色, 淫乱(いんらん), 猥褻(わいせつ). **2** (病的な)渇望, 熱望. **prú·ri·en·cy** /-ənsi/ *n.* 〘(*a*1688): ⇨ ↓, -ence〙
pru·ri·ent /prúᵊriənt | prúər-/ *adj.* **1** 色欲の盛んな, 好色の, 淫乱(いんらん)な; 色欲をそそる, 猥褻(わいせつ)な: ～ literature 好色文学. **2** (渇望して)そわそわする, (病的に)熱望する[好奇心のある]. **3** 《まれ》かゆい (itching). **～·ly** *adv.* 〘(1639) □ L *prūrientem* (pres. p.) ← *prūrīre* to itch, be wanton ← IE **preus-* to burn, freeze: cf. pruinose: ⇨ -ent〙
pru·rig·i·nous /prurídʒənəs | -dʒɪ̀-/ *adj.* 〖病理〗痒疹(ようしん)にかかった[のような], かゆい. 〘(1541) □ LL *prūrīginōsus* ← L *prūrīgin-*, *prūrīgō*: ⇨ ↓, -ous〙
pru·ri·go /pruráɪgou | pru(ə)ráɪgəu/ *n.* (*pl.* **～s**) 〖病理〗(皮膚の)痒疹(ようしん). 〘(*a*1646) ← NL ～ ← L *prūrīgō* itching ← *prūrīre* to itch: ⇨ prurient〙
pru·ri·tus /pruráɪtəs | pru(ə)ráɪt-/ *n.* 〖病理〗 **1** 瘙痒(そうよう)(症), かゆみ. **2** =prurigo. **pru·rit·ic** /prurítɪk | -tɪk/ *adj.* 〘(1653) □ L *prūrītus* (p.p.) ← *prūrīre* (↑)〙
Prus. 《略》Prussia; Prussian.
prus·ik /prʌ́sɪk/ 〖登山〗 *n.* プルージック結び《ループに力をかけると結び目が締まり, 力をかけないとゆるくなって上下に自由に移動できる結び方; prusik knot ともいう》. **— *vt.*** プルージックで登る. 〘(1937) ← Karl *Prusik* (*d.* 1961: オーストリアの登山家で, 考案者)〙
Prus·sia /prʌ́ʃə/ *n.* プロイセン, プロシャ《ヨーロッパ北部, バルト海沿岸の旧王国 (1701–1918); ドイツ帝国創立後はその主要な一邦国; 首都 Berlin; 第二次大戦後消滅, 現在はドイツ・ポーランド・ロシアに分かれる; ドイツ語名 Preussen》. 〘← ML ～ ← *Prussi* ← ? Slav. *Po Rusi* (the land) near the Rusi (=Russians): ⇨ -ia[1]〙
Prus·sian /prʌ́ʃən/ *adj.* **1** プロイセン[プロシャ] (Prussia) の; プロイセン[プロシャ]人の; プロイセン[プロシャ]風の. **2** (プロイセン軍隊やユンカーのように)軍国主義的な; 訓練の厳格な. **— *n.*** **1** プロイセン人, プロシャ人. **2 a** プロシャ方言《東部・西部プロイセンの方言》. **b** =Old Prussian. **3** かつてプロイセンに住んでいた人々; (特に)リトアニア人 (Lithuanian). **4** かつてバルト海南東の沿岸地域に住んでいたラトビア人 (Latvian). 〘(adj.: 1565; n.: 1554): ⇨ ↑, -an[1]〙
Prússian blúe *n.* **1** 〖化学〗プルシャンブルー, ベレンス, 紺青(こんじょう), ベルリン青(せい) ($Fe_4[Fe(CN)_6]_3$ を主成分とする青色顔料; berlin blue, iron blue ともいう). **2** プルシャンブルー, 深青色: a ～ carpet 紺青色のカーペット. 〘(1724) 《なぞり》← F *bleu de Prusse* blue of Prussia〙
Prússian brówn *n.* 〖顔料〗プルシャン茶《紺青(こんじょう)から造った褐色顔料》. 〘1875〙
Prússian cárp *n.* 〖魚類〗=crucian carp. 〘1837〙
Prús·sian·ìsm /-nɪzm/ *n.* プロイセン[プロシア]主義《プロイセン流の, 特に軍国主義・専制・杓子定規などと結びついた精神・政治》. 〘(1856) ← PRUSSIAN+-ISM〙
Prus·sian·ize, p- /prʌ́ʃənàɪz/ *vt.* **1** プロイセン式にする. **2** 軍国[独裁]主義化する. **Prus·sian·i·za·tion, p-** /prʌ̀ʃənɪ̀zéɪʃən | -naɪ-, -nɪ-/ *n.* 〘(1861) ← PRUSSIAN+-IZE〙
Prússian réd *n.* =Indian red 2.
prus·si·ate /prʌ́ʃièɪt, -ʃiɪ̀t/ *n.* 〖化学〗 **1** 青酸塩 (cyanide). **2 a** フェロシアン化物 (ferrocyanide). **b** フェリシアン化物 (ferricyanide). **prússiate of pótash** 〖化学〗=potassium cyanide. 《*c*1790》〘(*c*1790) □ F ～ ← (*acide*) *prussique* prussic acid: ⇨ ↓, -ate[1]〙
prus·sic /prʌ́sɪk/ *adj.* 〖化学〗青酸[シアン化水素酸] (prussic acid) の. 〘(1790) ↓〙
prússic ácid *n.* 〖化学〗青酸, シアン化水素酸 (hydrocyanic acid). 〘(1790) 《部分訳》← F *acide prussique* ← (*blue de*) *Prusse* Prussian blue: 青酸が Prussian blue と化学的に関係があることから〙
Prut /prúːt; *Ukr., Rom.* prút/ *n.* [the ～] プルート(川)《ウクライナ南西部のカルパティア山脈 (Carpathian Mts) に発して ルーマニアとモルドバ共和国の境を流れ Danube 川に注ぐ川 (909 km)》.
pru·ta /pruːtɑ́ː/ *n.* (*pl.* **pru·toth** /-tóut, -tóuθ, -tóus | -tə́ut, -tə́uθ, -tə́us/, **pur·tot** /-tóut | -tə́ut/) =prutah.
pru·tah /pruːtɑ́ː/ *n.* (*pl.* **pru·toth** /-tóut, -tóuθ, -tóus | -tə́ut, -tə́uθ, -tə́us/, **pru·tot**/-tóut | -tə́ut/) **1** プルータ《1949–60 年のイスラエル共和国の通貨単位; イスラエルポンドの 1/1000》. **2** 1 プルータ硬貨. 〘□ ModHeb. *perūṭāh* □ Mish. Heb. 'lepton'〙
Prv 《略》〖聖書〗Proverbs.
pry[1] /práɪ/ *vi.* **1** 〔…を〕のぞく, じっと見る, じろじろ見る (peer) 〔*into, about*〕: ～ *about* [*into*] the house 家をじろじろ見回す[家の中をのぞき込む]. **2** 〔…を〕ほじくりたてる, 詮索(せんさく)する 〔*into*〕: He is fond of ～*ing*. 彼は詮索好きだ / ～*into* other people's affairs 他人のことを詮索する. **— *vt.*** ほじくり出す, かぎ出す 〈*out*〉: away from ～*ing* eyes 詮索の目から逃れて. **— *n.*** **1** のぞき見, 詮索. **2** 詮索好きな人 (cf. Paul Pry). 〘v.: (1307) *prye(n)*, *prie(n)* ← ?. — n.: (1750) ← (v.)〙
pry[2] /práɪ/ *vt.* **1** てこで上げる, 押し開ける. **2** 〈秘密・金を〉苦労して手に入れる, やっとのことで聞き出す: ～ a secret of a person 人の秘密を掘り出す / ～ money from a miser けちん坊からやっと金を取る. **— *n.*** てこ; てこ作用. 〘(1823) 《逆成》← PRIZE[3]〙
prý·er *n.* =prier.
prý·ing *adj.* のぞく, じろじろ見る; 詮索(せんさく)好きな (⇨ curious SYN). **～·ly** *adv.* 〘(1552): ⇨ pry[1], -ing[2]〙
Prynne /prín/, **William** *n.* プリン《1600–69; イギリス革命期の清教徒の指導者; 小冊子で Charles 一世と王妃を誹謗して投獄された》.
pryt·a·ne·um /prɪ̀tənìːəm, -tn- | -tən-, -tn̩-/ *n.* (古代ギリシャの)貴賓館《外国使臣や国家の功労者などをねぎらうための公館; その中の聖炉の火は決して絶やされなかった》. 〘(1600) □ L *prytanēum* □ Gk *prutaneîon* ← *prutaneía* presidency ← *prútanis* ruler, lord, president ← ? Etruscan〙
pryth·ee /príði, -ðiː/ *int.* 《古》=prithee.
Prze·myśl /pʃémɪsəl, -sl, -ʃəl, -ʃl; *Pol.* pʃɛ́mɨɕl/ *n.* プシェミシル《ポーランド南東部の都市; 中世初期には要塞地であった; 1722–1918 年にはオーストリアに属した》.
Prze·wal·ski /ʃəvɑ́ːlski, prɪz-, -wɑ́ːl- | prəʒəvǽl-, pəːʒ-, pʃə-, -vɑ́ːl-; *Pol.* pʃɛválsk'i/ *n.* Przhevalski のポーランド語名.
Przewálski's hórse *n.* (*also* **Prje·val·ski's h-**/～/) 〖動物〗プシェバルスキウマ《中央アジア産の野生馬; 皮膚は灰褐色, 茶色で短く立ったたてがみをもち, 前髪 (forelock) はない》. 〘*Przewalski* は Przhevalski (↓) のポーランド語綴り〙
Przhe·val·ski /ʃəvɑ́ːlski, prɪz-, -wɑ́ːl- | prəʒəvǽl-, pəːʒ-, pʃə-, -vɑ́ːl-; *Russ.* prʒɨvalʲskʲij/, **Nikolai Mikhailovich** *n.* プルジェバルスキー《1839–88; ポーランド系のロシアの探検家; Mongolia, Turkestan, Tibet を旅し, Lhasa から 160 マイル以内まで達した; 動物・植物の貴重な採集を残した; ポーランド語名 Przewalski》.
ps 《略》particle size; 〖商業〗parts shipped 部品送り済み; 〖商業〗parts shipper 部品運送者; passenger service; passenger steamer; *F.* poids spécifique (=specific weight); 〖演劇〗prompt side; 〖電気〗pull switch.
ps. 《略》pieces; pseudonym.
Ps. 《略》Psalms (旧約聖書の)詩編.
PS 《略》Paddle Steamer; Parade State; Parliamentary Secretary; 〖宇宙〗payload specialist 貨物輸送専門家; 〖法律〗penal servitude; 《英》permanent secretary 事務次官; Pharmaceutical Society of Great Britain; Philological Society; Philological Society of England; 〖言語〗phrase structure; Physical Society; Physiological Society; Police Sergeant; 〖電気〗power supply; press secretary; private secretary; Privy Seal; 〖軍事〗provost sergeant; public sale; public school.
P.S., p.s., PS /píːés/ 《略》postscript.
PSA 《略》Peugeot S. A.; 《英》Property Services Agency; 《NZ》Public Service Association.
Psa 《略》=Ps.
psalm /sɑ́ːm/ *n.* **1** 賛美歌, 聖歌 (⇨ hymn SYN). **2** [the Psalms; 単数扱い] (旧約聖書の)詩編《150 編の詩の多くはイスラエルの王ダビデ (David) の作と伝えられる; the Psalter, The Psalms of David, Book of Psalms ともいう; 略 Ps.》. **3** [P-] (詩編中の)詩編, 聖歌. **4** (詩編の)韻文訳, 義解 (paraphrase).
Psálms of Sólomon [The ―] ソロモンの詩編《偽典 (pseudepigrapha) の一つ》.
— *vt.* 賛美歌で祝う, 聖歌を歌って賛美する (hymn).
～·ic /-mɪk/ *adj.* 〘OE *ps(e)alm*, *s(e)alm* □ LL *psalmus* □ Gk *psalmós* song sung to the harp ← *psállein* to twang ← IE **pōl-* 'to FEEL, touch'〙
psálm·bòok *n.* **1** 聖歌[賛美歌]集. **2** 《古》=Psalter 1. 〘?*a*1200〙
psálm·ist /-mɪ̀st | -mɪst/ *n.* **1** 詩編作者, 賛美歌作者. **2** [the P-] (旧約聖書の詩編の作者と伝えられる)ダビデ王 (David) またはその他の作者. 〘(1483) □ LL *psalmista* □ LGk *psalmistḗs* ← *psalmízein* to sing psalms ← Gk *psalmós* 'PSALM': ⇨ -ist〙
psal·mod·ic /sælmɑ́(ː)dɪk, sɑːm- | -mɔ́d-/ *adj.* 聖歌吟唱の, 詩編朗読の; 聖詩の. 〘(1749): ⇨ psalmody, -ic[1]〙
psal·mo·dist /sǽlmədɪ̀st, sɑ́ːm- | -dɪst/ *n.* **1 a** 詩編[聖詩]作者 (psalmist). **b** [通例 the P-] (詩編 (the Psalms) 作者とされる)ダビデ王 (David). **2** 詩編[聖詩]詠唱者. 〘(*a*1652): ⇨ psalmody, -ist〙
psal·mo·dize /sǽlmədàɪz, sɑ́ːm-/ *vi.* 詩編[聖詩]を詠唱する. 〘(1513) □ ML *psalmōdizāre*: ⇨ -ize〙
psal·mo·dy /sǽlmədi, sɑ́ːm- | -di/ *n.* **1** (カトリック教会の)詩編[聖詩]詠唱; 聖歌詠唱法. **2** (詠唱のための)聖詩編成. **3** [集合的] 賛美歌 (hymns); 賛美歌集. 〘(*c*1340) □ LL *psalmōdia* □ Gk *psalmōidía* singing to the harp ← *psalmós* 'PSALM'+*ōidḗ* 'song, ODE'〙
psálm tòne *n.* 〖音楽〗(グレゴリオ聖歌の)詩編唱定式《導入部―保持部―中間終止部―保持部―終止部からなる詩編を歌う旋律の定型》. 〘1889〙
Psal·ter /sɔ́ːltə, sɑ́ːl- | sɔ́ːltə[r], sɔ́l-/ *n.* **1** [the ～] (旧約聖書の)詩編 (the Psalms)《特に, 別冊のものをいう》. **2** [しばしば p-] (祈禱(きとう)書中のしばしば譜を伴う)詩編; 詩編入りの祈禱書. 〘OE *(p)saltere* □ LL *psaltērium* □ Gk *psaltḗrion* stringed instrument, psaltery, (LGk) Psalter ← *psállein*: ⇨ psalm: cf. ME *sauter* (□ AF=OF *sautier* (F *psautier*) < LL)〙
psal·te·ri·um /sɔːltíᵊriəm, sɑːl- | sɔːltíər-, sɔl-/ *n.* (*pl.* **-ri·a** /-riə/) 〖動物〗重弁胃《反芻(はんすう)動物の第三胃; omasum ともいう; cf. rumen 1》. **psal·té·ri·al** /-riəl/ *adj.* 〘(1857) ← NL ～ ← LL *psaltērium* (↑): そのしわを書物のページになぞらえた〙
psal·ter·y /sɔ́ːltəri, sɑ́ːl- | sɔ́ːl-/ *n.* (*also* **psal·try** /sɔ́ːltri, sɑ́ːl- | sɔ́ːl-/) **1** プサルテリウム《14–15 世紀に用いられた指またはばちでひく一種の撥弦楽器》. **2** [P-] =Psalter 1. 〘(*a*1300) *sautrie* □ OF *(p)salterie*, *sautere* □ L *psaltērium*: ⇨ Psalter〙
psamm- /sæm/ (母音の前にくるときの) psammo- の異形.
psam·mite /sǽmaɪt/ *n.* 〖岩石〗砂質岩 (sandstone; cf. pelite). **psam·mit·ic** /sæmítɪk | -tɪk/ *adj.* 〘(1837) □ F ～: ⇨ ↓, -ite[1]〙
psam·mo- /sǽmou | -məu/「砂 (sand)」の意の連結形. ★ 母音の前では通例 psamm- になる. 〘← Gk *psámmos* 'SAND'〙
psam·mon /sǽmɑ(ː)n | -mɔn/ *n.* 〖生態〗砂地間隙(かんげき)生物群集, 砂地生物群《砂粒の間隙にすむ水生生物の集まり》. 〘← NL ～ ← Gk *psámmos* (↑)〙
psam·mo·phyte /sǽməfàɪt/ *n.* 〖植物〗砂地植物. 〘(1903) ← PSAMMO-+-PHYTE〙
psam·mo·sere /sǽməsɪə | -sɪə[r]/ *n.* 〖生態〗砂地遷移系列《不安定な砂地における遷移系列》. 〘(1916): ⇨ psammo-, sere[3]〙
PSAT 《略》Preliminary Scholastic Aptitude Test.
PSBR 《略》public sector borrowing requirement.
pschent /(p)sként/ *n.* 〖考古〗古代エジプトの上エジプト・

P

下エジプトの支配を象徴する二重の王冠. 〘((1802)) ((1814)) ▫ Gk *pskhént* ▫ Egypt *p-skhenk* ((原義)) the double crown〙

PSDR ((略)) public sector debt repayment.

PSE ((略)) Pacific Stock Exchange; Programming Support Environment.

psec ((略)) picosecond(s).

psel·lism /sélɪzm/ *n.* 〖病理〗吃呐(きつとつ)(症), どもり. 〘▫ Gk *psellismós* stammering ← *psellízein* to stammer＋-*ismos* '-ISM'〙

pse·phism /síːfɪzm/ *n.* (古代ギリシャの, アテネの市民集会で投票によって通過した)法令 (decree). 〘((1656)) ▫ Gk *psḗphisma* proposition carried by a vote ← *psēphízein* to count, cast one's vote with a pebble ← *psêphos* pebble (cf. *psámmos* sand)〙

pse·phite /síːfaɪt/ *n.* 〖岩石〗礫質(れきしつ)岩 (cf. pelite). 〘((*c*1880)) ▫ F ～ ← Gk *psêphos* (↑)＋-ITE[1]〙

pse·phit·ic /siːfítɪk | -tɪk/ *adj.* 〖岩石〗礫質(れきしつ)の. 〘((1879)): ⇨ ↑, -ic[1]〙

pse·phol·o·gy /siːfɑ́(ː)lədʒi, sɪ̀- | sɪ̀fɔ́l-, sɛ-, siː-/ *n.* 選挙学 (投票・選挙に関する統計的研究). **pse·pho·log·i·cal** /sìːfəlɑ́(ː)dʒɪkəl, -kl̩ | sìːfəlɔ́dʒɪ-, sɛ̀f-ˊ/ *adj.* **pse·pho·lóg·i·cal·ly** *adv.* **pse·phól·o·gist** /-dʒɪst | -dʒɪst/ *n.* 〘((1952)) ← Gk *psêpho(s)* (⇨ psephism)＋-LOGY〙

pseud /súːd | sjúːd, súːd/ ((英口語)) *adj.* (社会的地位や教養について)もったいぶった, 気取った; 偽の. ― *n.* もったいぶった人, 気取った人; 偽者. **～·y** *adj.* **～·ish** /-dɪʃ | -dɪʃ/ *adj.* 〘((1962)) ← PSEUDO-〙

pseud. ((略)) pseudonym; pseudonymous.

pseud- /suːd | sjuːd, suːd/ (母音の前にくるときの) pseudo- の異形.

psèud·arthrósis *n.* 〖解剖〗＝pseudoarthrosis.

pseud·ax·is /suːdǽksɪs | sjuːdǽksɪs, suː-/ *n.* 〖植物〗仮軸 (sympodium). 〘((1875)) ← NL ～: ⇨ pseudo-, axis〙

pseud·e·pig·ra·pha /sùːdɪpígrəfə | sjùːdɪ-, sùːd-, -dɛ-/ *n. pl.* [また P-] (旧約聖書の)偽典, 偽書 (正典 (canonical books) および外典 (Apocrypha) 以外のもので, 旧約聖書中の預言者の著作と称せられるもの; The Assumption of Moses, The Psalms of Solomon, The Book of Enoch など). **psèud·e·píg·ra·phal** /-fəl, -fl̩ˊ/ *adj.* **pseud·ep·i·graph·ic** /suːdèpəgrǽfɪk | sjuːdèpɪ-, suːd-ˊ/ *adj.* **pseud·èp·i·gráph·i·cal** /-fɪkəl, -kl̩ | -fɪ-ˊ/ *adj.* **psèud·e·píg·ra·phous** /-fəsˊ/ *adj.* 〘((1692)) ← NL ～ ← Gk *pseudepígrapha* (neut. pl.) ← *pseudepígraphos* falsely ascribed: ⇨ pseudo-, epigraph〙

pseud·e·pig·ra·phy /sùːdɪpígrəfi | sjùːdɪ-, sùːd-, -dɛ-/ *n.* にせの記者[著者]名を付すること. 〘((1842)): ⇨ pseudo-, epigraphy〙

pseu·di·so·dom·ic /sùːdaɪsədɑ́(ː)mɪk | sjùːdaɪsədɔ́m-, sùːd-ˊ/ *adj.* 〖建築〗(古代の切石積みで)石の幅は同一だが層ごとに高さの異なる石を積んだ. 〘← Gk *pseudisódom(os)* (⇨ pseudo-, isodomic)＋-IC[1]〙

pseu·do /súːdoʊ | sjúːdəʊ, súːd-/ ((口語)) *adj.* 偽りの, にせの, 見せかけだけの. ― *n.* にせ者, 知識人ぶる人. 〘((*a*1400)) ((1945)) ↓〙

pseu·do- /súːdoʊ | sjúːdəʊ, súːd-/「偽りの (false); 仮の (sham); 擬似の」の意の連結形. ★ 母音の前では通例 pseud- になる. 〘((14C)) ▫ LL ～ ▫ Gk ～ ← *pseudḗs* false ← *pseúdein* to lie, cheat, falsify〙

psèudo·alléle *n.* 〖生物〗偽[擬]対立遺伝子 (機能上, あるいは表現型からみると互いに対立遺伝子のようにみえるが, 遺伝子構造では対立遺伝子でないもの). **psèudo·allélic** *adj.* **psèudo·allélism** *n.* 〘((1948)) ← PSEUDO-＋ALLELE〙

psèudo·álum *n.* 〖化学〗擬明礬(みょうばん) (明礬 ($M^I_2SO_4M^{III}_2(SO_4)_3\cdot24H_2O$) の一価の金属 M^I の代わりに二価の金属 M^{II} 1 原子が結合したもの). 〘⇨ pseudo-, alum〙

psèudo·aquátic *adj.* (水中ではなく)湿地に生える.

psèudo·archáic *adj.* 擬古的な. 〘1883〙

psèudo·árchaism *n.* 擬古風, 擬古体. 〘1882〙

psèudo·arthrósis *n.* (*pl.* **-thro·ses**) 〖解剖〗擬似関節結合 (治っていない古い骨折が, 繊維組織によってつながった状態; nearthrosis ともいう; cf. falsejoint, false ankylosis).

psèudo·búlb *n.* 〖植物〗偽鱗茎(ぎりんけい) (ラン科にみられる茎の膨大部). 〘1832〙

psèudo·cárp *n.* 〖植物〗偽果, 擬果 (false fruit; ⇨ accessory fruit). **psèudo·cárpous** *adj.* 〘((*a*1835)) ← PSEUDO-＋-CARP〙

psèudo·cholinésterase *n.* 〖生化学〗偽[擬]コリンエステラーゼ (人間の肝臓と血液のプラズマの中にある酵素; コリンとそれ以外の類似エステルをも加水分解する; ⇨ cholinesterase). 〘1943〙

psèudo·clássic, -clássical *adj.* 擬古的な, 擬古典的な. ― *n.* 擬古的なもの[作品]. 〘1899〙

psèudo·clássicism *n.* **1** 擬古典主義 (英文学では 18 世紀に詩壇を中心として支配的であった傾向をいう). **2** 擬古体. 〘1871〙

psèudo·cléft séntence *n.* 〖文法〗擬似分裂文 (It is money that I want. という分裂文 (cleft sentence) に対して What I want is money. と表現する文).

psèudo·códe *n.* 〖電算〗擬似コード (機械語の代わりに自由な名前で命令・アドレスを記すことができるコード; symbolic code ともいう). 〘1953〙

pseu·do·coel /súːdəsiːl | sjúːdə(ʊ)-, súː-/ *n.* 〖動物〗擬体腔(こう), 原体腔 (動物の体腔のうち, 割腔に直接由来するもの). 〘((1887)) ← PSEUDO-＋-COEL〙

psèudo·cóelomate 〖動物〗*adj.* 擬体腔(こう)を有する. ― *n.* ＝pseudocoel. 〘((1887)) ← PSEUDO＋COELOM＋-ATE[2]〙

psèudo·copulátion *n.* 〖植物〗擬似交接 (昆虫の雄が雌と似ている植物(特にラン)の花弁と接触しその花粉を媒介すること).

psèudo·cyésis *n.* 〖生理〗想像妊娠. 〘1817〙

psèudo·deméntia *n.* 〖精神医学〗仮性痴呆(ちほう) (痴呆に似た外見を一時呈するが, 痴呆ではない).

Psèudo-Dionýsius *n.* 偽ディオニシウス (長く誤って Dionysius the Areopagite の著として知られていた書物「偽ディオニシウス文書」(*the Pseudo-Dionysian writings*) の著者である 6 世紀の未知のある神秘主義的神学者に与えられた名).

psèudo·dípteral *adj.* 〖建築〗擬二重周翼式[プセウドディプテロス]の (ギリシャ建築または神殿建築で, 二重に列柱が配されるように見えて, 内側の列柱が壁面から浮き出した半円柱でしかない形式についていう; cf. dipteral 2). 〘((1821)) ← Gk *pseudodípter(os)*＋-AL[1]: ⇨ pseudo-, dipteral〙

psèudo·ephédrine *n.* 〖薬学〗プソイドエフェドリン ($C_{10}H_{15}NO$) (マオウの葉のアルカロイドでエフェドリンの立体異性体).

psèudo·evént *n.* でっちあげ事件. 〘1962〙

pseu·do·gene /súːdoʊdʒiːn | sjúːdə(ʊ)-, súː-/ *n.* 〖生化学〗擬似遺伝子 (遺伝子に似ているが, 遺伝子としての機能をもたない DNA の領域). 〘1977〙

pseu·do·graph /súːdougrӕf | sjúːdə(ʊ)grὰːf, súː-, -grӕf/ *n.* 偽書 (false writing), 偽作. 〘((1828–32)) ← PSEUDO-＋-GRAPH〙

psèudo·hemophília *n.* 〖病理〗偽血友病 (hemogenia ともいう).

psèudo·hermáphrodism *n.* ＝pseudohermaphroditism.

psèudo·hermáphrodite *n.* 〖医学〗偽半陰陽者 (生殖腺と外陰の形が異なる者). 〘1895〙

psèudo·hermáphroditism *n.* 〖医学〗偽半陰陽, 偽雌雄同体現象. **psèudo·hermaphrodític** *adj.*

pséudo·hieroglỳphic scrípt *n.* 擬似象形文字 (古代エジプトの象形文字; 特に紀元前 1500 年前に Byblos で用いられたもの).

psèudo·intránsitive *adj.* 〖文法〗擬似自動詞の (本来他動詞である動詞の直接目的語が省略されて, 自動詞のように見えることをいう; 例えば John is reading.).

psèudo·léarn·ed /-lə́ːnɪd | -lə́ːn-/ *adj.* ((まれ)) **1** なま学問の, 半かじりの. **2** 擬古典趣味を示す, 衒学(げんがく)的な (pedantic) (例えば ME *douten* に L *dubitāre* の *-b-* を不必要に加えて *doubt* とするなど).

pseu·dól·o·gist /-dʒɪst | -dʒɪst/ *n.* ((戯言)) (常習的)うそつき. 〘((1805)) ▫ Gk *pseudologistḗs*: ⇨ ↓, -ist〙

pseu·dol·o·gy /suːdɑ́(ː)lədʒi | sjuːdɔ́l-, suː-/ *n.* 偽り(を言うこと) (lying). 〘((1577)) ((1658)) ▫ Gk *pseudología*: ⇨ pseudo-, -logy〙

psèudo·mémbrane *n.* 〖病理〗偽膜. 〘1835–36〙

psèudo·mémory *n.* 〖心理〗偽記憶 (記憶錯誤 (paramnesia) の一種で事実なかったことを経験したかのように追想すること). 〘1882〙

psèudo·metámery *n.* 〖動物〗擬体節制 (ひも形動物が外観上は前後の区分はないが, 内部構造上では生殖腺や側盲嚢(のう)などが前後に規則正しく繰り返されていること).

psèudo·métric *n.* 〖数学〗擬距離, 擬計量 (集合の点の間の距離に類似の関数で相異なる 2 点に対する値が 0 になりうるもの).

pséudometric spáce *n.* 〖数学〗擬距離空間 (擬距離が定義されているような集合).

psèudo·mónad *n.* ＝pseudomonas.

pseu·dom·o·nas /suːdɑ́(ː)mənəs, -nӕs | sjuːdɔ́m-, suː-/ *n.* (*pl.* **pseu·do·mon·a·des** /sùːdəmóunədiːz, -mɑ́(ː)n- | sjùːdəmə́ʊn-, sùː-, -mɔ́n-/) 〖細菌〗シュードモナス, プセウドモナス (*Pseudomonas* 属の微生物; グラム陰性で, 緑色あるいは黄緑の水溶性色素を生ずる). 〘((1917)) ← PSEUDO-＋MONAS〙

pséudo·mòrph *n.* **1** 〖鉱物〗仮像 (もとの鉱物の外形を残したままで, 化学成分が同じかまたは異なる別種鉱物に変化したもの; cf. paramorph). **2** 不正形, 仮像, 偽作. **psèudo·mórphic** *adj.* **psèudo·mórphous** *adj.* 〘((1849)) ▫ ? F *pseudomorphe*: ⇨ pseudo-, -morph〙

psèudo·mórphism *n.* 〖鉱物〗仮像現象. 〘((1849)) ▫ ? F *pseudomorphisme*: ⇨ pseudo-, -morphism〙

psèudo·morphósis *n.* 〖鉱物〗＝pseudomorphism. 〘((1875)) ← NL ～: ⇨ pseudomorph, -osis〙

psèudo·mutuálity *n.* 〖心理〗偽相互性 (二人の人間のあいだで, 意見の相違による葛藤を無視することで相互関係が成立していること).

psèudo·mycélium *n.* 〖植物〗偽菌糸体. **psèudo·mycélial** *adj.*

psèudo·myópia *n.* 〖眼科〗仮性近視, 偽近視.

pseu·do·nym /súːdənɪm, -dn̩- | sjúːdən-, súː-/ *n.* (*also* **pseu·do·nyme** /～; F. psødɔnim/) (著作物の)雅号, 筆名, ペンネーム; 変名, 偽名, 匿名, 仮名 (nom de guerre): write under a ～. 〘((1846)) ▫ F *pseudonyme* ▫ Gk *pseudṓnumon* false name (neut.) ← *pseudṓnumos* ← PSEUDO-＋Gk *ónuma*, *ónoma* 'NAME'〙

SYN 仮名: **pseudonym** 作家・俳優・芸人などの仮の名前 (不正に本名を隠そうとする意思はない). **pen name, nom de plume** ペンネーム (作家の仮名, 筆名). **alias** 特に, 犯罪者が身元を偽るために用いる偽名: The thief went by the *alias* of Harrison. 泥棒はハリソンという別名で通っていた.

pseu·do·nym·i·ty /sùːdənímәti, -dn̩- | sjùːdənímɪ̀ti, sùː-, -dn̩-/ *n.* (著作物の)ペンネーム使用; ペンネームで書くこと. 〘((1877)): ⇨ ↑, -ity〙

pseu·don·y·mous /suːdɑ́(ː)nəməs | sjuːdɔ́nɪ-, suː-/ *adj.* ペンネームの, ペンネーム[偽名]を用いて書く[書かれた]. **～·ly** *adv.* **～·ness** *n.* 〘((1706)) ▫ Gk *pseudṓnumos*: ⇨ pseudonym, -ous〙

pseu·don·y·my /suːdɑ́(ː)nəmi | sjuːdɔ́nɪ-, suː-/ *n.* ペンネーム使用.

psèudo·parálysis *n.* 〖医学〗偽麻痺. 〘((1890)): ⇨ pseudo-, paralysis〙

psèudo·parénchyma *n.* 〖植物〗偽柔組織 (構成細胞が接触していて柔組織に似ているが, 生理的なつながりのない組織). **psèudo·parenchýmatous** *adj.* 〘((1875)) ← NL ～: ⇨ pseudo-, parenchyma〙

psèudo·pássive *n.* 〖文法〗擬似受動態: **a** 能動態の形で受身の意味を表す態 (例えば The book *sells* well.; activo-passive ともいう). **b**「自動詞＋前置詞」構造の受動態 (例えば He was *spoken to* by a stranger.). 〘1964〙

psèudo·perípteral *adj.* 〖建築〗擬周翼式[プセウドペリプテロス]の (ギリシャ建築または神殿建築で, 列柱が周囲に配されているように見えて, 側面の列柱が壁面から浮き出した半円柱でしかない形式にいう; cf. peripteral). 〘1850〙

pséudo·phòne *n.* **1** 〖音響〗迷聴器 (音の方向感覚を人為的に変える装置). **2** 〖心理〗逆転聴野の装置 (右の耳に左方からの音, 左の耳に右方からの音が入るようにしたイヤホーン; これにより逆転した聴野は慣れによって消失する). 〘1879〙

pseu·do·pod /súːdəpɑ̀(ː)d | sjúːdəpɔ̀d, súː-/ *n.* **1** ＝pseudopodium. **2** 〖心霊〗(霊媒 (medium) の身体から出る)霊放射. **pseu·dop·o·dal** /suːdɑ́(ː)pədl̩ | s(j)uːdɔ́p-/ *adj.* **pseu·do·pód·ic** /sùːdəpɑ́(ː)dɪk | sjùːdə(ʊ)pɔ́d-, sùː-ˊ/ *adj.* 〘((1874)) ← NL *pseudopodium* (↓)〙

pseu·do·po·di·um /sùːdoupóudiəm, -də- | sjùːdə(ʊ)pə́ʊdiəm, sùː-/ *n.* (*pl.* **-di·a** /-diə | -diə/) **1** 〖動物〗(原生動物の)偽足, 擬足, 虚足, 仮足 (細胞表面から形成される原形質突起の一種で, 運動・付着・変形・補食などのための細胞器官). **2** 〖植物〗偽柄 (蘚類の茎に生じる細い枝で, そこによく無性芽が生じる). **pseu·do·po·di·al** /sùːdəpóudiəl | sjùːdə(ʊ)pə́ʊdi-, sùː-ˊ/ *adj.* 〘((1854)) ← NL ～: ⇨ pseudo-, -podium〙

psèudo·prégnancy *n.* 〖生理〗偽妊娠; 想像妊娠 (pseudocyesis). **psèudo·prégnant** *adj.* 〘1860〙

psèudo·próstyle *adj.* 〖建築〗擬前柱式の (ギリシャ建築または神殿建築で, 前面に吹放しの列柱を有するが, 前室はない形式にいう; cf. prostyle). 〘1881〙

psèudo·rábies *n.* 〖獣医〗偽[仮性]狂犬病 (ウイルスによるウシ・ウマ・ブタなどの急性感染症; 激しい掻痒(そうよう)のあと, 中枢神経系組織の炎症を起こす). 〘1897〙

psèudo·rándom *adj.* 〖電算〗擬似乱数的な (コンピューターで発生させる数値の系列で, 同じ系列を繰り返して発生することができるが, 乱数としての性質をもっている). 〘1910〙

pséudo·sàlt *n.* 〖化学〗擬似塩 (塩に当たる化学式をもつが, 水溶液中で電離しない化合物). 〘1910〙

psèudo·scálar *n.* 〖物理・数学〗擬スカラー (空間の座標系を逆の向きの座標系に変換すると, 絶対値は変わらないが, 符合が反対になる量). 〘1938〙

psèudo·scíence *n.* 似非(えせ)[いんちき]科学. **psèudo·scientífic** *adj.* **psèudo·scíentist** *n.* 〘1844〙

pseu·do·scope /súːdəskòup | sjúːdəskə̀ʊp, súː-/ *n.* 〖光学〗偽立体鏡 (凹凸(おうとつ)・遠近が正しい立体視とは逆に見える立体鏡; cf. stereoscope). **pseu·do·scop·ic** /sùːdəskɑ́(ː)pɪk | sjùːdəskɔ́p-, sùː-ˊ/ *adj.* 〘((1852)) ← PSEUDO-＋-SCOPE〙

psèudo·scórpion *n.* 〖動物〗＝book scorpion. 〘((1835)) ← NL *Pseudoscorpiones*: ⇨ pseudo-, scorpion〙

pséudo·sèntence *n.* 〖哲学〗(論理実証主義で)擬似文 (構文的には文法規則にかなっているが, 真偽を確かめる方法がないため本当は無意味な文または命題).

psèudo·solútion *n.* 〖物理化学〗擬溶液, コロイド溶液 (colloidal solution).

psèudo·sophisticátion *n.* うわべだけの洗練, うわっつらの教養, 似非(えせ)ソフィスティケーション. **psèudo·sophísticated** *adj.*

pséudo·sphère *n.* 〖数学〗擬球 (負の定曲率曲面; 正の定曲率曲面が球であることからこのようにいう).

psèudo·trípteral *adj.* 〖建築〗擬三重周翼式の (ギリシャ建築または神殿建築で, 三重に列柱が巡っているように見えて, 内側の列柱が壁面から浮き出した半円柱でしかない形式にいう; cf. tripteral).

psèudo·úridine *n.* 〖生化学〗プソイドウリジン (転移 RNA に存在するウリジンの異性体). 〘1959〙

psèudo·véctor *n.* 〖数学〗擬ベクトル (角運動量のような変量; 座標軸に相関する量と定位をもつ; axial vector ともいう).

psèudo·zoéa *n.* 〖動物〗口脚目 (Stomatopoda) の幼虫[幼生]. 〘← NL ～ ← PSEUDO-＋*Zoea* (← Gk *zōḗ* life)〙

p.s.f., psf ((略)) pounds per square foot.

PSG ((略)) 〖文法〗phrase structure grammar; 〖米陸軍〗platoon sergeant.

pshaw /(p)ʃɔ́ː, (p)ʃɑ́ː/ *int.* ((まれ)) ふん, へん, ちぇっ, 何だ,

P

ばかな《じれったさ・不快・軽蔑などを表す》. ★ 会話などの実際の発音は [pɸː]（「プー」に似たような音）. 上に挙げた発音は単語として読むときのもの. ── *n.* じれったさ[軽蔑など]の叫び. ── *vi.* 〔…にふん[へん, ちぇっ]と言う〔*at*〕. **2** ── *vt.* …にふん[へん, ちぇっ]と言う, ふふんと鼻であしらう. 〘int.: 《1673》《擬音語》. ─ 《n.: 1712; v.: 1759》← (int.)〙

psi /(p)sáɪ, psíː | (p)sáɪ/ *n.* **1** プシー《ギリシャ語アルファベット 24 字中の第 23 字: Ψ, ψ; ⇨ alphabet 表》. **2** 超(心理的)能力《精神感応術・霊感など》: ⇨ psi phenomena. **3** 〖物理〗プシー (Ψ) 粒子 (psi particle). 〘□ Gk *psî* < 《古形》*pseî*〙

p.s.i., psi 《略》 pounds per square inch. 〘1944〙

psia 《略》 pounds per square inch, absolute. 〘1951〙

psid 《略》 pounds per square inch, differential.

psig 《略》 pounds per square inch, gauge.

psil- /saɪl/ 《母音の前にくるときの》 psilo- の異形.

psil·an·thro·pism /saɪlǽnθrəpɪzm/ *n.* ＝psilanthropy. 〘《c1810》: ⇨ ↓, -ism〙

psil·án·thro·pist /-pɪ̀st | -pɪst/ *n.* キリスト凡夫論者. 〘《c1810》: ⇨ ↓, -ist〙

psil·an·thro·py /saɪlǽnθrəpi/ *n.* キリスト凡夫論《キリストはただの人で, 神性を持たなかったという異端説》.

psil·an·throp·ic /sàɪlænθrɑ́(ː)pɪk | -θrɔ́p-ˈ/ *adj.* 〘《1864》← Gk *psilánthrōpos* merely human ← PSILO- + *ánthrōpos* man: ⇨ -y¹〙

psi·lo- /sáɪlou | -ləu/「単なる (mere); 裸の, 露出した (bare)」の意の連結形: *psilophyte, psilosis*. ★ 母音の前では通例 psil- になる. 〘《19C》← Gk *psilós* bare, smooth〙

psi·lo·cin /sáɪləsɪ̀n | -sɪn/ *n.* 〖化学〗サイロシン ($C_{12}H_{16}N(OH)C_2H_4N(CH_3)_2$)《メキシコのキノコから採る幻覚剤》. 〘《1958》← NL *Psiloc(ybe)* (↓) + -IN²〙

psil·o·cy·bin /sàɪləsáɪbɪ̀n, -sɪl- | -lə(ʊ)sáɪbɪn/ *n.* 〖化学〗サイロシビン《キノコから採る透明な固体 (C_8H_5N-($OPO_3H_2)C_2H_4N(CH_3)_2$); LSD に似た幻覚剤として心理学の実験に使用する》. 〘《1958》← NL *Psiloc(ybe)* kind of mushroom (← PSILO- + *kúbē* head) + -IN²〙

psi·lom·e·lane /saɪlɑ́(ː)məlèɪn | sɪlɔ́mɪ̀-/ *n.* 〖鉱物〗硬(こう)マンガン鉱 ((Ba, $H_2O)_2Mn_5O_{10}$). 〘《1831》← PSILO- + *melan-*, *mélās* black: ⇨ melano-〙

psi·lo·phyte /sáɪləfàɪt/ *n.* 〖植物〗古生マツバラン《原始的なシダ植物で, 陸上植物中最古の群とされる》. **psi·lo·phyt·ic** /sàɪləfɪ́tɪk | -tɪkˈ/ *adj.*

Psi·lo·ri·ti /*Mod.Gk.* psilɔríti/, **Mount** *n.* プシロリティ山 (⇨ Ida 1).

psi·lo·sin /sáɪləsɪ̀n | -sɪn/ *n.* 〖化学〗＝psilocin.

psi·lo·sis /saɪlóusɪ̀s | -lə́usɪs/ *n.* (*pl.* **-lo·ses** /-siːz/) 〖病理〗 **1** 脱毛症, 禿頭(とくとう)病. **2** 《廃》＝sprue².

psi·lót·ic /-lɑ́(ː)tɪk | -lɔ́t-/ *adj.* 〘《1842》← NL ～ □ Gk *psílōsis*: ⇨ psilo-, -osis〙

Psi·lo·ta·ce·ae /sàɪloutéɪsiː | -lə(ʊ)-/ *n. pl.* 〖植物〗マツバラン科《マツバラン (*Psilotum nudum*) などを含む》.

psì·lo·tá·ceous /-ʃəsˈ/ *adj.* 〘← NL ～ ← *Psilotum* (属名: ← ? LGk *psilōtón* ← Gk *psílon* soft feather (変形) ← *ptílon* ← *pterón* 'wing, FEATHER') + -ACEAE〙

psí pàrticle *n.* 〖物理〗プシー (Ψ) 粒子《質量 3.1 Gev/c^2 の中性ベクトル中間子; チャーム (charm), クォーク (quark) とその反粒子よりなるものと考えられている; J particle (J 粒子), J/Ψ particle (J/Ψ 粒子) ともいう; 記号 Ψ, J, J/Ψ》.

psí phenòmena *n. pl.* 心霊現象. 〘1942〙

psí-príme pàrticle *n.* 〖物理〗Ψ′ 粒子《質量 3.7 Gev/c^2 のベクトル中間子, Ψ 粒子の励起状態; 記号 Ψ′》.

psit·ta·ceous /sɪ̀téɪʃəs | sɪ-/ *adj.* **1** 〖動物〗オウム科の (psittacine). **2** オウムのような. 〘《1835》← NL *Psitt(acus)* (↓) + -ACEOUS〙

psit·ta·cine /sɪ́təsàɪn | -tə-/ *adj.* オウム科の; オウムに似た. ── *n.* オウム科の鳥. 〘《1874》: ⇨ ↑, -ine¹〙

psit·ta·cism /sɪ́təsɪ̀zm | -tə-/ *n.* 言葉の意味を考えずに行う機械的な反覆. 〘《1896》← NL *psittacismus*: ⇨ ↓, -ism〙

psit·ta·co·sis /sɪ̀təkóusɪ̀s | sɪtəkə́usɪs/ *n.* 〖獣医〗おうむ病《肺炎時に腸チフスに似た症候を呈する鳥類(主にオウム類)の伝染病; ウイルス類似の病原体 *Chlamydia psittaci* により人間にも伝染する; parrot disease [fever] ともいう》. 〘《1897》← NL ～ ← L *psittacus* (□ Gk *psittakós* parrot) + -OSIS〙

PSK 《略》 phase shift keying.

Pskov /pskɔ́(ː)f, skɑ́(ː)f | skɔ́f; *Russ.* pskóf/ *n.* **1** プスコフ(湖)《ロシア連邦とエストニア共和国との境, St. Petersburg 南西方の湖; チュード湖 (Chudskoye Ozero) と水路で結ばれている; 面積 710 km²》. **2** プスコフ《ロシア連邦, プスコフ湖南東方の都市(古都)》.

PSL 《略》 private sector liquidity.

PSM 《略》 product sales manager.

PSNC 《略》〖海事〗 Pacific Steam Navigation Company.

pso·as /sóuəs | sə́u-/ *n.* (*pl.* **pso·ai** /sóuaɪ | sə́u-/, **pso·ae** /sóuiː | sə́u-/, ～) 〖解剖〗腰筋: the ～ magnus ＝the ～ major 大腰筋 / the ～ parvus ＝the ～ minor 小腰筋. **pso·at·ic** /souǽṭɪk | səuǽt-/ *adj.* 〘《1681》《1704》← NL ～ (pl.) *psoa* □ Gk *psóa* muscle of loins ← ?〙

pso·cid /sóusɪ̀d | sə́usɪd/ 〖昆虫〗 *adj.* チャタテムシ(科)の. ── *n.* チャタテムシ《チャタテムシ科の昆虫の総称》. 〘《1891》← NL *Psocidae* (↓)〙

psoph·o·mét·ric eléctromotive fórce /sɑ̀(ː)fəmétrɪk-, sòuf- | sɔ̀f-, sə̀uf-/ *n.* 〖電気〗評価雑音起電力《耳や電話の感度特性に応じて評価をした雑音起電力の大きさ》. 〘*psophometric*: ← Gk *psóphos* noise + -METRIC〙

psor- /sɔːr/ 《母音の前にくるときの》 psoro- の異形.

pso·ra /sɔ́ːrə/ *n.* 〖病理〗 **1** 疥癬(かいせん). **2** ＝psoriasis. 〘□ L *psōra* □ Gk *psṓrā* itch, canker ← *psên* to rub〙

pso·ra·le·a /souréɪliə, -rǽl- | səu-/ *n.* 〖植物〗オランダビユ《米国産マメ科オランダビユ属 (*Psoralea*) の多年草の総称; breadroot など; scurf pea ともいう》. 〘← NL ～ ← Gk *psōraléos* scabby ← *psṓrā* (↑)〙

pso·ra·len /sɔ́ːrələn/ *n.* 〖薬学〗ソラレン ($C_{11}H_6O_3$)《植物中に含まれる物質で, 皮膚に対する光感作作用があり, 突然変異の誘因となることがある》. 〘《1933》↑〙

pso·ri·a·sis /səráɪəsɪ̀s, sɔː- | -sɪs/ *n.* 〖病理〗乾癬.

pso·ri·at·ic /sɔ̀ːriǽṭɪk | -tɪkˈ/ *adj.* 〘《1684》← NL ～ ← Gk *psōríāsis*: ⇨ psora, -asis〙

pso·ro- /sɔ́ːrou | -rəu/「疥癬(かいせん) (itch)」の意の連結形. ★ 母音の前では通例 psor- になる. 〘← L *psōra*: ⇨ psora〙

pso·róp·tic mánge /sərɑ́(ː)ptɪk-, sɔː- | -rɔ́p-/ *n.* 〖獣医〗疥癬(かいせん)《キュウセンヒゼンダニ科 *Psoroptes* 属のダニによって起こる》. 〘《1900》 *psoroptic*: ← NL *psoroptes* (属名: ← PSORO- + *Sarcoptes* (⇨ Sarcoptidae)) + -IC¹〙

pso·ro·sis /səróusɪ̀s, sɔː- | -rə́usɪs/ *n.* 〖植物病理〗ソローシス《柑橘類ウイルス病の一種; 樹皮が鱗片化し, 樹脂分泌・成長阻止・葉の萎縮・黄化・枝の枯死などを起こす病変》. 〘← NL ～: ⇨ ↑, -osis〙

PSRO 《略》 Professional Standards Review Organization.

PSS, pss. 《略》 *L.* postscrīpta (＝postscripts).

psst /pst | ps, pst/ *int.* (*also* **pst** /～/) ちょっと, もし《目立たぬように人の注意をひく時の発声》. 〘1922〙

PST 《略》《米》 Pacific Standard Time.

P-stàte /píː-/ *n.* 〖物理〗P 状態《(*ħ* を単位として)軌道角運動量の大きさ 1 をもつ量子力学的状態》.

PSTN 《略》 public switched telephone network.

PSV 《略》《英》 public service vehicle. 〘1932〙

psych¹ /sáɪk/ 《米口語》 *vt.* **1** [通例受身または ～ *oneself* で] 刺激する, 興奮させる, …に(…の)心構えを作らせる 〈*up*〉〔*for*〕: be ～*ed for* (…に対する)心構えをする, 覚悟をする / They *were* all ～*ed up for* their exams. 皆受験の心構えができていた. **2** 心理を見抜いて〈相手〉に勝つ; (心理的に)参らせる, …の気力をくじく, おびえさせる 〈*out*〉. **3** 〈問題・相手を〉精神的に分析する, …の心理を見抜く 〈*out*〉. **4** ＝psychoanalyze. ── *vi.* [～ *out* として] **1** 気力を失う, おじける. **2** 精神的に混乱する; (ごまかそうとして)精神的混乱を装う. 〘《1917》《略》← PSYCHOANALYZE〙

psych² /sáɪk/ *n.* 《米口語》＝psychology. 〘1895〙

psych. 《略》 psychiatric, psychiatry, psychic; psychical; psychological; psychologist; psychology.

psych- /saɪk/ 《母音の前にくるときの》 psycho- の異形.

psych·a·nal·y·sis /sàɪkənǽləsɪ̀s | -lɪ̀sɪs/ *n.* (*pl.* **-y·ses** /-sìːz/) 〖心理〗＝psychoanalysis.

psych·an·a·lyt·ic /saɪkæ̀nəlɪ́tɪk, -nḷ- | -tɪkˈ/ *adj.* 〖心理〗＝psychoanalytic.

psych·as·the·ni·a /sàɪkæsθíːniə/ *n.* 〖精神医学〗精神衰弱. **psych·as·then·ic** /sàɪkæsθénɪkˈ/ *adj.* 〘《1900》← NL ～: ⇨ psycho-, asthenia: フランスの医師 P. M. F. Janet (1859–1947) の造語〙

psy·che¹ /sáɪki, -kiː/ *n.* **1** (肉体に対し)霊魂, 精神 (spirit). **2** [the ～, one's ～] 〖心理〗プシケ, サイキ, 精神《意識・無意識を含めた総体》. **3** 知力, 知性. **4** [P-] 〖哲学〗プシュケ《新プラトン主義において神的一者の発現である精神からその模像としてさらに流出したと考えられる霊魂》. 〘《1647》□ L *psȳchē* □ Gk *psūkhḗ* life, spirit, soul ← *psū́khein* to breathe ← IE **bhes-* to breathe (Skt *babhasti* he blows)〙

psyche² /sáɪk/ *vt.* ＝psych¹.

Psy·che¹ /sáɪki, -kiː/ *n.* サイキー《女性名》. 〘⇨ psyche¹〙

Psy·che² /sáɪki, -kiː/ *n.* 〖ギリシャ・ローマ神話〗プシュケー《Eros [Cupid] に愛された蝶の羽をもった美少女; 霊魂の化身》. 〘□ L *Psȳchē*: ⇨ psyche¹〙

psy·che·de·li·a /sàɪkədíːliə | -kɪ̀-/ *n.* [単数または複数扱い] **1** 幻覚剤の世界, 陶酔[恍惚(こうこつ)]境. **2** 〈色彩・模様などが〉サイケ調のもの, 衣服, 音楽. 〘《1967》← PSYCHEDEL(IC) + -IA¹〙

psy·che·del·ic /sàɪkədélɪk | -kɪ̀-ˈ/ *adj.* **1** 〈LSD など〉幻覚を生ずる; 幻覚剤(使用)の[による]: a ～ drug 幻覚剤. **2** サイケデリックな, 陶酔(感)の, 恍惚の. **3 a** 〈色彩・模様など〉サイケ調の, 万華鏡のような: a ～ painting. **b** 幻覚剤の効果を暗示する[に似た], サイケデリックな, シュール的な. **c** 〈リズムが〉催眠的な. **d** 〈塗料が〉蛍光性の. **4** 幻覚剤(使用者)グループの[に関する, に関係のある]. ── *n.* **1** 幻覚剤 (LSD など). **2** 幻覚剤の常用者. **3** (社会・文化面で)サイケデリックな物事に関心をもつ人; 《俗用》ひどく現代的な人. **psy·che·dél·i·cal·ly** *adv.* 〘《1957》← PSYCHE¹ + Gk *dêl(os)* visible, clear + -IC¹〙

psy·che·del·i·ca·tes·sen /sàɪkədèlɪ̀kətésən, -sn | -kɪ̀-/ *n.* 《米》＝head shop. 〘《1967》《混成》← PSYCHEDEL(IC) + (DEL)ICATESSEN〙

psy·che·del·i·cize /sàɪkədéləsàɪz | -kədélɪ̀-/ *vt.* サイケ調にする. 〘《1966》← PSYCHEDELIC + -IZE〙

Psýche knòt *n.* サイキノット《頭の後で束ねる女性の結髪》.

psy·chi·a·ter /saɪkáɪəṭə, sɪ̀- | -tə(r)/ *n.* 《古》＝psychiatrist. 〘《1857》□ ? F *psychiatre* ← PSYCHO- + Gk *iātrós* healer: ⇨ iatric〙

psy·chi·at·ric /sàɪkiǽtrɪkˈ/ *adj.* 精神医学的な; 精神病治療法による: a ～ examination [evaluation] 精神鑑定 / a ～ institution [hospital] 精神病院. **psỳ·chi·át·ri·cal** /-trɪ̀kəl, -kḷ | -trɪ-ˈ/ *adj.* **psỳ·chi·át·ri·cal·ly** *adv.* 〘《1847》: ⇨ ↑, -ic¹〙

psýchiatric sócial wòrker *n.* 《英》〖社会福祉〗精神障害者のためのソーシャルワーカー.

psy·chi·a·trist /saɪkáɪətrɪ̀st, sɪ̀- | -trɪst/ *n.* 精神科医, 精神医学者. 〘《1890》: ⇨ ↓, -ist〙

psy·chi·a·try /saɪkáɪətri, sɪ̀-/ *n.* 精神医学; 精神科(学). 〘《1846》← ? NL **psychiātria*: ⇨ psycho-, -iatry〙

psy·chic /sáɪkɪk/ *adj.* **1** 心霊の, 心霊現象の; 超自然的な (supernatural): ～ force 心霊力 / ～ research ＝psychical research / ～ phenomena 心霊現象. **2** 〈人〉が心霊現象に感応しやすい, 心霊力[オカルト的能力]をもった. **3** 〈人が〉心霊作用を受けやすい: a ～ medium 霊媒, 市子(いちこ), 巫子(みこ). **4 a** 霊魂の, 精神の (mental) (cf. hylic): a ～ trauma 心的外傷, 精神ショック. **b** ＝psychogenetic. **5** 〖トランプ〗〈ビッド (bid) が〉サイキックの: ⇨ psychic bid. ── *n.* **1 a** 心霊現象に敏感な人; オカルト的能力をもった人. **b** 霊媒, 市子, 巫子. **2** ＝mentalist. **3** 〖トランプ〗＝psychic bid. **4** [*pl.*] ＝psychics. 〘《1836》□ Gk *psūkhikós* of the soul: ⇨ psyche¹, -ic¹〙

psý·chi·cal /-kɪ̀kəl, -kḷ | -kɪ-/ *adj.* ＝psychic. **～·ly** *adv.* 〘《1642》: ⇨ ↑, -ical〙

psýchical reséarch *n.* 心霊研究. 〘1882〙

psýchic bíd *n.* 〖トランプ〗(ブリッジで)サイキックビッド, 空(から)ビッド《相手のビッドやプレーを心理的に混乱させる目的で, 理論上はビッドできない手で行う妨害ビッド》. 〘1932〙

psýchic déafness *n.* 〖病理〗＝word deafness.

psýchic detérminism *n.* 〖心理〗心的決定論《すべての心理現象は物理現象と同じく因果関係で説明できるとする Freud の説》.

psýchic énergizer *n.* 〖医学〗(精神)エネルガイザー, 精神興奮[賦活]薬《鬱病治療用》. 〘1957〙

psýchic íncome *n.* (純経済的収入に対して)精神的収入《仕事に伴う名声・満足感など》. 〘1904〙

psý·chi·cism /-kəsɪzm | -kɪ-/ *n.* 心霊学, 心霊研究 (psychical research). 〘《1892》: ⇨ ↓, -ism〙

psý·chi·cist /-sɪ̀st | -sɪst/ *n.* 心霊学者. 〘《1885》← PSYCHIC + -IST〙

psy·chics /sáɪkɪks/ *n.* **1** 心霊研究. **2** 《俗用》心理学 (psychology). 〘《1811–31》← PSYCHIC + -ICS〙

psy·chism /sáɪkɪzm/ *n.* **1** この世には生物に生命を与える一種の液体があまねく行き渡っているとする説. **2** 心霊的性質[性格]; 心的事実, 心的過程. **3** ＝psychical research. 〘《1857》□ F *psychisme*: ⇨ psycho-, -ism〙

psy·cho /sáɪkou | -kəu/ 《口語》 *n.* (*pl.* ～**s**) **1** 精神分析 (psychoanalysis). **2** (軍隊生活中になった)精神神経病患者, ノイローゼ患者. ── *adj.* **1** ＝psychiatric. **2** ＝psychoneurotic. 〘《1921》略〙

psy·cho- /sáɪkou | -kəu/「霊魂 (soul), 精神 (spirit), 精神作用[活動] (mental processes [activities]); 心理学的方法 (psychological methods); 精神と…との (mind and …)」の意の連結形. ★ 母音の前では通例 psych- になる. 〘□ Gk *psūkho-* ← *psūkhḗ* breath, life, soul: ⇨ psyche¹〙

psỳcho·acóustics *n.* 心理音響学. **psỳcho·acóustic, psỳcho·acóustical** *adj.* 〘1948〙

psỳcho·áctive *adj.* 感覚と意識に変化を生じさせる. **psỳcho·actívity** *n.* 〘1961〙

psychoanal. 《略》 psychoanalysis.

psy·cho·a·nal·y·sis /sàɪkouənǽləsɪ̀s | -kəuənǽlɪ̀sɪs/ *n.* 〖心理〗精神分析学《Freud が創始した無意識を中心概念とする理論と無意識に抑圧されたものの意識化による心理療法の体系》. 〘《1906》□ G *Psychoanalyse*: ⇨ psycho-, analysis〙

psy·cho·an·al·yst /sàɪkouǽnəlɪ̀st, -nḷ- | -kəuǽnəlɪst, -nḷ-/ *n.* 精神分析学者[分析家]. 〘《1911》: ⇨ psycho-, analyst〙

psỳcho·analýtic *adj.* 〖心理〗精神分析の. **psỳcho·analýtical** *adj.* **psỳcho·analýtically** *adv.* 〘1906〙

psỳcho·ánalyze *vt.* 〈人〉の精神分析をする, 〈人〉に精神分析(療法)を施す, 精神分析(療法)で治療する. **psỳcho·ánalyzer** *n.* 〘1911〙

psýcho·bàbble *n.* 《口語・軽蔑》心理療法隠語《心理療法で用いられる特殊用語》. 〘1976〙

psỳcho·biógraphy *n.* 性格分析; 精神分析学上から書かれた伝記. **psỳcho·biográphical** *adj.* 〘1931〙

psỳcho·biólogy *n.* **1** 精神生物学《精神と肉体との関係をする研究する生物学》. **2** 生物学的心理学. **psỳcho·biológical** *adj.* **psỳcho·biológically** *adv.* **psỳcho·biólogist** *n.* 〘《1902》← PSYCHO- + BIOLOGY〙

psỳcho·cathársis *n.* 〖精神医学〗＝catharsis 1 b. 〘← NL ～: ⇨ psycho-, catharsis〙

psỳcho·chémical *n.*, *adj.* 精神に影響を及ぼす化学薬品(の)《戦場で用いられる毒ガスなど》. 〘1958〙

psy·cho·del·ic /sàɪkədélɪkˈ/ *adj.*, *n.* ＝psychedelic. **psỳ·cho·dél·ic·al·ly** *adv.*

psỳcho·diagnósis *n.* 精神診断(法)《(臨床)心理学的技術による人格診断》. 〘《1940》← NL ～: ⇨ psycho-, diagnosis〙

psỳcho·diagnóstic *adj.* 精神診断法の. 〘《1937》: ⇨ psycho-, diagnostic〙

psýcho·dràma *n.* 〖心理・社会学〗心理劇, サイコドラマ《社会心理学者 Moreno の提唱したもので, 患者に過去からの出来事を実演させて行う心理療法; cf. sociodrama, sociometry, role-playing). **psỳcho·dramátic** *adj.* 〖1937〗

psỳcho·dynámic *adj.*〘心理〙精神力学の. **psỳ·cho·dynámically** *adv.* 〖1950〗

psỳcho·dynámics *n.*〘心理〙精神力学《性格と動機づけを決定する無意識的・意識的な精神的・情緒的な力の相互作用を研究する》. 〖1874〗

psỳcho·educátional *adj.* 〈知能テストなどで〉学習能力評価に用いる心理学的方法の. 〖1907〗

psỳcho·galvánic *adj.*〘医学〙精神電流の, 精神電流装置反応の[に関する]《皮膚に電流を通して精神的緊張状態を調べるうそ発見器などにいう》. 〖1907〗

psychogalvánic respónse *n.*〘医学〙精神電流皮膚反応《galvanic skin response ともいう; 略 PGR》.

psỳcho·galvanómeter *n.*〘医学〙精神電流計. 〖1935〗

psỳcho·génesis *n.* **1**〘生物〙(動物進化における)精神発生(学), 精神的起源. **2**〘心理〙精神発生. 〖(1838) ← PSYCHO-＋GENESIS〗

psỳcho·genétic *adj.* **1**〘心理〙**a** 精神発生の. **b** ＝psychogenic. **2**〘精神医学〙精神性の; 心因性の. **psỳcho·genétically** *adv.* 〖(1896) ← NL *psychogenesis*: ⇨ psycho-, -genetic〗

psỳcho·genétics *n.*〘心理〙精神発生学. 〖1951〗

psy·cho·gen·ic /sàɪkədʒénɪk | -kə(ʊ)-ˈ/ *adj.*〘心理〙心理的条件から起こる[に起因する], 心因性の; 精神状態による (cf. somatogenic): ～ disorders 心因性不調. **psỳ·cho·gén·i·cal·ly** *adv.* 〖(1902) ← PSYCHO-＋-GENIC[1]〗

psỳcho·geriátric *adj.* 老人精神病の. ― *n.* **1** 《軽蔑》ぼけ老人, ぼけ **2** 老人性痴呆症患者. 〖1961〗

psỳcho·geriátrics *n.*〘医学〙老年精神医学 (cf. geriatrics). 〖1967〗

psy·cho·gno·sis /sàɪkougnóusɪs, saɪkɑ́(ː)gnə- | saɪkɔ́gnəsɪs/ *n.*〘精神医学〙精神診断(学). **psy·cho·gno·stic** /sàɪkounɑ́(ː)stɪk | -kə(ʊ)nɔ́s-ˈ/ *adj.* 〖(1891) ← PSYCHO-＋-GNOSIS〗

psy·cho·graph /sáɪkəgræ̀f | -grɑ̀ːf, -græ̀f/ *n.* **1 a** 神霊書写 (spirit writing) 用器械. **b** ＝planchette 1. **2** (霊の力によりカメラなしで写真の乾板に)念写された像. **3**〘心理〙サイコグラフ, 心誌《心理テストで得られた結果, 例えばパーソナリティー特性などを示す図や表》. **psy·cho·graph·ic** /sàɪkəgrǽfɪkˈ/ *adj.* 〖(1882) ← PSYCHO-＋-GRAPH〗

psy·chog·ra·pher /saɪkɑ́(ː)grəfə | -kɔ́grəfə(r)/ *n.*〘心理〙サイコグラフ作製者. 〖(1854): ⇨ ↑, -er[1]〗

psỳcho·gráphics *n.*〘市場調査〙サイコグラフィックス《消費者のニーズ・目的・興味などの心理的特性の分析法; マーケットリサーチに用いられる; cf. demographics》. 〖1968〗

psy·chog·ra·phy /saɪkɑ́(ː)grəfi | -kɔ́g-/ *n.* **1** 神霊書写されたもの. **2** 念写《霊の力によりカメラなしで写真の乾板に像を写す(と称する)こと》. **3**〘心理〙サイコグラフ[心誌]法. 〖((*a*1850)) (1876) ← PSYCHO-＋-GRAPHY〗

psỳcho·hístory *n.* **1** 心理歴史学《心理分析的手法を用いた歴史的事件の分析》. **2** ＝psychobiography. **psỳcho·histórian** *n.* **psỳcho·his·tórical** *adj.* 〖1934〗

psỳcho·kinésis *n.* **1** 念力, 観念動力, 念動, サイコキネシス《心に念じるだけで物体を動かすというような精神の力; 略 PK》. **2**〘精神医学〙ひとりでに身体がはげしく動き制御できない状態. **psỳcho·kinétic** *adj.* 〖(1914) ← NL ～: ⇨ psycho-, -kinesis〗

psychol. (略) psychological; psychologist; psychology.

psỳcho·linguístics *n.* 心理言語学《言語獲得の過程をはじめ, 言語行動と心理過程の関係を研究する》. **psỳcho·linguístic** *adj.* **psỳcho·línguist** *n.* 〖(1936) ← PSYCHO-＋LINGUISTICS〗

psy·cho·log·ic /sàɪkəlɑ́(ː)dʒɪk | -lɔ́dʒ-ˈ/ *adj.* ＝psychological. 〖(*a*1787): ⇨ -ic[1]〗

psy·cho·log·i·cal /sàɪkəlɑ́(ː)dʒɪkəl, -kɫ | -lɔ́dʒɪ-ˈ/ *adj.* **1** 心理学(上)の, 心理学的な. **2** 心理的な, 精神の, 精神現象の: a ～ novel [play] 心理小説[劇] / maintain a ～ advantage 心理的優位を保つ. **3** (敵などの)士気[心理]に影響を及ぼす: ⇨ psychological warfare. 〖(1688): ⇨ psychology, -ical〗

psychological blóck *n.* 〈思考の流れの〉途絶, 阻害 (cf. block 8 b).

psychological hédonism *n.*〘哲学〙心理的快楽主義《人間は心理的事実として快楽の追求を行為の究極目的とするとみる倫理学説》. 〖1884〗

psỳ·cho·lóg·i·cal·ly *adv.* **1** 心理[精神]的に. **2** 心理学的に, 心理学の立場[観点]から. **3** 心理を利用して. 〖1830〗

psychological móment *n.* [the ～]《口語》最も好都合な時, 潮時; 《俗用・戯言》際どい時 (critical moment): at the ～ 絶好の瞬間に; 際どい時に. 〖(1871)《なぞり》← F *moment psychologique* (G *das psychologische Moment* the psychological momentum と *der psychologische Moment* the psychological moment of time との混同から)〗

psychological prímary *n.* 心理的原色《赤・黄・青・緑・黒・白のうちの1色; 他のすべての色を表現するときに用いられる》.

psychological súbject *n.*〘言語〙心理(的)主語《一般に話し手の念頭にある叙述の対象を表す部分; 例えば *Yesterday* it snowed. の yesterday; また Mary was kissed by John. のような論理主語 (logical subject) と同義に使用されることもある》.

psychological wárfare *n.* 神経戦, 心理戦(争). 〖1940〗

psy·chól·o·gìsm /-dʒìzm/ *n.*〘哲学〙心理主義《哲学的解明において心理学的な方法・見方を重視する立場; 論理学を心理学的に説明しようとする立場; cf. logicism 2》. 〖← PSYCHOLOGY＋-ISM〗

psy·chol·o·gist /saɪkɑ́(ː)lədʒɪst | -kɔ́lədʒɪst/ *n.* **1** 心理学者. **2**〘哲学〙心理主義者. ― *adj.*〘哲学〙心理主義の. 〖(1727): ⇨ psychology, -ist〗

psy·chol·o·gize /saɪkɑ́(ː)lədʒàɪz | -kɔ́l-/ *vt.* 心霊学的に研究[考究]する; 心理学的に扱う[解釈する]. ― *vi.* 心理学的に推論[考究]する. 〖(1830): ⇨ ↓, -ize〗

psy·chol·o·gy /saɪkɑ́(ː)lədʒi | -kɔ́l-/ *n.* **1** 心理学; (「行動の科学」としての)心理学: the new ～ 新心理学; 精神物理学 (psychophysics) / ⇨ child psychology, criminal psychology, folk psychology, Gestalt psychology, social psychology. **2** 心理学に関する論文[書物]; 心理学の体系: the ～ of Descartes デカルトの心理学. **3**《口語》心理的特徴: mass [mob] ～ 群衆心理(学) / the ～ of criminals 犯罪者心理 / the ～ of defeat 敗北の心理. **4**《口語》人の心理を読む力, 読心術. 〖(1653) ← NL *psychologia*: ⇨ psycho-, -logy〗

psy·cho·mach·i·a /sàɪkoumǽkiə | -kə(ʊ)-/ *n.* (心の中の)葛藤. 〖(1629) ◻ LL *psȳchomachia* ◻ Gk *psūkhomakhía* desperate fighting: ⇨ psycho-, -machy〗

psy·cho·ma·chy /sáɪkəməki/ *n.* ＝psychomachia.

psy·cho·man·cy /sáɪkoumæ̀nsi | -kə(ʊ)-/ *n.* 精神感応, 霊通, 巫術(ふじゅつ), 口寄せ. 〖((1652)) (1865) ← PSYCHO-＋-MANCY〗

psy·cho·met·ric /sàɪkoumétrɪk | -kə(ʊ)-ˈ/ *adj.*〘心理〙精神測定の. **psỳcho·mét·ri·cal·ly** *adv.* 〖(1854) ← PSYCHO-＋-METRIC[1]〗

psy·chom·e·tri·cian /saɪkɑ̀(ː)mətríʃən | sàɪkə(ʊ)mɪ-/ *n.*〘心理〙精神測定(学)者. 〖(1950): ⇨ ↑, -ian〗

psy·cho·met·rics /sàɪkəmétrɪks | -kə(ʊ)-/ *n.*〘心理〙精神測定(学). 〖1930〗

psy·chom·e·try /saɪkɑ́(ː)mətri | -kɔ́mɪtri/ *n.* **1**〘心霊〙物に接触してその物の過去・歴史・運命・所有主・その他それに関連することを感知する神秘的な力, 「超能力」. **2**〘心理〙＝psychometrics. **psy·cho·met·ri·cal** /sàɪkəmétrɪkəl, -kɫ | -trɪ-ˈ/ *adj.* **psy·chóm·e·trist** /-trɪst | -trɪst/ *n.* 〖(1854) ← PSYCHO-＋-METRY〗

psỳcho·mimétic *adj.* 向精神作用のある, 向精神薬の. ― *n.* 向精神薬, 精神作用薬, 精神異常発現薬. 〖(1964) LSD などの薬剤が精神病類似の症状を起こさせることから〗

psỳcho·mótor *adj.* **1**〘医学〙精神運動(性)の. **2**〘病理〙(精神運動に起因する)随意運動の; 〈発作・その他の障害など〉精神運動性の: a ～ fit [seizure] 精神運動発作(癲癇(てんかん)の一種). 〖1878〗

psỳcho·nèuro·immunólogy *n.*〘医学〙精神神経免疫学《免疫システムに対して神経システムと精神状態が及ぼす影響を研究する》. **-immunólogist** *n.* **-immunológical** *adj.*

psỳcho·neurósis *n.* (*pl.* **-ses**) 精神神経症, ノイローゼ (cf. psychosis). 〖(1883) ← NL ～: ⇨ psycho-, neurosis〗

psỳcho·neurótic *adj.* 精神神経症の[にかかった], ノイローゼの. ― *n.* 精神神経症患者. 〖(1902): ⇨ ↑, -otic[1]〗

psy·cho·path /sáɪkəpæ̀θ | -kə(ʊ)-/ *n.* **1** 精神[情緒]の不安定な人, 反社会的な精神病質者《sociopath ともいう》. **2**〘精神医学〙＝psychopathic personality 2. 〖(1885) ← PSYCHO-＋-PATH〗

psy·cho·path·ic /sàɪkəpǽθɪk | -kə(ʊ)-ˈ/ *adj.* **1** 精神病(性)の, 精神病にかかっている, 精神の錯乱した: a ～ hospital 精神病院. **2**《俗用》(催眠術などによる)精神病治療の. ― *n.* ＝psychopath 1. **psỳ·cho·páth·i·cal·ly** *adv.* 〖(1847): ⇨ ↑, -pathic〗

psychopáthic disórder *n.*〘法律〙(恒常的な)精神障害 (cf. mental disorder).

psychopáthic personálity *n.*〘精神医学〙**1** 精神病質人格. **2** 精神病質者. 〖1932〗

psy·chop·a·thist /saɪkɑ́(ː)pəθɪst | -kɔ́pəθɪst/ *n.* 精神病医. 〖(1854) ← PSYCHOPATHY＋-IST〗

psỳcho·pathólogy *n.* **1** 精神病理学. **2** (精神病における)精神機能障害. **psỳcho·pathólogist** *n.* **psỳcho·pathológical** *adj.* 〖1847〗

psy·chop·a·thy /saɪkɑ́(ː)pəθi | -kɔ́p-/ *n.* **1** 精神病. **2**〘精神医学〙＝psychopathic personality 1. 〖(1847) ← PSYCHO-＋-PATHY〗

psỳcho·pharmacéutical *n.* 使用者の精神状態に影響を及ぼす薬剤. 〖1964〗

psỳcho·pharmacólogy *n.* 精神薬理学《精神作用に及ぼす薬剤の効果の研究》. **psỳcho·pharmacológic** *adj.* **psỳcho·pharmacológical** *adj.* **psỳcho·pharmacólogist** *n.* 〖(1920) ← PSYCHO-＋PHARMACOLOGY〗

psỳcho·phýsical *adj.*〘心理〙精神物理学の. **～·ly** *adv.* 〖1847〗

psýchophysical párallelism *n.*〘心理〙心身平行論《心理過程と生理過程の間に平行する対応を考える心理学的な立場》. 〖1894〗

psỳcho·phýsics *n.*〘心理〙精神物理学, 心理物理学《物理的刺激と感覚の数量的な関係を研究する心理学の領域》. **psỳcho·phýsicist** *n.* 〖(1878) ← PSYCHO-＋PHYSICS: cf. G *Psychophysik*〗

psỳcho·physiólogy *n.* 心理[精神]生理学 (physiological psychology). **psỳcho·physiológic** *adj.* **psỳcho·physiológical** *adj.* **psỳ·cho·physiológically** *adv.* **psỳcho·physiólogist** *n.* 〖(1839) ← PSYCHO-＋PHYSIOLOGY〗

psy·cho·pomp /sáɪkoupɑ̀(ː)mp | -kə(ʊ)pɔ̀mp/ *n.*〘ギリシャ神話〙霊魂を下界へ導く案内者 (Hermes, Charon など). 〖(1863) ◻ Gk *psūkhopompós* ← PSYCHO-＋Gk *pompós* conductor (← *pémpein* to send, conduct)〗

psỳcho·prophyláxis *n.* **1**〘医学〙(病気などの)精神予防(法). **2**〘産科〙心理学的条件作りによる自然分娩法. 〖1958〗

psýcho·quàck *n.* いんちき心理学者[精神科医]. **psỳcho·quáckery** *n.* 〖⇨ psycho-, quack[2]〗

psýcho·scìences *n. pl.* 精神科学《psychology, psychoanalysis, psychiatry などを含む》.

psychoses *n.* psychosis の複数形. 〖← NL ～〗

psỳcho·séxual *adj.* 性心理の, 精神性的な. **～·ly** *adv.* 〖1897〗

psỳcho·sexuálity *n.* 精神性欲. 〖1910〗

psy·cho·sis /saɪkóusɪs | -kə́usɪs/ *n.* (*pl.* **-cho·ses** /-siːz/) **1** (強度の)精神病 (cf. psychoneurosis) (⇨ insanity SYN). **2** (個人・社会集団の)極度の精神不安. 〖(1847) ← NL ～ ← LGk *psū́khōsis*: ⇨ psycho-, -osis〗

psỳcho·sócial *adj.* 心理的・社会的双方の観点からの; 心理学・社会学双方の実践を伴う. **～·ly** *adv.* 〖1899〗

psỳcho·sociólogy *n.* 心理社会学《社会現象を心理的要因によって説明する学問》. **psỳcho·sociológical** *adj.* **psỳcho·sociólogist** *n.* 〖1908〗

psỳcho·somátic *adj.* **1** 〈病気が〉情意によって影響される, 精神と身体の, 心身相関の: a ～ disease [disorder] 心身症. **2** 心身[精神身体]医学の. ― *n.* 心身[精神身体]症患者. **psỳcho·somátically** *adv.* 〖1854〗

psychosomatic médicine *n.* 心身医学, 精神身体医学《身体の病気の治療に心理的因子への配慮を重視し心身を統合した立場からの診療を行う分野》. 〖1939〗

psỳcho·somátics *n.* ＝psychosomatic medicine. 〖(1941) ← PSYCHO-＋SOMATICS〗

psy·cho·so·mat·ry /sàɪkousoumǽtri, -sə- | -kə(ʊ)sə(ʊ)-/ *n.* (ある病気の原因となる)精神が身体に与える影響. 〖← PSYCHOSOM(ATIC)＋(PSYCHI)ATRY〗

psỳcho·súrgeon *n.* 精神外科医. 〖1945〗

psỳcho·súrgery *n.*〘医学〙精神外科《精神病治療を目的とする外科領域》. **psỳcho·súrgical** *adj.* 〖1936〗

psychò·sýnthesis *n.*〘精神医学〙精神総合(療法)《イタリアの精神科医 Roberto Assagioli による, 瞑想など東洋の方法と精神分析を組み合わせた心理療法》. 〖1973〗

psỳcho·téchnics *n.* ＝psychotechnology. 〖1926〗

psỳcho·technólogy *n.* 精神[心理]工学 (cf. human engineering). 〖(1923) ← PSYCHO-＋TECHNOLOGY〗

psỳcho·therapéutics *n.* 精神療法[治療学]. **psỳcho·therapéutic** *adj.* **psỳcho·therapéutically** *adv.* **psỳcho·thera·péutist** *n.* 〖(1872) ← PSYCHO-＋THERAPEUTICS〗

psy·cho·ther·a·pist /sàɪkouθérəpɪst | -kə(ʊ)θérəpɪst/ *n.* 心理[精神]療法医. 〖1909〗

psy·cho·ther·a·py /sàɪkouθérəpi | -kə(ʊ)-/ *n.* (暗示・催眠術などの精神的方法による)精神療法, 心理[暗示]療法 (cf. mental healing). 〖1853〗

psy·chot·ic /saɪkɑ́(ː)tɪk | -kɔ́t-/ *adj.* 精神病 (psychosis) の[に関する]; 精神異状の. ― *n.* 精神病患者, 精神異常者. **psy·chót·i·cal·ly** *adv.* 〖(1890) ← NL *psychosis*: ⇨ psychosis, -otic[1]〗

psy·chot·o·gen /saɪkɑ́(ː)təd͡ʒɪn, -dʒen | -kɔ́tə-/ *n.* (LSD などのように)精神病的症状[幻覚]を誘発する化学的薬剤, 幻覚剤. 〖(1959) ← PSYCHOT(IC)＋-O-＋-GEN〗

psy·chòt·o·genétic /saɪkɑ̀(ː)tou- | -kɔ̀tə(ʊ)-ˈ/ *adj.* ＝psychotogenic.

psy·chot·o·gen·ic /saɪkɑ̀(ː)tədʒénɪk | -kɔ̀t-ˈ/ *adj.* 精神病的症状[幻覚]を誘発する, 精神異常状の原因となる, 幻覚剤の. ― *n.* ＝psychotogen. 〖(1956) ← PSYCHOT(IC)＋-O-＋-GENIC[1]〗

psy·chòt·o·mimétic /saɪkɑ̀(ː)tou- | -kɔ̀tə(ʊ)-ˈ/ *adj.*, *n.* 精神病的状態[幻覚]を誘発する(物質, 薬剤). **psy·chòt·o·mimétically** *adv.* 〖(1956) ← PSYCHOT(IC)＋-O-＋MIMETIC〗

psỳcho·tóxic *adj.*〘薬学〙精神に有害な, 人格破壊的な《麻薬ではないが濫用すると有害なアンフェタミンやアルコールなどに関していう》.

psy·cho·tro·pic /sàɪkoutróupɪk, -trɑ́(ː)p- | -kə(ʊ)trɔ́p-, -trə́up-ˈ/ *adj.* 向精神薬の. ― *n.* 向精神薬《精神安定剤や幻覚剤のように精神活動に作用する薬物の総称》. 〖*adj.*: 1956; *n.*: 1976〗

psých·òut *n.* (俗) 心理的に出し抜くこと.

psy·chro- /sáɪkrou | -krəu/「冷たい (cold)」の意の連結形. 〖← Gk *psūkhrós* cold ← *psū́khein* to make cold, breath: ⇨ psyche[1]〗

psy·chrom·e·ter /saɪkrɑ́(ː)mətə | -krɔ́mɪtə(r)/ *n.*〘気象〙乾湿計《乾球と湿球が組になった温度測定器; wet-and-dry-bulb thermometer ともいう》. **psy·chro-**

P

met·ric /sàɪkrəmétrɪk | -krə(ʊ)-ˊ/ *adj.* 〘(1727–41) ← PSYCHRO-＋-METER[1]〙

psýchrometric chárt *n.* 〘気象〙 乾湿計図 (乾湿計の値から湿度を図式に求める計算表).

psy·chrom·e·try /saɪkrɑ́(:)mətri | -krɔ́mɨtri/ *n.* 〘気象〙 **1** 乾湿球湿[温]度計の使用. **2** 空気中の水蒸気の含有量を測定し, それを支配している自然の法則を研究する学問. 〘1864〙

psy·chro·phile /sáɪkroʊfàɪl | -krə(ʊ)-/ 〘生物〙 *adj.* ＝psychrophilic. — *n.* 好冷バクテリア (psychrophilic bacteria). 〘(1928) ← PSYCHRO-＋-PHILE〙

psy·chro·phil·ic /sàɪkroʊfílɪk | -krə(ʊ)-ˊ/ *adj.* 〘生物〙 〈細菌が〉好冷[好寒]性の (0°C で発育できる; cf. mesophilic, thermophilic): ～ bacteria 好冷バクテリア. 〘(1959) ← PSYCHRO-＋-PHILIC〙

psỳchro·tólerant *adj.* 〘生物〙 寒さに耐えることができる. 〘1959〙

psyk·ter /síktə | -tə(r)/ *n.* シクター (古代ギリシャでぶどう酒を冷やすのに使ったつぼ). 〘(1849) □ Gk *psuktḗr* ← *psúkhein* to make cold〙

psyl·la /sílə/ *n.* 〘昆虫〙 キジラミ (キジラミ科キジラミ属 (*Psylla*) の昆虫の総称). 〘(1852) ← NL ～ ← Gk *psúlla* flea ← IE **blou-* (L *pūlex* 'FLEA')〙

psyl·lid /sílɨd | -lɪd/ 〘昆虫〙 *adj.* キジラミ(科)の. — *n.* ＝psylla. 〘(1899) ↑〙

psýl·li·um sèed /síliəm-/ *n.* オオバコ種子, シャゼンシ (車前子) (オオバコ類の成熟した種子; 緩下剤として利用). 〘(*c*1550) ← (N)L ～ □ Gk *psúllion* ← *psúlla* flea〙

psy·op /sáɪɑ̀(:)p | -ɔ̀p/ *n.* 〘米軍〙 心理作戦. 〘(1974) ← *psy(chological) op(erations)*〙

psy·war /sáɪwɔ̀ə | -wɔ̀:(r)/ *n.* 〘米軍〙 ＝psychological warfare. 〘(1954) ← PSY(CHOLOGICAL) WAR(FARE)〙

pt (略) part; patient; payment; pint(s); point; port; preterit.

pt (記号) Portugal (URL ドメイン名).

Pt (略) Part; Point; Port; 〘聖書〙 Peter.

Pt (記号) 〘化学〙 platinum.

PT (略) Pacific Time; parcel ticket; 〘米海軍〙 patrol torpedo (boat) (⇨ PT boat); physical training; postal telegraph; post town; preferential treatment; public trustee; pupil teacher; purchase tax.

p.t. (略) part time; 〘文法〙 past tense; physical therapy; point of turn; point of turning; post town; 〘軍事〙 primary target 主目標; pro tempore.

Pta (記号) 〘貨幣〙 (*pl.* **Ptas**) peseta.

PTA /pí:tì:éɪ/ (略) 〘教育〙 Parent-Teacher Association; (英) Passenger Transport Authority. 〘1925〙

Ptah /tɑ́:, p(ə)tɑ́:/ *n.* 〘エジプト神話〙 プタハ (Memphis の氏神である創造の神). 〘□ Egypt. *Ptaḥ*〙

ptar·mi·gan /tɑ́əmɨgən | tɑ́:-/ *n.* (*pl.* ～, ～s) **1** 〘鳥類〙 ライチョウ (ライチョウ科ライチョウ属 (*Lagopus*) の鳥類の総称; ライチョウ (*L. mutus*), ヌマライチョウ (willow ptarmigan) など; cf. grouse). **2** [ときに P-] ターミガン (新種として作られた愛玩用家バト). 〘(1599) (変形) ← Sc.-Gael. *tārmachan* (dim.) ← *tārmach* ← ?: *pt-* は Gk *pterón* wing の影響か〙

Ptas (記号) 〘貨幣〙 pesetas.

PT bòat /pí:tí:-/ *n.* 〘米海軍〙 (高速哨戒)魚雷艇 (motor torpedo boat). 〘(1942) ← *p(atrol) t(orpedo) boat*〙

ptc. (略) 〘文法〙 particle.

Pte (略) Private (⇨ private *n.* 1; cf. Pvt.).

PTE (略) (英) Passenger Transport Executive.

pter- /tɛr/ (母音の前にくるときの) ptero- の異形.

-p·ter·a /ˊ-pt(ə)rə/ 〘動物〙 「(…の)翼(に似たもの)をもつ有機体」の意の名詞連結形. ★ 動物学上の分類名に用いる: Hemi*ptera*. 〘← NL ～ ← Gk ～ (neut. pl.) ← *-pteros* '-PTEROUS'〙

pter·an·o·don /təræ̀nədɑ̀(:)n | -dɔ̀n/ *n.* 〘古生物〙 翼竜類の翼指竜 (白亜紀に繁栄). 〘(1882) ← NL ～ ← PTERO-＋Gk *anódōn* toothless (⇨ a-[7], -odont)〙

-p·ter·i /ptəràɪ, -rì:/ -pterus の複数形. 〘← NL ～〙

pter·id- /térɨd | -rɨd/ (母音の前にくるときの) pterido- の異形.

pter·i·dine /térədì:n | -rɨ-/ *n.* 〘化学〙 プテリジン ($C_6H_4N_4$) (窒素を含んだ黄色の結晶をなす二環塩基; 動物の色素にみられる). 〘(1943) ← PTERO-＋-IDINE: 蝶の羽の色素からみつかったことから〙

pte·rid·o- /tərídoʊ, térə- | terídəʊ, térɨ-/ 「シダ (fern)」の意の連結形. ★ 母音の前では通例 pterid- になる. 〘← Gk *pterid-*, *pterís* ← *pterón* 'wing, FEATHER': cf. ptero-〙

ptèr·i·dól·o·gist /-dʒɨst | -dʒɪst/ *n.* シダ学者. 〘(1845): ⇨ ↓, -ist〙

pter·i·dol·o·gy /tèrədɑ́(:)lədʒi | -rɨdɔ́l-/ *n.* シダ学, シダ論 (study of ferns). **pter·i·do·log·i·cal** /tèrədəlɑ́(:)dʒɨkəl, -kl | -rɨdəlɔ́dʒɪ-ˊ/ *adj.* 〘(1855) ← PTERIDO-＋-LOGY〙

pte·rid·o·phyte /tərídəfàɪt, térədoʊ- | terídə(ʊ)-, térɨ-/ *n.* 〘植物〙 シダ (fern) (シダ植物類の植物の総称). **pte·rid·o·phyt·ic** /tərìdəfítɪk, tèrɪdə(ʊ)fít-, tèrɪ-ˊ/ *adj.* **pter·i·doph·y·tous** /tèrədɑ́(:)fətəs | -rɨdɔ́fɨt-ˊ/ *adj.* 〘(1880) ← PTERIDO-＋-PHYTE〙

pte·rid·o·sperm /tərídəspə̀:m, térədoʊ- | terídə(ʊ)spə̀:m, térɨ-/ *n.* 〘古生物〙 ＝seed fern. 〘1904〙

pter·in /térɨn/ *n.* 〘化学〙 プテリン (プテリジンを含有する化合物の総称; 動物, 特に昆虫の色素に広く見られる). 〘(1934) ← PTERO-＋-IN[2]: cf. pteridine〙

pte·ri·on /tíᵊriɑ̀(:)n, tér- | tíəriɔ̀n, tér-/ *n.* 〘人類学〙 テリオン (前頭骨と頭頂骨と蝶(ちょう)形骨と側頭骨との接合部). 〘(1878) ← NL ～ ← Gk *pterón* wing＋-IN(ION)〙

pter·o- /téroʊ | -rəʊ/ 「羽 (feather); 翼 (wing)」の意の連結形. ★ 母音の前では通例 pter- になる. 〘(19C) ← NL ～ ← Gk *pterón* wing: ⇨ pterido-〙

Pter·o·bran·chi·a /tèrəbrǽŋkiə/ *n. pl.* 〘動物〙 (半索動物門)翼鰓(よくさい)綱. 〘← NL ～: ⇨ ↑, branchia〙

pter·o·car·pous /tèrəkɑ́əpəs | -rə(ʊ)kɑ́:-ˊ/ *adj.* 〘植物〙 翼果を有する, 翼果のある. 〘(1866) ← NL ～: ⇨ ptero-, -carpous〙

pter·o·dac·tyl /tèrədǽktɨl, -roʊ-, -tl | -rə(ʊ)-/ *n.* 〘古生物〙 翼竜 (翼竜目に属する動物). **ptèr·o·dác·tyl·oid** /-lɔ̀ɪd/ *adj.* **ptèr·o·dác·tyl·ous** /-ləsˊ/ *adj.* 〘(1830) ← NL *Pterodactylus* (属名): ⇨ ptero-, dactylo-〙

pterodactyl

pte·ró·ic ácid /təróʊɪk- | -rə́ʊ-/ *n.* 〘化学〙 プテロイン酸 ($C_{14}H_{12}N_6O_3$) (葉酸の加水分解によって得られ, 葉酸誘導体の合成原料に利用される). 〘(1954) ← Gk *pterón* (⇨ ptero-)＋-IC[1]〙

pter·on /térɑ(:)n | -rɔn/ *n.* 〘建築〙 プテロン, 翼廊 (ギリシャ神殿の前面の列柱と神室との間の通路). 〘□ Gk *pterón* 'wing, FEATHER': cf. pterido-〙

pter·o·pod /térəpɑ̀(:)d | -pɔ̀d/ *adj., n.* 〘動物〙 翼足目の(動物). 〘(1835) ← NL ～ ← *Pteropoda* (pl.) □ Gk *pterópoda* (neut. pl.) ← *pterópous* wingfooted: ⇨ ptero-, -pod[1]〙

pte·rop·o·dan /tərɑ́(:)pədən | -rɔ́p-/ *adj., n.* 〘動物〙 ＝pteropod. 〘⇨ ↑, -an[1]〙

pter·o·saur /térəsɔ̀ə | -rəʊsɔ̀:(r)/ *n.* 〘古生物〙 翼竜目の動物. 〘(1862) ← NL *Pterosaurus*: ⇨ ptero-, -saur〙

-pter·ous /ˊ-ptərəs/ 〘動物・植物〙 「(…の)翼[翅]をもった」の意の形容詞連結形: di*pterous*. 〘□ Gk *-pteros* winged ← *pterón* wing, feather: ⇨ ptero-〙

pter·o·yl·glu·tám·ic ácid /tèroʊɪlglu:tǽmɪk- | -rəʊ-ˊ/ *n.* 〘生化学〙 プテロイルグルタミン酸 (⇨ folic acid). 〘(1946): ⇨ ptero-, -yl, glutamic〙

-p·ter·us /ptərəs/ 「翼, 翼状構造」の意の属名を作る名詞連結形. 〘← NL ～ ← Gk *-pteros* '-PTEROUS'〙

pter·yg- /térəg, -rədʒ | -rɨg, -rɨdʒ/ (母音の前にくるときの) pterygo- の異形.

pte·ryg·i·um /tərídʒiəm/ *n.* (*pl.* ～s, -i·a /-dʒiə/) 〘解剖〙 翼状片 (目がしらから角膜に達する異常な三角形の粘膜状組織). 〘(1657) ← NL ～ ← GK *pterúgion* little wing or fin: ↓, -ium〙

pter·y·go- /térəgoʊ | -rɨgəʊ/ 〘動物〙 「翼, 羽 (wing); ひれ (fin); 翼状突起と…との (pterygoid and …)」の意の連結形. ★ 母音の前では通例 pteryg- になる. 〘(18C) ← Gk *pterug-*, *ptérux* wing, fin: ⇨ -o-〙

pter·y·goid /térəgɔ̀ɪd | -rɨ-/ *adj.* **1** 翼状の (winglike). **2** 〘解剖〙 翼状突起の. — *n.* 〘解剖〙 翼状突起 [板, 骨, 筋]. 〘(1722) □ Gk *pterugoeidḗs*: ⇨ ↑, -oid〙

ptérygoid bòne *n.* 〘解剖〙 翼状骨 (魚のような下等脊椎動物の上顎の骨).

ptérygoid plàte *n.* 〘解剖〙 翼状板. 〘1881〙

ptérygoid pròcess *n.* 〘解剖〙 **1** (蝶形骨の)翼状突起. **2** ＝pterygoid plate. 〘1741〙

pter·y·go·po·di·um /tèrəgoʊpóʊdiəm | -rɨgə(ʊ)pə́ʊdi-/ *n.* (*pl.* -po·di·a /-diə | -diə/) 〘動物〙 ひれ脚(きゃく), 鰭脚(ききゃく) (板鰓(ばんさい)類の交尾器). 〘← NL ～: ⇨ pterygo-, -podium〙

Pter·y·go·so·mi·dae /tèrəgoʊsóʊmədì: | -rɨgə(ʊ)səʊmɨ-/ *n. pl.* 〘動物〙 ヤモリダニ科. 〘← NL ～ ← *Pterygosoma* (属名: ⇨ pterygo-, soma[1])＋-IDAE〙

Pter·y·go·ta /tèrəgóʊtə | -rɨgə́ʊtə/ *n. pl.* 〘昆虫〙 有翅(ゆうし)亜綱. 〘(1878) ← NL ～ ← Gk *pterugōtós* winged ← *ptérux* wing, fin: ⇨ -a[2]〙

pter·y·gote /térəgòʊt | -rɨgə̀ʊt/ *adj.* 〘昆虫〙 有翅(ゆうし)亜綱の. 〘(1898) ← NL ～ ← *Pterygota* (↑)〙

pter·y·la /térələ | -rɨ-/ *n.* (*pl.* **-y·lae** /-lì:, -làɪ/) 〘鳥類〙 羽区, 翼(よく)区 (おおばねの生える部分; cf. apterium). 〘(1867) ← NL ～ ← *ptero-*＋*hū́lē* wood (⇨ hylic)〙

pter·y·log·ra·phy /tèrəlɑ́(:)grəfi | -rɪlɔ́g-/ *n.* 〘鳥類〙 羽域学 (鳥の羽域を研究する学問). 〘(1867) ← PTERY-L(A)＋-(O)GRAPHY〙

pter·y·lol·o·gy /tèrəlɑ́(:)lədʒi | -rɨlɔ́l-/ *n.* 〘鳥類〙 羽分布学 (羽域 (pterylosis) を研究する学問). 〘← PTERYL(OSIS)＋-O-＋-LOGY〙

pter·y·lo·sis /tèrəlóʊsɨs | -rɨlə́ʊsɪs/ *n.* (*pl.* **-lo·ses** /-si:z/) 〘鳥類〙 羽域 (鳥の体表において羽毛の生えている羽区の部分). 〘(1874) ← NL ～: ⇨ pteryla, -osis〙

-p·ter·yx /ˊ-ptərɪks/ 〘動物〙 「翼[ひれ]のあるもの」の意の名詞連結形. 〘← NL ～ ← Gk *ptérux* wing〙

PTFE (略) polytetrafluoroethylene.

ptg (略) printing.

Ptg. (略) Portugal; Portuguese.

ptil- /tɪl/ (母音の前にくるときの) ptilo- の異形.

-ptile /ptɨl, ptaɪl | ptaɪl/ 〘動物〙 「羽 (feather)」の意の名詞連結形. 〘← Gk *ptílon* soft feather: ⇨ ptilo-〙

ptil·o- /tíloʊ | -ləʊ/ 〘動物〙 「綿毛 (down), 羽 (feather)」の意の名詞連結形. ★ 母音の前では通例 ptil- になる. 〘← NL ～ ← Gk *ptílon*: cf. -ptile〙

pti·lo·sis /tɨlóʊsɨs | -lə́ʊsɪs/ *n.* (*pl.* **-lo·ses** /-si:z/) **1** 〘医学〙 睫毛脱毛症. **2** 〘動物〙 ＝plumage 1. 〘(1684) ← NL ～ ← Gk *ptílōsis* eyelid disease ← *ptílos* sore-eyed: ⇨ -osis〙

pti·san /tízən, -zn, tɪzǽn/ *n.* **1** 麦茶[湯] (多少薬効または滋養分を含む); (飲用)薬湯 (tisane). **2** 〈圧力をかけずに濾過した〉ブドウ果汁. 〘(1533) □ L *ptisana* □ Gk *ptisánē* peeled barley ← *ptíssein* to peel ∽ (*a*1398) *t(h)isane* □ (O)F *tisane* □ ML *tisana*＝L〙

PTM (略) 〘電気〙 pulse time modulation.

PTO (略) (米) 〘教育〙 Parent-Teacher Orgnization PTA と別の各校ごとの父母・教師協力制度.

PTO, pto /pí:tì:óʊ | -ə́ʊ/ (略) please turn over (the leaf) 裏面[次ページ]へ続く (cf. over *adv.* 8) (単に TO また (米) では Over ともいう). 〘1859〙

pto·choc·ra·cy /təkɑ́(:)krəsi | -kɔ́k-/ *n.* 貧民による政治. 〘(1774) ← Gk *ptokhós* a beggar＋-CRACY〙

Ptol·e·mae·us /tɑ̀(:)ləméɪəs, -mí:- | tɔ̀lɨmí:-, -méɪ-/ *n.* プトレマイオス (月面第三象限のクレーター; 直径約 140 km). 〘□ L *Ptolemaeus* 'PTOLEMY'〙

Ptol·e·ma·ic /tɑ̀(:)ləméɪɪk | tɔ̀lɨ-ˊ/ *adj.* **1** プトレマイオス (Ptolemy) 王朝の. **2 a** (天文学者)プトレマイオスの (cf. Copernican 1). **b** 天動説 (Ptolemaic system) の. 〘1: (1771) □ Gk *ptolemāikós*: ⇨ Ptolemy, -ic[1]. — 2: (1674) ← L *Ptolema(eus)*＋-IC[1]〙

Ptólemaic sýstem *n.* [the ～] 〘天文〙 (プレトマイオスの唱えた)天動説, プトレマイオス説 (地球のまわりを惑星ごとに仮想点が周転し, さらにその仮想点のまわりを惑星が周転し, 太陽・月は直接に地球のまわりを周転するという説; cf. Copernican system).

Ptol·e·ma·ist /tɑ̀(:)ləméɪɨst | tɔ̀lɨméɪɪst/ *n.* プトレマイオス説[天動説]信奉者. 〘(1878): ⇨ Ptolemaic, -ist〙

Ptol·e·my /tɑ́(:)ləmi | tɔ́lɨ-/ *n.* **1** プトレマイオス (エジプトの Macedonia 王朝 (305?–30 B.C.) の王の名; cf. Ptolemy I, II). **2** プトレマイオス, トレミー (ギリシャ出身の 2 世紀の Alexandria の数学者・天文学者・地理学者; 天動説 (geocentric theory) の代表者; ラテン語名 Claudius Ptolemaeus /tɑ̀(:)ləmí:əs, -mí:- | tɔ̀lɨmí:-, méɪ-/). 〘□ F *Ptolémée* □ L *Ptolemaeus* □ Gk *Ptolemaîos* (原義) warlike ← *ptólemos* (cf. *pólemos* war: ⇨ polemic)〙

Ptolemy I *n.* プトレマイオス一世 (367?–283 B.C.; エジプト王 (306–285 B.C.); Macedonia に生まれ, Alexander 大王の武将であったが, 大王の死後エジプトに Macedonia 王朝を創始; 通称 Ptolemy Soter (救済者)).

Ptolemy II *n.* プトレマイオス二世 (309?–247 B.C.; エジプトの王 (285–?247 B.C.) で, プトレマイオス一世の子; Hellenism 文化発展に寄与した; プトレマイオス王朝全盛期の王; 通称 Ptolemy Philadelphus).

pto·maine /tóʊmeɪn, ˌ-ˊ | tə́ʊmeɪn, ˌ-ˊ/ *n.* 〘化学〙 プトマイン, 死体毒, 屍毒(しどく) (蛋白質の腐敗によって生じる有毒物の総称; 現在は用いない). **pto·main·ic** /toʊméɪnɪk | təʊ-/ *adj.* 〘(1880) □ F *ptomaïne* □ It. *ptomaina* (← Gk *ptôma* fallen body, corpse (← IE **pet-* to fly, fall upon))＋-INE[3]〙

ptómaine póisoning *n.* **1** 〘医学〙 プトマイン中毒. **2** (俗用) ＝food poisoning. 〘1893〙

pto·sis /tóʊsɨs | tə́ʊsɪs/ *n.* (*pl.* **pto·ses** /-si:z/) 〘病理〙 下垂症 (cf. gastroptosis); (特に)眼瞼(がんけん)下垂症. **ptot·ic** /tɑ́(:)tɪk | tɔ́t-/ *adj.* 〘(1743) ← NL ～ ← Gk *ptôsis* a falling ← IE **pet-* (⇨ ptomaine): ⇨ -osis〙

PTP (略) 〘電算〙 paper tape punch 紙テープ穿孔器.

PTR (略) 〘電算〙 photoelectric tape reader 光電式テープ読取機.

pts (略) parts; payments; pints; points; ports.

PTSD (略) 〘精神医学〙 post-traumatic stress disorder. 〘1982〙

PTT (略) (英) post, telegraph, and telephone.

PTV (略) public television.

pty (略) party; proprietary.

Pty (略) (豪・南ア) proprietary. 〘1904〙

pty·a·lin /táɪəlɨn | -lɪn/ *n.* 〘生化学〙 プチアリン (唾(だ)液澱粉分解酵素). 〘(1845) ← NL *ptyal-* (□ Gk *ptual-*, *ptúalon* saliva)＋-IN[2]: cf. spew〙

pty·a·lism /táɪəlɪzm/ *n.* 〘病理〙 流涎(りゅうぜん)症, 唾(だ)液(分泌)過多. 〘(1684) ← NL *ptyalismus* ← Gk *ptualismós* expectoration ← *ptualízein* to salivate ← *ptúalon*: ⇨ ↑, -ism〙

Pty. Ltd. (略) proprietary limited (＝proprietary company). 〘1904〙

P-tỳpe, p-t- /pí:-/ *adj.* 〘電子工学〙 P 形の, p 形の (半導体の分類で, 主として正孔が導電に寄与しているもの; cf. N-type).

Pu (記号) 〘化学〙 plutonium.

PU (略) pickup.

p.u. (略) per unit.

pub /pʌ́b/ *n.* **1** (英) 酒場, 居酒屋, パブ. **2** (豪) 旅館, 宿屋 (hotel). — *vi.*, *vt.* [go ～bing または ～ it として] (口語) 酒場に行く[通う]. 〘(*c*1859) (略) ← *public house*〙

pub. (略) public; publication; published; publisher; publishing.

pub·by /pʌ́bi/ *adj.* パブの雰囲気を持った (特にくだけて親しみのある). 〘(1959) ← PUB＋-Y[4]〙

púb-cràwl *vi.* (英口語) (酒場を回り)はしご(酒)をする ((米) barhop, make the rounds (of pubs)): go ～*ing*. **～·er** *n.* 〘(1937) ↓〙

púb cràwl *n.* (英口語) (酒場を回る)はしご(酒): do a ～ / go on a ～. 〘1915〙

pu·ber·al /pjú:bərəl/ *adj.* ＝pubertal. 〘(1836–7) □

ML *pūberālis* ← L *pūber* adult: ⇨ puberty, -al¹〗
pu·ber·tal /pjúːbəṭl | -bətl/ *adj.* 思春期の, 年頃の. 〖((1897)) ← PUBERT(Y)+-AL¹〗
pu·ber·ty /pjúːbəṭi | -bəti/ *n.* **1** 思春期, 青春発動期, 青春期, 年頃: the age of ～ 思春期《身体的に婚姻可能になる年齢, adolescence の始まり; 法律的には通例男子 14 歳, 女子 12 歳; cf. puerility 2》/ arrive at ～ 年頃になる, 色気づく. **2** 〖植物〗開花期. 〖((*c*1384)) *puberte* □(O)F *puberté* // L *pūbertātem* ← *pūber* grown-up, adult ← *pūbēs* 'PUBES': ⇨ -ty²: cf. L *puer* boy〗
pu·ber·u·lent /pjuːbérjʊlənt, -rʊ-/ *adj.* 〖生物〗軟毛で覆われている, 軟毛の. 〖((*a*1864)) ← L *pūber* downy, adult (↑)+-ULENT〗
pu·bes¹ /pjúːbiːz/ *n.* (*pl.* ～) **1** 〖解剖〗 **a** 下腹部, 陰部. **b** 陰毛, 恥毛. ★ この意味では《俗》に複数形ととられて /pjúːbz/ とも発音される. **2** 〖生物〗軟毛, 柔毛. 〖((*c*1570)) □ L *pūbēs* pubic hair, groin ← ?: cf. L *pūber* (↑)〗
pubes² *n.* pubis の複数形. 〖((1841)) □ L *pūbēs*〗
pu·bes·cence /pjuːbésəns, -sns/ *n.* **1** 思春期[青春期]に達していること, 年頃. **2** 〖生物〗(植物の葉・茎・動物(特に, 昆虫)の)軟毛[柔毛]; 軟毛[柔毛]で覆われていること. 〖((1646)) □ F // ML *pūbēscentia* ← L *pūbēscentem*: ⇨ ↓, -ence〗
pu·bes·cent /pjuːbésənt, -snt/ *adj.* **1** 青春期の, 年頃の, 思春期の: a ～ girl. **2** 〖生物〗軟毛[柔毛]で覆われた, 軟毛のある (downy). 〖((1646)) □ F // L *pūbēscentem* (pres.p.) ← *pūbēscere* to reach puberty ← *pūbēs* 'PUBES¹': ⇨ -escent〗
púb grùb *n.* 《口語》(パブで出される)食べ物.
pu·bic /pjúːbɪk/ *adj.* 〖解剖〗下腹部の, 陰部の; 陰毛の; 恥骨の: the ～ bone 恥骨 / ～ hair 陰毛 / the ～ region 下腹部, 陰部. 〖((1831)) ← PUB(ES¹)+-IC¹〗
púbic sýmphysis *n.* 〖解剖・動物〗恥骨結合.
pu·bis /pjúːbɪ̀s | -bɪs/ *n.* (*pl.* **pu·bes** /-biːz/) 〖解剖・動物〗恥骨 (pubic bone) (⇨ reproductive system 挿絵). 〖((1597)) ← NL (*os*) *pūbis* ← L *os* bone+*pūbis* ((gen.) ← *pūbēs* 'PUBES¹')〗
publ. 《略》public; publication; published; publisher; publishing.
pub·lic /pʌ́blɪk/ *adj.* **1 a** 社会の, 国民の; 国民全体のための, 公共の, 公共に属する (↔ private, personal): ～ affairs 公務[事] / a ～ body 公共団体 / the ～ good [benefit, interest] 公益 / a ～ hazard 社会一般に及ぶ危険 / ～ property 公共物[財産] / ～ housing 公共[公営]住宅 / a ～ holiday 国民祝日, 祝祭日 / ～ peace 公安 / ～ welfare 公共福祉 / ⇨ public funds, public wrong / at the ～ expense 公費で / for ～ use 公用の, 公衆用の. **b** 公衆の, 一般の人々の: ～ morality 風紀 / ～ virtue 公徳 / It's a matter of ～ interest. それは大衆のだれもが興味を抱いている問題だ. **c** 政府による, 国家の: a ～ document 公文書 / the ～ debt 国債, 公債 / the ～ purse 国庫 / ～ money(s) 公金 / ⇨ public prosecution. **2** 公衆[社会]のためになされる, 社会[国家]を代表する[から権限を与えられた], 社会[国家]のために働く, 国事の, 公事の: a ～ assembly 公会 / ～ life 公生活 / a ～ man [figure] 公人 / ⇨ public service. **3** 公開の, 公衆の参加する; 公衆用の; 公立の, 公営の: a ～ auction 公売 / a ～ bath 公衆浴場 / a ～ entertainer 芸能人 / a ～ announcement 公表[示] / a ～ demonstration [protest] 大衆示威運動 /a ～ hall 公会堂 / a ～ institution (教育・社会事業などの)官公設機関 / a ～ toilet [《英》lavatory] 公衆便所 / a ～ meeting 公開の会合 / a ～ debate 立会演説会, 公開討論会 / a ～ park 公園 / a ～ beach 公有ビーチ / a ～ building 公共建築物 / a ～ road 公道 / ⇨ public footpath / the ～ highway 公共幹線道路. **4** 公然の, 表向きの, 知れわたっている, 評判の: make ～ 公表[発表]する / She made (it) ～ that she disapproved. 不賛成の意を公表した / a ～ scandal 世間周知の醜聞 / make a ～ protest [statement] 公然と異議を申し立てる[声明を行う] / in a ～ place だれからも見えるところで, 衆人環視の中で / Let's go somewhere a little less ～. もっと人目のつかない所へ行こう. **5** 〖英大学〗(各学寮と区別して)大学全体の, 総合大学としての: a ～ examination, lecture, etc. / ⇨ public orator. **6** 《まれ》国際的な (international); 人類(普遍)の (universal): ⇨ public law 3.
becòme públic 好評される, 公になる. *gò públic* (1) 〈会社が〉株式を公開する, (株式)公開会社になる. (2) 〔伏せておくべきことを〕公開する〔with〕. ((1965)) ***in the públic éye*** 世間の目によく触れて, よく知られて.
— *n.* [集合的; 単数または複数扱い] **1** [the ～]人民, 国民, 社会 (community); 公衆, 一般の人々, 世間 (the world): *the* British [American] ～ 英[米]国の社会, 一般英[米]人 / The Great British *Public* won't stand for it! 英国民はそれには我慢できない / *the* general ～=*the* ～ at large 公衆, 一般社会 / open to the ～ 公開されて / *The* ～ *is* the best judge [*are* the best judges]. 世間は最良の判断者である. **2** …界, …社会, …仲間[連中]; (文学者などの)愛読者連, ひいき連: an author's [actor's] favorite ～ / the reading [musical, sporting, theatrical] ～ 読書[音楽, スポーツ, 演劇]界 / the listening [viewing] ～ ラジオ聴取者[テレビ視聴者]たち / have a large ～ ファンが多い. ***in públic*** 公に, 公然と, 人前で, おおっぴらに. ((*c*1450))
～·ness *n.* 〖((1394)) *publique* □(O)F *public* □ L *pūblicus* 《変形》(*pūber, pūbēs* adult の影響)← *poplicus* ← *populus* 'PEOPLE': ⇨ -ic¹〗
públic áccess *n.* 〖テレビ〗一般の人が自分たちの番組を放送するために(有線テレビなどの)設備を利用すること; そうした設備を提供すること. 〖1972〗
públic áccess chànnel *n.* 《米》(ケーブルテレビの)視聴者制作番組.
públic accóuntant *n.* 公共会計士 (cf. certified public accountant).
públic áct *n.* =public law 1 a. 〖1765〗
públic-addréss sỳstem *n.* 〖電気〗拡声装置《演奏会場・講堂・広場・車内・駅などで, 演説・音楽・案内などを同時に多数の人に聞かせるための装置; PA [P.A., p.a.] system ともいう》. 〖1923〗
pub·li·can /pʌ́blɪ̀kən | -lɪ-/ *n.* **1** 《英》酒場[居酒屋, パブ] (public house) の主人 (《米》saloonkeeper). **2** (古代ローマの)収税吏, 取税人 (tax collector)《残酷な取立てをしたので, 新約聖書では罪人(ざいにん)と同列に取り扱われている; cf. *Matt.* 9:10》. **3** (税・料金・貢ぎ物などの)取立て人. 〖((?*a*1200)) □ (O)F *publicain* □ L *pūblicānus*: ⇨ public, -an¹〗
públic assístance *n.* 《米》公的扶助, 生活保護. 〖1884〗
pub·li·ca·tion /pʌ̀bləkéɪʃən | -lɪ̀-/ *n.* **1** 出版, 発行, 刊行. **2** 刊行物, 出版物, (公刊された)著書[論文]: a list of new ～*s* 新刊目録 / a monthly [weekly] ～ 月刊[週刊]物. **3** 発表(する[される]こと), 公表, 発布, 公布 (proclamation): the ～ of a death [balance sheet, statute] 死亡[貸借対照表, 法令]の公表[発布]. **4** 〖法律〗公表行為《名誉を毀損する事項を第三者に公表すること》. 〖((*a*1387)) *publicacioun* □ (O)F *publication* // L *pūblicātiō(n-)*: ⇨ publish, -ation〗
públic bár *n.* 《英》(仕切ってあるパブの)一般席, 並室 (cf. public house 1). 〖1930〗
públic bíll *n.* 〖法律〗一般的法律案《一般的法律 (public law) となる法案; cf. private bill》. 〖1678〗
públic bónd *n.* 〖財政〗国債, 公債.
públic bróadcasting *n.* 〖ラジオ・テレビ〗公共放送《政府や公共企業体などの非営利団体が受信料などを財源として実施する放送, またはその企業体; cf. commercial broadcasting》.
públic chárge *n.* 生活保護者《生活保護法による被保護者》.
públic cómpany *n.* 《英》公開会社; 株式会社《株式を一般に公開している上場会社; もと joint-stock company と呼ばれていた》.
públic convénience *n.* 《英》公衆便所 (《米》comfort station).
públic corporátion *n.* **1** 地方公共団体. **2** 公法人, 公社, 公共企業体 (cf. private corporation); (日本の)公団, 公社.
públic débt *n.* 《米》〖財政〗**1** 公共負債, 公債《国[中央政府]の, また政府・地方自治体すべてを含めての公共の負債》. **2** =national debt.
públic defénder *n.* 《米》国選[公費]弁護人. 〖1918〗
públic domáin *n.* [通例 the ～] 〖法律〗《米》**1** (米国の国有・州有の)公有地, 国[州]有地 (public lands): grazing rights on *the* ～ 公有地における放牧権. **2** 公有《保護期間の満了・相続人の不在等の理由による著作権・特許権などの権利消滅状態》: Oscar Wilde's plays are now in (*the*) ～. オスカーワイルドの劇は今は著作権が消滅している《自由に出版・上演などができる》. 〖1832〗
públic educátion *n.* **1** 学校教育, 公教育. **2** 《英》パブリックスクール (public school) 式教育. 〖1581〗
públic eleméntary schòol *n.* **1** (米国の)公立小学校《英国では第二次大戦後は小学校を primary school という》. **2** (第二次大戦前, 一定の条件の下に政府からの補助金を受けていた英国の)任意寄付制学校 (cf. voluntary school).
públic énemy *n.* **1** 社会(全体)の敵, 公敵; (特に)公開捜査中の犯人: declare a person a ～ 人を社会の敵と宣言する. **2** (交戦国を指して)公敵, 敵国, 敵国政府.
públic énemy nùmber óne 社会最大の脅威. 〖1756〗
públic énterprise *n.* 公(共)企業 (cf. private enterprise).
públic expénditure *n.* 公的支出《中央政府・地方自治体・公共企業体の支出》.
públic fóotpath *n.* 公共歩道《一般の人が通行権のある歩行者用の小道》.
públic fúnds [fúnding] *n. pl.* **1** 共同募金. **2** 《英》公債, 国債 (fund).
públic gállery *n.* (英国議会の)傍聴席《stranger's gallery ともいう》.
públic héalth *n.* 公衆衛生(学). 〖1617〗
públic héalth inspèctor *n.* 《英》公衆衛生検査官《もと sanitary inspector といった》.
Públic Héalth Sèrvice *n.* [the ～] (米国の)公衆衛生局 (略 PHS).
públic héaring *n.* 公聴会.
públic hóuse *n.* **1** 《英》酒場, 居酒屋, パブ (《口語》では単に pub ともいう). ★ 内部は一般に, public bar (大衆向き), saloon bar (中級), private bar (高級)の 3 階級に分かれている. **2** /⸗⸗⸗/ 《米》宿屋, 旅館 (inn). 〖((1574)) 1669〗
públic ímage *n.* =image 9.
públic informátion òfficer *n.* 《米》部外公報係将校 (《英》public relations officer).
públic inquíry *n.* (事故の)公的調査.
públic internátional láw *n.* 〖法律〗国際法《条約と国際慣習法とを含む国際社会の法; 国際私法 (international private law) に対して, 従来国際公法と呼ばれてきたが, 前者は国内法の一種なので適当でなく, 今ではほとんど使われない》.
pub·li·cist /pʌ́bləsɪ̀st | -lɪ̀sɪst/ *n.* **1** 宣伝係, 新聞係, 情報班員. **2** 政治[時事]評論家; 政治記者. **3** 国際法学者, 公法学者. **pub·li·cis·tic** /pʌ̀bləsístɪk | -lɪ̀-⸗/ *adj.* 〖((1792)) □ F *publiciste*: ⇨ public, -ist〗
pub·lic·i·ty /pʌblísəṭi, pəb- | -sɪ̀ti/ *n.* **1** パブリシティ, 広報, 宣伝(活動), ピーアール, 広告; 宣伝[広告]法[業], 宣伝材料《宣伝文・ポスターなど》: a ～ department 広報部. **2** 知れわたること, 周知; 衆人環視, 人前: avoid [shun] ～ 世間に知られることを避ける / court [seek] ～ 自己宣伝をする, 売名に努める / a ～ seeker 売名家 / get a lot of ～ from the press 新聞に盛んに書きたてられる / give ～ to … を公開[発表]する, 広告する / in the ～ of the street 町の人々の見ている所で, 人通りで. **3** 名声, 評判. 〖((1791)) □ F *publicité* □ ML *pūblicātem* ← L *pūblicus* 'PUBLIC': ⇨ -ity〗
publícity àgent *n.* 宣伝[パブリシティ]代理人, 広告代理業者, 広告取扱人[業者]; 宣伝[ピーアール]係. 〖1911〗
publícity-sèeking *adj.* 自己宣伝をする, 人目を引く.
pub·li·cize /pʌ́bləsàɪz | -lɪ̀-/ *vt.* 広告[宣伝]する, 公表する; (特に)広告する (advertise): ～ new products 新製品を宣伝する / ～ exam results 試験の結果を公表する / a well-*publicized* movie 宣伝のよく行き届いた映画. 〖((1928)) ← PUBLIC+-IZE〗
públic kéy *n.* 公開鍵《public key cryptography で用いる暗号化または解読用の鍵で, 公開されているほう》.
públic kéy cryptógraphy *n.* 公開鍵暗号法《暗号化と解読に別の鍵[方式]を用いる安全性の高い暗号法; 送信者は公開されている鍵で暗号化し, 受信者が秘密鍵で復号する》.
públic lánd *n.* 国[公]有地 (cf. public domain).
públic láw *n.* **1 a** 一般的法律《public act, public statute ともいう》. **b** 条例 (bylaws). **2** 公法《国家と国民間の法律; 統治の形態と作用を規律する法部門; cf. private law 1》. **3** 国際法 (international law) (cf. private international law). 〖1773〗
públic lénding right *n.* [しばしば P, L, & R の形で] 〖図書館〗公貸権, 公共利用権《図書館の貸出サービスによって著者がこうむる損失を補償する権利》. 〖1961〗
públic liabílity insùrance *n.* 〖保険〗一般損害賠償責任保険.
públic líbel *n.* 〖法律〗文書による公的名誉棄損《神聖冒瀆(ぼうとく)[猥褻(わいせつ)]文書によって社会を混乱させたり, 文書によって議会・裁判所・外国の君主[外交官]などの名誉を棄損すること》.
públic líbrary *n.* 公立[公開]図書館, 公共図書館. 〖1614〗
públic límited cómpany *n.* =public company (略 plc, PLC).
pub·lic·ly /pʌ́blɪkli/ *adv.* **1** 公に, 公然(と), 世間晴れて; 隠さずに, おおっぴらに. **2** 世論で, 公衆によって, 公衆の名において; (特に)政府による: ～ owned land 公有地. 〖((1567)): ⇨ public, -ly¹〗
públic-mínded *adj.* =public-spirited. 〖*a*1706〗
públic núisance *n.* **1** 〖法律〗公的不法妨害《交通妨害など; cf. mixed nuisance》. **2** 公害. **3** 《口語》他に迷惑を及ぼす人, 世間の厄介もの. 〖1638〗
públic óffice *n.* **1** 官公署, 官庁. **2** (重要な)公職. 〖1792〗
públic ófficer *n.* (国家・地方)公務員, 官吏, 公吏 (cf. public servant).
públic opínion *n.* 世論. 〖1781〗
públic-opínion pòll *n.* 世論調査.
públic órator, P- O- *n.* 〖英大学〗(Oxford または Cambridge 大学の)大学代表弁士. 〖1645〗
públic ównership *n.* 公有(制), 国有(化).
públic pólicy *n.* 〖法律〗公序良俗, 公序, 公益, 公の秩序.
públic prosecútion 〖法律〗*n.* 公訴, 起訴, 訴追: the Board of *Public Prosecution* (英国の)公訴局. 〖1879–1902〗
públic prósecutor *n.* 《英》検察官, 検事正 (《米》prosecuting attorney); (特に)公訴局長 (Director of Public Prosecutions). 〖1839–77〗
Públic Récord Òffice *n.* [the ～] (英国の)公立記録保管所《London にあり, Domesday Book を始めとする Norman Conquest 以来の英国の重要記録が保管・閲覧されている》.
públic relátions *n. pl.* [単数または複数扱い] **1** 広報, 宣伝広告活動, 広報活動, ピーアール《会社・官庁などがその企業の社会性などを説明し, それに対する社会の理解と興味を喚起しようとする一種の宣伝運動; 普通 PR と略す; ⇨ PR 日英比較》: a ～ man 広報[宣伝]係 / work in ～ 広報活動に従事する. **2** 対社会関係, (世間の)受け, 人気: have a good ～ 世間の受けがよい. **3** 広報係, 広報担当官. **4** 広報活動の方法[技術], 広報学. 〖1807〗
públic relátions èxercise *n.* (売名的)宣伝活動.
públic relátions òfficer *n.* 《英》広報担当官, 渉外[宣伝]官[将校], 部外広報係将校 (《米》PR man, public information officer) (略 PRO). 〖1933〗
públic ríghts *n. pl.* 〖法律〗公権.
públic sále *n.* 公売, 競売 (auction).
públic-schòol *adj.* 《英》パブリックスクール(式)の: ～ education, pronunciation, spirit, etc. 〖*c*1843〗
públic schòol /⸗⸗⸗, ⸗⸗⸗/ *n.* 〖教育〗**1** 《米・スコット》公立学校《公費で経営される初等・中等および高等

P

教育の学校; cf. private school). **2** 《英》パブリックスクール《上中流子弟のための大学進学の予備教育または公務員などの養成を目的とする寄宿制の私立中等学校; 多くは長い伝統をもっている (Eton, Harrow, Rugby などは特に有名); 主として 13–18 歳の生徒を収容する; 近年その数を増し女子専門の学校もある; cf. Eton College》. **3** (public school の)校舎. 〖(1580): cf. L *pūblica schola*〗

públic séctor *n.* 〖経済〗政府部門, 公共部門《経済全体のうち政府の経済活動に関する部門; cf. private sector》.

públic séctor bórrowing requirement *n.* 公共部門借入需要《政府部門の歳入と歳出との差額; 略 PSBR》.

públic sérvant *n.* **1** (法により選出・任命されて行政を担当する)公務員, 公僕. **2** 《豪》=civil servant (cf. public officer). 〖1676〗

públic sérvice *n.* **1 a** 公務員としての職務, 公務, 公職, 公用. **b** [the ~; 集合的] 公務員. **2** 《米》公益事業《ガス・電気・水道・電話・鉄道など》. **3** 《豪》=civil service. 〖1570–76〗

públic sérvice annòuncement *n.* 《米》公共(奉仕)広告.

públic-sérvice corporàtion *n.* 《米》公益事業会社, 公社, 公益法人. 〖1908〗

públic spéaker *n.* 演説家. 〖1780〗

públic spéaking *n.* **1** 公の席で話すこと, 演説[講演]すること. **2** (公の席での)話し方, 雄弁術, 話術. 〖1762〗

públic spénding *n.* =public expenditure.

públic spírit *n.* 公共精神, 公共心, 愛国心. 〖1654〗

públic-spírited *adj.* **1** 〈人が〉公共心[公共的精神]のある, 国民の福祉に関心がある. **2** 〈行動が〉公共的精神からなされた. **~·ness** *n.* 〖1677〗

públic-spírited·ly *adv.* 公共的精神をもって. 〖1847〗

públic státute *n.* =public law 1 a.

públic stóre *n.* **1** 軍需品. **2** 《米》税関倉庫.

públic télevision *n.* 〖テレビ〗公共テレビ放送《もっぱら教育・文化面の番組を提供する非商業的なテレビ放送; 略 PTV; cf. public broadcasting》.

públic tránsport *n.* 公共輸送機関《バス・列車など》. 〖1932〗

públic transportátion *n.* 《米》=public transport.

Públic Trustée *n.* [the ~] 〖英法〗(慈善基金などの)官選管財人, 受託官.

públic-utílity *adj.* 公益事業[企業]の. 〖1915〗

públic utílity *n.* **1** 公益事業[企業], 公共施設, 公用施設《ガス・電気・電話・上下水道・公園・学校・図書館・病院・交通など》. **2** [通例 *pl.*] 公益事業会社株. 〖1903〗

P

públic vérb *n.* 〖文法〗公的動詞《rain, cry などのように, その行為が観察可能な動詞; cf. private verb》.

públic wáy *n.* (私道 (private way) に対し)公道.

públic wóman *n.* 売春婦 (prostitute) 〖1585〗

públic wórks *n. pl.* **1** 公共土木工事, 公共事業《公園・遊園地などの建設》. **2** 公共施設《道路・ダム・学校など》. 〖1676〗

públic wróng *n.* 〖法律〗公的権利の侵害, 公的違法行為, 犯罪《権利侵害者を国家に対して責任を負わせる種類の権利侵害; cf. private wrong》.

pub·lish /pʌ́blɪʃ/ *vt.* **1 a** 〈書籍・新聞などを〉出版する, 発行する, 刊行する. **b** 〈著者〉の著作を出版する. **2** 発表する, 公表する, 広める (⇨ declare SYN): ~ the notice of a birth 誕生[出生]を公表する / ~ secrets 秘密を公表する. **3** 〈法律・命令などを〉発布する, 公布する (proclaim). **4** 〖教会〗**a** 〈牧師が〉〈結婚予告などを〉〈教会会衆に〉発表する: ~ the banns ⇨ banns. **b** 〈男女両人〉の結婚予告を公表する. **5** 〖法律〗(文書による名誉棄損法で)〈誹謗(ひぼう)内容を〉(被害者以外の人に)発表する. **6** 〖法律〗〈遺言を〉実施する. **7** 《米》〈にせ金などを〉行使する, 使う. **8** 《廃》〈人が〉…だと公言する (proclaim), 批難する (denounce). — *vi.* **1 a** 出版に従事する. **b** 発行する[される]. **2** 〈著者などが〉〈出版社などから〉著作(など)を出す[出版する] (*through, with*). **3** (…から)出版してもらう[させる], 出版する (*with*). 〖(a1338) *publische(n)* ◻ (O)F *publier* ◻ L *pūblicāre* to publish ← *pūblicus* 'PUBLIC': ⇨ -ish²〗

pub·lish·a·ble /pʌ́blɪʃəbl/ *adj.* 発行[公表]価値のある; 公にできる. 〖1811〗

públ·ished *adj.* 著作物のある: a ~ poet, author.

pub·lish·er /pʌ́blɪʃə | -ʃə(r)/ *n.* **1** 発表者, 公告者, 公布者. **2** 出版業者, 出版社, 発行者: Who is the ~ [are the ~*s*] of the book? その本の出版社はどこか / a ~'*s* reader ⇨ reader 3 a. **3** 《米》新聞業[経営]者. 〖(c1453): ⇨ -er¹〗

públisher's bínding *n.* 〖製本〗出版社装丁[製本] (⇨ edition binding). 〖1901〗

públisher's ímprint *n.* 出版(者)事項《図書の表題紙下部に印刷された出版者・出版地・刊年の総称》.

pub·lish·ing /pʌ́blɪʃɪŋ/ *n.* **1** 出版, 出版業. **2** [形容詞的に] 出版(業)の: the ~ business 出版業 / a ~ company [firm] 出版社 / ~ circles=the ~ world 出版界. 〖(c1425): ⇨ -ing¹·²〗

públishing hòuse *n.* 出版社[所].

púb·lish·ment *n.* 《古》=publication; (特に)結婚予告の公示 (⇨ banns). 〖(1494): ⇨ -ment〗

Pub·li·us /pʌ́bliəs/ *n.* パブリアス《男性名》. 〖古代ローマの第一名〗

PUC /píːjùːsíː/ 《略》《米》Public Utilities Commission 公益委員会.

pú·cán /púːkɑːn/ *n.* 《アイル》プーカーン《アイルランド西岸 Connemara の伝統的な帆船》. 〖◻ Ir.-Gael. *púcán* fishing smack; pouch ← *púca* pouch ◻ ON *poki* bag: cf. poke²〗

puc·ca /pʌ́kə/ *adj.* =pukka.

Puc·ci·ni /puːtʃíːni, puː-; *It.* puttʃíːni/, **Giacomo** *n.* プッチーニ《1858–1924; イタリアの歌劇作曲家; *La Bohème*「ラボエーム」(1896), *La Tosca* (1900), *Madame Butterfly*「蝶々夫人」(1904)》.

puc·coon /pəkúːn, pʌ-/ *n.* **1** 〖植物〗北米産の根から赤色染料を採る植物の総称: **a** ムラサキ《ムラサキ科ムラサキ属 (*Lithospermum*) の植物の総称; (特に) *L. caroliniense*》. **b** 《古》=bloodroot 1. **2** 《古》その植物の根から採った赤色染料. 〖(1612) ◻ N-Am.-Ind. (Algonquian) ~ ← *pak* blood: ⇨ poke³〗

puce /pjúːs/ *adj.* 暗褐色の. — *n.* 暗褐色, 蚤(のみ)色 (flea). 〖(1787) ◻ (O)F ~ 'flea' < L *pūlicem, pūlex* ← IE **plou-, *blou-* 'FLEA'〗

pu·celle /pjuːsél; *F.* pysɛl/ *n.* **1** 《古》処女 (virgin), 少女 (maid): La *Pucelle* オルレアンの少女 (Joan of Arc のこと). **2** 《廃》みだらな女. 〖◻ (O)F < VL **pūllicellam* maid (dim.) ← *pūlla* (fem.) ← *pullus* young animal〗

puck¹ /pʌ́k/ *n.* パック《アイスホッケー用のゴム製の平円盤》: rag the ~ (試合中時間かせぎのため)ひとりでパックをあちこち引き回す. 〖(1891) ← ?: cf. poke²〗

puck² /pʌ́k/ *n.* 《英》〖鳥類〗ヨーロッパヨタカ (nightjar). 〖((1834)) (1883) ?〗

Puck¹ /pʌ́k/ *n.* **1** 〖英国伝説〗パック《特に, 16–17 世紀に英国の山野に出没したいたずらな妖精; Robin Goodfellow ともいう; cf. Shak., *Mids N D*》. **2** [p-] いたずらっ子. **3** [p-] 《古》悪鬼. 〖OE *pūca* goblin (cf. ON *pūki* mischievous demon) ← ? IE **beu-* to blow up, swell: cf. pout¹, poke¹〗

Puck² /pʌ́k/ *n.* 〖商標〗パック《デンマーク Manor Dairy 製のチーズ》.

puck·a /pʌ́kə/ *adj.* =pukka.

púck-càrrier *n.* 〖アイスホッケー〗パックキャリアー《パックを保持している競技者》.

puck·er /pʌ́kə | -kə(r)/ *vt.* **1** 〈唇などを〉すぼめる, 〈顔を〉しかめる (*up*): ~ *up* the face [one's brows] 顔をしかめる / ~ *up* the mouth [lips] 口をすぼめる. **2** …にひだをとる, 縮ませる, …にしわを寄せる (*up*): ~ a piece of cloth 布を縮ませる. — *vi.* **1** すぼまる (*up*); 〈人が〉唇をすぼめる (*up*). **2** ひだになる, しわになる: Her face ~*ed* with concern. 彼女の顔は心配に引きつったようになった / His forehead ~*ed* into a frown. 額にしわを寄せてしかめ面をした. — *n.* **1** ひだ, しわ, 縮み, しわになったもの: in ~*s* しわになって, ひだになって. **2** 《古》狼狽(ろうばい), 動揺, 当惑 (perplexity): in a ~ そわそわして, 当惑して. 〖(v.: 1598; n.: 1741) (freq.) ← POKE¹: ⇨ -er⁴: cf. purse (v.)〗

púck·ered *adj.* しわになった すぼめられた. 〖1611〗

púcker·hèad *n.* 《俗》いやな野郎; 《卑》亀頭.

puck·er·oo /pʌ̀kərúː/ 《NZ俗》*adj.* これた, 価値のない. — *vt.* だめにする (ruin). 〖((1844)) (1885) ◻ Maori *pakaru* broken〗

puck·er·ood /pʌ̀kərúːd/ *adj.* =puckeroo.

puck·er·y /pʌ́k(ə)ri/ *adj.* **1** しわになる, ひだのとれやすい. **2** しわ[ひだ]だらけの. **3** しわ[ひだ]になった (puckered). **4** 口をすぼめさせる, 酸味のある (astringent): a ~ quince, taste, etc. 〖(1830): ⇨ puckeroo, -y⁴〗

púck·ish, P- /-kɪʃ/ *adj.* パック (Puck) のような, 小悪魔のような, いたずら好きの; わがままな, 無責任な. **~·ly** *adv.* **~·ness** *n.* 〖(1874) ← PUCK¹+-ISH¹〗

púck·lìke, P- *adj.* =puckish. 〖(1845): ⇨ -like〗

pud¹ /pʊ́d/ *n.* **1** 《英口語》=pudding. **2** 《卑》ペニス (penis).

pud² /pʌ́d/ *n.* 《小児語》おてて (hand); (犬・猫などの)前足 (paw). 〖(1654) ← ? PAD¹〗

pud³ /púːd, púːt/ *n.* =pood. 〖1706〗

PUD /píːjùːdíː/ 《略》〖商業〗pickup and delivery 集荷と配送.

púd·den-hèad /pʊ́dn-/ *n.* 《英口語》=pudding head. 〖← *pudden* (変形) ← PUDDING〗

pud·den·ing /pʊ́dnɪŋ, -dn-/ *n.* 《英》〖海事〗=pudding 6.

pud·der /pʌ́də | pʌ́də(r)/ *n., v.* 《廃・方言》=pother.

pud·ding /pʊ́dɪŋ | pʊ́d-/ *n.* **1 a** プディング: (1) 牛乳と卵を混ぜて蒸すなどしたデザート. (2) 穀類をベースに蒸したり焼いたりした食べ物. (3) スエット (suet) と小麦粉をこねたものに肉などを包んで蒸したもの: ⇨ plum pudding, rice pudding, Yorkshire pudding / (as) fit as a ~ 《米》ぴったりの / The proof of the ~ is in the eating. ⇨ proof 6. **b** プディングのように柔らかい物. **2 a** 《英》=black [white] pudding. **b** 《廃・方言》(ひき肉・脂・オートミール・調味料などを混ぜ合わせた)丸焼きの詰め物; 動物の内臓. **3** 《英》(各種の)デザート; 食事におけるデザートコース. **4** 《口語》(外見が)プディングに似てずんぐりした人[物]. **5** (しばしば praise に対して)物質的な利益, 実のある報酬: more praise than ~ 実の伴わないお世辞, から世辞 / ~ before [rather than] praise 《諺》「花より団子」. **6** 〖海事〗プディング《防舷物としての紡錘形の当て物》; そのための詰め物《ロープ・帆布など》. **7** 《卑》ペニス (penis). **8** 《米学生俗》金(かね) (money). ***in the púdding clùb*** ⇨ club¹ 成句.

~·lìke *adj.* 〖(1287) *puddyng, poding* ◻ ? (O)F *boudin* black pudding ← (i) 《擬音語》? // (ii) < VL **botellīnum* (dim.) ← L *botulus* sausage ← IE **gēu-* to bend: cf. LG *pudde-wurst* black pudding〗

púdding bàsin *n.* (深鉢形の)プディング型; プディング型に似た帽子[髪型].

púdding bòom *n.* 〖海事〗救命艇支え棒《boat davit でボートを吊って格納しておくとき, ボートを寄り掛からせて縛るための水平円材》.

púdding-clòth *n.* プディング布《プディングを蒸す時に包むふきん》. 〖1845〗

púdding fàce *n.* 丸々として大きな(間の抜けた)顔. 〖1748〗

púdding-fàced *adj.* 《口語》丸々として大きな(間抜け)顔の. 〖1847〗

púdding hèad *n.* 《口語》[呼び掛けにも用いて] ばか, のろま. 〖1851〗

púdding-hèaded *adj.* 《口語》ばかな, 間抜けな. 〖1726〗

púdding-hèart *n.* 臆病者 (coward). 〖1834〗

púdding-píe *n.* 《英》プディングパイ《プディングの材料を詰めて焼いた小型のパイ》. 〖1593〗

púdding-pìpe trèe *n.* 〖植物〗ナンバンサイカチ (*Cassia fistula*)《熱帯アジア原産の高さ 9 m に達するマメ科ナンバンサイカチ属の高木; 熱帯各地で薬用に栽培》. 〖1597〗

púdding stòne *n.* 〖岩石〗=conglomerate 3. 〖1753〗

púdding·wìfe *n.* 〖魚類〗米国大西洋沿岸産のベラ科キュウセン属の大形の魚 (*Halichoeres radiatus*). 〖1734〗

pud·ding·y /pʊ́dɪŋi | -dɪŋi/ *adj.* **1** 〈質が〉プディングのような. **2** 重苦しい, 軽快でない. **3** (知力など)鈍い, ばかな (dull). 〖(1709) ← PUDDING+-Y⁴〗

pud·dle /pʌ́dl | -dl/ *n.* **1** 水たまり; 液体のたまり: a ~ of rain, ink, etc. **2** (粘土と砂を水でこねた)こね土《運河の堤防などに使う》. **3** 〖園芸〗(活着を促すために苗の根に付ける)泥. **4** オールをかいたあとにできる渦巻. **5** 《口語》ごたごた, めちゃめちゃ (muddle). — *vt.* **1** …に水たまりを作る; 泥水でぬらす; 〈水を〉濁らす, どろどろにする. **2** 〈砂・粘土などを〉こねる, こねまぜる. **3** ごたまぜにする (muddle). **4** 〈壁穴などを〉泥で塗る; 〈運河の堤防などに〉こね土を塗る. **5** 〖冶金〗〈液体を〉攪(かく)錬する, (錬鉄製造の一法として)パドルする. **6** 〖農業〗〈田畑〉の泥土をこね回す, 〈田〉の代(しろ)かきをする. **7** 〖園芸〗(移植のために取った苗の根に土が十分付かず, また畑が乾いている場合に活着を促す目的で)〈植物〉の根に水を多めにした泥を付着させる. — *vi.* **1** 泥[泥水など]をかき回す; 泥をはねかえして歩く (*about*). **2** 水たまりを作る[ができる]. **3** こね土を作る. **4** 絵の具[粘土など]にまみれる. **5** ぶらぶら[のらくら]過ごす. 〖(n.: a1338; v.: 1440) *puddle, podel* (dim.) ← OE *pudd* ditch ← IE **beu-* to swell: ⇨ -le¹〗

púd·dled *adj.* 《英俗》**1** 困惑した, 面くらった (confused). **2** 薄ばかの, 間抜けな (half-witted). 〖(1559): ⇨ ↑, -ed〗

púddle dùck *n.* =dabbler 1 b. 〖1877〗

púddle-jùmp *vt., vi.* 《口語》軽飛行機を飛ばす[で飛ぶ]. 〖1941〗

púddle jùmper *n.* 《俗》**1** 軽飛行機; (特に, 低空の観測・連絡飛行用の)軍用機. **2** (通例旧式の)小型車[トラック]. **3** 船外モーター付モーターボート, 船外機艇. 〖1932〗

púd·dl·er /-dlə, -dlə | -dlə(r), -dl-, -dl-/ *n.* 〖冶金〗**1** 錬鉄する人. **2** 錬鉄用の棒. **3** =puddling furnace. 〖(1831) ← PUDDLE+-ER¹〗

púd·dl·ing /-dlɪŋ, -dl- | -dl-, -dl-/ *n.* **1** 泥水にすること, どろどろにすること. **2** こね土を作る[塗る]こと, まぜ土塗り作業; こね土工, 粘土工. **3** 〖冶金〗パドリング, 攪(かく)錬法, 錬鉄法《溶鉄を酸化剤とともに攪拌(かくはん)して炭素を除去し, 錬鉄を作る方法; cf. dry puddling, wet puddling》. **4** =puddle 2. 〖(1758) ← PUDDLE+-ING¹〗

púddling fùrnace *n.* 〖冶金〗パドル炉, 攪(かく)錬鉄炉. 〖1825〗

pud·dly /pʌ́dli/ *adj.* (**pud·dlier; -dli·est**) **1** 〈道路など〉水たまりの多い. **2** 《古》〈道路など〉どろだらけの, 〈水が〉濁った (muddy). 〖(1559) ← PUDDLE+-Y⁴〗

pud·dock /pʌ́dək | -dək/ *n.* 《スコット》=paddock².

pu·den·cy /pjúːdənsi, -dn- | -dən-, -dn-/ *n.* はにかみ (bashfulness), 内気 (modesty). 〖(1609–10) ◻ LL *pudentia* ← L *pudentem* (pres. p.) ← *pudēre* to be ashamed ← ? IE **(s)peud-* to push, repulse: ⇨ -ency〗

pudenda *n.* pudendum の複数形.

pu·den·dal /pjuːdéndl/ *adj.* 〖解剖〗(女性)外陰部の. 〖(1799): ⇨ ↓, -al¹〗

pu·den·dum /pjuːdéndəm/ *n.* (*pl.* **pu·den·da** /-də/) [通例 *pl.*] 〖解剖〗外陰部; (特に)女性外陰部. 〖(1634) ← NL ~ 《逆成》← LL *pudenda* ← L *pudendus* that of which one ought to be ashamed (neut. ger.) ← *pudēre* (⇨ pudency)〗

pu·deur /pjuːdə́ː | -dəː(r); *F.* pydœːʁ/ *n.* 遠慮, 慎み; (性的な事柄に対する)羞恥, はじらい. 〖(1937) ◻ F ~〗

pudge /pʌ́dʒ/ *n.* 《口語》ずんぐりした人[動物, 物]. 〖(1808) 《変形》← ? PODGE〗

pudg·y /pʌ́dʒi/ *adj.* (**pudg·i·er; -i·est**) 《口語》ずんぐりした, かさばった (plump) (cf. podgy): a ~ face / ~ legs 大根足. **púdg·i·ly** /-dʒəli/ *adv.* **púdg·i·ness** *n.* 〖(1836): ⇨ ↑, -y⁴〗

pu·dic /pjúːdɪk | -dɪk/ *adj.* 〖解剖〗=pudendal. 〖(1490) ◻ F *pudique* ◻ L *pudicus* modest ← *pudēre* to be ashamed: ⇨ pudency〗

pu·dic·i·ty /pjuːdísəti | -sɪti/ *n.* 謙遜, 遠慮, 内気 (modesty); 純潔, 貞節 (chastity). 〖(1567): ⇨ ↑, -ity〗

Pu·dov·kin /puːdɔ́(ː)fkɪn, -dɑ́(ː)f- | -dɔ́f-; *Russ.* pudófkʲin/**, Vse·vo·lod Il·la·ri·o·no·vich** /fsʲévələt ilərʲiónəvʲitʲ/ *n.* プドフキン《1893–1953; ソ連の映画監督・理論家》.

Pud·sey /pʌ́dzi, pʌ́dsi/ ★ 現地の発音は /pútsi/. *n.* パッジー《イングランド北部, West Yorkshire の町》.

pu·du /púːduː/ *n.* 〖動物〗プーズー (*Pudu pudu*)《南米チリのアンデス山脈産の小形の赤ジカ; rabbit deer ともいう》. 〖《1886》現地語〗

Pue·bla /pwéblɑː | pwéblə, puéb-; *Am.Sp.* pwéβla/ *n.* プエブラ: **1** メキシコ中部地方の州; 面積 33,919 km²; 公式名 Puebla de Zaragoza. **2** 同上の州の州都.

pueb·lo /pwéblou | pwébləu, puéb-/ *n.* (*pl.* ~s) **1** (米国南西部のインディアンの)石やアドーベれんが (adobe) 造りの集団住居(の部落). **2** (ラテンアメリカ・フィリピンの)町 (town), 村, 部落. **3** インディアンの村落. 〖《1818》□ Sp. ~ 'village, people' < L *populum* 'PEOPLE'〗

Pueb·lo /pwéblou | pwébləu, puéb-/ *n.* **1** プエブロ《米国 Colorado 州中部の都市》. **2** (~s, ~) **a** [the ~(s)] プエブロ族《Zuñi, Hopi, Acoma, Tewa, Tiwa, Tano などの諸族を含む平和なインディアンで農耕に従事する; Basket Maker 族に続いて後期 Anasazi 文化を創造した; 現在は New Mexico 州および Arizona 州に住む; Pueblo Indians ともいう》. **b** プエブロ族の人. **3** プエブロ(インディアン)語. 〖↑〗

pu·er·ile /pjúːərəl, -rὰɪl, pjúᵊrəl, -raɪl | pjʊ́əraɪl, pjɔ́ː-/ *adj.* **1** 子供らしい; 子供っぽい, 幼稚な, 未熟な (cf. virile). **2** つまらない, たわいない (trivial). **3** 〈呼吸が〉子供[少年]のような: ⇨ puerile breathing. **~·ly** /-rəli, -rὰɪlli | -raɪlli/ *adv.* **~·ness** *n.* 〖《1659》□ F *puérile* // L *puerīlis* ← *puer* child, boy ← IE **pau* few, little (Gk *paîs* child)〗

púerile bréathing *n.* 〖生理・病理〗小児呼吸. 〖1899〗

pú·er·il·ìsm /-lìzm/ *n.* **1** 幼稚な行為. **2** 〖病理〗(小児症[型] (infantilism) に続く)幼稚症[型]. 〖⇨ -ism〗

pu·er·il·i·ty /pjùːərílətì, pjùᵊr- | pjʊ̀ərílɪti, pjɔ̀ːr-/ *n.* **1 a** 子供っぽさ, 幼稚さ (childishness), 稚気; ばかばかしさ, たわいなさ (foolishness). **b** おとなげない[子供じみた]言行. **2** 〖大陸法〗幼年《英米法では男子は 7 歳から 14 歳, 女子は 7 歳から 12 歳; cf. puberty 1》. 〖(*c*1475) □ F *puérilité* // L *puerīlitātem* childishness ← *puerīlis* 'PUERILE': ⇨ -ity〗

pu·er·per·a /pjuːɔ́ːp(ə)rə | -ɜ́ːp-/ *n.* (*pl.* **-per·ae** /-pəriː/) 〖産科〗産床婦, (産)褥婦(じょくふ)《分娩(ぶんべん)中または直後の産婦》. 〖□ L ~ (fem.) ← *puerperus* (↓)〗

pu·er·per·al /pjuːɔ́ːp(ə)rəl | -ɜ́ːp-/ *adj.* 〖産科〗産婦の, 産褥の, 産床の, 分娩の; 出産による. 〖《1768》← NL *puerperālis* ← L *puerperus* bringing forth children ← *puer* child + *parere* to bring forth: ⇨ -al¹: cf. parent〗

puérperal féver *n.* 〖病理〗産褥[産床]熱 (childbed fever). 〖1768〗

puérperal psychósis *n.* 〖精神医学〗産褥精神病.

puérperal sépsis *n.* 産床[産褥]敗血症. 〖1955〗

pu·er·pe·ri·um /pjùːəpíᵊriəm | -əpíər-/ *n.* (*pl.* **-ri·a** /-riə/) 〖産科〗産床(期), 産褥(期)《分娩後常態に復するまでの期間》. 〖《1890》□ L ~ 'childbirth' ← *puerperus*: ⇨ puerperal, -ium〗

Puer·to Ca·bel·lo /pwéətoukəbéɪ(j)ou, pɔ́ə- | pwɛ́ːtəukəbéɪ(j)əu; *Am.Sp.* pwértokaβéjo/ *n.* プエルトカベヨ《ベネズエラ北部の海港》.

Puer·to Cor·tés /pwéətoukɔətéz, pɔ́ə- | pwɛ́ːtəu-kɔː-; *Am.Sp.* pwértokortés/ *n.* プエルトコルテス《ホンジュラス北西部の都市; 同国カリブ海沿岸第一の港》.

Puérto La Crúz /-ləkrúːz, -krúːs; *Am.Sp.* -lakrús/ *n.* プエルトラクルス《ベネズエラ北部, Barcelona の北東にある都市; 石油精製が行われている》.

Puerto Limón *n.* プエルトリモン (⇨ Limón).

Puer·to Ri·can /pwéətəríːkən, pɔ́ə-, -tou- | pwɛ́ː-tə(ʊ)-, pwéə-/ *n.* プエルトリコ人. **—** *adj.* プエルトリコ(人)の. 〖《1858》1898〗

Puérto Rícan róyal pálm *n.* 〖植物〗プエルトリコダイオウヤシ (*Roystonea borinqueno*)《Puerto Rico および St. Croix 産の大形のヤシ; 巨大な羽状葉をつける; cf. royal palm》.

Puer·to Ri·co /pwéətəríːkou, pɔ́ə-, -tou- | pwɛ́ː-tə(ʊ)ríːkəu, pwéə-; *Am.Sp.* -ríko/ *n.* プエルトリコ《西インド諸島中部にある米国の自治領の島; 面積 8,897 km², 主都 San Juan; 略 PR; 1932 年までは Porto Rico といった; 公式名 the Commonwealth of Puerto Rico プエルトリコ共和国》.

PuértoRíco Trénch [Tróugh] *n.* [the ~] プエルトリコ海溝《北大西洋にある海溝; Puerto Rico の北にあり, 幅 1500 m, 長さ 120 km; 最深部 8385 m は大西洋で最も深い》.

puff /pʌ́f/ *vi.* **1** 息を切らす, あえぐ (pant); あえぎながら行く: ~ and pant [blow] (息を切らして)ふうふういう, あえぐ. **2** 息[空気, 煙など]をぷっぷっと吹く, 〈息・蒸気・煙などが〉ぷっぷっと出る 〈*out, up*〉. **3** (たばこなどを)ぱっぱっと吹き続ける 〈*away*〉: ~ *away* at one's cigar 葉巻をすぱすぱ吹かす / ~ rapidly *on* one's pipe せわしげにすぱすぱとパイプを吹かす. **4** 〈汽車などが〉ぽっぽっといいながら進む 〈*away, along, etc.*〉. **5** ぷっとふくれる (swell) 〈*out, up*〉. **6** 《古》(…を)ふんと鼻であしらう 〔*at*〕. **7** 《英》(競売で共謀して品物に高値をつけて)値をせり上げる.
— *vt.* **1** 〈ちり・煙などを〉ぷっと吹く: ~ *away* smoke 煙を吹き飛ばす. **2** 吹き払う 〈*away, up*〉; 吹き消す 〈*out*〉: The engine ~s clouds of steam. 機関車は蒸気の煙をぱっぱっと吐く / ~ *out* a candle 蠟燭(ろうそく)を吹き消す. **3** 〈たばこなどを〉すぱすぱ吹かす: ~ a pipe パイプを吹かす. **4** 《英口語》息切れさせる, あえがせる: I was ~*ed* by the run. 私は走ったので息切れがした / He was quite ~*ed out* after the climb. よじ登って彼はすっかり息を切らした. **5** (空気で)ふくらませる (inflate) 〈*out, up*〉: ~ *out* one's cheeks [chest] ほお[胸]をふくらませる / sails ~*ed out* with wind 風をはらんだ帆. **6** 〈衣服の部分を〉ギャザーなどでふくらませる. **7** 〈頭髪を〉丸くカールにする. **8** 化粧用パフで〈顔に〉おしろいをつける; 〈おしろいを〉パフでつける. **9** 得意がらせる 〈*up*〉: be ~*ed up* with pride うぬぼれて得意になっている / be ~*ed out* with self-importance 自分が偉いつもりで尊大ぶっている. **10 a** ほめ立てる, 吹聴(ふいちょう)する. **b** 〈商品などを〉自画自賛する, 誇大に宣伝する. **11** 《英》(競売で)〈値を〉せり上げる. ***húff and púff*** (*over* [*agáinst*] …) ⇨ huff *vi.* 2 ★. ***púff óut*** (*vi.*) あえぎながら言う. (*vt.*) あえぎながら…を[と]言う. 〖1656〗
— *n.* **1 a** ぷっと吹くこと, ひと吹き (whiff); 一陣の風 (gust); (特に) =cat's-paw 2: a ~ of wind 一陣の風. **b** ぷっと吹く音. **c** (煙・蒸気などの)一吹きの量: a ~ of smoke [steam] ぱっと出た煙[蒸気]. **d** (たばこの)一吹かし, 一服: take a ~ at a cigarette たばこを一服吸う. **2** ぷっとふくれること. **3** ぷっとふくれたもの: **a** (肉などの)はれ上がり (swelling), こぶ (protuberance). **b** 〖服飾〗パフ《袖口などギャザーを入れてふくらませた部分》: ⇨ puff sleeve. **c** パフ《円筒形の頭髪カール》. **d** 《米》羽ぶとん, 掛けぶとん (comforter). **e** 軽く焼き上げた菓子: a cream ~ シュークリーム. **f** (化粧用)パフ (powder puff). **4** 〖方言〗〖植物〗=puffball. **5** 〖生物〗パフ, 染色体パフ《巨大染色体の一部で見られる横縞がふくらんだ部分で, RNA の合成が盛んに行われている》. **6 a** ほめそやし, 吹聴(ふいちょう): get a good ~ 大いに賞賛される. **b** 自賛的広告, (誇大)宣伝: newspaper ~*s* 大げさな新聞広告 / a mere tradesman's ~ 商売人式自家宣伝. **c** 《古》虚勢, こけおどし, からいばり. **7** 《米俗》臆病者, 意気地なし. **8** 《英俗》(男の)同性愛者. **9** 《英口語》息: out of ~ 息切れした[して].
〖n.: (?*a*1200) *puf, puffe* < ?OE *puff* ← *pyffan*. — v.: (?*a*1200) *puffe(n)* < ?OE *pyffan* (cf. (M)Du. *puffen* / LG *pof, puf*) ← IE **beu-* to swell: cf. Puck〗

púff àdder *n.* 〖動物〗**1** パフアダー (*Bitis arietans*)《熱帯アフリカ産のクサリヘビ科の猛毒のヘビ; 興奮すると体をふくらませて音を立てる》. **2** ハナダカヘビ (hognose snake). 〖1789〗

púff·bàck *n.* 〖鳥類〗フクレヤブモズ (*Dryoscopus gambensis*)《アフリカ産; 背や腰の羽毛をふくらませる》.

púff·bàll *n.* 〖植物〗**1** ホコリタケ属 (*Lycoperdon*), ノウタケ属 (*Calvatia*), オニフスベ属 (*Lanopila*) などのキノコの総称. **2** 冠毛のできたタンポポの頭. 〖《1649》たたくと胞子が噴出 (puffing) することから〗

púff·bìrd *n.* 〖鳥類〗オオガシラ, アメリカゴシキドリ《熱帯アメリカ産オオガシラ科のゴシキドリ (barbet) に似た鳥類の総称》. 〖1821–2〗

púff·bòx *n.* 《英》パフ入れ, 粉おしろい箱. 〖1895〗

puffed *adj.* **1** (顔など)はれた, ふくらんだ: ~ wheat パフウィート《ふくらませた小麦; シリアル食品》. **2** [ときに ~ *out*] 《英口語》息を切らした, あえいで. 〖1536〗

púffed-úp *adj.* **1** (空気などで)ふくれた, ふくらんだ. **2** 〈患部など〉はれた. 〖1748〗

puff·er /pʌ́fə | -fə(r)/ *n.* **1** ぷっと吹く人[物]. **2 a** やたらにほめそやす人. **b** 宣伝屋, (競売人の)さくら. **3** 〖魚類〗フグ科の魚類の総称《体を水や空気でふくらませることができる; globefish ともいう》. **4** 《小児語》汽車ぽっぽ (puff-puff). 〖《1629》: ⇨ -er¹〗

puff·er·y /pʌ́fəri/ *n.* 〖口語〗ほめそやし, 吹聴(ふいちょう), 宣伝. 〖《1782》← PUFF + -ERY〗

puf·fin /pʌ́fɪn | -fɪn/ *n.* 〖鳥類〗北太平洋・北大西洋に分布するツノメドリ属 (*Fratercula*) とエトピリカ属 (*Lunda*) の海鳥の総称《溝のついた大きな平たいくちばしがある; ニシツノメドリ (*F. arctica*), ヒメツノメドリ (Atlantic puffin) など》. 〖《1337》*poffo(u)n, pophyn* ← ?: この鳥のふっくらした形から PUFF と連想?〗

puffin
(*Fratercula arctica*)

púff·i·ness *n.* **1** はれ, ふくれ; 肥満. **2** 誇張; 自慢. **3** 〖医学〗腫脹(しゅちょう), はれ(上がり). 〖《1668》← PUFFY + -NESS〗

púff·ing *n.* **1** ぷっと吹くこと. **2** ほめそやすこと. 〖《1398》: ⇨ -ing¹〗

púffing àdder *n.* 〖動物〗ハナダカヘビ (⇨ hognose snake).

púff pàste *n.* パフペースト, 折り込みパイ生地《バターを包み込み, いく層にも折りたたんだ小麦粉の生地; 焼くと軽い層になってふくれる; cf. shortcrust pastry》. 〖1611〗

púff pástry *n.* =puff paste. 〖1853〗

púff pìece *n.* 《口語》大げさな賞賛文, ヨイショ記事, 誇大広告.

púff-pùff *n.* 《英》(機関車・汽車の)ぽっぽっ(という音); 《小児語》機関車, 汽車ぽっぽ (puffer, choochoo car). 〖《1870》〖擬音語〗: cf. puff〗

púff sléeve *n.* 〖服飾〗パフスリーブ, ちょうちん袖《袖口や袖山にギャザーを寄せてふくらませた袖》. 〖1894〗

puff·y /pʌ́fi/ *adj.* (**puff·i·er; -i·est**) **1 a** ふくれた (inflated); はれる, はれた (swollen); 〈人が〉肥満した: be ~ under the eyes 目の下がはれている. **b** 〈雲が〉ふんわりと浮かんだ. **2** 〈人・動物が〉ふうふういう, 息切れする, 息の短い (shortwinded), 息切れしている, はあはあいう: He was rather ~ after the climb. 登って来た後でかなり息切れしていた. **3** 思い上がった, うぬぼれた. **4** 誇大な (bombastic); 自慢する (proud). **5** 〈風が〉ぷっと吹く, 一吹きの, 一陣の (gusty). **6** 《英俗》男らしくない, めめしい, 弱々しい (effeminate). **púff·i·ly** /-fɪli/ *adv.* 〖《1599》: ← PUFF + -Y⁴〗

pug¹ /pʌ́g/ *n.* **1** パグ《オランダ原産(その起源を中国とするともいわれている)ペキニーズ (Pekingese) の類に似ていて, 短毛, 短胴, 小形のイヌ; carlin ともいう》: a Japanese [Chinese] ~ 狆(ちん). **2** 〖愛称〗狐; 《廃》猿. **3 a** (束髪の)まげ (bun). **b** =pug nose. **4** 〖魚類〗=rainbow parrot fish. **5** 《英》(操車用の)小機関車. **6** 《英俗》(大邸宅の)召使頭(がしら). **7** シャクガ科のガの一種. **púg·gish** /-gɪʃ/ *adj.* **púg·gy** /-gi/ *adj.* 〖《1566》← ?: cf. Puck¹〗

pug² /pʌ́g/ *n.* **1** パッグミル (pug mill) で作られた坏土(はいど), こね土. **2** =pug mill. **3** 耐火セメント. **—** *vt.* (**pugged; pug·ging**) **1** 〈粘土を〉こねる. **2** こね土でふさぐ; (特に, 防音のため)〈床下などの空間〉にこね土・おがくず・岩綿などを詰める, 漆喰(しっくい)を塗る. **3** 〈牛が地面を〉踏みつけて泥を固める. 〖《1809》← ?〗

pug³ /pʌ́g; *Hindi* pəg/ *n.* 《インド》足跡; (特に, トラなどの)獣の足跡 (pugmark ともいう). **—** *vt.* (**pugged; pug·ging**) 〈トラなどの〉の足跡をたどる. 〖《1865》□ Hindi *pag* ← ? Skt *padaka* foot ← *pada*: ⇨ foot〗

pug⁴ /pʌ́g; *Hindi* pəg/ *n.* 《俗》(プロ)ボクサー (pugilist). 〖《1858》略〗

pug·a·ree /pʌ́g(ə)ri/ *n.* =puggaree.

púg·dòg *n.* =pug¹ 1. 〖⇨ pug¹〗

Pú·get Sóund /pjúːdʒɪt- | -dʒɪt-/ *n.* ピュージェット湾《米国 Washington 州北西部, 太平洋岸の湾》. 〖← *Lt. Peter Puget* (1792 年の George Vancouver 探検隊の副官)〗

pug·ga·ree /pʌ́g(ə)ri/ *n.* **1** (インド人が用いる)軽いターバン. **2** (トーピー (topee) や麦わら帽に巻き付ける)薄地のスカーフ《日よけ用に後ろへたらす》. 〖《1665》□ Hindi *pagrī* turban ← Skt *parikara*〗

pug·gie /pʌ́gi/ *n.* (*also* **pug·gy** /~/) 《スコット》**1** サル. **2** 怒り, かんしゃく: get one's ~ up (人の)怒りをかき立てる. **—** *adj.* 《英方言・NZ》ねばねばした, 粘土のような. 〖n.: 1: 《1662》(dim.) ← 《方言》*pug* monkey ← ?. 2: 《1896》(v.) ← ? 《方言》*pug* to offend ← ?. — v.: 《1811》← ? PUG² // ← ? 《方言》*pug* to perspire (← ?)〗

púg·ging¹ *n.* **1** 土こね, こね固め. **2** 〖建築〗防音材, 音響止め漆喰(しっくい)[モルタル]《床根太間や壁の間に塗ったり詰めたりする》. 〖《1823》← PUG² + -ING¹〗

púg·ging² *adj.* 《Shak》泥棒の. 〖《1610–11》← ?〗

pug·gree /pʌ́gri/ *n.* =puggaree.

pugh /púː, pjúː | pjúː/ *int.* ふん, ふーん, へん, えへん《軽蔑・憎悪・反感などを表す》. 〖《1604》擬音語: ⇨ pooh〗

Pugh /pjúː/ *n.* ピュー《男性名》. ★ ウェールズに多い. 〖□ Welsh *ap Hu* son of Hugh〗

pu·gi·lism /pjúːdʒəlìzm | -dʒɪ-/ *n.* **1** (プロ)ボクシング, 拳闘. **2** (昔の)素手の殴り合い. 〖《1791》← L *pugil* boxer (← *pugnus* fist ← IE **peuk-* to prick) + -ISM〗

pú·gi·list /-lɪst | -lɪst/ *n.* **1 a** (プロ)ボクサー. **b** (素手で)殴り合いをする人. **2** 手ごわい論争家. 〖《1790》: ⇨ ↑, -ist〗

pu·gi·lis·tic /pjùːdʒəlístɪk | -dʒɪ-ˊ/ *adj.* (プロ)ボクシングの: a ~ encounter ボクシング, 拳闘試合. **pù·gi·lís·ti·cal·ly** *adv.* 〖《1789》: ⇨ ↑, -ic¹〗

Pu·gin /pjúːdʒɪn | -dʒɪn/**, Augustus Welby Northmore** *n.* ピュージン《1812–52; 英国の建築家; ゴシック様式の復興者》.

Pu·glia /*It.* púʎʎa/ *n.* プーリア《Apulia のイタリア語名》.

púg·màrk *n.* =pug³.

púg mìll *n.* パッグミル, 土練機, こね土機《可塑状態の陶器坏土(はいど)を均密な状態の柱状物に押し出す機械》. 〖1824〗

pug·na·cious /pʌgnéɪʃəs/ *adj.* けんか早い, けんか[争い]好きな (⇨ aggressive, belligerent SYN). **~·ly** *adv.* **~·ness** *n.* **pug·nac·i·ty** /pʌgnǽsəti | -sɪti/ *n.* 〖《1642》← L *pugnāci-* (← *pugnāx* fond of fighting ← *pugnāre* to fight ← *pugnus* fist) + -OUS: ⇨ pugilism〗

púg nòse *n.* しし鼻 (snub nose) (⇨ nose 挿絵). 〖1778〗

púg-nòsed *adj.* しし鼻の (snub-nosed). 〖1834〗

pug·ree /pʌ́gri/ *n.* =puggaree.

púg-úgly *adj.* 《英俗》とても醜い, 醜悪な. 〖← PUG¹ 《廃》harlot〗

Púg·wash cónference /pʌ́gwɑ(ː)ʃ-, -wɔ(ː)ʃ- | -wɒʃ-/ *n.* パグウォッシュ会議《世界問題を討議する国際科学者会議》. 〖《1958》← *Pugwash* (Nova Scotia 州の地名; 最初の開催地)〗

pu·ha /púːhɑː/ *n.* 《NZ》〖植物〗ノゲシ (sow thistle)《野菜として食用にする》. 〖《1815》← Maori〗

P'u-i /púːíː/ *n.* ⇨ Pu-yi.

puir /púə, pjúə | púə(r), pjúə(r)/ *adj.* 《スコット》**1** = poor. **2** =pure.

puir·tith /púətɪθ, pjúə- | púətɪθ, pjúə-/ *n.* 《スコット》=poverty.

puis·ne /pjúːni/ *adj.* 《英》〖法律〗**1** 下位の, 後輩の, 年下の (junior), 役付きでない, 平の, 通常の: a ~ judge

P

(chief justice と区別して)通常判事. **2** 〔…の〕後の, その次の (subsequent)〔*to*〕: ~ mortgagees / mortgagees ~ *to* the plaintiff 原告の次順位抵当権者. — *n.* 《英》 **1** 年下の人, 後輩. **2** 通常判事 (puisne judge). 〖《1599》□ OF (F *puîné*) junior: ⇨ puny〗

pu·is·sance /pjúːəsəns, pjuːís-, pwís-, -sṇs | pjúːɪ-, pwís-/ *n.* **1** /《英》pwíːsɑ̃ː(n)s, -sɑːns; *F.* pɥisɑ̃ːs/〘馬術〙ピュイッサンス, 障害飛越能力競技, 特別大障害飛越競技 (飛越競技の一つで最も高い障害を飛んだ者が優勝する). **2** 《詩・文語》強制力, 強力な勢力, 権力. **3** 《廃》軍隊. 〖《c1410》 *puissaunce* □ (O)F *puissance* ← *puissant* (↓): ⇨ -ance〗

puis·sant /pjúːəsənt, pjuːís-, pwís-, -sṇt | pjúːɪ-, pwís-/ *adj.* 《詩・文語》力のある, 勢力[権力]のある, 強力な. **~·ly** *adv.* 〖《1450》 *puissaunt* □ (O)F *puissant* < VL **possentem* = L *potentem* (pres. p.) ← *posse* to be able: ⇨ potent¹, -ant〗

pu·ja /púːdʒə, -dʒɑː; *Hindi* puːdʒɑː/ *n.* **1** ヒンズー教の儀式. **2** [通例 *pl.*]《インド俗》祈り (prayers). 〖《1681》□ Skt *pūjā* worship〗

pu·ka¹ /púːkə/ *n.* 〘植物〙ニュージーランド産ミズキ科 *Griselinia* 属の植物の総称 (材が堅く鉄道の枕木などに使う; *G. lucida*, *G. littoralis* など). 〖《1889》← Maori〗

pu·ka² /púːkə/ *n.* **1** 穴 (hole), トンネル (tunnel). **2** 《卑》女性器. 〖← Hawaiian〗

Pu·ka·pu·ka /pùːkəpúːkə/ *n.* プカプカ (太平洋中部, Cook 諸島北部 Danger 諸島の主島で環礁島; ニュージーランド領; 面積 5 km²).

puke¹ /pjúːk/ *vi.* **1** 《口語》=vomit 1. **2** 吐き気を催す; 嫌悪する: It makes me ~! 《口語》まったくむかつく. **3** (石油の分溜塔が)あふれ出す. — *vt.* **1** 《口語》=vomit 1. **2** 吐かせる. — *n.* **1** 《口語》=vomit 2. **2** [通例 P-] Missouri 州人のあだ名. **3** 不愉快きわまりない人物. 〖《1599》← ? 《擬音語》〗

puke² /pjúːk/ *n.* 《廃》(ガウンなどに使われる)上質のウール[毛織物]. 〖《1465》□ MDu. *puuk* (Du. *puik* excellent)〗

pu·ke·ko /puːkéɪkoʊ | pʊ́kəkəʊ/ *n.* 〘鳥類〙オーストラリアセイケイ (*Porphyrio melanotus*) (オーストラリア・ニュージーランドに生息するクイナ科セイケイ属の水鳥). 〖《1835》← Maori〗

puk·er·oo /pʌ̀kəruː/ *adj.*, *vt.* =puckeroo.

puk·ey /pjúːki/ *adj.* 《俗》不快な, いやな, きたない.

puk·ka /pʌ́kə; *Hindi* pəkkɑː/ *adj.* (*also* **puk·kah** /~/) 《インド》 **1** 目方の十分な; 上等の, 一流の (first-class) (cf. cutcha). **2** 純良な, 真正の (genuine): a ~ sahib [しばしば軽蔑的に] 本物の紳士 (現地民がインド在住の英国人に対する尊称として用いた). **3** 上流社会の[にふさわしい]. **4** 〈建物など〉永久的な; 〈官職など〉終身の. 〖《1698》□ Hindi *pakkā* cooked, ripe, substantial ← Skt *pakva* ripe〗

pu·ku /púːkuː/ *n.* 〘動物〙プークー (*Adenota vardoni*) (中央アフリカ共和国南部産の赤色のレイヨウ). 〖《1881》□ Zulu *poku*〗

puk·y /pjúːki/ *adj.* =pukey.

pul /púːl/ *n.* (*pl.* ~**s**, **pu·li** /púːliː/) **1 a** プール (アフガニスタンの通貨単位; =¹/₁₀₀ afghani). **b** 1 プール銅貨. **2** プール (15 世紀から 1810 年にかけて発行されたロシアの銅貨). 〖《1927》□ Pers. *pūl* □ Turk. *pul* □ LGk *phóllis* small coin □ L *follis* (原義) bellows: cf. follicle〗

pu·la /púːlɑː, pjúː-, -lə | púːlə, púː-/ *n.* (*pl.* ~) **1** プラ (ボツワナの通貨単位; =100 thebe; 記号 P; 1976 年 rand から変更). **2** 1 プラ貨. 〖《1827》□ Bantu (Setswana) ~〗

Pu·la /púːlə; *Croat.* pǔːla/ *n.* プーラ (クロアチア共和国北西部, Istra 半島の南端にある海港; もとイタリア領; イタリア語名 Pola).

pu·lao /pəláʊ/ *n.* =pilaf.

Pu·las·ki /pəlǽski, pu-/, **Cas·i·mir** /kǽzəmɪə | -sɪmɪə(r)/ *n.* プワスキー (1748?–79; ポーランドの貴族・将軍; 米国独立戦争の独立軍を指揮した; ポーランド語名 Kazimierz Pułaski /*Pol.* kaʒímʲɛʃ puwáskʲi/).

pul·chri·cide /pʌ́lkrəsàɪd | -krɪ-/ *n.* 美の破壊(者). 〖← L *pulchri-* (↓)+-CIDE〗

pul·chri·tude /pʌ́lkrətùːd, -tjùːd | -krɪtjùːd/ *n.* 《文語》(特に, 女性の肉体的な)美しさ, きれいさ (beauty): the ~ of Venus. 〖《?c1400》□ L *pulchritūdō* ← *pulchri-*, *pulcher* beautiful ← ?: ⇨ -tude〗

pul·chri·tu·di·nous /pʌ̀lkrətúːdənəs, -tjúː-, -dṇ- | -krɪtjúːdɪn-, -dṇ-/ *adj.* 《文語》(特に)〈女性が〉美しい, きれいな. 〖《1912》: ⇨ ↑, -ous〗

pule /pjúːl/ *vi.* **1** 〈病児などが〉ひーひー泣く, しくしく泣く, 弱い声で泣く. **2** 〈ひななどが〉ぴよぴよ鳴く; 〈小犬などが〉訴えるように[哀れげに]泣く (whine). **púl·er** /-lə | -lə(r)/ *n.* 〖《1534》← ? 《擬音語》: cf. F *piauler* to cheep, howl〗

puli¹ *n.* pul の複数形.

pu·li² /púli, pjúːli, púli, púː-/ *n.* (*pl.* **pu·lik** /-lɪk/, ~**s**) プリ (ハンガリー原産の牧羊犬; もつれやすい毛で覆われている中形のイヌ). 〖《1936》□ Hung. ~〗

pulik *n.* puli² の複数形.

púl·ing /-lɪŋ/ *adj.* **1** ひーひー[しくしく]泣く, 弱い声で[訴えるように]泣く. **2** 弱虫の, 意気地なしの: a ~ coward. **~·ly** *adv.* 〖《1529》← PULE+-ING²〗

Pul·it·zer /púlɪtsə, pjúːl- | -lɪtsə(r)/, **Joseph** *n.* ピューリツァー (1847–1911; ハンガリー生まれの米国の新聞経営者・慈善家). ★ 本人と家族は /púlɪtsə/ と発音した.

Púl·it·zer Príze *n.* ピューリツァー賞 (Joseph Pulitzer の遺言によって 1917 年に始められ, 毎年授与される; ジャーナリズム・文学・音楽・公共奉仕などの分野にわたって 17 の部門があり, 受賞者は原則として米国市民). 〖↑〗

pull /pʊ́l/ *vt.* **1 a** 引く, 引き寄せる, 引っ張る (↔ push): ~ a rope / ~ a trigger 引き金を引く / ~ a bell ひもを引いて鐘を鳴らす / ~ a person's ears = ~ a person *by* the ear (罰として)人の耳を引っ張る / ~ a person's nose = ~ a person *by* the nose (軽蔑して)人の鼻を引っ張る / ~ a person's sleeve = ~ a person *by* the sleeve (注意を引くために)人の袖を引く / Don't ~ my hair. 髪の毛を引っ張らないでくれ / ~ a thing *up* [*down, back, forward, along*] 物を引き上げる[引き下げる, 引っ張り戻す, 前へ引き寄せる, 引いていく] / ~ the curtains *across* カーテンを引いて閉める / ~ a person *into* the room 人を部屋に引きずり込む / ~ (*down*) one's hat *over* one's eyes 帽子を目深にかぶる / Fanny ~*ed* the blanket *over* her [herself]. ファニーは毛布を引っ張って体を隠した / He was ~*ed out of* bed [*off* the chair]. 彼はベッド[椅子]から引きずり出された[降ろされた] / ~ a rabbit *out of* a [one's] hat 帽子からウサギを出す / ~ a person (*away*) *from* a burning house 燃えさかる家から人を引っ張り出す / ~ *down* goods *from* a shelf 棚から荷物を引き下ろす / ~ one's chair (*up*) *to* the table 椅子をテーブルに引き寄せる / He ~*ed* the door [curtain] open [shut]. 戸[カーテン]を引いて開けた[閉めた] / She ~*ed* him free [clear] (of the wreckage). 残骸から引き出して彼を救出した. **b** 引っ張って行く (↔ push): ~ a cart / Two locomotives ~*ed* the heavy train *up* the hill. 2 台の機関車が重い列車を牽引して坂を登った. **c** 〈あめなどを〉繰り返し前後に延ばす.

2 a 〈果物・花・野菜などを〉もぐ (pluck), 摘む (gather), 引き抜く (uproot) 〈*out, up*〉: ~ (*out*) weeds / ~ (*up*) carrots [stumps] にんじん[切り株]を引き抜く / ~ berries *off* (a yew) (イチイの)実を摘み取る / ~ a twig *off* [(米) *of*] a branch 枝から小枝を折りとる / ~ corn *from* a stalk 茎からトウモロコシをもぎ取る. **b** 〈毛を〉むしる, 〈鳥などの〉毛をむしる (pluck); 《方言》〈鳥〉のはらわたを抜く (draw); 〈生皮〉の毛を取り去る: ~ plumes, wool, a hide, etc. / ~ a fowl 鳥の羽を引き抜く; 《方言》鳥のはらわたを出す. **c** 〈歯・栓などを〉引き抜く, 抜き取る (draw out, extract): ~ a cork / have a decayed tooth ~*ed* (*out*) 虫歯を抜いてもらう. **d** 〈一定量のビールを〉樽などから出す[つぐ] (draw): ~ a pint of beer *for* a person = ~ a person a pint of beer 人に樽からビールを 1 パイントついでやる.

3 取り除く, 除去する (remove); 〈人を〉引き揚げる (withdraw): ~ a crankshaft クランクシャフトを取り外す / ~ a starting pitcher 先発投手を引っ込める / ~ troops *out* (*of* an exposed position) 軍隊を(最前線から)撤退させる.

4 引き離す, 引き裂く (tear): ~ a seam 縫い目を引き裂く / ~ *off* leaves 葉を引きちぎる / ~ cloth *apart* 布をずたずたに引き裂く / *Pull* them *apart* before they hurt each other. けがをしないうちに二人を引き離しなさい / ~ a toy *to* bits [pieces] おもちゃをばらばらに壊す.

5 〈オールを〉引く, 〈舟を〉こぐ (row), 〈舟が〉〈…本のオールを〉持つ, 〈…丁〉こぎである; 〈人を〉こいで運ぶ: ~ an oar, a boat, etc. / ~ a lone oar ⇨ oar 成句 / He ~*s* a good oar. こぐのが上手だ / The boat ~*s* six oars. このボートは 6 本のオールで漕ぐ [6 本オールだ].

6 a 手綱を引いて〈馬を〉立ち止まらせる; 〘競馬〙勝たないように故意に〈馬を〉制する. **b** 〘ボクシング〙勝たないように故意に〈パンチに〉力を加えない, 手心を加える: ~ one's punches ⇨ punch¹ *n.* 成句.

7 《口語》〈人の引き・後援を〉得る, 〈顧客などを〉引きつける (attract), 〈投票などを〉集める, 〈成績を〉獲得する (obtain): ~ a person's support [custom] 人の支援[愛顧]を得る / ~ large crowds [many votes] 大観衆[多くの票]を集める / He knows how to ~ the best-looking girls. 美人の気を引く術を心得ている / ~ an A in one's Russian course ロシア語で A を取る.

8 〘印刷〙〈校正刷りなどを〉刷る, 取る; 〈組版・石版など〉からゲラを刷る.

9 〈腱(けん)・筋肉などを〉張りすぎて痛める (strain): a ~*ed* muscle 伸ばして痛めた筋肉.

10 〘野球・ゴルフ・クリケット〙〈ボールを〉引っ張って打つ, 引っ張る (cf. *n.* 9, push 10 b): ~ the ball *to* left ボールをレフトに引っ張る.

11 《口語》〈ナイフ・ピストルなどを〉引き抜く, 抜いて構える: ~ a knife [gun] *on* a person ナイフ[ピストル]を突きつける.

12 〈さまざまな顔を〉する: ~ a face [faces] しかめ面(つら)をする / ~ a long [wry] face 不機嫌な顔をする (cf. a face drawn with pain ⇨ draw *vt.* 13 a) / ~ a sanctimonious face 信心家ぶった顔をする / ~ a reluctant grin 気乗り薄ににやっと笑う.

13 《口語》〈大胆なこと・強盗などを〉やってのける; 〈失策・いたずらなどを〉やらかす (commit), しでかす (perpetrate): ~ a stunt 離れ業をやってのける / ~ a holdup [bank job] 強盗[銀行強盗]を働く / ~ a boner 大失策をしでかす / ~ a trick *on* a person 人にいたずらをする; 人をごまかす / What are you trying to ~? 何をやらかそうとしているんだい.

14 《口語》〈権威・地位などを〉かさに着る: ~ rank *on* a person 人に対して自分の地位をかさに着て人にいばる.

— *vi.* **1 a** 引く (draw), 引っ張る (↔ push): ~ (hard) *at* [*on*] a rope 縄を(強く)引っ張る / We ~*ed* and ~*ed*, but it wouldn't budge. 何度も引っ張ったがびくともしなかった / ~ *at* a person's sleeve 人のそでを引っ張る / ~ *on* a person's arm 〈人の〉腕を引っ張る / ~*on* the oar(s) オールをこぐ (cf. *vi.* 3) / a horse [an engine] that ~*s* well 引っ張る力の強い馬[エンジン] / The fish ~*ed on* the line. 魚が釣糸を引っ張った / The fish exhausted itself by ~*ing against* the line. 魚は釣糸を引っ張ったあとぐったりした. **b** 引ける, 引っ張られる: The handle ~*s* easily. その取っ手は引くと簡単に動く / This drawer won't ~ (*out*). この引出しはどうしても抜けない / These roots ~ (*up*) hard. この根はなかなか抜けない / The car keeps ~*ing* to the right. その車は右に寄って走る癖がある / The twig ~*ed off* the branch. 枝から小枝が落ちた. **c** 〘印刷〙〈活字が〉組版から抜け出す 〈*out*〉 (cf. pullout 2). **2** (力を出して)動く, 進む; 〈乗物が〉(エンジンの力に引かれて)動く, 進む: ~ (*a*)*round* 回れ右をする / ~ *aside* わきに寄る / ~ *alongside* 〈車などが〉横づけする, …のわきに並ぶ / ~ *away* 〈バスなどが〉出発する / She ~*ed away* (*from* me) when I tried to kiss her. キスをしようとしたら彼女は顔をそむけた / ~ *up* the hill 丘を登って行く / The train ~*ed in* [*into* the station]. 列車が(駅に)入って来た / I saw a car ~ *up* the drive [*off* the road]. 車が車寄せに入って来る[道路わきに寄る]のが見えた / The runner ~*ed* clear of the others. その走者は他を引き離していった. **3** オールを引く, こぐ, こぎ進む; 〈ボートが〉こがれる: ~ *away* 絶え間なくこぐ / They ~*ed for* (the) shore. 岸に向かってこぎ進んだ / The boat ~*ed in to* [*off from*] (the) shore. ボートが海岸に近づいた[から離れた]. **4** 〈馬が〉(銜(はみ)に逆らって)言うことをきかない. **5 a** 〘野球・ゴルフ・クリケット〙ボールを引っ張って打つ. **b** 〘アメフト〙(ラインメンが snap と同時に)下がる (回り込んでブロックに向かう). **6** ピストルを抜いて構える: He ~*ed* and fired. ピストルを抜くと発砲した. **7 a** 〈びんなどから〉酒をぐっと飲む 〔*at*〕: ~ *at* a bottle of rum びんからラム酒をぐいっと飲む. **b** 〈パイプ・たばこを〉吸う (suck) 〔*at, on*〕: ~ *at* one's pipe パイプをふかす / ~ *on* a cigar 葉巻を吸う. **c** 〈パイプが〉煙を通す: This pipe is ~*ing* badly. このパイプは通りがよくない. **8** 〈広告・売り出しなどが〉注意を引く, 人気を集める, 効果的である, 客を引きつける: This ad ~*s* badly. この広告はあまり効果がない / The bargain sale is ~*ing well*. バーゲンセールは大繁盛[大当たり]だ.

púll abóut 引きずり回す; 手荒く扱う (treat roughly). 《18C》 *púll a fást òne* ⇨ fast¹ *adj.* 成句. *púll ahéad* 先に出る, 追い抜く: ~ *ahead* (*of* an opponent [*in* a race]) (相手を[競争で])追い越す. *púll and hául* 引っ張り回す. *púll apárt* (*vi.*) (1) 引くと切れる[離れる]: It easily ~*s apart*. (2) 分解できる. — (*vt.*) (1) ばらばらにする, 分解する (⇨ *vt.* 4): The police literally ~*ed* the place *apart* looking for evidence. 警察は文字通りその場所をばらばらにして証拠を捜した. (2) 〈書棚などを〉分解する. (3) …のあらを探す, 酷評する, こきおろす: ~ an idea *apart* 考えをこきおろす. *púll aróund* (1) = PULL *about*. (2) = PULL *round* (1). *púll asíde* (*vt.*) 〈カーテンなどを〉わきへ引く; 〈(秘密・虚偽などの)ベールを〉はぐ: ~ *aside* the cloak of secrecy. — (*vi.*) ⇨ *vi.* 2. *púll awáy* (*vi.*) (1) 身を引き離す: ~ *away from* the ties of home 家庭のきずなを振り切る. (2) 引き離す, 追い抜く: ~ *away from* a bus バスを追い越す. (3) ⇨ *vi.* 2, 3. — (*vt.*) ⇨ *vt.* 1 a. 《c1387》 *púll báck* (*vi.*) (1) 〘軍事〙撤退する[させる] (cf. pullback 2): ~ *back from* the brink of war 開戦寸前で撤退する. (2) 考えを変えてやめる: ~ *back from* signing the document 考えを改めて書類に署名をしない. (3) 節約する. — (*vt.*) ⇨ *vt.* 1 a. 《1559》 *púll cáps* [*wígs*] 《古》つかみ合いをする, けんかする. *Púll dévil, púll báker!* ⇨ devil 成句. *púll dówn* (1) 〈家などを〉取り壊す (demolish): ~ *down* a person's house (about his ears) 人の家を(完全に)壊す. (2) 〈政府などを〉倒す; 〈国王などを〉無理に退位させる (depose). (3) 〈価値などを〉下げる, 低下させる (lower, lessen): ~ *down* prices [grades] 値段[品質]を下げる / ~ *down* a person's pride 人の高慢の鼻を折る. (4) 〈成績・試験・演技などが〉〈人〉のランクを下げる (↔ PULL *up*): His bad marks ~*ed* him *down* at the end of the semester. 彼は学期末の成績が悪かったので席次が下がった. (5) 〈病気などが〉〈人を〉弱らせる (weaken). (6) 〈意気を〉消沈させる. (7) 《米口語》〈金を〉かせぐ (earn), 〈給料などを〉取る (draw): ~ *down* $500 a week 週 500 ドル稼ぐ. (8) 懸命に走って〈ボールを〉キャッチする. (9) 〈獲物を〉取り押さえる. (10) ⇨ *vt.* 1 a. 《1513》 *púll for* 《米口語》…を声援[応援]する, 励ます (root for): ~ *for* the underdog 敗者を励ます / ~ *for* one's team (*to* win) (勝つように)チームを応援する. *púll ín* (*vt.*) (1) 〈首などを〉引っ込める: ~ oneself *in* = ~ *in* one's stomach 腹を引いて背筋を伸ばす (しゃんとする動作). (2) 〈手綱を〉引き縮める; (手綱を引いて)〈馬〉の歩調をゆるめる (restrain), 〈馬を〉止める. (3) 〈費用などを〉切りつめる (reduce), 節約する. (4) 《口語》〈観衆などを〉引きつける, 吸いよせる (attract); 〈利益・金などを〉得る, 獲得する: ~ *in* audiences 観衆を集める / ~ *in* money *from* investors 投資家から金を集める. (5) 《口語》連行する, 逮捕する (arrest): ~ a person *in for* questioning [speeding] 人を連行して不審尋問する[スピード違反で人を逮捕する]. (6) 《英口語》= PULL *down*. — (*vi.*) (1) 〈列車・船などが〉入って来る, 到着する (arrive) (↔ pull out); 《口語》〈人が〉家に着く; ⇨ *vi.* 2, 3: What time did you ~ *in*? 何時に家に着いたの[帰ってきたの]. (2) 〈車が〉路肩側に寄る, 片側に寄って止まる (cf. pull-in; ↔ pull out); 〈船が〉岸壁側に寄る. *púll ìnto* … (1) 〈列車などが〉〈駅など〉に入る, 到着する. 《1529》 (2) 《英》〈運転手が〉車を…に入れる. *púll óff* (1) 〈ブーツ・ズボン・セーターなどを〉(引っ張って)脱ぐ (↔ pull on): ~ *off* one's hat [the cover] 帽子[カバー]を取る. (2) 《口語》見事にせしめる[やってのける]: ~ *off* a good deal [a bank robbery] うまい取り引き[銀行強盗]をやってのける / ~ *off* a great journalistic coup すごい特だねを物にする / We've ~*ed* it *off*. やったぞ. (3) 去る, 離れる, 発つ (leave) (cf. *vi.* 2, 3). (4) ⇨ *vt.* 2 a, 4. 《lateOE》 *púll ón* (*vt.*) (引っ張って)はく, はめる, 着る (↔ pull off; cf. pull-on): ~ *on* one's gloves [sweater, shoes]. (*vi.*) はまる: The cover won't ~ *on*. カバーがはまらない. *púll óut* (*vt.*) (1) 引き出す, 引っ張り出す (⇨ *vt.* 1 a);

引き抜く (⇨ *vt.* 2 c). (2) 〈話などを〉長く引き延ばす (lengthen). (3) 撤退させる; に身を引かせる (⇨ *vt.* 3). — (*vi.*) (1) 引き出せる (cf. pullout) (⇨ *vi.* 1 b): The map ~*s out* for easy reference. すぐ参照できるように(この本の)地図は引き出せる. (2) 〈列車・船などが〉出て行く, 出発する (leave) (↔ pull in): The five-thirty ~*ed out* (*of* the station). 5 時 30 分の列車が(駅から)出て行った. (3) 〈車が〉(走行開始などで)道路のわきを離れる[から出る] (↔ pull in). (4) 〈車・ドライバーが〉(追い越すために)車線から出る, 速い方の車線へ入る (↔ pull over). (5) 撤退する; 身を引く (cf. pullout *n.* 3): ~ *out of* an agreement [the presidential race] 契約から手を引く[大統領選からおりる] / I've decided to ~*out*. 身を引く[やめる]ことにした / When will the troops ~ *out of* the occupied territories? 軍隊はいつ占領地から撤退するのか. (6) 立ち直る, 回復する (recover): ~ *out of* illness [a nervous breakdown, a recession, a nose-dive] 病気[神経衰弱, 不景気, 暴落]から立ち直る. (7) 〘航空〙〈飛行機が〉(急降下姿勢から)水平姿勢となる. 《1340》 ***púll óver*** (1) 〈セーターなどを〉頭からかぶるようにして着る (cf. pullover): ~ *over* a jersey. (2) (追い越させる[止める]ために)〈車・船などを〉片側に寄せる, 〈車を〉遅い方の車線へ入れる; 片側に寄る, 遅い方の車線へ入る (↔ PULL *out*): *Pull* your car *over* [*Pull over*] and let me through. 車をわきへ寄せて[片側へ寄って]こっちを先に通してくれ / *Pull over to* the curb. 縁石の方に寄せなさい. 《1930》 ***púll róund*** (1) 回れ右をさせる[する] (cf. *vi.* 2). (2) …の意識[健康など]を回復させる; 意識[健康]を回復する: This brandy will soon ~ you *round*. このブランデーを飲めばすぐ元気が取り戻せる. 《1891》 ***Púll the óther òne* [*lèg*] (, *it's gòt béĺls òn*).** 《英口語》(それは見え透いているよ,) もっとましなことを言えよ. ***púll thróugh*** (*vt.*) 《*vt.*+*adv.*》 ~ thróugh (1) …に病気・難局などを切り抜けさせる: Careful nursing ~*ed* him *through*. 看護が行き届いて彼は危険を脱した. 《1856》 (2) 〈小火器〉〈の銃身〉を掃除する (cf. pull-through): ~ a rifle *through*. **b** 《*vi.*+*adv.*》 ~ thróugh …に病気などを〉切り抜けさせる: New capital ~*ed* the business *through* its difficulties. 新たな資本が投下されて事業は難局を切り抜けた. — (*vi.*) 《*vi.*+*adv.*》 ~ thróugh (1) 病気などを切り抜ける: We'll have to ~ *through* somehow. なんとか切り抜けなくてはならない. (2) 〈ひもなどが〉通る: The wire won't ~ *through*. この針金は通らない. 《1852》 ***púll … tó*** 〈カーテン・ドアなどを〉(引いて)閉める. ***púll togéther*** (*vi.*) (ボートのこぎ手のように)協力して働く, 協調して行く (cooperate). — (*vt.*) (1) 立て直す; 〈考えなどを〉まとめる: call in an experienced person to ~ the department *together* 敏腕家を招いて衰えた部門を立て直す / ~ oneself *together* 気を静める, しっかりする, 立ち直る (get oneself together). (2) 合わせる: ~ the two ends *together* 両端を合わせる. ***púll to píeces*** ⇨ piece 成句. ***púll úp*** (*vt.*) (1) **a** 〈車・馬・人などを〉止める (halt). 《1623》 **b** 〈車を〉特定の場所まで運転する. (2) …の発言・行動などを制止する (check): ~ a person *up over* his wrongheaded idea 人に間違った考え(に基づく行動)を止めさせる / He was ~*ed up* (short) by the chairman. 彼は議長に(急に)発言を制止された. (3) しかる, 非難する (rebuke): I was ~*ed up for* speeding. スピードの出しすぎで油を絞られた. (4) 〈成績・試験・演技などが〉〈人〉のランクを上げる (↔ PULL *down*). (5) 〘航空〙〈飛行機を〉(水平飛行から)急上昇させる. (6) 引き上げる; 引き抜く (⇨ *vt.* 1 a, 2 a.) (7) [~ *oneself* で] まっすぐ立つ, 直立不動の姿勢をとる: She ~*ed* herself *up to* her full height to face her boss. 彼女はすっくと立ち上がり, 上司と向き合った. — (*vi.*) (1) 〈車・馬などが〉止まる (stop) (cf. pull-up 2): ~ *up at* the gas station ガソリンスタンドで止まる. 《1844》 (2) 自制する, 活動を控える (check oneself). 《1808》 (3) (競走・競馬などで)追いつく, 並ぶ (catch up), 前へ出る (go ahead): ~ *up to* [*with*] the other horses ほかの馬に追いつく[と並ぶ]. 《1893》 (4) ⇨ *vi.* 1 b.

— *n.* **1 a** 引くこと, 引き; 引く力: give a (hard [strong]) ~ at the bell = give the bell a (hard [strong]) ~ 鐘の綱を(強く)引っ張る / keep a steady ~ on a rope 綱をぐんぐん引っ張る / The moon's ~ on the sea causes the tides. 海水に対する月の引力が潮の干満を起こす / We felt the ~ of the tide [of gravity]. 潮の引く力[重力]を感じた. **b** 弓や引き金を引くのに要する力: a bow with a 30 pound ~ 30 ポンドの強さの弓. **2** (ドア・引出し・ベルなどの)引き手, 取っ手 (knob, handle), 引綱: a curtain ~ カーテンのひも / ⇨ bellpull. **3** こぐこと; 一こぎ: have a short ~ on the river 川でちょっと一こぎする. **4** 《口語》人を引きつける力, 魅力 (attraction): the ~ of the sea 海の魅力 / a star with great box-office ~ 大当たり間違いなしのスター. **5** 《口語》引き, 手づる (influence), 縁故, 「コネ」(connection): through ~ 縁故で / use all one's ~ コネをすべて使う / have lots of ~ *with* …に強力なコネがある. **6** 《口語》(人より)有利な点, 利点, 強み (advantage) 《特質, 教養, 環境など》. **7** (前進・登頂の)努力, 頑張り: A stiff ~ brought us to the top. 一頑張りで頂上に着いた. **8** (酒などの)一杯, 一飲み (draft); (たばこの)一服 (inhalation): have [take] a ~ *at* the bottle [one's pipe] 一杯ひっかける[たばこを一服やる] / take a ~ of milk from the bottle 瓶から牛乳をぐいと一飲みする. **9** 〘野球・ゴルフ・クリケット〙ボールを左に[(左ききの打者なら)右に]引っ張って打つこと (cf. slice 4, pull hitter): a powerful ~ *to* leg 〘クリケット〙左[右]後方への強力な引っ張り. **10** 〘印刷〙(手引き印刷機で, 加圧ハンドルの)一引き, (それによる)印刷(物); 未校校正刷り (rough proof), 試刷(ずり). **11 a** 手綱を引いて馬を止めること. **b** 〘競馬〙勝たないように故意に手綱を引いて馬を制すること.

~·a·ble /-ləbl/ *adj.* 〖v.: OE *pullian* to pull, pluck ← ?: cf. Icel. *pūla* to work hard / MLG *pūlen* to strip off husks. — n.: 《*a*1338》 ← (v.)〗

SYN 引く: **pull** 対象物を自分の方へ引き寄せる《一般的な語》: He *pulled* me by the ear. 私の耳を引っ張った. **draw** 物をなだらかに別な方向へ動かす: *Draw* your chair closer to the fire. いすをもっと火の近くに引き寄せなさい. **drag** 〈重いものを〉力をこめて徐々に引っ張る《強い抵抗を暗示する》: They are *dragging* the net aboard. 彼らは船に網を引き引き上げている. **tug** ぐいぐい持続的に引っ張る《物が動かない場合もある》: The boy *tugged* her hair. 男の子は彼女の髪の毛をぐいと引っ張った. **haul** 〈重いものを〉機械を使ったりあるいは大変な努力をして[力を込めて]徐々に引く: *haul* timber to a sawmill 材木を製材所まで引いていく. **tow** ロープやチェーンで引っ張る: *tow* a damaged ship into port 難破船を港に引き入れる. **ANT** push.

púll·bàck *n.* **1** 障害, 邪魔, 阻止物 (restraint). **2** 引き戻すこと; 《米》(特に, 軍隊の整然たる)撤退. **3** 〘機械〙物を後方へ引く仕掛け[装置]. **4** プルバック: **a** (1880 年代に流行した)後ろに引き寄せてふくらましたスカート. **b** そのように引き寄せる仕掛け. 〖《*a*1591》 ← *pull back* (⇨ pull (v.) 成句)〗

púll bòx *n.* 〘電気〙プルボックス《金属配管工事で配管が長い場合, 電線の引入れを容易にするために途中に設ける箱》.

púll dàte *n.* (乳製品など腐敗しやすい生産品に押印された)最終有効日の日付《この日以降は販売が禁止される》. 〖1973〗

púll·dòwn *adj.* 〈椅子・ベッド・ボートなど〉折りたたみ式の: a ~ bed. 〖《1868》 ← *pull down* (⇨ pull (v.) 成句)〗

púlldown mènu *n.* 〘電算〙プルダウンメニュー《クリックすると下に表示されるメニュー》.

púlled bréad *n.* パンの内側の柔らかい部分を引きちぎってかりかりに焼いたもの. 〖1896〗

púlled fígs *n. pl.* (箱詰め前に)指で果頂部が平たくなるようにした乾燥)イチジク《品質のよいものについて行う》.

púlled wóol *n.* 生皮からむしり取った羊毛 (skin wool). 〖1904〗

púll·er /-lə | -lə(r)/ *n.* **1** 引く[引っ張る]人[物]; 引き手; 引き抜く道具: a cork ~ コルク栓抜き / a great crowd-*puller* 大勢の人を引きつける人. **2** 摘(つ)む人, むしり手. **3** (船の)こぎ手 (oarsman). **4** 銜(はみ)に逆らう馬. 〖《*c*1395》: ⇨ -er[1]〗

púller-ín *n.* (*pl.* **pullers-**) 《米口語》(商店・興行場などの)客引き.

pul·let /pʊ́lɪt/ *n.* (1 歳に満たない)若いめんどり (young hen). 〖《*a*1376》 *poullet* ◻ (O)F *poulet* (dim.) ← *poule* hen < VL **pullam* (fem.) ← L *pullus* young animal: ⇨ poultry〗

púllet disèase *n.* 〘獣医〙=blue comb.

pul·ley /pʊ́li/ *n.* **1** 〘機械・物理〙滑車, せみ, ベルト車 (cf. tackle 4): a compound ~ 複滑車 / a driving ~ 主動滑車 / a fast [fixed] ~ 取付けベルト車 / a movable ~ 移動ベルト車 / ⇨ cone pulley, differential pulley, idler pulley. **2** 〘解剖〙滑車 (trochlea). — *vt.* **1** 滑車で引き揚げる, 滑車で動かす[操作]する. **2** …に滑車を備え付ける. 〖《1295》 *poley* ◻ OF *polie* (F *poulie*) < VL **polidiam* ← **polidium* ◻ ? MGk **polidion* pivot (dim.) ← *pólos* 'POLE[2]'〗

púlley blòck *n.* 〘機械〙滑車装置. 〖1825〗

púlley stìle *n.* 〘建築〙羽車框(かまち)《上げ下げ窓の左右の框; 分銅の滑車が入っている》. 〖1825〗

púll hìtter *n.* 〘野球・ゴルフ・クリケット〙引っ張る打者, プルヒッター (cf. pull *n.* 9). 〖1937〗

púll-ìn[1] *n.* 《英》(トラック運転手のための)ドライブイン食堂 (pull-up または drive-in ともいう). 〖《1938》 ← *pull in* (⇨ pull (v.) 成句)〗

púll ìn *n.* 〘電気〙同期引込み《テレビ画像が流れているような同期していない状態から, 画像が停止するような同期状態に入ること》. **púll-ìn**[2] *adj.*

púll·ing bòat /-lɪŋ-/ *n.* 《古》=rowboat. 〖1912〗

púll-ìn tórque *n.* 〘電気〙引込トルク《同期電動機のトルクの一種》.

Pull·man, p- /pʊ́lmən/ *n.* **1** =Pullman car. **2** 大きなスーツケース (Pullman case ともいう). **3** [形容詞的に] プルマン(式)の: a ~ train / a ~ ticket プルマン列車乗車券. 〖《1870》 ← *George M. Pullman* (1831–97: 米国の考案者)〗

Púllman càr *n.* 〘鉄道〙プルマン式車両《贅沢な設備のある客車, 特に寝台車の車両; cf. parlor car》.

Púllman kítchen, p- k- *n.* (アパートなどで)凹(くぼ)部[入込み]に造り付けの小型台所.

púll-òff *adj.* [限定的] 引っ張って取る[はがす]: a ~ calendar 日めくり式カレンダー. 〖《1859》 ← *pull off* (⇨ pull (v.) 成句)〗

púll-òn *n.* (セーター・手袋・コルセットなどのように)引っ張って着る[身につける]衣類. — *adj.* [限定的] 引っ張って着る[身につける]. 〖《1919》 ← *pull on* (⇨ pull (v.) 成句)〗

pul·ló·rum disèase /pəlɔ́ːrəm-/ *n.* 〘獣医〙ひな白痢《サルモネラ菌の一種であるひな白痢病菌 (*Salmonella pullorum*) による家禽(かきん)伝染病; 卵から伝染してひなを殺す; bacillary white diarrhoea ともいう》. 〖*pullorum*: ⇨ L *pullorum* (gen. pl.) ← L *pullus* cockerel: ⇨ pullet〗

púll·òut *n.* **1** 〘製本〙**a** 折込み, とじ込み《参照用に書物の中に引き出せる[切り離せる]ように折りはさまれたページ[図版, 別刷りなど]》. **b** 簡単に取り外せるように中とじの雑誌のちょうど中央部分にきている図版・地図など. **2** 〘印刷〙(印刷中の組版活字の)抜け出し (cf. work-up). **3** (軍隊・居留民などの)引揚げ, 撤退, 撤収. **4** 〘航空〙引き起こし《急降下姿勢から水平姿勢[上昇]へ移る動作》. — *adj.* [限定的] **1** 折込み[とじ込み]になった: a ~ supplement / a special ~ section. **2** 引き出して使う, 引き出し式の: a ~ seat. 〖← *pull out* (⇨ pull (v.) 成句)〗

púll-òut tórque *n.* 〘電気〙脱出トルク《モーターの出せる最大トルクで, それ以上の負荷をかけると急速に速度が低下し回転を維持できなくなる》.

púll·òver *n.* プルオーバー《頭からかぶって着脱するセーターやブラウスなど》. — *adj.* [限定的] プルオーバー式の, 頭からかぶる. 〖《(1875)》 《1907》 *pull over* (⇨ pull (v.) 成句)〗

púll-quòte *n.* 《米》抜粋見出し《新聞・雑誌の記事・コラムで本文中の印象的な句・行を引用してページの冒頭や中段に大きな活字で配置したもの》.

púll-rìng *n.* =pull-tab.

púll sòcket *n.* 〘電気〙プルソケット《鎖やひもで点滅するソケット》.

púll switch *n.* 〘電気〙プルスイッチ《ひもを引いて電灯を点滅する単極のスナップスイッチ》. 〖1888〗

púll-tàb *n.* (缶・容器をあけるための)引き手, つまみ.

púll-thròugh *n.* (一端にぼろを付けた)銃身清掃綱. 〖《(1891)》 ← *pull through* (⇨ pull (v.) 成句)〗

pul·lu·lant /pʌ́ljʊlənt/ *adj.* 芽を出す, 発芽する. 〖《1889》 ◻ L *pullulāntem* (pres. p.) ← *pullulāre* (↓): ⇨ -ant〗

pul·lu·late /pʌ́ljʊlèɪt/ *vi.* **1** 〈若枝・芽などが〉出る, 発芽する; 〈種子が〉芽を出す. **2** (急激に)繁殖する; 〈子が〉(どんどん)生まれる. **3** 《文語》**a** 〈人・動物などが〉群がる, たかる. **b** 〈場所が〉〔…で〕いっぱいになる, 満ちる, 富む 〔*with*〕. **4** 〈教義などが〉たくさん現れる, 発展する. **pul·lu·la·tion** /pʌ̀ljʊléɪʃən/ *n.* 〖《1619》 ← L *pullulātus* (p.p.) ← *pullulāre* to sprout ← *pullulus* (dim.) ← *pullus* young animal: ⇨ pullet〗

púll-ùp *n.* **1** 停止, 休憩. **2** (馬車などの)休息所. **3** =pull-in. **4** 〘航空〙(水平飛行からの)急上昇. **5** 〘体操〙(鉄棒での)懸垂. 〖《1837》 ← *pull up* (⇨ pull (v.) 成句)〗

pul·lus /pʌ́ləs/ *n.* 若鳥, ひよこ (chick). 〖《1774》 ◻ L ~ < ? **putslos*: cf. Skt *putra* son〗

pull·y-haul /pʊ́lihɔ̀ːl, -hɑ̀ːl | -hɔ̀ːl/ *vt., vi.* 《英方言・米》(力一杯)引っ張る. 〖《1872》 《逆成》 ↓〗

pull·y-haul·y /pʊ́lihɔ̀ːli, -hɑ̀ːli | -hɔ̀ːli/ *n.* 《英方言・米》 **1** (力いっぱい)引っ張ること. **2** 〘遊戯〙(二組の少年が綱のようにつながり合ってする)綱引きに類した遊戯. 〖《1785》 ← *pull and haul* (⇨ pull (v.) 成句): ⇨ -y[2]〗

pul·mo- /pʌ́lmoʊ, pʊ́l- | -məʊ/ 「肺 (lung)」の意の連結形. 〖《19C》 ← L *pulmō*: ⇨ pulmono-〗

pul·mom·e·ter /pʌlmɑ́(ː)mətə, pʊl- | -mɔ́mɪtə(r)/ *n.* =spirometer. 〖《1814》 ← PULMO-+-METER[1]〗

pul·mom·e·try /pʌlmɑ́(ː)mətri, pʊl- | -mɔ́mɪtri/ *n.* =spirometry.

pul·mon- /pʌ́lmən, pʊ́l-/ (母音の前にくるときの) pulmono- の異形.

pul·mo·nar·y /pʌ́lmənèri, pʊ́l- | -nəri/ *adj.* **1** 肺の; 肺を冒す: ~ complaints [diseases, disorders] 肺(疾)患 / ~ tuberculosis 肺結核. **2** 肺疾患の, 肺病の. **3** 肺状の (lunglike). **4** 〘動物〙肺を有する. 〖《1704》 ◻ L *pulmōnārius* ← *pulmō* lung, 《原義》 floater 《動物の肺を水の入った容器に捨てても心臓や肝臓と違って沈まないことからか》 ← IE **pleu-* to swim, float (⇨ flow): ⇨ -ary〗

púlmonary ártery *n.* 〘解剖〙肺動脈 (⇨ heart 挿絵). 〖1704〗

púlmonary circulátion *n.* 〘生理〙肺循環, 小循環《血液が心臓の(右)心室から肺動脈に入り, 肺静脈を経て左心房に帰る循環経路; lesser circulation ともいう》.

púlmonary pléxus *n.* 〘解剖〙肺神経叢(そう).

púlmonary válve *n.* 〘解剖〙肺動脈弁.

púlmonary véin *n.* 〘解剖〙肺静脈 (⇨ heart 挿絵).

pul·mo·nate /pʌ́lmənèɪt, pʊ́l-, -nɪt/ 〘動物〙 *adj.* **1** 肺[肺状器官]をもった. **2** 有肺類の: a ~ gastropod 有肺腹足動物《カタツムリ・ナメクジなど》. — *n.* 有肺類の動物. 〖《1842》 1: ← PULMONO-+-ATE[2]. 2: ← NL *Pulmōnātus*: ⇨ pulmono-, -ate[1]〗

pul·mo·ni- /pʌ́lmənɪ, -ni, pʊ́l- | pʌ́lmənɪ, -ni/ pulmono- の異形 (⇨ -i-).

pul·mon·ic /pʌlmɑ́(ː)nɪk, pʊl- | -mɔ́n-/ *adj.* **1** 肺の (pneumonic). **2** 肺動脈(弁)の. **3** 〘音声〙〈閉鎖音が〉肺臓気流による《普通の閉鎖音についていう; cf. glottalic, velaric》. — *n.* 《まれ》肺病患者; 肺病の治療薬[法]. 〖《1661》 ◻ F *pulmonique* ◻ L *pulmō* (↓): ⇨ -ic[1]〗

pulmónic áirstream *n.* 〘音声〙肺(臓)気流.

pul·mo·no- /pʌ́lmənoʊ, pʊ́l- | -nəʊ/ 「肺 (lung)」の意の連結形 (cf. pulmo-). ★ 時に pulmoni-, また母音の前では通例 pulmon- になる. 〖◻ L *pulmōn-*, *pulmō* lung: ⇨ pulmonary〗

pul·mo·tor /pʌ́lmòʊtə, pʊ́l- | -məʊtə(r)/ *n.* (人工)呼吸器[装置], 蘇(そ)生器. 〖《1912》 ← *Pulmotor* 《商標名》 《混成》 ← L *pulmō* (↑)+MOTOR〗

pulp /pʌ́lp/ *n.* **1** (ぶどう・桃のような柔らかい)果肉. **2** (植物の)髄 (pith). **3** (製紙原料の)パルプ. **4** (パルプのように)どろどろになったもの, 柔らかい固まり: rot to (a) ~ 腐ってどろどろになる / be reduced to (a) ~ どろどろになる; 綿のように疲れる. **5** [軽蔑的に] (ざら紙を使った)煽情的な安雑誌, かすとり雑誌 (pulp magazine); 低俗な作品[読み物] (cf. slick 3): ~ literature かすとり文学. **6** 〘歯科〙歯髄 (dental pulp ともいう): a ~ cavity 歯髄腔(くう).

P

7 〖解剖〗肉質部, 髄. 8 〖選鉱〗パルプ, 鉱泥《粉砕した鉱物を水に混ぜて泥状にしたもの, または粉砕した鉱物》.
béat [másh] a person (in) to [into] a púlp 〈人を〉こてんぱんにやっつける, ぐうの音も出なくする.
— *vt.* 1 〈木材・古新聞[雑誌]などを〉パルプにする, どろどろにする. 2 〈コーヒー豆など〉から果肉を取り去る. — *vi.* パルプになる; どろどろ[柔らか]になる.
~·lìke *adj.* 〖n.: 《*a*1400》□ F *pulpe* ∥ L *pulpa* solid flesh ← ?. — v.: 《1662》← (n.)〗

pulp·al /pʌ́lpəl, -pl/ *adj.* 〖歯科〗歯髄の. **~·ly** *adv.* 〖《1908》: ⇨ ↑, -al¹〗

púlp·bòard *n.* パルプ板紙《砕木パルプなどで漉(す)いた一枚漉き板紙や漉き合わせ板紙》. 〖1904〗

púlp canàl *n.* 〖歯科〗(歯)根管 (root canal). 〖1845〗

púlp canàl thèrapy *n.* 〖歯科〗=root canal therapy.

púlp càvity *n.* 〖歯科〗歯髄腔. 〖1840〗

púlp chàmber *n.* 〖歯科〗(歯の)髄室. 〖1872〗

pulp·ec·to·my /pʌlpéktəmi/ *n.* 〖歯科〗抜髄《歯髄を除去する処置》. 〖← PULP＋-ECTOMY〗

púlp·er *n.* 1 (コーヒー豆の)果肉除去器, 脱肉機. 2 パルパー《パルプを隔離する機械》. 3 (製紙用)パルプ製造業者[職人]. 〖《1862》← PULP (v.)＋-ER¹〗

pulp·i·fy /pʌ́lpəfàɪ | -pɪ̀-/ *vt.* パルプにする; どろどろにする. 〖《1871》: ⇨ pulp, -fy〗

pul·pit /púlpɪt, pʌ́l-, -pət | púlpɪt/ *n.* 1 a (教会の)説教壇, 講壇(この項の挿絵の他に ⇨ church 挿絵): occupy the ~ 説教する; 礼拝をつかさどる. b 演壇, 講壇: ~ eloquence 説教調の弁舌. 2 [通例 the ~; 集合的] 牧師, 聖職者, 宗教界 (ministry); (特に, プロテスタント[ユダヤ教]の教会[教会堂]での)牧師の職[地位]: the bar, *the* ~, and the press 法曹(ほうそう)界と宗教界と言論界 / be denounced alike by ~ and platform 宗教界・政界両方面から非難される. 3 説教 (preaching). 4 高い所にある囲まれた席; (特に, 捕鯨船のもりを撃つための)箱形の台, 支持台. 5 (配電盤室など工場で機械操作のために用いる)台状に高くした床, 司令室. 6 a 《軍俗》(砲兵隊の)観測用はしご. b 《英空軍俗》(航空機の)操縦席 (cockpit). 7 〖海事〗小型船の安全手すり《船首や船尾の先端に作る》. 8 (意見を発表するための)媒体《新聞のコラムなど》. **~·al** /-tl | -tl/ *adj.* **~·less** *adj.* 〖《*a*1338》□ L *pulpitum* platform, ML pulpit ← ?: cf. G. *Pult* desk〗

pulpit 1 a

pul·pi·tar·i·an /pùlpɪtɛ́ᵊriən, pʌ̀l- | pùlpɪtɛ́ər-/ *adj.* 説教師の, 説教家風の. — *n.* 説教師 (preacher). 〖《1654》: ⇨ ↑, -arian〗

pul·pi·teer /pùlpɪtíə, pʌ̀l- | pùlpɪtíə(r/ *n.* [通例軽蔑的に] 説教師, 説教坊主 (preacher). — *vi.* お説教する. **~·ing** /-tíᵊrɪŋ | -tíər-/ *n.* 〖《1642》← PULPIT＋-EER〗

púl·pit·er /-tə | -tə(r/ *n.* =pulpiteer. 〖1599〗

pulp·i·tis /pʌlpáɪtɪs | -tɪs/ *n.* 〖歯科〗歯髄炎. 〖《1882》← NL ~ : ⇨ pulp, —itis〗

púlp·less *adj.* 1 果肉のない, (歯)髄のない. 2 ひからびた, 乾燥した. 〖1778〗

pulp·ous /pʌ́lpəs/ *adj.* =pulpy. 〖《1601》□ L *pulpōsus*: ⇨ pulp, -ous〗

púlp·wòod *n.* パルプ材《エゾマツなど》. 〖1885〗

pulp·y /pʌ́lpi/ *adj.* (**pulp·i·er**; **-i·est**) 1 果肉質の, 果肉状の. 2 パルプ状の, 柔軟な (soft), どろどろの, 汁の多い (juicy). **pulp·i·ly** /-pɪli/ *adv.* **púlp·i·ness** *n.* 〖《1591》: ⇨ pulp, -y⁴〗

púlpy kídney disèase *n.* 〖獣医〗ウェルシュ菌 (*Clostridium perfringens*) による羊の病気 〖1927〗

pul·que /púlki, -keɪ; *Am.Sp.* púlke/ *n.* プルケ, りゅうぜつらん酒《メキシコ産のリュウゼツランの発酵酒; cf. mescal》. 〖《1693》□ Mex.-Sp. ~ ← Nahuatl *poliuhqui, puliuhqui* decomposed, spoiled〗

pul·sant /pʌ́lsənt, -snt/ *adj.* 脈動する, 鼓動している. 〖《1891》□ L *pulsantem* (pres.p.) ← *pulsāre* (⇨ pulsate)〗

pul·sar /pʌ́lsɑə, -sə | -sɑː(r, -sə(r/ *n.* 〖天文〗パルサー《規則的な周期で電波を発している小天体の一つ; cf. quasar》. 〖《1968》← *puls(ating radio source)*＋-AR²: QUASAR との類推から〗

pul·sa·tance /pʌ́lsətəns, -tns | -təns, -tns/ *n.* (周期運動の)角周波数《角速度》. 〖《1919》: ⇨ ↓, -ance〗

pul·sate /pʌ́lseɪt | ─ ́/ *vi.* 1 〈心臓・血管が〉脈打つ (beat), 拍動する, 鼓動する (throb). 2 胸がどきどきする, 震える, ぶるぶるする, ぞくぞくする. 3 〖電気〗〈電流が〉ぴくぴく震える, 脈動する. 4 〖物理〗〈強度・量・大きさなどが〉変化する. — *vt.* 〈ダイヤモンドを〉(機械で)土から振り離す, ふるい落とす (cf. pulsator 2). 〖《1794》← L *pulsātus* (p.p.) ← *pulsāre* to push, drive, beat (freq.) ← *pellere*: ⇨ pulse¹, -ate³〗

pul·sa·tile /pʌ́lsətɪ̀l, -tl, -tàɪl | -tàɪl/ *adj.* 1 脈打つ, 拍動(性)の, どきどきする, ずきずきする. 2 〈楽器が〉打って鳴る. — *n.* 打楽器, 鳴り物《太鼓など》. **pul·sa·til·i·ty** /pʌ̀lsətíləṭi | -lɪ̀ti/ *n.* 〖《1541》□ ML *pulsātilis* ← *pulsāre* (↑): ⇨ -ile¹〗

pul·sa·til·la /pʌ̀lsətílə/ *n.* 1 〖植物〗オキナグサ《キンポウゲ科ニリンソウ属 (*Anemone* [旧属名 *Pulsatilla*]) のオキナグサの類の多年草の総称; オキナグサ (*A. cernua*), セイヨウオキナグサ (*A. pulsatilla*) など》. 2 〖薬学〗(薬剤に用いられる)オキナグサの抽出液[エキス]. 〖《1597》← NL ~ (dim.) ← L *pulsāta* (fem.) ← *pulsātus*: ⇨ pulsate〗

púl·sat·ing cúrrent /-tɪŋ- | -tɪŋ-/ *n.* 〖電気〗脈動電流, 脈流. 〖1912〗

púlsating (váriable) stár *n.* 〖天文〗脈動星《時間と共に周期的に膨張収縮を繰り返す星で, 周期的変光星の大部分を占める; cf. variable star》.

pul·sa·tion /pʌlséɪʃən/ *n.* 1 脈打つこと, どきどきすること; 脈拍 (pulse), 拍動, 脈動, 動悸(どうき). 2 a 〖物理〗波動 (undulation), 振動 (vibration) b (電流の)脈動. 3 〖ローマ法〗(故意にまたは怒って)他人の体に触れること (touching). 〖《?*a*1425》□ L *pulsātiō(n-)*: ⇨ pulsate, -ation〗

pul·sa·tive /pʌ́lsətɪv | -tɪv/ *adj.* =pulsatile. **púl·sa·tive·ly** *adv.* 〖《1398》□ MF *pulsatif*: ⇨ pulsate, -ative〗

pul·sa·tor /pʌ́lseɪṭə | pʌlséɪtə(r/ *n.* 1 a 鼓動するもの, 脈打つもの. b 〖機械〗鼓動装置, (電気洗濯機の)パルセーター. 2 a 〖鉱山〗(ダイヤモンドのふるい分けに用いる)鼓動ジッガー[選鉱器] (cf. jigger 4 b). b (乳しぼり機付属の)拍動装置. 3 〖機械〗=pulsometer 1. 〖《1656》□ L ~: ⇨ pulsate, -or²〗

pul·sa·to·ry /pʌ́lsətɔ̀ːri | pʌlséɪtəri, pʌ́lsətəri, -tri/ *adj.* =pulsatile. 〖《1613》: ⇨ pulsate, -ory¹〗

pulse¹ /pʌ́ls/ *n.* 1 脈拍, 脈 (pulsation); 鼓動, 脈動 (throbbing), 脈拍[拍動]の一打ち (beat): a long [slow] ~ 鈍脈, 緩脈, 徐脈 / a quick [frequent, rapid, short] ~ 速脈, 頻脈 / a regular [an irregular] ~ 整[不整]脈 / a sharp ~ 急脈 / a small [large, full] ~ 小[大]脈 / a soft [hard] ~ 軟[硬]脈 / a weak ~ 弱脈, 虚脈 / with quickened ~*s* 胸を躍らせながら / The ~ beats. 脈が打つ / His ~ was at a hundred. 彼の脈拍は(1 分間に)100 であった. 2 律動, 拍子; (特に)《詩の》拍 (beat), アクセント (stress); 〖音楽〗拍 (beat). 3 〖通信〗パルス《持続時間の極めて短い電波または変調電波》. 4 (生気・感情などの)脈動, 動き: A great ~ of anguish beat within him. 彼は心の中で苦しみもだえた. 5 意向 (intention); 調子, 感じ, 傾向 (tendency): the ~ of the nation 国民の感情. 6 〖物理〗(電波・音響などの)瞬間波動[振動], 瞬動.
féel [táke] a person's púlse＝hàve one's fíngers on a person's púlse 人の脈をみる; 人の意向を探る: He feels *the* ~ *of* the public. 彼は公衆の意向を打診している. 《*c*1540》 ***hàve [kèep] one's fínger on the púlse*** 〔出来事・組織などの〕最新の情報に通じている〔*of*〕. ***stír a person's púlses*** 人の胸を躍らせる, 人を興奮[熱狂]させる.
— *vi.* 〈心臓・生命・感情などが〉脈打つ, 脈動する; 震動する (vibrate), 波動する (undulate): ~ to music 音楽に合わせて波動する / His legs were *pulsing* with pain. 彼の足はずきずき痛んだ. — *vt.* 1 〈血液などを〉律動的に送る 〈*out, in*〉. 2 〈エンジンなどを〉律動的に駆動させる. 3 〖通信〗〈電波をパルス状にする《脈拍の波動のような一連のパルス群の形で電波を発生または変調する》. 4 〖電気〗〈電子管などが〉〈送信機などに〉パルスを発生させる.
〖n.: 《*a*1338》 *puls, pous, pouce* □ OF *pouls, pous* < L *pulsum* beating (p.p.) ← *pellere* to drive, push ← IE **pel-* to thrust, strike. — v.: 《?*a*1425》□ L *pulsāre* (freq.) ← *pellere*〗

pulse² /pʌ́ls/ *n.* 1 [集合的; 時に複数扱い] 豆類 《beans, peas, lentils など》. 2 豆のなる植物の総称. 〖《1297》 *puls, pols* □ OF *po(u)ls* < L *pultem, puls* thick pottage of meal □ ? Gk *póltos* porridge ← ? IE **pel-* dust, flour: cf. poultice〗

púlse ámplitude modulàtion *n.* 〖電気〗パルス振幅変調《信号によってパルスの振幅を変える変調方式; 略 PAM》. 〖1947〗

púlse·bèat *n.* 1 脈動; 律動. 2 意向; 傾向. 〖1841〗

púlse còde modulàtion *n.* 〖電気〗パルス符合変調《信号振幅に応じて方形パルスの配列を変化し, デジタル化して情報を伝達する変調方式; 略 PCM》. 〖1947〗

púlse communicàtion sỳstem *n.* 〖通信〗パルス通信方式.

púlse dìaling *n.* パルスダイヤル方式《回転ダイヤルやプッシュボタンにより電気パルスを発生させて電話番号を呼び出す; cf. tone dialing》.

púlse durátion modulàtion *n.* 〖電気〗パルス幅変調《パルス変調の一種で, 信号振幅の大小に応じてパルスの幅を変化させる変調方式; pulse width modulation ともいう; 略 PDM》. 〖1956〗

púlse fréquency modulàtion *n.* 〖電気〗パルス周波数変調《幅や振幅が一定のパルスを情報源に応じて, 繰返しの周波数を変化させる変調方式; 略 PFM》. 〖1950〗

púlse hèight ànalyzer *n.* 〖電気〗波高分析器《入力パルス信号の中からある特定の波高値をもつパルス信号を選び出して記録するための電気回路》. 〖1957〗

púlse-jèt éngine *n.* 〖航空〗パルスジェットエンジン (aeropulse, pulsejet, pulsojet ともいう). 〖燃焼室の空気吸込み弁が脈打つように開閉することから〗

púlse lèngth *n.* 〖電気〗パルス幅《パルスの時間的長さ; pulse width ともいう》.

púlse·less *adj.* 1 脈のない, こと切れた. 2 生気のない (lifeless), 不活発な (inert), 感動しない. **~·ness** *n.* 〖《1748》: ⇨ pulse¹, -less〗

púlseless disèase *n.* 〖病理〗脈なし病, 大動脈炎症候群, 高安病.

púlse modulàtion *n.* 〖電気〗パルス変調《レーダーまたは情報伝達に用いるため, アナログ信号をパルスの有無を表す符号に変換すること》. 〖1929〗

púlse númber modulàtion *n.* 〖電気〗パルス密度変調.

púlse òscillator *n.* 〖電子工学〗パルス発振器.

púlse posítion modulàtion *n.* 〖電気〗パルス位置変調《パルス変調の一種で, 信号によりパルスの時間的位置を変えるもの; 略 PPM, ppm》. 〖1945〗

púlse prèssure *n.* 脈圧. 〖1904〗

púls·er *n.* 〖電気〗パルサー《パルス発生装置》. 〖《1947》: ⇨ -er¹〗

púlse rádar *n.* 〖通信〗パルス変調レーダー. 〖1949〗

púlse ràte *n.* 1 脈拍数. 2 〖電気〗パルス周波数[繰返し数]. 〖1879〗

púlse tíme modulàtion *n.* 〖電気〗パルス時変調《一定の持続時間と振幅からなる連続パルスの間隔時を変調すること; この変調法は多重高周波通信で使用されることがある; 略 PTM》. 〖1944〗

púlse wídth *n.* 〖電気〗=pulse length. 〖1947〗

púlse wídth modulàtion *n.* 〖電気〗=pulse duration modulation. 〖1953〗

pul·sim·e·ter /pʌlsímәṭə | -mɪ̀tə(r/ *n.* 〖医学〗脈拍計. 〖《1842》← PULSE¹＋-I-＋-METER¹〗

pul·sion /pʌ́lʃən/ *n.* 押す[推進する]こと, 推進 (propulsion) (↔ traction). 〖《1634》□ L *pulsiō(n-)* ← *pellere*: ⇨ pulse¹, -sion〗

pul·som·e·ter /pʌlsɑ́(ː)məṭə | -sɔ́mɪ̀tə(r/ *n.* 1 〖機械〗だるまポンプ, 真空ポンプ《vacuum pump ともいう》. 2 〖医学〗=pulsimeter. 〖《1858》← PULSE¹＋-O-＋-METER¹〗

pul·ta·ceous /pʌltéɪʃəs/ *adj.* 豆 (pulse) のお粥(かゆ)のような, のり状の; 柔らかな, どろどろの (pulpy), 半流動体の (semifluid). 〖《1668》← L *pult-, puls* 'PULSE²'＋-ACEOUS〗

pulv. 《略》 pulverized; *L.* pulvis (=powder).

pul·ver·a·ble /pʌ́lv(ə)rəbl/ *adj.* 粉にできる, 砕ける. 〖《1657》← (廃) *pulver* (□ L *pulverāre* to bestrew with dust)＋-ABLE: ⇨ pulverize〗

Pul·ver·a·tor /pʌ́lvərèɪṭə | -tə(r/ *n.* 〖商標〗パルバレーター《粉砕機の商品名》. 〖← NL *pulverātor* ← L *pulverāre* to powder ← *pulver-*: ⇨ pulverize〗

pul·ver·iz·a·ble /pʌ́lvəràɪzəbl, púl-/ *adj.* =pulverable. 〖1660〗

pul·ver·ize /pʌ́lvəràɪz, púl-/ *vt.* 1 a 粉にする, 砕く (grind): ~*d* coal 微粉炭. b 〈液体を〉霧状にする. 2 打ち破る, 粉砕する (demolish): ~ an opponent [his arguments] 論敵[彼の議論]を粉砕する. 3 《俗》こっぴどく[こっぱみじんに]やっつける, すっかり参らせる. — *vi.* 1 粉になる, 砕ける. 2 〈伝統・信仰などが〉崩壊する. **pul·ver·i·za·tion** /pʌ̀lvərɪzéɪʃən, pùl- | -raɪ-, -rɪ-/ *n.* 〖《?*a*1425》□ LL *pulverizāre* ← L *pulver-, pulvis* dust ← IE **pel-*dust: ⇨ pulse²〗

púl·ver·iz·er *n.* 1 a 粉にする人[物]. b 微粉砕機《土壌などの粉砕機》. 2 噴霧器. 3 =acme harrow. 〖《1836》: ⇨ ↑, -er¹〗

pul·ver·u·lent /pʌlvérulənt/ *adj.* 1 粉の, 粉末の, 粉でできた. 2 粉だらけの; ほこりだらけの (dusty). 3 粉になる; 〈岩など〉崩れやすい. **~·ly** *adv.* **pul·vér·u·lence** /-ləns/ *n.* 〖《1656》□ L *pulverulentus* ← *pulver-* dust: ⇨ pulverize, -ent〗

pul·vil·lus /pʌlvíləs/ *n.* (*pl.* **-vil·li** /-laɪ/) 〖昆虫〗爪間(そうかん)盤《脚の一番端の節の爪の間にある付着盤》. **pul·víl·lar** /-lə |-lə(r/ *adj.* 〖《1706》← NL ~ (短縮) ← L *pulvīnulus* (dim.) ← *pulvīnus* (↓)〗

pul·vi·nar /pʌlváɪnə | -nə(r/ *n.* (*pl.* **-nar·i·a** /pʌ̀lvənɛ́ᵊriə | -vɪ̀néər-/) 1 a (古代ローマの)神々の来臨に備えてしつらえた座ぶとん付き寝椅子. b (古代ローマの競技場などの)見物席の座ぶとん付き座席. 2 〖建築〗(イオニア式柱頭の)渦巻き側面の凹面部. 3 〖解剖〗視床枕 (pulvinar thalami ともいう). 4 =cushion. — *adj.* 1 〖建築〗糸巻き形の, 凹曲した. 2 〖植物〗葉枕(ようちん) (pulvinus) のような形をした. 〖《1599》□ L *pulvīnar* couch ← *pulvīnus* cushion ← *pellere*〗

pul·vi·nate /pʌ́lvənèɪt | -vɪ̀-/ *adj.* 1 クッション状の. 2 〖植物〗葉枕(ようちん) (pulvinus) のある. 3 〖昆虫〗(足に)爪間(そうかん)盤 (pulvillus) のある. 4 〖建築〗=pulvinar 2. **~·ly** *adv.* 〖《1824》□ L *pulvīnātus* ← *pulvīnus* (↑): ⇨ -ate²〗

púl·vi·nàt·ed /-nèɪṭɪ̀d | -tɪ̀d/ *adj.* =pulvinate. 〖《1773》 ↑〗

pul·vi·nus /pʌlváɪnəs/ *n.* (*pl.* **-vi·ni** /-váɪnaɪ/) 1 〖植物〗(オジギソウの葉柄の基部にある)葉枕(ようちん), (葉の)まくら. 2 〖建築〗=pulvinar 2. 〖《1857》□ L *pulvīnus*: ⇨ pulvillus〗

pul·war /pʌ́lwɑə | -wɑː(r/ *n.* 《インド》(インドの川で用いる)小舟. 〖《1765》□ Hindi *palwār*〗

pu·ma /pjúːmə, púː- | pjúː-/ *n.* (*pl.* ~, ~**s**) 1 〖動物〗ピューマ (⇨ cougar). 2 ピューマの毛皮. 〖《1777》□ Sp. ~ ← Quechua〗

Pu·ma /pjúːmə; G. púːma/ *n.* 〖商標〗プーマ《ドイツのスポーツシューズ[ウェア]メーカー; そのブランド製品》.

pum·ace /pʌ́mɪs | -mɪs/ *n.* =pomace.

pum·ice /pʌ́mɪs | -mɪs/ *n.* 軽石, 浮石《砕いて磨き粉にする; pumice stone ともいう》. — *vt.* 1 軽石でこする[磨く]. 2 [p.p. 形で] 〖獣医〗〈馬蹄を〉(慢性蹄葉炎により)スポンジ状にさせる. 〖《1400》 *pomys* □ AF *pomis* □ L *pūmicem, pūmex* (cf. *spūma* foam: ⇨ spume) ← IE *(s)poimno- 'FOAM' ∞ OE pumic(stān) pumice (stone)〗

púmice cóuntry n. 《NZ》ニュージーランド北島の火山塵の農地.

pu·mi·ceous /pjuːmíʃəs/ adj. 軽石の, 軽石状の; 軽石でできた, 軽石質の. 〖《1676》: ⇨ ↑, -ous〗

pum·i·cite /pʌ́məsàɪt | -mɪ̀-/ n. 軽石 (pumice); (研磨剤として用いる)火山塵. 〖《1916》← PUMIC(E)+-ITE[1]〗

pum·mel /pʌ́məl, -mɫ/ vt. (**pum·meled, pum·melled; -mel·ing, -mel·ling**) **1** 柄頭で打つ. **2** 拳固で続けざまに打つ (⇨ beat[1] SYN): ～ to a jelly さんざ打ちのめす. **～·er** /-mələ, -mɫə | mələ^(r), -mɫ-/ n. 〖《1548》《変形》〗

pump[1] /pʌ́mp/ n. **1** ポンプ, 吸水器, 揚水器: a bicycle ～ (自転車の)空気入れ / a centripetal ～ 向心ポンプ / a circulating ～ 送水[循環]ポンプ / a differential ～ 差動ポンプ / an oscillating ～ 振動ポンプ / a pressure ～ 圧力ポンプ, 水ポンプ / a single-[double-]acting ～ 単[複]動ポンプ / ⇨ feed pump, rotary pump / fetch a ～ ポンプに迎え水を差す. **2** ポンプのような機能をもつ動物の器官; 《口語》(特に)心臓 (heart). **3** ポンプの働き, ポンプの水揚げ; ポンプの(ような)音: be busy at the ～ ポンプの水揚げで忙しい / the ～s of the heart 心臓の音. **4** 《口語》つり出して聞くこと, かまをかけること, 誘導尋問; かまをかける人, 誘導尋問をする人: For all my ～s, he did not tell the truth. いくら水を向けても本当のことを言わなかった. **5** 《米俗》ばか, うすのろ (pumpkin head). **6** [the P-]〖天文〗ポンプ座 (⇨ Antlia 1) (the Air Pump ともいう). **7** 〖建築〗(基部にねじジャッキのついた)高さの調整できる支柱. **8** 〖物理〗ポンプ《レーザーやメーザー発振をする状態を作り出すこと》. **9** =pump gun. ***príme the púmp*** (1) (物事の)成長[進展]を促す. (2) (政府支出を増やして)景気浮揚を図る (cf. pump priming).

— vt. **1 a** ポンプで〈水を〉揚げる[くむ]〈up, out〉: ～ (up) water from a well 井戸から水をくむ. **b** 〈井戸・船などの〉水をくみ出す, ポンプ式に押し出す: ～ a ship 船あかをくみ出す / ～ a well dry 井戸をくみほす. **c** ポンプ(のような機能)で〔…に〕送り込む〔in, into〕: ～ oil into a pipe 油をパイプに送り込む / The heart ～s blood into arteries. 心臓は血液を動脈に押し出す. **2** 〈タイヤなど〉にポンプで空気を入れる〈up〉; 〈空気・ガスなどを〉〔…に〕注入する〔in, into〕: ～ up a tire = ～ air into a tire タイヤに空気を入れる / ～ a tire hard [tight] タイヤに空気をいっぱい入れる. **3** 〈ポンプを〉操作する; 〈人の手・腕などを〉(ポンプの取っ手を動かすように)動かす: ～ a person's hand (up and down) (握手した相手)の手を上下に大きく動かす. **4** 〈食物などを〉〔…に〕注入する, 〈弾丸などを〉〔…に〕打ち込む, 浴びせる, 〈金などを〉〔…に〕注ぐ〔in, into〕: ～ nourishment into a person 人に栄養を注入する / ～ bullets into a person 人に弾丸を打ち込む / They ～ed him full of shots. 彼らは彼に弾をいっぱい打ち込んだ / He ～ed massive amounts of cash into stock purchases. 彼は大量の現金を株に投資した. **5** 〔人の(頭)に〕〈学科などを〉詰め込む, 骨折って教え込む, 注入する (instill)〔into〕: ～ English grammar [new ideas] into a boy 少年の頭に英文法[新思想]を詰め[吹き]込む. **6** 〔…に〕〈悪口などを〉浴びせる〔upon〕: ～ abuses upon a person 人に悪罵を浴びせる. **7** 《俗》〈人・馬などを〉息切れさせる, 疲れ切らせる (exhaust) 〈out〉: He was fairly ～ed out. 彼はすっかり疲れ切っていた. **8** 〈頭を〉絞る: ～ one's brains for ideas いい考えはないかと頭を絞る. **9** 〈医者が〉〈胃洗浄器で〉〈胃〉の内容物を除去する: have one's stomach ～ed 胃の洗浄をしてもらう. **10** 《口語》**a** 〈人〉から情報[秘密]を聞き出そうとする[探り出す], に誘導尋問をする; 〈情報・秘密などを〉根掘り葉掘り聞き出す: ～ a witness 証人に誘導尋問をする / ～ information from [out of] a person かまをかけて人からうまく聞き出そうとする. **b** 〈人〉から金銭を引き出す; 〈金銭を〉引き出す, せびり取る. **11** 〈ハムなど〉に防腐液を注入する. **12** 〖電子工学〗**a** 〈原子・分子を〉(共鳴する光・電磁波等を照射することにより高いエネルギー準位に移し, 原子・分子のエネルギー準位における相対分布数を変える; cf. laser, maser). **b** (励起するために)光・放射線などにさらす. — vi. **1** ポンプで水を(くみ)揚げる; ポンプを使う: ～ gas 《米》(スタンドで)ガソリンを補給する. **2** ポンプのような作用をする; ポンプ式に動く[働く]. **3** (ポンプの取っ手のように)上下運動する. **4** 〈寒暖計の水銀が〉急に上下する. **5** 〈投手が投げる前に大きくワインドアップする. **6** 〈情報・秘密・金などを得るために〉せっせと努める〔for〕; (特に)《口語》かまをかけて聞き出す, 情報を探り出す: I know he wanted to ～. 彼が探ろうとしていたことは承知している. **7** 〈血などが〉(断続的に)噴出[奔出, 流入]する. **8** 〖球技〗パス[シュート]する振りをする.

púmp íron ⇨ iron 成句. ***púmp óut*** (vt.) 〈音楽・情報・製品などを〉絶えず供給する; 《口語》(多量に)…を作り出す. (vi.) 〈音楽が大きな音で〉かかる. ***púmp úp*** (1) ⇨ vt. 1, 2. (2) 自信・熱意などを注ぎ込む. (3) 増大させる; 強化する: ～ up the music [volume] 《俗》音量を上げて音楽をかける.

～·a·ble adj. 〖n.: 《1420》 pumpe, pompe ⊏ MLG pumpe (G Pumpe) ∥ MDu. pompe ← ?: cf. Sp. bomba 《擬音語》. — v.: 《1508》← (n.)〗

pump[2] /pʌ́mp/ n. [通例 pl.] パンプス: **a** 《米》ひもを用いないで着脱する舞踏用の軽い靴; ヒールの高い婦人用のハイヒールパンプスやヒールの低い男子礼装用の黒エナメルでスリップ式の靴もある《英国ではコートシューズ (court shoes) という》. **b** 《英》舞踏・テニス用の留金具のない軽い靴. 〖《1555》← ? F pompe ornament〗

pump·a·bil·i·ty /pʌ̀mpəbíləṭi | -lɪ̀ti/ n. **1** (泥水などの)ポンプくみ出し可能性. **2** 〖機械〗ポンプ効果. 〖《1881》← PUMP[1]+-ABLE+-ITY〗

púmp-àction adj. 〈散弾銃・ライフル銃が〉ポンプアクション式の, ポンプ連射式の《フォーエンド (fore-end) を前後させることにより, 空薬莢(からやっきょう)の排出, 新しいカートリッジの装填(そうてん)ができ, 同時に撃鉄が起きる方式にいう》: a ～ shotgun. 〖1912〗

púmp bòx n. (ポンプの)ピストン室. 〖1697〗

púmp bràke n. (数人が協力して用いる)ポンプの取っ手[柄]. 〖a1625〗

púmp drèdge n. 〖海事〗ポンプ浚渫(しゅんせつ)船《パイプラインを用い水圧利用で地面を掘ったり埋めたりする》.

pumped adj. [しばしば ～ up]《口語》やる気になって, 気合が入って〔for〕.

púmped stórage n. 〖電気〗揚水発電《電力余剰時に水車発電機を電動ポンプとして用いて下部貯水池の水をくみ上げ, 不足時に発電するエネルギー保存法》. 〖1927〗

púmp·er n. **1** ポンプ使用者; くみ揚げ機. **2** (ポンプをつけた)消防自動車. **3** くみ揚げ油井. 〖《1660》← PUMP[1]+-ER[1]〗

pum·per·nick·el /pʌ́mpənɪ̀kəl, -kɫ | pʌ́mpə-, púm-; G púmpɐnɪkl/ n. プンパーニッケル《ふすま付き挽き粉で作った酸味のある黒パン》. 〖《1756》⊏ G ～ ← ? pumpern to fart 《擬音語》+Nickel bumpkin (《短縮》? ← Nicolas 'NICHOLAS[1]'): 消化しにくいまたはにおいが強いことから〗

púmp fàke n. 〖バスケット〗フェイント《ボールを味方に投げるふりをすること》.

púmp gùn n. ポンプ式速射銃《レバーを前後に動かして操作する散弾銃・ライフル銃》.

púmp-hàndle vt., vi. 《口語》(人と)大げさな握手をする. 〖1858〗

púmp hàndle n. **1** (井戸などの)ポンプの取っ手[柄]. **2** 《口語》(腕を上下に動かしてする)大げさな握手. 〖1: 1794; 2: 1852〗

púmp hòuse n. ポンプ室. 〖1742–49〗

púmp·ing n. **1** (水を揚げるなどで)ポンプを使うこと; ポンプ(式)の動き[作用]. **2** 〖気象〗=PUMPING of the barometer.

pùmping of the barómeter 〖気象〗気圧計示度の振動《気圧計の水銀柱が急に上下すること》. 〖《1598》: ⇨ pump[1] (v.), -ing[1]〗

púmping plàn n. 〖海事〗注排水装置図.

púmping-ùp pówer plànt [stàtion] n. 〖電気〗揚水(式)発電所. 〖1868〗

pum·pi·on /pʌ́mpiən/ n. 《まれ》=pumpkin《図体の大きな人の例え; cf. Shak., Merry W 3. 3. 41》.

púmp·jàck n. 《米》(油田の)くみ揚げポンプ.

pump·kin /pʌ́m(p)kɪ̀n | pʌ́m(p)kɪn/ ★《米》《英》ともに /pʌ́ŋkɪ̀n/ という発音が多く聞かれるが, 必ずしも標準的とはみなされていない. n. **1** 〖園芸〗カボチャ《ウリ科カボチャ属 (Cucurbita) の実または植物》: **a** =summer squash. **b** 《英》クリカボチャ (C. maxima) の実《gourd ともいう; cf. winter squash》. **c** =winter crookneck. **2** 〖植物〗=bottle gourd. **3** ばかな威張り屋. **4** [通例 some ～s として]《米口語》大した人[物]: The girl [New York] is some ～s. あの娘[ニューヨーク]は大したもんだ[所だ]. 〖《1647》《変形》←《廃》pumpion ⊏ F 《廃》pompon melon ⊏ L pepōnem ⊏ Gk pépōn large melon, 《原義》cooked by the sun, ripe ← péptein to cook, ripen ← IE *pekʷ- to cook, ripen: 熟するまで食べられないところから: ⇨ -kin〗

púmpkin hèad n. 《米口語》**1** (カボチャのように)でかい頭. **2** ばか者, のろま (blockhead). 〖1781〗

púmpkin-hèaded adj. 《米口語》**1** 頭のでかい. **2** ばかな. 〖1835–40〗

púmpkin píe n. 《米国の Thanksgiving Day につきものの》カボチャパイ. 〖1654〗

púmpkin·sèed n. **1** カボチャの種. **2** 〖魚類〗**a** パンプキンシード (Lepomis gibbosus)《北米東部産の偏平な淡水小魚; cf. sunfish 2》. **b** =butterfish a. 〖1781〗

púmp·man /-mən/ n. (pl. **-men** /-mən, -mèn/) (鉱山の動力)ポンプ係; (井戸の)ポンプ屋. 〖1776〗

púmp prìming n. **1** ポンプに呼び水を差すこと. **2** (景気回復のための)呼び[迎え, 誘い]水式経済政策[財政投融資]《米国大統領 F. D. Roosevelt が一時期 New Deal の骨子として, 公共土木事業に政府資金を支出したことから; cf. prime the PUMP[1] (2)》. **3** =deficit financing. 〖1937〗

púmp ròom n. **1** (温泉場で滞留客が鉱泉水を飲む)大社交広間. **2** (給水所などの)ポンプ室. 〖1742–49〗

púmp·shìp 《卑》vi. 小便する. — n. 小便すること; 小便. 〖《1788》← PUMP[1]《廃》to urinate+-SHIP〗

púmp wèll n. **1** ポンプ井戸. 《1626》 **2** 〖海事〗**a** ボート類の船底にポンプで水をくみ出せるように作った井戸状の水ため. **b** (大型船の中央付近にある)船底から下甲板まで達する密閉室. 《1812》

pun[1] /pʌ́n/ n. (同音異義語を利用した)しゃれ, 地口(じぐち), 語呂(ごろ)合わせ; だじゃれ: make ～s. — vi. (**punned; pun·ning**) 〔…にかけて〕地口[しゃれ]を言う, もじる〔on, upon〕. 〖《1662》《短縮》←《廃》pundigrion《変形》← It. puntiglio fine point (dim.) ← punto point: ⇨ punctilio〗

pun[2] /pʌ́n/ vt. (**punned; pun·ning**) **1** 〈土・小石などを〉打つ, 打ち突いて固める〈up〉. **2** 〈生コン〉に(金属棒を)突き刺す《セメントや砂利をすき間なく押し込むため》. 〖《1559》《方言》← POUND[2]〗

pu·na /púːnə; Am.Sp. púna/ n. **1** (ペルーの Andes 山脈中の樹木に乏しい寒い)高原; (ペルー山間の)寒風. **2** 《南米》〖病理〗高山病 (mountain sickness). 〖《1613》⊏ Am.-Sp. ～ ← Quechua〗

Pu·na·kha /púːnəkə/ n. (also **Pu·na·ka** /～/) プナカ《ブータン中西部の, 同国の旧首都》.

pu·na·lu·a /pùːnəlúːə; Hawaii púnalúa/ n. 〖社会学〗プナルア婚《もとハワイで行われた婚姻形態; 実のまたは傍系の姉妹が必ずしも血縁関係にない数人の男子と通婚するか, 逆に実のまたは傍系の兄弟が必ずしも血縁関係にない数人の女子と集団的に通婚する形; cf. group marriage》. 〖《1860》← Hawaiian〗

pu·na·lu·an /pùːnəlúːən⁻/ adj. 〖社会学〗プナルア婚の[に関する]: a ～ family. 〖《1877》↑〗

Pu·nan /puːnáːn/ n. (～, ～s) **1 a** [the ～(s)] プナン族《Borneo 島奥地の森林に住む Dayak 族系採集狩猟民》. **b** プナン族の人. **2** プナン語. 〖1838〗

punce /pʌ́ns/ 《スコット・イングランド北部方言》vt. ぶつ, 蹴る. — n. ぶつこと, 蹴ること. 〖《c1384》《変形》← POUNCE〗

punch[1] /pʌ́ntʃ/ vt. **1** 〈頭など〉にげんこつを食わせる, ぶんなぐる (⇨ strike SYN): ～ a person's head [stomach, jaw]=～ a person on the head [in the stomach, on the jaw] 人の頭[腹, あご]をげんこつでなぐる / ～ a person about the body 人の胴中をなぐりつける / ～ a person's lights out 《米口語》…の顔を目から火の出るほどなぐる / ～ the air (こぶしを上げて)ガッツポーズをする. **2 a** (棒などで)つつく. **b** 《米西部》〈家畜を〉ついて追う〈in, out〉. **3** 〈タイプライターなど(のキー)を〉威勢よく打つ. **4** 《口語》〈ある言葉・楽句などを〉特に強める. — vi. **1** 打つ, たたく. **2** 〔タイプライターなどを〕威勢よく打つ〈away〉〔at〕. **3** 威張り続ける.

púnch a [the] (tíme) clóck (出勤[退出]時に)タイムカードを押す. 《1927》 ***púnch ín*** (1) タイムカードを押して出勤する. (2) キーをたたいてコンピューターに〈データを〉入れる. 《1944》 ***púnch óut*** (vi.) タイムカードを押して退出する. (vt.) 《俗》たたきのめす. 《1944》 ***púnch úp*** (1) 《英口語》たたきのめす. (2) 《口語》効果を増す, 引き立たせる. 《1944》

— n. **1** げんこつで打つこと, ぶんなぐり, (ボクシングで)パンチ (⇨ blow[2] SYN): give [get] a ～ on the head [in the nose] 頭[鼻]を一つぶんなぐる[なぐられる] / He gave my shoulder a little ～. 彼は私の肩を軽く打った. **2** 《口語》生気, 力 (vigor); 効き目, 効果; (批評などの)鋭さ, 辛辣さ; 迫力, パンチ: a speech with ～ パンチの利いた演説 / The style is discursive and lacking in ～. その文体は散漫で迫力に欠けている.

béat to the púnch 《口語》(1) 〈相手〉に先に打撃[パンチ]を加える. (2) 〈相手〉の機先を制する. 《1923》 ***gèt a púnch ìn***=get a BLOW[3] in. ***páck a púnch*** ⇨ pack[1] 成句. ***púll one's [ány] púnches*** (1) 〖ボクシング〗故意に効果のないパンチを打つ. (2) 《口語》[通例否定構文で] (攻撃・批評などで)手心を加える. 《1934》 ***róll with the púnch*** 《口語》(1) (相手に打たれた時にその打撃を緩和するために)相手のパンチの方向に合わせて動く[後退する]. (2) 激しく逆らわないことによって不運などの衝撃を緩和する. 《1941》

〖《c1390》punche(n)《変形》← pounse(n): ⇨ pounce[2]〗

punch[2] /pʌ́ntʃ/ n. **1** 押抜き具, ポンチ《工作物に穴を打ち抜く工具》; 穴あけ器; 打印器; 目打ち (prick punch); センターポンチ (center punch); (釘(など)の頭を沈めるための)釘締め (nail set); ボルト(など)を抜くための道具: a figure [letter] ～ 数字[文字]打印器. **2 a** (切符などを切る)穴あけばさみ, パンチ: a bell ～ (車掌用の)鈴付き穴あけ器 / a conductor's ～ (切符を切る)はさみ. **b** 穿孔(せんこう)機. **c** (パンチなどで(特に)カード[テープ]にあけた)穴.

— vt. **1** 〈切符など〉に穴をあける; はさみを入れる; 〈穴を〉あける; …に打印する〈up〉: have one's ticket ～ed 切符を切ってもらう / ～ holes in cloth 布に穴をあける / ～ cards 〖電算〗カードをパンチする / ～ holes in an argument 反駁して相手の論点[考え]を打ち破る. **2** 《米俗》…に失敗する, しくじる; (学校で)〈科目を〉落とす. — vi. パンチで穴をあける.

〖《c1460》punche《廃》dagger《短縮》← PUNCHEON[1]〗

punch[3] /pʌ́ntʃ/ n. **1** パンチ, ポンチ, ポンス《ワインやシャンパン, 牛乳などにブランデーやウイスキーなどを混ぜ, 砂糖・レモン・香料で味付けをした飲料; 果汁に炭酸水や果物の細片を加えたものもある; パンチボール (punch bowl) の中で混合して冷たくまたは熱くして供する; 土台になるものによって claret [brandy, rum, milk] punch などという》. **2** パンチを飲み物に出す社交会. 〖《1632》⊏ Hindi pañc five ← Skt pañca: もと 5 種類の成分を混ぜ合わせたことから〗

punch[4] /pʌ́ntʃ/ n. **1** ずんぐりした人, でっぷりした人. **2** =Suffolk[2] 2. **3** [P-] パンチ《Punch-and-Judy show の主人公の名》. ***(as) pléased [próud] as Púnch*** 大満足[大得意]で. 《1813》 〖《1669》← ?〗

Punch n. 「パンチ」《1841 年創刊された英国の絵入り週刊諷刺雑誌; 1992 年 8 月廃刊》.

Púnch-and-Júdy shòw n. パンチ人形芝居《英国の盛り場で昔から人気を集めている滑稽(こっけい)なあやつり人形芝居; 背骨が曲がっていてかぎ鼻をしたグロテスクな主人公である Punch が, 滑稽なやり方で子供を絞殺したり妻 Judy をいじめ殺したりする》. 〖1709〗

púnch·bàg n. 《英》=punching bag 1.

púnch·bàll n. **1** パンチボール《テニスのボールをバットの代わりに握りこぶしで打つ野球》. **2** 《英》パンチボール《ボクシング練習用につるす詰め物をした革ボール》. ⇨ punching bag 日英比較. 〖《1901》: ⇨ punch[1]〗

púnch·bòard n. 《米》(板に多くの穴があいていて, 打ち抜くと当たり番号を出す)賭博(とばく)機械. 〖1912〗

púnch bòwl n. **1** パンチボール《パンチレードル (punch-ladle) を添えた大きなパンチ入れ容器; cf. punch[3] 1》. **2** (山間または火山の)くぼ地, (すり鉢状の)小盆地《地名として Honolulu の Punchbowl などがある》. 〖1692〗

púnch càrd n. 〖電算・統計〗パンチカード《計算機にデータを与えたり, 計算機の計算結果を取り出したりするために用

P

いられるカード; 穴の位置で情報が表される; punched card, Hollerith card ともいう). 〖1945〗

púnch-drúnk *adj.* 《口語》 **1** 〈ボクシングの選手など〉(頭にパンチをうけて)ふらふらになった, パンチを食らった, グロッキーになった (groggy). **2** 《口語》 ぼうっとなった, 〈言葉など〉混乱した (confused). 〖(1918): ⇨ punch[1]: PUNCH[3] とも連想〗

púnched cárd *n.* 〖電算・統計〗 =punch card. 〖1890〗

púnched tápe *n.* 〖電算〗 穿孔(せんこう)テープ (paper tape). 〖1885〗

pun·cheon[1] /pʌ́ntʃən/ *n.* **1** 間柱(まばしら) (stud); (炭坑の天井や根切りの周囲の土砂を支える)支柱, 補助柱. **2** 《米》 割材 (片面を粗仕上げしたもので粗末な床材); (根切りの周囲の土止めに用いる)厚板. **3** (金工用の)刻印器; 打抜き器 (punch). 〖(1367–68) *punchon* □ OF *po(i)nchon* (F *poinçon*) bodkin < VL **punctiō(n-)* ← L *punctus* (p.p.) ← *pungere* to prick: ⇨ pungent〗

pun·cheon[2] /pʌ́ntʃən/ *n.* (以前の, ビール・ワインなどの)大樽 (72–120 ガロン入り); その一杯の容量. 〖(1479) *poncion* □ OF *po(i)nçon, po(i)nchon* wine vessel ← ?〗

púnch·er *n.* **1 a** 穴をあける人; キーパンチャー. **b** 穴あけ器; 刻印器 (punch). **2** 《米口語》 =cowboy 1. 〖1 (1681): ← PUNCH[2]. 2 (1870): ← PUNCH[1] (v.) 2: ⇨ -er[1]〗

pun·chi·nel·lo /pʌ̀ntʃənélou | -tʃɪ̀nélәu/ *n.* (*pl.* **~s, ~es**) **1** [しばしば P-] パンチネロ (17 世紀にイタリアに起こったあやつり人形または滑稽劇の道化役; 17 世紀後半英国に移入された Punch-and-Judy show の主人公のパンチ (Punch) の原形). **2** [p-] **a** でっぷり太った(猫背の)小男 (punch). **b** 変てこな姿の男[動物]. 〖(1666) *policinello* □ It. (方言) *Polecenella*=*Pulcinella* (dim.) ← *pollecena* young turkey ← *pulcino* chicken ← LL *pullicenus* (dim.) ← L *pullus* 'young animal, PULLET': あやつり人形の鼻の形が鳥のくちばしに似ているところから〗

púnch·ing *n.* **1** 〖金属加工〗 抜き板 (鋼板を所要の形状に打ち抜いたもの). **2** (皮革などに用いる)押し抜き, 打ち抜き, 穴あけ. 〖*c*1440: ⇨ punch[2], -ing[1]〗

púnching bàg *n.* 《米》 **1** (ボクシング練習用の円筒形の)パンチバッグ; サンドバッグ. **2** 悪口・ののしりなどの的, たたかれ役. 日英比較 1 の意味での「サンドバッグ」は和製英語. 〖1889〗

púnching-bàll *n.* 《古》 =punching bag.

púnch-làdle *n.* パンチレードル (パンチボール (punch bowl) からパンチをくみ分ける長柄の付いた木製または銀製の杓子(しゃくし); cf. punch[3] 1). 〖1807〗

púnch lìne *n.* (冗談・漫画などで急所を突いて)あっと言わせる文句, 聞かせどころ, さわり. 〖(1921): ⇨ punch[1]〗

púnch-òut *n.* 〖機械〗 =knockout 5.

púnch prèss *n.* 〖機械〗 押抜き機, 穴あけ器. 〖1911〗

púnch spòon *n.* パンチスプーン (パンチから果物・氷などを取り除くための穴のあいたスプーン).

púnch tàpe *n.* 〖電算〗 穿孔(せんこう)テープ (paper tape).

púnch-ùp *n.* **1** 《英口語》 げんこつによるなぐり合い[けんか] (fistfight). **2** ギャングのけんか. 〖1958〗

punch·y /pʌ́ntʃi/ *adj.* (**punch·i·er; -i·est**) **1** 《口語》 =punch-drunk 2. **2** 《口語》 力強い, 迫力のある, パンチの利いた. **púnch·i·ly** *adv.* **púnch·i·ness** *n.* 〖(1937): ⇨ punch[1], -y[4]〗

punct. 《略》 punctuation.

punc·ta *n.* punctum の複数形.

punc·tate /pʌ́ŋ(k)teɪt/ *adj.* **1** 点のような[ように小さくて丸い]. **2** 〖生物〗 小斑点[小くぼみ]のある. **3** 〖医学〗 点状の. **—** *n.* 〖医学〗 穿刺(せんし)液. 〖(1760) ← NL *punctātus* (p.p.) ← L *punctum* 'POINT': ⇨ -ate[2]〗

púnc·tat·ed /-tɪ̬d | -tɪ̬d/ *adj.* =punctate. 〖(1710) ↑〗

punc·ta·tion /pʌŋ(k)téɪʃən/ *n.* 〖生物〗 小斑点[小くぼみ]のあること; 小斑点, 小くぼみ, 小穴. 〖((1617)) (1852): ⇨ punctate, -ation〗

punc·ti·form /pʌ́ŋ(k)təfɔ̀ːm | -tɪ̬fɔ̀ːm/ *adj.* 点のような, 点の形をした (punctate). 〖(1822) ← L *punctum* 'POINT'+-FORM〗

punc·til·i·o /pʌŋ(k)tíliòu | -əu/ *n.* (*pl.* **~s**) **1** (所作・儀式・手続きなどの)微細な点, 末節. **2** つまらぬことに儀式ばること, 堅苦しさ: stand upon ~(s) (儀礼上の)細かいことにこだわる. 〖(1596) *puntilio* □ It. *puntiglio* // Sp. *puntillo* (dim.) ← *punto* □ L *punctum* 'POINT'〗

punc·til·i·ous /pʌŋ(k)tíliəs/ *adj.* 礼儀作法にやかましい, 厳格な, 堅苦しい, きちょうめんな (⇨ careful SYN): (as) ~ as a Spaniard きわめてきちょうめんな. **~·ly** *adv.* **~·ness** *n.* 〖(1634): ⇨ ↑, -ous: cf. F *pointilleux*〗

punc·tu·al /pʌ́ŋ(k)tʃuəl, -tʃʊl | -tʃuəl, -tʃʊl, -tjuəl, -tjʊl/ *adj.* **1** 時間を厳守する, 時間どおりの, 定刻の: (as) ~ as the clock (時計のように)時間を厳守する, 非常に堅い / be ~ *for* the lecture [*at* school] 講義[学校]に遅刻しない / come ~ to time 時間どおりに来る / ~ to the minute 一分もたがえぬ / be ~ *in* attend*ing* [attendance at] the meeting 時間どおりに会に出席する. **2** 期限をたがえない, 遅滞のない: ~ payment 期限通りの支払い. **3** 《古》 きちょうめんな (punctilious); 正確な; 適切な. **4** 〖数学〗 点の: ~ coordinates 点座標. **~·ly** *adv.* **~·ness** *n.* 〖(*a*1400) 《廃》 'sharp-pointed' □ ML *punctuālis* ← L *punctus* 'a pricking, POINT': ⇨ -al[1]〗

punc·tu·al·i·ty /pʌ̀ŋ(k)tʃuǽləti | -tɪ̬ti, tju-/ *n.* **1** 時間厳守; 日限をたがえないこと, 遅滞のないこと, 正確さ: *Punctuality* is the politeness of kings. 時間厳守は王者の礼節. **2** きちょうめん. 〖(1620): ⇨ ↑, -ity〗

punc·tu·ate /pʌ́(ŋ)ktʃuèɪt | -tʃu-, -tju-/ *vt.* **1** 〈文など〉の句読を切る, 句読をつける; 〈文など〉の中で句読の働きをする. **2** 《俗用》 〈言葉などに〉力を入れる, 強調する (emphasize), …の効果を高める: He ~*d* his refusal with gestures. 身振りで拒絶の意を強めた. **3** 〈他人の演説など〉に間(ま)を入れる, 〈言葉などを〉〔…で〕中断する (interrupt) 〔*with, by*〕: admonition ~*d with* cuffs げんこ交じりの訓戒 / Sobs ~*d* her tale. =She ~*d* her tale *with* sobs. すすり泣きで彼女の話はとぎれがちだった. **—** *vi.* 句読点を入れる, 句読を切る[打つ]. **púnc·tu·à·tor** /-tə | -tə(r)/ *n.* 〖(1634) ← ML *punctuātus* (p.p.) ← *punctuāre* to fix by points ← L *punctus*: ⇨ punctual, -ate[3]: cf. pun[1]〗

púnctuat·ed equilíbrium *n.* 〖生物〗 断続平衡 (種の進化において急速な種分化の期間と安定した長期間とが交互に現れるとする説).

punc·tu·a·tion /pʌ̀ŋ(k)tʃuéɪʃən | -tʃu-, -tju-/ *n.* **1 a** 句読を施すこと, 句読(法): ⇨ close punctuation, open punctuation. **b** 句読点 (punctuation mark). **2** 中断(すること). **3** セム語 (Semitic) の母音点法. 〖(*a*1539) □ ML *punctuātiō(n-)* ← *punctuātus* (↑): ⇨ -ation〗

pùnc·tu·á·tion·al /-ʃnəl, -ʃənl/ *adj.* 句読(法)の[に関する].

punctuátion màrk *n.* 句読点 (comma (,), semicolon (;), colon (:), dash (—), period (.), question mark (?), exclamation mark (!), quotation marks (" ", ' '), parentheses (( )), hyphen (-), brackets ([ ]) など; 《英》 では stop ともいう). 〖1860〗

punc·tu·a·tive /pʌ́ŋ(k)tʃuèɪtɪv | -tʃuèɪt-, -tju-/ *adj.* =punctuational. 〖(1855): ⇨ punctuate, -ative〗

punc·tu·late /pʌ́ŋ(k)tʃʊlɪ̬t, -lèɪt | -tʃʊ-, -tjʊ-/ *adj.* 一面に小斑点のある. 〖(1847) ← NL *punctulātus* ← L *punctulum* (dim.) ← *punctum* 'POINT': ⇨ -ate[2]〗

punc·tu·la·tion /pʌ̀ŋ(k)tʃʊléɪʃən | -tʃʊ-, -tjʊ-/ *n.* (一面に)小斑点のある状態. 〖(1801): ⇨ ↑, -ation〗

punc·tule /pʌ́ŋ(k)tuːl, -tjuːl | -tjuːl/ *n.* 小斑点. 〖(1640) □ LL *punctulum* (dim.) ← L *punctum* (↓): ⇨ -ule〗

punc·tum /pʌ́ŋ(k)təm/ *n.* (*pl.* **punc·ta** /-tə/) 〖解剖・生物〗 点 (point), 斑点 (spot); くぼみ (depression). 〖(*c*1590) □ L ~ 'POINT'〗

punc·tur·a·ble /pʌ́ŋ(k)tʃ(ə)rəbl̩/ *adj.* 穴があけられる. 〖⇨ ↓, -able〗

punc·ture /pʌ́ŋ(k)tʃə | -tʃə(r)/ *n.* **1** (とがったもので)刺すこと, 小穴をあけること; (タイヤなど)パンクすること, パンク: mend a ~ パンクを直す. 日英比較 タイヤのパンクには flat tire を用いるのが普通. **2** (刺してできた)穴, 刺し傷. **3** 〖動物〗 細孔, 小点. **4** 〖医学〗 穿刺(せんし)(法[術]): bone marrow [lumbar] ~ 骨髄[腰椎]穿刺. **—** *vt.* **1** 刺す (prick), …に穴をあける (perforate), 貫く (pierce): ~ the ball with a pin ピンで球に穴をあける / a ~*d* wound 刺し傷. **2 a** (刺して)〔…に〕〈穴を〉あける 〔*in*〕: ~ a hole *in* the bag 刺して袋に穴をあける. **b** 〈タイヤなどを〉パンクさせる; だめにする, 台なしにする: ~ a tire タイヤをパンクさせる. **3** 〈誤った考え・信念などを〉つぶす, だめにする, ぺちゃんこにする (destroy): ~ a myth, plan, etc. **—** *vi.* 穴があく; 〈タイヤなどが〉パンクする: Our tires do not ~ easily. 我々のタイヤはパンクしにくい.

púnctur·er *n.* 〖(*a*1400) □ L *punctūra* a pricking ← *punctus* (p.p.) ← *pungere* to prick: ⇨ pungent, -ure〗

púnc·tured *adj.* 〖動物〗 細孔[小点]のある. 〖(1672): ⇨ ↑, -ed 2〗

púncture vìne *n.* 〖植物〗 ハマビシ (*Tribula terrestris*) (北半球温帯の海岸に生えるハマビシ科の多年草; caltrop ともいう).

púncture vòltage *n.* 〖電気〗 (絶縁)破壊電圧.

pun·dit /pʌ́ndɪ̬t | -dɪt/ *n.* **1** =pandit 1. **2 a** 学者, 教師; 専門家, 権威者. **b** 学者先生; 自称権威者. **pun·dit·ic** /pʌndítɪk | -tɪk/ *adj.* **pun·dit·ry** /pʌ́ndɪ̬tri | -dɪtri/ *n.* 〖(1672): ⇨ pandit〗

Pu·ne /púːnə/ *n.* =Poona.

pung /pʌ́ŋ/ *n.* (ニューイングランド・カナダ) (一頭の馬に引かせる)箱型そり. 〖(1798) 《略》 ← 《廃》 *tom pung* ← N-Am.-Ind. (Algonquian): cf. toboggan〗

pung·a /pʌ́ŋə/ *n.* =ponga.

pun·gen·cy /pʌ́ndʒənsi/ *n.* (味覚・嗅覚(きゅうかく)などの)刺激性; 辛辣(しんらつ)さ, 鋭さ (keenness), 痛烈さ (tartness): the ~ of his wit. 〖(1649): ⇨ ↓, -ency〗

pun·gent /pʌ́ndʒənt/ *adj.* **1** 刺激性の, ぴりっとする (acrid): ~ sauce [flavor] 辛いソース[強い味] / ~ smoke [aroma] 鼻や目を刺す煙[香り]. **2 a** 〈苦痛など〉刺すような, 厳しい, 鋭い. **b** 〈言葉など〉辛辣(しんらつ)な: ~ sarcasm. **3** 心をぴりっとさせる, 気の利いた, 刺激する (stimulating), 訴えるような (appealing): ~ wit ぴりっとくる機知. **4** 〖生物〗 とがった (sharp-pointed). **~·ly** *adv.* 〖(1597) □ L *pungentem* (pres. p.) ← *pungere* to prick: ⇨ point〗

SYN 刺すような: **pungent** 〈味・においなどが〉刺すような; 〈言葉や批評などが〉辛辣な: *pungent* criticism 辛辣な批評. **spicy** 香料のきいた; 〈批評などが〉痛快で小気味よい; 〈話など〉ややショッキングまたは際どいためにおもしろい: *spicy* criticism 小気味よい批評 / a *spicy* story 際どい話. **piquant** 〈味が〉ぴりっと辛い 《格式ばった語》; 比喩的に, 興味をそそる: *piquant* situation 興味のある状況. **racy** 〈酒・果物など〉芳しい; 〈文体・話し方など〉きびきびした: a *racy* style きびきびした文体. **ANT** bland.

pun·gey /pʌ́ŋgi/ *n.* 〖海事〗 パンギー (米国 Chesapeake 湾で使われる漁業用平底帆船; 船体は幅広く船首・船尾は共にとがり, 普通は縦帆艤装). 〖(1854) ← ?〗

pun·gi /púːŋgi/ *n.* プーンギ (インドの蛇使いが用いる鼻笛 (nose flute); poogye ともいう). 〖□ Hindi *puṅgī, pūṅgī*: cf. poogye〗

pun·gy /pʌ́ŋgi/ *n.* 〖海事〗 =pungey.

Pu·nic /pjúːnɪk/ *adj.* **1** 古代カルタゴ (Carthage) の; カルタゴ人の. **2** (古代ローマ人からみて)信義のない (faithless), 裏切りの (perfidious): ~ faith [fidelity] カルタゴ人の信義, (すなわち)不信, 裏切り (perfidy) (cf. fides Punica). **—** *n.* ポエニ語 (古代カルタゴ語). 〖(*c*1440) 《廃》 'Punic apple' □ L *Pūnicus, Poenicus* Carthaginian ← *Poenus* a Carthaginian □ Gk *Phoînix* a phoenician: ⇨ -ic[1]: cf. Phoenix〗

Púnic ápple *n.* 《古》 ザクロ (pomegranate). 〖1601〗

Púnic Wárs *n. pl.* [the ~] ポエニ戦争 (3 回にわたる Rome と Carthage 間の戦争 (264–241, 218–201, 149–146 B.C.), 最後には Rome が勝利). 〖1869〗

pun·ish /pʌ́nɪʃ/ *vt.* **1** 〈犯罪者などを〉罰する, 懲らしめる (chastise), 〈犯罪などを〉処罰する: ~ an offender [a criminal] 違反者[罪人]を罰する / ~ forgery 偽造を罰する / ~ a person for his crime 人の罪を罰する / ~ a person *with* [*by*] death 人を死刑に処する / ~ oneself 自分を責める 〔*for*〕. **2** 《口語》 **a** 〈人を〉手荒く扱う, ひどい目に遭わせる; 〈物〉に損害[損傷]を与える (damage): ~ an opponent 相手をやっつける / The enemy was severely ~*ed* by our machine guns. 敵はわが方の機関銃でひどくやっつけられた. **b** (ボクシングで) 〈相手を〉強打する; (クリケットなどで) 〈投球を〉痛打する, 〈投手を〉打ちくずす: ~ the bowling (ボウリングで)打ちまくる, どしどし得点する. **3** 〈競走馬などに〉無理働きをさせる, (猛烈にせきたてて)疲労させる. **4** 《戯言》 〈食物などを〉うんと食べる[飲む]: ~ one's food / ~ a bottle of wine ぶどう酒ひと瓶平らげる. **—** *vi.* 罰する, 懲らす. **~·er** *n.* 〖(1340) *punische(n)* □ (O)F *puniss-* (stem) ← *punir* < L *pūnīre* to punish ← *poena* pain, punishment □ Gk *poinḗ* ← IE **kʷeit-* to pay, atone: ⇨ -ish[2]: cf. penal〗

SYN 罰する: **punish** 〈非行者を〉罰する: *punish* a drunken driver 酔っ払い運転手を罰する. **castigate** 言葉や文章で痛烈に公に非難する 《格式ばった語》: *castigate* a corrupt politician 悪徳政治家を痛烈に非難する. **discipline** 規則, 規律を守らなかったり, 命令に違反したりした者を罰する: be *disciplined* for negligence 職務怠慢で罰せられる. **correct** 欠点を正すつもりで罰する: *correct* a child for disobedience 言うことを聞かない子供を罰する. **ANT** excuse, pardon.

pun·ish·a·ble /pʌ́nɪʃəbl̩/ *adj.* 罰す[せられる]べき, 懲らす[される]べき: a ~ offense [offennder] 罰すべき罪[犯罪者] / an offense ~ with [by] death 死刑に処すべき罪. **pùn·ish·a·bíl·i·ty** /-ʃəbíləti | -lɪ̬ti/ *n.* **pún·ish·a·bly** *adv.* 〖(1531) □ MF *punissable*: ⇨ ↑, -able〗

pun·ish·ing /pʌ́nɪʃɪŋ/ *adj.* **1** 罰する, 処刑する, 懲らす. **2** 《口語》 ひどく打つ (hard-hitting); やっつける, ひどい目に遭わせる: a ~ blow 痛打 / a ~ assault 猛攻撃 / a ~ race ひどく疲れさせる競走. **—** *n.* 《口語》 ひどい目に遭うこと: take a ~ ひどい目に遭う. **~·ly** *adv.* 〖*a*1340: ⇨ -ing[1, 2]〗

pun·ish·ment /pʌ́nɪʃmənt/ *n.* **1** 罰すること, 懲罰, 処罰, 刑罰, 刑 (penalty): the ~ of wickedness and vice 不正と邪悪の懲罰 / ~ for a crime 犯罪に対する処罰 / corporal ~ 体刑 / disciplinary ~ 懲戒処分 / divine ~ 天罰 / ⇨ capital punishment / inflict [impose] a ~ upon [on] a criminal 罪人を罰する, 犯人に刑を科する / fit the ~ to [make the ~ fit] the crime 罪に相応した刑罰を加える / *Punishment* is lame but it comes. (諺) 罰はびっこであるが必ずやってくる. ★ ラテン語系形容詞: penal. **2** 《口語》 (ボクシングなどの)強打; (相手を)ひどくやっつけること, 徹底的に痛めつけること; ひどい仕打ち, 懲らしめ, 見せしめ, ひどい目. **3** (競走馬などを)無理働きさせること, 疲労させること. **4** 〖心理〗 罰 (行動を禁じたり習慣をやめさせたりするために与える不快または苦痛の刺激). 〖((1292)) (1413) □ OF *punissement*: ⇨ punish, -ment〗

pu·ni·tive /pjúːnətɪv | -nɪ̬t-/ *adj.* **1** 罰の, 刑罰の, 懲罰の (penal); 応報的 (retributive): ~ laws 刑法 / a ~ expedition 応報出征, 征討 / a ~ force 討伐軍 / ~ justice 因果応報 / ~ police (インド) 地方派出警察署 (派出されるのは不法状態の罰であるとして住民がその費用を負担した). **2** 〈課税など〉極めて苛酷な. **~·ly** *adv.* **~·ness** *n.* 〖(1624) □ F *punitif* // ML *pūnītīvus* of punishment ← L *pūnītus* (p.p.) ← *pūnīre*: ⇨ punish, -ive〗

púnitive dámages *n. pl.* 〖法律〗 懲罰的損害賠償額 (実際の損害をはるかに超えて課するもの; exemplary damages, vindictive damages ともいう; cf. compensatory damages). 〖1973〗

pu·ni·to·ry /pjúːnətɔ̀ːri | -nɪ̬təri, -tri/ *adj.* =punitive. 〖(1710) ← L *pūnītus* ((p.p.) ← *pūnīre* 'to PUNISH')+-ORY[1]〗

Pun·jab /pʌndʒɑ́ːb, -dʒǽb, ←— | pʌndʒɑ́ːb, pʊn-, ←—; *Punjabi* pəndʒɑːb/ *n.* パンジャブ: **1** [(the) ~] インド北西部およびパキスタン北東部の地方; もと英領インドの一州; 1947 年インド, パキスタンの分離独立により東西両国に分離し, インド領は East Punjab 州を成したが, 後に Punjab 州と Haryana 州に分かれた; パキスタン領は West Punjab 州を成し, 後に Punjab 州と称. **2** インド北西

部の州; 面積約 50,000 km^2, 州都 Chandigarh. **3** パキスタン北東部の州; 面積 206,000 km^2, 州都 Lahore. 〘□ Pers. *Pañjāb* □ Skt *pañcaāpa* five rivers〙

Pun·ja·bi /pʌndʒáːbi, -dʒǽbi | pʌndʒáːbi, pʊn-; *Punjabi* pəndʒaːbiː/ *n.* **1** パンジャブ (Punjab) 人. **2** パンジャブ語《Punjab で用いられるインドアーリア語で, アラビア, ペルシャ語からの借用語が多い》. **—** *adj.* パンジャブ人の; パンジャブ語の. 〘(1801) □ Hindi *pañjābī* □ Pers. *Pañjāb* (↑)〙

Púnjab Státes *n. pl.* パンジャブ諸州[諸王国]《旧英領インドの Punjab 州政府の管轄下にあった諸藩王国; ⇨ Punjab》.

pún·ji stìck [stàke] /pándʒi-/ *n.*〖軍事〗針状の先端を有する竹棒, プンジ棒《密林中に敷設して敵兵の足を刺す》. 〘(1872) *punji*: ← Vietnamese〙

punk[1] /páŋk/ *n.* **1 a** パンク《特に 1970 年代後半の英国を中心に興った若者文化の傾向; 既成の価値観・体制への反抗を攻撃的なロックやファッションで示した》. **b** パンクの信奉者. **c** =punk rock. **2**《米口語》**a** (未熟で役に立たない)若造, 新米; (特に)若者, 少年. **b** (若い)浮浪者, ちんぴら. **c**〖映画〗(駆け出しの)カメラマン助手. **d** (サーカスの)訓練していない若い象. **3**《米口語》**a** 役に立たないもの, 無価値なもの; つまらないもの (rubbish); たわごと (nonsense). **b** いやでたまらない人, 憎らしい人. **c** 愚か者, ばか者 (jerk). **4**《米俗》稚児(ちご)《ホモの相手》. **5**《古》売春婦 (prostitute). **—** *adj.* (~·er; ~·est)《口語》**1** パンク(ロック)の, パンク調の. **2** 役に立たない, 無価値な, 下等な, くだらない, つまらない (worthless). **3** 病弱な. 〘(1596) ← ?〙

punk[2] /páŋk/ *n.*《米》**1** (火口(ほくち) (tinder) に使う)腐木; 火口. **2** パンク《サルノコシカケ科のツリガネタケ (*Fomes fomentarius*) などから採る海綿状の物質; 火口として用いられ, またもと止血に用いられた》. 〘(1687) ← ?: cf. spunk〙

pun·kah /páŋkə; *Hindi* pəŋkhaː/ (*also* **pun·ka** /~/) *n.*《インド》**1** ヤシの葉で作った大扇, つりうちわ《布張りの枠を天井からつるしたもの; 召使または機械が動かす》. **2** 扇風機. **—** *adj.* punkah (用)の. 〘(*a*1625) □ Hindi *paṅkhā* fan ← Skt *pakṣa* wing〙

punk·er /páŋkə | -kə(r)/ *n.*《口語》パンカー (punk rocker).

punk·ette /pʌŋkét/ *n.*《口語》女性パンクロッカー; パンクスタイルの女の子. 〘1984〙

pun·kie /páŋki/ *n.*〖昆虫〗ヌカカ (⇨ biting midge). 〘(1769) □ Du.《方言》*punki* ← N-Am.-Ind. (Lenape *punk* fine ashes): cf. punk[2]〙

pun·kin /páŋkɪn; ⇨ pumpkin ★/ *n.*《口語》=pumpkin.

púnk pìll *n.*《米俗》鎮静剤, バルビツール剤.

púnk ròck *n.*《英》パンクロック《ロック音楽の一種; 1970 年代末に流行; 単純なリズムと露骨なまたは攻撃的な歌詞を絶叫するのが特徴》. **púnk rócker** *n.* 〘(1971): ⇨ punk[1]〙

punk·y /páŋki/ *n.*〖昆虫〗=punkie.

pún·ner[1] *n.* 打ち固め器, 突きつち, たこ《杭(くい)の周りの土などを突き固める道具》. 〘(1611) ← PUN[2]+-ER[1]〙

pún·ner[2] *n.* =punster. 〘(1689) ← PUN[1]+-ER[1]〙

pun·net /pánɪt | -nɪt/ *n.*《英》(イチゴ・野菜などを入れて売る)経木[プラスチック]製の浅い丸かご. 〘(1822) ← ? POUND[1]: -et〙

pún·ning·ly *adv.* しゃれて, 地口(じぐち)で. 〘(1791): ⇨ pun[1]〙

pun·ster /pánstə | -stə(r)/ *n.* よくしゃれを飛ばす人, 地口[だじゃれ]のうまい人. 〘(1700) ← PUN[1] (n.)+-STER〙

punt[1] /pánt/ *n.* **1** パント(船)《平底で両端が方形の小舟; さおで動かす》. **2** (ぶどう酒の)上げ底 (kick). **—** *vt.* 〈パントなどの小舟を〉さおで動かす; (パントで)運ぶ. **—** *vi.* (パントをこぐ)さおを動かす, パントをあやつる, パントに乗って行く. 〘OE ~ □ L *pontō* a kind of Gallic transport: ⇨ pontoon[1]〙

punt[2] /pánt/〖ラグビー・アメフト・サッカー〗*vt., vi.* (ボールを)パントする. **—** *n.* パント, パントキック《手から落としてまだ地に着かないうちにボールを蹴ること; cf. dropkick 1, placekick》. 〘(1845) ← ?《方言》*bunt* to strike: もと Rugby School の学生語〙

punt[3] /pánt/ *vi.* **1** (faro などで)胴元に対抗して賭ける. **2**《英口語》(競馬で)賭ける (bet). **3**《英口語》=scalp 2 a. **—** *n.* **1 a** 胴元に対抗して賭ける人. **b** (faro などの)点. **2** 〈ルーレット・競馬などの〉賭け. **3** =punter[2] 1 b. ***tàke a púnt***《口語》当て推量する;《豪口語》[…を]やってみる [*at*]. 〘(1704) □ F *ponter* ← *ponte* punter (at play) □ Sp. *punto* point □ L *punctum* 'POINT'〙

punt[4] /púnt, pánt | púnt/ *n.* プント《アイルランドの通貨単位 (pound); =100 pence》. 〘(1975) □ Ir. ~ 'POUND[1]' < OIr. *pond* □ L *pondō*〙

Pun·ta A·re·nas /pùːntəəréɪnəs | -tə-; *Am.Sp.* púnt(a)arénas/ *n.* プンタ アレナス《チリ南部の海港; 世界最南の都市; 旧名 Magallanes》.

púnt-abòut *n.*《英》ラグビー・サッカーなどの練習; その練習用ボール. 〘(1845): ⇨ punt[2], about (adv.)〙

púnt·er[1] /-tə | -tə(r)/ *n.* さおでパント(船)を動かす人, パントの船頭. 〘(1814) ← PUNT[1] (v.)〙

púnt·er[2] /-tə | -tə(r)/ *n.* **1 a** =punt[3] 1 a. **b**《英口語》(競馬で)賭ける人 (bettor). **c**《英口語》=scalper 2 a. **2**《俗》売春婦の客. **3**《口語》一般大衆の一人, 特に客. 〘(1706) ← PUNT[3] (v.)〙

púnt·er[3] /-tə | -tə(r)/ *n.*〖ラグビー・サッカー・アメフト〗パントする選手. 〘(1890) ← PUNT[2] (v.)〙

pun·to[1] /pántou | -təu/ *n.* (*pl.* ~s) **1**〖フェンシング〗突き: ~ reverse 逆手突き. **2**〖服飾〗一針 (stitch)《特に, スペインまたはイタリア原産のレースや刺繍に使われる語》. 〘(1591) □ It. ~ < L *punctum* 'POINT'〙

pun·to[2] /pú:ntou | -təu; *Sp.* púnto/ *n.* (*pl.* ~s)〖トランプ〗(オンブル (ombre) などで)ポント《切札に指定された赤いスーツ(ハートかダイヤ)のエース; キング, クィーン, ジャックに次いで 4 番目の強さをもつ》. 〘(1728) □ Sp. ~〙

pun·ty /pánti | -ti/ *n.*〖ガラス製造〗ポンテ《ガラス器を造るときに用いる鉄棒》. 〘(1662) □ F *pontil* □ It. *puntello* (dim.) ← *punto* (↑): ⇨ pontil〙

pu·ny /pjúːni/ *adj.* (**pu·ni·er; -ni·est**) **1** ちっぽけな (undersized), 微弱な, 薄弱な: a ~ child. **2** つまらない, 取るに足らない. **3**《廃》=puisne. **pú·ni·ly** /-nəli/ *adv.* **pú·ni·ness** *n.* 〘(*a*1577) □ OF *puisne* (F *puiné*): ⇨ puisne〙

PUO《略》〖医学〗pyrexia of unknown origin (医師がカルテに書く)原因不明熱. 〘1934〙

pup[1] /páp/ *n.* **1** (1 歳以下の)子犬; 犬ころ (puppy). **2** おおかみ・狐・あざらし・ラッコ・鯨・ビーバー・ねずみ(など)の子. **3**《英口語・軽蔑》(生意気な)青二才: a conceited [an uppish] ~ 生意気な少年[青年]. ***búy a púp***《俗》だまされてもうけにならないことに手を出す. (1927) ***in [with] púp*** 〈犬・おおかみなどの雌が〉子をはらんで. (1854) ***séll a person a púp*** [通例受身で]《口語》(先物買いをさせたりなどして)〈人〉から金をかたる, だます: He was frequently *sold a ~*. 彼はよくだまされた. (1901) ***The night's a púp.***《豪俗》まだ宵の口だ. **—** *vt., vi.* (**pupped; pup·ping**) 〈犬・おおかみなどの雌が〉(子を)産む. 〘(1589)《尾音消失》← PUPPY〙

pup[2] /páp/ *n.*《俗》生徒 (pupil). 〘(1871) 略〙

pu·pa /pjúːpə/ *n.* (*pl.* **pu·pae** /-piː/, ~s)〖昆虫〗蛹(さなぎ) (cf. imago, larva, chrysalis 1). 〘(1815) ← NL ~ ← L *pūpa* doll, girl (fem.) ← *pūpus* boy: ⇨ pupil[1, 2], puppet〙

púpa co·arc·tá·ta /-kòuɑəktéɪtə | -kàuɑːktéɪtə/ *n.* (*pl.* **pupae co·arc·ta·tae** /-tiː/)〖昆虫〗樽蛹(たるさなぎ), 俵蛹, 囲蛹《昆虫の蛹の一形式》. 〘← NL ~: ⇨ ↑, coarctate〙

pupae *n.* pupa の複数形.

pu·pal /pjúːpəl, -pl/ *adj.*〖昆虫〗蛹(さなぎ)の. 〘(1866) ← PUPA+-AL[1]〙

púpa lí·be·ra /-líbərə/ *n.* (*pl.* **pupae li·be·rae** /-riː/)〖昆虫〗裸さなぎ, 裸蛹(らよう), 自由蛹(じゆうよう)《昆虫の蛹(さなぎ)の一形式》. 〘← NL ~: ⇨ pupa, liberal〙

pu·par·i·um /pjuːpéəriəm | -péər-/ *n.* (*pl.* **-i·a** /-riə/)〖昆虫〗さがら, 蛹殻, 囲蛹殻(いようかく), 蛹嚢(ようのう). 〘(1815) ← NL ~: ⇨ pupa, -arium〙

pu·pár·i·al /-riəl/ *adj.*

pu·pate /pjúːpeɪt/ *vi.*〖昆虫〗蛹(さなぎ)になる, 蛹化(ようか)する. 〘(1879): ⇨ pupa, -ate[3]〙

pu·pa·tion /pjuːpéɪʃən/ *n.*〖昆虫〗蛹化(ようか). 〘(1892) ↑〙

púp·fìsh *n.*〖魚類〗米国西部産キプリノドン科 *Cyprinodon* 属の淡水小魚数種の総称 (*C. nevadensis, C. diabolis* など). 〘(1958): ⇨ pup[1]〙

pu·pil[1] /pjúːpəl, -pɪl/ *n.* **1 a** 生徒. ★ 米国では小学生を指すが, 英国では通例小・中・高校生までをいう (cf. student 1). **b** (個人指導を受けている)教え子, 弟子 (disciple). **2 a**〖ローマ法〗被後見者《25 歳未満の被保護者》. **b**〖スコット法〗幼年者《14 歳未満の男子または 12 歳未満の女子の被保護者》. **~·less** *adj.* **~·ship** *n.* 〘(*c*1384) *pupille* □ (O)F // L *pūpillus* (masc.), *pūpilla* (fem.) (dim.) ← *pūpus* boy, *pūpa* girl ← IE **pap-* teat〙

SYN 生徒: **pupil**《特に英》初等・中等学校教育を受けている子供; 専門家(特に芸術家)の弟子: a bright *pupil* 頭のよい生徒 / a *pupil* to Freud フロイトの弟子. **student** 16 歳以上の大学生;《特に米》=*pupil*. **scholar**《文語・英古》=*pupil*; 奨学生; 特に人文系の学者: a great classical *scholar* 偉大な古典学者.

---

pu·pil[2] /pjúːpəl, -pl/ *n.*〖解剖〗ひとみ, 瞳孔(どうこう). 〘(1392) □ (O)F *pupille* // L *pūpilla* little doll (dim.) ← *pūpa* (↑): ⇨ pupa〙

pu·pil·age /pjúːpəlɪdʒ/ *n.* =pupillage.

pu·pil·ar[1] /pjúːpələ | -lə(r)/ *adj.* =pupillary[1].

pu·pil·ar[2] /pjúːpələ | -lə(r)/ *adj.* =pupillary[2].

pu·pi·lar·i·ty /pjùːpəlǽrəti, -lèr- | -pɪlǽrɪti/ *n.*〖スコット法〗=pupillarity.

pu·pil·lar·y /pjúːpəlèri | -pɪləri/ *adj.* =pupillary[2].

pu·pil·ize /pjúːpəlaɪz | -pɪ-/ *vt.* 生徒にする; コーチする (coach). 〘(1822) ← L *pūpillus* 'PUPIL[1]'+-IZE〙

pú·pil·lage /pjúːpəlɪdʒ | -pɪ-/ *n.* **1** 生徒の身分[期間]. **2** 被保護者であること, 未成年(期) (minority). **3** (民族・国民・言語などの)半開化状態, 未発達時代. **4**《英》法廷弁護士見習期間. 〘(1590) ← PUPIL[1]+-AGE〙

pu·pil·lar[1] /pjúːpələ | -lə(r)/ *adj.* =pupillary[1].

pu·pil·lar[2] /pjúːpələ | -lə(r)/ *adj.* =pupillary[2].

pu·pil·lar·i·ty /pjùːpəlǽrəti, -lér- | -pɪlǽrɪti/ *n.*〖スコット法〗未成年(期), 被後見年齢. 〘(1583–84) □ F *pupillarité* □ ML *pūpillāritātem* ← L *pūpillāris*: ⇨ ↓, -ity〙

pu·pil·lar·y[1] /pjúːpəlèri | -pɪləri/ *adj.* **1** 生徒の, 門弟の. **2** 未成年(期)の. 〘(1611) □ L *pūpillāris* of a pupil or orphan: ⇨ pupil[1], -ary〙

pu·pil·lar·y[2] /pjúːpəlèri | -pɪləri/ *adj.*〖解剖〗ひとみ[瞳孔(どうこう)]の: the ~ membrane 瞳孔膜. 〘(1793) ← L *pūpilla* 'PUPIL[2]'+-ARY〙

pu·pil·lize /pjúːpəlaɪz | -pɪ-/ *vt.* =pupilize.

púpil lóad *n.* 1 クラスの生徒数.

púpil téacher *n.*《英》(19 世紀後半の小学校の)教生, 見習い教師 (cf. student teacher, practice teacher). 〘1838〙

Pu·pin /pjuːpíːn, puː-/, **Michael Id·vor·sky** /ɪdvɔ́əski | -vɔ́ːs-/ *n.* プーピン《1858–1935; ハンガリー生まれの米国の物理学者・発明家》.

Pu·pip·a·ra /pjuːpípərə/ *n. pl.*〖昆虫〗蛹(よう)生類, 亜蛹類. 〘(1874) ← NL ~: ⇨ pupa, -para〙

pu·pip·a·rous /pjuːpípərəs/ *adj.*〖昆虫〗**1** 〈昆虫が〉蛹(さなぎ)を生む, 蛹(よう)生性の. **2** 蛹生類の, 亜蛹類の. 〘(1826) ← NL *pūpiparus*: ⇨ ↑, -ous〙

pup·pet /pápɪt | -pɪt/ *n.* **1 a** (人形劇に使う)人形. **b** あやつり人形 (marionette). **2** 人形 (doll). **3** 傀儡(かいらい), ロボット, 手先, でくの坊: a ~ king [regime, state] 傀儡王[政権, 国家]. **4**〖機械〗=poppethead 1. 〘(1538)《異形》←《古》*poppet* < ME *popet* □ OF *poupette* (dim.) ← **poupe* doll < VL **puppam* ← L *pūpa* girl, doll: ⇨ pupil[1,2], -et〙

pup·pe·teer /pàpətíə | -pɪtíə(r)/ *n.* 人形遣い, 傀儡(くぐつ)師. **—** *vi.* 人形遣いを務める. 〘(1930): ⇨ ↑, -eer〙

púppet góvernment *n.* 傀儡(かいらい)政府[政権]. 〘1931〙

púppet plày *n.* =puppet show. 〘1951〙

pup·pet·ry /pápɪtri/ *n.* **1 a** あやつり(術); あやつり人形の所作. **b** あやつり人形の製作. **2** [集合的] あやつり人形 (puppets); 人形芝居. **3 a** [集合的にも用いて] (小説などの不自然で)ロボット的な人物. **b** そのような人物の使用[登場]. **4**《古》見せかけ, まやかし (mummery). 〘(1528) ← PUPPET+-RY〙

púppet shòw *n.* 人形劇[芝居]. 〘1650〙

púppet vàlve *n.*〖機械〗=lift valve. 〘1835〙

Pup·pis /pápɪs | -pɪs/ *n.*〖天文〗とも(船尾)座《南天の星座; the Stern ともいう》. 〘□ L ~ 'stern, poop of a ship'〙

pup·py /pápi/ *n.* **1** 犬の子, 子犬 (whelp). **2** =pup[1] 2. **3**《口語・軽蔑》生意気な小僧, 若造, 青二才 (pup). **4** =puppy-dog. 〘(1486) *popie* lap dog, toy dog □ (O)F *poupée* doll < VL **puppa*: ⇨ puppet, -y[2]〙

púppy·dòg *n.*《小児語》わんちゃん, 犬ころ (puppy). 〘1594–6〙

púp·py·dom /-dəm | -dəm/ *n.* =puppyhood. 〘(1857): ⇨ -dom〙

púppy fàt *n.*《英口語》=baby fat. 〘1937〙

púppy·hòod *n.* **1** 子犬であること; 子犬時代. **2** 生意気(時代). 〘1750〙

púp·py·ish /-piɪʃ/ *adj.* **1** 子犬のような. **2** 生意気な. 〘(1775): ⇨ -ish[1]〙

púp·py·ism /-piìzm/ *n.* **1** 子犬のようなこと[ふるまい, 動作]. **2** 生意気 (pertness). 〘(1784): ⇨ -ism〙

púppy lòve *n.* =calf love. 〘1834〙

púp tènt *n.* (くさび型の)小型テント《形が犬小屋に似ていることから; cf. shelter tent》. 〘1863〙

pur /pə́ː | pə́ː(r)/ *v., n.*《古》(**purred; pur·ring**) =purr.

pur.《略》purchase; purchaser; purchasing; purification; purify; purple; pursuit.

pur- /pəː, pə | pəː, pə/ *pref.* pro-[1] の異形: *pur*chase, *pur*port, *pur*sue. 〘(*c*1290) □ AF ~ =OF ~, *por-* (F *pour-*) < L *por-, pro-*〙

Pu·ra·na, p- /purá:nə/ *n.* プラーナ《Hindu 神話を記す一群の文献》. **Pu·ra·nic, p-** /purá:nɪk/ *adj.* 〘(1696) □ Skt *purāṇa*《原義》ancient ← *purā* formerly: ⇨ fore[1], pro-[1]〙

Pur·beck /pə́ːbɛk | pə́ː-/ *n.* **1** =Purbeck marble. **2** =Purbeck stone.

Pur·beck /pə́ːbɛk | pə́ː-/, **the Isle of** *n.* パーベック半島《イングランド Dorset 州の半島; 建材 Purbeck stone [marble] の産地》. 〘OE *Purbicinga* ← ? *pūr* bittern +**bica* bill, beak〙

Púrbeck márble *n.* パーベック大理石《上質の Purbeck stone; 褐色の細粒大理石; 建築用材》. 〘1845〙

Púrbeck stóne *n.* パーベック石《英国南部パーベック半島産の石灰岩; 建築・道路舗装用材》. 〘((1410)) (*a*1691)〙

pur·blind /pə́ːblàɪnd | pə́ː-/ *adj.* **1** 鈍い, 愚鈍な. **2** 半盲の, かすみ目の (dim-sighted). **3**《古》全盲の (totally blind) (cf. sand-blind). **—** *vt.* **1** …の目を半盲にさせる, …の視力を損なう. **2** 〈人の理解力などを〉鈍くさせる. **~·ly** *adv.* **~·ness** *n.* 〘(*c*1280) *pur(e) blind* completely blind: cf.《廃・方言》*pure* entirely: ⇨ pure, blind〙

Pur·cell /pəːsél | pəː-/, **Edward Mills** /mílz/ *n.* パーセル《1912–97; 米国の物理学者; 原子核の磁気モーメントの測定法を案出; Nobel 物理学賞 (1952)》.

Pur·cell /pə́ːsəl, -sl/, **Henry** *n.* パーセル《1659?–95; 英国の作曲家; *Dido and Aeneas* (1689)》.

Pur·chas /pə́ːtʃəs | pə́ː-/, **Samuel** *n.* パーチャス《1575?–1626; 英国の牧師・紀行文探検記編集者; *Hakluytus Posthumus or Purchas his Pilgrimes* (1625)》.

pur·chas·a·ble /pə́ːtʃəsəbl | pə́ːtʃɪs-/ *adj.* **1** 買える, 手に入れられる, 求められる. **2** 買収できる, 金で動かされる, 堕落した (venal). **pur·chas·a·bil·i·ty** /pə̀ːtʃəsəbíləti | pə̀ːtʃɪsəbílɪti/ *n.* 〘(1611): ⇨ ↓, -able〙

pur·chase /pə́ːtʃəs | pə́ːtʃɪs/ *vt.* **1** 購入する, 買う (⇨ buy SYN): ~ a new car 新車を買う. **2** (苦労して)(…で)手に入れる (acquire), 勝ち取る [*with*]: ~ freedom [victory] *with* blood 血を流して自由[勝利]を得る / ~ favor *with* flattery へつらって愛顧を得る. **3** 買収する:

P

～ votes. **4** 〈物が〉…の購売力がある; 〈事が〉手に入れることができる: Your kind words will ～ her heart. 君のやさしい言葉は彼女の心をかちとるだろう. **5**〖海事〗〈重い物を〉てこ装置[滑車]で揚げる; 〈重い物に〉てこ[滑車]をかける[きかせる]: ～ an anchor 錨(いかり)を揚げる. **6**〖法律〗〈動産を〉買い受ける, (相続以外の方法で)〈土地・建物などを〉獲得する, 取得する. **7**《古》得る, 獲得する (obtain) (*1 Tim.* 3:13). **—** *vi.* 《廃》努力する.

— *n.* **1** 買入れ, 購入, 買付け: the ～ of an apartment マンションの購入 / ～ and sale 売買 / make a ～ 買物をする / ⇨ offshore purchases. **2** 売買, 取引き (bargain): make a good [bad] ～ いい[悪い]取引きをする, 安く[高く]買う / on special ～ 特価の[で]. **3** 購入物, 買物(品): It is a recent ～ of mine. それは近ごろ私が買ったものです. **4** 利点; (勢力などの)増強手段, 手掛かり. **5**〖法律〗(動産の)買受け, (相続以外の方法による土地・建物などの)獲得, 取得. **6** 骨折って獲得すること, 努力[犠牲]による獲得: the ～ of liberty at the risk of many lives 多くの人命の犠牲による自由の獲得. **7 a** (土地からの)年間収益[地代], 年収; (年間の収益を単位として定めた土地の)価格: live on one's ～ 年々の土地の上がりで生活する / buy land *at* 20 years' ～ 20 年間の収益に相当する値で土地を購入する. **b**《まれ》報酬, 収入, 収益. **8**〖海事〗**a** (てこ (lever), 滑車 (pulley) などによる)増力, てこ作用, てこ比 (leverage). **b** (てこ, キャプスタン (capstan), 複滑車 (tackle) などによる)増力装置; (特に)ロープ, 巻揚げ機, 滑車など. **9** 握り, しっかり捕えること, 足掛かり(など): get a ～ with one's feet [hands] (登る時などに)足[手]掛りを得る. **10** 将校職の購買《英国で半ば制度化されていた; 1871 年廃止》. **11**《古》**a** 獲得 (acquisition); 獲得物 (acquisitions). **b** 獲得, 分捕品 (booty).

be not wórth an hóur's [a dáy's] púrchase 〈命などが〉1 時間[1 日]ももちそうにない. 《1893》

〘v.: 《*c*1300》*po(u)rchase(n)* ▭ AN *purchacer*＝OF *pourchacier* to procure ← PUR-＋*chacier* 'to CHASE[1]'. — n.: 《*c*1300》*purchas, porchas* ▭ AF *purchace*＝OF *porchas* ← (v.)〙

púrchase jòurnal *n.*〖商業〗仕入れ仕訳帳.

púrchase lèdger *n.*〖商業〗仕入元帳, 購入台帳.

púrchase mòney *n.*〖商業〗仕入れ代金, 代価 (price); 手付け金 (earnest money). 〘1720〙

púrchase òrder *n.* 注文(書).

púrchase prìce *n.* 購入価格, 仕入れ値.

púr·chas·er *n.* 買い手, 購買者 (buyer). 〘《*c*1303》*purchasour* one who acquires or aims at acquiring possessions: ⇨ purchase, -er[1]〙

púrchase tàx *n.*《英》物品(購買)税《品種によって税率が異なる; 1973 年に value-added tax と改称; cf. sales tax》. 〘1940〙

P

púr·chas·ing àgent *n.*《米》**1** 購買係[主任]. **2** (生産者と消費者の間に立つ)中間商人, 仲買人. 〘1921〙

púrchasing associàtion [guìld] *n.* 購買組合.

púrchasing pòwer *n.* **1** 購買力. **2** (貨幣の特定時の)購買力; (ある時期に比べての)貨幣価値: the ～ of the dollar ドルの購買力. 〘1824〙

púrchasing pòwer párity (théory) *n.*〖経済〗購買力平価(説)《為替相場の決定要因に関する学説の一つ; 2 国間の為替レートはそれぞれの国の通貨の対内購買力の比(＝購買力平価)で決まるとする; 略 PPP》. 〘1918〙

pur·dah /pə́ːdə | pə́ːdə, -dɑː; *Hindi* pərdaː/ *n.* **1** プルダ: **a** インドなどで女性の居室に掛けて男子や未知の人の目に触れないようにする幕・カーテン. **b** 身分のあるヒンズー教の女性が外出時にかぶるベール. **c** 女性用に確保された住宅部分. **2** [the ～] 隔離制度《インドなどで幕で女性を隔離する慣習》. **3** (青・白しまの)プルダ用綿布. 〘《1800》▭ Hindi *parda*《原義》screen, veil ▭ Pers. *pardah* curtain〙

pur·do·ni·um /pəːdóuniəm | pəːdə́u-/ *n.* (室内用)箱型石炭入れの一種. 〘考案者の名から〙

Pur·dy /pə́ːdi | pə́ːdi/, **James** *n.* パーディー《1914–2009; 米国の小説家; *Cabot Wright Begins* (1964)》.

pure /pjʊ́ə, pjə́ː | pjʊ́ə[r], pjɔ́ː[r]/ *adj.* (**pur·er; -est**) **1** 混ざり物のない, 純粋の; (雑に対して)単一の (simple), 同質の (homogeneous): ～ gold [alcohol, wool] 純金[純粋アルコール, 純毛] / a mineral in a ～ state 純粋な鉱物質 / ～ white 純白. **2** 純血の, 純種の, 生粋の: ～ blood 純血 / ～ descent 純粋系統. **3** 清純な, きれいな, 〔…で〕汚れていない〔*of*〕: ～ air [water] 清らかな空気[水] / ～ hands きれいな手 / ～ *of* taint 汚点[しみ]のない. **4** 〈言語が〉外国の要素が混じっていない, 純正の: a ～ language (外来要素を交えない)純粋語 (cf. MIXED language) / ～ English [French] (なまりのない)純正英語[フランス語]. **5** 〈学問など〉(感覚・経験によらない)純粋の, 純理の, 論理[抽象]的な (abstract) (↔ applied): ～ science 純粋科学 / ～ mathematics 純粋数学 / ～ literature 純文学. **6** (性的・道徳的に)汚されていない, 清潔な, 清らかな, 純潔な (⇨ chaste SYN); 潔白な, 罪のない: a ～ woman 貞女 / a ～, upright character 高潔で正直な人格 / ～ motives 純潔な動機 / Blessed are the ～ in heart. 幸いなるかな心の清き者 (cf. *Matt.* 5:8) / To the ～, all things are ～. 清き人にはすべてのもの清し (cf. *Titus* 1:15). **7** 〈文体・趣味など〉正純な, すっきりした, 下品でない, 飾りのない, 気取らない (unaffected): a ～ style / a ～ taste in literature. **8** [限定的] 純然たる, 全くの (complete), ただの, ほんの (mere): out of ～ necessity [kindness] 全くの必要[親切]から / a ～ accident ほんの偶然の出来事 / ～ nonsense 全くのたわごと / ～ joy [bliss] 全くの喜び[至福] / *Pure* chance led me to be connected with the case. 全く偶然のことから私はその事件に関係するようになった. **9**〖聖書〗斎戒の, はらい清めた. **10**〖哲学〗感覚・経験によらない, 経験から離れた, 演繹(えき)的な (a priori), 純粋な: ⇨ pure reason. **11**〖音楽〗**a** 〈音が〉耳ざわりでない, 澄んだ. **b** 純正律の, 純正調の (cf. tempered 3): ～ harmony [temperament] 純正調[律]. **12**〖音声〗純母音の (monophthongal). **13**〖ギリシャ文法〗〈母音が〉他の母音の次に来る; 〈子音が〉他の子音を伴わない; 〈語幹が〉母音で終わる. **14**〖生物〗**a** 一特質だけを有する. **b** 同型接合体の (homozygous).

(as) púre as the dríven snów (道徳的に)汚れのない, 純潔な《しばしば反語的にも用いる》. ***púre and púte*** ⇨ pute. ***púre and símple*** [通例名詞の後に置いて] 全くの, 純然たる: nonsense ～ *and simple*＝～ *and simple* nonsense 全くのたわごと. 《1860》

～·ness *n.* 〘《*c*1300》*pur(e)* ▭ (O)F < L *pūrum* clean, unmixed, plain, pure (Sp. & It. *puro*) ← IE **peu-* to purify, cleanse (Skt *punāti* he cleanse)〙

Pure, Simon *n.* ⇨ Simon Pure.

púre·blòod *adj.* ＝purebred. **—** *n.* ＝purebred; (特に)非コーカソイド[非白色人種]の人《黒人・アメリカインディアンなど》. 〘1776〙

púre-blòoded *adj.* ＝purebred. 〘1850〙

púre·bréd *adj.* 〈動物が〉純血の, 純血種の (thoroughbred). **—** /ˊ-ˋ-/ *n.* 純血種(の動物). 〘《1868》: ⇨ bred〙

púre cólor *n.* 単一色.

púre cúlture *n.*〖生物〗(一種の微生物だけの)純粋培養. 〘1895〙

púre demócracy *n.*〖政治〗純粋[直接]民主主義. 〘*c*1910〙

pu·ree[1] /pjuréɪ, -ríː; pjʊ́əreɪ | pjʊ́əreɪ, pjɔ́ːr-; *F.* pyʀe/ (*also* **pu·rée** /～; *F.* pyʀe/) *n.* ピューレ: **a** 野菜や果物・レバーなどを煮て裏ごししたもの: a ～ of fish, potatoes, etc. / tomato ～. **b** それを用いた濃いスープ. **—** *vt.* (**pu·reed; -ree·ing**) ピューレにする. 〘《1824》▭ (O)F *purée* ← *purer* to strain < L *pūrāre* ← *pūrus* 'PURE'〙

pu·ree[2] /pʊ́əri | pʊ́əri/ *n.* ＝puri.

púre endówment *n.* 生存保険《満期時に被保険者が生存しているときに限り, 保険金が支払われる保険; cf. endowment insurance》.

púre·héarted *adj.* 正直な, 誠実な, 心の清い. 〘1832〙

púre imáginary númber *n.*〖数学〗純虚数《実数部分が 0 で虚数部分が 0 でない複素数; 単に pure imaginary ともいう》. 〘1947〙

púre jét *n.*〖航空〗純ジェット (⇨ straight-jet). 〘1946〙

Púre Lánd sècts *n. pl.*〖仏教〗浄土教.

púre líne *n.*〖生物〗純系, 純粋系統. 〘1906〙

pure·ly /pjʊ́əli, pjə́ː- | pjʊ́ə-, pjɔ́ː-/ *adv.* **1** 全く, 全然, ただ, 単に: ～ accidental 全く偶然の / ～ by chance 全く偶然に / ～ and simply 掛け値なしに, 全く, ただ単に (cf. PURE and simple). **2** まざりけなく, 純粋に: He is ～ English. 彼は生粋の英国人だ. **3** 清く, きれいに, 純潔に, 貞淑に (chastely): live ～ 清い生活をする. 〘*c*1300〙

púre meríno *n.*《豪俗》**1** (囚人としてでない)初期の移住民. **2** 指導的豪州人.

púre réason *n.*〖哲学〗(カント哲学の)純粋理性: *Critique of Pure Reason* (Kant の)「純粋理性批判」. 〘(なぞり) ← G *(die) reine Vernunft*〙

púre tóne *n.*〖音響〗純音《振動数が単一で正弦形の波形をもつ音; simple tone ともいう》. 〘1902〙

pur·fle /pə́ːfḷ | pə́ː-/ *n.* **1** (バイオリンなどの)縁(ふち)飾り. **2** 衣装に施した金銀糸の刺繍(しゅう)や(模造)宝石の縫取りなどの飾り縁. **—** *vt.* **1 a** …に飾り縁をつける. **b**〖建築〗〈建物・家具〉の縁を(こぶし花 (crocket) で)飾る. **2** 美しく飾る. 〘《*c*1325》*purfile(n)* ▭ OF *porfiler* ← *por-* 'PRO-[1]'＋*filer* to spin (← *fil* thread < L *filum*: ⇨ file[1])〙

púr·fled wórk *n.* 透かし彫り《ゴシック様式の窓や格子に見られる精緻な彫刻》.

púr·fling /-flɪŋ, -fḷ-/ *n.* (バイオリンなどの)縁(ふち)飾り (purfle). 〘《1388》: ⇨ purfle, -ing[1]〙

pur·ga·tion /pəːgéɪʃən | pəː-/ *n.* **1** 清めること, 浄化;〖カトリック〗(浄罪煉獄(れんごく)での)罪障消滅. **2** (下剤で)通じをつけること, 瀉下(しゃか)便通. **3**〖法律〗(宣誓 (oath) または試罪法 (ordeal) による)無罪証明, 雪冤(せつえん)宣誓 (compurgation). 〘《*c*1375》*purgacioun* ▭ (O)F *purgation* ∥ L *pūrgātiō(n-)* ← *pūrgātus* (p.p.) ← *pūrgāre* to cleanse: ⇨ purge, -ation〙

pur·ga·tive /pə́ːgətɪv | pə́ːgət-/ *adj.* **1** 〈物が〉清める. **2** 瀉下(しゃか)の, 瀉下作用の(ある), 下痢を起こさせる, 下剤の (aperient): a ～ medicine 下剤. **3**〖法律〗(宣誓の上)無罪を主張する: ～ evidence 無罪の証拠. **—** *n.* 便通薬, 瀉下剤, 下剤 (⇨ physic SYN). **～·ly** *adv.* **～·ness** *n.* 〘《?*a*1425》▭ (M)F *purgatif* ∥ LL *pūgātīvus* ← *pūrgātus*: ⇨ ↑, -ative〙

pur·ga·to·ri·al /pəːgətɔ́ːriəl | pəː-ˊ--/ *adj.* **1**〖カトリック〗煉獄(れんごく) (purgatory) の: ～ sufferings 煉獄の苦しみ. **2** 贖罪(しょくざい)的な: ～ prayers 贖罪の祈り. **～·ly** *adv.* 〘《*a*1500》1: ← LL *pūrgātōrius*＋-AL[1]. 2.: ← ML *pūrgātōrium* (↓)＋-AL[1]〙

pur·ga·to·ry /pə́ːgətɔ̀ːri | pə́ːgətəri, -tri/ *n.* **1 a** 魂の浄化, 浄罪. **b** [しばしば P-]〖カトリック〗煉獄(れんごく)《罪そのものは許されているが罪科が残っている者が霊魂を清められたり一時的に苦しみを受ける所》. **2 a** (一時的な)苦難[懲罰](場所). **b** 苦痛の状態, 苦しみ: It is ～ to go in wet weather. 雨天のときに外出するのは苦痛だ. **3** [The P-]「煉獄篇」《Dante 作の「神曲」(*The Divine Comedy*) の第二部》. **—** *adj.*《古》清める (purgative); 煉獄の (purgatorial). 〘《?*a*1200》*purgatorye* ▭ AN *purgatorie*＝(O)F *purgatoire* ▭ ML *pūrgātōrium* ← LL *pūrgātōrius* ← *pūrgāre* to cleanse: ⇨ purge, -ory[2]〙

purge /pə́ːdʒ | pə́ːdʒ/ *vt.* **1 a** 〈政治団体などを〉粛清する; (粛清中に)抹殺(まっさつ)する, 消す; …から〔好ましくない人物を〕追放する; 〈好ましくない人物を〉〔…から〕追放する〔*from*〕: ～ a party *of* undesirable members ＝ ～ undesirable members *from* a party 好ましからぬ党員を党から追放する. **b** 掃除する; 清掃する 〈*away, off, out*〉. **2** 〈身・心を〉清める (clean); 〔汚れなどを取り除いて〕清浄にする (purify)〔*of, from*〕/ 〈*away*〉: *Purge* me with hyssop, and I shall be clean. ヒソプをもてわれを清めたまえ, さらばわれ清まらん (*Ps.* 51:7) / ～ a person *of* [*from*] sin 人の罪を洗い清める. **3** 〔罪や疑いなどを〕晴らす (clear)〔*of*〕; 〈罪を〉あがなう (expiate): ～ a person [oneself] *of* a charge 人[自分]の嫌疑(けんぎ)を晴らす. **4** 〈人に〉通じをつける, 〈胃腸〉に下剤をかける. **5**〖法律〗**a** …の無罪を証明する. **b** 〈罪〉の償いをする《例えば裁判所の侮辱をしたことに対して, 今度は裁判所の命令に服従して恭順の意思を示すことなど》. **6**〖冶金〗〈炉内や火格子付近の残留ガスを〉追い出す, 精練[精製]する. **—** *vi.* **1** 清浄になる, 清まる. **2** (下剤で)通じをつける, 通じがつく. **—** *n.* **1** 清めること, 浄化; (政界などの)粛清, (不純分子の)追放, パージ; (不純物などの)除去. **2** 下剤 (aperient). **3**《米俗》新入りの捕虜(たち). **púrg·er** *n.* 〘《*c*1300》*purge(n)* ▭ (O)F *purger* ▭ L *pūrgāre* to cleanse ← *pūrus* 'PURE'＋*agere* to lead, do (⇨ act)〙

purg·ee /pəːdʒíː | pəː-/ *n.* 被追放者. 〘⇨ ↑, -ee[1]〙

púrg·ing àgaric *n.*〖植物〗エブリコ (*Fomes laricis*)《カラマツやモミの根に生じるキノコの一種; 医薬品として下剤に用いられる; white agaric ともいう》.

púrging càssia *n.*〖植物〗＝cassia fistura.

púrging flàx *n.*〖植物〗アマ(亜麻)の一種 (*Linum catharticum*)《ヨーロッパ原産のアマ科アマ属の一年草; 花は黄白色; 種子を下剤に用いた》. 〘1778〙

pu·ri /pʊ́əri | pʊ́əri/ *n.* (*pl.* ～, **～s**) プーリー《インド料理の, 小麦粉のパンを油で揚げたもの; カレーと一緒に食べる》. 〘《1952》▭ Hindi *pūrī*〙

Pu·ri /pʊ́əri | pʊ́əri/ *n.* プーリー《インド東部, Bengal 湾に臨む海港; 巡礼地; cf. Juggernaut 2 a》.

pu·ri·fi·ca·tion /pjʊ̀ərəfɪkéɪʃən, pjə̀ːr- | pjʊ̀ərɪfɪ-, pjɔ̀ːr-/ *n.* **1** 清めること, 清潔にすること (purifying); 清掃, 洗浄. **2**〖冶金〗精練, 精製. **3**〖宗教〗清め(の式)《特に, ユダヤ法による月経[出産]後の女性の》; はらい, 斎戒.

Purificátion (of the Vírgin Máry [Blèssed Vírgin, òur Lády, Máry the Vírgin]) [the ～]〖カトリック〗(1) 聖マリアお清めの祝日 (⇨ Candlemas 1). (2) 聖マリアお清めの後に行われたイエスキリストの献納 (*Luke* 2:22). 《14C》

〘《1389》*purificacioun* ▭ (O)F *purification* ▭ L *pūrificātiō(n-)* ← *pūrificātus* (p.p.) ← *pūrificāre* 'to PURIFY': ⇨ -ation〙

pu·ri·fi·ca·tive /pjʊ́ərəfɪkèɪtɪv, pjə́ːr- | pjʊ́ərɪfɪkèɪt-, pjɔ́ːr-/ *adj.* ＝purificatory. 〘《1491》▭ F *purificatif, -ive*: ⇨ purify, -ative〙

pu·ri·fi·ca·tor /pjʊ́ərəfɪkèɪtə, pə́ːr- | pjʊ́ərɪfɪkèɪtə[r], pjɔ́ːr-/ *n.*〖教会〗清浄巾, 聖杯(清め)布巾(ふきん)《ミサ聖祭[聖餐式]中に聖杯や聖皿をぬぐうために用いる白布》. 〘《1853》← L *pūrificātus* (⇨ purification)＋-OR[2]〙

pu·rif·i·ca·to·ry /pjuərífɪkətɔ̀ːri, pjəːr-, pjʊ́ərəf-, pjə́ːr- | pjʊ̀ərɪfɪkéɪtəri, pjɔ̀ː-, pjʊ́ərɪfɪkətəri, pjɔ́ː-, -tri/ *adj.* **1** 清めの, 浄化の, 浄罪の. **2**〖冶金〗精練の, 精製の. 〘《1610》▭ LL *pūrificātōrius*: ⇨ purification, -ory[1]〙

pú·ri·fì·er *n.* **1** 清める人; 精練[精製]者[装置]; 精練用品. **2** 清浄器[装置], ガス清浄器; 分離器 (separator). 〘《1471》: ⇨ ↓, -er[1]〙

pu·ri·fy /pjʊ́ərəfàɪ, pə́ːr- | pjʊ́ərɪ-, pjɔ́ːr-/ *vt.* **1**〖冶金〗精練する, 精製する (refine): ～ metals 金属を精練する. **2** 清浄にする, 浄化する, 清潔にする. **3** 〈人〉の罪・汚れなどを〉清める, はらい清める〔*of, from*〕(cf. *Lev.* 12:4): ～ a person *of* [*from*] sin 人の罪を洗い清める. **4** 〈言語などを〉純正にする; 〈語句を〉洗練する (polish up). **—** *vi.* 清らかになる, 澄む. 〘《*a*1300》*purifye(n)* ▭ (O)F *purifier* ▭ L *pūrificāre* ← *pūrus* 'PURE'＋*facere* to make (⇨ -fy)〙

Pu·rim /pʊ́ərɪm, pjʊ́ər-, púː-, -riːm, puríːm | pʊ́ərɪm, pjʊ́ər-, puríːm/ *n.*〖ユダヤ教〗プリム祭 (Feast of Lots)《Adar 月 14 日に行うユダヤ人の祭り; cf. *Esth.* 9:24–28; cf. Mordecai, Jewish holidays》. 〘《*c*1384》▭ Heb. *pūrīm* lots (pl.) ← *pūr* lot: 昔ペルシャ王の家臣 Haman がユダヤ人を滅ぼそうとし, くじを投げてその日を決めたが, その謀(はかりごと)が知れて Haman は殺され, ユダヤ人は危機を脱したという故事による: cf. cherubim〙

Pu·ri·na /pjuríːnə/ *n.*〖商標〗ピューリナ《米国製のペットフード・飼料》.

pu·rine /pjʊ́əriːn | pjʊ́ər-/ *n.*〖化学〗**1** プリン ($C_5H_4N_4$)《尿酸化合物の原質; このもの自体は天然に存在しないが, プリンアルカロイド, プリン塩基分など誘導体は生物体にいろいろの形で存在している》. **2** プリン塩基《プリン核をもつ塩基性化合物; アデニン, グアニン, カフェインなど; purine base ともいう》. 〘《1898》▭ G *Purin* ← L *pūrus* 'PURE'＋*ūricum* 'URIC': ⇨ -ine[3]〙

púrine núcleotide *n.*〖生化学〗プリンヌクレオチド《ヌクレオチドの塩基がプリン (アデニンかグアニン) であるもの》.

pu·ri·ri /puríːriː/ *n.* (*pl.* **～s**)〖植物〗プリリ (*Vitex lucens*)《クマツヅラ科ハマゴウ属の高木; 丈夫な, 濃褐色の木材となる; ニュージーランド産》. 〘《1835》← Maori〙

pur·ism /pjúᵊrɪzm, pjə́:r- | pjúər-, pjɔ́:r-/ *n.* **1 a** 〘言語〙純粋主義, 純正論《誤用・俗用・外来語などを排斥する》. **b** (文体・用語の)潔癖, 修辞癖. **2** 〘美術〙純粋派, 純粋主義《1918 年ごろ立体派に反対して起こった》. 〘(1804) ▭ F *purisme*: ⇨ pure, -ism〙

pur·ist /pjúᵊrɪ̀st, pjə́:r- |pjúərɪst, pjɔ́:r-/ *n.* (言語の)純粋主義者; 文体[用語]の潔癖家. **pu·ris·tic** /pjuᵊrístɪk | pjuər-, pjɔ:r-/ *adj.* **pu·rís·ti·cal** /-tɪ̀kəl, -kḷ | -tɪ-/ *adj.* **pu·rís·ti·cal·ly** *adv.* 〘(1706): ⇨ pure, -ist〙

Pu·ri·tan /pjúᵊrətṇ, pjə́:r-, -tən | pjúərɪ̀-, pjɔ́:r-/ *n.* **1** 清教徒, ピューリタン《英国で Elizabeth 朝時代に英国国教に飽き足らず, 国教会を purify して教会改革をさらに推進しようとした Calvinism 系プロテスタントの一派の人; cf. Pilgrim Fathers, Puritan Revolution》. **2** [p-] [通例軽蔑的に] (宗教・道徳上)厳格な人, 堅苦しい人, 厳格ぶる人. — *adj.* **1** 清教徒の. **2** [p-] 清教徒のような, (宗教・道徳上)厳格な: ～ simplicity 清教徒的簡素. 〘(1572) ← LL *pūritās* 'PURITY' + -AN¹〙

Púritan Cíty *n.* [the ～] 米国 Boston 市の俗称《英国から渡来した清教徒たちの開いた所; 初期にはきわめて清教徒的色彩が強かった》.

pu·ri·tan·ic /pjùᵊrətǽnɪk, pjə̀:r- | pjùərɪ̀-, pjɔ̀:r-⁻/ *adj.* ＝puritanical. 〘1606〙

pu·ri·tan·i·cal /pjùᵊrətǽnɪ̀kəl, pjə̀:r-, -kḷ | pjùərɪ̀tǽnɪ-⁻/ *adj.* **1** [時に P-] 清教徒的な. **2** [通例否定的に] (清教徒のように)厳格な, 謹厳な; 禁欲的な. **～·ly** *adv.* 〘1607〙

Pú·ri·tan·ism /-tənìzm, -tṇ- | -tən-, -tṇ-/ *n.* **1** 清教(主義); 清教徒気質. **2** [しばしば p-] (宗教・道徳上の)厳正主義. 〘1573〙

pu·ri·tan·ize /pjúᵊrətənàɪz, pjə́:r-, -tṇ- | pjúərɪ̀-tən-, -tṇ-/ *vt., vi.* [しばしば P-] 清教徒化する; 清教徒風にする[なる]. 〘1625〙

Púritan Revolútion *n.* [the ～] 〘英史〙ピューリタン革命, 清教徒革命 (⇨ civil war 2 b).

pu·ri·ty /pjúᵊrəti, pjə́:r- | pjúərɪ̀ti, pjɔ́:r-/ *n.* **1** 清浄, 純粋さ; (衣服などの)清潔 (cleanness): the ～ of air. **2** 清廉, 潔白 (innocence): the ～ of life, motives, etc. **3** (言語・文体などの)正格, 純正. **4** 〘宗教〙はらい清め, みそぎ. **5** (肉体上の)純潔, 貞潔. **6** 〘光学〙(色の)純度《白色混入の少なさ》. 〘(?a1200) *purete* ▭ (O)F *pureté* ▭ LL *pūritātem* ← *pūrus* 'PURE': ⇨ -ity〙

Pur·kin·je /pə:kínji | pə-; *Czech* púrkɪnjɛ/, **Johannes Evangelista** *n.* プルキニェ《1787–1869; チェコの生理学者; 発生学・薬理学・組織学においてパイオニア的な研究をなす》.

Purkínje cèll *n.* 〘解剖〙プルキニェ細胞《小脳皮質の中層にあって樹状突起に富む大型細胞》. 〘(1890) ↑〙

Purkínje fìber *n.* 〘解剖〙刺激伝導系筋線維, プルキニェ線維. 〘(1890) ↑〙

Purkínje phenòmenon *n.* 〘光学〙プルキニェ現象《光が弱くなると眼の視感度最大の波長が短波長に移る現象; 照度が下がると, 明度が同じで異なる色が明度も異なるように知覚される》. 〘(1910) ↑〙

purl¹ /pə́:l | pə́:l/ *vt., vi.* **1** (金[銀]糸で)刺繍(しゅう)する, 縁(ふち)取りをする. **2** (レース・リボンなどに)小さな玉の飾り縁をつける, ピコで縁取る. **3** (編物を)裏編みする. — *n.* **1** (刺繍や縁取り用の)金[銀]糸. **2** 《英》＝picot 1. **3** ＝purl stitch. **4** (ボタンホールステッチなどのように糸を針にかけて作る)結び目, 節. 〘(1526) *pyrle, pirl* to twist (threads) into a cord: cf. It. *pirolare* to twirl〙

purl² /pə́:l | pə́:l/ *vi.* 〈小川が〉さらさら流れる; 渦になって流れる: a ～*ing* brook さらさら流れる小川. — *n.* **1** さらさら流れること; さらさら流れる音 (rippling sound). **2 a** さらさらと流れる様子. **b** 波紋 (ripple), 渦巻き (eddy). 〘(a1552) ← ? Scand. (cf. Norw. *purla* to bubble up, gush): 擬音語〙

purl³ /pə́:l | pə́:l/ *n.* **1** ニガヨモギ (wormwood) を入れて調味したビール《以前強壮剤として用いられた》. **2** 《英》パール《熱したビールにジン・砂糖・香料を入れた冬の飲み物》. 〘(1659–60) ← ?〙

purl⁴ /pə́:l | pə́:l/ 《英口語・米方言》*vt.* ひっくり返す, 転落[転倒]させる (upset); 落馬させる. — *vi.* ひっくり返る, 転落[転倒]する; 落馬する. — *n.* ひっくり返ること, 転落, 転倒; 落馬. 〘(1791–1808) ? ← 《廃》*pirl* to twist // PURL²〙

púrl·er /-lə | -ləʳ/ *n.* 《英口語》転落[転倒]させる一撃; 逆落とし, 転落, 転倒 (cropper); 落馬: come [take] a ～ まっさかさまに落ちる. 〘(1867): ⇨ ↑, -er³〙

pur·lieu /pə́:lu:, -lju: | pə́:lju:/ *n.* **1** [*pl.*] 近所; 場末, 郊外 (outskirts); 《まれ》貧民街 (slums). **2 a** (人の)行きつけの場所, よく出入りする所 (haunt). **b** [*pl.*] 自由に出入りできる場所, 縄張り (one's bounds): the dusty ～*s* of the law 弁護士の出入りする場所 (cf. Tennyson, *In Memoriam* 919); 法律業務. **3** 森林の境界地. **4** 〘英法史〙(御料林隣接地で元の所有者に返還された)元御料林. 〘(1482) *purlewe, purley, puraley* ▭ AF *pura-le(e)*＝OF *pouralee* ← *p(o)ur aler* to go through (for making boundary) ← *pur-* through (⇨ pro-¹)＋*aler* to go (⇨ alley¹): 今の形は F *lieu* place との連想による〙

pur·lin /pə́:lɪ̀n | pə́:lɪn/ *n.* (*also* **pur·line** /～/) 〘建築〙(屋根のたる木を支える)母屋(もや), 桁(けた) (⇨ beam 挿絵). 〘(1447) *purly(o)n* ← ?〙

púrlin plàte *n.* 〘建築〙母屋(もや)板, 腰上(こしうわ)母屋《腰折れ屋根の勾配の変わる部分に渡される母屋》.

pur·loin /pəlɔ́ɪn, pə́:lɔɪn | pə:lɔ́ɪn, ⁻⁻/ *vt., vi.* 《文語・戯言》盗む, 盗み取る. 〘c1450 *purloyne(n)* ▭ AF *purloigner*＝OF *porloigner* to put away ← PUR-＋*loign* (F *loin*) far off (＜ L *longē* far: ⇨ long¹)〙

pur·lóin·er *n.* 《文語》泥棒, 盗賊 (thief). 〘(1585): ⇨ ↑, -er¹〙

púrl stitch *n.* (編み物の)裏編み, 裏目《単に purl ともいう; cf. knit stitch》. 〘1825〙

pu·ro·my·cin /pjùᵊrəmáɪsṇ, -sn | pjùərəmáɪsɪn, pjɔ̀:r-/ *n.* 〘薬学・生化学〙プロマイシン ($C_{22}H_{29}N_7O_5$)《放射線状細菌 *Streptomyces alboniger* から得られた抗生物質; 制癌(がん)剤》. 〘(1953) ← PUR(INE)＋-O-＋-MYCIN〙

pur·part /pə́:pɑət | pə́:pɑ:t/ *n.* 〘法律〙＝purparty. 〘(1492) ← ML *purpart-, purpars* ← OF *pur* 'PUR-'＋L *part-* 'PART'〙

pur·par·ty /pə́:pɑəṭi | pə́:pɑ:-/ *n.* 〘法律〙共有地分割における各共有者の持ち分. 〘(a1325) ▭ AF *purpartie*＝OF ← *pur* (↑)＋*partie* share, partition (⇨ party)〙

pur·ple /pə́:pḷ | pə́:-/ *n.* **1** 紫色. ★ヘブライおよび古典文学では, アクキガイ (murex) の類のシリアツブリボラ (dye murex) などから得た色(すなわち Tyrian purple) で, 今日普通にいう紫色ではなく, 紫に近い深紅色 (crimson) であった; なお《米口語》では violet より好まれる: ⇨ royal purple. **2 a** 紫色[深紅色]の染料となる貝の総称 (⇨ murex). **b** (それらの貝類の殻からとる)紫色の染料[顔料]. **3 a** 紫の布, 紫衣《実際には Tyrian purple で, 昔ローマ皇帝や教皇庁の枢機卿(けい) (cardinal) が専用した》. **b** [the ～] 王位, 帝位; 枢機卿の職[地位]; 高位 (preeminence): be raised to *the* ～ 皇帝の位に昇る; 枢機卿に任じられる / A woman of no birth may marry into *the* ～. 女は氏なくして玉の輿(こし)に乗る. **c** [the ～; 集合的に] 主[司]教 (bishops). **4** [*pl.*] 〘病理〙＝purpura. **5** 〘昆虫〙アオイチモンジ (*Limenitis astyanax*)《北米産オオイチモンジの一種》. ***bórn in*** [***to***] ***the púrple*** 帝王[王侯貴族]の家に生まれて; 名門[富貴]に生まれて. (1790)

púrple of Cássius 〘顔料〙カシウス紫金《塩化金水溶液に塩化第一スズと第二スズ溶液を滴下して得られるコロイド状態の紫色の顔料; 陶磁器ガラスの染付けに使う; これを発見した 17 世紀のドイツの医師 A. Cassius にちなんだ命名》. (1839)

— *adj.* **1** 紫色の; (昔は)紫に近い深紅色 (crimson)の: ～ cheeks (寒さなどのために)紫色になったほお / turn ～ with rage [indignation] 真っ赤になって怒る. **2** 〈文章が〉華麗な (ornate); 〈言葉が〉痛烈(であくどいほど)の, どぎつい: ⇨ purple passage [patch] / ～ language どぎつすぎる言葉(遣い). **3** 《詩》帝王の, 国王の (imperial). **4** 絢爛(けんらん)たる, 華美な. **5** 《古》真っ赤な, 血染めの (bloody): ～ wine 赤ワイン / ～ blood 鮮血. **6** 《俗》肉欲的な (erotic), 煽情的な (lurid).
— *vt.* 紫色にする. — *vi.* 紫色になる.
～·ness *n.* 〘OE *purpl(e)* (異化) ← *purpur(e)* ▭ L *purpura* ▭ Gk *porphúra* shellfish yielding purple dye ←?: cf. F *pourpre*〙

púrple azálea *n.* 〘植物〙＝pinxter flower.

púrple bactérium *n.* 〘植物〙紅色細菌《光合成を営む能力のある細菌》. 〘1900〙

púrple céstrum *n.* 〘植物〙＝coral jasmine.

púrple dáisy *n.* 〘植物〙北米中・西部原産ムラサキバレンギク属 (*Echinacea*) の植物の総称 (*E. augustifolia*, ムラサキバレンギク (*E. purpurea*) など).

púrple émperor *n.* 〘昆虫〙チョウセンコムラサキ (*Apatura iris*)《ヨーロッパより朝鮮まで分布》. 〘1775〙

púrple fínch *n.* 〘鳥類〙ムラサキマシコ (*Carpodacus purpureus*)《アトリ科マシコ属の一種; 北米に広く分布》. 〘1754〙

púrple físh *n.* 《古》＝purple 2 a. 〘1591〙

púrple fóxglove *n.* 〘植物〙ジギタリス, キツネノテブクロ (*Digitalis purpurea*)《ヨーロッパ原産の観賞用・薬用に栽培される二年草または多年草; digitalis ともいう》.

púrple frìnged órchid *n.* 〘植物〙北米産ラン科サギソウ属 (*Habenaria*) の紫色の裂片をもった花をつける植物の総称 (*H. psychodes, H. fimbriata* の 2 種がある).

púrple gállinule *n.* 〘鳥類〙青緑色の羽毛を有するバンに似た水鳥数種の総称: **a** アメリカムラサキバン (*Porphyrula martinica*). **b** ヨーロッパセイケイ (*Porphyrio porphyrio*). 〘1813〙

púrple gráckle *n.* 〘鳥類〙オオクロムクドリモドキ (*Quiscalus quiscula*)《北米産ムクドリモドキ科の鳥; 黒紫色の羽毛がある》. 〘1782〙

púrple háze *n.* 《米俗》LSD.

púrple·hèart *n.* **1** 〘植物〙紫材《南米産マメ科 *Peltogyne* 属の特に *P. purpurea* の堅い紫色の木材; 家具に使う》. **2** 《英》〘薬学〙＝drinamyl. 〘1796〙

Púrple Héart *n.* 〘米軍〙パープルハート勲章《ハート型のメダルと紫色の綬(じゅ)のついた名誉戦傷章; 略 PH》. 〘1932〙

púrple héron *n.* 〘鳥類〙ムラサキサギ (*Ardea purpurea*)《旧世界産アオサギ属の一種; 沖縄にも生息》. 〘1837〙

púrple lóosestrife *n.* 〘植物〙エゾミソハギ (*Lythrum salicaria*)《北日本を含む北半球冷温帯の湿地に生える紫色の花が咲く多年草》. 〘1548〙

púrple mártin *n.* 〘鳥類〙ムラサキツバメ (*Progne subis*)《米国産の紫青色の大形のツバメ》. 〘1743〙

púrple médic *n.* 〘植物〙＝alfalfa.

púrple mémbrane *n.* 〘生物〙紫膜(むらさきまく)《バクテリアが生育するとき細胞膜に形成される紫色の膜》.

púrple mom·bín /-moumbí:n | -mɔm-/ *n.* 〘植物〙 **1** テリハタマゴノキ, アカモンビン (*Spondias purpurea*)《熱帯アメリカ産のウルシ科の低木》. **2** テリハタマゴノキの食用になる果実.

púrple múllein *n.* 〘植物〙ヨーロッパ産ゴマノハグサ科モウズイカ属の二年草 (*Verbascum phoeniceum*)《赤紫色の花をつける; 観賞用》.

púrple óxide *n.* 〘化学〙酸化鉄粉《主成分は酸化鉄 (III); 硫化鉄鉄鉱を焙焼して得られる残滓; さび色顔料》.

púrple pássage [pátch] *n.* **1** (文章の中で特に)華麗な一節, すばらしい字句. **2** 《豪俗》成功[幸運]の期間, ついている時期. 〘1881〙

púrple próse *n.* (過剰な感情移入などをして表現効果をねらった)絢爛(けんらん)たる散文.

púrple rágwort *n.* 〘植物〙ムラサキオグルマ (*Senecio elegans*)《アフリカ南部産キク科サワギク属の赤または紫色の花をつける一年草》.

púrple róck cress *n.* 〘植物〙ムラサキナズナ (*Aubrietia deltoidea*)《南ヨーロッパ産アブラナ科の紫色の花をつける多年草》.

púrple ságe *n.* 〘植物〙ムラサキアキギリ (*Salvia leucophylla*)《米国 California 州産シソ科サルビア属の葉は銀色で紫色の花が咲く草本》.

púrple sándpiper *n.* 〘鳥類〙ムラサキハマシギ (*Calidris maritima*)《北ヨーロッパ・グリーンランド・カナダ東部のツンドラで繁殖するシギの一種》. 〘1824〙

púrple scále *n.* 〘昆虫〙ミカンカキカイガラムシ (*Lepidosaphes beckii*)《ミカン類の害虫》. 〘c1909〙

púrple swámphen *n.* 〘鳥類〙セイケイ(青鶏) (*Porphyrio porphyrio*)《湿地にすむ旧世界産クイナ科の青みがかった紫色の鳥でくちばしは朱色》.

púrple-tòp *n.* 〘植物病理〙ジャガイモのウイルス病の一種.

púrple wréath *n.* 〘植物〙熱帯アメリカ産のクマツヅラ科ヤモメカズラ属の紫色の花をつけるつる植物 (*Petra volubilis*).

púr·plish /-plɪʃ, -plɪʃ/ *adj.* 紫色の, 紫がかった. 〘(1562): ⇨ purple, -ish¹〙

púr·ply /-pli, -pli/ *adj.* ＝purplish. 〘(1725): ⇨ purple, -y¹〙

pur·point /pə́:pɔɪnt | pə́:-/ *n.* 《古》＝pourpoint.

pur·port /pə(:)pɔ́ət | pə(:)pɔ́:t, pə́:pət, -pɔ:t/ *vt.* **1 a** [*to* be を伴って] 〈書類などが〉…という意味であるように思われる, …とされている, …と称する, 主張する (claim): a letter ～*ing to* be written by you [*to* contain your decision] 君が書いた[君の決意を記してある]と称する手紙. **b** [しばしば *that*-clause を伴って] 〈書類・演説などが〉意味する (imply), 伝える (convey), …が主旨である: His answer ～*s* his sickness [*that* he was sick]. 返答の意味は彼が病気だ[病気だった]ということだ. **2** 志す, もくろむ (intend). — /pə́:pɔət | pə́:pɔ:t, -pət/ *n.* **1** (全体の)意味; 趣旨, 主意, 要旨 (⇨ meaning SYN): the main ～ of his speech 彼の演説の要旨. **2** 目的 (purpose): the ～ of one's visit 訪問の目的. **～·less** *adj.* 〘v.: (1528) ▭ AF *purporter*＝OF *porporter* to convey ← *por-* (← L *prō* 'PRO-¹')＋*porter* (＜ L *portāre* to carry). — n.: (1455) ▭ AF & OF ～ 'contents, tenor' ← (v.)〙

pur·port·ed /pə(:)pɔ́əṭɪ̀d | pə(:)pɔ́:t-, pə́:pət-, -pɔ:t-/ *adj.* …というううわさ[評判]の, …とされている: his ～ biography 彼の伝記とされている本. 〘(1894): ⇨ ↑, -ed〙

pur·pórt·ed·ly *adv.* うわさによれば, その称するところでは. 〘(1949): ↑, -ly¹〙

pur·pose /pə́:pəs | pə́:-/ *n.* **1** 目的 (aim), 意向 (intent); 目標; 用途: My ～ in coming here is to convince you. あなたを納得させるためにやってきた / answer [serve] the [one's] ～ 目的にかなう, 間に合う / serve no ～ 役に立たない / attain [accomplish, achieve, fulfill] one's ～ 目的を達する / miss one's ～ 目的を逸する / a novel [play, film] with a ～ (作者の)意図を盛り込んだ小説[戯曲, 映画] / I want to have a [some] ～ in my life. 人生の目標を 1 つ[何か]持ちたい / What's the ～ of this meeting? この会議の目的は何か / for this [that] ～ この[その]ために / for [with] the ～ of …のために[目的で] / It's good enough for my ～*s*. 私の目的にはそれで十分だ / For present ～*s*, let's take that for granted. 当面は, それを当然のこととしておこう / For the ～*s* of this contract, the word "man" may be taken to include "woman". この契約では, man という語は woman も含むと解釈してよい. **2** 意志, 意図 (⇨ intention SYN); 決心, 決意 (resolution): be wanting [lacking] in ～ ＝lack ～ 決断力が欠けている / stick to one's ～ 意志を変えない / have [feel] a sense of ～ 目的意識を持つ[感じる] / show strength of ～ 決意の固いところを見せる / "Infirm of ～! Give me the daggers."「何て意志の弱いこと! 私に短剣をよこしなさい」(Shak., *Macbeth* 2. 2. 49–50). **3** 論題, 考究中の問題, 論争点: from the ～ 《古》問題からそれて; 不得要領に. **4** 効果, 成果. **5** 《廃》趣旨, 意味 (purport): to this ～ この意味に. **6** 《廃》提案 (proposal), 要求. **7** 《廃》会話.
at cróss púrposes (お互いの)意図[目的]が食い違って. (1688) ***of (sét) púrpose*** 《文語》＝on PURPOSE (1). (1432) ***on púrpose*** (1) わざと, 故意に, ことさら (↔ by accident): accidentally *on* ～《戯言》偶然を装って(実は故意に). (2) [通例 *to* do または *that*-clause を伴って] 特に…の目的で, わざわざ…するために: He came all the way *on* ～ *to* [*that* he might] see you. 彼はわざわざ君に会いにやって来たのだ. (1592–94) ***to little*** [***nó***] ***púrpose*** (1) 問題にほとんど[全く]触れないで. (2) ほとんど[全く]無駄に. (1560) ***to sóme*** [***góod***] ***púrpose*** (1) 問題にいくらか[うまく]触れて. (2) かなり[うまく]成功して, 効果的に. (1553) ***to the púrpose*** 適切に, 要領を得て: That last remark was hardly [not] *to the* ～. あの最後の発言は的外れだった. 〘c1386〙
— *vt.* **1** [しばしば *to* do, *doing*, *that*-clause を伴って] 意図する, …しようと思う (intend), 決意する (determine): ～ a visit to America 米国行きをもくろむ / ～ *to* come

P

[com*ing*] next week 次週に来るつもりでいる. **2** 《廃》提案する; 予定する. **— *vi.*** 《文語》目的を有する[もっている]. ***be púrposed*** [*to* do, do*ing*, *that*-clause を伴って]《古》意図している: *be* (fully) ~*d that* …しようと(固く)決意している. (?*a*1400)
〖n.: (*c*1300) *porpos, purpos* design, plan ◻ OF (F *propos*) ← *purposer, porposer*. — v.: (*c*1385) *purpose(n)* ◻ OF *purposer, porposer* 《混成》← L *propōnere* 'to PROPOSE'+OF *poser* 'to POSE'〗

pur·pose-built /pə́ːpəsbílt | pə́ː-⌐/ *adj.* 《英》特別の目的のために作られた[建てられた]: ~ toilets for old people 老人のために特別に作られたトイレ / a ~ factory 特別の目的で建てられた工場. 〖1959〗

pur·pose·ful /pə́ːpəsfəl, -fl | pə́ː-/ *adj.* **1** 目的のある. **2** 意図をもつ (designed). **3** 故意の (intentional). **4** きっぱりした, 果断な (resolute): a ~ character 果断な性格. **5** 意味のある, 意味深い; 重要な: a ~ narrative, account, etc. **~·ly** *adv.* **~·ness** *n.* 〖1853〗

púrpose·less *adj.* **1** 〈人が〉確たる目的を有しない, 決断力のない, 決意に欠けた. **2** 〈行動が〉無目的の, 無意味の, 無益の (futile). **~·ly** *adv.* **~·ness** *n.* 〖1552〗

púr·pose·ly *adv.* **1** 故意に, わざと: He seems to waste his energy ~. 彼は体力をわざと浪費しているように見える. **2** [通例 *to* do を伴って] 特に〈…の〉目的で, わざわざ〈…する〉ために (on purpose). 〖1495〗

púrpose-màde *adj.* 特別の目的のために作られた. 〖1930〗

púrpose-nòvel *n.* (作者の意図・主張を盛った)目的小説. 〖1893〗

pur·pos·ive /pə́ːpəsɪv, pə(ː)póus- | pə́ːpəs-/ *adj.* **1** 〈行動など〉目的[意図]のある, 目的意識のある; 目的にかなう[かなった], 合目的の: ~ actions 目的ある行為. **2** 〈人・行為など〉きっぱりした, 決断力のある, 果断な. **3** 目的の, 目的性の. **~·ly** *adv.* **~·ness** *n.* 〖(1855) ← PURPOSE+-IVE〗

pur·pres·ture /pə(ː)préstʃə | pə(ː)préstʃə^(r)/ *n.* 《法律》公有地侵害《公有地・公道・公水路などに私人がみだりに建造物を造ったり, それらの一部を横領すること》. 〖(*c*1384) ◻ OF *p(o)urpresture* 《変形》← *p(o)urpresure* enclosure ← *p(o)urprise* (p.p.) ← *purprendre* to seize upon, enclose ← PUR-+*prendre* to take: ⇨ -ure〗

pur·pu·ra /pə́ːpjʊrə | pə́ː-/ *n.* 《病理》紫斑(はん)病. 〖(1753) ← NL ~: ⇨ purple〗

pur·pu·rate /pə́ːpjʊrɪ̀t, -rèɪt | pə́ː-/ *adj.* 《廃》**1** 紫色の. **2** 帝王の, 王侯の (royal). **— /-rèɪt/ *vt.*** 《古》紫色にする, …に紫衣を着せる. 〖(a.: *c*1422; vt.: 1642) ← L *purpurātus* clothed in purple: ⇨ ↑, -ate[2,3]〗

pur·pure /pə́ːpjə | pə́ːpjə^(r)/ *n.* 《紋章》紫色 (purple) 《無彩色図では向かって右上から左下へかけての斜線で表す》. **— *adj*** 紫(色)の. 〖OE ~ ◻ L *purpura* 'PURPLE'〗

pur·pu·ric /pəːpjʊ́ᵊrɪk | pəːpjúər-, -pjɔ́ːr-/ *adj.* **1** 《病理》紫斑(はん)病の, 紫斑状の: ~ fever 紫斑熱. **2** 紫(色)の (purple). 〖(1818): ⇨ ↑, -ic[1]〗

purpúric ácid *n.* 《化学》プルプル酸 ($C_8H_5N_5O_6$) 《アンモニウム塩などの塩として知られている》. 〖1818〗

pur·pu·rin /pə́ːpjʊrɪ̀n | pə́ːpjʊrɪn/ *n.* 《化学》プルプリン ($C_{14}H_5(CO)_2(OH)_3$) 《セイヨウアカネ (madder) の根から採った結晶化合物, または合成の赤色染料; 1, 2, 4-トリヒドロキシアントラキノンともいう》. 〖(1839) ← PURPURA+-IN[2]〗

purr /pə́ː | pə́ː^(r)/ *vi.* **1** 〈猫が〉満足そうにごろごろいう; 〈人が〉悦に入ってのどを鳴らす: ~ with pleasure [content, satisfaction] 悦に入って[満足して]のどを鳴らす. **2** 〈車・エンジンなどが〉低い滑らかな音を立てる: The car ~*ed* quietly away. **— *vt.*** **1** ごろごろいって[のどを鳴らして]言い表す[示す]. **2** 〈人が〉(猫のように)さも満足そうな調子で話す; (猫のように)いじわるそうに[陰険な調子で]話す: ~ one's satisfaction 満足ですとさもうれしそうに言う. **— *n.*** **1** (猫が)ごろごろいう[のどを鳴らす]音[こと]. **2** (車・エンジンなどの)低く滑らかな音. 〖(1602) 擬音語〗

pur·ree /pʊ́ᵊri, pə́ːri | pʊ́əri, pə́ːri/ *n.* =Indian yellow 2 a. **— *adj.*** 黄色顔料の. 〖(1852) ◻ Hindi *piūrī*: cf. Skt *pīta* yellow〗

pur sang /pʊ̀əsɑ́ː(ŋ), -sɑ́ːŋ | pʊ̀ə-; *F.* pyʁsɑ̃/ *F. adj., adv.* [名詞または形容詞の後に置いて] 純血の; まぎりなしに; 全くの, 生粋の[に], 真正の[に] (genuine): He is a militarist [a cynic] ~. 彼は純然たる軍国主義者[皮肉家]である / He is Welsh [a Welshman] ~. 彼は生粋のウェールズ人だ / The artist ~ is not concerned with party politics. 純粋の芸術家は政党の政策なんかには関与しない. 〖(1864) ◻ F ~ 'pure blood': ⇨ pure, sanguine〗

purse /pə́ːs | pə́ːs/ *n.* **1** 《米》ハンドバッグ (handbag). **2** 《英》財布, 金入れ, がま口《特に, 口金付きで女性が持つもの; 広義には札入れを含む; cf. wallet, billfold, notecase》: a cold [a light, a lean, an ill-lined, a slender] ~ 軽い財布; 貧乏 / a fat [heavy, long, well-filled, well-lined] ~ 重い財布; 富; 富裕 / have a common ~ 共同基金をもつ / open one's ~ 金を出す[与える, 使う] / Who holds the ~ rules the house. 《諺》金が物言う世の中《「財布を握る者が家を支配する」が原義》/ It is a case of the longest ~. 金の多くある者が勝ちだ / You cannot make a silk ~ out of a sow's ear. 《諺》雌豚の耳から絹の財布はできない,「瓜(うり)のつるには茄子(なす)はならぬ」.

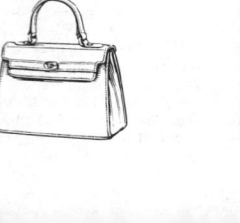

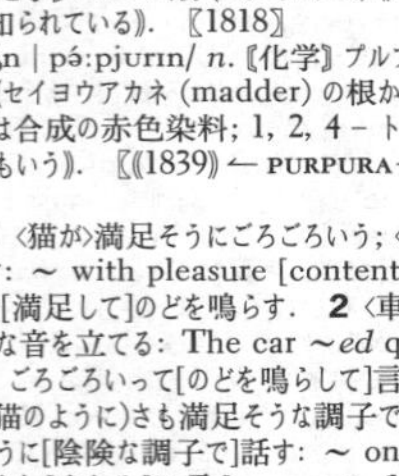

purse 1

日英比較 日本語の「財布」に該当する語であるが, この語は「小銭入れ」の意であり,「札入れ」は wallet を用いる.
3 a 財布状のもの: ~*s* under the eyes 目の下たるみ (bags). **b** 《動物》(家畜の)陰嚢(のう) (scrotum). **4** 金銭 (money); 財源, 資力 (funds); 身代, 富 (wealth): the power of the ~ 金力 / sword and ~ 武力と財力 / live within one's ~ 資力内の生活をする / the public ~ 国庫 / ⇨ privy purse. **5** [a ~] 懸賞金, 寄付金, 贈与金: put up [give] *a* ~ (競技・慈善などに)賞金[寄付金]を出す / make (up) *a* ~ for …のため寄付金を募る. **6** 《古》パース《中近東諸国の通貨単位》: a ~ of silver [gold] 500 [1万]ピアストル (piasters). ***líne one's (ówn) púrse*** ⇨ line[2] *vt.* 3.
— *vt.* **1** 〈口・唇などを〉(財布の口のように)すぼめる (pucker); 〈眉を〉しかめる 〈*up*〉: ~ (*up*) one's mouth into a whistle 口をすぼめて口笛を吹く. **2** 《古》財布に入れる 〈*up*〉. **— *vi.*** しわが寄る, すぼまる (pucker). ***púrse (úp) one's líps*** ⇨ lip 成句.
~·less *adj.* 〖n.: lateOE *purs* ◻ LL *bursa* bag ◻ Gk *búrsa* leather. — v.: (*c*1303) ← (n.)〗

púrse bèarer *n.* **1** 財布を預かる人; (会社などの)会計係 (treasurer). **2** 《英》国璽(じ)捧持官《儀式などで大法官 (Lord Chancellor) の前に国璽 (Great Seal) を捧持する役人》. 〖(*c*1305) *pursberer* bursar〗

púrse bòat *n.* =purse-seiner. 〖1879〗

púrse cràb *n.* 《動物》ヤシガニ, マツカ (*Birgus latro*) 《南洋諸島の陸上にすんでヤシの木に登ることもあり, ココヤシの実の殻の繊維を敷いた穴で過ごすので, coconut crab とも, また palm crab ともいう》. 〖1713〗

purse·ful /pə́ːsfʊ̀l | pə́ːs-/ *n.* 財布一杯(の内容): a ~ *of* money 相当な額の金. 〖(*c*1300): ⇨ purse, -ful[2]〗

púrse nèt *n.* **1** =purse seine. **2** (うさぎ捕り用などの)巾着(きんちゃく)網. 〖*c*1400〗

púrse prìde *n.* 富を誇ること, 金自慢. 〖*a*1656〗

púrse-pròud *adj.* (他に取柄がなく)金持ちが[お金]自慢の, 財産を鼻にかける. 〖1681〗

purs·er /pə́ːsə | pə́ːsə^(r)/ *n.* **1** (船舶・航空機の)パーサー. **2** 《古》(海軍の)主計官《1852 年以降英海軍ではもっぱら paymaster という》. 〖(*a*1450) 'purse bearer': ⇨ purse, -er[1]〗

púrser·shìp *n.* purser の身分[職]. 〖(1600): ⇨ -ship〗

púrse sèine *n.* 巾着(きんちゃく)網《長方形の網のすそに多数の環があってくくり網を通してあり, 魚群を取り巻くとそれで網すそを巾着のように締めて魚を捕る》. 〖1870〗

púrse-sèiner *n.* 巾着網漁船 (cf. purse seine). 〖(1890) ↑〗

púrse-snàtcher *n.* 《米》(ハンドバッグをねらう)ひったくり《人》.

púrse-strìng *adj.* **1** 財布のひも状の[にした]. **2** 財布のひもの[財政上の権限に関する[を握っている]. 〖1905〗

púrse strìng *n.* **1** 財布のひも. **2** [通例 *pl.*] 財布のひも, 財政上の権限: hold [control] the [one's] ~*s* 金の出し入れをつかさどる / loosen [tighten] the [one's] ~*s* 支出を増す[減じる], 金遣いが荒い[けちだ]. 〖*c*1412〗

púrse-string sùture *n.* 《外科》巾着(きんちゃく)縫合. 〖1905〗

púr·si·ly /-sɪ̀li/ *adv.* (肥満のため)息切れして; 太って.

púr·si·ness *n.* (肥満のための)息切れ; 肥満. 〖15C〗

purs·lane /pə́ːslɪ̀n, -leɪn | pə́ːs-/ *n.* 《植物》スベリヒユ科の草本の総称; (特に)スベリヒユ (*Portulaca oleracea*) 《至る所に見られる雑草の一つ; cf. portulaca》. 〖(*a*1387) *purcelan(e)* ◻ AF *purcelane*= OF *porcelaine* ◻ L *porcilāca* 《変形》← *portulāca* 'PORTULACA': cf. It. *porcelland* porcelain〗

pur·su·a·ble /pəsúːəbl | pəsjúːə-, -súːə-/ *adj.* **1** 追跡[追求, 遂行, 従事, 続行]できる. **2** 《スコット法》訴追できる. 〖(1611): ⇨ pursue, -able〗

pur·su·ance /pəsúːəns | pəsjúːəns, -súː-/ *n.* **1** (計画・目的・考えなどの)追求 (pursuit). **2** 続行, 履行, 遂行: in (the) ~ of …を履行して; …に従って. 〖(1596) 'that which follows': ⇨ ↓, -ance〗

pur·su·ant /pəsúːənt | pəsjúːənt, -súː-/ *adj.* **1** 〔…に〕従う, 応じる (conformable) 〔*to*〕: ~ *to* the rules 規則に従う[従って], 規則通りの. **2** 《まれ》後につく (following after). **— *adv.*** 〔…に〕よって, 応じて, 準じて (conformably) 〔*to*〕: ~ *to* Article 5 第 5 条によって. **~·ly** *adv.* 〖(1542–43) 'prosecuting (in a court of law)' ◻ OF *po(u)rsuiant* (pres.p.) ← *po(u)rsuir, porsivre*: ⇨ ↓, -ant〗

pur·sue /pəsúː | pəsjúː, -súː/ *vt.* **1** (捕えまたは殺すために)追う, 追跡する (chase): ~ game [a fugitive] 獲物[逃亡者]を追跡する / ~ the enemy 敵を追撃する. **2** 〈病気・運命・結果・懲罰などが〉…につきまとう, 随伴する (attend): Ill luck ~*d* him all his life. 不幸が一生彼につきまとった. **3** 〈議題などの〉論議を進める, 続行する, 〈旅行などを〉継続する, 〈計画などを〉進める: ~ a subject [topic] 議題[話題]を進めて行く / ~ a journey 旅行を続ける / ~ one's course [way] 道を進む / ~ a plan 計画を進める. **4 a** 〈快楽・知識・目的などを〉得ようとする, 達成しようとする, 追求する: ~ pleasure [knowledge] 快楽[知識]を求める / ~ one's object 目的を追求する. **b** 遂行する (prosecute): ~ one's investigations [studies] 調査[研究]を遂行する. **5** 〈仕事・研究などに〉従事する, 〈業を〉営む, 行う: ~ one's business, occupation, profession, etc. **6** 〈手続き・考えなどを〉実行する (carry on): ~ the proper legal remedies 正当な法的手段をとる. **7** 〈道路などを〉行く, たどる: ~ a road. **— *vi.*** **1** 〔…を〕追う, 〔…について〕行く (follow) 〔*after*〕. **2** 《まれ》続ける (continue), 言い続ける. **3** 《スコット法・教会法》〔…を〕起訴する (sue) 〔*for*〕. 〖(*c*1300) *pursue(n)* ◻ AF *pursuer* = OF *po(u)rsivre* (F *poursuivre*) < VL **prōsequere*= L *prōsequī* to follow ← PRO-[1]+*sequī* to follow: cf. prosecute〗

pur·sú·er /-súːə | -sjúːə^(r), -súːə^(r)/ *n.* **1** 追手, 追跡者 (chaser). **2** 追求[遂行]者, 続行者; (調査・研究などの)従事者, 研究者. **3** 《スコット法・教会法》検察官 (prosecutor), 原告 (plaintiff). 〖(*c*1390) *pursuwer*: ⇨ ↑, -er[1]〗

pur·suit /pəsúːt | pəsjúːt, -súːt/ *n.* **1 a** 追求 〔*of*〕: the ~ *of* knowledge [truth, wealth, pleasure] 知識[真理, 富, 快楽]の追求 / the ~ *of* happiness 幸福の追求 《米国の独立宣言文より》. **b** 遂行, 続行 (following up). **2** 追跡 (chase), 追撃 〔*of*〕: the ~ *of* the fox [enemy] キツネの追跡[敵の追撃] / in hot ~ 激しく追跡[追撃]して / give ~ 追跡する. **3** 従事 (engagement), 営み; 職業 (occupation), 仕事, 研究; (しばしば行う)楽しみ, 娯楽: the ~ of one's business / daily ~*s* 日常の仕事 / He is an astronomer by ~. 職業は天文学者だ / literary ~*s* 文学稼(か)業[研究] / mercantile [commercial] ~*s* 商業. **4** =pursuit race. **5** 《スコット法・教会法》起訴 (prosecution). **6** 《古》《軍事》=pursuit plane.
in pursúit of …を求めて, 得ようとして; …を遂行しようとして. (1595–96) 〖(*c*1390) *pursu(i)t(e)* ◻ AF *purseute* =OF *po(u)rsuite* ← *po(u)rsivre* 'to PURSUE'〗

pursúit plàne *n.* 《古》《軍事》戦闘機; (特に, 敵機を追跡して攻撃する)追撃機《今は fighter (plane) という》. 〖1918〗

pursúit ràce *n.* (ある間隔を置いて出発し他を追い越す)自転車競走. 〖1908〗

pur·sui·vant /pə́ːs(w)ɪ̀vənt | pə́ː-/ *n.* **1** (英国の紋章院 (College of Arms)) 紋章官補《最下級 (herald の下位)の官吏で, 4 人から成る》. **2** 《古》従者 (attendant); 使者; 前触れ. 〖(*c*1380) *pursevant(e)* ◻ (O)F *poursuivant* (pres.p.) ← *poursuivre* 'to PURSUE': ⇨ -ant〗

pur·sy[1] /pə́ːsi, pʌ́si | pə́ːsi/ *adj.* (**pur·si·er; -si·est**) **1** (肥満のため)息切れする (short-breathed); 喘息(ぜんそく)の (asthmatic). **2** 太った. 〖(1440) *pursif* ◻ AF *porsif* 《変形》← OF *polsif* ← *polser* (F *pousser*) to breathe with labor < L *pulsāre* to push: ⇨ pulse[1]〗

purs·y[2] /pə́ːsi | pə́ːsi/ *adj.* (**purs·i·er; -i·est**) **1** しわのある, すぼんだ (puckered): ~ eyes, lips, etc. **2** 金持ちの, 富んだ; 金持ちが自慢の (purse-proud). 〖1: (1552); 2: (1602) ← PURSE (n.)+-Y[4]〗

pur·te·nance /pə́ːtənəns, -tn̩- | pə́ːtɪ̀n-, -tn̩-/ *n.* 《古》(畜殺動物の)内臓 (inwards) (cf. *Exod.* 12:9). 〖(*a*1338) *purtenaunce* that which belongs to something 《変形》← OF *partenence* (pres.p.) ← *partenir* 'to PERTAIN': ⇨ -ance〗

pu·ru·lence /pjʊ́ᵊrʊləns | pjúər-/ *n.* 《医学》**1** 膿(のう)をもつこと, 化膿 (suppuration). **2** 膿汁, 膿(うみ) (pus). 〖(1597) ◻ LL *purulentia*: ⇨ purulent, -ence〗

pú·ru·len·cy /-lənsi/ *n.* =purulence. 〖(1597): ⇨ ↑, -ency〗

pu·ru·lent /pjʊ́ᵊrʊlənt | pjúər-/ *adj.* 《医学》**1** 化膿(のう)性の, 化膿する; 化膿を伴う: a ~ sore 化膿傷 / ~ appendicitis 化膿性虫垂炎. **2** 膿状の: ~ matter 膿(うみ). **~·ly** *adv.* 〖(1597) ◻ L *pūrulentus* festering ← *pūr-, pūs* 'PUS'+*-lentus* full of (⇨ -ulent)〗

Pu·rus /pʊ́ruːs; *Braz.* puɾús, *Am.Sp.* purús/ *n.* [the ~] プルス(川)《ペルー東部に発し北東流してブラジル西部を貫流し Amazon 川に注ぐ川 (3,200 km)》.

pu·ru·sha /pʊ́rəʃə/ *n.* 《インド哲学》(数論(すろん)派 (Sankhya) とヨーガ (Yoga) で)プルシャ, 精神《哲学的には(普遍的)霊魂, 最高精神; 物質的原理 (prakriti) に対する純粋精神; cf. guna》. 〖◻ Skt *puruṣa* 《原義》man〗

pur·vey /pə(ː)véɪ, pə́ːveɪ | pə(ː)véɪ/ *vt.* **1** 〈情報を〉提供する, 伝える. **2** (職業・商売として)供給する (supply); (特に)〈食料品を〉調達する, 賄う (purvey): ~ meat *for* an army 軍隊に肉を調達する. **— *vi.*** **1** 食料品を調達する. **2** 〔人の〕賄い役になる 〔*to, for*〕. 〖(*c*1300) *pourveie(n), purveie(n)* ◻ AF *purveier, por-*=OF *porveeir* (F *pourvoir*) < L *prōvidēre* 'to PROVIDE'〗

Pur·vey /pə́ːvi | pə́ː-/, **John** *n.* パーベイ (1354?–?1421; 英国の学者; Lollard 派に属し Wycliffe の秘書として最初の英訳聖書を完成 (1395 年頃)).

pur·vey·ance /pə(ː)véɪəns | pə(ː)-/ *n.* **1** 《まれ》(食料品の)支給, 調達 (purveying). **2** 《まれ》支給[調達]物 (supplies), 賄い品; 食糧 (provisions). **3** 《英史》(食糧などに対する国王の)徴発権, 強制買上げ権 (1660 年廃止). 〖(*c*1300): ⇨ purvey, -ance〗

pur·vey·or /pə(ː)véɪə | pə(ː)véɪə^(r)/ *n.* **1** (軍隊・王室などの)御用達(たし), 御用商人: the *Purveyor to* the Royal Household 王室御用達. **2** (多人数のために食事を供給する)仕出屋, 賄い屋. **3** 《英》(食糧などの必需品の)徴発官. **4** 情報提供者; うそ[デマ]を広める人. 〖(*a*1325) 《廃》'manager' ◻ AF *purveour*=OF *porveour*, *-v(e)eur*: ⇨ purvey, -or[2]〗

pur·view /pə́ːvjuː | pə́ː-/ *n.* **1** 《法律》(法令の)本文, 条項 (cf. preamble 1, proviso): fall within the ~ of an article of a law 法令の第何条に該当する. **2** (法令・文書・書物・題目などの)範囲, 限界; 活動[関与]範囲, 領域, 権限: within [outside, beyond] the ~ of two studies [practical politics] 研究[実際政治]の範囲内[外]に. **3** (理解・認識などの)範囲, 限界; 視界, 視野; 見地 (outlook). 〖(1442) *purveu* ◻ AF=OF *porveu* (p.p.) ←

porveeir 'to PURVEY': 3 の語義は VIEW の影響》

pus /pʌ́s/ *n.* 〘医学〙膿(う), 膿(うみ)(汁). 〖(1541) ☐ L *pūs*: cf. Gk *púon* pus〗

Pus /pʊ́s/ *n.* プース(の月)《ヒンズー暦の月名の一つで, 太陽暦の 12 月-1 月に当たる; cf. Hindu calendar》. 〖☐ Hindi *pūs* ← ☐ Skt *puṣya*〗

-pus /pəs/ 〘動物〙「(…の)足のある動物」の意の名詞連結形. ★ 主に動物学上の分類名に用いる. 〖← NL ~ ← Gk *-pous* ← *poús* foot: ⇨ podo-〗

Pu·san /púːsɑːn, ⌐⌐ | pùːsǽn; *Korean* pusan/ *n.* 釜山(さん)《韓国南東部の朝鮮海峡に面する港市; 韓国第 2 の大都市で商工業の一大中心地》.

Pu·sey /pjúːzi/, **Edward Bou·ver·ie** /búːvəri/ *n.* ピュージー《1800–82; 英国の神学者, Oxford 大学教授, Oxford movement 主唱者の一人》.

Pú·sey·ìsm /-zìːzm/ *n.* 《軽蔑》ピュージー主義《E. B. Pusey が J. Keble, J. H. Newman などの同志と共に起こした宗教運動 Oxford movement の別名; Tractarianism ともいう》. 〖(1838): ⇨ ↑, -ism〗

Pú·sey·ìte /pjúːziàɪt/ *n.* 《軽蔑》ピュージー主義者. 〖(1838): ⇨ -ite[1]〗

push /pʊ́ʃ/ *vt.* **1 a** 押す, 突く (↔ pull, draw); 押し動かす: ~ a button, baby carriage, person, etc. / ~ *aside* bystanders [obstacles, objections] 野次馬[障害, 反対]を押しのける / ~ *back* demonstrators [enemies, desires, one's hair] デモ隊を押し戻す[敵軍を敗走させる, 欲望を抑える, 髪をかき上げる] / ~ *up* a window 窓を押し上げ(て閉め)る / ~ one's eyeglasses *up* めがねをぐいと押し上げる / ~ a tack *down* [*in*] 鋲を押し込む / ~ a fence *down* 塀を押し倒す / ~ a box *in* 箱を押して入れる / ~ a person (up) *against* [*into*] a wall 人を塀に押しつける / ~ a plug *into* a socket プラグを押してソケットに入れる / ~ a bicycle *up* a slope 自転車を押して坂を上がる / The crowd ~*ed* me *off* the sidewalk. 人込みに押されて歩道の外に出た / ~ a person *away* (*from* one) 人を押し離[返]す / ~ a book *across* a desk *to* a person 本を机の向こう側にいる人の方へ押してやる / He ~*ed* the door open [shut, to]. ドアを押して開けた[閉めた] / ~ X and Y *together* X と Y を一緒に押す. **b** (身体・部分・道具などを)〔…に〕押し当てる〔*against*〕: He ~*ed* his shoulder *against* the door. 肩でドアを押した. **c** [~ one's way または ~ oneself として] (障害を排して)押し進む, 突き進む: ~ *one's way through* a crowd [life, the world] 人込みを押し分けて進む[奮闘して世に出る] / He ~*ed himself to* the front of the crowd. 人込みを押しのけて前へ出た. **d** 〈嫌なこと・粗悪品などを〉押しやる, 押しつける: ~ *to* the back of [*out of*] one's mind 〈心配事などを〉心の奥に押しやる[考えないようにする] / ~ aside 〈嫌なことを〉忘れようとする / ~ a task *on* (*to*) a person 仕事を人に押しつける / They have ~*ed* it all *off onto* me. それをみんな私に押しつけた.
2 〈手足などを〉突き出す (stick); 〈芽・根を〉張り出す (put forth, put out); 〈軍隊を〉繰り出す (send out): ~ *out* one's lower lip (不平・不満で)下唇を突き出す / ~ one's nose *into* a person's affairs 人のことに口を出す / ~ *out* new leaves 新芽を吹く.
3 a 〈物価・失業率などを〉押し上げる, 増大させる (increase)〈*up*〉: ~ *up* prices [taxes] / ~ the production of cars (*up*) *to* record levels 車の生産高を記録的なレベルにまで上げる. **b** [~ *down* として]〈物価などを〉押し下げる, 減少させる: ~ *down* interest rates 金利を引き下げる / Prosperity ~*ed* the city's unemployment *down to* 3%. 好景気で町の失業率は 3% に減った.
4 a 〈馬・車などを〉(限度以上に)駆る, 走らせる: ~ a horse hard 馬をきびしく駆り立てる / ~ a car *to* a breakneck speed [*to* over eighty miles an hour] 猛スピード[時速 80 マイル以上]で車を飛ばす. **b** 〈人を〉駆り立てる (urge); 駆り立てて…させる (impel)〈*to do*〉; せき立てて〔ある状態に〕させる〔*into, to*〕: ~ a person (*on*) *to* enter politics 人に盛んに政界入りを勧める / ~ oneself *to* do dull work 自分を駆り立てて退屈な仕事をする / ~ the nation *into* (going to) war 国民を戦争に駆り立てる.
5 〈目的・計画・理論などを〉押し進める; 〈商売などを〉拡張する; 〈解釈などを〉拡大する; 〈要求などを〉強く主張する; 〈法案などを〉ごり押しする: ~ an argument further [home, *to* its conclusion, *to* absurdity] 議論を[さらに徹底的に, 結論に至るまで, 不合理なまでに]押し進める / ~ a project *to* completion 計画を推進して完成させる / ~ *back* the frontier(s) (of knowledge) (知識の)最先端を押し進める / ~ one's claims 要求をあくまで主張する / ~ a bill *through* (Congress) 議案を無理やり(議会に)通す / ⇨ *push one's* LUCK.
6 a (広告して)〈商品を〉積極的に売り込む, 〈販売を〉促進する: ~ (the sale of) one's goods. **b** 〈人を〉後押しする, 後援する; [~ oneself で] 積極的にふるまう: friends who ~ me 私の後押しをしてくれる友人たち / ~ a candidate 候補者を後押しする / ⇨ PUSH *forward* (2). **c** 《口語》〈麻薬を〉(売人として)密売する, 売りつける: ~ drugs *to* teenagers.
7 a 圧迫する, 追いつめる; 〈人〉に〔…を〕迫る (press hard)〔*for*〕; 圧迫して〔ある状態に〕陥れる〔*into, to*〕: ~ a person *to* the limits of his patience [endurance] 我慢しきれなくなるまで人を追いつめる / enemies who ~ me too hard [too far] 私を追いつめる敵ども / She ~*es* herself too hard [too much]. 彼女は無理をしすぎる / ~ a person (hard) *for* payment [an answer] 人に支払い[回答]を(強く)迫る / Inflation ~*ed* the country's economy closer to bankruptcy. インフレがその国の経済を破産寸前に追い込んだ. **b** [受身で]〔金・時間などに〕迫られる, 窮する, 詰まる〔*for*〕: be (hard) ~*ed* to do 《口語》…するのに(ひどく)苦労する, なかなか…できない / We're ~*ed for* money [time]. 金に[時間がなくて]困っている.
8 [be ~*ing*+基数詞の形で]《口語》そろそろ…歳に手が届く《★ 通例 30 歳以上の場合にいう》; (数が)…に近づく: He *is* ~*ing* fifty. もうそろそろ 50 だ / The audience *is* ~*ing* 10,000. 観衆は 1 万人にもなろうとしている.
9 〘聖書〙角で突く (cf. *Exod.* 21:32).
10 a 〘テニス・クリケット〙〈ボールを〉プッシュして打つ. **b** 〘野球〙〈ボールを〉流し打ちする (cf. pull 10).
11 〘写真〙〈フィルムを〉増感現像する (push-process)《露光不足補正のため過剰現像を行う》.
— *vi.* **1 a** 押す, 突く (↔ pull): ~ and shove 押し合いへし合いする / Don't ~ (*against* me). (私を)押すな / a door [bell] marked *Push* 「押す」と記されている戸[呼び鈴]. **b** 押せる, 押すと動く (↔ pull): This swing(ing) door ~*es* easily. この自在戸は押すと簡単に開く / The door ~*ed* open. ドアは押すと開いた. **c** 〈妊婦が〉(分娩時に)息む, 力む〈*down*〉. **2 a** 押し進む, 突き進む, 前進する: ~ *ahead* [*along, on*] どんどん進む / ~ *by* [*past*] (a person) (人の)そばを押しのけて通る / ~ *in* (*through* a crowd) (人込みの中へ)割り込んで行く / ~ *out into* a stream (舟にかいをさして)川中へ乗り出す. **b** (立身出世などのために)しゃにむに努力する[がんばる]. **3** 突き出る, 突出する (project); 〈道などが〉伸びる (extend); 〈植物などが〉伸びる: The cape ~*es far out into* the sea. 岬はぐっと海に突出している. **4** 〔…を〕迫る, 強要する〔*for*〕: ~ *for* their resignation [talks] 辞任[会談]を要求する / ~ hard *for* [*to* get] wage increases 強硬に賃上げを迫る / If you ~ too hard, you may alienate people. あまり強く要求すると人を遠ざけることになるかもしれない. **5** 《口語》(末端で)麻薬を密売する.
púsh abóut =PUSH *around*. ***púsh ahéad*** (1) ⇨ *vi.* 2. (2) 〔計画などを〕どんどん押し進める〔*with*〕: ~ *ahead with* plans. ***púsh alóng*** (1) ⇨ *vi.* 2 a. (2) 《口語》〈客が〉去る, 立つ, 帰る (leave): It's time I was ~*ing along*. もう帰らなければならない時間だ. ***púsh aróund*** 《口語》こづき回す; いじめる, こき使う. 《1923》 ***púsh báck*** (1) ⇨ *vt.* 1 a. (2) (下がった)〈めがね・帽子・髪などを〉押し上げる, かき上げる: ~ one's glasses *back on* one's nose. 《1791》 ***púsh fórward*** (1) =PUSH *ahead*. (2) (注意を引いたり気に入られるように)〈人・物を〉前面へ押し出す: ~ *forward* one's claim [products] 要求を突きつける[製品を大いに売り込む] / ~ oneself *forward* でしゃばる, しゃしゃり出る. 《1861》 ***púsh ín*** (1) 〈舟などが〉岸に近寄る. (2) 〈人が〉割り込む (cf. *vi.* 2 a); 《口語》でしゃばる, よけいな口出しをする. ***púsh ínto*** …に割り込む, に押して入る. ***púsh it*** =*push one's* LUCK. ***púsh it a bit*** 《口語》[通例進行形で] (1) やりすぎる, 言いすぎる; 要求しすぎる: Nothing here is any good? That's ~*ing it a bit*, don't you think? ここにはいいものが全然ないって, それはちょっとひどすぎない. (2) せかせすぎる, ぎりぎりである: Have it ready by tomorrow? That's ~*ing it a bit*, don't you think? それ明日までに用意してくれって, それはちょっと無理じゃない. ***púsh óff*** (*vi.*) (1) かいで岸を突いて舟を出す. 《1726》 (2) 《英口語》出発する, 去る, 帰る: Well, I'll ~ [be ~*ing*] *off* now. さてそろそろしりを上げようか / *Push off!* 出て行け. 《1740》 — (*vt.*) ⇨ *vt.* 1 a. ***púsh ón*** (1) ⇨ *vt.* 4 b. (2) =PUSH *ahead*. 《1718》 ***púsh óut*** (*vt.*) (1) (不当に)解雇する: He was ~*ed out* yesterday. きのう解雇された. (2) 押し出す; ⇨ *vt.* 2. 《1614》 (*vi.*) (1) ⇨ *vi.* 3. (2) 突き出る. (3) =PUSH *off* (*vi.*) (1). ***púsh óver*** 〈人・物を〉ひっくり返す. ***púsh things a bit*** =PUSH *it a bit* (2). ***púsh thróugh*** (*vt.*) 〈仕事などを〉強いてやり通す; 〈議案・提案等を〉押し通す; 〈学生などを〉無理に及第させる; ⇨ *vt.* 5: ~ a plan [reforms, decisions] *through* 計画[改革, 決定]を強行する / ~ a weak student *through* (an exam) できない学生を強引に(試験で)通す. — (*vi.*) 〈植物が〉土中から伸びる. 《1806》 ***púsh úp*** (競争などで)突き進む, 迫る.
— *n.* **1 a** 押す[突く]こと, ひと押し, ひと突き (shove); (武器・角の)突き: at [with] one ~ ひと押し[ひと突き]で[に], 一気に / give a person [door] a ~ 人[ドア]を押す. **b** 押す力, (絶え間のない)圧力: the ~ of the wind *on* [*against*] the sails 帆に当たる風の力. **2** 《口語》馬力 (energy), 奮発, 奮闘, 頑張り, 努力 (vigorous effort): the big ~ 大奮闘, 一大努力 / a person full of ~ and go 大変な精力家 / women's ~ *for* equal rights 平等権獲得のための女性の努力[突き上げ] / make a ~ (*to* do) (…するために)奮闘する, 頑張る. **3** 押し進むこと, 邁進(まいしん); 〘軍事〙大攻撃, 大攻勢: the ~ of the people crowding in 群がる人の押す力 / make a ~ *at* [*for*] (…に向かって)突き進む / The big [last] ~ finally began. 大[最終]攻勢がついに始まった. **4 a** 刺激, 推進力 (impetus). **b** 後押し (backing), 後援, 推挙. **c** 販売促進運動 (campaign): a sales ~ 販売促進運動 / a ~ *on* the new product 新製品販売促進キャンペーン. **5** 《口語》押しの強さ, 強引さ (self-assertion, assertiveness); 進取の気性 (enterprise): a person with plenty of ~ とても強引な人 / *Push* generally succeeds in business. 実業界は押しの一手で成功する. **6** 《口語》切迫 (pinch), 危機 (crisis), 急場 (emergency): at a ~ いざとなれば; うまくいけば, やっと / if [when] it comes to the ~ =《米》if [when] ~ comes [came] to shove 危急に際して(は), いざという時になれば[なると] / it'll be a ~ (時間不足で)そいつはきつい[難しい]. **7 a** 〘テニス・クリケット〙プッシュ(打ち) (cf. *vt.* 10). **b** 〘野球〙流し打ち. **8** 〘玉突〙押し玉. **9** 押す装置, (特に)押しボタン (push button). **10** 《口語》群衆 (crowd); 仲間, 一団 (bunch). **11** 《豪俗》泥棒[悪党]一味, ごろつき[やくざ]仲間. **12** [the ~]《英口語》解雇, 首切り (dismissal). ★ 次の句で: get *the* ~ 首を切られる, お払い箱になる / His employer [girl friend] gave him *the* ~. 彼は首になった[振られた].
— *adj.* [限定的] 押して操作する[動かす]: ⇨ push mower.
〖(?c1225) *pusshe(n), posshe(n)* ☐ (O)F *pousser*, OF *po(u)lser* to push, beat < L *pulsāre* (freq.) ← *pellere* to beat. — n.: 《1563》'attack' ← (v.): PULSATE と二重語: cf. pulse[1]〗

SYN 押す: **push** 人や物を自分から離れる方向に押す《一般的な語》: *push* a pram 乳母車を押す. **shove** 乱暴に押す: The guards *shoved* people aside to make way for the movie star. 警備員はその映画スターが通れるように人々をわきへ押しのけた. **thrust** 突然にまたは手荒くぐいと押す: *thrust* him away 彼をぐいと押しのける. **propel** 前方に押しやる: *propel* a boat by oars ボートをオールで漕ぎ進める. **ANT** pull, draw.

---

púsh·bàll *n.* プッシュボール《直径 6 フィート, 重量 48 ポンド以上の大ボールを 11 人ずつから成る両チームで相手のゴールに押し合う球戯》; そのボール. 〖1898〗

púsh bàr *n.* 〘建築〙プッシュバー, 押し横棒《ガラス戸などに手の高さに渡された横棒; 戸の開閉に押すためと, ガラス面の保護用》. 〖1895〗

púsh-bàr convèyor *n.* 〘機械〙プッシュバーコンベヤー, 押し棒コンベヤー《鎖コンベヤーの一種》.

púsh bìcycle *n.* =push-bike. 〖1906〗

púsh-bìke *n.* 《英口語》(オートバイ (motorbike) に対して)足踏み自転車《push bicycle, push cycle ともいう》. 〖1913〗

púsh bòat *n.* 〘海事〙押し船《引き船と反対に, はしけの方にへこみがあり, ここに押し船の船首を突っ込み押して移動させる方式の機械船》. 〖1928〗

púsh bròom *n.* 長い取っ手付きで押して使うほうき. 〖1926〗

púsh-bùtton *adj.* **1** 押しボタン式の: ~ tuning (ラジオなどの)押しボタン式局切り替え[同調] (装置) / a ~ starter (機械などの)押しボタン式始動装置 / a ~ age (何でも機械がやってくれる)押しボタン時代. 日英比較 日本語の「プッシュホン」は和製英語. 英語では *push-button* telephone, もしくは touch-tone という. **2** 〈戦争など〉遠隔操縦による: ~ war [warfare] ボタン戦争. 〖1916〗

púsh bùtton *n.* (機械などの)押しボタン. 〖1878〗

púsh càr *n.* 《米》(鉄道で使う)作業車《気動車に引かれ資材の運搬などに使用される》. 〖1884〗

púsh·càrd *n.* =punchboard.

púsh·càrt *n.* 手押し車《行商人が使用したりスーパーマーケットなどで買い物を載せる》: a self-service ~. 〖1893〗

púsh·chàir *n.* 《英》=stroller 1. 〖1921〗

púsh cỳcle *n.* =push-bike. 〖1905〗

púsh·dòwn *n.* 〘電算〙プッシュダウン記憶装置《最後に入れた内容を最初に取り出す形式で使用するコンピューターの記憶装置; pushdown list [stack] ともいう》.

púsh-dòwn *n.* 〘航空〙急降下. 〖1938〗

pushed *adj.* 《口語》暇がない, 忙しい; (時間などがなくて)苦労して, せきたてられて. 〖1658〗

push·er /pʊ́ʃə | -ʃə(r)/ *n.* **1** 《口語》麻薬密売人, 売人. **2 a** 押す人, 押し手; (特に)押しの強い[強引な]セールスマン: a wheelchair ~ 車椅子を押す人. **b** 《口語》(建設労務者などの)親方 (foreman). **c** 《口語》(自分のためには手段を選ばぬ)強引な人, でしゃばり屋. **3 a** 押す物, 押し道具; 《英》プッシャー《ナイフやフォークの使えない幼児が食物をスプーンに載せるために使う物》. **b** 《豪》=stroller 1. **4 a** (補助勾配 (pusher grade) で列車を後から押す)補助機関車. **b** 〘海事〙=push boat. **c** 〘航空〙推進プロペラ《エンジンの後方にある》; =pusher airplane. 〖1591〗

púsher áirplane *n.* 〘航空〙《プロペラが胴体や主翼の後方にある》推進式飛行機 (cf. tractor 3).

púsher gràde *n.* 〘鉄道〙補助勾配《制限勾配 (ruling grade) より急で, 補助機関車 (pusher) を使用しなければならない勾配》.

púsh fìt *n.* 〘機械〙押しばめ. 〖1918〗

push·ful /pʊ́ʃfəl, -fl/ *adj.* **1** 進取の気性に富む, 意欲的な. **2** 押しの強い, 強引な, でしゃばりな. **~·ly** *adv.* **~·ness** *n.* 〖1896〗

púsh·ing *adj.* **1** 押す; 突く; 推進する. **2** 進取の気性のある (enterprising), 意欲的な, 活動的な (active) (⇨ assertive SYN). **3** 押しの強い, 強引な; ずうずうしい, でしゃばる. — *prep.* 〈ある年齢・速度など〉に近づいて (cf. push *vt.* 8): He must be ~ 60 by now. もう 60 近いに相違ない. **~·ly** *adv.* **~·ness** *n.* 〖(1692): ⇨ -ing[2]〗

púsh jòint *n.* 〘石工〙押し目地《れんが積みで, れんがにモルタルを付け, 隣のれんがに押しつけることによってできる縦方向の目地; shove(d) joint ともいう》.

púsh kèy *n.* プッシュキー《押すと施錠できる錠に使う》.

Push·kin /pʊ́ʃkɪn | -kɪn; *Russ.* púʃkʲin/ *n.* プーシキン《ロシア西部 St. Petersburg 郊外の都市; 旧名 Tsarskoye Selo》.

Push·kin /pʊ́ʃkɪn | -kɪn; *Russ.* púʃkʲin/, **Alek·sandr Sergeevich** *n.* プーシキン《1799–1837; ロシアの詩人・小説家; *Evgeni Onegin*「エブゲニーオネーギン」(1825–31), *The Queen of Spades* (1834)》. **Push·kin·i·an** /pʊʃkíniən/ *adj.*

push·mo·bile /pʊ́ʃmoubìːl | -məu-/ *n.* 《米》手押し自動車《子供を乗せて押すおもちゃの乗り物》. 〖1911〗

púsh mòney *n.* 《口語》(製造業者が販売業者に支払う販売促進用の)手数料 (commission). 〖1939〗

púsh mòwer *n.* (手押し式の)芝刈り機.

púsh·òver *n.* **1** 《口語》たやすい仕事, 容易な事

P

(snap): It's a mere ～. そんなことは朝飯前だ. **2** 《口語》(試合で)弱い相手[チーム]; 楽勝. **3** 《口語》くみしやすい相手, だまされやすい人, すぐ誘惑にのってしまう人, かも: He is a ～ *for* blonde girls. ブロンドの女の子に弱い. **4** 〖航空〗急降下の始め, (特に)操縦桿を前に押した瞬間. 〘(1906) ← *push over* (⇨ push (v.) 成句)〙

púsh·over trý *n.* 〖ラグビー〗スクラムを組んだまま押し勝って得点[トライ]すること. 〘1958〙

púsh·pìn *n.* **1** 〖遊戯〗頭を突き合わせて並べたピンを指ではじいて相手のピンを飛び越させる遊戯. **2** 児戯, 些細なこと (triviality). **3** 《米》(通例, 頭部が赤や青の)画鋲(がびょう), 製図用ピン (《英》drawing pin). 〘1594–95〙

púsh plàte *n.* (扉に取り付けた)押板 (hand plate). 〘1907〙

púsh-prócess *vt.* 〖写真〗〈フィルムを〉増感現像する (push).

púsh pròcessing *n.* 〖写真〗増感(現像). 〘1977〙

púsh-púll *adj.* **1** 〖電子工学〗プッシュプル式の《2 個のトランジスターなどが互いに逆位相で動作する》: a ～ amplifier プッシュプル増幅器. **2** 押しても引いても動く《push and pull ともいう》: a ～ toy. — *n.* 〖電子工学〗プッシュプル回路. 〘1924〙

púsh·ròd *n.* 〖機械〗押し棒, 突き棒《カム (cam) の駆動によって内燃機関の弁を押して開閉する棒》. 〘1908〙

púsh shòt *n.* プッシュショット: **a** 〖ゴルフ〗アイアンでボールを低く飛ばす打ち方. **b** 〖バスケットボール〗バスケットからかなり離れた位置からボールを肩以上にあげて片手で行うシュート. **c** 〖玉突〗突き玉 (cue ball) が的玉 (object ball) に触れるまで押すようにしてキューをキューボールから離さない打ち方; または一つのストロークで 2 度キューボールを打つこと《いずれも反則》. 〘1909〙

púsh-stàrt *vt.* 〈自動車を〉押し掛けする. — *n.* 押し掛け《自動車を押して始動させること》. 〘1957〙

Push·to /pʌ́ʃtoʊ | -təʊ/ *n.* =Pashto.

Push·tu /pʌ́ʃtuː/ *n.* =Pashto.

push-up /pʊ́ʃʌ̀p/ *n.* 《米》〖体操〗腕立て伏せ: do (twenty) ～*s* (20 回)腕立て伏せをする. 〘1906〙

push·y /pʊ́ʃi/ *adj.* (**push·i·er, -i·est**) 《口語》押しの強い, 強引な (aggressive); ずうずうしい, でしゃばりな (pushing); 野心むき出しの. **púsh·i·ly** /-ʃɪ̀li/ *adv.* **púsh·i·ness** *n.* 〘(1936): ⇨ push, -y[4]〙

pu·sil·la·nim·i·ty /pjùːsəlænɪ́məti, -zə̀l-, -læ- | -mɪ̀ti-/ *n.* 優柔不断, 臆病(おくびょう), 腰抜け (cowardliness). 〘(*a*1393) □ (O)F *pusillanimité* □ LL *pusillanimitātem*: ⇨ ↓, -ity〙

pu·sil·lan·i·mous /pjùːsəlǽnəməs, -zə̀l-ˉ/ *adj.* 優柔不断な (spiritless), 気の弱い, 臆病(おくびょう)な (cowardly); 弱気の: ～ counsels 軟弱な助言. **～·ly** *adv.* **～·ness** *n.* 〘(1586) ← LL *pusillanim(is)* fainthearted (← L *pusillus* little + *animus* mind) + -ous: cf. magnanimous〙

Pus·kas /pʊ́ʃkɑːs/, **Fe·renc** *n.* プスカシ (1927–2006; ハンガリーのサッカー選手; 左足シュートで有名; ナショナルチームで主将を務め, 1954 年ワールドカップ 2 位).

puss[1] /pʊ́s/ *n.* 《口語》**1** [特に猫への呼び掛けに用いて] にゃんにゃん, にゃんこちゃん (cat). **2** 野うさぎ (hare). **3** 若い女; 茶目な娘, コケティッシュな小娘: a sly ～ 隅に置けない小娘. **púss in the córner** 〖遊戯〗場取り遊戯, 隅(すみ)取り鬼ごっこ《中にいる鬼が, 部屋の隅を占有している他の子供たちが互いに場を替え合うときに, その場を奪い取ろうとする》. 〘1709〙
～·lìke *adj.* 〘(*a*1530) 擬音語?: cf. Du. *poes* / MLG *pūs*〙

puss[2] /pʊ́s/ *n.* 《俗》**1 a** 顔, つら. **b** しかめっつら (grimace). **2** 口. 〘(1890) □ Ir. *pus* lip, mouth〙

puss·ley /pʌ́sli/ *n.* (*also* **puss·ly** /～/) 《米口語》〖植物〗=purslane. 〘(1861) 変形〙

púss mòth *n.* 〖昆虫〗**1** ヨーロッパ産の中形でシャチホコガ科ギンシャチホコの一種 (*Cerura vinula*). **2** シャチホコガ類の俗称. 〘(1806): ⇨ puss[1]〙

puss·y[1] /pʊ́si/ *n.* **1** =pussycat 1. **2** 《口語》(ネコヤナギ・ハシバミなどの)毛のある柔らかい花穂 (catkin), ねこ. **3** 〖遊戯〗棒打ち遊戯 (tipcat); それに使う両端のとがった木片 (cat). 〘(1583): ⇨ puss[1], -y[2]〙

pus·sy[2] /pʌ́si/ *adj.* (**pus·si·er; -si·est**) 〖医学〗膿(うみ) (pus) の多い; 膿のような. 〘(19C): ⇨ pus, -y[4]〙

pus·sy[3] /pʊ́si/ *n.* 《卑》**1** 女性の外陰部 (vulva). **2 a** 性交. **b** (性交の対象としての)女. **3** 《米》女みたいな男, 臆病(おくびょう)者. 〘(1879–80) ← 《廃》*puss* vulva (← ? LG *pūse* vulva) + -y[2]: なお PUSSY[1] 2 との連想や Gk φ (psi) との字形的・音声的連想も考えられる〙

pus·sy[4] /pʌ́si/ *adj.* =pursy[1]. 〘1844〙

púss·y·càt /pʊ́si-/ *n.* **1** 《小児語》にゃんにゃん, ねこちゃん (cat). **2** 〖植物〗**a** =pussy willow. **b** =hare's-foot. **3** 《米俗》感じのいい男[女]. 〘(1805): ⇨ pussy[1]〙

púss·y·fòot /pʊ́si-/ 《口語》*vi.* **1** (猫のように)こっそり歩く, 盗み足で歩く (sneak). **2** 煮え切らないやり方をする, 日和見(ひよりみ)的態度をとる (equivocate). — *n.* (*pl.* ～*s*) **1** 盗み足する人. **2** 日和見する人, 引っ込み思案の人, 用心深い人. **3** 禁酒主義(者). — *adj.* =pussyfooted. 〘v.: (1903); n.: (1914) ← PUSSY[1] + FOOT: W. E. Johnson のあだ名 Pussyfoot から〙

púss·y·fòot·ed *adj.* 《口語》**1** こっそり歩く; 日和見(ひよりみ)的な, ぬらりくらりとした. **2** 禁酒主義(者)の. 〘(1893): ⇨ ↑, -ed〙

púss·y·fòot·er *n.* =pussyfoot. 〘1927〙

púss·y's tòe /pʊ́siz-/ *n.* 〖植物〗=pussytoe.

púss·y·tòe /pʊ́si-/ *n.* 〖植物〗米国東部および中部産のキク科エゾノチチコグサ属の多年草 (*Antennaria plantaginifolia*) 《観賞用に栽培》. 〘1892〙

púss·y·whìp *vt.* [通例受身で] 《俗》=henpeck. 〘1963〙

puss·y-whipped /pʊ́si(h)wɪ̀pt-ˉ/ *adj.* 《米俗》女房の尻に敷かれた, ガールフレンドのいいなりになる. 〘(1963) ← PUSSY[3]〙

púss·y wíllow /pʊ́si-/ *n.* 〖植物〗アメリカ産のネコヤナギの一種 (*Salix discolor*); (一般に)ネコヤナギの総称. 〘1869〙

pus·tu·lant /pʌ́stʃʊlənt | -tjʊ-, -tʃʊ-/ *adj.* 〖病理〗膿疱(のうほう)を生じる. — *n.* 膿疱形成剤, 発疱剤. 〘(1871) □ LL *pustulāntem* (pres.p.) ← L *pustulāre* to form pustules: ⇨ pustule, -ant〙

pus·tu·lar /pʌ́stʃʊlə | -tjʊlə(r, -tʃʊ-/ *adj.* 〖病理〗膿疱(のうほう)の, 膿疱性の, ぶつぶつのできた, いぼだらけの. 〘(1739) ← NL *pustulāris*: ⇨ pustule, -ar[1]〙

pus·tu·late /pʌ́stʃʊlɪ̀t, -lèɪt | -tjʊ, -tʃʊ-/ *v.* 〖病理〗 — *vt.* …に膿疱(のうほう)を生じさせる. — *vi.* 膿疱が生じる. — /-lɪ̀t, -lèɪt/ *adj.* 〈皮膚が〉膿疱のできた, 膿疱だらけの.
pus·tu·la·tion /pʌ̀stʃʊléɪʃən | -tjʊ-, -tʃʊ-/ *n.* 〘(1607) □ L *pustulātus* (p.p.) ← *pustulāre* to blister ← *pustula* 'PUSTULE': ⇨ -ate[2,3]〙

pús·tu·làt·ed /-lèɪtɪ̀d | -tɪ̀d/ *adj.* =pustulate.

pus·tule /pʌ́stʃuːl, -tuːl, -tjuːl | -tjuːl/ *n.* **1** 〖病理〗プステル, 膿疱(のうほう). **2** 〖植物〗(水ぶくれ状の)いぼ《寄生菌のために葉の表面にできる》. **3** 〖動物〗(ガマの背中にあるような)いぼ (wart). 〘(*a*1398) □ OF ～ ∥ L *pustula, pūstula* blister, pimple ← *pūs* 'PUS'〙

pus·tu·lous /pʌ́stʃʊləs | -tjʊ-, -tʃʊ-/ *adj.* 〖病理〗=pustular, pustulate. 〘(1543): ⇨ ↑, -ous〙

put[1] /pʊ́t/ *v.* (～; **put·ting**) — *vt.* **1** [場所の副詞語句を伴って] 置く, 据える, 載せる, 付ける, 入れる (★ set, place との意味・用法上の差については ⇨ set v. ★): Where did you ～ it? それをどこに置いたのか / *Put* the chair here, please. その椅子をここに置いて下さい / ～ a book *on* the table 本を机の上に置く / ～ a saddle *on* a horse 馬に鞍を置く / She ～ some rouge *on* her cheeks. ほおに紅をさした / ～ some water *in* a pitcher 水差しに水を入れる / Shall I ～ milk *in* your coffee? コーヒーにミルクを入れましょうか / Mix everything together and ～ (it) (*in* the refrigerator) to cool. 全部混ぜ合わせて(冷蔵庫に入れて)冷やしなさい / ～ one's hands *into* [*in*] one's pockets ポケットに両手を入れる / *Put* it (*back*) where it belongs. 元の所に戻しなさい / Shall I ～ 'kick the bucket' *under* [*at*] 'kick' or 'bucket'? "kick the bucket" という表現を "kick" それとも "bucket" の項に入れましょうか / He ～ her gently *on* the bed. 彼は彼女をいたわるようにベッドに寝かせた / She ～ me *on* the next train. 彼女は私を次の列車に乗せてくれた / *Put* the chair *near* there. 椅子はあの辺に置きなさい / *Put* a stamp *on* the letter. 手紙に切手を貼りなさい / ～ a new handle *on* a knife ナイフに新しい柄(え)をつける / ～ an ad *in* a newspaper 新聞に広告を載せる.
2 [方向の副詞語句を伴って] **a** 持って行く, 動かす, 向ける; 〈船などの〉針路を取る: He ～ the pail *down* the well. おけを井戸の中へ降ろした / He ～ the rod *up* the tube. 棒を管の中へ差し込んだ / He was ～*ting* the car *into* the garage. 車を車庫に入れようとしていた / I went to sleep as soon as I ～ my head *on* the pillow. 頭を枕につけるとすぐに寝入った / She ～ her head *through* [*out* (*of*)] the window. 彼女は窓から顔を出した / She ～ her head a little *on* [*to*] one side. わずかに首をかしげた / He ～ his arm *around* her waist. 彼女の腰に腕を回した / He tried to ～ all those failures *behind* him. それらの失敗をすべて過去のことにして忘れ去ろうと努めた / ～ a string *through* the hole 穴にひもを通す / ～ one's children *through* boarding school 子供たちを全寮学校に入れて卒業させる. **b** 付ける, あてがう, くっつける〔*to, on*〕; 〈牛馬などを〉〔車に〕つなぐ (harness)〔*to*〕; 〈動物の雄[雌]を〉〔雌[雄]に〕つがわせる, かける〔*to*〕: ～ one's lips *to* a person's ear 人の耳もとへ口を寄せる / ～ one's eye *to* a telescope 望遠鏡に目を当てる / ～ a glass *to* one's lips グラスに口をつける / ～ a handkerchief *to* one's nose ハンカチで鼻をふく / ～ a light [match] *to* a fire (炉のまきなどに)マッチで火をつける / ～ spurs *to* one's horse 馬に拍車をかける / ～ a horse *to* a cart 荷車に馬をつなぐ / ～ a cow *to* a bull 雌牛を雄牛にかける / ～ a patch *on* trousers ズボンにつぎを当てる. **c** つぎ込む, 注入する (inject, introduce)〔*into*〕; 取り除く, 払いのける (remove)〔*from, out of*〕: His arrival ～ life *into* the party. 彼がやって来てパーティーが活気づいた / What ～ such a strange idea *into* your head? 何でそんな奇妙な事を考え出したのか / You must ～ the idea *out of* your mind. その事は考えないようにしなさい. **d** 〈刃物・弾丸などを〉突き刺す, 打ち込む (thrust, send)〔*into, in, through*〕; 〈釘などを〉打ち込む, 〈ペンを〉走らせる (drive)〔*into, through*〕: ～ a nail *into* the wall 壁に釘を打ち込む / ～ a satellite *into* orbit 衛星を軌道に乗せる / ～ a knife *into* a person [*between* a person's ribs] 人に[人のあばら骨の間に]ナイフを突き刺す / ～ one's pen *through* a word 語の上にさっと線を引いて消す / ～ one's fist *through* a window こぶしで窓をたたき壊す / Pull up, or I'll ～ a bullet *into* your horse [*through* your horse's head]. 馬車を止めろ, さもないと馬に[馬の頭に]弾を撃ち込むぞ. **e** 〈川・海洋を〉渡す, 送る, 走らせる (convey)〔*across*〕: I asked him if he could ～ me *across* the river. 彼に船で川を渡してくれないかと頼んだ. **f** (競技で)〈砲丸などを〉押し投げる, ほうる: ～ the shot 砲丸投げをする (cf. shot put). **g** 〈石炭車を〉押し出す, 動かす (propel).
3 a [場所の副詞語句を伴って] 〈ある位置・立場に〉置く (place, set, rank); 入れ替える: She should ～ his happiness first. 彼女は彼の幸せを第一に考えてやるべきだ / We must ～ the general welfare *above* [*before*] the welfare of the individual. 我々は個人の福祉よりも公共の福祉を優先させなければならない / *Among* the great composers, would you ～ Mozart *above* Haydn? 大作曲家の中で, あなたならハイドンよりもモーツァルトを高く評価しますか / Her great talent ～ her *apart from* everyone else *in* a class of her own. すばらしい才能のおかげで, 彼女はクラスのだれよりも抜きん出ていた / Your connection with the case ～*s* you *in* a serious position. あなたが事件にかかわりがあるので容易ならぬ立場に追い込まれることになります / *Put* him *in* his (proper) place. 彼に身のほどを知らせてやりなさい / Just ～ yourself *in* her place. 少しは彼女の身にもなって(考えてみて)下さい / She ～ the new carpet *in place of* the old one. 彼女は古いカーペットを新しいのに敷き替えた. **b** [前置詞付きの句を伴って]〔ある状態・関係に〕置く, …させる〔*at, out of, in, into, on, off, to*〕: ～ a person's mind *at* rest 人を安心させる / ～ a person *at* his ease 人を気楽にさせる[安心させる] / ～ a room *in* order 部屋をきちんと片付ける / ～ names *in* alphabetical order 名前をアルファベット順に並べる / ～ something *in* [*into*] action [execution] ある事を実行する / ～ a law *into* force 法を施行する / ～ a person *in* a fix [hole] 人を窮地に陥れる / ～ something *in* motion ある物を動かす, 運転する / ～ a person *in* a good mood 人を上機嫌にする / ～ a person *in* possession of … 人に…を持たせる[与える] / ～ a person *in* mind of … 人に…を思い出させる / ～ a person *in the wrong* ⇨ *in the* WRONG / ～ more workers *on* the job その仕事にもっと労働者を投入する / A manager has been ～ *over* [*in charge of*] the workers. 労働者を管理するために支配人が据えられた / ～ a plan *into* effect [practice] 計画を実施する / ～ money *in* [*into*] circulation お金を流通させる / ～ a proposal *into* shape 提案を具体化する / ～ a machine *in* [*into*] working order 機械をすぐ運転できるように整備する / ～ a person *into* a rage [fright, frenzy] 人を怒らせる[驚かせる, 逆上させる] / ～ a person *off* smoking 人にたばこをやめさせる / ～ a person *on* [*off*] his guard 人に警戒[油断]させる / ～ a person *on* the right track 人に探索の手掛かりを与える / ～ a person *on* a diet 人に食事療法をさせる / ～ a person *on* antibiotics 人に抗生物質を服用させる / ～ a person *on* his honor ⇨ honor *n.* 1 a / ～ a person *on* (his) oath ⇨ oath 1 / ～ a gun *out of* action 銃を発砲不能にする / ～ a company *out of* business 会社を倒産させる / ～ a person *out of* sorts 人をいらいらさせる / ～ a person *out of* countenance ⇨ *out of* COUNTENANCE / ⇨ *put a person's* NOSE *out of joint* / ～ one's knowledge of English *to* practical [good] use 英語の知識を十分に[実際に]活用する / ～ a person *to* mind the sheep 人に羊の番をさせる. **c** [目的補語を伴って] 〈…に〉する: He acquired a broken-down typewriter and ～ it right with his own hands. こわれたタイプライターを手に入れてそれを自分で直した / She ～ his necktie straight for him. 彼の(曲がっている)ネクタイをまっすぐに直してやった / I made a mistake in grammar, but the teacher ～ me right [straight]. 私は文法の誤りをしたが先生が直して下さった / I'll ～ you wise to the latest information. 最近の情報をお知らせしましょう.
4 …に〔苦痛・試練などを〕受けさせる (subject)〔*to, on, through*〕; …せざるを得なくする〔*to*〕: ～ a person *to* torture 人を拷問(ごうもん)にかける / ～ a person *to* death 人を死なせる / ～ the enemy *to* flight 敵を敗走させる / ～ a person *to* (great) inconvenience 人に(大変な)迷惑をかける / ～ a person *to* (great) expense 人に(大)金を使わせる / I don't want to ～ you *to* any trouble. あなたには面倒をかけたくない / ～ something [a person] *to* the test ある物[人]を試す / ～ the captives *to* the sword 捕虜を切り殺す / ～ the decision *to* a vote 決定を投票に付する / His new car ～*s* my old car *to* shame. 彼の新車のおかげで私の古い車がみすぼらしくみえる / The suspect will be ～ *on* trial. 容疑者は公判に付されるだろう / I tried to ～ all the students *through* the examination. 学生たち皆に試験を受けさせようとした / ～ a witness *through* a stiff cross-examination 証人に激しい反対尋問を浴びせる / ～ a person *through* a lot of pain 人を非常に苦しい目に遭わせる / ⇨ PUT *a person through it* / ⇨ *put a person through his* PACES.
5 a (ある目的のために)〔ある場所・位置に〕行かせる, 就かせる, 送る, 載せる〔*to, on, in*〕: ～ one's children *to* bed 子供たちを寝かせる (cf. *put to* BED) / ～ a thief *in* prison [*behind* bars] 盗賊を投獄する / ～ one's son *to* a trade 《古》息子を職に就かせる / ～ a boy *to* a joiner 《古》少年を指物師に見習い奉公に出す / ～ goods *on* the market 商品を市場に送る[売りに出す] / ～ a play *on* the stage 劇を上演する **b** 〈人・動物〉に〔ある行為を〕やり通させる, けしかける, 促す (urge)〔*through*〕; 〈馬〉に〔障害物を〕跳び越えさせる〔*at, to, over*〕: ～ a boy *through* his exercises 少年に練習問題を最後までやらせる / ～ a monkey *through* its tricks 猿をあやつって仕込んだ芸をしまいまでやらせる / He ～ his horse *over* the ditch. 馬に溝を跳び越えさせた[させようとした]. **c** [しばしば目的語 + *to doing* を伴って]〔仕事・作業に〕取り掛からせる (set), …に割り当てる (assign): ～ a person *to* work 人を働かせる / He ～ the troops *to* digg*ing* trenches. 兵士たちを塹壕(ざんごう)掘りに取り掛からせた. **d** [～ one*self to* として] 〈…に〉精を出す, 懸命に努める, 傾倒する: If you really ～ *yourself to* it, you can finish this work today. この仕事に本気になって取り掛かれば今日のうちに仕上げられよう / ～ *oneself to* winning back one's master's confidence 極力主人の信頼を取り戻そうと努める.

6 a 〈注意・精力などを〉打ち込む, 投入する (apply);〈資金などを〉〔…に〕注ぎ込む〔*to, into*〕;〈ある費用などのために〉〈金を〉出して[払って]やる〔*toward*〕: ～ one's mind *to* (solv*ing*) a problem 問題(解決)に心を向ける[熱中する] / ～ all one's energies *into* an enterprise 事業に全精力を傾ける / She's ～ a lot of work [time] *into* her report. 彼女は自分の報告書に多大な労力[時間]を傾注した / I'll ～ some money *toward* the campaign. 私も運動に幾らか寄付しよう. **b** 投資する (invest)〔*in, into*〕: ～ one's money *in* real estate [*into* land, *into* a wildcat scheme] 金を不動産に[土地に, 無謀な計画に]投資する. **c** 賭(か)ける (bet, wager)〔*on*〕: He ～ his last penny *on* the horse. 持ち金全部をその馬に賭けた (cf. *put one's* MONEY *on*).

7 a 〈人に保護[世話]してもらうように〉ゆだねる, 任せる, 預ける〔*in, into, under*〕: ～ matters *in* the hands of the police 事件を警察の手にゆだねる / I'll ～ myself *in* your hands. 一切をあなたにお任せします / He decided to ～ his child *under* a doctor's care. 子供を医者に治療してもらうことにした. **b** 〈信用・信頼を〉寄せる (repose)〔*in*〕: ～ one's trust *in* God 神を信じる / You should always ～ your faith *in* reason. 常に理性に誠実でなければならない.

8 a 〈金額などを〉加える, 増加させる (add)〔*on*〕;〈人に〉〈歳を〉とらせる〔*on*〕: The new policy will ～ pounds *on* the cost of living. 今度の政策でまた生活費が何ポンドかあがるだろう / Your folly ～*s* years *on* me! 君のばかさかげんには全く苦労するよ《一度に白髪(しらが)が増えてしまう》. **b** 〈限度・きりを〉つける〔*to*〕;〈抑制・圧力を〉きかせる, かける〔*on*〕: ～ an end [a stop] *to* superstition 迷信にとどめを刺す / ～ an end *to* one's life みずから命を断つ / ～ a check *on* one's enthusiasm 熱意を抑制する / ⇨ *put the* SCREWS *on* [*to*].

9 〈問題・議案などを〉提起する, 提出する, 諮(はか)る (submit)〔*to, before*〕; 評決にかける: ～ the motion [the question] (*to* a vote) 動議[問題点]を評決にかける / ～ a resolution *to* the meeting 決議案を会に持ち出す / He seldom spoke unless a question was ～ *to* him. 彼は意見を問われない限り滅多にものを言わなかった / I ～ it *to* you. お願いします / I ～ it *to* you that you haven't told the whole truth. あなたは本当の事を全部言っていないようですね(そうじゃないですか) / They agreed to ～ the matter *before* the city council. その件を市会に諮ることに決めた / They ～ the problem [evidence, arguments] *before* the mayor. その問題[証拠, 論拠]を市長に提出した.

10 a 〈署名などを〉書き添える (affix)〔*to*〕;〈表などに〉記入する (enter)〔*on*〕: ～ one's name [signature] *to* [*on*] a will 遺言書に署名する / Please ～ my name *on* the list of promoters. 発起人名簿に私の名を記入して下さい. **b** [通例, 前置詞付きの句を伴って]〈印などを〉書きつける (mark): ～ a tick [check] *against* a word 語(のわき)に✓印をつける / ～ a period *at* the end of a sentence 文の終わりに終止符をつける / ～ a price *on* an article 商品に値札をつける.

11 [様態の副詞語句を伴って] **a** 表現する (express), 述べる (state, express): *Putting* it [To ～ it, *Put*] mildly [bluntly, (*in*) another way], … 控え目に[率直に, 別の言い方で]言って… / The compliment was clumsily ～. お世辞の言いようがまずかった / The idea is admirably ～ by Shakespeare. その考えはシェークスピアによっていみじくも表現されている / I don't know how to ～ it. =How can I ～ it? それをどう言い表していいかわからない. **b** 〈思想・感情などを〉〔言葉で〕言い表す (turn)〔*in, into*〕;〔別の様式に〕表現し直す〔*into*〕;〔他の言語に〕翻訳する (translate)〔*into*〕;〈詩などを〉〔音楽に〕編曲する (adapt)〔*to*〕: ～ one's feelings *into* words 感情を言葉で表現する / ～ an idea *in* written words ある考えを文に表す / ～ a phrase *into* French ある句をフランス語に訳す / ～ Chaucer *into* modern English チョーサーの作品を現代英語に言い直す / ～ a lyric *to* tuneful music 叙情詩を美しい音楽に編曲する.

12 a 〈数量などを〉〔…と〕評価する, 見積もる, 推定する, みなす (estimate, guess)〔*at, as*〕: I would ～ his income *at* £50,000 a year. 彼の年収は 50,000 ポンドといったところだろう / He ～ the distance *at* five miles. その距離を 5 マイルとみた / I'd ～ the time *as* about half past twelve. 時刻は 12 時半ごろと思う. **b** 〔…に〕〈価格・価値を〉つける (assign), …という意味づけをする〔*on, upon*〕: He ～*s* a high value *on* her faithfulness. 彼は彼女の誠実さを高く評価している / The expert refused to ～ a price *on* the painting. 鑑定家はその絵の値踏みを拒んだ / You've ～ a false interpretation [a wrong construction] *upon* [*on*] the event. 君はその出来事を曲解している.

13 a 〈咎(とが)・責任を〉〔…に〕帰する (impute)〔*on*〕;〈事故・誤ちなどを〉〔…の〕せいにする (attribute)〔*on*〕;〈推論などを〉〔特定の根拠に〕基づかせる, 〔…によって〕立てる (base)〔*on, upon*〕: He ～ the blame for the crime *on* his partner. その罪を仲間のせいにした / You must not ～ the responsibility *on* any other person. その責任を他のだれにもかぶせてはいけない / I tried to ～ the blame where it belonged. その非の発生源をつきとめようとした. **b** 〈税を〉課する (impose), 〈圧力・侮辱などを〉加える (inflict)〔*on, upon*〕: ～ a tax *on* an article 物品に課税する / All of them were ～*ting* great pressure *on* him to resign. 彼らはみな非常な圧力をかけて彼を辞任させようとしていた / The business ～ a heavy strain *upon* [*on*] my resources. その事業のため私の資産に大変な負担がかかった.

— *vi.* **1** [方向の副詞語句を伴って] **a** 〈船が〉針路を取る, 進む (proceed);〈人が船を進める〉: ～ (*out*) *to* sea 出帆する / ～ *in to* the harbor 一路港を目指す / The ship ～ *into* the harbor. 船は入港した / They ～ *down* the river. 彼らは(船で)川を下って行った. **b** 《口語》(急いで)立ち去る, 逃走する (make off). **2** 《米》〈川が〉流れる, 注ぐ (flow)〔*into, out of*〕. **3** 《方言》〈植物が〉芽を出す, 芽ばえる (shoot out).

nòt knów whére to pút onesélf ⇨ know 成句.

***nót pùt it pást** a person* (*to dó*) 《口語》人が(…を)やりかねないと思う: I wouldn't ～ *it past* him even *to* beat his wife. 彼なら奥さんをなぐりかねない. 《1870》

pùt abóut (*vt.*) (1) 《口語》〈うわさなどを〉流布させる, 広める (circulate): It was ～ *about* that he was seriously ill. 彼が重病だというわさが広められた. (2) [～ it [one-*self*] *about* として] 《英口語》(特に)〈女が〉尻軽である, はすっぱである; [～ *about oneself* として] 動き回る; いろいろな人と接触する. (3) 〈船〉の針路を変える, 転回させる;〈馬などを〉回れ右させる, (回れ右をして)引き返す: ～ a sailing ship *about* 帆船の方向を変える. (4) [通例受身または ～ *oneself about* で] 《口語・スコット》…に迷惑をかける (inconvenience), 困らせる, 当惑させる (worry): I *was* very much ～ *about* by that false news. その間違った知らせで随分ひどい目に遭った. — (*vi.*) 〈船が〉針路を変える, 転回する.

pút abòve ⇨ *vt.* 3 a.

pùt acróss (cf. PUT *over*) (1) 〈考え・方針などを〉〔人に〕うまく伝える (communicate successfully), 納得させる, 受け入れさせる〔*to*〕;〈イメージなどを〉抱かせる: He found it hard to ～ the ideas *across to* his students. 彼は学生たちにその思想を十分に理解させるのは難しいことだと思った / The ad ～*s* its message *across* forcefully. 広告はそのメッセージを力強く伝える / I didn't know how to ～ myself *across*. どうしたら自分の考えがわかってもらえるかわからなかった. (2) 《口語》うまくやり遂げる, 成功させる; 《米口語》〈虚偽・不法行為などを〉やってのける: She ～ the song *across* well. 彼女はその歌を見事に歌った.

pút … acròss — (1) 〈橋などを〉〈川など〉に架ける, 〈人などを〉—の向こうに渡らせる. (2) [特に ～ it [one, that] *across* a person として] 《英口語》〈人〉をだます, 欺いて…に信じ込ませる: You can't ～ that *across* the teacher again. 二度とその手で先生をだませはしない.

pùt ahéad (1) 〈物事を〉促進させる; …の時期を早める. (2) 〈時計〉の針を進ませる (put forward): ～ the clock *ahead*. (3) 〈物事・人を〉〔…よりも〕重要視する〔*of*〕.

pùt apárt (1) 〈…を〉別にする, 隔離する. (2) 〈金・時間などを〉取って置く.

pùt aróund =PUT *about* (1).

pùt asíde (1) 〈見ていた物などを〉わきへやる, のける, 片付ける (put away);〈仕事などを〉やめる (give up);〈古着などを〉捨てる (discard);〈人を〉捨てる: He ～ *aside* the book he was reading and talked with me. 読んでいる本を片付けて私と話をした. (2) 〈事実・意見の相違・問題などを〉無視する (disregard);〈憎しみなどを〉忘れる (forget). (3) 〈ある目的のため〉〈金・時間などを〉別にしておく, 貯える (save)〔*for*〕;〈商品などを〉取っておく: Will you ～ this one *aside for* me? これを取っておいてくれませんか / She ～ *aside* some of the food to eat later. あとで食べようと, 食べ物の一部を残しておいた.

pùt awáy (1) (いつもの所へ)片付ける, しまう: She ～ all the photos *away*. その写真をみなしまった. (2) (あとあとのために)取っておく, ためておく (put by): ～ *away* some money *for* future needs 将来のためにお金を取っておく. (3) 〈考え・態度などを〉捨てる, 〈不安などを〉忘れ去る (give up). (4) 《口語》(精神病院に)ほうり込む, 監禁する (confine, shut away): He was ～ *away* for lunacy. 彼は精神異常で病院に入れられた. (5) [婉曲的に]〈病気の動物・老犬などを〉片付ける, 安楽死させる (kill, put down). (6) 《口語》〈大量の食べ物・飲み物などを〉平らげる (consume). (7) 《文語》〈死者を〉葬る (bury). (8) 《古》『聖書』離縁する (divorce): ～ *away* one's wife. (9) 『サッカー・ビリヤード』得点する. (10) 《米俗》分類する, 類別する. (11) 《米口語》とても喜ばせる, 〈観客を〉どっと笑わせる. 《a1325》

pùt báck (*vt.*) (1) 返す, (もとの所へ)戻す (replace); もとの状態に戻す;〈体重などを〉取り戻す, 回復する: *Put back* the book where you found it. 本を元あった所へ戻しておきなさい / She ～ the cork *back* in the bottle. 元のように瓶(びん)に栓をした. (2) 遅延させる, …の進行を妨げる (retard), 後退させる: Depression ～ *back* production. 不況で生産が落ちた / Failure now would ～ us *back* (by) at least a year. 今失敗したら少なくとも 1 年は遅れるだろう / Failure now would ～ the project *back* (*to*) where we began (it). 今失敗したら計画はスタート時点に逆戻りするだろう. (3) 〈時計(の針)を〉戻す (↔ put forward); 過去の時点に戻る: *Put* that clock *back* three minutes. その時計を 3 分遅らせなさい (cf. *put back the* CLOCK[1]). (4) …の日取りをあとへ延ばす,〈試合・会合などを〉延期する (put off): The wedding has been ～ *back* from September to October. 結婚式の日取りは 9 月から 10 月へ延びた. (5) 《米》〈生徒の級を落とす, 落第させる (demote). (6) 〈船〉の針路を戻す, 引き返す: The captain ～ the ship *back to* port for repairs. 船長は船を修理のため港へ引き返させた. (7) 《英口語》〈大酒を〉飲む, くらう. (8) 〈物事が〉〈人に〉ある金額を出費させる. (9) 〈生徒を〉原級に留め置く. (10) 〈頭を〉後ろにそらす. — (*vi.*) 〈船が〉引き返す (return): The boat ～ *back to* shore. ボートは岸へ引き返した.

pùt báck ìnto 〈利益・税収などを〉…に向ける.

pút bàck ón 〈服などを〉再び身につける.

pút befòre ⇨ *vt.* 3 a, 9.

pùt bý (1) わき[そば]に置く. (2) =PUT *away* (2): She has some money ～ *by* for her old age. 老後のために何がしかのお金をためている. (3) 《古》受け流す, 避ける (evade), 拒否する (reject). 《c1440》

pùt dówn (*vt.*) (1) 下に置く;〈絨緞(じゅうたん)などを〉敷く;〈毒を〉まく: *Put down* your gun! 銃を下に置け / He ～ the newspaper *down on* the table. 新聞をテーブルに置いた. (2) 〈本を〉読むのをやめる;〈赤ん坊を〉寝かせる;〈受話器を〉置く, 〈電話を〉切る[切ってしまう]〔*on*〕: The book was so interesting I just couldn't ～ it *down* until I'd finished it. その本はとても面白かったので読み終えるまでやめられなかった. (3) 〈ある金額を〉頭金[内金]として支払う: I ～ *down* (a deposit of) thirty dollars *on* [*for*] the shoes. 靴の代金として 30 ドルの内金を払った. (4) 《口語》〈人を〉黙らせる (silence);〈…に〉ひじ鉄をくらわせる (snub); 恥入らせる, 〈…の〉面目を失わせる (humiliate), やり込める (squelch); ののしる, けなす (disparage); 非難する, 批判する (criticize) (cf. put-down 1): *Put down* those hecklers. あの野次馬どもを黙らせなさい / He ～ her *down with* a sharp retort. 彼は鋭く応酬して彼女をやり込めた / All of her classmates ～ her *down for* the way she dressed. 級友たちはみな服装のことで彼女を非難した. (5) 〈政府・軍・警察などが〉〈革命・反乱などを〉押さえる, 鎮圧する (suppress); やめさせる, 廃止する (abolish); 無力にする, 制止する (check): ～ *down* a rebellion [riot] 反逆[暴動]を鎮める / ～ *down* gambling 賭博をやめさせる / ～ *down* a rumor うわさを押さえる. (6) 書く, 記す (write down); 〔…という名目で〕記帳する (enter)〔*as*〕; 〔…の〕予約[寄付, 参加]申込者として記名する, 〔…への〕入学[入会, 出場]申込書に〈人(の名)を〉記入する〔*for; to do*〕; 〔…の〕代金を〔…の勘定として〕つける, 〈費用を〉〔…に〕つける (charge)〔*to*〕: Please ～ *down* your telephone number. 電話番号をお書き下さい / They often ～ *down* the costs of entertainment *as* business expenses. 彼らはよく遊興費を必要経費として記帳する / *Put* me *down for* thirty dollars. 私の申し込みを 30 ドルとしておいて下さい / I ～ my name *down for* the club. クラブ入会を申し込んだ / He ～ his son *down for* Eton. 息子の名をイートン校入学申込書に記入した / *Put* the books *down to* my account. 本の代金は私の勘定につけておいて下さい. (7) [しばしば受身で]〈老衰した動物などを〉安楽死させる, 片付ける, 処分する (put away);〈害虫などを〉退治する (destroy): He tried ～*ting down* the wasps with poison. 彼は毒薬を使ってジガバチを退治してみようとした / The injured racehorse had to be ～ *down*. けがをした競走馬は処分しなければならなかった. (8) 『議会』〈動議・決議案を〉上程する (table). (9) 〔…と〕みなす, 考える, 〔…の〕レッテルをはる (reckon)〔*as, for*〕: I ～ him *down as* an imbecile. 彼はばかだと私はみている / I ～ the boy *down as* (being) just fifteen. その少年をまだ 15 歳といったところとみた. (10) …の原因を〔…に〕帰する, 〔…の〕せいにする (attribute)〔*to*〕: He ～ the mistake *down to* me [*to* inexperience]. 誤りを私の[未熟さの]せいにした / All the troubles in the world can be ～ *down to* money. 世のもめごとはすべてせんじ詰めれば金が原因だ / We ～ the accident *down to* the fact that they were inexperienced [*to* their inexperience]. その事故が起きたのは彼らの未熟さのせいだ. (11) 〈航空機を〉着陸させる. (12) 《英・豪》〈乗客を〉(車などから)降ろす: *Put* me *down* at the next corner. 次の角の所で降ろして下さい. (13) 《口語》盛んに食べる[飲む], 平らげる (consume): He was ～*ting down* helping after helping. 何杯も何杯も平らげていた. (14) 〈ある目的に〉用いる, 利用する (use)〔*to*〕: ～ a field *down to* grass 野原を放牧用にする. (15) 〈井戸・縦坑(たてこう)などを〉掘る, 掘り下げる (dig, sink). (16) 〈食肉・卵などを〉保存する (preserve);〈ワインを〉(穴蔵に)貯蔵する: ～ *down* a good supply of port ポートワインを多量に貯蔵する. (17) 《文語》〔地位・権勢などから〕落とす, 退位させる (degrade, depose)〔*from*〕: He hath ～ *down* the mighty *from* their seats. 勢いある者を位より降ろしたもう (*Luke* 1:52). — (*vi.*) 〈航空機・操縦士・機内の人が〉着陸する (land) (cf. put-down 2): The airplane [We] ～ *down at* the airport on time. 飛行機[我々]は定刻に空港に着陸した. 《c1303》

pùt fórth (*vt.*) (1) 〈案などを〉提起する, 持ち出す (propose);〈著書・見解などを〉公にする, 発行する (publish). (2) 〈芽・葉・根などを〉出す (send out). (3) 〈力・精力などを〉振るう, 発揮する (exert): ～ *forth* all one's energies 全精力を発揮する. — (*vi.*) (1) 〈植物が〉発芽する (come out). (2) 〈船などが〉出発する, (港を)出る (set out): ～ *forth to* sea [*upon* the sea] 海に出る. ★ (*vi.*) (2) の場合を除いて一般に文語的. 《a1376》

pùt fórward (1) 提言する, 提案する (propose): ～ *forward* a plan. (2) 《英》〈時計(の針)を〉進ませる (put on) (↔ put back): Clocks should be ～ *forward* one hour tonight. 今晩時計を 1 時間進めなければならない. (3) 〈行事などの〉時期をさかのぼらせる. (4) 〈候補者などを〉推挙する (recommend, propose): He ～ himself *forward as* a candidate. 候補者として打って出た / Mr. Smith was ～ *forward for* principal. スミス氏が校長に推挙された. (5) 〈人を〉前面に押し出す, 人目につきやすくする, 目立たせる: ～ oneself *forward* (遠慮しないで)前面に出る; 出しゃばる. (6) 促進させる, 早める (put ahead). 《1599》

pùt ín (*vt.*) (1) 中に入れる, 差し込む;〈水道・配電などを〉装置する, 取り付ける (fit); 挿入する, 書き込む (insert);〈作物・種などを〉植えつける (plant): ～ a little more salt *in* もう少し塩を入れる / He knocked at the door and ～ *in* his head. ドアをノックして顔をのぞかせた / *Put in* the proper punctuation marks. 適切な句読点をつけよ / ～ a few more jokes *in* もう少し冗談を入れる. (2) 〈政党を〉政権の座に就かせる, 選挙する (elect);〈管理人・警備員などを〉入れる, 置く, 配置する; 『クリケット』〈相手チーム・味方の打者を〉打席につかせる[送る]; 『野球』(交代させた選手の代わりに)〈他の選手を〉入れる: Labour was ～ *in* at the general election that year. その年の総選挙で労働党が

P

選ばれた / They ~ *in* a caretaker. 管理人を置いた / They ~ him *in as* caretaker [*for* the job of caretaker]. 彼を管理人として置いた. (3) 〈言葉などを〉はさむ (interpose); 〈言葉を〉添えてやる; 〈電話を〉かける: ~ *in* a word or two 一言二言言葉をさしはさむ / ~ *in* one's opinion 意見をさしはさむ / ~ *in* a good word for one's friend 友人のために弁護してやる / "But that's not true!" she ~ *in*. 「でもそれは違うわ」と彼女が口をはさんだ. (4) 〈打撃などを〉加える (strike): ~ *in* a blow 打撃を加える. (5) 〈要求・書類などを〉提出する, 申し出る, 申請する: ~ one's claim *in* for damages 損害賠償の請求をする / ~ *in* a document as evidence 証拠として書類を差し出す / ~ *in* a plea of "not guilty" 無罪の申し立てをする. (6) 〔コンテスト・品評会などに〕応募させる, 出品する〔*for*〕: ~ oneself *in for* …に参加する. (7) 〈片手間の仕事などを〉する (perform, do); 〈努力を〉はらう: ~ *in* an hour's extra work 1 時間の余分の仕事をする. (8) (あることに) 〈時間を〉過ごす (spend)〔*on*〕; 〈分担金などを〉払う: He tried to ~ *in* some time every day reading books. 毎日いくらかの時間を読書をして過ごそうと努めた. (9) 〈金を〉入金する; 投資する. — (*vi.*) (1) 《口語》〔ホテルなどに〕(ちょっと)立ち寄る〔*at*〕: Here's a good restaurant, let's ~ *in* here for lunch. いいレストランがある, 休んで昼食にしよう. (2) 〈船・乗組員が〉(避難・修理・補給などのため)入港する〔*at*〕: The ship ~ *in at* Kobe. 船は神戸に入港した. (3) 出願する, 請求する, 申請する, 申し込む (apply)〔*for*〕; 〔…の〕候補者となる, 立候補する, 志願する〔*for*〕: ~ *in for* a 20 percent pay increase 2 割の賃上げを要求する / ~ *in for* the position of president 学長[会長]に立候補する / ~ *in for* membership in a club クラブへの入会を申し出る / ~ *in for* a transfer to another post 他部署への転勤を願い出る. 《*a*1300》

pút … in — (1) 〈…を〉—に取り付ける. (2) 〈金を〉〈口座〉に入金する. (3) ⇨ *vt.* 6 b. (4) 〈話などを〉—に盛り込む. (5) ⇨ *vt.* 3 b. (6) ⇨ *vt.* 5 a. (7) 〈…を〉—に着せる. (8) ⇨ *vt.* 7 b.

pút … ìnto — (1) 〈…を〉—に分類する. (2) 〈…を〉—の職につかせる. (3), (4), (5), (6) ＝PUT … *in* — (1), (2), (4), (7). ★ その他の用法については ⇨ *vt.* 2 c, 2 d, 3 b, 6 a, 6 b, 7 a, 11 b.

pùt insíde 《俗》投獄する, 拘留する: ~ a criminal *inside*.

pùt it ón 《口語》(1) 感情を誇張する, おおげさにふるまう[言う] (exaggerate); 仰々しく装う, 振りをする (pretend): Stop ~*ting it on*. 感情を大げさに表すのはよせ. (2) 法外な値段を吹っかける, ぼる. 《1621》

Pùt it thére! 《口語》(同意・和解の印に)握手しよう. 《1915》

***pùt it to** a person* (1) ⇨ *vt.* 9. (2) 《米口語》〈人〉をぺてんにかける, 〈人〉の顔をつぶす; 《米俗》〈人〉を殺す, ばらす.

pút óff (*vt.*) (1) 〈行事・会合などを〉延期する, 遅らせる (⇨ delay SYN)): ~ *off* an appointment 約束を延ばす / ~ *off* the evil hour [day] (結局せざるを得ない)いやなことを先延ばしにする / The House has ~ *off* consideration of [consider*ing*] the bill till next Friday [for a week]. 下院は議案の審議を来週の金曜まで [1 週間]延期した / He always ~*s off* do*ing* his assignments. いつも与えられた仕事をするのを延ばす / Never ~ *off* till tomorrow what you can do today. 《諺》今日できることを明日に延ばすな. 《1398》 (2) 〈人〉との約束を延ばす; (特に, 当座しのぎに)待たせる: *Put* the editor *off* for another week. 編集者にもう 1 週間待ってもらってくれ / I am sorry to have to ~ you *off* today. 今日はお待たせしていてすみません; すみませんが, 今日はお帰り下さい. (3) 〔口実などで〕〈人〉から言い逃れをする, …から言い抜ける (evade, discourage)〔*with*〕 (cf. put-off): He tried to ~ me *off with* more promises. 彼はさらに約束を重ねて逃れようとした / I won't be ~ *off with* [*by*] such flimsy excuses. そんな見え透いた口実でだまされはしない. (4) 邪魔する, 妨げる (hinder); …の気力[意欲]をくじかせる (discourage); やめさせる, 思いとどまらせる (dissuade); …の気をそらす[散らせる] (distract): They ~ me *off* every time I was going to speak. 私が何か言おうとするといつも彼らは妨害をした. (5) 困らせる (disconcert); いやがらせる, ぞっとさせる (repel): I'm sorry to say it, but her face really ~*s* me *off*. 悪いけど彼女の顔を見るとうんざりするんだ. (6) 降ろす, 下車[下船]させる: *Put* me *off* at the next stop. 次の停留所で降ろして下さい. (7) 〈ボートを〉〔岸・親船から〕押し出す, 送り出す (launch)〔*from*〕. (8) 〈水道・ガスなどを〉止める, 〈ラジオ・電灯などを〉消す (turn off) (↔ put on). (9) 眠らせる (send to sleep); …の感覚を麻痺させる, …に麻酔をかける: A glass of whiskey would ~ you *off to* sleep. ウイスキーを 1 杯飲めば眠れるでしょう. (10) 〈偽物などを〉売りつける, つかませる (pass off)〔*on*〕: ~ *off* a false antique *on* a person 人に偽の骨董品をつかませる. (11) 《古》取り去る, 〈制服などを〉脱ぐ (take off) (cf. PUT *on* (1)); 〈心配などを〉捨てる (discard), 除く, 忘れ去る (lay aside): ~ *off* one's hat [winter things] 帽子[冬着]を脱ぐ / ~ *off* one's doubts and fears 疑いや不安を拭い捨てる. ★ 形式ばった表現で, 特に第 1 例のように衣服を目的語とする場合には, take off を用いるのが普通. (*vi.*) 〈船・乗組員が〉陸を離れる, 出帆する (set sail): The ship [They] ~ *off from* shore. 船[彼ら]は岸を離れた. 《1582》

pút … òff — (1) 〈…が〉—をする気を奪う; 〈…に〉—を嫌わせる: The noise outside my window ~ me *off* read*ing*. 窓の外の物音で読書に身が入らなくなった / Some pupils are ~ *off* (learn*ing*) English by incompetent teaching. 教え方が下手なために英語の勉強意欲をそがれてしまう生徒もいる. (2) 〈…を〉—から降ろす: There the stowaways were ~ *off* the ship. そこで密航者たちは下船させられた

pùt ón (*vt.*) (1) 〈衣類などを〉身につける, 着る, かぶる, 履く, はめる, かける; …に着せる (↔ take off) (cf. PUT *off* (11)): ~ *on* one's shirt, hat, shoes, ring, glasses, etc. / She ~*s on* too much makeup. 彼女は化粧をしすぎる. 日英比較 日本語では服・シャツを「着る」, ズボン・靴を「履く」, 帽子を「かぶる」, 眼鏡を「かける」, ネクタイを「しめる」, 指輪を「はめる」など身に着ける動作を表す動詞を対象物の種類によって使い分けるが, 英語ではこれらすべての場合に put on を用いる. (2) 〈態度・外観などを〉身につける (take on); 気取る, …の振りをする, 装う (assume, pretend) (cf. put-on): ~ a saintly manner *on* 聖人ぶる / His modesty is all ~ *on*. 彼の遠慮はうわべだけだ / She ~*s on* a great deal. 《俗》彼女の態度はいやに仰々しい (cf. PUT *it on* (1)) / ~ *on* airs ⇨ air[1] *n.* 5 b / ⇨ *put on an* ACT, *put on the* AGONY. (3) 〈体重・肉などを〉増やす (add); 〈スピード・金額・点数などを〉加える, 増す (increase, add) (cf. *vt.* 8 a): The baby is ~*ting on* weight [flesh]. 赤ん坊は太ってきた (cf. PUT *it on* (2)) / The baby has ~ *on* two pounds. 赤ん坊は 2 ポンド体重が増えた / He has ~ *on* years. 《口語》このところ彼は大分老けてきた / They ~ *on* 70 runs in the last hour of play. (クリケットで)最後になって彼らは 70 点を上げた / ~ *on* speed 速力を出す, スピードを上げる / They ~ 5 dollars *on to* the price. 彼らは 5 ドル値上げした. (4) 〈圧力・ブレーキなどを〉かける (cf. *vt.* 8 b); 《英》〈列車などを〉運行させる (arrange for); 〈電灯・ガス・ラジオなどを〉つける (turn on) (↔ put off); 〈テープ・CD などを〉かける; 〈やかんなどを〉(火などに)かける; 〈野菜などを〉料理する: ~ *on* pressure 圧力を加える / ~ *on* a brake ブレーキをかける / ~ *on* more steam もっと精を出す[頑張る] / ~ *on* extra trains 臨時列車を増発する / ~ *on* the light [radio] 電灯をつける[ラジオをかける] / ~ the kettle [the soup] *on* やかん[スープ]を火にかける. (5) 〈人を〉任に就かせる, …に仕事を割り当てる: I'm ~*ting* you *on* next. (ゲームなどで)次は君に出てもらおう. (6) 〘クリケット〙投手に立てる: ~ another player *on* to bowl 別の選手に投球させる. (7) 上演する (stage); 〈ショー・展覧会などを〉催す (present): ~ *on* a new play 新しい劇を上演する / He ~*s on* four or five operas a season between January and June. 彼は 1 月から 6 月のひとシーズンに 4, 5 本のオペラを上演する. (8) 〈時計(の針)を〉進ませる (put forward, put ahead): He ~ his watch *on* five minutes. 時計を 5 分進ませた. (9) 〈税金・罰金などを〉課する (impose) (cf. *vt.* 13 b): ~ *on* heavy fines 重い科料を課する. (10) 〔…に〕〈電話を〉取り次ぐ〔*to*〕; …に〔…を〕密告する, 〔…について〕…に告げ口する〔*to*〕; …に〔…を〕注意させる〔*to*〕; …に〔有利な買物・勤め口・穴場などの〕情報を伝える〔*to*〕: I'll ~ you *on to* [*onto*] the man in charge. 係の者にお取り次ぎしましょう / Somebody some day will ~ the police *on to* [*onto*] the escapee. いつかはだれか脱走者のことを警察に内報する者が現れるだろう / Her suspicious manner ~ him *on to* [*onto*] her. その不審な態度を見て彼は彼女に注意を向けるようになった. ★ しばしばこの種の構造における on to は onto と一語でつづられる: I was ~ *onto* this nice hotel by a travel agent. ある旅行業者からこのすてきなホテルを教えてもらった. (11) 《米口語》からかう, かつぐ, だます (fool, kid) (cf. put-on *n.* 2): You're ~*ting* me *on*. 冗談でしょう, からかうのもいい加減にしてくれ. (12) (競馬などで) 〈金を〉賭ける (stake) (cf. *vt.* 6 c). — (*vi.*) ふりをする.

pút on … ⇨ PUT *upon*.

pút … on — (1) 〈服などを〉…につける. (2) 〈体重・肉などを〉…につける. (3) 〈…を〉電話に出す. ★ その他の用法については ⇨ *vt.* 1, 3 b, 5 a, 6 c, 8 a, b, 10 a, 12 b, 13 a, b.

pùt ónto (1) ⇨ put on (*vt.*) (10). (2) 〈…を〉〈バス・列車など〉に乗せる.

pùt óut (*vt.*) (1) 〈火・明かりを〉消す (extinguish) (↔ put on): ~ *out* the light [flame, candle, gas] 明かり[炎, ろうそく, ガス]を消す / The firemen soon ~ the fire *out*. 消防士たちは間もなく火を消した. (2) (差し)出す, 差し伸べる (hold out, extend): ~ one's tongue *out* 舌を出す / ~ one's hand *out* 手を差し出す[伸ばす] / He ~ *out* an arm to support her. 腕を差し出して彼女を支えてやろうとした. (3) 〈芽・角などを〉出す, 吹き出す (sprout): The plants began to ~ *out* their leaves. 草木は葉を出し始めた / The snail ~ *out* its horns. かたつむりは角を出した. (4) 追い出す (drive out), 退ける (eject), 除く; 解雇する; 〈病人など〉預ける: Be quiet, or I'll have you ~ *out*! 静かにしないとつまみ出させるぞ / He was ~ *out of* the competition in the first round. 第一ラウンドで競争から脱落した. (5) (使えるように) 〈服・皿・食物などを〉取り出す, 用意する; (ある目的のため他の場所へ)出してやる; 〈仕事を〉外注する, 〔下請け人などへ〕出す〔*to*〕: ~ *out* one's best china for guests 客のために一番よい瀬戸物を出す / ~ one's son *out to* service 息子を奉公に出す / ~ a horse *out for* hire 馬を貸し馬に出す / ~ the cat *out* at night 夜は猫を外に出す / ~ *out* the washing 洗濯物を(クリーニング屋へ)出す / The work is ~ *out to* subcontractors. その仕事は下請け人に出している. (6) 〈力などを〉出す (exert, use), 〈熱意などを〉示す (display): I ~ *out* all my strength to move the stone. 渾身の力を振りしぼってその石を動かそうとした. (7) 〈情報・統計などを〉発表する, 〈本・パンフレットなどを〉発行する (publish); 発令する, 発信する (issue); 〈政府声明などを〉放送する (broadcast): They decided to ~ *out* a revised edition. 改訂版を出すことに決めた / An alert [An official statement] has been ~ *out*. 警戒警報[正式発表]が出された. (8) 作り出す, 生産する (produce), 生産して市場に出回らせる; 〈電力などを〉発する (generate) (cf. output 2 a): The company ~*s out* several new products every year. その会社は毎年新しい製品を数種作り出す. (9) …に迷惑をかける, 煩わせる (inconvenience); [~ one*self out* で] 骨を折る, 面倒をみる: If we're not ~*ting* you *out*, we will accept your invitation with pleasure. ご迷惑でなければ喜んでお招きにあずかりましょう / Don't ~ *yourself out for* me [*on* my account]. (私のことでしたら)どうぞお構いなく / He never ~*s himself out to* help others. 彼は自分から進んで人を助けるようなことは決してしない. (10) 困惑させる, あわてさせる, どぎまぎさせる (embarrass); [通例受身で] 悩ます, 怒らせる, いらだたせる (irritate): Our sudden arrival ~ them *out*. 出し抜けに訪ねて行ったので彼らはあわてた / She *was* evidently ~ *out* by [at] my rudeness. 私の無作法ぶりに彼女は気を悪くしたらしかった. (11) 〘野球・クリケット〙〈打者を〉アウトにする, 〈走者を〉刺殺する (retire) (cf. putout). (12) 脱臼(だっきゅう)させる, はずす (dislocate): ~ one's shoulder [knee, back] *out* 肩[ひざ, 背骨]を脱臼する: He *put* his ankle *out* during the match. 彼は試合中足首をくじいた. (13) (麻酔にかけて)…の意識を失わせる; 〘ボクシング〙ノックアウトする (knock out). (14) 〈計器・計算を〉狂わせる (throw out): The final totals were ~ *out* by as much as five percent. 集計の結果 5 パーセントも誤差がでてきた. (15) 〈目を〉えぐり出す (gouge out), 見えなくさせる (blind). (16) (利付きで)貸し出す (lend), 投資する (lay out); 〈金を〉使う (spend): ~ *out* one's money *at* 6 percent 6 分の利子で金を貸す. — (*vi.*) (1) 〈船が〉出帆する, 〈人が〉船で出る (set sail) (cf. *vi.* 1 a). (2) 《俗》努力する, 奮励する (exert oneself). (3) 《米俗》〈女が〉セックスに応じる; 〔男と〕乱交にふける〔*for*〕. 《*a*1325》

pùt óver (*vt.*) (1) 《口語》〔人に〕〈考え・気持などを〉うまく伝える, 納得させる (put across)〔*to*〕: He was unable to ~ his ideas [himself] *over to* the audience. 彼は聴衆に自分の考えを十分に伝えることができなかった. (2) 《口語》[通例 ~ it [something, one] *over on* a person として] 〈人〉をだます (deceive), …をかつぐ (fool): You can't ~ *it over on* us (in) that way. そんなふうにして我々をだまそうとしてもだめだ / He tried to ~ *one over on* me by selling me a worthless car. 彼はぼろ車を売りつけて私に一杯くわせようとした. (3) 《米口語》(不利を克服し, または策を用いて)やってのける; やっつける〔*on*〕: The Premier managed to ~ *over* dissolution of the Diet. 首相は国会解散をやってのけた. (4) 《米》〈行事などを〉延期する, 延ばす (postpone): ~ *over* a conference [discussion] *to* [*until*] the following week 会議[討議]を翌週に延期する. — (*vi.*) 〈船・乗組員が〉海[川]を渡る (cross): ~ *over to* the other side of a bay 湾の対岸へ渡る.

pút … òver — (1) 〈…を〉—にかける. (2) 〈…を〉—の上に記す, つける. (3) ＝PUT *over* (*vt.*) (2).

pùt páid to ⇨ paid 成句.

pùt thróugh (1) (電話で)〔…に〕つなぐ (connect)〔*to*〕; [a (telephone) call を目的語として] 電話をかける〔*to*〕: *Put* me *through to* Mr. Smith. スミスさんにつないで下さい / He ~ *through* a call *to* London. ロンドンに電話を入れた. (2) 〈仕事・計画などを〉成就する, 成し遂げる (carry out); 〈提案などを〉認めさせる; 〈商取引きを〉完了する (complete): ~ *through* a business deal. (3) 〈議案などを〉通過させる: The bill was ~ *through*. その議案は通過した. (4) 〘サッカー〙〈別な選手に〉得点を狙ってパスする.

pút … thròugh — (1) 〈議案などを〉—を通過させる. (2) 〈苦痛・不幸など〉を経験させる, 味わわせる; 〈試練・テストなどを〉受けさせる, 課す (⇨ *vt.* 4). (3) 〈子供などに〉〈大学など〉まで行かせる (⇨ *vt.* 2 c). ★ その他については ⇨ *vt.* 2 a, 2 d, 4, 5 b.

pùt** a person **thróugh it 《口語》(1) 人を徹底的に検査[検診]する. (2) 人に厳しい試練を受けさせる, 人をしごく. 《1872》 ***pùt tó*** (*vt.*) (1) 《方言》〈戸・窓などを〉(しっかりと)閉める (close firmly): ~ the door *to*. 《?*a*1450》 (2) 〈船を〉岸へ向かわせる. — (*vi.*) 〈船が〉(避難のため)岸[港]へ向かう. ***pút** … **to*** — ⇨ *vt.* 2 b, 3 b, 4, 5 a, b, c, d, 6 a, 8 b, 9, 10 a, 11 b.

pùt togéther (1) 集める (gather); 集めてまとめる, 総合する; 〈バンドなどを〉結成する: Don't ~ those enemies *together* on the same committee! あの敵同士を同じ委員会に入れるな / ~ our heads *together* 相談[協議]する / ~ this and that *together* あれこれ考量する, 甲乙を総合判断する / *Putting* all these factors *together*, … これらの要因をすべて考え合わせれば… (cf. *put* TWO *and two together*). (2) 〈模型などを〉組み立てる, 構成する; 〈計画などを〉まとめる; 〈催し物などを〉準備する: ~ *together* a good dinner (色々な物を集めて)立派なごちそうを作る / ~ a dictionary *together* 辞書を編集する. (3) [通例 p.p. 形で] 一緒にする, 結合する (combine): His share is more than all the others' ~ *together*. 彼の分け前は他の皆のものを合わせたものよりも多い. 《1440》

pùt** a person **tó it 〈人を〉苦労させる, 困惑させる, つらい目に遭わせる. ★ 通例受身に用い, hard に修飾され, 後に不定詞句を伴うことが多い: He *was hard* ~ (*to it*) *to* pay the debts off. 借金の返済にひどく苦労した / We don't know what to do when we *are* ~ *to* it. 困った時には手の出しようがない. 《1581》

pùt únder (麻酔にかけたりして)…の意識を失わせる (put out): The anesthetist ~ the patient *under* before the operation began. 麻酔士は手術開始前患者に麻酔をかけた. 《1962》

pùt úp (*vt.*) (1) 〈家・像・碑などを〉建てる (build, erect): ~ *up* a building, memorial, statue, fence, etc. (2) 上げる (hold up), 立てる (raise), 〈帆・旗などを〉揚げる (hoist); 〈絵・幕などを〉掛ける; 〈装飾など〉の飾り付けをする: ~ *up* one's hand 手を挙げる, 挙手する / ~ *up* one's hands (降伏・武装解除の印に)両手を挙げる; (防衛の身構えに)げんこを固めて両手を上げる / "*Put* them [your hands] *up!*" said the robber. 強盗は「手を挙げろ」と言った / ～ one's feet *up* 《口語》(ベッド・椅子などに)足をのっける; 腰をおろして休む / ～ *up* the sails [a flag, an umbrella] 帆[旗, 傘]を揚げる[開く] / ～ *up* the Christmas decorations in the living room 居間にクリスマスの飾り付けをする / ～ *up* a picture 絵を掛ける / ～ *up* a tent テントを張る. (3) 〈掲示・ポスターなどを〉掲げる; 〈結婚予告を〉公示する[させる]; 〈棚などを〉壁に取り付ける: ～ *up* a notice 掲示をする / ～ *up* the banns 結婚予告を行う. (4) 〈髪を〉(通例ピンカールに)結う (set): ～ one's hair *up* 髪を結い上げる. (5) 《主に英・豪》〈価格・家賃・生産高などを〉上げる, 高める (increase, raise): He ～ *up* the rent by 50 p a week (to £23.50). 1 週の家賃を 50 ペンス上げ(て 23 ポンド 50 ペンスにし)た / The excitement ～ his blood pressure *up*. 興奮して血圧が上がった. (6) 〈うわべを〉装う; 〈戦いぶり・抵抗などを〉示す (offer, present), やり通す (carry on): ～ *up* a brave front 大胆な態度を装う / ～ *up* a good fight あっぱれな戦いぶりを示す, 善戦する / ～ *up* stout resistance 頑強に抵抗を続ける. (7) 〈資金を〉供給する, 融通する, 立て替える: The real-estate agent offered to ～ *up* part of the down payment. その不動産業者は頭金の一部を立て替え払いしようと申し出た. (8) 《米口語》〈金を〉(賞として)賭ける (stake): ～ *up* a bet of $30 30 ドルの賭けをする. (9) 〈人を〉泊まらせる, 宿泊させる (accommodate); 〈馬を〉小屋に入れる: We would be delighted to ～ you *up* for the night. 今夜は喜んでお泊めします. (10) 〈政党などが〉〔選挙などに〕立候補させる〔*for*〕; 〔…の〕候補者として指名する, 〔…に〕推薦する (nominate)〔*for*〕; 〈…の任に当たるように〉選ぶ (select)〈*to do*〉: He ～ himself *up for* election to the Diet. 彼は国会議員選挙に立候補した / I'll ～ you *up for* the club. 君をクラブに推薦しよう / They had no charismatic candidate to ～ *up* against him in the Presidential race. 彼らには大統領選挙戦で彼に対抗させて立てるべきカリスマ的候補者がなかった / He was ～ *up to* serve on the jury. 彼は陪審員に選ばれた. (11) 〈意見などを〉提唱する, 公表する (expose); 〈請願などを〉提出する (present, propose); 〈提案などを〉議題にのせる: I'd like to ～ *up* this idea *for* criticism. 愚見を呈して各位のご批判を仰ぎたいと思う. (12) 〈祈りをささげる (offer up): ～ *up* prayers *for* rain 雨請いの祈りをする. (13) 〈不動産・アンティーク用品などを〉〔売り物などに〕出す (offer)〔*for*〕: He ～ the site *up* (*for* sale). 彼はその敷地を売りに出した. (14) 〈人を〉そそのかして〔悪事などを〕させる (instigate, incite)〔*to*〕: His brother ～ him *up to* a prank [*to playing* the prank]. 彼の兄が彼をそそのかしていたずらを[そのいたずらを]させた / Who ～ you *up to* it? だれに教えられてそんなまねをしたのか. (15) 《英》〈人〉に〔情報を〕伝える, 知らせる (inform)〔*to*〕; …に〔仕事・職務などを〕教える, 指導する (instruct)〔*to*〕: He ～ me *up to* the latest racing tips. 彼が競馬の最近の内報を伝えてくれた / *Put* the new office boy *up* to his duties. 今度入社した給仕に仕事のことを教えてやってくれ. (16) 《口語》〈陰謀・悪事などを〉たくらむ, 共謀する, 示し合わせる (cf. put-up): ～ *up* a job 悪事[八百長]をたくらむ / ～ *up* a swindle 詐欺を企てる. (17) 〈獲物を〉(隠れ場から)狩り出す, 追い立てる (rouse): The dog ～ *up* a partridge. その犬は 1 羽のヤマウズラを飛び立たせた. (18) 〔入れ物などに〕入れる, しまう〔*in*〕; 包装する (pack); [しばしば二重目的語を伴って]〈食事を〉用意する, 〈弁当を〉作ってやる (prepare): ～ *up* meat *in* barrels 肉をたる詰めにする / ～ *up* goods *in* a parcel 品物を小包にする / Mother ～ us *up* a lunch for the hike. 母がハイキングのために弁当を作ってくれた. (19) (塩づけなどにして)貯蔵する (preserve), 缶詰にする: ～ *up* fruit 果物を蓄える / ～ *up* jam ジャムを作っておく / ～ *up* pork 豚肉を塩づけにしておく. (20) 〈不用になった物などを〉しまう, 片付ける (put away); 《古》〈刀をさやに納める (sheathe): They were ～*ting* the deck chairs *up for* the winter. 冬になるのでデッキチェアを片付けているところだった. (21) 〈薬などを〉調合する (prepare). (22) 《法律》〈被告人を〉召喚尋問する. — (*vi.*) 《英》(1) 立候補する〔*for*〕: He is ～*ting up for* election to the committee. 彼は委員選挙に立候補しようとしている. (2) 〔…の所に〕泊まる, 宿泊する (lodge)〔*at, in, with*〕: Let's ～ *up at* this hotel [*with* my aunt]. このホテル[おばの所]に泊まることにしよう. (*a*1325)

pút upòn (1) [通例受身で] …をだます (impose upon), …につけ込む (take advantage of), …をえさにする (victimize) (cf. put-upon): I will not *be* ～ *upon!* だまされるものか. (2) 《英》…に迷惑をかける, …を煩わす (trouble, inconvenience): I'm afraid I will be ～*ting upon* you too much. あまりにも迷惑をおかけするのではないでしょうか. (1693)

pùt úp with 《口語》…を我慢する, 耐え忍ぶ (tolerate) (⇨ bear[1] SYN): He could not ～ *up with* the insults any more. それ以上その侮辱に耐えられなかった / I won't ～ *up with* my pupil behaving like that. 生徒にあんなふるまいをされて黙っていられない / I've got a lot to ～ *up with*. 我慢ならないことが沢山ある. 《(1755) ← *put up* (vi.) (2)》

stáy pút ⇨ stay[1] *v.* 成句.

— *n.* **1** (砲丸などの)投げ (throw); 一投げ. **2** 《英方言》(攻撃・救援の)突き, 押し (thrust, push). **3** 《証券》株式売付選択権 (put option) 《一定数のある株式を, 一定期間中随時に所定の価格で所定の相手方に売り付けることのできる特権をいい, 同様にして買い付けることのできる特権を call (option) という》: ～ and call 株式売買選択権 (cf. option 3 b).

〖(?*a*1200) *putte*(*n*), *pute*(*n*) to push, thrust, put < lateOE **putian* (cf. *pūtung* instigation), *potian* to push, thrust: cf. Du. *poten* to plant / Dan. *putte* to put / Icel. *pota* to poke〗

SYN 置く: **put** 特定の場所に置く: He *put* his pen on the desk. ペンをデスクに置いた. **place** 特定の場所に(特に注意深く)置く《*put* よりも格式ばった語》: He *placed* his car next to mine. 彼は私の車の隣に車を置いた.

put[2] /pʌ́t/ *v.* (**put·ted**; **put·ting**), *n.* 《ゴルフ》 =putt. 〖(1743) ↑〗

pu·ta /pjúːṭə | -tə/ *n.* 《米卑》 売春婦 (whore), だれとでもやりたがる女. 〖(1967) □ ? Sp. ～〗

pu·ta·men /pjuːtéɪmən | -mɪn/ *n.* (*pl.* **pu·tam·i·na** /-tǽmənə | -mɪ̀-/) **1** 《植物》 果核《ウメ・モモなどの堅い内果皮》; 種, 核 (stone). **2** 《動物》(鳥類の卵の)卵殻膜, 硬膜. **pu·tam·i·nous** /pjuːtǽmənəs | -mɪ̀-/ *adj.* 〖(1830) □ L *putāmen* that which is removed in pruning ← *putāre* to prune〗

pút-and-táke *n.* (主に)四角ごまなどを使って行う賭け事遊びの一つ (⇨ teetotum 2). 〖1922〗

pu·ta·tive /pjúːṭəṭɪv | -tət-/ *adj.* **1** (一般にそうだと)推定されている, 推定上の, うわさの: the ～ father 《法律》(非嫡出子の)推定上の父親 / a ～ form 推定形. **2** 《文法》推定の《いくつかの言語に見られる動詞の法 (mood) の区別; 話者の陳述が直接の証拠に基づかないで推論によるものであることを表す》. **～·ly** *adv.* 〖(1432–50) □ OF *putatif* ∥ LL *putātīvus* ← L *putāre* to think, make clear: ⇨ -ative: cf. pure〗

pútative márriage *n.* 《法律》 事実上の婚姻《婚姻を不適法にする障害が当事者の一方または双方にありながらそれを知らずになした婚姻》. 〖1811〗

put-down /pʊ́tdàʊn/ *n.* **1** 《口語》 拒否, 排撃, はねつけ, やり込め; 手痛い応酬[批判], 痛撃: His remark was a ～. 彼の言葉に相手はぐうの音も出なかった. **2** (飛行機の)着陸. 〖(1962) ← *put down* (⇨ put[1] (v.) 成句)〗

pute /pjúːt/ *adj.* 《古》 純粋の, 全くの (pure), ただの (mere): a ～ fool. ★ pure and pute または pure pute として用いる. 〖(*c*1619) □ L *putus* clean, pure ← *putāre*: ⇨ putative〗

pu·te·al /pjúːṭiəl | -ti-/ *n.* (古代ローマの, 地上の)井戸側, 井げた (well kerb). 〖(1850) □ L *puteālis* ← *puteus* a well: ⇨ -al[1]〗

Pu·tin /púːtn̩, -tn | -tɪn; *Russ.* pútʲin/, **Vladimir (Vladimirovich)** *n.* プーチン (1952– ; ロシア大統領 (2000–)).

pút-ìn *n.* **1** 《ラグビー》 プットイン《スクラムの中にボールを入れること》. **2** 《米口語》(自分にあまり関係のないことに対する)興味, 関心. 〖1853〗

Pu·ti·phar /pjúːṭəfə | -tɪfə(r)/ *n.* (Douay Bible での) Potiphar のラテン語式語形.

pút·lòck *n.* 《建築》 =putlog. 〖1645〗

pút·lòg *n.* 《建築》(れんが造りの建物で壁に差し込んだ)仮設足場用腕木. 〖(1703) ← PUT[1] (p.p.)+LOG[1]〗

Put·nam /pʌ́tnəm/, **Israel** *n.* パトナム (1718–90; 米国の独立戦争当時の将軍).

Putnam, Rufus *n.* パトナム (1738–1824; 米国の独立戦争当時の軍人; Israel Putnam のいとこ; 官有地監督官 (1796–1803)).

Put·ney /pʌ́tni/ *n.* パトニー《London 南西部郊外, Thames 川南岸の住宅地区; ここにある Putney Bridge は Oxford, Cambridge 両大学ボートレースおよびウィングフィールドスカル競艇 (Wingfield Sculls) の出発点; cf. Mortlake》. 〖OE *Puttan-hȳþ* 《原義》 '*Putta's* landing-place': cf. OE **putta* kite〗

pút-òff *n.* 《口語》 **1** 言い逃れ, 言い訳 (excuse): His remark is a ～. 彼の言葉は言い逃れだ. **2** 延期 (postponement). 〖(1549) ← *put off* (⇨ put[1] (v.) 成句)〗

pút-òn *adj.* [限定的] 見せかけの, うわべだけの, 偽りの: a ～ smile 作り笑い, 取ってつけた笑い. — *n.* **1** 《口語》 見せかけ, 気取り, きざな態度. **2** 《俗》 **a** 冗談, 悪ふざけ, かつぎ (joke). **b** もじり作品, 戯作 (parody). 〖adj.: (1621); n.: (1937) ← *put on* (⇨ put[1] (v.) 成句)〗

pút-on ártist *n.* 《俗》 人をからかうのがうまい人, かつぎの名人.

pu·tong·hua /púːtɔ̀(ː)ŋhwáː, -tà(ː)ŋ-; *Chin.* pʰǔtʰōŋxuà/ *n.* 普通話(プートンホワ)《現代標準中国語; 中華民国期には Guoyu (国語) と呼ばれていた》. 〖(1950) □ Chin. ～ (「あまねく通じる言葉」の意)〗

pút òption *n.* 《証券》 =put[1] *n.* 3. 〖1881〗

pút·òut *n.* 《野球・クリケット》 アウトにすること, 刺殺. 〖← *put out* (⇨ put[1] (v.) 成句)〗

put-put /pʌ́tpʌ́t, ⌐–⌐/ *n.* **1** (小型内燃機関の出す)ぱっぱっという音. **2** 《口語》(ボートや模型飛行機のぽんぽんエンジン, 小型内燃機関; 小型内燃機関を取り付けた乗り物[ボート], ぽんぽん船, モーターバイク. — *vi.* (**-put·ted**; **-put·ting**) **1** ぱっぱっと音がする, ぱっぱっと音を立てながら進む. **2** ぱっぱっと音を立てる乗り物[ボート]で行く. 〖(1905) 擬音語〗

pu·tre·fa·cient /pjùːtrəféɪʃənt | -trɪ̀-/ *adj.* =putrefactive. 〖(1883) □ L *putrefacientem* (pres.p.) ← *putrefacere* to make rotten: ⇨ putrefy, -facient〗

pu·tre·fac·tion /pjùːtrəfǽkʃən | -trɪ̀-/ *n.* **1** 腐敗; 腐敗作用. **2** 腐敗物 (putrescence). 〖(*a*1400) □ LL *putrefactiō*(*n*-) ← L *putrefactus* (p.p.) ← *putrefacere* 'to PUTREFY': ⇨ -faction〗

pu·tre·fac·tive /pjùːtrəfǽktɪv | -trɪ̀-/ *adj.* **1** 腐敗させる; 腐敗しやすい: ～ bacteria [agents] 腐敗菌[剤]. **2** 腐敗する[した], 腐敗の: a ～ process 腐敗作用. 〖(1545) □ MF *putrefactif* ← L *putrefactus* (↑): ⇨ -ive〗

pu·tre·fy /pjúːtrəfàɪ | -trɪ̀-/ *vt.* 腐敗させる; 化膿(かのう)させる (suppurate). — *vi.* **1** 腐敗する (⇨ decay SYN); 化膿する (fester); 壊疽(えそ)を生じる. **2** (道徳的に)腐敗する, 堕落する. **pú·tre·fì·a·ble** /-fàɪəbl̩/ *adj.* **pú·tre·fì·er** *n.* 〖(1392) □ (O)F *putréfier* □ L *putrefacere* to make rotten ← *puter* rotten+*facere* to make, do: -fy は L **putrificāre* からの類推〗

pu·tres·cence /pjuːtrésəns, -sns/ *n.* **1** 腐敗, 腐りかかった状態. **2** (道徳的)腐敗, 堕落. **3** 腐りかかった物, 腐敗物. 〖(1646) □ L *putrēscentem* (↓): ⇨ -ence〗

pu·tres·cent /pjuːtrésənt, -snt/ *adj.* 腐敗の; 腐りかかった: a ～ smell [odor]. 〖(1732) □ L *putrēscentem* (pres.p.) ← *putrēscere* ← *putrēre* to be rotten: ⇨ putrid, -escent〗

pu·tres·ci·ble /pjuːtrésəbl̩ | -sɪ̀-/ *adj.* 腐敗しやすい. — *n.* 腐敗しやすい物. **pu·tres·ci·bil·i·ty** /pjuːtrèsəbíləṭi | -sɪ̀bílɪ̀ti/ *n.* 〖(1797) □ F ～ ∥ LL *putrēscibilis* ← L *putrēscere* (↑): ⇨ -ible〗

pu·tres·cine /pjuːtrésiːn/ *n.* 《生化学》 プトレシン ($C_4H_{12}N_2$) 《腐敗した蛋白質や正常でない尿の中などに見出される腐敗臭の強い結晶性物質; tetramethylenediamine ともいう》. 〖(1887) ← *putresc-* (← L *putrēscere* (↑))+-INE[3]〗

pu·trid /pjúːtrɪ̀d | -trɪd/ *adj.* **1** 腐敗した, 腐った (rotten); 悪臭を放つ (⇨ stinking SYN): a ～ smell / turn ～ 腐る, 臭くなる. **2** 腐敗から生じる, 腐敗を伴う. **3** 腐敗した, 堕落した (corrupt). **4** 《俗》 いやらしい, 不快な, 鼻持ちならない, ひどく悪い (vicious): ～ conduct, manners, etc. / a perfectly ～ book, party, lecture, etc. **5** 〈土壌が〉粉になりやすい, もろい (friable). **～·ly** *adv.* **～·ness** *n.* 〖(*a*1398) □ L *putridus* rotten, stinking ← *putrēre* to be rotten ← *putris, puter* rotten〗

pútrid féver *n.* 《病理》 発疹チフス. 〖1651〗

pu·trid·i·ty /pjuːtrídəṭi | -dɪ̀ti/ *n.* 腐敗; 腐敗物. 〖(*a*1639): ⇨ putrid, -ity〗

pu·tri·lage /pjúːtrəlɪdʒ/ *n.* 腐敗した[しかかった]物質, 腐敗物. **pu·tri·lag·i·nous** /pjùːtrəlǽdʒənəs | -trɪ̀lǽdʒɪ̀-/ *adj.* **pù·tri·lág·i·nous·ly** *adv.* 〖(1657) □ L *putrilāgin-*, *putrilāgo* putrefaction ← *puter* 'PUTRID'〗

Putsch, p- /pʊ́tʃ; G. pʊ́tʃ/ *G. n.* (突然起こった)小反乱, 小暴動. 〖(1920) □ G ～ ← Swiss 《方言》 《原義》 a push, blow〗

pútsch·ist /-tʃɪ̀st | -tʃɪst/ *n.* 小反乱の首謀[唱導]者. 〖(1898): ⇨ ↑, -ist〗

putt /pʌ́t/ 《ゴルフ》 *vi.* パットを打つ. — *vt.* 〈ボールを〉パットする. — *n.* パット《グリーン上でホールを狙い, パターでボールを軽く打つこと》. 〖(1743) 《変形》 ← PUT[1]〗

put·tee /pʌtíː, pʊ-, pʌ́ti | pʌ́ti, -tiː, pʌtíː/ *n.* 巻きゲートル, 巻き脚絆; 《米》(兵士・乗馬者が着用する)革ゲートル. 〖(1886) □ Hindi *paṭṭī* bandage: cf. Skt *paṭṭa* strip of cloth〗

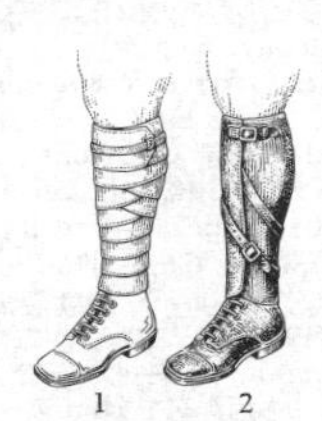

puttees
1 cloth
2 leather

putt·er[1] /pʌ́ṭə | -tə(r)/ *n.* 《ゴルフ》 **1** パット (putt) する人. **2** パター (putt 用のクラブ; ⇨ golf club 挿絵). 〖(1743) ← PUTT+-ER[1]〗

put·ter[2] /pʌ́ṭə | -tə(r)/ 《米口語》 *vi.* **1** 〔仕事を〕だらだら[不手際なやり方で]やる〔*at, over*〕. **2** のらりくらりする, ぶらつく (loiter) 〈*about, along, around, over*〉: ～ *about* (a garden) (庭を)ぶらつく. — *vt.* 〈時間を〉だらだらと浪費する (dawdle) 〈*away*〉. — *n.* (力の入らないまたは不手際な)だらだらした仕事; ぶらつき, のらくら. **～·er** /-ṭərə | -tərə(r)/ *n.* **～·ing·ly** /-ṭərɪŋli | -tər-/ *adv.* 〖(1878) 《変形》 ← POTTER[2]〗

put·ter[3] /pʊ́ṭə | -tə(r)/ *n.* **1** 置く人. **2** 《鉱山》(切り出した石炭を堅坑(たてこう)まで運ぶ)運搬夫, 後山(あとやま) (cf. hewer), 手子(てこ) (hauler). **3** =shot-putter. 〖(*c*1384): ⇨ put[1], -er[1]〗

put·ter[4] /pʌ́ṭə | -tə(r)/ *n., vi.* =put-put. 〖(1942) ← PUT(-PUT)+-ER[1]〗

pútter-òn *n.* 《Shak》 推進者, 煽動者.

pútter-òut *n.* 投資者, 「五倍賭け屋」《遠距離の旅行に出かける際に金を賭け, 無事に戻ったら五倍の額を受け取った; cf. Shak., *Tempest* 3. 3. 48》. 〖(*a*1586): cf. *put out* (16) (⇨ put[1] 成句)〗

putti *n.* putto の複数形.

put·tie /pʌ́ti | -ti/ *n.* =puttee.

pút·ti·er *n.* (窓ガラスに)パテ (putty) をつける人, ガラス屋 (glazier). 〖(1860): ⇨ putty[1], -er[1]〗

pútt·ing grèen /pʌ́tɪŋ- | -tɪŋ-/ *n.* 《ゴルフ》 **1** (パッティング)グリーン《ホールの周囲のパット区域; ホールから 20 ヤードの距離》. **2** パット練習場. 〖(1841) ⇨ putt, -ing[1]〗

Putt·nam /pʌ́tnəm/, Baron **David (Terence)** *n.* パトナム (1941– ; 英国の映画制作者; *Chariots of Fire* 「炎のランナー」(1981)).

put·to /pjúːtou | pʊ́təʊ; *It.* pútto/ *n.* (*pl.* **put·ti** /-ti, -tiː; *It.* -ti/) [通例 *pl.*] 《美術》 プット《絵画・彫刻の装飾に使う裸のキューピッド[ケルビム]像; cf. amoretto》; ルネサンス期絵画[彫刻]に見られる小児像. 〖(1644) □ It. ～ 'small boy' □ L *putus*=*pūsus* boy〗

put·tock /pʌ́tək/ *n.* 《廃·方言》トビに似た猛禽. 〖(?c1200) *puttoc* ← ? *polet* 'PULLET'＋*hauk* 'HAWK'〗

put·too /pʌ́tuː/ *n.* ＝pattu. 〖1857〗

putt-putt /pʌ́tpʌ̀t, ⌐⌐/ *n., vi.* ＝put-put. 〖1930〗

put·ty[1] /pʌ́ti | -ti/ *n.* **1** パテ《石膏(せっこう)を亜麻仁油で練ったものでガラス屋が窓枠にガラスを留めたり, 塗装下地の充填に使う》: plasterers' ～ 塗装工事用のパテ. **2** 円管接合用パテ《鉛丹·鉛白などを亜麻仁油で練ったもので, パイプの継ぎ目をふさぐ; red-lead putty ともいう》. **3** 上塗り用プラスター《石灰水と砂または焼き石膏を混合したもの》. **4** ＝putty powder. **5** どうにでも形づくられる物; 人の言いなりになる人: He was ～ in his wife's hands. 彼は妻の言いなりになっていた. **6** 淡褐灰色, 黄灰色.
like pútty (in a person's hánds) 人の言いなりになって. *ùp to pútty* 《豪俗》無価値の[で]. (1916)
— *vt.* **1** パテで留める[継ぐ]. **2** …にパテを塗る.
— *adj.* **1** 淡褐灰色の. **2** 顔色の悪い: a ～ face.
〖(1633) ▭ F *potée* a potful, 《原義》(something) potted ← *pot* 'POT': ⇨ -y[2]〗

put·ty[2] /pʌ́ti | -ti/ *n.* ＝puttee.

pútty-hèad *n.* 《米俗》ばか者, 間抜け (fool). 〖1856〗

pútty-héarted *adj.* 臆病な (coward). 〖1885〗

pútty knìfe *n.* パテ用こて, パテナイフ. 〖1858〗

pútty mèdal *n.* 《英戯言》わずかな労力にふさわしい報酬: You deserve a ～. 君の仕事はまんざらでもない《少しはほめてあげよう》. 〖(1898) パテで作った勲章の意から〗

pútty pòwder *n.* パテ粉《酸化スズの粉末でガラスや金属を磨くのに使う; jewelers' putty ともいう》. 〖1832〗

pútty·ròot *n.* 《植物》米国産の緑紫色の花をつけるランの一種 (*Aplectrum hyemale*) 《Adam-and-Eve ともいう》. 〖1857〗

Pu·tu·ma·yo /pùːtumáɪoʊ | -tumáɪəʊ; *Am.Sp.* putumájo/ *n.* [the ～] プトゥマヨ(川)《コロンビアに発し, ペルーとの国境を流れる Amazon 川の支流 (1,580 km); ブラジル語名 Içá》.

pu·tung·hua /púːtuŋhwáː/ *n.* ＝putonghua.

pút-ùp *adj.* [限定的] 《口語》あらかじめたくらんだ, 八百長の: a ～ job 予定のたくらみ, 作りごと, 八百長. — *n.* 包装した商品 (package); (特に)巻き上げた売り糸(など). 〖(1810) ← *put up* (⇨ put[1] (v.) 成句)〗

pút-upòn *adj.* だまされた, かつがれた, 利用された, 誘惑された: a ～ girl. 〖(1889) ← *put upon* (⇨ put[1] (v.) 成句)〗

putz /pʌ́ts/ 《米俗》*n.* **1** ペニス (penis). **2** 間抜け, とんま野郎. — *vi.* [～ around として] (何もせずに)ぶらぶらする. 〖(1934) ▭ Yid. ～〗

Pu·vis de Cha·vannes /pjuːvíːsdəʃɑːváːn, -víːdə-, -víːsd(ə)-; *F.* pyviːsdəʃavan, pyvidʃavan/, **Pierre Cé·cile** /sesil/ *n.* ピュビドシャバンヌ (1824–98; フランスの画家).

P

puy /pwíː; *F.* pɥi/ *n.* 《地質》ピュイ《フランス Auvergne 地方に多い小型の火山丘》. 〖(1858) ▭ F ～ < L *podium* balcony: ⇨ pew〗

Puy-de-Dôme /pwìːdədóum | -dədə́um; *F.* pɥidədoːm/ *n.* **1** ピュイドドーム(県)《フランス中部の県, 面積 7,954 km², 県都 Clermont-Ferrand》. **2** ピュイドゥドーム(山)《フランス中部の山 (1,634 m)》.

puz·zel /pʌ́zl/ *n.* ＝pucelle.

Pu-yi /pùːjíː; *Chin.* pʰǔi/ (*also* **P'u-i** /～/), **Henry** *n.* 溥儀(ふぎ) (1906–67; 清朝最後の皇帝, 宣統帝 (Xuantong) (1908–12); 日本の傀儡(かいらい)として満州国皇帝, 康徳帝 (Kang-de) (1934–45); 満州語名 Aisin Gioro (愛新覚羅) ～, のち西洋名で Henry ～ とも名のった).

puz·zle /pʌ́zl/ *vt.* **1** 途方に暮れさせる, 困惑させる; [しばしば受身で, *that* 節·wh- 節[句], to do を伴って] 当惑させる (bewilder): The long silence ～*d* him. 長い音信不通[沈黙]にどうしたことかと彼は当惑した / I *am* ～*d* (*about*) *what* to do.＝It ～*s* me (*about*) *what* to do. どうしたらよいのかわからない. ★ 受身の puzzled は形容詞化してしばしば very, quite などの副詞に修飾される: I was *very* ～*d* to see her behaving like that. 彼女がそのようにふるまうのを見て面くらった. **2** 〈頭·心を〉悩ます, 煩わす: ～ one's brains [head] *over* [*about*] a problem＝～ oneself *over* a problem ある問題で頭をしぼる. **3** 《古》〈人〉の行動(の選択)を困難にする, 混乱させる. — *vi.* **1** 〔…に〕途方に暮れる, 困惑する, 当惑する〔*about, over*〕. **2** 〔難問に〕頭をひねる, 頭をしぼる〔*over, for*〕: ～ *over* [*for* the solution of] a problem 問題に[問題の解決のために]頭をひねる. *púzzle óut* 〈解決法などを〉(頭を絞って)考え出す, 判じる (solve): ～ *out* the meaning of a sentence 文章の意味を判じる / I ～*d out* how to do it. そのやり方をやっと考え出した. (1781) *púzzle thróugh* 手探りで通り抜ける. (1853)
— *n.* **1** 困らせる人[物, 事]; (特に)難問, 難題; 謎 (⇨ mystery[1] SYN): the perpetual ～ of existence 人生の永久の謎 / a piece of the ～ (謎などを解く)手掛かり. **2** 考え物《字捜し·絵捜しの類》, 判じ物, クイズ, パズル: ⇨ Chinese puzzle, crossword puzzle, jigsaw puzzle. **3** [a ～] 当惑, 困惑(状態): He is in *a* ～ about the matter. その問題で途方に暮れている.
〖(c1595) ← (c1380) *poselet* puzzled (p.p.) ← **poselen* to bewilder ← ?〗

SYN 困惑させる: **puzzle** 答えがわからなくて困惑させる: The problem *puzzled* him. その問題で迷った. **perplex** 困惑させ悩ます: He *perplexed* me by his silence. 黙っているので当惑した. **confuse** 精神的な混乱を与える: Your answer *confused* me deeply. あなたの答えにいたく面くらっている. **confound** 〈事が〉理性が働かないほど完全に混乱させる: This difficulty quite *confounded* me. この困難には全くうろたえてしまった. **baffle** 驚いてどうしてよいかわからなくさせる: I was completely *baffled* by his remark. 彼の発言でまったく当惑してしまった. **bewilder** 特にいろいろ異なった問題が同時に出てきて困惑させる: He looked *bewildered* when he saw the examination questions. 試験問題を見るとうろたえた様子だった. **dumfound** 一時的に口もきけなくなるほどまごつかせる: I was *dumfounded* by the shock. そのショックで物も言えないほど驚いた.

---

púzzle bòx *n.* 《心理》問題箱《動物が操作によって外に出られるようにしてある箱; 問題解決行動の研究に用いる》. 〖1866〗

puz·zled /pʌ́zld/ *adj.* 途方に暮れた, 困惑した: a ～ expression 当惑した表情 / He looked ～. 彼は当惑したような顔をしていた. **～·ly** *adv.* **～·ness** *n.* 〖(1651) ← PUZZLE (v.)＋-ED〗

púz·zle·dom /-dəm/ *n.* 困惑, 当惑, 苦境. 〖(1748) ← PUZZLE (n.)＋-DOM〗

púzzle·hèad *n.* 頭の混乱した人. 〖1888〗

púzzle·hèaded *adj.* 頭の混乱した. 〖*a*1784〗

púz·zle·ment *n.* **1** 当惑, 困惑(状態) (bewilderment). **2** 困惑させるもの; 難問, 謎 (puzzle). 〖1822〗

púzzle·pàte *n.* ＝puzzlehead. 〖(1775): ⇨ pate〗

púzzle·páted *adj.* ＝puzzleheaded. 〖(1795) ↑〗

púzzle·pèg *n.* 《英》(頭を地面に着けさせないために)犬の下顎(あご)に取りつけた木片. 〖1819〗

púz·zler /-zlə, -zlə | -zlə(r, -zl-/ *n.* **1** 困らす人[物]; (特に)難問, 難題 (puzzling problem). **2** パズル狂; 難問を解く人. 〖(*a*1652): ⇨ puzzle, -er[1]〗

púz·zling /-zlɪŋ, -zl-/ *adj.* 〈問題など〉途方に暮れさせる, 当惑させる, 困惑させる (bewildering), わけのわからない. **～·ly** *adv.* 〖(1666) ← PUZZLE (v.)＋-ING[2]〗

puz·zo·lan /púːtsələn/ *n.* ＝puzzolana. 〖1907〗

puz·zo·la·na /pùːtsəláːnə; *It.* puttsoláːna/ *n.* ＝pozzolana. 〖1791〗

PV 《略》《軍事》patrol vessel 哨戒艦艇; *F.* Petite Vitesse (＝freight train); *It.* Piccola Velocità (＝slow train); Porte de Versailles ベルサイユ門.

p.v. 《略》par value; 《医学》*L.* per vāgīnam (＝by the vagina); post village; 《英国国教会》priest vicar.

PVA 《略》《化学》polyvinyl acetate.

PVB 《化学》polyvinyl butyral.

PVC 《略》《化学》polyvinyl chloride.

PVS 《略》persistent vegetative state 遷延性[持続性]植物状態; 《病理》Post-Vietnam Syndrome; postviral syndrome. 〖1985〗

PVT 《略》《原子力》pressure vessel technology; pressure, volume, temperature.

Pvt. 《略》Private (cf. Pte).

pw 《記号》Palau (URL ドメイン名).

PW 《略》《英》Policewoman; Prisoner(s) of War (POW とも略記する); public works.

p.w. 《略》per week.

PWA 《略》a person with AIDS エイズ感染者; Public Works Administration (米) 公共土木事業局 (New Deal 政策の一環をなした; 1943 年機能は Federal Works Agency へ移行).

P wàve /píː-/ *n.* 《地震》P 波《地球内部を伝わる地震波の中の縦波をいう; 観測点に最初に到達するので primary wave ともいう; cf. L wave, S wave》.

PWD 《略》《陸軍》Psychological Warfare Division 心理[宣伝]戦部; Public Works Department 公共事業部.

pwr 《略》power.

PWR 《略》《原子力》pressurized water reactor. 〖1954〗

pwt 《略》pennyweight.

Px 《略》《医学》pneumothorax; prognosis.

PX /píːéks/ 《略》(*pl.* **～s** /～ɪ̀z/) physical examination; 《商業》please exchange; 《米陸軍》Post Exchange; private exchange.

pxt 《略》pinxit.

py 《記号》Paraguay (URL ドメイン名).

PY 《略》《自動車国籍表示》Paraguay.

py- /paɪ-/ (母音の前にくるときの) pyo- の異形.

pya /pjáː, piáː/ *n.* **1** ピヤ《ミャンマーの通貨単位; ＝1/100 kyat》. **2** 1 ピヤアルミ貨. 〖(1952) ← Burmese〗

py·ae·mi·a /paɪíːmiə/ *n.* 《病理》＝pyemia. **py·ae·mic** /paɪíːmɪk/ *adj.* 〖(1857) ← NL ～: ⇨ pyo-, -emia〗

Py·a·ti·gorsk /pjɑ̀ːtɪɡɔ́əsk, pjɑ̀ː- | -ɡɔ́ːsk, pjɑ̀ː-; *Russ.* pʲɪtʲɪɡórsk/ *n.* ピャチゴルスク《ロシア連邦南西部, Caucasus 山脈北側の都市》.

pycn- /pɪkn/ (母音の前にくるときの) pycno- の異形.

pycnia *n.* pycnium の複数形.

pyc·nic /píknɪk/ *adj., n.* 《心理·人類学》＝pyknic.

pyc·nid·i·um /pɪkníːdiəm | -di-/ *n.* (*pl.* **-i·a** /-diə | -diə/) 《植物》(サビ菌類の)粉胞子器, 粉子器. **pyc·níd·i·al** /-diəl | -di-/ *adj.* 〖(1857) ← NL ～ ← Gk *puknós* close, thick, dense＋-IDIUM〗

pyc·ni·o·spore /píkniəspɔ̀ə | -spɔ̀ː(r/ *n.* 《植物》粉胞子《サビ菌類の粉胞子器に生じる胞子》. 〖← PYCNI(DIUM)＋-O-＋-SPORE〗

pyc·ni·um /píkniəm/ *n.* (*pl.* **-ni·a** /-niə/) 《植物》柄胞子器, 精子器《サビ菌類にみられるフラスコ状の中に粉胞子が入っているもの; 担子胞子が寄主の表皮下に寄生して生じる》. 〖(1905) ← NL ～: ⇨ ↓, -ium〗

pyc·no- /píknoʊ | -nəʊ/ 「太った (thick)」「濃密な (dense)」などの意の連結形. ★ 母音の前では通例 pycn- になる. 〖(17C) ▭ L ～ ▭ Gk *pukno-* ← *puknós* thick, dense〗

pyc·no·cline /píknəklàɪn/ *n.* 《海洋》密度[比重]躍層《深度の変化に伴い海水密度が急激に増加する層[領域]》. 〖1957〗

pyc·nog·on·id /pɪknɑ́(ː)ɡənɪ̀d, -nɔ́ɡənɪd/ 《動物》*adj.* 真皆脚目の. — *n.* 真皆脚目ウミグモ類の節足動物. 〖(1852) ← NL *Pycnogonida* ← *Pycnonotus* (属名: ← PYCNO-＋-*notus* (← Gk *nōtos* the back))＋-IDAE〗

pyc·nom·e·ter /pɪknɑ́(ː)mətə | -nɔ́mɪ̀tə(r/ *n.* 《物理》比重びん《液体の比重を測定するための容器》. 〖(1858) ← PYCNO-＋-METER[1]〗

pyc·no·sis /pɪknóʊsɪ̀s | -nə́ʊsɪs/ *n.* 《生物》核凝縮《細胞の死滅過程に生じる変性の一つで, 核が萎縮する現象》.

pyc·not·ic /pɪknɑ́(ː)tɪk | -nɔ́t-/ *adj.* 〖(1900) ← NL ～: ⇨ pycno-, -osis〗

pyc·no·spore /píknəspɔ̀ə | -spɔ̀ː(r/ *n.* 《植物》＝pycniospore. 〖(1887) ← PYCNO-＋-SPORE〗

pyc·no·style /píknəstàɪl/ *adj.* 《建築》密柱式の《古典(主義)建築で, 柱の内法(うちのり)間隔が柱下部の直径の 1.5 倍のものについていう》. 〖▭ L *pycnostȳlus* ▭ Gk *puknóstūlos* ← PYCNO-＋*stûlos* pillar〗

Pyd·na /pídnə/ *n.* ピュドナ, ピドナ《Macedonia の古都; マケドニア軍に対するローマ軍の戦勝地 (168 B.C.)》.

pye /páɪ/ *n.* 《キリスト教》＝pie[4].

pýe-dòg /páɪ-/ *n.* ＝pariah dog. 〖(1864) ▭ Anglo-Ind. ～ 《短縮》← *pariah dog*〗

py·el- /páɪəl/ (母音の前にくるときの) pyelo- の異形.

py·e·li·tis /pàɪəláɪtɪ̀s | -tɪs/ *n.* (*pl.* **～·es**) 《病理》腎盂(じんう)炎. **py·e·lit·ic** /pàɪəlítɪk | -tɪk⁻/ *adj.* 〖(1842) ← NL ～: ⇨ ↓, -itis〗

py·e·lo- /páɪəloʊ | -ləʊ/ 《解剖》「骨盤 (pelvis); 腎盂 (renal pelvis)」の意の連結形: *pyelo*gram. ★ 母音の前では通例 pyel- になる. 〖(19C) ← NL ～ ← Gk *púelos* basin〗

py·e·lo·gram /páɪəloʊɡræ̀m | -lə(ʊ)-/ *n.* (X 線による)腎盂撮影[造影]写真. 〖(1923): ⇨ ↑, -gram〗

py·e·lo·graph /páɪəloʊɡræ̀f | -lə(ʊ)ɡrɑ̀ːf, -ɡæ̀f/ *n.* ＝pyelogram. 〖1913〗

py·e·log·ra·phy /pàɪəlɑ́(ː)ɡrəfi | -lɔ́ɡ-/ *n.* 腎盂撮影[造影](法)《造影剤を腎盂に入れて X 線で撮影する》.

py·e·lo·graph·ic /pàɪəloʊɡrǽfɪk | -lə(ʊ)-⁻/ *adj.* 〖(1906) ← PYELO-＋-GRAPHY〗

pỳelo·nephrítis *n.* 《病理》腎盂腎炎. **pỳelo·nephrític** *adj.* 〖(1866) ← NL ～: ⇨ pyelo-, nephritis〗

pỳelo·nephrósis *n.* 《病理》腎盂腎症. 〖← NL ～: ⇨ pyelo-, nephrosis〗

py·e·mi·a /paɪíːmiə/ *n.* 《病理》膿(のう)血(症). **py·e·mic** /paɪíːmɪk/ *adj.* 〖(1857) ← NL ～: ⇨ pyo-, -emia〗

pyg- /paɪɡ/ (母音の前に来る時の) pygo- の異形.

py·gal /páɪɡəl, -ɡl/ *adj.* 《動物》臀部(でんぶ)の, 尾部の. 〖(1838) ← PYGO-＋-AL[1]〗

py·garg /páɪɡɑəɡ | -ɡɑːɡ/ *n.* カモシカの一種 (cf. *Deut.* 14:5). 〖(c1384) ▭ L *pȳgargus* ▭ Gk *pū́gargos* 《原義》white rump〗

py·gid·i·um /paɪdʒídiəm | -di-/ *n.* (*pl.* **-i·a** /-diə | -diə/) 《動物》尾板. **py·gíd·i·al** /-diəl | -di-/ *adj.* 〖(1849) ← NL ～: ⇨ ↓, -idium〗

pyg·mae·an /pɪɡmíːən, pígmiən | pɪɡmíːən/ *adj.* ＝Pygmy. 〖(1601) ← L *pygmaus* dwarfish (⇨ Pygmy)＋-AN[1]〗

Pyg·ma·lion /pɪɡméɪljən, -liən | -liən/ *n.* **1** 《ギリシャ·ローマ神話》ピュグマリオーン《Ovid の物語「変身譚」では彫刻が巧みな Cyprus 人; 自作の象牙像にほれ込み, Aphrodite がこれに生命を与えて生きた女にした; cf. Galatea》. **2** 「ピグマリオン」《英国の音声学者 Daniel Jones をモデルとしたといわれる G. B. Shaw 作の喜劇 (1912 年初演); 花売り娘 Eliza を淑女に仕立てた音声学教授 Higgins は彼女に求婚したが彼女は他の青年と結婚する; ミュージカル 'My Fair Lady' の原作》. (1914) 〖▭ L *Pygmalion* ▭ Gk *Pugmalíōn*〗

pyg·me·an /pɪɡmíːən, pígmiən | pɪɡmíːən/ *adj.* ＝Pygmy. 〖(1555) ⇨ Pygmy, -an[1]〗

pyg·moid /pígmɔɪd/ *adj.* ピグミー (Pygmies) に類似の. 〖(1933) ← PYGM(Y)＋-OID〗

Pyg·my /pígmi/ *n.* **1** 《人類学》ピグミー《アフリカ·オーストラリア南東部·フィリピン諸島などの小人の黒人; cf. Negrillo, Negrito》. **2** [時に p-] 《ギリシャ·ローマ伝説》ピグミー, ピュグマイオス《コウノトリと戦って滅亡したと伝えられる小人族の人》. **3** [p-] 小人(こびと), 一寸法師, 小妖精 (dwarf); 矮小(わいしょう)動物[植物], 小型の物. **4** [p-] 知能[能力]の劣った人; 取るに足らない人[物].
— *adj.* **1** [しばしば p-] ピグミー (Pygmies) の. **2** [p-] 小人の, 一寸法師の (dwarfish). **3** [p-] きわめて小さい (diminutive), 取るに足らない: one's *pygmy* effort 微力. 〖(c1390) *pigmey* ▭ L *pygmaeus* dwarfish ▭ Gk *pugmaîos* ← *pugmḗ* length from elbow to knuckles〗

pýgmy chimpanzée *n.* 《動物》ピグミーチンパンジー (*Pan paniscus*) 《コンゴ民主共和国の密林にすむ小型のチンパンジー; 絶滅の危機にある; bonobo ともいう》.

pýgmy glìder *n.* 《動物》チビフクロモモンガ (*Acrobates pygmaeus*) 《ユビムスビ科の飛膜を広げると全身が一枚の羽のようになる樹上性で夜行性の動物》.

pýg·my·ish /-miɪʃ/ *adj.* 小人じみた, 矮小(わいしょう)な (dwarfish).

pýg·my·ism /-mìɪzm/ *n.* ピグミーであること, 矮小(性). 〖1837〗

pýgmy màrmoset *n.* 〘動物〙ピグミーマーモセット (*Cebuella pygmaea*)《アマゾンの森林地帯に生息するキヌザル科の最小のサル》.

pýgmy òwl *n.* 〘鳥類〙スズメフクロウ《時に昼間も活動するスズメフクロウ属 (*Glaucidium*) の小さいフクロウ数種の総称; 主に昆虫を捕食》.

pýgmy shrèw *n.* 〘動物〙ヒメトガリネズミ (*Sorex minutus*)《ヨーロッパ・シベリア産のごく小形のトガリネズミ科のネズミ》.

py·go- /páɪgoʊ | -gəʊ/ 〘動物〙「尾部, 臀部(でんぶ) (rump)」の意の連結形. ★ 母音の前では通例 pyg- になる. 〖《19C》← Gk *pūgḗ* rump〗

py·go·style /páɪgəstàɪl/ *n.* 〘鳥類〙尾端骨《脊柱の末端にあり, 数個の尾椎が癒合してできた骨》. 〖《1875》← PYGO-＋-STYLE[1]〗

py·ic /páɪɪk/ *adj.* 膿(のう)の; 化膿性の (purulent). 〖《1858》← PYO-＋-IC[1]〗

py·in /páɪɪ̀n | -ɪn/ *n.* 〘生化学〙膿(のう)質《膿の蛋白性成分》. 〖《1845》← PYO-＋-IN[2]〗

pyjáma crícket *n.* 《豪口語》パジャマクリケット《一日で終えるクリケット試合; 色物のユニフォームで行う》.

py·ja·maed /pədʒɑ́ːməd, -dʒǽm- | pɪ̀dʒɑ́ːm-/ *adj.* 《英》＝pajamaed. 〖1883〗

py·ja·mas /pədʒɑ́ːməz, -dʒǽm- | pɪ̀dʒɑ́ːm-/ *n. pl.* 《英》＝pajamas 1. 〖1800〗

pyk·nic /píknɪk/ 〘心理・人類学〙*adj.* 〈体型が〉肥満型の, 太り型の (cf. asthenic 2, athletic 4): the ～ type 肥満型. ― *n.* 肥満型の人. 〖《1925》← Gk *puknós* thick (⇨ pycno-)＋-IC[1]〗

pyk·no·sis /pɪknóʊsɪ̀s | -nə́ʊsɪs/ *n.* 〘生物〙＝pycnosis.

Pyle /páɪl/, **Ernest Taylor** *n.* パイル (1900–45; 米国のジャーナリスト・従軍記者; 沖縄で戦死; *Here Is Your War* (1943), *Brave Men* (1944); 通称 Ernie Pyle).

Pyle, Howard *n.* パイル (1853–1911; 米国の挿絵画家・児童文学者).

py·lon /páɪlɑ(ː)n, -lən | -lən, -lɒn/ *n.* **1** (古代エジプト神殿の)塔門, パイロン, ピュロン. **2** (門・橋・街路などの両端に建てられた)塔. **3** (高圧線用の)鉄塔. **4** 〘航空〙**a** (飛行機の)目標塔, 指示塔. **b** パイロン《エンジンやロケット弾をつるす支柱》. 〖《1850》□ Gk *pulṓn* gateway ← *púlē* gate〗

pylon 1

pýlon antènna *n.* 〘電気〙パイロンアンテナ《スロットアンテナの一種》.

py·lo·rec·to·my /pàɪlərέktəmi/ *n.* 〘外科〙幽門切除(術). 〖《1900》← PYLOR(US)＋-ECTOMY〗

py·lor·ic /paɪlɔ́ːrɪk, pɪ̀- | paɪ/ *adj.* 〘解剖〙幽門の. 〖《1807》← PYLORUS＋-IC[1]〗

py·lo·rus /paɪlɔ́ːrəs, pɪ̀- | paɪl-/ *n.* (*pl.* **py·lo·ri** /-raɪ/) 〘解剖〙幽門(部)《胃の十二指腸に通じる出口》. **py·lo·ric** /paɪlɔ́ːrɪk, pɪ̀-, -lóʊ- | paɪlɔ́ːr-/ *adj.* 〖《1615》□ LL *pylōrus* □ Gk *pulōrós* gatekeeper ← *púlē* gate (⇨ pylon)＋*oûros* watcher〗

Py·los /*Mod. Gk.* pílɔs/ *n.* ピロス《Navarino のギリシャ語名》.

Pym /pím/, **John** *n.* ピム (1584–1643; 英国の政治家; 長期議会 (Long Parliament) の指導者で, Charles 一世に対抗して国会の権利を擁護した).

pymt. 《略》payment.

Pyn·chon /píntʃən/, **Thomas** *n.* ピンチョン (1937– ; 米国の小説家; *Gravity's Rainbow* (1973)).

PYO, pyo /píːwàɪóʊ | -ə́ʊ/ 《略》pick your own お好きなだけどうぞ, 取り放題《農園などの掲示》; pick-your-own. 〖1977〗

py·o- /páɪoʊ | páɪəʊ/「うみ, 膿(のう) (pus)」の意の連結形. ★ 母音の前では通例 py- になる. 〖《19C》← Gk *púon* 'PUS'〗

py·o·der·ma /pàɪoʊdə́ːmə | -ə(ʊ)də́ː-/ *n.* 〘病理〙膿皮(のうひ)症. **pỳ·o·dér·mic** /-mɪk⁻/ *adj.* 〖《1930》← NL ～: ⇨ ↑, -derma〗

pỳo·génesis *n.* 〘病理〙化膿(かのう)(作用). 〖《1847》← PYO-＋-GENESIS〗

py·o·gen·ic /pàɪədʒέnɪk | -ə(ʊ)-⁻/ *adj.* 〘病理〙化膿(かのう)性の, うみのできる: ～ bacteria 化膿菌. 〖《1839–47》← PYO-＋-PENIC〗

py·oid /páɪɔɪd/ *adj.* 〘病理〙膿(のう)の, 膿様の. 〖《1853》← PYO-＋-OID: cf. Gk *puoeidḗs*〗

py·o·me·tra /pàɪoʊmíːtrə | -ə(ʊ)-/ *n.* 〘病理〙子宮溜膿(りゅうのう)症[膿腫(のうしゅ)]. 〖《1860》← NL ～ ← PYO-＋Gk *mḗtra* uterus〗

pỳo·nephrítis *n.* (*pl.* **-nephritides, ～·es**) 〘病理〙化膿(かのう)性腎(じん)炎. 〖《19C》← PYO-＋NEPHRITIS〗

Pyong·yang /pjʌ̀ŋjɑ́ːn, pjɑ̀(ː)ŋ- | pjɒ̀ŋjǽn; *Korean* pʰjʌŋjaŋ/ *n.* ピョンヤン, 平壌《北朝鮮中西部の都市; 同国の首都》.

pỳo·pericárdium *n.* 〘病理〙膿(のう)心膜症, 心嚢蓄膿(ちくのう). 〖《1853》← PYO-＋PERICARDIUM〗

py·oph·thal·mi·a /pàɪɑ(ː)fθǽlmiə, -ɑ(ː)p- | -ɔf-, -ɔp-/ *n.* 〘病理〙化膿(かのう)性眼炎. 〖← PYO-＋OPHTHALMIA〗

pyo·pneu·mo- /pàɪounúːmoʊ, -njúː- | -əʊnjúːməʊ-/ 〘病理〙「膿(のう) (pus) と気体 (gas) の存在する」の意の連結形. 〖《19C》← NL ～: ⇨ pyo-, pneumo-〗

pỳopneumo·thórax *n.* 〘病理〙膿(のう)気胸. 〖《1894》: ⇨ ↑, thorax〗

py·or·rhe·a /pàɪəríːə | -ríə/ *n.* **1** 〘病理〙膿漏(のうろう)(症). **2** 〘歯科〙＝pyorrhea alveolaris. **pỳ·or·rhé·al** /-ríːəl | -ríəl⁻/ *adj.* **pỳ·or·rhé·ic** /-ríːɪk⁻/ *adj.* 〖《1811》← NL ～: ⇨ pyo-, -rrhea〗

pyorrhéa al·ve·o·lár·is /-æ̀lviəlέ(ə)rɪ̀s | -viə(ʊ)-lέərɪs/ *n.* 〘歯科〙歯槽膿漏(しそうのうろう)(症), 辺縁性歯周炎 (Riggs' disease). 〖《1875》□ L ～: ⇨ ↑, -alveolar〗

py·or·rhoe·a /pàɪəríːə | -ríə/ *n.* 〘病理・歯科〙＝pyorrhea.

pỳo·sálpinx *n.* 〘病理〙卵管溜膿(りゅうのう)症. 〖《1878》← NL ～: ⇨ pyo-, salpinx〗

pỳo·septicémia *n.* **1** 〘病理〙膿(のう)性敗血症. **2** 〘獣医〙＝navel ill. 〖《19C》← NL ～: ⇨ pyo-, septicemia〗

py·o·sis /paɪóʊsɪ̀s | -ə́ʊsɪs/ *n.* 〘病理〙化膿(かのう) (suppuration). 〖《1693》← NL ～ ← Gk *púōsis*: ⇨ pyo-, -osis〗

pyr- /paɪr/ (h および母音の前にくるときの) pyro- の異形.

py·ra·canth /páɪrəkæ̀nθ, pír- | páɪər-, pír-/ *n.* 〘植物〙トキワサンザシ, ピラカンサ (firethorn). 〖《1664》□ LL *pyracantha* □ Gk *purákantha* ← *pûr* 'PYRO-'＋*ákantha* thorn (⇨ acantho-)〗

py·ra·can·tha /pàɪrəkǽnθə, pìr- | pàɪ(ə)r-, pìr-/ *n.* 〘植物〙ピラカンサ《バラ科トキワサンザシ属 (*Pyracantha*) の植物の総称; cf. firethorn》. 〖《1705》← NL ～: ↑〗

pyr·al·id /pírəlɪ̀d | -lɪd/ 〘昆虫〙*adj.* メイガ(科)の. ― *n.* メイガ《メイガ科のガの総称》. 〖《*a*1600》《19C》↓〗

py·ral·i·did /pɪ̀rǽlədɪ̀d | pírəlɪdɪd/ *adj., n.* 〘昆虫〙＝pyralid. 〖← NL *Pyralididae* ← *Pyralid-*, *Pyralis* (属名: □ L *pyralis* ← Gk *puraís* insect thought to live in fire ← *pûr fire*)＋-IDAE〗

pyr·a·mid /pírəmìd/ *n.* **1 a** (古代エジプト人が造った)ピラミッド, 金字塔. **b** [the Pyramids]＝Great Pyramids. **2 a** 尖塔(せんとう)[ピラミッド]状の物. **b** 尖塔状に刈った果樹. **c** 〘数学〙角錐(かくすい): a right ～ 直角錐 / a triangular ～ 三角錐 / ⇨ regular pyramid, truncated pyramid. **d** 〘結晶〙錐, ピラミッド形結晶. **e** 〘解剖・動物〙錐体(部), 尖塔状部, 尖塔状器官. **3** 〘社会学〙ピラミッド形組織: The base of a socioeconomic ～ is a family. ピラミッド形社会経済組織の基底をなすものは家である. **4** 〘財政〙ピラミッド形企業集団《頂点に立つ持株会社が比較的少ない資本で全集団を支配する》. **5** 〘証券〙《米》一連の利乗せ取引. **6** [*pl.*; 単数扱い]《英》〘玉突〙ピラミッド《15 の赤玉と突き玉 (cue ball) を用いる pool の一種》. **7** [*pl.*]《米俗》《若い男女の履く, 底の非常に高い》厚底シューズ.

Pýramid of Chéops [the ―] ケオプスのピラミッド (cf. Great Pyramids).

― *vi.* **1** 尖塔[ピラミッド]状になる. **2** (度合いがピラミッド式に)着々と進む. **3** 〘証券〙利乗せする (⇨ pyramiding). ― *vt.* **1** 尖塔[ピラミッド]状にする. **2** (ピラミッド式に)着々と進める; 〈費用・賃金・税金などを〉次第に増やす[高める] (build up): ～ one's arguments 議論を積み重ねていく. **3** 〘財政〙〈会社を〉ピラミッド形集団に組み入れる[編成する].

～·lìke *adj.* 〖《*a*1552》□ F *pyramide* □ L *pȳramid-*, *pȳramis* □ Gk *pūramid-*, *pūramis* □ OEgypt. *pimar* ∞ 《*a*1398》*pyramis* □ L. ― v. 《1845》← (n.)〗

Pýramid Áge *n.* [the ～]＝Old Kingdom.

py·ram·i·dal /pɪ̀rǽmədḷ | -mɪdḷ/ *adj.* **1 a** 尖塔(せんとう)の, ピラミッド状の; 角柱の: a ～ organization (社会の)ピラミッド形組織. **b** 〘解剖〙錐(すい)体の: the ～ muscle 稜錐(りょうすい)筋. **c** 〘結晶〙(正方)錐体の. **2** (ピラミッドのように)巨大な (huge), 堂々とした. ― *n.* **1** 〘解剖〙＝pyramidal bone. **2** 尖塔状のテント. **～·ly** *adv.* 〖《1571》□ ML *pȳramidālis*: ⇨ pyramid, -al[1]〗

pyrámidal bóne *n.* 〘解剖〙稜錐(りょうすい)骨.

Py·rám·i·dal·ist /-dḷɪ̀st, -dḷ- | -dəlɪst, -dḷ-/ *n.* エジプトのピラミッドの研究家. 〖《1877》: ⇨ -ist〗

pyrámidal órchid *n.* 〘植物〙アナカンプティスピラミダリス (*Anacamptis pyramidalis*)《ラン科の多年草; 南スウェーデンから北アフリカ, 東イランにかけて分布》.

pyrámidal péak *n.* 〘地質〙氷食尖峰(せんぽう) (horn)《3 つ以上の圏谷 (cirque) を隔てる山稜が交差する地点に形成されたとがった峰》.

pyrámidal tràct *n.* 〘解剖〙錐(すい)体路《運動神経の主要経路の一つ》. 〖1899〗

pýramid bèt *n.* 〘競馬〙限定繰越勝馬投票《払戻金の一部を次の競走に繰り越して賭けるもの》.

pyramidia *n.* pyramidion の複数形.

pyr·a·mid·ic /pìrəmídɪk | -dɪk⁻/ *adj.* ＝pyramidal. 〖1743〗

pỳr·a·míd·i·cal /-dɪ̀kəl, -kḷ | -dɪ-⁻/ *adj.* ＝pyramidal. **～·ly** *adv.* **～·ness** *n.* 〖1621〗

pýr·a·mid·ing /-dɪŋ | -dɪŋ/ *n.* 〘証券〙利乗せ《証拠金取引から生じた計算上の利益をさらに証拠金に充当して証拠金取引を拡大すること》. 〖1967〗

pyr·a·mid·i·on /pìrəmídiɑ̀(ː)n, -diən | -diɒn, -diən/ *n.* (*pl.* **～s**, **-i·a** /-diə | -diə/) 小ピラミッド《オベリスク (obelisk) などの先端の小型のもの》. 〖《1840》← NL ～ ← PYRAMID＋-*ion* (dim. suf.)〗

Py·ram·i·don /pɪ̀rǽmədɑ̀(ː)n | -mɪ̀dɒn/ *n.* 〘商標〙ピラミドン《鎮痛・解熱剤アミノピリン (aminopyrine)》. 〖《1898》《つづり替え》← AMINOPYRINE (cf. pyramid)〗

pýramid róof *n.* 〘建築〙方形(ほうぎょう)屋根, 寄せ棟造り.

pýramid sèlling *n.* 〘商業〙ネズミ講式販売. 〖1975〗

pýramid·wìse *adv.* 尖塔(せんとう)のように, ピラミッド型に (pyramidally). 〖《1600》: ⇨ -wise〗

Pyr·a·mus /pírəməs/ *n.* 〘ギリシャ・ローマ伝説〙ピューラモス, ピラモス《Thisbe を恋した Babylon の青年; 彼女がライオンに食い殺されたと思い込んで自殺し, Thisbe もその後を追った》. 〖□ L *Pȳramus* □ Gk *Púramos*〗

py·ran /páɪræn | páɪ(ə)r-/ *n.* 〘化学〙ピラン (C_5H_6O)《複素五員環化合物の基本体の一種》. **py·ra·noid** /pírənɔ̀ɪd, páɪrə-/ *adj.* 〖《1904》← PYRO-＋-AN[2]: cf. pyrone〗

py·ra·nom·e·ter /pàɪrənɑ́(ː)mətə | -nɔ́mɪ̀tə(r)/ *n.* 〘物理〙全天日射計. 〖《1916》← PYRO-＋ANO-[1]＋-METER〗

py·ra·nose /páɪrənòʊs, -nòʊz | -nəʊs/ *n.* 〘化学〙ピラノース《ピラン形の環構造をもつ単糖類》. 〖《1927》: ⇨ ↑, -ose[2]〗

py·ran·o·side /paɪrǽnəsàɪd/ *n.* 〘化学〙ピラノシド《ピラノース形の糖成分をもつもの》. 〖《1932》: ⇨ ↑, -ide[2]〗

pyr·ar·gy·rite /paɪrɑ́ːdʒəràɪt | paɪrɑ́ːdʒɪ̀-/ *n.* 〘鉱物〙濃紅銀鉱 (Ag_3SbS_3) (ruby silver ともいう). 〖《1849》□ G *Purargyrit* ← *pur-* 'PYRO-'＋Gk *árguron* silver: ⇨ -ite[1]〗

pyr·a·zole /pírəzɔ̀(ː)l | -zɔ̀l/ *n.* 〘化学〙ピラゾール ($C_3H_4N_2$)《無色の針状結晶; 複素五員環化合物の一種; 弱塩基性で還元すればピラゾリンになる》. 〖《1887》← PYRO-＋AZOLE〗

py·raz·o·line /pɪ̀rǽzəlɪ̀n, paɪ-, -lìːn | -lìːn, -lɪn/ *n.* 〘化学〙ピラゾリン ($C_3H_6N_2$)《複素五員環化合物の一種; カカオに似たにおいの無色の液体》. 〖《1887》: ⇨ ↑, -ine[3]〗

py·raz·o·lone /pɪ̀rǽzəlòʊn | -ləʊn/ *n.* 〘化学〙ピラゾロン ($C_3H_4ON_2$)《昇華性の結晶》. 〖《1887》: ⇨ pyrazole, -one〗

pyrázolone dýe *n.* 〘化学〙ピラゾロン染料《アゾ染料の一種で分子内のピラゾロン環をもつもの; 黄色ないし赤色水溶性基を含まないものは有機顔料に用いる》.

pyre /páɪə | páɪə(r)/ *n.* (火葬のための)まきを積み重ねた山, 積みまき. 〖《1658》□ L *pyra* □ Gk *purá* hearth ← *pûr* fire〗

py·ren- /paɪríːn/ (母音の前にくるときの) pyreno- 異形.

py·rene[1] /páɪriːn, ―⁻ | páɪ(ə)riːn, ―⁻/ *n.* 〘植物〙(核果の)たね, 核 (stone)《ウメ・モモの核果の核と似ているが, 特に, 一果実中に数個の核のあるもの》. 〖《1837》← NL *pȳrēna* □ Gk *pūrḗn* fruit stone〗

py·rene[2] /páɪriːn/ *n.* 〘化学〙ピレン ($C_{16}H_{10}$)《淡黄色単斜晶系の板状晶で, コールタールに含まれる; 固定および水溶液は微青色蛍光を放つ》. 〖《1839》← PYRO-＋-ENE〗

Pyr·e·ne·an /pìrəníːən | -rɪ̀-⁻/ *adj.* ピレネー山脈 (Pyrenees) の. ― *n.* **1** ピレネー山脈地帯の(原)住民. **2** ＝Great Pyrenees. 〖(n.: 1592; adj.: 1865) □ F *Pyrénéen* ← L *Pȳrēnaeus*: ⇨ Pyrenees, -ean〗

Pýrenean móuntain dòg *n.* 《英》＝Great Pyrenees. 〖1931〗

Pyr·e·nees /pírənìːz | pìrɪ̀níːz⁻/ *n. pl.* [the ～] ピレネー山脈《フランスとスペインの国境をなす; 最高峰 Pico de ANETO; フランス語名 Pyrénées /piʀene/》. 〖《1555》□ F *Pyrénées* □ L *Pȳrēnaeī (montēs)* Pyrenean (mountains) ← L *Pȳrēnē* □ Gk *Pūrḗnē* (Hercules に愛された娘でこの山に埋葬されたという)〗

Py·ré·nées-At·lan·tiques /pìreɪnéɪzɑːtlɑ̃ː(n)tíːk, -zæt-, -lɑːn-; *F.* piʀenezatlɑ̃tik/ *n.* ピレネアトランティク(県)《フランス南西部のスペインに接する県; 面積 7,629 km², 県都 Pau》.

Py·ré·nées-O·ri·en·tales /pìreɪnéɪzɔ̀ːriɑ̃ː(n)tɑ́ːl, -ɑːn-; *F.* piʀenezɔʀjɑ̃tal/ *n.* ピレネゾリアンタール(県)《フランス南部のスペインに接する県; 面積 4,116 km², 県都 Perpignan》.

py·re·no- /paɪríːnoʊ | -nəʊ/「核 (stone)」の意の連結形. ★ 母音の前では通例 pyren- になる. 〖← NL ～ ← Gk *pūrḗno-* ← *pūrḗn* fruit-stone〗

py·re·no·carp /paɪríːnəkɑ̀ːp | -kɑ̀ːp/ *n.* 〘植物〙**1** ＝perithecium. **2** ＝drupe. 〖《1889》← PYRENO-＋-CARP〗

py·re·noid /páɪrənɔ̀ɪd/ *n.* 〘植物〙ピレノイド, 核様体《下等植物の葉緑体中にあり, 澱粉粒形成の中心》. 〖《1883》← PYRENO-＋-OID〗

pyr·et- /pírət, páɪr- | pírɪ̀t, páɪr-/ (母音の前にくるときの) pyreto- の異形.

py·re·thrin /paɪríːθrɪ̀n, -réθ- | -θrɪn/ *n.* 〘化学〙ピレトリン《除虫菊の殺虫有効成分の総称; ピレトリン I は $C_{21}H_{28}O_3$, ピレトリン II は $C_{22}H_{28}O_5$ で, 共に人畜無害の殺虫剤》. 〖《1924》← PYRETHRUM＋-IN[2]〗

py·re·throid /paɪríːθrɔɪd, -réθ-/ *n.* 〘化学〙ピレトリン類似化合物. 〖《1954》← PYRETHR(IN)＋-OID〗

py·re·thrum /paɪríːθrəm, -réθ-/ *n.* **1** 〘植物〙ジョチュウギク (除虫菊) (*Chrysanthemum* [*Pyrethrum*] *cinerariaefolium*). **2** 〘薬学〙除虫菊の粉末, 除虫菊粉[剤]. 〖《1562》← NL ～ ← L ～ 'pellitory' □ Gk *púrethron* feverfew ← *pûr* fire〗

py·ret·ic /paɪrέtɪk | -tɪk/ *adj.* 発熱の; 熱病にかかった, 熱病の (feverish); 熱病用の. ― *n.* 《まれ》熱病薬, 解熱剤 (antipyretic). 〖《1728》← NL *pyreticus*: ⇨ ↓, -ic[1]〗

pyr·e·to- /pírətoʊ, páɪr- | pírɪ̀təʊ, páɪ(ə)r-/「熱 (fever)」の意の連結形. ★ 母音の前では通例 pyret- になる. 〖《18C》← Gk *puretós* fever ← *pûr* fire〗

pyr·e·tol·o·gy /pìrətɑ́(ː)lədʒi, pàɪr- | pìrɪ̀tɔ́l-, pàɪ(ə)r-/ *n.* 〘医学〙熱病学. 〖1799〗

P

pỳreto·thérapy *n.* 〘医学〙 =fever therapy. 〖← PYRETO-＋THERAPY〗

Py·rex /páɪrɛks | páɪ(ə)r-/ *n.* 〘商標〙 パイレックス《耐熱性・化学耐久性の強いホウケイ酸ガラス (borosilicate glass) の総称》. 〖《1915》 cf. Gk *pûr* fire (cf. pyro-)〗

py·rex·i·a /paɪréksiə/ *n.* 〘病理〙 熱 (fever); 発熱, 熱病. **py·réx·i·al** /-siəl/ *adj.* **py·rex·i·c** /paɪréksɪk/ *adj.* 〖《1769》 ← NL ～ ← Gk *púrexis* feverishness ← *puréssein* to be feverish ← *puretós* fever: ⇨ -ia¹〗

pyr·he·li·om·e·ter /pàɚhìːliɑ́(ː)mətɚ, pìɚ- | pàɪ(ə)hìːliɔ́mɪ̀tə^(r), pìə-/ *n.* 〘物理・気象〙 日射計. 〖《1863》 ← PYRO-＋HELIO-＋-METER¹〗

pyr·he·li·om·et·ry /pàɚhìːliɑ́(ː)mətri, pìɚ- | pàɪ(ə)hìːliɔ́mɪ̀-, pìə-/ *n.* 〘物理・気象〙 直達日射の測定に関する研究分野. **pyr·he·li·o·met·ric** /pàɚhìːlioumétrɪk, pìɚ- | pàɪ(ə)hìːliə(ʊ)-˝/ *adj.*

Pyr·i·ben·za·mine /pìrəbénzəmìːn | -rɪ̀-/ *n.* 〘商標〙 ピリベンザミン《抗ヒスタミン剤でトリペレナミン (tripelennamine) 製剤》. 〖《1946》 ← PYRI(DINE)＋BENZAMINE〗

pyr·id- /pírəd | -rɪ̀d/ (母音の前にくるときの) pyrido- の異形.

py·rid·ic /paɪrídɪk | paɪ(ə)rid-/ *adj.* 〘化学〙 ピリジンの. 〖《1887》 ↓〗

pyr·i·dine /pírədìːn, -dɪ̀n, -dən | -rɪdìːn, -dɪn/ *n.* 〘化学〙 ピリジン (C_5H_5N)《窒素原子を含む六員環化合物; 弱い塩基性の液体; 芳香族性; 溶剤などに用いる》. 〖《1851》 ← PYRO-＋-ID³＋-INE³〗

Py·rid·i·um /paɪrídiəm | paɪ(ə)rid-/ *n.* 〘商標〙 ピリジウム《尿路消毒剤》. 〖⇨ pyro-, -id³, -ium〗

pyr·i·do- /pírədou | -rɪ̀dəu/「ピリジン」の意の連結形: *pyrid*oxine. ★ 母音の前では通例 pyrid- になる. 〖← PYRIDINE〗

pyr·i·done /pírədòun | -rɪ̀dəun/ *n.* ピリドン (C_5H_5NO)《α, β, γ の 3 種の異性体がある; ピリジン (C_5H_5N) の H 1 個を OH で置換したもの》. 〖← PYRIDO-＋-ONE〗

pyr·i·dox·al /pìrədɑ́(ː)ksæl | -rɪ̀dɔ́k-/ *n.* 〘化学〙 ピリドキサール ($C_8H_9NO_3$)《白色ないし微黄色の結晶または結晶性粉末の塩酸塩》. 〖《1944》 ← PYRIDOX(INE)＋-AL³〗

pyr·i·dox·a·mine /pìrədɑ́(ː)ksəmìːn, -mɪ̀n | -rɪ̀dɔ́ksəmìːn, -mɪn/ *n.* 〘化学〙 ピリドキサミン ($C_8H_{12}N_2O_2$)《白色ないし微黄色の結晶または結晶性粉末の二塩酸塩》. 〖《1944》 ← PYRIDOX(INE)＋AMINE〗

pyr·i·dox·ine /pìrədɑ́(ː)ksiːn, -sɪn | -rɪ̀dɔ́ksiːn, -sɪn/ *n.* (*also* **pyr·i·dox·in** /pìrədɑ́ksɪn, -sən | -rɪdɔ́ksɪn/) 〘生化学〙 ピリドキシン ($C_8H_{11}NO_3$)《adermin, vitamin B_6 ともいう》. 〖《1939》 ← PYRIDO-＋OXY-¹＋-INE³〗

P

pyr·i·form /pírəfɔ̀ɚm | -rɪ̀fɔ̀ːm/ *adj.* セイヨウナシ形の (pear-shaped)《piriform ともいう》. 〖《1741》 ← NL *pyriformis* ← ML *pyrum* (=L *pirum*) pear: ⇨ -form〗

py·ri·meth·a·mine /pàɪrəméθəmìːn, -mɪ̀n | -rɪ̀méθəmìːn, -mɪn/ *n.* 〘薬学〙 ピリメタミン ($C_{12}H_{13}ClN_4$)《マラリア治療薬》. 〖《1953》 ← PYRIM(IDINE)＋ETH(YL)＋AMINE〗

py·rim·i·dine /paɪrímədìːn, -dɪ̀n | paɪ(ə)rímɪ̀dìːn, pɪri-/ *n.* 〘生化学〙 **1** ピリミジン ($C_4H_4N_2$)《強い刺激臭のある結晶性の塊; 水に非常によく溶ける》. **2** (DNA, RNA の構成要素である)ピリミジンの誘導体. 〖《1885》 □ G *Pyrimidin* ← PYRIDINE〗

py·rite /páɪraɪt | páɪ(ə)r-/ *n.* 〘鉱物〙 黄鉄鉱 (FeS_2)《fool's gold, iron pyrites ともいう》. 〖《1567》 □ L *pyritēs* (↓)〗

py·ri·tes /pɪráɪtiːz, pə-, paɪ-, páɪraɪts | paɪráɪtiːz, pɪ̀-, páɪ(ə)raɪts/ *n.* (*pl.* ～) 〘鉱物〙 [通例限定詞を伴って] 硫化金属鉱物の総称《黄鉄鉱 (iron pyrites), 白鉄鉱 (white iron pyrites), 黄銅鉱 (copper pyrites), 黄錫(すず)鉱 (tin pyrites) など》. 〖《1567》 □ L *pyritēs* □ Gk *purítēs* (*líthos*) fire (stone): ⇨ pyre, -ite¹〗

py·rit·ic /paɪrítɪk | -tɪk/ *adj.* 〘鉱物〙 pyrites の[に関する]. 〖《1820》: ⇨ ↑, -ic¹〗

py·rít·i·cal /-tɪ̀kəl, -tə-, -kl | -tɪ-/ *adj.* 〘鉱物〙 = pyritic. 〖1756〗

py·rit·if·er·ous /pàɪrətíf(ə)rəs | pàɪ(ə)r-˝/ *adj.* 〘鉱物〙 pyrites を含む[生じる]. 〖《1828–32》 ← PYRIT(ES)＋-FEROUS〗

py·rit·ize /páɪrətàɪz/ *vt.* 黄鉄鉱 (pyrite) に変える; …に黄鉄鉱を加える. 〖《1805》 ← PYRITES＋-IZE〗

py·ri·to·he·dron /pɪ̀ràɪtəhíːdrən, paɪ- | -tə(ʊ)híː-drən, -héd-/ *n.* (*pl.* **～s, -he·dra** /-drə/) 〘結晶〙 五角十二面体《pyrite 結晶の一形より》. 〖《1868》 ← *pyrito-* (⇨ pyrite)＋-HEDRON〗

py·ri·tous /pɪ̀ráɪtəs, paɪ- | -təs/ *adj.* 〘鉱物〙 =pyritic. 〖《1756》 ← PYRITE＋-OUS〗

py·ro /páɪrou | páɪ(ə)rəu/ *n.* (*pl.* **～s**) 《口語》 **1** 〘化学・写真〙 パイロ (pyrogallol). **2** 放火魔 (pyromaniac). 〖略〗

pyro. 《略》 pyrotechnics.

py·ro- /páɪrou | páɪ(ə)rəu/ 次の意味を表す連結形: **1**「火 (fire); 熱 (heat)」: *pyro*latry. **2** 〘化学〙「熱作用による; 焦性酸の」: *pyro*arsenic 焦性ヒ酸の / *pyro*boric 焦性ホウ酸の. **3** 〘地質〙「火成の, 高熱の」: *pyro*clastic. **4** 〘鉱物〙「加熱による, 炎のように赤い[黄色い]」. ★ h および母音の前では通例 pyr- になる. 〖《16C》 ← Gk *pûr* 'FIRE'〗

pỳro·cátechin *n.* 〘化学・写真〙 ピロカテキン (⇨ catechol 2). 〖《1857》 ← PYRO-＋CATECHIN〗

pỳro·cátechol *n.* 〘化学・写真〙 ピロカテコール ($C_6H_4(OH)_2$) (⇨ catechol 2). 〖《1890》 ← PYRO-＋CATECHOL〗

Py·ro·ce·ram /páɪrousəræ̀m | páɪ(ə)rə(ʊ)sɪ̀-/ *n.* 〘商標〙 パイロセラム《特殊組成のガラスを, あらかじめ成形してから熱処理を行って微結晶化させた, 磁器に似た製品の商品名; 強度・耐熱性などに優れ, 各種工業材料の他にミサイルの弾頭・料理用具などに用いる》. 〖《1957》 ← PYRO-＋CERAM(IC)〗

pỳro·chémical *adj.* 〘化学〙 高温度化学変化の. **～·ly** *adv.* 〖*c*1840〗

pýro·clàst *n.* 〘岩石〙 火山砕屑(さいせつ)岩.

pỳro·clástic *adj.* 〘地質〙 火成砕屑(さいせつ)岩の[から成る]: a ～ rock 火砕岩, 火成砕屑岩 / a ～ flow 火砕流. 〖《1887》 ← PYRO-＋CLASTIC〗

pỳro·condensátion *n.* 〘化学〙 熱縮合.

pỳro·conductívity *n.* 〘電気〙 熱導電性.

pỳro·crýstalline *adj.* 〘地質〙 火成結晶質の.

pỳro·eléctric 〘電気〙 *adj.* パイロ電気の, 焦[熱]電気の; 焦[熱]電気性の (cf. thermoelectric). — *n.* 焦[熱]電気物質. 〖《1853》 (逆成) ↓〗

pỳro·electrícity *n.* 〘電気〙 パイロ電気, 焦電気, 熱電気《電気石などの結晶体の一部を熱する時に表面に現れる電気》. 〖1834〗

pỳro·gállate *n.* 〘化学〙 焦性没食子(もっしょくし)酸塩[エステル]. 〖← PYRO-＋GALL³＋-ATE¹〗

pỳro·gállic *adj.* 〘化学〙 焦性没食子酸の. 〖《1836》 ← PYRO-＋GALLIC〗

pýrogallic ácid *n.* 〘化学・写真〙 =pyrogallol. 〖1836〗

py·ro·gal·lol /pàɪrougǽlɔ(ː)l | pàɪ(ə)rə(ʊ)gǽlɒl/ *n.* 〘化学・写真〙 ピロガロール, 焦性没食子酸 ($C_6H_3(OH)_3$)《写真現像主薬; pyrogallic acid または単に pyro ともいう》. 〖《1876》: ⇨ pyrogallic, -ol¹〗

py·ro·gen /páɪrədʒɪ̀n, -dʒèn | páɪ(ə)rədʒèn, -dʒɪ̀n/ *n.* 〘生化学〙 ピロゲン, パイロジェン, 発熱性物質. 〖《1858》 ← PYRO-＋-GEN〗

pỳro·génesis *n.* 〘化学〙 高温の発生; 高温による生成. 〖《1858》 ← PYRO-＋-GENESIS〗

pỳro·genétic *adj.* 〘化学〙 高温の, 高熱の: ～ reaction 高温反応, 高熱反応. 〖《1858》 ← PYRO-＋-GENETIC〗

pỳro·génic *adj.* **1** (体内に)熱 (heat or fever) を生じさせる, 発熱性の; 熱によって生じる. **2** 〘地質〙 〈岩石など〉火成の (igneous). **3** 〈物質が〉燃焼によって作られる[生じる]. 〖《1853》 ← PYRO-＋-GENIC¹〗

py·rog·e·nous /paɪrɑ́(ː)dʒənəs | -rɔ́dʒɪ̀-/ *adj.* =pyrogenic. 〖《1839》: ⇨ pyro-, -genous〗

py·rog·nos·tics /pàɪrəgnɑ́(ː)stɪks | -gnɔ́s-/ *n.* [単数または複数扱い] (鉱物の)加熱反応. 〖《*c*1850》: ⇨ pyro-, -gnostic, -ics〗

py·ro·graph /páɪrəgræ̀f | páɪ(ə)rəgrɑ̀ːf, -græ̀f/ *n.* 焼画. — *vi.* …に焼画術を用いる. — *vt.* 焼画術で飾る. 〖《1891》 ← PYRO-＋-GRAPH〗

py·rog·ra·pher /paɪrɑ́(ː)grəfɚ | -rɔ́grəfə^(r)/ *n.* 焼画家.

py·rog·ra·phy /paɪrɑ́(ː)grəfi | -rɔ́g-/ *n.* 焼画術; 焼画 (poker work), 焼き絵. **py·ro·graph·ic** /pàɪrəgrǽfɪk | pàɪ(ə)r-˝/ *adj.* 〖《1684》 《1891》 ← PYRO-＋-GRAPHY〗

pỳro·gravúre *n.* =pyrography. 〖1888〗

py·ro·la /paɪróulə | -rə́u-/ *n.* 〘植物〙 イチヤクソウ《イチヤクソウ属 (*Pyrola*) の植物の総称; cf. wintergreen 3》. 〖《1578》 ← NL ～ (↓)〗

py·rol·a·try /paɪrɑ́(ː)lətri | -rɔ́l-/ *n.* 拝火(教) (fire worship). 〖《1669》 ← PYRO-＋-LATRY〗

pỳro·lígneous *adj.* 木材を乾留して得た, 焦木性の: ～ liquor. 〖《*c*1790》 ← PYRO-＋LIGNEOUS〗

pýroligneous ácid *n.* 〘化学〙 木酢 (wood vinegar). 〖*c*1790〗

pýroligneous álcohol [spírit] *n.* 〘化学〙 木精アルコール (methyl alcohol). 〖1861〗

pỳro·líg·nic /-lígnɪk˝/ *adj.* =pyroligneous. 〖《*a*1799》 ← PYRO-＋LIGNO-＋-IC¹〗

py·ro·lite /páɪrəlàɪt | páɪ(ə)r-/ *n.* 〘地質〙 パイロライト《原始マントルを構成していると考えられる仮想的物質》. 〖《1848》 ← PYRO-＋-LITE〗

py·ro·lu·site /pàɪrəlúːsaɪt | pàɪ(ə)rəlúː-, -ljúː-/ *n.* 〘鉱物〙 軟マンガン鉱 (MnO_2)《斜方晶系で軟らかく鉄黒色ないし鋼灰色; マンガンの最も重要な鉱石》. 〖《1828》 □ G *Pyrolusit* ← PYRO-＋Gk *loûsis* washing (← *loúein* to wash): ⇨ -ite¹〗

py·rol·y·sate /paɪrɑ́(ː)ləzèɪt | -lɪ̀-/ *n.* 〘化学〙 熱分解生成物. 〖《1953》: ⇨ ↓, -ate¹〗

py·rol·y·sis /paɪrɑ́(ː)ləsɪ̀s | paɪ(ə)rɔ́lɪ̀sɪs/ *n.* 〘化学〙 熱分解. 〖《1890》 ← NL ～: ⇨ pyro-, -lysis〗

py·ro·lyt·ic /pàɪrəlítɪk | pàɪ(ə)rəlít-˝/ *adj.* 〘化学〙 熱分解の[によって作られる]. **pỳ·ro·lýt·i·cal·ly** *adv.* 〖《1909》 ↑〗

py·rol·y·zate /paɪrɑ́(ː)ləzèɪt | -lɪ̀-/ *n.* 〘化学〙 =pyrolysate.

py·ro·lyze /páɪrəlàɪz | páɪ(ə)r-/ *vt.* 〘化学〙 熱分解する. **pý·ro·lìz·a·ble** /-zəbl/ *adj.* **pý·ro·liz·er** *n.* 〖《1929》 ← PYRO-＋(ANA)LYZE〗

pỳro·magnétic *adj.* 〘電気〙 **1** 熱磁気の (thermomagnetic): a ～ generator 熱磁石発電機. **2** 熱変化磁性の. 〖《1887》 ← PYRO-＋MAGNETIC〗

py·ro·man·cy /páɪrəmæ̀nsi | páɪ(ə)rə(ʊ)-/ *n.* 火占い(術). **pý·ro·màn·cer** *n.* **pỳ·ro·mán·tic** /pàɪrəmǽntɪk | pàɪ(ə)rə(ʊ)mǽnt-˝/ *adj.* 〖《*a*1376》 *piromancie* □ OF *pyromancie* □ LL *pyromantia* □ Gk *puromanteía*: ⇨ pyro-, -mancy〗

py·ro·ma·ni·a /pàɪrəméɪniə, -njə | pàɪ(ə)rə(ʊ)-/ *n.* 〘精神医学〙 放火癖[狂]. 〖《1842》 ← NL ～: ⇨ pyro-, -mania〗

py·ro·ma·ni·ac /pàɪrəméɪniæ̀k | pàɪ(ə)rə(ʊ)-/ *n.* 放火癖のある人, 放火魔. **py·ro·ma·ní·a·cal** /-mənáɪəkəl, -kl/ *adj.* 〖《1887》 ↑〗

pỳro·metállurgy *n.* 乾式冶金(やきん)法《高温で金属を精錬する方法; cf. hydrometallurgy》. **pỳro·metallúrgical** *adj.* 〖《1909》 ← PYRO＋METALLURGY〗

py·rom·e·ter /paɪrɑ́(ː)mətɚ | -rɔ́mɪ̀tə^(r)/ *n.* 〘物理・電気〙 高温計《高い温度を計るのに用いる温度計の総称; 特に高温用に作られるものには optical pyrometer, radiation pyrometer がある》. 〖《1749》 ← PYRO-＋-METER¹〗

py·ro·met·ric /pàɪrəmétrɪk | pàɪ(ə)rə(ʊ)-˝/ *adj.* 〘物理・電気〙 高温測定の. **pỳ·ro·mét·ri·cal** /-trɪ̀kəl, -kl | -trɪ-˝/ *adj.* **pỳ·ro·mét·ri·cal·ly** *adv.* 〖《1800》 ← PYRO-＋-METRIC¹: cf. F *pyrométrique*〗

pýrometric cóne *n.* 《米》 〘窯業〙 高温錐《底面三角形で形と寸法が規定されている約 600° C から 2000° C の間の温度を測定する三角錐; ⇨ Seger cone》.

py·rom·e·try /paɪrɑ́(ː)mətri | -rɔ́mɪ̀-/ *n.* 〘物理・電気〙 高温測定(法). 〖《1778》 ← PYRO-＋-METRY〗

py·ro·mor·phite /pàɪrəmɔ́ɚfaɪt | pàɪ(ə)rə(ʊ)mɔ́ː-/ *n.* 〘鉱物〙 緑鉛鉱 ($Pb_5P_3O_{12}Cl$) (green lead ore ともいう). 〖《1814》 □ G *Pyromorphit*: ⇨ pyro-, morpho-, -ite¹〗

pýro·mòtor *n.* 〘機械〙 熱[熱波]モーター. 〖← PYRO-＋MOTOR〗

pýro·mùcic áldehyde *n.* 〘化学〙 焦性粘液アルデヒド (⇨ furfural). 〖← *pyromucic* 《1794》: ⇨ pyro-, mucic〗

pỳro·músical *adj.* 花火と音楽との.

py·rone /páɪroun | páɪ(ə)rəun/ *n.* 〘化学〙 **1** ピロン ($C_5H_4O_2$). **2** ピロンの誘導体《クマリン (coumarin), クロモン (chromone) など》. 〖《1891》 □ G *Pyron*: ⇨ pyro-, -one〗

py·ro·nine /páɪrənìːn | páɪ(ə)r-/ *n.* 〘生物〙 ピロニン《細胞の染色などに用いられる塩基性色素; RNA などが赤く染まる》. 〖《1895》 □ G *Pyronin*: ⇨ pyro-, -on¹, -ine³〗

py·ro·nin·o·phil·ic /pàɪrənìːnəfílɪk | pàɪ(ə)r-˝/ *adj.* 〘生物〙 pyronine でよく染まる. 〖《1946》: ⇨ ↑, -philic〗

py·rope /páɪroup | páɪ(ə)rəup/ *n.* 〘鉱物〙 紅榴(こうりゅう)石, 赤色ざくろ石 ($Mg_3Al_2Si_3O_{12}$) (garnet の一種). 〖《?*a*1300》 *pirope* □ OF □ L *pyrōpus* gold bronze □ Gk *purōpós* ← *pûr* fire＋*ṓps* eye〗

py·ro·pho·bi·a /pàɪrəfóubiə | pàɪ(ə)rə(ʊ)fə́u-/ *n.* 〘病理〙 火恐怖(症), 恐火症. 〖← NL ～: ⇨ pyro-, -phobia〗

py·ro·phor·ic /pàɪrəfɔ́(ː)rɪk, -fɑ́(ː)r- | pàɪ(ə)rəfɔ́r-˝/ *adj.* 自然に燃える, 自燃性の: a ～ alloy 発火合金. 〖《1828》 ← NL *pyrophorus* (← Gk *purophóros* ← *pûr* fire＋*phérein* 'BEAR¹')＋-IC¹〗

pýrophoric métal *n.* 〘化学〙 発火合金《ライター・花火などに用いられる摩擦により火花のでる希土類元素を成分とする合金》. 〖↑〗

py·roph·o·rous /paɪrɑ́(ː)fərəs | -rɔ́f-/ *adj.* =pyrophoric. 〖《1778》 ← NL *pyrophorus*: ⇨ pyrophoric, -ous〗

pỳro·phósphate *n.* 〘化学〙 ピロリン酸塩《一般式 $M_4^IP_2O_7$ をもつピロリン酸塩; diphosphate ともいう》. **pỳro·phosphátic** *adj.* 〖《1836–41》 ← PYROPHOSPH(ORIC ACID)＋-ATE¹〗

pýro·phosphòric ácid *n.* 〘化学〙 ピロ[焦性]リン酸 ($H_4P_2O_7$). 〖《1832》 ← PYRO-＋PHOSPHORIC〗

pỳro·phótograph *n.* (ガラス・陶(磁)器などの)焼付け写真. **pỳro·photográphic** *adj.* 〖《1869》 ← PYRO-＋PHOTOGRAPH〗

pỳro·photógraphy *n.* 焼付け写真法《加熱して溶融焼付けできる顔料を散布してガラス表面に写真を作る法》. 〖《1869》 ↑〗

pỳro·photómeter *n.* 〘物理〙 光度高熱計, 光高温計. **pỳro·photómetry** *n.* 〖← PYRO-＋PHOTO-＋-METER¹〗

py·ro·phyl·lite /pàɪrəfílaɪt | pàɪ(ə)rə-/ *n.* 〘鉱物〙 葉(よう)ろう石, パイロフィライト ($AlSi_2O_5(OH)$)《陶器の原料》. 〖《1946》 □ G *Pyrophyllit*: ⇨ pyro-, phyllo-, -ite¹〗

pýro·racèmic ácid *n.* 〘生化学〙 ピロぶどう酸 (⇨ pyruvic acid). 〖《1837》 ← PYRO-＋RACEMIC〗

py·ro·sis /paɪróusɪ̀s | -rə́usɪs/ *n.* 〘医学〙 胸やけ (heartburn). 〖《1789》 ← NL ～ ← Gk *púrōsis*: ⇨ pyro-, -osis〗

py·ro·stat /páɪrəstæ̀t | páɪ(ə)rə(ʊ)-/ *n.* 高熱[温]整調器, 恒温器. **py·ro·stat·ic** /pàɪrəstǽtɪk | pàɪ(ə)rə(ʊ)stǽt-˝/ *adj.* 〖← PYRO-＋(THERMO)STAT〗

pỳro·súlfate *n.* 〘化学〙 ピロ[焦性]硫酸塩[エステル] ($M_2^IS_2O_7$). 〖《1894》 ← PYROSULF(URIC ACID)＋-ATE¹〗

pỳro·súlfite *n.* 〘化学〙 ピロ亜硫酸塩《正しくは二亜硫酸塩 ($M_2^IS_2O_5$); (俗に) metabisulfite ともいう》. 〖← PYRO-＋SULFITE〗

pýro·sulfùric ácid *n.* 〘化学〙 ピロ[焦性]硫酸 ($H_2S_2O_7$) (disulfuric acid ともいう). 〖《1872》 ← PYRO-＋SULFURIC〗

pyrotech. 《略》 pyrotechnic; pyrotechnical; pyrotechnics.

py·ro·tech·nic /pàɪrətéknɪk | pàɪ(ə)rə(ʊ)-˝/ *adj.* **1** 花火の; 花火製造(術)の: a ～ display 花火. **2** 花火を思わせる, 花火のような; 〈弁舌・演奏など〉華々しい: ～ wit. **3** 〘宇宙〙 火工技術の. — *n.* **1** 花火; (ロケットなどの)点火装置, 起爆装置. **2** 花火用火薬, 起爆剤. **pỳ·ro·téch·ni·cal** /-nɪ̀kəl, -kl | -nɪ-˝/ *adj.* **pỳ·ro-**

téch·ni·cal·ly *adv.* 〖(1704) □ ? F *pyrotechnique*: ⇨ pyro-, technic〗

py·ro·tech·nics /pàɪrətéknɪks | pàɪ(ə)rə(ʊ)-/ *n.* **1** [単数または複数扱い] 花火製造術, 火工術. **2** [単数または複数扱い] **a** 花火の打上げ. **b** 〘軍事〙信号·照明弾頭《発射[投下]信号弾·発射照明弾などの総称》. **c** 花火·照明弾類の材料. **3** [単数または複数扱い] (弁舌·修辞·機知·演奏などの)華々しさ,華やかさ, 華麗さ. **4** 〘宇宙〙火工技術. 〖(1729) ← PYRO-+TECHNICS〗

py·ro·tech·nist /pàɪrətéknɪst | pàɪ(ə)rə(ʊ)téknɪst/ *n.* 花火製造人; (特に)花火師. 〖*a*1791〗

py·ro·tech·ny /páɪrətèkni | páɪ(ə)rə(ʊ)-/ *n.* =pyrotechnics 1. 〖(1579): ⇨ pyro-, -techny〗

pỳro·tóxin *n.* 〘生化学〙ピロトキシン《熱病によって組織に生じる毒性アルブミン》. 〖← PYRO-+TOXIN〗

py·rox·ene /paɪrá(ː)ksiːn, pɪ- | paɪrɔ́k-, pɪ-/ *n.* 〘鉱物〙輝石《カルシウム·鉄·マグネシウムに富む珪酸(けいさん)塩鉱物》. **py·rox·en·ic** /pàɪrɑ(ː)ksénɪk | pàɪ(ə)rɔk-/ *adj.* **py·rox·e·noid** /paɪrá(ː)ksənɔ̀ɪd, pɪ- | -rɔ́k-sɪ-/ *adj., n.* 〖(1800) □ F *pyroxène* stranger to fire ← PYRO-+Gk *xén(os)* stranger+-ENE: 最初火成岩中に発見された時は異物質と考えられた〗

py·rox·e·nite /paɪrá(ː)ksənàɪt, pɪ- | -rɔ́ksɪ-, pɪ-/ *n.* 〘岩石〙輝岩《主として輝石から成る深成岩の一種》. **py·rox·e·nit·ic** /paɪrɑ̀(ː)ksənítɪk, pɪ- | paɪrɔ̀ksɪnít-, pɪ-/ *adj.* 〖(1862) ← PYROXENE+-ITE[1]〗

py·rox·y·lin /paɪrá(ː)ksəlɪn, pɪ- | -rɔ́ksɪlɪn/ *n.* (*also* **py·rox·y·line** /-lìːn/) 〘化学〙硝酸繊維素, 硝化綿, ピロキシリン, パイロキシリン《collodion cotton, soluble guncotton, soluble nitrocellulose ともいう》. 〖(1847) □ F *pyroxyline* ← PYRO-+XYLO-+-INE[3]〗

pyrrh- /pɪr/ (母音の前にくるときの) pyrrho- の異形.

Pyr·rha /pírə/ *n.* 〘ギリシャ神話〙ピュラー《Deucalion の妻; Zeus の起こした人類滅亡の大洪水にその夫と共に生き残った》. 〖□ L ~ □ Gk *Púrrha*〗

pyr·rhic[1] /pírɪk/ *adj* (古代ギリシャの)戦舞の, 剣舞の: a ~ dance 戦舞. — *n.* (古代ギリシャの)戦舞. 〖(1597–98) □ L *pyrrhicha* □ Gk *purrhíkhē* (*órkhēsis*) a kind of war dance ← *Púrrhikhos* (この踊りの考案者)〗

pyr·rhic[2] /pírɪk/ 〘古典詩学〙 *adj.* 短短格 (◡◡) の, 短短格から成る: a ~ verse. — *n.* 短短格, 2 短音節詩脚 (pyrrhic foot). 〖(1626) □ L (*pēs*) *pyrrhichius* □ Gk (*poùs*) *purrhíkhios* pyrrhic measure or foot ← *purrhíkhē* (↑)〗

Pyr·rhic /pírɪk/ *adj.* ピュロス (Pyrrhus) の(ような): ⇨ Pyrrhic victory. 〖(1885) □ L *Pyrrhicus* □ Gk *Purrhikós* ← *Purrhós* 'PYRRHUS': ⇨ -ic[1]〗

Pýrrhic víctory *n.* [a ~] (大犠牲を払って得た)引き合わない勝利 (cf. Cadmean victory). 〖(1885) Pyrrhus 王が紀元前 280 年と 279 年にイタリア南部の Heraclea と Asculum で多大の犠牲を払い辛うじてローマ軍に勝ったことから〗

Pyr·rho /pírou | -rəʊ/ *n.* ピュロン《365?–?275 B.C.; ギリシャの哲学者; 懐疑論者》.

pyr·rho- /pírou | -rəʊ/「赤い (red), 黄褐色の (tawny)」の意の連結形. ★ 時に pyrro-, また母音の前では通例 pyrrh- になる. 〖□ Gk *purrho-* ← *purrhós* red ← *pûr* fire〗

Pyr·rho·ni·an /pɪróuniən | -rə́ʊ-/ 〘哲学〙 *adj.* ピュロン (Pyrrho) の懐疑説の. — *n.* ピュロンの学徒, 懐疑哲学者. 〖(1638) ← *Pyrrhōneus* (↓)+-AN[1]〗

Pyr·rhon·ic /pɪrá(ː)nɪk | -rɔ́n-/ *adj., n.* =Pyrrhonian. 〖(1593) ← L *pyrrhon(eus)* (← *Pyrrhō*=Gk *Púrrhōn* 'PYRRHO')+-IC[1]〗

Pyr·rho·nism /pírənìzm/ *n.* 〘哲学〙 **1** ピュロン(一派の)懐疑説. **2** 絶対(的)懐疑説. **Pýr·rho·nist** /-nɪst | -nɪst/ *n.* 〖(1670) □ F *pyrrhonisme*: ⇨ Pyrrho, -ism〗

pyr·rho·tine /pírətiːn, -tɪn | -tiːn, -tɪn/ *n.* 〘鉱物〙=pyrrhotite. 〖(1849) □ G *Pyrrhotin* ← Gk *purrhótēs* (↓)+-*in* '-INE[3]'〗

pyr·rho·tite /pírətàɪt/ *n.* 〘鉱物〙磁硫鉄鉱 (FeS). 〖(1868) ← Gk *purrhótēs* redness (← *purrhós* flame colored ← *pûr* fire)+-ITE[1]〗

pyr·rhu·lox·i·a /pìrʊlá(ː)ksiə, -rju- | -lɔ́k-/ *n.* 〘鳥類〙ムネアカコウカンチョウ (*Pyrrhuloxia sinuata*)《米国南西部·メキシコ産のコウカンチョウ類の一種》. 〖← NL ~ ← *Pyrrhula* a kind of Fringillidae ((dim.) ← *purrhós* red)+LOXIA〗

Pyr·rhus /pírəs/ *n.* ピュロス: **1** (319–272 B.C.) 古代ギリシャ Epirus の王 (306?–272 B.C.) (cf. Pyrrhic victory). **2** 〘ギリシャ伝説〙英雄 Achilles の息子 Neoptolemus の別名. 〖□ L ~ □ Gk *Púrrhos*〗

pyr·ro- /pírou | -rəʊ/ pyrrho- の異形.

pyr·role, pyrrol /píroul, pɪróul | pírəʊl, pɪráʊl/ *n.* 〘化学〙ピロール (C_4H_5N)《窒素を含む複素五員環化合物; 芳香族性がある》. **pyr·ro·lic** /pɪróulɪk | -rə́ʊl-/ *adj.* 〖(1835) ← Gk *purrh(ós)* red+-OLE[1]〗

pyr·rol·i·dine /pɪróulədìːn, -dɪn | -rə́ʊlɪdìːn, -dɪn/ *n.* 〘化学〙ピロリジン (C_4H_9N)《ピロールを水素化して得られる N を含む五員環化合物; 強い塩基性をもつ; tetrahydropyrrole ともいう》. 〖(1885): ⇨ ↑, -idin〗

pyr·rol·i·done /pɪróulədòun | -rə́ʊlɪ-/ *n.* 〘化学〙ピロリドン《ピロリジン (pyrrolidine) のオキソ誘導体》. 〖(1889): ⇨ ↑, -one〗

pyr·uv·al·de·hyde /pàɪruːvǽldəhàɪd | -dɪ-/ *n.* 〘化学〙ピルビンアルデヒド (⇨ methylglyoxal). 〖← PYRUV(IC)+ALDEHYDE〗

py·ru·vate /paɪrúːveɪt, pɪ-/ *n.* 〘化学〙ピルビン酸塩[エステル]. 〖(1855): ⇨ ↓, -ate[1]〗

py·ru·vic /paɪrúːvɪk, pɪ-/ *adj.* 〘化学〙ピルビン酸の. 〖(1838) ← PYRO-+L *ūva* grape+-IC[1]〗

pyrúvic ácid *n.* 〘生化学〙ピルビン酸, 焦性ぶどう酸 ($CH_3COCOOH$)《酢酸臭のある液体; 生体内で物質代謝における重要中間体; pyroracemic acid ともいう》. 〖1838〗

pyrúvic áldehyde *n.* 〘化学〙ピルビンアルデヒド (⇨ methylglyoxal).

Py·thag·o·ras /pɪθǽgərəs, paɪ- | paɪθǽgərəs, -gɔ-, -ræs/ *n.* ピタゴラス《582 (または 571)–?500 (または 496) B.C.; Samos 島生まれのギリシャの哲学者·数学者·宗教家;「ピタゴラスの定理」を発見した; 異名 the Sage of Samos, the Samian sage》. 〖□ L *Pȳthagorās* □ Gk *Pūthagórās*〗

Pythágoras' théorem /-rəs- | -rəs-, -ræs-/ *n.* 〘数学〙=Pythagorean theorem.

Py·thag·o·re·an /pɪθæ̀gəríːən, paɪ- | paɪθæ̀gəríːən, paɪθæg-, -gɔ-/ *adj.* ピタゴラスの: ⇨ Pythagorean theorem. — *n.* ピタゴラスの学説を奉じる人, ピタゴラス学派の人. 〖(1550) ← L *Pȳthagor(ēus)* (□ Gk *Pūthagóreios* ← *Pūthagórās*)+-EAN〗

Pythagorean cómma *n.* 〘音楽〙ピタゴラス のコンマ (⇨ ditonic comma).

Py·thàg·o·ré·an·ism /-nìzm/ *n.* 〘哲学〙ピタゴラス学説. 〖(1727): ⇨ Pythagorean, -ism〗

Pythagoréan proposítion *n.* [the ~] 〘数学〙=Pythagorean theorem.

Pythágorean scále *n.* [the ~] 〘音楽〙ピタゴラス音階《振動数 2:3 の比で 5 度を積み重ねて各音を固定する音律の音階; 協和音程よりも数学的な観点から各音の音高が決定される》.

Pythágorean théorem *n.* [the ~] 〘数学〙ピタゴラスの定理, 三平方の定理《直角三角形の斜辺上の正方形は他の二辺上の正方形の和に等しい》. 〖*c*1909〗

Py·thág·o·rìsm /-rìzm/ *n.* 〘哲学〙=Pythagoreanism. 〖(1653) □ Gk *Pūthagorismós* ← *Pūthagorízein* to be a follower of Pythagoras〗

Pyth·e·as /píθiəs/ *n.* ピュテアス《紀元前 4 世紀末のギリシャの航海者·地理学者》.

Pyth·i·a /píθiə/ *n.* 〘ギリシャ神話〙ピューティアー《Delphi の神託を授けた Apollo の巫女(みこ)》. 〖(1842) □ L *Pȳthia* □ Gk *Pūthía* (fem.) ← *Pūthios* 'PYTHIAN[1]'〗

Pyth·i·ad /píθiæ̀d, -əd/ *n.* (古代ギリシャの)ピューティアー紀《一つの Phythian games から次回までの 4 年間; cf. Olympiad 1》. 〖(1842): ⇨ ↓, -ad[1]〗

Pyth·i·an[1] /píθiən/ *adj.* **1** (古代ギリシャの)デルポイ (Delphi) の; (デルポイにある)アポロン (Apollo) 神殿の, アポロンの神託の: the ~ oracle デルポイのアポロンの神託. **2** ピューティアー競技大会 (Pythian games) の. — *n.* **1** デルポイの原住民. **2 a** デルポイのアポロンの巫女(みこ). **b** 狂乱[熱狂]した人. 〖(1598) ← L *Pȳthius* (← Gk *Pūthios* of Pytho ← *Pūthṓ, Pūthōn* Pytho, the older name of Delphi)+-AN[1]〗

Pyth·i·an[2] /píθiən/ *n.* ピシアス慈善会 (KNIGHTS of Pythias) の会員.

Pýthian gámes *n. pl.* [the ~] (古代ギリシャの)ピューティアー競技大会, ピューティアー祭《Apollo の祭として 4 年ごと (Olympiad の第 3 年目)に Delphi で行われた古代ギリシャの四大競技大会の一つ; cf. Nemean games》. 〖1603〗

Pyth·i·as /píθiəs, -æs/ *n.* 〘ギリシャ伝説〙ピュティアス《紀元前 4 世紀の哲学者; ⇨ Damon and Pythias 1》. 〖□ Gk *Pūthiás*〗

Pyth·ic /píθɪk/ *adj.* =Pythian[1]. 〖(1603) □ L *Pȳthicus* □ Gk *Pūthikós* ← *Pūthṓ, Pūthōn*: ⇨ -ic[1]: cf. Pythian[1]〗

py·tho·gen·ic /pàɪθədʒénɪk, pìθə-/ *adj.* 腐敗(物)から生じる, 腐敗発生の. 〖(1862) ← Gk *pū́thein* to rot+-o-+-GENIC[1]〗

py·thon[1] /páɪθɑ(ː)n, -θən | -θən/ *n.* **1** 〘動物〙ニシキヘビ《ニシキヘビ亜科ニシキヘビ属 (*Python*) のヘビの総称; アフリカ·アジアの熱帯地方産の巨大な無毒のヘビ; carpet snake, アミメニシキヘビ (reticulated python) など》. **2** 《俗用》大蛇. **pý·tho·nìne** /-nàɪn/ *adj.* 〖(1590): ⇨ Python〗

py·thon[2] /páɪθɑ(ː)n, -θən | -θən/ *n.* **1** (巫(ふ)女などに)取りつく予言力を持った霊, 悪霊 (demon). **2 a** 悪霊に取りつかれた人. **b** 占い者, 予言者 (diviner). 〖(1603) □ LL *pȳthōn-*, *pythō* □ LGk *pū́thōn* familiar spirit ← Gk *Pū́thōn* a prophet inspired by Apollo; cf. Pythia〗

Py·thon /páɪθɑ(ː)n, -θən | -θən/ *n.* [(the) ~] 〘ギリシャ神話〙ピュートーン《Parnassus 山のほら穴にすんでいた大蛇; Apollo が Delphi で退治した》. 〖(1590) □ L *Pȳthōn* □ Gk *Pū́thōn* ← ? *Pūthṓ*: ⇨ Pythian[1]〗

Py·tho·nesque /pàɪθənésk/ *adj.* モンティーパイソン風の《英国のテレビコメディー番組 "Monty Python's Flying Circus"「空飛ぶモンティーパイソン」におけるギャグのようにばかばかしくて不条理で現実離れした》. 〖(1975): ⇨ -esque〗

pyth·o·ness /páɪθənɪs, píθ- | páɪθənès, -nɪs/ *n.* **1** (デルポイ (Delphi) の)アポロン (Apollo) の神託を受ける巫子(みこ). **2** 巫女, 市子(いちこ), いたこ. 〖(1375) *Phitonesse* □ OF *phitonise* sorceress □ ML *phitōnissa*=LL *pȳthōnissa* (fem.) ← *pȳthō* familiar spirit □ LGk *pū́thōn*: ⇨ python[2], -ess[1]〗

py·thon·ic[1] /paɪθá(ː)nɪk, pɪ- | paɪθɔ́n-/ *adj.* ニシキヘビの(ような); 巨大な, とてつもない. 〖(1860) ← PYTHON[1]+-IC[1]〗

py·thon·ic[2] /paɪθá(ː)nɪk, pɪ- | paɪθɔ́n-/ *adj.* 託宣の (oracular); 予言の. 〖(1658) □ LL *pythōnicus* □ Gk *puthōnikós* prophetic ← *Pū́thōn* 'PYTHON[2]': ⇨ -ic[1]〗

py·u·ri·a /paɪjúəriə | -jʊ́əriə/ *n.* 〘病理〙膿尿(のうにょう)(症). 〖(1811) ← NL ~: ⇨ pyo-, -uria〗

pyx /píks/ *n.* **1** 〘教会〙 **a** 聖体容器《通例, 貴金属で造った器》. **b** (病人に聖体を運ぶための金属製の懐中時計型の)聖体箱, 聖体匣(こう). **2** (英国造幣局で検査のために見本の金銀貨を入れる)貨幣検査箱《pyx chest ともいう》.

tríal of the pýx [the —] (金工組合審査員が年に 1 回造幣局で行う)見本貨幣検査. (1745)

— *vt.* 検査する (test); 〈見本貨幣を〉検査箱に入れる. 〖(?*a*1425) *pyxe, pix* □ L *pyxis* □ Gk *puxís* box ← *púxos* box tree: cf. box[3], pyxis〗

pyxides *n.* pyxis の複数形.

pyx·id·i·um /pɪksídiəm | -di-/ *n.* (*pl.* **-i·a** /-diə | -diə/, ~s) **1** 〘植物〙(マツバボタンなどの)蓋果(がいか). **2** 〘解剖〙杯状窩(か). 〖(1832) ← NL ~ ← Gk *puxídion* (dim.) ← *puxís* box: ⇨ pyx, -idium〗

pyx·ie /píksi/ *n.* 〘植物〙ピクシー (*Pyxidanthera barbulata*)《松の木が生えた砂地または泥炭地で生長する米国産イワウメ科の匍匐(ほふく)低木》. 〖(1882)《短縮》← NL *Pyxidanthera*: ⇨ ↑, anther〗

pyx·is /píksɪs | -sɪs/ *n.* (*pl.* **pyx·i·des** /píksədìːz | -sɪ-/) **1** (古代ギリシャ·ローマで用いられた)小箱, 宝石入れ (casket). **2** 〘教会〙=pyx 1. **3** 〘植物〙=pyxidium 1. (1845) **4** 〘解剖〙=acetabulum 3. 〖(*c*1400) □ L ~ □ Gk *puxís* ← *púxos* box tree: PYX と二重語〗

Pyx·is /píksɪs | -sɪs/ *n.* 〘天文〙らしんばん(羅針盤)座《南天の小星座で, ケンタウルス座 (Centaurus) の南にある; Mariner's Compass, the Compass ともいう》. 〖□ L ~ □ Gk *puxís* (↑)〗

pzazz /pəzǽz/ *n.* 《口語》=pizzazz.

P

Q q

Q¹, q /kjúː/ *n.* (*pl.* **Q's, Qs, q's, qs** /〜z/) **1** 英語アルファベットの第 17 字. ★ 通信コードは Quebec. **2** (活字・スタンプなどの) Q または q 字. **3** [Q] **a** Q 形(のもの). **b** 〖スケート〗 Q 字形旋回《旋回した後の刃面 (edge) 変更》: a reverse *Q* 逆 *Q* 字形旋回. **4** 文字 q が表す音《queen, Iraq などの /k/》. **5** (連続したものの) 17 番目(のもの); (J を数に入れないときは) 16 番目(のもの). **6** [時に q] (中世ローマ数字の) 500. **7** 〖電子工学〗 共振回路の共振の鋭さを示す量 (Q factor, quality factor ともいう). 〘← *q*(*uality factor*)〙 **8** (聖書批評で) Q 資料《マタイ伝・ルカ伝の両福音書の共通部分のうちマルコ伝に基づかない部分で, 主としてイエスの「語録」; 仮設的共通資料》. 〘← G *Q*(*uelle*) source〙
mind one's p's [*P's*] *and q's* [*Q's*] ⇨ P, p 成句.
〘OE 《まれ》 *Q*, *q* □ L (Etruscan を経由) □ OGk ϙ (kóppa) □ Phoenician φ: cf. Heb. ק (qōph) 《原義》 monkey〙

Q² /kjúː/ *n.* Sir A. T. Quiller-Couch の筆名.

q 《記号》〖統計〗 coefficient of association 関連係数; 〖物理〗 dynamic pressure; 〖物理〗 quark.

Q 《略》 quarto; queue.

Q 《記号》〖電気〗 electric charge; 〖物理〗 heat; 〖チェス〗 queen; 〖貨幣〗 quetzal(es).

q. 《略》 quaere; *It.* qualcuno (=somebody); quart(s); quarter; quarterly; quasi; quench; quick; quintal(s); *It.* quintale (=quintal); quire.

q., Q. 《略》 *L.* quadrāns (=farthing); quartile; quarto (Q, 4to, 4° とも書く; 複数は Qq.); queen; query; question; quotient.

q. 《記号》〖気象〗 squalls.

Q. 《略》 quantity; quartermaster; 〖広告〗 quarter-page ¹/₄ ページ広告; Quebec; Queensland.

qa 《記号》 Qatar (URL ドメイン名).

QA 《略》 qualification approval; quality assurance; 〖会計〗 quick assets.

Q-A 《略》 question and answer.

QAB 《略》 Queen Anne's Bounty.

qa·ba·lah /kəbáːlə/ *n.* =cabala.

Qad·da·fi /kədáːfi | gədáːfi, -dǽfi; *Arab.* ɣaððáːfi/ *n.* (*also* **Qad·ha·fi** /〜/) ⇨ Gaddafi.

Qad·dish /káːdɪʃ | kǽd-/ *n.* (*pl.* **Qad·di·shim** /káːdɪʃɪm, -ʃiːm | kǽd-/) 〖ユダヤ教〗 =Kaddish.

qa·di /káːḍi, kéɪ- | -di/ *n.* 〖イスラム教〗 カーディ《イスラム教の宗教奉を解釈し執行するイスラム教国の裁判官》. 〘(1885) □ Arab. *qāḍī* judge ← *qáḍa* to decide〙

QAIMNS 《略》 Queen Alexandra's Imperial Military Nursing Service 《今は QARANC》.

Q & A 《略》 question and answer.

qan·tar /kaːntáə | kæntáː⁽ʳ⁾/ *n.* =kantar.

Qan·tas /kwáː(ː)ntəs | kwɔ́ntəs, -tæs/ *n.* カンタス航空 (Qantas Airways) 《オーストラリアの航空会社》. 〘《略》 ← *Queensland and Northern Territory Aerial Service*〙

QARANC 《略》 Queen Alexandra's Royal Army Nursing Corps.

QARNNS 《略》 Queen Alexandra's Royal Naval Nursing Service.

qat /káːt/ *n.* 〖植物〗 =kat.

Qa·tar /káːṭə, kətáə | kǽtɑː⁽ʳ⁾, kʌ́t-, kətáː⁽ʳ⁾, kə-; *Arab.* qátˤar/ *n.* **1** カタール(半島)《ペルシャ湾に突出しているアラビア東部の半島》. **2** カタール《Qatar 半島から成る独立国; もと英国保護下の首長国で, Persian Gulf States の一つであったが, 1971 年独立; 面積 11,400 km², 首都 Doha; 公式名 the State of Qatar カタール国》.

Qa·tar·i /kətáːri/ *adj.*, *n.*

Qat·tá·ra Depréssion /kətáːrə-/ *n.* [the 〜] カッターラ低地《エジプト北西部, Sahara 砂漠中にある大盆地; 最深部は海面下 134 m; 面積 18,000 km²》.

qaw·wa·li /kəváːli/ *n.* カッワーリー《パキスタン・インド・バングラデシュのイスラム音楽歌謡》. 〘□ Arab. *qawwālī* ← *qawwāl* loquacious; singer ← *qāla* to speak, utter〙

QB 《略》〖アメフト〗 quarterback; 〖英陸軍〗 Queen's Bays; Queen's Bench (Division).

QB 《記号》〖チェス〗 queen's bishop.

q.b. 《略》〖アメフト〗 quarterback.

Q-bòat *n.* Q ボート, おとり船《第一次大戦末期に, 英国がドイツ潜水艦を誘撃するため, 漁船や商船に仮装させた武装船; decoy ship, mystery boat [ship], hush boat ともいう》. 〘(1918): *Q* は英国海軍がこの種の船に用いた分類記号〙

QBP 《記号》〖チェス〗 queen's bishop's pawn.

QC 《略》〖経営〗 quality control; 〖軍事〗 Quartermaster Corps; Queen's College; Queen's Counsel; 〖法律〗 quitclaim.

QCA 《略》《英》 Qualification and Curriculum Authority 資格 カリキュラム局《学校と職業に関するすべての資格とその評価・試験を所管する半官半民の組織》.

QCD 《略》〖物理〗 quantum chromodynamics.

Q-Céltic *n.* 〖言語〗 =Goidelic.

q.d. 《略》 *L.* quāque die (=daily); *L.* quāsi dicat (=as if one should say); *L.* quāsi dictum (=as if said).

q.d.a. 《略》 quantity discount agreement.

q.e. 《略》 *L.* quod est (=which is).

QED, q.e.d. /kjúːdíː/ 《略》 quantum electrodynamics; quod erat demonstrandum.

QEF 《略》 quod erat faciendum.

QEH 《略》 Queen Elizabeth Hall.

QEI 《略》 quod erat inveniendum.

Qeshm /kéʃm/ *n.* =Qishm.

QE2 /kjúːìːtúː/ [the 〜] 《略》 Queen Elizabeth 2 クイーンエリザベス二世号《英国の豪華客船》.

QF 《略》 quick-firing.

Q fàctor *n.* 〖電子工学〗 =Q¹ 7. 〘⇨ Q¹ 7〙

Q fèver *n.* 〖病理〗 Q 熱《ふつう呼吸器を冒すリケッチア性の熱性伝染病》. 〘(1937) ← *Query fever*: その発見者のオーストラリアの医学者 E. H. Derrick の命名: ⇨ query〙

q.h. 《略》〖処方〗 *L.* quāque hōrā 毎時間 (every hour): *q.* 2 [3] *h.* 毎 2 [3] 時間.

qi /tʃíː/ *n.* =ki.

Qi·a·na /kiáːnə/ *n.* 〖商標〗 キアーナ《汚れ・しわに強い合成繊維; 化学的にはナイロンに近く, 色・つやなどでは絹に匹敵する》.

Qian·long /tʃiáːnlúŋ; *Chin.* tɕʰiɛ̌nlʊ̌ŋ/ *n.* 乾隆(ケンリュウ) (1711–99; 中国清朝の皇帝 (1736–96)).

qib·la /kíblə; *Arab.* qíbla/ *n.* (*also* **qib·lah** /〜/) 〖イスラム教〗 キブラ: **1** イスラム教徒の礼拝方向《Mecca の聖堂にある Kaaba の方向; 祈りのときには必ずこの方角に向かう》. **2** メッカ礼拝. 〘(1704) □ Arab. *qíblaʰ* ← *qábila* to lie opposite〙

q.i.d. 《略》〖処方〗 *L.* quater in diē (=four times a day).

qi·gong /tʃíːgɔ́(ː)ŋ | -gɔ́n; *Chin.* tɕʰìkūŋ/ *n.* 気功《呼吸をととのえ, 時に手足上体も動かして行う中国古来の健身養生法》.

Qi·lian Shan /tʃíːljàːnʃáːn; *Chin.* tɕʰíliɛ́nʂān/ *n.* 祁連山脈(チーリェンシャン)《中国青海省 (Qinghai) と甘粛省 (Gansu) の間を横切る山脈; 最高峰祁連山 (5,547 m)》.

Qin /tʃín, tʃíːn; *Chin.* tɕʰín/ *n.* 秦(シン)《中国最初の統一王朝 (221–206 B.C.); 万里の長城を築く》.

Qing /tʃíŋ; *Chin.* tɕʰíŋ/ *n.* (中国の)清朝 (1644–1911).

Qing·dao /tʃìŋdáu, (t)síŋ- | tʃɪn-, tsɪn-; *Chin.* tɕʰīŋ-tǎu/ *n.* 青島(チンタオ)《中国東部の山東省 (Shandong) 膠州湾に臨む海港》.

Qing·hai /tʃìŋhái; *Chin.* tɕʰīŋxǎi/ *n.* 青海(チンハイ)省《中国西部の省; 面積 720,000 km², 省都西寧 (Xining)》.

Qing·hai Hu /*Chin.* tɕʰīŋxǎixú/ *n.* 青海湖(チンハイフー)《中国青海省北東部にある半塩湖; 面積 4,426 km²; ⇨ Koko Nor》.

Qing·yuan /*Chin.* tɕʰīŋyɛ̀n/ *n.* 清苑(チンユァン)《中国河北省 (Hebei) 保定市の南にある県》.

Qin·huang·dao /tʃínhwàːŋdáu/ -wàːŋ-; *Chin.* tɕʰínxuáŋtǎu/ *n.* 秦皇島(チンホワンタオ)《中国河北省 (Hebei) 東端, 渤海湾に臨む港湾都市; 石炭積出し港として発展》.

Qin·ling Shan /tʃínlìŋʃáːn; *Chin.* tɕʰínlíŋʂān/ *n.* [the 〜] 秦嶺山脈(チンリンシャン)《中国甘粛 (Gansu), 陝西 (Shanxi), 河南 (Henan) の各省にまたがる山脈; 最高峰 3,965 m》.

qin·tar /kɪntáə | -táː⁽ʳ⁾/ *n.* (*pl.* 〜, **qin·dar·ka** /-dáəkə | -dɑː-/) キンタール《アルバニアの通貨単位; =¹/₁₀₀ lek》; キンタール貨. 〘(1929) □ Alb. 〜 □ L *centēnārius*: ⇨ centenary〙

Qiong·shan /tʃiɔ̀(ː)ŋʃáːn | tʃiɔ̀ŋ-; *Chin.* tɕʰýŋʂān/ *n.* 瓊山(チョンシャン)《中国海南省 (Hainan) 北東部の県》.

Qiong·zhou /tʃiɔ̀(ː)ŋdʒóu | tʃiɔ̀ŋ-; *Chin.* tɕʰýŋʈʂōu/ *n.* 瓊州(チョンチョウ)《瓊山 (Qiongshan) の旧名》.

Qi·qi·har /tʃíːtʃiːháə | -háː⁽ʳ⁾/ *n.* チチハル《中国黒竜江省 (Heilongjiang) 西部の都市》.

qirsh /kɔ́ːʃ | kɔ́ːʃ/ =qursh.

Qishm /kíʃm/ *n.* キシム(島)《Hormuz 海峡にあるイラン領の島; 面積 1,366 km²; Qeshm ともいう》.

qi·vi·ut /kíːviət, -viùːt/ *n.* ジャコウウシ (musk ox) の下毛; それを紡いだ糸. 〘(1965) ← Inuit〙

QKt 《記号》〖チェス〗 queen's knight.

QKtP 《記号》〖チェス〗 queen's knight's pawn.

ql 《略》 quintal (100 kg).

q.l. 《略》〖処方〗 quantum libet.

Q'land 《略》 Queensland.

QLD, Qld 《略》 Queensland.

qlty 《略》 quality.

QM 《略》 quartermaster; Queen's Messenger.

qm. 《略》 *L.* quōmodo (=in what manner, how).

q.m. 《略》〖処方〗 *L.* quaque mane (=every morning).

QMC 《略》《米》〖軍事〗 Quartermaster Corps.

Q-methodólogy *n.* 〖心理〗 Q 技法《被験者間の相関行列に基づく因子分析; cf. R-methodology》.

QMG 《略》〖軍事〗 quartermaster general.

QMS 《略》〖軍事〗 quartermaster sergeant.

qn 《略》 question; quotation.

Qn 《略》 Queen.

QN 《記号》〖チェス〗 queen's knignt.

q.n. 《記号》〖処方〗 *L.* quaque nocte (=every night).

QNP 《記号》〖チェス〗 queen's knight's pawn.

QNS 《略》〖処方〗 quantity not sufficient.

q-nùmber *n.* 〖物理〗 キュー (q) 数《量子力学でのオブザーヴァブル (observable) のこと》.

QOL 《略》 quality of life.

Qom /kúm; *Pers.* ʁóm/ *n.* コム, クム《イラン北西部, Teheran 州中部の都市; イスラム教シーア派の聖地》.

qoph /kɔ́(ː)f, káː(ː)f | kɔ́f, kɔ́ːf; *Heb.* kóf/ *n.* クォフ《ヘブライ語アルファベット 22 字中の第 19 字: ק (ローマ字の Q に当たる); ⇨ alphabet 表》. 〘(1823) □ Heb. *qōph*: cf. Q¹〙

Qo·ran /kərǽn, -ráːn, kɔ́ːræn, -rɑːn | kɔrǽn, kɔː-, kə-; *Arab.* qurʔáːn/ *n.* =Koran.

QP 《略》 qualification pay.

QP 《記号》〖チェス〗 queen's pawn.

q.p. 《略》〖処方〗 quantum placet.

q.pl. 《略》〖処方〗 quantum placet.

QPM 《略》《英》 Queen's Police Medal.

qq. 《略》 questions.

Qq., qq. 《略》 quartos.

qq.hor. 《略》〖処方〗 *L.* quāque hōrā 毎時間 (every hour).

qq.v. 《略》 *L.* quae vidē (=which (words, etc.) see) (cf. q.v. 1).

QR 《記号》〖チェス〗 queen's rook.

qr. 《略》 *L.* quadrans (=farthing); quarter; quarterly; quire.

q.r. 《略》〖処方〗 *L.* quantitum rēctum 適量 (the quantity is correct).

QRP 《記号》〖チェス〗 queen's rook's pawn.

qrs 《略》 *L.* quadrantēs (=farthings) (⇨ qr.); quarters; quires.

QS 《略》 quarantine station; quarter section; Quarter Sessions; Queen's Scholar.

q.s. 《略》〖処方〗 quantum sufficit.

Q-ship *n.* =Q-boat.

QSM 《略》《NZ》 Queen's Service Medal.

QSO 《略》〖天文〗 quasi-stellar object; 《NZ》 Queen's Service Order.

Q-sòrt *n.* 〖心理〗 Q 分類法《自己評価法の一方法》.

QSTOL /kjúːstɔ̀(ː)l, -stɑ̀(ː)l | -stɔ̀l/ *n.* 〖航空〗 キューエストール《特に, 低騒音の STOL 機》. 〘(頭字語) ← *q*(*uiet*) *s*(*hort*) *t*(*ake*) *o*(*ff and*) *l*(*anding*)〙

Q-swìtch 〖物理〗 *n.* Q スイッチ《固体レーザーからきわめて強力なパルス出力を出させる装置》. — *vt.* Q スイッチで〈固体レーザーを〉動作させる. 〘(1963) ← Q(UANTUM)〙

qt., qt 《略》 quantity; quart(s).

q.t., QT /kjúːtíː/ 《口語》 quiet: on the (strict) 〜 (ごく)内密に, こっそり (secretly).

qtd. 《略》 quartered.

Q-Tip /kjúːtìp/ *n.* 〖商標〗 キューチップ《米国製の綿棒》.

qtly 《略》 quarterly.

qto 《略》 quarto.

qtr 《略》 quarter.

qts 《略》 quarts.

qty 《略》 quantity.

Qu 《略》 Queen; question.

qu. 《略》 quaere; quart(s); quarter; quarterly; quasi; queen; query; question.

qua /kwéɪ, kwáː/ *prep.* …の資格で, …として (as): *Qua* literature the work is negligible. その作品は文学としてはつまらない / He spoke as a private person, and not 〜 judge. 彼は一私人として話したので裁判官としてではない. 〘(1647) □ L *quā* (abl. fem. sing.) ← *quī* who (rel. pron.)〙

Quaa·lude /kwéɪluːd/ *n.* 〖商標〗 クエイルード《鎮痛剤・催眠剤; methaqualone の商品名; lude ともいう》.

quack¹ /kwǽk/ *n.* **1** いかさま医者, にせ医者, いんちき医者. **2** 《口語》 知ったかぶる人, はったり屋 (charlatan). **3** 《英・豪口語》 医者《特に一般開業医》. — *adj.* にせ医者の(用いる); いかがわしい, いかさまの: a 〜 doctor にせ医者 / a 〜 medicine [remedy] (にせ医者の用いる)いかさま薬[療法] / a 〜 politician 山師的政治家. — *vi.* **1** いかさま治療をする. **2** 知ったかぶりの口をきく. — *vt.* **1** 〈人〉にいかさま治療をする. **2** 〈療法などを〉吹聴(ふいちょう)する, 誇大に広告する (puff). 〘(n.: 1638; v.: 1628) 《略》 ← QUACKSALVER〙

quack² /kwǽk/ *vi.* **1** 〈あひるなどが〉がーがー鳴く. **2** がーがー音を出す; がやがやしゃべる (chatter). — *n.* **1**

がーがー《あひるの鳴き声》. **2** がーがーやかましい音; (騒々しい)おしゃべり (chatter). 〘(1617)《擬音語》: cf. Du. *kwaken* / G *quaken*〙

quack·er·y /kwǽkəri/ *n.* **1** (にせ医者の)いかさま療法, いんちき療法. **2** いんちき, いかさま (charlatanry). 〘(1709–11): ⇨ ↑, -ery〙

quáck gràss *n.* 〘植物〙 ヒメカモジグサ, シバムギ (⇨ couch grass). 〘1818〙

quáck·ish /-kɪʃ/ *adj.* **1** にせ医者らしい; いかさま治療的な. **2** 偉そうな(ことを言う), はったり(屋)の. **~·ly** *adv.* **~·ness** *n.* 〘1732〙

quack·le /kwǽkl/ *vi.* 〈あひるが〉がーがー鳴く (quack). 〘(1622)《擬音語》: ⇨ -le[3]〙

quáck-quáck *n.* **1** がーがー《あひるの鳴き声》. **2** 《小児語》 あひる (duck). 〘(1865)《加重》← QUACK[2]〙

quack·sal·ver /kwǽksæ̀lvə | -və(r)/ *n.* **1** いんちき医者, にせ医者 (quack). **2** 《古》 はったり屋 (charlatan). 〘(1579) □ Du. 《廃》 ～ (Du. *kwakzalver*: cf. G *Quacksalber*) 《原義》 one who quacks (like a duck) or boasts of one's salves: ⇨ quack[2], -salve[1], -er[1]〙

quad[1] /kwɑ́(ː)d | kwɔ́d/ *n.* 《口語》 四つ子の一人; [*pl.*] 四つ子. 〘(1896)《略》← QUADRUPLET〙

quad[2] /kwɑ́(ː)d | kwɔ́d/ *n.* 《口語》 ＝quadrangle 2 a. 〘(1820): もと Oxford 大学の俗語〙

quad[3] /kwɑ́(ː)d | kwɔ́d/ *n.* 《英俗》 ＝quod.

quad[4] /kwɑ́(ː)d | kwɔ́d/ 〘印刷〙 *n.* 込め物, クワタ《行末あきなどを埋めるための込め物; 欧文では 1/2 以上のもの, 和文では全角以上のもの》: two em [m] ～*s* 2 倍クワタ / an en [n] ～ 半角込め物, エンクワタ. — *v.* (**quad·ded**; **quad·ding**) — *vt.* クワタで〈字[行]間を〉開ける 〈*out*〉; 〈活字組みの行を〉クワタで埋める. — *vi.* クワタで埋められる. 〘(1879)《略》← QUADRAT〙

quad[5] /kwɑ́(ː)d | kwɔ́d/ *adj.* **1** 〈紙が〉四倍判の. **2** ＝quadruple. 〘(1888)《略》← QUADRUPLE〙

quad[6] /kwɑ́(ː)d | kwɔ́d/ *adj.* ＝quadraphonic.

quad[7] /kwɑ́(ː)d | kwɔ́d/ *n.* クワド (10^{15} 英熱量単位; cf. British thermal unit). 〘(1794)《略》← *quadrillion*〙

quad. 《略》 quadrant; quadrat; quadruple; quadruplicate; quadrangle; quadrilateral.

quád bìke *n.* 《オフロード用・レース用の》四輪オートバイ.

quad·dy /kwɑ́(ː)di | kwɔ́di/ *n.* 《豪》 ＝quadrella.

Qua·di /kwéɪdaɪ/ *n. pl.* [the ～] クァディ族 《Oder 川, Danube 川の両源流の中間地帯に住んでいた古代ゲルマン民族の一種族》. 〘□ L *Quādi* 《原義》 the speakers (Tacitus の用語) □ Gk *Koádouoi*: cf. quoth〙

quád léft *adj.* 〘印刷〙 《電算植字で》左ぞろえで.

quad·plex /kwɑ́(ː)dplɛks | kwɔ́d-/ *n.* ＝fourplex. 〘← QUAD(RI-)+(DU)PLEX〙

quadr- /kwɑ(ː)dr | kwɔdr/ (母音の前にくるときの) quadri- の異形.

quad·ra /kwɑ́(ː)drə | kwɔ́drə/ *n.* (*pl.* **quad·rae** /-riː/) 〘建築〙 **1** 四角い枠または縁取り. **2** (基壇・腰壁などの)台座. 〘(1664) □ L ～ 'square, fillet'〙

quad·ra·ge·nar·i·an /kwɑ̀(ː)drədʒənέəriən | kwɔ̀drədʒənέər-/ *n.*, *adj.* 40 歳[代]の(人). 〘(n.: 1839; adj.: 1897) □ L *quadrāgēnārius* ← *quadrāgēnī* forty each ← *quadrāgintā* forty ← *quattuor* 'FOUR'+ *-gintā* tens: ⇨ -arian〙

Quad·ra·ges·i·ma /kwɑ̀(ː)drədʒésəmə, -dʒéɪzɪ- | kwɔ̀drədʒésɪ-/ *n.* **1** ＝Quadragesima Sunday. **2** 《廃》〘カトリック〙 四旬節 (Lent), 〘聖公会〙 大斎節 (Lent). 〘(*a*1398) (1604) □ ML *quadrāgēsima* (*diēs*) fortieth (day) ← *quadrāgēsimus* fortieth ← *quadrāgintā* (↑)〙

Quad·ra·ges·i·mal /kwɑ̀(ː)drədʒésəməl, -mḷ | kwɔ̀drədʒésɪ-/ *adj.* **1** 四旬節[大斎節]の (Lenten). **2** [しばしば q-] (四旬節精進のように) 40 日間継続の. 〘(1629): ⇨ ↑, -al[1]〙

Quadragésima Súnday *n.* 四旬節 (Lent) の第一主日[日曜日], 大斎第一主日. 〘1617〙

quad·ra·gés·i·mo-octávo /kwɑ̀(ː)drədʒésəmòu- | kwɔ̀drədʒésɪmàu-/ *n.* (*pl.* ～**s**) ＝forty-eightmo. — *adj.* ＝forty-eightmo. 〘□ L *quadrāgēsimō octāvō* (abl.) ← *quadrāgēsimus* (⇨ Quadragesima)+ *octāvus* eighth: ⇨ -mo〙

quad·ra·min·i·um /kwɑ̀(ː)drəmíniəm | kwɔ̀drə-/ *n.* ＝quadrominium.

quad·ran·gle /kwɑ́(ː)dræŋgl | kwɔ́dræŋgl, ―⏤/ *n.* **1** 四角形, 四辺形; (特に)正方形, 長方形. **2 a** (四方が全部または大部分建物に囲まれた)方庭, 中庭, 内広庭《quad ともいう》. **b** 方庭[中庭]を囲む建物. **3** (米国地質調査所発行の地図 1 枚に含まれる)地域《地図の縮尺によって異なるが緯度・経度それぞれ 15′ または 30′ ないし 1° の範囲, そのような範囲を含む地図の一図葉》. 〘(*a*1398) □ L *quadrangulum*: ⇨ quadri-, angle[1]〙

qua·dran·gu·lar /kwɑ(ː)drǽŋgjulə | kwɔdrǽŋgjulə(r), kwə-/ *adj.* 四角形の, 四辺形の: a ～ pyramid 四角錐(すい). **~·ly** *adv.* **~·ness** *n.* 〘(?*a*1425) □ L *quadrangulāris* ← *quadrangulum* (↑): ⇨ -ar[1]〙

quad·rans /kwɑ́(ː)drænz | kwɔ́drən-/ *n.* (*pl.* **quad·ran·tes** /kwɑ(ː)drǽntiːz | kwɔdr-/) クワドランス《古代ローマの青銅貨; ＝1/4 as; 重さは 3 オンス》. 〘□ L *quadrāns*, *quadrant-* 《原義》 a fourth part: ⇨ quadri-, -ant〙

quad·rant /kwɑ́(ː)drənt | kwɔ́drənt/ *n.* **1** 四分円形のもの《地区・場所・機械部品など》. **2** 〘数学〙 **a** 四分円. **b** 四分円弧. **c** 象限《2 本の座標軸によって区画される平面の 1 区画》. **3** 四分儀, 象限(しょうげん)儀《天体の高度などを測るのに用いられた昔の観測機械; cf. octant 1》. **4** 机前面の開閉自在の扉を上から支持する金属製の(四分円形の)帯. **5** 〘解剖〙 (腹部や鼓膜の)四分の一区: the left lower [right upper] ～ 左下[右上](腹)部. **qua·drán·tal** /kwɑ(ː)drǽntḷ | kwɔdrǽntḷ/ *adj.* 〘(*a*1398) □ L *quadrantem* (↑): cf. quadrate〙

quadrántal érror *n.* 〘航空〙 (飛行機の金属面の反射電波が原因で起こる)ラジオコンパスの方位誤差.

quadrántal corréctor *n.* 〘海事〙 (羅針儀の両側の)象限差修正具.

quádrant electrómeter *n.* 〘電気〙 象限(しょうげん)電位計《回転形静電電位計の一種》.

quadrantes *n.* quadrans の複数形.

Qua·dran·tid /kwɑ(ː)drǽntɪ̀d | kwɔdrǽntɪd/ *n.* [通例 *pl.*] 〘天文〙 りゅう座流星群《もとは四分儀座流星群とも呼ばれた》. 〘(1876) ← NL *Quadrant-*, *Quadrans* (*Muralis*) 《原義》 mural quadrant: ⇨ quadrant, -id[1]〙

quad·ra·phon·ic /kwɑ̀(ː)drəfɑ́(ː)nɪk | kwɔ̀drəfɔ́n-⁻/ *adj.* 4 チャンネル方式の(録音再生の) (quadrasonic ともいう). **quàd·ra·phón·ics** *n.* 〘1969〙

qua·draph·o·ny /kwɑ(ː)drǽfəni | kwɔdr-/ *n.* 4 チャンネル方式の録音再生. 〘(1969): ⇨ quadri-〙

quadra·plex /kwɑ́(ː)drəplɛ̀ks | kwɔ́dr-/ *n.* 《米》 ＝fourplex.

quad·rat /kwɑ́(ː)drət, -dræt | kwɔ́dr-/ *n.* **1** 〘印刷〙 ＝quad[4]. **2 a** 〘生態〙 コドラート, 方形区《植物群落・動物群集の調査研究のために設ける方形の区画あるいは面積》. **b** コドラート《方形区を指定するために用いられる金属の枠, または同様の器具》. 〘(?*c* 1400) 《変形》← QUADRATE〙

quad·rate /kwɑ́(ː)drɪ̀t, -dreɪt | kwɔ́dr-/ *adj.* **1** 四辺形の, 正方形の. **2** 〘動物・解剖〙 方形骨[筋]の: a ～ bone [muscle] 方形骨[筋]. **3** 〘紋章〙 〈十字が〉中央が四角になった. — *n.* **1** 正方形, 方形. **2** 方形状のもの. **3** 〘動物・解剖〙 方形骨, 方形筋. — /kwɑ́(ː)dreɪt | kwɔdréɪt, -kwə-/ *v.* — *vt.* **1** 〈物を〉正方形にする. **2** 〈…と〉一致させる, 適合させる 〔*with*, *to*〕. — *vi.* 《古》 一致する, 適合する (correspond) 〔*with*〕. 〘(*a*1398) □ L *quadrātus* (p.p.) ← *quadrāre* to make square: ⇨ quadri-, -ate[1,2,3]〙

quádrate lóbe *n.* 〘動物・解剖〙 **1** (大脳の)方形葉. **2** (肝の)方形葉.

qua·drat·ic /kwɑ(ː)drǽtɪk | kwɔdrǽt-, kwə-/ *adj.* **1** 〘数学〙 二次の: a ～ equation 二次方程式. **2** 《まれ》 方形の (square). — *n.* 〘数学〙 **1** 二次式, 二次方程式. **2** ⇨ quadratics. **qua·drát·i·cal·ly** *adv.* 〘(1656): ⇨ quadrate, -ic[1]: cf. F *quadratique*〙

quadrátic fórm *n.* 〘数学〙 二次形式. 〘1859〙

quadrátic fórmula *n.* 〘数学〙 二次方程式の根[解]の公式.

quadrátic résidue *n.* 〘数学〙 平方剰余《*a* と *b* とが互いに素で, x^2-a が *b* で割り切れるような *x* があるとき, *a* を (*b* を法とする)平方剰余という》.

qua·drat·ics /kwɑ(ː)drǽtɪks | kwɔdrǽt-, kwə-/ *n.* 〘数学〙 二次方程式論. 〘(1684): ⇨ quadratic, -ics〙

quad·ra·ture /kwɑ́(ː)drətʃùə, -tʃə, -tùə, -tjùə | kwɔ́drətʃə(r), -tjùə(r), -tjɔː(r)/ *n.* **1** 〘数学〙 **a** (図形の)求積法. **b** (微分方程式の)求積法《微分方程式を有限回不定積分を行うことで解く方法》. **2** 〘天文〙 **a** 矩(く), 矩象(くしょう)《二つの天体の赤経(または黄経)が 90° をなす時の相対的位置; 惑星が太陽から 90 度隔たるような場合》. **b** (月の)矩, 上矩, 下矩. **3** 〘電気〙 直角位相《電圧または電流の位相が 90° 違っていること》.

quádrature of the círcle 〘数学〙 円積法《円と等積の正方形を作ること; 歴史的に有名な作図不能問題》.

〘(1553) □ L *quadrātūra*: ⇨ quadrate (v.), -ure〙

quad·rel·la /kwɑ(ː)drélə | kwɔdr-/ *n.* 《豪》〘競馬〙 四つの特定のレースで勝者 4 人を選ぶ賭け.

qua·dren·ni·al /kwɑ(ː)dréniəl | kwɔdrén-, kwə-/ *adj.* **1** 4 年ごとに起こる: a ～ presidential election 4 年に 1 回の大統領選挙. **2** 4 年間の, 4 年間続く: a ～ period 4 年間. — *n.* **1** 4 年間. **2** 4 年目の記念日. **~·ly** *adv.* 〘(*a*1646) ← L *quadriennium* (↓)+-AL[1]〙

qua·dren·ni·um /kwɑ(ː)dréniəm | kwɔdr-, kwə-/ *n.* (*pl.* ～**s**, **-ni·a** /-niə/) 4 年間. 〘(1754) ← NL ～《変形》← L *quadriennium* ← QUADRI-+*annus* year (⇨ annual)〙

quad·ri- /kwɑ́(ː)drɪ̀, -dri | kwɔ́dr-/ 次の意味を表す連結形: **1** 「4 (four); 4 番目 (fourth); 方形の (square)」. **2** 〘数学〙「二次の (quadric)」. ★ 時に quadru-, また母音の前では通例 quadr- になる. 〘ME □ L ～ ← *quattuor* 'FOUR': cf. L *quadra* square〙

quadric /kwɑ́(ː)drɪk | kwɔ́dr-/ 〘数学〙 *adj.* 二次の: a ～ equation 二次方程式. — *n.* **1** 二次関数. **2** 二次曲面 (conicoid). 〘1856〙

quádric cháin *n.* 〘機械〙 四節回転連鎖, 四リンク回転連鎖. 〘⇨ ↑, -ic[1]〙

quádric cránk chàin *n.* 〘機械〙 ＝quadric chain.

quad·ri·cen·ten·ni·al /kwɑ̀(ː)drəsɛnténiəl, -sən-, -sṇ- | kwɔ̀drɪ-⁻/ *adj.* 400 年の[に関する]; 400 年目の. — *n.* 四百年記念(日), 四百年祭. 〘1882〙

quad·ri·ceps /kwɑ́(ː)drəsɛ̀ps | kwɔ́drɪ-/ *n.* 〘解剖〙 四頭筋. **quad·ri·cip·i·tal** /kwɑ̀(ː)drəsípɪ̀tḷ | kwɔ̀drɪsípɪt-⁻/ *adj.* 〘(1840) ← QUADRI-+-*ceps* headed (← L *caput* 'HEAD')〙

quad·ri·cy·cle /kwɑ́(ː)drəsàɪkl | kwɔ́drɪ-/ *n.* **1** ペダル付き四輪車. **2** 原動機付き四輪車. — *adj.* 四輪の. 〘1884〙

quad·ri·fid /kwɑ́(ː)drəfɪ̀d | kwɔ́drɪfɪd/ *adj.* 〘生物〙 四裂の: a ～ leaf [petal] 四裂葉[花弁]. 〘(1661) □ L *quadrifidus*: ⇨ quadri-, -fid〙

qua·dri·ga /kwɑ(ː)dráɪgə | kwɔdríː-, kwə-, -dráɪ-/ *n.* (*pl.* **-dri·gae** /-dráɪgiː, -dʒiː | -dríːdʒiː, -draɪ-/) (古代ローマの, 四馬並列の)四頭立ての二輪戦車. 〘(1727–41) □ L *quadrīga* (sing). ← *quadrijugae* team of four (fem. pl.) ← QUADRI-+*jugum* 'YOKE[1]'〙

quad·ri·lat·er·al /kwɑ̀(ː)drəlǽtərəl, -trəl | kwɔ̀drɪlǽtərəl, -trəl-⁻/ *adj.* 四辺(形)の. — *n.* **1** 〘数学〙 四辺形: a convex ～ 凸四辺形 / ⇨ complete quadrilateral. **2 a** 四辺形のもの. **b** 方形地; (特に, 四隅を要塞とした)四辺形要塞地. 〘(1650) ← L *quadrilater(us)* +-AL[1]: ⇨ quadri-, lateral〙

quad·ri·lin·gual /kwɑ̀(ː)drəlíŋgwəl | kwɔ̀drɪ-⁻/ *adj.* **1** 4 か国語を使う[から成る] (cf. lingual): ～ reports 4 か国語で書かれた報告. **2** 4 か国語を話す[の知識のある]: a ～ interpreter. 〘(1876) cf. bilingual〙

qua·drille[1] /kwɑdríl, kwɑ(ː)- | kwə-, kwɔ-; *F.* kadʀij/ *n.* **1** カドリール《2 組または 4 組のカップルが方形に向き合って踊る 18–19 世紀ヨーロッパの社交ダンス; 音楽は 6/8 と 2/4 拍子が交代する 5 部から成る; cf. square dance》. **2** カドリールの曲. — *vi.* カドリールを踊る. 〘(1738) □ F ～ □ Sp. *cuadrilla* 《原義》 troop of riders in four groups (dim.) ← *cuadra* square < L *quadram* (⇨ quadri-): cf. It. *quadriglia* squadron, square of horsemen〙

qua·drille[2] /kwədríl, kwɑ(ː)- | kwə-, kwɔ-/ *n.* 〘トランプ〙 カドリル《オンブル (ombre) に似た 17–18 世紀のフランスのゲームで, 4 人が 40 枚のカードで遊ぶ》. 〘(1726) □ F ～ □ Sp. *cuartillo* (dim.) ← *cuarto* fourth < L *quartum* 'FOURTH': F の形は ↑ との連想から〙

qua·drille[3] /kwədríl, kwɑ(ː)- | kwə-, kwɔ-/ *adj.* 碁盤の目のように線を引いた, 格子縞の: ～ paper 方眼紙 / a ～ design. 〘(1884) □ F *quadrillé* ← *quadrille* square □ Sp. *cuadrillo* small square ← L *quadrus* square: ⇨ quarrel[2]〙

qua·dril·lion /kwɑ(ː)dríljən | kwɔdríljən, kwə-, -liən/ *n.* 千兆, 10^{15}; 《英古》 10^{24} (⇨ million 表). — *adj.* quadrillion の. 〘(1674) F ～ ← QUADRI-+(M)ILLION〙

quad·ri·no·mi·al /kwɑ̀(ː)drənóumiəl | kwɔ̀drɪnə́u-⁻/ 〘数学〙 *adj.* 四項(式)の. — *n.* 四項式. 〘(1727) ← QUADRI-+(BI)NOMIAL〙

quad·ri·par·tite /kwɑ̀(ː)drəpɑ́ətaɪt | kwɔ̀drɪpɑ́ː-⁻/ *adj.* **1** 4 区から成る, 4 部に分かれている: a ～ vaulting 〘建築〙 四分ヴォールト《柱間を対角線で四分するゴシックのヴォールト架構》. **2** 4 者[党, 国]関与の; 4 者間の: a ～ contract [treaty] 4 者[国]協定. **~·ly** *adv.* 〘(*c*1400) □ L *quadripartītus* ← QUADRI-+*partītus* 'PARTITE'〙

quàdri·phónic *adj.* ＝quadraphonic.

quad·ri·ple·gi·a /kwɑ̀(ː)drəplíːdʒiə, -dʒə | kwɔ̀drɪ-/ *n.* 〘病理〙 四肢麻痺 (tetraplegia ともいう). 〘(1921) ← NL ～: ⇨ quadri-, -plegia〙

quad·ri·pleg·ic /kwɑ̀(ː)drəplíːdʒɪk | kwɔ̀drɪ-⁻/ 〘病理〙 *n.* 四肢麻痺患者. — *adj.* 四肢麻痺の[にかかった]. 〘1921〙

quad·ri·pole /kwɑ́(ː)drəpòul | kwɔ́drɪpə̀ul/ *n.* 〘電気〙 ＝quadrupole.

quad·ri·reme /kwɑ́(ː)drərìːm | kwɔ́drɪ-/ *n.* (古代ローマの) 4 段の櫂(かい)を備えたガレー船. 〘(1600) □ L *quadrirēmis* ← QUADRI-+*rēmus* oar: cf. trireme〙

quad·ri·sect /kwɑ́(ː)drəsɛ̀kt | kwɔ́drɪ-/ *vt.* 4 等分する. **quad·ri·sec·tion** /kwɑ̀(ː)drəsékʃən | kwɔ̀drɪ-/ *n.* 〘1809〙

quàdri·sónic *adj.* ＝quadraphonic.

quàdri·sýllable *n.* 4 音節語[詩脚]. **quàdri·syllábic** *adj.* 〘1706〙

quad·ri·va·lence /kwɑ̀(ː)drəvéɪləns | kwɔ̀drɪ-/ *n.* 〘化学〙 四つの異なった原子価をもつこと.

quàd·ri·vá·len·cy /-lənsi/ *n.* 〘化学〙 ＝quadrivalence.

quad·ri·va·lent /kwɑ̀(ː)drəvéɪlənt | kwɔ̀drɪ-⁻/ *adj.* **1** 〘化学〙 **a** 四価の (tetravalent). **b** 四つの異なった原子価をもつ. **2** 〘生物〙 ＝tetravalent 2. — *n.* 〘生物〙 ＝tetravalent. **~·ly** *adv.* 〘(1865): ⇨ -valent〙

qua·driv·i·al /kwɑ(ː)drívɪəl | kwɔdrív-/ *adj.* **1** 〈道が〉四方に通じる; 1 点で四つの道が出ている: ～ streets. **2** (中世の教育の)四科[四学] (quadrivium) の. 〘(*c*1420) □ ML *quadriviālis*: ⇨ ↓, -al[1]〙

qua·driv·i·um /kwɑ(ː)drívɪəm | kwɔdrív-/ *n.* (*pl.* **-i·a** /-vɪə/) [the ～] (中世の教育の)四科, 四学《自由七科 (liberal arts) 中, 上位の算術・幾何・音楽・天文; cf. liberal arts 1, trivium》. 〘(1804) □ ML ～ 'meeting of four roads' ← QUADRI-+L *via* road (⇨ via[2])〙

quad·ro·min·i·um /kwɑ̀(ː)drəmíniəm | kwɔ̀drə-/ *n.* 四世帯集合住宅. 〘(*c*1975)《混成》← QUADR-+ CONDOMINIUM〙

qua·droon /kwɑ(ː)drúːn | kwɔ-/ *n.* **1** 四分の一混血児《黒人の血を 1/4 伝えている黒白混血児》. **2** 白人と mulatto との混血児. **3** (動植物の)四分の一雑種. 〘(1707) □ Sp. *cuarterón* one who has a fourth part of Negro blood ← *cuarto* a fourth part: ⇨ quadrille[1]〙

quàdro·phónic *adj.* ＝quadraphonic.

qua·droph·o·ny /kwɑ(ː)drɑ́(ː)fəni | kwɔ-/ *n.* ＝quadraphony.

quad·ru- /kwɑ́(ː)dru | kwɔ́dru/ quadri- の異形. 〘□ L ～: ⇨ quadri-〙

quad·ru·al /kwɑ́(ː)druəl | kwɔ́dru-/ 〘文法〙 *n.* 四数《4 を示す(代)名詞の形式; cf. dual, trial[2]》. — *adj.* 四数の. 〘⇨ ↑, -al[1]〙

qua·dru·ma·nal /kwɑ(ː)drúːmənḷ | kwɔ-/ *adj.* ＝quadrumanous.

quad·ru·mane /kwɑ́(ː)druméɪn | kwɔ́dr-/ *n.* 〘動物〙 四手(しゅ)類《手と足とが形態・機能上分化していない, 人類

以外の霊長類). 〘(1828)□F ～ (↓)〙

qua·dru·ma·nous /kwɑ(ː)drúːmənəs | kwɔ-ˈ-/ *adj.* 〘動物〙 **1** (サル類のように)四肢をもった. **2** 四手(㆒)類に属する. 〘(1819) ← NL *quadrumanus* ← QUADRI- +L *manus* hand (⇨ manual): ⇨ -ous〙

qua·drum·vi·rate /kwɑ(ː)drʌ́mvərɪ̀t | kwɔdrʌ́m-vɪ̀rɪ̀t, -v(ə)r-/ *n.* 4 人組; 4 者携帯, 四頭政治. 〘(1752) ← QUADRI- + -*umvirate* (⇨ triumvirate)〙

quad·ru·ped /kwɑ́(ː)drupɛ̀d | kwɔ́drʊ-/ 〘動物〙 *n.* 四足獣 (通例, 哺乳類; cf. biped). — *adj.* =quadrupedal 1. 〘(1646)□L *quadruped-, quadrupēs* having four feet: ⇨ quadri-, -ped〙

qua·dru·pe·dal /kwɑ(ː)drúːpədl̩, kwɑ̀(ː)drupɛ́dl̩ | kwɔdrúːpɪ̀dl̩, kwɔ̀drupɛ́dl̩ˈ/ *adj.* **1** 四つ足をもった, 四足の (four-footed). **2** 四足獣の. 〘1620〙

quad·ru·plane /kwɑ́(ː)druplèɪn | kwɔ́drʊ-/ *n.* 四葉(飛行)機. 〘(1909): ⇨ plane[1]〙

qua·dru·ple /kwɑ(ː)drúːpl̩, -drʌ́pl̩, kwɑ́(ː)drupl̩ | kwɔ́drupl̩, kwɔdrúː-/ *vt.* 4 倍にする. — *vi.* 4 倍になる. — *adj.* **1** 4 部分[単位]から成る, 4 部 [4 者]を含む: ～ algebra 四元代数 (四次元の多元環; cf. algebra 3). **2** 4 重の (fourfold); 4 倍の: have a ～ share 4 倍の分け前を取る / a size ～ *to* [*of*] that of the earth 地球の 4 倍の大きさ. **3** 〘音楽〙 4 拍子の. — *n.* 4 倍(の数, 量): the ～ of ...の 4 倍(の大きさ, 量, 額). 〘adj.: (1557)□(O)F ～ □L *quadruplus* fourfold ← QUADRI- + -*plus* -fold (← *duplus* 'DUPLE'). — v.: (1375)□(O)F *quadrupler* □L *quadruplāre* to multiply by four ← *quadruplus*〙

quadrúple cóunterpoint *n.* 〘音楽〙 四重対位法 (4 声部を互いに上下に転回しうること). 〘1869〙

quadrúple-expánsion *adj.* 〘機械〙 (機関が) 4 段膨張の. 〘1885〙

quadrúple fúgue *n.* 〘音楽〙 四重フーガ.

quadrúple precísion *n.* 〘電算〙 4 倍精度 (数を表すのに通常の 4 倍の長さの桁数を使って精度を向上すること; cf. double precision).

quadrúple-stóp 〘音楽〙 *vt., vi.* (バイオリンなどの弦楽器で)同時に 4 弦を用いて四つの音を奏する. — *n.* クァドルーブル ストップ, 四重把弦 (同時に 4 弦を用いて奏する 4 音; cf. double-stop, triple-stop).

qua·drup·let /kwɑ(ː)drúːplɪ̀t, -drʌ́p-, kwɑ́(ː)drʊ- | kwɔ́drʊ-, kwɔdrúː-/ *n.* **1 a** 四つ子の一人 (cf. twin). **b** [*pl.*] 四つ子. **2** 四つ組, 四つぞろい. **3** 4 人乗り自転車. **4** 〘音楽〙 四連音符. **5** 〘物理〙 (スペクトルの)四重項. 〘(1787) ← QUADRUPLE + -ET: TRIPLET からの類推〙

quadrúple tíme *n.* 〘音楽〙 **1** 4 拍子 ($^4/_2$, $^4/_4$, $^4/_8$ 拍子など). **2** 4 拍子を基礎とする拍子 ($^{12}/_4$, $^{12}/_8$, $^{12}/_{16}$ 拍子など).

quad·ru·plex /kwɑ́(ː)druplɛ̀ks | kwɔ́drʊ-/ *adj.* **1** 四重の, 4 倍の (quadruple). **2** 〘通信〙 (同一回路による)四重送信の: ～ telegraphy 四重電信法. 〘(1875)□L ～ 'fourfold' ← QUADRI- + *plic-, -plex* -fold: cf. duplex〙

Q

qua·dru·pli·cate /kwɑ(ː)drúːplɪ̀kɪ̀t, -kèɪt | kwɔ-/ *adj.* **1** 4 倍の, 四重の (fourfold). **2** 〈文書など〉 4 通作成した; (一組の)第 4 通目の: a ～ document 4 通写し [4 通目]の書類.

— *n.* **1** (同一物の)四つ一組中の 4 番目. **2** (文書などの) 4 通作成[複写] (cf. duplicate, triplicate).

in quadrúplicate (正副) 4 通に(作成された).

— /kwɑ(ː)drúːpləkèɪt | kwɔdrúːplɪ̀-/ *vt.* **1** 4 倍[四重]にする (quadruple). **2** 〈文書などを〉(写しを 3 通とって) 4 通作成する, 〈正本〉のほかに写しを 3 通取る. 〘(adj.: 1657; n.: 1790; v.: 1661)□L *quadruplicātus* (p.p.) ← *quadruplicāre* ← QUADRI- + *plicāre* 'to FOLD[1]'〙

qua·dru·pli·ca·tion /kwɑ(ː)drùːpləkéɪʃən | kwɔ-drùːplɪ̀-/ *n.* (文書などの) 4 通作成. 〘(1578)□LL *quadruplicātiō(n-)*: ⇨ ↑, -ation〙

quad·ru·plic·i·ty /kwɑ̀(ː)druplísəṭi | kwɔ̀druplísɪ̀ti/ *n.* 四重性. 〘*c*1590〙

qua·drú·ply /-pli/ *adv.* 四重に; 4 倍に. 〘1726〙

quad·ru·pole /kwɑ́(ː)drupòʊl | kwɔ́drʊpəʊl, -drə-/ *n.* 〘電気〙 四重極, 四極子 (quadripole ともいう; cf. dipole, octupole): ～ radiation 四極子放射. 〘(1922) ← QUADRI- + POLE[2]〙

quád-speed dríve /kwɑ́(ː)dspìːd- | kwɔ́d-/ *n.* 〘電算〙 4 倍速ドライブ (データ転送速度を毎秒 600 KB にまで高めた CD-ROM ドライブ).

quae·re /kwíəri | kwíəri/ 《古》 *vt.* [命令法で] 問え, 調べよ (inquire); 疑義あり, 借問(しゃもん)す: *Quaere* more about it. もっとよく調べよ / The object is most desirable, but ～, is it practicable? それは大いに望ましいことだが, 問題は実行できるかどうかだ / He says he is going to retire; ～? 彼は引退するつもりだという, あえて問うが果たしてそうか.

— *n.* 問い, 疑問, 問題 (question). 〘(1535)□L ～ (imper.) ← *quaerere* 'to ask, QUEST': cf. query〙

quaes·tor /kwɛ́stə, kwíːs- | kwíːstə[r], kwáɪs-, kwɛ́s-, -stɔː[r]/ *n.* (古代ローマの)クアエストル (もとは執政官 (consul) の部下で検察官; 後には執政官または地方総督に隷属する財務官). **quaes·to·ri·al** /kwɛstɔ́ːriəl, kwiː- | kwiːstɔ́ːr-, kwaɪs-/ *adj.* 〘(*a*1387)□L ～ 《短縮》 ← *quaesitor* seeker, searcher ← *quaesitus* (p.p.) ← *quaerere* (↑): ⇨ -or[2]〙

quáestor·shìp *n.* クアエストル (quaestor) の職[地位, 任期]. 〘1570〙

quaes·tu·ar·y /kwɛ́stʃuèri, kwíːs- | kwíːstjuəri/ *adj.* 《古》 金銭的利益を生む[に関する]. 〘(1594)□L *quaestuārius* ← *quaestus* gain: ⇨ -ary〙

quaff /kwɑ́(ː)f, kwǽf | kwɑ́ːf, kwɔ́f/ *vi.* (主に戯言・詩) がぶがぶ飲む; (特に)大酒を飲む, 痛飲する (⇨ drink SYN): sit ～*ing* all day 終日飲んでいる. — *vt.* **1** 〈酒・液体をがぶがぶ飲む, 痛飲する; 一気に飲み干す. **2** 痛飲して...になる (*into*): ～ oneself *into* sleep 飲んで寝てしまう.

— *n.* **1** がぶがぶ飲むこと, 一気飲み; 痛飲. **2** がぶ飲みした飲料. **～·er** *n.* 〘(1523) 《擬音語》?: cf. MLG *quassen* to eat or drink immoderately〙

quáff·able *adj.* 〈ワインが〉がぶ飲みできる, 飲みやすい.

quag /kwǽg, kwɑ́(ː)g | kwǽg, kwɔ́g/ *n.* 《まれ》 沼地, 泥沼. 〘(1589) ← ?: cf. 《廃》 *quag* to shake 《転訛》 ← QUAKE〙

quag·ga /kwǽgə, kwɑ́(ː)gə | kwǽgə, kwɔ́gə/ *n.* (*pl.* **～s, ～**) 〘動物〙 クアッガ (*Equus quagga*) (アフリカ南部産のシマウマの一種; 1860 年ごろ絶滅). 〘(1785)□Khoi-khoi *quagga*: 《擬音語》?〙

quag·gy /kwǽgi, kwɑ́(ː)gi | kwǽgi, kwɔ́gi/ *adj.* (**quag·gi·er; -gi·est**) **1** 沼地の, ぬかる, 泥深い (boggy, marshy). **2** 〈筋肉など〉柔らかい, 締まりのない, 緩んだ (soft). **quág·gi·ness** *n.* 〘1610〙

quag·mire /kwǽgmaɪə, kwɑ́(ː)g- | kwɔ́gmaɪə[r], kwǽg-/ *n.* **1** のっぴきならない苦境, 窮地, 泥沼: be drawn deeper into the ～ ますます泥沼に引きずり込まれる. **2** ぬかるんだ土地, 沼地 (bog, marsh). 〘(1579-80): ⇨ quag〙

qua·hog /k(w)óʊhɔ(ː)g, kwɔ́(ː)-, -hɑ(ː)g | kwɑ́ːhɔg/ *n.* (*also* **qua·haug** /～/) 〘貝類〙 ホンビノスガイ (*Mercenaria mercenaria*) (北米大西洋産のハマグリの類の食用貝; round clam, hard-shell clam, hard clam ともいう).

— *vi.* ホンビノスガイを掘る. 〘(1753) 《古形》 *poquauhock* □N-Am.-Ind. (Narraganset) *poquaûhock* ← *pohkeni* dark, closed + *hogki* shell〙

quaich /kwéɪç/ *n.* 《スコット》 (*pl.* **～s, ～es**) (通例木製で二つの取っ手の付いた)酒杯. 〘(1546)□Sc.-Gael. *cuach* cup < OIr. *cūach* □L *caucus* drinking cup □Gk *kaûka, kaukíon* a kind of drinking vessel: cf. cup〙

Quai d'Or·say /kèɪdɔəséɪ, kwèɪ- | keɪdɔ́ːseɪ; *F.* kedɔʀsɛ/ *n.* [the ～] ケドルセ: **1** Paris の Seine 川左岸のフランス外務省の所在地. **2** フランス外務省 (French Foreign Office). 〘(1922)□F ～ 《原義》 'QUAY of Orsay (フランスの将軍の名)'〙

quaigh /kwéɪç/ *n.* 《スコット》 =quaich.

quail[1] /kwéɪl/ *n.* (*pl.* **～s, ～**) **1** 〘鳥類〙 **a** ウズラ (*Coturnix coturnix*) (ヨーロッパ・アジア・アフリカに分布する): a bevy of ～s ウズラの群れ. **b** アジア東部・アフリカ南部・インド・オーストラリアにすむウズラ属のウズラ以外の猟鳥の総称: ⇨ Japanese quail. **2** 〘鳥類〙 米国産の小形のキジ目の種々の猟鳥の総称; (特に)コリンウズラ (bobwhite). **3** 《米俗》 若い娘; 男女共学の女子学生. **4** 《廃》 売春婦 (prostitute). 〘(?*c*1380) *quail(l)e* □OF *quaille* (F *caille*) < ML *coaculam* 《擬音語》: cf. quack[1]: cf. G *Wachtel* / Du. *kwakkel*〙

quail[2] /kwéɪl/ *vi.* **1** 〈人・勇気・視線など〉が気を落とす, おじける, ひるむ: ～ with fear *at* the sight その光景を見て怖くてひるむ / Her eyes ～*ed before* his awful looks. 彼女の視線は彼の威厳のある顔に合ってひるんだ. **2** 《廃・方言》 衰える, 衰弱する; くたばる, 屈する. — *vt.* **1** 《古》 おじけさす, ひるます (daunt, cow). **2** 《廃》 圧倒する (overpower). 〘(?*a*1425) *quaile(n)* to fail, give way □? OF *coaillier* (F *cailler*) < L *coāgulāre* 'to COAGULATE' // 《変形》? ← ME *quele(n)* < OE *cwelan* to die (⇨ quell)〙

quáil brùsh *n.* 〘植物〙 米国南西部のアルカリ土壌にみられるアカザ科ハマアカザ属の植物 (*Atriplex lentiformis*).

quáil càll *n.* (うずらをおびき寄せるために吹く)うずら笛; うずら笛の音 (quail pipe ともいう). 〘1822〙

quáil dòve *n.* 〘鳥類〙 ウズラバト (熱帯アメリカ産 *Geotrygon* 属, *Oreopeleia* 属, *Starnoenas* 属などのハトの総称).

quáil pìpe *n.* =quail call.

quaint /kwéɪnt/ *adj.* (**～·er; ～·est**) **1 a** 風変わりでおもしろい: a ～ old house / a ～ piece of furniture. **b** 古風で趣のある; 変わっていて美しい (⇨ strange SYN): ～ old-fashioned customs, manners, etc. **c** おかしな, 妙な, 奇妙な, へんてこな (odd, eccentric). **2** 《まれ》 巧みに作られた, 精巧な (elaborate). **3** 気まぐれな (fanciful, whimsical). **4** 《廃》 **a** 賢い (wise), 巧みな (skilled). **b** 学識のある; 言葉遣いのうまい. **c** 狡猾(こうかつ)な, 悪だくみにたけた (crafty). **5** 《廃》 〈人が〉美しい (beautiful). **～·ly** *adv.* **～·ness** *n.* 〘(?*a*1200) *queinte, cointe* □OF *coint(e)* < L *cognitum* well known (p.p.) ← *cognōscere* ← COM- + *gnōscere* 'to KNOW[1]'〙

quair /kwɛ́ə | kwɛ́ə[r]/ *n.* =quire[1] 3.

quake /kwéɪk/ *vi.* **1** (地震などで)揺れる, 震動する, ゆらゆら動く (shake, tremble). **2** (恐怖・寒さ・怒りなどのために)ぶるぶる震える, 身震いする (⇨ shake SYN): ～ *for* [*with*] fear. **3** (危険・困難を前にして)おじける, ひるむ.

— *vt.* 《廃・方言》 揺り動かす. ***quáke in one's bóots*** [***shóes***] 《口語》 びくびくする, 怖がる. — *n.* **1** 地震 (earthquake), 月震 (moonquake); 震動させるもの: a major ～ 大地震. **2** 揺れ, 震動; 震え, おののき. 〘OE *cwacian* to tremble ← ? Gmc **kwei-* to shake 《擬音語》?: cf. OS *quekilik* wavering to and fro〙

quáke gràss *n.* 〘植物〙 **1** =quaking grass. **2** ヒメカモジグサ, シバムギ (⇨ couch grass). 〘1814〙

quak·er /kwéɪkə | -kə[r]/ *n.* **1** 震動するもの[人], 震えるもの[人]. **2** =Quaker gun. **3** 〘鳥類〙 =sooty albatross. **4** 〘昆虫〙 =quaker moth. 〘(1597): ⇨ quake, -er[1]〙

Quak·er /kwéɪkə | -kə[r]/ *n.* クエーカー(教徒) (the SOCIETY of Friends (キリスト友会, フレンド会)の会員の俗称; cf. thee). — *adj.* クエーカー(教徒)の[に関する]. 〘教徒が礼拝中霊感を受けて身体を震わしたのをあざけったことか, もしくは教祖 George Fox の訓言 'quake at the Word of the Lord' (主の言葉におののく)に基づいて 1650 年米国の一判事が命名したことに由来する〙

quáker·bìrd *n.* 〘鳥類〙 =sooty albatross.

Quák·er·dom /-dəm | -dəm/ *n.* =Quakerism. 〘1824〙

Quak·er·ess /kwéɪkərɪ̀s | -rɪ̀s, -rès/ *n.* 《まれ》 女性のクエーカー教徒. 〘(1721): ⇨ -ess[1]〙

Quáker gùn *n.* 《米》 (船や要塞に備えられた)木砲, 偽砲. 〘(1809) クエーカー教徒の反戦主義にちなんだもの〙

Quák·er·ish /-kərɪʃ/ *adj.* クエーカー教徒のような; 〈態度・言語・服装など〉つつましい; 主義に厳格な; 礼儀道徳にやかましい. 〘1743〙

Quák·er·ìsm /-kərɪ̀zm/ *n.* クエーカー教徒の教義・慣習(など). 〘1656〙

Quáker-làdies, quáker-l- *n.* (*pl.* ～) 〘植物〙 トキワナズナ (⇨ bluets). 〘1871〙

Quák·er·ly *adj.* =Quakerish.

Quáker mèeting *n.* **1** クエーカー教徒の集会 (霊感を受けた者が祈るまでは全員が沈黙を守る). **2** 《口語》 沈黙がちな集会, お通夜のような会. 〘1659〙

quáker mòth *n.* 〘昆虫〙 ヨーロッパ産ヤガの一種 (*Graphiphora castanea*).

Quákers' mèeting *n.* =Quaker meeting.

quák·ing *adj.* 揺れている, 震えている (trembling). **～·ly** *adv.* 〘OE *cwacigende*〙

quáking ásp *n.* 《古》 〘植物〙 =aspen. 〘1822〙

quáking áspen [**ásh**] *n.* 〘植物〙 =aspen. 〘1845〙

quáking gràss *n.* 〘植物〙 イネ科コバンソウ属 (*Briza*) の数種の植物の総称. 〘1597〙

quak·y /kwéɪki/ *adj.* (**quak·i·er; -i·est**) 震える, 揺れる (quaking, shaky). **quák·i·ly** /-kɪ̀li/ *adv.* **quák·i·ness** *n.* 〘1864〙

qual. 《略》 qualification; qualitative; quality.

qua·le /kwɑ́ːli, -leɪ, kwéɪli/ *n.* (*pl.* **qua·li·a** /-liə/) 〘哲学〙 与件[所与]性質, 感覚質 (外的対象の性質や, 性質をもつなんらかの存在等をいうが, 特に色の広がりのように知識の加工を受けていない感覚与件や感じとしての性質をいうときが多い). 〘(1675)□L ～ (neut. sing.) ← *quālis* of what kind〙

qual·i·fi·ca·tion /kwɑ̀(ː)ləfɪ̀kéɪʃən | kwɔ̀lɪ̀fɪ-/ *n.* **1 a** (地位・権利・特権などに応じる)資質, 能力, 資格; 有資格, 適格性 (adaptation, fitness): property ～ (選挙権などに関する)財産資格 / He has no ～ *for* his office. 彼はその役目担当の資格がない / The ～ *for* citizenship may be a certain income. 市民権は一定の収入ある者に与えられる / *Qualification* precedes the right to exercise the franchise. 選挙権を行使する権利には資格条件が先行する. **b** 資格を与えること, 資格の付与, 免許; 格付けすること; みなすこと: The ～ of his policy *as* opportunist is unfair. 彼の政策を日和見主義だと決めてしまうのは当を得ない. **c** 免許状, 資格証明書: a medical [dental] ～ 医師[歯科医]免許状. **2** 制限[手加減]を加えること; 制限, 限定, 手加減, 斟酌(しんしゃく), (留保)条件 (restriction, modification): without ～ 制限なしに, 無条件で / His delight had one ～. 彼の喜びにも一つ欠けるところがあった / He praised the play, but with certain ～*s*. 彼はその劇を称賛した, ただしある条件付きで / There is nothing but has ～ of some kind. 何らかの条件を持たないものはない, 完全無欠なものはない. **3** 《廃》 ありさま, 状態 (condition). 〘(1543-44)□ML *quālificātiō(n-)* ← *quālificātus* (p.p.) ← *quālficāre* 'to QUALIFY': ⇨ -ation〙

qual·i·fi·cat·ive /kwɑ́(ː)ləfɪ̀kèɪṭɪv | kwɔ́lɪ̀fɪkət-, -kèɪt-/ *n.* 〘文法〙 定限詞 (属性を表す語に対して, 単にものを制限・限定するにすぎない語; 例えば some, very など). — *adj.* =qualifying.

qual·i·fi·ca·tor /kwɑ́(ː)ləfɪ̀kèɪṭə | kwɔ́lɪ̀fɪkèɪtə[r]/ *n.* 〘カトリック〙 審理準備員 聖務省 (Holy Office) に所属する神学者; 提訴された事件の性格が異端であるかなどについて報告する). 〘(1688)□ML *quālificātor* ← *quālificāre* (↑): ⇨ -or[2]〙

qual·i·fi·ca·to·ry /kwɑ́(ː)ləfɪ̀kətɔ̀ːri | kwɔ́lɪ̀fɪkéɪtəri, -tri/ *adj.* 資格を付与する; 制限する, 限定する, 条件付きの (qualifying). 〘(1805) ← L *quālificāt(us)* (⇨ qualification) + -ORY[1]〙

qual·i·fied /kwɑ́(ː)ləfàɪd | kwɔ́lɪ̀-/ *adj.* **1 a** 特定の必要条件を満たした, 資格のある, 免許のある, 検定を通った (eligible, certified): a ～ medical practitioner 免許開業医 / a ～ voter 有資格投票者, 有権者. **b** (地位・職能・特権などに対して)適格の, 適任の (competent, fit): a ～ worker. **2** 修正された, 制限[限定]された, 条件付きの, 手加減した (modified): a ～ consent [statement] 条件付き承諾[声明] / ～ acceptance 〘金融〙 (手形の)制限引受け / in a ～ sense 控え目な意味で, 割引して. **3** 《英俗》 ひどい, いまわしい, 折紙つきの, 極めつきの (bloody, damned) (cf. participled): make a ～ fool of oneself ひどくばかなまねをする. **4** 《廃》 **a** (ある)性質を備えた, 才芸の備わった (accomplished): a ～ gentleman. **b** 貴族の[に属する]. **～·ly** *adv.* 〘1558〙

qual·i·fi·er /kwɑ́(ː)ləfàɪə | kwɔ́lɪ̀fàɪə[r]/ *n.* **1 a** 資格[権限]を与える人[もの]; 限定する人[もの]. **b** 一定の必要条件を満たす[に適合する]人. **2** 資格[基準]を満たす[に適合する]人; 〘スポーツ〙 予選通過者; 予選. **3** 〘文法〙 限定詞, 修飾語句 (語の意味を限定・制限する形容詞・副詞;

cf. qualify *vt.* 5; attributive, modifier 2, quantifier 1). 〖1561〗

qual·i·fy /kwá(ː)ləfàɪ | kwɔ́lɪ̀-/ *vi.* **1** (試験などによって)資格を得る[取る], 検定を通る, 免許[認可]を受ける〔*as*〕: ～ *as* a doctor [lawyer] 医師[弁護士]の資格を取る. **2** 〔仕事・地位などに〕適している, 適任である〔*for, as*〕: ～ *as* a therapist セラピストとして適任である / ～ *for* the job その仕事にうってつけである / Do I ～ (*for* [*to* do] the job), or don't I? (その仕事に)適しているでしょうか, 適してないでしょうか. **3** 〘法律〙(ある権能を得るに必要な法律上の手続き[宣誓]をして)資格を得る〔*as*〕: ～ *as* a juror 陪審員の資格を取る. **4** 〘スポーツ〙予選を通過する. **5** 〘射撃〙資格に必要な得点をあげる. **6** 〈基準などを〉満たす: I hardly think you ～ *as* an authority. 君が権威者としての要件を満たしているとはまず思えない / Leonardo may have been a great painter, but he doesn't really ～ *as* a scientist. レオナルドは画家として偉大であったかも知れないが, 科学者としては実際はだめだった.
— *vt.* **1 a** 〈仕事・地位などに〉適任[適格]とする〔*for, as*〕: His special skill [experience, training] *qualified* him *for* [*to* do] the work. 彼の特別の技能[経験, 訓練]はその仕事にうってつけだった / be (well) *qualified for* the post [*as* a teacher] その地位に就くのに[教師として](十分な)資格がある. **b** 〈人〉に(法律上の)資格[権能]を付与する, 権限[資格]を与える: ～ a person *as* [*to* be] a voter 人に投票権を与える / ⇨ QUALIFYING examination / He is not *qualified to* teach English. 彼は英語を教える資格を持っていない / ～ oneself *for* the bar [*to* be a lawyer] 弁護士の資格を取る / What *qualifies* you to give an opinion? どんな権限で意見が言えるのですか. **c** (一定の基準に合うものとして)有能[適切]と認める (certify). **2** 〔…と〕評する, みなす (describe)〔*as*〕: ～ a person *as* a scoundrel 人を悪漢とみなす / ～ a policy *as* dangerous 政策を危険だと評する. **3** 〈陳述・意見などを〉特定の[限られた]形にする, 修正する; 制限する, 限定する, 加減する (limit, modify): ～ criticism, praise, a statement, an opinion, etc. / You'll be in trouble if you don't ～ that remark about her. 彼女についてのあの発言を修正しないと面倒なことになるぞ. **4** 緩和する, 和らげる, 弱める (moderate, temper): ～ one's enthusiasm 熱狂を静める. **5** 〘文法〙…の意味を限定する, 修飾する (cf. qualifier 3): Adjectives [Adverbs] ～ nouns [verbs]. 形容詞[副詞]は名詞[動詞]を修飾する. **6** 《廃》抑制する (control); なだめる (appease).
quál·i·fì·a·ble /-fàɪəbl/ *adj.* 〖《1465》□ (O)F *qualifier* □ ML *quālificāre* to attribute a quality to ← L *quālis* of what sort＋-*ficāre* (← *facere* to make, do): ⇨ quality, -fy〗

quál·i·fỳ·ing *adj.* 適格者選抜のための; 予選の: a ～ examination 資格検定試験.

quálifying gàme [hèat, ròund] *n.* (決勝試合出場のための)予選(試合).

qual·i·ta·tive /kwá(ː)lətèɪtɪv | kwɔ́lɪ̀tət-, -tèɪt-/ *adj.* **1** 性質(上)の, 質的な: ～ limitation (軍備などの)質的制限. **2** 〘音声〙音質の, 音色の: ～ sound changes 音の質的変化 (一つの母音が他の母音に変わること; 例えば OE *hām* home＞ME *hōm* における母音変化など). **～·ly** *adv.* 〖《?*a*1425》□ LL *quālitātīvus* relating to quality: ⇨ quality, -ative: cf. F *qualitatif*〗

quálitative análysis *n.* 〘化学〙定性分析 (cf. quantitative analysis). 〖1842〗

quálitative cháracter *n.* 〘生物〙質的形質《形質違いが不連続で, その差を定性的に表現する形質; cf. quantitative character》.

quálitative idéntity *n.* 〘論理〙質的同一性《性質を共有する任意の2関係項間に成立する同一関係》.

qual·i·ty /kwá(ː)ləṭi | kwɔ́lɪ̀ti/ *n.* **1** 性質, 属性 (property, attribute); 特質, 特性 (characteristic): the ～ of mercy [courage] 慈悲[勇気]の本質 / Is laughter a ～ of man only? 笑いは人間だけの特質なのか. **2 a** 質; 品質: a thing of good [high, poor] ～ 品質のいい[高級な, 劣った]品物 / aim at ～ rather than quantity 量よりも質を目指す / a fine ～ of yarn＝yarn of fine ～ 上等の毛糸 / the best [highest] ～ of cigar＝a cigar [cigars] of the best [highest] ～ 最高級の葉巻 / *Quality* matters more than quantity. 量より質が大切である / The article is superior in ～. これは上等の品物だ / the subtle ～ of her interpretation 切れ味のよい彼女の解釈 / a bad play with no redeeming *qualities* whatsoever どうしようもないひどい劇. **b** 良質, 高級, 優秀 (excellence): goods of ～ 良質の品物 / have ～ 優れている, もかいい. **c** 〘通例 *pl.*〙＝quality paper. **3 a** 才能, 技能 (ability), 美点, 長所 (merit): a person with [of] many *qualities* 多くの長所のある人 / give a taste [proof] of one's ～ 才能[能力, 腕前]の一端を示す (cf. 11) / One has the defects of one's *qualities*. 人には長所に伴う短所がある / a person with [of] both good and bad *qualities* 長所と短所をもった人. **b** 《古》素養 (accomplishment). **4** 〘文法〙動作の様態. ★ 通例, 副詞に関して次の句で: an adverb of ～ 質の副詞. **5** 〘音楽・音声・詩学〙音質, (母音などの)音色 (timbre). **6** 〘論理〙質《命題の肯定・否定などの別; cf. quantity 6》. **7** 〘哲学〙質, 性質: ⇨ primary quality, secondary quality. **8** 〘物理〙乾き度, キュー (Q)《水分を含んだ蒸気中の水滴と蒸気の質量に対する水蒸気の質量の比をパーセントで表した値》. **9** 〘チェス〙駒割り《exchange 計算上の駒の評価》. **10** 《古》**a** 社会的地位, 身分; (特に)高い身分, 高位 (high rank); 貴顕 (distinction): a lady of ～ 貴婦人 / people of ～ 上流の人々. **b** [the ～; 集合的] 上流の人々. **11** 《廃》(役者)稼業; [集合的] 仲間 (the profession), (特に)役者仲間: Come, give us a taste of your ～. さあ何かやって役者の腕前のほどを見せてくれ (Shak., *Hamlet* 2. 2. 431–2). **12** 《廃》やり方 (manner). **13** 《廃》もと, 原因.
in the quálity of …の資格で: *in* ～ *of* a friend 友人の資格で, 友人として.
quálity of lífe [the —] (1) 文化的生活環境基準《清浄な空気・飲料水などが消費社会によって汚染されない環境衛生到達度》. (2) (末期患者の)生活の質 (略 QOL).
— *adj.* [限定的] **1 a** 上質の, 高級の: ～ goods [newspapers]. **b** 品質維持のための: ⇨ quality control. **2** 上流の: a ～ lady.
〖《*c*1300》□ (O)F *qualité* □ L *quālitātem* quality ← *quālis* of what kind ← IE **kʷo-* 'WHO': ⇨ -ity〗

quálity assùrance *n.* (品質管理による)品質保証 (略 QA).

quálity cìrcle *n.* 〘経営〙品質管理サークル《生産性向上に関する問題点を定期的に討議する労働者の小グループ》. 〖1980〗

quálity contròl *n.* 〘経営〙品質管理《消費者の要求に応えられる品質の製品を造るために, 品質の維持と向上を図る管理技術の一つ; 近代的な品質管理はさまざまの統計的手法を採用している; 略 QC; cf. control chart》.
quálity contròl·ler *n.* 〖1935〗

quálity crèdit *n.* 〘教育〙＝quality point.

quálity fàctor *n.* **1** 〘生物〙線質係数《放射線防護の目的のための線量当量を算出するために用いられる; cf. relative biological effectiveness》. **2** 〘電子工学〙＝Q[1] 7.

quálity pàper *n.* 〘新聞〙高級紙《英国の *The Times*, 米国の *New York Times* などがこれに属する; prestige paper ともいう; cf. popular 1》. 〖1962〗

quálity pòint *n.* 〘教育〙学業成績の評点《優 (A) を5点, 良 (B) を4点などとして成績評価を点数化し, それを取得単位数とかけあわせたもの; grade point ともいう》. 〖1948〗

quálity pòint àverage *n.* 〘教育〙学業成績評点の平均《学業成績の優 (A), 良 (B), 可 (C) を点数化し, その総点を総取得単位数で除したもの; 1単位当たりの成績の平均値; grade point average ともいう》. 〖1972〗

quálity tìme *n.* (親子間のふれあいのような)大切な価値ある時間.

qualm /kwáː(l)m, kwɔ́ː(l)m | kwáːm, kwɔ́ːm/ *n.* **1 a** (突然の)不安, 懸念, 疑い (misgiving). **b** 良心の呵責(かしゃく), 気の咎(とが)め (compunction): ～s of conscience 良心の咎め. **2** (突然の)めまい, 急病; (特に)吐き気, むかつき (queasiness, nausea): ～s of seasickness 船酔い.
〖《*c*1530》← ?: cf. OE *cwealm* pain, pestilence & *cwellan* to kill (⇨ quell) / G *Qualm* thick vapor or smoke〗

SYN 疑念: **qualm** 自分が正しいことをしているかどうかに関する懸念や不安: He felt *qualms* about letting her go alone. 彼女を一人で行かせることに不安を感じた. **scruple** 間違っているかもしれない行為を控えさせる感情, 後ろめたさ: I have *scruples* about lying. うそをつくのにはためらいがある. **doubt** 確信はないが何となく不審・疑問に思う感じ: hold a *doubt* upon the subject その問題について疑念を抱く.

---

quálm·ish /-mɪʃ/ *adj.* **1** 不安を感じた; 良心の呵責(かしゃく)を感じた. **2** 〈人が〉吐き気を催す, むかつく (squeamish). **3** 吐き気を催させる, 胸が悪くなるような: ～ liquor. **～·ly** *adv.* **～·ness** *n.* 〖1548〗

qualm·y /kwáː(l)mi, kwɔ́ː(l)mi | kwáːmi, kwɔ́ː-/ *adj.* (**qualm·i·er; -i·est**) ＝qualmish.

quam·ash /kwá(ː)mæʃ, kwəmǽʃ | kwɔ́mæʃ, kwəmǽʃ/ *n.* 〘植物〙＝camas.

quan·dang /kwá(ː)ndæŋ | kwɔ́ndəŋ/ *n.* 〘植物〙＝quandong.

quan·da·ry /kwá(ː)ndəri, -dri | kwɔ́n-/ *n.* 当惑, 困惑; 苦境, 板ばさみ, 窮境 (⇨ fix **SYN**): be in a ～ 困惑する / I was put in a great ～. 全く途方に暮れてしまった. 〖《1579》《転訛》? ← ML *quantum dare* how much to give (スコラ哲学の用語)〗

quand même /kɑ̃ː(m)méɪm, kɑ́ːm-, -mém; *F.* kɑ̃mɛm/ *F. adv.* たとえ…でも, やはり, どうあろうとも. 〖《1825》□ F ～ 'even when'〗

quan·dong /kwá(ː)ndɑ(ː)ŋ | kwɔ́ndɔŋ/ *n.* 〘植物〙ゴウシュウビャクダン (*Fusanus acuminatus*)《オーストラリア産のビャクダンの一種; 材に芳香があり工芸用に使う; native peach ともいう; cf. sandalwood》; その種子《食用》. 〖《1839》□ Austral. 《現地語》～〗

quándong nùt *n.* ゴウシュウビャクダン (quandong) の果実《食用》.

quan·go /kwǽŋgou | -gəu/ *n.* 《英》特殊法人《政府から財政的な援助を受けるが独立の権限を持って公共の業務を行う独立公共機関》. 〖《1973》《略》← *q*(*uasi*-)*a*(*utonomous*) *n*(*on*)*g*(*overnmental*) *o*(*rganization*)〗

quant[1] /kwá(ː)nt | kwɔ́nt, kwǽnt/ 《英》*n.* 輪ぶちざお《さおの先が泥にはまり込まないように先に輪ぶちをつけたもの; 英国東海岸で平底の荷船の船頭が使う》. — *vt.* 輪ぶちざおで〈舟を〉進ませる. — *vi.* 輪ぶちざおで舟を進ませる. 〖《1440》□ ? L *contus* □ Gk *kontós* (punt) pole〗

quant[2] /kwá(ː)nt | kwɔ́nt/ *n.* 《米俗》**1** 定量分析 (quantitative analysis). **2** 計量的証券投資分析の専門家. 〖《*c*1975》《縮約》← QUANTITATIVE＋ANALYSIS〗

Quant /kwá(ː)nt | kwɔ́nt/, **Mary** *n.* クアント (1934– ; 英国のファッションデザイナー; Chelsea Look と呼ばれるミニスカートのデザインで有名).

quant. 《略》quantitative; quantity.

quanta *n.* quantum の複数形.

quant·al /kwá(ː)nṭl | kwɔ́ntl/ *adj.* **1** 〘物理〙量子(力学)の. **2** 非連続的[離散的]な値をとる. **3** 〘心理〙全か無か2種の選択肢しかない. 〖(《*a*1696》) 《1917》: ⇨ ↑, -al[1]〗

quan·ta·some /kwá(ː)nṭəsòum | kwɔ́ntəsəum/ *n.* 〘植物〙クァンタソーム《光量子吸収のクロロフィル分子単位》. 〖《1962》: ⇨ ↑, -some[3]〗

quan·tic /kwá(ː)nṭɪk | kwɔ́nt-/ *n.* 〘数学〙同次有理関数, 同次多項式. 〖《1854》← L *quant*(*us*) how much＋-IC[1]: ⇨ quantum〗

quan·ti·fi·ca·tion /kwɑ̀(ː)nṭəfɪ̀kéɪʃən | kwɔ̀ntɪ̀fɪ-/ *n.* **1** 定量化. **2** 〘論理〙**a** 量化, 限量化《個体変項記号を伴った述語記号を含む表現に, 量化詞を加えて新たな表現を作る論理的操作》. **b** 量化命題《量化によってできた命題》. **～·al** /-ʃnəl, -ʃənl⁻/ *adj.* **～·al·ly** *adv.* 〖*c*1840〗

quantificátion thèory *n.* 〘論理〙量化理論 (⇨ predicate logic). 〖1940〗

quán·ti·fì·er *n.* **1** 〘文法〙数量(形容)詞 (some, any, all など; cf. modifier 2, qualifier 3). **2** 〘論理〙量化詞, 限量詞[記号]《個体変項を束縛して, 変項のおおう対象の範囲を量的に限定する; cf. universal quantifier, existential quantifier》. 〖《1876》: ⇨ ↓, -er[1]〗

quan·ti·fy /kwá(ː)nṭəfàɪ, kwá(ː)nə- | kwɔ́ntɪ̀-/ *vt.* **1 a** …の量を定める, 量を表す, 量を量る (measure). **b** 〈量を〉明確にする. **c** 量的に表す, 数量化する. **2** 〘論理〙量化[限量化]する《個体変項を含む表現に対して「すべての…」「…が存在する」等の量化詞を加え, 変項のおおう対象の範囲を量的に限定する》. **quan·ti·fi·a·ble** /kwá(ː)nṭəfàɪəbl, ⌐—⌐——— | kwɔ́ntɪ̀fàɪəbl, ⌐—⌐——⌐/ *adj.* 〖《*c*1840》□ ML *quantificāre* ← L *quantus*: ⇨ quantity, -fy〗

quan·tile /kwá(ː)ntaɪl, -tɪl | kwɔ́ntaɪl/ *n.* 〘統計〙変位値《変量の値を大小の順に並べたものを等しい度数のいくつかの部分に分けたときの限界の値; cf. quartile 2》. 〖《1940》← QUANT(ITY)＋-ILE[2]〗

quan·ti·tate /kwá(ː)nṭətèɪt | kwɔ́ntɪ̀-/ *vt.* …の量を量る[決める]; 量的に表す. **quàn·ti·tá·tion** /-téɪʃən/ *n.* 〖《1927》《逆成》↓〗

quan·ti·ta·tive /kwá(ː)nṭətèɪṭɪv, kwá(ː)nə- | kwɔ́ntɪ̀tət-, -tèɪt-/ *adj.* **1** 量[計量]の[に関する, で表しうる], 定量的な: ～ limitation 量的制限. **2** 〘詩学〙(ギリシャ・ラテン詩のように)詩脚が母音の長短による, 音量を詩脚の基礎とする (cf. accentual 2). **3** 〘音声〙(母音の)音量の, 音長の: a ～ accent 量的アクセント / ～ sound changes 音の量的変化《音の長さにおける変化; 例えば OE *liste* ＞ *list*》. **～·ly** *adv.* **～·ness** *n.* 〖《1581》《古》possessing quantity □ ML *quantitātīvus*: ⇨ quantity, -ative〗

quántitative análysis *n.* 〘化学〙定量分析 (cf. qualitative analysis). 〖1847〗

quántitative cháracter *n.* 〘生物〙量的形質《長さ・重さ・面積などのように量的に測定した値で表現できる形質; cf. qualitative character》.

quántitative inhéritance *n.* 〘生物〙数量遺伝《長さ・重さ・面積などのように数値で表現された形質の遺伝; cf. continuous variation》. 〖1929〗

quántitative vérse *n.* 〘詩学〙音量詩《母音の長短を詩脚[リズム]の基礎とする詩; cf. accentual verse》. 〖1871〗

quan·ti·tive /kwá(ː)nṭəṭɪv | kwɔ́ntɪ̀t-/ *adj.* ＝quantitative. **～·ly** *adv.*

quan·ti·ty /kwá(ː)nṭəṭi, kwá(ː)nə- | kwɔ́ntɪ̀ti/ *n.* **1** 量: prefer ～ to quality 質よりも量を選ぶ. **2** (ある)分量, 数量, 額, 高 (amount): a certain ～ of … いくらかの… / a large ～ of water 多量の水 / *in* large [small] *quantities* 多[少]量に, たくさん[少し] / in considerable *quantities* 相当の量に / produce any ～ of oil 石油をいくらでも産出する / There's only a small ～ left. ほんの少ししか残っていない / What ～ do you want? どれくらいご入用ですか. **3** [しばしば *pl.*] 多量, 多数: a ～ [*quantities*] of information [old pictures] 多くの知識[古画] / flowers *in* ～ たくさんの草花 / Fish are caught *in quantities*. 魚が大量にとれる. **4** 数量的に規定しうる性質. **5** 〘数学〙量 (cf. magnitude 6); 量を表す数字[符号]: incommensurable *quantities* 通約できない量 / a negligible ～ 無視できる量, 被省量; つまらない人[物] / ⇨ known quantity, unknown quantity. **6** 〘論理〙量《任意の論理命題中の変項が限定をうけておおう対象の範囲; 全称・存在・特称・単称等命題の性質; cf. quality 6》. **7** 〘音楽〙音価《音の長短》, 音量. **8** 〘音声・詩学〙音量, 音長《母音・子音または音節の長短》, 音量を表す符号: ～ marks 〘韻律〙(母音の上につける)音量記号《macron (¯), breve (˘) など》. **9** 〘哲学〙量, 分量: extensive [intensive] ～ 外延[内包]量《部分の集合として量りうる量[算術的加減で大小の計れない(程)度としての量]》. **10** 〘法律〙(不動産権の)性質, 存続期間: ～ of estate 不動産権の存続期間. **11** 《Shak》少量(のもの) (fragment). **12** 《廃》釣り合い (proportion).
quántity of líght 〘物理・電気〙光量《色・波長などに対し単なる強度, 単位時間の光子数をいう》.
〖《*a*1325》□ (O)F *quantité* □ L *quantitātem* greatness, amount ← *quantus* how much: ⇨ quantum, -ity〗

quántity survèyor *n.* 〘建築〙積算士. 〖1896〗

quántity thèory *n.* [the ～] 〘経済〙貨幣数量説《物価水準が貨幣供給量に比例して動くとする理論; quantity theory of money ともいう》. 〖1888〗

quan·ti·za·tion /kwɑ̀(ː)nṭɪzéɪʃən | kwɔ̀ntaɪ-, -tɪ-/ *n.* 〘物理〙量子化: **a** 古典論的記述から量子論的記述に移ること. **b** 物理量の値が単位量の整数倍という, とびと

Q

びの値になること. **c** 〘電子工学〙連続信号を離散化すること. 〖1922〗

quan·tize /kwɑ́(ː)ntaɪz | kwɔ́n-/ *vt.* **1** 〘物理〙量子化する. **2** 〘電子工学〙〈信号を〉量子化する. **quán·tiz·er** *n.* 〖(1922) ← QUANT(UM)+-IZE〗

quán·tized *adj.* 〘物理〙量子化された. 〖1923〗

quant. lib. (略)〘処方〙quantum libet.

quan·to·some /kwɑ́(ː)ntəsòum | kwɔ́ntəsəum/ *n.* 〘植物〙=quantasome.

quant. suff. (略)〘処方〙quantum sufficit.

quan·tum /kwɑ́(ː)ntəm, kwɑ́(ː)nəm | kwɔ́nt-/ *n.* (*pl.* **quan·ta** /kwɑ́(ː)ntə, kwɑ́(ː)nə | kwɔ́ntə/) **1 a** 量, 額 (quantity, amount). **b** 特定量, 定量, 定額. **c** 多量, 多数. **2** 分け前, 割り前 (share, portion): Each man receives his proper ～. 各人はそれぞれ自分の分け前を受け取る. **3** [しばしば否定で] 必要最低限の量. **4** 数量的に表すことのできるもの. **5** 〘物理〙**a** 量子. **b** クァンタム《量子論において振動数 ν に対するエネルギーの単位 *h*ν》. 〖(1567) ◻ L ～ (neut.) ← *quantus* how much, how great ← *quam* in what manner ← IE **k^wo-* 'WHO': cf. how¹, who, quality〗

quántum chémistry *n.* 〘化学〙量子化学. 〖1944〗

quántum chromodynámics *n.* 〘物理〙量子色力学《クォーク (quark) の三つの色の自由度をもつクォークとそれらの補色の自由度をもつグルーオン (gluon) とが SU_3 のゲージ不変に結合する系の量子場の理論; 略 QCD》. 〖1975〗

quántum condítion *n.* 〘物理〙量子条件. 〖1923〗

quántum electrodynámics *n.* 〘物理〙量子電気力学, 量子電磁力学. 〖1927〗

quántum electrónics *n.* 〘物理〙量子エレクトロニクス《メーザーやレーザーなどのように, 量子力学的な系と電磁波との相互作用を取り扱う物理学の分野》. 〖1959〗

quántum evolútion *n.* 〘生物〙急激に大きな系統分岐を生じる進化.

quántum fíeld thèory *n.* 〘物理〙場の量子論《電磁場と光子との対応を一般化し, すべての素粒子およびその相互作用を, 量子化された場によって記述する理論》. 〖1948〗

quántum fluctuátion *n.* 〘物理〙量子ゆらぎ.

quántum grávity *n.* 〘物理〙量子重力(理論).

quántum júmp [léap] *n.* **1** 〘物理〙量子飛躍, 量子遷移《光子の吸収, 粒子の衝突などによって起こる量子力学的状態間の転移; quantum transition ともいう》. **2** 飛躍, 大躍進. 〖1926〗

quan·tum lib·et /kwɑ́(ː)ntəmlíbɛt, -tʊm- | kwǽntʊm-, kwɔ́n-, -təm-/ *L.* 〘処方〙欲するだけ, 適宜に, 自由に (freely) (略 q.l., quant. lib.). 〖◻ L ～ 'as much as it pleases you': ⇨ quantum〗

quántum líquid *n.* 〘物理〙=superfluid.

quántum mechánics *n.* 〘物理〙量子力学《分子・原子あるいはその構成単位などの極微の世界を支配する力学; M. Planck の量子仮説, N. Bohr の前期量子論を経て, W. Heisenberg, E. Schrödinger たちによって樹立された; cf. classical mechanics》. **quántum mechánical** *adj.* **quántum mechánically** *adv.* 〖1922〗

quan·tum me·ru·it /kwɑ́(ː)ntəmmérʊɪt, -tʊm- | kwǽntʊm-, kwɔ́n-, -təm-/ *L. n.* 〘法律〙(労務契約の中途での消滅の場合に請求できる)提供労務相当額の請求. 〖(1657) ◻ L ～ 'as much as he has deserved': ⇨ quantum, merit〗

quántum nùmber *n.* 〘物理〙量子数《量子力学において状態を指定するのに用いられる数; 通常は物理量の固有値に関係し, 整数値または半整数値をとる》. 〖1902〗

quántum óptics *n.* 〘光学〙量子光学《光を(電磁波と考えたときの)振動数に比例するエネルギーをもつ光子 (photon) の流れとして量子力学的に取り扱う光学の一分野》.

quántum phýsics *n.* 量子物理学《量子論に基づく物理学》. 〖1931〗

quan·tum pla·cet /kwɑ́(ː)ntəmpléɪsɛt, -tʊm- | kwǽntʊm-, kwɔ́n-, -təm-/ *L.* 〘処方〙=quantum libet (略 q.p., q. pl.). 〖◻ L ～ 'as much as it pleases (you)': ⇨ quantum, placet〗

quántum státe *n.* 〘物理〙量子状態. 〖1921〗

quántum statístics *n.* 〘物理〙量子統計《量子力学において粒子が従う統計; その粒子のもつスピンによって, 整数スピン (0, 1, 2 …) ではボースアインシュタイン統計, 半整数スピン ($^1/_2$, $^3/_2$ …) ではフェルミディラック統計に分けられる; cf. Bose-Einstein statistics, Fermi-Dirac statistics》. 〖1932〗

quan·tum suf·fi·cit /kwɑ́(ː)ntəmsʌ́fəsɪt, -tʊm- | kwǽntʊmsʌ́fɪsɪt, kwɔ́n-, -təm-/ *L.* 〘処方〙十分に; 足りるだけ; 十分量 (略 q. s., quant. suff.). 〖(1699) ◻ L ～ 'as much as it suffices': ⇨ suffice〗

quántum thèory *n.* [the ～] 〘物理〙量子論《量子力学に基づく理論の総称; 原子・分子あるいはその構成単位などの極微な世界を取り扱う》. 〖1912〗

quántum transítion *n.* 〘物理〙=quantum jump.

quántum yíeld *n.* 〘物理〙量子効率, 量子収率, 量子収量《光によって起こされる反応(光電効果・蛍光・燐光など)において, 有効に働いた光子の数と吸収された光子の数との比; 光化学反応においても似たような意味で使われる; cf. yield 3》. 〖1927〗

Quantz /kvá:nts; *G.* kvánts/, **Johann Joachim** *n.* クヴァンツ (1697–1773; ドイツのフルート奏者・作曲家).

Qua·paw /kwɔ́:pɔ:, kwá:pɑ: | kwɔ́:pɔ:/ *n.* (*pl.* ～, ～**s**) **1 a** [the ～(s)] クオポー族《米国 Arkansas 州の Arkansas 川流域のスー族系 (Siouan) インディアン》. **b** クオポー族の人. **2** クオポー語《現在は死語》. 〖現地語〗

qua·qua·ver·sal /kwèɪkwəvə́:səl, -sl | -vɜ́:-ˉ/ *adj.* 〘地質〙〈地層が〉(中心から)四方に向かって傾斜する, ドーム状の. **～·ly** *adv.* 〖(1728) ← LL *quāquāversus* ← L *quāquā* wheresoever (← *quā* in what direction, where)+*versus* turned (⇨ verse¹): ⇨ -al¹〗

quar. (略) quarter; quarterly.

quar·an·tine /kwɔ́(ː)rəntìːn, kwɑ́(ː)r- | kwɔ́rəntìːn, -tàɪn/ *n.* **1 a** (防疫のための)隔離 (isolation); 交通遮断(しゃだん): a house in ～ 隔離された家 / lift the ～ 隔離[交通遮断]を解く. **b** 隔離期間. **c** 隔離所[病院]. **2** 検疫. **3 a** 検疫停(船期)間《船内に伝染病が発生し上陸を許されない期間; もとは 40 日間》. **b** 検疫停船規定. **c** 検疫停船港; 検疫所, 検疫局. **4** (社会的・政治上の制裁としての)隔離封鎖, 「村八分」. **5** 〘英法史〙**a** 寡婦残留期間 (40 日間). **b** 寡婦残留権《夫の死後引続き 40 日間その家に居住する寡婦の権利》. 〖(1523) ◻ ML *quarantēna, quadrantēna* ← L *quadrāgintā*〗 **6** (古) 40 日間 (forty days). — *adj.* [限定的] 検疫の: a ～ station [officer] 検疫所[官] / ⇨ quarantine flag. — *vt.* **1** 隔離する. **2** 〈船・乗客などを〉検疫する. **3** (政治的・経済に)孤立させる (isolate); …と国交を断絶する: ～ aggressor nations 侵略国家を孤立させる. — *vi.* 検疫する. **quár·an·tin·a·ble** /-nəbl/ *adj.* 〖(?1458) ◻ It. *quarantina* (原義) space of forty days ← *quaranta* < L *quadrāgintām* forty ← *quattuor* 'FOUR': ⇨ -ine²〗

quárantine ànchorage *n.* 〘海事〙検疫錨地《入港許可証を求める船が検疫を施行されるための錨地》.

quárantine flàg *n.* 〘海事〙検疫旗《国際信号旗の Q 旗; 黄色の方旗で「本船は健康である, 検疫交通許可証を交付されたい」の意味をもつ; yellow flag, yellow jack, sick flag ともいう》. 〖1871〗

quare /kwέə | kwέə^(r)/ *adj.* 《方言》=queer.

qua·re im·pe·dit /kwέəriímpədɪ̀t, kwá:ri- | kwέərɪímpɪdɪt, kwá:ri-/ *L. n.* 〘英法〙聖職推挙権妨害排除令状《聖職推挙権 (advowson) の行使を妨害されたときそれを排除するための令状; 1860 年廃止; 現在は通常の呼出状 (summons) で, この排除令状の訴訟が開始される》. 〖◻ L ～ 'why does he hinder?': ⇨ impede〗

quark¹ /kwɑ́ək, kwɔ́ək | kwá:k, kwɔ́:k/ *n.* 〘物理〙クォーク《ハドロン (hadron) を構成する仮説的な構成粒子; 重粒子は 3 個のクォークから成り, 中間子はクォークとその反粒子より成るとするスピン $^1/_2$ で, 色 (color) とフレーバー (flavor) と呼ばれる自由度をもつ; ace ともいう; ⇨ down quark, up quark》. 〖(1964) James Joyce (*Finnegans Wake*) の造語を Murray Gell-Mann (1929– ; 米国の物理学者)が転用して命名したもの〗

quark² /kwɑ́ək, kwɔ́ək | kwá:k; *G.* kvάʁk/ *n.* クワルクチーズ《柔らかい低脂肪チーズ; ドイツ産》. 〖◻ G ～〗

Quarles /kwɔ́əlz, kwɑ́əlz | kwɔ́:lz/, **Francis** *n.* クォールズ (1592–1644; 英国の宗教詩人; *Emblems* (1635)).

quar·rel¹ /kwɔ́(ː)rəl, kwɑ́(ː)r- | kwɔ́r-/ *n.* **1 a** (激昂した)けんか, 口論, 論争 (dispute), 口争い, 口げんか, 言い合い (brawl): a lovers' [lover's] ～ 痴話(ちわ)げんか / have [get into] a ～ *with* …と言い合う[言い合いになる] / A ～ broke out *between* them. 彼らに争いが起こった. **b** 仲たがい, 不和, 反目 (disagreement): make up a ～ 和解する, 仲直りする. **2 a** (口)げんかの原因, 口論のもと[種]; 不一致な点[もと], 異議: seek [start, pick] a ～ *with* … にけんかを売る[しかける] / I have no ～ *with* him [it]. 私は彼[それ]には何も文句はない / lead to [provoke] a ～ けんかの種となる. **b** けんかの言い分: fight another's ～*s for* him (その言い分に肩を持って)人のけんかの助太刀をする / take up [espouse] another's ～ 人のけんかの肩をもつ. — *vi.* (**quar·reled, -relled; -rel·ing, -rel·ling**) **1 a** 口げんかする, 口論する, 言い争う (wrangle): ～ *with* person *about* [*over*] a thing あることで人と言い争う. **b** 仲たがいする, 反目し合う, 不和になる: He used to be a great friend of mine but unfortunately we ～*ed*. 彼は私の親友であったが不幸にも仲たがいした. **2** 小言[苦情]を言う; 異議を唱える〔*with*〕: ～ *with* one's lot [fate] 自分の運命をかこつ / I can't ～ *with* your last point. 君の言う最後の点には文句をつけられない / A bad workman [carpenter] ～*s with* his tools. 《諺》下手な職人[大工]は道具に難癖をつける (cf.「弘法は筆を選ばず」).
〖n.: (1340) ME *querele* ◻ OF (F *querelle* (< L *querellam* (異形) ← *querēla* complaint ← *queri* to complain ← IE **kwes-* 'to pant'. — v.: (*a*1393) ◻ OF *quereler* ∥ ← (n.)〗

SYN けんか: **quarrel** 激しい言葉の上の争い: He is quick to start *a quarrel*. 彼はけんか早い. **argument** 意見の相違に基づく口論, 口げんか: *Arguments* broke out between supporters of the two teams. 2 つのチームのサポーターの間で突然けんかが始まった. **wrangle** それぞれが自説を強く主張する論争で, 特に長期にわたるもの: a legal *wrangle* over a will 遺言書をめぐる法律上の論争. **fight** 腕力に訴えるけんかで, 殴り合い, 取っ組み合いなど: a hand-to-hand *fight* 取っ組み合いのけんか. **spat** 《米口語》短いつまらない口げんか: He has an occasional *spat* with his wife. 時々妻といさかいをする. **brawl** 酒の上などの大騒ぎのけんか: The quarrel developed into a noisy *brawl*. その口論は大げんかになった.

---

quar·rel² /kwɔ́(ː)rəl, kwɑ́(ː)r- | kwɔ́r-/ *n.* **1** 小型の菱(ひし)形の窓ガラス. **2** (石工の角錐形をした)のみ (chisel). **3** (crossbow 用の) 太矢, 角矢 (四角の矢じりのついた矢). 〖(?*a*1200) *quarel* ◻ OF *quar(r)el* (F *carreau*) < VL **quadrellum* (dim.) ← L *quadrus* square〗

quár·rel·er /-lə | -lə^(r)/ *n.* (*also* **quar·rel·ler** /～/) 口げんか[口論]する人. 〖*a*1500〗

quar·rel·some /kwɔ́(ː)rəlsəm, kwɑ́(ː)r- | kwɔ́r-/ *adj.* けんか[口論]好きな, けんかっ早い (⇨ belligerent SYN). **～·ly** *adv.* **～·ness** *n.* 〖1593〗

quar·ri·an /kwɔ́(ː)riən, kwɑ́(ː)r- | kwɔ́r-/ *n.* (*also* **quar·ri·on** /～/) 〘鳥類〙オカメインコ (cockatiel). 〖← Austral.〗

quar·ri·er /kwɔ́(ː)riə, kwɑ́(ː)r- | kwɔ́riə^(r)/ *n.* =quarryman. 〖(*c*1375) ◻ OF *quarreour* (F *carrer*): ⇨ quarry¹ (v.), -er¹〗

quar·ry¹ /kwɔ́(ː)ri, kwɑ́(ː)ri | kwɔ́ri/ *n.* **1** (通例露天の)石切場, 採石所[場]. **2** (知識・資料などの)源泉, 種本; (引用などの)出所 (source): a ～ of information 知識の源. — *vt.* **1 a** 石切場から〈石を〉切り出す (excavate). **b** 〈土地〉に石切場を作る. **2** (書物などから)〈事実などを〉苦労して拾い出す, 捜し出す (dig out); 〈記録などを〉探索する. — *vi.* **1** 石を切り出す, 採石する. **2** 記録などの探索をする, 苦労して捜し出す. 〖(*c*1420) *quarey* ◻ ML *quarreia, quareria* ◻ OF *quarriere* (F *carrière*) < VL **quadrāriam* ← L *quadrāre* 'to QUADRATE' ∽ ME *quarrere* ◻ OF〗

quar·ry² /kwɔ́(ː)ri, kwɑ́(ː)ri | kwɔ́ri/ *n.* **1** (猟犬・鷹類・猟師などの求める)獲物 (game): birds in search of ～ 獲物を捜し求めている鳥 (鷹・鷲など). **2 a** ねらわれた獲物. **b** 追求物; ねらう敵. **3** 《廃》**a** (猟犬・鷹類にほうびとして与える)獲物の肉[内臓]. **b** 殺した獲物の山. 〖(?*a*1300) *quirre* ◻ OF *cuiree* (F *curée*) spoil ← *cuir* hide, skin < L *corium*〗

quar·ry³ /kwɔ́(ː)ri, kwɑ́(ː)ri | kwɔ́ri/ *n.* **1** ダイヤモンド[菱(ひし)]形. **2** ダイヤモンド[菱]形のもの; (特に)ダイヤモンド[菱]形の窓ガラス. **3** =quarry tile. 〖(1555) (混成) ← QUARREL²+(古) *quarry* (adj.) square (◻ OF *quarre* (F *carré*) < L *quadrātum* 'QUADRATE'〗

quárry fàce *n.* 〘石工〙こぶ出し仕上げ, 野面(のづら)仕上げ《石割りしたままの粗い面を生かした仕上げ》. 〖1893〗

quárry-fàced *adj.* 〘石工〙こぶ出し仕上げの.

quár·ry·ing *n.* 採石; 採石業. 〖1823〗

quárry·man /-mən | -mən, -mæ̀n/ *n.* (*pl.* **-men** /-mən, -mèn/) 石切り工, 採石夫. 〖1611〗

quárry tìle *n.* 無釉の敷タイル《比較的厚く, 磨耗や化学薬品に耐えるように硬焼きされている》. 〖1940〗

quart¹ /kwɔ́ət | kwɔ́:t/ *n.* **1** クォート《液量の単位; =2 pints, $^1/_4$ gallon; 略 qt.》: **a** 《米》57.75 立方インチ, 0.946 リットル. **b** 《英》69.355 立方インチ, 1.136 リットル. **2** クォート《麦・豆類を量る乾量の単位; =2 pints, $^1/_8$ peck; 略 qt.》: **a** 《米》67.200 立方インチ, 1.101 リットル. **b** 《英》69.355 立方インチ, 1.136 リットル. **3 a** 1 クォートます; 1 クォート入りのびん[つぼなど]. **b** 1 クォートのビール. ***gèt [pùt] a quárt ìnto a pínt pòt*** (五合徳利に一升入れようとするような)不可能なことを試みる, 無理なことをする (1896). 〖(?*a*1325) ◻ (O)F *quarte* (fem.) < L *quārtam* (*partim*) fourth (part) ← L *quārtus* 'FOURTH'〗

quart² /kɑ́ət | ká:t/ *n.* **1** 〘トランプ〙カート《同種札の 4 枚続き》: a ～ major エース (ace) 以下の同種札 4 枚続き. **2** 〘フェンシング〙=quarte. 〖(1674) ◻ F *quarte* (↑)〗

quart. (略) quarter; quarterly.

quart- /kwɔət | kwɔ:t/「4 番目の (fourth)」の意の連結形. 〖← L *quārtus* fourth〗

quár·tal hármony /kwɔ́ətḷ- | kwɔ́:tḷ-/ *n.* 〘音楽〙四度和音《完全 4 度を積み重ねて作られた和音; fourth-chord ともいう》. 〖(1937) *quartal*: ← NL ～: ⇨ ↑, -al¹〗

quar·tan /kwɔ́ətṇ | kwɔ́:-/ 〘病理〙*adj.* 〈マラリアなど熱発作が〉4 日目ごとに起こる, 約 72 時間ごとに起こる《前回の発作の日を入れるので「毎 4 日」という表現になる; cf. quotidian 1, quintan, tertian 1》. — *n.* 四日熱. 〖(*a*1325) *quartain(e)* ◻ (O)F (*fièvre*) *quartaine* (fever) of the fourth day < L (*febrem*) *quārtānam* quartan (fever): ⇨ quart¹, -an¹〗

quar·ta·tion /kwɔətéɪʃən | kwɔ:-/ *n.* 〘化学〙**1** 金銀の硝酸による分離法《銀, 金 3 : 1 の合金だと分離が定量的に行われるとされる金銀分離法》. **2** (円錐)四分法《鉱石・土壌などの試料の平均的組成を知るため四分割とその二つの採取を繰り返すこと》. 〖(1612) ← L *quārtus* fourth: ⇨ quart¹, -ation〗

quárt bòttle *n.* 1 クォート入りのびん. 〖1454〗

quarte /kɑ́ət | ká:t; *F.* kaʁt/ *n.* (*pl.* ～**s** /～s; *F.* ～/) 〘フェンシング〙カルト, 第 4 の構え (8 種の受けの構えの一つ; cf. guard *n.* 6): ～ and tierce 剣術のけいこ. 〖(*a*1700) ◻ F ～ ◻ It. *quarta* fourth: cf. quart²〗

quar·ter /kwɔ́ətə, kwɔ́:ṭ- | kwɔ́:tə^(r)/ *n.* **A 1** 四分の一, 四半分 (fourth part): three ～*s* 四分の三 (cf. three-quarter) / a ～ of a century 四分の一世紀 / a century and a ～ 一世紀と四分の一 / the second [third] ～ of a century 第 2 [3] 四半世紀 / for a ～ (of) the price ＝《英》for ～ the price その値段の四分の一で (⇨ *adj.* 1) / cut an apple in ～*s* りんごを四半分に切る[4 等分する] / a ～ left [right] 〘軍事〙四分の一直角左[右] / 25 is a ～ of a hundred. 25 は 100 の四分の一. **2 a** $^1/_4$ 時間, 15 分: at (a) ～ to [before, 《米》of] three 3 時 15 分前に / at (a) ～ past [《米》after] two 2 時 15 分過ぎに / strike the ～*s* 〈時計が〉15 分を打つ / It is not the ～ yet. 《英》(時刻が)まだ 15 分にならない / It has gone a ～. 15 分が過ぎた. **b** 四半年, 一季 (四半期の一つ): the first ～ (会計年度などの)第一四半期 / be several ～*s* in arrear(s) 支払いが数季遅れている / pay one's rent every [by the] ～ 四半期ごと [3 か月ごと] に家賃を払

う. **c** (4 学期制度の学校の)学期《約 12 週間; cf. half 5, semester 2, term 2 a》.
3 クォーター: **a** 《米・カナダ》$^1/_4$ ドル, 25 セント. **b** 25 セント銀貨 (cf. nickel 2).
4 a $=^1/_4$ mile. **b** $^1/_4$ yard. **c** $=^1/_4$ fathom: a ～ and [less] five $5^1/_4$ [$4^3/_4$] ひろ.
5 a 《口語》$=^1/_4$ pound. **b** $=^1/_4$ hundredweight.
6 《英》クォーター《乾量および液量の単位; =8 bushels, $^1/_4$ hundredweight; 28 ポンドまたは 25 米ポンド》.
7 a 鳥・獣の体四半分《四肢の一つを含む》: ⇨ forequarter, hindquarter. **b** 牛の乳と乳房の部分. **c** [*pl.*] (罪人の)四つ裂き部分.
8 a 羅針(しん)盤の四方位基点(東・西・南・北)の一つ. **b** 方位, 方角: What ～ is the wind in? 風はどちらから吹いているか; 風向き[形勢]はどうか / Does the wind lie in that ～? そういう形勢か.
9 (地球上の)地域, 地方 (district, locality): in every ～ [all ～*s*] of the globe 世界中至る所で / from every ～ [all ～*s*] 四方八方から.
10 a (一地域・地方の)小区域; (都市の特殊な)地区, 地帯, …街 (cf. street): the Chinese [Jewish] ～ 中国人[ユダヤ人]地区[街] / ⇨ Latin Quarter / industrial [residential] ～*s* 工業[住宅]地区 / licensed ～*s* 特殊飲食街 / gay ～*s* 花柳界, 色町. **b** [集合的] 特定地区の居住者, 特定社会の人たち. **c** (明示してない社会・政府などの)方面, (情報などの)出所, 筋 (source): There is no help to be looked for in that ～. その方面からは何の援助も期待できない / I had the news from the highest [most reliable] ～*s*. この話は最も確かな筋から聞いた.
11 a [通例 *pl.*] 宿営, 兵営, 兵舎, 宿舎 (barracks, station); 持場, 部署 (post): ⇨ headquarters, winter quarters 2 / be confined to ～*s* 外出禁止である / be at [call to] ～*s* 部署につく[つかせる]. **b** [*pl.*] 居所, 宿所, 住居 (abode, lodgings): excellent ～*s* at a hotel ホテルの上等な部屋 / the servants' ～*s* 召使部屋 / bachelor('s) ～*s* 独身男性の住居 / ⇨ close quarters 2 / take up one's ～*s in* a hotel [*with* a friend] ホテル[友人のところ]に宿をとる[滞在する] / beat up the ～*s* ⇨ BEAT[1] *up* (*vt.*) (1). **c** 《インド》[*pl.*] 雇用者[政府]提供の住宅.
12 (靴の)腰革《足の後部を包んで前方でひもで締める部分; ⇨ shoe 成句》.
13 〖獣医〗馬蹄(てい)の踵(かかと)と足指との中間部, 蹄側.
14 〖天文〗弦《月の満ち欠けの周期の四分の一》: the first [last] ～ 上[下]弦 / The moon is in the [its] last ～. 月は下弦にある.
15 〖紋章〗クォーター: **a** 盾の向かって左上部 (dexter chief) 四分の一を占める方形 (cf. canton[1] 3). **b** 盾を 4 分割したそれぞれの部分《向かって左上部から右へ first quarter, second quarter とそれぞれ順位が決められている》: a grand ～ グランドクォーター《quarter がさらに 4 分割されている場合のもとの quarter をいう》.
16 〖海事〗すべて四分の一に当たる所: **a** 船尾側《正横と船尾との間》. **b** 帆桁(ほげた)の中央とその末端との間 (cf. yardarm). **c** 船尾から水平方向 45°. **d** ヤード[桁(けた)]の中央と桁端との中間の部分. **e** =quarter point. **f** [*pl.*] (点呼, 訓練, 非常命令などのための)集合.
17 〖スポーツ〗**a** クォーター《一試合の時間の 4 区分の一つ》. **b** [the ～] $^1/_4$ マイル競走(の距離): I won *the* ～. $^1/_4$ マイル競走に勝った / He has done *the* ～ in 50″. $^1/_4$ マイルを 50 秒で走った. **c** 〖アメフト〗クォーター《試合時間を 4 時限に分けた各区分》. **d** [*pl.*] 準々決勝 (quarter-finals).
18 〖機械〗(二つの部分が互いに)直角の位置にくること.
19 《俗》〖軍事〗=quartermaster. **20** 《古》〖建築〗間柱(まばしら) (stud). **21** 《廃》部隊, 陣営: keep good ～ 見張りを厳重にする. **22** 《廃》(人との)関係.
B 1 (降服者の)助命, 命ごい, 慈悲, 情け容赦 (clemency, mercy): give [receive] ～ 助命を許す[受ける] / ask for [cry] ～ 〈戦敗者が〉命ごいをする / Give [Show] no ～ (*to* him). 容赦なく切り殺せ[やっつけろ] / kill without ～ 容赦なく殺す. **2** (競争相手に示す, また優越者・裁判権能を有する者が劣等者・被裁判者に示す)寛大, 軽減, 猶予 (indulgence, forbearance).
a bád quárter of an hóur 不愉快なひととき, 気まずい思い. 〘《なぞり》← F *un mauvais quart d'heure*〙 ***at*** [***from***] ***clóse quárters*** 接近して, 間近で. ***béat to quárters*** 〖海事〗(昔の艦船で)〈鼓手が〉全員部署につけの太鼓を打つ; 〈太鼓が〉(鳴って)全員部署につけの命令を伝える. ***nót a quárter*** 少しも…でない: It is *not a* ～ as [so] good as it was. それはもとよりずっと悪い (cf. not half ⇨ half *adv.* 成句). ***on the quárter*** 〖海事〗〈物標などが〉船尾の方に《船首 135° から船尾までの間に》.
— *adj.* **1** 四分の一の[から成る]; (規定量の)四分の一[四半分]の: a ～ mile [yard, pound] $^1/_4$ マイル[ヤード, ポンド] / for ～ the price 《英》その値の四分の一で. **2** [通例複合語の第 1 構成素として] 非常に不完全な, 半分以下の: a *quarter*-truth.
— *vt.* **1 a** 四分の一にする, 4 等分する; 四つに分ける: ～ an orange オレンジを 4 等分する[四半分に分ける]. **b** 《古》〈罪人の死体を〉四つ裂きにする, 〈手足を〉ばらばらにする (dismember): ⇨ DRAW *and quarter* (2). **c** 〈丸太を〉四分の一に切る. **2** 〈兵士を〉宿営させる; 〈軍隊〉に宿舎・糧食を割当てる[割り当てる] 〔*on, upon, with*〕: ～ oneself *on* [*with*] …に宿を取る[…と同宿する]. **3** 〈猟犬などが〉(獲物を捜して)〈地上を〉縦横に走り回る: ～ a covert [field of turnips] やぶ[かぶ畑]を四方に捜し[走り]回る. **4** 〖海事〗〈風が〉〈船〉の斜め後方から吹く. **5** 〖紋章〗**a** 〈盾を〉4 分割する. **b** 〈盾を〉4 分割以上偶数分割する. **c** 〈異なった紋章を〉盾の 4 半分に配置する. **d** 〈紋章を〉盾に加える. **6** 〖機械〗四分円になるように…に穴をあける; 〈クランク腕を〉直角につける. **—** *vi.* **1** 〈部隊が〉宿営する (lodge) 〔*at*〕. **2** 〖天文〗〈月が〉上弦・満月・下弦などへ移行する: The moon ～*s*. **3** 〈猟犬が〉(獲物を求めて)あちこち走り回る 〔*for*〕. **4** 〖海事〗〈帆船が〉斜め後方から風を受けて走る. **b** 〈風が〉(斜め後方から)船に吹きつける.
～·er /-tərə | -tərə[r]/ *n.* 〘n.: (?*a*1300) □ (O)F *quartier* a fourth part, district < L *quartārium* a fourth part ← *quārtus* 'FOURTH'. — v.: (*c*1353) ← (n.): ⇨ quart[1]〙

quar·ter·age /kwɔ́ətərɪdʒ | kwɔ́:tər-/ *n.* **1** (年金・給料などの)四半期ごとの支払い[支給]. **2** 《まれ》**a** (部隊などの)宿営割当て, 宿舎準備. **b** 宿舎費, 設営費. 〘(1389) □ OF ～: ⇨ ↑, -age〙
quárter·bàck *n.* 《米》〖アメフト〗クォーターバック《フォワードとハーフバックの中間に位置しチームの攻撃を指揮するプレーヤー; 略 q.b.》. ***a Mónday mórning quárterback*** 《米》済んだことを後知恵で批評する人《土曜日に行われたアメフトの試合結果を月曜日の新聞を読んでから論評する人》. **—** *vt.* **1** 〖アメフト〗〈チーム〉の攻撃を指揮する. **2** 《米》計画する (plan); 指揮する (direct, guide). **—** *vi.* 〖アメフト〗クォーターバックを務める. 〘1879〙
quárterback snéak *n.* 〖アメフト〗クォーターバックスニーク《クォーターバックがセンターからボールを受取って, ラインの中央に突撃するプレー》. 〘1923〙
quárter bàdge *n.* 〖海事〗クォーターバッジ《帆船時代に船尾近くの外部に張りつけてあった装飾》. 〘1807〙
quárter-bèll *n.* (時計の) 15 分ごとに鳴るベル. 〘1872〙
quárter bènd *n.* (パイプなどの) 90 度曲管. 〘1884〙
quárter bìll *n.* 〖海軍〗戦闘部署表. 〘1769〙
quárter bìnding *n.* 〖製本〗背装, 四分の一装; 背革(装); 背布[クロス](装) (cf. full binding). 〘1912〙
quárter bòards *n. pl.* 〖海事〗船尾付近の手すり板の上に二重に付けた手すり板 (topgallant bulwarks ともいう). 〘1355〙
quárter-bòund *adj.* 〖製本〗背革装の. 〘1888〙
quárter bòy *n.* 〖時計〗=quarter-jack 1.
quárter-brèed *n.* 祖父母 (4 人)のうち一人が異なる人種であるように混血児; (特に)アメリカインディアン四分の一白人四分の三の混血児. 〘1826〙
quárter bùtt *n.* 〖玉突〗クォーターバット《半バット (half butt) より短いキュー》. 〘1873〙
quárter-chòrd pòint *n.* 〖航空〗四分の一弦長点《翼の前縁から翼弦長の四分の一後縁に寄った点; 亜音速流中で反りのない翼の圧力中心は迎角にかかわらずこの点にある》. 〘1946〙
quárter cràck *n.* 〖獣医〗裂蹄; (特に)蹄側裂 (cf. sand crack, 1, toe crack). 〘1897〙
quárter dày *n.* 四季支払い日《イングランド・ウェールズ・北アイルランドでは Lady Day (3 月 25 日), Midsummer Day (6 月 24 日), Michaelmas (9 月 29 日), Christmas (12 月 25 日); スコットランドでは Candlemas (2 月 2 日), Whitsunday (5 月 15 日), Lammas (8 月 1 日), Martinmas (11 月 11 日); 米国では 1 月・4 月・7 月・10 月の各第 1 日; この日に貸借料などを支払ったり貸借期限などを更新したりする; cf. term 4 a》. 〘1480〙
quárter·dèck *n.* **1 a** 〖海事〗後甲板(こうかんぱん), 船尾甲板《船[艦]尾から後檣(こうしょう)までの上甲板; 士官や上級船客の遊歩区域; cf. forecastle back》. **b** 〖米海軍〗(軍艦の上甲板の)儀典専用区域. **2** [the ～; 集合的] 高級船員, 士官 (officers) (cf. lower deck 2 b). 〘1627〙
quár·tered *adj.* **1 a** 4 分した. **b** 〈カシ材など〉四つ割りにされた (quartersawed). **2** 宿舎を与えられた. **3** 〖紋章〗**a** 〈盾が〉4 分割された. **b** 〈盾が〉4 分割以上偶数分割された. 〘1486〙
quárter évil *n.* 〖獣医〗=blackleg 3.
quar·ter·final /kwɔ̀ətəfáɪnl, kwɔ̀:- | kwɔ̀:tə-[r]/ *adj.* (競技などの)準々決勝の (cf. semifinal 1). **—** *n.* **1** [通例 *pl.*] 準々決勝. **2** 準々決勝試合. 〘1927〙
quàrter·fínalist *n.* 準々決勝出場選手[チーム].
quárter·fòil *n.* =quatrefoil.
quárter gàllery *n.* 〖海事〗大型帆船の後甲板に突き出ていたバルコニー. 〘1769〙
quárter gràin *n.* 正目(まさめ)《丸太を縦に四つに挽(ひ)いたときに現れる木目》. 〘1703〙
quárter hòllow *n.* 〖建築〗小刳(こぐり)《断面が四分円形の凹面の繰形; cf. cavetto》. 〘1891〙
quárter hòrse *n.* 《米》クォーターホース《米国で改良された強健で敏捷な短距離用競走馬》. 〘(1834) $^1/_4$ マイルまでの短距離に強いことから〙
quárter hóur *n.* **1** 15 分(間). **2** (ある時刻の) 15 分前または 15 分過ぎ. **quárter-hóurly** *adv., adj.* 〘1883〙
quárter íll *n.* 〖獣医〗=quarter evil.
quar·ter·ing /kwɔ́ətərɪŋ, kwɔ́:ṭ- | kwɔ́:tər-/ *n.* **1** 4 分[4 等分]すること; (特に)謀反人を四つ裂きにすること. **2** 兵隊などに宿舎をあてがうこと, 宿舎の割り当て, 設営; 宿営. **3** (猟犬などが獲物を捜して)地上を縦横に走り回ること. **4** 〖紋章〗**a** 盾を 4 分割すること. **b** 盾を 4 分割以上偶数分割すること. **c** [通例 *pl.*] 複数の紋章を 4 分割あるいは 4 以上の偶数分割の盾に組み入れること (cf. marshalling); またその紋章. **5** 〖天文〗月の上弦・満月・下弦などへの移行. **6** 〖建築〗間柱(まばしら); 間柱. **7** 〖木工〗四分法《丸太を四つ割にしてから製材する手法》. **8** (特に高貴な)家柄, 家系. **—** *adj.* **1** 〖海事〗〈風波が〉斜め後方から寄せる: ⇨ quartering wind. **2** 〖機械〗(リンクなどが)直角の位置になっている. 〘(n.: *a*1450; adj.: 1589–90): ⇨ quarter (v.), -ing[1,2]〙
quártering séa *n.* 〖海事〗斜め船尾方向から来る波 (cf. following sea, head sea).
quártering wínd *n.* 〖海事〗船首の向きに対して斜め船尾の方から吹いてくる風. 〘1769〙
quárter-jàck *n.* **1** 〖時計〗15 分ごとに時を打つ自動人形 (quarter boy ともいう). **2** 《軍俗》=quartermaster 2. 〘1604〙
quárter lìght *n.* 《英》**1** (馬車の)わき窓. **2** 〖自動車〗(車室の)三角窓. 〘1881〙
quárter lìne *n.* 〖海事〗船舶の雁行(がんこう)隊形, 船隊の梯隊型. 〘1875〙
quar·ter·ly /kwɔ́ətəli, kwɔ́:ṭ- | kwɔ́:tə-/ *adj.* **1** 年 4 回の, 毎季の: a ～ issue [payment] 季刊[四季払い]. **2** 四分の一の, 四半分の[から成る]. **3** 〖紋章〗**a** 〈盾が〉4 分割された. **b** 〈盾が〉4 分割以上偶数分割された: arms of ～ sixteen 16 分割の紋章. **—** *adv.* **1** 年に 4 回, 毎季に, 季ごとに. **2** 〖紋章〗**a** 盾を 4 分割して: The Royal arms bore ～ France and England till 1603. 英国王の紋章は 1603 年までは 4 分割された盾にフランス王の紋章と英国王の紋章を配していた. **b** 盾を 4 分割以上偶数分割して. **—** *n.* 年四回[季刊]刊行物, 季刊誌. 〘(*a*1400) ← QUARTER＋-LY[1,2]〙
Quarterly Méeting *n.* 〖キリスト教〗(Quaker の)四季集会 (通例, 数個の月会 (Monthly Meeting) から成る組織単位). 〘1675〙
quárterly píerced *adj.* 〖紋章〗=quarter-pierced.
quárterly quártered *adj.* 〖紋章〗盾の四分の一をさらに 4 分割した (cf. quarterly *adj.* 3 b). 〘1864〙
quárter·màster *n.* **1** 〖海事〗操舵(そうだ)員; (海軍の)操舵手[員, 兵曹]. **2** 〖軍事〗需品[補給]係将校, 需品科将校《連隊または大隊に属して宿舎の割当て・倉庫の出納・糧食および武器・被服の配給などをつかさどる; 略 Q., QM》. 〘(1415) *quarter maister* ← QUARTER: cf. F *quartier-maître* / G *Quartier-meister*〙
Quártermaster Còrps /-kɔ̀əz | -kɔ̀:z/ *n. pl.* 《米》〖軍事〗補給部隊, 需品部隊 (略 QMC).
quártermaster géneral *n.* (*pl.* **quartermasters g-, ～s**) 〖軍事〗主計総監, 主計監, 補給局長 (略 QMG). 〘1701〙
quártermaster sérgeant *n.* 〖軍事〗兵站(へいたん)部付き軍曹, 需品科下士官 (略 QMS). 〘1869〙
quárter-míler *n.* 〖競技〗$^1/_4$ マイル競走選手. 〘1899〙
quar·tern /kwɔ́əṭən, kwɔ́:ṭ- | kwɔ́:tən, -tn/ *n.* 《英古》**1 a** 四分の一. **b** クォーターン (pint, gill, peck, stone などの液量・穀量の $^1/_4$): a ～ of gin, rum, etc. **2 a** (1 クォーターンの小麦粉で作った)重さ 4 ポンドのパン塊《quartern loaf ともいう》. **b** (4 インチ四方の)サンドイッチ用パン《quartern loaf ともいう》. 〘(*c*1300) *quart(e)roun* □ (O)F *quart(e)ron* the quarter (of a pound, etc.) < LL *quarterō(n-)* a fourth part of a pound ← L *quārtus* 'FOURTH': cf. quart[1]〙
quárter nélson *n.* 〖レスリング〗クォーターネルソン《片手を相手の頭に伸ばし, 片手をわき下にさし入れ, 前に回り込み, 相手につれて倒れ腕と腰を絞めてフォールに持ち込む攻め方》.
quár·tern lòaf /kwɔ́əṭən-, -tŋ- | kwɔ́:tən-, -tŋ-/ *n.* 《英古》=quartern 2. 〘1812〙
quárter nòte *n.* 《米》〖音楽〗四分音符 (《英》crotchet). 〘1763〙
quárter-phàse *adj.* 〖電気〗直角二相の (two-phase).
quárter-píerced *adj.* 〖紋章〗〈十字形が〉交差部の四角を抜き取った (quarterly pierced ともいう). 〘1678〙
quárter-plàte *n.* 〖写真〗手札判の写真乾板[フィルム] ($4^1/_4 \times 3^1/_4$ インチ (=8.3×10.8 cm); whole plate の $^1/_4$); 手札判写真. 〘1890〙
quárter pòint *n.* 〖海事〗(羅牌(らはい)の) 2 点のはさむ角の四分の一 (=2° 48′ 45″). 〘1727–41〙
Quárter Póun·der /-páundə | -də[r]/ *n.* 〖商標〗クォーターパウンダー《米国 McDonald's 社製の大きいサイズのハンバーガー; $^1/_4$ ポンドの 100% ビーフハンバーグ入り》.
quárter rèst *n.* 〖音楽〗四分休止符. 〘1890〙
quárter ròund *n.* 〖建築〗四半円まんじゅう繰形(くりかた)《断面が四分円形の凸形の繰形》. 〘1706〙
quárter·sàw *vt.* (～ed; ～ed, -sawn) 〖木工〗〈丸太を〉縦に四つに挽(ひ)く, 四つ割りにする《木目がよく見えるようにする; cf. tangentsaw》. 〘1898〙
quárter-sàwed *adj.* 〖木工〗〈板・丸太が〉縦に四つに挽かれた, 四つ割りにされた《正目(まさめ)の板がとれる》. 〘1931〙
quárter scréw *n.* 〖時計〗(てん輪の 4 周に取り付けられた歩度調節専用の)ちらねじ (meantime screw ともいう; cf. balance screw). 〘1884〙
quárter séction *n.* 《米》〖測量〗半マイル四方 (160 acres) の土地. 〘1804〙
quárter sèssions, Q- S- *n. pl.* 〖法律〗**1** 《英》四季(治安判事)裁判所《昔, 年 4 回開かれた下級の刑事裁判所; 1971 年法により廃止, 新たに刑事法院 (Crown Court) が設置された》. **2** 《スコット》四季裁判所《年 4 回開かれ, 上訴や認可業務を扱った; 1975 年に廃止》. **3** 《米》(New Jersey 州などの) 四季裁判所に似た裁判所. 〘1577〙
quárter·stàff *n.* (*pl.* **-staves**) **1** 六尺棒《昔, 英国の農民が用いた武器; 17 世紀までは剣技にも使った; 6–8 フィートの木棒で両端に鉄の金具がついている》. **2** 六尺棒術; 六尺棒での戦闘. 〘*a*1550〙
quárter tòne [**stèp**] *n.* 〖音楽〗四分音, 四分の一音 (半音 (semitone) のさらに $^1/_2$ の音程). 〘1776〙
quárter-wàve plàte *n.* 〖物理〗四分の一波長板《板を垂直方向に通過する互いに垂直に偏った二つの直線偏光に, 四分の一波長の光路差を生じさせる結晶の薄板; cf.

Q

half-wave plate). 〖1882〗
quárter-wìnd n. 〖海事〗斜め後方の風《帆走に絶好の順風》. 〖1591〗
quárter-wítted adj. 大まぬけの, とんと足りない.
quar·tet /kwɔətét | kwɔː-/ n. (also **quar·tette** /～/) **1** 〖音楽〗四重奏[唱]曲; 四重奏[唱](団), カルテット (cf. solo): a string ～ 弦楽四重奏(団, 曲). **2** 四つ組, 四つぞろい; 4 人組: a ～ of boys. 〖(1773) □ F *quartette* □ It. *quartetto* (dim.) ← *quarto* the fourth (part) < L *quārtum* 'FOURTH': ⇨ quart[1]〗
quar·tet·to /kwɔətétoʊ | kwɔːtétəʊ; *It.* kwartétto/ n. 〖音楽〗=quartet 1. 〖(1775) □ It. ～ (↑)〗
quar·tic /kwɔ́ətɪk | kwɔ́ːt-/ 〖数学〗adj. 四次の. — n. 四次式, 四次方程式. 〖(1856) ← L *quārtus* 'FOURTH'+-IC[1]〗
quártic equátion n. 〖数学〗四次方程式 (⇨ biquadratic equation).
Quar·tier La·tin /kaətjéɪlætɛ̃ː(ŋ), -tǽŋ | káːtjeɪ-; F. kartjelatɛ̃/ n. [the ～] カルティエラタン《Latin Quarter のフランス語名》. 〖1857〗
quar·tile /kwɔ́ətaɪl, -tl̩ | kwɔ́ːtaɪl/ adj. **1** 〖占星〗四分の一対座の, 矩象(くしょう)の《二つの惑星が四分の一円 (90°) の間隔にあることにいう》: a ～ aspect 四分の一対座. **2** 〖統計〗四分位の: the ～ point 四分位点. — n. **1** 〖占星〗矩象 (quadrature). **2** 〖統計〗四分位数《標本 (sample) の値を大きさの順に並べたとき, 最初から四分の一のところにある値と四分の三のところにある値の一つ; cf. median 1, quintile 2》. 〖(a1450) □ ML *quārtilis* ← L *quārtus* 'FOURTH': ⇨ quart[1], -ile[1,2]〗
quártile deviátion n. 〖統計〗四分位偏差《二つの四分位数の差の半分》. 〖1911〗
quar·to /kwɔ́ətoʊ | kwɔ́ːtəʊ/ n. (*pl.* ～**s**) 〖製本〗 **1** 四折(判), クォート《4 丁 (8 ページ)になるように, 全紙を 2 回折ってできた紙の大きさ; この大きさの紙[ページ]; cf. format 1 a, -mo》. **2** 四折本. **3** 《英》通例 10×8 インチ(約 25×20 cm) の紙のサイズ. — adj. 四折(判)の, クォートの; 四折本の: a ～ edition 四折判. 〖(?a1475) □ L (in) *quārtō* (in) one fourth (of the original size) (abl.) ← *quārtus* 'FOURTH'〗
quar·tus /kwɔ́ətəs | kwɔ́ːt-/ adj. 《英》第 4 の (⇨ primus[1] 2): Smith ～. 〖□ L *quārtus* 'FOURTH'〗
quartz /kwɔ́əts | kwɔ́ːts/ n. **1** 〖鉱物〗石英 (SiO_2). ★ その透明な結晶を rock crystal (水晶)という: milky ～ 乳石英 / smoky [violet] ～ 煙[紫]水晶 (cf. amethyst 1 a). **2** =quartz glass. — adj. 水晶振動子で動く. 〖(c1631) □ (MH)G *Quarz* ← ? WSlav. *kwardy* ← Slav. *tvrd- hard: cf. Pol. *twardy*〗
quártz clóck n. =quartz-crystal clock.
quártz crýstal n. 〖電子工学〗水晶振動子. 〖1802〗
quártz-crýstal clòck n. 水晶時計《水晶発振器を内蔵した高精度の電子時計; quartz clock ともいう》. 〖1959〗
quártz glàss n. 石英ガラス (⇨ vitreous silica). 〖1903〗
quártz-hálogen làmp n. 〖光学〗=quartz-iodine lamp.
quartz·if·er·ous /kwɔətsɪ́f(ə)rəs | kwɔː-/ adj. 石英を含有する[から成る]. 〖1832〗
quártz-íodine làmp n. 〖光学〗石英ヨウ素電球《タングステンの蒸発による黒化を防ぐため, ヨウ素を封入した石英バルブをもつタングステン繊条の白熱電球; quartz-halogen lamp ともいう》.
quartz·ite /kwɔ́ətsaɪt | kwɔ́ː-/ n. 〖岩石〗石英岩, 珪岩(けいがん). **quartz·it·ic** /kwɔətsɪ́tɪk | kwɔːtsɪ́t-/ adj. 〖1849〗
quártz làmp n. 石英(水銀)灯《石英ガラスを用いた水銀灯》. 〖1933〗
quartz·ose /kwɔ́ətsoʊs | kwɔ́ːtsəʊs/ adj. 石英を含む[から成る, に似た]. 〖1757〗
quartz·ous /kwɔ́ətsəs | kwɔ́ː-/ adj. =quartzose.
quártz plàte n. 〖電気〗(圧電現象を呈する)水晶板.
quártz sànd n. 〖地質〗石英砂, 珪砂.
quártz wàtch n. クォーツ(式)時計 (cf. quartz-crystal clock). 〖1974〗
qua·sar /kwéɪzɑə, -sɑə | kwéɪzɑː(r), -sɑː(r)/ n. 〖天文〗準星, クエーサー (⇨ quasi-stellar radio source). 〖(1964) ← *quas(i-stell)ar (object)*〗
quash[1] /kwɑ́(ː)ʃ, kwɔ́(ː)ʃ | kwɔ́ʃ/ vt. 〖法律〗取り消す, 破棄する, 廃棄する, 無効にする (annul): ～ a former law 以前の法律を廃止する / ～ an election 選挙を無効にする / ～ an indictment 〈裁判所が〉公訴を却下する. 〖(a1338) *quasse(n)* □ OF *quasser* (F *casser*) to break, annul < L *quassāre* to shake violently (freq.) ← *quatere* to shake: ↓と同一語: 語義は LL *cassāre* to annul (← L *cassus* void) の影響〗
quash[2] /kwɑ́(ː)ʃ, kwɔ́(ː)ʃ | kwɔ́ʃ/ vt. **1** 抑える, 静める, 鎮圧する (suppress, subdue): ～ a row at a meeting 集会の騒ぎを抑える. **2** 強く打ち砕く. **～·er** n. 〖(c1250): ↑と同一語〗
Qua·shi /kwɑ́ːʃi/ n. (also **Qua·shie** /～/) 《カリブ》ぱっとしない黒人農民. 〖← Twi〗
qua·si /kwéɪsaɪ, -zaɪ, kwɑ́ːzi | kwéɪzaɪ, kwɑ́ː-, -saɪ/ adv. **1 a** [通例, 複合語の第 1 構成要素として] ある意味で, ある程度, 幾分か, ほとんど; 準…: a *quasi*-sovereign state 準[半]独立国. **b** 《まれ》[説明を導いて] いわば; すなわち (略 q., qu.): Earls of Wilbraham /wɪ́lbriəm/, ～ Wild boar ham ウィルブリアムすなわち「いのししのしり肉」伯爵 / He was ～ a dictator. 彼はいわば独裁者だった. **2** 〖音楽〗おおよそ, …のように: allegro ～ vivace ヴィヴァーチェに近い[の効果をもつ]アレグロ. — adj. [しばしば複合語の第 1 構成要素として] 類似の; 擬似…, 準…: a *quasi*-parish 準聖堂区 / a ～ war [argument] 準戦争[論議]. 〖(1485) □ L *quasi* (縮約) ← *quānsei ← *quām* as, as much as+*sei*, *sī* if (← IE *swo- so)〗
quàsi-cóntract n. 〖法律〗準契約《法が不当利得を防止する目的で特定人の間に作り出す契約関係; 未成年者に生活必需品を給付した者の代金請求権, 保証人の主債務者に対する求償権など; contract quasi, implied contract ともいう》. 〖1727–41〗
quàsi-crýstal n. 準結晶《一定の合金を融液から急冷して得られる構造; 結晶と非結晶の中間的構造をなす》.
quàsi-judícial adj. 〖法律〗**1** 準司法的な《司法行為的な性質はあっても実際は行政官が行う》. **2** 準裁判官的査問[取調べ]能力のある. **～·ly** adv. 〖1836〗
quàsi-législative adj. 準立法的な(機能をもつ). 〖1934〗
Qua·si·mo·do[1] /kwɑ̀ːzɪmóʊdoʊ, -sɪ- | kwɑ̀ːzɪmə́ʊdəʊ, kwɔ̀z-, kwæ̀z-/ n. =Low Sunday. 〖(1847) ← L *quasi modo genitī infāntēs* as newborn babes (Low Sunday の入祭文: cf. *1 Pet.* 2:2)〗
Qua·si·mo·do[2] /kwɑ̀ːzɪmóʊdoʊ, -sɪ- | kwɑ̀ːzɪmə́ʊdəʊ, kwɔ̀z-, kwæ̀z-/ n. 〖サーフィン〗ボードの上でしゃがんで前かがみになり, 腕をまっすぐ前後に伸ばした姿勢. 〖(1962) ← *Quasimodo* (V. Hugo の *Notre-Dame de Paris* に登場する鐘つき男): ボード上の姿勢の類似から〗
Qua·si·mo·do /kwɑ̀ːzɪmóʊdoʊ, -sɪ- | kwɑ̀ːzɪmə́ʊdəʊ, kwɔ̀z-, kwæ̀z-; *It.* kwazíːmodo/, **Sal·va·to·re** /salvatóːre/ n. クワジーモド (1901–68; イタリアの詩人; Nobel 文学賞 (1959)).
quàsi-párticle n. 〖物理〗準粒子《物質中であたかも(素)粒子のようにふるまう複合粒子, または集団運動のモードに伴う量子》. 〖1957〗
quàsi-públic adj. (私的所有・管理であっても)準公共的な: a ～ corporation. 〖1888〗
quàsi-quotátion n. 〖論理〗準引用《命題変項間の結合でなく, 命題変項を対象とした名辞間の結合を与えるようなメタ言語 (meta-language) としての表記法で, 通常の引用符 (' ') でなく, 「 」で表される》. 〖1867〗
quàsi rént n. 〖経済〗準地代《機械などの生産手段が生む所得から, それの使用に要する費用を差し引いた残高》.
quási-stèllar óbject n. 〖天文〗準星 (略 QSO). 〖1964〗
quási-stèllar rádio sòurce n. 〖天文〗準(恒)星(状)電波源《quasi-stellar object のうち電波が観測されたもの; quasar ともいう》. 〖1963〗
quàs·qui·centénnial /kwɑ̀(ː)skwɪ- | kwɔ̀s-/ n., adj. 百二十五年祭(の). 〖← L *qua(drans)* quarter+(SE)SQUICENTENNIAL〗
quass /kvɑ́ːs/ n. =kvass.
quas·sia /kwɑ́(ː)ʃə, -ʃiə | kwɔ́ʃ-/ n. **1** 〖植物〗南米産ニガキ科アメリカニガキ属 (*Quassia*) またはニガキ属 (*Picrasma*) で枝に苦味のある植物の総称《ジャマイカニガキ (*P. excelsa*), ギアナ産のクアッシア (*Q. amara*) など》. **2** ジャマイカニガキやクアッシアの木《家具に使われる》. **3** 〖化学・薬学〗(quassia から採る)苦味液《強壮剤・駆虫剤》. 〖(1765) ← NL ～: 1730 年ごろその薬効を発見した Surinam の黒人奴隷の名 *Graman Quassi* (=grand man Quassi) にちなんで Linnaeus が命名した (1761) もの〗
quat /kwɑ́(ː)t | kwɔ́t/ n. 《廃》吹き出もの; [若者に対して軽蔑的に]にきび野郎. 〖(1579) ← ?〗
quat. 《略》〖処方〗L. quattuor (=four).
qua·ter- /kwɑ́(ː)tə, kwéɪtə | kwǽtə, kwɔ́tə/ 〖化学〗「四倍」の意の連結形. 〖□ L ～ ← *quater* four times ← IE *kʷetwer- 'FOUR': cf. L *quattuor* 'FOUR'〗
quà·ter·centénary /kwɑ̀(ː)tə-, kwèɪtə- | kwæ̀tə-, kwɔ̀tə-/ n., adj. 四百年祭(の). 〖(1883) ← L *quater* (↑)+CENTENARY〗
qua·ter·nar·y /kwɑ́(ː)tənèri, kwətə́ːnəri | kwətə́ːnəri, kwɔ-/ adj. **1** 4 要素[部分]から成る; 四つ組の, 四つずつの: the ～ number 〖数学〗四変数《Pythagoras のいう 1+2+3+4 から成る 10 という神秘数》. **2** 〖化学〗4 元素[四基]から成る: ～ compounds 第四(級)化合物. **3** [Q-] 〖地質〗第四紀[系]の: the *Quaternary* period [system] 第四紀[系]. **4** 〖冶金〗〈合金が〉四元の. — n. **1** 4 の数; 4 個[部]一組のもの. **2** [the Q-] 〖地質〗第四紀《地質時代の最後期で, 現代を含む時代; cf. tertiary 1》. **3** =quaternary ammonium compound. 〖(a1398) □ L *quaternārius* of four each ← *quaternī* four together ← *quattuor* 'FOUR': ⇨ quater-, -ary〗
quáternary ammónium cómpound n. 〖化学〗第四級アンモニウム化合物 ($R_4N·OH$). 〖1934〗
qua·ter·nate /kwɑ́(ː)tənèɪt, kwətə́ːnɪt | kwətə́ːnɪt/ adj. 〖植物〗〈葉が〉4 枚から成る[に並んだ]. 〖(1753) ← L *quatern(i)* (⇨ quaternary)+-ATE[2]〗
qua·ter·ni·on /kwətə́ːniən, kwɑ(ː)- | kwətə́ː-/ n. **1** 四つ組; 4 人組: four ～s of soldiers 4 人一組なる 4 組の兵卒 (cf. *Acts* 12:4). **2** 〖数学〗**a** 四元数《アイルランドの数学者 Sir William Rowan Hamilton (1805–65) の考案したもので四つの単位(実数 1 および, i, j, k) から成る; その全体は可換 (commutative) でない体 (field) をつくる》. **b** [*pl.*] 四元法算法. **3** 〖製本〗四判丁《四紙葉を二折にして, 一つの折丁としたもの》. 〖(c1384) □ LL *quaterniō(n-)* sum of four numbers ← L *quaternī* (↑)〗
qua·ter·ni·ty /kwətə́ːnəti, kwɑ(ː)- | kwətə́ːnɪti/ n. **1** 四つ[4 人]一組, 4 個[人]組. **2** [the Q-] 〖神学〗四位一体 (cf. Trinity 1). 〖(1529) □ LL *quaternitātem*: ⇨ quaternary, -ity〗
Quath·lam·ba /kwɑːtlɑ́ːmbə; *Zulu* kwatɬáːmba/ n. =Drakensberg.
qua·tor·zain /kətɔ́əzeɪn, kæ- | -tɔ́ː-/ n. 〖詩学〗十四行詩《特に, sonnet に似ているが多少異なる詩型についていう》. 〖(1583) □ (M)F *quatorzaine* a group of fourteen, (OF) a period of fourteen days ← *quatorze* (↓)〗
qua·torze /kətɔ́əz, kæ- | kətɔ́ːz; F. katɔʀz/ n. (*pl.* **qua·torz·es** /～ɪz; F. ～/) 〖トランプ〗(piquet で)カトルズ《10 以上の同位札 4 枚ぞろいで役点 14 を与えられる》. 〖(1701) □ (O)F ～ 'fourteen' < L *quattuordecim* ← *quattuor* 'FOUR'+*decem* 'TEN'〗
qua·torze juil·let /kətɔ́əzʒwiːjéɪ, kæ- | kətɔ́ːz-; F. katɔʀzʒɥijɛ/, **le** /l/ F. n. フランスの革命記念日《7 月 14 日; ⇨ Bastille Day》. ★ 日本では通例「パリ祭」と呼ぶ. 〖(1934) □ F ～ 'the fourteenth of July'〗
qua·train /kwɑ́(ː)treɪn, ─́ | kwɔ́treɪn, -trən/ n. 〖詩学〗四行連句《連続した 4 行から成る連 (stanza); 通例 a b a b の押韻形式をとる; cf. rhyme royal, Spenserian stanza》. 〖(1582) □ F ～ ← *quatre* four: ⇨ ↓, -an〗
qua·tre /kɑ́ːtə | kǽtrə; F. katʀ/ n. **1** 4 (four). **2** (トランプの) 4 の札; (さいの目の) 4. 〖(a1550) □ F ～ < L *quattuor* 'FOUR'〗
Qua·tre Bras /kɑ́ːtrəbrɑ́ː; F. katʀəbʀa/ n. カトルブラ《ベルギー南西部, Brussels 市付近の村; Waterloo の前哨(ぜんしょう)戦跡地 (1815)》.
qua·tre·foil /kǽtəfɔ̀ɪl, kǽtrə- | kǽtrə-, kǽtə-/ n. **1** (クローバーなどの)四つ葉. **2 a** (ゴシック式花形装飾の)四弁 (cf. foil[1] 5). **b** 〖建築〗四つ葉飾り (⇨ tracery 挿絵). **3** 〖紋章〗四つ葉 (cf. cinquefoil). 〖(c1420) *quaterfoyle* □ AF *quatrefoil four leaves: ⇨ quatre, foil[2]〗
quat·tro·cen·tist /kwɑ̀ːtroʊtʃéntɪst | kwæ̀trə(ʊ)tʃéntɪst, kwɔ̀trə(ʊ)-/ n. (*pl.* ～**s**, **-cen·ti·sti** /-tʃentíːstiː, -tís-/) 15 世紀の(イタリアの)美術家[文学者]; 15 世紀(イタリア)美術[文学]研究者. 〖(1855): ⇨ ↓, -ist〗
quat·tro·cen·to, Q- /kwɑ̀ːtroʊtʃéntoʊ | kwæ̀trə(ʊ)tʃéntəʊ; *It.* kwattrotʃɛ́nto/ n. (*pl.* ～**s**) 15 世紀(風)《特に, イタリアの美術・文学についていう; cf. trecento》. 〖(1854) □ It. ～ 'four hundred' (略) ← *mil quattro cento* one thousand four hundred ← *quattro* (< L *quattuor* 'FOUR')+*cento* (< L *centum* 'HUNDRED')〗
quat·tu·or·de·cil·lion /kwɑ̀(ː)tuɔədɪsɪ́ljən, -liən | kwɔ̀tuɔːdɪ-/ n. 10^{45}; 《英古》10^{84} (⇨ million 表). — adj. quattuordecillion の. 〖(1903) ← L *quattuordecim* fourteen+(M)ILLION: ⇨ quatorze〗
qua·ver /kwéɪvə | -və(r)/ vi. **1** 震動する (vibrate); 〈声が〉震える (tremble). **2** 《まれ》声を震わす, 震え声を出す, 震え声で言う[歌う], 楽器で震音を出す. — vt. 震え声で歌う[言う]: ～ a song, notes, etc. / ～ (out) a few words 震え声で二言, 三言口に出す. — n. **1** (声などの)震え; 震え声, 震え調子. **2** 《英》〖音楽〗八分音符 (eighth note). **～·er** /-vərə | -rə(r)/ n. 〖v.: (1430–40) (freq.) ← ME *quave(n)*, *cwauie(n)* to shake < ? OE *cwafian ← Gmc *kwabb- (cf. LG *quabbeln* to shake like jelly) ← IE *gʷēbh- wobbly: cf. quake. — n.: (?a1439) ← (v.)〗
quá·ver·ing /-v(ə)rɪŋ/ adj. 震え声で言う[歌う], 声を震わした. **～·ly** adv. 〖1552〗
quáver rèst n. 《英》〖音楽〗8 分休止符. 〖1728〗
qua·ver·y /kwéɪv(ə)ri/ adj. 震え声の, 震音の (tremulous). 〖1519〗
quay /kíː/ n. (通例, 石またはコンクリート造りの)波止場, 桟橋, 埠頭(ふとう), 岸壁 (wharf). 〖(1696) *kay* < ME *kei* □ OF *cai*, *kai* □ Gaul. *caio* circumvallation ← IE *kagh- to enclose (OE *haga* 'HEDGE': 今の形 *qu-* は F *quai* から)〗
quay·age /kíːɪdʒ/ n. **1** 埠頭使用料, 埠頭税. **2** [集合的] 埠頭 (quays). **3** 波止場用地. 〖1756〗
quáy·sìde n. 波止場のある[近くの]土地.
Que. 《略》Quebec.
quean /kwíːn/ n. **1 a** 売春婦 (prostitute). **b** 《古》あばずれ女, はすっぱ女 (jade, hussy). **2 a** 《スコット》女性; (特に)若い[未婚の]女性. **b** 《英方言》少女. **3** =queen 5a. 〖OE *cwene* woman, female serf (cf. *cwēn* 'QUEEN') < Gmc *kwenōn (OS *cwena* / OHG *quena*) ← IE *gʷenā woman〗
quea·sy /kwíːzi/ adj. (**quea·si·er**; **-si·est**) **1 a** 〈食物などが〉吐き気を催させる, 胸を悪くする, むかつかせる (nauseating). **b** 〈胃・人が〉食物を受けつけない, 消化力の弱い, むかつく, むかむかする. **2 a** 〈心など〉落ち着かない, 不安な, 不快な (uneasy, uncomfortable); 不安定な (unsettled). **b** 《古》気難しい, 機嫌のとりにくい (fastidious); 小心な (squeamish). **3** 《廃》やっかいな (troublous); 危険な (hazardous). **quéa·si·ly** /-zɪli/ adv. **quéa·si·ness** n. 〖(1459) *coisy* ← ?: cf. OF *cois(s)ier* to hurt / ON *kveisa* whitlow〗
Que·bec /kwɪbék, kɪ-; F. kebɛk/ n. ケベック: **1** カナダ東部の州; 面積 1,540,680 km^2; 旧名 Lower Canada; 略 Que. **2** 同州の州都, St. Lawrence 川下流の港市; Quebec City ともいう. **3** 文字 q を表す通信コード. 〖□ N-Am.-Ind. (Algonquian) *kabek* (原義) the place shut in〗
Que·béc·er /-kə | -kə(r)/ n. (also **Que·beck·er** /～/) ケベック人.
Qué·bé·cois /keɪbekwɑ́ː | kèb-, -bɪ-; F. kebekwa/ n. (*pl.* ～ /～(z); F. ～/) (also **Que·be·cois** /～/) ケベック人, (特に)(フランス語を母語とする)フランス語系ケベック人 (Quebecer, Quebecker ともいう). — adj. ケベック(人)の. 〖1873〗
que·bra·cho /keɪbrɑ́ːtʃoʊ, kɪ- | -tʃəʊ; *Am.Sp.* keβrátʃo/ n. (*pl.* ～**s** /～z; *Am.Sp.* ～s/) 〖植物〗**1** シロケブラコ (*Aspidosperma quebracho*)《南米産のキョウチク

トウ科の植物; 樹皮は薬用). **2 a** アカケブラコ (*Schinopsis lorentzii*) 《南米産のウルシ科の高木; その樹皮の皮なめし・染料用》. **b** アカケブラコ材[樹皮]. 〘(1881) ◻ Am.-Sp. ～ ← Sp. *quiebrahacha* 《原義》 ax-breaker ← *quebrar* to break (< L *crepāre* to burst)＋*hacha* ax (◻ (O)F *hache*): この木の材質の硬さにちなんだ命名〙

Quech·ua /kétʃwɑː, -tʃwə, -tʃuə | -tʃuə, -tʃwə; *Am. Sp.* kétʃwa/ *n.* (*pl.* ～, ～**s**) **1 a** [the ～(s)] ケチュア族 《ペルー・ボリビア・エクアドルなどのケチュア語を常用語とする南米インディアン》. **b** ケチュア族の人. **2** ケチュア語 《もと Cuzco, Peru などの南米インディアンが用いた現地語; インカ帝国の征服によって普及した》. 〘(1840) ◻ Sp. ～ ◻ Quechua *kkechúwa* 《原義》 plunderer〙

Quech·uan /kétʃwən, -tʃuən | -tʃuən, -tʃwən/ *adj.* ケチュア語 (Quechua) の[に関する]. **—** *n.* (*pl.* ～, ～**s**) ＝Quechua. 〘1843〙

Quech·u·ma·ran /kètʃuməráːn; *Am.Sp.* ketʃu-máɾa/ *n.* ケチュマラ語族 《ケチュア (Quechua), アイマラ (Aymara) 語族を含む南米インディアン語族》. 〘← QUECHU(A)＋(Ay)*mara*: ⇨ -an¹〙

queen /kwíːn/ *n.* **1** (国の主権者としての)女王, 女帝 (queen regnant): Victoria, *Queen* of England 英国女王ビクトリア / *Queen* Elizabeth II 女王エリザベス二世. **2** (国王 (king) の妻としての)王妃, 皇后 (queen consort). **3 a** (神話・伝説上の)女神: the ～ of night 夜の女王, 月の女神 / the ～ of heaven 天の女王; 月 / the ～ of love 愛の女神 / the ～ of Glory [Grace, Heaven, Paradise]＝Virgin Mary. **b** 崇拝する女性; (愛する)妻, 恋人: You are my ～. あなたは私の女王だ. **4 a** (美しさ・権勢・地位などでの)一流の女性; 花形, 名花, (…の)女王: a ～ of beauty 美の女王 / a ～ of [in] society 社交界の花形. **b** 美人, (特に) ＝beauty queen. **c** (特定の土地・地域などで女王にたとえられる)最も優れたもの[場所]: the rose, ～ of flowers 花の女王のバラ / Great Britain, ～ of the seas 海の女王である英国. **5** 《俗》 **a** (同性愛で)女役をする男. **b** いかす女(の子): an elderly ～ 年増美人. **6** [the Q-] 《英》 英国国歌 (God Save the Queen) (cf. king 5). **7** 《空軍俗》 (無線操縦機 (drone) を操る)親飛行機, 母機. **8 a** 〖昆虫〗 (ミツバチ・アリ・シロアリなどの)女王: ⇨ queen bee [wasp]. **b** 〖獣医〗 繁殖適齢期の雌ネコ. **9** 〖トランプ〗 クイーン (普通 ace, king に次いで第 3 位のカード): the ～ of clubs, diamonds, etc. **10** 〖チェス〗 クイーン (略 Q). **11** 〖海事〗 ＝queen staysail.

quéen of héarts [the —] (1) ハートのクイーン. (2) 美人.

quéen of púddings 〖料理〗 パン粉・牛乳などを合わせてパイ皿で焼き, 果物やジャムを載せ, さらにメレンゲをかぶせて焼き目をつけたプディング.

Quéen of Scóts スコットランドの女王 《"Mary, Queen of Scots" の形で; Mary Stuart のこと》.

Quéen of Shéba 〖聖書〗 ⇨ Sheba 1 b.

quéen of (the) Máy 5 月の女王 (⇨ May queen).

quéen of the méadow 〖植物〗 セイヨウナツユキソウ (*Filipendula ulmaria*) 《ヨーロッパ・アジア西部・モンゴル産の白い花をつけるバラ科の多年草; 湿った草地に群生する》.

quéen of the práirie 〖植物〗 バラ科のキョウガノコの類の植物 (*Filipendula rubra*).

— *vi.* **1** 女王として君臨する. **2** 〖チェス〗 〈pawn が〉クイーンになる. **—** *vt.* **1** 女王[王妃]にする. **2** 〈国を〉女王として支配する. **3** 《口語》 [～ it として] 女王らしくふるまう; 女王然とふるまう 〔*over*〕. **4** 〖チェス〗 〈ポーンを〉クイーンにする.

〘n.: OE *cwēn* wife of a king < Gmc **kwæniz* (OS *quān* / ON *kvæn* / Goth. *qēns* woman, wife) < IE **gʷenā* (Gk *gunḗ* woman, wife / Skt *jani* wife): cf. quean. — v.: (1610–11) ← (n.)〙

Queen, El·ler·y /éləri/ *n.* クイーン 《米国の探偵小説家 Frederic Dannay /dǽneɪ/ (1905–82) といとこの Manfred B. Lee (1905–71) とが合作のときに用いる筆名; Barnaby Ross の筆名もある》.

Quèen Ánne *n.* アン女王 《英国の女王; ⇨ Anne²》: ～ is dead. 《諺》 それは陳腐な話だ. **—** *adj.* [限定的] 〖建築・家具〗 アン女王様式の (⇨ Queen Anne style). 〘n: (1840). — adj.: (1863)〙

Quèen Ánne's Bóunty *n.* 〖英史〗 **1** アン女王基金, アン女王御下賜金制度 《英国国教会の貧困牧師の俸給を増すためにアン女王の下賜金をもとに 1703 年に始められたもの; 略 QAB; cf. Church Commissioners》. **2** アン女王基金を管理・運営する事務所や委員会. 〘1707〙

Quèen Ánne's láce *n.* (*pl.* ～) 〖植物〗 ＝wild carrot. 〘1895〙

Quèen Ánne stýle *n.* 〖建築・家具〗 アン女王様式 《18 世紀の建築・家具などの様式; 建築では, 古典主義様式で赤れんがを使用した簡素なもので, 特に住宅に適した様式; 1870 年代に英米で盛んに復興された; 家具では, 象眼や曲線を使った様式で cabriole が一つの特色》. 〘1878〙

Quèen Ánne's Wár *n.* アン女王戦争 《1702–13; スペイン継承戦争 (War of the Spanish Succession) の一環として英国とフランス・スペインが北米・西インド諸島で行った戦争》.

quéen ánt *n.* 女王アリ.

quéen bée *n.* **1** 女王バチ. **2** グループで指導的立場に立つ女性. 〘1609〙

quéen bèe jélly *n.* ＝royal jelly.

Queen·bor·ough in Shep·pey /kwíːnbə̀ː-rouɪnʃépi, -b(ə)rə- | -b(ə)rə-/ *n.* クイーン バラ イン シェピイ 《イングランド南東部, Kent 州にある町》.

quéen-càke *n.* 《英》 クイーンケーキ 《干しぶどう入りの小さいハート形の菓子》. 〘1769〙

Quèen Chárlotte Íslands *n. pl.* [the ～] クイーンシャーロット諸島 《カナダ British Columbia 州, 西海岸沖にある諸島; 面積 9,596 km²》.

quéen clòser [clòsure] *n.* 〖石工〗 縦割れんが, 羊羹(ようかん) 《れんがを縦に半截したもの; cf. king closer》. 〘1842–59〙

quéen cónsort *n.* (*pl.* **queens c-**) (国王の妻としての)女王, 王妃; 皇后 (⇨ queen 1; cf. king consort). 〘1765〙

quéen-cùp *n.* 〖植物〗 北米産のユリ科のツバメオモト属の植物 (*Clintonia uniflora*).

quéen·dom /-dəm/ *n.* **1** 女王国 (cf. kingdom). **2** ＝queenhood. 〘(1606) ← QUEEN＋-DOM; kingdom からの類推〙

quéen dówager *n.* 皇太后. 〘1622〙

Quèen Elízabeth Íslands *n. pl.* クイーンエリザベス諸島 《カナダ北部の諸島; Northwest Territories の一部; 総面積約 390,000 km²》.

quéen·fìsh *n.* 〖魚類〗 **1** ニベ科の小魚 (*Seriphus politus*). **2** ＝wahoo³. **3** アケカツオ属 (*Chorinemus*) の魚の総称. 〘1883〙

quéen·hòod *n.* 女王の身分[地位, 威厳, 在位期間]. 〘1859〙

queen·ie /kwíːni/ *n.* 《俗》 ＝queen 5 a. 〘← QUEEN (n.) 5 a: ⇨ -ie〙

Queen·ie /kwíːni/ *n.* クイーニー 《女性名》. 〘← QUEEN＋-IE〙

quéen jélly *n.* ＝royal jelly.

quéen·less *adj.* 女王なしの; 〈ミツバチが〉女王バチのいない. 〘1858〙

quéen·lìke *adj.* 女王のような. 〘1612〙

quéen·li·ness *n.* 女王らしさ, 女王にふわさしいこと. 〘1863〙

queen·ly /kwíːnli/ *adj.* (**queen·li·er**; **-li·est**) **1 a** 女王にふさわしい, 女王らしい, 女王然とした: ～ dignity 女王らしい威厳. **b** 威厳のある, 堂々とした (majestic, stately): a ～ palace 立派な邸宅 / live in ～ splendor 豪奢な生活をする. **2** 女王の, 女王所属の: the ～ office [rank] 女王の職務[地位]. **3** 《俗》 ホモを思わせる, ホモ特有の. **—** *adv.* (**more** ～, **most** ～; **queen·li·er**; **-li·est**) 《古》 女王らしく[にふさわしく]; 女王のように. 〘(*c*1450) ← QUEEN＋-LY¹·²〙

Quèen Máb /-mǽb/ *n.* 〖英国伝説〗 クイーンマブ 《夢を支配するという妖精(ようせい)の女王; Shakespeare, Jonson, Drayton, Milton などの作品に出る; cf. Shak., *Romeo* 1. 4. 54–94》.

Quèen Máud Lánd *n.* クイーンモードランド 《南極大陸, アフリカ南方の海岸地帯; ノルウェーが領有を主張》.

Quèen Máud Ránge *n.* [the ～] クイーンモード山脈 《南極大陸の Ross Ice Shelf 南方にある山脈》.

quéen móther *n.* **1** (現国王または女王の母である)皇太后 (cf. queen dowager). **2** (王子または王女のある)現女王. 〘1577〙

quéen òlive *n.* 〖植物〗 クイーンオリーブ 《スペインの Seville 地方を中心に産する果実が特に大きくて塩漬けなどに適するオリーブ》. 〘1911〙

quéen pàlm *n.* 〖植物〗 ジョオウヤシ, ギリバヤシ (*Arecastrum romanzoffianum*) 《ブラジル原産で, 庭園用・温室内の観葉植物として栽培されるシュロ科の植物》.

quéen pòst *n.* 〖建築〗 クイーンポスト, 対束(ついづか) (cf. king post). 〘1823〙

quéen pòst trúss *n.* 〖建築〗 ＝queen truss.

quéen régent *n.* (*pl.* **queens r-**) **1** 摂政女王. **2** 《まれ》 ＝queen regnant. 〘1765〙

quéen régnant *n.* (*pl.* **queens r-**) (一国の君主としての)女王. 〘1639〙

Queens /kwíːnz/ *n.* クイーンズ 《New York 市の東部, Long Island 西部にある区; 面積 280 km²》. 〘← *Queen* (*Catherine*) (英国王 Charles 二世の王妃): ⇨ -s² 2〙

Quéen's Awárd *n.* 《英》 クイーンズ賞 《英国の企業・研究機関・産業関連団体のすぐれた功績に対して与えられる賞; 1965 年創設; 76 年から Queen's Award for Export Achievement と Queen's Award for Technological Achievement の 2 部門となった》.

Quéen's Bénch *n.* [the ～] ⇨ King's Bench.

Quéens·ber·ry rùles /kwíːnzbèri-, -b(ə)ri- | kwíːnzb(ə)ri-/ *n. pl.* [the ～] 〖ボクシング〗 ＝Marquis of Queensberry rules. 〘1895〙

Quéen's Bírthday *n.* (英国の)女王誕生日 (Elizabeth 二世の誕生日 (4 月 21 日); ただし公的祝日としての Queen's Official Birthday は 6 月で, 女王の閲兵分列式 (trooping the colour) が行われる; ⇨ King's Birthday).

quéen's bíshop *n.* 〖チェス〗 queenside のビショップ. 〘1562〙

Quéen's bóunty *n.* ⇨ King's bounty.

Quéen's Chámpion *n.* [the ～] ⇨ King's Champion.

Quéen's Cóllege *n.* クイーンズカレッジ 《Oxford 大学の学寮の一つ; 創立 1340 年》. 〘*c*1447〙

Quéens' Cóllege *n.* クイーンズカレッジ 《Cambridge 大学の学寮の一つ; 創立 1448 年》.

Quéen's Cólour, q- c- *n.* ⇨ King's Colour.

Quéen's Cóunsel *n.* ⇨ King's Counsel.

Quéen's Cóunty *n.* クイーンズカウンティー 《Laois の旧名》.

quéen's crápe mỳrtle *n.* 〖植物〗 オオバナサルスベリ, ジャワザクラ (*Lagerstroemia speciosa*) 《熱帯アジア原産のミソハギ科の落葉高木; 桃色または紫色の花は遠くから見るとマントを着たように美しい》.

Quéen's Énglish *n.* [the ～] 純正[標準]のイギリス英語 (⇨ king's English): speak *the* ～ 《英》 上流階級の(ような)英語を正確に話す.

quéen's évidence, Q- e- *n.* ⇨ king's evidence.

quéen's-flówer *n.* 〖植物〗 ＝queen's crape myrtle.

Quéen's Guíde *n.* 《英》 最上級試験に合格したガールガイド (girl guide). 〘1968〙

quéen's híghway, Q- h- *n.* ⇨ king's highway.

quéen·shìp *n.* **1** ＝queenhood. **2** ＝queenliness.

quéen·sìde *n.* 〖チェス〗 白から見て左半分のチェス盤. 〘1897〙

quéen-sìze *adj.* **1** 《口語》 (「並」, 「特大」に対して) 「大」の, 大型の, 準特大の (cf. king-size). **2 a** 〈ベッドが〉クイーンサイズの 《横 60 インチ縦 80 インチの大きさの; cf. full-size 3, king-size 2, twin-size》. **b** クイーンサイズのベッドに合う大きさの: a ～ bedspread. 〘1959〙

quéen's knìght *n.* 〖チェス〗 queenside のナイト.

quéen's knìght's páwn *n.* 〖チェス〗 白から見て左から 2 番目の行のポーン.

Queensl. 《略》 Queensland.

Queens·land /kwíːnzlænd, -lənd | -lənd, -lænd/ ★ 現地の発音は /-lænd/. *n.* クイーンズランド 《オーストラリア北東部の州; 面積 1,727,530 km², 州都 Brisbane》.

Quéens·lànd·er *n.* 〘1861〙

Quéensland blúe *n.* 《豪》 濃青灰色のカボチャ.

Quéensland cáne tòad *n.* 《豪》 〖動物〗 コノハヒキガエル (*Bufo marinus*).

Quéensland gróper *n.* 〖魚類〗 タマカイ (*Promicrops lanceolatus*) 《西太平洋インド洋に分布するハタ科タマカイ属の海産魚; 体長 3 m に達する》.

Quéensland lúngfish *n.* 〖魚類〗 ネオセラトダス (*Neoceratodus forsteri*) 《オーストラリア産の肺魚》.

Quéensland nút *n.* **1** 〖植物〗 クイーンズランドナッツノキ (⇨ macadamia 1). **2** ＝macadamia nut.

quéen's mètal *n.* 〖冶金〗 クイーンメタル 《ブリタニアメタル (Britannia metal) に似た合金》. 〘1839〙

quéen's páwn *n.* 〖チェス〗 白から見て左から 4 番目の行のポーン.

quéen's-páwn òpenings *n. pl.* [単数扱い] 〖チェス〗 クイーンの前のポーンがゲーム開始にあたって 2 目進む序盤戦形.

Quéen's Próctor *n.* ⇨ King's Proctor.

Quéen's Regulátions *n. pl* ⇨ King's Regulations.

Quéen's Remémbrancer *n.* ⇨ King's Remembrancer.

quéen's róok *n.* 〖チェス〗 queenside のルーク.

quéen's ròok's páwn *n.* 〖チェス〗 白から見て一番左の行のポーン.

Quéen's Schólar *n.* ⇨ King's Scholar.

quéen's scóut, Q- S- *n.* ⇨ king's scout.

quéen's shílling *n.* ⇨ king's shilling.

Quéen's spéech *n.* ⇨ King's speech.

quéen stáysail *n.* 〖海事〗 クインステースル 《スクーナー型帆船でメントップマストステーに張る三角形の大きな支索帆》. 〘1944〙

Queens·town /kwíːnztàun/ *n.* クイーンズタウン 《Cóbh の旧名》.

Quéen Stréet Fàrmer *n.* 《NZ》 (しばしば節税目的で)農場を経営する実業家.

quéen sùbstance *n.* 〖昆虫〗 女王分泌物, 女王物質 《女王バチが分泌する pheromone の一種》. 〘1954〙

quéens·wàre *n.* クイーンズウェア 《1763 年に Josiah Wedgwood が発明した白色精陶器》. 〘(1767) George 三世の后にちなむ〙

quéen's wéather *n.* ⇨ king's weather. 〘1851〙

quéen trùss *n.* 〖建築〗 クイーンポストトラス, 対束(ついづか)小屋組.

quéen wásp *n.* (スズメバチ・アシナガバチなどの)女王バチ. 〘1724〙

queer /kwíə | kwíə(r)/ *adj.* (～**·er**; ～**·est**) **1 a** 奇妙な, おかしな; 変な, 風変わりな (⇨ strange SYN): a ～ look, person, thing, notion, etc. / a ～ fish 変わり者 / That's ～. そりゃ変だ / That looks [sounds] ～. それは奇妙に見える[聞こえる] / It's ～ *to* be [*that* I'm] home again after years abroad. 長年の外国暮らしの後こうして再び家に戻れたのは不思議だ. **b** 《口語》 少し頭の変な (touched): be ～ in the head 《口語》 頭が変である / He has become [gone] quite ～. 彼はすっかり変になってしまった. **c** 《古》 〔…に〕取りつかれた, 夢中になった (obsessed) 〔*for, on, about*〕. **2** 《軽蔑》 〈男が〉同性愛の (homosexual). **3 a** 《口語》 疑わしい, いかがわしい, 怪しい (doubtful, suspicious): a ～ sort of story いかがわしい話 / a ～ transaction 怪しげな[不正な]取引 / There's something ～ about him. 彼はどこか怪しいところがある. **b** 《古》 無価値の (worthless); にせの (counterfeit): ～ money. **4** 《口語》 体の調子が変な, 気分の悪い (queasy); めまいがする; のぼせ気味の (giddy, faint): feel a little ～ 少し気分が悪い; ちょっとめまいがする. **5** 《英俗》 酒に酔った (drunk).

quéer and 《アイル》 ひどく, 全く: ～ *and* cold [hot] とても寒い[暑い].

— *vt.* 《俗》 **1** だめにする, 台無しにする, ぶちこわす, めちゃくちゃにする; 危うくする, 危険にさらす (jeopardize): Stop or you'll ～ things for everybody! やめろ, さもないと皆にとって万事ぶちこわしだ / ⇨ *queer a person's* PITCH¹. **2** 〈人を〉不利[やっかい]な立場におく: He ～*ed* himself with the professor. 彼は教授の信用をなくした.

— *n.* 《俗》 **1** 《軽蔑》 **a** 同性愛の男, ホモ (homosex-

ual). **b** 変な[奇妙な]人間. **2** [the ~] にせ金.
~·ly *adv.* **~·ness** *n.* 〖adj.: (1508) *queir* ▭ ? G *quer* oblique, crosswise < OHG *twerh, dwerah* < Gmc **pwerχwaz* (⇨ thwart). — (v.: 1790; n.: 1821) ← (adj.): もと隠語·俗語〗

quéer-bàshing *n.* 《英俗》同性愛者たたき, 同性愛者(と思われる人)に対して不当な言語的[身体的]攻撃を加えること. **quéer-bàsher** *n.* 〖1970〗

queer·ish /kwíᵊrɪʃ | kwíər-/ *adj.* 少し変わった[変な, 妙な]. **~·ly** *adv.* **~·ness** *n.* 〖1747〗

Quéer Strèet, q- s- *n.* 《英口語》窮境; (特に)経済的困難. ★ 通例次の句で: in ~ 窮境に陥って; 借金に困って; 不評判で. 〖(1811) 《転訛》? ← *Carey Street* (破産宣告を行う法廷のあるロンドンの町の名; 商人が貸し倒れになりそうな顧客の名前に ? 印をつけたことから QUERY と連想されたものか〗

que·le·a /kwí:liə/ *n.* 〖鳥類〗コウヨウチョウ (*Quelea quelea*) 《アフリカ産のハタオリドリ科の鳥; 大群をなし穀物に害を与える》. 〖(1930) ← ? ML *qualea* quail〗

quell /kwél/ *vt.* **1** 〈反乱などを〉抑える, 静める, 鎮圧する, 平らげる (suppress, quench): ~ a rebellion, mutiny, etc. **2** 〈感情·恐怖心などを〉抑える, 静める, 和らげる (repress, allay): ~ one's passions, fears, etc. **3** 《まれ》殺す (kill). — *n.* 《まれ》**1** 鎮圧力, 抑える力. **2** 殺すこと, 殺戮(さつりく). **~·er** /-lə | -lə(r)/ *n.* 〖OE *cwellan* to kill < Gmc **kwaljan* to cause to die (Du. *kwellen* / G *quälen*) ← **kwal-, *kwel-* (OE *cwalu* death / *cwelan* to die) ← IE **gʷel-* to pierce: cf. kill¹〗

Quel·part /kwéłpɑət | -pɑ:t/ *n.* クエルパート《Cheju の別名》.

quel·que chose /kéłk(ə)ʃóuz | -ʃə́uz; *F.* kɛlk(ə)ʃo:z/ *n.* (*also* **quel·que·chose** /~/) ちょっとした[些細な]もの[こと]; つまらないもの[こと]. 〖(1598) ▭ F *quelque chose* something〗

Que·moy /kɪmɔ́ɪ, kem-/ *n.* 金門島《中国の南東部沿岸 24 km 沖合の小島; 中国語名 Kinmen》.

quench /kwéntʃ/ *vt.* **1 a** 〈渇を〉医する, いやす (allay, slake): ~ one's thirst 渇をいやす. **b** 〈欲望·速力·運動などを〉抑える, 抑制する, 制止する, 静める (stifle, suppress): ~ speed [eyesight] 速力[視力]を弱める / ~ desire [hatred, hope] 欲望[憎しみ, 希望]を抑える. **2** 〈火·光を〉消す, 滅する (put out, extinguish): ~ a fire, lamp, etc. / ~ a smoking flax ほの暗き灯火を消す (cf. *Isa.* 42: 3); 《転じて》将来性のある発展を中断する. **3** 〈熱·熱したものを〉冷やす, 冷却する (cool); 〈白熱した鋼鉄などを〉水に冷やす, 急冷する, 〈鋼鉄を〉焼き入れする. **4** 《俗》〈相手を〉だまらせる. **5** 〖電子工学〗〈真空中の電子流などを〉消滅させる. **6** 〖物理〗〈発光·放電を〉減少させる. — *vi.* 《廃》**1** 消える. **2** 落ち着く. **quénch·a·ble** /-tʃəbḷ/ *adj.* 〖(?*c*1175) *cwennke(n), quenche(n)* < OE **cwenċan* < Gmc **kwaŋkjan* (caus.) ← **kweŋkan* (OE *ācwincan* to vanish) ← IE **gwei∂-* to press down to die out〗

Q

quénch·er *n.* **1** 渇をいやすもの; 飲み物 (drink): a modest ~ ちょっと一杯. **2** 消す[冷やす, 制止する]人[もの]. 〖*c*1384〗

quénch·less *adj.* 抑え難い; 消すことのできない (inextinguishable). **~·ly** *adv.* 〖1557〗

Que·neau /kənóu | -nə́u; *F.* kəno/, **Raymond** *n.* クノー (1903–76; フランスの小説家·詩人·批評家; *Zazie dans le Métro*「地下鉄のザジ」(1959)).

que·nelle /kənéł | kə-; *F.* kənɛl/ *n.* クネル《forcemeat を楕円·球·円筒状にまとめ, 水または出し汁 (stock) でゆがいたもの; 一皿の料理となり, つけ合わせとしても用いる》. 〖(1845) ▭ F ~ ▭ G *Knödel* dumpling < MHG *knödel* (dim.) ← *knode* 'KNOT¹'〗

Quen·nell /kwənéł, kwénḷ | kwḷnéł, kwénḷ/, **Peter (Court·ney** /kɔ́ətni | kɔ́:t-/) *n.* ケネル (1905–93; 英国の詩人·批評家·伝記作家; *Byron: the Years of Fame* (1935)).

Quen·tin /kwéntṇ | -tɪn; *F.* kɑ̃tɛ̃/ *n.* クウェンティン: **1** 男性名. **2** 女性名. 《異形 Quenton, Quinton》. 〖▭ F ~ ▭ L *Quin(c)tiānus, Quin(c)tinus quintus* 'FIFTH'〗

Quen·ton /kwéntṇ | -tən, -tṇ/ *n.* クウェントン: **1** 男性名. **2** 女性名. 〖↑〗

quer·ce·tin /kwə́:sətṇ, -tṇ | kwə́:sɪtɪn/ *n.* 〖化学〗ケルセチン ($C_{15}H_{10}O_7$) 《フラボノイド (flavonoid) の一種; 植物に配糖体として広く存在; flavin ともいう》. **quer·cet·ic** /kwə:sétɪk, -sí:ṭ- | kwə:sét-, -sí:t-/ *adj.* 〖(1857) ← L *quercēt(um)* oak wood (← *quercus* (⇨ quercine)) +-IN²〗

Quer·cia /kwéətʃɑ: | kwéə-; *It.* kwértʃa/, **Ja·co·po del·la** /já:kopodella/ *n.* クェルチャ (1374–1438; ルネサンス初期イタリアシエナ派の彫刻家).

quer·cine /kwə́:sṇ, -saɪn | kwə́:saɪn/ *adj.* 《まれ》オーク (oak) の. 〖(1656) ▭ LL *quercinus* ← L *quercus* oak: ⇨ fir, -ine¹〗

quer·ci·tin /kwə́:sətṇ, -tṇ | kwə́:sɪtɪn/ *n.* 〖化学〗= quercetin.

quer·ci·tol /kwə́:sətɔ̀(:)ł | kwə́:sɪtɔ̀ł/ *n.* 〖化学〗クェルシット, クェルシトール ($C_6H_7(OH)_5$) 《カシの実などに含まれる環式糖アルコールの一種; acorn sugar ともいう》. 〖← QUERCET(IN)+-OL¹〗

quer·cit·ron /kwə́:sɪtrən, kwə:sítrən | kwə́:sɪtrən, ー ⌐ ー/ *n.* **1** 〖植物〗北米東部産のカシの類植物 (*Quercus velutina*) 《内樹皮は黄色染料にする》; その樹皮. **2** それから採った黄色染料. 〖(1794) 《短縮》← 《廃》*quercicitron* ← L *quercus* (⇨ quercine)+-I-+CITRON〗

Que·ré·ta·ro /kəréṭəròu, kərətɑ́:rou | -kəréɪtərə̀u; *Am.Sp.* keɾétaro/ *n.* ケレタロ: **1** メキシコ中央部の州; 面積 11,769 km². **2** 同州の州都; Maximilian 帝の処刑地 (1867).

quer·i·mo·ni·ous /kwèrəmóuniəs | -rḷmə́u-⌐/ *adj.* 《古》不平を言う (querulous). **~·ly** *adv.* **~·ness** *n.* 〖(1604) ▭ ML *querimōniōsus* ← L *querimōnia* complaint ← *queri* to complain: ⇨ quarrel¹, -ous〗

que·rist /kwíᵊrḷst | kwíərɪst/ *n.* 質問者. 〖(1633) ← QUERY+-IST〗

quern /kwə́:n | kwə́:n/ *n.* (穀類·こしょうなどをひく)ひき臼, 手ひき臼 (hand mill). 〖OE *cweorn(e)* ← Gmc **kwern-* (Du. *kweern* / OHG *quirn(a)*) ← IE **gʷer-* heavy (Skt *grāvan* stone to crush the soma)〗

quérn·stòne *n.* ひき臼の石 (millstone). 〖OE *cweornstān*〗

quer·sprung /kwéəʃprùŋ | kwéə-; *G.* kvé:ɐʃpʀʊŋ/ *n.* 〖スキー〗ストック 1 本を使って 90 度方向を変える跳躍回転. 〖▭ G *quersprung* ← *quer* transverse, diagonal +*Sprung* jump (⇨ spring)〗

quer·u·lous /kwér(j)ʊləs/ *adj.* **1** 不平[文句]を言う, 不平たらたらの (complaining), ぐちっぽい, こうるさい. **2** 気難しい, 怒りっぽい (peevish): a ~ voice. **~·ly** *adv.* **~·ness** *n.* 〖(1450) ▭ ML *querulōsus* ← L *querulus* complaining ← *queri* to complain: ⇨ -ous〗

que·ry /kwíᵊri, kwéri | kwíəri/ *n.* **1 a** (情報を求めての)問い合わせ; (不審·反対を含んだ)質問, 疑問 (question): He was prepared to suppress all *queries*. どんな質疑も押さえる覚悟でいた. **b** 疑い, 疑念 (doubt). **2** 〖電算〗クエリー, 照会. **3 a** 〖印刷〗(疑わしい語句などについて原稿·校正刷りに書き入れる)疑問符 (?). **b** 《まれ》疑問符 (question mark) 《query mark ともいう》. — *vt.* **1 a** 《米》〈人に〉聞きただす, 質問する (⇨ ask SYN). **b** …の真偽をただす, 疑う: ~ the truth 真相をただす / ~ (the accuracy of) a statement 陳述(の正確さ)をただす / I ~ very much whether [if] it is wise to act so hastily. それほど性急に行動するのが賢明かどうか疑問に思う. **2** 〖印刷〗〈語·文などに疑問符につける. — *vi.* 問いただす, 質問をする (question); 疑う. **qué·ri·er** *n.* 〖(*a*1635) ▭ L *quaere*: ⇨ quaere〗

quéry lànguage *n.* 〖電算〗照会言語《データベースから情報を取り出すための命令または手続き》.

ques. 《略》question.

que·sa·di·lla /kèɪsədí:jə, -dí:ə | -dí:jə, -ljə; *Am. Sp.* kesaðíja/ *n.* 〖料理〗ケサディーヤ《トルティーヤ (tortilla) にチーズ·タマネギ·トウガラシなどの具を包み揚げたメキシコ料理》. 〖(1944) ▭ Sp. ~〗

Ques·nay /keɪnéɪ; *F.* kɛnɛ/, **François** *n.* ケネー (1694–1774; フランスの経済学者·医師; 重農主義 (physiocracy) の創始者; *Tableau économique*「経済表」(1758)).

quest /kwést/ *n.* **1** 探索, 探求, 追求 (search, pursuit) 〈*for, of*〉: a ~ *for* gold 金捜し. **2** 捜しているもの; 目標. **3** (中世騎士の)探索[探求]の旅, (特定の物を探求する)遠征: the ~ of the Golden Fleece ⇨ Golden Fleece / the ~ of the Holy Grail ⇨ Holy Grail. **4** 《まれ》施しを求めること. **5** 〖集合的〗《廃》探索[遠征]隊. **6 a** 《廃·方言》審問, 検視 (inquest). **b** 《古》検視陪審 (jury of inquest). ***in quést of*** …を求めて: go *in* ~ *of* adventure 冒険を求めて行く. — *vi.* **1 a** 〈猟犬などが〉獲物を捜す, 獲物の跡をつける 〈*about, after, out*〉: ~ *about* [*out*] for game 獲物の跡をつけて捜し回る[出す]. **b** 獲物を追ってほえる (bay). **2** 跡をつける, 捜し回る 〈*about*〉. — *vt.* 《詩》**1** 捜す, 探索する, 追求する (pursue) 〈*out*〉. **2** 求める (demand). **~·er** *n.* **~·ing** *adj.* **~·ing·ly** *adv.* 〖n.: (*c*1303) ▭ OF *queste* (F *quête*) the act of seeking < VL **quaesitam* =L *quaesita* ← *quaerere* to ask, seek ← ?. — v.: (*c*1350) ▭ OF *quest-er* ← *queste* (n.)〗

ques·tion /kwéstʃən/ *n.* **1** 質問, 質疑, 問い: a fair ~ もっともな質問 / ~ and answer 質疑応答, 問答 / put [address, direct] a ~ to …に問いかける, 質問する / answer [reply to] a ~ 質問に答える / field [parry] ~ 質問をさばく[かわす] / Do you have any ~*s*?＝Any ~*s*? 何か質問は(ありませんか) / May I ask you a ~ *about* French? フランス語のことでお尋ねしてもよろしいですか / I won't answer hypothetical ~*s*. 仮定の質問にはお答えしません / set exam ~*s* 試験問題を出す / essay [multiple- choice, true-false] ~*s* 論文形式[多項式選択, ○×式]問題 / That's a (very) good ~! それは(とても)いい質問ですね《教室·集会などでしばしば難問に対して時間をかせぐために用いる決まり文句》/ What a ~! 何という質問だ《非難·驚きの気持ちでいう》.

2 (討論·研究などの)論点, 問題点 (issue); 問題 (problem): a burning ~ 盛んに討議されている[緊急]問題 / a difficult [thorny, vexed] ~ (政治上·社会上の)難問題 / philological [grammatical] ~*s* 言語学[文法]の問題 / an open ~ 未解決の問題 / foreign to the ~ 問題外の, 問題をそれた / beside the ~ 問題外で, 本題を外れて; 不適切な / (⇨) previous question / a ~ at issue 論争[係争]問題, 当面の問題 / raise a ~ 問題を提起する / deal with [dispose of] a ~ 問題を処理する / ~*s* of the day 今日の問題 / the Bosnian ~ ボスニア問題 / It is merely a ~ of time [luck]. それは時間[運]の問題にすぎない / It is only [just] a ~ of using your head. それはただ頭を働かせるかどうかの問題だ / That is the ~. それが問題だ (cf. Shak., *Hamlet* 3. 1. 56) / That is not the ~. それは問題ではない, 問題が違う (Shak., *Merry W* 1. 1. 220) / That's a completely different ~. それは全く別問題だ / The ~ is(,) what we can do [what to do]. 問題は我々に何ができるか[何をなすべきか]ということだ.

3 a (審議会·議会などで討議中の)議題. **b** 討論の採決提議; 採決手続き: put the ~＝put a matter to the ~ 〈議長が〉採決のため投票を要求する, 決を採る.

4 a 疑問, 疑義 (inquiry, investigation): The ~ remains whether …かどうかという問題[疑問]は依然として残る / ⇨ *make no* QUESTION *of*. **b** 異議 (doubt), 反論 (objection); 疑問[反論]の余地: be open to ~ 疑問[議論]の余地がある / There is no ~ *about* [*of*] his guilt.＝There is no ~ *that* he is guilty.＝His guilty is *beyond* ~. 彼の罪状には疑問の余地なし / There is no ~ (*but*) that he was involved in this affair. 彼がこの事件に関係があったことには疑いはない. **c** [否定構文で] 可能性 (possibility, chance): There is *no* ~ *of* escape. 絶対に逃れられない / There is *little* ~ *of* failure. 失敗するようなことはまずない / There was *no* ~ *of* saving him. 彼を救うのは不可能だった.

5 〖法律〗**a** 係争問題, 案件. **b** 尋問: a leading ~ 誘導尋問. **c** [通例 the ~] 《廃》拷問 (torture): put a person to *the* ~ 人を拷問にかける.

6 〖文法〗疑問文[節]: an indirect [oblique] ~ 間接疑問文 / ⇨ rhetorical question.

(and) nó quéstions àsked 異議なく, 無条件で: We'll refund your money with *no* ~*s asked*. お金は無条件で払い戻します. ***ánswer (the quéstion)*** 〖馬術·競馬〗〈馬が〉(騎手のラストスパートの)要請に応じる. ***ásk the quéstion*** 〖馬術·競馬〗〈騎手が〉〈馬に〉ラストスパートをかけさせる. ***bég the quéstion*** (1) 論証すべきことを前提として扱う, 論点を先取りする (⇨ petitio principii). (2) 論点を(巧みに)かわす. (1581) ***beyònd (áll) quéstion*** 疑いもなく, 確かに, きっと, もちろん. ***brìng … into quéstion*** …を問題にする, 議論の対象にする. ***càll in (to) quéstion*** ⇨ call *v.* 成句. ***còme into quéstion*** 問題になる, 議論される. ***in quéstion*** (1) 審議[論争]中の; 問題の, 該…, 当…: the person [matter] *in* ~ 当人[本件]. (2) 問題にされて, 疑われて: Your qualifications for the job are not *in* ~. その仕事に対する君の資格は問題ない. ***màke nó quéstion of [but that]*** …を問題にしない, 疑わない, 容認する: She *made no* ~ *of* it. それを(信じて)疑わなかった / He *made no* ~ *but that* she was reliable. 彼女は信頼できる人だと信じて疑わなかった. ***òut of quéstion*** 《古》疑いもなく, 確かに (unquestionably). ***òut of the quéstion*** (1) (不可能で)問題にならない. (2) (実際問題として)論じるに足りない. (3) 不可能な (impossible). ***póp the quéstion*** 《俗》(女に)結婚を申し込む[プロポーズする]. (1725) ***Quéstion!*** (公の集会などで) (1) (弁士の脱線を注意して)問題外, 本題に返れ, 本筋に戻れ. (2) (疑問または不賛成を表して)異議あり. ***withòut quéstion*** 問題なく, 文句なく, 疑いもなく.

quéstion of fáct 〖法律〗＝FACT in issue.
quéstion of láw 〖法律〗＝ISSUE of law.

— *vt.* **1 a** 〈人に〉質問する, 問う (⇨ ask SYN): ~ him *about* [*as to, concerning*] the reason for his absence 欠席の理由について質問する. **b** 尋問する: ~ a witness closely [in detail] 証人を詳細に尋問する. **2** …に疑いをはさむ, 疑問を起こす, 異論を唱える, 疑う; 議論する, 論争する, 問題にする (dispute, doubt): ~ a person's honesty [accuracy] 人の正直さ[正確さ]を疑う / I ~ whether you are being entirely honest. 君が本当に正直に話しているかどうか疑問だ / It cannot be ~*ed* (but) that …に疑いをはさむことはできない, …は確かだ / I ~ your right to do that. 君にそれをする権利があるかどうか疑問だ. **3** 〈自然現象·書物などを〉探究する, 研究する (study): ~ the stars [the Scriptures] 星[聖書]を研究する. — *vi.* 質問をする; 問う, 尋ねる; 疑いをなく.

〖n.: (*a*1200) *questiun* ▭ AF=(O)F *question* ▭ L *quaestiō(n-)* inquiry ← *quaerere* (↑). — v.: (*a*1470) ▭ (O)F *questionner* ← (n.): ⇨ -ion〗

ques·tion·a·ble /kwéstʃənəbḷ/ *adj.* **1** 〈真実性など〉問題である, 疑わしい, 疑問である, 不審な (uncertain) (⇨ doubtful SYN): a ~ statement 疑わしい陳述 / It is ~ whether it is true. 真実かどうかは怪しい. **2** (正直さ·礼儀·分別などに)問題のある, いかがわしい, 不審な (dubious): ~ conduct どうかと思われる[いかがわしい]行為 / a ~ privilege いかがわしい[曖昧な]特権. **3** 《廃》質問される; 質問を誘う. **~·ness** *n.* **quès·tion·a·bíl·i·ty** /-nəbíləṭi | -lḷti/ *n.* 〖1590〗

qués·tion·a·bly /-bli/ *adv.* 疑わしく (doubtfully); いかがわしく (dubiously): He is ~ honest. 彼は正直かどうか怪しい. 〖1859〗

ques·tion·ar·y /kwéstʃənèri | -tʃənəri/ *n.* 質問集; (特に) ＝questionnaire. — *adj.* 質問の, 疑問の (interrogative). 〖n.: (1541) ▭ ML *questiōnārium*. — adj.: (1653) ▭ LL *questiōnārius*: ⇨ question, -ary〗

qués·tion·er *n.* 質問者, 尋問者. 〖1551〗

qués·tion·ing *n.* 質問, 疑問 (interrogation). — *adj.* **1** 疑問を示す[意味する], 尋ねるような, いぶかしげな, もの問いたげな: a ~ look, glance, etc. **2** 質疑を求める, 知りたがる, せんさく好きの (inquisitive). **~·ly** *adv.* 〖1607〗

quéstion·less *adj.* **1** 《まれ》問題のない, 疑いのない, 明らかな (unquestionable). **2** 問題にしない, 不審がらない. — *adv.* 《古》問題なく, 疑いなく (undoubtedly). **~·ly** *adv.* 〖1412–20〗

quéstion màrk *n.* **1** 疑問符 (?): put a ~ at the end of a sentence 文末に疑問符をつける. **2** 疑問の点, 不確定要因: A ~ hangs over the future of the country. その国の将来については疑問がある. **3** 〖昆虫〗＝violet tip. 〖1869〗

quéstion màster *n.* 《英》〖ラジオ·テレビ〗クイズ番組の司会者 (quizmaster). 〖1946〗

ques·tion·naire /kwèstʃənέə- | -néə^r, ─ ─ ─; F. kɛstjɔnɛ:ʁ/ *n.* **1** (調査を目的として一連の質問を列記した)質問紙, 質問票, アンケート: by ～. 日英比較「アンケート」はフランス語 enquête (質問・調査)からの借用語. 英語では *questionnaire* という. **2** 〘統計〙調査表. ── *vt.* …に質問表[アンケート]を送る; アンケートで…から情報を得る. 〘(1899) □ F ～ ← *questionner* 'to QUESTION'＋-*aire* '-ARY'〙

quéstion tàg *n.* 〘文法〙＝tag question.

quéstion tìme *n.* 《英》〘議会〙質問時間《特に国会議員が政府の閣僚に質問できる時間》. 〘1852〙

ques·tor /kwéstə, kwí:stə | kwí:stə^r, kwés-, -tɔ:^r/ *n.* ＝quaestor. **ques·to·ri·al** /kwɛstɔ́:riəl/ *adj.*

～·shìp *n.* 〘*a*1387〙

quest·rist /kwéstrɪst | -rɪst/ *n.* 《Shak》探し求める人, 捜索者. 〘1604–05〙

Qué·te·let /kètəléɪ | -tə-; F. kɛtlɛ/, **Lambert Adolphe Jacques** *n.* ケトレー《1796–1874; ベルギーの数学者・天文学者; 古典的統計学の大成者》.

quetsch /kwétʃ, kvétʃ/ *n.* **1** 〘園芸〙クエッチの木《ヨーロッパ産スモモの一変種》. **2** クエッチ《アルザス (Alsace) 産のクエッチの実のブランデー》. 〘(1839) □ G *Quetsche* plum〙

Quet·ta /kwétə | -tə/ *n.* クエッタ《パキスタン中西部 Baluchistan 州の州都, 震災で半壊 (1935)》.

quet·zal /kɛtsá:l, -tsǽl | kwétsəl, kéts-, -tsl, kwɛtsǽl/ *n.* (*pl.* ～**s**, 2 では **quet·za·les** /kɛtsá:leɪs, -tsǽl- | kwɛtsá:lɛs/) **1** 〘鳥類〙ケツァール (*Pharomachrus mocino*)《中央アメリカ産の尾が非常に長くて羽の美しい鳥; グアテマラを象徴する》. **2** ケツァル《グアテマラの通貨単位; ＝100 centavos; 記号 Q Q》; 1 ケツァル紙幣. 〘(1827) □ Am.-Sp. ～ □ N-Am.-Ind. (Nahuatl) *quetzaltototl* ← *quetzalli* tail feather＋*tototl* bird〙

quetzal 1

Quetzál·co·a·tl /-kouá:tl | -kəuǽtl/ *n.* 〘メキシコ神話〙ケツァールコアートル《羽毛をもつ蛇神で, Aztec 族の文化英雄神; cf. Cholula》. 〘(1578) □ N-Am.-Ind. (Nahuatl) ～ 'plumed serpent' ← *quetzalli* (↑)＋*coatl*, *cohuatl* serpent〙

quetzales *n.* quetzal 2 の複数形.

queue /kjú:/ *n.* 《英》**1** (順番を待つ人や乗り物の)列 (⇨ line[1] SYN): a ～ for the bus バスを待つ人の列 / a ～ of cars 車の列 / in a ～ 列をなして / form a ～ 列を作る. **2** 〘電算〙待ち行列, キュー《コンピューターの中で処理を待っている項目》. **3** ＝waiting list. **4** 弁髪; おさげ. *júmp the* [*a*] *quéue* 《英》(1) 列に割り込む. (2) 順番を待たずに物を手に入れようとする.
── *vi.* **1** 〈人・車が〉列をなす[作る] 〈*up*〉. ★ 米国・カナダでは通例 line を用いる. **2** 列をなして着席する. ── *vt.* **1** 列に並ばせる. **2** 〈頭髪を〉弁髪[おさげ髪]に結ぶ. **3** 〈人〉の足跡などを追う.

quéu·er *n.* 〘(?*a*1500) □ F ～ ＜ OF *coë* ＜ L *cōdam*, *caudam* tail: cf. caudal, cue[2]〙

queue four·ché /─ fuəʃéɪ | -fuə-; F. køfuʁʃe/ *adj.* 〘紋章〙〈ライオンなど〉尾が二またに分かれた: a lion ～. 〘□ F ～ (原義) tail forked〙

quéue·ing thèory /kjú:ɪŋ-/ *n.* 〘数学〙待ち行列の理論《駅の出札口など, サービスを受ける人の行列ができるところでの, 行列の長さや待ち時間の長さなどを対象とする数学の部門》. 〘1954〙

quéue-jùmp *vi.* 《口語》**1** 列に割り込む. **2** 不正な利益を得る. **～·er** *n.* 〘1973〙

que·zal /keɪsá:l, -sǽl | kɛsá:l/ *n.* (*pl.* ～, **que·za·les** /-leɪs | -lɛs/) ＝quetzal.

Que·zal·te·nan·go /kɛsà:ltɛnǽŋgou | -gəu; *Am.Sp.* kesaltenáŋo/ *n.* ケサルテナンゴ《グアテマラ南西部, Santa Maria 火山のふもとにある都市; 商業の中心地》.

Qué·zon Cíty /kéɪsɔ(:)n-, -sɑ(:)n- | -zɔn-, -sɔn-/ *n.* ケソンシティー《フィリピンの旧首都 (1948–76); 1976 年 Metro Manila に併合》.

Que·zon y Mo·li·na /kéɪsɔ(:)ni:məlí:nə, -sɑ(:)n- | -zɔni:mɔl-, -sɔn-; *Sp.* késonimolína/, **Manuel Luis** *n.* ケソンイモリナ《1878–1944; フィリピンの愛国者・政治家; 独立前の同国初代大統領 (1935–44)》.

Qu·fu /tʃù:fú:; *Chin.* tɕʰýfù/ *n.* 曲阜(きょくふ)《中国山東省 (Shandong) 中南部西寄りの都市; 周代の魯国の都で孔子の生地》.

quib·ble /kwíbl/ *n.* **1 a** (つべこべ言う)文句, つまらぬ批判, 難癖. **b** (ささいな事を取り上げたりして大切な事をはぐらかすような)逃げ口上, 言い抜け, 屁理屈, こじつけ (equivocation). **2** 《古》だじゃれ, 地口 (pun). ── *vi.* **1 a** 揚げ足取り[あら探し]をする (cavil, carp). **b** (つまらない事で)口論する (bicker). **2** ごまかす, 言い抜ける, 逃げ口上を言う (equivocate). **3** 《古》地口を使う. **quíb·bler** /-blə, -blə | -blə^r, -bl-/ *n.* 〘n.: (1611) (dim.) ← (廃) *quib* gibe □ L *quibus* (dat. & abl. pl.) ← *quī* who, which. ── v.: (*a*1629) ← (n.)〙

quíb·bling /-blɪŋ, -bl-/ *adj.* 屁理屈の, こじつけの; 言い抜けの: ～ criticism. ── *n.* 屁理屈, こじつけ; 言い抜け. **～·ly** *adv.* 〘1628〙

Qui·be·ron /kì:bərɔ̃:(ŋ), -rɔ́:ŋ; F. kibʁɔ̃/ *n.* キブロン半島《フランス北西部, Brittany 南部にある半島; 七年戦争中の 1759 年, 近くで英仏の海戦があった》.

quiche /kí:ʃ; F. kiʃ/ *n.* キッシュ《パイ皿に敷いた生地に, ベーコン・タマネギ・チーズなどを入れて焼いた甘みのないパイの一種》: Real men don't eat ～. 真の男はキッシュなど食べない《俗にキッシュは女性の食べ物とされるのでふざけて言う》. 〘(1941) □ F ～ □ G (方言) *Küche* (dim.) ← *Kuchen* 'CAKE'〙

Qui·che /ki:tʃéɪ; *Am.Sp.* kitʃé/ *n.* (*pl.* ～, ～**s**) **1 a** [the ～(s)] キチェ族《グアテマラ南部の Maya 族の一種族》. **b** キチェ族の人. **2** キチェ語. 〘(1823) □ Sp. *Quiché* ← Am.-Ind.〙

quíche Lorráine *n.* キッシュロレーヌ《チーズとかりかりに焼いたベーコンを使ったキッシュ》. 〘1951〙

Qui·chua /kí:tʃwɑ:, -tʃwə, -tʃuə | kítʃuə, -tʃwə; *Am.Sp.* kétʃwa/ *n.* (*pl.* ～, ～**s**) ＝Quechua.

quick /kwík/ *adj.* (～**·er**, ～**·est**; **more** ～, **most** ～) **1 a** 動き[行動]の速い, 急速な (rapid, speedy, fast); すばやい (swift), ぐずつかない, すぐさまの (prompt, immediate): a ～ answer 即答 / a ～ walk 早足 / ～ work 早業 / a ～ buck＝a fast buck / ⇨ quick march / make a ～ decision 即断する / be ～ about one's work 仕事が早い / be ～ with one's hands 手が早い / be ～ on one's feet 足が早い / 《古》be ～ *of* foot 足が早い / be ～ to respond (呼べば)すぐ答える, 反応が早い / be ～ to grasp [understand, learn] のみ込み[理解]が早い / be ～ *of* apprehension 《古》理解が早い / be ～ *at* learning 物覚えが早い / Be ～ (about it)! (それを)早くやれ, 急げ / Do be ～ and get your work done. 急いで仕事をしてしまえ / Make it ～! さっさとやれ / It was followed by ～ vengeance. すぐ復讐(ふくしゅう)された / He is ～ *at* (adding up) figures. 計算が早い / This rose is a ～ grower. このバラは生長が早い / He's a ～ worker, so hire him. 彼は仕事が早いから雇いなさい / Magicians say that the hand is ～*er* than the eye. 手品師が言うには手は目よりも速い / *Quick at* meat, ～ *at* work. 《諺》早飯の人は仕事が早い. **b** 〈行動・出来事など〉急速になされる[生じる], 瞬間になされる[生じる]; すぐ終わる, 短時間内の: a ～ glance 素早い一瞥(いちべつ) / in ～ succession 矢継ぎ早に / ～ writing 早書き / a ～ lunch 急いですます昼食 (cf. quick lunch) / a ～ drink 早飲み / give her a ～ look 彼女をさっと急いで見る / a ～ victory あっという間の勝利 / There is only time for a ～ walk around. 急いで一回りしてくるだけの時間しかない / The trip will be ～*er* by car. 旅は車で行くほうがより早い. **c** 早急な, あわてた (hurried); 急ぎすぎる (overhasty): a ～ trip 急ぎの旅 / too ～ to conclude 結論づけるのを急ぎすぎる. **d** 簡単に調理できる: a ～ dinner / a ～ cup of tea. **2 a** 理解[悟り]の早い, さとい; 利口な (intelligent); 抜け目のない (smart): a ～ mind 悟りの早い頭, 機敏な精神 / a ～ student 理解の早い学生 / have ～ wits [a ～ wit] 機知がある, 頓知(とんち)がいい; 理解が早い (cf. quick-witted) / Some children are very ～. 非常に利発な子供もいる. **b** すぐ激する, 怒りっぽい; 短気な, 性急な (hasty, impatient): a ～ temper 怒りっぽい気質, 短気 / 《古》be ～ *of* temper 怒りっぽい. **c** 感知の早い, 鋭敏な, 敏感な (sensitive, acute): He has a ～ eye [ear] (for details). 彼は(細かいことに)目ざとい[耳が鋭い]. **3** [複合語の第 1 構成素として] (…の)早い, 鋭い: *quick*-eyed (＜ quick eye＋-ed), *quick*-witted (＜ quick wit＋-ed), etc. **4** 〈曲がり・カーブが〉急な (sharp): a ～ turn. **5 a** 《古》生きている (living, alive): go down ～ into hell 生きたまま地獄に落ちる (cf. *Ps.* 55:15). **b** [the ; 名詞的に; 複数扱い] 生きている人々. ★ 特に次の句で: *the* ～ and the dead 生者と死者. **c** 《英方言》生えている木から成る: a ～ hedge [fence] 生垣(いけがき) (cf. DEAD hedge, quickset). **6** 《米》〘会計〙すぐ金に換えられる, 現金化できる (liquid): ⇨ quick assets. **7** 〘鉱山〙〈鉱脈など〉鉱石を含む; 生産的な. **8 a** 《古》〈火など〉燃えさかった (fiery): the ～ flames. **b** 〈オーブンが〉熱い (hot). **9 a** 《古》妊娠している《特にもう胎動しているほどにいう; cf. quicken *vi.* 3》. **b** 《廃》活力旺盛(おうせい)な, 活動的な (busy, brisk): He is ～ with life. 生気あふれている. **10** 《古》**a** 〈水・流れが〉流れている, よどんでいない: ～ water. **b** (水を含んで)どろどろになって動いている: ～ mud.
quick with child 《古》子供を妊娠して《胎動している段階にいう; cf. 9 a》
── *adv.* (～**·er**, ～**·est**; **more** ～, **most** ～) **1** 《口語》早く, 早急に, 急いで (quickly, fast): Don't talk too ～. あまり早口でしゃべるな / Run as ～ as you can. 全速力で走れ / Please come ～. 早く来て下さい / Now then, ～(*er*)! You are too slow. さあ急げ, 君はのろすぎる / (as) ～ as lightning [thought, a wink, a flash] 電光石火のように速やかに, またたく間に. **2** [分詞形容詞の複合語の第 1 構成素として]: *quick*-flying 速く飛ぶ / *quick*-growing 速く成長する / a *quick*-firing gun 速射砲 / *quick*-acting 速く行動する / ⇨ quick-frozen.
── *n.* **1** (触ると痛い)生き身, 生身; (特に)爪下の赤むけ, 傷口に盛り上がってきた新肉: bite one's fingernails to the ～ 爪を深くかむ / probe a wound to the ～ 傷口の(触ると痛い)肉の所まで探りを入れる. **2 a** 感情[情緒]の中枢; 急所, 痛い所: The mere suspicion stung him to the ～. 疑いをかけられただけで彼はひどく気に障った / Your coldness cut me to the ～.＝I was cut to the ～ by your coldness. 君の冷淡さは実にしゃくに触った[痛切にこたえた] / He is a Cockney [poet] to the ～. 彼は根っからロンドン子[純然たる詩人]だ / It is painted to the ～. それは生き写しだ. **b** (ものの)中心, 核心 (heart): the ～ of the thing. **3** 《英》さんざしの生垣 (quickset). ── *vt.* 《古》活気づかせる (animate, invigorate)
～·ness *n.* 〘adj.: OE *cwic*(*u*) living ＜ Gmc **kwikwaz* (Du. *kwik* / G *keck* bold / ON *kvikr* alive) ← IE *g^wei- to live (L *vīvus* living / Gk *bíos* life / Skt *jīva*- alive). ── n.: OE *cwic*(*u*) ← (adj.): cf. quicken, quicksilver〙

SYN **1** 速い ⇨ fast. **2** 機敏な: **quick** 生まれつきの能力として反応がすばやい: a *quick* answer 即答. **prompt** 生まれつきまたは訓練によりすばやく反応できる: take *prompt* action 機敏に行動する. **immediate** 反応などについて時間的に間を置かないですぐさまの: She gave me an *immediate* answer. 彼女はすぐに返事をよこした. **apt** 物覚えが早い《格式ばった語》: an *apt* student 物覚えの早い学生. **ANT** sluggish, slow.

quíck-and-dírty *adj.* 《口語》[限定的]間に合わせの, やっつけ仕事の.

quíck ássets *n. pl.* 《米》〘会計〙当座資産《現金・預金および すぐ現金化できる受取手形・売掛金・一時所有の有価証券のこと; cf. current assets》. 〘1891〙

quíck·bèam *n.* 〘植物〙アメリカナナカマド (rowan tree). 〘OE〙

quíck brèad *n.* クイックブレッド《イーストを用いずに, ベーキングパウダー・重曹(じゅうそう)などの膨張剤を入れて作ったパン》. 〘1918〙

quíck-brèak swítch *n.* 〘電気〙速切りスイッチ. 〘1891〙

quíck-chánge *adj.* 〈役者など〉早変わりの: a ～ artist (寄席(よせ)などの)早変わり芸人. 〘1889〙

quíck cláy *n.* 〘地質〙クイッククレイ《スカンジナビア半島に分布する海成粘土》. 〘1901〙

quíck díve *n.* ＝crash dive.

quick·en /kwíkən/ *vt.* **1** 速める, 急がせる (hasten, accelerate): We ～*ed* our pace. 歩調を速めた. **2 a** 活気づかせる (animate); 刺激する, 奮い起こす (stimulate, arouse): ～ appetite 食欲を刺激する / ～ the imagination 想像をたくましくする. **b** …に生命を与える, 生かす, よみがえらせる (revive). **3** 《古》…に火をつける, 燃やす. **4** 〘造船〙**a** 〈曲がり部分を〉もっと鋭角に曲げる. **b** 〈傾斜を〉もっと急にする. ── *vi.* **1** 速度が増す, 速くなる: His steps ～*ed*. 彼の歩調が速くなった / The rhythm of the music ～*s*. 音楽のリズムの調子が速くなる / The pulse ～*s*. 脈が速くなる; 胸がわくわくする. **2** 元気づく, 活発になる; 生きる, よみがえる (revive): His anger ～*ed*. 彼の怒りが高ぶった. **3** 〈胎児が〉動く, 胎動を始める; 〈妊婦が〉胎動を感じる. **～·er** *n.* 〘(*a*1300) □ ON *kvikna* ∽ OE *cwician* to revive (← *cwic* 'QUICK'): ⇨ -en[1]〙

quíck·en·ing /-k(ə)nɪŋ/ *adj.* 元気にする, 元気づかせる; 生かす, よみがえらせる. ── *n.* (妊娠 18 週ごろの)胎動(期). 〘(adj.: *c*1384; n.: *c*1400)〙

quíck-fíre *adj.* **1** 急射の, 速射の: a ～ gun 速射砲. **2** 《口語》すばやい; 次から次へとたて続けに起こる. 〘1891〙

quíck fìre *n.* 〘軍事〙(移動目標に対して発見後ただちに行う)急射, 速射 (fast firing).

quíck-fìrer *n.* 速射砲 (quick-firing gun). 〘1891〙

quíck-fìring *adj.* ＝quick-fire.

quíck fíx *n.* 《口語》その場しのぎ, 応急処置.

quíck-fréeze *vt.* (**quick-froze**; **-frozen**) 〈食料品を〉(保存のために)急速冷凍する《セ氏零下 30 度くらいの温度で数時間冷凍する(送風凍結; deep-freeze ともいう)》.
── *n.* ＝quick-freezer. 〘1930〙

quíck-frèezer *n.* 急速冷凍機[装置].

quíck-fréez·ing *n.* (食料品の)急速冷凍(法). 〘1932〙

quíck-frózen *adj.* 急速冷凍した. 〘1930〙

quíck gràss *n.* 〘植物〙＝couch grass.

quick·ie /kwíki/ 《口語》*n.* **1 a** 急ごしらえ[間に合わせ]のもの. **b** 急ごしらえの安物映画 (cf. quota quickie). **c** 速成小説[本]. **2** 軽くひっかける 1 杯(の酒), 急ぎの 1 杯 (quick one). **3 a** 急いでする行為. **b** 《卑》ちょいの間の性行為. ── *adj* 急ごしらえの, 間に合わせの. 〘(1926): ⇨ -ie〙

quíck kíck *n.* 〘アメフト〙クイックキック《相手の意表をついてランニングまたはパスプレーのフォーメーションからファースト, セカンド, またはサードダウンにおいてキックすること》. 〘1940〙

quíck·lìme *n.* 生石灰 (calcium oxide). 〘(?*a*1375) (なぞり) ← L *calx viva* // F *chaux vive*〙

quíck lúnch *n.* 《米》軽食堂《軽食・サンドイッチなどの手早い調理のものを専門とする食堂》. 〘1903〙

quick·ly /kwíkli/ *adv.* **1 a** 速く, 急いで, 敏速に (rapidly): The ambulance was on the scene ～. 救急車はいち早く現場に着いた. **b** 早く, すぐ, 手早く, 早急に: What can you serve (the) most ～? (食堂などで)何がいちばん早くできますか. **2** 《古》敏感に (sensitively). 〘OE *cwiclīce* keenly: cf. ON *kvikliga*〙

quíck márch *n.* 〘軍事〙速歩行進; [号令] (速歩)行進! 〘1752〙

quíck óne *n.* 《口語》(きゅっと) 1 杯(の酒): take a ～ きゅっと 1 杯ひっかける.

quíck rátio *n.* 〘経営〙＝acid test ratio.

quíck·sànd *n.* **1 a** (海岸などの)浮砂, クイックサンド, 流砂(りゅうさ)《水で飽和した砂で, 人や動物などがその上に乗ると吸い込まれる; また浸透水の上昇流の影響を受けて粒子間の圧力を減じ, 地盤の支持力がなくなった砂》. **b** 流砂床. **2** (流砂のように)危険で油断のならない状態[事態]. **～·y** *adj.* 〘(15C) ← QUICK＋SAND: cf. Du. *kwikzand* / G *Quicksand*〙

quíck·sèt 《英》*adj.* 生垣(いけがき)の, 生垣作りの: a ～

Q

Q

hedge (さんざしの)生垣. — n. 1 (主にさんざしの)生垣. 2 [集合的にも用いて] 生垣用の木, (主に)さんざし (hawthorn). 〖(1450) ← QUICK (adj. 5)+SET〗

quíck-sétting adj. 〈セメントなど〉急速に凝結する, 急結の. 〖1837〗

quíck-síghted adj. 目の早い, 目ざとい; 眼力の鋭い. **~·ness** n. 〖1522〗

quíck·sìlver n. 1 水銀 (mercury). 2 移り気; 移り気な人[もの]. ***like quícksilver*** 《古》とても速い[速く]. — adj. 1 水銀(状)の. 2 移り気な. — vt. 〈鏡用ガラス〉に水銀と錫の合金を塗る. 〖OE *cwicseolfor* living silver (なぞり) ← L *argentum vīvum* ((neut.) ← *vīvus* living): cf. G *Quecksilber*〗

quíck·stèp n. 1 〖軍事〗速歩 《quick time に用いられる歩調》; (特に)速歩行曲. 2 〖ダンス〗クイックステップ. — vi. 〖ダンス〗クイックステップを踊る. 〖1802〗

quíck stúdy n. 《米俗》頭のいい子[生徒, 学生].

quíck-témpered adj. 怒りやすい, 短気な (irascible). 〖1830〗

quíck·thòrn n. 〖植物〗=hawthorn.

quíck tìme n. 1 速歩. 2 〖陸軍〗速歩(そくほ) 《米国では 1 分間に歩幅 30 インチで 120 歩, 英国では歩幅 33 インチで 128 歩》. 〖1802〗

quíck tríck n. 〖トランプ〗(ブリッジで)即攻札 《同種札が出されれば初回か 2 回目には必ず勝てる強い札, あるいは札の組合せ; たとえば ace, または king+queen など; cf. honor trick》. 〖1927〗

quíck·wàter n. 早瀬, 急流.

quíck-wítted adj. 機敏な, 機転のきく; 理解の早い, 頭の回転のいい (⇨ intelligent SYN). **~·ly** adv. **~·ness** n. 〖1530〗

quíck·wòrk n. 《古》〖海事〗1 建造中の船の骨組へ, とりあえず張りつける仮の外板. 2 (まれに)満載時にだけ水につかる外板部. 〖1711〗

quick·y /kwíki/ n. =quickie.

Qui·cun·que vult /kwɪnkúŋkweɪvúlt/ n. =Athanasian Creed. 〖(c1400) 《略》 □ L ~ (*salvus esse*) 'whosoever will (be saved)'〗

quid¹ /kwíd/ n. (pl. ~) 《英俗》1 ポンド 《もと 1 ポンド金貨 (sovereign)》: half a ~ 半ポンド / a couple of ~ 2 ポンド / at two ~ a week 週 2 ポンドで. ***be quids in*** 《英口語》もうかって[得をして]いる, 首尾よくやる. ***nòt the full quid*** 《豪俗》知能の低い. 〖(1688) ← ?: cf. quid pro quo〗

quid² /kwíd/ n. (かみたばこの)一かみ分: a ~ of tobacco. 〖(1727) 《異形》 ← CUD〗

Quid·de /kvídə, kwídə | -də; G. kvídə/, **Ludwig** n. クヴィッデ (1858–1941; ドイツの歴史家・平和論者; Nobel 平和賞 (1927)).

quid·di·ty /kwídəti | -dɪ̣ti/ n. 1 a (物の)本質, 実体, 実質. b 〖スコラ哲学〗通性原理 《同一種類の多くの個物に共通のものとしてみられた場合の本質; cf. haecceity》. 2 屁理屈, こじつけ, 揚足取り, 詭弁 (quibble); 重箱の隅をつつくような議論. 〖(a1398) □ ML *quidditātem* whatness ← L *quid* 'WHAT': ⇨ -ity〗

quid·nunc /kwídnʌŋk/ n. (世間話などの)聞きたがり屋; うわさ好き; 金棒引き (newsmonger); おせっかいな人 (busybody). 〖(1709) □ L *quid nunc?* what now?〗

quid pro quo /kwídproukwóu | -prəukwə́u/ n. (pl. **~s, quids pro quos**) 1 代わり, 代償(物), 相当物, 報償, 見返り (compensation, consideration): get a ~ 代償を得る / He does nothing without a ~. 報酬[見返り]なしには何もしない. 2 仕返し, しっぺ返し (tit for tat) (cf. Shak., *1 Hen VI* 5. 3. 109). 〖(1565) □ L *quid prō quō* something for something〗

qui·esce /kwaɪés, kwi- | kwi-, kwaɪ-/ vi. 《まれ》黙する, 静かになる, 静まる. 〖(1828) □ L *quiēscere* to rest, cease ← *quiēs* 'rest, peace, QUIET'〗

qui·es·cence /kwaɪésəns, kwi-, -sns | kwi-, kwaɪ-/ n. 休止, 静止 (quietness), 無活動 (inactivity): after several months of ~. 〖(a1631) □ LL *quiēscentia*: ⇨ quiescent, -ence〗

qui·és·cen·cy /-sənsi, -sn̩si/ n. =quiescence.

qui·es·cent /kwaɪésənt, kwi-, -snt | kwi-, kwaɪ-/ adj. 1 静止の, 不動の (quiet, motionless); 無活動の (inactive), 休止の. 2 〈文字が〉発音されない. 3 〖病理〗静止性の, 鎮静期の, 非活動性の, 無症状の. **~·ly** adv. 〖(1605) □ L *quiēscentem* (pres.p.) ← *quiēscere* (↓): cf. F *quiescent*〗

quiéscent tánk n. (下水の)停留槽 《汚物を一時留めて置くタンク》.

qui·et /kwáɪət/ adj. (**~·er, ~·est; more ~, most ~**) 1 a 騒がしくない; 音を立てない (⇨ still² SYN): a ~ car, footstep, voice, etc. / We have such ~ neighbors that we never hear them. 近所は静かな人たちで声を聞くことがない / He was very ~ all evening, and hardly spoke. 彼はその晩はばかに静かにしていてほとんど物も言わなかった / Be [Keep] ~!=*Quiet!* 静かに, 黙れ / Keep ~ about what you know—or else! 知っていても黙ってろ—さもないと… / *Quiet*, please, gentlemen! 皆さん, お静かに願います. b 無口な, 内気な (reticent) (⇨ silent SYN): a ~ person 無口な人. c 閑静な, 騒音に煩わされない; 静寂な, 静まりかえっている: a ~ neighborhood 閑静な地区 / Everything is ~ after 10 o'clock [battle]. 10 時[戦闘]以後はすっかり静かになる / (as) ~ as the grave 完全に沈黙した. d 表面に出さない, ひそかな (private): ~ resentment 内に秘めた恨み / I'll have a few ~ words with the person in charge. 関係者と内々に少し話をしようと思う / a ~ joke at someone else's expense 他の人をだしにしたひそかな冗談. 2 a 動かないでいる, 静かな, 穏やかな; 平和な (peaceful): a ~ sea 波の静かな海 / a ~ life 平穏な生活 / The winds are ~ now. 風はもう収まっている. b (休んで)静かにしている, 安静にしている, (動かずに)じっとしている (inactive, still): I want to be ~ after my journey. 旅行の後は静かに休養していたい / Keep ~ for a while after dinner. 食後はしばらく動かないでいなさい. c 興奮しない, 落ち着いた: a ~ conscience 安らかな[やましくない]良心 / The patient is ~*er* at last, and will have a ~ night. 患者はやっと落ち着いてきたので静かな夜を迎えるだろう. d 〈環境・生活様式など〉単調な, 変化のない, 浮かれ騒ぎのない (monotonous, uneventful): He finds life in the country too ~. 田舎の生活は単調すぎると思っている / a ~ wedding, dinner party, century, etc. 3 物静かな, 温和な (gentle): ~ fun 穏やかな戯れ / nice ~ people 物静かないい人たち. 4 静かに[ゆったり]楽しまれる, くつろいだ: a ~ evening at home 家庭で過ごすくつろいだ夜 / a ~ cup of tea くつろいだ 1 杯のお茶. 5 a 〈態度・ふるまいなど〉でしゃばらない, つつましやかな, 落ち着いた (restrained, unobtrusive): ~ manners 物静かな態度. b 〈色合・着物など〉落ち着いた, 渋い, 地味な (subdued): ~ colors [decorations] 地味な色才[装飾] / ~ styles [clothes] 地味なスタイル[衣装]. 6 引っこんだ, ひっそりした (secluded): a ~ nook. 7 〖商業〗不活発な, 活気のない (inactive): a ~ market 不活発な[取引のない, 商いが閑散な]市場 / Business [Trading] was [stayed] ~*er*. 商売[貿易]は一層取引が閑散としていた[不活発なままだった]. 8 〖天文〗〈太陽活動が〉静穏な 《黒点やフレアが少ない》.

— adv. 静かに (quietly).

— n. 1 (騒音のない)静けさ, 静寂, 閑静, 静穏 (stillness, silence); 平和, 平穏, 泰平 (peace): the ~ of the country [sky] 田舎[空]の静けさ / many years of ~ before the war 戦前の多年の平和な時代 / a period of ~ 泰平期 / A scream shattered the ~ of the night. 金切声が夜の静寂を破った. 2 a (心の)平静, 落ち着き, 安らかさ (serenity): the ~ of a contented mind 満ち足りた心の安らかさ. b 休養, 安静 (repose): rest [peace] and ~ 安息, 休息 / enjoy a few hours of ~ after exertion 働いた後, 二, 三時間静かに体を休める.

at quiet 平穏[平静]に. ***in quiet*** 静かに, 平和に: live *in* ~ 安穏に暮らす. ***on the quiet*** 目立たないで; 秘密に, ひそかに, こっそり (secretly). ★《口語》では on the q.t. [QT] と略す. (1862)

— vt. 1 a 静める, 静かにさせる. b 〈騒ぎ・疑い・恐怖などを〉和らげる, 静める (allay, silence). 2 なだめる, 慰める, 安心させる, 〈人〉の心を和らげる (soothe, console) / A few kind words ~*ed* the children (down). 親切なことばを二三かけられ子供たちの心は和らいだ. 3 〖法律〗〈権利の享有を〉完全にする.

— vi. 静まる, 静かになる, 穏やかになる, 治[収]まる, 落ち着く 〈*down*〉.

~·er /-tə | -tə(r)/ n. 〖adj.: (c1384) □ OF *quiete* // L *quiētus* calm (p.p.) ← *quiēscere* to come to rest ← *quiēs* rest ← IE **kʷei-* cozy, quiet: COY, QUIT (adj.) と三重語. — n.: (?a1300) □ L *quiēt-, quiēs*. — v.: (a1450) □ ML *quiētāre* ← L *quiētus*: cf. tranquil, while〗

qui·et·en /kwáɪətn/ v. 《英》=quiet. 〖(1828): ⇨ ↑, -en¹〗

qui·et·ism /kwáɪətɪzm | kwáɪɪ̣t-/ n. 1 無抵抗主義. 2 a 〖キリスト教〗静寂主義 《17 世紀末スペインの聖職者 Molinos が唱道し, 後に Madame Guyon と Fénelon によってフランスで起こされた一種の宗教運動; 自己沈潜と神の完全性の思索による意志の克服を目的とした》. b (精神・生活の)平和, 静けさ, 平穏. 3 無関心, 無感動 (apathy). 〖(1687) □ It. *quietismo* passiveness: ⇨ quiet (adj.), -ism〗

quí·et·ist /-tɪ̣st | -tɪst/ n. 〖キリスト教〗静寂主義者; 静寂を楽しむ人. — adj. =quietistic. 〖(1685) □ It. *quietista*: ⇨ quiet, -ist〗

qui·et·is·tic /kwàɪətístɪk | kwàɪɪ̣-⁻/ adj. 〖キリスト教〗静寂主義(者)の. 〖1850〗

qui·et·ly /kwáɪətli/ adv. 1 静かに: Please speak ~. 静かに話して下さい. 2 穏やかに, 平穏に: live ~ 平和に暮らす. 3 地味に: She was dressed ~. 彼女は地味な服装をしていた. 4 《英》ひそかに; 内密に: ~ confident ひそかに確信している.

gò quietly [通例否定文で] 黙って引き下がる.

qui·et·ness /kwáɪətnɪ̣s/ n. 1 静けさ, 静寂: the ~ of the night 夜の静けさ. 2 穏やかなこと, 平穏: the ~ of the sea 海が穏やかなこと.

qui·e·tude /kwáɪɪ̣tù:d, -tjù:d | -tjù:d/ n. 静かさ, 穏やかさ, 静穏 (tranquillity). 〖(1597) □ F *quiétude* // ML *quiētūdō* ← L *quiētus*: ⇨ quiet (adj.), -tude〗

qui·e·tus /kwaɪí:təs, -éɪt- | -təs/ n. 1 (債務の)決済, 清算. 2 (人生などの)総勘定, 死: make one's ~ 神様に年貢を納める (cf. Shak., *Hamlet* 3. 1. 74) / give a ~ to a rumor うわさの根を絶つ / get one's ~ とどめを刺される / give a person his ~ 人にとどめを刺す, 息の根を止める. 3 休養[静止, 無為]の状態. 4 活動を抑える[停止させる]もの. 5 《古》(義務からの)解除. 〖(1540) □ ML *quiētus (est)* (he is) quit (p.p.) ← *quiēscere* 'to rest, keep QUIET'〗

quiff¹ /kwíf/ n. 《英》額に垂らした巻き毛(のヘアスタイル). 〖(1890) ← ? It. *cuffia* 'COIF'〗

quiff² /kwíf/ n. (pl. **~, ~s**) 《俗》女, 娘 (girl); 浮気な[身持ちの悪い]女. 〖(1923) ← ? 《廃》*quiff* to copulate ← ?〗

quiff³ /kwíf/ n. 《米・方言》1 (たばこの)一服の煙. 2 一吹きの風, 一陣の風. 〖(1831) ← WIFF¹〗

quill¹ /kwíl/ n. 1 a (鳥の)羽 (feather); (特に)尾羽, 風切羽 《昔ペンに使った; pen feather ともいう》. b (羽の)翮(かく), 羽柄, 羽軸根(うじくこん) 《羽の軸基部の下部で中空の部分; calamus ともいう》. 2 a 羽軸製の物. b 羽ペン, 鵞(が)ペン (quill pen): drive the ~ ペンを走らせる, 書く (cf. quill-driver). c 爪揚枝(つまようじ). d 〖釣〗羽根軸を割って巻いたフライ 《quill fly ともいう》; クジャクの羽根で作ったうき. e (楽器の)爪 (plectrum). 3 (ヤマアラシ・ハリネズミなどの)針 (spine). 4 a (管状の)糸巻き (bobbin, spool); [pl.] ペンネ (penne). b (葦(あし)などの中空の茎などで作った)笛. 5 [通例 the pure ~ として] 最上のもの, 極上品. 6 (ひだ襟などの)ひだ. 7 〖薬学〗(乾燥の際, 管状にまくれた)にっけい[キナの]皮. 8 〖機械〗クイル 《別のシャフトにかぶさって回転する中空軸》. — vt. 1 針で刺す. 2 …から羽を抜く. 3 〖紡織〗a 〈レースなど〉に管状にひだをつける (cf. quilling). b 〈糸〉を糸巻きに巻く. — vi. 〖紡織〗糸を糸巻きに巻く. 〖(a1420) ← ? (M)LG *quiele* ← ?: cf. MHG *kil* / G *Kiel*〗

quill² /kwíl/ n. 《廃》(ロープなどの)一巻き.

qui·llai /kɪlái; Am.Sp. kijái/ n. 〖植物〗キラハ, セッケンボク (⇨ soapbark 1). 〖(1866) □ Am.-Sp. ~, *quillay* ← Chilean (Araucanian)〗

qui·llai·a /kiáɪə/ n. 〖植物〗=quillai.

quillái bàrk n. =soapbark 2.

quíll·bàck n. (pl. **~, ~s**) 〖魚類〗背びれの筋の一つが quill のように長く伸びているサッカー科の淡水魚の総称: a 北米産の一種 (*Carpiodes cyprinus*) (carpsucker). b 北米中・東部産の一種 (*C. verifer*) 《highfin carpsucker ともいう》. 〖1882〗

quíll-còverts n. pl. 〖鳥類〗翼翨(よくし) 《羽軸の基部をおおう羽毛》.

quíll drìve n. 〖機械〗クイル式動力伝達装置, 中空軸駆動, 中空軸式動力伝達装置. 〖1912〗

quíll-drìver n. 《古》[軽蔑的に] 文筆家 《作家・記者・著述家など》; (特に)下級の書記 (cf. drive vt. 7). 〖1760〗

quíll-drìving n. 《古》[軽蔑的に] 物書き, 文筆業. 〖1719〗

Quil·ler-Couch /kwìləkú:tʃ | -lə-/, Sir **Arthur (Thomas)** n. クウィラークーチ (1863–1944; 英国の小説家・批評家; 1912 年以降 Cambridge 大学教授; 筆名 Q; *The Oxford Book of English Verse* (1900 年編集), *Studies in Literature* (1918, '22, '29)).

quil·let /kwílɪ̣t/ n. 《英古》1 ごまかし, 逃げ口上, 言い抜け, 屁理屈 (quibble) (cf. Shak., *Hamlet* 5. 1. 100). 2 細かい区別立て: the ~ of the law 法律のせせこましさ. 〖(1533–34) 《変形》 ← ? L *quidlibet* what you please ← *quid* 'WHAT'+*libet* it pleases (one) // 《尾音消失》 ← 《廃》*quillity* 《変形》 ← QUIDDITY〗

quíll fèather n. (鳥の翼または尾にある)強くて丈夫な羽.

quíll·fìsh n. 〖魚類〗北太平洋産の小形で極めて細い, イソギンポ (blenny) の類の魚 (*Ptilichthys goodei*).

quíll flỳ n. 〖釣〗=quill¹ 2 d.

quíll·ing /-lɪŋ/ n. 1 (レース・リボンなどに)管状ひだをとること. 2 管状にひだをとったレース[リボンなど]. 〖1640〗

quil·lion /kwíljən/ n. 〈剣の〉十字鍔(つば). 〖(1884) □ F *quille* ninepin〗

quíll pèn n. 羽ペン, 鵞(が)ペン. 〖1862〗

quíll·wòrk n. クイルワーク: 1 ヤマアラシの針や鳥の羽柄 (quills) を用いた装飾工芸. 2 =quilling. 〖1843〗

quíll·wòrt n. 〖植物〗ミズニラ 《ミズニラ科ミズニラ属 (*Isoetes*) の植物の総称》.

Quil·mes /kí:lmeɪs, -mɛs; Am.Sp. kílmes/ n. キルメス 《アルゼンチン東部の都市; Buenos Aires 郊外の保養地》.

quilt /kwílt/ n. 1 キルト 《2 枚の布の間に綿・羽毛・羊毛などを芯にして刺し縫いしたベッドカバー》. 2 a キルト状[模様]のベッドの上掛け. b キルティングして作ったもの. 3 《廃》敷きぶとん, マットレス (mattress). — vt. 1 a キルト縫いにして作る, キルティングにする. b キルト模様にする. 2 〈お金・手紙などを〉衣服などの間に縫い込む. 3 〈文学作品などを〉寄せ集めて[借り物の思想で]編集する 〈*together*〉. 4 《方言》打つ, なぐる (thrash). — vi. キルトを作る; 刺し子縫いの仕事をする. **~·er** n. 〖n.: (c1300) *cowlte* □ OF *cuilte, coilte* (F *couette*) < L *culcitam* mattress, bolster. — v.: (1555) ← (n.)〗

quílt·ed adj. 1 キルトの, キルト縫いにした[で作った]; キルトに似た. 2 キルト模様の[に似た]. 3 キルトのように詰めた. 〖1533〗

quílt·ing n. 1 キルト縫い, キルティング. 2 キルト縫いの材料. 3 《米》=quilting party. 4 〖海事〗編みひも (sennit) 製のおおい. 〖1609〗

quílting pàrty [bèe] n. 《米》キルト作りの会 《女性がおしゃべりを楽しむ会; cf. bee¹ 4》. 〖1833〗

quim /kwím/ n. 《卑》(女性の)性器. 〖(a1735) 《転訛》 ← QUEEN〗

Quim·per /kæ̃(m)péə, kæm- | -pɛə(r); F. kɛ̃pɛːʁ/ n. カンペール 《フランス北西部の都市; Finistère 県の県都》.

quin /kwín/ n. 《英口語》五つ子の一人 (quintuplet); [pl.] 五つ子. 〖(1935) 略〗

quin- /kwɪn/ (母音の前にくるときの) quino- の異形.

qui·na /kí:nə; Sp. kína/ n. =cinchona. 〖(1830) □ Sp. ~ 'cinchona bark' 《略》 ← *quin(a)quina* □ Quechua *kin(a)-kina* (加重) ← *kina* bark〗

quin·a·crine /kwínəkrì:n/ n. 〖薬学〗キナクリン ($C_{23}H_{30}ClN_3O \cdot 2HCl \cdot 2H_2O$) 《マラリア予防薬; cf. Atabrine》. 〖(1934) ← QUINO-+ACR(ID)INE〗

quínacrine hydrochlóride n. 〖薬学〗=quinacrine.

quin·ál·dic ácid /kwɪnǽldɪk-/ n. 〖化学〗キナルジン酸, キノリン-2-カルボン酸 (C_9H_6NCOOH) 《黄色結晶性粉

末)．〘*quinaldic*: ← QUINO-＋ALD-＋-INE[3]＋-IC[1]〙

qui·nar·i·us /kwɪnέ[ə]riəs | -nέər-/ *n.* (*pl.* **-nar·i·i** /-riàɪ/) (古代ローマの)クイナリウス貨《銀貨または金貨; $^1/_2$ denarius に当たる》．〘(1601) □ L *quīnārius* (↓)〙

qui·na·ry /kwáɪnəri/ *adj.* **1** 5 の, 5 個[部]から成る; 五つずつの (quintuple). **2** 五進法の. — *n.* **1** 五つから成る組[グループ]. **2** 五進法. 〘(1603) □ L *quīnārius* containing or consisting of five ← *quīnī* five each ← *quinque* 'FIVE': ⇨ -ary〙

qui·nate[1] /kwáɪneɪt/ *adj.* 〘植物〙〈複葉が〉五小葉から成る. 〘(1806) ← L *quīnī* (↑)＋-ATE[2]〙

qui·nate[2] /kwáɪneɪt/ *n.* 〘化学〙キナ酸塩[エステル]《キナ酸 (quinic acid) の塩またはエステル》. 〘(1836) ← QUINO-＋-ATE[1]〙

quin·az·o·line /kw$_\text{ɪ}^\text{ɪ}$nǽzəlìːn, -l$_\text{ɪ}^\text{ɪ}$n | kwɪnǽzəlìːn, -lɪn/ *n.* 〘化学〙キナゾリン ($C_8H_6N_2$)《融点 48°C; 複素環芳香族化合物の一種》. 〘(1887) ← QUINO-＋AZOLE＋-INE[3]: cf. G *Chinazolin*〙

quince /kwíns/ *n.* **1** 〘植物〙マルメロ, カリン(花梨) (*Cydonia oblonga*)《ペルシャ原産バラ科の植物; その変種 *pyriformis* や *maliformis* などは果樹として栽培される》. **2** マルメロの実《芳香が強く, ゼリー・ジャムなどの原料になる》. 〘(*c*1325) *quynce* (pl.) ← *quyne, quine* □ OF *co(o)in* (F *coing*) < L *cotōneum, cydōneum* □ Gk *kudṓnion* (*mêlon*) quince, 《原義》(apple) of Cydonia (古代 Crete の都市)〙

quin·cen·ten·a·ry /kwɪnsenténəri, -séntənèri, -tn̩- | kwɪnsentíːn(ə)ri, -sn̩-, -tén-⁻/ *n.* 五百年祭. — *adj* 五百年祭の[に関する]. **quin·cen·ten·ni·al** /kwɪnsenténiəl, -sən-, -sn̩-⁻/ *adj., n.* 〘(1879) ← L *quin(que)* (↓)＋CENTENARY〙

quin·cunx /kwínkʌŋ(k)s/ *n.* **1 a** 五の目型, 五点形《正方形の四隅と中心に配列する》. **b** 五の目型[五点形]のもの《例えば, トランプ・さいの目などの五の目立ち》: The plantation is laid out in ～*es*. 植え込みは五の目型になっている. **2** 〘植物〙五葉排列. **3** 〘占星〙150° の隔たりを持つ星位. **quin·cun·cial** /kwɪnkʌ́nʃəl, -ʃɨl/, **quin·cun·xial** /～/ *adj.* **quin·cún·cial·ly** *adv.* 〘(1647) □ L *quincunx* five twelfths ← *quinque* 'FIVE' *uncia* 'twelfth part, OUNCE[1]': $^5/_{12}$ アス (as[2]) (またはポンド)五の目型に配列した五つのダッシュ符で示したことから〙

Quin·cy[1] /kwínzi, -si/ *n.* クインジー《米国 Massachusetts 州 Boston の南方の都市》. 〘← *Col. John Quincy* (1689–1767: この地の役人)〙

Quin·cy[2] /kwínsi/ *n.* クインシー《男性名》. 〘← (*settler from*) *Cuinchy* (フランス北部の地名) ← L *quīntus* fifth ＋Gaul. *-acos* (地名語尾)〙

Quin·cy /kwínzi, kwínsi/, **Josiah** *n.* クインジー《1744–75; 米国の独立戦争当時の愛国者》.

quin·dec·a·gon /kwɪndékəgɑ̀(ː)n | -gən/ *n.* 〘数学〙十五角形. 〘(1570) ← L *quindecim* fifteen＋(DEC)AGON〙

quin·dec·a·plet /kwɪndékəplèt/ *n.* **1** 15 ひと組. **2** 15 から成る組[グループ]のうちの 1 つ.

quin·de·cen·ni·al /kwìnd$_\text{ɪ}^\text{ɪ}$séniəl | -séniəl/ *adj.* 十五年(祭)の. — *n.* 十五年祭. 〘← L *quindecim* fifteen＋(BI)ENNIAL〙

quin·de·cil·lion /kwìndɪsíljən | -dɪsíliən, -ljən/ *n.* 10^{48}; 《英古》10^{90} (⇨ million 表). — *adj.* quindecillion の. 〘(1903) ← L *quindecim* (↑)＋(M)ILLION〙

quine /kwáɪn/ *n.* 《スコット》＝quean 2 a.

Quine /kwáɪn/, **Willard Van Orman** *n.* クワイン《1908–2000; 米国の哲学者・論理学者; *Mathematical Logic* (1940), *Word and Object* (1960)》.

qui·nel·la /kw$_\text{ɪ}^\text{ɪ}$nélə | kwɪ-/ *n.* ＝quiniela.

quin·gen·ten·a·ry /kwìndʒentέnəri, -tíːn-⁻/ *n., adj.* ＝quincentenary. 〘← L *quingentī* five hundred (⇨ quinque-, centum[1])＋(CENTE)NARY〙

Qui Nhon /kwìːnjɑ́(ː)n | -njɔ́n; *Viet.* kwīːnɲ̄ːn/ *n.* クイニョン《ベトナム南東部, 南シナ海に面する港町》.

quin·hy·drone /kwɪnháɪdroun, ⁻⁻⁻ | -drəun/ *n.* 〘化学〙キンヒドロン ($C_6H_4O_2 \cdot C_6H_4(OH)_2$)《キノンとヒドロキノンとの分子化合物》. 〘(1857) ← QUIN(INE)＋HYDR(OQUIN)ONE〙

quinhýdrone eléctrode *n.* 〘化学〙キンヒドロン電極《pH 測定用電極の一つで, キンヒドロンの飽和溶液に白金線を入れて構成する》. 〘1921〙

quín·ic ácid /kwínɪk-/ *n.* 〘化学〙 **1** キナ酸 ($C_6H_7(OH)_4COOH$). **2** ＝quininic acid. 〘(1814): ⇨ quino-, -ic[1]〙

quin·i·dine /kwínədìːn, -d$_\text{ɪ}^\text{ɪ}$n | -nɪdìːn/ *n.* 〘薬学〙キニジン ($C_{20}H_{24}N_2O_2$)《脈の調整・マラリア薬》. 〘(1836) □ F ～: ⇨ quino-, -idine〙

qui·nie·la /kiːnjélə; *Am.Sp.* kinjéla/ *n.* **1** 〘競馬・ドッグレース〙連勝複式《賭(か)けの一種で, 一, 二着をそのうちの順位は問わずに当てた者が勝つ; cf. perfecta, triple 5》. **2** 連勝複式で賭ける人. 〘(1905) □ Am.-Sp. ～ 'a game of chance'〙

qui·nine /kwáɪnaɪn, kwín- | kwíniːn, kw$_\text{ɪ}^\text{ɪ}$níːn/ *n.* **1** キニーネ剤; 塩酸[硫酸]キニーネ《マラリア特効薬》. **2** 〘化学〙キニーネ, キニン ($C_{20}H_{24}N_2O_2$)《キナ皮 (cinchona) から得られるキナアルカロイドの最重要成分; キニーネ剤に用いられる》. 〘(1826) ← Sp. *quina* 'QUINA'＋-INE[2]〙

quínine wàter *n.* キニーネ水《少量のキニーネ・レモン・ライム入りの炭酸水で, ジン・ウオツカなどを割るのに用いる; tonic ともいう》. 〘1953〙

qui·nín·ic ácid /kwaɪnínɪk-, kw$_\text{ɪ}^\text{ɪ}$- | kwaɪ-, kwɪ-/ *n.* 〘化学〙キニン酸 ($C_{11}H_9NO_3$)《キニンを酸化すると生成する》.

Quink /kwíŋk/ *n.* 〘商標〙クインク《万年筆の Parker 社製のインク》. 〘← *qu(ick drying) ink*〙

Quinn /kwín/ *n.* クイン《男性名》. 〘(dim.) ← QUENTIN〙

quín·nat sàlmon /kwínæt-/ *n.* 〘魚類〙＝king salmon. 〘(1829) ← N-Am.-Ind. (Salish) *t'kwinnat*〙

quin·o- /kwínou | -nəu/ 次の意味を表す連結形: **1** 「キナ (cinchona); キナ皮 (cinchona bark)」. **2** 「キナ酸 (quinic acid)」. **3** 「キノン (quinone); キノリン (quinoline)」. ★ 母音の前では通例 quin- になる. 〘← Sp. *quina* cinchona bark: ⇨ quinine〙

qui·noa /kíːnwɑː; *Am.Sp.* kinóa/ *n.* 〘植物〙キノア《南米アンデス山脈産のアカザ科アカザ属の植物 (*Chenopodium quinoa*); 葉をホウレンソウと同様に食用にする》. 〘(1625) □ Sp. ～ □ Quechua *quinua*〙

quin·oid /kwínɔɪd/ *n.* 〘化学〙キノイド《quinone 構造をもつ化合物》. — *adj.* ＝quinonoid. 〘(1900) ← QUINO-＋-OID〙

qui·noi·dine /kw$_\text{ɪ}^\text{ɪ}$nɔ́ɪdìːn, -d$_\text{ɪ}^\text{ɪ}$n, -dn̩ | kwɪnɔ́ɪdìːn, -dɪn/ *n.* (*also* **qui·noi·din** /-dn̩ | -dɪn/)〘薬学〙キノイディン《キニン製造のときの副産物で, キニンの安価な代用品》. 〘(1845): ⇨ ↑, -ine[3]〙

quin·ol /kwínɔ(ː)l | -nɔl/ *n.* 〘化学〙キノール (⇨ hydroquinone). 〘(1879) ← QUINO-＋-OL[1]〙

quin·o·line /kwínəlìːn, -l$_\text{ɪ}^\text{ɪ}$n, -nl̩- | -nəlìːn, -lɪn, -nl̩-/ *n.* 〘化学〙キノリン (C_9H_7N)《タールの中の成分; 液体; アルカロイド, キノリン染料の重要原料; leucoline ともいう》. 〘(1845): ⇨ ↑, -ine[3]〙

qui·none /kw$_\text{ɪ}^\text{ɪ}$nóun, kwínoun | kwɪnóun, ⁻⁻/ *n.* 〘化学〙 **1** キノン ($O=C_6H_4=O$)《*o*-, *p*- の異性体がある》. **2** キノン化合物《分子内にキノン構造をもつものの一般名》. 〘(1853) ← QUINO-＋-ONE: cf. G *Chinon*〙

quinóne dí·i·mine /-dáɪəmìːn | -dáɪ-/ *n.* 〘化学〙 **1** キノンジイミン ($HN=C_6H_4=NH$)《キノンの O2 原子を二つの ＝NH で置換したもの; 無色結晶体》. **2** キノンジイミン化合物《1 の構造を分子内にもつものの一般名; 染料にこの構造をもつものがある》. 〘*diimine*: ← DI-[1]＋IMINE〙

quinóne ímine *n.* 〘化学〙 **1** キノンイミン ($O=C_6H_4=NH$)《キノンの O1 原子を ＝NH で置換したもの; 無色結晶体》. **2** キノンイミン化合物《1 の構造をもつもの, およびキノンジイミンの一般名; 染料などにこの構造のものがある》.

qui·no·noid /kw$_\text{ɪ}^\text{ɪ}$nóunɔɪd, kwínənɔ̀ɪd | kwínənɔ̀ɪd, kwɪnə́unɔɪd/ *adj.* 〘化学〙キノン (quinone) 類似の. 〘(1878) ← QUINONE＋-OID〙

qui·nox·a·line /kw$_\text{ɪ}^\text{ɪ}$nɑ́(ː)ksəlìːn, -l$_\text{ɪ}^\text{ɪ}$n | kwɪnɔ́ksəlìːn, -lɪn/ *n.* (*also* **qui·nox·a·lin** /-l$_\text{ɪ}^\text{ɪ}$n | -lən/)〘化学〙キノキサリン ($C_8H_6N_2$)《窒素原子を含む複素環芳香族化合物の一種》. 〘(1884) ← QUINO-＋(GLY)OXAL＋-INE[3]〙

quinq. 《略》〘処方〙*L.* quinque (＝five).

quinqu- /kwínkw/ (母音の前にくるときの) quinque- の異形.

quin·qua·ge·nar·i·an /kwìnkwədʒ$_\text{ɪ}^\text{ɪ}$nέ[ə]riən, kwìŋ- | -kw$_\text{ɪ}^\text{ɪ}$dʒ$_\text{ɪ}^\text{ɪ}$néər-⁻/ *adj., n.* 50 代の(人). 〘1822〙

quin·quag·e·nar·y /kwɪnkwǽ(ː)dʒənèri, kwɪŋ- | kwɪŋkwǽdʒ$_\text{ɪ}^\text{ɪ}$nəri/ *n., adj.* 五十年祭(の) (fiftieth anniversary). 〘(*c*1384) □ L *quinquāgēnārius* fifty years old ← *quinquāgēnī* fifty each ← *quinquāginta* fifty ← QUINQUE-＋*-gintā* tens: ⇨ -ary〙

Quin·qua·ges·i·ma /kwìnkwədʒésəmə, -dʒésə-, kwìŋ- | kwìŋkw$_\text{ɪ}^\text{ɪ}$dʒés$_\text{ɪ}^\text{ɪ}$-/ *n.* 〘カトリック〙五旬節(の主日), 〘聖公会〙大斎前第一主日《四旬節 (Lent) の前の日曜日; Quinquagesima Sunday, Shrove Sunday ともいう; cf. Quadragesima, Sexagesima, Septuagesima》. 〘(*a*1387) □ ML *quinquāgēsima* (*diēs*) the fiftieth (day) (Easter の前の 50 日目の意か) ← *quinquāginta* (↑): cf. Quadragesima〙

quin·quan·gu·lar /kwɪnkwǽŋgjulə | -lə[r]/ *adj.* 《古》五角をもった, 五角(形)の (pentagonal). 〘(1653) ← L *quinquangulus* five-cornered: ⇨ ↓, angular〙

quin·que- /kwíŋkw$_\text{ɪ}^\text{ɪ}$, kwín-, -kwi/「5 (five); 五つの部分に」の意の連結形. ★ 母音の前では通例 quinqu- になる. 〘(1590) ← L *quinque* 'FIVE'〙

quìnque·centénary *n.* ＝quincentenary.

quìnque·centénnial *n., adj.* ＝quincentenary.

quin·que·foil /kwínkw$_\text{ɪ}^\text{ɪ}$fɔ̀ɪl | -kwɪ-/ *n.* 〘建築〙＝cinquefoil 2.

quìnque·fóliolate *adj.* 〘植物〙五(小)葉の, 五枚葉の. 〘(1832): ⇨ ↑, foliolate〙

quìnque·láteral *adj.* 5 面の. 〘1856–58〙

quinquennia *n.* quinquennium の複数形.

quin·quen·ni·ad /kwɪnkwéniæ̀d, kwɪŋ-/ *n.* ＝quinquennium. 〘⇨ ↓, -ad[1]〙

quin·quen·ni·al /kwɪnkwéniəl, kwɪŋ-/ *adj.* **1** 5 年目ごとの, 5 年に 1 度の. **2** 5 年(間)の, 5 年間続く: ～ valuation (財産の課税額決定のための) 5 年間評価. — *n.* **1** 5 年目ごとに起こるもの; 5 年祭, 5 周年記念. **2 a** 5 年間. **b** 5 年の在職期間. **～·ly** *adv.* 〘(*c*1460) ← L *quinquenniis* of five years (← QUINQUE-＋*annus* year)＋-AL[1]: ⇨ biennial〙

quin·quen·ni·um /kwɪnkwéniəm, kwɪŋ-/ *n.* (*pl.* **～s, -ni·a** /-niə/) 5 年の期間, 5 か年. 〘(1621) □ L ～ ← *quinquennis* (↑)〙

quìnque·pártite *adj.* **1** 5 部分に分かれた[から成る]. **2** 5 人によって構成される, 5 人の間の. 〘(1592) □ L *quinquepartītus* ← *quinque* five＋*partītus* (p.p.) ← *partīrī* to divide〙

quin·que·reme /kwínkwərìːm, kwíŋ- | -kw$_\text{ɪ}^\text{ɪ}$-/ *n.* (古代の)五段櫂(かい)ガレー船《五段櫂付きのガレー船》. 〘(1553) □ L *quinquerēmis* ← QUINQUE-＋*rēmus* oar: cf. trireme〙

quin·que·va·lent /kwìnkw$_\text{ɪ}^\text{ɪ}$véɪlənt, kwìŋ- | -kwɪ-⁻/ *adj.* 〘化学〙五価の; 五つの異なった原子価をもつ. **quìn·que·vá·lence** /-ləns/ *n.* **quìn·que·vá·len·cy** /-si/ *n.* 〘(1877)《なぞり》← G *fünfwertig*: ⇨ quinque-, -valent〙

quin·qui·na /kɪnkíːnə | -kwáɪ-/ *n.* ＝quina. 〘□ Sp. ～〙

quin·qui·va·lent /kwìnkw$_\text{ɪ}^\text{ɪ}$véɪlənt, kwìŋ- | -kwɪ-⁻/ *adj.* 〘化学〙＝quinquevalent.

quín·sied *adj.* 〘病理〙扁桃(周囲)膿瘍にかかった. 〘1855〙

quin·sy /kwínzi/ *n.* 〘病理〙扁桃(周囲)膿瘍. 〘(*c*1390) *quinesye* □ OF *quinencie* □ ML *quinancia* ← LL *cynanchē* □ Gk *kunágkhē* a form of sore throat, 《原義》dogthrottling ← *kun-, kúōn* dog＋*ágkhein* to throttle (← IE **angh-* tight)〙

quint[1] /kwínt/ *n.* 《米口語》五つ子の一人 (quintuplet); [*pl.*] 五つ子. 〘(1935) 略〙

quint[2] /kwínt, kínt | kwínt/ *n.* **1** 〘音楽〙 **a** 5 度音程《ハート, ローへなど》. **b** (オルガンで)十二度音(オクターブ＋5 度)を出す倍音ストップ. **c** (バイオリンの)E 線 (第 1 弦). **2** 《古》五分の一税. 〘((1297)) (*a*1452) □ F *quinte* < L *quintam* (fem.) 'FIFTH'〙

quint[3] /kínt, kwínt/ *n.* 〘トランプ〙(piquet で) クイント《同種札の 5 枚続き》: the ～ major [minor] ace [jack] 以下の同種札 5 枚続き.

quint. 《略》quintulicate; 〘処方〙*L.* quintus (＝fifth).

quint- /kwɪnt/ (母音の前にくるときの) quinti- の異形.

quin·ta /kíntə, kíːn- | -tə; *Sp.* kínta, *Port.* kĩtə/ *n.* ぶどう園のある田舎の大邸宅. 〘(1754) □ Sp. & Port. ～ ← L *quinta* fifth: ⇨ quint[1]〙

quin·tain[1] /kwíntn̩, -t$_\text{ɪ}^\text{ɪ}$n | -t$_\text{ɪ}^\text{ɪ}$n/ *n.* **1** (中世の馬上槍試合の)槍的(やりまと), 回転人形《的を槍で突くとその反動で分銅または棍棒がはね返ってくる回転式の的》. **2** (中世の)槍的競技. 〘(?*a*1400) *qwaintayne* □ (O)F *quintaine* □ ML *quintāna* ← L *quintāna* (*via*) the fifth (street) in a Roman camp, market place (もと軍事訓練に使われた) ← *quintānus* of the fifth in order ← *quintus* 'FIFTH'〙

quin·tain[2] /kwíntn̩, -t$_\text{ɪ}^\text{ɪ}$n | -t$_\text{ɪ}^\text{ɪ}$n/ *n.* 〘詩学〙5 行からなる連 (cf. stanza[1] 1). 〘(1589) ← QUINTI-＋*-ain* (cf. quatrain)〙

quin·tal /kwíntl̩ | -tl/ *n.* **1** クウィンタル, キンタル《メートル法の重量の単位; ＝100 kg》. **2** 《英》100 ポンド. **3** ＝hundredweight. 〘(*a*1350) □ (O)F ～ // ML *quintāle* □ Arab. *qinṭār* 'KANTAR': cf. Sp. & Port. *quintal* / It. *quintale*〙

quin·tan /kwíntn̩, -tən | -tən/ 〘医学〙*adj.* 〈熱病・おこりなど〉(当日も数えて)五日目ごとに起こる, 五日目ごとの (cf. quartan): a ～ fever 五日熱. — *n.* 五日熱. 〘(1747) □ L *quintāna* (*febris*) fifth-day (fever) ← *quintus* 'FIFTH'〙

Quin·ta·na Ro·o /kiːntáːnəróurou | kɪntɑ̀ːnəróuəu; *Am.Sp.* kintánaróo/ *n.* キンタナロー《メキシコ南東部, Yucatán 半島にある州; 面積 50,212 km²; 州都 Chetumal》.

quin·tant /kwíntn̩t, -tənt | -tnt, -tənt/ *n.* 〘海事〙五分儀《六分儀に類似しており, その弧が 72 度のもの; cf. sextant》. 〘(1684) ← QUINTI-＋(QUADR)ANT〙

quin·tar /kintáə | -tɑ́ː[r]/ *n.* (*pl.* **～, quin·dar·ka** /-dɑ́əkə | -dɑ́ː-/) ＝qintar.

quinte /kǽ(n)t, kǽnt; *F.* kɛ̃ːt/ *n.* 〘フェンシング〙キント, 第 5 の構え《8 種の受けの構えの一つ; cf. guard *n.* 6》. 〘(1707) □ F ～ 'QUINT[1]'〙

quinte·foil /kwíntfɔ̀ɪl/ *n.* 〘建築〙＝cinquefoil 2. 〘⇨ ↑, foil[1]〙

quin·ter·ni·on /kwɪntə́ːniən | -tə́ː-/ *n.* 〘製本〙五列丁《五紙葉を二折にして, 一つの折丁としたもの》. 〘(1652) ← QUINTI-＋(QUA)TERNION〙

Quintero *n.* ⇨ Álvarez Quintero.

quin·tes·sence /kwɪntésəns, -sn̩s, -sənts, -sn̩ts/ *n.* **1 a** (物質の)最も純粋なエッセンス. **b** 本体, 本質 (essence), 精髄, 真髄; 典型, 権化: the ～ of beauty [Platonism] 美[プラトン主義]の精粋[典型]. **2** 第五元《古代・中世哲学で earth, water, air, fire の四元 (four elements) 以外の究極・至高の元質で, 万象に拡充して宇宙を構成すると考えられた》. **quin·tes·sen·tial** /kwìnt$_\text{ɪ}^\text{ɪ}$sénʃəl, -ʃl⁻/ *adj.* 〘(*c*1430) □ F 《廃》*quinte essence* □ ML *quinta essentia* the fifth (＝the finest) essence or element《なぞり》← Gk *pémptē ousía*: ⇨ quint[1], essence〙

quin·tet /kwɪntét/ *n.* (*also* **quin·tette** /～/) **1** 〘音楽〙五重奏[唱]曲; 五重奏[唱](団), クインテット (cf. solo). **2 a** 5 人組, 五つぞろい. **b** 男子バスケットボールチーム. **3** 〘物理〙(スペクトルの)五重項. 〘(1811) □ F *quintette* □ It. *quintetto* (dim.) ← *quinto* a fifth part < L *quintum* fifth (↓)〙

quin·ti- /kwínt$_\text{ɪ}^\text{ɪ}$, -ti | -t$_\text{ɪ}^\text{ɪ}$, -ti/「5 番目の (fifth)」の意の連結形. ★ 母音の前では通例 quint- になる. 〘← L *quintus* 'FIFTH'〙

quin·tic /kwíntɪk | -tɪk/ 〘数学〙*adj.* 五次の. — *n.* 五次式, 五次方程式. 〘(1853): ⇨ ↑, -ic[1]〙

quin·tile /kwíntaɪl/ *n.* **1** 〘占星〙二つの星が 72° (黄道の $^1/_5$) の角度の間隔にある座相. **2** 〘統計〙五分位数《標本 (sample) の値を大きさの順に並べたとき, 最初から $^1/_5$, $^2/_5$, $^3/_5$, $^4/_5$ のところにある値の一つ; cf. median 1, quartile 2》. — *adj.* 〘占星〙quintile の. 〘(*c*1610) ← QUINTI-＋-ILE[2]〙

Quin·til·ian /kwɪntíljən, -liən | -liən/ *n.* クインティリアヌス《35?–?100; スペイン生まれのローマの修辞学者; *Institutio Oratoria*「弁論術教程」(12 巻); ラテン語名 Marcus Fabius Quintilianus /kwɪntɪ̀liéɪnəs | -lɪ-/》.

quin·til·lion /kwɪntíljən | -ljən, -liən/ *n.* 10^{18}; 《英古》 10^{30} (⇨ million 表). ― *adj.* quintillion の. 〖《1674》← QUINTI-＋(M)ILLION: BILLION の類推〗

Quin·ton /kwíntən, -tn | -tən/ *n.* クウィントン: **1** 男性名. **2** 女性名. 〖⇨ Quentin〗

quin·tu·ple /kwɪntúːpl̩, -tjúː-, -tʌ́pl̩, kwíntu- | kwíntjʊ-, kwɪntjúː-/ *adj.* **1** 5 倍の, 5 倍量[額]の, 5 重の (fivefold). **2** 5 部分からなる. **3** 〖音楽〗5 拍子の. ― *n.* 5 倍, 5 倍量[額]. ― *vt.* 5 倍にする. ― *vi.* 5 倍になる. 〖《1570》□ F ～ □ LL *quintuplex* ← L *quintus* 'FIFTH'＋*-plex* '-PLE': cf. quadruple〗

quin·tup·let /kwɪntʌ́plɪ̀t, -túːp-, -tjúːp-, kwíntu- | kwíntjʊ-, kwɪntjúː-/ *n.* **1** 5 個[5 人]一組 (cf. quintet). **2** **a** 五つ子の一人 (cf. twin). **b** [*pl.*] 五つ子. **3** 〖音楽〗5 連音(符) 《4 等分すべき音符を 5 等分したもの》. 〖《1873》: ⇨ quintuple, -et: cf. triplet〗

quin·tu·pli·cate /kwɪntúːplɪ̀kɪ̀t, -tjúː- | -tjúː-/ *adj.* **1** 5 倍した, 5 重の (fivefold). **2** 〈文書など〉5 通作成した; (一組の)第 5 通目の. ― *n.* **1** (同一物の)五つ一組中の 5 番目. **2** (文書などの) 5 通作成[複写]: in ～ 5 通に作成して. ― /kwɪntúːpləkèɪt, -tjúː- | -tjúːplɪ̀-/ *vt.* **1** 5 倍にする (quintuple). **2** 〈文書などを〉(写しを 4 通とって) 5 通作成する, 〈正本〉のほかに写しを 4 通とる.

quin·tu·pli·ca·tion /kwɪntùːpləkéɪʃən, -tjùː- | -tjùːplɪ̀-/ *n.* 〖adj.: 《1656》□ L *quintuplicātus* (p.p.) ← *quintuplicāre* ← *quintuplex* 'QUINTUPLE'. ― n.: 《1851》← (adj.)〗

quin·tus /kwíntəs | -təs/ *adj.* 《英》第 5 の (⇨ primus[1] 2): Smith ～. 〖《1883》□ ML *quintus* 'FIFTH'〗

qui·nua /kíːnwɑː; *Am.Sp.* kínwa/ *n.* 〖植物〗＝quinoa.

quinze /kǽ(n)z, kǽnz; *F.* kɛ̃ːz/ *n.* 〖トランプ〗十五 《二十一 (twenty-one) に似たゲーム; カードの合計が十五になるように集める》. 〖《1716》□ F ～ < L *quindecim* fifteen〗

quip /kwíp/ *n.* **1** **a** からかいの言葉, 皮肉[辛辣(しんらつ)]な言葉. **b** 当意即妙の言葉, 気の利いた受け答え, 警句, 軽口, しゃれ (cf. cran[2] 2 a) (⇨ joke SYN): ～s and cranks しゃれや奇想 (cf. Milton, *L'Allegro* 27). **2** 逃げ口上, 言い抜け. **3** 気まぐれな行い, 奇行; おかしなもの. ― *v.* (**quipped**; **quip·ping**) ― *vi.* 皮肉を言う, からかう 〔*at*〕. ― *vt.* 《まれ》(軽口をたたいて)からかう. 〖《1532》《逆成》←《廃》*quippy* □ ? L *quippe* forsooth, indeed ← IE *k^wo- 'WHO'〗

QUIP /kwíp/ 《略》〖電算〗query interactive processor.

quip·ster /kwípstə | -stə(r)/ *n.* 皮肉屋; 奇抜なことを言う人, 警句屋. 〖《1876》: ⇨ ↑, -ster〗

qui·pu /kíːpuː, kwíp-/ *n.* 結び縄文字, 結縄(けつじょう)文字, キープ 《古代インカ帝国で行われた記号法; 縄の種類·結び目·色合いなどの配列ぐあいで意味を表示した》. 〖《1704》□ Am.-Sp. *quipo* □ Quechua ～ 'knot'〗

quire[1] /kwáɪə | kwáɪə(r)/ *n.* **1** **a** (紙の)一帖(じょう) 《24 枚または 25 枚; cf. ream[1] 1》. **b** 四列丁 《四紙葉を二折にしたもの》. **2** 〖製本〗(製本するときの)一折り, 折丁 (gathering): in ～s 刷り本[紙]で; 〈折丁が〉未製本で, 綴じられていない. **3** 《廃》(詩などの)一折本, 小冊子. 〖《?a1200》*quayer* (古) four sheets of paper □ OF *quaier* (F *cahier*) < VL **quaternum* ← L *quaternī* four together, four each ← *quattuor* 'FOUR'〗

quire[2] /kwáɪə | kwáɪə(r)/ *n.*, *v.* 《古》＝choir.

Quir·i·nal /kwírənl̩, kwɪráɪ- | -kwír̥ɪ̀-/ *n.* [the ～] **1** **a** クイリナル[クイリナス]の丘 《ローマの七丘 (Seven Hills) の一つ》. **b** (この丘に建てられた)クイリナーレ宮殿 《イタリアの王宮》. **2** (教皇庁 (Vatican) に対して)イタリア政府. ― *adj.* **1** クイリナル (Quirinal) の. **2** クイリヌス (Quirinus) の. 〖《1851》← L (*Mōns*) *Quirīnal-is* (It. *Monte Quirinale*) '(Mountain) of Quirinus (ローマの軍神)': ⇨ ↓, -al[1]〗

Qui·ri·no /kɪríːnoʊ | -nəʊ; *Sp.* kiríno/, **El·pi·dio** /elpíðjo/ *n.* キリーノ 《1890–1956; フィリピンの政治家; 大統領 (1948–53)》.

Qui·ri·nus /kwɪ̀ráɪnəs/ *n.* 〖ローマ神話〗クイリヌス 《ローマ初期の軍神; 後には Romulus と同一視された》. 〖□ L *Quirīnus*: ↓〗

Qui·ri·tes /kwɪ̀ráɪtiːz/ *n. pl.* (古代ローマで, 軍事·政治上の資格と区別して公民としての資格で考えられた)ローマ市民. 〖□ L *Quirītēs* (pl.) ← *Quiris* Roman citizen, 《原義》inhabitant of *Curēs* (Sabine 人の町)〗

quirk /kwə́ːk | kwə́ːk/ *n.* **1** **a** 急な曲がり, ひねり, 曲げ (twist): a ～ of fate 運命の急転回[急変]. **b** (書·絵の)飾り書き (flourish). **2** 気まぐれ, 奇想, 奇癖 (caprice, peculiarity) (⇨ idiosyncrasy SYN). **3** **a** 言い逃れ, 逃げ口上 (quibble). **b** 《まれ》皮肉, しゃれ (quip). **4** 〖建築〗**a** (繰形(くりがた)の)深い溝, 散りじゃくり 《塗壁をその部分まで塗り込む V 字形の溝》. **b** (土地を区切った)一画, 区画. **5** 《Shak》発作 (fit). ― *vt.* 〖建築〗〈建物に〉深い溝をつける. 〖《1547》《古》clock[2] ← ?: cf. ON *kverk* bird's crop, craw〗

quirk·y /kwə́ːki | kwə́ː-/ *adj.* (**quirk·i·er**; **-i·est**) **1** 奇癖のある, 気まぐれな, 突拍子もない; ごまかし[言い逃れ]の多い, ずるい (tricky): ～ behavior 気まぐれなふるまい. **2** 急な曲がりのある; 急変する. **quírk·i·ly** /-kɪ̀li/ *adv.* **quírk·i·ness** *n.* 〖1806〗

quirt /kwə́ːt | kwə́ːt/ 《米》*n.* (柄の短い編み革の)乗馬むち. ― *vt.* 乗馬むちで打つ. 〖《1845》□ Mex.-Sp. *cuarta* long whip; guide mule (fem.) ← Sp. *cuarto* fourth < L *quārtum*: ⇨ quart[1]〗

quis·le /kwízl̩/ *vi.* 《口語》祖国を売る; 裏切る. **quís·ler** /-zlə, -zl̩ə | -zlə(r), -zl̩-/ *n.* 〖《逆成》↓〗

quis·ling /kwízlɪŋ/ *n.* **1** 占領軍に協力する人; 自国の内部崩壊を企てる人, 売国奴. **2** 裏切り者 (traitor). 〖《1940》← *Vidkun Quisling* (1887–1945: ノルウェーの Nazi 党首で, ドイツのノルウェー侵入 (1940) 後, 一時 Nazi の傀儡(かいらい)政府を樹立した)〗

quís·ling·ìsm /-ŋɪzm/ *n.* 売国行為, 裏切り行為. 〖1941〗

quist /kwíst/ *n.* (*pl.* ～, ～**s**) 《英方言》〖鳥類〗＝ring-dove.

quit[1] /kwít/ *v.* (～, 《英》**quit·ted**; **quit·ting**) ― *vt.* **1** **a** 〈職·地位を〉辞する, 退く: ～ a job / ～ office [the army] 地位[軍隊]を退く. **b** …から手を放す, 放す; 放棄する (⇨ relinquish SYN): ～ a house 家を手放す / ～ hold of …(から手)を放す. **c** [～ *oneself* で]《古》〔…を[から]〕免れる 〔*of*〕. **2** **a** やめる (⇨ stop SYN); あきらめる (give up): ～ work(*ing*) / ～ grumbling 不平を言うのをよす. **b** 〖電算〗〈プログラムを〉終了する. **3** 〈場所·人など〉から去る, 離れる, 立ち退く (leave) (⇨ go[1] SYN): ～ home / ～ Eton イートン校を卒業する. **4** 《詩·方言》返報[報酬]する; 返済する (requite, repay): ～ love *with* hate 愛に対して憎しみを返す / Death ～s all scores. 死は万事を帳消しにする. **5** [通例 ～ *oneself* で]《古》ふるまう, 身を処する (acquit, behave): *Quit yourself* well. 立派にふるまえ / *Quit* you like men. 男らしくふるまえ (cf. *1 Cor.* 16: 13, *1 Sam.* 4: 9). **6** 《廃》取り除く (rid). **7** 《廃》赦免する, 無罪のあかしを立てる. ― *vi.* **1** 《口語》**a** 仕事をやめる, 退職する. **b** やめる, よす; あきらめる. **c** 負けを認める. **2** 《英》〈借家人などが〉立ち退く: give [have] notice to ～ 立ち退きの催促を与える[受ける]. **3** 《古》去る. ― *n.* **1** 退職. **2** あきらめ, 弱気. ― *adj.* [叙述的]〔義務·負担·罪などを〕免れて, 免除されて, 放免されて, 許されて (clear) 〔*of*〕 (cf. quits): Now we are ～ *of* him. これで厄介払いができた / The others can go ～. 他の者は放免だ / get ～ *of* one's debts 負債を皆済する / be well ～ *of* a bad bargain 高い買物を危うく免れる / The chief was ～ *for* a ducking. 首領は頭を水中に突っ込まれる罰だけで放免された. 〖adj.: 《?a1200》*quit(te)* □ OF *quitte* □ ML *quittus* ← L *quiētus* 'QUIET' ∽ ME *quit*, *quite* □ OF *quite* □ L *quiētus*: QUIET, COY と三重語. ― v.: 《?a1200》*quitte(n)*, *quite(n)* □ (O)F *quit(t)er* □ ML *quiētāre* to quiet, release ← L *quiētus*〗

quit[2] /kwít/ *n.* 〖鳥類〗西インド諸島の燕雀目の各種の小鳥 (bananaquit (ミツドリ), grassquit (クビワスズメ) など). 〖《1847》: 擬音語?〗

qui tam /kwáɪtǽm/ *L. n.* 〖法律〗(告訴人の起こす罰金請求の)刑事的民事訴訟 《罰金は告訴人と国とで分ける; qui tam action ともいう》. 〖《1755》← L ～ 'who as well': 訴状書式の本文冒頭の語〗

quitch /kwítʃ/ *n.* 〖植物〗＝couch grass. 〖OE *cwiċe* < Gmc **kwi(k)waz* (Du. *kweek* / G *Kwecke* / Norw. *kvika*) ← IE **g^wei-* to live: cf. quick (adj.): その生命力の旺盛さからの命名か〗

quít·clàim 〖法律〗*n.* **1** (土地などに対する)権利放棄[譲渡]. **2** 権利放棄[譲渡]証書 (quitclaim deed ともいう; cf. warranty deed). ― *vt.* **1** 〈財産·土地など〉への請求権[権利]を放棄する. **2** 〈人に〉債務がないと宣言する. 〖《?a1300》*quitclayme* □ AF *quitelcame* ← *quiteclamer* to declare quit: ⇨ quit (adj.), claim〗

quítclaim dèed *n.* 〖法律〗＝quitclaim 2.

quite /kwáɪt/ *adv.* **1** 全く, 全然, すっかり, 完全に (entirely, completely): I feel ～ well. 気分はすっかりいい / It was ～ dark, so we couldn't see at all. 真っ暗だったので全然見えなかった / I was ～ by myself [～ alone]. 私は全くひとりぼっちだった / It is not ～ proper. 適当[当たり前]とは言えない / That is ～ another problem. それは全く別問題だ / It is not ～ as good as I hoped. 期待したほどよくはない / That's ～ enough, now! それでもう十分だ / *Quite* right [rightly]. よろしい; 結構です / Oh, ～.＝*Quite* (so). (賛成の返事として)全くそうだ, その通り / He is ～ a baseball player. 彼はちょっとした野球選手だ / He [She] isn't ～ a gentleman [lady, etc.]. 《英口語》あまり紳士[淑女など]とは言えない. ★ not と共に用いて部分否定を表す: I don't ～ understand. すっかりわかったわけではない / not ～ good enough 全く十分というわけではない / Not dead? not yet ～ dead? 死んではいないのか. まだ完全に息絶えたというわけではないのか (Shak., *Othello* 5. 2. 83). **2** 事実上, 実際(に) (actually, practically, indeed), ほとんど, ほぼ (almost), (いわば)…も同然: You are ～ a woman. もう一人前の女性だ / He looks ～ grown-up. もう大人と言ってもいいくらいだ / Why, you are ～ rich. だって君は結構金持ちじゃないか / He is ～ crazy about golf. 彼はゴルフ狂と言っていい. **3** 《口語》**a** 随分, 至極, 大変 (considerably): ～ a pretty girl [a good dinner] なかなか美しい娘さん[結構なごちそう] / be ～ ill 重病である / ～ a lot とてもたくさん / I am ～ tired. とても疲れた / I ～ like him. 《英》彼がとても好きだ / ⇨ *quite* TOO. **b** (どちらかと言えば)まあ, 多少は, 少しは: He was ～ polite, of course, but somehow I didn't like his manner. もちろん丁寧ではあったが, どこか態度が好きになれなかった / She sings ～ well—but I've heard better. 《英》彼女は確かに歌がうまい, もっと上手に歌うのを聞いたことがある. ★ 形容詞＋名詞を修飾する場合には通常冠詞に先行するが, 冠詞が先行することもある: It's ～ [really] an interesting development! それは全く興味深い進展だ / It's a ～ [fairly] interesting development. それはかなりおもしろい進展だ.
quite a bít ⇨ bit[2] 成句. ***quite a féw*** ⇨ few[1] *adj.*, *pron.* 成句. ***quite a little*** ⇨ little *adj.*, *pron.* 成句. ***quite something*** ⇨ something *pron.* 成句.
〖《?a1300》《副詞用法》← ME *quite* (adj.) 'paid, freed, QUIT'〗

Qui·to /kíːtoʊ | -təʊ; *Am.Sp.* kíto/ *n.* キト 《南米エクアドルの首都; 海抜 2,850 m》.

quít ràte *n.* 〖労働〗(主に自発的に退職する従業員の)退職率 《解雇率 (discharge rate), 一時的解雇率 (layoff rate) と共に離職率 (separation rate) を成す》. 〖1970〗

quít·rènt *n.* 〖法律〗免役地代 《封建時代に不動産所有者が賦役を免れるために領主に払った少額の名目的代價金》. 〖《1420–21》: ⇨ quit (adj.), rent[1]〗

quits /kwíts/ *adj.* [叙述的]《口語》(返済·報酬などによって)もともとになって, あいこで, 五分五分で: Now we are ～. これで五分五分だ / I will be ～ *with* him some day. いつかやつに報復しないではおかないぞ. ― *int.* やめた, あいこだ.
cáll it quíts 《口語》(1) ＝*call it a* DAY. (2) 〈争いなどの相手(同士)が〉引き分けにしようと言う, 争い(など)をやめる: Let's *call it* ～. (3) 《米》手を切る, 別れる; (特に)離婚する(など). ***crý quíts*** ＝*call it* QUITS (2). ***double or quits*** ⇨ double *n.* 成句. 〖《1478》《変形》← ? ML *quittus* 'QUIT'〗

quit·tal /kwítl̩ | -tl̩/ *n.* 《廃》報復 (requital). 〖《*c*1530》: ⇨ -al[3]〗

quit·tance /kwítəns, -tns | -təns, -tns/ *n.* 《古·詩》**1** 返報, 償い (requital, recompense). **2** **a** 〔負債·義務からの〕免除, 解除, 赦免 (release) 〔*from*〕: ～ *from* a debt [an obligation] 負債[義務]の免除 / Omittance is no ～. 《諺》催促なしは帳消しとは別もの (Shak., *As Y L* 3. 5. 133). **b** 受取り, 領収, 受取[領収]証 (receipt). ― *vt.* 《廃》報いる. 〖《?a1200》*quita(u)nce* □ OF *quitance* (F *quittance*) ← *quiter* 'to QUIT'〗

quít·ted tríck /-tɪ̀d- | -tɪ̀d-/ *n.* 〖トランプ〗取札 《rubber bridge などで獲得したトリックの札; 一山にまとめ裏向きにして自分の手元に置く》.

quít·ter /-tə | -tə(r)/ *n.* 《口語》(競争·義務などを)中止[放棄]する人; 臆病者 (coward). 〖《1611》← QUIT＋-ER[1]〗

quít·ting tìme /-tɪŋ- | -tɪŋ-/ *n.* 《米》終業時間.

quit·tor /kwítə | -tə(r)/ *n.* 〖獣医〗蹄軟骨瘻(ろう). 〖《*c*1300》□ OF *quiture*, *cuiture* cooking, decoction < L *coctūram* ← *coctus* (p.p.) ← *coquere* 'to COOK'〗

quiv·er[1] /kwívə | -və(r)/ *vi.* 〈人·葉·翼·声·光などが〉震える, おののく, 震動する, 揺れる (⇨ shake SYN): ～ *with* emotion [fear] 感情が高まって[恐怖のあまり]震える / ～ *in* the wind 風に揺らめく. ― *vt.* 〈鳥·蝶などが〉〈翼·翅を〉震わせる, 震動させる. ― *n.* 震え, 震動, わななき (tremble, tremor); 震え声: a ～ of an eyelid [one's lips] まぶた[唇]の震え. **～·er** /-vərə | -rə(r)/ *n.* **quív·er·y** /-vəri/ *adj.* 〖《1490》← ME *cwiver* (↓): cf. quaver, quick〗

quiv·er[2] /kwívə | -və(r)/ *n.* **1** 箙(えびら), 矢筒. **2** [集合的] 箙[矢筒]の中の矢. **3** ＝*a* QUIVER *full of children.*
a quiver full of children ＝*a* QUIVERFUL *of children.* ***have an árrow [a sháft] léft in one's quíver*** まだ手段が残されている, 余力がある, 資力は尽きていない. ***have one's quíver fúll*** 手段[資力]は十分ある.
〖《1322》□ Af *quiver*, *quiveir*＝OF *quivre*, *coivre* □ Gmc **kukur* (OE *cocer* quiver, sheath / G *Köcher*) ← ? Hunnish: cf. Mongolian *kökür* quiver〗

quiv·er[3] /kwívə | -və(r)/ *adj.* 《古》すばやい, すばしっこい (agile). 〖《?a1200》*cwiver* < OE **cwifer* (cf. *cwiferlīċe* zealously) ← ? IE **g^wei-* to live〗

quiv·er·ful /kwívəfʊ̀l | -və-/ *n.* (*pl.* **～s**, **quiv·ers·ful**) **1** 箙(えびら)[矢筒]に一杯 〔*of*〕. **2** 多数, 大勢 (lot): a ～ of birds. ***a quiverful of children*** 子沢山 (cf. *Ps.* 127: 5). 〖《1861》← QUIVER[2]＋-FUL[2]〗

quív·er·ing /-v(ə)rɪŋ/ *adj.* 震えて(いる), 振動して(いる), 揺らぐ (trembling). **～·ly** *adv.* 〖《1562》: ⇨ quiver[1], -ing[2]〗

quíver trèe *n.* 〖植物〗アロエ ディコトマ (*Aloe dichotoma*) 《高さ 10 m, 幹の直径 1 m にもなる南アフリカ原産のアロエの一種; 中空の茎を矢筒に用いた》. 〖1866〗

qui vive /kíːvíːv; *F.* kiviːv/ *F.* だれか, そこへ行くのはだれだ 《番兵の誰何(すいか)》. ***on the quí víve*** 警戒して, 見張って. 〖《1726》□ F ～ 《原義》(long) live who? (答えとして *Vive le roi!* Long live the king! を求める)〗

Quixote *n.* ⇨ Don Quixote.

quix·ot·ic /kwɪksɑ́(ː)tɪk | -sɔ́t-/ *adj.* **1** 騎士気取りの; 熱狂的空想家の; 空想的な, 非実際的な. **2** [時に Q-] ドンキホーテ流[式]の. 〖《1815》← *Don Quixote*: ⇨ -ic[1]〗

quix·ót·i·cal /-tɪ̀kəl, -kl̩ | -tɪ-/ *adj.* ＝quixotic. **～·ly** *adv.*

quix·o·tism /kwíksətìzm/ *n.* **1** [時に Q-] ドンキホーテ的性格. **2** 騎士気取りの[空想的な]考え[行為]. 〖1688〗

quix·o·try /kwíksətri/ *n.* ＝quixotism. 〖⇨ -ery〗

quiz /kwíz/ *n.* (*pl.* **quiz·zes** /～ɪ̀z/) **1** **a** 簡単な試験[テスト], 試問, 質問. **b** (テレビ·ラジオ番組の)クイズ, 質問; クイズ番組. **2** 《古》**a** いたずら屋, からかう人, 冷やかし手. **b** 変人, 変わり者. **3** 《廃》いたずら, 悪ふざけ (practical joke). ― *v.* (**quizzed**; **quiz·zing**) ― *vt.* **1** **a** 尋問する. **b** 《米·カナダ口語》簡単に試験する: ～ a class. **2** 《古》**a** 〈人·人のやり方を〉からかう, 冷やかす, 質問する. **b** 《まれ》じろじろ[物珍しげに]見る. ― *vi.* クイズを出す, 質問する. **quíz·za·ble** /-zəbl̩/ *adj.* 〖n.: 《1749》← ? (IN)QUIS(ITIVE): 18 世紀の流行俗語: cf. L *quis* who, which, what & *quid* how, why. ― v.: 《1796》← (n.)〗

quiz·ee /kwɪzíː/ *n.* 質問される人; クイズ解答者, クイズ番組参加者. 〖《1825》: ⇨ ↑, -ee[1]〗

quíz kìd *n.* 《米口語》(早熟で, 難問に容易に答えられる)天才児, 神童. 〖1941〗

quíz·màster *n.* 〖ラジオ·テレビ〗クイズ番組の司会者. 〖1889〗

quíz prògram [shòw] *n.* クイズ番組. 〖1942〗

quiz·zee /kwɪzíː/ *n.* ＝quizee.

quíz·zer *n.* **1** 質問者 (cf. quizee). **2** =quiz program. 〖1797〗

quiz·zi·cal /kwízɪkəl, -kl̩ | -zɪ-/ *adj.* **1** 尋ねるような, いぶかしげな, 不審そうな: a ～ look, glance, etc. **2** 悪ふざけする, からかう, 冷やかしの (ridiculing): a ～ smile あざ笑い, 冷笑. **3** 滑稽な, おかしい (comical); 変な, 妙な, 奇妙な (eccentric, queer). **～·ly** *adv.* **quiz·zi·cal·i·ty** /kwìzɪkǽləṭi | -zɪkǽlɪ̀ti/ *n.* 〖((1800)) ← QUIZ＋-ICAL〗

quíz·zing glàss *n.* (柄付きの)単眼鏡, 片眼鏡. 〖1802〗

Qum /kúm/ *n.* =Qom.

Qum·ran /kúmrɑːn/ *n.* クムラン《ヨルダン西部, 死海北端付近の地区; この地の谷の北側 Khirbet Qumran で死海写本 (Dead Sea Scrolls) が発見された》.

quo /kwóu | kwə́u/ *vt.* 《古》 =quoth.

quo·ad /kwóuæd | kwə́u-/ *prep.* …に関して, …について, …の限り. 〖((1742)) □ L *quōad* so far as ← L *quō* whither＋*ad* to〗

quóad hóc /-hóuk | -hɔ́k/ *L.* これについては, ここまでは, この限りでは. 〖((1601)) □ L *quōad hoc* ← *quōad* (↑)＋*hoc* ((acc.) ← *hic this*)〗

quod /kwɑ́(ː)d | kwɔ́d/ 《英俗》 *n.* 牢(ろう), 獄舎 (prison): in [out of] ～ 入獄[出獄]して. **—** *vt.* (**quod·ded**; **quod·ding**) 投獄する. 〖((*a*1700)) ← ? *quad(rangle of the prison)*〗

quód é·rat de·mon·strán·dum /-ɛ́rætdèmənstrǽndəm, -strɑ́ːn-/ *L.* 証明されるべきであったところの (略 QED). ★ 数学の定理, 問題の証明の結尾に「証明終わり」の意味で添えて使う形式. 〖□ L ～ 'which was to be demonstrated'〗

quód érat fa·ci·én·dum /-fàːkiéndum/ *L.* なされるべきであったところの (略 QEF). ★ 数学の問題の解答の結尾に,「解答終わり」の意味で添えて使う形式. 〖□ L ～ 'which was to be done'〗

quód érat in·ve·ni·én·dum /-ɪnvèniéndəm/ *L.* 見出されるべきであったところの (略 QEI). ★ 数学の問題の解答の結尾に添えて使う形式. 〖□ L ～ 'which was to be found'〗

quod·li·bet /kwɑ́(ː)dləbèt | kwɔ́dlɪ̀-/ *n.* **1 a** 微妙な論点. **b** (神学・スコラ哲学の)討論[論争]課題. **2** 《音楽》クォドリベット《二つ以上の周知の旋律を通例同時的に(時には継続的に)組み合わせた愉快な声[器]楽曲》.

quod·li·bet·i·cal /kwɑ̀(ː)dləbéṭɪkəl, -kl̩ | kwɔ̀dlɪ̀bétɪ-ˈ/ *adj.* **quòd·li·bét·i·cal·ly** *adv.* 〖((*c*1378)) □ L *quod libet* what you please ← *quod* what＋*libet* it pleases (one): cf. quillet〗

quod vi·de /kwɑ́(ː)dvídi, -víder | kwɔ́d-/ *L.* その語[項] (word, item, etc.) を見よ, …参照 (略 q.v.). ★ しばしば 'which see' と読む. 〖□ L *quod vidē* which see (← *vidē* (imper.) ← *vidēre* to see)〗

quo·hog /kwɔ́ːhɔ(ː)g, -hɑ(ː)g | -hɔg/ *n.* 《貝類》 = quahog.

quoif /kɔ́ɪf/ *n.* 《廃》 =coif.

quoin /kɔ́ɪn, kwɔ́ɪn/ *n.* **1** (壁・建物の)外角; (部屋の)隅(すみ) (corner). **2** (石れんが造りの建物の外角に積む)隅石(すみいし) (cornerstone). **3** =keystone 1. **4** くさび型の支え[台木]. **5** 《印刷》(版面を締めつける木・金属製の)クォイン, 締め金[木]. **—** *vt.* **1** 隅石で支える. **2** …にくさびを支(か)う, くさびで締める. 〖((1532)) 《変形》 ← COIN: ⇨ coign〗

quóin·ing *n.* 隅石(すみいし)積み. 〖1562–63〗

quóin pòst *n.* 〈水門などの〉門柱. 〖1875〗

Quoi·rez /kwɑːréɪ; *F.* kwaʁe/, **Françoise** *n.* ⇨ Sagan.

quoit /kɔ́ɪt, kwɔ́ɪt/ *n.* **1** [*pl.*; 単数扱い]《遊戯》輪投げ《土中に立てた鉄棒を的にして輪を投げ入れる遊戯》: deck ～*s* デッキ輪投げ《船の甲板上でロープの輪を用いる》. **2** (輪投げに用いる)輪. **—** *vt.* (輪投げの輪を投げるように)投げる. **—** *vi.* 輪投げ(遊び)をする. **～·er** /-tə | -tə(r)/ *n.* 〖((1388)) *coyte* 《原義》 flat stone □ OF *coite* ← ?〗

quo ju·re? /kwóudʒúəri, -júːri | kwə́udʒúəri, -júːri/ *L.* いかなる権利をもって (By what right?).

quok·ka /kwɑ́(ː)kə | kwɔ́kə/ *n.* 《動物》クアッカワラビー (*Setonix brachyurus*)《カンガルー科クアッカワラビー属の動物》. 〖((1863)) □ Austral. (Nyungar) *Kwaka*〗

quoll /kwɑ́(ː)l | kwɔ́l/ *n.* 《動物》フクロネコ (⇨ native cat.

quo mo·do /kwóumóuḍou | kwə́umə́udəu/ *L.* **1** どういう風に (in what manner). **2** …と同じ方法で (in the manner that). 〖((1617)) □ L 'in what manner'〗

quon·dam /kwɑ́(ː)ndəm, -dæm | kwɔ́ndæm, -dəm/ *adj.* 以前[一時]…であった; 前の, 元の, かつての (former): a ～ soldier 元軍人 / a ～ friend 元の友人. 〖((1535)) □ L ～ 'formerly' ← *quom, cum* when, as (← *quī* 'WHO')＋*-dam* (emphatic suf.)〗

Quon·set /kwɑ́(ː)nsət, -zət | kwɔ́nsɪt, -sɛt/ *n.* 《米》《商標》クオンセット《かまぼこ(型)兵舎[小舎]; 英国の Nissen hut に似ている》: a ～ hut. 〖((1942)) ← *Quonset* (米国 Rhode Island 州にある米国海軍基地; ここで初めて造られた)〗

Quonsets

quor. 《略》 quorum.

quo·rate /kwɔ́ːreɪt/ *adj.* 《英》定足数 (quorum) に達した[を満たしている]. 〖((1969)) □ L *quor(um)* of whom＋-ATE〗

Quorn /kwɔ́ən | kwɔ́ːn/ *n.* 《英》《商標》クォーン《キノコから作る植物性蛋白質; 肉の代用食品》.

quo·rum /kwɔ́ːrəm/ *n.* **1** (各種団体の会議の成立に必要な)定足数: form a ～ 定足数に達する. **2** 《英》 **a** (昔の)特定治安判事《それらの人の出席がないと裁判所は成立しなかった; 正式には justice of the quorum といった》. **b** [集合的] 治安判事. **3** えり抜き[粒より]のグループ. **4** 《モルモン教》定員会 (cf. presidency 4). 〖((1426)) ← L *quōrum* of whom (gen. pl.) ← *quī* 'WHO': 治安判事任命書に記された次の言葉の冒頭の語に基づく —Quorum vestrum … duos, tres, etc. esse volumus of whom we wish two, three, etc. of you, … to be.〗

quot. 《略》 quotation; quoted.

quo·ta /kwóuṭə | kwə́utə/ *n.* **1** 割り前, 分け前, 割当て. **2** 持ち分, 分担[分配, 割当て]額: a sales ～ (これだけは売れという)販売割り当て額. **3** (政府の管理の下に製造・輸出・輸入されるべき)商品割当て量. **4** (外国からの)年間移民割当て数. 〖((1618)) □ ML ～ ← L *quota* (*pars*) how great (a part), how much (fem. sing.) ← *quotus* in what number ← *quot* how many〗

quot·a·ble /kwóuṭəbl̩ | kwə́ut-/ *adj.* 引用できる; 引用価値のある (quoteworthy); 引用に適する: ～ passages, lines, words, etc. / His language was not ～. 彼の言葉は引用に耐えないような(激しい[下品な])ものであった.

quòt·a·bíl·i·ty /-bíləṭi | -lɪ̀ti/ *n.* **quót·a·bly** *adv.* 〖1811〗

quóta quíckie *n.* 《英》《映画》安映画, 粗製映画《Films Quota Act (輸入外国映画から自国の映画産業を保護するために, 全上映時間中に占める自国映画の割当てを定めた規則)を満たすため製作された映画; cf. quickie》. 〖1936〗

quóta sỳstem *n.* [the ～] (輸入額・移民数などの)割当て制度. 〖1924〗

quo·ta·tion /kwoutéɪʃən | kwə(u)-/ *n.* **1 a** 引用(すること); 引用語[句, 文]: a ～ *from* the Bible 聖書からの引用文[句]. **b** 《音楽》引用楽節. **c** =quotation mark. **2** 《商業》 **a** 相場, 時価; 見積もり: the daily market ～ 日々の市場相場 / today's market ～ on wheat 本日の小麦相場 / stock exchange ～*s* 株式市況 / a ～ for painting a house 家のペンキ塗り代の見積もり. **b** 見積書. **3** 《印刷》 =quotation furniture. 〖((1456)) 《古》 a numbering □ ML *quotātiō(n-)*: ⇨ quote, -ation〗

quotátion fùrniture *n.* 《印刷》穴あきフォルマート, 穴あきマルト《底部のくりぬかれた大型のマルト (furniture)》.

quotátion màrk *n.* [通例 *pl.*] クォーテーションマーク, 引用符《文中で引用語句などを示すための記号 (" ") または (' '); inverted comma ともいう; cf. single quotes, double quotes》. 〖1859〗

quotátion quàd [quàdrat] *n.* 《印刷》(底部のくりぬかれた)穴あきクワタ. 〖1771〗

quo·ta·tive /kwóuṭəṭɪv | kwə́utət-/ *adj.* **1** 引用の. **2** 引用をする, 引用癖のある (inclined to quote). 〖1812〗

quote /kwóut | kwə́ut/ *vt.* **1 a** 〈他人の言葉・語句・文章を〉引く, 引用する: ～ an author [a book, a speech] 作家[書物, 講演]の文句を引用する. **b** (例証または典拠として)引合いに出す: ～ a passage from Homer ホメロスの一節を引用する. **2** 《商業》〈商品〉の相場[値段]を言う; 〈相場[値段]を〉言う, つける, 見積もる: ～ a commodity at … 商品を…に見積もる / ～ a price 見積もり価格を言う / be ～*ed* at 600 yen 市価は600円である. **3** 〈言葉を〉引用符で囲む. **4** 《廃》〈参照のためのページ・場所などを〉示す. **5** 《廃》書き記す; 観察する; …と見なす (regard). **—** *vi.* **1 a** 引用をする: ～ *from* Milton, a book, etc. **b** 引用を始める. ★ 通例, 命令形で, 引用文の始まることを示す, 引用文の終わったことを示すのは unquote: He said ～ we will not invade any country *unquote*. 彼は「我々はどの国も侵略しない」と語った. **2** 《商業》値段[相場]を言う, 見積もりを言う: ～ *for* putting on a new roof 屋根のふき替え代を見積もる. **—** *n.* 《口語》 **1** 引用文[語句] (quotation). **2** [通例 *pl.*] =quotation mark: an open ～ 引用符の前半 (" または ') / a close /klóuz | klə́us/ ～ 引用符の後半 (" または ') / use word in ～*s* 語を引用符付きで用いる. **3** 《商業》相場, 付け値, 見積もり. ***clóse quóte*** =unquote (⇨ *vi.* 1 b ★). ***ópen quóte*** =*vi.* 1 b.

quót·er /-ṭə | -tə(r)/ *n.* 〖v.: ((*a*1387)) *cote(n)* □ OF *quoter* □ ML *quotāre* to mark off chapters and verses by numbers ← L *quot* how many: cf. quota. — n.: ((1600)) 《古》 marginal reference ← (v.)〗

quóte·wòrthy *adj.* 引用する価値のある, 引用に値する (quotable). **quóte·wòrthiness** *n.* 〖1870〗

quoth /kwóuθ | kwə́uθ/ *vt.* 《古》[一人称および三人称の直説法過去形] 言った (said). ★ この語は quoth I [he, she] (まれに quoth we [they]) として常に主語の前に置き, 引用語句の前後またはその間にはさんで用いる: ～ the raven, "Nevermore" 大がらすのいわく「永遠(とわ)になし」と (Poe, *The Raven*). 〖OE *cwæþ* (pret.sing.) ← *cweþan* to speak, say < Gmc **kweþan* (OS *queðan* / OHG *quedan* / ON *kveða*) ← IE **gʷet-* to say, speak: cf. bequeath〗

quoth·a /kwóuθə | kwə́u-/ *int.* 《古》確かに, なるほど, ほんとに, ふふん《驚き・軽蔑・自己主張などを表す》. 〖((1519)) ← ME *quoth (h)a* said he: ⇨ ↑, a〗

quotid. /kwóuṭɪd | kwə́utɪd/ 《略》《処方》 *L.* quotīdie (=every day).

quo·tid·i·an /kwoutídiən | kwə(u)tíd-, kwɔ-/ *adj.* **1** 日々の, 毎日の (daily); 毎日起こる[繰り返す] (cf. tertian 1, quartan): a ～ fever [ague] 毎日熱. **2** ありふれた, 月並みな, 平凡な, くだらない (ordinary, commonplace). **—** *n.* 《病理》毎日熱 (cf. octan, sextan). 〖((*c*1340)) *cotidien, cotidian* □ OF *cotidian* (F *quotidien*) □ L *quotīdiānus* ← *quotīdiē* daily ← *quotus* how many＋*diēs* 'DAY'〗

quo·tient /kwóuʃənt | kwə́u-/ *n.* **1** 《数学》 **a** 商 (cf. dividend 4, divisor): ⇨ differential quotient. **b** 指数, 率《点数と標準点数との商; 通常は100倍して用いる》: ⇨ intelligence quotient. **2** =quota. 〖((*c*1430)) □ L *quotiens, quoties* (adv.) how often ← *quot* how many: *-ent* is pres.p. と誤解したため: cf. quota〗

quótient gròup *n.* 《数学》商群《群 (group) の正規部分群 (normal subgroup) による剰余類 (residue class) のなす群》. 〖1893〗

quótient rìng *n.* 《数学》商環; 差環《環のイデアル (ideal) による剰余類 (residue class) のなす環; difference ring ともいう》. 〖1958〗

quótient spàce *n.* 《数学》商空間《集合の上の同値関係 (equivalence relation) による同値類のなす集合; cf. identification space》.

quot·i·es /kwɑ́(ː)ṭiìːz | kwɔ́t-/ *conj.* 《処方》…度ごとに. 〖□ L *quoties*: ⇨ quotient〗

quo va·dis? /kwóuwɑ́ːdɪs, -vɑ́ːdəs | kwə́uvɑ́ːdɪs/ *L.* (主よ)あなたはどこに行かれるのですか (Where do you go?) (*John* 16:5).

quo war·ran·to /kwóuwəréntou, -rɑ́ːn-, -wɔ(ː)r- | kwə́uwɔrǽntəu/ *n.* 《法律》 **1** 権限開示令状《昔, 職権・特権などの乱用者に弁明を求めるために出された令状; または, 現在行われている同種の令状》. **2** 審問裁判冒頭の弁明; 審問, 裁判 (trial). 〖((1535)) □ ML *quō warrantō* by what warrant or authority〗

Qur·'an /kərǽn, -rɑ́ːn, kɔ́ːræn, -rɑːn | kɔrǽn, kɔː-, kə-; *Arab.* qurʔáːn/ *n.* (*also* **Qu·ran** /～/) =Koran.

Qur'an·ic /kərǽnɪk, -rɑ́ːn-, kɔ́ːræn-, -rɑːn- | kərǽn-, kɔː-, kə-/ *adj.* =Koranic.

qursh /kúəʃ, kúːəʃ | kúəʃ, kúːəʃ/ *n.* (*pl.* ～ /～/) (*also* **qu·rush** /kúᵊrəʃ | kúər-/) **1** クアシュ《サウジアラビアの通貨単位; =$^1/_{20}$ riyal》. **2** 1クアシュ硬貨. 〖□ Arab. *qirš* (pl. *qurūš*)〗

q.v. 《略》 **1** /kjúːvíː/ quod vide. ★ しばしば quod vide とも読む. **2** *L.* quantum vīs (=as much as you will).

Qwa·qwa /kwɑ́ːkwə | kwǽk-/ *n.* クワクワ《南アフリカ共和国の Orange 自由州にあった黒人自治区 (Bantustan); 1994年に廃止; 別名 Basotho-Qwaqwa》.

qwer·ty, QWERTY /kwə́ːṭi, kwə́ə- | kwə́ːti/ *adj.* 伝統的な英文タイプライターのキー (key) 配列をもつ: ～ keyboard 普通の配列のキーボード. 〖((1929)): キーボードの2列目の最初の6文字から〗

qy. 《略》 quay; query.

qz 《略》 quartz.

R r

R[1]**, r** /ɑ́ə | ɑ́ː(r)/ *n.* (*pl.* **R's, Rs, r's rs** /～z/) **1** 英語アルファベットの第 18 字: R months, three *R's*. ★ 通信コードは Romeo. **2** (活字・スタンプなどの) R または r 字. **3** [R] R 字形(のもの). **4** 文字 r が表す音 (read, rose などの /r/; star, door などの米音の /ə/). ★ 英音では母音字の後の r が語末または子音字の前のときには発音されない (⇨ r-less). **5** (連続したものの) 第 18 番目(のもの); (J を数に入れない時は)第 17 番目(のもの). **6** (中世ローマ数字の) 80: CR (＝180) / RV (＝85). 〖OE *R, r* ◻ L (Etruscan を経由) ◻ Gk *P, ρ* (rhô) ◻ Phoenician ᑫ: cf. Heb. ר (rēš) (原義) head〗

r (記号) 〘統計〙 correlation coefficient; radius; 〘数学〙 radius vector (of polar coordinates); 〘気象・海事〙 rain; roentgen [röntgen](s).

R[2] *n., adj.* (米・豪) 〘映画〙 17 歳未満の入場は成人の保護者同伴が必要な(映画) (cf. G[2], PG, X[2]). 〖(1972) (略) ← RESTRICTED〗

R, R. (略) 〘物理化学〙 Rankine; 〘物理化学〙 Reaumur; 〘キリスト教〙 respond; 〘キリスト教〙 response.

R (記号) **1** 〘理学〙 gas constant. **2** 〘気象〙 heavy rain. **3** density. **4** 〘化学〙 radical (特に 1 価の炭化水素の基に用いる). **5** 〘米軍〙 reconnaissance plane. **6** 〘心理〙 G. Reiz 刺激 (stimulus). **7** 〘郵便〙 registered. **8** registered trademark. **9** 〘電気〙 resistance (cf. ohm). **10** (米) 〘製紙〙 retree. **11** 〘チェス〙 rook. **12** 〘貨幣〙 rand; riyal(s); rival(s); ruble(s). **13** Réaumur scale. **14** 〘自動車国籍表示〙 Romania.

r. (略) 〘数学〙 radian(s); rare; ratio; received; 〘印刷・製本〙 recto; red; reserved; residence; resides; response; retired; rod(s); rood; rubber; 〘法律〙 rule; 〘スポーツ〙 run(s); 〘アメフト〙 receiver.

r., R. (略) radius; railroad; railway; range; 〘処方〙 L. recipe (＝take); rector; redactor; reply; reserve; 〘劇場〙 right; River; road.

R. (略) rabbi; radical; radiolocation; radiologist; radiology; recommendation; rector; regiment; *L.* Rēgīna (＝queen); registered (商標が)登録済みの; regular; relative; reliability; report; republic; (米) Republican; resistance; retard; 〘時計〙 *F.* retarder (＝to retard) (緩急針ダイヤル面の表示; cf. A.); retire; reward; *L.* Rēx (＝king); Rifles; Roman; Romania(n); Rome; rosary; rough; route; Royal; run (＝deserted); 〘海事〙 run (船の 1 日の航程); 〘活字〙 runic; 〘米郵便〙 Rural.

Ra /rɑ́ː/ *n.* 〘エジプト神話〙 ラー, 太陽神, 日神 (sun god) (鷹の頭をもつ人間の姿で表される最高神; 頭上には太陽を示す円盤 (solar disk) と王者の象徴である蛇を載せている). 〖◻ Egypt. *Rā, Rē'* sun〗

Ra

Ra (記号) 〘化学〙 radium.

RA (記号) 〘自動車国籍表示〙 Argentina.

RA (略) Rear Admiral; 〘軍事〙 Regular Army; 〘天文〙 right ascension; Royal Academician; Royal Academy; Royal Artillery.

R/A, R.A. (略) 〘銀行〙 refer to acceptor (＝acceptor).

RAA (略) Royal Academy of Arts.

Raa·be /rɑ́ːbə; G. ʁɑ́ːbə/, **Wilhelm** *n.* ラーベ (1831–1910; ドイツの小説家・詩人; *Stopfkuchen*「シュトップクーヘン」(1891)).

ra·ad /rɑ́ːd, rɑ́ːd/ *n.* 〘魚類〙 デンキナマズ (⇨ electric catfish). 〖(1869) ◻ Arab. *ra''ād* ← *rá'aola* to thunder〗

RAAF /ɑ́ədʌ̀bljuːèɪéf, ræ̀f | ɑ́ː-/ (略) Royal Australian Air Force 豪州空軍; Royal Auxiliary Air Force 英国補助空軍. 〖1936〗

Ra·am·ses /reɪǽmsiːz/ *n.* ＝Ramses.

rab /rǽb/ *n.* 〘建築〙 (漆喰(しっくい)・モルタルに苆(すさ)を混ぜるための木製のかくはん棒. 〖(1825) ◻ F *rabot*〗

Rab /rǽb/ *n.* ラブ (男性名; 異形 Rabbie). 〖(スコット) ← ROB〗

ra·bal /réɪbəl, -bḷ/ *n.* 〘気象〙 レーボール観測 (ラジオゾンデの気球を経緯儀で追跡して行う高層風の観測; cf. pibal 2). 〖← *ra(diosonde) bal(loon wind data)*〗

ra·ban·na /rəbǽnə/ *n.* ラバンナ (マダガスカル産のラフィアヤシの葉の繊維); ラバンナを手で織った目の粗いむしろ類. 〖(1883) ◻ Malagasy *rebana*〗

ra·bat[1] /rǽbi, rəbǽt/ *n.* 〘教会〙 ラビ, ラバット (主にローマカトリック教会や英国国教会の聖職者が Roman [clerical] collar と共に着用する布製の短い胸当て; rabbi ともいう). 〖(1889) ◻ (O)F ～ ← *rabattre* 'to beat down, REBATE[1]'〗

rab·at[2] /rǽbət/ *n.* 陶器片の磨き材 (釉(うわぐすり)をかけず十分に焼き締めていないもの). 〖◻ F ～ ← *rabattre* (↑)〗

Ra·bat /rəbɑ́ːt, rɑː-; F. ʁaba, *Arab.* ɾabáːt[ʕ]/ *n.* ラバト (モロッコ北西部の港市で同国の首都).

ra·ba·to /rəbɑ́ːtou, -béɪ- | -təu/ *n.* (*pl.* ～**s**) **1** ラバートウ, 立て襟(えり) (17 世紀の初期に男女ともに用いた, 両肩を覆うように折り返したり首の後ろに立てたりしたレースのついた大きな襟). **2** 襟支(ささ)え (ひだ襟を立てるために用いる針金などの支え). 〖(1591) (変形) ← F *rabat*: ⇨ rabat[1]〗

Ra·baul /rɑːbául/ *n.* ラバウル (南太平洋 Papua New Guinea 東部 Bismarck 諸島の New Britain 島の主都; Territory of New Guinea の旧主都, 第二次大戦中日本軍の基地があった; 四方を火山に囲まれた地).

Rabb. (略) Rabbinic.

Rab·bah /rǽbə/ *n.* 〘聖書〙 ラバ (アンモン人(びと) (Ammonites) の中心地; cf. Amman, 2 *Sam.* 11: 1).

rab·ban /rǽbən, rəbɑ́ːn/ *n.* (*pl.* **rab·ba·nim** /rəbɑ́ːnɪ̣m, rɑ̀ːbɑníːm | rəbɑ́ːnɪm, rɑ̀ːbɑníːm/) 〘ユダヤ教〙 先生, 師 (Sanhedrin の長に与えられる; rabbi よりも上の尊称). 〖◻ Aram. *rabbān* (原義) chief teacher ← *rabh* master〗

Rab·ban·ist /rǽbənɪ̣st | -nɪst/ *n.* ＝Rabbinist.

Rab·ban·ite /rǽbənàɪt/ *n.* ＝Rabbinite.

Rab·bath /rǽbəθ/ *n.* 〘聖書〙 ＝Rabbah.

rab·bet /rǽbɪ̣t | -bɪt/ 〘木工〙 *n.* **1** (実矧(さねはぎ)用の)溝, 切り込み, 小穴. **2 a** ＝rabbet joint. **b** ＝rabbet plane. — *vt.* **1** …に(実矧用の)溝[切り込み, 小穴]をつける. **2** 実矧にする. — *vi.* 実矧でつながる 〔*on, over*〕. 〖(*c*1384) *rabit* ◻ OF *rab(b)at* a beating down ← *rabattre* to beat down: ⇨ rabat[1, 2]〗

rábbet dràft *n.* 〘造船〙 ＝molded draft.

rábbet jòint *n.* 〘木工〙 実矧(さねはぎ)(継ぎ) (板の端に沿って突起すなわち「実(さね)」を作り, 他の板の端の溝にはめ込んでできた板と板との継手; cf. scarf joint). 〖1828〗

rábbet plàne *n.* 〘木工〙 (実矧(さねはぎ)用)しゃくりかんな. 〖1678〗

rábbet plànk *n.* 〘造船〙 ＝hog piece.

rab·bi[1] /rǽbaɪ/ *n.* (*pl.* ～**s**, ～**·es**) **1** 〘ユダヤ教〙 ラビ: **a** 律法学者 (法律・典儀に明るい人). **b** 職業的なユダヤ教指導者としての教育と訓練を受け, その職を任された者; (特に)シナゴーグ (synagogue) の公任指導者: the Chief *Rabbi* (英国在住の)ユダヤ人社会の宗教上の首長. **2** [ユダヤ人の牧師・学者・教師に対する尊称として] 師, 先生. ★ 呼び掛けに単独に用いるかまたは名前に付けて用いる: *Rabbi* Jochonan ジョコナン先生. **3** [しばしば R-] 紀元 1–6 世紀頃にかけてタルムード (Talmud) の編修・執筆などに貢献したユダヤの学者 (cf. scribe[1] 3). 〖lateOE ～ ◻ OF *rabi* // LL *rabbī* ◻ *Gk rhabbí* ◻ Heb. *rabbī* my master ← *rabh* great one＋*ī* my〗

rab·bi[2] /rǽbi/ *n.* 〘教会〙 ＝rabat[1].

rab·bin /rǽbɪ̣n | -bɪn/ *n.* 〘ユダヤ教〙 **1** [the ～s; 集合的] (ユダヤの)ラビ[律法学者]たち. **2** (古) ＝rabbi[1] 1 a, 3. 〖(1531) ◻ F ～ // ML *rabbīnus* ◻ Aram. *rabbīn* (pl.) ← *rabh* master: cf. rabbi[1]〗

rab·bin·ate /rǽbɪ̣nɪ̣t, -nèɪt/ *n.* **1** (ユダヤの)ラビ[律法学者]の職[身分, 任期]. **2** [集合的] ラビ[律法学者]団. 〖(1702): ⇨ ↑, -ate[1]〗

rab·bin·ic /rəbínɪk, ræ-/ *adj.* ＝rabbinical. — *n.* [通例 R-] 中世ラビ語 (中世にラビたちが用いたヘブライ語; Rabbinic Hebrew ともいう); 後期ヘブライ語. 〖(1612) ◻ F *rabbinique*: ⇨ rabbin, -ic[1]〗

rab·bín·i·cal /-nɪ̣kəl, -kḷ | -nɪ-/ *adj.* **1** (ユダヤの)ラビ (rabbi) の[に関する]; ラビの著作[学問]の[に関する]. **2** ラビになるための: a ～ student ラビになろうと勉強している学生 / a ～ school ラビ養成学校. **3** (ヘブライ文字より簡単な)ラビ文字の[を含む]. **4 a** [通例 R-] (タルムード (Talmud) の編修・執筆などに貢献した)ユダヤ学者の. **b** ユダヤ学者的な; 微細な空理空論にとらわれた. **～·ly** *adv.*

rabbínical líterature *n.* ラビ文学, 後期ヘブライ文学 (Talmud, その注釈書を含むヘブライ神学・哲学書の総称).

Rabbínic Hébrew *n.* ＝rabbinic. 〖1909〗

rab·bin·ism /rǽbɪ̣nɪzm/ *n.* **1** ユダヤの律法主義; ラビの教義[学説]. **2** ラビ特有の語法[表現]. 〖(1652) ← RABBIN＋-ISM〗

Ráb·bin·ist /-bɪ̣nɪ̣st | -bɪnɪst/ *n.* 〘ユダヤ教〙 ラビ信奉者 (Talmud とラビの教義を信奉したユダヤ人; cf. Karaite). **Rab·bin·is·tic** /rǽbɪ̣nístɪk/ *adj.* **Ràb·bin·ís·ti·cal** *adj.* 〖(1599) ← RABBIN＋-IST〗

Rab·bin·ite /rǽbənàɪt | -bɪ-/ *n.* 〘ユダヤ教〙 ＝Rabbinist. **Rab·bin·it·ic** /ræ̀bənítɪk | -bɪnít-/ *adj.* 〖(1832) ← RABBIN＋-ITE〗

rab·bit[1] /rǽbɪ̣t | -bɪt/ *n.* (*pl.* ～**s**, ～) **1** 〘動物〙 **a** アナウサギ (*Oryctolagus cuniculus*) (ノウサギ類 (hare) と違って小形で穴居性があり, 生まれた時は毛が生えていない), (飼い[家])ウサギ: (as) scared [timid] as a ～ ウサギのようにびくびくして / breed like ～*s* たくさん子を生む / run like a ～ 一目散に逃げる. **b** (米) ＝hare 1. **c** ＝cottontail 1. **2 a** ラビット (アナウサギの毛皮; 他獣の毛皮に代用する; cf. coney). **b** ウサギの肉. **3** ＝Welsh rabbit. **4** (口語) (クリケット・ゴルフ・テニスなどで)下手なプレーヤー. **5** ＝electric hare. **6** 〘競技〙 (長距離レースでスタート直後, チームメートのスピード目標となる)ペースメーカー. — *vi.* **1** ウサギ狩りをする: go ～*ing* ウサギ狩りに行く. **2** (英口語) (とりとめもなく)話す (ramble). **3** (口語) すばやく逃げる. 〖(*a*1398) *rabet(te)* ← ? OF (F (方言) *rabbotte, rabouillet* young rabbit) ← ? LDu. (Flem. *robbe, robbeke* (dim.) / MDu. *robet*)〗

rab·bit[2] /rǽbɪ̣t | -bɪt/ *vt.* [通例命令法で] (卑) のろう (confound, drat): *Rabbit* it [the fellow]! こん畜生め / Odd ～'em! こん畜生, いまいましい, うるさい. 〖(1742) (変形) ← ? RAT[2]〗

rab·bit[3] /rǽbɪ̣t | -bɪt/ *n.* 〘原子力〙 放射性物質容器 (原子力工場で放射能物質を移動する際, 空気力で動かす小型容器). 〖?〗

rábbit anténna *n.* 〘テレビ〙 ＝rabbit ears 1.

rábbit bàll *n.* ラビットボール (よく弾む野球用ボール). 〖1922〗

rábbit bàndicoot *n.* 〘動物〙 ミミナガバンディクート (*Thylacomys lagotis*) (オーストラリア産のウサギのような耳を持つ有袋類). 〖1832〗

rábbit·bèrry *n.* 〘植物〙 ＝buffaloberry.

rábbit·brùsh *n.* (*also* **rábbit·bùsh**) 〘植物〙 北米西部地方産のキク科 *Chrysothamnus* 属の黄花をつける叢生植物の総称; (特に) *C. nauseosus*. 〖1914〗

rábbit càt *n.* 〘動物〙 **1 a** ＝Abyssinian cat. **b** ＝Manx cat. **2** ウサギとネコの交配種(と称されるもの).

rábbit dèer *n.* 〘動物〙 プーズー (pudu).

rabbit-eared bandicoot *n.* 〘動物〙 ＝rabbit bandicoot.

rábbit èars *n. pl.* **1** (米口語) ラビットアンテナ (V 字形の室内用小型テレビアンテナ). **2** [単数扱い] (俗) (スポーツ) やじ[皮肉]を気にする状態[審判, 選手]. 〖1952〗

ráb·bit·er /-tə | -tə(r)/ *n.* ウサギ狩りをする人[犬], ウサギ捕り(人). 〖(1872) ← RABBIT＋-ER[1]〗

rábbit·èye *n.* 〘植物〙 米国南東部産のコケモモの一種 (*Vaccinium ashei*) (rabbiteye blueberry ともいう).

rábbit fènce *n.* ＝rabbit-proof fence.

rábbit fèver *n.* 〘病理・獣医〙 野兎病 (⇨ tularemia). 〖1925〗

rábbit·fìsh *n.* (*pl.* ～, ～**·es**) 〘魚類〙 **1** 大西洋の深海にすむギンザメ科の一種 (*Chimaera monstrosa*). **2** カナフグ (*Lagocephalus laevigatus*). **3** クロビシカマス (*Promethichthys prometheus*) (太平洋・大西洋の暖海部にすむ全長 60 cm 位の食用魚). 〖(1828): その鼻がウサギの鼻に似ているため〗

rábbit fòod *n.* (米俗) サラダ, 生野菜. 〖1907〗

rábbit-fòot *n.* ウサギの後ろ足 (幸運のまじないとして持ち歩く). 〖1879〗

rábbit fòot *n.* 〘植物〙 ＝hare's-foot. 〖1817〗

rábbit-foot clóver *n.* 〘植物〙 ＝hare's-foot.

rábbit-foot gráss *n.* 〘植物〙 ヨーロッパ原産のイネ科の一年生草本 (*Polypogon monspeliensis*) (rabbit's foot ともいう). 〖1935〗

rábbit-hòle *n.* ウサギの巣穴. 〖1705〗

rábbit-hùtch *n.* (箱形の)ウサギ小屋. 〖1743〗

rábbit kìller *n.* (豪) ＝rabbit punch.

rábbit·lìke *adj.* ウサギのような: ～ ears. 〖1836〗

rábbit-móuthed *adj.* ＝harelipped. 〖(1909): ⇨ mouthed〗

rábbit-pròof fénce *n.* (豪) **1** (特に州境の)ウサギ侵入防止柵. **2** (ウサギ防止柵のある)州境.

rábbit pùnch 〘ボクシング〙 *n.* ラビットパンチ (後頭部または首の後ろへの打撃; 反則). — *vt.* …にラビットパンチを見舞う. 〖(1915): ウサギを殺す際に後頭部をたたいて気絶させることから〗

rab·bit·ry /rǽbɪ̣tri | -bɪ-/ *n.* **1** [集合的] ウサギ (rabbits). **2** ウサギ飼育場[小屋]. **3** ウサギ飼養業, 養兎(ようと)業. 〖(1838) ← RABBIT[1]＋-ERY〗

rábbit's fòot *n.* **1** ＝rabbit-foot. **2** 〘植物〙 ＝rabbit-foot grass.

rábbit wàrren *n.* ウサギ飼育場 (特に, ウサギの穴飼いを行う所). 〖(1776): ⇨ warren〗

rab·bit·y /rǽbɪ̣ti | -bɪti/ *adj.* **1** ウサギの多い: a ～

place. 2 ウサギのような: ~ teeth. 3 気の小さい, 内気な (timid, shy): a ~ man. 〖(1887) ← RABBIT＋-Y[4]〗

rab·ble[1] /rǽbl̩/ n. 1 a やじ馬連, わいわい連, 烏合(うごう)の衆, 暴徒の群れ (⇨ crowd[1] SYN). b [the ~; 軽蔑的に] 下層社会; 庶民たち (populace). 2 ごたごた[乱雑に]集めたもの: a ~ of books. 3 (動物・昆虫などの)群れ. — vt. 1 (やじ馬と組んで)襲撃[侮辱]する. 2 どっと群れを成して襲う (mob).
— adj. [限定的] 1 やじ馬[暴徒]の, やじ馬[暴徒]化した. 2 やじ馬[暴徒]的な; 騒々しい (noisy, disorderly). 〖(1389) *rabel* pack or swarm of animals or insects ← ? MDu. *rabbelen* to chatter (cog. LG *rabbeln*): cf. rabble[3]〗

rab·ble[2] /rǽbl̩/ 〖冶金〗 n. (反射炉・焙焼(ばいしょう)炉などの)かくはん棒 (rabbler ともいう). — vt. 〈鉱石・金属を〉(高温で)かくはんする[かき集める]. 〖(1664) □ F *râble* < OF *roable* < L *rutābulum* fire shovel ← *ruere* to rake up〗

rab·ble[3] /rǽbl̩/ 〖英方言〗 vt. とりとめもなく早口に言う[読む]. — vi. とりとめもなく早口にしゃべる[読む] (gabble). 〖(c1400) *rable(n)* □ ? MDu. *rabbelen* (擬音語): cf. LG *rabbeln*〗

ráb·ble·ment n. (まれ) 1 やじ馬などの騒動, わいわい騒ぎ (uproar). 2 =rabble[1]. 〖(1545) ← RABBLE[1]＋-MENT〗

ráb·bler[1] /-bl̩ə, -blə | -bl̩ə(r, -bl-/ n. 〖冶金〗 1 かくはん棒 (高温の金属・鉱石をかき混ぜる鉄棒). 2 (かくはん棒を使って仕事をする)かくはん工. 〖(1877) ← RABBLE[2]＋-ER[1]〗

ráb·bler[2] /-bl̩ə, -blə | -bl̩ə(r, -bl-/ n. =rabble-rouser.

rábble-ròuse vi. 民衆を扇動する. 〖(1959) (逆成) ↓〗

rábble-ròuser n. (民衆)扇動家, デマ屋 (demagogue). 〖(1843): ⇨ rabble[1]〗

rábble-ròusing adj. 民衆をあおり立てる[扇動する]. 〖(1802) ← RABBLE[1]＋ROUSING〗

Ra·be·lae·sian /ræ̀bəléɪʒən, -ziən | -ziən, -ʒən⁻/ adj. =Rabelaisian.

Ra·be·lais /rǽbəlèɪ, ⁻⁻⁻ | rǽbəlèɪ; F. ʁablɛ/, **François** n. ラブレー (1494?–1553; フランスの医師・人文学者・諷刺作家; *Pantagruel*「パンタグリュエル」(1532, '46, '52, '64), *Gargantua*「ガルガンチュア」(1534)).

Ra·be·lai·sian /ræ̀bəléɪʒən, -ziən | -ziən, -ʒən⁻/ adj. ラブレー (Rabelais) (風)の (たくましい想像力と豊富な言葉遣いを特徴とする); 野卑で滑稽で皮肉な: use ~ expressions (ラブレー風の)下品な表現を使う / He let out a violent flow of ~ invective. 下品な言葉を連発して猛烈にののしった. — n. ラブレー追随者[崇拝者, 模倣者, 研究家]. **~·ism** /-nìzm/ n. 〖(1817): ⇨ ↑, -ian: cf. F *rabelaisien*〗

ra·bi /rʌ́bi/ n. (インド・パキスタンなどで) 9月にまいて春に収穫する穀物 (cf. kharif). 〖(1882) □ Urdu *rabi* □ Arab. *rabī'* (↓)〗

Ra·bi I /rɑ́ːbi-/ n. (イスラム暦の) 3月 (⇨ Islamic calendar). 〖(1769) *Rabi*: □ Arab. *rabī'* (原義) fourth part, spring〗

Rabi II n. (イスラム暦の) 4月 (⇨ Islamic calendar). 〖↑〗

Ra·bi /rɑ́ːbi/, **I(sidor) I(saac)** n. ラービ (1898–1988; オーストリア生まれの米国の物理学者; Nobel 物理学賞 (1944)).

Rab·i·a I [II] /rəbíːə/ n. 〖イスラム暦〗 =Rabi I [II].

ra·bic /réɪbɪk/ adj. 狂犬[恐水]病 (rabies) の: ~ virus 狂犬病ウイルス / ~ symptoms 狂犬病の徴候. 〖(1885) ← L *rabiēs*＋-IC[1]: ⇨ rabies〗

rab·id /rǽbɪd, réɪb- | -bɪd/ adj. 1 狂ったような, 熱狂的な, 過激な, 熱烈な (vehement, fanatical): a ~ teetotaler [Communist] 徹底的な禁酒家[共産主義者] / be ~ on the subject その問題に夢中になっている. 2 狂暴な, 荒れ狂う, 猛烈な, 激しい (furious, raging): ~ hate 激しい憎しみ. 3 (特に犬が)狂犬[恐水]病 (rabies) にかかった, 狂犬病の: a ~ dog / ~ virus 狂犬病ウイルス. **~·ly** adv. **~·ness** n. 〖(c1611) □ L *rabidus* ← *rabere* to be mad〗

ra·bid·i·ty /rəbídəti, ræ- | -dɪ̀ti/ n. 1 激烈, 猛烈, 過激, 熱狂 (vehemence). 2 恐犬[狂水]病にかかっていること. 〖(1831): ⇨ -ITY〗

ra·bies /réɪbiːz, -biz/ n. (pl. ~) 〖病理・獣医〗 狂犬病, 恐水病 (lyssa, hydrophobia). **ra·bi·et·ic** /rèɪbiétɪk | -tɪk⁻/ adj. 〖(1598) □ L *rabiēs* madness ← *rabere* to rage: ⇨ rabid〗

Ra·bin /rɑːbíːn | ræ-/, **Yitz·hak** /ɪtshɑ́ːk/ n. ラビン (1922–95; イスラエルの軍人・政治家; 労働党党首・首相 (1974–77, 92–95); Nobel 平和賞 (1994)).

Ra·bi·no·witz /rəbínəvɪts, -wɪts; Russ. rəbʲinóvʲɪtʲ/, **Solomon** n. ラビノビッチ (Shalom Aleichem の本名).

ra·bi·ru·bi·a /rɑ̀ːbəruːbiə | -bɪ̀r-/ n. 〖魚類〗 =yellowtail f. 〖□ Am.-Sp. *rabirrubia* ← Sp. *rabo* tail＋*rubia* ((fem.) ← *rubio* yellow)〗

RAC /ɑ́ːèɪsíː | ɑ́ː(r)èɪ-/ (略) Royal Aero Club (英国の)王室飛行クラブ; Royal Agricultural College (英国の)王立農業専門学校 (創立 1845 年); 〖フリーメーソン〗 Royal Arch Chapter; 〖軍事〗 Royal Armoured Corps 英国機甲部隊; Royal Automobile Club.

rac·coon /rækúːn, rək- | rək-, ræ-/ n. (pl. ~, ~s) 1 a 〖動物〗 アライグマ (*Procyon lotor*) (樹上にすみ夜間活動する北米産の哺乳動物). b アライグマの毛皮. 2 〖動物〗 アライグマに似た動物の総称: a =cacomistle 1. b =panda 1. 〖(1608) □ N-Am.-Ind. (Algonquian) *ärāhkun* (原義) scratchers: cf. coon〗

raccoon 1 a

raccóon dòg n. 〖動物〗 1 タヌキ (*Nyctereutes procyonoides*) (日本やアジア東部産). 2 =coonhound. 〖1868〗

raccóon gràpe n. 〖植物〗 1 =fox grape. 2 米国東部産のブドウ科の攀縁(はんえん)または直立性の低木 (*Ampelopsis cordata*).

race[1] /réɪs/ n. 1 a (速さを競う)競走, 競争, レース; 競馬, ドッグレース, 競艇, 自動車レース (cf. rally[1] 3), 競輪(など): a five-mile ~ 5 マイル競走 / a bicycle ~ 競輪 / a boat ~ 競艇 / a horse ~ 競馬 / an open ~ 飛入り自由の競走 / ⇨ selling race / run a ~ 競走する[に出る] / ride a ~ 競馬[競輪]をする[に出場する] / row [sail] a ~ ボート[ヨット]レースをする / The ~ is not to the swift. 速き者走ることに勝つにあらず (*Eccl.* 9: 11). b [the ~s] 競争会; (特に)競馬開催, 競馬番組: go to [attend] *the* June ~*s* 六月競馬に出かける / play *the* ~*s* (米) 競馬に賭(か)ける, 競馬をやる. c (目標に向かっての)競争, 戦い (contest); 選挙戦: a shipbuilding ~ 造船競争 / an arms ~ 兵器を持とうとする各国間の競争 / a ~ *for* supremacy 争覇(そうは)戦 / the pennant ~ ペナントレース / the ~ *for* the presidency=the presidential ~ 大統領選挙戦 / the ~ *for* mayor 市長選挙戦 / jump into the gubernatorial ~ (思い切って)知事選挙に出馬する / a ~ *for* power 権力闘争 / suffer in the TV ratings ~ テレビの視聴率競争で負け(ている). 2 a (特に, 二つの流れが合して起こる)逆流の立つ海, 早瀬, 瀬戸. b (狭い水路を流れる)急流. c 水路 (channel). ★ しばしば地名にも用いる: the *Race* of Alderney, Fountney, etc. d (動力源などを供給する人工的な)水流, 用水: ⇨ millrace. 3 (文語) a (太陽・月などの)進行 (movement). b (時の)経過; (事件・話などの)進行 (progress). c 人生の行路, 人生: His ~ is nearly run. 彼の一生は大体終わった[命数はほとんど尽きた]. 4 (スコット) 疾走, 疾駆 (rush). 5 (豪) (羊を選別するための)狭い通路. 6 〖機械〗 a (織機の)レース (杼(ひ)の走る道). b (滑車などの)溝. c ボールベアリングの玉が走るレース, 軌道輪. 7 〖航空〗 後流 (飛行機のプロペラの後方に生じる気流; slipstream ともいう).

a ráce against tíme [the clóck] (期限までに終わらせるための)時間との競争: We were in *a* ~ *against time* [*the clock*] to meet our deadline. 締切りに間に合うように時間との競争だった. ***be in the ráce*** (豪口語) 成功する見込みがある. ***be nót in the ráce*** (豪口語) 勝ち目[見込み]がない. ***máke the ráce*** (米) 立候補する. ***The ráce is (nów) ón.*** 戦いは始まった.

— vi. 1 競走する, 競争する: ~ for the Democratic presidential nomination 民主党の大統領候補者指名を賭けて争う / A Ford was *racing against* a Mercedes (for the championship). フォード車がメルセデスベンツ車と(優勝を目指して)競走していた. 2 a 〈川の流れ・舟・車・人などが〉疾走する, 疾駆する: ~ around 走り回る / ~ for a bus バスに乗ろうとして走る / ~ down the stairs 段階を駆け下りる / ~ after a ball ボールを捕ろうとして追いかける / ~ home 走って家に帰る / The floodwater ~*d* through the sluices. 洪水が奔流となって水門を流れた / The pianist ~*d* through the sonata. ピアニストはソナタを疾駆するように弾きまくった. b 〈心がはやる, 〈思い出が〉駆けめぐる: His thoughts [heart, pulse] ~*d*. いろいろな思いが彼の胸中を駆けめぐった[彼の胸は高鳴った] / Her mind was *racing* (back) over the past weeks. 彼女は過去数週間のことをあれこれ思い返していた. 3 競馬[競輪, ドッグレース, 競艇(など)]をする: They went *racing* at Ascot every year. 彼らは毎年アスコットに競馬に行った. 4 〖機械〗 (機の推進機が水の外に出た時, また機械が抵抗の減少で) 〈エンジン・車輪などが〉空転する, 空回りする.

— vt. 1 a 〈馬・ヨットなどを〉競争させる, 競馬に出す: ~ horses, yachts, etc. / He ~*d* his bicycle against a motorcar. 彼は自転車で自動車と競走した. b …と競走する; …を追い越そうとする: I ~*d* him a mile [to the gate]. 彼と1マイルの[門のところまで]競走をした / A Ford was racing a Mercedes (along the highway). フォード車がメルセデスベンツ車と(幹線道路で)競走していた. 2 a 高速で走らせる[駆(か)る]: ~ a Mercedes (along the highway) (幹線道路で)快速でベンツを走らせる / He ~*d* me along at 5 miles an hour. 彼は私を1時間5マイルの速さで走らせた. b 〈商品などを〉急送する; 〈書類などを〉大急ぎで回す; 〈議案などを〉大急ぎで通過させる: They ~*d* the Bill through the House [Congress]. 彼らは大急ぎでその議案の議会通過を強行した. 3 〈エンジン・車輪などを〉空転[空ふかし]させる.

ráce agàinst tíme [the clóck] 時間と競争する: We were *racing against time* [*the clock*] to meet our deadline. 締切りに間に合うように時間との競争だった. ***ráce awáy*** (競馬・競輪で)使い果たす: ~ one's property *away* 競馬で財産を失う. ***ráce bý [pást]*** 〈時間が〉またたく間にたつ. ***ráce óff*** (豪口語) 誘惑する. ***ráce óff with*** (豪口語) 盗む (steal). ***ráce úp*** 〈気温・出費・圧力などが〉(…にまで)急上昇する (*to*).

— adj. [限定的] 競馬(会)の, 競馬用の: ⇨ race-ball. 〖(?a1300) *ras(e)* □ ON *rās* ∽ ME *res* < OE *rǣs* a running, rush ← Gmc **rēs-* ← IE **ers-* to be in motion (L *errāre* 'to ERR')〗

race[2] /réɪs/ n. 1 人種 (⇨ people SYN): the Caucasian [Mongolian, Negroid] ~ コーカシア[モンゴル, ネグロイド]人種 / the white [yellow] ~(s) 白色[黄色]人種 / of mixed ~ 親が違った人種の出で[の]. ★ race は俗化して多義的になってきたため民族学の術語としては通例 ethnic group を用いる. 2 (住む土地・文化・歴史などによって分けた)民族 (tribe); 国民 (nation): the Teutonic [Japanese] ~ チュートン[日本]民族 / the German [English] ~ ドイツ[英国]国民. 3 a (共通の祖先を持つ)氏族 (family, stock), 一族, 門族 (clan), 子孫: the ~ of Abraham [Satan] アブラハムの子孫[サタンの徒 (悪者)]. b 家系 (pedigree), 系統 (lineage): a noble ~ 名門 / a man of ancient ~ 旧家の出の人. c 名門, 旧家: the look of ~ 家柄の良さを示す容貌 / His features and bearing betokened ~. 彼の顔や物腰はさすが名門の出であることを示していた. 4 同類, 仲間 (class, group): the ~ of gamblers [dandies, journalists] 博徒(ばくと)連中[しゃれ者, ジャーナリスト]たち. 5 人種による特徴; (ある)人種に属していること[状態]. 6 a (生物の)種族; 品種 (breed): the human ~ 人類 / the feathered [finny, four-footed] ~ 鳥[魚, 四足獣]類 / a disease-resistant ~ of wheat 病気に強い小麦の品種. b [the ~] 人類. c (廃) (馬の)群れ. 7 a (まれ) (酒などの)特徴, (独特の)風味, 滋味. b (古) (文体・言葉遣いなどの)特徴, 風格, 風韻 (style); きびきびしたところ, 辛辣味 (piquancy) (cf. racy[1]): His writing has a certain ~ (to it). 彼の文には一種の風格がある / There is a ~ peculiar to the *Essays of Elia*. 「エリア随筆」には独特の風韻がある. 8 (Shak) 性癖.
— adj. [限定的] 1 人種の, 人種的な (racial): ⇨ race hatred. 2 (婉曲) 黒人の (Negro).
〖(1500–20) □ (O)F ~ 'generation, family' □ It. *razza* (cf. Sp. *raza* / Port. *raça*) □ ? Arab. *ra's* (⇨ ras)〗

race[3] /réɪs/ n. ショウガ (ginger) の根. 〖(c1450) □ OF *rais, raiz* < L *rādīcem, rādix* root ← IE **w(e)rād-* 'branch, ROOT[1]': cf. radish〗

race[4] /réɪs/ vt. (廃) =rase.

Race /réɪs/, **Cape** n. レース岬 (カナダの Newfoundland 島南端の岬).

ráce·abòut n. 1 〖海事〗 競走用ヨット. 2 〖自動車〗 (競走用自動車に似た形の)無蓋乗用車, ロードスター. 〖(1897) ← RACE[1]＋ABOUT (adv.)〗

ráce·bàiter n. 人種差別をする人.

ráce·bàll n. (英) 競馬開催に付随して行われる舞踏会. 〖1775〗

ráce·bàrk n. 〖植物〗 =ribbonwood 1.

ráce bòard n. 1 〖海事〗 =gangplank. 2 〖機械〗 =race[1] 6 a. 〖1808〗

ráce càr n. (米) レース用自動車, レーシングカー.

ráce càrd n. (英) (施行者側発行の)競馬[競輪など]のプログラム, 公式出馬表. 〖1851〗

ráce·càster n. 競馬実況[情報]キャスター[アナウンサー]. 〖1938〗

ráce·course /réɪskɔ̀ːs | -kɔ̀ːs/ n. 1 競馬場, 競走場, 走路 (racetrack); (steeplechase または cross-country レース用の)芝生のコース. 2 水車の水路 (raceway, millrace). 〖(1764) ← RACE[1]＋COURSE〗

ráce·cùp n. (競馬・競輪などの)優勝杯. 〖(1777) ← RACE[1]＋CUP〗

ráce gìnger n. (粉にしない)根しょうが, 薑根(きょうこん) (cf. race[3]).

ráce glàss n. [通例 pl.] レース用双眼鏡 (競馬・ラリーなどの見物用の小型双眼鏡). 〖1865〗

ráce·gòer n. 競馬の常連, 競馬ファン. 〖1880〗

ráce gròund n. 競馬場, 競走場 (racecourse). 〖1698〗

ráce hàtred n. 人種的憎悪. 〖1882〗

ráce·hòrse n. 競走馬 (racer). 〖1626〗

ráce knìfe n. (木材・金属版などに溝をつける)画(かく)線刀, 罫(けい)書き針. 〖(1875) race: (変形) ← RAZE, RASE〗

ra·ce·mate /reɪsíːmeɪt, rə-/ n. 〖化学〗 1 ラセミ酸 (racemic acid) 塩[エステル]. 2 ラセミ化合物. 〖(1835) ← RACEM(IC)＋-ATE[1]〗

ra·ceme /reɪsíːm, rə- | rǽsiːm, réɪ-, rəsíːm, ræ-/ n. 〖植物〗 1 総状花序 (長い花軸に柄のある花を多数つけて下から咲き始める花序; cf. cyme, umbel): a compound ~ 複総状花序. 2 総状花. **ra·cémed** adj. 〖(1785) □ L *racēmus* grape bunch: RAISIN と二重語〗

ráce mèeting n. (英) 競馬開催; (その日または一開催期間全体の)競馬番組. 〖1809〗

ráce mèmory n. (潜在意識などに受け継がれると考えられる)人種[民族]的記憶.

ra·ce·mic /reɪsíːmɪk, rə- | rə-, ræ-, reɪ-, -sém-/ adj. 〖化学〗 1 ぶどうに含まれた, ぶどうから得られる. 2 ラセミの, ラセミ化合物の: a ~ compound ラセミ化合物. 〖(1835) □ F *racémique*: ⇨ raceme, -ic[1]〗

racémic ácid n. 〖化学〗 ラセミ酸, ぶどう酸. 〖(1894): ⇨ ↑, acid〗

rac·e·mif·er·ous /ræ̀səmíf(ə)rəs | -sɪ̀-⁻/ adj. 〖植物〗 総状花序をもつ. 〖(1656) ← RACEME＋-I-＋-FEROUS〗

ra·ce·mi·form /reɪsíːməfɔ̀əm | -mɪ̀fɔ̀ːm/ adj. 〖植物〗 総状花序の(形をした). 〖(1891) ← RACEME＋-I-＋-FORM〗

ra·ce·mism /reɪsíːmɪzm, rə-/ n. 〖化学〗 1 光学不活性. 2 =racemization. 〖(1897) ← RACEM(IC)＋-ISM〗

ra·ce·mi·za·tion /rèɪsìːmɪ̀zéɪʃən, rə-, | -maɪ-,

-mɪ-/ *n.* 〖化学〗ラセミ化《旋光性物質が旋光性を減少する, または全く失うこと》. 〘(1895): ⇨ ↓, -ation〙
ra·ce·mize /reɪsíːmaɪz, rə-/ *vt., vi.* 〖化学〗ラセミ化する. 〘(1896) ← RACEM(IC)+IZE〙
rac·e·mose /rǽsəmòus, reɪsíːmous, rə- | rǽsɪ̀mə̀us, reɪsíːməus, rə-/ *adj.* **1** 〖植物〗総状花序の(形をした), 総状に排列する. **2** 〖解剖〗房に似た, 房状の: a ~ gland 胞状腺(せん). **~·ly** *adv.* 〘(1698) ☐ L *racēmōsus*: ⇨ raceme, -ose¹〙
rac·e·mous /rǽsəməs, reɪsíː-, rə- | rǽsɪ̀-, reɪsíː-, rə-/ *adj.* =racemose. **~·ly** *adv.* 〘(1657): ⇨ -ous〙
rac·e·mule /rǽsəmjùːl | -sɪ̀-/ *n.* 〖植物〗小総状花序 (small raceme). 〘(1882) ← RACEME+-ULE〙
ra·cem·u·lose /rəsémjʊlòus | -lə̀us/ *adj.* 〖植物〗 **1** 小総状花序の[に似た]. **2** 小総状花序に並んだ. 〘(1864): ⇨ ↑, -ose¹〙
ráce mùsic *n.* 〖音楽〗レースミュージック《1920–30 年代の, ブルースをベースとした黒人音楽; 初期のジャズまたはリズム・アンド・ブルース; 当時, 黒人のための音楽として売り出されたことから》.
ráce nòrming *n.* 《英》レースノーミング《雇用などに際し, 特定の(少数)民族に優先枠を設けるなどして, 結果的に機会均等を実現させること》.
ráce plàte *n.* 〖機械〗=race¹ *n.* 6 a.
ráce prèjudice *n.* 人種的偏見. 〘1890〙
ráce pròblem *n.* 人種問題. 〘1890〙
ráce psychòlogy *n.* 人種心理学. 〘(なぞり) ← G *Völkerpsychologie*〙
rac·er /réɪsə | -sə(r)/ *n.* **1** 競走者; レース用自転車[自動車, 飛行機], 競漕用ヨット[ボート]; 競走馬. **2** =racing skate. **3** 〖動物〗動きの速い動物の総称: **a** =racing crab. **b** クロナメラ (black racer), ブルーレーサー (blue racer) など *Coluber* 属ナメラ類のヘビ. **c** 米国産レークトラウト (lake trout). **4** 〖軍事〗(重砲の)旋回砲架, 旋転台. 〘(1649) ← RACE¹+ER¹〙
ráce relàtions *n.pl.* (同一国内の)人種関係. 〘1911〙
ráce rìot *n.* 人種的反感から生じる暴動, (特に)白人と黒人との紛争. 〘1890〙
ráce rùnner *n.* 〖動物〗アメリカハシリトカゲ, アメリカシマトカゲ, レースランナー (*Cnemidophorus sexlineatus*)《6 本の縦じまのある北米・南米産の足の早いトカゲ; sand lizard, striped lizard ともいう》.
ráce stànd *n.* 競馬場[競走場]観覧席. 〘1829〙
ráce sùicide *n.* 民族的自殺《産児制限による人口の漸減》. 〘1901〙
ráce·tràck *n.* (通例長円形の)競馬場; (特に, 自動車)競争場, 競走場, トラック, 走路 (racecourse). 〘1859〙
ráce·tràcker *n.* しばしば競馬場(など)に通う人. 〘1953〙
ráce·wàlking *n.* 競歩.
ráce·wày *n.* 《米》 **1 a** (通例長円形の) harness race 用の競馬場. **b** 自動車競走場. **c** ドッグレース場. **2 a** (水車・鉱山などの)導水路, (水車の)水路 (millrace). **b** =fishway. **3** 〖電気〗配線管《地下または屋内の電線保護用鉄管》. **4** 〖機械〗=race¹ 6 c. 〘(1828) ← RACE¹+WAY〙

ra·chel /rəʃél; *F.* ʀaʃɛl/ *adj.* 淡黄茶色の, ラシェル[日焼け色]の. — *n.* (化粧品用の)ラシェル《淡いピンクを帯びた日焼け色のパウダー》. 〘(1887) ← RACHEL²〙
Ra·chel /réɪtʃəl, -tʃɪl/ *n.* **1** レイチェル《女性名; 愛称形 Rae, Ray》. **2** 〖聖書〗ラケル《Jacob の妻, Joseph および Benjamin の母; cf. *Gen.* 29–35》. 〘☐ LL ~ ☐ Gk *Rhakhḗl* ☐ Heb. *Rāḥēl* 《原義》ewe〙
Ra·chel /rǽʃél; *F.* ʀaʃɛl/, **Mlle** *n.* ラシェル《1821–58; ユダヤ系のフランスの悲劇女優; 本名 Élisa Félix》.
rach·et /rǽtʃɪ̀t | -tʃɪt/ *n., v.* 〖機械〗=ratchet.
ra·chi- /réɪkɪ, rǽkɪ, -ki/ (母音の前にくるときの) rachio- の異形.
rachides *n.* rachis の複数形.
ra·chi·form /réɪkəfɔ̀əm | -kɪ̀fɔ̀ːm/ *adj.* 〖植物〗花軸[葉軸]状の. 〘(1866) ← RACHIO-+-I-+-FORM〙
ra·chil·la /rəkílə/ *n.* (*pl.* **ra·chil·lae** /-liː/) 〖植物〗(イネ科植物の)小軸. 〘(1842) ← NL ~ (dim.) ← RACHIS〙
ra·chi·o- /réɪkiou, rǽk- | -kiəu/「脊柱, 脊椎 (spine); 脊柱と…との (spinal and …)」の意の連結形. ★ 母音の前では通例 rachi- になる. 〘☐ Gk *rhakhio-* (⇨ rachis)〙
ra·chi·o·dont /réɪkiədɑ̀(ː)nt, rǽk- | -ə(ʊ)dɔ̀nt/ *adj.* 〖動物〗〈ヘビなど〉(のどに)椎骨の変化した歯のある. 〘(1887): ⇨ ↑, -odont〙
ra·chi·ot·o·my /rèɪkiɑ́(ː)təmi | -ɔ́t-/ *n.* =laminectomy. 〘1893〙
ra·chis /réɪkɪs, rǽk- | -kɪs/ *n.* (*pl.* **~·es, rach·i·des** /rǽkədìːz, réɪk- | -kɪ-/) **1** 〖植物〗(総状花序の)花軸; (羽状複葉の小葉をつける)葉軸. **2** 〖動物〗羽軸《羽幹の上部で中実の部分; 下部の中空の部分は calamus または quill という》. **3** 〖解剖〗脊柱 (spinal column). 〘(1785) ← NL ~ ← Gk *rhákhis* spine〙
ra·chit·ic /rəkítɪk, ræk- | -tɪk/ *adj.* =rickety. 〘(1797): ⇨ ↓, -ic〙
ra·chi·tis /rəkáɪtɪs, ræ- | -tɪs/ *n.* (*pl.* **ra·chit·i·des** /rəkítədìːz, ræk- | -tɪ-/) 〖病理〗 **1** 佝僂(くる)病 (rickets). **2** 脊柱炎. 〘(1727–41) ← NL ~ ← Gk *rhakhîtis*: ⇨ rachis, -itis〙
Rach·ma·ni·noff /rækmǽnənɔ̀(ː)f, rɑːkmɑ́ːn-, -nɑ̀(ː)f | rækmǽnɪnɔ̀f; *Russ.* raxmánʲinəf/ (*also* **Rach·ma·ni·nov** /~/), **Sergei Vas·sil·ie·vitch** /vasʲílʲivʲitʃ/ *n.* ラフマニノフ《1873–1943; ロシアのピアニスト・作曲家》.
Rach·man·ism /rǽkmənɪzm/ *n.* 《英》(スラム化した貸家の店子からの)悪徳家主[地主]的搾取. 〘(1963) ← *P. Rachman* (1919–62: ロンドンの悪徳地主)+-ISM〙
ra·cial /réɪʃəl, -ʃɪl | -ʃəl, -ʃɪl, -ʃiəl/ *adj.* 人種の, 種族の, 民族の; 人種[種族]間の: ~ traits 人種的特徴 / ~ hatred (偏見に基づく)人種的憎悪 / ~ discrimination 人種差別 / ~ antipathies [prejudice] 人種的反感[偏見] / ~ segregation 人種隔離 / ~ practices 人種的差別待遇. **~·ly** *adv.* 〘(1862) ← RACE²+-IAL〙
rácial engineéring *n.* 《英》人種間の機会均等化(措置).
rácial equálity *n.* 人種間の機会均等.
rácial integrátion *n.* =integration 7.
rá·cial·ism /-lɪzm/ *n.* **1** 人種的偏見; 人種差別; 人種的憎悪. **2** =racism 1–3. 〘(1907) ← RACIAL+-ISM〙
rá·cial·ist /-lɪ̀st | -lɪst/ *n.* 人種的偏見[差別, 憎悪]を抱く人, 人種差別主義者. **ra·cial·is·tic** /rèɪʃəlístɪk | -ʃə-, -ʃiə-ˈ/ *adj.* 〘1917〙
rácial uncónscious *n.* 〖心理〗人種的無意識 (⇨ collective unconscious).
R̂ àcid *n.* 〖化学〗R酸 ($HOC_{10}H_5(SO_3H)_2$)《β ナフトールジスルフォン酸; 染料の中間体》.
Ra·cine /ræsíːn, rə-; *F.* ʀasin/, **Jean Baptiste** *n.* ラシーヌ《1639–99; フランスの悲劇詩人; *Andromaque*「アンドロマク」(1667), *Britannicus*「ブリタニキュス」(1669), *Phèdre*「フェードル」(1677)》.
rac·ing /réɪsɪŋ/ *n.* **1** 競馬; 競走; オートレース; ボート競争. **2** [形容詞的に] 競走(用)の; 競馬(用)の: a ~ cup (競馬などの)賞杯 / a ~ man 競馬狂, 競馬ファン / a ~ saddle 競馬用の鞍 / a ~ calendar 競馬暦[詳報]《競馬番組・競走条件・登録馬・競馬成績などを記した英国の週刊紙》; 競馬成績書《年 1 回発行》/ a ~ plate 競走馬用の軽い蹄鉄(てい) / the ~ world 競馬界 / a ~ prophet (競馬の)予想屋. 〘(1680) ← RACE¹+-ING²〙
rácing càr *n.* 《英》=race car.
rácing còlors *n.pl.* 〖競馬〗騎手の服色, 勝負服《馬主を明示する登録した色・柄(の衣服や帽子)》. 〘(1907): ⇨ color 7〙
rácing cràb *n.* 〖動物〗スナガニ科の動きの速いカニの総称.
rácing dèmon *n.* 〖トランプ〗レーシングデーモン《一人遊び (patience) を何人かでプレーして競争するもの》. 〘1945〙
rácing drìver *n.* 自動車レーサー, レーシングドライバー. 〘1961〙
rácing fòrm *n.* 競馬新聞, 競馬専門紙. 〘(1910): ⇨ FORM 22〙
rácing hòmer *n.* 競技用の伝書バト (cf. homing pigeon). 〘1946〙
rácing shèll *n.* =shell 7.
rácing skàte *n.* スピード用スケート靴《racer, speed skate ともいう; cf. figure skate, hockey skate, tubular skate》.
rácing skìff *n.* 〖ボート〗レーシングスキフ《一人乗りの細長いボート; single shell ともいう》.
rac·ism /réɪsɪzm/ *n.* **1** (人種の間には基本的に性質・能力・文化などの相違・優劣が存在するという)人種優劣説; (自分が属する人種についての)人種的優越感. **2** 人種的優越感に基づく人種差別《ナチスのユダヤ人排斥, 人種差別など》. **3** 人種的優越感に基づいた政治[社会]制度. **4** =racialism 1. 〘(1936) ← RACE²+-ISM: cf. F *racisme*〙
rac·ist /réɪsɪ̀st | -sɪst/ *n.* 人種差別主義者. — *adj.* 人種差別主義(擁護)の: ~ policies 人種差別政策 / a ~ regime 人種差別政権. 〘(1932) ← RACE²+-IST〙
rack¹ /rǽk/ *n.* **1 a** (物を掛ける)棚, …掛け, …架, …台, …入れ; (列車・バス・飛行機などの中の)網棚, 格子棚: a hat ~ 帽子掛け / a towel-*rack* タオル掛け / a plate-*rack* (水切り用)皿立て / ⇨ bookrack, penrack / a bottle ~ びん棚, (ワインなどの)ボトルラック / a bomb ~ (爆撃機などの)爆弾架 / an arms ~ 銃架 / a clothes ~ 衣服掛け, 衣桁(いこう) / a key ~ 鍵掛け. **b** (書類・郵便物などの分類用の)箱戸棚: a mail ~. **c** (干草・わらなどを大量に運ぶために荷車の上につけ足した)補助枠 (⇨ hayrack 2). **2** (牛馬用の)飼葉格子. **3** (修理する時)自動車を持ち上げる装置 (lift). **4 a** (肉体または精神に)激しい苦痛(を与えるもの) (anguish): a ~ of illness. **b** 無理に引っ張る[ねじ曲げる]こと: The ship has survived the ~ of storms. 船は度重なる嵐の翻弄(ほんろう)に耐えた. **c** 険悪な天候, 嵐. **d** 《まれ》=rack rent. **5 a** (手足を縛り体を台に乗せて無理に引き伸ばす, 中世ヨーロッパの)拷問台: put on [to] the ~ 拷問にかける / To the ~ with him! やつを拷問にかけろ. **b** 皮革を引き伸ばすための台, 皮伸ばし台. **6** (一対の)鹿の枝角 (antlers). **7** 〖印刷〗(活字ケース・ゲラなどを収蔵する)棚: a galley ~ ゲラ棚. **8** 〖機械〗(歯車の)ラック, 歯ざお: ⇨ rack-and-pinion press. **9** 《米》〖玉突〗ラック《pool で的玉(まとだま)を rack するのに用いる三角形の木枠 (frame)》; その木枠でそろえた玉. **10** 〖土木〗塵除けスクリーン[格子]《貯水池・発電所などの水路に装置する格子状の設備で魚・ごみなどをさえぎる; trashrack ともいう》. **11** 〖海事〗動索棚《動索 (running rigging) が通る綱車 (sheaves) のある木の枠》. **12** 〖写真〗(撮影中のカメラなどを振動から守るための)ばねつきの支え; (現像焼付け中の)フィルムの押さえ.
live at ráck and mánger 《古》贅沢に[豊かに]暮らす. ***òff the ráck*** 〈衣服が〉既製品の. 〘1596〙 ***òn the ráck*** 苦しんで, 悩んで, 心配して; 苦労して: My ingenuity is *on the* ~ to find a good excuse. なんとかうまい言い訳を考え出そうと知恵を絞っている.
— *vt.* **1** 〈病気・心痛などが〉〈人を〉苦しめる (distress) (⇨ torment SYN): be ~*ed* with gout [a cough] 痛風[せき]で苦しむ / Doubt and despair ~*ed* him. 彼は疑惑と絶望に苦しめられた. **2 a** 〈頭などを〉無理に使う (strain), 力一杯使う: ~ one's brains ⇨ brain 成句. **b** (切れるほど)引っ張る (stretch), 無理[猛烈]に引っ張る. **c** 〈言葉〉の意味を無理に解釈する: ~ a text to suit one's purposes 文句を自分に都合のよいように解釈する. **3** (手足を引っ張って)拷問にかける (torture). **4 a** 〈地代などを〉搾り取る: ~ rents. **b** 〈小作人などを〉法外な地代[家賃など]で苦しめる: ~ tenants. **5** (乱作などで)〈土地を〉痩(や)せさせる. **6** 台[棚]に載せる; 〈皮を〉台に載せて引き伸ばす. **7** 《英》**a** 〈家畜を〉飼葉格子に届く所につなぐ 〈*up*〉: ~ a horse, a sheep, etc. **b** 〈飼葉格子〉に干草を一杯入れる 〈*up*〉. **8** 〖機械〗〈カメラ・双眼鏡などを〉(歯車と歯ざお[ウォーム]を用いて)伸縮する. **9** 〖玉突〗(pool で) 〈玉を〉ラックする 〈*up*〉《試合開始に備えて玉を三角形の木枠に入れてそろえる》. **10** 〖海事〗〈2 本のロープを〉ならべてくくり合わせる. — *vi.* **1** 《スコット》引っ張られる, 引き伸ばされる; (引っ張られて)長くなる (lengthen), 伸びる. **2** 〖海事〗船側から反対の船側まで行ったり来たり動く, 横移動する.
ráck úp (1) ⇨ *vt.* 7. (2) 《米俗》やってのける, 成し遂げる (achieve): ~ *up* a victory. (3) 《米俗》〈得点を〉取る (score). (4) 《米俗》なぐり倒す. (5) 〖玉突〗⇨ *vt.* 9. (6) 《口語》〈映写機のフレームを〉まっすぐにする.
~·er *n.* 〘n.: (c1300) *rakke, racke* ☐ MDu. *rec* ← *recken*. — v.: (c1433) *rakke(n)* // MDu. *recken* to stretch: cf. OE *reccan* to stretch / G *recken*〙

rack¹ 8
1 pinion
2 rack

rack² /rǽk/ *n.* 《古》破壊, 荒廃. ★ 今は次の成句で: ***gó [bríng] to ráck and rúin*** [《古》***mánger***] 破滅する[させる], 荒廃する[させる]; めちゃめちゃになる. 〘(1599) 《変形》← WRACK¹ < OE *wræc*: cf. wrack¹〙
rack³ /rǽk/ *n.* **1** 飛び雲, 流れ雲, ちぎれ雲. **2** 《廃》流れ動く霧, 霧の流れ. — *vi.* 〈雲が〉風に吹かれて飛ぶ (scud). 〘(?a1300) *rac, rak* ← ? ON: cf. Norw. & Swed. 《方言》*rak* wreckage ← *reka* to drive〙
rack⁴ /rǽk/ *vt.* (たるの中の)〈ワインなどの〉澄んだ液[部分]を取り出す[別のたるに移し換える], おり引きする 〈*off*〉. 〘(1475) ☐ Prov. *arracar* ← *raca* dregs〙
rack⁵ /rǽk/ *n.* 〖馬術〗 **1** (馬の)ラック《なめらかですばやい 4 拍子の最も華麗な人為的な歩法; 前後の脚が一本ずつなので single-foot ともいう; cf. gait¹ 3》. **2** (馬の)側対歩 (pace). — *vi.* **1** 〈馬が〉軽駆けで走る. **2** 〈馬が〉側対歩で走る. 〘(1530) 《変形》← ? ROCK²〙
rack⁶ /rǽk/ *n.* =arrack. 〘(1602) 《頭音消失》← ARRACK: cf. G *Rack*〙
rack⁷ /rǽk/ *n.* (子羊の)骨付きあばら肉, ラック《ロースト用; ⇨ lamb 挿絵》. 〘(1570) ← ? RACK¹ (n.): cf. G *Rachen* throat〙
rack⁸ /rǽk/ *n.* 《方言》(動物などが通ってできた)道, 跡. 〘《変形》← ? RACK⁵〙
rack·a·bones /rǽkəbòunz | -bə̀unz/ *n. pl.* [単数扱い] 骨と皮ばかりの人[動物]; (特に)痩(や)せ馬. 〘(1900) 《転訛》← *rack of bones*: ⇨ rack⁷〙
ráck and pínion *n.* 〖機械〗ラックアンドピニオン《ラック (rack¹) とピニオン (pinion²) をかみ合わせて, 回転運動を直線運動に, またはその逆に変える装置》. 〘1837〙
ráck-and-pínion prèss *n.* 〖機械〗ラックプレス《ラックピニオン機構により, パンチに打抜き力が加えられる打抜きプレス》. 〘1837〙
ráck càr *n.* 《米》〖鉄道〗枠つき長物車, 自動車輸送用貨車《自動車・材木・ガーダーなどを運ぶ枠つきの貨車》. 〘(1875): ⇨ RACK¹〙
rack·et¹ /rǽkɪ̀t | -kɪt/ *n.* **1** がやがや騒ぎ, 騒音 (din) (⇨ noise SYN); 騒動, 大騒ぎ, 怒号, わめき立て (uproar, clamor): a ~ about something [with a person] ある事についての[人との]もめごと / make [kick up, set up] a ~ 大騒ぎをする / What's the ~? 《米口語》どうしたのだ. **2** (大勢集まっての)ばか騒ぎ, 底抜け騒ぎ (merrymaking); 遊興; 乱痴気パーティー: live in a constant ~ of enjoyment 絶えず愉快に浮かれ暮らす / go [be] on the ~ 道楽[遊興]をする[している]. **3 a** (恐喝・ゆすり・詐欺・横領などによる)不正な金もうけ, 闇商売: be in on a ~ 不正な金もうけの計画に加わっている[の一味である]. **b** 《口語》駆引き, 策略; 不正手段. **c** [the ~s] 組織的な非合法運動. **4** 《俗》**a** 仕事 (business), 職業, 商売 (occupation): the publishing ~ 出版業 / What's your ~? 君の商売は何ですか; 何のご用 / It isn't my ~. 私の知ったことじゃない. **b** 楽な金もうけ. **5** [the ~] 試練, 苦しみ. ***stánd the rácket*** (1) 試練に耐える. (2) 責任を負う; 費用をもつ, 勘定を払う. — *vi.* **1** [通例 ~ *about, around* として] 道楽をする (dissipate), 浮かれ暮らす: a ~*ing* life 遊興の生活. **2** 騒ぐ, 騒音を立てる; 騒ぎ回る. 〘(1565) 《擬音語》?〙
rack·et² /rǽkɪ̀t | -kɪt/ *n.* **1** (テニス・バドミントン・卓球などの)ラケット. **2** [~s, 通例 racquets; 単数扱い] ラケット《壁で囲まれたコート内で, 2 人または 4 人で, 長い柄のラケットを用いて硬いボールを壁にはね返らせて打ち合う球技; handball (2 a) から発達したもの; cf. squash racquets, racquetball》. **3 a** (人, または馬のはく)ラケット形の雪靴 (snowshoe). **b** (沼地などを歩くときに人または馬がはく)木靴. 〘(c1385) ☐ F *raquette* racket, 《廃》palm of the

hand (cf.It. *rachetta* ◻ Arab. *rāḥa*[h] (*alyad*) palm (of the hand))〗
rácket-bàll *n.* rackets の球 (cf. racket² 2). 〖1651〗
rácket còurt *n.* rackets 戯のコート. 〖1604〗
rack·e·teer /rækətíə | -kɪ̀tíə(r/ *n.* 恐喝者, ゆすり, (詐欺などにより)不正に金もうけをする人, 闇商人. — *vt.* 〈人を〉ゆする, 恐喝する, たかる. — *vi.* ゆすり[たかり]を働く; 不正に金もうけをする, 闇商売をする. **rack·e·teer·ing** /rækətíərɪŋ | -tíər-/ *n.* 〖(1928) ← RACKET¹+-EER〗
rácket-prèss *n.* ラケットプレス《ラケットがゆがまないように入れておく枠》. 〖1890〗
rack·ett /rǽkɪt | -kɪt/ *n.* ラケット《16–18 世紀ごろドイツやフランスで用いられたバスーンに似た複簧管楽器; その管の形状から sausage bassoon ともいう》. 〖(1876) ◻ G *Rackett*〗
rácket-tàil *n.*〘鳥類〙*Ocreatus, Discosura, Loddigesia* 属のハチドリの総称《尾羽 2 本が長く先がラケット状をなす》. 〖(1851): ⇨ RACKET²〗
rack·et·y /rǽkɪti | -kɪti/ *adj.* **1** 騒々しい (noisy). **2** 大騒ぎの好きな, 道楽好きの (dissipated). **3** ぐらぐらする, ふらつく (rickety); 不確実な. 〖(1773) ← RACKET¹ (n.) +-Y⁴〗
Rack·ham /rǽkəm/, **Arthur** *n.* ラカム (1867–1939; 英国の水彩・挿絵画家; *Peter Pan, Alice in Wonderland, Grimm's Fairy Tales* などの挿絵で有名).
rack·ing /rǽkɪŋ/ *adj.* 拷問する, 身を苦しめる, (苦しくて)身も世もないほどの, 我慢のできない: a ~ pain, toothache, headache, grief, etc. / a ~ cough (せき込んでくる)苦しいせき / ~ thoughts いても立ってもいられないほどの心配. — *n.*〘石工〙(下部から上部に)階段状に積み残したれんがや石の壁《作業を続けやすくしたり, 他の壁との接合を容易にするために, 工事を中断する時の手法》. **~·ly** *adv.*

racking

rack·le /rǽkl/ *adj.*《スコット》短気な; 強情な, 向こう見ずな. 〖(c1300) *rakel, rakil* ← ? *rake(n)* 'to go, RAKE⁴'〗
ráck locomòtive *n.*〘鉄道〙歯軌条[アプト式]鉄道機関車.
ráck·màster *n.* 拷問台係. 〖(1694): ⇨ rack¹〗
ráck mòunting *n.* ラックマウンティング《電気器具などの収納に規格化されたラックを使用すること》. **ráck-móunt** *adj.* **ráck-móunted** *adj.*
ráck pùnch *n.* アラックパンチ《アラック (arrack) を原料としたスウェーデンのリキュール》. 〖(1713): ⇨ rack⁴〗
ráck ràil *n.*〘鉄道〙ラックレール, 歯軌条 (cograil). 〖(1838): ⇨ rack¹〗
ráck ràilway [ràilroad] *n.*〘鉄道〙ラック鉄道, 歯軌条[アプト式]鉄道《急勾配(こう)の鉄道に用いる; cog railway ともいう》. 〖1884〗
ráck-rènt *vt.* …から法外な家賃[小作料, 地代]を取る[要求する]: ~ land, houses, tenants, etc. 〖1591〗
ráck rènt *n.* 法外な地代[家賃, 小作料]; (特に)年収に匹敵するほどの地代[家賃, 小作料]. 〖(1607): ⇨ rack¹〗
ráck-rènt·er *n.* 法外な地代[家賃]を払う[取る]人. 〖(1680) ← RACK-RENT〗
ráck sàw *n.*〘木工〙ラックソー《広刃ののこぎり》.
ráck whèel *n.*〘機械〙はめば歯車 (cogwheel).
ráck·wòrk *n.*〘機械〙ラック機構, ラック仕掛け.
ra·clette /ræklét, rɑ:-; *F.* ʀaklɛt/ *n.* **1** ラクレット《チーズを溶かしてゆでたじゃがいもと共に食べるスイス料理》. **2** ラクレットに用いるチーズ. 〖(1949) ◻ F ~ ← *racler* to scrape〗
ra·con /réɪkɑ(:)n | -kɔn/ *n.*〘通信〙レーダービーコン, レーコン《信号電波を発して航空機や船舶に自己の位置や方向を知らせる装置; cf. radio beacon》. 〖(1945)《混成》← RA(DAR)+(BEA)CON〗
rac·on·teur /rækɑ(:)ntə́:, -kən- | -kɔntə́:(r; *F.* ʀakɔ̃tœːʀ/ *n.* (*pl.* ~s /~z; *F.* ~/; *fem.* **-teuse** /-tə́:z; *F.* -tø:z/) 話の上手な人; 話をする人: a good [practiced, skillful] ~ 話の上手な人. 〖(1828) ◻ F ~ ← *raconter* 'to RECOUNT¹'〗
ra·coon /rækú:n, rə- | rə-, ræ-/ *n.*〘動物〙=raccoon.
rac·quet /rǽkɪt | -kɪt/ *n.* =racket².
rácquet·bàll *n.*〘競技〙ラケットボール《壁に囲まれたコート内で, 短い柄のラケットとゴムボールを用いて, 2 人または 4 人で壁に球をはね返らせて打ち合う球技; 1940 年代に米国で始まった; cf. racket² 2, squash racquets》. 〖1968〗
rac·y¹ /réɪsi/ *adj.* (**rac·i·er**; **-i·est**) **1 a** 活気のある, 元気のある, 生気のある (vigorous, spirited). **b** きびきびした, ぴりっとした, 痛快な (spicy, pungent): a ~ style [talk] きびきびした文体[談話]. **2**《米》猥褻(わいせつ)な, きわどい: a ~ story. **3**〈酒・果物など〉本場の味のある, 独特の風味のある, 芳しい (rich, fragrant) (⇨ pungent SYN); 新鮮な (fresh): a ~ apple / a ~ flavor / be ~ of the soil 本場特有の味のある, (その)土地独特の風味がある. **rác·i·ly** /-sɪli/ *adv.* **rác·i·ness** *n.* 〖(1654) ← RACE²+-Y⁴〗
rac·y² /réɪsi/ *adj.* (**rac·i·er**; **-i·est**) **1** 競走に適した体格の. **2**〈動物が〉長身で痩(や)せた. 〖(1841) ← RACE¹+-Y⁴〗
rad¹ /rǽd/ *n.*〘物理〙ラド《物質や組織 1g について 100 エルグのエネルギーを与える放射線量を 1 ラドという; cf. roentgen》. 〖(1918)《略》← RADIATION〗
rad² /rǽd/ *n.*《口語》過激な人, (政治上の)過激論者 (radical). 〖1820〗
rad³ *adj.*《俗》すっごい, かっこいい, いかす. 〖(1982)《短縮》? ← RADICAL〗
rad.《略》〘数学〙radian(s); radiation; radical; radius; *L.* rādīx (=root).
Rad.《略》radar; radio; radiologist; radiology;〘医学〙radiotherapist;〘医学〙radiotherapy; Radnorshire.
RAD《略》《英》Royal Academy of Dance.
RADA /rɑ́:də | -də/《略》《英口語》Royal Academy of Dramatic Art (英国の)王立演劇学校. 〖1921〗
ra·dar /réɪdɑə | -dɑ:(r/ *n.*〘電子工学〙**1** 電波探知(法): by ~ / bomb on ~ レーダーで爆弾を投下する. **2** レーダー, 電波探知機, 電探 (cf. radiolocator); レーダー施設. 〖(1941) 頭字語 ← *ra(dio) d(etecting) a(nd) r(anging)*〗
rádar astrònomy *n.*〘天文〙レーダー天文学《惑星等に対するレーダー反射波から惑星などを研究する天文学の一分野》. 〖1959〗
rádar bèacon *n.*〘通信〙=racon. 〖1945〗
rádar bèam *n.*〘通信〙レーダーの出す電波ビーム.
rádar fènce [scrèen] *n.* レーダー網. 〖1948〗
rádar gùn *n.* (片手で持てる)自動車速度測定器, レーダーガン.
rádar·man /-mən, -mæ̀n/ *n.* (*pl.* **-men** /-mən, -mɛ̀n/) レーダー技師. 〖1942〗
ra·dar·scope /réɪdɑəskòʊp | -dɑ:skɔ̀ʊp/ *n.*〘通信〙(レーダーの)電波映像鏡《受ける電波の振動の状態を目に見えるようにする装置》. 〖(1945) ← RADAR+(OSCILLO)-SCOPE〗
rádar tèlescope *n.*〘天文〙レーダー望遠鏡《レーダー天文学 (radar astronomy) 用のアンテナを備えたレーダー送受信機》.
rádar tràp *n.* (レーダーを利用した)制限速度違反検知装置 (⇨ speed trap). 〖1962〗
RADC《略》《英》Royal Army Dental Corps.
Rad·cliffe /rǽdklɪf/ *n.* ラドクリフ《男性名》. 〖cf. OE *rēadclif* (dweller at the) red cliff〗
Rad·cliffe /rǽdklɪf/, **Ann** *n.* ラドクリフ (1764–1823; 英国の女流作家; 旧姓 Ward; *The Mysteries of Udolpho* (1794)).
rad·dle¹ /rǽdl | -dl/ *n.* =ruddle. — *vt.* **1** =ruddle 1. **2** …に紅(など)を塗り立てる. 〖(1523)《変形》← RUDDLE〗
rad·dle² /rǽdl | -dl/ *vt.* 一緒に合わせてよじる, (網代(あじろ)のように)組む, 編む (interweave). — *n.* **1** (編んで垣根などを作る)長いしなやかな枝. **2** (しなやかな枝などで編んで作った)垣根[壁, 戸など]. 〖(1577) ←《方言》~ 'lath' ◻ AF *reidele* =OF *ridele, ridelle* stout stick or pole ◻ ? MHG *reitel* cudgel〗
rad·dle³ /rǽdl | -dl/ *vt.*《スコット》打つ, たたく, なぐる (beat). 〖(1688) ← ? RADDLE²〗
rád·dled¹ *adj.* **1** 頭が混乱した, 平静を失った (confused). **2** 疲れ果てた, 衰弱しきった. **3** 荒れた, 荒廃した. 〖(1694) ← ?〗
rád·dled² *adj.* (年とった女性について)紅などを塗り立てた, どぎつく化粧した: ~ cheeks.
ráddle·man /-mən/ *n.* (*pl.* **-men** /-mən, -mɛ̀n/) = ruddleman.
ra·dec·to·my /rədéktəmi/ *n.*〘歯科〙歯根切除(術). 〖← RAD(IX)+-ECTOMY〗
Ra·dek /rɑ́:dɛk; *Russ.* rádʲik/, **Karl (Ber·nar·do·vich)** /bʲirnárdəvʲitʃʲ/ *n.* ラデック (1885–1939; ロシアの政治家・著述家).
Ra·detz·ky /rədétski; *G.* ʀadétski/, **Joseph Wenzel** /vénts̩l/ *n.* ラデツキー (1766–1858; オーストリアの陸軍元帥).
Radétzky Márch *n.* ラデツキー行進曲《父親の Johann Strauss 作曲; ウィーンの新年の音楽会のアンコール曲として知られる》.
Rad·ford /rǽdfəd | -fəd/, **Arthur William** *n.* ラドフォード (1896–1973; 米国の海軍大将; 統合参謀本部議長 (1953–57)).
Ra·dha /rɑ́:dɑ:/ *n.*〘ヒンズー教〙ラーダー《Krishna 神に愛された牧女》. 〖◻ Skt *rādhā*《原義》prosperity〗
Ra·dha·krish·nan /rɑ̀:dəkríʃnən | -də-/, Sir **Sarve·pal·li** /sɑəvɛpɑ́:li | sɑ:-/ *n.* ラーダークリシュナン (1888–1975; インドの政治家・哲学者; 大統領 (1962–67)).
ra·di- /réɪdi, -di | reɪd-/ (母音の前にくるときの) radio- の異形: *radiopaque*.
ra·di·al /réɪdiəl | -diəl/ *adj.* **1** 放射(状)の, 輻射形[状]の; 放射状に配置された: a ~ system (街路などの)放射式 / a ~ axle 放射軸, 転向車輪 / ⇨ radial symmetry. **2 a** 半径 (radius) の[に関する]. **b** 半径に沿った[で動く], 半径方向の. **3**〘解剖〙橈骨(とうこつ)の(近くにある) (cf. radius 4). **4**〘動物〙放射部の, 射部器官の (cf. radius 5). **5**〘生物〙(軸を中心として)画一的に(分裂)発達する: ~ cleavage of an egg 放射状卵割(らんかつ). **6**〘植物〙射出花の, 各方向に均斉に発達した. **7**《まれ》光線の[に関する]. — *n.* **1**〘自動車〙=radial-ply tire. **2**〘解剖〙橈骨神経; 橈骨動脈. **3**〘機械〙=radial engine. **4 a** 放射状のもの[部分]. **b**《まれ》光線 (ray). **~·ly** *adv.* 〖(a1400) ◻ ML *radiālis*: ⇨ radius, -al¹〗
rádial ártery *n.*〘解剖〙橈骨(とうこつ)動脈. 〖1786〗
rádial béaring *n.*〘機械〙ラジアル軸受《軸受が支持する力が軸の半径方向に作用している軸受》.
rádial dríll *n.*〘機械〙ラジアルボール盤《直立する柱から直角に半径方向に腕を突出し, その上をドリルを保持する主軸頭が移動できる穴あけ用工作機械》. 〖1875〗
ra·di·a·le /rèɪdiéɪli, -éɪli, -ɑ́:li | -di-/ *n.* (*pl.* **-a·li·a** /-liə/)〘解剖〙橈骨(とうこつ)と連動する手根骨や軟骨; (特に)舟状骨. 〖(1888) ← NL ~ (neut. sing.) ← L *radiālis*: ⇨ radial〗
rádial éngine *n.*〘機械〙星形エンジン, 星形発動機, 星形(内燃)機関. 〖1909〗
rádial-flów *adj.*〘航空〙半径流の, 放射流の, 輻流(ふくりゅう)の《流体が軸線に直角方向に流れる; cf. axial-flow》. 〖1881〗
rádial gáte *n.*〘土木〙ラジアルゲート《水平な回転軸を中心に上下する扉の断面が扇形の水門; tainter gate ともいう》.
radialia *n.* radiale の複数形.
rádial keratótomy *n.*〘眼科〙(近視治療のための)放射状角膜切開(術).
rádially symmétrical *adj.*〘生物〙放射相称の.
rádial mótion *n.*〘天文・物理〙視線運動.
rádial nérve *n.*〘解剖〙橈骨(とうこつ)神経. 〖1830〗
rádial-plỳ *adj.* 〈タイヤが〉ラジアル(プライ)の《コードを放射状に配列したタイヤにいう; cf. cross-ply》. 〖1964〗
rádial-plỳ tíre *n.*〘自動車〙ラジアルタイヤ《単に radial, radial tire ともいう; cf. belted-bias tire》. 〖1964〗
rádial sáw *n.*〘機械〙ラジアル鋸盤《円板の周辺に刃がついた鋸を電動回転させる鋸盤》.
rádial sýmmetry *n.*〘生物〙(ヒトデのような)放射相称 (cf. bilateral symmetry). 〖1890〗
rádial tíre *n.*〘自動車〙=radial-ply tire. 〖1967〗
rádial triangulátion *n.*〘測量〙放射三角測量, 射線法《測量用の写真に共通に写されている主点から写真上の各点に放射線を引いて接続標定していく方法》.
rádial velócity *n.*〘天文・物理〙視線速度《観測点から運動物体を結ぶ方向への速度成分》. 〖1895〗
ra·di·an /réɪdiən | -diən/ *n.*〘数学〙ラジアン《理論的取扱いにおける角度の単位; 約 57.2958°》. 〖(1879) ← RADI(US)+-AN¹〗
ra·di·ance /réɪdiəns | -diəns/ *n.* **1 a** 光り輝くこと, 光輝, 燦然(さんぜん) (splendor): in the ~ of the summer sun 夏の太陽の燦然とした輝きの中で. **b** (目・顔色の)明るさ, 輝き: *Radiance* lit her face. 彼女の顔は明るく輝いた. **2** 濃いピンク色. **3**《古》=radiation. **4**〘物理〙=radiant flux. 〖(1602): ⇨ radiant, -ance〗
rá·di·an·cy /-diənsi | -diən-/ *n.* =radiance.
ra·di·ant /réɪdiənt | -diənt/ *adj.* **1 a** 光を放つ, 光り輝く (⇨ bright SYN); 燦然(さんぜん)とした, (ぱっと)明るい: the ~ sun [gems] 燦然たる太陽[宝石]. **b** 〈目・顔色・微笑などが〉(喜び・希望・幸福などで)輝いた〈*with*〉; うれしそうな, 晴れやかな, にこやかな: ~ *with* health [joy] 健康[喜び]に輝いて / a ~ face [smile] にこやかな顔[微笑] / ~ beauty まばゆいほどの美しさ. **2**〘物理〙**a** 〈光・熱など〉放射によって放散される, 放射される. **b** 放射熱の, 放射熱を出す: a ~ lamp. **3**〘生物〙放散分布の. **4**〘紋章〙=rayonnant 2. — *n.* **1 a** 熱を発する点[物体]. **b** 光点, 光体. **c** (ガス・電気暖房器具の)輻射熱を発する耐火材. **2**〘天文〙=radiant point. **3**〘生物〙放散分布個体または群 (cf. radiation 5). 〖(c1450) ◻ L *radiantem* (pres. p.) ← *radiāre* to irradiate: ⇨ radiate, -ant〗
rádiant efficiency *n.*〘物理〙放射効率. 〖1914〗
rádiant emíttance *n.*〘光学〙放射発散度.
rádiant énergy *n.*〘物理〙**1** 放射エネルギー. **2** 可視光線. 〖1890〗
rádiant éxitance *n.*〘物理〙放射発散度.
rádiant flúx *n.*〘物理〙放射束《放射の形で単位時間に任意の面積を通過するエネルギー》. 〖1917〗
rádiant héat *n.*〘物理化学〙放[輻]射熱. 〖1794〗
rádiant héater *n.* 輻射暖房器.
rádiant héating *n.*〘建築〙輻射暖房 (⇨ panel heating). 〖1912〗
rádiant inténsity *n.*〘物理〙放射強度.
rá·di·ant·ly *adv.* **1** 晴れやかに, にこやかに: smile ~. **2** 燦然(さんぜん)と(して), (ぱっと)明るく; まばゆいほどに: ~ beautiful. 〖1557〗
rádiant pòint *n.* **1**〘天文〙(流星群の)放射点. **2**〘物理〙(光や電波などの放射線の)放射点. 〖1726〗
Ra·di·a·ta /rèɪdiɑ́:tə, -éɪtə | -diɑ́:tə, -éɪtə/ *n. pl.*〘動物〙放射相称動物類 (cf. radiate *adj.* 2). 〖(1828) ← NL ~ (neut. pl) ← L *radiātus*: ⇨ radiate〗
ra·di·á·ta pine /rèɪdiɑ́:tə-, -éɪtə- | -diɑ́:tə-, -éɪtə-/ *n.*《NZ》〘植物〙ラジアータマツ, ニュージーランドマツ (*Pinus radiata*)《建築材用のオーストラリア・ニュージーランド産のマツ; 米国西部原産のモンテレーマツ (Monterey pine) を植林したもの》. 〖(1953): *radiata* ← NL ~ (fem.: ↓)〗
ra·di·ate *v.* /réɪdièɪt | -di-/ *vi.* **1 a** 光を放つ, 光り輝く. **b** 〈熱・光などが〉射出[放出, 放射]する. **2** 放射状に伸びる, 中心から(四方八方へ)分出する[広がる] (diverge); 方々へ行き渡る[広まる]: ~ from a center 中心から放射状に広がる / streets *radiating* from the square in every direction 広場から四方八方に通じている道路 / The Renaissance ~*d from* Italy to all parts of Europe. ルネサンスはイタリアを中心としてヨーロッパ全土に広まった. — *vt.* **1 a** 〈生気・喜び・愛などを〉まき散らす, 外に表す (shed, diffuse): ~ confidence 見るからに自信にあふれている / She seems to ~ happiness. 幸せの光を辺りに放っているようだ. **b** 〈熱・光を〉射出[放出, 放射, 発散]する. **2** (ラジオ・テレビで)放送する: ~ a program. **3** 〈影響などを〉行き渡らせる, 広める, 広く及ぼす (diffuse): ~ influence. **4** =irradiate. — /réɪdiɪt, -dièɪt | -diɪt, -dièɪt/ *adj.* **1** 射出する, 放射する; 放射状の: ~ structure 放射構造. **2**〘動物〙放射相称動物類の; (ヒトデのように)放射相称の. **3**〘植物〙舌状花を生じる[有する]: a ~ capitulum 放射状頭状花. — /-diɪt, -dièɪt | -diɪt, -dièɪt/ *n.*〘動物〙放射相称動物. **~·ly** *adv.* 〖(a1619) ← L *radiātus* (p.p.) ← *radiāre* to shine ← *radius*: ⇨ radius, -ate³〗

R

rá·di·àt·ed /-èɪṭɪ̀d, | -tɪ̀d/ *adj.* **1 a** 射出[放射]する. **b** 放射状の, 放射状に配置された. **2** 放射線を受けた; (特に)X線[ラジウム]治療を受けた. 〖1658〗

ra·di·a·tion /rèɪḍiéɪʃən | -di-/ *n.* **1 a** 〖物理〗放射(作用); 放射性[能]: direct [indirect] ~ 直接[間接]放熱 / X-ray ~ X線放射. **b** 放射エネルギー, 放射熱: solar [terrestrial] ~ 太陽[地球]放射熱. **c** 放射線《放射性元素の崩壊によって放出される粒子線(α 線, β 線など)や電磁波》. **2** (熱・光・電磁波・音などの)発散, 放散 (cf. conduction 2, convection 2). **3 a** 発散[放射]されるもの. **b** =radiator. **4** 放射形, 放射状排列. **5** 〖生物〗放散《生物が形態・習性の変化により原種と著しく相違した広い生態的分布を示すこと》: ⇨ adaptive radiation. **~·al** /-ʃnəl, -ʃənl/ *adj.* **~·less** *adj.* 〖(*a*1450) □ L *radiātiō(n-)*: ⇨ radiate, -ation〗

radiátion bèlt *n.* 〖地球物理〗=Van Allen radiation belt. 〖1959〗

radiátion chémistry *n.* 放射線化学《放射線の化学作用を研究する化学の一分野》. 〖1940〗

radiátion dàmage *n.* 〖病理〗放射性障害. 〖1941〗

radiátion fìeld *n.* 〖電気〗放射電磁界. 〖1924〗

radiátion fòg *n.* 〖気象〗放射霧《夜間の放射による冷却で形成された霧》. 〖1857〗

radiátion hàzard *n.* 〖病理〗=radiation damage. 〖1945〗

radiátion impédance *n.* 〖電気〗放射インピーダンス.

radiátion lóss *n.* 〖電気〗放射損.

radiátion pàttern *n.* 〖通信〗空中線指向性図. 〖1948〗

radiátion potèntial *n.* 〖物理〗放射電位.

radiátion prèssure *n.* 〖天体物理〗放射[輻射]圧, 光圧. 〖1901〗

radiátion pyròmeter *n.* 〖物理〗放射高温計. 〖1904〗

radiátion resìstance *n.* 〖電気〗放射抵抗. 〖1913〗

radiátion sìckness *n.* 〖病理〗放射能宿酔《疲労・吐き気・白血球の減少・内出血などを伴う》. 〖1924〗

radiátion thèrapy *n.* 〖医学〗=radiotherapy. 〖1922〗

radiátion trèatment *n.* =radiotherapy.

ra·di·a·tive /réɪḍièɪṭɪv, -ḍiəṭ- | -diət-, -dièɪt-/ *adj.* (熱・光などを)発散する; 放射する; 放射性の. 〖(1837) ← RADIATE＋-IVE〗

rádiative cápture *n.* 〖物理〗放射性捕獲《例えば, 中性子が原子核に捕獲(吸収)されて光子(γ 線)を放出する時に用いる》. 〖1935〗

rádiative collísion *n.* 〖物理〗放射を伴う衝突《素粒子・原子核・原子の衝突において光子(γ 線)の放出を伴うもの》.

ra·di·a·tor /réɪḍièɪṭə | -dièɪtə(r)/ *n.* **1** 放熱器, 暖房装置, ラジエーター. **2** (自動車・機関などの)冷却器, ラジエーター. **3 a** (熱・光などの)放射体, 射光[放熱]体. **b** 放射性物質[物体]. **4** 〖通信〗発振子, 空中線, アンテナ. 〖(1836) ← RADIATE＋-OR²〗

rádiator grìlle *n.* (自動車の)ラジエーターグリル (⇨ car 挿絵). 〖1938〗

rádiator màscot *n.* (自動車の)ラジエーターグリル上の飾り.

ra·di·a·to·ry /réɪḍiətɔ̀ːri | -diətəri, -tri/ *adj.* =radiative. 〖(1865) ← RADIATE＋-ORY〗

ra·di·a·tus /rèɪḍiéɪṭəs | -diéɪt-/ *adj.* 〖気象〗〈雲が〉放射状の, 放射状雲の. 〖← NL ~: ⇨ radiate〗

rad·i·cal /rǽdɪkəl, -kl̩ | -dɪ-/ *adj.* **1** 〈改革・治療など〉根元にまで影響を及ぼす; 徹底的な (thorough), 完全な (complete): a ~ cure 完全な治療, 根治 / ~ surgery 根治的外科治療 / a ~ reform 抜本的改革 / The invention brought about ~ changes in social life. その発明は社会生活に大変革をもたらした. **2 a** 伝統的な思考・習慣などからかけ離れた, 極端な, 急進的な, 過激な (extreme, drastic); 革命的な (revolutionary) (↔ conservative): a ~ party [politician] 急進党[的政治家] / a ~ newspaper 過激な新聞 / ~ theology 急進的神学. **b** [しばしば R-] 急進派[党]の. **c** 〈立法措置など〉急進派に推進された, 急進派的な. **3 a** 基礎[根底]となる, 根本に関する; 根本的な, 基本的な (basic, fundamental): a ~ formula 基礎公式 / a ~ principle 根本原理 / a ~ difference 根本的な相違. **b** 本来の, 生来の (inherent): ~ defects 生来の欠陥. **4** 《米俗》すばらしい, すごい: a ~ party すごく楽しいパーティー. **5** 〖英史〗(19 世紀初頭の英国の)急進派の; 〖米史〗共和党過激派の (⇨ *n.* 2 b). **6** 〖数学〗根 (root) の, 不尽根の (irrational); 根号の. **7** 〖言語〗語根 (root) の: a ~ form / a ~ word 語根語. **8** 〖植物〗根から生じる, 根の (cf. cauline): ~ leaves 根生葉 / ~ growths 根生物. **9** 〖音楽〗根音 (root) の.

— *n.* **1** 極端[過激]論者, 急進分子 (extremist). **2 a** [しばしば R-] 急進党員, 過激党員. **b** [the Radicals] (19 世紀初頭の英国の)急進派, 急進的改革派 (cf. Liberal Party); 〖米史〗(南北戦争後の連邦再建時代に南部諸州の連邦復帰に厳しい条件を課した)北部の共和党過激派 (Radical Republicans). **3 a** 根本, 根幹 (root, root part). **b** 根本原理, 基礎 (foundation). **4** 〖言語〗**a** 語根, 語幹 (root) (cf. derivative 5). **b** (漢字の)部首《偏・旁(ɔ̃ʔ)・冠の類》; 字源. **5** 〖化学〗**a** 基, 根 (root): an acid ~ 酸基. **b** =free radical. **6** 〖数学〗**a** 根; 累乗根; 根号 (radical sign); 不尽根の数[量]. **b** =radical expression.

~·ness *n.* 〖(*a* 1398) □ LL *rādīcālis* having or pertaining to roots ← *rādīx* root: ⇨ radix, -ical〗

rádical áxis *n.* 〖数学〗根軸《与えられた 2 つの円への接線の長さが等しい点の作る直線》. 〖1848〗

rádical cénter *n.* 〖数学〗根心《与えられた 3 つの円の 2 つずつの根軸 (radical axis) 3 本が共存する点》. 〖1848〗

rádical chíc *n.* [しばしば R- C-] 《米・軽蔑》(上流人士の)過激派好み[気取り]. 〖1970〗

rádical empíricism *n.* 〖哲学〗根本的経験論《W. James の用語で, 主客の二元的対立以前に純粋経験としての実在を認める経験論》. **rádical empíricist** *n.* 〖1897〗

rádical expréssion *n.* 〖数学〗無理式《根号 (radical sign) の中に変数を含む式》.

rad·i·cal·ism /rǽdɪkəlɪ̀zm | -dɪ-/ *n.* **1** 急進的なこと[性質]. **2 a** 急進[過激]主義. **b** 急進主義的行動[運動]; 急進主義派の綱領. 〖(1820) ← RADICAL＋-ISM〗

rad·i·cal·i·ty /rǽdəkǽləṭi | -dɪkǽlɪ̀ti/ *n.* **1** 根本的なこと[性質]. **2** =radicalism 1. 〖(1646) ← RADICAL＋-ITY〗

rad·i·cal·ize /rǽdɪkəlàɪz | -dɪ-/ *vt.* (特に, 政治的に)急進化する, 過激化する. **rad·i·cal·i·za·tion** /rǽdɪkəlɪ̀zéɪʃən | -dɪkəlaɪ-, -lɪ-/ *n.* 〖(1823) ← RADICAL＋-IZE〗

rádical léft *n.* [the ~] 極左, 急進左翼; 新左翼 (New Left). 〖1969〗

rád·i·cal·ly *adv.* **1** 根源に関して, 根本において, 本来. **2** 根本的に, 徹底的に (fundamentally). **3** 極端[過激]に. 〖(1609) ← RADICAL＋-LY¹〗

Rádical Repúblican *n.* 〖米史〗過激派共和党員 (⇨ radical *n.* 2 b).

rádical ríght *n.* [the ~] 極右, 急進右翼, 超保守派. **rádical ríghtism** *n.* **rádical ríghtist** *n.* 〖1954〗

rádical sígn *n.* 〖数学〗根号 (√, $\sqrt{-1}$) (′root′ の頭 ′r′ を図案化したもの; root sign ともいう). 〖1668〗

rad·i·cand /rǽdəkæ̀nd, ←⌣⌣ | -dɪ-/ *n.* 〖数学〗被開数, 開かれる数《根号の中に書かれる数》. 〖(1889) □ L *rādīcandum* (neut. ger.) ← *rādīcāre* to take root ← *rādīx* ′ROOT¹′〗

rad·i·cant /rǽdəkənt | -dɪ-/ *adj.* 〖植物〗(ツタのように)茎から不定根の出る. 〖(1753) □ L *rādīcantem* ← *rādīcāre* (↑): ⇨ -ant〗

rad·i·cate /rǽdəkèɪt | -dɪ-/ *vi.* 根づく, 根をはる. — *vt.* **1** 深くしっかりと植える. **2** 根を下ろさせる, 定着させる: be ~*d* in ...に深く根を下ろしている. — *adj.* 〈植物が〉根づいた. 〖(1470) ← L *rādīcātus* (p.p.) ← *rādīcāre* (↑)〗

ra·dic·chio /rədíːkiòu, rɑː- | rædíkiəu, ræ-; *It.* radíkkjo/ *n.* (*pl.* ~s) 〖植物〗赤チコリ, トレビス《チコリ (chicory) の一種; サラダに用いられる》. 〖(1968) □ It. < VL *radiculus* ← L *radicula* (dim.) ← *rādix* root〗

rad·i·cel /rǽdəsèl | -dɪ-/ *n.* 〖植物〗小根, 幼根 (rootlet). 〖(1819) ← NL *radicella* (dim.) ← *rādix* ′ROOT′〗

radices *n.* radix の複数形.

ra·di·ci·da·tion /rèɪdəsɪ̀déɪʃən | -dɪsaɪ-, -sɪ-/ *n.* 〖医学〗(食品に対する)放射線照射殺菌. 〖(1964) ← RADI(ATION)＋-CIDE＋-ATION〗

rad·i·cle /rǽdɪkl̩ | -dɪ-/ *n.* **1** 〖植物〗胚軸 (hypocotyl); 小根, 幼根 (rootlet, radical). **2** 〖解剖〗(神経・血管などの)根(ɔ̃), 小根 (root), 根状部. **3** 《古》〖化学〗基, 根 (radical). **ra·dic·u·lar** /rədíkjulə, ræ- | -lə(r)/ *adj.* 〖(1671) □ L *rādīcula* (dim.) ← *rādix* ′ROOT¹′: ⇨ -cle〗

radícular cýst *n.* 〖歯科〗歯根嚢胞《歯根先端部にできる炎症性の嚢胞》.

ra·dic·u·li·tis /rədɪ̀kjuláɪṭɪ̀s, ræ- | -tɪs/ *n.* 〖病理〗神経根炎. 〖(1907) ← NL ~: ⇨ radicle, -itis〗

ra·dic·u·lose /rədíkjulòus, ræ- | -ləus/ *adj.* 〖植物〗多数の小根を生じる. 〖← L *rādīcula* ′RADICLE′＋-OSE¹〗

ra·di·es·the·si·a /rèɪḍiɛsθíːʒə, -ʒiə | -dii:sθíːziə, -esθíːʒiə/ *n.* 〖心霊〗**1** 放射感応能力, 千里眼《占い杖 (divining rod) や振り子 (pendulum) を用いて, 地下水の有無・病因・被疑者の犯行の有無などを占う能力》. **2** 放射感応能力研究, 千里眼研究. 〖(1935) ← NL ~ ← L *radius* ′RADIUS, ray′＋ESTHESIA〗

Ra·di·guet /rɑ̀ːdɪgéɪ | -dɪ-; *F.* ʁadigɛ/, **Raymond** *n.* ラディゲ (1903–23; フランスの詩人・小説家; *Le Bal du comte d'Orgel*「ドルジェル伯の舞踏会」(1924)).

radii *n.* radius の複数形.

radii vectores *n.* radius vector の複数形.

ra·di·o /réɪḍiòu | -diəu/ *n.* (*pl.* ~s) **1 a** ラジオ放送, 無線放送: listen (in) to the ~ ラジオを聞く / listen to news *on* the ~ ラジオのニュースを聞く / talk *over* [*on*, *through*] the ~ ラジオで講演[放送]する, ラジオで話をする / be *on* (the) ~ ラジオに出演している; 〈番組がラジオで放送されている / a play written for ~ ラジオのために書かれた劇. **b** ラジオ(受信機) (radio set): a portable ~ ポータブル[携帯用]ラジオ / We were playing the ~. ラジオをかけていた. 日英比較「ラジカセ」は英語の radio cassette player [recorder] を省略した和製英語. **2 a** 無線通信《電線を用いずに電磁波を媒介として行う通信; ラジオ・テレビ・レーダーなど》. **b** 無線電信[電話], 無電: send a message by ~ 無電で通信する. **c** 無電による通信; 無線電報 (radiogram): receive a ~. **d** 無線電信機. **e** 無電局 (radio station). **3** ラジオ放送産業, ラジオ関係(の仕事): They are in ~. 彼らはラジオ関係の仕事をしている. ★ 職業の場合には無冠詞. **4** ラジオ番組(として)の質《適・不適》: It was [will be] good ~. **5** ラジオ放送組織体: a national [state-run] ~ 国営放送. **6** ラジオ放送局 (radio station).

— *adj.* [限定的] **1** ラジオの, ラジオを[に]用いた, 無電の: a ~ announcer ラジオのアナウンサー / a ~ ham=ham² 1 / ~ parts ラジオ部品 / a ~ program ラジオ番組 / a ~ speech [talk] ラジオ講演 / a ~ play ラジオ放送劇. **2** 〖通信〗**a** (特に電波の)放射エネルギーの[による, を使う]. **b** 約 10 キロヘルツから約 300 ギガヘルツの電磁波の電波に関する. — *vt.* **1 a** 無電で送る. **b** ラジオで放送する (broadcast). **2** ...に無電を打つ. — *vi.* **1** ラジオ放送をする. **2** 無電を打つ: They ~*ed for* helicopter support. 無電でヘリの救援を要請した.

〖(1903) 《略》← RADIOTELEGRAPHY, RADIOTELEPHONY〗

ra·di·o- /réɪḍiou | -diəu/ 次の意味を表す連結形: **1**「ラジオ, 無線 (radio); 電波」: *radio*broadcast, *radio*photograph. **2**「輻射(状) (radial), 輻射エネルギー」: *radio*symmetrical, *radio*sonde. **3** 〖化学・物理〗**a**「ラジウム (radium), X線 (X ray)」: *radio*thorium, *radio*diagnosis. **b**「放射性同位元素」. **c**「放射性, 放射能 (radioactivity)」: *radio*ecology. ★ 母音の前では radi- になる. 〖← RADIUS＋-O-〗

ràdio·acóustics *n.* ラジオ音響(学).

ràdio·actínium *n.* 〖化学〗ラジオアクチニウム《放射性元素 ^{227}Th の古典名; 記号 RdAc》. 〖(1906) ← NL ~: ⇨ radio-, actinium〗

ràdio·áctivate *vt.* 〖物理〗放射性にする, ...に放射能を与える, 放射能を帯びさせる. **ràdio·activátion** *n.* 〖(1903): ⇨ ↓, -ate³〗

ra·di·o·ac·tive /rèɪḍiouǽktɪv | -diə(u)-⌐/ *adj.* **1** 〖物理・化学〗放射性の[に関する, によって生じる]; 放射能のある: ~ dust 放射性塵(ɔ̃) / ~ fallout 放射性降下物 / a ~ element [substance] 放射性元素[物質] / ~ particles [materials] 放射性粒子[物質] / ~ contamination 放射能汚染 / ~ waste (原子炉などからの)放射性廃棄物 / ~ rays 放射線 / ~ disintegration 放射性壊変 / a ~ isotope 放射性同位体 (radioisotope). **2** 《口語》ひどく過敏な; 問題[異論]の多い. **~·ly** *adv.* 〖(1898) ← RADIO- 3＋ACTIVE〗

radioáctive dáting *n.* 〖考古〗放射性年代測定(法) (radiometric dating ともいう; cf. carbon dating). 〖1969〗

radioáctive decáy *n.* 〖物理〗放射性崩壊《原子核が自然に放射線を出して別の原子核に変わる現象; decay, disintegration ともいう》.

radioáctive equilíbrium *n.* 〖化学〗放射平衡《放射壊変系列 (A→B→C→...) で壊変によってA元素から生じるB元素と, B元素自身の壊変による減少が等しい時をいう》. 〖1904〗

rádioactive séries *n.* 〖物理・化学〗放射能系列, 壊変系列 (decay series ともいう; cf. actinium series, neptunium series, thorium series, uranium series). 〖1923〗

rádioactive wárfare *n.* (放射性物質による)放射(能)戦 (略 RW; radiological warfare ともいう).

ràdio·actívity *n.* 〖物理・化学〗放射能[性]: artificial ~ 人工放射能 / the theory of ~ 放射能理論. 〖(1899) ← RADIO- 3＋ACTIVITY〗

rádio alárm *n.* ラジオ付き目覚まし時計《セットした時間にラジオのスイッチが入る》.

rádio altímeter *n.* 〖航空〗電波高度計《航空機から発信した電波が地上に達したのち同じ機に返って来るまでの時間から測る高度計》. 〖1940〗

rádio ámateur *n.* 無線愛好家《無線の受信を趣味にし, 一般にメッセージの発信も行う人》.

rádio·ámplifier *n.* 〖通信〗高周波増幅器[増幅装置, アンプ].

rádio astrónomer *n.* 電波天文学者. 〖1952〗

rádio-astronómical *adj.* 電波天文学の. 〖1949〗

rádio astrònomy *n.* 電波天文学《宇宙空間から地球に届く電波を電波望遠鏡 (radio telescope) で受信・測定して天体の研究を行う天文学; cf. optical astronomy》. 〖1948〗

ràdio·áutograph *n.* =autoradiograph. **ràdio·autográphic** *adj.* 〖(1941) ← RADIO- 3＋AUTOGRAPH〗

ràdio·autógraphy *n.* =autoradiography. 〖(1941) ← RADIO- 3＋AUTOGRAPHY〗

rádio bèacon *n.* 〖通信〗ラジオビーコン, 無線標識(局) (単にbeaconともいう; cf. racon). 〖1919〗

rádio bèam *n.* 〖通信〗(方向性が著しい)ラジオ電波, 信号電波, 無線ビーム《暗黒・荒天の中で飛行機操縦者を導くために送る電波; 単に beam ともいう》. 〖1923〗

rádio bèaring *n.* 〖電気〗無線方位. 〖1935〗

ràdio·biólogy *n.* 放射線生物学. **ràdio·biológic** *adj.* **ràdio·biológical** *adj.* **ràdio·biológically** *adv.* **ràdio·biólogist** *n.* 〖1919〗

radio·broadcast /⌐−−⌐/ *vt.*, *vi.* (~, ~·ed) ラジオ[無線]で放送する. — /⌐−−⌐−/ *n.* ラジオ[無線]放送. 〖1956〗

ràdio·bróadcaster *n.* ラジオ[無線]放送者, ラジオ[無線]放送装置.

ràdio·bróadcasting *n.*, *adj.* ラジオ[無線]放送(の): a ~ station ラジオ放送局. 〖1922〗

rádio bùttons *n. pl.* 〖電算〗ラジオボタン《GUI で, 同時には 1 つしか押すことのできない一群のボタン; 1 つを選択す

R

ると他は自動的に非選択状態になる)。
rádio càb *n.* 無線タクシー.
rádio càr *n.* ラジオカー《パトカーのように連絡用無線装置を備えた自動車》. 〖1925〗
ràdio·cárbon *n.* 〖化学〗炭素の放射性同位体; (特に) =carbon 14. 〖1939〗
radiocárbon dàting *n.* 〖考古〗=carbon dating. 〖1951〗
ràdio·cárdiogram *n.* 〖医学〗心放射図 (cf. electrocardiogram).
ràdio·cardiógraphy *n.* 〖医学〗心放射電図測定[記録]《血液内に注射された放射性同位元素が各心臓房室を通過する状態を記録する方法; cf. electrocardiography》.
rádio-cassètte pláyer *n.* 《英》ラジオ付きカセットプレーヤー, ラジカセ.
rádio·càst *v.* (~, ~·ed), *n.* =radiobroadcast. **~·er** *n.* 〖(1931) ← RADIO-+(BROAD)CAST〗
ràdio·chémical *adj.* 〖化学〗放射化学の(方法を用いる). **~·ly** *adv.* 〖(1915) ← RADIO- 3+CHEMICAL〗
ràdio·chémist *n.* 放射化学者. 〖(1952) ↓〗
ràdio·chémistry *n.* 〖化学〗放射化学《放射性物質の化学的性質を調べる化学の分野》. 〖(1904) ← RADIO- 3+CHEMISTRY〗
ràdio·chromatógraphy *n.* ラジオクロマトグラフィー《標識化合物の放射能を利用して行う定量[定性]クロマトグラフィー; cf. chromatography》. **ràdio-chromatográphic** *adj.*
Rádio Cíty *n.* ラジオシティー《米国 New York 市 Rockefeller Center の中で劇場 (Radio City Music Hall) やテレビ・ラジオのスタジオがある一角の呼び名; NBC 放送のスタジオが RCA ビルにある》.
Rádio Cìty Músic Hàll *n.* ラジオシティーミュージックホール《1932 年 Radio City 内に造られた世界最大の劇場》.
ràdio·cóbalt *n.* 〖化学〗放射性のコバルト同位体; (特に) =cobalt 60.
rádio còllar *n.* 発信器付き首輪《野生動物の行動観察用》.
ràdio·communicátion *n.* 無線通信.
rádio còmpass *n.* 〖通信〗ラジオコンパス《航行中の船舶または航空機が無線標識から来る信号電波によって自己の方位を探知する装置; cf. goniometer 2》. 〖1918〗
ràdio-contról *vt.* (-con·trolled; -trol·ling) 無線で操縦する. 〖1936〗
rádio contròl *n.* 無線制御, 電波[無線]操縦, ラジコン.
ràdio-contrólled *adj.* 無線操縦の: a ~ airplane. 日英比較 日本語では模型の飛行機やヘリコプターなどの無線操縦を「ラジコン」と省略するが, 英語では省略した表現は用いないで a radio-controlled toy airplane のようにいう.
ràdio·detéctor *n.* 無線検波器: a crystal ~ 鉱石[結晶]検波器.
ràdio·diagnósis *n.* 〖医学〗放射線診断(法). 〖(1904) ← RADIO- 3+DIAGNOSIS〗
rádio diréction fìnder *n.* 無線方向探知[方位測定]機 (略 RDF). 〖1922〗
rádio diréction fìnding *n.* (飛行機などの)無線方向探知 (略 RDF). 〖1920〗
ràdio·ecólogy *n.* 放射線生態学《生態学的に見た生物環境と放射性物質との相互関係に関する研究》. **ràdio·ecológical** *adj.* **ràdio·ecólogist** *n.* 〖(1956) ← RADIO- 3+ECOLOGY〗
ràdio·élement *n.* 〖化学〗(安定した同位元素をもたない)放射性元素 (radioactive element) (cf. radioisotope). 〖1903〗
rádio engineéring *n.* 無線工学, ラジオ工学. 〖1917〗
rádio fíeld intènsity [strèngth] *n.* 〖物理〗電波強度, 電磁界の強さ.
rádio fìx *n.* 〖通信〗電波探位《電波で測定した船舶・航空機などの位置》. 〖1942〗
rádio fréquency *n.* 〖通信〗ラジオ[無線]周波数《可聴周波から赤外線周波まで 10 キロヘルツ 30 ギガヘルツの間の周波数; 略 RF; cf. frequency band》: a ~ transformer 無線周波変換器. 〖1915〗
rádio gàlaxy *n.* 〖天文〗電波銀河《比較的強い電波を発する銀河系外星雲》. 〖1960〗
ràdio·génic *adj.* **1** 〖物理〗放射崩壊によって作り出された: ~ lead 放射性元素の壊変によってできた鉛. **2** (声の質など)ラジオ放送に適した (cf. photogenic 3, telegenic): a ~ singer. **ràdio·génically** *adv.* 〖(1928) ← RADIO-+-GENIC〗 *adv.*
ràdio·goniómeter *n.* 〖通信〗ラジオゴニオメーター, 無線方位測定器, 無線方向探知器 (radio direction finder). 〖1908〗
ra·di·o·gram /réɪdiougræ̀m | -diə(ʊ)-/ *n.* **1** =radiotelegram. **2** 《英》=radiogramophone. **3** =radiograph[1] 1. 〖(1896) ← RADIO-+-GRAM, GRAM(OPHONE)〗
ràdio·grámophone *n.* 《英》ラジオ兼用レコードプレーヤー. 〖(1927) ← RADIO- 1+GRAMOPHONE〗
ra·di·o·graph[1] /réɪdiougræ̀f | -diə(ʊ)grɑ̀ːf, -græ̀f/ *n.* **1** 放射線写真; (特に)レントゲン写真(X-ray picture), ガンマ線写真 (radiogram, shadowgraph ともいう). **2** 放射計《放射線の強さを測定する器具》. — *vt.* …のレントゲン[ガンマ線]写真を撮る, 放射線写真を撮る. **ra·di·o·graph·ic** /rèɪdiougrǽfɪk | -diə(ʊ)-ˈ-/ *adj.* **rà·di·o·gráph·i·cal·ly** *adv.* 〖(1880) ← RADIO- 3+GRAPH〗

ra·di·o·graph[2] /réɪdiougræ̀f | -diə(ʊ)grɑ̀ːf, -græ̀f/ *vt.* 〈人〉に電報を打つ. 〖← RADIO+(TELE)GRAPH〗
ra·di·og·ra·pher /rèɪdiá(ː)grəfə | -diɔ́grəfə(r)/ *n.* レントゲン技師. 〖(1896) ← RADIOGRAPH[1]+-ER[1]〗
ra·di·og·ra·phy /rèɪdiá(ː)grəfi | -diɔ́g-/ *n.* X 線撮影(法), 放射線写真術, 放射線透過写真(法), ラジオグラフィー. 〖(1896) ← RADIO- 3+-GRAPHY〗
rádio héating *n.* 〖電気〗高周波加熱.
ràdio·immunoássay *n.* 〖医学〗(放射性同位元素による)標識免疫検定(法), ラジオイムノアッセイ (cf. immunoassay). 〖(1961) ← RADIO- 3+IMMUNO-+ASSAY〗
ràdio·immunológical *adj.* 〖医学〗標識免疫検定(法)使用による. 〖(1965) ← RADIO- 3+IMMUNOLOGY+-ICAL〗
ràdio·immunólogy *n.* 〖医学〗=radioimmunoassay.
rádio interférence *n.* 〖電気・通信〗電波障害, 混信, ラジオ障害.
rádio interferòmeter *n.* 〖天文〗電波干渉計.
ràdio·íodine *n.* 〖化学〗放射性のヨウ素同位体, (特に) =iodine 131. 〖(1938) ← RADIO- 3+IODINE〗
ràdio·íron *n.* 〖化学〗放射性の鉄同位体.
ràdio·ísotope *n.* 〖物理・化学〗ラジオアイソトープ, 放射性同位体 (radioactive isotope). 〖(1946) ← RADIO- 3+ISOTOPE〗
ràdio·isotópic *adj.* ラジオアイソトープの[に関する], 放射性同位体の[に関する]: ~ techniques. **ràdio-isotópically** *adv.* 〖(1956) ← ↑+-IC〗
rádio knìfe *n.* 〖外科〗電気メス《数メガサイクルの高周波電気を針[メス]と患部との間に通して細いアークで組織を切って同時にその面を消毒する》.
ràdio·lábel *vt.* 〖物理・化学〗=label 3. **ràdio-lábeled** *adj.* 〖(1953) ← RADIO- 3+LABEL〗
ra·di·o·lar·i·a /rèɪdiouléᵊriə | -diə(ʊ)léər-/ *n. pl.* 〖動物〗放散虫目. 〖(1872) ← NL *Radiolāria* ← LL *radiolus* (dim.) ← L *radius*: ⇨ radius, -aria[1]〗
ra·di·o·lar·i·an /rèɪdiouléəriən | -diə(ʊ)léəri-ˈ-/ *adj., n.* 〖動物〗放散虫目の(動物). 〖(1876): ⇨ ↑, -ian〗
rádio lìnk *n.* 〖通信〗無線結合《固定した 2 点間を無線電波で通話できるよう結合した回路》. 〖1928〗
ràdio·locátion *n.* 〖電子工学〗=radar 1. **ràdio-locátional** *adj.* 〖(1941) ← RADIO- 1+LOCATION〗
ràdio·locátor *n.* 《英》電波探知機, レーダー《1943 年以後は米国と同様 radar という》. 〖(1941) ← RADIO- 1+LOCATOR〗
ra·di·o·log·ic /rèɪdiəlá(ː)dʒɪk | -diəlɔ́dʒ-ˈ-/ *adj.* =radiological. 〖(1909): ⇨ ↓, -IC[1]〗
ra·di·o·log·i·cal /rèɪdioulá(ː)dʒɪkəl, -kḷ | -diə(ʊ)lɔ́dʒɪ-ˈ-/ *adj.* **1** 放射線学(的)の; レントゲン(上)の, X 線の[で見た]: ~ dosage 放射線量 / ~ findings X 線所見. **2** 放射性物質による[を含んだ]: ~ warfare 放射能戦. **~·ly** *adv.* 〖(1909) ← RADIOLOGY+-ICAL〗
rà·di·ól·o·gist /-dʒɪst | -dʒɪst/ *n.* **1** 放射線 [X 線] 学者, 放射能研究者. **2** X 線医[技師]. 〖(1906) ← ↓+-IST〗
ra·di·ol·o·gy /rèɪdiá(ː)lədʒi | -diɔ́l-/ *n.* **1** 放射線(医)学, X 線学. **2** (医療の)放射線科, X 線使用, レントゲン写真撮影. 〖(1900) ← RADIO- 3+-LOGY〗
ràdio·lúcent *adj.* 放射線[X 線]透過性の, X 線写真などに写らない, X 線写真では見えない (cf. radiopaque, radiotransparent). **ràdio·lúcence** *n.* **ràdio-lúcen·cy** *n.* 〖(1917) ← RADIO- 3+LUCENT〗
ràdio·luminéscence *n.* 〖物理〗放射線ルミネッセンス, 放射性発光《放射線が種々の物質に当たって発する蛍光》. **ràdio·luminéscent** *adj.* 〖(1911) ← RADIO- 3+LUMINESCENCE〗
ra·di·ol·y·sis /rèɪdiá(ː)ləsɪs | -diɔ́ləsɪs/ *n.* (*pl.* **-y·ses** /-siːz/) 〖化学〗放射線分解《放射線による化学分解; cf. photolysis》. **ra·di·o·lyt·ic** /rèɪdiəlítɪk | -diəlít-ˈ-/ *adj.* 〖(1948) ← RADIO-+-LYSIS〗
rádio·màn /-mæ̀n/ *n.* (*pl.* **-men** /-mèn/) **1** 無線技師[通信員]. **2** (ラジオカー (radio car) で巡回する, 電気会社の)電気器具[電線]修理工員. **3** ラジオ放送局員. 〖(1921) ← RADIO+MAN〗
rádio màrker *n.* 無線位置標識《航空機に空港や航空路の位置を示すための無線標識; cf. fan marker》. 〖1933〗
ràdio·meteórograph *n.* 〖気象〗=radiosonde. 〖(1932) ← RADIO- 1+METEOROGRAPH〗
ra·di·om·e·ter /rèɪdiá(ː)mətə | -diɔ́mɪtə(r)/ *n.* 〖物理・電気〗ラジオメーター, 輻射計, 熱車(ねつぐるま)《ガラス器の中に片面だけを黒く塗った 4 枚の X 字状交差片を仕掛け, 電磁波に近づければ風速計の翼のように回転するようにして熱輻射などの電磁波の有無・強弱を検出する装置》. 〖(1875) ← RADIO-+-METER[1]〗
ràdio·métric *adj.* 放射計の[による]; 放射性炭素年代測定の; 放射分析の. **rà·di·o·mét·ric·al·ly** *adv.* 〖1877〗
radiometric dáting *n.* 〖考古〗=radioactive dating. 〖1968〗
ra·di·om·e·try /rèɪdiá(ː)mətri | -diɔ́mɪ-/ *n.* 〖物理〗放射分析, 放射測定法; ラジオメーター使用法. 〖(1890) ← RADIO-+METRY〗
rádio·micrómeter *n.* 〖物理〗(微量の放射エネルギーを測る)熱電放射計. 〖(1887) ← RADIO- 3+MICROMETER〗
rádio mìcrophone *n.* (携帯自由な)無線マイク, ワイヤレスマイク. 〖1962〗
ràdio·mimétic 〖物理・医学〗*adj.* (薬物などが)生物に対して放射能に似た作用をする, 類放射線の. — *n.* 放射線様作用薬. 〖(1947) ← RADIO- 3+MIMETIC〗
rádio navigátion *n.* 〖航空・海事〗電波[無線]航法[航行]. 〖(1921) (1931)〗
ra·di·on·ics /rèɪdiá(ː)nɪks | -diɔ́n-/ *n.* 《米》電子工学 (electronics). 〖(1943) ← RADIO-+(ELECTR)ONICS〗
ràdio·núclide *n.* 〖物理・化学〗放射性核種 (radioactive nuclide). 〖(1947) ← RADIO- 3+NUCLIDE〗
ra·di·o·paque /rèɪdioupéɪk | -diə(ʊ)-ˈ-/ *adj.* (*also* **ràdio·opáque**) 放射線 [X 線]不透過性の, X 線写真などが写る, レントゲン写真で見える (cf. radiolucent, radiotransparent). **ra·di·o·pac·i·ty** /rèɪdioupǽsəṭi | -diə(ʊ)pǽsɪti/ *n.* 〖(1923) ← RADIO-+OPAQUE〗
rádio·phàre *n.* (船舶の位置を定めるのに使われる)無線標識局 (radio beacon). 〖(1915) ← RADIO-+ L *pharus* lighthouse (⊏ Gk *phâros*)〗
ràdio·pharmacéutical *n.* 〖薬学〗放射性医薬品《診断・治療用》. 〖(1952) ← RADIO- 3+PHARMACEUTICAL〗
ràdio·phóbia *n.* 放射能恐怖症.
rádio·phòne *n.* **1** 〖通信〗無線電話機. **2** 〖物理〗光線電話機 (photophone). 〖(1881) ← RADIO-+-PHONE〗
ràdio·phónic *adj.* **1** 無線電話の. **2** (電子装置による)合成音の, 電子音楽の. **ràdio·phónically** *adv.* **ra·di·oph·o·ny** /rèɪdiá(ː)fəni | -diɔ́f-/ *n.* 〖(1881) ← ↑ +-IC〗
ràdio·phónics *n.* 《英》電子音楽.
ràdio·phósphorus *n.* 〖化学〗放射性のリン同位体核種; (特に) =phosphorus 32. 〖(1938) ← RADIO- 3+PHOSPHORUS〗
ràdio·phóto *n.* **1** =radiophotograph. **2** =radiophotography. — *vt.* 〈写真を〉無線電送する. 〖(1929) ← RADIO- 1+PHOTO(GRAPH)〗
ràdio·phótograph *n.* (無線)電送写真. 〖(1924) ← RADIO- 1+PHOTOGRAPH〗
ràdio·photógraphy *n.* 無線写真電送. 〖(1915) ← RADIO- 1+PHOTOGRAPHY〗
ràdio·protéction *n.* 〖医学〗放射線防護, 放射能[線]障害予防. 〖1957〗
ràdio·protéctive *adj.* 〖医学〗放射線防護(が目的)の[に役立つ]. 〖1956〗
ràdio·protéctor *n.* 放射線防護薬[具]. 〖1960〗
rádio proxímity fùse *n.* 〖軍事〗近接電波信管 (⇨ proximity fuse).
rádio rànge *n.* 〖航空〗(航空機の)無線航路標識.
rádio ránge bèacon *n.* 〖通信〗無線距離標識, ラジオレンジビーコン《電波の放射を方位通報・航路連絡などに利用する航空機・船舶などの航行を導く無線標識》.
rádio recéiver *n.* ラジオ受信機. 〖1903〗
rádio rélay *n.* ラジオ[無線]中継局.
ràdio·resístance *n.* 〖生物〗放射線抵抗性. 〖(1927) ← RADIO- 3+RESISTANCE〗
ra·di·o·scope /réɪdiəskòup | -diəskəʊp/ *n.* **1** 放射性物質探知装置. **2** =fluoroscope. 〖(1898) ← RADIO-+-SCOPE〗
ra·di·os·co·py /rèɪdiá(ː)skəpi | -diɔ́s-/ *n.* X 線透視(法), レントゲン透視[診察, 検査](法). **ra·di·o-scop·ic** /rèɪdiouská(ː)pɪk | -diə(ʊ)skɔ́p-ˈ-/ *adj.* **rà·di·o·scóp·i·cal** /-pɪkəl, -kḷ | -pɪ-ˈ-/ *adj.* 〖(1897) ← RADIO-+-SCOPY〗
ràdio·sénsitive *adj.* 〖病理〗〈細胞など〉放射線 [X 線]感受性の, レントゲン[放射線]に敏感な; レントゲンで治療できる; (薬物などが)放射線に対して増感作用のある. **ràdio·sénsitively** *adv.* **ràdio·sensitív-ity** *n.* 〖(1920) ← RADIO- 3+SENSITIVE〗
rádio sèt *n.* **1** ラジオ受信機. **2** ラジオ発信機.
rádio shàck *n.* 《口語》(船舶などの)無線室.
ràdio·sódium *n.* 〖化学〗放射性のナトリウム同位体; (特に)質量数 24 の同位体核種《生化学の tracer などに使われる》. 〖(1935) ← NL ~: ⇨ radio-, sodium〗
rádio·sònde *n.* 〖気象〗ラジオゾンデ《小型の送信器を気球につけ, 高層の気象要素を地上に伝送する装置; radiometeorograph ともいう; cf. dropsonde, rocketsonde》. 〖(1937) ⊏ G *Radiosonde*: ⇨ radio-, sonde〗
rádio sòurce *n.* 〖天文〗電波源, 電波星(雲), ラジオ星, 電波天体《比較的強い電波を放射する点状の天体の総称》. 〖1950〗
rádio spèctrum *n.* 〖通信〗(電波の)波長のスペクトル分布. 〖1929〗
rádio stàr *n.* 〖天文〗=radio source. 〖1948〗
rádio stàtion *n.* **1 a** 無線電信[電話]局. **b** ラジオ放送局 (radiobroadcasting station). **2** 民間放送会社. 〖1912〗
ràdio·stérilize *vt.* 〖医学〗放射線を当てて消毒[殺菌]する. **ràdio·stérilized** *adj.* **ràdio·ster-ilizátion** *n.* 〖(1964) ← RADIO- 3+STERILIZE〗
ràdio·stróntium *n.* 〖化学〗放射性のストロンチウム同位体; (特に) =strontium 90. 〖(1941) ← RADIO- 3+STRONTIUM〗
ràdio·súrgery *n.* ラジウム外科(療法). 〖(1933) ← RADIO- 3+SURGERY〗
ràdio·symmétrical *adj.* 〖生物〗放射相称の (actinomorphic); (特に)放射状の.
rádio tàxi *n.* 無線タクシー.
ràdio·technólogy *n.* **1** ラジオ工学. **2** (産業界での)放射線 [X 線]利用.
ràdio·télegram *n.* 無線電報 (radiogram ともいう). 〖(1902) ← RADIO- 1+TELEGRAM〗
ràdio·télegraph *n.* 無線電信(術): a ~ station 無

R

線電信局. — *vt.* 〈通信を〉無線電信で送る. — *vi.* 無線電信を打つ. **ràdio·telegráphic** *adj.* **ràdio·telegráphically** *adv.* 〚(1903) ← RADIO-+TELEGRAPH〛

ràdio·telégraphy *n.* =radiotelegraph. 〚(1898) ← RADIO-+TELEGRAPHY〛

ràdio·telémetry *n.* =telemetry. **ràdio·telemétric** *adj.* 〚(1951) ← RADIO- 1+TELEMETRY〛

ràdio·télephone *n.* 〖通信〗無線電話機 (radiophone). — *vt.* …に無線電話をかける. — *vi.* 無線電話をかける (略 radio). **ràdio·telephónic** *adj.* 〚(1904) ← RADIO-+TELEPHONE〛

ràdio·teléphony *n.* 無線電話. 〚(1908) ← RADIO-+TELEPHONY〛

rádio télescope *n.* 〖天文〗電波望遠鏡《太陽あるいは他の天体から来る電波を受信し測定する装置》. 〚(1929) ← RADIO- 1+TELESCOPE〛

ràdio·téletype *n.* **1** 無線テレタイプライター《遠隔送信用タイプ》. **2** 無線テレタイプ装置 (略 RTT, RTTY). 〚(1939) ← RADIO-+TELETYPE〛

ràdio·teletýpewriter *n.* =radioteletype 1.

ràdio·télex *n.* 無線テレックス.

ràdio·therapéutics *n.* 〖医学〗放射線治療学; 放射線療法 (radiotherapy). 〚(1897) ← RADIO-+THERAPEUTICS〛

ràdio·thérapist *n.* 〖医学〗放射線治療医. 〚(1918) ← RADIO-+THERAPIST〛

ràdio·thérapy *n.* 〖医学〗(ラジウム・レントゲンなどによる)放射線療法. **ràdio·therapéutic** *adj.* **ràdio·therapéutically** *adv.* 〚(1903) ← RADIO-+THERAPY〛

ra·di·o·ther·mics /rèɪdiouθə́ːmɪks | -diə(ʊ)θə́ː-/ *n.* 超短波加熱論[学]. 〚⇨ ↓, -ics〛

ra·di·o·ther·my /réɪdiouθə̀ːmi | -diə(ʊ)θə̀ː-/ *n.* 〖医学〗ラジオテルミー, 短波ジアテルミー, 放射線熱療法 (cf. diathermy). 〚← RADIO-+-THERMY〛

ràdio·thórium *n.* 〖化学〗ラジオトリウム《トリウムの同位体 ^{228}Th の古典名; 慣用的に記号 RdTh で表すこともある》. 〚(1905) ← NL ~: ⇨ radio-, thorium〛

ràdio·tóxic *adj.* 〖化学〗放射性毒の. **ràdio·toxícity** *n.* 〚(1950) ← RADIO- 3+TOXIC〛

ràdio·toxólogy *n.* 放射性毒研究. **ràdio·toxológic** *adj.*

ràdio·trácer *n.* 〖化学〗放射性トレーサー[追跡体]. 〚(1946) ← RADIO- 3+TRACER〛

rádio transmítter *n.* ラジオ送信器.

ràdio·transpárent *adj.* X 線などの放射線を完全に透過させる, X 線写真には写らない (cf. radiopaque). **ràdio·transpárency** *n.*

Ra·di·o·tron /réɪdiətrɑ(ː)n | -diətrɔ̀n/ *n.* 〖電気〗ラジオトロン《三極真空管の一つ》. 〚← RADIO-+-TRON: 米国 RCA の商標名〛

rádio tùbe *n.* (ラジオ用)真空管.

ràdio-úlna *n.* 〖動物〗射出尺骨《カエルなどの両生類の動物の前肢骨の射出部がやや発達して骨になりかけた未発達段階の骨》. 〚(1960) ← RADIO- 2+ULNA〛

ràdio-úlner *adj.* 〖動物〗射出尺骨の. 〚(1845) ← RADIO- 2+ULNER: ⇨ radius〛

rádio vàlve *n.* 〖電子工学〗電子管 (valve 5). 〚1929〛

rádio wàve *n.* 〖通信〗電波. 〚1916〛

rádio wìndow *n.* 〖天文〗電波の窓《大気層を通過しやすい電波の周波数領域》.

rad·ish /rǽdɪʃ | -dɪʃ/ *n.* 〖園芸〗 **a** ラディッシュ, ハツカダイコン (*Raphanus sativus*). **b** (長根の)ダイコン (*R. sativus* var. *longipinnatus*)《ハツカダイコンの一変種》. **c** ハツカダイコン[ダイコン]の食用となる根. 日英比較 日本の大根と違い, 小さくて丸い形のものをいう. 日本の「大根」は Japanese radish というのがよい. **d** ラファヌスラファニストルム (*Raphanus raphanistrum*)《アブラナ科の一年草》. 〚(c1450) ◻ (O)F *radis* ◻ Prov. *raditz* < L *rādīcem* ∞ ME *redich(e)*, *radik* < late OE *rædić* ◻ L *rādīcem*, *rādix* 'ROOT[1], radix'〛

ra·di·um[1] /réɪdiəm | -diəm/ *n.* 〖化学〗ラジウム《放射性元素; 記号 Ra, 原子番号 88, 原子量 226.0254》. 〚(1899) ← NL ~ ← L *radius* ray: ⇨ radius, -ium〛

ra·di·um[2] /réɪdiəm | -diəm/ *n.* 〖商標〗ラジアム《なめらかで光沢のある単純な織りの絹またはレーヨンの布; 特に女性のドレス・ブラウスなどに使う》. 〚1904〛

rádium Á *n.* 〖化学〗ラジウム A《放射性壊変によって radon^{222} (^{222}Rn) から生じるポロニウムの同位体 (^{218}Po)》. 〚1904〛

rádium B́ *n.* 〖化学〗ラジウム B《radium A (^{218}Po) の放射性壊変によって生じる鉛の同位体 (^{214}Pb) の古典名》. 〚1904〛

rádium Ć *n.* 〖化学〗ラジウム C《radium B (^{214}Pb) の放射性壊変によって生じる bismuth の同位体 ^{214}Bi の古典名; これから radium D, radium E, radium F が順次生じる》. 〚1904〛

rádium emanàtion *n.* 〖化学〗ラジウムエマネーション (略 RE; ⇨ radon). 〚1901〛

rádium súlfate *n.* 〖化学〗硫酸ラジウム ($RaSO_4$)《水に不溶の白色結晶, 放射線治療用》. 〚1972〛

rádium thèrapy *n.* 〖医学〗 **1** (皮膚病や癌(がん)の)ラジウム療法. **2** =radiotherapy. 〚1904〛

ra·di·us /réɪdiəs | -diəs/ *n.* (*pl.* **ra·di·i** /-diàɪ | -di-/, ~·**es**) **1** 〖数学〗(円や球の)半径 (略 r, R, rad.; cf. diameter 1 a; ⇨ circle 挿絵). **2 a** 半径の長さ[大きさ]; 半径範囲: a car with a short turning ~ 小回りのきく車. **b** (一定距離の)区域; 活動範囲, 勢力範囲: the ~ of commercial activity 商業活動の区域 / outside [within] the ~ of one's knowledge [capacity] 知識[能力]の範囲外[内]の / the ~ of action 行動半径 / There are five schools within a ~ of three miles of my house. 私の家から 3 マイル以内の所に学校が五つある. **c** (燃料補給なしで飛行機・船などが往復できる)航続距離 (range): the cruising ~ of a yacht ヨットの巡航範囲[距離]. **3 a** (車輪の)輻(や), スポーク (wheel spoke). **b** (六分儀・四分儀などの)腕, インデックスバー. **4** 〖解剖・動物〗橈骨(とう)《前腕母指側の車軸状の骨; cf. ulna; ⇨ skeleton 挿絵》. **5** 〖動物〗射出部《鳥の羽の羽枝や昆虫の径脈など》; 対称面《放射形動物などの体を正確に二・四・八などに等分できると想像される線または面》. **6** 〖植物〗 **a** 射出花《キク科植物の舌状花冠や繖形(さん)花の小花序》. **b** 射出髄. **7** 〖機械〗回転半径; (偏心輪の)偏心距離.

rádius of convérgence 〖数学〗収束半径《複素数係数の冪(べき)級数の収束円 (circle of convergence) の半径》.

rádius of cúrvature 〖数学〗曲率半径《曲率円 (circle of curvature) の半径; cf. center of curvature》.

rádius of gyrátion 〖物理〗回転半径.

— *vt.* 〈角・縁〉に丸みをつける.

〚(1597) ◻ L ~ 'staff, spoke, ray' ← ? (cf. L *rādix* 'ROOT[1], RADIX'): RAY[1] と二重語〛

RADIUS /réɪdiəs | -diəs/ 《略》Religious Drama Society of Great Britain.

rádius ròd [bàr] *n.* 〖機械〗心向き棒, 突っ張り棒, 揺り棒. 〚1839〛

rádius véctor *n.* (*pl.* **radii vec·to·res** /-vɛktɔ́ːriːz/) **1** 〖数学〗動径《極座標系 (polar coordinates) において, 原点から与えられた点へ向かうベクトル》. **2** 〖天文〗動径《太陽から惑星などの中心へ向かう線分》. 〚1753〛

ra·dix /réɪdɪks | -dɪks/ *n.* (*pl.* **rad·i·ces** /rǽdəsìːz, réɪd- | réɪdɪ-, rǽd-/, ~·**es**) **1** 根原 (primary source). **2** 〖数学〗(対数の)底(てい); (統計の)位取り; 基数: The number 10 is the ~ of the decimal system. 10 は十進法の基数である. **3** 〖植物〗根 (root). **4** 〖解剖〗=radicle 2. **5** 《古》〖言語〗語根 (root). 〚(1571) (1798) ◻ L *rādix* root ← IE *w(e)rād- branch, root (Gk *rhádamnos* branch): cf. OE *wyrt* 'herb, root, WORT[2]'〛

rádix pòint *n.* 〖数学〗基数点. 〚1960〛

RAdm 《略》rear admiral.

Rad·nor·shire /rǽdnəʃə, -nɔə-, -ʃɪə | -nəʃə(r), -nɔː-, -ʃɪə(r)/ *n.* ラドノーシャー《ウェールズ東部の旧州, 現在の Powys 州中部に当たる; 州都 Presteigne /prɛstíːn/; Radnor ともいう》.

Ra·do /rɑ́ːdou | -dəu; *G.* ʁáːdo, *F.* ʁado/ *n.* 〖商標〗ラドー《スイスの時計メーカー; 同社製の腕時計》.

Ra·dom /rɑ́ːdɔ(ː)m, -dɑ(ː)m | -dɔm; *Pol.* rádɔm/ *n.* ラドム《ポーランド東部の都市: オーストリア領 (1795–1815); ロシア領 (1815–1918)》.

ra·dome /réɪdoum | -dəum/ *n.* 〖通信〗レードーム《特に, 航空機の外部に取り付けたレーダーアンテナの電波を透過する防水・防塵(じん)用の覆い; blister ともいう》. 〚(1944) ← RA(DAR)+DOME〛

ra·don /réɪdɑ(ː)n | -dɔn/ *n.* 〖化学〗ラドン《ラジウムの壊変によって生成される放射性希ガス元素; 記号 Rn, 原子番号 86, 原子量 222, 比重 9.73g/l, 融点 −71°C, 沸点 −62°C; 別名 radium emanation》. 〚(1918) ◻ G *Radon*: ⇨ radium[1], -on[2]: cf. argon, neon〛

rad·u·la /rǽdʒʊlə | -djʊ-/ *n.* (*pl.* **-u·lae** /-lìː, -làɪ/) 〖動物〗(軟体動物の)歯舌 (cf. odontophore). **rad·u·lar** /rǽdʒʊlə | -djʊlə(r)/ *adj.* 〚(1859) ◻ L *rādula* scraper ← *rādere* to scrape〛

rádular sác *n.* 〖動物〗歯舌嚢(のう).

rád·wàste /rǽd-/ *n.* 放射性廃棄物 (radioactive waste). 〚(1973)《略》← *radio(active) waste*〛

Rae /réɪ/ *n.* **1** レイ《男性名; 異形 Ray》. **2** レイ《女性名》. 〚《異形》1: ← RAYMOND. 2: ← RACHEL[1]〛

Rae /réɪ/, **John** *n.* レイ《1813–93; スコットランドの北極探検家》.

RAE /ɑ̀əèɪíː | ɑ̀ː(r)èɪíː/ 《略》Royal Aerospace Establishment. 〚1926〛

Rae·burn /réɪbəːn | -bəːn/, **Sir Henry** *n.* レイバーン《1756–1823; スコットランドの肖像画家》.

RAEC /ɑ̀əèɪìːsíː | ɑ̀ː(r)èɪ-/ 《略》Royal Army Educational Corps.

Rae·der /réɪdə | -də(r); *G.* ʁɛ́ːdɐ/, **Erich** *n.* レーダー《1876–1960; ドイツの海軍提督》.

Rae·mae·kers /rɑ́ːmɑːkəz, -kəs | -kəz; *Du.* ráːmaːkərs/, **Louis** *n.* ラーマーカース《1869–1956; オランダの諷刺漫画家》.

RAeS 《略》Royal Aeronautical Society 英国航空協会.

rae·tam /ríːtæm/ *n.* 〖植物〗=retem.

Rae·ti·a /ríːʃə, -ʃiə | -ʃiə, -ʃə/ *n.* =Rhaetia.

raf, R- /rǽf/ *n.* 《口語》英国空軍. 〚《頭字語》↓〛

RAF /ɑ̀əèɪéf, rǽf | ɑ̀ː(r)èɪéf, rǽf/ 《略》《英口語》Royal Air Force 英国空軍. 〚1920〛

Ra·fa·el /rǽfiəl, rɑ̀ːfiɛ́l, réɪfiɛ̀l | rǽfeɪəl, -fiəl, -feɪl/ *n.* =Raphael[3].

raff /rǽf/ *n.* **1 a** [集合的] 下層民 (riffraff), 下層社会(の連中). **b** やくざ者, 人間のくず. **2** 《英方言》 **a** がらくた, くず (trash, rubbish). **b** ごたまぜ; 寄せ集め (jumble). 〚(? a1300) *raf* abundance ← ? ON (Swed. *rafs* rubbish): cf. rabble[2]〛

Raf·fa·el[1] /rǽfiəl, réɪf-, réɪfl, rǽfeɪl | rǽfeɪəl, -feɪl, -fiəl, réɪfl, rɑ̀ːfaɛ́l/ *n.* =Raphael[2].

Raf·fa·el[2] /rǽfiəl, rɑ̀ːfiɛ́l, réɪfiɛ̀l | rǽfeɪəl, -fiəl, -feɪl/ *n.* =Raphael[3].

Raf·fa·el·esque /rӕ̀fiəlɛ́sk, rɑ̀ːf-, rèɪf- | rӕ̀feɪəl-, -fiəl-, -feɪl-ˈ-/ *adj.* =Raphaelesque.

Raf·fa·el·ite /rǽfiəlàɪt, rɑ́ːf-, réɪf- | rǽfeɪəl-, -fiəl-, -feɪl-/ *n.* =Raphaelite.

Raf·fa·el·lo /*It.* raffaéllo/ *n.* ラファエロ《Raphael[3] のイタリア語名》.

raffe /rǽf/ *n.* (*also* **raf·fee** /rǽfiː/) 〖海事〗ラフ《横下帆の上に揚げる三角形の上檣帆》. 〚(1880) ← ?〛

Ráf·fer·ty's rúles /rǽfətiz- | -fətiz-/ *n. pl.* 《豪俗》ルールなし, 無規則 (no rules at all). 〚(1928)《転訛》← *refractory*《方言》〛

raf·fi·a /rǽfiə/ *n.* **1** ラフィア《Madagascar 島産ウラジロラフィアの葉から採る丈夫な繊維; 物をくくったり, バスケットや帽子を作るのに用いる》. **2** ラフィアで作った帽子. **3** 〖植物〗=raffia palm. 〚(1866) ◻ Malagasy *ra(o)fia*〛

ráffia pàlm *n.* 〖植物〗ウラジロラフィア (*Raphia ruffia*)《Madagascar 島産ヤシ科の植物; その葉から繊維 raffia を採る》.

raf·fin·ate /rǽfənèɪt | -fɪ-/ *n.* 〖化学〗ラフィネート, 精製油《溶媒抽出で溶媒に溶けずに残った部分》. 〚(1928) ← F *raffiner* to refine (⇨ re-, ad-, fine[1])+-ATE[1]〛

raf·fi·né /rӕfənéɪ | -fɪ-; *F.* ʁafine/ *adj.* =refined. — *n.* しゃれ者. 〚(1876) ◻ F ~〛

raf·fi·nose /rǽfənòus, -nòuz | -fɪnəus, -nəuz/ *n.* 〖化学〗ラフィノーゼ ($C_{18}H_{32}O_{16}{\cdot}5H_2O$)《三糖類の一種, D-ガラクトース, D-グルコース, D-フルクトース各 1 分子から成る; melitriose, gossypose ともいう》. 〚(1876) ◻ F ~ ← *raffiner*: ⇨ ↑, -ose[2]〛

raff·ish /rǽfɪʃ/ *adj.* **1** がら[品]の悪い, けばけばしい. **2** (服装・ふるまいなどがしきたりにとらわれないで)かまわない様子の, 不良っぽい(魅力のある). **~·ly** *adv.* **~·ness** *n.* 〚(1801) ← RAFF+-ISH〛

raf·fle[1] /rǽfl/ *n.* **1** ラッフル, 福引くじ《慈善や購入資金調達のために売り出し, 抽選で賞品などが当たったり, 商品が入手できるくじ》. **2** 〖遊戯〗ラッフル《さいころを 3 個用い, 全部同じ目になるか, さもなければ, 2 つ同じ目で一番数が多い人が勝つゲーム》. — *vt.* ラッフルの賞品として出す[売る]〈*off*〉: ~ (*off*) a horse. — *vi.* 《まれ》(賞品目当てに)ラッフルに参加する〔*for*〕: ~ *for* a motorcar. **ráf·fler** /-flə, -flə | -flə(r), -flə(r)/ *n.* 〚(c1390) (1766) *rafle* ◻ (O)F *rafle* 'dice game' ◻ ? MDu. *raffel* dice game: cf. raffle[2]〛

raf·fle[2] /rǽfl/ *n.* 廃物, くず (refuse, rubbish); (特に, 破損した綱・帆・円材などの)からみ合ったもの. 〚(a1450) ← *raf* 'RAFF': cf. OF *rifle ou rafle* anything what so ever (↑) ← MHG *raffen* to snatch〛

Raf·fles /rǽflz/ *n.* [時に r-] (人をあっと言わせるのを楽しみとする)泥棒紳士, (ルパン風の)紳士怪盗. 〚英国の小説家 E. W. Hornung 作の探偵小説 *The Amateur Cracksman* (1899) に出てくる主人公の名から〛

Raf·fles /rǽflz/, **Sir Thomas Stamford** *n.* ラッフルズ《1781–1826; 英国の植民地行政官, Singapore の建設者》.

raf·fle·sia /rəflíːʒə, ræ-, -ʒiə | -ziə, -ʒiə/ *n.* 〖植物〗ラフレシア《Malay 諸島産のラフレシア科ラフレシア属 (*Rafflesia*) の植物の総称; 無葉無茎で他植物に寄生して腐肉臭のある大花を開く》. 〚(1820) ← NL ~ ← *Sir Thomas S. Raffles* (↑: この植物を発見した): ⇨ -ia[1]〛

Raf·fle·si·a·ce·ae /rəflìːziéɪsiìː, ræf-, -ʒiéɪ- | -ziéɪ-/ *n. pl.* 〖植物〗ラフレシア科. **raf·flè·si·á·ceous** /-ʃəs-ˈ/ *adj.* 〚← NL ~: ⇨ ↑, -aceae〛

ra·fraî·chis·soir /rəfrɛ̀ʃɪswɑ́ə | -swɑ́ː(r); *F.* ʁafʁɛʃiswaːr/ *F. n.* 花台, 花スタンド《植物や花を生けるためのくぼみがある大理石の小さな台[スタンド]》. 〚◻ F ~ 're-fresher'〛

Raf·san·ja·ni /rɑːfsəndʒɑ́ːni, rʌf-, -sn-, -sɑːn- | rӕfsəndʒɑ́ːni, -sɑn-; *Farsi* ræfsændʒɑníː/, **Ali Akbar Hashemi** *n.* ラフサンジャニ《1934– ; イランの神学者・政治家; 大統領 (1989–97)》.

raft[1] /rǽft | rɑ́ːft/ *n.* **1 a** いかだ; いかだ舟: on a ~ / by ~. **b** 浮き台, 浮き桟橋; (特に, 水泳する人などのために川や湖に浮かべて固定してある)浮き台. **c** (空気を入れてふくらませるゴム製などの)いかだ, あるいは箱形の浮体; 救命いかだ. **2** [集合的] **a** (航行を妨げる)流木・流氷などの集積. **b** 浮遊粘着物の群[塊]《海藻・へどろ・昆虫の卵など》. **c** 水鳥の群. **3** 〖建築〗筏(いかだ)基礎, べた基礎, コンクリート基礎盤《軟弱な土地などで重い建物を支えるための普通鉄筋コンクリート製の大きなスラブ (slab)》.
— *vt.* **1** 〈丸太などを〉いかだに組む. **2 a** 〈木材などを〉いかだに組んで運ぶ: ~ timber. **b** 〈人・荷物を〉いかだで運ぶ[渡す]. **3** 〈川・湖・沼・湾などを〉いかだで渡る: ~ a river. **4** 〈浮氷などが〉〈浮氷や海藻などの中に埋まった岩石の砕片・沈層などを〉川や海流の到達しない所へ運ぶ. — *vi.* **1** いかだに乗って行く, いかだを操る, いかだで渡る〔*across*〕: ~ *across* a river. **2** =rafter[1].
〚(?c1300) *rafte* beam, rafter ◻ ON *raptr* log: ⇨ rafter[1]〛

raft[2] /rǽft | rɑ́ːft/ *n.* 《米俗》多数, 多量: a (whole) ~ of books たくさんの書物. 〚(1830)《変形》← RAFF〛

raf·ter[1] /rǽftə | rɑ́ːftə(r)/ *n.* 〖建築〗垂木(たるき): an angle ~ 隅垂木(すみたるき) / a common ~ 棰 / ⇨ jack rafter, principal rafter, valley rafter / from cellar to ~ 家の上から下まで, 家中. — *vt.* **1** …に棰をつける; 棰にする (cf. raftered). **2** 《英方言》〈田畑を〉(まだすいていない隣のうねの上に溝の土を盛り上げるように)すく. — *vi.* 《主にカナダ》〈浮氷群が〉乗り上げたりもぐり込んだりして重なり合う. 〚OE *ræfter* < Gmc *raftraz (MLG *rafter* / ON *raptr*) ← IE *rēp- stake, beam: ⇨ raft[1]〛

ráft·er[2] *n.* いかだ乗り, いかだ師 (raftsman). 〚(1809) ← RAFT[1]+-ER[1]〛

R

raft·er³ /rǽftə | rɑ́ːftə⁽ʳ⁾/ *n.* (特に七面鳥の)群れ (flock). 〖← RAFT²＋-ER²〗

ráf·tered *adj.* 椽(たるき)のある; (下から)椽が見える: a ～ ceiling 椽造りの[化粧椽の]天井. 〖(1732) ← RAFTER¹＋-ED〗

ráft·ing *n.* 〖スポーツ〗いかだ乗り.

ráfts·man /-mən/ *n.* (*also* **ráft·man**) (*pl.* **-men** /-mən, -mèn/) ＝rafter². 〖(1776) ← RAFT¹＋-s² 2＋-MAN〗

ráft spìder *n.* 〖動物〗ハシリグモ《キシダグモ科ハシリグモ属 (*Dolomedes*) のクモの総称; 欧州産; 水面に前脚を長く伸ばして獲物を待つ大きなクモ》. 〖1864〗

RAFVR 《略》Royal Air Force Volunteer Reserve 英国空軍志願予備軍. 〖1938〗

rag¹ /rǽg/ *n.* **1 a** ぼろ, ぼろくず (tatter), ぼろきれ; 布きれ: in ～*s* ぼろぼろに裂けて, ぼろ(きれ)になって; ぼろを着て: His clothes were torn [worn] to ～*s*. 彼の衣服はぼろぼろに裂けた[なっていた] / He has not a ～ to his back [to cover him]. 彼は身に一糸もまとっていない / spread every ～ of sail あるだけの帆をみな張る. **b** [集合的; 無冠詞] 製紙または詰物用のぼろ. **c** [通例複合語の第 2 構成素として] 小ぎれ: ⇨ washrag, dishrag. **d** 《卑》生理用ナプキン, 月経[衛生]帯. **2** [*pl.*] ぼろ服; 《戯言》衣類, 着物: ⇨ glad rags / an old man in ～*s* ぼろ服を着た老人 / go in ～*s* ぼろ服を着ている / I have nothing but my old ～*s* to wear. 古いぼろ服よりほかに着るものがない. **3** 《軽蔑》**a** (新聞・雑誌・ハンカチ・旗・帆・劇場の幕・貨幣などを呼ぶ語として)ぼろ, くず: It is the most scurrilous ～ ever published. 今までに類のない下品な新聞だ. **b** ぼろをまとった人間; 卑しい人間. **c** 気力のない人[もの]. **4 a** 断片, 小片, ちぎれ (shred): flying ～*s* of cloud 細かいちぎれ雲. **b** [しばしば否定の意味を強めて] 少量 (a little bit): There is *not* a ～ of originality. 独創性は微塵(みじん)もない / He has still a few ～*s* of decency [reputation, virtue] left. 彼にはまだ多少の上品さ[よい評判, 美徳]が残っている. **5** 《英俗》軍艦旗. **6** 〖冶金〗(金属の切断面などの)ぎざぎざ. **7** 〖植物〗(ミカン類の実の食べられない)芯(しん)や皮. **8** 〈紙巻きたばこ用の〉刻みたばこ. **9** [the R-] 《俗》陸海軍人クラブ.

be cóoked to rágs 〈食品が〉煮すぎてぐたぐたになった. ***chéw the rág*** ⇨ chew 成句. ***féel like a wét rág*** へとへとに疲れている. ***from rágs to ríches*** 貧乏から金持ちに: She went *from* ～*s to riches*. 貧乏から金持ちになった. 《1965》 ***gèt one's rág òut*** [***ùp***] ＝***lóse one's rág*** 《口語》ひどく怒る. ***light a rág*** ⇨ light¹ 成句. ***rág, tág, and bóbtail*** ＝RAGTAG *and bobtail*. ***réd rág to a búll*** 《口語》〈雄牛に赤布のように〉怒りを挑発するもの. ***tàke the rág off*** 《米》…にまさる, …をしのぐ.

— *adj.* [限定的] **1** ぼろきれで作った: ⇨ rag doll. **2** 《口語》(特に婦人服の)被服産業の[に関わる] ⇨ rag trade. 〖(*c*1325) *ragge* < OE *ragg-* ▭ ON *rögg* tuft of fur ← ? IE **reu-* to tear up (L *ruere* to tumble down) // 《逆成》← OE *racgiġ* ← **racg-* ▭ ON *rögg*〗

rag² /rǽg/ 《俗》*v.* (**ragged; rag·ging**) — *vt.* **1 a** からかう (banter), 冷やかす, じらす (irritate). **b** 困らせる (annoy), いじめる (tease). **c** …に悪ふざけする, 〈人の部屋など〉ふざけてごった返しにする. **2** しかる (scold), …に文句を言う. — *vi.* **1** 騒ぎ散らす. **2** 《英》いたずらする. — *n.* 《英》**1** 冗談 (joke); からかい (chaff, teasing): I only said it for a ～. ただ冗談に言っただけです. **2 a** (大学生などの)悪意のない乱暴, ストーム; いたずら (practical joke): I was punished for taking part in a ～. ばか騒ぎに加わって罰を受けた. **b** (慈善の募金を目的として学生が行う)パレード, 仮装行列. 〖(1739) ← ?: cf. bullyrag / ON *ragna* to curse, swear〗

rag³ /rǽg/ 〖音楽〗*n.* **1** ＝ragtime. **2** ラグ《ラグタイムのリズムで書かれた曲》. — *vt.* 〈曲を〉ラグタイム形式で演奏する. — *vi.* ラグタイムで踊る, ラグタイムを踊る. 〖n.: (1895) —v.: (1905) 《略》← RAGTIME〗

rag⁴ /rǽg/ *vt.* 〈鉱石などを〉砕く. 〖(1875)?〗

rag⁵ /rǽg/ *n.* **1** (片面だけ仕上げた)屋根板用のスレート, ラッグスレート. **2** (板のように割ることのできる)石炭岩, 割石 (ragstone). 〖(1278) ← ?〗

ra·ga /rɑ́ːgə | rɑ́ːgə, rɑ́ːg; *Hindi* rɑːg/ *n.* 〖音楽〗**1** ラーガ《インド音楽の旋法》. **2** ラーガを用いた曲[演奏, 音楽] (cf. ragarock). 〖(1788) ▭ Skt *rāga* color, tone〗

rag·a·bash /rǽgəbæ̀ʃ/ *n.* (*also* **rag·a·brash** /rǽgəbræ̀ʃ/) 《スコット・英方言》**1** やくざ者, ごくつぶし. **2** [集合的] やじ馬, 下層民. 〖(1609) ← RAG¹ (n.)＋-*abash* (← ?)〗

rag·a·muf·fin /rǽgəmʌ̀fɪn | -fɪn/ *n.* ぼろ服を着た汚い人; ぼろ服を着た子供, 浮浪児. **～·ly** *adj.* 〖(1581) ? ← *Ragamoffyn* (*Piers Plowman* (?*a*1387) 中の Belial の孫息子の名で, 15 世紀の mystery play で悪漢または悪魔の名として用いられた) ← *raggi* ragged (⇨ RAG¹)＋MDu. *moffe, muffe* mitten (cf. OF *amuafle* saracen chief)〗

rág-and-bóne màn *n.* 《英》(ぼろ・古着・古新聞・あきびん・中古家具などを売買して歩く)くず屋 (《米》junkman; ragman, ragpicker ともいう). 〖1904〗

rág àrm *n.* 〖野球〗(投手の)球威のない腕.

ràga·róck *n.* 〖音楽〗ラーガロック《ラーガ (raga) 音階を用い演奏楽器の中にシタール (sitar) を取り入れたロック》. 〖1966〗

rág bàby *n.* ＝rag doll 1. 〖1809〗

rág·bàg *n.* **1** (ラシャ・リンネルなどの切れ端を入れて置く)端ぎれ袋. **2** 《口語》(がらくたの)寄せ集め. **3** 《口語》薄汚い身なりの人. 〖1820〗

rág bòlt *n.* 〖機械〗鬼ボルト《つめ付き基盤ボルトの一種; barb bolt ともいう》. 〖1627〗

rág bòok *n.* (洗濯できる)布で作った子供の絵本, 布絵本. 〖1905〗

rág bùsiness *n.* 《口語》＝rag trade.

rág dày *n.* 《英》(学生が行う)慈善仮装行列の日, パレードデー (⇨ rag² 2 b).

rág dòll *n.* **1** 縫いぐるみ人形. **2** 〖農業〗発芽布《一連の湿った布の上に種子をのせ発芽力を調べる装置》. 〖1853〗

rage /réɪdʒ/ *n.* **1** 激怒, 憤怒 (⇨ anger SYN): fly into a (sudden) ～ かっと怒る / in a ～ かっとなって / He wept with ～. 泣いて怒った / He cried, purple with ～. どなり, 血相を変えて怒った / She was inarticulate with ～. あまりの怒りに口もきけないほどだった. **2 a** (風・波・感情などの)激烈, 猛烈, 狂暴, 猛威 (intensity, violence): the ～ of the wind, fire, sea, waves, etc. / the ～ of hunger 激しい飢え / the ～ of faction 党派争いの激しさ / burst into a ～ of tears [grief] わっと泣き出す. **b** あらし, 暴風 (tempest); 洪水, 高潮 (high tide). **3** [(all) the ～ として] 大流行(のもの) (vogue): Quiz games are (*all*) *the* ～. クイズ問答[ゲーム]は大流行だ. **4 a** 熱情 (passion), 熱心; 感動, 感興 (ardor): a noble ～ 崇高なまでの感動. **b** 《詩》(詩人・預言者の)霊感 (inspiration); (音楽の)興奮; 高揚した戦意. **5 a** 渇望, 熱狂 (⇨ fashion SYN): He has a ～ *for* notoriety [opium, (collecting) stamps]. 彼は売名[阿片, 切手収集]狂だ / He had a ～ *to* live. 彼はどうしても生き抜きたいと思った. **b** 性的興奮. **6** 《NZ口語》(ダンス)パーティー. **7** 《古》狂乱 (madness).

— *vi.* **1 a** 〈海・波などが〉荒れる; 〈暴風・戦争・疫病などが〉猛威を振るう, 暴威を振るう, 思うままにふるまう: A storm [A fire, The plague] is *raging*. あらし[火事, ペスト]が猛威を振るっている / Fighting ～*d* throughout Lebanon. レバノン中至る所で戦闘が荒れ狂った / War ～*d* on in the Middle East. 中東では戦争が猛威を振るった. **b** 〈感情・意見などが〉高調に達する, 激する. **c** 〈苦痛が〉激しく続く. **2 a** どなり散らす; しかり飛ばす (scold), ののしる (inveigh), 激怒する 〔*at, against, on, over*〕: He ～*d at* her for her carelessness. 不注意だと言って激しく彼女を責めた. **b** 狂い回る, 暴れる. — *vt.* 《まれ》＝enrage.

ráge itsèlf óut 〈あらし・怒りなどが〉荒れ狂って静まる.

〖n.: (?*a*1300) ▭ (O)F ～ < VL **rabiam*＝L *rabiēs* rage, madness ← *rabere* to rave, be mad. — v.: (*c*1250) *rage(n)* ▭ (O)F *ragier* ← *rage* (n.)〗

ragee /rǽdʒiː | rɑ́ː-/ *n.* 〖植物〗＝raggee.

rage·ful /réɪdʒfəl, -fl/ *adj.* **1** 激怒した, 怒りに満ちた: ～ eyes. **2** 怒り狂った, 猛烈な: ～ winds. **～·ly** *adv.* 〖(1580) ← RAGE＋-FUL〗

rág fàir *n.* ぼろ市, 古着市, ラグフェア. 〖(1722) ロンドンの Houndsditch の市の名から〗

rág·fìsh *n.* (*pl.* ～, ～·**es**) 〖魚類〗北太平洋産のイレズミコンニャクアジ科の深海魚 (*Icosteus aenigmaticus*). 〖⇨ rag¹〗

rag·ga /rǽgə/ *n.* ラッガ《レゲエ・ラップなどを組み合わせた西インド諸島の音楽; ファンの服装 *ragamuffin* から》.

rag·ga·muf·fin /rǽgəmʌ̀fɪn | -fɪn/ *n.* ＝ragamuffin.

rag·ged /rǽgɪd/ *adj.* **1 a** 〈衣服など〉ぼろぼろの (tattered): a ～ coat ぼろぼろになった上着. **b** ぼろを着た, みすぼらしい (shabby): a ～ beggar. **2** 〈動物の毛・毛皮などが〉くしゃくしゃの; 〈髪の毛などが〉ぼうぼうの, ぼさぼさの (rough, shaggy): a ～ dog, horse, etc. / ～ hair くしゃくしゃ[ぼうぼう]の髪の毛. **3** ざらざらの, ぎざぎざの (jagged); でこぼこの, ごつごつした (rough): ～ rocks / a ～ hip (痩せ馬の)骨だらけの尻 / ⇨ ragged edge. **4** 〈声・音が〉耳障りな (harsh): ～ sounds. **5** 欠点のある, 不完全な, 仕上げの足りない (faulty, imperfect); 整っていない, ふぞろいの: ～ rhymes 調子の整っていない韻律 / a ～ style in writing だらしのない文体 / ⇨ ragged time. **6** (緊張で)へとへとに疲れた, 消耗した (worn out) 〔*with*〕. **7** 野生のままの (wild), 手入れをしてない (neglected): a ～ lawn 手入れをしてない芝生. **8** 〖紋章〗＝raguly. ***rùn rágged*** (絶えず圧力をかけて[悩ませて])疲れ果てさせる.

～·ly *adv.* **～·ness** *n.* 〖?*a*1300〗

rágged édge *n.* 《米》**1** (崖などの)ふち. **2** 極端, きわ (verge). ***on the rágged édge*** 危ない瀬戸際に; 破産に瀕(ひん)して, 自暴自棄[発狂]のふちに, 発病の瀬戸際に: be *on the* ～ of starvation 飢餓に瀕している. 〖1885〗

rágged róbin *n.* 〖植物〗ナデシコ科センノウ(仙翁)属の多年草 (*Lychnis floscuculi*) (cuckooflower ともいう). 〖1741〗

rágged schòol *n.* 〖英史〗貧民学校《19 世紀初頭に始まり, 1870 年の Education Act の成立により衰退した, 貧民の子弟が無料で授業と給食を受けた学校》. 〖1843〗

rágged tíme *n.* (漕ぎ方などの)ふぞろい: row in ～.

rag·ged·y /rǽgɪdi | -di/ *adj.* (**rag·ged·i·er; -i·est**) **1** やや ぎざぎざ[ぼうぼう, へとへと]の. **2** みすぼらしく見える. 〖(1890) ← RAGGED＋-Y²〗

Ràggedy Ánn *n.* ラゲディー アン: **1** 米国の漫画家・作家 Johnny Gruelle (1880–1938) の童話の主人公であるおんぼろ人形. **2** 〖商標〗米国の Hasbro 社製の Raggedy Ann の縫いぐるみ人形.

ràggedy-áss, ràggedy-ássed *adj.* 《米俗》**1** ぼろっちい, みすぼらしい, ろくでもない. **2** 〈人が〉新参者の, 新米の.

rag·gee /rǽdʒiː | rɑ́ː-/ *n.* 〖植物〗シコクビエ, コウボウビエ (*Eleusine coracana*) 《イネ科オヒシバ属の一年草; finger millet, korakan ともいう》. 〖▭ Hindi *rāgī*〗

rág·ging *n.* **1** 〖鉱山〗大割り《大型のスレッジハンマーで鉱石の大塊を割ること》. **2** 〖金属加工〗ラッギング《金属の分塊圧延・孔型圧延の際に, 材料のかみ込みを容易にするためロール表面に凹凸を付けること; roll ragging ともいう》. 〖(1875) ← rag⁴〗

rag·gle /rǽgl/ 〖石工〗*n.* 雨押さえ受け《石積み・石壁などの雨押さえ (flashing) を受ける溝》. — *vt.* 〈足積みなど〉に雨押さえなどの溝を切る[掘る, 付ける]. 〖(1835) ← ?〗

rag·gle-tag·gle /rǽgltæ̀gl, ⏑⏑⏑⏑/ *adj.* 寄せ集めの, ごたまぜの; ごちゃごちゃの. 〖(1904): cf. ragtag〗

rag·gy¹ /rǽgi/ *adj.* (**rag·gi·er; -gi·est**) ＝ragged.

rag·gy² /rǽgi/ *adj.* (**rag·gi·er; -gi·est**) ラグタイムの[に関する], の特徴をもった]: a ～ jazz. 〖(1933) ← RAG³＋-Y⁴〗

rag·gy³ /rǽgi | rɑ́ː-/ *n.* 〖植物〗＝raggee.

rág·hèad *n.* 《俗》ターバン野郎, 頭にターバンを巻いたやつ《ヒンズー教徒・アラブ人など》; ジプシー (gypsy). 〖1921〗

rag·i /rǽgi | rɑ́ː-/ *n.* 〖植物〗＝raggee.

rag·ing /réɪdʒɪŋ/ *adj.* **1** 激怒した, 憤怒の. **2** 〈暴風・病気・苦痛など〉猛烈な (violent): a ～ tempest [pestilence] 猛威を振るう暴風雨[疫病] / a ～ sea 波の荒れ狂う海 / a ～ mob 荒れ狂う群衆. **3** 〈歯痛・頭痛など〉激しい; 〈歯など〉激しく痛む: a ～ headache 頭の割れるような頭痛. **4** 異常な, 並はずれた (extraordinary): a ～ beauty 非常な美人 / a ～ success 大成功. **～·ly** *adv.* 〖*a*1425〗

rag·lan /rǽglən/ *n.* ラグランコート《raglan sleeve の付いたゆったりしたオーバーコート》. — *adj.* [限定的] ラグランの. 〖(1863) ← Lord *Raglan* (＝F. J. H. Somerset) (1788–1855: これを着用したクリミア戦争の英軍最高司令官): cf. somerset², spencer¹〗

raglan

ráglan sléeve *n.* ラグラン袖《アームホールに縫目がなく襟ぐりから脇下にかけて縫目がある袖; cf. SET-IN sleeve》. 〖1924〗

rág·màn /-mæ̀n, -mən/ *n.* (*pl.* **-men** /-mèn, -mən/) くず屋, ぼろ屋 (ragpicker); ぼろ屋. 〖ME〗

Rag·na·rok /rɑ́ːgnərɑ̀(ː)k | -rɔ̀k/ *n.* (*also* **Rag·na·rök** /-rʌ̀k/) 〖北欧神話〗ラグナロク, 神々のたそがれ《神々と巨人との大決戦で世界破滅の時; 以後世界は極寒の冬となり大地は海中に没するが, その冬が終わるや波に青々とした大地が海中から浮上し, 新しい世代の神も来, 生き残った一組の人間夫婦が子孫をつくってゆく; cf. Götterdämmerung》. 〖(1770) ▭ ON *ragnarök* judgment of the gods ← *ragna* ((gen. pl.) ← *regin* god)＋*rök* judgment, reason: 後に ON *ragnarøkkr* twilight of the gods (＝G *Götterdämmerung*) と混同〗

ra·gout /rægúː | ⏑⏑, ⏑⏑; *F* ʀagu/ *n.* **1** ラグー《肉・野菜などの香辛料をきかせた煮込み料理》: ～ of mutton. **2** ごたまぜ (mixture, mélange). — *vt.* ラグーに調理する. 〖(1656–57) ▭ F *ragoût* ← *ragoûter* to revive the taste ← RE-＋*á* (⇨ ad-)＋*goût* (< L *gustum* 'GUSTO')〗

R

rág pàper *n.* ラグーペーパー《ぼろ布から作った(上質)紙》. 〖1831〗

rág·picker *n.* (町を歩く)くず拾い, ぼろ拾い, 「ばた屋」. 〖1860〗

rág-ròlling *n.* ラグローリング《布を刷毛の代わりにしてペンキを塗り, 独特の雰囲気を出す室内装飾法》. **rág-ròll** *vt.* **rág-ròlled** *adj.*

rág rùg *n.* 《米》ラグラッグ《綿や絹のぼろを細かく裂き, これを横糸として織り交ぜた粗末な敷物; バスマットなどに用いる》. 〖1923〗

rág·stòne *n.* 《英》＝rag⁵ 2.

rágs-to-ríches *adj.* 赤貧から大金持ちになった, 玉のこし[立身出世]の.

rag·tag /rǽgtæ̀g/ *n.* **1** [集合的] (みすぼらしい)雑多な人間の集まり, 烏合(うごう)の衆 (riffraff); [the ～] 下層民 (the rabble). **2** 人間のくず, ろくでなし. — *adj.* [限定的] 《米》**1** (身なりの)みすぼらしい, だらしない (ragged). **2** 烏合の衆の[から成る]. **3** ぐらぐらの, がたがたの (ramshackle). ***rágtag and bóbtail*** ＝ragtag *n., adj.* 〖(1820) ← RAG¹ (n.)＋TAG¹ (n.) ∽ (1582) *tag and rag*〗

rag·time /rǽgtàɪm/ *n.* **1** 〖音楽〗**a** ラグタイム《黒人ピアニストたちによって始められたとされるシンコペーション (syncopation) をきかせたリズム; ジャズの一要素となった; cf. jazz》. **b** ＝ragtime music. **2** [形容詞的に] 茶番めいた, お笑いの. 〖(1897) ← ? *ragged time*〗

rágtime mùsic *n.* 〖音楽〗シンコペーションが頻用される音楽; ジャズ音楽; その音楽に合わせて踊るダンス. 〖1897〗

rág·tòp *n.* 《俗》折りたたみ式幌屋根の自動車 (⇨ convertible). 〖1953〗

rág tràde *n.* [the ～] 《口語》(デザイン・製造・販売を含む)服飾産業[業界], アパレル業. 〖1843〗

rág tràder *n.* 《口語》服飾[アパレル]業者.

Ra·gu /rægúː, ⏑⏑/ *n.* 〖商標〗ラグー《米国 Ragu Foods 社製のスパゲッティなどのイタリア料理用のソース・ピザソースなど》.

rag·u·ly /rǽgjʊli/ *adj.* (*also* **ra·gu·lé** /-lèɪ/) 〖紋章〗〈区画線など〉(やや斜めに規則正しく並んだ)凸部のある. 〖(1658) ← RAG¹: NEBULY にならったもの〗

Ra·gu·sa /rəgúːzə; *It.* ragúːza/ *n.* ラグーザ: **1** Sicily

島南東部の工業都市. **2** Dubrovnik のイタリア語名 (1918 年まで).

rág·wèed *n.* 〘植物〙 **1** =ambrosia 4. **2** =ragwort. **3** 《米方言》 =marsh elder 2. 〘(1658) 葉がぎざぎざ (ragged) であることから〙

rág wèek *n.* 《英》(慈善などを目的とした学生の)お祭り騒ぎ[仮装行列]の週 (cf. rag day).

rág whèel *n.* 〘機械〙 **1** 鎖歯車, スプロケット (sprocket wheel). **2** ぼろ車(ぐるま)(ぼろを円盤状に固めた研磨用具).

rág·wòrk *n.* 〘石工〙乱積み, 荒石積み, 野石積み (rubblework) (cf. ashlar 1). 〘(1840): ⇨ rag[3]〙

rág·wòrm *n.* 《英》 =clam worm. 〘1865〙

rág·wòrt *n.* 〘植物〙 オグルマ《キク科オグルマ属 (*Senecio*) の植物の総称; ムラサキオグルマ (purple ragwort) など》; (特に) =tansy ragwort. 〘(1450): ⇨ rag[1]〙

rah /rá:, rɔ́: | rá:/ 《米口語》 *int.* 万歳, フレー (hurrah)《通例繰り返して用いられ喜び・賛成・激励などを表す》. — *n.* 万歳の声, 喝采(かっさい), フレーという声援 (hurrah). — *vi.* =rah-rah. 〘(1870)《略》← HURRAH〙

RAH /áəèɪéɪtʃ | ɑ́:(r)èɪ-/ 《略》 Royal Albert Hall (London).

Rah·man /rá:mɑ:n, -mən/ *n.* =Abdul Rahman.

Rah·man /rá:mɑ:n, -mən/, **Sheikh Mu·ji·bur** /mʊdʒí:bʊə | -bʊə(r)/ *n.* ラーマン (1920–75; バングラデシュの政治家; 初代首相 (1972–75), 初代大統領 (1975); クーデターで殺害された).

ráh-ràh *adj.* 《米口語》(試合などで)熱狂的に応援する, 母校意識をあらわに示す: ~ boys / ~ stuff 喝采(かっさい).
— *vi.* 《米口語》「万歳」を叫ぶ; 声援する (cheer), 応援する (root). — *n.* 《豪俗》ラグビー同盟の熱烈なファン[愛好家]. 〘(1911)《加重》← RAH〙

ráh-rah skìrt *n.* ラーラースカート《女子チアリーダーがはくような, ひだ飾りのあるミニスカート》. 〘1970〙

RAHS /áəèɪèɪtʃés | ɑ́:(r)èɪ-/ 《略》 Royal Australian Historical Society.

rai /ráɪ/ *n.* 〘音楽〙 ライ《伝統的なベドウィン音楽の影響を受けたアルジェリアのポピュラー音楽》. 〘⇨ Algerian F *raï* ← ? Arab. (方言): 歌詞によく使われる句 (*ha-er-*)*ray* (here is the) view からとする説がある〙

ra·ia /rá:jə, ráɪə/ *n.* 《まれ》 =raya.

raid /réɪd/ *n.* **1 a** (通例小規模の軍勢による)急襲; (特に飛行機または小部隊[小艦隊]による)襲撃《任務達成後直ちに撤退がなされる》: an air ~ 空襲 / a bombing ~ 爆撃 / make a ~ into …へ侵入する. **b** (略奪を目的とする騎馬隊の)侵略, 侵入 (foray). **c** (野獣・鳥などが)畑などを食料を求めて襲うこと. **2** (警察の)手入れ, 踏み込み, 一斉検挙〔*on, upon*〕: a police ~ *on* the gambling house その賭博場への警察の手入れ. **3 a** 競争相手からの活発で大規模な従業員の引き抜き. **b** 公金横領. **4** 〘証券〙株価を引き下げようとする相場師たちの売り浴びせ.
— *vt.* **1** …に攻め込む (invade); 急襲[空襲]する, (特に, 小部隊[小艦隊]で)襲撃する (attack): ~ the enemy's coast 敵の海岸に侵入する[を荒らす] / ~ the larder 食料部屋を襲う. **2** 〈警官などが〉…に踏み込む, 手入れする. **3** 〈人・家畜などを〉襲撃する. — *vi.* **1** 攻撃に参加する, 襲撃する. **2** 〈警察が〉手入れをする〔*into*〕.
〘(c1425)《古形・北部方言》 *rade* < OE *rād* 'expedition, riding, ROAD'〙

R

RAID /réɪd/ 《略》〘電算〙 redundant array of inexpensive disks《効率化・事故対策のために一連のハードディスクを連動して使用すること》.

raid·er /réɪdə | -də(r)/ *n.* **1 a** 侵入者, 侵略者, 襲撃者. **b** 手入れをする警官. **2 a** 空襲を行う飛行機, 襲撃機, 侵入機. **b** (快速軽装備の)商船隊襲撃艇. **3** (米国海兵隊の)接近戦用隊員 (cf. ranger 4). 〘(1863) ← RAID+-ER[1]〙

Raikes /réɪks/, **Robert** *n.* レークス (1735–1811; 英国の印刷業者; 日曜学校の創始者).

rail[1] /réɪl/ *n.* **1 a** (柵(さく)・垣根・支柱・手すりなどにする木または金属製の)横棒. **b** (帽子掛けなどを取り付ける)横棒, (はしご・枠などの)横木, レール: ⇨ hatrail, towel-rail / a curtain ~ カーテンレール. **c** (建具などの)横がまち, 横桟(さん) (cf. stile[2]). **2 a** 手すり (handrail); 手すり (railing); 柵, 塀, 垣根 (fence). **b** (競馬場の)走路の仕切り柵, 埒(らち), 馬場柵. **3 a** レール, 軌条: run off the ~*s* 脱線する. **b** 鉄道 (railroad). **4** [*pl.*]〘証券〙鉄道株. **5** 《米俗》 鉄道員. **6** 〘海事〙舷檣(げんしょう)上部, 船側手すり. **7** レール《玉突台などのクッション入りの縁》.
(*as*) ***straight as a ráil*** ぴんと(まっすぐ). ***by ráil*** 鉄道便で, 列車で. ***frée on ráil*** ⇨ free *adj.* ***júmp the ráils*** 〈列車などが〉脱線する. ***òff the ráils*** 脱線して; 常道を外れて; 秩序を乱して; 狂って: get [go] *off the ~s* 脱線する; 取り乱す, 狂う. (1848) ***on the ráils*** (1) 順調に進行して, 軌道に乗って. (2) 正しい方向[正道]をたどって. (1883) ***òver the ráil*** (船の舷側を越えて)海中へ. ***ríde a person (óut) on a ráil*** 《米》 (1) 〈人を〉横木の上に載せて(町の外へ)運ぶ《死刑の一種》. (2) 〈人を〉厳しく罰する. ***sít on the ráil*** どっちにも加担しない, 洞(ほら)が峠をきめ込む (sit on the fence).
— *vt.* **1** 横木[手すり, 柵]で囲む〈*in, off*〉: ~ *in* [*off*] a garden 庭を柵で囲む[仕切る] / It is ~*ed off* from the highway. それは本道から柵で仕切ってある / The choir is ~*ed in*. 聖歌隊席は手すりで囲まれている. **2** …に横木をあてがう. **3** 《英》鉄道で送る. — *vi.* 鉄道旅行をする.
〘(1294–95) *rayle, reyle* ⇨ OF *reille* < L *rēgulam* rule, straight stick, bar: RULE と二重語〙

rail[2] /réɪl/ *vi.* **1 a** ののしる, 毒づく (rant); (しばしば, 高飛車に)しかる (scold). **b** 不平[愚痴]を言う〔*at, against*, 《古》 *upon*〕: ~ *at* one's fate 運命をかこつ. **2** 《廃》ばかにする (scoff). — *vt.* 《古》ののしって…させる. **~·ing·ly** /-lɪŋli | -lɪ/ *adv.* 〘(a1470) *raile(n)* ⇨ (O)F *railler* ⇨ Prov. *ralhar* to chatter < VL **ragulāre* to bray ← LL *ragere* to neigh ← ?: cf. rally[2]〙

rail[3] /réɪl/ *n.* (*pl.* ~, ~s) 〘鳥類〙クイナ《クイナ科クイナ属 (*Rallus*) の鳥の総称; イリエクイナ (clapper rail), king rail, Virginia rail など》. ★ ラテン語系形容詞: ralline. 〘(a1450) *ra(i)le* ⇨ OF *raale* (F *râle*) < VL **rasc(u)lam* (擬音語?)?〙

rail·age /réɪlɪdʒ/ *n.* **1** 鉄道運賃. **2** 鉄道運輸. 〘(1891) ← RAIL[1] (n.)+-AGE〙

ráil ànchor *n.* 〘鉄道〙匍進(ほしん)止め, アンチクリーパー《レールの爬行(はこう)を防ぐために用いる金具》.

ráil-bàbbler *n.* 〘鳥類〙パプアチメドリ《ニューギニア産ヒタキ科パプアチメドリ属 (*Ptilorrhoa*) の鳴鳥》.

ráil·bìrd *n.* **1** 〘鳥類〙 =rail[3]. **2** 《米俗》(柵(さく)の手すりに腰かけたり, 柵の近くに席を取ったりして見物する)レース狂, 運動競技ファン (cf. rail[1] *n.* 2b). 〘1797〙

ráil bònd *n.* 〘鉄道・電気〙レールボンド, 軌条ボンド《レールの継ぎ目を電気的に接続する導体》. 〘1893〙

ráil·bùs *n.* 軌道バス. 〘1933〙

ráil·càr *n.* 〘鉄道〙 **1** 気動車 (railcoach ともいう). **2** 《米》車両. 〘1834〙

ráil·càrd *n.* 《英》レールカード《高齢者・学生などに発行される鉄道料金割引優待証》. 〘1977〙

ráil chàir *n.* 〘鉄道〙 =chair 8.

ráil clìp *n.* 〘鉄道〙レールクリップ《レールを枕木などに取り付ける際レールの下端を押さえる金具》.

ráil·còach *n.* =railcar 1.

ráil·er /-lə | -lə(r)/ *n.* ののしる者, あざける人 (scoffer). 〘(1513) ← RAIL[2]+-ER[1]〙

ráil fàmily *n.* 〘鳥類〙クイナ科 (*Rallidae*)《クイナ属 (*Rallus*) をはじめとする数属からなる; ヒメクイナ・セイケイ・バン・オオバンなど》.

ráil fénce *n.* (横木を並行させた)柵, 横棒垣 (railing). 〘1649〙

ráil guàrd *n.* 《英》(機関車の最前部につけた)排障器 (lifeguard).

ráil·hèad *n.* **1** 〘鉄道〙軌条頭, レールの頭部《車輪に接し荷重を受ける部分》. **2 a** 線路の終端《建設中の線路の最先端の地点》. **b** (鉄道の)ターミナル駅. **c** 〘軍事〙鉄道末地, 鉄道卸下点, 軍需補給端末駅[停車場]《軍需品輸送の鉄道の最末端駅; その先は自動車などによるか, またはそこで交付する》. 〘1896〙

rail·ing[1] /réɪlɪŋ/ *n.* **1 a** [集合的] 横垣, 手すり, 欄干, 柵. **b** 手すり[柵]を作る材料. **2 a** [集合的] レール, 軌条 (rails). **b** レール[軌条]材料. **3** 横木で囲むこと. 〘ME〙

ráil·ing[2] /-lɪŋ/ *n.* 罵倒, 暴言. — *adj.* ののしる, 罵倒する. 〘1470〙

rail·ler·y /réɪləri/ *n.* **1** 冷やかし, からかい, 冗談. **2** からかいの行為[言葉]. 〘(1653) ← F *raillerie* ← *railler* to rail: ⇨ rail[2], -ery〙

ráil·less *adj.* **1** レールのない, 無軌条の: a ~ trolley. **2** 柵のない. 〘(1887) ← RAIL[1]+-LESS〙

ráil·man /-mən/ *n.* (*pl.* **-men** /-mən, -mèn/) **1** 鉄道(従業)員 (railroader, railwayman). **2 a** 信号手, 信号係. **b** (ドックの)積荷合図係《船荷の揚げ降ろしの際, 船の手すりの近くにいて合図を送る係》. 〘1923〙

rail·road /réɪlròʊd | -rəʊd/ *n.* 《米》 **1** 鉄道線路, 鉄道 (《英》 railway): a broad-[narrow-] gauge ~ 広軌[狭軌]鉄道 / an elevated ~ 高架鉄道 / ⇨ underground railroad 1. ★ 機関車による重運輸用の線路をいい, 軽便軌道や市街軌道, また児童遊園地の豆列車などは米国でも railway という. **2 a** 鉄道, 鉄道施設《線路・土地・車両・建築物・権利などを含めた全体》. **b** 鉄道会社 (railroad corporation). **c** [集合的] 鉄道(従業)員. **3** [*pl.*]〘証券〙 =rail[1] 4. **4** 〘ボウリング〙スプリット (split).
— *adj.* [限定的] 《米》 **1** 鉄道の[による]: a ~ accident 鉄道事故 / a ~ carriage (鉄道の)客車 / a ~ company [corporation] 鉄道会社 / a ~ depot (鉄道の)駅 / a ~ fare 鉄道運賃 / a ~ line 鉄道線路 / a ~ passenger 鉄道乗客 / a ~ tariff 列車運賃表 / a ~ train 列車. **2** 〘トランプ〙《ブリッジやユーカーなどが》簡便な, 略式の《通勤客が列車の中で手軽にできるものにいう》.
— *vt.* **1** 《口語》 **a** 〈議案などを〉強引に通過させる[通す] (rush): ~ a bill through Congress. **b** 〈人を〉〔…へと〕せきたてる, 急がせる〔*to, into, through*〕. **c** 〈ゲラ・原稿などを〉十分校正[検討]しないで印刷所へまわす. **2** 《米》〈国などに〉鉄道を敷設する: ~ a country. **3** 《米》鉄道で輸送する. **4** 《米俗》〈邪魔者を〉片付けるためにでっち上げの理由で〉拘禁する, …にぬれぎぬを着せる. — *vi.* 《米》 **1** 鉄道旅行する. **2** 鉄道工事[業務]に従事する. **3** 鉄道を敷く.
〘1757〙

ráilroad apàrtment *n.* 《米》 =railroad flat.

ráilroad brìdge *n.* 鉄(道)橋.

ráilroad càr *n.* 《米》鉄道車両.

ráilroad cròssing *n.* 《米》鉄道踏切 (《英》 railway-crossing).

ráil·ròad·er /-də | -də(r)/ *n.* 《米》 **1** 鉄道(従業)員; 鉄道敷設技師[技手]; 鉄道敷設業者. **2** 鉄道会社経営者.

ráilroad flàt *n.* 《米》団子式アパート《両端の部屋だけしか窓がなく各部屋が隣りの部屋への通路になっている劣悪なアパート; railroad apartment ともいう》.

rail·road·i·a·na /rèɪlroʊdiǽnə, -á:nə | -rəʊdiá:nə/ *n. pl.* 《米》 **1** 鉄道に関する文献. **2** 鉄道史, 鉄道物語. 〘← RAILROAD+-IANA〙

ráil·ròad·ing /-dɪŋ | -dɪŋ/ *n.* 《米》 **1** 鉄道敷設事業[作業]; 鉄道(従業)員の仕事; 鉄道事業. **2** (議案などの)強引な通過: parliamentary ~.

ráilroad màn *n.* 《米》 **1** 鉄道(従業)員. **2** =railroader 2.

ráilroad pèn *n.* 《米》(製図用の)複線からす口.

ráilroad stàtion *n.* 《米》鉄道駅.

ráilroad wòrm *n.* 〘昆虫〙 **1** =apple maggot. **2** 中南米特産のホタル科とホタルモドキ科の中間に位する *Phrixothrix* 属の甲虫の幼虫または羽のない雌.

ráil-splìtter *n.* **1** 《米》(丸太からフェンス用の)横木を作る人. **2** [the Rail-S-] Abraham Lincoln の愛称. 〘1860〙

ráil tràck *n.* 軌道, 線路. 〘1824〙

Rail·track /réɪltræk/ *n.* レールトラック《英国国鉄民営化の一環として 1994 年につくられた基盤整備会社; 英国全土の鉄道, 駅を保有し, 列車の運行に責任をもつ; 旅客輸送会社などが借りて運営する》.

ráil tràvel *n.* 鉄道[列車]旅行.

ráil ùnions *n. pl.* 鉄道労働組合.

rail·way /réɪlwèɪ/ *n.* **1** 《英》 =railroad. **2 a** (軽運送用)軌道. **b** 軽便(鉄道)軌道: a cable ~. **c** 市街電車軌道. **3** 〘英史〙軌道を敷設してある道路. **4** 〘海事〙(帆の揚げ降ろしの際に帆の金具を滑らせる)マストまたはブームにつけたレール (tramway ともいう). — *adj.* [限定的] 《英》鉄道の, 鉄道による, 鉄道に関する (cf. railroad): a ~ accident 鉄道事故 / the ~ act 鉄道条令 / a ~ bill 鉄道敷設法案 / a ~ car 鉄道車両 / a ~ carriage 客車 / a ~ company 鉄道会社 / a ~ guide 鉄道(旅行)案内 / a ~ novel (車中で読むような)軽い小説 / a ~ rug 鉄道旅行用ひざ掛け《防寒用》/ at ~ speed 大急ぎで. — 《英》 *vt.* **1** …に鉄道を敷設する. **2** 鉄道で輸送する.
— *vi.* **1** 鉄道を敷く. **2** 鉄道旅行をする. 〘1776〙

ráilway brìdge *n.* =railroad bridge. 〘1837〙

ráilway-cròssing *n.* 《英》 =railroad crossing.

ráilway·less *adj.* 鉄道のない, 鉄道の開通してない.

ráilway lìne *n.* 《英》線路, レール; 鉄道(路線).

ráilway·màn /-mæ̀n, -mən | -mən, -mæ̀n/ *n.* 《英》 (*pl.* **-men** /-mèn, -mən | -mən, -mèn/) =railroadman. 〘1845〙

ráilway mòtor *n.* 〘電気〙電鉄主電動機 (traction motor).

ráilway sèrvant *n.* 《英》鉄道(従業)員. 〘1840〙

ráilway stàtion *n.* =railroad station. 〘1838〙

ráilway súb-òffice *n.* 《英》鉄道郵便支局[分局] (略 RSO).

ráilway substàtion *n.* 〘電気〙電鉄変電所.

ráilway-yàrd *n.* (鉄道の)操車場.

rai·ment /réɪmənt/ *n.* [集合的]《古・文語》衣服, 衣装 (⇨ dress SYN). 〘(c1440)《頭音消失》← 《廃》 *arrayment* ⇨ AF *araiement*=OF *areement*: ⇨ array, -ment〙

Rai·mon·di /raɪmá(:)ndi | -mɔ́n-; *It.* raimóndi/, **Mar·can·to·nio** /markantɔ́:njo/ *n.* ライモンディ (1475?–?1534; イタリアの銅版画家).

rain /réɪn/ *n.* **1 a** 雨: a heavy ~ 大雨, 豪雨 / a light ~ 小雨 / a drizzling ~ そぼ降る雨 / a fine ~ 小ぬか雨 / a driving [pelting, pouring] ~ 土砂降りの雨 / a sprinkling ~ ぱらぱら降る雨 / in the ~ 雨の中に; 雨をついて / make ~ (魔術などで, また人工的に)雨を降らせる (cf. rainmaker) / *Rain* came on. 雨がやって来た / The ~ stopped in the evening. (その)雨は夕方やんだ. ★ ギリシャ語系形容詞: hyetal. **b** [通例 *pl.*] (驟雨(しゅうう)の)長いまたは強い)降雨, 暴風雨 (rainstorm): summer ~*s*. **c** 雨水. **2** 雨天 (rainy weather): two weeks of ~ 2 週間の長雨 / It looks like ~. 雨らしい. **3** [the ~s] **a** (インドなど熱帯地方の)雨期. **b** [しばしば R-] 大西洋中の無風多雨地帯《北緯 4°–10° 間》. **4 a** [a ~ of として]《比喩》雨と降るもの: *a* ~ *of* ashes [blood, blows, kisses, telegrams] 灰[血, 殴打, 接吻(せっぷん), 電報]の雨. **b** 雨のように降り落ちるもの: in ~ 雨のように繁(しげ)く / the ceaseless ~ of leaves 絶え間なく降る落ち葉の雨. **5** 〘映画〙雨《使い古したフィルムを映写したときに雨が降っているように見える縦の傷》: a ten-year old news film full of ~ 10 年前の雨だらけのニュース映画.
(*as*) ***right as ráin*** 全く達者で, 健全で; 正気の, 正常な (normal). ***gèt out of the ráin*** 《口語》面倒になりそうなときは出て来ない. ***know enough to còme in òut of the ráin*** 《口語》常識がある. ***ráin or shíne*=*còme ráin, còme shíne*** (1) 晴雨にかかわらず, 降っても照っても. (2) いかなる場合でも, どんな時でも: He is trustworthy, ~ *or shine*. 彼はいつでも信頼できる. (1905)
— *vi.* **1** [it を主語として] 雨が降る: *It* ~*ed* last night. / *It* ~*ed* cats and dogs. ⇨ CATS *and dogs* (1) / *It* ~*s* in. 雨が降り込む / *It* never ~*s* but it pours. 《諺》降ればかならず土砂降り, 物事[(特に)不幸]は重なるもの;「二度あることは三度」/ *It* has ~*ed* over. 雨がやんだ. **2** 雨のように降る; 雨と降る: Letters ~*ed* upon me all day. 一日中手紙が舞い込んだ / Bullets ~*ed* all around them. 弾丸が彼らの周囲に雨あられと降った / Cans ~*ed* over the field. その畑に缶詰がばらばら降って来た / Tears suddenly ~*ed* down her face. 彼女の顔を伝って急に涙がこぼれ落ちた. **3** 〈神・空・雲などが〉雨を降らせる. — *vt.* **1** [it を主語として] **a** 〈雨を〉降らせる: *It* has ~*ed* itself out. 雨が思う存分降ってやんだ. **b** 雨のように降らす: *It* ~*ed* blood. 血が雨と注いだ. **2** 雨のように降り注ぐ[浴びせる]; たっぷり与える[授ける]: The invitations were ~*ed on* him. 招待状が彼のところにわんさと来た / I ~*ed* blows [benefits] *upon* him. 彼をうんと殴ってやった[彼に大いに恩恵を施した] / Her eyes ~*ed* tears. 目から涙が滝のように流れた.

ráin óff [《米》 *óut*] [通例受身で] 雨でお流れにさせる: The ball game *was ~ed off* [*out*].
〘n.: OE *reġn*, *rēn* < Gmc **reʒnaz* (Du. *regen* / G *Regen* / ON *regn*) ← IE **reg-* moist (? L *rigāre* to wet). — v.: OE *reġnian*〙

ráin·bànd *n.* 〘気象〙帯状の雨域《台風域内では中心に対し螺旋(らせん)状に巻きつく》. 〘《1882》← ↑+BAND¹〙

ráin·bìrd *n.* 〘鳥類〙 **1** その鳴き声で雨を予知することができるという種々の鳥; (特に)ホトトギス科のキバシカッコウ (yellow-billed cuckoo), クロハシカッコウ (black-billed cuckoo) (など). **2** 〘英方言〙ヨーロッパアオゲラ (green woodpecker). 〘《1555》← RAIN+BIRD〙

rain·bow /réɪnbòu | -bəʊ/ *n.* **1 a** 虹(にじ) (cf. sunbow): all the colors of the ~ あらゆる種類の色, 多彩 / ⇨ secondary rainbow. **b** 虹に似たもの; (特に)(滝のしぶきなどに現れる)彩輪. **2 a** 色とりどりの配列[陳列]. **b** 多種多様, 広い範囲, 全域. **3** 〘cf. rainbow chaser〙幻想的希望. **4** 〘魚類〙ニジマス (rainbow trout). **5** 《俗》〘薬学〙=rainbow pill.
cháse ráinbows [*a ráinbow*] 夢[不可能な事]を追い求める. *the énd of the ráinbow* 虹の終点[端っこ]《虹が大地と接するところには黄金のつぼ (a crock [pot] of gold) があるという言い伝えから,「人が捜し求めているが到達[入手]できないもの」を言及するときに用いられる表現》: be at *the end of the* ~ 〈物事がかなわぬ夢である.
— *adj.* [限定的] 虹の七色を備えた, 七色の, 多彩な (multicolored).
— *vt.* 〈ある土地に虹をもたらす, 虹を立たせる, 虹のように(多彩に)させる. — *vi.* 虹のように(多彩な)姿を現す.
〘lateOE *rēnboga* ← *rēn* ← 'RAIN'+*boga* 'BOW³': cog. OHG *reginbogo* / ON *regnbogi*〙

Ráinbow Brídge *n.* レインボーブリッジ《米国 Utah 州南部にある風化で橋の形になった砂岩; 国定記念物; 長さ 84 m, 高さ 94 m》.

ráinbow càctus *n.* 〘植物〙タイヨウ(太陽) (*Echinocereus rigidissimus*)《サボテン科エビサボテン属のサボテン》. 〘1892〙

ráinbow chàser *n.* 空想家. 〘《1892》「虹(にじ)が大地と接するところにあるといわれる伝説の黄金のつぼを捜す人」の意から〙

ráinbow coalìtion *n.* 《米》虹(にじ)の連合《政治運動などの分野における, さまざまな民族的・政治的・宗教的背景の人々から成る集団》.

ráinbow-cólored *adj.* 虹色の, 七色の; 多色の. 〘1711〙

ráinbow dàrter *n.* 〘魚類〙Mississippi 川流域・五大湖地方にすむ darter の一種 (*Poecilichthys caeruleus*)《soldierfish ともいう》. 〘《1882》: ⇨ darter〙

ráinbow·fìsh *n.* 〘魚類〙 **1** オーストラリア産メラノタエニア科の淡水魚 (*Melanotaenia nigrans*). **2** インドネシア Sulawesi 島原産トウゴロウイワシ科の淡水魚.

ráinbow lòrikeet [**lòry**] *n.* 〘鳥類〙ゴシキセイガイインコ (*Trichoglossus haematodus*)《ポリネシア原産》.

ráinbow pàrrot fìsh *n.* 〘魚類〙西大西洋熱帯海域に生息するブダイ科の大型魚 (*Pseudoscarus guacamaia*).

ráinbow pèrch *n.* 〘魚類〙=rainbow sea perch.

ráinbow pìll *n.* 《俗》〘薬学〙多色付けした錠剤またはカプセル; (特に)アモバルビタール (amobarbital) とセコバルビタール (secobarbital) の各ナトリウム塩を配合した青赤 2 色付けカプセル《催眠薬》.

ráinbow rùnner *n.* 〘魚類〙インド洋・太平洋の暖海にすむ大型のアジ科の魚 (*Elegatis bipinnulatus*)《美しい青色と黄の横じまのある食用魚; 釣の対象になる》. 〘1940〙

ráinbow séa pèrch *n.* 〘魚類〙北米太平洋岸産のウミタナゴ科の魚 (*Hypsurus caryi*)《rainbow perch ともいう》.

ráinbow snáke *n.* 〘動物〙レインボースネーク (*Abastor erythrogammus*)《北米東部産の土中にすむ赤・青・黄の美しい体色のヘビ; hoop snake ともいう》.

ráinbow-tínted *adj.* =rainbow-colored. 〘《1827》← RAINBOW+TINTED〙

ráinbow tróut *n.* 〘魚類〙ニジマス (*Salmo gairdneri*)《体側に赤紫色の縦じまのある米国 California 州およびカナダ西海岸原産のサケ科の魚》. 〘1882〙

Ráinbow Wárrior *n.* [the ~] 虹の戦士号《国際的環境保護団体 Greenpeace の旗艦》.

rain·bow·y /réɪnbòui | -bəʊi/ *adj.* 虹(にじ)のような. 〘《1830》← RAINBOW+-Y⁴〙

ráin-bòx *n.* (演劇用)雨箱《雨音を出す小道具》. 〘1881〙

ráin càpe *n.* レインケープ《雨天用防水ケープ》. 〘1921〙

ráin chàrt *n.* 雨図, 等雨線図.

ráin chèck *n.* **1 a** 《口語》(招待などを)都合のよい時期に延期すること[申し出, 要求]: take a ~ *on* the dinner あらためて夕食会の招待の約束に応じる / We will give you a ~ if it is inconvenient. ご都合が悪ければまた後日お呼びしましょう. **b** (売切れ品などの)購入予約券, 予約引換券. **2** 《米》雨天引換券《野球などが中途で雨で中止になった時, 次回用に通用する半券または新しく観客に渡す券; cf. rain date》. 〘1884〙

ráin clòud *n.* 雨雲 (nimbus). 〘1839〙

rain·coat /réɪnkòut | -kəʊt/ *n.* レインコート. 〘1830〙

ráin cròw *n.* 〘鳥類〙 **1 a** クロハシカッコウ (black-billed cuckoo). **b** キバシカッコウ (yellow-billed cuckoo) (⇨ rainbird 1). **2** ナゲキバト (mourning dove)《rain dove ともいう》. 〘1806〙

ráin dànce *n.* (アメリカインディアンなどの)雨乞いの踊り. 〘1930〙

ráin dàte *n.* (屋外行事の)当日が雨天の場合の変更日.

ráin dày *n.* (降雨量 0.2 ミリメートル以上の)降雨日. 〘1906〙

ráin dòctor *n.* (魔術または祈願で)雨を降らす人, 雨乞い師. 〘1843〙

ráin dòve *n.* 〘鳥類〙=rain crow 2.

ráin-drènched *adj.* 雨でびしょぬれの.

ráin·dròp *n.* 雨滴, 雨だれ. 〘lateOE *rēgndropa*〙

Rai·ney /réɪni/, **Ma** /mɑ́ː/ *n.* レイニー《1886–1939; 米国の女性シンガー; 黒人ブルース歌手の草分け; 本名 Gertrude Pridgett Rainey》.

rain·fall /réɪnfɔ̀ːl, -fɑ̀ːl | -fɔ̀ːl/ *n.* **1** 降雨. **2** (雨・雪などを含めた)降雨量, 雨量《通例ミリメートルまたはインチで表す》: a ~ chart 等雨線図 / *Rainfall* is sparse here. この辺は雨が少ない. 〘1854〙

ráin·fàst *adj.* 〈化学物質が〉雨で流されない, 耐雨性の.

rain·fly *n.* **1** 《米》(テントの)フライシート (fly sheet). **2** 《カリブ》(雨のあとで無数にみられる)羽アリ.

ráin fòrest *n.* 〘地理・生態〙雨林, 多雨林, 降雨林《降雨量の多い地方の樹林》. 〘《1903》《なぞり》← G *Regenwald*〙

ráin gàuge [**gàge**] *n.* 雨量計 (pluviometer). 〘1769〙

ráin glàss *n.* 晴雨計 (barometer).

Rai·nier /rənɪ́ə, reɪ-, réɪnɪə | réɪnɪə^(r), rənɪ́ə^(r), reɪ-/, **Mount** *n.* レーニア山《米国 Washington 州西部, Cascade 山系中の山 (4,392 m) で Mount Rainier National Park の中心をなす; Mount Tacoma ともいう》. 〘← *Peter Rainier* (英国の海軍大将)〙

Rai·nier III /reɪnɪ́ə-, rə-, re- | réɪnièɪ-; *F.* ʀenje/ *n.* レニエ三世《1923– ; モナコ公国の大公 (1949–); 妃はもと米国人女優 Grace Kelly; 正式名 Rainier Louis Henri Maxence Bertrand de Grimaldi》.

ráin insùrance *n.* 〘保険〙降雨保険.

ráin lèader *n.* 《米》=downspout.

ráin·less *adj.* 雨のない, 降雨のない: a ~ season, district, etc. **~·ness** *n.* 〘《1557》← RAIN+-LESS〙

ráin·màker *n.* **1** =rain doctor. **2** 《口語》(雲中にドライアイス・ヨウ化銀などの凝結核を散布して雨を降らす)人工降雨専門家[科学者]. **3** (コネなどで)多くの顧客を得る[手広く商売をする]人《弁護士・実業家など》. 〘《1775》← RAIN+MAKER〙

ráin·màking *n.* 人工降雨 (cf. cloud seeding). 〘《1775》← RAIN+MAKING〙

ráin màp *n.* =rain chart. 〘1878〙

ráin màrk *n.* 《英》=rain print. 〘1867〙

ráin·óut *n.* **1 a** (屋外スポーツ[行事]の)雨天による延期[中止]. **b** 雨天のために延期[中止]になった屋外スポーツ[行事]. **2** (海中核爆発の後などの)放射性物質を含んだ水滴の降下. 〘1947〙

ráin-pìe *n.* 《英》〘鳥類〙=green woodpecker.

ráin pìpe *n.* =downspout. 〘1889〙

ráin pìt *n.* 《英》rain print=. 〘1841〙

ráin·pòol *n.* 雨でできた水たまり.

ráin prìnt *n.* 《米》(雨滴によって砂泥上にできた)雨孔, 雨跡《《英》では rain mark, rain pit ともいう》.

ráin·pròof *adj.* 雨よけの, 雨の通らない, 防水の: a ~ coat. — *vt.* 防水にする. — *n.* =raincoat. 〘《1831》← RAIN+-PROOF〙

ráin scàld *n.* 〘獣医〙レインスコールド《放線菌に感染して発症するウマの皮膚病; 雨続きのときにかかりやすい》.

ráin shàdow *n.* 〘地理〙雨陰(あまかげ)《雨を降らせる卓越風に対し山地などの風下にあるため降水量の少ない地域》. 〘1902〙

ráin shòwer *n.* にわか雨, 驟雨(しゅうう). 〘OE *rēnscūr*: cog. ON *regnskūr* / G. *Regenschauer*〙

ráin·stòne *n.* 雨石, 雨乞い石《降雨祈願の際未開人が用いる小石》. 〘1897〙

ráin·stòrm *n.* 雨嵐. 〘1816〙

ráin·swèpt *adj.* 風雨にさらされた, しょっちゅう雨に見舞われる.

ráin·tìght *adj.* 雨を通さない: a ~ window.

ráin trèe *n.* 〘植物〙アメリカネム, アメフリノキ (⇨ monkeypod). 〘1890〙

ráin·wàsh *n.* 〘地質〙 **1** 雨食, 洗食《雨水が土砂を流し去ることによる浸食》. **2** 雨で流された土砂. 〘1876〙

ráin·wàter *n.* 雨水, 天水. — *adj.* [限定的] 雨水の: a ~ pipe 竪樋(たてどい) / a ~ tank 天水桶, 用水タンク. 〘lateOE *rēnwæter*〙

ráin·wèar *n.* [集合的] 雨着, レインウェア. 〘1939〙

ráin·wòrm *n.* 〘動物〙ミミズ (earthworm). 〘lateOE *rēnwyrm*: cog. Du. *regenworm* / G *Regenwurm*〙

rain·y /réɪni/ *adj.* (**rain·i·er**; **-i·est**) **1 a** 雨の, 雨降りの: the ~ season 雨期, (日本の)梅雨(つゆ)期 / for the few ~ weeks 雨の続いた 2, 3 週間(の間). **b** よく雨の降る, 雨の多い: a ~ district, place, etc. **c** 雨に濡れた: ~ pavements. **2** 雨をもたらす[含んだ], 雨模様の: ~ clouds [winds] 雨雲[雨を含んだ風]. **3** 雨のような.
ráin·i·ly /-nəli, -nḷi | -nḷi, -nli/ *adv.* **ráin·i·ness** *n.* 〘OE *reġniġ*, *rēniġ*: ⇨ rain, -y⁴〙

rainy dáy *n.* **1** 雨の日, 雨天. **2** 万一の場合, 災難[困窮, 零落]の時: provide for a ~ 不時の用意をする.

Ráin·y Láke /réɪni-/ *n.* レーニー湖《カナダ中南部, Ontario 州と米国 Minnesota 州との境界にある湖; 面積 932 km²》.

Rai·pur /ráɪpʊə | -pʊə^(r)/ *n.* ライプール《インド中部, Madhya Pradesh 州南東部の都市》.

Rais /réɪs; *F.* ʀɛ/ (*also* **Rays** /~/, **Retz** /réts; *F.* ʀɛs/), **Gilles de La·val de** /ʒiːldə laval də/ *n.* レ《1404–40; フランスの軍人; Oreléans で Joan of Arc とともに戦った; 悪魔主義・誘拐・幼児殺害の罪が露見して刑死; その名はのちに Bluebeard の物語と結びつけられた》.

raise /réɪz/ *vt.* **1 a** 上げる, 持ち上げる (lift up), 高く揚げる (elevate) (⇨ lift¹ SYN): ~ a stone 石を持ち上げる / ~ a gun 銃を構える / ~ one's hand [fist] to a person 人に向かって手[こぶし]を上げる, 人をなぐる身構えをする / ~ one's head 顔を上げる / ~ one's eyes 伏せた目を上げる / ~ the shades [window] 日よけ[窓]を上げる[開ける] / If you ~ your sights a little, you may go far. もし希望を少し高く持てば, 成功するかもしれない. **b** 〈旗などを〉揚げる, 掲げる (hoist); 浮揚させる, 〈沈下物などを〉引き揚げる: ~ the standard of revolt 反旗を翻す / ~ a sunken ship 沈没船を引き揚げる. **c** 〈胃内のガス, のど・肺にからんでいる痰などを〉出やすくする, 吐き出しやすくする.
2 a 高くする, 盛り上げる: ~ the bed of a road 路床を高くする / ~ water in a dam ダムの水位を高くする. **b** 〈程度・水準・給料・価格・温度などを〉上げる, 高める, 強くする, 増大する: ~ prices, wages, etc. / ~ the standard of living 生活水準を高くする / ~ the temperature 気温を高める / ~ the rent 家賃を上げる / ~ the pitch of an instrument 楽器のピッチを上げる / ~ tariffs [taxes] 税率を高める[税金を上げる] / ~ the age- [speed-] limit 年齢[速度]制限を上げる. **c** より激しくする, 熱く[明るく]する, 強める: The news ~*d* his pulse. そのニュースは彼の胸を躍らせた.
3 〈寝ているもの・人を〉立たせる, 起こす, 起立させる 〈*up*〉 (cf. rise): ~ the fallen chair 倒れた椅子を起こす / ~ a person (up) from his knees ひざまずいている人を立たせる / ~ oneself *up* 起立する.
4 a 〈声を〉出す, 上げる, 張り上げる: ~ a cry [cheer] 叫ぶ[声援する] / ⇨ *raise* one's VOICE. **b** 〈質問・異議などを〉提起する, 出す: ~ an objection [a protest] 異議を唱える / ~ a question 質問を出す / ~ a point [question] in argument 議論を起こす, 異論を持ち出す / These facts ~ important questions. これらの事実は重要な問題を提起する.
5 a 〈人を〉昇進させる, 出世させる: ~ a person to the peerage 人を貴族に昇進させる / ~ oneself from poverty 貧困から立身出世する. **b** 〈名声・評判を〉高める: ~ one's reputation.
6 a 〈金などを〉こしらえる, 集める (collect): ~ funds for …のために資金を募る / ~ money on …を抵当に入れて金を調達する / ~ a loan [mortgage] 公債を募る[抵当に入れる]. **b** 〈兵を〉起こす, 募集する, 徴募する (muster): ~ an army ⇨ army 1.
7 a 〈ほこり・煙などを〉立てる: ~ a cloud of dust もうもうとほこりを立てる. **b** 〈反乱・騒動などを〉起こす, 引き起こす (stir up): ~ a rebellion 反乱を起こす. **c** 〈あらし・波などを〉巻き起こす (bring about): ~ a tempest あらしを起こす / ~ high waves 高波を立てる. **d** 〈訴訟を〉起こす: ~ a suit. **e** 〈うわさなどを〉たてる.
8 〈心・精神を〉奮い立たせる, 元気づける (encourage); 〈勇気・希望などを〉起こさせる; 〈笑い・赤面などを〉起こさせる, 〈ある気持ちを〉起こさせる: ~ the spirits [morale] of …の元気を起こさせる[士気を高める] / ~ the hopes [expectations] of …に希望[期待]を抱かせる / ~ the country [people] (to rebel) against …に対して国民を奮起させる / ~ a laugh [smile] どっと笑わせる[微笑を催させる] / ~ a blush 顔を赤くさせる / ~ suspicions in a person's mind 人の心に疑念を抱かせる.
9 a 〈霊などを〉(霊界・下界から)呼び出す (bring up) (cf. lay² *vt.* 11 c): ~ the spirits [ghosts] of the departed 亡霊を呼び起こす / A deliverer was ~*d* up. 天の助けが現れた. **b** 〈死者を〉生き返らせる (resurrect): ~ the dead 死者をよみがえらせる (cf. *Acts* 26: 8) / ~ a person from the dead 死んだ人を生き返らせる.
10 a 〈人を〉眠りから起こす, 目覚めさせる: ~ a person at midnight 真夜中に人をたたき起こす. **b** 〈獲物を〉飛び立たせる (flush): ~ game birds for a hunter.
11 a [しばしば p.p. 形で] 〈子供を〉育てる (bring up): ~ children / a Parisian born and ~*d* 生粋のパリっ子 / I was ~*d* not to talk about myself. 私は自分のことをしゃべるなと言われて育った. **b** 〈家族を〉養う: ~ a large family 大勢の家族を扶養する. **c** 〈家畜を〉飼育する: ~ cattle [chickens]. **d** 〈野菜などを〉栽培する: ~ one's own vegetables [crops]. **e** 《古》〈子供を〉産む (beget).
12 〈家などを〉建てる, 〈碑などを〉立てる, 建立する.
13 《口語》〈探していた人・物を〉見つける.
14 〈パンを〉(イーストなどで)ふくらませる: ~ bread.
15 a 〈水ぶくれを〉生じさせる, 〈皮膚にみみずばれなどを〉つくる: ~ a welt [blister] みみずばれ[火[水]ぶくれ]をつくる. **b** (けば立て器 (teasel)で)〈布地〉のけばを立てる, けば立てる: ~ cloth.
16 (攻囲軍を引き上げてまたは撃退して)〈包囲を〉解く (remove, lift), 〈封鎖・禁止などを〉解く (end): ~ a siege [an embargo, a boycott].
17 《スコット》怒らせる; 激怒させる (madden).
18 〘海事〙近づくにつれて…の姿を(水平線上に)認める; 〈陸地・鯨などのはっきり見える所に来る (↔ lay): ~ land, a whale, etc.
19 〘数学〙累乗する: ~ a+b to 7th power a+b を 7 乗する / ~ 3 to the power of 4 3 を 4 乗する.
20 〘トランプ〙 **a** (ポーカーなどで)…より多く賭ける. **b** (ブリッジで)〈パートナー(のビッド)を〉上げる《パートナーのスーツ[ノートランプ]選択に同意し, それをより高いレベルでビッドする; cf. TAKE *out* (*vt.*) (9)》.
21 〘通信〙無線で…と交信する[…を呼び出す]: ~ an airplane / ~ headquarters (on the radio) (無線通信で)本部と交信する.
22 《米》(犯罪の目的で金額を引き上げて)〈小切手などを〉書き変える, 改竄(かいざん)する: ~ a check.

R

23 〘音声〙〈舌を〉上げる (↔ lower).
24 〘鉱山〙〈比較的小さい立坑を〉上向きに切り上げる, 掘り上げる.
25 〘カーリング〙(カーリングストーンの)〈1 個を〉別の 1 個を使ってティー (tee) の方向に押しやる.
— vi. **1** 《方言》起きる, 立ち上がる (rise). **2** 〘トランプ〙 **a** (ポーカーなどで)レイズする, 上(ʼ)がけする, 吊り上げる. **b** (ブリッジで)レイズする, パートナーのビッドを上げる. **3** 〘鉱山〙切り[掘り]上げる (cf. *vt.* 24).
***ráise Cáin* [(*mérry*) *héll, the dévil*]** 《口語》(1) 浮かれ騒ぐ, 大騒ぎをする. (2) 大声で非難する, 騒ぎ[がなり]立てる (cf. *vt.* 9).
— n. **1** 《米》(物価の)上昇, 昇給; 昇給額, 騰貴額, 値上げ幅 (rise): a ～ in salary 昇給 / give a person a ～ 給料を上げる. 日英比較 日本語の「ベースアップ」は和製英語. 英語では単に *raise* (《英》rise) というか, pay *raise* [rise], wage hike などという. **2** 上げること, 高めること (lift). **3** 高くした所, 盛り上がった場所, 築山(ᵗˢᵘᵏⁱʸᵃᵐᵃ), 塚 (mound); (道路の)上り勾配, 上り坂. **4** 《俗》金銭などの工面, 調達. **5** 〘鉱山〙上(ᵃ)り坑井(ᵏᵒᵘˢᵉⁱ), 切上(ᵏⁱʳⁱᵃ)り, 掘上(ᵃ)り (上向きに掘削された比較的小さい立坑). **6** 〘トランプ〙(ポーカーなどで)競り上げ; (ブリッジの)レイズ (cf. *vt.* 20 b). ***màke a ráise*** もうける, 手に入れる; 工面する, 調達する.
ráis·er *n.* **ráis·able** *adj.* **ráise·able** *adj.*
〖《?c1200》 *reise*(*n*) ◻ ON *reisa* < Gmc **raizjan* (OE *rǣran* 'to REAR[1]'): cf. rise〗

SYN 育てる: **raise** 人・植物・動物などを育てるのに広く用いられる: *raise* a child at the breast 母乳で育てる. **bring up** 子供などを養育する[育てる]ことで最も普通の意味をもつ: He was *brought up* by his grandmother. 彼はおばあさんに育てられた. **rear** *raise* とほぼ同じ意味をもつがやや格式ばった語: He *reared* three children by himself. 彼は自分一人で三人の子供を育てた. **foster** 実子でない子供を一定の期間養育する. **nurse** 幼い者, 若木などについて特に注意してはぐくみ育てる: *nurse* a young tree 若木を育てる. **nurture** 上記の語 *nurse* と同じで格式ばった語. **breed** 主として家畜などを飼育する意味での育てる; 人の場合は普通受身形で用いられる: born and *bred* in the country 田舎で生まれ育った.

---

raised /réɪzd/ *adj.* **1** 高くした, 一段と高い, 持ち上がった, 突起した: a ～ bottom (びん・ますなどの)上げ底. **2** 浮彫りにした, 浮き出した: ～ letters [type] 浮き出し文字, 点字 / a book in ～ type 点字書 / ～ work 浮き出し細工 / ～ embroidery 浮き上げ刺繍(ˢʰⁱˢʰᵘ). **3** 〈布地がけばを立てた: a ～ fabric. **4** (金額などを引き上げて)変造した, 改竄(ᵏᵃⁱᶻᵃⁿ)した: a ～ check 変造小切手. **5** (イーストで)ふくらませた: ～ pastry 山型に盛り上げたペストリー / a ～ pie 堅パイ. 〖1582〗
ráised bánd *n.* 〘製本〙バンド (背の綴じ緒の隆起; cf. sunken cord). 〖1835〗
ráised béach *n.* 〘地質〙隆起海岸 (もと海底だった所が隆起してできた海岸). 〖1834〗
R **ráised béd** *n.* (囲いをして土を高く盛った)花壇.
ráised bóg *n.* 〘環境〙隆起沼, 隆起湿原 (ミズゴケなどの湿地性植物が酸性水の中で繁殖し凸状に隆起した湿原). 〖1938〗
ráised gírt *n.* 〘木工〙 =flush girt.
ráised pánel *n.* 〘建築〙 =fielded panel.
ráised quárter-deck *n.* 〘海事〙低船尾楼甲板 (他の船楼から一段低い船尾楼をもつ形に見えるが, 実際には上甲板から一段高い船尾甲板をもち, 船尾部への積荷を多くするよう工夫した船の甲板).
rai·sin /réɪzən, -zn/ *n.* **1** レーズン (種なしの甘いなま干しのぶどう; cf. currant). **2** 濃い青紫色. 〖《?a1300》 *raizin* ◻ AF *reisin*＝(O)F *raisin* ＜VL **racimum* (cluster of) grapes＝L *racēmus*: RACEME と二重語〗
ráis·ing *n.* 〘生成文法〙繰り上げ(規則) (変形文法の規則; 埋め込み文の中の NP を一段上の文中に繰り上げる操作; cf. subject-raising, negative-raising).
ráising àgent *n.* (イーストやベーキングパウダーなどの)膨張剤.
ráising bèe *n.* (田舎で近所の人たちが手伝いに来る)棟(ᵐᵘⁿᵉ)上げ[建前]の寄合い (cf. house-raising, bee[1] 4). 〖1836〗
ráising hàmmer *n.* 〘金属加工〙(頭の丸い)打出し鎚(ᵗˢᵘᶜʰⁱ) (金属板に丸味をつけるときに用いる). 〖1846〗
rai·son d'é·tat /réɪzɔ̃ː(n)deɪtáː, -zɔ(ː)n-; *F.* rɛzɔ̃deta/ *F. n.* 国家的理由[見地]. 〖《1869》 ◻ F ～ 'reason of the state'〗
rai·son d'ê·tre /réɪzɔ̃ː(n)détr(ə), -zɔːn- | -déɪtr(ə), -détr(ə), -détrə[ʳ]; *F.* ʀɛzɔ̃dɛtʀ/ *F. n.* (*pl.* **rai·sons d'ê·tre** /～/) 〘哲学〙存在理由, レーゾンデートル. 〖《1864》 ◻ F ～ 'reason of being'〗
rai·son·né /rèɪzɔ(ː)néɪ, -zɑ(ː)n- | -zɔn-; *F.* ʀɛzɔne/ *F. adj.* 体系的に配列[分類]した: ⇨ catalogue raisonné. 〖《1777》 ◻ F ～ 'reasoned' (p.p.) ← *raisonner* to reason ← *raison* 'REASON'〗
rai·son·neur /rèɪzɔ(ː)nɔ́ː, -zɑ(ː)n- | -zɔnɔ́ː[ʳ]; *F.* ʀɛzɔnœːʀ/ *F. n.* 〘演劇〙説明役 (他の登場人物の行動について説明[批判]をする人物). 〖《1903》 ◻ F ～ 'reasoner'〗
rai·ta /ráɪtə | -tə/ *n.* 〘料理〙ライタ (刻んだ野菜をヨーグルトと混ぜたインドの料理).
raj /rάːdʒ | rάːdʒ, rάːʒ; *Hindi* raːdʒ/ *n.* (もとインドで)主権; 支配, 統治 (reign, rule): the British ～ in India 英国のインド統治. 〖《1800》 ◻ Hindi *rāj* rule ← Skt *rājya*: cf. rex[2], raja〗
ra·ja, R- /rάːdʒə, -dʒɑː | -dʒə; *Hindi* raːdʒaː/ *n.* 〘歴史〙ラージャ: **1** (インドの)王 (king, prince); 首長, 王侯 (chief) (cf. nabob, nawab, Nizam). **2 a** (インドの)貴族 (noble). **b** (マライ・ジャワなどの)統治者, 酋長(ˢʰᵘᵘᶜʰᵒᵘ). **c** 統治者・酋長などに対する敬称. 〖《1555》 ◻ Hindi *rājā* ← Skt *rājan* ← IE **reg-* to rule (L *rēgis* & *rēx* king): cf. royal〗
Ra·jab /rədʒǽb/ *n.* (イスラム暦の)7 月 (⇨ Islamic calendar). 〖◻ Arab. *rájab*〗
ra·jah, R- /rάːdʒə, -dʒɑː | -dʒə/ *n.* =raja.
rájah·shìp *n.* =rajaship.
ra·jas /rάdʒəs/ *n.* 〘インド哲学〙ラジャス, 激質 (数論(ˢᵘᵘʳᵒⁿ)派 (Sankhya) の説く自然の三要素 (gunas) の一つ). 〖◻ Skt ～ 'darkness'〗
rája·shìp *n.* raja の位[領土]. 〖《1698》 RAJA＋-SHIP〗
Ra·ja·sthan /rὰːdʒəstάːn/ *n.* ラージャスタン (インド北西部の州; 州都 Jaipur).
Ra·ja·stha·ni /rὰːdʒəstάːniˑˑ; *Hindi* raǰəsthanǰ/ *n.* ラージャスタニ語 (インド北西部の州 Rajasthan で話されるインドアーリア語; cf. Hindi). 〖1901〗
rája yóga *n.* (時に **R- Y-**) ラージャヨーガ, 王道ヨーガ (冥想により心の作用の止滅を目標とする古典的なヨーガ; cf. hatha yoga). 〖1885〗
Raj·kot /rάːdʒkoʊt | -kəʊt/ *n.* ラージコート (インド西部 Gujarat 州南西部の都市).
Raj·put /rάːdʒpuːt | -pʊt; *Hindi* raǰput/ *n.* (*also* **Raj·poot** /～/) ラージプート (クシャトリア (Kshatriya) の子孫と称する北インド地方に多い好戦的種族の人). 〖《1598》 ◻ Hindi *Rājpūt* ← Skt *rājaputra* king's son ← *rājan* king ＋*putra* son: cf. raja, raj〗
Raj·pu·ta·na /rὰːdʒpʊtάːnə/ *n.* ラージプターナ (インド北西部の一地方, もと the Rajputana Agency (ラージプターナ諸国)を構成していた; 現在大部分は Rajasthan に編入).
Raj·sha·hi /rɑːʒʃάːhi/ *n.* ラージシャーヒ (バングラデシュ西部の Ganges 川に臨む都市; Calcutta の北方に位置).
Ra·jya Sab·ha /rάːdʒjəsʌ́bhɑː/ *n.* (インド国会の)上院 (Council of States) (下院は Lok Sabha). 〖◻ Hindi *rājya-sabhā* ← *rājya* state＋*sabhā* council〗
rak'a /rάkə/ (*also* **rak'ah** /～/) *n.* 〘イスラム教〙ラッカ (毎日の礼拝で繰り返される一連の定められたひれ伏す礼拝動作および祈りの文句). 〖◻ Arab *rák'ah* ← *ráka'a* to bow〗
Ra·ka·ta /rəkάːṭə | -tə/ *n.* =Krakatau.
rake[1] /réɪk/ *n.* **1** (干し草・落ち葉などをかき集めるための)熊手, 草かき; (地表をならすための)土ならし, 馬鍬(ᵐᵃᵍᵘʷᵃ), レーキ; 火かき: ⇨ horse rake / (as) thin [lean] as a ～ やせて骨と皮ばかりの. **2** 熊手形の(農)器具[部品] (羊毛洗浄機の部品など); (賭博場の)賭け金集めの道具. **3** 《NZ》〘鉄道〙連結された貨車の列.
— vt. **1 a** 熊手[レーキ]で集める[かき寄せる, ならす]: ～ a flower bed 花壇(の土)をかきならす / ～ hay together 干し草を馬鍬(ᵐᵃᵍᵘʷᵃ)でかき集める / ～ leaves off a lawn 芝生から木の葉をかき払う / ～ leaves and burn them 枯葉をかき集めて燃やす. **b** (熊手・レーキで)きれいにする; (熊手で)掃除する. **c** 〈火を〉かき立てる: ～ the fire 火をかき立てる. **2** 〈火〉に灰をかぶせる, 埋(ⁱ)ける (bank). **3 a** 引っかく (scratch), 引っかいて取る[はがす], こする (scrape); かする, なでる (graze): The cat ～*d* his hand with her claws. 猫が彼の手を爪で引っかいた. **b** さっと[軽く]かすめて通る: The storm ～*d* the coast. 暴風は海岸をかすめて通過した / the autumn sunlight *raking* the meadows 牧草地にやわらかく輝く秋の日光. **4** 見晴らす, さっと見渡す; 〈窓などが〉眼下に見る (command, overlook): ～ the horizon with a telescope 望遠鏡で水平線上を見渡す. **5 a** くまなく捜す (ransack): He has ～*d* all history for proofs. 彼は証拠を求めて歴史をくまなく捜した / If I had ～*d* hell I could not have found his match for his wickedness. たとえ地獄を捜してもあんな悪党はいなかっただろう. **b** 〈醜聞・過去などを〉明るみに出す, 暴き出す, 暴露する 〈*over, up*〉. **6** 《口語》かき集める, 大もうけする 〈*in*〉: ～ *in* money 荒稼ぎする / ～ *in* the dough on Broadway ブロードウェイで[舞台に立って]金をがっぽりもうける / ～ it in 《口語》大もうけをする. **7** 〈場所・軍隊・艦船を〉掃射[縦射]する; …に縦射を浴びせる (enfilade) 〈*along, through*〉: ～ the headquarters with machine guns 本部(の建物)に機関銃を掃射する. **8** 〘建築〙(石[れんが]積み工事で, 目地仕上げを行うため)〈モルタルを〉(乾かないうちに, 目地から)一定の深さまでかき取る 〈*out*〉.
— vi. **1** 熊手[馬鍬]を使う, 熊手でかく. **2** くまなく捜す, あさる: ～ among [in, into] old records 古記録をあさる. **3** 一生懸命になって集める[ためる]. **4** さっとかすめて通る[通り抜ける] 〈*over, through*〉.
ráke abóut* [*aróund*]** くまなく捜す (*for*). ***ráke and scrápe せっせとため込む[かき集める]. ***ráke óut*** (1) 捜し[探り]出す: ～ *out* scandal. (2) かき出す, 引き出す (pull out): ～ *out* a fire (ストーブなどの)燃え殻や灰をかき出す. (3) ⇨ *vt.* 8. ***ráke óver* [*thróugh*]** (1) ⇨ *vt.* 5 b. (2) 〈人を〉激しく非難する. (3) ⇨ *vi.* 4. ***ráke úp*** (1) 〈落葉などを〉かき集める. (2) 《口語》〈金・人員を〉かき集める: ～*up* players 選手をかき集める. (3) ⇨ *vt.* 5 b.
〖n.: OE *raca* (masc.), *racu* (fem.) ← Gmc **rak-*, **rek-* (Du. *raak* / G *Rechen* / ON *reka*) ← IE **reg-* to move in a straight line, rule (L *regere* / Gk *orégein*). — v.: 《*c* 1250》 *rake*(*n*) ◻ ON *raka* to scrape ← *reka* (n.)〗
rake[2] /réɪk/ *n.* **1** 傾斜(度), 傾度; 勾配(ᵏᵒᵘᵇᵃⁱ). **2 a** (マスト・煙突などの)船尾への傾斜(度). **b** (劇場の)舞台または観覧席の傾斜(面). **c** (切断物の表面と裏面と直面に対する刃物の)刃の傾斜. **d** 建物の端の傾斜; 破風板. **3** 〘海事〙船首部または船尾部の斜出(部). **4** 〘航空〙翼の傾斜 (前縁と対称平面との角; cf. ANGLE[1] of sweepback).
— vi. **1** 傾斜する (incline). **2** 〘海事〙 **a** 船首と船尾で船体の上部が竜骨端より前または後へ突出する. **b** 〈マスト・煙突などが〉船尾の方向に傾斜する. **— vt.** 〈椅子の背などを〉後方に傾斜させる. 〖《1626》 ← ?: cf. G *ragen* to project〗
rake[3] /réɪk/ *n.* 放蕩(ʰᵒᵘᵗᵒᵘ)者, 道楽者 (libertine). **— vt.** 放蕩をする. 〖《1653》 (略) ← *rakehell* (変形) ← ME *rakel* 'hasty, RACKLE'〗
rake[4] /réɪk/ *vi.* **1** 〘狩猟〙〈鷹が〉獲物を追う; 〈犬が〉鼻を地につけて獲物を追う. **2** 《方言》速く行く[走る]; (速く)前進する. **3** 《方言》さまよう (roam). ***ráke óut* [*óff, awáy*]** 獲物から離れる. 〖OE *racian* to take a course, run〗
rake[5] /réɪk/ *n.* **1** 《英方言》 **a** 道, 小道 (way, path), (特に)牛の通り道. **b** 牧場 (pasture). **2** 《英方言》 **a** (特に, 何かを持ち帰ってくる)旅行. **b** (1 回の旅行で持ち運べる)荷物 (load). **3** 《スコット》〘鉱山〙裂傷脈. 〖《OE *racu* hollow path (cf. OE *hrace* gorge); cog. ON *rák* stripe, streak *rake*, *rakke* ◻ ON *rāk* stripe, streak〗
raked /réɪkt/ *adj.* (舞台・座席などが)傾斜した.
ráked bów /-báʊ/ *n.* 〘海事〙前傾船首 (垂直線に対して上部が前方に突き出ている形の船首).
ra·kee /rάːki, rǽːki, rɑːkíː/ *n.* =raki.
rake·hell /réɪkhèl/ 《古》 *n.* 放蕩(ʰᵒᵘᵗᵒᵘ)者, 道楽者 (rake). **— adj.** 放蕩の, 自堕落な (dissolute). 〖《1554》 ← RAKE[1] (vt. 5)＋HELL〗
rake·hel·ly /réɪkhèli/ *adj.* 《古》 =rakehell. 〖《1579》: ⇨ ↑, -y[1]〗
ráke-òff *n.* [通例軽蔑的に] 《口語》(特に, 不正な利益の)分け前, 割り前, 手数料 (commission), 上前(ᵘʷᵃᵐᵃᵉ), リベート (rebate). 〖《1888》 ← *rake off* (⇨ rake[1] (vt. 1))〗
rák·er[1] *n.* **1 a** 熊手を使う人; 市街掃除人夫. **b** かき捜す[集める]人. **2** かく[かき寄せる]道具, かきはがす道具. 〖1357〗
rák·er[2] *n.* 〘建築〙(壁・柱などの)支柱, 控え柱, 突っ張り, 抱き控え. 〖⇨ rake[2]〗
ráker tòoth *n.* かき歯 (切り落とした枝などの切り口を平らにするのこぎり).
ráke's prógress *n.* 放蕩(ʰᵒᵘᵗᵒᵘ)者の成り行き (道楽して身をくずしていくこと). 〖Hogarth の連作風俗画 (1735) の題名から〗
ra·khi /rάːki/ *n.* ラーキー (ヒンズー教徒の女性が兄弟に与える腕輪の一種). 〖◻ Hindi *rākhī*〗
ra·ki /rάːki, rǽki; rɑːkíː/ *n.* ラキ (通例干しぶどう, 時にイチジク・ナツメヤシを発酵させ蒸留し, アニスの実 (aniseed) で味付けしたトルコ地方の強い酒). 〖《1675》 ◻ Turk. *rāqī*〗
rák·ing bònd *n.* 〘石工〙(れんがの)筋違い積み (斜め積み (diagonal bond) や矢筈(ʸᵃʰᵃᵍⁱ)積み (herringbone bond) など). 〖1876〗
ráking còrnice *n.* 〘石工〙登(ⁿᵒᵇᵒ)り蛇腹 (切妻の壁面やペディメントの傾斜したコーニス).
ráking còurse *n.* 〘石工〙筋違積層 (厚い壁体の内部に補強のために斜めに積まれたれんが層). 〖1876〗
ráking lìght *n.* レーキングライト (美術・写真で細部やテクスチャーを際だたせるために斜め方向から当てる明るい光).
ráking pìece *n.* 〘劇場〙(傾斜した床面側方の)目かくし(背景). 〖1875〗
ráking shòre *n.* 〘建築〙 =raker[2].
rak·ish[1] /réɪkɪʃ/ *adj.* 放蕩(ʰᵒᵘᵗᵒᵘ)の, 道楽な (dissipated, fast): ～ habits 放蕩癖. **～·ly** *adv.* **～·ness** *n.* 〖← RAKE[3]＋-ISH[1]〗
rak·ish[2] /réɪkɪʃ/ *adj.* **1** 〈人の様子・服装などが〉しゃれた, いきな, かっこいい (jaunty): a ～ light blue handkerchief / a hat set at a ～ tilt いきに傾けてかぶった帽子 / The new poncho gave her a ～ air. 新しいポンチョを着ると彼女はいきに見えた. **2** 〈船が〉軽快に見える, (海賊船と間違われかねないほど)速力の速そうな. **～·ly** *adv.* **～·ness** *n.* 〖《1824》 ← RAKE[2]: 海賊船が多く後方に傾斜した帆柱 (raking mast) をもち, 快速力で走ったことから〗
Rak·sha Band·han /rάkʃəbάndən/ *n.* ラクシャバンダン (インドで毎年 8 月に行われる祭り; 女性が男兄弟などに rakhi を与え, 愛情やきずなを確かめ合う).
rak·sha·sa /rάːkʃəsə/ *n.* 〘インド神話〙ラークシャサ, 羅刹(ʳᵃˢᵉᵗˢᵘ) (インド民間信仰中の悪鬼). 〖《1866》 ◻ Skt *rākṣasa* ← *raksas* injury〗
ra·ku /rάːkuː/ *n.* 楽, 楽焼き. 〖Jpn.〗
rale /rǽł, rάːł | rάːł/ *n.* (*also* **râle** /～/; *F.* ʀɑːl/) 〘病理〙(胸部聴診時の)ラ音, 水泡(ˢᵘⁱʰᵒᵘ)音, ラッセル (cf. rhonchus). 〖《1828》 ◻ F *râle* ← *râler* to rattle: ⇨ rail[3]〗
Ra·legh /rɔ́ːli, rάː-, rǽli/, **Sir Walter** *n.* =Sir Walter RALEIGH 1.
Ra·leigh[1] /rɔ́ːli, rάː- | rɔ́ː-/ *n.* ローリー (米国 North Carolina 州中央部にある同州の州都). 〖↑ にちなむ〗
Ra·leigh[2] /rɔ́ːli, rάːli, rǽli/ *n.* ローリー (男性名). 〖もと地名・家名: ⇨ red[1], lea[1]〗
Ra·leigh[3] /rɔ́ːli, rάː- | rǽli/ *n.* 〘商標〙ローリー (英国 Raleigh 社製の自転車).
Ra·leigh[4] /rάːleɪ, -lɪ | rǽli, rάːli/ *n.* 〘商標〙ローリー (米国 Brown & Williamson Tobacco 社製の紙巻きたばこ).
Ra·leigh /rɔ́ːli, rάː- | rɔ́ː-/, **Sir Walter** *n.* ローリー: **1** (1552?–1618) 英国の探検家・軍人・著述家, Elizabeth 一世の寵臣; *The History of the World* (1614); 本人は Ralegh とつづった. **2** (1861–1922) 英国の批評家・文学者; 1904 年以降 Oxford 大学教授; Sir Walter Alexander Raleigh ともいう; *Shakespeare* (1907), *War in the Air* (1922).
rall. 《略》 rallentando.
ral·len·tan·do /rὰːləntάːndoʊ, rǽləntǽn- | rǽləntǽndəʊ, -lɛn-; *It.* rallentándo/ 〘音楽〙 *adv.* だんだん

ゆるやかに(略 rall.) (ritardando). — *n.* (*pl.* ~s, -tan·di /-diː, *It.* -di/) ラレンタンドのテンポ[楽節]. 〘(1811) ◻ It. ~ (pres. p.) ← *rallentare* to abate ← RE-+*allentare* to prolong (← AD-+L *lentāre* to bend (← *lentus* slow))〙

rál·li càr /rǽli-/ *n.* =ralli cart.

rál·li càrt, R- c- /rǽli-/ *n.* ラリカート《四人乗り二輪の軽い馬車》. 〘(1890) ← *Ralli* (1885 年最初の購入者の名)〙

ral·li·form /rǽləfɔ̀ːm | -lɪ̀fɔ̀ːm/ *adj.* 〖鳥類〗クイナに似た. 〘← NL *ralliformis*: ⇨ ↓, -form〙

ral·line /rǽlaɪn/ *adj.* 〖鳥類〗クイナ科の. 〘← NL *rallus* (⇨ rail³)+-INE¹〙

ral·ly¹ /rǽli/ *vt.* **1 a** (共通の行動・目的のために)呼び集める: ~ one's party. **b** 〈散り散りになった軍勢・集団などを〉再び呼び集める[集合させる], …の陣容を整え直す: The general tried to ~ the fleeing troops round him. 将軍は逃げまどう軍隊を集合させようと努めた. **2 a** 〈勢力・精力を〉集中する (concentrate); 〈体力・気力を〉回復する (revive), 〈勇気などを〉奮い起こす (summon up): ~ one's power 体力を回復する. **b** 〈人を〉元気づける, …の勇気を起こさせる: ~ oneself 元気を出す, 奮起する. **3** 〖証券〗〈相場を〉持ち直させる, 反騰させる. **4** 〖海事〗〈帆のシート・帆脚(ほし)綱などを〉急激に引き入れる 〈*in*〉, 急にやり放す 〈*out*〉.
— *vi.* **1 a** (共通の行動・目的のために)集まる, 集合する. **b** 〈散り散りになった軍勢・集団などが〉再び集まる, 再び勢ぞろいする (reassemble): ~ for battle. **2** 援助に来る 〔*to, around, behind*〕: ~ *to* [*around*] one's side 味方にはせ参じる. **3 a** (病気などから)回復する; (恐怖心を振り払って)気を取り直す; 健康を取り戻す, 意識を回復する: ~ *from* (an) illness. **b** 〈競技者・チームが〉攻勢を取り戻す, 盛り返す, 反撃する, 挽回する, 反攻する (come back). **4** (テニス・バドミントンなどで)ラリーを応酬する. **5** 〖証券〗〈相場が〉持ち直す, 反騰する: ~ in price 再び高値を呼ぶ / The Dow-Jones average *rallied* suddenly last week. ダウ平均は先週急に持ち直した. **6** 〖野球〗〈チームが〉反撃する, 集中攻撃を浴びせる.
— *n.* **1 a** (共通の行動・目的のための)集結, 参集; (政治・宗教熱を盛り上げるための)決起大会 (mass meeting); 示威: a students' ~ 学生大会. **b** (軍隊・集団などの)再挙, 再集, 再糾合, 立て直し; 再集の合図. **2 a** (病気の)回復, 気力[体力, 勇気など]の回復. **b** (競技者・チームなどの)盛り返し, 反撃, 挽回, 反攻. **3** 〖自動車〗ラリー《公道で通常の交通規則の下に行う長距離自動車競走; 競技開始まで参加者に知らされない道を指示された平均速度で走り, 途中数か所のチェックポイントでの失点数によって優劣を競う》. **4** (テニス・バドミントンなどで)ラリー《続けざまの打合い》; 乱打, 試合開始前の打合い. **5** 〖証券〗(相場の)反騰, 持直し: a ~ in stocks 株価の反騰. **6** 〖ボクシング〗打合い, パンチの応酬. **7** 〖野球〗反撃, 集中攻撃. **8** 《英》〖演劇〗加速《演技のテンポを加速して効果を盛り上げること》.
rál·li·er *n.* 〘(1603) ◻ F *rallier* < OF *ralier*: ⇨ re-, ally¹〙

ral·ly² /rǽli/ *vt.* 〈人を〉からかう, 冷やかす (banter): ~ a person on his speech 演説のことで人をからかう. — *vi.* 《古》冷やかす, からかう (banter). 〘(1668) ◻ F *railler* 'to RAIL²'〙

rálly·cròss *n.* ラリークロス《コースに非舗装路と舗装路が混在する自動車レース》. 〘1967〙

ral·lye /rǽli/ *n.* 〖自動車〗=rally¹ 3.

rál·ly·ing *n.* (自動車)ラリー競技. 〘(1957): ⇨ rally¹〙

rállying crỳ *n.* ときの声 (battle cry); (政治運動などの)スローガン. 〘1818〙

rál·ly·ing·ly *adv.* 冷やかして, からかって. 〘(1799): ⇨ rally²〙

rállying pòint *n.* 集合地, 集合点, 元気[気力]を回復する箇所[地点].

rál·ly·ist /-liɪst | -lɪɪst/ *n.* (自動車)ラリー選手, ラリー参加者. 〘(1961) ← RALLY¹+-IST〙

rálly·màster *n.* (自動車)ラリー主催者.

Ralph /rǽlf | rǽlf, réɪf/ *n.* ラルフ, レイフ《男性名》. 〘OE ◻ ONF *Raulf* (F *Raoul*) (短縮) ← *Radulf* ◻ ON *Raðulfr*〙

Rálph Láuren *n.* 〖商標〗ラルフローレン《米国のファッションデザイナー Ralph Lauren によるブランド》.

ram /rǽm/ *v.* (**rammed; ram·ming**) — *vt.* **1 a** 〔…に〕突き当てる, 激しくぶつける (butt) 〔*against, at, on, onto*〕: ~ one's head *against* [*at*] a wall 壁に頭を突き当てる. **b** 破城つちで打つ; 衝角で突く. **2** 〈杭などを〉〔…に〕打ち込む, 突き込む, 押し込む (force down) 〈*down*〉 〔*in, into*〕; 〈杭・樹木などの〉まわりの土を突き固めて固定する[しっかり植えつける]. **3** 〈土などを〉打ち固める, 突き固める. **4 a** 〈物を〉詰め込む (cram); 〈容器などに〉〔物を〕詰め込む 〔*with*〕: ~ one's clothes *into* a bag 衣服をかばんに詰め込む / a thick wedge of paper ~*med in* to keep the sash from rattling 窓枠がかたかた鳴らないようにはさんだ厚い紙の詰め物 / I had the list ~*med into* me by repetition. 何回も繰り返してその一覧表を頭にたたき込まれた / ~ a box *with* toys おもちゃを箱に詰める. **b** 〈銃器〉に槊杖(さくじょう) (ramrod) で装薬を詰め込む. **c** 〈弾丸などを〉(込め矢 (rammer) で〔…に〕)押し込む: ~ a charge into the gun. **d** [通例 ~ home として] 〈議論などを〉反復して聞かせて認め[理解]させる: ~ an argument *home* 反復して議論を徹底させる. **5** (強引に)押し進める: ~ *through* a bill=~ a bill *through* (Congress) 法案を強引に(議会で)通過させる.
— *vi.* **1** 激しくぶつかる (crash): The car ~*med* into a tree. 車が木に激突した. **2** 土を打ち固める. **3** ものすごいスピードで走る. **4** 閉鎖する 〈*up*〉.
rám … dòwn a person's thróat ⇨ throat (成句).
— *n.* **1** (去勢しない)雄羊 (cf. ewe). **2** 打ち破る器具; (昔の)破城つち (battering ram). **3** (敵に体当たりするために艦首の水線下に付けた)衝角(しょうかく) (cf. beak¹ 3); 衝角艦. **4** 〖建築〗ラム, (杭打ち用の)分銅つち, 落としづち (drop hammer); (土を固める)たこ, 突き棒 (rammer). **5** 〖機械〗水撃ポンプ, 水圧ラム (hydraulic ram); (水圧機の)ピストン (piston); 押揚げポンプのプランジャー (plunger). **6** 〖航空〗**a** ラム, ラム圧《機速によって空気取入れ口に生じる空気の押込み圧力》. **b** =ram effect. **7** 〖機械〗ラム《立て[型]削り盤のバイトを取り付ける往復運動をする部分》. **8** [the R-] **a** 〖天文〗おひつじ(牡羊)座 (⇨ Aries 2). **b** 〖占星〗おひつじ座, 白羊宮 (⇨ Aries 1).
milk the rám ⇨ milk *v.* 成句.
〘OE *ram(m)* (Du. & LG *ram* / G *Ramm*) < Gmc **rammaz* (原義) strong, sharp〙

RAM /rǽm/ 《略》〖電気〗radio attenuation measurement 電波減衰測定; 〖電算〗random-access memory ランダムアクセスメモリー《特に ROM と対比して内容の書き換えができる半導体メモリーを指す; 書き換え可能記憶媒体一般をいうこともある》〘1957〙; 〖天文〗right ascension of the meridian; 〖宇宙〗rocket assisted motor 推力方向制御・軌道制御用の小ロケット; 《英》Royal Academy of Music. 〘1891〙

ram- /rǽm/ *pref.* 強意の接頭辞: ramshackle. 〘◻ ON *ram-* ← *rammr* strong: cf. ram〙

Ra·ma /rɑ́ːmə; *Hindi* raːm/ *n.* 〖インド神話〗ラーマ《Vishnu の第六・七・八化身 (Parashurama, Ramachandra, Balarama) の総称; 特に, 第七化身とされる; 叙事詩 *Ramayana* の主人公のこと》. 〘◻ Skt *Rāma* (原義)? dark-colored, lovely〙

Ra·ma IX /rɑ́ːmə-/ *n.* =Bhumibol-Adulyadej.

Ra·ma·chan·dra /rɑ̀ːmətʃʌ́ndrə, -tʃǽn-/ *n.* 〖インド神話〗ラーマチャンドラ《Vishnu の第七化身とされる Rama の別名》. 〘◻ Skt *Rāmacandra* (原義) Rama-moon ← *Rāma* 'RAMA'+*candra* shining; (in compds) moon〙

ra·ma·da /rəmɑ́ːdə | -də/ *n.* (浜辺や公園などの)あずまや《屋根がカヤ, わら, シュロなどでふいてある》. 〘(1869) ◻ Sp. ~〙

Ram·a·dan /rǽmədɑ́ːn, ⸗⸗⸗; *Arab.* ramadˤáːn/ *n.* (also **Ram·a·dhan** /~/) **1** (イスラム暦の)ラマダン《第 9 月; この月中教徒は日の出から日没まで断食する; ⇨ Islamic calendar》. **2** ラマダンの断食. 〘(*a*1500) ◻ Arab. *ramaḍān* (原義) the hot month ← *rámaḍa* to be hot〙

ram·age /rǽmɪdʒ/ *n.* **1** [集合的] 木の枝, 小枝. **2** 鳥の鳴き声. 〘(15C) ◻ (O)F ~: ⇨ ramus, -age〙

rám-áir tùrbine *n.* 〖航空〗ラムエアタービン《通常の装置が故障したときに利用する飛行風圧を原動力とする小さなタービン》. 〘1962〙

Ra·ma·ism /rɑ́ːməɪzm/ *n.* ラーマ崇拝 (⇨ Rama).

Ra·ma·krish·na /rɑ̀ːməkríʃnə/, **Sri** *n.* ラーマクリシュナ《1836–86; インドの神秘家, ヒンズー教の改革者》.

ra·mal /réɪməl, -ml/ *adj.* 〖生物・解剖〗ramus の[から分枝した]. 〘(1856) ← RAM(US)+-AL¹〙

Ra·man /rɑ́ːmən/, **Sir Chan·dra·se·kha·ra Ven·ka·ta** /tʃʌ̀ndrəʃéɪkərəvéŋkətə | -tə/ *n.* ラマン《1888–1970; インドの物理学者; 光の散乱を研究, ラマン効果を発見; Nobel 物理学賞 (1930)》.

Ráman effèct *n.* 〖光学〗ラマン効果《光が物質で散乱される際, 分子や格子の振動等のため, 入射光とは異なる波長の散乱光 (Raman line) が現れる現象》. 〘(1928) ↑〙

Ráman spèctrum *n.* 〖光学〗ラマンスペクトル《ラマン効果 (Raman effect) によって生じるスペクトル》. 〘(1929): ⇨ Raman〙

Ra·ma·nu·jan /rɑːmɑ́ːnʊdʒən/, **Srinivasa** (**Aaiyangar**) *n.* ラマヌジャン (1887–1920)《インドの数学者; 数論に傑出した》.

ra·ma·pith·e·cine /rɑ̀ːməpíθəsàɪn, -sìːn | -θɪ-/ *n.* ラマピテクス属 (*Ramapithecus*) の類人猿. — *adj.* ラマピテクス属の.

Ra·ma·pi·the·cus /rɑ̀ːməpíθɪkəs | -θɪ-/ *n.* 〖人類学〗ラマピテクス《化石霊長類の一種; 現在知られる最古の人類とも目される》. 〘(1934) ← ML *Rāma* 'RAMA'+Gk *píthēkos* ape, monkey〙

ra·mark /réɪmɑːk | -mɑːk/ *n.* ラマーク《船や航空機に方位を知らせるため常時電波を出すレーダービーコン》. 〘← *ra(dar) mark(er)*〙

ra·mate /réɪmeɪt/ *adj.* 枝のある. 〘← RAM(US)+-ATE²〙

Ra·mat Gan /rɑːmɑ́ːtgɑ́ːn/ *n.* ラマトガン《イスラエル西部, Tel Aviv 北東部の都市》.

Ra·ma·ya·na /rɑːmɑ́ːjənə | rɑːmáɪənə, rə-, -mɑ́ː-jə-; *Hindi* raːmaːjən/ *n.* [the ~] 〖インド神話〗「ラーマーヤナ」《インドのサンスクリット二大叙事詩の一つ; Rama が主人公; cf. Mahabharata》. 〘(1788) ◻ Skt *Rāmāyaṇa* (原義) the goings or doings of Rama ← *Rāma* 'RAMA'+*-ayana* pertaining to〙

Ram·a·zan /rǽməzɑ́ːn/ *n.* =Ramadan.

Ram·bam /rɑːmbɑ́ːm; *Sp.* rambám/ *n.* =Maimonides.

Ram·bert /rɑːmbéə | rɔ́mbɛə/, **Dame Marie** *n.* ランバート, ランベール《1888–1982; ポーランド生まれの英国のバレエダンサー・振付師》.

Rámbert Dánce Còmpany *n.* [the ~] ランバート舞踊団《Marie Rambert によって London に創設された (1926; 名称は 1934 年より Ballet Rambert, 現名称は 1987 年から); 現代バレエの発展に影響を与える》.

ram·bla /rɑ́ːmblə/ *n.* **1** 普段は水が流れていない峡谷. **2** 大通り. 〘◻ Sp. ~ ◻ Arab. *rámlaʰ*〙

ram·ble /rǽmbl/ *n.* **1** (目的も行き先も決めない)ぶらつき, 散歩 (stroll): on [upon] the ~ 散歩中, ぶらぶら歩いて. **2** 漫然とした書き物, とりとめのない文章, 漫筆; 漫談, 閑談. — *vi.* **1** 散歩[漫歩]する, ぶらつく (wander) (⇨ wander SYN). **2** 漫然と[とりとめなく]しゃべる[書く]: ~ on だらだらとくだらないこと[関連のないこと]をしゃべる[書き続ける]. **3 a** 〈つる草などが〉むやみに広がる[伸びる]. **b** 〈街路・建物などが〉無計画である, 統一がない. **c** 〈川・道路などが〉曲がりくねっている (meander). — *vt.* あてもなく歩く, ぶらぶら歩く: ~ the lanes of Tokyo. 〘(*c*1443) (freq.)? ← ROAM (⇨ -le³) // ◻ ? MDu. *rammelen* to be excited by sexual desire and wander about (freq.) ← *rammen* to copulate with ← *ram* 'RAM'〙

ram·bler /rǽmblə, -blə | -bləʳ, -bl-/ *n.* **1** ぶらぶら歩く人; 漫然としゃべる[書く]人. **2** 〖園芸〗ランブラー《つるバラの一種; 細い枝が地際から生じ, 支柱がないと地表をはう: cf. climber 3 b, Crimson Rambler》. **3** 《米》=ranch house 2. 〘(1624) ← ↑ +-er¹〙

ram·bling /rǽmblɪŋ, -bl-/ *adj.* **1 a** 〈家・市街などが〉むやみに伸びた, 曲がりくねった, だらだら伸びた: a ~ house 不均斉(ふきんせい)に建築された家, まとまりなく広い家. **b** 〈植物などが〉はい回る, つるになる, むやみにはびこる (straggling). **2** 〈思想など〉漫然とした, 散漫な (desultory); 〈談話など〉とりとめのない, 冗漫な (wandering): a ~ note とりとめのない文章, 漫筆 / a ~ talk とりとめのない話, 閑談. **3** ぶらぶら歩く, 散歩する (strolling); 放浪する (roving), 移動性の: a ~ journey 放浪の旅 / ~ rheumatism 移動性リウマチ. — *n.* ぶらぶら歩くこと, 漫歩; 冗漫な[とりとめのない]おしゃべり[文章]. **~·ly** *adv.* 〘1623〙

Ram·bo /rǽmbou | -bəu/ *n.* **1** ランボー《1980 年代の米国アクション映画シリーズおよび Sylvester Stallone が演じたヒーロー; 決断と力であらゆる問題を解決する》. **2** [しばしば r-] ランボー的な男, 一匹狼. 〘1982〙

Ram·bouil·let /rɑ̀ːmbujéɪ, rǽm-, -bʊléɪ; *F.* ʁɑ̃bujɛ/ *n.* ランブイエ(メリノ)《フランス原産の毛用・肉用種の羊》. 〘(1809): 北フランスの町の名〙

rám bòw /-bàʊ/ *n.* 〖海軍〗衝角(しょうかく)へさき《衝角 (ram) を艦首部につけたへさき》. 〘1869〙

ram·bunc·tious /ræmbʌ́ŋ(k)ʃəs/ *adj.* 《米》**1** 騒々しい, 乱暴な (rude, rough). **2** 勝手気ままな, 始末に負えない, 無茶な, 横紙破りの (uncontrollable, unruly): a ~ marriage 無茶[無軌道]な結婚. **~·ly** *adv.* **~·ness** *n.* 〘(1830) (変形)? ← RUMBUSTIOUS〙

ram·bu·tan /ræmbúːtn/ *n.* 〖植物〗**1** ランブータン (*Nephelium lappaceum*)《マレー産のムクロジ科の樹木; 熱帯では街路樹に用いる》. **2** ランブータンの実. 〘(1707) ◻ Malay ~ ← *rambut* hair〙

RAMC 《略》Royal Army Medical Corps 英国陸軍医療隊[衛生科].

rám càt *n.* 雄ねこ. 〘(1672) ← RAM〙

rám dràg *n.* 〖航空〗ラム抵抗《ジェットエンジンの吸入する空気がいったんせきとめられることから出じる抵抗; エンジンの全推力からこれを差引いたものが正味推力となる》.

Ra·meau /ræmóu, rɑː- | rɑ́ːməu, rǽm-; *F.* ʁamo/, **Jean Philippe** *n.* ラモー《1683–1764; フランスの作曲家・音楽理論家; *Castor and Pollux* (歌劇) (1737); *Traité de l'harmonie*「和声論」(1722)》.

ra·mee /réɪmi, rǽmi/ *n.* 〖植物〗=ramie.

Ra·mée /rəméɪ/, **Marie Louise de la** *n.* ラメー《1839–1908; 英国の女流小説家; 筆名 Ouida; *Under Two Flags* (1867), *A Dog of Flanders* (1872)》.

Ramée, Pierre de La *n.* ⇨ Ramus.

rám effèct *n.* 〖航空〗ラム効果, 押込み効果《機速の増加に伴い空気取入れ口に流入する空気の圧力が増す効果》.

ram·e·kin /rǽmɪ̀kɪ̀n | rǽmɪkɪn, rǽmkɪn/ *n.* **1** ラムカン《チーズ・パン粉・卵・牛乳・バターなどを混ぜて小さい焼き皿で焼いた料理》. **2** ラムカン皿 (ramekin dish)《ラムカンを焼いて食卓に出す一人用の陶製の皿》. 〘(1706) ◻ F *ramequin* ◻ LG *ramken* (dim.) ← *ram* cream < MLG *rōm(e)*: cf. G *Rahm* cream〙

rámekin càse *n.* ラムカンの焼型. 〘1894〙

ramenta *n.* ramentum の複数形.

ram·en·ta·ceous /ræ̀məntéɪʃəs | -mɪn-⸗/ *adj.* 〖植物〗**1** 鱗片(りんぺん)[鱗毛]に覆われた. **2** 鱗片状の. 〘⇨ ramentum, -aceous〙

ra·men·tal /rəméntl | -tl/ *adj.* 〖植物〗=ramentaceous.

ra·men·tum /rəméntəm | -təm/ *n.* (*pl.* **ra·men·ta** /-tə | -tə/) [通例 *pl.*] **1** 削り[かき]くず, 微片 (shaving). **2** 〖植物〗(葉・実の)鱗毛(りんもう), 鱗片. 〘(1662) ◻ L ~ ← *rādere* to scrape: ⇨ rase, -ment〙

ram·e·quin /rǽmɪ̀kɪ̀n | rǽmɪkɪn, rǽmkɪn/ *n.* =ramekin.

Ram·e·ses /rǽməsìːz | -mɪ̀-/ *n.* =Ramses.

ra·met /réɪmɛt, -mɪ̀t | -mɛt, -mɪt/ *n.* 〖植物〗ラメート《クローン (clone) の個体》. 〘(1929) ← RAM(US)+-ET〙

rami *n.* ramus の複数形.

ra·mie /réɪmi, rǽmi | rǽmi, rɑ́ː-/ *n.* **1** 〖植物〗ラミー, カラムシ (*Boehmeria nivea*)《アジア産イラクサ科マオ属の低木; 皮から麻に似た繊維を採る》. **2** ラミー[カラムシ]の繊維. 〘(1817) ◻ Malay *rami*〙

ram·i·fi·ca·tion /ræ̀məfɪ̀kéɪʃən | -mɪ̀fɪ-/ *n.* **1** [しばしば *pl.*] (行為・決定・できごとなどから派生したさまざまな)結果 (consequence, outgrowth). **2** 分枝, 分岐, 分裂, 細分化: the ~ of the Whig Party. **3** 分脈, 支脈, 支流: the ~ of a nerve. **4** 小区分: every ~ of the subject その問題のすべての細部. **5** 〖植物〗分枝状態, 分枝法. 〘(1677) ◻ F ~: ⇨ ramify, -ification〙

ram·i·form /rǽməfɔ̀ːm, réɪm- | -mɪ̀fɔ̀ːm/ *adj.*

R

1 枝状の (branchlike). **2** 分岐した, 分派した (branched). 〘《1822》← L *rami-*, *rāmus* branch＋-FORM〙

ram·i·fy /rǽməfàɪ | -mɪ̀-/ *vi.* **1** 〈木・草などが〉枝を出す, 枝状に広がる (branch out). **2** 分岐する, 分科する; 小区分される〔*into*〕. — *vt.* [通例受身で] 分枝する, 分岐する, 小区分する: Railways *are ramified* over the country. 鉄道は全国中に幹線から支線が張りめぐらされている. 〘《?a1425》□ F *ramifier* □ ML *rāmificāre* ← L *rāmus* branch: ⇨ ramus, -ify〙

ram·il·lie /rǽməli | -mɪ̀-/ *n.* (*also* **ram·i·lie** /~/) [時に R-] ラミリーウィッグ《18 世紀に流行した一種のかつら; 後ろに三つ編みを 1 本垂らしてその上と下をリボンで結んだもの; ramillie wig ともいう》. 〘《1740》← *Ramillies*〙

ram·il·lies /rǽməliz | -mɪ̀-/ *n.* (*also* **ram·i·lies** /~/) ＝ramillie.

Ram·il·lies /rǽməliz, ræmiːjíː | rǽmɪlɪz; F. ʀamiji/ *n.* ラミーイ《ベルギー中部の村; スペイン継承戦争で英国の Marlborough 公がフランス軍を破った地 (1706)》.

ra·min /rǽmiːn/ *n.* 〖植物〗ラミン《東南アジア産; ジンチョウゲ科 (*Gonystylus*) の数種の常緑高木・低木; 特に *G. bancanus*》; ラミン材《淡色の堅材》. 〘《1955》□ Malay ~〙

Ra·mism /réɪmɪzm/ *n.* ラムス哲学《フランスの哲学者 Petrus Ramus の唱えた哲学》. **Rá·mist** /-mɪ̀st | -mɪst/ *n.*, *adj.* **Ra·mis·tic** /rəmístɪk/ *adj.* 〘1710〙

rám·jèt *n.* 〖航空〗＝ramjet engine. 〘《1942》← RAM＋JET〙

rámjet èngine *n.* 〖航空〗ラムジェット《高速飛行による流入空気のエネルギーで空気を圧縮するジェットエンジン; ⇨ ram *n.* 6; athodyd ともいう》. 〘1947〙

rámmed éarth *n.* 砂・ローム・粘土などを突き固めて形成した練り土《建築材料》. 〘1833〙

ram·mels·berg·ite /rǽməlzbə̀ːgaɪt, -mɪ̀z- | -bɜ̀ː-/ *n.* 〖鉱物〗ランメルスベルジャイト, ランメルスベルグ石 ($NiAs_2$). 〘《1854》← *Karl F. Rammelsberg* (1813–99: ドイツの鉱物学者): ⇨ -ite[1]〙

rám·mer *n.* **1 a** 突き込む[打ち固める]もの. **b** (土を固める)たこ, 突き棒, ランマー《土の締固めに用いる機械》; 杭打ち機. **2** 地形(じぎょう)人足. **3** (口装砲に弾薬を詰める)込め矢, 槊杖(さくじょう). 〘1497〙

ram·mies /rǽmiz/ *n. pl.* 《豪俗・南ア俗》ズボン (trousers). 〘round my houses のコックニー韻俗 'rahand me 'ouses'〙

rám·ming *n.* 〖航空〗＝ram effect.

rámming effèct *n.* 〖航空〗＝ram effect.

rám·mish /-mɪʃ/ *adj.* **1** 雄羊のような. **2** 《方言》臭い, 臭味のある (rank). **3** 好色な. **~·ly** *adv.* **~·ness** *n.* 〘《c1395》← RAM (n.)＋-ISH[1]: cf. goatish〙

ram·my[1] /rǽmi/ *adj.* (**ram·mi·er**; **-mi·est**) ＝rammish. 〘《1607》← RAM (n.)＋-Y[4]〙

rammy[2] *n.* 《スコット》けんか, 乱闘. 〘《1935》← ? 《スコット》*rammle* uproar; (v.) to wander (under the influence of drink) 《変形》← RAMBLE〙

ra·mon /rəmóun | -máun/ *n.* ＝breadnut. 〘《1756》□ Sp. *ramon* browse (aug.) ← *ramo* branch < L *rāmum* 'RAMUS'〙

Ra·mon /réɪmən, raːmɔ́(ː)n | réɪmən, raːmɔ́n; Sp. ramón/ *n.* レーモン, ラモン《男性名》. 〘□ Sp. *Ramōn* □ OF *Raimund* □ OHG *Raginmund* 'RAYMOND'〙

Ra·món /raːmɔ́(ː)n | -mɔ́n; Sp. ramón/ *n.* ラモン《男性名》.

Ra·mo·na /rəmóunə | -mə́u-/ *n.* ラモーナ《女性名》. 〘□ Sp. ~ (fem.) (↑)〙

Ra·món y Ca·jal /rəmóuniːkəhάːl | -mɔ́n-; Sp. ramónikaxál/, **San·ti·a·go** /santjáɣo/ *n.* ラモン イ カハル《1852–1934; スペインの解剖学・組織学者; Nobel 医学生理学賞 (1906)》.

ra·mose /réɪmous, rəmóus | réɪməus, rəmə́us/ *adj.* 枝を出した, 枝に分かれた (branched); 枝状の, 枝の多い.

ra·mos·i·ty /rəmά(ː)səti | -mɔ́sɪ̀ti/ *n.* **~·ly** *adv.* 〘《1689》□ L *rāmōsus* ← *rāmus* branch: ⇨ ramus, -ose[1]〙

ra·mous /réɪməs/ *adj.* **1** 枝の; 枝のような (branchlike). **2** ＝ramose. **~·ly** *adv.* 〘《1562》□ L *rāmōsus* (↑): ⇨ -ous〙

ramp[1] /rǽmp/ *n.* **1 a** (高速[立体交差]道路などの)ランプ. 日英比較 日本語で一般道路と高速道路とを接続する傾斜道を「ランプウェー」というのは和製英語. **b** (高さの違う二つの道路・建物・城郭などのフロアーなどを結ぶ)傾斜路 (⇨ bastion). **c** 坂道. **d** (船・ボート・丸木などを海面に押し出すための)斜面, 滑降台; 進水台. **2** (飛行機の乗客の乗り降りの際に使う)移動式階段, タラップ (boarding ramp ともいう). **3** 〖建築〗(階段手すりや塀の笠石などの)上向きの湾曲部, そり; 迫台 (abutment) の高低差. **4** 《米》〖航空〗＝apron 3 a. **5** (NZ) ＝sleeping policeman. 〘《1725》□ F *rampe* ← *ramper* (↓)〙

ramp[2] /rǽmp/ *vi.* **1 a** 飛び掛かろうとする, 怒って襲いかかろうとする; 〈ライオンなどが〉後足で立って威嚇する: ~ and rage 怒り狂う. **b** 暴れ回る (rage, storm) 〈*about, around*〉. **2** 〈植物が〉つるを上に伸ばす (creep up). **3** 〖建築・築城〗〈壁などが〉傾斜する, 勾配(こうばい)をなす. — *vt.* 〖建築・築城〗…に斜面を設ける; 反(そ)らせる. ***ramp alóng*** 〖海事〗疾走する (sail swiftly).
— *n.* **1** (ライオンなどが)飛び掛かろうとするように後足で立ち上がること. **2** 《口語》暴れ回ること; 激怒.
〘《a1325》*rampe*(*n*) □ (O)F *ramper* to creep, climb □ Frank. **rampōn* to cramp together ← Gmc **rampa* a claw〙

ramp[3] /rǽmp/ 《英口語》*vt.* **1** 詐取する (swindle). **2** 〈人〉に詐欺をはたらく. — *vi.* 詐欺をする; 高値をふっかける, 暴利をとる. — *n.* **1** (いんちき会社設立などによる)詐欺, ぺてん. **2** 暴利: the black-market ~ in whiskey. 〘《1567》?〙

ramp[4] /rǽmp/ *n.* 〖植物〗**1** ＝rampion. **2** ユリ科ネギ属 (*Allium*) の植物の総称; (特に)＝ramson. 〘《1598》1: 《略》← RAMPION. — 2: 《逆成》← RAMPS〙

ramp[5] /rǽmp/ *n.* あばずれ女, 身持ちの悪い女. 〘《?c1450》RAMP[2] (vi. 1 b)〙

ram·page /rǽmpeɪdʒ, | ⌐⌐, ⌐⌐/ *vi.* 暴れ回る, 狂い回る 〈*about*〉 (storm, rage): The typhoon ~*d* through the town. 台風が町中を暴れ回った. — /⌐⌐, ⌐⌐/ *n.* (風などが)吹きまくること; (怒りなどのため)暴れ回ること, 狂い回ること; 狂暴な行為: go [be] on the [a] ~ 暴れる, がむしゃらになる. **ram·pág·er** *n.* 〘《1715》《変形》← 《スコット》*ramprage*: ⇨ ramp[1], rage〙

ram·pa·geous /ræmpéɪdʒəs/ *adj.* (*also* **ram·pa·gious** /~/) 暴れ[狂い]回る (violent), ひどい, 手のつけられない (uncontrolled), 荒々しい (boisterous). **~·ly** *adv.* **~·ness** *n.* 〘《1822》: ⇨ ↑, -ous〙

Ram·pal /rαː(m)páːł, rαːm-, -pǽł; F. ʀɑ̃pal/, **Jean Pierre** *n.* ランパル《1922–2000; フランスのフルート奏者》.

ram·pal·lian /ræmpǽljən/ *n.* 《廃》悪党, ならず者, あばずれ(女). 〘《1593》← RAMP[5]〙

ram·pan·cy /rǽmpənsi/ *n.* **1** (病気などの)流行, 蔓延(まんえん); (悪事・迷信などの)はびこり (extravagance). **2** 繁茂 (luxuriancy). **3** 途方もないこと; 猛烈. 〘《1664》: ⇨ ↓, -ancy〙

ram·pant /rǽmpənt/ *adj.* **1** 〈病気・迷信などが〉はびこる, 流行する (prevalent): Disease and vice are ~ in the town. 町には病気や悪事がはびこっている / Superstition was ~. 迷信がはびこっていた. **2** 〈植物が〉繁茂する, 茂り放題の (luxuriant, rank). **3** (態度・様子・行為・意見などが)激しい, 猛烈な (wild, fierce); 節度のない, 途方もない (extravagant); ひどく怒った (furious): He was simply ~ at the delay. その遅延のためむやみにぷりぷりしていた / Unemployment is ~. 失業の風が吹きまくっている / a ~ militarist すさまじい軍国主義者. **4** ほしいままな, 自由奔放な (unchecked): a ~ theorist 乱暴な説を立てる人 / a ~ vice 手のつけられない悪癖. **5** 〈犬・熊などが〉(前足を伸ばして)後足で立ち上がった. **6** 〖紋章〗〈ライオンなど猛獣が〉左後肢で立ち上がった《ライオンの紋章図形のうち passant と並んで代表的な姿勢の一つ》. **7** 〖建築〗台が斜面をなした, (アーチの)片方の迫台がもう一方のより高くなった《アーチが段違いに架けられたような場合にいう》. **~·ly** *adv.* 〘《c1300》*rampaunt* □ (O)F *rampant* (pres.p.) ← *ramper*: ⇨ ramp[1], -ant〙

ram·part /rǽmpαːt, -pət | -pαːt, -pət/ *n.* **1 a** 〖築城〗塁壁, 城壁《上が兵士や火器を通せるくらいに広く胸壁のついているもの》. **b** 防護するもの; 擁護, 防御, 守備 (defense). **2** (壁面に似た)山の背 (ridge). — *vt.* **1** …に城塁[城壁]を巡らす, 塁壁で固める (fortify). **2** 保護する, 防備する (protect); 防御する (defend). 〘《1536》□ OF ~ (F *rempart*) 《変形》← *ramper* ← *remparer* to fortify ← RE-＋*emparer* to take possession of (<VL **anteparāre* ← ANTE-＋L *parāre* 'to PREPARE')〙

Ram·phal /rǽmfæł/, Sir **Shridath Surendranath** *n.* ランファール《1928–　; ガイアナ共和国の外交官; 英連邦事務総長 (1975–90); 通称 Sonny ~》.

ram·pike /rǽmpaɪk/ *n.* 《カナダ》枯れ木, 立枯れの木; (幹を風にもぎ取られた)とがった株; (落雷・山火事などによる)半焼けの木(の幹). 〘《1775》← ?: cf. 《英方言》*rampick, ranpike* partially decayed ← ?〙

ram·pi·on /rǽmpiən/ *n.* 〖植物〗**1** カブラギキョウ (*Campanula rapunculus*) 《キキョウ科の植物; その白い根と葉は(特に昔は)ヨーロッパでは食用》. **2** キキョウ科シデシャジン属 (*Phyteuma*) の植物の総称. 〘《1573》□ ? (O)F *raiponce* □ OIt. *raponzo* ← ? *rapa* turnip <L *rāpam* 'RAPE[2]'〙

ram·pire /rǽmpaɪə | -paɪə(r)/ *n.* 《古》＝rampart.

ramps /rǽmps/ *n.* 〖植物〗＝ramp[4]. 〘《1538》《変形》←《方言》*rams* <OE *hramsa* 'wild garlic, RAMSON'〙

Ram·pur /rǽmpuə | -puə(r)/ *n.* ランプール《インド北部 Uttar Pradesh 州北部の都市》.

rám-ràid 《英口語》*vi.* 車で店に突っ込み強奪する.
— *vt.* 〈店に〉車で突っ込み強奪する. — *n.* 店に車で突っ込む強盗行為.

rám-ràider *n.* 《英口語》車で店に突っ込む強盗犯.

rám-ràiding *n.* 《英口語》＝ram-raid.

rám·ròd *n.* **1** 〖鉄砲〗槊杖(さくじょう), 込め矢, 洗い矢《昔は前装銃に弾薬を詰めるのに用い, 今は銃口を掃除するのに用いる》. **2** まっすぐな[硬直した]物. **3** 厳格な規律家, やかまし屋; (特に, 農場の)頭(かしら), 監督.
(as) stiff [straight] as a rámrod＝like a rámrod (1) (様子・態度など)堅苦しい, 四角張った. (2) 直立した.
— *adj.* まっすぐな (straight), 剛直な (unbending); 堅苦しい (rigid); 柔軟性に欠けた (inflexible).
— *vt.* …に規律を励行させる, 権威を振るう.
〘《1757》← RAM (v.)＋ROD〙

Rám·sar Convéntion /rǽmsαə- | -sαː-/ *n.* [the ~] ラムサール条約, 国際湿地条約《1971 年にイランの Ramsar で採択された「特に水鳥の生息地として国際的に重要な湿地に関する条約」; 多様な生態系をもっている湿地の保全を目的としている》.

Ram·say /rǽmzi/, **Allan** *n.* ラムジー: **1** (1686–1758) スコットランドの詩人・書籍商; *The Gentle Shepherd* (1725); Robert Fergusson や Robert Burns に影響を与えた. **2** (1713–84) スコットランドの肖像画家; 前者の息子.

Ramsay, James Andrew Broun *n.* ⇨ Dalhousie.

Ramsay, Sir **William** *n.* ラムジー《1852–1916; 英国の化学者; Nobel 化学賞 (1904)》.

Ráms·den éyepiece /rǽmzdən-/ *n.* 〖光学〗ラムステン形接眼レンズ《2 枚の凸レンズを組み合せてほぼ色消しし, その前方に対物レンズによる像ができるようにした接眼レンズ》. 〘《1787》← *Jesse Ramsden* (1735–1800: 英国の天体観測用器具製作者)〙

Ram·ses /rǽmsiːz/ *n.* **1** ラムセス《古代エジプト新王国時代の国王 Pharaoh の名; ⇨ Ramses I, II, III》. **2** ラメセス《イスラエル人が Pharaoh のためにつくった町; ここから Moses に率いられたイスラエル人のエジプト出国が始まる; cf. *Exod.* 1: 11, 12: 37》.

Ramses I *n.* ラムセス一世《1324?–1258 B.C.; 古代エジプト新王国時代第 19 王朝第 1 代の王》.

Ramses II *n.* ラムセス二世《?–?1225 B.C.; 古代エジプト新王国第 19 王朝第 2 代の王 (1292–1225 B.C.); Nubia の Abu Simbel 神殿の造営などで知られる; Kadesh /kéɪdeʃ/ の戦いに勝ってヒッタイト (Hittite) の南進を阻止し, 最も版図を広げた; 聖書 *Exodus* のパロ (Pharaoh) とも考えられている》.

Ramses III *n.* ラムセス三世《?–?1167 B.C.; 古代エジプト新王国時代第 20 王朝の王 (1198–1167 B.C.)》.

Ram·sey /rǽmzi/ *n.* ラムジー《男性名; 異形 Ramsay》. 〘← OE *Hramesēge* 《原義》wild garlic island (もと地名・姓)〙

Ramsey, Sir **Alf(red) (Ernest)** *n.* ラムジー《1920–1999; 英国のサッカー選手・監督》.

Ramsey, Arthur Michael *n.* ラムジー《1904–88; 英国の聖職者; Canterbury 大主教 (1961–74)》.

Rams·gate /rǽmzgeɪt, -gɪ̀t/ *n.* ラムズゲート《イングランド Kent 州東部の港市・海水浴場》. 〘OE *Ramisgate* 《原義》'the GATE of *Hræfn* (《原義》'RAVEN': 人名)'〙

ram·shack·le /rǽmʃæ̀kł/ *adj.* **1** 〈馬車・家屋など〉壊れそうな, 今にも倒れそうな, がたがたの (rickety); ぐらぐらする (shaky): a ~ cottage, old car, etc. **2** いい加減なできの, いい加減に作られた; 雑な作りの. **3** 道徳意識の低い; 定見[節操]のない. **~·ness** *n.* 〘《1824》《逆成》← *ramshackled* wrecked or destroyed by plundering ← *rans(h)ackled* (p.p.) ← 《廃》*rans(h)ackle* 《1621》: ⇨ ransack, -le[3]〙

rám's-hèad *n.* 〖植物〗北米北部産の雄羊の頭のような赤と白の唇弁のある花をつけるラン科クマガイソウ属の一種 (*Cypripedium arietinum*). 〘1866〙

rám's-head lády's-slipper *n.* 〖植物〗＝ram's-head.

rám's hórn *n.* **1** 洗魚箱《四面に穴を開けた洗魚用の箱》. **2** 〖機械〗錨形(いかりがた)《二叉の錨に似た形の起重機の腕の頭部》. **3** ＝shofar. **4** 〖植物〗**a** ツノアカシア (*Acacia greggii*) (cat's-claw). **b** ＝unicorn plant. 〘1320〙

ráms·horn snáil /rǽmzhɔ̀ən- | -hɔ̀ːn-/ *n.* 〖動物〗ミズヒラマキガイ科 (Planorbidae) の淡水巻貝の総称; 水族館の清掃用によく用いられる; 単に ramshorn ともいう. 〘《1901》← RAM＋-'s[1]＋HORN〙

ram·son /rǽmzən, -zn̩, -sən, -sn̩/ *n.* 〖植物〗**1** ラムソン (*Allium ursinum*) 《ユリ科ネギ属広葉のニンニク》. **2** [主に *pl.*] ラムソンの根《サラダ用》. 〘OE *hramsan* (pl.) ← *hramsa, hramse* ← Gmc **χram-* (G *Rams*) ← IE **krem-* wild garlic, onion〙

ram·stam /rǽmstæm/ 《スコット・北英》*adj.* 頑固な (headstrong); 向こう見ずな (reckless). — *adv.* 頑固に; 無鉄砲に, 向こう見ずに (headlong). — *n.* 頑固[向こう見ず, 無茶]な人. 〘《1786》? ← RAM＋STAM(P)〙

ram·til /rǽmtɪl, rάːm-/ *n.* 〖植物〗キバナタカサブロウ (*Guizotia abyssinica*) 《アフリカ・インド産のキク科の植物; その種から食用・石鹸・照明用の油を採る; cf. niger seed》. 〘□ Hindi *rāmtil* ← Skt *Rāma* 'RAMA'＋*tila* sesame〙

ram·u·lose /rǽmjulòus | -lə̀us/ *adj.* 〖生物〗多くの小枝のある; 分岐している (cf. ramiform): a ~ leaf, horn, etc. 〘《1753》□ L *rāmulōsus* ← *rāmulus* (dim.) ← *rāmus* 'RAMUS': ⇨ -ose[1]〙

ram·u·lous /rǽmjuləs/ *adj.* 〖生物〗＝ramulose.

ra·mus /réɪməs/ *n.* (*pl.* **ra·mi** /-maɪ/) 〖生物・解剖〗(植物・骨・血管・神経などの)枝, 枝状物 (branch), 突出部. 〘《1803》□ L *rāmus* branch ← IE **w(e)rād-* branch, root (L *rādix* 'RADIX' / OE *wyrt* 'WORT[2]')〙

Ra·mus /réɪməs/, **Pe·trus** /píːtrəs/ *n.* ラムス《1515–72; Aristotle 攻撃の論文で有名になったフランスの哲学者・修辞学者; フランス語名 Pierre de La Ramée /ʀame/》.

ran[1] *v.* run の過去形. 〘OE *rann*〙

ran[2] /rǽn/ *n.* ラン《より糸の一かせ; 長さ 20 ヤード》. 〘《1794》?〙

Ran /rάːn/ *n.* 〖北欧神話〗ラーン《Aegir の妻, 海の女支配者; 航海する人々を網で海中へ引きずり込むという》. 〘□ ON *Rān*〙

RAN /ɑ̀ːèɪén | ɑ̀ː(r)èɪ-/ 《略》〖軍事〗Royal Australian Navy 豪州海軍.

ra·nal /réɪnḷ/ *adj.* 〖植物〗＝ranalian. 〘↓〙

ra·na·li·an /rənéɪliən/ *adj.* 〖植物〗キンポウゲ目 (Ranales) の. 〘《1915》← NL *Ranales* (キンポウゲ目(旧称)) ← RAN(UNCULUS)＋*-ales* (pl. suf.): ⇨ -ian〙

Ran·ca·gua /raːŋkάːgwə; *Am.Sp* raŋkáɣwa/ *n.* ランカグア《チリ中部の都市》.

rance /rǽns/ *n.* 〖岩石〗《ベルギー産の》青・白の斑(まだら)や条(すじ)のある赤大理石. 〘《1598》□ ? F~〙

ranch /rǽntʃ | rάːntʃ/ *n.* **1** (米国・カナダの牛・馬・羊などの)家畜農場, 放牧場《住居などの建物や施設を含む》. **2** [集合的] 牧場に働く[住んでいる]人たち, 牧場[農場]従業員. **3** (特定の動物・果物の)大農場: a fruit ~ 大果樹園 / a chicken ~ 養鶏場. **4** ＝ranch house. **5** 《米》

＝dude ranch. — *vi.* 1 牧場[農場]を経営する. 2 牧場[農場]で働く[に住む]. — *vt.* 1 〈牧場・農場〉の労働者として働く. 2 〈牛・羊などを〉牧場で飼育する. 〖(1808) □ Mex.-Sp. *rancho* small ranch, (Sp.) camp, hut ← OSp. *rancharse* to take up quarters □ OF (*se*) *ranger* to take up a position: ⇨ range〗

ránch·er /rǽntʃə | rɑ́:ntʃə^(r)/ *n.* 《米》 1 牧場[農場]の経営者[所有者]. 2 牧場[農場]労働者; 牧童, カウボーイ (cowboy). 〖(1836) □ Mex.-Sp. *ranchero* ← *rancho* (↑)＋*-ero* '-ER¹'〗

ran·che·ri·a /ræ̀ntʃəríːə/ *n.* 1 牧場労働者の住む小屋. 2 牧場労働者の住む小屋の集まった部落. 〖(1600) □ Mex.-Sp. *rancheria* ← *ranchero* (↑)＋*-ia* -y¹〗

ranch·er·ie /rǽntʃəri | rɑ́:n-/ *n.* 《カナダ》(北米インディアンの)保留地の集落. 〖(1872): ↑〗

ran·che·ro /ræntʃéərou, rɑːn- | rɑːntʃéərəu, ræn-; *Am.Sp.* rantʃéro/ *n.* (*pl.* ~s) ＝ranchman. 〖(1826) □ Mex.-Sp. ~ 'RANCHER'〗

ránch hòuse *n.* 1 《米》(間仕切りがなく屋根の勾配(こう)の緩い)平家《郊外住宅などに用いられる》. 2 牧場[農場]主の家. 〖1862〗

Ran·chi /rɑ́:ntʃi | rǽn-/ *n.* ランチ《インド北東部 Bihar 州南部の都市》.

ranch·ing /rǽntʃɪŋ | rɑ́:ntʃ-/ *n.* 牧場の仕事; 牧場経営.

ránch·man /-mən/ *n.* (*pl.* **-men** /-mən, -mèn/) ＝rancher. 〖(1856) ← RANCH＋MAN〗

ránch mìnk *n.* 養殖(された)ミンク.

ran·cho /rǽntʃou, rɑ́:n- | rɑ́:ntʃəu; *Am. Sp.* rántʃo/ *n.* (*pl.* ~s) 《米南西部》 1 (牧場労働者の住む, また旅人などを泊める)小屋 (rude hut); その集まり, 村, 部落 (hamlet). 2 ＝ranch. 〖(1808) □ Mex.-Sp. ~: ⇨ ranch〗

ran·cid /rǽnsɪd | -sɪd/ *adj.* 1 〈バター・油脂など〉(腐敗しかけて)臭い (rank) (⇨ stinking SYN): ~ fat. 2 〈におい・味など〉鼻につく, 嫌な (offensive): a ~ smell, taste, etc. 3 いやらしい, 不愉快な (disagreeable): a ~ fellow いやなやつ. ***gòráncid*** 腐敗する; 悪臭を放つ. **~·ly** *adv.* **~·ness** *n.* 〖(1646) □ L *rancidus* stinking ← **rancēre* to stink ← ?: ⇨ -id⁴〗

ran·cid·i·ty /rænsídəti | -sídɪti/ *n.* 油焼け, 酸敗; (腐敗の)悪臭; 臭さ. 〖(1654): ⇨ ↑, -ity〗

ran·cor, 《英》 **ran·cour** /rǽŋkə | -kə^(r)/ *n.* 深い恨み, 遺恨; 憎しみ (hatred), 悪意 (⇨ malice SYN): bear [have] no ~ *against* a person 人に何の恨みも抱いていない / *Rancor* deepened between them. 両者の間の怨恨が深まった. 〖(?a1200) □ OF *rancour* (F *rancœur*) < LL *rancōrem* rank smell or taste ← L **rancēre* (⇨ rancid)〗

ran·cor·ous /rǽŋkərəs/ *adj.* 深く恨んでいる, 恨み[悪意]を抱いている (spiteful). **~·ly** *adv.* **~·ness** *n.* 〖(1590): ⇨ ↑, -ous〗

rancour /rǽŋkə | -kə^(r)/ *n.* ＝rancor.

rand¹ /rǽnd, rɑ́:nd, rɑ́:nt | rǽnd, rɑ́:nd, rɑ́:nt, rɔ́nt; *Afrik.* ránt/ *n.* (*pl.* ~) 1 ランド《南アフリカ共和国・ナミビアの通貨単位; ＝100 cents; 記号 R》. 2 1ランド銀貨. 〖(1839) □ Afrik. ~ ← *The Rand* (南アフリカ共和国の金産出地): cf. rand²〗

rand² /rǽnd/ *n.* 1 ランド, はちまき《靴のかかとと革の上に入れる馬蹄形の革片》. 2 《英方言》(耕地の)ふち, へり (border, margin). — *vt.* 1 はちまき革にする. 2 〈靴など〉にはちまき革をつける. 〖OE ~ 'brink, bank, shield-boss' < Gmc **randa* (Du. *rand* 'border, margin' / G *Rand*) ← ? IE **rem-* to support (cf. rim¹)〗

rand³ /rǽnd, rɑ́:nd, rɑ́:nt | rɑ́:nd, rɑ́:nt, rɔ́nt; *Afrik.* ránt/ *n.* 《アフリカ》山の背 (ridge), (岩山の)尾根; 川岸の高地 (⇨ The RAND)

Rand /rǽnd/, **Ayn** /áɪn/ *n.* ランド《1905–82; ロシア生まれの米国の女流小説家・哲学者; *The Fountainhead* (1943), *Atlas Shrugged* (1957), *For the New Intellectual* (1961)》.

Rand /rǽnd, rɑ́:nd, rɑ́:nt | rɑ́:nd, rɑ́:nt, rɔ́nt; *Afrik.* ránt/, **The** *n.* ランド《Witwatersrand の俗称》.

R&A 《略》 Royal and Ancient (Golf Club of St. Andrews).

Ran·dal /rǽndl/ *n.* ランドル《男性名; 愛称形 Rand, Randy; 異形 Randall, Randel, Randolf, Randolph》. 〖OE *Randwulf* ← *rand* shield (⇨ rand²)＋*wulf* 'WOLF': cf. Randolf〗

Ran·dall /rǽndl/ *n.* ランドル《男性名》. 〖↑〗

ran·dan¹ /rǽndæn, ―⌐/ *n.* ばか騒ぎ (racket), 大浮かれ (spree): go on the ~ ばか騒ぎをする. 〖(1710) 《転訛》 ← RANDOM〗

ran·dan² /rǽndæn, ―⌐/ *n.* ランダン舟《三人乗りのボート; 中央の人は二本のかいで他の二人は一本のかいで漕ぐ》; その漕ぎ方. 〖(1828) ← ?〗

R & B, r & b 《略》 rhythm and blues. 〖1973〗

r.& c.c. 《略》 riots and civil commotions (軍隊以外の)騒乱.

R & D, R and D 《略》 research and development 研究開発. 〖1952〗

Ran·del /rǽndl/ *n.* ランドル《男性名; 異形 Randell /~/》. 〖《異形》 ← RANDAL〗

ran·dem /rǽndəm/ *n.* 三頭縦列の馬車[馬] (cf. tandem 2). — *adv.* 三頭縦列に馬を並べて: drive ~ 三頭縦列引きで走らせる. 〖(1805) 《混成》 ← RAN(DOM)＋(TAN)DEM〗

Rand·ers /rɑ́:n(d)əs | -(d)əz; *Dan.* ʁánɐs/ *n.* ラナース《デンマーク Jutland 半島東部の港市・工業都市》.

R & I 《略》＝R. et I.

ran·die /rǽndi/ *adj., n.* 《スコット・北英》＝randy.

rand·kluft /rɑ́:ntklʊ̀ft; *G.* ʁántkluft/ *n.* 〖登山〗(雪と岩との間の)割れ目, (ベルク)シュルント. 〖(1934) □ G *Randkluft* ← *Rand* rim (⇨ rand²)＋*Kluft* crevice (cf. cleft¹)〗

Ran·dolph /rǽndɑ(:)lf, -dəlf | -dɔlf, -dəlf/ *n.* ランドルフ《男性名》. 〖《異形》 ← RANDAL〗

Ran·dolph /rǽndɑ(:)lf, -dəlf | -dɔlf, -dəlf/, **A(sa) Philip** *n.* ランドルフ《1889–1979; 米国の労働運動の指導者》.

Randolph, Edmund Jennings *n.* ランドルフ《1753–1813; 米国の政治家》.

Randolph, John *n.* ランドルフ《1773–1833; 米国の政治家》.

Randolph, Sir **Thomas** *n.* ランドルフ《?–1332; スコットランドの軍人; 称号 1st Earl of Moray》.

ran·dom /rǽndəm/ *adj.* 1 (一定の計画・目的・方法などのない)手当たり次第の, でたらめの, いい加減な; 行き当たりばったりの: a ~ shot あてずっぽうな一発 / a ~ guess 当てずっぽう / a ~ remark 出まかせの言葉. 2 〖統計〗無作為の: ⇨ random sampling. 3 〖建築〗a (建材の寸法が)ふぞろいの. b (石の大きさ・形が)ふぞろいな, 乱積みの: ~ masonry [work] 乱積み.

— *n.* 1 手当たり次第, でたらめ. ★ 今は次の句で: ⇨ *at* RANDOM. 2 《英》〖印刷〗まとめ台 (bank).

— *adv.* [通例複合語の第1構成要素として] でたらめに, 任意に, ふぞろいに (at random): *random*-jointed 〖建築〗ふぞろいに接(つ)ぎ合わせた. ***at rándom*** (1) 出まかせに, 行き当たりばったりに, でたらめに (haphazardly): speak [choose] *at* ~. (2) 《廃》放置されて (unattended).

~·ly *adv.* **~·ness** *n.* 〖(a1300) *rando(u)n* □ OF *randon* rapid rush, disorder ← *randir* to run violently ← Frank. **rant* a running (cf. OHG *rinnan* 'to RUN¹')〗

SYN でたらめの: **random** はっきりした目的や方法なしに行われる: a *random* answer 行き当たりばったりの答え. **haphazard** 結果・適否などを考慮せずに出まかせに行われる: a *haphazard* collection でたらめに収集したもの. **casual** 偶然に起こる: a *casual* meeting 偶然の出会い. **desultry** やることに方法がなく, あれこれと移る: *desultry* reading 散漫な読書. **chance** 予定や準備なしに起こる[なされる]: a *chance* occurrence 偶然の出来事.

---

rándom áccess *n.* 〖電算〗ランダムアクセス《蓄積された記憶が随時書き込み, 読み出しできる方式; direct access ともいう》. **rándom-áccess** *adj.* 〖1967〗

rándom-àccess mémory *n.* 〖電算〗ランダムアクセスメモリー, 等速読み出し記憶装置《略 RAM》. 〖1955〗

rándom érror *n.* 〖統計〗確率的誤差《調整不可能な多くの原因から生ずる誤差; 平均値 0 の確率変数と考えることができる; accidental error ともいう; ↔ systematic error》. 〖1936〗

ran·dom·i·za·tion /rændəmɪzéɪʃən | -maɪ-, -mɪ-/ *n.* 1 無作為化. 2 〖統計〗確率化《母集団から標本を無作為に選べるようにすること》. 〖(1926): ⇨ ↓, -ation〗

ran·dom·ize /rǽndəmàɪz/ *vt.* 無作為化する; 無作為抽出する. 〖(1926) ← RANDOM＋IZE〗

rán·dom·ized blóck desìgn *n.* 〖統計〗＝randomized blocks.

rándomized blócks *n. pl.* 〖統計〗任意配列ブロック法, 乱塊法《実験の場をいくつかのブロックに分け, 各ブロックでそれぞれ異なる取扱い方を採用し, 種々の取扱い方が無作為に分布するようにする計画法; randomized block design ともいう》. 〖1926〗

rán·dom·ìz·er *n.* 〖統計〗確率化子《確率化 (randomization) のために用いられる装置ないし手順》. 〖(1974) ← RANDOMIZE＋-ER¹〗

rándom líne *n.* 〖測量〗ランダムライン《測点間に障害物がある時試験的に引く近似測線》.

rándom númbers *n. pl.* 〖統計〗乱数《無作為に得られる数》. 〖1927〗

rándom sámple *n.* 〖統計〗無作為(抽出)標本《母集団 (population) から, そのどの要素も等しい確率で抽出されるようにして得られた見本; 単に sample ともいう》. 〖1924〗

rándom sámpling *n.* 〖統計〗無作為[任意]抽出(法)《無作為標本 (random sample) を取り出すこと, またその方法; 単に sampling ともいう》. 〖1900〗

rándom váriable *n.* 〖数学・統計〗確率変数《偶然に支配されていろいろの値をとりうる変数; variate ともいう; 略 r.v.》. 〖1937〗

rándom wálk *n.* 1 〖統計・物理〗乱歩, 酔歩《一歩一歩がどの方向へも同一の確率で起こる歩き方; ブラウン運動 (Brownian movement) はその例》. 2 〖生物〗遺伝子浮動のように, 集団の遺伝子構成が偶然に変化すること. 〖1905〗

rándom wálk thèory *n.* 〖経済〗千鳥足理論《株価の変動には予測できるようなパターンが存在しないとする理論》. 〖1977〗

R & R, R and R 《略》〖軍事〗rest and recreation [relaxation] 保養休暇; 〖軍事〗rest and recuperation 慰労休暇; rock and roll 《r & r とも表記》. 〖1953〗

Rand·stad /rǽndstæd; *Du.* rántstat/ *n.* ラントスタット《オランダ中西部, 低地地方に拡がる大都市圏; 東の Utrecht から三日月状に南の Dordrecht にいたる; Amsterdam, Haarlem, Leiden, The Hague, Rotterdam などがこれに含まれる》.

R & T 《略》 research and technology.

rand·y¹ /rǽndi/ *adj.* 1 《口語》好色な, みだらな (lustful). 2 a 《スコット》〈女など〉粗野な, 口やかましい, 自堕落な. b 《英方言》乱暴な (wild), 騒々しい; 〈牛など〉暴れる. — *n.* 《スコット》 1 無作法な乞食[浮浪者]. 2 がみがみ[自堕落な]女. **ránd·i·ly** /-dəli, -dli | -dɪli, -dli/ *adv.* **ránd·i·ness** *n.* 〖(1698) ← ?《廃》*rand* to rave, rant (□《廃》Flem. *randen, ranten* 'RANT')＋-Y⁴〗

ran·dy² /rǽndi/ *n.* 《英方言》どんちゃん騒ぎ (cf. randy¹ *adj.* 2 b). 〖(1825) ? ← RENDEZVOUS〗

Ran·dy /rǽndi/ *n.* ランディ《男性名》. 〖(dim.) ← RANDAL, RANDOLPH: ⇨ -y²〗

ra·nee /rɑ:ní:, ―⌐/ *n.* ＝rani.

Rán·e·lagh Gárdens /rǽnələ- | -lɪ-, -lɔ́:-/ *n. pl.* ラネラ ガーデンズ《London にあった Chelsea 地区の公園 (1742–1804); 上流階級の社交の場だった; Ranelagh ともいう; 現在 Chelsea Royal Hospital の庭園でフラワーショーの開催地》.

Rá·ney níckel /réɪni-/ *n.* 〖化学〗ラネーニッケル《高活性の水素添加還元用ニッケル触媒》. 〖(1940) ← *Murray Raney* (1885–1966: 米国の化学者・製造業者)〗

Rán·fur·ly Shíeld /rǽnfə(:)li- | -fə(:)-/ *n.* ランファーリーシールド[盾]《ニュージーランドで毎年ラグビーの国内優勝チームに与えられる》.

rang /rǽŋ/ *v.* ring¹ の過去形. 〖ME *rang(e)* (SANG¹ との類推による) ∽ ME *ringde* < OE *hringde*〗

rang·a·ti·ra /rʌ̀ŋətíərə | rʌ̀ŋgətíərə/ *n.* 《NZ》 1 ランガティラ《マオリ (Maori) 族の族長[酋長], 男女双方の場合を意味する》; (マオリ族の)貴族(の一人), 権威者; 名門の人. 2 地位の高い[指導的な]市民; 行政長官 (magistrate). 〖(1817) □ Maori ~〗

rang·doodles /rǽŋdù:dlz | -dlz/ *n. pl.* 〖トランプ〗(ポーカーで)特定の高い手 (full house や four of a kind などの後に行われるルードル場; cf. roodle).

range /réɪndʒ/ *n.* 1 a (人・動物の)並び, 列 (line, row): soldiers in a ~. b 続き, 連続, 連なり (series): a ~ of buildings, pictures, etc. / a ~ of hills [mountains] 連丘[連山]. c 山脈 (chain): the Appalachian (mountain) ~ アパラチア山脈. 2 a (力・知識・能力・経験・予測などの及ぶ)範囲, 区域, 領域: a narrow ~ of choice(s) 狭い選択範囲 / available in a wide ~ of sizes and colors さまざまなサイズと色で入手できる / beyond the ~ of human understanding 人間の理解を越えて / within [in] (the) ~ of vision 見える範囲内に, 視界内で / Hebrew is out of my ~ [outside the ~ of my competence]. 私はヘブライ語は手が届かない[できない] / His reading is of very wide ~. 彼の読書範囲は広い / ⇨ wide-ranging / It is the thorniest question in the whole ~ of politics. それは全政治問題中の最難点だ. b (変動の)範囲, 限度, 極限; 較差: the ~ of a thermometer 温度計の昇降較差 / The ~ of prices is narrow. 値幅は狭い / Beef and mutton have come down to a lower price ~. 牛肉と羊肉の相場が下がった / at the lower [upper] end of the ~ その範囲の下限[上限]で. c 音域 (compass): The ~ of her voice is astonishing. 彼女の声域は驚くほど広い. 3 a 射撃練習場, 射的場, 射(撃)場; ミサイル試射場; ゴルフ練習場: ⇨ rifle range. b (弾丸・ミサイルなどの)有効射程距離, 射程; (火器から目標までの)距離, 射距離; (探照灯・レーダーなどの)有効距離[範囲]: The enemy has gotten [found] the ~ of our camp. 敵は我が陣地への射程距離に位置した / a rocket with a 40-mile ~ 40マイルの射程をもつロケット / within [out of] (firing) ~ 射程内[外]で / The revolver was discharged at close [short, long] ~. 銃は近[遠]距離から発射された / the ~ of a radio transmitter 無線送信機の有効範囲 / detect targets that are beyond radar ~ レーダー有効範囲外の目標を発見する. c ＝radius 2 c. 4 (料理用)かまど, レンジ (cooking stove); 《米》ガス[電気]レンジ. 日英比較 「調理用レンジ」は《米》では *range* も用いられるが cooking stove が一般的. また「電子レンジ」は microwave oven という. 5 a 放牧区域, 放牧地 (pasturage); 広野, 荒野. b (動植物などの)分布範囲, 生息区域: The mammoth had a considerable ~ before the Ice Age. マンモスは氷河時代以前には随分広い地域に分布していた. 6 階級, 社会層: in the lower ~(s) of society 社会の下層階級では. 7 方向, 方角: in ~ with a beacon 無線局の送る電波の方向に / The ~ of the strata is east and west. 地層の方向は東西である[東西に延びている]. 8 (広い範囲を)歩き回ること, ふらつき, 徘徊 (ramble): He took his dog for a ~. 彼は犬を散歩に連れていった. 9 《米》経線間地区, レンジ《公有地測量において 6 マイル間隔の経線で区切られた南北に細長い地区; townships の南北方向の並び》. 10 〖統計〗レンジ, 範囲, 分布幅《変量のとる値の最大値と最小値との差》. 11 〖数学〗値域《関数ないし写像のとる値全体の集合》. 12 〖石工〗(建材や石材の高さが)そろっていること. 13 〖測量〗定まった測線の方向あるいは延長線; 深浅測量の陸上の測点を結んだ線. 14 〖海事〗2つ(以上)の陸標などの航路標識を基点として海側の方へ描いた仮定線で, 安全航路を示すもの. 15 〖物理〗飛程, 到達距離《荷電粒子が物質に入射した時にその運動が停止するまで進む距離》. 16 〖海事〗いろいろの綱をくくりつけるための大きな索留め. 17 ＝driving range.

in ránge with (船舶から見た時)〈2つ(以上)の物体が〉…と同一方向に, …と一直線上に, 一方が他の真後ろに位置して.

ránge of accommodátion 〖眼科〗調節域.

ránge of stabílity 〖造船〗復原性範囲《船が復原力を失わない範囲の鉛直線からの傾斜角》.

— *adj.* [限定的] 放牧場の: ~ cattle 放牧牛.

— *vi.* 1 a 〈活動範囲・研究・趣味・談話などが〉わたる, 及ぶ〔*over*〕: His thoughts ~*d over* past, present, and

R

future. 彼の思想は過去・現在・未来にわたっていた / His studies ～ *over* many languages. 彼の研究は数多くの国語にわたっている / Here are three hundred boys, *ranging* in age *from* seven *to* fourteen. ここに年齢 7 歳から 14 歳にわたる 300 人の少年がいる / The group ～*s from* conservative *to* moderate liberal. そのグループは保守派から穏健自由派にまでわたっている. **b** さまよう (wander) 〈*over, along*〉; 〈猟犬などが〉捜し回る: ～ through the woods [far and wide] 森を[あまねく]捜し回る. **2** (一定の範囲内で)動く, 変動する (vary): ～ *between* A *and* B A と B の間を動く / The prices ～ *from* a cent *to* a dollar. 値段は 1 セントから 1 ドルまである / The temperature ～*s from* 110° above zero *to* 5° below. 温度は 110 度から零下 5 度まである[の間を上下する]. **3** 一列[一直線]になっている, 並んでいる; 平行している (align oneself, rank) 〔*with*〕. **4** 位置を占める, 立場をとる 〔*with, among, against*〕: He ～*s with* the great writers. 彼は大著述家の一人である. **5** 〈山脈などが〉連なる, 延びる, 横たわる (stretch): a boundary *ranging* north and south 南北にわたる境界. **6** 〈動植物などが〉(ある地域に)広がる (extend, occur, be found), 分布している, 見出される: The nightingale ～*s from* the Channel *to* Warwickshire. ナイチンゲールのいるのはイギリス海峡からウォリックシャー州までの間である. **7 a** 〈大砲・弾丸などが〉…の射程を有する; 達する, 届く: The gun ～*s* (over) 5 miles. この大砲は射程 5 マイルだ / The shot ～*d* short. 弾丸は(目標物まで届かずに)途中で落ちた. **b** (前後を試射して, また距離計で)射程を決める. **8** 《古》浮気である: ⇨ ranging fancy. **9** 《海事》〈錨泊中の船が〉向きを変える 〈*about*〉. **10** 《英》《印刷》〈行末・活字が〉そろう.

— *vt.* 1 a 並べる, 整列させる, 列に加える; 整える, そろえる (arrange): ～ books on a shelf / ～ troops in line / They were ～*d* according to height [size]. 高さ[大きさ]の順に並べられた / They ～*d themselves* along the road. 道に沿って整列した. **b** 《英》〈行末(の活字)を〉そろえる. **2** 分類する (classify): ～ plants [animals] according to genus and species 植物[動物]を属と種によって分類する. **3** [通例 ～ *oneself* または受身で] 〈自分を〉一定の立場[位置]に置く: *be* ～*d* against [among, on the side of] …の反対[仲間, 味方]の側に立つ / ～ *oneself* on the side of law and order 法と秩序の味方をする. **4 a** 〈銃・望遠鏡などを〉合わせる, 照準する, 構える (direct, aim): ～ a telescope on something 望遠鏡をある物に合わせる. **b** (目標の前後を試射して)〈大砲の射程を決める, …の射距離を定める. **5 a** 歩き回る; 捜し回る (⇨ wander **SYN**): ～ the woods [the countryside] 森の中[田舎]をくまなく歩き回る. **b** …に沿って航海する: ～ the coast [the seas] 沿岸[海]を航行する. **6** 〈牛などを〉放牧地に入れる. **7** [～ *oneself* として] 《古》(結婚などによって)身を固める; 定職を得る. **8** 《海事》(するすると走り出るように甲板上に)〈錨(いかり)綱や鎖をうねらせておく.
〘v.: 《(1375)》 *range(n)* ◻ OF *rangier* to place in rank or ranks ← *rang* 《異形》 ← *ranc* row, rank ◻ Frank. **hring* 'circle, RING[2]'. — n.: 《(*a*1325)》 ◻ OF *range* row, rank, file (逆成) ← *rangier*: cf. rank[1]〙

SYN 範囲: **range** 知識・能力などが及ぶ範囲: He has a wide *range* of interests. 興味の範囲が広い. **reach** 有効・影響力などの及ぶ最大範囲: The subject is beyond my *reach*. その題目は私にはとてもわからない. **scope** 精神的な活動・観察などの範囲: broaden the *scope* of an inquiry 調査の範囲を広げる. **compass** 知識・活動の範囲 (*range* よりも狭いこともある): within the *compass* of a brief review 短い書評の範囲内で. **gamut** 感情・物事の全領域: the *gamut* of feeling from hope to despair 希望から絶望までのあらゆる感情.

---

ran·gé /rɑ̃ː(n)ʒéɪ, rɑːn- | ━́, ━́ ━́; *F.* ʀɑ̃ʒe/ *adj.* きちんとした, 落ち着いた. 〘《(1780)》 ◻ F ～ (p.p.) ← *ranger* 'to RANGE'〙

ránge fìnder *n.* (*also* **ránge·finder**) **1** (銃砲またはカメラの)距離計, 測遠機, 距離測定器. **2** 《測量》測距儀, 視距器[儀] (tachymeter). 〘1872〙

ránge-fìnding *n.* (距離計 (range finder) などによる)距離測定. 〘1890〙

ránge·lànd *n.* 放牧場; 放牧場好適地. 〘《(1931)》 ← RANGE＋LAND〙

Ránge·ley Lákes /réɪndʒli-/ *n.* [the ～] レンジリー湖群 《米国 Maine 州西部と New Hampshire 州北東部にある一群の湖》.

ránge lìght *n.* 《海事》 **1** ＝leading light 1. **2** マスト灯 《汽船の前檣・後檣に掲げる航海灯》.

ránge lìne *n.* (米国の township 制で)区画の東限・西限を定める南北方向の平行線 (cf. township line).

ránge màrker *n.* 《海事》 **1** 導標 《港湾などで安全航路を示す航路標識》. **2** レーダーの画面における距離目盛. 〘1944〙

ránge màster *n.* 射撃訓練場管理者.

ránge òil *n.* (料理用)レンジ用燃料油.

ránge parálysis *n.* 《獣医》 ＝fowl paralysis.

ránge pòle [ròd] *n.* 《測量》 ポール, 測量ポール, 測桿(そっかん) 《測量用の紅白に塗り分けた棒》.

rang·er /réɪndʒə | -dʒə(r)/ *n.* **1 a** 《米》森林警備(隊)員, 山林監視人, 国立公園警備員 (park ranger), 森林担当区員 (forest ranger), レンジャー. **b** 《英》森番, 猟場番人 (gamekeeper), 御料林監守. **2** (人口の少ない広い地域を警備しその治安を維持する)騎馬警察隊員, 警察隊騎兵. **3** 《軍事》 **a** レンジャー 《特に, ジャングル地帯などでの対ゲリラ戦用に特別に訓練されたレンジャー部隊の隊員》. **b** [R-] 《米》 《第二次大戦中, 敵地での奇襲を専門とした)奇襲部隊員, 遊撃隊員. ★ 《英》では commando という. **c** [しばしば R-] (アイルランド戦闘連隊の)兵士. **4** [R-] 《英》レーンジャー 《Girl Guides の 16 歳以上の団員 (senior girl guide); Ranger Guide ともいう》. **5** [R-] 《米》《宇宙》レーンジャー衛星 《月の表面に着陸して観測結果を電送してくる人工衛星》. **6 a** 《古》さまよう者 (rover). **b** 獲物を狩り出すための猟犬. **c** ＝harbor seal. **d** 放牧牛. 〘1376〙

Ránger Guìde *n.* 《英》 ＝ranger 4.

ránge ròd *n.* ＝range pole.

Ránge Ròver *n.* 《商標》 レンジローバー 《英国製の四輪駆動乗用車》.

ránger·shìp *n.* 警備隊員[レーンジャー, 御料林監守]の職[地位, 資格]. 〘《(1464)》 ← RANGER＋-SHIP〙

ránge tàble *n.* レンジテーブル 《全く同形の小型テーブルを並べ合わせた大テーブル》. 〘1873〙

rang·ette /reɪndʒét/ *n.* (料理用)レンジェット 《oven つきまたは oven なしの小型のガス[電気]レンジ》. 〘《(1959)》 ← RANGE＋-ETTE〙

ránge·wòrk *n.* 《石工》整層積み 《石材の高さのそろった石積み》. 〘《(1678)》 ← RANGE＋WORK〙

ráng·ing fáncy *n.* 浮気.

ránging pòle [ròd] *n.* 《測量》 ＝range pole.

ran·gi·o·ra /ræ̀ŋgiɔ́ːrə/ *n.* 《植物》 ランギオーラ 《ニュージーランド産キク科の常緑低木 (*Brachyglottis repanda*); 卵形の大葉で緑白色の小花をつける》. 〘《(1867)》 ← Maori〙

ran·go·li /rʌŋgóʊli | -gə́ʊ-/ *n.* 《インド》 ランゴーリー 《ヒンズー教徒の女性が, 祝い事や祭の機会に家や寺院の床や壁に描く装飾画》. 〘◻ Hindi *rangolī*〙

Ran·goon /ræŋgúːn, ræŋ- | ræŋ-━́/ *n.* ラングーン 《Yangon の別名》.

rang·y /réɪndʒi/ *adj.* (**rang·i·er**; **-i·est**) **1** 〈人・動物など〉ほっそりした, 手足のひょろ長い (slender): a tall, ～ fellow やせて背の高い男. **2** 〈動物など〉歩き回るのに適した: ～ animals. **3** 《米》〈場所など〉ぶらぶら歩きのできる; 広い (roomy). **4** 《豪》山脈のある, 山の多い (mountainous). **ráng·i·ly** *adv.* **ráng·i·ness** *n.* 〘《(1868)》 ← RANGE＋-Y[4]〙

ra·ni /rɑ́ːniː, ━́ ━́; *Hindi* raːniː/ *n.* (昔の, インドの)女王, 王女, 王妃 (rajah's wife), 王の未亡人 (rajah's widow). 〘◻ Hindi *rānī* ← Skt *rājñī* (fem.) ← *rājan* 'king, RAJA'〙

ran·id /rǽnɪd, réɪn- | -nɪd/ 《動物》 *adj.*, *n.* アカガエル科 (Ranidae) の(カエル). 〘《(1888)》 ← L *rāna* frog〙

Rá·ni·khet disèase /rǽnəkèt- | -nɪ-/ *n.* 《獣医》 ラニケット病 (⇨ Newcastle disease). 〘← *Ranikhet* (インド北部の町の名)〙

ra·nit·i·dine /rənɪ́tɪdàɪn, -dìːn | -tɪ-/ *n.* 《薬学》 ラニチディン 《潰瘍(かいよう)治療薬》.

Ran·jit Singh /rʌ́ndʒɪt sɪ́ŋ | -dʒɪt-/ *n.* ランジート シン 《(1780–1839; インドの Sikh 教徒の指導者; Punjab の Sikh 統一王国の君主; 通称 the Lion of the Punjab》.

rank[1] /rǽŋk/ *n.* **1 a** 位, 地位, 順位, 等級 (position, grade); 身分, 階級 (station): a person of high ～ 身分の高い人 / the ～ of major 少佐の階級 / men of all ～*s* and classes あらゆる身分階級の人々, 上下貴賤(きせん) / take ～ as a leader of the party 党の指導者の地位を占める / take ～ with …と肩を並べる / give first ～ to …を第一位に置く / He is in the highest ～ among scholars. ＝He is a scholar of the highest ～. 彼は一流の学者だ. **b** 高位, 高官, 貴顕 (high position); 上流社会 (high class): a lady of ～ 貴婦人 / persons of ～ 貴族 / the ～ and fashion 上流社会. **c** (亜炭から無煙炭までの, 石炭の)等級[品種]. **2 a** (人・物の)列, 並び (line, range): a ～ of posts 一列に並んだ柱 / ～*s* of shelves (幾段にもなった)棚の列 / mountains in ～*s* 重なり合った山々 / ～ on ～ 幾列にも並んで. **b** 整列 (array): The ～*s* were broken. 列が乱れた / form a crowd into ～ 群衆を整列させる / break ～(*s*) 列を乱す, 落伍する / keep ～(*s*) 落伍しない; 秩序を保つ / fall into ～ 整列する, 並ぶ. **3 a** (特に, 兵士の通例二列の)横列 (cf. file[1] 5 a) (⇨ line[1] **SYN**): the front [rear] ～ (二列横隊の)前[後]列 / ⇨ RANK and file. **b** [*pl.*] (将校と区別して)兵士達, 列兵: all the ～*s* 全兵卒 / other ～*s* (将校を除く)兵士, 兵卒. **c** [*pl.*] 軍隊 (army): serve in the ～*s* 兵役に服する. **4** 《英》(タクシーなどの)乗り場, 待機場 (stand): ⇨ cab rank, taxi rank. **5 a** 《チェス》(チェス盤の升目の)横の列 (cf. file[1] 5 b). **b** 《トランプ》札の順位, 高さ 《種別 (suit) では clubs, diamonds, hearts, spades の順で高くなり, 記号では通常 ace, king, queen, jack, 10…2 の順で低くなる》. **6** 《音楽》ランク 《1 個の音栓で操作されるパイプオルガンの音管列》. **7** 《数学》(行列の)階数 《行列の行[列]ベクトルのうち, 一次独立なものの最大個数; determinant rank ともいう》. **8** 《統計》統計的順位 《統計処理によって得られた(テストの得点などの)順位》. **9** 《文法》階 《Jespersen の用語; 語の形態的分類が「品詞」であるのに対して機能的分類を「階」とする; *Sunday afternoon* という句は '*Sunday afternoon* was fine.' では Primary rank; 'a *Sunday afternoon* concert' では Secondary rank; 'He slept all *Sunday afternoon*.' では Tertiary rank である》. **10** 《言語》段階, ランク 《Halliday の用語; 単位間の関係を示す尺度; cf. delicacy 10, exponence》.

bréak ránks 〈政党・考えなどを〉支持しなくなる, 造反[離反]する.
clóse (the [one's]) ránks＝clóse up the ránks (1) 団結を固める, 一致団結する. 《1941》 (2) (部隊の)列と列との間を詰める. 《1796–97》
jóin [swéll] the ránks of …の仲間(数)に入る[を増やす].
púll (one's) ránk (on) (人に対して)身分[地位など]をかさに着る, 肩書き(など)にものを言わせ(ようとす)る. 《1926》
ríse from the ránks (1) 兵卒から身を起こす. (2) 卑しい身分から出世する. 《1853》
ránk and fíle [the ―] (1) 平社員たち; 一般組合員; 陣笠連. (2) 庶民, 一般大衆. (3) 《軍事》(身分の低い)兵士たち, 下士官兵 (cf. 3 a). (4) 下層社会. 《1796》

— *vi.* 1 地位[順位]を占める, 伍(ご)する, 列する: ～ high 高い位置を占める / He ～*s* next to me. 彼の位は私に次ぐ / Princes ～ *above* marquises. 公爵は侯爵の上に位する / France ～*s among* [*with, alongside*] the Great Powers. フランスは列強の中に入っている[の一つである] / Earthquakes ～ as one of the world's great killers. 地震は世界でもっとも凶悪な殺し屋に数えられる. 日英比較 日本語で昇進して階級・地位が上がることを「ランクアップする」というのは和製英語. 英語では be promoted to … という. **2** 《米》上位を占める; 第一位を占める: a ～*ing* colonel 上級大佐 / He ～*s*. 彼は第一位を占めている / The major ～*s* here. ここでは少佐がいちばん位が高い. **3** 《古》 **a** 整列する. **b** 《軍事》整列して進む, 進軍する (march) 〈*off, past*〉. **4** 《スコット法》(破産者の財産に対し)支払い請求権[抵当権]の順位を保有する.

— *vt.* 1 a …の位置を定める, 等級をつける; 〔…と〕並べる, 同列する[置く] 〔*with*〕: ～ Dante above Milton ダンテをミルトンの上位に置く / ～ one's ability very high 腕前を高く評価する / ～ a person *with* another 人を他と同列に置く 《差をつけない》 / ～ modesty among the virtues 謙遜を美徳の中に入れる. **b** 分類する (classify). **2** 列に並べる; 整列させる: ～ books on a shelf. **3** 《米》〈人〉より上位である (outrank): Ambassadors ～ ministers. 大使は公使の上位である. **4** 《スコット法》〈ある債権者に(破産者の財産に対する)抵当権のランク付けを行う. **5** 《廃》[受動態で] 〈場所を〉(…の列で〕囲む 〔*with*〕.
〘《(*a*1325)》 ◻ OF *ranc* F *rang* ◻ Frank. **hring* 'circle, RING[2]' (G *Ring*): cf. range〙

rank[2] /rǽŋk/ *adj.* (**more** ～, **most** ～; ～**·er**, ～**·est**) **1 a** (悪い意味で)紛れもない, ひどい, 大それた (⇨ flagrant **SYN**): ～ fraud ひどい詐欺 / ～ neglect ひどい怠慢 / such ～ impertinence こんな大それた無礼な言葉 / ～ nonsense 途方もないばかなこと / ～ treason 大逆 / ～ pedantry 鼻持ちならぬ物知り顔 / ～ poison 猛毒. **b** [強意語として] 全くの, 紛れもない (complete, utter): a ～ outsider 全くの門外漢 / a ～ beginner ずぶの素人. **2 a** 悪臭を放つ (foul-smelling), いやな味の (⇨ stinking **SYN**): ～ tobaccos, air, etc. **b** 腐った (putrid). **3 a** 〈植物が〉繁茂する, はびこる (luxuriant): tall ～ grass 丈が高く伸びた草 / a ～ growth of weeds 雑草のひどい茂り具合 / Roses are growing ～. バラがはびこりすぎている. **b** 〈土地が〉〔植物で〕繁茂している 〔*with*〕: a garden ～ *with* weeds 雑草のはびこった庭. **c** 枝葉ばかり繁った, 肥えすぎている: ～ soil 肥えすぎた土 / The land is too ～ to grow corn. 地味が肥えすぎて穀物には適さない 《葉ばかり繁って実ができない》. **4** 下等な, 下品な, 野卑な (coarse): ～ language 下品な言葉遣い. **5** 《法律》過重の (excessive). **6** 《古》 **a** さかりのついた. **b** 好色な (lustful). **7** 《廃》大きくなった, ふくれた (swollen). **8** 《廃》傲慢(ごうまん)な (proud), 反抗的な. **9** 《廃》あり余るほどの (abundant), 〈ある性質が〉過剰な. **～·ly** *adv.* **～·ness** *n.* 〘《(OE) (*c*1250)》 *ranc* strong, proud < Gmc **raŋkaz* ((M)LG *rank* long and thin / ON *rakkr* erect) ← ? IE **reg-* to move in a straight line, rule〙

Rank /rǽŋk/, **J**(**oseph**) **Arthur**, 1st Baron *n.* ランク 《(1888–1972; 英国の映画王》.

Rank /rɑ́ːŋk | rǽŋk; *G.* ʀáŋk/, **Otto** *n.* ランク 《(1884–1939; オーストリアの精神分析学者》.

ránk-and-fíle /rǽŋkən(d)fáɪl/ *adj.* 下士官兵の; 下層(社会)の, 陣笠の; 平社員の; 一般組合員の: ～ voters 一般投票者. 〘《(1598)》: ⇨ rank[1], file[1]〙

ránk-and-fíl·er /-fáɪlə | -lə(r)/ *n.* rank-and-file に属する人; 下士官兵, 陣笠連; 一般会員, 一般組合員. 〘《(1940)》: ⇨ ↑, -er[1]〙

ránk correlátion *n.* 《統計》順位相関係数 《2 つの変量 (variate) の組の測定値 (x_1, y_1), (x_2, y_2), …の x_1, x_2, …および y_1, y_2, …を, それぞれそれらの大きさの順位 s_1, s_2, …および t_1, t_2 …に変えて計算した相関係数 (correlation); rank correlation coefficient ともいう》. 〘1907〙

ránk correlátion coeffìcent *n.* 《統計》 ＝rank correlation.

Ran·ke /rɑ́ːŋkə; *G.* ʀáŋkə/, **Leopold von** *n.* ランケ 《(1795–1886; ドイツの歴史家, 近代史学の祖; *Die römischen Päpste, ihre Kirche und ihr Staat im 16. und 17. Jahrhundert*「16–17 世紀ローマ教皇史」(1834–39)》.

ranked *adj.* [しばしば複合語の第 2 構成素として] 列をなした, 並んだ, 列が…の (cf. deep 2): two-*ranked*.

ránk·er[1] *n.* **1** 整列する[させる]人, 並べる人. **2** 下士官兵; (特に)下士官出身の将校, 特進将校 (cf. rise from the ranks ⇨ rank[1] 3 b). 〘《(1878)》 ← RANK＋-ER[1]〙

ránk·er[2] *n.* 《土壌》ランカー 《基岩・漂礫土・火山灰など不変の基層の上に直接腐植層がある単純土壌》. 〘← G (オーストリア) *Rank* steep slope〙

ran·ket /rǽŋkɪt | -kɪt/ *n.* **1** ＝rackett. **2** ランケット 《リードオルガンの 16 フィートまたは 8 フィートの音栓》. 〘◻ G *Rankett* 《異形》 ← *Rackett*〙

Ran·kin /rǽŋkɪn | -kɪn/, **Jeannette** *n.* ランキン 《(1880–1973; 米国の政治家・婦人参政権運動の指導者; 女性初の下院議員となる (1917); 二度の世界大戦に反対しただ一人の下院議員》.

Ran·kine /rǽŋkɪn | -kɪn/ *adj.* 《物理化学》 ランキン目盛の, (カ氏目盛で測った)絶対温度の[による]. 〘← W. J. M. Rankine (1820–72: スコットランドの技師・物理学者)〙

Ránkine cỳcle *n.* 《物理化学》 ランキンサイクル 《蒸気

エンジンの標準循環過程の一つ, 断熱変化二つと等圧変化二つから成る; Clausius cycle ともいう》. 〚1896〛

Ránkine scàle *n.* 〘物理化学〙ランキン目盛《カ氏目盛で表した絶対温度, 例えば水の氷点は 491.69°, 沸点は 671.69° になる》. 〚1941〛

rank·ing /rǽŋkɪŋ/ *adj.* **1** 第一流の, 抜群の (prominent, outstanding); 上位の[を占める], 上級の, 幹部の: a ~ player 一流選手, ランキングプレーヤー / a ~ officer 幹部将校 / take a ~ place 上位を占める. **2** [複合語の第2構成素として] …の順位[序列, 等級]の: a high*ranking* officer. **3** 《カリブ俗》流行の; 刺激的な. — *n.* 順位, 序列, 等級; 格付け. 〚1862〛

ran·kle /rǽŋkl/ *vi.* **1** 〈不快な感情・経験などが〉絶えず苦痛を与える, 長い間怒り[恨み]を感じさせる; 〈恨み・憎しみなどが〉骨髄に徹する: *rankling* hatred, envy, etc. / The memory of the insult still ~*s* in his heart. 屈辱の思い出が今でも胸中に疼いている. **2** 怒る, いらいらする. **3** 《古》**a** 膿(う)む (fester); 炎症を起こす. **b** 痛む: The poison still ~*s* in his veins. 毒がまだ彼の血管に残っていて苦痛を与える. — *vt.* **1** 激しい苦痛を与える, 疼かせる; 憤慨させる. **2** 《古》膿ませる. 〚(?*c*1300) *rancle(n)* □ OF *rancler* to fester ← *draoncle* festering sore □ ML *dranculus* ulcer (dim.) ← L *dracō(n-)* 'DRAGON'〛

ránk òrder *n.* 順位. 〚1920〛

ránk·shìft *n.* 〘言語〙ランクの転位《Halliday の体系文法の用語; あるランクの単位が低位のランク単位の構成要素となること》. — *vt.* ランクを転位させる. — *vi.* ランク転位になる.

rann /rǽn/ *n.* 《アイル》スタンザ (stanza), 連, 詩の節. 〚(1843) □ Ir.-Gael. ~〛

RANN 《略》《米》Research Applied to National Needs.

RANR 《略》Royal Australian Naval Reserve.

ran·sack /rǽnsæk/ *vt.* **1** 〈家・容器・懐中などを〉くまなく捜す, 探る, 手を尽くして捜索する, あさり回る (search thoroughly): ~ a box, cupboard, room, etc. **2** 〈人家・土地〉から財宝を略奪する; 〈人家・土地〉から〈物を〉略奪する, 奪う (plunder, rob) 〈*of*〉: ~ a city / ~ a house *of* all that is worth anything 何らかの価値のあるものはすべてその家から略奪する. **3** 〈記憶を〉捜し求める, たどる, 探る: ~ one's memory for forgotten things 忘れたことを思い出そうと努める. **4** 綿密に[注意深く]調べる: ~ a Shakespeare concordance シェークスピア用語総索引を丹念に調べる. **~·er** *n.* 〚(*c*1250) *ransake(n)* □ ON *rannsaka* ← *rann* house, ceiling + *-saka* 'to SEEK': ⇨ forsake〛

rán·sack·ing *n.* くまなく捜すこと.

ran·som /rǽnsəm, -tsəm/ *n.* **1** (捕虜や誘拐された人を取り戻す)身代金; (分捕り品を買い戻す)受金, 賠償金: ⇨ king's ransom / a ~ note 身代金要求の手紙 / The girl was kidnapped for ~. 娘は身代金目当てに誘拐された. **2** (捕虜・誘拐された人などの)取り戻し, 解放, (分捕られた物の)取り[受け]戻し (redemption). **3** (特権・財産を享有する代わりに払う)代償金, 特権[富裕, 名誉]税: The graduated income tax and death duties are no more than a fair ~ paid by the rich. 累進所得税と遺産相続税とは富者が支払う正当な代償金にほかならない. **4** 〘英古法〙(中世時代に罪人が肉体的刑罰を受ける代わりに支払った)代償, 罰金 (fine). **5** 〘神学〙(キリストの)贖罪(しょくざい), (罪の)あがない. ***hóld a person to* [*for*] *ránsom*** (1) 〈人を〉威嚇して譲歩を要求する. (2) 〈人を〉人質にして身代金を要求する. 〚1859〛
— *vt.* **1** 〈捕虜・誘拐された人などを〉身代金を払って取り戻す; 〈分捕られた物を〉賠償金を払って取り戻す. **2 a** 身代金を取るために抑留する. **b** …から身代金[賠償金]を取る. **c** 《まれ》身代金[賠償金]を取って解放する. **3 a** 《古》〈罪を〉あがなう (expiate). **b** 〈人・魂などを〉罪(など)から救う (deliver).
〚(?*a*1200) *rans(o)un* □ OF *ransoun* (F *rançon*) <L *redemptiō(n-)* redemption: REDEMPTION と二重語〛

Ran·som /rǽnsəm/, **John Crowe** /króʊ | krə́ʊ/ *n.* ランサム《1888–1974; 米国の詩人・教育家・文芸評論家; *The New Criticism* (1941)》.

ran·som·a·ble /rǽnsəməbl/ *adj.* 身代金の取れる, 賠償金の取れる. 〚(1611) ← RANSOM + -ABLE〛

ránsom bìll [**bònd**] *n.* 〘国際法〙拿捕(だほ)船舶買戻し契約書. 〚(1575): ⇨ ransom, bill[1]〛

Ran·some /rǽnsəm/, **Arthur** (**Mitchell**) *n.* ランサム《1884–1967; 英国のジャーナリスト・文芸評論家・児童文学作家; *Swallows and Amazons* (1930)》.

rán·som·er *n.* **1** (捕虜の)受戻し人 (redeemer). **2** (拿捕(だほ)船受戻し金の届くまで敵側に留めて置かれる)人質. 〚(*a*1325) ← RANSOM + -ER[1]〛

ránsom·less *adj.* **1** 身代金[賠償金]をもたない. **2** 賠償の義務のない. 〚(1593–94) ← RANSOM + -LESS〛

rant /rǽnt/ *vi.* **1 a** わめく, どなりたてる, 暴言を吐く (rave); 大言壮語する: ~ and rave どなりたてる. **b** 芝居がかり[口調]に言う. **c** 熱狂的に説教する[祈る]. **2** 激しくしかる, しかりつける 〔*at, against*〕. **3** 《英方言・スコット》ばか騒ぎする, 大いにはしゃぐ. — *vt.* 仰々しく[熱狂的に]言う 〈*out*〉: ~ *out* a speech. — *n.* **1** 大言壮語, ほら. **2** 《英方言・スコット》**a** 大はしゃぎ, ばか騒ぎ (spree). **b** 陽気な歌[踊り]. 〚(1600–1) □ MDu. *ranten* to rave ← ?: cog. G *ranzen* to frolic〛

ran·tan /rǽntæ̀n/ *n.* **1** 《口語》騒々しくたたく音, どんどん. **2** 《俗》= randan[1]. 〚(1630) 擬音語: 2 は RANDAN[1] の変形〛

ran·tan·ker·ous /ræntǽŋk(ə)rəs/ *adj.* 《米口語》= cantankerous.

ránt·er /-tə | -tə(r)/ *n.* **1** どなりたてる人, やかましく[熱狂的に]しゃべる人; 大言壮語する人. **2** [R-; 通例 *pl.*] **a** 喧騒(けんそう)派の信者《英国共和制時代に起こった antinomian の一派で, すべての教派・牧師・儀式を狂信的に排斥した》. **b** [通例軽蔑的に] ランター《19 世紀初めに分離した原始メソジスト教徒 (Primitive Methodist) で, 大声で説教や応唱をした》. 〚(1649) ← RANT + -ER[1]〛

ránt·ing /-tɪŋ | -tɪŋ/ *adj.* どなりたてる; 豪語する; しかりつける: a ~ preacher / a ~ actor どなりたてる役者. **~·ly** *adv.* 〚(1597) ← RANT + -ING[2]〛

ran·ti·pole /rǽntɪpòʊl | -tɪpəʊl/ 《まれ》*n.* **1** 乱暴者, 無作法者, 無鉄砲者. **2** がみがみ女 (scold). — *adj.* **1** 乱暴な, 無作法な, 無茶な (wild, disorderly). **2** 放埒(ほうらつ)な. 〚(1700) ← RANTY + *-pole* (← POLL[1])〛

rant·y /rǽnti | -ti/ *adj.* 《英方言》(怒り・苦痛などで)荒れ狂う, 暴れ回る; 狂暴な. 〚(1783) ← RANT (n.) + -Y[4]〛

ran·u·la /rǽnjʊlə/ *n.* 〘病理〙がま腫, ラヌラ《舌の下に生じるはれもの》. 〚(*a*1400) □ L *rānula* little frog ← *rāna* frog: ⇨ -ula[1]〛

Ra·nun·cu·la·ce·ae /rənʌ̀ŋkjʊléɪsiì:/ *n.* 〘植物〙キンポウゲ科. **ra·nùn·cu·lá·ceous** /-ʃəs⁻/ *adj.* 〚← NL ~: ⇨ ↓, -aceae〛

ra·nun·cu·lus /rənʌ́ŋkjʊləs/ *n.* (*pl.* **~·es, -cu·li** /-lài/) 〘植物〙キンポウゲ科ウマノアシガタ属 (*Ranunculus*) の植物の総称 (⇨ crowfoot 3 a). 〚(1543) □ L *rānunculus* (dim.) ← *rāna* frog, 《原義》croaker, crier 《擬音語》〛

ranz des vaches /rɑ́:(n)deɪvɑ́:ʃ, rɑ́:n-; *F.* ʀɑ̃devaʃ/ *F. n.* 〘音楽〙ランデバシュ《アルプスの牧人が牛を呼び集めるためにアルペンホルンで吹いたり歌ったりするときの特有の旋律[節]》. 〚(1773) □ Swiss-F ~ 'calling of the cows' 《なぞり》← Swiss-G *Kuhreihen, Kuhreigen*〛

ra·ob, R- /réɪɑ(:)b | -ɔb/ *n.* ラジオゾンデ (radiosonde) による気象観測. 〚← *ra(diosonde) ob(servation)*〛

RAOC 《略》Royal Army Ordnance Corps. 〚1918〛

Ra·oul /rɑ:ú:l | raʊú:l, rɑ:ú:l; *F.* ʀaul/ *n.* ラウール《男性名》. 〚□ F ~ 'RALPH'〛

Ra·óult's làw /rɑ:ú:lz- | raʊú:lz-, rɑ:ú:lz-/ *n.* 〘物理化学〙ラウールの法則《希薄溶液の蒸気圧降下と濃度の関係を表す法則》. 〚(1892) ← *François M. Raoult* (1830–1901: フランスの化学者)〛

rap[1] /rǽp/ *n.* **1** ラップミュージック《DJ のようなテンポの速いおしゃべりを黒人サウンドのビートに乗せたもの; 米国で1970 年末期に誕生; rap music ともいう》. **2 a** こつこつ[とんとん]と叩(たた)くこと (⇨ blow[2] SYN); (戸・テーブルなどを)叩く音: There was a ~ *at* [*on*] the door. ドアを叩く音がした. **b** 〘心霊〙叩音(こうおん), ラップ《霊魂が霊媒などに乗り移って叩く音; cf. table rapping》. **3** 《俗》**a** 法律上の責任. **b** 犯罪容疑[嫌疑(けんぎ)]: a murder ~ 殺人の容疑. **c** 懲役刑 (prison sentence): serve a five-year ~ for bribery 収賄罪で5年の刑に服する. **4** 《俗》**a** 叱責 (reprimand), 非難 (blame, rebuke); 処罰. **b** 酷評. **5 a** 《俗》話, 雑談 (chat). **b** 《米俗》うまい話, 口車, 口上 (spiel).
béat the ráp 《米俗》罰をうまく免れる, 無罪になる.
give* [*gèt, recèive*] *a ráp on* [*over*] *the knúckles (1) しかりつける[しかられる]; けんつくを食わせる[食う]. (2) (罰として定規などで)指関節を打つ[打たれる]. ***tàke the ráp*** (1) しかられる. (2) 《俗》責任をとる; (特に, 他人の身代わりに)非難[罰]を受ける; 他人の犯した罪を着る.
— *v.* (**rapped; rap·ping**) — *vt.* **1 a** 〈人・戸などを特にこぶしで〉こつんと叩く, とんとん叩く (knock): ~ the ground with a stick ステッキで地面をこつこつと叩く. **b** 〈雨や風が〉〈窓や戸を〉叩く, 打つ. **c** とんとん叩いて…にする: ~ a man awake 人をとんとん叩いて目を覚まさせる / ~ the meeting *to* silence とんとんとテーブルを叩いて会衆を静かにさせる. **d** (降霊術などで)とんとん叩いて〈伝言などを〉伝える 〈*out*〉: ~ *out* a message. **2** 吐き出すように言う, どなる 〈*out*〉: ~ *out* a direction [an order] どなるように命令する. **3** 叱る (rebuke), 酷評する, 頭ごなしにやっつける (snub). **4** 《俗》告訴に基づいて逮捕する; 〈人〉に判決を下す. **5** 〘金属加工〙種揚げ[型揚げ]する《砂型から鋳型を抜くために軽く叩き, 緩める》. **6** (バーを突然高くしてぶつからせ)〈馬の〉障害調教をする. — *vi.* **1** ラップを歌う, リズムに合わせてしゃべるように歌う. **2 a** 〔戸・テーブルなどを〕叩く, とんとん[こつこつ]叩く 〔*against, at, on*〕 (⇨ strike SYN). **b** 短く鋭い音を立てる. **3** 《俗》**a** 気楽[自由, 率直]に話す, 雑談する. **b** 議論する, 論じる.
ráp** a person's **knúckles = ***ráp** a person **over* [*on*] *the knúckles*** (1) 《口語》人をしかりつける, けんつくを食わせる. (2) (罰として)指の関節を叩く.
〚n.: (?*a*1300) *rappe* 《擬音語》?: cf. Swed. *rapp(a)* to beat / Dan. *rap*〛

rap[2] /rǽp/ *n.* **1** [a ~; 否定構文で] 《口語》一文, びた一文, 三文の値打ちもない物; ほんの少し(も): I don't care *a* ~. 少しもかまわない / I would *not give a* ~ *for* it. そんなものは三文の値打ちもない. **2** ラップ(貨)《1696 年に通常貨が発行されなくなったのち, アイルランドで流通した偽貨》. 〚(1724) 《短縮》← Ir. *ropaire* pike: cf. rapier〛

rap[3] /rǽp/ *vt.* (**rapped, rapt; rap·ping**) 《古》**1** ひったくる, かっぱらう (seize, snatch). **2** [通例 p.p. 形で] うっとりさせる (transport), 夢中にする (carry away). ***ráp and rénd*** (1) 是が非でも獲得する. (2) 略奪[強奪]する. 〚(1528) 《逆成》← RAPT〛

rap[4] /rǽp/ *n.* ラップ《紡績糸一かせ; 120 ヤード》. 〚(1776)?〛

rap[5] /rǽp/ 《豪口語》*vt.* ほめる. — *n.* 称賛 (praise). 〚(1957) ← ? *rap* 《英方言》to boast〛

RAP 《略》Regimental Aid Post.

rap. 《略》rapid.

ra·pa·cious /rəpéɪʃəs/ *adj.* **1** (力ずくで)強奪する, 搾取的な (extortionate). **2** 強欲[貪欲(どんよく)]な (ravenous, greedy): a ~ miser 欲の深いけちん坊 / have a ~ appetite 飽くことを知らぬ食欲である. **3** 〈動物など〉生物を捕食する, 肉食する (predatory). **~·ly** *adv.* **~·ness** *n.* 〚(1651) ← L *rapāc-* (← *rapāx* grasping ← *rapere* to snatch: ⇨ rape[1]) + -IOUS〛

ra·pac·i·ty /rəpǽsəti | -sɪ̀ti/ *n.* **1** 強欲, 貪欲(どんよく), 飽くことを知らぬこと. **2** 搾取, 無理取り, 略奪. 〚(1543) □ F *rapacité* // L *rapācitātem*: ⇨ ↑, -ity〛

Ra·pac·ki /rəpɑ́:tski | -pǽts-; *Pol.* rapátski/, **Adam** /ádam/ *n.* ラパツキ《1909–70; ポーランドの政治家; 外相 (1956–68); 1957 年に中欧の非核武装化案 (the Rapacki Plan) を提唱》.

Ra·pal·lo /rəpɑ́:loʊ | -pǽləʊ; *It.* rapállo/ *n.* ラパロ《イタリア北西部, Genoa 湾に臨む海港; イタリアとユーゴ間 (1920) およびソ連とドイツ間 (1922) の条約締結地》.

Ra·pa Nu·i /*Polynesian* rápanúi/ *n.* ラパヌーイ《Easter Island の現地語名》.

rape[1] /réɪp/ *vt.* **1** 強姦(ごうかん)する, 暴行する, レイプする (violate): The girl was ~*d*. その少女は暴行された. **2 a** 〈場所を〉略奪する (plunder). **b** 《古・詩》強奪する. — *n.* **1** 強姦(罪), 婦女暴行: ⇨ statutory rape. **2** (基本的原則などの)侵害: a ~ of justice 正義の侵害. **3** 《詩》かっさらい, かどわかし, 強奪, 略奪. **ráp·er** *n.* 〚(*c*1350) *rāpe(n)* □ AF *raper* // L *rapere* to seize ← IE **rep-* to snatch〛

rape[2] /réɪp/ *n.* 〘植物〙セイヨウアブラナ (*Brassica napus*) 《欧米で栽培されるアブラナの一種; 種子から油を採る; colza ともいう; cf. cole 1》. 〚(*a*1398) □ OF ~ // L *rāpa, rāpum* turnip〛

rape[3] /réɪp/ *n.* **1** [しばしば *pl.*] ぶどうのしぼりかす《酢製造用の濾過(ろか)材料》. **2** 酢製造用の容器. 〚□ F *râpe* ← OF *raspere* 'to grate, RASP'〛

rape[4] /réɪp/ *n.* イングランド旧 Sussex 州の行政区《Sussex 州は6つの rapes に分かれていた》. 〚late OE *rāp* 'ROPE': 土地の区画に rope を用いたことから〛

rápe càke *n.* 菜種のしぼりかす, 油かす. 〚(1660): ⇨ rape[2], cake〛

Rápe of Lucréce, The *n.* 「ルクリース凌辱」《Shakespeare 作の物語詩 (1593–94)》.

rápe òil *n.* 菜種油《潤滑・照明・料理用; rapeseed oil ともいう》. 〚(1545): ⇨ rape[2], oil〛

rápe·sèed *n.* 菜種《セイヨウアブラナの種子》: ~ oil = rape oil. 〚(1577): ⇨ rape[2], seed〛

ráp flùid *n.* 《米俗》香水 (perfume).

ráp fúll 〘海事〙*n.* 帆が風一杯にふくらんだ状態: with a ~. — *adj.* **1** 〈帆が〉風を一杯にはらませた. **2** 満帆で航海する.

ráp gròup *n.* 《米俗》談話会(グループ)《問題を討議して解決するために集まったグループ; cf. rap session》. 〚(1970): ⇨ rap[1]〛

raphae *n.* raphe の複数形.

Raph·a·el[1] /rǽfiəl, réɪf-, réɪfl, rǽfeɪl | rǽfeɪəl, -feɪl, -fiəl, réɪfl; *F.* ʀafaɛl/ *n.* ラファエル《男性名》. 〚□ LL *Raphaēl* □ Gk *Raphaēl* □ Heb. *Rᵉphā'ēl* 《原義》God has healed〛

Raph·a·el[2] /rǽfiəl, rɑ́:f-, réɪf-, réɪfl, rǽfeɪl | rǽfeɪəl, -feɪl, -fiəl, réɪfl, ræ̀fɑ:ɛ́l/ *n.* 〘聖書〙ラファエル《外典に記された大天使 (archangel); cf. *Tobit* 3:17》.

Raph·a·el[3] /rǽfiəl, rɑ̀:fiɛ́l, réɪfiɛ́l | rǽfeɪəl, -fiəl, -feɪl/ *n.* ラファエロ《1483–1520; イタリアの盛期ルネサンスの代表的画家・建築家; 優美な聖母子像は特に著名; 本名 Raffaello Santi /raffaéllo sánti/ *or* Sanzio /sántsjo/》.

Raph·a·el·esque /ræ̀fiəlésk, rɑ̀:f-, rèɪf- | ræ̀feɪəl-, -fiəl-, -feɪl-⁻/ *adj.* ラファエロ風の. 〚(1832): ⇨ ↑, -esque〛

Raph·a·el·ism /rǽfiəlìzm, rɑ́:f-, réɪf- | rǽfeɪəl-, -fiəl-, -feɪl-/ *n.* ラファエロ画風. 〚(1877) ← RAPHAEL[3] + -ISM〛

Raph·a·el·ite /rǽfiəlàɪt, rɑ́:f-, réɪf- | rǽfeɪəl-, -fiəl-, -feɪl-/ *n.* ラファエロ派の画家, ラファエロを信奉する画家 (cf.Pre-Raphaelite). 〚(1905): ⇨ -ite[1]〛

ra·phe /réɪfi/ *n.* (*pl.* **~s, ra·phae** /-fi:/) **1** 〘解剖〙縫線, 縫合, 継ぎ目 (seam). **2** 〘植物〙**a** (種子の)縫線, 背線. **b** (珪藻(けいそう)の)殻縫(ほう)線. 〚(1753) ← NL ~ ← Gk *rhaphḗ* seam ← *rháptein* to sew together〛

ra·phi·a /réɪfiə, rǽf-/ *n.* = raffia 1.

ra·phide /réɪfɪ̀d, rǽfaɪd | réɪfaɪd/ *n.* (*pl.* **raph·i·des** /rǽfədì:z, rǽfaɪdz | rǽfɪdì:z/) 〘植物〙針状結晶体, 束晶(そくしょう), 結晶束. 〚(1842) □ F ~ ← Gk *rhaphís* (↓)〛

ra·phis /réɪfɪ̀s | -fɪs/ *n.* (*pl.* **raph·i·des** /rǽfədì:z | -fɪ-/) 〘植物〙= raphide. 〚(1842) □ Gk *rhaphís* needle ← *rháptein* to sew together〛

rap·id /rǽpɪ̀d | -pɪd/ *adj.* (**more ~, most ~; ~·er; ~·est**) **1** 早い, 急な, 迅速な; 急ぎの, 急速の, そそくさとした (↔ slow; ⇨ fast[1] SYN): a ~ stream 急流 / a ~ drug 速効薬 / ~ urbanization 急速な都市化 / a ~ journey 急ぎ旅 / take a ~ glance 急いでちらりと見る. **2** すばやい, 敏捷(びんしょう)な: a ~ thinker, worker, speaker, etc. **3** 《英》〈坂など〉急な, 険しい: a ~ ascent, descent etc. **4** 〘写真〙〈レンズ・感光剤など〉短い露出向きの, 高感度の; 〈処理など〉迅速な.
— *n.* [通例 *pl.*; 単数または複数扱い] 急流, 早瀬.
— *adv.* [通例複合語の第1構成素として] 急速に: a *rapid*-firing gun 速射砲.
~·ness *n.* 〚(1634) □ L *rapidus* ← *rapere* to seize: ⇨ rape[1], -id[4]〛

Rap·i·dan /ræ̀pɪ̀dǽn | -pɪ-/ *n.* [the ~] ラピダン川《米国 Virginia 州北部を流れる川; 南北戦争当時の激戦地》. 〚《変形》← ? RAPPAHANNOCK〛

Ráp·id Cíty /rǽpɪ̈d- | -pɪd-/ *n.* ラピッドシティ《米国の South Dakota 州南西部の都市》.
rápid éye mòvement *n.* 〖心理・生理〗急速眼球運動《睡眠中に眼球が急速に動く現象; 脳波が入睡時のパターンを示す逆説睡眠 (paradoxical sleep) 時に生じ, この時に夢を見ることが多い; 略 REM》. 〚1916〛
rápid-fíre *adj.* 1 速射の, 速射用の. 2 矢継ぎ早の, 立て続けの: a ~ question 矢継ぎ早の質問. 3 《米》(新聞で)急速な. 〚1890〛
rápid fíre *n.* 〖軍事〗(ライフル銃の)速射《急射 (quick fire) と緩射 (slow fire) の中間の速さ》.
rápid-fíre gùn *n.* 速射砲. 〚1890〛
rapidi *n.* rapido の複数形.
ra·pid·i·ty /rəpídəṭi, ræ- | -dɪ̈ti/ *n.* 迅速, 急速, 敏捷(びんしょう); 速度: with astonishing ~ 驚くほど迅速に / ~ of fire 発射速度, 射撃速度. 〚(1654) □ F *rapidité* ∥ L *rapiditātem*: ⇨ rapid, -ity〛
ráp·id·ly /rǽpɪ̈dli | -pɪd-/ *adv.* 早く, 速やかに, 迅速に, 敏活に, たちまち: Real estate prices have risen ~. 不動産の値段が急速に上がった / I accelerated ~ to pass a car. 車を追い越すために敏速に加速した. 〚(1727) ← RAPID＋-LY[1]〛
ra·pi·do /rá:pɪdòu | -dəu; *It.* rá:pido, *Sp., Am.Sp.* rápiðo/ *n.* (*pl.* ~**s** /~s; *Sp.* ~s/, **ra·pi·di** /-di:; *It.* -di/) (イタリア・スペイン・ラテンアメリカの)急行列車. 〚(1957) □ It. ~ ∥ Sp. *rápido* rapid〛
rápid reàction fórce *n.* 緊急対応部隊《緊急事態に速やかに対処する軍隊》.
rápid tránsit chèss *n.* 《米》早指しチェス《《英》lightning chess》.
rápid tránsit (sỳstem) *n.* 1 (都市内または郊外の)高速度輸送(システム)《高架または地下路線などによるもの》. 2 〖チェス〗早指し《一手ごとに 10 秒位の短い時間しかかけない勝負》. 〚(1873): ⇨ rapid, transit〛
ra·pi·er /réɪpiə, -pjə | -piə(r)/ *n.* 細身の剣, レピアー《蔓(つる)飾りの鍔(つば)をつけたルネサンス期の両刃の剣》. — *adj.* [限定的] 鋭い (sharp): a ~ thrust 細身の剣の一突き; 即妙の答え, ぴりっとくる皮肉 / a ~ glance ぎょろりとにらむこと. **rá·pi·ered** *adj.* 〚(1553) □ ? Du. ~ ∥ LG *rappir* □ F *rapière* 《略》← OF *espee rapiere* rapier sword ← ? *râpe* grater: ⇨ rape[3]〛

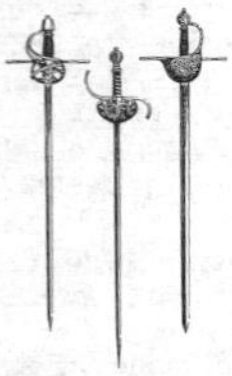
rapiers

rap·ine /rǽpɪ̈n, -paɪn | -paɪn, -pɪn/ *n.* 《詩・文語》強奪, 奪取, 略奪, 分捕り (robbery, plunder). 〚(c1412) □ (O)F ~ ∥ L *rapīna* ← *rapere* to plunder: cf. rape[1]〛
R
rap·ist /réɪpɪ̈st | -pɪst/ *n.* 強姦(ごうかん)者: The police released the suspected ~. 警察はその暴行の疑いのある男を釈放した. 〚(1883) ← RAPE[1]＋-IST〛
rap·loch /rǽpləx/ 《スコット》*n.* 手織り[ホームスパン]の毛織物. — *adj.* 粗末な, 荒い (coarse). 〚(1530)?〛
ráp mùsic *n.* ＝rap[1] 1.
Rap·pa·han·nock /ræ̀pəhǽnək/ *n.* [the ~] ラパハノック(川)《米国 Virginia 州の北部から南東に流れる川 (341 km); 南北戦争の古戦場 (1863)》. 〚← N-Am.-Ind. (Algonquian) 《原義》back-and-forth (stream)〛
rap·pa·ree /ræ̀pərí:/ *n.* 1 (17 世紀アイルランドの対英反抗 (1688–92) の)民兵, 不正規兵《略奪をこととした》. 2 略奪者 (plunderer), 馬賊 (bandit), 強盗 (robber), 海賊 (freebooter), 浮浪者 (vagabond). 〚(1690) □ Ir. *rapaire* short pike, rapier〛
rap·pee /ræpí:/ *n.* ラピー《一種の強い粗末なかぎたばこ》. 〚(c1740) □ F (*tabac*) *râpé* grated, rasped (tobacco) (p.p.) ← *râper*: ⇨ rasp[1]〛
rap·pel /ræpél, rə-/ 〖登山〗*n.* 懸垂下降, アプザイレン《体に巻いた 2 本のロープを使いながら岸壁を降りる方法; cf. abseil》. — *vi.* (**rap·pelled**; **-pel·ling**) 懸垂下降する. 〚(1931) □ F ~ ← *rappeler* to recall: ⇨ re-, appeal〛
rap·pen /rá:pən; *G.* ʁápn/ *n.* (*pl.* ~) 1 14 世紀に Fribourg で造られたカラスの絵が描かれている小銀貨. 2 カラスの絵を描いた貨幣. 3 a サンチーム (1/100 フラン). b スイスのサンチーム硬貨. 〚(1838) □ G *Rappe(n)* crow, black horse ← *Rabe* 'RAVEN'〛
rap·per /rǽpə | -pə(r)/ *n.* 1 叩(たた)く人; 霊媒 (cf. rap[1] *n.* 2 b). 2 叩くもの[仕掛け]; (戸の)ノッカー (door knocker). 3 《俗》話す人 (talker). 4 ラップミュージックの演奏者, ラップミュージシャン. 5 a 《古》ひどい呪いの言葉, 悪罵 (oath, curse). b 《方言》大ぼら (whopper). 〚1611〛
ráp·ping *n.* 1 こつんこつん[とんとん]と叩(たた)くこと[音]. 2 (霊媒と霊との間などの)とんとん叩く音による通信. 〚?a1425〛
Rapp·ist /rǽpɪ̈st | -pɪst/ *n.* 〖キリスト教〗ラッピスト (⇨ Harmonite). 〚(1845) ← *George Rapp* (1757–1847: ドイツ生まれの米国の宗教運動家): ⇨ -ist〛
rap·port /ræpɔ́ə, rə- | ræpɔ́:(r), rə-, rǽpɔ:(r); *F.* ʁapɔ:ʁ/ *n.* 1 関係 (relation); (特に, 親密・調和・一致を特徴とする)関係: be in [on, F. en] ~ with …と和合[一致]している, 密接な関係をもっている. 2 (降霊術で霊媒を用いてする)交信, 霊交 (communication); 〖精神医学〗ラポール, (意志の)疎通性, 親近関係《精神科医と患者との理解と同調的関係》. 〚(1454) (1661) □ F ~ ← *rapporter* to bring back to, refer to ← RE-＋*apporter* (□ L *apportāre* to bring to: ⇨ apport)〛
rap·por·tage /ræ̀pɔətá:ʒ | -pɔ:-; *F.* ʁapɔʁta:ʒ/ *F. n.* ＝reportage. 〚1903〛
rap·por·teur /ræ̀pɔətə́: | -pɔ:tə́:(r); *F.* ʁapɔʁtœ:ʁ/ *n.* (*pl.* ~**s** /~z/; *F.* ~/) 報告担当[官者]《学会・政府の委員会などの報告書の作成・提出を任務とする》. 〚((c1500)) (1791) □ F ~ ← *rapporter*: ⇨ rapport〛
rap·proche·ment /ræ̀prouʃmɑ́:(ŋ), -prɔ:ʃ-, -mɑ:ŋ, ræpróuʃmɑ:(ŋ), -mɑ:ŋ | ræprɔ́ʃmɑ̃:(ŋ), rə-, -prəuʃ-, -mɑ:ŋ; *F.* ʁapʁɔʃmɑ̃/ *F. n.* (個人・団体, 特に国家間の)友好関係樹立[更新], 親善; 親交回復, 和解: an era of U.S.-Chinese ~ 米中国交回復の時代[時期]. 〚(1809) □ F ~ ← *rapprocher* to bring near: ⇨ re-, approach, -ment〛
rap·scal·lion /ræpskǽljən | -ljən, -liən/ *n.* 《古・戯言》悪漢, 無頼漢 (rascal), ろくでなし (ne'er-do-well), やくざ者 (scamp). 〚(1699) 《変形》← 《廃》*rascallion* ← RASCAL〛
ráp sèssion *n.* 《米俗》討論会《談話会 (rap group) の集会》. 〚(1970): ⇨ rap[1], session〛
ráp shèet *n.* 《米俗》(前科などの)警察記録 (police record). 〚(1960): ⇨ rap[1]〛
Ráp·son's slíde /rǽpsənz-, -sn̩z-/ *n.* 〖海事・機械〗ラプサン滑車装置《波の衝撃によって舵が受ける反衝を消すために甲板上で舵柄に取りつける一種の滑車装置》. 〚← *Rapson* (人名)〛
rapt /rǽpt/ *v.* rap[2] の過去形・過去分詞. — *adj.* 1 うっとりとしている (enraptured); 熱中した, 夢中な (⇨ intent[1] SYN): be ~ *with* joy 喜びで夢中になっている / listen with a ~ attention うっとり聞き入る. 2 〔考えなどに〕心を奪われた, 没頭した (engrossed) 〔*in*〕: be ~ *in* love 恋愛に心を奪われている. 3 《豪口語》大喜びの (wrapped). 4 肉体[魂]をこの世から運び去られた ⟨*away, up*⟩: be ~ to the seventh heaven 有頂天になって喜ぶ, 天にも昇る心地になっている. **~·ly** *adv.* **~·ness** *n.* 〚(c1390) □ L *raptus* (p.p.) ← *rapere* to seize: ⇨ rape[1]〛
rap·tor /rǽptə, -tɔə | -tə(r), -tɔ:(r)/ *n.* (*also* **rap·tore** /-tɔə, -tɔə | -tɔ:(r)/) 1 〖鳥類〗猛禽(もうきん)類 (bird of prey) 《ワシ・タカ・フクロウの類》. 2 《口語》＝velociraptor. 〚(1873) □ L ~ (↓)〛
rap·to·ri·al /ræptɔ́:riəl/ *adj.* 〖動物〗1 ⟨鳥獣など⟩生物を捕食する (predatory). 2 鳥獣などを捕食するのに適した: ~ claws. 3 猛禽(もうきん)類の[に関した]: a ~ bird 猛禽. — *n.* 猛禽. 〚(1823) ← L *raptor* plunderer (← *raptus* 'RAPT': ⇨ -or[2])＋-IAL〛
rap·ture /rǽptʃə | -tʃə(r)/ *n.* 1 [しばしば *pl.*] a 大喜び, 有頂天; 狂喜, 歓喜 (⇨ pleasure SYN): in a ~ of delight うれしくて大喜びして / be in ~*s* 有頂天になっている / fall [go] into ~*s* over …に夢中[有頂天]になる. b 歓喜の叫び[表現]. c 《まれ》興奮状態, 発作 (fit). 2 《古》a 誘拐(ゆうかい) (abduction). b 強奪, 略奪. 3 《まれ》〖神学〗人を(天国に)運び去ること.
rápture of the déep [dépths] 〖病理〗深海恍惚症 (⇨ nitrogen narcosis).
— *vt.* 《まれ》うっとり[狂喜]させる (enrapture). 〚(1600) □ F (廃) ~ ← *rapt* carried away □ L *raptus*: ⇨ rapt, -ure: cf. ML *raptūra*〛
ráp·tured *adj.* 《古》うっとりした, 有頂天の (transported), 狂喜した (enraptured). 〚1682〛
rap·tur·ous /rǽptʃ(ə)rəs/ *adj.* いても立ってもいられない, 有頂天の (transported), 狂喜した (enraptured), 熱狂的な (ecstatic): ~ students / a ~ moment / ~ enjoyment じっとしていられないような喜び / ~ applause 熱狂的な拍手. **~·ly** *adv.* **~·ness** *n.* 〚(1678) ← RAPTURE＋-OUS〛
rap·tus /rǽptəs/ *n.* 1 非常な精神的[感情的]興奮状態, 忘我, 恍惚(こうこつ). 2 〖病理〗激越発作, 衝動. 〚(1844) □ L ~: ⇨ rapt〛
RAR /ɑ̀əèɪɑ́ə | ɑ̀:(r)èɪɑ́:(r)/ 《略》Royal Australian Regiment.
ra·ra a·vis /rèᵊrəéɪvɪ̈s, ræ̀rə-, rɑ̀:rəɑ́:wɪ̈s | rɑ̀:rəǽvɪs, rɑ̀:rəɑ́:vɪ-, rèərə-, -éɪv-, -ɑ́:w-/ *L. n.* (*pl.* **rara a·vis·es** /-éɪvɪ̈sɪ̈s | -vɪsɪz/, **ra·rae a·ves** /rɑ̀:raɪɑ́:veɪs, -weɪs, rèᵊri:éɪvi:z | rɑ̀:raɪ-, rèəri:-/) めったにない[珍しい]人[もの] (rarity) (cf. Horace, *Satires* 2. 2. 26). 〚(1607) □ L *rāra avis* rare bird: cf. rare[1], Aves〛
rare[1] /réə | réə(r)/ *adj.* (**rar·er**; **-est**) 1 めったにない, ほんの時々の; 珍しい, まれな: a ~ gem, event, etc. / a ~ beauty まれな美人 / a ~ book 珍本, 稀覯(きこう)本 / It is no ~ thing. 別にまれではない[珍しくない] / ⇨ rare bird, rare earth, rare gas / in ~ cases たまには / on ~ occasions まれに, たまには / It is ~ for him to do it. 彼がそれをすることはめったにない / kidnapping, once among the *rarest* of crimes かつてはもっとも珍しい犯罪の中に数えられた子供誘拐(事件). 2 《口語》非常にすぐれた, すてきな, すばらしい; 大きい, 非常な, はなはだしい (great): a ~ poet [genius] すぐれた[不世出の]詩人[天才] / a ~ joke よくできた[うまい]しゃれ / You are a ~ one. お前は珍しい[感心な, 偉い]子だ / He was, in his good moods, ~ company. 機嫌のいい時は一緒にいてとても楽しい人だった / kind to a ~ degree とても親切な / I had ~ fun with him. ＝We had a ~ time of it, he and I. 彼と二人でとても愉快だった. 3 ⟨空気・ガスなど⟩希薄な (thin): the ~ atmosphere of the mountain tops. 4 《廃》ほんの所々にある, まばらな (scattered): a few ~ trees here and there そこここにまばらに 2, 3 本ずつある樹木.
ráre and … 《口語》非常に, とても (very) 《★ 今は《北英》; cf. NICE *and* …》: I am ~ *and* hungry. とても腹がへった.
ráre òld 《口語》とてもいい, すごい.
— *adv.* 《口語》大層, 非常に (extremely): a ~ good wine すばらしくよいぶどう酒 / a ~ fine view まれに見る[とてもいい]景色.
~·ness *n.* 〚(1392) □ (O)F ~ ∥ L *rārus* thin, scarce, 《原義》having intervals between ← IE **erə-* to separate〛

SYN まれな: **rare** きわめてまれな: a *rare* bird 珍しい鳥. **infrequent** 長い間隔をおいてだけ起こる: an *infrequent* visitor 時たまの訪問者. **uncommon** 例外的または異常な: an *uncommon* act of charity 奇特な慈善行為. **occasional** 時々起こる[出会う]: an *occasional* trip to New York 時々のニューヨークへの旅行. **sporadic** ぽつぽつと散発的に起こる《格式ばった語》: *sporadic* gunfire 散発的な発砲. **scarce** 特定時に十分な供給がなくて少ない: Oranges are *scarce* these days. オレンジは当節品薄だ. **ANT** frequent, usual, common.

rare[2] /réə | réə(r)/*adj.* (**rar·er**; **-est**) ⟨ステーキ・肉など⟩生焼けの, レアーの (underdone) (cf. medium 3, well-done 2). **~·ness** *n.* 〚(1655) 《変形》— ME *rere* <OE *hrēr* < ? Gmc **χrōz-* ← IE **kerə-* to mix, cook: cf. crude〛
rare[3] /réə | réə(r)/ *vt., vi.* 《方言》＝rear[1].
ráring to dó ⇨ raring.
rare[4] /réə | -réə(r)/ *adj., adv.* 《方言》＝early. 〚(1574) 《変形》← RATHE〛
ráre bírd *n.* rara avis. 〚(1890) 《なぞり》← L *rāra avis*〛
rare·bit /réəbɪ̈t | réəbɪt, rǽb-/ *n.* 〖料理〗＝Welsh rabbit. 〚(1785) 《転訛》← ? RABBIT[1]〛
ráre éarth *n.* 〖化学〗希土類元素(の酸化物). 〚1875〛
ráre-éarth èlement *n.* 〖化学〗希土類元素《57 番元素から 71 番元素とスカンジウム (scandium), イットリウム (yttrium) の 17 元素の総称; 記号 RE; rare-earth metal ともいう; cf. lanthanide》. 〚(1942) ↑〛
rár·ee-shòw /réᵊri- | réəri-/ *n.* 1 (縁日などの)のぞきめがね, のぞきからくり (peep show). 2 (街頭の安物の)見世物 (show). 〚(c1681) 《転訛》← *rare show*: ⇨ rare[1] 2, -ee[2]〛
rar·e·fac·tion /rèᵊrəfǽkʃən | rèərɪ̈-/ *n.* 1 希薄にすること, 希薄化. 2 希薄化される性質; 希薄(化された)状態. 3 〖物理〗(粗密波の)圧力最小部分. **~·al** /-ʃnəl, -ʃənl/ *adj.* 〚(1603) □ F *raréfaction*: ⇨ rare[1], -faction〛
rar·e·fac·tive /rèᵊrəfǽktɪv | rèərɪ̈-/ *adj.* 希薄作用を有する, 希薄(にする)力のある. 〚(1656) □ F *raréfactif*: ⇨ ↑, -ive〛
rar·e·fi·a·ble /réᵊrəfàɪəbl̩ | réərɪ̈-/ *adj.* 希薄化しうる. 〚(1656): ⇨ rarefy, -able〛
rar·e·fi·ca·tion /rèᵊrəfɪ̈kéɪʃən | rèərɪ̈fɪ-/ *n.* ＝rarefaction. **~·al** /-ʃnəl, -ʃənl/ *adj.* 〚(1616): ⇨ rarefy, -fication〛
rár·e·fìed *adj.* 1 a ⟨地位・階級・学歴など⟩非常に高い. b 選(え)り抜きの, エリートの (selected): ~ scholars 選り抜きの学者たち. 2 ⟨思考・理念・教養など⟩高度な, 高尚な, 崇高な (lofty, exalted); 閉鎖的な, 難解な, 深遠な (abstruse, esoteric): ~ thinking 高遠な思考. 〚1634〛
rár·e·fì·er *n.* rarefy する物[人]. 〚(1686): ⇨ ↓, -er[1]〛
rar·e·fy /réᵊrəfàɪ | réərɪ̈-/ *vt.* 1 ⟨空気・ガスなどを⟩希薄にする (cf. condense 2): *rarefied* gas 希薄気体. 2 ⟨人格・精神などを⟩磨く, 純粋にする, 浄化する, 純化する (purify); ⟨思想・議論などを⟩練る, 精妙にする (subtilize): ~ one's earthly desires 煩悩(ぼんのう)を清める. — *vi.* 希薄になる, 薄くなる. 〚(a1398) □ (O)F *raréfier* ∥ ML *rārificāre* (変形) ← L *rārēfacere*: ⇨ rare[1], -fy〛
ráre gás *n.* 〖化学〗希ガス (⇨ inert gas). 〚(1901): ⇨ rare[1]〛
ráre gróove *n.* 1 レアグルーブ《1970 年代のアメリカ黒人音楽; 1980 年代末ごろ再び流行》. 2 レアグルーブレコード[テープ].
rare·ly /réəli | réə-/*adv.* 1 まれに, たまに; めったに…しない, たまにしか…しない (seldom): I ~ meet him. めったに彼に会わない / He is ~ ill. めったに病気しない / *Rarely* have I seen such a view. このような光景を見ることはめったにない / It is ~ that he drinks. めったに酒を口にしない. 2 まれなほどに, 格段に, とても (uncommonly); とても上手[精巧]に, すばらしく, きわめて巧妙に: He is ~ honest. あんな正直な人はめったにいない / She was ~ beautiful. まれに見る美人であった / The netsuke is ~ carved. その根付けは精巧に彫刻されている / She played the piano so ~. とてもすばらしくピアノを弾いた. ***rárely (if) éver*** たとえあってもごくまれに: She ~ (*if*) *ever* plays the piano now. 今はピアノを弾くことはまずない. ***rárely or néver*** めったにない: He ~ *or never* drinks. めったに酒を飲まない. 〚1523〛
ráre·rìpe *adj.* 《米》⟨果物・野菜など⟩早く実る, 早生(わせ)の. — *n.* 1 早くできる[早生の]果物[野菜]. 2 《方言》＝spring onion. 〚(1722): ⇨ rare[4]: cf. ratheripe〛
rar·i·fied /réᵊrəfàɪd | réərɪ̈-/ *adj.* ＝rarefied.
rar·i·fy /réᵊrəfàɪ | réərɪ-/ *vt.* ＝rarefy.
rar·ing /réᵊrɪŋ | réər-/ *adj.* [通例 *to* do を伴って] 《口語》しきりに…したがっている, …しようと張り切っている, うずうずしている; 〔事を〕待ち構えている (eager, impatient) 〔*for*〕: ~ *to go* / ~ *for* a fight. 〚(1909) ← 《方言》*rare* to arouse, stimulate 《異形》← REAR[1]〛

rar·i·ty /réə̯rəti | réərəti/ *n.* **1** [しばしば a ～] 珍しい[異常な]物事, 稀有(けう)な物事, 珍しい物, 珍品: *an* expensive ～ 高価な珍品 / *a* comparative ～ 比較的まれなこと / Snow is *a* ～ at this time of the year. この時期雪は珍しい / A visitor is [Visitors are] *a* ～ to me. 私を訪ねて来る人はめったにいない. **2** 珍しさ, 珍奇: be of great ～ 非常に珍しい / (a) ～ value 希少価値. **3** ずばぬけて優れていること: ～ of phrasing 巧みな言い回し. **4** (空気などの)希薄性: the ～ of the air on a mountaintop. 〖(?a1425) □ F *rareté* // L *rāritātem*: ⇨ rare¹, -ity〗

Ra·ro·ton·ga /rὲrətá(:)ŋ(g)ə, rὲr- | rὲərə(ʊ)tɔ́ŋgə, rὲr-/ *n.* ラロトンガ(島)《南太平洋のニュージーランド領 Cook 諸島中の最大の島; 面積 67 km²》.

ras /rá:s/ *n.* **1** 〖地理〗岬(みさき), (陸地の)鼻, 角 (cape, headland). **2** (エチオピアの)王侯 (prince) 《尊称》. 〖(1682) □ Arab. *ra's* head, beginning〗

RAS /áəeìés | ά:(r)èɪ-/ 《略》Royal Astronomical Society (英国の)王立天文学協会; Royal Agricultural Society.

ra·sa /rá:sə/ *n.* ラサ《インドの伝統演劇・文学理論の用語で, 観客や読者の心理に与える文学的効果》. 〖(1799) □ Skt ～ 《原義》juice, essence, taste〗

Ras·al·geth·i /rὲsəldʒéti, -dʒéθi | -ti, -θi/ *n.* 〖天文〗ラスアルゲチ《ヘルクレス座 (Hercules) の *α* 星で 3 等と 5 等の実視連星; 両星とも変光星》. 〖□ Arab. *ra's al-jāthī* the kneeler's (=Hercules') head〗

Ras·al·ha·gue /rὲsəlhá:gwi/ *n.* 〖天文〗ラスアルハゲ《へびつかい座 (Ophiuchus) の 2.1 等星》. 〖□ Arab. *ra's al-ḥāwi* the head of the serpent charmer〗

Ras al-Khai·mah /rá:sælkáɪmə/ *n.* (*also* **Ras al-Khay·mah** /～/) ラスアルハイマ: **1** 《ペルシャ湾 (Persian Gulf) 南岸の首長国; United Arab Emirates の一つ; 面積 1,680 km²》. **2** ラスアルハイマ首長国の首都.

ras·am /rǽsəm/ *n.* ラサム《スパイスをきかせたインドの飲料》. 〖← Tamil〗

ras·bo·ra /ræzbɔ́:rə/ *n.* 〖魚類〗ラスボラ《コイ科 *Rasbora* 属の熱帯魚の総称; 東南アジア産の観賞用小型熱帯魚 *R. heteromorpha* など》. 〖(1931) ← NL ～ ← East Indies 《現地語》〗

ras·ca·cio /rɑ:ská:sjoʊ | -sjəʊ; *Am.Sp.* raskásjo/ *n.* 〖魚類〗**1** サソリカサゴ (*Scorpaena plumieri*) 《特に, Cape Cod からブラジルに至る大西洋西海岸産》. **2** カサゴ (scorpion fish) 類の総称. 〖□ Sp. ～ □ Prov. *rascasso* (fem.) ← *rascàs* mangy〗

ras·cal /rǽskəl, -kl | rá:s-/ *n.* **1 a** ごろつき, 与太者, やくざ(者), 悪者 (rogue) (⇨ knave SYN). **b** いたずらっ気のある人, いたずらっ子. **c** [特に子供に向かって] 《戯言》やつ, がき (rogue): You little ～! このちびっ子め / You lucky ～! 運のいいやつだ. **2** 《古》下層社会の人間. **3** 《廃》(群れのうち)やせて貧弱なシカ. — *adj.* [限定的] **1** 《まれ》ごろつきの, 破廉恥な (knavish). **2** 《古》卑しい, 下賤の (mean): the ～ rout 俗衆, 平民. **3** 《廃》《動物, 特にシカについて》やせた, 劣った. 〖(a1338) *rascayl* □ OF *rascaille* (F *racaille*) rabble ← ? L *rādere* to scratch: cf. rash²〗

rás·cal·dom /-dəm/ *n.* **1** [集合的] 悪党[悪人]ども. **2** 悪党の世界. 〖(1837): ⇨ ↑, -dom〗

rás·cal·ìsm /-kəlìzm, -kl-/ *n.* **1** 悪党根性. **2** 悪党行為, 悪業. 〖(1837) ← RASCAL + -ISM〗

ras·cal·i·ty /ræskǽləti | rɑ:skǽləti/ *n.* **1** 悪党の所業, 非道; 悪党根性 (knavery): a piece of ～ 悪党の仕事. **2** 悪党行為, 悪事, 悪業. 〖(1577) ← RASCAL + -ITY〗

ras·cal·lion /ræskǽljən | rɑ:skǽljən, -liən/ *n.* = rapscallion. 〖(1649) ← RASCAL + (CULL)ION〗

rás·cal·ly /-kəli/ *adj.* **1** 悪党の; 卑しい (base), さもしい, ずるい; 見下げ果てた: a ～ fellow 悪いやつ / a ～ trick ずるい計略. **2** 《古》〈場所など〉ひどく汚ない[不快な]. **3** 《廃》下層階級の. — *adv.* 悪党らしいやり口で, 悪党らしく, 卑劣に. 〖1594〗

ras·casse /ræskǽs; *F.* ʁaskas/ *n.* 〖魚類〗《フランス料理のブイヤベース (bouillabaisse) に使われる》地中海産のフサカサゴ科フサカサゴ属の魚類の総称 (*Scorpaena scrofa, S. porcus* など). 〖(1921) □ F ～ □ Prov. *rascasso*: ⇨ rascacio〗

ras·cette /ræsét/ *n.* 〖手相〗手首線 (bracelet). 〖□ F ～ □ ML *raseta* □ Arab. *rāḥaʰ* palm〗

ra·schel /rɑ:ʃél/ *n.* 〖紡績〗たてメリヤスの一種《トリコット編みよりも若干ゆるく編んだ編地》. 〖(1940) ← *Raschel* (*machine*) (紡織機の一種) 《部分訳》← G *Raschelmaschine* ← *Raschel* 'RACHEL²'〗

Rá·schig ríng /rá:ʃɪg- | -ʃɪg-; *G.* ʁáʃɪç-/ *n.* 〖化学〗ラッシヒリング《直径と高さの等しい円筒で蒸溜の際に充填塔 (chemical tower) の詰め物として用いる》. 〖(1926) ← *Raschig* (人名)〗

rase /réɪz/ *vt.* **1** …に彫刻を施す, 〈線・形などを〉彫る (incise). **2** 削り[こすり]取る; 消す (erase). **3** =raze. — *vi.* 刻み目[印]をつける. **rás·er** *n.* 〖(a1349) *rase*(*n*) □ (O)F *raser* to shave close: ⇨ raze〗

ras·gul·la /rʌsgúlə/ *n.* ラスグッラー《パニール (panir) を丸めてボール状にし, シロップで煮ふくめた菓子; Bengal 地方のものが有名》. 〖(1936) □ Hindi *rasgullā* ← *ras* juice + *gullā* ball〗

rash¹ /rǽʃ/ *adj.* (～·er, ～·est) **1** 〈人が〉向こう見ずの, 考えのない, 無分別な, 無思慮な (reckless): a ～ politician 無分別な政治家 / a ～ impulsive marriage 軽率で衝動的な結婚 / jump to impossible conclusions in a ～ way 軽率に矛盾した結論に飛びつく / It was ～ of you to go there alone. そこへ一人で行くとは無謀でした / in a ～ moment その場[とき]のはずみで, 軽率に. **2** 〈言動が〉気の早い, 性急の, 早まった, 早計の (impetuous, precipitate): a ～ act 早まった行為. **3** 《廃》速効の, 速やかに効く. **4** 《廃》緊急の, 急を要する (urgent). **5** 《方言》生気に満ちた, 精力的な (energetic). **～·ly** *adv.* **～·ness** *n.* 〖(?c1380) *rasch* □ MDu. *rasch* quick, hasty < Gmc *χraskuz (G *rasch*) ← *χrap- 'RATHE': cf. OE *ræsc* storm & *ræscan* to quiver〗

rash² /rǽʃ/ *n.* **1** 発疹(ほっしん); 皮疹, 紅疹; 吹出物: spread like a ～ (発疹のように)一面に広がる. **2** (突然の)多発, 続発, 頻発: a ～ of strikes 続発するスト. **～-lìke** *adj.* 〖(1709) □ OF *rache* < OF *ra(s)che* scurf, eruptive sores ← *raschier* ← L *rādere* to scratch〗

rash³ /rǽʃ/ *vt.* 《廃》突進する (dash), 突きたてる. 〖(?a1400) ← *rashe*(*n*) ← ? RASH¹〗

rash·er /rǽʃə | -ʃə(r)/ *n.* **1** (焼いたり炒めたりする)ベーコンまたはハムの薄い切り身. **2** (ベーコンまたはハムの)一人分[一皿]. 〖(1592) ← 《廃》*rash* 《変形》← RAZE: cf. OE *ræscettan* to crackle〗

Rasht /rá:ʃt | rǽʃt/ *n.* ラシト, レシト《イラン北西部の都市; Resht ともいう》.

Rask /rǽsk; *Dan.* ʁásg/, **Ras·mus** /rǽzməs; *Dan.* ʁásmus/ **Christian** *n.* ラスク (1787–1832; デンマークの言語学者; アイスランド語とラテン・ギリシャ語との同族関係を立証した).

Ras·kol·nik /rəskɔ́:lnɪk | -kɔ́l-; *Russ.* raskól^jn^jik/ *n.* (*pl.* ～s, -kol·ni·ki /-nəki | -nɪ-; *Russ.* -n^jik^ji/) 分離派教徒《17 世紀にロシア正教会から離脱した宗派の人》. 〖(1723) □ Russ. *raskol'nik* dissenter ← *raskol* split, schism〗

ras ma·lai /rʌ́smʌláɪ/ *n.* ラス マライ《甘くした牛乳の中に小さなパニール (panir) を入れたインドの食べ物》. 〖← Hindi *ras* juice + *malāī* cream〗

Ras·mus·sen /rǽsməsən, rá:smʊsən, -sn; *Dan.* ʁásmusən/, **Knud** /knú:ð/ (**Johan Victor**) *n.* ラスムセン (1879–1933; デンマークの北極探検家・民族学者).

ra·son /réɪsən, -sn, rá:sɔ(:)n | réɪsən, -sn, rá:sɔn/ *n.* 〖東方正教会〗=rhason.

ras·o·phore /rǽzəfɔə | -fɔ:(r)/ *n.* 〖東方正教会〗= rhasophore. 〖1887〗

ra·so·ri·al /rəzɔ́:riəl, -sɔ́:r- | -sɔ́:r-/ *adj.* **1** 〈鳥が〉えさを求めて地をかき回す(習性のある); 地べたをあさる. **2** 鶉鶏(じゅんけい)類の. 〖(1836) ← NL ～ ← LL *rāsōri-* ← *rāsor* scraper ← L *rāsus*: ⇨ raze, -ial〗

rasp¹ /rǽsp | rá:sp/ *vt.* **1** きしらせる, がりがりいわせる. **2** 〈人(の神経や感情など)を〉傷つける, かきむしる, 逆なでする, いらだたせる (irritate); 〈耳〉にさわる: ～ a person 人をいらいらさせる / ～ a person's feelings [nerves] 人の感情[神経]をいらいらさせる. **3** きしる[いらいらさせる]ような声で言う 〈*out*〉: ～ *out* one's reply. **4** …に石目やすりをかける; 粗くこする, がりがり削る, おろす (grate): ～ off [away] がりがりこすり取る[削り落とす]. — *vi.* **1** こすれる (rub), きしる (grate). **2** ぎーぎー[きーきー]いう[耳ざわりな音を立てる. — *n.* **1** 石目[鬼目]やすり (rasp-cut file ともいう). **2** 石目やすりをかけること. **3** (やすりなどの)きしみ, きしる音, 歯が浮くような音: the ～ of crickets コオロギの(鋭い)鳴き声. **4** 〖昆虫〗摩擦器《昆虫のざらざらした体表面; ここを摩擦して「鳴き声」を発する》. **～·ish** *adj.* 〖*n.*: (1541) □ OF *raspe* (F *râpe*) ← *rasper* to scrape, grate < VL **raspāre* ← Gmc (cf. OHG *raspōn* to grate). — *v.*: (c1250) *raspe*(*n*) □ MDu. *raspen* // OF *rasper*〗

rasp² /rǽsp | rá:sp/ *n.* 《方言》=raspberry. 〖《略》← 《廃》*raspis* raspberry: ⇨ raspberry〗

ras·pa·to·ry /rǽspətɔ̀:ri | rá:spətəri, -tri/ *n.* 〖外科〗(外科用)骨膜剝離器. 〖(1562) □ ML *raspātōrium* ← VL **raspāre* 'to RASP¹': ⇨ -ory²〗

rasp·ber·ry /rǽzbèri, -b(ə)ri | rá:zb(ə)ri, rá:s-/ *n.* **1 a** キイチゴ《バラ科キイチゴ属 (*Rubus*) の各種の植物の総称; 特に, ヨーロッパキイチゴ (European raspberry), 米国では *R. strigosus* をいう》. **b** キイチゴの実《食用》. **2** ラズベリー(レッド)《赤味の深い濃赤紫色》. **3** 《俗》(舌を両唇にはさんで震動させて出す)軽蔑[不賛成]の「ぶるるる」という音; あざけり (ridicule); 酷評, 悪口 (cf. razz): blow a ～ あざける, 軽蔑する / get [give, hand] the [a] ～ 酷評[嘲笑]される[する] / give a person a very loud ～ 大きな音で[ぶるるる]をやる. **4** 《俗》拒絶, 非難; 解雇. 〖(1623) ← 《廃》*raspis* raspberry (← ?) + BERRY〗

raspberry

ráspberry béetle *n.* 〖昆虫〗ラズベリーを食害するキスイモドキ科の甲虫 (*Byturus tomentosus*) 《成虫がつぼみを, 幼虫が果実を食べる》.

ráspberry cáne *n.* (根元から生える)キイチゴの新枝《翌年これに実が成る》.

ráspberry réd *n.* =raspberry 2. 〖1894〗

ráspberry sáwfly *n.* 〖昆虫〗幼虫がキイチゴとクロイチゴの葉を食う小形の黒いハバチの一種 (*Blennocampa rubi*).

ráspberry vínegar *n.* ラズベリービネガー《きいちごの汁に砂糖と酢を加えて作ったシロップ状のもの》. 〖1713〗

rásp-cùt file *n.* =rasp¹ 1.

rásp·er *n.* **1** (砂糖大根の根・砂糖きびなどを)すりおろす道具. **2** 〖狩猟〗跳び越えにくい高い垣[柵]. 〖(1725) ← RASP¹ + -ER¹〗

rásp fèrn *n.* 〖植物〗ヤスリシダ《オーストラリア・ポリネシアの森林・熱帯雨林に産するシシガシラ科の小型のシダ; 硬質で, 裂片は鋸歯縁になっている》.

rásp·hèad róckfish *n.* 〖魚類〗北米太平洋沿岸のカサゴ科の頭部にのこぎり状の隆起のある魚 (*Sebastodes ruberrimus*).

rásp·ing *adj.* **1** かく, こする (scraping, grating). **2** きしる音を立てる, がりがりいう. **3** (人の心・感情などを)いらいらさせる, かきむしる (harsh, irritating): a ～ voice 耳ざわりな声. **4** 〖狩猟〗**a** 〈溝・柵など〉高くて跳び越えにくい: a ～ fence. **b** 非常に速い: at a ～ pace 全速力で. **～·ly** *adv.* **～·ness** *n.* 〖(1656) ← RASP¹ + -ING²〗

rasp·ings /rǽspɪŋz | rá:s-/ *n. pl.* (フライ用などの)パン粉. 〖(1655) ← RASP¹ ↑〗

Ras·pu·tin /ræspjú:tn̩, -pú:-, -tn | -tɪn; *Russ.* rasputʲin/, **Gri·go·ri E·fi·mo·vich** /ɡrʲiɡórʲij jɪfʲíməvʲitʃ/ *n.* ラスプーチン (1872?–1916; シベリアの農夫出身の怪僧で, ロシア皇帝 Nicholas 二世とその皇后に取り入って権勢を得たが, 後に暗殺された).

rasp·y /rǽspi | rá:spi/ *adj.* (**rasp·i·er**; **-i·est**) **1** = rasping 1–3. **2** 怒りやすい (irritable): a ～ disposition 怒りやすい性格. **rásp·i·ness** *n.* 〖(1838) ← RASP¹ + -Y⁴〗

rass /rǽs/ 《カリブ卑》*n.* 尻; まぬけ野郎, 抜作. — *int.* こんちくしょう, くそくらえ. 〖(1970) 《音位転換》← ARSE // 《異分析》← *your ass*〗

ras·se /rǽsə, rǽs/ *n.* 〖動物〗コジャコウネコ (*Viverricula indica* [*malaccensis*]) 《Indochina, Malay 半島産ジャコウネコ属の哺乳動物》. 〖(1817) □ Javanese *rasé*〗

Ras·sen·kreis /rá:sənkràɪs, -sn-; *G.* ʁásn̩kʁaɪs/ *n.* (*pl.* -en·krei·se /-zə; *G.* -zə/) 〖生物〗連繋群, 品種環《形態が少しずつ異なる種より成るグループが, 分布圏がつながって, 全体が一つのまとまりをなしているもの》. 〖□ G ～ ← *Rasse* RACE² + *Kreis* circle〗

Ras Sham·ra /rá:sʃá:mrɑ:/ *n.* ラスシャムラ《シリア西部 Latakia の北 11 km の地中海岸近くにあるテル (tell) で北部の村; 古代都市 Ugarit の遺跡; 1929 年以来の C. F. A. Schaeffer らによる発掘調査の結果 Hassuna 期から後期青銅時代に至るフェニキア地方古代文化の変遷が明らかにされた; また神殿跡発見の 28 文字から成る最古のアルファベットで記された粘土板文書は有名》.

ras·sle /rǽsl/ 《方言》*v.* =wrestle. — *n.* レスリングの試合. 〖《変形》← WRESTLE〗

Ras·ta /rǽstə/ *n., adj.* =Rastafarian.

Ras Ta·fa·ri /rὲstəfá:ri, -féə̯ri | -fá:ri/ *n.* ⇨ Haile Selassie.

Rasta·far·i·an /rὲstəféəriən, -fá:r- | -féər-/ *n., adj.* (エチオピアの Haile Selassie 皇帝を神として尊崇するジャマイカ人の宗派の)ラスタファリー教徒(の, を表す). **～·ism** /-nìzm/ *n.* 〖(1955) ← *Ras Tafari* (Haile Selassie 皇帝の称号)〗

Ras·ta·man /rá:stəmæn, rǽs- | rǽs-, rʌ́s-/ *n.* = Rastafarian.

ras·ter /rǽstə | -tə(r)/ *n.* 〖テレビ〗ラスター《受像管の画面で映像信号だけを除くときに得られる走査線の図形》. 〖(1934) □ G *Raster* screen □ L *raster* rake ← *rādere* to scrape〗

ráster displày *n.* 〖電算〗ラスター表示法《テレビジョンと同様に電子ビームを走査させ, 輝度を変化させて情報を表示する方式; cf. calligraphic display》.

ras·ter·ize /rǽstəràɪz/ *vt.* 〖電算〗ラスター化する《画面表示[印刷]できるドットパターンに変換する》. **ras·ter·i·za·tion** /rὲstərəzéɪʃən | -raɪ-, -rɪ-/ *n.* **-iz·er** *n.*

ras·tle /rǽsl/ *v., n.* 《方言》=wrestle.

ra·sure /réɪʃə, -ʒə | -ʒə(r)/ *n.* 抹殺, 削除 (erasure). 〖(a1400) □ OF ～ // L *rāsūra*: ⇨ rase, -ure〗

rat¹ /rǽt/ *n.* **1** 〖動物〗**a** クマネズミ, ネズミ《クマネズミ属 (*Rattus*) の数種のネズミの総称; クマネズミ (black rat), ドブネズミ (brown [Norway] rat), エジプトネズミ (roof rat) などで, ハツカネズミ (mouse) より大きい; 害獣で腺ペストや発疹チフスなどの保菌動物》: (as) drunk [poor, weak] as a ～ 酔いつぶれて[一文なしで, 力を失って] / *Rats* desert [leave] a sinking ship. 《諺》ネズミは沈みそうな船から逃げ出す. **b** [しばしば複合語に用いて] (ネズミに似た)齧歯(げっし)類の動物の総称; ⇨ muskrat. **2** 〖ネズミは火事や沈没の前に家や船を去るという伝説から〗《政治》(困難な時・非常時などの)脱党[脱会]者, 裏切者 (deserter). **3** 《俗》規定以下の賃金で働く従業員, ストライキに加わらない従業員, スト破り (scab). **4 a** 《俗》卑劣漢 (louse), 恥知らず. **b** 《米俗》スパイ, 警察の犬; 密告者 (informer). **5** 《米口語》(女性が頭髪をふくらますための)入れ毛, かもじ《形がネズミに似ている》. **6** 灰緑色. **7** 《米口語》(特定の場所に)頻繁に訪れる人, うろちょろするやつ (cf. rink rat): a mall ～. ***gèt* [*hàve, sèe*] *ráts*** 《俗》(アルコール中毒で)振戦譫妄(せんもう)症 (delirium tremens) を呈する (cf. *see* SNAKES). ***like* [(*as*) *wét as*] *a drówned rát*** ぬれねずみで, びしょぬれになって; しょんぼりして. 《c1500》 ***smell a rát*** (策略・陰謀などに)気づく, 感づく, かぎつける. 《a1550》
— *int.* [～s] 《俗》**1** (そんな)ばかな, まさか, とんでもない. **2** ちぇっ, くそっ.
— *v.* (**rat·ted**; **rat·ting**) — *vi.* **1** 《俗》**a** スパイをする, 密告する (inform) 〔*on*〕. **b** こそこそする, 卑劣なふるまいをする. **2** (党の旗色が悪くなった時に)脱党する, 変節する; 約束を破る. **3** 《俗》規定賃金以下で働く; スト(ライキ)に参加しない, スト(ライキ)をした者の後がまにすわる, スト破りをする. **4** (特に, 犬を用いて)ネズミを捕(と)る, ネズミ退治をする; 〈犬が〉ネズミを捕る. — *vt.* かもじを入れて[整髪の仕方によって]〈髪の毛を〉ふくらませる.
rát on 〈約束などを〉取り消す, 果たさない; 〈借金などを〉返さない, 踏み倒す; 〈人を〉裏切る. ***rát out*** 《俗》〈仲間などを〉

見捨てる, 手を引く, 売る, 逃げをうつ〔on〕.
〖late OE ræt ← ? Gmc *rattōn (Du. rat / G Ratz, Ratte) ← ? IE *rēd- to scrape, gnaw (L rādere to scrape): cf. ratton[1]〗
rat[2] /rǽt/ vt. (**rat·ted; rat·ting**) 《古・卑》〖軽いののしりに用いて〗のろう, ののしる (damn, confound): *Rat* me if I do it. 絶対にしないよ / *Rat* your inquisitive eyes! じろじろ見るな. 〖《1696》《変形》← ROT〗
rat. 《略》rating; rations.
ra·ta /rɑ́ːṭə | -tə/ n. 〖植物〗ニュージーランド産のフトモモ科の高木 (*Metrosideros robusta* または *M. lucida*); その材《赤くて堅い》. 〖《1792》□ Maori ～〗
rat·a·bil·i·ty /rèɪṭəbíləṭi | -təbílɪ̣ti/ n. **1** 《英》課税資格, 市税[地方税]納入義務[負担能力]. **2** 評価しうること. 〖《1849》↓〗
rat·a·ble /réɪṭəbḷ | -tə-/ adj. **1** 見積もられる, 評価できる (estimable). **2** 比例した, 一定の比率に応じた (proportional): a ～ distribution of an estate 財産の比例配分《特に破産財産の分配についていう》. **3** 《英》税を負担すべき (taxable), 課税すべき. **rát·a·bly** adv. **～·ness** n. 〖《1503》← RATE[1]＋-ABLE〗
rátable válue n. 《英》(不動産の)課税評価額.
rat·a·fee /rǽṭəfìː | -tə-/ n. ＝ratafia.
rat·a·fi·a /rǽṭəfíːə | -tə-/ n. **1** ラタフィア《さくらんぼ・もも・あんずなどの果肉や種子で風味をつけた一種のリキュール》. **2** ＝ratafia biscuit. 〖《1699》□ F ～ ← ? Creole: cf. tafia〗
ratafia biscuit n. ラタフィアビスケット《アーモンドの粉末・砂糖・卵白を合わせて焼いたマコロン (macaroon) に似た菓子》.
Ra·tak /rɑ́ːtɑːk/ n. ラタック(列島)《西太平洋の Marshall 諸島の東部列島; 主要島は Majuro 島》.
rat·al /réɪṭḷ | -tḷ/ 《英》n. (地方税)課税対象価額. **—** adj. 課税される, 納税上の: ～ value 課税価額 / the ～ qualification (for members of vestries) (教会委員の)納税資格. 〖《1859》← RATE[1]＋-AL[1]〗
ra·ta·ma /rətɑ́ːmə, -téɪ-/ n. 〖植物〗＝retama.
rat·a·ma·cue /rǽṭəmәkjùː | -tə-/ n. 〖音楽〗ラタマキュー《ドラム演奏法の基本パターンの一つ; 二拍子の一拍目が, 前に 2 個の装飾音を加えた三連符となる》. 〖《c1945》: 擬音語〗
ra·tan /rætǽn, rə-/ n. ＝rattan.
rat·a·plan /rǽṭəplæ̀n, ⸗⸗⸗ | rætəplǽn/ n. どんどん(という音): a rolling ～ of drums 太鼓のどんどんと鳴る音. **—** v. (**rat·a·planned; -plan·ning**) **—** vi. どんどん鳴る, 太鼓を打つ. **—** vt. (太鼓などを演奏として)たたく. 〖《1847–48》□ F ～: 擬音語〗
rát-ársed adj. 《英俗》＝rat-assed.
rát-ássed adj. 《米俗》ぐでんぐでん[べろべろ]に酔った.
rat-a-tat /rǽṭətǽt, ⸗⸗⸗ | -tə-/ (also **rat-a-tat-tat** /rǽṭətæ̀(t)tǽt/) n. どんどん, とんとん (rat-tat)《戸などをたたく音・太鼓の音・釘を打つ音》: A gay ～ sounded at the door. とんとんと派手にドアをノックする音が聞こえた. 〖《1681》: 擬音語〗
ra·ta·touille /rǽtətúːi, -twíː | rætətwíː, -túːi; F. ʀatatuj/ F. n. 〖料理〗ラタトゥイユ《なす・トマト・ズッキーニ・ピーマン・ニンニクなどをオリーブ油で炒めて煮込むプロバンス (Provence) 地方の野菜料理; 冷やして食べることもある》. 〖《1877》□ F ～ ← *touiller* to stir〗
rát·bàg n. 《豪俗》変人; 気難し屋; ごたごたを起こす人. 〖1937〗
rat·bag·ger·y /rǽtbæ̀gəri/ n. 《豪俗》ばかげた行為, 風変わり, 奇行.
rát-bìte fèver [disèase] n. 〖病理〗鼠咬(そこう)症《梅毒病原体に似た微生物による疾病で, 感染したネズミや他の動物にかまれることによってうつる: sodoku ともいう》. 〖1910〗
rát·bòy n. 《米俗》**1** 警官殺し《特に非行少年》. **2** (自分の体で)麻薬を試して質などを判別できる人.
rát·càtcher n. **1** ネズミ捕り屋; ネズミを捕る動物《テリア犬など》. **2** 《英俗》略式の狩猟服《ツイードの上着に黄褐色のズボン; 正式の狩猟服に対していう》. 〖《1595》← RAT[1]＋CATCHER〗
ratch /rǽtʃ/ 〖機械〗n. **1** ＝ratchet 2. **2** ラッチ《つめをひっかけて止めるためのぎざぎざがついた棒または歯》. **—** vt. **1** 〈歯車〉の歯切りをする. **2** 〈機械工具などを〉つめ車によって回転させる. 〖《1721》□ G *Ratsche* clapper, rattle, ratchet ← *ratschen* to rattle〗
rát chèese n. 《俗》安物のチーズ, (特に)チェダーチーズ (Cheddar).
ratch·et /rǽtʃɪ̣t | -tʃɪt/ 〖機械〗n. **1** ラチェット, のこぎり歯車, つめ車装置《つめ車 (ratchet wheel) とそれを動かすつめ (ratchet) および逆転を止めるつめ (pawl) とから成り, ある種のレンチ (wrench) や手ぎり (hand drill) などで動きを一方向に限るのに使われる》. **2** (つめ車を動かす)つめ (click, pawl). **3** ＝ratchet wheel. **—** v. (**ratch·et, -et·ted; -et·ting**) **—** vi. **1** ラチェットで動く. **2** カチッカチッと[段階的に]動く〈*up, down*〉. **—** vt. **1** 〈機械・道具〉にラチェットをつける. **2** カチッカチッと[段階的に]動かす〔up, down〕. **3** のこぎり歯車にする. ***rátchet úp*** [*dówn*] 〈物価・利率などを〉段階的に上げる[下げる], 少しずつ上昇させる[下降させる]. 〖《1659》(古形) *rochet* □ F ～ 'ratchet, bobbin, spindle' 〈OF *rocquet* head of a lance ← Gmc: cf. rock[3]〗
rátchet bràce n. 〖木工〗繰子錐(くりこぎり). 〖1849〗
rátchet drìll n. 〖機械〗追歯錐, ハンドボール. 〖1846〗
rátchet effèct n. 〖経済〗歯止め効果《物価や所得がいったん上がるとそのまま元に戻らないこと》.
rátchet jàck n. 〖機械〗ラチェットジャッキ《つめ車装置 (ratchet) を使って上げ下げするねじジャッキ》. 〖1875〗
rátchet whèel n. **1** 〖機械〗つめ車, 追歯車. **2** 〖時計〗角穴車《ぜんまい巻き上げ輪列の中の最終段歯車で, その軸にぜんまいの内端が固定される; この歯車はこはぜと係合して一方向にしか回転しない》. 〖1777〗
rát-clàw fòot n. (18 世紀後期の英米の家具に見られる)ねずみ足《猫足の細長いもの》.
rate[1] /réɪt/ n. **1** 割合, 率, 歩合; レート, 相場 (ratio, proportion): the ～ of discount [pay]＝the discount [pay] ～ 割引[賃金]率 / the ～ of interest＝the interest ～ 利率 / the birth [death, divorce, crime, failure, success, turnover] ～ 出生[死亡, 離婚, 犯罪, 失敗, 成功, 回転]率 / insurance ～s 保険料率 / the basic [top] ～ of income tax 所得税の基本[最高]税率 / His novel was progressing at the ～ of 700 to 1,000 words a day. 彼の小説は 1 日 700 から 1,000 語の割合で進んでいた. **2** **a** (時間などの単位で測られた)速さ, 速度, 進度 (speed): drive at a dangerous ～ 危険な速力で疾走する / at a great [tremendous, terrific] ～ 高速度で / at a steady ～ 一様な[むらのない]速度で / talk [walk] at a leisurely ～ ゆっくり話す[ゆったりした足取りで歩く] / at the [a] ～ of 90 miles an hour 時速 90 マイル(の速さ)で. **b** (時間当たりの)給料, 賃金: wages on [at] an hourly ～ 時間給 / paid at the [a] ～ of $10 an hour [a page] 1 時間 [1 ページ] 10 ドルで支払われる. **c** 進行度, 進度: the ～ of economic growth＝the (economic) growth ～ 経済成長率 / the ～ of flow 流入[流出]率. **3** (一定の率・基準に基づいた)値段 (price(s), charge(s)); 料金, 使用料; 運賃: postal [postage] ～s 郵便料金, 郵税 / hotel ～s ホテル料金 / What's the (phone) ～ for a long-distance call? 長距離通話の電話料金はいくらですか / advertising ～s 広告料金 / an electricity ～ of 10 cents per kilowatt-hour 1 キロワット時 10 セントの電気料金 / at a low [high] ～ 安い[高い]値段で / give special (reduced [discount]) ～s 特別割引きする. **4** (品質の)相対的な程度, 等級 (rank); 種類 (kind): I am a spirit of no common ～. 私は普通の妖精ではないのよ (Shak., *Mids N D* 3. 1. 154) / a hotel of the first ～ 第一級のホテル. **5** 《英》**a** (不動産評価額に基づく)課税査定額. **b** 《古》〖通例 pl.〗地方税 (council tax, 《米》local taxes): domestic [business] ～s 国内[事業]税 / poor ～s 救貧税 / parish ～s 教区税 / ～s and taxes 地方税と国税 / put an extra penny on the ～s 追徴税を課す / water ～(s) 水道税 / ⇨ ratepayer. **6** **a** 格付け, 等級付け. **b** 《廃》評価, 価値 (value), 意見, 考え. **7** 《廃》量; 一定量. **8** 〖海事・米海軍〗(船・船員・応募兵などの)等級, 等, 級, 格 (grade, class): a man-of-war of the first [second] ～ 一[二]級艦. **9** 〖時計〗歩度(ほど)《短い時間間隔について測られた時計の進み遅れの割合い; 通例 1 日当たりに換算し, 秒/日の単位で表す》. **10** 《廃》暮らし向き.
at áll rátes ぜひとも, 何とかして. ***at ány ràte*** (1) ともかく, いずれにしても (at all events, in any event, in any case); 少なくとも (at least). (2) 《廃》どんな犠牲を払っても. 〖《1619》〗 ***at a*** [***the***] ***ráte of knóts*** 《英口語》大急ぎで, まっしぐらに, スピードを出して (very fast). ***at thát*** [***the***] ***ràte*** 《口語》そんなわけなら (in that case), そんな調子では: If you go on *at that* ～, you will injure your health. そんな調子でいくと体をこわすよ. ***at thís ràte*** 《口語》こんな風に, こんなに, この分では (in this way): *At this* ～, he will not succeed. この分じゃ成功しないよ.
ráte of chánge 〖数学〗変化率《関数の値の変化分の変数の値の変化分に対する割合》.
ráte of exchánge (外国)為替相場 (exchange rate).
ráte of retúrn 〖経済〗利益[収益率].
ráte of retúrn on invéstment ＝RETURN of investment.
ráte of stóck tùrnover [the ―] 商品回転率《売上高を平均在庫高で割ったもの; これが高ければ薄利多売が可能となる; 単に stock turnover ともいう》.
— vt. **1** 見積もる, 評価する (⇨ estimate SYN): ～ honor at its true value 名誉を真価で評価する / I do not ～ his merits (very) high(ly). 彼の功績を(あまり)高く評価しない / He ～s the influence of religion too high [low]. 彼は宗教の力を買いかぶって[過小評価して]いる. **2** みなす, 思う: ～ it (*as*) a great success それを大成功だと思う / He is ～*d* one of the most influential men in the city. 彼は市の最有力者の一人に見られている / I ～ him among my most important benefactors. 彼を最も大切な恩人の一人と考えている / How do [would] you ～ her latest novel? 彼女の最新の小説をどう思いますか / I ～ (that) he is drinking again. 彼はまた飲んでいるんだろう. **3** 〖通例受身で〗《英》**a** 〈家屋・土地などを〉(課税の目的で)評価する: Houses are often ～*d at* a sum smaller than their rent. 家屋の課税価額はその家賃より少額に見積もられる. **b** 〈人〉に地方税を課する: We are highly ～*d* for education. 教育のために多額の税を課せられている. **4** (貨幣本位の中で)〈貨幣・金属〉に一定の価値を与える: silver coinage ～*d* far above its real value 地金の価値よりもずっと高値になっている銀貨. **5** 特定の等級に入れる; 〖海事〗〈船員・船舶〉の等級を定める. **6** **a** …の料金[運賃]を定める; 〈貨物〉の輸送料金を決める. **b** 《まれ》算出する (calculate). **7** 〖機械・電気〗〈出力などを〉定格と定める. **8** …に値する, …の当然の価値がある (deserve, merit): ～ special treatment 特別待遇を受ける価値がある. **9** 〖時計〗**a** 〈時計〉の歩度を測る. **b** 〈時計を〉調節する. **10** 〖保険〗〈ある危険〉の保険料率を定める. **11** 《廃》割当てる (allot). **—** vi. **1** **a** 見積もられる, 評価される, 価値がある: He ～*s* high(ly) in my estimation. 私は彼を高く評価している. **b** 《米口語》〔…に〕高く評価される, 特別扱いを受ける, 受けがいい〔with〕: He really ～*s with* me (in my book). 私は本当に彼を(本の中で)高く評価している. **2** 〔…の〕等級を有する, 位する〔*as*〕: The ship ～*d as* a ship of the line. 同艦は戦列艦級であった / He ～*s as* a top [leading] cellist.＝He's a top-*rated* [highly ～*d*] cellist. 彼は最高[一流]のチェリストに位する. ***ráte úp*** 〖保険〗(危険率を考慮して)高率の保険料を課する, 保険料を上げる.
〖《1425》ME □ OF ～ 'price, value' ∥ ML *rata* ← L *prō ratā parte* according to an estimated part ← *ratus* reckoned (p.p.) ← *rērī* to count (⇨ reason): cf. ratio〗
rate[2] /réɪt/ vt. 〈人・猟犬などを〉どなりつける, ののしる. **—** vi. 〈人・猟犬などを〉しかりつける, どなりつける〔at〕: ～ *at* a person. 〖《c1390》*rate(n)* □ ? OF *reter* to blame, accuse ＜L *reputāre* to count: ⇨ repute: cf. Swed. *rata* to find fault〗
rate[3] /réɪt/ v. ＝ret.
rate·a·bil·i·ty /rèɪṭəbíləṭi | -təbílɪ̣ti/ n. ＝ratability.
rate·a·ble /réɪṭəbḷ | -tə-/ adj. ＝ratable.
ráteable válue n. 《英》＝ratable value.
rate-cap /réɪtkæ̀p/ vt. 《英》〈地方税に〉税率の上限を設ける. 〖《1985》《逆成》↓〗
ráte-càpping n. 《英》地方税率の上限規制《中央政府による地方自治体の予算浪費の牽制策》. 〖1983〗
ráte càrd n. (新聞・雑誌・放送局などの)標準広告料金表《広告規定なども記してある》. 〖1905〗
ráte cònstant n. 〖化学〗速度定数《化学反応の速度を, 反応前の物質の濃度の適当な冪(べき)の積で表したときの係数; 一般に, 温度によって変化する; rate coefficient ともいう》. 〖1927〗
rát·ed hórsepower /-ṭɪ̣d- | -tɪ̣d-/ n. 〖機械〗定格馬力 (略 r.h.p.).
ráted lóad n. 〖機械〗定格負荷.
ra·teen /rætíːn/ n. ＝ratiné.
ráte gỳro n. 〖航空〗レイトジャイロ《これを取り付けた飛行機の角速度を検出するジャイロ; cf. free gyro》.
ra·tel /réɪṭḷ, rɑ́ː-, | réɪtḷ, rɑ́ː-, -tɛl/ n. 〖動物〗イタチ科ラテル属 (*Mellivora*) の動物の総称: **a** アフリカラーテル, ミツアナグマ (*M. capensis*)《アフリカ南部産の夜行性肉食動物; みつばちを特に好むので honey badger ともいう》. **b** インドラーテル (*M. indica*)《ヒマラヤのふもと・インド北部・ネパールに生息》. 〖《1777》□ Afrik. ～ ← ? Du. ～ 'rattle': cf. Du. *raat* honeycomb?〗
ráte·mèter n. 〖電子工学〗(放射線計測の)レートメーター, 計数率計. 〖《1949》← RATE[1]＋METER〗
ráte-of-clímb indicator n. 〖航空〗昇降計.
ráte·pàyer n. 《米》(電気・水道などの)公共料金支払者; 《英》地方税納付者. 〖《1845》← RATE[1]＋PAYER〗
rát·er[1] /-ṭə | -tə^(r)/ n. **1** 見積もり者, 評価者. **2** 〖通例複合語の第 2 構成素として〗ある等級に属するもの; あるトン数の船[ヨット]: a first-*rater* 第一人者, 一流品 / a second-*rater* 二流品 / a 10-*rater* 10 トン(級)のヨット[船]. 〖《1611》← RATE[1]＋-ER[1]〗
rát·er[2] /-ṭə | -tə^(r)/ n. どなり屋, がみがみ屋, 小言幸兵衛(こごとこうべえ). 〖《1863》: ⇨ rate[2]〗
ráte suppòrt gránt n. 《英》(国の)地方交付金 (略 RSG). 〖1966〗
ráte sỳstem n. 〖電気〗料金制.
ráte tìme n. 〖電気〗微分時間.
rát fìnk n. 《米俗》嫌なやつ, つまらない[けちな]やつ, 嫌われ者; 密告者, たれ込み屋 (informer). 〖1964〗
rát·fìsh n. 〖魚類〗ギンザメ《ギンザメ科の魚の総称; chimaera, rabbitfish ともいう》; (特に)北米太平洋岸の深海にすむ虹色で白い斑点のある魚 (*Hydrolagus colliei*). 〖《1882》: 尾びれがネズミのしっぽに似ているため〗
rát flèa n. 〖昆虫〗ネズミノミ《ネズミに寄生するノミの総称》: **1** ヨーロッパネズミノミ (*Nosopsyllus Ceratophyllus fasciatus*)《ドブネズミに寄生するナガノミ科の昆虫》. **2** ケオプスネズミノミ (*Xenopsylla cheopsis*)《ネズミや人間, イヌなどの動物間の移行性が著しくペストの媒介をする》. 〖1871〗
rát guàrd n. 〖海事〗ねずみよけ《ネズミの出入りを防ぐために船舶の係留綱に固定した円形の金属板》.
rath[1] /rɑ́ːθ/ n. 〖考古〗(アイルランド地方の)土砦(どさい)《族長の家を囲んだ円形の堅牢な土塀; 昔は誤ってデーン人 (Danes) が造ったものだと言われた》. 〖《1596》□ Ir. *rāth*〗
rath[2] /rǽθ | rɑ́ːθ/ adj., adv. 《古・詩・方言》＝rathe.
rath[3] /rʌ́t/ n. ＝ratha.
ratha /rʌ́t/ n. (インドの)四輪馬車[牛車]. 〖□ Hindi *rath* ← Skt *ratha*〗
Rat·haus /rɑ́ːthàʊs; G. ʀáːthaʊs/ G. n. (pl. **-häus·er** /-hɔ̀ɪzə | -zə^(r); G. -hɔ́ʏzɐ/) 市会議事堂, 市[町]公会所 (town hall). 〖《1611》□ G ～ 'council house': ⇨ rede, house〗
rathe /réɪð/ adj. 《古・詩・方言》**1** **a** 早咲きの; 早朝咲きの; 早なりの, 早く熟する, 早稲(わせ)の. **b** 他のもの[普通の時]より早く終わった[来た, 用意ができた]. **2** 速やかな, 敏速な (quick, prompt). **—** adv. **1** 《古》速く, 敏速に. **2** 《古・方言》早く (early). **～·ly** adv. **～·ness** n. 〖OE *hræþ(e)* 《変形》← *hræd* ＜Gmc *χrapaz (OHG (*h*)*rad* / ON *hraðr* quick) ← IE *kret- to shake〗
Ra·the·nau /rɑ́ːṭənàʊ, -tṇ- | rɑ́ːtən-, -tṇ-; G. ʀáːtənaʊ/, **Wal·ther** /vɑ́ltɐ/ n. ラーテナウ (1867–1922; ドイツの実業家・政治家, 外相 (1922); 暗殺された).
rath·er /rǽðə | rɑ́ːðə^(r)/ adv. **1** **a** 〈…よりは〉むしろ〈*than*〉: He is ～ a teacher *than* a scholar.＝He is a teacher ～ *than* a scholar. 学者というよりむしろ教師だ / It is ～ cold *than* hot [otherwise].＝It's cold ～ *than* hot [otherwise]. どちらかといえば寒いほうだ / They shut up shop ～ *than* go bankrupt.＝*Rather than* go [going] bankrupt, they shut up shop. 破産するよりはと閉店した / I prefer to go out ～ *than* to stay in.＝I

prefer going out to staying in. 家にいるより外出する方がいい / *Rather* you *than* me! 私はいいので君はどうぞ. **b** [通例 would [(米) had] ～ として] 〈…よりはむしろ喜んで, 進んで; いっそ…した方が〉〈*than*〉: I *would* ～ not go. どちらかといえば行きたくない / I ought to go, but I'*d* ～ not. 行くべきだが, むしろ行きたくない / I'*d* (much) ～ go out *than* stay in. 家にいるよりむしろ外出した方が(ずっと)いい / I'*d* ～ you didn't go. 君が行かないでくれるといいのだが / I'*d* ～ you went out *than* (that you) stayed in. 君が家にいるよりむしろ外出してくれるといいのだが / I'*d* ～ catch the next bus. いっそ次のバスに乗った方がいい / I *would* ～ never have been born *than* have seen [see] this day of shame. こんな恥辱にまみれるよりはいっそ生まれて来なければよかった / I *had* [*would*] ～ err with Plato *than* be right with Horace. ホラティウスと共に正しからんよりはむしろプラトンと共に誤たん (cf. Cicero, *Tusculanae Disputationes*). **2 a** どちらかといえば, いやむしろ; かえって: or ～ 否むしろ / late last night, or ～(,) early this morning ゆうべ遅く, というより今朝早く / The party was ～ a failure. 会はむしろ失敗だった / I ～ doubt it. さあ, それはどうですかね / He does not teach but ～ write stories. 彼は教師ではなく小説家です. **b** [接続詞的に] 逆に, それどころか: It is not a help, ～ (more) a hindrance [the reverse]. 手助けどころか邪魔だ. **c** 幾分, やや, 多少 (somewhat), 少々 (slightly); 目立つほど, かなり (quite): ～ dark 少々暗い / ～ good-looking かなり器量のよい / I feel ～ better [more comfortable] today. 今日は幾分気分がよい / ～ interesting(ly) かなり興味深い[興味深く] / He died after a ～ short illness. ちょっとの間病んで死んだ / This book is ～ too difficult for you [more difficult than I thought]. この本は君には少々難しすぎる[思ったより難しい] / It's (really) ～ a pity [shame]. (本当に)かなり残念なことだ / She's accomplished ～ a lot [a good deal]. 彼女はかなり多くを成し遂げた / It looks ～ like a large dog. それはかなり大きな犬のように見える.

語法 (1) 形容詞を修飾する場合, 不定冠詞の前または後に, 定冠詞の後に位置する: *a rather* kind man / *rather a* kind man / *the rather* kind man you met yesterday. (2) fairly, quite, somewhat などと同様否定語と共に用いない. (3) 上記例文中にあるように rather は fairly, quite と異なり, 比較級または too の前でも用いられる. (4) rather は fairly, quite とは対比的に「困った[意外な]ことに」の含みがあることがある: a *rather* easy book やや[かなり]やさしすぎる本 (cf. a *fairly* easy book 適度に[かなり]やさしい本) / The play was *rather* poor. (cf. The play was *quite* [*fairly*] good.)

3 〘英方言〙より早く (earlier), よりすばやく.
(àll) the ráther that [*becàuse*] …だからなおさら.
— *int.* ★ この意味ではやや〘古風〙な /rɑ̀ːðɚ́ː | rɑ̀ːðə́ː(ʳ/という発音もある. [反語的に強い肯定の答えとして]〘英口語〙無論そうだとも, 確かに (certainly, assuredly) (cf. sure *adv.* 1, surely 2): Do you like this?—*Rather!* これはお好きですか—好きどころじゃありません(大好きです).
〘OE *hraþor* (compar) ← RATHE: ⇨ -er²〙

rath·er·est /rǽðərɨ̀st | rɑ́ː-/ *adv.* 〘廃・方言〙とりわけ. 〘(*c*1420): ⇨ rather, -est〙

ráthe·rìpe 〘詩・方言〙*adj.* 早生(わせ)の; 〈人が〉早熟の. **—** *n.* (豆・りんごなどの)早生(わせ), 早生(わせ)もの. 〘1578〙

rath·er·ish /-ð(ə)rɪʃ/ *adv.* 〘米口語〙幾らか, ちょっと. 〘(1862) ← RATHER＋-ISH〙

Ráth·ke's póuch [pócket] /rɑ́ːtkəz-; *G.* ʁáːtkə/ *n.* 〘生物〙ラートケ嚢(のう) (脊椎動物の胚で頭部腹面の外胚葉から間脳下面へ向かって生じる管状の陥入; 後に脳下垂体を作る). 〘(1892) ← *M. H. Rathke* (1793–1860: ドイツの解剖学者)〙

rát·hòle *n.* **1 a** ネズミの(かじって作った)穴. **b** ネズミの巣[隠れ場]. **2** むさくるしい小部屋[場所].
dòwn the ráthole つまらぬ目的のために, どぶに金(かね)を捨てるように. 〘1812〙

rát·hòuse *n.* 〘豪俗〙精神病院 (psychiatric hospital). 〘1913〙

raths·kel·ler /rɑ́ːtskɛ̀lə, rǽts- | rǽtskɛ̀lə(ʳ; *G.* ʁáːtskɛlɐ/ *n.* 〘米〙**1** [R-] (ドイツの)市会議事堂の地下食堂[ビヤホール]. **2** ドイツ風の地下食堂[ビヤホール]. 〘(1863) □ G *Rathskeller* ← *Rath, Rat* town hall (⇨ rede)＋*Keller* (＜OHG *kellāri* □ L *cellārium* 'CELLAR')〙

rath ya·tra /rɑ́θjɑ̀ːtrə/ *n.* 〘ヒンズー教〙ラトヤートラー (信者が神像を載せた山車を中心に練り歩く行事; 特に Juggernaut 像を引く). 〘□ Hindi *rath yātrā* ← rath 'RATH'＋*yātrā* going (□ Skt ← *yāti* he goes)〙

rat·i·cide /rǽtəsàɪd | -tɨ̀-/ *n.* 〘薬学〙殺鼠(さっそ)剤.

rat·i·cid·al /ræ̀təsáɪdl̩ | -tɪsáɪdl̩˝/ *adj.* 〘(1847) ← RAT¹＋-I-＋-CIDE〙

rat·i·fi·ca·tion /ræ̀təfɨ̀kéɪʃən | -tɨ̀fɪ-/ *n.* 〘法律〙(条約などの)批准, 裁可; 実証; 〘法律〙追認: exchange ～*s* of a treaty 条約の批准を交換する. 〘(*c*1435) □ (O)F ∥ ML *ratificātiō(n-)* ← *ratificātus* (p.p.) ← *ratificāre*: ⇨ ratify, -fication〙

rat·i·fy /rǽtəfàɪ | -tɨ̀-/ *vt.* **1** 批准する, 裁可する; 実証する; 〘法律〙追認する (⇨ approve SYN): ～ a treaty 条約を批准する / Parliament *ratified* the agreement [pact] by a vote of 70 to 43, with seven abstentions. 議会は賛成 70 (票), 反対 43 (票), 棄権 7 (票)で協定[条約]を批准した. **2** 保証する. **rát·i·fì·a·ble** /～əbl̩/ *adj.*

rát·i·fì·er *n.* 〘(1357) *ratifie(n)* □ (O)F *ratifier* □ ML *ratificāre* ← L *ratus* fixed, settled＋*facere* to make: ⇨ rate¹, -ify〙

ra·ti·né /ræ̀tənéɪ | -tə-; *F.* ʁatine/ *n.* (*also* **ra·ti·ne** /～, rætíːn/) **1** ラチネ織 (チンチラに似た織物, こぶ糸で織った目の粗いけばの多い毛・絹・木綿または混織地). **2** 太糸と細糸をより合わせた粗い外観のより糸 (ratiné yarn ともいう). 〘(1914) □ F ～ ← *ratiner* to frieze ← *ratine* coarse woolen fabrics〙

rat·ing¹ /réɪtɪŋ | -tɪŋ/ *n.* **1 a** 〘政治〙(支持)率: The Prime Minister's approval ～ dropped from 46% to 27%. 首相の支持率は 46% から 27% に落ちた. **b** 〘ラジオ・テレビ〙(番組の)聴取率, 視聴率: an increase in TV ～*s* (ある番組の)テレビ視聴率の増加. **c** (商人・商店の)信用度. **2 a** 評価, 見積もり; 見積もり額: the efficiency ～ system 勤務評定. **b** 〘米〙(試験の)評点, 評価, 採点 (mark): one's academic ～ 学力評価. **3** 〘英〙地方税[市税]の賦課; 地方税[市税]額. **4 a** 〘海事〙(船艦・乗組員などの)等級, 級別 (class, grade). **b** (軍隊における)特技の等級, 特技者の級別, 職種別等級, 専門別区分 (パイロット・レーダー係・砲手など). **c** 〘英〙〘海軍〙水兵. **5** (自動車・機械などの)定格, 格付け (馬力・英国熱量単位 (British thermal unit) などによる); (ヨットの)格付け (トン数による). **6** 〘電気〙定格 (標準の使用状態). **7** 〘チェス〙**a** 棋力を表す点位制. **b** 棋力を表す点位数. **8** 〘映画〙レーティング (児童・未成年者の映画視聴のための目安; cf. MPAA, BBFC). 〘1534〙

rát·ing² /-tɪŋ | -tɪŋ/ *n.* どなりつけること, 非難 (rebuke): give a sound [good, severe] ～ みっちりしかる, 油を搾る. 〘(1577): ⇨ rate²〙

ráting bàdge *n.* 〘米海軍〙等級章 (下士官の階級・特技などを示す肩とひじの間につける袖章; 1948 年以降は一律に左腕につける). 〘1910〙

ráting nùt *n.* 〘時計〙調整ねじ (振り玉の下押さえナット, その位置を調節することによって振り玉の位置が変わり, 振子の周期が調節される).

ra·tio /réɪʃoʊ, -ʃiòʊ | -ʃiəʊ/ *n.* (*pl.* ～**s**) **1** 比, 比率, 割合 (proportion, rate): a naval ～ (条約加盟国間の)軍艦(保有)比率 / The ～*s* 1 to 5 and 20 to 100 are the same. 1 の 5 に対する比と 20 の 100 に対する比は等しい / They are in the ～ 3 : 2 [3/2]. (of three to two と読む) 3 対 2 の割合になっている. **2** 〘経済〙(複本位制において)金銀比価. **3** 〘数学〙比: ⇨ compound ratio, direct ratio, simple ratio / in a geometrical ～ 等比をなして, 幾何級数的に. **4** 〘哲学〙理性; (スコラ哲学で)悟性, 理性 (抽象および論証の能力; cf. reason 5 b); 理由, 事由, 根拠, 論拠.
rátio of expánsion 〘機械〙膨張比.
— *vt.* **1** 比率で示す[出す]. **2** 釣合いのとれるようにする. **3** 〘写真〙〈写真〉のサイズを必要な倍率で引き伸ばす[縮小する].
〘(1636) □ L *ratiō(n-)* a reckoning ← *ratus* (p.p.) ← *rērī*: ⇨ rate¹; RATION, REASON と三重語〙

rátio àrm *n.* 〘電気〙比例辺.

ra·ti·oc·i·nate /ræ̀ʃiɑ́ːsənèɪt, ræ̀t-, -óʊs-, -sn̩- | rætiɔ́sɨ̀nèɪt, ræ̀ʃ-, -óʊs-, -sn̩-/ *vi.* 推論[推理]する (reason); 三段論法で推論する. **rà·ti·ó·ci·nà·tor** /-tə | -tə(ʳ/ *n.* 〘(1643) ← L *ratiōcinātus* calculated ← *ratiōcinārī* ← *ratiō(n-)*: ⇨ ratio〙

ra·ti·o·ci·na·tion /ræ̀ʃiɑ̀ːsənéɪʃən, ræ̀t-, -òʊs-, -sn̩-, | rætiɔ̀sɨ̀-, ræ̀ʃ-, -əʊs-, -sn̩-/ *n.* **1** 推理: a story of ～ 推理小説. **2** 〘論理〙(演繹による)推論. 〘(*c*1530) □ L *ratiōcinātiō(n-)*: ⇨ ratiocinate, -ation〙

ra·ti·o·ci·na·tive /ræ̀ʃiɑ́ːsənèɪtɪv, ræ̀t-, -óʊs-, -sn̩- | rætiɔ́sɨ̀nèɪt-, ræ̀ʃ-, -óʊs-, -sn̩-/ *adj.* **1** 推理の, 推論的な. **2** 理屈っぽい, 議論[理屈]好きな (argumentative). 〘(*c*1620) □ L *ratiōcinātīvus*: ⇨ ratiocinate, -ative〙

ra·ti·o de·ci·den·di /réɪʃiòʊdèsɨ̀déndiː, rɑ̀ː- | rǽtiəʊ-/ *n.* (*pl.* **ra·ti·o·nes d-** /rɑ̀ːtióʊneɪs- | -tiə́ʊ-/) 〘法律〙判決理由 (裁判官が事件を判決するのに基礎とした原理; cf. obiter dictum 2). 〘(1862) □ L *ratiō dēcīdendī* reason of deciding〙

ra·ti·om·e·ter /rèɪʃiɑ́(ː)mətə | -ɔ́mɨ̀tə(ʳ/ *n.* 〘写真〙使用する特定の条件における感材のフィルター倍数を知るために一連の露光を行う装置. 〘← RATIO＋-METER¹〙

ra·tion /rǽʃən, réɪʃ- | rǽʃ-/ *n.* **1** (食料・衣料・燃料などの一定)配給量, 定量: a ～ of sugar 砂糖の配給量 / be put on ～*s* 〈人が〉割当て配給を受けさせられる, 当てがいぶちにされる. **2 a** (人・動物に対する) 1 日分の食物の配給(量) (⇨ food SYN); [通例 *pl.*] (軍隊で 1 人 1 日分の)糧食, 軍用食: ⇨ C ration, D ration, K ration. **b** [*pl.*] 食料, 糧食 (provisions): on short ～*s* 食物を制限されて. **3** (自分に課した)制限量, 限度. **4** (時間などの一定の)割当て; 割当て一杯, 十分 〔*of*〕. ***given óut with the rátions*** 〘俗〙手柄[功績]にかかわりなく分配されて.
have hád *one's* ***rátion of*** … を十分[過度]に経験して[持って]いる.
— *vt.* **1** (額を決めて)配給する, 当てがいぶちにする 〈*out*〉: ～ (*out*) meat [rice, sugar, oil] 肉類[米, 砂糖, 石油]を配給する. **2 a** 〈兵・軍隊〉に給食する: ～ an army *with* food 軍隊に食料を供給する / The army is well ～*ed*. 隊には糧食がよく行き届いている. **b** 公平[適正]に配る[配給する]. **3 a** 〈消費者〉に消費[使用]制限をする: ～ a person to a pound of meat a week 人に 1 週間に 1 ポンドの肉しか食べさせない. **b** 〈日用品・食料など〉の消費を制限する, 控え目に使う.
〘(1550) □ F ～ □ L *ratiō(n-)*, a reckoning: RATIO, REASON と三重語〙

ra·tion·al /rǽʃnəl, -ʃənl̩/ *adj.* **1 a** 〈言動が〉道理にかなった, 合理的な (reasonable): a ～ explanation 合理的な説明 / ～ conduct 合理的な行動 / a ～ policy 道理にかなった[妥当な]政策 / act in a ～ way 合理的に行動する. **b** 純理論の, 合理主義の, 理性主義の (rationalistic): a ～ explanation 純理論的な説明 / He has ～ leanings in religion. 宗教を合理的に解釈する傾向がある (黙示や奇跡をそのままは信じない). **2 a** 〈人が〉理性のある, 理性的な, 道理をわきまえた: Man is a ～ being. 人間は理性のある動物だ / a ～ man 理性的な[道理をわきまえた]人. **b** 〈人が〉正気の, 正常な (sane): The patient appeared perfectly ～. その患者は全く正常に見えた. **3** 理性の[に関する], 推理(力)の, 推論の: the ～ faculty in man 人に備わっている推理力. **4** 〘数学〙**a** 〈数が〉有理の (2 つの整数の商として表される; ↔ surd, irrational): ⇨ rational number. **b** 〈関数が〉有理の (2 つの多項式の商として表される): a ～ expression 有理式 / ⇨ rational function. **5** 〘古典詩学〙モーラ (mora) で数えられる.
— *n.* **1 a** 合理的なもの. **b** 〘古〙合理[理性]的な生物, 人間 (human being). **2** ＝rationale. **3** 〘数学〙有理数 (⇨ rational number).
～·ness *n.* 〘(*a*1398) □ OF *racionel* (F *rationnel*) ∥ L *ratiōnālis* ← *ratiō(n-)* (↑): ⇨ -al¹〙

SYN 理性的な: **rational** 〈思想や行動が〉理性に基づく: *rational* behavior 理性的な行動. **reasonable** 〈意見など実際的で良識に基づく: *reasonable* solution 筋の通った解決. **sensible** 〈行動・思想・発言など〉常識または健全な判断力を用いる: a *sensible* decision 分別のある決定.

rátional análysis *n.* **1** 理論的分析: the ～ of a problem. **2** 〘化学〙示性分析 (被検体中に存在する特殊な原子または原子団を検出定量し, 示性式 (rational formula) を作るもととする化学分析).

rátional dréss *n.* 〘英〙合理服 (特に, もと女性が自転車に乗る時などにスカートの代わりに着用したニッカボッカーなど). 〘1883〙

ra·tion·a·le /ræ̀ʃənǽl | -ʃənɑ́ːl, -nǽl, -nɑ́ːleɪ/ *n.* **1** (物事の)論理的根拠[基礎], 根本的理由. **2** (意見・仮説・現象などの)原理[論理]的説明: the ～ for increasing taxes 増税の理論的根拠. 〘(1657) □ LL *ratiōnāle* (neut. sing.) ← *ratiōnālis* 'RATIONAL'〙

rátional expectátions *n. pl.* 〘経済〙合理的期待(形成) (企業などの経済主体はあらゆる情報を利用して将来の経済動向を合理的に予測するという仮説; この合理的期待に基づいて経済主体の意志決定がなされるため, 政府によるケインズ主義的な需要管理制作は有効性を持たないとされる).

rátional fórm *n.* 〘数学〙有理式 (2 つの多項式の商の形の式).

rátional fórmula *n.* 〘化学〙示性式 (分子内に存在する特殊な性質の原子・原子団を明らかに示す化学式で, 分子式と構造式の中間の式; cf. rational analysis).

rátional fúnction *n.* 〘数学〙有理関数 (2 つの多項式の商, すなわち有理式で表される関数). 〘1885〙

rátional horízon *n.* 〘天文〙天文水平[地平], 地心地平 (観測位置での鉛直線に垂直で地球の中心を通る平面が天球と交わってできる大円). 〘1625〙

rá·tion·al·ìsm /-ʃ(ə)nəlɪzm/ *n.* 〘哲学・神学〙理性論[主義], 合理論[主義] (一般に形而上学や神学において非理性的な存在や信仰を排し, 英知的存在および合理的論証を重視し, 特に認識論において経験論 (empiricism) や感覚論 (sensationalism) に対して, 知識の成立や確実性の根拠を先天的な理性に求める立場); 理性論[主義]の哲学. 〘1800〙

rá·tion·al·ist /-ʃ(ə)nəlɪ̀st | -lɪst/ *n.* **1** 合理主義者. **2** (哲学・神学上の)主知主義者, 理性論者 (empiricist または sensationalist に対する). **—** *adj.* ＝rationalistic. 〘(*a*1626) (なぞり) ← F *rationaliste*〙

ra·tion·al·is·tic /ræ̀ʃ(ə)nəlístɪk˝/ *adj.* **1** 合理主義の[に関する]; 合理的な, 理性論的の: ～ realism 合理的実在論. **2** 合理主義者の, 理性論者の. 〘(1830): ⇨ ↑, -ic〙

rà·tion·al·ís·ti·cal /-tɨ̀kəl, -kl̩ | -tɪ-˝/ *adj.* ＝rationalistic. **～·ly** *adv.* 〘1847〙

ra·tion·al·i·ty /ræ̀ʃənǽləti | -lɨ̀ti/ *n.* **1** 純理性, 合理性, 道理をわきまえていること. **2** 推理的能力. **3** [通例 *pl.*] 合理的意見, 合理的行動[見解]. 〘(1570) □ LL *ratiōnālitātem*: ⇨ rational, -ity〙

ra·tion·al·i·za·tion /ræ̀ʃ(ə)nəlɨ̀zéɪʃən | -laɪ-, -lɪ-/ *n.* **1** 理論的説明, 合理的状態; 合理的思考. **2** (産業などの)合理化. **3** 〘数学〙有理化. **4** 〘心理〙合理化. 〘(1846): ⇨ ↑, -ation〙

ra·tion·al·ize /rǽʃ(ə)nəlàɪz/ *vt.* **1** 理論的に説明する[考える] 〈*away*〉: ～ theology [a legend] 神学[伝説]を純理的に説明する / I ～*d that* I had no obligation to reply. 答える義務はないと理屈づけた. **2 a** …から不合理な要素を除去する, 合理的にする. **b** 〘英〙〈企業の経営を合理化する, 〈産業を〉合理化する: ～ industry 産業を合理化する. **3** 〘数学〙有理化する. **4** 〘心理〙〈無意識的な動機からした行動〉にもっともらしい説明を与える, 〈過去の行為を〉(無意識的に)合理化[正当化]する. **—** *vi.* **1** 純理的に考える. **2** 産業合理化を行う. **3** 〘口語〙(不合理な[ふさわしくない]行為や意見の)もっともらしい説明をする.

rá·tion·al·ìz·er *n.* 〘(1803) ← RATIONAL＋-IZE〙

ra·tion·al·ly /-ʃ(ə)nəli/ *adv.* 合理[純理]的に, 理性に従って, 道理をわきまえて, 道理にかなうように. 〘1612〙

rátional númber *n.* 〘数学〙有理数 (2 つの整数の商として表される数; rational ともいう). 〘1904〙

rátional operátion *n.* 〘数学〙有理運算.

rátion bòok *n.* 配給帳. 〘1918〙

rátion càrd *n.* 配給票. 〘1882〙

rationes decidendi *n.* ratio decidendi の複数形.

rá·tion·ing /rǽʃ(ə)nɪŋ/ *n.* 配給: a ～ system 配給制(度) / implement [end] the ～ of food 食糧の配給を実施する[やめる]. 〘(1865) ← RATION＋-ING¹〙

R

rátio scále *n.* 〘統計〙 比例尺度, 比尺度 (間隔尺度の条件を満たし, さらに絶対的な原点をもち, したがってその比も有意であるもの; 長さ・重さなど; cf. ordinal scale, interval scale).

rátio tèst *n.* 〘数学〙 級数の比による収束判定法 (級数の第 (n+1) 項の第 n 項に対する比の絶対値が 1 より小さい極限値をもつなら, 級数は収束するという原理に基づくもの).

Rat·is·bon /rǽtɪzbà(ː)n, -tɪs- | -tɪ̀zbɔ̀n, -tɪ̀s-/ *n.* ラティスボン (Regensburg の旧英語名).

rat·ite /rǽtaɪt/ 〘動物〙 *adj.* **1** (走鳥類のように胸骨に)竜骨 (carina) のない, 竜骨突起のない, 平らな胸骨を有する (cf. carinate 1). **2** 走鳥類の. — *n.* 走鳥類の鳥類の総称 (ダチョウ・ヒクイドリ・キーウィなど). 〘(1877) ← L *ratis* raft + -ITE[2]〙

rát kangaròo *n.* 〘動物〙 ネズミカンガルー (オーストラリア産の *Bettongia* 属, *Potorous* 属, *Aepyprymnus* 属などのネズミに似たカンガルーの総称). 〘1841〙

rat kangaroo
(*Aepyprymnus rufsscens*)

rát·lìke *adj.* **1** ネズミのような, ネズミに似た. **2** ネズミの[に関する, に特有の]. 〘(1846) ← RAT + -LIKE〙

rat·line /rǽtlɪ̀n | -lɪn/ *n.* (*also* **rat·lin** /~/) 〘海事〙 **1** [通例 *pl.*] ラットライン (横静索 (shroud) に作った縄ばしごの段索). **2** 横静索に縛りつける段索用の綱[索]で, タールを浸したストランド 3 本のロープ. 〘(1481–90) *ratlin(g), radelying* ← ?〙

rat·ling /rǽtlɪ̀n | -lɪn/ *n.* =ratline.

rát mìte *n.* 〘動物〙 イエダニ (*Bdellonyssus* [*Ornithonyssus*] *bacoti*) (チフスを媒介する; ⇨ tropical rat mite).

ra·to, RA·TO /réɪtoʊ | -təʊ/ *n.* 〘航空〙 ラトー (航空機がロケットの助けを借りて離陸すること; cf. jato 1). 〘(1953) (頭字語) ← *r(ocket)-a(ssisted) t(ake)-o(ff)*〙

ra·toon /rætúːn/ 〘農業〙 *n.* **1** (ワタ・サトウキビ・イネなどの)刈り株から生じる新芽. **2** (バナナなどの)刈り株面で栽培する作物. — *vi.* 刈り株から新芽を出す. — *vt.* 刈り株から生じる新芽に[から]〈作物を〉作る[栽培する]. 〘(1631) □ Sp. *retoño* ← *retoñar* to sprout ← RE- + *otoño* (□ L *autumnus* 'AUTUMN')〙

ratóon cròp *n.* 〘農業〙 (サトウキビ・イネなどの刈り株から生じた)再生作.

rát pàck *n.* 《俗》 **1** (有名人を追い回す)記者, カメラマン; チンピラ[不良]集団, 愚連隊. **2** 《南ア》(基地を離れた任にある兵士への)配給糧食. 〘1951〙

rát-pòison *n.* 猫いらず, 殺鼠(さっそ)剤. 〘1844〙

rát-poison plànt *n.* 〘植物〙 =scarlet hamelia.

rát ràce *n.* 《口語》 猛烈な[手段を選ばぬ]出世競争; きりのない[精力を消耗する, 無益な]競争[活動], 悪循環, いたちごっこ (vicious circle): The armament race is a ~. 軍備戦争はいたちごっこだ. 〘1939〙

R

rát-rùn *vi.* (通勤時に)抜け道[わき道]を通って渋滞を避ける. **~·ner** *n.*

rát rùn *n.* **1** ねずみの通り道. **2** 《英俗》(通勤の渋滞時に利用する)抜け道, わき道. 〘1870〙

rats /rǽts/ *adj.* 《豪俗》 発狂した, 狂気の; ⇨ rat[1] *int.* 〘1886〙

ráts·bàne *n.* **1** ネズミに有毒な植物; ネズミ捕り薬, 猫いらず. **2** (無水)亜砒(ひ)酸 (arsenic trioxide). 〘(1523) ← RAT[1] + -'s + BANE〙

rát·shìt *adj.* 《卑》 よくない, 不快な, むかつく. — *n.* 《豪俗》 最下級品, 最もつまらない[くだらない]もの (しばしば軽蔑の表現として用いる).

Rats·keller /ráːtskèlə, rǽts- | rǽtskèlə[r]/ *n.* =rathskeller.

rát snàke *n.* 〘動物〙 ネズミトリヘビ: **a** ヘビ属 (*Elaphe*) のヘビの総称 (ネズミやニワトリなど鳥類を食うアオダイショウ・シマヘビなど; chicken snake ともいう). **b** ナンジャ (*Ptyas mucosus*) (体長 2 m に達するインドおよび Ceylon 地方産ナンジャ属の大ヘビ; 住居にはいって来てネズミやニワトリを捕る). 〘1860〙

rát's tàil *n.* 《英口語》 =rattail 1.

rát-strìpper *n.* 〘植物〙 =mountain lover.

rát·tàil *n.* **1** ネズミの尾に似たもの (細い丸やすりなど). **2** 毛のない馬の尾; 毛のない馬尾をもつ馬, 鼠尾(そび)の馬. **3** [*pl.*] 〘獣医〙 鼠尾癬(そびせん). **4** =grenadier 3. — *adj.* ネズミの尾に似た, 丸くて細長い. 〘1705〙

ráttail càctus *n.* 〘植物〙 キンヒモ(金紐) (*Aporocactus flagelliformis*) (サボテン科ヒモサボテン属のサボテン; 派手な黄花をつける).

rát-tàiled *adj.* **1** ネズミの尾のような形の, 長い先細りの尾のある. **2** (ネズミのように)尾に毛のない: a ~ horse. 〘(1684) ← RATTAIL + -ED2〙

rát-tailed lárva [**mággot**] *n.* 〘昆虫〙 双翅目ハナアブ亜科の幼虫の総称 (ハナアブ・シマハナアブ・オオハナアブなど汚水中にすみ, 腹端に細長い呼吸管がある). 〘1768〙

ráttail fìle *n.* 小型丸やすり. 〘(1846): ⇨ rattail, file〙

rát-tail spóon *n.* (ネズミの尾のように)椀部の下まで柄の先端が続いているさじ.

rat·tan /rətǽn, ræ-/ *n.* **1** 〘植物〙 熱帯アジア産ヤシ科トウ属 (*Calamus*) と *Daemonorops* 属のつる植物の総称. **2** その幹や皮 (籐(とう)細工用): a big ~ armchair 大型の籐椅子(いす). **3** 籐のステッキ[むち]. 〘(1660) □ Malay *rōtan*〙

rat-tat /rǽttǽt/ *n.* =rat-a-tat. 〘1774〙

rat-tat-tat /rǽtətǽt | -tə-/ *n.* =rat-a-tat. 〘1779〙

rat·ted /rǽtɪ̀d | -tɪ̀d/ *adj.* 《英俗》 酔って, 酔っ払った: get ~.

rat·teen /rætíːn/ *n.* 《古》 ラティーン(織) (18 世紀英国で人気のあった目が粗くて重いあや織の毛織物). 〘(1685) □ F *ratine* ← ?〙

rat·ten /rǽtn̩/ *vt.* 《英》 (ストライキの時に争議行為として, また個人的な意趣返しとして機械・器具などを隠したり壊したりして)〈雇い主・従業員〉に嫌がらせをする, 悩ます (molest), 〈工場・機械〉に損害を与える. **~·er** *n.* **~·ing** *n.* 〘(1867) (Sheffield 方言) ← ? RATTON[1]: いたずらはネズミの仕業だとするしゃれから〙

rát·ter /-tə | -tə[r]/ *n.* **1** ネズミを捕る者; ネズミを捕る動物 (テリヤ犬・猫など). **2** 《俗》 脱党者, 変節者, 裏切り者 (traitor, deserter); スト不参加職工, スト破り (scab); (組合の)協定賃金以下で働く職工[工員]. 〘(1834) ← RAT[1] + -ER[1]〙

Rat·ti·gan /rǽtɪ̀gən | -tɪ̀-/, Sir **Ter·ence** (**Mer·vyn**) /térəns mə́ːvɪ̀n | mə́ːvɪn/ *n.* ラティガン (1911–77; 英国の劇作家; *French Without Tears* (1936), *The Winslow Boy* (1946), *The Deep Blue Sea* (1952)).

rát·tish /-tɪʃ | -tɪʃ/ *adj.* **1** ネズミの; ネズミに似た. **2** ネズミの多い, ネズミの出る. 〘(1690) ← RAT[1] + -ISH[1]〙

rat·tle[1] /rǽtl̩ | -tl̩/ *vi.* **1** (物を振ったり触れ合わせたりする時などのように)がらがら[がたがた]いう, ごろごろと鳴る (clatter); がたがたいわせる: stop the window *rattling* 窓のがたがたいうのを止める / Rain [Hail] was *rattling* on [against] the window glass. 雨[あられ]が窓ガラスにあたってばらばら音を立てていた / Our beds ~ when the buses go past. バスが通るとベッドががたがたいう[鳴る] / ~ at the door 戸をがたがたさせる / These snakes ~ when alarmed. これらのヘビは驚くとがらがら音を立てる. **2 a** 〈車が〉がたがた[ごろごろ]音を立てて走る 〈*down, past*〉: The train ~*d over* the points. 汽車はポイントの所をがたがたと通過した. **b** 〈人が〉車輪をがたがたいわせて走る: We ~*d along* the road. 轍(わだち)の音を響かせて道を走った. **3** ぺらぺら[ぺちゃくちゃ]しゃべる 〈*on, away, along*〉: ~ *on* for two hours. **4** 〈人が〉(呼吸困難から)ぜいぜいいう, のどをごろごろいわせる, ラッセル音を出す: ~ in one's throat.

— *vt.* **1** 〈鎖・瀬戸物などを〉がらがら[がたがた, かたかた, かちかち]いわせる[鳴らす]: ~ the handle of a door 戸の取っ手をがたがたいわせる / The wind ~*s* the window. 風で窓ががたがたする / She ~*d* a pencil between her teeth. 鉛筆を(前)歯の間でかちかち鳴らした[いわせた]. **2** がたがたと音を立てて動かす[運ぶ]: ~ up an anchor 錨(いかり)をがらがら揚げる. **3 a** 〈詩・話・数字・誓言などを〉ぺらぺらと早く言う[読む, 読み上げる, 歌う] 〈*off, out, over, away*〉: ~ *off* a greeting [a lively piece of music] ぺらぺらと挨拶(あいさつ)を述べる[陽気な曲をかき鳴らす] / He ~*d off* the names of the American Presidents. 米国大統領の名前を次々と読み上げた. **b** 〈仕事などを〉あたふたと片付ける: ~ a piece of business *through* 仕事をさっさと片付ける / ~ the bills *through* the House 議会で議案をばたばたと通過させる. **4** 《口語》 驚かす, 興奮させる, あわてさせる, 混迷させる, がたつかせる (disturb, confuse): Nothing ~*d* him. 彼は何事にも動じなかった / The stock market was ~*d* by the President's decision. 大統領の決定で株式市場は混迷に陥った. **5** たたき起こす (rouse) 〈*up*〉. **6** すばやく動かす. **7** 《古》 がみがみしかる (scold). **8** 〘狩猟〙〈茂みを〉乱す, 騒がす (stir up, agitate); (茂みをたたいて)〈獲物を〉追い出す, 狩り立てる: ~ foxes.

ráttle aróund [***abóut***] ***in*** 〈大きすぎる家〉に住む, 〈こなしきれない大きな職場・地位〉で働く. ***ráttle a person's cáge*** 《俗》〈人を〉怒らせる, 取り乱させる.

— *n.* **1 a** がらがら, がたがた(という音): I heard the ~ of hoofs. 馬のひづめの鳴る音を聞いた. **b** (機関銃などの)だだだだ(という音): the ~ of a machine-gun fire. **c** 大騒ぎ, わいわい騒ぎ (bustle, racket). **2 a** ぺらぺら, ぺちゃくちゃ, おしゃべり (chatter). **b** むだ話. **c** おしゃべりな人, おしゃべり (人). **3 a** がらがら鳴る器具. **b** (おもちゃの)がらがら. **c** 夜警のがらがら (昔, 夜警中に危険を感じた時これを振り鳴らして助けを求めた; watchman's rattle ともいう): spring a ~ 〈夜警が〉がらがらを鳴らす. **d** サッカー応援用のガラガラ[鳴子]. **4** のど鳴り, ぜんそく, ラッセル音; (死に際に)ごろごろいうのどの音 (death rattle). **5** 〘動物〙 がらがら音を出す器官, (ガラガラヘビの尾の)音響器官. **6** 〘植物〙 ゴマノハグサ科オクエゾガラガラ属 (*Rhinanthus*) の植物の総称; (特に)北半球温帯産の一年草 (*R. crista-galli*) (熟したさやの中で実が鳴る; yellow rattle ともいう). **7** [the ~s] 〘病理〙 =croup[1].
〘(?a1300) *ratele(n)* □ ? (M)LG & (M)Du. *ratelen* (cf. G *rasseln*): 擬音語: ⇨ -le[3]〙

rat·tle[2] /rǽtl̩ | -tl̩/ *vt.* 〘海事〙〈船の横静索 (shroud)〉に団索 (ratline) を付ける 〈*down*〉. 〘(1729) (逆成) ← RATTLING[2]〙

Rat·tle /rǽtl̩ | -tl̩/, Sir **Simon** *n.* ラトル (1955– ; 英国の指揮者).

ráttle·bàg *n.* がらがら袋 (おもちゃの一種). 〘1583〙

ráttle·bàgs *n.* (*pl.* ~) 〘植物〙 **1** =bladder campion. **2** =rattle[1] 6.

ráttle-blàdder *n.* =rattlebag.

ráttle·bòx *n.* **1** がらがら箱 (おもちゃの一種). **2** 〘植物〙 **a** タヌキマメ属 (*Crotalaria*) の植物の総称; (特に) *C. sagittalis* (さやが枯れると中で実ががらがら鳴る). **b** =bladder campion. 〘(1780) ← RATTLE + BOX〙

ráttle·bràin *n.* 能なし, 頭のからっぽな人; 程度の低いおしゃべり, おっちょこちょい. 〘(1709) ← RATTLE + BRAIN〙

ráttle·bràined *adj.* 頭がからっぽの, 浅はかな (empty-headed). 〘(1716): ⇨ ↑, -ed 2〙

ráttle·bùsh *n.* 〘植物〙 **1** =rattlebox 2 a. **2** =indigo broom.

rát·tled *adj.* 《俗》 おどおどした, ろうばいした.

ráttle·hèad *n.* =rattlebrain. 〘1641〙

ráttle·hèaded *adj.* =rattlebrained. 〘1647〙

ráttle·pàte *n.* =rattlebrain. 〘1643〙

ráttle·pàted *adj.* =rattlebrained. 〘1633〙

rát·tler /-tlə, -tlə | -tlə[r], -tlə[r]/ *n.* **1 a** がらがらと音を出す物. **b** がたがた音を立てる人. **c** がたがた音を立てる車; 《米口語》(急行)貨物列車. **d** =rattle[1] *n.* 3b. **2 a** おしゃべりな人. **b** =rattlebrain. **3** すばらしい物, 逸品; すばらしい実例[典型]: a ~ of a storm 大あらし, 大荒れ. **4** 《米》〘動物〙 **a** =rattlesnake. **b** [通例 *pl.*] =rattle[1] *n.* 5. 〘*c*1449〙

ráttle·snàke *n.* 〘動物〙 ガラガラヘビ (アメリカ産のガラガラヘビ属 (*Crotalus*) およびヒメガラガラヘビ属 (*Sistrurus*) の有毒ヘビの総称). 〘(1630) ← RATTLE + SNAKE〙

ráttlesnake fèrn *n.* 〘植物〙 米国産ハナワラビ科のガラガラヘビの尾に似た胞子嚢をつける多年生草本数種の総称; (特に)ナツノハナワラビ (*Japonobotrychium virginianum*). 〘1814〙

ráttlesnake màster *n.* 〘植物〙 ガラガラヘビのかみ傷に効くとされる植物の総称: **a** キク科ユリアザミ属の植物 (*Liatris spicata*), またはセリ科ヒゴタイサイコ属の植物 (*Eryngium yuccifolium*). **b** =false aloe. 〘1806〙

ráttlesnake plàntain *n.* 〘植物〙 ラン科シュスラン属 (*Goodyera*) の植物の総称. 〘1778〙

ráttlesnake ròot *n.* 〘植物〙 昔その根か球根をガラガラヘビのかみ傷につけると毒を消すとされた植物の総称: **a** フクオウソウ (北米産キク科フクオウソウ属 (*Prenanthes*) の薬草; *P. serpentaria* or *P. alba*); その根. **b** =senega root. **c** ユリ科エンレイソウ属の植物 (*Trillium cernuum*). 〘1682〙

ráttlesnake wèed *n.* 〘植物〙 **1** 北米東部産キク科ミヤマコウゾリナ属の一種 (*Hieracium venosum*). **2** =button snakeroot 2. **3** 北米南部および西部産の野生のニンジンに類する雑草 (*Daucus pusillus*). **4** =rattlesnake plantain. 〘1760〙

ráttle·tràp *n.* **1** 《口語》 がたがた揺れるおんぼろの乗物 (がた馬車・がたのきた自動車など), ポンコツ. **2** [通例 *pl.*] がらくた骨董品 (gewgaw). **3** 《俗》 **a** おしゃべり (人). **b** 口. — *adj.* がたつく, おんぼろの: a ~ car. 〘1766〙

ráttle wèed *n.* 〘植物〙 =indigo broom. 〘1791〙

rat·tling[1] /rǽtlɪŋ, -tl-, | -tl-, -tl-/ *adj.* **1** 活発な, 快活な, 威勢のいい (brisk, lively): a ~ wind 強く吹く風, 強風 / at a ~ pace 快走して. **2** 《口語》 すばらしい, すてきな, 大した (first-rate, splendid): a ~ pile of money 豪勢に積み上げた金, 巨富 / a ~ dinner 豪華版のディナー. **3** がらがら[がたがた]鳴る: ~ windows ががたがたする窓. — *adv.* [通例 ~ good として] 《口語》 すばらしく, とても, ひどく (remarkably, extremely): I had a ~ *good* time. とても面白かった. **~·ly** *adv.* 〘(*a*1398) *rateling*〙

rat·tling[2] /rǽtlɪ̀n | -lɪn/ *n.* 〘海事〙 =ratline. 〘(転訛) ← RATLINE〙

rat·tly /rǽtli, -tli | -tli, -tli/ *adj.* **1** がたがた音を立てる, がたつく, がたつきやすい (clattering). **2** がたがたの, ぐらぐらの (shaky). 〘(1881) ← RATTLE[2] + -Y[4]〙

rat·ton[1] /rǽtn̩/ *n.* 《スコット・英方言》 ネズミ (rat). 〘ME *ratoun* □ OF *raton* (dim.) ← *rat* < VL **rattum* ← Gmc: ⇨ rat[1]〙

rat·ton[2] /rǽtn̩/ *n., v.* 〘農業〙 =ratoon.

rat·toon /rætúːn/ *n., v.* 〘農業〙 =ratoon.

rát·tràp *n.* **1** ネズミ捕り(器). **2** 絶望的状況, 難局. **3** 《口語》 荒れ果てて不潔な場所[建物]. **4** (自転車の)表面が鋸歯状のペダル (足が滑らないためのもの). 〘1469〙

rát-trap chèese *n.* =Cheddar.

rat·ty /rǽti | -ti/ *adj.* (**rat·ti·er**; **-ti·est**) **1** ネズミの[に関する, に特有の]: a ~ smell. **2** ネズミの多い: a ~ house, attic, etc. **3 a** 《英・NZ口語》 いらいらした, 怒りっぽい (irritable, annoyed): with glittering, ~ eyes 怒りに燃えてぎらぎらした目で. **b** 《豪俗》 怒った, 頭にきた: He got quite ~ with me. 彼は私に対してすっかり怒ってしまった. **c** 卑しい (mean); 裏切りの (treacherous). **4** 《米俗》 みじめな, 哀れな (wretched, miserable); みすぼらしい, 見苦しい (shabby), 荒れ果てた, 老朽化した: a ~ hotel 安ホテル. **5** 《口語》〈髪が〉ぼさぼさ[もじゃもじゃ]の, 脂じみた. **rát·ti·ly** /-tɪ̀li | -tɪ̀li/ *adv.* **rát·ti·ness** *n.* 〘(1865) ← RAT[1] + -Y[4]〙

rát ùnit *n.* 〘医学〙 ラット単位, ねずみ単位 (実験用ラットにビタミンなどの反応を起こさせる bioassay の単位; 略 RU).

Ra·tu·shin·ska·ya /rætʊʃínskiə | -tʊ-; *Russ.* rətuʃínskəjə/, **I·ri·na** /ɪríːnə | ɪ-; *Russ.* irʲínə/ *n.* ラトゥシンスカヤ (1954– ; ウクライナ生まれの英国に在住するロシアの詩人・作家).

rau·ci·ty /rɔ́ːsəti, rɑ́ː- | rɔ́ːsɪ̀ti/ *n.* 声のかれていること[状態], 耳障り. 〘(1607) □ F *raucité* // L *raucitātem*: ⇨ ↓, -ity〙

rau·cous /rɔ́ːkəs, rɑ́ː- | rɔ́ː-/ *adj.* **1** しゃがれた, しわがれ声の; 耳障りな (harsh-sounding): a ~ voice / a ~ laugh げらげら笑い(の声). **2** やかましい, 騒々しい: a ~ frontier town 西部開拓時代の騒々しい町. **~·ly** *adv.* **~·ness** *n.* 〘(1769) ← L *raucus* hoarse + -ous〙

raught /rɔ́ːt, rɑ́ːt | rɔ́ːt/ *v.* 《廃・英方言》 reach[1] の過去形・過去分詞: The hand of death hath *raught* him. 死神の手に捕まった (Shak., *Antony* 4. 9. 29).

rau·li /ráʊli/ *n.* 〘植物〙 チリ原産ナンキョクブナ科の木本 (*Nothofagus procera*). 〘□ Am.-Sp. ~ ← S-Am.-Ind.〙

raunch /rɔ́ːntʃ, rɑ́ːntʃ | rɔ́ːntʃ/ *n.* 《米俗》 卑俗 (vulgarity); 卑猥, 好色. 〘(1964) (逆成) ↓〙

raun·chy /rɔ́ːntʃi, rɑ́ːn- | rɔ́ːn-/ *adj.* (**raun·chi·er**; **-chi·est**)《俗》**1 a** みだらな, 猥褻(わいせつ)な: a ～ joke 卑猥な冗談. **b** 好色な. **2**《米》劣った, だらしのない (slovenly), 汚らしい (dirty). **ráunchi·ly** /-tʃəli/ *adv.* **ráun·chi·ness** *n.* 〖(1939)?〗

rau·po /ráupou | -pəu/ *n.*《NZ》〖植物〗ヒメガマ (bulrush 1 b). 〖(1832) ← Maori〗

rau·ri·ki /ráurəkiː/ *n.*《NZ》＝sow thistle. 〖(1944) ← Maori〗

Rausch·en·berg /ráuʃənbəːg | -bəːg/, **Robert** *n.* ラウシェンバーグ《1925–2008; 米国の画家; 抽象表現主義, ポップアートの代表者の一人》.

Rausch·ning /ráuʃnɪŋ; G ʀáuʃnɪŋ/, **Hermann** *n.* ラウシュニング《1887–1982; ドイツ生まれの米国の政治家・著述家》.

rau·wol·fi·a /rɔːwʊ́lfiə, rɑː-, rau- | rɔː-, rau-/ *n.* **1**〖植物〗インドジャボク(印度蛇木)《キョウチクトウ科インドジャボク属 (*Rauwolfia*) の熱帯・亜熱帯産の低木の総称; インドジャボク (*R. serpentina*) など》. **2** インドジャボクの根の抽出液《アルカロイドを含み薬用; 解熱・抗赤痢・血圧降下剤》. 〖(1752) ← NL ～ ← *L. Rauwolf* (16 世紀のドイツの植物学者)＋-IA¹〗

Rav /rɑ́ːv/ *n.*〖ユダヤ教〗**1** (宗教上の指導者としての)ラビ (rabbi). **2** 正統派ユダヤ教ラビが他の宗派と区別するのに用いる称号. 〖(1892) ← Heb. & Aram. *rabh* master〗

rav·age /rǽvɪdʒ/ *vt.* **1**〈軍隊・獣・害虫・火災・天災などが〉荒らす, 荒廃させる (desolate), 略奪する (pillage): ～ the countryside. **2**〈病気・悪徳・悲しみ・怒りなどが〉破壊する (destroy), 損なう (spoil): a countenance ～*d* by time [disease, vice, grief] 年[病気, 悪徳, 悲しみ]で醜くなった顔 / Cancer ～*d* the family. 癌(がん)がその家族(全員)を(次々に)冒した. — *vi.* 荒らす, 略奪する. — *n.* **1** [通例 *pl.*] 荒らされた跡, 破壊の跡, 惨害, 損害: the ～*s* of war 戦争の惨害, 戦禍 / the ～*s* of tempests [wild beasts, the fire] 暴風雨[野獣, 火事]の被害 / the ～*s* of time 時の経過で生じた荒廃の跡 / the ～*s* of termites シロアリによる被害. **2** 破壊; 破壊の猛威; 荒廃 (devastation, ruin): with ～ 猛威を振るって / signs of ～ 荒廃の跡. **～·ment** *n.* **ráv·ag·er** *n.* 〖(1611) □ F ～ (n.) & *ravager* (v.) ← *ravir* 'to RAVISH': ⇨ -age〗

SYN 略奪する: **ravage**〈町や都市を〉〈災害が〉破壊する,〈軍隊などが〉略奪する《格式ばった語》: The forest fire *ravaged* the countryside. 山火事でその地方は破壊された. **devastate** 破壊して全面的に荒廃させる: towns *devastated* by war 戦争により荒廃した町々. **loot** 戦争や暴動などで破壊された店から品物を略奪する: People broke windows and *looted* shops. 人々はガラスを割って店から略奪した. **plunder**〈軍隊などが〉戦時中などに略奪する《格式ばった語》: The army *plundered* the captured town. 軍隊は占領した町を略奪した. **sack**〈占領した町から〉貴重な物をすべて略奪する: They *sacked* the city after they captured it. その都市を占領したあと略奪した. **pillage**《古》特に戦時に〈場所や人〉から略奪する《*sack* よりも荒廃の含みが弱い》: They *pillaged* many coastal towns. 多くの湾岸の町を略奪した. **despoil**《古》〈建物・施設〉から貴重なものを奪う: The soldiers *despoiled* the monastery. 兵士は修道院を略奪した.

RAVC《略》《英》Royal Army Veterinary Corps 英国陸軍獣医隊.

rave¹ /réɪv/ *vi.* **1** 〔人・物事について〕(狂ったように)どなる, わめく, ののしる〔*about, against, at, of*〕: ～ *about* [*of*] one's misfortunes わが身の不幸を大声で嘆く[わめく] / ～ *against* [*at*] tyranny [a tyrant] 暴政[暴君]を激しく非難する / ～ *for* water 水がほしいと言ってわめく. **2** 夢中になってしゃべる, 熱心に説く; 激賞する〔*about, over, of*〕: ～ *about* an actor 夢中で役者をほめる / He ～*d about* Mary's beauty. メアリーの美人ぶりについて夢中になってしゃべった. **3 a** (錯乱状態で)取りとめのないことを言う, うわごとを言う. **b**《廃》気が狂っている: He must be *raving* to talk like that. あんなことを言うようでは気が狂っているに違いない. **4**〈風・水などが〉荒れ狂う (rage), 怒号する (roar): The wind ～*d* through the mountains. 風がごうごうと山中を吹きまくった / The sea ～*d against* the cliffs. 波が崖に当たって砕け散った. **5**《英俗》狂喜する, お祭り騒ぎをする. — *vt.* **1** 物狂わしく叫ぶ, 絶叫する: ～ one's grief 気が狂ったかと思われるほどに嘆き悲しむ. **2** [～ *oneself* で] 荒れ狂って[どなって]…になる: ～ *oneself* hoarse [*to* sleep] どなり散らして声をからす[眠ってしまう] / The storm has ～*d itself* out. あらしが荒れるだけ荒れてやんだ. — *n.* **1**《口語》(映画・劇などの)激賞, べたぼめ. **2**《口語》夢中, のぼせ, 首ったけ: be in a ～ *about* …に夢中になっている. **3**《英俗》**a** ＝raveup. **b** ＝Acid-House party. **4** 狂乱, 怒号 (frenzy); (風などの)荒れ狂う音, 荒波の音. **5**《英俗》一時的流行. — *adj.*《口語》ほめちぎる, べたぼめの: The picture received unanimous ～ reviews. その映画はどの批評家・新聞・雑誌からも大好評を得た. **ráv·er** *n.* 〖(*a*1325) *rave*(*n*) □ ONF *raver* (F *rêver* to dream: cf. reverie) ? L *rabere* to be furiously angry (⇨ rage)〗

rave² /réɪv/ *n.* **1** (荷車の)荷台の横囲い. **2** [通例 *pl.*] (荷車・そりなどに)多く積むための)横囲い, 補助囲い. 〖(1530)《変形》← ?《廃》*rathe* cart-rail ← ?〗

ráve·hòok *n.*〖海事〗レーブフック《船板の合わせ目などにまいはだを詰める時, 合わせ目を掃除するのに用いる金具》. 〖(1846) ←《廃》*rave* to drag, pull (← ?)＋HOOK〗

rav·el /rǽvəl, -vḷ/ *v.* (**rav·eled, -elled; -el·ing, -el·ling**) — *vt.* **1** [しばしば ～ *out* として] **a**〈編物・綱などを〉解く, ほぐす, ほどく (unweave, untwist). **b**〈もつれた事件などを〉筋道をつける (disentangle), 明らかにする, 解明する. **2 a** もつれさせる, 絡ませる (entangle): ～*ed* wool もつれた毛糸. **b**〈問題などを〉紛糾[混乱]させる, 錯綜させる (confuse, complicate): the ～*ed* skein of life 錯綜混乱した人生. — *vi.* **1** [しばしば ～ *out* として] **a**〈編物・綱などが〉解ける, ほぐれる. **b**〈紛糾・混乱が〉解ける;〈困難が〉解消する: The difficulty will soon ～ *out.* 困難はやがて解消するだろう. **2** もつれる, 絡まる; 紛糾する. **3**〈道路の表面舗装が〉壊れる[だめになる]《接着状態にあった舗装材の割石や砕石がばらばらになって散らばったような状態にいう》. — *n.* **1** (縄・織物・編物などの)解けた[ほぐれた]糸の端. **2 a** もつれ (tangle): a ～ of wool 毛糸のもつれ. **b** 混乱, 錯雑 (complication). **～·er** /-v(ə)lə, -vḷə | -ləʳ, -vḷ-/ *n.* **～·ly** *adj.* 〖(1582) □ Du.《廃》*ravelen, rafelen* to fray out ← ?〗

Ra·vel /rəvél, ræ- | ræ-; F. ʀavɛl/, **Maurice** (**Joseph**) *n.* ラベル《1875–1937; フランスの印象派の作曲家; *Daphnis et Chloé*「ダフニスとクロエ」(1912), *Boléro*「ボレロ」(1928)》.

rave·lin /rǽv(ə)lɪ̆n, -vḷ- | -v(ə)lɪn, -vḷ-/ *n.*〖築城〗半月堡(ほ) (⇨ demilune 2). 〖(1589) □ F ～ □ It.《廃》*ravellino, rivellino* (dim.) ← ? *riva* bank < L *rīpam*《原義》something cut out (by a river) ← IE **rei-* to tear, cut〗

rável·ing /-v(ə)lɪŋ, -vḷ-/ *n.* (*also* **rav·el·ling** /～/) **1** 解くこと, ほどくこと; 解けること, ほどけること. **2**《米》ではまた rǽv(ə)lɪn, -lən/ (編物・布などの)ほぐれ[ほつれ]糸. 〖1658〗

rável·ment *n.* もつれ, 混乱, 紛糾 (tangle, confusion). 〖(1833) ← RAVEL＋-MENT〗

ra·ven¹ /réɪvən/ *n.* **1**〖鳥類〗ワタリガラス (*Corvus corax*)《ヨーロッパ・北アジア・北米などに分布する全長 60 cm ぐらいの大きなカラス; 多く不吉の兆しとされる》. **2** [the R-]〖天文〗からす(烏)座 (⇨ Corvus). — *adj.* (ワタリガラスのように)真っ黒で光沢のある, 濡れ羽色の: ～ locks 黒々とした髪の毛 / ～ darkness 漆黒の闇. 〖OE *hræfn* < Gmc **χraƀnaz, *χraƀan* (Du. *raaf* / G *Rabe*) ← IE **ker-*《擬音語》(L *corvus* (cf. Corvus) / Gk *kórax* raven & *korṓnē* crow / Skt *kāravas* crow,《原義》that which says *kā*)〗

rav·en² /rǽvən/ *vi.* **1** 略奪する (plunder), 荒らし回る〈*about*〉. **2**〈えさ・略奪品などを〉あさり歩く (prowl)〔*for, after*〕: ～ *after* one's prey えさをあさる. **3** むさぼり食う, がつがつ食う;〔食物などに〕がつがつする〔*for*〕: ～ *for* food / ～ *for* blood 血に飢える. — *vt.* **1** むさぼり食う. **2**《廃》えじきとして捕える, 略奪する. — *n.* ＝ravin. **～·er** /-v(ə)nə | -nəʳ/ *n.* 〖(1494) □ OF *raviner* to ravage < VL **rapīnāre* ← L *rapīna* 'RAPINE'〗

rá·ven-háired /réɪvən-/ *adj.* 髪の黒々とした, 漆黒の髪の.

rav·en·ing /rǽv(ə)nɪŋ/ *adj.* **1** 獲物をあさり歩く, 食に飢えた, がつがつ食う, むさぼる (rapacious, voracious): ～ wolves. **2** 狂暴な, 荒れ狂う (mad, rabid). — *n.* ＝ravin. **～·ly** *adv.* 〖(1526) ← RAVEN²＋-ING〗

Ra·ven·na /rəvénə; *It.* ravénna/ *n.* ラベンナ《イタリア北東部の都市; Dante の墓がある》.

rav·en·ous /rǽv(ə)nəs | -v(ə)-, -vɪ-/ *adj.* **1 a** がつがつ食う (voracious), がつがつしている, 飢えきった (⇨ hungry SYN): be ～ *for* food 食物にがつがつしている / ～ wild beasts 飢えた野獣. **b** 貪欲(どんよく)な (rapacious): a ～ appetite 旺盛な食欲 / ～ eagerness むさぼるような熱心さ. **2**〈動物・鳥など〉捕食性の (rapacious): ～ birds 猛禽(もうきん)(類). **～·ly** *adv.* **～·ness** *n.* 〖(*a*1387) □ OF *ravineux*: ⇨ raven², -ous〗

rav·er /réɪvə | -vəʳ/ *n.*《英俗》**1** 勝手気ままな生活を送る人, 放蕩児. **2** 熱狂的な人[ファン]. 〖(*c*1400) ← RAVE¹＋-ER¹〗

ráve-ùp *n.*《英俗》(飲めや歌えの)乱痴気騒ぎ; パーティー. 〖(1967) ← RAVE¹〗

Ra·vi /rɑ́ːvi/ *n.* [the ～] ラヴィ川《インド北部から南西に流れ, パキスタンに入って Chenab 川に合流する; 一部で両国の国境をなす》.

ra·vi·gote /rævɪːgóut | -gɔ́ut; F. ʀavigɔt/ *n.* ラビゴート(ソース)《ワイン酢とサラダ油を土台にし, 刻んだタラゴン (tarragon)・パセリ・チャービル (chervil) など各種香草を加えて作るソース; ゆで煮した牛肉・魚料理, またサラダに用いる》. 〖(1830) □ F ～ ← *ravigoter* to refresh ← *ra-* 'RE-'＋*vigueur* 'VIGOR'〗

rav·in /rǽvɪ̆n | -vɪn/ *n.*《詩・文語》**1** 略奪, 強奪 (robbery). **2 a** 捕食(の習性): a beast [bird] of ～ 猛獣[猛禽]. **b** 略奪品 (plunder); えじき (prey): a lion filling his den with ～ 巣の中に獲物を蓄えているライオン / nature, red in tooth and claw with ～ えじきを捕えて歯と爪を朱に染めた大自然 (Tennyson, *In Memoriam* 56). — *v.* ＝raven². — *adj.*《廃》貪欲な (ravenous). 〖(?1348) □ (O)F *ravine* < L *rapīnam* 'RAPINE'〗

ra·vine /rəvíːn/ *n.* (急流の浸食でできた)峡谷, 山峡 (gorge) (cf. valley 1); 小谷, 細谷: a bridge across [over] a ～ 峡谷にかかる橋. 〖((?c1450)) (1779) □ (O)F ～ 'violent rush of water' < L *rapīnam* 'RAPINE'〗

ra·víned *adj.* 峡谷のある, (峡谷状の)溝のある. 〖(1854) ← RAVINE＋-ED 2〗

rav·ing /réɪvɪŋ/ *adj.* **1** 支離滅裂な話し方をする, たわごとをいう, 狂乱の (frenzied): in ～ hysterics すさまじいヒステリーを起こして. **2**《口語》非常な, すてきな: a ～ beauty すごい美人. **3** 荒れ狂う: a ～ storm 大暴風雨. — *adv.*《口語》すさまじく: be ～ mad ひどく錯乱している. — *n.* [通例 *pl.*] 支離滅裂な話, たわごと; うわごと: the ～*s* of a lunatic 狂人の口走り[妄語]. **～·ly** *adv.* 〖(*c*1475) ← RAVE¹ (v.)〗

ra·vi·o·li /rævióuli, rɑ̀ːv- | -ræviə́uli; *It.* raviɔ́ːli/ *n.* **1** ラビオリ《2 枚の生地に調味したひき肉を詰めた小さなパスタ》. **2** ラビオリを用いた料理《トマトソースを使うのが代表的》. 〖(1611) □ It. *ravi(u)oli* (pl.) ← *ravi(u)olo* (dim.) ← *rava* turnip < L *rāpan* 'RAPE²'〗

rav·ish /rǽvɪʃ/ *vt.* **1** 有頂天にさせる, うっとりさせる, 狂喜させる (charm): be ～*ed with* joy 喜びに有頂天になる / be ～*ed by* the beauty of the new dress 新調したドレスの美しさにうっとりする. **2**〈女性を〉凌辱(りょうじょく)する, 強姦(ごうかん)する (violate). **3 a**《古》奪い去る; さらう, 強奪する (snatch); もぎとる: ～ a kiss いやがる人にキスする, キスを奪う. **b** 略奪する (plunder): ～ a city. **c**〈死などが〉〈人を〉奪い去る, 連れ去る. **4**《廃》〈女性を〉力ずくでさらう, 誘拐(ゆうかい)する. **5**《廃》腐敗させる (spoil), 汚す. **～·er** *n.* 〖(?*a*1300) *ravisshe(n)* □ (O)F *raviss-* (stem) ← *ravir* < L *rapere* to seize: ⇨ rape¹, -ish²〗

ráv·ish·ing *adj.* **1** 魅惑的な, 人をうっとりさせる: a ～ smile / a ～ beauty 絶世の美人. **2**《廃》獲物に襲いかかる, 貪欲な (ravenous). **～·ly** *adv.* 〖*c*1340〗

ráv·ish·ment *n.* **1**〖法律〗凌辱(りょうじょく), 強姦(ごうかん) (rape). **2 a** うっとりさせること, 悩殺. **b** 歓喜, 夢中, 有頂天 (ecstasy, rapture). **3 a** 強奪. **b** 略奪. **4**《廃》女性を強引に連れ去ること; (女性)誘拐(ゆうかい). 〖(1436) □ (O)F *ravissement*: ⇨ ravish, -ment〗

raw /rɔ́ː, rɑ́ː | rɔ́ː/ *adj.* **1** 生(なま)の, 料理していない (uncooked): ～ meat 生肉 / eat fish ～ 魚を生で食べる. **2 a** 手を加えていない, 原料のままの, 未加工の (unprocessed, crude): ～ ore 原鉱 / ～ cotton [wool] 原綿[毛] (cf. raw fibers) / ～ brick 焼かない[生]れんが / ～ rubber 生ゴム / ～ milk 生ミルク《殺菌していない牛乳》/ ～ grain 生麦 / ～ sugar 粗糖 / ～ cloth さらしていない布 / ⇨ raw material, raw silk. **b**〈下水など〉浄化装置を施していない, 未処理の (untreated): ～ sewage 未処理の下水. **c**〈酒が〉水で割っていない (undiluted); ブレンドしていない (unblended): ～ spirits [alcohol] 生(き)の火酒. **d**〈獣皮が〉なめしていない (untanned): ～ hides (製革用)原料皮《普通塩蔵皮・乾皮とされているが剝皮されたままの生皮(なまかわ)もある; cf. rawhide》. **e**〈土地が〉開拓[開発]されていない, 開けていない: ～ land 荒地. **f** (布地の端が)縁かがりをしていない, 織端(おりはし)のついていない. **3**〈資料・統計などが〉手を加えていない, 編集して[解釈を施して]いない: ～ statistics 生(なま)統計 / ～ data 生データ, 未修正データ. **4 a** ひどくすりむいた, 皮のむけた, 赤膚の;〈傷など〉肉を露出した: ～ skin / a nose ～ from rubbing こすって皮のむけた鼻. **b** 触れるとちくちく痛む (sore): a throat ～ from shouting 大声を出してひりひりするのど. **5 a** 未経験の, 未熟な (green); 不慣れな (untrained): ～ recruits 新兵 / a ～ youth 青二才 / ～ judgment 未熟な判断 / a ～ hand 青二才. **b**〈性格・品質など〉洗練されていない, 生硬な (unrefined); ぞんざいな, ぶしつけな, 粗野な (crude): a ～ literary style 生硬な文体. **c**《口語》不当な, 不公平な (unfair, dirty); 酷な, ひどい (harsh): ⇨ raw deal. **d**《米》みだらな, 下品な, 卑猥(ひわい)な (indecent): a ～ joke 卑猥な冗談[しゃれ]. **6 a** 覆いのない, 衣服をまとっていない, 裸の (naked). **b** むき出しの, 露骨な: a ～ portrayal of a woman's life 女性の生活の露骨な描写. **7**〈天候・風など〉冷やっとする, 薄ら寒い, じめじめして寒い (damp and cold): a ～ wind / a ～ morning 冷え冷えした朝. **8**〖写真〗〈フィルム・乾板など〉露光していない, 未露光の, 生(なま)の (unexposed): ～ film 生フィルム. **9**〖教育〗素の, 生(なま)の, 素点 (raw score)の. **10**《廃》未熟の (unripe), 未成年の, 発育中の.
— *n.* **1** [the ～] **a** 皮膚のむけた所[状態], 赤膚, すり傷 (gall), (さわると)痛い所. **b**《英口語・比喩》痛い所: touch [get] a person on *the* ～ 人の痛い所[弱点]に触れる. **2** [通例 *pl.*] (砂糖・牡蠣(かき)などの, 商品としての)未加工品; 生(なま)砂糖, 粗糖; 生牡蠣.
in the ráw (1) 生(なま)のままの, 加工[精製]していない; 自然のままの, 洗練されていない: nature *in the* ～ (人工の加わっていない)生の自然 / a life *in the* ～ ありのままの人生. (2)《口語》裸の[で] (naked, nude): sleep *in the* ～ 裸で寝る. 《1934》
— *vt.* (まれ)〈馬の背などを〉すりむく, 赤膚にする.
～·ly *adv.* **～·ness** *n.* 〖OE *hrēaw* < Gmc **χrawaz* (Du. *rauw* / G *roh*) ← IE **kreuə-* raw flesh (L *cruor* gore / Gk *kréas* raw flesh / Skt *kravís* raw flesh)〗

Ra·wal·pin·di /rɑ̀ːwəlpíndi | rɑ́ːwəl-, rɔ̀ːl-/ *n.* ラーワルピンディー《パキスタン北東部にある都市; Islamabad 建設中の臨時首都 (1959–67)》.

ra·wa·ru /rɑ́ːwɑːrùː/ *n.*《NZ》〖魚類〗＝blue cod. 〖(1903) □ Maori ～〗

ráw bàr *n.* (レストランなどで)生の魚介類を出すカウンター《特に牡蠣(かき)》.

ráw·bóned *adj.* (痩せて)骨の見える, 骨ばった, 痩せこけた (gaunt) (⇨ lean² SYN). 〖1589–90〗

ráw déal *n.*《口語》ひどい仕打ち, 不公平な[公正を欠く]やり方 (cf. square deal): get a ～ 乱暴な[不当な]取扱いを受ける. 〖1912〗

ráw fíbers *n. pl.* 原繊維《綿なら種を採ったまま, 羊毛なら刈り取ったまま, 絹なら繭(まゆ)から繰り取ったままのもの; cf. RAW cotton, raw silk》.

ráw·hèad *n.* (おとぎ話の)お化け (bugbear).
ráwhead and blóody bónes (1) 頭蓋(ずがい)骨と交差した腿(もも)の骨二本の組合わせ《死の象徴; cf. SKULL and crossbones》. (2) お化け (specter); 怖いもの (bugbear). 〖(1550) ← RAW (adj. 4 a)＋HEAD〗

ráwhead-and-blóody-bònes *adj.* お化け話のような, とても怖い: a ～ story 怪談. 〖(1550) (1659)〗

ráw·hìde *n.* **1** (牛などの)生皮(なまがわ) (untanned skin)

《脱毛後, なめさないまま乾燥した半透明な皮; ベルトレーシング・ギア・ヒモ紡績用具等, 工業用材料に多く用いられる; 生皮(なまかわ)(green hides) とは別). **2** 生皮(きがわ)のむち[綱] (cf. cowhide 2 a). **—** *adj.* [限定的] 生皮の, 生皮製の: a ~ whip [boot, jacket] 生皮製のむち[靴, 上着]. **—** *vt.* **1** 〈馬・牛などを〉生皮のむちで打つ. **2** 〈原鉱を〉生皮袋で運ぶ. 〘(1704) ← RAW+HIDE[1]〙

ráwhide hàmmer *n.* ローハイドハンマー《打つ表面を傷つけないようにヘッドの両端に生皮を用いた金槌》. 〘1940〙

ra·win /réɪwɪ̀n | -wɪn/ *n.* 〖気象〗レーウィン《無線送信機をつけた気球を飛ばして高層風を知る方法》. 〘(1946) ← RA(DAR)+WIN(D)[1]〙

ráwin·sònde /-sɑ̀(ː)nd | -sɔ̀nd/ *n.* 〖気象〗レーウィンゾンデ《上層気流の速度を測定するラジオゾンデ》. 〘(1946) ← RAWIN+(RADIO)SONDE〙

raw·ish /rɔ́ːɪʃ, rɑ́ː- | rɔ́ː-/ *adj.* 生(なま)なところのある, 半生(はんなま)の, 生っぽい, まだ未熟な. **~·ness** *n.* 〘(1602) ← RAW+-ISH〙

Raw·ling's /rɔ́ːlɪŋz, rɑ́ː- | rɔ́ː-/ *n.* 〖商標〗ロウリングズ《Rawlings Sporting Goods 社製のスポーツ用品; 野球・バスケット・ゴルフ用品など》.

Raw·lings /rɔ́ːlɪŋz, rɑ́ː- | rɔ́ː-/, **Jerry** (**John**) *n.* ローリングズ《1947– ; ガーナの軍人・政治家; 大統領 (1992–2001)》.

Rawlings, Marjorie Kin·nan /kínən/ *n.* ローリングズ《1896–1953; 米国の女流小説家; *South Moon Under* (1933), *The Yearling* (1938)》.

Raw·lin·son /rɔ́ːlɪ̀nsən, -sṇ | -lɪn-/, **George** *n.* ローリンソン《1812–1902; 英国の歴史家・オリエント学者》.

Rawlinson, Sir **Henry Cres·wicke** /krézɪ̀k | -zɪk/ *n.* ローリンソン《1810–95; 英国の軍人・外交官・オリエント学者; 楔型(くさびがた)文字の解読に成功; G. Rawlinson の兄》.

Rawl·plug /rɔ́ːɫplʌɡ, rɑ́ːɫ- | rɔ́ːl-/ *n.* 〖商標〗ロールプラグ《英国 The Rawlplug Co., Ltd. 製の繊維[プラスチック]製のチューブ型詰め物で, 壁にねじを固定するために用いる》.

Rawls /rɔ́ːlz, rɑ́ːlz | rɔ́ːlz/, **John** *n.* ロールズ《1921–2002; 米国の哲学者; *A Theory of Justice* (1971)》.

ráw matérial *n.* **1** 原材料, 原料: ~*s* for chemical goods 化学製品の原料. **2** 土台, 中心, 根幹: The ~ of an army is men. 軍隊の土台は兵である. **3** 素材: Nature is the ~ of poetry. 〘1796〙

ráw-pàck mèthod *n.* =cold pack 2.

ráw scóre *n.* 〖心理・教育〗素点《テストの得点のままで, 他の受験者との関係による修正などを組み込まない生(なま)の点》. 〘1920〙

ráw siénna *n.* **1** ローシエナ, イタリア土(ど)《焼いていないシエナ, 黄褐色の顔料; cf. burnt sienna 1》. **2** ローシェンナ色《黄, 褐色, 茶色がかった橙色》. 〘(1886): ⇨ Sienna〙

ráw sílk *n.* **1** (sericin を除く前の)生糸. **2** 絹紡糸による織物.

Raws·thorne /rɔ́ːsθɔən, rɑ́ːs- | rɔ́ːsθɔːn/, **Alan** *n.* ロースソーン《1905–71; 英国の作曲家; *Symphonic Studies* (1939)》.

R **ráw stóck** *n.* **1** 〖製紙〗=body paper. **2** 生(なま)フィルム.

ráw úmber *n.* **1** ローアンバー, 生(き)アンバー, キプロス土(ど)《焼いていないアンバーで黄褐色の顔料; cf. burnt umber 1》. **2** 黄褐色, 焦げ茶色, ローアンバー. 〘1895〙

ráw wáter *n.* **1** (製氷用の未蒸留の)原水. **2** (浄化処理前の)天然水.

rax /rǽks/ 《スコット》 *vi.* **1** (起きた時などに)背伸びをする (stretch); 手を伸ばす (reach out). **2** 長くなる (elongate). **—** *vt.* **1** [~ *oneself* で] 〈身体などを〉伸ばす. **2** 手渡す (pass, hand). 〘OE *raxan* ← ?: cf. rack[1]〙

ray[1] /réɪ/ *n.* **1 a** 一条の光, 光線: a ~ of light. **b** 一点から射出する各線; 星の光のように描き表した線[形]: a star with six ~*s* 六角の星形. **2** (希望などの)光, 光明, 輝き, ひらめき (glimmer, gleam): a faint ~ of hope 一縷(いちる)の望み / a ~ of truth 一筋の真理の光明 / a ~ of intelligence 理知[知性]のひらめき. **3** [通例 *pl.*] 〖物理・光学〗**a** (科学上の)線; 射線, 放射線, 輻射(ふくしゃ)線 (cf. rayed): actinic ~*s* 化学線《紫外線》/ anode [cathode] ~*s* 陽極[陰極]線 / infrared ~*s* 赤外線 / ultraviolet ~*s* 紫外線 / a Roentgen ~ =X ray / ⇨ alpha ray, Becquerel rays, beta ray, cosmic ray, gamma ray. **b** (放射線中の)粒子. **c** レイ《直径が微小な輻射エネルギーのビーム (beam)》. **4** 《詩》光 (light), 輝き (radiance): the ~ of the moon. **5** 少量 (particle): There is not a ~ of life on the moon. 月にはかすかな生命もない. **6** 〖数学〗(円の)半径 (radius); (一点から発する)半直線 (half line). **7** 〖植物〗**a** 放射組織, 射出組織; (キク科植物の)舌状花, 散形花序 (umbel) の枝[花茎]. **b** =ray flower. **c** =medullary ray 1. **d** =vascular ray. **8** 〖動物〗(魚の)ひれすじ (fin ray); (ヒトデの)射出部, 腕部; (昆虫の翅(はね)の)縦の翅脈(しみゃく). **9** 〖天文〗**a** 光条, 月の表面の輝条, 条目《噴火口から射出するように見える白く光る線》. **b** 射線. **c** 光線. ***a ráy of súnshine*** 《口語・皮肉》(1) (突然の)幸せ, 喜び, 希望. (2) 陽気な人. ***cátch [bág, cóp] some [a féw] ráys*** 《俗》日光浴をする.
— *vi.* **1 a** 光線を出す, 輝く (spark) 〈*forth, off, out*〉. **b** 〈思想・希望などの光を放つ, ひらめく 〈*forth, off, out*〉. **2** 放射する (radiate); 放射状に伸びる. **—** *vt.* **1 a** 〈光を〉放つ, 放射する (emit). **b** 〈知性・希望などの光を放つ: eyes ~*ing* out happiness 幸福に光輝いている目. **2 a** 光線で照らす; …に光を当てる (irradiate). **b** 〈X線などに〉さらす; …の放射線写真を撮る. **3** …に(放射状の)線[組織, しま]を付ける.
~·lìke *adj.* 〘(?c1380) *raye* ◻ (O)F *rai* (acc.) (cf. F *rayon*: ⇨ rayon) < L *radium* spoke of a wheel, beam: RADIUS と二重語〙

SYN 光線: **ray** 太陽・ろうそくなどの発光体から放射されまたは反射される細い一筋の光: the sun's *rays* (差しこむ)太陽の光線. **beam** しばしば *ray* の束から成る強い光線: a *beam* from the lighthouse 灯台の光.

---

ray[2] /réɪ/ *n.* 〖魚類〗エイ《ガンギエイ目の吻(ふん)の短い深海魚の総称; 体盤は偏平で大きな胸びれがある; アカエイ (stingray)・シビレエイ (electric ray)・トビエイ (eagle ray) など》. ★ 吻の長いものは skate という. 〘(1323–24) *raye* ◻ OF *raie* // L *raia* ← ?〙

ray[3] /réɪ/ *n.* 〖音楽〗=re[2].

ray[4] /réɪ/ *vt.* 《廃》 **1** 配列する. **2** 〈泥などを〉はねかける, 汚す. 〘(c1387) 《頭音消失》← ARRAY〙

Ray /réɪ/ *n.* レイ: **1** 男性名. **2** 女性名. 〘(dim.) 1 ← RAYMOND. 2 ← RACHEL[1]〙

Ray /réɪ/, **Cape** *n.* レイ岬《カナダ Newfoundland 島の南西端の岬》.

Ray, John *n.* レイ《1627?–1705; 英国の博物学者》.

Ray, Man *n.* レイ《1890–1976; 米国の写真家・画家・彫刻家; モダニズムの中心となって活躍》.

Ray /ráɪ/, **Satyajit** *n.* ライ《1921–92; インドの映画監督》.

ra·ya /ráɪjə, ráɪə/ *n.* (*also* **ray·ah** /~/) 〖歴史〗イスラム教徒でないトルコ国民《特に, トルコ帝国下のキリスト教徒をいう》. 〘(1813) ◻ Turk. *rāiyye* ← Arab. *ra'īyah* flock, herd ← *rá'ā* to feed: cf. ryot〙

Ray-Bans /réɪbæ̀nz/ *n.* 〖商標〗レイバン《米国 Bausch & Lomb 社製のサングラス》. 〘← (SUN)RAY+BAN〙

ráy blìght *n.* 花腐れ病《キクの花・葉・茎を腐敗させる病気; 子嚢菌 *Ascochyta chrysanthemi* による》.

rayed *adj.* [しばしば複合語の第 2 構成素として] **1** 光線[放射線]を有する: a six-*rayed* star 六角の星形. **2** 〖動物〗射形の (radiate): an eight-*rayed* starfish 八本腕のヒトデ. **3** 〖植物〗舌状花[周辺花]を有する. 〘(1748) ← RAY+-ED〙

ráy-fìnned físh *n.* 〖魚類〗=actinopterygian.

ráy flòret *n.* 〖植物〗=ray flower 1. 〘1845〙

ráy flòwer *n.* 〖植物〗**1** (キク科植物の)舌状花, 周辺花, 辺花のみの頭花 (cf. disk flower). **2** (中心花を欠く)舌状花《キクニガナ (chicory) などの花》. 〘1842〙

ráy fùngus *n.* 〖細菌〗=actinomycete. 〘1897〙

ráy gràss *n.* 〖植物〗=perennial ryegrass. 〘1677〙

ráy gùn *n.* 光線銃, 熱線銃, レイガン《人を殺傷または気絶させるという仮定の未来兵器》. 〘1931〙

Ray·leigh /réɪli/, Lord *n.* レイリー《1842–1919; 英国の物理学者; Nobel 物理学賞 (1904); 本名 John William Strutt /strʌ́t/, 称号 3rd Baron》.

Ráyleigh dìsk *n.* 〖音響・機械〗レイリー板《音の強さを測る装置》. 〘(1913) ↑〙

Ráyleigh scàttering *n.* 〖光学〗レイリー散乱《媒質内に浮遊する微粒子や微小な密度の不均一性によって起こる光の散乱で, 散乱光の波長は入射光の波長に等しい》. 〘1937〙

Ráyleigh wàve *n.* レイリー波《弾性体の表面層内を伝播する波; 特に地震の際に観測される地表に沿って伝播する地震波》. 〘1920〙

ray·less /réɪlɪ̀s/ *adj.* **1** 光線のない, 射線のない; 光を出さない. **2** 光のない[入らない]; 真っ暗な. **3** 〖植物〗舌状花 (ray flower) のない. **4** 〖魚類〗鰭条(きじょう)のない. **~·ness** *n.* 〘(1742) ← RAY[1]+-LESS〙

rayless góldenrod *n.* 〖植物〗キク科 *Haplopappus* 属およびこれに近似の雑草の総称. 〘1923〙

ray·let /réɪlɪ̀t/ *n.* わずかな光線, 微光線. 〘(1820) ← RAY[1]+-LET〙

Ray·mond /réɪmənd; *F.* ʀɛmɔ̃/ *n.* レイモンド《男性名; 愛称形 Rae, Ray; 異形 Raymund》. 〘ME *Reimonde* ◻ OF *Raimund* ◻ (Frank.) *Raginmund* 《原義》wise protection ← Gmc *raȝin-* (← IE **rek-* to counsel)+**mund* protection (← IE **mə-r-* hand): cf. Ronald, Edmund〙

Ray·mund /réɪmənd/ *n.* レイモンド《男性名》. 〘↑〙

Ray·náud's disèase [phenòmenon, sýndrome] /reɪnóʊz- | réɪnəʊz-; *F.* ʀɛno/ *n.* 〖病理〗レイノー現象, 指[趾]虚血[欠血]現象《末梢血管の攣縮(れんしゅく)からくる両手足の指などが血行障害・壊疽(えそ)などを起こす現象で, 他の病気に伴って生じたものでない場合にレイノー病と呼ぶ》. 〘(1883) ← A.G.M.Raynaud (1834–81: この現象の発見者であるフランスの医師)〙

Ray·ner /réɪnə | -nə^(r)/ *n.* レイナー《男性名; 異形 Rainer》. 〘◻ OF *Rainer* ◻ OHG *Raginhari* 《原義》wise army ← Gmc **raȝin-* (⇨ Raymond) +**χarjaz* army (⇨ harry)〙

Ray·ner /réɪnə | -nə^(r)/, **Claire** *n.* レイナー《1931–2010; 英国の新聞の身上相談回答者・小説家; 育児書やロマンスなど著書多数》.

ray·on /réɪɑːn | réɪɒn, réɪən; *F.* ʀɛjɔ̃/ *n.* レーヨン《人造絹糸 (artificial silk) の一種》; レーヨン織物. **—** *adj.* レーヨン製の. 〘(1591) (1924) ◻ F ~ (dim.) ← OF *rai* 'RAY[1]': その光沢にちなむ〙

ray·on·nant /réɪənənt/ *adj.* **1** 〖建築〗レイヨナン様式の, 放射線式の《13 世紀中葉のフランス中期ゴシック様式にいう; cf. flamboyant 4 b》. **2** 〖紋章〗光を放った, 光線状になった (radiant), 〈区画線など〉火炎状になった. 〘(1821) ◻ F ~ 'radiant' (pres. p.) ← *rayonner* to radiate ← *rayon* (↑)〙

ray·on·né /rèɪənéɪ⁻; *F.* ʀɛjɔne/ *adj.* 〖紋章〗=rayonnant 2. 〘◻ F ~ (p.p.) ← *rayonner* to radiate: ⇨ rayon〙

ráy parénchyma *n.* 〖植物〗放射柔組織 (cf. phloem parenchyma, wood parenchyma).

ráy tràcheid *n.* 〖植物〗放射伝導管. 〘(1907): ⇨ tracheid〙

raze /réɪz/ *vt.* **1** 〈町・家・壁などを〉完全に破壊する, 倒壊する, 倒す (⇨ destroy **SYN**): ~ a house [town] to the ground 家[町]を完全に破壊する. **2** 削る, 剃る (shave off). **3** 〔記憶などから〕消す〔*from*〕: ~ something *from* the mind [memory] ある事を忘れ(去)る. **4** 《古》少し傷つける, 引っかき傷をつける, すりむく (graze): ~ the skin. **ráz·er** *n.* 〘(a1547) *rase(n)* ◻ (O)F *raser* < VL **rāsāre* ← L *rāsus* (p.p.) ← *rādere* to scrape: cf. rascal〙

ra·zee /reɪzíː/ 〖海事〗 *n.* 上部の甲板を切り取って舷(げん)を低くした古い艦[船]; (甲板の数を減らした)小型(軍)艦. **—** *vt.* (**ra·zeed**; **~·ing**) **1** 甲板数を減じて舷の低い艦[船]とする. **2** (切って)小さくする. 〘(1794) ◻ F (*vaisseau*) *rasé* 《原義》razed (ship) (p.p.) ← *raser* (↑)〙

rá·zon bòmb /réɪzɑ(ː)n- | -zɔn-/ *n.* 〖軍事〗レーゾン爆弾《無線操縦により方向・飛距離を変えられる爆弾; 単に razon ともいう; cf. azon bomb》. 〘*razon*: ← R(ANGE)+AZON〙

ra·zoo /rəzúː/ *n.* [通例否定構文で] 《豪俗》小額の金, びた一文: have *not* a (brass) ~ びた一文持っていない. 〘(1930)?〙

ra·zor /réɪzə | -zə^(r)/ *n.* **1 a** かみそり (cf. straight razor): a ~ haircut レザーカット《かみそりによる散髪》/ (as) sharp as a ~ かみそりのように鋭い / (as) keen [sharp] as a ~ =(*as*) *keen as* MUSTARD. **b** 安全かみそり (safety razor); 電気かみそり (electric razor). **2** 〖貝類〗=razor clam. **3** 〖哲学〗=Occam's razor. ***on a rázor's èdge [rázor-èdge]*** ⇨ razor-edge 成句. **—** *vt.* …にかみそりを使う[当てる], 剃る (shave): ~ a face 顔を剃る / ~ a beard あごひげを剃る.
~·a·ble /-zərəbḷ/ *adj.* 〘(?a1300) *raso(u)r* ◻ OF (F *rasoir*) ← *raser* to raze, -or[2]: ⇨ raze, -or[2]〙

rázor·bàck *n.* **1** 〖地理〗(かみそりの刃のように)とがっている山の背; 背のとがった連丘 (cf. hogback). **2** 〖動物〗ナガスクジラ (rorqual)《この種の鯨は背がとがっている; finback ともいう》. **3** 〖動物〗米国南東部産の背のとがった野生のブタ (razorback hog ともいう). **—** *adj.* =razor-backed. 〘1823〙

rázor-bàcked *adj.* 背のとがった. 〘1829〙

rázor·bìll *n.* 〖鳥類〗 **1** =razor-billed auk. **2** =skimmer 5. 〘(1674) ← RAZOR+BILL〙

rázor-bìlled áuk *n.* 〖鳥類〗オオハシウミガラス (*Alca torda*). 〘(1824): ⇨ ↑, auk〙

rázor blàde *n.* 安全かみそりの刃. 〘1846〙

rázor clàm *n.* 《米》〖貝類〗マテガイ, カミソリガイ《マテガイ科の殻が細長くて薄く西洋かみそりに似た貝の総称; jackknife clam ともいう; cf. solen》.

rázor-cùt *vt.* 〈頭髪を〉レザーカットする.

rázor cùt *n.* レザーカット《かみそりを使った頭髪のカット》. 〘1965〙

rázor-èdge *n.* **1 a** かみそりの刃. **b** 鋭い刃; 山のとがった背. **2 a** (緊張・不安を伴った)きわどい立場, 危機. **b** 厳格な区分線. ***be [háng] on the [a] rázor-èdge*** (危機一髪という)危険に臨む[立つ, 陥る]. ***pùt a rázor-èdge on*** 〈環境・職業などが〉〈人〉を抜け目のない者にする.

rázor-èdged *adj.* (かみそりの刃のように)鋭い.

rázor·fìsh *n.* **1** 〖魚類〗ベラ科 *Xyrichthys* 属の魚の総称; (特に) *X. psittacus* (地中海・西インド諸島産の赤と青の鮮やかな色をした種類). **2** 〖貝類〗=razor clam. 〘1602〙

rázor gàng *n.* **1** (かみそりを持った)暴漢. **2** [the ~] 《豪口語》政府支出削減委員会.

rázor gràss *n.* 《カリブ》縁の鋭い葉をもつシンジュガヤ属 (*Scleria*) とスズメノヒエ属 (*Paspalum*) の数種の草本.

rázor-grìnder *n.* **1** かみそり研ぎ. **2** 〖鳥類〗=goatsucker. 〘1789〙

rázor jòb *n.* 《英口語》容赦ない攻撃.

rázor's édge *n.* =razor-edge.

rázor-shárp *adj.* (かみそりの刃のように)鋭い.

rázor shèll *n.* 〖貝類〗=razor clam. 〘1752〙

rázor-slàsher *n.* かみそりで相手を傷つける犯人.

rázor stròp *n.* (かみそりを研ぐ)革砥(かわと).

rázor wìre *n.* レーザーワイヤー《かみそり刃状の四角の小鉄片のついた囲い用鉄線》.

ra·zure /réɪʒə | -ʒə^(r)/ *n.* =rasure.

razz /rǽz/ 《米俗》 *n.* (舌と両唇で出す)軽蔑の音 (raspberry); あざ笑い, からかい (derision): give the ~ あざ笑う. **—** *vt.* あざ笑う (deride); からかう, いじめる (tease). 〘(1919) 《短縮》← RASPBERRY 3〙

razz·a·ma·tazz /rǽzəmətæ̀z, ⌣⌣⌣⌣ | ⌣⌣⌣⌣, ⌣⌣⌣⌣/ *n.* =razzmatazz.

raz·zi·a /rǽziə/ *n.* (特に, もとアフリカのイスラム教徒の行った)侵略, 襲撃 (raid), 略奪; 奴隷狩り. 〘(1845) ◻ F ~ ◻ Arab. *ghāziyah* ← *gházā* to make a raid〙

raz·zle /rǽzḷ/ *n.* =razzle-dazzle 1, 2. ***gó [be] (óut) on the rázzle*** 《英口語》ばか騒ぎをする. 〘1908〙

rázzle-dázzle *n.* 《俗》 **1** 乱痴気騒ぎ, 大浮かれ (spree): be [go] (out) on the ~ ばか[乱痴気]騒ぎをする. **2 a** (見世物などの)騒々しさ, (安っぽい)華やかさ; にぎやかなショー: the ~ of a revue レビューの華やかな雰囲気. **b** 騒がしい[うるさい]広告[宣伝]. **3** (フットボールなどで)攪乱(かくらん)戦術, トリックプレー. **4** (米国で始められた)波動式回転木馬. 〘(1889) 《加重》← DAZZLE〙

razz·ma·tazz /rǽzmətæ̀z/ *n.* 《俗》 **1** =razzle-dazzle 1, 2. **2** 生気, 活力, はつらつ. **3 a** いんちき, でたらめ. **b** 時代遅れ[感傷的]な代物. 〘(1899) 《変形》← ? RAZZLE-DAZZLE〙

Rb 《記号》〖化学〗=rubidium.
rb, RB 《略》〖アメフト〗running back.
RB 《略》reconnaissance bomber 偵察爆撃機; 〖自動車国籍表示〗Republic of Botswana; Rifle Brigade; Royal Ballet.
RBA 《略》Royal Society of British Artists.
RBC 《略》red blood cells; red blood cell count.
RBE 《略》〖生物〗relative biological effectiveness (of radiation). 〖1954〗
RBG 《略》Royal Botanic Gardens (Kew).
RBI, r.b.i. /ɑ́əbìːáɪ | ɑ́ː-/ *n.* (*pl.* **~s, ~**)〖野球〗打点. 〖(1948)《頭字語》← *r*un(*s*) *b*atted *i*n〗
RBS 《略》Royal Society of British Sculptors.
RC /ɑ́əsíː | ɑ́ːsíː/ 《略》Red Cross; Reformed Church; (米国の) Republican Convention; 〖自動車国籍表示〗Republic of China; Reserve Corps; 〖劇場〗right center (舞台に向かって)左中央; Roman Catholic; Royal Commission.
r.c. 《略》red cell [corpuscle]; reinforced concrete (1932); 〖電気〗resistance-capacitance 抵抗容量回路の.
RCA /ɑ́əsìːéɪ | ɑ́ː-/ *n.* アールシーエイ《米国の通信機製造会社; 1969 年旧名の 'Radio Corporation of America' に代わって略語の RCA が正式社名となった》.
RCA 《略》Royal Canadian Academy; Royal College of Art; 〖自動車国籍表示〗Central African Republic.
RCAF 《略》〖軍事〗Royal Canadian Air Force カナダ空軍. 〖1924〗
RCB(CG) 《記号》〖自動車国籍表示〗Republic of the Congo.
RCCh 《略》Roman Catholic Church.
rcd 《略》received 受領済み.
RCD 《略》Regional Cooperation for Development; residual current device.
RCH 《記号》〖自動車国籍表示〗Republic of Chile.
RCJ 《略》Royal Courts of Justice.
RCM 《略》〖軍事〗radar counter measures レーダー妨害; 〖軍事〗regimental court-martial 連隊軍法会議; Royal College of Music.
RCMP /ɑ́əsìːèmpíː | ɑ́ː-/ 《略》Royal Canadian Mounted Police.
RCN 《略》〖軍事〗Royal Canadian Navy カナダ海軍; Royal College of Nursing.
RCO 《略》Royal College of Organists.
RCOG 《略》Royal College of Obstetricians and Gynaecologists.
ŕ còlor /ɑ́ə- | ɑ́ː-/ *n.* 〖音声〗(母音の) r の音色, r 音性 (rhoticity) (⇨ r-colored). 〖1935〗
ŕ-còlored *adj.* 〖音声〗〈母音が〉r の音色を有する《murmur の母音などで英音の /mə́ːmə/ に対して米音のもり上がり舌またはそり舌の /mɚ́ːmɚ/ についていう; cf. bunched vowel, retroflex vowel》. 〖1935〗
ŕ-còloring *n.* =r color.
RCP 《略》Royal College of Physicians (英国の)王立医師会.
rcpt 《略》receipt.
RCS 《略》reaction [reactor] control system ロケットなどの反動力を利用して制御する装置; Royal College of Science; Royal College of Surgeons; Royal Corps of Signals.
Rct, rct 《略》receipt; 〖軍事〗recruit.
RCT 《略》Royal Corps of Transport.
RCVS 《略》Royal College of Veterinary Surgeons.
Rd 《記号》《廃》〖化学〗=radium (cf. Ra).
Rd, rd 《略》reduce; rendered; rix-dollar; road; rod; round; 〖物理〗rutherford.
R.D. /ɑ́ədíː | ɑ́ː-/ 《略》〖軍事〗Royal Dragoons 龍騎兵; 〖英国国教会〗Rural Dean; 《NZ》Rural Delivery.
R/D, RD 《略》〖銀行〗refer to drawer (=drawer *n.*) (cf. NSF).
-rd 3 および 3 に終わる序数を表すとき数字に添える: *3rd, 53rd.*
RDA /ɑ́ədìːéɪ | ɑ́ː-/ 《略》Recommended Daily [Dietary] Allowance.
RdAc 《記号》〖化学〗radioactinium.
RDB 《略》〖軍事〗Research and Development Board 研究開発委員会.
RDBMS 《略》〖電算〗relational database management system リレーショナルデータベース管理システム.
RDC 《略》〖軍事〗Royal Defence Corps 英国海軍防備隊; 〖英史〗Rural District Council 地方自治区評議会《1974 年の行政改革により廃止》.
RDF 《略》radio direction finder [finding]; refuse derived fuel 廃棄物利用燃料.
RDI 《略》recommended daily intake 推奨 1 日摂取量.
ŕ-dròpping *adj.* 〖音声〗r を落とす《母音の直後にくる r 音を脱落させる[発音しない]; 例えば米音の star /stɑ́ɚ/ に対して英音の /stɑ́ː/ のように r 音を発音しない; 英音および南部米音の特徴; cf. r-less》. 〖1960〗
RDS 《略》radio data system; 〖医学〗respiratory distress syndrome.
RD$ 《記号》〖貨幣〗Dominican peso(s).
rds. 《略》〖海運〗roadstead.
RdTh 《記号》〖化学〗radiothorium.
RDV, rdv. 《略》rendezvous.
RDX *n.* =cyclonite. 〖(1941) ← *R*(*esearch*) *D*(*epartment*) (*e*)*x*(*plosive*)〗
re¹ /riː, reɪ/ *prep.* **1** 〖法律・商業〗…に関して, …について (concerning) (cf. in re): James v. Jones, (in) *re* estate of Williams ジェームズ対ジョーンズ事件, ウィリアムズの財産に関して / *re* your esteemed favor of 6th inst. 今月 6 日付の貴簡に関し. **2** 《口語》…について (about): I want to speak to you *re* your behavior. 君の行動についてちょっと話がある. 〖(1707) ◻ L *rē* 'in the matter of' (abl.) ← *rēs* matter, thing: ⇨ res〗
re² /reɪ/ *n.* 〖音楽〗**1** (階名唱法の)「レ」《全音階的長音階の第 2 音; ⇨ do¹》. **2** (固定ド唱法の)「レ」, ニ音, D 音《ハ調長音階の第 2 音》. 〖(*c*1325) (*a*1529) ◻ ML ~ ← L *re*(*sonāre*) to resound (⇨ re-, sound¹): cf. gamut〗
Re /reɪ/ *n.* 〖エジプト神話〗=Ra.
Re 《略》〖物理〗Reynolds number; 〖聖書〗Revelations.
Re 《記号》〖化学〗rhenium.
Re, re 《記号》〖貨幣〗rupee(s). 〖(1913) 《略》← RUPEE〗
RE 《記号》〖化学〗rare-earth elements.
RE /ɑ́əíː | ɑ́ː(r)íː/ 《略》〖化学〗radium emanations; 〖法律〗real estate; Reformed Episcopal; Religions Education; Revised Edition; Right Excellent; Royal Engineers; Royal Exchange.
r.e. 《略》〖アメフト〗right end ライトエンド《右エンド位置のプレーヤーの名称》.
R.e. 《略》〖製本〗red edges 赤染め小口.
're /ə | ə^(r)/ *vi., auxil. v.* 《口語》are の縮約形. ★ we, you, they の後にくる: we'*re* /wɪə | wɪə^(r)/, you'*re* /jʊə | jʊə^(r)/, they'*re* /ðeɪə | ðeɪə^(r)/.
re-¹ *pref.* /rɪ̈/ [ラテン語系の接頭辞として; またはその転用として英語内の造語で] **1**「相互, 返報」: *re*ciprocal, *re*venge. **2**「反対」: *re*sist, *re*volt. **3**「後の, 後に」: *re*lic, *re*main, *re*tard. **4**「隠退, 秘密」: *re*cluse, *re*fuge, *re*ticent. **5**「離れて, 去って, 下って」: *re*cede, *re*nounce, *re*press. **6** 反復・強意を表す: *re*double, *re*joice, *re*search. **7** 否定を表す: *re*cant, *re*sign. 〖ME ◻ (O)F *re-, ré-* // L *re-, red-* (母音の前) again, back, un-: cf. retro-〗
re-² *pref.* /rìː/ [語源に関係なく自由に動詞またはその派生語に添えて]「また, 再び, 新たに」: *re*appear, *re*assemble.

[語法] (1) [発音]以下の見出し語では rè- の表記のみ掲げてあるが, 特に「再び」「また」の意を強調する時には ré- となる. (2) [ハイフンを用いる場合] (i) 既成語と区別する時: *rè*-collèct (cf. recollect), *rè*-cóver (cf. recover). (ii) 次の語が re- および大文字で始まる時: *rè*-recóver; *rè*-Christianizátion. (iii) 特に「繰返し」「再」の意味を強めて言う時: máke and *ré*-màke, séarch and *ré*-sèarch. (iv) e で始まる語が続く時, またはハイフンの代わりに第二の e を ë とすることもある: *rè*-eléct, *rè*ëléct.

REA /ɑ́əìːéɪ | ɑ́ː(r)iː-/ 《略》Railway Express Agency; Rural Electrification Administration (米国の農務省の)農村電化局.
rè·absórb *vt.* **1** 再び吸い込む[吸収する]. **2** 〖生物〗=resorb 2. **rè·absórption** *n.* 〖(1768) ← RE-² + ABSORB〗
reac. 《略》reactor.
rè·accústom *vt.* 再び慣らす. 〖1611〗
reach¹ /riːtʃ/ *vt.* **1 a** 〈目的地・行先・宛名など〉に届く, 達する, 着く, 到着する (arrive at [in], come to, get to): ~ town before dark 夕暮れ前に町に着く / London can be ~*ed* in two hours (from here). (ここから)ロンドンへは 2 時間で行ける / Your letter ~*ed* me this morning. お手紙今朝落手致しました / Her voice ~*ed* the back of the hall. 彼女の声はホールの後ろの方まで届いた. **b** (ある過程を通って)…に届く, 達する, 及ぶ (attain); 〈目的・希望など〉に到達する, 達成する (get to, attain): ~ old age [middle age, 45] 老齢[中年, 45 歳]に達する / She had ~*ed* the end [limit] of her endurance. 彼女は忍耐の極限に達していた / The pile of books ~*es* the ceiling. 本の山が天井まで届いている / This ladder does not ~ the window. このはしごは窓まで届かない / a skirt too short to ~ her knees 短くてひざまで届かないスカート / The bullets did not ~ the enemy. 弾丸は敵に届かなかった / ~ perfection [one's goal] 完成する[目標を達成する]. **c** 〈額・結果など〉に達する: ~ a conclusion [decision] 結論[決意]に達する / No new agreements were ~*ed* during the visit. 訪問中に別段新しい協定には至らなかった / The cost will ~ millions of yen. 費用は数百万円に達するであろう / The book has ~*ed* its fifth edition. その本は 5 版になった. **d** 〈耳目など〉に達する, はいる: Rumors ~*ed* my ears. 色々なうわさが耳にはいってきた / This must not ~ his ears. これは彼の耳に入れてはならない. **e** 〈人〉の心に達する[影響を与える] (impress); 〈人の心を〉得る, 動かす (move, influence): Men are often ~*ed* by flattery. 人はお世辞に心を動かされやすい / He's so depressed I just can't ~ him any more. 彼はとても意気消沈しているので, 私はもはや彼の心を動かすことができない / He ~*ed* the jury before they could find her guilty. 陪審員が彼女が有罪と評決できないうちに彼は陪審員を動かした. **2 a** 〈手などを〉出す, 差し出す, 差し伸ばす, 差し伸べる (extend) 〈*out*〉: ~ *out* one's hand [the hand of friendship] to [toward(s)] …の方へ手[友情の手]を差し伸べる / Trees ~ their branches toward(s) the sun. 木は太陽の方向にその枝を伸ばす. **b** 〈刀・槍などを〉突き出す (thrust). **c** 《古》(手などで)〈攻撃を〉与える: ~ a punch at him 彼にパンチを食らわせる. **3 a** (手などを伸ばして)…に触れる, 届く: ~ the ceiling / cannot ~ one's enemy (ボクシング・フェンシングで)相手に届かない. **b** 手を伸ばして取る: ~ down one's hat 手を伸ばして(帽子掛け・高い所から)帽子を取る / ~ a book from a high shelf 手を伸ばして高い棚の本を取る. **c** 《口語》[二重目的語を伴って] (手を伸ばして)渡す (hand over), (手または足で)与える (deliver): *Reach* me the pen. そのペンを取って下さい / Would you ~ me (over) the salt, please? (食卓で)塩を取って下さいませんか / *Reach* him a blow on the nose. 彼の鼻にげんこつを食らわせてやれ / Will you ~ me down my hat, please? 私の帽子を取って下さい. **4** …と(電話・手紙などで)連絡する: ~ a person by telephone 人と電話で連絡する / You can ~ me at my club. 私のクラブで私に連絡がとれます. **5** 《英方言》〈皮を〉引き伸ばす. **6** 《古》理解する (comprehend). **7** 《米俗》買収する, …に贈賄する.
— *vi.* **1 a** 広がる, 行き渡る (extend); 届く, 達する (attain): as far as the eye can ~ 目の届く限り, 見渡す限り / His hair ~*ed* (*down*) *to* his shoulders. 彼の髪は肩まで垂れた / The park ~*es* down *to* the river. 公園は川まで続いている / The authority of the law ~*es over* the whole of the empire. 国法の威力は帝国の隅々にまで行き渡っている / Her voice ~*ed to* the back of the hall. 彼女の声はホールの後ろの方まで届いた. **b** (時間的に)広がる, わたる: The old man's memory ~*es* back over many years. その老人の記憶は何年も昔にさかのぼる / Queen Victoria's reign ~*ed* into the 20th century. ビクトリア女王の治世は 20 世紀に(まで)及んだ. **2 a** 〔ある方向に〕向かう, 伸びる; 〔ある目的に〕到達しようと努める 〔*to*〕: The mind ~*es* forward *to* an ideal. 精神は理想に達しようと努める. **b** 〈金額が〉〔…に〕達する, 及ぶ (amount) 〔*to*〕. **3 a** 手・足を伸ばす, 背伸びする 〈*out*〉. **b** 〔物を取ろう[得よう]として〕手を伸ばす 〔*for, after*〕; 〔…を得ようと〕努力する 〔*for, after*〕: ~ *for* pencil and notebook 鉛筆と手帳を取ろうと手を伸ばす / ~ into his pocket *for* his wallet 財布を取ろうとポケットに手を突っ込む / ~ *after* fame 名声を得ようと努める / She [Her hand] ~*ed* (out [up, down, over]) *for* the prize. 彼女はその賞を得ようと努力した / Hands up! *Reach for* the sky! 手を挙げて下さい. 手を高く上げて. **4** 〖海事〗(風上に向かって)一間切(まぎ)の区間を航走する. **5** 《米》(十分な根拠なしに)主張する[言う, 同意する].
réach óut 〔大衆などに〕接触しようと努める 〔*to*〕.
— *n.* **1 a** (何かを取ろうとして)手(など)を伸ばすこと, 背伸び: make a ~ for one's hat on the rack 網棚の帽子を取ろうとして手を伸ばす. **b** 手足の伸ばせる範囲[届く距離], リーチ; (力・知力・権力などの届く)範囲 (range); 理解範囲, 勢力範囲: a boxer with a long ~ リーチの長いボクサー / Fame seemed within [out of] (her) ~. 名声は(彼女の)手の届くところにあり[なさ]そうだ / within ~ of one's hand [arm] 手[腕]の届く範囲内に / Vacations abroad are still not within everyone's ~. 海外での休暇はまだみんなの手の届くところにはない / beyond [above] one's ~ 力が及ばない; 「高嶺の花」で / Such philosophical subtleties are beyond [above] my ~. そんな哲学上の難しいことは私にはわからない / criminals beyond (the) ~ of retribution 懲罰を受けない犯罪者 / She moved [kept] the bottle out of his ~. 彼女は酒瓶を彼の手の届かぬ所に移した[置いた] / Now we are out of the ~ of danger. まずこれで危険から脱した / My house is within easy ~ of the station (by car). =From my house the station is within easy ~ (by car). 私の家は(車で)駅からすぐ行ける所にある / He has a wonderful ~ of imagination. 彼は驚くべき広い想像力をもっている. **2 a** (一面の)広がり (expanse), 区域 (compass): a ~ of grassland 一面の草原 / great ~*es* of forest 大森林地帯. **b** [*pl.*] (川の曲がり角から曲がり角までの一目で見渡せる)直線流域: the upper [lower] ~*es of* the Thames テムズ川の上[下]流の一目で見渡せる部分. **c** 閘区(こう)《運河の水門と水門の間の同一水面の区間》. **d** 入江 (arm of sea). **e** 岬 (promontory). **3** [*pl.*] 要職, 重要な地位: the higher [upper] ~*es* of the political world 政界の高官たち. **4** 〖海事〗(風上に向かっての)一間切(まぎ)の帆走[距離] (leg); 正横(せい)前の風を受けての帆走: a beam ~ 正横の風を受けての帆走 / a broad ~ 大体正横(時に正横前, 時に正横または正横後)の風を受けての帆走 / a close ~ 詰め開きでの帆走. **5** 〖機械〗**a** (巻上げ機の)最大繰出し. **b** (荷馬車などの)連結棒. **6** 〖広告〗広告到達率《広告に接した聴取者および見た人の割合》.
~·er *n.* 〖v.: ME *rechen* <OE *rǣcan* to stretch out <(Gmc) **raikjan* (Du. *reiken* / G *reichen*) ← IE **reig-* to stretch out (L *rigere* to be stiff, 《原義》be stretched out). — n.: (1526) ← (v.): ⇨ rigid, rigor〗

SYN **1** 到達する: **reach** 〈目標・発達段階など〉に到達する《最も一般的な語》: *reach* agreement 合意に達する. **gain** 相当の努力を払って〈目的を〉達する: *gain* one's object 目的を達する. **attain** 大望に駆られて〈大きな目的を〉達成する: *attain* great fame 大きな名声をかち取る. **accomplish** 〈課された仕事を〉首尾よく完了する: *accomplish* one's mission 使命を果たす. **achieve** 努力・技術・勇気などによって特定の目的を達成する: They *achieved* a great victory. 大勝利をかち得た. **get to** 《口語》=*reach*: *get to* the head of one's class クラスのトップになる. **2** 範囲 ⇨ range.

reach² /riːtʃ/ *v.* 《英方言》=retch. 〖OE *hrǣcan* to spit ← Gmc **χraik-* (擬音語) (OE *hrāca* spittle / ON *hrǣkja* to spit): ⇨ retch〗
reach·a·ble /riːtʃəbḷ/ *adj.* 到達可能な, 届くことができる: The place is ~ in half an hour. その場所は 30 分で行ける. **2** 〖電算〗到達可能な《ネットワークのノードが外部からアクセス可能な》. **reach·a·bil·i·ty** /riːtʃəbílәti | -lɪ̈ti/ *n.* 〖(1824) ← REACH¹ + -ABLE〗
réach·ing *adj.* リーチの長い, 遠くまで届く. 〖?*a*1425〗
réach·ing jìb [sàil] *n.* 〖海事〗=balloon sail.
réach·less *adj.* 到達できない, 手の届かない. 〖(1628) ← REACH + -LESS〗

réach-me-dòwn *adj., n.* 《英口語》＝hand-me-down. 〖《1862》← *Reach me down* (a garment from a peg or shelf) (⇨ reach¹ (vt. 3 b)): 客の言葉から: cf. hand-me-down〗

réach ròd *n.* 〘機械〙リーチロッド, 連結棒《両端にピン穴をもったリンクで, 逆転用でこの運動を別のリンクに伝達するために用いる》. 〖1909〗

rè·acquáint *vt.* [しばしば再帰的に]〈人〉に再び知らせる[告げる]. **rè·acquáintance** *n.* 〖1647〗

rè·acquíre *vt.* 再び入手する, 獲得し直す. 〖《1691》← RE-²＋ACQUIRE〗

re·act /riǽkt/ *vi.* **1** 〔刺激などに対して〕反応[感応]する〔*to*〕: The eye ~*s to* light. 目は光に感応する / An audience usually ~*s* readily *to* a good lecturer. 聴衆はすぐれた講演者にはすぐ反応を示すものである. **2** 〔ある作用に対して〕反作用をする: Cause and effect ~ *upon* each other. 原因と結果は互いに作用し合う / Tyranny ~*s upon* the tyrant. 暴政は暴君に反逆する, 暴は暴を以て報いられる. **3** 〔…に〕反対する, 反抗する, 逆らう, 逆襲する〔*against*〕: The people will ~ *against* anarchism. 国民は無政府主義に反抗するだろう. **4** 〘物理〙反作用する, 反動する, 反発する〔*against, upon*〕;〈核が〉(核)反応する. **5** 〘物理・化学〙反応する〔*on, with*〕: ~*ing* weight 反応量 / This acid ~*s on* copper. この酸は銅に反応する. **6** 逆方向に進む, 逆戻りする, もとの状態に返る, 逆転する: Stocks ~*ed* markedly. 株式は著しく反落した / ~ *to* 300 yen (株価は)反発して 300 円になる. **7** 〘軍事〙反撃する. — *vt.* **1** …に反応させる. **2** 〘化学〙…に化学反応を起こさせる;〈物質を〉〔…と〕反応させる〔*with*〕. 〖《1611》《なぞり》← F *réagir* / L *reagere*: ⇨ re-¹ 1, 2, act〗

rè·áct *vt.* **1** 繰り返す, やり直す. **2** 〈劇・場面・役を〉再び演じる. 〖《1648》: ⇨ re-²〗

re·ac·tance /riǽktəns, -tn̩s/ *n.* **1** 〘電気〙リアクタンス, 誘導抵抗, 感応抵抗《インピーダンスの虚数部; 略 react.》. **2** 〘物理〙＝acoustic reactance. 〖《1893》← REACT＋-ANCE〗

reáctance cóupling *n.* 〘電気〙リアクタンス結合.

reáctance dròp *n.* 〘電気〙リアクタンス降下.

reáctance nètwork *n.* 〘電気〙リアクタンス回路網.

reáctance tùbe *n.* 〘電気〙リアクタンス管.

re·ac·tant /riǽktənt, -tn̩t/ *n.* 〘化学〙反応体, 反応物質. — *adj.* **1** reactance の. **2** 〘化学〙反応体の. 〖《*c*1920》← REACT＋-ANT〗

re·ac·tion /riǽkʃən/ *n.* **1** 〔出来事・状況などに対する〕反応, 感想, 意見, 態度〔*to*〕; 第一印象: show a ~ 反応を示す / What was his ~ *to* this news? この知らせを聞いて彼はどんな反応をしたかね / There was no ~ *to* his speech. 彼の演説に対する反応は全くなかった. **2 a** 反抗, 反発〔*to, against*〕: ~ *to* [*against*] the tax 増税に対する反発 / The suggestion provoked a strong ~. 提案は強い反発を招いた. **b** 《軽蔑》(政治上の)反動, 復古(運動), 「逆コース」, 保守的傾向: ~ *to* the French Revolution フランス革命に対する反動. **c** 〘軍事〙反撃. **3** 〔作用に対する〕反作用, 反動〔*on, upon*〕: action and ~ 作用と反作用, 作動と反動. **4** 〘化学〙反応: a direct [neutral] ~ 正[中性]反応 / ⇨ reaction product. **5** 〘力学〙反作用, 反動力. **6** 〘生理〙(刺激に対する, 神経・筋肉などの)反応. **7** 〘医学〙**a** 反応, 反応性. **b** (過労・緊張・興奮の後の)活力減退, 無気力. **c** (心の動揺の後などの)大げさな[誇張した]動作. **d** 精神障害. **8** 〘細菌・免疫〙反応: allergic ~*s* アレルギー反応. **9** 〘心理〙反応. **10** 〘証券〙(株価上昇の後の)反動相場, 急下落, 反落. **11** 〘電気〙反作用. **12** 〘通信〙再生, 回生 (regeneration). **13** 〘物理〙(原子)核反応. **14** 〘生態〙応働《生物が環境に及ぼす影響; cf. coaction² 2》. **15** 〘宇宙〙(噴射による)反動推進. **16** 〘土壌〙酸性[アルカリ性]度. **~·al** /-ʃnəl, -ʃənḷ/ *adj.* **~·al·ly** *adv.* 〖《1611》← REACT＋-TION: cf. F *réaction*〗

re·ác·tion·àr·ism /-ʃənèrɪzm | -ʃ(ə)nər-/ *n.* ＝reactionism.

re·ac·tion·ar·y /riǽkʃənèri | -ʃ(ə)nəri/ *adj.* **1** 反動の; 逆戻りの: ~ ideas about family life 家庭生活についての反動的な考え. **2** (政治・思想などにおいて)反動的な, 復古主義の, 反進歩[保守]主義の, 逆コースの: a ~ statesman 反動[保守]政治家. — *n.* 反動主義者[思想家]. 〖《1840》: ⇨ reaction, -ary: cf. F *réactionnaire*〗

re·ác·tion·àr·y·ism /-ʃ(ə)nèriìzm | -ʃ(ə)nər-/ *n.* ＝reactionism.

reáction bòrder *n.* 〘地質〙＝reaction rim.

reáction chàmber *n.* 〘航空・宇宙〙(ロケットエンジンの)反応室.

reáction contròl *n.* 〘ラジオ〙(受信機の)再生調節器《再生作用を使用して受信感度を増進する装置》.

reáction èngine [mòtor] *n.* 〘航空・宇宙〙反動推進エンジン《ロケットエンジン・ジェットエンジンなど物質を後方に噴出させてその反作用で推力を得るエンジン》. 〖1868〗

reáction formàtion *n.* 〘精神分析〙反動形成《自我の防衛規制の一つ》. 〖1910〗

re·ác·tion·ism /-ʃənìzm/ *n.* 反動主義, 復古論, 復古[保守]主義. 〖1891〗

re·ác·tion·ist /-ʃ(ə)nɪ̀st | -nɪst/ *n., adj.* ＝reactionary.

reáction kèy *n.* 〘心理〙反応キー《反応時間の測定で刺激に対して, キーを押して反応するときに用いるキー》.

reáction kinètics *n.* 〘化学〙反応動力学, 反応速度論《化学反応の速度に関する事柄を取扱う化学の一部門; chemical kinetics, chemical dynamics ともいう》.

reáction pròduct *n.* 〘化学〙反応生成物.

reáction propùlsion *n.* 〘航空〙反動推進 (cf. reaction engine). 〖1935〗

reáction rìm *n.* 〘地質〙反応縁(え)《ある鉱物とまわりのマグマが反応して生じた鉱物が前者を取り巻いたもの》. 〖1892〗

reáction rìng *n.* 〘土木〙リアクションリング《ボーリングの際にジャッキに作用する力に抵抗するための重い鋳鉄フランジ (flange)》.

reáction shòt *n.* (映画・テレビで)顔に現れる反応をとらえるショット. 〖1953〗

reáction tìme *n.* 〘心理・生理〙反応時間《latent time ともいう》. 〖1879〗

reáction tùrbine *n.* 〘機械〙反動タービン (cf. impulse turbine). 〖1881〗

reáction tỳpe *n.* 〘生物〙＝phenotype.

reáction whèel *n.* 〘機械〙反動(水)車《水圧を落としながら流失する水の反動で回る水車》. 〖1881〗

rè·áctivate *vt.* **1** 再び活動的[活発]にする; 復活させる. **2** 〈部隊・軍隊などを〉現役に戻す. **3** 〈遊休工場などを〉操縦再開する, 再び動かす. **4** 〈病気などを〉再発させる. **5** 〘化学〙再活性化する. **6** 〘細菌〙再活性化[重活性化]する. **7** 〘電気〙〈電子管(の電子放出能力)を〉再活性化する. — *vi.* 現役に戻る, 再開[再発, 復活]する.

rè·activátion *n.* 〖1903〗

re·ac·tive /riǽktɪv/ *adj.* **1 a** (刺激などに対して)反応を示す, 敏感な: be positively ~ to other people's suggestions 他人の提案に積極的に反応を示す. **b** 精神的なストレス[動揺]から生じる: ~ depression. **2** 〈化学物質が〉よく反応する: highly ~ compounds すぐに反応する化合物 **3** 反動的な; 復古的な. **4** 〘電気〙リアクタンスの[に関する, をもつ]: a ~ current 無効電流 (wattless current) (↔ active current). **~·ly** *adv.* **~·ness** *n.* 〖《1712》← REACT＋-IVE: cf. F *réactif*〗

reáctive cóil *n.* 〘電気〙＝reactor 3.

reáctive compónent *n.* 〘電気〙無効分《交流電流のうちの無効電力を供給する成分; wattless component ともいう》. 〖1914〗

reáctive dróp *n.* 〘電気〙リアクタンス降下.

reáctive fáctor *n.* 〘電気〙無効率《無効電力と皮相電力との比; cf. power factor》.

reáctive lóad *n.* 〘電気〙無効電力負荷《誘導性負荷・容量性負荷など無効電力をとる負荷》.

reáctive pówer *n.* 〘電気〙＝reactive volt-amperes.

reáctive vólt-ámperes *n.pl.* 〘電気〙無効電力《電圧 V, 電流 I, 相差角 θ のとき VI sin θ をいう; 単位はボルトアンペアまたは Var (バール); 略 RVA》. 〖1916〗

re·ac·tiv·i·ty /rìːæktívəṭi | -vɪ̀ti/ *n.* **1** 反応(性); 反動, 反動性[力]; 反発. **2** 〘物理〙(原子核)反応率. 〖1888〗

re·ac·tor /riǽktə | -tə(r)/ *n.* **1** 〘原子力〙原子炉 (nuclear reactor) (cf. atomic pile): a boiling water ~ 沸騰水型原子炉 / a fusion ~ 核融合炉 / a fast breeder ~ 高速(中性子)増殖炉 / ⇨ pressurized water reactor. **2** 反動[反応, 反発]する人[もの]. **3** 〘免疫・獣医〙(細菌免疫検査などに対して)反応を示す人[動物], 反応陽性者, 反応体質. **4** 〘電気〙リアクトル, リアクター《誘導性リアクタンス素子; コイル状のものが多く, 交流電流制限用・移相用, 直流回路の交流分除去用などに使用》. **5** 〘化学〙反応装置, 化学反応器, 反応炉. **6** 〘生態〙応働を起こす生物. 〖1890〗

read¹ /ríːd/ *v.* (**read** /réd/) — *vt.* **1 a** 〈書物・手紙・物語などを〉読む; 読解する, 閲読する (peruse): ~ a novel, story, passage, text, etc. / ~ a book *through* 書物を通読する / ~ from cover to cover 本を初めから終わりまで読む / ~ a letter *over* ざっと手紙を読む / The Bible is the most widely ~ of all books. あらゆる本の中で聖書が一番広く読まれる / My daughter likes being ~ to. 私の娘は本を読んでもらうのが好きだ / Have you got anything to ~ on the plane? 何か飛行機内で読むものはありますか. **b** …の作品を読む: Few people ~ Samuel Johnson nowadays. 近ごろはサミュエル ジョンソンを読む人はあまりいない. **c** 読み上げる, 音読する, 朗読する (read aloud)〈*out*〉: ~ a paper (学会などで)論文を発表する / ~ *out* a letter (*to* …)(…に)手紙を読み上げる / Will you ~ (me) *back* the letter I dictated? 私が口述した手紙を復唱してください / ~ Mass ⇨ Mass 1. **d** 〈標識・文字などを〉指で触って判読する: ~ Braille 点字を解読する. **e** 〈話し手の唇の動きを読解する: ~ a person's lips 人の唇(の動き)を読み取る.

2 〈…ということを〉読んで知る[学ぶ]〈*that*〉: I ~ in the newspaper *that* he had died yesterday. 彼が昨日死んだことを新聞で読んで知った.

3 a 〈人〉に読んで聞かせる[伝える]; 〔人に〕読んで聞かせる[伝える]〔*to*〕: ~ him a book＝~ a book *to* him 彼に本を読んでやる / I will ~ you an interesting story. 君に面白い物語をしてあげよう / ~ a person a lesson [lecture] 人にお説教する / read the riot act ⇨ Riot Act 成句. **b** 〈人〉に読んで…させる: I ~ the child [myself] *to* sleep. 子供に本を読んでやって寝かしつけた[本を読んでいるうちに眠ってしまった] / ~ oneself hoarse 本を読んで声をからす.

4 a 〈外国語などを〉(十分理解して)読む: be able to ~ German ドイツ語が読める. **b** 〈器械の記号・記録などを〉読む;〈目盛りなど〉の数字を読む: ~ the clock [a barometer] 時計の時間[気圧計の度盛り]を読む / They ~ the meter and sent me a bill. 彼らは計器を読み取って私に請求書を送ってきた. **c** 〈楽譜などを〉読む, 見て歌う: ~ music [a score] 楽譜を読む. **d** 〈符号・記号などを〉読む, 理解する: ~ hieroglyphs [shorthand, a person's handwriting, Cyrillic] 象形文字[速記, 人の筆跡, キリル文字]を読む.

5 a (特定の意味で)読み取る, 解釈する (interpret); 〔…の意味に〕解釈する〔*as*〕: How do you ~ these lines? この数行をどう解釈するかね / She ~ his letter *to* mean that he loved her. 彼女は彼の手紙は自分を愛してくれていると いう意味だと読んだ / Your silence will be ~ *as* consent. 黙っていると承諾と見られるよ / The passage may be ~ (in) several ways. ここは数とおりに解釈できる. **b** 〔…に〕…の(曲解した)意を読み取る〔*into, in*〕: You are ~*ing* more *into* what I said than was intended. 君は僕の言ったことをうがって考え過ぎる / He ~ a compliment *into* what was meant as a rebuke. 非難のつもりで言ったことを彼は賛辞と解した.

6 a (表情などから)〈人の心・考えなどを〉読み取る: ~ a person's face [heart, expression] 顔色[心中, 表情]を読む / ~ a person's thoughts [mind] 人の心を読む / She ~*s* me admirably [like a book]. 彼女は巧みに[手にとるように]私の心を読み取る / I said, "We're approaching Shanghai." Do you ~ me?「我々は上海に近づいている」と私は言った. この気持ちがわかりますか. **b** 〔顔・表情などに〕…の表れているのを読み取る〔*in*〕: ~ surprise [perplexity] *in* one's face 顔に驚き[当惑]を見て取る.

7 a 〈謎・徴候などを〉解く, 判断する: ~ the sky [wind]〈気象観測者が〉空模様[風]を判じる;〈星占い師が〉星占いする / ~ the wind 風を読み取る[察知する] / ~ cards (占い師が)トランプを読む; トランプで占う / ~ a dream [an omen] 夢[前兆]を判じる / ~ a person's hand [palm] 人の手相を見る / ~ the signs of the times [a situation] well [accurately] 時勢[状況]をよく[正確に]察知する. **b** 〈未来を〉予言する (foretell): ~ a person's future 人の運命を判断する / ~ the future 未来を予言する.

8 《口語》(電話などで)〈相手の言うことを〉聞いて理解できる, 聞き取れる.

9 a 〈看板などが〉…と書いている: The notice ~*s* "No Admittance" 立札に「立入禁止」とある. **b** 〈温度計などが〉〈…の度[目盛り]を〉示す (indicate): The thermometer ~*s* 33°. 温度計は 33 度だ / The clock ~*s* three-forty. 時計は 3 時 40 分を示していた.

10 《英》研究する, 専攻する (major in): ⇨ READ *up* / He ~ English literature [chemistry] at Oxford. オックスフォード大学で英文学[化学]を研究[専攻]した.

11 [通例命令文で]〔…を〕…と訂正して読む, 読み替える《正誤表の用語》;〈校訂者などが〉〈原文を〉…と判読する; 《戯言》〈述べた事を〉…と訂正する〔*for*〕: *For* "China" another version ~*s* "India." この「中国」に対して他の版では「インド」としている / *For* "or" ~ "of". (正誤表で) "or" は "of" の誤り / He spoke extensively (~, boringly) about his adventures. 彼は自分の冒険談を詳しく(退屈に, と訂正)話した. **12 a** 〈原稿を〉訂正編集する. **b** 〈ゲラを〉校正する, 読む (proofread): ~ proofs against the manuscript 原稿と校正刷りを読み合わせる. **13** [通例 p.p. 形で]〘議会〙読会にかける: The bill was ~ *for* the first time. 議案は第一読会にかけられた. **14** 〘電算〙〈コンピューターが〉読む, 〈データを〉読み出す, 〈記録媒体の内容を〉読み取る. **15** 〘生物〙〈遺伝情報を〉読む. **16** 《俗》〈衣服などに〉(シラミなどがいないか)調べる, 点検する. **17** 《廃》教える (teach).

— *vi.* **1 a** 読む〈*off, out*〉; 読書する: She could ~ and write when she was only three! 彼女はたった 3 歳のときに読み書きができた / ~ a lot [well, extensively] 多読する / ~ silently [to oneself] 黙読する / He ~ on to the end without a pause. 途中で休まず一気に最後まで読み続けた / He who runs may ~. 走りながらでも読める(ほど明白である) (cf. He may run that readeth it. (*Hab.* 2:2)). **b** 音読する (read aloud); 朗読する (recite): ~ out loud 声を出して読む / ~ to a person 人に(本を)読んで聞かせる / ~ for a person 人に代わって読んでやる / ~ from [out of] a book 本を声を出して拾い読みする. **2** 〔…のことを〕読んで知る〔*of, about*〕: ~ *of* a person's death (新聞などを読んで)人の死を知る / ~ *about* a person's life 人の伝記について読んで知る. **3** 〈書物・文などが〉読んで…である, …と読める: This book ~*s* interestingly [well, badly]. この本は読んで面白い[面白く読める, 読んでつまらない] / This play ~*s* better than it acts. この脚本は芝居で見るよりも読んだ方が面白い / His autobiography ~*s* like a novel. 彼の自伝は小説のように面白く読める / How does the sentence ~ now? (訂正した後などで)今度は文章の具合はどうですか. **4** …と書いてある, 解される: ~ like …のように書いてある, と解される / a rule that ~*s* several ways 幾とおりにも解釈される規則 / It ~*s* as follows. その文句は次の通り / The letter ~*s* like a lie [threat]. この手紙はうそ[脅迫]のように思える. **5** 研究する, 勉強する (study)〔*for, in*〕; 専攻する〔*in*〕: ~ *for* a degree [honors, the Bar] 学位をとる[優等試験に合格する, 弁護士になる]ために勉強する / ~ *in* classics 古典の授業に出る, 古典を専攻する / ~ widely *in* history 歴史を広く研究する / ~ *with* a person 人[先生]について勉強する;〈家庭教師が〉人の勉強の相手をする. **6** 〘電算〙データを読み出す. **7** (ゲラを校正するために)読む: She checked the proofs by ~*ing* against the manuscript. 彼女は原稿と照らし合わせてゲラをチェックした. **8** 《廃》教える (lecture).

réad betwèen the línes ⇨ *between the* LINES² (1).

réad ín (1) 〘電算〙記憶装置に読み込む. (2) 〘英国国教会〙＝READ *oneself in*. (3) ⇨ *vi.* 5. (4) 《古》〈本を〉読み耽る.

réad óff 〈通信・温度などを〉読み取る.

réad óut (1) ⇨ *vt.* 1 c. (2) 《米》(その旨を読み上げて)〈人を〉除名する: He was ~ *out* (of the party). 彼は(党から)除名された. (3) 〘電算〙記憶装置から〈情報を〉取り出す[読み取る]. (4) 〈情報などを〉発信機で送る.

réad onesèlf ín 〘英国国教会〙(三十九か条 (Thirty-nine Articles) の信条などを公けに朗読して)牧師の職につく. ***read***

úp (1) 〈ある科目を〉研究[専攻]する. (2) 読書[研究]して知る〔*on*〕: ～ *up on* the origin of the earth 地球の起源を調べる. ***You wòuldn't réad abòut it.*** 《豪・NZ 口語》まさか《狼狽・不信・嫌悪感を表すのに用いる》.

— *n.* 《英》読書 (reading), (読書のための)読み物, (1 回の)読書時間: enjoy a long [quiet] ～ by the fire 炉の前で長時間[静かに]読書を楽しむ / have a good ～ 読書を楽しむ / take [have] a quick [short] ～ of a book そそくさと[ちょっとの間]本を読む / Could I have a ～ of your essay? あなたの評論を読ませていただけますか / I have no time for a long ～. ゆっくり読書している暇がない.

〖OE *rǣdan* to read, advise < Gmc **rǣdan* (Du. *raden* / G *raten* to counsel / ON *rāða*) ← IE **ar-* to fit together (L *rērī* to reckon): cf. rede, rate¹, arm¹, art¹〗

read² /réd/ *v.* read¹ の過去形・過去分詞. **—** *adj.* [副詞を伴って; しばしば複合語の第 2 構成素として] (読んで)…に通じた, (読書によって)学んでいる (instructed, versed): a *well-read* person 博学者 / He is *well* [*widely*] ～ *in* English literature. 英文学をよく[広く]読んでいる[に通じている] / I am not very *deeply* [am *little*] ～ *in* that subject. そういう問題にはあまり通じていません[ほとんど知りません].

táke … as réad (1) (…を)当然のこととする; 〈事実などを〉当然のこととしてとる: I *take* it *as* ～ that our book will do well. 当然我々の本は成功すると思う / This report was taken as ～. この報告書はそのまま受け取られた. (2) 〈議事録などを〉読み上げるのを省略する: Can we *take* the minutes *as* ～? 議事録の読み上げを省略していいですか《議長の言葉》. 《1886》

〖《1586》(p.p.) ← READ¹〗

read³ /ríːd/ *n.* 〘動物〙皺胃(しゅうい)(じゅい)《反芻(はんすう)動物の第四胃; abomasum ともいう》. 〖lateOE *rēada* ← ?〗

Read /ríːd/, **Sir Herbert** (**Edward**) *n.* リード《1893–1968; 英国の批評家・詩人; *Reason and Romanticism* (1926), *English Prose Style* (1928), *Annals of Innocence and Experience* (1949, '46)》.

read·a·bil·i·ty /rìːdəbíləti | -dəbílɪ̀ti/ *n.* **1** 面白く読める[書いてある]こと. **2** 読みやすいこと, 読めること, 可読性. 〖1843〗

read·a·ble /ríːdəbl | -də-/ *adj.* **1** 面白く読める[書かれた], 読みやすい: a ～ book 面白い本. **2** 〈文字など〉読みやすい, 読める (legible): ～ handwriting 読みやすい筆跡. **3** 通読できる. **réad·a·bly** *adv.* **～·ness** *n.* 〖1570〗

rè·addréss *vt.* **1** 再び話しかける. **2** 〈手紙など〉の宛名を書き直す[変える]; 転送する: ～ a letter 手紙の宛名を書き変える. 〖1611〗

Reade /ríːd/, **Charles** *n.* リード《1814–84; 英国の小説家・劇作家; *The Cloister and the Hearth* (1861)》.

Reade, William Winwood *n.* リード《1838–75; 英国の著作家・旅行家; Charles の甥(おい); *Savage Africa* (1863), *The Martyrdom of Man* (1872)》.

read·er /ríːdə | -də^(r)/ *n.* **1** 読む人, 読者; 読書家: a great ～ 大の読書家 / a slow ～ 本を読むのが遅い人 / a fast ～ 速読家 / a room for ～*s* 読書室 / ⇨ gentle readers. **2 a** 出版顧問《通例 publisher's reader という; 原稿の出版可否を判定する》. **b** 校正者[係] (proofreader): ～'s marks 校正記号. **c** 定期刊行物から興味をひく情報・材料を集める人[係]. **3 a** (学校用などの)読本, リーダー. **b** (文学作品の)選集 (anthology): a Shakespeare ～. **4 a** 《英》(一部の大学における lecturer と professor との間の)準教授: a ～ *in* linguistics 言語学準教授. **b** 《英》(法学院 (Inns of Court) の) 法学講師. **c** 《米》(大学の)助手《採点や出席点呼など教授の補佐をする》. **5** (ガス・電気などのメーターの)検針員 (meter reader). **6 a** 朗読者. **b** 〘カトリック〙=lector 1. **c** 〘英国国教会〙=lay reader. **d** 《英》〘ユダヤ教〙= cantor. **7 a** 《口語》読書用虫めがね[拡大鏡] (reading glass). **b** =microreader. **8** 〘電算〙読み取り装置: a card [tape] ～ カード[テープ]読み取り装置. **9** 〘トランプ〙[*pl.*] 裏に印のついたトランプ, ガン札《賭博師や手品師などが使う》. 〖OE *rǣdere*〗

réader-friendly *adj.* 読者本位の, 簡単な.

réad·er·ly *adj.* 読める (cf. writerly): a ～ text 読むテキスト《読者が受け身で反応することのできるテキスト; フランスの批評家 Roland Barthes の lisible の訳語》.

Réader's Digest *n.*「リーダーズダイジェスト」《米国の月刊誌; 1922 年創刊; Reader's Digest Association 社刊》.

read·er·ship /ríːdəʃìp | -də-/ *n.* **1** (新聞・雑誌・書籍の, 実際の)読者数《circulation (発行部数)とは別》: The papers were highly secret, so we kept the ～ to the minimum. 極秘書類だから目を通す人(の数)を最小限に抑えた. **2 a** 読者層: a wide ～ 広範な読者層. **b** 読者であること; 読者の立場[気持ち]. **3** 《英》講師[助手]の職[身分] (cf. reader 4). 〖《1719》← READER + -SHIP〗

read·i·ly /rédəli, -dli | -dɪ̀li, -dli/ *adv.* **1** 快く, すぐに (promptly); 進んで, 喜んで, 二つ返事で, 躊躇(ちゅうちょ)なく (willingly): give ～ to charity 喜んで慈善事業に寄付する / He ～ accepted my offer. 彼は快く私の申し出を受け入れた. **2** たやすく (easily): The parts are ～ available. 部品はすぐ入手できる / It can ～ be understood that … は容易に理解できる. 〖?a1300〗

read·ìn /ríːd-/ *n.* **1** 〖《1946》← *read in* (⇨ read¹ (v.) 成句)〗〘電算〙読み込み《記憶装置に情報を入れること》. **2** 〖⇨ -in³〗リードイン《社会悪に対する抗議として集会で文学作品などの一節を読むこと》.

read·i·ness /rédinɪ̀s | -di-/ *n.* **1** 用意[準備]のできていること: in ～ 用意が整って / get everything in ～ for …のために用意万端整える / We put the dining room in ～ for our practice in chorus. コーラスの練習に使えるように食堂を準備した / hold something in ～ あるものをいつでも用意している / The car is at the door in ～. 車が玄関に用意してある. **2** 快諾(すること), 喜んで[進んで]すること[覚悟] (willingness): with ～ 快く, 進んで / a ～ to place the country first and self last 国を第一にして自分を後にしようという心意気 / One must have ～ to undertake any difficult task. どんな難事にも進んで当たる覚悟がなければならない. **3** 迅速, 手早さ (quickness); たやすさ (facility), 容易 (ease); (話の)よどみのなさ: ～ of speech [wit] 巧みな弁舌[当意即妙の機知]. **4** 〘教育〙レディネス《子供が一定段階の教育を受け, また一定の行動をする能力を持つ発育上の一段階》. 〖*c*1350〗

read·ing /ríːdɪŋ | -dɪŋ/ *n.* **1 a** 読むこと, 読書; 朗読 (recital); 読書力: practice ～ 読み方[朗読]を練習する. 日英比較 日本語では「読書」というので, 日本人は read books のように books という目的語を付ける傾向があるが, I don't have enough time to *read*. (読書の時間が十分にない) / I like ～. (私は読書が好きだ), のように英語では *read* のみでいうのが普通である. **b** 公開朗読; 講読会, 読書会, 朗読会: a penny ～ 《英》(昔貧民のため催した)安い朗読・歌曲などの公演. **2 a** 見解, 解釈 (understanding); (ある解釈に基づく)役の演出法, (音楽の)演奏法 (rendering): my ～ of his character 彼の性格についての私の見解 / an actor's [a director's, 《英》a producer's] ～ of a part ある役に対する俳優[演出家]の解釈[演出の仕方]. **b** (夢・謎・天候・情勢などの)判断: What is your ～ of the fact? 君はこの事実をどう判断するか. **3 a** [集合的] 読み物: good [dull] ～ 面白い[退屈な]読み物 / His favorite ～ was the Bible. 彼の好きな読み物は聖書だった / There is plenty of ～ in it. それはかなり読みでがある. **b** [*pl.*] 文集, 選集, …読本〔*from*〕: ～*s from* Shakespeare シェークスピア朗読文選 / ～*s from* economics 経済学読本. **4** (晴雨計・温度計などの)表示度数, 示度, 記録 (record): 8 degrees difference between day and night ～*s* 温度計の昼夜の示度の差 8 度 / take a ～ from the meter メーターから数値を読み取る. **5** 読書範囲; (読書によって得た)文学上の知識, 学識 (erudition): a man of wide [vast, extensive] ～ 博学の人. **6** (異本校合による)異文, (写本・原稿などのある箇所の)読み方 (version); (古文書・法律などの)解釈 (interpretation): Jebb's [the true, the right, the best, the MS.] ～ ジェッブ氏の[真正の, 正しい, 最適の, 原稿の]読み方 / There are various ～*s* of the passage. (版により, また人によって)ここは本文がまちまちになっている. **7** [序数詞を伴って] 〘議会〙読会(どっかい): ⇨ first reading, second reading, third reading.

— *adj.* [限定的] **1** 読書する, 本好きな, 勉強好きな (studious): the ～ public 読書界; (一般)読書人, 読書家(たち) / ⇨ reading man. **2** 読むための, 読書用の: a ～ list 課題図書, (大学などの)推薦図書目録[リスト] / ⇨ reading glass. 〖OE *rǣding*〗

Read·ing¹ /rédɪŋ | -dɪŋ/ *n.* レディング: **1** イングランド南部 London の西にある町, 大学所在地. **2** 米国 Pennsylvania 州南東部の都市. 〖OE *Rēadingas* ← **Rēad(a)* (人名) ← *rēad* 'RED'': ⇨ -ing³ 1〗

Read·ing² /rédɪŋ | -dɪŋ/, **Rufus Daniel Isaacs** *n.* レディング《1860–1935; 英国の政治家; 1st Marquis of Reading》.

réad·ing àge /ríːdɪŋ- | -dɪŋ-/ *n.* 〘教育〙読書年齢《同程度の読書力をもつ小児の平均年齢》. 〖1945〗

réading-bòok *n.* 読本, リーダー (reader). 〖OE *rǣdingbōc* book of church lessons〗

réading chàir *n.* 読書椅子《後ろ向きにまたがって座れるもので, 背の幅は狭くその上に小さな傾斜した本台が付いていて, ひじ掛けは短く高い位置に付いている》. 〖1803〗

réading chàrt *n.* 視力検査表, 試視力表.

réading dèsk *n.* **1** (立って読む人のための, 上が斜めになっている背の高い)読書台, 書見台. **2** (教会の)聖書台 (lectern). 〖1703〗

réading glàss *n.* (細字や地図の細かいところを見るための)読書用拡大鏡; [*pl.*] 読書用めがね. 〖1670〗

réading làmp [**lìght**] *n.* 読書ランプ, (書斎用の)電気スタンド.

réading mán *n.* **1** 読書家, 読書人. **2** 《英》猛勉大学生. 〖1673〗

réading màtter *n.* (新聞・雑誌の)記事, 読み物.

réading nòtice *n.* 〘広告〙(新聞・雑誌などで普通の記事のように組まれた)記事広告《adv. などを入れて一般記事と区別する》. 〖1909〗

réading ròom *n.* **1** (図書館の)閲覧室; (クラブやホテルの)新聞・雑誌閲覧室, 図書室. **2** (印刷所の)校正室. **3** [R- R-] (Christian Science の信者たちの)宗教的学習の場. 〖1759〗

rè·adjúst *vt.* **1** 新たに[再び]整理[調整]する, 整理[調整]し直す: ～ one's tie ネクタイを直す / ～ oneself to a former state 以前の状態に戻る. **2** 〈企業を〉立て直す: ～ a company's finances 会社の財政を立て直す. **～·a·ble** /-təbl/ *adj.* **～·er** *n.* 〖1611〗

rè·adjústment *n.* **1** 再整理[調整]. **2** (企業の)立て直し, 再建. 〖1771〗

rè·admíssion *n.* =readmittance.

rè·admít *vt.* (**-mit·ted**; **-mit·ting**) **1** 再び入れる. **2** 〈人〉の再入場[入会, 入学]を許す. 〖1611〗

rè·admíttance *n.* 再び入れること; 再入場[入会, 入学]許可. 〖1669〗

réad-ònly mémory /ríːd-/ *n.* 〘電算〙読み取り専用記憶装置《内容を変更できない記憶装置; 略 ROM》. 〖1961〗

rè·adópt *vt.* **1** 〈一旦縁を切った者を〉再び養子にする. **2** 再採用する. **rè·adóption** *n.* 〖1598〗

rè·adórn *vt.* 再び飾る, 飾り直す. 〖1598〗

réad·òut /ríːd-/ *n.* **1** 〘電算〙 **a** (情報の読み出し, 解読《記憶装置から情報を取り出すこと》. **b** 解読された情報《人間が理解できる形に表され記録される》. **c** (読み出した)情報の提示装置《ディスプレーという》. **2** 〘宇宙〙(観測データの)読み出し《飛行中の人工衛星・ロケットなどからデータを送信すること》. **—** *adj.* [限定的]〘電算〙読み出しの. 〖《1946》← *read out* (⇨ read¹ (v.) 成句)〗

réad-thròugh /ríːd-/ *n.* (劇の)読み合わせ. 〖1961〗

réad-write hèad /ríːd-/ *n.* 〘電算〙読み書き(両用)ヘッド《磁気テープやディスクから情報を読み取ったり, 情報を書き込むことができる機構》.

read·y /rédi | -di/ *adj.* (**read·i·er**; **-i·est**) **1** [叙述的] 用意[仕度]の整った, 身支度をすませた, 準備のできた (prepared)〔*for*〕/〈*to* do〉(⇨ quick SYN): Everything is (all) ～ (*for* us). すべて準備は整っています / clothes ～ to wear [*for* wearing] いつでも着られるようになっている服 / a revolver ～ in case of burglars 夜盗が来たらいつでも撃てるようになっているピストル / ～ *for* printing [sea, work] 印刷[出航, 運転]の準備のできた / get (oneself) ～ *for* a trip 旅行の用意をする / get the children ～ *for* a swim 子供たちに水泳の仕度をさせる / get breakfast ～ 朝食を用意する / make [get] ～ *to* start [*for* starting] 出発の準備をする / stand ～ *to* do …する用意ができている / Dinner is ～ (*to* serve [*to* eat, *to* be served, *to* be eaten]). 食事の用意ができました / a *ready*-to-serve meal すぐ出せる[食べられる]食事 / I am ～ *to* go. いつでも行けます / The car is ～ at the door. 車が玄関に来ている / Get ～! [競技のスタートを告げる号令として] 位置について (cf. 5 a). **2** [叙述的] **a** 喜んで[進んで]…する (willing), 心の準備のできた, 覚悟のできた〔*for*〕/〈*to* do〉: I am ～ *to* forgive him. 喜んで彼を許せるつもりです / I am ～ *to* do anything for him. 彼のためならどんなことでもします / I'm ～ *to* believe the worst of him. 彼にとって最悪の事態になると覚悟はできている / He is ～ *to* risk his life. 彼は命をかける覚悟でいる / I am ～ *for* death (to come). 死ぬ覚悟ができている. **b** まさに…しようとして, 今にも…せんばかりで (about); …しそうな[で]; …しようとして (likely); …しがちな (apt)〈*to* do〉: be ～ *to* drop [fall] 今にも倒れそうになって / a bud just ～ *to* burst 今にもぱっと咲きそうなつぼみ / The ship is ～ *to* sink any time. 船は今にも沈みそうだ / The sun was ～ *to* break through the clouds. 日はまさに雲間を出ようとしていた / The lilac is ～ *to* bloom. ライラックがもう少しで咲き出すところだ / She was ～ *to* cry. 彼女は今にも泣き出しそうだった / be too ～ *to* promise [criticize] 余りに安請け合いをし過ぎる[簡単に批判し過ぎる] / He is always ～ *to* apologize. 彼はいつでも何とかかんとか言って弁解する. **3** 〈特に着想・返答など〉素早い, 迅速な (quick), 即刻の, 即座の (offhand), 手早い (facile); 上手な (dexterous): a ～ hand 素早い手 / She has a ～ smile. (なにかにつけて)すぐにこにこする / give ～ consent 即座に承諾する / make a ～ retort すぐ口答えする / goods that meet with a ～ sale 売れ足の早い商品 / a ～ tongue 雄弁 / (a) ～ wit 当意即妙の機知, 頓知(とんち) / a ～ pen [writer] まめな筆[筆まめな人] / a ～ versifier 即吟の巧(たく)い人 / ～ solubility in water すぐ水に融ける性質 / find ～ acceptance すぐ快諾される, すぐ信じられる / He is ～ *at* reckoning. 計算が速い / He was ～ *with* his answer [advice]. 言下に答えた[すぐに助言した]. **4** すぐ使える, 得やすい, 便利な; 即時払いの: Help is ～ to hand. すぐ手伝いが得られる / ～ to (one's) hand 手に入れやすい / ～ assets すぐ金になる資産 / ⇨ ready money / have 100 dollars in ～ cash 現金で 100 ドル持っている / a ～ answer [solution] to the problem その問題に対する即座の答[解決] / the *readiest* way to do it それをする一番の早道. **5** [命令的に用いて] **a** [競技のスタートの号令として] 位置について, 準備して: *Ready*, 《英》steady [《米》(get) set], go! 位置について, 用意, スタート[ドン]. **b** 〘軍事〙構えの姿勢を取った: *Ready*, present, fire! 構え銃(つつ), 狙え, 打て (cf. recover *vt.* 10). **6** 《Shak》はい, 出席しています《点呼への返事》.

hóld onesèlf réady to …しようと身構える: *hold oneself* ～ *to* start スタートの構えをする. ***màke réady*** (1) ⇨ *adj.* 1. (2) 〘印刷〙(組版・印刷機などを調整して)印刷準備をする. (3) 衣服を着る. ***réady for ánything*** どんなことにも対処する用意ができている.

— *adv.* (**read·i·er**; **-i·est**) **1** [通例過去分詞を伴った複合語の第 1 構成素として] あらかじめ, 前もって; 用意して: Please pack it ～. ちゃんと荷造りしておいて下さい / The suitcase is packed (and) ～. スーツケースはちゃんと荷造りしてある / *ready*-built すでに竣工(しゅんこう)している / *ready*-cooked すでに料理のできている / *ready*-furnished 家具が整った, 家具が揃った / ⇨ ready-made. **2** [通例比較級または最上級の形で] 迅速に (quickly): the child that answers *readiest* 最も早く答える子供. **3** 《古》喜んですぐ, てきぱきと (readily).

— *n.* [the ～] **1** 《口語》現金 (cash); [(the) *pl.*] 紙幣: Have you got *the* ～ [*readies*]? 現金をお持ちですか / plank down *the* ～ 現金で支払う. **2 a** 用意ができていること: She has her camera at *the* ～. 彼女はカメラの用意ができている. **b** 〘軍事〙(銃の)構え[発射用意]の姿勢: at *the* ～ (銃を)構えて / come to *the* ～ 銃を構える.

— *vt.* [通例 ～ oneself で] 用意する (prepare): He *readied himself* [*everything*] *to* start [*for* starting]. 彼は出発の用意をした.

Réady abòut! 〘海事〙上手(うわて)回し用意. ***réady úp*** (1) 《俗》現金即時払いにする, 即金で払う. (2) 《英・豪俗》だまして取る, ぺてんにかける (swindle). (3) 〈パーティーなど〉の準備をする.

〖《?a1200》*re(a)di* ← OE *gerǣde* ready, 《原義》prepared for a journey < Gmc **raið-* to prepare (Du.

R

gereed / MHG *gereite* (cf. G *bereit*)) ← IE **reidh-*, ‘to RIDE’: ⇨ -y⁴〗

réady cásh *n.* =ready money.

read·y-made /rédiméɪd | -di-ˊ-/ *adj.* **1 a** 〈服など〉出来合いの, 既製(品)の (cf. custom, custom-made, made-to-order): ～ clothes [shoes] 既製服[靴]. **b** 既製品を売る: a ～ shop 既製服店. **2** [限定的] すぐ使える, 好都合の. **3** 〈思想・意見など〉受け売りの, 借り物の, 陳腐な, 独創性のない (commonplace): ～ beliefs 受け売りの信念. **—** *n.* (*pl.* **～s, ～**) **1** 既製品, (特に)既製服: wear a ～. **2** 〖美術〗 レディメード《芸術的価値あるオブジェとして評価され展示される既製品(の一部または断片); cf. found object》: Dadaistic ～*s* of Duchamp デュシャンのダダイズム的オブジェ. 〖(*a*1393) (1535)〗

réady méal *n.* (温めるだけで食べられる)調理加工済み食品.

réady-mìx *n.* **1** レディミックス《水などを加えるとすぐ使えるように各種材料を調合したもの; 食品, 生コンクリート, ペンキなど》. **2 a** インスタント食品. **b** 生コン(クリート). **—** *adj.* レディミックスの, インスタントの: ～ concrete. 〖1950〗

réady-míxed *adj.* =ready-mix.

réady-móney *adj.* 即金の, 現金の: a ～ payment 現金払い. 〖1712〗

réady móney *n.* 即金, 現金: pay ～ 現金払いにする, 即金で払う《the ready, the readies ともいう》. 〖*a*1400〗

réady réckoner *n.* 計算表, (利息・税額などの)早見表. 〖1757〗

réady ròom *n.* 〖航空〗 受令室《パイロットが離陸の前に指令や状況報告を受けるための部屋》; 待機室《パイロットや宇宙飛行士が飛行に備えて待つ》. 〖1941〗

réady-to-éat *adj.* 〈食品が〉(調理しないでも)すぐに食べられる, インスタントの. 〖1909〗

réady-to-wéar *adj.* =ready-made. **—** *n.* (*pl.* **～s, ～**) 既製服. 〖1905〗

réady-wítted *adj.* 機転のきく, 頓知(とんち)のある, 当意即妙の (quick-witted). **～·ly** *adv.* **～·ness** *n.* 〖1581〗

rè·aerátion *n.* 再エアレーション, 再通気.

re·af·firm /rìːəfə́ːm | -əfə́ːm/ *vt.* 再び断言する; 再び是認する; 再確認する. **rè·affirmance** *n.* **rè·affirmátion** *n.* 〖1611〗

rè·affórest *vt.* =reforest. **rè·afforestátion** *n.* 〖1882〗

Rea·gan /réɪgən/, **Ronald** (**Wilson**) *n.* レーガン《1911–2004; 米国の共和党政治家; カリフォルニア州知事; 第 40 代大統領 (1981–1989); もと映画俳優》.

Réagan dóctrine *n.* [the ～] レーガン大統領の新外交方針《1985 年の一般教書で明らかにされたもので, 世界各地の反共ゲリラ支援を明確にした》.

Rea·gan·ite /réɪgənàɪt/ *n.* レーガン主義[支持]者.

Rea·gan·om·ics /rèɪgənɑ́(ː)mɪks | -nɔ́m-/ *n.* レーガノミックス《米国大統領 R. Reagan のとった経済政策; 減税・規制撤廃・社会保障費削減など》.

R

re·a·gen·cy /riéɪdʒənsi/ *n.* 反応(力), 反作用. 〖1842〗

re·a·gent /riéɪdʒənt/ *n.* **1** 〖化学〗 試薬, 試剤. **2** 〖医学・心理〗 被験者; 刺激に対して反応を呈する人. **3** 反応する物質; 反動力. 〖(1797) ← NL *reagentem* (pres. p.) ← L *reagere*: cf. react〗

rè·aggravátion *n.* 〖カトリック〗 最後の警告, 最後の訓戒《これに従わないと破門された》. 〖(1611) □ ML *reaggravātiō(n-)* ← *reaggravāre* to make still heavier: ⇨ re-¹, aggravate〗

rè·ággregate 〖化学〗 *vt.* 〈高分子モノマーを〉再凝集させる. **—** *n.* 再凝集. **rè·aggregátion** *n.* 〖1849〗

re·a·gin /riéɪdʒɪ̀n, -gɪn | riǽdʒɪn, ríːə-/ *n.* 〖免疫〗 レアギン, 感作(かんさ)抗体. **re·a·gin·ic** /rìːədʒínɪk, -gín- | -dʒín-ˊ-/ *adj.* **rè·a·gín·i·cal·ly** *adv.* 〖(1911) ← REAG(ENT)+-IN²〗

re·al¹ /ríːəl, ríːl | ríəl, ríːəl/ *adj.* (**more ～, most ～; ～·er, ～·est**) **1 a** 実在する: He couldn't believe it, but what he saw there seemed ～ enough [very ～]. 彼には信じられなかったが, 彼がそこで見たものは(幻などではなく)実在するもののようだった / ⇨ real presence / The danger is getting ～*er* and ～*er* [more and more ～] every day! 危険は日ごとにますます現実的になりつつある. **b** 実際の (actual); 現実の (⇨ true SYN): ～ events 実際の出来事 / the ～ thing 現実の出来事, 今現に起きている事件 / the ～ world 実社会 / happenings in ～ life 実生活の出来事 / You'll never change the world. Get ～, man! 《俗》 世界を変えることは決してできない. 現実的になりなさい. **2 a** (まがいでなく)本物の, 天然の (genuine, authentic): a ～ pearl 本物の真珠 / ～ money 正金 / one's ～ name 本名, 実名 / ～ silk 本絹 / the ～ thing [stuff] 《口語》 本物, 本場物; めずらしい物, 極上品. **b** (名目的, 表面的でない)本当の, 真の (true): the ～ reason 本当の理由 / ～ value 真価 / have ～ existence 現実に存在する / the ～ ruler of the country その国の本当の支配者 / In ～ terms, we're spending more on health care than ever before. 本当のことを言えば, 我々は以前よりはるかに健康管理にお金を使っている. **c** (うわべだけでなく)心からの, 誠実な (sincere, true): feel ～ sympathy [grief] 心から同情する[悲しむ] / a ～ friend 真の[本当の]友人 / a ～ man うそ[偽り]のない人; その名に背かない人 / a ～ pro 本当のプロ / There is a (very) ～ possibility [risk] of failure. 失敗の本当の可能性[危険]がある. **3** 〖経済〗 〈賃金・収入が〉実質の (↔ nominal): ⇨ real income. **4 a** 〈描写など〉真に迫る: The characters in the novel are quite ～. その小説中の人物たちは全く真に迫っている. **b** [強意的に] 全くの (complete): a ～ idiot 全くのばか. **5** 〖法律〗 〈財産などが〉物に関する; 不動産の (↔ movable, personal): ～ rights 物権 / ⇨ real estate. **6** 〖哲学〗 (観念に対して)実在的な, 現実的な, 実体的な (↔ ideal). **7** 〖光学〗 実(像)の (↔ virtual). **8** 〖数学〗 **a** 実の (↔ imaginary): a ～ number 実数. **b** 実数の[を含む, に関する]. **c** =real-valued. **9** 〖音楽〗 真正の《模倣の際に音程関係を変えない》: a ～ fugue 真正フーガ, 五度フーガ.

for réal 《俗》 (1) 本物の (genuine): This time his anger is *for* ～. 今度は彼は本気で怒っているのだ / I can't believe that guy's *for* ～. あいつが本気だなんて信じられない. (2) 本当に, 実際に (really); 本気で, 真剣に (seriously): "She's won first prize." "(Is that) *for* ～?" 「彼女が優勝したよ」「本当に」

— *n.* **1** [the ～] **a** 真実, 現実 (reality). **b** (模造品・模写などに対して)真実の物, 実物, 本物. **c** (抽象的・概念的なものに対して)実体, 実在 (reality). **2** 実情, 実態. **3** 《米》 〖数学〗 実数 (real number).

— *adv.* 《米口語》 本当に, 全く (really, very); We had a ～ good time. 本当に楽しい思いをいたしました / I am ～ pleased to meet you. お目にかかれて本当にうれしい.

～·ness *n.* 〖(?*a*1325) □ AF ～ =(O)F *réel* □ LL *reālis* ← L *rēs* thing (⇨ res)+-*ālis* ‘-AL¹’〗

re·al² /reɪɑ́ːl, réɪəl | reɪɑ́ːl; *Sp.* reál, *Port.*, *Braz.* ʁiáw/ *n.* **1** /*Braz.* ʁeáw/ (*pl.* **re·ais** /ʁeáis/) レアイス《ブラジルの通貨単位; =100 centavos》. **2** (*pl.* **～s, re·a·les** /reɪɑ́ːleɪs; *Sp.* reáles/) レアル《スペインの旧通貨単位; =¼ peseta》; 1 レアル銀貨 (=⅛ peso). **3** (*pl.* **～s, reis** /réɪs; *Port.* ʁɐ́iʃ, *Braz.* ʁéis/) レイス《ポルトガル・ブラジルの旧通貨単位; =1/1000 milreis》; 1 レイス硬貨. 〖(1611) □ Sp. ～ ← *real* (*de plata*) royal (coin of silver) <L *rēgālem*: REGAL¹, ROYAL と三重語〗

réal accóunt *n.* 〖会計〗 実在勘定《会社などの資産と資本を記録するもの》.

réal áction *n.* 〖法律〗 対物訴訟《物自体の回復を請求する訴訟; cf. personal action》.

real ále [**béer**] *n.* 《英》 リアルエール《伝統的製法で樽の中で発酵させそのまま注ぐ生ビール》.

réal áxis *n.* 〖数学〗 実軸, 実数軸.

réal bálance effèct *n.* 〖経済〗 実質残高効果 (⇨ Pigou effect).

réal definítion *n.* 〖論理〗 実在的定義《実在する意味や対象相互の関連についての定義; cf. nominal definition, ostensive definition》.

reales *n.* real² 1 の複数形.

réal estáte *n.* 《米》 **1** 〖法律〗 (土地を中心とする)不動産, 物的財産 (real property) (略 RE; cf. personal property). **2** 不動産業; 不動産取引. **réal-es·tàte** *adj.* 〖1644〗

réal-estate àgent *n.* 《米》 不動産管理人; 土地ブローカー, 不動産屋 (《英》 estate agent).

réal-estate invéstment trùst *n.* 不動産投資信託《不動産投資・不動産抵当融資などをする投資信託; 略 REIT》.

réal fócus *n.* 〖光学〗 実焦点. 〖1909〗

re·al·gar /riǽlgɑə, -gə | rɪǽlgɑː(r, -gə(r/ *n.* 〖鉱物〗 鶏冠石 (AsS) (sandarac ともいう). 〖(1392) □ ML ～ □ Arab. *rahj al-ghār* powder of the mine ← *rahj* powder+*al-* ‘AL-²’+*ghār* cave ∞ ME *resalgar* □ Arab.〗

re·a·li·a /reɪɑ́ːliə, riéɪ-/ *n. pl.* **1** 〖教育〗 実物教材, 「レアリエン」《日常生活を説明するために用いる貨幣や道具・武器など》. **2** 〖哲学〗 実在物 (realities). 〖(1937) □ LL *reālia* real things (neut. pl.) ← *reālis* ‘REAL¹’〗

re·align /rìːəláɪn/ *vt.* **1** 再整列させる, 再び合わせる. **2 a** (国家・政党・会社などの間で, またはそれらの内部で) 〈協力関係・仕事の分掌・手はずなどを〉再調整[再編成]する. **b** 〈結社・会社・政党などを〉(新しい原理・方法に従って)再統合する. ***realign onesèlf with*** 〈政党などが〉…再編成する. 〖(1899) ← RE-²+ALIGN〗

re·align·ment /rìːəláɪnmənt/ *n.* **1** 再編成, 再統合 〔*of*〕: the ～ *of* political parties 政党の再編成. **2** 再調整, 並べ換え: the ～ of car wheels 自動車の車輪の再調整[装着].

réal ímage *n.* 〖光学〗 実像 (⇨ lens 挿絵). 〖1899〗

réal íncome *n.* 〖経済〗 実質所得《一個人または一国の所得の購買力》.

re·aline /rìːəláɪn/ *vt.* =realign.

re·al·ise /ríːəlàɪz | ríəlaɪz, ríːəlaɪz/ *v.* 《英》 =realize.

re·al·ism /ríːəlìzm | ríəlɪzm, ríːəlɪzm/ *n.* **1 a** 現実主義《物を観念的・思弁的に取らず, 現実に即して客観的に考えること; cf. idealism》. **b** 現実性. **2** (文学・芸術などの)写実主義, リアリズム (cf. romanticism 1 a, idealism). **3** 〖哲学〗 (認識論では)実在論 (cf. idealism); (普遍論争では)実念論, 概念実在論 (cf. conceptualism, nominalism). **4** 〖法律〗 実体主義. 〖(1817) □ G *Realismus* ← LL *reālis* ‘REAL¹’+-*ismus* ‘-ISM’: cf. F *réalisme*〗

re·al·ist /ríːəlɪ̀st | ríəlɪst, ríːə-/ *n.* **1** 現実主義者. **2** (文学・芸術などの)写実主義者, 写実派の人, リアリスト (cf. romanticist, idealist). **3** 〖哲学〗 実在論者; (スコラ哲学では)実念論者, 概念実在論者. **—** *adj.* =realistic: the ～ school 写実派 / a ～ novel 写実小説. 〖(1605): cf. F *réaliste*: ⇨ real¹, -ist〗

re·al·is·tic /rìːəlístɪk | rìə-, rìːə-ˊ-/ *adj.* **1** 現実主義の (cf. romantic); 現実に即した, 実際的な: have a ～ appreciation of the political situation 政治情勢について現実に即した認識をもっている. **2** (文学・芸術などの)写実派の, 写実主義の, 写実的な: a ～ novel 写実小説. **3** 〖哲学〗 実在論的な; (スコラ哲学では)実念論的な, 概念実在論的な. 〖(1829): ⇨ ↑, -ic¹〗

re·al·is·ti·cal·ly /rìːəlístɪk(ə)li, -kḷi | rìə-, rìːə-/ *adv.* **1** 現実的に(は): *Realistically*, I cannot afford the time for a vacation. 現実的には忙しくて休暇がとれない. **2** 写実的に.

re·al·i·ty /riǽləṭi | -lɪ̀ti/ *n.* **1** 現実, 事実, 実体, 本体; 現実的なもの: sober ～ まじめな現実 / The cold ～ is to the contrary. 冷厳な現実はその反対である / mere show without ～ 実体のない単なる見せかけ / a description based on ～ 事実に即した叙述[説明] / nonbelievers of the ～ of UFOs 「未確認飛行物体」の実在を信じない人々 / the stern *realities* of life 人生の厳然たる諸事実 / achieve the ～ of reform 改革の実を挙げる / Her dream became a ～. 彼女の夢は現実のものとなった. **2** 本当[真実]であること, 真実性: verify its ～ その真否を確かめる. **3** 実物そっくりなこと, 迫真性: It is reproduced with startling ～. 驚くほど本物そっくりに複製されている. **4** 〖哲学〗 (現象界の基底にある, または現象界を越えた)実在; 実体; 実在[客観]性: subjective ～ (精神界のような)主観的実在 / objective ～ (物質界のような)客観的実在 (cf. conceptualism, appearance 7). **5** 《廃》 〖法律〗 =realty.

in reálity (ところが)実は, 実際は (cf. *in* IDEA, *in* NAME); 実際(に), 本当に: She looks young, but *in* ～, she is over fifty. 彼女は若く見えるが実は 50 を過ぎている. 〖(1550) □ (O)F *réalité* // ML *realitātem*: ⇨ real¹, -ity〗

reálity chèck *n.* 現実直視による事態のチェック.

reálity prínciple *n.* 〖精神分析〗 現実原則 (cf. pleasure principle). 〖1921〗

reálity tèsting *n.* 〖精神医学〗 現実検討[吟味]《外界の知覚と観念的表象を識別する自我機能》. 〖1925〗

re·al·iz·a·bil·i·ty /rìːəlàɪzəbíləṭi | rìəlaɪzəbílɪ̀ti, rìːəlaɪz-/ *n.* 実現(の可能)性; 現金に換えうる可能性[見込み], 換金可能性. 〖1975〗

re·al·iz·a·ble /ríːəlàɪzəbḷ | ríəlaɪz-, ríːəlaɪz-/ *adj.* **1** 実現できる. **2** 実感できる. **3** 現金化できる. **ré·al·ìz·a·bly** *adv.* 〖(1848): cf. F *réalisable*: realize, -able〗

re·al·i·za·tion /rìːələ̀zéɪʃən | rìəlaɪ-, rìːəlɪ-/ *n.* **1** 本当[真実]だと思う[感づく, 悟る, わかる]こと, 実感を持つこと, 実情を知ること, 体得, 認識: have a true ～ of one's position [danger] 自分の立場[危険]を本当に悟る / a quick ～ of essentials 要点の急速な認識 / She does not have a ～ of solitude. 彼女は孤独とはどういうものか実感していない / I've begun to get the full ～ of what had happened to me. 自分の身の上に起こったことを十分に実感し始めている. **2 a** (夢想・空想・計画などの)実現, 現実化: the ～ of one's hopes [dreams] 希望[夢想]の実現 / be brought to ～ 実現される / the ～ of total democracy 完全な民主主義の実現. **b** 実現[現実化]したもの. **3** 実物のように[目の当たりに]見せること. **4** 金を得る[正金に換える]こと, 現金化. **5** 〖音楽〗 具現, リアリゼーション: **a** 低音声部に付された和音の種類を示す数字に従って, 楽譜上には明記されていない音を加えながら演奏すること. **b** 和声づけして楽譜を完成させること. **6** 〖言語〗 具現(化・形) (⇨ exponence). 〖(1611) □ F *réalisation*: ⇨ ↓, -ation〗

re·al·ize /ríːəlàɪz | ríəlaɪz, ríːəlaɪz/ *vt.* **1** はっきりと自覚する, 実感する, 悟る, 合点がゆく, 認識する (⇨ understand SYN): ～ one's incompetency 自分の無能さを自覚する / He did not ～ his own danger. 彼は自分自身に迫っている危険を悟らなかった / This fact helps to ～ *what* happened. この事からして何が起こったのか想像できる / I ～*d* from his remarks *that* he was against the plan. 彼の言葉から彼がその計画には反対であることがわかった / You hardly ～ *how* steep the hill is. 君はあの山がどんなに険しいかほとんどわかっていない. **2 a** [しばしば受身で] 〈希望・計画などを〉実現する (effect): ～ one's ambitions, hopes, etc. / Her dreams were ～*d*. 彼女の夢は実現した / His worst fears were ～*d*. 彼のいちばんの懸念が現実となった. **b** 如実に見せる; …の実感を出す[写す], 写実的に表す: ～ the ancient history of Japan 日本古代史を如実に描写する. **3 a** 〈所有物を〉売る, 現金化する, 換金する: ～ one's securities 証券を現金に換える. **b** 〈売却・投資・努力などで〉〈利益・財産などを〉得る, もうける, 作る (gain) 〔*on*〕: ～ a large profit *on* the sale of one's land 土地を売却して莫大な利益を得る. **c** 〈家屋・土地などが〉(売れて)…の金になる, …の金額に売れる: (The sale of) his pictures ～*d* $20,000.=He ～*d* $20,000 from the sale of his pictures. 彼の絵の売り上げは 2 万ドルになった. **4** 〖音楽〗 〈通奏低音を〉具現する (cf. realization 5). **5** 〖言語〗 〈音素など, 要素を〉具現する.

— *vi.* **1** (財産などを売って)金にする, 換金する: You had better ～ at once. すぐ金にした方がいい. **2** [副詞を伴って] 〈土地などが〉(売れて)金になる: ～ *well* [*ill*] よい金になる[ならない].

ré·al·ìz·er *n.* 〖(1611) □ F *réaliser*: ⇨ real¹, -ize〗

ré·al·ìz·ing *adj.* **1** 理解[実感]力の鋭敏な; 敏感な: a ～ sense of danger 危険を感じとる敏感な感覚. **2** 実現する. **3** 現金化する. **～·ly** *adv.* 〖1768〗

rè·allíance *n.* 再同盟. 〖(1847) ← RE-²+ALLIANCE〗

real-life /ríːəlláɪf, ríːl- | ríəl-, ríːəl-ˊ-/ *adj.* [限定的] 現実の (actual), 実在の: a ～ happening 実際に起こった出来事. 〖1771〗

réal life *n.* (小説や空想上の人物の生活と対比して, 実

在の人物の) 現実の生活. 〘1771〙
réal líne *n.* 〘数学〙 実数直線《ガウス平面 (Gaussian plane) 上の実数を表す点のつくる直線; 実軸 (real axis) と一致する》.
rè·állocate *vt.* 再び割り当てる, 再配分する. 〘1957〙
re·al·ly /ríːəli, ríːli | ríə-, ríːə-/ *adv.* **1 a** 実際(に), 本当に, 実に (truly, actually) (cf. nominally): ～ good weather 本当によい天気 / I ～ think so. 私は本当にそう考える / They don't know what it ～ is. 彼らはその実体[正体]を知らない / They ～ don't know what it is. 彼らはそれが何であるか本当に知らない / This is ～ and truly my wallet. これは間違いなく本当に私の札入れです / He's ～ an idiot! 彼は本当にばかだ / You ～ must come to my party! 本当に私のパーティーに来てくださいね. **b** 実際(に)は, 本当は, 実は (in reality, in fact, actually): Sixty is not ～ old. 60 ではまだ本当の年寄りではない / apparently nasty, but ～ nice 見かけはよくないが, 実際はよい. **2** [強調的に] 全く, 本当に, 確かに, いかにも (indeed): *Really*, that's too bad. 全くそれは困りましたね[お気の毒です]. **3** [間投詞的に] ほう, へえ, おや《軽い驚き・疑い・非難などを表す》: *Really?* ほう, そうですか / *Really!* まあ; まさか / Oh, ～! まあ, そうですか / Not ～! まさか / Well, ～! へー(こりゃー驚いた). 〘《*a*1400》 *rialliche*: ⇨ real¹, -ly¹: cf. L *reāliter*〙
rè·allý *vt.* 再同盟[提携]させる; 再結合させる. — *vi.* 再提携する, 再結合する. 〘1456〙
realm /rélm/ *n.* **1 a** (学問などの)部門, 界: in the ～ of psychology [physics] 心理学[物理学]の分野で. **b** 範囲, 領域 (sphere, region): the ～ of nature 自然界 / the ～ of sleep [dreams] 眠りの国[夢の世界] / in the ～ of fancy [poetry] 空想[詩]の領域に / the ～ of gold《詩》文学(の世界) (Keats, *On First Looking into Chapman's Homer*) / within the ～(*s*) of possibility 可能性の範囲内に. **2** [主に修辞的に, または法律用語・詩語として用いて] 王国 (kingdom) (⇨ kingdom SYN), 国土 (country), 領土 (territory): this noble ～ of England この気高いイギリス(の国) / this ～, this England この王国このイングランド (Shak., *Rich II* 2. 1. 50) / the Defence of the *Realm* Act ⇨ defense / persons who are out of the ～ 国外にある人々 / the laws of the ～《文語》英国国法; 王国の法律; 国法 / the coin of the ～ (国の)法定貨幣. **3** 〘生物地理〙(動物分布区の)界. ★ 最大の分布区分でその下位区分は次の通り: realm —region (区) —subregion (亜区) —province (地方). 〘《*c*1300》 *realme, reaume* ◻ OF (F *royaume*) 変形 ← *reial* 'ROYAL'〙
réal Mac·káy /-məkáɪ | -káɪ, -kéɪ/ *n.* 《英俗》 =real McCoy.
réal McCóy *n.* 《口語》 =McCoy.
réalm·less *adj.* 領土[領域]のない. 〘1820〙
réal númber *n.* 〘数学〙 実数《有理数および無理数の総称》. 〘1909〙
re·al·o /ríːəlòu, reɪáːlou | ríəlau, reɪélau; G. ʁeáːlo/ *n.* 《口語》(ドイツの緑の党の過激派に対して)現実派党員 (cf. fundi). 〘《*c*1985》◻ G ～ ← *Realist* realist〙
réal párt *n.* 〘数学〙 実部, 実数部分《複素数 $x+yi$ の x; ↔ imaginary part》. 〘1949〙
re·al·po·li·tik /reɪáːlpòulɪtìːk | -pɔl-; G. ʁeáːlpolitiːk/ G. *n.* [しばしば R-] **1** 現実政策, 実益政策《主義や理想に固執するより現実の条件を重視する政策》. **2** 《皮肉》政策のための政策; 実力[武力]政策 (cf. machtpolitik, power politics). **～·er** *n.* 〘《1914》◻ G *Realpolitik* real politics〙
réal présence, R- P- *n.* 〘神学〙 キリストの現在[実在], 血肉実在説《ミサ[聖餐(せいさん)]の中にキリストの肉と血が実在するという説》. 〘1559〙
réal próperty *n.* 〘法律〙 =real estate.
réal representative *n.* 〘法律〙 物的財産の人格代表者.
réal schòol *n.* =realschule.
re·al·schu·le /reɪáːlʃùːlə; G. ʁeáːlʃuːlə/ *n.* (*pl.* **re·al·schu·len** /-lən; G. -lṇ/) [しばしば R-] (ドイツの)実科中学校, 実務学校, レアルシューレ (gymnasium¹ に対し古典語の代わりに実科を主とし, 理科・近代語・機械技術などを教授する中等学校). 〘《1833》◻ G *Realschule* real school〙
réal sérvitude *n.* 〘大陸法〙 地役権《特定の土地[要役地]の便益のために他人の土地[承役地]を利用する権利; 通行地役権・引水地役権・日照地役権など》.
réal ténnis *n.* =court tennis.
réal-tíme *adj.* 〘電算〙 実時間の: ～ operation (コンピューターの)実時間処理[演算]. 〘1953〙
réal tíme *n.* 〘電算〙 実時間, 即時応答, リアルタイム《データが要求に応じた短時間で処理されること; 事象それ自体が進行する時間も指す》. ***in réal tíme*** 即時に, 同時に. 〘1953〙
Re·al·tor /ríːəltə, -tɔə, ríːl- | ríəltə(r), ríːəl-, -tɔː(r)/ *n.* 《米・カナダ》(全米リアルター協会 (National Association of Realtors) に加入している)不動産業者. 〘《1916》← REALT(Y)+-OR²〙
re·al·ty /ríːəlti, ríːl- | ríəl-, ríːəl-/ *n.* 《米》 =real estate. 〘《1670》← REAL¹+-TY²〙
réal-válued *adj.* 〘数学〙 実数値の: a ～ function 実数値関数. 〘1965〙
réal váriable *n.* 〘数学〙 実変数.
réal wáges *n. pl.* 〘経済〙 実質賃金《購買力の点から見た賃金; cf. nominal wages》.
ream¹ /ríːm/ *n.* **1** [*pl.*] 《口語》 多量: He wrote ～*s* and ～*s* of verse. おびただしい数の詩を書いた / These figures supply archeologists with ～*s* of statistical data. こうした数字は世の考古学者に多量の統計的データを提供する. **2** 〘製紙〙 連(れん)《普通は 20 quires (480 枚) (short ream), 新聞紙ではむだを見越して 500 枚 (long ream), 印刷用紙は 516 枚 (printer's [perfect] ream)》. 〘《1356》 *rem* ◻ OF *reyme, raime* (F *rame*) ◻ (O)Sp. *resma* ◻ Arab. *rízmaʰ* bundle ← *rázama* to bundle〙
ream² /ríːm/ *vt.* **1** 《米》 レモン搾り器 (reamer) で〈果物などの果汁を搾り出す; 〈果物の果汁を〉搾り出す. **2** 《米俗》〈客などを〉だます, 「かも」にする (cheat, victimize). **3** 《米俗》〈人を〉どなりつける, 大声でどやす〈*out*〉. **4 a** 〈穴の〉口を広げる, 〈銃の口径を〉大きくする (countersink). **b** (リーマー (reamer) で) 〈穴を〉広げる. **5** 〈傷や不良部分を〉(穴を広げて)取り除く〈*out*〉. **6** 〘海事〙(まいはだを詰めるために)〈板の継ぎ目を〉広げる. **7** 《卑》〈物を〉肛門に入れて刺激する. ★ ホモの用語. 〘OE *rēman* to open up <Gmc **rūmjan* ← IE **rewə-* to open; space: cf. OE *rȳman* to open up ← *rūm* 'spacious, ROOM'〙
ream³ /ríːm/ 《スコット・英方言》 *vt.* 〈牛乳〉からクリーム[泡]をすくう. — *vi.* 泡立つ (foam). — *n.* **1** (液体表面の)泡. **2** クリーム (cream). 〘《*c*1440》←《方言》 *ream* cream < OE *rēam* <(WGmc) **rauma* (Du. *room* / G *Rahm*) ← ?〙
réam·er *n.* **1** 《米》 レモン搾り(器). **2** 〘機械〙 リーマー, 穴ぐり具, 拡孔具《錐穴の仕上げに用いる》. **3** 〘歯科〙 リーマー《歯の根管を拡大するために用いる》. 〘《1825》: ⇨ ream²〙

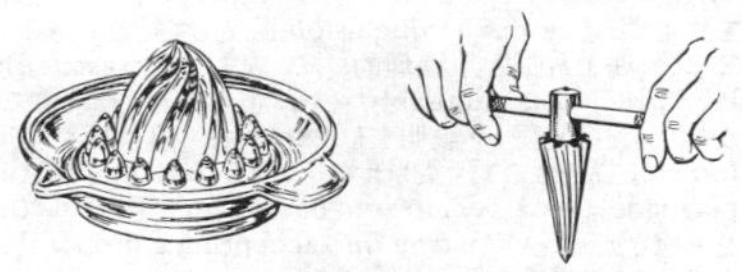

reamer 1　　reamer 2

rean /ríːn/ *n.* =reen.
rè·ánimate *vt.* **1** 生き返らせる, 蘇生(そせい)させる, 復活させる. **2** 〈意気消沈した人を〉元気づける, 鼓舞する, 激励する. **rè·animátion** *n.* 〘1611〙
rè·annéx *vt.* 〈一度離れた[手離した]領土を〉再び併合する. **rè·annexátion** *n.* 〘《1495》◻ OF *reannexer*: ⇨ re-, annex〙
re·ánswer *vt.* 《廃》 匹敵する, 見合う (meet). 〘《1523》← RE-+ANSWER〙
reap /ríːp/ *vt.* **1 a** 刈る, 刈り取る, 刈り入れる, 収穫する: ～ grain [fruit] 穀物[果物]を収穫する. **b** 〈畑などの〉作物を収穫する: ～ a field 畑のものを刈り取る[収穫する]. **2** (行動または努力の結果)獲得する; (比喩)〈報いなどを〉受ける: ～ a benefit from exertions 努力の成果としての利益を得る / the political benefits they have been ～*ing* from the rightist Establishment 彼らが右翼的な現体制から受けて来た政治上の利益 / (⇨ *sow the wind and*) *reap the* WHIRLWIND / ～ the fruits of one's actions 自業自得の目に遭う / ～ the benefit of hard work [kindness] 苦労[親切]が実を結ぶ / ～ experience 経験を得る[積む].
— *vi.* 刈り取る, 収穫する; 報いを受ける: ～ as [what] one has sown 自分のしたことの報いを受ける, 因果応報[自業自得]である / ～ where one has not sown まかずに収穫する《他人の功を奪う; cf. *Matt* 25: 24》/ Now is the time to ～. 今こそ収穫の時だ《辛苦の結果を収める時だ; cf. *Gal.* 6: 7》/ They that sow in tears shall ～ in joy. 涙をもって種まく者は喜びをもって刈り取らん (*Ps.* 126: 5).
réap·a·ble /-pəbl/ *adj.* 〘OE *re(o)pan, rīpan* < ? Gmc **rīpjan* (MLG *repen* to remove seeds) ← IE **rei-* to scratch, tear, cut: cf. ripe¹〙
réap·er *n.* **1** 刈り手, 収穫者. **2** 刈取り機, リーパー. **3** [the (Grim) R-] 死神《普通, 骸骨が経帷子(きょうかたびら)をまとい大(草刈り)鎌を持った姿で表される》. 〘lateOE *rīpere*〙
réap hòok *n.* =reaping hook.
réap·ing hòok *n.* 刈入れ(用の)鎌. 〘*a*1700〙
réaping machìne *n.* 自動刈取り機《通例, 刈ったものを自動的に束にする装置が付いている; cf. combine²》. 〘1812〙
rè·appárel *vt.* (**-par·eled, -elled; -el·ing, -el·ling**) 〈衣装を〉再び着せる, 新たに装わせる. 〘1624〙
re·ap·pear /rìːəpíə | -əpíə(r)/ *vi.* 再び現れる, 再現する, 再発する: She ～*ed* fully clad in evening dress. 彼女はイブニングドレスにすっかり身を固めて再び現れた / His cancer ～*ed*. 彼のがんは再発した. 〘1611〙
rè·appéarance *n.* 再現, 再発 (relapse): The disease has made no ～ since her operation. 彼女の手術後は病気の再発はなかった. 〘1664〙
rè·applicátion *n.* 再使用, 再適用, 再志願, 再申請, 再従事. 〘1692〙
rè·applý *vt.* 再び用いる[適用する], (…に)再び従事させる, 〈力などを〉再び向ける〈*to*〉. — *vi.* 再申し込み[申請, 志願]する. 〘1723〙
rè·appóint *vt.* 再び任命[指定]する, 復職させる, 再選する. **rè·appóintment** *n.* 〘1611〙
rè·appórtion *vt.* **1** 再び割り当てる, 配分[割り当て]し直す: ～ the whole building 建物全体(の使用者)を再配分する. **2** 《米》 …の(議員の)定数(配分)を是正する.
— *vi.* 《米》(選挙区の)議員の定数を是正する. 〘1828〙
rè·appórtionment *n.* **1** 再配布, 再割り当て. **2** 《米》 選挙区の是正. 〘1931〙
rè·appráisal *n.* 再評価 (revaluation), 再検討. 〘1911〙
rè·appráise *vt.* 評価し直す, 再評価する, 再検討する. 〘1895〙
rè·appróach *vi.* 再び接近する. 〘1652〙
rè·apprópriate *vt.* 再び専有する; 再び流用する, 再び私用に使う. **rè·appropriátion** *n.* 〘1653〙
rear¹ /ríə | ríə(r)/ *n.* **1** [通例 the ～] **a** 背後, 背面 (back) (cf. front 1): go to *the* ～ 背後へ回る / *the* ～ of a house 家の裏側. **b** (人・物の)後ろ, 後方, (行列の)最後尾: *at the* ～ *of* =*in (the)* ～ *of* … の後ろに, (家など)の裏に (↔ in front of) / follow *in the* ～ 後につく, 後から行く / I saw them far *in the* ～. 彼らがずっと後ろにいるのが見えた / It was sent to *the* ～ for safety. 安全のために後方へ送られた. **c** 《口語》 尻 (behind): get kicked in *the* ～ 尻を蹴っとばされる. **d** (艦隊・部隊などの)後方(部隊), 後尾, 殿(しんがり) (cf. van² 1): hang on *the* ～ of …の後をつけ回す《襲いかかろうとして》/ take [attack] the enemy in *the* ～ 敵の背後を襲う. **2** 《英口語》 便所. ***bring up the réar*** = ***clóse the réar*** 殿(しんがり)をつとめる, 一番後に来る (cf. lead the VAN²). 〘1643〙
— *adj.* [限定的] 背後の, 後ろの, 後方の (back); 殿(しんがり)の, 後ろからの, 裏の(側)の: a ～ gate 裏門 / a ～ rank 後列 / the ～ seat [door] of a car 車の後部座席[扉] / tires on the ～ wheels 後輪のタイヤ / a ～ pants pocket ズボンの尻のポケット / a ～ attack 背面攻撃.
— *adv.* [通例複合語の第 1 構成素として] 後方へ[から]: a *rear*-driven car 後輪駆動車.
〘《*a*1325》 *rere* (略) ← *rerewarde* 'REARWARD'〙
rear² /ríə | ríə(r)/ *vt.* **1 a** 〈子供を〉育てる (bring up), しつける, 教育する (★《米》では raise が普通; ⇨ raise SYN): They ～*ed* their only son sternly. 夫婦は一人息子を厳格に育てた / He was ～*ed* in an atmosphere of freedom. 彼は自由な空気の中で育った. **b** 〈家畜などを〉飼う (raise): ～ cattle [pigs] 牛[豚]を飼う. **c** 〈作物を〉栽培する (cultivate). **2** 〈馬を〉後足で立ち上がらせる (cf. *vi.* 1 a). **3** 《文語》 **a** まっすぐに立てる, 起こす, 差し[持ち]上げる, そびえさせる (lift up) (⇨ lift¹ SYN): ～ one's hand 手を挙げる / ～ a ladder 梯子(はしご)を立てる / ～ a flagpole 旗竿(はたざお)を立てる / ～ the standard of revolt against … に反旗を翻す / The city ～*s* its towers. その都市には塔がそそり立っている / ～ the head 頭を上げる; 〈悪心などが〉頭をもたげる; 〈人が〉頭角を現す / The mountains ～ their crests into the clouds. 山々が高く雲にそびえている. **b** 〈声などを〉立てる, 高める (raise): ～ one's voice. **4** 《文語》〈寺院・塔・記念碑などを〉築く, 建てる: ～ a monument 記念碑を建てる. — *vi.* **1 a** 〈馬などが〉後足で立つ, 棒立ちになる〈*up*〉. **b** 〈人が〉(怒って)立ち上がる, 席を蹴って立つ〈*up*〉. **c** 《文語》〈建物・山などが〉そびえる〈*up*〉 (tower). **2** 《方言》 見えてくる, 現れる (appear).
réar its (úgly) héad 〈不快なこと・問題などが〉生じる.
〘OE *rǣran* < Gmc **raizjan* (ON *risan* / Goth. *-raisjan*) (caus.) ← **risan* 'to RISE'〙
réar ádmiral *n.* 海軍少将 (略 RA). 〘《1587》もと艦隊の後方部隊 (⇨ rear¹ (n. 1 d)) を指揮したことから〙
réar árch *n.* 〘建築〙 窓裏アーチ, 背面アーチ《窓の内側に外観とは異なるアーチが架けられたもの》. 〘1849〙
réar-cómmodore *n.* ヨットクラブの役員《vicecommodore の下》.
Rear·don /ríədṇ | ríə-/, **Ray** *n.* リアドン (1932–　; ウェールズのスヌーカー (snooker) プレーヤー; 世界チャンピオン 6 回).
réar échelon *n.* 〘軍事〙 **1** 後方群《司令部のうち, 直接戦闘指揮に当たる前方群 (forward echelon) に対し, 前線のかなり後方で管理・補給などの任務に当たる》. **2** 後方梯隊[部隊]《空輸作戦で目標地域に送りこむべき部隊のうち, 予備の部隊》. 〘1934〙
réar-énd *vt.* 《口語》〈車〉に追突する. — *adj.* (列車などの)後尾の, 後部の (cf. headon): a ～ collision (列車などの)追突. 〘1926〙
réar énd *n.* **1** (列車などの)後尾の, 後部 (tail end). **2** 《口語》 尻 (behind, buttocks). 〘1868〙
rear·er /rí(ə)rə | ríərə(r)/ *n.* **1** 養育者, 飼育者; 培養者. **2** (後足で)棒立ちになる癖のある馬. 〘1384〙
réar·guàrd *adj.* **1** 〘軍事〙 後衛の: ⇨ rearguard action. **2** 引き延ばしの; 防御的な. 〘1898〙
réar guàrd *n.* 〘軍事〙 後衛 (rear)《退却の時など部隊の後方を守る; cf. van² 1》. 〘《1481》◻ OF *rereguarde* ← *rer, riere* (<L *retrō* 'back, RETRO-'+*guarde* 'GUARD': cf. rearward〙
réar·guard áction *n.* **1** 〘軍事〙 後衛戦《退却の際や, 包囲されている守備隊を護衛する際に後方部隊が行う戦い》. **2** (優勢や社会的傾向など対する)抵抗, 歯止め[引き延ばし]作戦: fight a ～ 引き延ばし作戦に出る. 〘1898〙
rè·árgue *vt.* 再び議論する, 論議し直す. **rè·árgument** *n.* 〘1776〙
réar·hòrse *n.* 〘昆虫〙 カマキリ (mantis). 〘《1869》← REAR¹: カマキリは怒ると馬のように棒立ちになることから〙
rè·aríse *vi.* 再起する, 再興する. 〘1865〙
réar lámp [líght] *n.* 《米》 尾灯 (tail lamp), テールライト (taillight). 〘1907〙
rè·árm *vt.* **1** 再武装させる, 再軍備させる; 〈国〉の軍事力を回復する. **2** …に新規[新式]の武器を持たせる: The country was ～*ed* [～*ed* itself] *with* modern missiles. その国は軍隊の装備を近代的なミサイルに替えた. — *vi.* **1** 再武装する, 再軍備する. **2** (新式武器で)装備を改善する: Japan began to ～ in the 1950s. 日本は 1950 年代に再武装し始めた. 〘1871〙
rè·ármament *n.* 再軍備, 再武装; (改良または新発明の武器による)装備の改善, 軍備の近代化: ⇨ Moral Re-Armament. 〘1870〙
réar·mòst *adj.* 最後尾の, 最後の (hindmost, last)

(↔ forefront). 〖1718〗
réar-mòunted *adj.* 〈エンジンなどを〉後部に搭載した. 〖1960〗
réar·mòuse *n.* 〘動物〙 =reremouse.
rè·aróuse *vt.* 再び起こす, 再び覚醒(かくせい)させる[呼びさます]. 〖1830〗
réar projéction *n.* 〘映画・テレビ〙 =background projection. 〖1960〗
re·ar·range /rìːəréɪndʒ/ *vt.* 再整理[配列]する, 整理し直す; 〈物・人〉の配列を変える. — *vi.* 〘化学〙転位する.
rè·arránger *n.* 〖1824〗
rè·arrángement *n.* **1** 再整理, 再配列. **2** 〘化学〙転位(反応) 《分子の中で原子の配列が変わる反応》. 〖1863〗
rè·arrést *vt., n.* 再逮捕(する). 〖1655〗
réar síght *n.* (銃の)照門, 後部照尺. 〖1971〗
réar vással *n.* 陪臣(ばいしん), 又家来(またけらい), 又者(またもの) (vavasor). 〖(1728) 《部分訳》← F *arrière-vassal*〗
réar váult *n.* 〘建築〙 窓裏ヴォールト 《壁が厚いために窓裏アーチ (rear arch) の上方が迫持(せりもち)丸天井のようになっているもの》. 〖(1844) 《なぞり》← F *arrière-voussure*: ⇨ rear², vault¹〗
réar·view mírror *n.* (自動車などの)バックミラー (⇨ car 挿絵). 日英比較 「バックミラー」は和製英語. 〖1926〗
réar-vìsion mírror *n.* =rearview mirror.
rear·ward /ríəwəd | ríəwəd/ *adj.* 最後の[にある], 殿(しんがり)の[にある]; 後方への. — *adv.* 背後に[へ], 後方に[へ] (↔ vanward): ~ of …の後方に. — *n.* 《古》 **1** 後方, 後部, 最後. **2** 〘軍事〙後衛, 後部隊: in [at] the ~ 後部[背後]に / in the ~ [to ~] of …の後部[背後]に. 〖n.: 《?a1300》 ☐ AF *rerewarde*=OF *rereguarde* 'REAR GUARD'〗
réar·ward·ly *adv.* =rearward.
réar·wards /-wədz | -wədz/ *adv.* =rearward.
réar-whèel dríve *n.* 〘自動車〙後輪駆動.
réar wíndow *n.* 裏窓.
rè·ascénd *vi.* 再び上がる[登る], 再上昇する. — *vt.* 再び登る, 登り直す. **rè·ascénsion** *n.* **rè·ascént** *n.* 〖*c*1450〗
Re·a Sil·vi·a /ríːəsíɫviə | ríːə-, ríə-/ *n.* =Rhea Silvia.
rea·son /ríːzən, -zn/ *n.* **1** 理由, 訳(わけ) (⇨ cause SYN); 動機 (motive); 根拠 (ground); 言い訳 (excuse); 理由[動機]となる事実: the [my] ~(s) *for* saying this このことを(わざわざ)言う理由 / *for* no other ~ than [*for* the simple ~] that … 単に…というだけの理由で / *for* some ~ (or other)=*for* one ~ or another 何らかの理由で, どうしたわけか / *for* ~*s* best known to oneself 個人的な[本人にしか分からない]理由で / one's ~ *for* living [being] 人の生きがい / give [provide, supply] a ~ *for* …の理由を述べる / prove with ~*s* 理由を挙げて証明する / have one's ~*s* 人に言えない理由がある / explain the ~ *for* …の理由を説明する / a woman's ~ 女の理由 《ただ好きだから好きだというような理由にならぬ理由; cf. Shak., *Two Gent* 1. 2. 23–24》 / *for* ~*s* of economy [health] 節約[健康]のために / ⇨ REASON(s) of state / *For* what ~? どういう理由で, なぜ / with or without ~ 理由の有無を問わず / have ~ *for* [*to* do] …の[すべき]理由がある, …は[するのは]もっともだ / It's *for* that very ~ (that) we must act. 我々が行動を起こさなければならないのはまさにそのためです / *for* no ~ at all 何の理由もなく / He has every [good] ~ *to* hope that he will be elected. 彼には当選を期待できる十分の理由がある / I see [have] ~ *to* suspect him. 彼を疑うだけの理由がある / There is no ~ *for* delay. 遅れる理由[わけ]はない / be no ~ *to do* …する理由にならない / I see no ~ *why* [*that*] it should be so. それがそうでなければならないという理由がわからない / It was not without ~ that he took the other course. 彼が別のコースをとったのも理由のないことではなかった / The ~ (*why* [*that*]) he hesitates is *that* [《口語》 *because*]… 彼が躊躇(ちゅうちょ)するわけは…だ. **2** (ものの)道理, 条理, 理屈: disregard [flout] ~ 道理を無視する[ばかにする] / be open to ~ 道理に従う / make a person see ~ 人に道理をわきまえさせる / hear [listen to, see] ~ 道理に従う, 〈女・子供などが〉人の言うことを聞き分ける / speak [talk] ~ もっともなことを言う / There is ~ in what he says. 彼の言うことにはもっともと思えるものがある. **3 a** 推理力, 判断力, 理知, 理性: Animals lack [are without] ~. 動物には理性がない / Whether dogs have [are gifted with] ~ is a question of definition. 犬に理性があるかないかは(理性という語の)定義次第だ / God and ~ [*Reason*] are identical. 神とはすなわち理性のことである. **b** 正気 (sanity); 思慮, 分別 (sense); 良識 (good sense): lose one's ~ 気が狂う / come [be restored] to ~ 正気に返る / ⇨ *as* REASON *was*. **4** 〘論理〙理由, 論拠 (logical ground); 前提 (premise), (特に)小前提 (minor premise). **5 a** 〘哲学〙理性; (特にカント哲学で)感性, 悟性と区別される推理・理念の能力, (あるいは以上の三つを包括する広義の能力としての)理性: ⇨ practical reason, pure reason. **b** 〘スコラ哲学〙理性 《知的な本質直観を意味する intellect と概念・論証の能力である ratio の総称》. **6** 《廃》言説; 意見 (observation). **7** 《廃》公正 (justice) (do a person ~).
áll the mòre réason 《口語》実にもっとも[当然]なこと: I'm very tired.—*All the more* ~ to go [for going] to bed at once. 疲れた—それならなおのことすぐ寝なさい. ***as réason is*** [***wás***] 理性[思慮]の命じる所に従って, 良識に従って. ***beyònd*** (***áll***) ***réason*** (全く)理屈に合わない (unreasonable). ***bring a person to*** (***sée***) ***réason*** 〈人〉に道理を悟らせる, 聞き分けさせる; 納得させる (convince). ***by réason of*** …のために, のせいで (because of): It failed *by* ~ *of* its bad organization. それは組織が悪かったために失敗した. ***by réason*** (***that***) …であるために, …の故に (because). ***in réason*** 道理上, 道理にかなって(いる), 無理でない: I will do anything *in* (all) ~. 道(理)に叶(かな)ったことなら何でもする / It is not *in* (any) ~ to expect me to do so. 私にそうしろと期待するのは無理というものだ. ***nèither rhýme nor réason*** ⇨ rhyme 成句. ***on réason*** 理屈で判断して. ***òut of réason*** 道理に背いて, 不条理な, 途方もない. ***pàst*** (***áll***) ***réason***=*beyond* (*all*) REASON. ***stánd to réason*** 理屈に合う: It *stands to* ~ *that* he was [should have been] dismissed. 彼が首になったのは当然のことだ. 《1632》 ***within réason*** =*in* REASON: It's not *within* ~ to expect me to help. 私が援助すると期待するのは無理というものだ. 《1598》 ***without rhýme or réason*** ⇨ rhyme 成句. ***with réason*** 理由をもって(…する), (…するのも)もっともだ, 無理がない (rightly): He complained *with* ~. 彼が不平を言ったのは無理もない / He complained, and *with* (good) ~. 彼は不平を言ったがそれもそのはずだ.
réason(s) of státe [**Státe**] 国家的理由[立場] 《しばしば為政者が不道徳な行為の弁護に使う口実》: for ~ of state.
— *vt.* **1 a** 〈…だと〉推論[論断]する (conclude) 〈*that*〉 (⇨ infer SYN): He ~*ed that* they were guilty. 彼らが有罪であることを論断した. **b** 〈結論などを〉(論理上から)考え出す, 論証する 〈*out*〉: ~ (*out*) a proposition 主張を論証する / ~ *out* a conclusion 論究して結論を得る. **2 a** 論理上から説く, 論理的に言い表す (cf. reasoned): His speech was admirably ~*ed*. 彼の演説は論理立てがうまかった. **b** 《まれ》説明する (explain). **3** 説きつける 〈*down*〉; 説得して[言い聞かせて]…させる 〔*out of, into*〕 (cf. persuade): ~ a person *into* compliance 理を説いて人を承服させる / ~ a person *into* accepting a proposal 理を説いて人に提案を受け入れさせる / ~ a person *out of* his fears [obstinacy] 人を説いて恐怖心[頑固(がんこ)な心]をなくさせる / ~ oneself *into* perplexity 勝手に思い込んでうろたえる / ~ a person *down* 人を説き伏せる. **4** 《古》…を論じる (discuss): ~ what is meant by it それが何を意味しているかを論じる / ~ whether it is [be] true それが真か否かを論じる / ~ why it is wrong それがなぜ間違っているかを論じる.
— *vi.* **1** 推理する, 推論する, 判断を下す: ~ *from* experience 経験から推論する / ~ *from* effect *to* cause 結果から原因を推理する / ~ *about* [*on, upon,* 《古》 *of*] a subject ある主題について推理する. **2** 論じる, 議論する (discourse), 談じる (talk); 説得する 〔*with*〕: ~ *with* a person for an hour 人と 1 時間論じる / There's no ~*ing* with him: he insists on coming. 彼は来ると言い張るのだから説得してもむだだ.
~·er /-z(ə)nə, -znə | -z(ə)nə^(r), -zn-/ *n.*
〖n.: 《?a1200》 *res(o)un, reisun* ☐ OF *raison, reson* (F *raison*) ＜L *ratiōnem* ← *ratus* (p.p.) ← *rērī* to reckon, think ← IE **ar-* to fit together. — v.: 《a1325》 *resone(n)* ☐ OF *raisoner* (F *raisonner*) ← *raison* (n.): RATIO, RATION と三重語〗
rea·son·a·ble /ríːz(ə)nəbl̩, -zn-/ *adj.* **1 a** 道理を聞き分ける, 思慮分別のある(sensible): a ~ man 通常人, 一般の人 / You must be ~. 無茶なことを言ってはいけない, 道理をよく考えたまえ. **b** 《古》理性のある, 論理的な (rational): a ~ creature [being] 理性のある生物 《人間》. **2** 道理にかなった, 合理的な (rational), 正当な, もっともな (⇨ rational SYN): a ~ excuse [cause, choice, supposition] もっともな言い訳[原因, 選択, 仮定]. **3 a** 〈値段など〉手ごろな, 高くない (⇨ cheap SYN): at a ~ price 手ごろな[納得できる]値段で / The landlady rented them a room at a very ~ rent. 家主は手ごろな部屋代で彼らにひと部屋貸した. **b** 法外でない, 無理をいわない, 厳しくない, 穏当な (moderate): ~ terms 穏当な条件 / a ~ demand 無理のない要求. **4** 《Shak》思考力を要する.
rea·son·a·bil·i·ty /rìːz(ə)nəbíləṭi, -zn- | -l̩ti/ *n.* **~·ness** *n.* 〖《c1303》 *resonable* ☐ (O)F *raisonnable*: ⇨ ↑, -able〗
rea·son·a·bly /ríːz(ə)nəbli, -zn-/ *adv.* **1** 法外でなく, 適当に, 適度に, ほどほどに (moderately); かなりに (fairly): It is a ~ priced book. それは手ごろな値段の本だ / I'm in ~ good health. 体の具合はまあまあです. **2** 合理的に, 道理上; 無理なく, もっともで: They are acting ~. 彼らは道理にかなった行動をしている / We may ~ conclude that …と結論を下しても妥当であろう. 〖*c*1378〗
rea·soned /ríːzənd, -znd/ *adj.* 道理に基づいた; 道理[論]を尽くした, 筋の通った: a ~ article 理を尽くした[筋の通った]論考 / a ~ amendment その理由を表示した修正案 / a well ~ speech よく筋道の通った演説. **~·ly** *adv.* 〖1684〗
réa·son·ing /-z(ə)nɪŋ, -zn-/ *n.* **1** 推理, 推論: solve a question by ~ 推理を働かせて問題を解く. **2** 論究, 論法, 論議: use the same ~ 同じ論法を用いる. **3** [集合的] 論拠, 論証, 証明: I detected his faulty ~. 私は彼の誤った論証を見破った. — *adj.* [限定的] **1** 理性のある (rational): Man is a ~ creature [being]. 人間は理性のある動物である. **2** 推論する, 推理の: ~ power [faculties] 推理力. 〖*c*1380〗
réason·less *adj.* **1** 理性によらない, 聞き分けのない, 分別のない (senseless), 無理な, 不合理な, 筋[理屈]の通らない: ~ conduct 理に外れた行い / ~ arguments 理屈も何もない議論 / a ~ accusation 筋の通らない非難[言いがかり]. **2** 理性を欠いた, 理性のない: a ~ brute. **~·ly** *adv.* **~·ness** *n.* 〖*a*1398〗
rè·assémblage *n.* 再集合; 新たに集める[集まる]こと; 新たに組み合わせる[組み立てる]こと. 〖1744〗
rè·assémble *vt.* 再び集める; 新たに集める; 新たに組み合わせる, 組み立て直す. — *vi.* (散った後で)再び集まる. 〖1494〗
rè·assémbly *n.* =reassemblage.
re·as·sert /rìːəsə́ːt | -əsə́ːt/ *vt.* 再び断言[主張]する, 繰り返して言明する. **rè·assértion** *n.* 〖*a*1665〗
re·as·sess /rìːəsés/ *vt.* **1** 再評価する; 査定し直す. **2** 再び賦課する[割り当てる]. **~·ment** *n.* 〖1803〗
rè·assígn *vt.* 再び割り当てる[委託する], 再譲与する; 返還する. **~·ment** *n.* 〖1611〗
rè·assóciate *vt., vi.* 再び連合[参加, 交際]する, 再提携する. **rè·associátion** *n.* 〖1494〗
rè·assúme *vt.* **1** 再び取る, 取り戻す, 取り返す (take back). **2** 再び引き受ける, 再び身に着ける. **3** 再び始める (resume). **rè·assúmption** *n.* 〖《1494》 ☐ ML *reassume-re*: ⇨ re-², assume; cf. resume〗
re·as·sur·ance /rìːəʃʊ́ᵊrəns, -rənts | -əʃʊ́ərəns/ *n.* **1** 安心(させるもの), 元気づけること; 保証, 確約: We need [demand] ~*s* this bank will not go bankrupt. この銀行がつぶれないという保証が欲しい. **2** 安心させる[元気づける]言葉: Their ~*s* have encouraged me. 彼らの励ましで私は勇気づけられた. **3** 《英》〘保険〙(生命保険の)再保険 (reinsurance). 〖1611〗
re·as·sure /rìːəʃʊ́ə | -əʃʊ́ə^(r)/ *vt.* **1** 元気づかせる, 新たに自信を持たせる, 安心させる (cf. assure 2 a): His remarks ~*d* me. 彼の話で私は安心した. **2** 〈人〉の意見[印象]を強固にする. **3** 《英》〘保険〙〈人〉に再保険をかける (reinsure). **rè·as·súr·er** *n.* 〖1598〗
re·as·sur·ing /rìːəʃʊ́ᵊrɪŋ | -əʃʊ́ər-⁻/ *adj.* 安心感を与える, 元気づける, 励みになる (encouraging): a ~ answer 安心させる[元気づける]返答 / in a ~ fashion 相手を安心させるような態度[やり方, 言葉遣い]で / I found his speech highly ~. 彼の演説ですごく元気づけられた. **~·ly** *adv.* 〖1861〗
reast /ríːst/ *vt.* =reest².
reast·y /ríːsti/ *adj.* 《方言》〈ベーコンなど〉腐ったような臭いのする. 〖1573〗
re·a·ta /riǽṭə, -áːṭə | riáːtə; *Sp.* reáta/ *n.* (*pl.* ~s) = lariat. 〖《1846》 ☐ Sp. ~ 'rope' 《逆成》 ← *reatar* to tie again〗
rè·attách *vt.* **1** 再び取り付ける, 再び付属させる. **2** 再び愛着を抱かせる. — *vi.* 再び付着する 〔*to*〕. 〖1607〗
rè·attáchment *n.* 〘法律〙再逮捕, 再差押え. 〖1574〗
rè·attáck *vt., vi.* 再び攻める. 〖*a*1711〗
rè·attáin *vt.* 再び達成する. **rè·attáinment** *n.* 〖1609〗
rè·attémpt *vt., vi.* 再び試みる, やり直す. — *n.* 新たな試み, 仕直し, やり直し. 〖1583〗
Réaum. 《略》 Réaumur.
Re·au·mur /réɪəmjʊ̀ə, réɪoʊ-, ⁼⁻⁼⁻ | réɪə(ʊ)mjʊ̀ə^(r), -mə^(r); *F.* ʀeomyːʀ/ *adj.* (*also* **Ré·au·mur** /~/) 〘物理化学〙レ氏[レオミュール]温度計の (略 R, R., Réaum.): a temperature of more than 55° ~ [55°R] レ氏 55 度よりも高い温度. 〖《1782》 ↓〗
Ré·au·mur /réɪəmjʊ̀ə, réɪoʊ-, ⁼⁻⁼⁻ | réɪə(ʊ)mjʊ̀ə^(r), -mə^(r); *F.* ʀeomyːʀ/, **René Antoine Ferchault** /fɛʀʃo/ **de** *n.* レオミュール 《1683–1757; フランスの自然科学者; レ氏温度計を創案 (1730)》.
Réaumur scàle *n.* 〘物理化学〙レ氏[レオミュール]目盛 《Réaumur の考案した温度目盛で, 気圧一気圧のとき氷点 (0°R) と沸点 (80°R) との間を 80 等分したもの, セ氏とレ氏の相対値は R=⁴⁄₅ C》. 〖1795〗
Réaumur thermómeter *n.* 〘物理化学〙レ氏[レオミュール]温度計.
reave¹ /ríːv/ 《英古・詩》 *v.* (**reaved,** 《古》 **reft** /réft/) — *vi.* 略奪する, さらって行く (pillage). — *vt.* **1** 〔…から〕略奪する, 強奪する (plunder) 〈*away*〉 〔*from*〕. **2** [特に p.p. 形で] 〈人〉から〔…を〕奪う (bereave, rob) 〔*of*〕: parents (who were) *reft of* their children 子を奪われた[子に死なれた]親たち / ~ the neighbors of their cattle 近所の家畜を強奪する. **3** 連れ去る 〔*from*〕. **réav·er** *n.* 〖OE *rēafian* ＜Gmc **rauðōjan* 《原義》 to break (Du. *roven* / G *rauben*) ← IE **reup-* to snatch (L *ūsūrpāre* 'to USURP' & *rumpere* 'to RUPTURE'): cf. bereave〗
reave² /ríːv/ 《古》 *v.* (**reaved, reft** /réft/) — *vt.* 引き裂く, 引きちぎる, 破る (tear, break, split). — *vi.* 裂ける, 引きちぎれる, 破れる (rend, break). 〖《?c1200》: RIVE と連想されたための REAVE¹ の特別用法?: cf. ON *rifa* to tear〗
re·a·wak·en /rìːəwéɪkən/ *vt.* 〈興味・恐怖などを〉再び呼び起こす.
reb /réb/ *n.* **1** =rebel¹ 3. **2** 《米口語》 =Johnny Reb. 〖《1862》 《略》 ← REBEL¹〗
Reb /réb/ *Yid.n.* [敬称に用いて] 様, 殿, 氏 (mister). ★ given name と用いる. 〖《1882》 ☐ Yid. ~ 'rabbi'〗
Re·ba /ríːbə/ *n.* リーバ 《女性名》. 〖(dim.) ← REBECCA〗
re·bab /rɪ̀báːb | rɪ-/ *n.* ラバーブ, レバーブ 《アラビアよりイラン・トルコ・インドネシア・タイにみられ, gamelan にも用いる擦弦楽器; 1–3 弦で小円形の胴に細長い柄がつく》. 〖《1738》 ☐ Arab. *rabāb*: ⇨ rebec〗
rè·bádge *vt.* 〈商品を〉新しい名前[ロゴ]で再び市場に出す.
rè·báptism *n.* 〘キリスト教〙 **1** 再洗礼. **2** 再命名. 〖1795〗
rè·baptíze *vt.* **1** …に再び洗礼を施す. **2** …に再命名

R

名する，…の名をつけ直す (rename). 〘《c1450》 □ LL *rebaptizāre*: ⇨ re-[2], baptize〙

re·bar /ríːbàɚ | -bàː(r)/ *n.* 〘建築〙鉄筋《鉄筋コンクリート建築に使われる鋼鉄》. 〘《1961》《短縮》← *re(inforcing) bar*〙

re·bar·ba·tive /rɪbáɚbəṭɪv | -báːbət-/ *adj.* 《文語》人をいらいらさせる，人好きのしない，虫の好かない，嫌な (repellent, unattractive). **~·ly** *adv.* 〘《1892》 □ F *rébarbatif* ← OF *rebarber* to be repellent ← RE-[1] + *barbe* beard: ⇨ -ative〙

re·bate[1] /ríːbeɪt, rɪbéɪt | rɪbéɪt, ríːbeɪt/ *n.* **1** 払い戻し，割り戻し，リベート (drawback): tax ~*s* 税金の割り戻し / cash ~s *on* airline fares 航空運賃の現金払い戻し / the ~ system 運賃払い戻し制. 日英比較 日本語の「リベート」は謝礼や仲介料としてもらう代金の一部で，いわばピンはね的な悪いイメージがあるが，英語の *rebate* にはそのような悪い意味はない. いわゆるピンはねに当たるものは kickback という. **2** 割引き (discount).
— /ríːbeɪt | ríːbeɪt, rɪbéɪt/ *vt.* **1 a** 〈支払った額の一部を〉払い戻す，割り戻す; 割り戻し[リベート]をする: ~ ten percent of the price 価格の1割を割り戻す. **b** 割引きする (deduce). **c** …に割り戻しを与える. **2 a** 《まれ》〈刃・感情などを〉鈍らす (dull). **b** 《まれ》…の力[効果など]を弱める，減少させる (diminish, reduce). **3** 〘紋章〙〈紋章図形の〉一部をカットする (⇨ rebated). — *vi.* 〈営業政策などとして慣習的に〉割り戻しをする，リベートを行う.
ré·bat·a·ble, ré·bate·a·ble /-ṭəbl | -tə-/ *adj.*
ré·bat·er /-ṭə | -tə(r)/ *n.* 〘《a1398》 *rabat(e)* □ (O)F *rabattre* ← RE-[1] + *abattre* 'to ABATE'〙

re·bate[2] /ríːbeɪt, rǽbɪt | rǽbɪt, ríːbeɪt/ *n., v.* 〘木工〙 =rabbet. 〘《変形》← RABBET〙

re·bat·ed /rɪbéɪṭɪd | -tɪd/ *adj.* 〘紋章〙一部が切り取られた: a cross ~ 先端がカットされた十字. 〘1587〙

re·ba·to /rɪbáːtou, -béɪ- | -təu/ *n.* (*pl.* ~s) =rabato. 〘1591〙

reb·be /rébə/ *Yid. n.* **1** (特に，ユダヤ人初等学校の)ヘブライ語の先生. **2** レッベ《特に，ハシド派 (Hasidic sect) のラビ (rabbi) またはユダヤ人の霊的指導者》. 〘《1881》 □ Yid. ~ □ Heb. *rabbī* 'RABBI[1]'〙

reb·betz·in /rébətsɪn/ *n.* 〘ユダヤ教〙ラビ (rabbi) の妻. 〘《1892》 □ Yiddish (↑)〙

re·bec /ríːbek | ríːb-, réb-/ *n.* レベック《中世の洋梨型三弦の擦弦楽器で，rebab に起源をもつ》. 〘《1509》 □ F *rebec* (F *bec* 'BEAK[1]' と連想) ← OF *ribebe* □ Arab. *rabāb* one- or two-stringed fiddle ∞ ME *ribibe* □ OF *ribebe*〙

Re·bec·ca /rɪbékə/ *n.* **1** レベッカ《女性名; 愛称形 Becky, Reba》. **2** 〘聖書〙=Rebekah. 〘⇨ Rebekah〙

re·beck /ríːbek, réb-/ *n.* =rebec.

Re·bek·ah /rɪbékə/ *n.* 〘聖書〙リベカ《Isaac[2] の妻，Esau と Jacob の母; cf. *Gen.* 24–25; Douay Bible および現代英語訳聖書では Rebecca とつづることが多い》. 〘《1860》 □ LL *Rebecca* □ Gk *Rebékka* □ Heb. *Ribhqā́h* 《原義》? connection, knotted cord〙

reb·el[1] /rébəl/ *n.* **1** 謀反(ほん)人，反逆者. **2** (権力・支配などに対する)反抗者，非服従者〔*against, to*〕. **3** [しばしば R-]《米》(南北戦争の)南軍兵士. — *adj.* **1** 謀反の (rebellious); 反徒の; 反逆の; 反抗的な: ~ songs 反逆歌 / a ~ leader 謀反の指導者[首魁(かい)]. **2** 反抗する，不従順な (disobedient)〔*to*〕. 〘《?a1300》 □ (O)F *rebelle* // L *rebellis* rebellious ← RE-[1] + *bellum* war〙

re·bel[2] /rɪbél/ *vi.* (**re·belled; -bel·ling**) **1 a** 〔政府・指導者などに〕謀反(ほん)する，背く，暴動を起こす〔*against*〕: ~ *against* the government. **b** 〔権威・慣習・規律などに〕背く，反対する，従わない (disobey)〔*against, at*〕: ~ *against* the Establishment (既成の)体制に反逆する. **2 a** 調和しない，折り合わない〔*against, with*〕: The stomach ~*s against* too much food. 多過ぎる食物は胃が受けつけない. **b** ぞっとする，嫌だと思う〔*at, against*〕: He ~*led at* begging. 人から施しを求めるのは嫌だった. 〘《1340》 *rebelle(n)* □ (O)F *rebeller* // L *rebellāre* ← RE-[1] + *bellāre* to make war (← *bellum* (↑)): REVEL と二重語〙

réb·el·dom /-dəm/ *n.* **1** 謀反人[反逆者]が制圧する区域[地方]; 反乱地域; 《米》(南北戦争の)南部同盟諸州 (Confederate States). **2** 謀反，反逆(行為)，暴動 (rebellion). **3** [集合的] 謀反(ほん)人，反逆者，反徒 (rebels). 〘1859〙

re·bel·lion /rɪbéljən/ *n.* **1 a** 〔政府・権威・権力者などに対する〕公然の抵抗，謀反(ほん)，反乱，暴動 (revolt)〔*against*〕: raise a ~ 謀反を起こす / put down [suppress] a ~ *against* the king 国王に対する謀反を鎮める / rise (up) in ~ 暴動を起こす，蜂起(ほう)する. **b** 〔権力・支配・因襲・習慣などに対する〕反抗，造反，反対，不従順〔*against*〕: a ~ *against* social traditions 社会の伝統に対する反抗(的行為). **2** [the R-] =civil war 2. 〘《c1340》 □ (O)F *rébellion* // L *rebelliō(n-)*: ⇨ rebel[2], -ion〙

SYN 反乱: **rebellion** 不成功に終った，政権に対する暴力的な反抗: a *rebellion* against the government 政府に対する反乱. **revolution** 成功裡に終った暴力による政治体制の変革: the French *Revolution* フランス革命. **insurrection** 政府のような権威を暴力で倒そうとする行動《*rebellion* よりも規模が小さく組織力も弱い; 格式ばった語》: quell an *insurrection* 暴動を鎮める. **revolt** 強圧や圧政に反抗すること《*insurrection* よりも反抗の意味が強い》: a peasant *revolt* 百姓一揆. **muting** 軍人や船員による上官や船長に対する反乱: the *muting* on the Bounty 戦艦バウンティ号上の反乱. **insurgency** しばしば外部からの力を借りた組織的な反乱: support the *insurgency* in a South-American country 南米の国の反乱を援助する. **uprising** 政府に対する暴動《最も一般的な語》: an armed *uprising* 武装蜂起. **coup (d'état)** クーデター《軍部などによる突然の，しばしば暴力的な政権奪取》: The army staged a bloody *coup (d'état)*. 軍部は血なまぐさいクーデターを起こした.

re·bel·lious /rɪbéljəs/ *adj.* **1 a** 謀反(ほん)の，反乱を好む; 謀反した，反乱に加わった: ~ subjects 反徒 / ~ acts 反逆的行為. **b** (権利・支配・因襲・習慣などに)不従順な，反抗的な (insubordinate): ~ spirit 反抗心 / a ~ child 反抗的な子供 / a ~ temperament 反抗的な性質 / in a ~ mood 反抗的な気持ち[になって] / a ~ speech 反抗的な演説[言説]. **2 a** 〈病気など〉治療しにくい，頑固(がんこ)な，治療抵抗性の，抗療性の. **b** 〈事物が〉手に余る，始末に負えない (refractory): ~ curls すぐほつれてくる巻毛[髪の毛]. **~·ly** *adv.* 反抗的に; 頑固に. **~·ness** *n.* 〘《?a1425》: ⇨ ↑, -ous〙

rè·béllow 《詩》*vi.* 大きくこだまする，鳴り響く. — *vt.* 大きく反響させる，鳴り響かせる. 〘1590〙

rébel yèll *n.* 〘米史〙(南北戦争当時の南軍が用いたかん高く長く引っぱる)雄叫(たけ)び. 〘1863〙

rè·bíd 〘トランプ〙*vt.* (ブリッジで)切札として〈同じスーツ (suit) を〉再度ビッドする. — *vi.* 〈一度ビッドした人が〉二度目にビッドする. — *n.* (同じ人の)二度目のビッド. 〘《1923》← RE-[2] + BID[1]〙

rè·bíddable *adj.* 〘トランプ〙(ブリッジで)〈スーツ (suit) が〉リビッド可能な，(パートナーの支持がなくても)二度ビッドできるだけの強さを備えた《通例絵札2枚つきの5枚揃い以上》. 〘1945〙

rè·bínd *vt.* (**re·bound**) **1** 縛り直す. **2** 製本し直す，再製本する: This book needs ~*ing*. この本は製本し直す必要がある. — *n.* 再製本した本，改装本. 〘1820〙

re·birth /rìːbə́ːθ | -bə́ːθ/ *n.* **1** 新生，復活 (revival): stress the ~ of dignity 威信回復を強調する. **2 a** 〘教会〙(洗礼による)霊的更生，再生. **b** 〘哲学〙(輪廻(りんね)転生による霊魂の)再生 (metempsychosis). 〘1837〙

rè·bírth·ing *n.* 〘精神医学〙再生《患者に出生時を再体験させて，出生時に由来する心的情緒的問題点を取り除く心理療法》.

Re·blo·chon /rəbloʊʃɑ́(ː)n | -bləʊʃɔ́n; *F.* ʁəblɔʃɔ̃/ *n.* ルブロション《フランス産の香りのよい全乳ソフトチーズの一種》. 〘《1908》 □ F *reblochon*: F は Savoi 方言からで，RE- + *blossi* にさかのぼる〙

rè·blóom *vi.* 返り咲く; 若返る.

reb·o·ant /rébouənt | -bəu-/ *adj.* 《古詩》響き渡る，鳴り響く (resounding)，反響する (reverberating). 〘《1830》 □ L *reboantem* (pres.p.) ← *reboāre* ← RE-[1] + *boāre* to bellow, roar (□ Gk *boan* to cry aloud ← *boé* cry)〙

rè·bóil *vt.* 再沸騰させる; (含有されている空気などを抜くために)〈蒸溜水などを〉再沸騰させる. 〘1444〙

rè·bóiler *n.* リボイラー，再沸器《精留底部の液に，補助的に熱を加えるための蒸気パイプなどによる(補助)加熱器》. 〘1956〙

re·boise·ment /rɪbɔ́ɪzmənt/ *n.* 森林再生，植林，森林化すること. 〘《1882》 □ F. ~ ← RE- + *boise* wood + -MENT〙

re·boot /rìːbúːt/ 〘電算〙*vt.* 〈コンピューターを〉再起動する. — *vi.* 〈コンピューターが〉再起動する. — *n.* /ˊ-ˋ/ 〘電算〙再起動.

re·bop /ríːbɑːp | -bɔp/ *n.* 《米俗》〘ジャズ〙=bebop. 〘擬音語〙

rè·bóre *vt.* …に穴を開け直す; 〈エンジンのシリンダー〉直径を大きくする，開け広げる.

re·born /rìːbɔ́ən | -bɔ́ːn/ *adj.* 生まれ変わった，再生した. 〘1598〙

re·bo·sa /rɪbóusə | -bəu-/ *n.* =rebozo.

re·bo·so /rɪbóusou | -bəusəu/ *n.* (*pl.* ~s) =rebozo.

re·bo·te /rɪbóuti | -bəuti; *Sp.* reβóte/ *n.* 〘スポーツ〙**1** リボーテ《ハイアライ (jai alai) のコート後方の壁》. **2** リボーテショット《ハイアライの小球が後方の壁に突き当たってはね返って来るのを打つショット》. 〘□ Sp. ~ 'bounce' ← RE-[1] + *botar* to hurl〙

re·bound[1] /rìːbáund/ *vt.* rebind の過去形・過去分詞. — *adj* 製本し直した.

re·bound[2] /rɪbáund, rìː- | rɪ-/ *v.* — *vi.* **1** 〈ボールなどが〉はね返る，はじき返る〔*from*〕(⇨ bound[3] SYN). **2** 〔挫折・失敗などから〕立ち直る，盛り返す (revive)〔*from*〕: His spirits ~*ed from* the long depression. 彼の心は長い間の意気消沈から立ち直った / Auto production ~*ed from* a slight dip. 車の生産量はちょっとした落ち込みから立ち直った. **3 a** 元へ戻る〔*upon*〕: Our evil example will ~ *upon* ourselves. 我々の示す悪い例は我が身に返って来る(ものだ). **b** 反響する (reecho, resound). **4** 〘バスケットボール〙リバウンドボールを取る. — *vt.* **1** はね返らせる，元へ戻らせる. **2** 反響させる (reecho). **3** 〘バスケットボール〙〈リバウンドボールを〉取る.
— /ríːbàund, rɪbáund | ríːbàund/ *n.* **1 a** はね返り，はじき返り，反発 (bounce, recoil): a ~ from the long recession 長期の不況からの立ち直り. **b** (感情などの)反動 (recoil, reaction): take [catch] a person on the ~ 感情の反動を利用して人に反対の行動を取らせる / marry a woman on the ~ (女の失恋などの)反動を利用して結婚する. **2** こだま，山びこ (echo). **3** 〘バスケットボール〙**a** リバウンド(ボール)《シュートが外れてバックボードまたはリングからはね返ってくるボール》. **b** リバウンドボールを取ること. 日英比較 バスケットの「リバウンドボール」は和製英語. **4** 〘アイスホッケー〙リバウンド《シュートをゴールキーパーが防いではね返ってくるパック; サイドボードからはね返ってくるパック》. ***on the rébound*** (1) (地面・壁などに)はね返ってから: hit a ball *on the* ~ ボールがはね返るところを打つ. (2) ⇨ *n.* 1 b.
〘v.: 《?c1380》 □ (O)F *rebondir* ← RE-[1] + *bondir* 'to BOUND[3]'. — n.: 《1457》← v.〙

rè·bóund·er *n.* 〘バスケットボール〙リバウンダー《リバウンドボールを巧みに取る選手》. 〘1949〙

re·bo·zo /rɪbóuzou, -sou | -bə́uzəu, -səu; *Am.Sp.* reβóso/ *n.* (*pl.* ~s) リボーソ《スペイン・メキシコの女性が頭から肩にまとう端にフリンジのついた長いスカーフ》. 〘《1807》 □ Sp. ~ ← RE-[1] + *bozo* (cf. *boca* mouth)〙

rè·bránch *vi.* **1** 後生枝を出す. **2** 孫店(まごみせ)を出す. 〘1888〙

rè·bránd *vt.* 〈企業〉のイメージチェンジをはかる. **~·ing** *n.*

rè·bréathe *vt.* 〈呼気を〉再び吸い込む. 〘1606〙

rè·bréather *n.* (酸素)吸入器.

rè·bróadcast *vt.* (~, ~·ed) **1** 再放送する. **2** 中継放送する. — *n.* **1** 再放送(番組). **2** 中継放送(番組). 〘1923〙

re·buff /rɪbʌ́f/ *vt.* **1** 〈好意・援助などを〉(にべもなく)断わる，拒絶する，はねつける (snub); 挫折させる，阻止する (check). **2** 撃退する: ~ rebels' attack 反乱軍の攻撃を撃退する. — /rɪbʌ́f, ríːbʌf/ *n.* **1** (好意・援助などへの)断わり，拒絶 (repulse)，はねつけ，謝絶; (言い寄って来る人などへの)ひじ鉄砲 (snub): a polite ~ 丁重な(お)断わり[謝絶] / meet with [suffer] a ~ (from a person) (人から)ひじ鉄を食う. **2** (計画・希望などの)挫折(ざせつ); 頓挫(とんざ). 〘《a1586》 □ F 《廃》*rebuffer* □ It. *ribuffare* ← *ri-* 'RE-[1]' + *buffo* puff〙

re·build /rìːbíld/ *vt.* (**re·built** /-bílt/) **1** 再建する，改築する，建て直す (reconstruct): The house has been entirely *rebuilt*. その家は全部改築された / ~ one's shattered fortunes つぶれた身代を建て直す. **2** 改造する，改組する，編制し直す: try to ~ society 社会改造を試みる. **3** 元の状態へ戻す，復元する (restore): ~ her life out of the ruins (失恋・堕落などの)荒廃から立ち直らせる / ~ her face (手術して)彼女の顔を元へ直す. — *vi.* 再建する，改築する; 立ち直る. **~·a·ble** /-dəbl/ *adj.* **~·er** *n.* 〘1490〙

re·buk·a·ble /rɪbjúːkəbl/ *adj.* 非難すべき，非難に値する. 〘1550〙

re·buke /rɪbjúːk/ *vt.* **1 a** 譴責(けんせき)する，懲戒する，なじる (reprove) (⇨ scold SYN): ~ a person *for* his fault 人の過失をなじる. **b** …に懲戒として役立つ: His conduct ~*s me*. 彼の行為は私には良い戒めになる. **2** 《廃》阻止する，抑制する (check); 拒絶する，押し戻す. — *n.* 譴責，懲戒，非難 (reprimand, reproof): without ~ 非難すべき点なく，非の打ち所なく / give [receive] a ~ 譴責する[される]. **re·búk·er** *n.* 〘《c1330》 *rebuke(n)* □ AF *rebuker* to repel, defeat = OF *rebuch(i)er* to beat back ← RE-[1] + *buschier* to beat (← *bushe* (F *bûche*) log ← ? Gmc **busk-* stick)〙

re·búk·ing·ly *adv.* なじって，叱責(しっせき)[譴責]して; 非難するように. 〘1582〙

rè·búrial *n.* 再埋葬，改葬. 〘1922〙

rè·búry *vt.* 再び埋める，改葬する.

re·bus /ríːbəs/ *n.* **1** 判じ物，判じ絵《語または句を記号や絵などで表すもの; 例: Robert Lynd の筆名は YY だが，その意味は too wise; cf. charade》. **2** 〘紋章〙リーバス，判じ絵紋《使用者の姓を判じ絵で表したもの; cf. canting arms》. — *vt.* …を判じ絵で示す. 〘《1605》 □ F *rébus* □ L *rēbus* by things (abl. pl.) ← *rēs* 'thing, RES'〙

1. Why did you let her eat my candy?
2. I can see what you saw.

rebuses

re·bus sic stan·ti·bus /ríːbəssɪkstǽnṭəbəs | -tɪ-/ *adv.* 〘国際法〙(条約の拘束力について)条件[事情]が同じである限り. 〘《1849》← NL *rēbus sic stantibus* things standing so〙

re·but /rɪbʌ́t/ *v.* (**re·but·ted; -but·ting**) — *vt.* **1 a** 反駁(はんばく)する，やり込める (⇨ disprove SYN). **b** 〘法律〙論駁する，抗弁する，…の反証を挙げる: ~*ting* evidence 反証. **2** 《廃》〈非難・攻撃などを〉はねつける，退ける (repel, check). — *vi.* 反駁する，反証を挙げる. **~·ment** *n.* **re·bút·ta·ble** /-ṭəbl | -tə-/ *adj.* 〘《?a1300》 *rebute(n)* □ AF *rebuter* = (O)F *rebo(u)ter* to thrust back ← RE-[1] + *bouter* 'to BUTT[4]'〙

re·but·tal /rɪbʌ́ṭl | -tl/ *n.* **1** 反駁(はんばく)，論駁. **2** 〘法律・外交〙原告の反駁 (contradiction); 反証の提出; 反証: draw prompt ~*s* from all neighboring nations すべての隣接国から(一斉に)即時の反駁を受ける[招く]. 〘《1830》: ⇨ ↑, -al[1]〙

re·bút·ter[1] /-ṭə | -tə(r)/ *n.* 反駁 (refutation); 反駁者.

re·but·ter[2] /rɪbʌ́ṭə | -tə(r)/ *n.* 〘法律〙(原告の第三訴答 (surrejoinder) に対する)被告の第三訴答 (cf. pleading 2 c). 〘《1540》 □ AF ~: ⇨ rebut, -er[3]〙

rec /rék/ *adj.* [限定的]《米》=recreation: a ~ hall [room] 娯楽室. 〘略〙

REC 《略》《英》Regional Electricity Company《電力供

R

給事業が国有化されていた時期に地域ごとに設立された電力会社》.

rec. 《略》receipt; received;〖処方〗*L.* recens (=fresh); receptacle; recipe; recommended; record(ed); recorder; recording; recreation.

re·cal·ci·trance /rᵻkǽɫsətrəns | -sᵻ-/ *n.* 御しがたいこと; 強情, 不従順(な行為), 反抗. 〖《1856》← RECALCITRANT, -ANCE〗

re·cál·ci·tran·cy /-trənsi/ *n.* =recalcitrance.

re·cal·ci·trant /rᵻkǽɫsətrənt | -sᵻ-/ *adj.* **1** 頑強に不従順な[反抗する]: a ~ child 強情な子. **2 a** 扱いにくい, 御しがたい (unmanageable);〈病気など〉処置できない. **b** 〔…に〕反抗する (resistant)〔*to*〕: be ~ *to* the tradition 伝統に歯をむく. — *n.* 強情っ張り, 反抗的な人, 反抗者. 〖《1843》□ F *récalcitrant* // L *recalcitrāntem* (pres. p.) ← *recalcitrāre* to kick back ← RE-¹+*calx* heel: ⇨ -ant〗

re·cal·ci·trate /rᵻkǽɫsətrèɪt/ *vi.* **1** 頑強に従わない; 強く反対する〔*against, at*〕. **2** 《まれ》蹴(ᵏ)返す (kick back). 〖《1623》← L *recalcitrātus* (p.p.) ← *recalcitrāre* (↑)〗

re·cal·ci·tra·tion /rᵻkæ̀ɫsətréɪʃən/ *n.* **1** 不服従, 反抗; 強情(を張ること). **2** 《まれ》蹴返し. 〖1658〗

rè·cálculate *vt.* 検[験]算する. **rè·calculátion** *n.* 〖1611〗

re·ca·lesce /rìːkəlés/ *vi.*〖冶金〗〈鋼が〉再輝する《冷えかけている炭素鋼が一定温度に達して発熱する》. 〖《1887》□ L *recalēscere*: ⇨ re-¹, calescent〗

re·ca·les·cence /rìːkəlésəns, -sns/ *n.*〖冶金〗再輝, 再熱(現象)《白熱した炭素鋼を冷やす時ある温度に達すると一時的に発熱すること》. 〖⇨ ↓, -ence〗

re·ca·les·cent /rìːkəlésənt, -snt/ *adj.*〖冶金〗再び発熱する, 再輝の. 〖□ L *recalēscentem* (pres. p.) ← *recalēscere* 'to RECALESCE': ⇨ -ent〗

re·call /rᵻkɔ́ːɫ, -kɑ́ːɫ | -kɔ́ːɫ/ *vt.* **1 a** 思い出す, 想起する (⇨ remember SYN);〈物事が〉〔人・心に〕思い出させる〔*to*〕: ~ the words of a song 歌の文句[歌詞]を思い出す / ~ old faces 旧知の人々の顔を思い出す / ~ an affair *to* one's mind [memory] ある事件を回想する, 想起する / I cannot ~ *what* he said *to* me. 彼の言ったことが思い出せない / He ~*ed that* he had left the book behind. 彼はその本を置き忘れたことを思い出した / She ~*ed* see*ing* it once. 一度見たことを思い出した / The name did not ~ anyone *to* me. その名を聞いてもだれも思い出せなかった. **b** 〈人〉に〔…を〕思い出させる〔*to*〕: ~ a person *to* a sense of his duties 人の義務観念を呼び起こす / The sound of my name ~*ed* me *to* myself. 名前を呼ばれて我に返った. **c** 連想させる; 似ている (resemble): a painter who ~*s* the Venetian school ベネチア派を思わせる画家. **2 a** 呼び返す, 呼び戻す: ~ all officials now on leave 賜暇中の官吏を全部呼び返す / ~ from abroad 外国から呼び戻す. **b** 〈大使を〉(解任するために)召還する: ~ an ambassador. **c** 《米》〈官公吏を〉解任する, リコールする, 召還する. **3** 〈不良・欠陥商品を〉回収する;〈約束・命令などを〉取り消す, 撤回する (cancel);〈贈物などを〉取り返す, 取り戻す: ~ an order [a decree] 命令[布告]を撤回する / ~ one's words 言ったことを取り消す. **4** 《詩》復活させる, 回復させる (restore): ~ old quarrels from the past 昔のけんかをまた始める. **5** 生き返らせる (revive): ~ a person from the grave to life 死んだ人を墓場からよみがえらせる.

R

As Í* [*yóu might*] *recáll 私の記憶するところでは, 確か, ほら: *As I* ~, his father is a policeman. 確か彼のお父さんは警察官だったと思う.

— /rᵻkɔ́ːɫ, -kɑ́ːɫ, ríːkɔ̀ːɫ, -kɑ̀ːɫ | rɪkɔ́ːɫ, ríːkɔ̀ːɫ/ *n.* **1** 思い出す能力, 思い起こすこと; 思い出, 回想, 想起. **2 a** 呼び返し, 呼び戻し: a ~ of a soldier on furlough 休暇中の軍人の呼び戻し. **b** (大使などの)召還. **c** 《米》リコール(権), 国民罷免(権)《普通, リコール請求が成功したあと一般投票による公務員・議員などの解任, またその権利》. **3 a** (不良・欠陥商品)回収, リコール. **b** 取消し, 撤回. **4**〖電算〗読出し《記憶された情報を引き出すこと》. **5**〖軍事〗集合らっぱ[号音]《太鼓・らっぱなどで兵士を隊列・兵舎へ呼び戻す合図》; (訓練・作業の)終了らっぱ[号音]. **6**〖海事〗(らっぱなどによる)召艇信号, 召還信号《ボートを所属の船に, または艦船を本船に呼び戻す信号》. **7**〖ヨット〗リコール《不正出発した艇を呼び戻す合図》.

beyònd* [*pàst*] *recáll (1) 思い出せない. (2) 取返しのつかない: It is gone *beyond* ~. それは去って二度と帰らない[永久に帰らない] / a matter *past* ~ 取返しのつかない事柄. ***hàve tótal* [*ínstant*] *recáll*** 何でもすぐに思い出せる, 記憶力が抜群である.

~·er /-lə | -lə⁽ʳ/ *n.* **~·ment** *n.* 〖《1582》← RE-¹+CALL: cf. F *rappeler* / L *revocāre*〗

re·call·a·ble /rᵻkɔ́ːləbɫ, -kɑ́ːl- | -kɔ́ːl-/ *adj.* **1** 思い出される. **2** 呼び返される; リコールできる. **3** 撤回[取消し]しうる. **re·càll·a·bíl·i·ty** /-ləbíləṭi | -lᵻti/ *n.* 〖1657〗

Ré·ca·mier, r- /rèɪkəmjéɪ; *F.* ʁekamje/ *n.* **1** レカミエ《19 世紀前期に流行したアンピール調のソファー兼用の寝椅子[ベッド]》. **2**〖美術〗レカミエ《ピンク色; また黄色味を帯びたピンク色》. 〖《1924》↓〗

Ré·ca·mier /rèɪkəmjéɪ; *F.* ʁekamje/**, Ju·liette** /ʒyljɛt/ *n.* レカミエ《1777–1849; フランスの銀行家夫人, パリ社交界の花形; 通称 Madame Récamier, 旧姓名 Jeanne Françoise Julie Adélaïde Bernard》.

rè·canalizátion *n.*〖医学〗(一旦結紮(ᵏᵉᵗˢᵘ)した輪精管などの)再疎通, 再開通. 〖1953〗

re·cant /rᵻkǽnt/ *vi.* (公式に)自説を取り消す: He had no choice but to ~. 自説を取り消さざるをえなかった. — *vt.* 〈信仰・主張・陳述を〉(公式に)取り消す, 撤回する (withdraw): ~ a heresy [one's vows] 異教信仰[誓言]を取り消す. **~·er** /-ṭə | -tə⁽ʳ/ *n.* **re·can·ta·tion** /rìːkæntéɪʃən/ *n.* 〖《1535》□ L *recantāre* to recall, revoke ← RE-¹+*cantāre* 'to sing, CHANT'〗

re·cap¹ /ríːkæ̀p/ *n.* 要約 (recapitulation). — /ríːkæ̀p, rìːkǽp, rᵻ-/ *vt., vi.* (**re·capped; -cap·ping**) **1** 《口語》要約する (recapitulate) **2** 《豪》=retread. **re·cáp·pa·ble¹** /-pəbɫ/ *adj.* 〖1856〗

re·cap² 《米》/rìːkǽp, ⸗⸗, rᵻkǽp | rìːkǽp/ *vt.* (**re·capped; -cap·ping**) **1** 〈自動車などのタイヤを〉リキャップする《減ったタイヤの表面にゴムを補修し再生させる; cf. retread 1》. **2** 〈びんなど〉のキャップを付け替える. — /ríːkæ̀p/ *n.* 再生タイヤ. **rè·cáp·pa·ble²** /-pəbɫ/ *adj.*

rè·cápitalize *vt.* (増資・減資によって)…の資本構成を改める, 資本を変更する. **rè·capitalizátion** *n.* 〖1904〗

re·ca·pit·u·late /rìːkəpítʃʊlèɪt | -tʃʊ-, -tjʊ-/ *vt.* **1** (講演の終わりなどで)…の要点を繰り返して述べる, 要約する (summarize) (⇨ repeat SYN). **2**〖生物〗〈人・動物の胎児が〉〈先祖の発達階段などを〉繰り返す, 反復する. **3**〖音楽〗〈前提部の旋律を〉再現する (⇨ recapitulation 3). — *vi.* 要約する, 総括する. 〖《1570》← LL *recapitulātus* (p.p.) ← *recapitulāre* to sum up ← RE-¹+*capitulāre* (← *capitulum* 'CHAPTER')〗

re·ca·pit·u·la·tion /rìːkəpìtʃʊléɪʃən | -tʃʊ-, -tjʊ-/ *n.* **1** 要点を繰り返して述べること; 要約, 総括. **2**〖生物〗再演, 発生反復《個体発生の間に胚が先祖の進化階段を要約して繰り返すこと; paligenesis ともいう; cf. cenogenesis》. **3**〖音楽〗再現部《3 部形式, 特にソナタ形式の第 3 部; ⇨ sonata form》. 〖《*a*1387》□ (O)F ~ // LL *recapitulātiō*(*n-*): ⇨ ↑, -ation〗

recapitulátion thèory *n.*〖生物〗発生反復説, 再演説《個体発生 (ontogeny) は系統発生 (phylogeny) を繰り返すという説; cf. palingenesis》. 〖1875〗

re·ca·pit·u·la·tive /rìːkəpítʃʊlèɪṭɪv, -ləṭ- | -tʃʊlət-, -tjʊ-/ *adj.* **1** 摘要の, 総括的な, 要約的な. **2**〖生物〗再演の, 発生反復の. **~·ly** *adv.* 〖1875〗

re·ca·pit·u·la·to·ry /rìːkəpítʃʊlətɔ̀ːri | -tʃʊlətəri, -tjʊ-, -lèɪtəri, -tri/ *adj.* =recapitulative.

re·cap·tion /rᵻkǽpʃən/ *n.*〖法律〗(不法に占有された人・物の平穏な手段による)自力取り戻し. 〖1607〗

re·ca·pture /rìːkǽptʃə | -tʃə⁽ʳ/ *vt.* **1** 奪い返す, 奪還する (retake);〈所有権などを〉取り戻す: ~ a position from the enemy 敵から陣地を奪還する. **2** 〈逃げた人・動物を〉再び捕える. **3 a** 思い出す (recall, remember). **b** 〈日記・写真などが〉〈過去のことを〉思い出させる: My father's diary ~*s* my younger days. 父の日記を読むと昔のことを思い出す. **c** 〈過去の喜び・悲しみ・事件などを〉再経験する (experience again). **4** 《米》〈政府が〉〈一定限度以上の収益の一部を〉徴収する. **5**〖チェス〗〈取られた駒に相当する相手の駒を〉取り戻す. — *n.* **1** 奪還, 回復. **2** 取り返した[された]物[人]. **3** 再び捕えること, 再逮捕, 再捕獲. **4** 《米》(政府による一定限度を超過する収益の)取立て, 再徴収. **5**〖国際法〗=jus postliminii. 〖1792〗

rè·cárburize *vt.*〖冶金〗加炭する. **rè·carburizátion** *n.* 〖1888〗

rè·cárburizer *n.*〖冶金〗加炭剤《錬鉄などに炭素を加えて鋼にする時に用いる》.

re·cast /rìːkǽst | -kɑ́ːst/ *vt.* (**re·cast**) **1 a** 作り直す, 書き直す, 練り直す (remodel, reconstruct): ~ a book [one's plan] 本[計画]を改作する. **b** 鋳直す, 改鋳する (remold): ~ bells into guns 鐘を大砲に改鋳する. **2** 〈上演脚本〉の配役を振り替える;〈俳優を〉別の役に付ける: ~ a play, the players, etc. **3** 計算し直す: ~ accounts 再計算する. **4** 〈釣り糸などを〉投げ直す. — /⸗⸗/ *n.* **1 a** 改作(品). **b** 改鋳(物). **2** 配役変更. **3** 数え直し. **4** (釣り糸などの)投げ直し. 〖《1603》← RE-¹+CAST: cf. F *refondre*〗

re·cast·ing /rìːkǽstɪŋ | -kɑ́ːst-/ *n.* **1** 作り[書き]直し. **2** 配役[役割]変更.

rec·ce /réki/ 《英口語》*n.* =reconnaissance. — *vt., vi.* =reconnoitre. 〖短縮〗

rec·co /rékoʊ | -kəʊ/ *n.* (*pl.* **~s**) 《英口語》=recce. 〖⇨ ↑, -o〗

rec·cy /réki/ *n.* 《英口語》=recce. 〖⇨ -y²〗

rec'd, recd. 《略》received.

re·cede¹ /rᵻsíːd/ *vi.* **1** 後へ退(ᵒ)く, 遠くへ退く (move back);〈静止物などが〉遠のくように見える: the tide *receding* from the beach 浜辺から退いて行く潮 / The helicopter gradually ~*d* out of sight. ヘリコプターは次第に遠のいて見えなくなった / The mountain peaks ~ into the distance as one leaves the shore. 岸を離れるにつれて山の峰々が遠方に退いて行く. **2 a** 縮まる, 縮小する, 減退する; 弱まる: It has ~*d* in importance. 重要性を減じた / ~ into the background〈人が〉勢力を失う;〈問題・特権などが〉重大でなくなる / The fear of nuclear war has not ~*d*. 核戦争の恐れは遠のいていない. **b** 〈価値・品質などが〉悪くなる, 落ちる, 下がる: Prices have ~*d*. 価格が下落した. **c** 〈印象・記憶などが〉薄れる: His early memories ~*d* with age. 若い頃の思い出が年とともに薄らいだ. **3 a** 〈毛が〉(次第に)禿(ʰᵃ)げ上がる: His hair(line) is *receding* on the forehead. 額がだんだん禿げ上がってきた. **b** 後方に傾斜する, 引っ込む (slope backward): a *receding* chin [forehead] 引っ込んだあご[傾斜した額]. **4** 〔契約などから〕手を引く, 〔地位から〕身を引く (withdraw);〔要求・主張などを〕引っ込める (withdraw); 撤回する〔*from*〕: ~ *from* a contract 契約から手を引く / ~ *from* one's position 退職する / ~ *from* one's demand 要求を撤回する. **5** 〈色彩が〉沈んで見える, 見る人から後退して行く感じを与える (cf. advance 6). **6**〖米議会〗他院の修正に対する反対主張を撤回する. 〖《?*a*1425》□ (O) F *recéder* // L *recēdere* to go back ← RE-¹+*cēdere* 'to go, CEDE'〗

re·cede² /rìːsíːd/ *vt.* (元の所有者へ)返還する: ~ conquered territory 占領地を返還する. 〖《1771》← RE-²+CEDE〗

re·ceipt /rᵻsíːt/ *n.* **1** 受領書, 領収証, レシート: a stamped ~ 印紙を張った領収証 / give a ~ 領収証を出す / a ~ for payment 支払金の受領証 / Please send a ~ by return. 折返し領収証ご送付下さい. **2** [通例 *pl.*] 受け取った物; 受領高, 収入金 (takings): the gross ~*s* 総収入 / cash ~*s* 現金受取り高 / ~*s* and expenditures [disbursements] 収支 / The total ~*s* barely covered the expenses. 収入の総額は辛うじて支出をまかなった. **3** 受け取ること, 受領, 領収: the ~ of a letter [message] / be awaiting ~ of the money お金が入るのを待っている / on (the) ~ of the money その金を受け取ってすぐに[受け取り次第] / payment due on ~ (of the goods) (品物を)受け取り次第支払いのこと / be in ~ of …〖商業〗…を受け取る / I (beg to) to acknowledge ~ of your let-ter. 貴簡正に落手致しました《商用文》. **4** 《古》製造法, 処方 (recipe): a ~ for (making) sponge cake スポンジケーキの製法 / I wish you would give me the ~ for your rosy cheeks. 《戯言》その血色のいい顔色の製造法を教えていただきたい. **5 a** 《古》収税所: at the ~ of custom 収税所で (*Matt.* 9:9). **b** 《廃》容器 (receptacle); 容量 (capacity): the ~ of reason 知恵の入れ物, 脳 (Shak., *Macbeth* 1. 7. 66).

— *vt.* **1** …を受け取った領収証を出す. **2** …に受取りの署名をする,〈勘定書〉に領収済 (Received) と書く: ~ a bill 勘定書に受取りの署名をする. — *vi.* 《米》領収証を出す〔*for*〕: ~ *for* the money 代金の領収証を出す. 〖《*a*1349》*receit*(*e*) □ AF *receite*=OF *reçoite*《変形》← *recete* (F *recette*) □ ML *recepta* (fem. p.p.) ← *recipere* 'to RECEIVE'〗

recéipt bòok *n.* 受取り帳, 領収証用紙綴り. 〖1654〗

re·céipt·or /-ṭə | -tə⁽ʳ/ *n.* **1** 《米》受取人. **2**〖米法〗差押え物品保管人. 〖1814〗

re·ceiv·a·ble /rᵻsíːvəbɫ/ *adj.* **1** 受け取られる: goods in a ~ condition 受け取られる状態にある商品. **2**〖商業〗[通例名詞の後で] 受け取るべき, 支払われるべき (payable): a bill ~ 受取手形 / ⇨ account receivable. **3** 〈言い訳・証拠など〉(正式のものとして)受け入れてよい, 信用できる: ~ evidence 信用できる証拠. — *n.* [*pl.*] 受取勘定[手形]. **re·cèiv·a·bíl·i·ty** /-vəbíləṭi | -lᵻti/ *n.* **~·ness** *n.* 〖1384〗

re·ceive /rᵻsíːv/ *vt.* **1 a** 〈送付・提供・支払いなどされたものを〉受け取る, 受領[受理]する, 領収する (get): ~ a letter, an invitation, orders, requests, a gift, an honor, etc. / *Received* with thanks the sum of …〖商業〗金…ありがたく領収致しました / ~ stolen goods 盗まれた物を受け取る. **b** 〈授与されるものを〉受ける (accept): ~ a favor at the hand of … (の手)から恩恵を受ける / ~ a degree 学位を受ける. **2 a** 〈傷・打撲などを〉受ける, …の傷を受ける: ~ a shock ショックを受ける / For his interference he ~*d* a broken [a punch on the] jaw. 余計な手出しをしてあごを砕かれた[なぐられた]. **b** 〈侮辱を〉受ける,〈不興などを〉買う (suffer): ~ a criticism 批判を受ける / ~ an unpardonable insult 許しがたい侮辱を受ける. **c** 〈教育・訓練などを〉受ける, 身につける (acquire, obtain): ~ one's education abroad 教育を外国で受ける. **d** 〈印象・注目・同情などを〉受ける, 出会う (experience): ~ sympathy from …から同情を受ける / The proposal deserves more attention than it has ~*d*. その提案に世人はもっと注意を払ってよいはずだ / She is *receiving* his attention. 彼女は彼の心尽くしを受けている. **3 a** 〈申し出・嘆願などを〉受理する, 応じる, 聞き入れる (accept);〈忠告・告白などを〉聞く (listen to): ~ a proposal [offer, petition] / ~ a person's confession [oath]〈聖職者が〉人の告解[誓言]を聞く / ~ a prison sentence 懲役刑の判決を受ける / The news was ~*d* with horror [in silence]. その知らせを聞いてぞっとした[その知らせはだまって受け入れられた]. **b** 〈聖体を〉拝領する (partake of): ~ the sacrament [the Holy Communion] 聖餐(ˢᵉⁱˢᵃⁿ)を受ける, 聖体を拝領する. **4 a** 〈客などを〉迎える, 歓迎する (greet, welcome); 接待する, 応対する: ~ a guest 客を迎える[に会う] / ~ an actor with applause 拍手をもって俳優を迎える / be ~*d* coldly 冷淡に迎えられる, 冷遇される / ~ a person with open arms 両手を広げて[大いに]歓迎する. **b** 〈客〉に会う, 接見する: I will not ~ him today. 今日は彼に会わない / The king ~*d* the new ambassador. 国王は新大使に接見した. **5 a** 一員として迎え入れる, 受け入れる (admit)〔*into*〕: ~ a person *into* one's friendship [the Church] 人を交際仲間[教会員]として受け入れる / ~ a person *into* one's family as a son 人を養子にする. **b** 〔仲間などとして〕迎え入れる〔*as*〕: ~ him *as* a partner. **6** [通例 p.p. 形で] (真実・妥当なものとして)受け入れる; 認める, 信じる (believe) (cf. received): ~*d* ideas 認められている考え / beliefs and customs ~*d* by the whole world 全世界に認められている信仰と慣習. **7**〖通信〗**a** 〈電波などを〉受信する, 聴取する, 受像する: ~ signals [FM] (loud and clear) 信号[FM] を(大きく明瞭に)受信する. **b** (電波などを受信できるように)変換する. **8** 《英》〈盗品を〉買い入れる, 故買する, (盗品の)仲介をする. **9 a** …の容器として役立つ: A cistern ~*s* rainwater. 水槽は雨水を受ける(物). **b** 入れる, 収容する (hold, contain): a hole large enough to ~ two men 二人の人が入れるほどの穴. **10 a** 〈力・重さ・圧力などを〉受ける, 支える (sustain, support): The arch ~*s* the weight of the roof.

アーチが屋根の重みを支えている. **b** (重みで)〈印〉がつく: The ground ~*d* a footprint. 地面には足跡が一つついていた. **c** 〈打撃などを〉受け止める (parry, meet): ~ the enemy's cavalry 敵の騎兵隊を迎え撃つ / I ~*d* his javelin with [on] my shield. 彼の投げ槍を盾(たて)で受け止めた. **11** 〘法律〙〈証拠を〉認める. **12** 〘テニス〙〈サーブを〉打ち返す, レシーブする. **13** 理解する (understand), 学ぶ.
— *vi.* **1** (物を)受け取る, 受取人になる: It is more blessed to give than to ~. 与うるは受くるよりも幸福(さいわい)なり (*Acts* 20: 35). **2** 応接する, 訪問を受ける: The professor ~*s* on Tuesdays. 教授は火曜日が面会日だ. **3** 〘通信〙受信する, 聴取する; テレビを受像する. **4** 聖餐を受ける, 聖体を拝領する. **5 a** 〘アメフト〙キックされたボールをキャッチする[自分のコントロールの下におく]. **b** 〘テニス〙サーブをレシーブする.
〘(?*a*1300) *receve(n)* □ ONF *receivre* 《変形》← OF *reçoivre* (F *recevoir*) < L *recipere* to take back ← RE-[1] + *capere* to take (← IE **kap-* to grasp)〙

SYN 受け取る: **receive** 与えられた[送られた]物を受け入れる《受け取り人の同意を必ずしも含意しない》: *receive* a letter 手紙を受け取る / *receive* a blow 一撃をくらう. **accept** 提供されたものを喜んで受け取る: *accept* an invitation 招待に応じる. **take** 提供されたものを受け取る[受諾する]: I can't *take* money from you. あなたからお金は受け取れない. **ANT** give.

re·céived *adj.* [限定的] 受け入れられている, 信じられている, 一般に容認されている, 標準の (accepted, authentic) (cf. receive *vt.* 6): the ~ view [opinion, standard] 一般に認められている見解[意見, 標準] / the ~ text (of a book) 標準テキスト. 〘1440〙
received cúrrent *n.* 〘電気〙着流.
Received Pronunciátion *n.* 〘音声〙容認発音 《Received Standard の発音; 略 RP; ⇨ Network Standard, 発音解説 1. 2》. 〘(1869) *received*: '上流・知識階級で受け入れられた'の意〙
Recéived Stándard *n.* **1** 容認標準英語 《Eton, Harrow などの public school および Oxford, Cambridge 両大学出身者の話す英語を中心にした標準イギリス英語》. **2** 《米》〘音声〙Network Standard. 〘(1890)↑〙
recéived téxt *n.* =textus receptus.
re·ceiv·er /rɪsíːvə | -vəʳ/ *n.* **1 a** (電話の)受話器. **b** (ラジオの)レシーバー; 受信機 (receiving set) (↔ sender, transmitter). **c** (テレビの)受像機. **2** 受取人. **3** [the ~, しばしば the R-] 〘法律〙(破産)管財人, (係争財産などの)収益管理人. **4** 《英》(盗品の)故買(こばい)者. **5** 収入役, 会計係. **6** 接待者. **7 a** 受け皿[容器]の役割を果たすもの. **b** (蒸留の際, レトルトから出て来る液の)受け皿. **c** ガスタンク; (排気鐘の)排気室. **d** (火器の)尾筒. **8** 〘アメフト〙レシーバー《パスを受け取る攻撃側チームの選手》. **9** 〘スポーツ〙(テニスなどで)レシーバー《サーブ[ボール]を受ける人; ↔ server》. **10** 〘野球〙キャッチャー. **11** 《廃》=receptacle. 〘(*a*1338) *receivere* □ AF **receivour*= OF *receveor*: ⇨ receive, -er[1]〙
recéiver géneral *n.* (*pl.* **receivers g-**) (Massachussets 州などの)収入役《公選職》; 〘英史〙(州の)収税官. 〘1439〙
re·ceiv·er·ship /rɪsíːvəʃɪp | -və-/ *n.* 〘法律〙**1** (破産)管財人の役[職, 任期]. **2** 財産管理を受けている[管財人の管理下にある]こと. 〘1485〙
re·ceiv·ing /rɪsíːvɪŋ/ *adj.* 受け取る; 歓迎の; 受信の.
— *n.* 受け取ること; 《英》(盗品の)故買(罪).
recéiving attenuátion *n.* 〘電気〙受信(話)減衰量.
recéiving blànket *n.* 《米》湯上がりタオル《入浴させた後など乳児をくるむ普通木綿の軽いタオル》. 〘1926〙
recéiving cúrrent *n.* 〘電気〙=received current.
recéiving ènd *n.* 〘電気〙受電端, 受信機《送電線・通信線の受け取り側の端; ↔ sending end》. ***be at* [*on*] *the recéiving ènd*** 《口語》(1) 受容する側にいる; (被害・公害・非難・攻撃などを)受ける[被(こうむ)る]側にいる, 被害者側である. (2) 贈り物[好意]の受取人である. (3) 〘スポーツ〙レシーバー側にいる. 〘1937〙
recéiving lìne *n.* (舞踏会・レセプションなどで招待客を迎えるために)一列に並んだ主人役, 主賓たち. 〘1933〙
recéiving òrder *n.* 〘英法〙(破産後の財産の)管理命令(書). 〘1883〙
recéiving pàllet *n.* 〘時計〙入つめ石 (⇨ entry pallet).
recéiving sèt *n.* 〘通信〙受信装置, 受信機; ラジオ(受信機); テレビ(受像機). 〘1916〙
recéiving shìp *n.* 〘海軍〙新兵練習艦. 〘1836〙
recéiving stàtion *n.* 〘通信〙受信所[局]. 〘1923〙
recéiving tùbe *n.* 〘電子工学〙受信管.
re·cen·cy /ríːsənsi, -sn-/ *n.* 新しい[最近である]こと: the ~ of the news, event, etc. 〘(1612) ← RECENT, -CY〙
re·cen·sion /rɪsénʃən/ *n.* **1** 校訂. **2** 校訂本; 校訂版. 〘(*a*1638) □ L *recensiō(n-)* enumeration, reviewing ← RE-[1] + *censēre* to estimate (cf. censure): ⇨ -sion〙
re·cent /ríːsənt, -snt/ *adj.* **1** 近頃の, 近時の, 最近の (modern, late); 新しい, 新着の (⇨ new **SYN**): a ~ event 近頃の出来事 / ~ times 近世 / in ~ years 最近数年間に, 近年 / Her eyes were red with ~ weeping. 少し前まで泣いていたらしく目を赤くしていた. **2** [R-] 〘地質〙現世の: the *Recent* epoch 現世, 沖積世《第四紀の後期で現代を含む; Holocene ともいう》. **~·ness** *n.* 〘(?*a*1425) □ L *recentem* fresh, recent ← RE-[1] + IE **ken-* new, young (Gk *kainós* new)〙
re·cent·ly /ríːsəntli, -snt-/ *adv.* 近ごろ, このごろ, 最近, 近来 (cf. lately): until ~ 近ごろまで / as ~ as a month ago ほんの 1 か月ほど前に) / It happened quite ~. つい近ごろのことです / I haven't seen him ~. 彼を最近見かけない / We have been having a lot of rain ~. 最近は雨が多かった. ★ 現在完了時制, 過去時制と共に用いられ, 現在時制と共に用いられるのはまれ. 〘1533〙
re·cept /ríːsept/ *n.* 〘心理〙聴取《コミュニケーションの受け手が内容を理解することなくただメッセージを受け取ること》. 〘1888〙
re·cep·ta·cle /rɪséptəkl, -tɪkl | -təkl/ *n.* **1** 入れ物, 容器 (vessel, container). **2** 置場, 貯蔵所 (repository); 避難所 (shelter). **3** 〘電気〙(プラグを受ける)ソケット, 栓受け, コンセント. 日英比較 日本語の「コンセント」は和製英語. *receptacle* の他に《米》(wall) outlet, 《英》(power) point も用いられる. **4** 〘植物〙**a** 花床, 花托 (torus ともいう). **b** 生殖器床, 生殖器托《藻類・カビなどの胞子その他の生殖器官の台となる部分》. 〘(1392) □ (O)F *réceptacle* // L *receptāculum* reservoir, receptacle, shelter ← *receptum* (neut. p.p.) ← *recipere* 'to RECEIVE': ⇨ -cle〙
re·cep·tac·u·lum /rìːseptǽkjʊləm/ *n.* (*pl.* **-u·la** /-lə/) 〘植物〙=receptacle 4. 〘↑〙
re·cep·ti·ble /rɪséptəbl | -tɪ-/ *adj.* 受容しうる, 受容能力のある; 受容されうる. **re·cèp·ti·bíl·i·ty** /-təbílәti | -tɪbílɪti/ *n.* 〘1574〙
re·cep·tion /rɪsépʃən/ *n.* **1 a** 歓迎会, 接待会, レセプション: a wedding ~ 結婚披露宴 / give [hold] a ~ 歓迎会を催す. **b** 歓迎, 応接, 接見, 歓待 (welcoming): the ~ of delegates 使節の歓迎 / a hearty ~ 心からの(大)歓迎 / ⇨ *give a person a* WARM *reception* / The rooms were prepared for his ~. 部屋は彼を迎えるために準備された. **c** 《英》(ホテル・会社などの)受付: meet a person at ~ 受付で人に会う. **d** =reception room. **2 a** (世間の)受け, 反応, 評判 (response): meet with a favorable ~ 好評を博する. **b** (一員として)迎え入れること, 入会(許可), 加入 (admission): the ~ of a person *into* society 人を社交界に迎え入れること / He was honored by ~ *into* the Academy. 彼は学士院会員になる名誉を与えられた. **3** 受け取る[受け入れる, 受け付ける]こと, 受理, 受領: the ~ of food into the stomach 食物を胃に受け入れること / the ~ of evidence 証拠の受理 / the ~ of bread and wine in the Eucharist 聖餐(せいさん)[聖体拝領]でパンとぶどう酒を(体内に)受け入れること. **4** (ラジオ・テレビなどの)受信(状態). **5 a** (新説などの)容認, 承認 (recognition): the ~ of the Newtonian hypothesis ニュートン仮説の承認. **b** (知識などを)受け入れる力, 理解力 (understanding); 感受, 感得: He has a great faculty of ~, but little original power. 理解力は非常にあるが独創力に乏しい / the ~ of impressions 印象の感受. 〘(*a*1393) *recepcion* □ (O)F *réception* // L *receptiō(n-)*: ⇨ receive, -tion〙
recéption cènter *n.* (避難民・出稼ぎ人などの)収容施設. 〘1942〙
recéption clàss *n.* 《英》(新しく入学した子供のための)新入生[1 年生]クラス. 〘1972〙
recéption dèsk *n.* (ホテルなどの)受付, フロント (《米》front desk). 〘1936〙
re·cép·tion·ìsm /-ʃənɪzm/ *n.* 〘神学〙信受者主義《聖餐式においてパンとぶどう酒はそのままであるが, 信仰をもって聖餐を受ける者にとってはパンとぶどう酒と共にキリストの身体と血とを受けるという説》. 〘(1900) ← RECEPTION 1〙
re·cep·tion·ist /rɪsépʃ(ə)nɪst | -nɪst/ *n.* **1** (事務所・医院・写真館などの)応接係, 受付係: a ~'s desk 受付のデスク / leave a message with a ~ 受付係にことづけを頼む. **2** 〘神学〙信受者主義者. 〘1867〙
recéption òrder *n.* 《英》(精神病院への)収容命令. 〘1890〙
recéption ròom *n.* **1** 応接室; (病院の)待合室. **2** (ホテルなどのレセプション用)大広間. **3** 《英》居間, ダイニングルーム《不動産業者の用語》. 〘1829〙
re·cep·tive /rɪséptɪv/ *adj.* **1** 感受性[理解力]のある[強い]; (思想・印象などを)受け入れる, 受容する; 〈人の言うことなど〉受け入れやすい, 受容的な (cf. retentive 3, creative 1 b): a ~ mind 理解の速い頭脳 / a mind ~ of new ideas 新思想を受け入れる頭 / The audience were not ~. 聴衆の反応は鈍かった. **2** 刺激を受け入れるのに適した; 感覚官の (sensory). **~·ly** *adv.* **~·ness** *n.* 〘(?*a*1425) □ ML *receptīvus*: ⇨ reception, -ive〙
recéptive vocábulary *n.* 〘教育〙受容語彙, 理解語彙《聞いたり読んだりして理解するのに必要な語彙; passive vocabulary ともいう; ↔ active vocabulary》.
re·cep·tiv·i·ty /rìːseptívəti, rɪsèp- | rìːseptívɪti, rès-, rɪsèp-/ *n.* 感受性; 理解力; 受容性. 〘1619〙
re·cep·tor /rɪséptə | -təʳ/ *n.* **1 a** 〘生物〙受容体[器], レセプター, 摂受体《細胞または動物体が外界から刺激を受け入れる門戸としてもっている特別な構造の総称》. **b** 〘生理〙レセプター, 受容器, 受容体 (sense organ) (cf. adjuster 4, effector 2). **2** (シャワー室内の)シャワー受け《浅なべ状のもの》. **3** 受話器 (receiver); 受信機 (receiving apparatus). — *adj.* 〘生理・生物〙レセプターの.
〘(*a*1450) (1898) □ AF *receptour*=(O)F *recepteur* // L ~ 'receiver' ← *receptus* ← *recipere* 'to RECEIVE': ⇨ -or[2]〙
re·cer·ce·lée /rɪsɜ̀ːsəléɪ | -sɜ̀ːs-/ *adj.* 〘紋章〙羊角十字(架)の《十字架の各々の先端が二つに分かれ雄羊の角状に巻いている》. 〘(1766) □ OF ~ (p.p.) ← *recerceler* ← RE-[1] + *cercle* 'CIRCLE'〙
re·cess /ríːses, rɪsés | rɪsés, ríːses/ ★ 名詞を /ー ˊ ー/, 動詞を /ー ˊ/ のアクセントで区別する人がいる. *n.* **1 a** (仕事・活動からの一時的な)休み, 休憩(《英》break); (議会の)休会, 休会期間; (裁判所の)休廷: the Easter ~ 復活祭の休暇 / take a ~ 休憩する / go into ~ 休会する / in the Thanksgiving ~ 感謝祭の休会中に / Parliament [Congress] is now in ~. 議会は目下休会中である. **b** 《米》休憩時間(《英》break): boys and girls playing at [during] ~ 休み時間[時間中]に遊んでいる少年少女たち / during a ~ between classes 授業と授業の間の休み時間に. **2 a** [通例 *pl.*] 奥, 奥まった所, 奥底, 隅(すみ); 深奥, 玄妙 (subtleties): deep in the ~*es* of a forest 森の奥深くに / in the secret [inmost] ~*es* of the heart 心の奥底では / the ~*es* of the subconscious 潜在意識の奥底 / in the inmost [deepest] ~*es* of the Alps アルプスの山奥に / the ~*es* of science 科学の蘊奥(うんおう) / from the ~*es* of his greatcoat 外套(とう)の(内)ポケットから. **b** 《古》隠れ場所, 隠居所 (retreat). **3 a** 壁龕(へきがん) (niche); 凹所(おうしょ) (alcove). **b** (山岳・森林・海岸線などの)引っ込んだ所: a ~ in a coastline 海岸線の入り込んだ所. **4** 退去, (陸地・氷河などの)後退 (recession); 後退量: the ~ of the tides 潮の引き, 引き潮. **5** 〘生物・解剖〙窩(か), (器官などの)陥凹, 凹所 (sinus).
— *vt.* **1** 休みにする, 休会する, 休廷にする, (休憩のため)中断する: Judge Carter ~*ed* the trial. カーター判事は(休憩のため)裁判を中断した[休廷を宣した]. **2 a** (凹所・壁龕・床の間などに)〈物を〉置く, 隠す. **b** 〈生垣・家などを〉道路より引っ込ませる. **3** ...に凹所[壁龕]を設ける: ~ a wall 壁に凹所を作る. — *vi.* 休会する, 〈大学などが〉休講とする, 休校する, 〈法廷・裁判所が〉休廷する: The court ~*ed* for the weekend. 裁判所は週末のため休廷した.
〘(1531) □ L *recessus* receding, withdrawal (p.p.) ← *recēdere* 'to RECEDE'〙
ré·cessed *adj.* [限定的] **1** 凹所(おうしょ)に置かれた. **2** 引っ込んだ, 奥まった. **3** 凹所のある, 凹所をなしている. 〘1809-12〙
récessed árch *n.* 〘建築〙段層アーチ. 〘1874〙
récessed fíxture *n.* 〘建築〙(天井面に揃えられた)埋込み照明器具.
re·ces·sion[1] /rɪséʃən/ *n.* **1** 〘経済〙(景気回復途上の)一時的不景気, 景気後退 (cf. depression 2 a): suffer ~*s* 不景気に苦しむ / The economy is currently in a deep ~. 景気は現在大きく後退している. **2 a** 退去, 退出, 後退. **b** (礼拝式後の牧師と聖歌隊の)退場, 退出. **3** (壁などの)引っ込んだ場所[部分], 凹所(おうしょ), くぼみ (recess, hollow). 〘(1646) □ L *recessiō(n-)* ← *recessus*: ⇨ recess, -sion〙
rè·céssion[2] /rìː-/ *n.* (占領地などの)返還, 還付 (restoration). 〘(1828) ← RECEDE[2]〙
re·ces·sion·al /rɪséʃnəl, -ʃənl/ *n.* 〘教会〙=recessional hymn. — *adj.* **1** 一時的な景気後退の[に関する]. **2 a** 退去の, 退出の **b** 牧師と聖歌隊が退場の際に歌う. **3** (議会などの)休会の, (法廷の)休廷の, (大学などの)休暇の. 〘(1867) ← RECESSION[1] + -AL[1]〙
recéssional hýmn *n.* 〘教会〙退場[退出]賛美歌《礼拝式後牧師と聖歌隊が退場する間に歌われるもの》. 〘1867〙 R
re·ces·sion·ar·y /rɪséʃənèri | -ʃ(ə)nəri/ *adj.* **1** 景気後退的な: ease ~ market pressures 景気後退的な市場圧力を緩和する. **2** =recessive. 〘1958〙
re·ces·sive /rɪsésɪv/ *adj.* **1 a** 退行の, 逆行の (receding). **b** 後退する, 引きさがる. **2** 〘生物〙〈遺伝形質が〉劣性の, 潜性の, 潜在性の (↔ dominant): a ~ character 劣性形質. **3** 〘音声〙〈アクセントが〉語の前の方に移行しやすい: ⇨ recessive accent. — *n.* 〘生物〙**1** 劣性形質. **2** 劣性形質個体. **~·ly** *adv.* **~·ness** *n.* 〘(1672-73) ← L *recessus* 'RECESS' + -IVE〙
recéssive áccent *n.* 〘音声〙逆行アクセント《etiquette のアクセントが /ètɪkét/ から /étɪkèt/ となるなど》. 〘1879〙
Rech·a·bite /rékəbàɪt/ *n.* **1** 禁酒者; (特に)禁酒会員《1835 年英国に創設された Independent Order of Rechabites の会員》. **2** テント居住者. 〘(*c*1384) □ LL *Rechabitae* (pl.) □ Heb. *Rēkhābhīm* (pl.) ← *Rēkhābh* Re·chab /ríːkæb/ (禁酒してテントに住んだ Jon·a·dab /dʒáːnədæb | dʒɔ́n-/ の父: cf. *Jer.* 35: 2–19): ⇨ -ite[1]〙
re·charge /rìːtʃáːdʒ | -tʃáːdʒ/ *vt.* **1 a** 〈電池を〉再充電する: ~ a battery 電池を再充電する / ~ one's batteries ⇨ battery 成句. **b** 〈銃器〉にさらに装塡(そうてん)する (reload); **2** 再告訴[告発]する: ~ a man *with* theft 人を窃盗で再告訴[告発]する. **3** 再襲撃する, 逆襲する: ~ the enemy 敵を再び襲撃する. — *vi.* 再襲撃する, 逆襲する. — *n.* /ー ˊ ー, ー ー ˊ | ー ˊ ー/ **1** 再充電, 再装填; 再補給; 再補給物. **2** 再襲撃; 逆襲. **4** 〘法律〙再告訴[告発]. **~·er** *n.* 〘n.: (1603) — v.: (1432)〙
rè·chárgeable *adj.* 〈蓄電池が〉繰り返し充電できる, 再充電できる. 〘1949〙
rè·chárter *n.* (船舶などの)再契約. — *vt.* **1** 再契約する. **2** 新たに認可する, 新たに免許を与える. 〘1847〙
ré·chauf·fé /rèɪʃoʊféɪ, ー ー ˊ | reɪʃə́ufeɪ; *F.* ʀeʃofe/ *F. n.* (*pl.* **~s** /~z; *F.* ~/) **1** 温め直した料理. **2** (文章・作品などの)焼直し, 作り直し, 蒸返し (rehash). — *adj.* **1** [名詞の後に置いて] 〘料理〙温め直した, 焼き直した: chicken ~. **2** 〈文章・作品など〉焼直しの, 作り直しの, 蒸返しの (rehashed). 〘(1805) □ F ~ (p.p.) ← *réchauffer* to warm up again: ⇨ re-[1], chafe〙
re·chéat *n.* 《古》猟犬を呼ぶ角笛の音. 〘(*a*1425) □ ? AF *rechat* ← OF *rachates* to rally〙

rè·chéck *vt., vi.* 再照合する, 再査照する. ― *n.* 再照合, 再査照. 〖1902〗

re·cher·ché /rəʃéəʃeɪ, ―――́ | rəʃéəʃeɪ; *F.* ʀəʃɛʀʃe/ *adj.* (*also* **re·cher·che** /～/) **1** 〈食事・言葉・文体など〉趣向を凝らした, 凝った, 念の入った (exquisite); 精選した (choice): a ～ little supper 皿数は多くないが[ちょっとした]凝った夕食. **2** 風変わりな, 異国風の (exotic), 珍奇な (rare). **3** 非常に洗練された, 凝りすぎた. **4** もってまわった, 無理にこじつけた (farfetched). 〖(1722) □ F ～ (p.p.) ← *rechercher* to search out with care: ⇨ research〗

rè·chípping *n.* (機器の)半導体チップの情報変更《内蔵プログラムの更新・携帯電話の不正使用のため》.

rè·chrísten *vt.* 新たに名前を付ける, 名前を変える; 命名し直す. 〖1796〗

re·ci·bien·do /rèɪsiːbjéndoʊ | -dəʊ; *Sp.* resiβjéndo/ *adv.* 〈闘牛士が〉(突進して来る牛に対していざ来いとばかりに)じっと構えて. 〖(1902) □ Sp. ～ □ L *recipiendum* (ger.) ← *recipere* 'to RECEIVE'〗

re·cid·i·vate /rɪsídəvèɪt | -dɪ-/ *vi.* (以前の悪い状態へ)逆戻りする, 常習的犯行を犯す. 〖(1528) ← RECIDIVIST, -ATE³〗

re·cid·i·va·tion /rɪsìdəvéɪʃən | -sìdɪ-/ *n.* **1** 常習的犯行. **2** 〘病理〙再発. 〖(*c*1420): ⇨ ↑, -ation〗

re·cid·i·vism /rɪsídəvìzm | -dɪ-/ *n.* **1** 〘法律〙常習的犯行. **2** 〘病理〙再発(性), 常習(性). 〖(1886) □ F *récidivisme*: ⇨ ↓, -ism〗

re·cíd·i·vist /-vɪst | -vɪst/ *n.* 〘法律〙常習犯人. **re·cid·i·vis·tic** /rɪsìdəvístɪk | -dɪ-/ *adj.* **re·cíd·i·vous** /-vəs/ *adj.* 〖(1880) □ F *récidiviste* ← *récidiver* □ ML *recidīvāre* ← L *recidīvus* falling back ← *recidere* to fall back, return ← RE-¹+*cadere* to fall: ⇨ -ist〗

Re·ci·fe /rəsíːfə, re- | re-; *Braz.* ʀesífi/ *n.* レシフェ《ブラジル東部の海港, Pernambuco 州の州都; Pernambuco ともいう》.

recip. 《略》reciprocal; reciprocity.

rec·i·pe /résəpìː, -pi | -sɪpi, -pìː/ *n.* **1** 〔料理の〕作り方, 製法, 調理法, レシピ〔*for*〕: a ～ *for* dressing. **2** 〔あることをするための〕手段, 秘訣, 秘法〔*for*〕: a ～ *for* success in life 人生成功の秘訣. **3** (悪い)結果を招くもの〔*for*〕: a ～ *for* disaster 大失敗[大きな不幸]となるもの. **4** 《古》(薬の)処方箋(せん), レセプト (prescription) 《略 R, 記号 ℞》. 〖(*a*1400) □ L ～ 'take (this)' (imper.) ← *recipere* 'to RECEIVE'〗

récipe dìsh *n.* 調理済レシピ料理《手間のかかる料理を加熱するだけですぐ食べられるようにして売る》.

re·cip·i·ence /rɪsípiəns/ *n.* **1** 受領, 受納 (reception). **2** 受け入れる状態, 受容性. 〖1882〗

re·cíp·i·en·cy /-piənsi/ *n.* ＝recipience.

re·cip·i·ent /rɪsípiənt/ *n.* **1** 受納者, 受領者(receiver): the first ～ of the medal その勲章の最初の受賞者. **2** (輸血・臓器移植などの)レシピエント, 受血者, 被移植者. **3** 受容器, 受け壺, 受け皿 (receptacle). ― *adj.* **1** (思想・印象などを)受け入れる, 感受性のある (receptive): have a ～ mind 感受性のある頭を持っている. **2** 《まれ》＝receptive. 〖(1558) □ (O)F *récipient* // L *recipientem* (pres. p.) ← *recipere* 'to RECEIVE': ⇨ -ent〗

R

re·cip·ro·cal /rɪsíprəkət, -kl/ *adj.* **1 a** 相互の, 相互的な (⇨ mutual SYN): ～ affection 相思 / ～ protection 相互保護. **b** 相互補足[補完]的な (complementary), 互恵的な: ～ trade concession 通商上の互譲 / a ～ treaty 互恵条約 / The juxtaposition of two different colors has ～ effects on each. 異なる二色を並置すれば互いに引き立て合う効果をもつ. **2** お返しの, 報いの, 代償的な: a ～ gift お返しの贈物 / a ～ benefit お返し[代償]として受ける利益 / Though I helped him, I had no ～ help from him. 私は彼を援助したが, 彼は私を援助してくれなかった. **3** 相反の (opposite): a ～ mistake 相互の思い違い. **4** 〘文法〙相互的な: ⇨ reciprocal pronoun. **5** 〘数学〙相反の, 逆の: a ～ proportion 反比例, 逆比例 / a ～ ratio 反比, 逆比 / a ～ number 逆数 / a ～ curve 相反曲線. **6** 換用できる; 互いに代用できる. **7** 〘海事〙逆方向の (back, backward). **8** 〘生物〙正逆交雑の《ある交雑の後に, 先に雄だった形質のものを雌とし, 雌だった形質のものを雄として行う交雑についていう》.
― *n.* **1** 相互的[相関的]なもの, 相互関係のあるもの, 相当[相対]する物. **2** 〘数学〙逆数 (⇨ multiplicative inverse). **3** 〘保険〙＝reciprocal exchange.
～·ly *adv.* 〖(1570) ← L *reciprocus*+-AL¹: ⇨ reciprocate〗

recíprocal cróss *n.* 〘遺伝〙正逆交雑《ある系統の雄と別の系統の雌, およびその逆の個体間での交雑》.

recíprocal exchánge *n.* 〘保険〙レシプロカルエクスチェンジ, 協同保険組合《加入者が協同保険 (reciprocal insurance) に参加できるよう設立された, 法人格をもたない米国の相互保険組織》.

recíprocal inhibítion *n.* 〘精神分析〙相互抑制《不安を引き起こす刺激と不安を減少させる反応とを組み合わせることにより刺激と不安との連関を弱めるという説》.

recíprocal insùrance *n.* 〘保険〙協同保険《協同保険組合 (reciprocal exchange) の加入者が代理人を通じて交互にかけ合う米国の保険; interinsurance ともいう》.

re·cip·ro·cal·i·ty /rɪsìprəkǽləti | -lɪti/ *n.* 相互[互恵, 相反]性. 〖1736〗

recíprocal óhm *n.* 〘電気〙＝mho.

recíprocal prónoun *n.* 〘文法〙相互代名詞 (each other, one another). 〖1727〗

recíprocal tráde *n.* 〘商業〙互恵貿易《関税・輸入割当て量などを互いに引下げ合う貿易》.

recíprocal translocátion *n.* 〘生物〙相互[交換]転座《相同でない 2 個の染色体が互いにその一部を交換すること》.

re·cip·ro·cate /rɪsíprəkèɪt/ *vt.* **1** 交換する, 互いにやりとりする (interchange): ～ hospitality 互いにごちそうする / ～ favors 互いに世話し合う. **2** 〈恩恵・愛情・攻撃などに〉報いる, 返礼する (return, requite): ～ affection 愛情に報いる / ～ a compliment お世辞を返す. **3** 〘機械〙…に往復運動をさせる. ― *vi.* **1** 報いる, 返す, 返礼する (return): I would like to ～ *for* your kindness. あなたのご親切にお報いいたしたく存じます / To every attack he ～*d with* a blow. すべての攻撃に対して彼は反撃をもって報いた / He showed a deference towards her and she ～*d* rather coolly. 彼が彼女に敬意を表すると彼女のほうはかなり冷淡な挨拶を返した. **2** 〘機械〙往復する. **3** 〔…と〕一致[対応]する〔*with*〕: Every definition must ～ *with* the thing defined. 各定義は定義された物と一致しなければならない. **4** 〘数学〙逆数になる. **re·cip·ro·ca·to·ry** /rɪsíprəkətɔ̀ːri | -kèɪtəri, -tri/ *adj.* 〖(1611) ← L *reciprocātus* (p.p.) ← *reciprocāre* to come and go ← *reciprocus* returning ← **recos* turning backward+**procos* turning forward: ⇨ re-¹, pro-¹, -ate³〗

re·cíp·ro·càt·ing /-tɪŋ | -tɪŋ/ *adj.* 往復する; 〘機械〙往復運動をする: ～ motion 往復運動 / a ～ valve 往復バルブ《交互に前後に動く弁》. 〖1632〗

recíprocating èngine *n.* 〘機械〙往復機関《ガソリンエンジンなどのように流体の圧力をピストンをへて, クランクに伝え, ピストンの往復運動をクランク軸の回転運動として外部にとり出すエンジンの総称; cf. rotary engine 1》. 〖1822〗

re·cip·ro·ca·tion /rɪsìprəkéɪʃən/ *n.* **1** 交換, やり取り: a ～ of favors [ideas] 好意[思想]の交換. **2** 返礼, 返報; 仕返し (requital). **3** 往復運動. **4** 《古》相応, 対応. 〖(1530) □ L *reciprocātiō(n-)*: ⇨ reciprocate, -ation〗

re·cip·ro·ca·tive /rɪsíprəkèɪtɪv, -kət- | -kət-, -kèɪt-/ *adj.* **1** 交換する, 応酬する; 相互的な. **2** お返しの, 返礼の; 報復的な. **3** 往復する. **4** 《古》対応的な, 相応する. 〖1888〗

re·cíp·ro·cà·tor /-tə | -tə^(r)/ *n.* **1** 返礼[返報]する人. **2** 〘機械〙往復機関. 〖(1850) ← RECIPROCATE+-OR²〗

rec·i·proc·i·ty /rèsəprá(ː)səti | -sɪprɔ́sɪti/ *n.* **1** 相互的であること, 相互関係; 交互作用 (mutuality). **2 a** 交換, やり取り. **b** 互恵主義《通商などで相手国の利益・特権を相互に認めること》: a ～ treaty 互恵条件. 〖(1766) □ F *réciprocité* ← L *reciprocus*: ⇨ reciprocal, -ity〗

reciprócity fàilure *n.* 〘写真〙相反則不軌《光が強すぎるか弱すぎるかで相反則が成立しないこと; cf. reciprocity law》. 〖1923〗

reciprócity làw *n.* 〘写真〙相反法則, 相反則《作用する強さが *n* 倍の時, 作用時間を *n* 分の 1 にすれば同一効果となるという法則》. 〖1907〗

reciprócity théorem *n.* 〘電気〙相反の定理. 〖1938〗

rè·círculate *vt.* 再び流通させる. 〖1916〗

re·ci·sion /rɪsíʒən/ *n.* (法律などの)取消し, 廃止 (cancellation). 〖(1611) □ L *recīsiō(n-)* ← *recīdere* to cut back ← RE-¹ +*caedere* to cut: ⇨ -sion〗

recit. 《略》recitation; recitative.

re·cit·a·ble /rɪsáɪtəbl | -tə-/ *adj.* 朗吟できる, 吟唱に適した; 詳説できる.

re·cit·al /rɪsáɪtl | -tl/ *n.* **1 a** 吟唱, 暗唱, 朗唱, 朗読 (recitation): the ～ of *Hamlet* 「ハムレット」の朗読. **b** 詳説, 詳述 (enumeration): the ～ of her ten year's troubles 10 年間にわたる苦労話の数々. **c** 説話, 話, 記述 (discourse, narration): give a detailed ～ of the event その事件を詳しく説明する. **2 a** 独奏(会), 独唱(会), リサイタル (cf. concert 1); 一作曲家だけの作品演奏会; (ダンスの)独演会: a Chopin ～ ショパン(曲)独奏会 / give a piano ～ ピアノリサイタルを催す. **b** (音楽[ダンス]学校などの生徒の)発表(会), おさらい会, グループ公演会: a dance ～. **3** 〘法律〙(法律文書の)事実の説明部, 備考部分. **re·cít·al·ist** /-təlɪst, -tl- | -təlɪst, -tl-/ *n.* 〖(1512) ← RECITE+-AL²〗

re·ci·tan·do /rèɪtʃɪtáːndoʊ | -dəʊ; *It.* retʃitándo/ *adv.* 〘音楽〙朗誦風に. 〖□ It. ～ □ L *recitundum* (ger.) ← *recitāre* 'to RECITE'〗

rec·i·ta·tion /rèsətéɪʃən | -sɪ-/ *n.* **1** (聴衆を前にしての)吟唱, 朗読; 暗唱; 吟唱(詩)文. **2** 《米》**a** (教師の前での)復習教材[課題]についての口頭による反復[暗唱, 復唱]. **b** 教室課業[時間], 授業時間 (class period). **3** 叙述 (narration, enumeration): a ～ of the details of his private affair 彼の私事についての詳しい話. **～·ist** *n.* 〖(1484) □ (O)F ～ // L *recitātiō(n-)*: ⇨ recite, -ation〗

rec·i·ta·tive /rèsətətíːv | -sɪt-/ *n.* **1** 〘音楽〙叙唱, レチタティーボ《オペラやオラトリオなどで, 叙述するかのように歌われる部分; cf. aria, arioso》. **2** ＝recitation. ― *adj.* 叙唱(風)の. 〖(1645) □ It. *recitativo* ← *recitare* 'to RECITE': ⇨ -ative〗

rec·i·ta·ti·vo /rèsətətíːvoʊ | -sɪtətíːvəʊ; *It.* retʃitatíːvo/ *n.* (*pl.* **～s, -ti·vi** /-viː; *It.* -vi/) 〘音楽〙＝recitative 1. 〖1645〗

recitatívo séc·co /-sékoʊ | -kəʊ; *It.* -sékko/ *n.* (*pl.* **recitativi sec·chi** /-séki:; *It.* -sékki/) 〘音楽〙レチタティーボセッコ, 乾燥叙唱《チェンバロ・ピアノなどの鍵盤楽器による簡素な伴奏のみを背景とした叙唱》. 〖(1828) □ It. ～ 《原義》dry recitative〗

recitatívo stro·men·tá·to /-stròʊməntáːtoʊ | -strɔ̀məntáːtəʊ; *It.* -stromentáːto/ *n.* (*pl.* **recitativi stro·men·ta·ti** /-stròʊməntáːtiː | -strɔ̀m-; *It.* -stromentáːti/) 〘音楽〙伴奏付叙唱, レチタティーボストロメンタート《recitativo secco が単一の鍵盤楽器による伴奏で行われるに対し, これは多くの他の楽器が伴奏に参加する》. 〖(1837) □ It. ～ 《原義》recitative with instruments〗

re·cite /rɪsáɪt/ *vt.* **1** (聴衆の前で)朗吟する, 朗唱[暗唱]する: ～ a poem 詩を朗吟する. **2** 《米》〈課題を〉(教師の前で)暗唱[復唱]する, 〈課題〉について質問に答える. **3 a** 物語る, 話す (recount, narrate): ～ one's adventures 冒険談をする. **b** 詳しく話す, 列挙する (enumerate). **4** 〘法律〙法律文書の中で〈事実を〉説明する.
― *vi.* **1** (詩などを)朗吟する, 暗誦する. **2** 《米》(課題を教師の前で)暗唱[復唱]する; 教師の質問に答える. 〖(1430–31) □ (O)F *réciter* // L *recitāre* ← RE-¹+*citāre* 'to CITE'〗

re·cít·er /-tə | -tə^(r)/ *n.* **1** 暗唱者, 朗吟者. **2** 《米》(教師の質問に対する課題の)暗唱[復唱]者. 〖1572〗

re·cít·ing nòte /-tɪŋ- | -tɪŋ-/ *n.* 〘音楽〙(単旋聖歌唱中の)朗唱音. 〖1876〗

reck /rék/ 《詩・文語》*vi.* [否定・疑問構文で] **1** 注意する, かまう, 気にする, 心配する (care, worry) 〔*of*〕: He ～*ed not* [*little*] *of* the danger. その危険など気にしなかった. **2** [it を主語として] 重要である, 重大な関係がある (matter): *It* ～*s little* [*not*] whether he should marry. 彼が結婚しようとしまいとどうでもよい. ― *vt.* [否定・疑問構文で] **1** 気にする, 意に介する, かまう (heed, regard) 〈*if, though, that, how, whether*〉: What ～ they *whether* they live or die? 彼らが生きようが死のうが何を心配するものか / What ～*s* he *if* the sky should fall? 空が落ちて来ようと来まいと彼が何をかまうものか / He ～*ed not* all their hatred. 彼らの恨みなどまるで問題にしなかった. **2** [it を主語として] …に関係する (concenr, matter): *It* ～*s* him *not* what others should think or say. 人がどう思おうとまた何を言おうと彼は平気なものだ / What ～*s it?* それが何だ, どうでもいい. 〖OE *reċċan* ← ? // OE **rēċan* <Gmc **rōkjan* (OHG *ruohhen* / ON *rækja*) ← IE **reg-* to move in a straight line: /-k/ は ME *rekþ* (3rd sing. pres. ind.) と ON の影響〗

reck·less /rékləs/ *adj.* **1** 向こう見ずな; 〔…を〕意に介さない (heedless) 〔*of*〕: a ～ fellow 向こう見ずな男 / be ～ *of* the consequences 結果を意に介さない. **2 a** 無茶な, 無謀な (rash, thoughtless): ～ expenditure 無謀な支出 / ～ driving 無謀運転. **b** 思慮分別を欠く, なげやりな, いい加減な (negligent): a ～ plan いい加減な計画.
～·ly *adv.* **～·ness** *n.* 〖OE *reċ(ċ)elēas*: ⇨ ↑, -less〗

Reck·ling·hau·sen /rèklɪŋháʊzən, -zn; *G.* ʀɛklɪŋháʊzn/ *n.* レックリングハウゼン《ドイツ北西部, Ruhr 川北岸の産業都市》.

Récklinghausen's dìsease *n.* 〘医学〙レックリングハウゼン病 (⇨ neurofibromatosis). 〖← *Friedrich Daniel von Recklinghausen* (1833–1910: ドイツの病理学者)〗

reck·on /rékən/ *vt.* **1 a** 《口語》〈…と〉思う, 考える (think, suppose) 〈*that*〉 (⇨ rely SYN): I ～ *that* it will not happen. そんなことにはなるまい. **b** 《口語》〈…すると〉思う (expect) 〈*to do*〉: I ～ *to* finish it today. それは今日中に終えられるだろう. **c** (ある計算・評価を基準にして)〈…と〉結論する, 判断する (conclude) 〈*that*〉: He ～*ed that* he had an average of ten (tele)phone calls a day. 計算してみると一日平均 10 回電話がかかってくると判断した. **2 a** 〈人を〉〔…と〕みなす[思う] (regard, consider) 〔*as, for*〕: ～ a person clever ＝～ a person *as* [*to be*] clever 人を利口な人だと思う / I ～ him beyond redemption. 彼は済度できない[救いがたい]人間だと思う. **b** 〔…の中に〕入れる, 加える, 勘定に入れる (include) 〔*among, in, with*〕: You can ～ me *among* your supporters. 私を君の後援者[味方]の一人と思ってくれてよい. **c** 概評する, 評価する (estimate, evaluate) 〈*up*〉. **d** 《口語》〈人を〉高く評価する. **3 a** 〈数量を〉数える, 計算する (⇨ calculate SYN); 総計する, 合計する 〈*up*〉; 合計…になる: ～ *up* one's debts 借財を総計する / I ～ 82 of them. (勘定すると)それは合計 82 になる. **b** 計[測, 量]る, 測定する (compute): ～ the depth of a river 川の深さを測る. **c** 〔…から〕起算する〔*from*〕: ～ the number *from* 10 その数を 10 から数える[起算する] / The beginning of American history is ～*ed from* 1620. アメリカの歴史の始まりを 1620 年から起算する. **d** 〔…まで〕数える〔*to*〕. **e** 《古》一つ一つ数え上げる, 列挙する (enumerate) 〈*up, over*〉: ～ a person's wrongs *over* 悪事を一つ一つ数え上げる. **4** 《古》〔…に〕帰する (attribute) 〔*to*〕: ～ him *to* the younger generation.
― *vi.* **1 a** 《米方言・口語》思う, 考える (think, suppose): It is going to rain, I ～. どうやら雨が降りそうだ. **b** 評価する (estimate), 判断する (judge). **2** 《口語》当てにする, 頼りにする (rely) 〔*on, upon*〕: I ～ *on* your help. 君の援助を当てにしている. **3** 数える, 計算する, 勘定する (calculate, count). **4** 支払う, 清算する (pay, settle) 〔*with*〕; 功罪を公平に処理する: We will ～ *with* these defaulters later on. この債務不履行者については後で片を付けよう.
réckon with (1) ⇨ *vi.* 4. (2) 考慮に入れる 侮り難い: This new group is a force to be ～*ed with*. この新しい一団は侮り難い勢力だ. ***réckon withòut*** 考慮に入れない, 無視する (ignore): How can we ～*without* him? どうして彼を無視することができよう.
〖OE (*ġe*)*recenian* to explain <Gmc *(*ʒa*)*rekenōjan* (Du. *rekenen* / G *rechnen*) ← **rekenaz* (OE *recen*

ready) ← IE *reg- to direct (L *regere* to rule): cf. reck〗

reck·on·er /rék(ə)nə | -kənə^(r)/ *n.* **1** 計算者; 清算人 (liquidator). **2** 計算早見表 《ready reckoner ともいう》. **3 a** 《ソロバンのように電気を使わない》計算機. **b** 《英》計算機. 〖《?a1200》 *rikenare*〗

reck·on·ing /rék(ə)nɪŋ/ *n.* **1 a** 計算, 勘定 (calculation); 決算, 清算: He is good at ～. 計算がうまい / inclusive and exclusive ～ 四捨五入による計算 / His ～ is out by $10. 彼の計算は10ドル間違っている / Short ～*s* make long friends. 《諺》 貸借の勘定の決済が早ければ交友が長続きする. **b** 計算法; 見積り. **c** 推定, 予測: By my ～, he will be late. 私の予測では彼は遅れるだろう. **2** 報い, 罰 (retribution): There will be a heavy ～ to pay for his crimes. 彼の罪の罰は重いだろう / ⇨ DAY of reckoning. **3** 評価 (appraisal). **4** 《古》《酒屋などの》勘定書, つけ (bill): pay one's ～ 勘定を払う. **5** 〘海事〙 **a** 《針路・速力・天測などによる》船位の推算. **b** 《推測された》船の位置, 推測船位. 〖《略》 ← *dead reckoning*〗 **6** 《廃》 ものの見方 (cf. Shak., *Hen V* 4. 7. 17).

be in* [*òut of*] *the réckoning 《英》《スポーツで》優勝候補者に入る[優勝候補からはずれる]; 成功の見込みがある[ない].

be òut in* [*of*] *one's réckoning 計算[勘定]を間違える, 見込み違いをする, 当てがはずれる.

〖*a*1325〗

re·claim¹ /rìːkléɪm, rɪ̀-/ *vt.* **1** …の返還を要求[主張]する (⇨ recover SYN): ～ one's right 自己の権利の回復を求める / ～ lost property [territory] 失われた財産[領土]の返還を要求する / ～ income tax 所得税の返還を求める. **2** 再び要求[主張]する. 〖1530〗

re·claim² /rɪkléɪm/ *vt.* **1** 《荒地を》開墾[開拓]する; 《沼地・海などを埋め立てて》《土地を》利用する (recover): ～*ed* land 開墾地 / ～ a tract *from* the sea 海岸を埋め立てる. **2 a** 改善する, 矯正する (reform): ～ a drunkard 酒飲みを矯正する / ～ a woman *from* a life of vice 女性を更生させる. **b** 開化[教化]する (civilize): ～ a people *from* savagery 民族を開化する. **3** 《廃物を》加工して有用物にする, 再生利用する: ～ rubber ゴムを再生する. **4 a** 《古》《野生の動物などを》馴(な)らす (tame): ～ hawks 鷹(たか)を馴らす. **b** 《まれ》《人を》征圧する (subdue), 服従させる. ― *vi.* 《古》 抗議する, 異議を唱える. ― /rɪkléɪm, ríːkleɪm/ *n.* **1** 開墾, 開拓, 土地の埋立て(利用). **2** 矯正; 教化: past [beyond] ～ 矯正[改善, 教化]の見込みがない. **3** 《廃物の》再生利用; 《特に》再生ゴム. 〖《*a*1325》 *reclaime*(*n*) □ OF *reclamer* (F *réclamer*) to call often on, claim back ∥ L *reclāmāre* to cry out against: ⇨ re-¹, claim: 英語の原義は「鷹(たか)を呼び戻す」〗

re·claim·a·ble /rɪkléɪməbl/ *adj.* **1** 開墾[開拓]できる, 埋め立てられる. **2 a** 改善できる, 矯正できる. **b** 教化できる. **3** 再生利用できる. **4** 《古》 馴(な)らされる. 〖*a*1677〗

re·claim·ant /rɪkléɪmənt/ *n.* **1** 開墾者, 開拓者, 土地開発業者. **2** 矯正者. 〖《1755》 ← RECLAIM²+-ANT〗

re·cláimed rúbber *n.* 再生ゴム, リクレーム. 〖1897〗

re·cláim·er *n.* **1** 開墾者, 開拓者, 土地開発業者. **2** 矯正者; 改善者. **3** 〘機械〙 回収器, リクレーマー: an oil ～ 油脂回収器 《一度使用した潤滑剤を浄化して油を取り出す器具》. 〖1676〗

rec·la·ma·tion /rèkləméɪʃən/ *n.* **1** 開墾, 開拓, 埋立て, 土地改良. **2 a** 改善, 矯正. **b** 開化, 教化. **3** 《廃物の》再生利用. 〖《*a*1475》 □ F *réclamation* ∥ L *reclāmātiō*(*n*-): ⇨ reclaim², -ation〗

ré·clame /reɪklάːm; F. ʀeklam/ F. *n.* **1 a** 公に知れ渡ること, 周知 (publicity). **b** 自家広告, 宣伝, 売名 (self-advertisement). **2 a** 売名[名声]欲; 自己宣伝の才能. **b** 演出[売込み]の才能 (showmanship). 〖《1870》 □ F ～ ← *réclamer* 'to RECLAIM²'〗

rè·clássify *vt.* 分類しなおす; …の義務兵役分類を変える; 《情報などの》機密分類を変える. **rè·classificá·tion** *n.* 〖1920〗

rec·li·nate /réklɪ̀nèɪt, -nɪ̀t | -klɪ̀-/ *adj.* 〘植物〙 《茎・葉など》下に曲がった, 下向(状)の. 〖《1753》 □ L *reclīnātus* (p.p.) ← *reclīnāre*: ⇨ ↓, -ate²〗

re·cline /rɪkláɪn/ *vt.* **1** もたれ掛からせる, 寄り掛からせる; 《体を》横にする: ～ one's head [body] on [upon] …に頭を寄り掛からせる[…の上に体を横たえる] / He lay ～*d* upon the grass. 草原に寝ころんでいた. **2** 《シートを》後ろへ倒す. ― *vi.* **1** もたれる, 寄り掛かる (lean) 〔*against*〕. **2** 横になる 〔*on*〕: ～ *on* a deck chair デッキチェアに横になる. **re·clín·a·ble** /-nəbl/ *adj.* **rec·li·na·tion** /rèklənéɪʃən | -lɪ̀-/ *n.* 〖《?*a*1425》 □ OF *recliner* ∥ L *reclīnāre* ← RE-¹+*clīnāre* to lean, slope (cf. incline)〗

re·clín·er *n.* **1** 寄り掛かる人[もの]. **2** ＝reclining chair. 〖1668〗

re·clín·ing chàir *n.* リクライニングチェア 《後ろに傾斜角度を変えられる安楽椅子》. 〖1978〗

rec·li·vate /réklɪ̀vèɪt | -lɪ̀-/ *adj.* 〘昆虫〙 《器官・部分など》弯状(きょう)の, S字状の. 〖《1825》 ← LL *reclīvus* bending backwards (← RE-¹+*clīvus* hill)+-ATE²〗

rè·clósable *adj.* 《一度開けたあと》再び閉めることのできる, 再び密閉できる. 〖1965〗

rè·clóthe *vt.* 着替えさせる, 新たに着せる; 再び着せる. 〖1632〗

rec·luse /réklùːs, rɪklúːs | rɪklúːz/ *adj.* **1** 人目を避けた: a ～ life 孤独な生活. **2** 《宗教的理由などで》世を捨てた, 隠遁(いん)した (secluded): a ～ monk [nun] 世を捨てた修道士[女]. **3** 人里離れた, 辺鄙(へん)な (remote). ― *n.* **1** 隠(遁)者, 世捨人. **2** ＝inclusе. **～·ly** *adv.* **～·ness** *n.* 〖《?*a*1200》 □ (O)F *reclus* ∥ LL *reclūsus* (p. p.) ← *reclūdere* to shut up ← RE-¹+*claudere* 'to shut, CLOSE¹'〗

re·clu·sion /rɪklúːʒən/ *n.* 隠退, 隠遁(いん) (seclusion), 独居, 閑居. 〖《*a*1410》 □ OF ～ ∥ ML *reclūsiō*(*n*-): ⇨ ↑, -sion〗

re·clu·sive /rɪklúːsɪv, -zɪv | -sɪv/ *adj.* **1** 人目を避けた, 孤独癖の. **2** 引退した, 隠遁(いん)した. 〖《1598–99》 ← RECLUSE+-IVE〗

rè·cóal *vt., vi.* …に石炭を再補給する.

rè·cóat *vt.* 《ペンキなどで》塗り重ねる; 塗り直す.

rè·códe *vt.* …の符号化形式を変更する; 《文字》に別のコードを割り当てる; 《プログラムを》コーディングしなおす. 〖1951〗

rec·og·nise /rékəgnàɪz | -kəg-/ *v.* 《英》 ＝recognize.

rec·og·ni·tion /rèkəgníʃən | -kəg-/ *n.* **1** 見てそれと分かること, 識別, 見[聞き]覚え, 見知り: the ～ of a portrait 肖像画を見てだれか分かること / My ～ of him was immediate. 私は見てすぐ彼だと分かった / escape ～ 人目につかない, 見破られない / Then a look of ～ came over her face. すると彼女の顔に私が誰だか判ったらしい表情が表れた / They mutilated his face *beyond* ～. 彼らは彼の顔を見分けがつかぬほど傷つけた / The village was altered *out of* all ～. その村は見るかげもないほど変貌していた. **2 a** 《正当なものであるとの》承認; 認知: ～ of a child *as* lawful heir 子供を正当な跡取りと認めること / the ～ of a demand 要求の承認. **b** 〘国際法〙 《新政権・新元首などの》承認; 認可, 公認: a de facto ～ 真実上の承認. **3 a** 《奉仕・功労などを》認める[多とする]こと, 感謝 (consideration): official ～ 表彰 / deserve ～ for …に対して感謝を受ける価値がある / in ～ of the service 奉仕の功労を認めて[の返礼として] / receive much ～ 大いに認められる, 大いに注目を集める. **b** 挨拶(あいさつ), 会釈 (salutation): He only gave me a passing ～. 彼は私に通りすがりにちょっと会釈しただけであった. **4** 《米》《個人に対し》権利を認めること; 発言権を認めること. **5** 〘電算〙 認識 《印刷または筆記された文字などのデータを読み取り, 識別してコンピューターに記憶させること》. **6** 〘演劇〙 認知, 発見 (anagnorisis). 〖《*c*1450》 □ OF (F *récognition*) ∥ L *recognitiō*(*n*-) ← *recognitus* (p.p.) ← *recognōscere* 'to RECOGNIZE': ⇨ -tion〗

recognítion màrk *n.* 〘動物〙 識別目標 《動物が同類の仲間と他種の動物とを見分けるための目標; たとえばある種のシカの尻まわりの白斑など》. 〖1896〗

recognítion sèrvice *n.* 〘教会〙 《新任牧師》紹介礼拝. 〖1897〗

recognítion sìgnal *n.* 〘軍事〙 《友軍》識別信号. 〖1958〗

re·cog·ni·tive /rɪkά(ː)gnətɪv | -kɔ́gnɪ̀t-/ *adj.* ＝recognitory. 〖《1884》 ← L *recognitus* (↓)+-IVE〗

re·cog·ni·to·ry /rɪkά(ː)gnətɔ̀ːri | rɪkɔ́gnɪ̀təri/ *adj.* 承認[認知]の. 〖《1822》 ← L *recognitus* (⇨ recognition)+-ORY¹〗

rec·og·niz·a·bil·i·ty /rèkəgnàɪzəbíləti, -kɪg- | -kəgnàɪzəbílɪ̀ti, -lɪ-/ *n.* 認知[承認]可能. 〖1873〗

rec·og·niz·a·ble /rékəgnàɪzəbl, -kɪg-, ⏑–⏑–⏑– | -kəg-/ *adj.* **1** 見てそれと分かる, 識別できる, 見[聞き]覚えのある (⇨ perceptible SYN): The dead man's face had been battered out of all ～ shape. 死体の顔はまったく判別できぬほどめった打ちにされていた. **2** 認知[承認]できる.

réc·og·nìz·a·bly *adv.* 〖1799〗

re·cog·ni·zance /rɪkά(ː)gnəzəns, -kά(ː)n- | -kɔ́gnɪ-, -kɔ́n-/ *n.* **1** 〘法律〙 《ある義務を遵守するという》誓約; その誓約書; 《有罪判決者が一定期間の善行の保証として出す》誓約書; 誓約保証金: enter into ～*s* 誓約する / forfeit one's ～ 《誓約違背の結果》誓約保証金を没収される. **2** 《まれ》 認めること, 承認, 認知 (recognition). **3** 《古》 印, 表象 (token). 〖《*a*1325》 *recognisance*, *reconisaunce* □ OF *recon*(*n*)*issance* (F *reconnaissance*) ← *reconoissant* (pres. p.) ← *reconoistre*: ⇨ recognize, -ance: RECONNAISSANCE と二重語〗

re·cog·ni·zant /rɪkά(ː)gnəzənt, -kά(ː)n- | -kɔ́gnɪ-, -kɔ́n-/ *adj.* **1** 〔好意などを〕認める 〔*of*〕. **2** 〔…を〕意識[感知]している 〔*of*〕. 〖《1867》: ⇨ ↓, -ant〗

rec·og·nize /rékəgnàɪz | -kəg-/ *vt.* **1 a** 《以前に知っていたものだと》分かる, 識別する, 見てそれと知る, 見[聞き]覚えがある, 思い出す (know again): His change was so great that one could scarcely ～ him. ひどく変わっていたのでなかなか彼だとは分からなかった / Hullo, this is Tom, ～ the voice? もしもし, トムだよ, 声で分かるだろ. **b** 《外見・特徴などから》《人・形象・物を》…と見抜く, …と知る (identify): ～ a person from a description 人相書によってだれだか分かる. **c** 《…ということを》はっきり知覚する, 十分意識する, 悟る, 認識する (realize) 《*that*》: ～ *that* one is beaten 負けたことを悟る[認める] / I must ～ *that* I am not qualified to do it. それをやる資格がないことを認めないわけにいかない. **2 a** 〔…として〕《正式に》認める, 認知する 〔*as, to be*〕: ～ rebels *as* belligerents 反乱兵を交戦者と認める / ～ a claim *as* justified 要求を正当と認める / She was ～*d as* [*to be*] a major novelist. 彼女は一流の作家として認められた / She is a ～*d* authority in her field. 彼女はその分野で一流の権威だ / He ～*d* John *as* his son and heir. ジョンを自分の息子で跡取りだとして認知した. **b** 《国家・政府などを》公式に認める, 承認する (acknowledge): ～ the independence of a new state 新国家の独立を承認する / a ～*d* school 認可学校. **3 a** 《…の事実[重要性, 存在]などを》認める (⇨ acknowledge SYN): ～ one's duty 自分の義務を認める / ～ defeat 敗北を認める / His great learning has at last been ～*d* by his university. 彼の学識はついに大学の認める所となった. **b** 《親切・尽力・功労などを》《感謝・表彰・報酬などによって》認める, 多(た)とする, 謝礼する: ～ a person's services with the award of a medal 功労を認めメダルを贈る. **c** 《挨拶・握手などで》《人》と知り合いであることを認める, 《人を認めて》会釈する (salute): I will not ～ him any longer. もうこれからやつに会っても知らん顔をしてやるぞ. **4** 《米》《議長などが》《人》の発言権を認める, 《人》に発言させる: I ～ the Junior Senator from Wisconsin. 私はウィスコンシン州選出の新参の上院議員が発言するのを認めます. **5** 〘電算〙 《システムが》《周辺機器などを》認識する 《システムの一部として利用に供することができる》.

― *vi.* 《米》 〘法律〙 誓約書[保釈証]を出す, 誓約する.

réc·og·nìz·er *n.* 〖《1414》 《逆成》 ← RECOGNIZANCE ∞ 《1456》 (Sc.) *racunnys* □ OF *recon*(*n*)*iss*- (stem) ← *reconoistre* (F *reconnaître*) <L *recognōscere* ← RE-¹+*cognōscere* to learn: cf. reconnoiter〗

re·cog·ni·zee /rɪkὰ(ː)gnəzíː, -kὰ(ː)n- | -kɔ̀gnɪ-, -kɔ̀n-/ *n.* 〘法律〙 受誓約者. 〖《1592》: ⇨ ↑, -ee¹〗

re·cog·ni·zor /rɪkὰ(ː)gnəzɔ́ə, -kὰ(ː)n- | -kɔ̀gnɪzɔ́ː^(r), -kɔ̀n-/ *n.* 〘法律〙 誓約者. 〖1531–32〗

re·coil /rɪkɔ́ɪl/ *vi.* **1 a** 《驚き・恐れ・嫌悪などで》後ずさりする, 萎縮(いしゅく)する, 《ぎょっとして》ひるむ (start back, shrink) 〔*from, before, at*〕: ～ in horror *from* the spectacle その光景を見て恐ろしくなって後ずさりする. **b** 退却する, 敗走する (retreat): The advancing troops ～*ed before* the counterattack. 前進した兵士たちは逆襲を受けて退却した. **2** 《銃などが》《発射の際に》はね返る, 後座する, 反動する (rebound, kick). **3** 報いをもたらす (react) 〔*on, upon*〕: Their attacks will ～ *on* [*upon*] themselves. 彼らが《人を》攻撃すればその報いが我が身に返るだろう / Violence ～*s upon* the violent. 暴力を用いれば暴力で報いられる, 暴は暴を招く. **4** 〘物理〙 《原子・原子核などが》反跳する. **5** 《廃》 記憶をさかのぼる. **6** 《廃》 退廃する (degenerate) (cf. Shak., *Macbeth* 4. 3. 19).

― /ríːkɔɪl, rɪkɔ́ɪl/ *n.* **1** 《銃・ばねなどの》はね返り, 反動; 後座 (kickback); はね返る距離[範囲]: the ～ of a gun 大砲の後座 / the ～ of a spring ばねのはね返り. **2 a** 《驚き・恐れ・嫌悪などによる》後ずさり, ひるみ, 畏縮 (shrinking); 嫌気(いやけ) (repugnance) 〔*from*〕. **b** 退却 (retreat).

～·er /-lə | -lə^(r)/ *n.* **～·ing·ly** /-lɪŋli/ *adv.* 〖《?*a*1200》 *recule*(*n*), *recu*(*y*)*elle*(*n*) □ (O)F *reculer* to go back < VL **recūlāre* ← RE-¹+L *cūlus* posterior, tail〗

SYN 尻込みする: **recoil** 恐れ・嫌悪などで急に後じさりする: *recoil* in horror ぞっとして後じさりする. **shrink** 不快なものから縮みあがるように尻込みする: He *shrank* back from the heat of the fire. 暖炉の熱を避けて後じさりした. **flinch** 弱さ・臆病のため困難・危険などから尻込みする: *flinch* from danger 危険から尻込みする. **balk** 《人が》困難なことなどにたじろぐ; 《馬が》立ち止まって動かなくなる: The horse *balked* at the last barrier. 馬は最後の障害の前で立ち止まってしまった. **blench** 危険などにたじろぐ 《*flinch* よりも一層の臆病さ・恐怖を暗示する》: *blench* at gunfire 砲火にたじろぐ.

---

rè·cóil *vt., vi.* 巻き直す.

récoil àtom *n.* 〘物理〙 反跳原子 《核反応や核壊変の際に反作用により反跳された原子》. 〖1912〗

récoil cỳlinder *n.* 〘軍事〙 駐退管[筒] 《大砲発射の反動による砲の後座の後退速度を緩めるために用いられるばね・液体・空気利用のシリンダー》.

récoil escàpement *n.* 〘時計〙 アンクル脱進機 (⇨ anchor escapement). 〖1838〗

récoil·less *adj.* 《銃砲など》反動のない[少ない], 無反動の: a ～ rifle 無反動ライフル. 〖1943〗

récoil-óperated *adj.* 〘銃砲〙 《銃など》反動利用(発射式)の, 反動式の. 〖1942〗

rè·cóin *vt.* 改鋳する. 〖《1685》 ← RE-², COIN (v.)〗

rè·cóinage *n.* **1** 改鋳. **2** 改鋳貨幣. 〖《1622》: ⇨ ↑, -age〗

rec·ol·lect /rèkəlékt | ⏑–⏑́, ⏑–⏑́/ *vt.* **1** 思い出す[起こす], 回想する (⇨ remember SYN): ～ one's childhood days / I ～ hearing him say so. = I ～ *that* I heard him say so. 彼がそう言うのを聞いた覚えがある / I can't ～ the exact words. 正確な言葉は(どうしても)思い出せない (cf. I don't remember the exact words. 正確な言葉は覚えていない) / I'm sorry, I don't ～ you. どなたでしたか, どうも思い出せませんが. **2** [～ *oneself* で] **a** 思い出させる: Before saying 'goodbye,' he ～*ed himself* just in time and returned the borrowed money. 彼はさよならを言うときになってやっと思い出し, 借りていた金を返した. **b** 《自分自身・心などを》黙想[黙禱, 思索]などに没入[集中]させる: He could not ～ *himself* in church. 教会で黙禱に集中できなかった. ― *vi.* 思い出す: as far as I ～ 私の記憶する限りでは. 〖《1559》 ← L *recollectus* (p. p.) ← *recolligere* ← RE-¹+*colligere* 'to COLLECT¹'〗

re-col·lect /rìːkəlékt/ *vt.* **1** 再び集める (rally). **2** /rìːkəlékt | rèk-, rìːk-/ (*also* **re·col·lect** /～/) 《心などを》落ち着ける, 冷静にする (compose): ～ one's mind [thoughts] 心[思い]を落ち着ける / ～ oneself 気を落ち着ける; 《はっと気づいて》自戒する / be ～*ed* 落ち着いている. **3** /rìːkəlékt | rèk-, rìːk-/ (*also* **recollect**) 《勇気・力などを》奮い起こす (summon up): ～ one's force 力を奮い起こす. **4** 《廃》 集める (collect). ― /rìːkəlékt/ *vi.* 再び集まる. 〖《1513》 ← RE-²+COLLECT¹〗

Rec·ol·lect /rékəlèkt/ *n.* ＝Recollet.

R

rec·ol·lect·ed[1] /rèkəléktɨ̨d/ *adj.* **1** 思い出した, 思い出の. **2** 黙想に耽る: a ～ Zen priest 黙想三昧(ざんまい)の禅僧. 〘1742〙

re·col·lect·ed[2] /rìːkəléktɨ̨d | rèk-, rìːk-/ *adj.* 落ち着いた, 冷静な (calm, composed): She was ～, cool as a cucumber. まったく落ち着き払っていた. **～·ly** *adv.* **～·ness** *n.* 〘1601–02〙

rec·ol·lec·tion /rèkəlékʃən/ *n.* **1** 回想, 追憶 (remembrance); 覚え, 記憶(力): outside one's ～ 記憶にない, 忘れている / His name was past [beyond] ～. 彼の名は思い出せなかった / It is in [within] my ～ that …ということを覚えている / have no ～ of …の記憶がない / to the best of my ～ 私の記憶する限りでは. **2** [しばしば *pl.*] 思い出, 思い出すことども (reminiscence) (⇨ memory SYN): vivid ～*s* of one's childhood 幼い頃の鮮やかな思い出. **3** 心の平静[落着き]; (特に, 宗教的)黙想, 沈思. 〘《1624》□ F *récollection* // ML *recollectiō(n-)*: ⇨ recollect, -tion〙

rè-colléction *n.* 再び集める[集まる]こと, 再集結. 〘1598〙

rec·ol·lec·tive /rèkəléktɪv←/ *adj.* **1** 追[記]憶力のある. **2** 追憶の, 思い出の (recollected): ～ scenes of the silent film. その無声映画の思い出の場面. **～·ly** *adv.* **～·ness** *n.* 〘1789〙

Re·col·let /rékəlèɪ; *F.* ʁəkɔlɛ/ *n.* 聖フランシスコ会原始会則派の人《16 世紀後期にフランスで樹立されたフランシスコ会の一改革派》. 〘《1695》□ F RÉCOLLECT // ML *recollectus*: ⇨ recollect[1]〙

rè·colonizátion *n.* 再植民. 〘1822〙

rè·cólonize *vt.* …に再び植民させる[する]. 〘1598〙

rè·cólor *vt.* 新たに着色する, 色上げする, 塗り直す. 〘1814〙

re·com·bi·nant /rìːkɑ́(ː)mbənənt | -kɔ́mbɨ̨-/ *n.*, *adj.* 〘生物〙 **1** (遺伝子間の)組換え(の): ～ progeny 組換え子孫《遺伝子の組換えが起こった子孫》. **2** 組換え DNA (の). 〘1942〙

recómbinant DNÁ *n.* 〘遺伝〙 組換え DNA《生物から抽出した DNA を試験管内で組み換え, 再構成した DNA; cf. genetic engineering》. 〘1975〙

rè·combinátion *n.* **1** 再結合. **2** 〘生物〙 (遺伝子間の)組換え《相同染色体間で染色体の交叉によって遺伝子の組合わせが変わる現象》. **3** 〘電子工学〙 再結合《電子と正孔, 陽イオンと陰イオンなどが中和すること》. **～·al** /-ʃnəł, -ʃənł←/ *adj.* **re·cómbinative** *adj.* 〘1903〙

rè·combíne *vt.*, *vi.* 再び結合する, 結合し直す. 〘1639〙

rè·cómfort *vt.* 《まれ》 慰める (console). 〘《1375》 *recomforte(n)* □ (O)F *recomforter*〙

rè·comménce *vt.*, *vi.* 再び始める, やり直す, 再開する. 〘《1481》□ (O)F *recommencer*: ⇨ re-[2], commence〙

rè·comméncement *n.* 再開. 〘1481〙

rec·om·mend /rèkəménd/ *vt.* **1** [しばしば二重目的語を伴って] 推薦する, 推奨する (⇨ commend SYN): ～ a good dictionary [doctor] *to* a person 人によい辞書[医者]を推薦する / ～ one's own person 自己推薦する / Can you ～ (《英》 me) a good teacher *for* my boy? うちの子供にいい先生を世話していただけませんか / ～ a person *as* a baby-sitter [*for* a job] 人をベビーシッターとして[ある職に]推薦する / I'd ～ this camera for your sightseeing tour. 観光旅行にはこのカメラがいいですよ / Can you ～ anything *for* (curing) a headache? 頭痛を治すには何がいいですか / Doing that is definitely (not) to be ～*ed*! そうすることを(しないことを)強くお勧めします. **2** 〈ふるまい・性質などが〉人の気に入らせる, …の長所[取り柄]となる, の人気のもとになる: His manners ～ him. 彼は行儀がいいので人に好かれる / That hotel has nothing [very little, a lot] to ～ it. そのホテルはいい所なしだ[取り柄がほとんどない, いい所がたくさんある]. **3** [しばしば do*ing*, また二重目的語を伴って] 勧告する, 忠告する; [*that*-clause または 《英》 目的語＋*to* do を伴って] 〈…するように〉勧める (⇨ advise SYN): ～ (tak*ing*) light food 少食を勧める / I ～ a change of air (for you). 転地をお勧めします / I ～ *that* you (should) go [《英》 I ～ you *to* go] to the doctor. 医者に行ったほうがよい《★ ～ a person *to* do の型は 《米》 では非標準的とみなされることがある》 / She was ～*ed* to see a doctor. 《英》 彼女は医者に行くように勧められた / He ～*s that* I (should) apply [He ～*s* my apply*ing*] for it. 私に応募するように勧めている. **4** 《古》 頼む, 〔神・人・人の世話などに〕ゆだねる, 託する 〔*to*〕. ★ 今は通例 commend を用いる: ～ oneself [one's child, one's spirit] *to* God 自己[子供, 魂]を神にゆだねる. **5** 《廃》 (引き)渡す (consign), 届ける. **6** 《Shak》 知らせる (inform). ― *n.* 《英口語》 推薦(状). **～·er** *n.* 〘《c1375》 *recommende(n)* □ ML *recommendāre* ← RE-[1]＋*commendāre* 'to COMMEND'〙

rec·om·mend·a·ble /rèkəméndəbł←/ *adj.* **1** 推薦できる, 推挙できる, 推薦に値する. **2** 勧められる (advisable). **rèc·om·ménd·a·bly** *adv.* 〘1477〙

rec·om·men·da·tion /rèkəmendéɪʃən, -mən-/ *n.* **1** 推薦, 推挙; 推薦状; 推薦のことば: a letter of ～ 推薦状 / Good looks, in many cases, are a big ～. 顔がいいということは立派な推薦状(代わり)になることが多い. **2** 勧告, 忠告. **3** 取り柄, 長所: a poor ～ 貧弱な取り柄. ***on the rècommendátion of*** …の推薦で; (医師などの)勧告で). 〘《1408》□ OF ～ // ML *recommendātiō(n-)*: ⇨ recommend, -ation〙

rec·om·mend·a·to·ry /rèkəméndətɔ̀ːri | -təri, -tri/ *adj.* **1** 推薦の; 推薦する: a ～ letter 推薦状. **2** 勧告の, 忠告的な (advisory). **3** 取り柄となる. 〘《1611》 ← L *recommendātus* ((p.p.) ← *recommendāre* 'to RECOMMEND')＋-ORY[1]〙

rec·om·mend·ed /rèkəméndɨ̨d/ *adj.* 推薦され[勧められ]ている: a highly ～ candidate 強い推薦を受けた候補者 / the ～ dosage of vitamin D pills ビタミンDの錠剤の推奨投薬量.

recomménded rétail prìce *n.* メーカー希望小売価格《略 RRP》.

rè·commíssion *vt.* 再び任命[委任]する. ― *n.* **1** 再任(命). **2** ＝recommitment. 〘1858〙

rè·commít *vt.* (**-mit·ted; -mit·ting**) **1 a** 〈議案などを〉再び委員会に付託する. **b** 再び委託する[任せる]. **2** 再び投獄[拘留]する. **3** 〈犯罪・過誤などを〉再び行う, 再び犯す. 〘1621〙

rè·commítment *n.* **1 a** (議案の)再付託. **b** 再委託. **2** 再投獄. **3** 二度目の行為; 再犯. 〘1779〙

rè·commíttal *n.* ＝recommitment.

rec·om·pense /rékəmpèns/ *vt.* **1** 〔行為に対して〕〈人〉に報いる, 〈人を〉罰する (punish) 〔*for*〕; 〔人に対して〕〈行為〉に報いる, 〈行為を〉罰する 〔*to*〕: ～ a person's services ＝ ～ a person *for* his services ＝ ～ his services *to* him ＝ ～ him his services 人の尽力に対して報いる / ～ good *with* evil 善に報いるに悪をもってする, 忘恩的なことをする. **2** 〔損害・傷害などに対して〕〈人〉に償う 〔*for*〕 (⇨ pay SYN): ～ a person *for* his losses 人の損失を償う / be ～*d for* damages 損害の賠償を受ける. **3** 《古》 〈損害などを〉償う, 補償[賠償]する: ～ losses. ― *vi.* 償いをする, 報いる. ― *n.* **1** 返報 (requital), 応報; 報い, 報酬 (⇨ reward SYN): a ～ *for* service 尽力に対する報酬 / without ～ 無報酬で. **2** 償い, 補償 (compensation, amends): a ～ *for* the breach of one's promise 約束を破ったことに対する償い / by way of ～ 罪ほろぼしのつもりで / in ～ *for* the nonfulfillment of a contract 契約不履行に対する補償として. **réc·om·pèn·sa·ble** *adj.* **réc·om·pèn·ser** *n.* 〘v.: 《*a*1400》□ (O)F *récompenser* □ LL *recompensāre* ← RE-[1]＋L *compensāre* 'to COMPENSATE'. — n.: 《*a*1420》□ (O)F *récompense* ← *récompenser*〙

rè·compóse *vt.* **1** 作り直す, 再び組み立てる, 改造する (rearrange): ～ the Cabinet 内閣を改造する / ～ a design 計画を立て直す. **2** 〈感情・争いなどを〉落ち着かせる, 静める: ～ one's feelings 気持ちを落ち着かせる / ～ a quarrel 喧嘩を静める. **3** 〘印刷〙 組み替える, 組み直す. ― *vi.* 落ち着く. 〘1611〙

rè·composítion *n.* **1** 作り直し, 改組. **2** 〘印刷〙 組替え, 組直し. 〘1690〙

re·con[1] /rɨ̨kɑ́(ː)n, ríːkɑ(ː)n | rɨ̨kɔ́n, ríːkɔn/ *n.* 《米口語》 ＝reconnaissance. 〘略〙

re·con[2] /ríːkən/ *n.* 〘生物〙 レコン《遺伝子の最小の組換え単位》. 〘《1957》 ← *rec(ombination)*＋*(mut)on*〙

rè·cóncentrate *vt.*, *vi.* **1** 再び集中する. **2** 〈軍隊を〉ある地点に結集する. **rè·concentrátion** *n.* 〘1622〙

rec·on·cil·a·bil·i·ty /rèkənsàɪləbíləṭi | -lɨ̨ti/ *n.* 和解[調停]の可能性[見込み]. 〘1865〙

rec·on·cil·a·ble /rékənsàɪləbł, ＿＿＿＿＿/ *adj.* **1** 調停[和解]の見込みのある. **2** 調和[一致]させられる. **～·ness** *n.* 〘1612〙

rèc·on·cíl·a·bly /-bli/ *adv.* 和解[調停]できるように. 〘1688〙

rec·on·cile /rékənsàɪł/ *vt.* **1** 調和させる, 適合[一致]させる (harmonize): ～ two opposite arguments 二つの反対議論を調和させる / ～ duty and pleasure 義務と快楽とを両立させる / ～ one's statement *with* one's conduct 言行を一致させる / How can you ～ it *to* your conscience? そんなことをして良心がとがめはしないか / The head of an American university has to ～ students, faculty, trustees and alumni. 米大学の学長は学生, 教授, 評議員, 卒業生などの間に立って調和を図らねばならない. **2 a** 〈不和などを〉調停する, 治める (adjust, settle): ～ a quarrel 喧嘩の仲裁をする. **b** 〈一度不和になった人を〉再び友好的にさせる, 和解させる, 仲直りさせる, 融和させる: ～ persons *to* each other ＝ ～ a person *to* [*with*] another 人を互いに和解させる / ～ a person *to* himself 人を自分に融和させる / ～ a hostile man 反対の人を融和させる. **3** [通例 ～ one*self* または受身で] 満足させる, 甘んじさせる, 黙って従わせる 〔*to*〕: ～ *oneself to* hardships [one's fate] 苦労[運命]に甘んじる / *be* ～*d to* a life of obscurity 無名[下積み]の(わびしい)生活に甘んじている[満足している] / *be* ～*d to* living in the country 田舎の生活に満足している. **4** 〘カトリック〙 〈汚れた場所などを〉清める (purify); 〈破門されたり聖務禁止になった人を〉復帰させる. **5** 〘造船〙 〈板などを〉平らに接合する. ― *vi.* 和解する; 調和する (harmonize).
〘《?*c*1350》□ (O)F *réconcilier* // L *reconciliāre* ← RE-[1]＋*conciliāre* 'to CONCILIATE'〙

réc·on·cìle·ment *n.* ＝reconciliation. 〘1459〙

réc·on·cìl·er /-lə | -lə(r)/ *n.* 調停者: Death is the great ～. 死は偉大な調停者だ《死は万事を解決する》. 〘1563〙

rec·on·cil·i·a·tion /rèkənsìliéɪʃən/ *n.* **1** 和解, 仲直り; 調停. **2** 調和, 一致 (harmony): a ～ of religion and science. **3** 服従, 締め (resignation). **4** 〘カトリック〙 **a** 和解の秘跡 (sacrament of reconciliation)《悔悛の秘跡 (sacrament of penance) の別名; 罪の告白と赦しとの結果, 神との和解がなることによる名称》. **b** (教会堂などの)清め, 復聖. 〘《*c*1350》□ (O)F ～ // L *reconciliātiō(n-)* ← *reconciliāre*: ⇨ reconcile, -ation〙

reconciliáton stàtement *n.* 〘会計〙 (複数の記録で数値に不一致がある場合の)調整表, (欠損金などの)処理計算書. 〘1929〙

rec·on·cil·i·a·to·ry /rèkənsíliətɔ̀ːri | -təri, -tri/ *adj.* **1** 和解的な, 調停的な. **2** 調和[一致]の. 〘《1586》 ← RECONCILE＋-ATORY〙

réc·on·cì·lor /-lə | -lə(r)/ *n.* ＝reconciler.

rè·condensátion *n.* 再凝結. 〘1860〙

rè·condénse *vt.*, *vi.* 再び凝結させる[する]. 〘1658〙

re·con·dite /rékəndàɪt, rɨ̨kɑ́(ː)ndaɪt | rékəndàɪt, rɨ̨kɔ́ndaɪt/ *adj.* [限定的] **1 a** 深遠な, 幽玄な, 難解な (profound): ～ studies [treatises] 深遠な研究[論文]. **b** 〈作家が〉深遠[難解]な. **2** ほとんど一般の人に知られていない (obscure): a ～ writer 無名の作家. **3** 《古》 目に見えない, 秘められた (hidden): the ～ motives of human action 人の行為の秘められた動機. **～·ly** *adv.* **～·ness** *n.* 〘《1649》 (古形) *recondit* □ L *reconditus* (p.p.) ← *recondere* to put away, conceal ← RE-[1]＋*condere* to put together, hide (← COM-＋*-dere* to put)〙

rè·condítion *vt.* **1 a** 修理する, 修繕する (repair, refit); 元通りの良い状態に戻す. **b** 〈人・性格・態度などを〉変える. **2** 〘生理・心理〙 〈有機体・生物〉の反射条件を変える, 条件反射をつけ直す (cf. conditioned reflex). **rè·condítioned** *adj.* 〘1920〙

rè·condúct *vt.* 連れ戻す, (出発点へ)戻す. 〘《1611》 ← L *reconductus* (p.p.) ← *recondūcere* to lead back ← RE-[1]＋*conducere* 'to CONDUCT'〙

rè·confígure *vt.* 〈航空機・コンピューターなど〉の構成を変更する, 部品を変える. 〘1964〙

rè·confírm *vt.* **1** 再確認する; 〈飛行機の座席など〉の予約を再確認する. **2** 更に強固にする. **rè·confirmátion** *n.* 〘1611〙

re·con·nais·sance /rɨ̨kɑ́(ː)nəzəns, -zṇs, -zənts, -zṇts, -səns, -sṇs, -sṇts | -kɔ́nɨ̨səns, -sṇs, -sənts, -sṇts/ *n.* **1 a** 踏査, 下検分: The boys made a ～ of the strange house. 少年たちはその妙な家を調べた. **b** 〘軍事〙 偵察 (reconnoitering); 捜索: ～ in force 強行偵察 / send a person on a ～ 偵察に出す / a ～ machine [plane] 偵察機 / a ～ flight [photo] 偵察飛行[写真]. **c** ＝reconnaissance car. **d** 偵察隊. **2** 〘土木〙 (確定測量をする前の)踏査. **3** 〘地質〙 地形踏査 (survey). 〘《1810》□ F ～: ⇨ recognizance〙

recónnaissance càr *n.* (機関銃・二方向ラジオなどを備えた軽装で高速の)(軍用)偵察車.

recónnaissance sàtellite *n.* 〘軍事〙 偵察衛星, スパイ衛星.

rè·connéct *vt.* 〈電気・ガスなどを〉再び供給する[つなぐ]. **rè·connéction** *n.*

re·con·nois·sance /rɨ̨kɑ́(ː)nəzəns, -zṇs, -səns, -sṇs | -kɔ́nɨ̨səns, -sṇs/ *n.* ＝reconnaissance.

re·con·noi·ter, 《英》 **re·con·noi·tre** /rìːkənɔ́ɪṭə, rèk- | rèkənɔ́ɪtə(r)/ *vt.* **1 a** (軍事上の目的で)〈敵・地域を〉偵察する. **b** (測量・地学上)踏査する. **2** 《廃》 思い出す (recall). ― *vi.* 偵察する; 踏査する. ― *n.* 偵察; 踏査. 〘《1707》□ F 《廃》 *reconnoître*＝*reconnaître* <L *recognōscere* 'to RECOGNIZE'〙

rè·con·nóit·er·er, 《英》 **rèc·on·nói·trer** /-ṭərə | -tərə(r)/ *n.* 偵察者; 踏査者. 〘1890〙

rè·cónquer *vt.* **1** 再び征服する. **2** 征服して取り返す. 〘1584〙

rè·cónquest *n.* **1** 再征服. **2** 征服して取り返すこと. 〘*a*1548〙

rè·cónsecrate *vt.* 〈汚れた教会堂などを〉再び聖別する, 再び神の用に供する[奉献する]. **rè·consecrátion** *n.* 再聖別.

re·con·sid·er /rìːkənsíḍə | -də(r)/ *vt.* **1** 再び考える; (修正・変更を前提に)再考する, 考え直す: ～ one's decision 決定を再考する / ～ one's conclusion 結論を再検討する. **2** 〈動議・投票などを〉再議[再審]に付する. ― *vi.* 再考する; 再議する. **rè·considerátion** *n.* 〘1571〙

rè·consígn *vt.* 再び交付[委託, 託送]する, 交付[委託, 託送]し直す. 〘1611〙

rè·consígnment *n.* **1** 再び交付[委託, 託送]すること. **2** 〘商業〙 送り状(の経路・荷渡し地・荷受け人など)の変更. 〘1852〙

rè·consólidate *vt.* 再び固める; 再統合する. ― *vi.* 再び固まる; 再統合される. **rè·consolidátion** *n.* 〘1541〙

rè·constítuent *adj.* 新組織を造る; 組織増強の働きのある, 体力回復的な. ― *n.* (病後など体力を回復するために服用する)強壮剤, 組織増強剤. 〘1876〙

re·con·sti·tute /rìːkɑ́(ː)nstətùːt, -tjùːt | -kɔ́nstɨ̨tjùːt/ *vt.* **1** 再構成[組成, 編制, 設定]する (recompose, reconstruct). **2** 〈粉末化[濃縮]した物質を〉水を加えて液体状に戻す, 〈乾燥食品などを〉戻す. **rè·constitútion** *n.* 〘1812〙

re·construct /rìːkənstrʌ́kt/ *vt.* **1 a** 〈建物などを〉再建[改造, 改築]する, 〈組織・団体などを〉復興[再組織]する (rebuild, reorganize). **b** 修理[修復]する (repair, reassemble). **2** ＝reconstitute 2. **3** (発掘された資料などによって)再現する, 復元する: ～ an extinct animal from a fragment of jawbone and a couple of teeth あごの骨片と 2, 3 本の歯から絶滅した動物の骨格を復元する. **4** 〘言語〙 (比較言語学の理論によって) 〈消滅した言語・方言・語・発音などを〉再建する. **5** 〘宝石〙 (粉末化した原石などで) 〈(人造)宝石を〉造る. **rè·constrúctible** *adj.* **rè·constrúctor** *n.* 〘1768〙

re·con·struc·tion /rìːkənstrʌ́kʃən/ *n.* **1 a** 再建, 改造, 改築, 復興: be under ～ 改築[改造, 復興]中. **b** 〘医学〙 再建. **c** [R-] 〘米史〙 再編入, 連邦再建《脱退し

た南部諸州を南北戦争後合衆国に統合したこと; cf. unreconstructed 2); その期間, 再建時代 (1867–77). **2 a** 再建物, 改築家屋. **b** (ばらばらになったものの)再構成(物), 復元(物). **c** (ある物の)複製 (replica); 雛形(ひながた), 模型. **3** 〘郵趣〙復元《1 枚ずつの切手の版面の特徴を調べ, 2 枚以上の連なった切手によって特徴を重ね合わせながら, もとのシートに復元すること》: a ～ sheet 復元シート.
～·al /-ʃnəl, -ʃənl/ *adj.* 〘1791〙

Reconstrúction Àcts *n. pl.* [the ～]〘米史〙再建法《南北戦争後 Tennessee 州を除き南部 10 州を合衆国に復帰するように措置した法律 (1867–68)》. 〘1888〙

Reconstrúction Fináce Corporàtion *n.* [the ～]〘米史〙復興金融会社《企業・銀行に金融および財政的援助を行った公社 (1932–57)》.

rè·con·strúc·tion·ism /-ʃənɪzm/ *n.* **1 a** 再建主義, 改築主義. **b** [R-]〘米史〙再編入主義 (⇨ reconstruction 1 c). **2** [しばしば R-]〘ユダヤ教〙(米国での慣習の再解釈などによる)再建主義. **rè·con·strúc·tion·ist** /-ʃ(ə)nɪst | -nɪst/*n.* 〘1942〙

rè·con·strúc·tive *adj.* 再建的な, 改築の, 改造の.
～·ly *adv.* 〘1862〙

réconstructive súrgery *n.*〘外科〙再建手術《形成外科の技術を用いて, 破壊された外観や機能を回復させたり, 先天的欠陥を矯正したりする手術》. 〘1943〙

rè·convéne *vi.* 再召集[召喚]する. **—** *vt.* 再召集[召喚]させる. 〘1647〙

rè·convéntion *n.*〘法律〙=counterclaim. 〘(*c*1449) ◻ (O)F ～: ⇨ re-², convention〙

rè·convérsion *n.* **1** 再改宗, 復党; 復旧, 復帰. **2** (軍需産業・軍需工場の平和産業への)再転換, 再切換え. **3** (元の燃料使用のための, 機械の)再改装. 〘1599〙

rè·convért *vt.* **1** 再改宗[復党]させる; 元の意見に返らせる. **2** 旧態に復させる. **3** 〈軍需産業に転換した産業[工場]を〉(平和産業に)再転換[再切換え]する. **4** 〈他の燃料用に改装した機械を〉(再び元の燃料用に)再改装する, 復元する. **—** *vi.* 再改宗する; 旧態に復する. 〘1611〙

rè·convéy *vt.* **1** 再び送る, 送り返す. **2** 〈土地などを〉元の所有者へ戻す. **rè·convéyance** *n.* 〘1506〙

rec·ord /rékəd | -kɔːd/ *n.* **1** 記録すること; 登録, 登記; 記録: keep a ～ of …を記録する / keep … on ～ …を記録しておく / There is no ～ of what was said then. 当時言われたことは何も記録にない / ⇨ COURT of record. **2 a** 公記録 (register); 公判録, 記録証拠; (委員会などの)議事録 (minutes): ⇨ Public Record Office. **b** 記録に残して記念されるべきもの, 記念物 (memorial), 記録写真: the ～s of medieval life in the British Museum 大英博物館にある中世生活の記録《絵画・彫刻など》. **3 a** (録音盤・磁気テープなどに収められた)記録[音楽, 講演]. **b** レコード: cut [make] a ～ レコードに録音する / long-playing ～s LP レコード. **4 a** (競技などの)記録, レコード; 最優秀記録, 最高記録: hold the world's ～ for [in] the high jump 走り高跳びの世界記録を保持する / beat [break] the ～ レコード[記録]を破る / set [(英) set up] a new ～ 新記録を作る / Output reached a (new) ～ in 1990. 生産高は 1990 年に(新)最高記録に達した / The crowd was a ～. 空前の人出だった. **b** (学校などの)成績: school ～s 学業成績 / have fine ～s at school 学校でよい成績をとる. **5 a** (人・馬・船などの)経歴, 履歴, 素姓 (career): His (pasts [track]) ～ is against him. 彼の(過去の[行跡の])履歴は彼の不利になる《履歴が悪い》/ have a good [bad] ～ 履歴がよい[悪い] / have a clean ～ きれいな履歴を持つ / one's family ～ 系図 / our country's glorious [long] ～ of economic achievement わが国の輝かしい[長い間の]経済成果の履歴. **b** 前科: a son with a ～ 前科のある息子 / have a ～ =have a police [(previous) criminal] ～ 前科がある. **6** 〘電算〙レコード《ひとそろいの情報; データベースではしばしば複数の field からなる》. **7** 《廃》証人 (witness). **8** 《廃》記憶, 思い出 (memory).
bèar récord to …を保証する. ***cáll [táke] to récord*** 証人として喚問する, 証人になってもらう (call to witness). ***cráck a récord*** ⇨ crack 成句. ***for the récord*** 公式の[に]; 事実を記録するために. 《1951》 ***gèt [kéep, pùt, sèt] the récord stràight*** 誤解を解く. ***gó [pláce oneséIf, pút oneséIf] on récord*** 記録に残る; 公に意見を述べる, 言質(げんち)を与える; 態度を明らかにする. 《1930》 ***of récord*** (1) 裁判手続の記録に現れた (⇨ MATTER *of record*). (2) 文書[記録]に出ている; 確証のある: a matter *of* (public) ～ (公の)記録に載っている事柄《確かな事実》. (3) 公式記録によれば. ***òff the récord*** 公表を目的としない, 新聞に書かない, 非公式の[に],「オフレコ」で[の]《政治家が用いる言葉》: speak *off the* ～ オフレコで話す. 《1933》 ***on [upòn] (the) récord*** (1) 公に知られて[た]. (2) (出版物・文書・書類などに)記録されて[た]: He is [went] *on* ～ as having said that … 彼が…と言ったことが記録に残って[公に知られて]いる[いた] / the greatest earthquake *on* [*upon*] ～ 古今みぞうの大地震 / leave [place, put] *on* ～ 記録に残す[留める] / It is *on* [*upon*] ～ that … ということは記録に載っている[先例がある]. ***trável òut of [kéep to] the récord*** 〈話が〉本題からそれる[それない].
— /rékəd | rékɔːd/ *adj.* [限定的] 記録的な, レコード破りの: a ～ crop [snowfall] 未曾有の大豊作[大雪] / a ～ crowd [attendance] 記録的な人出[出席者] / a ～ output 記録的な生産高 / Output has reached ～ levels. 生産高は記録的なレベルに達した / a ～ year for sales 売上げ最高の年 / He won by a ～ margin [majority, 《米》 plurality] of nearly 200,000 votes. 20 万票に近い記録的票差で勝った / She won in ～ time. 彼女は記録的なタイムで優勝した / reach ～ highs [lows] 最高[最低]の記録を出す.
— /rɪkɔ́əd | -kɔ́ːd/ *v.* **—** *vt.* **1** 記録する, 書き留める, 登録する, 記録に残す (register): ～ a speech 演説を書き留める / ～ every one of the events 事件を逐一記録する / History does not ～ what was said then. 歴史は当時言われたことを記録に残していない / as ～*ed* in the annuals 年鑑にあるように / ～ one's thoughts in a diary 考えたことを日記に書き留める / ～ one's vote 投票する / ～ the date of a birth in the family Bible 出生の日を家庭用聖書に書き込んでおく. **2** (はっきり)述べる, 示す: ～ one's protest [disagreement] 不服[異議]を申し立てる. **3 a** 〔レコード・テープに〕〈言葉・音楽・実況などを〉吹き込む, レコーディングする 〔*on, by*〕. **b** 〈音楽家・役者などの〉演奏[演技]を録音[録画]する. **4 a** 〈温度計・体温計などが〉表示する (indicate): The thermometer ～*ed* 37°C. 体温計は 37 度を示していた. **b** 〈自動記録計・地震計・オシログラフ・心電図などが〉(永久的な形で)表示する (register). **5** 〈文献・傷痕・惨状などが〉〈事実などを〉物語る (relate); 〈事実などが〉〈真相などの〉証拠となる, 物語る. **6 a** 《古》歌う (sing), 歌にする. **b** 《廃》思い出す (remember).
— *vi.* **1** 記録する, 登録する. **2** 録音[録画]する. **3** 〈声が〉録音に向く: Her voice [She] does not ～ well. 彼女の声は録音には向かない. **4** 《古》歌う.
～·a·ble /rɪkɔ́ədəbl | -kɔ́ːd-/ *adj.* 〘v.: (?*a*1200) *recorde(n)* ◻ (O)F *recorder* // L *recordārī* ← RE-¹+ *cord-, cor* 'HEART'. — n.: (?*a*1300) ◻ (O)F ～ ← *recorder* (v.)〙

re·cor·da·tion /rèkədéɪʃən, rìːkə- | rèkɔː-, rìː-/ *n.* 記録すること. 〘(*a*1398) 1802–12〙

récord-brèaker *n.* 記録を破る人[もの].

rec·ord-break·ing /rékədbrèɪkɪŋ | -kɔːd-/ *n.* レコード[記録]破り. **—** *adj.* レコード[記録]破りの: a ～ crop / in ～ time 空前の短時間で. 〘1888〙

récord chànger *n.* 自動レコード交換装置, レコードチェンジャー《単に changer ともいう》. 〘1931〙

récord dèck *n.* (レコードプレーヤーの)デッキ. 〘1976〙

re·córd·ed delívery /-dɪd- | -dɪd-/ *n.* 《英》書留配達便 (《米》 certified mail). 〘1961〙

re·cord·er /rɪkɔ́ədə | -kɔ́ːdə^(r)/ *n.* **1 a** カセット[テープ, ビデオ]レコーダー. **b** 《米》留守番電話 (answering machine). **c** (各種の)自動記録器[計]: a time ～ = time clock / an automatic speed ～ 自動速力記録装置. **d** 受信器; 記録機. **2** リコーダー《柔らかな音色をもつ縦笛型のフルート; 大小さまざまの種類がある; cf. flute 1 a》. **3** 〘英法〙[しばしば R-] **a** 四季裁判所におけるかつての臨時市裁判官《5 年以上の経験を有する barrister がこれに充てられた》. **b** 刑事法院 (crown court) における臨時巡回裁判官またはパートタイムの裁判官《10 年以上の経験のある barrister または solicitor がこれに充てられる》. **4 a** 記録者, 登録者, 記録係. **b** (公務上の)記録官, 登記係. 〘(1415) ◻ AF *recordour*=OF *recordeur*: ⇨ record, -er¹〙

recórder·shìp *n.* **1** 記録官[登記係]の職[任期]. **2** recorder (*n.* 3) の職[任期]. 〘1484〙

récord fìlm *n.* 〘映画〙ニュース映画, 報道用フィルム, 文献記録用フィルム (cf. documentary film).

récord hòlder *n.* 記録[レコード]保持者. 〘1934〙

re·cord·ing /rɪkɔ́ədɪŋ | -kɔ́ːd-/ *adj.* **1** 記録する. **2** 自動記録仕掛けの: a ～ meter [instrument] 記録計器.
— *n.* **1 a** 録音, レコーディング. **b** 録音[録画]状態, (特に)元のものに対する音声的[視覚的]忠実度. **c** 録音時間. **2** 録音[録画]したもの《レコード・テープ・ディスクなど》. **3** 録音[録画]するために使うもの《テープ・フィルム・ディスクなど》. 〘n.: (1340) *recordinge* remembrance. — adj. (1761)〙

recórding àmmeter *n.* 〘電気〙記録電流計.

recórding ángel *n.* 〘キリスト教〙記録天使《人の善悪の行為を記録するという》. 〘1761〙

recórding hèad *n.* (テープ[ビデオ]レコーダーの)録音[録画]用ヘッド. 〘1934〙

recórding sécretary *n.* (団体の)議事などを記録する係, 記録係.

recórding vòltmeter *n.* 〘電気〙記録電圧計.

re·córd·ist /-dɪst | -dɪst/ *n.* 〘映画〙録音係. 〘1931〙

récord lìbrary *n.* レコード貸出し館.

récord plàyer *n.* レコードプレーヤー (cf. monophonic, quadraphonic, stereophonic). 〘1934〙

récord slèeve *n.* =sleeve 2.

rec·o-rec·o /rékourékou | -kəurékəu/ *n.* (*pl.* ～s) レコレコ《竹の棒にぎざぎざを刻みつけ, これを小さな棒でこすって鳴らすブラジル起源の体鳴楽器》.

re·count¹ /rɪkáunt/ *vt.* **1** 物語る, 詳説する (narrate) (⇨ tell¹ SYN). **2** 数え上げる, 列挙する (enumerate). **3** 《廃》考慮する, 考える (consider). **～·er** /-tə | -tə^(r)/ *n.* 〘(1456) *recounte(n), recompte(n)* ◻ AF & ONF *reconter* to recount ← RE-¹+*conter* 'to tell, COUNT¹'〙

re·count² /riːkáunt/ *vt., vi.* 再び数える, 数え直す.
— /ˈ⁻⁻, ⁻ˈ⁻/ *n.* (投票などの)数え直し, 再計算. 〘1764〙

re·count·al /rɪkáuntl | -tl/ *n.* 詳説, 詳しい話. 〘1861〙

re·cóuntment *n.* 《Shak》語り (narration), 詳述.

re·coup /rɪkúːp/ *vt.* **1 a** 〈損失などを〉取り戻す (recover) (⇨ recover SYN): ～ one's fortune (失った)財産を取り戻す. **b** 〈人〉に〔損失などの〕償いをする, 償う, 埋め合わせる (compensate) 〔*for*〕: ～ a person *for* a loss 人に損失の償いをする / ～ oneself *for* the delay 遅れを取り戻す. **2** 〘法律〙差し引く, 控除する (deduct): ～ rising costs of materials and labor 資材と人件費の上昇分を控除する. **—** *vi.* **1** 取り戻す, 埋め合わせがつく. **2** 〘法律〙控除する《原告の請求について被告が原告に対して請求権があるとして一部を控除する》. **—** *n.* 《まれ》〘法律〙差引き, 控除 (deduction). **～·a·ble** /-pəbl/ *adj.* 〘(*c*1450) *recoupe(n)* ◻ (O)F *recouper* to cut again ← RE-¹+*couper* to cut (← *coup* 'stroke, COUP¹')〙

re·cóup·ment *n.* **1** 弁償 (compensation). **2** 〘法律〙請求額減殺. 〘1839〙

re·course /ríːkɔəs, rɪkɔ́əs | rɪkɔ́ːs/ *n.* **1** (援助・保護・安全などを求めて)頼ること, 依頼: have ～ *to* …(忠告者・救助者・応急手段として)…に頼る, …に訴える / without ～ *to* …によらないで / If threats proved ineffectual, he had often ～ *to* violence. 脅しがきかなくなると彼はよく暴力に訴えた / *Recourse to* brandy is unwise. 酒の勢いを借りることは賢明でない. **2** 頼みとするもの[人]: Their usual ～ is perjury. 彼らの常套(じょうとう)手段は偽証だ. **3** 〘法律・商業〙償還請求(権)《小切手などの振出人または裏書人に対する支払請求権》. **4** 《廃》通路; 流れ. **5** 《廃》接近; 面会(の機会).
withòut recóurse 遡及(そきゅう)排除《手形が不渡りになった場合の償還義務否定》. 〘《なぞり》← F *sans recours*〙
〘(*c*1380) *recours* ◻ (O)F ◻ L *recursus* a running ← *recurrere* 'to RECUR': cf. course¹〙

re·cov·er /rɪkʌ́və | -və^(r)/ *vi.* **1 a** 〔病気・心配・驚愕などから〕回復する, 治る 〔*from*〕: ～ *from* an illness / Are you (fully [completely]) ～*ed* (from your cold)? (すっかり[完全に])(風邪は)治りましたか / ～ *from* surprise and shock 驚愕とショックから立ち直る. **b** 元どおりになる, 回復[復旧]する 〔*from*〕: ～ *from* a defeat [disaster] 敗北[災厄]から立ち直る[回復する] / The mine soon ～*ed from* the effects of the explosion. 炭鉱は爆発の災害からすぐ回復した / Japan was ～*ing from* its most severe postwar recession. 日本は戦後最大の不況から立ち直ろうとしていた. **2** 〈転び[倒れ]かけた人などが〉安定[バランス, 平均]を取り戻す. **3** 〘フェンシング・ボクシング〙(攻撃の後で)構えの姿勢になる, 元の位置に戻る: ～ after a lunge (フェンシングで)突きの後で構えの姿勢に戻る. **4** 〘アメフト〙リカバーする: **a** 攻撃側がファンブルしたボールを守備側が確保して攻撃権が移る. **b** 直接相手のパスをキャッチする. **c** ルーズボールを押さえる. **5** 〘ボートレース〙(次のストロークをするために)元の姿勢に戻る. **6** 〘法律〙(訴訟に勝って)権利を取得する, 勝訴する: The client will not ～. 訴訟依頼人は訴訟に勝つまい. **7** 《廃》戻る, 帰る (return).
— *vt.* **1** 〈失った物・取られた物・捨てた物などを〉取り戻す, 回復する (win back, get back, regain): ～ a lost umbrella, stolen property (*from* the thief), a conquered town, friendship, one's health, one's reputation, a spacecraft, etc. / ～ one's sight [appetite, strength] 元どおり目が見えるようになる[食欲が出る, 丈夫になる] / ～ one's balance [composure] 倒れそうになるのを持ち直す[平静を取り戻す] / ～ consciousness [one's senses] 意識を取り戻す / ～ the track (迷った後)元の道へ出る / ～ one's breath (切れかかった)息をつぐ / bodies ～*ed* from the lake 湖から収容した遺体 / ～ a debt [expenses] 貸金を返済してもらう[費用を回収する]. **2** 〈損失を〉償う, 埋め合わせる (make up for): ～ one's losses [lost time] 損失を償う[遅れを取り戻す] / ～ high cost of living by a raise in pay 生活費の高騰を昇給によって埋め合わせる. **3** [～ *oneself* として] **a** 平生の自分を取り直す: 正気に戻る; 心が落ち着く. **b** (失った)体のバランスを取り戻す, (転んだ後)立ち上がる, 立ち直る. **4** 再発見する, 新たに見出す: ～ a nova 新星を再発見する / ～ a lost art 忘れられた技術を再発見する. **5 a** 〔悪の道から〕〈人を〉改悟させる 〔*from*〕: ～ a person *from* a bad practice 人に悪いことをやめさせる. **b** (沼地・海などを)再生利用する, 埋め立てて〈土地を〉利用する (reclaim): ～ a tract *from* the sea 海を埋め立てる. **c** 〔原鉱・廃物・副産物などから〕〈有用な物質などを〉取り出す, 回収する, 再生する (reclaim) 〔*from*〕. **6** 〘法律〙 **a** 〈損害賠償を〉受ける, 取る (secure): ～ damages for false imprisonment 不法監禁に対する損害賠償を取る. **b** (訴訟によって)権利を取得する. **7** 〘軍事〙〈武器などを〉元の位置へ戻す: ～ a sword (突いた後)剣を構えの姿勢に戻す / *Recover* arms! 元へ(「狙(ねら)え (=ねらえ) (aim)」の姿勢から「用意 (ready)」の姿勢に戻す号令; cf. ready *adj.* 5 b). **8** 〘スポーツ〙(ファンブルしたり, 受け損なったりしたボールなどを)うまくコントロールする. **9** 《古》生き返らせる, 正気づかせる; 〔病気から〕回復させる 〔*from*〕: ～ a corpse *to* life 死体をよみがえらせる / ～ a person *from* his cold 人の風邪を治す / be ～*ed from* one's cold 風邪が治る. **10** 《古》 **a** 救済する (rescue), 救い出す. **b** 治療する (cure). **11** 《古》…まで引き返す, …に帰着する; …に到達する (reach): ～ the shore 海岸に戻る[着く, 達する]. **12** 《古》友情を取り戻す, 和解する (reconcile).
— *n.* 〘フェンシング・ボクシング〙=recovery 5.
～·er /-vərə | -rə^(r)/ *n.* 〘(?*a*1300) *recovere(n)* ◻ AF *recoverer*=OF *recovrer* (F *recouvrer*) ◻ L *recuperāre* 'to RECUPERATE'〙

SYN 取り返す: **recover** 〈失ったものを〉取り戻す《最も一般的な語》: *recover* a stolen watch 盗まれた時計を取り戻す. **regain** 〈奪われたものを〉取り戻す: *regain* a fortress とりでを奪還する. **retrieve** 手の届きにくいところにあるものを苦労して取り戻す《格式ばった語》: *retrieve* one's watch from pawn 時計を質受けする. **recoup** 元来法律用語で, 損失・費用などを取り戻す: *recoup* one's losses 損失を取り戻す. **restore** 失われたものを元に戻す; 〈信頼などを〉回復する; 〈建物などを〉復旧する: *restore* peace between the two countries 両国の間に平和を取り戻す. **reclaim** 人に与えたり失ったりした後で取り戻そうとする; また開拓・埋め立てなどで〈土地を〉手に入れる: *reclaim* tax 税金の還付を要求する.

R

rè·cóver vt. 1 再び覆う, 覆い直す. 2 張り替える; …の表紙を付け替える: have an old umbrella ~*ed* 傘の張替えをさせる / ~ an old chair 古椅子を張り替える. 〖*c*1410〗

re·cov·er·a·ble /rɪkʌ́v(ə)rəbl/ *adj.* 1 回復できる, 取り戻される. 2 《Shak》後戻りできる. **re·cov·er·a·bil·i·ty** /rɪkʌ̀v(ə)rəbíləti | -lɪti/ *n.* **~·ness** *n.* 〖*a*1471〗

re·cov·er·y /rɪkʌ́v(ə)ri/ *n.* 1 a 元の状態へ返る[返す]こと, 回復, 復旧, 復興; 回復[復旧]に要する時間: ~ *from* illness / make a quick ~ 早く回復する / in ~ (麻薬中毒などから立ち直るための)治療[リハビリ]中で / He is past [beyond] ~. 回復の見込みがない. b 取り戻し. c (不景気後の)景気の回復[上向き] (upturn), 景気回復期. d (宇宙飛行後のカプセルやノーズコーンなどの)回収. 2 取り戻したもの. 3 (廃物などからの有用物資の)取り出し, 活用, 再生. 4 〖法律〗 a (訴訟による)権利の回復. b = common recovery. 5 〖フェンシング・ボクシング〗防御の姿勢に戻ること. 6 〖アメフト〗リカバー (⇨ recover *vi.* 4). 7 〖ダンス〗回復 《落下 (fall) の後で元の姿勢に戻ること》. 8 〖ゴルフ〗リカバリー 《ラフなどに入ってしまったボールをうまくグリーンかフェアウェイに戻すこと》. 9 〖ボートレース〗(次のストロークをするために)元の姿勢に戻ること. 〖(1424) □ AF *recoverie* = OF *reco(u)vree*: ⇨ recover, -y¹〗

recóvery posìtion *n.* 《英》昏睡位 《気絶している人が窒息しないようにするための体位; うつ伏せで顔をやや横向きにする; semi-prone position ともいう》.

recóvery prògram *n.* 《米》(麻薬・アルコール依存者のための)更正プログラム.

recóvery ròom *n.* 回復室, リカバリー室 《麻酔回復過程での異常状態に対処できるために手術後の患者を一時的に収容する部屋》. 〖1916〗

recóvery shòt *n.* 〖ゴルフ〗リカバリーショット (⇨ recovery 8).

recóvery stòck *n.* 〖証券〗リカバリー株, 戻り待ち株 《値は下がっているが回復の見込みのあるもの》.

recóvery tìme *n.* 〖電気〗回復時間. 〖1944〗

recóvery vòltage *n.* 〖電気〗回復電圧.

recpt 《略》 receipt.

rec·re·ance /rékriəns/ *n.* = recreancy.

rec·re·an·cy /rékriənsi/ *n.* 《文語・詩》 1 臆病, 卑怯 (cowardice). 2 不信義, 不実, 変節 (apostasy). 〖(1602) ← ↓, -ANCE〗

rec·re·ant /rékriənt/ 《文語・詩》 *adj.* 1 (特に戦闘において)臆病な, 卑怯な (cowardly): a ~ knight. 2 変節した, 不信の (false, unfaithful). — *n.* 1 (特に戦闘における)卑怯者, 臆病者 (coward). 2 背信者, 裏切者 (apostate, traitor). **~·ly** *adv.* 〖(?*a*1300) □ OF ~ (pres. p.) ← *recroire* to change one's faith, 《原義》 yield in trial by combat < ML (*sē*) *recrēdere* to surrender (oneself) ← RE-¹ + L *crēdere* to believe (⇨ creed): ⇨ -ant〗

rec·re·ate /rékrièɪt/ *vt.* 《まれ》 1 (労働・疲労の後などに休養・娯楽などで)気晴らしをさせる, …に英気を養わせる (refresh): ~ oneself with baseball [by a holiday] 野球で[休暇を取って]英気を養う / It ~*s* him to invent stories for his neighbors. 隣人に自分の作った話をして聞かせるのがあの人の楽しみだ. 2 元気づける, …に元気を出させる. — *vi.* (娯楽などで)気晴らしをする, レクリエーションをする. **réc·re·à·tor** /-tə | -tə(r)/ *n.* 〖(*c*1425) ← L *recreātus* (p.p.) ← *recreāre* to make anew, revive, refresh: ⇨ re-¹, create〗

re-cre·ate /rìːkriéɪt/ *vt.* 1 造り直す, 改造する. 2 (想像の中で)再現する. **rè-cre·á·tor** *n.* 〖1587〗

rec·re·a·tion /rèkriéɪʃən/ *n.* 1 気晴らし, 娯楽, 休養, 保養, レクリエーション; (体力・元気の)回復した状態. 日英比較 日本語の「レジャー」に近い意味を持つことが多い. 2 《まれ》気晴らしとなるもの, 笑いの種. 3 《廃》食事をとっての休息. — *adj.* = recreational. 〖(*a*1393) □ (O)F *récréation* // L *recreātiō(n-)* recovery from illness: ⇨ recreate, -ation〗

rè-creátion *n.* 改造(物); 再形成, 再創造. 〖1522〗

rec·re·a·tion·al /rèkriéɪʃnəl, -ʃənl/ *adj.* 休養[娯楽, レクリエーション]の[に関する]: ~ facilities レクリエーション施設. 〖1656〗

recreátional véhicle *n.* (キャンピングカーやトレーラーなどの)レクリエーション用の車両 (略 RV). 〖1966〗

recreátion gròund *n.* 《英》(スポーツや競技をするための公共の)運動場, (運動)公園 (rec と省略されることもある). 〖1859〗

rèc·re·á·tion·ist /-ʃ(ə)nɪst/ *n.* (特に, 戸外での)レクリエーションを楽しむ人. 〖1904〗

recreátion ròom *n.* 《米・カナダ》(病院・クラブ・家庭の)娯楽室 《遊戯室・ゲーム室など; rec room ともいう; cf. rumpus room》. 〖1854〗

rec·re·a·tive /rékrièɪtɪv | -eɪt-/ *adj.* 気晴らしになる, 休養になる, 元気を回復させる (entertaining). **~·ly** *adv.* 〖1549〗

rè-creátive *adj.* 改造的な; 再創造する. 〖1861〗

rec·re·ment /rékrəmənt | -rɪ-/ *n.* 1 〖生理〗再帰液 《分泌後再吸収されてまた血液中に戻る分泌液; 唾液(だえき)・胃液など》. 2 《まれ》(有用なものから分けた)廃物; かなくそ, 鉱滓 (scoria). **rec·re·men·tal** /rèkrəméntl | -rɪméntl/ *adj.* 〖(1599) □ F *récrément* // L *recrēmentum* dross ← RE-¹ + *cernere* to separate: ⇨ -ment〗

rec·re·men·ti·tious /rèkrəməntíʃəs, -mɛn- | -krɪ-/ *adj.* 1 不純物の(含まれる), 不純物から成る. 2 余計な, むだな (superfluous). 〖1650〗

re·crim·i·nate /rɪkrímənèɪt | -mɪ-/ *vi.* 1 相手の非難に対して言い返す, 非難し返す. 2 反訴する. — *vt.* (告発されて)〈相手を〉反訴する. **re·crím·i·nà·tor** /-tə | -tə(r)/ *n.* 〖(1603) ← ML *recrīminātus* (p.p.) ← *recrīmināre* ← RE-¹ + L *crīminārī* to accuse (← *crīmen* 'CRIME')〗

re·crim·i·na·tion /rɪkrìmənéɪʃən | -mɪ-/ *n.* 1 (相手の非難に対する)難詰, やり返し. 2 反訴 (countercharge). 〖(1611) □ F *récrimination* // ML *recrīminātiō(n-)*: ⇨ ↑, -ation〗

re·crim·i·na·tive /rɪkrímənèɪtɪv | -mɪnət-, -nèɪt-/ *adj.* 負けずに非難する, やり返す. 〖1828〗

re·crim·i·na·to·ry /rɪkrímənətɔ̀ːri | -mɪnətəri, -tri/ *adj.* = recriminative.

réc ròom /rék-/ *n.* 《米口語》= recreation room.

re·cru·desce /rìːkruːdés | rìːk-, rèk-/ *vi.* 〈病気・犯罪・不満などが〉再発する, 再燃する, ぶり返す. 〖(1884) □ L *recrūdēscere* ← RE-¹ + *crūdus* 'raw, bleeding, CRUDE'〗

re·cru·des·cence /rìːkruːdésəns, -sns | rìːk-, rèk-/ *n.* (病気・犯罪・不安などの)再発, ぶり返し, 再燃. 〖(1721) ← L *recrūdēscere* (↑) + -ENCE〗

re·cru·des·cent /rìːkruːdésənt, -snt | rìːk-, rèk-/ *adj.* 〈病気・犯罪・不満など〉再発する, 再燃する. 〖(1727) □ L *recrūdēscentem* (pres. p.) ← *recrūdēscere*: ⇨ recrudesce, -ent〗

re·cruit /rɪkrúːt/ *vt.* 1 a …に新会員[加入者]を補充する: ~ a team with new players チームに新人を入れて補強する. b 〈人員・会員などを〉採用する, 起用する; 〈団体・会・大学などが〉〈…を〉新会員[新入生]として入れる: The University of Virginia is actively ~*ing* blacks. バージニア大学では黒人学生を積極的に入れている. 2 a 〈新兵を〉募る, 徴募する (raise, enlist). b 〈軍隊〉に新兵を入れる: ~ a regiment 連隊に新兵の補充をする. 3 a 補充する, 補給する (replenish): ~ one's stores 店の品を補充する. b 《古》〈活力・元気を〉回復する (restore): ~ one's health [strength, energies] 健康[体力, 精力]を回復する. c [~ one*self* で] 保養する, 体力[元気]をつける. — *vi.* 1 新会員[新兵]を募る[隊に入れる]. 2 《古》 a 補充する, 補給する. b 健康を回復する, 元気になる; 保養する: He has gone to the seaside to ~. 海岸に保養に行っている. — *n.* 1 a 新会員, 新党員. b 新兵, 初年兵, 補充兵; (米国陸海軍の)最下級兵; 《空軍俗》初級訓練機. c 新米, 新入生, 新参者 (novice): a raw [new] ~ 新参者, 新米. 2 《古》(新たな)供給, 補給. **~·a·ble** /-təbl | -tə-/ *adj.* **~·er** /-tə | -tə(r)/ *n.* 〖(1635–56) □ F *recruter* to levy troops ← 《方言》 *recrute* = *recrue* a new growth (p.p.) ← *recroître* to grow again < L *recrēscere* ← RE-¹ + *crēscere* to grow (cf. crescent)〗

re·cruit·al /rɪkrúːtl | -tl/ *n.* 補充, 補給. 〖1648〗

re·crúit·ing gròund /-tɪŋ- | -tɪŋ-/ *n.* 1 新兵[初年兵]補充地[徴募区]. 2 補充地, 補給地.

re·cruit·ment /rɪkrúːtmənt/ *n.* 1 新兵[初年兵]徴募. 2 〖生理〗レクリートメント, 漸増 《神経系への反復刺激によって新規のニューロンが次々に興奮するため, 反応が次第に強くなること》. 〖1828〗

recrúitment àgency *n.* 人材斡旋業[会社], 就職情報業.

rè·crystallizátion *n.* 再結晶. 〖1793〗

rè·crýstallize *vi.* 再結晶する. — *vt.* 再結晶させる. 〖1797〗

Rec. Sec., rec. sec. 《略》 recording secretary.

rect. 《略》 receipt; rectangle; rectangular; rectified.

Rect. 《略》 Rector; Rectory.

rec't, rect. 《略》 receipt.

rect-¹ /rɛkt/ (母音の前にくるときの) recti- の異形: *rect*angular.

rect-² /rɛkt/ (母音の前にくるときの) recto- の異形: *rect*itis 直腸炎.

recta *n.* rectum の複数形.

rec·tal /réktl/ *adj.* 〖解剖〗直腸 (rectum) の[に関する, を冒す, の近くにある, による]. **~·ly** /-təli, -tli/ *adv.* 〖(1859): ⇨ RECTO- + -AL¹〗

rec·tan·gle /réktæŋgl/ *n.* 〖数学〗長方形, 矩形(くけい) (cf. rhombus). 〖(1571) □ (O)F ~ // ML *rēctangulum* (neut.) ← LL *rēctianglus* ← L *rēctus* (⇨ rectus) + *angulus* 'ANGLE¹'〗

réc·tàn·gled *adj.* = rectangular.

rec·tan·gu·lar /rɛktǽŋgjʊlə | -lə(r)/ *adj.* 1 a 長方形の, 矩形(くけい)の: a ~ ground, room, etc. b (底面や断面が)矩形の: a ~ building. 2 直角の, 直角をもっている; 直角をなす (square); 直交する: a ~ ax, line, etc. **~·ly** *adv.* **~·ness** *n.* 〖(1624) □ F *rectangulaire* ← ML *rēctangulum*: ⇨ -AR¹〗

rectángular coórdinates *n. pl.* 〖数学〗直交座標 (cf. Cartesian coordinates). 〖1864〗

rectángular cópper wíre *n.* 〖電気〗平角銅線.

rectángular hypérbola *n.* 〖数学〗直角双曲線 《漸近線が直交する双曲線; equilateral hyperbola ともいう》. 〖1882〗

rec·tan·gu·lar·i·ty /rɛktæ̀ŋgjʊlǽrəti, -lɛ́r- | -lǽrɪti/ *n.* 矩形(くけい)[長方形]であること; 直角をなすこと. 〖1727〗

rectángular parallelépiped *n.* 〖数学〗直方体 《cuboid ともいう》.

rectángular wáveguide *n.* 〖電気〗方形導波管.

recti *n.* rectus の複数形.

rec·ti- /réktɪ, -ti/ 「まっすぐな (straight), 直角の (right)」の意の連結形: *recti*linear. ★ 母音の前では通例 rect- になる. 〖← L *rēctus* straight: ⇨ right〗

rec·ti·fi·a·ble /réktəfàɪəbl, ーーーーー | -tɪ-/ *adj.* 1 改正[修正, 矯正, 調整]できる (correctable, amendable). 2 〖数学〗〈弧・曲線が〉有限の長さの: a ~ curve 長さの有限な曲線. 3 〖化学〗精留できる (cf. rectification). 〖1646〗

rec·ti·fi·ca·tion /rèktəfəkéɪʃən | -tɪfɪ-/ *n.* 1 改正, 修正, 矯正, 調整 (correction, amendment): the ~ of errors [a frontier line] 誤り[境界線]の修正. 2 〖化学〗精留 《分留によって液体を精製すること》. 3 〖電気〗整流 《交流を直流に変えること》. 4 〖数学〗求長法. 5 〖写真〗ひずみ修正 《写真測量で平行線のゆがみなどを引伸ばしの時に修正すること》. 〖(*a*1400) □ (O)F ~ // LL *rectificātiō(n-)*: ⇨ rectify, -fication〗

réc·ti·fied spírit *n.* 〖化学・薬学〗精留エタノール 《エタノール 95.6%, 水 4.4% の混合物で, 定沸点をもつ》. 〖1747〗

réc·ti·fì·er *n.* 1 改正者, 修正者. 2 〖化学〗精留器. 3 〖電気〗整流器; 整流素子 《整流器として用いる半導体ダイオードなどの素子》. 4 〖海事〗(磁気羅針(らしん)儀の)違差測定器. 〖1611〗

rec·ti·fy /réktəfàɪ | -tɪ-/ *vt.* 1 〈誤り・従来の意見などを〉改正[修正, 訂正]する (remedy); 直す (correct, amend): ~ a frontier line 境界線を修正する / ~ errors [anomalies] 誤り[異常な点]を訂正する. 2 〈悪風などを〉矯正する (cure): ~ abuses 悪弊を矯正する. 3 〈機械・器具などを〉調整する (adjust); 〈船・人工衛星などの針路を〉修正する. 4 〖化学〗精留する (refine): ~ alcohol [spirits] アルコール[酒類]を精留する. 5 〖電気〗整流する: ~*ing* action 整流作用 / a ~*ing* detector 整流検波器 / a ~*ing* valve [tube] 整流管. 6 〖数学〗直線に直す; 〈弧・曲線〉の長さを求める, 求長する. 7 〖地理〗〈地球の大きさ・形などを〉(新しい資料によって)修正[更正]する. 〖(1392) *rectifie(n)* □ (O)F *rectifier* □ ML *rēctificāre* to make right, correct ← L *rēctus* straight: ⇨ rectus, -ify〗

rècti·líneal *adj.* = rectilinear.

rec·ti·lin·e·ar /rèktəlíniə | -tɪlíniə(r)/ *adj.* 1 直線の. 2 a 直線をなす[から成る, で囲まれた] (cf. curvilinear): a ~ angle 〖数学〗直線角. b 直線に進む: ⇨ rectilinear motion. 3 垂直の (perpendicular). 4 〖光学〗〈レンズが〉歪曲収差が補正された. **~·ly** *adv.* **rècti·lineárity** *n.* 〖(1659) ← LL *rēctilineus* (← L *rēctus* 'RECTUS' + *līnea* 'LINE¹') + -AR¹〗

réctilinear léns *n.* 〖光学〗直線収差矯正レンズ, レクチリニアレンズ 《直線がゆがまずに直線に結像されるように, 特に歪曲収差を補正した写真レンズ》.

réctilinear mótion *n.* 〖機械〗直線運動. 〖1659〗

rec·tion /rékʃən/ *n.* 〖文法〗支配. 〖(*a*1637) □ L *rēctiō(n-)* a guiding, government ← *rēctus*: ⇨ rectus, -tion〗

rècti·róstral *adj.* 〖鳥類〗〈鳥が〉まっすぐなくちばしをした. 〖← RECTI- + L *rōstrum* beak (⇨ rostrum) + -AL¹〗

rec·ti·tude /réktətùːd, -tjùːd | -tɪtjùːd/ *n.* 1 公正, 方正, 正直 (righteousness, integrity) (⇨ goodness SYN): the ~ of one's motives 動機の公正. 2 (知的・芸術活動で判断や手続き上の)正確さ: scientific ~ 科学的正確. 3 《まれ》まっすぐなこと (straightness). 〖(?*a*1425) □ (O)F ~ // LL *rēctitūdo*: ⇨ recti-, -tude〗

rec·ti·tu·di·nous /rèktətúːdənəs, -tjúːd-, -dn- | -tjúːdɪn-, -dn-/ *adj.* 独善的な信仰心をもっている, 己独り清しとする. **~·ly** *adv.* 〖1897〗

rec·to /réktoʊ | -təʊ/ *n.* (*pl.* ~s) 〖印刷・製本〗(cf. verso) 1 a (原稿の)第 1 ページ, 表ページ, 紙の表面. b (本の)奇数ページ, 右ページ. 2 a (本の)表(ひょう)表紙 (front page). b 表カバー. 〖(1824) □ L *rēctō* (*foliō*) on the right (leaf) ← *rēctus* right〗

rec·to- /réktoʊ | -təʊ/ 「直腸 (rectum)」の意の連結形: *recto*scope. ★ 母音の前では通例 rect- になる. 〖← RECTUM〗

rec·to·cele /réktəsìːl/ *n.* 〖病理〗直腸ヘルニア, 直腸瘤(りゅう). 〖(1859): ⇨ ↑, -cele¹〗

rec·tor /réktə | -tə(r)/ *n.* 1 a 〖英国国教会〗(十分の一税 (tithes) を領収した, parish の)司祭[牧師], 教会区司祭[牧師]; 主任司祭[牧師] (cf. vicar 1) (⇨ lay rector). b 〖米国聖公会〗教区牧師. c 〖カトリック〗(イエズス会などの)修道院長, 院長 (cf. superior *n.* 3). 2 《英》(スコットランドを含めた各種学校・大学・学寮などの)校長, 学長, 総長. 3 《廃》支配者, 総督 (ruler). 〖(*a*1387) □ OF *rectour* (F *recteur*) // L *rēctor* ruler, leader ← *rēctus* (p.p.) ← *regere* 'to RULE': ⇨ -or²〗

rec·tor·ate /réktərɪt, -trɪt/ *n.* rector の職[地位, 任期]. 〖(1725) □ LL *rectorātus*: ⇨ ↑, -ate¹〗

rec·tor·ess /réktərɪs, -trɪs | -tərɪs, -rès, -trɪs/ *n.* rector の夫人. 〖(1729) ← RECTOR + -ESS¹〗

rec·to·ri·al /rɛktɔ́ːriəl/ *adj.* 1 教区牧師 (rector) の: ~ tithes 牧師に払うべき十分の一税. 2 総長[学長, 校長]の. — *n.* (スコットランドの大学の)学長選挙. 〖1611〗

réctor·shìp *n.* = rectorate. 〖1600〗

rec·to·ry /réktəri, -tri/ *n.* 1 〖教会〗牧師館, 司祭館 《rector の住居》. 2 〖英国国教会〗教会区牧師 (rector) の[収入]. 〖(1536) □ AF & OF *rectorie* // ML *rēctōria*: ⇨ rector, -y¹〗

rec·to·scope /réktəskòʊp | -skəʊp/ *n.* 〖医学〗直腸鏡 (proctoscope). 〖(1890) ← RECTO- + -SCOPE〗

rec·trix /réktrɪks/ *n.* (*pl.* **rec·tri·ces** /réktrəsìːz, rɛktráɪsiːz | réktrɪsìːz, rɛktráɪsiːz/) [通例 *pl.*] 〖鳥類〗尾羽 (tailfeather) 《飛ぶ方向をコントロールするのに重要な》. 〖(1768) □ L ~ (fem.) ← *rēctor* one who rules: ⇨ rector〗

rec·tum /réktəm/ *n.* (*pl.* ~s, **rec·ta** /-tə/) 〖解剖〗直

腸 (⇨ digestive 挿絵). 〘(?*a*1425) □ L *rēctum (intestinum)* straight (intestine) (neut.) ← *rēctus* (↓)〙

rec·tus /réktəs/ *n.* (*pl.* **rec·ti** /-taɪ/) 〔解剖〕直筋. 〘(1704) ← NL *rēctus (musculus)* straight (muscle) ← L *rēctus* 'straight, RIGHT'〙

re·cu·ler pour mieux sau·ter /rəkjuːléɪpuəmjəːsoutéɪ | -puəmjəːsə́uteɪ; *F.* ʁəkylepuʁmjøsote/ 一歩後退二歩前進. 〘(1820) □ F ~ 'to draw back in order to make a better jump'〙

re·cúm·bence /-bəns/ *n.* =recumbency. 〘1676〙

re·cum·ben·cy /rɪkʌ́mbənsi/ *n.* 横たわること, 横臥(おうが); もたれかかること. 〘1646〙

re·cum·bent /rɪkʌ́mbənt/ *adj.* **1** 横たわった (⇨ prone SYN); もたれた, 寄りかかった: a ~ odalisque by Ingres アングル筆のオダリスク横臥(おうが)像. **2** だらりとしている, 不活発な (inactive), 怠惰な (idle). **3** 〔生物・解剖〕(他のものの上に)横臥している. **4** 〔地質〕(褶曲が)横臥の. — *n.* 寄りかかる[横臥している]もの. **~·ly** *adv.* 〘(1642) □ L *recumbentem* (pres. p.) ← *recumbere* to lie down ← RE-¹+-*cumbere* to lie down (cf. *cubāre* to lie down)〙

re·cu·per·a·bil·i·ty /rɪkùːpərəbíləṭi, -kjùː- | -kjùːpərəbíləti, -kùː-/ *n.* 回復力. 〘1886〙

re·cu·per·a·ble /rɪkúːp(ə)rəbl̩, -kjúː- | -kjúː-, -kúː-/ *adj.* 回復できる. 〘15C〙

re·cu·per·ate /rɪkúːpərèɪt, -kjúː- | -kjúː-, -kúː-/ *vi.* **1** (療養などによって病気や疲労から)回復する, 治る, 元気づく: He will soon ~ and return to duty. 彼はすぐ回復して仕事に戻るだろう / He was *recuperating from* a stroke. 彼は発作のあと快方に向かっていた. **2** (損失から)立ち直る, 回復する. — *vt.* 〈健康・損失などを〉回復する, 取り戻す (recover). 〘(1542) ← L *recuperātus* (p.p.) ← *recuperāre* to recover (変形)? ← *recipere* to obtain again: ⇨ receive; cf. recover〙

re·cu·per·a·tion /rɪkùːpəréɪʃən, -kjùː- | -kjùː-, -kùː-/ *n.* (疲労・病気・損失などからの)回復 (recovery). 〘(1481) (1865) □ (O)F *récupération* ∥ L *recuperātiō(n-)*: ⇨ ↑, -ation〙

re·cu·per·a·tive /rɪkúːp(ə)rəṭɪv, -kjúː-, -pərèɪṭ- | -kjúːpərətɪv, -kúː-, -pərèɪt-/ *adj.* **1 a** 回復させる, 元気づける. **b** 回復の[に関する], 回復力のある; 回復促進力のある, 元気回復に役立つ (restorative): the bodily ~ capacity 身体に備わっている回復力. **2** 回収装置をもった: a ~ furnace 復熱炉. **~·ness** *n.* 〘(1623) □ LL *recuperātīvus*: ⇨ recuperate, -ative〙

re·cú·per·à·tor /-ṭə | -tə(r)/ *n.* **1** 回復者; 回復物. **2** 〔機械〕=regenerator 2. **3** 〔軍事〕(大砲の)復座機 (発射の際の反動で後退した砲身を射撃位置に復座させる装置). 〘(1706) □ L *recuperātor* (原義) recoverer: ⇨ -or²〙

re·cu·per·a·to·ry /rɪkúːpərətɔ̀ːri, -kjúː- | -kjúːpərətəri, -kúː-/ *adj.* =recuperative.

re·cur /rɪkə́ː | -kə́ː(r)/ *vi.* (**re·curred**; **re·cur·ring**) **1** 〈問題・困難などが〉再発する, 繰り返される (⇨ return SYN): The question often ~*s.* この問題は繰り返し起こる. **2** 〈考え・場面などが〉再び心に浮かぶ, 回想される, 思い出される: The scene ~*red to* my mind [memory]. その場面が再び心に浮かんだ. **3** 〈言葉・名などが〉出てくる, 飛び出してくる, 使われる: The name of Chopin ~*red* frequently in her conversation. ショパンの名が会話の中にしょっちゅう出てきた. **4** 〈考え・話などが〉元に戻る, 立ち返る (go back): ~ *to* one's former subject 元の話題に立ち返る. **5** 頼る, 訴える (resort) 〔*to*〕: ~ *to* arms 武力に訴える. **6** 〔数学〕循環する (circulate): ⇨ recurring decimal. 〘(1468) □ L *recurrere* to turn back, recur ← RE-¹+*currere* to run: ⇨ current〙

re·cure /rɪkjúə | -kjúə(r)/ *vt.* 〔廃〕癒(い)やす (remedy), 回復させる. 〘(?*a*1300) *recure(n)* □ L *recūrāre*: ⇨ re-¹, cure〙

re·cur·rence /rɪkə́ːrəns | -kʌ́rəns/ *n.* **1** 再起, 再現, 再発 (repetition); 循環: ~ of an epidemic 流行病の再発 / frequent ~ 頻発(ひんぱつ) / ⇨ eternal recurrence. **2** 回想, 思い出. **3** 元の考え[話, 状態]に戻ること. **4** 頼ること (resort, recourse) 〔*to*〕: have ~ *to* arms 武器に頼る[訴える]. **5** 〔植物〕原始形態が後代に繰り返し現れること. 〘(1646): ⇨ ↑, -ence〙

recúrrence fòrmula *n.* 〔数学〕漸化式(ぜんかしき), 回帰公式 (列をなす数学的対象の各項を, それに先立つ項から決定する式; recursion formula ともいう). 〘1902〙

re·cur·rent /rɪkə́ːrənt | -kʌ́r-/ *adj.* **1 a** 再発する, 周期的に起こる, 回帰[再発]性の (⇨ intermittent SYN); 循環する. **b** 時々[周期的に]起こる: ~ appearances, complaints, etc. **2** 〔解剖〕〈神経・血管などの走向が〉逆の方に戻る, 回帰の: ~ nerves 回帰神経 / a ~ artery 回帰動脈. **~·ly** *adv.* 〘(1597) □ L *recurrentem* (pres. p.) ← *recurrere*: ⇨ recur, -ent〙

recúrrent féver *n.* 〔病理〕回帰熱 (⇨ relapsing fever).

recúrrent nóva *n.* 〔天文〕再帰新星 (変光星の一種).

re·cúr·ring /-kə́ːrɪŋ | -kə́ːr-/ *adj.* **1** 繰り返し発生する, 回帰する. **2** 〔数学〕循環する: a ~ curve 循環曲線. **~·ly** *adv.* 〘1715〙

recúrring décimal *n.* 《英》〔数学〕循環小数 (30.1236174174174 …のようにある桁以降同じ数字の列が繰り返される無限小数; repeating decimal, circulating decimal ともいう; cf. terminating decimal). 〘1801〙

re·cur·sant /rɪkə́ːsənt, -snt | -kə́ː-/ *adj.* 〔紋章〕〈鷲が〉背面を見せた. 〘(1828) □ L *recursantem* ← *recursāre* to hasten back ← *recurrere* 'to RECUR'〙

re·cur·sion /rɪkə́ːʒən | -kə́ːʃən/ *n.* **1** 〔電算〕再帰. **2** 〔数学〕帰納, 回帰 (列をなす数学的対象の各項を, それに先立つ項から一定の規則で決定すること). 〘(1616) □ L *recursiō(n-)*: ⇨ recur, -sion〙

recúrsion fòrmula *n.* 〔数学〕=recurrence formula.

re·cur·sive /rɪkə́ːsɪv | -kə́ː-/ *adj.* **1** 繰り返して使用できる. **2** 〔数学〕帰納的な, 回帰的な. **3** 〔電算〕**a** 再帰的な, 帰納的な, 回帰的な, リカーシブな. **b** 〈プログラムが〉周期(反復)的な. **~·ly** *adv.* **~·ness** *n.* 〘(1790) (1934) ← RECURS(ION)+-IVE〙

recúrsive definítion *n.* 〔論理・数学〕回帰的定義 (任意数の基本的要因を設定し, それらから有限回の操作によって構成する形での定義). 〘1940〙

recúrsive fúnction *n.* 〔論理・数学〕回帰(的)関数 (有限回の操作で値を計算できる数論的関数). 〘1934〙

recúrsive subroutíne *n.* 〔電算〕再帰的サブルーチン (自分自身を直接または間接的に呼び出すことができるサブルーチン).

re·cur·vate /rɪkə́ːvɪ̀t, -veɪt | -kə́ː-/ *adj.* 《まれ》〔植物〕反(そ)りかえった, 反曲した (recurved). 〘(1776) □ L *recurvātus* (p.p.) ← *recurvāre*: ⇨ recurve, -ate²〙

rè·cúrvature *n.* 〔植物〕反(そ)り返り, 反曲. 〘1729〙

rè·cúrve *vt.* 後方に反(そ)らす[曲げる]. — *vi.* 〈風・流れなどが〉曲がって戻る, 回れ右をする, 逆転する (turn back). 〘(1597) □ L *recurvāre* ← RE-¹+*curvāre* 'to CURVE'〙

rè·cúrved *adj.* 〈犬のしっぽなどが〉後方[内側]へ曲がった. 〘1597〙

réc·u·sance /-zəns, -zns/ *n.* =recusancy.

rec·u·san·cy /rékjuzənsi, rɪkjúːz-, -zn-/ *n.* **1** 不従順, 服従拒否, 反抗. **2** 〔英史〕(カトリック教徒の)英国国教忌避 (nonconformity) (1570–1791 年間は法定犯罪とされた). 〘(1563): ⇨ ↑, -ancy〙

rec·u·sant /rékjuzənt, rɪkjúːz-, -znt/ *adj.* **1** 不従順の, 強情に従わない, (権威に)屈しない, 反対する 〔*against*〕. **2** 〔英史〕英国国教を奉じない, 国教忌避の: a ~ priest 国教を奉じない聖職者. — *n.* **1** 強情な反抗者, 権威に屈しない者. **2** 〔英史〕(16–18 世紀のカトリック教徒で)英国国教忌避者 (refuser) (cf. nonconformist 2, dissenter 2). 〘(1552–53) □ L *recūsantem* (pres. p.) ← *recūsāre* to decline, refuse ← RE-¹+*causa* 'CAUSE': ⇨ -ant〙

re·cuse /rɪkjúːz/ *vt.* 〔法律〕〈裁判官・陪審員等を〉忌避する. 〘(*a*1387) □ (O)F *récuser* □ L *recūsāre* (↑)〙

re·cy·cle /rìːsáɪkl/ *vt.* **1** 〈廃物などを〉再生利用する; 循環処理する, リサイクルする: ~ scrap paper くず紙を再生利用する / ~ sewage 下水を再利用する. **2** 〔電気〕〈発電機などを〉加速的に全出力運転させる. — *vi.* **1** 〈廃物が〉再生(利用)される. **2** 秒読みを中止して始めに戻る. **3** 〔電子工学〕(操作を再開するために)元の状態に戻す. — *n.* 再生品. **rè·cý·cla·ble** /-kləbl̩, -kl-ˈ/ *adj.* 〘1926〙

red¹ /réd/ *adj.* (**red·der**; **red·dest**) **1 a** 赤い, 赤色の; 赤色に染まった: (as) ~ as a beet 《米口語》(恥ずかしくて)真っ赤になって / (as) ~ as blood [scarlet, a turkey cock] 真っ赤になって / turn [get, become] ~ 赤くなる. **b** (他と区別するために)赤のしるしをつけた: the ~ team 赤組. **c** (怒り・当惑などで)顔を赤らめた, 真っ赤になった: ~ *with* anger [indignation] 真っ赤になって怒って. **d** 〈目が〉(泣いたりして)充血した, 血走った (bloodshot): Her eyes were ~ *with* recent weeping. 少し前まで泣いていたらしく目を赤くしていた. **e** 燃えるような; 赤熱の: ~ iron 赤熱の鉄. **2 a** 血に染まった (bloodstained), 〈戦いなど〉流血の: with ~ hands (血で)真っ赤な手をして, 殺人を犯して (cf. red-handed) / a ~ battle 血戦, 激戦. **b** 〈肉が〉血の多い, 赤身の: ⇨ red meat. **3 a** 〈人種が〉赤い皮膚の, 銅色人種の: ⇨ red man, redskin, Red Indian. **b** 血色のよい. **c** 赤毛の: a ~ dog 赤毛の犬. **4** 《口語・軽蔑》〔革命主義者・共産主義者の赤旗から〕**a** (政治的に)過激な, 革命的な, 赤化の (revolutionary) (cf. white 15, pink¹ 3): ~ activities 赤化運動 / the ~ menace 赤化の脅威 / a ~ anarchist 過激な無政府主義者. **b** [しばしば R-] 共産主義の (communistic); ソ連の, ロシアの; 中共の: the *Red Air Force* ソ連空軍. **5** 〔簿記・会計〕赤字の, 収支決算が赤字[マイナス]の (↔ black). **6** 〈ワインが〉赤の. **7** 《南ア》=red-blanket.

sée the réd líght ⇨ red light 1 b.

réd prússiate of pótash =potassium ferricyanide.

— *n.* **1 a** 赤色, 赤. **b** 赤色絵具; 赤色染料; 紅(べに), ルージュ. **c** 赤光. **2 a** 赤い布; 赤い服: be dressed in ~ 赤い服を着ている / a woman in ~ 赤いドレスを着た女性. **b** (運動チームなどで)赤い記章[しるし]をつけている人, 赤組の人: the Cincinnati *Reds*. **3 a** 赤い物; (交通の)赤信号. **b** (roulette, rouge et noir の)赤枠, 赤側. **c** (玉突の)赤玉. **d** 赤毛の動物. **e** 赤ワイン. **f** 赤銭 (1 セント銅貨; cf. red cent). **4** [しばしば Reds] アメリカインディアン (cf. black 4). **5** (主に軽蔑) **a** 過激論者, 革命主義者 (cf. white 16, pink¹ 4); 過激な共和主義者, 無政府主義者. **b** 《口語》[しばしば R-] (特に)共産党員[主義者]: the *Reds* 赤軍, 共産軍. **6** [the R-] 〔英史〕(17 世紀に英国の艦隊が Blue, Red, White に分かれていた時の)赤色艦隊 (Red Squadron). **7** [the ~] 〔簿記・会計〕赤字, 借方, 損失 (cf. black 5): be in *the* ~ (会計簿に借方を赤字で記入したことから)赤字を出している, 負債[欠損]になっている, 借金している / go [put, get] (a million, dollars) into *the* ~ (100 万ドルの)赤字を出す, 欠損をきたす / take [get] a business out of *the* ~ and put it into the black 商売の赤字を消して黒字にする / The company was $1,000,000 in *the* ~. 社は百万ドル赤字になっていた / We are now out of *the* ~. 我が社も今や赤字から脱した. **8** 〔アーチェリー〕赤的 (金的の外まわりの大きな的; inner ともいう). **9** [通例 *pl.*] 《俗》セコバルビタールの赤カプセル, バルビツル酸塩 (鎮静剤・催眠剤; cf. secobarbital, barbiturate).

sée réd 《口語》激怒する (闘牛が赤い布に興奮することから). (1901)

— *vt., vi.* (**red·ded**; **red·ding**) 《古・方言》=redden.

réd óut (1) 〔航空医学〕(レッドアウト (redout) によって)目がくらんだり意識を失う (cf. BLACK *out* (*vi.*) (5), redout 1). (2) (少年・少女たちが戯れに)顔面を充血させて自ら失神寸前までいく (深く息を吸ってかがみ, 親指をくわえて息が出ないようにする; cf. redout 2).

~·ness *n.* 〘OE *rēad* <Gmc **rauðaz* (Du. *rood* / G *rot* / ON *rauðr*) ← IE **reudh-* red, ruddy (L *rūfus* 'RUFOUS' / Gk *eruthrós*)〙

red² *v.* (**red**; **red·ding**) =redd¹.

Red¹ /réd/ *n.* レッド: **1** 男性名. **2** 女性名. 〘← RED¹ (原義) red-faced[-haired]: 赤毛の人につける米国の一般的な nickname〙

Red² /réd/ *n.* [the ~] **1** =Red Sea. **2** =Red River. **3** =Song Hong.

red. 《略》redeemable; reduce(d); reduction.

-red /rɪ̀d/ *suf.* 性質・状態などを表す名詞語尾: hat*red*, kind*red*. 〘OE *-rǣden* ← *rǣden* rule, condition: ⇨ read¹〙

réd ácetate *n.* 〔染色〕=red liquor.

re·dact /rɪdǽkt/ *vt.* 〈原稿などを〉編集する (edit); 〈口述書などを〉作成する (compose). 〘(逆成) ← REDACTION〙

re·dac·tion /rɪdǽkʃən/ *n.* **1** 編集 (editing); 校訂, 改訂 (revision). **2** 版 (edition, version); (特に)新版, 改訂版. **3** 翻案 (adaptation). **~·al** /-ʃnəl, -ʃənl/ *adj.* 〘(1621) □ F *rédaction* □ LL *redactiō(n-)*: ⇨ ↑, -tion〙

re·dác·tor *n.* 編集人 (editor); 校訂者 (reviser). 〘(1816) □ G *Redacteur* □ F *rédacteur* ← L *redactus*: ⇨ redact, -or²〙

réd ádmiral *n.* 〔昆虫〕ヨーロッパアカタテハ (*Vanessa atalanta*) (ヨーロッパおよび北米産のアカタテハの一種; scarlet admiral ともいう; cf. white admiral). 〘1840〙

réd álder *n.* 〔植物〕北米太平洋岸産のカバノキ科ハンノキ属の高木 (*Alnus rubra*); その材 (家具用). 〘1907〙

réd alért *n.* **1** 赤色防空警報, 空襲警報 (敵機の攻撃が差し迫るか始まっている段階; cf. alert 1); (空襲警報の)発令, 合図. **2** 緊急非常事態. 〘1951〙

réd álga *n.* (*pl.* ~**e**) 〔植物〕紅藻(こうそう) (紅藻植物綱の藻; red seaweed ともいう). 〘1852〙

re·dan /rɪdǽn/ *n.* 〔築城〕凸角堡(とっかくほう) (V 字形に突出して築かれた防備壁). 〘(1684) □ F ~ (変形) ← *redent* double notching or jagging ← RE-¹+*dent* (<L *dentem* 'TOOTH')〙

Réd Ángus *n.* レッドアンガス (肉牛の一品種; Aberdeen Angus の一種で毛が赤っぽい).

réd ánt *n.* 〔昆虫〕アカアリ; (特に) イエヒメアリ (Pharaoh ant). 〘1667〙

réd árchangel *n.* 〔植物〕ヒメオドリコソウ (*Lamium purpureum*) (道端や畑地に生えるヨーロッパ原産シソ科の帰化植物; red dead nettle ともいう). 〘1548〙

re·dar·gue /rɪdɑ́ːgjuː | -dɑ́ː-/ *vt.* 《古》反証を示す, 論駁する, 論破する. 〘(1380) *redargue(n)* □ L *redarguere* ← *red-* 'RE-¹'+*arguere* 'to accuse, ARGUE'〙

Réd Ármy *n.* [the ~] 赤軍 (旧ソ連の軍隊 (1918–1946); 最初は志願制であった; cf. White Army). 〘1918〙

Réd Ármy Fàction *n.* [the ~] ⇨ Baader-Meinhof Gang.

réd ársenic *n.* 〔鉱物〕=realgar.

réd·bàck *n.* 〔動物〕=redback spider.

réd-backed móuse *n.* 〔動物〕ヤチネズミ (ヤチネズミ属 (*Clethrionomys*) の数種の総称; ヨーロッパ・アジア・アメリカ産).

réd-backed shríke *n.* 〔鳥類〕セアカモズ (*Lanius collurio*) (ユーラシア大陸に分布するモズ; 雄の頭頂と腰は灰色, 翼と背が茶色, 顔は白と黒で過眼線が黒い). 〘1963〙

réd-backed squírrel mònkey *n.* 〔動物〕= squirrel monkey 2.

réd-backed vóle *n.* =red-backed mouse.

réd·back spíder *n.* 〔動物〕セアカゴケグモ (*Latrodectus hasselti*) (オーストラリア・ニュージーランド・東インド諸島に分布するヒメグモ科の小形の毒グモ; 雌には腹部の背面に赤しまがある). 〘1933〙

réd bág *n.* 《英》(法廷弁護士法衣用の)収納袋 (裁判上の功績を彰して下級弁護士に Queen's Counsel が贈る; cf. blue bag).

réd-bàit *vi., vt.* [しばしば R-] 《米口語》過激派(特に共産主義者)だとして弾圧する, 赤狩りする. 〘(1940) (逆成) ← *redbaiter, redbaiting*: ⇨ red¹, baiter; cf. bearbaiting, Jew-baiting〙

réd-bàiter *n.* 《米口語》共産党弾圧者; 赤狩り屋. 〘1929〙

réd-bàiting *n.* 《米口語》(特に, 証拠がほとんどまたは全くない)共産党弾圧, 赤狩り. 〘1928〙

réd bálm *n.* 〔植物〕タイマツバナ (*Monarda didyma*) (北米産シソ科ヤグルマハッカ属の多年草; 花冠は緋紅色; 花壇植えに適する).

réd-bànded léaf ròller *n.* 〔昆虫〕アカオビハマキガ (*Argyrotaenia velutinana*) の幼虫 (果樹の害虫).

réd báneberry *n.* 〔植物〕北米産キンポウゲ科ルイヨウショウマ属の植物 (*Actaea rubra*) (紅赤色の有毒な漿果(しょうか)を結ぶ).

réd bárk *n.* 〔植物〕(上等の)赤キナ皮 (アカネ科キナノキ属

R

のアカキナノキ (*Cinchona succirubra*) の樹皮; 薬用》. 〖1782〗

réd báy *n.* 〘植物〙米国南部産のクスノキ科アボカド属の常緑小高木 (*Persea borbonia*)《葉は香料, 材は有用; sweet bay ともいう》. 〖1730〗

Réd Béard *n.* 赤ひげ王《Frederick Barbarossa のあだ名》.

réd béds *n. pl.* 〘地質〙赤色層《通例砂岩ないし頁岩(けつがん)で成る堆積岩層; 赤色はそこに含まれた鉄の酸化によるもの; Rocky Mountains に多い》.

réd béet *n.* 〘植物〙赤カブ, サンゴジュナ (*Beta vulgaris* var. *rubra*)《beet の変種でサラダ用》. 〖1578〗

réd-bèllied térrapin [túrtle] *n.* 〘動物〙ハラアカガメ (*Pseudemys rubriventris*)《米国東部 Chesapeake 湾沿岸の淡水産のアメリカヌマガメ属のカメ; 腹と背が赤みを帯びている; redbelly, red fender ともいう》. 〖1876〗

réd-bellied wóodpecker *n.* 〘鳥類〙シマセゲラ (*Melanerpes carolinus*)《北米東部産ズアカキツツキ属の鳥; 背・翼が黒白の縞模様で頭頂・後頭が鮮やかな赤色》. 〖1731〗

réd·bèlly *n.* 〘動物〙ハラアカガメ (⇨ red-bellied terrapin).

réd·belly dàce *n.* 〘魚類〙北米東部の河川にすむ真紅の腹をしたコイ科ヒメハヤ属 (*Phoxinus*) の小魚 (*P. eos* や *P. erythrogaster*). 〖1884〗

réd-bèr·ried élder /-bèrid-/ *n.* 〘植物〙アカミセイヨウニワトコ (*Sambucus pubens*)《スイカズラ科のニワトコの一種》.

réd bíddy *n.* **1** 安物の赤ワイン. **2** 《口語》赤ワインとメチルアルコールの混合酒. 〖1928〗

réd bírch *n.* 〘植物〙 **1** =river birch. **2** 北米産カバノキ属の yellow birch (*Betula lutea*) および sweet birch (*Betula lenta*) の赤く美しい家具材として有用な心材. **3** ニュージーランド産ナンキョクブナ属の有用な木 (*Nothofagus fusca*); その堅い材. 〖1785〗

réd·bìrd *n.* 〘鳥類〙 **1** =cardinal 2. **2 a** =summer tanager. **b** =scarlet tanager. **3** =bullfinch[1].

réd-blánket *adj.* 《南ア》〈コーサ族の人が〉伝統的部族文化出身の (red) (↔ school).

réd-blìnd *adj.* 赤色盲の. 〖1881〗

réd blìndness *n.* 赤色盲. 〖1876〗

réd blóod cèll [còrpuscle] *n.* 赤血球 (erythrocyte). 〖1846〗

réd-blóoded *adj.* 《口語》男らしい, 勇ましい, 元気な, 精力的な, エネルギッシュな (vigorous, energetic).
～·ness *n.* 〖1881〗

réd·bòne *n.* レッドボーンハウンド《米国産の赤毛の中形猟犬; アライグマ (coon, raccoon) 狩りに用いる》. 〖1916〗

réd bòok *n.* **1** 赤表紙の本 (cf. blue book). **2** [通例 R- B-]《英》 **a** 職員録《公務員や国家の年金を受けている人の名を掲載》. **b** (19 世紀の)英王室・貴族名鑑. 〖1479〗

réd bòx *n.* 〘植物〙 **1** オーストラリア産フトモモ科ユーカリ属の植物の一種 (*Eucalyptus polyanthemos*)《高さ 12–45 m に達する》. **2** トベラモドキ (*Tristania conferta*)《オーストラリア産トベラモドキ属の木材用の木》. 〖1889〗

R

réd bráss *n.* 〘冶金〙赤色黄銅《銅の含有量の多い黄銅》. 〖1839〗

réd·brèast *n.* **1** 〘鳥類〙胸が赤褐色をした鳥類の総称《ヨーロッパコマドリ (robin), コオバシギ (knot), コマツグミ (American robin) など》. **2** 〘魚類〙米国東部産サンフィッシュ科ブルーギル属の腹の赤い淡水魚 (*Lepomis auritus*)《redbreast sunfish ともいう》. **3** =robin redbreast 2. 〖*c*1401〗

réd-brèasted mergánser *n.* 〘鳥類〙ウミアイサ (*Mergus serrator*)《ヨーロッパおよびアメリカ大陸に広く分布するガンカモ科の鳥》. 〖1776〗

réd·brìck 《英》 *adj.* (古い大学が石の建物であるのに対して)赤れんがの, 〈大学が〉近代になって創立された (cf. Oxbridge); (専門学校から昇格した)英国大学の (cf. plate-glass, whitetile). — *n.* [集合的] (Oxford, Cambridge など長い歴史をもつ大学と区別して) 新大学. 〖1712〗

rédbrick univérsity *n.* 《英》 **1** 赤レンガ大学《19 世紀後半以来成立した近代大学で, 当時の地域産業の要請を受けて科学・技術の研究と教育に重点をおく; この名称には軽蔑的な響きがあるため現在では, 市民大学 (civic university) という方が一般的》. **2** Oxford や Cambridge のような伝統をもたない大学 (cf. bluebrick university). 〖1943〗

Red·bridge /rédbrɪdʒ/ *n.* レッドブリッジ《Greater London 北東部の自治区 (borough)》.

Réd Brigádes *n. pl.* [the ～] 赤い旅団《イタリアの極左テロ組織; Aldo Moro 首相の誘拐・殺害 (1978 年) で悪名をはせた》.

réd·bùd *n.* 《口語》〘植物〙アメリカハナズオウ (*Cercis canadensis*)《北米産マメ科ハナズオウ属の小高木; American Judas tree ともいう; cf. Judas tree》. 〖1705〗

réd·bùg *n.* **1** 《米南部・中部》〘動物〙=chigger 2. **2** 〘昆虫〙 **a** リンゴの木にいる赤い虫. **b** =cotton stainer. 〖1804〗

réd cábbage *n.* 赤キャベツ.

réd cálla lìly *n.* 〘植物〙モモイロカイウ, ムラサキカイウ (*Zantedeschia rehmannii*)《南アフリカ共和国原産の赤いらっぱ状態の花が咲くサトイモ科の草本》.

réd cámpion *n.* 〘植物〙シレーネ ディオイカ (*Silene dioica*)《ナデシコ科の多年草; 赤い花をつける; ヨーロッパに分布, 北米にも帰化》.

réd·càp *n.* **1** 《米》(鉄道・空港などの)赤帽 (cf. skycap). **2** 《英口語》憲兵. **3** 《英方言》〘鳥類〙ゴシキヒワ (goldfinch). **4** 〘畜産〙レッドキャップ《英国原産のバラ冠をもった卵用品種の鶏》. 〖1550〗

réd cárd *n.* 〘サッカー〙レッドカード《審判が選手退場を命じる時に示す; cf. yellow card》.

réd-cárpet *adj.* 丁重な, 下にも置かない, 盛大な: a ～ reception 盛大な歓迎. 〖《1952》: 賓客に対して赤いじゅうたんを敷いて迎えた習慣から〗

réd cárpet *n.* **1** (身分ある人が歩く場所に敷く)赤いじゅうたん. **2** [the ～] 敬意の表明; 丁重な扱い. **3** 〘昆虫〙鱗翅目シャクガ科の小形のガの一種 (*Xanthorhoë munitata*). ***róll óut the réd cárpet (for** a person**)*** (人を)丁重に迎え盛大にもてなす. 〖1934〗

réd cédar *n.* 〘植物〙 **1 a** エンピツビャクシン (*Juniperus virginiana*)《米国北東部産ネズの一種; 芳香があり, 押し入れの張板, たんすの外枠, 鉛筆製造用材; eastern red cedar ともいう》. **b** エンピツビャクシン材. **2 a** ベイスギ (canoe cedar). **b** ベイスギ材《材質が密で芳香がある》. **3** =incense cedar. 〖1682〗

réd cèll *n.* 赤血球《略 RC》. 〖1885〗

réd cént *n.* 《米口語》 **1** 1 セント銅貨, 赤銭 (cf. red[1] *n.* 3 f). **2** [否定構文で] わずかな量, 少量 (penny, whit): be *not* worth [do *not* care, do *not* give] a ～ びた一文の値打ちもない[ちっともかまわない, びた一文の価値も認めない]. 〖*c*1839〗

réd chánnel *n.* (空港・港の税関の)申告者専用通路. 〖1968〗

réd-chèsted cúckoo *n.* 〘鳥類〙チャムネカッコウ (⇨ piet-my-vrou).

Réd Chína *n.* 赤い中国, 共産中国《People's Republic of CHINA の俗称》. 〖1934〗

réd chókeberry *n.* 〘植物〙米国東部産の赤い実をつけるバラ科の低木 (*Amelanchier arbutifolia*).

réd cláy *n.* 〘地質〙赤粘土《深海の広い部分を占め, 風成塵やプランクトン遺骸などから成る海洋性粘土》. 〖1387〗

Réd Clóud *n.* レッドクラウド (1822–1909; アメリカインディアン Sioux 族の族長; 連邦政府に反抗したが後に和解).

réd clóver *n.* 〘植物〙ムラサキツメクサ, アカツメクサ (*Trifolium pratense*)《clover に似てピンクの花をつけるマメ科の牧草》. ★ 米国 Vermont 州の州花.

réd clúster pèpper *n.* 〘植物〙ヤツブサ (*Capsicum annuum* var. *fasciculatum*)《ナス科トウガラシ属の変種; 果実は細長く赤色で辛味が強い》.

réd·còat *n.* (アメリカ独立戦争当時の)英国兵. 〖《1520》: もと赤服を着ていたところから〗

réd cód *n.* 〘魚類〙アカダラ (*Physiculus bachus*)《オーストラリア・ニュージーランドの深海魚; 水から出ると灰色と桃色の体色が赤色に変わる》. 〖*a*1705〗

réd cópper óre *n.* 〘鉱物〙赤銅鉱 (cuprite). 〖1794〗

réd córal *n.* 〘動物〙ベニサンゴ (*Corallium nobile*)《赤または桃色の枝状のサンゴで装飾・宝石に用いる; precious coral ともいう》. 〖*c*1305〗

réd córpuscle *n.* 赤血球 (erythrocyte)《blood cell ともいう》. 〖1629〗

Réd Créscent *n.* [the ～] イスラム教諸国において赤十字社に当たる活動を行う組織《宗教的に十字章を嫌うため赤い三日月を記章とする》.

Réd Cróss *n.* **1** [the ～] 赤十字社《1863 年, Geneva で設立され, 翌年国際機構となった; 正式名 the International Red Cross Society》: the British ～ 英国赤十字社 / the American National ～ 米国赤十字社 / a ～ hospital [nurse] 赤十字病院[看護婦]. **2** 赤十字章: the Royal ～ 《英》(看護婦に与えられる)従軍章. **3** [r- c-] (白地に赤の)聖ジョージ十字章 (St. George's Cross)《イングランドの国章》. **4** 赤十字《白地に赤のギリシャ十字架 (Greek cross) の印 (＋) で, 1863 年以降赤十字運動の標章; Geneva cross ともいう》. **5** [r- c-] (十字軍の)キリスト教国側. **6** 〘商標〙レッドクロス《The United States Shoe 社製の婦人靴》. 〖*c*1430〗

réd cúrrant *n.* 〘園芸〙アカフサスグリ, フサスグリ, レッドカランツ《ヨーロッパ北部原産のスグリ属の *Ribes sativum*, garnetberry を改良した果実の赤い栽培品種のスグリ; その食用の赤色果》. 〖1712〗

redd[1] /réd/ *v.* (～, **red·ded** /-dɪ̣d | -dɪd/) — *vt.* **1** 《スコット》 **a** 整頓(せいとん)する, 片付ける 〈*up, over*〉. **b** 解決する (settle) 〈*up*〉. **2** 《米中部》〈髪を〉くしけずる (comb). — *vi.* 《スコット・米方言》整頓する 〈*up*〉. 〖《*c*1425》《混成》? ← 《廃》*redd* (< OE *hreddan* to free)＋《廃》*rede* to put in order (< OE *rǣdan*)〗

redd[2] /réd/ *n.* **1** (魚の)卵 (spawn). **2** (サケ・マスなどの)産卵床, 孵化(ふか)するための巣. 〖《1648》← ?〗

réd déad néttle *n.* 〘植物〙=red archangel.

réd déal *n.* 赤松材《Scotch pine の木材》.

réd déer *n.* 〘動物〙 **1** アカシカ (*Cervus elaphus*)《ヨーロッパ・アジア産》. **2** オジロ(尾白)ジカ《米国東部産 white-tailed deer の夏季毛色の赤い期間の名称》. 〖*c*1410〗

Réd Dèer *n.* **1** レッドディア《カナダ Alberta 州南部, Red Deer 川沿いの都市; 混合農業・酪農品の取引, 天然ガス処理の中心地》. **2** [the ～] レッドディア(川)《カナダ西部, Alberta 州南西部の川; 南東に流れて, South Saskatchewan 川に注ぐ (620 km)》. **3** [the ～] レッドディア(川)《カナダ西部の川; Saskatchewan 州中東部に発し, 東流して Manitoba 州境を経て, Red Deer 湖を通って Winnipegosis 湖に注ぐ (225 km)》.

Réd Delícious *n.* 〘園芸〙レッドデリシャス《デリシャス種のリンゴの一種で, 深紅色のもの》.

red·den /rédn/ *vt.* 赤くする; 赤面させる. — *vi.* **1** 赤くなる. **2** 顔を赤らめる (blush): His face ～*ed* in shame. 恥ずかしくて顔を赤らめた. 〖《1611》← RED[1]＋-EN[1]: cf. OE *rēodan*〗

re·den·dum /rədéndəm, rɛ- | rɛ-/ *n.* (*pl.* **-den·da** /-də/) 〘法律〙保留条項《賃貸証書中で賃料および支払い時期を定めている条項》. 〖《1607》□ L ～ (neut.) ← *reddendus* ← *reddere* to give back: cf. render〗

Réd Désert *n.* [the ～] =Nafud.

réd dévil *n.* 《俗》セコバルビタールまたはそのナトリウム塩を含む赤色のカプセル剤《催眠薬》.

Red·ding /rédɪŋ | -dɪŋ/ *n.* レディング《米国 California 州北部の都市》.

Red·ding /rédɪiŋ | -dɪŋ/, **Otis** *n.* レディング (1941–67; 米国のソウルシンガー・ソングライター).

red·dish /rédɪʃ | -dɪʃ/ *adj.* やや赤い, 赤みがかった: ～ brown 赤みがかった茶色 / plants with ～ flowers 赤みがかった花をもつ植物. **～·ness** *n.* 〖1392〗

Red·ditch /rédɪtʃ | -dɪtʃ/ *n.* レディッチ《英国 Worcester 州のニュータウン (1965); 金属加工業が発達》.

red·dle /rédḷ | -dḷ/ *n., vt.* =ruddle. 〖《転訛》← RUDDLE〗

réddle·man /-mən/ *n.* (*pl.* **-men** /-mən, -mèn/) = ruddle man.

réd-dòg 〘アメフト〙 *vt.* 〈パッサーに〉突進する, ブリッツする (blitz). — *vi.* (パッサーへ)突進する. 〖《1953》↓〗

réd dòg *n.* **1** 〘動物〙=dhole. **2** (米国で全国銀行組織ができる前に wildcat bank が濫発した)粗悪紙幣. **3** 質の悪い小麦粉. **4** 〘トランプ〙《場にある 1 枚のカードと同じ組札で, 場のカードより大きいカードを出した者が勝ちとなる賭博ゲーム》. **5** 〘アメフト〙レッドドッグ (⇨ blitz 3). 《1862》 〖《1959》← RED[1] (伝統的に赤のシャツを着用しているところから)＋DOG (vt.)〗

réd dógwood *n.* 〘植物〙 **1** セイヨウミズキ (*Cornus sanguinea*)《ヨーロッパ原産の赤みのある枝に白い花をつけるミズキ科ミズキ属の低木》. **2** =red osier 2.

réd drúm *n.* 〘魚類〙=channel bass.

réd dúster *n.* [しばしば R- D-] 《英俗》=red ensign.

réd dwárf *n.* 〘天文〙赤色矮星(わいせい). 〖1929〗

red·dy /rédi | -di/ *adj.* =reddish. 〖《*c*1380》← RED[1], -Y[4]〗

réd dýe *n.* 赤色色素《食品・化粧品に添加される人工着色料; そのうち No. 2, No. 4 は発癌性があるとして使用禁止》.

rede /ríːd/ *n.* **1** 《英方言》忠告, 勧告 (advice, counsel). **2** 《古》 **a** 物語 (tale, narrative). **b** 諺(ことわざ) (proverb). **3** 決心, 決意; 意図, 意向. — *vt.* **1** 《英古・方言》…に忠告する (advise): ～ a person (to) go. **2** 《方言》〈夢・なぞなぞを〉解く (read); 説明する (explain). **3** 《英方言》 **a** 推測する (guess). **b** 予言する (predict). **c** 物語る. 〖n.: OE *rǣd* (n.) < Gmc **rǣðaz* ← **rǣðan* 'to READ[1]'. — v.: OE *rǣdan* 'to READ[1]'〗

réd·èar súnfish *n.* 〘魚類〙米国南部および東部にすむサンフィッシュ科の淡水魚 (*Lepomis microlophus*)《単に redear, shellcracker ともいう》. 〖1948〗

réd éarth *n.* 〘地質〙熱帯や亜熱帯地方に見られる赤色土壌.

re·dec·o·rate /rìːdékərèɪt/ *vt., vi.* 改装する. ★ 《英》では壁紙の張り替え・ペンキの塗り直しなどの簡単な修理にもいう: ～ a room [building] 部屋[建物]を改築する.

re·dec·o·ra·tion /rìːdèkəréɪʃən/ *n.* **rè·déc·o·rà·tor** /-tə | -tə(r)/ *n.* 〖1611〗

rè·dédicate *vt.* 再び奉献[献納]する. 〖1611〗

rè·dedicátion *n.* 再奉献, 再献納, (聖堂の)再献堂. 〖1883〗

re·deem /rɪ̣díːm/ *vt.* **1** 取り戻す (get back); (努力して)回復する, 挽回する: ～ one's honor [rights, position] 名誉[権利, 地位]を回復する / ～ oneself 名誉を挽回する. **2 a** 〈欠点・過失などを〉補う, 償う, 埋め合わせをする (compensate, counterbalance): ～ an error [a defect] 誤り[欠点]を償う. **b** 価値ある[やりがいのある]ものにする, 正当化する. **3 a** 〈債務などを〉清算する, 弁済する, 償却する, 償還する (clear): ～ a mortgage 抵当を受け戻す / ～ a loan 借金を清算する. **b** (証文どおりに金を払って)請け出す, 質受けする: ～ one's pawned diamond ring =～ one's diamond ring from pawn 質入れしたダイヤの指輪を請け出す. **c** 〈競売品・質流れ品などを〉買い戻す (buy back). **4 a** (身代金・賠償金を払って)〈捕虜・都市などを〉救い出す (ransom): ～ oneself [a person's life] 身代金を出して我が身[人の命]を救う / ～ a prisoner 犯人を身請けする / ～ a captured city 攻略された都市を賠償金を出して取り戻す. **b** 〔障害物・不利な条件などから〕救う, 助ける, 助け出す (liberate)〔*from*〕: The new hobby ～*ed* his later years *from* ennui. 新しい趣味ができて晩年を退屈せずに過ごすことができた. **c** 〈時間・人生などを〉有効に利用する, 有意義に過ごす: ～ the time. **5 a** 〈義務・約束などを〉履行する (fulfill): ～ a promise [an engagement] 約束を履行する. **b** 実現する (realize). **6** 改良する, 改善する (reform). **7 a** 〈紙幣を〉正貨と引き換える, 兌換(だかん)する; 〈株式などを〉現金化する: ～ paper money 紙幣を兌換する《金貨に換える》. **b** 〈クーポン・引換券などを〉商品に換える: ～ trading stamps 引換券を出して品物をもらう. **8** 〘神学〙〈神・キリストが〉〈人を〉罪から救う, 贖(あがな)う: Christ hath ～*ed* us from the curse of the law. キリストは律法の詛(のろ)いより我らを贖い出し給えり (*Gal.* 3: 13). 〖《*c*1415》*redeme(n)* □ (O)F *rédimer* // L *redimere* to buy back (from the devil) ← *red-* 'RE-[1]'＋*emere* to buy: cf. exempt〗

re·deem·a·ble /rɪ̣díːməbḷ/ *adj.* **1** 買戻し[請戻し, 質受け, 身請け]できる. **2** 償還[償却]される(予定の): bonds ～ in ten years 10 年後に償還の債券. **3** 救済できる, 教える; 贖われうる: a ～ sinner. **re·déem·a·bly** *adv.* **re·deem·a·bil·i·ty** /rɪ̣dìːməbílət̬i | -lɪ̣ti/ *n.* 〖1611〗

re·déem·er *n.* **1** 買戻し人, 請戻し人, 質受人. **2** 身請人; 贖(あがな)い主[者]; 救助者. **3** [the R-] 贖い主, 救い主, 救世主 (Jesus Christ). 〚?*a*1425〛

re·déem·ing *adj.* (欠点・過失・失望などを)補う, 償いをする, 埋合わせする: a ~ feature [point] 埋合わせとなる特徴, 取り柄, 長所 / the ~ power of a woman's love 失意の人を奮い立たせる女の愛の力. 〚1631〛

re·de·fine /rìːdɪ̆fáɪn/ *vt.* **1** 〈概念・意味・用語などを〉再定義[再規定]する, 定義[規定]し直す: ~ the boundary between the two countries 両国間の境界線を引き直す. **2** (定義を変更する意図で)再検討する, 再評価する. **rè·definítion** *n.* 〚1872〛

rè·delíver *vt.* **1** 再び配達する. **2** 《古》〈物を〉返す, 戻す (deliver back). **3** 《廃》報告する (report). **rè·delívery** *n.* 〚1494〛

réd élm *n.* 〘植物〙 =slipperly elm 1.

rè·demánd *vt.* **1** 再び要求する. **2** …の返却を要求する. 〚1576〛

re·demp·ti·ble /rɪ̆dɛ́m(p)təbl | -tɪ̆bl/ *adj.* =redeemable.

re·demp·tion /rɪ̆dɛ́m(p)ʃən/ *n.* **1 a** 買戻し. **b** 取り戻し. **2 a** (支払いによる)債務の解除; 償却, 回収: the money for ~ of one's loan ローンの償却に当てる金. **b** 請戻し, 質受け; 買受け: by ~ 買い受けて, 金を出して. **3 a** (身代金・賠償金を払っての)身請け. **b** (過ち・悪の道からの)救済, 済度: beyond [past, without] ~ 救済の見込みのない, 済度し難い. **c** 改良, 改善, 改革 (reform, improvement): the ~ of society 社会の改善. **d** 〔社会悪・公害・悪環境などからの〕防衛, 解放 (release) 〔*from*〕. **4 a** 〘神学〙(キリストによる)罪の贖(あがな)い, 贖罪(しょくざい), 救い: ⇨ YEAR of our redemption. **b** (自己の罪の)贖い, 罪ほろぼし (expiation). **5** 救うもの; 償うもの, 贖うもの; 取り柄 (redeeming point): That blow was [proved] his ~. あの一撃が彼の救済となった《打たれて改心した》. **6** (約束の)履行. **7 a** (紙幣の)正貨への兌換(だかん)性. **b** 払い戻し.

redémption of bónd 〘簿記〙 社債償還.

~·al /-ʃnəl, -ʃənl/ *adj.* 〚(1513) □ L *redemptiō(n-)* ← *redemptus* (p.p.) ← *redimere* ∽ 《*c*1340》 *redempcio(u)n* □ (O)F: ⇨ redeem, -tion: RANSOM と二重語〛

redémption cènter *n.* 《米》(交換スタンプを商品などと引き換える)引換えセンター, スタンプ交換所.

re·démp·tion·er /-ʃ(ə)nə | -nə^r/ *n.* 〘米史〙(18–19 世紀に一定期間の労役を代償としたヨーロッパから米国への)無賃渡航移住者 (indentured servant). 〚1771〛

redémption yìeld *n.* 〘証券〙 最終[償還, 満期]利回り《債券を満期まで保有したときの年平均利回り; 年利息に償還差益[差損]を保有年数で割った値を足して計算する》. 〚1948〛

re·demp·tive /rɪ̆dɛ́m(p)tɪv/ *adj.* **1** 買戻しの; 請戻しの, 質受けの; 身請けの; 償還の. **2** 救いの, 救済の; 贖罪(しょくざい)の. **3** 改良の, 改善の. **~·ly** *adv.* 〚(1647) ← REDEMPT(ION)+-IVE〛

Re·demp·tor·ist /rɪ̆dɛ́m(p)tərɪ̆st, -trɪ̆st | -tərɪst, -trɪst/ *n.* 〘カトリック〙 レデンプトール会員《1732 年イタリアの聖職者 St. Alphonsus Liguori /alfónso ligwɔ́ːri/ (1696–1787) が Naples に創設したレデンプトール会 (Congregation of the Most Holy Redeemer) の修道士》. 〚(1835) □ F *rédemptoriste* ← LL *redemptor* ← L *redimere* 'to REDEEM': ⇨ -ist〛

re·demp·to·ry /rɪ̆dɛ́m(p)təri, -tri/ *adj.* =redemptive.

réd énsign *n.* [しばしば R- E-] (英国の商船が揚げる)赤旗《左上の一角に英国の国旗が描かれている; red duster ともいう; cf. white ensign》. 〚1730〛

rè·deplóy *vt.* 〈部隊・警察隊・労働力・補給品を〉転用する, 移動展開[転進]させる, 配置転換する. — *vi.* 配置転換する. 〚1945〛

rè·deplóyment *n.* **1** (部隊・補給品などの)転用, 移動展開, 転進, 配置転換. **2** (増産などのための工場・施設の)配置転換, 再配置. 〚1945〛

rè·depósit *vt.* 再び預ける. — *n.* 再預金, 再寄託物[金]. 〚1856〛

rè·descénd *vi.* 元の位置に降りて来る. — *vt.* (元のとおりに)再び降りる. 〚1597〛

rè·describe *vt.* **1** 再び記述する. **2** 〘生物〙〈群分類を〉(従来より)新しく完全な記述[記載]にする. 〚1871〛

re·de·sign /rìːdɪ̆záɪn/ *vt.* …のデザインを変更する, 模様変えする: ~ a kitchen 台所を模様変えする / The instrument panel was ~*ed* and easy to read. 計器板はデザインし直されたので読みやすくなった. — *n.* デザイン変更, 模様変え. 〚1891〛

rè·detérmine *vt.* 決定し直す. **rè·determinátion** *n.* 〚1611〛

rè·devélop *vt.* **1** 再び発達させる. **2 a** 〈荒廃・老朽化した建物・地域などを〉再建する, 再開発する, 復興させる (rebuild). **b** 〈ある地域〉の経済的発展を促進する, 復興させる. **3** 〘写真〙 再現象する. — *vi.* **1** 再発達する. **2** 再建する. **rè·devéloper** *n.* 〚1882〛

re·de·vel·op·ment /rìːdɪ̆véləpmənt/ *n.* (特に都市部の)再開発; 復興: undergo ~ 再開発される / plans for urban ~ 都市再開発の計画. 〚1873〛

redevélopment còmpany *n.* 再開発会社《特定地域の経済的発展を促進するため, その土地に本拠を置くことを望む企業に対して資金を貸しつけたり, 土地を貸したり売ったりする公的または私的法人》.

réd·èye *n.* (*pl.* ~, ~s) **1** 〘魚類〙 =rudd². **2** 〘魚類〙 =rock bass 1. **3** 〘魚類〙 **a** =smallmouth bass. **b** 北米産サンフィッシュ科のブラックバス (*Micropterus coosae*)《redeye black bass ともいう》. **4** 〘鳥類〙 =red-eyed vireo. 〚1672〛

réd èye *n.* 《米俗》(鉄道の)赤信号.

réd-èye *n.* (*pl.* ~, ~s) **1 a** 《米俗》安ウイスキー. **b** 《カナダ俗》レッドアイ《ビールとトマトジュースをミックスした飲み物》. **2** 《米俗》(早朝到着の)夜間飛行便《到着時刻や時差の関係で睡眠時間が十分とれないもの》: a flight on the ~ [a ~ flight] from Chicago. **3** 〘写真〙 赤目《ストロボ撮影で目が赤く写る現象》. 〚1819〛

réd-éyed *adj.* 目の(ふちの)赤い; 赤い目をした, 赤目の; (泣いて)赤く目をはらした. 〚1613〛

réd-èyed víreo *n.* 〘鳥類〙 アカメモズモドキ (*Vireo olivaceus*)《北米産のモズモドキの一種; 背が灰緑色で腹が白く目の紅彩が赤い; 単に redeye ともいう》.

réd-èye grávy *n.* 〘料理〙 レッドアイグレービー《ハムを用いて作った肉汁》. 〚1947〛

réd-fáced *adj.* **1** 赤ら顔の. **2** 赤面した, 紅潮した. **réd-fác·ed·ly** *adv.* 〚1579–80〛

réd fèed *n.* 〘動物〙 海面を漂う魚の餌(えさ)になる赤いミジンコの類《red seed ともいう》.

réd fénder *n.* 〘動物〙 =red-bellied terrapin.

réd féscue *n.* 〘植物〙 オオウシノケグサ (*Festuca rubra*)《ヨーロッパ・北米原産イネ科の匍匐(ほふく)性多年草; 赤みを帯びた小穂花をもち, 芝生用とする》. 〚1900〛

réd-fígure *adj.* 〘美術〙 赤絵の《紀元前 6 世紀の末から前 4 世紀頃までアテネで発達した壺装飾の様式で, まわりは黒く塗られ画像の部分が赤褐色の地肌を出している; 画像は神話から題材をとったものが多く, 優雅な線が特徴; cf. black-figure》. 〚1893〛

réd-fígured *adj.* 〘美術〙 =red-figure.

réd·fìn *n.* 〘魚類〙 尾びれの赤いコイ科の淡水魚の総称; (特に)北米東部・中部産の魚 (*Notropis umbratilis*) (redfin shiner)《雄は繁殖期になるとひれが赤くなる》. 〚1794〛

rédfin píckerel *n.* 〘魚類〙 アカヒレカワカマス (*Esox americanus americanus*)《米国大西洋沿岸諸州産の体側に黒いしまのあるカワカマス科の淡水魚》.

réd fír *n.* 〘植物〙 **1 a** 米国西部産のモミ《California red fir (*Abies magnifica*) など》. **b** ヨーロッパモミ (*A. alba*). **2** その木材. **3** =Douglas fir. 〚1844〛

réd fíre *n.* 赤色花火《花火・信号用》. 〚1820〛

réd·fìsh *n.* (*pl.* ~, ~·es) 〘魚類〙 **1 a** ベニマス (*Oncorhynchus nerka*). **b** 《英》(白子をもった)サケ (salmon) (cf. blackfish 2). **2** アカギツネの毛皮. **2** =rosefish. **3** =channel bass. **4** 米国 California 州産のベラの一種 (*Pimelometopon pulcher*). 〚15 C〛

réd flág *n.* **1** 赤旗《革命旗》; 開戦旗. **2** 赤旗《危険信号》. **3** [the R- F-] 赤旗の歌《英国労働党歌》. **4** 人の怒りを刺激する物 ⇨ red rag. **5** 〘海事〙 国際信号「B 旗」《赤色の燕尾旗で「われ危険物を荷役中または運送中」の意味をもつ》. 〚1602〛

réd-flánnel hàsh *n.* 《方言》〘料理〙 レッドフランネルハッシュ《コーンビーフ・じゃがいも・赤かぶを混ぜて煮た料理》. 〚*c*1907〛

réd flásh *n.* 〘天文〙 赤閃光《日出没時に太陽に見られる閃光》.

réd flóur bèetle *n.* 〘昆虫〙 コクヌストモドキ (*Tribolium castaneum*)《赤褐色のゴミムシダマシ科の甲虫; 穀類・貯蔵果実などの害虫》.

Red·ford /rédfəd | -fəd/, **Robert** *n.* レッドフォード (1936– ; 米国の映画俳優・監督).

réd fóx *n.* 〘動物〙 **1** アカギツネ, キツネ (*Vulpes vulpes*)《ヨーロッパ・アジア・北米に生息し尾端は白色, 体上面は赤橙色のキツネ; 黒ギツネ (black fox) と銀ギツネ (silver fox) がある; cf. arctic fox》. **2** アカギツネの毛皮. 〚1778〛

réd gíant *n.* 〘天文〙 赤色巨星《Antares などのように表面温度が低く赤色に輝く大きな星》. 〚1916〛

réd góatfish *n.* 〘魚類〙 西大西洋の熱帯海域・西インド諸島地方に生息するヒメジ科ヒメジ属の小魚 (*Upeneus maculatus*).

réd góld *n.* 《まれ》 **1** 本物の金(きん); 金(かね). **2** 不純な金. 〚*c*1300〛

Red·grave /rédgreɪv | réd-, rég-/, **Lynn** *n.* レッドグレーブ (1944–2010; 英国の舞台・映画女優; Sir Michael Redgrave の娘).

Redgrave, Sir **Michael** (**Scu·da·more** /skjúːdəmɔə | -dəmɔː^(r)/) *n.* レッドグレーブ (1908–85; 英国の舞台・映画俳優).

Redgrave, Va·nes·sa /vənésə/ *n.* レッドグレーブ (1937– ; 英国の舞台・映画女優; 左翼の政治活動家; Sir Michael Redgrave の娘).

réd-grèen cólor blìndness *n.* 〘眼科〙 赤緑色盲 (daltonism)《red-green blindness ともいう; cf. deuteranopia, protanopia》. 〚1888〛

réd gróuper *n.* 〘魚類〙 ツマグロハタ (*Epinephelus morio*)《南大西洋およびメキシコ湾産スズキ目マハタ科の食用魚; cf. red hind》.

réd gróuse *n.* 〘鳥類〙 アカライチョウ (*Lagopus scoticus*)《英国・スコットランド産; 英国で grouse といえば通例この種類を指す; moorbird, moorfowl, moor game ともいう》.

Réd Guárd *n.* **1** (中国の)紅衛兵《毛沢東指揮下の十代の少年兵; 文化大革命 (1966–77) の際, 先頭に立って活躍した》. **2** 政治的急進グループの一員. 〚1966〛

Réd Guárd·ism /-dɪzm/ *n.* (中国の) 紅衛兵運動. 〚1967〛

réd gúm *n.* 〘植物〙 **1** オーストラリア産ユーカリの一種 (*Eucalyptus rostrata*); その樹脂; その材; (cf. blue gum). **2** モミジバフウ(の材) (⇨ sweet gum 1, 2). 〚1738〛

réd-hánded *adj., adv.* **1** 手を血まみれにした. **2** (殺人罪に限らず, 一般に犯罪の)現場で, 現行犯の: *be caught* [*taken*] ~ 現行犯で捕えられる. **~·ly** *adv.* **~·ness** *n.* 〚1819〛

réd hánd of Úlster *n.* [the ~] 〘紋章〙 アルスターの赤い手《指を上に伸ばして開いた赤い右手を描いた北アイルランドの紋章; もとは O'Neill 一族のもの》.

réd hát *n.* 〘カトリック〙 **1** (枢機卿の)赤帽子 (⇨ cardinal's hat). **2** 枢機卿の地位[職・権威]. 〚1819〛

réd·hèad *n.* **1** 赤毛の人. **2** 〘鳥類〙 アメリカホシハジロ (*Aythya americana*)《北米産; ヨーロッパ産のホシハジロ (pochard) に似た猟鳥》. 〚1664〛

réd·hèaded *adj.* **1** 〈人が〉赤毛の; 頭の赤い; 〈鳥が〉頭の羽毛の赤い. **2** 短気な (hot-tempered); 興奮しやすい (excitable). **~·ly** *adv.* 〚1565〛

réd-hèaded wóodpecker *n.* 〘鳥類〙 ズアカキツツキ (*Melanerpes erythrocephalus*)《北米東部および中部に普通にみられるキツツキの一種》. 〚1754〛

réd·héart *n.* 〘植物〙 米国 California 州産の青または白の花が咲くクロウメモドキ科ソリチャ属の低木また小高木 (*Ceanothus spinosus*). 〚1926〛

réd héat *n.* 赤熱(状態); 赤熱温度 (cf. red-hot). 〚1686〛

réd hématite *n.* 〘鉱物〙 =hematite.

réd hérring *n.* **1** 〘猟犬に狐と他の物のにおいをかぎ分けさせる訓練に red herring を用いることから〙 人の注意を他へそらす物: draw a ~ across the track [path] 無関係な事を引き出して論題からそらす. **2** 燻製(くんせい)にしん《十分塩をして時間をかけて燻製にしたにしん; 身が赤みをおびるのが特徴; cf. kipper¹ 2》: ⇨ *neither* FISH¹, *flesh, fowl, nor good red herring*. **3** 《口語》〘金融〙 仮目論見書《有価証券公募の時に, 一般投資家に提供される仮の目論見書 (prospectus); 表紙に赤インキで「仮」であることが記されている》. 〚*a*1333〛

red·hi·bi·tion /rèd(h)əbíʃən | -(h)ɪ̆-/ *n.* 〘ローマ法〙 売買契約取消し[無効の]主張《契約の目的物に瑕疵(かし)があって, 使用不能や使用困難であり, 買主がそれを知っていたら買わなかったような場合の主張》. 〚(1656) □ F *rédhibition* // L *redhibitiō(n-)* ← *redhibitus* ← *redhibēre* ← *red-* 'RE-¹' + *habēre* to hold〛

réd hínd *n.* 〘魚類〙 西インド諸島からブラジルにかけて生息するスズキ目ハタ科マハタ属の食用魚 (*Epinephelus guttatus*) (cf. red grouper).

réd·hòrse *n.* 〘魚類〙 **1** 北米の河川や湖にすむサッカー科 *Moxostoma* 属および *Placopharynx* 属の大形サッカーの総称. **2** =channel bass. 〚1796〛

red-hot /rédhɑ́(ː)t | -hɔ́t⁻/ *adj.* **1** 〈金属が〉赤熱の, 真っ赤に焼けた (cf. red heat, white-hot): ~ iron 赤熱した鉄. **2** 〈ニュースなどが〉最新の (recent): ~ news 最新のニュース. **3 a** 〈人が〉猛烈に興奮した, 熱中している (enthusiastic). **b** 〈感情など〉激しい, 猛烈な (intense); 激しい興奮を誘う: ~ anger 激怒 / a ~ argument 激論 / a ~ reactionary [anarchist] 極端な反動主義者[無政府主義者]. **c** 〈話などが〉煽情的な (sensational); みだらな (salacious). **4** 《豪俗》〈料金などが〉法外な, 不当な (unfair). — /⌐⌐/ *n.* **1** 激情家; 熱烈な党員. **2** (シナモンの香りをつけた)赤い小形のキャンディー. **3** 《米口語》ウィンナソーセージ; ホットドッグ. 〚*c*1375〛

R

réd-hòt póker *n.* 〘植物〙 アフリカ南部原産ユリ科トリトマ属 (*Kniphofia* [*Tritoma*]) の植物の総称《初夏に長い花穂を出し黄橙色の管状花を多数下向きにつける; flame-flower ともいう》. 〚1887〛

réd húnt *n.* 赤狩り《共産主義者およびその同調者に対する迫害; cf. witch-hunt 2》.

re·di·a /ríːdiə/ *n.* (*pl.* **re·di·ae** /-diìː | -di-/) 〘動物〙 レジア《二生吸虫類の幼生の一型》. **ré·di·al** /-diəl | -di-/ *adj.* 〚(1877) ← NL ~ ← *Francesco Redi* (1626?–97: イタリアの博物学者)+-A¹〛

rè·díal *vt.* リダイヤルする. — *n.* リダイヤル《直前の通話番号にボタン一つでつなぐ方式》. 〚1961〛

rè·diffúsion *n.* 《英》〘ラジオ・テレビ〙 **1** 番組の放送[再放送]. **2** (劇場や映画館で行う)番組の公開放送[上映]. **3** (特に有線方式の)受信番組中継. 〚1927〛

Réd Índian *n.* 《軽蔑》アメリカインディアン (redskin) (⇨ American Indian). 〚(1831) 皮膚が赤銅色なのにちなむ〛

red·in·gote /rédɪŋgòʊt | rédɪŋgəʊt/ *n.* **1** レディンゴート《18 世紀のフランスの執政時代に始まり英国で流行したダブルのフロックコート風の男性用コート》. **2 a** (プリンセスラインのベルトつきコートで下に着ているドレスを見せるため打合わせのない)前あき婦人コート. **b** (前スカートに三角形の別布を接(は)いで上記コートのように見せかけた)コートドレス. 〚(1793) □ F ~ 《変形》← *riding-coat*〛

réd ínk *n.* **1** 赤インク. **2** 《口語》 **a** 損失, 赤字 (deficit). **b** 赤字経営, 赤字状態. 〚1919〛

réd-ink éntry *n.* 〘会計〙 赤字記入《勘定におけるマイナス記入, あるいは損失を示すため, 赤インクで記入すること》.

re·din·te·grate /rɛdíntəgrèɪt, rɪ̆- | rɪ̆díntɪ̆-, rɛ-/ *vt.* 《古》元の完全な状態に戻す, 復旧する, 復原する. **re·dín·te·grà·tive** /-grèɪtɪv | -trv/ *adj.* 〚(?*a*1425) ← L *redintegrātus* (p.p.) ← *redintegrāre* ← *red-* 'RE-¹' + *integrāre* 'to make whole, INTEGRATE'〛

re·din·te·gra·tion /rɛdìntəgréɪʃən, rɪ̆- | rɪ̆dìntɪ-, rɛ-/ *n.* **1** 〘心理〙(過去の体験の)復原, 再生. **2** 《古》復旧, 復原 (renewal). 〚(1471) □ L *redintegrātiō(n)-*: ⇨ ↑, -ation〛

Réd Internátional *n.* [the ~] 赤色インターナショナル《1919 年 Moscow に創立, 第三インターナショナルともいう; ⇨ international *n.* 2》.

re·direct /rìːdɪ̆rékt, -daɪ- | -dɪ̆-, -daɪ-/ *vt.* **1** 〈精力・

注意などを〉別の方向に向ける, 向け直す: ～ one's energies toward a new goal 新しい目標に向かって精力を傾ける. **2** 〈手紙〉の宛名を書き換える (readdress): ～ a letter. **3** …の方向を変える. ― *adj.* 〘法律〙再直接の: ⇨ redirect examination. **rè·diréction** *n.* 〘1844〙

redirect examinátion *n.* 〘法律〙再直接尋問《反対尋問の後, 召喚した側が証人に対してする尋問; cf. reexamination》.

réd íris *n.* 〘植物〙チャショウブ (*Iris fulva*)《米国南部産の赤褐色の花が咲くアヤメの一種; copper iris ともいう》

rè·díscount *n.* **1** 再割引き. **2** [通例 *pl.*] 再割引き手形. ― *vt.* 再割引する. **rè·discóuntable** *adj.* 〘1866〙

redíscount ràte *n.* 〘銀行〙(中央銀行の行う)商業手形再割引率. 〘1927〙

re·dis·cov·er /rìːdɪskʌ́və | -dɪskʌ́və(r)/ *vt.* 再発見する: ～ the classics of English literature 英文学の古典を再発見する. 〘1752〙

rè·discóvery *n.* 再発見. 〘1862〙

rè·dissolútion *n.* 再融解, 再分解. 〘1790〙

rè·dissólve *vt.* 再び溶かす. ― *vi.* 再び溶ける. 〘1605〙

rè·distríbute *vt.* **1** 再分配[配布]する, 分配[配布]し直す. **2** 他の区域[地域, 区分]に(まで)広げる (disseminate). **rè·distríbutive** *adj.* 〘1611〙

rè·distribútion *n.* 再分配[配布], 分配[配布]のやり直し: ～ of (the) wealth 富の再分配. 〘1837〙

rè·distribútion·ist *n.* 福祉国家主義者 (welfare stater).

rè·dístrict *vt., vi.* 《米》(行政上または選挙のために)〈州・郡を〉再区画する, 区画改正する. 〘1850〙

rè·divíde *vt.* 再分割する. 〘1603〙

rè·divísion *n.* 再分割. 〘1597〙

red·i·vi·vus /rèdəváɪvəs, -víː- | -dɪ-/ *adj.* よみがえった, 生まれ変わった (renewed): This is Ligeia ～. これこそリジイアの再現[生まれ変わった姿]だ / a Napoleon ～ ナポレオンの生まれ変わり(のような人物). 〘(1675) □ L *redivīvus* ← *red-* 'RE-¹' + *vīvus* living: cf. revive〙

réd jásmine [jéssamine] *n.* 〘植物〙 **1** インドソケイ (*Plumeria rubra*)《メキシコからベネズエラにかけて原産のキョウチクトウ科の低木; 花は桃・赤・紫色で芳香が強い; 熱帯各地で観賞用に栽培》. **2** ＝cypress vine.

réd kangaróo *n.* 〘動物〙アカカンガルー (*Macropus rufus*)《大型種のカンガルー; オーストラリア内陸の草原に群をなして生息; 雄は赤い》.

réd káuri *n.* 〘植物〙＝kauri 1.

réd kíte *n.* 〘鳥類〙アカトビ (*Milvus milvus*)《ヨーロッパ・アフリカ・中近東・インド産》. 〘1840〙

réd kó·whai /-kóuwaɪ | -kə́u-/ *n.* ＝glory pea.

Réd Láke *n.* レッド湖《米国 Minnesota 州北部の湖; Upper Red Lake と Lower Red Lake に分かれている; 狩猟・行楽地; 面積 1,168 km²》.

Red·lands /rédləndz/ *n.* レッドランズ《米国 California 州南部, San Bernardino 近くの都市》.

réd láne *n.* 《英俗》のど (throat). 〘1821〙

réd lárkspur *n.* 〘植物〙米国太平洋岸産の赤黄色の花が咲くキンポウゲ科ヒエンソウ属の多年草 (*Delphinium nudicaule*).

réd láttice *n.* 《古》居酒屋 (tavern)《もと免許の標章として赤格子の看板を用いた》. **réd-láttice** *adj.* 〘1575〙

réd láuan *n.* **1** 〘植物〙アカラホン, レッドラワン (*Shorea teysmanniana*). **2** アカラワン材《数種の *Shorea* 属の木材の総称》.

réd-léad /-léd/ *vt.* …に鉛丹を塗る. 〘1890〙

réd léad /-léd/ *n.* **1** 〘化学〙鉛丹, 光明丹 (Pb_3O_4)《酸化鉛から作った顔料; minium ともいう》. **2** 《俗》ケチャップ (catsup). 〘1295〙

réd léad òre /-léd-/ *n.* 〘鉱物〙紅鉛鉱 (crocoite). 〘1816〙

réd-lèad pútty /-lèd-/ *n.* ＝putty¹ 2.

réd lèaf *n.* **1** 〘植物〙ヤナギタデ (*Polygonum hydropiper*)《水湿地に生えるタデ科タデ属の一年草》. **2** 〘植物病理〙赤葉枯れ病《葉が赤くなるナシ・ブドウなどの病気》. 〘1909〙

réd·lèg *n.* **1** 〘鳥類〙脚の赤い鳥類の総称: **a** アカアシシギ (redshank)《red-legged snipe ともいう》. **b** キョウジョシギ (turnstone). **c** アカアシイワシャコ (red-legged partridge). **2** 〘赤い脚絆(きゃはん)をつけていたことから〙[R-]《米史》**a** 南北戦争中, 特に Missouri などの境界諸地域に出没した南部支持派のゲリラ. **b** [しばしば r-] 砲手, 砲兵 (artilleryman). **3** 《軽蔑》(西インド諸島 Barbados の)貧乏白人. **4** 茎の赤い植物. 〘1802〙

réd-lègged grásshopper *n.* 〘昆虫〙アカアシバッタ (*Melanoplus femurrubrum*)《北米の後肢(こうし)の赤い小形のバッタ; 穀物に大害を与える》. 〘1867〙

réd-legged pártridge *n.* 〘鳥類〙アカアシイワシャコ (*Alectoris rufa*)《脚とくちばしが赤いイワシャコの一種で猟鳥》. 〘1611〙

réd-legged snípe *n.* 〘鳥類〙＝redleg 1 a.

Réd Léicester *n.* レッドレスター《イングランド Leicestershire 原産の硬質チーズ; アンナトー色素添加により濃い黄色になる》.

réd-létter *adj.* [限定的] **1** 赤文字の, 赤字で示された (cf. black-letter). **2** 〘暦の文字を赤色で示してあることから〙祝日の, 聖人記念の; 吉日の, 記念すべき, 幸運の. 〘15C〙

réd-létter dày *n.* **1** (聖人や教会の)祝日, 祭日 (cf. black-letter day). **2** 記念すべき日, 吉日. 〘1704〙

réd líght *n.* **1 a** (交通の)停止[ストップ]信号, 停止灯, 赤信号 (cf. green light). **b** 危険信号 (danger signal). **c** (行動・計画などの)中止命令, 停止命令[指示]. **2** 売春宿. **3** 〘遊戯〙鬼たたき《鬼が背を向けて 1 から 10 まで数え, "red light" と言ってさっと振り向いたときにまだ動いているのを見つかった者はスタートの線まで戻され, 最初に鬼に触った者が勝ち》. ***sée the réd líght*** 危険の近づいたことを知る. 〘1849〙

réd-líght district *n.* 赤線地区, 売春地域, 花柳街, 夜の町. 〘1900〙

Réd Lìght Gréen Lìght *n.* 〘遊戯〙赤青信号遊び《背を向けた鬼が "green light" と言ったら前進し, "red light" と言ったら停止する; 停止すべき時に前進しているのを見つかった者はスタートラインに戻る; こうして早くゴールラインに到達することを競う》.

réd·lìne *vt.* **1** (赤線を引いて)消す, 削除する (cancel). **2** 〘航空〙**a** ＝ground¹ 3 a, b. **b** 〈飛行機〉の最高安全速度を指示する. ― /⌐⌐/ *n.* レッドライン《飛行機・自動車などの速度, エンジンの回転数などの安全[許容]限界(を示すメーター上の赤い線)》. 〘1820〙

réd lìne *n.* 〘アイスホッケー〙レッドライン《赤で引かれているセンターライン》.

réd·lìning *n.* 赤線引き(による拒否)《銀行・保険会社が(特に都心部の)抵当物権の危険を理由に, 融資・保険引受けを拒否すること; 地図上の該当地区を赤線で囲む慣習がある》. 〘1973〙

réd líquor *n.* 〘染色〙酢酸アルミニウムの酢酸溶液《媒染染料の赤系媒染剤に用いる; red acetate, mordant rouge ともいう》. 〘1839〙

Réd Líst *n.* [the ～]《英》レッドリスト《政府指定の危険物リスト》.

réd·ly *adv.* 赤く, 赤色に; 赤々と, 赤く燃えるように. 〘1611〙

réd mággot *n.* 〘昆虫〙wheat midge の赤い色の幼虫.

réd máids *n.* (*pl.* ～) 〘植物〙マツバボタンの一種 (*Calandrinia menziesii*)《北米太平洋岸産の紅色の花が咲くスベリヒユ科の一年草》.

réd màn *n.* **1** 《軽蔑》(アメリカ)インディアン. **2** [R-M-] 慈善[友交]団体のメンバー.《1833 年に Baltimore に設立された友愛慈善団体 Improved Order of Red Men (改良赤い人結社)にちなむ》

réd máple *n.* 〘植物〙米国産の早春に葉よりも早く紅色の花を開くカエデ科の高木の総称; (特に)アメリカハナノキ (*Acer rubrum*)《特に, 東部および中部の湿地に育つカエデの一種; swamp maple ともいう》. 〘1770〙

réd márrow *n.* 〘解剖〙赤色髄《造血活動をしている骨髄部分》. 〘1900〙

réd máss *n.* 〘カトリック〙赤ミサ《司祭が赤い祭服をつけて行うミサ》. 〘1889〙

réd méat *n.* 赤身の肉《牛・羊肉など; cf. white meat 1, dark meat》. 〘1898〙

réd mercúric óxide *n.* 〘化学〙赤色酸化水銀《赤色の粉末, 軟膏(なんこう)に用いる; 薬学部門では red precipitate と呼ばれる》.

réd míte *n.* 〘動物〙赤いダニの総称: **a** ＝citrus red mite. **b** ＝European red mite. 〘1894〙

réd mom·bín /-moumbíːn | -mɔm-/ *n.* 〘植物〙＝Spanish plum.

Red·mond /rédmənd/ *n.* レドモンド《男性名》. 〘cf. OE **rǣd-mund* counsel-protector: ⇨ rede, Edmund〙

Red·mond /rédmənd/, **John Edward** *n.* レドモンド《1856–1918; アイルランドの政治家》.

réd múlberry *n.* 〘植物〙アカミグワ (*Morus rubra*)《北米産, その実は黒紫色に熟し食べられる》. 〘1717〙

réd múllet *n.* 〘魚類〙紅または金色のヒメジ科の魚類の総称; (特に)ヨーロッパヒメジ (*Mullus surmulletus*)《goatfish, 料理では rouget ともいう》. 〘1762〙

réd·nèck *n.* 《米俗・軽蔑》**1** 赤っ首(野郎)《米南部の無教育な白人労働者》. **2** かたくなな反動主義者. 〘1830〙

réd-nècked *adj.* **1** 〈鳥など〉首の赤い. **2** 怒っている; 怒りっぽい. 〘1874〙

réd néd *n.* 《豪俗》安い赤ワイン. 〘1941〙

réd nòse *n.* 〘獣医〙＝infectious bovine rhinotracheitis.

rè·dó *vt.* (**re·did**; **re·done**) **1** 再びする, やり直す. **2** 《口語》〈家・部屋など〉の装飾を(全く)変える, 改装する (redecorate): have the walls *redone* (ペンキを塗り変えたり壁紙を張り替えたりして)壁の模様を変える. **3** 書き直す, 編集する. ― *n.* **1** やり直し. **2** 改装. **3** 編集. 〘1597〙

réd óak *n.* 〘植物〙北米産アカガシワの類《北米産のカシワ; アカガシワ (*Quercus rubra*), *Q. falcata* など》; その材. 〘1634〙

réd ócher *n.* 〘地質〙紅土, 代赭(たいしゃ)石《赤鉄鉱の赤色土状のもの; 顔料に使う; ruddle ともいう》. 〘1572〙

red·o·lence /rédələns, -dl- | -də(ʊ)l-, -dl-/ *n.* 芳香, 香気 (aroma) (⇨ smell SYN). 〘(?a1425): ⇨ ↓, -ence〙

red·o·len·cy /rédələnsi, -dl- | -də(ʊ)l-, -dl-/ *n.* ＝redolence.

red·o·lent /rédələnt, -dl- | -də(ʊ)l-, -dl-/ *adj.* **1 a** 〔…を〕偲(しの)ばせる, 暗示する 〔*of, with*〕: tales ～ *of* mystery 神秘を暗示する物語 / be ～ *of* the past 昔を偲ばせる. **b** 〔…の〕においがする〔*of, with*〕: honey ～ *of* spring 春のにおいのするはちみつ / a little girl's breath ～ *of* seaweed 海草のにおいのする少女の息 / air ～ *with* the scent of the incense 香のにおいの漂う空気 / spices ～ *of* the East 東洋の匂いが強い香味料. **2** 芳香のある, 香りのよい (fragrant). **～·ly** *adv.* 〘(?c1400) □ OF ～ ‖ L *redolentem* (pres.p.) ← *redolēre* ← *red-* 'RE-¹' + *olēre* to smell (cf. olfactory): ⇨ -ent〙

Re·don /rədɔ́ː(ŋ), -dɔ́ːŋ; F. ʀədɔ̃/, **O·di·lon** /ɔdilɔ̃/ *n.* ルドン《1840–1916; フランスの画家・石版画家》.

Re·dón·do Béach /rɪdɑ́(ː)ndou- | -dɔ́ndəu-/ *n.* レドンドビーチ《米国 California 州南西部, Los Angeles 郊外の都市》.

réd órpiment *n.* 〘鉱物〙鶏冠石. 〘1748〙

réd ósier *n.* 〘植物〙**1** ヨーロッパ産ヤナギ属のコリヤナギの類の植物 (*Salix purpurea*)《バスケット製造用》. **2** 北米産の赤紫色の枝に白い花が咲き青または白い実をつけるミズキ属の低木 (*Cornus stolonifera*). 〘1807〙

réd-òsier dógwood *n.* ＝red osier 2.

re·dou·ble /rìːdʌ́bl, rɪ-/ *vt.* **1** 強める, 倍加する (intensify), 増す (increase): ～ one's efforts 努力を倍加する. **2 a** 《古》繰り返す (repeat). **b** 《廃》反響させる (reecho). **3** 〘トランプ〙(ブリッジで)〈相手がダブルをかけたビッド[コントラクト]〉にさらにダブルをかける《得点, 失点とも 4 倍になる; cf. double *vt.* 8》. ― *vi.* **1** 倍加する, 増す, 強まる: The noise ～*d*. 物音は一層大きくなった. **2** 《古》反響する (resound). **3** 〘トランプ〙(ブリッジで)リダブルをかける. ― *n.* **1** 〘トランプ〙リダブル(という宣言). **2** 〘フェンシング〙ルドゥブルマン《相手が攻撃を避けて後退し, リポスト (riposte) しないときになされる攻撃》. 〘(c1443) □ OF *redoubler* ← RE-¹ + *doubler* 'to DOUBLE'〙

re·doubt /rɪdáut/ *n.* **1** 〘築城〙角面堡(ほう), 方形堡. **2** とりで. 〘(a1608) □ F *redoute* □ It. *ridotto* □ ML *reductus* a retreat (p.p.) ← *redūcere* to lead back: ⇨ reduce: *-b-* は REDOUBTABLE との連想による〙

re·doubt·a·ble /rɪdáutəbl | -tə-/ *adj.* **1** 恐るべき, 侮りがたい (formidable): a ～ antagonist 恐るべき相手. **2** 畏怖の念を起こさせる, 尊敬すべき, 威厳のある (august). **～·ness** *n.* **re·dóubt·a·bly** *adv.* 〘(c1380) □ (O)F *redoutable* ← *redouter* to fear ← RE-¹ + *douter* 'to DOUBT'〙

re·doubt·ed /rɪdáutɪd | -dáut-/ *adj.* 《古》＝redoubtable. 〘(1417) ← ME *redout* to fear (□ OF *redouter* (↑)) + -ED〙

Re·dóubt Volcáno /rɪdáut-/ *n.* リダウト火山《米国 Alaska 州南部にある火山 (3,111 m); 1989 年に 25 年ぶりに噴火》.

re·dound /rɪdáund/ *vi.* 《文語》**1 a** 〔信用・名誉・利益などを〕高める, 増す (accrue)〔*to*〕: ～ *to* a person's credit [advantage] 信用[利益]を増す. **b** 〈利益・罪などが〉〔人に〕帰する, 及ぶ (result, conduce)〔*to*〕: The sins of the fathers do not ～ *to* the children. 父親の罪は子供には及ばない. **2** 〈名誉・不名誉などが〉〔人に〕戻る, 返る (react, recoil)〔*upon*〕: His praises ～ *upon* himself. 彼が人を褒めた言葉はそのまま彼自身が褒められる言葉になる. **3** 《古》起こる, 生じる (result, issue). **4** 《古》増水する; あふれる (overflow). ― *vt.* 《古》〈不名誉などを〉〔…〕にもたらす, こうむらせる〔*on*〕. 〘(c1384) *redounde(n)* □ (O)F *rédonder* to overflow < L *redundāre*: ⇨ redundant〙

réd·òut *n.* **1** 〘航空医学〙レッドアウト, 赤視視野喪失, 視力赤化喪失, 赤くらみ《大きい下向き(尻がシートから浮く方向)の加速を受けて, 目・顔面が充血し頭蓋(とうがい)内圧が増し, 目がかすむ; cf. grayout》. **2** 赤っ顔(ごっこ)《少年・少女が戯れに行う顔面充血; cf. RED¹ *out* (2)》. 〘1942〙

red·o·wa /rédəwə, -və | réd-/ *n.* 〘ダンス〙レドワ《Bohemia のダンス; 一部は三拍子でワルツまたはマズルカ風, 一部は二拍子でポルカ風》. 〘(1845) □ F *rédowa* ‖ G *Redowa* □ Czech *rejdovák* ← *rejdovati* to whirl round〙

re·dox /ríːdɑ(ː)ks | -dɔks/ 〘化学〙 *n.* 酸化還元反応 (oxidation-reduction). ― *adj.* 酸化還元(反応)の. 〘(1928) ← RED(UCTION) + OX(IDATION)〙

réd óxide *n.* 〘化学〙ベンガラ《帯黄赤色の顔料; red oxide of iron ともいう》.

réd óxide of zínc 〘鉱物〙＝zincite.

rédox poténtial *n.* 〘化学〙＝oxidation-reduction potential.

réd pácket *n.* (香港・マレーシアなどで)赤い包みのお年玉; 赤い包みの結婚祝儀, 紅包(ホンパオ)《両親から新郎新婦へ, または新郎新婦から年下の未婚の親戚へ贈られる》.

réd pánda *n.* 〘動物〙アカパンダ (⇨ panda 1 a). 〘1955〙

réd-péncil *vt.* (**-pen·ciled**, **-pen·cilled**; **-cil·ing**, **-cil·ling**)《口語》…に赤[朱筆]を入れる, 〈原稿などを〉赤鉛筆で訂正する (cf. blue-pencil). 〘1946〙

réd pépper *n.* 〘植物〙**1** トウガラシ: **a** トウガラシ (*Capsicum frutescens*) の変種数種の植物の総称. **b** その実《辛みが強く完熟した赤い実》. **2** その実を粉末などにした香辛料 (cf. cayenne pepper 2). 〘1591〙

réd périwinkle *n.* 〘植物〙＝Cape periwinkle.

réd phálarope *n.* 〘鳥類〙ハイイロヒレアシシギ (*Phalaropus fulicarius*)《北極圏で繁殖する》.

réd phósphorus *n.* 〘化学〙赤リン. 〘1865〙

réd pímpernel *n.* 〘植物〙＝scarlet pimpernel 1.

réd píne *n.* 〘植物〙**1 a** ポンデロサマツ (*Pinus ponderosa*)《北米産; ponderosa pine ともいう》. **b** ポンデロサマツ材《建築・土木用材》. **2** ヤニアカマツ (*Pinus resinosa*)《主としてパルプ用》. **3** (NZ) ＝rimu. 〘1809〙

Réd Plánet *n.* [the ～]《口語》＝Mars 2. 〘1873〙

réd-plágue *n.* (Shak) 腺ペスト (bubonic plague).

réd podzólic sóil *n.* 〘土壌〙赤色ポドゾル性土壌《現在, 赤黄色ポドゾル性土壌に含まれる; cf. red-yellow podzolic soil》.

réd·pòle *n.* 《俗》ベニヒワ (redpoll).

réd·pòll *n.* 〘鳥類〙 **1** ベニヒワ (*Acanthis linaria*). **2** =linnet. 〘(1738): ⇨ poll[1]〙

Réd Póll [Pólled] *n.* レッドポール《英国原産で無角・赤色の乳肉兼用の一品種の牛》. 〘(1891): ⇨ poll[2]〙

réd póppy *n.* 〘植物〙 =corn poppy.

Réd Pówer *n.* レッドパワー《アメリカインディアンが Black Power をまねて作った文化的・政治的運動のスローガン; cf. black power, Brown Power》.

réd precípitate *n.* 〘薬学〙 赤降汞(せきこうこう) (⇨ red mercuric oxide).

réd puccóon *n.* 〘植物〙 =bloodroot 1 a.

Réd Quéen hypòthesis *n.* 〘生物〙 赤の女王仮説《生物は, 他種の進化がみずからにとっては負の要因となることから, 絶滅を防ぐために持続的に進化しなければならないとする仮説》. 〘(c1975): Lewis Carroll の *Through the Looking-Glass* に登場する Red Queen のことばから〙

rè·dráft *vt.* 書き直す; 再び起草する: ～ the 85-year-old state constitution 85 年の歴史をもつ州憲法を再起草する. — *n.* **1** 書き直した下書き; (法案などの)再起草. **2** 戻り為替手形《初めの手形が不渡りになり, 遡求のために新たに振り出される手形》. 〘1682〙

réd rág *n.* (人を)怒らせるもの: be like a ～ to a bull (ある人を)必ず怒らせる. 〘(1873) 闘牛士が牛を怒らせるのに使う赤い布から〙

réd ráttle *n.* 〘植物〙 ペディクラリス パルスツリス (*Pedicularis palustris*)《英国産ゴマノハグサ科シオガマギク属の多年草; 草は紅紫色; 実の中で種子の音がする; cf. rattle[1] *n.* 6》.

rè·dráw /rìːdrɔ́ː, -drɑ́ː | -drɔ́ː/ *vt.* (**-drew**/-drúː/; **-drawn** /-drɔ́ːn, -drɑ́ːn | -drɔ́ːn/) 再び描く; 描き直す. 〘1692〙

re·dress[1] /rɪdrés/ *vt.* **1 a** 〈不正・損害・弊害などを〉直す, 矯正する (remedy): ～ abuses 弊害を矯正する / ～ wrongs 不正を正す / ～ damage 損害を償う. **b** 〈苦情・不平〉の種[原因]を除く: ～ one's grievances. **c** …に仕返しをする, 報復する (avenge). **2 a** 〈平衡を〉復する (readjust): ～ the balance of …の均衡を取り戻す, 平衡に復する. **b** 〈飛行機を〉通常飛行位置に戻す (flatten out). **3** 《古》〈不正・損害に対して〉〈人に〉補償する, 救済する 〔*for*〕. — /rídres, rɪdrés | rɪdrés, ríːdres, ríːdrɛs, rɪdrés | rɪdrés, rə-/ *n.* **1** (不正などの)是正. **b** (不平・苦情などの)除去: the ～ of grievances 苦情の(原因の)除去, 苦情が出ないようにすること. **2 a** 救済: afford ～ 救済する. **b** 救済策; 矯正手段; 矯正の可能性: a villain without ～ 救済[矯正]の余地のない悪人. **3** 補償, 賠償 (⇨ reparation SYN). **re·dréss·a·ble, re·dréss·i·ble** /-səbl | -sɪbl/ *adj.* **～·er** *n.* **re·dréss·or** *n.* 〘(c1350) *redresse(n)* □ (O)F *redresser* to straighten: ⇨ re-[1], dress〙

rè·dréss[2] *vt.* 再び着せる, 着せ直す; 包帯し直す. 〘1739〙

re·dress·al /rɪdrésəl, -sl/ *n.* =redress[1] *n.*

re·dréss·ment *n.* =redress[1] *n.*

réd ríbbon *n.* **1** 赤綬(せきじゅ) (Bath 勲章や Légion d'Honneur 勲章の綬); 赤綬勲章; 赤綬勲章所持者の地位 (cf. blue ribbon 1). **2** (競技で 2 等賞の)赤リボン. 〘1725〙

Réd Ríver *n.* [the ～] **1** レッド川《米国南西部の川で Mississippi 川の一大支流; Texas と Oklahoma の州境を南東に流れる (1,938 km); Red River of the South ともいう》. **2** レッド川《米国 North Dakota 州と Minnesota 州の境を北流してカナダ Manitoba 州の Winnipeg 湖に注ぐ川 (515 km); Red River of the North ともいう》. **3** 紅河 (Song Hong の英語名).

Réd Ríver càrt *n.* レッドリバーカート《以前カナダの大草原で用いられた二輪の荷車》. 〘1857〙

réd ríver hòg *n.* 〘動物〙 =bushpig.

réd-róan *adj.* 〈馬・犬など〉白や灰色の混ざった赤毛の. 〘1762〙

réd róbin *n.* 〘鳥類〙 =scarlet tanager.

réd·ròot *n.* 〘植物〙 **1** 根に赤色の色素をもつ北米産のハエモドルム科の植物 (*Lachnanthes tinctoria*). **2** =New Jersey tea. **3** =bloodroot 1. **4** =alkanet 1. **5** =pigweed 1. 〘1709〙

réd róse *n.* 〘英史〙 紅ばら《Lancaster 家の記章; cf. WARS of the Roses》.

réd rót *n.* 〘植物病理〙 サトウキビの赤腐れ病: **a** *Physalospora tucumanensis* 菌による茎の赤腐れ. **b** *Sclerotium rolfsii* 菌による葉鞘の赤腐れ. 〘1907〙

réd ròute *n.* 《英》 レッドルート《駐車・停止・荷降ろしが禁止されている道路; 路端に赤いラインが引かれている》.

réd róver *n.* 〘遊戯〙 レッドローバー《2チームに分かれてする子供の遊び; 挑戦を受けた者が手をつないだ相手の隊列を突破しようとして, 突破できなかった者は相手チームの一員となる》. 〘1891〙

Réd Rússia *n.* 赤色ロシア《革命後の共産党が支配したロシア》.

réd rúst *n.* 〘植物病理〙 **1** 赤サビ病《コムギの赤サビ病菌 (*Puccinia tritici*) が葉に発生し, その夏胞子によりさび色になる》. **2** 赤さび《熱帯で気生藻類が茶・柑橘類の葉・茎に寄生しさび色になる》. 〘1846〙

réd ságe *n.* 〘植物〙 ランタナ, コウオウカ, セイヨウサンダンカ, シチヘンゲ (*Lantana camara*)《熱帯アメリカ産のクマツヅラ科の有毒な性低木; 花は初め黄色か桃色で後緋色または橙色に変化する; wild sage, yellow sage ともいう》.

réd sálmon *n.* 〘魚類〙 =sockeye salmon.

réd sándalwood *n.* 〘植物〙 **1 a** シタン(紫檀) (*Pterocarpus santalinus*)《インド・東インド諸島産のマメ科の常緑高木; red sanders ともいう; cf. santal》. **b** シタン(材)《家具の製作に用いる; ruby wood ともいう》. **c** シタンの赤色心材《赤色系植物染料として使われる》. **2** ナンバンアカアズキ (*Adenanthera pavonina*)《東インド諸島産マメ科の高木; 観賞用に栽培される; bead tree, Barbados pride, coralwood ともいう》. 〘1840〙

réd sánders *n.* 〘植物〙 =red sandalwood 1 a.

Réd Séa *n.* [the ～] **1** 紅海《アラビア半島とアフリカ大陸の間の海; Suez 運河によって地中海に通じ, Aden 湾によってインド洋に通じる; 長さ 2,330 km, 面積 438,000 km²》. **2** Moses に率いられたイスラエル人が渡ったといわれる海 (cf. *Exod.* 15:4). 〘《なぞり》← L *Mare Rubrum*: cf. Heb. *Yam Sūph* (原義) sea of reeds〙

Réd Séal *n.* 〘商標〙 レッドシール《米国 UST 社製のかぎたばこ》.

réd séaweed *n.* 〘植物〙 紅藻(こうそう) (red alga); (特に)細く分かれた葉状体をもつイトグサ属 (*Polysiphonia*) の海藻.

réd séed *n.* 〘動物〙 =red feed.

réd sétter *n.* =Irish setter.

réd·shànk *n.* **1** [しばしば軽蔑的に] ケルト族のスコットランド高地人およびアイルランド人. **2** 〘鳥類〙 **a** アカアシシギ (*Tringa totanus*). **b** 斑点のあるシギ (*T. erythropus*)《a, b 共にヨーロッパに分布する大形のアカアシシギ (redleg) を指す》: run like a ～ 非常に速く走る. 〘(1525) 衣服が脚部をむき出しにすることから〙

réd shánk *n.* 〘植物〙 **1** =persicaria. **2** =lady's thumb.

réd shíft *n.* 〘天文・物理〙 (恒星・恒星状天体などの光の波長の)赤方偏移《光のスペクトルが本来の波長より長い方へずれること》. 〘1923〙

réd·shirt[1] 《米俗》 *n.* 赤シャツ[留年]選手《期限つきの選手資格を保持するため, 1 年間試合に出場せず留年する大学の運動選手》. — *vt.* 赤シャツ選手として〈選手を〉試合に出さない. — *vi.* 赤シャツ選手になる. **～·ing** *n.* 〘(1955) 正選手と区別して赤いジャージーを着て練習することから〙

réd·shirt[2] *n.* 革命党員 (revolutionist); (特に)赤シャツ党員《イタリア戦役 (1859–67) で Garibaldi の率いた赤シャツを着た軍人》. 〘1864〙

Réd Shóes *n.* [the ～] 「赤い靴」《Hans Christian Andersen の童話; 昼夜踊り続けなければならない赤い靴をはいた少女の物語》.

réd-shórt *adj.* 〘金属加工〙 赤熱脆性(ぜいせい)の《鉄鋼が高温でもろくなる性質にいう; 含有される硫黄によって引き起こされる; cf. cold-short, hot-short》. **～·ness** *n.* 〘(1730) □ Swed. *rödskört (jern)* red brittle (iron) (neut.) ← *rödskör* ← *röd* (<ON *rauðr* 'RED[1]')+*skör* brittle〙

réd-shòuldered háwk *n.* 〘鳥類〙 カタアカノスリ (*Buteo lineatus*)《北米東部産の肩が赤褐色をしたワシタカ科の鳥》. 〘1812〙

réd síndhi *n.* 〘畜産〙 レッドシンド《インド原産の赤色の肩にこぶのある乳用品種の牛; 熱帯地方でヨーロッパ産の牛との交配に用いられる》. 〘1946〙

réd sískin *n.* 〘鳥類〙 ショウジョウヒワ (*Carduelis cucullata*)《南米北部産のアトリ科の鳥; 頭が黒く体が赤い》. 〘1948〙

réd·skìn *n.* 《口語・軽蔑》 アメリカインディアン. 〘1699〙

réd snápper *n.* 〘魚類〙 **1** メキシコ湾産フエダイ科フエダイ属の大形食用魚 (*Lutjanus aya*). **2** 赤い色をしたカサゴ科の魚類数種の総称《*Sebastodes ruberrimus*, メバル (*S. inermis*) など》. 〘1755〙

réd snów *n.* **1** 赤雪(せきせつ), 紅雪(こうせつ)《赤雪藻 (snow plant) の色素によって雪の表面が赤くなったもので極地や高山に見られる》. **2** 〘植物〙 赤雪藻《赤雪を生じさせる藻》. 〘1678〙

réd sóil *n.* 〘土壌〙 赤色土. 〘1889〙

réd sórrel *n.* 〘植物〙 =roselle.

réd spíder *n.* **1** 〘動物〙 ブドウや綿に害を与えるハダニ科 (Tetranychidae) のハダニの総称; (特に) =two-spotted spider mite. **2** ハダニの害. 〘1646〙

Réd Spòt *n.* [the ～] 〘天文〙 大赤斑《木星の南半球に見られる赤みがかった卵形斑; 東西 48,000 km》. 〘1879〙

réd-spòtted púrple *n.* 〘昆虫〙 アオイチモンジ (*Limenitis astyanax*)《北米産の後翅(こうし)に赤い斑点のあるタテハチョウ科のチョウ》.

réd sprúce *n.* 〘植物〙 北米東部産のマツ科トウヒ属の高木 (*Picea rubens*)《パルプ材として有用》. 〘1777〙

Réd Squádron *n.* [the ～] 〘英史〙 赤色艦隊 (⇨ red[1] *n.* 6).

Réd Squáre *n.* [the ～] 赤の広場《Moscow の Kremlin 宮殿付近にある》.

réd squíll *n.* 〘植物〙 アカネカイソウ《ヨーロッパ原産のユリ科の球根植物; カイソウ (*Urginea scilla*) の一品種で球根の赤いもの; 殺鼠(さつそ)剤に用いる》. 〘1738〙

réd squírrel *n.* 〘動物〙 **1** アカリス (*Tamiasciurus hudsonicus*)《北米産のリス; chickaree ともいう》. **2** ヨーロッパリス (*Sciurus vulgaris*)《英国産のアカリス; cf. gray squirrel》. 〘1682〙

réd stár *n.* 〘天文〙 赤星《表面が低温で赤く見える星; Antares など》. 〘1903〙

Réd Stár *n.* **1** [the ～] 「赤い星」《旧ソ連国防省機関紙(日刊); cf. Izvestia, Pravda》. **2** いくつかの共産主義国の記章.

réd·stàrt *n.* 〘鳥類〙 **1 a** シロビタイジョウビタキ (*Phoenicurus phoenicurus*)《ヨーロッパ全土に生息するツグミ科ジョウビタキ属の鳴鳥; 胸はオレンジがかった赤, 尾は赤茶色; redtail ともいう》. **b** ジョウビタキ属の鳥類の総称《クロジョウビタキ (*P. ochruros*), ジョウビタキ (*P. auroreus*) など》. **2** サンショクアメリカムシクイ (*Setophaga ruticilla*)《北米東部産の鳴鳥》. 〘(1570) ← RED[1]+《廃》*start* (<OE *steort* tail <Gmc **stertaz* ← IE **(s)ter* stiff): cf. stark-naked〙

réd stéle *n.* 〘植物病理〙 イチゴの病気《根の中心を赤化して枯らす》.

Réd·stòne *n.* 〘米陸軍〙 レッドストーン《野戦軍支援用一段式ロケットエンジンの付いた地対地弾道ミサイル》.

réd stópper *n.* 〘植物〙 米国 Florida 州および西インド諸島原産フトモモ科フトモモ属の小高木 (*Eugenia rhombea*)《白い花とオレンジ色または黒色の実をつける; 材は有用》.

réd stúff *n.* 赤い研磨剤, 紅殻(べにがら), 弁柄(べんがら)《酸化第二鉄を主とする金属研磨剤; cf. crocus[1] 3》.

réd·tàb *n.* 《英俗》 (英軍の)高級将校.

réd tábby *n.* 〘動物〙 レッドタビー (marmalade cat)《被毛が, 赤みがかっただいだい色に暗赤色のしまのある猫》. 〘(1876): ⇨ tabby[1]〙

réd tái *n.* 〘魚類〙 マダイ (*Pagrus major*)《日本各地から東南アジアに分布》. 〘*tai*: □ Jpn.〙

réd·tàil *n.* 〘鳥類〙 =red-tailed hawk.

réd-tàiled háwk *n.* 〘鳥類〙 アカオノスリ (*Buteo jamaicensis*)《北米産ワシタカ科の鳥; redtail ともいう》. 〘1805〙

réd-tápe *adj.* お役所風の, 官僚的形式主義の: the ～ system [habits] 繁雑な官僚制度[慣習]. 〘1838〙

réd tápe *n.* お役所風, (官僚的な)繁雑な手続き, 繁文縟礼(はんぶんじょくれい): bureaucratic ～ / cut away as much ～ as possible 面倒な手続きはなるべく省略する / cut through the ～ 面倒な役所の手続きをはしょる[とばす]. 〘(1715) 英国で公文書を結ぶのに用いた赤いひもから〙

réd-tápe·ism /-pɪzm/ *n.* (*also* **red-tap·ism** /～/) お役所風, 官僚的な形式主義; 繁文縟礼(はんぶんじょくれい)的な組織. 〘1855〙

réd tássel flòwer *n.* 〘植物〙 北米中部の紫色の花が咲くマメ科の多年草 (*Petalostemon purpureus*).

Réd Térror *n.* [the ～] 革命恐怖政治, 赤色テロ (cf. White Terror). 〘1918〙

réd tíde *n.* 〘生物・水産〙 赤潮 (⇨ red water 2). 〘1904〙

réd·tòp *n.* 〘植物〙 コヌカグサ (*Agrostis alba*)《北半球に分布するイネ科の多年草; 牧草》. 〘1790〙

Réd Tóry *n.* 《カナダ》 赤い保守《進歩保守党 (Progressive Conservative Party) の党員のうち, よりリベラルで社会主義的な政策を支持する人をいう》. 〘1975〙

réd tríllium *n.* 〘植物〙 北米の赤または暗紫色の花が咲くユリ科エンレイソウ属の多年草 (*Trillium sessile*).

réd túrtlehead *n.* 〘植物〙 ジャコウソウモドキ (*Chelone lyoni*)《米国南東部の山地に生えるゴマノハグサ科の多年草》.

re·duce /rɪdúːs, -djúːs | -djúːs/ *vt.* **1 a** 〈範囲・大きさ・数量・程度などの点で〉減じる, 縮小する (⇨ decrease SYN); 縮める, 切り詰める, 減少する (shorten, cut, abridge, curtail): a ～*d* drawing 縮図 / ～ expenses by 10% 費用を 10 % 切り詰める / ～ production [supplies, output] 生産[供給, 産出]を減じる / ～ speed 速力を落とす / ～ the temperature 温度を下げる / ～ the personnel of a company 会社の人員を減らす / ～ unemployment 失業を減らす / ～ noise [the noise level] 騒音を減らす[騒音レベルを下げる] / ～ a prison sentence (to [by] 5 years) 刑期を (5 年に [5 年]) 減らす / ～ one's weight 体重を減らす. **b** 〈スープ・肉汁などを〉(煮詰めて)濃くする: ～ soup [a sauce] to two-thirds by boiling スープ[ソース]をその 3 分の 2 にまで煮詰める. **c** 〈ペンキ・顔料などを〉薄める, 希薄にする. **d** (水を入れて)〈アルコール濃度を〉薄める: ～ the proof from 86 to 80 アルコール濃度を 86 プルーフから 80 プルーフに薄める.

2 a 〈地位・階級などを〉降等させる, 格下げする (demote): be ～*d to* the ranks [*to* the rank of private] 〈下士官が〉兵卒降等させられる / ～ an embassy *to* a liaison office 大使館を連絡事務所に格下げする. **b** (人格・品位などを)落とす, 低下させる (debase); 零落させる: in ～*d* circumstances 零落して / be ～*d to* poverty 貧乏になる. **c** 〈値段・価値などを〉下げる: ～ a price 値段を下げる / The shares have been ～*d to* their lowest level. 株は底(そこ)値をついている.

3 〈体力・視力などを〉弱らせる, 衰えさせる (weaken, exhaust): ～ one's sight [power of hearing] 視力[聴力]を弱らせる / be ～*d to* nothing [*to* a skeleton, *to* skin and bones] (やせて)骨と皮になる / Old age ～*s* one's power to remember names and numbers. 年をとると名前や数字を記憶する力が衰える.

4 余儀なく…させる (compel, force), 強いて…させる, 強いて〔…に〕ならせる 〔*to, into*〕〈*to* do〉: ～ children *to* discipline [silence] (腕白な)子供たちをしつける[黙らせる] / ～ … *to* order [chaos] …の秩序を回復する[無秩序にする, 混乱に陥れる] / ～ oneself *into* …の羽目に陥る / ～ a person *to* reason (説得して)人を聞き分けさせる / ～ a person *to* submission 人を服従[屈服]させる / ～ a person *to* terror [despair, silence] 人を怖がらせる[絶望させる, 黙らせる] / be ～*d to* begging in [on] the streets 乞食をして歩くよりほか仕方がなくなる / A blow ～*d* him *to* measure his length on the ground. 一撃を加えると彼はばったり倒れた.

5 a (整理して)〈はっきりした[簡単な]形に〉する, まとめる, 分類する (classify) 〔*to*〕: ～ a statement *to* plain terms 陳述を平明な形にする / ～ one's thoughts *to* writing 考えを文につづる / ～ anomalies *to* a rule 変則的なものをまとめて法則化する / The facts may all be ～*d to* three headings. その事実は 3 項に分類される. **b** 変える, 移す, 結局〔…に〕落ち着ける (render) 〔*to, into*〕; 〔…に〕変形する, 変える, 移す: ～ a syllogism of one form *to* another 三段論法の命題の様式を変形する / ～ an argument [a scheme] *to* (an) absurdity ⇨ absurdity 成句 / ～ a rule *to* [*into*] prac-

tice 規則を実施する / ～ the death sentences *to* long prison terms 死刑を長期の禁固刑に変える / This word, if ～*d to* English orthography, may be spelt 'Houyhnhnm.' この言葉は英語風のつづりにすれば Houyhnhnm とつづられる.
6 (粉砕・破壊・分解・圧搾などして)単純な形に〕化する (convert), 〔…に〕する, 帰する, 還元する〔*to*〕: ～ clods *to* powder 土塊を砕いて粉々にする / ～ wood *to* pulp 木材を砕いてパルプにする / ～ a compound *to* its components 化合物を各成分に分解する / ～ a house *to* ashes (火事で)家を灰にする / ～ ripples *to* their mechanical elements さざ波を力学的要素に還元する.
7 〈都市・とりでなどを〉(包囲・攻撃して)鎮定する, 降伏させる, 従わせる (subdue, conquer): ～ the rebellious troops 反乱兵を平定する / ～ all the countries of the continent 大陸のすべての国を征服する.
8 〘天文〙(天体観測の結果から誤差を除いたりして)修正[調整]する (adjust), 整約する.
9 〘数学〙換算する, 変形する, 約分[通分, 通約]する, 簡約する: ～ a fraction 分数を約する / ～ an equation 方程式を解く / ～ dissimilar quantities to one denomination 諸等数を単名数にする / ～ an integer to (the form of) a fraction 整数を分数の形に変える.
10 〘医学〙 **a** 〈脱臼(だっきゅう)などを〉整復[復位]する, 〈ヘルニアを〉還納する, 治す (set, remedy): have a dislocation ～*d* 脱臼を整復してもらう / ～ (a) swelling [a bruise] 腫(は)れ[打撲傷]を治す. **b** 〈血圧その他, 上昇した異常値を〉下げる.
11 〘化学・冶金〙 **a** 還元する (deoxidize). **b** 水素と化合させる, …に水素を加える. **c** 〈化合物〉の陽性元素の原子価を低減する (cf. oxidize).
12 〘冶金〙精練する: ～ metals from their ores.
13 〘哲学・論理〙還元する《事象・理論・命題・概念などをそれと等価で通常より単純で根本的な他の事象・理論・命題・概念などで定義し解明して, 後者へと分析し帰着させる》.
14 〘写真〙〈濃すぎたネガを〉薄くする, 減力する, 〈ネガ〉のかぶりを抜く.
15 〘生物〙〈細胞核〉染色体数を半減する (⇨ reduction division).
16 〘音声〙〈強勢や母音を〉弱化する (weaken); 〈音を〉短くする (shorten): ⇨ reduced vowel.
17 〘古〙 **a** 元へ戻す, 復活する. **b** 〈人を〉正しい道へ戻す, 救う.
— *vi.* **1** **a** 減じる, 縮小する, 下がる; 衰える, 弱る. **b** 〈液体が〉(蒸発によって)濃くなる; 固まる (solidify). **c** 〈ペンキなどが〉(希釈液によって)薄くなる〔*with*〕. **2** 〘米〙(減食などによって)体重を減らす (slim): be on a *reducing* diet 体重を減らすダイエット中である. **3** **a** 〔…に〕変わる〔*to*〕. **b** 〈物事が〉(整理・分類すると)〔…に〕(等しく)なる〔*to*〕.
4 〘生物〙減数[還元]分裂する.
〘(*c*1375) *reduce(n)* ◻ OF *reduc(i)er* // L *redūcere* to bring back ← RE-¹+*dūcere* to bring (⇨ duct)〙

re·dúced *adj.* **1** 減じた, 縮小した, 縮めた; 切り詰めた; 引き下げた: a map on a ～ scale 縮尺した地図 / at a ～ price 割引き値段で. **2** **a** 零落した (impoverished): a ～ family / in ～ circumstances 零落して, 落ちぶれて. **b** 衰弱[衰微]した (weakened): a nation in a ～ state 衰微した国家. **3** 〘化学〙還元した. **4** 〘数学〙既約の. 〘1629〙

R

redúced instrúction sèt compúter *n.* 〘電算〙縮小命令セットコンピューター, リスク《中央演算処理装置 (CPU) を制御する基本命令などを簡素化し, 演算処理速度を向上させたコンピューター; 略 RISC》. 〘1629〙

redúced íron *n.* 〘化学〙還元鉄, 水素還元鉄《酸化物の還元によって得られた粉末状の鉄触媒; 医薬品用》. 〘1863〙

redúced máss *n.* 〘物理〙換算質量. 〘1934〙

redúced ófficer *n.* 〘英廃〙待命将校《現役から退き従来の半額の俸給を受ける将校》. 〘1716〙

redúced vówel *n.* 〘音声〙弱化母音《弱音節で弱く発音される母音; about /əbáut/ の /ə/, schooling /skúːlɪŋ/ の /ɪ/, accumulate /əkjúːmjʊlèɪt/ の /ʊ/ など; cf. full vowel; ⇨ 発音解説 2. 5》. 〘1957〙

re·dúc·er *n.* **1** 縮小[変形]するもの. **2** 〘写真〙 **a** 減力剤, 減力液, 減度液. **b** 現像液. **3** 〘化学〙=reducing agent. **4** 〘機械〙レジューサー, 径違いソケット[管継手], 片落ち管. 〘*c*1530〙

re·duc·i·ble /rɪd(j)úːsəbl, -djúː- | -djúːsɪ̀-/ *adj.* **1** 縮小[減少]できる; 安くすることができる. **2** 変形できる, 変形可能な. **3** 〘数学〙約せる, 可約の; 換算できる. **4** 〘化学〙還元できる. **5** 〘外科〙整復[還納]できる. **re·dùc·i·bíl·i·ty** /-səbɪ́ləti | -səbɪ́lɪti, -sɪ-, -lɪ-/ *n.* **re·dúc·i·bly** *adv.* 〘(1529) ← REDUCE+-IBLE〙

redúcible polynómial *n.* 〘数学〙可約多項式《因数分解できる多項式》.

re·dúc·ing àgent *n.* 〘化学〙還元剤《reducer, reductant ともいう; cf. oxidizing agent》. 〘1885〙

redúcing flàme *n.* 〘化学〙還元炎《炎の内側で空気の補充が不十分なため不完全燃焼している部分; 酸化炎 (oxidizing flame) に比べて温度が低く還元性がある》.

redúcing fùrnace *n.* 〘冶金〙還元炉.

redúcing glàss *n.* 〘光学〙縮小レンズ《2 枚の凹(おう)レンズを重ね, 色収差・球面収差を補正したレンズ》.

redúcing sùgar *n.* 〘化学〙還元糖.

redúcing vàlve *n.* 〘機械〙減圧弁. 〘1884〙

re·duct /rɪdʌ́kt/ *n.* 〘建築〙(暖炉や控えの間とバランスがとれるように比較的広い部屋の一部を仕切って設けた)小間(こま), 小部屋, 小室. 〘(1727–41) ◻ ML *reductus* retired place (p.p.) ← L *redūcere* 'to REDUCE'〙

re·duc·tant /rɪdʌ́ktənt/ *n.* 〘化学〙リダクタント (⇨ reducing agent). 〘(1925) ← REDUCT(ION)+-ANT〙

re·duc·tase /rɪdʌ́kteɪs, -teɪz/ *n.* 〘生化学〙還元酵素, レダクターゼ《分子状酸素以外の物質を電子受容体とする酵素の総称》. 〘(1902) ← REDUCT(ION)+-ASE〙

redúctase tèst *n.* 〘化学〙レダクターゼ試験《飲用に適するかどうかを決定するため, メチレンブルーを用いて牛乳中の細菌数を間接的に測定する方法; methylene blue reduction test ともいう》. 〘1910〙

re·duc·ti·o ad ab·sur·dum /rɪdʌ́ktiòuædæbsə́ːdəm, -ʃiòu- | -tiə́uædəbsə́ːd-, -ʃiəu-/ *L. n.* **1** 〘論理〙帰謬(きびゅう)法, 背理法, 間接証明法《ある命題の真であることを立証するために, それの否定[反立]を仮定すると矛盾が生じることを証明する方法》. **2** 議論倒れ, 議論の行き過ぎ. 〘(1741) ◻ L *reductiō ad absurdum* 'reduction to absurdity': ⇨ reduction, absurd〙

redúctio ad im·pos·sí·bi·le /-ɪmpɑ(ː)síbəlèɪ | -pɒsíbɪ̀-/ *L. n.* 〘論理〙=reductio ad absurdum 1. 〘(1552) ◻ L *reductiō ad impossibile*: ⇨ ↓, impossible〙

re·duc·tion /rɪdʌ́kʃən/ *n.* **1** 縮小, 削減, 割引; 減少量, 割引高: a 10% ～ 1 割引 / a 7.4% ～ in auto accidents 7.4 パーセントの自動車事故の減少 / a tax ～ 減税 / a ～ in size [strength] 大きさ[力]の縮小 / great ～s in prices 大割引 / make a (price) ～ (of 10%) for cash (payment) 現金払いに対して (10% の)値引きする / a ～ in [of] numbers 減数 / an arms ～ 軍備縮小, 軍縮 / at a ～ of 20 percent 2 割引で. **2** 縮写; 縮図: a [the] ～ of a map. **3** **a** 格下げ. **b** (地位などの)低下, 下落, 零落: a ～ in rank 降等 (cf. 17). **4** **a** 〔…の〕形にすること, 〔…への〕変形〔*to*〕: ～ of wood *to* pulp 木材のパルプ化. **b** 整理, 分類. **5** **a** 征服, 鎮圧 (conquest). **b** (要塞・陣地などの)陥落, 降伏; 撤退. **6** **a** (スペインの宣教師などが文化移入または統制のために)南米インディアンを再植民させて造った村または居留地. **b** (そのような)再植民, 再定住. **7** 〘天文〙整約, 修正《観測中の誤差の補正など》. **8** 〘気象〙補正《気圧を海水面の値に換算すること》. **9** 〘数学〙約分, 通分, 換算, 変形; 簡約: ascending [descending] ～ 小さい[大きい]単位から大きい[小さい]単位への換算. **10** 〘化学〙還元. **11** **a** 〘哲学・論理〙還元 (cf. reduce 13, reductionism). **b** 〘論理〙還元(法)《一般には三段論法の任意の格を他の格に変えること; より狭くは, 第 1 格にそれ以外の格を変形すること》. **12** 〘外科〙整復(術), 復位, 還納(術). **13** 〘生物〙=reduction division. **14** 〘写真〙減力(法)《濃い陰画や陽画を薄くすること; ↔ intensification》. **15** 〘音楽〙リダクション, 簡約編曲《原曲よりも小さな編成の演奏手段(特にピアノ)のために総譜を書き換えること》; 簡約編曲譜. **16** 〘心理〙還元《心理実験の目的で刺激を弱めること; 反応の変化を見る方法》. **17** 〘軍事〙降等 (demotion). **18** 〘音声〙(強勢や母音の)弱化; (音の)短化.
reduction to absúrdity =reductio ad absurdum.
～·al /-ʃnəl, -ʃənl/ *adj.* 〘(?*a*1425) (*a*1676) ◻ (O)F *réduction* // L *reductiō(n-)*: ⇨ reduce, -tion〙

redúction divìsion *n.* 〘生物〙減数分裂, 還元分裂, 成熟分裂 (meiosis). 〘1891〙

redúction fòrmula *n.* 〘数学〙還元[換算]公式.

redúction gèar *n.* 〘機械〙減速歯車[ギア, 装置] (↔ multiplying gear). 〘1896〙

re·dúc·tion·ìsm /-ʃənɪzm/ *n.* **1** 〘哲学・論理〙還元主義, 還元法[説]《一般に事象・理論・命題・概念などを通常より単純で根本的な他の事象・理論・命題・概念などへ還元する可能性と必要を主張する立場や方法》: phenomenalistic ～ 現象論的還元主義. **2** 単純化; (特に)過度な単純化 (oversimplification). **3** 〘生物〙還元主義《生命現象はすべて物理学的・化学的に説明できるという考え》.
re·dúc·tion·ist /-ʃ(ə)nɪst | -nɪst/ *n.* **re·duc·tion·ís·tic** /rɪdʌ̀kʃənístɪk⁻/ *adj.* 〘1943〙

redúction potèntial *n.* 〘化学〙=oxidation-reduction potential.

re·duc·tive /rɪdʌ́ktɪv/ *adj* **1** 減じる, 減縮する, 減少する, 削減的な. **2** 還元法[説, 主義]の[に関する] (reductionistic). **3** 〘化学〙還元する. **4** 〘外科〙整復する, 復位する; 還納する. **5** 〘美術〙minimal art の[に関する].
～·ly *adv.* 〘(1633) ← REDUCT+-IVE: cf. F *reductif*〙

re·dúc·tiv·ìsm /-vɪzm/ *n.* 〘美術〙=minimal art.

re·duc·tor /rɪdʌ́ktə | -tə(r)/ *n.* 〘化学〙還元装置《特に第二鉄塩を第一鉄に還元する装置》. 〘← REDUCT(ION)+-OR²〙

re·dún·dance /-dəns/ *n.* =redundancy. 〘1596〙

re·dun·dan·cy /rɪdʌ́ndənsi, -dəntsi/ *n.* **1** 余分(なこと) (superfluity). **2** **a** 余分なもの, 過剰物. **b** 豊富, たくさん: a ～ of food. **3** **a** (文章などの)冗長, 多言 (verbosity). **b** 不必要な重複; 冗語. **c** 〘言語〙余剰(性). **4** 〘英〙(合理化などによる)余剰人員の解雇[失職]: ～ pay 退職手当 / ～ payment 退職手当(支給). **5** 冗長性《コンピューター・宇宙船などの装置の一部が故障した際, 代わりに機能を果たす代行能力を備えていること》. 〘(1601–02): ⇨ redundant, -ancy〙

redúndancy bìt *n.* 〘電算〙冗長ビット《冗長検査 (redundancy check) のために挿入したビット; cf. parity bit》.

redúndancy chàracter *n.* 〘電算〙冗長キャラクター《情報に誤りが生じた時に検出あるいは訂正できるように挿入した字 (character)》.

redúndancy chèck *n.* 〘電算〙冗長検査《情報の誤りを検出・訂正するために冗長情報を検査すること》. 〘1962〙

re·dun·dant /rɪdʌ́ndənt/ *adj.* **1** **a** 余分の, 余計な, 過多の (superfluous, excessive). **b** 〈表現など〉(不必要な語句や重複などによって)冗長な (⇨ wordy SYN): ～ words 冗語 / a ～ style 冗漫な文体. **2** たくさんの, 豊かな (copious, plentiful): ～ food あり余るほどの食糧. **3** 〘英〙〈被雇用者が〉不必要な, 余剰な, 余剰人員の. **4** 〈コンピューター・宇宙船などの装置が〉冗長性 (redundancy) をもつ. **5** 〘機械〙(構造が, 余分の部材から構成されていて)〈(部材)力が〉静力学的に確定できない (cf. indeterminate 8). **～·ly** *adv.* 〘(1604) ◻ L *redundantem* (pres.p.) ← *redundāre* to overflow ← *red-* 'RE-¹'+*undāre* to overflow (← *unda* wave: ⇨ water): ⇨ -ant〙

redúndant chéck *n.* 〘電算〙=redundancy check.

redúndant mémber *n.* 〘機械〙余り材, 過剰部材, 遊び材. 〘1890〙

redúndant vérb *n.* 〘文法〙二重変化動詞《例えば二重過去形をもつ hang, spill, work など》.

réd únderwing *n.* 〘昆虫〙エゾベニシタバ (*Catocala nupta*)《前翅はくすんだ茶色, 後翅は赤と黒の混ざった色をしているヤガ科のガ》. 〘1720〙

redupl. 《略》reduplicate; reduplication.

re·du·pli·cate /rɪd(j)úːpləkèɪt, rìː-, -djúː- | -djúːplɪ̀-/ *vt.* **1** 二重にする, 倍加する, 反復する, 繰り返す (repeat). **2** 〘文法・言語〙〈文字・音節を〉重ねる; (音節を重ねて)〈派生語・活用形・変化形を〉作る《例えば, ラテン語で caedere の初めの音節を重ね cecī-di とし perfect (tense) を作るなど, あるいは英語で wash(y) を重ねて wish(y)-wash(y) を作るなど》. **— *vi.*** **1** 二重になる, 倍加する. **2** 〘文法・言語〙〈文字・音節が〉重なる. **3** 〘生物〙〈染色体が〉重複する. **—** /-plɪ̀kɪ̀t, -pləkèɪt | -plɪkɪ̀t, -kèɪt/ *adj.* **1** 繰り返した, 倍加した. **2** 〘植物〙花弁などのへりが(外方へ)反り返った (valvate). **3** 〘文法・言語〙反復した. 〘(1570) ◻ LL *reduplicātus*: ⇨ re-¹, duplicate〙

re·du·pli·ca·tion /rɪd(j)ùːpləkéɪʃən, rìː-, -djùː- | -djùːplɪ̀-/ *n.* **1** **a** 倍増し; 二重, 重複; 反復, 繰返し (repetition). **b** 重複物; 写し, 模写 (replica). **2** 〘文法〙 **a** 語頭音節の重複《サンスクリット・ラテン語・ゴート語などで完了・現在時制などの文法的機能を表す; 例: *Goth.* haita (=I call) → haíhait (=I have called)》. **b** (複数を形成する)重複形《マレー語の orang → orangorang (人々), 日本語の日々, 度々など》. **3** 〘言語〙重複部分, 加重音節《例: papa, mamma, bowwow; seesaw, higgledy-piggledy, tittle-tattle, wishy-washy, etc.》. **4** 〘修辞〙=anadiplosis. 〘(?*a*1425) ◻ LL *reduplicātiō(n-)*: ⇨ ↑, -ation〙

re·du·pli·ca·tive /rɪd(j)úːpləkèɪtɪv, rìː-, -djúː- | -djúːplɪ̀kət-, -kèɪt-/ *adj.* **1** 繰り返す, 反復する; 倍増しの, 二重の. **2** 〘植物〙=reduplicate 2. **～·ly** *adv.* 〘1605〙

re·du·vi·id /rɪd(j)úːviɪ̀d, -djúː- | -djúːvɪɪd/ 〘昆虫〙 *adj.* サシガメ(科)の. **— *n.*** サシガメ《サシガメ科の昆虫の総称》. 〘(1888) ↓〙

Red·u·vi·i·dae /rèdʒuváɪədìː | -djuváɪɪ-/ *n. pl.* 〘昆虫〙(半翅目)サシガメ科. 〘← NL ～ ← *Reduvius* (属名: ← L *reduvia* hangnail)+-IDAE〙

re·dux /rɪdʌ́ks, ríːdʌks/ *adj.* [後置して] 戻ってきた (brought back); 回復した (revived); 復帰した (restored). 〘1873〙

red·u·zate /rédʒuzèɪt | -dju-/ *n.* 〘地球物理〙還元沈積物, レデュゼート《強還元性環境で沈積した堆積物; 石炭・石油・沈澱硫化鉱など》. 〘◻ G *Reduzat* reduction〙

réd valérian *n.* 〘植物〙ベニカノコソウ (*Centranthus ruber*)《ヨーロッパ産の小さい深紅色または白色の花が咲くオミナエシ科の多年草; French honeysuckle ともいう》.

réd vítriol *n.* 〘化学〙赤礬(せきばん)《硫酸コバルト七水塩 ($CoSO_4 \cdot 7H_2O$) の俗称; 紅色柱状結晶》. 〘1836〙

Réd Vólta *n.* [the ～] 赤ボルタ(川)《アフリカ西部, ブルキナファソからガーナに流れる川 (322 km); White Volta 川の支流》.

réd·wàrd *adv.* (光のスペクトルの)赤の方へ.

réd·wàre¹ *n.* **1** 〘米〙赤色の素焼(すやき)の土《器酸化鉄を多く含む粘土で作る》. **2** 〘英〙ロッキンガムウェア《赤色粘土を用いて作ったティーポットで, 褐色のマンガン釉(ゆう)がかかっている》. 〘1699〙

réd·wàre² *n.* 〘植物〙北大西洋産のコンブの類 (*Laminaria digitata*)《褐色の食用海藻》. 〘(1806) ← RED¹+*ware* (<OE *wār* seaweed ← Gmc **wī-* to bind: cf. wire)〙

red-wat /rédwæt, -wɑ̀(ː)t | -wæt, -wɔ̀t/ *adj.* 《スコット》血でぬれた, 血だらけの. 〘← RED¹+(スコット) *wat* (《変形》← WET)〙

réd wáter *n.* **1** (鉄分などを含んで)赤茶けた水. **2** 〘生物・水産〙赤潮(あかしお)《海水や湖水が微生物の発生のため赤色を帯びるもの; 生物に有害; red tide ともいう》. **3** 〘獣医〙 **a** 血色素尿症《飼料中のオギザロ酸 (oxalic acid) による膀胱(ぼうこう)の病巣から尿中へ血液が流出するもので特に冬の終わりに牛にみられる》. **b** バベシア病, テキサス熱 (Texas fever). 〘1594〙

réd·wèed *n.* 〘英方言〙〘植物〙ヒナゲシ (corn poppy). 〘1624〙

réd whéat *n.* 〘植物〙赤色穀粒のコムギ. 〘1523〙

réd whórtleberry *n.* 〘植物〙=mountain cranberry.

réd wíggler *n.* 〘米〙〘動物〙ツリミミズ科の一種 (*Lumbricus rubellus*)《コンポスターや釣餌に使われる赤いミミズ; シマミミズの類》.

réd wíne *n.* 赤ワイン (⇨ wine¹ 1). 〘1754〙

réd·wìng *n.* 〘鳥類〙 **1** ワキアカツグミ (*Turdus musicus*)《ヨーロッパ・シベリアに分布するツグミの一種; swamp blackbird ともいう》. **2** =redwing blackbird. 〖1645〗

rédwing [réd-winged] bláckbird *n.* 〘鳥類〙 ハゴロモガラス (*Agelaius phoeniceus*) 《北米に広く分布するムクドリモドキ科の鳥; maizebird, swamp blackbird ともいう》. 〖1797〗

réd wólf *n.* 〘動物〙 アメリカオオカミ (*Canis rufus*) 《米国南東部産の小形オオカミで, 赤みの強い, または灰色か黒色の毛色をしている; 野生のものは絶滅に近い》. 〖1840〗

réd·wòod[1] *n.* 〘植物〙 **1 a** セコイア, セカイヤメスギ (⇨ sequoia 1). **b** セコイア材 《赤色を帯びた木材》. **2** 赤色木材 《一般にこれから赤色植物染料が採れる》. 〖1619〗

réd·wòod[2] *adj.* 《スコット》 **1** 激怒した (furious). **2** 狂気の (insane). 〖(*c*1560): ⇨ wood[2]〗

Réd·wood Cíty /rédwʊd-/ *n.* レッドウッドシティー 《米国 California 州西部, San Francisco 郊外の都市; San Francisco 湾に面す》.

Rédwood Nátional Párk *n.* レッドウッド国立公園 《米国 California 州 北西部太平洋岸にあり, 多数の redwood で有名, 1968 年指定; 面積 227 km²》.

Rédwood séconds *n.* [単数扱い] 〘化学〙 レッドウッド秒数 《Redwood viscometer により求められる粘度の単位; 一定量の試料が細孔から流出するのに要する秒数で測る; 1886 年に英国で実用化された; cf. Saybolt universal seconds, Engler degrees》. 〖1949〗

Rédwood viscómeter *n.* レッドウッド 粘度計 (cf. Redwood seconds).

réd wòrm *n.* 〘動物〙 **1** =bloodworm. **2** イトミミズ, イトメ 《*Tubifex* 属の動物の総称》. **3** =strongyle. 〖*a*1450〗

réd·wùd *adj.* 《スコット》 =redwood[2].

rè·dýe *vt.* (~·ing) 染め直す. 〖1611〗

réd-yéllow podzólic sóil *n.* 〘土壌〙 赤黄色ポドゾル性土壌 《湿潤な暖温帯から熱帯の森林下で排水良好な条件下に生成し, A 層位の下部が漂白されて淡色となり, その B 層位は赤ないし黄色を示す》.

réd zínc óre *n.* 〘鉱物〙 紅亜鉛鉱 (⇨ zincite). 〖1868〗

réd zóne *n.* レッドゾーン 《危険状態に対応する, 計器上の赤い部分》; 危険地帯, 立入り禁止区域, 活動禁止区域; 《米俗》〘アメフト〙 レッドゾーン 《守備側のゴールラインに近い危険なゾーン》.

ree[1] /ríː/ *n.* 〘鳥類〙 =reeve[3]. 〖(尾音消失) ← REEVE[3]〗

ree[2] /ríː, réɪ/ *vt.* 《英方言》 =sift.

ree·bok /ríːbɑ(ː)k | -bɒk/ *n.* 〘動物〙 =rhebok.

Ree·bok /ríːbɑ(ː)k | -bɒk, -bʌk/ *n.* 〘商標〙 リーボック 《テニスシューズ・スニーカーなどスポーツシューズのブランド》.

rè·écho *vi.* (*also* **rè-écho**) 反響する, 反響を返す; 響き渡る, 鳴り響く (resound): Every word we spoke ~*ed* in the tunnel. トンネルの中で言葉を話すたびにこだました. — *vt.* 反響し返す; 反響のように繰り返す. — *n.* (*pl.* ~**es**) 反響の返し (return echo); 鳴り響く音[声], どよめき (reverberation). 〖1590〗

reech·y /ríːtʃi/ *adj.* (**reech·i·er**; **-i·est**) 《廃・方言》 **1** すすけた (smoky). **2** 臭い, 悪臭のする (stinking). 〖(*c*1460) ← (方言) *reech* reek+-Y[4]〗

reed[1] /ríːd/ *n.* **1** 〘植物〙 アシ, ヨシ 《アシ (ditch reed), ダンチク (giant reed) など》; アシの茎: ⇨ broken reed / lean on a ~ 薄弱な物[人]に頼る / a ~ shaken with [by] the wind 風に揺らぐ葦(あし); 定見のない[他から影響を受けやすい]人 (cf. *Matt.* 11:7) / *Reeds* become darts. 《諺》 葦も槍となる 《Cervantes, *Don Quixote* 中の句》 / a thinking ~ 考える葦, 人間 《B. Pascal, *Pensées* 中の句 un roseau pensant の訳》. **2** [集合的] **a** 《川辺などに群生した》アシ, ヨシ, (干した)アシ, ヨシ. **b** 《英》(屋根ふき用の)ふきわら. **3** 〘音楽〙 **a** (楽器の)簧(した), 舌, リード. **b** [*pl.*] 有簧(ゆうこう)楽器 (reed instrument) 《oboe, bassoon, clarinet など》. **c** [the ~s] (管弦楽団の)有簧楽器部 (cf. brass 2 b, wind[1] 13). **4 a** 葦(あし)笛, 牧笛 (reed pipe). **b** 田園詩. **5** 《詩》 矢 (arrow). **6** 〘紡織〙 (織機の)筬(おさ), リード. **7** [*pl.*] 〘建築〙 =reeding 1 a. **8** 〘聖書〙 古代ユダヤの尺度 (=6 cubits; cf. *Ezek.* 41:8).
— *vt.* **1 a** 〈家・屋根を〉葦(あし)でふく. **b** 〈葦・わらを〉屋根ふきに用いる; 葦で飾る. **2** 〘建築〙 ごまがら繰形(くりかた)にする; ごまがら繰形に飾る (⇨ reeding 1). **3** 〈硬貨・メダルなどの縁〉にぎざぎざをつける. **4** 〘造船〙 (まいはだを詰めた後に)〈板の縁を〉滑らかにする.
〖OE *hrēod* <(WGmc) *χreuðam (Du. *riet* / G *Ried*) ← IE *kreut- to shake, tremble〗

reed[2] /ríːd/ *n.* =read[3].

Reed /ríːd/ *n.* リード 《男性名; 異形 Read, Reid》. 〖← OE *rēad* 'RED[1]'〗

Reed /ríːd/, Sir **Carol** *n.* リード 《1906–76; 英国の映画監督・制作者》.

Reed, John *n.* リード 《1887–1920; 米国の新聞記者・社会主義者; *Ten Days That Shook the World* (1919)》.

Reed, Lou *n.* リード 《1942–2013; 米国のロックシンガー・ソングライター・ギタリスト》.

Reed, Walter *n.* リード 《1851–1902; 米国の軍医 (内科医); 黄熱病は蚊によって伝染されることを発見; Washington, D.C. にある陸軍病院は彼の名にちなむ》.

réed bàbbler *n.* 〘鳥類〙 =reed warbler.

réed bèd *n.* ヨシ湿原 《ヨシが優占する沼地[水域]》. 〖(OE) 1483〗

réed·bird *n.* 《米》〘鳥類〙 **1** =bobolink. **2** =reed warbler.

réed·bùck *n.* (*pl.* ~, ~**s**) 〘動物〙 リードバック 《アフリカに生息するリードバック属 (*Redunca*) のレイヨウの総称; ネイゴー (nagor), リードバック (reitbok) など》. 〖(1834) 《なぞり》 ← Afrik. *rietbok*〗

réed bùnting *n.* 〘鳥類〙 **1** オオジュリン (*Emberiza schoeniclus*) 《沼沢地にすみ, 頭が黒く背が栗色で腹が白いホオジロ属の鳥; reed sparrow ともいう》. **2** =reedling. 〖1785〗

réed canáry gràss *n.* 〘植物〙 クサヨシ (*Phalaris arundinaceae*) 《ヨーロッパおよび北米原産のイネ科の多年草; 家畜の飼料になる; swordgrass ともいう》. 〖1759〗

réed·ed /-dɪd | -dɪd/ *adj.* アシでおおわれた, アシの生い茂った; 〈硬貨・メダルなどが〉縁にぎざぎざのついた; 〘音楽〙 〈楽器が〉リードのある. 〖1778〗

réed gràss *n.* 〘植物〙 川辺などに群生する背の高いイネ科の植物の総称 《ノガリヤス属 (*Calamagrostis*), ダンチク属 (*Arundo*), ヨシ属 (*Phragmites*) などの草本》. 〖1578〗

rè·édify *vt.* **1** 〈家を〉再建する (rebuild). **2** 〈希望を〉再び持ち始める; 〈健康を〉回復する (restore); 〈組織などを〉立て直す (renew). **rè·edificátion** *n.* 〖(?*a*1350) ▭ OF *re(e)difier* <LL *reaedificāre* ← RE-[1]+*aedificāre* 'to EDIFY'〗

réed·ing /-dɪŋ | -dɪŋ/ *n.* **1 a** 〘建築〙 ごまがら, ごまがら繰形(くりかた) 《柱・壁・家具などに数条平行して施される溝》. **b** 〘家具〙 ごまがら装飾. **2** (硬貨などの縁の)ぎざぎざ. 〖(1440): ⇨ reed[1]〗

réed instrument *n.* 有簧(ゆうこう)楽器, 舌楽器 《bassoon, oboe, clarinet など簧(した) (reed) を用いる木管楽器》. 〖1879〗

rè·édit *vt.* 編集し直す. 〖1797〗

rè·edítion *n.* 再編集. 〖1655〗

reed·ling /ríːdlɪŋ/ *n.* 〘鳥類〙 ヒゲガラ (*Panurus biarmicus*) 《ヨーロッパから中国北部で分布する鳴鳥の一種; bearded tit ともいう》. 〖(1840) ← REED[1]+-LING[1]〗

réed màce *n.* 《英》〘植物〙 ガマ 《bulrush, cat's-tail, cattail ともいう》; ガマと類似の植物. 〖1548〗

réed·màn *n.* (*pl.* **-mèn**) リード楽器奏者.

réed òrgan *n.* リードオルガン, 足踏みオルガン 《harmonium, American organ など; ⇨ organ 日英比較》. 〖1851〗

réed phèasant *n.* 〘鳥類〙 =reedling.

réed pìpe *n.* **1** 葦(あし)笛, 牧笛. **2** (パイプオルガン・リードオルガンの)舌管 (cf. flue pipe). 〖1648〗

réed spàrrow *n.* 〘鳥類〙 =reed bunting 1. 〖15C〗

réed stòp *n.* (パイプオルガンの)舌管音栓 (cf. flue stop). 〖1727〗

réed swìtch *n.* 〘電算〙 リードスイッチ 《強磁性体製リード(振動片)に接点を取り付けてガラス管に封入したスイッチ; 小型で応答速度が機械的なスイッチよりも速い》.

rè·éducate *vt.* (*also* **rè-éducate**) **1** 〈人を〉教育し直す. **2** 〈身体障害者・受刑者などを〉(社会復帰・更生のために)再教育する, …にリハビリテーションを施す; (特にイデオロギーの観点から)再教育する. **rè·educátion, rè-educátion** *n.* **rè·éducative, rè-éducative** *adj.* 〖1808〗

réed wàrbler *n.* 〘鳥類〙 ヨシキリ 《ウグイス科ヨシキリ属 (*Acrocephalus*) の鳴鳥の総称》; (特に)ヨーロッパヨシキリ (*A. scirpaceus*). 〖1802〗

réed·wòrk *n.* [集合的] (パイプオルガンの)舌管音栓 (cf. fluework).

réed wrèn *n.* 〘鳥類〙 =reed warbler.

reed·y /ríːdi | -di/ *adj* (**reed·i·er**; **-i·est**) **1** 舌楽器 (reed instrument) の音のような音を出す; 細くて鋭い, かん高い (shrill, piping): a ~ voice / the ~ quaver of a person's high notes 高い音を歌うときの葦笛のような声の震え. **2** 葦(あし)の多い, 葦の生い茂った: a ~ marsh, lake, etc. **3** 《詩》 葦で作った: a ~ pipe 葦笛 / a ~ couch 葦製の寝いす. **4** (弱さ・細さが)葦のような; か細い, ひょろひょろした: a ~ youth か細い青年. **réed·i·ly** /-dəli, -dli | -dɪli, -dli/ *adv.* **réed·i·ness** *n.* 〖(*c*1384): ⇨ reed[1], -y[4]〗

reef[1] /ríːf/ *n.* **1 a** 浅瀬, 礁, 礁脈; 砂洲(す) (sandbank) (⇨ shallow SYN); 珊瑚礁. **b** 障害 (obstruction). **2** 〘鉱山〙 **a** 鉱脈 (vein, lode). **b** (鉱脈の周囲の)床岩. ***strike* [*gó on*] *a réef*** 座礁する.
〖(1584) 《古形》 *riff(e)* ▭ ? MLG *ref*, *rif* ▭ ON *rif* (↑)〗

reef[2] /ríːf/ *vt.* **1** 〘海事〙 〈帆を〉縮める (shorten): single[double-, treble-]*reefed* 一[二, 三]段縮帆(しゅくはん)して. **b** 〈トップマストやバウスプリットを〉縮める, (外輪の軸を中心に近付けて)〈水かきを〉少なくする. **2** 〈パラシュートなどを〉(縮帆するように)畳む. — *vi.* 〘海事〙 縮帆する.
réef* one's *sáils ⇨ sail 成句.
— *n.* 〘海事〙 (風を受ける面積を少なくするための)縮帆部; 畳み込み: shake [take] out the ~*s* 解帆する.
tàke in a réef (1) 縮帆する. (2) 用心して進む.
〖(*a*1393) *riff* ▭ ? (M)Du. *reef*, *rif* ▭ ON *rif* 'RIB', reef'〗

Reef /ríːf/ *n.* [the ~] **1** =Great Barrier Reef. **2** =Witwatersrand.

réef bànd *n.* 〘海事〙 縮帆帯, リーフバンド 《帆の面の下端近くにある縮帆索取付け座用の帆布帯》. 〖1762〗

réef bùilder *n.* 〘生物〙 造礁生物 《珊瑚礁を形成する生物》. 〖1869〗

réef crìngle *n.* 〘海事〙 リーフクリングル 《縮帆のためのリーフバンドの両端にある鉄環で, これにロープを通して縮帆の力をもたせる所》. 〖1841〗

réef·er[1] *n.* **1** 〘海事・海軍〙 **a** 縮帆する人, 縮帆係. **b** 《俗》 海軍少尉候補生 (midshipman) 《縮帆がその役目の一つであったことから》. **2** 〘服飾〙 リーファー: **a** (体にぴったりした厚地の)ダブルジャケット (reefing-jacket). **b** (プリンセスラインの)婦人コート 《襟付きでシングルまたはダブル打合わせのもの》. **3** 〘海事〙 =reef knot. 〖1818〗

réef·er[2] *n.* 《俗》 マリファナ入り巻きたばこ. 〖(1931) ← REEF[2]+-ER[1]: 形が帆の縮帆した部分 (reef) に似ていることから〗

ree·fer[3] /ríːfə | -fə(r)/ *n.* 《米口語》 **1** (特に, 大型の)冷蔵庫. **2** 〘鉄道〙 冷凍車 (chill car); 冷蔵トラック; 冷蔵船. 〖(1914) 《変形》 ← REFRIGERATOR〗

réef·fìsh *n.* (*pl.* ~) 〘魚類〙 珊瑚礁にすむスズメダイ科の魚の総称.

réef flàt *n.* 礁原(しょうげん) 《珊瑚礁の平坦な上面》. 〖1886〗

réef hòok *n.* 〘海事〙 =ravehook.

réef·ing bàtten *n.* 〘海事〙 縦帆において縮帆に好都合なように垂直に帆に縫い込んである当て木.

réefing bówsprit *n.* 〘海事〙 =running bowsprit.

réefing-jàcket *n.* 体にぴったりした厚地のダブルの上着 (reefer, reefer jacket ともいう). 〖1882〗

réef knòt *n.* 〘海事〙 こま結び (flat knot, square knot). 〖1841〗

réef pòint *n.* 〘海事〙 縮帆(しゅくはん)索, リーフポイント 《縮帆用として帆に帯が付いており, その帯の所々に帆を丸めて縛るためについている細索》. 〖1856〗

reef·y /ríːfi/ *adj.* 〈海岸など〉岩礁[浅瀬, 礁]の多い. 〖1847〗

reek /ríːk/ *vi.* **1** 〔…の〕悪臭を放つ, 〔不快なにおいが〕する (stink) 〔*of*, *with*〕: ~ *of* garlic [cheap perfume] にんにく[安香水]のにおいがする / ~ *with* filth 汚物のにおいがする / The room ~*ed of* tobacco smoke. 部屋はたばこ臭かった. **2** 〔…の〕きみがある, 風(ふう)を帯びている 〔*of*, *with*〕: ~ *of* mystery [*with* snobbery] 神秘的[俗物根性]のきみがある / ~ *of* affectation きざが鼻につく, いやにぶっている / ~ *of* murder 殺気を帯びている / The whole thing ~*ed of* swindle. 全体がインチキ臭かった. **3** 煙を吐く, 煙る, いぶる; 〈熱い飲食物などが〉湯気を立てる. **4** 〔汗・血などに〕まみれている 〔*with*, *of*〕: ~ *with* sweat 汗をかいて湯気を立てる / the hands ~*ing with* [*of*] blood 血まみれの手 / laborers ~*ing* from their toil 働いて汗まみれになっている労働者 / a ~*ing* horse 汗まみれになって湯気を立てている馬. **5** 《廃》 〈煙・湯気などが〉立ちのぼる, 〈香水が〉発散する.
— *vt.* **1** いぶす. **2** 《スコット・文語》 〈煙・蒸気・臭気などを〉発する: His manner ~*s* prosperity. 彼は見るからに裕福らしい.
— *n.* **1** 湯気, 蒸気 (vapor, steam). **2** 悪臭, 異臭, 臭気 (stench): the ~ of stale tobacco かび臭い古たばこのにおい / amid ~ and squalor 悪臭と不潔の中で / I smell the ~ of chloroform. クロロホルムのにおいがする. **3** 《スコット・文語》 煙 (smoke).
~·er *n.* **~·ing** *adj.* **~·ing·ly** *adv.*
〖*n.*: OE *rēc* <Gmc *raukiz (G *Rauch* / ON *reykr*) ← *rauk-, *reuk-. — v.: OE *rēocan* to smoke <Gmc *reukan (G *riechen* to smell) ← IE *reu- to vomit, smoke: 現在の *n.* の語形は ON と *v.* の影響〗

reek·y /ríːki/ *adj.* (**reek·i·er**; **-i·est**) **1** 悪臭を放つ. **2** 煙る, くすぶる (smoking). **3** 湯気の立つ (steaming). 〖(?*a*1425): ⇨ reek, -y[4]〗

reel[1] /ríːl/ *n.* **1 a** (針金・ゴム管・紙・ケーブルなどを巻く)巻き枠, リール. **b** 〘釣〙 リール. **c** (フィルムを巻く)巻き枠, スプール (spool). **d** 糸車, 舞羽(まいば); 《英》 糸巻き, ボビン (bobbin) 《米》 では a, c, d を共に spool という》. **2 a** (糸・針金・紙・ケーブル・鉛管などの)一巻き(の量). **b** 〘映画〙 (フィルムの)巻 《通例 1 巻は 1,000 または 2,000 ft.》. **3 a** (種々の機械の)回転部. **b** (芝刈機の回転する)螺旋(らせん)状の刃. **4** 〘写真〙 (フィルム現象タンクの)中枠. **5** 巻取紙 (web); (抄紙機の紙を巻き取る)リール. ***(right) òff the réel*** (1) 〈糸が〉まっすぐに出て. (2) すらすらと, 立て続けに, 続々と. (3) 躊躇(ちゅうちょ)せずに, すぐに. 〖(1825)〗
— *vt.* **1 a** 〈糸・釣糸などを〉(糸巻きなどに)巻き取る. **b** 〈生糸を〉繭(まゆ)から糸車に巻き取る. **2** 〈魚・釣糸・測鉛などを〉リールで巻き取る 〈*in*, *up*〉: ~ a fish *in* [*up*] 魚をリールで引き寄せる. — *vi.* **1** リールを回す. **2** リールで巻き取る: ~ *in* slowly until the line is taut 釣糸がピンとなるまで糸をゆっくり巻き込む. ***réel óff*** (1) 〈物語・詩句などを〉よどみなく[すらすら]話す[書く]; すばやく[続々と]作る[達成する]: She ~*ed off* a few well-known names. 有名人の名を立ちどころに 5 つ 6 つ言ってのけた. (2) 〈繭から〉〈糸を〉繰り取る. ***réel óut*** 〈糸を〉繰り出す.
~·a·ble /-ləbl/ *adj.* 〖OE *hrēol* <? Gmc *χreχulaz (ON *hræll*) ← IE *krek- to weave, beat〗

reel[2] /ríːl/ *vi.* **1 a** (強く打たれたりして)よろめく, ぐらつく: ~ back 後ろによろめく / ~ under a heavy blow 強い一撃でよろめく. **b** (酔ったりめまいがして)千鳥足で歩く (stagger) 〈*about*, *along*〉 (⇨ stagger SYN): ~ *about* よろめきながら歩く / ~ to and fro ふらふらよろめきながら行ったり来たりする / ~ down a street 通りを千鳥足で歩いて行く. **c** 動揺する, 揺らぐ, ぐらつく (rock, swing): The ship ~*ed* in the storm. 船は嵐の中をよろめくように進んだ / The old order was ~*ing* to its foundations. 旧体制は土台までぐらついていた. **2 a** 〈目が〉回る. **b** めまいがする: My brain ~*ed*. めまいがした, 目がくらんだ, ふらふらした / Her head was ~*ing with* a kind of fury. 怒りに似た気持ちでめまいがするほどだった. **c** 〈物が〉ゆらゆら動くように見える; 〈大地が〉震動するように見える: The mountains ~*ed* before his eyes. 山々が彼の目にはゆらゆら動くように見えた. **3** 〈軍隊・戦線が〉たじろぐ, 浮足立つ (waver). **4** ぐるぐる回る (whirl). — *vt.* **1** よろめかす, ぐらつかせる. **2** 《廃》 〈街路などを〉よろよろと通る. — *n.* **1** よろめき; 千鳥足 (stagger): without a ~ or a stagger しっかりした足取りで, ひょろひょろせずに / the (drunken) ~ of vice and folly round us 我らの周囲にうごめく悪習愚行 (cf. R. Browning, *Poets Croisic* 157). **2** めまい (giddiness). **3** [*pl.*] 《廃》 お祭り騒ぎ (revelry). **~·er** /-lə | -lə(r)/ *n.* 〖(?*c*1380) *rele(n)* ← ? REEL[1]〗

reel[3] /ríːl/ *n.* 〘ダンス〙 **1** リール 《スコットランドやアイルランド

R

に共通な 4/4 拍子の活発な踊り; 二組あるいはそれ以上のカップルで踊る); その曲: the foursome [eightsome] ～ 二人ずつ二[四]組で踊るリール. **2** ＝virginia reel.
réel of thrée 《スコット》8の字3人踊り《3人で8の字を描きながら踊る快活なダンス》.
— *vi.* リールを踊る.
〖(*a*1585) 《転用》 ← ? REEL[1] (n.)〗
re·elect /rìːɪlέkt/ *vt.* 再選[改選]する: He was ～*ed* (as) mayor. 彼は市長に再選された. 〖1601〗
re·eléction *n.* 再選. 〖1745〗
réeled sílk *n.* 繭(まゆ)から直接かせに巻き取った一本に連続した上質の生糸. 〖1831〗
réel·er /-lə | -lə(r)/ *n.* **1** 巻取り係[機, 装置]. **2** リーラー《継ぎ目なしの管類の外側と内側を磨く機械》. **3** [複合語の第2構成素として] (映画フィルムの長さを数える単位としての)巻, …巻物(の映画): a three-*reeler* 3巻物. 〖1598〗
réel-féd *adj.* 〖印刷〗巻取り紙給紙の (cf. sheet-fed, web-fed).
rè·éligible *adj.* 再選[再任]できる. **rè·eligibíl·ity** *n.* 〖1802〗
réel·ing·ly /-lɪŋli/ *adv.* **1** よろめきながら, 千鳥足で. **2** めまいがしたように, ふらふらして. **3** 動揺して, ぐらついて, たじろいで. 〖1621〗
réel màn *n.* 《豪》救命ロープ係《海水浴場に待機する海難救助隊の一員》.
réel-to-réel *adj.* 〖電気〗(カセット式でない) 2リール往復式の, 外走式の: a ～ tape recorder オープンリールテープレコーダー. 〖1961〗
rè·embárk *vi.* 再び乗船する. — *vt.* 再び乗船させる; 再び積み込む. 〖1585〗
rè·embarkátion *n.* 再乗船. 〖1716〗
rè·embódy *vt.* 再形成する, 再編成する; 形成[編成]し直す, 新たに具体化する. **rè·embódiment** *n.*
rè·embróider *vt.* 〖服飾〗〈レースなどに〉刺繍(しゅう)ステッチで模様の輪郭をとる. 〖1927〗
rè·emérge *vi.* 再出[再現]する. **rè·emér·gence** *n.* **rè·emérgent** *adj.* 〖1775〗
rè·émphasize *vt.* 再び力を入れて〈…と〉言う 〈*that*〉; 再び強調[力説]する; 再び目立たせる; …に変わらぬ信念を持っていることを表明する. 〖1857〗
rè·emplóy *vt.* 再雇用する. **～·ment** *n.* 〖1611〗
reen /ríːn/ *n.* 《英方言》＝rhine. 〖《変形》 ← RHINE〗
rè·enáct *vt.* **1** 再び制定する, 再び法律で定める. **2** 〈前にあった[起こった]ことを〉再演する, 〈役を〉再び演じる. **～·ment** *n.* 〖*a*1676〗
rè·enfórce *v.* 《米》＝reinforce. **～·ment** *n.*
rè·enginéer *vt.* 設計しなおす, 再製作する; 〈会社などを〉再編成[再構築]する. **～·ing** *n.* 〖1944〗
rè·enlíst *vt., vi.* 再登簿させる[する]; (軍隊に)再入隊させる[する]. **～·ment** *n.* 〖1828–32〗
re·en·ter /rìːέntə, -έnə | -tə(r)/ *vt.* **1** 〈部屋・会場などに〉再び入る; 〈会・党・クラブなどに〉再び加入する. **2** 再び記入する: ～ a person [person's name] in the list [roll] 名簿に人の名を再記入する. **3** 〖法律〗〈貸主が〉〈賃貸物件を〉取り戻す. **4** 〖彫刻〗〈はっきりしない線などを〉深く彫り直す. **5** 〖染色〗…に二度色をかける. — *vi.* **1** 再び[また]入る; 再加入する. **2** 〖法律〗賃貸した土地などを回復する. **3** 〖築城〗〈外壁・堀などの線が〉凹入(おうにゅう)する; 内側に曲がる[突起する], 凹(へこ)む, 内曲する. 〖1439〗
reénter·ing àngle /-tərɪŋ, -trɪŋ | -tərɪŋ, -trɪŋ/ *n.* **1** 〖数学〗凹角(おうかく)《多角形の内角で, 180°より大きいもの; reentrant angle ともいう; ↔ salient angle》. **2** 〖軍事〗(要塞・戦線などの)凹角. **3** 〖建築〗入隅(いりすみ)《部屋の隅部などのように建物のへこんだ角の部分; cf. external angle 2》. 〖1696〗
reéntering pòlygon *n.* 〖数学〗凹(おう)多角形《凹角のある多角形》.
rè·éntrance *n.* **1** 再び入ること, 再入室, 再入場; 再加入. **2** ＝reentrancy. **3** ＝reentering angle. 〖1594〗
rè·éntrancy *n.* 凹入(おうにゅう), 内曲(していること). 〖1901〗
rè·éntrant *adj.* **1** 凹入(おうにゅう)の, 内曲する (↔ salient). **2** 〖築城〗凹入の (pointed inward). — *n.* **1** 再び入る人[もの]. **2** 〖数学〗凹角. **3** 〖軍事〗凹角; 凹角部, 敵の侵入部. 〖1781〗
reéntrant àngle *n.* ＝reentering angle.
rè·éntry *n.* **1** 再び入る[入れる]こと; 再加入. **2** 再記入. **3** (人工衛星・ロケットなどの大気圏への)再突入. **4** 〖法律〗占有(権)の再獲得, 土地再立入り. **5** 〖トランプ〗＝reentry card. 〖*a*1443〗
reéntry càrd *n.* 〖トランプ〗(ブリッジ・ホイストで)打出 (lead) した側の手に再度打出し権が戻ることを可能にする札《別なスーツ (suit) のエースなど; 単に reentry ともいう》. 〖1908〗
rè·equíp *vt., vi.* 再装備する. **～·ment** *n.* 〖*1804*〗
rè·eréct *vt.* 再び建てる, 再建する. **rè·eréction** *n.* 〖1598〗
reest[1] /ríːst/ *vt.* 《スコット・北英》〈肉・魚を〉燻製(くんせい)にして[乾燥などして]保蔵処理する. 〖1440 ← ?〗
reest[2] *vi.* 《スコット・北英》〈馬が〉(急に)立ち止まる, (鼻息荒く足音たてて)進むことを拒む (balk) 《reast ともいう》. 〖(1786) 《略》 ← ? 《スコット》 *areest* 'to ARREST'〗
rè·estáblish *vt.* **1** 復職[復位]させる; 再設する, 再建する. **2** 復旧する, 回復する, 復興する (restore): ～ diplomatic relations with Japan 日本との外交関係を回復する / Peace has now been ～*ed*. 平和は回復された. **～·ment** *n.* 〖1483〗
rè·eváluate *vt.* 再評価する. **rè·evaluátion** *n.* 〖1945〗
rè·evaporátion *n.* 〖機関〗再蒸発. 〖1862〗
reeve[1] /ríːv/ *n.* **1** 《カナダ》(町会・村会の)議長. **2** (英国または米国の, 特別の任務をもった昔の)下級地方官: a field ～(地方)林野官. **3** 〖英史〗**a** (町または地方の)執事, 奉行, 代官 (chief magistrate) 《アングロサクソン時代には gerefa といった; 主君に仕え, 地方で主君を代表した役人の総称で, 上は sheriff から下は manor の役人までを含んだ》. **b** (荘園の)農奴 (villeins) の総督. 〖OE (*ġe*)*rēfa* officer ← *ġe-* 'y-' + *-rōf* array, number: cf. sheriff〗
reeve[2] /ríːv/ *vt.* (**rove** /róʊv | rə́ʊv/, **reeved**) 〖海事〗 **1 a** 〈ロープを〉〈穴・滑車などに〉通す (pass) 〔*through*〕. **b** 〈輪などに〉ロープを通す. **c** (穴に通して)結び[取り]つける 〔*in, on, round, to*〕: ～ a rope *to* a yard ロープを帆桁に結びつける. **2** 〈船が〉〈浮氷群・浅瀬などの〉間を縫って行く. 〖(1627) □ ? Du. *reven* 'to REEF[2]'〗
reeve[3] /ríːv/ *n.* 〖鳥類〗エリマキシギ (ruff) の雌鳥. 〖(1634) 《変形》 ← ? RUFF[3]〗
Reeve /ríːv/, **Clara** *n.* リーブ (1729–1807; 英国の女流小説家; *The Champion of Virtue, a Gothic Story* (1777) (翌年の再版で *The Old English Baron* と改題)).
Reeves /ríːvz/, **James** *n.* リーブズ (1909–78; 英国の詩人・詩集編集者; *Poetry Bookshelf; The Imprisoned Sea* (詩集, 1949); 詩誌 *Quarto* を創刊(1951)).
Reeves, Jim *n.* リーブズ (1924–64; 米国のカントリーミュージックのシンガー・ソングライター; 甘美な声で知られる).
Reeves, Ke·a·nu /kiάːnuː/ *n.* リーブズ (1964–　; 米国の映画俳優).
rè·exám *n.* 《口語》＝reexamination.
rè·examinátion *n.* **1** 再試験; 再検査, 再調査, 再吟味. **2** 〖法律〗(証人の)再尋問 (cf. redirect examination). 〖1604〗
re·ex·am·ine /rìːɪgzǽmɪn, -εgz- | -ɪgzǽmɪn, -εgz-, -ɪks-, -εks-/ *vt.* **1** 再び試験する; 再び検査[調査]する, 再吟味する: ～ the records of the case 事件の記録を調べ直す / ～ traditional concepts 従来の考え方を再検討する. **2** 〖法律〗〈証人を〉(反対尋問の後で)再尋問する. **rè·exáminer** *n.* 〖1594〗
rè·exchánge *n.* **1** 再交換, 再交易. **2** 戻り為替手形 (redraft); 償還請求金額. — *vt.* 再交換[交易]する, 取り換え直す. 〖1707〗
re·export /rìːɛkspɔ́ət, -ɪks- | -pɔ́ːt/ *vt.* 〈輸入した品を〉再輸出する, 逆輸出する; 積み戻す. — /⏑⏑⏑/ *n.* **1** 再輸出; 積み戻し. **2** 再輸出品, 積み戻し品. **rè·exportátion** *n.* **rè·expórter** *n.* 〖1690〗
ref /rέf/ *n., v.* 《口語》＝referee. 〖略〗
ref. 《略》 refer; referee; reference; referred; refining; reformation; reformed; reformer; refund; refunding; refuse(d).
rè·fáce *vt.* **1** 〈建物などに〉新しい上張りを施す. **2** 〈建物・石などの〉表面を新しくする[替える]. **3** 〈衣服〉の見返しを新しくする[取り替える]. 〖1852〗
rè·fáshion *vt.* 新たに作り直す, 改造する; 〈建物・内装・衣服・いすなどの〉形[模様, 配列]を変える. **～·ment** *n.* 〖1803〗
rè·fásten *vt.* 再び取り付ける[くくる], 取り付け[くくり]直す. 〖1598〗
Ref. Ch. 《略》 Reformed Church.
re·fect /rɪfέkt/ *vt.* 《古》(食べ物や飲み物を与えて)元気づける (refresh). 〖(*c*1380) ← L *refectus* (p.p.) ← *reficere* to remake ← RE-[1] + *facere* 'to make, DO[2]'〗
re·fec·tion /rɪfέkʃən/ *n.* **1** (空腹・疲労後の飲食による)元気回復 (refreshment). **2** 軽い食事, 軽食. 〖(*c*1340) ∥ □ (O)F *réfection* ∥ L *refectiō(n-)* a remaking ← *refectus* (↑): ⇨ -tion〗
re·fec·to·ry /rɪfέktəri, -tri/ *n.* (修道院・大学などの)食堂 (dining hall). 〖(?*a*1425) □ ML *refectōrium* ← L *refectus*: ⇨ refect, -ory[2]〗
reféctory tàble *n.* **1** (修道院・大学などの食堂で用いるがっしりした重い脚のついた)細長い矩形(くけい)のテーブル. **2** 自在板が両端の下に畳み込める矩形のテーブル. 〖1923〗
re·fel /rɪfέl/ *vt.* 《廃》論破する (refute); 拒む, はねつける. 〖(*c*1450) *refelle(n)* □ L *refellere* ← RE-[1] + *fallere* to deceive〗
re·fer /rɪfə́ː | -fə́ː(r)/ *v.* (**re·ferred; -fer·ring**) — *vi.* **1 a** 〔…に〕言及する, 〔…のことを〕暗に言う, 指して言う (mention, allude) 〔*to*〕: The speaker ～*red to* his past experiences. 講演者は自分の過去の経験を語った / Are you ～*ring to* me by [with] that insinuation? 君のその皮肉は私のことを言っているのか / She always ～*red to* him *as* a pompous ass. 彼女は彼のことはいつも「威張り屋のばか」と呼んでいた / She ～*red to* him *in* unflattering terms. 彼女は歯に衣着せぬ言葉で彼に言及した. **b** 〔…を〕引用する, 引合いに出す (quote) 〔*to*〕: For my evidence I ～ *to* the facts of human nature. 私の論拠として人間性の事実(というもの)をお考え願いたい. **2 a** 指示する (point) 〔*to*〕: The asterisk ～*s to* a footnote. 星印は脚注参照のしるし. **b** 〖言語〗〈語・記号などが〉〈対象(物)を〉指示する. **c** 〖文法〗〈代名詞が〉〈名詞などを〉指す, 受ける 〔*to*〕. **3 a** 〔…に〕訴える, 頼る, 〔…を〕参考にする, 参照する 〔*to*〕: ～ *to* one's notes 〈演説者が〉メモに頼る[をちらちら見る] / ～ *to* a dictionary 辞書を引く / ～ *to* one's watch for the exact time 正確な時間を知ろうと時計を見る. **b** (人物・技量などについて)〈人に〉問い合わせる, 尋ねに行く, 照会する 〔*to*〕: I ～*red to* his former employer for his character. 前の雇い主に彼の人物について問い合わせた. **4** 関係する, 関連している (relate) 〔*to*〕: I have examined all the documents ～*ring to* this matter. この件に関する一切の書類を調べた.
— *vt.* **1** 〈事件・問題などを〉〔…に〕委託する, 付託する, 持ち込む (hand over) 〔*to*〕; 〈提案などを〉〔…に〕差し戻す 〈*back*〉 / 〔*to*〕: ～ a bill *to* a committee 議案を委員会に付託する / ～ a matter *to* arbitration 事件を調停に付する / She often ～*red* questions *to* me. 彼女はよく質問を私の所へ持ち込んで来た. **2** 〈人を〉〔…に〕差し向ける, 〈人〉に〔…に〕行って聞け[もらえ]と言う, 〔…を〕調べよと言う, 〔…を〕参照させる; 〈事実などに〉注目させる, 留意させる 〔*to*〕: ～ a person *to* a dictionary 人に辞書を引くように言う / I was ～*red to* the secretary for more information. 秘書に問い合わせるようにといわれた / ～ a person *to* a good dentist [a (medical) specialist] 人を良い歯科医[専門医]に紹介する. **3 a** 〔…に〕帰する, 起因するものとする, 〔…の〕せいにする (attribute, assign) 〔*to*〕: He ～*red* his wealth *to* his own hard work. 彼は自分の富は自分の努力のたまものであるとした / His actions are ～*red to* ignorance. 彼の行為は無知のせいだとされている / He ～*s* those evils *to* the war. 彼はその悪弊は戦争のためだと言っている. **b** 〈ある種類・所・時代に〉属するものとする, 含まれているものとする (assign, attach) 〔*to*〕: ～ bacteria *to* the vegetable kingdom 細菌は植物界に属するものとする[と考える] / ～ the manuscript *to* China その稿本を中国のものだとする / ～ Stonehenge *to* the Neolithic age ストーンヘンジは新石器時代に属するとする. **c** 〈痛みなどを〉〔…に〕あると感じる ⇨ referred pain. **4** [～ oneself で] 〔…に〕身を委(ゆだ)ねる, すがる, 訴える 〔*to*〕: ～ *oneself to* a person's generosity. **5** 《英》〈受験者〉に落第点をつける, 落とす (reject): ～ 80 percent of the candidates [dissertations] 受験者[論文]の8割を落とす. **6** 〈人の言った事などを〉〔…に対して〕言われたものと解釈する[とる] 〔*to*〕.
refér báck (*vt.*) (1) 差し戻す: ～a matter *back* to (a) committee 問題を委員会へ差し戻す. (2) 思い出させる: ～ a person *back* to an earlier decision 人に以前の決定を思い出させる. (*vi.*) 再度言及する: ～ *back* to an earlier incident [page] 前の出来事[ページ]に再度言及する.
re·fér·rer /-fə́ːrə | -fə́ːrə(r)/ *n.* 〖(*c*1380) *referre(n)* □ (O)F *référer* ∥ L *referre* ← RE-[1] + *ferre* 'to carry, BEAR[1]'〗

SYN 言及する: **refer** あることを直接に書く[口にする]: Don't *refer* to that again. そのことは二度と言うな. **allude** あることを暗示または比喩によって間接的に言う: He often *alluded* to his poverty. よく貧乏をほのめかした.

ref·er·a·ble /rɪfə́ːrəbl, rέf(ə)r- | rɪfə́ːr, rέf(ə)r-/ *adj.* 〔…に〕帰することができる, 起因させうる, 〔…の〕せいにしうる (ascribable) 〔*to*〕: This disease is ～ *to* a microbe. この病気は微生物によって発生する. 〖(1646): ⇨ ↑, -able〗
ref·er·ee /rèfəríː/ *n.* **1** (競技・試合の)審判員, レフェリー (⇨ judge SYN). 日英比較 プロボクシングの「レフェリーストップ」は和製英語. これに相当する英語はレフェリーが宣告する TKO (technical knockout). 負傷の程度を調べるために試合を止める場合には The *referee* stopped the fight to examine the injury. などという. **2** 問題の決定・解決を委任された人. **3** 《英》身元[信用]照会先; 身元保証人 (reference). **4** 《英》(出版の前にする, 学術・科学)論文校閲者[審査員]. **5** 〖法律〗(裁判所または当事者が依頼する)仲裁人, 調停者, 審査人, 鑑定人. **6** ＝Official Referee. — *vt.* **1** 〈試合〉の審判をする, 〈試合〉でレフェリーを務める. **2** (裁判官または第三者として)〈論争などを〉調停する. **3** 〈学術・科学論文などを〉(出版前に)校閲する. — *vi.* 仲裁人[調停者, 審判, レフェリー]を務める. 〖(1621): ⇨ refer, -ee[1]〗
ref·er·ence /rέf(ə)rəns, -rənts/ *n.* **1** 言及, 論及 (mention, allusion): make ～ *to* …に言及する / *Reference* was made to the event in *The Times*. タイムズ紙はその事件に論及した / He makes no ～ *to* the plan in his letter. 彼の手紙にはその計画のことは全然触れていない. **2 a** (書物などへの)参照, 参考 (consulting); (書物の中の他の部分への)参照(事項); 出典[典拠](指示) (direction): backward [forward] ～ 前[後]の語句を受けること / ～*s to* sources 出典指示 / a book of ～ 参考図書 (reference book) / for ～ 参考のために / make ～ *to* a guidebook 案内書を参照する[に当たってみる] / *Reference* [A ～] *to* a dictionary would have enlightened him. ちょっと辞書を参照したら疑いが解けただろうに / ～*s to* footnotes 脚注参照 / a mark of ～＝reference mark / ～s on the margin 欄外引照 / ⇨ cross-reference / load one's pages with ～*s* 参照を豊富に付ける. **b** (知識を得るための)参照, 問い合わせ, 参考: a library for public ～ 参考図書館 / for future ～ 今後の参考(とするため)に, ついでに言っておくが. **c** 参照符 (reference mark). **d** 参考図書; 参考文献. **3** (人物・身元・技量などに関する)照会, 問い合わせ (inquiry): make a ～ *to* a person's former employer 元の雇い主へ(人柄を)照会する. **4 a** (身元・人柄・技量などの)証明書 (testimonial, 《英》 character): He came to me with excellent ～*s*. 立派な人物証明書を何枚も持って来た. 日英比較 *reference* は本人には見せないのが原則で, 日本の推薦状とは異なり, 客観的で, 厳しい内容が盛り込まれる. これに対して testimonial は, 本人に見せるのが原則で, 多少好意的に書かれることが多い. **b** 身元[信用]照会先: a satisfactory ～ 確実な照会先 / Who are your ～*s*? 君のことはどこに照会すればわかりますか. **5** 関連, 関係 (relation): bear [have] some ～ *to* …に関係がある / in [with] ～ *to* …に関して, …と関連して, …について / without ～ *to* …に関係なく, …をかまわず / all persons, without ～ *to* sex 男女を問わずすべての人々 / The great sales of this book have no ～ *to* its value. この本のすばらしい売れ行きは本の価値とは関係がない / The parts of a machine all have ～ *to* each other. 一つの機械の各

部分は互いに関連している. **6** (委員・仲裁人・審査人への)委託, 付託, 回付 (commitment); 委託の条件[範囲] (⇨ terms of reference): ~ of a bill *to* a committee 議案の委員会付託 / That is a question outside the terms of ~. それは委託権限外の問題である / The commission must confine itself to the terms of ~. 委員は付託の範囲内に止まらなければならない / The ~ is very wide [strictly limited]. 委託の範囲は非常に広い[きわめて狭い]. **7** (価値などの)基準と考えられている物; [事実]: a point of ~ 評価[判断]の基準. **8** 〘文法〙(代名詞が)指す[受ける]こと. **9** 〘言語〙指示 (語・記号などが対象(物)を指示すること); 意味 (denotation, meaning).
— *adj.* [限定的] **1** 参考の, 参照用の (referential): a ~ room 参考図書室, 資料室. **2** 基準となる: a ~ bible 引照付き聖書 (欄外に他項への引照を付けたもの).
— *vt.* **1** 〈書物〉に参照事項[参照指示, 参照符]を付ける. **2** 〈資料・表などを〉挿入する. **3** 参考として引用する.
— *prep.* 〘商業〙…に関して: ~ our notes of 15 April 4月15日の覚書に関して (cf. re¹).

ref·er·en·cer *n.* 〖(1589) ← REFER+-ENCE〗

réference bèam *n.* 〘光学〙参照光(線) (振幅・強度・位相等の変化を検出する際の基準となる光(線); ホログラフィー (holography) においてはレーザー光線を二分し, 一つを物体に当て, 変化を受けた光に他の一つ(参考光)を重ねて振幅・位相をホログラムに記録する).

réference bòok *n.* **1** 参考図書 (百科事典・辞書・年鑑・地図など). **2** 〘図書館〙(館外持出しを禁止している)参考図書. **3** 〘南ア〙身分証明書[手帳] (1952年以降非白人は携帯を義務づけられた; 1977年名称が travel documents と変更; pass, pass book は古い用語). 〖1889〗

réference depàrtment *n.* 〘図書館〙参考(図書)部 (大きな図書館内の参考文献閲覧サービスの部門; cf. reference library).

réference eléctrode *n.* 〘物理化学〙参照電極, 照合電極. 〖1926〗

réference equìvalent *n.* 〘通信〙通話当量 (通話音量の表示法の一つ).

réference fràme *n.* =FRAME of reference.

réference fùel *n.* 〘化学〙標準燃料 (ガソリンのオクタン価やディーゼル油のセタン価測定の際に用いられる基準となる炭化水素).

réference gàge *n.* 〘機械〙検定ゲージ (⇨ master gage).

réference gròup *n.* 〘社会学〙レファレンスグループ, 準拠集団 (個人が態度や行動の依拠すべきモデルとみなしている集団). 〖1942〗

réference lìbrary *n.* **1** (館外貸出しをしない)参考図書館. **2 a** (特定事項[テーマ]の)参考図書類. **b** (図書館の)参考図書部門: a ~ of education 教育部門. 〖1858〗

réference lìne *n.* 基準線 (座標軸や極座標系の始線のように点の座標を定める際に基準となる線).

réference màrk *n.* **1** 参照符 (asterisk (*), dagger (†), double dagger (‡), section (§), parallel (‖), paragraph (¶), index (☞) や, superior figure (X^3 の ^{3}) のように脚注などを指示する記号). **2** 〘測量〙基準点. 〖1856〗

réference nùmber *n.* 整理番号.

réference pòint *n.* 評価[比較]基準, 基準点.

referenda *n.* referendum の複数形.

ref·er·en·da·ry¹ /rèfəréndəri/ *n.* **1** 仲裁人 (referee). **2** 〘歴史〙文書発送・上奏請願受理官, 伝奏官. 〖(1528) □ ML *referendārius*: ⇨ referendum, -ary〗

ref·er·en·da·ry² /rèfəréndəri/ *adj.* referendum の[に関する]. 〖(1894): ⇨ ↓, -ary〗

ref·er·en·dum /rèfəréndəm/ *n.* (*pl.* **-en·da** /-də/, ~**s**) **1 a** (議会を通過した政策または国民発案 (initiative) などについてその可否を選挙民に問う)国民投票(制度) (cf. plebiscite 1): by ~ 国民投票で / hold a ~ on …について国民投票を行う / The revolutionaries demanded a ~ on the question of independence. 革命党員たちは独立問題について国民投票を要求した. **b** (国民投票の)票. **c** 国民議決権. **d** (労働組合などの)一般[全員]投票(制度). **2** (本国政府に対する)請訓書. 〖(1847) □ L ~ 'a thing to be referred' (neut. gerundive) ← *referre* 'to REFER'〗

ref·er·ent /réf(ə)rənt/ *n.* **1** 〘言語〙(語・記号などの)指示対象, 指示物 (cf. sense A 7). **2** 〘論理〙関係項 (複数項の場合には特に最初の項); (名辞・命題等の記号の指示)対象. — *adj.* 参考の, 関する, 言及している 〔*to*〕. **~·ly** *adv.* 〖(1844) □ L *referentem* (pres.p.) ← *referre* 'to REFER'〗

ref·er·en·tial /rèfərénʃəl, -ʃl⁻/ *adj.* **1** 参考[参照]の(ための), 用の. **2** 参照付きの. **3** 関係のある, 関連のある 〔*to*〕. **~·ly** *adv.* 〖(1660) ← REFERENCE+-IAL〗

réferential méaning *n.* 〘言語〙指示的意味 (言語記号が本来持っていると考えられる意味, すなわち, 外界の事物を指し示す作用; cf. emotive meaning, differential meaning). 〖1964〗

re·fer·ra·ble /rɪfə́ːrəbl | -fə́ːr-/ *adj.* =referable.

re·fer·ral /rɪfə́ːrəl | -fə́ːr-/ *n.* **1 a** 参照, 照会; 紹介, 推薦; 委託, 付託: I asked my doctor for a ~ to a specialist. 専門医への紹介を医者に頼んだ. **b** (特に)面接後求職者を求人先に差し向けること. **2** (ある人の所へまたはある事に)推薦される[差し向けられる]人. 〖1927〗

reférred páin *n.* 〘病理〙関連痛, 投射痛, 遠隔痛 (実際の患部から離れた所で感じられる苦痛). 〖1899〗

re·fer·ri·ble /rɪfə́ːrəbl | -fə́ːrə-, -rɪ-/ *adj.* =referable.

rè·fértilize *vt.* 〘農業〙(施肥をして)〈土地を〉再び肥やす.

reff. 《略》references.

ref·fo /réfou | -fəu/ *n.* (*pl.* ~**s**) 《豪俗・軽蔑》ヨーロッパからの避難民[亡命者]; (一般に英国以外からの)移民, 移住者. 〖(1941) ← REF(UGEE)+-O〗

rè·fígure *vt.* 姿を再現する, 生き写しとなる. 〖(c1385) *refigure(n)* □ OF *refigurer*: ⇨ re-¹, figure〗

re·fill /rìːfíl/ *v.* — *vt.* 再び満たす, 再び詰める, 補充する, 再び満ちる: ~ one's jug ジョッキにまた一杯注(つ)ぐ / He was ~*ing* his pipe. またパイプにたばこを詰めていた. — *vi.* 補充される. — /ˊ-ˋ | ˊ-, ˋ-ˊ/ *n.* **1** 新補充物, (元の容器を利用しての)詰め替え品, レフィル, (ボールペンなどの)替え芯(しん) (recharge): a ~ *for* a lipstick case 口紅[ルージュ]のレフィル. **2** (飲食物の)お代わり. **3** 〘薬学〙(医師の指示なしに)追加して調合した処方薬. 〖1681〗

rè·fíllable *adj.* 詰め替えのできる, 補充のできる. 〖1920〗

re·fin·a·ble /rɪfáɪnəbl/ *adj.* 精製できる, 精錬できる; 清められる, 洗練できる, 風雅[上品]にできる.

re·fi·nance /rìːfaɪnǽns, -fɪ-, -nǽnts, -fáɪnæns, -nænts/ *vt.* **1** 〈借金を〉借り換える: ~ existing debt 今ある借金を借り換える. **2** 〈国家・州・会社などの〉財政を立て直す, …に資金を補充する. — *vi.* **1** 〈借金を〉借り換える. **2** 財政を立て直す. **3** 海外発行の一覧払為替手形と同額の為替手形を振り出し, これを割り引いてもらう. 〖1908〗

re·fin·án·cing *n.* (債務返済のための)借り換え.

re·fine /rɪfáɪn/ *vt.* **1 a** …の不純物を除く, 精製する; …の濁りを除く, 清澄にする (clarify): ~ sugar [wine, olive oil, petroleum] 砂糖[ワイン, オリーブ油, 石油]を精製する. **b** 〈金属を〉精錬する (purify): ~ metals. **2** 上品[優美]にする, 洗練する; 風雅[風流]にする, 磨きをかける (polish): ~ manners [style, taste] 態度[文体, 趣味]を洗練する / ~ one's language 言葉に磨きをかける, 言葉を上品にする / ~ one's thoughts 思想を純化する / a *refining* influence 洗練する力[働き](をもつもの) / Unhappiness ~*d* her features. 不幸を味わってから彼女の表情に深みが出てきた. **3** 〈精神・心などを〉浄化する, 高尚にする (elevate). **4** (過度の洗練・簡素化・純化などによって)〈文体・表現などの効果[力強さ]を殺(そ)ぐ[弱めてしまう]. — *vi.* **1** 純粋になる, 清くなる, 澄む. **2** 洗練される, 上品になる. **3** 〔言葉・動作などに〕磨きをかける, 洗練する, 改良する (improve)〔*on, upon*〕: ~ *on* a theory 理論に磨きをかける / ~ *upon* another's invention 他人の発明に改良を加える. **4** 細かな区別をする; 細かく論ずる〔*on, upon*〕. 〖(1582) ← RE-¹+FINE¹ (v.): cf. F *raffiner*〗

re·fined /rɪfáɪnd/ *adj.* **1** 不純物を取り除いた, 精製した, 精練した; 純化された (purified): ~ sugar [copper] 精糖[銅]. **2** 洗練された, 磨きのかかった, あか抜けのした, 品のある, 優雅な; 趣味のいい (polished, elegant): a ~ gentleman 上品な紳士 / a person of ~ manners and taste 態度と趣味が上品な人. **3** 微細な, 精妙な, 手の込んだ (fine, subtle); 厳密な, 正確な (precise); 口うるさい, 好みのむずかしい (fastidious): ~ distinctions 微細な区別 / a ~ analysis [test] 厳密な分析[検査] / the ~ cruelty of a tyrant 暴君の手の込んだ残虐ぶり. **re·fin·ed·ly** /-nɪdli/ *adv.* **re·fin·ed·ness** /-nɪdnɪs, -nd-/ *n.* 〖1574〗

re·fine·ment /rɪfáɪnmənt/ *n.* **1** 洗練, 向上, 改善 〔*of, on, upon*〕: the gradual ~ *of* the public taste 一般大衆の趣味の漸進的向上. **2 a** 改善[完成]のための方策[工夫]. **b** 洗練[進歩, 改善]したもの; 手の込んだもの, 極致: the ~*s* of logic 論理の精密さ / ~*s* of cruelty 念の入った残虐ぶり, 残虐の極み / ~*s* of torture 残虐を極めた拷問. **3** 精製, 精錬, 純化. **4** 上品, 高雅, 優美 (elegance, polish): a person of ~ (教養のある)上品な人. **5 a** (思想・推理・論談などの)微妙, 精妙, 精巧 (subtlety). **b** 細かな区別立て (fine distinction). **c** 工夫の凝りすぎ, 手の込んだ細工; 過飾 (overelaboration). **d** 潔癖 (fastidiousness). **6** 〘数学〙細分. 〖(1611) ← REFINE+-MENT〗

re·fin·er *n.* **1 a** 精製(業)者, 精錬(業)者. **b** 洗練する人, 改良者. **c** 厳密に区別を立てすぎる人, 精密に論じる人. **2 a** 精製機, 精錬機. **b** 〘製紙〙(原料を精砕する)リファイナー. 〖1586〗

re·fin·er·y /rɪfáɪnəri/ *n.* **1** 精製所, 精錬所: a sugar ~ 精糖所 / an oil ~ 精油所. **2** 精製[精錬]装置. 〖(1727–41) ← REFINE+-ERY〗

re·fin·ing *n.* 〘ガラス製造〙清澄(せいちょう) (溶融状態にあるガラス中に含まれている気泡を除くこと; plaining, fining ともいう). 〖1604〗

rè·fínish *vt.* (削ったり磨いたりして)〈家具・木などの〉表面をきれいに再仕上げする. — *vi.* 家具の削り[磨き]直しをする, 家具の再生を行う. **~·er** *n.* 〖1931〗

re·fit /rìːfít/ *v.* (**-fit·ted**; **-fit·ting**) — *vt.* 修復する, 修繕する (repair); 〈船などを〉再び装備する, 改装する, 艤装する. — *vi.* 修理を受ける; 〈船が〉再び装備される, 改装される. — /ˊ-ˋ, ˋ-ˊ/ *n.* 修理, 修復; (船の)再装備, 改装. 〖1666〗

rè·fít·ment *n.* =refit.

refl. 《略》reflection; reflective; reflectively; reflex; reflexive.

rè·flág *vt.* 〈船の〉登録国を変更する.

re·flate /rìːfléɪt, rɪ-/ 〘経済〙*vt.* 〈通貨などを〉(インフレにならぬ程度に)膨張させる (cf. inflate 3, deflate): ~ the economy 経済の再膨張を図る. — *vi.* 不況期に膨張政策をとる. 〖(1932) ← RE-²+(IN)FLATE〗

re·fla·tion /rìːfléɪʃən, rɪ-/ *n.* 〘経済〙リフレーション, (デフレーションの後の)通貨再膨張, 通貨の正常復帰(政策) (cf. inflation). **~·àr·y** /-ʃənèri | -ʃ(ə)nəri/ *adj.* 〖1932〗

re·flect /rɪflékt/ *vt.* **1** 反映する, 表す (express): His face ~*ed* his emotions. 彼の顔は感情を表していた / These laws ~ public attitudes [sentiments]. こうした法律は一般大衆の姿勢[意向]を反映している / if the Republican Party ~*s* the interests of the American people もしも共和党が米国人の利益を反映しているとするならば. **2** 〈表面・物体などが〉〈光・熱・音などを〉はね返す, 反射する, 照り返す (throw back): This wall ~*s* heat waves. この壁は熱波を反射する. **3** 〈鏡などが〉〈像を〉映す, 映じる (mirror): a ~*ed* image 映像, 反射像 / I saw her [myself] ~*ed* in a mirror. 私は彼女[自分]が鏡に映っているのを見た / Nature is the glass ~*ing* God. 自然は神を映す鏡 / The placid lake ~*ed* the white clouds. 静かな湖面に白雲が映っていた / The stars were ~*ed* in the water(s). 星が水面に映っていた. **4** 〈信用・不名誉などを〉(結果として)〔…に〕招く, もたらす, こうむらせる (throw)〔*on, upon*〕: His conduct [courage, kindness] ~*ed* great credit *on* [*upon*] him. 彼はその行為[勇気, 親切]によって大いに信用を博した. **5** 熟考する, 思案する; つくづく考える, しみじみ思う 〈*that, what, how*, etc.〉 (⇨ ponder SYN); (考えて)思い出す, 気が付く 〈*that*〉: Just ~ *what* misery dishonesty brings upon the guilty. 不正はこれを犯した者にどういう不幸をもたらすかちょっと考えてみなさい / He ~*ed that* life would soon be over. 彼は間もなく死ぬだろうと考えた / He ~*ed how* to get out of the difficulty. どうすればその難関を越えられるかと思案した. **6 a** 〘解剖・植物〙反曲[後曲]させる, 屈折させる [通例 p.p. 形で]; 〈紙の角などを〉折り返す. **b** 《古》道からそらせる (divert).
— *vi.* **1 a** つくづく考える, 沈思する, 熟考する, 思案する (ponder, meditate)〔*on, upon*〕: ~ *on* oneself 反省する / ~ (*up*)*on* a problem 問題を熟考する / ~ *on* what one is going to say 何を言おうかと思案する / I want time to ~. 熟考する時間が欲しい / *Reflect* (*up*)*on* all I have said to you. 今私が言ったことをよく考えてみなさい / He ~*ed on* how to get out of trouble. 彼は苦難をどうやって免れるか思案した. **b** (熟考して得た)意見[見解]を述べる. **2 a** 〈行為などが〉(悪)影響を及ぼす; 体面を傷つける, 不名誉となる〔*on, upon*〕: This decision will ~ *on* his future career. この決定は彼の将来に悪影響を及ぼすだろう / His conduct ~*ed on* his parents. 彼の行為は両親の恥辱となった. **b** 〔人・物に〕(ある)外観を呈せしめる, (ある)性格づけをする〔*on, upon*〕: His conduct ~*ed* unfavorably *on* his career. 彼の行為が彼の経歴に災いした. **3** 〈光・熱・音などが〉反射する, 反照する, 反響する. **4** 〈水面などが〉反射させる, 〈像が〉映じる: swans ~*ing* in the water 水に映った白鳥の影. **5** 《古》非難する, 難癖をつける, 中傷する, けなす (blame, disparage): ~ *on* [*upon*] a person's frankness 人の率直さに難癖をつける. **6** 《廃》照る (shine), 光を投げかける. **7** 《廃》目をかける, 敬意を払う〔*on*〕. 〖(a1420) *reflecte(n)* □ (O)F *réflecter* ∥ L *reflectere* ← RE-¹+*flectere* 'to bend, FLEX'〗

re·flec·tance /rɪfléktəns/ *n.* 〘物理・光学〙反射率[係数] (入射波[光]と反射波[光]の振幅またはエネルギーの強さの比; 記号 ρ; reflection coefficient, reflection factor, reflectivity ともいう; cf. albedo, absorptance, transmittance). 〖(1926): ⇨ ↑, -ance〗

R

re·fléct·ed *adj.* **1** 反射した, 照り返しの: the ~ light of the sun 太陽の反射光. **2** 他人から受けた, 間接的に生じる: the ~ glory of one's (famous) father (知名の)親の七光り. **~·ly** *adv.* **~·ness** *n.* 〖c1384〗

re·flect·er·ize /rɪfléktəràɪz/ *vt.* =reflectorize.

re·fléct·ing *adj.* **1 a** 反射による; 反射的な, 反映している. **b** 光[熱]を反射する装置をもった. **2** 内省的な, 考え込んでいる (thoughtful). **3** 非難している: Use ~ words sparingly. 人を非難するようなことはなるべく言うな. **~·ly** *adv.* 〖1590〗

refléctng galvanómeter *n.* 〘電気〙反照[反射]検流計.

refléctng mìcroscope *n.* 〘物理・光学〙反射顕微鏡 (レンズの代わりに反射鏡を用いた顕微鏡). 〖1831〗

refléctng tèlescope *n.* 反射望遠鏡 (reflector ともいう; cf. refracting telescope). 〖1704〗

re·flec·tion /rɪflékʃən/ *n.* **1 a** 映像, (水などに映った)影, 倒影: see one's own ~ in [on] the water 水に映った自分の姿を見る / mirror the ~ of …の影を映す. **b** 反射光, 反射熱, 反響音, 反射色. **c** 《比喩》(社会・教育・環境・家庭などの)反映, 投影, 影響. **d** よく似ている人[もの]; (親・師・先輩などに)よく似た言葉遣い・動作・思想など: He is simply a ~ of his father. 彼は全く父親そっくりだ. **2 a** 反射, 反照, 照返し; 反響: ⇨ total reflection / the ~ of light [heat, sound] 光[熱, 音]の反射 / the angle of ~ 反射角. **b** 映す[映る]こと, 反映, 映写. **3** 内省 (introspection), 黙想, 沈思, 熟考 (meditation); 反省, 再考 (reconsideration): (a) wise ~ (on) 賢明な反省 / on [upon] (mature [further]) ~ よく考えてみれば, 熟考した上で / without (due) ~ 軽々しく / I want time for ~. 熟考する時間が欲しい / A moment's ~ will make it clear. ちょっと考えてみればわかることだ / *Reflection* increases wisdom. 反省すれば知恵が増す. **4** (熟考した結果の)思想, 感想, 意見, 考察; 警句, 格言: descriptions interspersed with ~*s* 感想を織りまぜた記述 / I have a few ~*s* to offer on what you have said. 君が述べたことについて少しばかり意見を述べたい. **5** とがめだて, 非難 (censure, reproof)〔*on, upon*〕; 不名誉の種, 不面目のもと: a ~ *on* a person's character 人格に対する非難 / cast a ~ *upon* …を非難する, …の不名誉となる / His behavior in this matter is a grave ~ *upon* his honor.

この件における彼の行為は彼の大きな名折れだ / Of course I don't mean this as a ~ on you personally. もちろんこれはあなたを個人的に非難しているわけではない. **6** 〘解剖〙反転(部), 屈折(部). **7** 〘数学〙鏡映, 線対称変換《図形を一つの直線に関して対称的な図形に移す変換》. 〘《*c*1380》 ◻(O)F *réflexion* ∥ L *reflexiō(n-)*: ⇨ reflect, -tion〙

re·fléc·tion·al, 《英》 **re·fléx·ion·al** /-ʃnəl, -ʃənl/ *adj.* **1** 反射の, 照返しの, 反射による. **2** 反省の, 熟考の, 沈思の, 再考の. 〘1862〙

refléction coeffìcient [fàctor] *n.* 〘物理·光学〙反射係数 (⇨ reflectance). 〘1942〙

refléction dénsity *n.* 〘物理〙反射濃度《記号 D; cf. density 3 a》.

refléction·less *adj.* **1** 反射[反映]しない, 反響しない. **2** 反省のない, 熟慮しない. 〘1951〙

refléction plàne *n.* 〘結晶〙鏡映面《ある平面の両側で原子配列が互いに鏡像の関係にある場合の平面; symmetry plane ともいう》. 〘1971〙

re·flec·tive /rɪflέktɪv/ *adj.* **1** 黙想にふける, 考え込む, 思慮深い (meditative, thoughtful) (⇨ pensive **SYN**); 反省[内省]的な: a ~ person [mind] 内省的な人[心] / his ~ eyes 考え深そうな目. **2** 《動作が》反射的な; 相互的な (reciprocal). **3 a** 《光·熱などを》反射する, 反照する; 反映する, 影の映る: a ~ surface 反射面 / a ~ mirror 反射鏡. **b** 反射の[に関する]; 《光·熱など》反射した; 《音が》反響した (reflected): ~ power 反射能. **4** 〘文法〙= reflexive 1. **~·ly** *adv.* **~·ness** *n.* 〘1627〙

re·flec·tiv·i·ty /rìːflεktívəṭi, rɪ̀flὲk- | -vɪ̀ti/ *n.* **1** 反射性[力]. **2** 〘物理·光学〙=reflectance. 〘1881〙

re·flec·tom·e·ter /rìːflεktɑ́(ː)məṭə, rɪ̀flεk- | -tɔ́mɪ̀tə(r)/ *n.* 反射計. 〘《1891》← REFLECT+-O-+METER¹〙

re·flec·tom·e·try /rìːflεktɑ́(ː)mətri, rɪ̀flὲk- | -tɔ́mɪ̀tri/ *n.* 〘光学〙反射(光)測定. 〘《1967》: ⇨ ↑, -metry〙

re·flec·tor /rɪflέktə | -tə(r)/ *n.* **1 a** 《光·熱·音などの》反射面[物], 反射鏡[板]《特に自転車·自動車後部の赤色のもの》. **b** 《望遠鏡などの》映像装置, 反射望遠鏡. **2** 《習慣·感情·意見などを》反映するもの: The newspaper is a true ~ of public opinion. 新聞は世論を正しく反映する. **3** 熟考者, 沈思者, 思索者, 反省者. **4** 〘原子力〙反射体《原子炉の炉心から漏れ出た中性子を散乱·減速させて炉心に戻すように炉心を囲む物質》. 〘《1665》← RE-FLECT+-OR²〙

re·flec·tor·ize /rɪflέktəràɪz/ *vt.* **1** 《表面を》反射させるようにする. **2** …に反射物[器, 鏡]をつける. 〘1940〙

re·flet /rəfléɪ; *F.* ʀəflε/ *F. n.* 《陶磁器表面の》光沢, 虹色, 真珠色, 「ルフレ」. 〘《1862》◻ F ~, *reflés* reflection ◻ It. *riflesso* ← LL *reflexus* (↓): ただし ModF の *reflet* は L *reflectere* (↓) の影響〙

re·flex /ríːflεks/ *n.* **1 a** すばやい無意識の[習慣的な]反応. **b** [*pl.*] すばやく反応(して行動)する能力, 《俗に》反射神経: a boxer with good ~*es* 反射神経のいいボクサー. **2** 〘生理·心理〙反射; 反射作用, 反射運動: Achilles tendon [pathologic] ~ アキレス腱[病的]反射 (cf. reflex arc). **3 a** 《光·熱の》反射 (reflection). **b** 反射光. **c** 《栄誉の》余映, 余光. **4 a** 《鏡などに映った》映像, 影. **b** 《比喩》《本質などの》反映, 現れ: Legislation should be a ~ of public opinion. 立法は世論の反映でなければならない / A man's behavior is but a ~ of his character. 人の行動はその品性の反映にすぎない. **c** 写し, 焼直し (likeness, copy): Lamb and mint sauce is a popular ~ of the passover with bitter herbs. 子羊の肉にミントソースを付けて食べるのはその昔過ぎ越しの祝に苦い薬草を用いたことの民間遺風である (cf. *Exod.* 12). **5** =reflex camera. **6** 〘言語〙《前期からの》発達形, 対応語: 'Gossip' is a ~ of Old English 'godsibb'. 'gossip' は OE 'godsibb' から発達した語だ. **7** 〘通信〙リフレックス増幅装置 (reflex set).

— *adj.* **1** 〘生理·心理〙反射(性)の, 反射的な. **2 a** 逆戻りする (retroactive): ~ motion 逆戻り運動, 反動. **b** 《効果·影響などの》反動的な (reactive). **3** 反省する, 内省的な. **4** 《光·色など》反射した (reflected). **5** 《複写する印刷物からの》反射光を利用して複写する. **6** 〘植物〙《花弁·葉·茎など反(そ)り返った, 反曲した, 折り返った (recurved): a ~ petal 反り返った花弁. **7** 〘通信〙リフレックス増幅装置の: ~ amplification リフレックス増幅《同じ回路で同時に高周波と低周波の増幅をさせること》. **8** 〘数学〙《角が》180° より大きく 360° より小さい, 優角の (major).

— /rɪfléks, ríː-, ríːflεks/ *vt.* **1** 反転させる, 反(そ)り返らせる, 反らせる, 折り返す. **2** …に反射作用を起こさせる. **3** 〘通信〙…にリフレックス増幅装置を施す[付ける]. **4** 《廃》反射する, 《光を》放つ, 投げかける ‹*on*›.

~·ness *n.* 〘《adj.: 《1649》; n.: 《1508》; v.: 《*a*1425》》 ◻ L *reflexus* (p.p.) ← *reflectere* 'to REFLECT'〙

réflex áction *n.* =reflex 2.

réflex ángle *n.* 〘数学〙優角 (⇨ major angle).

réflex árc *n.* 〘生理〙反射弓, 反射弧《反射作用が起こる時に働く神経の全走行路》. 〘1882〙

réflex càmera *n.* レフレックスカメラ: a twin-[single-]lens ~ 二眼[一眼]レフ(カメラ). 日英比較 英語では「一眼レフ」のような省略した言い方はしない. 〘1895〙

re·flexed /rɪflέkst, rìː-, ríːflεkst/ *adj.* 〘生物〙《花弁など》反(そ)り返った, 折り返った, 反曲した (recurved) (cf. reduplicate 2). 〘*c*1380〙

re·flex·i·bil·i·ty /rɪflὲksəbíləṭi | -sɪ̀bíləti, -lɪ-/ *n.* 反射性. 〘1673〙

re·flex·i·ble /rɪflέksəbl | -sə-, -sɪ-/ *adj.* 《光·熱など》反射される, 反射性の. 〘1706〙

re·flex·ion /rɪflέkʃən/ *n.* 《英》 =reflection.

re·flex·ive /rɪflέksɪv/ *adj.* **1** 〘文法〙再帰の: the ~ use 再帰用法《述語の他動詞の動作が主語にかかってくる用法; 例: He killed him*self*. (彼は自殺した). この場合の動詞を reflexive verb (再帰動詞), 目的語を reflexive object (再帰目的語)といい, 再帰目的語としての -*self* 形の代名詞を reflexive pronoun (再帰代名詞)という》. **2** 《まれ》 **a** 《行動·対応など》反射的な (reflex): The patient gave no ~ response to external stimuli. 患者は外部の刺激には一切反応を示さなかった. **b** 内省的な (introspective), 反省的な (reflective). **3** 〘論理·数学〙反射的な《数の相等, 図形の合同のように, 任意の対象とそれ自身との間に成り立つ関係にいう》. — *n.* 〘文法〙再帰動詞; 再帰代名詞. **~·ly** *adv.* **~·ness** *n.* 〘《1588》 ◻ ML *reflexīvus*: ⇨ -IVE〙

refléxive prónoun *n.* 〘文法〙再帰代名詞 (⇨ reflexive *adj.* 1). 〘1867〙

re·flex·iv·i·ty /rìːflεksívəṭi, rɪ̀flὲk- | -vɪ̀ti/ *n.* 反射性, 再帰性. 〘1653〙

réflex klýstron *n.* 〘電気〙反射形クライストロン. 〘1942〙

ré·flex·ly *adv.* 反射的に; 反射作用によって. 〘1839〙

re·flex·ol·o·gy /rìːflεksɑ́(ː)ləʤi | -sɔ́l-/ *n.* **1** 〘医学〙反射療法《患部より離れた部分を刺激して反射作用を喚起して病的な状態を治療する方法》. **2** 〘心理·生理〙反射学. **re·flex·o·log·ic** /rɪ̀flὲksəlɑ́(ː)ʤɪk | -lɔ́ʤ-⁻/ *adj.* **re·flèx·o·lóg·i·cal·ly** *adv.* **re·flex·ól·o·gist** *n.* 〘《1923》← REFLEX+-(O)LOGY: cf. Russ. *refleksologija*〙

rè·flóat *vt.* 《沈没船·座礁した船などを》浮き上がらせる, 引き揚げる, 離礁させる. 〘1871〙

rè·florèscence *n.* 《花の》再開, 返り咲き. **rè·florèscent** *adj.* 〘1721〙

rè·flów *vi.* **1** 《潮が》引く (ebb): The tide flows and ~s. 潮は差しては引く. **2** 《比喩》戻る 〔*to*〕; 再び押し寄せる. — /⁻⁻/ *n.* **1** 引き潮, 退潮. **2** 再度の氾濫[出水]. 〘1387〙

rè·flówer *vi.* 返り咲く. 〘1817〙

ref·lu·ence /réfluːəns, rɪflúːəns | réfluəns/ *n.* 退潮; 逆流 (reflux). 〘《*c*1592》: ⇨ ↓, -ence〙

ref·lu·ent /réfluːənt, rɪflúːənt | réfluənt/ *adj.* 《潮流など》引く, 退潮の, 逆流の; 《血液などが》逆流の. 〘《1699》 ◻ L *refluentem*: ⇨ re-¹, fluent〙

re·flux /ríːflʌks/ *n.* **1 a** 逆流 (refluence); 退潮 (ebbing): the flux and ~ ⇨ flux 5. **b** 寄せ[盛り]返し. **2** 〘化学〙 **a** =reflux condenser. **b** 環流液. **c** 環流《環流冷却器で蒸気を凝縮液化した流れ》. — *vt.* **1** 逆流させる; 退潮させる. **2** 〘化学〙《環流冷却器で》還流させる. 〘《*c*1430》 ◻ ML *refluxus* ← RE-¹+L *fluxus* 'flow, FLUX'〙

réflux condénser *n.* 〘化学〙還流冷却器《溶媒蒸気を冷却凝縮して液体として下の容器に戻す装置》. 〘1891〙

ref·o /réfoʊ | -fəʊ/ *n.* 《豪俗》=reffo.

re·foc·il·late /rɪfɑ́(ː)səlèɪt, rìː- | -fɔ́sɪ̀-/ *vt.* 《古》活気づける, …に元気を回復させる. 〘《1611》 ◻ LL *refocillāre* to revive ← RE-+FOCILLATE〙

rè·fócus *v.* (~ed, 《英》 -focussed) — *vt.* **1** …に再び焦点を合わす. **2** …の重点[方向]を変える: ~ one's life 人生の方向を変える, 生き方を変える. — *vi.* **1** 再び焦点が合う. **2** 重点[方向]を変える. 〘*c*1865〙

rè·fórest *vt.* 《植林·播種などで》《土地》に森林を復活させる, 森林再生をする《reafforest ともいう》. **rè·forestátion** *n.* 〘1881〙

rè·fórge *vt.* 再び鍛える; 作り直す (make over). 〘《?*a*1430》 ◻ OF *reforgier* (F *reforger*): ⇨ re-, forge¹〙

re·form /rɪfɔ́əm | -fɔ́ːm/ *vt.* **1** 《欠点を除去したり改変したりして》《制度·事態などを》改善する, 改良する, 改正する, 改革する, 革新する (amend, improve): ~ a system of education 教育制度を改革する / The authorities ~*ed* the currency. 当局は通貨を改正した. 日英比較 日本語の「リフォーム」は「部屋や家屋を改装する」という意味だが, 英語の *reform* にはその意味はない. 英語では「改装する」は remodel, renovate あるいは make alterations という. **2** 《弊害·混乱などを》一掃する, 除く, なくする. **3** 《人を》改心させる, 《人》に行いを改めさせる; 《人の品行などを》矯正する: ~ oneself 改心する. **4** 〘化学〙改質する, リフォームする《熱または触媒によって炭化水素組成を変化させてガソリンの性質を改善する; ⇨ reforming》. **5** 《米》〘法律〙《法律文書を》正す, 訂正する. — *vi.* 行い[習慣]を改める, 改心する, 堅気になる. — *n.* **1** 《社会·政治などの》改良, 改造, 改革, 革新, 刷新 (amendment, improvement): social [tax] ~ 社会[税制]改革 / educational ~*s* 教育改革. **2** 《弊害などの》除去, 一掃. **3** 《品行·品性などの》矯正; 感化, 改心. **4** [R-] =Reform Judaism. — *adj.* [限定的] **1** 改革の[に関する]: a ~ movement 改革運動. **2** [R-] 改革派ユダヤ教 (Reform Judaism) の. 〘《1340》 *reforme(n)* ◻ (O)F *réformer* ∥ L *reformāre*: ⇨ re-¹, form〙

re-form /rìːfɔ́əm | -fɔ́ːm/ *vt.* **1** 再び作る, 作り直す (remake). **2** 《軍隊などを》編成し直す, 改編[再編]する. — *vi.* **1** 再び[新しく]形ができる. **2** 《軍隊などが》編成し直される, 改編される; 再び隊形を整える. **3** 《氷が》再び張る; 再び結氷する. 〘《1594》← RE-+FORM〙

re·form·a·ble /rɪfɔ́əməbl | -fɔ́ːm-/ *adj.* 改良[改善, 改革]できる, 救済できる; 矯正できる, 改正可能の. **re·fòrm·a·bíl·i·ty** /-məbíləṭi | -lɪ̀ti/ *n.* 〘《?*a*1439》 ◻ L *reformābilis*: ⇨ -ABLE〙

Refórm Àct *n.* [the ~] 〘英史〙《特に 1832 年の》選挙法改正法 (cf. Reform Bill). 〘1832〙

rè·fórmat *vt.* 〘電算〙《データなどを》再フォーマットする.

re·for·mate /rɪfɔ́əmeɪt, -mɪ̀t | -fɔ́ːm-/ *n.* 〘化学〙改質ガソリン, リフォーメート《改質 (reforming) によって得られるガソリン》. 〘《1949》← REFORM, -ATE¹〙

ref·or·ma·tion /rèfəméɪʃən | -fə-, -fɔː-/ *n.* **1** 改良, 改善, 改正, 改革, 革新 (amendment). **2** 《品性·品行などの》矯正, 感化, 改心(させること). **3** [the R-] 〘キリスト教〙宗教改革《16–17 世紀に全ヨーロッパに起こった旧教[ローマカトリック教会]に対する改革運動; その結果プロテスタント教会 (Protestant churches) が生まれた; Protestant Reformation ともいう》. **4** 〘法律〙訂正命令《当事者の真意と合致するように文書の訂正を命ずるエクイティー裁判所 (equity court) の命令》. 〘《*a*1398》 ◻ (O)F *réformation* ∥ L *reformātiō(n-)*: ⇨ reform, -ation〙

rè-formátion *n.* 再造, 再構成, 造り替え, 再編成. 〘*c*1425〙

rèf·or·má·tion·al /-ʃnəl, -ʃənl⁻/ *adj.* **1** 改革[改良]の[に関する]. **2** [R-] 宗教改革の[に関する]. 〘1861〙

re·for·ma·tive /rɪfɔ́əməṭɪv | -fɔ́ːmət-/ *adj.* **1** 改良[改革, 刷新]する, 革新的な. **2** 矯正的な, 感化する(ための). **~·ly** *adv.* **~·ness** *n.* 〘《1593》← L *reformātus* ((p.p.) ← *reformāre* 'to REFORM')+-IVE〙

re·for·ma·to·ry /rɪfɔ́əmətɔ̀ːri | -fɔ́ːmətəri, -tri/ *adj.* 矯正[感化]するための: a ~ school 教護院 (reform school). — *n.* 《米》矯正施設; 教護院 (reform school ともいう). 〘《1589》← L *reformātus* (↑)+-ORY²〙

Refórm Bìll *n.* [the ~] 〘英史〙選挙法改正法案《1832, 67, 84 年に英国議会を通過したもので, 特に 1832 年のものをさす; cf. Reform Act》. 〘1831〙

re·fórmed *adj.* **1** 改良[改善, 改革, 革新, 刷新]された. **2** 改心した, 品行方正になった: a ~ criminal 改心した罪人. **3** [R-] 宗教改革派の, プロテスタント派の (cf. Catholic 2); 《特に》改革派の《ルター派に対して Zwingli や Calvin の主張に従う新教についていう》: the *Reformed* Church(es) 改革派教会《特にカルバン派教会》/ the *Reformed* Faith プロテスタンティズム (Protestantism). **4** [R-] 改革的ユダヤ主義 (Reform Judaism) の[に関する] 〘1563〙

refórmed spélling *n.* 改良綴字《through の代わりに thru, slow の代わりに slo のように, 発音されない文字を除いて簡単にしたもの》. 〘1934〙

re·form·er /rɪfɔ́əmə | -fɔ́ːmə(r)/ *n.* **1** 改革家, 改良者, 革新者: a political ~ 政治改革者 / He is at heart an ardent ~. 彼は内心熱烈な改革者だ. **2** [R-] 宗教改革(指導)者. **3** 〘英史〙《19 世紀の》選挙法改正論者. **4** 〘化学〙改質装置. 〘1526〙

re·form·ing *n.* 〘化学〙リフォーミング, 改質《ガソリンやナフサを分留して高オクタン価ガソリンを得る操作; cf. hydroforming》. 〘*a*1400〙

re·form·ism /rɪfɔ́əmɪzm | -fɔ́ːm-/ *n.* 改良主義. 〘1904〙

re·form·ist /rɪfɔ́əmɪst | -fɔ́ːmɪst/ *n.* **1** 改良主義者. **2** 《宗教·教派の》改革派の人. — *adj.* **1** 改革主義[運動]の. **2** 改良主義(者)の. 〘1589〙

re·form·is·tic /rɪfɔ̀əmístɪk | -fɔ̀ːm-⁻/ *adj.* =reformist.

Refórm Jéw *n.* 改革的ユダヤ主義者. 〘1870〙

Refórm Júdaism *n.* 改革派ユダヤ教《19 世紀の初めにドイツに起こった合理主義的なユダヤ教; 理性と科学を重んじ, Talmud への盲従を排し儀式の簡素化を励行した; Liberal Judaism ともいう; cf. Conservative Judaism, Orthodox Judaism》. 〘1916〙

refórm schòol *n.* 《米》矯正院 (reformatory) (cf. approved school). 〘1859〙

rè·fórmulate *vt.* 再公式化する《特に別途の方法で》. **rè·formulátion** *n.* 〘1882〙

refr. 《略》refraction.

re·fract /rɪfrǽkt/ *vt.* **1** 《水·ガラスなどが》《光線などを》屈折させる: a ~*ing* angle=ANGLE¹ of refraction. **2** 《目·レンズなどの》屈折力を測定する. **~·a·ble** *adj.* 〘《1612》← L *refractus* (p.p.) ← *refringere* ← RE-¹+ *frangere* 'to BREAK¹'〙

re·frac·tile /rɪfrǽktl, -taɪl | -taɪl/ *adj.* =refractive 1, 2.

re·fráct·ing tèlescope *n.* 屈折望遠鏡《refractor ともいう; cf. reflecting telescope》.

re·frac·tion /rɪfrǽkʃən/ *n.* **1** 〘光学·物理〙 **a** 《光線·音波などの》屈折 (deflection); 屈折作用: the index of ~ =refractive index / ⇨ double refraction, ANGLE¹ of refraction. **b** 《目の》屈折; 目の屈折力測定. **2** 〘天文〙大気差《大気中で屈折した光によって測定した天体の見かけの高度と真の高度とに差ができること; またその差; atmospheric refraction ともいう》. **~·al** /-ʃnəl, -ʃənl/ *adj.* 〘《1578》 ◻ F *réfraction* ∥ L *refractiō(n-)*: ⇨ refract, -tion〙

refráction àngle *n.* **1** 〘天文〙大気差《大気屈折により測定した天体の見かけの高度と真の高度との差》. **2** 〘光学〙=ANGLE¹ of refraction.

re·frac·tive /rɪfrǽktɪv/ *adj.* **1** 《光線などを》屈折する; 屈折力を有する. **2** 屈折の[による, に関する]. **3** 〘免疫〙=refractory 5. **~·ly** *adv.* **~·ness** *n.* **re·frac·tiv·i·ty** /rìːfræktívəṭi, rɪ̀fræ̀k- | -vɪ̀ti/ *n.* 〘《1673》: ⇨ retract, -ive〙

refráctive índex *n.* 〘光学〙屈折率《真空中の光の位相速度を媒質中の光の位相速度で除した値をその物質の(真空に対する)屈折率という; 単に index, また index of refraction ともいう; cf. RELATIVE index of refraction》. 〘1839〙

refráctive pówer *n.* 〘光学〙《レンズの》屈折力. 〘1709〙

re·frac·tom·e·ter /rìːfræktɑ́(ː)məṭə, rɪ̀fræk- | -tɔ́mɪ̀tə(r)/ *n.* 〘物理〙屈折計: an interference ~ 干渉屈

折計. 〘(1876)← REFRACT＋-O-＋-METER[1]〙

re·frac·tom·e·try /rìːfræktá(ː)mətri, rɪ̀frǽk- | -tɔ́mɪ̀tri/ *n.* 1 〘物理〙屈折率測定《種々の物理の屈折率を測定すること》. 2 〘眼科〙(眼の)屈折率測定(法)《dioptometry ともいう》. **re·frac·to·met·ric** /rɪ̀frǽktəmétrɪk⁻/ *adj.* 〘(1902): ⇨ -metry〙

re·frác·tor *n.* 1 屈折させるもの《レンズなど》, 屈折媒体. 2 屈折望遠鏡 (refracting telescope). 〘(1638): ⇨ refract, -or〙

re·frac·to·ry /rɪ̀frǽktəri, -tri/ *adj.* 1 手に負えない (unmanageable), 制御できない, 御(ぎょ)し難い, 言うことをきかない (disobedient), 強情張りの, 頑固(がんこ)な (⇨ unruly SYN): a ～ horse [child] 御し難い馬[言うことをきかない子供]. 2 〘病理〙〈傷·病気など〉治療しにくい, 抗療性の; 不治の: a ～ disease 難病. 3 〘冶金〙〈鉱石·金属など〉溶解しにくい, 処理しにくい; 耐火性の, 高温度に耐える: a ～ ore. 4 〘生理〙〈神経が〉刺激に反応しない, 無反応性の, 不応の. 5 〘免疫〙病気[感染, 菌]に抵抗力のある, 病気を受けつけない (insusceptible); 免疫性の (immune).
— *n.* 1 耐火物質《耐火粘土·マグネサイト·黒鉛など》. 2 〘冶金〙(炉の内側をたたむ)耐火れんが.
re·frac·to·ri·ly /rɪ̀frǽktərəli, -trə-, rìːfræktɔ́ː- | rɪ̀frǽktərɪ̀li, -trɪ̀li/ *adv.* **re·frác·to·ri·ness** *n.* 〘(1601–02)《変形》←《廃》*refractary* ◻ L *refrāctārius* stubborn: ⇨ refract, -ory[1]〙

refráctory pèriod [phàse] *n.* 〘生理〙不応期《筋肉·神経などが刺激を受けて反応した直後の一時的な刺激不感応期》. 〘1879–80〙

re·frain[1] /rɪ̀fréɪn/ *vi.* やめる, 断つ, 差し控える, 慎しむ, 我慢する, 自制する, 遠ざかる (forbear, abstain) 〔*from*〕: ～ *from* food 食物を差し控える / ～ *from* comment 意見を言うのを控える / I carefully ～*ed from* calling her first name. 彼女の名は呼ばないように気をつけた / I cannot ～ *from* tears. 泣かずにはいられない. — *vt.* 《古》抑制する (restrain): ～ one's tears 涙を押える / ～ oneself 慎む, 自制する, 我慢する. **～·ment** *n.* **～·er** *n.* 〘(?c1350) *refreyne(n)* ◻ (O)F *réfréner* ◻ L *refrēnāre* to bridle ← RE-[1]＋*frēnāre* (← *frēnum* bridle ← ?)〙

SYN 控える: **refrain** 通例衝動を抑えてある言行を差し控える: I cannot *refrain* from laughing. 笑わずにはいられない. **abstain** 有害なことなどを意図的に放棄[自制]する《*refrain* よりも強意的》: *abstain* from smoking 禁煙する. **forbear** 特に怒りを抑えて自制する《格式ばった語》: He *forbore* to scold the kid. ぐっとこらえてその子をしからなかった.

re·frain[2] /rɪ̀fréɪn/ *n.* 1 (詩歌の各連の終わりなどに付ける)折り返し(句), 反復句, 畳句, リフレイン (burden); 決まり文句. 2 〘音楽〙リフレイン, ルフラン: **a** 歌詞の部分的な反復に伴って音楽も反復すること (burden, chorus ともいう). **b** (その反復される)旋律; 反復句. **c** ロンド形式の主題. 〘(c1385) *refreyne* ◻ (O)F *refrain* ◻ ? Prov. *refranh* bird's song ← *refranhar* ◻ VL **refrangere*＝L *refringere* to break up: ⇨ refract〙

re·fran·gi·bil·i·ty /rɪ̀frǽndʒəbílətị | -dʒɪ̀bílɪ̀ti/ *n.* 〘光学〙(光線などの)屈折(可能)性, 屈折度. 〘(1673): ⇨ ↓, -ity〙

re·fran·gi·ble /rɪ̀frǽndʒəbl | -dʒɪ̀-/ *adj.* 〈光線など〉屈折性の, 屈折できる. **～·ness** *n.* 〘(1673)← L **refrangere* to break up (変形) ← *refringere* 'to REFRACT': ⇨ -IBLE〙

rè·fréeze *vt., vi.* 再凍結する. 〘1794〙

re·fresh /rɪ̀fréʃ/ *vt.* 1 **a** (娯楽·飲食物·涼風·休息などによって)〈人の心身をさわやかにする: ～ the body [mind, spirits] 体[頭, 気分]を爽快(そうかい)にする. **b** [～ *oneself* または p.p. 形で]〈人〉の気分をさわやかにする, 活気[元気]づける (reinvigorate): ～ *oneself with* food and drink 飲食して元気を出す / feel ～*ed* 気分が清々する. 2 (補給·練習などにより)〈記憶などを〉新たにする (quicken), 再び明瞭にする, 〈しばらく使わずにいた技術など〉の腕を磨く, …に磨きをかける: ～ one's memory / ～ one's surgical technique 外科の技術に磨きをかける / ～ friendship 友情を新たにする. 3 **a** 〈まきなどを補給して〉〈火などを〉再び盛んにする 〔*with*〕: ～ a fire *with* more fuel まきを足して火を盛んにする. **b** 〈船などに〉〔食料などを〕新たに供給する 〔*with*〕: ～ a ship *with* stores and water 糧食や水を積み込む. **c** 〈電池〉に充電する (recharge). **d** 〈飲料·食物などに〉新たに注ぎ足す[加える]: She ～*ed* his drink. 飲み物を注ぎ足した. 4 (加工して[手を加えて])新しくする (freshen): ～ a surface 削って表面を新しくする. 5 〘電算〙(DRAM を)リフレッシュする《記憶保持のためにデータの信号を必要な周期で繰り返し与える》. — *vi.* 1 (飲食·休養などして)元気を回復する, 生き返ったような心持ちになる, 清々する. 2 飲み食いする; 一杯やる[ひっかける] (drink). 3 〈船などが〉新たに糧食·用水などを補給する.
～·ful /-fəl, -fl/ *adj.* 〘(1375) *refres(c)he(n)* ◻ OF *refresher* ← RE-[2]＋*fresche* 'FRESH'〙

re·fresh·en /rɪ̀fréʃən, riː-/ *vt.* ＝refresh. 〘(1782): ⇨ -en[1]〙

re·frésh·er *n.* 1 **a** 気分を清々させる[元気を回復させる]人[もの]: Lemonade on a hot day is a good ～. 暑い日のレモネードは元気回復のもってこいだ. **b** 飲食物. **c** 《口語》清涼飲料 (cooling drink). 2 記憶を新たにする物, 思い出させるもの (reminder). 3 〘英法〙《事件が長引いたときバリスター (barrister) に中途で贈る》割増し謝礼, 増額報酬 (extra fee). 4 [形容詞的に] 復習の, 補習の, 再履修の; 再教育の: ～ training 補習, 復習, 再教育. 〘a1449〙

refrésher còurse *n.* 補習科; 再履習科; (外国語·新技術などの)再教育コース: a ～ in English 英語補習科. 〘1914〙

re·fresh·ing /rɪ̀fréʃɪŋ/ *adj.* 1 倦怠感を追い払ってくれる, 生き返ったような気持ちのする; 目新しく面白い, 斬新で気持ちのよい: a ～ sermon (元気づけてくれるような)新味のある説教 / ～ innocence (享楽に飽きた人にはかえって楽しめる)稚拙[素朴(そぼく)]なあどけなさ. 2 心身をさわやかにする, 爽快(そうかい)にする, すがすがしい, 元気づける: a ～ breeze すがすがしい微風 / a ～ beverage [drink] 清涼飲料 / a ～ sleep 快眠. **～·ly** *adv.* **～·ness** *n.* 〘(1580): ⇨ -ing[2]〙

re·fresh·ment /rɪ̀fréʃmənt/ *n.* 1 **a** [*pl.*] 軽い食事, 飲食物, 茶菓(さか): a light ～ 軽い飲物 / Let me offer you some ～. 軽いお食事を差し上げましょう / take some ～(*s*) 飲食をする, 腹ごしらえをする / *Refreshments* can be obtained at the station. 飲食物は駅で売っている. **b** 元気を回復させるもの; 気分をさわやかにするもの (restorative): A hot bath is a great ～ after a long journey. 長旅の後風呂に入ると疲れがよく取れる / The sight was a ～ to me. それは目の保養になった. 2 (飲食·休養などによる)元気の回復, 気分をさわやかにすること (reanimation): feel ～ of mind and body 身も心も爽快(そうかい)になる. 〘(c1385) ◻ OF *refreschement*: ⇨ refresh, -ment〙

refréshment ròom *n.* (駅·展覧会場·園遊会場などの)食堂. 〘1835〙

Refréshment Súnday *n.* 〘教会〙＝Laetare Sunday. 〘(1841): この日に読まれる福音書がイエスが 5 千人にパンと魚を分け与える箇所 (*John* 6: 1–14) であることから〙

ré·fried béans /rìːfràɪd-/ *n. pl.* 〘料理〙フリホーレス (frijoles)《柔らかく煮たインゲンマメ (pinto beans) をつぶして炒めペースト状にしたメキシコ料理》. 〘1957〙

refrig. 《略》refrigerate(d); refrigerating; refrigeration; refrigerator.

re·frig·er·ant /rɪ̀frídʒ(ə)rənt/ *adj.* 1 凍らせる, 冷却する (cooling, freezing); 清涼にする. 2 〘医学〙〈薬など〉体の熱を取る, 解熱する: Aspirin and quinine are ～. アスピリンとキニーネは解熱作用がある. — *n.* 1 **a** 冷却剤, 冷媒《アンモニア·炭酸ガスなど》; 冷却用物質《電気によらない冷蔵庫に入れる氷やドライアイスなど》. **b** 冷やすもの: a ～ to passion 激情を冷やすもの. 2 解熱剤. 〘(1599) ◻ F *réfrigérant* ∥ L *refrīgerantem* (pres.p.) ← *refrīgerāre* (↓): ⇨ -ant〙

re·frig·er·ate /rɪ̀frídʒərèɪt/ *vt.* 1 さます, 冷やす, 冷却させる, 冷やしておく. 2 凍らせる, 冷凍させる; 〈飲食物を〉冷蔵する. — *vi.* 冷える, 冷却する, 凍る. 〘(1534)← L *refrīgerātus* (p.p.) ← *refrīgerāre* ← RE-[1]＋*frīgerāre* to make cold (← *frīgus* coldness: cf. frigid): ⇨ -ate[3]〙

re·fríg·er·àt·ed /-tɪ̀d | -tɪ̀d/ *adj.* 〈飲食物が〉(冷蔵庫で)冷やされた, 冷蔵された; 〈車·容器が〉保冷の, 低温輸送の. 〘1666〙

re·frig·er·àt·ing èngine [machìne] /-tɪŋ- | -tɪŋ-/ *n.* 〘機械〙冷凍機, 冷凍装置; 冷房装置.

re·frig·er·a·tion /rɪ̀frìdʒəréɪʃən/ *n.* 1 冷却, 冷凍. 2 (飲食物の)冷蔵. 3 〘外科〙冷凍麻酔(法). 〘(1471) ◻ L *refrīgerātiō(n-)*: ⇨ refrigerate, -ation〙

re·frig·er·a·tive /rɪ̀frídʒərèɪtɪv | -dʒərətɪv/ *adj.* 冷やす, 冷却する. 〘1558–66〙

re·frig·er·a·tor /rɪ̀frídʒərèɪtə | -tə(r)/ *n.* 1 (電気)冷蔵庫, 冷凍室, 氷室 (cf. icebox 1; fridge): keep the tomatoes cool in the ～ 冷蔵庫でトマトを冷やしておく. 2 冷凍機, 冷却[冷凍]装置; 蒸気凝縮器. 〘(1611): ⇨ refrigerate, -or[2]〙

refrígerator càr *n.* 冷蔵車. 〘1875〙

refrígerator-fréezer *n.* 冷凍冷蔵庫 (《英》fridge-freezer).

refrígerator vàn *n.* 《英》＝refrigerator car.

re·frig·er·a·to·ry /rɪ̀frídʒ(ə)rətɔ̀ːri | -təri, -tri/ *adj.* 冷やす, 冷却する. — *n.* 1 (冷凍装置の)冷却室, 冷却タンク, 氷室. 2 (蒸留器の)蒸気凝縮器. 〘(1605) ◻ L *refrīgerātōrius*: ⇨ refrigerator, -ory[1, 2]〙

re·frin·gence /rɪ̀fríndʒəns/ *n.* ＝refringency.

re·frín·gen·cy /-dʒənsi/ *n.* 屈折性. 〘(1882)← *refringe* (◻ L *refringere*: ⇨ refract)＋-ENCY〙

re·frín·gent /-dʒənt/ *adj.* 屈折する, 屈折性の (refractive). 〘(1778) ◻ L *refringentem* (pres.p.) ← *refringere* to break up: ⇨ refract〙

reft[1] *v.* reave[1] [reive] の過去形·過去分詞.

reft[2] *v.* reave[2] の過去形·過去分詞.

re·fu·el /rìːfjúːəl | -fjúːəl, -fjúəl/ *v.* (～ed, 《英》**re·fu·elled**; ～**·ing**, 《英》**-el·ling**) — *vt.* 1 …に燃料を補給する: ～ a ship [plane] 船[飛行機]に燃料を補給する / ～ a bomber in flight 爆撃機に空中給油する. 2 勢いづける, (一層)激化させる: His words ～*ed* the controversy. 彼の言ったことが論争に油を注いだ.
— *vi.* 燃料の補給を受ける. 〘(1811)← RE-[1]＋FUEL〙

ref·uge /réfjuːdʒ/ *n.* 1 (危険·災禍などからの)保護 (protection); 逃避, 避難 (shelter): a place [harbor] of ～ 避難所[港] / ⇨ HOUSE of refuge, CITY of refuge / take ～ from a fire 火事を避ける[避難する] / give … ～ ＝give ～ to …をかくまう, 保護する / seek ～ from boredom at the movies 映画を見て退屈を紛らす / seek ～ with a person [in flight] 人の所へ逃げ込む[逃げて難をのがれる] / take ～ in [at, behind] …に[に, の陰に]避難する[逃げ込む]. 2 **a** 保護所, 避難場, 逃げ場, 隠れ家 (⇨ shelter SYN): find a ～ 避難所を見出す, 難をのがれる / Work is their only ～ from ennui. 彼にとっては仕事をすることが唯一の退屈しのぎの方法なのだ. **b** 鳥獣保護区域 (sanctuary). **c** (交通量の多い街路に設けてある)安全地帯 (safety island). 3 **a** 保護者, 頼みになる人[もの], 頼り, 慰め, 慰安物: He is the ～ of the distressed. 彼は悩める者の友だ. **b** 手段 (resource); 逃げ口上, 口実 (plea, pretext): Patriotism is the last ～ of a scoundrel. 国のためと言うのは悪党の最後の言い逃れである (Boswell, *Life of Dr. Johnson*).
— *v.* 《古》 — *vt.* かくまう, 保護する (shelter, protect). — *vi.* 逃げ込む, 避難する.
〘(c1385) ◻ (O)F ～ ◻ L *refugium* a taking refuge ← *refugere* ← RE-[1]＋*fugere* to flee (⇨ fugitive)〙

ref·u·gee /rèfjʊdʒíː, ⁻⁻⁻ | ⁻⁻⁻⁻/ *n.* 1 **a** 避難者; 逃亡者. **b** (特に, 宗教·政治上の迫害を避けるため国外へ脱走する)亡命者; 難民. 2 (被占領国民中の)亡命者, 脱走者 (fugitive). 3 [形容詞的に] **a** 亡命の: a ～ government 亡命政権. **b** 〘経済〙〈資本など〉逃避的な《不利な投資状況から逃避して他国で営むことにいう》: ～ capital 逃避資本. 〘(1685) ◻ F *réfugié* (p.p.) ← (*se*) *réfugier* to take refuge ← *refuge* (↑): ⇨ -ee[1]〙

refugée càmp *n.* 難民収容所, 難民キャンプ.

rè·fu·gée·ism /-ɪzm/ *n.* 難民の状態(であること); 亡命中であること. 〘(1876): ⇨ -ISM〙

re·fu·gi·um /rɪ̀fjúːdʒiəm/ *n.* (*pl.* **-gi·a** /-dʒiə/) 〘古生物〙避難圏, 避難地域《氷河期など, 生物にとって生活困難の時期に集合的に避難したと推定される地域; 通例化石などが多く出土する》. 〘(1955) ◻ L ～: ⇨ refuge〙

re·ful·gence /rɪ̀fʌ́ldʒəns, -fʊ́l- | -fʌ́l-/ *n.* 光輝, 輝き, 光彩 (splendor, brilliance). 〘(1634) ◻ L *refulgentia*: ⇨ refulgent, -ence〙

re·fúl·gen·cy /-dʒənsi/ *n.* ＝refulgence. 〘1616〙

re·ful·gent /rɪ̀fʌ́ldʒənt, -fʊ́l- | -fʌ́l-/ *adj.* 輝く, きらきら輝く, 光輝ある, 光彩陸離たる (brilliant). 〘(a1509) ◻ OF ～ ∥ L *refulgentem* (pres.p.) ← *refulgēre* to flash back ← RE-[1]＋*fulgēre* to shine: ⇨ -ent〙 **～·ly** *adv.*

re·fund[1] /ríːfʌ̀nd/ *n.* 1 返済, 払い戻し, 返付, 返還, 償却 (repayment). 2 払い戻し金. — /rìːfʌ́nd, rɪ̀-, ríːfʌ̀nd/ *v.* — *vt.* 1 〈金銭を〉返済する, 払い戻す; 返還する, 返却する (repay). 2 〈人〉に償還する. — *vi.* 返済する, 払い戻しする, 弁償する (indemnify).
～·a·ble[1] /-dəbl/ *adj.* 払い戻しの可能な, 〈公債など〉借り替えの可能な. **～·er** *n.* **～·ment** *n.* 〘(1386) *refunde(n)* ◻ OF *refunder* ∥ L *refundere* to pour or throw back, restore: ⇨ re-[1], fund: 意味は FUND の影響による〙

re·fund[2] /rìːfʌ́nd/ *vt.* 1 再び積み立てる. 2 〘証券〙〈満期になった公社債·債務を〉借り替える《新債による借入資金で旧債を返済する》. **～·a·ble**[2] *adj.* **re·fùnd·a·bíl·i·ty** /-dəbílətị | -lɪ̀ti/ *n.* 〘(1860)← RE-[2]＋FUND〙

réfund annùity *n.* 〘保険〙死亡時払い戻し金つき年金.

re·fur·bish /rìːfə́ːbɪʃ | -fə́ː-/ *vt.* 磨き直す; 新しくする, 改装する (renovate): ～ a movie theater. **～·er** *n.* **～·ing** *n.* 〘(1611): ⇨ re-[2], furbish〙

re·fur·bish·ment /rìːfə́ːbɪʃmənt | -fə́ː-/ *n.* 改装, 改修; 一新: carry out ～s on shops 店の改装をする.

rè·fúrnish *vt.* …に再び設備する, 再び取り付ける; …に新しい備品[家具]を備える. 〘(1531): ⇨ re-[2], furnish〙

re·fus·a·ble /rɪ̀fjúːzəbl/ *adj.* 拒絶[謝絶]できる. 〘(1570): ⇨ refuse, -able〙

re·fus·al /rɪ̀fjúːzəl, -zl/ *n.* 1 拒絶, 拒否; 謝絶, 辞退 (denial, rejection): a flat ～ to obey orders 命令服従の断固たる拒否 / the ～ of an invitation 招待の辞退 / I will take no ～. 嫌とは言わせないぞ / He gave them a flat ～. 彼らにきっぱり断った. 2 [the ～] (受け入れるか否かの)取捨選択(権); [(the) first ～] (他人に先立つ)取捨の優先権, 先買権: ask [stipulate] for *the* ～ of …の(取捨の)優先権を求める[条件とする] / buy *the* ～ of … (手付金を渡して)…の優先権を得る / have *the* ～ of …の取捨権がある / I will give you *the* ～ of my offer till the end of the month. 私の申し入れに対する諾否のご返答は月末までお待ちします. 3 〘馬術〙(馬が障害物を)飛び越そうとしないで急に立ち止まること. 4 《廃》拒絶されたもの. 5 《廃》〘法律〙(妻に対する)遺棄 (repudiation)《離婚訴訟の重要な訴因の一つ》; 離婚. 〘(1474): ⇨ ↓, -al[1]〙

re·fuse[1] /rɪ̀fjúːz/ *vt.* 1 **a** 〈依頼·要求·命令などを〉拒絶する, 拒否する, 退ける, 断る; 〈人を〉はねつける (↔ accept) (⇨ decline SYN): ～ a request [demand] 要請[要求]を拒絶する / ～ obedience 命令に従わない / ～ one's consent 同意しない, 承諾しない / ～ a suitor [a proposal] 男の結婚の申し込み[プロポーズ]を断る / ～ a person money [satisfaction] 金の無心を断る[(損害)賠償を拒む] / He asked for help, but they ～*d* him. 彼は助力を求めたが彼らはそれを拒んだ / One can't ～ a lady. ご婦人の頼みは断れない / I have never been ～*d*. 私は頼みを断られたことはない / I've never been ～*d* permission. ＝Permission has never been ～*d* ((to) me). 私は許可を断られたことがない / Their pets were ～*d* admittance. ペットの連れ込みを断られた. **b** 〈提供などを〉断る, 辞退する, 謝絶する: ～ a bribe [an office] 賄賂(わいろ)[公職]を断る / ～ an offer 申し出を謝絶する / He ～*s* food. 食物をとろうとしない. 2 [～ *to* do として] …しようとしない: ～ *to* go 行くのを拒む, 行こうとしない / His legs ～*d to* carry him farther. それ以上は足が前に進まなかった / (categorically [absolutely]) ～ *to* help a person (断固として)人を援助することを断る / ～ *to* burn 〈薪(まき)などが〉なかなか燃えて(くれ)ない / ～ *to* shut 〈戸などが〉なかなか閉まらない / The engine ～*d* to start. エンジンがなかなかかからなかった. 3 〈馬が〉〈障害物を〉飛び越そうとしないで[ジャンプしないで]急に立ち止まる: ～ a fence [a jump]. 4 〘トランプ〙 **a** 《古》〈親と同じスーツ (suit) の札を〉なくて出せない: ～ hearts. **b** (ブ

R

リッジ・ホイストで〉あるトリック (trick) を〉取れるのにわざと取らない, 戦略上わざと敵に譲る (cf. duck[2] *vt.* 4). **5** 〘軍事〙(防御戦などで)〈味方の側面の部隊[翼側]を〉引き留めておく, 正面の線より下がらせる (move back). **6** 《廃》 **a** 〈嫌疑などを〉否認する (disown). **b** 断念する, 放棄する (renounce); 〈妻を〉離婚する. **c** 〈罪・悪徳などを〉避ける (avoid). **— *vi.*** **1** 拒絶する, 謝絶する, 辞退する, 承知しない, はねつける, 許可しない. **2** 〈馬が(障害物の前で)立ち止まる. **3** 〘トランプ〙 親と同じスーツ (suit) の札を出さない[が出せない]. ***refúse stáys*** ⇨ stay[3] 成句.
〚(?*a*1300) □ (O)F *refuser* < VL **refūsāre* (混成)? ← L *recūsāre* to refuse + L *refūtāre* to repel, (LL) refuse: ⇨ recusant〛

ref·use[2] /réfjuːs/ *n.* **1** くず, かす, おり. **2** 廃物, ごみ (rubbish); 残り物 (leavings). **— *adj.*** [限定的] 捨てられた (rejected), 不用な, 無価値の (worthless), くずの, かすの: ~ matter. 〚(n.: *a*1338; adj.: *c*1385) □ ? OF *refusé* (p.p.) ← *refuser* (↑)〛

re-fuse /riːfjúːz/ *vt.* 再び溶かす. 〚(1875) ← RE-[2] + FUSE〛

réfuse collèction *n.* ごみの収集.

réfuse collèctor *n.* ごみ収集人 (dustman).

réfuse dùmp *n.* ごみ集積場

re·fuse·nik /rɪfjúːznɪk/ *n.* **1** (国外(特にイスラエル)移住を拒否されている)ユダヤ系ロシア市民. **2** (信念に基づいて)指示を拒否する人 (dissenter). 〚(1974) ← REFUSE[1] + -NIK: Russ. *otkaznik* (← *otkazat'* to refuse) の部分訳〛

re·fús·er *n.* **1** 拒絶者, 辞退者, 否認者. **2** (英国)国教忌避者 (recusant). **3** 〘馬術〙 飛越拒否の馬 《障害物を嫌って飛び越えずに立ち止まる馬》. 〚1474〛

réfuse wòrker *n.* ごみ収集人 (dustman).

re·fut·a·ble /rɪfjúːtəbl, réfjʊt- | -tə-/ *adj.* 論駁(ろんばく)[論破]できる; 論駁[反駁]の余地のある, 誤りのある. **re·fùt·a·bíl·i·ty** /-təbíləti | -təbíləti/ *n.* **re·fút·a·bly** *adv.* 〚(1560) □ LL *refūtābilis*: ⇨ refute, -able〛

re·fut·al /rɪfjúːtl | -tl/ *n.* = refutation. 〚(1605): ⇨ refute, -al[2]〛

ref·u·ta·tion /rèfjutéɪʃən/ *n.* **1** 論駁(ろんばく), 論破, 反駁. **2** 〘チェス〙 とがめること 《相手の着手を悪手化すること; 旧来の定跡を無価値にする新手を出すこと》. 〚(*a*1548) □ (O)F *réfutation* ∥ L *refūtātiō(n-)* ← *refūtātus* (p.p.) ← *refūtāre* 'to REFUTE': ⇨ -ation〛

re·fut·a·tive /rɪfjúːtətɪv | -tət-/ *adj.* 論駁(ろんばく)の, 反駁になる, 反駁できる. 〚(1652): ⇨ ↓, -ive〛

re·fute /rɪfjúːt/ *vt.* **1** 〈人の説・非難などを〉論破する, 論駁(ろんばく)する, 反駁する, 誤りを指摘する (⇨ disprove **SYN**): ~ a statement 陳述を論駁する. **2** 〈人〉の誤りを明らかにする, やり込める: ~ an opponent 相手をやり込める. **3** 〘チェス〙 とがめる (⇨ refutation 2). **re·fút·er** /-tə | -tə[r]/ *n.* 〚(1513) □ (O)F *réfuter* ∥ L *refūtāre* to repel ← RE-[1] + -*fūtāre* to beat〛

reg /rédʒ/ *n.* 《英口語》 (自動車の)登録番号 (registration number): a B-*reg* lorry B登録番号のトラック 《登録年度を示す》. 〚(*c*1925) 《略》 ← REGISTRATION〛

Reg /rég/ *n.* レグ 《男性名; Reginald の別称》.

reg 《略》 regent; regiment; region; register; registered; registrar; registry; regular; regularly; regulation; regulator; regulo.

Reg /rédʒ/ 《略》 Regent; regiment; *L.* Rēgīna (= Queen); Reginald; Regius.

re·gain /rɪgéɪn, rìː-/ *vt.* **1** 回復する, 取り戻す, 奪還する (⇨ recover **SYN**): ~ stolen property [one's health, a person's affections] 盗まれた品物[自分の健康, 人の愛情]を取り戻す / ~ consciousness 正気づく, 意識を回復する / ~ one's feet [footing, legs] 〈転んだ者が〉起き上がる, 立ち直る. **2** 〈場所〉に復帰する, 戻り着く; …に再び到達する: ~ one's native country 故郷に帰り着く / Their car ~*ed* the highway. 彼らの車は本道に戻った. **— *n.*** **1** 回復, 奪還; 復帰. **2** 回復した[取り戻した]量; (繊維などの)公許水分. **~·a·ble** /-nəbl/ *adj.* **~·er** *n.* 〚(*a*1548) □ OF *regaigner* (F *regagner*): ⇨ re-, gain[1]〛

re·gal[1] /ríːgəl, -gl/ *adj.* **1** 王の, 帝王の (royal): ~ power 王権 / ~ government 王政 / the ~ office 王位. **2 a** 帝王にふさわしい, 王者らしい (kingly). **b** 荘厳な, 豪奢(ごうしゃ)な, 堂々として立派な (magnificent, stately): a ~ gathering 豪華な集会[会合] / He lives in ~ splendor. 彼は王侯のような豪奢な生活をしている. **~·ly** *adv.* 〚(*c*1380) □ OF ~ ∥ *rēgālis* ← *rēx* 'REX[1]': ⇨ -al[1]: ROYAL, REAL[2] と三重語〛

re·gal[2] /ríːgəl, -gl/ *n.* リーガル (16–17 世紀のフランス・イタリアに行われた小型の携帯用アコーディオン). 〚(*c*1550) □ (O)F *régale* ← OF *regal* 'REGAL[1]'〛

Re·gal /ríːgəl, -gl/ *n.* 〘商標〙 リーガル: **1** 米国製の靴. **2** 米国製のガス・電気調理器具, 鋳造アルミ製鍋類.

re·gale[1] /rɪgéɪl/ *vt.* **1 a** 〈人を〉大いにもてなす, 大いにごちそうする. **b** [~ *oneself* で] 〔おいしいものを〕食べる, 食べて元気になる 〔*with*〕: ~ *oneself with* soup スープを飲む / ~ *oneself with* a cigar 葉巻を存分に吸う. **2 a** 〈美・花などが〉大いに喜ばせる, 楽しませる, 満足させる, いい気持ちにする (delight, gratify) 〔*with, on, upon*〕: Delightful music ~*d* their ears. 快い音楽が彼らの耳を楽しませた / He ~*d* us *with* a lot of anecdotes about her. 彼女に関する逸話をたくさん聞かせてくれた. **b** [皮肉を込めて]たっぷり与える: He ~*d* us *with* fulsome compliments. いやというほどお世辞を並べた. **— *vi.*** ごちそうを食べる, 美味を食する 〔*on, upon*〕.
— *n.* 《古・文語》 **1** ごちそう, 供応 (feast). **2 a** 美味, 山海の珍味, おいしい食物や飲物 (dainty). **b** 絶佳の風味 (choice flavor): a French dish of the highest ~ 最高の風味のフランス料理. **3** 軽食.

re·gál·er /-lə | -lə[r]/ *n.* 〚(1656) □ F *régaler* ← OF *regale* feast ← RE-[1] + *gale* pleasure (cf. gala) — n.: (1670) ← (v.)〛

re·ga·le[2] /rɪgéɪli/ *n.* (*pl.* **-ga·lia** /-ljə, -liə | -liə, -ljə/) **1 a** [通例 *pl.*] 王権, 王の特権[大権]. **b** 〘教会〙 (中世時代に国王などが主張した)空席の司教または修道院管轄区の収入をとる権利, レガレ. **2** [*pl.*] **a** 王位を象徴するもの, (王冠・王笏(おうしゃく)) (scepter)・宝珠 (orb)・刀剣など)王家の表章, 即位の宝器 (cf. crown jewels). **b** (特定の職または団体の一員であることを示す)印, 衣装(など); (官位・等級などの)記章 (insignia, emblems). **3** [*pl.*] 盛装, 晴着 (finery). 〚(1611) □ F *régale* □ L *rēgālia* ← *rēgālis* 'REGAL[1]'〛

re·gále·ment *n.* **1** ごちそうを食べること; ごちそう(の供応). **2** 山海の珍味; 美味 (dainty). 〚(1708): ⇨ regale[1], -ment〛

re·ga·lia[1] /rɪgéɪljə, -liə | -liə, -ljə; *Am.Sp.* reɣalía/ *n.* (Cuba 島などに産する)大型高級葉巻. 〚(1819) □ Sp. *regalía* royal privilege: cf. regale[2]〛

regalia[2] *n.* regale[2] の複数形.

re·ga·lian /rɪgéɪljən, -liən | -liən, -ljən/ *adj.* 君主の (regal). 〚(1818) □ F *régalien*: ⇨ regal, -ian〛

re·gal·ism /ríːgəlɪzm/ *n.* (教会政治に関して国王の絶対権を認める)帝王教権説[主義]. 〚(1869) ← REGAL[1] + -ISM〛

ré·gal·ist /-lɪst | -lɪst/ *n.* 帝王教権論者. 〚(1591) □ F *régaliste*: ⇨ regal[1], -ist〛

re·gal·i·ty /riːgǽləti, rɪ- | riːgǽləti, rɪ-/ *n.* **1 a** 王位, 王の地位[身分] (royalty, sovereignty). **b** 王権, 王の特権. **2** 王土, 王国 (kingdom). **3** 〘スコット史〙 (昔王が人民に与えた)地方管轄権; (その)管轄区域: the lord of ~ (国王委任の)地方管轄者. 〚(1414) □ OF *regalité* ∥ ML *rēgālitātem*: ⇨ regal[1], -ity〛

régal móth *n.* 〘昆虫〙 北米産の翅に黄色い斑点のあるヤママユガ科のガ (*Citheronia regalis*).

Re·gan /ríːgən/ *n.* リーガン (Shakespeare 作の悲劇 *King Lear* 中の人物; 王の次女で冷酷な娘; Duke of Cornwall に嫁す; cf. Goneril, Cordelia 2).

re·gard /rɪgɑ́ːd | -gɑ́ːd/ *vt.* **1** 〔…であると〕考える, 〔…と〕みなす (look upon) 〔*as*〕: How do you ~ him? 彼をどう見ていますか / I ~ him *as* a friend. 私は彼を味方だと思っている / He ~*ed* the money *as* gone. 彼はその金はなくなったものと考えた / I ~ the situation *as* (being) serious [of great importance]. 事態を重大だと考える / I ~ cheating *as* wrong. = I ~ it *as* wrong to cheat. ごまかすのは悪いことだと私は思う. **2 a** (愛情・憎しみなどの目で)見る, 遇する: ~ a person with favor [dislike, reverence] 好意[憎しみ, 敬意]をもって人を見る / ~ a situation with anxiety 事態を憂慮する / How do [would] you ~ cheating? ごまかしをどう見ますか / I still ~ him kindly. 今でも私は彼に好意をもっている / a highly ~*ed* member of the community 地域社会で高く評価されている人. **b** 《文語》 (特定の見方で)見る, 見詰める, 凝視する, 注目する, じっと見る: ~ a person with a fixed gaze じっと人を見詰める / He was ~*ing* us intently [carefully, curiously]. 我々をじっと[注意深く, もの珍しそうに]見詰めていた / She ~*ed* him with curiosity [suspicion]. 彼をもの珍しそうに[うさんくさそうに]見詰めた. **3** 考察[考慮]する (consider): ~ a matter from every point of view 問題をあらゆる角度から考察する. **4** [主に否定・疑問構文で] 顧慮する, …に耳を貸す; 重要視する, 尊敬する, 畏(おそ)れる: Nobody ~*s* his opinion in such questions. そういう問題ではだれも彼の意見に気を留めない / He neither fears God nor ~*s* man. 彼は神を恐れずまた人を人とも思わない / He acted without ~*ing* other people's feelings. 彼は他の人の気持ちを顧慮しないで行動した. **5** …に関係する, 関連を持つ (concern): That does not ~ me at all. それは私には全く関係のないことだ. **6** 《廃》 世話をする.
— *vi.* **1** 眺める, 見やる, 見詰める, 凝視する (look, gaze). **2** 注意を払う, 注目する.
as regárds …に関しては (concerning), …について言えば, …の点では (as for, as to): I cannot agree with you *as* ~*s* that. それについては君に賛成できない. 《1824》
— *n.* **1 a** 尊敬, 敬意 (respect, esteem); 好意, 好感, 愛情 (affection) 〔*to, for*〕: have [show] no [(a) great] ~ *for* …を重んじない[重んじる], 尊敬しない[する] / be held in high [little] ~ 大いに尊敬される[あまり重んじられない] / pay [give] due ~ *to* authority 権威に正当な敬意を払う. **b** (あるもの[人]の置かれている)評価, 価値: a man of little ~ つまらぬ人. **2** 注意, 留意, 顧慮, 心配; (健康などへの)心遣い (consideration); 関心 (concern) 〔*to, for*〕: act without ~ *to* [*for*] decency [other people's feelings] 場所柄もわきまえずに[他人の気持ちも考えずに]ふるまう / pay no ~ *to* one's studies 勉強をほったらかす / He pays no ~ *to* expostulations. 彼は説諭に耳を傾けない / *Regard* must be had for his wishes. 彼の希望も聞いてやらなければならない / The next object of ~ is his conduct. 次に注意すべきは彼の行為である. **3** [通例 *pl.*] (手紙・挨拶などの中で敬意・好意・愛情などを表す)よろしくとの言葉 (best wishes, compliments): Give [Send] him my ~*s* [best ~*s*]. あの人によろしく[くれぐれも]よろしく / (With) Kind(est) [Best, Warmest] ~*s* (to you all). 皆様によろしく. **4 a** 考慮されるべき面, 点, 事項 (respect, point): It is quite satisfactory in this [that] ~. この[その]点では全く満足である. **b** 関係, 関連 (relation): in his ~ 彼に関しては, 彼については / His remarks have special ~ to the question at issue. 彼の言葉はその問題と特別な関係がある. **5** 注目, 注視, 凝視 (look, gaze): He looked at the boy with a reproachful ~. 彼はとがめるような目つきで少年をじっと見た. **6** 《古》 容貌(ようぼう), 外観, 態度. **7** 《Shak》 意図 (intention). **8** 《廃》 景色, 展望 (view).
in regard 《廃》 …(であること)を考えると (considering that). ***with regard to*** = ***in regard to*** [***of***] (1) …について, …に関しては. (2) 《廃》 …ゆえに, …に配慮して.

~·a·ble /-dəbl | -də-/ *adj.* 〚n.: (1348) □ (O)F ~ ← *regarder* ← RE-[1] + *garder* 'to GUARD'. — v.: (1348) □ (O)F *regarder*: cf. reward〛

SYN 尊重する: **regard** 尊重する 《格式ばった語》: We should *regard* the rights of others. 他人の権利を尊重すべきだ. **respect** 〈人や物を〉ある理由で高く評価する: I *respect* him as a person. 彼を人として尊敬している. **honor** 〈地位・年齢などが上の人を〉特別な尊敬をもって遇する: our *honored* guests today 今日お招きした大切なお客様. **esteem** 〈人や物を〉大いに尊重する 《格式ばった語》: I *esteem* his courage. 彼の勇気を大いに敬意を払っている. **admire** 〈人や物〉の真価を認めて熱狂的に称賛する: I *admire* him greatly. 彼を大いに買っています.
ANT despise.

---

re·gar·dant /rɪgɑ́ːdənt, -dnt | -dənt, -dnt/ *adj.* **1** 〘紋章〙 〈ライオンなどの猛獣が〉顔を後ろ (sinister) に向けた (cf. guardant 1). **2** 《古》 じっと見詰めている, 注意深い. 〚(1443–50) □ AF & (O)F ~ (pres.p.) ← *regarder* (↑): ⇨ -ant〛

re·gárd·ful /-fəl, -fl/ *adj.* **1** 注意深い, 思慮深い, 気にかける, 用意周到な (mindful, attentive) 〔*of*〕: be ~ *of* one's promises 約束を守る. **2** 敬意を表す, 尊敬する 〔*for*〕. **~·ly** *adv.* **~·ness** *n.* 〚(*a*1586): ⇨ -ful〛

re·gard·ing /rɪgɑ́ːdɪŋ | -gɑ́ːdɪŋ/ *prep.* …に関して(は), について(言えば), …の点では (concerning): He spoke to me ~ his future. 彼は自分の将来について私に話した / He said nothing ~ the lost money. 彼は失くした金については何も言わなかった. 〚1793〛

re·gard·less /rɪgɑ́ːdləs | -gɑ́ːd-/ *adj.* **1** 尊敬しない, 無視する; 注意しない, 不注意な (careless); 無関心な, 無頓着な (heedless) 〔*of*〕: a man who was openly ~ *of* religious rites 宗教的儀式を公然と無視した男. **2** 《古》 顧慮する価値のない; 顧みられない (slighted).
regárdless of …に構わずに, …にかかわらず, …を無視して: ~ *of* expense 費用をいとわずに(に) / ~ *of* one's duties 義務を無視して / ~ *of* age or sex 年齢・性別(のいかん)を問わず / I shall go ~ *of* the weather. 天候のいかんにかかわらず行きます. 《1667》
— *adv.* 《口語》 **1** (忠告・警告などに)構わず, どうしても (anyway). **2** 費用[危険(など)]をいとわずに: be got up [be dressed] ~ 金に飽かして着飾っている.
~·ly *adv.* **~·ness** *n.* 〚1591〛

rè·gáther *vt.* 再び集める. **— *vi.*** 再び集まる. 〚1589〛

re·gat·ta /rɪgǽtə, -gɑ́ːtə | -gǽtə/ *n.* **1 a** レガッタ, 競艇, ボートレース, ヨットレース. **b** (Venice の大運河で行われた)ゴンドラ競漕. **2** レガッタ織 《英国産のあや織りの丈夫な綿織物[服地]; 通例色のついた縞(しま)またはチェックの模様がある》. 〚(1652) □ It. (Venetian) 《廃》 *regatta* (It. *regata*) 《原義》 contention〛

regd. 《略》 registered.

re·ge·late /ríːdʒəlèɪt, ←―― | -dʒɪ-/ *vi.* **1** 〈砕氷・積雪などが〉(一時溶解した後)再び凍って氷塊となる. **2** 〘物理〙 復氷する. 〚(1860) ← L *regelātus* ← *regelāre* ← RE-[1] + *gelāre* to freeze (cf. cold)〛

re·ge·la·tion /rìːdʒəléɪʃən | -dʒɪ-/ *n.* 〘物理〙 復氷 《氷に圧力を加えると融点が下がって水になり, 圧力を取り除くと再び氷に戻る現象》. 〚(1857) ← RE-[1] + GELATION[1]〛

re·gence /ríːdʒəns/ *adj.* (フランスの Orléans 公 Philippe の)摂政時代の; 摂政時代の家具の, 摂政様式の (cf. regency *n.* 4). 〚(1919) □ F *Régence* ← *régence* regency〛

ré·gen·cy /-si/ *n.* **1** 摂政政治. **2 a** 摂政の任, 執権職. **b** 摂政[執権]期間. **c** 摂政管区. **3** 摂政[執権]団. **4** [the R-] 摂政時代 《英国では George 三世の病気の間皇太子 (後の George 四世)が摂政を務めた時代 (1811–20); フランスでは Louis 十五世の治世に Orléans 公 Philippe 二世が摂政を務めた時代 (1715–23) などがある》.
— *adj.* [限定的] **1** 摂政の. **2** [R-] (英国・フランスの)摂政時代の: *Regency* dress. **3** [R-] 〘建築・家具〙 摂政様式の, レジャンス様式の 《フランスでは 18 世紀前半, 英国では 19 世紀前半の摂政時代様式についていう》. 〚(?*a*1430) *regencie* □ ML *regentia*: ⇨ regent, -ency〛

Régency strípes *n. pl.* (織物の)等幅で広い色筋模様, リージェンシーストライプ.

re·gen·er·a·ble /rɪdʒén(ə)rəbl, rìː-/ *adj.* **1** 再び生じさせられる, 再生できる. **2** 革新[改新]できる, 改造できる. **3** 〘教会〙 更生させられる, 新生命を与えられる, 改心させられる. 〚(1920) ← REGENERATE + -ABLE〛

re·gen·er·a·cy /-rəsi, rìː-/ *n.* 再生; 更生, 改心; 改新; 復興. 〚(1626): ⇨ ↓, -acy〛

re·gen·er·ate /rɪdʒénərèɪt, rìː-/ *v.* **— *vt.*** **1** 再び生じさせる, 再生させる; よみがえらせる (revive): ~ one's self-respect (失った)自尊心を再び取り戻す / Some animals can ~ lost parts of the body. 動物には身体の失った部分を再生できるものもある. **2** (道徳的に)改心させる, 更生させる, 別人にする. **3** (新生命を吹き込んでよりよい状態に)〈国家・社会・制度などを〉更生させる, 再建[刷新, 改造]する. **4** 〘神学〙 (聖霊の力によって)再生させる, 新生命を与える; 神の子[キリスト教徒]にする. **5** 〘機械〙 〈使用済みの熱などを〉回生[利用]する (reutilize): ~ a battery 電池を充電し直す[再生する]. 6 〖通信〗再生する. 7 〖化学〗再生する《イオン交換樹脂・乾燥剤などを元の形に戻す》. 8 〖電気〗回生する《電力を負荷から電源に返す》. 9 〖電子工学〗再生する: a 正帰還をかけて増幅度などを増す. b 不完全な波形などを整形して出力する. — *vi.* 1 再び生じる, 再びできる. 2 新生命を得る, 生まれ変る, 更生する; 改心する, 心機一転する. — /rɪdʒénərɪt, riː-, -nəreɪt/ *adj.* 1 改良された, 改造された, 再興した, 再生した (reformed). 2 〖神学〗(精神的に)生まれ変わった, 新生命を得た, 再生した; 回心した, キリスト教徒になった. — *n.* 1 再生したもの; 再生部分[器官]. 2 更生した人; 回心者. **~·ly** *adv.* **~·ness** *n.* 〖(*c*1433) □ L *regenerātus* ← *regenerāre* ← RE-[1]+*generāre* 'to GENERATE': ⇨ -ate[3]〗

re·gén·er·àt·ed céllulose /-reɪtɪd- | -tɪd-/ *n.* 〖化学〗再生セルロース, 再生繊維素. 〖1904〗

re·gen·er·a·tion /rɪdʒènəréɪʃən, riːdʒɛn-/ *n.* 1 再生, 再建. 2 復興, 復活 (revival), 改造, 建直し, 革新, 改新. 3 〖キリスト教〗再生, 更生, 新生. 4 〖生物・生理〗(失った部分の)再生. 5 〖電気・電子工学・通信・化学〗再生, 回生. 〖(*c*1350) □ (O)F *régénération* // L *regenerātiō(n-)*: ⇨ regenerate, -ation〗

re·gen·er·a·tive /rɪdʒén(ə)rətɪv, -nəreɪt- | -dʒén(ə)rət-/ *adj.* 1 再生的な, 更生させる; 生まれ変らせる, 改心させる; 改新の, 改造の. 2 〈機械など〉回生式の, 蓄熱式の. 3 〖通信〗再生式の: ~ detection 再生式検波. **~·ly** *adv.* 〖(1392) □ (O)F *régénératif* // ML *regenerātīvus*: ⇨ regenerate, -ative〗

regénerative bráking *n.* 〖電気〗回生制動. 〖1904〗

regénerative cóoling *n.* 〖物理〗再生冷却法. 〖1947〗

regénerative cýcle *n.* 〖機械〗(蒸気機関の)再生サイクル.

regénerative fùrnace *n.* 蓄熱炉. 〖1864〗

re·gén·er·à·tor /-rèɪtə | -tə[r]/ *n.* 1 再生者, 更生者; 刷新者, 改革者 (renovator). 2 〖機械〗蓄熱器, 復熱装置《熱気機関・ガス炉などで空気や原料ガスを廃ガスで予熱して燃焼室に送るための熱交換装置; recuperator ともいう》. 3 〖通信〗再生器. 〖(1740) □ LL *regenerātor*: ⇨ regenerate, -or[2]〗

rè·génesis *n.* 更生, 再生, 生まれ変り (rebirth); 復活 (revival), 更新, 新生 (renewal). 〖(1831) ← RE-[2]+GENESIS〗

Re·gens·burg /réɪgənzbəːg | -bəːg; G. ʁéːgn̩sbʊʁk/ *n.* レーゲンスブルク《ドイツ南部 Bavaria 州の Danube 川に臨む商工業都市; 英語名 Ratisbon》.

re·gent /ríːdʒənt/ *n.* 1 摂政. 2 《米》a 州立大学理事. b (米国大学の)学生監. 3 (カトリック系大学で, 非聖職者の学部長と協力する)聖職の理事. 4 a 《古》(Oxford, Cambridge 大学の学位試験で)討論 (disputation) を主宰した文学修士. b (スコットランドの大学の)研究指導教授. 5 《古》a 統治者, 支配者 (ruler). b 支配的原理[勢力]. — *adj.* 1 [通例名詞の後に置いて] a 摂政の任にある: the Prince *Regent* 摂政の宮, 摂政皇太子 / the Queen *Regent* 摂政王妃. b 《古》(Oxford, Cambridge 大学で)(文学修士が)討論主宰の (cf. *n.* 4 a). 2 《古》統治する, 支配する. **~·al** /ríːdʒəntl | -tl/ *adj.* 〖(*a*1387) □ (O)F *régent* // L *regentem* (pres.p.) ← *regere* 'to RULE': ⇨ right, -ent〗

régent bówerbird *n.* 〖鳥類〗フウチョウモドキ (*Sericulus chrysocephalus*)《ニワシドリ科の鳥で, 雄は黄金色, 黒などの豪華な羽毛を持つ; オーストラリア産》. 〖摂政皇太子時代 (1811-20) の George 四世にちなむ〗

Ré·gent Hóuse /ríːdʒənt-/ *n.* [the ~] (Cambridge 大学の)大学評議委員会《学内提案は卒業生からなる senate か, 学内に地位を持つ senior member からなるこの評議委員会に出され, 討議決定される》. 〖1573〗

régent·shìp *n.* =regency. 〖1579〗

Ré·gent's Párk /ríːdʒənts-/ *n.* リージェント公園《London 北西部にある公園; 動物園 (the London Zoo) がある》. 〖← *Prince Regent*〗

Ré·gent Strèet /ríːdʒənt-/ *n.* リージェント街《London 中央部の West End 地区を南北に走る大通り; ショッピング街》. 〖← *Prince Regent*〗

Re·ger /réɪgə | -gə[r]; G. ʁéːgɐ/, **Max(imilian)** *n.* レーガー《1873-1916; ドイツの作曲家》.

rè·gérminate *vi.* 再び芽を出す. 〖1623〗

rè·germinátion *n.* 再発芽. 〖1646〗

reges *n.* rex[2] の複数形.

reg·gae /régeɪ/ *n.* レゲエ《西インド諸島のジャマイカ起源のロック音楽; 4 拍子の弱拍の部分に強勢がくる》. 〖(1968) ← ?Jamaican English *rege-rege* rags, quarrel (← RAG[1])〗

Reg·gie /rédʒi/ *n.* レジー《男性名》. 〖(dim.) ← REGINALD〗

Reg·gi·o di Ca·la·bri·a /rédʒioʊdiːkəláːbriə, -dʒoʊ- | -dʒiəʊdɪkə-; *It.* réddʒodikalá:brja/ *n.* レッジョディカラブリア《イタリア南部, Messina 海峡に臨む海港; 1783 年と 1908 年に大地震があった》.

Réggio nèl·l'E·mí·lia /-nèlɪmíːljə | -emíːliə; *It.* -nellemíːlja/ *n.* レッジョネレミリア《イタリア北部の工業都市》.

Reg·gy /rédʒi/ *n.* レジー《男性名》. 〖(dim.) ← REGINALD〗

regia dona *n.* regium donum の複数形.

reg·i·cid·al /rèdʒəsáɪdl | -dʒɪsáɪdl[←]/ *adj.* 国王殺しの. 〖(*a*1779): ⇨ ↓, -al[1]〗

reg·i·cide /rédʒəsàɪd | -dʒɪ-/ *n.* 1 弑逆(しいぎゃく), 国王殺し《行為》. 2 国王殺し《人》, 国王殺しに参加した者. 3 [the ~s, the Regicides] a 〖英史〗国王死刑判決者《1649 年 Charles 一世を審問した 67 人の判事の内, 死刑執行令状に署名した 59 名》. b 〖フランス史〗国王処刑者たち《Louis 十六世を死刑に処した革命派》. 〖(1548) ← L *rēgi-* (連結形) ← *rēx* king)+-CIDE: cf. F *régicide*〗

Ré·gie /reɪʒíː; F. ʁeʒi/ F. *n.* (フランス・オーストリアなどのたばこ・塩などの)政府直営, 官営, 専売制度. 〖(1883) □ F *régie* (fem. p.p.) ← *régir* to rule〗

re·gie·bòok /reɪdʒíː-/ *n.* 〖演劇〗(演出家が携帯する)演出ノート.

rè·gíld *vt.* …に再び金メッキをする[金をかぶせる]. 〖1583〗

re·gime /rɪʒíːm, reɪ-, -dʒíːm | reɪʒíːm, rɪ-, rɛʒ-, réɪʒiːm; F. ʁeʒim/ *n.* (*also* **ré·gime** /~/) 1 a 統治方式[体制], 管理体制; 政治形態, 政体: be placed under an international ~ 国際管理下に置かれる / Hitler's dictatorial ~ ヒトラー独裁制. b (特定の政体・統治方式の)支配する期間, 政権保持期間: during the Tokugawa ~ 徳川幕府の治政中. 2 社会制度, 制度 (institution): under the ~ of protection [competition] 保護[競争]制度下に[で] / the Parliamentary ~ 議会制度 / establish a new ~ 新制度を樹立[確立]する / ⇨ ancien régime. 3 科学的[工業的]過程が行われる状況. 4 〖地理〗(自然現象などの)規則性; (特に)季節による川の水量[水位]の変化; (特に)季節による氷河などの形状の変化. 5 養生法, 摂生 (regimen). 〖(1776) □ F *régime* □ L *regimen* (↓)〗

reg·i·men /rédʒəmən, -ʒə-, -mɛ̀n | rédʒɪmən, -mɛ̀n/ *n.* 1 a 〖医学〗生活規則, 摂生, 養生法; 食餌療法, 食養生. b (手順の決まった一連の)激しい訓練: the daily ~ of ballet dancers バレエダンサーたちの強化訓練. 2 〖文法〗a 支配 (government). b 支配語《動詞の目的語 'object' と区別した前置詞の目的語》. 3 a 《まれ》支配, 統轄 (control), 統治 (government). b 《古》政体; 現行制度. 〖(*a*1400) □ L ~ 'rule' ← *regere* to rule: cf. regent〗

reg·i·ment /rédʒəmənt | -dʒɪ-/ *n.* 1 〖軍事〗連隊 (⇨ army 3); (砲・戦車・装甲車などの)連隊: the colonel of the ~ 連隊長. 2 [しばしば *pl.*] 多数, 大勢, 大群 (large number): a ~ of people 大勢の人々 / whole ~s of locusts いなごの大群. 3 《古》支配 (rule), 統治 (government). — /rédʒəmɛ̀nt, ⌐—⌐ | -dʒɪ-/ *vt.* 1 〖軍事〗連隊に編制[編入]する. 2 〈職工・労働者などを〉団体に[一定の組織下に]編成訓練する; 団体[軍隊式]訓練をする, 型にはめて教育する: an education that ~s students 学生を型にはめ込む教育. 3 〈資料などを〉組織化する, 系統立てる, 規格化する (systematize, standardize). 〖(*a*1393) □ (O)F *régiment* // LL *regimentum* ← *regere* (↑)〗

reg·i·men·tal /rèdʒəméntl | -dʒɪméntl[←]/ *adj.* 1 連隊の[に関する, に使われる, 付き]: a ~ district 連隊区 / a ~ color [standard] 連隊旗. 2 型にはめ込もうとする, 統制的な; 命令的な, 権威を振りかざす (authoritative). — *n.* [通例 *pl.*] 1 連隊服; 軍服 (military uniform). 2 制服. **~·ly** *adv.* 〖(1659): ⇨ ↑, -al[1]. — n.: (1742) ← (adj.)〗

régimental sérgeant májor *n.* 〖軍事〗連隊付き曹長《英軍・英連邦軍の連隊・大隊に所属する上級の准尉 (Warrant Officer) で, 准尉以下の統率に当たる; 略 RSM》.

reg·i·men·ta·tion /rèdʒəmɛntéɪʃən, -mən- | -dʒɪmɛn-, -mən-/ *n.* 1 連隊編制[編入]. 2 編制, 類別. 3 組織化; 規格化. 4 団体訓練, 一律訓練. 〖1877〗

Re·gin /réɪgɪn/ *n.* 〖北欧伝説〗レギン《*Volsunga Saga* 中の人物, 鍛冶(かじ)屋で Fafnir の兄弟; Sigurd を育て, Fafnir を殺害させてその守護する黄金を得ようとする》. 〖□ ON *Reginn*: cf. Reginald〗

Re·gi·na[1] /rɪdʒáɪnə, -dʒíː- | -dʒáɪ-/ *n.* (*pl.* **Re·gi·nae** /-dʒáɪniː, -dʒíːnaɪ | -dʒáɪniː/) 現女王(略 R) (cf. rex[1]). ★ 布告などの署名または刑事事件の女王の名称として用いる: Elisabeth R (=Elisabeth Regina) / VR (=Victoria Regina) / *Regina* [R] v. Jones 女王対ジョーンズ《刑事事件》. 〖(1717) □ L *rēgīna* queen (fem.) ← *rēx* king: rex[1]〗

Re·gi·na[2] /rɪdʒíːnə, -dʒáɪ- | -dʒáɪ-, -dʒíː-/ *n.* レジーナ《女性名; 愛称形 Rena, Rina》. 〖← L *rēgīna* (↑)〗

Re·gi·na[3] /rɪdʒáɪnə/ *n.* レジャイナ《カナダ南中部 Saskatchewan 州の工業都市で同州の州都》. 〖↑〗

Reginae *n.* Regina の複数形.

re·gi·nal /rɪdʒáɪnl, -dʒíː- | -dʒáɪ-/ *adj.* 女王の, 女王らしい, 女王にふさわしい (queenly). 〖(1568) □ ML *rēgīnalis*: regina, -al[1]〗

Reg·i·nald /rédʒənld | -dʒɪ-/ *n.* レジナルド《男性名; 愛称形 Reggie, Reggy》. 〖《変形》← REYNOLD (cf. OHG *Reginald*)〗

Re·gi·o·mon·ta·nus /riːdʒioumɑ(ː)ntéɪnəs, rèdʒ- | -əʊmɒn-; G. ʁègiomɔntáːnʊs/ *n.* レギオモンタヌス《1436-76; ドイツの数学者・天文学者; 本名 Johann Müller》.

re·gion /ríːdʒən/ *n.* 1 [しばしば *pl.*] a (漠然とした広大な)地域, 区域: various ~s of the world 世界の各地. b (自然的・風土的特徴で分けられる)地方, 地帯 (tract, area): a fertile ~ 地味の肥えた地方 / a desert ~ 砂漠地帯 / the Arctic ~s 北極地方 / forest ~s 森林地帯. c (天地を上下にまたは大気・海を高さ・深さで区分した)部分, 域, 境, 層, 界: the lower [infernal, nether] ~s 冥土(めいど), 地獄 / the middle [lower, upper] ~ of the air 空の中[下, 上]層圏 / the airy ~ 気界, 天空 / the ~ beyond the grave 冥土 / the upper ~s 天, 天国. 2 (学問などの)領域, 範囲, 分野 (sphere, realm): the ~ of science [metaphysics] 科学[形而(けいじ)上学]の領域. 3 [the ~s] 《英》(中央から離れた)地方. 4 行政区, 管区, 区《Augustus 帝治下の古代ローマおよび現代イタリアの「州」, 旧ソ連の「地方」(*Russ.* krai), アイルランドやスコットランド (1975-96 年)の「州」などのような行政単位》. 5 〖解剖・動物〗(身体の)部位, 領域, 局部: the abdominal [lumbar] ~ 腹[腰]部. 6 〖生物地理〗a (動物分布区の)区 (cf. realm 3): the Nearctic ~ 新北区. b (植物分布区の)区系図. 7 〖数学〗領域《連結な (connected) 開集合》. (*somewhere*) *in the region of* …の近辺[近く]で, 約… (approximately): *in the* ~ *of* £350 350 ポンド見当で. 〖(?*a*1300) □ (O)F *région* □ L *regiō(n-)* direction, quarter ← *regere* to direct, rule: ⇨ regent, -ion〗

re·gion·al /ríːdʒ(ə)nəl, -dʒənl/ *adj.* 1 a (かなり広い)地帯の, 地域の: ~ planning 地域計画, 地方計画《数個の市町村にわたる開発計画》. b 一地帯に特有の; 局地的な, 地方の (local). 2 〈文学・芸術など〉地域の, 地方主義的な: ~ literature [art] 地方的特色のある文学[美術], 地方主義文学[芸術]. 3 〖解剖・動物〗(身体の)局所の. — *n.* 《米》1 地方支所. 2 (雑誌・新聞などの)地方版. 3 地方の証券取引所. **~·ly** *adv.* 〖(?*a*1425) □ LL *regiōnālis*: ⇨ region, -al[1]〗

régional enterítis *n.* 〖病理〗限局性腸炎 (Crohn's disease).

régional ileítis *n.* 〖病理〗限局性回腸炎 (Crohn's disease).

re·gion·al·ism /ríːdʒ(ə)nəlɪzm/ *n.* 1 地方分権主義[制度]. 2 a 地域的特質; 地方習慣, 地方制度. b 愛郷心, 地方主義. 3 〖文学〗地方主義. 4 [しばしば R-] 〖美術〗地方主義《主に 1930-40 年頃発展し, 主題を主に田園地帯にとった米国の絵画の一様式》. 〖(1881): ⇨ -ism〗

ré·gion·al·ist /-lɪst | -lɪst/ *n.* 地方分権主義者; 地方主義者. — *adj.* 地方分権主義(者)の; 地方主義(者)の. 〖(1900): ⇨ -ist〗

re·gion·al·is·tic /riːdʒ(ə)nəlístɪk[←]/ *adj.* =regionalist. 〖1898〗

ré·gion·al·ize /-dʒ(ə)nəlàɪz/ *vt.* 地域[行政区域]に分ける; 地区的に配列する. **re·gion·al·i·za·tion** /riːdʒ(ə)nəlɪzéɪʃən | -laɪ-, -lɪ-/ *n.*

régional líbrary *n.* 地域図書館.

régional metamórphism *n.* 〖地質〗広域変成作用《地殻の熱や造山運動によって生じる広域にわたる岩石の変成作用》. 〖1871〗

re·gis·seur /rèɪʒəsə́ː | -ʒɪsə́ː[r]; F. ʁeʒisœːʁ/ *n.* (*pl.* ~s /~(z); F. ~/) (*also* **ré·gis·seur** /~/) 1 〖バレエ〗レジッスール, 演出家. 2 〖映画・演劇〗映画[舞台]監督; 演出家《《英》の director, 《米》の producer に当たる》. 〖(1828) □ F *régisseur* ← *régir* to manage〗

reg·is·ter /rédʒɪstə | -tə[r]/ *n.* 1 a 記録, 記入, 登記, 登録: a ~ of attendance 出(欠)席の記録. b (出生・結婚・死亡などの)記載事項, 記録: No ~ of his death was found. 彼の死亡の記載がなかった. 2 (出生・結婚・死亡・海員・船舶・選挙人などの)登録簿, 登記簿 (⇨ list[1] SYN); (特定の人々の)名簿; 表, 目録 (roll, list): a hotel ~ 宿帳 / a visitors' ~ 来客の芳名簿 / a voting ~ 選挙人(登録)名簿 / ⇨ church register, Lloyd's register, parish register. 3 a (速度・金銭出納などの)自動記録器, 登録器, レジスター, 記録指示器: a cash ~ 金銭登録器, レジ(スター). 日英比較 日本語の「レジ」は, この語に由来するが, 日本語の「レジ」に当たる英語は cashier である. b (レジスターなどで)登録された数[量]. 4 (ストーブ・炉・部屋の壁・煙突などの)通風装置, 換気調整弁; 温度調整装置. 5 〖音楽〗a (オルガンの)音管の一組; 音栓(おんせん) (stop), 音栓のつまみ (stop knob). b (楽器の)音域 (range); (発声の)声域, 換声区域《人間の声域は発声法によって, 頭声 (head register), 中声 (middle [throat] register), 胸声 (chest register) の三つに分けられる》. 6 〖音声〗音域, 声域, (音域の)使用範囲; 〖言語〗言語使用域. 7 〖《変形》← REGISTRAR〗登録[記録]係, (特に)登記[登録]官 (registrar): a ~ of wills 《米》遺言検認官. 8 書留郵便(の一通) (cf. registered mail). 9 〖印刷〗a 見当(けんとう)《両面刷りで, 各版を刷り合わせる位置》: in [out of] ~ 見当の合った[はずれた]. b (色刷りの)見当. 10 〖製本〗a 折記号表. b しおり(紐). 11 〖写真〗感光板[フィルムなど]を重ね合わすこと《例えば三色写真の時に黄フィルムと赤フィルムと青フィルムを画像がずれないように正しく重ね合わすことなど》. 12 〖貿易〗(税関の)船籍証明書, 税関証明書: a ship's ~. 13 〖電算〗レジスター《マイクロプロセッサーの内部で CPU が一時記憶に用いる領域》.

— *vt.* 1 正式に記載する, 登記する, 登録する (enter in a register); 登記[登録]してもらう: ~ a birth [death] 出生[死亡]を登記する / ~ oneself 選挙人名簿に登録する; 宿帳[芳名録]に記入する; (会議で参加者として)名前を記入する / He is ~*ed* as a doctor. 医師として登録されている / The gun was ~*ed* in his name. 銃は彼の名で登録された / Cars are often ~*ed* under to fictitious names and addresses. 架空の住所氏名で登録されている車がよくある. 2 〈温度計などが〉示す, 指す (indicate); 〈機械が〉自記する: The thermometer ~*ed* zero. 温度計は零度を示した. 3 〈驚き・喜び・怒りなどを〉表情[身振り]で表す, 表現する (express): His face ~*ed* comprehension.「わかった」という表情になった / Mary ~*ed* amazement [alarm and surprise]. メアリーは驚きの色を顔に浮かべた[びっくり仰天という顔つきをした] / Patients usually ~ some symptoms of their diseases. 患者には通例その病気の徴候が顔に現れるものだ. 4 心に銘記する, 印象づける (impress): ~ something in one's memory あることを記憶に留める. 5 〈郵便物を〉書留にする[してもらう]: ~ a letter [parcel] 手

R

紙[小包み]を書留にする / I want to have [get] this letter [parcel] ~*ed*. この手紙[小包]を書留にして欲しい / ~ luggage on a railway 《英》手荷物を特別料金配達扱いにする. **6** 〔印刷〕(両面刷り・多色刷りで, 各版の)見当(けんとう)を合わせる. **7** 〔軍事〕一定の点に命中するよう〈砲火を〉修正する. **8** 船舶国籍証書を発行して〈外国貿易に携わる商船を〉証明する. — *vi.* **1 a** (宿帳などに)記名する; 署名する: ~ at a hotel. **b** 《米》選挙人名簿に登録する. **c** 入学の登録をする; 聴講の手続きをする, 登録する 〔*for*〕: ~ *for* English course. **2** 〈機械などが〉自記する: a ~*ing* weather vane 自記風見計. **3** 《口語》(驚き・喜び・怒りなどの)表情[身振り]をする. **4** 何らかの効果がある, 印象を与える, 心に残る: The name of the woman did not ~ *with* me. その女の名前は特に心に残りはしなかった. **5** 〔機械〕〈穴などが〉正しく合わさる. **6** 〔印刷〕見当が合う. **7** 〔音楽〕オルガンの音栓 (stop) を選び配合する. **8** 〔軍事〕(後の射撃に有効な正確なデータを得るために)試射する, 修正射撃をする. **~·er** *n.* 〖n.: (*c*1378) □ (O)F *registre* ∥ ML *registrum*=L *regestum* (neut.p.p.) ← *regerere* to record ← RE-¹+*gerere* to carry (⇨ digest). — v.: (*a*1393) □ (O)F *régistrer* ∥ ML *registrāre* ← *registrum* (n.)〗

reg·is·ter·a·ble /rédʒɪstərəbl̩, -trə-/ *adj.* =registrable. 〖1765〗

reg·is·tered /rédʒɪstəd | -tə*r*d/ *adj.* **1 a** 登録した, 登記した, 記名の: a ~ design [trademark] 登録意匠[商標] / a ~ reader 予約購読者. **b** 書留の: a ~ letter [package, parcel] 書留書状[小包] / ~ post 書留郵便. **2 a** 公許の, 公認の. **b** 公式登録の: ~ horses [cattle, dogs] (血統などの公認協会に登録されている)登録馬[牛, 犬]. 〖1674〗

régistered bónd *n.* 記名債券 (cf. bearer bond).

régistered bréadth *n.* 〔海事〕(船体の)登録幅《登録してある船幅》.

régistered dépth *n.* 〔海事〕(船体の)登録深さ.

régistered disábled *adj.* 《英》〔社会福祉〕《障害者が障害者として登録されている, 登録障害者の.

Régistered Géneral Núrse *n.* 《英》登録正看護婦[看護士].

régistered hándicapped *adj.* =registered disabled.

régistered léngth *n.* 〔海事〕(船体の)登録長さ.

régistered máil *n.* 書留郵便(物) (cf. certified mail). 〖1886〗

régistered núrse *n.* 《米》正看護婦, 正看 (略 RN) (cf. practical nurse). 〖1896〗

régistered óffice *n.* 《英》登録オフィス《会社の登記上の住所; 郵便物・公文書などのあて先》.

régistered pláyer *n.* 〔テニス〕登録選手《国際テニス連盟 (International Lawn Tennis Federation) の登録選手》.

régistered póst *n.* 《英》=registered mail.

régistered represéntative *n.* 《米》〔証券〕《証券取引所または証券業協会に登録された証券外務員[セールスマン] (cf. customer's broker).

R

régistered tónnage *n.* 〔海事〕=register tonnage. 〖1860〗

régister òffice *n.* 戸籍役場, (出生・結婚・死亡などの)戸籍登記所, 登記所: the General *Register Office* 《英》(London の)戸籍本署 / be married at a ~ (宗教的儀式をしないで)登記所で結婚をする (cf. civil marriage, regular *adj.* 5). 〖1760〗

régister tòn *n.* 登簿トン (⇨ ton¹ 6).

régister tònnage *n.* 〔海事〕登簿トン数《機関室・船員室などを除いた乗客および積荷のための容積》.

reg·is·tra·ble /rédʒɪstrəbl̩/ *adj.* **1 a** 記入[登録, 登記]できる. **b** 書留にできる. **2** 〔印刷〕見当合わせできる. 〖(1765): ⇨ register, -able〗

rég·is·trant /-trənt/ *n.* 登録する人; (特に, 商標・特許の)登録者. 〖(1890) ← REGISTER (v.)+-ANT〗

reg·is·trar /rédʒɪstrɑ̀ː, ⸗—⸗ | rèdʒɪstrɑ́ːʳ, ⸗—⸗/ *n.* **1 a** (公式の)記録係; 登記[登録]官, 戸籍吏 (register officer): ⇨ Registrar-General. **b** (大学の)学籍担当事務官, 学籍係《学生の学籍・進級・成績などを記録する》. **c** 記名株券[債券]の登録機関《発行者から委託される銀行・信託会社など》. **d** (病院の)入院係. **2** 《英》臨床研修医《病院で専門医としての訓練を受けている医師》. **3** 〔英法〕登録官《高等裁判所 (High Court) などで, 判事の下にあって令状の発行, 訴訟の受理および簡単な裁判の審理をする事務官》. 〖(1675) 《略》← *registrary* ∞ ME *registrer* □ AF *registrere □ OF *registreur*〗

Régistrar-Géneral *n.* (*pl.* **Registrars-**) (London の)戸籍本署 (General Register Office) 長官. 〖1836〗

régistrar·shìp *n.* 登録官吏[戸籍吏, 大学の学籍係]の職[任期]. 〖1847〗

reg·is·tra·ry /rédʒɪstrèri | -dʒɪstrəri/ *n.* 《英》(Cambridge 大学の)学籍担当事務官 (registrar). 〖(*c*1541) □ ML *registrārius*: ⇨ register, -ary〗

reg·is·trate /rédʒɪstrèɪt/ *vi.* 〔音楽〕パイプオルガンの音栓を選び配合する. 〖(1425) ← ML *registrātus* (p.p.) ← *registrāre* 'to REGISTER': ⇨ -ate³〗

reg·is·tra·tion /rèdʒɪstréɪʃən/ *n.* **1 a** 記載, 登記, 登録; 記名. **b** 書留: a ~ fee 書留料. **c** (学生の学籍・進級・成績・公式文書などの)記録, 履修科目登録《enrollment ともいう》. **2** [集合的] 登録された人たち[選挙人]; 登録者数 (enrollment ともいう): a course with a small ~ 登録者数の少ないコース. **3** 登録済証明書. **4** (温度計などの)記録, 表示. **5** 〔印刷〕見当(けんとう) (⇨ register *n.* 9). **6** 〔音楽〕(所期の奏音効果を出すために)適当な音栓(おんせん)を選ぶこと, またその組合わせ. **7** 〔政治〕選挙人登録《正式な手続きを経て選挙人名簿に名を登録すること》. **~·al** /-ʃnəl, -ʃənl̩/ *adj.* 〖(?1566) □ F (廃) ~ ∥ ML *registrātiō(n-)* ← *registrāre*: ⇨ register (v.), -ation〗

registrátion dòcument *n.* 《英》自動車登録証.

registrátion màrk *n.* =registration number 1. 〖1903〗

registrátion nùmber *n.* **1** 自動車登録番号《ナンバープレートに示される文字と数字の組み合わせ; ⇨ car 挿絵》. **2** (人などの)登録番号. 〖1903〗

registrátion plàte *n.* 《英》=number plate 1 (《米》license plate). 〖1956〗

reg·is·try /rédʒɪstri/ *n.* **1 a** 記入, 記載, 登記, 登録, 記録 (registration). **b** 書留. **2 a** (登録によって立証される船の)船籍: ⇨ CERTIFICATE of registry / a ship of Liberian ~ リベリア船籍の船 / the port of ~ 船籍港. **b** 船籍証明書. **3 a** 戸籍役場, 登記所. **b** 《古》雇い人紹介所 (servants' registry office). 〖(1589) ← REGISTER (v.)+-RY ∞ (1483) *registery* □ ML *registerium*〗

régistry òffice *n.* 《英》**1** 戸籍役場, 登記所: a marriage at a ~(宗教的儀式をしない)登記所結婚 (cf. civil marriage). **2** =register office. **3** 《古》=registry 3 b. 〖1728〗

re·gi·um do·num /ríːdʒiəmdóunəm | -dáu-/ *n.* (*pl.* **re·gi·a do·na** /-dóunə | -dáu-/) 王室御下賜金《特に 17 世紀末から 1870 年までアイルランドの長老教会牧師に英国から年々贈られた補助金》. 〖← NL *rēgium dōnum* royal gift〗

Re·gi·us, r- /ríːdʒiəs, -dʒəs/ *adj.* 王が設けた, 欽定(きんてい)の, 勅任の. 〖(1621) □ L *rēgius* royal ← *rēx* king〗

régius proféssor *n.* 《英》[しばしば R-] (Oxford と Cambridge 大学およびスコットランドのある大学の)欽定講座担任教授《Henry 八世の創設; その後の同様の講座担任教授にもいう》. 〖1621〗

rè·gíve *vt.* 再び与える. 〖1575〗

rè·gláze *vt.* 〈窓〉に再びガラスを入れる, …のガラスを入れ替える. 〖*a*1618〗

reg·let /réglɪt/ *n.* **1** 〔建築〕平縁(ひらぶち), 平条(ひらすじ). **2** 〔印刷〕木インテル (木製のインテル; cf. lead² *n.* 5). 〖(1576) □ (O)F *réglet* (dim.) ← *règle* 'RULE': ⇨ -et〗

reg·ma /régmə/ *n.* (*pl.* **~·ta** /~tə | ~tə/) 〔植物〕弾分朔果(さくか), 破面多房乾果《熟すと軸から分離する三つまたはそれ以上の心皮からなる乾果; 縦に分裂して種子をはじき飛ばす》. 〖(1839) ← NL ~ ← Gk *rhêgma* rupture ← *rhēgnúnai* to break〗

regna *n.* regnum の複数形.

reg·nal /régnl̩/ *adj.* 御代の, 御治世の; 王(国)の: the ~ day 即位記念日. **~·ly** *adv.* 〖(1612) □ ML *regnālis* ← L *rēgnum* 'REIGN': ⇨ -al¹〗

régnal yéar *n.* 即位紀元: in the third ~ 即位第三年に.

reg·nan·cy /régnənsi/ *n.* 統治, 支配. 〖(*a*1834) ← REGNAN(T)+-CY〗

reg·nant /régnənt/ *adj.* **1** [通例名詞の後に置いて] 統治する, 君臨する, 支配する (reigning): ⇨ queen regnant. **2 a** 優勢な, 勢力のある, 支配的な, 有力な, 主要な. **b** 一般に行われている, 流行している (prevalent): the ~ fashion. 〖(1600) □ L *rēgnantem* (pres.p.) ← *rēgnāre* 'to REIGN': ⇨ -ant〗

Re·gnard /rənjáə | -njáːʳ; *F.* ʁəɲaːʁ/, **Jean François** *n.* ルニャール (1655–1709; フランスの喜劇作家; *Les Folies amoureuses*「恋の痴(し)れごと」(1704)).

Re·gnáult's láw /rənjóuz- | -njə́uz-; *F.* ʁəɲo-/ *n.* 〔物理〕ルニョーの法則《一定量の気体の定圧比熱は圧力に関係しないという法則》. 〖← *Henri V. Regnault* (1810–78): フランスの物理学者・化学者〗

reg·num /régnəm/ *L. n.* (*pl.* **reg·na** /-nə/) 統治(期間) (kingdom). 〖(1911) □ L *rēgnum*〗

reg·o /rédʒou | -dʒəu/ *n.* 《豪口語》自動車登録(料[期間]). 〖← REGISTRATION+-O〗

reg·o·lith /régəlɪθ/ *n.* 〔地質〕表土《地表の最上部をなす土壌; mantle rock, surface soil ともいう》; 月表面の石粉状物質. 〖(1897) ← Gk *rhêgos* blanket+-LITH〗

rè·górge *vt.* **1** 戻す, 吐き出す (disgorge, vomit). **2** 投げ返す (throw back). **3** 再び飲み込む. — *vi.* (坑・溝などから)〈水が〉噴き返る, 流れ戻る. 〖(1605) □ F *regorger* ← RE-²+*gorger* (⇨ gorge¹)〗

reg·o·sol /régəsɔ̀(ː)l, -sɑ̀(ː)l | -sɔ̀l/ *n.* 〔農業〕レゴソル, 非固結岩層土(ひこけつがんそうど)《砂・火山灰・氷河堆積物などに由来する非固結性の無成層土壌》. 〖(1949) ← REGO(LITH)+L *sol(um)* ground〗

Reg. Prof. 《略》Regius Professor.

rè·gráde *vt.* **1** 〈道路などの〉勾配をつけなおす. **2** 等級分けしなおす; 〈生徒などを〉(教育的効果を高めるために)グループ分けしなおす. 〖1826〗

rè·gránt *vt.* 再び許す, 再び交付する, …に再び交付金を与える. — *n.* 再交付金. 〖1591〗

re·grate¹ /rɪgréɪt/ *vt.* **1** 〈穀物・食料品などを〉(同一のまたは近くの市場で高く売るつもりで)買い占める《不法行為; cf. forestall 3 b》. **2** 〈買い占めた食料品などを〉(高値で)売りさばく, 小売する. 〖(1444) □ OF *regrater* ← RE-¹+*grater* 'to GRATE²'〗

re·grate² /rɪgréɪt/ *vt.* 〔石工〕叩き直す《壁石などの表面を削って新しく見せる》. 〖(1727–38) □ F *regratter* ← RE-¹+*gratter* to scrape〗

re·grát·er /-tə | -təʳ/ *n.* (*also* **re·gra·tor** /~/) **1** 《英》買占め人. **2** 《方言》(農家を回って麦などの買付けなどをしていく)仲買人 (middleman), 買集め商. 〖(1288) □ OF *regratier*: ⇨ regrate¹, -er¹〗

rè·gréet *vt.* **1** 《まれ》再び挨拶(あいさつ)する, 会釈し直す. **2** 《古》答[返]礼する. — *n.* 《古》答[返]礼; [*pl.*] 挨拶 (greetings).

re·gress /rɪgrés, riː-/ *v.* — *vi.* **1 a** 後戻りする, 戻る, 帰る; 復帰する. **b** 退歩[退化, 退行]する. **2** 〔天文〕後退する, 逆行する (retrograde). **3** 〔統計〕平均値に近づく[回帰する]傾向がある. — *vt.* 〔精神分析〕退行させる. — /ríːgres/ *n.* **1 a** 後戻り, 復帰 〔*to, into*〕. **b** 復帰権. **c** 退歩, 堕落 (retrogression) (↔ progress). **2** 〔法律〕(取り戻した土地への)再立入り, 復帰. **3** 〔論理・哲学〕(結果[帰結]から原因[理由]への)遡及(そきゅう), 背進, 後退. **4** 〔天文〕=regression 4. **re·grés·sor** *n.* 〖(*c*1375) □ L *regressus* (p.p.) ← *regredī* ← RE-¹+*gradī* to step (⇨ grade)〗

re·gres·sion /rɪgréʃən, riː-/ *n.* **1** 後戻り, 回帰, 復帰. **2** 退歩, 退化, 堕落 (retrogression); (老化などによる特に器官の)機能の退化. **3** 〔数学・統計〕回帰《いくつかの変量 (variate) 間の(推測された)関数関係》. **4** 〔天文〕(惑星の)後退, 逆行(運動)《惑星等が見かけの上で恒星の間を西へ動くこと; retrogression, retrogradation ともいう》. **5** 〔生物〕退行. **6** 〔精神分析〕退行《精神発達のより幼い段階に戻ること》. **7** 〔地理・地質〕海退《陸地の上昇または海面の下降によって, 海底が陸化する現象; ↔ transgression》. **8** 〔病理〕(徴候や症状の)後退; 回帰《徴候や症状が再発すること》. 〖(?*c*1425) □ L *regressiō(n-)*: ⇨ ↑, -sion〗

regréssion coeffìcient *n.* 〔数学・統計〕回帰係数《回帰が一次関数であると考えた場合の x の係数》. 〖1903〗

regréssion cùrve *n.* 〔数学・統計〕回帰曲線《二つの変量の相関関係を表す曲線》. 〖1905〗

regréssion lìne *n.* 〔数学・統計〕回帰直線《回帰が一次関数であると考えた場合のそのグラフの直線》. 〖1904〗

re·gres·sive /rɪgrésɪv, riː-/ *adj.* **1** 後戻りする, 後退の, 逆行の. **2** 退歩する, 退化する, 堕落の. **3** 回帰する, 復帰する. **4** 〔財政〕〈税が〉逆進的な, 累減的な《課税標準の増大に従って税率が下がる》. **5** 〔論理・哲学〕(結果[帰結]から原因[理由]へ)遡及(そきゅう)[背進, 後退]する, 遡及的な. **6** 〔生物〕退行の, 退化の, 退化を起こさせる. **~·ly** *adv.* **~·ness** *n.* 〖(1634) ← REGRESS+-IVE〗

regréssive assimilátion *n.* 〔音声〕逆行同化《前の音が後の音の影響で変化すること; 例: horseshoe /hɔ́ːsʃùː | hɔ́ːs-/ が /hɔ́ːʃʃùː | hɔ́ːʃ-/ となるなど; cf. progressive assimilation》. 〖1889〗

re·gret /rɪgrét/ *vt.* (**re·gret·ted; -gret·ting**) **1** 後悔する, 悔む, くやしがる, 残念に思う, 遺憾とする: ~ one's marriage 結婚を後悔する / He ~*s* having done such a thing. そんなことをしたことを後悔している / I deeply ~ ever having met you. あなたになんか会うんじゃなかった / I'll never ~ knowing you; it's been an education. 君を知ったことは絶対後悔しないつもりだ, 勉強になったから / I have never ~*ted* being a teacher. 教師であることを後悔したことは一度もない / I ~ *that* I did not take your advice. 君の忠告を聴かなかったことを後悔している / I ~ *to* say [tell you] that I am unable to help you. 残念ながらご援助致しかねます / It is to be ~*ted* that …は残念なことだ. **2** 気の毒に思う, 悼(いた)む, 哀惜する, 嘆く, 悲しむ: ~ a person's death / I ~ *to* hear of his ill luck. 彼が不幸な目にあった話を聞いて気の毒に思う / I deeply ~ the passing of your mother. ご母堂のご逝去を悼み心からお悔み申し上げます. **3** 惜しむ, 未練に思う, 名残り惜しく思う: ~ one's happy youth 自分の幸福だった青年時代を懐かしむ.

— *n.* **1** 残念, 無念, 遺憾; 後悔, 悔恨 (repentance, remorse): express ~ at …を残念がる / express ~ for …を悪かったと詫(わ)びる[謝る] / feel ~ for past misdeeds 過去の不心得を後悔する / have no[few] ~*s* 悔いることはない, 悪いことをしたと思わない / To my deep ~ I cannot accept your invitation. 残念ですがお招きをお受けすることはできません / hear with ~ that [of] …ということを聞いて残念[遺憾]に思う / It is a matter for [of] ~ that …とは残念[遺憾]なことだ / He refused the proposal with much ~ [many ~*s*]. 本当に残念ですと言って申し出を断った. **2** 悲しみ, 悲嘆, 落胆, 失望; 哀悼, 哀惜, 未練: a letter of ~ お悔みの手紙 / express ~ over a person's death 人の死を悼(いた)む. **3** [*pl.*] (招待状に対する丁寧な)断り, 断り状: Please accept my ~*s*. 残念ながらお受けすることはできません / send ~*s* 断り状を出す / *Regrets* only. (招待状で)お断りの方だけご返事下さい.

~·ter /-tə | -təʳ/ *n.* 〖(?*c*1380) *regrette(n)* □ (O)F *regretter* ← RE-¹+-*greter* (← Gmc (Frank.) *ȝrētan 'to weep, GREET²')〗

SYN 後悔: **regret** したいと思ったことができなかったり, しなければよかったと思うことをしたために感じる悲しみ: I have no *regrets* about not going to college. 大学に行かなかったことを後悔していない. **penitence** 過ち・非行に対する悲しみ: *penitence* for a fault 過失の後悔. **repentance** 罪や非行に対する後悔《悔い改めようとする意志を暗示する; 格式ばった語》: Confession is a mark of *repentance*. 懺悔は悔悟のしるしである. **remorse** 非行のことで心を深く苦しめる自責の念: One minute I was full of *remorse*. 一瞬自責の念で心が一杯になった.

---

re·grét·a·ble /-təbl̩ | -tə-/ *adj.* =regrettable.

re·gret·ful /rɪgrétfəl, -fl̩/ *adj.* **1** 後悔して[悔んで]いる: He was ~ *for* what he had done. 彼のやったことを後悔した. **2** 嘆いている; 惜しがっている, 未練がましい, 名残り惜しげな: a ~ glance 名残り惜しげな一瞥(いちべつ). **3** 遺憾[哀悼, 悔恨, 悲嘆]の意を表す: a ~ apology お詫び(の

言葉). **〜·ly** *adv.* **〜·ness** *n.* 〖1647〗

SYN 後悔する: **regretful** 〈人が〉過去の行為などに対して後悔している. **regrettable** 〈事が〉人に後悔の念を起こさせる: He is *regretful* for his *regrettable* performance. 遺憾な行為に対して後悔している.

re·gret·ta·ble /rɪgrétəbl | -tə-/ *adj.* 悲しむべき, 痛ましい, 慨嘆すべき, 嘆かわしい, 遺憾な, 残念な, 無念な, 気の毒な (⇨ regretful SYN): a 〜 fact, error, loss, etc. / It is 〜 that …ということは遺憾なことだ. **〜·ness** *n.* 〖(1603) □ F 〜: ⇨ regret, -able〗

re·grét·ta·bly /-bli/ *adv.* **1** 悲しむべく, 遺憾ながら; 残念なほど. **2** 残念なことには, 残念にも, 口惜しくも: *Regrettably*, he failed in the expedition. 残念なことに彼は遠征に失敗した. 〖1866〗

re·group /rìːgrúːp/ *vt.* **1** 新しくグループ分けする; まとめ直す. **2** 〖軍事〗(特に作戦の新局面の開始にあたって〈部隊を〉再区分する, 編制し直す. — *vi.* **1** 再組織する. **2** 〖軍事〗(部隊の)区分変えを行う, 編制し直す. 〖1885〗

rè·grów *vt.* 再生させる. — *vi.* 再生する. 〖1872〗

regs 《略》 regulations. 〖(1952)《略》← REGULATION〗

Regt. 《略》 Regent; Regiment.

re·guar·dant /rɪgɑ́ːdənt, -dnt | -gáːdənt, -dnt/ *adj.* 〖紋章〗 =regardant.

re·guer·don /rɪgə́ːdən, -dn | -gə́ːdən, -dn/ 《廃》 *n.* ほうび, 報酬 (reward). — *vt.* 報いる. 〖(*a*1393) □ OF *reguer(re)don* (n.), *reguer(re)doner* (v.): ⇨ re-, guerdon〗

reg·u·la /régjʊlə/ *n.* (*pl.* **reg·u·lae** /-liː/) **1** 〖建築〗 レーグラ, 小縁, 受桟(うけざん) (fillet). **2** 〖教会〗 規則. 〖(1563) □ L *rēgula* 'ruler, RULE'〗

reg·u·la·ble /régjʊləbl | -gjə-/ *adj.* **1** 整理のできる; 調節のできる. **2** 規定される; 取り締まれる; 制限できる. 〖(1660) ← REGUL(ATE)+-ABLE〗

regulae *n.* regula の複数形.

reg·u·lar /régjʊlə | -lə(r/ *adj.* **1** 定時の, 定期的な (periodic): a 〜 meeting 定期的会合, 例会 / 〜 meals 三度三度の食事 / 〜 service [arrivals, departures] (列車・バスなどの)定時[定期]運転[到着, 出発] / send out 〜 reminders to pay 定期的に支払い催促状を送る. **2** 定時に働く; 定期的に寄稿する; 定まった (constant) (⇨ normal SYN): 〜 employ 常雇い / a 〜 contributor 常時寄稿家 / a store's 〜 customers 常客, 常得意 / a 〜 salary 定給 / a 〜 income 定収入 / He has no 〜 job [employer]. 定職を持たない. **3** 規則的に組み立てられた[建てられた, 配列された], 規則的な, 整然とした (well-ordered), 均斉のとれた (symmetrical), 調和した (harmonious) (⇨ steady SYN): a 〜 design 規則的な模様 / 〜 teeth [features] きれいな歯並び [整った顔だち] / 〜 sequence 整然たる順序 / 〜 verse 格調の高い詩 / 〜 formation 〖地質〗 規則正しい層. **4 a** 規則的になされる[行われる]; 規則正しい, きちんとした (methodical) (⇨ orderly SYN): 〜 habits 規則正しい習慣 / 〜 attendance 精勤 / a 〜 attender at the meetings 集会に必ず出席する人, 常連 / a 〜 churchgoer いつも欠かさず教会に通う人 / a 〜 heartbeat 規則的な心拍 / 〜 breathing 規則的な呼吸 / keep 〜 hours (時間的に)規則正しい生活をする / (as) 〜 as clockwork [sunrise] 時計仕掛け[日の出]のように規則正しく / live a 〜 life (節度を守った)規律ある生活を送る. **b** 〈便通・生理が〉きちんとある, 正常な; 〈人が〉規則的に便通のある; 規則正しく月経のある: 〜 bowel movements 規則的な便通 / 〜 (menstrual) periods 規則的な生理 / be [keep] 〜 便通がきちんとある; 生理が規則的に来る. **5 a** 法律[規則, 慣例など]に合った; 正規の, 正式の (formal, standard); 免許[資格]を得た, 本職の: a 〜 course 正科, 正規の課程 / 〜 procedure [steps] 正規の手続き[手段] / a 〜 member of staff 正職員 / our 〜 dentist かかりつけの歯医者 / a 〜 cook 本職のコック / a 〜 marriage 正規の結婚《登記所結婚でなく教会で行われるもの; cf. civil marriage》 / I have had no 〜 introduction. 別に改まって紹介してもらったのではない / The nomination was (perfectly) 〜. 推薦は(全く)正式のものであった. **b** 標準的な, 並の. **6** 習慣に従った, 通例の, いつもの, 例の (usual, customary); 一定の, 決まった, きまぐれでない, 偶然でない: one's 〜 time to get up いつもの起床時刻 / put it in its 〜 place それをいつもの場所に置く / a 〜 orbit 一定の軌道 / 〜 bedtime 決まった就寝時刻 / at 〜 intervals 一定の間隔で, 定期的に. **7** [限定的]《口語》 完全な, 全くの, 立派な (complete, perfect); 疑いもない, 紛れもない, 純然たる (undoubted), 正真正銘の, その名に恥じない, 徹底的な (thorough): a 〜 hero 真の英雄 / a 〜 rascal 全くの[札つきの]悪党 / a 〜 idiot 大ばか / a 〜 smash 強烈な一撃 / a 〜 overhauling 徹底的な分解修理 / a 〜 blizzard ひどい大吹雪. **8** 《米口語》〈人が〉(意見や行動の点で)まともな; いい, 気持ちのいい: a 〜 guy いいやつ, 好漢. **9** 〖文法〗 規則変化の; 弱変化の (cf. weak): 〜 verbs 規則動詞. **10** 〖軍事〗 **a** 正規の, 常備の (standing): 〜 soldiers 正規兵《義勇兵・国民兵・臨時募集兵に対する》 / the 〜 army 正規軍. **b** 正規兵からなる, 正規軍の. **11** 〖教会〗 **a** 〈聖職者が〉規則 (regula) に拘束されている, 修道会に属する (↔ secular): a 〜 canon =canon regular / the 〜 clergy 修道士 / a 〜 clerk=clerk regular. **b** [R-] Regular Baptist 派に属する. **12** 〖米政治〗 政党で公式に推された, 党指名の, 公認の (authorized): a 〜 candidate 公認候補. **13** 〖植物〗 〈花が〉均整の, 整正の (symmetrical): a 〜 flower 整正花. **14** 〖結晶〗 等軸の (isometric): the 〜 system 等軸晶系. **15** 〖数学〗 正則の, (平面図形で)等辺等角の; (立体で)各面の大きさと形が等しい: a 〜 function 正則関数《微分できる複素関数》 / a 〜 curve 正則弧 / a 〜 polygon 正多角形 / ⇨ regular solid, regular triangle. — *n.* **1** 《口語》 **a** 常雇い人, 常雇い職工; 常連; 常客: the 〜s at the bar バーの常連. **b** 《米》(スポーツの)レギュラー選手, 正選手 (cf. high-test). **2** レギュラーガソリン: A gallon of 〜, please. レギュラー(ガソリン)を1ガロン入れてください. **3** 安心[信頼]できる人[もの]. **4** (既製服などの平均身長者用)標準サイズ (cf. long[1] 2 b, short 1 b). **5** 〖軍事〗 正規兵, 常備兵, 職業軍人. **6** 〖教会〗 修道士 (monk, friar). **7** 〖米政治〗 (自党の)忠実な党員. — *adv.* 《方言》 規則正しく, 定期的に, きちんきちんと (regularly): He pays his rent 〜. 家賃はきちんきちんと納めている / It happens 〜. きちんきちんと[決まったように]起こる / He comes 〜. 彼は決まってやって来る. 〖(15C) □ L *rēgulāris* of a ruler or bar ∽ (*a*1387) *reguler* □ OF (F *régulier*): ⇨ regula, -ar[1]〗

régular ármy *n.* [the 〜] 正規軍, 常備軍. 〖1849〗

Régular Báptist *n.* 〖キリスト教〗 **1** 正規バプテスト《主に米国南部にみられる Calvin 主義的なバプテストの独立小会派で, 初期の英国のバプテストの伝統を継ぐ》. **2** 正規バプテスト(総連合派)《米国バプテスト主要会派の一つで, 北部バプテストから脱退した諸教会によって 1932 年に設立された正規バプテスト教会総連合 (General Association of Regular Baptist Churches) に所属するバプテスト》.

régular chécking accòunt *n.* 《米》〖銀行〗 普通当座預金《毎月の取扱手数料が保有されている平均預金残高と行われた取引回数に基づいて支払われる当座預金; cf. special checking account》.

régular compárison *n.* 〖文法〗 規則比較変化《形容詞・副詞の原級に -er, -est をつけて比較級・最上級をつくる比較変化》.

régular conjugátion *n.* 〖文法〗 規則活用《動詞の原形に -ed をつけて過去形・過去分詞をつくる活用》.

reg·u·lar·i·ty /règjʊlǽrəti, -lɛ́r- | -lǽrɪ̀ti/ *n.* **1** 規則正しいこと: 〜 in conduct 行為の規則正しさ / with 〜 規則正しく, きちんきちんと. **2** 秩序整然, 整正, 均整: 〜 of form [features] 形[目鼻立ち]の整っていること. **3** 調和. **4** 正規, 尋常. 〖(1603): ⇨ regular, -ity〗

règ·u·lar·i·zá·tion /-gjʊlərɪzéɪʃən | -raɪ-, -rɪ-/ *n.* **1** 秩序立て, 組織化, 整理; 規則正しくすること. **2** 調整, 一様化. **3** 合法化. 〖(1853): ⇨ ↓, -ation〗

reg·u·lar·ize /régjʊləràɪz/ *vt.* **1** 秩序立てる, 組織化する, 整理する. **2** 調整する, 一様化する. **3** 正式のもの[合法的]にする: 〜 a marriage 正式に結婚手続きをとる. **rég·u·lar·ìz·er** *n.* 〖(1623) (1833) ← REGULAR+-IZE: cf. F *régulariser*〗

régular láy *n.* (なわ[ロープ]の編み方 (lay) の)中(ちゅう)編み《並の強さの編み方; medium lay ともいう》.

reg·u·lar·ly /régjʊləli | -lə-/ *adv.* **1** いつも決まったように, 定期的に, きちんきちんと, いつものように, 例の如く: attend church 〜 休まずに教会に出る. **2** 規則正しく, きちんと, 整然と, 一様に; 釣合いよく: arrange 〜 整然と配列する. **3** 本式に, 正式に; 適当に, 適法に. **4** 《口語》 徹底的に, 全く, まんまと (thoroughly): I was 〜 taken in over that business. あの一件ではまんまといっぱい食わされた. 〖1526〗

régular óde *n.* 〖詩学〗 =Pindaric ode.

régular polyhédron *n.* 〖数学〗 =regular solid.

régular pýramid *n.* 〖数学〗 正角錐(すい).

régular refléction *n.* 〖光学〗 正反射.

régular sólid *n.* 〖数学〗 (5つの)正多面体(の一つ)《正4面体, 正6面体, 正8面体, 正12面体, 正20面体; regular polyhedron ともいう》. 〖1841〗

régular spáce *n.* 〖数学〗 正則空間《点とそれを含まない閉集合とが, それらを含む開集合で分離される位相空間 (topological space)》.

régular tértiaries *n. pl.* 〖教会〗 律修第三会員 (⇨ tertiary 3).

régular tríangle *n.* 〖数学〗 正三角形 (cf. right triangle).

régular yéar *n.* 〖ユダヤ暦〗 (354日から成る)平年《閏(うるう)年は384日から成る》. 〖*c*1900〗

reg·u·late /régjʊlèɪt/ *vt.* **1 a** (法則・原理などに従って)支配する, 律する: the laws that 〜 the movement of heavenly bodies 天体運行をつかさどる法則. **b** …の規則を作る, 規制する, 統制する: 〜 industries 産業を統制する. **c** (規則・法規などで)取締まる: The traffic should be strictly 〜*d*. 交通の取締りは厳重に行わなければならない. **2** 〈数量などを〉加減する, 調節する, ほどよくする (moderate); 〈機械などを〉(正しく動くように)調整する (adjust): 〜 the speed of a machine 機械の速度を調節する / 〜 prices 物価を調節する / 〜 a clock 時計を調整する / 〜 excessive air pollution (過度の)大気汚染を規制する. **3** 規則[規律]正しくする, 規則的にする (regularize): 〜 one's habits / a well-*regulated* family きちんとした[規律のある]家庭. — *vi.* 規定[規則]を作る. 〖(?*a*1425) ← LL *rēgulātus* (p.p.) ← *rēgulāre* ← L *rēgula* 'RULE': ⇨ -ate[3]〗

rég·u·lat·ed ténancy /-tɪ̀d- | -tɪ̀d-/ *n.* 《英》 (住宅の)規制賃借(権)《家主は規定の家賃で貸し, 法的手続きなしで立ち退きを要求できない》. 〖1965〗

rég·u·lat·ing rèservoir [pòndage] /-tɪŋ- | -tɪŋ-/ *n.* 〖電気〗 調整池《発電所への流量調整用の池》.

régulating transfòrmer *n.* 〖電気〗 負荷時電圧調整器《負荷状態でタップの切換えなどを行い, 電圧調整をするための変電所などの変圧器》.

reg·u·la·tion /règjʊléɪʃən/ *n.* **1** 規則, 規定; 条例, 法規 (rule, order) (⇨ law[1] SYN): army 〜*s* 陸軍規定, 軍規, 軍律 / safety 〜*s* (工場・実験室などの)安全規則 / school 〜*s* 校則. **2** 取締り, 規制, 統制. **3** 加減, 調節, 規整. **4** 規則正しくすること. **5** 〖生物〗 調整《多細胞生物の初期胚の割球を分離した時, 残った部分で完全な胚に発生できること》. **6** 〖電気〗 変動率《負荷をかけることによって電圧・回転速度などが低下する割合》. **7** [形容詞的に] **a** 規定通りの, 正規の: a 〜 cap 制帽 / 〜 balls [boots] 正規のボール[靴] / a 〜 sword 正式の帯刀 / exceed the 〜 speed [size] 規定の速度[大きさ]を超過する. **b** 普通の, 尋常の, お決まりの, 例の (ordinary, usual): the 〜 decorations for a Christmas party クリスマスパーティーのありふれた飾りつけ / the 〜 size 並のサイズ. 〖(1672): ⇨ -ation〗

reg·u·la·tive /régjʊlèɪtɪv, -lət- | -lət-, -lèɪt-/ *adj.* **1** 規定する, 取締りの. **2** 調整[調節]的な, 加減する. **3** 〖哲学〗 (カント哲学で)統制[規制]的な《悟性の構成的原理に対し認識の限界・目標などを定め, 認識を規制する理念の原理を形容する語; ↔ constitutive》. **4** 〖生物〗 調整[調節]しうる. 〖(1599): ⇨ regulate, -ive〗

reg·u·la·tor /régjʊlèɪtə | -tə(r/ *n.* **1 a** 規定者; 取締り人, 整理者, (交通などの)取締官. **b** 〖英史〗 選挙調査[監視]委員《1688年の選挙に際してその前年設けられた委員会の一員》. **c** [R-] 〖米史〗 世直し団員 (North Carolina 州で公務員の汚職行為を糾弾するために立上がった幾つかの団体 (1767–71) の団員). **2** 調整係[員]. **3** 〖機械〗 調整装置, 調節器, 調速器, 調整弁: a current 〜 整流器 / ⇨ voltage regulator. **4** 〖時計〗 **a** 緩急針《進み遅れを調節するための針; index ともいう》. **b** (標準時計として使われた高精度の)長枠時計 (long case clock). **5** 〖生物〗 =regulatory gene. **6** 〖海事〗 圧搾空気調節器《潜水器に送る圧搾空気を水深に応じて調節する装置》. 〖(1655) ← REGULATE+-OR[2]〗

régulator gène *n.* 〖生物〗 =regulatory gene. 〖1961〗

régulator pìn *n.* 〖時計〗 ひげ棒《緩急針の頭部に取り付けられひげぜんまいの外端部に接触しているピン; curb pin, index pin ともいう》.

reg·u·la·to·ry /régjʊlətɔ̀ːri | régjʊlətəri, règjʊléɪtəri, -tri/ *adj.* **1** 規定する, 取り締まる; 調整する, 調節する: the penguin's remarkable heat 〜 system ペンギンの驚くべき体温調節機構. **2** 取締りを受ける. 〖(1823) ← REGULATE+-ORY[1]〗

régulatory gène *n.* 〖生物〗 調節遺伝子《構造遺伝子の働きを調節する遺伝子》.

reguli *n.* regulus の複数形.

reg·u·line /régjʊlàɪn, -lɪ̀n | -làɪn, -lɪn/ *adj.* 〖化学・冶金〗 金属の固まり (regulus) の: 〜 deposits 金属状沈積物. 〖(1669): ⇨ ↓, -ine[3]〗

re·gu·lo /régjʊlòʊ | -ləʊ/ *n.* 《英》 レギュロ《ガスレンジの温度の基準》.

reg·u·lus /régjʊləs/ *n.* (*pl.* 〜**·es**, **reg·u·li** /-làɪ/) **1** 〖化学・冶金〗 金属状の塊《鉱石を溶かす時に, るつぼまたは溶鉱炉の底にたまる粗金属または硫化物・ヒ化物などの塊》. **2** 〖cf. *Arab. rijl* paw (of the lion)〗 [R-] 〖天文〗 レグルス《しし座 (Leo) の α 星で 1.4 等星》. 〖(1559) □ L *rēgulus* (dim.) ← *rēx* king: ⇨ rex[1]〗

Reg·u·lus /régjʊləs/, **Marcus A·til·i·us** /ətíliəs/ *n.* レグルス (?-?250 B.C.; 第一次ポエニ戦争 (Punic War) 当時のローマの将軍).

R

re·gur·gi·tant /rɪgə́ːdʒətənt, rìː-, -tnt | -gə́ːdʒɪ̀-tənt, -tnt/ *adj.* 〖医学〗 吐き戻す, 吐き出す; 〈血液が〉逆流する; 反芻(はんすう)する. 〖□ ML *regurgitantem* (pres.p.) ← *regurgitāre* (↓): ⇨ -ant〗

re·gur·gi·tate /rɪgə́ːdʒətèɪt, rìː- | -gə́ːdʒɪ̀-/ *vt.* **1** 〈人の言葉などを〉そっくりそのまま言う[書く], 考えもしないで繰り返す. **2** 〈気体・液体などを〉逆流させる; (特に)〈食物を〉吐き戻す: Ruminants 〜 food already swallowed. 反芻(はんすう)動物は一度飲み下した食物を吐き戻す. — *vi.* 逆流する; (特に)〈食物が〉吐き戻される, 戻る. **re·gúr·gi·tà·tive** /-tèɪtɪv | -tɪv/ *adj.* 〖(1653) ← ML *regurgitātus* (p.p.) ← *regurgitāre* ← RE-[1]+LL *gurgitāre* to engulf (← *gurges* whirlpool): ⇨ -ate[3]〗

re·gur·gi·ta·tion /rɪgə̀ːdʒətéɪʃən, rìː- | -gə̀ːdʒɪ̀-/ *n.* **1** 逆流. **2** 〖動物〗 (反芻動物や鳥類などが半消化の食物を胃から)吐き戻すこと, 吐き戻し. **3** 〖生理・病理〗 逆流; 吐出, 吐き戻し; 反芻. 〖(1601) □ ML *regurgitātiō(n-)*: ⇨ ↑, -ation〗

re·hab /ríːhæ̀b/ *vt.* **1** =rehabilitate. — *n.* **1** =rehabilitation. **2** 修復された建物[住居]. 〖1941〗

re·ha·bil·i·tant /rìː(h)əbílətənt, -tnt | -lɪ̀tənt, -tnt/ *n.* 社会復帰の訓練を受けている身体障害者. 〖(1961) ← REHABILIT(ATION)+-ANT〗

re·ha·bil·i·tate /rìː(h)əbílətèɪt | -lɪ̀-/ *vt.* **1 a** 〈身体障害者・負傷者などを〉社会復帰させる, …にリハビリテーションを施す[行う]: 〜 disabled soldiers 戦傷兵を自活できる[社会で働ける]ようにする. **b** 〈非行者などを〉更生させる: 〜 young offenders [criminals]. **2 a** 〈建物・土地などを〉よい状態に戻す, 再生[修復, 再建]する: 〜 an old house. **b** 復職[復位, 復権]させる: 〜 a social outcast [a purgee] 社会から追放された者[公職追放者]を復権[復権]させる. **c** …の名誉[信用]を回復させる: 〜 one*self* 名誉[信用]を回復する, 雪辱する, 青天白日の身となる. **3** 〈破産した会社などを〉再建する, 弁済能力のある状態に戻す. **rè·ha·bíl·i·tà·tor** /-tə | -tə(r/ *n.* 〖(1580–81) ← ML *rehabilitātus* (p.p.) ← *rehabilitāre*: ⇨ re-[1], habilitate〗

re·ha·bil·i·ta·tion /rìː(h)əbìlətéɪʃən | -lɪ̀-/ *n.* **1 a** (身体障害者・負傷者・非行者などの)社会復帰, 更生. **b** リハビリテーション《社会復帰のための身体精神機能・技能・職能訓練》: medical [social, vocational] 〜. 日英比較 日本語の省略形「リハビリ」は和製英語. 英語の省略形は rehab. なお, 英語の *rehabilitation* (rehab) はアルコール依

存症や犯罪者などの社会復帰のための訓練が主な意味．病後の身体の機能回復訓練は physical therapy が一般的．**2 a** 復職，復位，復権．**b** 復旧，復興．**c** 名誉[信用]回復，雪辱，身のあかし．〖(1533–34)□(O)F *réhabilitation* // ML *rehabilitātiō(n-)*: ⇨ ↑, -ation〗

re·ha·bil·i·ta·tive /rìː(h)əbílətèɪtɪv, -tət- | -l$\frac{1}{3}$tèɪt-, -tət-/ *adj.* **1** 社会復帰のための，リハビリテーションの．**2 a** 旧態に復させる，復興の．**b** 復権[復職]の．**c** 名誉回復の．〖1958〗

rè·hándle *vt.* 再び扱う，…の形[配列]を改める．〖1597〗

rè·háng *vt.* (**re·hung**) 〈絵・カーテンなどを〉掛け直す，違った掛け方をする．〖1813〗

re·hash /rìːhǽʃ/ *vt.* **1** 〈肉などを〉刻み直す．**2** 古い材料で作り直す，焼き直す，言い直す: ～ old stories [ideas, opinions] 古い話[考え，意見]を焼き直す．— /ˊ-ˋ, ˋ-ˊ/ *n.* **1** (古いものの)焼直し，蒸返し．**2** 焼き直したもの，改作．〖*c*1822〗

rè·héar *vt.* (**re·heard**) **1** 再び聞く；聞き直す．**2** 〖法律〗再審理する．〖1686〗

rè·héaring *n.* 〖法律〗再審理，続審．〖(1686): ⇨ -ing[1]〗

re·hears·al /rɪ̈hɜ́ːs(ə)l | -hɜ́ː-/ *n.* **1** (劇・音楽などの)練習，下稽古(げいこ)，本読み，リハーサル；試演: in ～ リハーサル(中)で / at a public ～ 公開リハーサルで / a full ～ 俳優総出の下稽古 / ⇨ dress rehearsal. **2** 暗唱；復唱．**3** 詳しく話すこと；詳しい話，一部始終 (account): a ～ of one's experiences 経験談(をすること) / a ～ of grievances 不平の並べ立て．〖(*c*1395) *rehersayle*: ⇨ ↓, -al[1]〗

re·hearse /rɪ̈hɜ́ːs | -hɜ́ːs/ *vt.* **1** (公演などの前に)練習する，下稽古(げいこ)する，本読みする，試演する: ～ a play [scene, symphony] 劇[場面，交響曲]を試演する / ～ a wedding ceremony 結婚式の予行をする．**2** …に下稽古をつける，下稽古で練習させる: ～ actors [opera singers] 俳優[オペラ歌手]に稽古をつける．**3** 暗唱[復唱]する，繰り返して言う (repeat)；〈人から聞いたことを〉(そのまま)話す，伝える．**4 a** 詳しく述べる，細かく話す (recount): ～ one's recent experience. **b** 列挙する，並べ立てる (enumerate): ～ one's complaints. — *vi.* 下稽古をする，リハーサルをする．**re·héars·er** *n.* 〖(?*a*1300) *reherce(n)* □ AF *rehearser*=OF *reherc(i)er* to reharrow ← RE-[1]＋*herc(i)er* to harrow (⇨ hearse)〗

rè·héat *vt.* 再び熱する，熱し返す．— *n.* ＝reheating. 〖1727〗

rè·héat·er *n.* **1** 再熱器 (一度使った蒸気を再び使うために熱する装置．**2** 〖航空〗(ジェットエンジンの)再燃焼装置 (⇨ afterburner 1). 〖1875〗

rè·héat·ing *n.* **1** 再び熱すること．**2** 〖航空〗(ジェットエンジンの)再燃焼．〖1727〗

rehéating fùrnace *n.* 再熱炉．〖1839〗

rè·héel *vt.* 〈靴などに〉かかとを付け直す．

rè·híre *vt.* 再雇用する．— *n.* 再雇用．〖(1793) ← RE-[2]＋HIRE〗

Rehn·quist /rénkwɪ̈st, réŋ- | -kwɪst/, **William H(ubbs)** *n.* レンクイスト (1924–2005; 米国の法律家; 合衆国最高裁判所長官 (1986–2005)).

Re·ho·bo·am /rìː(h)əbóʊəm | rìː(h)əbə́ʊ-/ *n.* **1** 〖聖書〗レハベアム (Judah の初代の王; Solomon 王の子; 彼の治世にイスラエルは南北に分裂した; cf. *1 Kings* 12). **2** [しばしば r-] (ワイン・シャンパン用の)リーホボウアム瓶 (約 5 quarts 入り; 普通の瓶の 5 本分，jeroboam の倍の量). 〖□ Heb. *Rᵉḥabh'ām* (原義) the nation is enlarged〗

rè·hóme *vt.* 〈特に ペットに〉新しい家を見つける．

re·house /rìːháʊz/ *vt.* …に新住宅を供給する；(特に，不健康な住宅を取り壊した後などに)新住宅に住まわせる．〖1820〗

rè·húmanize *vt.* **1** 再び人間的にする，人間性を回復させる (cf. dehumanize). **2 a** 人間としての権利と尊厳に適合させる．**b** 人間らしい(充実した)生活を回復させる．**3** 真人間にする．**rè·humanizátion** *n.* 〖1810〗

re·hy·drate /rìːháɪdreɪt/ *vt.* **1** (乾燥[粉化]食品などを)元に戻す．**2** 〖化学〗再水和[水化]する．**3** 〖医学〗〈脱水状態に陥った患者に〉水分を補給する．**rè·hý·drat·a·ble** /-təbl | -tə-ˊ/ *adj.* **re·hy·dra·tion** /rìːhaɪdréɪʃən/ *n.* 〖1923〗

rei *n.* reus の複数形．

Reich /ráɪk, ráɪç; *G.* ʁáɪç/ *n.* ドイツ国 (Germany): the First ～ 第一帝国 (神聖ローマ帝国 (Holy Roman Empire) (962–1806)) / the Second ～ 第二帝国 (Bismarck によって打ち建てられたドイツ帝国 (Deutsches Reich) (1871–1918)) / the Third ～ 第三帝国 (Hitler 総統下のナチス国家 (Drittes Reich) (1933–45)). 〖(1921) □ G ～ 'empire, kingdom': cf. OE *rīce*〗

Reich /ráɪk/, **Steve** *n.* ライヒ (1936–　; 米国の作曲家; minimal music を代表する存在).

Reich /ráɪk, ráɪx; *G.* ʁáɪç/, **Wilhelm** *n.* ライヒ (1897–1957; オーストリア生まれで米国に亡命した精神分析学者; 性格分析の技法・理論を確立した; *Charakteranalyse* (1933)).

Réi·chert-Méi·ssl nùmber [vàlue] /ráɪkətmáɪsl- | -kət-; *G.* ʁáɪçətmáɪsl-/ *n.* 〖化学〗ライヘルトマイスル価 (脂肪中の脂肪酸含量を表す値; 5 g の脂肪から得られる脂肪酸を中和するのに必要な $^1/_{10}$ モル水酸化ナトリウム溶液の ml 数). 〖← *Karl Reichert & E. Meissl* (19 世紀のドイツの化学者)〗

Reichs·bank /ráɪksbæ̀ŋk, ráɪçs-; *G.* ʁáɪçsbaŋk/ *n.* [the ～] ライヒスバンク，ドイツ帝国銀行 (1876 年創立，1945 年閉鎖).

Reichs·land /ráɪkslàːnt, ráɪçs-; *G.* ʁáɪçslant/ *n.* 帝国領地: **1** (1806 年までの)神聖ローマ帝国の領地．**2** ドイツに併合されていた時期 (1871–1918 年)の Alsace-Lorraine. 〖□ G ～ 'empire's land'〗

reichs·mark, R- /ráɪksmàək, ráɪçs- | -mɑ̀ːk; *G.* ʁáɪçsmaʁk/ *n.* (*pl.* ～**s**, ～) ライヒスマルク (1925–48 年間のドイツの通貨単位). 〖□ G *Reichsmark* empire's mark: ⇨ Reich, mark[2]〗

reichs·pfen·nig, R- /ráɪksfènɪg, ráɪçs- | -fèn-, -pfèn-; *G.* ʁáɪçspfɛnɪç/ *n.* (*pl.* ～**s, -pfen·ni·ge** /～ə; *G.* ～ə/) ライヒスペニヒ (1925–48 年間のドイツの青銅貨; ＝ $^1/_{100}$ reichsmark). 〖□ G *Reichspfennig* empire's penny〗

Reichs·rat /ráɪksràːt, ráɪçs-; *G.* ʁáɪçsʁaːt/ *n.* [the ～] **1** 〖ドイツ史〗(旧ドイツ共和国の各邦政府代表者からなる)参議院 (1919–34) (cf. Bundesrat 1). **2** 〖歴史〗オーストリア議会 (オーストリアハンガリー帝国のオーストリア部分の二院制議会 (1867–1918)). 〖□ G ～ 'empire's council': ⇨ Reich, rede〗

Reichs·tag /ráɪkstàːg, ráɪçs-, -tàːk; *G.* ʁáɪçstaːk/ *n.* [the ～] 〖ドイツ史〗(ドイツの)国会 (cf. Bundestag): **1** (1806 年までの)神聖ローマ帝国の帝国議会．**2** 北ドイツ連邦 (1867–71) の議会．**3** ドイツ帝国 (1871–1918) の帝国議会．**4** ワイマール共和国 (1919–33) のライヒ議会．〖(1867) □ G ～ ← *Reichs* (↑)＋*Tag* legislative assembly (cf. *tagen* to hold assembly): ⇨ Reich〗

reichs·ta·ler, R- /ráɪkstàːlə, ráɪçs- | -lə(r; *G.* ʁáɪçstaːlɐ/ *n.* ＝reichsthaler. 〖□ G ～〗

Reich·stein /ráɪkʃtaɪn, ráɪçʃtaɪn; *G.* ʁáɪçʃtaɪn/, **Ta·de·us** /tadéːus/ *n.* ライヒシュタイン (1897–1996; ポーランド生まれのスイスの化学者; Nobel 医学生理学賞 (1950)).

reichs·tha·ler, R- /ráɪkstàːlə, ráɪçs- | -lə(r; *G.* ʁáɪçstaːlɐ/ *n.* (*pl.* ～) ライヒスターレル (1623–1873 年のドイツの旧銀貨). 〖□ G (古) *Reichstaler* Reich taler〗

Reichs·wehr /ráɪksvèə, ráɪçs- | -vèə(r; *G.* ʁáɪçsveːɐ/ *G.n.* [the ～ 集合的] (1919 年に編成された旧ドイツ共和国の国防軍 (1935 年 Wehrmacht と改称). 〖□ G ～ 'empire's defense': ⇨ Reich, weir〗

Reid /ríːd/, **Sir George Houston** *n.* リード (1845–1918; スコットランド生まれのオーストラリアの政治家; 首相 (1904–05)).

Reid /ríːd/, **Thomas** *n.* リード (1710–96; スコットランドの哲学者).

re·i·fi·ca·tion /rèɪəfɪ̈kéɪʃən, rìːə- | -$\frac{1}{3}$fɪ-/ *n.* (抽象概念などの)具体化，具[物]象化 (materialization). 〖(1846) ← L *rēs* thing＋-(I)FICATION〗

re·i·fi·ca·to·ry /réɪəfɪ̈kətɔ̀ːri, ríːə- | ríː$\frac{1}{3}$f$\frac{1}{3}$kətəri, réɪ$\frac{1}{3}$-, -kèɪt-/ *adj.* 具体化[具象化]する．〖1951〗

re·i·fy /réɪəfàɪ, ríːə- | ríː$\frac{1}{3}$-, réɪ$\frac{1}{3}$-/ *vt.* 〈抽象観念などを〉具体化して考える，具体[具象]化する (materialize). 〖(1854) ← L *rēs* thing＋-(I)FY〗

Rei·gate /ráɪgeɪt, -gɪt/ *n.* ライゲート (イングランド Surrey 州の都市). 〖ME *Regata* (原義) roe gate ← OE *rǣge* female roe: ⇨ gate[1]〗

reign /réɪn/ *vi.* **1** 盛んに行われる，大いに流行する，行き渡る (prevail): Silence ～*ed*. 沈黙が支配していた，寂として音もなかった / Disaffection ～*ed* among the people. 国民の間に不満が広がっていた．**2** 主権を握る，君臨する，統治する，支配する (govern): ～ over a vast domain 広大な領土を支配する / Better to ～ in Hell than serve in Heaven. 天国にあってしもべであるよりは地獄の王である方がよい (Milton, *Paradise Lost* 1.263) / The English sovereign ～*s*, but does not rule. 英国王は君臨すれど統治せず．**3** 〈人が勢力を振るう，権勢を振るう，羽振りをきかせる (dominate).

— *n.* **1 a** (帝王などの)統治，支配，君臨 (sway, rule); 主権，統治権 (sovereignty): under the ～ of Queen Anne アン女王の統治下に．**b** 統治期間，治世，御代(みよ)，代: in [during] the ～ of Richard I リチャード一世の御代に / After a ～ of fifty years, he died. 50 年にわたる治世の後で世を去った．**2 a** 支配，勢力；支配期間: the ～ of fashion, peace, violence, etc. / the ～ of law in nature 自然界における法則の支配 / Night resumes her ～. また夜の支配が始まる，また夜になる．**b** (詩) 勢力範囲，領域 (dominion). **3** (古) 王国 (realm).

Réign of Térror (1) [the —] 〖フランス史〗恐怖政治(時代) (フランス革命において 1793 年から Robespierre が処刑された 1794 年 7 月までの期間; この期間大量の処刑が行われた; 単に the Terror ともいう). (2) [r- of t-] (暴力・威嚇の横行する)恐怖時代．〖1801〗

〖n.: (?*c*1225) *reyne* □ OF *reigne* (F *règne*) □ L *rēgnum* kingdom ← *rēx* king (⇨ rex[2]). — v.: (?*c*1280) *regne(n)* □ OF *reignier* (F *régner*) □ L *rēgnāre* to reign ← *rēgnum*: cf. regal[1], rule〗

reign·ing /réɪnɪŋ/ *adj.* **1** 君臨する: the ～ emperor [king] 現皇帝[現国王] / the ～ champion 現チャンピオン．**2** 勢力を振るう，全盛の，羽振りをきかせる: the ～ beauty 当世第一の美人．**3** 大流行の，行き渡る．〖(1642): ⇨ ↑, -ing[2]〗

rè·ignite *vt.* …に再び火をつける；〈火を〉再び起こす．— *vi.* 再発火する．〖1863〗

rei·ki /réɪki/ *n.* 霊気 (患者に手を当てて気を導き入れ，自然治癒力を働かせて疾患を治すという治療法). 〖□ Jpn.〗

rè·illúmine *vt.* 再度照らす．

Reil·ly /ráɪli/ *n.* ライリー (男性名). 〖□ Ir. *Raghailligh* (原義) descendant of valiant: もと家族名〗

re·im·burse /rìːɪ̈mbə́ːs | -bɜ́ːs/ *vt.* **1** 〈費用を〉払い戻す，返済する，償還する (repay, refund): ～ travel expenses 交通費を払い戻す．**2** 〈人に〉弁償する，賠償する (compensate) 〔*for*〕: ～ a person *for* a loss 損害に対して人に弁償する / ～ a person *for* his expenses ＝～ a person his expenses かかった費用を人に弁済する．**rè·im·búrs·a·ble** /-səbl/ *adj.* 〖(1611) ← RE-[2]＋(廃) *imburse* (□ OF *embourser* ← *em*- 'EN[1]'＋*borse* (□ ML *bursa* 'BURSA'))〗

re·im·burse·ment /rìːɪ̈mbə́ːsmənt | -bɜ́ːs-/ *n.* 返済，償還，払い戻し；弁済: lodge a claim against a person for ～ of expenses 人に経費の返済要求を申し立てる．

re·im·port /rìːɪmpɔ́ət | -pɔ́ːt/ *vt.* 〈輸出品を〉再輸入する，逆輸入する．— /ˊ-ˋ-/ *n.* **1** 再輸入，逆輸入．**2** [通例 *pl.*] 再輸入品，逆輸入品．**rè·importátion** *n.* 〖v.: (1742); n.: (1883)〗

rè·impóse *vt.* 新たに負わす[課する]，再び負わす[課する]．〖1611〗

rè·imposítion *n.* 新たに負わす[課する]こと，再賦課．〖1776〗

rè·impréss *vt.* **1** 再び印象づける．**2** 再版する．〖1667〗

rè·impréssion *n.* **1** 再度の印象．**2** 重版，再版，増刷，再刷，リプリント (reprint). 〖1616〗

Reims /ríːmz; *F.* ʁɛ̃ːs/ *n.* ランス (フランス北東部の都市; ゴシック式の大聖堂がある; 第二次大戦で独軍降伏の地 (1945)).

rein /réɪn/ *n.* **1** [*sing.* または *pl.*] **a** (通例革製の)手綱: gather up one's ～*s* 手綱を引き締める / shorten the ～*s* 手綱を引く / on a long ～ 手綱をゆるめて．**b** (乗り手が変える)方向: change the ～ 馬の進む方向を変える / on a left [right] ～ 左[右]方向に．**c** (歩き始めた子供などにつけて一端を親がもつ)安全ベルト．**2** [しばしば *pl.*] 統御手段，制御法，拘束物 (check); 統御，制御，掣肘(せいちゅう)，牽制(けんせい); 統制力，拘束力，影響力，抑制作用[力] (restraint): assume [drop] the ～*s* of government 政権を執る[捨てる] / hold [take over] the ～*s* of government 政権を握っている[握る] / hold [keep] a tight [firm] ～ over [on] …を厳格に制御する，しっかりと抑える / without ～ on one's expenditure of money 金に糸目をつけずに / take the ～*s* 指導する，指揮する，支配する / ride on a short[long] ～ 制御を強める[弱める]．**3** 行動[活動]の自由: throw (up) the ～*s* to 〈馬〉の手綱を離す，…の自由に任せる，勝手気ままにさせる / give the horse the ～(*s*) 馬を行きたい方に行かせる / allow one's imagination free ～ 自由に想像する / give (a) free ～ [the free ～*s*] to one's imagination [fancy] 想像をたくましくする / give loose ～ to one's passions 放縦に身を持ちくずす．

dráw réin*＝*dráw ín the réins ＝DRAW *bit*.

— *vt.* **1** 手綱をあやつる，御する，手綱で制止する: ～ back [up] 〈馬などを〉手綱で引き戻す[留める]．**2** 制御する (control)，抑制する，牽制する (restrain); 支配する (rule)，統御する (govern)，導く (guide) 〈*in, up*〉: ～ *in* one's passions 激情を押える．**3** (古) 〈馬〉に手綱を付ける．**4** (廃止) 〈馬などを〉(…に)手綱でつなぐ 〔*to*〕．— *vi.* **1** 馬を御する 〈*in, up*〉: ～ *in* (手綱を引いて)馬を止める．**2** 自制する 〈*in, up*〉．**3** (古) 〈馬が手綱に従う，制御に従う．〖(1297) *rene* □ OF *re(ig)ne, resne* (F *rêne*) < ? VL **retinam* ← L *retinēre* 'to RETAIN'〗

re·in·car·nate /rìːɪ̈nkáənèɪt, -ɪ́nkɑənèɪt | -ɪ́nkɑː-nèɪt, -ɪŋ-, -ɪnkáːneɪt, -ɪŋ-/ *vt.* 再び肉体を賦与する；化身させる，生まれ変わらせる．— /-ɪ̈nkáənɪ̈t, -neɪt | -ɪn-káː-, -ɪŋ-ˊ/ *adj.* 再び肉体を得た；化身した，生まれ変わった．〖1858〗

re·in·car·na·tion /rìːɪnkɑənéɪʃən | -ɪ̀nkɑː-, -ɪŋ-/ *n.* **1** 再び肉体を賦与する[受ける]こと．**2** (魂の)再生，再来；化身；生まれ変わり．**3** (死後の魂が再び新しい肉体で生まれるという)霊魂再来説．〖1858〗

rè·in·car·ná·tion·ist /-ʃ(ə)nɪ̈st | -nɪst/ *n.* 霊魂再来説信者．〖1881〗

rè·incórporate *vt.* 〈地域などを〉再併合する，再編入する．〖1611〗

rè·incorporátion *n.* 再併合，再編入．〖1863〗

rein·deer /réɪndɪə | -dɪə(r/ *n.* (*pl.* ～, ～**s**) 〖動物〗トナカイ (*Rangifer tarandus*) (ヨーロッパ・アジア産; cf. caribou). — *adj.* [R-] 〖考古〗＝Magdalenian: ⇨ Reindeer period. 〖(?*a*1400) *raynedere* □ ON *hreindýri* ← *hreinn* reindeer＋*dȳr* 'animal, DEER'〗

Réindeer àge [èpoch] *n.* [the ～] 〖考古〗＝Reindeer period.

Réindeer Láke *n.* レインディアー湖 (カナダ中部，Saskatchewan 州と Manitoba 州にまたがる湖; 面積 6,390 km²).

réindeer mòss [lìchen] *n.* 〖植物〗ハナゴケ，トナカイゴケ (*Cladonia rangiferina*) (北地産の地衣で，冬季にトナカイの食料となる). 〖1753〗

Réindeer pèriod *n.* [the ～] 〖考古〗トナカイ時代 (中央ヨーロッパで人間の生活にトナカイが特に深い関係をもっていた旧石器時代の後期マドレーヌ期; Reindeer age, Reindeer epoch ともいう). 〖1881〗

reine /réɪn, rén; *F.* ʁɛn/ *F. n.* 女王 (queen): à la ～ 女王風(の) (料理名に付いて，特別メニューであることを示す; à la が省略されるときもある). ★ Le *roi* le veut. (王これを裁可す)などの形式文中では，女王が王位にある場合は *La reine* le veut. と変えて用いる (⇨ roi). 〖□ F ～ <L *rēgīna*〗

Rei·ner /ráɪnə | -nə(r/, **Fritz** *n.* ライナー (1888–1963; ハンガリー生まれの米国の指揮者).

Rei·nette /reɪnét; *F.* ʁɛnɛt/ *n.* 〖園芸〗レネット (フランスから英国に導入された一群のリンゴ品種; *Reinette pippin* など). 〖1583〗

rè·inféct *vt.* 〖病理〗再感染させる．〖(1611) ← RE-[2]＋INFECT〗

re in·fec·ta /riːɪnféktə/ *L.* 事が完成せずに; 未完成で, 未完結で. 〖□L *rē infectā* 《原義》with the thing undone〗

rè·inféction *n.* 〖病理〗再感染. 〖1882〗

re·in·force /rìːɪ̀nfɔ́ːs | -ɪnfɔ́ːs/ *vt.* **1 a** 増大する, 強力にする, 強化する, …に勢いを付ける (strengthen): ~ efforts 努力を倍加する / ~ one's argument with facts 事実を支えとして所論を強める / ~ public skepticism in the U.S. 米国人一般の疑惑を強める / ~ one's health 健康を増進する / These data ~*d* his conviction that … これらのデータが彼の…という確信を強めた. **b** 〈人・材料・数量・大きさ・厚さなどを〉増して強める, 補強[増強, 補足, 増員]する: ~ a bank 土手を補強する / ~ a party (党員を増加して)党勢を強化する / ~ the basses (合唱団の)低音部を強化する, バス歌手を増員する / ~ provisions 糧食を補充する. **c** (兵員・装備を増加して)〈陸・海・空の部隊を〉増強する, 増援[増員]する, …に増援隊を送る, 増援艦隊を送る: ~ a fortress 要塞に増援する. **2** 〖心理・精神医学〗強化する《報酬を与えたり,反対に罰を加えることで刺激に対する反応の起こり方を強化する》.
— *vi.* 《まれ》補強[増援]を求める[得る].
— *n.* **1** 補強材, 強化物. **2** 〖銃砲〗(砲身の)後身《砲耳から砲尻までの部分》.
〖《1600》← RE-[2]+*inforce* 《(変形)》← ENFORCE)〗

ré·in·fòrced cóncrete *n.* 〖建築〗鉄筋コンクリート(構造)《ferroconcrete ともいう》. 〖1902〗

re·in·force·ment /rìːɪ̀nfɔ́ːsmənt | -ɪnfɔ́ːs-/ *n.* **1** 補強, 強化, 補給; 増援, 増派: provide needed ~*s* to the baseball team 野球チームに必要な補強をする. **2** [しばしば *pl.*] 援兵, 増援隊; 増派艦隊: wait for the arrival of ~*s* 援軍の到着を待つ. **3** 補強材, 強化物; (コンクリートを強める)鉄筋; 補給品. **4** 〖心理・精神医学〗強化 (cf. reinforce *vt.* 2). 〖1607-8〗

reinfórcement thèrapy *n.* 〖心理・精神医学〗強化治療(法)《オペラント条件づけ (operant conditioning) を利用した治療法で, 患者が刺激に正常に反応したときに賞を与え正常な行動に戻らせる心理療法》. **rein·fórce·ment thèrapist** *n.*

rè·in·fórc·er *n.* **1** 補強[強化]する人[もの]. **2** 〖心理〗強化子《強化に用いる手段としての具体的な賞罰; cf. reinforcement therapy》. 〖《1880》: ⇨ -er[1]〗

Rein·hardt /ráɪnhɑːt | -hɑːt; *F.* ʁɛnaʁt/, **Djan·go** /ʒɑ̃go/ *n.* ラインハルト《1910-53; ベルギーのジャズギター奏者; 本名 Jean Baptiste Reinhardt》.

Reinhardt /ráɪnhɑːt | -hɑːt; *G.* ʁáɪnhaʁt/, **Max** *n.* ラインハルト《1873-1943; オーストリア生まれのドイツの演出家; 本名 Goldmann》.

Rein·hold /ráɪnhoʊld | -həʊld; *G.* ʁáɪnhɔlt/ *n.* ラインホールド《男性名》. 〖□G ~〗

réin·less *adj.* **1** 手綱を付けない. **2** 束縛のない, 拘束されない, 自由な (unchecked); 放縦な (indulgent). 〖1559〗

réin órchis *n.* 〖植物〗=fringed orchis.

reins /réɪnz/ *n. pl.* 《古》**1** 腎, 腎臓 (kidneys). **2** 腎臓のあたり, 腰 (loins). **3** 〖聖書〗感情・愛情などの座 (cf. *Ps.* 7:9; 16:7, *Rev.* 2:23). 〖《c1350》□(O)F ~ <L *rēnēs* (pl.) ← **rēn* kidney ← ?: cf. OE *rēnys* □L *rēnēs*〗

rè·insért *vt.* 元通りに差し込む[挿入する]. 〖1628〗

rè·insértion *n.* 元通りに差し込むこと, 再挿入. 〖1828-32〗

réins·man /-mən/ *n.* (*pl.* **-men** /-mən, -mèn/) (馬車などの)御者 (driver); (特に)上手な御者[騎手]. 〖《1855》← *reins* ((pl.) ← REIN)+-MAN〗

re·in·state /rìːɪ̀nstéɪt | -ɪn-/ *vt.* **1** 元通りにする, 復旧する; 復位[復権]させる, 復任[復職]させる, 復縁させる, 復帰させる: ~ a person in his former office [to his lost privileges] 人の元の職に復させる[復権させる]. **2** …の健康を回復させる. **3** 〈破損物を〉元通りに修理する, 修復する: ~ damaged property 損傷した財産を修復する. 〖1599〗

re·in·state·ment /rìːɪ̀nstéɪtmənt | -ɪn-/ *n.* 復位, 復権, 復職; 復活: demand the ~ of factory workers 工場労働者たちの復職を要求する / the ~ of the tax 税金の復活.

rè·insúrance *n.* 〖保険〗再保険《危険の分散を図るため, ある保険会社が引き受けた危険の一部(または全部)を別の保険会社に再び引き受けさせること》: quota share ~ 比例再保険. 〖1755〗

rè·insúre *vt.* 〖保険〗再保険する: the ~*d* 被再保険者. **rè·insúrer** *n.* 〖1755〗

rè·íntegrate *vt.* **1** 再び完全にする, 再統合する, 回復する; 再建する. **2** 《古》=reinstate. **rè·inte·grá·tion** *n.* 〖1581〗

rè·intér *vt.* (**re·in·terred**; **-ter·ring**) 再び埋める, 埋め替える, 改葬する. **~·ment** *n.* 〖1611〗

rè·intérpret *vt.* 解釈し直す; …に新しい解釈[説明]を施す. **rè·interpretátion** *n.* 〖1611〗

rè·introdúce *vt.* 再び紹介する; 再び導入する; 再提出する. **rè·intródúction** *n.* 〖1664〗

rè·invént *vt.* **1** 〈前に発明[考案]されたことがあるものを〉(それと知らずに)再発明[再考案]する. **2** 完全に作り直す, 改革する. **3** 再生する, 復興する (reestablish). **rè·invéntion** *n.* 〖1686〗

rè·invést *vt.* **1** 〈前の投資から得た金を〉再投資する, 投資し直す. **2** 再び与える, 再び授ける 〔*with*〕: ~ a person *with* his former privileges 以前の特権を人に再び与える. **3** 再び叙任する 〔*in*〕. — *vi.* 再投資する. **~·ment** *n.* 〖1611〗

rè·invígorate *vt.* …の元気を回復させる, 一層活気づける (reanimate). **rè·invigorátion** *n.* **rè·in·vígorator** *n.* 〖1658〗

reis *n.* real[2] 2 の複数形.

Rei·schau·er /ráɪʃaʊə | -ʃaʊə[(r)]/, **Edwin O(ldfa·th·er)** *n.* ライシャワー《1910-90; 米国の歴史学者; 駐日大使 (1961-66)》.

rè·íssue /rìːíʃuː | -íʃuː, -ísjuː/ *n.* **1** (本の内容をそのままで版型・価格などを変えた)重版, 再発行. **2** 〖郵趣〗**a** (使用中止としていた切手の)再発行《在庫の切手を再発行することも新しく印刷することもある; cf. reprint 4》. **b** 再発行の切手. **3** 〖映画〗新版(提供), リバイバル (rerelease).
— *vt.* 〈証券・為替・通貨など〉再発行する, 〈書籍・切手などを〉再発行する; 〈映画を〉(新版の形で)再上映する. — *vi.* 再び出て来る. 〖v.: 《1618》; n.: 《1805》〗

reist /riːst, ráɪst/ *vi.* =reest[2].

reit. 《略》〖印刷〗reiteration.

REIT /riːt/ 《略》《米》real estate investment trust 不動産投資信託.

reit·bok /ríːtbɑ̀(ː)k | -bɔ̀k/ *n.* (*pl.* ~, ~**s**) 〖動物〗リードバック (*Redunca arundinum*)《アフリカ中部・南部にすむレイヨウ; 雄には先が左右に広がった角がある》. 〖《1795》□ Afrik. *rietbok* ← Du. *riet* reed+*bok* buck〗

re·it·er·ant /riítərənt, rìː- | -ít-/ *adj.* 繰り返す, 反復する, 繰り返して[再び]言う. 〖《1610》□L *reiterantem* (pres.p.) ← *reiterāre* (↓): ⇨ -ant〗

re·it·er·ate /riítərèɪt, rìː-/ *vt.* (しつこく)重ねて言う; 再び[繰り返して]行う, 反復する; 何度も繰り返す (⇨ repeat SYN): iterate and ~ 何度も何度も繰り返す / To his increasingly uncomfortable audience, he ~*d* that claim. 聴衆が次第にじりじりして来ているのに, 彼はまたもその主張を繰り返した. 〖《?a1425》← L *reiterātus* (p.p.) ← *reiterāre*: ⇨ re-[1], iterate〗

re·ít·er·àt·ed·ly /-t̬ɪ̀dli | -tɪ̀d-/ *adv.* 繰り返して, 何度も (repeatedly). 〖《1782》: ⇨ ↑, -ed, -ly[1]〗

re·it·er·a·tion /rìːɪ̀tərèɪʃən | -ɪt-/ *n.* **1** 繰返し, 反復; 繰り言. **2** 《米古・英》〖印刷〗(既に印刷された紙の)裏刷り(印刷物); 両面印刷(物). 〖《?a1425》□(O)F *réitération* // ML *reiterātiō(n-)*: ⇨ reiterate, -ation〗

re·it·er·a·tive /riítərèɪtɪv, rìː-, -rət- | -ítərət-, -rèɪt-/ *n.* 〖言語〗**1** 重畳語, 畳成語《例: dilly-dally, pell-mell など》. **2** 反復語 (frequentative)《反復を表す動詞など; 例えば prattle, flicker など》. — *adj.* 繰り返す, 反復する. **~·ly** *adv.* **~·ness** *n.* 〖1834〗

Réi·ter's sýndrome [disèase] /ráɪtəz- | -təz-; *G.* ráɪtɐ-/ *n.* 〖病理〗ライター症候群《高熱・関節炎・結膜炎・尿道炎を伴う》. 〖← *Hans Reiter* (1881-1969: ドイツの医師)〗

Reith /riːθ/, **John** (**Charles Wal·sham** /wɔ́ːlʃəm, wɑ́(ː)l- | wɔ́ːl-/) *n.* リース《1889-1971; 英国の政府高官; BBC 初代会長 (1927-38); 称号 1st Baron Reith of Stonehaven》.

reive /riːv/ *v.* (~**d**; **reft** /réft/) 《スコット・英》=reave[1]. 〖《1375》ME 《スコット》*reife(n)* <OE *rēafian* 'to REAVE[1]'〗

re·jas·er /rìːdʒéɪsə | -sə[(r)]/ *n.* 《米俗》廃物利用する人. 〖← REJAS(ING)+-ER[1]〗

re·jas·ing /rìːdʒéɪsɪŋ/ *n.* 《米俗》廃物利用. 〖← *re(using) j(unk) a(s) s(ometh)ing (else)*〗

re·ject /rɪ̀dʒékt/ *vt.* **1** 〈提供・申し入れなどを〉謝絶する, 拒絶する, はねつける (⇨ decline SYN): ~ an offer [a suitor] 申し出[求婚者]を断る. **2** 〈要求・請願などを〉拒否する, 却下する, 否認する: ~ a demand [an appeal] 要求[訴願]を却下する / The Ways and Means Committee ~*ed* the President's proposal. 歳入委員会は大統領の提案を否認した. **3** 信じようとしない, 受け入れない, 信奉しない: ~ the doctrines of the church 教会の教義を受け入れない. **4** (無用・無価値・無効なものとして)退ける, 捨てる, 放棄する, 除く, はねる: ~ a literary contribution [a vote] 寄稿を没にする[投票を無効としてはねる] / ~ a candidate 志願者をはねる. **5** 〈人・口・胃が〈食物を〉受けつけない, 吐き出す, 戻す. **6** 〈演奏するようにセットしたレコードを〉(演奏しないで)とばす. **7** 〖医学〗(移植した組織・器官などを)拒否[拒絶]する. — /ríːdʒekt/ *n.* **1** 廃棄物, 棄却物, 傷物, はねもの, 拒絶品, 不合格品《粗製品など》. **2** 拒絶された人; (徴兵などの)不合格者.
re·jéct·er *n.* **re·jéct·ing·ly** *adv.* **re·jec·tive** /rɪ̀dʒéktɪv/ *adj.* 〖《c1415》← L *rejectus* (p.p.) ← *rejicere* ← RE-[1]+*jacere* to throw (cf. jet[1])〗

re·ject·a·ble /-təbl̩/ *adj.* **1** 排除[棄却]すべき, 拒絶[謝絶]すべき. **2** 認可できない, 否認[拒絶, 棄却]できる. 〖1611〗

re·jec·ta·men·ta /rɪ̀dʒèktəméntə | -tə/ *n. pl.* **1** 廃物, 廃棄物, くず (refuse). **2** 海岸に打ち上げられた海草類[漂着物, 難破物]. **3** 〖生理〗排泄(はいせつ)物 (excrement). 〖《1816》← NL ~ (pl.) ← L *rejectamentum*: ⇨ reject, -ment〗

re·jec·tant /rɪ̀dʒéktənt/ *n.* 〖薬学〗忌避剤, 駆虫剤《昆虫が忌避する植物より抽出された駆虫剤》.

re·ject·ee /rɪ̀dʒèktíː, rìːdʒek-/ *n.* 拒絶された人; (特に)兵役不合格者 (reject). 〖1941〗

re·jec·tion /rɪ̀dʒékʃən/ *n.* **1** 謝絶, 拒絶; 却下, 棄却, 否決; 廃棄. **2** 廃棄物; 排泄(はいせつ)物 (excrement). **3** 〖免疫〗拒否[拒絶]反応. 〖《a1464》□F *réjection* // L *rejectiō(n-)*: ⇨ reject, -ion〗

re·jéc·tion·ist /-ʃ(ə)nɪ̀st | -nɪst/ *n.*, *adj.* 拒否派(の)《イスラエルとの和平交渉を拒否するアラブの指導者[国]》. 〖《1976》← REJECTION+-IST〗

rejéction slip *n.* 〖出版〗拒絶票, 謝絶票《出版者が執筆者の原稿を返却するときにつける出版引受け不可能の旨の通知書》. 〖1906〗

rejéctive árt *n.* 〖美術〗=minimal art. 〖1967〗

re·jéc·tor *n.* **1** 拒絶者. **2** 〖通信〗除波器《受信機の空中回路に付加し, 混信・妨害を除去または弱める回路; cf. acceptor 2, wave trap》. 〖《1752》□L ~: ⇨ reject, -or[2]〗

rè·jíg *vt.* (**re·jigged**; **-jig·ging**) **1** 《英》〈工場など〉新たに設備を施し直す, 模様替えする. **2** 《口語》(広く)手直しする. 〖1948〗

rè·jígger *vt.* 《米》変える (alter), 整理し直す (rearrange); (別の[異なる]仕方で)操作する[操る], やり直す. 〖1942〗

re·joice /rɪ̀dʒɔ́ɪs/ 《文語》*vi.* うれしがる, 喜ぶ, 狂喜する, 悦に入る (exult): ~ *at* [*in*] one's success 自分の成功を喜ぶ / ~ *at* the sight of …を見て喜ぶ / ~ *at* [*by*] hearing …を聞いて喜ぶ / ~ *at* [*over*] the news 知らせを聞いて喜ぶ / He ~*d to* see me well. = He ~*d that* I was well. 私が達者なのを(見て)喜んだ. — *vt.* **1** 〈知らせなどが〉喜ばせる, うれしがらせる, 楽しませる: The news ~*d* my father's heart. その知らせは父の心を喜ばせた / It ~*s* me to hear of your success. ご成功と伺いうれしく存じます. **2** [受身で] 喜ぶ, うれしく思う 〔*at, by*〕/〈*to* do〉: I am ~*d to* hear of [*at* (hearing of)] your success. ご成功と聞いてうれしい. **3** 〈出来事などを〉祝う.
rejóice in (1) …に恵まれている, …を享有する: ~ *in* good health 健康を享有する, 幸い健康である / ~ *in* one's youth 年が若い. (2) 《戯言》〈奇妙な名前〉を持っている (have): an attic *rejoicing in* the name of East Room「東の間」という名の屋根裏部屋.
re·jóic·er *n.* 〖《c1303》□OF *rejoiss-* (stem) ← *rejoir* (F *réjouir*) ← RE-[1]+*joir* 'to JOY' ∞ ME *rejoy* □ OF *re(s)joir* ← RE-[1]+*es-* 'EX-[1]'+*joir*〗

re·jóic·ing *n.* **1** 喜び, 喜悦, 歓喜. **2** [しばしば *pl.*] 歓呼, 歓声; 祝賀; 歓楽, 宴楽 (festivity).
Rejóicing over the Láw 〖ユダヤ教〗=Simhath Torah. 〖《1375》: ⇨ ↑, -ing[1]〗

re·jóic·ing·ly *adv.* 喜んで, 歓喜して. 〖《1556》: ⇨ ↑, -ly[1]〗

re·join[1] /rìːdʒɔ́ɪn/ *vt.* **1** 再合同させる, 再結合させる 〔*to, with*〕. **2** 〈元の党・隊・仲間など〉と再び一緒になる, 再び仲間入りする: ~ the former regiment 原隊に復帰する / You go on and I will ~ you later. 先に行って下さい, 私は後で一緒になります. — *vi.* 再合同する, 再結合する; 再会する. 〖《1541》← OF *rejoin-* (↓) // ← RE-[2]+JOIN〗

re·join[2] /rɪ̀dʒɔ́ɪn/ *vi.* **1** 答える, 応答する, 答弁する. **2** 〖法律〗〈被告が〉第二訴答をする, 抗弁する《原告の訴答に対して訴答する》. — *vt.* 応答する, 答弁する. 〖《1447》□ OF *rejoin-* (stem) ← (O)F *rejoindre* to join: ⇨ re-[1], join〗

re·join·der /rɪ̀dʒɔ́ɪndə | -də[(r)]/ *n.* **1** 答弁, 返答, 応答 (reply, response); (特に)答弁に対する答弁: a witty ~ 機知に富んだ答弁 / a sharp ~ 激しい抗弁 / in ~ 返答に, 応答して. **2** 〖法律〗(原告の第二訴答 (reply) に対する)被告の第二訴答 (cf. pleading 2 c). 〖《1482》*rejoyner* □F *rejoindre*: ⇨ rejoin[1]〗

re·join·dure /rɪ̀dʒɔ́ɪndʒə, -dʒʊə | -djuə[(r)], -dʒə[(r)]/ *n.* 《Shak》再会 (reunion). 〖《1601-02》: ⇨ ↑, -ure〗

re·journ /rɪ̀dʒɚ́ːn | -dʒə́ːn/ *vt.* 《廃》延期する, 持ち越す. 〖《1513》← RE-+(AD)JOURN〗

re·ju·ve·nate /rɪ̀dʒúːvənèɪt | -vɪ̀-/ *vt.* **1 a** 若返らせる, 活気づける, 活性化させる (⇨ renew SYN): They have been searching hard to ~ the party. 彼らは党若返りの方策を必死に練って来た / He was ~*d* by new hope. 彼は新しい希望で活気づいた. **b** (性的に)回春させる. **2** 〈中古の車などを〉新品同様にに直す: ~ an old car / Her needle work ~*d* the decrepit couch. ぼろぼろだった寝いすが彼女のかがり細工で元通りきれいになった. **3** 〖地質〗若返らせる, 回春させる《川の浸食作用を活発にする》: a ~*d* river 回春川, 復活川. — *vi.* 若返る, 元気を回復する; 若返らせる力がある. 〖《1807》← RE-[2]+L *juvenis* young+-ATE[3]〗

re·ju·ve·na·tion /rɪ̀dʒùːvənéɪʃən | -vɪ̀-/ *n.* **1** 若返らせること, 若返り, 元気の回復. **2** 〖地質〗(特に, 河川の)若返り, 回春(作用). 〖1871〗

re·jú·ve·nà·tor /-tə | -tə[(r)]/ *n.* 〖薬学〗若返り薬, 回春剤. 〖1889〗

re·ju·ve·nesce /rɪ̀dʒùːvənés, rìː- | rɪ̀dʒùːvɪ̀-, rɪ̀-/ *vi.* **1** 若返る; 新活力を得る. **2** 〖生物〗細胞の再生が起こる[行われる]. — *vt.* 〖生物〗〈細胞を〉復活させる, 若返らせる. 〖《1879》□LL *rejuvenēscere* ← RE-[1]+*juvenēscere* to become young (← *juvenis* young)〗

re·ju·ve·nes·cence /rɪ̀dʒùːvənésəns, rìː-, -sns | rɪ̀dʒùːvɪ̀-, rɪ̀-/ *n.* **1** 若返り, 回春 (rejuvenation). **2** 〖生物〗(細胞の)復活, 再生. 〖《a1631》← LL *rejuvenēscere*+-ENCE〗

re·ju·ve·nes·cent /rɪ̀dʒùːvənésənt, rìː-, -snt | rɪ̀dʒùːvɪ̀-, rɪ̀dʒùː-/ *adj.* **1** 若返る. **2** 若返らせる, 回春の. 〖《1763》: ⇨ ↑, -ent〗

re·ju·ve·nize /rɪ̀dʒúːvənàɪz | -vɪ̀-/ *v.* =rejuvenate. 〖1816〗

rè·kéy *vt.* …の鍵を付け替える; 〖電算〗〈データを〉キーボードから再度打ち込む.

re·kin·dle /rìːkíndl̩/ *vt.* **1** 再び元気づける, 再びあおる: Kemal Atatürk was trying to ~ pride in his countrymen. ケマルアタチュルクは自国民に再び誇りを持たせようとしていた. **2** 再び点火する, 再燃させる. — *vi.* **1** 再び元気づく. **2** 再び火がつく, 再び燃える. **rè·kín·dler** *n.* 〖1593〗

rè·knít *vt.* 編み直す. — *vi.* 編み直しをする. 〖1606〗

Re·kord /rɪ̀kɔ́əd, reɪ-, -kɔ́ət | -kɔ́ːd, -kɔ́ːt; *G.* ʁe-

R

kɔ́ʁt/ n.〘商標〙レコード, レコルト《ドイツ Opel 社製の自動車》.
rel. 《略》 relating; relation; relative; relatively; released; relic; religion; religious.
-rel /rəl/ suf. ＝-erel: mongrel, scoundrel.
rè·lábel vt. …にラベル[レッテル]を張り直す. 〖1887〗
relaid v. relay² の過去形・過去分詞.
re·lapse /rɪlǽps/ vi. **1 a** 〔元の状態・習慣に〕帰る, 逆戻りする (fall back)〔*into*〕: He ~*d into* silence [meditation]. 彼はまた黙り[考え]込んだ / ~ *into* dialect (標準語で話していたのが)また方言に戻ってしまう. **b** (一度立ち直っていた後に)〔邪道・非行などに〕再び陥る, 堕落する, 退歩する (backslide)〔*into*〕: ~ *into* vice [crime, heresy] 再び邪道[犯罪, 邪教]に陥る. **c** 〈病気が〉ぶり返す, 再発する: He ~*d* after he was out of hospital. 退院してから彼の病気が再び悪化した. **2** 〔…に〕陥る, なる (lapse)〔*into*〕: ~ *into* stupor [unconsciousness] 昏睡状態[意識不明]になる. — /rɪlǽps, ríːlæps/ n. **1** (一度改善されたものの元の状態・習慣への)後戻り, 逆戻り; 堕落, 退歩 (backsliding): a ~ *into* vice [heresy] 邪道[邪教]への後戻り. **2** (病気の)再発, ぶり返し: have a ~ ぶり返す. **re·láps·er** n. 〖(a1415) ← L *relapsus* (p.p.) ← *relābi* to slip, fall back: ⇨ re-¹, lapse〗
re·láps·ing féver n. 〘病理〙(熱帯地方に見られる)回帰熱. 〖1849〗
relata n. relatum の複数形.
re·lat·a·ble /rɪléɪtəbl | -tə-/ adj. **1** 話される, 語られる. **2** 関係づけられる, 結びつけられる. 〖(1825) ← RELATE＋-ABLE〗
re·late /rɪléɪt/ vi. **1 a** 〔…と〕関係をもつ, 関連がある〔*to*〕: He notices nothing but what ~*s to* himself. 自分に関係のある事以外は少しも注意しない. **b** 〔…に〕関する, 関わる, 指す〔*to*〕: This paragraph ~*s to* my father. この記事は私の父のことを言っている. **2** 〔…と〕符合する, 合致する (fit in)〔*with*〕: Your statement does not ~ well *with* the facts. 君の言うことは事実とうまく符合しない. **3** 〈人が〉〈他の人または事物に対して〉有意義な社会的関係をもつ, (うまく)つきあう, うまが合う, なじむ, 適応する〔*to*〕: Many teenagers ~ better *to* their friends than *to* their family. 十代の若者たちの中には家族より友人たちの方とうまが合う者が多い. **4** 〈ある楽曲・雰囲気などと〉気持ち[気分]が合う〔*to*〕. — vt. **1** …の間の関係[関連]を示す[説明する]; 関係させる, 関連させる, 結びつける〔*to, with*〕(⇨ join SYN): ~ facts *to* events 事実を出来事と関連させる / The two things are said to be ~*d*. この両者は相関連していると言われている / We cannot ~ the phenomena *to* anything we know. その現象は我々の知っている何物とも関連させることができない / How can you ~ these two facts? 君はどうしてこの二つの事実の関連を説明できるのか. **2** [p.p. 形で] 血族的に結びつける, 分類上関連させる (cf. related 2): be ~*d* by marriage 婚姻によって親類である / be distantly ~*d to* …の遠縁に当たる. **3 a** 〈体験談などを〉(詳細に順序正しく)話す, 述べる, 物語る (narrate) (⇨ tell¹ SYN): ~ one's adventures 冒険談をする / horrible to ~ 言うも恐ろしいことだが / Curious to ~, the giraffe has no voice. 妙な話だがキリンは声が出ない. **b** 《古》言う, 主張する (say).
reláting to …に関して.
〖(1490) □ OF *relater* ← L *relātus* (p.p.) ← *referre* to bear back, report: ⇨ refer〗
re·lat·ed /rɪléɪtɪd | -tɪd/ adj. **1** …と関係のある, 関連している (connected); 相関している: a body of ~ facts 一連の関連した事実 / computer-*related* crimes コンピューター関係の犯罪. **2 a** 親類の, 縁続きの, 血縁の, 姻戚(いんせき)の (cf. relate vt. 2): a person ~ in the third degree 三親等の人 / These families are ~ by marriage [blood]. これらの家どうしは姻戚[血縁]関係にある. **b** (起源などにより)同類の, 同族の: ~ languages 同族語. **3** 〘音楽〙〈音が〉近接の, 〈調が〉近親の. **~·ly** adv. **~·ness** n. 〖(1604): ⇨ ↑, -ed〗

SYN 関連した: **related** 〈人が〉血縁(時に結婚)により, 〈物が〉共通の起源・相互関係などにより, 密接な関係にある: He is distantly *related* to me. 彼は私の遠縁だ. **linked** 〈物が〉鎖の輪のように互いにつながっている; 〈事柄などが〉密接な絆(きずな)で結びついている: These two events are *linked* to each other. これら2つの事件は互いに結びついている. **cognate** 〈物が〉共通の起源によって関係づけられている: *cognate* languages 同族言語. **allied** 〈人・国家が〉政治的条約によって結ばれた; 〈物が〉同じ範疇に含まれることによって関係のある: *allied* nations 同盟国 / *allied* diseases 同類の病気. **affiliated** 〈人や団体が〉より大きいものと結合した: *affiliated* companies 子会社.

related kéy n. 〘音楽〙**1** (主音・属音・下属音などと近い関係をもつ)近親[関係]調. **2** ＝relative key.
re·lát·er /-tə | -tə(r)/ n. 物語る人 (narrator). 〖(1613): ⇨ relate (vt.)1, -er¹〗
re·la·tion /rɪléɪʃən/ n. **1** [pl.] **a** (具体的な)関係, 間柄, 折り合い, 交渉, 利害関係; 交際 (intercourse): foreign ~s 対外関係 / have ~s *with* …と関係[交渉]がある / labor-management ~s 労使の関係 / the ~s *between* the two families その二家族の折り合い / My ~s *with* him are now quite friendly. 彼とは今は非常に親しくしている / The ~s *between* the two countries have become rather strained. 二国の関係がかなり緊張してきた / The air base has had very good ~s *with* nearby communities. この空軍基地は地元住民とずっときわめて良好な関係にある / maintain [establish] diplomatic ~s *with* …と外交関係を維持[確立]する. **b** 情交, 性交 (sexual intercourse): have (sexual) ~s *with* a woman 女性と関係する. **2** (抽象的な)関係 (connection), 関連, 相関 (reference): the ~ *between* cause and effect 因果関係 / the ~ of master *to* servant 主従関係 / the ~ of ruler and subject 君臣の関係 / the ~ of Confucianism *to* Buddhism 儒教と仏教との関係 / The report has ~ *to* a state of things now past. この報告は今や過去となった事態に関するものだ / have no [some] ~ *to* …と関係がない[いくらかある] / The outlay seems to bear no ~ *to* the object aimed at. その費用は所期の目的と関係がないようだ. **3 a** 親戚, 親類, 姻戚. ★ relative の方が普通: a ~ by marriage＝a matrimonial ~ 姻戚 / I have ~s on my father's side. 父方に親類がある / Is he any ~ to you?—No, he is no ~. あの人は君のご親戚ですか?—いや何の関係もありません. **b** 親族[血族, 姻戚関係, 縁故. ★ relationship の方が普通. **c** (遺言のない場合の)遺産相続権者. **d** [集合的]《方言》親戚 (relatives). **4 a** 物語ること, 陳述 (narration, statement); 言及 (reference): make ~ to …に言及する. **b** 話, 物語. **5** 〘法律〙**a** 告発, 申告 (information) (cf. relator 2): proceed at the ~ of the Board of Works 土木局の告発によって訴訟手続きをとる. **b** (法の効力の)遡及(そきゅう): ~ to an earlier date 日をさかのぼっての適用 / by ~ 遡及によって, 遡及して. **6** 〘数学〙関係《いくつかのものの順序づけられた組についての性質; 相等, 大小, 相似など》.
in [(まれ) *with*] *relátion to* …に関連して, …について. 〖(1594)〗
〖(?a1387) □ (O)F ～ // L *relātiō(n-)*: ⇨ relate, -ation〗
re·lá·tion·al /-ʃnəl, -ʃənl/ adj. **1** 関係のある, 近似の. **2** 親類の, 縁続きの. **3** 〘文法〙(前置詞・接続詞などのように)文法的な関係を表す (cf. notional 5). **~·ly** adv. 〖1662〗
relátional dátabase n. 〘電算〙リレーショナル型データベース《複数のデータベースを同時に取り扱い, 関連付けて検索を行ったり, 新たなデータベースを作成したりする; 略 RDB》.
relátion·less adj. **1** 無関係の, 縁のない. **2** 親戚(しんせき)[身寄り]のない. 〖1822〗
re·la·tion·ship /rɪléɪʃənʃɪp/ n. **1 a** 関係, 関連 (connection): human ~ 人間関係 / the ~ *between* God and Man 神と人間の関係 / have a close ~ *to* …と密接な関係がある / bear no ~ *to* …と関係がない. **b** (人と人との情緒的な)関係: have a good ~ *with* …と親密な関係がある / the ~ *between* students and instructors 師弟の関係 / ~ *among* brothers and sisters 兄弟姉妹間の関係. **2** 親族[姻戚(いんせき)]関係, 縁故: blood ~ 血縁. **3** 《婉曲》(異性との)関係, 恋愛 (relation). 〖a1744〗
rel·a·ti·val /rèlətáɪvəl, -vl/ adj. 〘文法〙関係詞 (relative) の. **~·ly** adv. 〖(1869) ← RELATIVE＋-AL¹〗
rel·a·tive /rélətɪv | -tɪv/ n. **1 a** 親類, 縁者, 姻戚(いんせき), 身内 (relation): a distant ~ 遠縁の人. **b** 同じ分類単位に属する動物[植物]. **2** 関係物, 関係事項; (absolute に対して)相対的存在[事物], 相対物. **3** 〘言語・論理〙相対語《man, boy の代わりに father, son という場合など》. **4** 〘文法〙関係詞; (特に)関係代名詞 (relative pronoun). — adj. **1 a** 他との関係によって生じる[定まる], 相対的な, 比較しての, 比較的の (comparative): the ~ speed of two moving bodies 二つの運動体の相対速度 / with ~ coolness 比較的落ち着いて / the ~ merits of capitalism and communism 資本主義と共産主義との優劣 / ~ height 〘地理〙(二地点間の)比較高度, 高度差, 比高. **b** 相対的な (↔ absolute, positive); 条件付きの (conditioned)〔*to*〕: a ~ truth 相対的真理 / Beauty is ~ *to* the beholder's eye. 美醜は見る人の目のいかんによる. **2 a** 〔他に〕呼応する, 比例する〔*to*〕: The price is ~ *to* the demand. 値段は需要に比例する. **b** 相互の (mutual), 相関的な (correlative): the ~ duties of employer and employee 雇い主と雇われ人との相互義務 / a ~ position 相互の位置関係 / The conceptions of husband and wife are ~ to each other. 夫婦という概念は相関的である. **3 a** 〔…に〕関係のある, 関する, 関(かか)わる (connected); 適切な (pertinent)〔*to*〕: a letter [fact] ~ *to* the matter その事についての手紙[関する事実] / the proof ~ *to* the affair その事件に適切な[関わる]証拠 / grounds more ~ than that あれよりもっと適切な証拠 (Shak., *Hamlet* 2. 2. 603–4). **b** 《古》関係した, 関連した: a different yet ~ reason 別ではあるが関連した理由. **4** 〘数学〙**a** (他との量の比較などを)比率で示した: ⇨ relative error. **b** 相対的な: ⇨ relative complement. **5** 〘音楽〙関係の, 同じ記号をもつ. **6** 〘文法〙関係を表す; 関係詞に導かれた.
rélative to (1) …に関して: I wrote to him ~ *to* the renewal of the lease. 借地契約の更新に関して彼に手紙を出した. (2) …と比較して, …に比例して, …の割合に: The population of the town is large ~ *to* its size. その町の人口は面積の割に多い. 〖1660〗
rélative index of refráction 〘光学〙相対屈折率《第一の媒質中の光の位相速度を第二の媒質中の光の位相速度で除した比; cf. refractive index》.
~·ness n. 〖adj.: (?a1425); n.: (?a1387) □ (O)F *relatif* // LL *relātīvus* ← L *relātus* carried back: ⇨ relate, -ative〗
rélative ádjective n. 〘文法〙関係形容詞《例: He was a genius, *which* fact had long been kept secret. の 'which'》.
rélative ádverb n. 〘文法〙関係副詞《when, where, why など》.
rélative áperture n. 〘光学〙(レンズの)口径比《光学系の入射瞳の直径と焦点距離の比で明るさを表す; aperture ratio ともいう》.
rélative atómic máss n. 〘物理〙相対原子質量《原子量 (atomic weight) の IUPAC 命名法規則による正式名称》.
rélative béaring n. 〘海事・航空〙相対方位《船または航空機の針路を基準とした他の対象物の方位》.
rélative biológical efféctiveness n. 〘生物〙(放射線生物学で)生物学的効果比率, 生物効果比《電離放射線が一定の効果を示す生物学的作用を起こさせるのに必要な吸収線量の比; 略 RBE》.
rélative cláuse n. 〘文法〙関係(詞)節《例: This is the book (*which*) *he gave me*.》.
rélative cómplement n. 〘数学〙相対補集合, 差集合, 差《与えられた第一の集合に属し, 第二の集合に属さないものの全体からなる集合; difference ともいう》.
rélative dénsity n. 〘物理〙比重 (specific gravity). 〖1879〗
rélative dispérsion n. 〘光学〙相対分散度 (⇨ nu-value).
rélative érror n. 〘数学〙相対誤差《ある量の真値に対する比で表された測定値の誤差》.
rélative fréquency n. 〘統計〙相対度数, 相対頻度(ひんど)《度数とデータの総数との比》.
rélative humídity n. 〘気象〙相対湿度《実際の水蒸気量とその温度での飽和水蒸気との比; 単に humidity ともいう; cf. absolute humidity, dew point, mixing ratio, specific humidity》. 〖1820〗
rélative impédiment n. 〘法律〙近親婚の禁止.
rélative inclinómeter n. 〘航空〙相対傾斜計《航空機の加速度と重力とを合成した方向に対する航空機の傾きを測定する計器; bank indicator ともいう; cf. turn indicator》.
rélative kéy n. 〘音楽〙関係[平行]調《例えば「ハ長調」と「イ短調」, 「イ長調」と「嬰ヘ短調」など調号を同じくする長調と短調; attendant key ともいう》.
rélative locátion n. 〘図書館〙相関排架, 移動排架《図書の位置が可動する排架方式; cf. fixed location》.
rel·a·tive·ly /rélətɪvli | -tɪv-/ adv. 他と比べて, 割合に, 比較的に (comparatively): (a thing) of ~ small value 比較的価値の少ない[あまり値打ちのない](物) / He is ~ a wealthy man. 彼は比較的金持ちである / *Relatively* speaking, this is a minor problem. どちらかと言えばこれは些細な問題だ.
rélatively to 《古》(1) 他との関係で, 相対的に, 相関的に: I put a value on myself ~ *to* others. 私は他の人との関連において自分を評価する. (2) …と比較して; …に比例して, …の割合に (in proportion to). 〖1678〗
〖1561〗
rélatively príme númbers n. pl. 〘数学〙互いに素な数《1 以外の公約数をもたない二数; 最大公約数 (greatest common measure) が 1 である二数》. 〖c1890〗
rélative májor n. 〘音楽〙関係長調《イ短調に対するハ長調など》. 〖1848〗
rélative majórity n. 《英》相対多数《選挙で過半数以上を獲得した候補者・党がない場合の首位; cf. absolute majority》.
rélative máximum n. 〘数学〙**a** 極大《局所的な最大; local maximum ともいう; cf. absolute maximum》. **b** 極大値.
rélative mínimum n. 〘数学〙**a** 極小《局所的な最小; local minimum ともいう; cf. absolute minimum》. **b** 極小値.
rélative mínor n. 〘音楽〙関係短調《ト長調に対するホ短調など》. 〖1818〗
rélative molécular máss n. 〘物理〙相対分子質量《分子量 (molecular weight) の IUPAC 命名法規則による正式名称》.
rélative mótion n. 〘物理〙相対運動《ある座標系で見た物体の運動; cf. absolute motion》.
rélative permeabílity n. 〘電気〙比透磁率《物質の透磁率を真空の透磁率で割った値; 記号 μ_r》.
rélative permittívity n. 〘電気〙比誘電率《物質の誘電率を真空の誘電率で割った値》.
rélative pítch n. 〘音楽〙**1** 相対音高 (cf. absolute pitch). **2** 相対音感.
rélative prónoun n. 〘文法〙関係代名詞《関係詞の一種で, 先行詞を修飾する節を導く who, which, that などや名詞として働く節を導く who, whoever, what, whatever など》. 〖1530〗
rélative térm n. 相対語《関係を表す語 (father, employee など), または相対的な意味を持つ語 (hot, cold, strong, weak など)》. 〖1696〗
rélative thréshold n. 〘心理〙相対弁別閾(いき)《標準になる刺激を変えていき, 変化がようやく弁別できた場合の変化値を(絶対)弁別閾といい, この弁別閾の標準刺激値に対する比》.
rélative topólogy n. 〘数学〙相対位相, 誘導位相《位相空間の部分集合に自然に入る位相; 本来の開集合とその部分集合との共通部分を開集合とするもの: subspace topology ともいう》.
rélative velócity n. 〘物理〙相対速度《ある座標系で測定される物体の速度; cf. relative motion》.
rélative wínd n. 〘航空〙相対風《空気中のある物体から見た周囲の空気の動き》. 〖1918〗
rél·a·tiv·ism /-tɪvɪzm | -tɪ-/ n. **1** 〘哲学〙相対論, 相対主義. **2** 〘物理〙＝relativity 1. 〖1865〗
rél·a·tiv·ist /-vɪst | -vɪst/ n. 相対論者, 相対主義者. 〖1863〗

rel·a·tiv·is·tic /rèlətɪvístɪk | -tɪ-ˊ-/ *adj.* **1** 〖物理〗相対論的な: **a** 相対性理論による: ~ dynamics [mechanics] 相対論的力学 / ~ quantum mechanics 相対論的量子力学. **b** 光速に近い速さで運動している: a ~ electron 相対論的(取り扱いを要する高速の)電子 / a ~ velocity 相対論的(取り扱いを要するほどの大きな)速度. **2** 相対主義の. **rèl·a·tiv·ís·ti·cal·ly** *adv.* 〘1886〙

rel·a·tiv·i·ty /rèlətívəṭi | -vɪti/ *n.* **1** 〖物理〗相対性(原理): the principle of ~ 相対性原理 (Einstein の唱えた説; 光速度不変と等速運動の相対性を主張し時空を四次元ミンコフスキー空間とする特殊相対性理論 (special theory of relativity) と, 重力を時空の歪みとして記述する一般相対性理論 (general theory of relativity) とがある). **2** **a** 関係[関連]のあること, 関連性, 相関(性). **b** 関連[相関]性のあるもの; 相互依存. **3** 〖哲学〗相対論[主義]; 相対性: ⇨ RELATIVITY of knowledge.

relativity of knowledge [the ~] 〖哲学〗知識の相対性 (実在についての知識はすべて人間の心に依存し, 相対[相関]的であるとする説).
〘(*a*1834) cf. F *relativité*〙

rel·a·tiv·ize /rélətɪvàɪz | -tɪ-/ *vt.* **1** 相対的なものとする; 〈絶対的なものを〉相対化する. **2** …に相対性原理を適用する. **rel·a·tiv·i·za·tion** /rèlətɪvɪzéɪʃən | -tɪvaɪ-, -vɪ-/ *n.* 〘(1935): ⇨ -ize〙

re·lá·tor /-tə | -tə(r)/ *n.* **1** 物語る人. **2** 〖法律〗告発者 (informer). 〘(1591): □ L *relātor*: ⇨ relate, -or²〙

re·la·tum /rɪléɪtəm | -təm/ *n.* (*pl.* **re·la·ta** /-tə | -tə/) 関係項, 相関語[項], 関連名辞[項] (correlative) (cf. referent). 〘(1872) □ L *relātum* (neut.) ← *relātus*: ⇨ relate〙

rè·láunch *vt.* 再出発[再開]する; 〈商品などを〉再び売り出す[売り込む]. — /ˊ-ˋ-/ *n.* 再開; 再発売, (新規の)販売促進.

re·lax /rɪlǽks/ *vt.* **1** 精神的緊張から解放する, くつろがせる, 楽にさせる (cf. relaxed): A smoke ~*ed* him. たばこを一服して気分が軽くなった / ~ oneself くつろぐ / I am feeling ~*ed*. 楽な気分になってきた. **2** 〈注意・勉強・努力・勢力などを〉緩める, 緩慢にする, 控え目にする, 減じる (slacken, abate): ~ one's studies 勉強を控え目にする / ~ one's attention [efforts] 気[努力]を緩める. **3** **a** 〈緊張・堅いものなどを〉緩める: ~ the muscles 筋肉を緩める[ほぐす] / ~ one's hold [grasp] 握った手を緩める. **b** 〈便秘した腸に〉通じをつける: ~ the bowels. **4** 〈規律・訓練・刑罰などを〉寛大にする, 緩やかにする, 和らげる, 軽減する (mitigate): ~ a rule [discipline] 規則[訓練]を緩める[和らげる] / ~ a punishment 罰を軽減する / ~ censorship 検閲を緩める. — *vi.* **1** **a** 骨を休める, くつろぐ: ~ from a state of tension 緊張の状態からくつろぐ / ~ at the resort 保養地で骨休めをする **b** 精神的緊張を解く, 安心する, リラックスする: I cannot ~ when I drive a car. 車を運転するときには堅くなってしまう. **2** **a** 緩む, 弛緩(しかん)する: His hold [grip, hands] ~*ed*. 彼の握った手が緩んだ / Her grave face ~*ed into* a smile. 彼女の重々しい顔が緩んで笑顔になった. **b** 衰える, 弱くなる, 下火になる: ~ in one's force 力が衰える / You must not ~ in your efforts. 努力を緩めてはならぬ. **3** 緩やかになる, 和らぐ, なごむ, 寛大になる: His eyes ~*ed* from a formal expression to friendliness. 固い表情だった目つきが緩んで親しげな表情になった. **4** 便秘が直る. **5** 〖物理〗(高温・圧力などの突然の除去によって)平衡(へいこう)状態に戻る.
~·er *n.* 〘(*a*1398) □ (O)F *relaxer* // L *relaxāre* ← RE-¹+*laxāre* to loosen (← *laxus* 'LAX¹'): RELEASE と二重語〙

re·lax·ant /rɪlǽksənt, -snt/ *adj.* 緩める, 弛緩(しかん)させる, 緊張をほぐす. — *n.* 〖医学〗**1** 弛緩薬; (特に)筋弛緩薬. **2** 緩下(かんげ)薬 (laxative). 〘(1771) □ L *relaxantem*: ⇨ ↑, -ant〙

re·lax·a·tion /rìːlækséɪʃən, rɪlæk- | rìːlæk-, rèl-/ *n.* **1** 休養, 休息, 息抜き, くつろぎ (⇨ ease SYN); 気晴らし, 慰み, 娯楽 (recreation): ~ from one's labors 骨休め / His chief ~*s* were hunting and shooting. 彼の主な慰みは狩猟と射撃だった. **2** (緊張・筋肉・精神などの)緩み, 弛緩(しかん): undergo ~ 気が緩む. **3** (刑罰・義務などの)軽減; (規律・訓練などの)緩和, 手心: ~ of international tension 国際関係の緊張緩和[デタント]. **4** 〖数学〗緩和法 (変分法の考えに基づく逐次近似解法). **5** 〖物理〗緩和 (平衡状態へ漸近すること). 〘(1392) □ OF *relaxacion* // L *relaxātiō(n-)*: ⇨ relax, -ation〙

relaxátion oscillàtion *n.* 〖物理〗緩和発振, 弛張(しちょう)振動 (緩やかな減衰のあとに急激に振幅が増大する過程が周期的に繰り返される運動).

relaxátion òscillator *n.* 〖電子工・物理〗緩和発振器 (非正弦波発振器の一種).

relaxátion tìme *n.* 〖物理・化学〗緩和時間 (外的条件を突然変化させた時, 系が追随して新しい定常状態に到達するために必要な時間). 〘(1867) 1908〙

re·lax·a·tive /rɪlǽksətɪv | -tɪv/ *adj.* 弛緩(しかん)[緩和]性の, 緊張を和らげる: ~ reading. 〘1611〙

re·lax·a·to·ry /rɪlǽksətɔ̀ːri | -təri/ *adj.* =relaxative. 〘1581〙

re·laxed /rɪlǽkst/ *adj.* **1** くつろいだ, のんきな: a ~ atmosphere [dinner] くつろいだ雰囲気[夕食] / feel ~ くつろいだ気分になる. **2** ざっくばらんな, 格式ばらない (informal). **3** 緩やかな, 厳格でない, 寛大な. **re·láx·ed·ly** /-sɪdli, -stli/ *adv.* **re·láx·ed·ness** /-sɪdnɪs, -st-/ *n.* 〘1638–48〙

re·lax·in /rɪlǽksɪn | -sɪn/ *n.* 〖医学〗リラキシン, 子宮弛緩(しかん)因子 (骨盤靱帯(じんたい)を弛緩させ, 出産を促進する黄体ホルモン様物質). 〘(1930) ← RELAX+-IN²〙

re·lax·ing /rɪlǽksɪŋ/ *adj.* 〈場所・時間などが〉くつろがせる, リラックスさせる: spend a ~ holiday くつろいだ休暇を過ごす / The country life is very ~. いなかの生活はとてもゆったりしている.

relàxing clímate *n.* 体がだるくなるような気候 (cf. bracing).

re·láx·or *n.* 《米》縮れ毛をまっすぐにするもの, 縮毛矯正剤 (hair straightener). 〘← RELAX+-OR²〙

re·lay¹ /ríːleɪ | ríːleɪ, rɪléɪ/ *n.* **1** 〖スポーツ〗**a** リレー競走[競技] (relay race): a medley ~ 混合リレー. **b** [*pl.*] リレー競技会. **c** (リレー競走の)一区間 (leg). **2** **a** (仕事の)交替 (shift): work in [by] ~(*s*) 交替で働く. **b** (一組の)交代者, 新手(あらて): a new ~ of workers 新手の交替労働者. **c** 補給[補充, 備蓄]物資. **3** (テレビ・ラジオの)中継装置; 中継放送[番組]: The show was broadcast by ~. そのショーは中継放送された. **4** **a** (旅や狩猟で疲れた馬や犬に代わるべき一組の)換え馬, 継ぎ馬, 換え犬. **b** (継ぎ馬のある)宿場. **5** **a** リレーによる[リレー式の]運送[伝達, 転送]; 中継地点. **b** 次々と伝え送られるもの[伝達事項]. **c** 〖野球〗(ボールの)転送. **6** 〖電気〗継電器. **7** [R-] 《米》〖宇宙〗リレー衛星 (ラジオ・テレビ・電波中継用の低高度を回る一連の衛星). **8** 〖機械〗**a** リレー, 継電器, 中継器 (動力機構により調節される自動制御装置). **b** =servomotor. **9** 〖軍事〗逓伝(ていでん), 中継 (伝達事項を次々と伝え送ること).
— /ríːleɪ, rɪléɪ | ríːleɪ, rɪléɪ, riː-/ *v.* — *vt.* **1** 〖通信〗中継する. **2** 中継で送る. **3** **a** …の代わりを用意する. **b** 新手に代わらせる; …に継ぎ馬を供給する. **c** 新たに提供する. — *vi.* **1** 中継放送する. **2** 代わりを得る.
〘(1369) □ (O)F *relai* (F *relais*) (原義) hounds or horses held in reserve ← OF *relaier* to leave behind ← RE-¹+OF *laier* to leave, let (<L *laxāre* ← *laxus* 'LAX¹')〙

re·lay² /rìːléɪ/ *vt.* (**re·laid**) **1** 再び置く, 置き直す; 積み直す. **2** 〈敷石・鉄道・海底電信などを〉敷き替える. **3** 〈壁などを〉塗りかえる. **4** 〈税などを〉再び課す. 〘(1590): ⇨ re-¹, lay²〙

rélay bròadcast *n.* 〖通信〗中継放送: a stage ~ 舞台中継.

rélay fàst *n.* 《インド》リレー式ハンスト (relay hunger strike ともいう).

rélay gòvernor *n.* 〖機械〗間接調速機 (他力式調速機; 動力源を直接使わない).

rélay hòrse *n.* 継ぎ馬. 〘1802〙

rélay ràce *n.* 〖スポーツ〗リレー競走, 継走. 〘1898〙

rélay stàtion *n.* 〖放送〗中継局. 〘1923〙

rè·léarn *vt.* 再び学ぶ, 学び直す. 〘(*a*1711) ← RE-²+LEARN〙

re·leas·a·ble /rɪlíːsəbl/ *adj.* **1** 放免[解放]できる. **2** 免除できる. **3** 放棄できる; 譲渡できる. **4** 公表[発表, 公開]できる. **5** 〈スキーの締め具が〉(転倒したときなど)自動的にはずれる. **re·lèas·a·bíl·i·ty** /-səbíləṭi | -lɪti/ *n.* **re·léas·a·bly** *adv.* 〘(1611): ⇨ ↓, -able〙

re·lease /rɪlíːs/ *vt.* **1** 〔監禁・束縛・苦痛・心配などから〕釈放する, 放免する, 解放する, 自由にする (relieve) 〔*from*〕 (⇨ free SYN): be ~*d* on parole 宣誓して釈放される / Death ~*d* him *from* his torments. 死が彼を苦痛から解放した. **2** 〔仕事・義務・約束・罰などから〕〈人を〉免除する (remit) 〔*from*〕: ~ a person *from* his debt [promise] 人の借金[約束]を免除してやる / ~ a person for an interval of rest and refreshment 休憩時間の間休ませる. **3** 〔固定したもの・留めたものから〕放つ, 放出する, 離す, はずす, 投下する 〔*from*〕: ~ an arrow *from* a bow 弓から矢を放つ / ~ one's hold 握った手を放す / ~ hair *from* pins 頭髪のピンをはずす / ~ one's hair *from* the tight coil 固く結んで玉にしてあった髪をほどく / ~ a bomb *from* an airplane 飛行機から爆弾を投下する. **4** 〈映画・レコード・ニュースなどを〉封切りする, 公開する, 発売する; 発表[公表]する. **5** 〖法律〗(特に, 他人のために) 〈権利・主張などを〉放棄する, 譲る; 〈財産を〉譲与する, 譲渡する (convey): ~ a debt [claim] 債権[請求権]を放棄する. **6** 〖生理〗〈細胞・組織などがホルモンなどを〉血流に放出させる.
— *n.* **1** 解放, 釈放, 放免 (deliverance); (借金・税金・差押え・義務などからの)免除, 解除 (remission). **2** 救出, 救済 (liberation): His death was a happy ~ *from* great suffering. 彼の死は大きな苦痛からの幸福な解放であった. **3** (固定したもの・留めたものからの)放出, はずすこと, 発射; (爆弾の)投下 (discharge). **4** **a** 発表(物), 公開(物). **b** 公開[発表]された情報; (特に)報道陣向けの声明. **c** (映画の)封切(物): in [《英》 on] (general) ~ 〈映画が〉一斉封切されて. **d** (本・雑誌・レコード・ソフトなどの)発売(品), (食料・物資などの)放出(品): news [press] ~ / *Release* of the food will push prices down. (備蓄)食料を放出すれば値段は下がるだろう. **5** 〖法律〗**a** (権利の)放棄, 譲渡. **b** 放棄確認証, 譲渡証書, 免除証書. **6** 〖心理〗発散, 解除 (情動的緊張からの解放). **7** **a** 〖機械〗(仕掛けの)緩め; 釈放機. **b** (カメラの)レリーズ. **c** 〖機械〗(動作流体・液体の)吐出し; 放気装置; 放気時間. **d** 車両連結の切り離し. **8** 〖電気〗復旧 (動作中の機械・器具が平常状態に戻ること); 開放 (接続中の機械・器具が平常状態に戻ること); 解錠, 釈放 (電磁力による拘束状態からの引き離し). **9** 〖音楽〗リリーズ (⇨ bridge¹ 9). **10** 〖音声〗(閉鎖音の)開放, 破裂 (plosion).
〘n.: (*a*1325) □ OF *reles* ← *relaissier*. — v.: (?*a*1300) *reles(s)e(n)* □ OF *relaissier* to remit <L *relaxāre* 'to RELAX': RELAX と二重語〙

rè·léase *vt.* 〈土地・家屋を〉新たに契約して貸す. 〘1828〙

reléase àgent *n.* 〖化学工業〗離型剤 (鋳型から鋳物を取り出しやすくするための潤滑剤). 〘1960〙

reléase còpy *n.* 〖ジャーナリズム〗**1** リリースコピー, 公表前発行者 (公表日時を指定した発表文・公表文書). **2** リリースコピーの内容.

reléase dàte *n.* (新聞雑誌で)リリースコピーの公表日時. 〘1910〙

re·léased tíme [péríod] *n.* **1** 《米》リリースタイム (公立学校の生徒が学校外で宗教教育を受けるために学校の授業を受けなくてもよい時間). **2** リリースタイム (企業が従業員の教育または社会的活動のために勤務時間中に解放する時間). 〘1941〙

re·leas·ee /rɪlìːsíː/ *n.* **1** (債務などの)被免除者. **2** 〖法律〗(権利・財産の)譲受人 (cf. releasor). 〘(1744) ← RELEASE+-EE¹〙

re·léase·ment *n.* 《古》釈放, 解放, 放免; 免除, 解除. 〘1548〙

reléase prìnt *n.* 〖映画〗映写用プリント. 〘1937〙

re·léas·er *n.* **1** 解放者, 釈放者. **2** 放気装置; 緩め装置. **3** 〖生物〗解発因, レリーサー (複雑な反射行動を起こさせる引き金となる刺激). 〘1651〙

reléase thèrapy *n.* 〖心理・精神医学〗解除療法 (欲求や感情などを発散させる心理療法).

re·léas·ing fàctor *n.* 〖生理〗(下垂体ホルモンの)放出[遊離]因子, リリーシングファクター (脳の視床下部で分泌される). 〘1965〙

re·léa·sor *n.* 〖法律〗権利放棄者; (権利・財産の)譲渡人 (cf. releasee). 〘(1628): ⇨ -or²〙

rel·e·ga·ble /rélɪgəbl/ *adj.* **1** 左遷すべき; 追いやるべき. **2** 帰せられる, 属させうる. **3** (他に)委託できる, 委(ゆだ)せられる. 〘(1895): ⇨ ↓, -able〙

rel·e·gate /réləgèɪt | -lɪ-/ *vt.* **1** **a** 〔重要でない状態・地位に〕追いやる, 退ける, 左遷する 〔*to, into*〕 (⇨ commit SYN): ~ some old books *to* the attic 何冊かの古本を屋根裏部屋に放り込んでしまう / be ~*d to* the past [*into* oblivion] 過去のものとして[忘却の中に]葬られる. **b** 追放する (banish). **2** 〔ある種類・等級などに〕属させる, 所属させる, 帰する 〔*to*〕: ~ a new plant *to* a certain family 新植物をある科に入れる. **3** 〈チームを〉下位のリーグに落とす; 《英》〖サッカー〗格下げする (サッカーチームを連盟 (1928 年創立)の下位クラスに格下げする). **4** 〈事件・仕事などを〉〔…に〕移す, 付託する, 委(ゆだ)せる, 照会する (consign, commit) 〔*to*〕: ~ a question *to* a committee [another authority] 問題を委員会に付託する[他の権威へ問い合わせる]. 〘(*a*1420) ← L *relēgātus* (p.p.) ← *relēgāre* to banish ← RE-¹+*lēgāre* to send: ⇨ legate¹, -ate³〙

rel·e·ga·tion /rèləgéɪʃən | -lɪ-/ *n.* **1** 追放, 格下げ, 降格; 〖ローマ法〗一般的追放 (市民的権利の喪失を伴わない一時的追放). **2** 付託, 委任.

re·lent /rɪlént/ *vi.* **1** 優しくなる, 寛大になる, 心が解ける, 気が和らぐ; 哀れに思う (⇨ yield SYN): ~ at the sight of misery 哀れな様子を見て不憫(ふびん)に思う. **2** 〈風などが〉弱くなる, 緩む. **3** 《廃》(決心・態度を捨てて)折れる (yield). — *vt.* **1** 《古》…の心を打ち解けさせる, …に不憫に思わせる. **2** 《廃》緩める, 弱める. **3** 《廃》〈考えなどを〉捨てる, やめる (give up). 〘(1392) *relente(n)* □ AF *relenter* ← *relent* ← RE-¹+L *lentus* soft: ⇨ LITHE¹〙

re·lént·ing /-tɪŋ | -tɪŋ/ *adj.* 優しい, 和らいでいる; 言いなり放題になる (yielding); 心の打ち解けている, 不憫(ふびん)に思う. **~·ly** *adv.* 〘(1590–91): ⇨ ↑, -ing²〙

re·lent·less /rɪléntlɪs/ *adj.* **1** 〈追求・争いなどが〉いつまでも続く, 止むことのない; 〈圧力・暑さなど〉弱まることのない: the ~ summer heat 少しも弱まらない夏の暑さ. **2** 無情な, 容赦ない, 仮借(かしゃく)ない, 邪慳(じゃけん)な (⇨ implacable SYN): They are ~ in punishing offenders. 彼等は容赦なく違反者を罰する. **~·ly** *adv.* **~·ness** *n.* 〘(1592): ⇨ relent, -less〙

rè·lét 《英》 *vt.* 〈土地・家屋などを〉再び貸す, 更新して貸す. — /ˊ-ˋ-/ *n.* 再び貸すこと, 再賃貸; 再び貸す住居. 〘1780〙

rel·e·vance /réləvəns, -vənts | -lɪ-/ *n.* **1** 関連(性), 適切, 適当: His comments have [bear] little ~ to this matter. 彼の発言はこの問題とほとんど関連がない. **2** 〖電算〗(使用者の必要とするデータの)検索能力. 〘1733〙

rél·e·van·cy /-vənsi/ *n.* =relevance. 〘1561〙

rel·e·vant /réləvənt | -lɪ-/ *adj.* **1** (当面の問題に)関連した, 適切な (pertinent), 当てはまる (applicable) 〔*to*〕: matters ~ *to* the subject 問題に直接関係のある事柄 / a ~ question 適切な質問. **2** 〔…と〕相対的な, 相応する 〔*to*〕. **3** 目的をもった, 有意味な. **4** 〖電算〗(使用者の必要とするデータの)検索能力のある.
~·ly *adv.* 〘(1560) □ ML *relevantem* (pres.p.) ← L *relevāre* to raise up, assist: ⇨ relieve〙

SYN 関係がある: **relevant** 当面の事柄に密接な(論理的)関係がある: data *relevant* to the subject その主題と関係のある資料. **germane** 密接な関係があって適切な: a remark hardly *germane* to the issue 問題とほとんど関係のない言葉. **pertinent** 考慮の対象になっている事柄と決定的に関係がある (格式ばった語): His answer was quite *pertinent* to the question. 答えは質問にぴったりだった. **apposite** 非常に適切な (格式ばった語): an *apposite* answer ぴったりした答え. **ANT** extraneous.

---

re·le·vé /rèləvéɪ; F. ʀəlve/ *n.* **1** 〖バレエ〗ルルヴェ (かかとを床につけた状態から(完全に, もしくはある程度)爪先立ちになる動作). **2** 〖生態〗ルルベ, 調査目録 (植生調査のサンプルとなる調査区). 〘(1930) □ F ~ 'raised' (p.p.) ← *relever* to raise: ⇨ relieve〙

re·li·a·bil·i·ty /rɪlàɪəbíləṭi | -lɪti/ *n.* **1** 信頼できること, 当てになること, 信頼性[度], 確実性, (証拠・証言・報告

R

書・数字などの)信憑(しんぴょう)性. 2 〖心理・工学〗(テスト・実験などの)信頼性《何度試みても同一の結果が得られる範囲》. 3 〖統計〗 a 信頼性《製品などの時間的安定性の程度》. b 信頼度《製品などが定められた期間に定められた機能を持ち続ける確率》. 〖(1816): ⇨ ↓, -ity〗

re·li·a·ble /rᵻláɪəbl̩/ *adj.* 1 信用の置ける, 信頼できる, 当てになる, 頼もしい (dependable), 確かな, 確実な (sure): a ~ man 信用の置ける人 / ~ sources 確かな筋 / It is reported on ~ authority that ...確かな筋からの報道によれば...である. 2 〖心理・工学〗(テスト・実験などで)同じ結果が得られる, 信頼性のある. 3 〖統計〗 a 信頼性が高い. b 信頼度が規定の確率より高い. **~·ness** *n.* 〖(1569) ← RELY+-ABLE〗

SYN 信頼できる: **reliable** 〈人や物が〉期待・要求に応じて頼りになる: a *reliable* assistant [watch] 信頼できる助手[時計]. **dependable** 〈人や物が〉危機に際して頼ることができる《沈着・着実を暗示する》: a *dependable* friend [car] 頼りになる友人[車]. **trustworthy** 〈人, 時に物〉の真実・信頼度などが十分に当てにできる《最も意味の強い語》: a *trustworthy* witness 頼みになる証人. **trusty** 《古・戯言》〈人や物が〉長い経験から十分信頼できる: a *trusty* servant 当てになる召使. **ANT** dubious.

---

re·lí·a·bly /-bli/ *adv.* 信頼できるように, 当てになるように, 確実に: We are ~ told that ...と確かな筋から聞いている. 〖(1864): ⇨ ↑, -ly¹〗

re·li·ance /rᵻláɪəns, -ənts/ *n.* 1 信頼, 信用, 信任 (trust); 当て, 頼み, 依頼; 依存 (dependence) 〔*on, upon, in*〕: place [put] ~ *on* [*in*] ...を信頼する / feel [have] no ~ *on* ...を頼みと思わない / I waited in ~ *on* your promise. 君の約束を当てにして待っていた. 2 頼りにする人[物], 心頼み, より所: My ~ is my own courage. 私の頼みとするところは自分の勇気だ / This well is our chief ~. この井戸が我々の一番の頼りだ. 〖(1607–8) ← RELY+-ANCE〗

re·li·ant /rᵻláɪənt/ *adj.* 1 信頼する, 頼る, 頼み[当て]にしている (confident) 〔*on, upon*〕: be ~ *on* [*upon*] one's parents 両親を当てにしている. 2 独立独行の (self-reliant). 3 確信した (confident). **~·ly** *adv.* 〖(1856) ← RELY+-ANT〗

rel·ic /rélɪk/ *n.* 1 [通例 *pl.*] (過去の)遺物 (remnant): precious ~*s* of ancient days 古代の貴重な遺物 / historic ~*s* 歴史的遺物, 史跡; 遺跡. 2 (過去の風習・信仰・考え方などの)面影, 名残り, 遺風 (survival): a ~ of a superstitious age 迷信時代の名残り / an odious ~ of the imperialist age 帝国主義時代の厭(いと)わしい名残り[残存物] / Death penalty is a ~ of human barbarism. 死刑は人間の蛮風の名残りだ. 3 a 形見, 遺品 (memento), 記念品 (souvenir). b 《口語》過去の遺物みたいな人, よぼよぼの老人. c [*pl.*] 《古》遺体, 遺骨, 遺骸 (remains). 4 〖教会〗聖遺物, 聖遺骨《聖人などの死体の一部または身の回りの品を崇敬物として保存したもの》. 5 〖生態〗=relict 2. 6 〖地質〗=relict 3. 7 〖言語〗(かつては広い地域で用いられていたが現在では遠隔の地だけに残っている)残存語[発音, 形態]. 〖(?a1200) relik ◻ (O)F *relique* ◻ L *reliquiae* (⇨ reliquiae) ∞ OE *reliquias* ◻ L *reliquiās* (acc.pl.)〗

R

rélic àrea *n.* 〖言語〗残存語地域, (古語)残留地域《他の地域では使われなくなった, (特有の)残存する言語を使っている地域》. 〖1953〗

rel·ict /rélɪkt/ *n.* 1 a 生存者, 残存者 (survivor). b [*pl.*] 残存物, 遺物. 2 〖生態〗残存種, 異存種, 遺存種, 残存生物, 生き残り《過去から現在までの気候などの環境条件の変化に耐えて生き残った生物種; 普通狭い地域に生息している》. 3 〖地質〗レリック《残存鉱物, 残存組織, 残存構造(変らないで残っている物)のこと》. 4 〖◻ ML *relicta* widow (fem.) ← L *relictus*〗《古》未亡人, 寡婦 (widow). — *adj.* 1 〖生態〗残存種の[に関する]. 2 〖地質〗(浸食・風化作用で)残存している (residual): ~ minerals 残存鉱物 / a ~ structure 残存構造. 3 《古》生き残った; (特に)やもめになった. 〖(?c1440) ◻ OF *relicte* ◻ L *relictus* (p.p.) ← *relinquere* 'to RELINQUISH'〗

re·lic·tion /rᵻlíkʃən/ *n.* 1 〖地質〗海水・湖水などが退いてできた土地. 2 〖法律〗増地, 露呈地《海・湖・河川の永久的後退によって生じたもの; 隣接地主の所有地とされる; dereliction ともいう》. 〖(a1676) ◻ L *relictiō(n-)*: ⇨ ↑, -ion〗

re·lief¹ /rᵻlíːf/ *n.* 1 a (苦痛・心配・圧迫などの)除去, 軽減 (removal); 安楽, 安心 (ease): afford great ~ to the pain 苦痛を大いに和らげてくれる / The medicine brought ~. 薬が効いて楽になった / feel a sense of ~ ほっと安心する / find ~ from ...を免れて楽になる / give a sigh of ~ ほっと一息する / to my great ~ 大いに安心したことには. b 苦痛[心配, 圧迫など]を除去するもの[方法], 安心[安堵(あんど)]を与えてくれるもの: It is a ~ to come across an optimist. 楽天家に出会うとほっと救われた気持ちになる / What a ~! ああ, ありがたい / It was an immense ~ to find that my family were all safe. 家族がみな無事だったのでほっとした. 2 a (貧民・難民・苦境にある軍隊などの)救助, 救済, 救援 (help, aid): for the ~ of ...の救済のために / ~ of the poor 貧民救済 / be in need of ~ 救助の必要がある / indoor [outdoor] ~ 〖英史〗(救貧法による)救貧院内[院外]救済 / recipients of public ~ 公共の救済を受ける人たち / The reinforcements were sent to the ~ of the besieged garrison. 援軍が包囲された守備隊の救援に派遣された. b 救援金[物資], 救助食糧. 3 a 任務からの解放; 交代[替]: the ~ of a guard 番兵の交代. b 交代者, 交代兵 (relay). 4 a 退屈しのぎ, 気散じ, 気晴らし, 慰安, 息抜き: A comic scene follows by way of ~. その後に息抜きに喜劇的場面が来る / seek ~ from the world in Wagner's "Parsifal" ワーグナーの「パルジファル」を聞いて浮世の憂さを忘れる / a welcome ~ ありがたい[けっこうな]息抜き. b 退屈しのぎ[気晴らし]になるもの; 薬: a ~ to the eye 目の法楽《変っていて珍しい物》/ horehound, an age-old ~ for coughs 昔から咳止めの妙薬となっているニガハッカ. 5 〖法律〗(訴訟上の)救済 (remedy, redress). 6 〖封建法〗相続上納金《後継者が土地を相続する際, 領主に支払った金; cf. heriot》. 7 〖機械〗密閉された空間(タンクなど)を一定圧力以上の状態または真空状態から解放すること. 8 〖文学・演劇〗 a 場面や動きを急に変え, それまでの昂揚の息抜きをすること. b =comic relief. 9 [形容詞的に] a 救済(用)の, 救済となる[のための]: ⇨ relief pitcher / a ~ society 救済会 / a ~ fund 救済基金. b 臨時の: a ~ bus 臨時増発バス. ***on relief*** 《米》〈失業者などが〉政府の救済を受けて. 〖(a1338) *relef* ◻ AF *relif*=(O)F *relief* ← *relever* 'to RELIEVE'〗

re·lief² /rᵻlíːf/ *n.* 1 〖美術〗 a 浮彫り, レリーフ; 盛上げ; (絵画で)浮き上がったように描くこと, 輪郭の際立たせ (relievo): ⇨ high relief, low relief, demirelief, sunk relief. b 浮彫り細工: the profile of Elizabeth II *in* ~ エリザベス二世の横顔の浮彫り像. 2 目立つ[際立つ]こと; 卓越; 鮮明さ (vividness); 対照, (対照による)強調 (contrast, emphasis): bring [throw] something into (sharp) ~ あるものを(はっきり)目立たせる / The mountains stand out *in* bold [sharp, clear] ~ against the blue sky. 山々は青空にくっきりと際立ってそびえている / bring out the fact *in* full ~ 事実を躍如たらしめる / His deeds stand out *in* ~. 彼の功績は異彩を放っている. 3 〖地理〗 a (土地の)起伏, 高低 (elevations). b =relief map. 4 〖機械〗逃げ角 (relief angle) をつけること《切削工具と仕上り面が触れないように, 工具の刃にある角度をつけること》. 5 〖印刷〗凸版《版面の突起した部分によって印刷する技法》. 6 [形容詞的に] a 浮彫りにした. b 表面に凹凸(おうとつ)のある: ⇨ relief map. c 活字印刷(用)の: ⇨ relief printing. 〖(1662) ◻ F ~ ∥ It. *rilievo* ← *rilevare* 'to raise, RELIEVE' ∞ 《廃》*releve* ◻ It.〗

Relíef Chùrch *n.* [the ~] 救済教会 (cf. United Presbyterian Church). 〖1761〗

re·líef·er *n.* 1 公共の救済を受ける人. 2 〖野球〗= relief pitcher. 〖1936〗

relíef fràme *n.* 〖機械〗調圧環《蒸気機関のすべり弁の摩擦力を和らげるために設けられたリング》.

relíef màp *n.* 〖地理〗レリーフマップ, 起伏地図: 1 (立体)模型地図《種々の技法により, 地形の高低を立体的に表した地図; 通例起伏を実際よりも誇張してある》. 2 けば・ぼかし・段彩などで起伏を表した地図. 〖1876〗

relíef pìtcher *n.* 〖野球〗救援投手, リリーフピッチャー (cf. starting pitcher). 日英比較 日本語で野球の救援投手を「リリーフ」というのは和製英語. 〖c1949〗

relíef prìnting *n.* 〖印刷〗=letterpress 1 a. 〖1875〗

relíef ròad *n.* 混雑緩和のための道路, わき道, バイパス (bypass). 〖1940〗

relíef tùbe *n.* 〖宇宙〗非常排出管《宇宙飛行中に, 尿を体から容器へ運ぶ管》.

relíef vàlve *n.* 〖機械〗逃がし弁, 安全弁 (safety valve) 《容器・ボイラー内の圧力が規定以上に上昇した時, それを制限圧まで下げるために作用する弁》. 〖1849〗

re·lí·er *n.* 信頼者, 依頼者 〔*on, upon*〕. 〖(1593–94): ⇨ rely, -er¹〗

re·liev·a·ble /rᵻlíːvəbl̩/ *adj.* 1 救済できる; 救出できる. 2 楽にできる, 安心させられる. 3 軽減できる. 4 浮き上がらせられる, 目立たせられる. 〖(1670): ⇨ ↓, -able〗

re·lieve /rᵻlíːv/ *vt.* 1 a 〈心配・苦痛・厄介(やっかい)物・窮乏などを〉少なくする, 和らげる, 緩和する, 軽減する, 除去する, 免れさせる (mitigate); 〈圧力・重さなどを〉減少させる, 軽くする: ~ distress / a medicine to ~ an aching head 頭痛を[直す]薬. b 〔苦痛などを除いて〕〈人を〉安心させる, 楽にさせる (free) 〔*from, of*〕: ~ a person *from* sorrow [fear, doubt] 人の悲しみ[恐怖, 疑念]を取り除いてやる / ~ one's feelings うっぷん[気分]を晴らす / ~ a person *of* a headache 人の頭痛を直してやる. c 〈人〉から〔荷物・義務・重職などを〕除去する, 解放する, 免除する 〔*of*〕: ~ a person *of* a load 人の荷をおろして(運んで)やる / ~ a person *of* a task 人の仕事を免除してやる / Let me ~ you *of* your bag. かばんをお持ちしましょう / He ~*d* me *of* my overcoat. 彼は私のコートを脱がせてくれた / He was ~*d of* his post (at his own request). 彼は(依願)免職になった. d 《戯言》〈人〉から〔物を〕失敬する, 盗む, ふんだくる 〔*of*〕: ~ a person *of* his wallet 人の札入れを盗む[ふんだくる]. 2 a 〈貧窮民を〉救済する (help): ~ the poor and needy [the distressed] 貧窮民[難民]を救済する. b 〈包囲された都市などの〉包囲を解く, 救援する: ~ a besieged town. c 〈人を〉〔危険・窮地・苦痛などから〕救い出す, 脱却させる, 救助する (rescue) 〔*from*〕: ~ a person *from* pain. 3 [通例 p.p. 形で] 安める, 安心させる, ほっとさせる (cf. relieved): I was ~*d at* [*to* hear] the news. その知らせを聞いて安心した / He seemed ~*d that* she was smiling. 彼女が笑っていたので彼はほっとしたようだった. 4 a 〈番兵などを〉交替する; 自ら交替して(または交替者を出して)休ませる: ~ a switchboard operator 電話交換手を交替する / ~ guard 歩哨(ほしょう)を交替する / You will be ~*d* at 10:30. 十時半に交替させる[交替してやる]. b 〖野球〗〈投手を〉交替させる, リリーフする. 5 (変化などによって)〈退屈を〉紛らす; ...の退屈を紛らす, 気を晴らす, 単調さを救う: ~ one's boredom / He ~*d* the gloomy silence with some witty jokes. 気のきいた冗談を言って陰気な沈黙を破った / a black dress ~*d* with white lace 白レースで引き立てた黒のドレス. 6 [~ one*self* で] 用便を足す, 排尿[排便]する. 7 〖法律〗〈義務・負担などを〉(法的措置によって)免れさせる, 援助する, 免除する, (訴訟などによって)救済する, 軽減する. 8 〖機械〗 a 〈密閉空間を〉一定以上の圧力から解放する. b 〈密閉空間を〉一定の圧力まで下げる. 9 〖cf. relief²〗 a 浮き上がらせる, 引き立たせる, 際(きわ)立たせる: The tower was ~*d against* the evening sky. 塔は夕空にくっきり浮き上がっていた. b 〖美術〗浮彫り(細工)にする. 10 《廃》再び引き上げる.
— *vi.* 1 救援する. 2 〖野球〗救援投手[リリーフ]をつとめる. 3 くっきりと浮き上がる, 際立つ.
〖(c1370) *releve(n)* ◻ (O)F *relever* <L *relevāre* to raise again, lighten ← RE-¹+*levāre* to lift (← *levis* 'LIGHT²')〗

SYN 鎮める: **relieve** (苦痛・苦悩・不安などを)我慢できる程度に減じる: *relieve* a person from pain 人の痛みを軽減する. **alleviate** 一時的に〈苦痛・不幸などを〉軽減する《その根源はまだ残っていることを暗示する》: This drug will *alleviate* a toothache. この薬で歯痛が軽くなるはずだ. **lighten** 〈圧迫・抑圧〉の重荷を減じる: *lighten* the cares of life 人生の苦労を軽くする. **lessen** 〈強さや厳しさを〉部分的に軽減する: This will greatly *lessen* the pain. これで痛みがずいぶん減るでしょう. **mitigate** 〈怒り・苦痛・悲しみ・罰などを〉軽減する: *mitigate* his anxiety 彼の不安を和らげる. **ANT** intensify.

---

re·lieved /rᵻlíːvd/ *adj* ほっとした, 安心の様子[表情]の (cf. relieve *vt.* 3): in a ~ tone ほっとした口調で. **re·liév·ed·ly** /-vᵻdli, -vd-/ *adv.* 〖1824〗

re·liév·er *n.* 1 救済者[物]; 慰める[苦しみを和らげる]者[物]. 2 〖機械〗緩和装置《圧力・ひずみ等を緩和するための装置の総称》. 3 〖野球〗=relief pitcher. 〖(c1450): ⇨ -er¹〗

re·liév·ing àrch *n.* 〖建築〗隠しアーチ《壁内の中に埋め込まれたアーチ; 開口部の上の壁面の補強に用いる; discharging arch ともいう》. 〖1850〗

relíeving tàckle *n.* 〖海事〗予備舵取りテークル《波浪による舵への衝撃を和らげ, 舵の向きを保つためのテークル装置》. 〖1769〗

re·lie·vo¹ /rᵻlíːvou, -liéɪ- | -vəu/ *n.* (*pl.* ~s) 〖美術〗浮彫り, レリーフ, 盛上げ (relief): in ~ 浮彫りにして[した] / ⇨ alto-relievo, basso-relievo, cavo-relievo, mezzo-relievo. 〖(1625) 《変形》← It. *rilievo*: ⇨ rilievo〗

re·lie·vo² /rᵻlíːvou | -vəu/ *n.* 〖遊戯〗(隠れた組と捜す組の二手に分かれてする)集団かくれんぼ《ring-a-lievo ともいう》. 〖(1888) ← ? RELIEVE+-O〗

relig. 《略》religion.

rè·líght *vt.* 再び点火する. — *vi.* 再び火がつく[燃える]. 〖1645〗

re·li·gieuse /rəliʒǿːz; *F.* ʁəliʒjøːz/ *n.* (*pl.* ~s /~; *F.* ~/) 修道女 (nun). 〖(1694) ◻ F ~ (fem.): ↓〗

re·li·gieux /rəliʒǿː; *F.* ʁəliʒjø/ *n.* (*pl.* ~) 修道士 (monk) (cf. religious *n.*). 〖(1654) ◻ F ~ 《原義》religious〗

re·lig·i·o- /rᵻlídʒiou, -dʒou | -dʒiəu, -dʒəu/ 「宗教; 宗教と...との」の意の連結形: *religio*-centric 宗教中心の / *religio*philosophical 宗教哲学的な. 〖↓〗

re·li·gion /rᵻlídʒən/ *n.* 1 a 宗教: believe in ~ 宗教を信じる / practice a [one's] ~ 宗教を信仰する / ⇨ natural religion, revealed religion. b (特定の)宗教, 宗旨, ...教: the Christian [Buddhist] ~ キリスト教[仏教] / the established ~ 国教. 2 a 宗教心, 信仰, 信心: the life of ~ 信仰生活 / a man without ~ 信仰のない人 / freedom of ~ 信仰の自由. b 修道生活: be in ~ 修道生活をしている, 修道士[女]である / enter (into) ~ 修道生活に入る, 修道士[女]になる / a nun in her twentieth year of ~ 20 年の経歴を持つ修道女 / She is, in ~, Sister Mary. 彼女の修道名はシスターメアリーである. 3 (宗教のように)信奉するもの, 信条, 専念するもの: make (a) ~ of doing=make it ~ to do 堅く守って必ず...する, ...することを欠かさない / Money-making is his ~. 金もうけが彼の信条だ. 4 《古》 a 勤行(ごんぎょう), 礼拝. b [*pl.*] 宗教儀式 (rites). 5 《廃》献身, 誠意 (cf. Shak., *Romeo* 1. 2. 88).
expérience relígion 《米》信仰に入る, 入信する. ***find relígion*** (霊的経験によって)信仰を得る (cf. find *vt.* 3). ***gèt relígion*** 《口語》(1) =*experience* RELIGION. ★《英》では通例戯言的に用いる. (2) 良心的になる; 熱心になる. 《1772》 ***proféss relígion*** (1) (公に何か)宗教を信仰する, 入信している: *profess* no ~ 無宗教である. (2) 修道士の誓いを立てる.
〖(?a1200) ◻ (O)F ~ ∥ L *religiō(n-)* reverence for gods, fear of God ← ? *religāre* to bind strongly (to one's faith) ← RE-¹+*ligāre* to bind, fasten: ⇨ ligature, -ion〗

re·lí·gion·àr·y /-dʒənèri | -dʒ(ə)nəri/ *n.* 《廃》聖職者; 出家, 修道士[女]. — *adj.* =religious. 〖(1663): ⇨ ↑, -ary〗

re·lí·gion·er /-dʒ(ə)nə | -nə^(r)/ *n.* 1 修道士, 出家. 2 熱心な宗教家, 信心家. 〖1812〗

re·lí·gion·ìsm /-dʒənìzm/ *n.* 1 宗教に凝ること, 狂信, 信心三昧(ざんまい). 2 信心家ぶること, えせ信心. 〖1791–1823〗

re·lí·gion·ist /-dʒ(ə)nᵻst | -nɪst/ *n.* 1 狂信的な信心家. 2 えせ信心家. 〖1653〗

re·lí·gion·ize /-dʒənàɪz/ *vt.* 1 〈人〉に信心を起こさせる. 2 宗教的に解釈[理解]する. 〖1716〗

relígion·less *adj.* 1 無宗教の. 2 信仰[信心]のない. 〖1750〗

re·li·gi·ose /rɪlíʤiòʊs, ─ ─ ─́ ─ | rɪlíʤiəʊs, -əʊz/ *adj.* 狂信的な, 宗教に凝り過ぎた. 〖《1853》□ L *religiōsus*: ⇨ religion, -ose[1]〗

re·li·gi·os·i·ty /rɪlìʤiɑ́(ː)səṭi | -ɔ́sɪti/ *n.* **1** 信心深いこと. **2** 信心ぶること, えせ信心. **3** 狂信的信仰, 信仰の凝り過ぎ, 狂信. 〖《c1384》 *religiosite* □ L *religiōsitā-tem*: ⇨ ↑, -ity〗

re·li·gious /rɪlíʤəs/ *adj.* **1** 宗教の[に関する, を教える] (↔ secular): a ~ book 宗教書 / a ~ question 宗教問題 / a ~ scholar 宗教学者 / a ~ reformation 宗教改革 / a ~ war 宗教戦争. **2 a** 宗教的な, 信仰の; 信心深い, 敬虔(けいけん)な, 敬神の念の厚い (pious) (⇨ devout SYN): a ~ life 信仰[宗教, 修道]生活 / a ~ man 信心家 / ~ ecstasy 法悦 / ~ services 礼拝. **b** [the ~; 名詞的] 信心家たち, 宗教家たち. **3 a** 良心的な, 細心な (conscientious); 謹直な, 厳正な (strict): with ~ care [exactitude] 細心の注意をもって[きわめて正確に]. **b** 熱烈な, 熱心な (fervent): ~ zeal 猛烈な熱意. **4** 戒律に服する, 修道の; 修道会の, 修道会に属する: a ~ order 修道会.
— *n.* (*pl.* ~) 修道者, 修道士 (monk), 修道女 (nun): the hard life of a ~ 修道者の辛苦の生活 / I saw some ~. 何人かの修道士[女]に会った.
Relígious of the Cénacle 〘カトリック〙最後の晩餐の聖母修道会会員 (1826 年フランスに創立され, 女子に黙想を指導する女子修道会の会員).
Relígious of the Sácred Héart 〘カトリック〙聖心会会員 (1800 年フランスに創立された女子教育を目的とする修道会の会員).
Relígious Society of Fríends [the —] = SOCIETY of Friends.
~·ness *n.* 〖《?a1200》□ OF ~ (F *religieux*) □ L *religiōsus* ← *religiō(n-)* (↑): ⇨ religion, -ous〗

relígious formátion *n.* 宗教教育 (修道者としての養成・訓練).

relígious hòuse *n.* 修道院 (convent). 〖1538〗

re·lí·gious·ly *adv.* **1** 信心深く, 敬虔(けいけん)に. **2** 宗教的に, 宗教上. **3 a** 良心的に, 細心に, 丹念に (conscientiously); 厳正に: observe the rule ~ 規則を厳守する. **b** 几帳面に. **4** 熱烈に, 熱心に (fervently). 〖*c*1384〗

rè·líne *vt.* **1** …の裏を取り換える. **2** …に線を引き直す. 〖1851〗

re·lin·quish /rɪlíŋkwɪʃ/ *vt.* **1** 〈習慣・企画・希望・信仰・故郷・生国などを〉捨てる, 放棄する, やめる, …から手を引く (give up): ~ a plan of reform 改革の計画を放棄する. **2** 〈所有地・陣地などを〉放棄する (renounce); 〈権利・財産などを〉譲渡する, 手離す: ~ a claim 要求を放棄する / ~ a position to the enemy 陣地を敵の手に渡す / ~ one's secret tapes (手もとに押えていた)秘密のテープを差し出す. **3** 〈握っている物を〉放す, …の手をゆるめる (let go, loosen): ~ one's hold of a rope 綱を握っている手を放す. **4** 《廃》見放す. **~·ment** *n.* 〖《1454》□ OF *relinquiss-* (stem) ← *relinquir* □ L *relinquere* ← RE-[1] + *linquere* to leave (cf. lend, loan[1]): ⇨ -ish[2]〗

SYN 放棄する: **relinquish** やむを得ず〈望ましいものを〉放棄する, 棄てる (格式ばった語): *relinquish* one's long-cherished desire 永年の宿望を捨てる. **abandon** 疲労・落胆などのため〈希望・計画などを〉すっかり放棄する: *abandon* all hope すっかり希望を捨てる. **forgo** 都合でまたは他人のために〈快楽・利益を〉断念する: They used to *forgo* meat during Lent. 四旬節の間は肉を断つのが常であった. **waive** 〈権利・要求などを〉自発的に放棄する (格式ばった語): *waive* a claim 要求を放棄する. **quit** 〈持っているものを〉手放す: *quit* one's house 家を手放す. **give up** すること[持つこと]をやめる: You should *give up* smoking. たばこはやめるべきだ. **ANT** keep.

---

rel·i·quar·y /réləkwèri | -lɪ̀kwəri/ *n.* 聖遺物匣(こう), 聖骨箱, 聖遺物箱. — *adj.* 遺骨[遺物, 遺跡]の[に関する]. 〖《1656》□ F *reliquaire* ← (O)F *relique* 'RELIC': ⇨ -ary〗

re·lique /rɪlíːk, rélɪk; *F.* ʁəlik/ *n.* 《古》 = relic.

re·liq·ui·ae /rɪlíkwiìː, -wiàɪ | -kwìː/ *n. pl.* **1** なきがら, 遺骨. **2** (動植物の)化石; 遺存種 (過去に栄え, 現在では衰えて生き残っている生物), 生きている化石. 〖《1654》□ L ~ 'remains, relics' ← *reliquus* remaining (adj.) ← *relinquere* 'to RELINQUISH'〗

rel·ish[1] /rélɪʃ/ *vt.* **1** おいしく食べる, 賞味する, 味わう: ~ one's food 食物をおいしく食べる. **2** たしなむ, 楽しむ, 好む (like, appreciate): ~ a joke しゃれの味が分かる / He does not ~ my advice. 私の忠告をありがたがらない / She won't ~ having to do all that work. 彼女はその仕事を全部やらなければならないのを嫌がるだろう. **3** 〈地位・職権・役割などを〉ゆっくりかみしめる, しみじみ味わう: She was ~*ing* her role as hostess. (宴会の)ホステス[女主人公]の楽しさを満喫していた. **4** …に味[風味]を付ける: Hunger will ~ the plainest fare. 空腹にはどんな粗食でもうまい.
— *vi.* **1 a** 〔…の〕味がする (taste), 〔…の〕風味がある (savor) 〔*of*〕: This wine ~*es of* resin. このぶどう酒は樹脂の味がある. **b** [よい・悪いなどの意の副詞を伴って] (…な)味がする (taste): ~ well [ill] 味がよい[悪い]. **2** 〔…の〕気味[臭味]がある, 〔…の〕あるのを思わせる (smack) 〔*of*〕: a conversation which ~*es of* wit 機知に富んだ談話. **3** 楽しい, 気持ちがいい.
— *n.* **1 a** 食欲 (appetite), 楽しみ味わうこと: eat it with keen ~ それを大変おいしく食べる / drink off one's glass with ~ いかにもうまそうに飲みほす. **b** 愛好, 興味, 趣向, 趣味 (fondness) 〔*for, of*〕: appreciate a jest with great ~ しゃれを非常に面白がる / have no ~ *for* poetry [jokes] 詩に趣味を持たない[しゃれの面白味がわからない]. **2** 趣き, 面白味, 興味; 興味を湧かすもの: Hide-and-seek loses its ~ after childhood. 隠れん坊は大きくなると面白くなくなる / Danger gives [adds] ~ to adventure. 冒険は危険であることで面白くなる. **3** 味 (taste), 風味, かおり (flavor); (食物などの)持味 〔*of*〕; 美味: a ~ *of* garlic にんにくの味 / Hunger gives ~ to any food. すき腹にまずいものはない / Food has no ~ [loses its ~] when one is ill. 病気の時は食物に味がない. **4 a** 薬味 (condiment); (特にピクルスや刻んだ果物や野菜を混ぜたものなどの)付け合わせ: be eaten as a ~ 付け合わせとして食べられる. **b** 前菜, オードブル (hors d'oeuvre). **5** 少量, 気味, 気分, 風(ふう), …らしいところ (smack) 〔*of*〕: There is no ~ *of* nature in his poetry. 彼の詩には自然の味わいがない. **6** 《廃》鑑賞 (appreciation).
〖n.: 《1530》 *rellish, rellice* (変形) ← ME *reles* taste □ OF *reles, relais* what is left, aftertaste ← *relaisser* 'to RELEASE'. — v.: 《1586》 ← (n.): ⇨ -ish[2]〗

rel·ish[2] /rélɪʃ/ *vt.* 《Shak》 歌う. 〖1593–94〗

rel·ish·a·ble /rélɪʃəbl/ *adj.* **1** 味わえる; 美味な, おいしい (sweet). **2** 面白い (interesting). 〖《1618》: ⇨ ↑, -able〗

re·live /rìːlív/ *vt.* (想像の中で)生活し直す, 再び体験する: ~ one's life [the past] (追想などによって)自分の生活[過去]を再び体験する. — *vi.* 《古》 再生する, よみがえる. 〖1548〗

re·lle·no /rɛljéinoʊ | -nəʊ; *Sp.* reʎéno/ 〘料理〙 *adj.* 詰め物をした, チーズを詰めた. — *n.* = chiles rellenos. 〖□ Sp. ~ stuffed〗

rel·lie /réli/ *n.* 《豪口語》 親戚 (relative).

rel·lo /réloʊ | -ləʊ/ *n.* (*pl.* ~**s**) 《豪口語》 親戚(の人) (relative).

rè·lóad *vt.* 再び積む[載せる]; 〈銃などに〉再び弾丸を込める, 再装填する. 〖1778〗

re·lo·cat·a·ble /rìːlóʊkeɪṭəbl, -loʊkéɪt- | -lə(ʊ)-kéɪt-/ *adj.* 〘電算〙〈プログラムなどが〉再配置可能な, リロケータブルな (メモリーの任意の場所に置くことができる). 〖1872〗

re·lo·cate /rìːlóʊkeɪt, -loʊkéɪt | -lə(ʊ)kéɪt/ *vt.* **1** 〈住居などを〉移転させる, 移す; (動かして)新しい位置に置く: For fear of earthquakes, the residents began *relocating* their houses on safer terrain. 地震の恐れがあるため住民たちは安全な土地に住居を移し始めた. **2** 再び配置する, 配置し直す. — *vi.* 新しい場所に移動[移転]する.

rè·ló·ca·tor /-ṭə | -tə[r]/ *n.* 〖1834〗

re·lo·cat·ee /rìːlòʊkeɪtíː, ─ ─ ─ ─́ | rìːlə(ʊ)kèɪtíː/ *n.* 移転者; 配置換えされる[された]人. 〖1954〗

rè·locátion *n.* **1** 再配置; 配置転換; 転置. **2** 〘法律〙(賃貸契約の)更新. **3** 〘電算〙 再配置, リロケーション (cf. relocatable). 〖1746–47〗

rel. pron. 《略》〘文法〙 relative pronoun.

re·lu·cent /rɪlúːsənt, -snt | -lúː-, -ljúː-/ *adj.* 《詩》 輝く (shining), 光る (gleaming), きらきらした (bright). 〖《c1507》□ L *relūcentem* (pres.p.) ← *relūcēre* ← RE-[1] + *lūcēre* to shine ∽ ME *relusant* □ OF *reluisant* ← *reluire*: ⇨ lucent〗

re·luct /rɪlʌ́kt/ *vi.* 《古》 **1** 嫌う, いとう, 気が進まない; ためらう (hesitate) 〔*at*〕. **2** 反抗する, 抵抗する (struggle) 〔*at, to, against*〕. 〖《1526》□ L *reluctārī* ← RE-[1] + *luctārī* to struggle〗

re·luc·tance /rɪlʌ́ktəns, -tns/ *n.* **1** 気が進まないこと, 不承不承, 不本意 (disinclination): show ~ to help 助けたがらない / feel no ~ in acknowledging errors 誤りを認めるのにやぶさかでない / with ~ いやいやながら, 不本意ながら, 不承不承 / without ~ いやがらずに, 喜んで, 進んで. **2** 《廃》 反抗, 抵抗 (resistance). **3** 〘電気〙 磁気抵抗 (cf. reluctivity). 〖《1641》 ← *reluct* to object (□ L *reluctārī*): ⇨ -ANCE〗

re·lúc·tan·cy /-tənsi/ *n.* = reluctance. 〖《1621》: ⇨ ↓, -ancy〗

re·luc·tant /rɪlʌ́ktənt, -tnt/ *adj.* **1 a** 気の進まない, 嫌がっている, 好まない (unwilling) 〈*to* do〉: be ~ to help a person 人を援助するのを好まない, 人を助けたがらない. **b** 不承不承の, しぶしぶの, 嫌々ながらの: ~ obedience 渋々の服従 / He gave me ~ assistance. 不承不承助力してくれた. **2** 扱いにくい, 細工[作業, 処理]しにくい: a ~ tumor 厄介(やっかい)な腫(は)れもの / The soil is hard and ~ to the plough. 土が堅くて鋤が入れにくい. **3** 《まれ》 反抗する, 抵抗する (resisting). 〖《1662》□ L *reluctantem* ← *reluctārī* 'to struggle, RELUCT': ⇨ -ant〗

SYN 嫌がって: **reluctant** 嫌悪・不決断などで気が進まない: *reluctant* to marry 結婚を嫌がって. **disinclined** 好みに合わないか不賛成のため意欲が湧かない: I feel *disinclined* to argue with you. 君とは議論したくない. **loath** 積極的に強い嫌気を感じている (格式ばった語): She was *loath* to part from him. 彼と別れたがらなかった. **averse** *loath* ほど強い嫌気ではないが, 長期間にわたってあるものをきらっている (格式ばった語): I am *averse* to borrowing money. 私は借金するのはいやだ. **ANT** inclined, eager.

---

re·luc·tant·ly /rɪlʌ́ktəntli, -tnt-/ *adv.* 気が進まないで, しぶしぶ, 嫌々(ながら); 不本意ながら, 残念ながら: She ~ agreed to our proposal. 彼女は我々の提案にしぶしぶ同意した / *Reluctantly*, we must refuse your offer. 残念ながらお申し出はお断わりしなければなりません.

re·lúc·tate /-teɪt/ *vi.* 《まれ》 = reluct. 〖《1643》 ← L *reluctātus* (p.p.) ← *reluctārī* (↑): ⇨ -ate[3]〗

re·luc·ta·tion /rèlʌktéɪʃən, rìːlʌk-/ *n.* 《まれ》 = reluctance 1, 2. 〖《1605》□ L *reluctātiō(n-)*: ⇨ ↑, -ation〗

re·luc·tiv·i·ty /rèlʌktívəṭi, rìːlʌk- | rèlʌktívɪti, rìː-/ *n.* 〘電気〙 抗磁率, 磁気抵抗率 (導磁率の逆数; cf. reluctance 3). 〖《1888》 ← RELUCT + -IVE + -ITY〗

re·lume /rìːlúːm | -lúːm, -ljúːm/ *vt.* 《詩》 **1** …に再び点火する, 再燃させる. **2** 再び照らす. **3** 〈目などを〉再び輝かす. 〖《1604》 ← RE-[2] + (IL)LUME〗

re·lu·mine /rɪlúːmɪn | -lúːmɪn, -ljúː-/ *vt.* = relume. 〖□ LL *relūmināre*: ⇨ re-[1], illuminate〗

re·ly /rɪláɪ/ *vi.* **1** 〔人・物・約束などに〕頼る, すがる, 力にする, 当てにする, 期待をかける (depend) 〔*on, upon*〕: ~ *upon* others 他人に頼る / ~ *on* one's own efforts 自分の努力に頼る / He is ~*ing upon* a broken reed. 当てにならないことを当てにしている / I ~ *upon* you to finish it today. 君が今日それを仕上げてくれるものと当てにしている / He [His promise] is not to be *relied upon*. あの男[彼の約束]は当てにできない / Most of them *relied on* him a lot for odd jobs. 大抵の者は半端(はんぱ)仕事をやたらと彼に押しつけた. **2** 〔人などを〕信頼する (trust) 〔*on, upon*〕: You may ~ *upon* my being punctual. 私はきっと時間を厳守するよ. ***relý upòn it*** 確かに, きっと, 大丈夫 (I assure you): We may ~ *upon it that* he will come. 彼は大丈夫やって来るよ.
〖《a1338》《1574》 *relie(n)* □ (O)F *relier* to bind together < L *religāre*: ⇨ religion〗

SYN 当てにする: **rely** 過去の経験に基づいて〈人や物が〉期待通りにしてくれるものと信頼する: I *rely* on him to get it for me. 彼ならそれを手に入れてくれるものと信じている. **trust** 何か根拠に基づいて〈人が〉あることをすると確信する: I *trust* you to make the right decision. あなたがきっと正しい決定をするものと思います. **count** 物事を信頼して当てにする: I am *counting* on you to help me. 助けてくれるものと当てにしている. **reckon** 人や物を当て込む: I didn't *reckon* on finding you here. ここであなたに会おうとは思いもしなかった.

---

rem /rém/ *n.* (*pl.* ~, ~**s**) 〘医学〙 レム, 生理的レントゲン当量 (放射線の作用を表す単位; 1 レントゲンのエックス線やガンマ線を受けた時と同じ被害を人体組織に与えるような放射線量を 1 レムという; cf. roentgen). 〖《1947》 ← *r(oentgen) e(quivalent) m(an)*〗

REM /rém, ɑ́ːìːém | rém, ɑ́ː(r)ìː-/ 《略》〘心理・生理〙 rapid eye movement. 〖1957〗

rem. 《略》 remain; remainder; remarks; remit; remittance; remitted.

rè·máil *vt., vi.* 返送する, 返信を出す.

re·main /rɪméɪn/ *vi.* **1** [補語を伴って] …のままでいる, 相変わらず[依然]…である (stay): ~ a bachelor 〈男が〉独身でいる / ~ unmarried 独身でいる[のままでいる] / She ~*ed* a widow until death. 死ぬまでやもめを通した / ~ faithful 忠義[操]を守る, 変節しない / the Geneva accord which will ~ in force for the next three years あと 3 年間有効であるジュネーブ協定 / One thing ~*s* certain. 一つの事だけは依然確実である / The house ~*ed* empty for a long time. その家は長い間空家になっていた / I ~ yours truly [sincerely]. 敬具 (やや旧式な手紙の結び文句) / Let it ~ as it is. そのままにしておきなさい / It (still) ~*s* a problem. それでも問題が残る / The weather ~*s* unsettled. 天候は相変わらずはっきりしない. **2** 居留する, 滞在する (⇨ stay[1] SYN): ~ abroad [away] 外国に滞在する / ~ at home [in, inside] 家[国内]にいる / ~ at one's post 留任する / I ~*ed* three weeks in Paris. パリに 3 週間いた / ~ behind after everyone else has left 他の者みんなが出て行った後に残る / *Remain* where you are for the present. 当分今の所にいなさい. **3 a** 残る, 残存する, 残留する; 生き残る (survive); 取り残される: the ~*ing* snow 残雪 / the few pleasures that ~ [~*ing*] to an old man 老人に残されたわずかな楽しみ / This visit will always ~ in my memory. この訪問は長く私の記憶に残るだろう / This ~*ed* over from yesterday's dinner. これは昨日のごちそうの残りものです / Some columns ~ to attest to the magnificence of the building. 幾本かの柱が立っていてその建物の(ありし日の)壮観を物語っている / All that ~*s* of the original building is a chunk of wall. もとの建物のうち原形を留めているのは壁の断片ぐらいなものだ / The fact ~*s* that the situation is hopeless. 事態は絶望的だということは依然として事実である. **b** [通例受動不定詞を伴って] (これからのことにして)残してある, まだしないで残してある: Little now ~*s to* be done. もう仕事はほとんど(残って)ない / Much yet ~*s to* be done [said]. すべきこと[言うべきこと]はまだまだたくさんある / It ~*s* for her *to* do it. それをするのは彼女の役目[役割]だ / It ~*s to* be seen if [whether] …. …かどうかはあとになってみないとわからない / She may be right, but that ~*s* to be seen. 彼女は正しいかも知れないが, 時がたってみないとわからない / It ~*s to* be proved that …という証明は今後の問題だ (まだ証明されていない) / Nothing ~*s*, but (to admit) defeat. 敗北(を認める)ほかなすすべがない. **4** 結局…のものとなる, の手に帰する (rest) 〔*with*〕: The victory ~*ed with* the Thebans. 勝利はテーベ人のものだった.
— *n.* **1 a** [通例 *pl.*] 残り, 残余, 残物; 残高, 残額 (remnant): the ~*s* of lunch 弁当の食べ残し / the ~*s of* a glass コップの飲み残し / the ~*s* of a meal 食事の残り, 食べ残し / ~*s* of one's conscience まだ少しは残っている良心 / ~*s* of one's strength 残っている体力. **b** 遺物, 遺跡: the ~*s* of a temple 殿堂の遺跡 / the ~*s* of former glory 昔の栄華の名残. **c** 残存者, 遺族, 生還者 (survivors): the ~*s* of a family 遺族 / the ~*s* of an

R

army 軍隊の生存者. **2** [*pl.*] **a** なきがら, 遺体, 遺骨; 死体 (⇨ body SYN): mortal [human] ~*s* 遺体. **b** (古生物などの)化石: fossil ~*s* 化石. **3** [*pl.*] 遺筆, 遺著; 遺稿: literary ~*s*.
〖《c1375》 *remeyne(n)* ☐ OF *remain-* (stem) ← *remanoir* (cf. OF *remaindre* <VL **remanere*) <L *remanēre* ← RE-¹+*manēre* to stay (⇨ mansion)〗

re·main·der /rɪ̵méɪndə | -də⁽ʳ⁾/ *n.* **1** [the ~] **a** 残留者, 他の人々 (the rest): *The* ~ of the company was lost. 一行の他の者は行方不明になった. **b** 残り, 残余, 残部, 残物 (remnant): *the* ~ of a feast [one's life] ごちそうの残り[余生] / throughout *the* ~ of that night その夜はその後ずっと, 夜明けまでずっと. **2** [*pl.*] 遺物, 遺跡, 遺風. **3** 〘数学〙(引算・割算の)残り, 剰余: Take 3 from 10 and the ~ is 7. 10 から 3 を引けば 7 が残る. **4** 売れ残りの本, 残本, ぞっき本. **5** 〘法律〙残余権《ある不動産権を A に一生涯, A の死後 B に譲渡する場合, B の有する将来不動産権; cf. reversion 5》. **6** [*pl.*] 〘郵趣〙リメインダー《発売期間が過ぎたのちの未使用在庫切手; 通常破棄されるが, 時に販売されることもある》. **7** (爵位などの)継承権. — *adj.* **1** 残本の[を売る]: a ~ counter. **2** 《まれ》残りの, 余りの (remaining). — *vt.* 〈書物を〉残本[ぞっき本]として安売りする; 特価販売する.
〖《1394》 ☐ AF ~ =OF *remaindre* to remain (↑): 不定詞の名詞用法〗

SYN 残り: **remainder** [通例 the ~] 残りの人々[物] (*rest* よりも数に関する意味が強い語): The figure can be divided without a *remainder*. その数は割りきれる. **rest** [the ~] あるものの残り; その他の人々[物]: Keep the *rest* for yourself. 残りは君が取っておきなさい. **residue** 特に, ある(化学的)過程の後に残るもの《格式ばった語》: Ash is the *residue* of something destroyed by burning. 灰は物を焼却した後に残るものである. **remnant** 大部分が取り去られた後に残る小さな部分: the *remnants* of former glory 昔の栄光の名残り. **balance** 差引残高; [the ~] =rest: the *balance* of life 残りの人生.

remáinder·man /-mən/ *n.* (*pl.* **-men** /-mən, -mèn/) 〘法律〙残余権者. 〖1743〗

remáinder thèorem *n.* 〘数学〙剰余(の)定理《多項式 *f*(*x*) を *x*−*a* で割った時の剰余は *f*(*a*) に等しいという定理》. 〖1886〗

re·main·ing /rɪ̵méɪnɪŋ/ *adj.* 残りの: the ~ chapters 残りの章 / the few ~ guests 残った数人の客 / clear up ~ business 残務を整理する.

re·make /ríːmèɪk/ *n.* **1** 〘映画〙再撮影; 再映画化作品, リメイク. **2** 改作[改造, 翻案]したもの. **3** 改作, 改造, 翻案. — /⌐⌐/ *vt.* (**re·made**) **1** 〘映画〙再撮影する, 再映画化する. **2** 再び作る, 造り直す; 改造する. 〖*a*1635〗

rè·mán *vt.* (**re·manned**; **·man·ning**) **1** 〈艦船・飛行機などに〉再び[新しく]人員を乗り組ませる. **2** 再び男らしくする, 再び勇気を出させる. 〖1666〗

R

re·mand /rɪ̵mǽnd | -máːnd/ *vt.* **1** (命令で)送り返す, 戻す, 呼び戻す; 〈人〉に帰還を命じる: ~ a soldier to his post 兵に任地への帰還を命じる. **2** 〘法律〙**a** (裁判・再取調べのため)再拘留[留置]する. **b** 〈事件を〉下級裁判所へ差し戻す. — *n.* **1** 返送; 召還; 帰還. **2** 〘法律〙再拘留, 再留置; 差戻し: on ~ 再拘留中の[で]. 〖《1439》 ☐ OF *remander* ∥ LL *remandāre* ← RE-¹+*mandāre* to order (cf. mandate)〗

remánd cèntre *n.* 《英》少年拘置センター《乱暴で remand home では手に負えない非行少年を収容する》. 〖1948〗

remánd hòme *n.* 《英》非行少年収容所, 少年鑑別所 (《米》detention home)《未成年非行者の拘置所; cf. borstal, spinning house》. 〖1902〗

rem·a·nence /rémənəns/ *n.* **1** 残存性. **2** 〘物理〙残留磁気《磁界を取り去っても, 一度磁化した磁性体に残る磁気》. 〖《1666》: ⇨ ↓, -ence〗

rem·a·nent /rémənənt/ *adj.* **1** 《まれ》残された (left), 残留する, 残存している (remaining). **2** 〘物理〙残留磁気の. 〖《1432-50》 ☐ L *remanentem* ← *remanēre* 'to REMAIN': cf. remnant〗

rémanent magnetism *n.* 〘物理〙=residual magnetism. 〖1866〗

rem·a·net /rémənɛ̀t/ *n.* **1** 残部, 残り (remnant), 残物 (residue). **2** 〘法律〙(審理を延期された)延期訴訟事件. **3** 〘英法〙(議会で次の会期まで審議を持ち越された)延期議案. 〖《1511》 ☐ L ~ 'it remains' ← *remanēre* 'to REMAIN'〗

re·ma·nié /rəmàːnjéɪ; *F.* ʁəmanje/ *n.* 〘地質〙**1** 残留化石 (relict)《ある時代の地層・堆積物の中に残留したそれより古い時代の化石・堆積物の断片》. **2** 残留層《新しい時代の地層中にはさまれて残留したより古い時代の地層》. 〖《1870》 ☐ F ~ (p.p.) ← *remanier* to rehandle ← RE-¹ +*manier* to handle (← *main* hand)〗

rè·manufácture *vt.* 再生する, 〈製品を〉別の製品にする. — *n.* 再生. **rè·manufácturer** *n.* 〖n.: 《1796》; v.: 《1851》〗

rè·máp *vt.* 〈土地などの〉図[地図]を作り直す; 新たに計画する. 〖1962〗

rè·márgin *vt.* **1** …のへり[縁]を付け換える. **2** 〘証券〙(負債について)追加担保により担保余価を回復する. — *vi.* 〘証券〙追加証拠金を納める《相場変動により, 証拠金不足となった客が追加証拠金を証券業者に納める》. 〖1891〗

re·mark¹ /rɪ̵máək | -máːk/ *vt.* **1** 言う, 一言する, 所見を述べる[書く] (⇨ say¹ SYN): He ~*ed that* it had suddenly grown cold. 急に寒くなってきたと彼は言った / as ~*ed* above 上述の通り / "Good morning," he ~*ed*. 「おはよう」と彼は言った. **2** 《文語》…に注目する (note); 見る (observe); (五感で)感知する, 感づく, 気づく (perceive): ~ the resemblance between two things 二物の類似に気づく / I ~*ed* him pass by the windows. 彼が窓のそばを通るのを見た / I ~*ed* the heat as soon as I entered the room. 部屋に入るとすぐ暑いのに気がついた. **3** 《廃》はっきり区別する; 明示する: A big mole on the nose ~*s* him. 鼻の先に大きなほくろがあるからすぐ彼だと分かる. — *vi.* 言う, 一言する; 評する 〔*on, upon*〕: ~ *on* an event 出来事を評する.
— *n.* **1** 短評, 評言, 意見, 所見: make a ~ 何か言う / make ~*s* about [on] …についてかれこれ言う, 批評する; 演説する / exchange a few ~*s* in a low voice 低い声で二言三言いい交わす / Did you make a ~ on the subject? 君はそのことについて何か言ったか / make no ~(*s*) 何も言わない / pass a ~ 所見を述べる, 一言する / the ~*s* column 備考欄 / Let it pass without ~. 触れないで黙過したまえ / His ~*s* are often interesting. 彼はよく面白いことを言う / It was the theme of general ~. それは世間の話題であった / rise to a ~ 発言を受けて立つ. **2** 注目, 観察, 認知, 認識, 感知 (notice, observation): worthy of ~ 注目に値する. **3** 《廃》**a** 目立つ印[特徴], 目印. **b** 表示するもの (token). **c** 目立つもの, 注目すべきもの.
~·er *n.* 〖v.: 《1633》 ← F *remarquer* ← RE-¹+(O)F *marquer* to mark (<OF *merquier* ← *merc* mark ☐ ? ON *merki*< Gmc **markō* 'MARK'). — n.: 《1654》 ☐ F *remarque*〗

SYN 所見: **remark** 意見や判断を言ったり書いたりしたもの: He ignored my *remarks*. 私の言葉を無視した. **observation** 注意深い観察に基づく筋の通った判断: *observations* on Japanese culture 日本文化に関する所見. **comment** 口頭または文書による事件・人・状況などに関する意見・説明・批評: He listened without *comment*. 何も言わずに耳を傾けた.

re·mark² /rɪ̵máək | -máːk/ *n.* =remarque.

ré·màrk *n.* (試験・論文の)採点やり直し. 〖1611〗

re·mark·a·ble /rɪ̵máəkəbl̩ | -máːk-/ *adj.* **1** 非常な, 非凡な, すぐれた (exceptional), 著しい, すばらしい (striking), 目立った (conspicuous), 珍しい (strange): a ~ increase 著しい増加 / You have a ~ memory. 記憶力がすばらしいですね / He is ~ at arithmetic. 算数がとてもできる / The weather was ~. すばらしい天候だった / He is ~ for precocity [wisdom]. 彼は驚くほど早熟だ[賢い] / It is ~ that I should not have been killed. 私に話がなかったとは珍しい. **2** 注目すべき, 驚くべき (noteworthy) (⇨ noticeable SYN): a ~ occurrence 驚くべき出来事. **3** 《廃》目に見える, 認識できる (discernible). — *n.* 《古》認識できるもの[事象]. **~·ness** *n.* 〖《1604》 ☐ F *remarquable*: ⇨ remark¹, -able〗

re·mark·a·bly /rɪ̵máəkəbli | -máːk-/ *adv.* 注目すべきほどに, 目につくほど, 目立って, 非常に, 殊のほか, 大層, 珍しく, 不思議なほど: She sang ~ well. 彼女はとてもうまく歌った. 〖1638〗

re·márk·ed·ly /-kɪ̵dli/ *adv.* 目立って, 著しく. 〖《1871》 ← REMARK¹ (v.)+-ED+-LY¹〗

re·marque /rɪ̵máək | -máːk; *F.* ʁəmaʁk/ *n.* **1** (図版印刷の進度を示すために彫版のへりに記し, 校正が進行すると消す)目印, おほえ. **2** 略図[目印]付き図板, 目印付き校正刷り (remarque proof ともいう). 〖《1882》 ☐ F ~ 'REMARK¹'〗

Re·marque /rəmáək | -máːk; *G.* ʁəmáʁk/, **Erich Maria** *n.* レマルク《1898-1970; ドイツ生まれの小説家; 1939 年米国へ移り, 1947 年帰化; 本名 Erich Paul Remark /rəmárk/; *Im Westen nichts Neues*「西部戦線異常なし」(1929), *Arc de Triomphe*「凱旋門」(1947)》.

rè·márriage *n.* 再婚, 再縁. 〖1620〗

re·mar·ry /rìːmǽri, -méri | -mǽri/ *vi.* 再婚する. — *vt.* **1** 〈夫・妻を〉再び迎える, …と再婚する. **2** 〈牧師が〉(婚礼の儀式を行って)再婚させる. 〖1523〗

re·mas·ter /rìːmǽstə | -máːstə⁽ʳ⁾/ *vt.* (最新技術を使って)新しい原盤[マスターテープ]を作る.

rè·mátch *n.* 再試合. 〖1941〗

rem·blai /rɑːmbléɪ; *F.* ʁɑ̃blɛ/ *n.* **1** (塁城・胸壁などを築くための)盛り土. **2** (鉄道の築堤を築くための)盛り土. 〖《1794》 ☐ F ~ ← *remblayer* to embark〗

Rem·brandt /rémbrænt, -brɑːnt | -brænt, -brɒnt; *Du.* rémbrɑnt/, 全名 **Rembrandt Harmensz(oon) van Rijn [Ryn]** /hármənsɔ(ː)n vɑn réin/ *n.* レンブラント《1606-69; オランダの画家・版画家》.

Rem·brandt·esque /rèmbræntésk, -brɑːn- | -bræn-, -brɒn-⌐/ *adj.* レンブラント流[風]の《画面中の明暗の対照の著しいことにいう》. 〖《1863》: ⇨ ↑, -esque〗

REME /ríːmi/ *n.* 《英》〘陸軍〙電気機械技術部隊. 〖《1942》《頭字語》← R(*oyal*) E(*lectrical and*) M(*echanical*) E(*ngineers*)〗

rè·méasure *vt.* 計りなおす. **~·ment** *n.* 〖1590〗

re·me·di·a·ble /rɪ̵míːdiəbl̩ | -diə-/ *adj.* **1** 治療できる. **2** 救治[救済]できる, 取返しのつく; 矯正できる. **3** 補修できる. **~·ness** *n.* **re·mé·di·a·bly** *adv.* 〖《*a*1401》 ☐ F *remédiable* ∥ L *remediābilis*: ⇨ remedy (v.), -able〗

re·me·di·al /rɪ̵míːdiəl | -diəl/ *adj.* **1** 〘教育〙治療(教育)の, 補習の《学習の遅れている[適応性のない]子供を教育するための, または誤った学習習慣を矯正し学力を増進させるための教育にいう》: a ~ class 治療(教育)[補習]クラス. **2** 治療する(ための), 治療上の: ~ treatment 治療. **3** 〘医学〙(薬品や手術などによらず)運動などによって身体的欠陥を治す. **4** 改善する(ための); 救済的な; 矯正的な; 補修する(ための). **~·ly** *adv.* 〖《1651》 ☐ LL *remediālis*: ⇨ remedy, -al¹〗

remédial láw *n.* 〘法律〙修正的法律《既存の法律を補足し, 修正する法律; cf. substantive law》.

remédial réading *n.* 〘教育〙読書力増進法, 読書治療. 〖1927〗

remédial ríght *n.* 〘法律〙保護的[救済的]権利《正当防衛の権利のように, 実体的権利 (substantive right) の侵害に際して生ずる保護のための権利》.

re·me·di·ate /rɪ̵míːdiə̀t, -dièɪt | -di-/ *adj.* 《廃》=remedial.

re·me·di·a·tion /rɪ̵mìːdiéɪʃən | -di-/ *n.* 改善, 矯正; 治療教育. 〖1818〗

rém·e·di·less *adj.* **1 a** 〈病気が〉不治の (irremediable). **b** 〈損失など〉取返しのつかない. **c** 〈弊害・事情など〉改善[矯正]できない. **2** 〈人が〉法的救済手段のない; 《廃》救い[助け]ようのない (hopeless). **~·ly** *adv.* **~·ness** *n.* 〖15C〗

rem·e·dy /rémədi | -mɪ̵di/ *n.* **1** 〔欠点・弊害などの〕矯正法, 救済(手段), 除去 〔*for, against*〕: a ~ *for* social ills 社会悪の矯正[除去]法 / There is no ~ but to fight. 戦うよりほかに救う道はない / be past ~ 救済の見込みがない / beyond [without] ~ 直すことのできない, 救済の道のない, 矯正できない / a liar that has no ~ つける薬のないうそつき / no ~ やむを得ず (cf. Shak., *Merry W* 2. 2. 122).
2 医薬, 薬剤 (medicine); 治療, 療治 (treatment). **3** 〘法律〙(不法に侵害された権利の)救済方法, (損害の)賠償, 弁償. **4** 〘造幣〙(貨幣の)公差 (tolerance).
— *vt.* **1 a** 補修する, 修繕する; 〈事態などを〉改善する, 矯正する (reform); 救治する: ~ a leak in a pipe 管の漏る箇所を補修する / ~ a situation 事態を収拾する / ~ a state of things 事態を改善する. **b** 除去する, 軽減する (remove): ~ social ills 社会悪を除去する. **2** 〈病気を〉治療する, 治す (⇨ cure SYN).
〖n.: 《?*a*1200》 ☐ AF *remedie*=(O)F *remède* ☐ ∥ *remedium* ← RE-¹+*medium* (← *medērī* to heal: cf. medical). — v.: 《?c1400》 ☐ (O)F *remédier* ∥ L *remediāre* ← *remedium*〗

re·mem·ber /rɪ̵mémbə | -bə⁽ʳ⁾/ *vt.* **1 a** 覚えている, 記憶している, 覚えがある (recall): I don't ~ his name. 彼の名前を覚えていない / I ~ *seeing* him once.=I ~ *that* I saw him once. 彼には一度会った覚えがある / I don't ~ *having* said anything of the sort. そんなことを言った覚えはない / I am not as good as I was at ~*ing* faces. 人の顔はどうも昔のようには覚えられない / I shall always ~ your kindness to me. ご親切はいつまでも忘れません / I ~ him *for* his kindness. あの人は親切な人なので覚えている / I don't ~ *where* I put it [*when* I lost it]. どこに置いたか[いつなくしたか]覚えていない / Do you ~ *how* to spell his name? 彼の名はどうつづるか覚えていますか / Always ~ *who* and *where* you are! 自分がだれでどこにいるか常にわきまえておきなさい / Jenner is ~*ed as* the discoverer of vaccination. ジェンナーは種痘の発見者として記憶されている / She could not ~ him (being) so angry. 彼がこんなに腹を立てたのは見たことがなかった / I'd like some thing to ~ you by. あなたの思い出となるものが何か欲しい / It's worth ~*ing* that idea.=That idea is worth ~*ing*. そのアイデアは覚えておく価値がある. **b** 忘れずに…する 〈*to* do〉: Please ~ *to* call me at eight. どうぞ忘れずに 8 時に起こして下さい. **2 a** (記憶を働かせて)思い出す, 思い起こす (recollect) (↔ forget): I can't ~ him. 彼を思い出せない / It's Johnny: ~ me [him]? ジョニーです. 覚えてますか / I ~*ed* (*that*) I had an appointment today. 今日約束があるのに気がついた / You can't expect me to ~ every little detail! 細かなことまで覚えていられない. **b** [~ *oneself* で] (自分の不作法などに)気がついてはっとする. **3** (贈り物・報酬・賞などを与えて)〈人〉の労などを認める, …のことを心にかける; …に報酬[チップ]を与える, 謝礼する, 贈り物をする: She always ~*s* me *with* a Christmas card. 彼女はいつも私にクリスマスカードをくれる / ~ a child on its birthday 子供の誕生日にお祝いをやる / ~ the waiter 給仕人にチップをやる / Grandfather ~*ed* us all in his will. おじいさんは遺言状の中に我々皆の名を書いておいてくれた《皆に遺産を分けてくれた》/ ~ the glorious dead *with* a war memorial 名誉ある死者に戦争記念碑を捧げる.
4 …からよろしくと伝言する: He wished [《古》begged, asked] to be ~*ed* to you. あの人があなたによろしくと言っていました / *Remember* me (kindly) to your mother. (どうぞ)お母様によろしくお伝え下さい. **5 a** (祈禱の中で)…の名前を挙げる, …のために祈る: ~ a person in one's prayers. **b** 《廃》追悼する (commemorate). **6** [~ one(*self*) で] 《古》〔…を〕…に思い起こさせる 〔*of*〕 (cf. 2 a): They ~*ed* them *of* my name. 彼らは私の名を思い出した.
— *vi.* **1 a** 覚えて[記憶して]いる: if I ~ right(ly) [aright] 私の記憶が正しければ / If I ~ correctly, he was not present. 確か彼は出席していなかった. **b** 〔…のことを〕覚えている 〔*about*〕: Do you ~ *about* that day? あの日のことを覚えていますか. **c** 記憶力がある: As one gets old, one does not ~ as one used to (do). 年を取ると若い時ほど記憶力がなくなる / I'll ~. 覚えていよう / They will ~. 彼らは[なら]覚えているだろう. **2** 思い出す: Now I ~. やっと思い出した / Have you met him before?—Not that [as far as] I can ~. 彼に以前会ったことがありますか—さあ, 思い出せませんが (cf. *Not that I* KNOW *of*).
~·er /-bərə | -rə⁽ʳ⁾/ *n.* 〖《*a*1338》 *remembre(n)* ☐ OF *remembrer* <LL *rememorārī* ← RE-¹+*memorārī* (←

L *memor* mindful): ⇨ memory〗

SYN 思い出す: **remember** 記憶にある過去の事柄を自然に思い出す: I dimly *remember* him. 彼のことをぼんやり覚えている. **recall** 意図的に過去の事柄を思い出す: I can't *recall* his name. 彼の名前を思い出せない. **recollect** 〈しばらく忘れていたことを〉努力して思い出す: I *recollected* hearing his speech then. その時彼のスピーチを聞いたのを思い出した. **reminisce** 過去の出来事や経験したことを通例なつかしんで考えたり書いたり語ったりする: We *reminisced* about our school days. 学校時代の思い出話をした. **ANT** forget.

re·mem·ber·a·ble /rɪ̈mémb(ə)rəbl̩/ *adj.* 《古》記憶できる, 覚えられる; 記憶すべき (memorable). **re·mèm·ber·a·bíl·i·ty** /-rəbíləṭi | -lɪ̈ti/ *n.* 〖1611〗

re·mem·brance /rɪ̈mémbrəns, -brənts/ *n.* **1** 覚えていること, 記憶 (⇨ memory **SYN**); 思い出, 回想, 追懐 (recollection): bear [have, keep] in ~ 心に留めて[覚えて]いる / bring to ~ 思い出させる / call to ~ 思い出す, しのぶ / come to ~ 心に思い浮かぶ / put in ~ 思い出させる, 気付かせる / She smiled in ~. 思い出してにっこりした / I have no ~ of it. それを少しも記憶していない / That man's name struck a chord of ~. その男の名はどこか聞き覚えがあった / She stood frowning in ~. 懸命に思い出そうとして額にしわを寄せていた. **2 a** 記憶力: to the best of one's ~ 自分の覚えている限りでは. **b** 記憶の及ぶ範囲[期間]: within one's ~ 自分の記憶する所では / It has escaped [passed from] my ~. それは失念してしまった. **3 a** 記念 (commemoration): a service in ~ of the fallen 戦没者追悼のための礼拝式[供養]. **b** 思い出させるもの, 形見, 記念物, 記念品, 記念の贈り物 (keepsake): I send a small ~. ささやかな贈り物をいたします. **c** [*pl.*] (よろしくとの)伝言 (greetings): Give my kind ~*s* to your uncle. おじさんによろしく. 〖(?a1300) □ (O)F ~: ⇨ remember, -ance〗

Remémbrance Dày *n.* **1** 英霊記念日 (11 月 11 日; 第一次・第二次世界大戦の戦死者を記念する; cf. Veterans Day). **2** 《英》= Remembrance Sunday. 〖1921〗

re·mém·branc·er *n.* **1** 思い出させる人. **2 a** 思い出させるもの, 記念品, 忘れ形見 (memento). **b** 備忘録. **3** [R-] **a** (英国で王または政府の)重要案件備忘係: ⇨ King's Remembrancer. **b** ⇨ City Remembrancer. 〖(1430–31) □ AF *remembrauncer*: ⇨ remembrance, -er¹〗

Remémbrance Súnday *n.* 《英》戦没者追悼記念日曜日 (11 月 11 日に最も近い日曜日; Poppy Day ともいう; cf. Armistice Day). 〖1942〗

re·mex /ríːmɛks/ *n.* (*pl.* **rem·i·ges** /rémədʒìːz | -mɪ-/) 《鳥類》= flight feather. 〖(1767) □ L *rēmex* oarsman (pl. *rēmigēs*) ← *rēmus* oar ← IE **erə-* 'to ROW²'〗

rem·i- /rémɪ̈, -mi/ 「オール (oar)」の意の連結形: *remiform*. 〖← L *rēmex* (↑)〗

rem·i·form /réməfɔ̀ːm | -mɪ̈fɔ̀ːm/ *adj.* オールの形をした.

remiges *n.* remex の複数形.

re·mig·i·al /rɪ̈mídʒiəl, -dʒəl/ *adj.* 風切羽 (remex) の[に関する]. 〖(1592) ← L *rēmigēs* (⇨ remex) + -IAL〗

re·mi·grant /rémɪ̈grənt/ *n.* (移民の)帰国者.

rè·mígrate *vi.* **1** 再び移動[移住]する. **2** 〈移民などが〉本国に帰り住む, 帰国する. **rè·migrátion** *n.* 〖1601〗

rè·mílitarize *vt.* 再軍備する. **rè·militarizá·tion** *n.* 〖1939〗

re·mind /rɪ̈máɪnd/ *vt.* **1** 〈人〉に(…のことを)思い出させる, 思い起こさせる, 気づかせる 〔*of, about*〕〈*that, how, to do*〉: That ~*s* me. それで思い出した / You ~ [The way you walk ~*s*] me *of* your father. 君[君の歩き方]を見ると君のお父さんを思い出す / ~ oneself to do [that…] …するの[…ということ]を忘れないようにする / Please ~ me *to* write tomorrow. 明日手紙を書くのを(忘れぬよう)注意してくれ / Passengers are ~*ed* to (please) fasten their seatbelts. シートベルトをするのをお忘れなく / That ~*s* me *that* I must go home. それで私は家へ帰らなければならないことを思い出した / Let me [May I] ~ you that …ということを念のために申しあげますが / How many times must I keep ~*ing* you? 何度忘れないようにと言えばいいんだ / Actresses don't like being ~*ed* of how old they are. 女優は年齢(とし)を言われるのを好まない / You're getting older.—Don't ~ me! 君も年だね—それは言わないでくれ. **2** 《廃》思い出す. 〖(1645) ← RE-¹ + MIND (v.): cf. 《廃》*rememorate* ← LL *rememorātus* (p.p.) ← *rememorārī* 'to REMEMBER'〗

re·mind·er /rɪ̈máɪndə | -dəʳ/ *n.* **1** 思い出させるもの 〔*of, that*〕; (思い出させるための)助言, 注意, 合図, 催促状 〔*to do*〕: a gentle ~ ほのめかし, 暗示 / a lasting ~ *of* our friendship 私たちの友情をいつまでも思い出させるもの / Jim didn't heed her ~ *to* brush his teeth. ジムは歯を磨くようにという彼女の注意に耳を貸さなかった / The current state of affairs is a sharp ~ *that* the Senate has become an anachronism. 昨今の状況を見ていると上院というものが時代遅れになったことが痛感される. **2** 思い出させる人. 〖1653〗

re·mind·ful /rɪ̈máɪndfəl, -fl̩/ *adj.* **1** 〈物が〉思い出させる, 思い出の種となる 〔*of*〕. **2** 〈人が〉覚えている, 忘れない (mindful) 〔*of*〕. 〖1810〗

rè·mineralizátion *n.* **1** 《医学》鉱物成分再補給, 無機質補充 《病気や食事が原因で人体に必要な鉱物が失われた際, 人体に無機要素を回復・再補給すること》. **2** 《歯科》再石灰化 《歯のエナメル質・象牙質・セメント質に再び新しい無機質が沈着する修復作用》. 〖⇨ ↓, -ation〗

rè·míneralize *vt.* 《医学》〈歯・体の組織〉に失われた鉱物成分を回復させる.

Rem·ing·ton /rémɪŋtən/ *n.* 《商標》レミントン: **1** 米国 Remington Arms 社製の銃 《ショットガン・ライフル・ピストルなど》. **2** 米国 Sperry Rand 社製のタイプライター. **3** 米国 Remington Products 社製の電気かみそり.

Remington, Frederic *n.* レミントン (1861–1909; 米国の画家・彫刻家; 西部の風物や生活を多く描いた).

Remington, Phi·lo /fáɪloʊ | -ləʊ/ *n.* レミントン (1816–89; 米国の発明家; タイプライターを改良した).

rem·i·nisce /rèmənís | -mɪ̈-/ *vi.* 《口語》思い出にふける, 過去を思い出す; 思い出話をする[書く] 〔*about, of, on*〕 (⇨ remember **SYN**): ~ *about* one's childhood 幼いころの思い出にふける. — *vt.* 回想して書く[言う]. 〖(1829) 《逆成》← REMINISCENCE〗

rem·i·nis·cence /rèmənísəns, -sns, -sənts, -snts | -mɪ̈-/ *n.* **1** 回想, 追懐, 懐旧; 記憶 〔*of, about*〕: a faint ~ *of* what happened 出来事のかすかな記憶 / the doctrine of ~ 《哲学》想起説 《すべての知識は前世で魂に知られていた事物の想起であるとする Plato の説》. **2 a** 思い出す出来事, 思い出, 追懐事: a painful ~ 痛々しい思い出. **b** [しばしば *pl.*] 懐旧談, 経験談, 回顧録, 回想録, 追想録, 思い出の記 (memoirs) (⇨ memory **SYN**): give [publish] one's ~*s* 懐旧談をする[追想録を出版する]. **3** (他のものを)連想させる点, 暗示するもの, ほうふつさせるもの 〔*of*〕: There is a ~ *of* the Greek type in her face. 彼女の顔はどことなくギリシャ型を思わせるものがある. 〖(1589) □ LL *reminiscentia* ← L *reminiscī* to remember ← RE-¹ + *mēns* 'MIND': ⇨ -ence〗

rem·i·nis·cent /rèmənísənt, -snt | -mɪ̈-ˈ/ *adj.* **1** (他の物を)思い出させる, しのばせる, 暗示する (suggestive) 〔*of*〕: mountain meadows ~ *of* the pictures of a fairy tale おとぎ話の絵を思い出させるような山間の牧草地 / make a person ~ *of* … 人に…を思い出させる / Those scenes are ~ *of For Whom the Bell Tolls*. ああした場面は「誰(た)がために鐘は鳴る」をほうふつさせる. **2 a** 追憶にふける, 追憶を語る: in a ~ frame of mind 追憶にふけるような気分で / in a ~ tone 追憶にふけるような口調で / a ~ smile (何かを)思い出して浮かぶほほえみ. **b** 懐旧(談)の, 追億(談)の; 懐旧(談)的な, 回顧(録)的な: a ~ talk 回顧談. **3** 昔をしのぶ, 追憶する: Her eyes became ~. 往時を懐しむような目つきになった. — *n.* 思い出を語る人; 思い出の記[回想録]を書く人. **~·ly** *adv.* 〖(1765) □ L *reminiscentem* (pres.p.) ← *reminiscī* (↑): ⇨ -ent〗

rem·i·nis·cen·tial /rèmənɪsénʃəl, -ʃl̩ | -mɪ̈nɪ-ˈ/ *adj.* = reminiscent. 〖1646〗

rè·mínt *vt.* 〈貨幣を〉再鋳する; 〈古貨幣を〉改鋳する. 〖1823〗

rem·i·ped /réməpèd | -mɪ-/ 《動物》*adj.* 〈甲殻類が〉橈脚(とうきゃく)の 《水生動物のように, 櫂(かい)状の脚をもつ》. — *n.* 橈脚類の甲殻類. 〖(1826) □ F *rémipède*: ⇨ remi-, -ped〗

re·mise¹ /rɪ̈máɪz | -míːz; F. ʁəmiːz/ *n.* **1** 《フェンシング》ルミーズ, 突き直し 《最初の突きがはずれた時そのままの姿勢で今一度行う突き》. **2** 《古》**a** (hackney より高級な)貸馬車. **b** 馬車小屋. — *vi.* 《フェンシング》ルミーズする. 〖(1698) □ F ~ (fem. p.p.) ← *remettre* < L *remittere*: ⇨ remit〗

re·mise² /rɪ̈máɪz/ *vt.* **1** 《法律》(証書を作成して)〈権利・財産などを〉引き渡す, 譲渡する, 放棄する (surrender). **2** 《廃》送り返す, 戻す (return). — *n.* **1** 《古》《法律》(放棄証書によるすべての財産・権利などの)譲渡, 譲与. **2** 《廃》送金. 〖(1473) ← F *remise* (p.p.) ← *remettre* (↑)〗

re·miss /rɪ̈mís/ *adj.* [通例叙述的] **1 a** 不熱心な, 怠慢な, 不注意な (careless) 〔*in, about*〕 (⇨ negligent **SYN**): ~ housekeeping 怠慢な家事 / be ~ *in* one's payments 金払いが悪い / I have been very ~ *in* writing to you. 大変ごぶさたいたしました / It was ~ of me to forget her birthday. 彼女の誕生日を忘れるとは私もうかつだった. **b** だらしない, いい加減な (negligent): The service in the new hotel was rather ~. あの新しいホテルのサービスはいい加減だった. **2** 《古》無気力な; ぐずな, のろい (slow). **~·ly** *adv.* **~·ness** *n.* 〖(?a1425) □ L *remissus* (p.p.) ← *remittere* 'to REMIT'〗

re·mis·si·ble /rɪ̈mísəbl̩ | -sɪ̈-/ *adj.* 免じてよい, 許される: a ~ fine [penalty] 免じられる罰金[許される罰].
re·mìs·si·bíl·i·ty /-səbíləṭi | -sɪ̈bílɪ̈ti/ *n.* **re·mís·si·bly** *adv.* 〖(1577) □ F *rémissible* // LL *remissibilis* ← L *remissus* (↑): ⇨ -ible〗

re·mis·sion /rɪ̈míʃən/ *n.* **1** (怒り・圧力・寒さなどの)和らぎ, 収まり. **2** 《病理》(病気の)寛解, 軽快; 小康状態: complete [spontaneous] ~ 完全[自然]寛解 / be in [go into] ~ 小康状態にある[なる]. **3** (罪の)赦免; 容赦, 許容, 恩赦 (forgiveness): the ~ of sins 罪の赦(ゆる)し / gain ~ 許してもらう. **4** (負債・租税などの) (一部または全部の)免除; (模範囚の)刑期短縮. **5** 《法律》事件記録移送 (remitter). 〖(?a1200) □ (O)F *rémission* □ L *remissiō(n-)*: ⇨ remiss, -sion〗

Remíssion Thúrsday *n.* 《キリスト教》= Maundy Thursday.

re·mis·sive /rɪ̈mísɪv/ *adj.* **1** 赦免する, 免除する, 寛大な. **2** 軽減する (abating), 緩める. **3** 鎮静させる. **~·ly** *adv.* **~·ness** *n.* 〖(1432–50) □ ML *remissivus*: ⇨ remiss, -ive〗

re·mit /rɪ̈mít/ *v.* (**re·mit·ted; re·mit·ting**) — *vt.* **1** 〈金銭・荷物などを〉送る, 送達する (transmit) 〔*to*〕: ~ money *to* the creditor 債権者へ金を送る. **2 a** (助け・知識などを得るために)〈人を〉差し向ける, 照会させる. **b** 〈事件の決定などを〉(…に)付託[委託]する, 持ち込む (submit) 〔*to*〕. **c** 《法律》〈事件記録を〉下級裁判所へ差し戻す, 移送する (remand). **3 a** 〈罰金・支払い・租税・刑罰などを〉(一部または全部)免除する, 軽減する: ~ a penalty, debt, etc. / ~ a fine to half the amount 罰金を半額に免じる. **b** 〈怒り・苦痛などを〉和らげる, 減じる: ~ one's anger 怒りを和らげる. **4** 〈神が〉〈罪などを〉許す, 赦免する, 恩赦を与える (pardon): ~ sins. **5 a** 〈注意・努力・攻撃などを〉緩める (abate): ~ one's vigilance 警戒を緩める / ~ one's efforts 努力を控え目にする / ~ the siege. **b** 〈行動を〉やめる, 思いとどまる. **6** 元に戻す, (以前の状態に)戻す, 回復する (restore) 〔*to, into*〕. **7** (さらに調査するため)延期する (adjourn) 〔*to, till*〕: ~ a matter *till* a certain date for further consideration ある事をさらに考慮するためある時期まで延期する. **8** 《廃》〈罪人などを〉放免[釈放]する (release). **9** 《廃》〈権利・所有などを〉あきらめる, 放棄する (abandon). — *vi.* **1** 送金する: Kindly ~. ご送金願います. **2 a** 〈力・強さなどが〉弱まる, 和らぐ, 静まる, 緩む (abate). **b** 〈病気・異常などが〉一時軽くなる, 減退する, 寛解する.
— /rɪ̈mít, ríːmɪt | ríːmɪt, rɪ̈mít/ *n.* **1** (委員会などの)委託された権限, 委任事項. **2** 《法律》(事件記録の他の裁判所への)回送, 移送. **3** (考慮のために)延期された事項.
~·ment *n.* **~·ta·ble** /-ṭəbl̩ | -tə-/ *adj.* 〖(c1375) □ L *remittere* ← RE-¹ + *mittere* to send: cf. mission〗

re·mit·tal /rɪ̈míṭl̩ | -tl̩/ *n.* = remission. 〖(1596): ⇨ ↑, -al²〗

re·mit·tance /rɪ̈míṭəns, -tns, -ṭənts, -tnts | -təns, -tns, -tənts, -tnts/ *n.* **1** 送金: make (a) ~ 送金する / telegraphic ~ 電信為替. **2** 送金高[額], 送り高. 〖(1705) ← REMIT + -ANCE〗

remíttance màn *n.* 《英》本国からの送金で海外で暮らしている人. 〖1886〗

re·mit·tee /rɪ̈mìtíː/ *n.* (為替・送荷などの)受取り人. 〖(1766) ← REMIT + -EE¹〗

re·mit·tence /rɪ̈míṭəns, -tns | -təns, -tns/ *n.* 《病理》弛張(しちょう), (熱の)増減, 高低. 〖(1901) ← REMIT + -ENCE〗

re·mít·ten·cy /-ṭənsi, -tnsi | -tənsi, -tn-/ *n.* 《病理》= remittence. 〖1820–26〗

re·mit·tent /rɪ̈míṭənt, -tnt | -tənt, -tnt/ 《病理》*adj.* 症状が交互に軽くなったり重くなったりする, 〈熱が〉出たり引いたりする, 弛張性の (cf. intermittent): a ~ fever. — *n.* 弛張熱. **~·ly** *adv.* 〖(1693) □ L *remittentem*: ⇨ remit, -ent〗

re·mit·ter¹ /rɪ̈míṭə | -təʳ/ *n.* = remittor. 〖c1557〗

re·mit·ter² /rɪ̈míṭə | -təʳ/ *n.* 《法律》**1** (保有権を有する土地に対する他人の占有を排除するため)より有効な名義に書き換えること. **2** 原権回復; 復権 (restoration). **3** 事件記録移送 《上訴裁判所が原審に事件記録を移送すること》. 〖1544〗

re·mít·tor /-ṭə | -təʳ/ *n.* 送金人.

rè·míx *vt.* **1** 〈材料などを〉再び混ぜる. **2** 〈録音されたものを〉ミキシングし直す, リミックスする 《特に既発売曲をアレンジや構成を変えながらトラックダウンし直し, 別バージョンにする》. — /ˊ-ˋ/ *n.* リミックス(された録音[曲]). **rè·míx·er** *n.* 〖(1662) ← RE-² + MIX〗

Re·mi·zof /réɪmɪzɔ̀(ː)f, -zɑ̀(ː)f | -zɔf; *Russ.* rʲémʲi-zəf/, **Alek·sei Mikhailovich** *n.* レミゾフ (1877–1957; ロシアの作家, 革命を逃れパリに住んだ).

rem·nant /rémnənt/ *n.* **1** [the ~] (通例, わずかな)残り, 余り, 残余, 残物 (remainder): *the* ~*s* of a feast ごちそうの残物. **2** [しばしば *pl.*] 生存者 (survivor). **3** 残存物, 遺物, 面影 (relic) (⇨ remainder **SYN**): the ~*s* of former grandeur 昔の壮大さの名残り / ~*s* of the building その建物の残骸 / a ~ of the feudal times 封建時代の遺風. **4** (売り物・使い物にならない)くず, はした; 残り切れ, 半端切れ. — *adj.* 残った (remaining); 残り物の: a ~ sale 端物(はもの)の安売り, 半端物売出し. 〖(?a1300) *remenant* □ OF *remanant* (p.p.) ← *remanoir* 'to REMAIN': ⇨ -ant〗

rè·módel *vt.* (**re·modeled, -modelled; -eling, -elling**) …の型を直す, 作り直す; 改造する, 模様替えする; 〈小説・劇などを〉改作[改造]する; 〈行為などを〉改める; 〈軍などを〉改編[再編成]する: ~ a room 部屋を模様変えする / a ~(*l*)*ed* army 改編軍. 〖1789〗

rè·módify *vt.* 修正しなおす, 再度変更する. **rè·modificátion** *n.* 〖1830〗

re·mo·lade /rèɪmәláːd/ *n.* = remoulade. 〖1702〗

rè·móld *vt.* **1** 再び造る[形造る], 新たに造り直す. **2** 《自動車》〈タイヤ〉の踏面を再生する. — *n.* /ˊ-ˋ/ 《自動車》再生タイヤ.

rè·mónetize *vt.* 《経済》再び法定貨幣として用いる, 再び通貨とする: ~ silver 銀(貨)を通貨とする. **rè·monetizátion** *n.* 〖1877〗

re·mon·strance /rɪ̈mɑ́(ː)nstrəns | -mɔ́n-/ *n.* **1** 忠告, いさめ, 諫言(かんげん); 抗議, 抗弁: say in ~ that …と抗議する / make ~*s* with a person against his conduct [on his folly] 人の行為[愚行]について忠告をする[いさめる]. **2** 《英史》(正式の)悪政陳情(書): the (Grand) *Remonstrance* 大諫議書, 悪政大陳情書 《1641 年英国下院から国王 Charles 一世に提出した専制批判文書》. **3** [the R-] 《キリスト教》(アルミニウス派の)抗議書, アルミニウス派信徒声明書 《カルヴァン派信徒との対抗についてオランダのアルミニウス派信徒 (Arminians) が 1610 年政府に提出したも

R

の). 4 《古》証拠 (proof); 実証 (demonstration). 〖(c1477) ▭ OF ～ (F *remontrance*) ∥ ML *remonstrantia*: ⇨ ↓, -ance〗

re·mon·strant /rɪ̆mɑ́(ː)nstrənt | -mɔ́n-/ *adj.* いさめる, 諫言(かんげん)する, 忠告の, 抗議の (expostulatory). — *n.* **1** いさめる人, 諫言者, 忠告者; 抗議者. **2** [R-] 《キリスト教》(オランダの)抗議[諫争]派の人, レモンストラント派の人《アルミニウス派信徒 (Arminians) の別称; cf. antiremonstrant 2》. **～·ly** *adv.* 〖(1618) ▭ ML *remonstrantem* (pres.p.) ← *remonstrāre* (↓): ⇨ -ant〗

re·mon·strate /rɪ̆mɑ́(ː)nstreɪt, rémənstrèɪt | rémənstrèɪt, rɪ̆mɔ́nstreɪt/ *vi.* いさめる, 諫言(かんげん)する, 忠告する (expostulate); 抗議する, 異議を唱える (protest): ～ *with* a person *against* his conduct その行為を改めるよう人をいさめる / ～ *with* a person *on* [*upon*] his action その行動について人に忠告する. — *vt.* **1** いさめる; 抗議する, 抗議して言う 〈*that*〉: ～ *to* [*with*] him *that* he is too narrow-minded あまりに偏狭だと言って彼をいさめる. **2** 《廃》指摘する, 証明する, 示す: ～ to them the unlawfulness of the war その戦争の正義に反する理由を彼らに示す. 〖(1599) ← ML *remonstrātus* (p.p.) ← *remonstrāre* ← RE-[1]+L *monstrāre* to show (← *mōnstrum* a sign)〗

re·món·strat·ing·ly /-tɪŋli | -tɪŋ-/ *adv.* いさめて, いさめるように; 忠告して, 忠告的に; 抗議して. 〖1829〗

re·mon·stra·tion /rɪ̆mɑ̀(ː)nstréɪʃən, rèmən- | rèmən-, rɪ̆mɔ̀n-/ *n.* いさめ, 諫言(かんげん), 忠告; 抗議 (protest). 〖(c1489) ▭ OF ～ ∥ ML *remōnstrātiō(n-)*: ⇨ remonstrate, -ation〗

re·mon·stra·tive /rɪ̆mɑ́(ː)nstrətɪv | -mɔ́nstrət-/ *adj.* 諫言(かんげん)[忠告, 抗議]の[を表す]. **～·ly** *adv.* 〖1614〗

re·món·stra·tor /-streɪtə | -tə(r)/ *n.* いさめる人, 諫言(かんげん)者, 忠告者; 抗議者. 〖1653〗

re·mon·tant /rɪ̆mɑ́(ː)ntənt, -tnt | -mɔ́nt-/ 《園芸》 *adj.* 〈バラなど〉一季節中に何度も咲く, 返り咲きの. — *n.* =hybrid perpetual rose (remontant rose ともいう). 〖(1883) ▭ F ～ (pres.p.) ← *remonter* 'to REMOUNT': ⇨ -ant〗

rem·on·toir /rèmɑntwɑ́ə | -twɑ́ː(r); F. ʁəmɔ̃twaːʁ/ *n.* (*also* **rem·on·toire** /～/) 《時計》**1** (がんぎ車に加えるトルクを一定にするように工夫された)巻上げ装置《種々の形式のものがある》. **2** (振子などを等しい時間間隔で駆動する)がんぎ. 〖(1801) ▭ F ～ ← *remonter* (↑)〗

rem·o·ra /rémərə, rɪ̆mɔ́ːrə/ *n.* **1** 《魚類》コバンザメ, コバンイタダキ《頭上の吸盤でサメ・カメ・船などの下部に吸着するコバンザメ科の魚類の総称; shark sucker ともいう》. **2** 《古》妨害物, 障害物 (obstacle). **rem·o·rid** /rémərɪ̆d | -rɪd/ *adj.* 〖(1567) ▭ L ～ 'impediment, sucking fish' ← RE-[1]+*mora* delay: ⇨ mora[1]〗

re·morse /rɪ̆mɔ́əs | -mɔ́ːs/ *n.* **1** (罪悪・非行に対する)後悔, 悔恨 (regret); 良心のとがめ, 自責 (compunction) 〔*at, for, of*〕(⇨ regret SYN): ～ *of* conscience 《古》良心の呵責(かしゃく) / feel a twinge of ～ *for* one's past 自分の過去に対して良心のとがめを感じる / He was filled with ～. 悔恨の情がこみ上げてきた / suffer from ～ 自責の念に苦しむ. **2** 《廃》哀れみ, 同情, 慈悲: without ～ 容赦なく, 無慈悲にも. 〖(c1385) ▭ OF *remors* (F *remords*) ▭ ML *remorsus* ← *remordēre* to vex ← RE-[1]+L *mordēre* to bite: cf. mordant, morsel〗

re·morse·ful /rɪ̆mɔ́əsfəl, -fl | -mɔ́ːs-/ *adj.* **1** 後悔している, 前非を悔いている, 良心の呵責(かしゃく)に堪えない: ～ confessions 後悔の告白, 懺悔(ざんげ) / feel ～ *for* ...に後悔の念を感じる. **2** 《廃》哀れみ深い. **～·ly** *adv.* **～·ness** *n.* 〖1592〗

remórse·less *adj.* **1** 〈特に不快なことが〉いつまでも続く, 持続的な, 執拗(しつよう)な (persistent). **2** 悔いる心のない, 無慈悲な, 無情な, 邪険な, 仮借ない, 容赦のない, 因業(いんごう)な, 残忍な: ～ cruelty 残忍酷薄. **～·ly** *adv.* **～·ness** *n.* 〖1590–91〗

rè·mórtgage *vt.* 再び抵当に入れる, 〈財産〉に対する抵当条件を改める. — *n.* 別の[追加的な]抵当. 〖1960〗

re·mote /rɪ̆móʊt | -mə́ʊt/ *adj.* (**more ～, most ～; re·mot·er, re·mot·est**) **1** (空間的に)遠い, 遠く離れた, 遠方の, 遠隔の (⇨ distant SYN): a ～ island 離島 / a ～ place 遠い所, 遠隔地. **2 a** 人里離れた, 辺鄙(へんぴ)な (retired, secluded) 〔*from*〕: a ～ village 僻村(へきそん) / the ～ regions of the earth 地の果て. **b** [副詞的に] 遠く離れて (far off): live ～ 片田舎に住む / live ～ *from* cities 都市から遠く離れた所に住む. **3 a** (時間的に)遠く離れた, 遠い: the ～ past [future] 遠い過去[未来] / a custom of ～ antiquity 遠い昔の風習 / ～ in time 時の隔たった. **b** [副詞的に] 遠い先に[将来に]; 遠い昔に. **4** 直接に作用しない, 間接的な (indirect): a ～ effect 間接的な影響 / ～ damage 《法律》被告の行為と直接に因果関係のない損害 / ⇨ remote cause. **5 a** (血族関係の)遠い, 遠縁の: a ～ ancestor [descendant] 遠い祖先[子孫] / a ～ kinsman 遠縁の人. **b** (関係の)遠い, かけ離れた, 別種の (alien), 大いに異なる 〔*from*〕: be ～ *from* one's intentions 心にもないことだ. **6** [しばしば否定語と共に用いて] かすかな, わずかの (slight): a ～ resemblance かすかな類似 / a ～ possibility およそあり得ないこと / There is *not* the *remotest* chance of success. 成功の見込みは全くない / I have *only* a very ～ [have *not* the *remotest*] idea of what he means. 彼が何を言おうとしているのか漠然とし か[さっぱり]わからない / The chances of their winning the game grew more ～. 彼らがその試合で勝つ見込みはますます薄くなってきた. **7** 〈気持ち・態度など〉よそよそしい, 他人行儀の, 打ち解けない (cold). **8** =remote-controlled. **9** 《電算》〈コンピューターが〉リモートの, 遠隔の《ネットワークを介してアクセスする; cf. local》. — *n.* **1** 《ラジオ・テレビ》スタジオ外中継放送(番組)《スタジオ外から得られるスポーツ・ニュースなどの放送(番組); remote pickup ともいう》. **2** =remote control. **～·ness** *n.* 〖(?1440) ▭ OF *remot* ∥ L *remōtus* (p.p.) ← *removēre* 'to REMOVE'〗

remóte bátch *n.* 《電算》リモートバッチ《バッチ処理をコンピューターから離れた地点の入出力装置から実行する処理の形式; cf. batch[1] 4》.

remóte cáuse *n.* 《法律》遠因《ある結果の直接の原因を誘発させた原因; cf. proximate cause》.

remóte contról *n.* 遠隔操作[制御, 操縦], リモートコントロール, リモコン: change channels with the ～ リモコンでチャンネルを変える / operate a model plane by ～ 模型飛行機をリモコンで操作する. 〖1904〗

remóte-contrólled *adj.* 遠隔操作[制御, 操縦]の, リモコンの: a ～ bomb. 〖1943〗

remóte cùt-óff *adj.* 《電気》〈真空管など〉遮断特性が緩やかな, リモートカットオフの (cf. sharp cut-off).

remóte indicátion *n.* 《電気・物理》遠隔指示《ある点からの情報を離れた地点へ指示する》.

remóte jób èntry *n.* 《電算》=remote batch (略 RJE).

re·mote·ly /rɪ̆móʊtli | -mə́ʊt-/ *adv.* **1** わずかに, かすかに: He is only ～ responsible for it. 彼の責任はほんのわずかだ. **2** (時間的に)遠く, はるかに, 遠く隔たって. **3** 関係が薄く; 間接に: be ～ related 関係が薄い, 遠縁になっている. **4** よそよそしく, 打ち解けないで. **5** 遠隔操作[リモートコントロール]によって. 〖1598〗

remóte píckup *n.* スタジオ外からの放送 (remote).

remóte sénsing *n.* 《電子工学》遠隔探査, 遠距離測定《人工衛星から写真・レーダーなどを用いた天体の地勢観測など》. 〖1972〗

remóte sénsor *n.* 《電子工学》遠隔探査装置.

re·mo·tion /rɪ̆móʊʃən | -mə́ʊ-/ *n.* **1 a** 移動, 除去. **b** 《廃》出発. **2** 遠く離れていること, 遠隔; 縁[関係]の薄さ. 〖(1392) ▭ OF *remocion* ∥ L *remōtiō(n-)* ← *remōtus*: ⇨ remote, -tion〗

re·mou·lade /rèɪməlɑ́ːd; F. ʁemulad/ *n.* レムラード(ソース)《マヨネーズに刻んだピクルスやケーパー・からし・香草類などを入れたソース; 冷たい料理に用いる》. 〖(1845) ▭ F *rémo(u)lade* ← (方言) *rémola(t)* horseradish (変形) ← L *armoracea*: ⇨ -ade〗

rè·móuld *vt., n.* =remold.

rè·móunt *v.* — *vt.* **1** 〈自転車・馬などに〉再び乗る, 再騎乗する. **2** 〈はしご・台・山などに〉再び登る. **3** 〈大砲などを〉据え替える, 〈絵・写真・宝石などを〉入れ[はめ]替える; 装備し直す. **4** 〈騎手・騎兵隊など〉に新馬を支給する. **5** 〈川などを〉さかのぼる. — *vi.* **1** 馬(など)に再び乗る. **2** 再び登る. **3** 〔ある時代・本源まで〕さかのぼる 〔*to*〕: Royal pedigrees often ～ *to* the remotest antiquity. 王家の系図は時に太古の時代にさかのぼる. — /ˊ-ˋ, ˋ-ˊ/ *n.* 新馬, 交替馬, 補充馬, 予備馬; 新馬補充. 〖(c1380) ▭ OF *remonter*: ⇨ re-[1], mount[1]〗

re·mov·a·bil·i·ty /rɪ̆mùːvəbíləti | -lɪ̆ti/ *n.* **1** 移動できること, 可動性; 除去できること. **2** 免職[解任, 転任]の可能性. 〖(1789): ⇨ ↓, -ity〗

re·mov·a·ble /rɪ̆múːvəbl/ *adj.* **1** 移動できる; 《電算》着脱可能な, リムーバブルな: a ～ partition 取りはずしできる仕切り. **2** 除去できる: a ～ evil 除去しうる弊害. **3** 〈官吏など〉免職[解任]できる; 転任させられる: Judges are not ～ at the pleasure of a Minister. 判事は大臣の思うままに免職させられない. **4** 《数学》除去可能な (cf. essential 6): **a** 〈複素変数関数の特異点が〉除去可能な. **b** 〈関数の不連続点が〉除去可能な. **～·ness** *n.* **re·móv·a·bly** *adv.* 〖1534〗

re·mov·al /rɪ̆múːvəl, -vl/ *n.* **1 a** 除去, 排除; 撤退: snow ～ 除雪, 雪よけ / ～ of grievances 苦情の種の除去[解消] / ～ of a cancerous breast 癌にかかった乳房の切除 / demand the ～ of the UN troops 国連軍の撤退を要求する. **b** 《婉曲》殺害. **2** (官吏の)解任, 免職; 転任: the ～ of a judge 判事の解任. **3** 移動, 移転; 《英》転居, 立退き: ～ of furniture (別宅または別宅への)家具の移動[移転] / a ～ to a new house 新居への移転 / ⇨ removal van. **4 a** 《法律》=remover[2]. **b** 《米俗》死体移送. — *adj.* 《英》移動の; 移転の. 〖(1597) ← REMOVE+-AL[2]〗

re·móv·al·ist /-lɪ̆st | -lɪst/ *n.* 《豪》引っ越し業者, 運送業者. 〖1959〗

remóval vàn *n.* 引っ越し用荷物運搬車.

re·move /rɪ̆múːv/ *vt.* **1 a** 〔他の場所へ〕移す, 移転する 〔*to*〕: ～ the troops *to* the front 軍隊を前線に移す / ～ one's residence *to* Hammersmith 住居をハマースミスに移す / The patient has been ～*d to* Intensive Care. 患者は集中治療室に移された. **b** 〔場所から〕動かす, 移動させる; 取り払う, 片付ける 〔*from*〕(⇨ move SYN): ～ the dishes [tea things] *from* the table 食卓の皿[茶道具]を片付ける / ～ the top ふたを取る / ～ oneself *from* the room 部屋から立ち退く, 部屋を去る / ～ one's eyes *from* a book 本から目をそらす. **2 a** 取り去る, 取り除く, 除去する: ～ a name *from* a list 名簿から名前を消し去る, 除名する / ～ spots [makeup] しみを取り去る[化粧を落とす] / ～ hair with a razor かみそりで毛をそり落とす / ～ (the cause of) doubts [apprehensions] 疑惑[不安](の原因)を取り除く / That's one more obstacle ～*d*! これでもう一つ障害がなくなった. **b** 《婉曲》殺害する: ～ a person by [with] poison 人を毒殺する. **3** 脱ぐ, はずす: ～ one's coat [eyeglasses] コートを脱ぐ[眼鏡をはずす] / ～ one's hat (挨拶(あいさつ)のために)ちょっと帽子を上げる; (敬意を表して)脱帽する / Kindly ～ your hat. 帽子をお取り下さい. **4** 立ち退かせる, 追っ払う; (地位・職から)去らせる, やめさせる, 免職[解職]する: ～ a tenant 借家人を立ち退かせる / ～ a postmaster 郵便局長を辞めさせる / He was ～*d from* school. 退学になった. **5** [p.p. 形で] 《英古》(dinner の献立で, 次に)...が出る (cf. *n.* 5): Fish *was* ～*d by* steak. 魚の次にステーキが出た. **6** 《法律》〈事件を〉移送する. — *vi.* **1** 《英古》移動する; (特に)転居する, 引っ越す: ～ *from* New York *to* Boston ニューヨークからボストンへ引っ越す / ～ *to* [*into*] the country 田舎へ引っ込む. **2** 《詩》去る, 立ち去る, 消える 〔*from*〕. **3** [様態の副詞を伴って] 取り除くことができる, 取れる: a grease stain that ～*s* easily 簡単に取れる油じみ. — *n.* **1** 距離, 隔たり; 食い違い, 相違 〔*from*〕: at many ～*s* from ...から遠く離れて / at a ～ of forty centuries 4 千年(という時間)を隔てて / be several ～*s* (away) *from* ...とはかなり隔たりがある / At a certain ～ its shape seems to change. 少し離れて見ると形が変わるように見える / an action but one ～ *from* (a) crime 犯罪すれすれの行為 / He is only (at) one ～ *from* a fool. 彼はばかと紙一重だ / Genius is but one ～ *from* madness. 天才は狂人と紙一重 / It's (at) a far ～ *from* how I imagined (it). 私が想像していたのとはかなり違う. **2** 段階, 階程, 等級 (degree); (血族関係の)一世代ずれている[下または上である]こと, ...親等 (cf. removed 2) 〔*from*〕: a (first) cousin at one ～ =a (first) cousin once removed (⇨ removed 2) / a cousin in the second ～ =a cousin twice removed (⇨ removed 2) / He is but [only] one ～ [a few ～*s*] *from* me. 彼は私とはたった一親等[二, 三親等]の隔たりだ. **3 a** 移動; 退去. **b** 《古》移転, 転居. **4** 《英》**a** 進級: He hasn't got [has missed] his ～. 進級できなかった. **b** (学校の)中間級《14 歳前後, すなわち四年上級と五年下級の間にあたる》. **5** 《英古》空皿の片付け; 次の皿 (料理). **6** 《Shak》包囲軍の撃退. **7** 《廃》不在, 留守期間. 〖v.: (?a1325) *remove* (*n*) ▭ OF *removeir* (F *remouvoir*) <L *removēre* to take away. — n.: (1553) ← (v.): ⇨ re-[1], move〗

re·moved /rɪ̆múːvd/ *adj.* **1 a** 隔たった, かけ離れた 〔*from*〕: motives entirely ～ *from* self-interest 全く私欲を離れた動機 / Such a man is not many degrees ～ *from* the brute. こういう人間は野獣とあまり違わない. **b** (時間・空間的に)遠く離れた. **c** 《廃》辺鄙な. **2** 《法律》[cousin に伴って, once [twice, etc.] ～ で] (血族関係が)...世代隔たった, ...親等の: a (first) cousin once ～ いとこの子; 親のいとこ / a (first) cousin twice ～ いとこの孫; 祖父母のいとこ《六親等》/ a second cousin once ～ またいとこの子, 親のいとこの子. **re·móv·ed·ly** /-vɪ̆dli, -vd-/ *adv.* **re·móv·ed·ness** /-vɪ̆dnɪ̆s, -vd-/ *n.* 〖a1543〗

re·móv·er[1] *n.* **1** 移動者, 移転者, 転居者; 除去者. **2** 《英》引っ越し屋, 引っ越し運送屋. **3** 《化学》剝離(はくり)剤, リムーバー《塗膜を洗い去る溶剤》: a paint ～ ペンキ除去剤. 〖(1594) ← REMOVE+-ER[1]〗

re·móv·er[2] *n.* 《法律》事件移送. 〖(1663) ← REMOVE+-ER[3]〗

Rem·scheid /rémʃaɪt; G. ʁɛ́mʃaɪt/ *n.* レムシャイト《ドイツ中西部, North Rhine-Westphalia 州中部の工業都市》.

Rem·sen /rémsən, -sn, -zən, -zn/, **Ira** *n.* レムセン《1846–1927; 米国の化学者》.

RÉM slèep *n.* 《心理・生理》レム睡眠 (⇨ paradoxical sleep). 〖(1970)《頭字語》← *rapid eye movement*〗

re·muage /rèmjuɑ́ːʒ; F. ʁəmɥaːʒ/ *n.* 動瓶, ルミュアージュ《ワイン, 特にシャンパンの瓶を, 沈澱物を栓のところへ集めるため, 定期的に回転させたり, 振ったりする作業》. 〖(1926) ▭ F ～ ← *remuer* to move ← RE-[1]+*muer* to molt: ⇨ mew[4]〗

re·mu·da /rɪ̆múːdə, -mjúː- | -múːdə; Am.Sp. remúða/ *n.* [集合的] 《米南西部》(替え馬用の)一群の乗用馬《その中から牧童がその日に乗る馬を選ぶ》. 〖(1892) ▭ Am.-Sp. ～ ← Sp. *remuda* (*de caballos*) relay (of horses) ← *remudar* to exchange ← RE-[1] +*mudar* to change〗

re·mu·ner·a·ble /rɪ̆mjúːn(ə)rəbl/ *adj.* 報酬を与えられる, 報酬に値する, 報酬[賞]を与えてよい. **re·mú·ner·a·bly** *adv.* 〖(1593): ⇨ ↓, -able〗

re·mu·ner·ate /rɪ̆mjúːnərèɪt/ *vt.* **1** 〈人〉に報いる, 報酬を与える, 代償を与える, 償う (⇨ pay SYN): ～ a person *for* his labor [sacrifices] 人の骨折り[犠牲]に対して報いる[礼をする]. **2** 〈努力・尽力など〉に報いる: His efforts were amply ～*d*. 彼の努力は十分に報いられた. **re·mú·ner·à·tor** /-tə | -tə(r)/ *n.* 〖(1523) ← L *remūnerātus* (p.p.) ← *remūnerārī* ← RE-[1]+*mūnerāre* to give (← *mūnus* reward): ⇨ -ate[3]〗

re·mu·ner·a·tion /rɪ̆mjùːnəréɪʃən/ *n.* **1** 報いること. **2** 報酬, 報償, 代償; 給料, 俸給: a generous ～ *for* his services 働きに対する十分な報酬. 〖(c1400) ▭ (O)F *rémunération* ∥ L *remūnerātiō(n-)*: ⇨ ↑, -ation〗

re·mu·ner·a·tive /rɪ̆mjúːn(ə)rətɪv, -nərèɪt- | -n(ə)rət-/ *adj.* **1** 報いる. **2** 利益[収益]のある, 引き合う, 割の合う, 有利な (paying, profitable): a ～ deal 有利な取引 / a ～ salary 引き合う給料. **～·ly** *adv.* **～·ness** *n.* 〖1626〗

re·mu·ner·a·to·ry /rɪ̆mjúːnərətɔ̀ːri | -n(ə)rətəri/ *adj.* =remunerative. 〖1586〗

Re·mus /ríːməs/ *n.* **1** 《ローマ神話》レムス (⇨ Romulus). **2** =Uncle Remus. 〖▭ L ～〗

Ré·my Mar·tin /réɪmimɑ́ətæ̃n, rém-, -tŋ | -mɑ́ːtɪn; F. ʁemimaʁtɛ̃, ʁə-/ *n.* 《商標》レミーマルタン《フランス E. Rémy Martin 社(創業 1724 年)製のコニャック》.

R

REN 《略》ringer equivalent number《電話線にかかる負荷の単位》.

Re·nais·sance /rènəsɑ́ːns, -zɑ́ːns, -sɑ́ːnts, -zɑ́ːnts⁻ | r₁ᵢnéɪsəns, -sɑːns, -sənts, -sɑːnts; *F.* ʁənɛsɑ̃ːs/ *n.* **1** [the ～] **a** 文芸復興, ルネサンス《ヨーロッパにおいて 14–16 世紀に起こった古典(特にギリシャ・ローマ)文芸・学術の復興; cf. Risorgimento 2》. **b** 文芸復興期《中世から近世への過度期》. **2** ルネサンスの美術・建築様式. **3** [時に r-] (文芸・宗教などの)復興, 復活; 新生, 再生: the *renaissance* of the church, popular music, the theater, etc. / ⇨ Irish Renaissance. ― *adj.* **1** 文芸復興[ルネサンス](期)の; ルネサンス様式の: ～ painters [sculpture]. **2** [時に r-] 復興の[に関する]. 〖《1840》□ F ～《原義》rebirth ← OF *renaistre* (F *renaître*) to be born again ＜VL **renāscere* ← L *renāscī*: cf. renascent〗

Rénaissance árchitecture *n.* 〘建築〙ルネサンス式建築《15 世紀にイタリアに始まり, 17 世紀の初めまでヨーロッパ各国に流行した建築様式; 大体は古典様式, 特にローマ建築の復興であるが, これに各時代の新しい形式感覚や各建築家の個性が織り込まれた》.

Rénaissance mán [**wóman**] *n.* **1** ルネサンスタイプの人, 多芸多能の人《ルネサンス時代に見られたような芸術・科学など多岐にわたって博識な人》. **2** 該博な知識人 (cf. savant). 〖1906〗

re·nais·sant /r₁ᵢnéɪsənt, -snt/ *adj.* 復活しつつある. 〖《1864》□ F ～ (pres.p.) ← *renaître*: ⇨ Renaissance〗

re·nal /ríːnl/ *adj.* 〘解剖〙腎(じん)の, 腎臓(じんぞう)の[に関する], 腎臓部の[にある] (nephric): ～ diseases 腎臓病, 腎疾患 / the ～ region 腎臓部. 〖《1656》□ F *rénal* □ LL *rēnālis* ← L *rēnēs* 'REINS': ⇨ -al¹〗

rénal cálculus *n.* 〘病理〙腎(じん)(結)石 (kidney stone).

rénal cápsule *n.* 〘解剖〙腎(じん)被膜.

rénal cléarance *n.* 〘医学〙腎(じん)クリアランス (⇨ clearance 8). 〖1948〗

rénal córpuscle *n.* 〘解剖〙腎(じん)小体 (Malpighian body).

rénal pélvis *n.* 〘解剖〙腎盂(じんう), 腎盤. 〖1901〗

re·name /rìːnéɪm/ *vt.* …の名前を改める, 改めて命名する: Idlewild was ～*d* John F. Kennedy International Airport. アイドルワイルドはケネディ国際空港に名を改めた / I ～*d* the file DATA. ファイル名を DATA に変えた. 〖*a*1660〗

Re·nan /rənɑ́ː(ŋ), -nɑ́ːŋ; *F.* ʁənɑ̃/, **(Joseph) Ernest** *n.* ルナン《1823–92; フランスの歴史家・批評家; *La Vie de Jésus* (英訳 *The Life of Jesus*) (1863)》.

Ren·ard /rénəd | -nɑːd/ *n.* ＝Reynard¹·².

Re·nard /rənɑ́ə | -nɑ́ː^(r); *F.* ʁənaːʁ/, **Jules** *n.* ルナール《1864–1910; フランスの小説家・劇作家; *Poil de carotte*「にんじん」(1894)》.

re·nas·cence /r₁ᵢnǽsəns, -néɪs-, -sns/ *n.* **1** 新生, 再生: the ～ of plants in spring 春の植物の新生. **2** 復活, 復興: a period of moral ～ 道徳復興の時期. **3** [the R-] ＝Renaissance 1. 〖《1727》: ⇨ ↓, -ence〗

re·nas·cent /r₁ᵢnǽsənt, -néɪs-, -snt/ *adj.* 再生しつつある; 再起する, 復活[復興]しつつある; 盛り返そうとしている. 〖《1727》□ L *renāscentem* (pres.p.) ← *renāscī* to be born again: ⇨ re-², nascent〗

Re·na·ta /rənɑ́ːtə | -tə; *It.* renáːta/ *n.* レナータ《女性名; 愛称形 Renée, Rennie》. 〖← L *renāta* born again: cf. René〗

rè·náture *vt.* 〘生化学〙〈変性した蛋白質などを〉正常の状態に戻す. **re·na·tur·a·tion** /rìːneɪtʃəréɪʃən/ *n.* 〖1946〗

Re·nault /rənóʊ, -nɔ́ːlt, -nɑ́ːlt | rénəʊ; *F.* ʁəno/ *n.* 〘商標〙ルノー《フランスの自動車メーカー Régie Nationale des Usines Renault (ルノー公団)製の小型・中型乗用車》.

Re·nault /rənóʊ, -nɔ́ːlt, -nɑ́ːlt | -nóʊ; *F.* ʁəno/, **Jean Louis** *n.* ルノー《1843–1918; フランスの法学者・平和主義者; Nobel 平和賞 (1907)》.

Renault, Louis *n.* ルノー《1877–1944; フランスの自動車製造業者; 自動車工場を創設し, 後に国有化された》.

ren·con·tre /renkɑ́(ː)ntə | -kɔ́ntə^(r); *F.* ʁɑ̃kɔ̃ːtʁ/ *n.* 《古》**1** 遭遇戦, 決闘, 衝突, 合戦. **2** (機知・議論などの)応酬; 論戦, 論争. **3** (不意の)出会い, 遭遇, めぐり会い. 〖《1619》□ F ～ ← *rencontrer* to encounter ← RE-¹ ＋*encontrer*: ⇨ encounter〗

ren·coun·ter /renkáʊntə | -tə^(r)/ *n.* 《古》＝rencontre. ― *vt.* **1** 〈友人など〉に偶然出会う, めぐり会う. **2** 《古》会戦[衝突]する, 果し合いをする. ― *vi.* **1** 偶然出会う, めぐり会う〔*with*〕. **2** 《古》会戦する〔*with*〕. 〖《1503–04》□ (O)F *recontre* ← *rencontrer* to encounter ← RE-¹＋*encontrer* 'TO ENCOUNTER'《変形》← F *rencontre* (↑)〗

rend /rénd/ *v.* (**rent** /rént/, ～·**ed**) ― *vt.* **1** 《詩・文語》〈悲嘆・嘆息などが〉〈胸・心を〉引き裂く, かき乱す: Her heart was *rent by* [*with*] grief. 彼女は悲しみのあまり胸も張り裂けんばかりだった. **2** 《詩・文語》〈歓呼などが〉〈空気・ホールなどを〉つんざく (pierce): ～ the air with cries 空気をつんざくような叫び声を出す. **3** (憤激・落胆・悲嘆などのあまり)〈衣服・頭髪を〉引きちぎる, かきむしる: ～ garments [hair] (着ている)服[髪の毛]をかきむしる. **4 a** 引き裂く, 引きちぎる, 八つ裂きにする: ～ a boat to [in] pieces＝～ a boat apart [asunder] ボートをこっぱみじんにする. **b** 〈人の仲を〉割る, 裂く, 分裂させる; (特に)党派に分裂させる: Europe was *rent* in two by the question. その問題でヨーロッパは二つに割れた. **5** もぎ取る, 裂き取る, 強奪する〔*from, out of*〕/〈*off, away, up*〉: ～ *off* a fruit *from* the tree 木から果物をもぎ取る / The infant was *rent from* its mother's arms. 赤ん坊は母親の腕からもぎ取られた. ― *vi.* **1** 引き裂く, ちぎる, もぎ取る. **2** 裂ける, 割れる, ばらばらになる, 分裂する: The mist ～*s.* かすみが途切れる.

rénd·i·ble /-dəbl/ *adj.* 〖OE *rendan* to tear, cut ＜Gmc **randjan* (OFris. *renda* / MLG *rende*) ← IE **rendh-* to tear up (Skt *randhra-* s(p)lit)〗

Ren·dell /réndl/, **Ruth** *n.* レンデル《1930– ; 英国のミステリー作家; *Demon in My View* (1976), *A Judgement in Stone* (1977)》.

ren·der /réndə | -də^(r)/ *vt.* **1** [目的補語を伴って] …にする, …たらしめる (make): Climbing a ladder ～*s* me giddy. はしごに登ると目まいがする / be ～*ed* homeless 家を失う; 宿無しになる / My efforts were ～*ed* futile. せっかくの努力もむだになった / The tone ～*ed* it an insult. 語調でそれが侮辱に聞こえた / This accident has ～*ed* me very cautious. この出来事から私はひどく用心深くなった. **2 a** 〈援助を〉与える: ～ first aid 応急手当をする / ～ assistance 助力する, 援助する / ～ help *to* a person 人に援助を与える. **b** 〈奉仕を〉する, 尽くす: ～ a person a service ＝～ a service *to* a person 人に尽くしてやる. **c** 〈尊敬・敬意を〉示す, 払う: ～ homage 臣従の礼を示す / ～ attention *to* a person 人に注意を払う. **d** 〈挨拶を〉する: ～ a salute 挨拶する. **3 a** (芸術的に)表現する, 描写する, 伝える: ～ an atmosphere, a meaning, etc. / ～ a haiku in English (ニュアンスを含めて)俳句を英語にする[直す] (cf. 4). **b** 〈音楽を〉再現する, 演奏する: ～ a song 歌を歌う / The quartet was well ～*ed*. その四重奏は演奏がよかった. **c** 演出する; 演じる: ～ a play / ～ the role of Hamlet ハムレットの役を演じる. **d** 〈詩を〉朗読する, 暗誦する. **4** 〔…に〕翻訳する〔*into*〕: ～ English *into* Japanese 英語を日本語に訳す. **5 a** (法廷で)〈判決を〉言い渡す, 〈評決を〉下す: ～ a decision 判決を下す. **b** (一般に)〈決定を〉下す: ～ a decision 決定する. **c** 〈伝言・説明・計算書などを〉手渡す, 託す; 伝える, 提出する: ～ a message 伝言を伝える / ⇨ *render an* ACCOUNT, account rendered / ～ a bill for payment 勘定書を差し出す. **d** 《古》引き渡す, 明け渡す, 放棄する〈*up*〉: ～ a fortress 要塞(ようさい)を放棄する / ～ *up* a city *to* the enemy 敵に町を明け渡す / ～ oneself *up* to …に身をゆだねる, 降参する. **6 a** 《古》〈借りたものを〉返す, 返済する〈*back*〉: ～ *back* a person's gift 贈り物を返す / *Render* (un)to Caesar the things that [which] are Caesar's. 《諺》カイザルのものはカイザルに返すべし (cf. *Mark* 12: 17; *Matt.* 22: 21; *Luke* 20: 25). **b** 返報[返礼]として与える, 報いる, 仕返しする: ～ good for evil 善をもって悪に報いる / ～ thanks for blessings 祝福に対して感謝する / What thanks can we ～ to God again for you? 汝のために如何なる感謝をか神に献ぐべきや (*1 Thess.* 3: 9). **c** 〈税金・貢物などを〉払う, 納める: ～ a tribute to …に貢物を納める. **d** 反射する, 反映する, 〈音を〉はね返す〈*back*〉. **7** 〘電算〙(画面上などに)表現[表示]する, 描画する (cf. rendering). **8** 〘石工〙〈漆喰(しっくい)などで〉〈石・れんがなどを〉下塗りする (cf. *n.* 2): ～ a wall *with* cement. **9** 〈脂肪などを〉溶かして精製する, 溶出する〈*down*〉. **10** [～ one*self* で] **a** 降参する (surrender). **b** 《古》姿を現す: ～ *oneself* at the court 出廷する. **11** 〘海事〙(滑車などを通るように)〈綱・索を〉緩める, 繰り出す. ― *vi.* **1** (相応に)報いる, 報酬を与える. **2** 溶かして脂肪[油, 蠟(ろう)]をとる[抽出する]. **3** 〘海事〙〈綱・縄が〉(滑車などを)通る. ― *n.* **1** 〘英史〙年貢, 地代, 家賃. **2** 〘石工〙(漆喰などの)下塗り. **3** 《廃》放棄, 譲渡. **4** 《廃》告白, 陳述.

rén·der·a·ble /-dərəbl, -drə-/ *adj.* **～·er** /-dərə | -rə^(r)/ *n.* 〖《*c*1375》 *rendre*(*n*) □ (O)F *rendre* ＜ VL **rendere* (混成) ← L *pr*(*a*)*ehendere* to take (cf. prison)＋*reddere* to give back (← RE-¹＋*-dere*, *dare* to give)〗

rénder-and-sét *vt., adj., n.* ＝renderset.

rén·der·ing /-dərɪŋ, -drɪŋ/ *n.* **1** 《英》**a** 翻訳, 訳文; 訳し方: oral ～*s* 口述訳. **b** (作品などの)解釈, 表現, 描出, 演出, 演奏. **2** 〘建築〙レンダリング《建物・室内などの完成された状態が理解しやすいように遠近法によって描くこと》; その図. **3** 〘電算〙(立体図形などの)描画, レンダリング《特に表面の模様や陰影づけを行って画面に表示する工程》. **4** 〘石工〙(漆喰(しっくい)などの)下塗り, モルタル塗り《rendering coat, render ともいう》. 〖1440〗

réndering plànt *n.* (動物性)脂肪精製工場《屠場・調理室・家畜の死体などから出る油脂類を処理して石鹸(せっけん)・肥料などを製造する工場》.

réndering wòrks *n. pl.* [単数または複数扱い] ＝rendering plant.

rénder·sèt *vt.* 〈壁〉に漆喰(しっくい)を二度塗りする《render-and-set ともいう》. ― *adj.* 漆喰を二度塗った. ― *n.* (漆喰の)二度塗り. 〖《1833》← RENDER (*n.* 2)＋SET〗

ren·dez·vous /rɑ́ːndɪ̣vùː, -deɪ- | rɔ́ndɪ̣-, -deɪ-; *F.* ʁɑ̃devu/ *n.* (*pl.* ～ /～z; *F.* ～/) **1 a** (約束による)面会, 集会, 会合, ランデブー, デート; 面会[会合]の約束: a place [point, port] of ～ 集合所[点, 港]. **b** (軍隊などの)集合, 集結. **c** (宇宙船の)ランデブー, 宇宙会合《ドッキング目的で二つの宇宙船が行う》. **2 a** 会合場所. **b** (作戦の前または後の軍隊・艦隊・飛行隊などの指定された)集合地, 集結地, 会合点. **c** (宇宙船の)ドッキング地点. **d** 人のよく行く所, 盛り場. **e** (暴力団などの)巣, 隠れ家(が). ― *v.* (**-dez·voused** /～d/; **-vous·ing** /～ɪŋ/) ― *vi.* (約束の場所に)集まる. ― *vt.* 〈軍隊などを〉(予定の場所に)集める. 〖《1591》□ F *rendez-vous* (名詞用法) ← *rendez vous* render or betake yourselves ← *rendez* ((2nd pers. pl. imper.) ← *rendre* 'to RENDER')＋*vous* you〗

ren·di·tion /rendíʃən/ *n.* **1 a** (音楽・劇の役などの)解釈; 演奏, 演技. **b** 翻訳. **c** (芸術的な)表現, 描写. **2** 《古》(ことに逃亡犯人の本国への)引渡し, (城の)明渡し. 〖《1601》□ F《廃》～ ← *rendre* 'to RENDER': cf. -ition〗

ren·du /rɑ́ːndu: | -d(j)uː; *F.* ʁɑ̃dy/ *n.* 〘建築〙(デザインを主とした)完成予想図. 〖《1957》□ F ～ 'rendering' (p.p.) ← *rendre* 'to RENDER'〗

ren·dzi·na /rendʒíːnə/ *n.* 〘土壌〙レンジナ《腐植炭酸塩土》. 〖《1927》□ Pol. ～ 'rich limy soil'〗

Re·né /rənéɪ | rənéɪ, réneɪ; *F.* ʁəne/ *n.* レネイ《男性名》. 〖□ F ～ ← L *renātus* born again (p.p.) ← *renascī*: ⇨ renascent〗

Re·née /rənéɪ | rənéɪ, réneɪ, ríːn-; *F.* ʁəne/ *n.* レネイ《女性名》. 〖□ F ～ ← RENATA〗

ren·e·gade /rénɪ̣gèɪd/ *n.* **1** 背教者; (特に, スペインで)イスラム教に改宗したキリスト教徒. **2** 脱党者, 変節者, 脱走者, 裏切り者, 反逆者. **3** 法や慣習の束縛を拒否する人. ― *adj.* **1** 自分の宗教に背く. **2** 裏切りの, 変節する[した]. ― *vi.* **1** 背教者となる. **2** 脱党する, 変節する, 裏切る. 〖《1583》□ Sp. *renegado* □ ML *renegātus* (p.p.) ← *renegāre*: ⇨ renege, -ade〗

ren·e·ga·do /rènəgɑ́ːdoʊ, -géɪ- | -nɪ̣gɑ́ːdəʊ, -géɪ-/ *n.* (*pl.* ～**es**) 《古》＝renegade. 〖《1599》: ⇨ ↑, -ado〗

re·nege /r₁ᵢníg, -nég, -níːg | -níːg, -néɪg, -nég/ *vi.* **1 a** [しばしば ～ *on* として] 〈約束を〉破る: They ～*d on* their promise [word]. 彼らは約束を破った, 違約した. **b** [～ *on* として] (約束を破って)〈人を〉失望させる. **2** 《米》〘トランプ〙＝revoke 2. **3** 《廃》否定する. ― *vt.* 《古》**1** 否認する, 見捨てる. **2** 断る. ― *n.* 〘トランプ〙＝revoke 2. **re·nég·er** *n.* **re·négu·er** *n.* 〖《1548》□ ML *renegāre* ← RE-¹＋L *negāre* 'TO NEGATE'〗

rè·negótiate *vt.* **1** 再交渉する. **2** 〘政治〙(暴利を排除するため)〈政府の戦時契約などを〉余分の利益がでないように再調整する. ― *vi.* 再交渉する; 再調整する. **rè·negótiable** *adj.* **rè·negotiátion** *n.* 〖1934〗

re·negue /r₁ᵢníg, -nég, -níːg | -níːg, -néɪg, -nég/ *v., n.* ＝renege.

re·new /r₁ᵢnúː, -njúː | -njúː/ *vt.* **1** 再び始める, 再開する, 再び取り上げる: ～ an attack 攻撃を再開する / ～ an old quarrel 昔のけんかをまた始める[蒸し返す] / ～ a conversation [an acquaintance] 会話[交際]を再び始める / ～ a subject 話題を再び取り上げる / We ～*ed* our correspondence. 再び手紙のやり取りを始めた. **2** 〈契約・手形などの期限を〉書き換える, 更新する, 期限を延ばす: ～ a lease [bill] 借地契約を更新する[手形を切り換える] / a ～*ed* bill 書換為替手形 / ～ a magazine subscription 雑誌の定期購読を更新する. **3** 〈古くなったものを〉再び新しくする, 更新[一新]する, 新しいもの[新品]のようにする: His coat was ～*ed* in places. 彼の上着はところどころつぎが当たっていた / The moon ～*s* itself. 月は再び新月となる. **4** 〈新しいもの〉と取り替える, 入れ替える; 新たに供給する: ～ the carpets 敷物を新しいのと取り替える / ～ laboratory equipments 実験設備を更新する / ～ water in a tank タンクの中の水をまた一杯にする / ～ the garrison 守備隊を交替させる / A snake ～*s* its skin. 蛇は脱皮する / Buttons have been ～*ed* upon the pants. ズボンのボタンが付け替えられていた. **5 a** 〈昔の力・若さなどを〉取り返す, 取り戻す, 回復する; 〈感情を〉よみがえらせる: ～ one's health 健康を取り戻す / ～ one's old friendship with …との旧交を温める / ～ one's youth 若返る / ～ one's sorrow 悲しみを新たにする. **b** 復活[復興]する, 再興[再建]する. **6** (精神的に)生まれ変わらせる, 更生させる: ～ a person's life 生まれ変わった人間にする / God is able to ～ us daily. 神は我々を日ごとに生まれ変わらせることができる. **7** 繰り返す, 反復する, 繰り返して言う[する]: ～ a gesture / ～ one's excuses. ― *vi.* **1** 再び始まる[起こる]: The clamor ～*ed*. また騒がしくなった. **2** 契約期間などを延長する, 手形を切り替える. **3** 新しくなる, 回復する: I feel my youth ～*ing*. 若返るような気持ちだ.

～·er *n.* 〖《*c*1350》← RE-²＋NEW: cf. ME *renovele*(*n*) □ OF *renoveler*〗

SYN 更新する: **renew** 〈古いものや摩損・消耗したものを〉新しいもので置き換える《最も一般的な語》: *renew* one's attack on the government's policies 改めて政府の政策を批判する. **renovate** 〈痛んだ部分などを〉修理して新しい状態に戻す《格式ばった語》: *renovate* a historic monument 史跡を復元する. **restore** 疲労・病気・荒廃などの後で元の状態に戻す: *restore* one's health 健康を回復する. **rejuvenate** 若々しい外観・元気などを回復する: *rejuvenate* an old building 古い建物を改装する.

---

re·new·a·ble /r₁ᵢnúːəbl, -njuː- | -njúːə-, -njúə-/ *adj.* **1** 〘生態〙更新しうる, 再生しうる《生態系や群落などの一部が失われたときに, 失われたものと同じかほとんど同じものが再び作られて元に近く戻る現象にいう》. **2** 〈契約など〉更新[継続, 延長]できる; 〈手形など〉切り替えられる. **3** 一新[回復]できる; 復活できる. **4** 再び始められる, やり直しできる. **re·nèw·a·bíl·i·ty** /-nùːəbíləti, -njùː- | -njùːəbílɪ̣ti, -njùə-/ *n.* **re·néw·a·bly** *adv.* 〖1727〗

renéwable énergy *n.* ＝alternative energy.

renéwable fúse *n.* 〘電気〙再用ヒューズ.

re·new·al /r₁ᵢnúːəl, -njúː- | -njúːəl, -njúəl/ *n.* **1** 再開, やり直し, 繰返し. **2** (手形などの)書換え, (賃貸契約などの)更新, 継続, 期限の延期: the ～ of a subscription to a periodical 雑誌購読の継続. **3** 新しくなる[する]こと, 一新, 更新. **4** 回復; 復興, 復活: There has been a ～ of interest in poetry. 詩に対する興味が復活してきた / She felt the ～ of courage. 勇気がよみがえるのを感じた. **5** 再生, 更生. **6** [通例 *pl.*] 〘簿記・会計〙(固定資産など

の)更新, 更新費用: ～ expense accounting 更新費法 (replacement method). 〖(1681-86) ← RENEW＋-AL[2]〗

re·néwed *adj.* **1** 〈興味・感情など〉新しくなった, 復活した. **2** 健康[元気]を取り戻して.

re·new·ed·ly /rɪnúːɪdli, -njúː- | -njúː-/ *adv.* 再び, 繰り返して; 新たに, 更新されて. 〖1748〗

Renf. 《略》 Renfrewshire.

Ren·frew /rénfruː/ *n.* レンフルー《スコットランド南西部の旧州; 面積 583 km²; Renfrewshire ともいう》.

Ren·frew·shire /rénfruːʃə, -ʃɪə | -ʃə(r, -ʃɪə(r/ *n.* ＝ Renfrew. 〖□ Welsh *rhen friu* flowing brook〗

ren·ga /réŋgə/ *n.* 〖詩学〗(日本の)連歌(れんが) (linked verse). 〖(1877) □ Jpn.〗

Re·ni /réɪniː; *It.* réːni/, **Gui·do** /gwíːdoʊ/ *n.* レーニ《1575-1642; イタリアバロックの画家》.

re·ni- /ríːnɪ, -ni, rén-/ 「腎臓(じんぞう)」の意の連結形: *reniform*. ★ 時に reno- になる. 〖← L *rēn* kidney: ⇨ reins〗

re·ni·fleur /rènəflə́ː | -nɪflə́ː(r; *F.* ʁəniflœːʁ/ *n.* 〖精神医学〗ルニフリュール《尿のにおいで性的刺激を受ける人》. 〖□ F ～ 'sniffer' ← *renifler* to sniff ← RE-[1]＋OF *nifler* to sniff〗

re·ni·form /ríːnəfɔ̀ːm, rén- | -nɪfɔ̀ːm/ *adj.* 〈葉など〉腎臓(じんぞう)形の. 〖(1753): ⇨ reni-, -form〗

re·nig /rɪníg, -níːg/ *v.* (**re·nigged**; **-nig·ging**), *n.* ＝ renege.

re·nin /ríːnɪn, rén- | ríːnɪn/ *n.* 〖生化学〗レニン《腎臓(じんぞう)皮質部から分泌される蛋白質分解酵素で, 高血圧などの原因と考えられる angiotensin を生ぜしめる》. 〖(1894) ← RENI-＋-IN[2]〗

rèni·pórtal *adj.* 〖解剖〗腎門の.

ren·i·tence /rénətəns, rɪnáɪ-, -tns | rénɪtəns, rɪnáɪ-, -tns/ *n.* ＝renitency. 〖1652〗

ren·i·ten·cy /rénətənsi, rɪnáɪ-, -tnsi | rénɪtən-, rɪnáɪ-, -tn-/ *n.* 抵抗すること, 反抗. 〖(1613): ⇨ ↓, -ency〗

ren·i·tent /rénətənt, rɪnáɪtnt | rɪnáɪt-/ *adj.* **1** (圧力に)抵抗する. **2** 頑強(がんきょう)に反抗する, 手に負えない. 〖(1701) □ L *renitentem* (pres.p.) ← *renītī* to resist ← RE-[1]＋*nītī* to strive: ⇨ -ent〗

Ren·min·bi /rénmìnbìː; *Chin.* ʐə́nmínpì/ *n.* (*pl.* ～) 人民幣《中華人民共和国の通貨; 記号 RMB; 単位 yuan (元)》. 〖(*c*1957) □ Chin. ～ ← *renmin* (人民)＋*bi* (幣)〗

Ren·nell /rénl/, **James** *n.* レンネル《1742-1830; 英国の地理学者》.

Ren·ner /rénə | -nə(r; *G.* ʁénɐ/, **Karl** *n.* レンナー《1870-1950; オーストリアの社会民主主義者・政治家; 大統領 (1945-50)》.

Rennes /rén; *F.* ʁɛn/ *n.* レンヌ《フランス北西部の都市; Ille-et-Vilaine 県の県都で, もと Brittany の主都》.

ren·net /rénɪt | -nɪt/ *n.* **1 a** レンネット《子牛などの第四胃の内膜で, rennin を含有している; これによって牛乳のカゼイン (casein) を凝固させてチーズを造る》. **b** (乳離れしない子牛などの胃中にある)凝結乳. **2** 〖生化学〗＝rennin. 〖(*c*1450) *renniet* ＜? OE **rynet* ← ? **run-* 'RUN[1]': ⇨ -ET[1]〗

rénnet càsein *n.* 〖生化学〗レンネットカゼイン《乳またはカゼイン溶液がキモシンで凝固されたもの; ⇨ casein 1 c》.

Ren·nie /réni/, **John** *n.* レニー《1761-1821; スコットランドの土木技師; London にある Waterloo, Southwark, London の各橋などを設計; 息子の George (1791-1866) と John (1794-1874) も土木技師》.

ren·nin /rénɪn | -nɪn/ *n.* 〖生化学〗凝乳酵素, レンニン, レンネット, ラープ《牛乳中のカゼイノゲンに作用してこれをカゼインに変じ凝固させる酵素》. 〖(1897) ← RENN(ET)＋-IN[2]〗

Re·no /ríːnoʊ | -nəʊ/ *n.* リノ《米国 Nevada 州西部の都市; 離婚手続きが容易なことと賭博(とばく)場と飛行機レースで有名》: a ～ divorce. ***gó to Réno*** (Reno へ行って)離婚する. 〖← *J. L. Reno* (1823-62: この付近で戦死した米国陸軍大将)〗

re·no- /ríːnoʊ, rén- | -nəʊ/ reni- の異形: *renogram*.

re·no·gram /ríːnəgræ̀m/ *n.* 〖医学〗レノグラム《腎(じん)機能を知るため微量の放射性物質注射後に腎の放射能を経時的に描写したもの》. 〖(1954): ⇨ ↑, -gram〗

re·nog·ra·phy /riːnɑ́(ː)grəfi | -nɔ́g-/ *n.* 〖医学〗レノグラム法. **re·no·graph·ic** /rìːnəgrǽfɪk/ *adj.* 〖(1911) ← RENO-＋-GRAPHY〗

Re·noir /rənwɑ́ə, rénwɑə | rénwɑː(r, rənwɑ́ː(r; *F.* ʁənwaːʁ/, **Jean** *n.* ルノワール《1894-1979; フランスの映画監督・俳優; P. A. Renoir の息子》.

Renoir, (**Pierre**) **Auguste** *n.* ルノワール《1841-1919; フランスの後期印象派の画家》.

Re·no·ma /rɪnóʊmə | -nóʊ-; *F.* ʁənɔma/ *n.* 〖商標〗レノマ《フランスのデザイナー Morris Renoma (1939-　) がデザインしたファッション商品; バッグ・衣料品・眼鏡フレームなど》.

rè·nóminate *vt.* 再指名する, 再任する. **rè·nom·inátion** *n.* 〖1864〗

rè·normalizátion *n.* 〖物理〗繰り込み《場の量子論であらわれる計算値の発散を避けるために, そのままでは発散してしまう電子の質量・電荷を観測値で置き換えること》.

rè·nórmalizable *adj.* **re·nòr·mal·iz·a·bíl·i·ty** /-làɪzəbíləti | -ti/ *n.* **rè·nórmalize** *vt.* 〖1948〗

re·nos·ter·bos /rənɑ́(ː)stəbɑ̀(ː)s | -nɔ́stəbɔ̀s/ *n.* 〖南ア〗〖植物〗南アフリカの karroo に特有のキク科の常緑低木 (*Elytropappus rhinocerotis*). 〖(1812) □ Afrik. ～ ← *renoster* rhinoceros＋*bos* bush〗

re·nounce /rɪnáʊns, -náʊnts/ *vi.* **1** 捨てる, 中止する; (公式に宣言して)放棄する, 廃棄する, 破棄する, 棄権する, 断念する (⇨ resign SYN): ～ one's right [claim] 権利[要求]を放棄する / ～ war 戦争を放棄する / ～ faith 信仰を捨てる / ～ an heir 廃嫡(はいちゃく)する / ～ an attempt 企画を中止する / ～ one's principles 自分の主義を放棄する / ～ all thoughts of success 成功を全く思い切る / ～ smoking and drinking 禁酒禁煙する / ～ the world 世を捨てる, 隠遁(いんとん)する; 修道生活に入る / ～ US citizenship 米国の市民権を捨てる / ～ a treaty 条約を破棄する. **2** 否認する, 否定する: ～ the authority of the law 法の権威を否認する / ～ a debt 借財を否認する. **3** 〈関係を〉絶つ, …との縁を切る, 絶交する, 勘当する: ～ a relation 関係を絶つ / ～ one's friend [son] 友人と絶交する[息子を勘当する]. — *vi.* **1** 〖法律〗(特に相続人または受託者としての)地位[権利]を拒否[放棄]する. **2** 〖トランプ〗(親と同じスーツ (suit) の札がないため)別の組の札を出す (cf. revoke *vi.* 2). — *n.* 《まれ》〖トランプ〗(親と同じスーツ (suit) の札がないため)別の組の札を出すこと; その(手を使う)チャンス: have a ～ in hearts ハートがないので別の札を出す. **re·nóunc·er** *n.* 〖(*c*1375) *reno(u)nce(n)* □ (O)F *renoncer* □ L *renuntiāre* to announce ← RE-[1]＋*nuntiāre* to report (← *nuntius* messenger: cf. nuncio)〗

renóunce·ment *n.* ＝renunciation. 〖(1494) □ (O)F *renoncement*: ⇨ ↑, -ment〗

rèno·váscular *adj.* 〖解剖〗腎(じん)血管(性)の: ～ hypertension 腎血管性高血圧. 〖(1961) ← RENI-＋VASCULAR〗

ren·o·vate /rénəvèɪt/ *vt.* **1** 新しくする, 刷新する, 革新する, 更新する; 新しいもの[新品]のようにする; 修理[修繕]する (⇨ renew SYN): ～ a garment 衣服を繕う / ～ a garden 庭に手を入れる. **2** 元気を回復させる, 活気づける, 清新にする. — *adj.* 《古》修理した, 新しくした.

ren·o·va·tive /rénəvèɪtɪv | -vətɪv, -vèɪ-/ *adj.*

rén·o·và·tor /-tə | -tə(r/ *n.* 〖(*a*1522) ← ME *renovate* (adj.) □ L *renovātus* (p.p.) ← *renovāre* ← RE-[1]＋*novāre* to make new (← *novus* 'NOVEL[1]')〗

ren·o·va·tion /rènəvéɪʃən/ *n.* **1** 革新, 刷新, 更新, 改革; 修繕, 修理. **2** 元気回復, 活気づく[づける]こと. 〖(*a*1400) □ F *rénovation* // L *renovātiō(n-)*: ⇨ ↑, -ation〗

re·nown /rɪnáʊn/ *n.* **1** 誉れの高いこと, 有名, 名声, 令名, 声望: have great ～ for …で大変有名である / win one's ～ 名声を得る / gain ～ as a first-rate cellist 一流のチェリストとしての名声を得る / of (great [high]) ～ (非常に)有名な, 評判の, 令名のある / a man of ～ 知名の士. **2** 《廃》評判, うわさ. — *vt.* 有名にする. 〖(?*a*1300) □ AF *renoun*＝OF *renon* (F *renom*) ← *renomer* to make famous ← RE-[1]＋*nomer* (＜L *nōmināre* 'to NOMINATE'): cf. noun〗

re·nowned /rɪnáʊnd/ *adj.* 有名な, 名声[令名]のある 〔*for*〕(⇨ famous SYN): western Kansas, ～ *for* the longevity of its Indian summers 小春日和が長く続くので有名なカンザス州西部 / a world-*renowned* man 世界的に有名な人. **re·nówn·ed·ly** /-nɪdli, -nd-/ *adv.* **re·nówn·ed·ness** /-nɪdnɪs, -nd-/ *n.* 〖(1375) ← RENOWN＋-ED ∞ ME *renomed* □ OF *renome* (F *renommé*) ((p.p.) ← *renomer* (↑))〗

rens·se·laer·ite /rénsəlɛəràɪt, rènsəlíəraɪt | rénsələràɪt, rènsəlíəraɪt/ *n.* 〖鉱物〗レンセレル石《New York 州やカナダなどに産する滑石 (talc) の一種; 加工してインク壺・装飾品などにする》. 〖(1860) ← *Stephen Van Rensselaer* (1764-1839: その発見者の米国陸軍大将): ⇨ -ite[1]〗

rent[1] /rént/ *vt.* **1** 賃借する (⇨ hire SYN): a ～*ed* car (損料を払って)借りた車 (cf. rental *adj.* 1) / ～ a farm [a house, rooms] *from* …から農場[家, 部屋]を賃借する. ⇨ borrow 日英比較. **2** 賃貸する 〈*out*〉 (⇨ hire SYN): ～ a farm [a house] *to* …に農場[家]を賃貸する / ～ one's tenants low 借地[借家]人に安く貸す ⇨ lend 日英比較. — *vi.* 貸される, 借りられる 〔*at, for*〕: The house ～*s at* £800 a year. その家の家賃は年額 800 ポンドだ.

— *n.* **1 a** (土地・家屋の)賃貸料, 地代, 小作料, 年貢; 家賃, 間代: The main charm of the village is the cheap ～. その村の一番の魅力は家賃が安いことだ. **b** (設備・機械・電話などの)借り賃, 使用料: at a very reasonable ～ 手ごろな使用料で. **2** 〖経済〗**a** 地代, 賃料《もともと土地の使用料だが, 設備(家屋など)の使用料の意味にも使う; cf. economic rent》. **b** (国の歳入となる)土地収益.

for rént 《米・カナダ》借用できる, 賃貸用の: an apartment *for* ～ 貸室, 賃貸アパート / costumes *for* ～ 貸衣装. ***For Rént*** 《米》[掲示] 貸家, 貸室 (《英》To Let). 〖(?*a*1160) □ (O)F *rente* ＜VL **renditam* ← **rendere*: ⇨ render〗

rent[2] /rént/ *n.* **1 a** (衣服・織物などの)裂け目, ほころび: mend a ～ in a sleeve 袖の裂け目を繕う. **b** (雲・岩などの)切れ目, 割れ目: a ～ in the clouds [a hillside] 雲[丘]の切れ目. **c** 峡谷. **2** (関係・結合・意見などの)分裂, 不和: a ～ in a party 党の分裂. 〖(1535) ← 《廃》*rent* to tear, rend 《変形》← REND // 《変形名詞用法》REND (v.)〗

rent[3] *v.* rend の過去形・過去分詞.

rent-a- /réntə | -tə/ *pref.* 《戯言》「賃借りできる[した], レンタルの; 雇われた[の]」の意: *rent-a-crowd* [mob] (集会などに)動員された群衆, さくら.

rent·a·ble /réntəbl | -tə-/ *adj.* 賃貸[賃借]できる. **rènt·a·bíl·i·ty** /-təbíləti | -təbílɪti/ *n.* 〖1648〗

rent-a-car /réntəkɑ̀ə | réntəkɑ̀ː(r/ *n.* 《米》レンタカー, 貸自動車. 〖(1924) ← *Rent a car*: 広告文から〗

rent·al /réntl | -tl/ *n.* **1** 《米》金をとって貸すもの《アパート・貸家・レンタカー・貸衣装など》. 日英比較 「レンタルビデオ」は video rental,「レンタルビデオ店」は video (rental) store と日本語とは語順が逆になる. **2** 賃貸[賃借]料: 総地代[家賃, 使用料]収入, 総小作料. **3** 地代帳, 小作帳, 家賃帳, 貸付け台帳. **4** 《米》レンタル業. — *adj* **1** 《米》賃貸[賃借]の: a ～ car. **2** 地代[家賃]の. **3** 《米》レンタル業の, レンタルを取り扱う: a ～ agent レンタル業者. 〖(*a*1376) *rentall* □ AF *rental* // ML *rentāle* rent roll: ⇨ rent[1], -al[1]〗

réntal collèction *n.* 有料貸し出し図書《大学図書館などで一日単位の利用料をとって貸す蔵書》.

réntal lìbrary *n.* 《米》貸本屋, 貸出文庫 (lending library). 〖1928〗

rént bòok *n.* 家賃帳.

rént bòy *n.* 《英俗》(若者の)男娼(だんしょう). 〖1969〗

rént chàrge *n.* (*pl.* **rents c-**) 〖法律〗**1** 地代負担《遺言または譲渡証書によってその土地の所有者でない者に定期的に払うように定められた地代; 権利者は滞納者に対する差押え権を有する; cf. rent seck》. **2** 《英》(土地の収入から支払われる)年間地代. 〖1394〗

rént contròl *n.* 家賃統制《家賃の適正化, 借主が滞納した場合の立退き要求などについての統制》. 〖1931〗

rente /rɑ́ː(n)t, rɑ́ːnt; *F.* ʁɑ̃ːt/ *F. n.* **1** 年金, 年収, 定期収入; (それを証明する)証書. **2** [通例 *pl.*] (フランスなど欧州諸国の)長期国債; その利子. 〖(1873) □ F ～ 'RENT[1]'〗

rént·ed /-tɪd | -tɪd/ *adj.* [通例複合語の第 2 構成素として] 家賃が…な: high-[low-]*rented* 高い[安い]家賃の. 〖(?*a*1387): ⇨ rent[1], -ed〗

Ren·ten·mark, r- /réntnmɑ̀ək | -mɑ̀ːk; *G.* ʁɛ́ntn̩maʁk/ *n.* 〖貨幣〗レンテンマルク《1923-24 年ドイツ政府が通貨安定のため中央銀行に発行させた紙幣》. 〖(1923) □ G ～ ← *Rente* income (□ (O)F *rente*: ⇨ rent[1])＋*Mark* 'MARK[2]'〗

rént·er /-tə | -tə(r/ *n.* **1 a** (土地・家屋などの)賃借人, 借地人, 小作人, 借家人, 間借人. **b** 貸す人; 借りる人. **2** 《英》映画配給者. 〖(*c*1385): ⇨ rent[1], -er[1]〗

rént-frée *adj.* 無地代の, 使用料[賃料, 家賃]なしの. — *adv.* 無地代[家賃]で, 使用料なしで: live ～ 家賃なしで住む. 〖1631〗

ren·tier /rɑːntjéɪ, ⌐–⌐ | rɑ́ːntièɪ; *F.* ʁɑ̃tje/ *F. n.* (投資による)利子生活者, 金利・地代・年金・利子などで暮らす人, (株主・地主・家主などのような)不労所得生活者. 〖(1881) □ F ～ ← *rente* 'RENT[1]'＋*-ier* '-ER[1]'〗

rént pàrty *n.* レントパーティー《主催者の賃借料を払うために入場料をとる有料パーティー》. 〖1926〗

rént rèbate *n.* 《英》家賃補助(金).

rént-ròll *n.* **1** 地代帳, 小作帳, 家賃帳, 貸付け台帳. **2** (地代・家賃などの)総収入額, (土地の)総上り高. 〖1534〗

rént séck /-sék/ *n.* (*pl.* **rents s-**) 〖法律〗(自救)差押え不能地代《自救的動産差押え (distress) 条項を含まないで rent charge と同じ条件で貸し付けた地代; 1730 年廃止》. 〖(1472-73) □ AF *rente seque* 《原義》dry rent〗

rént sèrvice *n.* 〖英法〗**1** 地代奉仕《通常の地代; 忠誠の義務(奉仕の一つ)が付随となっていたことに由来する名称》. **2** 地代奉仕によって土地を借りること. 〖1477〗

rént strìke *n.* 家賃(不払い)スト《借家人・間借り人などが結束して行う家賃[部屋代]の支払い拒否》. 〖1970〗

rént tàble *n.* 地代書類用テーブル《18 世紀に英国で作られた小引出しのある円形または多角形のテーブルで, 地代書類の整理に使われた》. 〖1927〗

rént tribùnal *n.* 家賃審判所《適正家賃額を決定する》. 〖1945〗

rè·númber *vt.* **1** 再び数える, 数え直す. **2** …に番号を付け替える, …の番号を変更する: ～ the houses in a street 町内の家の番地を変更する. 〖*c*1420〗

re·nun·ci·ant /rɪnʌ́nsiənt/ *n.* 放棄者, (特に)世捨て人. — *adj.* ＝renunciative. 〖(1848) □ L *renuntiantem*: ⇨ renounce, -ant〗

re·nun·ci·a·tion /rɪnʌ̀nsiéɪʃən/ *n.* **1** (権利・要求などの正式の)放棄, 廃棄, 棄権: the ～ of a lease 借地[借家]の引渡し / the ～ of war 戦争の放棄. **2** 否認, 拒絶; 拒絶書, 否認書. **3** 断念, 中止; (特に信仰上からの)自制, 克己. **4** 《英》(遺言執行者の)権利放棄承認書. 〖(1399) □ OF *renonciation* // L *renuntiātiō(n-)*: ⇨ renounce, -ation〗

re·nun·ci·a·tive /rɪnʌ́nsièɪtɪv | -èɪt-/ *adj.* 放棄する, 棄権の; 否認[拒絶]の; (禁欲的)自制の. 〖*c*1400〗

re·nun·ci·a·to·ry /rɪnʌ́nsiətɔ̀ːri | -təri/ *adj.* ＝ renunciative. 〖1865〗

ren·vers /rɑ̃ː(ŋ)véə, rɑːn- | rɑ̃ː(n)véə(r, rɑːn-, rénvəs; *F.* ʁɑ̃vɛːʁ/ *n.* (*also* **ren·verse** /～/) (*pl.* ～) 〖馬術〗腰を外へ《馬場馬術の中の動きの一つ; 馬の腰を壁側へ曲げ壁沿いに前進する》. 〖□ F *renverse* ← *renverser* to overturn ← RE-[1]＋OF *enverser* to turn over (＜ VL **inversāre*: ⇨ inverse〗

ren·ver·sé /rɑ̃ː(n)vɛəséɪ, rɑ̀ːn- | -vɛə-; *F.* ʁɑ̃vɛʁse/ *adj.* 〖バレエ〗ランヴェルセ《上体を後ろに倒した姿勢で回転する》. 〖(1725) □ F ～ (p.p.) *renverser* (↑)〗

ren·voi /rɛnvɔ́ɪ/ *n.* 〖法律〗**1** 強制送還; (特に, 外交官の)国外追放. **2** 〖国際法〗国際司法上の問題を自国の法律以外の法律に委託すること. **3** 〖国際私法〗反致《A 国の国際私法は B 国の法律を準拠法としているが, B 国の国際私法は逆に A 国の法律を準拠法としている場合, A, B 両国の定めを考慮して準拠法を決定することを認めること》. 〖(1897) □ F ～ ← *renvoyer*: ⇨ re-, envoy[1]〗

rè·occupátion *n.* 再占有, 再占領. 〖1844〗

rè·óccupy *vt.* 〈場所・地位などを〉再び占有する[占める];

再び従事させる[働かせる]. 〖1807〗
rè·occúr *vi.* 再び起こる, 再三発生する.
rè·occúrrence *n.* 〖1867〗
rè·offénd *vi.* さらなる犯罪を犯す. **～·er** *n.* 再犯者.
rè·óffer *vt.* **1** 再び提供する. **2** 〘商業〙〈担保物件を〉売りに出す. 〖*a*1618〗
re·o·pen /rìːóupən, riː-, -pn̩ | -ə́ʊ-/ *vt.* **1** 再び開く[開ける]: ～ a window [theater, wound] 窓[劇場, 傷口]を再び開く. **2 a** 再び始める, 再開する: ～ a discussion [fire, an attack] 討論[砲火, 攻撃]を再開する. **b** …の討論[考察]を再開する. — *vi.* 〈窓・劇場・傷口などが〉再び開く; 〈砲火・攻撃・討論・授業などが〉再開する. 〖1733〗
rè·ópen·er *n.* 〘労働〙 =reopening clause.
rè·ópen·ing clàuse *n.* 〘労働〙 交渉再開条項 (労働協約において, 一定期間経過後に生計費の一定の上昇があった場合に, 組合が賃金改訂要求を提出しうる, と規定した条項).
rè·órder *vt.* **1** 再び秩序立てる, 整理し直す. **2** 再注文する, 追加注文する. — *vi.* 再注文を出す. — *n.* 再注文, 追加注文. 〖1593〗
rè·ordinátion *n.* **1** 〘キリスト教〙 二度目の聖職叙任. **2** 〘カトリック〙 (無効叙品者に対する)再品級, 再叙品. **3** 〘教会〙 (分派・異端の教会によって按手(あんしゅ)された場合, 罷免されたり正規の按手を受けていない主教に按手された場合の)再按手. **4** 〘キリスト教〙 (deacon, priest, bishop などの)昇叙の秘蹟. 〖(1597) ◻ ML *reordinātiō(n-)*〗
re·org /rìːɔ́əg | -ɔ́ːg/ *n.* 〘口語〙 =reorganization.
rè·organizátion *n.* **1** 再編成, 再組織; 組織変更, 改組, 改造, 改革. **2** 〘財務〙 (失敗・破産などによる企業組織の)再組織, 再建, 建直し, 大改革. **～·al** *adj.* 〖1813〗
re·or·ga·nize /rìːɔ́əgənàɪz, riː- | -ɔ́ː-/ *vt.* **1** 再編成する, 組織を改める, 改組する, 改造する, 改革する: ～ the departments 部局の組織替えをする / I ～*d* my filing system. ファイルシステムを改めた. **2** 〈財政などを〉建て直す. **rè·ór·ga·nìz·er** *n.* 〖1681–86〗
rè·órient *vt.* 新しく順応させる, 新しい方向に向ける, 再教育する. 〖1933〗
rè·órientate *vt.* =reorient. **rè·orientátion** *n.* 〖1933〗
rè·o·vírus /rìːou- | rìːə(ʊ)-/ *n.* 〘医学〙 レオウイルス (大型で二本鎖の RNA をもち, 腫瘍(しゅよう)の原因と考えられているウイルス). 〖(1959) ← *r(espiratory and) e(nteric) o(rigin) virus*〗
rep[1] /rép/ *n.* 代表; 〘英口語〙 =sales representative. — *vi.* 〘英口語〙 販売代理人をする. 〖(1896) 〘略〙 ← REPRESENTATIVE〗
rep[2] /rép/ *n.* (毛・絹・人絹・木綿などの)横畝(よこうね)織り (窓掛け・家具布張用). 〖(1860) ◻ F *reps* ← ? // 〘変形〙 ← ? *ribs* (pl.) ← RIB[1]〗
rep[3] /rép/ *n.* 〘口語〙〘演劇〙 =repertory (company); repertory theater. 〖(1925) 略〗
rep[4] /rép/ *n.* 〘医学〙 物理的レントゲン当量 (放射線の作用を表す単位; rep unit ともいう; cf. roentgen). 〖〘頭字語〙 ← *R(öntgen) e(quivalent) p(hysical)*〗
rep[5] /rép/ *n.* 〘米俗〙 名声; (暴力団などの)組内の地位[順位]. 〖(*a*1705) 〘略〙 ← REPUTATION〗
rep[6] /rép/ *n.* 〘俗〙 だらしのない男, 道楽者. 〖(1747) 〘略〙 ← REPROBATE〗
rep. 〘略〙 repair; repeat; repertory; 〘処方〙 *L.* repetatur (=let it be repeated); report(ed); reporter; represent; representative; reprint; republic; republican; roentgen equivalent physical.
Rep. 〘略〙 〘米〙 Representative; Republic; 〘米〙 Republican.
REP 〘略〙 〘航空〙 reporting point 位置通報点.
rè·páck *vt.* 詰めなおす, (特に)別の容器に入れる. 〖1472–73〗
rè·páckage *vt.* **1** 荷造り[包装]し直す; よりよく[より見栄えのするように]包装し直す. **2** 〘米〙 〈建物・商品・人などの〉外見をよくする: ～ a school building 校舎を外観のよいものにする / ～ a master of ceremonies 司会者の押し出しを立派にする. **rè·páckag·er** *n.* 〖1946〗
rè·páginate *vt.* …にページを打ち直す, …のページ数を付け直す. **rè·paginátion** *n.*
repaid *v.* repay の過去形・過去分詞.
rè·páint *vt.* (ペンキ・色を)塗り直す, 復色する. — /ˊ‐ˋ, ‐ˊ‐/ *n.* **1** 塗り直し, 復色. **2** 塗り直したもの[自動車, ゴルフボール(など)]. 〖v.: (*a*1700); n.: (1891)〗
re·pair[1] /rɪpέə | -pέə(r)/ *vt.* **1 a** 直す, 修繕[修理, 修復]する (⇨ mend SYN): ～ a watch, clothes, a road, shoes, etc. / ～ a puncture パンクを直す. **b** 治療する (cure, heal): ～ a wound 傷を治す. **2** 取り返す, 回復する: ～ one's (bodily) strength 体力を回復する. **3** 訂正する, 矯正する, 救治する: ～ a mistake 誤りを訂正する. **4** 償う, 賠償[補償]する, 埋め合わせる: ～ a wrong [an injury, a loss] 非行[損害, 損失]を償う. — *vi.* 修繕する. — *n.* **1** [通例 *pl.*] **a** 修繕作業: house ～*s* 家の修理 / do ～*s* 修理[修繕]する / make ～*s* on a house 家を修繕する / undergo ～*s* 修繕される / *Repairs* done while you wait. 修繕はお待ちの間にいたします《広告文》/ The shop is closed during ～*s*. 店は修理中は休業している. **b** 修繕で付け足した部分. **2** 修繕, 修理, 手入れ: the ～ of a roof, a watch, clothes, etc. / a house in need of ～ 修繕を要する家屋 / beyond [past] ～ 修繕のできないほど(の) / a building under ～ 修繕中のビル / The pool is under ～. プールは修理中. **3** 修繕[修理]した(良い)状態; (良いまたは悪い)維持状態: keep roads in ～ 道路をよく補修しておく / in good [bad, poor] ～=in a good [bad, poor] state of ～ 手入れが行き届いて[届かないで] / out of ～ 手入れが行き届かないで **4** 取り戻し, 回復: the ～ of one's health, strength, etc. **5** [*pl.*] 〘簿記・会計〙 **a** 修繕: ～*s* charges. **b** 修繕費 (固定資産を修繕して効用を保つための費用): allowance for ～*s* 修繕引当金. **6** 〘生物〙 (細胞・組織などが)新しく生まれ変わる. 〖(?*a*1350) *repaire(n)* ◻ (O)F *réparer* // L *reparāre* ← RE-[1]+*parāre* to prepare (⇨ pare)〗
re·pair[2] /rɪpέə | -pέə(r)/ *vi.* **1** 〘文語・戯言〙 **a** 行く, 進む: ～ *to* one's home 家路につく. **b** ちょくちょく行く, 通う. **c** 寄り集まる; 大勢で行く. **2** 〘廃〙 帰る. — *n.* 〘古〙 **1** (足しげく)行く[通う]こと: have [make] ～ to London ロンドンへ行く / a place of great [little] ～ 人出の多い[少ない]所. **2** 足しげく通う所, 多数の人の行く所, 人出の多い場所, 盛り場. **3** 〘スコット〙 (特に, 人々の)集まり, 群れ. 〖(?*a*1300) *repaire(n)* ◻ OF *repairier* (F *repairer*) <LL *repatriāre* ← RE-[1]+L *patria* native land (← *patrius* paternal ← PATER 'father'): REPATRIATE と二重語〗
re·pair·a·ble /rɪpέərəbl̩ | -pέər-/ *adj.* 修繕[賠償, 修復]できる; 取返しのできる, 償える. **re·pàir·a·bíl·i·ty** /-rəbíləti | -lɪti/ *n.* 〖1570〗
re·páir·er /-pέərə | -pέərə(r)/ *n.* 修繕する人, 修理工: a shoe ～ 靴直し(職人). 〖(1504): ⇨ repair[1], -er[1]〗
repáir·man /-mən/ *n.* (*pl.* **-men** /-mən, -mèn/) 〘米〙 修繕屋, 修理工, 修理業者, 修理人: a TV ～ テレビ修理人. 〖1871〗
repáir òrder *n.* 〘簿記・会計〙 修繕指図書.
repáir shìp *n.* 工作船. 〖1905〗
repáir shòp *n.* 修理工場, 修理場: a bicycle ～. 〖1866〗
re·pand /rɪpǽnd/ *adj.* **1** わずかに波打った. **2** 〘植物・動物〙 〈葉などが〉波状のへりをした. **～·ly** *adv.* 〖(1760) ◻ L *repandus* bent backward ← RE-[1]+*pandus* bent (← *pandere* to spread)〗
rè·páper *vt.* 〈壁〉に元どおりに[再び]壁紙を張る. 〖1854〗
rep·a·ra·ble /rép(ə)rəbl̩/ *adj.* **1** 修繕[訂正]のできる, 償いのつく, 賠償できる. **2** 取り返せる. **rep·a·ra·bil·i·ty** /rèp(ə)rəbíləti | -lɪti/ *n.* **rép·a·ra·bly** *adv.* 〖(1570) ◻ (O)F *réparable* ◻ L *reparābilis*: ⇨ repair[1], -able〗
rep·a·ra·tion /rèpəréɪʃən/ *n.* **1** [通例 *pl.*] (敗戦国がする)賠償金, 賠償物件: German ～*s* for the War 戦争に対するドイツの賠償金 / ～*s* in kind 現物賠償. **2** (不正・損害などに対する)償い, 補償, 賠償: a wrong which admits of no ～ 償いのできない悪事 / demand ～ for …の補償を求める / make ～ for …の補償[賠償]をする. **3** 回復, 修理, 修復. 〖(*c*1380) *reparacion* ◻ (O)F *réparation* ◻ LL *reparātiō(n-)*: ⇨ repair[1], -ation〗

SYN 賠償: **reparation** 相手に与えた不正・損害の補償をすること《格式ばった語》: war *reparation* 戦争の賠償. **restitution** 不法に失ったり奪ったりしたものを元の所有者に戻すこと《格式ばった語》: make *restitution* to the victims for a crime 犠牲者に犯罪の損害を賠償する. **redress** 損害などを補償すること: seek *redress* for the damage 損害の補償を求める. **indemnification** 〘法律・商業〙 保険会社などが損失・損害に対して補償すること: *indemnification* for damage 損害補償.

re·par·a·tive /rɪpǽrətɪv, -pέr- | -pǽrət-/ *adj.* **1** 修繕[修理]の[に関する]. **2** 回復の, 回復させる: the ～ effect of a medicine 薬の回復効果. **3** 賠償[償い]になる. 〖(1656) ◻ LL *reparātivus*: ⇨ repair[1] (v.), -ative〗
re·par·a·to·ry /rɪpǽrətɔ̀ːri, -pέr- | -pǽrətəri, -tri/ *adj.* =reparative. 〖1852〗
rep·ar·tee /rèpɑətíː, -pə-, -téɪ | -pɑːtíː/ *n.* **1** 当意即妙の応答[やりとり], 巧妙な即答. **2** 巧妙な即答の才 (⇨ wit[1] SYN): a great power [a storehouse] of ～ 当意即妙の応答をする才能[無尽蔵の才能]. **3** 当意即妙の会話[談話]. — *vi.* 〘廃〙 当意即妙に答える. 〖(*c*1645) ◻ F *repartie* ← *repartir* to start again, reply promptly ← RE-[1]+*partir* 'to divide, PART'〗
rep·ar·ti·tion /rìːpɑətíʃən, rèp-, -pə- | rìːpɑː-/ *n.* **1** 分割, 分配, 区分, 割り分, 割当て. **2** /rìː-/ 再分割, 再分配. — *vt.* 分割する; 再分割[分配]する. 〖(1555) ← RE-[2]+PARTITION: cf. Sp. *repartición*〗
rè·páss *vi.* 逆戻りして[帰りに]再び通る, 引き返す. — *vt.* **1 a** 〈海・川などを〉帰りに再び渡る. **b** 〈道・門・場所などを〉再び通る, 再び通過する. **2** 再び通らせる, 再び通す. **3** 〈議案などを〉再び通過させる[可決する]: ～ a bill after a veto 拒否された議案を再び可決する. 〖(?*c*1400) ◻ (O)F *repasser*: ⇨ re-, pass[1]〗
rè·pássage *n.* 逆戻り; 再通過. 〖(1413) ◻ (O)F ～: ⇨ ↑, -age〗
re·past /rɪpǽst, ríːpæst | rɪpɑ́ːst/ *n.* **1 a** 食事: a dainty [rich] ～ 美食 / after the evening ～ 夕食の後. **b** (一度の)食事量: a light [slight] ～ 軽い食事. **2** 〘古〙 **a** 食物を取ること. **b** 食事時間. **3** 〘古〙 食物, 滋養(物). — /rɪpǽst | -pɑ́ːst/ *v.* — *vi.* 〘まれ〙 ごちそうを食べる, 食事をする 〔*on, upon*〕. — *vt.* 〘古〙 〈ごちそうを〉食べさせる. 〖(?*a*1300) ◻ OF ～ (F *repas*) ← *repaistre* (F *repaître*) <LL *repāscere* ← RE-[1]+L *pāscere* to feed regularly (cf. pasture)〗
re·pas·ture /rɪpǽstʃə | -pɑ́ːstʃə(r)/ *n.* 〘Shak〙 食物. 〖(1594–95): ⇨ ↑, -ure〗
re·pat /ríːpæt/ *n.* 〘豪口語〙 復員軍人局 (退役[復員]軍人の社会復帰, および戦争未亡人・遺族の生活保護を担当する行政官庁). 〖(1946) 〘略〙 repatriation〗
re·pa·tri·ate /rìːpéɪtrièɪt, -pǽtri- | rìːpǽtri-, rɪ-/ *vt.* 〈移住民・捕虜・亡命者などを〉本国に帰らせる, 送還する, 復員させる. — /rìːpéɪtriɪt, -pǽtri-, -trièɪt | -pǽtri-/ *n.* (本国)送還者, 帰還者, 復員者, 引揚者 (cf. evacuee). 〖(1611) ← LL *repatriātus* (p.p.) ← *repatriāre* to return to one's country: REPAIR[2] と二重語〗
re·pa·tri·a·tion /rìːpèɪtriéɪʃən, -pæ̀tri-, ‐‐‐ˊ‐ | rìːpæ̀triéɪʃən, ‐‐‐‐ˊ‐/ *n.* 本国送還, 復員. 〖(1592) ◻ ML *repatriātiō(n-)*: ⇨ ↑, -ation〗
re·pay /rɪpéɪ, rìː-/ *v.* (**re·paid** /-péɪd/) *vt.* **1 a** /rìːpéɪ/ 〈金銭を〉払い戻す, 返済する, 償還する (⇨ pay SYN); 〈人〉に払い戻す: ～ a loan 借金を返す / ～ a creditor 債権者に返済する. **b** 返す: ～ a salutation 答礼する / ～ a blow なぐり返す. **2 a** 〈親切・尽力などに〉報いる, 恩返しする: ～ a person's kindness [service] 人の親切[働き]に報いる / They have collected ample material that will ～ close scrutiny. 厳密な吟味に値する資料が豊富に集められている / ～ evil with good=～ good for evil 悪に報いるに善をもってする. **b** 〈人〉に報いる, 恩返しをする 〔*for*〕: ～ a person *for* his kindness 親切に対して人に報いる / He gave the customary 'return banquet' to ～ his hosts *for* their hospitality. 自分を歓待してくれた人々に報いるため例によって「お返しの晩餐会」を催した. — *vi.* **1** 払い戻し[返済]する. **2** 報いる, 返報する. 〖(1530) ◻ OF *repaier*: ⇨ re-[1], pay[1]〗
re·pay·a·ble /rɪpéɪəbl̩, rìː-/ *adj.* **1** /rìːpéɪ-/ 払い戻し[返済]できる; 払い戻し[返済]すべき. **2** 恩返しできる; 返報できる. 〖1828–32〗
re·pay·ment /rɪpéɪmənt/ *n.* **1** /rìːpéɪ-/ 払い戻し, 返済, 償還, 償却: the ～ of debts 借金の返済 / spread ～*s* over 5 years 支払い期間を 5 年に延ばす. **2** 恩返し; 報酬, 報償; 返報, 仕返し: This is a small ～ for your help. これはご尽力に対するささやかなお礼です. 〖1421〗
repáyment mòrtgage *n.* 返済ローン (元金と利子を決まった期間決まった回数の分割払いで返済する). 〖1965〗
re·peal /rɪpíːl/ *vt.* **1** 〈法律・決議などを〉無効にする, 廃止する, 廃棄する, 取り消す, 撤回する: ～ a statute [an act] 法律を廃止する / ～ a sentence [resolution] 宣告[決議]を破棄する / ～ a grant 補助金を取り消す. **2** あきらめる, 放棄する. **3** 〘廃〙 (特に, 追放から)呼び戻す; 連れ戻す. **4** 〘廃〙 〈寵愛・名誉などを〉取り戻すように努める. — *n.* **1** (法律・決議などの)廃止, 廃棄, 取消し, 撤回. **2** 〘廃〙 (特に, 追放からの)呼び戻し. **3** [R-] 〘英史〙 連合撤回運動 (アイルランドと英国の合併を定めた 1801 年の連合法[合同法] (Act of Union) を撤廃しようとした Daniel O'Connell らアイルランド民族主義者の運動 (1829–43); cf. repealer 2). 〖(*c*1385) *repele(n)* ◻ AF *repeler* = OF *rapeler* (F *rappeler*) ← RE-[1]+*appeler* to call (⇨ appeal)〗
re·peal·a·ble /rɪpíːləbl̩/ *adj.* 〈法律などが〉廃止できる, 取消しできる. 〖1570〗
re·péal·er /-lə | -lə(r)/ *n.* **1** 廃止[撤回]者. **2** [通例 R-] 〘英史〙 アイルランド・英国合併撤回論者 (cf. repeal *n.* 3): the Great *Repealer* アイルランドの Daniel O'Connell のこと. **3** 〘米〙 既存の制定法を廃止する制定法. 〖1765〗
re·peat /rɪpíːt/ *vt.* **1 a** 繰り返して[重ねて, 改めて]言う: ～ an order 命令を繰り返して言う / His bad language will not bear ～*ing*. 彼の汚い言葉は重ねて口にするに忍びない / I ～ *that* I cannot accept your offer. 重ねて言うが君の申し出は受け入れかねる / Not, ～ not. 繰り返していうが絶対に違う. **b** 〈人の言ったことを〉そのまま伝える, おうむ返しに言う, 復唱する: ～ what has been said 言われたことをそのまま復唱する / We ～*ed* the sentence after the teacher. 教師のあとについて文を復唱した[繰り返して言った]. **c** 人に知らせる, 他言する: Please don't ～ this to anybody. これはだれにも話さないで下さい / I'll tell you a secret if you'll promise not to ～ it. 人に言わないと約束してくれれば秘密を打ち明けよう. **d** 暗唱[朗唱]する: ～ a poem, passage, etc. **2 a** 繰り返して行う, 再び行う; 〈実験などを〉やり直す: ～ an effort [error] 努力[誤り]を繰り返し行う / ～ a pattern 模様を繰り返して出す. **b** 〈経験などを〉再びする, 〈賞・罰などを〉再び受ける: ～ the second grade 二年(生)をもう一度やり直す. **c** [～ *oneself* で] 同じこと[しゃれ, 冗談など]を繰り返して言う[する]; (同じ姿で)再び現れる: History ～*s itself*. 《諺》 歴史は繰り返す. **3** 〈音楽・演劇・講演などを〉再生させる: a ～ musical program on tape 音楽番組をテープで流す. — *vi.* **1** 繰り返す; 再び起こる[現れる]. **2** 〈数・少数などが〉循環する (cf. recurring decimal). **3** 〘米〙 (選挙で)二度以上投票する (不法行為). **4** 〈銃・ピストルなどが〉連発する. **5** 〈一度飲み込んだ食物が〉(のど元まで)何度も戻しそうになる, (げっぷが出て)いつまでも後味が残る 〔*on*〕: Chocolate ～*s on* me. チョコレートを食べると後味が残る. **6** 〘時計〙 (スプリングに触れると)直前の時刻を繰り返して打つ, 二度打ちする.
be nót to be repéated (1) 〈事が〉繰り返されてはならない. (2) 〈提供・申し出などが〉今回限りである.
— *n.* **1 a** (ラジオ・テレビの)再放送; 再放映. **b** 繰り返されるもの. **c** 写し, 複製. **d** 繰返し模様. **2** 繰返し, 反復. **3** 〘音楽〙 反復; 反復楽節; 反復記号. **4** 〘商業〙 再供給, 再注文.
〖(*c*1375) *repete(n)* ◻ (O)F *répéter* ◻ L *repetere* to do or say again ← RE-[2]+*petere* to seek (⇨ petition)〗

SYN 繰り返す: **repeat** 繰り返して言う[行う] (繰り返しの回数の限定はない; 一般的な語): He *repeated* his promise. 彼は重ねて約束した. **iterate** もう一度または繰り返して言う (格式ばった語): *iterate* a warning 警告を繰

R

り返して言う. **reiterate** 数回繰り返して言う[行う]《繰り返しの回数が多いことを強調する; 格式ばった語》: *reiterate* a demand 何度も要求を繰り返す. **recapitulate** 〈演説や討論〉の要点を最後にかいつまんで繰り返す: *recapitulate* some heads いくつかの項目の要点を繰り返して述べる.

---

re·peat·a·ble /rɪpíːtəbl | -tə-/ *adj.* 繰り返すことのできる, 繰り返しに適した; 繰り返して述べられる. **re·pèat·a·bíl·i·ty** /-təbíləti | -təbílɪti/ *n.* 〖1802–12〗

re·peat·ed /rɪpíːtɪd | -tɪd/ *adj.* **1** 度々の, 度重なる (frequent): ~ offenses 累犯 / accuse them of their ~ acts of bad faith 彼らの度重なる背信行為を非難する. **2** 繰り返した, 再度の: a ~ experience. 〖(1609–10): ⇨ -ed〗

re·peat·ed·ly /rɪpíːtɪdli | -tɪd-/ *adv.* 繰り返して, 再三再四, 幾度も: He ~ asked me to let him go. 彼は行かせてくれと何度も私に頼んだ. 〖*a*1718〗

re·péat·er /-tə | -tə(r)/ *n.* **1 a** 繰り返す人; 再来者, 再来客. **b** 暗唱者, 朗唱者. **c** 《米》(選挙に)二度以上投票する人. **d** 《米》年中刑務所にぶち込まれる者, 常習犯. **e** 《米》再履修生, 落第生. **2** 繰り返すもの. **3** 連発(ライフル)銃. **4** 〚時計〛リピーター, 二度打時計, 復打(ﾌｸﾀﾞ)時計, 引打時計《昔マッチがないころ暗闇でも時刻がわかるように考案された時計》. **5** 〚通信〛《電信・電話・ラジオ・レーダーなどの》中継器: a telegraph ~ 電信中継器. **6** 〚数学〛循環少数 (recurring decimal). **7** 〚海事〛**a** レピーター《ジャイロコンパスの主コンパスの示度を伝える従コンパス; gyro repeater ともいう》. **b** 信号中継器. **8** 〚海事〛代表旗《国際信号旗; 他旗を代表する三角旗で, 第一, 第二, 第三代表旗がある; substitute ともいう》. **9** 〚金属加工〛レピーター《圧延機が並列配列の場合, 鋼材の方向を変換して次の孔型に導く装置》. 〖1577–87〗

repéat fèe *n.* 再放送分出演料, リピートフィー《ラジオ・テレビの出演者に出演箇所の再放送ごとに支払われる報酬》. 〖1969〗

re·péat·ing /-tɪŋ | -tɪŋ/ *adj.* 繰り返し起こる[現れる]; 繰り返す; (銃器が)連発の.

repéating còil *n.* 〚電気〛中継コイル《主に電話回線に用いられ, インピーダンス整合や重信回線作成に使われる変成器》. 〖1889〗

repéating décimal *n.* 〚数学〛=recurring decimal.

repéating fìrearm *n.* 連発銃.

repéating rìfle *n.* 連発ライフル銃.

repéating sìgnal *n.* 〚鉄道〛中継信号(機).

repéating theódolite *n.* 〚測量〛累積記録用セオドライト[経緯儀] (cf. direction theodolite).

repéating wàtch *n.* 〚時計〛二度打(懐中)時計 (cf. repeater 4). 〖1727〗

repéat perfòrmance *n.* 〚ラジオ・テレビ〛再放送. 〖1949〗

re·pe·chage /rèpəʃáːʒ | répɪʃáːʒ, ˌ--ˈ-; *F.* ʁəpɛʃaːʒ/ *F. n.* 〚スポーツ〛(ボートレースなどの)敗者復活戦 (cf. consolation 3). 〖(1928) □ F *repêchage* second chance ← *repêcher* to rescue〗

R **re·pel** /rɪpél/ *v.* (**re·pelled**; **-pel·ling**) — *vt.* **1 a** 〈攻撃者・侵入軍などを〉追い払う, 撃退する; 〈攻撃・打撃などを〉寄せつけない, かわす: ~ an enemy attack [an invader, a blow] 敵軍の攻撃[侵入軍, 打撃]を撃退する. **b** 〈感情・誘惑などを〉抑える, 抑制する: ~ evil thoughts 邪心を抑える. **c** 反駁(ﾊﾝﾊﾟｸ)する, 抵抗する: ~ an accusation 非難に反駁する. **2** 〈人・提案などを〉拒絶[拒否]する, 退ける, はねつける: ~ a request [a suggestion, person's advances] 依頼[提案, 言い寄り]をはねつける / ~ a suppliant 嘆願者をはねつける. **3** 〚物理〛はじく, はね返す, 反発する (↔ attract): ~*ling* power 反発力 / ~ electric charge with same sign 同符号の電荷を反発する. **4 a** 〈水などを〉はじく, 通さない: a fabric that ~*s* moisture. **b** …に混ざらない: Oil ~*s* water. / Water ~*s* oil. 水は油と混ざらない. **5** いやがらせる, …に不快を感じさせる: Her manner ~*s* me. 彼女の態度は不愉快だ / A study which ~*s* you is invaluable. 嫌な勉強が大いに役に立つものだ / The prospect ~*led* him. 前途を考えて不快な思いをした. — *vi.* **1** 追い払う, はねつける, 退ける. **2** 不快を感じさせる. 〖(?*c*1421) □ OF*repeller* // L *repellere* ← RE-¹+*pellere* to drive (cf. compel, impel)〗

re·pel·lance /rɪpéləns/ *n.* =repellence. 〖1860〗

re·pél·lan·cy /-lənsi/ *n.* =repellency. 〖1878〗

re·pél·lant /-lənt/ *adj., n.* =repellent. 〖1768–74〗

re·pel·lence /rɪpéləns/ *n.* **1** 反発(性), 撃退(性). **2** 防虫[水](性). **3** 不快感, いやらしさ. 〖(1866): ⇨ repellent, -ence〗

re·pél·len·cy /-lənsi/ *n.* =repellence. 〖1747〗

re·pel·lent /rɪpélənt/ *adj.* **1** 不快感を与える, 人好きのしない; 虫の好かない, いやらしい, 嫌な 〔*to*〕: a ~ fellow 嫌な奴 / ~ work 嫌な仕事 / There was something ~ about the man. その男にはなにか嫌(味)なところがあった / Loneliness was ~ *to* her. 彼女は孤独が嫌だった. **2** [しばしば複合語の第 2 構成素として] 反発する, はねつける; (昆虫などを)寄せつけない, (水などを)はじく: a mosquito-*repellent* spray 防蚊散布剤 / water-*repellent* cloth 防水生地. — *n.* **1** 忌避剤, 駆虫剤. **2** (布地に塗って防水布を作る)防水剤. **3** 反発力. **4** 《廃》〚医学〛忌避薬, リペレント《はれもの・吹出物などの散らし薬》. **~·ly** *adv.* 〖(1643) ← L *repellentem* (pres.p.) ← *repellere*: ⇨ repel, -ent〗

re·pél·ler /-lə | -lə(r)/ *n.* **1** 撃退する人, はねつける人. **2** 〚電信〛反射電極, リペラ. 〖1611〗

re·pél·ling·ly /-lɪŋli/ *adv.* はねつけるように, 反発するように: look at him ~. 〖1815〗

re·pent¹ /rɪpént/ *vi.* **1** 悔いる, 後悔[懺悔(ｻﾞﾝｹﾞ)]する, 悔やしがる, まずいことをしたと思う 〔*of*〕: ~ *of* one's sins 自分の罪を悔いる / ~ *of* having said so そう言ったことを悔いる / I have nothing to ~ *of*. 何も後悔することはない / Marry in haste, and ~ at leisure. ⇨ marry¹ *vi.* 1. **2** (まずいことをしたと思って)気持ち[態度]を変える, 悔い改める 〔*of*〕. — *vt.* **1** 後悔する, 懺悔する: ~ a fault [one's sin, one's misconduct] 過失[罪, 非行]を後悔する / I ~*ed* my injustice to him. 私は彼にすまぬことをしたと後悔した / You shall ~ this. 今にきっとこれを後悔するぞ / I ~ having offended her. 彼女の感情を損ねたことを後悔している. **2** しなければよかったと思う, 悔しがる: ~ one's generosity [rashness, folly] 自分の寛大[軽率, 愚行]を悔しがる / I ~ my kindness. 親切にしなければよかったと思う. **3** 《古》**a** [~ one(self) として] 悔いる, 遺憾に思う: I now ~ *me*. 私は今は後悔している / He ~*eth him* of the evil. 彼は罪悪を悔いている / Judas … ~*ed* him*self*. ユダは悔いたり (*Matt.* 27:3). **b** [it を主語として非人称的に用いて] 遺憾に思わせる, 後悔させる (cf. *Gen.* 6:6–7): *It* ~*ed* me of my former sins. 私は前非を悔いた / *It* ~*ed* me that I did it. そうしたのを私は後悔した. **~·er** /-tə | -tə(r)/ *n.* 〖(?*a*1300) *repente(n)* □ (O)F *repentir* ← RE-¹+OF *pentir* (<VL **poenitire*=L *paenitēre* to make sorry: cf. penitent)〗

re·pent² /ríːpənt, rɪpént/ *adj.* **1** 〚植物〛はう, 匍匐(ﾎﾌｸ)性の. **2** 〚動物〛はって歩く. 〖(1669) □ L *rēpentem* (pres.p.) ← *rēpere* to creep〗

re·pen·tance /rɪpéntəns, -tns | -təns, -tns/ *n.* **1** 後悔, 悔悟, 悔恨 (⇨ regret SYN); 悔い改め, 懺悔(ｻﾞﾝｹﾞ): ~ for one's sins 自分の罪の悔悟. **2** 〚カトリック〛痛悔. 〖(*c*1300) □ (O)F ~: ⇨ repent¹, -ance〗

re·pen·tant /rɪpéntənt, -tnt | -tənt, -tnt/ *adj.* **1** 後悔している, 遺憾に思う, 懺悔(ｻﾞﾝｹﾞ)する: a ~ sinner / be ~ for one's sins 自分の罪を後悔している. **2** 後悔[悔悟]の気持ちを表した: ~ tears 悔悟の涙 / ~ sighs 後悔のため息. **~·ly** *adv.* 〖(?*a*1200) □ (O)F ~ (pres.p.) ← *repentir* repent: ⇨ repent¹, -ant〗

rè·péople *vt.* **1** …に再び人を住まわせる, 再び植民する. **2** …に再びみつばち[魚(など)]をすませる. 〖(1481) □ (O)F *repeupler*: ⇨ re-, people〗

re·per·cus·sion /rìːpəkʌ́ʃən, rèp- | rìːpə-/ *n.* **1 a** [通例 *pl.*] (しばしば間接的あるいは予期されないような)反響, 影響: The ~*s* of the Second World War are still felt all over the world. 第二次大戦の影響は今もなお世界中に感じられる. **b** 相互作用[影響]. **2** (音の)反響; (光の)反射. **3** 《古》はね返り, はね戻り. **4** 〚音楽〛**a** (グレゴリオ聖歌の詩編誦で)反復音, レペルクッシオ. **b** 再提示《フーガで展開部または間奏部ののち主題と応答が再度現れること》. **5** 〚医学〛**a** 浮球感 (cf. ballottement). **b** (腫瘍などの)駆散. 〖(?*a*1425) □ (O)F *répercussion* // L *repercussiō(n-)* ← *repercussus* (p.p.) ← *repercutere* ← RE-¹+*percutere* 'to PERCUSS': ⇨ -sion〗

re·per·cus·sive /rìːpəkʌ́sɪv, rèp- | rìːpə-ˈ-/ *adj.* **1 a** 〈音が〉反響する, 音を反響する, 鳴り響く: a ~ banjo, tomtom, etc. **b** 《比喩》反響する, 反射的な. **2** 音を反響させる: a ~ cave, ceiling, wall, etc. 〖(*a*1398) (1598) □ (O)F *répercussif* ← L *repercussus* (↑): ⇨ -ive〗

rè·pérforator *n.* 〚通信・電算〛受信鑽孔(ｻﾝｺｳ)機《電信信号を受信し, 対応する電信符号をテープに符号のまま鑽孔する再送に便利な受信装置》; 紙テープ複製機. 〖1916〗

rep·er·toire /répətwàː, -pə- | -pətwàː(r)/ *n.* **1 a** (演奏[演技]者または一座がいつでも演奏[上演]できるように準備してある) レパートリー, 上演目録, 演奏曲目. **b** (演劇・オペラ・音楽などの上演[演奏]可能な)全作品, 全曲目. **2** 個人がもつ[特定の職業・分野で必要とされる]技術[工夫, 手段など]のすべて, 持ち駒. **3** (レストランなどの)料理品目. **4** 〚電算〛(記憶力などの)能力範囲, インテリトリスト. **5** (広義で)総量, 量, 供給量. ***in répertoire*** 〈劇・バレエ団が〉一定期間 2 種目以上を交互に上演する. 〖(1847) □ F *répertoire* □ LL *repertōrium* (↓)〗

rep·er·to·ry /répətɔ̀ːri, -pə- | -pətəri, -tri/ *n.* **1** 〚演劇〛**a** =repertory system. **b** =repertory theater. **c** レパートリー劇団 (repertory company) の行う上演. **2** =repertoire 1–3. **3** 倉庫, 貯蔵所, 宝庫; (知識の)宝庫: a ~ of useful information 有益な知識の宝庫《百科事典など》. **4** (物の)貯蔵, 収集: an inexhaustible ~ 無尽蔵. ***in répertory*** レパートリーシステムで (cf. repertory system).

rep·er·tor·i·al /rèpətɔ́ːriəl, -pə- | -pətɔ́ːr-ˈ-/ *adj.* 〖(1542) □ LL *repertōrium* ← *repertus* (p.p.) ← *reperīre* to procure again, discover ← RE-¹+*parīre* to get, produce: ⇨ -ory²: REPERTOIRE と二重語〗

répertory càtalog *n.* 〚図書館〛=union catalog.

répertory còmpany *n.* 〚演劇〛レパートリー劇団《一定の出し物 (repertoire) を上演する repertory theater 専属の劇団; stock company ともいう》. 〖1909〗

répertory society *n.* 《NZ》素人[市民]劇団後援会.

répertory sỳstem *n.* 〚演劇〛レパートリーシステム《一つの演劇集団が一定数の演目を交互に上演する方式; cf. star system》. 〖*c*1913〗

répertory thèater *n.* 〚演劇〛レパートリー劇場《専属の劇団を持ち同じ出し物を長く続けずに幾種類も替わりの劇を上演する劇場; 単に repertory ともいう》. 〖1896〗

repet. 《略》L. repetatur (=let it be repeated).

rep·e·tend /répətènd, ˌ--ˈ- | -pɪ-/ *n.* **1** 〚数学〛循環節《循環少数の循環する部分; 1.3585858 … の 58, 0.333 … の 3》. **2** 〚音楽〛反復[繰返し]楽節[句]; 反復音. **3** 〚韻律〛一つの詩の中で不規則な間隔で(時に変化した形で)繰り返される語[句, 行など], リフレイン. 〖(1714) □ L *repetendum* (gerundive) ← *repetere*: ⇨ repeat〗

re·pe·ti·teur /rèɪpetɪtə́ː, -pɛt- | rɪpètɪtə́ː(r); *F.* ʁepetitœːʁ/ *F. n.* (*also* **ré·pé·ti·teur** /~/) (*pl.* **~s** /~z; *F.* ~/) (音楽家・オペラ歌手などの)指導者, 教師. 〖(1938) □ F *répétiteur* singing coach ← L *repetitus*: ⇨ repetition〗

re·pe·ti·teuse /rèɪpetɪtə́ːz, -pèt- | rɪpètɪtə́ːz; *F.* ʁepetitøːz/ *n.* repetiteur の女性形.

rep·e·ti·tion /rèpətíʃən | -pɪ-/ *n.* **1 a** 繰返し, 反復, 再説: the ~ of a word / a ~ of the offense 犯罪の繰返し, 重犯. **b** 復唱. **c** 暗唱. **2 a** 繰り返された[反復されたもの[言葉]: That is a mere ~ of what you said before. それは君が前に言ったことの繰返しにすぎない. **b** 写し, 複写, 模写; 模倣物. **c** 復唱[暗唱]すべき詩句[文]. **3** 〚修辞〛反復《同一または類似の語句を繰り返すこと; 例: 'Words, words, words.' (Shak., *Hamlet* 2: 2: 195)》. **4** 〚音楽〛反復奏, レペティション《ピアノで音の急速な反復演奏を可能にする機構》. **5** 〚スコット法〛(債務がないのに弁済した金銭の)返還要求. 〖(?*a*1425) □ (O)F *répétition* // L *repetītiō(n-)* ← *repetitus* (p.p.) ← *repetere*: ⇨ repeat, -ition〗

rèp·e·tí·tion·al /-ʃnəl, -ʃənl-ˈ-/ *adj.* =repetitionary. 〖1720〗

rèp·e·tí·tion·ar·y /-ʃənèri | -ʃ(ə)nəri/ *adj.* 繰返しの, 繰り返す, 反復性の. 〖1720〗

ré·pé·ti·tion gé·né·rale /rèɪpetɪsjɔ̃́(ŋ)ʒènəráːl, -sjɔ́(ː)ŋ-; *F.* ʁepetisjɔ̃ʒeneʁal/ *F. n.* 〚演劇〛一般には公開しない上演, ゲネプロ, ドレスリハーサル (dress rehearsal). 〖□ F ~ 'general repetition'〗

rep·e·ti·tious /rèpətíʃəs | -pɪ-ˈ-/ *adj.* **1** 繰返しの多い; (特に)くだくだしい, くどい. **2** 同じ行動[過程]を繰り返す, 反復性の. **~·ly** *adv.* **~·ness** *n.* 〖(1675) ← L *repetitus*: ⇨ -IOUS〗

re·pet·i·tive /rɪpétətɪv | -tɪt-/ *adj.* **1** 繰返しの, 反復性の. **2** =repetitious 1. **~·ly** *adv.* **~·ness** *n.* 〖(1839) ← REPETIT(ION)+-IVE〗

repétitive stráin [stréss] ìnjury *n.* 〚医学〛反復運動(過多)損傷《無理な姿勢, 反復動作などが原因の筋肉損傷; キーボードをたたく職業に多い; 略 RSI》.

rè·phráse *vt.* 言い直す, 言い換える, 別の用語で表現する. 〖1895〗

re·pic /rɪpíːk/ *n.* 〚トランプ〛=repique.

Re·pin /réɪpɪn | -pɪn; *Russ.* rʲépʲin/, **Ilya E·fi·mo·vich** /jɪfʲímʲəvʲɪtʃ/ *n.* レーピン (1844–1930; ロシアの画家; 革命前後の世相を写実的に描いた).

re·pine /rɪpáɪn/ *vi.* **1** じれる, ぶつぶつ言う, 愚痴をこぼす, かこつ, 嘆く 〔*at*〕: ~ *at* [against] one's fate 自分の運命をかこつ. **2** 切望する 〔*for*〕. — *n.* 《廃》愚痴をこぼすこと, 不満. **re·pín·er** *n.* 〖(1449) ← RE-²+PINE²: REPENT¹ との連想による〗

re·pín·ing·ly *adv.* ぶつぶつ言いながら, 愚痴をこぼしながら. 〖(1571) ↑〗

re·pique /rɪpíːk | rɪ-; *F.* ʁəpik/ 〚トランプ〛*n.* (piquet で)持札の手役点だけで相手を 30 対 0 に抑えること《ボーナスとしてさらに 60 点加算される; cf. pique²》. — *vt., vi.* (相手を)手役で 30 対 0 に抑える. 〖(1659) □ F *repic* 《逆成》← *repiquer* to prick again: ⇨ re-, pique²〗

repl. 《略》replace; replacement.

re·place /rɪpléɪs/ *vt.* **1 a** …の代わりを立てる[作る, 入れる], 取り替える, 交替する 〔*by, with*〕: ~ the old *with* the new 古いものを新しいものに替える / the old ~*d by* the new 新しいものに替えられた古いもの / ~ coal fires *with* gas 石炭の火をガスに取り替える / ~ a broken dish 壊れた皿を取り替える / a person [thing] hard [difficult] to ~ まとと得がたい人[物], 余人をもって代えがたい人物 / His plan is to ~ people *with* robots [by (means of) automation]. 彼の計画は人の代わりにロボットにする[オートメーション化する]ということだ / The trolleys were ~*d by* buses. 路面電車が(廃止されて)バスになった. **b** …に取って代わる, …の後継者となる, 後釜(ｱﾄｶﾞﾏ)にすわる: Mr. Smith ~*d* Mr. Brown as our president. スミス氏がブラウン氏の後任として我々の社長になった / December ~*d* November. 11 月が去って 12 月になった. **2 a** 元の所へ置く, 元へ戻す: ~ a book on the shelf 本を(元の)棚に戻す / ~ the receiver [telephone] on its cradle 受話器を受け台に戻す. **b** 返す, 返済する: ~ borrowed money. **c** 復職[復位]させる.

re·plác·er *n.* 〖(1595) ← RE-²+PLACE¹: cf. F *remplacer*〗

SYN 置き換える: **replace** あるものを別のものと取り替える: *replace* autocracy by constitutional government 独裁政治を立憲政治で置き換える. **supercede** すぐれた, またはより新しいものが取って代わる: Will airplanes *supercede* trains? 飛行機は汽車に取って代わるだろうか. **supplant** 特に, 策略・陰謀などによって取って代わる: The Prime Minister was *supplanted* by his rival. 首相は政敵に地位を奪われた.

---

re·place·a·ble /rɪpléɪsəbl/ *adj.* 元へ戻される; 取り替えられる, 置き換えられる, 代わりのある. **re·plàce·a·bíl·i·ty** /-səbíləti | -lɪti/ *n.* 〖1805〗

re·place·ment /rɪpléɪsmənt/ *n.* **1 a** 置換え, 取替え, 交替: the ~ of worn-out parts 摩滅した部品の取替え. **b** 後任(者), 後継ぎ; 取替え品: His ~ was General A. 彼の後任は A 将軍だった. **2 a** 元へ戻すこと, 返還, 返済. **b** 復職, 復位. **3** 〚化学〛置換. **4** 〚軍事〛補充員, 交替要員; (補給品の)補充, 交換. **5** 〚地質〛交代作用 (cf. metasomatism). **6** 〚簿記・会計〛(資産の)取替え: ~ costs 取替原価 / ⇨ replacement method.

7 〘論理・数学〙置換: the axiom of ～ 置換公理. 〘*a*1790〙

replácement còst *n.* 〘会計〙取替原価.

replácement dèpot *n.* 〘軍事〙(人員の補充業務を行う)補充処.

replácement mèthod *n.* 〘会計〙取替法《同種の物品が多数集まって一つの固定資産を構成する場合, 帳簿上はその固定資産を取得原価のままで据え置き, 老朽部分の取替額をその年度の費用に計上する方法; cf. retirement method》.

replácement thèrapy *n.* 代償療法, 置換療法《栄養素やホルモン, あるいは血液成分の形成不良または欠乏による障害に対して, 体内生産物または合成代用物を補って補償する治療》. 〘1962〙

rè·plán *vt.* …の計画[予定]を立て直す. 〘1888〙

rè·plánt *vt.* **1** 再び植える; 植え替える, 移植する. **2** 〈花壇などに〉別の草花を植え込む. **3** …に植民し直す, 再植民させる. ── *n.* 移植された物[植物]; (欠株になった場所へ)補植した苗や株. 〘1575〙

rè·plantátion *n.* **1** 再植; 移植. **2** 移植物. 〘1608〙

re·plate /ríːplèɪt/ *n.* 〘新聞〙プレート[版]の差し替え《最新ニュースを入れるために版を取り替える》. ── /─ ⌐─/ *vt., vi.* (版を)差し替える. 〘1851〙

re·play /rìːpléɪ/ *vt.* **1** 〈試合を〉再び行う, やり直す: The drawn game will be ～*ed* on Monday. その引き分け試合は月曜日に再試合が行われる. **2** 〈録音テープ・ビデオテープなどを〉再生する; I ～*ed* the baseball game. その試合をビデオで再生した. **3** 再演する. ── /⌐─ ─/ *n.* **1** (録音テープ・ビデオテープなどの)再生; 〘テレビ〙スロービデオ《スポーツ番組などの場面を, 録画直後にスローモーションで見せること; action replay ともいう》. **2** やり直しの試合, 再試合: The ～ will be on Sunday. 再試合は日曜日に行われる. **3** 再演, 繰返し. 〘1884〙

rè·pléader *n.* 〘法律〙**1** 再訴答命令《訴答 (pleading) に欠陥があるとき評決後に再び訴答を行うことを命じること》. **2** 再訴答権. 〘1607〙

re·plen·ish /rɪplénɪʃ/ *vt.* **1 a** 再び満たす, 元どおり一杯にする 〔*with*〕: ～ a glass *with* wine グラスにぶどう酒を再び一杯にする / a pipe ～*ed with* tobacco たばこをつめかえたパイプ. **b** …に燃料をつぐ[くべる]: ～ a fire, stove, etc. **c** 補充する, 補給する (↔ deplenish): ～ one's purse 財布に金を補充する / ～ a stock of goods＝～ one's stocks 在庫(品)を補充する. **d** 埋め合わせる, 償う. **2** 《古》〈場所〉に人間や動物を満たす 〔*with*〕: ～ the earth 地に満ちる (*Gen.* 1:28). **3** …に補充液 (replenisher) を加える. ── *vi.* 再び満ちる[一杯になる]. 〘(*c*1380) (1612) *replenysshe(n)* ◻ OF *repleniss-* (stem) ← *replenir* ← RE-¹＋*plenir* (← *plein* <L *plēnum* 'full, PLENUM': ⇨ -ish²)〙

re·plén·ished *adj.* 《まれ》完全な, 至上の, 完璧な. 〘1592–93〙

re·plén·ish·er *n.* **1** 補充するもの. **2** 〘化学〙補充液, 増し液《フィルムの現像で, 現像液の量と活性を一定に保つために加える溶剤》. 〘1599〙

re·plén·ish·ment *n.* **1** 補充, 注ぎ足し, 補給. **2** 補充物, 補給物. 〘1526〙

re·plete /rɪplíːt/ *adj.* **1** 充満した, 一杯詰まった 〔*with*〕: a golden ewer ～ *with* water 水を一杯入れた金の水差し. **2** 十分に備えている, 十分に持っている 〔*with*〕: a mind ～ *with* learning 博学の人. **3 a** 飽満[飽食]した, 思う存分食べた[飲んだ], 堪能(たんのう)した 〔*with*〕. **b** 太った. **4** 完全な, 十分な. ── *n.* 〘昆虫〙膨腹蟻(ぼうふくあり)《胴部を拡張させ, その集団の他のアリのために液体食物を貯蔵するハタラキアリ; plerergate ともいう; cf. honey ant》.

～·ly *adv.* **～·ness** *n.* 〘(*c*1384) ◻ (O)F *replet, replète* (fem.) // LL *replētus* (p.p.) ← *replēre* ← RE-¹＋*plēre* to fill〙

re·ple·tion /rɪplíːʃən/ *n.* **1** 充満, 充実, 過多: a vessel filled to ～ あふれるばかりに満たした容器. **2** 飽食, 満腹, 過食: eat to ～ 飽食する. **3** 満足. **4** 〘病理〙充満(症); 多血(症). 〘(*c*1390) ◻ (O)F *réplétion* // LL *replētiō(n-)*: ⇨ ↑, -tion〙

re·plev·i·a·ble /rɪplévɪəbl/ *adj.* 〘法律〙＝replevisable. 〘(1755) ← REPLEVY＋-ABLE〙

re·plev·in /rɪplévɪn | -vɪn/ 〘法律〙*n.* (不当に差し押さえられたり奪われたりした)動産の訴訟による回復; 動産占有回復訴訟, 動産占有回復令状. ── *vt.* ＝replevy. 〘(1447) *replevine(n)* ◻ AF ← OF *replevir*: cf. replevy〙

re·plev·i·sa·ble /rɪplévəsəbl | -vɪ-/ *adj.* 〘法律〙〈不当に差し押さえられたり奪われたりした動産が〉回復できる (cf. replevin). 〘(1532) ◻ AF *replevis(s)able* ← OF *replevis-* (stem), *replevir* (↓): ⇨ -able〙

re·plev·y /rɪplévi/ 〘法律〙*vt.* 〈不当に差し押さえまたは奪われた物を〉動産占有回復訴訟によって回復する. ── *vi.* 動産占有回復訴訟によって動産を回復する. ── *n.* ＝replevin. 〘(1451) ◻ AF *replevi* (p. p.) ← OF *replevir* ← RE-¹＋*plevir* to pledge (◻ Gmc **plezan* 'to PLEDGE')〙

rep·li·ca /réplɪkə/ *n.* **1** 写し, 模写, 複製, 生写し: a ～ of one's father 父親そっくりの子 / The dining room was a small ～ of the nave of Westminster Abbey. その食堂はウェストミンスター寺院の本堂をそっくりそのまま小型にしたような感じだった. **2** レプリカ《原作者の手による原作の写し》(⇨ copy SYN). **3** 〘音楽〙反復; 反復記号. 〘(1824) ◻ It. ～ ← *replicare* < L *replicāre*: ⇨ replicate¹〙

rep·li·ca·ble /réplɪkəbl/ *adj.* **1** 反復しうる. **2** 〘生物〙複製しうる. 〘(*a*1529) ◻ LL *replicābilis*: ⇨ replicate¹, -able〙

rep·li·case /réplɪkèɪs, -kèɪz/ *n.* 〘生化学〙レプリカーゼ (⇨ RNA replicase). 〘(1963) ← REPLIC(ATION)＋-ASE〙

rep·li·cate¹ /réplәkèɪt | -lɪ-/ *vt.* **1** (同一実験を)繰り返す; 写す, 模写する. **2** 返答[応答]する. ── /-kɪt/ *vi.* 〘生化学〙自己複製する. ── *n.* **1** 〘音楽〙与えられた音に対して1オクターブ(あるいは2オクターブ以上)上[下]で反復される同音. **2** 〘統計〙反復実験《実験の反復 (replication) における個々の実験》. ── /-kɪt/ *adj.* 多数の, 種々の, 繰り返しの. 〘(?*a*1425) ← L *replicātus* (p.p.) ← *replicāre* to fold back, (LL) 'to REPLY, repeat'. ─n. (1776) ← v.〙

rep·li·cate² /réplәkɪt | -lɪ-/ *adj.* 〘植物〙〈葉など〉折り返った, 曲げ返った. ── /réplәkèɪt | -lɪ-/ *vt.* 〈葉などを〉折り返す, 曲げ返す. 〘(1832) ◻ L *replicātus* (↑)〙

rép·li·càt·ed /-kèɪtɪd | -tɪd/ *adj.* 〘植物〙＝replicate².

rep·li·ca·tion /rèpləkéɪʃən | -lɪ-/ *n.* **1** 写し, 模写. **2** 〘生化学〙DNA や RNA の(自己)複製. **3** 〘統計〙(誤りを減らすための, 同じ時間・場所での)実験の反復. **4** 返答; (特に, 答弁に対する)応答. **5** 反響, こだま. **6 a** 〘法律〙＝reply 3. **b** 〘英法〙再抗弁書. **7** (まれ) ＝replica. **rep·li·ca·tive** /répləkèɪtɪv | -lɪkèɪt-/ *adj.* 〘(*c*1380) ◻ OF *replicacion* ◻ L *replicātiō(n-)*: ⇨ replicate¹, -ation〙

rep·li·con /répləkɑ̀(ː)n | -lɪkɔ̀n/ *n.* 〘生化学〙レプリコン《DNA や RNA の複製する単位》. 〘(1963) ← REPLIC(ATION)＋*-on* (cf. codon, operon, etc.)〙

re·ply /rɪpláɪ/ *vi.* **1 a** 答える, 返事をする (⇨ answer SYN): ～ *to* a person [question, letter] 人[質問, 手紙]に答える[返事をする]. **b** (代わって, または代表して)回答[答弁]する: ～ *for* [on behalf of] the Prime Minister 首相に代わって答弁する / ～ *for* the Navy (乾杯のお礼に)海軍を代表して謝辞を述べる / He rose to ～ *for* the ladies. 彼は女性たちに代わって答辞を述べるために立ち上がった. **2** (言葉・動作で)応じる, 応答する, 応酬する, 応戦する: ～ with a violent blow 激しい打撃で応酬する / ～ to the enemy's attack 敵の攻撃に応戦する / ～ to a signal 信号に応じる. **3** 反響する. **4** 〘法律〙〈原告が〉(被告の最初の訴答に対し)第二の訴答をする. ── *vt.* 答える; 回答する, 応答する; (公式に)答える: I have nothing to ～. 答えることは何もない / He did not know what to ～. どう答えてよいかわからなかった / She *replied that* she knew nothing about it. その事は何も知らないと答えた.
── *n.* **1** 答, 応答, 回答, 返事: make [write, give] a ～ 答える[返事を書く] / make [write, give] no ～ 答えない[返事を出さない] / wire a ～ 返電を打つ / send [fax, e-mail] a ～ 返事を送る[ファックスする, 電子メールで送る] / in ～ to your letter お手紙に答えて / He neither said nor did anything in ～. 彼はそれに答えるようなことは何も言わず何もしなかった. **2** (所作・行為による)応答, 応酬, 返報, 応戦. **3** 〘法律〙(被告の最初の訴答に対する)原告の第二の訴答 (cf. pleading 2 c). **4** 〘音楽〙(フーガの)応答(部). ***without replý*** (相手チームに)点を取られずに.

re·plí·er *n.* 〘(*c*1384) *replye(n)* ◻ (O)F *replier* < L *replicāre* ← RE-¹＋*plicāre* to fold (⇨ ply²)〙

replý càrd *n.* 〘郵便〙往復はがき《double postal card, reply postal card ともいう; cf. return card》.

replý cóupon *n.* 〘郵便〙返信券: ⇨ International Reply Coupon.

replý-páid *adj.* 〘郵便〙返信料先払いの, 返信料付きの; (郵便)料金受取人払いの: a ～ telegram. 〘1890〙

replý póstal càrd *n.* 〘郵便〙＝reply card. 〘1884〙

rep·mo·bile /répmoubìːl, -mə- | -mə(ʊ)-/ *n.* 《口語》〘軽蔑的〙営業用自動車《よく会社の車として使われる中程度のセダン》.

re·po¹ /ríːpou | -pəu/ *n.* (*pl.* **～s**) 《米》＝repurchase agreement.

re·po² /ríːpou | -pəu/ 《口語》*n.* (*pl.* **～s**) (ローンの返済不履行による)車[商品]の回収, 家屋の差押え; 回収された車(など), 差し押えられた家屋《特に政府融資の住宅》. ── *vt.* (ローン返済不履行のために)〈商品, 特に車を〉回収する, 〈家屋を〉差し押える. 〘← REPOSSESSION, REPOSSESS: ⇨ -o〙

rè·póint *vt.* 〈れんが積みなど〉に元どおりに目地塗りをする. 〘1849〙

rè·pólish *vt.* 元どおりにみがく, 磨き直す. 〘1590〙

répo màn *n.* 《口語》(代金未払いの車の)回収業者.

ré·pon·dez s'il vous plaît /rɪpɔ́(ː)ndeɪsìːlvuː-pléɪ, reɪ-, -pɑ́(ː)n-, -sɪl- | -pɔ́n-; *F.* ʁepɔ̃desilvuplɛ/ *F.* お返事お願い申し上げます《招待状などに書き添える句で通例 RSVP と略す》. 〘◻ F ～ 'reply, if you please'〙

re·pone /rɪpóun | -pə́un/ *vt.* 《スコット》〘法律〙復権[復職]させる; 回復させる. 〘1525〙

rè·pópulate *vt.* 〈場所〉に以前のように住みつく. 〘1599〙

re·port /rɪpɔ́ət | -pɔ́ːt/ *vt.* **1** 〈新聞記者・ラジオ・テレビなどが〉…の実況を報告する, 探訪記事を書く, レポートする; 〈議事・講演などを〉記録する, 速記する: ～ a trial [wedding ceremony] 公判[結婚式]の実況記事を書く / ～ debates in Congress 議会の討論を記録する. **2 a** 伝える; 報じる, 報告する (⇨ tell¹ SYN): He ～*ed* her disappearance *to* the police. 彼女の失踪を警察に届けた / It is ～*ed* that she has won.＝She is ～*ed* to have won. 彼女が勝ったと報じられた / All variations are to be ～*ed* daily. 全ての変動は毎日報告されなければならない / He ～*s that* the party has reached the summit. 彼は一行が頂上を極めたと報じている / He ～*ed* having met her. 彼は彼女に会ったと報告した. **b** [目的補語を伴って] …だと報じる: They ～*ed* him much recovered. 彼が随分回復したと報じた / He ～*s* open water at the pole. 彼は極地の不凍海について報じている / He was ～*ed* (to have been [as having been]) killed [missing] (in action). 彼は戦死した[交戦中に行方不明]と伝えられた / I have nothing new to ～. 新しくお伝えすることは何もありません. **c** …の存在[到着, 接近など]を報告する[知らせる]: ～ the train 列車の到着を伝える. **d** 〘英議会〙〈法案審議委員会の結果を〉〈委員長が〉(本会議で)報告する: ～ the progress of a conference 会議の経過を報告する / ⇨ *move to report* PROGRESS / The Chairman of the Committee ～*s* the Bill *to* the House. 委員長は委員会の議案に対する決議を議員に報告する[第三読会にかける]. **3** 公表する, …の公報を発する, 発表する: The Treasury ～*s* the total receipts and expenditures for the year. 財務省は歳入歳出総額を公表する / She ～*ed* her findings [conclusions] in our journal. 彼女は結論を我々の雑誌に発表した. **4 a** 〈人〉のことについて〔上役・主人などに〕上申する, 不都合を知らせる, 言い付ける 〔*to*〕: I shall ～ you *to* your superiors for being unpunctual. 君が時間にだらしないことを上役に言い付けてやる. **b** 〈不正なこと〉について〔上役・主人などに〕言い付ける, 告げ口する 〔*to*〕: I shall ～ your unpunctuality *to* your superiors. 君の時間にだらしないことを上役に言い付けてやる. **5** [～ one*self*で] **a** 〔当局・上役に〕到着など報じる[届ける] 〔*to*〕. **b** 出頭する.
── *vi.* **1** 〈新聞記者が〉〈新聞などのために〉探訪する, 報道する, 通信する; 〈新聞の〉通信員を務める 〔*for*〕: ～ *for* a newspaper / This is Kate Adie ～*ing* (live [direct]) from Sarajevo. こちらはケート アディーです. サラエボから(実況で)お伝えしております. **2** 伝える; 報告する; 報告書を作成[提出]する 〔*of, on, upon*〕: ～ *on* the condition of the crops 作柄報告をする / He ～*s* well of the prospects. 前途有望だと報告している / The matter is badly ～*ed of*. その事件は悪意をもって報告されている. **3 a** 所在[行動]を〔当局に〕報告する[届ける]; 出頭する 〔*to, at*〕: ～ *to* the police 警察に所在を報告する, 警察に出頭する / ～ *for* duty [work] 出勤する / ～ *at* the office [to headquarters] 事務所[本部]に出頭する / ～ sick 病欠を届ける. **b** 〔上役・監督などに対して〕責任を負う, 〔…に〕指揮[監督]される, 〔…の〕直属である 〔*to*〕: We ～ (direct) *to* him here. ここでは我々の直接の上役は彼である.
repórt báck (1) 戻る: She left early but ～*ed back* later. 彼女は早く出たが後に戻った. (2) 報告する: She ～*ed back* (to headquarters) on her findings [that things were all right]. 彼女は調査結果を[すべては順調だと]本社に報告した. ***repórt in síck*** ＝call in sick ⇨ sick¹ 成句. ***repórt óut*** 〘政治〙〈法案審議委員会が〉〈委託案件を〉修正条項付きで討議と投票のために本会議に戻す. (1907)
── *n.* **1 a** 報道, 記事, レポート (⇨ news SYN): a news ～ 報道 / a news(paper) ～ 新聞報道[記事]. **b** (講演・討論などの)記録, 速記; (議会の)議事録. **c** 〘英議会〙(総会への)委員会報告. **2** (調査・研究後の, 通例詳細な)報告(書) 〔*on, of*〕: a ～ *on* a new discovery 新発見に関する報告 / make a ～ *of* …を報告する / ⇨ weather report / a ～ *on* the condition of the crops 作柄報告 / the treasurer's annual ～ 会計係の年次会計報告. 日英比較 日本語で学生が宿題や試験の代わりに提出するものを「レポート」というのは和製英語. 英語では (term) paper という. **3** 公の報告, 公報. **4 a** うわさ, 風評: as ～ has it [goes] うわさによると / idle ～*s* くだらない風説 / a matter of common ～ だれでも知っているうわさ / The ～ goes [runs, has it] *that*… [There is a ～ that, There are ～*s* of …] …というううわさである, 風説によれば…だ / know [hear of] something by ～ (only) うわさ(だけ)で知る[風の便りに聞く] / Mere ～ is not enough to go upon. うわさだけを根拠に行動するわけにいかない. **b** 世評, 評判: things [people] of good [ill] ～ 好評[不評判]のもの[人] / through good and evil ～ 評判の善悪にかかわらず, 毀誉褒貶(きよほうへん)を顧みずに (cf. 2 *Cor.* 6:8). **5** 《英》成績通告表, 通知表 (school report, 《米》report card): The boy has had a bad (school) ～ this term. あの子は今学期は通知表[成績]が悪かった. **6** (鉄砲などの)どんという音, とどろき, 爆音: The rifle went off with a loud ～. 鉄砲がずどんという音を立てて発射された. **7** 〘法律〙**a** 判決文; 判決理由書《審理した訴訟の事実およびそれを裁定した法廷または類似の行政機関の判決[決定]および意見の報告書》. **b** [通例 *pl.*] 判例集, 判決録. **c** 《まれ》証拠.
on repórt (規則違反などで)出頭を命じられて. (1850)
Repórt to the Nátion「国民への報告」《英国政府が2週間ごとに高級紙に発表する経済・時事問題などの情報》.
〘v.: (*c*1385) *reporte(n)* ◻ OF *reporter* (F *rapporter*) <L *reportāre* ← RE-¹＋*portāre* to carry (⇨ port⁵). ─ n.: (*c*1385) ◻ OF ～ ← (v.)〙

re·port·a·ble /rɪpɔ́ətəbl | -pɔ́ːt-/ *adj.* **1** 報告[報道]できる[してもよい]; 報告[報道]価値がある. **2** 〈病気・所得など〉申告の義務のある: a ～ income 要申告所得. 〘1858〙

re·port·age *n.* **1** /rɪpɔ́ətɪdʒ | -pɔ́ːt-/ (ニュースの)報道, 報道活動[技術]. **2** /rèpətáːʒ, -pɔə- | rèpɔː-; *F.* ʁəpɔʁtaːʒ/ **a** [集合的] 報道記事, ルポルタージュ《現地報告・探訪記など; 録音構成によるラジオの報道番組をいうこともある》. **b** 実録, 報告文学, 記録文学. 日英比較 日本語では「ルポ」と省略するのは和製英語. 英語では省略しない. また「ルポライター」はフランス語の reportage と英語の writer を合成した和製英語で英語では reporter. 〘(1612) (*c*1864) ◻ F ～ 'reporting': ⇨ report, -age〙

repórt càrd *n.* 《米》(学童・生徒の)成績表, 通知表 (《英》(school) report); 《英》懲罰カード. 〘1920〙

R

re·pórt·ed /-ṭɪ̈d | -tɪ̈d/ *adj.* (非公式に)報じられた; 申告[告発]された.

repórted cláuse *n.* 〘文法〙(伝達動詞に導かれる)被伝達節.

re·port·ed·ly /rɪ̈pɔ́əṭɪ̈dli | -pɔ́:tɪ̈d-/ *adv.* 伝えられるところによれば, うわさでは: Ten passengers are ~ missing. 乗客 10 名が行方不明と伝えられている. 〘1901〙

repórted quéstion *n.* 〘文法〙=indirect question.

repórted spéech *n.* 〘文法〙間接話法 (indirect discourse, indirect speech); (直接話法における)伝達内容, 被伝達部. 〘1812〙

re·port·er /rɪ̈pɔ́əṭə | -pɔ́:tə^(r)/ *n.* **1** (新聞・雑誌・ラジオ・テレビの)報道員, 探訪[取材]記者, レポーター: a TV ~ / a ~ *for The Times* タイムズ紙記者 / a political [police] ~ 政治[警察詰め]記者. **2** 報告者, 報道係, 申告者. **3** 判例集執筆者, (裁判所)書記官; 議事速記者. **4** 《古》ピストル. 〘(c1387–95) ☐ OF *reporteur* (F *rapporteur*): ⇨ report, -er¹〙

re·port·ing /rɪ̈pɔ́əṭɪŋ | -tɪŋ/ *n.* 報道: impartial political ~ 偏らない政治上の報道.

repórting cláuse *n.* 〘文法〙伝達節.

re·pórt·ing·ly *adv.* 《まれ》うわさによると; 対応して. 〘1598–99〙

repórting pày *n.* 〘労働〙無工事給《出勤しても仕事がなかった労働者に支払われる最低保障賃金; call-in pay ともいう》.

repórting vérb *n.* 〘文法〙伝達動詞.

rep·or·to·ri·al /rèpəṭɔ́:riəl, rì:p-, -pə-, -pɔə- | -pətɔ́:r-, -pɔ:-ˈ/ *adj.* 《米》 **1** 報告者の; 探訪記者の, 探訪員の; 記録係の, 速記者の. **2** 報告の, 報告的な; 記録の, 記録的な. **~·ly** *adv.* 〘(1858) ← REPORT(ER)+-ORIAL〙

repórt stàge *n.* 〘英議会〙報告審議《法案審議・委員会の結果を委員長が本会議に報告し, それに基づいて審議すること; この後が第三読会 (third reading)》. 〘c1906〙

re·pos·al /rɪ̈póuzəl, -zl | -pə́u-/ *n.* 《廃》(信頼・信用などを)置くこと: the ~ of a trust *in* another 他の人を信頼すること. 〘(1604–05): ⇨ ↓, -al²〙

re·pose¹ /rɪ̈póuz | -pə́uz/ *n.* **1 a** 休憩; (特に, 睡眠による)休息; 睡眠; 休養, 静養 (⇨ ease SYN): take [seek, make] ~ 休息する. **b** 休息所, 静養地. **c** 永眠, 冥福(めいふく). **2** (苦労・心配・興奮などからの)解放, 安らぎ, くつろぎ: ~ of mind 心の平静. **3 a** 平穏, 静けさ, 静寂: the ~ of the country 田舎の静けさ. **b** (活動の)休止, 静止: a volcano in ~ 休火山. **4** 落着き, 沈着, おっとりしたところ: well-bred ~ 上品な落着き / lack ~ 落着きがない. **5** 〘美術〙(色彩の)落着き; まとまり.

ángle of repóse 〘物理〙⇨ angle¹.

— *vt.* **1** 《口語》[しばしば ~*oneself* で] **a** 寝かせる, 横たえる: ~ one's head on …に頭を横たえる / ~ *oneself* on a bed ベッドに横になる. **b** 休ませる, (休ませて)元気を回復させる. **2** 落ち着かせる. — *vi.* **1** 〈土台などの上に〉載っている, 基礎を置く 〔*on, upon*〕: The statue ~*s on* a pedestal. 彫像は台の上に載っている / The scheme ~*s on* a revival of trade. この計画は貿易の復興をその前提としている / *On* the top shelf there ~*d* a rag doll. 一番上の棚にはぬいぐるみの人形が載っていた. **2 a** 休む, 休息する, 休養する; 寝る: ~ on a bed ベッドに寝る / ~ in sleep 眠る / ~ on a bed of roses [down] 贅沢(ぜいたく)に暮らす (cf. *a* BED *of roses*). **b** 死んで横たわる, 永眠する: ~ in death 永眠する. **c** 〈土地などが〉静かに[ひっそりと, かくれて]横たわる. **3** 〈記憶などが〉いつまでもまつわる 〔*on, upon*〕: My mind ~*d on* the past. 過去のことがいつまでも心から消えなかった. **4** 《古》〈物・人に〉〈信頼が〉置かれる 〔*on, in*〕: His trust ~*d in* God. 彼は神を信じていた.

re·pós·er *n.* 〘(c1450) ☐ (O)F *reposer* <LL *repausāre* ← RE-¹+*pausāre* 'to PAUSE': 意味は REPOSE² に影響された〙

re·pose² /rɪ̈póuz | -pə́uz/ *vt.* **1** 〈信用・信頼・希望などを〉置く, かける 〔*in*〕: ~ trust in another [*in* promises] 他人[約束]を信頼する / ~ one's faith *in* God 神を信じる. **2** 〈力・管理などを〉〈…の管理・処理)に〉ゆだねる, 任す 〔*in*〕. **3** 《古》預ける, 委託する. 〘(?c1440) *repose(n)* (DEPOSE, DISPOSE との類推から) ← L *repos-* (stem) ← *repōnere* to put back ← RE-¹+*pōnere* to put (⇨ position): cf. pose¹〙

rè·póse *vt.* **1** 再び姿勢[ポーズ]をとらせる. **2** 再び持ち出す: ~ a question. — *vi.* 再び姿勢[ポーズ]をとる. 〘c1420〙

re·pose·ful /rɪ̈póuzfəl, -fl | -pə́uz-/ *adj.* **1** 平静な, 安らかな, 平穏な. **2** 落ち着いた. **~·ly** *adv.* **~·ness** *n.* 〘1852〙

re·pós·ing ròom *n.* 霊安室《葬儀の際, 遺体を安置する部屋》.

re·pos·it /rɪ̈pá(:)zɪ̈t | -pɔ́zɪt/ *vt.* **1** 保存する, 貯蔵する, 預ける. **2** 《まれ》元へ戻す. 〘(a1641) ← L *repositus* put back in place (p.p.) ← *repōnere* to put back: ⇨ repose²〙

re·po·si·tion¹ /rì:pəzíʃən, rèp-/ *n.* **1** 貯蔵, 保存, 保管. **2** 〘外科〙(骨などの)整復(法); (ヘルニアなどの)還納(法). 〘(1588) ☐ LL *repositiō(n-)*: ⇨ ↑, -ition〙

rè·posítion² *vt.* **1** 別の[新しい]場所に移す, …の位置を変える. **2** …の販売戦略を変える. **3** 〘外科〙整復する; 還納する.

re·pos·i·to·ry /rɪ̈pá(:)zətɔ̀:ri | -pɔ́zɪ̈təri, -tri/ *n.* **1 a** (貯蔵用)容器. **b** 貯蔵所; 納戸(なんど), 物置. **c** 博物館, 倉庫, 商店, ショールーム(など). **2 a** (資源の)宝庫. **b** (知識などの)宝庫: He is a ~ of learning. 彼は学問の宝庫だ《博学だ》/ The book is a ~ of valuable information. この本には貴重な事柄がたくさん書いてある. **3** (秘密などを)打ち明けられる人, 信頼される人: He was the only ~ of all her secrets. 彼こそ彼女が秘密を打ち明けられる唯一の相手だった. **4 a** 地下埋葬室 (vault); 墓所. **b** 《カトリック》聖体安置所, 遷置所《洗足木曜日から聖金曜日まで聖体を安置する副祭壇》. — *adj.* 〈薬剤が〉特効性の《徐々に吸収され効果が持続する性質の》. 〘(1485) ☐ F 《廃》*repositoire* // L *repositōrium* storehouse ← *repositus*: ⇨ reposit, -ory²〙

re·pos·sess /rì:pəzés/ *vt.* **1 a** (ローンの払えない買手から)〈商品を〉取り返す. **b** 〈奪われたものなどを〉回復する, 取り返す. **2** 《まれ》〈人〉に取り返させる, 回復してやる: be ~*ed in* a title to land 土地所有権を回復する / ~ one-self *of* …を取り返す, 回復する, 再び自分のものにする. 〘1494〙

re·pos·ses·sion /rì:pəzéʃən/ *n.* 所有権の回復, 取り戻し: Delinquency in payment will result in ~. 支払いを怠ると売り手が再所有することになる.

rè·posséss·or *n.* 《米》(ローンの返済不履行のための)商品の回収[家屋の差押え]の請負人. 〘⇨ ↑, -or²〙

re·post /rɪ̈póust | -pɔ́ust/ *n.*, *vi.* =riposte. 〘1730〙

rè·pót *vt.* 別の鉢[大鉢]に植え替える. 〘1845〙

re·pous·sage /rɪ̈pu:sá:ʒ; *F.* ʀəpusa:ʒ/ *n.* 〘美術〙 **1** (金属細工で)打ち出し細工の技術[過程] (⇨ repoussé). **2** エッチングや写真腐食製版の版のへこみを裏から軽く打ち出して平らにすること. 〘☐ F ~: ⇨ ↓, -age〙

re·pous·sé /rɪ̈pu:séɪ, —ˊ—ˊ | —ˊ—ˊ; *F.* ʀəpuse/ 〘美術〙 *adj.* (金属細工で)裏から打ち出した, 打出し細工の, ルプッセの: ~ work 打出し細工品. — *n.* 打出し細工品; 打出し[ルプッセ]装飾. 〘(1852) ☐ F ~ (p.p.) ← *repousser* ← RE-¹+*pousser* 'to PUSH'〙

re·pous·soir /rɪ̈pu:swáə | -swá:^(r); *F.* ʀəpuswa:ʀ/ *n.* 〘絵画〙ルプッソアル《絵のコントラスト・深みの効果・情景の奥行の印象を強めるため前景に描かれる人物[物体]》. 〘(1873) ☐ F ~ ← *repousser* (↑): cf. -ory¹〙

rè·pówer *vt.* **1** 〈人・動物・物などに〉再び力を与える. **2** 〈船などに〉新しい発動機を取り付ける. — *vi.* **1** 再び力を与える. **2** 発動機の付け替えを行う. 〘1954〙

repp /rép/ *n.* =rep².

repped /répt/ *adj.* うね織りの, 横うねのある. 〘(1883): ⇨ rep¹, -ed〙

repr. 《略》represent; representative; represented; representing; reprint; reprinted.

rep·re·hend /rèprɪ̈hénd/ *vt.* 〈人・行動を〉しかる, とがめる, 責める, 非難する. 〘(c1340) ☐ L *reprehendere* ← RE-¹+*prehendere* to seize〙

rep·re·hen·si·ble /rèprɪ̈hénsəbl | -sɪ̈-/ *adj.* とがむべき, しかるべき, 責むべき, 非難すべき, 不都合な, 不埒(ふらち)な. **rèp·re·hèn·si·bíl·i·ty** /-səbíləṭi | -sɪ̈bílɪ̈ti/ *n.* **~·ness** *n.* **rèp·re·hén·si·bly** *adv.* 〘(c1384) ☐ (O)F *répréhensible* // LL *reprehensibilis* ← L *reprehensus* (p.p.) ← *reprehendere* (↑): ⇨ -ible〙

rep·re·hen·sion /rèprɪ̈hénʃən/ *n.* 叱責(しっせき), 譴責(けんせき), 非難. **rep·re·hen·so·ry** /rèprɪ̈héns(ə)ri/ *adj.* 〘(c1385) ☐ OF ~ // L *reprehensiō(n-)*: ⇨ reprehend, -sion〙

rep·re·hen·sive /rèprɪ̈hénsɪv/ *adj.* 非難する, 譴責する. **~·ly** *adv.* 〘(1589): ⇨ ↑, -ive〙

rep·re·sent /rèprɪ̈zént/ *vt.* **1 a** 代表する, 代理する, 名代に立つ: An attorney ~*s* his client. 弁護士はその依頼人の代理をする / ~ Japan at a conference 日本を代表して会議に出席する. **b** 代表している, …の標本[一例]である, …の代表として出ている: Every class was ~*ed* at the meeting. 会合にはあらゆる階級の代表者が出ていた / A dozen nationalities were ~*ed* on board. 船には 12 か国の人たちがいた / a union ~*ing* 3,600 clerks 3,600 人の組合員を擁(よう)する組合. **2 a** 〈選挙民・選挙区を〉代表して国会議員となる, …選出の代議士である: He ~*s* Bristol. 彼はブリストル選出代議士である / members ~*ing* urban constituencies 都市選出議員. **b** [受身で] 代表者[代議士]を出している: The State was ~*ed* by three Republicans. その州は 3 人の共和党員を議員に出していた. **3 a** (文字・記号などで)表す, 表示する: ~ intensity by [with] symbols=intensity ~*ed* by symbols 記号で強度を表す. **b** (絵画・彫刻・音楽などで)表現する, 表す, 描き出す, 描写する, 描く: The picture ~*s* the murder of Abel. この絵はアベルの殺される所を描いたものだ / The prince is ~*ed* in hunting costume. 王子は狩猟姿で描かれている. **c** (言葉で)表す, 表現する, 叙述する: ~ ideas by [with] words [symbols] 観念を言葉[記号]で表す / ~ one's thought 思想を表現する. **4 a** かたどる, 象徴する, 意味する: The stars in the American flag ~ the States. 米国の旗の星は州を象徴している / The sovereign ~*s* the majesty of the State. 君主は国家の尊厳を象徴する / Letters can ~ sounds. 文字は音を表すことができる. **b** 意味する, 意義がある: It ~*s* very little to me. それは私にはほとんど意味がない / His excuses ~*ed* nothing to me. 彼の言い訳は私には無意味だった. **c** …である (be): This situation ~*s* a threat to our way of life. この状況は私達の生活様式への脅威である. **5 a** (言語・文章などによって)〈…として〉描く 〔*as*〕; 〈…であると〉述べる 〈*to be*〉: Macaulay ~*s* King Charles *as* [having been] a faithless fanatic. マコーレーはチャールズ王を不信心な熱狂者だと書いている / He ~*ed* himself *to be* starving. 彼は飢えかけていると言った / ~ *oneself as* …であると称する[触れこむ, 偽る] / I am not what you ~ me *to be* [how you ~ me, as you ~ me (to be)]. 私は君が言っているような者ではない. **b** (抗議の目的で)〈…だと〉言う, 主張する, 断言する 〈*that*〉: He ~*ed* (to me) that his salary was inadequate. 俸給が不足だと言った. **6** (説明によって)はっきりと思い浮かばせる, 理解させる, 言って聞かせる: I can only ~ it to you by [with] metaphors. ただ比喩をもって説明できるだけだ. **7** (想像によって心に)描き出す, 考える, 想像する: ~ something to oneself あるものを思い描く, 想像する / Can you ~ infinity to yourself? 君は無限ということが想像できるか. **8** …に相当する, 該当する: Does the culture of the Bushmen ~ that of the earliest inhabitants of Southern Africa? ブッシュマン族の文化はアフリカ南部最初期の住民の文化に相当するのだろうか. **9** 《古》 **a** 〈劇などを〉演じる, 上演する: ~ a play 劇を上演する. **b** …に扮(ふん)する, …の役を務める: ~ Othello オセロの役を務める. — *vi.* 抗議する. **~·er** /-ṭə | -tə^(r)/ *n.* 〘(1375) *represente(n)* ☐ (O)F *représenter* // L *repraesentāre* ← RE-¹+*praesentāre* 'to PRESENT²'〙

rè·presént *vt.* **1** 再び贈る[進呈する]; 再び差し出す. **2** 〈劇などを〉再演する. **rè·presentátion** *n.* 〘1564〙

rep·re·sent·a·ble /rèprɪ̈zénṭəbl | -tə-ˈ/ *adj.* **1** 説明できる. **2** 描き出される, 表現できる. **3** 上演できる. **4** 象徴できる, 示される. **5** 代表[代理]できる. **rèp·re·sènt·a·bíl·i·ty** /-ṭəbíləṭi | -təbílɪ̈ti/ *n.* 〘1662〙

rep·re·sen·ta·tion /rèprɪ̈zentéɪʃən, -zən-/ *n.* **1 a** 代表[代理]となること; 代表されて(い)ること; 代表者を出すこと: No taxation without ~. 代表なければ課税なし《英本国の議会にアメリカ植民地側の代表が出ていないのに課税されることに対する抗議》. **b** [集合的] 被選出者, 代表者. **c** 選挙区民代表; 代議制度: vocational ~ 職能代表(制) / proportional ~ 比例代表(制) (略 PR) / regional ~ 地域代表(制) / ⇨ functional representation. **d** [集合的] (同一選挙区などの)議員団: demand ~ on the governing board 管理委員会に代表者を入れることを要求する. **2 a** (絵画・彫刻などによる)表現, 描写, 描出: the ~ of movement 運動の描出. **b** (印・符号などによって)表すこと, 表示; 記号, 表象: a symbolic ~ 象徴 / a phonetic [phonological, syntactic, semantic] ~ 音声[音韻, 統語, 意味]表示. **3** 肖像(画), 似顔, 彫像, 絵画: be ornamented with a ~ of a bird of paradise 極楽鳥の彫刻[絵画]で飾ってある. **4 a** 想像(力), 概念作用, 概念力. **b** 〘心理〙表象. **5** 演出; 上演; 演劇. **6 a** [しばしば *pl.*] (言葉による)描写, 説明, 陳述; 主張, 断言. **b** 申し入れ, 陳情, 建議, 抗議: make a ~ to [against] …に陳情[抗議]する / on a false ~ 偽って, 虚偽の申し立てをして. **7** 〘外交〙国家代表(行為); 国家を代表しての発言. **8** 〘法律〙 **a** 代襲相続, 承継相続《遺言を残さないで死亡した際, 決定相続人が既に死亡している時はその相続人の子孫が相続分を継承すること》. **b** (意思や意見の)表示. 〘(?a1400) ☐ (O)F *représentation* // L *repraesentātiō(n-)*: ⇨ represent, -ation〙

rep·re·sen·ta·tion·al /rèprɪ̈zentéɪʃnəl, -ʃənlˈ/ *adj.* **1** 再現的な, 描写的な. **2** 〘美術〙(抽象美術 (abstract art) に対して)具象的な, 具象主義の (↔ abstract): ~ art 具象美術. **~·ly** *adv.* 〘1855〙

rèp·re·sen·tá·tion·al·ìsm /-ʃ(ə)nəlìzm/ *n.* **1** 〘哲学〙表象主義《心の直接の対象は観念・表象・現象であり, 後者はそれ自体は認識できない外的実体・物自体の写像であると考える立場; representationism, representative realism ともいう; cf. idealism 1, phenomenalism 1, naive realism》. **2** 〘芸術〙=representative art.

rèp·re·sen·tá·tion·al·ist /-ʃ(ə)nəlɪ̈st | -lɪst/ *n.* **rèp·re·sen·tà·tion·al·ís·tic** /-ʃ(ə)nəlístɪk, -zən-ˈ/ *adj.* 〘1899〙

rèp·re·sen·tá·tion·ism /-ʃənìzm/ *n.* 〘哲学〙=representationalism 1. **rèp·re·sen·tá·tion·ist** /-ʃ(ə)nɪ̈st | -nɪst/ *n.* 〘1842〙

rep·re·sen·ta·tive /rèprɪ̈zénṭəṭɪv, -zénə- | -zéntət-ˈ/ *adj.* **1** 代理する, 代理の, 代表の; (国民を代表して)政治・立法に参与する; 代議制の: in a ~ capacity 代表の資格で / a ~ body 代表団 / a meeting of ~ men 代表者の会合 / a ~ chamber [house] 代議院 / ~ government 代議政治[政体] / the ~ system 代議制. **2** 代表的な, 典型的な; 〔…を〕代表している 〔*of*〕: a ~ selection of American poetry アメリカ詩代表作選集 / a ~ scientist 典型的な科学者 / The exhibition is ~ *of* modern French art. その展覧会は現代フランス美術を代表している. **3** 〔…を〕描写する, 表現する, 象徴する 〔*of*〕: a painting ~ *of* rural life 田園生活を描いた絵. **4** 観念を心に起こさせる, 象徴的な, 表象的な (cf. presentive): a ~ faculty 表象的能力. **5** 〘哲学〙表象主義 (representationalism) の. **6** 〘芸術〙具象(主義)の, 具象派の《対象を模倣あるいは再現する》. **7** 〘生物〙(他の地方などの)他の種属に相当[類似]する: The Spanish fighting bulls are ~ survivors of the extinct aurochs. スペインの闘牛は絶滅した野牛に相当する残存物である.

— *n.* **1 a** 代表者(者) (delegate); 使節, (在外)使臣: a diplomatic ~ 外交官. **b** [R-] 国会議員, 代議士; (米国の)下院議員: ⇨ HOUSE of Representatives. **c** 代理人: a legal [personal] ~ 遺言執行者, 破産管財人 / a real [natural] ~ 家系相続人. **d** (商事会社などの)外交員; 地域代表(者), 販売代理人 (sales representative). **2** 代表するもの, 見本, 標本, 典型: a ~ of the national character 国民性の典型.

~·ly *adv.* **~·ness** *n.* **rep·re·sen·ta·tiv·i·ty** /rèprɪ̈zènṭətívəṭi | -tətívɪ̈ti/ *n.* 〘(c1385) ☐ (O)F *représentatif* // ML *repraesentātīvus*: ⇨ represent, -ative〙

representative árt *n.* 〘芸術〙自然模写芸術《真実, 特に自然や生物をありのままに描写する芸術》.

represéntative demócracy *n.* 〘政治〙代議[間接, 代表]民主制[主義].

répresentative péer *n.* 〘英政治〙 貴族代表議員《スコットランド・アイルランドの貴族を代表して貴族院に議席をもつ選出議員》.

répresentative réalism *n.* 〘哲学〙 =representationalism 1.

rép·re·sènt·ed spéech /-tɪ̀d- | -tɪ̀d-/ *n.* 〘文法〙 描出話法《直接話法と間接話法の中間の話法で, 伝達節を欠くもの》.

re·press /rɪprés/ *vt.* **1** 〈欲望・感情などを〉抑える, 抑制する; 〈行動・涙・怒り・笑いなどを〉こらえる, 我慢する, 止める: ~ a desire to sneeze くしゃみをしたいのをこらえる / I could not ~ a smile [giggle]. 思わずにっこりしてしまった[くすくす笑ってしまった]. **2** 〈暴動・暴徒などを〉抑圧する, 鎮圧する; 屈服させる, おとなしく従わせる: ~ a disturbance, riot, etc. **3** 〘精神分析〙 〈欲求・衝動・不愉快な考えなどを〉抑圧する. **4** 〘生物〙 〈遺伝子を〉抑える, 抑制する: ~ a gene. 〘《*c*1370》 *represse(n)* ← L *repressus* (p.p.) ← *reprimere* ← RE-¹+*premere* 'to PRESS¹'〙

rè·préss *vt.* 再び押す, 再び締める; (特に)〈レコードの〉原版から新しいレコードを複製する, 再プレスする: ~ a record. 〘*c*1385〙

re·préssed *adj.* **1** 抑圧[鎮圧, 抑制]された. **2** 抑制[抑圧]に起因する. 〘1665〙

re·préss·er *n.* 鎮圧者, 制圧者. 〘*c*1449〙

re·press·i·ble /rɪprésəbl̩ | -sɪ̀-/ *adj.* **1** 鎮圧[制止, 抑制]できる. **2** 〘生物〙 抑制される《酵素の活性がその生産者により抑制されることにいう》. **re·prèss·i·bíl·i·ty** /-səbíləṭi | -sɪ̀bílɪ̀ti/ *n.* 〘1882〙

re·pres·sion /rɪpréʃən/ *n.* **1 a** 鎮圧, 圧服, 制止, 抑制 〔*of*〕: ~ *of* Christians キリスト教徒抑圧. **b** 抑圧されること: racial ~*s* 人種抑圧. **2** 〘心理〙 抑圧《罪の感じ・不安などを引き起こす恐れのある無意識の観念や欲求を意識に上らせないようにする防衛機制; cf. inhibition 2 a, defense mechanism 2, suppression 4》. **~·ist** /-ʃ(ə)nɪ̀st | -nɪst/ *n.* 〘《*c*1385》 □ LL *repressiō(n-)*: ⇨ repress, -sion〙

re·pres·sive /rɪprésɪv/ *adj.* 制止する, 抑圧的な, 鎮圧する: in a ~ voice 威圧的な声で. **~·ly** *adv.* **~·ness** *n.* 〘《*c*1425》: ⇨ repress, -ive〙

re·prés·sor *n.* **1** =represser. **2** 〘生物〙 リプレッサー, 抑制(因)子《オペレーター (operator) の作用を抑制する働きをする物質; cf. inducer 2》. 〘《1611》 □ L ~: ⇨ repress, -or²〙

re·priev·al /rɪpríːvəl, -vl̩/ *n.* 《古》 =reprieve. 〘*a*1586〙

re·prieve /rɪpríːv/ *vt.* **1** …の刑の執行を延期する, (特に)〈死刑囚〉の刑の執行を延期する. **2** 〔…から〕一時的に救う[楽にする, 軽減する] 〔*from*〕. **— *n.* 1 a** (刑の)執行延期; (特に)死刑執行延期. **b** 執行延期令状. **2** 一時的救済, 当座のしのぎ, 一時のがれ, 猶予. **re·príev·a·ble** /-vəbl̩/ *adj.* **re·príev·er** *n.* 〘v.: 《1494》 ← AF & (O)F *repris*. —n.: 《1542》 ← (v.): ⇨ reprise〙

rep·ri·mand /réprəmæ̀nd, ⸗⸗⸗ | réprɪ̀mɑ̀ːnd, ⸗⸗⸗/ *vt.* 譴責(けんせき)[戒告]する, 懲戒する; 厳しくしかる 〔*for*〕 (⇨ scold SYN): He was ~*ed for* being late again. 彼はまた遅刻したので厳しくしかられた. **—** /⸗⸗⸗/ *n.* 非難, 叱責(しっせき); (特に, 職権をもって行う公式の)譴責, 戒告, 懲戒: administer a ~ 譴責[戒告]する / He was given a severe ~. 彼は厳しい叱責を受けた. 〘《1636》 □ F *réprimande* (変形) ← (廃)*réprimende* □ Sp. *reprimenda* □ L ← *reprimere* 'to REPRESS'〙

re·print /rìːprínt/ *vt.* **1** 〈同一版を〉増刷する: It's now being ~*ed*. 目下増刷中. **2** 復刻[翻刻]する; 再刊する; 再び刷る. **—** /⸗⸗/ *n.* **1** (同一版の)増刷, 再刷, 重版 (new impression; cf. new EDITION); 増刷[重版]部数. **2** リプリント, 復刻版, 翻刻; 再刊; (雑誌などの)転載記事. **3** (論文などの)抜刷り (offprint). **4** 〘郵趣〙 **a** (初版の切手が使用停止になったあと)収集家のため再版された切手《刷色を変えたり無目付にされることが多い》. **b** (初版の切手が売り切れ)収集家のため再版された切手《同じ原版を使い区別しにくいものもある》. **c** (英連邦で)通用している普通切手の増刷. **re·prínt·er** /-tə | -tə/ *n.* 〘1551〙

re·pris·al /rɪpráɪzəl, -zl̩/ *n.* **1 a** 仕返し, 報復; 報復手段: ~ measures 報復措置 / make ~(*s*) 仕返しする, 報復する / as a ~ for… =in ~ for …の報復として. **b** 〘国際法〙 (武力行使による)報復行為. **2** (国家による)報復的強奪《報復的に敵国の人間・財産を強奪すること; cf. retortion 2》. **3** [しばしば *pl.*] 賠償, 賠償金. **4** 《まれ》 褒美 (prize); 獲物.

letters of reprisal ⇨ letter¹.

〘《1419》 *reprisail* □ AF *reprisaille* □ OIt. *ripresaglia* ← *ripreso* (p. p.) ← *riprendere* <L *reprehendere* 'to REPREHEND': ⇨ -AL² ← F *repris(e)* taken back: ⇨ ↓, -al²〙

re·prise /rɪpríːz; F. ʁəpʁiːz/ *n.* **1** 〘音楽〙 **a** ルプリーズ《17 世紀フランス音楽で, 二部形式による作品の第二部》. **b** (ソナタ形式で)提示部の反復; 再現部 (recapitulation). **c** 反復奏 (repetition). **2** (音楽のプログラムの中で)繰り返される曲目. **3** /-príːz, -práɪz/ [通例 *pl.*] 〘英法〙 所有地[地所]からの毎年の支払い《借地料 (rent charge, rent seck), 年金など》: beyond [besides, above] ~*s* 借地料その他の支払い後に(残る). **4** (行動の)再開, 反復. **5** 〘フェンシング〙 防御の姿勢に戻ってから行う新たな攻撃. **— *vt.* 1** 繰り返して演奏[上演]する. **2** /-príːz, -práɪz/ 《古》 取り戻す. **3** /-príːz, -práɪz/ 《古》 償う. 〘《*a*1393》 □ (O)F ~ (fem.) ← *repris* (p.p.) ← *reprendre* <L *reprehendere* 'to REPREHEND'〙

re·pris·ti·nate /rìːprístənèɪt | -tɪ̀-/ *vt.* 元の状態に戻す, (権威などを)回復させる. **re·pris·ti·na·tion** /rìːprìstənéɪʃən | -tɪ̀-/ *n.* 〘1659〙

re·pro /ríːprou | -prəu/ *n.* (*pl.* ~**s**) **1** =reproduction 1. **2** 〘印刷〙 =reproduction proof. 〘《1946》 (略) ← REPRODUCTION〙

re·proach /rɪpróutʃ | -prə́utʃ/ *vt.* **1 a** 〈人を〉責める, とがめる; 〈行為などを〉非難する, 攻撃する 〔*for*〕 (⇨ scold SYN): ~ a person *for* ingratitude 人の忘恩を責める / His eyes ~ me. 彼は目で私をとがめている. **b** 〈人を〉しかる, 叱責(しっせき)する 〔*with*〕: ~ a person *with* his reckless folly 人の向こう見ずの愚行をしかる. **2** 《まれ》 …の体面を傷つける, の不名誉[名折れ]になる: ~ a person [a person's character] 人の体面[人格]を傷つける.

— *n.* 1 a 叱責; とがめ, 非難: a term of ~ 非難[侮蔑]の言葉 / above [beyond] ~ 非の打ちどころのない, 申し分のない[なく] / without fear and ~ ⇨ sans peur et sans reproche / the mute ~ in a person's eyes 人の目に感じられる無言の非難 / abstain from ~ 叱責を控える / feel a ~ in a person's tone 人の口調に非難がこもっているのを感じる. **b** 叱責[非難]の言葉, 小言(こごと): heap ~*es* on …を散々にしかる[非難する]. **2** 不名誉(の種), 恥辱, 不面目, 名折れ: bring [draw] ~ on [upon] …の恥辱となる, …の顔に泥を塗る / The state of the roads is a ~ to civilization. 道路がこんな状態にあるのは文明の恥だ / wipe away a ~ 恥辱をそそぐ / She lived in ~ and ignominy. 彼女は恥辱と不面目の生活を送った. **3** [the Reproaches] 〘カトリック・英国国教会〙 聖金曜日 (Good Friday) に唱える交唱聖歌, インプロペリア《内容は不信仰の民をとがめるキリストの言葉》. **4** 《廃》 非難[侮蔑]の的: I will make thee a ~ among the nations. 我なんじの周囲の国々の中(うち)になんじを物笑いとなすべし (*Ezek.* 5:14).

~·er *n.* 〘v.: 《*c*1400》 □ OF *reprochier* (F *reprocher*) <VL **repropiāre* 《原義》 to bring back near ← RE-¹+L *prope* near (cf. proximate). — n.: 《*c*1350》 □ (O)F *reproche* ← (v.)〙

re·proach·a·ble /rɪpróutʃəbl̩ | -prə́utʃ-/ *adj.* 責むべき, とがむべき, 非難すべき, 恥辱となる. **~·ness** *n.*

re·próach·a·bly *adv.* 〘1531〙

re·proach·ful /rɪpróutʃfəl, -fl̩ | -prə́utʃ-/ *adj.* **1** 叱責(しっせき)[非難]を表した, 責めるような, 非難がましい: a ~ speech [letter, glance, look] 非難がましい言葉[手紙, 目つき, 顔つき]. **2** 《古》 恥ずべき, 面目ない, 非難すべき: a ~ life 恥ずべき生活. **~·ly** *adv.* **~·ness** *n.* 〘1548〙

re·próach·ing *adj.* 小言(こごと)がましい, 非難する(ような). **~·ly** *adv.* 〘1742〙

repróach·less *adj.* 非の打ち所がない, 申し分のない. 〘1826〙

rep·ro·ba·cy /réprəbəsi | -rə(u)-/ *n.* 神に見捨てられた状態. 〘《1594》 ← REPROBA(TE)+-CY〙

rep·ro·bance /réprəbəns | -rə(u)-/ *n.* 《まれ》 =reprobation. 〘《1604》 ← REPROB(ATE)+-ANCE〙

rep·ro·bate /réprəbèɪt, -bɪ̀t/ *n.* **1** 神に見捨てられた罪の深い人. **2** 堕落者, 無頼漢: a drunken ~ 飲んだくれのならず者. **—** /-bèɪt, -bɪ̀t | -rə(u)-/ *adj.* **1 a** 神に見捨てられた, 救済できない. **b** [the ~; 名詞的に; 複数扱い] 神に見放されて救いにあずからない人々 (cf. elect *n.* 2, chosen 3). **2 a** 邪悪な, 放埒(ほうらつ)な, 堕落した: a ~ character, person, etc. **b** 堕落者(特有)の. **3** 《古》 無価値[劣等, 不純, 不合格]であるとされた: ~ silver 捨てられし銀 (*Jer.* 6:30). **4** 非難の[を表す]. **—** /-bèɪt/ *vt.* **1** とがめる, 非難する. **2 a** 退ける, 排斥する, 拒絶する. **b** 〈神が〉見捨てる, 見放す; 救いにあずからせない, 済度しない. **rép·ro·bà·ter** /-tə | -tə(r)/ *n.* 〘《?*a*1425》 □ LL *reprobātus* (p.p.) ← *reprobāre*: ⇨ reprove, -ate¹,²,³〙

rep·ro·ba·tion /rèprəbéɪʃən | -rə(u)-/ *n.* **1** 非難, 叱責(しっせき): meet with general ~ 一般の非難を買う. **2** 排斥, 排撃: ~ against a person, thing, etc. **3** 〘神学〙 永罰, (永遠の)定罪[断罪] (cf. election 4). **rèp·ro·bá·tion·ar·y** /-ʃənèri | -ʃ(ə)nəri/ *adj.* 〘《*a*1400》 □ (O)F *réprobation* // LL *reprobātiō(n-)*: ⇨ ↑, -ation〙

rep·ro·ba·tive /réprəbèɪtɪv | -rə(u)bèɪt-/ *adj.* 非難するような, とがめ立てする. **~·ly** *adv.* 〘《1835》: ⇨ reprobate, -ive〙

rep·ro·ba·to·ry /réprəbətɔ̀ːri | -rə(u)bèɪtəri/ *adj.* =reprobative. 〘1823〙

rè·prócess *vt.* **1** 〈廃品などを〉再加工する, 再生する. **2** 〈核燃料などを〉再処理する. 〘1939〙

rè·prócessed *adj.* 再加工した; (特に)ラシャの裁ちくずなどをほどいて再び紡いだ, 再生毛の: ~ wool. 〘《1939》: ⇨ ↑, -ed〙

re·pro·duce /rìːprədúːs, -djúːs | -djúːs/ *vt.* **1 a** …の写しを作る, 模写[模造]する, 複写[複製]する, 書写する: ~ a work of art [a photograph] 美術品を模造する[写真を複写する]. **b** 〈音・音楽・人の声などを〉再生する: ~ a voice on the tape recorder テープレコーダーで声を再生する. **c** (擬音などで)〈波・雷鳴などの効果[感じ]を出す, に似た音を出す. **2** 再び世に出す, 再演する, 再刊する: ~ a play [novel] 劇[小説]を再上演[再刊]する. **3** 再生させる, 再現する, 再び造る: Lobsters are able to ~ claws when these are torn off. ウミザリガニははさみを切り取られても再生することができる. **4** 再現する; 心にはっきりと思い浮かべる: ~ the social conditions of prewar days 戦前の社会状態を再現する / ~ a past scene 過ぎ去った情景を思い浮かべる. **5** 〘生物〙 産む, 繁殖させる: ~ offspring [one's kind] 子孫[同類]を繁殖させる / ~ oneself 生殖する, 繁殖する. **6** 〘経済〙 再生産する. **— *vi.* 1** 複写[複製]できる: ~ well うまく複写ができ(ている). **2** 生殖する, 繁殖する. 〘《1611》 ← RE-²+PRODUCE: cf. F *reproduire*〙

rè·pro·dúc·er *n.* **1** 復刻者; 複製(業)者. **2** 再生装置. **3** 拡声器 (loudspeaker).

re·pro·duc·i·ble /rìːprədúːsəbl̩, -djúː- | -djúːsɪ̀-/ *adj.* **1** 再生[再現]できる. **2** 複写[複製, 模造]できる. **3** 繁殖させうる. **rè·pro·dùc·i·bíl·i·ty** /-səbíləṭi | -sɪ̀bílɪ̀ti/ *n.* **rè·pro·dúc·i·bly** *adv.* 〘《1834》: ⇨ ↑, -ible〙

re·pro·duc·tion /rìːprədʌ́kʃən/ *n.* **1** 写し, 模写, 複写(物), 復刻(物), 翻刻(物), 複製, 模造(物) (略 repro); 転載(物) (⇨ copy SYN). **2** 再生, 再現, 再建, 再構成: the ~ of thunder 雷鳴の再生(効果). **3** 再刊; 再演. **4** 〘生物〙 生殖(作用): ~ by division [ramification] 分裂[分枝]生殖 / ~ by gemmae 無性芽による生殖. **5** 〘心理〙 再生作用. **6** 〘経済〙 再生産. **7** [形容詞的に] 〈家具など〉古い様式を模した, …風の. 〘《1659》 ← REPRODUCE+-TION〙

reprodúction pròof *n.* 〘印刷〙 清刷(きよずり) 《repro または repro proof ともいう》. 〘1967〙

re·pro·duc·tive /rìːprədʌ́ktɪv/ *adj.* **1** 生殖の (cf. vegetative 1 b): ~ organs [functions] 生殖器[機能]. **2** 再生[再現]の: ~ industries 再生産業. **3** 〘経済〙 (特にマルクス経済学で)再生産の. **— *n.*** 〘昆虫〙 生殖型《シロアリ類における生殖性の雄と雌をいう; cf. soldier 6, worker 5》. **~·ly** *adv.* **~·ness** *n.* **re·pro·duc·tiv·i·ty** /rìːprədʌktívəṭi | -vɪ̀ti/ *n.* 〘adj.: 《1753》; n.: 《1934》〙

répróductive fítness *n.* 〘生物〙 (繁殖)適応度《遺伝個体の数により測定される自然淘汰に対する有利さの尺度》.

reprodúctive imaginátion *n.* 〘心理〙 再生想像《過去の印象をそのままの形で再現して思い浮かべること; creative imagination に対する》.

reprodúctive isolátion *n.* 〘生態〙 生殖(的)隔離《集団間の交雑が生態的・季節的などの原因で妨げられること》.

répróductive sýstem *n.* 生殖器系.

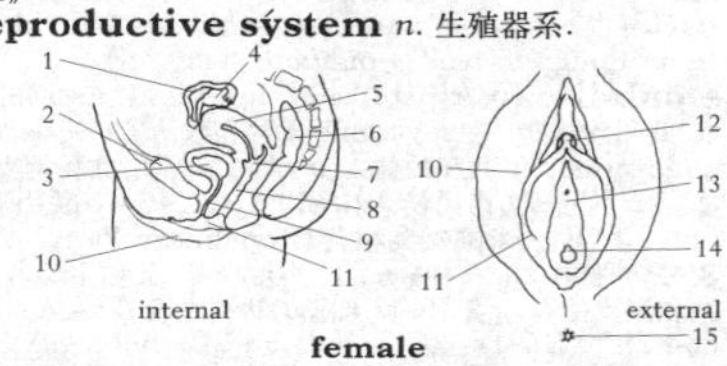

female

1 Fallopian tube 2 pubis 3 urinary bladder 4 ovary 5 uterus 6 rectum 7 cervix 8 vagina 9 urethra 10 labia majora 11 labia minora 12 glans clitoridis 13 urethral meatus 14 hymen 15 anus

male

1 pubis 2 penis 3 urethra 4 glans penis 5 scrotum 6 testis 7 urinary bladder 8 seminal vesicle 9 rectum 10 ejaculatory duct 11 anus

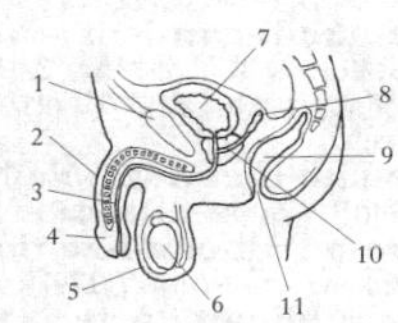

reproductive system

rè·prógram 〘電算〙 *vt.* 〈コンピューターに〉新しいプログラムを導入する; 〈コンピューターの〉プログラムを作り直す. **— *vi.*** コンピューターに新しいプログラムを導入する; コンピューターのプログラムを作り直す. 〘1963〙

re·prog·ra·phy /rɪprɑ́(ː)grəfi | -prɔ́g-/ *n.* (電子)複写術, リプログラフィー《写真・電子工学による本・書類などの複写術》. **re·prog·ra·pher** /rɪprɑ́(ː)grəfə | -prɔ́grəfə(r)/ *n.* **re·pro·graph·ic** /rìːprəgrǽfɪk, rèp-/ *adj.* **rè·pro·gráphi·cal·ly** *adv.* 〘《1961》 ← REPRO(DUCTION)+-GRAPHY〙

re·proof¹ /rɪprúːf/ *n.* **1 a** とがめ立て, 叱責(しっせき), 譴責(けんせき), 非難: a glance [word] of ~ 叱責の一瞥(いちべつ)[言葉] / speak in ~ of idleness 怠惰をとがめて言う. **b** とがめの言葉, 小言(こごと): receive a ~ 小言を食う. **2** 《古》 論駁(ろんばく), 反駁. **3** 《廃》 恥, 不名誉. 〘《*a*1338》 *reprove* □ OF ← *reprover* 'to REPROVE': cf. proof〙

rè·próof² *vt.* **1** 〘印刷〙 …の新しい校正刷をとる. **2** 〈コートなどを〉再防水する.

rè·propórtion *vt.* …の釣合い[割合]を変える. 〘*a*1878〙

répro pròof *n.* 〘印刷〙 =reproduction proof.

re·prov·a·ble /rɪprúːvəbl̩/ *adj.* 《廃》 しかってよい, 非難すべき, 不都合な, 不埒(ふらち)な. 〘《*c*1340》 *reprouable* □ (O)F *réprouvable*: ⇨ reprove, -able〙

re·prov·al /rɪprúːvəl, -vl̩/ *n.* =reproof¹. 〘1846〙

re·prove /rɪprúːv/ *vt.* **1** 〈人を〉しかる, 叱責(しっせき)する, 譴責(けんせき)する, 小言(こごと)を言う, たしなめる (⇨ scold SYN): I ~*d* him for his carelessness. 彼の不注意をしかった / ~ a person to his face 人を面責する. **2** 〈行為などを〉とがめる, 非難する: I ~*d* his carelessness. 彼の不注意をとがめた. **3** 《廃》 反証を挙げる, 反駁(はんばく)する. **4** 《廃》 納得させる, 〈罪を〉悟らせる. **— *vi.*** 小言を言う, しかる, 責める. **re·próv·er** *n.* **re·próv·ing** *adj.* 〘《*c*1303》 *reprove(n)*, *repreve(n)* □ OF *reprover* (F *réprouver*) □ LL *reprobāre* to disapprove: ⇨ reprobate: cf. prove〙

re·próv·ing·ly *adv.* しかるように, 小言(こごと)がましく, 非難するように. 〘*c*1395〙

rè·provísion *vt.* …に再び糧食を給する. 〘1895〙

reps /réps/ *n.* =rep². 〘《1867》 □ F *reps*〙

rept 《略》 receipt; report.

R

rep·tant /réptənt/ *adj.* **1** 〘動物〙はい回る (repent). **2** 〘植物〙はう, 匍匐(ほふく)性の, 爬行(はこう)性の. 〘((1657)) □ L *reptantem* (pres.p.) ← *reptāre* (freq.) ← *rēpere* to creep〙

rep·tile /réptḷ, -taɪl | -taɪl/ *n.* **1** 爬虫(はちゅう)類の動物; 爬行(はこう)動物 (ヘビ・トカゲ・ワニ・カメなど; 古くはカエル・ガマ・イモリなど両生類をも含めた). **2** 虫けら同然の人間, 軽蔑すべき[卑劣な]人間, 意地の悪い人間. — *adj.* **1** はい回る, 爬行する; 爬行性の. **2** 卑劣な, 見下げ果てた, 意地の悪い: the ~ press (官権にへつらう)御用新聞. 〘((*a*1393)) □ (O)F ~ // LL ~ (neut.) ← *rēptilis* ← L *rēptus* (p.p.) ← *rēpere* to creep ← ?IE **rēp-* (cf. repent[2]): ⇨ -ile[1]〙

Rep·til·i·a /rɛptíliə/ *n. pl.* 〘動物〙爬虫(はちゅう)綱. 〘((1627–77)) ← NL ~ (neut. pl.) ← LL *rēptilis*: ⇨ ↑, -ia[2]〙

rep·til·i·an /rɛptíliən/ *adj.* **1** 爬虫(はちゅう)類の[に関する]. **2 a** 爬行(はこう)性の; 爬虫類に似た. **b** 卑劣な, 見下げ果てた, 意地悪な. — *n.* 爬虫類の動物. 〘((1847)): ⇨ reptile, -ian〙

reptílian àge *n.* 〘地質〙爬虫(はちゅう)類時代 (爬虫類が大発展をとげた中生代 (Mesozoic era) をいう).

Rep·ton /réptən/, **Humphrey** *n.* レプトン (1752–1818; 英国の指導的な風景式造園家).

Repub. (略) Republic; Republican.

re·pub·lic /rɪ̆pʌ́blɪk/ *n.* **1 a** 共和国: the French *Republic* フランス共和国 / the *Republic* of Ireland ⇨ Ireland 2 / the Union of Soviet Socialist *Republics* ソビエト社会主義共和国連邦. **b** 共和政体 (cf. monarchy). **2** 連邦共和国 (旧ソ連やユーゴスラビアの領土・政治上の単位). **3** (フランスの)共和制 (第一共和制 (First Republic) から第五共和制 (Fifth Republic) までの一つ). **4** (各員を平等に見なす)…社会, …界, …壇 (cf. commonwealth 4): the ~ of letters 文壇, 文学界. **5** (廃) 国家. **6** [The R-]「国家篇」(Plato の対話篇の一つ). 〘((1603)) □ F *république* □ L *rēspublica* public thing ← *rēs* thing (cf. real[1]) + *publicus* 'PUBLIC'〙

re·pub·li·can /rɪ̆pʌ́blɪ̆kən | -lɪ-/ *adj.* **1 a** 共和国の, 共和政体の: ~ government 共和政治 / a ~ system of government 共和政体. **b** 共和主義の, 共和制支持の. **c** 共和国の市民らしい[に属する]: a ~ way of thinking. **2** [R-] (米国の)共和党 (Republican Party) の. **3** 〈鳥が〉群住する. — *n.* **1** 共和論者, 共和主義者, 共和制支持者. **2** [R-] (米国の)共和党員 (cf. democrat 2). 〘((1691)): ⇨ ↑, -an[1] ∞ (廃) *republical*〙

Repúblican Coórdinating Commìttee *n.* (米国の共和党調整委員会 (共和党員の知事・指導的国会議員・大統領候補などで 1965 年に設立された団体; 定期的に党の政策を発表する).

re·púb·li·can·ìsm /-nìzm/ *n.* **1** 共和制度. **2** 共和主義, 共和政体論. **3** [R-] **a** (米国の)共和党の主義[政策]. **b** (米国の)共和党(員たち). 〘((1689)): ⇨ ↑, -ism〙

re·pub·li·can·ize /rɪ̆pʌ́blɪ̆kənàɪz | -lɪ-/ *vt.* **1** 共和国にする, 共和政体にする. **2** 共和主義に転向させる.

re·pub·li·can·i·za·tion /rɪ̆pʌ̀blɪ̆kənɪ̆zéɪʃən | -lɪkənaɪ-, -nɪ-/ *n.* 〘((1797)): ⇨ republican, -ize〙

Repúblican Párty *n.* **1** [the ~] 共和党 (米国の二大政党の一つ; 1854–56 年に奴隷制廃止の目的で創始; cf. Democratic Party). **2** =Democratic Republican Party.

Repúblican Ríver *n.* [the ~] リパブリカン川 (米国 Colorado 州東部に発する Kansas 川の支流 (679 km)). 〘この近辺に住んだ Pawnee 族の部族統制の特徴にちなむ〙

rè·publicátion *n.* **1** 再発布, 再発表; 再発行, 再出版. **2** 再出版物, 再刊書, 翻刻書. 〘1730〙

Repúblic Dày *n.* 共和国建国記念日 (インドでは 1 月 26 日).

rè·públish *vt.* **1** 再発布する: ~ a decree 法令を再発布する. **2** 〈本を〉再刊する, 翻刻する. **3** 〘法律〙〈撤回された遺言書などに効力を与える. **~·er** *n.* 〘1625〙

re·pu·di·ate /rɪ̆pjúːdièɪt | -di-/ *vt.* **1** 拒絶[謝絶, 否認]する: ~ a gift 贈物を拒絶する / ~ a doctrine [one's creed, authority, treaty] 教義[信条, 権威, 条約]を否認する. **2 a** 〈要求・非難などを〉(正当でないとして)はねつける, 拒む (⇨ decline SYN): ~ a claim [an accusation] 要求[非難]をはねつける. **b** 〈債務などの〉履行を拒む; (特に)〈国家・政府などが〉〈公債〉の支払いを拒む: ~ an obligation [a public debt] 義務の履行[公債の支払い]を拒む. **3** (古) (特に, 古代または非キリスト教国で)〈妻を〉振り捨てる, 離縁する. **4** (古)〈息子などと縁を切る, 放棄する: ~ one's son 息子を勘当する. **re·púd·i·a·ble** /-diəbl | -di-/ *adj.* **re·pú·di·à·tive** /-dièɪtɪv | -dieɪt-/ *adj.* **re·pú·di·à·tor** /-tə | -tə^(r)/ *n.* 〘((1545)) ← L *repudiātus* (p.p.) ← *repudiāre* to put away (a wife), reject ← *repudium* divorce ← RE-[1] + ? *pudēre* to feel shame): ⇨ -ate[3]〙

re·pu·di·a·tion /rɪ̆pjùːdiéɪʃən | -di-/ *n.* **1** 離婚, 離縁. **2** 絶縁; 放棄. **3** 拒絶, 拒否, 否認. **4** 公債支払い拒絶, 債務履行拒否. **5** 〘教会法〙(聖職者の)聖職禄の謝絶. 〘((1545)) □ (O)F *répudiation* // L *repudiātiō(n-)*: ⇨ ↑, -ation〙

re·pu·di·á·tion·ist /-ʃ(ə)nɪ̆st | -nɪst/ *n.* 国債廃棄[支払い拒絶]論者. 〘1867〙

re·pugn /rɪ̆pjúːn/ *vt.* **1** 〈人〉に反感[嫌悪の情]を抱かせる: ~ one's companions. **2** (古) …に反抗[抵抗]する, 反対する. **3** (廃) …と矛盾する. — *vi.* (古) 反対する, 抵抗する 〔*against*〕. 〘((*c*1380)) *repugne(n)* □ (O)F *répugner* // L *repūgnāre* ← RE-[1] + *pūgnāre* to fight: cf. pugnacious〙

re·pug·nance /rɪ̆pʌ́gnəns/ *n.* **1** 嫌気(いやけ), 反感, 嫌悪(けんお), 憎悪 〔*to, toward, against, for*〕 (⇨ aversion SYN): feel [have] a ~ for …を嫌う / be inspired with ~ 嫌気がさす. **2** 矛盾, つじつまの合わないこと; 気質が合わないこと 〔*between, of, to, with*〕: a ~ *between* two theories 二つの理論の間の矛盾. 〘((*c*1385)) □ (O)F *répugnance* // L *repūgnantia*: ⇨ repugnant, -ance〙

re·púg·nan·cy /-nənsi/ *n.* (まれ) =repugnance. 〘((*a*1450)): ⇨ ↑, -ancy〙

re·pug·nant /rɪ̆pʌ́gnənt/ *adj.* **1** 気に食わない, いやな, 大嫌いな, いまいましい 〔*to*〕: a ~ character いやな人物 / Great exertion was ~ *to* him. 骨折り仕事は彼は大嫌いであった. **2** つじつまの合わない, 矛盾した 〔*to*〕; 一致しない, 不調和な 〔*with*〕: a principle ~ *to* the constitutional law 憲法に反する考え方[原理] / facts ~ *with* his hypothesis 彼の仮説と一致しない事実. **3** (詩) 反抗する, 反感を持っている, 逆らう 〔*to*〕: ~ forces 相反する力. **~·ly** *adv.* 〘((*c*1385)) □ (O)F *répugnant* // L *repūgnantem* (pres.p.) ← *repūgnāre*: ⇨ repugn, -ant〙

re·pulse /rɪ̆pʌ́ls/ *vt.* **1 a** 〈敵・攻撃などを〉追い払う, 撃退する: ~ the enemy 敵を撃退する / be ~*d* by difficulties 困難にひるむ. **b** 論駁(ろんばく)する, 反駁する: ~ charges [an accusation] とがめ[非難]を論駁する. **2** 〈人を〉寄せつけない, はねつける, 退ける; 〈要望・言い寄り・好意的態度などを〉拒否する, 謝絶する. **3** 〈人〉に不快感を与える. — *n.* **1 a** 撃退. **b** 退却, 敗北. **2** (否認・冷遇などによる)はねつけ, ひじ鉄砲, 拒絶, 拒否: inflict a ~ はねつける, ひじ鉄砲を食わせる / meet with [suffer] (a) ~ 撃退[拒絶]される, はねつけられる. **~·er** *n.* 〘((?*a*1425)) ← L *repulsus* (p.p.) ← *repellere* 'to REPEL'〙

re·pul·sion /rɪ̆pʌ́lʃən/ *n.* **1** 撃退, 反撃, 拒絶, 拒否. **2** 反感, 嫌悪(けんお), 嫌気(いやけ) (⇨ aversion SYN): feel a ~ toward(s) a person 人に嫌悪の念を抱く. **3** 〘物理〙反発作用, 斥力 (↔ attraction). **4** 〘医学〙(吹出物などの)消散; 相反. 〘((*a*1420)) □ LL *repulsiō(n-)*: ⇨ ↑ (v.), -sion〙

repúlsion-indúction mòtor *n.* 反発誘導電動機[モーター].

repúlsion mòtor *n.* 反発電動機, 反発(式)モーター. 〘1904〙

re·pul·sive /rɪ̆pʌ́lsɪv/ *adj.* **1** 嫌悪(けんお)の情を起こさせる, いやな, 胸を悪くする, ぞっとする, むっとする: a ~ sight ぞっとする光景 / a ~ smell [taste] いやなにおい[味]. **2** 〘物理〙はね返す, (音を)反響する; 反発する: a ~ force 斥力. **3** (古) 冷淡な, よそよそしい; 冷淡な. **~·ly** *adv.* **~·ness** *n.* 〘((?*a*1425)) □ (O)F *répulsif* // ML *repulsivus*: ⇨ repulse, -ive〙

rép·ùnit *n.* 〘数学〙レップユニット (同じ数字が続く数; 例えば 11, 111, 1111 など). 〘← *rep(eating) unit*〙

rép ùnit *n.* 〘医学〙=rep[4].

rè·púrchase *vt.* 買い戻す; 再び買う. — *n.* 買い戻し; 買い戻し品. **rè·púrchas·er** *n.* 〘v.: ((1592)); n.: ((1611))〙

repúrchase agrèement *n.* (米)〘金融〙買い戻し[売戻し]条件付き証券売却[購入] (売却[購入]した財務省証券などを売手[買手]が一定期間後に一定価格で買い[売り]戻すという約定または取引; 略 RP; 俗に repo という).

rè·púrify *vt.* 元どおり清浄[清潔]にする. 〘1575〙

rep·u·ta·ble /répjʊtəbḷ | -tə-/ *adj.* **1** 評判のよい, 令名のある, 誉れの高い; 恥ずかしからぬ, 立派な, 尊敬すべき: a man of ~ character 人格高潔の士 / a ~ occupation 恥ずかしからぬ職業 / a ~ cigar 定評のある葉巻 / lead a ~ life 立派な生活をする. **2** 〈言葉など〉一流の作家によく使われる, 正用法として認められた, 標準的な. **rép·u·ta·bly** *adv.* **rèp·u·ta·bíl·i·ty** /-təbíləti | -təbílɪ̆ti/ *n.* 〘((1611)) ← REPUTE + -ABLE〙

rep·u·ta·tion /rèpjʊtéɪʃən/ *n.* **1** 評判, 世評, 声価; うわさ, 風評: people of great [small] ~ 評判の高い[大して評判でない]人々 / have [enjoy] a good [poor] ~ 評判がよい[悪い] / have a ~ for integrity [swindling, being kind] 清廉をもって[人をかたるので, 親切だというので]聞こえている / enjoy a high ~ as a man of science 科学者として令名がある / have the ~ of (being) a good physician いい医者だというので評判だ / know a person by ~ (会ってはいないが)〈人〉の評判を聞いている / I know his ~ with the girls. 彼が女性ととかくのうわさのあることは知っている / He has the ~ of a Don Juan. 彼のドンファンぶりは有名だ. **2** 好評, 令名, 名声, 世間の信用, 徳望: a man of ~ 令名のある人, 信望のある人 / a man of worldwide ~ 世界的に有名な人 / build up [win, make] a ~ 名声を博する / ruin [lose] one's ~ by misconduct 非行によって名声を傷つける[信用を失う] / live up to one's ~ 行いが評判どおりである / As a solicitor his ~ stood very high. 弁護士としての評判はとても高かった / His recent discoveries have greatly added to his ~. 最近の発見によって彼の名声はますます上がった. **~·less** *adj.* 〘((?*c*1350)) □ L *reputātiō(n-)* ← *reputāre*: ⇨ ↓, -ation〙

re·pute /rɪ̆pjúːt/ *n.* **1** (良い・悪い)評判, 世評, 声価: a man of good [bad, low, evil] ~ 評判のよい[悪い]人, 信用のある[ない]人 / be in high ~ 評判がよい, 信用がある / know a person by ~ (直接でなく)うわさを聞いて人を知っている / persevere through good or ill ~ 世評などは意に留めないで耐え忍んでいく / In common ~ it was a victory. 世間の評判ではそれは勝利であった / He is a fine fellow by ~. 立派な男だという評判だ. **2** よい評判, 令名, 声望, 信望, 信用: authors of ~ 有名な[好評の]作家. **3** (廃) 評価, 判断. — *vt.* [通例受身で] 思う, 考える, 見なす (cf. reputed): *be* ~*d* (to be) a millionaire 百万長者だと評判である / He *is* ill [well, highly] ~*d*. 評判が悪い[良い] / He's ~*d to* have a good memory. 記憶がよいので有名だ / Coriander seed *is* ~*d* to be good for flavoring gin. コリアンダーの実はジンの味付けに有効だといわれている / His wealth *is* ~*d* ((まれ)) *as*) enormous. 財産は莫大(ばくだい)だというわさだ. — *vi.* (廃) …を〈よく・悪く〉思う, 考える 〔*of*〕; 高く評価する. 〘((*c*1399)) □ (O)F *réputer* // L *reputāre* to reckon ← RE-[1] + *putāre* to think (⇨ putative)〙

re·put·ed /rɪ̆pjúːtɪ̆d | -tɪ̆d/ *adj.* **1** (実際はともかく)世間の想像する, 世にいわゆる: his ~ wealth 世評の高い彼の財産 / the ~ father of the boy その少年の父といわれる人. **2** 評判のいい, 名声のある (famous) (cf. repute *vt.*): Buy our ~ gin. 当方の評判のジンをお買い下さい. 〘1549〙

re·pút·ed·ly *adv.* 世評によれば, 評判では: a ~ corrupt political boss 黒いうわさのある政界のボス. 〘1687〙

repúted pínt [quárt] *n.* (英) (酒などの)公称 1 パイント[クォート]入りのびん. 〘1904〙

repúte·less *adj.* (Shak) 評判の悪い. 〘1596–97〙

req. (略) request; require; required; requisition.

reqd (略) required.

re·quest /rɪ̆kwést/ *vt.* **1** (丁寧にまたは形式的に)願う, 請う, 求める, 要請[懇請]する: ~ attention / ~ permission [a person's aid, a person's presence] 許可[援助, 出席]を懇請する / ~ a loan from a bank 銀行に貸付を頼む / We ~ the pleasure [honor] of your company at dinner. 晩餐(ばんさん)会にご臨席のほどお願い申し上げます / What I ~ *of* you is that you (should) keep it in mind. 君にお願いしたいのはそのことを忘れずにいてほしいということです. **2** [*to do* または *that*-caluse を伴って] **a** 〈人に〉…するように〉求める, 願う, 頼む: I must ~ you *to* obey orders. 命令に従っていただきます / Gentlemen are ~*ed* not *to* smoke. 殿方はおたばこをご遠慮下さい / He ~*ed* (*of*) his guests *to* sit down [*that* his guests (should) sit down]. 彼は客にどうぞお座り下さいと言った / They ~*ed that* something (should) be done immediately. 直ちに何とかしてもらいたいと要請した / It is ~*ed that* a vote (should) be taken. 採決をしていただきます. ★ 上の三例で should を省くのは主に (米). **b** (古)〈…してもらうように〉頼む, 願う, 求める 〈*to do*〉: ~ *to* go / I ~*ed to* see the principal. 校長先生にお会いしたいと頼んだ. **3** 〘電算〙〈処理を〉要求する. **4** (廃)〈人〉に〔…に〕来る[行く]よう頼む 〔*to*〕: I was ~*ed to* supper last night. ゆうべ夕食に招待された. ***as requésted*** 請われるままに.
— *n.* **1** 要請, 要望, 懇請: at the ~ of …の頼みに応じて / by [at] ~ 頼みに応じて, 依頼により / on [upon] ~ 申し込み[請求あり]次第 / He came at our urgent ~. 彼は私たちのたっての願いでやって来た / make [put in] (a) ~ for …を願う, 懇請する. **2 a** リクエスト曲; 願い事, 頼み事; 要求物, 請求物; 需要品: The next record I will play is a ~. 次にかける曲はリクエスト曲です / grant a person's ~ 人の願い事をかなえてやる / You shall have your ~. 君の願いをかなえてあげよう / I have a ~ to make of you. 君にお願いがある / Any ~? 何か(頼み事が)ありますか. **b** 懇請文, 依頼文, 請願書. **3** (世間一般の)需要: be much in ~ 大いに需要がある / He is in great ~ as a tutor. 彼は家庭教師として引っ張りだこだ / These goods are in [came into] great ~. この品はよく売れる[売れ出した]. **4** 〘電算〙(処理の)要求.
~·er *n.* **re·qués·tor** *n.* 〘((*a*1338)) □ OF *requeste* (F *requête*) < VL **requaesita* (things) asked for (p.p.) ← **requaerere* 'to REQUIRE'〙

requést nòte *n.* (英)〘法律〙課税対象貨物陸揚許可申請書. 〘1856〙

requést prògram *n.* 〘放送〙リクエスト番組 (視聴者の希望を取り入れて作る番組). 〘1889〙

requést stòp *n.* 乗客の要求のあった時のみ停まるバス停留所 ((米) flag stop). 〘1943〙

rè·quícken *vt.* 元どおり活発にする, 再び活気づける; …に新しい命を与える. 〘1592〙

Re·qui·em, re·qui·em[1] /rékwiəm, réɪk-, ríːk- | rékwiəm, -èm/ *n.* **1** 〘カトリック〙**a** レクイエム, 死者ミサ, 鎮魂ミサ (死者のためのミサ; Requiem [requiem] mass ともいう). **b** レクイエム, 死者のためのミサ曲, 鎮魂ミサ曲. **2** [r-] 死者の平安を祈る歌; 悲歌, 哀歌, 挽歌(ばんか). **3** (古) 安息, 平安, 安静. 〘((*c*1303)) □ L ~ (acc. sing.) ← *requiēs* rest ← RE-[1] + *quiēs* rest (⇨ quiet): 死者ミサの入祭文の最初の句 *Requiem aeternam dona eis, Domine* (Grant unto them eternal rest, O Lord) の最初の語から〙

req·ui·em[2] /rékwiəm/ *n.* 〘魚類〙=requin. 〘((1666)) □ F (廃) ~ (変形) ← *requin*〙

Réquiem máss *n.* =Requiem 1 a.

réquiem shàrk *n.* 〘魚類〙=requin. 〘*c*1900〙

re·qui·es·cat /rèkwiéskɑːt, -kæt | -kwiéskæt/ *n.* 死者のための祈り. 〘((1824)) □ L ~ 'may he rest'〙

re·qui·es·cat in pa·ce /-kɑːtɪnpɑ́ːtʃeɪ, -kætɪnpéɪsi | -kætɪnpéɪsi/ *L.* 彼[彼女]の霊魂が安らかならんことを, みまかりし人に冥福(めいふく)あれかし (特に, カトリック教徒の碑銘に用いる句; 略 RIP). 〘□ L *requiēscat in pāce* may he [she] rest in peace〙

re·quin /rɪ̆kǽn/ *n.* 〘魚類〙ミズワニ科ミズワニ属 (*Pseudocarcharias*) のサメの総称 (ミズワニ (*P. kamoharas*) など). 〘□ F ~ ← ?〙

re·quin·to /rɛkíntoʊ | -təʊ; *Sp.* rekínto/ *n.* [スペイン語圏で] レキント(ギター) (標準より 5 度高く調弦する小型ギター). 〘□ Sp. ~ ← RE-[1] + *quinto* 'FIFTH' (< L *quintum*)〙

re·quire /rɪ̆kwáɪə | -kwáɪə^(r)/ *vt.* **1** 要する, 必要とする (need, demand): Operations ~ calmness. 手術には冷静さが必要だ / The work ~*s* infinite patience. その仕事は非常な忍耐を要する / Your services will not be ~*d*

after next week. 来週が終われば君の仕事はない《来てくれなくてよい》/ The fort would ～ an army to take it. この砦を占領するには一軍隊を必要とするだろう / The banquet ～*s* formal dress. この晩餐(ばん)会には夜会服の着用を必要とする / He did not ～ *to* be told twice [《英》 a second telling]. 二度と言われないうちにさっさとやった / Those children ～ looking after [my looking after them]. あの子供たちは世話をしてやる必要がある / It doesn't ～ (a) genius to see that! それがわかるのに特別な資質は要らない. **2** (権利として, または権力によって)請求する, 要求する; 〈法・規則などが〉命じる, 命令する, (義務として)求める (⇨ demand **SYN**): He ～*d* a gift *from* me. 私から贈り物を要求した / Your presence is urgently ～*d* in Tokyo. ぜひ上京されたい / He has done all that is ～*d* by (the) law. 彼は法律の規定することをことごとく履行した / He will do everything if [as, when] ～*d*. 彼は求められれば[求められた通り]何でもする / I will do all that is ～*d of* me. 私は求められることは何でもいたします / They ～*d* an oath *of* me. 彼らは私に誓言を求めた / He ～*d* more money *from* me. もっと金を出して欲しいと私に要求した. **3 a** 〈人〉に〈…するように〉要求する, 命じる, 必要とする (oblige, compel) 〈*to* do, *that*〉: ～ him *to* account for money spent 彼に金銭の支出の説明をするように求める / Circumstances may ～ us *to* submit. 事情によっては降参しなければしまい / The judge ～*d* me *to* give evidence.＝I was ～*d* to give evidence.＝Evidence was ～*d* of me. 判事が私に証言せよと命じた / They ～ me *to* appear [*that* I (should) appear]. 彼らは私に出頭せよと要求する / The situation ～*s that* this (should) be done. こういう情況だからそうしなければならない. **b** 欲しい, 入用である (want, need): Will you ～ breakfast earlier than usual? いつもより早めに朝食を召し上がりますか. **4** 〈…する〉必要を感じる (need, want)〈*to* do〉: I ～ to know the truth! 真実を知る必要がある. **5** 《古》懇請する (request).
— *vi.* **1** 要求する, 命じる: do as the regulations ～ 規則の命じる通りに行う / if circumstances ～ 事情が必要とすれば, 事情やむを得なければ. **2** 《古》必要である, 入用である: Don't tie it more tightly than ～*s*. 必要以上に固く縛るな.

re·quír·a·ble /-kwáɪ*ə*rəbl | -kwáɪər-/ *adj.* **re·quír·er** /-kwáɪ*ə*rə | -kwáɪərə(r)/ *n.* 〖《c1375》 *requere(n)* ▭ OF *requ(i)er-* (stem) ← *requerre* (F *requérir*) ＜VL **requaerere*＝L *requīrere* ← RE-¹＋*quaerere* to seek, ask (⇨ query)〗

re·quíred *adj.* 〈学科が〉必修の (↔ elective): ～ courses [subjects] 必修課程[科目] / ～ reading 必読書[記事, 論文]. 〖1602–03〗

re·quire·ment /rɪkwáɪəmənt | -kwáɪə-/ *n.* **1** 要求される[する]もの, 要件, 必要条件, 資格: meet the ～*s* of the times 時勢の要求に応じる / The usual ～*s* were waived in my case.＝I was exempted from the usual ～*s*. 私は通常の要件を免除された / college entrance ～*s* 大学入学の必要条件 / the first ～ for a candidate 候補者としての第一要件 / Health is the first ～. 健康は第一の必要条件だ / A knowledge of English is among the ～*s*. 英語の知識は必要条件の一つである. **2** 必要とするもの, 必要品: My ～*s* are few and reasonable. 私が必要としている物は数も少なく無理もないものだ. **3** 要求(すること). 〖《1530》 ← REQUIRE＋-MENT〗

SYN 必要物: **requirement** 入試などの恣意的な必要条件: the *requirements* for acceptance by the university 大学側の入学の条件. **requisite** あるものにとって本質的な必要条件: the first *requisite* of a good citizen よき市民の第一条件.

---

req·ui·site /rékwəzɪt | -kwɪzɪt/ *adj.* (ある目的または事情で)入用な, 必要な, なくてはならない〔*to, for*〕(⇨ essential **SYN**): the ～ amount of …の必要額 / ～ *to* happiness 幸福には欠くことのできない / ～ *for* the purpose この目的達成に必要な / get the ～ two-thirds majority on the first ballot 1回目の投票で必要条件の3分の2以上を獲得する / Decision is a quality ～ *to* a commander. 決断力は指揮者たるものの必要条件だ / Have you the ～ patience *for* such a task? こういう仕事になくてはならない忍耐力があるか. — *n.* 必需品, 入用品, 必要物, 必要条件 (⇨ requirement **SYN**): indispensable ～*s* 必要条件 / traveling ～*s* 旅行必携品 / the ～*s* for a long journey 長旅に必要な品々 / ～*s* to good health 健康保持の必要条件 / Fresh air is a ～ of life. 新鮮な空気は生存になくてはならぬもの. **～·ly** *adv.* **～·ness** *n.* 〖《1442》 ▭ L *requīsītus* (p.p.) ← *requīrere*: ⇨ require〗

req·ui·si·tion /rèkwəzíʃən | -kwɪ-/ *vt.* **1** 〈軍需品など〉を徴発[徴用]する; 〈都市など〉に徴発を命じる: ～ all the horses in a district ある地方の馬を全部徴発する / ～ food for the troop 隊員の食料を調達する / ～ a town for provisions 都市に糧食の徴発を命じる. **2** 《まれ》要求する, 要請する; 強制的に使用する (略 req.). **3** …の注文書を出す. — *n.* **1 a** (権利・権力などによる, 通例文書での)要求, 請求, 強請, 命令: on the ～ of …の要求で. **b** 請求書; 命令書. **2** (軍事目的のための物質・労力などの)徴発, 徴用, 接収: bring [call, place] *into* ～＝put *in* ～＝lay *under* ～ 接収する, 徴発する. **3 a** 入用, 需要: be in [under] ～ 需要がある, 使用されている / ～ for provisions 食糧の需要 / The articles are in great ～. その品は非常に需要が多い. **b** 《まれ》必要条件. **4** 《法律》(前所有者に対しての権利説明書に関する)質疑(書). **5** 《国際法》(国際間の公式の)逃亡犯罪人引渡し要求.
～·ary /-ʃənèri | -ʃ(ə)nəri/ *adj.* 〖《?a1402》 ▭ (O)F *réquisition* // L *requīsītiō(n-)* inquiry: ⇨ ↑, -tion〗

re·quit /rɪkwít/ *vt.* 《廃》＝requite.

re·quit·al /rɪkwáɪtl | -tl/ *n.* **1** お礼, 返礼, 報酬: a poor ～ *for* one's self-sacrifice 献身的な働きに対するわずかな報償. **2** 仕返し, 返報, 報復; 罰. ***in requital of* [*for*]** …の仕返し[お礼]に, 報復[報償]として. 〖《1579》: ⇨ ↓, -al²〗

re·quite /rɪkwáɪt/ *vt.* **1** 〈奉仕・親切など〉に報いる, 報酬する, 恩返しする: ～ a service [kindness] 働き[親切]に報いる / ～ evil *with* good 悪に報いるに善をもってする / ～ a person *for* a benefit 恩恵に対して人に恩返しする / ～ a person's love 人の愛にこたえる / His servility was ～*d with* cold contempt. 彼の屈従は冷たい侮蔑をもって報いられた / I must ～ you *for* your service *with* a present. お骨折りのお礼に贈り物をしなければならない. **2 a** 〈加害・虐待など〉に返報する, 報復する: ～ a wrong 不法に対して返報する / ～ a person for an offense 人の不法に対して返報する. **b** 《古》…の仕返しをする: ～ like for like 相手と同様の手段で報いる, 同じ仕返しをする; お返しをする. **3** 《廃》償う, …の償いをする: The charms of travel ～ its inconvenience. 旅行の面白みは旅行の不便を償う.
re·quít·a·ble /-təbl | -tə-/ *adj.* **re·quít·er** /-tə | -tə(r)/ *n.* 〖《1529》 ← RE-¹＋《廃》 *quite* (《変形》 ← QUIT)〗

rè·rádiate *vt.* 再放射する《吸収した放射を再び放出する》. 〖1913〗

rè·radiátion *n.* **1** 再生放射, 再放射; 再生妨害. **2** 《電子工学》二次放射. 〖1881〗

rè·réad /-ríːd/ *vt.* (**re·read** /-réd/) 再び読む, 読み直す. 〖1782〗

rére-árch /rɪ́ə- | rɪ́ə-/ *n.* ＝rear-arch.

rere·brace /rɪ́əbrèɪs | rɪ́ə-/ *n.* 《甲冑》(鎧(よろい)の)上腕当 (⇨ armor 挿絵). 〖《c1338》 *rer(e)bras* ▭ AF **rerebras* ← OF *r(i)ere* back (＜L *retrō* 'RETRO-')＋*bras* arm (⇨ brace)〗

rè·recórd *vt.* **1** 再び録音する, 録音し直す. **2** 〈録音してあるもの〉を他のテープ[フィルム, レコードなど]に移す. 〖1930〗

rè·recórding *n.* 《映画》再録音《ある録音媒体から別の録音媒体への移し替え, 磁気テープから光学録音フィルムへの再録音, またはその逆》. 〖1930〗

rere·dor·ter /rɪ́ədɔ̀ətə | rɪ́ədɔ̀ːtə(r)/ *n.* 修道院の寮の裏の便所. 〖1450〗

rere·dos /rɪ́ədɑ(ː)s, rérədɑ̀(ː)s | rɪ́ədɒs/ *n.* **1** (教会堂の)祭壇背後の飾り壁[ついたて], 背障 (cf. altarpiece). **2** 壁炉の背部 (fireback 1), 昔の館などの平炉の越し屋根 (louvre) の真下に当たる背部. 〖《1372–73》 ▭ AF **rere-dos* (頭音消失) ← OF *areredos* ← *arere* at the back (⇨ arrear)＋*dos* (＜L *dorsum* back (⇨ dorsal¹))〗

rè·refíne *vt.* 〈使用した自動車用オイルを〉再精製する.

rè·refíner *n.* 〖1971〗

rè·régulating rèservoir *n.* 《電気》逆調整池《発電所から下流への放流量を調整するために発電所下流側に造られている調整池》.

re·release /⌐–⌐, ⌐–⌐⌐/ *n.* (映画・レコードなどの)再公開[発売]. — /⌐–⌐⌐/ *vt.* 〈映画・レコードなどを〉再公開[発売]する. 〖1948〗

rére·mòuse /rɪ́ə- | rɪ́ə-/ *n.* (*pl.* **-mice**) 《古》《動物》コウモリ (bat). 〖lateOE *hreremūs* ← ? *hrēran* to move ＋*mūs* 'MOUSE'〗

rè·róof *vt.* 〈建物〉に新しい[修繕した]屋根をつける.

rè·róute *vt.* 別ルートで送る[運ぶ]; …のルート[コース]変更をする.

re·run /rìːrʌ́n/ *vt.* (**re·ran** /-rǽn/; **re·run**; **-run·ning**) **1** 再上映[放送]する. **2** 〈レースを〉再び行う, やり直す. — /⌐–⌐/ *n.* **1** (映画・テレビの)再上映[放送], 再興行. **2** 再上映映画; 再放送番組. 〖1804〗

res /réɪs, ríːz | réɪz, réɪs, ríːz/ *n.* (*pl.* ～) 《法律》物《訴訟の目的物》, 物件 (thing); 事件 (matter); (訴訟に含まれた)財産 (property). 〖《1851》 ▭ L *rēs* thing: ⇨ real¹〗

RES /ɑ́əìːés | ɑ́ː(r)ìː-/ 《略》《解剖》reticuloendothelial system.

res. 《略》research; reserve; reserved; residence; resident; resistance; resolution.

rés ad·ju·di·cá·ta /-ədʒùːdɪkɑ́ːtə | -dɪkɑ́ːtə/ *n.* 《法律》既判力, 既決事件 (cf. res judicata). 〖《1902》 ▭ LL *rēs adjūdicāta* thing adjudged: ⇨ res, adjudicate〗

rè·sáil *vt.* 再び帆走する: ～ a race 帆走競争をやり直す. — *vi.* **1** 再び出帆する. **2** 帰航する. 〖1586〗

rè·sálable *adj.* 転売できる, 再び売れる; 再販に適した. 〖1866〗

ré·sàle *n.* **1** 再販売; (特に第三者への)転売, 消費者への販売. **2** (買手への)再度の販売. 〖1625〗

résale prìce *n.* **1** 再販価格. **2** 《商業》小売価格. 〖1919〗

résale prìce màintenance *n.* 《経済》再販売価格維持, 公正販売 (略 RPM; cf. fair-trade agreement). 〖1919〗

résale shòp *n.* 《米》中古品販売店, リセールショップ《しばしば慈善のための資金調達を目的とする》.

rés a·li·é·nae /-èɪliíːniː/ *L. n. pl.* 他人の物《財産》. 〖▭ L *rēs aliēnae* things belonging to another: ⇨ res, alias〗

rè·sáw *vt.* (製材のため)再び鋸(のこ)でひく. — *n.* (製材用の)縦びき鋸[機械]. 〖1915〗

res·az·ur·in /rezǽʒʊrɪn | -ʒʊ(ə)r-, -zjʊ(ə)r-/ *n.* 《化学》レザズリン, レゾアズリン, レサゾイン ($C_{12}H_7NO_4$) 《ミルク中の細菌検査に用いられる緑青色の酸化還元指示薬; 天然には樹脂中に含まれる》: a ～ test. 〖← RES(ORCINOL)＋AZUR(E)＋-IN²〗

rè·scále *vt.* (規模を小さくして)企画[設立]し直す, 練り直す. 〖1944〗

re·sched·ule /rìːskédʒuːl, -dʒʊl, -dʒl | -ʃédjuːl, -dʒuːl, skédjuːl, -dʒuːl/ *vt.* **1** 再び[新たに]計画をたてる: ～ one's departure 出発の予定を組み直す. **2** 〈債務を〉繰り延べする. 〖1966〗

re·scind /rɪsínd/ *vt.* **1 a** 〈法律・条令などを〉廃止する, 撤回する, 廃棄する: ～ a rule 規則を撤廃する / ～ the ban on growing opium poppies ケシ栽培を解禁する. **b** 〈行為・契約などを〉無効にする, 破棄する, 取り消す: ～ a judgment [contract, decision] 判決[契約, 決定]を破棄する[取り消す]. **2** 取り除く, 削除する. **～·a·ble** /-dəbl/ *adj.* **～·er** *n.* **～·ment** *n.* 〖《1637–50》 ▭ L *rescindere* ← RE-¹＋*scindere* to cut (⇨ scission)〗

re·scis·si·ble /rɪsísəbl | -sɪ̀-/ *adj.* 廃止[撤回, 破棄, 削除]できる.

re·scis·sion /rɪsíʒən/ *n.* **1** 無効, 取消し; 廃止, 廃棄; 解除, 撤回. **2** 《法律》契約解除, 解約. 〖《1611》 ▭ L *rescissiō(n-)* ← *rescissus* (p.p.) ← *rescindere*: ⇨ rescind, -sion〗

re·scis·so·ry /rɪsízəri, -sís-/ *adj.* **1** 無効にする; 廃止する, 取り消す, 廃棄の. **2** 《法律》解除する, 解約の: a ～ action 証書無効確認訴訟. 〖《1605》 ▭ LL *rescissōrius* ← *rescissus* annulled: ⇨ ↑, -ory¹〗

re·script /ríːskrɪpt/ *n.* **1** (法律上の疑点・請願などに関する)ローマ皇帝[教皇]の答書, 勅裁書. **2** 詔勅, 詔書, 勅令, 布告. **3 a** 書き直し; 書き直した物. **b** 《英法》写し, 副本. **c** 《米法》(裁判所の書記官に対する)命令書. **4** ＝palimpsest. 〖《1528》 ▭ L *rescrīptum* (neut. p.p.) ← *rescrībere* to write in reply ← RE-¹＋*scrībere* to write (⇨ scribe¹)〗

res·cue /réskjuː/ *vt.* **1** 〔監禁・暴力・危険・悪などから〕(敏速な行動によって)救い出す, 救助する, 解放する〔*from*〕: ～ a prisoner [slave] 捕虜[奴隷]を解放する / ～ persons *from* shipwreck [fire] 人々を難船[火事]から救い出す / ～ a drunkard 大酒飲みを禁酒させる / ～ a woman *from* the streets 売春婦を正業に就かせる. **2 a** 《法律》〈入監中の囚人や押収・差押え中の物などを〉奪い出す, 脱走させる. **b** 《国際法》〈敵の分捕り品 (prize) などを〉奪回[奪還]する. **3** 《トランプ》(ブリッジで)〈敵側にダブルをかけられた味方のビッドを〉救済する《別なスーツ (suit) またはノートランプに変える》.
— *n.* **1** 救出, 救助, 救援; (金銭的な)救済: go [come] to a person's ～＝go [come] to the ～ of a person 人を救助[援助]する, 人の救助に努める. **2** 《法律》(囚人の)不法奪還; (差押え財産・被捕獲物の)不法奪回.
— *adj.* [限定的] 救助の, 救済の: a ～ party 救援隊 / a ～ train 救援列車 / a ～ home 更生婦人寮 / ～ work 救援事業 / a ～ bid 《トランプ》(ブリッジで)救済ビット《敵側にダブルをかけられたため, 急に切札を他のスーツまたはノートランプに変更するビッド》.
rés·cu·a·ble /-əbl/ *adj.* 〖《?c1300》 *rescowe(n)* ▭ OF *rescoure* (F *recourre*) ＜VL **reexcutere* ← RE-¹＋L *excutere* to shake off, drive away ← EX-¹＋*quatere* to shake (⇨ quash²)〗

réscue archaeólogy *n.* 《考古》緊急発掘, 救急発掘《開発・洪水などによる破壊予定地の遺跡・遺物を記録・保護救済するため緊急に発掘調査すること》. 〖1969〗

réscue gràss *n.* 《植物》イヌムギ (*Bromus catharticus*) 《熱帯アメリカ産イネ科スズメノチャヒキ属の草本》. 〖《変形》? ← *fescue grass*〗

réscue mission *n.* 救済伝道団《都市の零落者の更生・改宗を目的とする》. 〖1902〗

rés·cu·er /-kjuːə | -kjuːə(r)/ *n.* **1** 救助者. **2** [the Rescuer] 《天文》＝Perseus 2. 〖1535〗

réscue sùit *n.* (特に消防士の)耐火服.

rè·séal *vt.* 再び封ずる, 封じ直す.

re·search /ríːsəːtʃ, rɪsə́ːtʃ | rɪsə́ːtʃ, ríːsəːtʃ/ ★《英》でも /ríːsəːtʃ/ と発音する者が増えている. *n.* **1** (用意周到な)探索, 捜索, 探求, 調査 (⇨ inquiry **SYN**): a ～ for [after] facts 事実の調査. **2** (新事実発見・理論の確立・修正などのための学術的な)研究, 調査, 探究 ★ 時に複数形でも用いられるが, その場合でも数詞や many とともには用いない. 数える場合は two pieces of ～ のようにいう: ～ and publication 研究と発表 / do [carry out, conduct, undertake, pursue] scientific ～ on a subject [into the history of …] あるテーマの科学的研究をする[…の歴史の科学的調査をする] / ～*es* in Eastern literatures 東洋文学の研究 / antiquarian [biblical, literary, linguistic] ～*es* 古物[聖書, 文学, 語学]研究 / be engaged in ～ (work) 研究に従事している / His ～*es* were fruitful. 彼の研究は実りが多かった. **3** 研究能力, 研究心: a scholar of great ～ 非常に研究的な学者.
résearch and devélopment 研究開発《商社の新製品開発; 略 R & D》. 〖1923〗
— /rɪsə́ːtʃ, ríːsəːtʃ | rɪsə́ːtʃ, ríːsəːtʃ/ ★ 名詞を /⌐–⌐/ のアクセントで, 動詞を /–⌐/ のアクセントで発音して区別する人がかなりいる. *v.* — *vi.* 研究に従事する, 調査をする: ～ into [on] a subject あるテーマを綿密に[徹底的に]調査[研究]する. — *vt.* 研究する, …の準備として徹底的に調査する.
～·a·ble /-tʃəbl/ *adj.* 〖《1577》 ▭ F 《廃》 *recerche* (F *recherche*): ⇨ re-¹, search〗

rè·séarch *vt.* 捜し直す, 調べ直す. 〖1760–72〗

re·séarch·er *n.* 研究[調査]者, 研究[調査]員. 〖1615〗

re·search·ful /ríːsəːtʃfəl, rɪsə́ːtʃ-, -fl | rɪsə́ːtʃ-, ríːsəːtʃ-/ *adj.* 研究に没頭している, 学究的な. 〖1819〗

re·séarch·ist /-tʃɪst | -tʃɪst/ *n.* 《米》＝researcher.

résearch làboratory *n.* 研究所. 〖1914〗

R

résearch lìbrary *n.* (特殊研究者・専門家の利用に供する)学術図書館, 研究図書館. 〖1962〗

résearch pàper *n.* **1** 研究論文. **2** =term paper.

résearch pàrk *n.* 研究団地《研究・開発専門の施設を集めた工業団地》.

résearch proféssor *n.* 研究教授《教室授業をしない研究専門の教授》.

résearch reàctor *n.* 研究[実験]用原子炉.

résearch stàtion *n.* 研究所.

résearch wòrker *n.* 研究員. 〖1917〗

rè·séat *vt.* **1** 再び座らせる; 復職[復位]させる: ~ oneself 〈立った人が〉また座る / ~ a deposed king on the throne 廃王を復位させる. **2** …に新調の席を設ける: ~ a church [theater] 教会[劇場]に席を新しく設ける. **3 a** 〈椅子(ｲｽ)〉の座を張り替える: ~ a chair 椅子の座を張り替える. **b** 〈ズボン〉の尻を付け替える: The boy's trousers want ~*ing*. 子供のズボンの尻が破れているから付け替えてやらなければならない. **c** 〈金具〉に新しい座を付ける. 〖1637〗

re·seau /reɪzóʊ, rɪ̀-│-zóʊ; *F.* ʀezo/ *n.* (*pl.* **~s, re·seaux** /~z; *F.* ~/) **1** 網状組織. **2** レースの網地[ネット]. **3** 〖天文〗レゾー《天体写真で各天体の位置を測定するために同一乾板上に写し込まれた方眼》. **4** 〖気象〗気象観測網. **5** 〖写真〗レゾー《加色法カラー写真の撮影および観察時にパンクロ感材に重ねる 3 原色の微細な規則的モザイクのスクリーン》. 〖《1578》◻ F *réseau* < OF *resel* (dim.) ← *rais* < L *rētis*=*rēte* net: cf. retiary〗

re·sect /rɪ̀sékt/ *vt.* 〖外科〗〈組織・器官の一部を〉切除する, 切り取る, 削り取る. **re·sect·a·bil·i·ty** /rɪ̀sèktəbílət̬i│-ləti/ *n.* **~·a·ble** /-təbl/ *adj.* 〖《1653》← L *resectus* (p.p.) ← *resecāre* to cut off ← RE-¹+ *secāre* to cut (⇨ section)〗

re·sec·tion /rɪ̀sékʃən/ *n.* **1** 〖外科〗切除(術). **2** 〖測量〗後方交会法《図上で既知の 2 (以上の)点から引いた方向線によって平面位置を求める方法》. **~·al** /-ʃnəl, -ʃənl/ *adj.* 〖《1611》◻ L *resectiō(n-)*: ⇨ ↑, -tion〗

re·sec·to·scope /rɪ̀séktəskòʊp│-skəʊp/ *n.* 〖外科〗レゼクトスコープ, 切除用内視鏡. 〖《1926》← RESECT(ION)+-o-+-SCOPE〗

re·se·da /rɪ̀síːdə, -sédə, réɪzədɑ̀ː│résɪ̀də, -zɪ̀-, rɪ̀síː-/ *n.* **1** 〖植物〗モクセイソウ, レセダ《主として地中海沿岸地域原産のモクセイソウ科モクセイソウ属 (*Reseda*) の植物の総称; mignonette など》. **2** 灰緑色《reseda green ともいう》. —*adj.* 灰緑色の. 〖《1753》◻ L *resēdā* (imper.) ←? *resēdāre* to allay ← RE-¹+*sēdāre* to heal (⇨ sedate): *resēdā morbis* (=assuage diseases) と唱えながらはれものを治すのにこれを用いたことから〗

reséda gréen *n.* =reseda 2.

rè·séed *vt.* **1** 〈土地・畑など〉に再び[新たに]種をまく. **2** [~ oneself で] 自ら種をまく, 自生の種で繁殖する, 自生する. — *vi.* 自生の種で繁殖する, 自生する. 〖1888〗

rè·ségregate *vt.* 《米》(学校などで一度非隔離に成功したあとで)〈ある人種を〉元どおり隔離する, 再隔離する, …に人種差別を復活する. **rè·segregátion** *n.* 〖1923〗

rè·séize *vt.* **1** 再び捕える, 再び占領する, 奪い返す. **2** 〖法律〗〈横領された土地を〉再び占有する, …の占有権を回復する. **rè·séizure** *n.* 〖1413〗

rè·seléct *vt.* 再選する, 〈現職者を〉再選候補として選ぶ. **rè·seléction** *n.* 〖《1953》← RESELECTION《1940》〗

rè·séll *vt.* (**re·sold**) 買ってすぐ売る, 転売する, 再販する. 〖1574〗

re·sem·blance /rɪ̀zémbləns, -blənts/ *n.* **1** 類似, 似寄り, 類似点 〔*between, of, to*〕: bear (a) ~ *to* …に似ている / have a faint [remote] facial ~ *to* …に顔が少し似ている / He has a strong ~ *to* his father. 彼は父親そっくりだ / There is a close [great, striking, remarkable] ~ *between* the two. 両者は酷似している / There is no [least] ~ *between* his promise and performance. 彼の約束と実行とは似ても似つかない. **2** 類似物; 似顔, 肖像, 像, 画. **3** 《古》(外見上の)特徴, 外形, 外観, 様子. **4** 《廃》見込み. 〖《*a*1300》◻ AF ~ (F *ressemblance*): ⇨ resemble, -ance〗

re·sem·blant /rɪ̀zémblənt/ *adj.* **1** 類似点のある, 似ている 〔*to*〕. **2** 事物の描写を目的とする, 写実的な: a ~ art. 〖《*a*1393》◻ OF ~ (F *ressemblant*): ⇨ ↓, -ant〗

re·sem·ble /rɪ̀zémbl/ *vt.* **1** 〈外観・性質などが〉〈人・事物〉に類似している, 似ている, …と共通点がある. ★ 受動態には用いられない: She ~*s* her mother. 彼女は母親に似ている / They ~ each other in shape. 形が互いに似ている. **2** 《古》たとえる, なぞらえる 〔*to*〕. — *vi.* 似る, 似通う. **re·sém·bler** /-blə, -blə│-blə^r, -bl-/ *n.* 〖《1340》*resemble(n)* ◻ OF *resembler* (F *ressembler*) ← RE-¹+*sembler* (< L *similāre* to simulate ← *similis* 'SIMILAR')〗

rè·sénd *vt.* (**re·sent**) **1** 送り返す. **2** 再び送る. **3** 〖通信〗**a** 再送信する. **b** (中継器で)電送する. 〖1554〗

re·sent /rɪ̀zént/ *vt.* 〈他人の言行などを〉不快に思う, 憤慨する, 憤る, 怒る, 恨む: ~ being called an ass ばか呼ばわりされて憤慨する / ~ a person's actions [remarks] 人の行動[言葉]に憤慨する / ~ a person's undue familiarity 人がいやに慣れ慣れしくするのを不快に感じる / I ~ *having* to do so much work. こんなに多くの仕事をしなければならないのに腹が立つ. 〖《1605》◻ F 《廃》*resentir* (F *ressentir*) ← RE-¹+*sentir* < L *sentīre* to feel (⇨ sense, sentient)〗

re·sent·ful /rɪ̀zéntfəl, -fl/ *adj.* **1** 憤慨して, 怒って, 憤然たる: be ~ of …を怒っている / She gave [threw] one ~ glance at them. 彼らに憤然たる一瞥(ﾍﾞﾂ)を投げた. **2** 腹を立てやすい, 怒りっぽい: a ~ temper 怒りっぽい気質. **~·ly** *adv.* **~·ness** *n.* 〖《1654–66》: ⇨ ↑, -ful¹〗

re·sent·ment /rɪ̀zéntmənt/ *n.* 憤り, 立腹, 憤慨 (⇨ offense SYN); 恨み, 敵意: cherish [harbor] ~ against an opponent 相手に恨みを抱く / a surge of ~ against the enemy 敵に対してこみあげてくる怒り. 〖《1619》◻ F 《廃》*resentiment* (F *ressentiment*): ⇨ resent, -ment〗

re·ser·pine /résəpìːn, rɪ̀sə́ːpiːn, -pɪ̀n│résəpìːn, rɪ̀sə́ːpiːn, -pɪn/ *n.* 〖薬学〗レセルピン ($C_{33}H_{40}N_2O_9$)《インドジャボク (*Rauwolfia serpentina*) の根茎にあるアルカロイド; 鎮痛・鎮静・血圧降下作用をもつ》. 〖《1952》◻ G *Reserpin* 《短縮》← NL *Rauwolfia serpentina*: ⇨ rauwolfia, serpentine〗

re·ser·pi·nized /rɪ̀sə́ːpɪ̀nàɪzd│rɪsə́ː-/ *adj.* 〖医学〗レセルピンで処置[治療]した. **re·ser·pin·i·za·tion** /rɪ̀sə̀ːpɪ̀nɪ̀zéɪʃən, rɪ̀sə̀ː-│rɪsə̀ːpɪnaɪ-, rɪ̀sə̀ː-, -pɪ-, -nɪ-/ *n.* 〖1960〗

re·serv·a·ble /rɪ̀zə́ːvəbl│-zə́ːv-/ *adj.* 保存される; 貯蔵される; 貸し[買い]切ることができる. 〖1665〗

res·er·va·tion /rèzəvéɪʃən│-zə-/ *n.* **1** [しばしば *pl.*] (部屋・席などの)予約, 指定, 借切り, 貸切り; 予約席, 予約した部屋[船室]: cancel ~*s* 予約を取り消す / make ~*s* (席などの)予約をする / secure steamship [sleeping car] ~ 船室[寝台車]の予約をとる. **2 a** 留保, 条件, 留保, 但し書き: ⇨ mental reservation / make ~*s* (条約などに)保留を付する / agree with some ~*s* 多少の条件付きで賛成する / voice strong ~*s* about …に関して厳しい但し書きをつけるよう主張する. **b** 特定の疑い; 異議. **3 a** 《米・カナダ》(特殊な目的, 例えばインディアン保護のためなどの)一定土地の居住指定; 指定居住地 (cf. reserve *n.* 2 b): an Indian ~ インディアン指定居住地 / a military [school] ~ 軍事[学校]用地. **b** 《米》(鳥獣)禁猟区域, 保護区. **c** 《英》(車道の)中央分離帯 (central reservation). **4 a** (将来の使用またはある目的のために)取っておくこと; (権利などの)保留. **b** 保留された権利[権力]. **c** 〖法律〗(財産の売渡し・貸与の際の売主・賃主の権利[利益]の留保; 留保された権利; 法的権利の留保を定めた条項. **5** 〖カトリック〗(教皇による)聖職任命権の保留; (教皇に保留された)聖職任命権; 聖餐(ｾｲｻﾝ)物の一部(特にパン)を(病人・不参列者のために)残しておくこと; 特殊な罪の許しの保留. ***òff the reservátion*** 普段の束縛[緊張, 支配]から解放されて; 気楽に. ***withòut reservátions*** (1) 無条件で: yield *without* ~*s* 無条件で屈する. (2) 腹蔵なく, 率直に: answer *without* ~*s*. 〖《1350》◻ (O)F ~ // LL *reservātiō(n-)* ← *reservātus* (p.p.) ← *reservāre*: ⇨ ↓, -ation〗

re·serve /rɪ̀zə́ːv│-zə́ːv/ *vt.* **1** (約束・契約などで)取っておく, 確保しておく; 予約する; あらかじめ指定する (⇨ keep SYN): ~ a place [room, flight, library book] 場所[部屋, 飛行機, 図書館の本]を予約する / ~ a seat for a person [at a theater]=~ a person a seat 人のために[劇場に]席を取っておく / "*Reserved*" [掲示]「貸切り」「予約席」「ご予約済み」. **2 a** (将来の使用またはある目的のために)取っておく, 残しておく, 蓄えておく: ~ money for emergencies まさかのために金を蓄えておく / ~ oneself for …のために精力を蓄えておく / money ~*d* for vacationing 行楽のために取ってある金 / God ~*d* this evil man for a worse destiny. 神はこの悪漢をもっと苦しめるために生かしておいた / in the ominous tones he ~*s* for grave occasions 重大な事態に臨んだときしか用いない険(ｹﾜ)しい口調で / ~ one's best efforts till the end [for one's closest friends] 最後まで[親友のために]力を残しておく. **b** 差し控える, 延期する (postpone): I'd like to ~ judgment [my decision] on that until all the facts are known. すべての事実がわかるまで私の判断[決定]を差し控えたい. **3** 〈権利・利益を〉保留する, 保有する: All rights of translation and republication in [of] this book are ~*d*. 本書の翻訳複製を許さない. **4** (ある運命・経験のために)取っておく; 予定する, 運命づける 〔*for, to*〕: This discovery was ~*d for* Marconi [until our own times]. この発見はマルコーニによって[現代に至って]初めてなされた / It was ~*d for* Mr. Dalton to make the admirable discovery. この称賛すべき発見はドールトン氏の手で初めてなされた / A great future [terrible fate] is ~*d for* you. 君は将来には大きな仕事が約束されている[君には恐しい運命が待ち受けている]. **5** 〈処理・処置などを〉持ち越す, 見合わせる, 留保する. **6** 〖窯業〗〈着色磁器など〉の特定部分の表面を元の色のままに残しておく. **7** 〖カトリック〗〈聖餐(ｾｲｻﾝ)の一部を〉〈病人・不参列者のために〉取っておく. **8** 〖カトリック〗〈教皇・司教が〉〈特殊な罪悪の赦免権を〉保留する; 〈教皇が〉〈聖職任命権を〉保留する. — *n.* **1** (他日の使用のため)蓄えてあること, 保留, 保存, 準備: money in ~ 予備金 / have [keep, hold] in ~ 予備[準備]に取っておく. **2 a** 取っておかれるもの, 蓄え, 保存物, 予備品; (石炭・石油などの)埋蔵量: with one's last ~ of strength 最後の力をふりしぼって / He has a great ~ [great ~*s*] of energy. 大いに力[精力]を蓄えている. **b** 特別保留地, 指定保護地区 (cf. reservation 3); 《カナダ》インディアンのための指定保留地; 《豪》公共保留地《運動やレクリエーション用》: a ~ for wild animals 野獣保護のための特別保留地 / an Indian ~ インディアンのための指定居住地 / a forest [nature, game] ~ 保安林[自然保護区, 禁猟区]. **3** 自制, 慎み, 遠慮; 隠しだて, 沈黙; 冷淡, 打ち解けないこと, よそよそしさ; (文学・美術で)誇大的描写を避けること: an air of ~ 控え目[遠慮がち]な様子 / break down [through] a person's ~ すっかり打ち解ける / throw off one's ~ 打ち解ける. **4 a** (スポーツなどでの)予備選手, 補欠選手. **b** (入賞者の失格を予想しての)予備入賞者. **5** 〖軍事〗[通例 *pl.*] (あとの決戦に残される)予備隊, 予備艦隊, 予備軍: call up the ~*s* 予備軍を召集する / a soldier in the ~*s* 予備兵 / be placed to the ~ 〈軍艦が〉予備艦に編入される. **6 a** 制限, 条件, 除外: We publish this with all ~ [all proper ~*s*]. これを発表はするが真偽は保証の限りでない. **b** (競売などで)価格の制限, 最低(競売)価格: place [put] a ~ upon [on] a house 家屋に最低価格を付ける. **7** 〖簿記・銀行・財政〗準備金, 予備金, 積立金, 引当金; (国際間の決済に当てられる)流動資産: the (cash) ~ (*s*) of a bank 銀行の積立金 / a special ~ 特別積立金 / a general ~ 別途積立金 / a liability ~ 負債性引当金 / place [carry] to ~ 準備金[積立金]に繰り込む / a hidden ~ =secret reserve / ⇨ gold reserve, legal reserve. **8** 〖生理〗予備, 予備力[量]: ~ air 予備呼気量 / alkali ~ アルカリ予備 / ~ protein 貯蔵蛋白. **9** 《古》秘密.
withòut resérve (1) 腹蔵なく, 遠慮なく. (2) 無制限に, 無条件で: I accept your statement *without* ~. 君の陳述を無条件で承認する. (3) (競売の際)価格無制限で (cf. reserve price): a sale [an auction] *without* ~ 価格無制限売立て[競売]. ***with resérve*** (1) 条件つきで (cf. 6 a). (2) 遠慮して. 〖《1700》〗
reserve of buóyancy 〖海事〗=reserve buoyancy.
— *adj.* [限定的] **1** 取っておいた, 予備の, 準備の: one's ~ strength 蓄積してある力 / a ~ supply of money 準備金 / ~ troops 予備軍 / ~ players 予備の選手 / a ~ fund 準備[積立]金 / a ~ supply (of something) 蓄え, 予備の物質. **2** (価格などの)制限の, 限度の.
re·sérv·er *n.* 〖v.: 《1340》*reserve(n)* ◻ (O)F *réserver* ◻ L *reservāre* ← RE-¹+*servāre* to keep (⇨ conserve). —n.: 《1612》◻ F *réserve*〗

rè·sérve *vt.* 再びサーブする; …に再び勧める; 再び供する; 〖法律〗再び送達する. 〖1866〗

resérve bànk *n.* 《米》〖銀行〗連邦準備銀行《Federal Reserve System による 12 の中央銀行の一つ》; (他の国の)準備銀行. 〖1905〗

resérve buóyancy *n.* 〖海事〗予備浮力《満載喫水線以上の船体水密部分の容積で, 船が沈みそうになった時付加浮力になる; reserve of buoyancy ともいう》. 〖1904〗

resérve capàcity *n.* 〖電気〗予備容量《事故あるいは予想外の需要の際に供給される出力》.

resérve càrd *n.* 〖図書館〗貸出予約カード, 保留図書カード《予約図書の利用貸出し可能を知らせる》.

resérve cìty *n.* 《米》準備金市《商業中心地と目される 47 の都市で, そこにある連邦準備制度加盟銀行は高率の準備金を維持するよう規定されている; cf. central reserve city》.

resérve clàuse *n.* 〖法律〗(プロスポーツ選手と所属クラブとの専属契約中の, 競技出場などについてクラブの有する)留保条項. 〖1944〗

resérve cùrrency *n.* 〖銀行・財政〗準備通貨《国際的通用性が高く, 多国間の決済に広く通用し, 対外支払準備として利用される通貨》. 〖1967〗

re·served /rɪ̀zə́ːvd│-zə́ːvd/ *adj.* **1** 遠慮がちな, 打ち解けない, 無口な (⇨ silent SYN); よそよそしい, 内気な, 他人行儀な: a ~, self-contained man 遠慮深い無口な男 / a ~ manner 遠慮がちな態度. **2 a** 予約した, 貸切り[借切り]の, 指定の: a ~ car [carriage] (列車の)貸切車両 / a ~ seat 予約[貸切り], 指定席. **b** 保留[保存]してある, 取っておいた, 貯蔵してある. **3** 〖軍事〗予備の: a ~ officer 《英》海軍予備士官. **4** 〖カトリック〗(上位聖職者のために)保留された: ~ sins 司教など上位聖職者でなければ赦免できない罪. **re·sérv·ed·ness** /-vɪ̀dnɪ̀s, -vdn-/ *n.* 〖1438〗

resérved ármy *n.* 〖軍事〗予備軍 (↔ active army).

resérved bóok *n.* 〖図書館〗指定図書《大学図書館などで一般図書と区別して置かれる学生必読書》.

resérved líst *n.* 〖英史〗海軍予備士官名簿.

re·sérv·ed·ly /-vɪ̀dli/ *adv.* 遠慮して, 差し控えて, 打ち解けないで, よそよそしく; 用心して. 〖1611〗

resérved occupátion *n.* 兵役免除職. 〖1915〗

resérved pówer *n.* [*pl.*] 《米》〖政治〗保留権限《憲法または法令に記述がないか他の権限に属すとみなされるため, 特に制止されているか裁判上制止されると解釈される行政機関の権限》. 〖1838〗

resérved wórd *n.* 〖電算〗予約語《プログラミング言語などで, すでに定まった意味で用いられていてプログラマーが勝手に使用できない語》.

resérve gràde *n.* 《豪》(スポーツチームの)予備軍, 二軍 (reserves).

resérve òfficer *n.* 〖軍事〗予備役将校[士官].

Resérve Ófficers' Tráining Còrps *n.* 《米》予備役将校訓練部隊《一部の大学に設けられている学生に将校養成訓練を授ける制度; またその訓練を受ける学生; 略 ROTC》.

resérve prìce *n.* 〖商業〗(競売などでの)最低(競売)価格, 限定値段 (upset price) (cf. by-bidder). 〖1919〗

resérve ràtion *n.* 〖軍事〗予備糧食《緊急時に限り使用する密閉容器内に包装した濃縮食物から成る糧食; (旧称)携帯口糧》.

re·serv·ist /rɪ̀zə́ːvɪ̀st│-zəːvɪst/ *n.* 予備[後備]兵, 補充兵; 在郷軍人. 〖《1876》← RESERVE (n.)+-IST: cf. F *réserviste*〗

res·er·voir /rézəvwɑ̀ə, -zə-, -vwɔ̀ə, -vɔ̀ə│rézəvwɑ̀ː^r/ *n.* **1 a** 貯蔵所; 貯蔵器. **b** 貯水池, 貯水場, 給水所, 溜池(ﾀﾒｲｹ); 貯水槽(ｿｳ), 水槽: a depositing ~ 沈澱池 / a distribution ~ 配水池 / a receiving ~ 集水池 / a storing ~ 貯水池 / ⇨ settling reservoir. **c** (ランプの)油つぼ; (万年筆の)インク筒; ガスだめ, 気槽, タンク: an air ~ 気槽. **2 a** (知識・富・精力などの)貯蔵, 蓄積: a ~ of information [wealth, strength] 情報[富, 力]の蓄積 / The champion tapped a last ~ of energy. チャン

ピオンは最後の力をふりしぼった. **b** (知識人·有能者などの)集まり, 集団. **3** 〘生物〙(樹脂·香油·蜜·分泌物などを蓄える)貯蔵器. **4** 〘病理〙保有宿主《病源体を常に宿している生物; reservoir host ともいう》: Rats are ～*s* of (the) plague. **5** 〘生理〙レザバー, 貯蔵所. — *vt.* **1** 貯水池に蓄える; 蓄積する. **2** 〈土地·広場などに〉貯水池などを備える. 〘(1690) □ F *réservoir* ← *réserver* 'to RESERVE'〙

réservoir tỳpe pówer plànt *n.* 〘電気〙貯水池式発電所.

re·set[1] /riːsét/ *vt.* (**re·set; -set·ting**) **1** 〈時計のベルなどを〉かけ直す: He ～ the alarm clock for six-thirty instead of seven. 目覚ましを7時から6時半にかけ直した. **2** 〘外科〙〈折れた骨などを〉継ぎ合せる, 整復[整形]する. **3** 〈宝石を〉台にはめ直す. **4** 〈活字を〉再び組む, 組み直す. **5** 再び置く; 再び据える, 据え替える. **6** 〈計器などを〉リセットする, 初期状態に戻す; 〘電算〙リセットする《初期状態から起動し直す》. — /⌐⌐/ *n.* **1** 再び置くこと, 置き換え, 据え直し; はめ直し. **2** (活字の)組直し版, 再組版. **3 a** (道具·制御装置などの)復元[セットし直す]装置. **b** リセット (cf. *vt.* 6). **4** 〘園芸〙植え替えた植物. **rè·sét·ta·ble** /-təbl | -tə-/ *adj.* 〘1655〙

re·set[2] /rɪ̀sét/ *vt.* (**re·set·ted; -set·ting**) **1** 《スコット》…に保護[避難所]を与える; 歓迎する. **2** 〘スコット法〙〈盗品を〉収受する, 故買する. — *n.* 〘スコット法〙盗品収受, 故買. **～·ter** /-tə | -tə(r)/ *n.* 〘(*c*1300) *resete*(*n*) □ OF *receter* < LL *receptāre* (freq.) ← L *recipere* 'to RECEIVE'〙

resét bùtton *n.* 〘電算〙(再起動のための)リセットボタン.

réset tìme *n.* 〘電気〙積分時間.

re·set·tle /riːsétl | -sétl/ *vt.* **1** 〈人を〉再び定住させる, 新たに住まわせる: The Native Americans were ～*d* in new reservations. アメリカ先住民たちは新しい保留地に定住させられた. **2** 〈人を〉新たな生活に落ち着かせる. **3** 再び据える. 〘1545〙

re·set·tle·ment /rìːsétlmənt | -sétl-/ *n.* 再び植民すること, 再定住: the ～ of refugees 難民の再定住. 〘*a*1639〙

res ges·tae /réɪsgéstaɪ, réɪz-, ríːz-, -dʒés-, -tiː | -dʒéstiː, -taɪ/ *n. pl.* **1** なされた事, 業績. **2** 〘法律〙(訴訟事件の)付帯状況《証拠能力をもつ重要な事実》. 〘(1616) □ L *rēs gestae* things done: ⇨ reg, gest[1]〙

resh /réɪʃ/ *n.* レーシュ《ヘブライ語アルファベット22字中の第20字: ר (ローマ字のRに当たる); ⇨ alphabet 表》. 〘(*c*1823) □ Heb. *rēš* (原義) head〙

re·shape /riːʃéɪp/ *vt.* 造り直す, 形を直す, 新形態を取らせる: Affairs are gradually *reshaping* themselves. 事態は徐々に転換しつつある / They began to ～ the plan. その計画の練り直しを始めた. — *vi.* 新形態を取る, 姿を変える, 新生面を開く, 新しい方向に発展する. **rè·sháp·er** *n.* 〘1827〙

rè·shíp *v.* (**re·shipped; -ship·ping**) — *vt.* **1** 再び船に積む. **2** 別の船に積み替える. — *vi.* 再び乗船する, 再び乗り組む; 乗船勤務の再契約をする. **rè·shípper** *n.* 〘1654–66〙

rè·shípment *n.* **1** 再船積み, 積み替え. **2** 再船積み貨物; 再船積み貨物の量. 〘1796〙

Resht /réʃt/ *n.* =Rasht.

re·shuf·fle /riːʃʌ́fl/ *vt.* **1** 〈人員などの〉配置転換をする; 〈内閣などを〉(主に横すべりによって)改造する. **2** 〈トランプの札を〉切り直す, 混ぜ直す. — /⌐⌐, ⌐⌐/ *n.* **1** (内閣などの)入れ替え, 改造: a ～ of the Cabinet 閣僚の椅子(いす)の入れ替え, 内閣の改造. **2** (トランプ札の)切直し, 混ぜ替え. 〘(1830) ← RE-[2]+SHUFFLE〙

re·sid /rɪ̀zíd/ *n.* 〘化学〙=residual oil. 〘略〙

re·side /rɪ̀záɪd/ *vi.* **1 a** (比較的長い期間)住む, 居住[定住]する (*at, in*) (⇨ live[1] SYN): ～ abroad 海外に居住する / He ～*s in* Boston, but is now staying in the country. 彼はボストンに住んでいるが今は田舎に行っている. **b** 〈官公吏が〉駐在する, 在勤する. **2 a** 〈性質が〉存在する, 備わっている (*in*): It is *in* such actions that true courage ～*s*. かような行動にこそ真の勇気が見られる. **b** 〈権力·権利などが〉ある, 存する, 属する, 帰する (*in*): Sovereignty ～*s in* Parliament. 主権は議会にある. **re·síd·er** /-də | -də(r)/ *n.* 〘(1456) □ (O)F *résider* // L *residēre* ← RE-[1]+*sedēre* 'to SIT'〙

res·i·dence /rézədəns, -dənts, -dn̩s, -dn̩ts, -zədèns, -dènts | -zɪ̀dəns, -dn̩s, -dənts, -dn̩ts/ *n.* **1 a** 住宅, 住居; (特に高官などの)官邸, 公邸; 大邸宅 (mansion): an official ～ 官舎, 公邸 / a change of ～ 住居変更 / have [keep] one's ～ at [in] …に住む, 居住する / take up one's ～ at [in] …に居を定める / Desirable family ～ for sale. 格好の家族向き邸宅売物あり《広告の文句》/ He will be found at his ～. 家へ行ってみたらいるだろう. **b** 《米》(学生用の)寮, 寄宿舎. **2 a** 居住, 在住, 居留; 駐在: ⇨ IN RESIDENCE / *Residence* is required. 任地に居住することが求められる. **b** (権利などの)所在. **3 a** 在住[駐在]期間. **b** (大学での)専任研究[教授]期間. **4** 〘法律〙(法人や商社が法によって登録してある)主たる事務所が置かれている[事業が行われている[事務所のある]場所. **5** 〘化学〙(媒体中での溶解物質·汚染物質などの)滞留.
in résidence (1) 〈公職にある人が〉駐在している, 官舎[公邸]に住んで. (2) 〈大学関係者などが〉学寮[病院]に寄宿して, 住込みで: a doctor *in* ～ (病院の)住込み医師 / There are about a hundred students *in* ～. 100人ぐらいの学生が学寮に寄宿している. 〘1892〙
〘(?*c*1378) □ (O)F *résidence* // ML *residentia* ← L *residentem* (pres.p.) ← *residēre*: ⇨ ↑, -ence〙

résidence tìme *n.* 〘化学〙滞留時間《媒体中に物質が滞留する時間》; 〘物理〙残留時間《核爆発の後で放射性物質が大気中に残留している時間》. 〘1962〙

res·i·den·cy /rézədənsi, -dèn- | -zɪ̀dən-, -dn̩-/ *n.* **1** =residence 1. **2** 〘英史〙**a** (もとインド駐在の)英国総督の公邸. **b** (インドの)英国総督代表者の管轄地域. **c** (旧オランダ領東インドの)行政区画. **3** 《米》レジデントであること, 専門臨床実習期間《インターンを終えたあとで病院に住み込んで実習する期間》. 〘(1579): ⇨ ↓, -ency〙

res·i·dent /rézədənt, -dn̩t, -dènt | -zɪ̀dənt, -dn̩t/ *adj.* **1** 居住する, 在住の, 在留する: the ～ population 現住人口 / whether ～ at home or abroad 国内国外のいずれに居住するとしても / be ～ at [in] …に居住[在留]する / ～ aliens 在留外国人 / ～ students (通学生に対して)寄宿生 / a ～ visitor 泊まり客. **2 a** 駐在する; 住み込みの: a ～ physician =resident *n.* 3 a / a ～ minister = minister resident / a ～ surgeon 駐在軍医 / a ～ tutor 住み込みの家庭教師 / a ～ employee 住み込みの雇い人. **b** 〈技師·大学教授などが〉専任の. **3** 存する, 内在する, 固有の: a right ～ in the nation 国民固有の権利 / powers of sensation ～ in the nerves 神経に内在する知覚力. **4** 〘動物〙〈鳥類などが〉移住しない, 留鳥の (↔ migratory). **5** 〘電算〙常駐の《システムの記憶装置中に常時存在しているプログラムを指す》.
— *n.* **1** 居住者, 定住者 (cf. visitor 1 a); (ホテルの)長期滞在客 (↔ transient); 在住者; 居留民: summer ～*s* 避暑客 / foreign ～*s* 在留外国人. **2 a** 外地駐在事務[外交]官; (特に)弁理公使. **b** (もとインド地方政府の)英国総督代表者《顧問》; (旧オランダ領東インドの)知事. **3 a** 《米》(病院住み込みの)研修医, レジデント《開業に先立って病院で(臨床)実習を行う; cf. residency, intern[1] 1, house physician》. **b** 研究助手, 実習生《研究室などでの手伝い·専門の研究などをする大学院生など》. **c** 《英·NZ》(病院住み込みの)若い医師. **4** 〘動物〙留鳥 (↔ migratory bird).
〘(*a*1350) □ (O)F *résident* // L *residentem*: ⇨ reside, -ent〙

résident commíssioner *n.* **1** 〘政治〙保護領[属領]代表《米国で, 下院本会議での投票権をもたない Puerto Rico の代表者》. **2** (英政府の)常駐代表, 弁務官. 〘1902〙

res·i·den·tial /rèzədénʃəl, -ʃl̩ | -dénʃəl, -ʃl̩ | -zɪ̀dén-⌐/ *adj.* **1 a** 住宅の, 居住の; 居住による[に関する]: the ～ qualification for voters 投票者に必要な居住資格. **b** 住宅向きの: a ～ district [area, section] 住宅地区 / a ～ street 住宅街. **2** 〈ホテルなどが〉長期滞在客向きの: a ～ hotel / a ～ home 老人ホーム. **3 a** (学生のための)居住[宿泊]設備のある: a ～ college 寄宿制大学. **b** 教室に出席を必要とする: a ～ course 出席を必要とする科目. **～·ly** *adv.* 〘(1654): ⇨ residence, -ial〙

résidential cáre *n.* 〘社会福祉〙居住看護《子供や精神障害者に対してソーシャルワーカー管理のもとに施設を提供すること》.

résidential schóol *n.* 《カナダ》(インディアンやイヌイットの子供たちのための)政府直営の寄宿学校.

résidential tréatment facìlity *n.* 《米》《婉曲》=mental hospital.

res·i·den·ti·ar·y /rèzədénʃièri, -ʃəri | -zɪ̀dénʃəri⌐/ *adj.* **1** 居住する, 在住する. **2** 公舎に居住する義務のある; 官邸[公邸]の, 官邸のための: a canon ～ =residentiary *n.* 2 / at his ～ house 官邸で. — *n.* **1** 居住者, 在住者. **2** 〘教会〙大聖堂 (cathedral) の公舎に居住することを要する聖堂参事会員 (canon), 定住キャノン. 〘(*c*1525) □ ML *residentiārius* ← L *residentia*: ⇨ residence, -ary〙

résidents associàtion *n.* 《英》地域住民の会《公共設備の改善·環境美化を目指すボランティア組織; cf. community association, tenants association》.

résident·shìp *n.* 英国総督代表者の地位[職]. 〘1583〙

resídua *n.* residuum の複数形.

re·sid·u·al /rɪ̀zídʒuəl, -dʒʊl | -djuəl, -djʊl, -dʒuəl, -dʒʊl/ *adj.* **1** 残余の, 残りの, 残された; 後遺症的な: ～ property 残余財産 / the ～ hostility of World War II 第二次大戦の後遺症的な敵対意識. **2** 再放送料[ビデオテープ使用料]の[に関する]. **3** 〘医学〙(排出後も器官などに)残っている, 残留の; 後遺症の: The medical test disproved the existence of ～ brain damage. 脳傷害の後遺症はないことが医学的検査でわかった. **4** 〘数学〙**a** 残りの, 剰余の: a ～ quantity 残量. **b** 〈計算との食い違いなどが〉説明のつかない, 除去できない. **c** 〈有向集合の部分集合が〉等終の (cf. residually 2). **5** 〘地質〙残積成の: ⇨ residual soil.
— *n.* **1** 残余, 残り物. **2** [*pl.*] 再放送料, ビデオテープ使用料《テレビ放送などで再放送に際して出演者·作者などに支払われる追加報酬》. **3** 〘数学〙剰余; 残差. **4** 〘統計〙誤差. **5** [しばしば *pl.*] 〘医学〙(病気·けが·手術などの後に残る)後遺症, 後遺障害. **6** 〘海事·航空〙残留自差《自差修正後に残るかすかな自差》.
〘(1557) ← L *residuum* 'RESIDUUM'+-AL[1]: cf. F *résiduel*〙

resídual áir *n.* 〘医学〙残気《肺活量を測定するとき最大呼気くらいまではき出してもまだ肺に残っている空気》. 〘1871〙

resídual chárge *n.* 〘電気〙残留電荷《誘電体において電界を取った後までわずかに残る分極電荷; 電荷結合素子などで取り残された電荷; cf. absorption 4》.

resídual cúrrent devìce *n.* 〘電気〙残留電流遮断装置, ブレーカー.

resídual érror *n.* 〘数学〙説明のつかない誤差, 残差.

resídual ímage *n.* 〘電気〙(ブラウン管などの)残像.

resídual indúction *n.* =residual magnetism.

re·síd·u·al·ly /-dʒuəli, -dʒʊli | -djuəli, -djʊli, -dʒuəli, -dʒʊli/ *adv.* **1** 残り[残余, 残留物]として. **2** 〘数学〙等終に《有向集合(有限部分集合が常に上に有界であるような順序集合)が, 前者のある要素以上のすべての要素を含むことについていう》.

resídual mágnetism *n.* 〘電気·磁気〙残留磁気《磁界を取り去った後にも磁性体に残る磁気; 永久磁石の磁気》.

resídual óil *n.* 〘化学〙残油, 釜残油《石油蒸留の際に残る重質部分; 重油·アスファルト原料; resid ともいう》. 〘1948〙

resídual pówer *n.* 〘米政治〙残留権限《他の権限が特別にもしくは暗に別の行政機関に割り当てられた後の, 連邦制度に組織された行政機関の行使する権限》. 〘1919〙

resídual próduct *n.* (残り物から取れる)残余生産物, 副産物.

resídual ráy *n.* 〘光学〙残留線, 残存線《固体の格子振動のため強く反射される物質に固有な波長の赤外線》.

resídual secúrity *n.* 〘証券〙普通株; 普通株に転換できる証券.

resídual sóil *n.* 〘地質〙原生土, 残留土《岩石の風化作用でもとの場所にできた土壌》.

resídual stréss *n.* **1** 〘冶金〙残留応力《外力を取り去った後に材料内に残る応力》. **2** 〘物理·機械〙残留応力《外力·荷重を取り去った後に残る応力; cf. Prince Rupert drop》. 〘1931〙

resídual vólume *n.* 〘医学〙=residual air.

re·sid·u·ar·y /rɪ̀zídʒuèri | -djuəri, -djʊri, -dʒuəri, -dʒʊri/ *adj.* **1** 残りの, 残余の; かすの, 残滓(ざんし)(性)の: ～ substances 残滓, かす / ～ odds and ends 残りのがらくた. **2** 〘法律〙(遺贈控除後に残る)残余財産の: a ～ bequest 残余遺贈. — *n.* 〘法律〙=residuary legatee. 〘(1726): ⇨ residuum, -ary〙

resíduary cláuse *n.* 〘法律〙(遺言中の)残余財産処分条項. 〘1818〙

resíduary estáte *n.* 〘法律〙(遺言中の)残余不動産《債務および遺贈控除後に残る遺産の残部》.

resíduary légacy *n.* 〘法律〙残余遺贈《遺贈の履行後に残る遺産の残部に対してさらに行われた遺贈》.

resíduary legatée *n.* 〘法律〙残余遺産(動産)受遺者. 〘1743〙

res·i·due /rézədùː, -djùː | -zɪ̀djuː/ *n.* **1** 残り, 残余. **2** 〘法律〙積極遺産《相続財産から遺贈, 被相続人の債務の弁済などを後に残る部分》. **3** 〘数学〙剰余. **4** 〘化学〙残渣(ざんさ), かす (⇨ remainder SYN); (分子の)根基部, 残基; (濾紙(ろし)に残る)残留物, 残渣; (溶液を蒸発して残る)残留物; (殺虫剤·除草剤などの)(有害)残留物.
for the résidue 《廃》その他について言えば.
〘(?*a*1350) □ (O)F *résidu* □ L *residuum* 'RESIDUUM'〙

résidue clàss *n.* 〘数学〙剰余類《ある整数で割った時の剰余が同じであるような整数全体の集合》. 〘1948〙

re·sid·u·um /rɪ̀zídʒuəm | -dju-, -dʒu-/ *n.* (*pl.* **～s, -sid·u·a** /-dʒuə | -djuə, -dʒuə/) **1 a** 残余, 残り物. **b** 副産物: the ～ from the distillation of coal tar コールタールの蒸留から得られる副産物. **2** 〘化学〙(燃焼·蒸発などの後に残る)残滓(ざんし)(かす·おり·灰など). **3** 〘数学〙**a** (引き算の)余り, 剰余. **b** =residual error. **c** (関数論において)留数. **4** 〘法律〙=residue 2. 〘(1672) □ L ～ (neut.) ← *residuus* remaining ← *residēre* 'to remain behind, RESIDE': RESIDUE と二重語〙

R

re·sign /rɪ̀záɪn/ *vt.* **1 a** 〈地位·官職などを〉(公式に)辞する, やめる: ～ office [one's seat in Parliament] 官[議員]を辞する / ～ one's post as headmaster 校長の地位を辞す. **b** 〈権利·希望·生命などを〉放棄する, 断念する: ～ rights [all hope] 権利[すべての希望]を放棄する. **2 a** 〈仕事·財産などを〉〈人に〉譲る, 譲り渡す (*to, into*): ～ *into* a person's hands 人手に渡す / ～ one's duties *to* more able hands もっと有能な人に職務を譲る / He ～*ed* his seat *to* a lady. 女性に席を譲った. **b** (あきらめて)(…に)委(ゆだ)ねる, 任せる (*to*) (cf. resigned 1): ～ one's mind *to* one's fate 何事も運命とあきらめる. **c** [～ *oneself* で] 〈運命などに〉身を任せる, 従う; あきらめる (*to*): ～ *oneself to* another's guidance 他人の指導に身を任せる / ～ *oneself to* meditation 黙想にふける / ～ *oneself to* sleep [rest] 睡眠[休憩]をとる / ～ *oneself to* (one's) fate 運命とあきらめる / The boy ～*ed himself to* passing the night under the stars. その少年は野宿をする覚悟を決めた. — *vi.* **1** 辞職する, 辞任する; 退職する (*from*): ～ *from* public life 公生活から退く / ～ *from* one's office 職を辞する. **2** 服する, 従う, 任せる (*to*): ～ *to* it as predestination 前世の約束とあきらめる. **3** 〘チェス〙負けを認める, 投了する. **4** 《廃》放棄[譲渡]する. **～·er** *n.* 〘(*c*1370) *resigne*(*n*) □ (O)F *résigner* □ L *resignāre* to unseal, cancel ← RE-[1]+*signāre* 'to seal, SIGN'〙

SYN 特権を放棄する: **resign** 〈官職などを〉辞表を提出してやめる: He *resigned* his job. 彼は辞職した / He *resigned* from his Cabinet. 彼は内閣をやめた. **abdicate** 正式に高位, 特に王位を放棄する《格式ばった語》: The king *abdicated* (the throne). 王は退位した. **renounce** *abdicate* よりも一般な語で, 〈称号·地位などを〉公的に声明して放棄する《格式ばった語》: The earl *renounced* his peerage. 伯爵は貴族の地位を放棄した.
ANT assume.

rè·sígn *vt.* …に再び署名する, 署名し直す. 〘1805〙

rè·sígnal *vt.* 《米》〈鉄道線路〉に新たに信号機を設置する. **rè·sígnal·ing** *n.* 〘1928〙

res·ig·na·tion /rèzɪgnéɪʃən/ *n.* **1 a** 辞職, 辞任, 退

職, 譲位: a letter of ～ 辞表 / a general ～ 総辞職 / ～ under instruction 諭旨免職. **b** 辞表, 辞職願い: hand in [give in, send in, tender] one's ～ 辞表を提出する / accept a person's ～ 人の辞職願いを聞き届ける, 辞表を受理する. **2** 放棄, 断念; 《神意・運命などに対する》服従, 甘受, 忍従, あきらめ, 諦観: ～ *to* one's fate [the will of God] 運命の甘受[神意への服従] / In spite of his hard lot, he shows great ～. 彼は運が悪いのに(運命に逆らわず)あきらめきっている / He met his fate with ～. 彼は運命を甘受した. 〖(*a*1387) □ (O)F *résignation* // ML *resignātiō(n-)*: ⇨ resign, -ation〗

re·signed /rɪ̈záɪnd/ *adj.* **1** あきらめている, あきらめの, 観念している: I am quite ～ to die [to my fate]. 私はもう死ぬものと[のがれられぬ運命と]あきらめきっています / with ～ obedience (抵抗してもむだだと)あきらめておとなしく / accept a task with ～ grace 仕方がないとあきらめて嫌な顔をせずに引き受ける. **2** 辞職[退職]した.

re·sign·ed·ness /-nɪ̈dnɪ̈s/ *n.* 〖1654〗

re·sign·ed·ly /-nɪ̈dli/ *adv.* あきらめて, 断念して; 忍従して. 〖1671〗

re·sile /rɪ̈záɪl/ *vi.* **1 a** 〈ゴムまりなどが〉はね返る, 飛び返る; 弾力がある; 戻る, 返る. **b** (精神的に)弾力がある, 打てば響く; すぐ元気を回復する, 快活である, 陽気である. **2 a** ひるむ 〔*from*〕. **b** 〔契約などから〕手を引く 〔*from*〕. **～·ment** *n.* 〖(1529) □ F (廃) *resilir* // L *resilīre* ← RE-¹+*salīre* to jump (⇨ salient)〗

re·sil·i·ence /rɪ̈zíljəns, -liəns | -zíliəns, -síl-/ *n.* **1** はね返り, 飛び返り; 弾力, 弾性; 反発力. **2** 元気の回復力, 快活性; 不幸・変化からの回復[順応]力. **3** 〖物理・機械〗弾性エネルギー 《弾性物体内に蓄えられる弾性変形によるエネルギー》. 〖(1626): ⇨ resilient, -ence〗

re·síl·ien·cy /-ljənsi, -lien- | -liən-/ *n.* =resilience.

re·sil·ient /rɪ̈zíljənt, -liənt | -zíliənt, -síl-/ *adj.* **1** はね返る, 飛び返る; 弾力のある, 弾力性の: ～ steel 弾力鋼. **2 a** たちまち元気を回復する, 復元力のある; 快活な, 陽気な, 潑剌(はつらつ)とした. **b** 不幸[困難, 変化など]にめげない; 順応性のある. **～·ly** *adv.* 〖(1644) □ L *resilientem* (pres.p.) ← *resilīre* 'to RESILE'〗

res·i·lin /rézɪ̈lɪ̈n | -lɪn/ *n.* 〖生化学〗レシリン 《昆虫の外骨格(特に翅のちょうつがいと靱帯)にある弾性蛋白質》. 〖(1960) ← L *resilīre* 'to RESILE': ⇨ -in²〗

res·in /rézɪ̈n, -zn | -zɪn/ *n.* **1** 樹脂; 松やに 《薬用またはワニス製造用; copal, dammar, guaiacum 2, mastic, rosin, sandarac など; cf. amber》: ⇨ natural resin, synthetic resin. **2** =synthetic resin. — *vt.* ...に樹脂を塗る[引く, 用いる], 樹脂でこする[処理する]. 〖(*c*1384) *resyn* □ L *rēsīna*: cog. Gk *rhētínē*〗

res·i·na·ceous /rèzənéɪʃəs, -zn- | -zɪ̈n-, -zn-⁻/ *adj.* 樹脂質の; 樹脂を含む. 〖(1669) □ L *rēsīnāceus*: ⇨ ↑, -aceous〗

résin ácid *n.* 〖化学〗樹脂酸 《天然樹脂中に存在する有機酸の総称》. 〖1892〗

res·i·nate /rézənèɪt, -zn- | -zɪn-/ *vt.* 〈ある物質〉に樹脂を混ぜる[しみ込ませる], 樹脂で香りをつける, 樹脂で処理する: ～*d* wine. — *n.* 〖化学〗樹脂酸塩. 〖(1838) ← RESIN+-ATE¹·³〗

résin canàl *n.* 〖植物〗樹脂道 《樹脂を分泌する細胞を持つ分泌道; resin duct ともいう》. 〖1884〗

résin cèll *n.* 〖植物〗樹脂細胞 《樹脂を分泌する細胞》.

résin dùct *n.* 〖植物〗=resin canal.

res·in·if·er·ous /rèzəníf(ə)rəs, -zn- | -zɪn-⁻/ *adj.* 樹脂の出る, 樹脂を分泌する. 〖(1673–74) ← RESIN+-I-+-FEROUS〗

re·sin·i·fi·ca·tion /rɛzɪ̀nəfɪ̈kéɪʃən | -nɪ̈fɪ-/ *n.* **1** 樹脂化. **2** 樹脂による処理; 樹脂塗布. 〖1800〗

re·sin·i·form /rɛzínəfɔ̀ːm | -nɪ̈fɔ̀ːm/ *adj.* 樹脂状の. 〖1811〗

re·sin·i·fy /rɛzínəfàɪ | -nɪ̈-/ *vt.* **1** 樹脂化する. **2** 樹脂で処理する; ...に樹脂を塗る[しみ込ませる]. — *vi.* 樹脂になる, 樹脂化する. 〖(1816) □ F *résinifier* ← *résine*: ⇨ resin, -ify〗

res·in·o- /rézənoʊ, -zn- | -zɪnə(ʊ)/ 「樹脂 (resin); 樹脂と...と」の意の連結形. 〖← L *rēsīna* 'RESIN'〗

res·in·og·ra·phy /rèzənáːgrəfi, -zn- | -zɪnɔ́-/ *n.* 〖化学〗レジノグラフィー 《プラスチックの表面を顕微鏡で観察・研究すること》. 〖(1946) ← RESINO-+-GRAPHY〗

res·in·oid /rézənɔ̀ɪd, -zn- | -zɪn-/ *adj.* 樹脂状の, 樹脂に似た. — *n.* **1** レジノイド, 樹脂性物質; 熱硬化性合成樹脂. **2** ゴム樹脂. 〖(1830) ← RESIN+-OID〗

res·in·ous /réz(ə)nəs, -zn- | -zɪ̈n-, -zn-/ *adj.* **1** 樹脂の[に関する]; 樹脂質の; 樹脂に似た: ～ luster 樹脂光沢. **2** 樹脂を含んだ: a ～ pine. **3** 樹脂製の: a ～ bowl, plate, panel, etc. **～·ly** *adv.* **～·ness** *n.* 〖(1646) □ L *rēsīnōsus*: ⇨ resin, -ous〗

résin sòap *n.* 樹脂石鹸 《製紙用サイジング (sizing) に用いる》. 〖1875〗

res·in·y /rézɪ̈ni, -zni | -zɪ̈ni, -zni/ *adj.* =resinous.

res·i·pis·cence /rèsəpísəns, -sns | -sɪ-/ *n.* 《古》過去の過失の自覚; 悔悟, 改心. 〖(1570) □ L *resipiscentia*: ⇨ ↓, -ence〗

res·i·pis·cent /rèsəpísənt, -snt | -sɪ-⁻/ *adj.* 悔悟[改心]した. 〖(1570) □ L *resipiscentem* (pres.p.) ← *resipiscere* to recover one's senses ← RE-²+-*spiscere* (← *sapere* to taste)〗

rés ípsa ló·qui·tur /-ípsəlóʊkwətʊ̀ə, -lá(ː)k-, -tə | -ípsɑːlɔ̀kwɪtʊ̀əʳ, -təʳ/ *n.* 〖法律〗過失推定則 《事故が過失なしには通常発生しないものである場合, 過失があったと推定する原則》. 〖L=the thing speaks for itself〗

re·sist /rɪ̈zíst/ *vt.* **1** 抵抗[反抗]する, 負けない, 耐える (⇨ oppose SYN); 阻止する, 食い止める: She ～*ed* a temptation to open the casket. 小箱のふたを開けてみたい誘惑を抑えた / ～ cutting edge, weapon, frost, moisture, etc. / ～ the enemy 敵軍を阻止する / ～ the police 警察に反抗する / It ～*s* [It is able to ～] fire. 耐火力がある / Who can ～ God's will? 神意に抗することなどだれができよう. **2** [通例 cannot ～ で] 我慢する, 控える: *cannot* ～ smiling [a smile] 微笑を禁じ得ない / I *never can* ～ strawberries and cream. いちごクリームを見ると(食べたくて)我慢できない / I *cannot* ～ a joke. 冗談を言われると笑わずにはいられない; 冗談が思い浮かぶと言わずにはいられない. **3** 《病気・化学作用などに冒されない, 影響されない: ～ disease 病気に冒されない / Gold ～*s* acid. 金は酸に強い. **4** 《提案などに》反対する, 賛成しない; 《法律などを》無視する, ...に逆らう. **5** 《Shak》...に嫌悪を催す.
— *vi.* 抵抗する; 反対[妨害]をする; 耐える: ～*ing* force [power] 抵抗力.
— *n.* **1 a** 防食用塗料, 防腐剤. **b** 絶縁塗料. **2** 〖染色〗防染 《布を染める際に望みの模様に型置きしてその部分が色に染まらないようにすること》.
〖(*c*1375) *resiste(n)* □ (O)F *résister* // L *resistere* to withstand ← RE-¹+*sistere* to cause to stand (← *stāre* 'to STAND')〗

re·sist·a·ble /rɪ̈zístəbl̩/ *adj.* =resistible.

re·sis·tance /rɪ̈zístəns, -tns, -tənts, -tnts/ *n.* **1** 抵抗, 反抗, 抗争, 反対; 阻止, 妨害: ⇨ *the* LINE¹ *of least resistance*, passive resistance / offer [make, put up] ～ 抵抗する, 反対する; 妨害する / meet (with) stiff ～ 強硬な反対に遭う[を受ける] / I felt his ～ *to* telling me anything about it. その件について彼が私には何も話したがらないことは感じていた. **2** 抵抗力, 抵抗性; 《細菌などの示す》耐性: build up ～ *to* insecticides 殺虫剤に対する抵抗力を形成する / show ～ *to* wear and tear 損耗に対する耐久力を示す / The people of this country have a greater ～ *to* the fever than we have. この国の人々はその熱病に対して我々よりも強い抵抗力をもっている. **3** [しばしば the ～, the R-] **a** レジスタンス, 地下抵抗(運動) 《占領された地域の人民の占領軍に対する組織的な地下活動による抵抗運動; 特に, 第二次大戦中のフランスの反ナチ抵抗運動をいう; cf. passive resistance》. **b** レジスタンス[地下抵抗運動]組織. **4** 〖物理〗抵抗: atmospheric ～ 大気抵抗 / The ～ of fluids varies with their specific gravity. 流体の抵抗はその比重によって異なる. **5** 〖電気〗**a** 抵抗: apparent ～ 皮相抵抗 / electric ～ 電気抵抗 / ohmic ～ オーム抵抗 / specific ～ =resistivity 2. **b** (電流の)抵抗装置, 抵抗器. **6** 〖心理・精神医学〗抵抗 《治療者に対して感情的に逆らう傾向》. **7** 〖証券〗=resistance level. 〖(1417) □ F *résistance* (変形) ← OF *resistence* ∽ (*c*1385) *resistence* □ OF □ LL *resistentia* ← *resistere*: ⇨ ↑, -ance〗

resístance àrea *n.* 〖証券〗=resistance level.

resístance bòx *n.* 〖電気〗抵抗箱 《多くの抵抗器を入れて可変抵抗として用いる装置》. 〖1899〗

resístance còil *n.* 〖電気〗抵抗コイル. 〖1862〗

resístance cóupled ámplifier *n.* 〖電子工学〗抵抗結合増幅器 《直流増幅器の一種》. 〖1931〗

resístance dròp *n.* 〖電気〗抵抗降下 《抵抗の両端に起こる電圧降下》.

resístance fùrnace *n.* 〖電気〗抵抗炉 《抵抗発熱体を使用した電気炉》. 〖1904〗

resístance lèvel *n.* 〖証券〗抵抗線 《相場がよいために売りが活発となり, それ以上の相場の上昇が鈍くなる価格水準; resistance area ともいう; ↔ support level》.

resístance lòad *n.* 〖電気〗抵抗負荷.

resístance móvement *n.* =resistance 3.

resístance thermòmeter *n.* 〖機械・冶金〗抵抗温度計 《導体の温度によって電気抵抗が異なる性質を利用したもの》. 〖1887〗

resístance wèlding *n.* 〖金属加工〗抵抗溶接, 電気抵抗溶接 《金属接合面に電流を通して, その抵抗により生じるジュール熱を利用して接合する溶接法; cf. seam welding》. 〖1914〗

re·sis·tant /rɪ̈zístənt, -tnt/ *adj.* **1** 抵抗する, 耐える 〔*to*〕: ～ *to* change 変化に抵抗する. **2** 〖医学〗抵抗性の(ある); 耐性の(ある). **3** [しばしば複合語の第2構成素として] (...の)抵抗力のある, 耐...の: corrosion-*resistant* material 耐食材 / quake-*resistant* buildings [houses] 耐震建築[住宅] / wrinkle-*resistant* cloth 防しわ性布地, しわを防ぐ布地. — *n.* **1** 抵抗者, 抗争者, 反対者; 徴兵忌避者. **2** 防染物; 防腐剤. **～·ly** *adv.* 〖(1410) □ F *résistant* ← *résister* 'to RESIST': ⇨ -ant〗

re·sis·tate /rɪ̈zístèɪt/ *n.* 〖地質〗レジステート 《風化作用による破壊に対し強い抵抗を示す鉱物からなる堆積物》. 〖← RESIST+-ATE¹〗

resíst dỳeing *n.* 〖染色〗=resist printing.

Re·sis·ten·cia /rèsɪsténsiə; *Am.Sp.* resisténsja/ *n.* レシステンシア 《アルゼンチン北東部, Paraná 川に臨む都市》.

re·sis·tent /rɪ̈zístənt, -tnt/ *adj.* =resistant.

re·síst·er *n.* 抵抗者, 抗争者; 反政府主義者. 〖1375〗

re·sist·i·bil·i·ty /rɪ̈zìstəbíləṭi, -tɪ̈bílɪ̈ti/ *n.* **1** 抵抗できること[状態], 耐えられること[状態]. **2** 抵抗力, 抵抗性. 〖1617〗

re·sist·i·ble /rɪ̈zístəbl̩ | -tɪ̈-/ *adj.* 抵抗[反抗]できる, 阻止できる: a ～ attack 抵抗できる(程度の)攻撃. **re·síst·i·bly** *adv.* 〖1608〗

re·síst·ing àgent *n.* 〖染色〗防染剤.

re·sis·tive /rɪ̈zístɪv/ *adj.* 抵抗する, 抵抗力のある, 抵抗性の (resistant). **～·ly** *adv.* **～·ness** *n.* 〖1603〗

re·sis·tiv·i·ty /rìːzɪstívəṭi, rɪ̈zɪs- | rìːzɪstívɪ̈ti, rèz-/ *n.* **1** 抵抗力[性]. **2** 〖電気〗固有抵抗, 抵抗率 《specific resistance ともいう》. 〖1885〗

resistívity survèying *n.* 比抵抗調査 《地下に埋めた電極間を流れる電流の比抵抗を測定して, 地下に埋められたものの所在を突きとめる方法》. 〖1931〗

resíst·less *adj.* 《古》**1** 抵抗できない, 不可抗力の, 抑えられない, 耐えられない: the ～ march of events 止めようのない事件の続発. **2** 抵抗力のない, 抵抗しない, 無抵抗の. **～·ly** *adv.* **～·ness** *n.* 〖1586〗

re·sis·to·jet /rɪ̈zístoʊdʒèt | -tə(ʊ)-/ *n.* 〖宇宙〗電気抵抗ジェットエンジン, レジストジェット(エンジン) 《電熱線によってガスを加熱し, ノズルから噴射した高速流またはこの原理を用いたロケットエンジン》. 〖← RESIST(ANCE)+-O-+JET¹〗

re·sís·tor *n.* 〖電気〗抵抗器, 抵抗装置. 〖(1759) (1905)〗

resíst pàste *n.* 〖染色〗防染糊. 〖1836〗

resíst prìnting *n.* 〖染色〗防染 《あらかじめ生地に防染糊を印捺した後, 地染めして模様をあらわす染色法; cf. discharge printing》.

rè·sít *vt.* (-sat; -sit·ting) 《英》《落ちた後で》〈筆記試験を〉再受験する. — /⁻⁻/ *n.* 再受験 (resitting). 〖1959〗

res·ite /rézaɪt/ *n.* 〖化学〗レジット 《フェノールホルムアルデヒド樹脂の不溶融性となった状態; C-stage resin ともいう; cf. resol》. 〖← RES(IN)+-ITE¹〗

res·i·tol /rézətɔ̀(ː)l | -zɪtɔ̀l/ *n.* 〖化学〗レジトール 《レゾールを加熱して架橋反応がやや進んだ中間段階のフェノール樹脂; B-stage resin ともいう; cf. resol》. 〖(1913) ← RESIT(E)+(RES)OL)〗

rè·sítting *n.* (議会などの)再開. 〖1661〗

rè·size *vt.* ...の大きさを変更する.

rés ju·di·ca·ta /réɪsdʒùːdɪ̈káːṭə, -kéɪ- | -dʒùːdɪ̈káːtə/ *n.* 〖法律〗既判事項 (cf. res adjudicata). 〖(1693) □ L *rēs jūdicāta* thing decided〗

rè·skíll *vt.* さらに熟練させる, 新しい技術を身に着けさせる.

rè·skíll·ing *n.* (特に失業者に対する)技能再教育.

rè·skín *vt.* ...の外皮[コーティング]を交換[修理]する.

Res·nais /rənéɪ, rɛ-; *F.* ʀɛnɛ/, **Alain** *n.* レネ (1922– ; フランスの映画監督; *Hiroshima mon amour*「二十四時間の情事」(1959), *L'Année dernière à Marienbad*「去年マリエンバートで」(1961)).

res·na·tron /réznətrɑ̀(ː)n | -trɔ̀n/ *n.* 〖電気〗電波探知機妨害機, レスナトロン 《高い出力を有し, 広範囲の周波数の電波を出す発信管》. 〖← RES(O)NA(TOR)+-TRON〗

rés·o·jet èngine /rézoʊdʒèt- | -zə(ʊ)-/ *n.* 〖航空〗共振脈流ジェットエンジン. 〖*resojet*: ← RESO(NANCE)+JET¹〗

res·ol /rézɔ(ː)l | -zɔl/ *n.* (*also* **res·ole** /⁻/) 〖化学〗レゾール 《フェノール樹脂生成中における可溶可融性の状態で, 架橋反応が進み, レジトールを経てレジットとなる; A-stage resin ともいう; cf. resite, resitol》. 〖(1913) □ G ～ // ← RES(IN): ⇨ -ol²〗

rè·sóle *vt.* 〈靴〉の底を張り替える: have one's shoes ～*d* 靴の底革を張り替える. 〖*a*1853〗

re·sol·u·ble¹ /rɪ̈zɑ́(ː)ljubl̩, -ju-, rézə- | rɪ̈zɔ́l-, rézəl-/ *adj.* **1** 分析[溶解]できる 〔*into*〕. **2** 解決できる: a ～ problem. **re·sòl·u·bíl·i·ty** /-bíləṭi | -lɪ̈ti/ *n.* **～·ness** *n.* 〖(1602) □ LL *resolūbilis*: ⇨ re-¹, soluble〗

rè·sóluble² *adj.* 再び溶ける. **～·ness** *n.* 〖1839〗

res·o·lute /rézəlùːt | -lùːt, -ljùːt/ *adj.* **1** 決心の固い, 決然とした; 不抜の, 不動の, 確固とした, びくともしない (⇨ faithful SYN): a ～ man 毅然とした人 / a man of ～ will 断固たる意志の人 / be ～ *to* fight 戦う決意をしている / John and Mary are ～ *for* peace. ジョンとメアリーは仲直りする気でいる. **2** 確固たる意志を示す: a ～ chin 意志の固さを示すあご先 / I like his ～ mouth. 意志の強そうな彼の口元が好きです. — *n.* 意志の堅固な人. **～·ly** *adv.* **～·ness** *n.* 〖(?*a*1425) □ L *resolūtus* (p.p.) ← *resolvere* 'to RESOLVE'〗

res·o·lu·tion /rèzəlúːʃən | -lúː-, -ljúː-/ *n.* **1 a** (議会などの)決議; 決議案[事項], 決議文 (cf. motion 3 a): pass [defeat] a ～ in favor of [against] ...に賛成[反対]の決議を承認[拒否]する / adopt [reject] a ～ 決議を採択[否決]する / propose two ～*s* 二つの決議案を提案する: ⇨ concurrent resolution, joint resolution. **b** 決断, 決意, 決心, 覚悟: make a firm ～ to [that one will] give up drink 酒をやめようと固く決心する / good ～*s* 行いを改めようとする決意 / a New Year('s) ～ 新年の決意 / come to [form, make] a ～ 決心する, 覚悟する / with ～ in his eyes 決然たる目つきで. **c** 確固, 堅忍不抜, 決然とした気性, 不屈 (resoluteness): a man of no [firm] ～ 優柔不断な[断固とした]男 / show (one's) ～ 決意のほどを示す. **2** (疑問・問題などの)解決, 解答: the ～ of a doubt 疑問の解決. **3 a** 分解, 分析 〔*into*〕. **b** (より簡単な形への)変形, 変化, 転化 〔*into*〕: ～ *into* a different form [something else] 別の形[他の物]への変化. **4** (カメラレンズ・顕微鏡などの)解像力; 〖テレビ〗解像度[力] 《映像の鮮明度, 精細度》. **5** 〖病理〗(炎症・腫脹などの)消散・消退. **6** 〖音楽〗解決 《不協和音から協和音に進行すること; 和音内の不協和な音が協和音に進行すること》; (こうして解決された)協和音. **7** 〖古典詩学〗音節分解 《1長音節の代わりに2短音節を用いること》. **8** 〖文学〗解明部 《演劇や他の文学作品の筋が解き明かされる部分》. **9** 〖化学〗(ラセミ体の)分割, 分解, 分解能. **10** 〖光学〗分解力, 分解能 《顕微鏡・望遠鏡において, 見分けうる近接した2点の最小間隔; また分光器において分解しうる隣接した二つのスペクトル線の間隔; cf. resolving power》. **11** 〖電子工学〗(レーダーで二つの目標を識別できる)最小識別距離. **12** 〖数学〗**a** (ベクトルなどの)分解. **b** (特異点などの)解消.
〖(*c*1384) □ OF *resolucion* (F *résolution*) // L *resolūtiō(n-)* ← *resolvere* 'to RESOLVE': ⇨ -tion〗

rès·o·lú·tion·er /-ʃ(ə)nə | -nə^r/ *n.* 決議に参加[署名]する人, 決議賛成者. 〘1693〙

rès·o·lú·tion·ist /-ʃ(ə)nɪst | -nɪst/ *n.* =resolutioner.

re·sol·u·tive /rɪzɑ́(ː)ljuṭɪv, rézəlùːṭ- | rɪzɔ́ljʊt-/ *adj.* **1** 溶解できる, 分解力のある. **2** 〘医学〙消散[消退]させる: a ~ cataplasm 散らし罨法(あんぽう). **3** 〘法律〙(契約・義務などを)解消する, 解除する: a ~ clause 解除条項. — *n.* 《古》〘薬学〙散らし薬, 解凝薬. 〘《a1400》□ (O)F *résolutif* □ ML *resolutivus*: ⇨resolute, -ive〙

re·solv·a·bil·i·ty /rɪzɑ̀(ː)lvəbíləṭi, -zɔ̀(ː)l- | -zɔ̀l-vəbílɪti, -zɔ̀ʊlv-/ *n.* 分解[溶解]可能, 分解[溶解]性. 〘1845〙

re·solv·a·ble /rɪzɑ́(ː)lvəbl | -zɔ́lv-/ *adj.* **1** 分解できる, 解像できる, 溶解性の〔*into*〕. **2** 解明[解決]できる. **~·ness** *n.* 〘1646〙

re·solve /rɪzɑ́(ː)lv | -zɔ́lv/ *vt.* **1 a** 〈問題などを〉解く, 解明する, 説明する, 解決する (⇨ decide SYN): ~ a difficulty 難問題を解決する / The problem of its origin has not yet been ~*d*. その起源の問題はまだ解決されていない. **b** 〈疑惑などを〉晴らす, 〈恐怖を〉除く: ~ doubts 疑惑を解明する. **2 a** (慎重な選択と意志で)決心する, 決定する 〈*to do*, *that*〉: I ~*d to* give up smoking. たばこをやめようと決心した / I ~*d that* I would have my revenge. 私は報復[復讐]しようと決心した. **b** 決心させる (cf. resolved): This discovery ~*d* us *to* go. この発見で我々は行く決心をした. **c** 〈議会・会議などが〉(決議・投票によって)正式に決定する, 議決する 〈*to do*, *that*〉: It was ~*d that* ... (議会の決議要録の文句で, 会議または投票の結果)...と議決した, と決議通過した / *Resolved* ...右決議する (討議の題目としても用いる). **3 a** 〈化合物を〉(構成要素に)分解する〔*into*〕: ~ water *into* oxygen and hydrogen 水を酸素と水素に分解する / ~ something *into* its elements ある物をその構成要素に分解する / The matter ~*s* itself *into* three elements. その物質は分解すると三つの元素となる. **b** 〈ラセミ体を〉二つの構成要素に分割[分解]する. **c** (分解・分析などして)(別の形に)変える, 化する, 変形させる; 結局〔...に〕する, 帰着させる〔*into*, *to*〕: ~ an idea *into* more elementary [basic] forms ある概念をさらに基本的な形に変える / The problem ~*s* itself *into* this. 問題はつまりこういうことに帰着する / We might ~ Christianity *into* a system of morality. キリスト教を道徳体系に変えることはできないものでもない. **4** 〘光学〙〈望遠鏡などが〉分解する: The telescope ~*s* a nebula *into* stars. 望遠鏡で見ると星雲は星群に分かれて見える. **5** 〈はれものなどを〉(化膿(かのう)させずに)散らす, 分散させる: The tumor was ~*d*. 腫物が散った. **6** 〘音楽〙解決させる, 不協和音から協和音に移行させる. **7** 〘文学〙〈劇などの〉結末へ導くように組み立てる. **8** 〘詩学〙〈長音節に〉二つの短音節を置き換える. **9** 〘物理〙(ベクトルを与えられた座標系で)成分に分解する. **10** 《廃》溶解する〔*into*〕: O, that this too too solid flesh would melt, thaw and ~ itself *into* a dew! ああ, このあまりに頑丈すぎる肉体が溶けて, 解けて露となって消えてしまえばいいのに (Shak., *Hamlet* 1. 2. 129–130).

— *vi.* **1** 決心する〔*on*, *upon*〕; 決定する, 決議する: He ~*d upon* amendment. 改心しようと決心した / I ~*d upon* having my revenge [*upon* vengeance]. 報復を決心した. **2 a** 分解する; (分解などして)変じる, 還元する〔*into*, *to*〕: Blood first coagulates and then ~*s*. 血液はまず凝結してその後で分解する. **b** 帰着する, なる〔*into*〕: The matter ~*s into* three elements. その物質は分解すると三つの元素となる (cf. *vt.* 3 a). **3** 〘医学〙消散[消退]する, 〈はれものなどが〉散る. **4** 〘音楽〙解決する, 協和音になる. **5** 〘法律〙無効となる, 消滅する.

— *n.* **1** 決心, 決意, 覚悟: make a (firm) ~ to [that one will] give up smoking 禁煙の(固い)決心をする / break one's ~ 気をくじく[落とす]. **2** 《詩》確固, 堅忍不抜, 不屈 (resoluteness, resolution): a person [mind] of high [firm] ~ 決心の固い人[心] / keep (up) one's ~ 決心を持ち続ける. **3** 《米》(議会などの)決議. **4** 《廃》解決, 解答.

re·sólv·er *n.* 〘《c1380》*resolve(n)* □ L *resolvere* to loosen, solve: ⇨ re-¹, solve〙

re·solved /rɪzɑ́(ː)lvd | -zɔ́lvd/ *adj.* **1** 決心している, 決意した 〈*to do*〉 (cf. resolve *vt.* 2 b): She is ~ *to* stay at home. 彼女は家に留まることを決心している. **2** 確固たる, 堅忍不抜の. **~·ness** *n.* 〘1497〙

re·sól·ved·ly /-vɪdli/ *adv.* 意を決して, 断固として, 決然(と). 〘1595〙

re·sol·vent /rɪzɑ́(ː)lvənt | -zɔ́l-/ *adj.* **1** 分解する, 溶解する. **2** 〘薬学〙散らす作用のある, 散らせる: a ~ drug 分解剤. — *n.* **1** (問題などを)解決するもの[手段]. **2** 〘数学〙逆核, 解核 (積分方程式の解の積分の核). **3** 〘化学〙溶解剤, 溶剤. **4** 〘薬学〙溶解薬 (病的分泌物などの溶解・消散を促進する薬物). 〘《1676》□ L *resolventem*: ⇨ resolve, -ent〙

re·sólv·ing pòwer *n.* **1** 〘光学〙分解能 (相接する二本のスペクトル線を分光器が分離できる度合; 顕微鏡・望遠鏡・眼球など光学器械で見分けられる二点間の極限の距離; cf. resolution *n.* 10). **2** 〘写真〙解像力 (レンズ・光学系フィルム・印画紙などの細部を再現する能力; 普通は 1 mm 当たりの白黒の線の 1 対の数で評価する). 〘1879〙

resólving tìme *n.* 〘物理〙分解(可能)時間 (二つのパルス信号などを)別の信号として識別可能な最少時間間隔; cf. dead time). 〘1942〙

res·o·nance /réz(ə)nəns, -zṇ-, -nənts/ *n.* **1** 反響, 響き: His teachings found no ~ in them. 彼の教えも彼らからは何の反響もなかった. **2** 〘物理〙共鳴, 共振 (互いに近接した周波数をもつ振動系の間に強い相互作用の起こる状態). **3** 〘化学〙共鳴 (共軛(きょうやく)二重結合分子(ベンゼンなど)におけるエネルギーの等しい, あるいはほとんど等しい状態が混じり合って一つの状態を作ること). **4** 〘電気〙(波長の)同調, 共振. **5** 〘医学〙清音 (胸部を打診して肺内に正常に空気があれば聞こえる音). **6** 〘音楽〙共鳴. **7** 〘音声〙(声道の)共鳴: vocal ~ 声音反響 / nasal ~ 鼻腔共鳴. **8** 〘物理〙 **a** 共鳴 (素粒子・原子核・原子・分子などの系が特定のエネルギーの入射粒子(光子を含む)を吸収して励起状態ができること). **b** 極めて短命な素粒子. 〘《a1460》□ OF *reson(n)ance* (F *résonance*): ⇨ resonant, -ance〙

résonance absòrption *n.* 〘電気・物理〙共鳴吸収 (特定の波長の光など, 一定エネルギーの入射粒子を吸収して共鳴[励起]状態ができること). 〘1945〙

résonance acceleràtion *n.* 〘電気〙共振加速 (荷電粒子の動きに合わせて加速電界の周波数などを変化させる粒子加速方法).

résonance bànd *n.* 〘機械〙共振帯.

résonance bòx *n.* 〘音楽〙(楽器の)共鳴箱. 〘1873〙

résonance cìrcuit *n.* 〘電気〙共振回路.

résonance cùrve *n.* 〘物理・電気〙共振曲線 (振動系や共振回路の共振点付近の周波数に対する共振状態を表した曲線).

résonance hỳbrid *n.* 〘化学〙共鳴混成体 (分子の構造が二つ以上の構造の共鳴と考えられる時をいう). 〘1939〙

résonance pìpe *n.* 〘音楽〙(楽器の)共鳴管.

résonance potèntial *n.* 〘電子工学〙共振電圧, 共鳴ポテンシャル, 共鳴電位, 励起電位 (resonance absorption に対応するエネルギー差).

résonance radiàtion *n.* 〘物理〙共鳴放射 (原子核や原子・分子の励起状態から光子が放出されること). 〘1905〙

résonance spèctrum *n.* 〘物理〙共鳴スペクトル (共鳴放射のスペクトル; cf. resonance radiation).

résonance thèory *n.* **1** 〘生理〙共鳴説 (Helmholtz による聴覚理論). **2** 〘心理〙共鳴 (蝸牛の基底膜にある長さの違う多くの線維がそれぞれ周波数の違う音に共鳴し, それらがおのおの異なる神経を通じて大脳に伝えられ聴覚を生じるとする Helmholtz の聴覚説).

res·o·nant /réz(ə)nənt, -zṇ-/ *adj.* **1 a** 〈音・声など〉反響する, 鳴り響く, 響き渡る, 鳴り続く: a ~ voice 太く響く声. **b** 〈言葉など〉仰々しい, 大げさな. **2** 〈物体・壁・部屋など〉共鳴を起こす, 鳴り響かせる; 〈場所が〉(音で)響き渡っている, こだましている〔*with*〕: a valley ~ *with* the sound of trees. **3** 〘物理〙共鳴の, 共振の, 同調の. **4** 〘音声〙共鳴音の. — *n.* 〘音声〙共鳴音 (調音の際, 音響学的特性が声帯の振動と声道における共鳴による音; 母音や半母音 [j] [w], 鼻音 [m] [n] [ŋ], 流音 (liquid) [l] [r] など; cf. obstruent, sonorant). **~·ly** *adv.* 〘《1592》□ (O)F *résonnant* □ L *resonantem* (pres.p.) ← *resonāre* ← RE-¹+*sonāre* 'to SOUND¹': ⇨ sonant〙

résonant càvity *n.* 〘電子工学〙=cavity resonator. 〘1945〙

res·o·nate /rézənèɪt, -zṇ-/ *vi.* **1** 鳴り響く, 響き渡る. **2** 共鳴する, 共振する, 反響する. **3** 〈幼児などが〉(家族の話し声などを)反響のように繰り返す, (何度も)反復する〔*to*〕. **4** 〘電子工学〙共振する. — *vt.* 鳴り響かせる, 共鳴[共振]させる. ***résonate with*** ... (口語) (1) 〈場所が〉(音)で鳴る, ...が響き渡る. (2) 〈場所などが〉...を呼び起こす, ...に満ちあふれる. (3) 《米》〈人〉に共鳴する.

res·o·na·tion /rèzənéɪʃən, -zṇ-/ *n.* 〘《1873》← L *resonātus* (p.p.) ← *resonāre*: ⇨ resonant, -ate³〙

rés·o·nà·tor /-ṭə | -tə^r/ *n.* **1** 共鳴器, 共振器; 共鳴分析器; 共鳴子, 振動子. **2** 〘音楽〙共鳴器, 強音器 (cf. mute¹ 4). **3** 〘通信〙共振器 (送受信装置の同調のための電気的共振回路または導波管に接続する空胴共振器). **4** 〘自動車〙レゾネーター (排気系に付ける共鳴現象を利用した消音器). 〘《a1869》← NL ~ ← L *resonātus*: ⇨ resonate, -or²〙

res·o·na·tron /rézənətrɑ̀(ː)n, -zṇ- | -trɔ̀n/ *n.* 〘電子工学〙レゾナトロン (高周波用の高出力ビーム四極管の一種で共振空胴 (cavity resonator) をもつ). 〘⇨ ↑, -tron〙

re·sorb /rɪsɔ́əb, riː-, -zɔ́əb | -sɔ́ːb, -zɔ́ːb/ *vt.* **1** 〈浸出液などを〉再び吸収する, 吸収し直す. **2** 〘生物〙〈生体によって造られた物質を〉分解吸収する. — *vi.* 再吸収される. 〘《1640》□ L *resorbēre* ← RE-¹+*sorbēre* to drink〙

re·sor·bent /rɪsɔ́əbənt, riː-, -zɔ́əb- | -sɔ́ːb-, -zɔ́ːb-/ *adj.* 再吸収する. **re·sór·bence** /-bəns/ *n.* 〘《a1800》□ L *resorbentem*: ⇨ ↑, -ent〙

res·or·cin /rɪzɔ́əsɪn, rɛ-, -sṇ | -zɔ́ːsɪn/ *n.* 〘化学〙レゾルシン (resorcinol). 〘《1866》← RES(IN)+ORCIN〙

res·or·cin·ol /rɪzɔ́əsənɔ̀(ː)l, rɛ-, -sṇ- | -zɔ́ːsɪnɔ̀l/ *n.* 〘化学〙レゾルシノール ($C_6H_4(OH)_2$) (染料・医薬・写真用). 〘《1881》: ⇨ ↑, -ol¹〙

re·sorp·tion /rɪsɔ́əpʃən, riː-, -zɔ́əp- | -sɔ́ːp-, -zɔ́ːp-/ *n.* **1** 再吸収. **2** 〘病理〙吸収. **re·sorp·tive** /rɪsɔ́əptɪv, riː-, -zɔ́əp- | -sɔ́ːp-, -zɔ́ːp-/ *adj.* 〘《1818–20》← L *resorptus* (p.p.) ← *resorbēre* 'to RESORB')+-ION〙

re·sort /rɪzɔ́ət | -zɔ́ːt/ *vi.* **1** 〔ある手段に〕訴える, 頼る, 助けを求める, 力を借りる〔*to*〕: ~ *to* experiment 実験に頼る / ~ *to* force [arms, violence] 腕力[武力, 暴力]に訴える / ~ *to* law 法律に訴える / They ~*ed to* a strike for higher wages. 賃上げを要求してストに突入した. **2** (大挙して)行く; (特に)しげしげと通う, 常々行く〔*to*〕: a park *to* which many people ~ 多くの人が出かける公園 / a place *to* which he was known to ~ その男の行きつけの場所 / Visitors ~*ed to* the shrine by the hundred(s). 参詣(さんけい)者が何百となくその社に詣(もう)でた.

— *n.* **1 a** よく行く所, 出入りの場所, 盛り場; 行楽地, 遊山地(ゆさんち), リゾート: a (place of) popular ~ 盛り場 / a fashionable ~ 上流階級の人々のリゾート地 / a health ~ 保養地 / a holiday ~ 休日に遊びに行く場所, 行楽地 / a mountain [seaside] ~ 山[海辺]の行楽地 / a pleasure ~ 遊山地 / a summer [winter] ~ 避暑[寒]地, 夏[冬]の行楽地 / a ~ of thieves [beggars, tramps] 盗賊[こじき, 浮浪者]の巣[集合場所]. **b** 《米》=resort hotel. 日英比較 日本語の「リゾートマンション」は和製英語. 英語では resort condo(minium) という. **c** 行くこと; 足しげく通うこと; 多人数の往訪, 人出: a place of public [great] ~ 人の多数寄り集まる所, 盛り場 / He encouraged the ~ of artists. 芸術家の来訪を歓迎した. **d** [集合的] 人だかり, 群衆 (throng): a great ~ of men. **2 a** 頼りにする人[物] (⇨ resource SYN); (訴える)手段, 方便, 策: as a last ~ 最後の手段として / without ~ 訴えるすべもなく, 頼む所なく / A carriage was the only ~. 馬車が唯一の頼りであった. **b** 頼りにする[訴える]こと, 頼み〔*to*〕: have [make] ~ *to* a strike ストライキに訴える / It cannot be done without ~ *to* compulsion. それは強制手段に訴えなければできない / the ~ *to* ultimate tactics 最後の手段の採用.

in the lást resórt (百計尽き)最後の手段として, 最後の頼みに, 結局, ついに. (1672)

〘v.: 《?a1400》 *resorte(n)* □ OF *resortir* (F *ressortir*) ← RE-¹+*sortir* to come out (⇨ sortie). — n.: 《c1385》□ (O)F *ressort* ← (v.)〙

rè·sórt *vt.* 再び分類する, 再び仕分けする. 〘1889〙

re·sórt·er /-ṭə | -tə^r/ *n.* 盛り場[行楽地]へ足しげく通う人, 行楽客. 〘1533〙

resórt hotél *n.* 《英》リゾートホテル (《米》resort).

resórt wèar *n.* リゾートウェア (行楽地や保養地で着用するカジュアルな服). 〘1965〙

re·sound /rɪzáund/ *vi.* **1 a** 〈場所・部屋などが〉鳴り響く, 反響する: All England ~*s* with his praise. 英国中が彼をほめたたえている. **b** 〈楽器・音などが〉共鳴する, 鳴り響く, 鳴り渡る. **2** 〈名声・事件などが〉評判になる, 知れ渡る: His name ~*s* throughout the land. 彼の名声は国中に知れ渡っている. — *vt.* **1** 〈音を〉反響する, こだまさせる. **2 a** 声を大にして繰り返す: ~ the praises of a hero. **b** 〈言葉などを〉大声で言う. 〘《c1380》*resoune(n)* ← RE-¹+*soune(n)* 'to SOUND¹': cf. OF *resoner* / L *resonāre*〙

rè·sóund *vt.* 再び鳴らす, 再び鳴り響かせる. — *vi.* 再び鳴る, 再び響く. 〘1897〙

re·sound·ing /rɪzáundɪŋ/ *adj.* 反響する, 鳴り響く, 響き渡る; 顕著な, 完全な: ~ cheers 響き渡る歓声 / a ~ success [victory] 大成功[勝利] / a ~ defeat 大敗北. **~·ly** *adv.* 〘c1380〙

re·source /ríːsɔəs, -zɔəs, rɪsɔ́əs, -zɔ́əs | rɪsɔ́ːs, -zɔ́ːs, ríːsɔːs, -zɔːs/ *n.* **1 a** [*pl.*] (一国の)資源: natural ~*s* 天然資源 / Australia's vast energy ~*s* オーストラリアの莫大なエネルギー資源 / A war will be a drain upon our country's ~*s*. 戦争があれば我が国の資源は枯渇してしまう. **b** [*pl.*] 財源, 財力, 資産, 資金: a man of no ~*s* 無資力の人 (cf. 4). **c** (まさかの時の供給・援助の)源, 源泉, 貯蔵; 蓄積; (情報・専門技術の)源, 供給源. **2** (まさかの時の)頼み, 方便, 方策, やりくり, 算段: Flight was his only ~. 逃げるよりほかに道はなかった / I am at the end of my ~*s*. 百計尽きた / Smiling was her usual ~. 彼女は困るといつも微笑でごまかした / She had no other ~ but to weep. 泣くよりほかに仕方がなかった. **3** やりくり上手, 機略縦横, 知謀; 臨機の才, 機転: a man of great ~ 機略縦横の人, 非常な知恵者 / He is full of ~ in any emergency. 臨機応変の才に富んでいる. **4** 憂さ晴らし, 退屈しのぎ, 娯楽: a man of no ~*s* 無趣味な人 (cf. 1 b) / Reading is a great ~. 読書は非常な楽しみだ. **5** [通例否定構文で] 《古》援助[回復]の見込み: be lost without ~ 援助も見込めず途方に暮れる. **6** 〘電算〙リソース, 資源: **a** システムの利用できるメモリー・CPU パワー・ディスクスペースなどの総称 (system resource). **b** ネットワーク上の共有プリンターなど. **c** プログラミングで使う部品.

— *vt.* ...に資金[資源]を供給する.

be thrówn on one's ówn resóurces (他人に頼まず)自分でやるよりほかなくなる. ***léave a person to his ówn resóurces*** (退屈して[困って]いる)人を放っておく.

〘《1611》□ F *ressource* (p.p.) ← OF *resourdre* to rise again <L *resurgere* 'to RESURGE¹'〙

SYN 方便: **resource** 援助が必要な時に頼る人・行動・方法: appeal to arms as the last *resource* 最後の手段として武力に訴える. **resort** 通例最終的に頼るもの (しばしば have resort to, あるいは last resort の形をとる): have *resort* to the law 法に頼る. **expedient** 普通の方法の代用手段: He adopted the plan as a temporary *expedient*. 一時しのぎの便法としてその案を採用した. **makeshift** 《軽蔑》間に合わせの便法: use a box as a *makeshift* for table テーブルの間に合わせに箱を使う. **stopgap** 緊急な必要, 欠員に対処するための当座しのぎの人や物: act as a *stopgap* for a sick colleague 病気の同僚の穴埋めとして働く.

resóurce cènter *n.* (特定の分野の)資料[情報]センター.

re·sóurced *adj.* (特に資金の)援助を受けている.

re·source·ful /rɪsɔ́əsfəl, -zɔ́əs-, -fl | rɪsɔ́ːs-, -zɔ́ːs-, ríːsɔːs-, -zɔːs-/ *adj.* **1** 機略縦横の, 計略[知謀]に富んだ, 思い付きのうまい, やりくり上手の: a ~ wife. **2** 資力のある, 物資の豊かな, 資源に富んだ. **~·ly** *adv.* **~·ness** *n.* 〘1851〙

resóurce·less *adj.* **1** 方策のない. **2** 資力のない, 資源の乏しい. **~·ness** *n.* 〘1787〙

resp. 《略》respective; respectively; respondent.

R

re·spéak *vt.* **1** 反響する. **2** 再び話す.

re·spect /rɪ̀spékt/ *vt.* **1 a** 重んじる, 尊重する, 尊敬する (⇨ regard SYN): ~ a man [one's elders] 人[目上の人々]を尊敬する / ~ oneself 自重する, 自尊心がある (cf. self-respect). **b** 《古》顧慮する, 考慮に入れる, 斟酌(しんしゃく)する, 注意する: ~ a person's prejudices [grief, wishes] 人の偏見[悲しみ, 希望]を顧慮する. **2** 守る, 犯さない, 妨害しない: ~ the law [one's word] 法律[約束]を守る / ~ a person's privacy 人の私生活を尊重する / ~ innocence 無邪気さに付け込まない / ~ a person's silence 人の沈黙を妨げない, 黙っている人にみだりに話しかけない / ~ privileges [property, neutral territory] 特権[所有権, 中立地帯]を尊重する[侵害しない]. **3** 《古》…に関係する, かかわる (cf. respecting).
respéct pérsons [*the pérson*] (地位などによって)特別待遇する, 人によって区別立てをする, えこひいきする (cf. respecter). (*sò fár*) *as respécts* …について, に関して.
— *n.* **1 a** 尊敬, 敬意 (⇨ honor SYN): have (a) deep [great] ~ *for* …に対して深い尊敬を抱いている / have no ~ *for* (old) age 老人に対して敬意の「け」の字も持たない / with all ~ *to* your opinion ご意見は(実に)ごもっともですが / hold a person in (the greatest) ~ 人を(この上なく)尊敬する / show ~ *to* [*for*] …に敬意を払う, 敬う / treat … with ~ …を大切に[敬意をもって]扱う / He has won [conquered] the ~ of all. 彼は万人の尊敬を受けるに至った. **b** [*pl.*] (言動に表された)敬意, 挨拶, ご機嫌伺い: send one's ~*s* to …によろしくと言ってやる / Give him my best ~*s*. あの人にくれぐれもよろしくお伝え下さい. **2** 尊重, 重視; 顧慮, 斟酌(しんしゃく), 考慮, 注意, 関心 〔*for, to*〕: have ~ *for* one's promise 約束を尊重する[守る] / pay ~ *to* a person's wishes 人の希望を酌量(しゃくりょう)する / He has not had [paid] ~ *to* anything but beauty. 美以外は何も考慮しなかった / show ~ of persons 人を差別する, えこひいきする / There is no ~ of persons with God. 神には偏(かた)り視(み)給うことなし《一視同仁; *Rom.* 2:11》. **3** 点, 箇所, 細目: in all [many, some] ~*s* すべての[多くの, 幾つかの]点において / in every ~ あらゆる点で, どこから見ても / in no ~ いかなる点においても[全然]…でない / in this [that] ~ この[その]点で / be defective in some ~*s* ある点で欠陥がある. **4** 関係; 関連 〔*to*〕: have ~ *to* the problem その問題と関係がある. **5** 《廃》 **a** 考慮すべき事柄; 目的, 動機. **b** 比較: in ~ 比較して.
in respéct of [*to*] (1) …に関しては, については: *In* ~ *of* that there is nothing to be said. その点については何も言うことがない. (2) 《古》…を考慮して, に鑑みて, の故に.
in respéct that … 《古》…ということを考えると, であることを思えば, だから. *páy one's lást respécts* (*to*) (人の)葬儀に参列する. *páy one's respécts* (人の所へ行って)敬意を表する. 《1668》 *without respéct to* [*of*] …を無視して, を顧慮しないで: *without* ~ of persons (ことに高位の人などに対して)特別扱いすることなく / He did it *without* ~ *to* the results. 彼は結果のことなど考えずにそれをやった. *with respéct to* …に関して(は), について(は). 《1826》
〖n.: (?c1380) □ (O)F ~ // L *respectus* (p.p.) ← *respicere* to look (back) at ← RE-¹ + *specere* to look at (cf. species). — v.: 《1540》 ← L *respectus* // □ L *respectāre* (freq.) ← *respicere*〗

R

re·spect·a·bil·i·ty /rɪ̀spèktəbíləṭi | -lɪ̀ti/ *n.* **1** 尊敬に値すること, 人格高潔; 品行方正; 立派な態度[行動]. **2 a** 体面, 世間体; お上品振り: for ~'s sake 世間体をつくろうために. **b** (住居・衣服などが)恥ずかしくないこと; 立派な社会的地位. **3 a** 人格高潔品行方正な人, 君子. **b** [the ~; 集合的] 身分のある人々; 名士連, お歴々. **4** [しばしば *pl.*] 因襲的儀礼, 慣習: observe the *respectabilities* 慣習を守る. 〖《1785》: ⇨ ↓, -ity: cf. F *respectabilité*〗

re·spect·a·ble /rɪ̀spéktəbl/ *adj.* **1** 尊敬すべき, 立派な; 人格高潔な, 品行方正な (↔ despicable): a ~ person [physician] 立派な人[医師] / He did it from ~ motives. 彼は立派な動機からそれをした. **2** 品のある, 卑しからぬ, 上品な, 見苦しくない, 押し出しのいい; 上品ぶった: ~ behavior 上品な振舞い / ~ clothes りゅうとした服 / look ~ 体裁がよい / He is too ~ for my taste. 彼はあまりお上品すぎて私には向かない. **3** 身分のよい, 相当な地位にある, 名望のある. **4 a** 相当な, かなりの: a ~ painter かなりの[相当な]画家 / ~ talents 相当な才能 / live in ~ style かなりの暮らしをする. **b** (数量など)相当な, かなりの, まずまずの: a ~ hill かなりの高さの小山 / a ~ minority 少数とは言えかなりの数 / a ~ income まずまずの収入. — *n.* 立派な人, 尊敬すべき人. **~·ness** *n.* 〖《a1586》 ← RESPECT + -ABLE: cf. F *respectable*〗

re·spéct·a·bly /-bli/ *adv.* **1** 立派に. **2** かなり, 相当に. **3** 上品に, 見苦しくなく, 体裁よく: be ~ clothed 立派な服を着ている. 〖1775〗

re·spect·ant /rɪ̀spéktənt/ *adj.* **1** 〖紋章〗〈弱い動物・魚などが〉向き合っている. **2** 後ろ向きの. 〖《1688》□ L *respectantem*: ⇨ respect, -ant〗

re·spect·ed /rɪ̀spéktɪ̀d/ *adj.* 尊敬されている, 立派な, 評判の: a highly ~ author 大変尊敬されている作家 / a contribution by a ~ critic 評判の批評家による投稿.

re·spéct·er *n.* [通例否定構文で] 人を差別扱いする人, えこひいきする人 (cf. RESPECT *persons*): God is *no* ~ of persons. 神は偏(かた)ることをせず (*Acts* 10:34) (cf. respect *n.* 2) / Law is *no* ~ of persons. 法律は人を差別しない. 〖1611〗

re·spect·ful /rɪ̀spéktfəl, -fl/ *adj.* 敬意を表する, 丁寧な, 丁重な, うやうやしい: a ~ bow 丁寧なお辞儀 / in his most ~ voice 非常に丁寧な感じのする声で / be ~ *to* age 老人に丁重である / be ~ *of* tradition 伝統を重んじる / Keep him at a ~ distance. 彼とは深入りせず距離を置いてつきあいなさい / He stood at a ~ distance. 彼は失礼にならぬよう少し下がって立っていた. **~·ness** *n.* 〖1598〗

re·spéct·ful·ly /-f(ə)li, -fli/ *adv.* 敬意を表して, うやうやしく, 謹んで, 丁重に, いんぎんに: *Respectfully* yours = Yours ~ 敬具《かしこまった手紙の結辞; cf. yours 3》. 〖*a*1586〗

re·spéct·ing *prep.* …に関して[する], について(の): questions ~ the matter その件に関する諸問題 / He talked ~ his future. 彼は自分の将来について話した. 〖1611〗

re·spec·tive /rɪ̀spéktɪv/ *adj.* **1** それぞれの, 銘々の, 各自の: A and B contributed the ~ sums of $4 and $3. A と B とはそれぞれ 4 ドルと 3 ドルを寄付した / They went their ~ ways. 彼らは銘々の道を歩いて行った / The election result depends on the ~ popularity of the candidates. 選挙(の結果)は候補者各自の人望で決まる / They were given places according to their ~ rank [ranks]. 彼らはその階級に応じてそれぞれ地位を与えられた / All the members of the club have distinguished careers in their ~ fields. そのクラブのメンバーはそれぞれの分野で立派な経歴を持った人たちばかりだ. ★ respective は複数名詞を伴うことが多い. **2** 《廃》不公平な, 差別する. **3** 《廃》注意深い, 思慮深い; 尊重すべき. **~·ness** *n.* 〖《c1454》□ ML *respectivus*: ⇨ respect, -ive〗

re·spec·tive·ly /rɪ̀spéktɪvli/ *adv.* **1** それぞれ, 各々, 各自, 銘々に, 別々に: The first, second, and third seats belong to Tom, Ned, and me ~. 第一, 二, 三の席はそれぞれトム, ネッド, 私のものです / Her two sons are ~ in the Civil Service and in an oil firm. 二人の息子の内, 一人は公務員, 一人は石油会社に勤めている / Charlotte, Emily and Anne were ~ 20, 18, and 16 years old then. 当時シャーロットとエミリーとアンはそれぞれ 20 歳, 18 歳, 16 歳だった. **2** 《まれ》敬意を表して. 〖*c*1454〗

respéct·wòrthy *adj.* 尊敬[注目]に値する.

rè·spéll *vt.* (re·spelled, re·spelt) 綴り直す; (特に発音記号などを用いて)綴り換える. 〖1806〗

Re·spi·ghi /rɛspí:gi, rɪ̀-; *It.* respí:gi/, **Ot·to·ri·no** /ottorí:no/ *n.* レスピーギ《1879–1936; イタリアの作曲家; *Pini di Roma*「ローマの松」(交響詩, 1924)》.

res·pi·ra·ble /résp(ə)rəbl, rɪ̀spáɪr- | résp¹r-, rɪ̀spáɪər-/ *adj.* **1** 呼吸できる: ~ beings. **2 a** 呼吸に適する: ~ air. **b** (呼吸の際に)吸い込まれ(う)る: ~ particles of chalk のどに入りやすいチョークの粉. **~·ness** *n.*

res·pi·ra·bil·i·ty /rèsp(ə)rəbíləṭi, rɪ̀spàɪᵊr- | rèsp¹rəbílɪ̀ti, rɪ̀spàɪər-/ *n.* 〖1779〗

res·pi·rate /résparèɪt | -p¹-/ *vt.* …に人工呼吸をさせる. 〖《1968》《逆成》↓〗

res·pi·ra·tion /rèspəréɪʃən | -p¹r-/ *n.* **1** 呼吸: artificial ~ 人工呼吸 / abdominal [chest] ~ 腹式[胸式]呼吸. **2** 一呼吸, 一息. **3** 〖生物〗 **a** 呼吸, 呼吸作用, 呼吸運動. **b** 嫌気性の生物が遊離酸素以外の物質を使って行う同様の作用. **~·al** /-ʃnəl, -ʃənl⁻/ *adj.* 〖《1392》□ F ~ // L *respīrātiō(n-)*: ⇨ respire, -ation〗

res·pi·ra·tor /résparèɪṭə | -p¹rèɪtə(r)/ *n.* **1** ガス[防毒]マスク. **2** 〖医学〗レスピレーター, 人工呼吸器. 〖《1792》← L *respīrātus* ((p.p.) ← *respīrāre* 'to RESPIRE') + -OR²〗

res·pi·ra·to·ry /résp(ə)rətɔ̀:ri, rɪ̀spáɪᵊrə- | rɪ̀spírə-təri, -spáɪ(ə)r-, résp(ə)rətəri, -tri/ *adj.* 呼吸(作用)の, 呼吸による[に関する]; 呼吸器の: a ~ organ 呼吸器 / a ~ disease 呼吸器病[疾患]. 〖《1790》□ LL *respīrātōrius* ← *respīrātus* (↑): ⇨ -ory¹〗

réspiratory cháin *n.* (ミトコンドリアの)呼吸鎖.

réspiratory distréss sỳndrome *n.* 〖病理〗(特発性)呼吸窮迫症候群, 新生児呼吸障害症候群.

réspiratory énzyme *n.* 〖生化学〗 **1** 呼吸酵素《生物の細胞呼吸機構に関与する酵素; 酸化酵素・脱水酵素・カタラーゼ (catalase) など》. **2** = cytochrome oxidase.

réspiratory pígment *n.* 〖生化学〗呼吸色素《生体内における呼吸に関係する色素蛋白(たんぱく)質; hemoglobin, chlorocruorin, hemerythrin, hemocyanin, cytochrome など》. 〖1896〗

réspiratory quòtient [**ràtio**] *n.* 〖生化学〗呼吸商, 呼吸率, 呼吸比《呼吸の際に排出する炭酸ガスの量と外界から吸収する酸素の量との比; 略 RQ》. 〖1890〗

réspiratory syncýtial vírus *n.* 〖医学〗RS ウイルス《培養細胞に接種すると syncytia をつくるパラミクソウイルス; 特に小児の重篤な呼吸器疾患を起こす; 略 RSV》. 〖1961〗

réspiratory sỳstem *n.* 〖生理〗呼吸器系. 〖1940〗

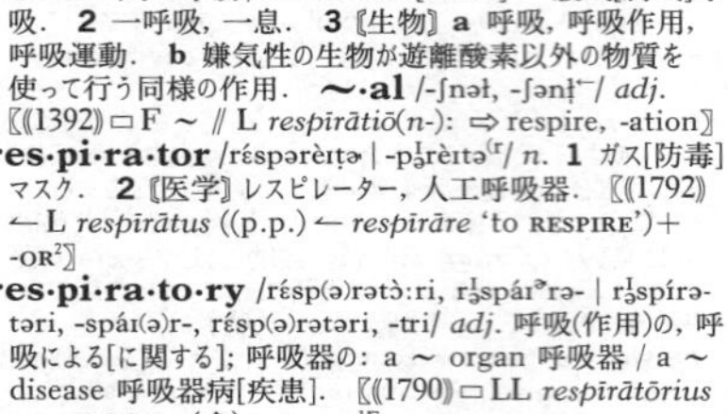

réspiratory tráct *n.* 〖解剖〗気道. 〖1936〗

réspiratory trèe *n.* **1** 〖動物〗呼吸樹, 水肺《ナマコ類にある 1 対の樹枝状の盲管》. **2** 〖解剖〗呼吸管, 気管支, 細気管支. 〖1932〗

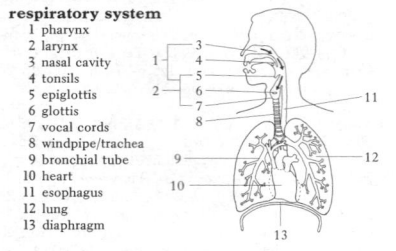

re·spire /rɪ̀spáɪə | -spáɪə(r)/ *vi.* **1** 呼吸する, 息をする. **2** 《文語》(努力・不安のあとで)ほっと一息つく, やれやれと思う, 休息する; 元気[希望, 勇気]を取り戻す. **3** 〖生理〗〈皮膚・細胞が〉呼吸する《酸素を吸入し炭酸ガスを排出する》. — *vt.* **1** 〈空気を〉呼吸する. **2** 《古》〈香りなどを〉発散する, 〈気分などを〉漂わせる. 〖《c1385》*respire(n)* □ (O)F *respirer* // L *respīrāre* ← RE-¹ + *spīrāre* to breathe (⇨ spirit)〗

res·pi·rom·e·ter /rèspərá(:)məṭə | -p¹rɔ́mɪ̀tə(r)/ *n.* 呼吸計, 呼吸測定器. 〖《1883》← L *respīrāre* (↑) + -METER¹〗

res·pite /résp¹t, rɪ̀spáɪt | réspaɪt, -pɪt/ *n.* **1** (労働・苦悩・戦争などの)一時的中止; 休止, 休息, 休息期間: take a brief ~ *from* one's work 仕事を少し休む / The civil war continued without (a moment's) ~. 内戦は(全く)絶え間なく続いた. **2** 猶予, 延期; 〖法律〗刑の執行の一時停止, 弁済の延期, 期間の延長, 延期された日付: put in ~ 猶予する, 延期する. — *vt.* **1** 《文語》〈死刑囚〉に執行を猶予する; 〈刑罰・義務などを〉猶予する, 延期する: ~ a condemned man 死刑囚に刑の執行を猶予する. **2** 《文語》 **a** 〈苦しんでいる人〉の苦痛を一時的に和らげる: ~ a sufferer. **b** 〈苦痛を〉一時的に和らげる: ~ pain. **3** 《古》〖軍事〗〈俸給支払いを〉停止する: ~ a person's pay. **~·less** *adj.* 〖n.: 《c1300》*respit* □ OF (F *répit*) < LL *respectum* 《原義》'a looking back, RESPECT'. — v.: 《c1330》*respite(n)* □ OF *respitier* < L *respectāre* (freq.) ← *respicere* 'to look back, RESPECT'〗

réspite càre *n.* 〖社会福祉〗デイ[ショートステイ]ケア, 休息介護《寝たきり老人や身障者を 1 日または短期間預かり家族に息抜きを与える制度》.

re·splen·dence /rɪ̀spléndəns/ *n.* 輝き, 光輝, 光彩, まばゆさ. 〖《?a1425》□ L *resplendentia*: ⇨ resplendent, -ence〗

re·splen·den·cy /rɪ̀spléndənsi/ *n.* **1** = resplendence. **2** きらきら輝くもの[衣装]. 〖1611〗

re·splen·dent /rɪ̀spléndənt/ *adj.* **1** きらきらと輝く, まばゆく輝く. **2** きらびやかな, 華麗な: ~ in full uniform 礼装きらびやかに / the bride ~ in her white dress 白いドレスに包まれて輝くばかりの花嫁. **~·ly** *adv.* 〖《c1440》□ L *resplendentem* (pres.p.) ← *resplendēre* ← RE-¹ + *splendēre* to shine: ⇨ splendent〗

re·spond /rɪ̀spá(:)nd | -spɔ́nd/ *vi.* **1 a** 〈質問などに〉(口頭で)返答する, 応答する 〔*to*〕 (⇨ answer SYN): ~ *to* a question 質問に答える / ~ by [with] a nod うなずいて答える / ~ *to* the cheers of the crowd 群衆の歓呼に答える. **b** 〈会衆が〉〈牧師に〉答えを唱和する, 応唱する 〔*to*〕. **2 a** 〈主義・要求などに〉(動作で)応じる, 応酬する, 反響する, 感応[反応]する 〔*to*〕: ~ quickly to the appeal for subscriptions 寄付の求めに速やかに気前よく応じる[たくさん寄付する] / ~ *to* a demand 請求に応じる / ~ *to* kindness 親切さをしみじみと感じる / ~ *with* a left-hander 〖ボクシング〗左打ちで打ち返す / He gave no sign(s) of ~*ing to* her energetic advances. 猛烈にモーションをかけているのに彼の方は一向に反応を示さなかった / lenses that ~ (quickly) *to* variations in wave lengths of light いろいろな波長の光に(即座に)対応できるレンズ / Horses ~ *to* the bridle. 馬は手綱さばきに応じる. **b** 〈治療などに対して〉積極的な[好ましい]反応がある[を示す] 〔*to*〕: a disease [patient] that ~*s to* treatment 治療に効果を示す病気[病人]. **3** 《古》一致する, 相応する 〔*to*〕. **4** 《米》〖法律〗責任を果たす, 賠償する: ~ in damages 損害を賠償する. **5** 〖生理〗(自発的に)反応する 〔*to*〕: ~ *to* a stimulus 刺激に反応する. **6** 〖トランプ〗(ブリッジで)レスポンスする《パートナーのビッド (bid) を受け, その応答となるような何らかのビッドをする》.
— *vt.* **1** 答える, 応答する (reply): "Yes," he ~*ed*.「そうです」と彼は答えた / She ~*ed* that she would continue in office. 彼女は勤めを続けると答えた. **2** 《米》〖法律〗…に答える, …の責を負う, 履行する: ~ the judgment of the court 裁判所の判決を履行する.
— *n.* **1** 〖キリスト教〗日課後の応唱聖歌, 答辞; (日課中の短い)応答聖歌; 唱和句. **2** 〖建築〗(アーチ受けの)付け柱, 壁付き柱; 対応柱.
〖n.: 《a1387》□ OF ~ ← *respondre* (F *répondre*) < VL **respondere* = L *respondēre* to answer ← RE-¹ + *spondēre* to answer to an engagement (⇨ sponsor). — v.: 《1588》□ L *respondēre*〗

re·spon·dence /rɪ̀spá(:)ndəns | -spɔ́n-/ *n.* **1** 反応, 応答: ~ *to* a visual sensation 視覚に対する反応. **2** 《廃》適合, 相応, 合致. 〖《1586》□ F 《廃》~: ⇨ ↑, -ence〗

re·spón·den·cy /-dənsi/ *n.* = respondence.

re·spon·dent /rɪ̀spá(:)ndənt | -spɔ́n-/ *n.* **1** 応答[答弁]者; (世論調査・アンケートなどの)回答者; (論文などの)正しさを論じる[弁護する]人. **2** 〖法律〗 **a** 被控訴人, 被上告人. **b** (以前あったエクイティー裁判所 (court of equity)・海事裁判所・離婚裁判所の)被告 (cf. corespondent). **3** 〖生理・心理〗(特定の外部の刺激に応じて起きる)反射行動 (cf. operant 3, reflex 5). — *adj.* **1** 答える, 応答[答弁]する; 応じる, 反応[感応]する (responsive) 〔*to*〕. **2** 〖法律〗被告の立場にある. **3** 〖生理〗反射[行動]の: ~ conditioning. **4** 《廃》相応[相当]する. 〖《1528》□ L *respondentem* (pres.p.) ← *respondēre* 'to RESPOND': ⇨ -ent〗

re·spon·den·ti·a /rì:spa(:)ndénʃiə, -ʃə | -spɔn-/ *n.* 〖海法〗冒険貸借《積荷が目的地に無事に着いた場合に限り返済するという契約による船舶もしくは積荷または双方担当の金銭貸借; cf. bottomry》. 〖《1727》← NL: ⇨ ↑, -ia¹〗

re·spónd·er *n.* **1** 応答者, 応答物. **2** 〖通信〗(応答

機 (transponder) の)応答電波発射部. 〖1879〗
responsa *n.* responsum の複数形.
re·sponse /rɪ̆spɑ́(ː)ns, -spɑ́(ː)nts | -spɔ́ns, -spɔ́nts/ *n.* **1** 応答, 返答 (reply, reaction): a quick ~ 即答 / make no ~ 返答しない / oracular [sibylline] ~s (託宣を求める者への)神の答え / His ~ was the proclamation of [to proclaim] martial law. 彼の答えは戒厳令を公布することだった / His ~ was "Yes" [that he agreed]. 彼の返事は「イエス」[承知した]だった / He said "Yes" in ~. 彼の反応は「イエス」だった / in ~ to journalists' questions 記者の質問に答えて / In ~ to your advertisement in yesterday's *Times*, I wish to apply for the position announced. 昨日のタイムズ紙に出た募集広告によりその仕事に応募致します. **2** (他人の行動や感情によって誘発された)感情, 動作, 反応, 反響 (reaction): His oratorical efforts evoked [produced] no [a big, an enthusiastic] ~ in [from] his audience. 彼の熱弁は聴衆になんらの反響も呼び起こさなかった[大きな[熱狂的な]反響を呼び起こした] / That called forth no ~ in his breast. そのことは彼の胸になんらの感動も起こさなかった / get huge donations in ~ to an appeal 訴えに対して多額の寄付を得る / the army's new rapid-*response* strategy 軍隊の新しい即応戦術. **3** 〖キリスト教〗 **a** (司祭者に答えて聖歌隊または会衆が唱える)応答文, 応答歌, 応唱 (記号 R, ℟; ↔ officiant; cf. versicle 2). **b** (日課後の)応唱聖歌, 答辞. **4** 〖生物〗(刺激に対する)反応 〔*to*〕: ~ *to* stimulus. **5** 〖トランプ〗(ブリッジで)レスポンス《パートナーのビッド (bid) に対する応答としてのビッド》. **6** 〖電子工学〗レスポンス, 応答: **a** 自動制御系で入力信号に対する出力信号. **b** マイクロホンで音圧と印加電圧の比. **~·less** *adj.* 〖(*c*1300) □ OF *respons* (F *répons*) ∥ OF *response* (F *réponse*) ∥ L *responsum* (neut. p.p.) ← *respondēre* 'to RESPOND'〗
respónse cùrve *n.* 〖電気〗応答曲線《様々な刺激(入力)に対する応答(出力)の大きさをグラフで表した曲線》.
respónse generalizàtion *n.* 〖心理〗反応般化《ある刺激が特定の反応を引き起こす学習ののち, それに似た反応が引き起こされること; cf. generalization 4 a》.
re·spóns·er *n.* =responder.
respónse tìme *n.* 〖電算〗反応[応答]時間. 〖1958〗
respónse vàriable *n.* 〖統計〗=dependent variable.
re·spon·si·bil·i·ty /rɪ̆spɑ̀(ː)nsəbíləti, -spɑ̀(ː)ntsə- | -spɔ̀nsɪ̆bílɪ̆ti, -spɔ̀ntsə-/ *n.* **1** 責任, 義務, 義理 〔*for, of, to*〕: a sense *of* ~ 責任感 / The ~ lies with you. 責任は君にある / He declines all ~ *for* it. 彼はそれに対しては全然責任を負わないと言っている / He is not afraid of ~. (独断でやって)責任のかかることを恐れない / He took the ~ upon himself. 責任は彼が引き受けた / I will take [assume] the ~ *of* [*for*] doing it. 責任を負ってそれをしよう / be relieved of one's ~ [*responsibilities*] 責任を解かれる. **2** (それに対し)責任を負うべきもの; (具体的な)責任, 負担, 重荷: the *responsibilities* of parenthood 親の責務 / The education of children is a grave ~. 子供の教育は重大な(親の)責務である / seek relief from one's *responsibilities* 責任の免除を求める. **3** 《米》 **a** 信頼性. **b** 義務履行能力, 支払い能力.
on one's ówn responsibílity 自己の責任で; 自分の一存で, 独断で: I did it *on my own* ~. 私は私の責任でそれをした; 私は独断でそれをやった.
〖(1787): ⇨ ↓, -ity〗
re·spon·si·ble /rɪ̆spɑ́(ː)nsəbl̩, -spɑ́(ː)ntsə- | -spɔ́nsɪ̆-, -spɔ́ntsə-/ *adj.* **1** (答弁の)責めを負うべき, (道徳的に)責任のある, 責任を伴う; (…に対して)責任がある 〔*to, for*〕: be ~ *for* a person's safety 人の安全に対して責任がある / hold a person ~ *for* … 人に…の責任を負わせる / make oneself ~ *for* …(の責任)を引き受ける / I am not ~ *to* you *for* my actions. 私の行為に関して君に弁明する義務はない. **2 a** 責任[義務]を果たせる; 信頼できる, 確実な, しっかりした: ~ tenants 責任を果たしうる借地人 / a ~ face しっかりした顔. **b** 徳義心のある, 理非の弁別ができる: Man is a ~ being. 人間は理非の弁別ができる. **c** 義務履行能力のある, 支払能力のある. **3** 〈仕事など〉責任の重い: a ~ office [post, position] 責任の重い職務[役目, 地位], 重職, 要職 / a ~ act 責任重大な行為 / a ~ job 責任の重い任務. **4** …の原因となる 〔*for*〕: Cigarette smoking is ~ *for* at least 80% of lung cancer. 紙巻きたばこは肺癌(がん)の原因の少なくとも 8 割を占めている / The weather is ~ *for* the delay. 遅延は天気のせいだ. **5** 〖政治〗《(特に)英国内閣が》政治責任のある: a ~ government [ruler] 責任政府[君主]《立法府に対して政治上の責任を負う》. — *n.* 〖演劇〗(臨時にいつでも重要な役を引き受けられる)俳優. **~·ness** *n.* **re·spón·si·bly** *adv.* 〖(1599) □ F (廃) ~ ← L *responsus* (p.p.) ← *respondēre*: ⇨ respond, -ible〗

SYN 責任がある: **responsible** ある義務を課されていて, それを怠ると処罰される: You are *responsible* for this. その責任は君にある. **answerable** 法律上または道徳上責任を問われる: One is not *answerable* for the crime of one's parents. 人は親の犯罪に対しては責任がない. **accountable** 自分の行動に対して申し開きする責任がある: One is held *accountable* for what one says. 自分の言葉に対しては責任を問われる.

re·spon·sion /rɪ̆spɑ́(ː)nʃən | -spɔ́n-/ *n.* **1** [*pl.*] 《英》(Oxford 大学でかつての) BA 学位の第一次試験《俗に smalls ともいい, Cambridge 大学の previous examination に相当した; cf. moderation 2, great *n.* 3》. **2** 《まれ》応答, 返答. 〖(*c*1447) □ F ~ ∥ L *responsiō(n-)* reply ← *responsus* (p.p.) ← *respondēre* 'to RESPOND': ⇨ -sion〗
re·spon·sive /rɪ̆spɑ́(ː)nsɪv, -spɑ́(ː)ntsɪv | -spɔ́nsɪv, spɔ́ntsɪv/ *adj.* **1** 答える, 応答する; 応答的な, 応報的な: a ~ smile / ~ aggression 応答[即応]的な反撃[攻勢]. **2** 反応する, 共鳴する; 感応しやすい, 敏感な, 物わかりのよい: be ~ *to* the condition その条件に感じやすい / I did not find him very ~ when I talked to him. 話してみたが彼は大して共鳴しないようだった. **3** 〖教会〗(礼拝式などで)応唱する, 応答歌を歌う: a ~ prayer. **4** 〖生理〗(刺激に)反応する. **~·ly** *adv.* 〖(1419) □ L *responsivus* ← *responsus* (↑): ⇨ -ive〗
re·spón·sive·ness *n.* **1** 感応的なこと, 敏感さ, 反応性. **2** 〖機械〗敏感度《動いた指針などが敏速に確定すること》. 〖1847〗
re·spón·sor *n.* 〖通信〗応答機. 〖(1945) ← RESPONSE+-OR^2〗
res·pon·so·ri·al /rɪ̀spɑ(ː)nsɔ́ːriəl | -spɔn-ˊ/ *adj.* 〈賛美歌・典礼聖歌が〉答唱の. 〖(1820): ⇨ ↓, -al^1〗
re·spon·so·ry /rɪ̆spɑ́(ː)nsəri | -spɔ́n-/ *n.* 〖教会〗(日課後独唱でまたは聖歌隊が歌う)応唱, 答唱. 〖(?*a*1425) □ L *responsōrium* ← *responsus*: ⇨ responsion, -ory^2〗
re·spon·sum /rɪ̆spɑ́(ː)nsəm | -spɔ́n-/ *n.* (*pl.* **re·spon·sa** /-sə/) 〖ユダヤ教〗ラビ回答書《問題提起書・質問書などに対する律法博士 (rabbi) らの回答書》. 〖(1896) ← NL ~: ⇨ response〗
rè·spráy *vt.* **1** 〈果樹などに〉スプレーし直す. **2** (車体の色をかえるために)〈自動車などに〉再吹き付け塗装する. — *n.* (自動車などの)再(吹き付け)塗装. 〖1934〗
rés pú·bli·ca /-púːblɪ̆kɑ̀ː, -pʌ́b-, -pʌ́blɪ̆kə | -blɪ-/ *L. n.* (*pl.* **res pu·bli·cae** /-kàɪ/) 国家, 社会. 〖(1898) □ L *rēs publica* (原義) public thing: ⇨ republic〗
res·sen·ti·ment /rəsɑ̃ː(n)tiːmɑ̃ː(ŋ), -sɑ̀ːntiːmɑ́ːŋ; *F.* ʀəsɑ̃timɑ̃/ *F. n.* 〖心理・社会学〗ルサンティマン, 怨念(おん), 怨恨: **1** (自分の憎んでいる人間が大切にしていること[もの]を軽蔑することなどによって)間接に示す怒り; うっぷん晴らし. **2 a** 敗北主義的なすねた態度. **b** (自分より上の生活レベルにある人々に対する)怒りの気持ち. 〖(1941) □ F ~: ⇨ resentment〗
rest^1 /rést/ *n.* **1 a** [the ~; 単数扱い] 残り, その他(のもの), 残余 (⇨ remainder **SYN**): for *the* ~ of one's life その後一生涯, 余生中 / You know *the* ~. あとは言わずとも知れたこと / *The* ~ of the money is safe at the bank. 残りの金は銀行に預けてある / He ate half and gave me (all) the ~ (of it [them]). 彼は半分を食べて残りを私にくれた / *The* ~ is silence. あとは沈黙 (*Hamlet* 5. 2. 369). **b** [the ~; 複数扱い] 残員, その他の人々, 残りの物: Three of us will go; *the* ~ are to remain. 我々のうち 3 人が行き, 残りの者は留まることになっている / The ~ of the books were donated to the library. その他の本は図書館に寄贈した. **2** [the ~] 《英》〖銀行〗準備金, 積立金; (特にイングランド銀行の)資産負債の差引残高. **3** (テニス・バドミントンなどで)休みなしの打返し(の時間). **4** 《廃》(トランプなどで)残しておく賭け金.
and àll the rést of it その他などなど, その他何もかも, 何やらかやら: She is young and beautiful and rich *and all the* ~ *of it.* 彼女は若くて美しくて金があってその他何もかもいいことずくめだ. *(as) for the rést* その他(について)は, その他のものはと言えば: *As for the* ~, it is all right. あとはそれで結構 / We've done what we could. *For the* ~, we can only await the outcome. できることはした. あとは結果を待つのみ. 〖1545〗 *as to the rést* その他の点については, その他のことはと言えば. 〖1745〗
— *vi.* **1** [補語を伴って] 依然…である, …のままである[いる]: ~ content [satisfied] 満足している, 甘んじている / ~ easy 気楽でいる / *Rest* [You may [can] ~] assured that I will do my best. 誓って[必ず]全力を尽くします(からご安心ください) / The affair ~s a mystery. 事件は依然として迷宮の中にある / I ~ your devoted friend. あなたの忠実な友《書簡の古風な結句》. **2** 残る, 元のままに残っている: whatever ~s of hope 一縷(いちる)の望み. — *vt.* 《古》(ある状態に)保つ (keep): "God ~ you merry, gentlemen." (Christmas carol).
〖n.: (?1440) □ (O)F *reste* ← *rester* (v.) □ L *restāre* ← RE-^{1}+*stāre* 'to STAND'. — v.: (1463) □ (O)F *rester*〗
rest^2 /rést/ *vi.* **1 a** 休息する, 休憩する, 休む: ~ *from* one's work 骨休めする / ~ *from* one's labors (⇨ labor 8) / ~ on one's arms 武装したまま休む, 油断しない / (⇨ *rest on one's* OARS). **b** 横になって休む, 眠る: He is too feverish to ~. 熱が高くて眠れない. **c** 《婉曲》地下に眠る, 永眠する: ~ in the grave [churchyard] 地下に眠る / May he ~ in peace. 安らかに眠れ (⇨ RIP). **d** [進行形で] 《英》(役者が)舞台を休んでいる, 役がつかない: The actor says he's ~*ing*, but he is really unemployed. その役者は役がないと言っているが, 実際は失業中なのだ. **2 a** 安心して信頼する, 頼る, 信じる: ~ *on* one's laurels 既に得た成功に甘んじる, 小成に安んじる. **b** 拠(よ)る, 基づく, 基礎を置く 〔*on, upon*〕: Science ~s *on* the observation of phenomena. 科学は現象の観察に基礎を置く / My case ~s on unimpeachable evidence. 私の訴訟は歴然たる証拠に基づいている. **3 a** 静止[休止]している: The ball came to ~ at my feet. ボールは私の足元に止まった. **b** そのままである[いる]: The matter cannot ~ here. 事件はこのままにしては置けない / There the matter ~s. 現状はそうです / let the matter ~ 問題をそのままにして置く. **4** 安心している, 平穏である, 落ち着いている: be content to ~ in God 神に任せて安心する / She'll never ~ until she proves that theorem. その定理を証明しないうちは彼女は心が休まらないだろう. **5** 〈成就・決定・責任などが〉かかって(…に)ある 〔*with*〕: The choice ~s [*doesn't* ~] *with* you. 選択は君の自由である[自由にはならない] / The decision ~s *with* you.=It ~s *with* you to decide. 決定は君にかかっている / The ultimate responsibility ~s *with* him. 最終責任は彼にある / A great responsibility ~s on her. 彼女には大きな責任がかかっている. **6 a** ある, 位置を占める, かかる 〔*on, upon*〕: A light ~s *on* his face. 彼の顔に光[希望の色]が見える / Clouds always ~ *upon* the mountaintop. その山頂には常に雲がかかっている / A smile ~s *on* the lips. 微笑が口元に漂っている. **b** 載っている, 支えられている, よりかかる 〔*against, on, upon*〕: His hands were ~*ing on* his knees. 彼の手はひざの上に載っていた / The roof ~s *on* arches. 屋根はアーチに支えられている. **c** 〈目・視線が〉留まる, 向けられる 〔*on, upon*〕: His gaze ~*ed upon* a strange scene. 妙な場面に目が留まった. **7** 〖農業〗〈土地が〉作付けされないでいる, 休耕中である: The land was allowed to ~. 土地は(作付けせずに)休ませ[遊ばせ]てあった. **8** 〖法律〗(訴訟で提示すべき証拠を出し尽くしたので)当事者が法廷で弁論終結の旨を明示する: The defense [prosecution] ~s. 弁護を終了します[検察は証拠提出を打ち切ります]. **9** 〖法律〗証人の喚問を終了する.
— *vt.* **1 a** 休ませる, 休息[安息]させる, 休養させる; (休ませて)元気を回復させる: *Rest* your men [horses] for an hour. 従者[馬]を一時間休ませよ / God ~ his soul [him, her (soul)]! 神よ彼の霊[彼, 彼女(の霊)]を休ましめたまえ / Dark glasses ~ one's eyes. サングラスをかけると目が休まる. **b** [~ oneself または受身で] 休息する, 憩う: Are you quite ~*ed*? よく休み[元気を回復し]ましたか / I am ~*ed* and refreshed. すっかり休んで元気を回復した / I feel thoroughly ~*ed*. 休んでいい気持ちになった. **2 a** 置く, 載せる, よりかからせる, もたれかからせる; …の基礎を置かせる: ~ one's head on one's wife's lap 妻のひざを枕にする / ~ a ladder *against* a wall 壁にはしごを立て掛ける / ~ one's chin *on* one's hand ほおを手にのせる, ほおづえをつく / That's your third mistake this morning! I ~ my case! 今朝はそれで三つ目の間違いだ. もう言いたくないよ / ~ one's case *on* unimpeachable evidence 訴訟の根拠をかれこれ言われないようなしっかりした証拠に据える / ~ one's claim *on* justice 正義を盾(たて)に取って請求する. **b** 〈目などを〉(…に)据える 〔*on, upon*〕: ~ one's eyes *on* a scene ある光景をじっと見詰める. **3** 休止[停止]させる, 止める. **4** 〖農業〗〈畑などを〉作付けしないでおく, 休耕にしておく. **5** 〖法律〗〈訴訟事件〉の新たな証拠の提示を進んで中止する: Your Honour, I ~ my case! 裁判長, 弁論を終えます.
rést úp 《口語》すっかり体を休める, 十分休息をとる. 〖1975〗
— *n.* **1 a** (仕事・労働の後にとる)休憩, 休息 (cf. R & R) (⇨ ease **SYN**): take [have] a [a couple of hours'] ~ 一休みする[二三時間休む] / a ~ from work 仕事を休むこと, 一休み / the [a] day of ~ 休日, 安息日, 日曜日 / give a person [horse] a (well-earned) ~ 人[馬]に(当然の)休憩をさせる / You must get some ~. 少し休まなくちゃいけないよ / stop for a ~ ちょっと休む. **b** 安静, 静養: absolute [complete] ~ 絶対安静 / I need a long ~ in the country. 田舎で静養する必要がある. **c** 睡眠, (睡眠による)休息; 永眠, 死: The doctor recommended bed ~. 医者は床について安静にするよう勧めた / take (one's) ~ 寝る, 休む / enjoy a good night's ~ ひと晩ぐっすり寝て休む / go to (one's) ~ 寝る; 永眠する / The dead [Our doubts] have been laid to ~. 死者は埋葬された[疑いは忘れられた]. **d** 《まれ》休息による元気づけ, 体力の回復. **2** (運動の)休止, 停止, 静止; (話題を)ひとまず措(お)くこと: give a machine a ~ 機械を止める. **3** (心の)平静, 安息, 安心 (tranquillity). **4 a** (物を載せる)台, 支え (support); 足かけ台: ⇨ footrest. **b** 《英》(玉突きの)キュー架(か) (bridge); 銃架; (電話機の)受話器おき; 〖機械〗(旋盤などの)刃物置台. **5** 休息所, 安息所; (特定の人のための)宿泊所: a seamen's [sailors'] ~ 海員宿泊所 / travelers' ~s 旅人宿泊所. **6** 〖音楽〗休止 (pause); 休止符: ⇨ eighth rest. **7** 〖詩学〗中間休止. **8** (朗読の)間(ま). **9** 〖歯科〗レスト, 停止突起.
at rést (1) 休息して. (2) 永眠して, 死んで. (3) 静止して, 休止して. (4) 安んじて: put [set] a person *at* ~ 人を安心させる, 休ませる; 人を落ち着かせる / set a person's mind [heart] *at* ~ 人を安心させる. (5) 解決して: set a matter [question] *at* ~ 問題を落着させる[解決する]. 〖(*a*1338)〗 *come to (a) rést* 〈動いている物・視線などが〉止まる, 停止する. *Give it a rést* 《英口語》その話はやめてくれ, たくさんだ. *No rést for the wéary* [《英》*wicked*]! 《戯言》(疲れ果てていても)休みなしだ, 働け働けだ. *pút ... to rést* 〈不安・うわさなどを〉静める.
~·er *n.* 〖n.: OE *rest, ræst* ← Gmc **rast-* (G *Rast*). — v.: OE *restan, ræstan* (Du. *rusten* / G *rasten*)〗
rest^3 /rést/ *n.* 〖甲冑〗槍受け, 槍支え《馬上で槍を構えるため鎧(よろい)の胸当てにつけた掛け金》: lay [set] one's lance in ~ 槍を構える / with lance in ~ 槍を構えて. 〖(*a*1387) (頭音消失) ← ME *arest* 'ARREST'〗
rest^4 /rést/ *vt.* 《まれ》=arrest. 〖?*a*1350〗
rest. 《略》restored.
rè·stáff *vt.* …に新しく人員を配置する.
rè·stáge *vt.* 再上演する. 〖1923〗
rést àrea *n.* 《豪・NZ》(ハイウェーなどの)休憩所.
re·start /rìː(ː)stɑ́ət | -stɑ́ːt/ *vt.* **1** (一時中止した後に)再開する, 再び着手する. **2** 再び出発させる; 再始動させる. **3** 〖電算〗再起動する. — *vi.* 再出発する, 再着手する. — /ˊ-ˋ/ *n.* **1** 再開. **2** 〖電算〗再起動. 〖1845〗
rè·stárt·a·ble /-təbl̩ | -tə-/ *adj.* 再出発[始動]のできる: a ~ rocket engine.

rè·státe *vt.* 再び述べる[言う, 声明する]; 言い直す[換える]. 〖*a*1713〗

rè·státement *n.* 再陳述, 再声明; 換言, 言い直し. 〖1803〗

res·tau·rant /réstərənt, -trənt, -tərɑ̀ːnt, -trɑːnt | réstərɑ̃ː(ŋ), -rɑ̀ːŋ, -rɔ̀nt, -tərənt, -trənt; *F.* rɛstɔrɑ̃/ *n.* 料理店, 飲食店, レストラン, 食堂. 日英比較 日本語の「レストランシアター」は和製英語. 英語では dinner theater [theatre] という. 〖(1827) □ F ~ (pres.p.) ← *restaurer* to restore, repair: ⇨ restore, -ant〗

réstaurant càr *n.* (英) 食堂車 (dining car). 〖1875〗

rés·tau·rant·er /-trɑ̀ntə, -tərɑ̀ːn-, -trɑːn-, -tən- | -tərɔ̀ntə$^{(r}$, -trɔ̀nt-, -tərənt-, -trənt-/ *n.* =restaurateur.

res·tau·ran·teur /rèstərəntə́ː, -trən-, -tərɑːn-, -trɑːn- | rèstərɑːntə́ː$^{(r}$, -rɔn-, -tərən-, -trən-/ *n.* = restaurateur.

res·tau·ra·teur /rèstərətə́ː | -tərətə́ː$^{(r}$, -tɔr-; *F.* rɛstɔratœːr/ *n.* 料理店主[支配人]. 〖(1796) □ F ~ < LL *restaurātōrem* ← L *restaurāre* 'to RESTORE': ⇨ restaurant, -or²〗

rést·bàlk 〘農業〙 *n.* すき残しの畝(ɑ̃). — *vt.* 〈土地〉の畝をすき残す. 〖1523〗

rést cùre *n.* 〘医学〙(神経症・結核などの)安静療法. 〖1889〗

rést dày *n.* **1** 休日. **2** 安息日. **3** (猟期中に設けられる)禁猟日. 〖OE *ræst(e)dæg*: ⇨ rest²〗

rést·ed *adj.* 休養十分で, 元気を回復して.

rè·stém *vt.* (Shak) 〈船が〉〈進路を〉再び逆にする.

rést ènergy *n.* 〘物理〙 静止エネルギー (静止している物体のエネルギーで質量と光速度の自乗との積). 〖1938〗

rè·stenósis *n.* 〘医学〙 再狭窄(ｻｲｷｮｳｻｸ) (特に心臓弁の矯正手術後の狭窄の再発). 〖(1954): ⇨ stenosis〗

rest·ful /réstfəl, -fl/ *adj.* 休息[安らぎ]を与える, 休まる; 安らかな, 平穏な, 静かな, 落ち着いた, 閑静な (tranquil, calm) (⇨ comfortable SYN): a ~ life [day] 安らかな一生[一日] / a ~ scene 落ち着いた[心の休まる]光景 / a ~ weekend 静かな週末 / a ~ color scheme 落ち着いた配色. **~·ly** *adv.* **~·ness** *n.* 〖1340〗

rést·hàrrow *n.* 〘植物〙 マメ科ハリモクシュクの類のクローバーに似た根の強い雑草 (*Ononis repens*). 〖(*c*1550) ← REST³ (廃) to check + HARROW¹: harrow を使う時じゃまになる草の意: cf. OF *reste boef* stop-ox〗

rést hòme *n.* (老人・回復期の病人などのための)保養所, 療養所. 〖1925〗

rést hòuse *n.* (*also* **rést·hòuse**) **1** (旅人の)休泊所, 休息所. **2** 憩いの家 (行楽地で静かな生活を送れる宿泊施設). **3** (インド) =dak bungalow. 〖1807〗

res·tiff /réstɨ̞f | -tɪf/ *adj.* (*also* **res·tif** /~/) (古) = restive 1 b. 〖(*c*1410) □ OF *restif* (F *rétif*) < VL **restīvum* ← LL *restāre* 'to REST³'〗

res·ti·form /réstəfɔ̀əm | -tɨ̞fɔ̀ːm/ *adj.* 索状の, ロープ状の. 〖(1831) ← NL *restiformis* ← L *restis* rope + -FORM〗

réstiform bòdy *n.* 〘解剖〙 索状体. 〖1831〗

rè·stímulate *vt.* 再び刺激する.

rést·ing *adj.* **1** 休止状態の, 活動していない; 〈俳優が〉役がない, (婉曲) 失業中の (out of work). **2** 〘生物〙 休眠している: a ~ stage 休眠期. **3** 〘生物〙 〈細胞が〉分裂を行っていない, 休止期の, 間期の. 〖1398〗

résting núcleus *n.* 〘生物〙 静止核, 休止核 (細胞が核分裂[細胞分裂]をしていない休止期における核). 〖1895〗

résting plàce *n.* **1** 休息所, 憩い所. **2** 永眠の場所, 墓: one's last ~ 墓. **3** (階段の)中継段, 踊り場. 〖1338〗

résting potèntial *n.* 〘生理〙 静止電位 (刺激から起こる活動を示さない静止状態の細胞の細胞膜の内外に存在する電位差).

résting spóre *n.* 〘植物〙 休眠胞子 (発芽前に休眠する胞子で, 暑熱・乾燥・寒冷などの不良環境に耐えるように細胞膜の肥厚したもの; cf. akinete, chlamydospore). 〖1857〗

res·ti·tute /réstətùːt, -tjùːt | -tɨ̞tjùːt/ *vt.* **1** 元の状態[地位]に復させる[戻す]. **2** 返還する; 賠償する. — *vi.* **1** 元の状態[地位]に戻る. **2** 返還する; 賠償する. 〖(*c*1500) ← L *restitūtus* (p.p.) ← *restituere* ← RE-¹ + *statuere* to set up (⇨ statute)〗

res·ti·tu·ti·o in in·teg·rum /rèstɪtúːṭiòuɪnɪntégrəm, -tjúː- | -tjúːtiəʊ-/ *n.* L 〘法律〙 (完全)原状回復. 〖1704〗

res·ti·tu·tion /rèstətúːʃən, -tjúː- | -tɨ̞tjúː-/ *n.* **1** (元の持主への)返却, 返還 (⇨ reparation SYN); 損害賠償: make ~ 返還[償還]する, 賠償する. **2** 復位, 復職, 復旧, 回復; 〘英法〙 (夫婦)同居権の回復, 同居命令 (離婚訴訟の一手続き; restitution of conjugal rights ともいう). **3** 〘法律〙 **a** (判決破棄による物の)返還, 回復. **b** 原状回復. **c** (投荷の損害の)補償. **4** 〘神学〙 (万物の)更新, 改新 (最後において万人万物が神の意志に一致すること): the times of ~ of all things 万物の改まる時 (*Acts* 3: 21). **5** 〘物理〙 弾力による復原, 戻り: force [power] of ~ 復原力. **res·ti·tu·tive** /réstətùːṭɪv, -tjùː- | -tɨ̞tjùː-/ *adj.* **res·ti·tu·to·ry** /rèstətúːṭəri, -tjúː- | tɨ̞tjúːtəri/ *adj.* 〖(*a*1325) □ (O)F ~ // L *restitūtiō(n-)* a restoring: ⇨ restitute, -tion〗

res·tive /réstɪv/ *adj.* **1 a** 〈馬が〉頑強(ｶﾞﾝｷｮｳ)に反抗して前へ進まない, 後ずさりをしたり左右にはね回ったりする; 御し難い: be ~ to the rein 手綱で御し難い. **b** 扱いにくい, 始末の悪い, 手に負えない, 言うことを聞かない: The crowd grew ~. 群衆は不穏になってきた. **2** 落ち着きのない: feel ~. **~·ly** *adv.* **~·ness** *n.* 〖(1599) ← ME *restif* stationary (⇨ restiff): ⇨ -ive〗

rest·less /réstlə̀s/ *adj.* **1 a** 落ち着かない, 不安な: a ~ heart 落ち着かない心. **b** 〈動作・態度など〉落ち着きのない, じっとしていない, せかせかしている: a ~ child 落ち着きのない[じっとしていない]子供. **2** 静止することのない, 不断の, やむことのない: a man of ~ energy 活動家, 精力家 / ~ waves 寄せては返す波. **3** 休息のない, 休めない, 眠れない: spend a ~ night 眠れない一夜を過ごす. **~·ly** *adv.* **~·ness** *n.* 〖OE *restlēas*: ⇨ rest², -less〗

réstless cávy *n.* 〘動物〙 =guinea pig 2.

réstless flýcatcher *n.* 〘鳥類〙 =dishwasher 2.

rést màss *n.* 〘物理〙 静止質量 (静止している物体の質量). 〖1914〗

rè·stóck *vt.* …に再び繁殖[繁茂]させる, 〈湖・林などに〉稚魚[苗木など]を新たに供給する: ~ a lake *with* trout 湖に元どおりに鱒(ﾏｽ)を放つ. — *vi.* 再び仕入れる. 〖*c*1680〗

re·stor·a·ble /rɨ̞stɔ́ːrəbl̩/ *adj.* 元に戻せる, 元どおりになる. **~·ness** *n.* 〖1611〗

re·stor·al /rɨ̞stɔ́ːrəl/ *n.* =restoration. 〖(1611): ⇨ restore, -al²〗

res·to·ra·tion /rèstəréɪʃən/ *n.* **1 a** (制度などの)復興, 再興; (領土・状態などの)回復, 復活, 復旧: the ~ of friendship 仲直り / the ~ of democracy 民主主義の復活 / the ~ of order 秩序の回復. **b** (健康の)回復, 本復, 全治, 意識の回復: the ~ of health 健康の回復. **c** (建物などの)原形模造, 復原; 復原した建物; (死滅動物などの)原形模造. **d** 復帰, 復職, 復位. **e** (損傷した美術品・文献などの)修復, 補修, 校訂: the ~ of a painting 絵の修復. **f** 義歯(を入れること). **g** 返還, 還付. **2** 〘神学〙 万民救済 (⇨ restorationism): universal [final] ~ 万民救済. **3** [the R-] 〘歴史〙 王政回復[復位], 復古時代: **a** (英国では)1660 年の Charles 二世の即位; 復古時代 (1660–85 年, 時には James 二世の治世をも含めて 1688 年まで): ⇨ Restoration comedy. **b** (フランスでは)1814 年のブルボン (Bourbon) 王朝の復位. **c** (日本の)維新: the Meiji *Restoration*. 〖(1604–05) ← RESTORE + -ATION ∞ ME *restauration* □ (O)F // L *restaurātiō(n-)* ← *restaurātus* (p.p.) ← *restaurāre* 'to RESTORE'〗

Restorátion cómedy *n.* 〘文学〙 王政回復時代の喜劇 (王政回復 (1660) により, イングランドで劇場が再開されたあと 17 世紀末にかけて書かれた, 機知・野卑なユーモア・諷刺などを特色とする劇作品; Congreve, Vanbrugh, Wycherley などが代表的な作家). 〖1898〗

rès·to·rá·tion·ism /-ʃənɪzm/ *n.* 〘神学〙 (一時神罰を受けても結局は後世において万人が救済されるという)万人救済説. 〖1834〗

rès·to·rá·tion·ist /-ʃ(ə)nɪ̞st | -nɪst/ *n.* **1** 建物復原技術者. **2** 〘神学〙 万人救済論者. 〖1834〗

re·stor·a·tive /rɨ̞stɔ́ːrəṭɪv | rɨ̞stɔ́rətɪv, rɛs-, -tɔ́ːr-/ *adj.* **1** 復興の; 復旧する. **2** 回復させる, 力をつける, 栄養になる, 気付けとなる. — *n.* 強壮剤, 補強薬, 栄養食; 気付け薬. **~·ly** *adv.* **~·ness** *n.* 〖(*a*1398) *restoratif* (変形) ← *restaurative* □ OF *restauratif* ← L *restaurātus* (p.p.) ← *restaurāre* (↓): ⇨ -ative〗

re·store /rɨ̞stɔ́ə | -stɔ́ː$^{(r}$/ *vt.* **1** 〈制度・習慣・態度などを〉復活する, 復興する, 再興する: ~ calm [public order] 平和[社会の秩序]を取り戻す / ~ public confidence 国民の信頼を回復する / Press freedom was ~*d*. 報道の自由が回復した / The monarchy [old order] has been ~*d*. 王政が復古[旧制度が復活]した. **2** 〈健康・元気・意識などを〉回復させる, 本復させる, 〈人〉に意識を回復させる (⇨ renew SYN); 〈患者を〉治す: He ~*d* sight to the blind. 盲人の目を見えるようにしてやった / His health is quite ~*d*. 彼は全く健康を回復した[全快した] / He was soon ~*d* to life [consciousness]. すぐ正気に返った[意識を取り戻した]. **3 a** 〈なくしたもの・奪われたものを〉元に返す, 戻す, 返還する: The stolen article has been ~*d to* its owner. 盗難品が持ち主に戻った / Who can ~ the lost years of our youth? だれが失われた青春時代を取り返すことができようか / ~ a captured turtle *to* its natural aquatic habitat 捕えた海ガメを生息地である海に戻してやる. **b** 元どおりにする, 復原する, 修復する, 再建する (⇨ recover SYN): be spoilt in *restoring* 修復しようとしてかえってだめになる / be ~*d* out of all recognition 見違えるくらいに復旧[修復]される / The castle has recently been ~*d* without losing its taste and dignity. 城は最近風格を損なわずに修復された. **c** 元に戻す, 復帰させる; 〈王などを〉復位させる; 〔元の地位などに〕復する, 復職させる 〔*to*〕: ~ a dethroned king 廃王を復位させる / ⇨ *restore a person in* BLOOD / He is ~*d to* the path of virtue. 彼は正道に立ち返った[真人間になった] / The soldier was ~*d to* the rank of corporal. 兵士は伍長の階級に戻された. **d** 〔元の位置に〕戻す, 返却する 〔*to*〕: ~ a book *to* its place on a shelf 本を棚の元の位置に戻す. **e** 校訂する: ~ a text 原文を校訂する. **f** 〈欠落した語句などを〉推定により補う[挿入する]. **g** 〈死滅した動物などを〉推定によって原形を模造する; 推定補修する: ~ an extinct animal 死滅した動物を復原する. **4** 〈加工食品〉に加工で失われた栄養価を補給する. 〖(*c*1300) *restore(n)* □ OF *restorer* (F *restaurer*) < L *restaurāre* ← RE-¹ + -*staurāre* to repair: ⇨ store〗

re·stóred *adj.* 健康[元気]が回復して: feel ~ 元気を取り戻す.

re·stór·er /-stɔ́ːrə | -rə$^{(r}$/ *n.* 元へ戻す人[もの]: a hair ~ 毛生え薬. 〖1523〗

re·stór·ing fórce /-stɔ́ːrɪŋ-/ *n.* 〘物理〙 復原力 (平衡状態にない物体に作用してそれを平衡状態に引き戻すように作用する力; restoring torque ともいう).

restóring mòment *n.* 〘海事・航空〙 =righting moment.

restóring tòrque *n.* 〘物理〙 =restoring force.

restr. (略) restaurant.

re·strain /rɨ̞stréɪn/ *vt.* **1 a** 〈人などを〉制止する, 阻む, 牽制(ｹﾝｾｲ)する 〔*from*〕: ~ a person *from* wasting his property 人に財産を浪費させない / ~ a person *from* interference 人に干渉をさせない. **b** 〈怒り・欲望・涙・笑いなどを〉抑制する, 束縛する, 止める, 制限する, 抑える: ~ one's anger [desire, curiosity] 怒り[欲望, 好奇心]を抑える / ~ laughter 笑いを抑える / She ~*ed* tears with difficulty. 彼女は涙を辛うじて抑えた. **c** [~ *oneself* で] 抑えて…しない, …するのを我慢する, 自制する (cf. self-restraint): He ~*ed himself from* (*doing*) mischief. いたずらしたいのを我慢した / She could not ~ *herself* for joy. うれしくてじっとしていられなかった. **2** …の活動[効果, 成長]を制限する, 過度にならぬようにする: ~ trade 貿易を制限する. **3 a** 〈人を〉(逮捕などして)拘束する, 検束する, 監禁する: ~ an incendiary. **b** 〈人〉から〔自由などを〕奪う 〔*of*〕: ~ a person *of* his liberty 人の自由を奪う. **4** (廃) 〈手綱などを〉強く引き締める. 〖(*c*1340) *restreyne(n)* □ OF *restrai(g)n-* (stem) ← *restraindre* < L *restringere* ← RE-¹ + *stringere* to tie: ⇨ stringent〗

SYN 抑制する: **restrain** ある強い力・権威・動機が〈人や動物〉の行動を妨げる: *restrain* a child from doing mischief 子供にいたずらをさせないようにする. **curb** 〈ある物を〉害にならないように制御する: *curb* inflation インフレを食いとめる. **check** 〈ある物・現象などを〉急激にまた完全に抑止する: *check* the spread of the disease 病気の蔓延を食いとめる. **suppress** 〈感情・活動などを〉抑圧する: *suppress* the revolt 反乱を鎮圧する.
ANT impel, incite, activate.

rè·stráin *vt., vi.* 再び引っ張る. 〖1874〗

re·strain·a·ble /rɨ̞stréɪnəbl̩/ *adj.* 制止[防止]できる; 抑制できる, 抑えられる; 拘束できる. 〖1646〗

re·strained /rɨ̞stréɪnd/ *adj.* **1** 〈人が〉控え目の, 節度のある; 〈表現・文体など〉抑制された (↔ flamboyant, extravagant): ~ music 表現を抑制した[落ち着いた]音楽 (cf. extravaganza 1). **2** 制止[抑制]された; 拘束された; 禁止された. 〖1580〗

re·stráin·ed·ly /-nɨ̞dli/ *adv.* 自制して. 〖1571〗

re·stráin·er *n.* **1** 制止[防止]者; 抑制者[物]. **2** 〘写真〙 現像抑制剤, 熟成抑制剤. 〖1568〗

re·stráin·ing òrder *n.* 〘法律〙 禁止命令 (差止命令の申請期間中にしばらくある行為を禁止する予備的命令). 〖1876〗

re·straint /rɨ̞stréɪnt/ *n.* **1** (活動などの)制止, 抑制, 禁止; 抑制[抑止]力: in ~ of vice 悪を抑制するために / be beyond ~ 抑制できない. **2** 拘束, 束縛; 検束, 監禁; (特に精神病者の)拘禁; 拘束力, 拘束[束縛]する方法[もの]: free from ~ 束縛のない, 自由な / the ~*s* of illness [poverty] 病気[貧困]による束縛 / be under ~ 監禁中である / keep under ~ 監禁[束縛]しておく / impose ~*s* on …を規制する / The accused man has been put under ~. 被告は監禁された. **3** 気兼ね, 慎み, 控え目, 遠慮, 我慢, 自制: without ~ 自由に; 遠慮なく / speak without ~ 何の気兼ねもなくしゃべる. **4** 自由通商制限; (船の)入港[出港]禁止. **5** (表現・文体などの)誇張・突飛さなどを慎むこと, 抑制.
restráint of prínces (古) =embargo. (1480)
restráint of tráde 〘経済〙 (価格維持の目的でなされる)取引制限. (1890)
〖(*c*1400) *restraynte* □ OF *restrainte* (p.p.) ← *restraindre* 'to RESTRAIN'〗

rè·stréss *vt.* 〘音声〙 …に再強勢をつける (普通は弱形 (weak form) で発音されている単音節語に再び強い強勢を置いた結果元来の強形 (strong form) とは違った形で発音する; 例えば本来の強形は /wéə | wéə$^{(r}$/, /frɑ́(ː)m | frɔ́m/ で, 弱形は were /wə | wə$^{(r}$/, from /frəm/ であるが, 弱形に再強勢をつけるとそれぞれ /wə́ː | wə́ː$^{(r}$/, /frʌ́m/ となる. この形を再強勢形 (restressed form) という).

ré·strèssed fórm *n.* 〘音声〙 再強勢形 (⇨ re-stress).

re·strict /rɨ̞stríkt/ *vt.* 制限する; 〔…に〕限定する, 局限する 〔*to*〕 (⇨ limit SYN): ~ a meaning 意味を限定する / ~ oneself *to* … (自粛して)…に制限する, …だけにする / I am ~*ed* by time. 私は時間に制限されている / I am ~*ed to* advising. 忠告をするだけに止められている / It is ~*ed* within narrow limits. それは狭い範囲に限られている / My doctor has ~*ed* me *to* a light diet. 医者が軽い食事だけにせよと言った. 〖(1535) ← L *restrictus* (p.p.) ← *restringere* 'to RESTRAIN'〗

re·strict·ed /rɨ̞stríktɨ̞d/ *adj.* **1** 限られた, 狭い: a widow of ~ means 生計の苦しい未亡人 / It has a very ~ application. その応用範囲は大層狭い. **2 a** (特定の集団・階層の人々を排除して)特定の人々の使用だけに限られた, 非開放的な (人種差別論者が「白人専用」の意に用いる婉曲表現): a ~ club 非開放的なクラブ / a ~ residential area 居住(者)制限地域 (「白人専用地区」の婉曲表現). **b** 一般非公開の: a ~ garden 非公開庭園. **c** 〘米政治・軍事〙 部外秘の, 限定頒布の (書類・情報など機密ではないが, 一般に配布・公開はしない; 米国では公式には 1953 年 11 月まで用いられた; cf. classification 1 d, restricted data): ~ military information 非公開軍事情報 / a ~ document マル秘書類. **~·ly** *adv.* 〖1828〗

restrícted área *n.* **1** (英) 自動車速度[駐車]制限区域. **2 a** 〘米軍〙 (軍人・兵士などの)立入禁止区域. **b** 制限区域[海域, 空域] (味方同士が作戦の妨害とならないように友軍の部隊・艦艇・飛行機の行動を制限した区域》.

restricted dáta *n. pl.*〘米政治・軍事〙部外秘資料《核兵器・核燃料に関するもの; cf. restricted 2 c》.

restricted propéllant *n.*〘宇宙〙端面燃焼《燃焼抑制剤を施した面をもつ固体推薬; end burner ともいう; cf. unrestricted propellant》.

restricted úsers gròup *n.*〘電算〙限定使用者グループ《特別のパスワードを有し, 特別の情報を引き出せる登録者; 略 RUG》.

re·stric·tion /rɪ̀stríkʃən/ *n.* **1** 制限, 限定, 拘束; 制限するもの, 制約, 拘束物: the ~ of expenditure, production, etc. / ~*s* imposed by law 法律によって科せられた拘束 / impose [place, put, lay down] ~*s* on …に制限を加える / lift [remove, withdraw] ~*s* 制限を解除する / *under* certain ~*s* ある種の制限を受けて / without ~ 無制限に / The new bill will place tough ~*s* on nonferrous metal companies. 新法案は非鉄金属会社に厳しい制限を加えることとなろう. **2** 差控え, 遠慮: a mental ~ 心中留保. **3**〘論理〙限定. **4**〘数学〙**a** (写像の)制限, 縮小《写像の定義域をその部分集合に制限したもの》. **b** 制限, 条件: ~ of finite character 有限的制限[条件]. **5**〘チェッカー〙相手の序盤の駒の動きを指定すること. 〖《*c*1412》□ (O)F ~ ∥ L *restrictiō(n-)* ← *restrictus*: ⇨ restrict, -tion〗

restriction endonùclease *n.* =restriction enzyme. 〖1977〗

restríction ènzyme *n.*〘生化学〙制限酵素《DNA 2 本鎖を特定部位で切る酵素》. 〖1965〗

restríction fràgment *n.*〘遺伝〙制限断片《制限酵素によって裂かれた DNA 分子の断片》.

re·stríc·tion·ìsm /-ʃənɪzm/ *n.* **1** (貿易・移民などに関する)制限主義政策. **2 a** (工場などで労働者が打ち出す)機械[オートメーション]化制限方策. **b** (仕事をなるべく永続させるための)生産(量)制限方策. **res·tríc·tion·ist** /-ʃ(ə)nɪ̀st | -nɪst/ *n., adj.* 〖1937〗

re·stric·tive /rɪ̀stríktɪv/ *adj.* **1** 制限する, 限定する, 拘束する: ~ regulations 制限規定 / a ~ monetary policy 金融引き締め政策. **2**〘文法〙〈語・節が〉制限[限定]を表す, 限定的な (cf. continuative 2, nonrestrictive): the ~ use 制限的用法《特に, 関係代名詞 who, that, which の用法についていう》. **~·ly** *adv.* **~·ness** *n.* 〖《*c*1400》□ (O)F *restrictif* ∥ LL *restrictīvus*: ⇨ restrict, -ive〗

restríctive cláuse *n.*〘文法〙制限節《関係代名詞または関係副詞によって導かれる節で, 先行詞の意味を限定し, 普通その前に comma のないもの; cf. nonrestrictive clause, descriptive clause》. 〖1895〗

restríctive cóvenant *n.*《米》土地使用制限契約《人種・宗教などの条件によってある地区の使用を制限する土地所有者間の契約》. 〖1882〗

restríctive práctice *n.* **1**〘経済〙(企業間の)競争抑制協定. **2**〘労働〙**a** (労働組合などによる)生産制限的慣行. **b** 新雇用制限. 〖1928〗

rè·stríke *v.* (**re·struck; -struck,**《古》**-strick·en**) ― *vt.* **1** 再び打つ, 打ち直す. **2** 〈硬貨を〉改鋳する. ― *vi.* 打ち直す. ― *n.*〘造幣〙再鋳造貨, 再鋳造メダル《普通収集家などのため正規の発行がなされた後で元の型を使って再び鋳造された貨幣[メダル]》. 〖1887〗

rést ròom *n.*《米》(劇場・デパート・事務所などの)洗面所, 手洗い. ⇨ toilet 日英比較. 〖1899〗

re·struc·ture /rìːstrʌ́ktʃə | -tʃə^(r)/ *vt., vi.* 建築[構成, 編成]し直す, 作り直す: ~ the company 会社のリストラをする / ~ the economy 経済を再編成する / ~ a political institution 政治制度を再構築する. 〖1942〗

rè·strúc·tur·ing /-tʃ(ə)rɪŋ/ *n.* 再編成, 構造改革, (企業の)リストラ: lay off 100 workers as part of a ~ リストラの一環として 100 人の労働者をレイオフにする.

rést stòp *n.*《米》(休憩のための)停車; (道路わきの)休憩所(《英》lay-by). 〖1973〗

rè·stúdy *vt.* 再び研究[調査, 評価]する. ― *n.* 再研究, 再調査. 〖1811〗

res·ty /résti/ *adj.*《古・方言》**1** 扱いにくい, 手に負えない. **2** ぐずぐずした, 物ぐさな; 無精な (inactive). 〖《変形》← RESTIVE: cf. hasty〗

rè·stýle *vt.* 新しい格好で作り直す. 〖1934〗

rè·submít *vt.* 再提起[提出, 付託]する. 〖*a*1831〗

re·sult /rɪ̀zʌ́lt/ *n.* **1** 結果, 結末, 帰着, 成果, 成績; 満足な結果: as a [《まれ》the] ~ of …の結果として / with famine as a [the (only)] ~ その[唯一の]結果として飢饉がもたらされて / She [Her hard work] got ~*s*. 彼女は[勤勉努力により]成果を得た / get poor ~*s* 不成績である / bring about [yield] good ~*s* 好結果をもたらす, 好成績を上げる / meet with good ~*s* 好結果を得る / publish the ~*s* of the examination 試験の成績を発表する / a [the] desired ~ 望みどおりの結果 / give instant ~*s* 〈薬などが〉てきめんに効く / The ~ was that … 結果は…であった / They've played several matches without a ~: it's been nothing but draws.《英口語》彼らは数試合行ったが勝ちはなかった, 引き分けばかりだった. **2** [*pl.*] (新聞などに発表された)スポーツの結果[成績]: the football ~*s*. **3**〘数学〙(計算や推論の)結果, 答. **4**《米》(立法部の)決定事項.

as a resúlt その結果; それ故に (cf. *n.* 1). ***in the resúlt*** 結局. ***withòut resúlt*=*with nó resúlt*** 成果なく, 無効で, 無益に, 空(むな)しく. ***with the resúlt that …*** その結果…, そのために….

― *vi.* **1** 〔条件・前提・原因から〕結果として生じる[起こる]〔*from*〕(⇨ follow SYN): Nothing has ~*ed from* my (making all the) efforts. 努力が水泡(すいほう)に帰した / The war ~*ed from* a mistaken policy. 戦争は誤った政策から起こった. **2** 〔…に〕帰着する, 帰する, 終わる〔*in*〕: ~ *in* failure 失敗に終わる / His work has ~*ed in* a loss [a large profit]. 彼の仕事は結局損失に終わった[大もうけになった] / It ~*ed* badly. それは不首尾に終わった / The match ~*ed in* a draw [the two teams' drawing]. 試合は結局引分けになった / The ~*ing* draw was unsatisfactory. 引き分けという結果は不満だった. **3**〘法律〙〔…に〕帰属[復帰]する〔*to*〕: The estate ~*ed to* him. その財産は彼に復帰した.

〖v.: 《?*a*1425》□ L *resultāre* to spring back (freq.) ← *resilīre* to leap back (⇨ resile): cf. saltation. ― n.: 《1626》← (v.)〗

re·sul·tant /rɪ̀zʌ́ltənt, -tn̩t/ *adj.* **1** (さまざまな相対する力の)結果として生じる, 結果の. **2**〘物理〙合成の, 合成的な: a ~ force 合力. ― *n.* **1** 結果として生じるもの, 結果. **2** (多数の人の協力と反対との結果生じた)合力. **3**〘物理・数学〙ベクトルの和, 合力, 合成運動. **4**〘数学〙終結式《2 つの多項式の係数からつくられたある行列式で, それらの多項式が共通の因子をもつかどうか調べるためのもの》. **~·ly** *adv.* 〖《1615》□ L *resultantem* (pres.p.) ← *resultāre* (↑): ⇨ -ant〗

resúltant tóne *n.*〘音響〙=combination tone.

re·sult·a·tive /rɪ̀zʌ́ltətɪv | -tɪv/〘文法〙*adj.* (行為の)結果を表す, 結果相の. ― *n.* 結果を表す動詞[接続詞, 節]. 〖《1926》← RESULT (n.)＋-ATIVE〗

re·sult·ful /rɪ̀zʌ́ltfəl, -fl/ *adj.* 成果のある, 成績のよい, 効果のある, 有効な. **~·ly** *adv.* **~·ness** *n.* 〖1876〗

re·súlt·ing *adj.* (その)結果として生じる.

re·súlt·ing·ly *adv.* 結果として. 〖1863〗

resúlting trúst *n.*〘法律〙復帰信託. 〖1827〗

resúlt·less *adj.* 成果のない, かいのない, むだな, 効果のない, 無益な. 〖1846〗

re·sum·a·ble /rɪ̀zúːməbl̩ | -zjúːm-, -zúːm-/ *adj.* **1** 取り戻される, 回復できる. **2** 再び始められる. 〖1644〗

re·sume /rɪ̀zúːm | -zjúːm, -zúːm/ *vt.* **1** 〈一度やめたことを〉再び始める, 〈話・議論などを〉また[再び]続ける; 再び取り上げる, 再び使用し始める, 〈機器が〉動作を再開する: ~ one's pipe またたばこを始める / ~ a game (中断した)ゲームを続ける / ~ dominion 再び支配する / ~ acquaintance (*with* a person) (人と)また交際を始める / ~ conversation また話を始める / ~ one's labors [office] (いったん休んで)再び努力を続ける[復職する] / ~ play (途中で休んだ後)再び遊戯[演奏, 演技など]を続ける / ~ the thread of one's discourse 話の元の筋に戻る, 話の穂をつぐ / ~ one's maiden name 旧姓に復する / The House ~*d* work [its labors]. また議会が始まった. **2 a** 〈場所・席などを〉再び取る, 再び占める, …に再びつく: ~ one's seat [place] 再び(自分の)席[位置]につく, 席に復する. **b** 〈衣服などを〉再び着る: ~ one's coat. **3** 〈人に与えたもの・失ったものなどを〉取り戻す, 取り返す, 回復する: ~ one's sway [liberty] 勢力[自由]を回復する / ~ grant (取り消された)認可を再び得る / ~ territory 失地を回復する. **4**《古》**a** 〈既術の事を〉約言する, …の摘要を述べる. **b** 〈文などを〉繰り返す.

― *vi.* **1 a** (特に)談話・仕事などを再び始める: Let's ~ where we left off. やめた所から続けましょう / Well, to ~ … さて話を続けると…. **b** (中断後に)続行する, 再び始まる, 再開する: The trial ~*d* on Monday morning at ten. 公判は月曜日の午前 10 時に再開された. **2** 再び占める, 取り戻す.

re·súm·er *n.* 〖《*a*1420》□ (O)F *résumer* ∥ L *resūmere* ← RE-[1]＋*sūmere* to take up (cf. assume, consume)〗

ré·su·mé /rézumèɪ, réɪz-, -zə-, ⌐−⌐ | rézjuːmèɪ, réɪ-, -zjʊ-, -zʊ-; F. ʀezyme/ *n.* **1** 概要, 摘要, 要約, 約説, 梗概(こうがい), レジュメ: a clear ~ 明快な要約 / Tom gave her a brief ~ *of* the interview. トムはその会見(の際聞いた話)の大要を彼女に渡した. 日英比較 日本語ではこの語を借用した「レジュメ」が一般的だが, 英語ではこの語よりも abstract, outline, summary を用いるのが普通. **2**《米》(就職希望者の)履歴書. 〖《1804》□ F ~ (p.p.) ← *résumer* to resume (↑)〗

rè·súmmon *vt.*〘法律〙再び召喚[召集]する, 再喚問する. 〖1643〗

rè·súmmons *n.*〘法律〙再召喚(状), 再喚問(状). 〖《1495》□ AF *resomons*: ⇨ re-, -summon〗

re·sump·tion /rɪ̀zʌ́m(p)ʃən/ *n.* **1** (中絶したものの)再開, 続行, 再開始, 再使用. **2** (与えた[失った]ものの)取り戻し, 回収, 回復, 再取得, 再占有. **3**〘銀行〙正貨兌換復帰, 正貨支払い再開. 〖《1443》□ (O)F *résumption* ∥ L *resumptiō(n-)* ← *resumptus* (p.p.) ← *resūmere*: ⇨ resume, -tion〗

re·sump·tive /rɪ̀zʌ́m(p)tɪv/ *adj.* **1** 要約する, 概説の. **2** 取り戻す; 繰り返す; 再び始める. **~·ly** *adv.* 〖《*a*1398》□ L *resumptīvus* ← *resumptus* (↑): ⇨ -ive〗

re·su·pi·nate /rɪ̀súːpənèɪt | -sjúːpɪ-, -súː-/ *adj.* **1** 後ろへ曲がった, 逆向した. **2**〘植物〙〈葉・花など〉転倒[反転]した, 逆の, あおむけの. 〖《1776》□ L *resupīnātus* (p.p.) ← *resupīnāre* ← RE-[1]＋*supīnāre* to place on the back (← *spīnus* 'SUPINE[1]'): ⇨ -ate[2]〗

re·su·pi·na·tion /rɪ̀sùːpənéɪʃən | -sjùːpɪ-, -sùː-/ *n.*〘植物〙転倒, 反転. 〖《1624》: ⇨ ↑, -ation〗

re·su·pine /rìːsuːpáɪn, rès- | -suː-, -sjuː-/ *adj.*《まれ》あおむけの. 〖《1669》□ L *resupīnus*: ⇨ re-, supine[1]〗

rè·supplý *vt.* 再び供給する. ― *n.* 再供給. 〖1636〗

re·sur·face /rìːsə́ːfɪ̀s | -sə́ː-/ *vt.* …に新しい表(おもて)[表面, 表紙]を付ける, 表を付け替える; 再舗装する: ~ a street. ― *vi.* 再び現れる; 再び水面に顔を出す;〘海軍〙〈潜水艦が〉再び浮上する: The problem [rumor] has ~*d*. その問題[うわさ]はまた浮上した. 〖1886〗

re·sur·gam /rɪ̀sə́ːgæm, rɛsúəgɑːm | rɪ̀sə́ːgæm, rɛsúəgɑːm/ *L.* 我よみがえらん. 〖《1662》□ L ~ 'I shall rise again': ↓〗

re·surge[1] /rɪ̀sə́ːdʒ | -sə́ːdʒ/ *vi.*《まれ》復活する, 生き返る, よみがえる, 復興する. 〖《1575》□ L *resurgere* to rise again ← RE-[1]＋*surgere* 'to rise, SURGE'〗

rè·súrge[2] *vi.* 〈戦闘・部隊・波などが〉寄せたり返したりする. 〖1887〗

re·sur·gence /rɪ̀sə́ːdʒəns, -dʒənts | -sə́ː-/ *n.* 生き返り, 再起, 復活, よみがえり: a possible ~ of inflation インフレ再来の恐れ. 〖《*a*1834》: ⇨ ↓, -ence〗

re·sur·gent /rɪ̀sə́ːdʒənt | -sə́ː-/ *adj.* 生き返る, 復活する, よみがえる, 再生する: ~ hopes. ― *n.* 復活者, 生き返った人. 〖《1768–74》□ L *resurgentem* (pres.p.) ← *resurgere* 'to RESURGE[1]': ⇨ -ent〗

Resurr. 《略》Resurrection キリストの復活.

res·ur·rect /rèzərékt/ *vt.* **1** 〈人を〉生き返らせる, 復活させる, よみがえらせる. **2**《口語》**a** 〈忘れられていたものなどを〉再び行われるようにする, 再び世に出す, 復興する: ~ an obsolete custom 古い慣習を復活させる. **b** …の思い出をよみがえらせる; 〈記憶を〉呼び戻す. **3** 墓をあばいて〈死体を〉掘り出す[盗む]. ― *vi.* よみがえる, 復活する. 〖《1772》《逆成》← RESURRECTION〗

res·ur·rec·tion /rèzərékʃən/ *n.* **1** 生き返り, 復興, 再起, 復活, 再流行; 記憶によみがえること: the ~ of one's hopes / nature's ~ in the spring 春の自然の目覚め. **2** [the R-]〘キリスト教〙**a** キリストの復活. **b** 復活祭. **c** (最後の審判日における)万人の復活; 万人復活の時. **3** 死体盗掘. **4**〘クリスチャンサイエンス〙思考の霊化[浄化]《物質的信心が霊的理解に屈すること》. **rès·ur·réc·tion·al** /-ʃnəl, -ʃənl̩/ *adj.* 〖《*c*1300》□ (O)F *résurrection* ∥ LL *resurrectiō(n-)* ← L *resurrēctus* (p.p.) ← *resurgere*: ⇨ resurge[1], -tion〗

rès·ur·réc·tion·àr·y /-ʃənèri | -ʃ(ə)nəri/ *adj.* **1** 復活する, 復活の. **2** 死体盗掘の. 〖1837〗

resurréction bòdy *n.*〘キリスト教〙復活体《すべての人々の(死後)総復活の際, 人々がとると想像される姿》. 〖1681–86〗

resurréction fèrn *n.*〘植物〙=gray polypody. 〖《1909》乾期には枯葉状を呈するが, 湿気に合うと緑色を取り戻すのにちなむ〗

rès·ur·réc·tion·ìsm /-ʃənɪzm/ *n.* 死体盗掘《墓をあばいて死体を盗み解剖学者などに売る行為》. 〖1859〗

rès·ur·réc·tion·ist /-ʃ(ə)nɪ̀st | -nɪst/ *n.* **1** 死体盗掘者《resurrection man ともいう》. **2** 復活[復興]させる人. **3** (キリストのまたは最後の審判日の万人の)復活信仰者. **4**〘カトリック〙御復活(修道)会員, キリスト復活司祭会会員《1836 年創立の御復活修道会 (Congregation of the Resurrection) の会員; 略 CR》. 〖1776〗

resurréction màn *n.*〘歴史〙=resurrectionist 1.

resurréction pìe *n.*《口語》食事の残り物で作った肉入りパイ. 〖1869〗

resurréction plànt *n.*〘植物〙**1** テマリカタヒバ, フッカツソウ (*Selaginella lepidophylla*)《米国南部産イワヒバ科の多年草; 乾燥すると一見枯死したように縮まり, 水を与えると再び活気づいて広がる》. **2** =ROSE of Jericho. **3** =fig marigold. 〖1868〗

re·sur·vey /rìːsəvéɪ | -sə-, -səː-/ *vt.* 再び測量[踏査, 調査, 閲読]する. ― /-sə́ːveɪ | -sə́ː-/ *n.* 再測量, 再踏査, 再調査. 〖1599〗

re·sus·ci·tate /rɪ̀sʌ́sətèɪt | -sɪ̀-/ *vt.* **1** 生き返らせる, (人工呼吸などで)蘇生(そせい)させる, 〈人〉の意識を回復させる: ~ a nearly drowned person 溺れた人を蘇生させる. **2** 復興する, 復活させる; 再流行させる. ― *vi.* 復活する, 生き返る, 蘇生する; 元気を回復する, 活気づく; 再び流行する.

re·sus·ci·ta·ble /rɪ̀sʌ́sətəbl̩ | -sɪ̀t-/ *adj.* 〖《1532》← L *resuscitātus* (p.p.) ← *resuscitāre* to revive ← RE-[1]＋*sus-* 'SUB-'＋*citāre* to rouse (⇨ cite): ⇨ -ate[3]〗

re·sus·ci·ta·tion /rɪ̀sʌ̀sətéɪʃən | -sɪ̀-/ *n.* **1** 生き返り, (救急)蘇生(そせい)(法), 復活, 意識回復. **2** 復興, 再興. 〖《?*c*1425》□ LL *resuscitātiō(n-)*: ⇨ ↑, -ation〗

re·sus·ci·ta·tive /rɪ̀sʌ́sətèɪtɪv | -sɪtèɪt-, -tət-/ *adj.* 生き返らせる, 復活させる, 復興させる. 〖1611〗

re·sús·ci·tà·tor /-tə | -tə^(r)/ *n.* **1** 復活[復興]させる人, 振興者. **2** 蘇生(そせい)器, 呼吸回復器. 〖1843〗

ret /rét/ *v.* (**ret·ted; ret·ting**) ― *vt.* **1** (繊維を取るために)〈亜麻などを〉水につけまたは湿気にさらして柔らかくする. **2**〘受身で〙湿気で腐らせる: be ~*ted* 湿って腐る. ― *vi.* **1** (水などにつかって)柔らかになる; 柔らかになって繊維が離れてくる. **2** 〈乾草などが〉湿って腐る. 〖《*a*1325》*rete(n)* to soak □ ? ON **reyta* ＜ Gmc **rautjan* (⇨ rot) ∥ □ MDu. *reeten* (Du. *reten*)〗

ret. 《略》retain; retired; return; returned.

re·ta·ble /rɪ̀téɪbl̩, rìːteɪbl̩/ *n.*〘教会〙**1** 祭壇背後の棚《十字架・花びん・ろうそくなどを置く》. **2** (祭壇背後の)装飾付きついたて. 〖《1823》□ F *rétable* □ Sp. *retablo* □ ML **retabulum* ＝*retrotabulum* ← L *retrō* 'RETRO-'＋*tabula* 'TABLE'〗

re·ta·blo /rɪ̀tɑ́ːbloʊ | -bləʊ/ *n.* =retable.

re·tail /ríːteɪl | ⌐−, −⌐/ *n.* 小売り (cf. wholesale): sell [buy] at [《英》by] ~ 小売りで売る[買う].

by* [*at*] *rétail (1) 小売りで. (2) 少しずつ.

― /ríːteɪl | ⌐−, −⌐/ *adj.* 小売りの, 小売商の, 切り売りの (cf. wholesale 1): a ~ dealer 小売商人 / a ~ price 小売価格[値] / a ~ excise 小売税 / ~ goods 小売商品 / a ~ shop 小売店 / a ~ grocer 食料品小売業者.

― *adv.* 小売りで: sell ~ 小売りする / Do you buy wholesale or ~? 君の買うのは卸し(で)か小売り(で)か.

― /ríːteɪl, rɪ̀téɪl | ríːteɪl, ⌐−⌐/ *vt.* **1** 小売りする, 切り売りする. **2** /rɪ̀téɪl, riː-/ 詳細に話す; 言い伝える, 受け売

R

りする, 言いふらす: ～ gossip. — *vi.* 〈商品が〉〔…で〕小売りされる〔*at, for*〕: The bookmark ～*s at* [*for*] 50 pence. このしおりは小売り50ペンスだ.
〖n.: (1318) ◻ AF **retaille* a cutting＝OF *retaille* a piece cut off ← *retaillier* ← RE-[1]＋*taillier* to cut (cf. tailor[1]). — v.: (1365) ◻ OF *retaillier*〗

rétail bànk *n.* 《英》(一般大衆や中小企業を取引先とする)小口取引銀行, リテールバンク.

re·tail·er /rí:teɪlə, rɪ̆téɪlə | rí:teɪlə^(r), ˌ–ˈ–/ *n.* **1** 小売商人: a food ～ 食料品小売商 / a ～ of alcoholic liquor アルコール飲料の小売商人. **2** 話を受け売りする人, (うわさなどを)しゃべり回る人. 〖1444〗

re·tail·ing /rí:teɪlɪŋ, rɪ̆téɪl- | rí:teɪl-, ˌ–ˈ–/ *n.* 小売り(業). 〖1365〗

rétail pàrk *n.* 《英》(郊外の駐車場完備の)ショッピングセンター.

rétail príce ìndex *n.* 《英》小売価格指数 (日本・米国の消費者物価指数 (consumer price index) に当たる; 略 RPI). 〖1924〗

rétail príce màintenance *n.* ＝resale price maintenance. 〖1938〗

rétail stòre *n.* 小売り店; 直売店.

rétail tràde *n.* **1** 小売業. **2** 小売店.

re·tain /rɪ̆téɪn/ *vt.* **1** 保持する, 保有する, 保留する; 持ち続ける, 維持する (⇨ keep SYN): ～ heat 熱を保持する / ～ a secret 秘密を守る / ～ a remarkable composure 泰然自若としている / ～ one's rights 権利を保有する / ～ one's self-respect 自尊心を失わずにいる / ～ one's presence of mind うろたえない, 自若としている / ～ an appearance of youth 今もまだ若さを失わない / He ～*s* something of the professor in his features. 顔立ちにどこか大学教授をしていた人らしい面影が残っている. **2** 忘れないでいる; 記憶する: ～ the scene in one's memory その情景を忘れずにいる. **3** 〈弁護士・家臣・召使いなどを〉雇っておく, かかえる: ～ a barrister 弁護士をかかえておく. **4** (ある場所に)保つ, しっかりとどめておく: ⇨ retaining wall. **5** (廃止しないで)実行し続ける, そのまま行っている, そのままにしておく: ～ an old custom 古い習慣を依然として行っている. — *vi.* 《廃》家臣[家来]である〔*to*〕. **～·ment** *n.* 〖(*c*1390) *reteyne*(*n*) ◻ AF *retei*(*g*)*n*- ← (O)F *retenir* ＜VL **retenēre*＝L *retinēre* ← RE-[1]＋*tenēre* to hold (cf. tenable, contain, detain)〗

re·tain·a·ble /rɪ̆téɪnəbl/ *adj.* **1** 保持できる, 保有できる, 保留できる. **2** 雇っておける, かかえておける. **3** 従来どおりに実行できる. **4** 記憶していられる, 覚えていられる. 〖1706〗

retáined íncome *n.* 〖会計〗＝earned surplus.

retáined óbject *n.* 〖文法〗(被)保留目的語 (例えば She gave him a book. の受身文 He was given a book. における a book; A book was given him. における him). 〖1904〗

retáined objéctive cómplement *n.* 〖文法〗保留目的補語 (例えば He was considered a genius. の a genius).

R

re·tain·er[1] /rɪ̆téɪnə | -nə^(r)/ *n.* **1** 〖法律〗**a** 顧問弁護士料, 弁護士依頼料 (retaining fee ともいう): I pay my lawyer a ～ every month. 私は毎月弁護士に顧問料を払っている / on ～ (弁護士依頼料を支払われて)契約[雇用]中の. **b** (弁護士と依頼者の間の)訴訟依頼関係, 弁護約束. **c** 訴訟依頼書. **d** 保留権 (自己の物として正式に保留すること; およびその権利). **2** かかえ入れておくこと; 雇っておくこと; 雇われていること. **3** 《英》不在時の割引家賃. 〖(1453) ◻ (O)F *retenir*: 不定詞の名詞用法: ⇨ -er[3]〗

re·tain·er[2] /rɪ̆téɪnə | -nə^(r)/ *n.* **1** **a** 保持する者, 保有者, 保留者. **b** 保有している物. **2** 〖歯科〗**a** 維持装置, 支台装置 (ブリッジなどの歯に取り付ける部分). **b** 保定装置 (歯列矯正後のあごまたは歯をその位置に保持する装置). **3** 〖機械〗保持器 (玉軸受け・ころ軸受けの玉またはころを配列するための容器; separator ともいう). **4** 〖歴史〗**a** 家臣, 家来, 従者: a chief ～ 家老. **b** 召使い, 従僕: an old ～ 《戯言》老いて忠実な召使い. **c** (特に, 中世末期の livery を支給された)封建的家臣, 郎党. 〖1540〗

re·tain·ing /rɪ̆téɪnɪŋ/ *adj.* 固定しておくための.

retáining fèe *n.* 〖法律〗＝retainer[1] 1 a.

retáining fòrce *n.* 〖軍事〗牽制部隊.

retáining rìng *n.* ＝circlip. 〖1884〗

retáining wàll *n.* (土砂の崩落などを防ぐ)擁壁 (revetment). 〖1838〗

re·take /rì:téɪk/ *vt.* (**re·took**; **-taken**) **1** 再び取る; 再受験する: ～ an examination 再試験を受ける. **2** 取り戻す, 奪還する, 奪い返す: They *retook* the town. 彼らはその町を奪い返した. **3** 〖映画・写真〗再撮影する, 〈写真を〉撮り直す, 再録する. — /ˈ–ˌ–/ *n.* **1** (映画などの)再撮影, 撮り直し, 再録; 撮り直された場面[写真]. **2** 再試験. 〖1436〗

re·tal·i·ate /rɪ̆tǽlièɪt/ *vt.* **1** 〈加害・侮辱などに〉(先方と同一手段で)報いる, 返報する, 報復する, 仕返しする, 応酬する, しっぺ返しをする: ～ an injury. **2** 〈非難などを〉〔…に〕し返す〔*upon*〕: ～ the same charge *upon* a person 人に同じ非難を返す. — *vi.* (先方と同一手段で)報いる; 〔…に〕(特に, 悪をもって)報いる, 仕返しする, 返報する, 報復する〔*against, upon, on*〕: It's very like him to ～ *against* them with such tactics. こういう術策で彼らに一矢報いようというのはいかにも彼らしい. **re·tál·i·à·tor** /-tə | -tə^(r)/ *n.* 〖(1611) ← L *retaliātus* (p.p.) ← *retaliāre* to retaliate: ⇨ re-, talion, -ate[3]〗

re·tal·i·a·tion /rɪ̆tæ̀liéɪʃən/ *n.* 返報, 仕返し, 報復, 敵(かたき)討ち: in ～ for …の仕返しに. 〖(1581) ← L *retaliātus* (↑)＋-ION〗

re·tal·i·a·tive /rɪ̆tǽlièɪtɪv | -tɪv/ *adj.* ＝retaliatory.

re·tal·ia·to·ry /rɪ̆tǽliətɔ̀:ri | -tǽliətəri, -lièɪt-, -tri/ *adj.* 返報の, 報復的な, 仕返しの: ～ measures 報復措置. 〖(1813) ← RETALIATE＋-ORY[1]〗

retáliatory táriff *n.* 報復税率[関税].

re·ta·ma /rɪ̆tá:mə, ri:-, -téɪ-/ *n.* 〖植物〗熱帯アメリカ産マメ科の低木の総称: **a** ＝Jerusalem thorn 2. **b** ＝paloverde. 〖(1852) ◻ Sp. *retáma* ◻ Arab. *rátamaʰ* (fem.) ← *rátam* 'RETEM'〗

re·tard /rɪ̆tá:d | -tá:d/ *vt.* **1** **a** …の速力を減じる; 遅らせる, 遅延させる, 延着させる, 長引かせる, 手間取らせる: ～ a person's arrival 人の到着を遅らせる / I was ～*ed* by a visitor at the last moment. 出がけに来客があって遅れました. **b** …の成長[発達, 進行]を妨げる, 阻止する, 妨害する (cf. retarded): ～ the economic recovery 経済の回復を妨げる / His death was ～*ed* by some years by the skill of the surgeons. 彼の生命は外科医たちの技量によって数年延ばされた. **2** 〈病気・環境・栄養不良などが〉〈植物〉の成長を阻害する. **3** 〈ある生徒を〉進級させるのが無理なためその生徒の学習の進度を遅らせる. **4** 〖機械〗遅角させる (エンジンの点火時期または燃料噴射時期を(正規の値よりも)遅らせる, 進角を減らす). — *vi.* 遅れる; (特に)〈潮の干満・天体の運行などが〉遅れる, 遅延する.
— *n.* **1** 遅滞, 遅延. **2** /rí:ta:d/ 《俗・軽蔑》知恵遅れの人; ばか, まぬけ. **3** 〖機械〗遅角装置 (cf. *vt.* 4). ***at retárd*** 妨げられて, 遅らされて. ***in retárd*** (***of***) 《古》(…に)遅れて, 引き留められて, 〈発育・進行など〉阻止されて, 妨げられて. 〖1865〗
retárd of the tíde [**hígh wáter**] 〖天文〗遅潮時間 (満月とそれに続く満潮との間の時間). 〖1845〗
〖(*c*1477) ◻ (O)F *retarder* ＜L *retardāre* ← RE-[1]＋*tardāre* (← *tardus* 'slow, TARDY')〗

SYN 遅らせる: **retard** 運動・前進を遅らせる: Bad roads *retarded* the car. 道が悪くて車が遅れた. **delay** 妨害して特定時の到着・完成を遅らせる: His trial was *delayed* indefinitely. 彼の裁判は無期限に延期された. **detain** 引き止めて遅らせる: I won't *detain* you today. きょうは君を引き止めない. **ANT** hasten, expedite.

---

re·tar·dant /rɪ̆tá:dənt, -dnt | -tá:dənt, -dnt/ *n.* 〖化学〗抑制剤 (反応速度を抑制する物質); 緩染剤. — *adj.* 〈薬品の効果・火の燃え移りなどを〉遅らせる, 防ぐ: fire-[flame-]*retardant* cloths (準)難燃性織物. 〖(1642): ⇨ ↑, -ant〗

re·tar·da·taire /rɪ̆tà:dətéə | -tà:dətéə^(r); F. ʀətaʀdatɛ:ʀ/ *adj.* 〈芸術作品・建築が〉以前の[時代遅れの]様式で制作された. 〖(1903) ◻ F ～ late, outdated ← *retarder*: ⇨ retard〗

re·tar·date /rɪ̆tá:deɪt | -tá:-/ 《米》*adj.* 知能の遅滞した. — *n.* 〖心理・教育〗発達遅滞児. 〖(1915) ◻ L *retardātus* (p.p.) ← *retardāre*: ⇨ retard, -ate[1,2]〗

re·tar·da·tion /rì:ta:déɪʃən, rɪ̆tà:- | rì:ta:-/ *n.* **1** **a** 遅滞, 遅延; 阻止, 妨害. **b** 妨害物, 足止め. **2** 遅延程度, 遅滞量, 妨害量. **3** 〖物理〗遅れ, 減速度 (⇨ negative acceleration). **4** 〖音楽〗リタルダンド; 掛留(けいりゅう), 掛留音. **5** 〖心理・教育〗**a** 知能の遅滞 (通例 IQ が70以下の場合). **b** 学業遅滞. 〖(?*a*1430) ◻ (O)F ～ // L *retardātiō*(*n*-): ⇨ retard, -ation〗

retardátion tìme *n.* 〖電気〗遅延時間.

re·tar·da·tive /rɪ̆tá:dətɪv | -tá:dət-/ *adj.* 遅延させる, 遅滞させる, 阻止する, 妨害する. 〖(1847) ← RETARDATE＋-IVE〗

re·tar·da·to·ry /rɪ̆tá:dətɔ̀:ri | -tá:dətəri, -tri/ *adj.* ＝retardative.

re·tard·ed /rɪ̆tá:dɪ̆d | -tá:dɪd/ *adj.* 〖心理・教育〗進歩[発育]の遅い, 精神遅滞の, 知恵遅れの (IQ 70–85): ～ children 知能遅延児. 〖1810〗

re·tard·ee /rɪ̆tà:dí:, -tá:dì: | -ta:dí:, -tá:di:/ *n.* 〖心理・教育〗知能遅滞者; 遅進者. 〖(1971) ← RETARD＋-EE[1]〗

re·tárd·er /-də | -də^(r)/ *n.* **1** 〈活動・発達などを〉遅らせる人[もの]. **2** 〖化学〗**a** 抑制剤 (化学反応を遅らせるための物質). **b** 加硫遅延剤 (ゴムの硬化を防ぐ物質). **3** 〖建築〗凝結遅延剤, リターダー, 緩結剤 (セメント・しっくいの凝結時間を遅らせる混和剤). **4** 〖写真〗＝restrainer 2. 〖1644〗

re·tárd·ment *n.* ＝retardation.

rè·tárget *vt.* 新しい目標に向ける.

retch /rétʃ | rétʃ, rí:tʃ/ *vi.* 吐き気を催す, むかつく, (特に, 吐くものが出ずに)げーげーする. — *vt.* 吐く. — *n.* むかつき, 吐き気; 吐き気を催す時の音. 〖(1548) (変形) ← REACH[2]〗

retd 《略》retained; retired; returned.

re·te /rí:ti, réɪ- | rí:ti/ *n.* (*pl.* **re·ti·a** /rí:tiə, réɪtiə | rí:tiə, ríʃiə/) **1** レーテ, 雷文盤 (アストロラーベ (astrolabe) の構成要素で打抜き金網状の円形板; 主な恒星の位置を示す). **2** 〖解剖〗(血管・神経・繊維などの)網, 網状組織; 叢(そう) (plexus). 〖(1391) *riet* ◻ L *rēte* net ← IE **er-* to separate: ⇨ rare[1]〗

rè·téll *vt.* (**re·told**) **1** 再び語る[述べる], 繰り返して語る; 形を変えて語る[述べる]. **2** 数え直す. 〖1593〗

rè·télling *n.* (物語の)書き直し, 改作, 再話. 〖1644〗

re·tem /rí:tem/ *n.* 〖植物〗シリア・アラビア地方に産し白い小花をつけるマメ科ヒトツバエニシダ属の低木 (*Genista raetam*) (旧約聖書の juniper はこれを指すといわれる). 〖◻ Arab. *ratam*〗

réte mi·rá·bi·le /-mɪ̆rǽbəli: | -bɪ̆-/ *n.* (*pl.* **retia mi·ra·bi·li·a** /-mìrəbíliə/) 〖解剖〗怪網 (大血管が分岐して小血管の網目になったもので, 再び1本の大血管になる; 人は腎だけにあるとされる). 〖(1541) ← NL ～ 'wonderful net': ⇨ rete, mirabilia〗

re·tene /rí:ti:n, rét-/ *n.* 〖化学〗レテン ($C_{18}H_{18}$) (松タールや化石樹脂から採る無色結晶化合物). 〖(1867) ◻ Gk *rhētínē* resin: ⇨ -ene〗

re·ten·tion /rɪ̆ténʃən, -téntʃən/ *n.* **1** **a** 保留, 保有, 保持. **b** 持ち続ける力, 保持力. **c** 保留[保有]されるもの. **2** (習慣などの)保存, 維持. **3** **a** 記憶. **b** 記憶力. **4** 〖スコット法〗(相手方の履行を促すためにする)契約の履行の差控え. **5** 〖病理〗鬱滞(うったい), 停留, 停滞, 分泌閉止: ～ of urine 尿閉. **6** 〖保険〗保有(額) (再保険において元受保険者が原保険の一部を再保険せずに自己の計算に残す部分). 〖(*a*1400) ◻ (O)F *rétention* // L *retentiō*(*n*-) a holding back ← *retentus* (p.p.) ← *retinēre* 'to RETAIN': ⇨ -tion〗

re·tén·tion·ist /-ʃ(ə)nɪ̆st | -nɪst/ *n.* (政策などの)存続[維持]論者; (特に)死刑存続論者. 〖1899〗

re·ten·tive /rɪ̆téntɪv | -tɪv/ *adj.* **1** 保持力のある; 〔…を〕保持する〔*of*〕: be ～ *of* heat [moisture] 熱[湿気]を保持する / be ～ *of* antiquity よく古代の形[姿]を保つ. **2** 湿気を保つ. **3** 記憶力のよい; 物忘れしない (cf. receptive 1, creative 1 b): a ～ faculty 暗記力, 記憶力 / a ～ memory よい記憶力 / a ～ man 記憶力の強い人. **4** けちな, しみったれの. **5** 控え目の, 無口の. **6** 〖医学〗(器官・包帯などを)動かないようにする, 固定[保定]させる, 保持する. **～·ly** *adv.* **～·ness** *n.* 〖(*c*1375) ◻ OF *retentif* // ML *retentīvus* ← L *retentus* (↑): ⇨ -ive〗

re·ten·tiv·i·ty /rì:tɛntívəti, rɪ̆tɛn- | rì:tɛntívɪ̆ti/ *n.* **1** 保持力. **2** 〖物理・電気〗残磁性, 保磁性 (remanence). 〖1881〗

re·te·pore /rí:təpɔ̀ə | -tɪpɔ̀:^(r)/ *n.* 〖動物〗アミコケムシ (苔虫綱アミガイ科の群体性動物の総称; ベニアミコケムシ (*Retepora cellulosa*) など). 〖(1878) ← NL *Rētepora* ← L *rēte* net＋*-pora* (◻ Gk *póros* pore[1])〗

rè·tést *vt.* 〈人〉に再びテストする, 再試験をする. — /ˈ–ˌ–/ *n.* 再テスト, 再試験. 〖1863〗

rè·téxture *vt.* 〖服飾〗〈生地・衣服〉にテクスチャー再生処理を施す, リテクスチャリング加工をする (もとの生地仕上げの堅牢さを復活させる). **rè·téxtured** *adj.* **rè·téxturing** *n.* 〖1953〗

re·think /rì:θíŋk/ *vt., vi.* (**re·thought**) 再考する, 考え直す: We have to ～ our plans. 計画を考え直さなければならない / I tried to persuade him to ～. 彼に再考するよう説得を試みた. — /ˈ–ˌ–/ *n.* **1** 再考, (政策などの)練り直し. **2** 再評価. **～·er** *n.* 〖1700〗

Re·thondes /rətɔ̃:(n)d, -tɔ́:nd; F. ʀətɔ̃:d/ *n.* ルトンド (フランス北部, Rheims の西北西にある村; 1918年にここで第一次大戦の休戦協定が調印された).

Re·thym·non /réθɪmnɑ̀(:)n | -nɒn; *Mod.Gk.* réθimnon/ *n.* レシムノン (Crete 島北岸にある港町).

Ré·ti /réɪti | -ti; *Hung.* ré:ti/, **Richard** *n.* レティ (1889–1929; ハンガリーのチェスの名人; hypermodern school に関わる理論家).

R. et I. 《略》*L.* Rēgina et Imperātrix (＝Queen and Empress); *L.* Rēx et Imperātor (＝King and Emperor).

retia *n.* rete の複数形. 〖◻ L *rētia*〗

retia mirabilia *n.* rete mirabile の複数形.

re·ti·ar·i·us /rìːʃiéəriəs, riːʃi- | -éər-/ *n.* (*pl.* **-ar·i·i** /-riàɪ/) 〖ローマ史〗網闘士 (三つ叉槍と網をもって戦った剣闘士). 〖(1647) ◻ L *rētiārius* (↓)〗

re·ti·ar·y /rí:ʃièri | -ʃiəri/ *adj.* **1** 網状の. **2** 網を作る, 網状の巣を張る. **3** 網を用いるのがうまい, 巧みにからみつける. — *n.* 網状の巣を張るクモ. 〖(1646) ◻ L *rētiārius* (gladiator) with net ← *rēte* net: ⇨ rete, -ary〗

ret·i·cence /rétəsəns, -sns | rétɪ̆-/ *n.* **1** 寡黙, 寡言, 無口. **2** 控えめ, 遠慮. **3** (芸術表現・演技などを)控えめにする[抑える]こと, 抑制. **4** (事実を)部分的に伏せておくこと. 〖(1603) ◻ F ～ ◻ L *reticentia* ← *reticēre*: ⇨ reticent, -ence〗

rét·i·cen·cy /-sənsi, -sn-/ *n.* ＝reticence.

ret·i·cent /rétəsənt, -snt | rétɪ-/ *adj.* **1** 多くを語らない, 無口な, 黙りがちの (⇨ silent SYN): a sensitive and ～ boy 感受性の強い無口な少年 / He is ～ *about* his past. 自分の過去については語りたがらない / be ～ *on* [*upon*] what happened 出来事について黙っている / She was ～ *upon* family affairs. 家族のことについてはあまり語らなかった. **2** 〈表現・外見など〉控えめな, 抑制した. **～·ly** *adv.* 〖(*a*1834) ◻ L *reticentem* (pres.p.) ← *reticēre* ← RE-[1]＋*tacēre* to be silent (⇨ tacit)〗

ret·i·cle /rétɪ̆kl | -tɪ-/ *n.* 〖光学〗レチクル, 照線 (望遠鏡などの像面に取り付ける十字線 (cross wires) や目盛りをつけたガラス製の焦点板など; graticule ともいう). 〖(1731) ◻ L *rēticulum* (dim.) ← *rēte*: ⇨ reticulum〗

re·tic·ul- /rɪ̆tíkjʊl/ (母音の前にくるときの) reticulo- の異形.

reticula *n.* reticulum の複数形.

re·tic·u·lar /rɪ̆tíkjʊlə | -lə^(r)/ *adj.* **1** 網状(組織)の. **2** 錯雑した, 紛糾した. **～·ly** *adv.* 〖(1597) ← NL *rēticulāris* ← L *rēticulum*: ⇨ reticulum, -ar[1]〗

reticular áctivating sỳstem *n.* 〖解剖〗網様体賦活系 (延髄の網状神経組織の細胞系; 脳間網様体の活動によって大脳皮質が賦活され, 睡眠・覚醒などの中枢神経系の活動を支配する).

reticular formátion *n.* 〖解剖〗(脳の)網様体. 〖1887〗

re·tic·u·late /rɪ̆tíkjʊlɪ̆t, -lèɪt/ *adj.* **1** 網状の; 網状組織の, 方眼組織の; 網目のある. **2** 〖植物〗網状の. **3** 〖生物〗網状進化の (相互に雑種を形成し合って進化していく状態). — /rɪ̆tíkjʊlèɪt/ *v.* — *vt.* **1** **a** 網にする,

網状にする, 網目で覆う. **b** 網形に配列する. **2** (網羅的に)広い範囲に行き渡らせる. **—** *vi.* 網(状)になる, 網状をしている, 網状に分かれる. **~·ly** *adv.* 〘(1658) □ L *rēticulātus* made like a net: ⇨ reticulum, -ate[2,3]〙

re·tíc·u·làt·ed /-tɨ̀d | -tɪd/ *adj.* =reticulate.

retículated pýthon *n.* 〘動物〙 アミメニシキヘビ (*Python reticulatus*)《東南アジア産の最大のヘビ; 体長 9 m に達し, 濃い網目模様がある》.

re·tic·u·la·tion /rɪ̀tɪkjuléɪʃən/ *n.* **1** 網状にする[である]こと, 網形. **2** 網状物, 網状組織, 網細工. **3** 〘写真〙 ちりめんじわ《感光材料のゼラチンの伸縮によりできる網状のしわ》. 〘1671〙

ret·i·cule /rétɪkjùːl | -tɪ-/ *n.* **1** 《古》 婦人の手提げ袋, 網袋《元は網で作ったが, 今は網その他の物で作り, ハンカチ・財布・香水びんなどを入れる》. **2** 〘光学〙 =reticle. 〘(1727–38) □ F *réticule* □ L *rēticulum*: ⇨ reticulum, -cule〙

re·tic·u·li- /rɪtíkjulɪ, -ri/ reticulo- の異形 (⇨ -i-).

re·tic·u·lin /rɪtíkjulɪn | -lɪn/ *n.* 〘生化学〙 レチクリン《結合組織に細線維網として存在する, コラーゲンに似た構造蛋白質》. 〘(1899) ⇨ ↓, -in[2]〙

re·tic·u·lo- /rɪtíkjulou | -ləu/「網状組織[構造]; 網状と…との」の意の連結形. ★ 時に reticuli-, また母音の前では通例 reticul- になる. 〘← L *rēticulum*: ⇨ reticulum〙

re·tic·u·lo·cyte /rɪtíkjulousàɪt | -lə(u)-/ *n.* 〘解剖〙 網赤血球. **re·tic·u·lo·cyt·ic** /rɪtìkjulousítɪk | -lə(u)sít-/ *adj.* 〘(1922): ⇨ ↑, -cyte〙

re·tic·u·lo·cy·to·sis /rɪtìkjulousaɪtóusɪs | -lə(u)saɪtə́usɪs/ *n.* 〘医学〙 網赤血球増加. 〘(1926): ⇨ ↑, -osis〙

retìculo·endothélial *adj.* 〘解剖〙 細網内皮組織の, 網内系の (cf. macrophage). 〘(1923) ← RETICULO-+ENDOTHELIAL〙

reticuloendothélial sỳstem *n.* 〘解剖〙 網内系, 細網内皮系 (略 RES). 〘1923〙

retìculo·en·do·the·li·ó·sis /-èndouθìːlióusɪs | -də(u)θìːliə́usɪs/ *n.* (*pl.* **-o·ses** /-siːz/) 〘医学〙 網内症, 細網内皮症, 細網組織(増殖)症《全身的な細網内皮細胞の過剰増殖》. 〘(1926): ⇨ ↑, -osis〙

re·tic·u·lose /rɪtíkjulòus | -ləus/ *adj.* 網状の. 〘(1826): ⇨ ↓, -ose[1]〙

re·tic·u·lum /rɪtíkjuləm/ *n.* (*pl.* **-u·la** /-lə/) **1** 網状物; 網状構造. **2** 〘動物〙 蜂巣(ほうそう)胃, 蜂の巣胃《反芻(はんすう)動物の第二胃; honeycomb stomach ともいう; cf. rumen 1》. **3** 〘動物〙 (ヤシなどの葉脚部にあるような)網状繊維. **4** 〘解剖〙 網状質[組織], 細網(組織). **5** [R-] 〘天文〙 レチクル座《南天の星座; the Net ともいう》. 〘(1658) □ L *rēticulum* (dim.) ← *rēte* net: ⇨ rete〙

retículum céll *n.* 〘解剖〙 細網細胞. 〘1912〙

rè·tíe *vt.* 結び[つなぎ]直す. 〘1711〙

re·ti·form /ríːtəfɔ̀əm, rét- | -tɪfɔ̀ːm/ *adj.* 網状組織の, 網状の: a ~ tissue 〘解剖〙 網状組織. 〘(1636) ← NL *rētiformis* ← L *rēti-* (← *rēte* net: ⇨ rete)+*-formis* '-FORM'〙

rè·tíme *vt.* 〈列車時刻などを〉時刻変更する.

ret·in- /rétən, -tn | -tɪn/ (母音の前にくるときの) retino- の異形.

ret·i·na /rétənə, -tnə | -tɪnə/ *n.* (*pl.* **~s, -i·nae** /-tənìː, -tn- | -tɪn-/) 〘解剖〙 (目の)網膜 (⇨ eye 挿絵). 〘(1392) □ ML ~ ← ? L *rēte* net: ⇨ rete〙

Ret·in-A /rétənéɪ, -tn- | -tɪn-/ *n.* 〘商標〙 レチン A《ビタミン A を主成分とするニキビ治療・スキンケアクリーム》.

ret·i·nac·u·lum /rètənǽkjuləm, -tn- | -tɪn-/ *n.* (*pl.* **-u·la** /-lə/) 〘昆虫〙 保帯《多くのガの前翅と後翅をつなぐ翅鉤 (frenulum) を支持している部分》. **ret·i·nac·u·lar** /rètənǽkjulə, -tn- | -tɪnǽkjulə(r)/ *adj.* 〘(1753) □ L *retināculum* ← *retinēre* 'to RETAIN'〙

retinae *n.* retina の複数形.

ret·i·nal[1] /rétənl, -tnəl | -tɪnl/ *adj.* 〘解剖〙 網膜の[に関する]. 〘(1838) ← RETINA+-AL[1]〙

ret·i·nal[2] /rétənæ̀l, -nɔ̀(ː)l, -tn- | -tɪnæ̀l/ *n.* 〘生化学〙 レチナール ($C_{20}H_{28}O$)《黄色ないし橙色のビタミン A アルデヒド; オプシン (opsin) という蛋白質と共に網膜の桿状細胞の視紅 (rhodopsin) を形成する; retinene ともいう》. 〘1944〙

rétinal rívalry *n.* 〘心理〙 =binocular rivalry.

ret·ine /rétiːn/ *n.* 〘生理〙 レチン《広く動物細胞内に存在し細胞の成長を抑える物質; cf. promine》. 〘← RE-T(ARD)+-INE[3]〙

ret·i·nene /rétəniːn, -tn- | -tɪn-/ *n.* 〘生化学〙 レチネン (⇨ retinal[2]). 〘← RETINA+-ENE〙

ret·i·nis·po·ra /rètənɪ́spərə, -tn- | -tɪn-/ *n.* 〘植物〙 **1** ヒノキ《ヒノキ科ヒノキ属 (*Chamaecyparis*) の装飾用低木の総称》. **2** クロベ《ヒノキ科クロベ属 (*Thuja*) の針葉植物の総称》. 〘← NL ~ ← Gk *rhētínē* resin+NL *spora* 'SPORE'〙

ret·i·nite /rétənàɪt, -tn- | -tɪn-/ *n.* 〘鉱物〙 樹脂石《琥珀の一種》. 〘(1821) □ F *rétinite*: ⇨ retino-, -ite[1]〙

ret·i·ni·tis /rètənáɪtɪs, -tn- | -tɪnáɪtɪs/ *n.* (*pl.* **-i·nit·i·des** /-tənítədìːz, -tn- | -tɪnítɪdìːz/) 〘病理〙 網膜炎. 〘(1861) ← NL ~: ⇨ retina, -itis〙

retinítis pig·men·tó·sa /-pìgməntóusə | -tə́u-/ *n.* 〘眼科〙 色素性網膜炎. 〘1861〙

ret·i·no- /rétənou, -tn- | -tɪnəu/「網膜」の意の連結形. ★ 母音の前では通例 retin- になる. 〘← NL ~: ⇨ retina〙

rètino·blas·tó·ma /-blæstóumə | -tə́u-/ *n.* 〘病理〙 網膜芽腫. 〘(1924) ← RETINO-+BLASTO-+-OMA〙

ret·i·noid /rétənɔ̀ɪd | -tɪn-/ *n.* 〘生化学〙 レチノイド《ビタミン A (retinol) に類似し, 体内で同様の機能を果たす物質》. **—** *adj.* 網膜様の, 網膜に似た. 〘(1976): ⇨ ↓, -oid〙

ret·i·nol /rétənɔ̀(ː)l, -tn- | -tɪnɔ̀l/ *n.* 〘生化学〙 レチノール ($C_{32}H_{16}$)《樹脂を蒸留して採った黄色みを帯びた油(ビタミン A); 溶剤・防腐剤などに用いる; cf. rosin oil》. 〘(1838) ← RETINO-+-OL(E)[1]〙

ret·i·nop·a·thy /rètənɑ́(ː)pəθi, -tn- | -tɪnɔ́-/ *n.* 〘眼科〙 網膜症《非炎症性の網膜異常》. 〘(1932) ← RETINO-+-PATHY〙

ret·i·no·scope /rétənəskòup, -tn- | -tɪnəskə̀up/ *n.* 〘眼科〙 検影器. 〘← RETINO-+-SCOPE〙

ret·i·nos·co·py /rètənɑ́(ː)skəpi, -tn- | -tɪnɔ́s-/ *n.* 〘眼科〙 検影法《skiascopy, shadow test ともいう》. **ret·i·no·scop·ic** /rètənəskɑ́(ː)pɪk, -tn- | -tɪnəskɔ́p-/ *adj.* **rèt·i·nó·scop·ist** /-pɪst | -pɪst/ *n.* 〘(1884) ← RETINO-+-SCOPY〙

ret·i·no·top·ic /rètənoutɑ́(ː)pɪk | -tɪnə(u)tɔ́p-/ *adj.* 〘生理〙 網膜部位の《網膜における視覚受容器の位置関係に関する[を保存している]》. 〘⇨ -topy, -ic[1]〙

ret·i·nue /rétənùː, -njùː, -tn- | -tɪnjùː/ *n.* [集合的] (王侯・顕官などの)従者, 随行員, 供奉(ぐぶ)員: be in the ~ of …に随行する. 〘(*c*1375) □ (O)F *retenue* (fem. p.p.) ← *retenir* 'to RETAIN'〙

re·tin·u·la /retínjulə/ *n.* (*pl.* **-u·lae** /-liː/) 〘動物〙 網膜細胞, 小網膜《節足動物の複眼の各個眼にそなわる視感光部をなす細胞群》. **re·tin·u·lar** /retínjulə | -lə(r)/ *adj.* 〘(1878) ← NL ~ (dim.) ← RETINA〙

re·tir·a·cy /rɪtáɪrəsi | -táɪ(ə)r-/ *n.* 《米》 **1** 引退, 隠居. **2** 引退しても食べて行かれるだけの資産. 〘(1829) ← RETIRE: conspire-conspiracy の類推から〙

re·tir·al /rɪtáɪrəl | -táɪ(ə)r-/ *n.* **1** 退却. **2** 《スコット・英古》 引退. 〘1611〙

re·tir·ant /rɪtáɪrənt | -táɪ(ə)r-/ *n.* =retiree. 〘⇨ ↓, -ant〙

re·tire /rɪtáɪə | -táɪə(r)/ *vi.* **1** **a** 〔商売・職・実社会などから〕引退する, 退職[退役]する 〔*from*〕; 商売をやめる, 廃業する: ~ *from* public life 公的生活から引退する / ~ *from* the services 辞職[退職]する / ~ *from* active work [business] 現役を退く / ~ on a pension 恩給が付いて退職する / ~ under the age clause 定年で退職する / She ~*d from* the screen eight years ago. 8 年前銀幕を退いた / He ~*d from* office in disgrace. 懲戒免職になった / Professors in Japan are now generally compelled to ~ at 65. 今日日本では教授は大概満 65 歳で定年になる. **b** 引っ込む, 隠退する, 隠棲(いんせい)する: ~ *from* the world 隠退する; 世捨て人となる / ~ *to* one's country of origin 出身国に引っ込む. **2** **a** 退く, 立ち去る (⇨ go[1] SYN): The ladies ~*d*. (デザートの後で)女性たちが(食堂から応接間へ)引き揚げた / ~ *to* one's room 自室に(引き)下がる / ~ from a room 部屋から引き揚げる. **b** 寝る: ~ to rest [to bed, for the night] 床に就く, 寝る / He always ~*s* before midnight. いつも 12 時前に寝る. **3** (戦闘・危険などから)離脱する, 後退する, (随意)退却する, 避難する (withdraw)《敵の圧迫によらず計画的に整然と後退することにいう; cf. retreat 1》: The enemy ~*d* in good order. 敵は整然と後退した. **4** 〈波などが〉後へ引く; 〈海岸などが〉引っ込む: The shore ~*s* in bays. 海岸は引っ込んで湾をなしている. **5** 〘クリケット〙 **a** 〈打者が〉(アウトになるか負傷によって)打撃を中止し退場する: The batsman ~*d* hurt. 打者はけがをして退いた. **b** 〈全打者が〉(アウトになる前に)イニングスを自意[強制]により終了する. **6** 〘フェンシング〙 後退する, 後ろへ下がる.

— *vt.* **1** 退職させる, 退役させる: ~ an admiral 提督を退役させる / He was compulsorily ~*d* as incompetent. 不適任として強制的に辞めさせられた / He is ~*d* on his pension. 引退して恩給[年金]で暮らしている / I am now ~*d* into private life. 今は退職して隠居暮らしだ. **2** 立ち去らせる, 退かせる. **3** 〘軍事〙 〈部隊〉に離隔[後退]命令を下す, 離隔[後退]させる. **4** 〈手形・紙幣などを〉回収する, 〈債権・株式などを〉償還する: ~ a bill, bond, etc. **5** 〈機械・船などを〉通常の使用目的[役目]に使うことをやめる, 廃棄する, 廃物[廃船]にする. **6** 〈背番号などを〉永久欠番にする. **7** 〘野球・クリケット〙 **a** 〈打者を〉アウトにする. **b** 〈攻撃側を〉チェンジにする.

retire into onesélf 非社交的になる, 自分の殻に閉じこもる; ひどく引っ込み思案になる, 無口になる. (1539)

— *n.* **1** 《まれ》 **a** 世事や他人との交際から退くこと, 隠退, 隠居, 閑居. **b** 引っ込む[引きこもる, 避ける]場所. **2** 〘軍事〙 (らっぱによる)離隔[後退]命令: sound the ~ 退却らっぱを吹く.

~·er *n.* 〘(1533) □ (O)F *retirer* ← RE-[1]+*tirer* to draw: cf. tirade〙

re·ti·ré /rətiːréɪ; *F.* ʁətiʁe/ *n.* (*pl.* **~s** /~z; *F.* ~/) 〘バレエ〙 ルチレ《足先を他方の足のひざに持って行く動作》. 〘□ F ~ (p.p.) ← *retirer* (↑)〙

re·tired /rɪtáɪəd | -táɪəd/ *adj.* **1** (特に, 高齢のため商売・職から)引退した, 退職した; 隠退した: a ~ general [officer] 退役将官[将校] / a ~ life 隠退[隠居]生活 / a ~ schoolteacher 退職した教師 / live ~ 隠居生活をする. **2** 世と離れた, 世間と交渉を絶った, 人里離れた, 辺鄙(へんぴ)な, 片田舎の: a ~ part [spot] 辺鄙な所 / a ~ valley 山奥の谷 / live a ~ life 世間と交渉を絶った[人目を避けた]生活を送る. **3** 退職者に与えられる: a ~ allowance=~ pay 恩給. **4** 内にこもった, 非社交的な, 遠慮がちな. **~·ly** *adv.* **~·ness** *n.* 〘1590〙

retíred list *n.* 〘軍事〙 (将校または下士官兵の)退役軍人名簿; 退職職員名簿: go [place, put] on the ~ 退職[退役]する[させる].

re·tir·ee /rɪtàɪríː, ─∸─ | rɪtàɪ(ə)ríː/ *n.* 《米》 (職業などから)引退した人. 〘1945〙

re·tire·ment /rɪtáɪəmənt | -táɪə-/ *n.* **1** **a** (商売・職からの)引退, 退職, 退役: the ~ of a partner 組合員の退社 / come out of ~ (いっぺん退職した人が)元の仕事に戻る, 復職する / I took early ~ on account of ill health. 健康がすぐれないので早く退職した. **b** 世間と没交渉の生活, 独居, 隠居; 隠居所: go into ~ 隠居[独居]生活を始める, 隠退する / live [dwell] in ~ 世間と交渉を絶って独居する, 閑居する. **2** 辺鄙(へんぴ)な所, 片田舎. **3** 退去, 退却. **4** (通貨などの)回収, 引き上げ, (自社発行の社債などの)買い上げ. **5** 〘軍事〙 (敵の圧力によらない計画的な)離隔, 後退, (随意)退却, 離脱 (cf. retreat 1 a).

retírement and withdráwal 〘軍事〙 撤退: **a** 部隊などをまとめて後退すること. **b** 敵の圧迫によらず, 自由意志で計画的に秩序整然と後退すること.

— *adj.* [限定的] 引退[後退, 退職]の[に関する]; 退職者のための.

〘(1596–97) ← RETIRE+-MENT〙

retírement annùity *n.* 〘保険〙 退職年金.

retírement commùnity *n.* 《米》 退職者のコミュニティー《比較的裕福な老齢者のための居住施設[地域]》.

retírement hòme *n.* 養老ホーム, 高齢者専用住宅《しばしば集合住宅》; 介護老人ホーム, 高齢者介護施設. 〘1968〙

retírement mèthod *n.* 〘会計〙 廃棄法; 除却法《固定資産を取得時から廃棄時まで, 取得原価で計上し, 廃棄時にその全額をその年度の費用に計上する方法; cf. replacement method》.

retírement pènsion *n.* 〘保険〙 退職年金 (old age pension). 〘1942〙

retírement plàn *n.* 《米》 退職年金制度; 個人退職金積立制度.

re·tir·ing /rɪtáɪ(ə)rɪŋ | -táɪər-/ *adj.* **1** 〈性質・態度など〉交際嫌いな, 引っ込みがちな, 内気な; 遠慮がちな: ~ manners 内気な態度 / He is of a ~ disposition. 彼は内気なたちだ. **2** 去り行く; 退却する; 引退する, 隠居する. **~·ly** *adv.* **~·ness** *n.* 〘*c*1586〙

retíring àge *n.* 退職年齢 (retirement age).

rè·títle *vt.* …に別のタイトル[標題, 肩書き]をつける, 改題する.

rè·tóol *vt.* **1** (工具などを切り換えて)〈工場・機械〉の再整備を行う. **2** 《米・カナダ》 (新たな[異なった]必要[条件]に対処するため)組織し直す, 再編成する. 〘1866〙

re·tor·sion /rɪtɔ́əʃən | -tɔ́ː-; *F.* ʁətɔʁsjɔ̃/ *n.* 〘国際法〙 =retortion 2. 〘(1657) □ F *rétorsion* // ML *retorsiō(n-)* ← *retortiō(n-)* (変形): ⇨ retortion〙

ré·tor·sion de droit /rèɪtɔəsjɔ̃ː(n)dədrwɑ́ː, -sjɔ̃ː- | -tɔː-; *F.* ʁetɔʁsjɔ̃dədʁwa/ *n.* (*pl.* **rétorsions de droit** /~/) 〘法律〙 国際法上の合法的報復. 〘□ F ~ 《原義》 retorsion of right〙

re·tort[1] /rɪtɔ́ət | -tɔ́ːt/ *vt.* **1** …と言い返す, 切り返して言う (⇨ answer SYN): "It's none of your business," he ~*ed*. 「お前の知ったことじゃない」と言い返した. **2** 〈侮辱・攻撃・非難などに報いる, 報復[返報]する, 仕返しする; 〈非難・皮肉・冗談・いたずらなどを〉〈相手に〉そのまま返す 〔*on, upon*〕: ~ an insult 侮辱に仕返しをする / The aggression against God is ~*ed upon* the aggressor. 神を犯す者は神に報復される《自分から出た悪事は自分に返ってくる》. **3** (相手の論法をそのまま使って)〈相手の議論を〉やりこめる, 逆襲する, 一本きめつける, しっぺ返しする, 揚げ足を取る 〔*against*〕: ~ an argument. **4** 《Shak》 〈要求を〉拒否する, 却下する. **—** *vi.* **1** 鋭く言い返す, しっぺ返しする, 口答えする: He ~*ed upon* [*against*] me, saying I was to blame. 彼は私に口答えして, 君の方が悪いのだと言った. **2** 報復する, 仕返しする. **—** *n.* **1** しっぺ返し, (鋭い)口答え, うまい返答; (議論の)逆襲, 反駁: be quick at ~ しっぺ返しがうまい. **2** 報復, 仕返し. 〘(*c*1557) ← L *retortus* ← *retorquēre* ← RE-[1]+*torquēre* to twist (⇨ tort)〙

re·tort[2] /rɪtɔ́ət | -tɔ́ːt/ *n.* **1** 〘化学〙 (化学実験用)レトルト, 蒸留器. **2** 〘冶金〙 (製錬用)レトルト. **3** 〘化学〙 乾留レトルト《石炭ガス製造用の耐火粘土・鉄またはシリカなどでできた半円筒形の乾留装置》. **—** *vt.* **1** 〈水銀を〉レトルトで熱して分離する. **2** 〈缶詰食品を〉(加圧がまなどで)殺菌する. 〘(1558) □ F *retorte* □ ML *retorta* (fem.) ← L *retortus* (↑): その曲がった形にちなむ〙

re·tórt·ed /-tɪd | -tɪd/ *adj.* 後方へ曲がった, 後方にねじれた. 〘1597〙

re·tor·tion /rɪtɔ́əʃən | -tɔ́ː-/ *n.* **1** 曲げ返し, ねじり. **2** 〘国際法〙 報復《被害国が自国民が受けたと同様の仕方で加害国の国民に対してする; 特に高い関税などに対する報復; cf. reprisal 2》. 〘(1591) □ ML *retortiō(n-)* ← L *retortus* (p.p.) ← *retorquēre*: ⇨ retort[1]〙

retórt stànd *n.* (実験器具固定用の)スタンド, 架台.

rè·tóuch *vt.* **1** 〈絵・文章などに〉手を入れる, 加筆する. **2** 〈あとから生えた毛をすでに染めたり脱色したりした毛の色に合うように染める[脱色する]. **3** 〘写真〙 〈陰画・陽画を〉修正する. **—** *vi.* 加筆[修正, 手直し]する. **—** /∸∸, ∸─/ *n.* **1** (絵・写真・文章などの)手入れ, 修正, 加筆. **2** あとから生えた毛を染める[脱色する]こと. **3** 加筆[修正, 染色]部分; 修正写真. **~·a·ble** *adj.* **~·er** *n.* 〘(1685) □ F *retoucher*: ⇨ re-, touch〙

re·tour /rɪtúə | -túə(r)/ *n.* **1** 《スコット》 帰還. **2** 《スコット法》 **a** (エクイティー裁判所への)差戻し(書)《同裁判所が陪審に与えた審査許可書 (brieve) に関して, 陪審の評決を付して行われる》. **b** 差戻し書の写し. **—** *vt.* 《スコット法》 …をエクイティー裁判所へ差し戻す. 〘(?*a*1330) □ (O)F ~ ← *retourner* 'to RETURN'〙

re·trace /rɪtréɪs | riː-/ *vt.* **1** 引き返す, 後戻りする; 〈したことを〉元に戻す, 再考する: ~ one's steps [way] 元来た道を戻る; 元した事をもう一度する, 仕直す, 繰り返す. **2** …のもとを尋ねる, さかのぼって調べる: ~ the progress of

R

civilization 文明の進歩の跡を尋ねる. **3** 《古》見直す, 見返す; 回顧する, 追想する, 思い出す: ～ a book 本を読み直す / ～ the experiences of one's youth 若いころの経験を追想する. **4** /rìːtréɪs/ (*also* **re-trace**) 〈文字・線などを〉あとなでする; 再び透写する, 透写し直す. **— *n.*** 〔電子工学〕帰線 (特にテレビの画面で一本の走査線の終わりから次の走査線の初めに移る戻り). **～·a·ble** /-səbl̩/ *adj.* **～·ment** *n.* 〖(1697) □ F *retracer*: ⇨ re-¹, trace¹〗

re·tract¹ /rɪtrǽkt/ *vt.* 〈前言を〉翻す, 取り消す; 〈意見・宣言・契約・命令などを〉撤回する, 廃棄する: ～ one's word 前言を取り消す / ～ one's confession 自白を撤回する. **— *vi.*** 〔意見・契約・命令・言葉などを〕取り消す, 撤回する 〔*from*〕: ～ *from* an engagement 約束を取り消す. 〖(1545) □ L *retractāre* to recall, revoke (freq.) ← *retrahere* (↓)〗

re·tract² /rɪtrǽkt/ *vt.* **1 a** 〈体の一部を〉後ろへ引く, 引っ込ませる: A snail ～*s* its horns. カタツムリは角を引っ込める / The snake ～*ed* its fangs. ヘビは毒牙を引っ込めた. **b** 〈着陸装置などを〉機体内に引っ込める; 〈掃除機のコード・カメラの三脚などを〉引っ込める, 納める. **2** 収縮させる. **3** 〔音声〕〈舌を〉後ろに引く (↔ advance). **— *vi.*** 〈着陸装置・三脚・ネコのつめ・ハチの針・カタツムリの角などが〉引っ込む, 縮む. 〖(?a1425) □ L *retractus* (p.p.) ← *retrahere* ← RE-¹+*trahere* to draw (⇨ tract¹)〗

re·tract·a·ble /rɪtrǽktəbl̩/ *adj.* 〈飛行機の車輪・自動車のヘッドライトなど〉引っ込められる, 引っ込み式の, 可倒式の, 格納式の: a ～ landing gear 〔航空〕引っ込み脚.

re·tràct·a·bíl·i·ty /-təbíləṭi | -lɪ̀ti/ *n.* 〖1620〗

re·trac·ta·tion /rìːtræktéɪʃən/ *n.* (約束・意見・言葉などの)取消し, 撤回. 〖(*c*1450) □ L *retractātiō(n-)*: ⇨ retract¹, -ation〗

re·tráct·ed *adj.* 〔音声〕(調音点が)後寄りの (↔ advanced). 〖1643〗

re·tract·i·ble /rɪtrǽktəbl̩ | -tɪ̀bl̩/ *adj.* =retractable.

re·trac·tile /rɪtrǽktl̩, -tɪl | -taɪl/ *adj.* 〔動物〕(ネコのつめ・カメの頭のように)引っ込められる. **re·trac·til·i·ty** /rìːtræktíləṭi, rɪtræk- | -lɪ̀ti/ *n.* 〖(1777) ← RETRACT²+-ILE¹〗

re·trac·tion /rɪtrǽkʃən/ *n.* **1** (約束・陳述・意見・非難などの)取消し, 撤回. **2 a** 引っ込ませること. **b** 引っ込める能力, 収縮力. 〖(*c*1390) □ L *retractiō(n-)* ← *retractus* (p.p.) ← *retrahere* to withdraw: ⇨ retract¹·², -tion〗

re·trac·tive /rɪtrǽktɪv/ *adj.* 引っ込む, 伸縮できる, 収縮性の. 〖(?a1425) □ (O)F *rétractif*: ⇨ retract¹, -ive〗

re·trác·tor *n.* **1** 前言を取り消す人; 撤回者. **2** 〔外科〕レトラクター, 開創鉤, (開)創鉤, ハーケン (手術の際, 傷口を引っ張りあけるフォーク状の器具). **3** 〔解剖〕収縮筋, 牽引筋 (cf. protractor 3). 〖1837〗

re·trad /ríːtræd, rét-/ *adv.* 〔解剖・動物〕後方へ, 背側へ, 尾側へ. 〖← RETRO-+-AD³〗

re·train /rìːtréɪn/ *vt.* 〈兵士・学生・筋肉・指先などを〉再訓練する: ～ workers for better jobs より良い仕事に就けるように労働者を再訓練する / ～ employees 従業員の再教育を行う. **— *vi.*** 再教育される, 再訓練を受ける. **～·a·ble** /-nəbl̩/ *adj.* 〖1891〗

re·train·ee /rìːtreɪníː, ←⌣←/ *n.* 再訓練された[されている]人. 〖⇨ -ee¹〗

rè·tráin·ing *n.* 再訓練, 再研修.

re·tral /ríːtrəl, rét-/ *adj.* 〔生物〕 **1** 後部(へ)の, 後方(へ)の. **2** 背部にある. **～·ly** *adv.* 〖(1875) ← RETRO-+-AL¹〗

rè·transláte *vt.* **1** (元の国語に)再翻訳する, 復文する. **2** …の別訳[新訳]を作る, 改訳する, 翻訳し直す. **3** 第三の言語に訳す, 重訳する. **— *vi.*** 改訳を行う, 翻訳のし直しをする. **rè·translátion** *n.* 〖1860〗

rè·transmít *vt.* 送り返す, さらに送る[伝える], 転送する, 再送信する. **rè·transmíssion** *n.* 〖1868〗

ré·trèad *n.* **1 a** (再生タイヤの)新しい踏面. **b** (踏面を付け換えた)再生タイヤ. **2** 再生(品), 復活. **3** 《口語》焼き直し: a ～ of an old TV show 古いテレビショーの焼き直し. **4** 《俗》再度従軍[応召]者 (いったん軍務から退き再び軍務についた者); 《NZ 口語》(前の職場に)復帰した年金生活者. **—** /←⌣←/ *vt.* (～·ed) **1** 〈自動車などの古いタイヤに新しい踏面 (tread) を付ける (すり減った踏面を取り去り, はだかになったタイヤコードの上に新しい踏面を付ける; cf. recap² 1). **2** 新しく作り直す; 新品同様に作り直す. 〖1907〗

rè·tréad *vt.* (**re-trod**; **-trod·den**, **-trod**) 再び踏む; 踏み戻る, 歩み戻る: ～ a path. 〖1598〗

re·treat /rɪtríːt/ *n.* **1 a** (危険・不快な所などからの)退却, 後退, 退去; 〔軍事〕退却, 不随意退却 (敵に圧迫されて行うもの; cf. retirement 5); 退却の進路: make a prearranged ～ 予定の退却をする / cover the ～ of …の退却を援護する / cut off the ～ 退路を断つ / make one's ～ good 無事退却する / be in full ～ 総退却する / He is beyond ～ now, so he must go through with it. 今となっては手が引けないからやりとおすよりほか仕方がない. **b** (勢力・病勢などの)減衰, 衰退: the ～ of epidemic diseases. **2 a** 隠居所, 隠れ家, 避難所: a rural [country] ～ 田舎の引きこもり場所 / a mountain ～ 山荘 / a summer ～ 避暑地 / a seaside ～ 海岸の別荘 / his vacation ～ in Nice 休暇に出かけるニースの別荘 / He lives in a quiet ～. 彼は閑静な所に住んでいる. **b** (常習の酔っ払い・精神病者・年金生活者などの)収容所. **3** 〔教会〕静修; 黙想会, 修養会 (多く修道院などにこもって祈禱・冥想・研究・学習など宗教的修業に専念すること; cf. retreatant); その期間: go into ～ 修道院にこもって黙想に入る[を始める]. **4** (公職・社交などからの)隠退, 隠遁; 退職. **5** 〔建築〕(壁・羽目などの)表面が周囲よりもへこんでいること; 凹所. **6** 〔航空〕(翼などの)後退. **7** 〔軍事〕 **a** 国旗降下式 (軍隊の駐留地で日没時に行われる). **b** 国旗降下のらっぱ, 日没号音 (国旗降下式の際のらっぱや太鼓). **c** 退却の合図.

béat a retréat (1) 退却する; 逃亡する; 手を引く, 事業をやめる: The thief *beat a* hasty ～. 泥棒はあわてて逃げた. (2) 〔軍事〕退却の合図の太鼓を打つ. 〖1861〗

— *vi.* **1** 退く, 後退する, 引き揚げる; 〔軍事〕退却する (cf. retire 3): They ～*ed* before the enemy. 敵前から[敵に追われて]退却した / They watched his ～*ing* figure. 帰って[去って]行く彼の後姿を見送った. **2** 引っ込む, 隠退する. **3** 《米》後方にへこむ, 引っ込む: ～*ing* eyes 引っ込んだ目, くぼんだ目 / a ～*ing* forehead はげ上がった[後退した]額. **4** 〔航空〕後方に傾斜する. **— *vt.*** **1** 退却させる, 後退させる. **2** 〔チェス〕〈駒を〉引く.

～·al /-ṭl̩ | -tl̩/ *adj.* **～·er** /-ṭə | -tə(r)/ *n.* 〖n.: (?c1300) *retret* □ OF *retret(e)* (変形) ← (O)F *retraite* (p.p.) ← *retraire* <L *retrahere* 'to RETRACT²'. — v.: (1422) □ OF *retraiter* □ L *retractāre* 'to RETRACT¹'〗

re·treat·ant /rɪtríːṭənt, -tnt | -tənt, -tnt/ *n.* 〔教会〕(修道院などにこもる)黙想者, 静修者 (cf. retreat *n.* 3). 〖(1880): ⇨ retreat (v.), -ant〗

re·tree /rɪtríː/ *n.* 〔製紙〕きず紙 (紙を造る工程でしみ・破損・しわなどが生じたもの; 包装紙に米国では R, 英国では XX の印を押す; cf. cassie paper). 〖(1807) □ ? F *retrait* shrinkage ← *retraire* 'to withdraw, RETREAT'〗

re·trench /rɪtréntʃ/ *vt.* **1** 短縮する, 縮小する, 〈人員などを〉削減する; 〈費用などを〉節減する, 切り詰める: ～ expenses. **2** 削除する, 省く: ～ words [passages] 語[章句]を削る. **3** 〔築城〕(複郭などで)〈城郭・陣地を〉固める. **— *vi.*** 出費を切り詰める, 節約する: ～ in expenditure 経費を節約する. **～·a·ble** /-tʃəbl̩/ *adj.* 〖(1598) □ F 《廃》*retrencher* (F *retrancher*): ⇨ re-¹, trench〗

re·trénch·ment *n.* **1** 短縮, 縮小, (人員の)削減, 削除: 経費節減, 節約: a ～ policy 緊縮政策 / ～ in finance 財政の緊縮. **2** 〔築城〕複郭, 内郭. 〖(1589) □ F 《廃》*retrenchement* (F *retranchement*): ⇨ ↑, -ment〗

retrg 《略》retracting.

rè·tríal *n.* **1** 〔法律〕再審: a petition for a ～ 再審請求. **2** 再吟味, 再試験. 〖1875〗

re·trib·al·ize /rìːtráɪbəlàɪz/ *vt.* 部族状態に戻す[復させる], 再部族化する. **re·trib·al·i·za·tion** /rìːtràɪbəlɪ̀zéɪʃən | -laɪ-, -lɪ-/ *n.* 再部族化. 〖1963〗

re·trib·ute /rɪtríbjuːt, rétrəbjùːt | rɪtríbjuːt, rétrɪ̀bjùːt/ *vt.* 仕返しする, 報復する. **re·tríb·u·tor** /-ṭə | -tə(r)/ *n.* 〖1575〗

ret·ri·bu·tion /rètrɪ̀bjúːʃən | -trɪ̀-/ *n.* **1** 報復として与えられるもの, 懲罰. **2** 〔神学〕(来世での)応報, 天罰: the day of ～ 応報の日 (最後の審判の日) / the ～ theory 来世応報説. **3** 返報, 仕返し, 報復. 〖(*c*1384) □ L *retribūtiō(n-)* ← *retribūtus* (p.p.) ← *retribuere* ← RE-¹+*tribuere* to pay, grant: ⇨ tribute, -tion〗

re·trib·u·tive /rɪtríbjuṭɪv | -tɪv/ *adj.* 報復の; 懲罰の, 因果応報の. **～·ly** *adv.* 〖(1678) ← 《廃》*retribute* to give in return (← L *retribūtus* (↑))+-IVE〗

retríbutive jústice *n.* 〔法律〕応報的正義. 〖1678〗

re·tríb·u·tiv·ìsm /-tɪ̀vìzm | -tɪ-/ *n.* (刑罰の)報復[懲罰]主義. **re·tríb·u·tiv·ist** /-vɪ̀st | -vɪst/ *n.*, *adj.*

re·trib·u·to·ry /rɪtríbjutɔ̀ːri | -təri, -tri/ *adj.* = retributive.

re·triev·a·ble /rɪtríːvəbl̩/ *adj.* **1** 取り戻される, 回復できる, 取返しのつく; 訂正できる. **2** 償いができる, 埋合わせできる. **3** 救われる. **re·trièv·a·bíl·i·ty** /-vəbíləṭi | -lɪ̀ti/ *n.* 〖1711〗

re·triev·al /rɪtríːvəl, -vl̩/ *n.* **1** 〔電算〕検索: information ～ 情報の検索. **2** 取返し, 回復, 挽回(ばんかい), 復旧: beyond [past] ～ 取返しのつかない, 回復できない(ほど). **3** 修繕, 修正, 訂正; 埋合わせ, 償い. 〖(*a*1643): ⇨ ↓, -al²〗

retríeval sỳstem *n.* 〔電算〕情報検索システム.

re·trieve /rɪtríːv/ *vt.* **1 a** 取り戻す, 回収する (⇨ recover SYN): ～ a lost purse / ～ freedom 自由を取り戻す / ～ one's child from a kidnapper 子供を誘拐犯人の手から取り戻す. **b** 回復する; 復旧[修繕, 訂正]する: ～ one's honor [credit] 名誉[信用]を回復する. **c** 改心させる, 更生させる: She wanted to ～ herself. 更生したいと思った. **2** 〔不幸・悪の道などから〕救う, 救い出す 〔*from*, *out of*〕: ～ a person *from* [*out of*] misfortune [ruin, bad ways] 人を不幸[破滅, 悪の道]から救い出す. **3** 〔電算〕〈情報を〉検索する. **4** 〈罪などを〉償う, 埋合わせする: ～ a fault [sin] 過失[罪]の埋合わせをする. **5** 思い出す, 想起する. **6** 〔釣〕〈釣糸を〉引き戻す, リールで巻き取る. **7** 〔狩猟〕〈猟犬が〉〈撃たれた獲物を〉捜して持ってくる (cf. retriever 2). **8** 〔球技〕(テニスなどで)〈難しいボールなどを〉(相手陣内に)うまく返す. **— *vi.*** **1** 〔狩猟〕〈猟犬が〉獲物を捜して持って来る; 〈犬が〉投げた物を取って来る. **2** 〔釣〕釣糸を取り込む.

— *n.* **1** 回復, 回収, 取返し(の可能性): beyond [past] ～ 回復の見込みがない, 取り返せそうもない. **2** 〔球技〕(テニスなどで)難しいボールをうまく返すこと.

〖(*c*1410) *retreve(n)* □ OF *retroev-* (stem) ← *retrover* (F *retrouver*) ← RE-¹+*trover* to find (⇨ trover)〗

re·tríeve·ment *n.* =retrieval.

re·tríev·er *n.* **1** 取り返す人[もの]. **2** レトリーバー (射留めた獲物を捜して持って来るように訓練された猟犬): ⇨ curly-coated retriever, flat-coated retriever. **3** 〔電気〕=trolley retriever. 〖1486〗

rè·trím *vt.* 再び[新たに]刈り込む; 〈帽子などに〉縁取りをし直す. 〖1868〗

ret·ro¹ /rétroʊ | -trəʊ/ *adj.* レトロ調の, 昔なつかしい, 復古調の. **— *n.*** レトロ調(のもの). 〖cf. retro (adv.) (1771)〗

ret·ro² /rétroʊ | -trəʊ/ *n.* (*pl.* ～**s**) =retrorocket.

ret·ro- /rétroʊ, -trə | -trəʊ/ *pref.* **1** 「後方へ, さかのぼって」の意: *retro*grade, *retro*rocket, *retro*spect. **2** 「逆に, 反して」の意: *retro*act, *retro*virus. **3** 「後方にある」の意: *retro*choir, *retro*nasal. 〖ME □ L *retrō-* ← *retrō* backwards ← RE-¹+(*in*)*trō* inwardly (⇨ intro-), (*ex*)*trō* outwardly〗

retro·act /rètroʊǽkt, ←⌣← | -trəʊ-/ *vi.* **1** 後方に[逆に]働く; 反動[反作用]する. **2** 既往の行為[事件など]に影響[作用]する, 遡及(そきゅう)効をもつ. 〖(1795): ⇨ ↑, act (v.)〗

rètro·áction *n.* **1** 逆働; 反動, 反作用. **2** 〔法律〕遡及(そきゅう)効. 〖1727-38〗

ret·ro·ac·tive /rètroʊǽktɪv | -trəʊ-⌣/ *adj.* **1** 〈法令など〉既往に作用する, 遡及(そきゅう)効をもつ, 遡及する. **2** 〈昇給など〉過去にさかのぼって有効な, 遡及分を含んだ (cf. back pay 2): ～ to April 1 4月1日にさかのぼって(適用する, など) / ～ pay 遡及分給与. **～·ly** *adv.* 〖(1611) □ F *rétroactif*〗

retroáctive inhibítion [interférence] *n.* 〔心理〕逆向抑制 (すでに学習したことの再生が, 次の(類似)学習によって妨げられること; cf. proactive inhibition). 〖1909〗

rétroactive láw [státute] *n.* 〔法律〕遡及(そきゅう)法 (⇨ ex post facto law).

rètro·actívity *n.* 既往にさかのぼって作用していること, 遡及(そきゅう)(力). 〖1829〗

rètro·búlbar *adj.* 〔解剖〕 **1** 眼球後の, 球後の. **2** 延髄後の. 〖1879〗

ret·ro·cede¹ /rètrousíːd, -trə- | -trə(ʊ)-/ *vi.* **1** 返る, 戻る, 後退する, 退却する. **2** 〈病気が〉内攻する (strike inwards). 〖(1654) □ L *retrōcēdere* ← RETRO-+*cēdere* 'to go, CEDE'〗

ret·ro·cede² /rètrousíːd, -trə- | -trə(ʊ)-/ *vt.* **1** 〈領土などを〉返還する, 還付する. **2** 〔保険〕再々保険に出す (cf. retrocession² 2). 〖(1818) □ F *rétrocéder*: ⇨ retro-, cede〗

ret·ro·ce·dence /rètrousíːdəns, -dns, -trə- | -trə(ʊ)síːdəns, -dns/ *n.* =retrocession¹. 〖⇨ ↓, -ence〗

ret·ro·ce·dent /rètrousíːdənt, -dnt | -trə(ʊ)síːdənt, -dnt⌣/ *adj.* **1** 後退する, 戻る. **2** 〈病気が〉内攻する. 〖(1583) □ L *retrōcēdentem* (pres.p.) ← *retrōcēdere* 'to RETROCEDE¹': ⇨ -ent〗

ret·ro·ces·sion¹ /rètrouséʃən, -trə- | -trə(ʊ)-/ *n.* **1** 後退, 退却. **2 a** (病気の)内攻. **b** 〔病理〕(特に子宮の)後屈. 〖(1646) □ LL *retrōcessiō(n-)*: ⇨ retrocede¹, cession〗

ret·ro·ces·sion² /rètrouséʃən, -trə- | -trə(ʊ)-/ *n.* **1** (領土の)返還. **2** 〔保険〕再々保険 (再保険者が引き受け填補責任の全部または一部をさらに他の保険者に再保険すること). 〖(1681) □ F *rétrocession*: ⇨ retrocede²〗

ret·ro·ces·sion·aire /rètrousèʃənéə | -trə(ʊ)sèʃənéə(r)/ *n.* 〔保険〕再々保険の引受け保険会社, 再々保険者. 〖-*aire*〗

ret·ro·ces·sive /rètrousésɪv, -trə- | -trə(ʊ)-⌣/ *adj.* **1** 後退する. **2** (病気が)内攻する. 〖(1816) ← L *retrōcessus* ((p.p.) ← *retrōcēdere* 'to RETROCEDE¹')+-IVE〗

rétro·chòir *n.* 〔建築〕(大聖堂などで)聖歌隊席または大祭壇後方の部分, 奥内陣. 〖(1802) ← RETRO-+CHOIR〗

rètro·displácement *n.* 〔病理〕(体内器官の)後方転位. 〖(1903) ← RETRO-+DISPLACEMENT〗

rétro·èngine *n.* 〔宇宙〕=retrorocket.

rétro·fire *vt.* 〈逆推進ロケット (retrorocket)〉に点火する. **— *vi.*** 〈逆推進ロケットが〉点火[着火]する. **— *n.*** 逆推進ロケット点火. 〖1961〗

ret·ro·fit /rétroufɪt, ←⌣← | -trəu-/ *n.* (新しい改良を組み込むためになされる)(航空機や工作機械などの)デザイン・構造・装置などの変更. **—** /←⌣←/ *v.* **— *vt.*** 改装する; …に新たな改善を施す. **— *vi.*** 改装される; 新たな改善を施される. 〖1953〗

re·tro·flec·tion /rètrəflékʃən | -trə(ʊ)-/ *n.* 《米》= retroflexion. 〖1845〗

ret·ro·flex /rétrəflèks | -trə(ʊ)-/ *adj.* **1** 反転した, そり返った. **2** 〔音声〕そり舌の, 反転(音)の. **3** 〔病理・解剖・植物〕後屈の. **— *n.*** 〔音声〕そり舌音, 反転音 (舌先の裏面が硬口蓋(こうこうがい)の先端または歯茎の後部に対して調音される音). 〖(1776) ← NL *retrōflexus* (p.p.) ← ML *retroflectere* ← RETRO-+*flectere* 'to bend, FLEX'〗

rét·ro·flèxed *adj.* =retroflex.

ret·ro·flex·ion /rètrəflékʃən | -trə(ʊ)-/ *n.* **1** そり返り, 後屈, 反転. **2** 〔病理〕子宮後屈 (cf. anteflexion, retroversion 4). **3** 〔音声〕そり舌, 反転; そり舌化, そり舌性 (⇨ retroflex *n.*). 〖1845〗

rétroflex vówel *n.* 〔音声〕そり舌母音, 反転母音 (米音の *murmur* /mə́ːmə/ の母音 /əː/, /ə/ などで現れることがある; cf. bunched r, hooked schwa). 〖1977〗

ret·ro·gra·da·tion /rètrougreɪdéɪʃən, -trə-, -grə- | -trə(ʊ)grə-, -greɪ-/ *n.* **1** 退歩, 退化. **2** 〔天文〕=retrogression 4. **3** 《古》後退 (retrogression); 退去, 退却; 逆戻り, 遡行(そこう). 〖(1545) □ LL *retrōgradātiō(n-)* ← L *retrōgradāre* ← *retrōgradus* (↓): ⇨ -ation〗

ret·ro·grade /rétrəgrèɪd, -trou- | -trə(ʊ)-/ *vi.* **1 a**

R

後退する, 後ずさりする; 過去する, 退却する; 逆行する. **b** 〈話・議論などが〉元に戻って繰り返す. **c** 〈これまでの話などを〉要約する, まとめる. **2** 退歩する; 堕落する. **3** 〘生物〙退化する. **4** 〘天文〙〈惑星などが〉逆行する, 天球上を東から西へ動く(ように見える). — *vt.* 〘古〙後戻りさせる, 逆(向き)にする. — *adj.* **1 a** 後退する, 逆戻りの; 退去する, 退却する; (順序など)逆(方向)の: a ～ movement 後退, 逆行 / in ～ order 逆順に. **b** 退歩する, 堕落する. **2** 〘生物〙退化する: ～ metamorphosis [development] 退行変性. **3** 〘天文〙〈惑星などが〉逆行する, 天球上で恒星間を東から西へ動く(ように見える) (↔ direct): ～ motion 逆行(運動). **4** 〘音楽〙逆行の: ～ imitation (対位法音楽における)逆行模倣. **5** 〘宇宙〙逆行用の (cf. posigrade): a ～ rocket (軟着陸の際の, 減速用の)逆行用ロケット. **6** 〘古〙逆の, 矛盾する〔*to*〕: It is most ～ *to* our desire. それは我らの願うことと最も反することだ (Shak., *Hamlet* 1. 2. 114). — *adv.* 逆戻りして, 逆に: flow ～ 逆流する. — *n.* **1** =retrogression. **2** 堕落者. **～·ly** *adv.* 〖(1391) retrograd ◻ L *retrōgradus* going backward ← RETRO-+*gradī* to walk (⇨ -grade)〗

rétrograde amnésia *n.* 〘医学〙逆行性健忘(症) (cf. anterograde amnesia). 〖1935〗

ret·ro·gress /rètrəgrés, -troʊ-, ⌐—⌐ | -trə(ʊ)grés/ *vi.* **1** 後戻りする, 逆戻りする, 後退する. **2** 退歩[退化]する, 悪化する. 〖(1819) ← L *retrōgressus* (p.p.) ← *retrōgradī* to go backward: ⇨ retro-, -grade〗

ret·ro·gres·sion /rètrəgréʃən, -troʊ- | -trə(ʊ)-/ *n.* **1** 後戻り, 逆戻り, 逆行, 後退. **2** 退歩, 退化, 衰退. **3** 〘生物〙退化. **4** 〘天文〙=regression 4. **5** 〘病理〙退行, 退化; 軽快. **6** 〘音楽〙逆行模倣. 〖(1646) ← L *retrōgressus* (↑)+-SION〗

ret·ro·gres·sive /rètrəgrésɪv, -troʊ- | -trə(ʊ)-⌐/ *adj.* **1** 後退[逆行]する, 逆戻りの. **2** 退歩する; 退化する. **～·ly** *adv.* 〖(1802) ← L *retrōgressus* (↑)+-IVE〗

ret·ro·ject /rètroʊdʒékt, -trə- | rètrə(ʊ)dʒékt, ⌐—⌐/ *vt.* **1** 後ろに突出する, 後方に投げる, 投げ返す. **2** 過去に投影する. **re·tro·jec·tion** /rètroʊdʒékʃən, -trə- | -trə(ʊ)-/ *n.* 〖(1866) ← RETRO-+(PRO)JECT[2]〗

ret·ro·len·tal /rètroʊléntḷ | -trə(ʊ)léntḷ⌐/ *adj.* (目の)水晶体後(方)の, 水晶体の後ろにある[起こる]. 〖(1942) ← RETRO-+NL *lent-*, *lens* 'LENS'+-AL[1]〗

retroléntal fibroplásia *n.* 〘病理〙後水晶体線維増殖症, 水晶体後線維増殖症《早産児で網膜剝離(はくり)を起こす疾患》. 〖1942〗

rètro·língual *adj.* 〘解剖〙舌後の[にある].

ret·ro·min·gent /rètroʊmíndʒənt | -trə(ʊ)-⌐/ *adj.* 〘動物〙後方放尿性の: ～ animals (尿を後ろに飛ばす)雄のネコやライオンなどの動物. 〖(1646) ← RETRO-+L *mingent-*, *mingens* ((pres.p.) ← *mingere* to urinate)+-AL[1]〗

rètro·óperative *adj.* =retroactive.

rétro·pàck *n.* 〘宇宙〙逆推進ロケット装置, レトロパック《宇宙船が軟着陸する際, 減速するため小ロケットが自動的に発動するシステム; cf. retrorocket》. 〖1962〗

rètro·peritonéal *adj.* 〘解剖〙腹膜後の, 腹膜の後ろにある. **～·ly** *adv.* 〖1874〗

ret·ro·pul·sion /rètrəpʌ́lʃən | -trə(ʊ)-/ *n.* 〘病理〙後方突進《後ろ向きによろめく症状》. 〖(1794–96) ← RETRO-+L *pulsus* (⇨ pulse[1])+-SION〗

rètro·refléction *n.* 〘光学〙逆反射(作用)《光源に光を反射し返す作用》. **rètro·refléctive** *adj.* 〖1965〗

rètro·refléctor *n.* 〘光学〙(逆)反射装置《レーザー光線を反射して天体などの遠い物体に当て, 往復の所要時間によって地球からの距離を推定するプリズムのような装置》. 〖1946〗

rétro·ròcket *n.* (*also* **rétro·ròcket**) 〘宇宙〙逆(推)進ロケット: **a** 切離し後逆方向に噴射し, 相手と離すために用いられるロケット. **b** 大気圏に帰還する際など逆方向に噴射するロケット. 〖1948〗

re·trorse /rɪ̀trɔ́əs, ríːtrɔəs | rɪ̀trɔ́ːs, ríːtrɔːs/ *adj.* 〘生物〙後方[下方]に向いた. **～·ly** *adv.* 〖(1825) ◻ L *retrōrsus* ← *retrōversus* ← RETRO-+*versus* ((p.p.) ← *vertere* to turn: ⇨ version)〗

rètro·sérrate *adj.* 〘生物〙後[下]方向きの歯[とげ]のある. 〖1857〗

rètro·sérrulate *adj.* 〘生物〙逆向きの小さい髭や剛毛がある. 〖1826〗

ret·ro·spect /rétrəspèkt | -trə(ʊ)-/ *n.* **1** (過去の出来事などに対する)回顧, 追憶, 思い出: A short ～ is now necessary. 今や少し以前のことを回顧する必要がある / The ～ was depressing. 思い返すと気のふさぐことであった. **2** 先例[過去の状態, 権威]を参考にすること[への配慮]. ***in rétrospect*** 振り返ってみて[みると]: review 1990 *in* ～ 1990年を回顧する.
— *vt.* 回顧する, 追想する. — *vi.* **1** 追想する, 過去をしのぶ[顧みる]〔*on*〕. **2** 〔過去のことに〕言及する〔*to*〕. 〖(1602) ← L *retrōspectus* (p.p.) ← *retrōspicere* to look back ← RETRO-+*specere* to look at (⇨ species)〗

ret·ro·spec·tion /rètrəspékʃən | -trə(ʊ)-/ *n.* **1** 回顧, 追憶, 懐旧; 思い出: indulge in ～ 追憶に耽る. **2** 〘古〙(過去のものへの)言及. **3** 〘心理〙追観《自分の情動・思考などをそれを経験した後に観察すること》. 〖(1633): ⇨ ↑, -tion〗

ret·ro·spec·tive /rètrəspéktɪv | -trə(ʊ)-⌐/ *adj.* **1 a** 過去を振り返る, 回顧的な, 懐旧の: a ～ poem 回顧的な詩 / take a ～glance over …を回顧的に眺める. **b** 思い出に耽る, 追憶癖の. **2** 〘法律〙既往に遡(さかのぼ)る, 遡及(そきゅう)効を有する (retroactive): a ～ law 遡及法, 事後法《公布の日より既往に遡って効力を有する成文法》. **3** 〈風景など〉後ろの方にある, 背後の. — *n.* 回顧展《画家・彫刻家などの長年にわたる制作活動を包括的に示す展覧会》: a ～ of the works of J.M.W. Turner. **～·ly** *adv.* **～·ness** *n.* 〖(1664) ← L *retrōspectus* (⇨ retrospect)+-IVE〗

retrospéctive exhibítion *n.* 回顧展 (retrospective).

rèt·ro·spéc·tiv·ist /-vɪ̀st | -vɪst/ *n.* 過去の出来事を回顧する人, 回顧者; 回顧趣味の人.

rètro·stérnal *adj.* 〘解剖〙胸骨後の. 〖1898〗

rètro·transpóson *n.* 〘生化学〙レトロトランスポゾン《その配列がレトロウイルスの配列と相同を示すトランスポゾン》. 〖← RETRO(VIRUS)+TRASPOSON〗

ret·rous·sage /rətrəsáːʒ; *F.* ʀətʀusaːʒ/ *n.* 〘美術〙ルトルサージュ《版画技法の一つ; エッチングや彫版で, 墨入れした版を布で軽くふいて刻線にたまった墨を周辺部へ広げ, 彫り上がりの線を軟らかくすること, またはその技術》. 〖(1959) ◻ F ～《原義》a turning up ← *retrousser* (↓): ⇨ -age〗

re·trous·sé /rətrùːséɪ, rətrúseɪ | rɪ̀trúːseɪ; *F.* ʀətʀuse/ *F. adj.* 〈鼻の形が〉先のそった, 天井を向いた: a girl with a ～ nose 鼻が上を向いた娘. 〖(1802) ◻ F ～ (p.p.) ← *retrousser* to turn up ← RE-[1]+*trousser* 'to TRUSS'〗

ret·ro·verse /rétrəvə̀ːs, ⌐—⌐ | rétrə(ʊ)vɜ̀ːs, ⌐—⌐/ *adj.* 〘まれ〙後ろに向いた, 逆の (reversed).

ret·ro·ver·sion /rètroʊvə́ːʒən, -trə-, -ʃən | -trə(ʊ)vɜ́ːʃən, -ʒən/ *n.* **1** 後ろを振り向くこと, 後ろに[逆に]曲がる[曲げられる]こと, 振返り, 振向き; 反転. **2** 退歩. **3** 元の言語に翻訳し直すこと. **4** 〘病理〙(子宮などの)後傾 (cf. version 4 a). ★ retroflexion (後屈)とは別. 〖(1587) ← L *retrōversus* 'RETRORSE'+-SION〗

ret·ro·vert /rètroʊvə́ːt, -trə- | -trə(ʊ)vɜ́ːt/ *vt.* 後方に[逆に]曲げる[向ける]. 〖(1639) ◻ LL *retrōvertere* ← RETRO-+L *vertere* to turn (⇨ version)〗

rèt·ro·vért·ed /-tɪ̀d | -tɪd⌐/ *adj.* 後方に[逆に]曲がった[向いた]; (特に)〈子宮が〉後傾した. 〖1776〗

Ret·ro·vir /rétroʊvɪə | -trə(ʊ)vɪə^r/ *n.* 〘商標〙レトロビル《アジドチミジン (azidothymidine) 製剤; cf. AZT》.

rètro·vírus *n.* 〘生化学〙レトロウイルス《RNA 腫瘍ウイルスのこと; ラウス肉腫ウイルスやエイズウイルスなどを含む》.

re·trude /rɪ̀trúːd/ *vt.* 〘歯科〙〈前歯・下顎(かがく)の〉後退を引き起こす, 〈下顎を〉後方に引く. 〖(1647) ◻ L *retrūdere* to thrust backward ← RE-[1]+*trūdere* to thrust〗

re·tru·sion /rɪ̀trúːʒən/ *n.* 〘歯科〙**1** 前歯[下顎(かがく)]後退. **2** 前歯[下顎]が後退している状態. 〖(1657) ← L *retrūsus* ((p.p.) ← *retrūdere* (↑))+-SION〗

re·trú·sive occlúsion /rɪ̀trúːsɪv-/ *n.* 〘歯科〙後方咬合《通常の咬み合わせより後方で咬み合わせること》.

rè·trý *vt.* **1** 再び試みる; 再吟味する. **2** 〘法律〙再審理する. 〖*a*1673〗

ret·si·na /retsíːnə, rétsə- | retsíː-, réts[i]-; *Mod.Gk.* retsína/ *n.* レチナ(ワイン)《ギリシャ・キプロス産の樹脂で香りをつけた強い白[赤]ワイン》. 〖(1940) ◻ ModGk *retsína* ◻ ? It. *resina* 'RESIN'〗

ret·ter·y /rétəri | -tə-/ *n.* 亜麻の浸水場. 〖(1853) ← RET+-ERY〗

Rétt's sỳndrome /réts-/ *n.* 〘医学〙レット症候群《2 歳ごろの女児に現れる原因不明の神経変性疾患; 自閉症・運動失調症の症状を伴う》. 〖*Andreas Rett* (20 世紀のオーストリアの医師)〗

rè·túne *vt.* 〘音楽〙〈楽器を〉調律し直す; 〈ラジオなどを〉別の周波数に合わせる. 〖1606〗

rè·túrf *vt.* …に再び[新たに]芝を植える.

re·turn /rɪ̀tə́ːn | -tɜ́ːn/ *vi.* **1** 〔元の場所・地位・状態・持主, 前の話などに〕帰る, 戻る, 復帰する, 逆戻りする〔*to*〕: ～ *from* Europe ヨーロッパから帰国する / ～ home 帰宅する, 帰省する, 帰朝する / ～ *to* school 復学する / ～ *to* dust 塵(ちり)に帰る, 死ぬ (cf. *Gen.* 3: 19) / ～ *to* life 生き返る / ～ *to* oneself 我に帰る / ～ *to* one's duty [work] 帰任する[仕事に戻る] / ～ *to* one's old habits (again) 元の習慣に戻る / ～ *to* one's subject 本論に帰る / ～ *to* power 政権に返り咲く / ～ to form よくなる, 回復する / ～ *from* a digression 余談をやめて本論に戻る / He has gone never to ～. 行ったきり帰って来ない / The ～*ing* traveler was met with a scene of desolation. 旅人は帰って来て悲惨な光景を目にした / The property ～*ed to* the original owner. 財産が元の持主の手に戻った / I went an enemy, and ～*ed* a friend. 行く時は敵だったが味方になって帰って来た / The bad weather has ～*ed*. また悪天候が戻ってきた / A small amount of color was ～*ing* to his face. 彼の顔に幾分血の気が戻ってきた / Have those old feelings ～*ed*? あの昔の感情は戻りましたか / They are ～*ed*. 〘古〙=They have ～*ed*. **2** 返答する, 答弁する, しっぺ返しする, 応酬する.
— *vt.* **1** 〔元の場所・地位・状態・持主, 前の話などに〕返す, 戻す, 返却する, 送り返す〔*to*〕: ～ a book *to* the bookcase [library] 本を本箱[図書館]に戻す / ～ the borrowed money 借金を返す / ～ defective merchandise to the seller 欠陥商品を販売店に返す / The fish must be ～*ed to* the water. 魚は水に放してやらなければならない / Application forms should be ～*ed* within three weeks. 願書は 3 週間以内に提出のこと / The envelope was marked "Return to Sender." 封筒には「差出人に返送のこと」と書いてあった. **2 a** 〈受けたものに相応するもの, または同じものを〉返す, 応じる, 報いる, 返報する: ～ a blow [an insult] なぐり[侮辱を]返す / ～ evil for good 恩をあだで返す / ～ like for like 先方と同じ手段で報いる, 売り言葉に買い言葉 / ～ a favor [(a) kindness] 好意に報いる / ～ a person's love 人の愛に報いる / She always ～*s* my greeting with a smile. いつもにっこり笑って私の挨拶にこたえる / ～ a salute [compliment] 答[返]礼する / ～ a visit [call] (訪問を受けて)答礼訪問する / ～ thanks (特に, 食事の時食卓の感謝の祈りの中で, または乾杯・侮みに対して)感謝をささげる, 感謝する. **b** 答える, 返事をする, 答弁する; 言い返す: ～ no reply 全く返事をしない / "You are gravely in error, sir" she ～*ed*.「重大な誤解をしていらっしゃいます」と彼女は言い返した. **c** 〈光・音などを〉反射する, 反響する. **3** 〘法律〙〈陪審員が〉答申する: ～ a verdict (of guilty) (有罪の)評決を下す / ～ a person guilty 人を有罪と答申する / The accused was ～*ed* not guilty. 被告は無罪と答申された. **4** 〈利子・利益などを〉生む, 生じる: an investment which ～*s* high interest よい利子を生む投資. **5** (命令書に対して正式に)報告する, 上申する, 復命する: ～ a soldier as killed 兵士を戦死したと報告する / The liabilities were ～*ed* at $5,000. 負債は 5 千ドルと報告された. **6** 〈選挙区が〉〈候補を〉(正式に)選挙する, 選出する: ～ a person *to* Parliament 人を国会議員に選出する / the members ～*ed* 当選議員 / He was ～*ed for* Bath. 彼は Bath 市から選出された / A large Conservative majority was ～*ed*. 保守党の当選が大多数を占めた. **7** 〘トランプ〙〈パートナーの出した札と同じスーツの札を〉打ち返す: ～ clubs [one's partner's lead] クラブ[パートナーの打ち出したスーツ]を返す. **8 a** (テニス・バドミントンなどで)〈ボールを〉打ち返す; 〘野球・クリケット〙〈ボールを〉投げ返す. **b** 〘アメフト〙〈ボールを〉リターンする (cf. *n.* 9 b). **9** 〘軍事〙〈武器を〉さやに戻す[納める]: ～ a sword. **10** 〘建築〙〈壁・繰形(くりかた)を〉(直角に)折り返す, 折り重ねる: a ～*ed* molding 返り繰形.

retúrn to one's múttons [shéep] 〘戯言〙本論に帰る, 話の本筋に戻る. 《(なぞり) ← F *revenons à nos moutons*: 中世フランスの喜劇 *Maistre Pierre Pathelin* の中で, 羊飼いが羊を虐待したと訴えた毛織物商が脱線ばかりしているのを裁判官がたしなめて, "Mais, mon ami, *retournons à nos moutons*" (=But, my friend, let us return to our sheep) と言ったことにちなむ》 ***To retúrn*** (枝葉にわたる話をした後)さて本論に戻って, 余談はさておき, 閑話休題: *To* ～ [If I may ～, *Returning*] *to* our previous subject, what about …? 先の話に戻って…はどうだろう.

— *n.* **1 a** 帰還, 帰宅, 帰省, 帰郷, 帰国; 再訪問, 再び来ること; (元の方向への)後戻り, 逆戻り: a ～ home 帰宅[国] / await a person's ～ 帰宅を待つ / As it was getting dark, we set out on our ～. 暗くなってきたので帰途についた / On my ～, there were lots to do. 帰ってみるとすべきことがたくさんたまっていた. **b** (元の場所へ)戻すこと, 返送; (元の所有主へ)返すこと, 返却, 返還: the ～ of the books to the shelves 本を本棚に戻すこと / request the ～ of the money 金の返済を求める / supply goods to stores on a sale-or-*return* basis 残品引受け契約で商品を店に供給する ⇨ *on* SALE *or return*. **c** (元の状態への)復帰, 回復; 巡り来ること, 回帰, 再発: the ～ of spring 春が巡り来ること / the ～ of health 健康の回復 / at (the) ～ of the year 年が改まるとともに / He had a ～ of his old illness. 彼の昔の病気が再発した / a ～ to traditional values 伝統的価値感への復帰 / a ～ to her old form 元の姿への回帰 / Many [I wish you many] happy ～*s* (of the day)! このめでたい日が幾度も[幾久しく]繰り返されることを祈ります《誕生日や祝日の祝いの挨拶》. **d** (NZ 口語)(食事の)お代わり. **2** 〘英〙往復切符 (return ticket) (cf. single 6): I got a ～ to London. ロンドンまでの往復切符を買った. **3** [しばしば *pl.*] 収入, 収益, 利潤: ⇨ diminishing returns / without ～ もうけ[利益]なしで / a good ～ on a person's capital 投下資本に対する高利潤 / bring [yield, produce] a prompt [quick] ～ すぐもうかる / Small profits and quick ～*s*. 薄利多売 (略 SPQR) / The ～*s* were large. もうけは大きかった. **4 a** 返礼, 報酬, 返報: the ～ of affection (受けた愛情に対して)愛情を返すこと / the ～ of a salute 答礼. **b** 返事, 回答, 応答; 言い返し, 口答え, 買い言葉. **5 a** [通例 *pl.*] 戻された物, 返品. **b** [*pl.*] 返本. **c** [*pl.*] (アンケート・広告などに対して寄せられた)郵便物. **6 a** (命令書に対する)公式の報告, 申告(書): an income tax ～ 所得税申告(書) / ⇨ false return / make [submit, file] a ～ 報告[申告]をする. **b** [通例 *pl.*] 報告書; (報告を集めた)統計表; 〘法律〙回付(書), (執行吏の)執行報告書; 〘英〙(sheriff の)令状の執行報告書: official ～*s* 公報 / election ～*s* 選挙開票報告書 / ⇨ tax return. **c** 〘英〙(選挙管理官の出す)当選[選出]報告書; (代議士などの)当選, 選出: He secured his ～ for Manchester. 彼はマンチェスターから選出された. **7** [*pl.*] 〘英〙リターン《味の柔らかい一種の刻みたばこ》. **8** 〘建築〙**a** (繰形(くりかた)などの)返り, 見返し, 折返し. **b** 転回《直線部に続く通例直角の屈曲》; 転回[屈曲]部. **c** 曲り壁《長壁に対してある角度で隣接する小壁》: a ～ angle 折れ壁 / ～ side 控壁(ひかえかべ) / ～ wall 袖壁(そでかべ). **9 a** 〘テニス・クリケット〙球の打返し, 返球: hit a winning ～ (of service) サーブをリターンして勝ちを決める. **b** 〘アメフト〙リターン《相手側が蹴ったりファンブルしたボールを受け取り前進すること》. **10** 〘フェンシング〙突返し, 打返し. **11** =return game. **12** 〘トランプ〙打返し《パートナーの打出しと同じスーツの札を続けて打ち出すこと》. **13** 〘経済〙(生産計画など 1 単位あたりの)収益, 収益率. **14** 〘演劇〙舞台脇の書割り (tormentor と対になる). **15** 〘電気〙帰路, 帰線. **16** 〘電算〙リターンキー.

by retúrn máil 〘米〙, ***by retúrn (of póst)*** 〘英〙折返し(郵便で), 大至急で: Please send your reply *by* ～. 折返しご返事ください. 《1642》 ***in retúrn*** 報酬[返礼]として; 返事に[として]; 〔…に対する〕返報[報復]として; 代わりに〔*for, to*〕: write *in* ～ 返事を書く / thanks *in* ～ *for* aid 援助に対する感謝 / profits *in* ～ *for* outlay 支出に対する収益 / He received neglect *in* ～ *for* attention. 親切を

R

尽くしてかえって冷たくされた.《1607》
retúrn on cápital〘経済〙資本利益率.
retúrn on invéstment(s)〘会計〙投下資本利益率, 投資収益率《企業の収益性を示す比率; 略 ROI; rate of return on investment ともいう》.
— *adj.* [限定的] **1 a** 帰りの, 帰路の: a ~ voyage [journey, trip] 帰航[帰り旅] / a ~ passenger 帰りの乗客 / ⇨ return fare, return ticket. **b** 戻りの: a ~ cargo 積み戻し貨物, 帰り荷 / ~ air 還り空気《空調システムで機械に戻る空気》. **c** 返信[返送]用の: a ~ envelope 返信用封筒 / Return Reply Requested 折り返しご返事[回答]を乞う. **2** 返しの, 返事の; 返礼の; 返報の, 仕返しの; 〈ゲームなど〉二度目の, 再度の, 雪辱の: a ~ visit 答礼訪問 / a ~ performance 最上演 / a ~ shot 応射; (テニスなどの)リターンショット / ⇨ return game [match]. **3 a** 折り返しの: ⇨ return bend. **b** 折れ曲がった: a ~ flue 折れ曲がった煙道.
~·er *n.* 〚v.: (1325) *retorne(n)* ◻ OF *retorner* (F *retourner*) < VL **retornāre*. —n.: (*a*1393) *retorn* ← (v.): ⇨ re-[1], turn (v.)〛

SYN 戻る: **return** 以前の場所・状態に帰る《一般的な語》: He *returned* home safe and sound. 無事に家に帰った. **revert** 以前の(原始的な)状態に帰る: The fields have *reverted* to moorland. 畑は元の荒地に帰った. **recur** 〈事が〉繰り返して起こる: a *recurring* fever 回帰熱.

re·turn·a·ble /rɪtə́ːnəbl | -tə́ːn-/ *adj.* **1 a** 返すことができる, 返却[返品]できる: ~ goods. **b** 〈空きびんなど〉買い取って[返却金が]もらえる: a ~ bottle. **2** (一定の時間・場所に)返還[報告, 提出]すべき: Application forms, ~ by June 20th, are obtained from the office. 6月20日までに提出すべき願書は当事務所に請求のこと. **3** (法的に)報告すべき; 回付すべき. **re·tùrn·a·bíl·i·ty** /-nəbíləti | -lɪ̀ti/ *n.* 〚(?*a*1424) ◻ AF *retornable* = OF *retournable*: ⇨ return, -able〛
retúrn addrèss *n.*〘郵便〙リターンアドレス《返送用の差出人住所氏名》.〚1928〛
retúrn bènd *n.*〘機械〙戻り[返し]ベンド《管の方向を180°変えるための U 字形管継手》.〚1884〛
retúrn càrd *n.*〘広告〙返送用注文カード《商店などが広告に用いるもので半片は注文用; cf. reply card》.
retúrn connécting ròd *n.*〘機械〙帰り連接棒《クランクピン側端がクロスヘッドに対してエンジンシリンダーと同じ側にある連接棒》.〚力がピストンからクロスヘッドへ伝わり, 連接棒をへて再びエンジンの方向へ帰るようになることから〛
retúrn créase *n.*〘クリケット〙リターンクリース《両三柱門における投手が, それより後方で投球しなければならない限界線 (bowling crease) に直角の短い左または右の線; ⇨ cricket[1] 挿絵》.
retúrn dày *n.*〘法律〙(命令書に対する)報告提出日.〚1651〛
re·túrned *adj.* **1** 戻った, 帰来した, 帰還した: a ~ emigrant 帰国した移民. **2** 戻された, 返送された: a ~ letter 差し戻された手紙 / ~ articles 返品 / ~ empties (送り主に)返送された空(から)箱・かご・樽(など).〚1408〛
retúrned sóldier *n.*《豪・NZ》(外国からの)帰還兵, 復員軍人.〚1915〛
re·turn·ee /rɪtə̀ːníː, ‐‐‐ | rɪtə̀ːníː, ‐‐‐/ *n.* **1** 《米》(外地勤務からの)帰還者[軍人]: a ~ from Vietnam ベトナム(から)の帰還兵. **2** (刑務所からの)帰還者, 刑務所帰り.〚(1944): ⇨ -ee[1]〛
re·túrn·er *n.* 戻って[帰って]来た人[もの]; (産休などの後の)職場復帰者.〚1611〛
retúrn fàre *n.* 往復料金[運賃].〚1976〛
retúrn gàme *n.* 雪辱戦, リターンマッチ.
re·túrn·ing òfficer *n.*《英》選挙管理官《選挙を管理し, 結果を当局に報告する公務員》.〚1729〛
retúrn kèy *n.*〘電算〙改行復帰キー, リターンキー.
retúrn·less *adj.* **1** 報酬[収益, もうけ]のない. **2** 帰ることのできない. **3** 逃れることのできない.〚1615〛
retúrn màtch *n.* = return game.
retúrn póstcard *n.* 往復はがき (reply card).
retúrn recéipt *n.* 配達証明書《受け取り人の署名をつけて書留[保険つき]郵便物の差出人に返送される配達証明のはがき》.
retúrn shóck *n.*〘気象〙リターン, リターン電撃《雷の一過程で雲から大地への放電に引き続いて起こる大地から雲への大電流放電》.〚1881〛
retúrn tícket *n.* **1**《英》往復切符《《米》round-trip ticket) (cf. single *adj.* 11, one-way *adj.* 1). **2**《米》帰りの切符.〚*c*1847〛
retúrn tríp *n.*《英》= round trip 1.
retúrn wíre *n.*〘電気〙帰線(の電線).
re·tuse /rɪtúːs, -tjúːs | -tjúːs/ *adj.*〘植物・昆虫〙〈葉・翅が〉先端が丸くて少しへこんだ, 軍配うちわ形の.〚(1753) ◻ L *retūsus* (p.p.) ← *retundere* ← RE-[1] + *tundere* to beat〛
rè·týpe *vt.* タイプライターで打ち直す.〚1839–48〛
Retz /réts; *F.* ʁɛ/ *n.* = Rais.
ret·zi·na /rɛtsíːnə, rétsə- | rɛtsíː-, réts-/ *n.* = retsina.
Reu·ben[1] /rúːbən, -bn | -bɪn, -bn/ *n.* **1** ルーベン《男性名; 愛称形 Rube》. **2**〘聖書〙**a** ルベン《Jacob の第1子, 母は Leah; cf. *Gen.* 29: 32》. **b** ルベン族《ルベンを祖とするイスラエル十二支族の一つ》.〚(1804) ◻ Heb. *Rᵉʾūbhēn*《通俗語源》behold a son ← *rᵉʾū* ((imper.) ← *rāʾāh* to behold) + *bēn* son〛
Reu·ben[2] /rúːbən, -bn | -bɪn, -bn/ *n.* ルーベン漫画家賞の彫像《米国の漫画家 Reuben Lucius Goldberg (1883–1970) を記念して優秀な漫画家に贈られる小彫像》.
Réu·ben sándwich /rúːbən-, -bn- | -bɪn-, -bn-/ *n.*《米》ルーベンサンドイッチ《ライムギパンにコンビーフ, ザウアークラウト (sauerkraut), スイスチーズなどをはさんだサンド》.〚1956〛
Reuch·lin /rɔ́ɪklɪn, rɔ́ɪç- | -lɪn; *G.* ʁɔ́ʏçliːn/, **Johann** *n.* ロイヒリン (1455–1522; ドイツの古典学者・ヘブライ学者).
rè·únify *vt.* 再び一つにする, 再統一[合一, 統合]する.
rè·unificátion *n.*〚1890〛
re·u·nion /rìːjúːnjən | -njən, -niən/ *n.* **1 a** (親族・親友または共同の利害関係ある人々の)再会の集い; 懇親会, 親睦会: a class ~ (卒業後の)クラス会, 同窓会 / a family ~ 家族会. **b** (離別していたものの)再会. **2** 再結合, 再合同; 融和, 仲直り: the ~ of the Churches (教義などの相違から分裂した)キリスト教の各宗派の大合同 / the ~ of hearts (仲違いしていた二人の)心の融和. ★ reunion の代わりにフランス語形の réunion /*F.* reynjɔ̃/ を用いることもある.〚(1610) ◻ F *réunion*: ⇨ re-[1], union〛
Ré·u·nion /riːjúːnjən | -niən, -njən; *F.* reynjɔ̃/ *n.* レユニオン(島)《Madagascar 島東方のインド洋上にある島でフランスの海外県; 面積 2,512 km², 県都 St. Denis》.
rè·ú·nion·ìsm /-nɪ̀zm/ *n.* **1** 教会再一致. **2** [通例 R-] カトリック教会と英国国教会との再一致[合同]論.〚1895〛
rè·ú·nion·ist /-nɪst | -nɪst/ *n.* [通例 R-] 教会再一致論者. **re·u·nion·is·tic** /rìːjùːnjənístɪk | -niə-/ *adj.*〚1866〛
re·u·nite /rìːjuːnáɪt/ *vt.* 〈離別・分離したものを〉再会させる, 再び結合[合同]させる: ~ the orphans with their relatives 孤児たちを親類の者と再会させる. **—** *vi.* 再会する, 再び結合[合同]する. **rè·u·nít·a·ble** /-təbl | -tə-/ *adj.* **rè·u·nít·er** /-tə | -tə(r)/ *n.*〚(1591) ← ML *reūnītus*: ⇨ re-[2], unite[1]〛
rè·úp *vi.* (**re-upped; -up·ping**)《軍俗》再入隊する.〚(1906) ← RE-[2] + (*sign*) *up* (⇨ sign (v.) 成句)〛
rè·uphólster *vt.* 〈椅子・ソファーなどの〉カバーと詰め物を新しくする, 張り替える. **rè·uphólstery** *n.*〚1935〛
rè·úrge *vt.* 再び力説する, 改めて主張する.〚1701〛
re·us /ríːəs/ *n.* (*pl.* **re·i** /ríːaɪ/)〘大陸法・教会法〙被告(人), 当事者 (民(刑)事の被告(人), 契約当事者).〚◻ L ~: cf. res〛
Re·us /réɪuːs; *Sp.* réus/ *n.* レウス《スペイン北東部 Catalonia 地方の都市》.
re·use /rìːjúːz/ *vt.* 再び用いる, 再び利用する; 再生利用[使用]する. **—** /rìːjúːs, ‐‐/ *n.* 再度の使用[利用]; 再生利用. **rè·ús·a·ble** /-zəbl/ *adj.*〚1843〛
re·used /rìːjúːzd/ *adj.* 〈羊毛など〉再使用の, 再生の: ~ wool.
Reu·ter /rɔ́ɪtə | -tə(r); *G.* ʁɔ́ʏtɐ/, **Christian** *n.* ロイター (1665–?1712; ドイツの劇作家・諷刺作家).
Reu·ters /rɔ́ɪtəz | -təz/ *n.* (英国の)ロイター通信社 (Baron Paul Julius von Reuter (1816–99) が1851年 London に創設; cf. AFP).
Réuter's Néws Àgency *n.* = Reuters.
Reu·ther /rúːθə | -θə(r)/, **Walter Philip** *n.* ルーサー (1907–70; 米国の労働運動指導者; CIO 議長 (1952–55)).
rè·útilize *vt.* 再利用する. **re·utilizátion** *n.*〚1889〛
Reut·ling·en /rɔ́ɪtlɪŋən; *G.* ʁɔ́ʏtlɪŋən/ *n.* ロイトリンゲン《ドイツ南西部, Baden-Württemberg 州の都市; 繊維産業が盛ん》.
rev /rév/ 《口語》*n.* (エンジンの)1分間における回転速度.
— *v.* (**revved; rev·ving**) **—** *vt.* **1** 〈エンジンの〉回転速度を上げる 〈*up*〉. **2** 〈生産力・生産回転数などを〉増加させる 〈*up*〉. **3** 高速で運転[操作]する, …のメーターを上げる 〈*up*〉. **4** より活動的[活発に]する 〈*up*〉. **—** *vi.* **1** 〈エンジンが〉回転する; 回転速度が速くなる[増す] 〈*up*〉. **2** 活動的になる; 運動量が増す 〈*up*〉.〚(1901)《略》← REVOLUTION〛
REV /rév, ɑ̀ːəlvíː | rév, ɑ́ː(r)ìː-/ 《略》〘宇宙〙reentry vehicle 再突入飛翔体.
rev. 《略》revenue; reverse; reversed; review; reviewed; revise; revised; revision; revolution; revolving.
Rev. /rév(ə)rənd, rév/ 《略》Revelation (新約聖書の)黙示録; Review; Revised.
Rev., Rev /rév(ə)rənd, rév/ 《略》⇨ reverend.
rev. a/c 《略》〘会計〙revenue account.
rè·váccinate *vt.* …に種痘[ワクチン]を再接種する.〚1843〛
rè·vaccinátion *n.* 種痘[ワクチン]の再接種.〚1843〛
Re·val /réɪvaːl | -væl; *G.* ʁéːval/ *n.* レイバール《Tallinn の旧名》.
rè·válidate *vt.* (法律的に)再び有効にする, 再合法化する. **rè·validátion** *n.*〚1602〛
rè·valorizátion *n.*〘財政〙平価復元《一国の通貨価値の回復》.〚1926〛
rè·válorize *vt.* 〈通貨などの〉価値を変える[回復させる], 平価復元させる.〚1928〛
rè·váluate *vt.* = revalue; (特に)〈平価を〉切り上げる.〚1921〛
rè·valuátion *n.* 再評価; (特に)平価切上げ.〚1611〛
re·val·ue /rìːvǽljuː/ *vt.* **1**〘経済〙〈資産を〉再評価する, 〈平価を〉切り上げる: ~ the dollar ドルを切り上げる. **2** 新たに評価する, 評価し直す, 再評価する.〚1592〛
re·vamp /rìːvǽmp/ *vt.* **1** 〈古い物を〉改造する; 〈古本・劇などを〉(時代に合うように)改訂[改作]する; 〈機構などを〉改造[改革]する; 〈政策などを〉手直しする: ~ a product 製品を改良する / ~ the electoral system 選挙制度の手直しをする. **2** 〈靴〉に新しい甲革を付ける; 補修する; 繕う.
— *n.* /‐‐, ‐‐/ 新しい甲革を付けること[付けた状態]; 修繕[改造](すること[した状態]). **~·er** *n.* **~·ing** *n.*〚1850〛
re·vanche /rəvɑ́ː(n)ʃ, -vɑ́ːnʃ; *F.* ʁəvɑ̃ːʃ/ *n.* **1** 報復, 復讐. **2** (戦争などで失った土地の回復を図る)報復政策[主義]; (特に, 1870年の普仏戦争後フランスの望んだ)報復[雪辱]戦.〚(1858) ◻ F ~ 'return match' ← *revancher* < L *revindicāre*: ⇨ revenge〛
re·vánch·ism /-ʃɪzm/ *n.* = revanche 2.
re·vánch·ist /-ʃɪst | -ʃɪst/ *n.* (戦争などで失った土地の回復を図る)報復政策の主張者[支持者]. **—** *adj.* **1** 報復[失地奪還]政策の[に関する]. **2** 報復政策主張者[支持者]の, 報復主義の.〚1926〛
rè·várnish *vt.* …にニスを塗り直す.〚1851〛
re·vas·cu·lar·i·za·tion /rìːvæ̀skjulərɪzéɪʃən | -raɪ-, -rɪ-/ *n.* 血管再生, 脈管再生.
re·vas·cu·lar·ize /rìːvǽskjuləràɪz/ *vt.*〘医学〙(血液の供給を増加させるために)〈心臓その他の器官〉に新しい血管を移植する, 〈臓器〉の血管再生を行なう.〚← RE-[1] + VASCULAR + -IZE〛
rév cóunter *n.*《英口語》= tachometer.〚(1917): ⇨ revolution〛
Revd /rév(ə)rənd/ 《略》⇨ reverend.
re·veal[1] /rɪvíːl/ *vt.* **1** 〈今までわからなかったことを〉知らせる, 明らかにする; 〈秘密などを〉明かす, 漏らす, ばらす, 暴露[摘発]する: ~ a secret *to* him 彼に秘密を漏らす / ~ one's identity 名を名乗る, 身分を明かす / His face ~*ed* his thoughts. 思っていることが顔に書いてあった / ~ a mystery 神秘を明らかにする / A recent survey by the Human Rights Commission ~*ed that* … 最近の人権(擁護)委員会の調査で…ということがわかった / The book was banned by the military authorities for ~*ing* military secrets. その本は軍の機密を漏洩(ろうえい)するという理由で軍当局によって発禁処分となった / A close scrutiny ~*ed* the lines at the corners of her eyes. よく注意して見ると彼女の目尻にしわがあるのがわかった / In this book the author ~*s* himself *as* full of insight. この本の中で著者は洞察力あふれる人であることを明らかにしている / The fact ~*s* him *as* [*to be*] an honest man. その事実は彼が正直な人であることを示している. **2** 〈今まで隠されていた物を〉現す, 示す, 見せる: Daylight ~*ed* a strange scene. 夜が明けると見慣れない光景が現れた / The telescope ~*s* many distant stars to our sight. 望遠鏡で見ると多くの遠方の星が見える / When the mist cleared up, the lake ~*ed* itself. 霧が晴れると湖がその姿を現した. **3** 〈神または超自然的力が〉示現する, 啓示する, 黙示する: ⇨ revealed religion.
— *n.* 《まれ》顕現, 示現, 啓示.
~·er /-lə | -lə(r)/ *n.*〚(*c*1375) *revele(n)* ◻ (O)F *révéler* ∥ L *revēlāre* to unveil ← RE-[1] + *vēlāre* (← *vēlum* 'VEIL')〛

SYN 暴露する: **reveal** 〈見えなかったものを〉幕を開けるように現す: He *revealed* the secret to me. 秘密を私に漏らした. **disclose** 〈隠されていたものを〉あばく: *disclose* one's intentions 意図を明かす. **divulge** 〈秘密・私事などを〉暴露する《信頼を裏切ることを暗示する; 格式ばった語》: *divulge* the contents of a letter 手紙の内容を漏らす. **betray** 〈秘密などを〉漏らす《格式ばった語》: The doctor *betrayed* his patient's confidence. 医者が患者の秘密を漏らした. **ANT** conceal, hide.

re·veal[2] /rɪvíːl/ *n.* **1** (自動車の)窓枠. **2**〘建築〙(窓や入口の外側両脇の)だき (jamb), そで壁. **3**〘劇場〙見込み, 仮抱(かりだき)《窓・ドアかまちなどの見せかけの厚さを示すためのもの》.〚(1688)《変形》←《廃》*revale* to lower ◻ OF *revaler* ← RE-[1] + *avaler* to lower (← *à val* down)〛
re·veal·a·ble /rɪvíːləbl/ *adj.* **1** 現せる, 明らかにできる. **2** 啓示[黙示]される. **re·veal·a·bil·i·ty** /rɪvìːləbíləti | -lɪ̀ti/ *n.*〚1672〛
re·véaled relígion *n.*〘哲学〙啓示[天啓]宗教《超自然的啓示を根拠とする宗教; キリスト教はその代表; cf. positive religion, natural religion》.〚1719〛
revéaled théology *n.*〘キリスト教〙啓示神学, 天啓神学《イエス・キリストの啓示にのみ基づく神学的教説; cf. natural theology》.
re·veal·ing /rɪvíːlɪŋ/ *adj.* **1** 啓発的な, 参考になる; 意義深い: be ~ *of* …の真相(など)を示す / a ~ autobiography 啓発的な自叙伝. **2** 隠されていたものを見せる; 〈ドレスなど〉空き[刳(く)り]の多い: a ~ dress 肌を露出させたドレス. **~·ly** *adv.* **~·ness** *n.*〚1593〛
re·véal·ment *n.* = revelation.
rè·végetate *vt.* 〈植物の生えなくなった土地を〉再び[新たに]植物でおおう. **rè·vegetátion** *n.*〚1769〛
re·ve·hent /révəhənt, rɪvíːənt/ *adj.* 運び返す: ~ veins.〚(1876) ◻ L *revehentem* (pres.p.) ← *revehere* to carry back ← RE-[1] + *vehere* to carry (⇨ vehicle)〛
re·veil·le /révəli | rɪvǽli, -véli/ *n.* **1**〘軍事〙**a** 起床らっぱ[太鼓] (《米》rouse), 起床号音. **b** 起床らっぱ後の整列《通例ここで点呼がとられる》. **2** 起床[開始]の時刻; 仕事開始の時刻.〚(1644) ◻ F *réveillez* (imper. pl.) ← *réveiller* ← RE-[1] + *veiller* (< L *vigilāre* to watch: ⇨ vigilant)〛
réveille gùn *n.*〘軍事〙= morning gun.
ré·veil·lon /rèveɪjɔ̃ː(ŋ); *F.* ʁevɛjɔ̃/ *n.* [しばしば R-] レヴェイヨン, 夜の祝宴《フランスおよびフランス語圏で, 特にクリスマス当日の朝0時過ぎに行われる祝宴》.〚(1803) ◻ F ~ ← réveiller (↑)〛

rev·el /révəl, -vl̩/ v. (**rev·eled, -elled; -el·ing, -el·ling**) ― vi. **1** 酒宴を催す; お祭り騒ぎをする, どんちゃん騒ぎをする. **2 a** 耽る, 凝る〔in〕: ~ *in* luxury, mischief, vice, etc. **b** 非常に喜ぶ, 大いに楽しむ〔in〕: ~ *in* music [art] 音楽[芸術]を楽しむ. ― vt. 〈時・金を〉お祭り騒ぎで浪費する 〈*away*〉. ― n. **1** お祭り騒ぎ, 底抜け騒ぎ, 飲めや歌えの大騒ぎ. **2 a** (祭り・結婚式などの)祝宴. **b** [*pl.*] 祝宴の余興: Master of (the) *Revels* ⇨ master[1] n. 6 b. **~·ment** n. 〖(c1325) *revele(n)* □ OF *reveler* to riot <L *rebellāre* 'to REBEL[2]'〗

rev·e·la·tion /rèvəléɪʃən/ n. **1** 意外な新事実[経験]: a starting ~ 驚くべき新発見[事実] / It was a ~ to me. それは私には実に意外な話だった / What a ~! 何という意外な話だろう. **2 a** (隠れた事実などの)摘発, 暴露, すっぱ抜き. **b** 暴露された事物: Strange ~*s* are expected during the trial. 公判中に奇妙な事実が表に出てくると期待されている. **3** 〘神学〙 **a** (神の)啓示, 啓示された摂理, 天啓, 黙示, お告げ. **b** 神がその摂理を教える[知らせる]行為. **c** 聖書. **4** [R-] (新約聖書の)ヨハネの黙示録 (The Revelation of St. John) 《新約聖書最後の書; the Apocalypse ともいう; 略 Rev.》. ★《口語》では複数形単数扱いで (the) Revelations ということもある. **~·al** /-ʃənl̩, -ʃnəl/ adj. 〖(15C) □ L *revēlātiō(n-)* ← *revēlāre* 'to REVEAL[1]' ∽ (c1303) *revelacioun* □ OF (F *révélation*)〗

rèv·e·lá·tion·ist /-ʃ(ə)nɪst | -nɪst/ n. **1** 啓示論者, 天啓信者: the contention between evolutionists and ~*s* 進化論者と啓示論者との論争. **2** [the R-]「黙示録」の作者. **3** 天啓[啓示]を伝える人. 〖1657〗

rev·e·la·tor /révəlèɪtə | -tə(r)/ n. **1** 表す人, 暴露する人. **2** 天啓[啓示]を伝える人, 啓示者. 〖(1801) □ LL *revelātor*: ⇨ reveal[1], -or[2]〗

rev·e·la·to·ry /révələtɔ̀ːri, rɪvél- | -təri, -tri/ adj. **1** (隠れていた物を)表す, 暴露的な: a ~ story. **2** 〔感情・信念などを〕表出する, 明かす〔of〕: a passage ~ *of* his belief 彼の信念を表している章句. **3** 天啓 (revelation) の, 天啓的な; 天啓に関する. 〖(1882): ⇨ ↑, -ory[1]〗

rév·el·er, 《英》**rév·el·ler** /-vələ, -vlə | -vələ(r)/ n. **1** 飲めや歌えの大騒ぎをする者, 飲み騒ぐ者, 底抜け騒ぎをする者. **2** 道楽者. 〖(c1390) *revelour*〗

rével·ròut n. **1** 《古》[集合的] 飲めや歌えの大騒ぎをする人々. **2** 《廃》=revelry. 〖1553〗

rev·el·ry /révəlri, -vl̩-/ n. 飲めや歌えの大騒ぎ, どんちゃん騒ぎ, 歓楽. 〖(c1390) *revelrye*: ⇨ revel, -ry〗

rev·e·nant /révənənt | -vɪ-/ n. **1** (流罪・長旅などから)帰った人. **2** 幽霊, 亡霊. ― adj. **1** (流罪・長旅などから)戻ってきた, 帰ってきた. **2** 幽霊の[に関する, に特有の]. 〖(1827) □ F ~ (pres.p.) ← *revenir* to return (⇨ revenue)〗

re·ven·di·cate /rɪvéndəkèɪt | -dɪ-/ vt. **1** 〈失った土地・財産などを〉公式の要求によって回復[奪還]する. **2** 〈失った土地・財産などの〉返還を公式に要求する. **3** 〈傷んでいない売掛商品を〉破産した買主から回収しようとする.

re·ven·di·ca·tion /rɪvèndəkéɪʃən | -dɪ-/ n. 〖(1760) 《逆成》← *revendication*〗

re·venge /rɪvéndʒ/ vt. **1** [~ *oneself* または受身で]〔人に〕あだを返す, 返報する, 腹いせをする, 復讐する〔on, upon〕: ~ *oneself on* [*upon*] a person=*be* ~*d on* [*upon*] a person 人にあだを返す[恨みを晴らす] / She wished to *be* ~*d on* that impudent fellow *for* the wrong done to her. 彼女はそのずうずうしい男にひどい仕打ちを受けた仕返しをしてやりたいと思った. **2 a** 〈被害者などのために敵を討つ, あだを取ってやる: He took up arms to ~ his deceased brother. 彼は死んだ兄[弟]の敵討ちをしようと武器をとった. **b** 〈加害・侮辱などの返報[仕返し]をする (⇨ avenge SYN): ~ an insult 侮辱の返報をする / ~ wrong with wrong あだをもってあだに報いる / Her brother was slain, and she ~*d* his death. 彼女は兄[弟]が殺されたのでそのあだを討った. ― vi. 《廃》あだを討つ, 恨みを晴らす, 返報する〔*upon*〕.
― n. **1** 復讐, 返報, 腹いせ, 報復: out of ~ 復讐心から / in ~ for [of] …に対する復讐として, に対して恨みを晴らすため / carry out ~ 恨みを晴らす / have [take] one's ~ on [upon] a person 人に恨みを晴らす / promise ~ 報復[復讐](すること)を誓う / take ~ for one's father's death 殺された父のあだを討つ / meditate ~ 復讐をたくらむ / seek one's ~ *on* [*upon*] …に復讐をする機会を狙う / threaten ~ 復讐をするぞと言って脅す. **2** 復讐心, 遺恨, 意趣. **3** 復讐[返報]の機会; (スポーツ・トランプなどで)負けた者に雪辱させる機会, 雪辱戦: give a person his ~ 負けた人に雪辱の機会を与える, 人の雪辱戦に応じる / You have won the game; I must now have my ~. 君が勝負に勝ったから今度は私が雪辱する番だ.

re·véng·er n. **re·vénge·less** adj. **re·véng·ing** adj. **re·véng·ing·ly** adv. 〖(1375) *revenge(n)* □ OF *revenger* 《変形》← *revencher* (F *revancher*) <LL *revindicāre* ← RE-[1]+*vindicāre* 'to VINDICATE'〗

re·venge·ful /rɪvéndʒfəl, -fl̩/ adj. 復讐心に燃えている, あだを忘れぬ, 執念深い (⇨ vindictive SYN). **~·ly** adv. **~·ness** n. 〖a1586〗

revénge tràgedy n. 復讐悲劇 《復讐の遂行を中心として展開する演劇のスタイル; 16 世紀末–17 世紀のイングランド (Elizabeth 一世, James 一世時代)に流行し, しばしば凄惨な殺戮場面を特徴とする; 代表作は Thomas Kyd の *The Spanish Tragedy*, Shakespeare の *Hamlet* など》. 〖1957〗

re·ven·give /rɪvéndʒɪv/ adj. 《Shak》 復讐心に燃えた.

re·ve·nons à nos mou·tons /rəvənɔ̃ː(ŋ)aːnòuːmuːtɔ̃ː(ŋ), -nɔ́ːŋ-, -tɔ́ːŋ; F. ʁəvnɔ̃anomutɔ̃/ F. 本題に戻ろう (let us return to our sheep) (cf. RETURN to one's muttons). 〖(1617) 1822〗

rev·e·nue /révənùː, -njùː | -vɪnjùː/ n. **1 a** (税金・関税などによる国家・公共団体の)歳入: inland ~ 《英》内国税収入, 租税 《《米》 internal revenue》 / the Public ~ 国庫歳入. **b** (土地・財産などからの)収入, 収益, 所得; (特に, 定期的な)収入: enjoy an immense ~ 巨額の収入がある. **2 a** 収入項目, 収入源, 財源. **b** [*pl.*] 歳入の内訳; (個人・国家などの)総収入, 総所得額. **3 a** (国家の)財務部, 国税庁, 税務局: defraud the ~ 脱税する. **b** =revenue stamp. **rév·e·nùed** adj. 〖(1419) □ (O)F *revenu* (p.p.) ← *revenir* <L *revenīre* ← RE-[1]+*venīre* to come: ⇨ venue〗

révenue accòunt n. 〘会計〙 収益勘定. 〖1869〗

révenue bònd n. 《米》〘財政〙 歳入担保債 《有料道路や上下水道など国庫の財源となるような公共物の建造・取得・修理などを担当する官庁が発行する国債・市債など》. 〖1856〗

révenue cùtter n. (密貿易監視の)税関監視船. 〖1790〗

révenue expènditure n. 〘会計〙 収益支出 《材料や賃金の支払いなど, その期の収益を獲得するために行われる支出; cf. capital expenditure》. 〖1961〗

révenue òfficer n. 税務官; (密貿易を取り締まる)税関監視官, 密輸監視官. 〖1776〗

rév·e·nù·er n. 《米口語》 **1** =revenue officer. **2** =revenue cutter.

révenue shàring n. 《米》(国税の)州政府[地方自治体]への交付, 歳入分与. 〖1971〗

révenue stàmp n. 収入印紙. 〖1862〗

révenue tàriff n. 〘経済〙 収入関税 (cf. protective tariff). 〖1820〗

re·verb /ríːvəːb, rɪvə́ːb | ríːvəːb, rɪvə́ːb/ n. 〘電子工学〙 リヴァーブ 《電子的に作られた音響[エコー]効果》; (そのような効果を作り出す)音響装置, 残響装置. ― /rɪvə́ːb | -və́ːb/ vt., vi. =reverberate. 〖(1604–05) (1953) 《略》← REVERBERATION〗

re·ver·ber·ant /rɪvə́ːb(ə)rənt | -və́ː-/ adj. 反響する, 鳴り響く. **~·ly** adv. 〖(1572) □ L *reverberantem*: ⇨ ↓, -ant〗

re·ver·ber·ate /rɪvə́ːbərèɪt | -və́ː-/ v. ― vt. **1** 〈音を〉反響させる, 鳴り響かせる. **2** 〈光・熱を〉反射する. **3** 〘冶金〙 (反射炉などで)〈火災・熱を〉反射させる; 反射炉で処理する. ― vi. **1** 反響する, 響き渡る: Machine-gun fire ~*d* throughout the capital. 機関銃の火を吐く音が首都中に響き渡った / The hotel ~*d* for some time with the rumors. ホテルはしばらくの間そのうわさで持ち切りだった. **2** 〘物理〙 反射する〔on, upon, from〕; 〈火災・熱が〉反射する. ― /-b(ə)rɪt, -bərèɪt/ adj. 《まれ》 反響[反射, 屈折]する. 〖(1547) □ L *reverberātus* (p.p.) ← *reverberāre* to beat back ← RE-[1]+*verberāre* (← *verbera* rods, scourge: ⇨ vervain)〗

re·vér·ber·àt·ing fùrnace /-rèɪtɪŋ- | -tɪŋ-/ n. 反射炉. 〖1650〗

re·ver·ber·a·tion /rɪvə̀ːbəréɪʃən | -və̀ː-/ n. **1 a** 反響. **b** 反響音, 余韻. **c** 反響[余韻]効果. **2 a** (熱の)反射. **b** 反射熱. **c** 〘冶金〙 (反射炉の)反射炎; 反射炉処理法. **3** 〘物理〙 残響. 〖(c1395) □ OF ~ (F *réverbération*) // LL *reverberātiō(n-)*: ⇨ reverberate, -ation〗

reverberátion chàmber n. 残響室 (echo chamber).

reverberátion tìme n. 〘物理〙 残響時間 《音源を止めてから室内の音のエネルギー密度が 60 デシベル減衰, すなわち 100 万分の 1 に減衰するのに要する時間》. 〖1927〗

re·ver·ber·a·tive /rɪvə́ːbərèɪtɪv, -b(ə)rət- | -və́ːbərɪt-, -rət-/ adj. **1** 反響する. **2** 反射する, 反射性の. **~·ly** adv. 〖1716〗

re·vér·ber·à·tor /-tə | -tə(r)/ n. **1** 反響物; 反射物. **2** 反射器; 反射鏡; 反射灯; 反射炉. 〖1794〗

re·ver·ber·a·to·ry /rɪvə́ːb(ə)rətɔ̀ːri | -və́ːb(ə)rətəri, -tri, -rèɪtəri/ adj. **1 a** 〈熱・炎など〉反射された, 屈折した: ~ heat 反射熱. **b** 〈炉が〉反射式の: a ~ furnace [kiln] 反射炉. **2** 反響する, 残響の; 反響式の. ― n. 反射炉. 〖(1605) ← REVERBERATE+-ORY[1,2]〗

re·vere[1] /rɪvíə | -víə(r)/ vt. (強い尊敬・愛情・敬意の念で)崇(あが)める, 崇拝する, 尊敬する (venerate): ~ one's parents 両親を尊敬する. **re·ver·a·ble** /rɪvíərəbl̩ | -víər-/ adj. 〖(1661) □ F *révérer* // L *reverērī* ← RE-[1]+*verērī* to fear (⇨ ware[2])〗

SYN 尊敬する: **revere** 〈人〉に大きな尊敬を感じる[示す] 《格式ばった語》: The poet is *revered* by all. その詩人は万人から尊敬されている. **reverence** 〈物・抽象概念を〉非常に尊敬・賛美する: We *reverence* tradition. 我々は伝統を尊重する. **worship** 集団的に〈神を〉崇拝する: Christians worship God. キリスト教徒は神を崇拝する. **adore** 個人的に〈神を〉崇拝する; 非常に〈人を〉愛し尊敬する: He *adores* his father. 父親を敬愛している.

---

re·vere[2] /rɪvíə | -víə(r)/ n. 〘服飾〙 =revers. 〖《変形》← *rever* 《異形》← REVERS〗

Re·vere /rɪvíə | -víə(r)/ n. リビア (米国 Massachusetts 州東部, Massachusetts 湾に臨む Boston 近郊の都市; 美しい浜辺で知られる海浜行楽地). 〖↓〗

Re·vere /rɪvíə | -víə(r)/, **Paul** n. リビア (1735–1818; 米国の銀細工師・彫版師で愛国者; 1775 年 4 月 18 日夜を徹して Boston から Lexington まで馬を飛ばし, 英軍の進撃を報じた).

rev·er·ence /rév(ə)rəns, -rənts/ n. **1 a** 崇敬, 崇拝, 尊敬, 敬意; 畏敬の念 (⇨ awe, honor SYN): pay [make] ~ to …を崇敬する / feel ~ for …に尊敬の念を起こす, に畏敬の念を抱く / hold a person in [regard a person with] ~ 人を尊敬する. **b** 崇敬[尊敬]されている状態: be in ~ 崇敬されている. **2** [通例 your [his] R-で; 聖職者に対する敬称として] 《古・アイル・戯言》 (you, he の代わりに)尊師. **3** 《古》 崇敬の念の表れ; うやうやしいおじぎ, 会釈, 敬礼: bow in humble ~ うやうやしくお辞儀[敬礼]する / do [pay] ~ to …に敬意を表する, 敬礼する / make a profound ~ 丁寧にお辞儀[敬礼]する. **4** 威厳, (身に備わる)貫禄. ***sáving your réverence*** ⇨ saving *prep.* 2. ― vt. 尊崇[尊敬, 崇敬]する (⇨ revere[1] SYN). **rév·er·enc·er** n. 〖(c1280) □ (O)F *révérence* □ L *reverentia* ← *reverērī* 'to REVERE[1]': ⇨ -ence〗

rev·er·end /rév(ə)rənd/ adj. **1 a** [通例 the R-; 聖職者に対する敬称として] …師 (略 Rev.). ★ (1) the Very *Rev.* は dean の, the Right *Rev.* は bishop の, the Most *Rev.* は archbishop の敬称 (cf. Very Reverend, Right Reverend, Most Reverend). (2) 英米ともに the *Rev.* John [J.] Smith, the *Rev.* Mr. [Dr.] Smith が正式であるが, the を省いて *Rev.* J. Smith, *Rev.* Smith の形も用いられる. **b** 聖職の, 僧の: the ~ gentleman その牧師[僧] / ~ utterances 聖職者[僧]の言葉. **2** 崇(あが)めるべき, 尊い, 尊崇すべき. ― n. 《口語》 [しばしば敬称として] 牧師, 僧. 〖(1428) □ (O)F *révérend* // L *reverendus* to be revered (gerundive) ← *reverērī* (↑)〗

Réverend Móther n. [特に敬称として] 女子修道院長.

rev·er·ent /rév(ə)rənt/ adj. 敬虔(けいけん)な, うやうやしい. **~·ly** adv. **~·ness** n. 〖(c1380) □ L *reverentem* (pres.p.) ← *reverērī*: ⇨ revere[1], -ent〗

rev·er·en·tial /rèvərénʃəl, -ʃl̩/ adj. **1** うやうやしい, 崇敬の念に満ちた, 敬虔(けいけん)な: ~ awe おそれ崇める心 / a ~ fear of God 神をおそれる敬虔な心持ち / greet a person in a ~ manner うやうやしい態度で人を迎える. **2** 崇敬の念を起こさせる, 尊敬すべき: a ~ teacher. **~·ly** adv. **~·ness** n. 〖(c1555) □ F 《廃》 *reverential* (F *révérenciel*) ← L *reverentia* 'REVERENCE': ⇨ -al[1]〗

rev·er·ie /révəri/ n. **1** 沈思; 空想, 幻想: fall into [indulge in] (a) ~ 空想に耽る. **2** 《古》 **a** 夢のような考え, 奇想; 夢想, 白日夢 (daydream). **b** 妄想(もうそう) (delusion). **3** 〘音楽〙 夢幻曲. 〖(c1350) □ OF ~ (F *rêverie*) ← *rever* to revel, act or speak wildly (F *rêver* to dream) ← ? (cf. rave[1]): ⇨ -ery〗

re·vers /rɪvíə, -véə | -víə(r), -véə(r); F. ʁəvɛːʁ/ n. (*pl.* ~ /~z; F. ~/) 〘服飾〙 **1** リバース, 折返し 《ラペル (lapel) や袖口のカフスなど身返しや裏を見せるために折り返した部分》. **2** リバース用生地. **3** (婦人服の)折り襟. 〖(1838) □ F ~: ⇨ reverse〗

re·ver·sal /rɪvə́ːsəl, -sl̩ | -və́ː-/ n. **1** 転倒, 反転, 逆戻り; (状況・運命などの)逆転: a ~ of wind 急に風向きが逆になること / That would be a ~ of the order of host and guest. それでは主客転倒になるだろう. **2** 〘法律〙 (下級審の判決の)破棄 (revocation). **3** 〘写真〙 反転(現像), リバーサル 《陽画から陰画への, またその逆の転換》. **4** 〘レスリング〙 リバーサル 《アマチュアレスリングで守勢から一転して優勢な状態になること; cf. takedown 4》. 〖(1488): ⇨ reverse, -al[2]〗

revérsal fìlm n. 〘写真〙 リバーサルフィルム 《反転現像用のフィルム》. 〖1931〗

revérsal plàte n. 〘写真〙 リバーサルプレート 《反転現像用の感光板》.

revérsal pròcess n. 〘写真〙 反転法, 反転処理 《現像操作段階でフィルムまたは感光板上の陰画を陽画に転換する方法》. 〖1920〗

re·verse /rɪvə́ːs | -və́ːs/ vt. **1 a** 〈主義・立場・決定などを〉正反対なものにする, 逆転させる, すっかり変える: Since that time the trend has been ~*d*. その時以来傾向が逆転した / ~ a decision [resolution] 決議を覆す / ~ a policy 政策を逆転させる / The letter ~*d* his conviction. 手紙を翻読んで彼の信念が変った. **b** [~ *oneself* で] 《米》 自説を翻す〔*about, over*〕. **2 a** 〈方向・順序などを〉逆にする, 反対にする; 逆に向ける: ~ a motion [the order] 運動[順序]を反対にする[逆にする] / *Reverse* arms! 反(さか)せ銃(つつ) 《葬式などで銃口を下に向けて銃を逆に担(にな)わせる時の号令》 / ~ the tide of inflation インフレの波をデフレに変える. **b** 裏返す, ひっくり返す; 置き換える, 転換する: ~ positions 位置を換える. **3** 〈車両を〉バックさせる. **4** 《英》 〈電話料金を〉受信人[先方]払いにする: ~ the charge(s). **5** 〘機械〙 逆転させる, 逆動させる, 逆流させる: ~ an engine エンジンを逆転する. **6** 〘法律〙 〈命令を〉破棄する, (同一事件で)〈下級審の判決を〉破棄する (revoke): ~ a decision 判決を破棄する. **7** 〘印刷〙 反転印刷する. ― vi. **1 a** 逆方向に回る[進む]. **b** (ワルツなどで)逆に回る; 逆戻りする. **2 a** 〈自動車などが〉バックする; 車をバックさせる: The car ~*d* out of the parking space. 車は駐車場からバックして出て来た. **b** 〈エンジンなどが〉逆転する. **3** 〘トランプ〙 (ブリッジで)リバースビッド (reverse bid) をする.
― n. **1** [the ~] 逆, 反対: *the* very ~ 正反対 / He is *the* ~ of intelligent. 聡明(そうめい)どころかその反対だ / He made remarks *the* ~ of complimentary. 賛辞どころかまるで反対のことを言った / With others *the* ~ (of this) happens. 他の人には(これと)全く反対の事が起こる / Is he rich?—No, quite *the* ~. 彼は金持ちか—いやまるで反対. **2** [しばしば *pl.*] 不運, 失敗, 敗北: the ~*s* of fortune 悲運, 災難 / business ~*s* 商売上の破綻(はたん) / under the stroke of unexpected ~*s* 思いがけない不幸に出会って / suffer [sustain, have] a ~ ひどい羽目になる; 敗北する / express one's sympathy at a person's ~*s* 人の不幸に対

R

して同情のことばを述べる. **3** [the ~] **a** 裏, 背面. **b** (貨幣・メダルなどの)裏面(の模様)(↔ obverse). **c** (本の)裏[左]ページ (verso). **4 a** 反対に向けること, 反転; 完全な転換; 転換: a ~ of a gun 大砲の逆転《反対に向けること》. **b** 〖ダンス〗逆回り. **5** 〖機械〗逆転; 逆転装置: drive a car in ~ 車を後退させる / go into ~ 車をバックギアにする(日英比較「バックギア」は和製英語) / on the ~ 〈自動車が〉後退して. **6** 〖トランプ〗=reverse bid. **7** 〖アメフト〗リバース《攻撃側のトリックプレイの一種; 一度バックスの選手にパスまたは手渡しされたボールを持ってある方向に走ると同時に, 他のバックスの選手に再びボールを手渡しして逆の方向に走ること》. **8** 〖印刷〗反転印刷物《白黒が反対に現れた印刷物》.

in revérse (1) 逆に, 逆の方向に; 反対に; 反対のやり方で. (2) 後尾に, 背面に: take the enemy *in* ~ 敵を背面攻撃する. 《1925》

— *adj.* **1** (位置・方向・順序・性質などにおいて)反対の; 相反する, あべこべの; 逆の, 上下転倒した, 転倒した: a result ~ *to* what was intended 意図されたものとは正反対の結果 / in the ~ order 逆の順序で / in ~ proportion to …と反比例して / in the ~ direction 逆の方向に. **2** 裏の, 背後の; 後向きの: the ~ side of the medal 事件[問題]の裏面 / a ~ battery (背後から敵の背面または要塞(ようさい)の内部を撃つ)背面砲撃の砲台 / ~ fire 背面砲撃, 背射. **3** 普通と反対に動く, 逆転する; 逆進させる: a ~ drive 逆進 / a ~ gear 逆転[後退]歯車 / drive a car in ~ gear 車をバックさせる. **4** 〈印刷物の白黒の部分が〉普通と逆の. **5** (鏡に映る像のように)左右が逆の (inverted). **6** 〖畜産〗〈焼印が〉裏返しに押された.

〖adj.: 《c1303》□ OF *revers(e)* □ L *reversus* (p.p.) ← *revertere* to turn back: ⇨ revert. — v.: 《a1333》□ OF *reverser* □ LL *reversāre* ← L *reversus*〗

SYN **1** 逆にする: **reverse** 〈物〉の上下・左右・表裏・順序を入れ替える《一般的な語》: *reverse* one's car 車をバックさせる. **invert** 上下を逆さにする, 反対にする: *invert* a glass グラスを伏せる. **2** 逆の: ⇨ opposite.

---

revérse bàr *n.* 〖造船〗**1** 副フレーム材《船の副フレームの一部をなす補強用材》. **2** =reverse frame.

revérse bid *n.* 〖トランプ〗(ブリッジで)リバースビッド《一度低位のスーツをビッドした人が二度目に高位のスーツをビッドすること; 比較的強い手を示す; cf. rank¹ 5 b》. 《1939》

revérse-chàrge *adj.* 《英》〈電話が〉受信者払いの (《米》 collect) (cf. reverse vt. 4). 《1932》

revérse cúrrent *n.* 〖電気〗逆電流《整流素子のように一方向にのみ電流を流すべきものに逆方向に流れる電流; back current ともいう》.

revérse-cùrrent círcuit brèaker *n.* 〖電気〗逆流遮断(しゃだん)器《電流の方向が反対になった時に作動する直流遮断器》.

revérse cúrve *n.* 反向曲線《鉄道や道路などの反対方向のカーブを二つつないだ S 字状カーブ》.

re·vérsed *adj.* **1** 逆にした, 反対の, 裏返しの, 転倒した. **2** 〈契約・決定・決意など〉取り消された, 破棄された: a ~ contract, decision, etc. **3** 〖生物〗〈巻貝など〉左巻きの (sinistral). 《1400》

revérsed cóllar *n.* =clerical collar.

revérse díctionary *n.* 逆引き辞典《単語を語末から引けるように配列した辞典》.

revérse discriminátion *n.* 逆差別《雇用・教育などで少数民族を優遇する結果, 逆に多数民族, 特に白人や男性に差別が生じること》. 《1969》

revérse díve *n.* 〖水泳〗前逆飛び込み.

revérse engineéring *n.* 逆行分析, リバースエンジニアリング《他社が出した新製品を分解したり分析してよりよい製品を作ること》.

revérse Énglish *n.* **1** 《米》〖玉突〗リバースイングリッシュ《突き玉がクッションまたは他の玉に当たった後, 止まるかはね返るように突き玉に加えられたひねり; cf. running English》. **2** 〖言語〗(誤用あるいは不注意な構文に基づく)矛盾英語(法)《例えば You had better not go there if you can. のような文では, can の後に go が省略されていると考えられるため意味が逆になるような場合》.

revérse fáult *n.* 〖地質〗逆断層《上盤が下盤に対して相対的にずり上がった断層; reversed fault ともいう; cf. normal fault》. 《1878》

revérse fràme *n.* 〖造船〗副フレーム《フロアの頂部に取り付けられる山形材で, 下部に取り付けられる正フレームと対をなす》.

re·vérse·ly *adv.* **1** 逆に, 反対に, あべこべに; 転倒して. **2** また一方では, これに反して. 《1659》

revérse osmósis *n.* 〖物理化学〗逆浸透(性)《高圧をかけて高濃度側から低濃度側へ溶媒を透過させること; 圧力をかけなければ低濃度側から溶媒が移行してくる; 純水の製造に利用される》. 《1955》

revérse perspéctive *n.* 〖絵画〗逆遠近法《ビザンチン美術・中世写本の彩飾画・日本の絵巻物などに見られる》.

revérse plàte *n.* 〖印刷〗白抜き版《黒地に白く現れている版》.

revérse Pólish notátion *n.* 〖論理・電算〗逆ポーランド記法《数式の記法の一つ; 演算子を演算数のあとに記す; 例: 1 2 +(一般の中置記法で 1+2 と記される式); 略 RPN》. 《1975》

re·vérs·er *n.* **1** 逆にする人[もの]. **2** 〖電気〗反転器, 逆転器. 《1743》

revérse rácism *n.* 《米》逆人種差別《白人に対する人種差別; 特に, 黒人を差別しないようにするための極端な手段から生じた差別》.

revérse síde *n.* **1** (コイン・メダルなどの)裏側, 裏. **2** 〖玉突〗=reverse English 1.

revérse spélling *n.* 〖言語〗(発生的にみた)逆つづり字《例えば ME *doute(n)* から *dout* となるべきであるのに, 逆に L *dubitāre* の影響で *b* を加えるようになった doubt など; inverse spelling ともいう》.

revérse tákeover *n.* 〖証券〗逆買収, 逆乗っ取り.

revérse transcríptase *n.* 〖生化学〗逆転写酵素 (⇨ Temin enzyme). 《1971》

revérse transcríption *n.* 〖生化学〗逆転写《逆転写酵素を利用し, RNA を鋳型として DNA を合成すること》. 《1971》

revérse túrn *n.* **1** 〖航空〗宙返り反転 (⇨ Immelmann turn). **2** 〖ダンス〗逆回転《ダンスの進行方向と逆方向へ回転する動作》.

revérse vídeo *n.* 〖電算〗反転表示《画面上の文字などの色と背景部分の色を逆にして目立たせること》.

re·ver·si /rɪ̆vɚ́ːsi | -vɜ́ː-; *F.* ʀɛvɛʀsi/ *n.* **1** 〖遊戯〗ルベルシ, オセロ《表と裏の色が異なる 64 個のこまを用いて二人で遊ぶ陣取りゲームで, 自分のこまで相手のこまを囲めば, そのこまを裏返して自分の方の色とすることができる》. **2** 〖トランプ〗リバーシー《ハートゲームの前身で, ハートだけでなく, どの札もできるだけ取らないようにすると勝つゲーム; cf. heart 7 d》. 〖《1815》□ F ~ ← *reverser* to turn back〗

re·vers·i·bil·i·ty /rɪ̆vɚ̀ːsəbíləṭi | -vɜ̀ːsɪ̆bílɪ̆ti/ *n.* **1** 逆にできること, 転倒できること, 裏表とも使えること; 転換可能; (化学反応などの)可逆性. **2** (命令・判決などの)撤回できること, 取消し可能. 《1849》

re·vers·i·ble /rɪ̆vɚ́ːsəbl̩ | -vɜ́ːsɪ̆-/ *adj.* **1** 逆にできる, 転倒できる. **2 a** 〈織物など〉リバーシブルの, 裏表ともに使える, 両面仕立の: ~ fabric. **b** 〈衣類など〉裏表とも着用できる, 両面[リバーシブル]の: a ~ coat 裏表兼用コート / a ~ necktie 表も裏も使えるネクタイ. **3** 〈命令・判決など〉取り消し得る, 破棄できる. **4** 〖物理・化学〗可逆の, 元へ戻せる. — *n.* 両面織りの布または衣服. **~·ness** *n.*

re·vérs·i·bly *adv.* 〖《1648》← REVERSE＋-IBLE: cf. F *réversible*〗

revérsible céll *n.* 〖電気〗可逆電池《充電可能な電池, 二次電池》. 《1977》

revérsible eléctrode *n.* 〖物理・化学〗可逆電極.

revérsible élement *n.* 〖電気〗=reversible cell.

revérsible-pítch propéller *n.* 〖海事・航空〗可逆ピッチプロペラ《着陸時に制動力を出せるように羽根のピッチ角が変えられるプロペラ》.

revérsible reáction *n.* 〖化学〗可逆反応《正方向と逆方向の反応が同時に起こるような反応; cf. equilibrium 5》. 《1899》

re·vérs·ing *adj.* 逆動の, 逆進の: a ~ gear (機関車などの)逆転装置 / a ~ lever 反転レバー. 《1804》

revérsing láyer *n.* 〖天文〗反彩層《彩層 (chromosphere) の最下層, 光球の上層部で, スペクトル吸収線の発生に関係が深い》. 《1873》

revérsing lìght *n.* 〖自動車〗後退灯, バックアップランプ (《米》 backup light).

revérsing prìsm *n.* 〖光学〗逆像プリズム《内部反射によりプリズムを通して見える物体の像を平行移動を伴わず逆にする接合した直角プリズム; cf. Porro prism》.

revérsing swìtch *n.* 〖電気〗転極器, 反転スイッチ《極性を逆にするスイッチ》.

revérsing thermòmeter *n.* 〖海洋〗転倒温度計《一定深度の所で温度計を逆さにすると水銀が分離しその点での示度を保つ》. 《1912》

re·ver·sion /rɪ̆vɚ́ːʒən, -ʃən | -vɜ́ːʃən/ *n.* 《米》**1** 転倒, 逆転, 方向転換. **2** (以前の習慣・信仰・状態などへの)逆戻り, 復帰. **3** (生命保険による)死亡一時金, 保険金. **4** 〖生物〗**a** 先祖返り, 帰先遺伝, 隔世遺伝. **b** 隔世遺伝を受けた個体. **5** 〖法律〗**a** (権利存続期間満了後における, 譲渡人またはその相続人への)財産の復帰; 復帰権; 復帰財産; 相続権. **b** 将来所有権, 将来(特に, 死後)受ける物. **6** 〖植物病理〗葉反(そ)り病《クロスグリ (black currant) に発生する葉が逆に反る病気》. **7** 〖年金〗=reversionary annuity. **8** 《古》(食後の食物や飲物の)残り物. ***in revérsion*** 譲渡人の死亡または譲渡期間満了を条件として(の); 将来所有に帰すべき; 将来実現さるべき. 《1555》

〖《1394》□ (O)F *réversion* // L *reversiō(n-)* ← *reversus*: ⇨ reverse, -sion〗

re·vér·sion·al /-ʒnəl, -ʒənl̩, -ʃnəl, -ʃənl̩ | -ʃnəl, -ʃənl̩/ *adj.* =reversionary. **~·ly** *adv.*

re·vér·sion·àr·y /-ʒənèri, -ʃən- | -ʃ(ə)nəri/ *adj.* **1** 復帰の, 逆戻りの. **2** 〖法律〗復帰権を有する, 将来享有すべき, 他日継承すべき. **3** 〖生物〗先祖返りの, 隔世遺伝の. 《1651》

revérsionary annúity *n.* 生残(せいざん)年金《被保険者の死亡時に, 年金受領資格者が生存している場合にのみ給付される年金》. 《1720》

revérsionary bónus *n.* 〖保険〗(保険金に付加される)増額配当. 《1930》

revérsion disèase *n.* 〖植物病理〗=reversion 6.

re·vér·sion·er /-ʒ(ə)nə, -ʃ(ə)nə | -ʃ(ə)nə(r)/ *n.* 〖法律〗復帰権を有する者, 将来財産を享有する権利のある人. 《1614》

re·ver·so /rɪ̆vɚ́ːsoʊ | -vɜ́ːsəʊ/ *n.* =verso.

re·vert /rɪ̆vɚ́ːt | -vɜ́ːt/ *vi.* **1** 〔以前の習慣・考え方・状態・信仰などに〕戻る, 逆戻りする, 帰る, 低い[悪い]状態に戻る〔*to*〕(⇨ return **SYN**): It *~ed to* its old state.それは旧態に復した / *~ to* type 本来の姿に戻る. **2** 〔元の話に〕立ち帰る, 戻る, 戻って〔元の問題を〕考える; 回想する, 振り返る〔*to*〕: ~ *to* the question of …の問題に戻る / ~ *to* the original topic of conversation 元の話題に立ち戻る. **3** 〖法律〗〈不動産(権)が〉〔前の所有者またはその相続人などに〕復帰する〔*to*〕. **4** 〖生物〗先祖返りする, 祖先の状態に戻る〔*to*〕. — *vt.* **1** 〈目を〉振り向ける. **2** 〈歩を〉めぐらす, 転じる. — *n.* **1** (一旦改宗したのち)元の宗旨に復帰した人. **2** 〖英法〗=reversion 6.

〖《?a1300》 *reverte(n)* □ OF *revertir* <L *revertere* ← RE-¹＋*vertere* to turn (⇨ verse¹)〗

re·ver·tant /rɪ̆vɚ́ːtənt, -tn̩t | -vɜ́ːtənt, -tn̩t/ 〖生物〗*n.* 復帰突然変異体《突然変異により, 再び野生型の表現型に戻った個体, あるいは菌株》. — *adj.* 復帰突然変異体の. 〖《1688》: ⇨ ↑, -ant〗

re·vért·ed /-tɪ̆d | -tɪ̆d/ *adj.* **1** 〖植物〗〈葉が〉逆に反った. **2** 〖植物病理〗葉反り病にかかった. 《1590》

re·vért·er /-ṭə | -tə(r)/ *n.* 〖法律〗復帰権, 将来不動産権《現在は占有していないが, 将来占有し利用できる(復帰権者のもつ)不動産権》. 《1491》

re·vert·i·ble /rɪ̆vɚ́ːṭəbl̩ | -vɜ́ːtɪ̆-/ *adj.* **1** 逆戻りできる, 戻る. **2** 〈財産など〉復帰すべき[できる]. 《1472–75》

rev·er·y /révəri/ *n.* =reverie.

re·vest /rɪ̆vést/ *vt.* **1** 〈人を〉復任させる, 復職させる. **2** 〈権力・地位などを〉再び与える, 復権させる, 再び所有権を得させる. **3** 《廃》**a** 〈人〉に衣服を再び着せる. **b** 〈衣服を〉再び着る. — *vi.* 〈称号などが〉〔元の所有者に〕復帰する, 帰属する〔*in*〕. 〖《c1300》 *reveste(n)* □ OF *revestir* < LL *revestīre* (↓)〗

re·vet /rɪ̆vét/ *vt.* (**re·vet·ted; -vet·ting**) 〖軍事・土木〗〈堤防・壁などを〉石・コンクリートなどで固める: ~ a trench. 〖《1812》□ F *revêtir* <L *revestīre* ← RE-¹＋*vestīre* 'to clothe, VEST'〗

re·vét·ment *n.* **1** 〖土木〗護岸《堤防を補強するために石・コンクリートなどで固めた舗装》. **2** 〖軍事〗《爆薬の破片・銃撃などから飛行機・火薬庫・要員などを守るため土・砂袋を盛って造る》防壁, 被覆, 防塞(ぼうさい). **3** =retaining wall. 〖《1771》□ F *revêtement*: ⇨ ↑, -ment〗

rev·head /révhèd/ *n.* 《豪口語》(車を改造してスピードを上げる)カーマニア.

rè·víctual *vt.* …に新たに食物を給する, 糧食を補給する. — *vi.* 食物の補給を受ける. 〖《1523》← RE-²＋VICTUAL (v.)〗

re·vie /rìːváɪ/ *vt.* 〖トランプ〗〈勝札などに〉上手(うわて)賭(か)けする《相手より多い金額を賭ける》. — *vi.* **1** 返答返しをする, 言い返す. **2** 《廃》〖トランプ〗相手以上の金額をはる[賭ける]. 〖《c1430》□ F *renvi* ← *renvier* ← RE-¹＋*envier* 'to challenge, VIE'〗

re·view /rɪ̆vjúː/ *vt.* **1** 再調査する, 再吟味する; 〈学業・業務などの成績などを〉よく調べる; 精査する; 観察[考察]する: Let us ~ the whole case [situation, matter]. 委細をよく調べてみよう / Even though we saw the house yesterday, I think we should ~ it today. その家はきのう見たけれども今日もう一度見るべきだと思う. **2** 〈新刊書などの〉書評をする, 批評を書く, 論評する. **3** 《米》〈学課などを〉復習する (《英》 revise). **4** 回顧する, 回想する: ~ one's conduct 行為を振り返ってみる. **5** 視察する; 〈軍隊・隊員などを〉観閲する, 閲兵する: ~ the troops 軍隊を閲兵する. **6** 〖法律〗〈下級裁判所で扱った事件を〉再審(理)する. **7** 〖トランプ〗(ブリッジで)〈ビッド (bid) を〉おさらいする《他の競技者たちにそれぞれのビッドを繰り返して言ってもらう》. **8** 《古》再び見る. — *vi.* **1** 〔雑誌などに〕書評を書く, 論評[批評]する〔*in*〕. **2** 《米》復習する: ~ *for* a test.

— *n.* **1 a** 再調査, 再吟味 (reviewal). **b** 検査, 検閲, 査閲: When will the matter come up for ~? その件はいつ再吟味されるのか / ⇨ BOARD of Review. **2 a** (雑誌などに書かれる文学作品などの)批評, 論評: do [write] a book ~ 書評を書く / The book [play, concert, exhibition] got [had] good [bad, favorable, unfavorable] *~s*. その本[戯曲, 演奏会, 展覧会]は好評[悪評, 好意的評価, 非好意的評価]を受けた. **b** 評論雑誌: a weekly ~ 週刊評論雑誌. **3** 回顧, 反省. **4** 《米》**a** 復習, おさらい (《英》 revision): ~ lessons 復習. **b** (復習のための)練習問題. **5** (出来事・時代などの)観察, 概観: give a historical [critical] ~ of the age その時代を歴史的[批判的]に概観する. **6** 〖軍事〗閲兵, 観閲式: hold a military ~ 閲兵式を行う / a naval ~ 観艦式 / an air ~ 空中観閲式. **7** 〖法律〗再審理, 覆審: a court of ~ 再審(上訴)裁判所 / The magistrate's decision is not subject to ~ in any court. 治安判事のこの決定[判決]はいかなる裁判所においても再審理できない / ⇨ judicial review. **8** 〖演劇〗=revue.

in review 吟味中, 検査中. 《1793》 ***márch in review*** (観閲式で)観閲進行をする, 閲兵を受ける. ***páss in review*** (*vi.*) (1) 閲兵[観閲]を受ける. (2) 検討される; (次々に)回想される. (*vt.*) (1) 〈軍隊などを〉観閲する. (2) 検討する; (次々に)回想[回顧]する: *pass* one's life *in* ~ 一生を振り返ってみる / He *passed* all his options *in* ~. あらゆる選択肢を考えてみた. 《1878》 ***ùnder review*** (再)検討[論評]されて(いる): be [come, keep] *under* (constant) ~ (たえず)(再)検討される / the period *under* ~ (今)論じている時代. 《1888》

~·er *n.* 〖《1565》□ OF *reveue* (F *revue*) (p.p.) ← *revoir* <L *revidēre* ← RE-¹＋*vidēre* 'to see, VIEW'〗

re·view·a·ble /rɪ̆vjúːəbl̩/ *adj.* **1** 検査[検閲]できる. **2** 回顧される[しうる]. **3** 批評できる. **4** 閲兵できる. **5** 覆審できる. **re·vìew·a·bíl·i·ty** /-vjùːəbíləṭi | -vjùːəbílɪ̆ti/ *n.* 《1846》

re·view·al /rɪ̆vjúːəl/ *n.* **1** 再調査, 再検査, 検閲. **2** 《米》復習. **3** 批評, 評論. 《1650》

revíew còpy *n.* (雑誌社や新聞社へ送る)書評用献本, 書評用見本. 《1876》

re·view·er /rɪ̆vjúːə | -vjúːə(r)/ *n.* **1** (新刊書などの)批評家, 評論[書評]家; 評論雑誌記者. **2** 検閲者. 《1611》

re·víew·ing stànd *n.* 閲兵席.

re·vile /rɪ̈váɪl/ *vt.* 〈人〉の悪口を言う, 悪しざまに言う, ののしる, そしる. **— *vi.*** 悪口を言う, ののしる, 罵倒する 〔*at*〕. 〖(*c*1303) *revile*(*n*) □ OF *reviler* ← RE-¹+*vil* (<L *vīlem* 'cheap, VILE')〗

re·víle·ment *n.* 悪口, 罵詈(ばり). 〖1590〗

re·víl·er /-lə | -lə(r)/ *n.* 悪口を言う人, 悪口屋. 〖1598〗

re·víl·ing·ly /-lɪŋli/ *adv.* 悪口を言って, 悪しざまに. 〖1548〗

Re·vil·la·gi·gé·do Ísland /rɪ̈vìləgəgíːdou- | -dəu-/ *n.* レビラギギード[レビラギゲド]島《米国 Alaska 州南東部の島; Alexander 諸島, Prince Wales 島の東に位置する》.

Re·vi·llon /rèvəlɔ́ː(ŋ), -lɔ́ːŋ | rév¹lɔ̀n; *F.* ʁəvijɔ̃/ *n.* 〖商標〗ルヴィロン《フランスの Paris にある高級毛皮製品メーカーとそのブランド》.

re·vis·a·ble /rɪ̈váɪzəbl̩/ *adj.* 校訂できる; 訂正[修正]できる. 〖1892〗

re·vis·al /rɪ̈váɪzəl, -zl̩/ *n.* **1** 訂正, 改訂, 校訂, 校正: second ~ (印刷物の)再校. **2** 改訂本[版]. **3** 再検査. 〖(1612): ⇨ ↓, -al²〗

re·vise /rɪ̈váɪz/ *vt.* **1** 〈意見などを〉変える, 変更する: I find no reason to ~ my initial judgment. 最初の判断を変更する理由は何も見当たらない / be ~*d* upward [downward] 〈数量などが〉上方[下方]修正される, 予想以上に増える[減る]. **2** 〈原稿・印刷物などを〉改訂[校訂, 訂正, 修正]する, 校閲する, 校正する; 〈法律・憲法などを〉改正する; (修正・補正の目的で)再検査する: ~*d* and enlarged 改訂増補の, 増訂の / a ~*d* version 改訂版 / ⇨ Revised Version. **3** 《英》(試験に備えて)復習する (《米》review). **4** 〖生物〗〈植物などを〉再分類する, 分類し直す. **— *vi.*** 《英》復習する 〈*for*〉. **— *n.*** **1** 改訂, 修正, 訂正; 校閲, 校正. **2** 改訂版, 訂正版. **3** 〖印刷〗再校ゲラ[刷り]. 〖(1567) □ (O)F *réviser* ∥ L *revīsere* to look back ← RE-¹+*vīsere* to visit, examine (← *vīs-*, *vidēre* to see: ⇨ vision)〗

re·vísed *adj.* 修正された; 改訂[訂正]された: a ~ estimate 修正見積もり / a ~ edition 改訂版.

Revísed Stándard Vérsion *n.* [the ~] 改訂標準訳聖書《「米国改訂訳聖書 (American Standard Version)」をさらに改訂し,「新約」は 1946 年,「旧約」は 1952 年に出版; 略 RSV》. 〖1946〗

revísed státutes *n. pl.* 〖法律〗**1** 《英》年代順法令集《現行の法令を年代順に再編集したもの; 3 版が 1951 年に 32 巻で出版された》. **2** 《米》主題別法令集《連邦のすべての法令を 75 の主題に分けて, 一冊にまとめた政府刊行の法令集; 初版は 1875 年に発行; United States Code の前身; cf. STATUTES at Large》.

Revísed Vérsion *n.* [the ~] 改訳聖書《「欽定(きんてい)訳聖書 (Authorized Version)」の改訂訳で「新約」は 1881 年,「旧約」は 1885 年に出版; Revised Version of the Bible ともいう; 略 RV》. 〖1885〗

re·vís·er *n.* **1 a** 校訂[校閲]者; 訂正[修正]者. **b** [*pl.*] 聖書改訳者 (cf. Revised Version). **2** 校正者[係]. 〖1694〗

re·vís·ing bàrrister *n.* 《古》〖英法〗選挙人名簿修正委員バリスター, 選挙人名簿改訂係《7 年以上の経験のある barrister から毎年選ばれたが, 現在は廃止》: the ~'s court 選挙人名簿修正所. 〖1832〗

re·vi·sion /rɪ̈víʒən/ *n.* **1** 改訂, 校訂, 校閲; 修正, 改正; 校正: a ~ of taxes 税の改正 / a ~ of the present exchange-rate system 現行為替レートの改正. **2** 《英》復習 (《米》review). **3 a** 校訂本; 改訂版; 改訳(書). **b** [the R-] 改訳聖書. **~·al** /-ʒnəl, -ʒənl̩/ *adj.* **~·ar·y** /-ʒənèri | -ʒ(ə)nəri/ *adj.* 〖(1611) □ (O)F ~ ∥ L *revisiō*(*n-*): ⇨ revise (v.), -sion〗

re·ví·sion·ism /-ʒənɪzm/ *n.* **1** 修正論, 改正論. **2** 《軽蔑》修正主義, 修正社会主義《K. Marx の革命的社会主義を漸進主義的に修正したもの; ドイツの E. Bernstein などによって主唱された》. 〖1903〗

re·ví·sion·ist /-ʒ(ə)nɪ̈st | -nɪst/ *n.* 《主に軽蔑》**1** 修正論者. **2** 修正社会主義者. **3** 修正者. **— *adj.*** **1** 修正主義(者)の. **2** 修正社会主義(者)の; 修正(社会)主義的な. 〖1865〗

re·vis·it /rìːvízɪ̈t | -zɪt/ *vt.* 再び訪問する, 再び訪れる; …に再遊する; …に立ち戻る, 立ち帰る: I ~*ed* my hometown. 私は生まれ故郷を再び訪れた. **— *n.*** 再訪問, 再遊; 帰還. 〖*a*1500〗

rè·visitátion *n.* 再度の訪問, 再訪問; 立戻り. 〖1549〗

re·ví·sor *n.* =reviser.

re·vi·so·ry /rɪ̈váɪz(ə)ri/ *adj.* **1** 校訂[訂正]の, 改訂の; 校正の. **2** 修正を目的とした[する力のある]: a ~ committee 修正委員会. 〖1841〗

re·vi·tal·ize /rìːváɪtəlàɪz, -tl̩- | -təl-, -tl̩-/ *vt.* …に生気を回復させる; 生き返らせる; 復興させる: ~ the economy 経済を活性化する / ~ one's city 自分の(住む)市を復興させる. **re·vi·tal·i·za·tion** /rìːvàɪtəl¹zéɪʃən, -tl̩- | -təlaɪ-, lɪ-, -tl̩-/ *n.* 〖1858〗

re·viv·a·ble /rɪ̈váɪvəbl̩/ *adj.* **1** 生き返らせられる; 復活できる. **2** 復興できる, 再興可能の. **re·viv·a·bil·i·ty** /rɪ̈vàɪvəbíləti | -l¹ti/ *n.* **re·vív·a·bly** *adv.* 〖1810〗

re·viv·al /rɪ̈váɪvəl, -vl̩/ *n.* **1 a** 生返り, 復活, 再生. **b** (健康・気分・気力などの)回復. **c** (古い習慣・伝統などの)復興, 再興: the ~ of ancient customs 古い風習の復活 / the ~ of letters [learning] 学問の復興 (cf. the REVIVAL of Learning) / the ~ of architecture = Gothic revival / a ~ of poetic drama 詩劇の復活. **d** (古い劇などの)再上演, (映画の)再上映: stage a ~ (往年の映画の)再上映をする. **2** 信仰復興(運動); 信仰復興特別伝道集会[礼拝式] (cf. anxious meeting). **3** 〖法律〗(判決・契約などの効力の)復活, 回復, 更新. **4** [the R-] 〖建築〗(19 世紀建築の)ゴシック様式の復活.
Revíval of Léarning [**Létters, Líterature**] [the —] 文芸復興 (Renaissance).
〖(1651) ← REVIVE+-AL²〗

re·vív·al·ism /rɪ̈váɪvəlɪzm, -vl̩-/ *n.* **1** 復興気運. **2** (特に, 20 世紀初期の英国での)信仰復興運動. 〖(1815): ⇨ ↑, -ism〗

re·vív·al·ist /-l¹st | -lɪst/ *n.* **1** 信仰復興運動者. **2** (古い風習などの)復興者, 再興者. **re·viv·al·is·tic** /rɪ̈vàɪvəlístɪk, -vl̩-⁻/ *adj.* 〖1820〗

revíval mèeting *n.* 信仰復興伝道集会.

re·vive /rɪ̈váɪv/ *vi.* **1 a** 回復する, 一新する: His spirits [courage, hopes] ~*d*. 元気[勇気, 希望]が回復した / Her courage ~*d* with the sun. 日が昇ると勇気が出てきた / The market has ~*d*. 市場の景気が回復した. **b** よみがえる, 生き返る; 〈気分が〉直る: ~ from a swoon 息を吹き返す. **c** 復興する, 再興する, 再び流行する[行われる]: a fashion that has ~*d* 復活した流行. **2** 〖化学〗〈触媒などが〉再生する. **— *vt.*** **1 a** よみがえらせる, 生き返らせる. **b** 回復する, 一新する; …の元気を回復させる: A good result ~*d* his hope and spirits. 好結果で彼の希望と元気が回復した. **c** 復活させる, 復興[再興]する, 再び流行させる, 再び行わせる, 再び取り上げる: ~ economy 経済を回復させる / ~ old quarrels 昔のけんかをまた始める[蒸し返す]. **2** 〈古い劇などを〉再演する, 〈映画を〉再上映する: ~ an old play 古い劇を復活上演する. **3** 想起する, 回想する, 喚起する: ~ old memories 昔のことをいろいろと思い出す. **4** 〖化学〗〈触媒などを〉再生させる. **re·vív·ing** *adj.* **re·vív·ing·ly** *adv.* 〖(?*a*1425) □ (O)F *revivre* ∥ LL *revīvere* ← RE-¹+*vīvere* to live (⇨ vivid)〗

re·vív·er *n.* **1** 生き返らせるもの, 蘇生[復活]させるもの. **2** 《俗》刺激性飲料, 興奮剤. **3** 〖染色〗色揚げ剤. 〖1592〗

rè·vivificátion *n.* **1** 蘇生(そせい), 復活. **2** 元気回復. **3** 〖化学〗再生. 〖(1638) □ LL *revīvificātiō*(*n-*): ⇨ ↓, -ation〗

rè·vívify *vt.* **1 a** 蘇生(そせい)させる, よみがえらせる, 復活させる. **b** 元気[活気]づける. **2** 〖化学〗(元の状態へ)再生させる. 〖(1675) □ F *revivifier* ∥ LL *revīvificāre* to restore to health: ⇨ re-¹, vivify〗

re·vi·vis·cence /rèvəvísəns, -sn̩s | rèv¹-/ *n.* 生返り, 復活; 元気回復. 〖(1626) ← L *revīviscere* (⇨ reviviscent)+-ENCE〗

rè·vi·vís·cen·cy /-sənsi, -sn̩-/ *n.* =reviviscence.

re·vi·vis·cent /rèvəvísənt, -sn̩t | rèv¹-, rìːvaɪ-⁻/ *adj.* 生き返る, 元気づく, 復活する; 元気[活気]づける. 〖(1778) □ L *revīviscentem* (pres.p.) ← *revīviscere* to come to life again ← RE-¹+*vīviscere* (← *vīvere* to live: cf. vivid)〗

re·ví·vor *n.* 〖英法〗(当事者の死などによって中断された訴訟の)復活手続き. 〖1602〗

rev·o·ca·bil·i·ty /rèvəkəbíləti, rɪ̈vòuk- | rèvəkəbíl¹ti, rɪ̈vəu-/ *n.* 廃止[取消し, 解約, 解除]できること. 〖1860〗

rev·o·ca·ble /révəkəbl̩, rɪ̈vóu- | révə-, rɪ̈váu-/ *adj.* 廃止される, 取り消される, 解除される. **~·ness** *n.*

rév·o·ca·bly *adv.* 〖(*a*1500) □ (O)F *révocable* ∥ L *revocābilis*: ⇨ revoke (v.), -able〗

rev·o·ca·tion /rèvəkéɪʃən, rìːvou- | rèvə(u)-/ *n.* **1** 廃止, 取消し. **2** 〖法律〗(法令・検認・遺言・契約などの)取消し, 撤回, 破棄, 解除 (reversal). 〖(*c*1410) □ (O)F *révocation* ∥ L *revocātiō*(*n-*): ⇨ revoke, -ation〗

rev·o·ca·to·ry /révəkətɔ̀ːri | -təri, -tri/ *adj.* 廃止の, 取消しの, 解除の: a ~ action 契約解除訴訟. 〖(?*a*1425) □ LL *revocātōrius* ← *revocāre*: ⇨ revoke, -ory¹〗

rè·vóice *vt.* **1** 再び[応答して]声に出す; 反響する. **2** 〈オルガンの音管などを〉調律する. 〖1610〗

re·vok·a·ble /rɪ̈vóukəbl̩ | -váuk-/ *adj.* =revocable. **rev·ó·ka·bly** *adv.*

re·voke /rɪ̈vóuk | -vəuk/ *vt.* **1** 〈命令・免許・約束などを〉取り消す, 廃止する, 無効にする, 解除する, 解約する: ~ a license 免許を取り消す. **2** 《廃》〈過ぎ去ったことを〉思い出す. **— *vi.*** **1** 命令[権利, 約束など]を取り消す, 無効にする. **2** 〖トランプ〗(打ち出された札と同じスーツ (suit) の札があるのに)他のスーツの札を出す. **— *n.*** **1** 取消し: beyond ~ 取消しできない. **2** 〖トランプ〗リボーク, 反則《親札と同じスーツの札があるのに, 他のスーツの札を出すこと》: make a ~ =revoke *vi.* 2. **re·vók·er** *n.* 〖(?*c*1390) *revoke*(*n*) □ (O)F *révoquer* ∥ L *revocāre* ← RE-¹+*vocāre* to call (⇨ vocal)〗

revóke·ment *n.* 《廃》=revocation.

re·volt /rɪ̈vóult | -váult/ *vi.* **1 a** 〔権威・忠誠などに〕背く, 反抗する, 反乱を起こす 〔*against, from*〕: ~ *against* authority 権威に背く / ~ *from* one's allegiance 忠誠を裏切って背く / Many states ~*ed from* the Romans. 多くの国がローマ人に背いた. **b** 背いて(敵に)走る, 寝返りを打つ 〔*to*〕: The hopes of great plunder allured many to ~ *to* the enemy. 大略奪ができるという望みが多数の者を誘惑して敵方に走らせた. **2 a** 胸が悪くなる, 不快を感じる; 嫌になる, 反感を催す, むっとする 〔*at, against*〕: ~ *against* a treatment ある扱いに心底から不快を覚える / My spirit ~*s at* the thought. そのことを考えると不快でたまらない. **b** 胸が悪くなって顔を背ける[ひるむ] 〔*from*〕: His blunted sense does not ~ *from* the idea. 彼は感覚が鈍っているのでその考えを不快に思わない, そんな考えも彼は鈍感だから平気だ. **— *vt.*** …に吐き気を催させる; むっとさせる, 〈人〉に不快の念[反感]を抱かせる: be ~*ed at* [*by*] the scene その情景を不快に思う / The meal ~*ed* him. その食事は彼の胸を悪くさせた / Meanness ~*s* decent people. 卑劣な行為は心ある人に反感を催させる. **— *n.*** **1** 反抗, 反逆, 反乱, 一揆(いっき) (⇨ rebellion SYN): in ~ *against* …に反抗して, 反乱を起こして / rise in ~ 背く, 反乱[一揆]を起こす. **2** 嫌気(いや), 反感, 嫌悪. **3** 《廃》反逆者 (vebel). **~·er** *n.* 〖v.: (1540) □ F (*se*) *révolter* □ It. *rivoltare*. — n.: (1560) □ F *révolte* □ It. *rivolta* revolt ← *rivoltare* <VL **revolvitāre* ← L *revolvere* 'to REVOLVE'〗

re·vólt·ed *adj.* (国家・国王などに)背いた, 反逆した: ~ subjects. 〖1593〗

re·volt·ing /rɪ̈vóultɪŋ | -váult-/ *adj.* **1** 胸の悪くなる, 吐き気を催させる, 嫌な: a ~ tale ぞっとする嫌な話 / It is ~ *to* our idea [sense] of morality. それは我々の道義心に背く / This is ~ *to* me. これには私はぞっとする. **2** 背く, 反逆する. **~·ly** *adv.* 〖1595〗

rev·o·lute¹ /révəlùːt, -lùːt, -ljùːt/ *adj.* 〖植物〗〈葉など後ろへ[下へ]巻いた; 外旋した, 外巻きの (cf. convolute 2, involute 3). 〖(?*a*1425) □ L *revolūtus* (p.p.) ← *revolvere*: ⇨ revolve〗

rev·o·lute² /révəlùːt | -lùːt, -ljùːt/ *vi.* 《俗》革命に加わる; 革命を起こす[経る]. 〖(1890) 《逆成》↓〗

rev·o·lu·tion /rèvəlúːʃən | -lúː-, -ljúː-/ *n.* **1 a** (政治上の)革命 (⇨ rebellion SYN): a bloodless ~ 無血革命. **b** 大変革, 大改革, 革新: a ~ in opinion 意見の激変 / bring about a ~ in the art of war 戦術に大革新をもたらす / ⇨ Industrial Revolution, July Revolution, Russian Revolution. **c** [the R-] =English Revolution 1; American Revolution; French Revolution. **d** 社会経済改革運動《人種・宗教・教育などの面から社会経済的見地に立つ根本的改革を行おうとする運動》.
日英比較 defeat a *revolution* (挫折させる), put down a *revolution* (鎮める), crush a *revolution* (粉砕する)などとは言えない. *revolution* は成功した変革をいう. ただし, 一旦成功したものが結局くずれることはあるので, "The *revolution* failed after all." などは可能. **2 a** (ある形態が点または直線を中心として)回転すること. **b** (機械などの)回転(運動), 旋回; 一回転. **3 a** (天体の)公転; 周転 (cf. rotation 5). **b** 一公転(時間[距離]). **c** 《俗用》(天体の)自転. **4** (年月・季節などの)一巡, 循環, 回帰; 一周期. **5** 〖地質〗変革《汎大陸的・世界的な規模の造山運動》; 変革期. **6** 《まれ》(時間の経過による)変化, 変質. 〖(*c*1385) *revolucion* □ (O)F *révolution* ∥ L *revolūtiō*(*n-*) a revolving ← *revolūtus* (p.p.) ← *revolvere* 'to REVOLVE'〗

rev·o·lu·tion·ar·y /rèvəlúːʃənèri | -lúːʃ(ə)nəri, -ljúː-⁻/ *adj.* **1** 革命の[に関する]; 革命的な; 過激な (radical): a ~ speech 革命的言辞[演説] / a ~ song [war] 革命歌[戦争] / ~ activities 革命運動[活動] / a ~ group 革命(活動家)グループ / a man of a ~ temperament 革命児 / a ~ anarchist 過激な無政府主義者. **2** 大変革をもたらす; まったく新しい, 画期的な: ~ discoveries 画期的な発見. **3** 回転の, 旋転の. **4** [通例 R-] アメリカ独立戦争(の時代)の[に関する]. **— *n.*** 革命家, 革命党員; 革命論者. **rev·o·lu·tion·ar·i·ly** /rèvəlùːʃənérəli, ⁻⁻⁻⁻⁻⁻ | rèvəlúːʃ(ə)nər¹li, -ljúː-/ *adv.* **rèv·o·lú·tion·àr·i·ness** *n.* 〖(1774): ⇨ ↑, -ary〗

Revolútionary cálendar *n.* [the ~] フランス革命暦《フランス革命中の 1793 年に採用された暦; 1792 年 9 月 22 日から下表の通り 1 年を 12 か月に分け, 1 か月を 30 日とし, 平年の場合, 残りの 5 日(9 月 17 日から同 21 日まで)は国民祭日 (sans-culottide) に当てた; 1805 年 9 月にグレゴリオ暦に復帰した》.
1 Vendémiaire (葡萄月)《グレゴリオ暦の 9 月 22 [23, 24] 日から 10 月 21 [22, 23] 日までに当たる》.
2 Brumaire (霧月)《11 月 20 [21, 22] 日まで》.
3 Frimaire (霜月)《12 月 20 [21, 22] 日まで》.
4 Nivôse (雪月)《1 月 19 [20, 21] 日まで》.
5 Pluviôse (雨月)《2 月 18 [19, 20, 21] 日まで》.
6 Ventôse (風月)《3 月 20 [21] 日まで》.
7 Germinal (芽月)《4 月 19 [20] 日まで》.
8 Floréal (花月)《5 月 19 [20] 日まで》.
9 Prairial (草月)《6 月 18 [19] 日まで》.
10 Messidor (収穫月)《7 月 18 [19] 日まで》.
11 Thermidor (熱月)《8 月 17 [18] 日まで》.
12 Fructidor (実月)《9 月 16 [17] 日まで》.

Revolútionary Tribúnal *n.* [the ~] 〖フランス史〗革命裁判所 (*F* tribunal révolutionnaire)《フランス革命中の 1793 年 3 月に設置された, 反革命犯罪審理のための裁判所; 再審は認められず, 94 年 6 月からは有罪判決はすべて死刑となった; 95 年 5 月に廃止》.

Revolútionary Wár *n.* [the ~] 〖米史〗⇨ American Revolution.

revolútion còunter *n.* 積算回転計《回転機械の軸の回転数を積算して記録する計器》. 〖1961〗

rèv·o·lú·tion·ìsm /-ʃənɪzm/ *n.* 革命主義, 革命論. 〖1841〗

rèv·o·lú·tion·ist /-ʃ(ə)n¹st | -nɪst/ *n.* 《米》革命党員, 革命家; 革命論者. **— *adj.*** 革命党員の; 改革的な; 革命家的な. 〖1710〗

rev·o·lu·tion·ize /rèvəlúːʃənàɪz | -lúː-, -ljúː-/ *vt.* **1** …に大変革を起こさせる, 大変動をもたらす: ~ the whole film industry 映画産業全体に変革をもたらす / Motors have largely ~*d* modern life. 自動車が近代生活に大変革を起こした. **2** …に革命を起こす. **3** …に革命主義[思想]を鼓吹する. **— *vi.*** 革命を遂行する. **rev·o·lu·tion·i·za·tion** /rèvəlùːʃən¹zéɪʃən |

R

-lùːʃənaɪ-, -ljùː-, -nɪ-/ *n.* **rèv·o·lú·tion·iz·er** *n.* 〚(1797) ← REVOLUTION＋-IZE: cf. F *révolutionner*〛

re·volv·a·ble /rɪ̀vɑ́(ː)lvəbl̩ | -vɔ́l-/ *adj.* 回転のできる. **re·vólv·a·bly** *adv.* 〚1889〛

re·volve /rɪ̀vɑ́(ː)lv | -vɔ́lv/ *vi.* **1 a** 〔他の人·物を中心にしてその周囲を〕ぐるぐる回る〔*round, around*〕: The pigeons ~*d* in circles. ハトが輪を描いて飛んでいた / Her life ~*s around* her four children. 彼女の生活は4人の子供を中心に営まれている / In my own village, things ~ *round* the church. 私の村では(万事)教会が生活の中心になっています / He thinks the world ~*s around* him. 彼は世界は自分を中心に回っていると思っている. **b** 〔自己の軸を中心にして〕回る, 回転する (⇨ turn SYN); 〈天体が〉自転する〔*on*〕: The earth ~*s on* its own axis. 地球は自転する. **c** 〈天体が〉公転する, 運行する〔*round, around*〕: The planets ~ *round* the sun. 惑星は太陽の周囲を運行する. **2 a** 〈考え·思いが〉〈胸中に〉ぐるぐる回る, 去来する, 思いめぐらされる, あれこれと思案される〔*around, on*〕: an idea revolving *around* [*on*] the new enterprise 新事業についてあれこれ思いめぐらす思案. **b** 〈人が〉(あれこれと)思いめぐらす. **3** 循環する, 一巡[回帰]する; 周期的に起こる, 巡って来る: Seasons [Years] ~. 季節[歳月]は巡る. — *vt.* **1 a** 回転させる, 旋転させる, 自転させる: a mechanism for *revolving* the turntable. 回転台の回転装置. **b** 運行させる, 公転させる. **2** 思いめぐらす, 思案する, つくづく考える: ~ a problem (in one's mind) ある問題をとくと考える. — *n.* 回転するもの; 《英》回り舞台. 〚(*c*1385) □ L *revolvere* ← RE-¹＋*volvere* to roll (⇨ voluble)〛

re·volv·er /rɪ̀vɑ́(ː)lvə, -vɔ́(ː)l- | -vɔ́lvə^(r)/ *n.* **1** 輪胴[回転(弾倉)]式拳銃, リボルバー (cf. automatic pistol, pistol): a six-chambered ~ 輪胴[回転]式六連発拳銃 / a chrome-plated .38 Smith & Wesson ~ クロームメッキを施した 38 口径のスミスアンドウェッソン製リボルバー. ★ 一般に「ピストル」と称する小型の銃で, 連発発射の可能な回転弾倉をもったもの; 最も普通の口径は, .38, .32, .22 または .45 インチ. **2** 回転する[させる]もの, 回転装置. 〚1835〛

re·vólv·ing *adj.* **1** 循環する, 回帰する, 巡って来る: the ~ seasons 巡り来る季節. **2 a** 回転する; 回転装置[仕掛け]の: a ~ bookstand [chair] 回転書架[椅子] / a ~ furnace 回転炉. **b** 〈拳銃など〉回転(弾倉)式の, 連発の. **3** 〘金融〙回転信用の: ~ L/C 回転信用状《繰り返し自動的に使える信用状》. **~·ly** *adv.* 〚1697〛

revólving chárge accòunt *n.* 〘商業〙月賦支払勘定《月賦支払分に割増金を加算した勘定》. 〚1967〛

revólving crédit *n.* 〘商業〙回転クレジット《支払いが定期的に行われる限り, 一定限度までなら何回でも買物ができるクレジット》. 〚1919〛

revólving dóor *n.* (十字)回転ドア, 回転戸, 回転扉. 〚1907〛

revólving-dóor *adj.* 《口語》**1** (役人の職が)天下りの. **2** (会社などが)人員の入れ替え率が高い.

revólving fúnd *n.* 〘金融〙**1** 回転資金《ある目的のための貸出しと回収とのバランスが取れ, 回収分が同じ目的の次の貸出しを円滑にさせるようになっている資金》. **2** 米国政府回転資金《公共事業などの援助に用いられる》. 〚1920〛

revólving líght *n.* 回転灯 (flashlight). 〚1814〛

revólving magnétic fíeld *n.* 〘電気〙回転磁界.

revólving stáge *n.* 〘演劇〙回り舞台. 〚1912〛

revólving stórm *n.* 〘気象〙＝cyclone 1.

re·vue /rɪ̀vjúː; *F.* ʀəvy/ *n.* 〘演劇〙レビュー《ダンス·歌·音楽などに時事諷刺劇などを組み合わせた構成の軽喜劇; review ともいう》: a ~ girl レビューガール. 〚(1872) □ F ~ 'review' ← *revoir* 'to REVIEW'〛

re·vul·sant /rɪ̀vʌ́lsənt, -snt/ 〘医学〙*adj.* 誘導を引き起こす. — *n.* 誘導剤《体の部位から他の部位へと血液を誘出する薬剤》. 〚(1875) □ F *révulsant* ← *révulser* to pull back〛

re·vulsed /rɪ̀vʌ́lst/ *adj.* 急変した; 強い反感をもった. 〚1934〛

re·vul·sion /rɪ̀vʌ́lʃən/ *n.* **1** 嫌悪の気持ち, 強い反感. **2** (感情·状態などの)激変, 急変; 急激な反動[反応]. **3** 引き戻し, 引き離し; 回収: the ~ of capital from an industry ある産業からの資本の回収. **4** 〘医学〙誘導(法)《特に反対刺激剤 (counterirritant) による治療(法)》. **re·vúl·sion·àry** /-ʃənèri | -ʃ(ə)nəri/ *adj.* 〚(1541) □ F *révulsion* // L *revulsiō(n-)* ← *revulsus* (p.p.) ← *revellere* to pluck off ← RE-¹＋*vellere* to pull: ⇨ -sion〛

re·vul·sive /rɪ̀vʌ́lsɪv/ 〘医学〙*adj.* 誘導法の, 誘導する. — *n.* 誘導薬, 反対刺激剤; 誘導器具. **re·vúl·sive·ly** *adv.* 〚(1616) ← L *revulsus* (↑)＋-IVE〛

revved-up /révdʌ́p⁻/ *adj.* 《口語》張り切って, 興奮して. 〚(1931): ⇨ rev〛

Rev. St(at). 《略》Revised Statute.

Rev. Ver. 《略》Revised Version.

rè·wáke *vt., vi.* (-waked, -woke; -woken, -woke) 再び目を醒まさせる[醒ます]. 〚1593〛

rè·wáken *vt., vi.* ＝rewake.

re·ward /rɪ̀wɔ́əd | -wɔ́ːd/ *n.* **1** (奉仕などに対する)報酬, 報償, 償い, 褒美(ほうび): He was granted a pension in ~ for his services. 功労に対して恩給を受けることとなった. **2** 報酬金, 懸賞金, 礼金《遺失物の返還, また罪人の逮捕や発見などに対する謝礼》. **3** (善悪に対する)報い, 償い, 応報: meet a due ~ 当然の報いを受ける. ***góne to one's rewárd*** 死んで天国に在る.

— *vt.* **1** …に報いる, 報酬を与える, 報酬[賞, 褒美]を与える: ~ a service 功労に報いる / Her patience was ~*ed* at last. 彼女の忍耐がついに報いられた / He was ~*ed for* saving a drowning child. おぼれかけた子供を救ったので褒美をもらった / I ~*ed* him *for* his services. 彼の功労に報いた / My efforts have been ~*ed* by success. 努力は成功によって報いられた. **2** …に返報する; 罰する. — *vi.* 報いる, 報酬を与える: ~ according to a person's deserts 人の功過に応じて報いる.

~·a·ble /-dəbl̩ | -də-/ *adj.* **~·er** /-də | -də^(r)/ *n.* 〚n.: (*a*1338) □ ONF ~ ← *rewarder* (v.). —v.: (?*a*1300) *rewarde(n)* □ ONF *rewarder*＝OF *reguarder* (F *regarder*) 'to look at, REGARD'〛

SYN 褒美: **reward** 善行·功績などに対する褒美: Virtue is its own *reward*. 徳行はそれ自体が報いである. **prize** 競争·くじ·勝負ごとなどで獲得する賞品: win a *prize* in a contest コンテストで賞を得る. **recompense** 損失·苦労などに対する補償; 努力などに対する報酬: a *recompense* for service 奉仕に対する報酬. **premium** 一層の勤労·生産などの奨励として与えられる報奨(金): give *premiums* for obtaining new subscriptions 新しい予約講読を取ったことに対して奨励金を与える.

---

re·ward·ful /rɪ̀wɔ́ədfəl, -fl̩ | -wɔ́ːd-/ *adj.* 努力するかいのある, 報い[報酬]のある. **~·ness** *n.* 〚1595〛

re·ward·ing /rɪ̀wɔ́ədɪŋ | -wɔ́ːd-/ *adj.* **1** 報いる, 報酬を与える; (…するだけの)価値のある, (…する)かいのある: a ~ experience 貴重な体験 / a ~ book 読む価値のある本. **2** (労苦などに対する)報いとなる, 報いる気持ちを表す; 謝礼としての: a ~ smile of gratitude 感謝の気持ちを表す笑顔. **~·ly** *adv.* 〚1697〛

rewárd·less *adv.* 報いのない, 賞のない, 無報酬の. 〚*a*1470〛

re·wa·re·wa /réɪwəréɪwə/ *n.* 〘植物〙レワレワ (*Knightia excelsa*)《ニュージーランドにみられるヤマモガシ科の高木; 赤みがかった美しい建材として利用》.

rè·wásh *vt.* 再び洗う; 洗い直す. 〚1725〛

rè·wéigh *vt.* …の重さを再び測る[測り直す]. 〚1812〛

rè·wínd /-wáɪnd/ *vt.* (**re·wound**) 再び巻く, 巻き直す; 〈フィルム·テープなどを〉元のリールに巻き戻す. — *n.* **1** 巻き直す[戻す]こと. **2 a** 巻き直した[巻き戻した]もの. **b** (映画フィルム·テープなどの)巻戻し機[装置]. 〚(1717): ⇨ wind²〛

rè·wínd·er *n.* **1** 〘機械〙巻戻し機, 再送機《糸·布·紙などを巻き返す装置》. **2** ＝rewind 2 b. 〚1842〛

rè·wíre *vt.* **1** 〈家·機械·ラジオなどの〉配線をし直す. **2 a** 〈返事を〉返電として打つ. **b** 〈人に〉返電する. — *vi.* 配線を新しくする. — *n.* 配線のやり直し. **rè·wír·a·ble** *adj.* 〚1903〛

rè·wórd *vt.* **1** 言い換える, …の言葉を換える. **2** 繰り返す, 反復して述べる. **3** 《まれ》反響を返す. 〚1600〛

re·work /rìːwɔ́ːk | -wə́ːk/ *vt.* **1** 再加工する, 再工事する; 再製[再生]する. **2** 書き直す, 改訂する: ~ one's schedule スケジュールを練り直す / She ~*ed* her composition to her better liking. 彼女はもう少し自分の気に入るように作文に手を加えた. 〚1842〛

ré·wòrked wóol *n.* 再生ウール《shoddy, mungo など》.

rè·wórk·ing *n.* 焼き直しの作品. 〚1873〛

rè·wráp *vt.* 包み直す, あらためて包装する.

re·writ·a·ble /rìːráɪṭəbl̩ | -tə-⁻/ *adj.* 〘電算〙〈ディスクなどが〉書き換え可能な.

re·write /rìːráɪt/ *vt., vi.* (**re·wrote** /-róut | -rə́ut/; **-writ·ten** /-rɪ́tn⁻/) **1** 〈本などを〉書き直す, 訂正[修正]する, 再び書く: ~ history 歴史を(都合のいいように)書き換える / ~ the record books 〈選手が〉記録を塗り替える. **2** 《米》(取材記者などの提出した記事を新聞に組み込めるように)書き直す, (記事用に)書き改める, リライトする. — /⁻⁻/ *n.* 《米》書き直したもの[記事], 書き直し, リライト. **rè·wrít·er** /-ṭə | -tə^(r)/ *n.* 〚1567〛

réwrite màn *n.* (*pl.* **-men**) 《米》リライト専門の(新聞)記者 (rewriter). 〚1901〛

réwrite [rewríting] rúle *n.* 〘言語〙書き換え規則《生成変形文法で記号列を用い, 文法的関係の定義と深層構造における要素の順序づけを決定する》. 〚1961〛

rewritten *v.* rewrite の過去分詞.

rewrote *v.* rewrite の過去形.

rex¹ /réks/ *n.* (*pl.* **re·ges** /ríːdʒiːz/) 国王 (cf. regina). ★ (1) R. と略して王の署名などに用いる: George *R.*＝King George. (2) 治安の維持に責任を負うところから, 国王が訴追の当事者とみなされるので, 刑事事件の原告[訴追]側の表示として用いる: ~ [*R.*] v. Jones 国王対ジョーンズ《刑事事件》. 〚(1617) □ L *rēx* king: cf. realm, regent, royal〛

rex² /réks/ *n.* (*pl.* ~·**es**, ~) **1** 〘動物〙短上毛変異《イエウサギの変異の一つで, 上毛が下毛より短い; 単純劣性》. **2** [R-] レックス《全身巻き毛の猫の品種; 英国原産のコーニッシュレックス (Cornish Rex) とデボンレックス (Devon Rex) など》. — *vt.* 〈イエウサギを〉短上毛変異個体に改良する, 短上毛変異の品種にする. 〚(1920) □ L *rēx* king (of breeds)〛

Rex¹ /réks/ *n.* レックス《男性名》. 〚□ L *rēx* (↑)〛

Rex² /réks; *F.* ʀɛks/ *n.* レックス党《ベルギーの政治家 Léon Degrelle /dəgrél; *F.* dəgʀɛl/ によって結成 (1935) されたファシスト系の団体》. 〚← L *Christus Rēx* Christ the King (カトリック系のある青年団体の出版物の名)〛

Rex·ane /réksæn/ *n.* レクサン《女性名》. 〚(混成) ← REX¹＋ANNE¹〛

Réx cát /réks-/ *n.* ＝rex² 2.

Rex·ine /réksiːn/ *n.* レキシン《いすの表張り·製本用などの模造[レザー]クロス》. 〚(1911) 商標: ⇨ rex², -ine³〛

Réx·ist /-sɪ̀st | -sɪst/ *n.* レックス党 (Rex) 員.

Réye's sỳndrome /ráɪz-, réɪz-/ *n.* 〘病理〙ライ症候群《子供の重症の急性脳症; 意識障害·痙攣発作·高アンモニア血症·肝機能障害を伴う; 脂肪肝と脳浮腫が病理学的特徴; インフルエンザなどのウイルス感染症へのアスピリン投与と関連して起こる》. 〚(1969) ← *Ralph Douglas Kenneth Reye* (1912–78; オーストラリアの小児科医: *Reye syndrome* の形では 1965 年から)〛

Rey·kja·vik /réɪkjəvìːk, -vìk | réɪkjəvìk, rék-, -vìːk/ *n.* レイキャビーク《アイスランド南西部の海港で同国の首都; アイスランド語名 Reykjavík /réːicavìːk/》.

Rey·mont /réɪmɑ(ː)nt | -mɔnt; *Pol.* rέjmɔnt/, **Wła·dy·sław Sta·ni·sław** /vwadɨ́swaf staɲ̃ɨ́swaf/ *n.* レイモント (1867–1925; ポーランドの小説家; *The Peasants* (4 vols., 1902–09); Nobel 文学賞 (1924)).

Rey·nard¹ /rénəd, -nəd, rénəd | rénɑːd, -nəd, réɪ-/ *n.* **1** ルナール《*Reynard the Fox* などの寓話や童話に出てくる狐の名》. **2** [時に r-] 狐. 〚(*c*1386) □ (O)F *renard*, OF *renart* (*Roman de Renart* 中の狐の名) □ OHG *Reginhart* (G *Reinhart*) (人名)《原義》strong in counsel: cf. hard〛

Rey·nard² /réɪnɑəd, -nəd, rénəd | réɪnɑːd, -nəd, réɪ-/ *n.* レイナード《男性名》. 〚↑〛

Réynard the Fóx *n.* 「狐物語」《中世ヨーロッパに行われた動物寓話; 狐·狼·鶏などの動物に託して時世を諷刺したもの》.

Rey·naud /reɪnóu | -náu; *F.* ʀɛno/, **Paul** *n.* レノー (1878–1966; フランスの政治家; 首相 (1940)).

Reyn·old /rénl̩d, -nəld/ *n.* レノルド《男性名》. 〚(変形) ← REGINALD〛

Reyn·olds /rénl̩dz, -nəldz/, **Sir Joshua** *n.* レノルズ (1723–92; 英国の肖像画家; Royal Academy 初代院長).

Reynolds, Osborne *n.* レノルズ (1842–1912; 英国の工学者; 流体力学およびその応用に貢献し, 熱量拡散計を発明; Reynolds number を発見).

Reynolds, Roger *n.* レノルズ (1934– ; 米国の作曲家).

Reynolds, Stephen *n.* レノルズ (1881–1919; 英国の著述家; 漁師の生活を描き, その向上に尽力; *A Poor Man's House* (1908)).

Réynolds nùmber *n.* 〘物理〙(流体力学における)レノルズ数《管中を流れる流体の乱流の限界を与える無次元の数》. 〚(1910) ← *Osborne Reynolds*〛

Reyes /réɪz/, **Point** *n.* レイズ岬《米国 California 州西部, Golden Gate の北西, 太平洋に突き出た半島の南端にある岬; 強風と濃霧で有名》.

Rey·no·sa /reɪnóusə | -náu-; *Am.Sp.* reinósa/ *n.* レイノーサ《メキシコ北東部, Rio Grande 川に臨む都市》.

Re·za·i·eh /rɪ̀záɪə/ *n.* ＝Rizaiyeh.

Re·za·nov /reɪzɑ́ːnɔ(ː)f, -nɔ(ː)v, -nɑ(ː)f, -nɑ(ː)v | -nɔf, -nɔv; *Russ.* rʲɪzánəf/, **Nikolai Petrovich** *n.* レザノフ (1764–1807; ロシアの実業家; 1804 年(文化元年)長崎に来航し通商を求めた).

Re·zá Sháh Páhlavi /rɪzɑ́ː-/ *n.* ＝Riza Shah Pahlavi.

rez-de-chaus·sée /rèɪdəʃouséɪ | -dəʃə(ʊ)-; *F.* ʀedʃose/ *F. n.* (*pl.* **-sées** /~(z); *F.* ~/) 〘建築〙(特に, ヨーロッパの建物の)路面に一番近い階, 一階《路面と水平なものおよび路面よりやや高いもの》. 〚(1802) □ F ~ 'level of the street'〛

rè·zóne *vt.* …の地域区分を変更する, (地域)再区分する.

rf 《略》refunding.

r.f. 《略》range finder; rapid fire; rheumatic fever; 〘野球〙right field(er).

Rf 《略》rutherfordium.

Rf. 《略》〘音楽〙rinforzando.

RF 《略》〘通信〙radio frequency (cf. AF).

RF- 《略》《米》〘空軍〙reconnaissance fighter 偵察機.

RFA 《略》《英》Royal Field Artillery; 《英》Royal Fleet Auxiliary.

Ŕ fàctor *n.* 〘医学〙R 因子《抗生物質に対する耐性の原因になる細菌成分》. 〚(1962) ← R(ESISTANCE)〛

r.f.b., RFB 《略》〘アメフト〙right fullback.

RFC 《略》《米》Reconstruction Finance Corporation; 〘軍事〙Royal Flying Corps; 《英》Rugby Football Club.

RFD 《略》《米》Rural Free Delivery 地方無料配達.

RFH 《略》Royal Festival Hall.

RFP 《略》request for proposal 提案[入札]要請書《プロジェクト受注希望業者などへの見積もり要請》.

RFU 《略》Rugby Football Union.

r-ful /ɑ́əfəl, -fl̩ | ɑ́ː-/ *adj.* 〘音声〙r を発音する《star /stɑ́ə/, board /bɔ́əd/ のように語末および子音の前の r を発音する世界各地の英語の方言についていう; rhotic ともいう; cf. r-less》.

RG 《記号》⇨ VARIG.

r.g., RG 《略》〘アメフト〙right guard ライトガード《ラインマンポジションの名称》.

RGB 《略》red, green, blue《カラーテレビ画像の分解される 3 原色》: ~ signals.

RGN 《略》Registered General Nurse. 〚1924〛

RGS 《略》Royal Geographical Society.

Rgt 《略》regiment.

r.h. 《略》relative humidity.

Rh /ɑ́əéɪtʃ, ríːsəs | ɑ́ː(r)éɪtʃ, ríːsəs/ *adj.* 〘生化学〙Rh 因子の[に関する, である]: an *Rh* antigen Rh (因子)抗原 (⇨ Rh factor). 〚1940〛

Rh 《記号》〘化学〙rhodium; 〘生化学〙Rh factor.

RH, r.h. 《略》right hand〘音楽〙右手(使用) (cf. LH).
Rh⁻ 《記号》〘生化学〙Rh negative.
Rh⁺ 《記号》〘生化学〙Rh positive: Rh negative.
RH 《略》Royal Highlanders; Royal Highness; Royal Hospital;〘自動車国籍表示〙Republic of Haiti.
RHA 《略》Regional Health Authority; Road Haulage Association; Royal Horse Artillery. 〖1854〗
rhabd- /rǽbd/ (母音の前にくるときの) rhabdo- の異形.
rhab·do- /rǽbdou | -dəu/「棒 (rod, stick); 桿[棒]状体」の意の連結形. ★ 母音の前では通例 rhabd- になる. 〖← Gk *rhábdos* rod ← IE **wr̥b* ← **wer-* to turn〗
rhab·do·coele /rǽbdəsìːl/ *n.* 〘動物〙棒腸類[単腸類]の扁虫. 〖← NL ～: ⇨ rhabdo-, -coele〗
rhab·dom /rǽbdɑ(ː)m, -dəm | -dɔm, -dəm/ *n.* 〘動物〙棒状体, 桿状体, 桿体, 円柱体, 感桿 《節足動物の複眼を構成する個眼の中にある棒状の視覚神経繊維; 光刺激を感じる部分と考えられている》. **rhab·do·mal** /ræbdóuməl, -mḷ | -dɔ́u-/ *adj.* 〖(1878) □ LGk *rhábdoma* ← Gk *rhábdos* rod〗
rhab·do·man·cy /rǽbdəmæ̀nsi | -də(ʊ)-/ *n.* 棒占い 《棒で地下の鉱脈や水脈等を探り当てる術》. **rháb·do·màn·cer** *n.* 〖(1646) □ Gk *rhabdomanteía*: ⇨ rhabdo-, -mancy〗
rháb·do·màn·tist /-tɪ̣st | -tɪst/ *n.* 棒占い師. 〖1856〗
rhab·dome /rǽbdoum | -dəum/ *n.* ＝rhabdom.
rhab·do·mere /rǽbdəmìə | -mìə(r)/ *n.* 〘動物〙感桿分体[小体] 《節足動物の複眼中の棒状体 (rhabdom) を構成する繊維》. 〖(1884) ← RHABDOM＋-MERE〗
rhàbdo·my·ól·y·sis /-maɪɑ́(ː)ləsɪ̣s | -ɔ́lɪ̣sɪs/ *n.* 〘医学〙横紋筋変性. 〖(1956): ⇨ rhabdo-, myo-, -lysis〗
rhàbdo·myóma *n.* 〘病理〙横紋筋腫(しゅ) (cf. leiomyoma). 〖← NL ～: ⇨ rhabdo-, myoma〗
rhàbdo·myò·sarcóma *n.* (*pl.* **～s, -mata**) 〘医学〙横紋筋肉腫 《悪性腫瘍》. 〖(1898): ⇨ rhabdo-, myo-, sarcoma〗
rhàbdo·vírus *n.* ラブドウイルス 《狂犬病の病原体などを含む桿または銃弾形の一群の RNA ウイルス》. 〖(1966): ⇨ rhabdo-, virus〗
rha·chis /réɪkɪ̣s | -kɪs/ *n.* (*pl.* **～·es, rha·chi·des** /rǽkədìːz, réɪk- | -kɪ-/) ＝rachis. 〖← NL ～ ← Gk *rhákhis* spine〗
Rhad·a·man·thine, r- /rædəmǽnθɪ̣n, -θaɪn | -dəmǽnθaɪn⁻/ *adj.* **1** ラダマンテュス (Rhadamanthus) の[に関する, を特徴づける]. **2** 厳正な, 剛直な. 〖(1840): ⇨ ↓, -ine¹〗
Rhad·a·man·thus /rædəmǽnθəs | -də-/ *n.* (*also* **Rhad·a·man·thys** /-θɪ̣s | -θɪs/) **1** 〘ギリシャ神話〙ラダマンテュス 《Zeus と Europa の子; 生前正義の模範とされ, 死後はその兄弟 Minos や, Aeacus と共に黄泉(よみ)の国の裁判官に任じられた》. **2** 厳正剛直な裁判官. 〖(1582) □ L ～ □ Gk *Rhadámanthos*〗
Rhae·tia /ríːʃə, -ʃiə/ *n.* ラエティア, レティア 《古代ローマの属州で, 今の Bavaria, スイスの東部, Tyrol の一部にわたった地域》.
Rhae·tian /ríːʃən, -ʃiən/ *adj.* **1** ラエティア[レティア] (Rhaetia) の, ラエティア[レティア]地方の. **2** ラエティア[レティア]人の. **3** ＝Rhaeto-Romanic. ―― *n.* **1** ラエティア[レティア]人. **2** ＝Rhaeto-Romanic. 〖1600〗
Rháetian Álps *n.pl.* [the ～] レートアルプス 《Rhaetia 地方のアルプス; 最高峰 Piz /píts/ Bernina (4,049 m)》.
Rhae·tic /ríːtɪk | -tɪk/ *adj.* 〘地質〙レーティック層の 《Rhaetian Alps にみられる三畳紀 (Triassic) 最後期の層にいう》. 〖(1861) □ L *Rhaeticus*: ⇨ Rhaetia, -ic¹〗
Rhàe·to-Románce /rìːtou- | -tə(ʊ)-⁻/ *n.*, *adj.* ＝Rhaeto-Romanic. 〖(1878) ← L *Rhaetus* Rhaetian＋-o-＋ROMANCE¹〗
Rhàeto-Románic *n.* レトロマン(ス)語 《スイス南東部と北イタリアの Alps 地方に行われるロマンス語族で, Romansh, Ladin, Friulian の諸語を含む》. ―― *adj.* レトロマン(ス)語の. 〖(1867) (なぞり) ← G *rätoromanisch*〗
rhag·i·o·nid /rǽdʒiənɪ̀d/ 〘昆虫〙*adj.* シギアブ(科)の. ―― *n.* シギアブ 《シギアブ科 (Rhagionidae) の昆虫の総称》.
Rham·a·dhan /rɑ̀ːmədɑ́ːn, ⁻⁻⁻/ *n.* ＝Ramadan.
Rham·na·ce·ae /ræmnéɪsiìː/ *n. pl.* 〘植物〙クロウメモドキ科. **rham·ná·ceous** /-néɪʃəs/ *adj.* 〖← NL ～ ← *Ramnus* (属名: ← Gk *rhámnos* thorn, prickly shrub)＋-ACEAE〗
rham·nose /rǽmnous, -nouz | -nəus, -nəuz/ *n.* 〘化学〙ラムノース ($CH_3(CHOH)_4CHO$) 《広く植物中に配糖体の成分として存在する糖の一種》. 〖(1888) ← Gk *rhámnos* (↓)＋-OSE¹〗
rham·nus /rǽmnəs/ *n.* 〘植物〙クロウメモドキ 《球形の実をつけるクロウメモドキ属 (*Rhamnus*) の植物の総称; cf. buckthorn》. 〖(1562) □ L ～ □ Gk *rhámnos* thorn〗
rham·pho·the·ca /rǽmfəθíːkə/ *n.* 〘動物〙(うろこが変化してできた)鳥の嘴(くちばし)の角質のさや[覆い]. 〖(1870) ← NL ～ ← Gk *rhámphos* beak＋THECA〗
rha·phe /réɪfi/ *n.* 〘解剖・植物〙＝raphe.
rhap·sode /rǽpsoud | -səud/ *n.* (古代ギリシャの)吟遊詩人; (特に Homer の)叙事詩吟唱者. 〖(1834) □ Gk *rhapsōidós* ← *rháptein* to stitch＋*ōidḗ* 'song, ODE'〗
rhap·sod·ic /ræpsɑ́(ː)dɪk | -sɔ́d-/ *adj.* **1 a** ラプソディー (rhapsody) (風)の. **b** ラプソディー(風)の作曲[表現]をする: a ～ composer. **2** 熱狂的な, 熱狂的に大げさな. 〖(1782) □ Gk *rhapsōidikós*: ⇨ ↑, -ic¹〗
rhap·sód·i·cal /-dɪ̣kəl, -kḷ | -dɪ-/ *adj.* ＝rhapsodic. **～·ly** *adv.*
rháp·so·dist /-dɪ̣st | -dɪst/ *n.* **1** (古代ギリシャの)吟遊詩人, 叙事詩吟唱者 《特に Homer の詩を歌い歩いた職業的な吟唱者; rhapsode ともいう》. **2** 狂想的詩文作者. **3** 熱狂的に話す[書く]人. 〖1646〗
rhap·so·dize /rǽpsədàɪz/ *vt.* **1** ラプソディー (rhapsody) 風に書く[作曲する]. **2** 〈叙事詩を〉朗唱[吟唱]する. ―― *vi.* **1** 狂想的詩文を作る. **2** 熱狂的に語る 〔*about*, *on*〕. 〖1607〗
rhap·so·dy /rǽpsədi | -di/ *n.* **1** ラプソディー 《吟唱に適するように一部改作した叙事詩, 特に Homer 作 *Odyssey* または *Iliad* 中の一節》. **2 a** 熱狂的で突飛な言辞[文章, 詩歌]: wild and vehement *rhapsodies* / go into *rhapsodies* 熱狂的に言う[書く]. **b** 大きな喜び, 歓喜. **3** 〘音楽〙狂詩曲: Liszt's *Hungarian Rhapsodies* リストのハンガリー狂詩曲. **4** 《古》**a** 文集, 雑纂(ざっさん) 《寄せ集めて作った文学作品》. **b** 《廃》(物・言葉などの)寄せ集め, ごたまぜ. **c** 無意味なことば, 混乱したことばの羅列. 〖(1542) □ L *rhapsōdia* □ Gk *rhapsōidía* ← *rhapsōidós* 'RHAPSODE' ← *rháptein* to stitch (← IE **wer-* to turn)＋*ōidḗ* 'song, ODE'〗
rha·son /rɑ́ːsɔ(ː)n | -sɔn/ *n.* 〘東方正教会〙(東方式典礼で司祭常服の上にまとう)広袖長外被 (exorhason ともいう). 〖□ MGk *rhason* ← ? L *sāsus* (p.p.) ← *rādere* to scrape〗
rhas·o·phore /rǽzəfɔə | -fɔː(r)/ *n.* 〘東方正教会〙(東方式典礼で rhason をまとう修道生活初期の)修道士. 〖(1887): ⇨ ↑, -phore〗
rhat·a·ny /rǽtəni, -tṇi | -təni, -tṇi/ *n.* 〘植物〙**1** ラタニア 《ペルーラタニア (Peruvian rhatany), ブラジルラタニア (Pará rhatany) など南米産マメ科の小低木》. **2** ラタニアの根 《収斂(しゅうれん)剤またはワインの色付け用; krameria ともいう》. 〖(1808) ← NL *rhatania* ← Port. *ratanha* // Sp. *ratania* □ Quechua *rataña*〗
rha·thy·mi·a /rəθáɪmiə/ *n.* 〘心理〙気楽[のんき](な状態). 〖□ Gk *rhāithumía* ← *rhāithumos* light-hearted ← *rhâ* easy＋*thūmós* mind: ⇨ -ia¹〗
rhb 《略》〘アメフト〙right halfback ライトハーフバック 《バックスポジションの名称》.
r.h.d 《略》right-hand drive.
rhe /ríː/ *n.* 〘物理〙レー 《流動度の cgs 単位; ポイズ (poise) の逆数》. 〖(1928) ← Gk *rhein* to flow〗
rhe·a¹ /ríːə, ríə/ *n.* 〘鳥類〙レア 《南米産のアメリカダチョウ (*Rhea americana*), またはダーウィンレア (*Pterocnemia pennata*) を指す; アフリカのダチョウより小さく, 足指の数は三つ; cf. ratite》. 〖(1797) ← RHEA²〗
rhe·a² /ríːə | ríːə, ríə/ *n.* 〘植物〙＝ramie. 〖□ Assamese *rihā*〗
Rhe·a¹ /ríːə | ríːə, ríə/ *n.* リーア 《女性名》. 〖↓〗
Rhe·a² /ríːə | ríːə, ríə/ *n.* **1** 〘ギリシャ神話〙レ(イ)アー 《Uranus と Gaea の娘; Cronus の妻; Zeus をはじめ Hera, Poseidon などの諸神の母で Mother of the Gods と呼ばれる; ローマ神話の Ops に当たる》. **2** 〘天文〙レア 《土星 (Saturn) の第 5 衛星》. 〖(1797) □ L *Rhēa* □ Gk *Rhéa*〗
-rhe·a /ríːə | ríːə, ríə/ ＝-rrhea.
Rhe·a Sil·vi·a /ríːəsílviə | ríːə-, ríə-/ *n.* 〘ローマ神話〙レアシルウィア 《ローマの建設者 Romulus と Remus の母; Ilia とも呼ばれる》.
rhe·bok /ríːbɑ(ː)k | -bɔk/ *n.* (*pl.* **～, ～s**) 〘動物〙リーボック (*Pela capreolus*) 《アフリカ南部産のレイヨウの一種》. 〖(1775) □ Afrik. *reebok* □ MDu. *reeboc* male of roe deer: ⇨ roe², buck¹〗
rhe·buck /ríːbʌk/ *n.* ＝rhebok.
Rhee /ríː, *Korean* íː/, **Syng·man** /sʌ́ŋmən/ *n.* 李承晩 (1875–1965; 韓国の政治家; 大統領 (1948–60)).
Rheims /ríːmz; *F.* ʀɛ̃ːs/ *n.* ＝Reims.
Rhéims-Dóuay Bíble [Vérsion] /ríːmz-/ *n.* ＝Douay Bible.
Rhein /*G.* ʀáɪn/ *n.* [the ～] ライン(川) 《Rhine のドイツ語名》.
Rhein·fall /ráɪnfɔ̀ːl; *G.* ʀáɪnfal/ *n.* ライン滝 《スイス北部, Schaffhausen の近くで Rhine 川にかかる滝; 高さ 20 m, 幅 115 m》.
Rhein·gold /ráɪŋgòuld | -gəuld; *G.* ʀáɪŋgɔlt/ *n.* ⇨ Ring of the Nibelung.
Rhein·land /*G.* ʀáɪnlant/ *n.* ラインラント 《Rhineland のドイツ語名》.
Rhein·land-Pfalz /*G.* ʀáɪnlantpfálts/ *n.* ラインラントプファルツ 《Rhineland-Palatinate のドイツ語名》.
rhe·mat·ic /rɪmǽtɪk | -tɪk/ *adj.* 〘言語〙**1** 語形成の. **2** 動詞の; 動詞から出た. 〖(1856) □ Gk *rhēmatikós* belonging to a verb or word ← *rhêma* word, verb: ⇨ -ic¹〗
rheme /ríːm/ *n.* 〘言語〙説述 《発話の中で話題との関連で提示される新情報を構成する部分; cf. theme 5》. 〖(1892) □ Gk *rhêma* word〗
Rhe·mish /ríːmɪʃ/ *adj.* ランス (Reims) の. 〖(1589) ← 《廃》*Rhemes* Reims＋-ISH¹〗
Rhémish Téstament *n.* ランス新約聖書 《1582 年フランスのランス (Reims) で英国のカトリック教徒によって翻訳された英訳聖書》.
rhe·nic /ríːnɪk/ *adj.* 〘化学〙レニウム (rhenium) の. 〖← RHENIUM＋-IC¹〗
Rhen·ish /rénɪʃ, ríːn-/ 《古》*adj.* ライン (Rhine) 川(地方)の: ～ wine [hock]. ★ 今は, 通例この語の代わりに Rhine を形容詞的に用いる. ―― *n.* 《まれ》＝Rhine wine. 〖(1270) (16C) ← L *Rhēnus* 'RHINE'＋-ISH¹ ∽ (1375–76) *Rinisch(e)* □ AF *reneis*＝OF *rinois* □ ML **Rhēnēnsis*＝L *Rhenānus* ← *Rhēnus*〗
Rhénish Prússia *n.* ＝Rhine Province.
rhe·ni·um /ríːniəm/ *n.* 〘化学〙レニウム 《希有金属元素の一つ; 記号 Re, 原子番号 75, 原子量 186.207, 比重 21.3, 融点 3160°C》. 〖(1925) ← L *Rhēnus* (⇨ Rhenish)＋-IUM〗
rhe·nos·ter·bos /renɑ́(ː)stəbɔ(ː)s | -nɔ́stəbɔs/, **rhe·nós·ter·bòsch** /-bɑ̀(ː)ʃ | -vɔ̀ʃ/ *n.* 〘植物〙＝renosterbos.
rheo. /ríːou | ríːəu/ 《略》rheostat.
rhe·o- /ríːou | -əu/「流れ (current)」の意の連結形. 〖← Gk *rhéos* stream〗
rhe·o·base /ríːoubèɪs | ríːə(ʊ)-/ *n.* 〘生理〙基電流 《組織を刺激するのに必要な最小電流; cf. chronaxie》. **rhe·o·ba·sic** /rìːoubéɪsɪk | rìːə(ʊ)-⁻/ *adj.* 〖(1924): ⇨ ↑, base¹〗
rhe·ól·o·gist /-dʒɪ̣st | -dʒɪst/ *n.* レオロジー学者. 〖1931〗
rhe·ol·o·gy /riɑ́(ː)lədʒi | -ɔ́l-/ *n.* 〘物理化学〙レオロジー, 流動学, 流性学 《弾性・粘性・可塑性の流動・変形について研究する》. **rhe·o·log·i·cal** /rìːəlɑ́(ː)dʒɪ̣kəl, -kḷ | rìːə(ʊ)lɔ́dʒɪ-⁻/ *adj.* **rhè·o·lóg·i·cal·ly** *adv.* 〖(1929) ← RHEO-＋-LOGY〗
rhe·om·e·ter /riɑ́(ː)mətə | -ɔ́mɪ̣tə(r)/ *n.* **1** 流動計, レオメーター 《物質のレオロジー的性質を測定する装置の総称》. **2** 〘医学〙血行計. **3** ＝galvanometer. 〖(1839) ← RHEO-＋-METER¹〗
rhe·om·e·try /riɑ́(ː)mətri | -ɔ́mɪ̣tri/ *n.* **1** レオメトリー, 流動測定. **2** 〘医学〙血行測定. **rhe·o·met·ric** /rìːəmétrɪk | rìːə(ʊ)-⁻/ *adj.* 〖1967〗
rhe·o·pex·y /ríːəpèksi | ríːə(ʊ)-/ *n.* 〘物理化学〙レオペクシー 《チキソトロピー (thixotropy) を示すゾルの動揺を与えることにより固化が促進される現象》. 〖← RHEO-＋-PEXY〗
rhe·o·phil /ríːəfɪl | ríːə(ʊ)-/ *adj.* 〘生態〙＝rheophile.
rhe·o·phile /ríːəfàɪl | ríːə(ʊ)-/ *adj.* 〘生態〙流水にすむ, 流水を好む.
rhe·o·phil·ic /rìːəfílɪk | rìːə(ʊ)-⁻/ *adj.* ＝rheophile.
rhe·oph·i·lous /riɑ́(ː)fələs | -ɔ́fɪ̣-/ *adj.* 〘生態〙＝rheophile.
rhe·o·scope /ríːəskòup | ríːə(ʊ)skəup/ *n.* 〘物理〙検電器 (electroscope). **rhe·o·scop·ic** /rìːəskɑ́(ː)pɪk | rìːə(ʊ)skɔ́p-⁻/ *adj.* 〖(1843) ← RHEO-＋-SCOPE〗
rhe·o·stat /ríːəstæ̀t | ríːə(ʊ)-/ *n.* 〘電気〙加減抵抗器; 調光器. **rhe·o·stat·ic** /rìːəstǽtɪk | rìːə(ʊ)stǽt-⁻/ *adj.* 〖(1843) ← RHEO-＋-STAT〗
rheostátic bráking *n.* 〘電気〙発電ブレーキ, 発電抵抗ブレーキ. 〖1931〗
rheostátic contról *n.* 〘電気〙抵抗制御.
rhe·o·tax·is /rìːətǽksɪ̣s | rìːə(ʊ)tǽksɪs/ *n.* (*pl.* **-tax·es** /-siːz/) 〘生物〙走流性 《魚が流れに逆らって上流へ上るなど, 水の流れが刺激となって起こる走性》. **rhe·o·tac·tic** /rìːətǽktɪk, rìːou- | rìːə(ʊ)-⁻/ *adj.* 〖(1900) ← RHEO-＋-TAXIS〗
rhe·o·trope /ríːətròup | ríːə(ʊ)trəup/ *n.* 〘電気〙変流器. 〖← RHEO-＋-TROPE〗
rhe·ot·ro·pism /riɑ́(ː)trəpɪzm | -ɔ́trə-/ *n.* 〘植物〙向流性, 屈流性 《ダイコンの根が水流の方向に屈曲するなど, 水流に対して起こる屈性》. **rhe·o·trop·ic** /rìːətrɑ́(ː)pɪk | rìːə(ʊ)trɔ́p-⁻/ *adj.* 〖(1887) ← RHEO-＋-TROPISM〗
rhe·sus /ríːsəs/ *n.* 〘動物〙＝rhesus monkey. 〖↓〗
Rhe·sus /ríːsəs/ *n.* 〘ギリシャ神話〙レーソス 《Thrace の王で Troy の味方; 彼の馬が Xanthus 川の水を飲めば Troy は陥落しないという神託があったが, Odysseus と Diomedes に盗まれた》. 〖← L *Rhēsus* □ Gk *Rhêsos*〗
Rhésus ántigen *n.* 〘生化学〙＝Rh factor.
rhésus bàby *n.* 〘医学〙Rh 溶血性疾患の新生児[胎児] 《Rh 陽性の胎児を Rh 陰性の女性が妊娠して起る》. 〖1967〗
rhésus fàctor *n.* 〘血清・生化学〙リーサス因子 (⇨ Rh factor). 〖(1942) ← *rhesus* (*monkey*): このサルの血液中に初めて発見されたことから〗
rhésus mònkey [macàque] *n.* 〘動物〙アカゲザル, (俗に)ベンガルザル (*Macacus mulatta*) 《北インド産の短尾種で, 動物園で飼育される普通種; 医学実験に用いられる; 単に rhesus ともいう; cf. Rh factor》. 〖(1841) ← NL *Rhēsus*: ⇨ Rhesus〗
rhésus négative *adj.* 〘生化学〙＝Rh-negative. 〖1943〗
rhésus pósitive *adj.* 〘生化学〙＝Rh-positive. 〖1943〗
rhet. 《略》rhetoric; rhetorical.
Rhe·tian /ríːʃən, -ʃiən/ *adj.*, *n.* ＝Rhaetian.
Rhe·tic /ríːtɪk | -tɪk/ *adj.* 〘地質〙＝Rhaetic.
rhe·tor /ríːtə, rétə | -tə(r)/ *n.* **1** 古代ギリシャ・ローマの演説法[雄弁術]教師; 修辞学者 (rhetorician). **2** 職業的演説家. 〖(?a1350) □ LL *rethor* (変形) ← L *rhētor* □ Gk *rhḗtōr* ← IE **wer-* to speak (cf. verb, word)〗
rhet·o·ric /rétərɪk | -tə-/ *n.* **1 a** 美辞麗句で飾った言葉遣い, 華麗な文体, 巧言. **b** 修辞法. **c** 言葉遣い, 文体. **2** 修辞学; レトリック 《言葉を効果的に表現する方法を研究する学問》. **3 a** 雄弁術, 演説法; (雄弁術による)説得術. **b** (作詩法に対して)作文法. **4** 修辞学書, 修辞学論文; (特に)作文法の教科書. **5** (演技・表情などのもつ)感動させる力, 説得力. 〖(c1330) *ret(h)orik* □ OF *rethorique* (F *rhétorique*) □ L *rhētorica* □ Gk *rhētorikḗ* (*tékhnē*) the rhetorical (art) ← *rhḗtōr*: ⇨ ↑, -ic²〗
rhe·tor·i·cal /rɪ̣tɔ́(ː)rɪ̣kəl, -tɑ́(ː)r-, -kḷ | -tɔ́rɪ-/ *adj.* **1** 〈言葉遣い・文体が〉華麗な, 修辞的な, 誇張的な, 美辞麗句をもてあそぶ: ～ artifice 修辞的技巧 / ～ speakers, writers, etc. **2** 修辞学[法]の, 作文法の; 修辞学上の. **3 a** 言葉(上)の (verbal): They have been engaged in a

bitter ～ feud. 彼らはすさまじいやり取り[舌戦]をずっと続けて来ている. **b** 雄弁術の. **～·ly** *adv.* **～·ness** *n.* 〖(1447) ← L *rhētoricus* (← *rhētor* 'RHETOR')＋-AL¹〗

rhetórical quéstion *n.* 修辞的疑問(文), 反語《陳述意味強調のために文を(その答が自明である)反語的疑問形にしたもの; 例: Who does not know?＝Everyone knows.》. 〖1843〗

rhet·o·ri·cian /rèṭəríʃən | -tə-, -tɔ-/ *n.* **1 a** 修辞学者; (古代ギリシャ・ローマの)修辞学の教師. **b** 修辞法[雄弁術, 作文法]に通じた人. **c** 雄弁家. **2** [しばしば軽蔑的に] 美辞麗句を使う人, 修辞家, 誇張的な演説者[作者]. 〖(*a*1420) □ (O)F *rhétoricien*: ⇨ rhetoric, -ian〗

Rhèto-Románce *n.* ＝Rhaeto-Romance.

rheum /rúːm/ *n.* **1 a** (涙・唾液(だえき)・鼻汁のような)粘膜分泌物. **b** 鼻カタル, 感冒. **2** 《古》涙 (tears). **rheum·ic** /rúːmɪk/ *adj.* 〖(1373) *rewme* □ OF *reume* (F *rhume*) □ L *rheuma* □ Gk *rheûma* a flow, stream〗

rheu·mat·ic /ruːmǽṭɪk | -tɪk/ *adj.* **1** 〘病理〙リューマチ(性)の, リューマチから起こる; リューマチにかかった: ～ contraction リューマチ性収縮 / ～ gout 慢性関節リューマチ / his ～ back [fingers, joints] リューマチにかかった背[指, 関節] / ～ paper リューマチ膏(こう), あんま膏 / ～ walk リューマチ患者の歩きぶり / ⇨ rheumatic fever / I can't walk very fast because of my ～ leg. 足がリューマチなのであまり速くは歩けない. **2** 〈天候・場所が〉リューマチにかかりやすい: ～ weather / a ～ area. **3** 粘膜分泌物を分泌した, 鼻カタルにかかった. — *n.* **1** リューマチ患者. **2** [the ～s] /《米》ではまた rúːmətɪks, rúm-/ 《口語・方言》リューマチ (rheumatism). **rheu·mát·i·cal·ly** *adv.* 〖(1392) *r(e)umatyk(e)* □ OF *reumatique* (F *rhumatique*) □ L *rheumaticus* □ Gk *rheumatikós* ← *rheûma* (↑): ⇨ -ic¹〗

rheumátic disèase *n.* 〘病理〙リューマチ性疾患. 〖1595–96〗

rheumátic féver *n.* 〘病理〙リューマチ熱《特に子供や若年層に多い》. 〖1782〗

rheumátic héart disèase *n.* 〘病理〙リューマチ性心疾患《リューマチ熱が原因となって起こる心臓病; 心筋・弁膜が障害を起こす》.

rheu·mat·ick·y /ruːmǽṭɪki | -tɪ-/ *adj.* 《口語》リューマチにかかった. 〖1852〗

rheu·ma·tism /rúːmətɪzm/ *n.* 〘病理〙 **1** リューマチ(性疾患): acute [chronic] ～ 急性[慢性]リューマチ / articular [muscular] ～ 関節[筋肉]リューマチ. **2** ＝rheumatoid arthritis ⇨ fibrositis. 〖(1601) □ F *rhumatisme* // LL *rheumatismus* □ Gk *rheumatismós* liability to rheum ← *rheûma* (⇨ rheum): ⇨ -ism〗

rhéumatism ròot *n.* 〘植物〙 **1** ＝spotted wintergreen. **2** ＝twinleaf.

rhéumatism wèed *n.* 〘植物〙民間療法で関節炎に効くとされた植物の総称: **a** ウメガサソウ (pipsissewa). **b** キョウチクトウ科バシクルモン属 (*Apocynum*) の植物 (Indian hemp, *A. androsaemifolium* など; cf. dogbane). 〖1798〗

rheu·ma·tiz /rúːmətɪz/ *n.* 《方言》＝rheumatism.

rheu·ma·to- /rúːməṭoʊ | -təʊ/「リューマチ」の意の連結形: *rheumatology*. 〖← Gk *rheumat-*, *rheûma* 'RHEUM'〗

rheu·ma·toid /rúːmətɔ̀ɪd/ *adj.* **1** リューマチ性[様]の. **2** リューマチの. **3** リューマチ性関節炎にかかった. — *n.* リューマチ性関節炎患者. 〖(1859): ⇨ ↑, -oid〗

rheu·ma·toi·dal /rùːmətɔ́ɪdḷ | -dḷ/ *adj.* ＝rheumatoid. **～·ly** *adv.*

rhéumatoid arthrítis *n.* 〘病理〙リューマチ性関節炎, 関節リューマチ. 〖1859〗

rhéumatoid fàctor *n.* 〘病理〙リューマチ因子《リューマチ性関節炎などにみられる自己抗体の一種》. 〖1949〗

rhéumatoid spondylítis *n.* 〘医学〙リューマチ性脊椎炎《脊椎を冒す類リューマチ性関節炎; ankylosing spondylitis ともいう》.

rheu·ma·tol·o·gy /rùːmətɑ́(ː)lədʒi | -tɔ́l-/ *n.* リューマチ(病)学. **rheu·ma·tol·og·i·cal** /rùːməṭəlɑ́(ː)dʒɪkəl, -kḷ | -təlɔ́dʒɪ-⁻/ *adj.* **rhèu·ma·tól·o·gist** /-dʒɪst | -dʒɪst/ *n.* 〖(1941) ← RHEUMATO-＋-LOGY〗

rheum·y /rúːmi/ *adj.* (**rheum·i·er**; **-i·est**) 《英古》 **1** 粘膜分泌液 (rheum) の, 粘液過多の, 粘液を分泌する: with ～, twinkling eyes 涙っぽい目をしばたいて. **2 a** 鼻カタルにかかった. **b** 鼻カタルを起こしやすい; 〈空気が〉冷湿の. 〖(1591) ← RHEUM＋-Y⁴〗

rhex·is /réksɪs | -sɪs/ *n.* (*pl.* **rhex·es** /-siːz/) 〘病理〙(器官・血管などの)破裂 (rupture). 〖(*a*1425) ← NL ～ ← Gk *rhēxis* ← *rhḗgnunai* to break〗

Rheydt /ráɪt; G. ʁáɪt/ *n.* ライト《ドイツ西部 North Rhine-Westphalia 州の都市》.

Rh fàctor /ɑ́ːèɪtʃ-, ríːsəs- | ɑ́ː(r)èɪtʃ-, ríːsəs-/ *n.* 〘生化学〙Rh 因子, Rh 血液型《人間およびアカゲザルの赤血球の中に発見される凝血素; この因子をもつ血液型を Rh positive, もたないものを Rh negative という; Rh^+ の父と Rh^- の母の子または Rh^- の人が Rh^+ の輸血を受けたときには危険な溶血反応を呈する; Rhesus factor, Rhesus antigen ともいう; cf. Hr factor, Rh positive, Rh negative》. 〖1942〗

RHI 《略》range height indicator 距離変度指示装置.

RHG 《略》《英》Royal Horse Guards.

rhig·o·lene /rígəliːn, -lḷn | -liːn, -lɪn/ *n.* 〘化学〙リゴレン《石油精製の際得られる揮発性液体; 局部寒冷麻酔剤に用いる》. 〖(1866) ← Gk *rhîgos* cold＋-OLE¹＋-ENE〗

rhin- /raɪn/ (母音の前にくるときの) rhino- の異形.

rhi·nal /ráɪnḷ/ *adj.* 〘解剖〙鼻[鼻腔(びくう)]の[に関する] (nasal): the ～ cavities 鼻腔. 〖(1859) ← RHINO-＋-AL¹〗

rhi·nar·i·um /raɪnɛ́ᵊriəm | -nɛ́ər-/ *n.* (*pl.* **-nar·i·a** /-riə/) 〘動物〙 **1** 前頭楯(じゅん)《トンボなどある種の昆虫の額片 (clypeus) の下部》. **2** 鼻鏡《哺乳(ほにゅう)類の鼻先の毛がない粘液質に富む部分》. 〖(1826) ← NL ～: ⇨ rhino-, -arium〗

rhine /ríːn/ *n.* 《英方言》大きい溝, 下水路. 〖(1698–99) 《変形》← ? ME *rune* stream <OE *ryne* ← Gmc *rinu- ← IE *rei- to flow ← *er- to set in motion (OE *rinnan* 'to RUN¹')〗

Rhine /ráɪn/ *n.* **1** [the ～] ライン(川)《スイスの南東部に発してドイツ・フランス国境をなし, ドイツおよびオランダを貫流して北海に注ぐ川 (1,320 km); ドイツ語名 Rhein オランダ語名 Rijn, フランス語名 Rhin》. **2** ＝Rhine wine. 〖《混成》? ← L *Rhēnus* the Rhine (□ Gaul. *Rēnos* 《原義》river: cf. rhine)＋G *Rhein* (□ Gaul.)〗

-rhine /ràɪn/ -rrhine の異形.

Rhine·gold /ráɪngòʊld | -gə̀ʊld/ *n.* ＝Rheingold.

Rhine·land /ráɪnlæ̀nd, -lənd/ *n.* [the ～] ラインラント《ドイツ語名 Rheinland》: **1** ドイツの Rhine 川以西の地方. **2** ＝Rhine Province.

Rhíneland-Palátinate *n.* ラインラントプファルツ《ドイツ南西部の州; 面積 19,838 km², 州都 Mainz; ドイツ語名 Rheinland-Pfalz》.

rhìn·encéphalon /ràɪn-/ *n.* 〘解剖〙嗅脳(きゅうのう). **rhìn·encephálic** *adj.* 〖(1846) ← RHINO-＋ENCEPHALON〗

Rhíne Palátinate *n.* [the ～] ⇨ Palatinate 1 a.

Rhíne Próvince *n.* [the ～] ライン州《旧プロイセン最西部の州; Rhine 川にまたがっていた; 州都 Coblenz; Rhenish Prussia ともいう》.

rhíne·stòne *n.* ラインストーン《ガラスなどで造られた模造のダイヤ・ルビー・エメラルド》. 〖(1888) ← RHINE＋STONE: cf. F *caillou du Rhin*〗

Rhíne wìne *n.* **1** ラインワイン《ドイツの Rhine 川沿岸産の辛口白ワインで, 英国では特に hock という; 茶色の瓶に詰めてある; cf. Moselle 3》. **2** (ラインワインに似た)白ワイン. 〖1843〗

rhi·ni·tis /raɪnáɪṭɪs | -tɪs/ *n.* (*pl.* **rhi·nit·i·des** /-níṭədìːz | -tɪ-/) 〘病理〙鼻炎. 〖(1884) ← RHINO-＋-ITIS〗

rhi·no¹ /ráɪnoʊ | -nəʊ/ *n.* (*pl.* ～, ～**s**) 《口語》サイ (⇨ rhinoceros). 〖1884〗

rhi·no² /ráɪnoʊ | -nəʊ/ *n.* 《英俗》《まれ》金 (money): ready ～ 現なま. 〖(1670) ← ? (*heavy as a*) RHINOCEROS〗

rhi·no³ /ráɪnoʊ | -nəʊ/ *n.* 〘米海軍〙自動箱船, 平底モーター船《船外モーターで目標地点に進みそのまま浮桟橋となる上陸作戦用の平底船》.

rhi·no- /ráɪnoʊ | -nəʊ/「鼻, 鼻腔(びくう); 鼻と…と(の)」の意の連結形. ★ 母音の前では通例 rhin- になる. 〖← Gk *rhīnós*, *rhís* nose〗

rhi·noc·er·os /raɪnɑ́(ː)s(ə)rəs | -nɔ́s-/ *n.* (*pl.* ～**·es**, ～, **-er·i** /-səràɪ/) 〘動物〙サイ《サイ科の動物の総称; インドやジャワ産は一角, スマトラやアフリカ産は二角; クロサイ (black rhinoceros), シロサイ (white rhinoceros) など》. **rhi·noc·er·ot·ic** /raɪnɑ̀(ː)sərɑ́(ː)ṭɪk | -nɔ̀sərɔ́t-⁻/ *adj.* 〖(?*a*1300) *rinoceros* □ L *rhinocerōs* □ Gk *rhinókerōs* ← RHINO-＋-*kerōs* horned (← *kéras* 'HORN')〗

rhinóceros bèetle *n.* 〘昆虫〙ヨーロッパから中央アジアに生息するコガネムシ科 *Oryctes* 属のカブトムシの総称; (特に)サイカブトムシ (*O. nasicornis*). 〖1681〗

rhinóceros bìrd *n.* 〘鳥類〙 **1** ウシツツキ (⇨ oxpecker). **2** ＝rhinoceros hornbill. 〖1651〗

rhinóceros hòrn *n.* 犀角(さいかく)《粉末を古来催淫剤・解熱剤とした》. 〖1625〗

rhinóceros hórnbill *n.* 〘鳥類〙ツノサイチョウ (*Buceros rhinoceros*)《マレー半島・スマトラなどに生息するサイチョウ科の大形の鳥; くちばしの上に角質の突起がある》. 〖1781–87〗

rhíno fèrry *n.* 〘米海軍〙＝rhino³.

rhinol. 《略》rhinology.

rhi·no·la·li·a /ràɪnoʊléɪliə | -nə(ʊ)-/ *n.* 〘病理〙鼻声. 〖← RHINO-＋-LALIA〗

rhìno·laryngólogy *n.* 〘医学〙鼻喉頭科学. **rhìno·laryngólogist** *n.* 〖(1900) ← RHINO-＋LARYNGO-＋-LOGY〗

rhi·no·lith /ráɪnəlɪθ/ *n.* 〘病理〙鼻石《鼻腔内にできる結石》. **rhi·no·lith·ic** /ràɪnəlíθɪk⁻/ *adj.* 〖(1866) ← RHINO-＋-LITH〗

rhi·nól·o·gist /-dʒɪst | -dʒɪst/ *n.* 鼻科医. 〖1838〗

rhi·nol·o·gy /raɪnɑ́(ː)lədʒi | -nɔ́l-/ *n.* 〘医学〙鼻科学. **rhi·no·log·ic** /ràɪnəlɑ́(ː)dʒɪk | -lɔ́dʒ-⁻/ *adj.* **rhì·no·lóg·i·cal** /-dʒɪkəl, -kḷ | -dʒɪ-⁻/ *adj.* 〖(1838) ← RHINO-＋-LOGY〗

rhìno·pharyngéal *adj.* 〘解剖・病理〙鼻咽頭(いんとう)(部)の, 鼻と咽頭の. 〖1897〗

rhìno·pharyngítis *n.* 〘病理〙鼻咽頭(いんとう)炎. 〖← NL ～: ⇨ rhino-, pharyngitis〗

rhìno·phárynx *n.* 〘解剖〙鼻咽腔, 上咽頭; 鼻と咽頭. 〖1897〗

rhi·no·pho·ni·a /ràɪnəfóʊniə | -nə(ʊ)fə́ʊ-/ *n.* 〘病理〙鼻声. 〖← NL ～: ⇨ rhino-, -phone, -ia¹〗

rhi·no·phore /ráɪnəfɔ̀ə | -fɔ̀ː(r)/ *n.* 〘動物〙嗅覚突起《軟体動物の 2 対の頭触角のうち, 後部にある嗅覚器》. 〖(1878) ← RHINO-＋-PHORE〗

rhi·no·phy·ma /ràɪnəfáɪmə/ *n.* 〘病理〙酒皶鼻(しゅさ), 鼻瘤(びりゅう), 赤鼻. 〖(1882) ← NL ～ ← RHINO-＋L *phȳma* (□ Gk *phûma* tumor ← *phúein* to cause to grow)〗

rhi·no·plas·ty /ráɪnəplæ̀sti | -nə(ʊ)-/ *n.* 〘外科〙鼻形成(術), 造鼻術. **rhi·no·plas·tic** /ràɪnəplǽstɪk | -nə(ʊ)-⁻/ *adj.* 〖(1842) ← RHINO-＋-PLASTY〗

rhi·nor·rhe·a /ràɪnəríːə | -ríə, -ríːə/ *n.* (*also* **rhi·nor·rhoe·a** /～/) 〘病理〙鼻漏《鼻の粘液が出すぎる症状》. 〖(1866) ← NL ～: ⇨ rhino-, -rrhea〗

rhi·no·scope /ráɪnəskòʊp | -skə̀ʊp/ *n.* 〘医学〙鼻鏡. 〖← RHINO-＋-SCOPE〗

rhi·nos·co·py /raɪnɑ́(ː)skəpi | -nɔ́s-/ *n.* 〘医学〙鼻鏡検査(法), 検鼻(法). **rhi·no·scop·ic** /ràɪnəskɑ́(ː)pɪk | -skɔ́p-⁻/ *adj.* 〖(1861) ← RHINO-＋-SCOPY〗

rhìno·sporídium *n.* 〘動物・病理〙リノスポリジウム《鼻たけなどの原因になる微生物》. 〖(1905) ← NL ～ ← RHINO-＋*sporidium* (⇨ sporo-, -idium)〗

rhìno·tracheítis *n.* 〘医学・獣医〙鼻(腔)気管炎. 〖(1955) ← RHINO-＋TRACHEITIS〗

rhìno·vírus *n.* 〘医学〙ライノウイルス《感冒など呼吸器病の原因になる》. 〖(1961) ← NL ～: ⇨ rhino-, virus〗

rhiz- /raɪz/ (母音の前にくるときの) rhizo- の異形.

-rhi·za /ráɪzə/ 次の意味を表す名詞連結形: **1**「根, 根に類似した[接続した]部分」: coleo*rhiza*. **2** (植物学の属名に用いて)「…の根をもった植物」: Balsamo*rrhiza*. 〖← NL ～ ← Gk *rhíza* 'ROOT¹'〗

rhiz·an·thous /raɪzǽnθəs/ *adj.* 〘植物〙(寄生の植物の)根から直接花を咲かせる(ような外観を呈する). 〖(1856): ⇨ rhizo-, -anthous〗

rhiz·ic /ráɪzɪk/ *adj.* 〘数学〙根(こん) (root) の. 〖(1871) ← Gk *rhíza* (↓)＋-IC¹〗

rhi·zo- /ráɪzoʊ | -zəʊ/「根 (root)」の意の連結形. ★ 母音の前では通例 rhiz- になる. 〖← Gk *rhíza* 'ROOT¹'〗

rhi·zo·bi·um /raɪzóʊbiəm | -zə́ʊ-/ *n.* (*pl.* **-bi·a** /-biə/) 〘細菌〙リゾビウム《*Rhizobium* 属の根粒バクテリア; cf. nitrogen fixation》. 〖(1921): ⇨ ↑, -bium〗

rhízo·càrp *n.* 〘植物〙宿根性植物. 〖1875〗

rhìzo·cárpic *adj.* 〘植物〙＝rhizocarpous.

rhìzo·cárpous *adj.* 〘植物〙宿根性の. 〖(1832) ← RHIZO-＋-CARPOUS〗

Rhi·zo·ceph·a·la /ràɪzoʊséfələ | -zə(ʊ)séf-, -kéf-/ *n. pl.* 〘動物〙(甲殻綱, 蔓脚亜綱)根頭目. 〖(1865) ← NL ～: ⇨ rhizo-, cephalo-, -a²〗

rhi·zo·ceph·a·lan /ràɪzoʊséfələn | -zə(ʊ)séf-, -kéf-/ *n.* 〘動物〙根頭目の(甲殻)動物 (⇨ rhizocephalous).

rhi·zo·ceph·a·lid /ràɪzoʊséfəlɪ̀d | -zə(ʊ)séfəlɪd, -kéf-/ *n.* 〘動物〙＝rhizocephalan.

rhi·zo·ceph·a·lous /ràɪzoʊséfələs | -zə(ʊ)séf-, -kéf-⁻/ *adj.* 〘動物〙根頭目の. 〖(1894) ← RHIZOCEPHALA＋-OUS〗

rhi·zoc·to·ni·a /ràɪzɑ(ː)któʊniə | -zɔktə́ʊ-/ *n.* 〘植物〙木材に寄生する *Rhizoctonia* 属の菌類の総称《植物の病原菌を含む》. 〖(1897) ← NL ～ ← RHIZO-＋Gk *któnos* murder＋-IA²〗

rhizoctónia disèase *n.* 〘植物病理〙(ジャガイモの)黒変病《黒変病菌 (*Rhizoctonia solani*) によって起こる, 芋に黒点が生じる病気》. 〖1965〗

rhìzo·génesis *n.* 〘植物〙根の生長.

rhìzo·genétic *adj.* 〘植物〙＝rhizogenic. 〖← RHIZO-＋-GENETIC〗

rhìzo·génic *adj.* 〘植物〙根を生じるもととなる《例えば根の皮部の組織の中の将来根となる部分についていう》. 〖(1885) ← RHIZO-＋-GENIC¹〗

rhi·zog·e·nous /raɪzɑ́(ː)dʒənəs | -zɔ́dʒɪ̀-/ *adj.* 〘植物〙＝rhizogenic. 〖← RHIZO-＋-GENOUS〗

rhi·zoid /ráɪzɔɪd/ 〘植物〙*adj.* 根のような. — *n.* 仮根《コケ類などの有する毛髪状の根状器官; cf. holdfast 3》. **rhi·zoi·dal** /raɪzɔ́ɪdḷ | -dḷ/ *adj.* 〖(1858) ← RHIZO-＋-OID〗

rhi·zo·ma /raɪzóʊmə | -zə́ʊ-/ *n.* (*pl.* ～**·ta** /～ṭə | ～tə/) 〘植物〙＝rhizome. **rhi·zo·mat·ic** /ràɪzəmǽṭɪk | -tɪk⁻/ *adj.* **rhi·zóm·a·tous** /-zóʊməṭəs, -zɑ́(ː)m- | -zə́ʊmət-/ *adj.* 〖(1830) ← NL ～ ← Gk *rhízōma* mass of roots ← *rhizoûsthai* to take root ← *rhíza* root〗

rhi·zome /ráɪzoʊm | -zəʊm/ *n.* 〘植物〙根茎《地下茎の一種; rootstock, rootstalk ともいう; cf. bulb 2 a》. **rhi·zo·mic** /raɪzóʊmɪk, -zɑ́(ː)m- | -zə́ʊm-, -zɔ́m-/ *adj.* 〖(1845) ↑〗

rhízo·mòrph *n.* 〘植物〙菌糸束. **rhìzo·mór·phic** *adj.* 〖(1848) ← RHIZO-＋-MORPH〗

rhìzo·mórphous *adj.* 〘植物〙根の形をした, 根状の. 〖(1858) ← RHIZO-＋-MORPHOUS〗

rhi·zoph·a·gous /raɪzɑ́(ː)fəgəs | -zɔ́f-/ *adj.* 根を食べる. 〖(1831) ← RHIZO-＋-PHAGOUS〗

rhi·zo·phore /ráɪzəfɔ̀ə | -fɔ̀ː(r)/ *n.* 〘植物〙根持体《シダ類イワヒバ属に特有な無葉の枝で, 茎と根の中間的性質を示し, 地面についた所に根を生ずる》. 〖(1875) ← RHIZO-＋-PHORE〗

rhi·zo·plane /ráɪzəplèɪn/ *n.* 〘植物・生態〙根面《細粒状の土や雑多な微小物・くずなどの付着したままの根の表面; cf. rhizosphere》. 〖1949〗

rhi·zo·pod /ráɪzəpɑ̀(ː)d | -pɔ̀d/ *adj.*, *n.* 〘動物〙根足虫亜綱に属する原生動物. **rhi·zop·o·dal** /raɪzɑ́(ː)pədḷ | -zɔ́pədḷ/ *adj.* 〖(1851) ↓〗

Rhi·zop·o·da /raɪzɑ́(ː)pədə | -zɔ́pədə/ *n. pl.* 〘動物〙(肉質綱)根足虫亜綱《葉状または網状の偽足を有するアメーバを含む》. 〖(1859) ← NL ～: ⇨ rhizo-, -poda〗

rhi·zop·o·dan /raɪzɑ́(ː)pədn̩ | -zɔ́p-/ *adj.*, *n.* 〘動物〙根足虫亜綱の(動物).

rhi·zop·o·dous /raɪzɑ́(ː)pədəs | -zɔ́pədəs/ *adj.* 〘動物〙＝rhizopodan.

rhi·zo·pus /ráɪzəpəs, -pʊ̀s | -zə(ʊ)pəs/ *n.* 〘植物〙クモノスカビ《ケカビ科クモノスカビ属 (*Rhizopus*) の菌類の総称; パンカビ (*R. nigricans*) (bread mold) は最もよく知られている》. 〘(1887) ← NL ～: ⇨ rhizo-, -pus〙

rhi·zo·sphere /ráɪzəsfɪə | -zə(ʊ)sfɪə^r/ *n.* 〘植物・生態〙根圏, 根域《土壌中で植物の根が分布し, その影響が及ぶ範囲; cf. rhizoplane》. 〘(1929) ← RHIZO-＋-SPHERE〙

rhi·zot·o·my /raɪzɑ́(ː)təmi | -zɔ́t-/ *n.* 〘外科〙根切り術, (脊髄(せきずい))神経(後)根切断(術)《苦痛・麻痺(まひ)除去のために行う》. 〘(1911) ← RHIZO-＋-TOMY〙

rhm /rǽm/ *n.* 〘物理〙ラム, レントゲン時メートル《放射線源の強度を表す単位; 放射線源から 1 m の距離において 1 時間に 1 レントゲンの線量を示す時, その強さを 1 ラムという》. 〘(頭字語) ← *r*(*oentgen per*) *h*(*our at one*) *m*(*eter*)〙

Rh-négative *adj.* 〘生化学〙〈血液が〉Rh 陰性の. 〘1945〙

Rh négative *n.* 〘生化学〙Rh 陰性《血液がリーサス因子を含んでいない; 記号 Rh⁻; cf. Rh factor》.

rho /róʊ | rə́ʊ/ *n.* (*pl.* ～**s**) **1** ロー《ギリシャ語アルファベット 24 字中の第 17 字: *P, ρ* (ローマ字の R, r に当たる); ⇨ alphabet 表》. **2** 〘物理〙ロー中間子《ごく短命な中間子; 質量は電子の 1490 倍; 正, 負の電荷をもつものと中性のものとがある; cf. omega, phi meson》. 〘(*c*1400) □ Gk *rhṓ*: cf. Heb. *rēš* 'RESH'〙

Rhod. 《略》Rhodesia.

rhod- /roʊd | rəʊd/ (母音の前にくるときの) rhodo- の異形.

Rho·da /róʊdə | rə́ʊdə/ *n.* ローダ《女性名》. 〘□ Gk *rhódon* rose〙

rho·da·mine, R- /róʊdəmìːn, -mɪ̀n | rə́(ʊ)dəmìːn, -mɪn/ *n.* (*also* **rho·da·min, R-** /-mɪ̀n | -mɪn/) 〘化学〙ローダミン ($C_{28}H_{31}ClN_2O_3$)《アミノフェノールと無水フタール酸とを縮合させて得る赤色染料》. 〘(1888) ← RHODO-＋AMINE〙

rho·da·nate /róʊdənèɪt, -dn̩- | rə́ʊdə-, -dn̩-/ *n.* ロダン酸塩 (⇨ thiocyanate). 〘(1867) ← RHODO-＋-AN¹＋-ATE¹〙

rho·da·nide /róʊdənàɪd, -dn̩- | rə́ʊdə-, -dn̩-/ *n.* 〘化学〙＝thiocyanate. 〘⇨ ↑, -ide²〙

Rhòde Ísland /ròʊd- | rə̀ʊd-/ *n.* ロードアイランド《米国北東部 New England の一州, 米国最小の州 (⇨ United States of America 表)》. 〘← RHODES: cf. Du *Rood Eiland* Rhode Island ← *rood* (＜MDu. *root*) 'RED¹'＋*eiland* (＜MDu. *eilant*) 'ISLAND'〙

Rhòde Ísland bént *n.* 〘植物〙北米東部産の茎 (culm) の細長いイネ科ヌカボ属の草本 (*Agrostes tenuis*). 〘1790〙

Rhòde Ís·land·er /-áɪləndə | -də^r/ *adj.* (米国) Rhode Island 州(人)の. ── *n.* Rhode Island 州人.

Rhòde Ìsland Réd *n.* ロードアイランドレッド《米国産の一品種の鶏; 色は暗褐色で卵肉兼用種》. 〘(1896) ↑〙

Rhòde Ìsland Whíte *n.* ロードアイランドホワイト《Rhode Island Red と同種の一品種の鶏; 色が白い》. 〘1923〙

Rhodes /róʊdz | rə́ʊdz/ *n.* ロードス《ギリシャ語名 Rodos, Rhodos》: **1** エーゲ海のトルコ南西岸沖にあるギリシャ領の島; 面積 1,400 km². **2** この島にある海港. 〘□ L *Rhodus* □ Gk *Rhódos* ← *rhódon* 'ROSE²': バラを表象とする太陽神を島民が崇拝したことから〙

Rhodes /róʊdz | rə́ʊdz/, **Cecil John** *n.* ローズ《1853–1902; 英国生まれのアフリカ植民地政治家, ケープ植民地 (Cape Colony) の首相 (1890), その名にちなむ Rhodesia を英帝国に加えた》.

Rhodes, James Ford *n.* ローズ《1848–1927; 米国の歴史家》.

Rhodes, the Colossus of *n.* ⇨ COLOSSUS of Rhodes.

Rhódes gràss *n.* 〘植物〙アフリカヒゲシバ (*Chloris gayana*)《米国乾燥地帯で飼料として栽培されるアフリカ南部原産のイネ科ヒゲシバ属の多年草》. 〘(1915) ← *Cecil J. Rhodes*〙

Rho·de·sia /roʊdíːʒə, -ʒiə | rə(ʊ)díːʒə, -ʃə/ *n.* ローデシア《アフリカ南部の旧英国植民地で Zambezi 川を境に Northern Rhodesia と Southern Rhodesia に分かれていたが, 1964 年 Northern Rhodesia が独立してザンビア (Zambia) に, Southern Rhodesia は 1980 年に独立してジンバブエ (Zimbabwe) となった. 〘← (*Cecil J.*) *Rhodes*＋-IA¹〙

Rhodésia and Nyásaland, Federátion of *n.* ローデシア ニアサランド連邦《南北ローデシアとニアサランドで構成 (1953–1963)》.

Rho·de·sian /roʊdíːʒən, -ʒiən | rə(ʊ)díːʒən, -ʃən/ *adj.* ローデシア (Rhodesia) の; ローデシア人の. ── *n.* ローデシア人. 〘1891〙

Rhodésian mán *n.* 〘人類学〙ローデシア人 (*Homo rhodesiensis*)《洪積世人類の一種; cf. Boskop man》. 〘(1921) その頭骨の化石が Northern Rhodesia (＝Zambia) の Broken Hill で発見されたことから〙

Rhodésian Rídge·back, R- r- /-rídʒbæ̀k/ *n.* ローデシアンリッジバック《アフリカ南部原産の犬で, 荒野のライオン狩り猟犬; 背の毛が他の被毛と反対の方向に生えて背筋ができている》. 〘1925〙

Rho·de·soid /roʊdíːzɔɪd | rəʊ-/ *adj.* 〘人類学〙ローデシア人系の[に似た].

Rhódes schólar *n.* ローズ奨学金受領者. 〘1902〙

Rhódes schólarship *n.* ローズ奨学金《Cecil J. Rhodes の遺言により彼の遺産を基金として設けられた奨学金で, Oxford 大学の学生に対して, 毎年(2–3 年間)与えられる; 対象は英連邦・米国・ドイツの出身者》. 〘1902〙

Rho·di·an /róʊdiən | rə́ʊdiən/ *adj.* ロードス (Rhodes) 島(人)の: the ～ (sea) laws ロドス海商法《紀元前 900 年ごろ制定された世界最古の海商法》. ── *n.* ロードス島人. 〘(1550) ← L *Rhodius* of Rhodes (← *Rhodus* 'RHODES')＋-AN¹〙

rho·dic /róʊdɪk | rə́ʊd-/ *adj.* 〘化学〙ロジウム (rhodium) の. 〘(1842) ← RHOD(IUM¹)＋-IC¹〙

rho·di·nal /róʊdənæ̀l, -dn̩- | rə́ʊdɪ̀n-, -dn̩-/ *n.* ＝citronellal. 〘(1900) ↓〙

rho·di·nol /róʊdənɔ̀(ː)l, -dn̩- | rə́ʊdɪ̀nɔ̀l, -dn̩-/ *n.* 〘化学〙ロジノール (⇨ citronellol). 〘(1892) ← L *rhodinus* made from roses (← Gk *rhódon* 'ROSE²')＋-OL¹〙

rho·di·um¹ /róʊdiəm | rə́ʊd-/ *n.* 〘化学〙ロジウム《白金属元素の一つ; ペン先などに付ける; 記号 Rh, 原子番号 45, 原子量 102.9055, 比重 12.4, 融点 1985°C, 沸点 2500°C 以上》. 〘(1804) ← NL ～: ⇨ rhodo-, -ium: この金属の含む塩分が溶解してばら色を呈することから〙

rho·di·um² /róʊdiəm | rə́ʊd-/ *n.* ＝rhodium wood.

rhódium óil *n.* 〘化学〙ロジウム油《rhodium wood から採れる黄色の精油; rhodium wood oil, rosewood oil ともいう》. 〘(1678): cf. *oil of rhodium*〙

rhódium wóod *n.* Canary 諸島の Tenerife 島産のヒルガオ科サンシキヒルガオの類の *Convolvulus scoparius* と *C. virgatus* から得る香木《単に rhodium ともいう》. 〘(1661) 《部分訳》← NL *lignum rhodium* ← L *lignum* wood＋Gk *rhódon* (↓): ⇨ -ium〙

rho·do- /róʊdoʊ | rə́ʊdəʊ/「ばら色 (rose); 赤 (red)」の意の連結形: *rhodo*dendron, *rhodo*lite, *rhod*opsin, etc. ★ 母音の前では通例 rhod- になる. 〘← Gk *rhódon* 'ROSE²'〙

rho·do·chro·site /ròʊdəkróʊsaɪt, roʊdɑ́(ː)krəsàɪt | rə̀ʊdəkrə́ʊsaɪt, rəʊdɔ́krəsàɪt/ *n.* 〘鉱物〙菱(りょう)マンガン鉱 ($MnCO_3$)《dialogite ともいう》. 〘(1836) □ G *Rhodochrosit* ← RHODO-＋Gk *khrôsis* coloring＋G *-it* '-ITE¹'〙

rho·do·den·dron /ròʊdədéndrən | rə̀ʊdə-/ *n.* 〘植物〙ツツジ, シャクナゲ《ツツジ属 (*Rhododendron*) の各種の植物の総称; 日本特産のレンゲツツジ (*R. japonicum*), ヤマツツジ (*R. kaempferi*), ハクサンシャクナゲ (*R. brachycarpum*) など》; (特に)北米東部産 *R. roseum* 《(米) rose-bay ともいう; cf. azalea》. 〘(1601) □ L ～ □ Gk *rhodódendron*: ⇨ rhodo-, -dendron〙

rhododéndron bùg *n.* ＝lace bug.

rho·do·lite /róʊdəlàɪt, -dl̩- | rə́ʊdə-, -dl̩-/ *n.* 〘鉱物〙ロードライト《ばら色または紫色のざくろ石の一種; 宝石として用いられる》. 〘(1897) ← RHODO-＋-LITE〙

rhod·o·mon·tade /rɑ̀(ː)dəmɑntéɪd, ròʊd-, -táːd | rɔ̀dəmɔntéɪd, rə̀ʊd-, -táːd⁻/ *n., adj., vi.* ＝rodomontade.

rho·do·nite /róʊdənàɪt, -dn̩- | rə́ʊdən-, -dn̩-/ *n.* 〘鉱物〙バラ輝石 ($MnSiO_3$)《Mn を主成分とする輝石; 装飾石として用いることがある; manganese spar ともいう》. 〘(1823) □ G *Rhodonit* ← RHODO-＋*-it* '-ITE¹'〙

Rho·do·pe Mountains /rɑ́dəpìː-, -pi-, rɑ(ː)-dóʊpi- | rɔ́dəpi-, rədə́ʊ-; *Mod. Gk.* rɔ̀ðɔpi/ *n.* [the ～] ロドペ山地《ブルガリア南西部とギリシャの境の山脈》.

Rho·doph·y·ta /roʊdɑ́(ː)fətə | rə(ʊ)dɔ́fɪtə/ *n. pl.* 〘植物〙紅藻植物門. 〘← NL ～: ⇨ rhodo-, -phyte, -a²〙

rho·do·plast /róʊdəplæ̀st | rə́ʊdə-/ *n.* 〘生物〙紅色体《紅藻植物の細胞に含まれている紅色の色素体; cf. phaeoplast》. 〘← RHODO-＋-PLAST〙

rho·dop·sin /roʊdɑ́(ː)psɪ̀n | rə(ʊ)dɔ́psɪn/ *n.* 〘生化学〙視紅, ロドプシン《網膜の桿状体に含まれる紫紅色の感光物質で, 暗所での視力に関係する; visual purple ともいう; cf. porphyropsin》. 〘(1886) ← RHODO-＋-OPS(IS)＋-IN²: cf. opsin〙

rho·do·ra /roʊdɔ́ːrə | rə(ʊ)-/ *n.* 〘植物〙カナダシャクナゲ (*Rhododendron canadense*). 〘(1731) □ L *rhodōra*〙

Rho·dos /*Mod.Gk.* rɔ́ðɔs/ *n.* ロードス《Rhodes のギリシャ語名》.

rho·i·cis·sus /ròʊɪ̀sísəs | rə̀ʊɪ-/ *n.* 〘植物〙ロイキッスス《ブドウ科ロイキッスス属 (*Rhoicissus*) のシッサス (cissus) に似たつる性植物》; (特に)ロイキッスス ロムボイデア (*R. rhomboidea*)《観葉植物》.

rhomb /rɑ́(ː)m(b) | rɔ́m(b)/ *n.* **1** ＝rhombus. **2** (形・輪郭が)菱形[斜方形]のもの[部分]. **3** 〘結晶〙＝rhombohedron. 〘(*c*1578) □ L *rhombus* □ Gk *rhómbos* spinning top, lozenge〙

rhomb- /rɑ(ː)mb | rɔmb/ (母音の前にくるときの) rhombo- の異形.

rhòmb·encéphalon *n.* (*pl.* ～**s**, **-ala**) 〘解剖〙菱脳; 後脳 (hindbrain) (cf. mesencephalon, prosencephalon). 〘(1897) ← RHOMBO-＋ENCEPHALON〙

rhombi *n.* rhombus の複数形.

rhom·bic /rɑ́(ː)mbɪk | rɔ́m-/ *adj.* **1** 菱(りょう)形の, 斜方形の, 菱面を有する, (底面・断面が)菱形の: a ～ dodecahedron 菱形[斜方]十二面体 / a ～ prism 斜方柱 / a ～ pyramid 斜方錐(すい). **2** 〘結晶〙斜方晶系の: the ～ system 斜方晶形. 〘(1670) ← RHOMB＋-IC¹〙

rhómbic anténna [áerial] *n.* 〘電気〙ロンビックアンテナ《菱形(ひしがた)に張った導線によるアンテナ》. 〘1935〙

rhom·bi·form /rɑ́(ː)mbəfɔ̀əm | rɔ́mbɪ̀fɔ̀ːm/ *adj.* 菱(りょう)形の, 斜方形の. 〘(1826) ← RHOMBO-＋-FORM〙

rhom·bo- /rɑ́(ː)mboʊ | rɔ́mbəʊ/「菱形 (rhomb); 菱形と…の」の意の連結形. ★ 母音の前では通例 rhomb- になる. 〘← Gk *rhómbos* 'RHOMB'〙

rhombohedra *n.* rhombohedron の複数形.

rhòmbo·hédral *adj.* 〘結晶・数学〙**1** 斜方六面体の, 菱面体の. **2** 菱面体晶系の (trigonal). 〘1830〙

rhòmbo·hédron *n.* (*pl.* ～**s**, **-hedra**) 斜方六面体, 菱(りょう)面体. 〘(1836) ← NL ～: ⇨ rhombo-, -hedron〙

rhom·boid /rɑ́(ː)mbɔɪd | rɔ́m-/ *adj.* **1** 〘数学〙偏菱(りょう)形の, 長斜方形の. **2** 菱形(ひしがた)の: the ～ muscle 〘解剖〙菱形筋. ── *n.* **1** 〘数学〙偏菱形, 長斜方形, (長方形でない)平行四辺形. **2** 〘解剖〙菱形筋. 〘(1570) □ F *rhomboïde* // LL *rhomboïdes* □ Gk *rhomboeidḗs*: ⇨ rhombo-, -oid〙

rhom·boi·dal /rɑ(ː)mbɔ́ɪdl̩ | rɔmbɔ́ɪdl̩/ *adj.* 偏菱(りょう)形の, 長斜方形の. **～·ly** *adv.* 〘1658〙

rhom·boi·de·us /rɑ(ː)mbɔ́ɪdiəs | rɔmbɔ́ɪd-/ *n.* (*pl.* **-de·i** /-diàɪ | -di-/) 〘解剖〙菱形筋: **a** 大菱形筋. **b** 小菱形筋. 〘(1835–36) ← NL ～ ← LL *rhomboïdes* 'RHOMBOID'〙

Rhom·bo·zo·a /rɑ̀(ː)mbəzóʊə | rɔ̀mbəzə́ʊə/ *n. pl.* 〘動物〙＝Mesozoa. 〘← NL ～: ⇨ rhombo-, -zoa〙

rhom·bus /rɑ́(ː)mbəs | rɔ́m-/ *n.* (*pl.* ～**·es, rhom·bi** /-baɪ/) 菱(りょう)形, 斜方形; 菱面体 (cf. square). 〘(1567) □ L ～ 'RHOMB'〙

rhó mèson *n.* 〘物理〙＝rho 2.

rhonchi *n.* rhonchus の複数形.

rhon·chus /rɑ́(ː)ŋkəs | rɔ́ŋ-/ *n.* (*pl.* **rhon·chi** /-kaɪ/) 〘病理〙ラ音, 水泡(すいほう)音, ラッセル《喉頭やその直下の気管に分泌物が多いときに聴取される音; cf. rale》. **rhon·chal** /rɑ́(ː)ŋkəl, -kl̩ | rɔ́ŋ-/ *adj.* **rhon·chi·al** /rɑ́(ː)ŋkiəl | rɔ́ŋ-/ *adj.* 〘(1829) □ LL ～ □ Gk *rhón-k(h)os* a snoring〙

Rhon·dda /rɑ́(ː)ndə, -ðə | rɔ́n-; *Welsh* hrɔ́nða/ *n.* ロンダ《ウェールズ南東部 Rhondda Valley にまたがる都市》. 〘□ Welsh ～ 《原義》? noisy (river) ← Celt. **rād-* (cf. Welsh *adrawdd* to tell)〙

Rhone /róʊn | rə́ʊn; *F.* ʁoːn/ *n.* [the ～] ローヌ(川)《スイスの南部, アルプスの Rhône 氷河に源を発し, フランスの南東部を流れて地中海に注ぐ川 (812 km)》.

Rhône /róʊn | rə́ʊn; *F.* ʁoːn/ *n.* **1** [the ～] ＝Rhone. **2** ローヌ《フランス中部の県; 面積 3,421 km², 県都 Lyons》.

Rhône-Alpes /róʊnæ̀lp | rə́ʊn-; *F.* ʁonalp/ *n.* ローヌアルプ《フランス東部の山岳地帯; Rhône, Saône, Isère の各川が流れる》.

rho·pal·ic /roʊpǽlɪk | rəʊ-/ *adj.* 各後続語が直前の語より 1 音節長くなっていく.

rhó pàrticle *n.* 〘物理〙＝rho 2.

R-horìzon *n.* 〘土壌〙R 層位《C 層位の下にあってまだ強く風化を受けていない岩石; 花崗(かこう)岩・砂岩・石灰岩など; cf. ABC soil》.

rho·ta·cism /róʊtəsɪzm | rə́ʊtə-/ *n.* **1** 〘音声〙r を不完全に発音すること[癖] (cf. lallation). **2** 〘言語〙r 音の転換《英語では is—are, was—were, raise—rear など》. 〘(1834) ← NL *rhōtacismus*: ⇨ ↓, -ism〙

rho·ta·cize /róʊtəsàɪz | rə́ʊtə-/ *vi.* **1** 〘音声〙〈母音などに〉r の音色 (r-color) を加えて発音する (⇨ r-ful). **2** 〘言語・音声〙r を不完全に発音する《r に他の音を当てたり, 他の音に r を当てたりする》. **rho·ta·ci·za·tion** /ròʊtəsɪ̀zéɪʃən | rə̀ʊtəsaɪ-, -sɪ-/ *n.* 〘(1887) □ Gk *rhōtakízein* ← *rhô* the Greek letter *ρ*: ⇨ -ize〙

rho·tic /róʊtɪk | rə́ʊt-/ *adj.* 〘音声〙R 音性的な《(英語の方言が)語末および子音直前で r を発音する (⇨ r-ful)》.

rho·tíc·i·ty /roʊtísəti | rə(ʊ)tísɪ̀ti/ *n.* R 音性.

r.h.p. 《略》〘機械〙rated horsepower.

Rh-pósitive *adj.* 〘生化学〙〈血液が〉Rh 陽性の. 〘1942〙

Rh pósitive *n.* 〘生化学〙Rh 陽性《血液がリーサス因子を含んでいる; 略 Rh⁺; cf. Rh factor》.

r.h.s 《略》right-hand side.

RHS 《略》Royal Historical Society; Royal Horticultural Society; Royal Humane Society.

rhu·barb /rúːbɑəb | -bɑːb/ *n.* **1** 〘植物〙ダイオウ《タデ科ダイオウ属 (*Rheum*) の植物の総称; 根茎が薬用になるダイオウ (*R. officinale*) や茎または葉柄が食用になるショクヨウダイオウ (pieplant) など》. **2** ダイオウの根《下剤または苦味薬》. **3** 大黄(だいおう)色, 淡黄色 (citrine). **4** 《英》〘群集場面で俳優が騒音効果を出すため "rhubarb" という語を繰り返すことから〙《口語》ぶつぶつ, がやがや, 群集の低いささやき声. **5** 《米俗》口論, 騒ぎ, 騒動; (特に, 野球の試合などでの)物言い, 苦情, 口論. **～·y** /-bi/ *adj.* 〘(*c*1390) *rubarbe* □ OF *reubarbe* (F *rhubarbe*) ← ML *r(h)eubarbarum* 《変形》← *rha barbarum* barbarian rhubarb ← LL *rhā* (□ Gk *Rhâ* (Volga 川の古名: 両岸にこの草が生育していたことから))＋LL *barbarum* 'BARBAROUS'〙

rhú·barb·ing /-bɪŋ/ *adj.* 《英》〈俳優が〉会話の背景音としてガヤガヤ言う ── *n.* 騒がしい話. 〘1953〙

Rhum /rʌ́m/ *n.* ＝Rum.

rhumb /rʌ́m(b) | rʌ́m/ *n.* 〘海事〙**1** ＝rhumb line. **2** 点《羅針盤[羅牌(らはい)]上の 32 方位の点で, 各点間の角度は 11° 15′》. 〘(1578) □ F *rumb* □ ? Du. *ruim* 'space, ROOM': 現在の語形は L *rhombus* 'RHOMB' との連想による〙

rhum·ba /rʌ́mbə, rúm-/ *n., vi.* ＝rumba.

rhum·ba·tron /rʌ́mbətrɑ̀(ː)n | -trɔn/ *n.* 〘電子工学〙**1** クライストロン (klystron). **2** クライストロンの空洞共振器 (cavity resonator ともいう). 〘(1939): ⇨ ↑, -tron: その短波のリズミカルな振動から〙

rhúmb line *n.* 〘海事〙航程線, 等角航路《同一針路で進む船が地球上に描く線; 大圏でも小圏でもなく, 極に無限に近づく一種の渦巻線になる; しばしば rhumb と短縮される; Mercator track ともいう》. 〘1669〙

R

rhus /rúːs/ n. (pl. ～·es, ～) 〘植物〙ウルシ《温帯・亜熱帯産ウルシ属 (*Rhus*) の植物の総称; 触れると皮膚がかぶれる; ウルシ (*R. verniciflua*), ハゼノキ (*R. succedanea*) など》. 〖(1611) ◻ L *rhūs* ◻ Gk *rhoûs*〗

rhy·ac·o·lite /raɪǽkəlàɪt/ n. 〘鉱物〙ライアコライト (⇨ sanidine). 〖(*c*1830) ← Gk *rhúako-*, *rhúax* stream of lava＋-LITE〗

rhyme /ráɪm/ n. **1** 同韻語: I can't find a ～ to 'teacups'. 'teacups' に対する同韻語が見つからない. **2** **a** 押韻詩. **b** [集合的にも用いて] 韻文, 詩 (verse, poetry): an old ～ 古詩 / nursery ～s 子守歌, 童謡 / It should be written in ～. 韻文で書かなければならない / I am sending you some ～s. 詩を二, 三編お送りします. **3** 〘詩学〙韻, 押韻《二つ(以上)の語または詩行の末尾で, 最後の強勢のある母音とそれに続く子音とが等しく, かつその強勢母音の前に来る子音が異なっているもの; 例えば greet : deceit / quality : frivolity は押韻し, seat : deceit / visible : divisible は押韻しない; cf. stanza[1]》: end ～ 脚韻《二つ(以上)の詩行の末尾に同韻語を用いること》/ imperfect ～ 不完全韻《同音韻 (*sea* : *see*)・近似韻 (*house* : *thus*)・視覚韻 (*mood* : *good*)・古体韻 (*eye* : *symmetry*) など》/ printer's [sight, spelling, visual] ～＝eye rhyme / ⇨ double rhyme, feminine rhyme, internal rhyme, masculine rhyme, single rhyme, triple rhyme. ★ 通例 end rhyme (脚韻)を意味するが, 広義には alliteration (頭韻), internal rhyme (行中韻), consonance (子音韻) および assonance (母音韻)も含められる. **4** 〘まれ〙リズム (rhythm).

nèither rhýme nor réason わけも理由も(ない): There is *neither* ～ *nor reason* about it. そのことについてはさっぱりわけがわからない. 〖(1592–94)〗 ***withòut rhýme or réason*** 分別のない, 全くわけのわからない: The whole thing is nonsense, *without* ～ *or reason* in it. 何から何までばからしいことばかりでてんでわけがわからない. 〖(*c*1500)《なぞり》← F *sans rime ni raison*〗

— *vi.* **1** **a** 〈ある語が〉〈他の語〉と韻が合う, 韻を踏む, 同韻語である: 'Profound' ～s to [with] 'ground.' profound は ground と韻を踏む. **b** 韻を踏む, 押韻する: The quatrain usually ～s a b a b. 四行連句は通例 a b a b と押韻する / This song ～s well. この歌はうまく韻を踏んでいる. **2** 韻文(詩)を作る; 同韻語を選ぶ. **3** 韻を用いる; 同韻語を見出す[与える]. **4** 〈詩文などが〉押韻体で作られている, 押韻詩になっている. **5** 〔…と〕調和する〔*with*〕. — *vt.* **1** **a** 〈韻文・詩を〉作る. **b** 〈物語・所感などを〉韻文にする, 詩に書く; 〈散文を〉韻文に直す. **c** …に韻を踏ませる; 〈語を〉〔…と〕押韻させる〔*with*〕. **2** 〈時を〉詩作に費す, 詩作に暮らす〈*away*〉.
〖(1565)《異形》← RIME[2]: rhyme は二重語 RHYTHM との折衷形〗

rhymed *adj.* 〘詩学〙韻を踏んだ, 押韻の: ～ verse 押韻詩 (cf. blank verse). 〖1651〗

rhýme·less *adj.* 押韻しない, 韻を踏まない (rimeless ともいう). 〖1799〗

rhým·er n. **1** 作詩者 (versifier): such a ～ as Dryden ドライデンのような(れっきとした)詩人. **2** へぼ詩人 (rhymester) (⇨ poet SYN): I am only a ～, not a full-fledged poet. 私はつまらない歌よみにすぎません—まともな詩人なんかじゃありません. 〖1639〗

rhýme róyal n. 〘詩学〙ライムロイヤル, 帝王韻詩《a b a b b c c と押韻として各行 10 音節を含む 7 行からなる詩型; スコットランド王 James 一世が用いたことから royal というが, 起源はさらに古い》. 〖1841〗

rhýme schème n. 〘詩学〙押韻形式《通例, 文字で表す押韻形式; 例えば rhyme royal は a b a b b c c とするなど》. 〖1917〗

rhyme·ster /ráɪmstə | -stə(r)/ n. 詩人, (特に)へぼ詩人 (rhymer). 〖(1589) ← RHYME＋-STER〗

rhým·ing *adj.* **1** 押韻する, 韻を有する: ～ words / ⇨ rhyming slang. **2** 同韻語を見出すための. 〖1656〗

rhýming dìctionary n. 押韻辞典《押韻する語をグループ分けした辞書》. 〖1775〗

rhýming slàng n. 〘言語〙**1** 押韻俗語, 脚韻俗語《ある語の代わりにその語と押韻する語句またはその一部を置き換えるもの; eyes に対する〘英〙mince-pies, 〘米〙apple-pies; wife に対する trouble and strife, 'apples and pears' で 'stairs' を表すなど》. **2** [集合的] (特に Cockneys の使う)この種の表現. 〖1859〗

rhým·ist /-mɪst | -mɪst/ n. 作詩者: a poor ～ へぼ詩人. 〖*a*1764〗

rhynch- /rɪŋk/ (母音の前にくるときの) rhyncho- の異形.

rhyn·cho- /ríŋkoʊ | -kəʊ/ (主に動物分類名に用いて)「口吻 (snout)」の意の連結形. ★ 母音の前では通例 rhynch- になる. 〖← Gk *rhúnkhos* snout〗

Rhyn·cho·ce·pha·li·a /rìŋkoʊsəféɪliə | -kə(ʊ)sɪ-/ n. pl. 〘動物〙ムカシトカゲ目. 〖← NL ～: ⇨ ↑, cephalo-, -ia[1]〗

rhyn·cho·ce·pha·li·an /rìŋkoʊsəféɪliən, -ljən | -kə(ʊ)sɪ-/ 〘動物〙 *adj.* ムカシトカゲ目の. — *n.* ムカシトカゲ目の動物《現存するものはムカシトカゲ (sphenodon) だけ》. 〖(1867): ⇨ ↑, -an[1]〗

Rhyn·choph·o·ra /rɪŋkɑ́(ː)fərə | -kɔ́f-/ n. pl. 〘昆虫〙(節足動物門)具吻類, 有吻類《甲虫類中の 1 群でゾウムシ科・ミツギリゾウムシ科・ヒゲナガゾウムシ科・キクイムシ科・ナガキクイムシ科などを含む》. **rhyn·choph·o·ran** /rɪŋkɑ́(ː)fərən | -kɔ́f-/ *adj.*, *n.* 〖← NL ～: ⇨ rhyncho-, -phora〗

rhyn·cho·saur /ríŋkəsɔ̀ə | -kə(ʊ)sɔ̀ː(r)/ n. 〘古生物〙リンコサウルス《三畳紀後期に繁栄した, 双弓亜綱 (Diapsida) リンコサウルス目 (Rhynchosauria) の牙をもつ草食爬虫類》. 〖1845〗

rhyn·cho·spo·ri·um /rɪŋkoʊspɔ́ːriəm | -kə(ʊ)-/ n. 〘植物病理〙オオムギ雲形(くもがた)病菌《オオムギ・ライムギなどイネ科植物の葉に雲形病 (leaf blotch) を生じさせる *Rhynchosporium* 属の菌》; 雲形病. 〖(1920): ⇨ rhyncyo-, spora, -ium〗

rhy·o·lite /ráɪəlàɪt/ n. 流紋岩《火山岩の一種》. **rhy·o·lit·ic** /ràɪəlɪ́ṭɪk | -tɪk/ *adj.* 〖(1868) ◻ G *Rhyolith* ← *rhyo-* (← Gk *rhúax* stream of lava)＋-LITE〗

Rhys /ríːs, ráɪs; *Welsh* hríːs, hríːs/ n. リース《ウェールズで一般的な男性名; 異形 Rice》. 〖◻ Welsh ～ ← OWelsh *ris* ardor〗

Rhys, Ernest n. リース《1859–1946; 英国の著述家・編集家; *Everyman's Library* の監修者》.

Rhys, Jean (**Ella Gwendolen Ress** /rés/ **Williams**) n. リース《1890?–1979; ウェールズの小説家; ドミニカ生まれ; *Voyage in the Dark* (1934) など》.

rhyta n. rhyton の複数形.

rhythm /ríðm/ n. **1** **a** 規則的な循環[反復]運動, 周期運動, 律動, リズム: the ～ of the heartbeat 規則的な心臓の鼓動 / the ～ of seasons 四季の(規則的な)変化. **b** (文章などの)快適な調子, リズム: the ～ of a sentence 文章のリズム[調子]. **2** 〘詩学〙韻律, 律動; 韻律形式 (cf. sprung rhythm): iambic ～ 弱強調. **3** 〘音楽〙**a** リズム (cf. melody, harmony), 律動, 節奏, 調子: tango ～ タンゴのリズム / a sense of ～ リズムに対する感覚, リズム感 / play [sing] in quick ～ 急調子で演奏する[歌う]. **b** ＝rhythm section. **4** 〘映画・演劇・文学〙リズム《演劇・映画・小説などで本筋の時間的展開に関係する要素(場面の長短・科白(せりふ)・照明・演技者のタイミングなど)によって作り出される効果; (特に)映画のモンタージュによる緊迫感または筋のはこびの効果》. **5** 〘文学〙(主題などの)反復. **6** 〘美術〙主題・形態などが一定の型に従って反復されること. **7** 〘生理〙**a** リズム, 律動《定期的・周期的に発現する作用》. **b** ＝rhythm method. ***in rhýthm with*** …とリズム[調子]が合って; …と調和して.

rhýthm and blúes 〘音楽〙リズムアンドブルース《ブルースのリズムを強調し, 黒人霊歌の特徴をもつ黒人系の音楽; ロックンロールの母体; 略 r & b, R & B》.
〖(*c*1557) ◻ F *rhythme* // L *rhythmus* ◻ Gk *rhuthmós* ← IE *sreu- to flow (Gk *rheîn* to flow / OE *strēam* 'STREAM'): RIME[2] と二重語〗

rhýthm bànd n. 〘米〙リズムバンド《リズム感を養うため組織された幼少年から成るタンバリン・シンバル・カスタネット・リズム棒など簡単な打楽器のバンド》. 〖1943〗

rhythmed *adj.* ＝rhythmical.

rhýthm guitár n. 〘音楽〙リズムギター《リードギターに対して, バックで曲のコードを弾きながらリズム パートを務めるギター(パート)》. 〖1973〗

rhyth·mic /ríðmɪk/ *adj.* ＝rhythmical. — *n.* ＝rhythmics. 〖(1589) ◻ F *rhythmique* // L *rhythmicus* ◻ Gk *rhuthmikós*: ⇨ rhythm, -ic[1]〗

rhýth·mi·cal /-mɪkəl, -kl | -mɪ-/ *adj.* **1** リズムの, 律動の; 律動的な, リズミカルな, 韻律的な, 調子のよい, リズムのはっきりした, リズムの快い: ～ movements リズミカルな運動. **2** 規則的に循環する: the ～ courses of nature 規則的に循環する自然の推移. **～·ly** *adv.* 〖(1567): ⇨ ↑, -ical〗

rhýthmic gymnástics n. [単複両扱い] 新体操《ボールや輪などを使って行う体操》.

rhyth·mic·i·ty /rɪðmísəṭi | -sɪti/ n. 律動的[リズミカル]なこと[状態], 規則的[周期的]に起こること. 〖1901〗

rhyth·mics /ríðmɪks/ n. **1** リズム法[理論]. **2** リズム運動. 〖1859〗

rhýth·mist /-mɪst | -mɪst/ n. リズムを研究している[上手に利用する]人, リズム感の豊かな人. 〖1864〗

rhyth·mize /ríðmaɪz/ *vt.* リズミカルにする. **rhyth·mi·za·tion** /rɪ̀ðməzéɪʃən | -maɪ-, -mɪ-/ n. **rhýth·miz·a·ble** /-maɪzəbl/ *adj.* 〖1885〗

rhýthm·less *adj.* リズムのない; 韻律のない; 調子の合わない. 〖*a*1834〗

rhýthm mèthod n. 〘医学〙リズム[周期]避妊法《いわゆる荻野式避妊法; cf. safe period》. 〖1940〗

rhýthm sèction n. リズムセクション《ダンス[ジャズ]バンドなどで主にリズムを担当する楽器群》. 〖1927〗

rhýthm stìck n. リズム棒《特に, 幼児にリズムの基本を覚えさせるのに使う木製の棒で; 二本一組にしてたたいたり, こすり合わせたりする; cf. rhythm band》. 〖1952〗

rhyt·i·dec·to·my /rɪ̀ṭədéktəmi | -tɪ-/ n. しわ切除(術) (cf. facelifting). 〖(1931) ← Gk *rhutid-*, *rhutis* wrinkle＋-ECTOMY〗

rhyt·i·dome /ríṭədòʊm, ráɪṭ- | -tɪdəʊm/ n. 〘植物〙リチドーム, 殻皮(かくひ)《最も新しくできた周皮 (periderm) のすぐ外側の部分》. 〖(1881) ← NL *rhytidōma* ← Gk *rhutídōma* ← *rhutidoûn* ← *rhutis* wrinkle〗

rhy·ton /ráɪtɑ(ː)n | -tɒn/ n. (pl. **rhy·ta** /-tə | -tə/, ～s) 〘考古〙リュトン《角(つの)形盃; 陶または金属製で, 台の部分が女性や動物の頭部をかたどっている場合もある》. 〖(1850) ◻ Gk *rhutón* (neut. adj.) flowing: cf. Gk *rheîn* to flow (⇨ rhythm)〗

RI 《略》Regimental Institute; *L.* Regīna et Imperatrix (＝Queen and Empress); *L.* Rex et Imperator (＝King and Emperor); Rhode Island; Rotary International; Royal Institute; Royal Institution; 〘自動車国籍表示〙Republic of Indonesia.

RI, R/I 《略》reinsurance.

r.i. 《略》reflective insulation; religious instruction; 〘光学〙refractive index; reinsurance; rubber insulated; rubber insulation.

ri·a /ríːə; *Sp.* ría/ n. (pl. ～s /～z; *Sp.* ～s/) 〘地理〙おぼれ谷, リアス《谷の沈水によって形成された小さな入江; cf. fjord》; [pl.] リアス式海岸. 〖(1898) ◻ Sp. *ría* ← *río* river〗

RIA 《略》Royal Irish Academy.

RIAA curve /ɑ́əàɪèɪéɪ- | ɑ́ː(r)àɪ-/ n. 〘電子工学〙RIAA 再生カーブ[曲線]《米国レコード工業会 (Recording Industry Association of America) が決めたレコードの再生イコライザーカーブ》.

ri·al[1] /riɔ́ːl, riɑ́ːl | riɑ́ːl/ n. **1** **a** リアル《イランの通貨単位; ＝100 dinars; 記号 R, Rl》. **b** 1 リアル硬貨. **2** **a** リアル《イエメンの通貨単位; ＝100 fils; 記号 YRl(s)》. **b** 1 リアル紙幣. **3** リアル《オマーンの通貨単位; ＝100 baizas; 記号 RO》. 〖(1932) ◻ Pers. ～ ◻ Arab. *riyāl*〗

ri·al[2] /ráɪəl/ n. ＝ryal.

Ri·al·to /riǽltoʊ | -təʊ; (*1, 2* では) *It.* riálto/ n. **1** リアルト(島)《Venice の二大島の一つで, 商業中心区域を成す; cf. San Marco》. **2** [the ～] リアルト橋《Venice の Grand Canal にかかる大理石の橋; 1588–91 年に建設されたもので, Rialto 島と San Marco 島を結ぶ》. **3** **a** [the ～] リアルト街《New York 市の Broadway に面した劇場街》. **b** (一般に)劇場街. **4** [r-] (pl. ～s) 〘米〙〘証券〙取引所; 市場. ***Whàt néws on the Riálto?*** 何か変わったこと[話]はないか (cf. Shak., *Merch* V 1. 3. 39.).
〖(1549) ◻ It. ～《短縮》← *Rivoalto* ← L *rīvus alto* deep river ← *rīvus* river＋*altus* 'deep, high, ALT[1]'〗

ri·ant /ráɪənt, ríː- | ráɪ-; *F.* ʁjɑ̃/ *adj.* 〈顔・風景などが〉にこやかな, 喜びに輝いた, 陽気な, 快活な. **～·ly** *adv.* 〖(1567) ◻ F ～ (pres. p.) ← *rire* to laugh ＜L *rīdēre*: ⇨ -ant〗

ri·at·a /riǽṭə, riɑ́ːṭə | -tə/ n. 〘米〙(牛馬捕獲用の)輪なわ, 投げなわ. 〖(1846) ◻ Sp. *reata* ← *reatar* to tie again ← RE-[2]＋*atar* (＜L *aptāre* 'to fit, ADAPT')〗

Rí·au Archipélago /ríːaʊ-/ n. [the ～] リアウ諸島《Malay 半島の南東端沖, シンガポールの南にある島群; インドネシア領; 主島 Bintan 島》.

rib[1] /ríb/ n. **1** 肋骨(ろっこつ), あばら骨 (⇨ skeleton 挿絵): asternal ～＝false rib / ⇨ floating rib, short ribs, true rib / poke [nudge, dig] a person in the ～s (意味ありげに)そっと人の横腹を突く / smite a person under the fifth ～ 人の心臓を刺す, 人を突き殺す (cf. 2 *Sam.* 2: 23). **2** **a** (肋骨の付いた牛・羊などの)あばら肉, リブ (⇨ beef, mutton[1] 挿絵): a ～ of beef / a fore [middle] ～. **b** [*pl.*] ＝spareribs. **3** **a** (織物・編み物の)うね. **b** 肋骨状のもの. **c** (田畑の)あぜ. **d** 〘銃砲〙照準線, 照準用うね《小銃の銃身に沿って付けたうね状の直線》. **e** (砂上の)波の跡. **f** (船の)肋骨, 肋材(ろくざい). **g** 〘航空〙小骨《翼の内部に気流方向に入れて断面形を保つ部材》. **h** (こうもり傘の)骨. **i** 〘地理〙(山などの)突出部, 山脚. **4** 〘Adam の肋骨から Eve が作られたことから: cf. *Gen.* 2: 21–22〙〘戯言〙妻, 女房, 女. **5** 〘建築〙**a** リブ, 迫持(せりもち)の肋 (⇨ Gothic 挿絵). **b** (橋の)横ばり. **6** 〘植物〙葉脈 (vein) 中の主な脈《中脈と支脈》, 肋(ろく); 〘鳥類〙羽軸(うじく) (quill); 〘昆虫〙翅脈(しみゃく). **7** 〘鉱山〙(支柱として掘り残した)鉱壁, 鉱柱, 炭柱. **8** 〘窯業〙仕上げ板, 仕上げべら《ろくろを回しながら壺などの外側に当てて表面を滑らかにさせる当て板[べら]》. ***gét ìnto a person's ribs*** 〘俗〙人の懐中に手を入れる, 借用する. ***stick to the*** [*one's*] ***ribs*** 〘口語〙(食事が)内容があって滋養分が多い, 腹もちのよい.
— *vt.* (**ribbed**; **rib·bing**) **1** …に肋骨[肋材]を付ける, 肋骨[肋材]を付けて補強する; 肋骨[肋材]で囲む. **2** …の肋骨[肋材]として使われる[役立つ]. **3** 〈布・編物などに〉うねを作る; うねを立てて〈土地を〉耕す.
ríb·ber n. **ríb·like** *adj.* 〖OE *rib(b)* ＜Gmc *rebja, *rebjō (Du. *rib(be)* / G *Rippe*) ← IE *rebh- to roof over (OSlav. *rebro* rib, side)〗

rib[2] /ríb/ 〘口語〙 *vt.* (**ribbed**; **rib·bing**) いじめる, ひやかす, からかう. — *n.* **1** からかい[ひやかし](の言葉・行為), 冗談. **2** 諷刺, 茶化し. **ríb·ber** n. 〖(1930) ← ? RIB[1]: 肋骨をくすぐることから?〗

rib- /raɪb/ (母音の前にくるときの) ribo- の異形.

RIBA /ɑ́əàɪbìːéɪ | ɑ́ː(r)àɪ-/ 《略》〘英〙Royal Institute of British Architects 王立建築家協会.

rib·ald /ríbəld, ráɪ-, -bɔːld, -bɑːld | -bəld, -bɔːld/ *adj.* 〈言葉が〉卑猥な, 下品な, みだらな, 口汚い, 不敬な; 〈人が〉猥褻(わいせつ)なこと[冗談]を言う[書く], みだらな言葉遣いの: His answer was lost in a shout of ～ laughter. 彼の返事は下品な笑い声の中にかき消されてしまった / a ～ jest [joke] 下卑た冗談 / A ～ thought crossed his mind. みだらなことがふと頭に浮かんだ. — *n.* 下卑た冗談を言う人, 下劣[猥褻]なことを言う[書く, 思う]人, 口汚ない人, 不敬な事を言う人. 〖(*a*1250) *ribaud*, *ribald* ◻ OF *ribau(l)d* (F *ribaud*) ← *riber* to dissipate ◻ OHG *rīban* to be in heat, copulate, 《原義》to rub (cf. OHG *hrība* / MHG *rībe* whore) ← Gmc *wrīb- ← IE *wer- to turn, bend〗

rib·ald·ry /ríbəldri, ráɪ-, -bɔːl-, -bɑːl- | -bəl-, -bɔːl-/ n. **1** 下劣, 下等. **2** 卑猥(ひわい)[下等]な言葉, 口汚い言葉. 〖(*a*1376) ◻ OF *ribauderie*: ⇨ ↑, -ry〗

rib·and /ríbənd/ n. **1** (装飾用・賞などに与えられる)リボン (cf. blue ribbon). **2** 〘紋章〙＝cotise. 〖(?*a*1425)《変形》← *riban* 'RIBBON': -*d* は添え字〗

ríb·and·ed *adj.* 《古・英》＝ribboned.

rib·band[1] /ríbənd/ n. ＝riband.

rib·band[2] /ríb(b)ænd, ríbən(d)/ n. **1** 〘造船〙帯板 (ribbon)《肋骨(ろっこつ)が固定されるまで倒れないように, 仮にそれらを水平方向で連結する帯状の薄板》. **2** 〘土木〙(木道・船橋などに用いる)小割材, 円材, 板. **3** 〘海事〙＝ribbon 8. 〖(1711) ← RIB[1]＋BAND[1]〗

ribbed *adj.* [しばしば複合語の第 2 構成素として] **1** **a** 肋骨(ろっこつ)のある; 肋材のある; 肋骨状物のある. **b** 肋材で支

R

えた. 2 うねのある, うね立った: ~ fabric うね織り / close-*ribbed* 細いうねのある / ~ sea sand うねのように波跡のついた砂浜 / a ~ sweater リブ編みのセーター. 〖1523〗

ríbbed and smóked shéet *n.* =smoked rubber.

ríbbed váult *n.* 〘建築〙 リブヴォールト, 肋骨穹窿(きゅうりゅう) 《交差ヴォールトの稜線の部分をアーチで補強した天井架構》.

Rib·ben·trop /ríbəntrà(ː)p | -trɔ̀p; G. ʁíbn̩tʁɔp/, **Joachim von** *n.* リッベントロップ《1893–1946; ドイツのナチス指導者; 外相 (1938–1945); 戦犯として処刑された》.

ríb·bing[1] *n.* 1 [集合的] 肋骨(ろっこつ) (ribs); 肋材; (織物・編み物の)うね. 2 肋骨状に並べること, うね作り, あぜ. 3 (葉脈・昆虫の翅脈(しみゃく)などの)肋骨状組織. 〖1564〗

ríb·bing[2] *n.* 《口語》 いじめる[からかう]こと. 〖1935〗

rib·bit /ríbɪ̀t | -bɪt/ *n.* 《米》 げろげろ, げこげこ《蛙の鳴き声》.

Rib·ble /ríbl̩/ *n.* リッブル(川)《イングランド北西部の川; Lancashire を通り Irish Sea へ注ぐ (121 km)》.

rib·ble-rab·ble /ríbl̩ræ̀bl̩/ *n.* 1 野次馬連, わいわい連. 2 くだらないむだ話, 訳のわからない話. 〖(*c*1460) (加重) ← RABBLE¹〗

rib·bon /ríbən, -bn̩/ *n.* 1 a リボン: a baby ~ 細リボン. b (タイプライターなどの)インク[カーボン]リボン. c (勲章の代わりの)略綬(りゃくじゅ), 綬章. d (帽子の)はち巻き. e (勲爵士 (Sir) の身分を示す)綬章. f (クラブ・学寮・チームなどのメンバーであることを示す)リボン: ⇨ blue ribbon, red ribbon. 2 a ひも状のもの, 帯状のもの: a ~ of blue sky (雲間に)帯のように見える青空 / the thin ~ of a lake リボンのように細長い湖 / a broad ~ of wet seaweed 幅の広いリボンのようなぬれた海藻 / a ~ of road across the fields 畑地を貫く一条の道路. b (本につける)(しおり)ひも. c 〘時計〙 リボン材《ぜんまいの材料》. d 帯のこぎりの身. e 金属性巻尺. 3 [*pl.*] 細く裂けたもの: torn to ~*s* ぼろぼろ[ずたずた, きれぎれ]に切れた[裂けた] / She cut the dress to ~*s*. 彼女はドレスをずたずたに切り裂いてしまった / The sails hung in ~*s* from the yard. 帆がぼろぼろに裂けて帆げたから下がっていた. 4 [*pl.*] 手綱: handle [take] the ~*s* 手綱を取る, 馬[馬車]を駆る. 5 〘造船〙 帯板 (⇨ ribband² 1). 6 〘木工〙 帯板, 根太掛け《ledger board ともいう》. 7 〘建築〙 =came². 8 〘海事〙 リボン《船体外部に飾りのためペンキで描いた細い(白い)帯状の線; ribband ともいう》. ***to a ribbon*** 《米口語》 完全[完璧]に, 申し分なく.
— *vt.* 1 …にリボンを付ける, リボンで飾る. 2 ひものように裂く, 細く裂く: The banner was ~*ed* by the wind. その長旗は風で細かくひものように裂けていた. 3 …にひも状の筋[縞(しま)]をつける. — *vi.* ひも状になる, リボン状になる[広がる].

rib·bon·y /ríbəni/ *adj.* 〖(?*a*1325) *riban* ◻ OF (F *ruban*) ◻ MDu. *ringhband* necklace ← *ringh* 'RING²' + *band* (<Gmc **bandam* 'BAND¹')〗

ríbbon bùilding *n.* 〘都市工学〙 帯状建築 (⇨ ribbon development). 〖1928〗

ríbbon bùsh *n.* 〘植物〙 カンキチク (⇨ centipede plant).

ríbbon càble *n.* 〘電気〙 リボンケーブル《導線を並べて平らなリボン状にしたケーブル》.

ríbbon càndy *n.* リボンキャンデー《リボンを折り重ねた形のキャンデー; 特にクリスマスに売られる》.

ríbbon còpy *n.* (複写紙を使って作った写しと区別して)オリジナル, (契約書などの)正本《文書などタイプライターでじかに打ったもの; cf. carbon copy 1》. 〖1968〗

ríbbon devèlopment *n.* 〘都市工学〙 帯状開発《都市から郊外へ幹線道路に沿って無秩序に伸びて行く住宅建築; string development ともいう》. 〖1927〗

ríb·boned *adj.* [しばしば複合語の第 2 構成素として] 1 リボンを付けた[で飾った]: a silk-*ribboned* hat 絹のリボンの付いた帽子. 2 リボン状の筋[縞(しま)]のある. 〖1743〗

ríbbon·fìsh *n.* (*pl.* ~, ~·es) 〘魚類〙 1 リュウグウノツカイ科リュウグウノツカイ属 (*Regalecus*) の海産魚の総称 (oarfish); (特に)リュウグウノツカイ (*R. glesne*). 2 タチウオ (cutlassfish). 3 =dealfish. 〖1793–98〗

ríbbon gràss *n.* 〘植物〙 リボングラス, シマヨシ (*Phalaris arundinacea* var. *picta*) 《イネ科クサヨシ属の草本》. 〖1786〗

Ríb·bon·ìsm /-bənɪ̀zm/ *n.* 緑リボン会 (Ribbon Society) 会員の奉じた主義; その陰謀. 〖1828〗

ríbbon·lìke *adj.* リボンのような, 帯状の.

Ríbbon·màn /-mæ̀n/ *n.* (*pl.* **-men** /-mèn/) 緑リボン会 (Ribbon Society) の会員. 〖1813〗

ríbbon micròphone *n.* 〘電気〙 リボンマイクロホン《可動導体が薄い金属製のリボンのマイクロホン》. 〖1931〗

ríbbon pàrk *n.* 帯状公園《細長い公園》.

ríbbon snàke *n.* 〘動物〙 北米産の黄色とこげ茶の縞(しま)のあるガーターヘビ属のヘビ (*Thamnophis saurita*). 〖1711〗

Ríbbon Socìety *n.* [the ~] 緑リボン会《1808 年アイルランドでオレンジ党 (Orangemen) に対抗するために作られたカトリック教徒の秘密結社で, 会員は緑色のリボンを記章とした; 後には地主の小作人放逐反対運動に発展した; その会員は Ribbonman という》. 〖1866〗

ríbbon strìp *n.* 〘木工〙 =ribbon 6.

ríbbon trèe *n.* 〘植物〙 ニュージーランド産のアオイ科の木 (*Plagianthus betulinus*) 《内樹皮から亜麻に似た繊維が得られる》. 〖1866〗

ríbbon·wòod *n.* 〘植物〙 1 ニュージーランド産のアオイ科の低木 (*Hoheria populnea*) 《樹皮から綱を作る; lacebark ともいう》. 2 =ribbon tree. 〖1874〗

ríbbon wòrm *n.* 〘動物〙 =nemertean.

rib·by /ríbi/ *adj.* (**rib·bi·er; -bi·est**) 肋骨(ろっこつ)[うね]が見える[目立つ]. 〖1849〗

ríb càge *n.* 胸郭 (thoracic cage ともいう). 〖1909〗

Ri·bei·rão Pre·to /rìːbaɪrɑ̃ʊ(m)préɪtuː, -raʊm-; *Braz.* ʁibeiɾɐ̃ũpɾétu/ *n.* リベイラウン プレト《ブラジル南東部 São Paulo 州の都市》.

Ri·be·ra /riːbérə; *Sp.* riβéra/, **José** *n.* リベラ《1591?–1652; スペインバロックの画家; Naples で活躍; Lo Spagnoletto /lo spaɲolétto/ (スペインっ子)と呼ばれる》.

ri·bes /ráɪbiːz/ *n.* (*pl.* ~) 〘植物〙 スグリ《ユキノシタ科スグリ属 (*Ribes*) の植物の総称; スグリ (*R. grossularioides*) など》. 〖(1543) ◻ ML *ribēs* ◻ Arab. *rībās* sorrel〗

ríb èye *n.* あばら肉《牛のあばら骨の外側にあるステーキ用の大きな赤身肉部分》. 〖1926〗

ríb·gràss *n.* 〘植物〙 オオバコ (plantain); (特に)ヘラオオバコ (*Plantago lanceolata*) 《ヨーロッパ産の温暖な地域に繁茂するオオバコ科オオバコ属の多年草; 日本にも帰化; English plantain, ribwort ともいう》. 〖1500〗

ríb·ier gràpes /ríbjə- | -bjə-/ *n.* ヨーロッパブドウ (*Vitis vinifera*) 《ヨーロッパまたはカリフォルニア産の黒く大きいブドウ》.

ri·bi·tol /ráɪbətɔ̀(ː)l | -bɪ̀tɔ̀l/ *n.* 〘化学〙 リビトール (⇨ adonitol). 〖← RIBO- + -ITOL〗

ríb·less *adj.* 1 肋骨(ろっこつ)のない; 肋材のない. 2 肋骨が見えない; 肥えている. 〖1794〗

ri·bo- /ráɪboʊ | -bəʊ/ 「リボース (ribose) の[に関する]」の意の連結形. ★ 母音の前では通例 rib- になる. 〖← RIBOSE〗

ri·bo·fla·vin /ràɪboʊfléɪvɪ̀n, -bə-, -viːn, ⌐‥⌐‥ | ràɪbə(ʊ)fléɪvɪn, -viːn, ⌐‥⌐‥/ *n.* (*also* **ri·bo·fla·vine** /~/) 〘生化学〙 リボフラビン ($C_{17}H_{20}N_4O_6$) 《成長促進要素; 牛乳・筋肉・肝・腎・卵・緑菜・酵母中に発見される; lactoflavin, vitamin B_2, vitamin G, ovoflavin ともいう》. 〖(1935) ← RIBO- + FLAVIN〗

ri·bon·ic /raɪbɑ́(ː)nɪk | -bɔ́n-/ *adj.* 〘化学〙 リボース (ribose) の. 〖← G *Ribon(säure)* 《文字の置換による変形》 ← ARABINOSE + -IC¹〗

ri·bo·nu·cle·ase /ràɪboʊnúːklièɪs, -njúː-, -eɪz | -bə(ʊ)njúːklièɪs/ *n.* 〘生化学〙 リボヌクレアーゼ《リボ核酸の解重合を触媒する酵素》. 〖(1942) ← RIBONUCLE(IC) + -ASE〗

ríbo·nuclèic ácid *n.* 〘生化学〙 リボ核酸《2 種類の糖の一つのリボース (ribose) を構成分とする核酸で, 細胞質および細胞核中に見られる; RNA, yeast nucleic acid ともいう; cf. deoxyribonucleic acid》. 〖(1931) ← RIBO- + NUCLEIC ACID〗

rìbo·nùcleo·prótein *n.* 〘生化学〙 リボ核蛋白質《RNA に蛋白質が結合したもの》. 〖(1940) ← RIBONUCLE(IC) (↑) + -O- + PROTEIN〗

rìbo·núcleoside *n.* 〘生化学〙 リボヌクレオシド《リボースにプリンまたはピリミジン塩基が結合したもの》. 〖(1931) ← RIBO- + NUCLEOSIDE〗

rìbo·núcleotide *n.* 〘生化学〙 リボヌクレオチド《リボヌクレオシドにリン酸が結合したもの; RNAの構成単位》. 〖(1929) ← RIBO- + NUCLEOTIDE〗

ri·bose /ráɪboʊs, -boʊz | -bəʊs/ *n.* 〘化学〙 リボース ($C_5H_{10}O_5$) 《五炭糖の一種; RNA の成分として広く存在》. 〖(1892) ← RIB(ONIC) + -OSE²〗

ríbose nucléic ácid *n.* 〘生化学〙 =ribonucleic acid.

ri·bo·so·mal /ràɪbəsóʊməl, -ml̩ | -sóʊ-⌐/ *adj.* 〘生化学〙 リボゾームの. 〖(1960) ← RIBOSOME + -AL¹〗

ríbosomal ŔŃÁ *n.* 〘生化学〙 リボゾーム RNA《リボゾームの構成要素となっている RNA; 略 rRNA; cf. messenger RNA》. 〖1961〗

ri·bo·some /ráɪbəsòʊm | -bə(ʊ)sə̀ʊm/ *n.* 〘生化学〙 リボゾーム, リボソーム《RNA と蛋白質を主成分とする直径約 20 mμ の細胞内構造物; 粗面小胞体に結合するが遊離して存在する; 蛋白質生合成の場》. 〖(1958) ← RIBO- + -SOME³〗

ri·bo·zyme /ráɪbəzàɪm | -bə(ʊ)-/ *n.* 〘生化学〙 リボザイム《他の RNA 分子を切断するなど, 触媒機能をもつ RNA 分子》. 〖(*c*1985) (混成) ← RIBO(NUCLEIC ACID) + (EN)ZYME〗

ríb ròast *n.* 《米》 リブ(ロース)《牛肉のうち, 左右の肩から背の中央にかけた, 肋骨の外側の肉; 肉質は柔らかく, ステーキなどに用いる骨付きの standing rib roast と骨を抜いて巻いた rolled rib roast がある》. 〖1890〗

ríb stìtch *n.* ゴム編み.

Rib·ston pip·pin /ríbstənpípɪ̀n | -pɪn/ *n.* リブストンピピン《英国の古い品種のリンゴ》. 〖(1769) ← *Ribston* (イングランド Yorkshire の地名) <lateOE *Ripestain* ← *Hrypa stān* 'the STONE of the *Hrypa* (部族名)'〗

ríb-tìckler *n.* 《口語》 おもしろいこと, 笑い話, ジョーク. 〖1930〗

rib·u·lose /ríbjʊlòʊz, -lòʊs | -ləʊz, -ləʊs/ *n.* 〘化学〙 リブロース ($C_5H_{10}O_5$) 《五炭糖の一種; 炭水化物代謝と光合成で重要な媒介となる》. 〖(1936) ← RIBOSE + -ULOSE¹〗

ríb·wòrt *n.* 〘植物〙 =ribgrass. 〖← RIB¹ + WORT²〗

RIC /áəàɪsíː | ɑ́ː(r)àɪ-/ 《略》《英》 Royal Institute of Chemistry (RSC の前身).

-ric /rɪk/ 「管区; 領域」などの意の名詞連結形: bishop*ric*. 〖ME *-ricke, -riche* realm, power ← OE *rīce* reign, dominion: ⇨ rich〗

Ri·car·di·an /rɪ̀káədiən | rɪkáːd-/ *adj.* 1 リカード (Ricardo) の; リカード学派[学説]の. 2 Richard 二世時代の. — *n.* リカード学徒. 〖1863〗

Ri·car·do /rɪ̀káədoʊ | rɪkáːdəʊ/, **David** *n.* リカード《1772–1823; 英国の古典派経済学者; *Principles of Political Economy and Taxation* (1817)》.

Ric·cá·ti equàtion /rɪkáːṭi- | -ti-; *It.* rikkáːti-/ *n.* 〘数学〙 リッカチの微分方程式《$y'+a(x)y^2+b(x)y+c(x)=0$ という形の常微分方程式》. 〖← *J. F. Riccati* (1676–1754: イタリアの数学者)〗

Ric·ci /rítʃiː; *It.* rítːʃi/, **Mat·te·o** /mattéːo/ *n.* リッチ《1552–1610; イタリアの宣教師, イエズス会士; 中国などに布教; 漢名 利瑪竇(りまとう)》.

Ric·cio /rítʃiòʊ | -tʃiəʊ; *It.* rítːʃo/, **David** *n.* =David RIZZIO.

rice /ráɪs/ *n.* (*pl.* ~) 1 米; 飯: boil [cook] ~ ごはんを炊く. ★ 欧米では主にプディングやケーキの原料とする. 《米》ではバターライスをマッシュポテトの代わりに肉料理に添えることもある. また花嫁花婿の新婚旅行への門出を祝って米を投げかける風習がある. 2 〘植物〙 イネ (*Oryza sativa*): rough ~ もみ / a ~ crop 米作 (cf. wild rice 1). [日英比較] 「稲」「もみ」「米」「ごはん」を英語では rice 1 語で表す. 特に必要があれば *rice* plant (稲), unhulled *rice* (もみ), grain of *rice* (米粒), cooked *rice* (ごはん)のようにいうが, 一般的ではない. このような日英の相違は, 長年米を主食としてきた日本人の食文化と, 米が野菜の一種と考えられている英語圏の食文化との違いに由来する.

日本語	英語
稲	rice
もみ	
米	
ごはん	

— *vt.* 《米・カナダ》 〘料理〙 〈ジャガイモなどを〉ライサー (ricer) でつぶす. 〖(1234) *rys* ◻ OF *ris* (F *riz*) ◻ It. *riso* <VL **orīzum* = LL *orȳza* ◻ Gk *óruzon, óruza* ◻ ? OPers. **brīzi*: cf. Skt *vrīhi* (「ウルチ」との関係は不祥)〗

Rice /ráɪs/ *n.* ライス《男性名》. 〖(変形) ← RHYS〗

Rice, Elmer /ráɪs/ *n.* ライス《1892–1967; 米国の劇作家; *Street Scene* (1929)》.

ríce bèan *n.* 〘植物〙 ツルアズキ (*Phaseolus pubescens*) 《アジアで栽培されるマメ科インゲン属の一年草》.

ríce·bìrd *n.* 〘鳥類〙 コメを食べる数種の小鳥の総称: **a** コメクイドリ (⇨ bobolink). **b** =Java sparrow. 〖1731〗

ríce bòwl *n.* 1 ご飯茶碗. 2 (特に, 東南アジアなどの)米作地帯. 〖1922〗

ríce brān *n.* 米糠(ぬか)《玄米の種皮・糊層・胚芽および砕け米からなるもっとも普通の糠》. 〖1909〗

ríce bùrner *n.* 《米俗》 日本製オートバイ.

ríce càke *n.* 餅(もち).

ríce Chrístian *n.* ものもらいクリスチャン《宣教師から与えられる食糧・医療など現実的な利益が目的でキリスト教に改宗した者, 特にアジア人・アフリカ人など》. 〖1816〗

ríce fìeld *n.* 稲田, 水田. 〖1704〗

ríce-fìeld èel *n.* 〘魚類〙 中国からインドにかけて水路や田に生息するタウナギ科の魚類の総称.

ríce-flòur *n.* 米粉, 糝粉(しんこ); 米糠(ぬか). 〖1769〗

ríce flòwer *n.* 〘植物〙 オーストラリア産ジンチョウゲ科ピメレア属 (*Pimelea*) の植物の総称《その花は米粒に似ている》.

ríce glùe *n.* (細工物用の)米糊(のり); 続飯(そくい)《飯粒を練ったもの》.

ríce gràss *n.* =cordgrass. 〖1907〗

ríce grùb *n.* 〘昆虫〙 アメリカカズイムシ《米国南部地方のイネを荒らす幼虫》.

ríce hùller *n.* もみすり機, もみ精米機. 〖1875〗

Rice Kris·pies /ráɪskríspiz/ *n.* 〘商標〙 ライスクリスピーズ《米国 Kellogg 社製の焼いて膨らませた米のシリアル (cereal)》. 〖1936〗

ríce-mìlk *n.* 米粉を混ぜて煮つめた牛乳. 〖1620〗

ríce mìll *n.* 1 精米機. 2 精米所. 〖1842〗

ríce mòuse *n.* =rice rat.

ríce nùrsery *n.* 苗代(なわしろ).

ríce òil *n.* 米糠(ぬか)油.

ríce pàddy *n.* 水田, たんぼ.

ríce pàper *n.* 1 ライスペーパー《薄くて丈夫な不透明の紙; 紙巻たばこ用》. 2 通草紙(つうそうし)《ツウソウ (rice-paper tree) の太い髄を薄くはいで平圧して紙状にしたもの; 中国式の花鳥画・クッキングシートなどに用いられる》. 〖1822〗

ríce-pàper trèe [plànt] *n.* 〘植物〙 カミヤツデ, ツウダツボク(通脱木), ツウソウ(通草) (*Tetrapanax papyriferus*) 《中国・台湾・沖縄に産する高さ 3 m 位のウコギ科の低木; rice paper の原料》. 〖1832〗

ríce pòlish *n.* 米糠(ぬか)《玄米の糠層とその内側の澱粉層が少量混じった白っぽい糠》. 〖1909〗

ríce pòlisher *n.* =rice polishing machine.

ríce pòlishing machìne *n.* 精米機.

ríce pòlishings *n. pl.* 米糠(ぬか)《玄米の内側の糠層のみからなる細かな糠》. 〖1934〗

ríce púdding *n.* ライスプディング《牛乳と米で作った甘いプディング》. 〖*c*1500〗

ríc·er *n.* 《米》 ライサー《じゃがいもなどを圧搾して小さな穴を通し, 米粒ほどの太さのひも状にする台所用具; cf. rice *vt.*》. 〖(1896): ⇨ rice (vt.)〗

ríce ràt *n.* 〘動物〙 コメネズミ (rice mouse) 《北米・中南米の湿地にすむコメネズミ属 (*Oryzomys*) などの夜行性のネズミ》. 〖1884〗

ri·cer·car /rìːtʃɛəkɑ́ə | -tʃɛəkɑ́ː(r); *It.* ritʃerkáːr/ *It.* *n.* (*pl.* **~s, -cer·ca·ri** /-kɑ́ːriː; *It.* -ri/) (*also* **ri·cer·ca·re** /-kɑ́ːreɪ | *It.* -káːre/) 〘音楽〙 リチェルカーレ: 1 一つ(以上)の主題に基づく対位法的な 16–18 世紀の器楽形式; フーガの前身. 2 その形式による楽曲. 〖(1789) ◻ It. ~ ← *ricercare* to seek again: cf. research〗

ríce scrèenings *n. pl.* [単数または複数扱い] 屑米.

ríce wàter *n.* (米を煮て作った)重湯(おもゆ). 〖1789〗

ríce wèevil *n.* 〘昆虫〙 コクゾウ(穀象) (*Sitophilus oryzae*) 《鞘翅目ゾウムシ科の昆虫》.

ric·ey /ráɪsi/ *adj.* (～·er; ～·est) 米の, 米に似た, 米を含む. 〖1776〗

rich /rítʃ/ *adj.* (～er; ～est) **1 a** 富んだ, 金持ちの: a ～ man, family, etc. / a ～ industrial nation, area, etc. / (as) ～ as Croesus 巨万の富を持った / ～ beyond the dreams of avarice 大金持ちの / the ～ man's side (of the river) 《英口語》(London の) Thames 川北岸(地区) (↔ the poor man's side (of the river)) / *Rich* men feed, and poor men breed. 《諺》「金持ちの食い道楽, 貧乏人の子沢山」/ get ～ (quick) (手っ取り早く)金持ちになる / grow ～ 金持ちになる / stinking ～ 《口語》どえらい金持ちの / I'll [It'll] make you ～. 金持ちにしてやろう[なるだろう]. **b** [the ～; *pl.* 名詞的] 金持ちの人々, 富裕な階層: *the* very ～ / *the* idle ～ 遊び暮らす金持ち連 / *the* vulgar ～ 成金ども / *the* new ～ 新興成金連 / *The* ～ are not always happy. 金持ちが幸福とは限らない / ～ and poor 富める者貧しい者, 金持ちも貧しい者も. **2 a** 天然資源に富む: a ～ country. **b** [しばしば複合語の第2構成素として] 沢山ある, 豊富な, 恵まれた; 〔…に〕富んでいる 〔*in, with*〕: an island ～ *in* tradition [history] 伝統[歴史]に富んだ島 / a castle ～ *with* incidents of interest 興味ある事件に富んだ城 / food ～ in vitamins [protein] ビタミン[蛋白質]に富んだ食品 / a country ～ *in* minerals 鉱物資源に富んだ国 / a novel ～ in plot and characters プロットと登場人物が複雑な小説 / a woman ～ *in* ideas アイデアの豊富な女性 / an oil-*rich* country 石油の豊富な国 / vitamin-*rich* food. **3 a** 豊富に産する; 〈土地が〉肥えた, 肥沃な; 〈鉱石など〉含有量の多い; 純粋な: ～ soil 肥えた土地 / a ～ mine 産出の多い鉱山 / ～ ore 富鉱. **b** 豊かな, 沢山な, 潤沢な: a ～ crop [harvest] 豊作 / ～ brown hair ふさふさした茶色の髪の毛 / a ～ supply 豊かな供給. **4 a** 〈宝石・衣服など〉高価な, 貴重な, 華美な (fine): ～ presents [fabrics] 高価な贈り物[織物]. **b** 豪勢な, 豪華な, 贅沢な: a ～ banquet. **c** 最高の材料と最高の細工で作られた: ～ decorations. **d** [分詞と複合して副詞的に] 立派に, 贅沢に: *rich*-bound (本など)装丁の立派な, 極美装の, 豪華版の / *rich*-clad 豪奢(ごうしゃ)な服装をした, 着飾った. **5 a** 〈飲食物など〉(バター・クリーム・卵・砂糖・香料などがたくさん入って)滋味に富んだ, 濃厚な: ～ food 濃厚な食物. **b** 〈酒がこくのある, 芳醇で甘い: ～ wine こくのあるワイン. **c** 〈肉など〉脂の多い, 脂肪分の多い: ～ meat. **6 a** 〈色が〉濃い, 鮮やかな, 冴(さ)えた; 鮮やかな色彩の: ～ colors / ～ purple velvet 濃紫(こむらさき)のビロード / a ～ autumn sunset 赤々と燃える秋の落日 / a ～ landscape 色鮮やかな景色. **b** 濃緑の, 青々とした; 青草の多い: ～ meadows. **7** 〈声が〉朗々とした, 太い, 豊かな: a (full) ～ (vibrant) voice. **8** 〈においが〉強烈な, よい匂い[香り]のする: ～ perfume / a ～ odor [aroma] 強烈な匂い. **9** 〈内燃機関内の混合気が〉可燃性物混合比の高い; (理論混合比よりも)濃い (cf. lean[2] 5 d): a ～ mixture. **10** 意味深長な: a ～ allusion, epigram, metaphor, etc. **11** 《口語》**a** 非常におもしろい, 大層おかしい: a ～ joke [scene, idea] おもしろいしゃれ[場面, 思い付き] / That's (a bit) ～ (coming from …)! (…がそんなことを言うなんて)そいつは笑わせる《自分のことを棚に上げて他人の行動を批判する人に対して》. **b** とんでもない, ばかげた, 愚にもつかぬ.

R

strike it rich ⇨ strike 成句.

— *vt.* 富ませる (enrich). — *vi.* 《廃》裕福になる.
〖OE *rīce* powerful, noble, rich (people), 《原義》royal <Gmc **rikja* ruler (Du. *rijk* / G *reich* / ON *ríkr*) ▭ Celt. *rix* (Ir. *rig*) ▭ L *rēx* king ← IE **reg-* to move in a straight line, lead, rule: ME で (O)F *riche* (← Gmc) 《原義》powerful の影響を受けた〗

SYN 金持ちの: **rich** 金や財産をたくさん所有している《一般的な語》: a *rich* nation 金持ちの国家. **wealthy** 金持ちである上に永続的で豪華な生活や社会的勢力を暗示する: a *wealthy* widow 裕福な寡婦. **affluent** *wealthy* と同義であるが格式ばった語: the *affluent* society 豊かな社会. **well-to-do** ほしいものは何でも買えるくらい裕福な: a *well-to-do* family 裕福な家族. **ANT** poor.

Rich·ard /rítʃəd | -tʃəd; G. ʁíçaʁt, F. ʁiʃaːʁ/ *n.* リチャード《男性名; 愛称形 Dick, Dicky, Rick, Ricky, Richie, Ritchie》.

Richard's himsélf agàin. リチャードは旧に復した《失望・恐怖・疾病などから回復した人が自ら言い, またその人に対して他の人が言う言葉; Shakespeare の *Richard III* の (Colley) Cibber 版中の挿入句から》.
〖ME *Rycharde* ▭ (O)F *Richard* ▭ OHG *Richart* 《原義》strong king ← *rīhhi* powerful, rule (<Gmc **rīkja*: ⇨ rich) + *hart* 'HARD'〗

Rich·ard /rítʃəd | -tʃəd/ *n.* リチャード《1209–72; イングランド王 John の第二子; 一部の選帝侯により神聖ローマ皇帝に選ばれたが即位できなかった; 称号 Earl of Cornwall》.

Richard, Sir **Cliff** *n.* リチャード《1940–　; 英国のポピュラー歌手; 本名 Harry Webb》.

Richard I *n.* リチャード一世《1157–99; イングランド王 (1189–99); Henry 二世の第三子で, 父の跡を継いで Plantagenet 朝第2代の王になった; 第三次十字軍に従軍し, Saladin と戦った; 通称 Richard the Lion-Hearted, Richard Cœur de Lion (cf. Robin Hood)》.

Richard II *n.* **1** リチャード二世《1367–1400; イングランド王 (1377–99), 黒太子 (Black Prince) の子, Edward 三世の孫でその後継者; Wat Tyler の乱を鎮定した》. **2** 「リチャード二世」《Shakespeare 作の史劇 (1595)》.

Richard III *n.* **1** リチャード三世《1452–85; イングランド王 (1483–85); Edward 四世の弟; 初め Duke of Gloucester》. **2** 「リチャード三世」《Shakespeare 作の史劇 (1592–93)》.

Rich·ar·dine /rìtʃədíːn | -tʃə-/ *n.* リチャディーン《女性名》. 〖← RICHARD + -INE[3]〗

Ríchard Róe /-róu | -róu/ *n.* **1** 《法律》もと土地(占有)回復訴訟 (ejectment) で被告の実名が不明の場合に用いた仮想名 (cf. John Doe). **2** (一般に, 取引・手続き・訴訟の)一方の仮想名《日本では法律文書中で簡記するために「乙」とする; 「甲」は John Doe》.

Rich·ards /rítʃədz | -tʃədz/, **Dickinson Wood·ruff** /wúdrʌf/ *n.* リチャーズ《1895–1973; 米国の生理学者; Nobel 医学生理学賞 (1956)》.

Richards, Frank *n.* リチャーズ《1875–1961; 英国の作家; 主に少年向けの学校小説を書く; 大食漢で, 事あるごとに騒ぎを起こす少年 Billy Bunter が有名; 本名 Charles Hamilton》.

Richards, Sir **Gordon** *n.* リチャーズ《1904–86; 英国の騎手・調教師》.

Richards, I·vor /áɪvə | -və[(r)]/ **A(rmstrong)** *n.* リチャーズ《1893–1979; 英国の文芸批評家・言語研究家; *The Meaning of Meaning* (1923) (C. K. Ogden と共著), *The Principles of Literary Criticism* (1924)》.

Richards, Theodore William *n.* リチャーズ《1868–1928; 米国の化学者; 種々の元素の原子量を精密に測定; Nobel 化学賞 (1914)》.

Rich·ard·son /rítʃədsən, -sn̩ | -tʃəd-/, **Dorothy M.** *n.* リチャードソン《1873–1957; 英国の女流小説家; *Pilgrimage* (1915–38, *Pointed Roofs* (1915) に始まる 12 巻の大河小説); 本名 Mrs. Alan Elsden Odle /éɪtzdən óudl̩ | áudl̩/》.

Richardson, Henry Handel *n.* リチャードソン《1870–1946; オーストラリア生まれの英国の女流小説家; 本名 Mrs. Ethel Florence Lindesay Richardson; *The Fortunes of Richard Mahony* (1917–29)》.

Richardson, Henry Hobson *n.* リチャードソン《1838–86; 米国の建築家》.

Richardson, Sir **Owen Wil·lans** /wílənz/ *n.* リチャードソン《1879–1959; 英国の物理学者; Nobel 物理学賞 (1928)》.

Richardson, Sir **Ralph** *n.* リチャードソン《1902–83; 英国の俳優》.

Richardson, Samuel *n.* リチャードソン《1689–1761; 英国の小説家; *Pamela* (1740, '41), *Clarissa Harlowe* (1747–48)》.

Ríchardson gróund squìrrel *n.* 《動物》リチャードソンジリス (⇨ flickertail). 〖*Sir John Richardson* (1787–1865: スコットランドの博物学者)〗

Rich·ard·so·ni·an /rìtʃədsóuniən | -tʃədsə́u-ˈ/ *adj.* 〈作家・作品・文体など〉(サミュエル)リチャードソン風の; (ドロシー)リチャードソン風の. 〖← *Samuel* [*Dorothy*] *Richardson*〗

Rich·e·bourg /ríʃəbùəg, ríːʃ- | -bùəg; F. ʁiʃbuːʁ/ *n.* リシュブール(ワイン)《ブルゴーニュ (Burgundy) 産の赤ワイン》.

Riche·lieu /ríʃluː, ríːʃ-, -ʃəlùː | ríːʃljəː, ríʃ-, -ʃəljəː; F. ʁiʃəljø/, **Duc de** *n.* リシュリュー《1585–1642; フランスの枢機卿・政治家; Louis 十三世の宰相で事実上のフランスの支配者 (1624–42); 本名 Armand Jean du Plessis /armɑ̃ ʒɑ̃ dy plɛsi/; 通称 Eminence Rouge》.

Ríche·lieu Ríver /ríʃluː-, ríːʃ-, -ʃəlùː- | ríːʃljəː-, ríʃ-, -ʃəljəː-; F. ʁiʃəljø/ *n.* [the ～] リシュリュー(川)《カナダ南東部 Quebec 州南部の川 (337 km)》.

rich·en /rítʃən/ *vt.* (より)金持ちに[豊かに, 濃く]する. — *vi.* 〈色彩などが〉濃くなる. 〖1878〗

Riche·pin /riːʃpǽ(ŋ), -pǽŋ; F. ʁiʃpɛ̃/, **Jean** *n.* リシュパン《1849–1926; フランスの詩人・劇作家; *Le Chemineau* 「浮浪者」(戯曲, 1897)》.

rich·es /rítʃɪz/ *n. pl.* [通例複数扱い] **1** 財, 富; 財産[富]を持っていること: ～ and honor 富と名誉 / heap [pile] up ～ 巨万の富を築き上げる / *Riches* do not always bring happiness. 富は必ずしも幸福をもたらさない / *Riches* have wings. 《諺》金には羽がある, 「金はお足」. **2** 豊富, 沢山: the ～ of knowledge [the harvest] 豊富な知識[収穫]. **3** 天然, 資源. 〖(?a1200) *richess* ▭ OF *richeise* (F *richesse*) ← *riche* 'RICH' + -ESS[2]〗

Ri·chet /riːʃéɪ; F. ʁiʃɛ/, **Charles Robert** *n.* リシェ《1850–1935; フランスの生理学者; Nobel 医学生理学賞 (1913)》.

Rich·ie /rítʃi/ *n.* リッチー《男性名》. 〖(dim.) ← RICHARD〗

Ri·chier /riːʃjéɪ; F. ʁiʃje/, **Ger·maine** /ʒɛʁmɛn/ *n.* リシエ《1904–59; フランスの女性彫刻家》.

Rich·ler /rítʃlə | -lə[(r)]/, **Mordecai** *n.* リッチラー《1931–2001; カナダの小説家; *The Apprenticeship of Duddy Kravitz* (1959)》.

rich·ly /rítʃli/ *adv.* **1** 滋味に富んで; 濃厚に; 朗々として; 強烈に: a ～ lighted saloon 照明の強烈な客間. **2** 高価に; 立派に, 豪華に. **3** [通例 ～ deserve の形で] 十分に, 完全に: He ～ *deserves* a peerage [thrashing]. 貴族に列せられる[むち打たれる]に十分値する. **4** 富んで, 富裕に. **5** 産出力に富んで, 肥えて, 豊饒(ほうじょう)に. 〖OE *rīclīce*〗

Rich·mond /rítʃmənd/ *n.* リッチモンド: **1** 米国 Virginia 州の東部にある同州の州都, 工業都市; 南北戦争当時南部同盟の主都 (1861–65). **2** New York 市の一区; 1975 年公式には Staten Island と改称. **3** 米国 California 州西部, San Francisco 湾にある港. **4** 米国 Indiana 州東部の都市. **5** = Richmond upon Thames. 〖↓〗

Ríchmond Híll *n.* リッチモンドヒル《カナダ Ontario 州南東部 Tronto 郊外の都市》.

Ríchmond upon Thámes *n.* リッチモンドアポンテムズ《Greater London 南西部の自治区, 住宅地区; Kew Gardens がある》. 〖← F *Richemont* 《原義》splendid hill: Richmond 伯であった Henry VII の即位にちなみ旧名 Sheen を改称したもの〗

rích·ness *n.* **1** 《まれ》富んでいること, 裕福, 富裕. **2** 豊富, 沢山, 潤沢, 十分なこと. **3** 産出力の多いこと, 豊饒(ほうじょう), 肥沃(ひよく). **4** 貴重, 高価, 立派さ. **5** 滋味, 濃厚; (音・声の)朗々としていること; (色の)鮮やかなこと; (香りの)強烈さ, 芳醇. 〖1338〗

rích rhýme *n.* 《詩学》= rime riche.

richt /ríçt/ *adj., adv.* 《スコット》= right. 〖a1340〗

Rich·ter /ríktə | -tə[(r)]/, **Burton** *n.* リクター《1931–　; 米国の原子物理学者; Nobel 物理学賞 (1976)》.

Richter, Conrad *n.* リクター《1890–1968; 米国の小説家; *The Town* (1950)》.

Rich·ter /ríktə, ríç- | -tə[(r)]; G. ʁíçtɐ/, **Hans** *n.* リヒター《1843–1916; ハンガリー生まれのオーストリアの指揮者》.

Richter, Jean [Johann] Paul Friedrich *n.* リヒター《1763–1825; ドイツの作家; 筆名 Jean Paul; *Flegeljahre* 「生意気盛り」(1804–05)》.

Rich·ter /ríktə | -tə[(r)]; *Russ.* rʲíxtʲɪr/, **Sviatoslav Te·o·fi·lo·vitch** /tʲiafʲíləvʲɪtʃ/ *n.* リヒテル《1915–97; ロシアのピアニスト》.

Ríchter scàle /ríktə- | -tə-/ *n.* [the ～] リヒタースケール《地震の規模[マグニチュード]を示すスケール; cf. ⇨ Mercalli scale, magnitude》. 日英比較 日本の「震度」は「マグニチュード」とは別で, 人体に感じる震動を 10 段階に分けたものである. すなわちまず 0 (unfelt quake) から 7 (violent quake) までの 8 段階に分け, さらに震度 5 と 6 をそれぞれ強 (upper range) と弱 (lower range) に分けたものである. これは日本だけで通用するもので, 世界的には Richter scale が一般的である. したがって, 日本式の震度を言うときは on the Japanese intensity scale などの説明を付けるほうがよい. 〖← *C. F. Richter* (1900–85: 米国の地震学者)〗

Richt·ho·fen /ríktòufən, ríxt- | -tə̀u-; G. ʁíçt-hoːfn̩/, Baron **Ferdinand von** *n.* リヒトホーフェン《1833–1905; ドイツの地理・地質学者》.

Richthofen, Baron **Manfred von** *n.* リヒトホーフェン《1892–1918; ドイツの飛行士で飛行隊 Richtofen's Flying Circus 隊長; 第一次大戦の撃墜王; その赤色の愛用機から通称 Red Baron》.

rích·wèed *n.* 《植物》**1** = ragweed 1. **2** = white snakeroot.

ri·cin /ráɪsɪ̀n, rís-, -sn̩ | -sɪn/ *n.* 《化学》リシン《ヒマの種子 (castor bean) に含まれる有毒蛋白質》. 〖(1896): ⇨ ricinus〗

ric·in·o·le·ate /rìsənóulìɪ̀t, ràɪs-, -lièɪt | -náu-/ *n.* 《化学》リシノール酸塩[エステル]. 〖(1848): ⇨ ↓, -ate[1]〗

ri·cin·o·le·ic /ràɪsənoulíːɪk, rìs-, -léɪ- | -sɪ̀nəu-, -sn̩-, -léɪ-, -əúli-ˈ/ *adj.* 《化学》リシノール酸の. 〖(1848) ← L *ricinus* (⇨ ricinus) + OLEIC〗

ricinoleic ácid *n.* 《化学》リシノール酸 ($C_{17}H_{32}$-(OH)COOH)《グリセリンエステルの形でひまし油の中に存在し, 繊維油剤などの原料》. 〖1848〗

ri·cin·o·le·in /ràɪsənóulìɪn, rìs- | -sɪ̀nə́uliɪn/ *n.* 《化学》リシノリン《リシノール酸のグリセリンエステルで, ひまし油の主成分》. 〖← RICIN + -OLE[1] + -IN[2]〗

ric·i·nus /rísənəs | -sɪ̀n-/ *n.* 《植物》ヒマ (castor-oil plant)《トウダイグサ科ヒマ属 (*Ricinus*) の植物》. 〖(1694) ← NL ～ ← L castor-oil plant, tick, louse: その種子がダニに類似しているところから?〗

rícinus òil *n.* 《化学》= castor oil.

rick[1] /rík/ *n.* **1** (麦・干し草・麦わらなどの)大きな山, にお, 稲むら, 干し草積み《屋外に作るが, 雨に濡らさないために通例屋根をかける; cf. rick cloth》. **2** 小さい[細い]薪束(たきぎ), 粗朶(そだ)の束. **3** (ウイスキーを長期間寝かせておくための木製または鉄製の)組棚(くみだな). — *vt.* 〈麦・干し草・麦わらなどを〉積む, 積んで大きな山にする. 〖OE *hrēac* ← ?: cf. Du. *rook* / ON *hraukr*〗

rick[2] /rík/ *v., n.* 《英》= wrick.

Rick /rík/ *n.* リック《男性名》. 〖(dim.) ← RICHARD, DEREK〗

rick·ard·ite /ríkədàɪt | -kə-/ *n.* 《鉱物》リッカーダイト (Cu_4Te_3). 〖(1903) ← *Thomas A. Rickard* (1864–1953: 米国の鉱山技師): ⇨ -ite[1]〗

rick clòth *n.* 《英方言》干し草の山にかけるズック製の覆い. 〖1844〗

Rick·en·back·er /ríkənbæ̀kə | -kə[(r)]/, **Edward Ver·non** *n.* リッケンバッカー《1890–1973; 米国の飛行士; 第一次大戦の米国の撃墜王》.

rick·er /ríkə | -ə[(r)]/ *n.* 《植物》(ニュージーランドの) kauri の若木. 〖(1958) ▭ ? G rick(en) pole: 原義では 1820 年から〗

Rick·ert /ríkət | -kət; G. ʁíkɐt/, **Heinrich** *n.* リッケルト《1863–1936; ドイツの哲学者》.

ríck·et-prodùcing /ríkɪt- | -kɪt-/ *adj.* 佝僂(くる)病を生じる[の原因となる]. 〖*ricket*: 《逆成》← RICKETS〗

rick·ets /ríkɪts | -kɪts/ *n.* [《米》単数扱い; 《英》単数または複数扱い] 《病理》佝僂(くる)病. 〖(1634) ← ? RACHITIS〗

rick·ett·si·a /rɪkétsiə | rɪ-/ *n.* (*pl.* **-si·ae** /-tsiìː/, ～**s**) 《生物》リケッチア《シラミ・ダニなどに寄生する一般細菌より小さいリケッチア属 (*Rickettsia*) の微生物の総称; 発疹(ほっしん)チフスやツツガムシ病などの病原体となるものもある》. **rick·étt·si·al** /-tsiəl/ *adj.* 〖(1919) ← *Howard T. Ricketts* (1871–1910: 米国の細菌学者): ⇨ -ia[1]〗

rickéttsial disèase *n.* 《医学》リケッチア症. 〖1940〗

rickèttsial·póx *n.* 《病理》リケッチア痘《ネズミに寄生するダニから人に伝染するリケッチアによる感染症》. 〖(1946)〗

← RICKETTSIA＋-AL¹＋POX〛

rick·et·y /ríkɪ̥ti | -ti/ *adj.* **1** 佝僂(くる)病の[にかかっている]. **2 a** 関節が弱い; よろめく, よろよろする. **b** ぐらぐらする, つぶれそうな: a ~ staircase, bridge, table, etc. / a ~ car がたがたの自動車. **ríck·et·i·ness** *n.* 〚(1683) ← RICKETS＋-Y⁴〛

rick·ey /ríki/ *n.* リッキー《アルコール飲料(特に, ジンなど)と炭酸水の中にライムジュースと砂糖を入れたもの》: gin ~. 〚(1895) ← ? *Colonel Rickey*〛

rick·le /ríkl̩/ 《北英・スコット》 *n.* **1** 干し草などの小さな山. **2** 乱雑に積んだ山: a ~ of stones. — *vt.* 積む, 積んで山にする. 〚(1535) ← ? Scand.: cf. Norw. 《方言》 *rikl, rukl* small heap of stones〛

rick·rack /ríkræ̀k/ *n.* 〚服飾〛 リクラク, 蛇腹(じゃばら) 《ジグザグ状のブレード; 子供服などの装飾に用いる》. 〚(1884) 《加重》 ← RACK¹〛

rick·sha /ríkʃɔː, -ʃɑː | -ʃɔː/ *n.* (*also* **rick·shaw** /~/) **1** 人力車. **2** 三輪自動車, 輪タク (pedicab) (cf. autorickshaw). 〚(1887) 《短縮》 ← JINRIKISHA〛

ríck·stànd *n.* 干し草積み台 《rick の支えにする木または石の柱》. 〚1833〛

Rick·y /ríki/ *n.* リッキー 《男性名》. 〚(dim.) ← RICHARD〛

ríck·yàrd *n.* 干し草積み場[庭].

rick·y-tick /ríkitík/ *n.* 〚ジャズ〛 リッキーティック 《1920年代を思い出させるようなスイートジャズ; 機械的で規則的なビートと速いテンポをもつ》. — *adj.* **1** 〚ジャズ〛 リッキーティックの[を作る]. **2** 《米俗》 旧式な, 古めかしい. 〚(1938) 擬音語〛

rick·y-tick·y /ríkitíki/ *adj.* ＝ricky-tick.

RICO 《略》 《米》 Racketeer Influenced and Corrupt Organizations (Act).

ric·o·chet /ríkəʃèɪ, ⸗⸗⸗/ *n.* **1** 跳飛, 跳弾 《弾丸・石などが数回地面または水面に触れて飛んで行くこと》; 跳飛して当たる音. **2** 跳飛する弾丸[石]. — *vi.* (**-cheted** /~d/; **-chet·ing, -chet·ting** /~ɪŋ/) **1** 跳飛する (⇨ jump SYN); 水を切って飛ぶ: The bullet ~*ed off* the wall. 弾丸は塀に当たってはね返った. **2** 跳弾射撃する, 跳射する. 〚(1769) □ F ~ ← *(fable du) ricochet* endless exchange of question and answer ← ?〛

rícochet fìre *n.* 〚砲術〛 跳飛射撃, 跳弾射撃 《一度弾着してからはねて地面近くの空中で破裂するように行う射撃》. 〚1863〛

ri·cot·ta /rɪ̥kɑ́(ː)tə | -kɔ́tə; *It.* rikɔ́tta/ *n.* 〚畜産〛 リコッタ 《イタリア産の柔らかい無塩の白チーズ; cottage cheese の一種》. 〚(1877) □ It. ~ □ L *recota* (fem. p.p.) ← *recoquere* ← RE-¹＋*coquere* 'to COOK'〛

ric·rac /ríkræ̀k/ *n.* 〚服飾〛 ＝rickrack.

RICS /ɑ̀ːəàɪsìːés | ɑ́ː(r)àɪ-/ 《略》 《英》 Royal Institution of Chartered Surveyors 王立公認測量士学会.

ric·tus /ríktəs/ *n.* (*pl.* ~, ~·es) **1** 〚鳥類〛 口角, 口の開き, 嘴(くちばし)の開き. **2 a** (恐怖・驚愕・唖然とした気持ちなどのために)大口をあけた顔[表情]. **b** 〚解剖〛 口腔(こう). **3** 〚植物〛 (仮面花冠の)のど. **ríc·tal** /-tl̩/ *adj.* 〚(1760) □ L ~ 'open mouth' (p.p.) ← *ringi* to open the mouth, gape〛

rid¹ /ríd/ *vt.* (**rid**, 《古》 **rid·ded; rid·ding**) **1 a** 〔悪習・苦痛・障害物などから〕免れる, 自由にする 〔*of*〕; 〔…を〕取り除く, 除去する, 駆逐する 〔*of*〕: ~ the house *of* rats 家からねずみを駆逐する / ~ a person *of* his fears 人の恐怖を取り除く / ~ the sea *of* pirates 海賊を海から一掃する / ~ the world *of* criminals この世から犯罪者を一掃する / try to ~ one's memory *of* the fears of one's childhood 子供のころの恐怖の記憶を追い払おう[なくそう]とする. **b** [~ *oneself* または受身で] 〔望ましくないもの〕を免れる, 脱する, …がなくなる: He *is* ~ *of* fever. 彼は熱がとれた / The world *is* well ~ *of* him. あんなやつが死んで(かえって)結構だ[いい厄介払いをした] / ~ *oneself of* a bad habit 悪習から抜ける. **2** 《古》 〈人を〉…から救う 〔*from, out of, of*〕. **3** 《古》 〈疫病などを〉追い払う, 一掃する (cf. *Lev.* 26:6). **4** 《方言》 〈仕事を〉終える.

gèt rid of …を免れる, 脱する, 除く, 追い払う, 駆除する: *get* ~ *of* a cold 風邪(かぜ)を治す[が抜ける]. (1665) ***rid wáy*** 《まれ》 前進する, はかどる.

ríd·der /-də | -dəʳ/ *n.* 〚(?a1200) *ridde(n)* □ ON *ryðja* to clear (land) ＜Gmc **ruðjan* (OHG *riuten*) ← IE **reudh-* ← **reu-* to tear up, dig out〛

rid² *v.* 《古・方言》 ride の過去形・過去分詞. 〚(1631) pret.: OE *ridon(e)* (pl.); p.p.: ME *rid(d)e*〛

rid·a·ble /ráɪdəbl̩ | -də-/ *adj.* (*also* **ride·able**) **1** 〈馬など〉乗ることができる. **2** 〈道路・川など〉乗馬で通ることができる, 騎行できる. 〚1637〛

rid·dance /rídəns, -dn̩s | -dəns, -dn̩s/ *n.* 免れること, 脱却, 除去; 追払い; 厄介払い, 一掃: ~ from adversity 不運からの脱出 / make clean ~ of …を一掃する / He is a good ~. 彼がいなくなっていい厄介払いだ / Good ~ (to …)! (…がなくなって)いい厄介払いだ (cf. rubbish 1). 〚(1533) ← RID¹＋-ANCE〛

rid·del /rídl̩ | -dl̩/ *n.* 〚教会〛 祭壇の側面垂れ幕. 〚(1345–49) □ OF *ridel* (F *rideau*) curtain ← *rider* to wrinkle □ OHG *rīdan* to turn, twist〛

Rid·dell /rídl̩, rɪ̥dél | rídl̩, rɪ̥dél/, **George Al·lar·dice** /ǽlədàɪs | ǽlə-/ *n.* リデル 《1865–1934; 英国の新聞経営者, *The News of the World* の社長; 称号 1st Baron Riddell》.

rid·den /rídn̩/ *v.* ride の過去分詞. — *adj.* [通例複合語の第 2 構成素として] **1** …がやたらに多い: a slum-*ridden* town スラムだらけの町 / a weed-*ridden* garden 雑草の生い茂る庭. **2** 支配された, 圧制された, 虐げられた; 悩まされた, 苦しめられた: a country ~ by priests [soldiers] 僧[軍人]が幅をきかす国 / fear-*ridden* 恐怖にかられた[て] / ⇨ bedridden 1, priest-ridden / a crime-*ridden* city 犯罪の横行する都市 / inflation-*ridden* countries インフレに悩む国 / a drought- and famine-*ridden* country 干魃(かんばつ)と飢饉に悩まされている国. 〚(1523) *iriden*〛

rid·dle¹ /rídl̩ | -dl̩/ *n.* **1** なぞ, 判じ物 (⇨ mystery¹ SYN): propound [ask] a ~ なぞをかける / solve [find out, guess] a ~ なぞを解く / speak in ~*s* なぞをかけるような言い方をする / Don't go on talking in ~*s*. (いつまでも)なぞめいた話し方ばかりするな. **2** 難問, 難題; 不可解なもの[こと, 人]: What he did it for is still a ~ to me. 彼がなぜそうしたのかまだ私にはわからない.
— *vi.* **1** なぞをかける. **2** なぞのような(曖昧な)ことを言う.
— *vt.* 〈なぞを〉解く, 解明する.

ríddle me [命令形で] 《古》 私のかけたなぞを解いてごらん: *Riddle me* a [my] riddle, what is this?＝*Riddle me,* ~ *me* what it is. なぞなぞ, なあに, これなあに?

ríd·dler /-dlə, -dlə | -dləʳ, -dl-/ *n.* 〚(14C) *redele* (語尾の *s* を pl. suf. とみて) ← OE *rǣdels(e)* counsel, opinion, riddle ← *rǣdan* 'to READ¹, REDE'＋*-els*: cog. Du. *raadsel* / G *Rätsel*: cf. cherry, pea¹〛

rid·dle² /rídl̩ | -dl̩/ *n.* **1** (穀物・砂利・鉱石・燃え殻などをふるう)粗目のふるい. **2** 《古》 針金をまっすぐにするための釘が植えてある板. — *vt.* **1 a** 〈穀物・砂利などを〉ふるい分ける, ふるいにかける. **b** 〈証拠・議論などを〉精査する, 吟味する. **2 a** (弾丸などで)〈船・人などを〉穴だらけにする, …に蜂の巣のように穴をあける: a ship ~*d with* shots 弾痕(だんこん)だらけの船 / The sun ~*d* the clouds. 日光が雲を突き抜けて輝い(ていた). **b** 〈人・理論などを〉(事実を挙げて)散々やっつける. **3** 腐敗[堕落]させる; [通例 p.p. 形で] 〔好ましくないもので〕満たす〔*with*〕: a yard ~*d with* weeds 雑草の生い茂っている庭 / Those high officials are ~*d with* corruption. あの高官たちは腐敗しきっている. — *vi.* **1** ふるいをかける[使う]. **2** 〈寒さなどが〉しみる; 〈風などが〉吹き抜ける: The wind ~*d through* the broken window. 風がこわれた窓を吹き抜けていた. 〚lateOE *hriddel* 《異化》 ← *hridder* ← *hrīdrian* to shake ← Gmc **χrīðram* sieve ← IE **krei-* to cut, separate, sift (L *cribrum* sieve & *discrimen* 'to DISCRIMINATE' / Gk *krínein* (⇨ crisis))〛

ríddle cànon *n.* 〚音楽〛 なぞのカノン 《主題のみが記譜され, そこに記された声部記号・文字・象徴記号などを手がかりとして応答声部を解明するカノン; 15–16 世紀に多く作られた; enigma canon ともいう》. 〚1889〛

rid·dle·me·ree /rìdl̩mɪ̥ríː, ⸗⸗⸗⸗ | -dl̩-/ *n.* くだらない長話. 〚(短縮) ← *riddle me a riddle* (⇨ riddle¹ 成句)〛

ríd·dling¹ /-dlɪŋ, -dl- | -dl-, -dl-/ *adj.* **1** なぞのような, なぞを含む, 不可解な: a ~ speech なぞめいた言葉. **2** なぞを解く, 判じる. **~·ly** *adv.* 〚(1590) ← RIDDLE¹〛

ríd·dling² /-dlɪŋ, -dl- | -dl-, -dl-/ *n.* **1** ふるいにかけること. **2** [*pl.*] ふるいくず, ふるい残り. 〚(1600) ← RIDDLE²〛

ride /ráɪd/ *v.* (**rode** /róud | rə́ud/, 《古・方言》 **rid** /ríd/; **rid·den** /rídn̩/, 《古・方言》 **rid, rode**) — *vi.* **1 a** (馬などに)乗る, 乗って行く; 乗馬をする, 馬を御する; 駆ける: ~ *on* horseback 馬に乗る / ~ away [off, on, up] 馬に乗って去る / ~ into a crowd 馬で群衆の中へ乗り込む / ~ bareback [sidesaddle] 裸馬に[横乗りに]乗る / ~ behind 騎手の後ろに乗る / ~ double 馬に合乗りする / ~ full speed 全速力で駆ける / ~ well 乗馬がうまい / ~ at full gallop (全速力で)疾駆する / learn to ~ 乗馬練習をする / I can't ~. 馬に乗れません / go *riding* 馬に乗って行く. **b** 騎兵である, 騎兵隊にいる: ~ in the Life Guards 近衛騎兵隊勤務である. **2 a** 〔乗物に〕乗る, 乗って行く 〔*in, on*〕: ~ *in* a carriage / ~ *in* [*on*] a train [bus] / ~ *on* a cart, bicycle, bloomstick, magic carpet, etc. / I like just *riding* around. ただ車を乗り回すのが好きだ / You ~ in front and I'll ~ behind. 君が先に行ってくれ, 僕は後について行く. **b** 〈人の肩などに〉馬乗りになる, またがる; 〔担架などで〕運ばれる〔*on*〕: let a child ~ *on* one's back [shoulders] 子供を背[肩]に馬乗りさせる. **c** 《南ア口語》 自動車を運転する. **3** 〔…に〕依る, かかっている, …次第である〔*on*〕: The change ~*s on* his decision. その変更は彼が決定するかどうかにかかっている. **4** [補語を伴って] 〈乗物や土地が乗って…である, 乗り心地が…である; 〈競馬の走路が〉走るのに…の状態である: ~ easy 〈馬が〉乗り具合がよい; 〈船が〉動揺が少ない / ~ hard 〈馬・地面が〉乗り具合が悪い; 〈船が〉動揺がひどい / The car [horse] ~*s* well. この車[馬]は乗り心地がよい. **5 a** 〈船などが〉浮かぶ; 進む, 動く: The yacht [bird] *rode* lightly *on* the waves. ヨット[鳥]が波の上に静かに浮かんでいた. **b** 〈船が〉停泊する: ~ *at* anchor 停泊する. **c** 〈天体などが〉空中に掛かる, 浮かぶ: The moon ~*s* above the clouds. 月が雲の上に掛かっている / The sun ~*s* high in the sky. 太陽が空高く昇っている. **6 a** (乗物に乗っているかのように)運ばれる, 支えられる; 乗る, 乗っかる: ~ *on* a wave of popularity 人気の波に乗る. **b** 〔車軸などに〕載せられている, 支えられて動く, 載せられて回る〔*on*〕: The wheel ~*s on* the axle. 車輪は車軸で回る. **7** 《口語》 〈事が〉すらすら進む[運ぶ]: Let it [the matter] ~. (干渉しないで)成行きにまかせよ, ほっておけ. **8** 〈折れた骨・物などが〉重なる; 〈色が〉刷り重なる: A bone ~*s*. 折れた骨が(元のようにまっすぐに継がれないで)重なる / A rope ~*s*. (巻かれた)なわが重なる. **9 a** 〈雄の動物が〉交尾でまたがる[乗る]. **b** 《卑》 性交する. **10** 賭けてある〔*on*〕: His money is *riding on* the horse. 彼の金は馬に賭けてある. **11** [補語を伴って] (乗馬服などで)乗れば…の目方がある, 馬上で…の目方である; 〈騎手が〉(レースの前に)…の目方がある: I ~ 130 pounds. 私は乗馬服を着て目方が 130 ポンドだ. **12** 〚ジャズ〛 〔主題を〕自由に変奏[即興演奏]する〔*on*〕.

— *vt.* **1** 〈馬・乗物などに〉乗る, 乗って行く; 〈馬などを〉御する, 疾駆[全力疾走]させる: ~ a horse, bicycle, motorcycle, camel, broomstick, magic carpet, etc. / ~ a horse to school 馬に乗って通学する / ~ one's horse at a fence 垣(かき)を乗り越そうと馬を駆けさせる / ~ one's horse at the enemy 馬に乗って敵に突撃する / The winner was *ridden* by Willie Schumacher. 勝ち馬の騎手はウィリー シューマッハだった / ~ the elevator to the ninth floor エレベーターに乗って 9 階まで行く. **2** …に浮かぶ, 乗って運ばれる: ~ the waves 〈船が〉波に乗って進む / The bird *rode* the storm. その鳥はあらしに乗って飛んだ. **3** [主に p.p. 形で] 支配する, 圧制する, 虐げる (⇨ ridden 2). **4** 《米》 からかう, やじる (⇨ bait¹ SYN); 悩ます, 苦しめる: Don't ~ me. 私をからかうな / Grim fear *rode* him day and night. ものすごい恐怖が日夜彼を悩ました. **5** (衝撃を柔らげるために)〈打撃を〉後退して受ける. **6 a** 馬で〈道を〉進む, 馬で通る[渡る, 越す]: ~ a circuit 馬で巡回する / ~ the country 地方を馬で通る / ~ a ford 浅瀬を馬で渡る / ~ fifty miles [minutes] 馬で 50 マイル[分]行く. **b** 馬に乗って行う; 乗物に乗って行う; 馬に乗って狩る, 乗馬で行う: ~ a race 競馬をする; 自転車競走をする. **c** 〈馬などを〉駆使する; 使い[やり]過ぎる: ~ one's horse *to* death 馬を乗り殺す; おはこを出し過ぎていやがられる / ~ a principle [joke] *to* death ある方式[冗談]をやり過ぎ(てだめにす)る. **7 a** 乗らせる, またがらせる, 馬乗りさせる; 《米》 乗せて行く, 乗せて運ぶ: ~ one's child *on* one's back [shoulders] 子供を背中[肩車]に乗せる / ⇨ *ride a person (out) on a* RAIL¹. **b** 《南ア口語》 〈水・農作物を〉荷車や自動車で運ぶ. **8 a** 〈困難・苦境などを〉乗り切る, 切り抜ける: ~ (out) the difficulties / learn to survive by *riding* the blows (of fate) 運命の打撃を乗り越えることによって生き残る術を学ぶ. **b** 〈暴風雨などに〉耐える; うまく持ちこたえる 〈*out*〉 《特に錨泊中または洋上停船の場合にいう》: ~ *out* the storm in safety 無事にあらしを乗り切る. **9** (特に, 重なるようにして)…に掛かる, に載っている: His glasses *rode* his nose. めがねが鼻に載っていた. **10 a** 〚動物〛 交尾のために〈雌に〉乗る. **b** 《卑》 〈女〉と性交する. **11** 《古》 〈船を〉つなぐ, 停泊させる. **12** 〚ジャズ〛 〈主題を〉自由に変奏[即興演奏]する. **13** 〚自動車〛 (足をずっと乗せたまま) 〈ペダルを〉半踏みの状態にしておく: ~ the clutch [brake] 半クラッチにする[ブレーキを半踏みする]. **14** 〚競馬〛 ＝RIDE *out* (3).

ride agáin 元気を回復する. (1939) ***ride and tíe*** 《古》 二人交代で一頭の馬に乗る. (1742) ***ride dówn*** (1) 馬で追跡する[追い詰める]. (2) 馬に乗ったまま踏みつける[つぶす]. (3) 打ち負かす. (4) 〚海事〛 全体重をかけて押さえる 《ヨットなどで帆を揚げる時に, 揚帆索 (halyard) をつかんでこれに全体重をかけて引き, 帆を揚げる》. (1709) ***ride for a fáll*** ⇨ fall 成句. ***ride hígh*** うまく行く, 成功する, 成功の波に乗る. (1727) ***ride ín*** 〈馬を〉レースのために準備させる. ***ride óff*** (1) (ポロで)球と敵との間に自分の馬を入れて〈相手を〉妨げる. (2) ＝RIDE *out* (*vt.*) (1). ***ride óff on*** 〈枝葉の問題〉を持ち出して要点を避ける. ***ride óut*** (*vi.*) 外へ(馬に)乗って出る, 郊外へ馬で出る. (*vt.*) (1) (馬を操って)〈牛・羊などを〉群れから切り離す. (2) ⇨ *vt.* 8 a, b. (3) 〚競馬〛 〈競走馬〉を限界まで駆り立てる. ***ride óver*** (1) …を踏みにじる; 圧制する; 無視する. (2) ＝WALK *over* (1). ***ride róughshod òver*** ⇨ roughshod. ***ride to hóunds*** ⇨ hound. ***ride úp*** (1) 〈衣服が〉(上の方へ)ずれる, ずり上がる, (服の外に)出て来る: Her new tight skirt *rode up* when she sat down. 座ったとき新しいタイトスカートがずり上がった. (2) ⇨ *vi.* 1

— *n.* **1 a** 馬[乗物など]による旅行, 騎馬[乗物]旅行; 乗っている時間: The hotel is within ten minutes' ~ of the station. ホテルは駅から車で 10 分以内の所だ / It was a long [a $5] bus ~ to the town. 町までバスでかなり [5 ドル]かかった / a horseback ~. **b** (馬・乗物・人の背などに)乗る[乗せる]こと, 乗って[乗せて]行くこと[仕方, 機会]: a ~ on a bicycle, horse, bus, train, camel, elephant, broomstick, magic carpet, etc. / a ~ in a bus, train, car, carriage, etc. / give a person a ~ 人を乗せてやる / go for a ~ ドライブ[乗馬]に出かける / pick up [hitch] a ~ (通りがかりの)車に乗せてもらう / have [take] a ~ 〈馬・馬車などに一回〉乗る. **c** 乗り心地[具合]: a smooth [rough, bumpy] ~. **2** (遊園地などにある)乗物 《観覧車・メリーゴーランド・ローラーコースターなど》. **3** (特に森林の中の)騎馬道路. **4** (自動車レースの)レーサーの職. **5** 〚レスリング〛 ホールド.

còme [gò] alóng for the ríde おつきあいで参加する. ***give … a róugh ríde*** …をいやな目に遭わせる. ***hàve [be ín for] a búmpy ríde*** (1) ⇨ 1 c. (2) 厄介なことになる[なりそうである]. ***táke for a ríde*** 《俗》 (1) 〈人を〉だます, かつぐ. (2) 〈人を〉車で連れ出して殺す. (3) からかう, いじめる. (1925)

〚OE *rīdan* ＜Gmc **rīðan* (Du. *rijden* / G *reiten*) ← IE **reidh-* to ride〛

Ride /ráɪd/, **Sally Kris·ten** /krístən, -tn̩ | -tɪ̥n, -tn̩/ *n.* ライド 《1951–2012; 米国の宇宙飛行士; 米人女性として初めて宇宙を飛行 (1983)》.

Ríde a Còck-Hórse *n.* 「おうまさんでバンベリー」 《'Ride a cock-horse to Banbury Cross' で始まる英国の nursery rhyme; しばしば幼児をひざに載せて揺すりながら歌って聞かせる》.

ríde cỳmbal *n.* 〚音楽〛 ライド シンバル 《ドラムセットのシンバルで, リズムを刻むのに用いる》. 〚1956〛

ri·dent /ráɪdn̩t/ *adj.* 《古》 笑っている, にやりと笑っている. 〚(1609) □ L *ridentem* (pres.p.) ← *rīdēre* to laugh: ⇨ ridicule〛

ríde-òff *n.* 〚馬術〛 決勝ラウンド 《同点に決着をつけるため, あるいは予選通過者を決定するために行う》. 〚1973〛

ríde-òn *adj.* 〈電動芝刈り機などが〉乗用(操作型)の《使用者が機械に乗って操作する》. ― *n.* **1** 乗用芝刈り機. **2** 《米》乗り物玩具《子供が乗ってペダルまたはバッテリー動力などで動かす》. 〖1969〗

rid·er /ráɪdə | -də(r)/ *n.* **1** (馬・乗物などに)乗る人, 乗り手 (cf. foot passenger); 上手な乗り手, 騎手: He'll never make a ～. 彼の乗馬は上達しないだろう. **2 a** 追って書き, 添え書き, 添付書類: by way of ～ (to) (…の)追加として, 添付して. **b** 追加箇条[条項]. **c** 《英》(特に, 議案の第三読会の)補足条項. **d** 《英》陪審員の評決 (verdict) に付記した副申書. **3** 〖論理〗演繹(えき)されたもの, 系 (corollary). **4** 〖数学〗応用例題. **5 a** 物上に置かれて[またがって]いる物[装置]. **b** (欄干の上部をなす)手すり. **c** 他の索上に重なっている索[巻き索]. **d** 補強のための横木. **6** 〖化学〗(精密測定用天秤の)ライダー, 馬乗り分銅, 乗子. **7** [*pl.*] 〖造船〗(木造船の肋骨を外部から斜めに押さえる)連結(鋼)帯材. **8** 〖古銭〗**a** ライダー《裏面に騎馬像のあるオランダ金貨》. 〖(なぞり) ← Du. *rijder*〗 **b** ライダー《1475 年 James 三世の時にその第 2 次通貨として発行されたスコットランドの金貨》. **9** 〖鉱山〗はさみ《炭層や岩層中にはさまれて存在する石炭や岩石の薄層》.
ríder·less *adj.* 〖late OE *rīdere*〗

Ri·der /ráɪdə | -də(r)/ *n.* ライダー《男性名; 異形 Ryder》. 〖↑〗

rid·ered *adj.* **1** 〈波形の塀が〉補強のための横木 (rider) のある. **2** 〖鉱山〗〈炭層などが〉はさみ (rider) のある, はさみの走っている. 〖1833–34〗

ríder plàte *n.* 〖造船〗ライダープレート, 冠板《金属製の内竜骨で, 竜骨上面に沿ってその頂部を縦に走る水平縦材》.

ríder's bòne *n.* 〖医学〗乗馬骨《ももの上側および内側の筋肉の腱が骨化したもので, 乗馬歴の長い人に生じる》. 〖1891〗

ríder·shìp *n.* 《米》特定交通機関のある期間の利用者数. 〖1972〗

ridge /rídʒ/ *n.* **1 a** 山の背, 山背, 山稜, 尾根; 小山脈; 分水線: walk along a mountain ～ 尾根伝いに歩く. **b** 海嶺 (海底の山脈). **2** 動物[人間]の背筋に沿って隆起した部分. **3 a** (背骨のような)隆起, うね: the ～ of a wave 波の背[うね] / the ～ of the nose 鼻筋, 鼻梁(びょう). **b** (屋根の)棟(むね) (⇨ beam 挿絵). **c** (すきで作った)うね. **d** (織物の)うね. **4** (天気図で)高気圧の張出部《細長く突き出た部分; cf. trough 6》. **5** 〖築城〗斜堤頂. **6** 〖製本〗耳, 山《バッキング (backing) によってできる本の中身の背の両側のでっぱり; shoulder ともいう》. ― *vt.* **1** 〈家〉に棟を付ける. **2 a** 〈土地・田畑〉にうねを立てる《(英) rafter》〈*up*〉. **b** 〈作物〉に土寄せする. **3** 〈きゅうりなどを〉うねに植える. ― *vi.* うねをなす; うね状に波立つ.
ridged *adj.* **rídge·lìke** *adj.* 〖OE hrycg < Gmc *χruʒjaz (Du. rug / G Rücken) ← IE *(s)ker- to turn, bend (L curvus curved (⇨ curve) & crista 'CREST')〗

rídge·bàck *n.* 《口語》=Rhodesian Ridgeback.

rídge·bòard *n.* 〖建築〗=ridgepole 1.

rídge·bòne *n.* 《古》背骨 (backbone). 〖OE〗

ridg·el /rídʒəl, -dʒɪl/ *n.* =ridgeling.

rídge·lìne *n.* (尾根の)稜線. 〖1833〗

ridge·ling /rídʒlɪŋ/ *n.* 〖獣医〗**1** 陰睾(いんこう)《雄の動物(特に馬)で精巣が陰嚢(のう)に落ち込んでいないもの》. **2** 去勢の不十分な雄(の動物). 〖(1555) ← ? RIDGE+-LING¹: 睾丸が背中にとどまっていると考えられたため?〗

rídge·pìece *n.* 〖建築〗=ridgepole 1.

rídge·pòle *n.* **1** 〖建築〗棟木(むなぎ). **2** (テントの)棟ポール, リッジポール. 〖1788〗

rídge rìb *n.* 〖建築〗棟リブ《ヴォールト天井の頂部に水平に配される肋材》. 〖1850〗

rídge ròof *n.* 〖建築〗切妻(きりづま)屋根 (gable roof). 〖1883〗

rídge·ròpe *n.* **1** 〖海事〗リッジロープ: **a** 船の手すりと並行する索. **b** 第一斜檣 (bowsprit) に添って張ってある救命索. **2** (テントのポールとポールの間の)張り綱. 〖1611〗

rídg·er *n.* (田畑に)うねを立てる人[道具], (特に)うね立て機. 〖1875〗

rídge rùnner *n.* **1** 《米俗》(アパラチア山脈南部地方の)山地人 (hillbilly). **2** 《米黒人俗》白人. 〖1933〗

rídge tènt *n.* リッジテント《2 本の支柱で棟の両端を支える形式のテント; 屋根型・家型など》. 〖1913〗

rídge tìle *n.* 〖建築〗棟瓦(むながわら) (cf. crest tile). 〖1327〗

rídge·tòp *n.* 〖登山〗尾根の頂. 〖1877〗

rídge·trèe *n.* 《古》=ridgepole.

rídge·wày *n.* 《英》峰[尾根]伝いの道, 山背道. 〖OE hrycgweg〗

Ridge·ways /rídʒweɪz/ *n.* 〖商標〗リッジウェイ(ズ)《英国の紅茶メーカー; その製品》.

rídg·ing plòw *n.* 〖農業〗両へらすき, うね立てすき. 〖1875〗

ridg·ling /rídʒlɪŋ/ *n.* 〖獣医〗=ridgeling.

ridg·y /rídʒi/ *adj.* (**ridg·i·er**; **-i·est**) 背のある, うねのある; 隆起している: a man with great ～ shoulders 両肩が隆々と盛り上がった男. 〖1697〗

rid·i·cule /rídɪkjùːl | -dɪ-/ *n.* **1** あざけり, 嘲笑, あざ笑い: bring a person into ～=cast ～ upon a person=cover a person with ～=hold up a person to ～ 人をばかにする[あざける, 冷やかす] / an object of ～ 嘲笑の的 / in ～ of …をあざけって / lay *oneself* open to ～ 物笑いの種になる(ようなことをする) / He turns everything into [to] ～. 何でも冷やかしてしまう. **2** 《古》あざけりの的, なぶりもの, 笑い草. **3** 《古》ばからしさ, ばかばかしさ. ― *vt.* あざける, 嘲笑する, 笑いものにする (deride): He was always ～d by his neighbors. いつも隣人たちにばかにされていた.
ríd·i·cùl·er /-lə | -lə(r)/ *n.* 〖(1673) □ F ～ □ L rīdiculum laughable thing (neut.) ← rīdiculus laughable ← rīdēre to laugh ← ? IE *wrizd- to avert the face ← *wer- to turn〗

SYN あざ笑う: **ridicule** 〈人・物を〉嘲笑する《必ずしも悪意を暗示しない》: He was publicly *ridiculed*. 人前で嘲笑された. **deride** 悪意を込めてあざ笑う: They *derided* him as unimaginative. 想像力がないと言ってあざ笑った. **mock** 不親切に, または人まねをしてあざ笑う: *mock* virtue 美徳をあざける. **taunt** 特に人の弱点や失敗について〈人を〉侮辱的にあざける: They *taunted* me with cowardice. 私を卑怯だと言ってあざけった.

ri·dic·u·lous /rɪdíkjʊləs/ *adj.* **1 a** おかしい, ばかげた, ばかばかしい (⇨ foolish SYN); [the ～; 名詞的] ばかげたこと[もの], 滑稽(こっけい): ～ in dress [shape] 服装[形]がおかしい. **b** とんでもない, 途方もない: It is ～ to expect me to believe such stories. そんな話を私に信じさせようなんてとんでもないことだ. **2** 《方言》下品な, 見苦しい, みだらな.
～·ly *adv.* **～·ness** *n.* 〖(1550) □ L rīdiculōsus ← rīdiculus (↑): ⇨ -ous〗

rid·ing¹ /ráɪdɪŋ | -dɪŋ/ *n.* **1** 乗ること, 乗馬: take a ～ 馬[馬車]に乗る / *Riding* is (a) very healthy exercise. 乗馬は非常に健康に良い運動である. **2** (森の中の[森に沿った])馬道, 馬場. **3** [形容詞的に] **a** 乗馬の, 乗馬用の: ～ lessons 馬術の稽古(けいこ) / a ～ suit 乗馬服 / ～ togs 《口語》乗馬服 / a ～ road 乗馬道 / ⇨ riding coat, riding crop, etc. **b** 〈農機・農具など〉乗って操作するように作られた: a ～ plow. 〖?a1200〗

ri·ding² /ráɪdɪŋ | -dɪŋ/ *n.* [通例 R-] 〖英史〗ライディング: **1** イングランド旧 Yorkshire 州を北・東・西に三分した行政区画《1974 年の行政区再編成でこの名称は廃止された》: the Three *Ridings* ヨーク全州. **2** 連合王国または植民地におけるイングランドの riding に類似した行政区画: **a** ニュージーランドの同様の区画. **b** カナダの選挙区. 〖(1295–96) redyng (変形) ← lateOE *þriding, *þriðing □ ON þriðjungr third part ← þriði 'THIRD': ⇨ -ing³: North [East, West] Riding のように -t(h) の後で語頭の th- が消失〗

ríding bìtts *n. pl.* 〖海事〗係船ビット《もと投錨した船の錨索の根本を留めつないだ短い柱》. 〖1794〗

ríding bòot *n.* [通例 *pl.*] 乗馬靴 (cf. top boot). 〖1638〗

ríding brèeches *n. pl.* 乗馬ズボン.

ríding còat *n.* 乗馬用上着, 乗馬用コート. 〖1507〗

ríding cròp *n.* 乗馬用鞭(むち) (⇨ crop B 6 b). 〖1891〗

ríding hàbit *n.* 乗馬服; (特に)婦人用の乗馬服一式《ズボン・靴・ジャケット・帽子など》. 〖1666〗

ríding hòod *n.* 乗馬用フード, 頭巾《乗馬または戸外用に婦人・子供が用いたかぶりもの》. 〖1459〗

ríding làmp [lìght] *n.* 〖海事〗=anchor light. 〖1883〗

ríding màster *n.* 馬術教師, (特に)騎兵隊馬術教官. 〖1650〗

ríding rhỳme *n.* 〖詩学〗=heroic couplet. 〖(1575) この韻律を Chaucer が騎馬巡礼者が語る *The Canterbury Tales* に用いたことから〗

ríding sàil *n.* 〖海事〗船が投錨中などに船首を風上に向けておくため, 後部マストに揚げる小型縦帆. 〖1887〗

ríding schòol *n.* 乗馬学校, (特に)陸軍馬術練習所. 〖a1680〗

ríding whìp *n.* 乗馬用鞭(むち) (riding crop). 〖1676〗

rid·ley /rídli/ *n.* 〖動物〗ヒメウミガメ《熱帯・亜熱帯・温帯の海域に産する小型のウミガメ; ridley turtle ともいう; 大西洋産のケンプヒメウミガメ (Kemp's ridley, bastard turtle, *Lepidochelys kempii*) と太平洋産のタイヘイヨウヒメウミガメ (olive ridley, *L. olivacea*) の 2 種がある》. 〖(1942) ← ?〗

Rid·ley /rídli/, **Nicholas** *n.* リドリー《1500?–55; イングランドの宗教改革者・殉教者; London 主教, Mary 一世のカトリックの施策に対して反対し, 火刑に処せられた》.

ri·dot·to /rɪdɑ́(ː)toʊ | rɪdɔ́təʊ; *It.* ridɔ́tto/ *n.* (*pl.* ～**s**) **1** (18 世紀に行われた)社交懇親会; (特に, 仮面をつけての)舞踏音楽会. **2** 〖音楽〗=reduction 15. 〖(1722) □ It. ～ 'resort': ⇨ redoubt〗

Rie /ríː/, **Dame Lucy** *n.* リー《1902–95; オーストラリア生まれの英国の陶芸家; 本名 Lucie Gomperz》.

rie·beck·ite /ríːbɛkàɪt/ *n.* 〖鉱物〗曹閃(そうせん)石, リーベック閃石 ($Na_2Fe_5Si_8O_{22}(OH)_2$). 〖(1889) □ G Riebeckit ← Emil Riebeck (d.1885: ドイツの採鉱家・探検家): ⇨ -ite¹〗

Rie·fen·stahl /ríːfənstɑ̀ːl, -ʃtɑ̀ːl | *G.* ʁíːfn̩ʃtaːl/, **Leni** *n.* リーフェンシュタール《1902–2003; ドイツの写真家・映画監督; ナチスドイツの宣伝映画 *The Triumph of the Will* (1935) などを制作》.

riel /ríːl, riɛ́l/ *n.* リエル《カンボジアの通貨単位; =100 sen; 記号 CR》; 1 リエルの白銅貨[紙幣]. 〖(1956)? (変形) ← Arab. riyal // Sp. real: cf. rial¹, real²〗

riem /ríːm/ *n.* 《南ア》やわらかいなめし革の鞭, 革ひも. 〖(1817) □ Du riem: ⇨ rim²〗

Rie·mann /ríːmɑːn, -mən | -mən; *G.* ʁíːman/, **Georg Friedrich Bernhard** *n.* リーマン《1826–66; ドイツの数学者; 非ユークリッド幾何学の創始者》.

Rie·mán·ni·an geómetry /riːmɑ́ːniən-/ *n.* 〖数学〗リーマン幾何学: **1** G. F. B. Riemann の非ユークリッド幾何学; 三角形の内角の和が 2 直角よりも大きくなるようなもの; elliptic geometry ともいう. **2** ユークリッド空間 (Euclid space) を一般化した空間の微分幾何学. 〖(1904) ← G. F. B. Riemann〗

Ríemann ìntegral *n.* 〖数学〗リーマン積分《区間を小区間に分割した時の, それら小区間の長さとそれらの 1 点での関数値の積の総和の極限値として定められる積分》. 〖(1914) ← G. F. B. Riemann〗

Ríemann sphère *n.* 〖数学〗リーマン球面《半径 1 の球面の南極にガウス平面 (Gauss plane) を原点で接せしめ, 北極と点 $x+yi$ とを結ぶ線分と球面の交点に複素数 $x+yi$ を, また北極に ∞ を付随せしめたもの》. 〖← G. F. B. Riemann〗

Ríemann-Stíel·tjes ìntegral /-stíːltʃɪz-; *Du.* -stíːltjɪs-/ *n.* 〖数学〗リーマンスティールチェス積分《一つの関数を定めておき, 区間と小区間に分割した時のそれら小区間での定関数の増し高とそれらの 1 点での被積分関数の値との積の総和の極限値として定められる積分》. 〖← G. F. B. Riemann+T. J. Stieltjes (1856–94: オランダの数学者)〗

Ríemann sùrface *n.* 〖数学〗リーマン面《複素多価関数を一価関数とみなすため, その定義域として構成される曲面》. 〖(1893) ← G. F. B. Riemann〗

Ríemann zéta fùnction *n.* 〖数学〗リーマンのゼータ関数 (⇨ zeta function). 〖(1899) ← G. F. B. Riemann〗

Rie·men·schnei·der /ríːmənʃnàɪdə | -də(r); *G.* ʁíːmənʃnaɪdɐ/, **Til·man** /tílman/ *n.* リーメンシュナイダー《1460?–1531; ドイツの彫刻家; 彩色木彫に優れる》.

riem·pie /ríːmpi/ *n.* 《南ア》《椅子の座部などに使われる》細い革ひも. 〖(1850) □ Du riempje: ⇨ riem〗

Rien·zi /riɛ́nzi | -zi, -tsi; *It.* rjɛ́ntsi/, **Co·la di** /kóːladi/ *n.* リエンツィ《1313?–54; ルネサンス期ローマの平民出身の政治家; 本名 Niccolo Gabrini; Rienzo /rjɛ́ntso/ ともいう》.

Ries·ling /ríːzlɪŋ, ríːs-; *G.* ʁíːslɪŋ/ *n.* リースリング: **1** 〖園芸〗ブドウの品種名. **2** リースリング種のブドウで作ったラインワイン風の辛口の白ワイン. 〖(1833) □ G ～ ← (古) Rüssling ← ?〗

Ries·man /ríːsmən/, **David** *n.* リースマン《1909–2002; 米国の社会学者; *The Lonely Crowd* (共著, 1950)》.

riet·bok /ríːtbɑ(ː)k | -bɔk/ *n.* 〖動物〗=reitbok.

rif /ríf/ *n.* 《米俗》解雇, 首切り《特に公務員の人員削減による場合》. ― *vt.* 解雇する, 首にする. 〖↓〗

RIF /ríf/ *n.* 《米》(特に, 財政的理由による政府関係の)人員削減; (人員削減による, 公務員の)解雇通知. 〖(頭字語) ← R(eduction) i(n) F(orce)〗

Rif /ríf/, **Er** /ɛ́ə | ɛ́ə(r)/ *n.* リフ《アフリカ北西部 Morocco 北部の海岸の山岳地帯; the Rif ともいう》.

ri·fa·ci·men·to /riːfɑ̀ːtʃɪméntoʊ | -təʊ; *It.* rifatʃiménto/ *It. n.* (*pl.* **-men·ti** /-tiː; *It.* -ti/, ～**s**) (文学作品・楽曲などの)改作. 〖(1773) □ It. ～ ← rifare to remake ← ri- 'RE-¹'+fare (<L facere to make)〗

ri·fam·pi·cin /raɪfǽmpəsɪn, -sn | rɪfǽmpɪsɪn/ *n.* =rifampin.

ri·fam·pin /raɪfǽmpɪn, rɪ- | rɪ-/ *n.* 〖薬学〗リファンピシン《結核菌などに対する半合成の抗生物質》. 〖(1966) ← RIF(AMYCIN)+AMPIC(ILL)IN〗

ri·fa·my·cin /ràɪfəmáɪsɪn, -sn | -sɪn/ *n.* 〖薬学〗リファマイシン《南フランスの松林の中の土から単離した菌 (*Streptomyces mediterranei*) の発酵作用によって生じた抗生物質》. 〖(1959) ← rifa- (← r(eplication) i(nhibiting) f(ungus))+-MYCIN〗

rife /ráɪf/ *adj.* [叙述的] (**rif·er**; **-est**) **1** 〈悪疫・うわさなどが〉流行して, 一般に行われて, 広まって: grow [wax] ～ with …が大流行となる / Typhoid fever is ～. チフスが流行している / Theories were ～ as to [concerning, that] …に[…という事に]関して様々な憶測が行われた / Existentialism was ～ among the students in those days. 当時学生の間には実存主義がもてはやされた. **2** 多い, おびただしい; 〔…に〕富む, 〔…が〕多い 〔*with*〕: The air is ～ *with* rumors. 盛んにうわさが飛んでいる.
～·ly *adv.* **～·ness** *n.* 〖lateOE rȳfe abundant ? ON rifr ← Gmc *rīƀaz (Du. rijf) ← IE *rei- to cut, tear, scratch〗

riff¹ /ríf/ 《ジャズ》 *n.* リフ, 反復楽節[句]《2 ないし 4 小節, 時としてはさらに長く強いリズミカルな楽節; 伴奏部に現れることが多い》. ― *vi.* リフを演奏する. 〖(1935) (短縮) ← REFRAIN²〗

riff² /ríf/ *v.* =riffle¹.

Riff¹ /ríf/ *n.* =Rif.

Riff² /ríf/ *n.* リフ族の人 (Riffian) 《モロッコ北部沿岸の山地 (Er Rif) に住むベルベル人 (Berber)》. 〖現地語〗

Riff·i·an /rífiən/ *adj.* リフ族の. ― *n.* リフ族の人.

rif·fle¹ /rífl/ *n.* **1** 《米》**a** (川の)流れの速い所, 早瀬. **b** (水面の)さざ波. **2** (物を混ぜたり, めくったりする際の)ぱらぱらという音. **3** 〖トランプ〗リッフル《トランプ札の切り方; 一組を二つに分け, 双方の端に親指を当てぱらぱらとやって交互に混ぜる》. ― *vi.* **1** さざ波が立つ. **2** 〈人・指などが〉〔本のページなどを〕ぱらぱらとめくる 〔*through*〕: He ～d *through* a pile of papers on the desk and abstracted one. 机上の書類の束をぱらぱらとめくって一通を抜き出した / His fingers ～d neatly *through* typewritten pages. タイプしたページを指先がぱらぱらと手際よくめくった. ― *vt.* **1** …にさざ波を立てる. **2 a** 〈本のページなどを〉ぱらぱらとめくる. **b** 〖トランプ〗〈トランプ札を〉二つに分けて両方からばらばらと切り混ぜる (cf. ruffle¹ *vt.* 5 b, shuffle 3 a). **3** 〈小さい物を〉指につまんでもてあそぶ. 〖(1752) (混成) ← RIPPLE¹+RUFFLE¹〗

rif·fle² /rífl/ *n.* 〖鉱山〗**1** リッフル《砂金採集桶の底に溝を作るように木などを並べたもの》. **2** (砕いた鉱石などを)より

分ける装置[ホッパー]. ― *vt.* リッフルを通す. 〖(1850) ← ? RIFFLE[1]〗

rif·fler /ríflə, -flə | -flə(r, -fl-/ *n.* 〖機械〗波形やすり《打型彫刻などに用いる先の曲がった小型やすり》. 〖(1797)《変形》← F *rifloir* ← *rifler* to scrape (↓)〗

riff·raff /rífræ̀f/ *n.* **1** [the ~] **a** 下層階級[社会], 下層民. **b** (人間の)くず, くず人間. **2** 《方言》くず, がらくた, つまらぬ物. 〖(*a*1470) ← ME *rif and raf* every particle《部分訳》← OF *rif et raf* completely ← OF *rifler* 'to plunder, RIFLE[2]' & *raffe* a sweeping (cf. raffle[1])〗

ri·fle[1] /ráɪfl/ *n.* **1 a** ライフル銃, 小銃, 施条(しじょう)銃, 施線銃. **b** 施条砲, 施線砲, 無反動砲. **c** 施線火器 (cf. smoothbore). **2** [*pl.*]〖軍事〗ライフル銃隊. **3** 《古》(銃身・砲身などの筒の内側に施した)腔線, ねじれ溝, 施条. ― *vt.* **1** 〈銃砲〉に施線する, 施条する: ~ a gun barrel. **2** 〖← n.〗《口語》(投げたり, バットで打ったりして)〈ボールを〉すごい勢い[速さ]で飛ばす. 〖n.: (*a*1751) ← ? *rifle(d) gun*. ― v.: (1635) □ F *rifler* (↓): cf. LG *rifeln* to groove ← *rive, riefe* groove〗

ri·fle[2] /ráɪfl/ *vt.* **1** 〈場所・人などを〉くまなく捜して物を奪う: The burglars ~*d* the large safe and made off with their booty. 強盗どもは大金庫の中を捜して金を持ち去った. **2** 略奪する; 奪う, 盗む. ― *vi.* (くまなく捜して)略奪する, 盗む. ***rifle through*** ... 〈書類・引き出し・ハンドバッグなどを〉くまなく探る. 〖(*c*1333–52) *rifele(n)* □ OF *rifler* to plunder, graze, scratch ← ?: cf. Du. *riffelen* to scrape〗

rífle àrm *n.* 〖野球〗強肩(の外野手).

rífle·bìrd *n.* 〖鳥類〗ハシナガクロフウチョウ (*Ptiloris paradisea*)《New Guinea 島産のフウチョウ (bird of paradise) の一種》. 〖(1831) その鳴き声が弾丸が風を切って飛ぶ音に似ていることから〗

Rífle Brigàde *n.* 〖英〗ライフル旅団《第 60 ライフル連隊や近衛ライフル大隊などで編成》. 〖1820〗

rífle còrps *n.* (昔の志願兵による)ライフル銃隊. 〖1777〗

ri·fled /ráɪfld/ *adj.* 〈銃砲が〉腔線(こうせん)を施した, 施条(しじょう)した, 施線の; 〈弾丸が〉腔線[施条]に合うようにされた: a ~ gun.

rífled slúg *n.* 施条散弾《散弾銃の銃身を通り抜ける時に回転を生じ, 精度が高まるように螺旋(らせん)の山を施したもの》.

rífle gréen *n.* 暗緑色. ― *adj.* 暗緑色の. 〖(1840) rifleman の軍服の色〗

rífle grenàde *n.* 〖軍事〗小銃擲(てき)弾《銃口に取り付けて特別な薬莢(やっきょう)によって発射する手榴弾》. 〖1915〗

rífle gùn *n.* 《古》 =rifle[1] *n.* 1.

rífle·man /-mən/ *n.* (*pl.* **-men** /-mən, -mèn/) **1** 小銃手[兵], ライフル銃兵, ライフル銃隊員. **2** ライフル銃の名手. **3** 〖鳥類〗 =riflebird. 〖1775〗

rífleman bìrd *n.* 〖鳥類〗モリサザイ, ライフルマン (*Acanthisitta chloris*)《ニュージーランド産の緑青銅色の羽毛をもつ小形の鳥》. 〖(1886) その羽が英国の古顔ライフル銃隊の制服に似ていたことから〗

rífle mìcrophone *n.* 〖音響〗ライフルマイク《ガンマイク (gun microphone) の一種で, 指向性を高めるため振動板の前に長さの異なる複数の管が平行に付いているもの》. 〖1962〗

rífle pìt *n.* 〖軍事〗射撃壕(ごう), 小銃手用個人壕, 散兵の各個掩(えん)体. 〖1855〗

rí·fler /-flə, -flə | -flə(r, -fl-/ *n.* 強奪者; 強盗. 〖1320〗

rífle rànge *n.* **1** ライフル銃[小銃]射撃(練習)場, 射的場. **2** ライフル銃の着弾距離, ライフル銃射程. 〖1850〗

ri·fle·ry /ráɪflri/ *n.* **1** ライフル(銃)射撃(術), ライフル(銃)射撃競技. **2** 射撃の腕前. 〖(1840): ⇨ -ry〗

rifle·scope /ráɪflskòʊp | -skɒ̀ʊp/ *n.* 《米》ライフル銃望遠鏡照準装置. 〖(1961) ← RIFLE[1]+-SCOPE〗

rífle·shòt *n.* **1** ライフル銃による射撃. **2** ライフル銃射程. **3** ライフル銃射手, 上手な射手. 〖1803〗

rí·fling /-flɪŋ, -fl-/ *n.* **1** (銃身[砲身]の内側に)腔線(こうせん)を施す[施条する]こと. **2** 施線, 施条. 〖1797〗

rift[1] /ríft/ *n.* **1** (友好関係の)断絶; (そのような断絶のもととなる)仲違い・利害などの相違. **2** 切れ目, 切り口, 切れ間; 裂け目, 割れ目. **3** 丸太を放射状に裂いて[切って]作った木材《柾目(まさめ)板がとれる》. **4** 〖地質〗**a** 断層. **b** 断層に沿った谷. **5** 〖石工〗石目《岩石, 特に花崗(かこう)岩の中で外力を受けると割れやすい方向》. ***a (little) rift within [in] the lúte*** 不和[分裂, 狂気]の兆し (cf. Tennyson, *Idylls of the King*, '*Merlin and Vivien*'). ― *vt.* [通例 p.p. 形で] 裂く, 割る: clouds ~*ed* by lightning. ― *vi.* 裂ける, 割れる. 〖(*a*1325) ← ON (cf. Icel. *ript* / Norw. & Dan. *rift* cleft, chink): cf. rive〗

rift[2] /ríft/ *vi.* 《方言》**1** げっぷをする. **2** おならをする. 〖(*a*1300) *rifte(n)* □ ON *rypta*〗

rift[3] /ríft/ *n.* (急流の)浅瀬; (川中の)岩場. 〖(1727) ← ? 《廃》*riff* 《変形》← REEF[2]: RIFT[1] と連想〗

ríft·less *adj.* 切れ目[割れ目]のない. 〖1797〗

ríft sàw *n.* 〖林業〗(製板用の)薄切り鋸(のこ). 〖1909〗

ríft-sàwed *adj.* 〖林業〗**1** 柾目(まさめ)に挽(ひ)いた. **2** (丸材を板にする前に)縦に四つ割りにした, 四つ割り材にした.

ríft-sàwn *adj.* 〖林業〗 =rift-sawed. 〖1920〗

ríft vàlley *n.* 〖地理〗裂谷, 地溝(谷)《ほぼ平行して走る 2 本の断層(群)によって, その間の地盤が陥没してできた細長い谷状の低地; graben ともいう》. 〖1894〗

Ríft Válley *n.* [the ~] =Great Rift Valley.

Ríft Vàlley féver *n.* 〖獣医〗リフトバレー熱《アフリカ東部に見られるウイルスによる羊・やぎなどの肝炎》. 〖(1931) ← *Great Rift Valley*〗

rift·y /ríftɪ/ *adj.* 裂け目[割れ目]のある[多い]. 〖1637〗

ríft zòne *n.* 〖地質〗地割れ地帯, リフト帯《地殻に張力性の力が作用してできた大きな裂け目地帯》.

rig[1] /ríg/ *v.* (**rigged; rig·ging**) *vt.* **1 a** 〈船〉に出港の用意をする, 〈帆船を〉装備する, 艤装(ぎそう)する. **b** 〈帆柱・帆桁(ほげた)など〉に索具を装着する. **c** 〈飛行機〉の各部を装備[組立て調整]する. **2** 支度する, 用意する, 装備する 〈*up*〉〔*with, in*〕. **3** …に身支度をさせる, 着飾る, 目立った[異様な]服装をさせる 〈*out*〉: ~ oneself *out* 着飾る / She was ~*ged out as* a boy. 彼女は男の子の服装をしていた. **4 a** 一時しのぎに建てる, 間に合わせに造る, 急ごしらえする 〈*up*〉: ~ *up* a tent テントを急設する. **b** 〈機械・機具・乗物など〉に手を加える, 手直しする. ― *vi.* 《廃》〈船が〉索具を装着する, 出港準備をする. ***rig dówn*** 〈ロープ・船具・索具などを〉取りはずす, 〈装備を〉解く.
― *n.* **1 a** (油井などの)鑿井(さくせい)機械, 鑿岩機械, 掘削装置, リグ. **b** (広く)道具類, 装備(品). **c** 釣道具. **2** 《米口語》**a** トレーラートラック. **b** 馬をつけた[支度を整えた]馬車; 馬車. **3** (船の)帆装, 艤装, 装備: ⇨ schooner rig. **4** 支度, 準備. **5** 衣服; 身なり, 服装; 目立った[異様な]いでたち; (物の)外見, 様子. ***in fúll ríg*** (1) 完全帆装で. (2) 《口語》盛装して, めかし込んで. 〖(*c*1489) ← ? ON (cf. Norw. *rigga* to wrap round / Swed. 《方言》*rigga på* to harness)〗

rig[2] /ríg/ *n.* **1** 《英》奇計, 計略; 詐欺, いんちき. **2** 《英》いたずら, 悪ふざけ: run a [the] ~ =run (one's) ~(*s*) いたずらする, ふざける〔*upon*〕. **3** 〖商業〗(買占めなどによる)市場操作. ― *vt.* (**rigged; rig·ging**) **1** 不正手段で操る[操作する]; ごまかす, 一杯食わす: ~ an election 選挙を不正に操作する / ~ a committee 委員会を操る / ~ the market price 相場を操る. **2** (参加者に解答をあらかじめ教えておいて)〈クイズ番組を〉スムーズに進める: ~ a quiz program. 〖(1725) ← ? *rig* to wanton ← ?〗

rig[3] /ríg/ *n.* 《英》 =ridgeling. 〖*c*1430〗

Ri·ga /ríːgə; *Latvian* ríːga/ *n.* リガ《Riga 湾に臨むラトビア共和国の首都》.

Riga, the Gulf of *n.* リガ湾《バルト海 (Baltic Sea) 東部, ラトビア共和国とエストニア共和国の間の湾; 幅 96 km, 長さ 160 km》.

rig·a·doon /rìgədúːn/ *n.* **1** 〖ダンス〗リゴドン《17–18 世紀に流行した 2/4 または 4/4 拍子の快活な二人舞踏》. **2** リゴドンの曲. 〖(1691) □ F *rigodon, rigaudon* ← ? *Rigaud* (この踊りを始めた Marseilles のダンス教師)〗

rig·a·ma·role /rígəmərὸʊl | -rɒ̀ʊl/ *n.* =rigmarole.

rig·a·ree /rígəriː, ˌ–ˈ–/ *n.* 〖ガラス製造〗(デカンター (decanter) などにガラス細糸を溶かしつけた)並行縦線浮き出し模様. 〖(1923) ← ?〗

rig·a·to·ni /rìgətóʊni | -tə́ʊ-; *It.* rigatóːni/ *n.* (*pl.* ~) リガトーニ《溝のついた短い管状のパスタ》. 〖(1923) □ It. ~ (pl.) ← *rigato* (p.p.) ← *rigare* to draw a line ← *riga* line ← Gmc (cf. OHG *riga* line)〗

ri·gau·don /rìgoʊdɔ́ː(ŋ), -dɔ́ːŋ | -gə(ʊ)-; *F.* ʁigɔdɔ̃/ *n.* =rigadoon.

Ri·gel /ráɪdʒəl, -dʒl, -gəl, -gl/ *n.* 〖天文〗リゲル《オリオン座の β 星で, 青味を帯びた 0.2 等星》. 〖(1592) □ Arab. *rijl* foot: 星座中で Orion の左足にあることから: cf. regulus 2〗

rigg /ríg/ *n.* 《英》〖魚類〗 =dogfish 1. 〖《方言》← ?〗

rigged /rígd/ *adj.* [複合語の第 2 構成素として] …式帆装の: bark-*rigged* バーク式帆装の / full-*rigged* 全帆装の / schooner-*rigged* スクーナー式帆装の / square-*rigged* 横帆艤装の. 〖(1494): ⇨ rig[1]〗

rig·ger[1] /rígə | -gə(r/ *n.* **1** (船の)索具装着者, 綱具員, 艤装(ぎそう)者, 装備者. **2** (索具などの)巻揚げ係. **3** (航空機の)組立て整備工; (石油掘削装置の)鑿井(さくせい)工. **4** 準備係, 支度係. **5** 吊(つ)足場《物が落下して通行人に危害を与えないようにするための(建築場の)板囲い・吊床(つりどこ)など》. **6** [複合語の第 2 構成素として] …式の帆装を有する船: square-*riggers*. **7** 〖機械〗帯輪, 帯車. **8** 〖絵画〗(油絵用の)先のとがった長い絵筆. **9** 〖海事〗 =outrigger 1. 〖(1611): ⇨ rig[1]〗

rig·ger[2] *n.* 相場を操る人, 買いあおる[売りたたく]人; 不正を働く人. 〖(*c*1830): ⇨ rig[2]〗

rig·ging[1] /rígɪŋ/ *n.* **1** 〖海事〗(船の綱や鎖などを総称して)索具: **a** 操帆装置, 艤装(ぎそう). **b** マストの横静索(よこせいさく). **2** 衣服, 衣類. **3** 〖劇場〗《舞台装置を動かすための)綱具類, 仕掛け (cf. rigging loft 2). **4** 〖航空〗リギング《気球機の張り線; 時に支柱なども含む》. 〖1486〗

rig·ging[2] /rígɪŋ/ *n.* 《スコット》屋根; (屋根の)棟(むね). 〖1399〗

rígging bàtten *n.* 〖海事〗 =scotchman.

rígging lòft *n.* **1** (造船所内の)索具工場. **2** 〖劇場〗背景仕掛け場《舞台の天井にある》.

rígging plàn *n.* 〖造船〗帆装図, 索具装置図.

rígging scrèw *n.* 〖海事〗リギングスクリュー: **1** ロープやワイヤーを, 鉄輪 (thimble) などを回して, 折り曲げて取り付ける作業などの時使う締めつけ用具. **2** 《英》 =turnbuckle.

rígging trèe *n.* 〖建築〗棟木(むなぎ).

rig·gish /rígɪʃ/ *adj.* 〈女・若い女性が〉奔放な, 尻軽の. 〖(1570): ⇨ rig[2], -ish[1]〗

Ríggs' disèase /rígz-/ *n.* 〖歯科〗歯槽膿漏(しそうのうろう) (pyorrhea alveolaris). 〖← *J. M. Riggs* (1810–85; 米国の歯科医)〗

right /ráɪt/ *adj.* **A** (↔ wrong) **1 a** 事実[道理]に合った, 間違いのない, 正しい; 正確な, 的確な: the ~ answer 正答 / get it [the answer, the fact, one's sums] ~ はっきり理解する; はっきりさせる / Can you tell me the ~ time? 正確な時間を教えていただけませんか / Is your watch ~? 君の時計は合っていますか / He did not do it the ~ way. 彼のやり方は間違っていた / ~ or wrong 正しくても間違っていても, どうしても, ぜひ / My country ~ or wrong! とにもかくにもわが祖国 / That's ~. そうです, その通り / That can't (possibly) be ~! そんなこと正しいはずがない / Is that ~?=*Right?* わかりましたか, いいですか / It's in your pocket, ~! 君のポケットの中にあるんだね / Your opinion is ~ enough [quite ~]. 君の意見は至極もっともだ. **b** 〈道など〉正しい方向に導く[行く], 正しい: take the ~ road 道を間違えない / go in the ~ direction 正しい方向に行く / Tell me the ~ way to your house. お宅へ行く道順を教えて下さい / Is this the ~ road [Am I ~] for Tunbridge Wells? タンブリッジウエルズへの道はこれでいいですか / See that you take the ~ train. 列車を間違えないで乗りなさい / the ~ equipment [people] しかるべき設備[人材] / She's made of the ~ stuff for the job!=She's the ~ sort (of person) for the job! 彼女はその仕事にうってつけだ. **c** 《英口語》[限定的] 本物の, 実際の (true): He's a ~ idiot! あいつはバカそのものだ / Things are in a ~ mess! めちゃくちゃにちらかっている. **2** 適当な, 適切な; 当然の, 正常な (⇨ fit[1] SYN): ⇨ all right / the ~ thing to say=the ~ words 適切な言葉 / the ~ man in the ~ place (for the job) 適材適所 / at the ~ time [moment] ちょうどよい時に / Pay what [whatever] you think ~. いいと思うだけ払って下さい / His heart is in the ~ place. 彼の心は正常である, 彼は親切な人だ / That was the ~ way to offend us. ちょうど我々を怒らすような方法だった. **3 a** 〈人が〉(考え方・判断・意見などにおいて)正しい, 当を得た: You are perfectly [quite] ~. 君の言うことは全く正しい, 君の言うとおりだ / He is always ~. 彼の言動に間違いはない / *Right!*=*Right* you are!=That's ~! 君の言うとおりだ, ごもっとも; [提議・命令に答えて] よろしい, 承知した / *Right* oh! ⇨ righto / It's time to go.—Oh, ~. もう行く時間ですよ—分かりました / It was quite ~ of him [for him] to refuse the offer.=He was ~ *in* refusing [to refuse] the offer. 彼がその申し出を断わったのは全く当然だった / Alas, how ~ you are! ああ, まったく君の言うとおりだ. **b** (道徳上または世間一般の通念からみて)正しい, 正当な, 当然の: ~ and proper 正当かつ適当な / ~ conduct 正しい行為 / act a ~ part 正しい行為をする / do the ~ thing (by ...) (…に)義務を果たす / It is [I think it] ~ that one should speak [to speak] well of the absent. いない人を褒めるのはよいことである[と思う] / It's [I think it (is)] only ~ to add, however, that ... しかし, 残念ながら, 当然次のことも付け加えておかなければならない(と思う)が…. **c** 正義にかなった, 公正な (righteous): a ~ cause. **4** 望みどおりの, おあつらえ向きの, 申し分のない, 好都合な (cf. all right): All will be ~. 万事うまく行くでしょう / I found them all ~. みんな異状がなかった[ちゃんとしていた, よかった] / The weather is just ~ for traveling. 天気は旅行に持って来いだ, 絶好の旅行日和だ / All's ~ *with* the world. すべて世は事もなし《Browning 作の詩 *Pippa Passes* 中の句》/ Things are not right (between ...). (…の間で)〈事態・関係が〉思わしくない / She's ~. 《豪口語》それでよい[結構だ] (That's all right.) / She'll be ~. 《豪口語》それでよかろう. **5 a** 体の調子がよい, 健康な: I am all ~ again. 健康が回復した / I am not [don't feel] quite ~. どうも体の調子が悪い / Are you ~ now? 具合はいかが, 病気は治ったか. **b** 正気の, 正常な: He's not in his ~ mind. 彼は正気を失っている / He is not (quite) ~ in his [the] head. 頭が狂っている. **6** 表の, 表面の, 正面の: the ~ side of the fur 毛皮の銀面[表側] / the ~ side up 表を上にして / a fault on the ~ side 表に出ているきず[あら]. **7** 直立した; (円錐・円柱・プリズムなどの)底面が軸と直交する, 直角の[を含んだ]: a ~ pyramid 直角錐(すい) / ⇨ right angle, right triangle. **8** 整っている, 整然とした, 順序正しい: put [set] things ~ 物を整頓する. **9** 《古・口語》正当な; 本当の, 真正の, 真実の: the ~ author 真実の著者 / the ~ account of a matter 事件の真相 / the ~ heir 正しい後継者. **10** 《古》まっすぐな (straight): a ~ line 直線.
B (↔ left) [限定的] **1 a** 右の, 右方の, 右側の, 右にある; 〖野球〗右翼の: the ~ bank (川下に向って)右岸 / ⇨ right hand. **b** 右手による, 右からの (right-hand(ed)): a ~ cross [jab, hook] to the jaw あごへの右からのクロスパンチ[ジャブ, フック]. **2** [しばしば R-] (政治上の)右派の, 右翼の (cf. *n.* B 2); 保守主義の, 国家主義の: ⇨ right wing 2. **3** 〖数学〗右の, 右側の《集合や元に右側から作用することに関していう; ↔ left》: a ~ inverse 右逆元 / a ~ module 右加群.
gèt right (1) ⇨ A 1 a. (2) 正常な状態にする[なる]. ***on the right side of*** ⇨ side 成句. ***pùt [sèt] right*** (1) ⇨ A 8. (2) 矯正[訂正]する. (3) 再び健康にする, 治す: A good sleep will *put* you ~. ぐっすり寝たら治るよ. (1699) ***pùt [sèt] onesèlf right*** 〔人に自己を正しいと主張する〔*with*〕. (*a*1734) ***Tóo right!*** 《口語》[強い同意などを表して] 全く, そのとおり; よろしい, 結構, オーケー. (1919)
― *adv.* (cf. rightly) **A 1** 正しく, 公正に, 正義にかなって: act ~ 正しく行動する. **2** 正確に, 誤りなく, 的確に: answer [guess] ~ 正しく答える[推測する] / do [get] the sum ~ 正しく運算をする / if I remember ~ 私の記憶に誤りがなければ, 確か (cf. rightly 2) / if I understand [get] him ~ 彼を正しく理解していれば / All *right*-thinking people will agree. 正しい考えを持った人ならみんな同意するだろう. **3 a** 適切に, 当を得て, ふさわしく, うまく, 当然: do a thing ~ 事をきちんとする / work ~ 〈機械などが〉うまく作動する, 調子がよい / ⇨ SERVE *a person right*. **b** 望み通りに, おあつらえ向きに, 申し分なく, 好都合に, うまく: turn out ~ 都合よくなる / come ~ 都合よくなる / go ~ うまく行く / He did ~ to refuse the offer. 彼は申し出をうまく断った / set oneself ~ with another person 他人

R

とうまくやって行く[協調する] / Nothing goes ～ for me. 何一つうまく行かない / Everything will come (out) ～ in the end. 結局は万事うまく解決するだろう. ★ これらの例における right は *adj.* とも見られる. **4 a** ずっと: go ～ to the end 果ての果てまで行く / ～ through the winter 冬中ずっと. **b** 全く, すっかり: He took the door ～ off its hinges. 彼は蝶番(ちょうつがい)から戸をすっかり外してしまった / I will blot these letters ～ out. これらの文字をすっかり消してしまおう / be rotten ～ through すっかり腐っている / turn ～ around 体をぐるりと回す / with a veranda ～ around [《英》～ the way round] the house 家の四方にぐるりと縁側をめぐらして. **c** まっすぐに, 真一文字に: I went ～ at him. 彼を目がけて真一文字に進んだ / go ～ on 直進する / The ship sank ～ to the bottom. 船はずんずん底へ沈んで行った. **5** [前置詞・副詞の前で] ちょうど, きっかり: ～ after lunch 昼食のすぐ後で / ～ against …の真向こうに / ～ before [in front of] me 私の真ん前に / ～ here ちょうどここに, この場で; 今すぐ, たった今 / ～ there ちょうどあそこに, (まさに)その場で / ～ now 今すぐ, たった今 / ～ in the wind's eye 真正面から風に向かって / ～ in the middle of one's work 仕事の真っ最中 / ～ on time きっかり時間通りに / ～ opposite 真向こうに, 正反対に / ～ over the way 道の真向こう側に / She's ～ up there with the best of them. 彼女は最高[最良]の人だ. **6** 《口語》すぐ, じきに: I'll be ～ down [back]. すぐに降りて行きます[帰って来ます]. **7 a** 非常に: Make yourself ～ at home. どうぞお楽に / I know ～ well. 《古》よく知っています / I am ～ glad to see you. 《古・方言》お会いしてとてもうれしい / ⇨ right smart. **b** [敬称として]: ⇨ the *Right* Honourable / ⇨ the *Right* Reverend / the *Right* Worshipful ⇨ worsipful 1.

B 右に, 右方に, 右側に (↔left): turn ～ 右へ回る / Keep ～. [掲示] 右側通行 / Eyes ～! [号令] かしら右 / *Right!* 《米》《海事》面かじ (cf. starboard *vt.* ★) / *Right* dress! [号令] 右へならえ / *Right* turn! [号令] 右向け右 / *Right* about face [《英》turn]! [号令] 回れ右 (cf. right-about) / look neither ～ nor left わき目も振らぬ / The crowd divided ～ and left. 群衆は左右に分かれた.

right along (1) (その間)ずっと: work [move] ～ *along*. (2) 順調に; 遅れずに, どんどん: The car ran ～ *along*. 車は順調に走った / Go ～ *along*. どんどん先へ行きなさい. ***right and left*** (1) 右に左に, 左右に (⇨ B). (2) そこにもここにも; まわり中で[に], あちこちに, いたる所で: He was abused ～ *and left*. 彼はあちらからもこっちからも悪く言われた. ***right away*** [*off*] 《口》すぐさま, ぐずぐずしないで (⇨ immediately SYN). 《1818》 ***right, left [left, right], and center*** 《英》四方八方に, いたる所で (right and left). 《1956》 ***right on*** 《口語》[間投詞的に] (1) よーし, そうだそうだ, 賛成 (⇨ right-on). (2) しっかりやれ, がんばれ. 《《1925》 Black Panther 党の掛声から》 ***right out*** (1) 包み隠さずに, 率直に: He told me ～ *out* that he did it. 自分がやったと率直に語ってくれた. (2) 《廃》全く, すっかり. 《1611》

― *n.* **A** (↔ wrong) **1 a** 正当な要求; (法的・政治的な)権利, 人権; 公民権: civil ～*s* 民権, 公民権 / equal ～*s* 平等な権利 / human ～*s* 人権 / ⇨ absolute right, legal right, natural right, DIVINE right of kings / claim a ～ *to* the use of land 土地を使用する権利を主張する / have a [a perfect, the] ～ *to* do [*of doing*] 当然…してさしつかえない, …してもよろしい, …すべき理由がある / have no ～ *to* do [*of doing*] … 全然…する資格がない, 決して…すべきでない / have no [a, the] ～ *to* …を要求する権利がない[ある] / You have a ～ *to* my service. 君のためなら私は何でもしなければならない / the ～ of the strongest 強者の権力《弱肉強食》/ By what ～? どういう権利によって? / What gives you the ～ to do …? 君に…する権利がどこにあるのだ / stand on [assert, know, demand] one's ～*s* 自己の権利を主張する[知る, 要求する] / within one's ～*s* 自分の権利[枠]内で, のりを越えずに / Respect is her ～. 彼女が敬意を受けるのは当然だ / a bill of ～*s* ⇨ bill¹. **b** [時に *pl.*] (有形無形を問わず)ある財産に対して個人・集団または事業者が有している権利, 所有権, 利権. **c** (権利として所有しているまたは要求できる)もの, 財産; その価値. **d** [しばしば *pl.*] 《証券》新株引受権《一般に市場価格より安い所定の金額を払い込むことにより, 一定数の新株を取得することができるという内容の選択権》. **2 a** (道徳的に)正しいこと, 正当, 正義, 正道; 公平: the difference between ～ and wrong 正邪の別 / know ～ from wrong 正邪を識別する / ～ and might 正義と力 / defend the ～ 正義を擁護する / keep [cleave] to the ～ 正道を歩む (cf. B 1 a) / Might is ～. 《諺》力は正義である, 「勝てば官軍」. **b** 正義にかなった行為[扱い]; 正しい[公正な]行為[扱い]; 正しい考え方: be in *the* ～ 道理がある, 考えが正しい / do a person ～ =do ～ by a person 人を公平に取り扱う[正当に判断する]. **3 a** 正確, 的確: in the ～ 正しく, 正確に. **b** [通例 *pl.*] (事の)真相: the ～*s* and wrongs of the matter [case affair] 事[事件, 件]の真相. **4** [*pl.*] 本来の状態[秩序, 健康]: set [put] … *to* ～*s* …を整頓する / set the world to ～*s* 《口語》天下国家を論じる, 気炎を上げる / bring … *to* ～*s* …を本来の状態にする, 直す, 正す / He is always setting things *to* ～*s*. 彼はしょっちゅう人をとがめて[直して]いる.

B (↔ left) **1 a** [the [a person's] ～] 右, 右手, 右方, 右側: turn to *the* ～ 右に曲がる, 右折する / keep on *one's* ～ 右側を進む / keep to *the* ～ 右側を通行する (cf. A 2 a) / Keep to *the* ～. [掲示]右側通行 / on *the* [*a person's*] ～ 右側に / drive on the ～ 右側を運転する / turn to *the* ～ 回れ右をする; 主義・政略などを変じる / Close to *the* ～! [号令] 右へつめよ / It's *to* [*on*] the ～ (of …) それは(…の)右手にある / Take the next turning on the [your] ～. 次の曲がり角を右に曲がりなさい. **b** 右の物, 右に用いる物: Is this glove a ～ or a left? この手袋は右手か左手か. **c** (分かれている所で)右へ曲がる[行く]こと; 右手の道: take the [a] ～ at the fork 二叉になっている道で右の方の道を行く. **d** 《劇場》=right stage. **2** [通例 the R-] **a** (議会の)右側の席. **b** [集合的] (議会の)右側の席を占める議員たち; 右翼, 右派, 保守派 (cf. left² *n.* 2, center *n.* 6). **3** 《軍事》右翼 (right wing). **4 a** 《スポーツ》右方の位置; 右方に位置する選手. **b** 《野球》右翼 (right field); 右翼手 (right fielder): a single to deep ～ [deep to ～] 右翼の深い位置へのシングルヒット. **5** 《ボクシング》右手; 右手の一撃. **6** 右脚《行進のときなどにいう》. **7** 《海事》(船の)右舷(うげん); 面かじ.

as of right =*by* RIGHT(*s*). ***bang to rights*** =*dead to* RIGHTS. 《1904》 ***be in right with*** 《米》…の気に入っている, …に取り入る, …の気に入る. ***by right(s)*** 正しく, 正当に; 当然: That house is now yours *by* ～. あの家は今では(法的にも)当然あなたのものだ / I should *by* ～*s* have refused. 本当なら断わるべきだった. 《*c*1315》 ***by right of*** …の理由で; …の権限で: *by* ～ *of* his office 彼の職権で / He reigned *by* ～ *of* worth, not blood alone. 血統だけでなく君主としての立派な資格で統治した. ***dead to rights*** 《俗》現行犯で(捕えられて); 言い逃れの余地がない. 《1859》 ***get in right with*** =*be in* RIGHT *with*. ***in one's [its] own right*** 自己[生得]の権利で, 親譲り(など)で; 自己[それ自身]の資質[価値]によって: a queen *in her own* ～ (王妃としてではなく)独自の権利で君臨する女王 (cf. queen consort) / a peeress in her own ～ ⇨ peeress 2 / She has a little money *in her own* ～. 自分名義[自身]の金を少し持っている / a statesman *in his own* ～ (天分による)真の政治家 / good music *in its own* ～ 本当にすぐれた音楽. 《1618》 ***in right of*** =*by* RIGHT *of*. ***Mr. Right*** 《口語・戯言》結婚の相手としてふさわしい男性. 《1860》 ***of right*** =*by* RIGHT(*s*).

right of abode 《英》(外国での)居住権.
right of appeal [the ―]《法律》上訴権.
right of asylum [the ―]《法律》被(収容)保護権《政治亡命者・逃亡犯人などが慣習や条約によって認められた大使館・外国などで保護を受ける権利》.
right of common [the ―] =common *n.* A 2 a.
right of primogeniture [the ～]《法律》長子相続権.
right of [to] privacy [the ―]《法律》プライバシーの権利.
right of search [the ―]《国際法》捜索権《公海上で中立国の船が中立違反の積荷を持つか否かを調査しうる交戦国の権利; right of visit (and search) ともいう》.
right of visit [visitation] (and search) [the ―]《国際法》臨検(捜索)権 (⇨ right of search).
right of way [the ―] =right-of-way.
rights of man 人権 (human rights).
rights of war [the ―]《法律》戦時特権《平和時には違法性を有する特定の行為を, 交戦国に対して許容すること》.

― *vt.* **1** 〈不正・過誤などを〉矯正する, 改善する, 訂正する; 正す, 直す; 復讐する: Wrongs should be ～*ed*. 不正は正すべきである. **2 a** [～ one*self* で] 再び釣合い[バランス]を得る; 足場を回復する, 立ち直る; 再び平衡の状態になる: The ship [airplane] has ～*ed itself* [*herself*]. 船[飛行機]は再び水平に立ち直った / This is a fault that will ～ *itself*. これは自然に直る過失である. **b** 直立させる, 立てる, 起こす, 正しい位置に戻す, まっすぐにする: ～ a fallen [falling] object 倒れた[倒れかかっている]物を起こす / ～ the helm 《海事》(曲げた)かじをまっすぐにする / ～ a capsized boat 転覆した船を再び水平に立て直す. **c** 整える, 整理する, 整頓する: ～ the room 部屋を片付ける. **3** 《古》**a** 〈人〉に権利を回復する; 救済する, 救う: ～ the oppressed 被圧迫者を救う. **b** [～ one*self* で] 弁明する, 名誉を回復する: ～ *oneself* at court 法廷で弁明する.
― *vi.* 〈船などが〉平衡を回復する, 起きる, 本来の位置に戻る.
〖*adj.* & *n.*: OE *riht, reht* ＜Gmc **reχtaz* (Du. & G *recht* / ON *rēttr*) ← IE **reg-* 'to move in a straight line, lead, RULE' (L *rēctus* straight / Gk *orektós* upright). ― *adv.* & *v.*: OE *rihte* (adv.) & *rihtan* (v.) ← (adj.): cf. erect, rector, region〗

right·a·ble /ráɪtəbl | -tə-/ *adj.* **1** 正す[直す]ことができる. **2** 立て直すことができる; 本来の状態に戻せる. **3** 救済できる. 〖1891〗

right·about *n.* **1** [the ～] 反対の方向: turn *to the* ～ 回れ右をする. **2** =right-about-face.
send [turn, put] a person to the rightabout(s) (1) 〈人を〉追い払う, 退ける, はねつける, 即座に解雇する. (2) 〈軍隊を〉退却させる.
― *adj.* 反対の方向(へ)の: a ～ turn 回れ右; (主義・政策などの) 180 度転換, 転向, 逆転.
― *adv.* 反対の方向に.
〖《1700》← *right about* (⇨ right (adv.) B)〗

right-about-face *n.* **1** 回れ右(の号令). **2** (主義・政策などの) 180 度転換; 転向. **3** あわただしい[迅速な]退却. ― *vi.* **1** 回れ右をする. **2** (主義・政策など) 180 度転換をする. ― *int.* [号令] 回れ右. 〖1815〗

right-and-left *adj.* **1 a** 左右の. **b** 両手[両足]共用に造った[デザインした]. **2** 《機械》左右の《一本の軸の両端に右ねじと左ねじを切ったねじ・ターンバックル・連結パイプなどにいう》. ― *n.* 《ダンス》ライトアンドレフト《男女が向かい合って立っている時, 向こう側の組と位置を交換する運動》. 〖1829〗

right-angle *adj.* =right-angled.

right angle *n.* 《数学》直角《90 度(の角), $^1/_2\pi$ ラジアン(の角); cf. straight angle, round angle》: *at* ～*s to* [*with*] …と直角に, と直角をなして / The segment AB is *at* ～*s to* AC. 線分 AB は AC と直角である / The walls stand *at* ～*s with* the floor. 壁は床と直角になっている. 〖1391〗

right-angled *adj.* 直角の, 直角をなした[含む]: a ～ triangle 直角三角形. 〖1571〗

right-angle gauge *n.* 直角定規, スコヤ (try square).

right arm *n.* **1** 右腕, きき腕. **2** 最も頼りになる助力者, 右腕, 「片腕」.
give one's right arm 《口語》どんな犠牲を払ってもよい (sacrifice anything): I would *give my* ～ *for* a sight of it [just *to* see it]. それを一目見られるならどんなことでもする. 〖?*a*1200〗

right ascension *n.* [the ～]《天文》赤経《春分点から赤道に沿って東回りに測った角; cf. declination》. 〖1594〗

right atrioventricular valve *n.* 《解剖》右房室弁 (tricuspid valve).

right back *n.* 《サッカー・ホッケーなど》ライトバック《ライトのフルバック; 略 RB》. 〖1897〗

Right Bank *n.* [the ～] (Paris の Seine 川の) 右岸[北岸](地区) (cf. Left Bank). 〖1816〗

right bower *n.* 《トランプ》⇨ bower³.

right brain *n.* 《医学》右脳《大脳の右半分; 身体の左半分と芸術的・想像的思考を支配する; cf. left brain》.
right-brain *adj.*

right-center, Right-c- *adj.* (中道政党中で)右寄りの, 保守接近の. ― *n.* 中道右派, 中道保守派(のグループ[立場]).

right circular cone *n.* 《数学》直円錐 (cf. oblique circular cone). 〖1889〗

right circular cylinder *n.* 《数学》直円柱 (cf. oblique circular cylinder). 〖1877〗

right cone *n.* 《数学》=right circular cone.

Right Cut *n.* 《商標》ライトカット《米国製のかみたばこ》.

right cylinder *n.* 《数学》=right circular cylinder.

right-down *adj.* 全くの, 純然たる, 徹底的な: a ～ scoundrel. ― *adv.* 全く, 徹底的に (⇨ downright). 〖1623〗

right·en /ráɪtn̩/ *vt.* 正す, 直す. 〖《*c*1340》← RIGHT (adj.) ＋-EN¹〗

righ·teous /ráɪtʃəs | -tʃəs, -tiəs/ *adj.* **1 a** (道義的に)正しい, 正義の, 公正な (⇨ moral SYN); 正直な, 廉潔な: a ～ man [act] 正義の人[正しい行為] / twelve ～ men 12 名の陪審員 (common jury). **b** [the ～; 名詞的に; 複数扱い] 正義の人々. **2** 当然な, もっともな, 無理もない: ～ wrath 義憤 / trembling with ～ anger 無理からぬ怒りに身を震わせて. **3** 《俗》すばらしい, 十分な; 本物の.
～·ly *adv.* 〖《古形》*rightwos(e), rightwis(e)* ＜OE *rihtwīs* ← *riht* 'RIGHT' ＋ *wīs* 'WISE²': cf. duteous, bounteous, piteous, etc.〗

righ·teous·ness *n.* **1** 正義, 公正; 正直. **2** 《廃》正しい行為[ふるまい]. 〖OE *rihtwīsnesse*〗

right·er /-tə | -tə(r)/ *n.* 正す[矯正する]人: a ～ of wrongs 悪を正す人, 正義漢. 〖OE *rihtere* director, ruler〗

right-eyed flounder *n.* 《魚類》カレイ科の魚類の総称《righteye flounder ともいう》.

right face *n.* 《軍事》右向け右(の号令). 〖⇨ right (adv.)〗

right field *n.* 《野球》右翼; 右翼手の守備位置. 〖1857〗

right fielder *n.* 《野球》右翼手, ライト. 日英比較 日本語での野球の「ライト」は和製英語. 英語では右翼は right field, 右翼手は right fielder という. 〖1867〗

right-footed *adj.* 右足が利き足の; 右足での〈キック〉.

right-footer *n.* 《アイル》プロテスタント (Protestant).

right·ful /ráɪtfəl, -fl/ *adj.* **1** 〈行動など〉正しい, 正義に基づく: a ～ cause 正義 / a ～ act 正しい行為. **2** 適法の, 合法の, 正当な, 当然の: the ～ owner of the house その家の正当な所有者 / one's ～ position 当然の地位 / the ～ heir (to) (…の)適法の相続人. **3** 適当な, 適した, ふさわしい. **4** 《古》公正な: a ～ judge. **～·ly** *adv.* **～·ness** *n.* 〖OE *rihtful*: ⇨ right, -ful¹〗

Right Guard *n.* 《商標》ライトガード《米国製の発汗および体臭抑制剤》.

right-hand /ráɪthǽnd←/ *adj.* **1** 右の, 右側の, 右手の: the ～ side [edge] 右側[右端] / a ～ turn 右折 / a ～ engine (航空機の)右回り発動機《プロペラを後方から見て時計回りに回る》/ a ～ drive 《自動車》(左側通行に適する)右ハンドル(の車). **2 a** 右手の[を用いる]. **b** 右手で用いる, 右手用の: a ～ glove. **3** =right-laid. **4** 片腕となる, 頼りになる, 大いに役に立つ, 腹心の: ⇨ righthand man 2. **5 a** 〈ドアなど〉右開きの《右手に蝶番(ちょうつがい)がつき, 向こう側に開くドアにいう》. **b** 〈鍵など〉右開き用の. **6** 《機械》=right-handed 3. 〖1592〗

right hand *n.* **1 a** 右手. **b** (友情・親愛・歓迎を示す)握手の手. **2** 最も頼みになる援助者, 腹心, 片腕, 右腕: He's my ～. **3** [the ～] 右側, 右方向, 右手: at [on, to] one's ～ 右側に[の方に]. **4** 栄誉[名誉]の座, 上席; 名誉の地位.
give the right hand of fellowship 交わりの手を差し伸べる, (握手して)仲間に入れる (cf. *Gal.* 2:9). ***put one's right hand to the work*** 本気で仕事をする, 仕事に精を出す.
〖OE〗

right-hand buoy *n.* 《海事》右舷浮標《水路で水源と定められた方に向いて右側であることを示す円錐形頭をつけた円錐浮標》.

right-hand·ed /ráɪthǽndɪd←/ *adj.* **1** 右利きの (cf.

R

left-handed): ～ people 右利きの人々 / a ～ pitcher 右腕投手. **2** 右手の, 右手での; 右手用の: a ～ throw 右手投げ / a ～ tool 右手用の道具. **3** 〘機械〙 **a** 右回りの, 時計回りの: a ～ screw 右ねじ. **b** 右旋(性)の: a ～ rotation [revolution] 右回り回転. **4** 〈なわ・ロープなど〉左撚(よ)りの: a ～ rope 左撚り[Z 撚り]綱. **5** ＝right-hand 5. — *adv.* **1** 右手(用)に, 右回りに, 右の方に. **2** 右手で: bat ～. **～·ly** *adv.* **～·ness** *n.* 〘*a*1398〙

right-hánder *n.* **1** 右利きの人; 右腕投手. **2** 右手打ち; (バスケットボール・クリケットなど)右手投げ, 右手でするスロー. 〘1857〙

right-hànd mán *n.* **1** (整列したときに)自分の右隣に並ぶ兵士. **2** 腹心の人物, 片腕, 股肱(ここう)の臣. 〘1665〙

right-hànd rúle *n.* [the ～] 〘電気〙 右手の法則 (⇨ Fleming's rules a).

right héart *n.* 〘解剖〙 右心 《心臓の右心室と右心房のある側》.

right-ho /ràɪtóʊ | -tə́ʊ/ *int.* 《英》 ＝righto.

Right Hon 《略》 Right Honourable.

Right Hónourable *adj.* **1** 《英・英連邦》 枢密顧問官や控訴院の判事に対する敬称. **2** 《英》 伯爵・子爵・男爵やロンドンなどの大都市の市長に対する敬称. 〘*c*1390〙

right·ing lèver /-tɪŋ- | -tɪŋ-/ *n.* 〘造船〙 復原てこ 《船の重心を通る鉛直線に沿って働く下向きの力と, 浮心を通る鉛垂線に沿って働く上向きの力によって作られる偶力のてこで, 両線間の水平距離と位置関係からして傾斜した船を水平に戻す場合のもの, すなわち傾いた船が元の垂直の姿勢に戻されるために働く力の点で作られるてこ》. 〘1885〙

righting mòment *n.* 〘海事・航空〙 復原モーメント, 復原偶力.

right·ish /-tɪʃ | -tɪʃ/ *adj.* やや右に寄った.

right·ism /ráɪtɪzm/ *n.* [特に R-] 保守主義, 保守反動主義. 〘1939〙

right·ist /ráɪtɪ̣st | -tɪst/ *n.* **1** [しばしば R-] 保守派[右派]の人 (cf. leftist). **2** 保守主義者. — *adj.* 保守主義の, 右翼の, 右派の; 保守(反動)的な. 〘1937〙

right-làid *n.* 〈なわ・ロープなど〉左撚(よ)りの.

right·less *adj.* 権利のない[を奪われた]; 資格のない. 〘1596〙

right·ly *adv.* **1** 正しく, 正当に, 正義にかなって, 公正に. **2** 正確に, 間違いなく; 真実に, 本当に: if I remember ～ 記憶に間違いがなければ, 確か (cf. right *adv.* A 2) / Do I understand you ～? 私はお言葉を聞き違えていませんでしょうか. **3** 適当に, 然るべく, 当を得て, 当然に, 当然のことながら: ～ or wrongly 良かれ悪しかれ, 当否のほどはわからないが / She resented me—and quite ～. 私に腹を立てていたが無理もなかった / It is ～ said that time is money. 時は金なりとはもっともな言である / He is ～ served. 当然の報いを得たのだ, 罰が当ったのだ. **4** [否定構文で] 《口語》 確実に, はっきりと (positively). ★ 通例次の句で: I do*n't* ～ know. はっきりは分からない / I *can't* ～ say whether ... かどうか断言できない.

and rìghtly só [文の後で] そしてそれは正しかった, それでよかった.

〘OE *rihtlīce*〙

right-mínded *adj.* 心の正しい, 正しい[まともな]考えの, 正しい意見を持つ, 良識のある, 正義感を持っている. **～·ly** *adv.* **～·ness** *n.* 〘1585–86〙

right·mòst *adj.* 最も右(側)の. 〘1963〙

right·ness *n.* **1** 正しいこと; 正直, 廉直; 正義, 公正. **2** 正確; 真実. **3** 適当, 適切. 〘OE *rigtnesse*〙

right·o /ràɪtóʊ | -tə́ʊ/ *int.* 《英口語》 よろしい, 大丈夫, 承知した (all right, O.K.). 〘(1896) ← RIGHT＋-O 2〙

right-of-cénter *adj.* 〘政治〙 右寄りの, 保守的な.

right-of-wáy *n.* (*pl.* **rights-, ～s**) **1** (隣接する他人の土地の)通行権. **2 a** 通行権のある道路[場所]. **b** 《米》 鉄道用地, 線路用地, 路盤; 道路[公道]用地; 送電線用地; 天然ガス輸送パイプ用地. **3 a** 優先権; 先議権. **b** (法律上の)先行権 《車または船が他より先に通行する権利》. 〘1768〙

right-of-wáy sìgnal *n.* 〘海事〙 先行権信号 《制限水路で, 個々の船に進行順を示し通行権を与える信号》.

right-oh /ràɪtóʊ, ⸗⸗́ | ràɪtə́ʊ/ *int.* 《英口語》 ＝righto.

right-ón *adj.* 《米俗》 **1** 完全に正しい; 非常に正確な. **2** 時代精神に合った. 〘1925〙

Right Réverend *adj.* 《英》 主教・司教に対する尊称. 〘1449〙

right sáiling *n.* 〘海事〙 四方点航法, 等緯度[等経度]航法 《東西南北のどれか一つの方向に針路をとって航行する方法; 緯度または経度の一方だけが変わる》. 〘1704〙

right séction *n.* (長軸に垂直な平面で切った)横断面.

right shóulder árms *n.* 〘軍事〙 担(にな)え銃(つつ)の号令[姿勢] 《銃を右肩に担い, 床尾を右手で握る》. 〘1902〙

right síde *n.* **1** (衣服などの)表側. **2** (物事の)適切な[望ましい]側[方] (cf. on the right SIDE of). **3** 〘製紙〙 **a** ＝wire side a. **b** ＝felt side.

ríghts íssue *n.* 〘証券〙 新株の株主割当発行 《現在の株主に新株引受権を与えて行う新株発行; capitalization issue ともいう》.

right·sìze *vt., vi.* 適正な規模[大きさ]にする[なる], 〈人員を〉適正化[合理化]する.

right smárt 《米南西部》 *n.* 大量, 多数, 多額. — *adv.* かなり, 大いに, とても.

right stáge *n.* 〘劇場〙 舞台左方, 下手(しもて) 《観客に向かって舞台中央から右側; cf. left stage》.

right-thìnking *adj.* 正しい[まともな]考え方の, 良識をもった. 〘1829〙

right-to-lífe *adj.* ＝pro-life.

right-to-wórk *adj.* 《米》 労働権の[に関する] 《労働者が特定の組合への加入を拒否しても雇用機会を奪われない権利についていう》: ⇨ right-to-work law. 〘1949〙

right-to-wórk làw *n.* 《米》 自由労働権法 《クローズドショップとユニオンショップを禁じた州法》.

right tríangle *n.* 〘数学〙 《米》 直角三角形 (right-angled triangle) (cf. regular triangle). 〘1903〙

right túrn *n.* (体を)右方へ 90° 回転させること, 右向け右(をすること).

right·ward /ráɪtwəd | -wəd/ *adj.* 右に向かう, 右への, 右側の. — *adv.* 右へ[に], 右側へ. 〘1814〙

right·wards /-wədz | -wədz/ *adv.* 《米》 ＝rightward.

right whàle *n.* 〘動物〙 極地付近に生息するセミクジラ科の頭部の大きいヒゲクジラの総称 《ホッキョククジラ (Greenland whale), セミクジラ (southern right whale), コセミクジラ (*Caperea marginata*) など》. 〘(1725) 《原義》 鯨の名に値する鯨〙

right-wing /ráɪtwíŋ⁻/ *adj.* **1** (政治上の)右翼の, 右派の; 右翼的な: a ～ coup 右翼クーデター / a ～ organization 右翼の団体[組織] / ～ terrorists 右翼のテロリストたち / extreme ～ forces [guerrillas] 極右勢力[ゲリラ]. **2** (スポーツで)右翼の. 〘1905〙

right wing /ráɪtwíŋ⁻/ *n.* **1** [the ～] **a** [しばしば R-W-] (政治上の)右翼, 右派, 保守派, 反動派. **b** [集合的] 右翼の人々, 右翼政党. **2** (スポーツで)ライトウイング, 右翼(のポジション); 右翼手. **3** 〘軍事〙 右翼. 〘1577–87〙

right-wing·er /ráɪtwíŋə | -ŋə^(r)/ *n.* **1** 右翼[右派]の人; 保守(反動)主義者. **2** 右翼手. 〘1928〙

right-wing·ism /-wíŋɪzm/ *n.* 右翼主義[思想]. 〘1962〙

right·y /ráɪṭi | -ti/ 《口語》 *n.* **1** 右利きの人; 右腕投手. **2** 右派の人, 保守主義者 (↔ lefty). — *adj.* 右利きの. — *adv.* 右手で. 〘(1949) ← RIGHT＋-Y²〙

rìghty-hó *int.* 《英口語》 ＝righto. 〘1927〙

Ri·gi /rí:gi; *G.* ʁí:gi/ *n.* リーギ(山) 《スイス中央部, Lucerne 湖と Zug 湖の間にある山; 1,801 m》.

rig·id /rídʒɪ̣d | rídʒɪd/ *adj.* **1 a** 厳格な, 厳重な, 厳粛な (↔ loose) (⇨ strict SYN): ～ discipline 厳格なしつけ / ～ adherence to duty 義務を固く守ること / ～ economy 厳しい節約 / ～ measures 厳しい方策 / ～ determination 不退転の決意 / ～ Catholics 厳格なカトリック教徒 / his ～ belief ゆるぎない彼の信念[信仰] / a ～ principle 厳格な主義. **b** 厳密な, 厳正な, 精密な: a ～ competitive examination 厳正な競争試験 / ～ reasoning 精密な推論. **2** 〈考え方・意見など〉融通のきかない (↔ pliable); 堅苦しい, 硬化した; 考え方の堅い[厳しい], 頑固(がんこ)な: He is ～ in his views. 彼は考えが堅い / a ～ schedule がっちり決められたスケジュール / His mind has become rather ～. 彼は頭が大分硬くなってきた. **3 a** 堅くて曲がらない, たわまない, 堅い, 硬直した (⇨ stiff SYN): a ～ stem 堅い幹 / a ～ frame たわまない枠; 〘土木〙 ラーメン, 剛構, 架構 / a ～ body 〘物理〙 剛体. **b** 〈顔・表情など〉(緊張して)堅くなった, こわばった: His face looked ～ with distress. 彼の顔は苦悩でこわばったように見えた. **4** 固定した, 動かない; 不動の. **5** 〘航空〙 〈飛行船が〉硬式の 《骨組と羽布外皮とでその形状を保たせる式のものにいう》; 〈ヘリコプターが〉硬式の 《回転翼がその基部に固定しているものにいう》: the ～ airship [dirigible] Zeppelin 硬式飛行船ツェッペリン号. — *n.* 一体型のトラック. **～·ly** *adv.* **～·ness** *n.* 〘(?*a*1425) ▭ F *rigide* // L *rigidus* ← *rigēre* to be or become stiff: ⇨ rigor〙

rígid constitútion *n.* 〘法律〙 硬性憲法 《通常の法律の改正手続きよりも慎重な手続きによらなければ改正できない成文憲法; 例えば合衆国憲法や日本国憲法》.

rígid désignator *n.* 〘論理〙 厳密指示語 《あらゆる仮定[理論]において指示物の変化しない指示語》. 〘1972〙

rígid dísk *n.* ＝hard disk.

ri·gid·i·fy /rɪ̣dʒídəfàɪ | rɪdʒídɪ̣-/ *vt.* **1** 堅くする, 硬化させる; 固定させる. **2** 厳格[厳密]にする. — *vi.* **1** 堅くなる, 硬化する; 固定する. **2** 厳格[厳密]になる. **ri·gid·i·fi·ca·tion** /rɪdʒɪ̀dəfɪ̣kéɪʃən | -dʒɪ̣fɪ-/ *n.* 〘(1842): ⇨ rigid, -ify〙

ri·gid·i·ty /rɪ̣dʒídəṭi | rɪdʒídɪ̣ti/ *n.* **1** 堅いこと, 堅さ, 硬直; 剛直, 不屈. **2** 厳格, 厳重, 厳粛; 厳密, 厳正, 精密. **3** 硬直したもの. **4 a** 〘物理〙 剛性. **b** 〘機械〙 剪断弾性係数 (shear modulus) (rigidity modulus ともいう). 〘(1624) ▭ L *rigiditās*: ⇨ rigid, -ity〙

rígid mótion *n.* 〘数学〙 剛体運動 《2 点間の距離を変えない変換のうち, 平行移動と回転の合成として表せるもの》.

rígid rótor *n.* 〘航空〙 リジッド回転翼 《ヘリコプター回転翼の一型式で, 軸まわりの回転以外の羽根の運動が弾性的に規制されているもの; 操縦モーメントが大きくできるので, ヘリコプターに軽快な運動性を与えることができる; cf. fully articulated rotor》.

Ri·gil Kent /ráɪdʒəlként, -dʒɪ̣l-, ráɪgəl-, -gɪ̣l-/ *n.* 〘天文〙 ＝Rigil Kentaurus.

Rígil Ken·táu·rus /-kɛntɔ́:rəs/ *n.* 〘天文〙 リギルケンタウルス ★ しばしば Rigil, Rigil Kent と略される (⇨ Alpha Centauri). 〘▭ ML ～ ▭ Arab. *Rijl Qintūrus* ← *rijl* foot of＋Gk *Kéntauros* Centaur: ⇨ Rigel, centaur〙

rig·ma·role /rígmərὸʊl | -rə̀ʊl/ *n.* **1** くだらない長話, くだらない長談義[長文]. **2** 煩雑で手の込んだ[形式的でくだらない]手順[手続き]. — *adj.* **1** くだらない, 筋の通らない. **2** 煩雑で無意味な. 〘(1736) 《変形》 ← RAGMAN ROLL〙

rig·ol /rígəl/ *n.* **1** 《Shak》 指輪, 円環: this golden ～ この黄金の円環(王冠) (2 *Hen IV* 4. 5. 36). **2** 〘海事〙 水が入らないよう舷窓の縁に設けた突起. **3** 《廃》 石や木の溝; 小さな水路[側溝].

rig·o·let /rígəlɛ̀t, ⸗⸗́/ *n.* 《米南部》 小川. 〘▭ Am.-F ～ (dim.) ← F *rigole* drain: ⇨ -et〙

Ri·go·let·to /rɪ̀gəlétoʊ | -ə(ʊ)létəʊ; *It.* rigoléttoˌ/ *n.* リゴレット: **a** Verdi の 3 幕の歌劇 (1851). **b** その中心人物である道化.

rig·or, 《英》 **rig·our** /rígə | -gə^(r)/ *n.* **1 a** 厳重, 厳格; 手厳しさ; 過酷: with the utmost ～ of the law 法律を最大限厳しく適用して / enforce a law with ～ 法律を厳しく施行する. **b** 過酷な仕業[手段, 行為]. **2** [しばしば *pl.*] (気候などの)厳しさ, 酷烈 (⇨ difficulty SYN): escape [avoid] the ～s of winter 避寒する. **3** (生活などの)苦しさ, 困苦, 難儀: the ～ of famine 飢饉(ききん)の苦しみ. **4** (生活態度などの)厳しさ, 謹厳; 厳正, 厳密, 精密. **5 a** 〘病理〙 悪寒(おかん). **b** 〘生理〙 硬直, 強直. **6** 〘植物〙 悪条件下で植物が不活発な状態. ★ 5 a, b, 6 の意味では 《英》 でもラテン語の形のままの rigor のつづりが普通 (cf. rigor mortis). 〘(1392) *rigour* ▭ OF (F *rigueur*) ▭ L *rigōrem* ← *rigēre* to stiffen ← IE **reig-* to stretch out: cf. rigid〙

rig·or·ism /rígərɪzm/ *n.* **1 a** 厳粛, 厳格, 厳正. **b** 厳格主義, 厳正主義, 厳粛主義, リゴリズム. **2** 〘カトリック〙 厳格主義 《道徳に関して対立する意見がある時は, 掟に対して忠実な方の意見を常に採用すべきだとする考え方; 1690 年教皇 Alexander VIII によって異端説とされた》. 〘(1704) ▭ F *rigorisme* ← L *rigor* (↑): ⇨ -ism〙

ríg·or·ist /-rɪ̣st | -rɪst/ *n.* 厳格主義者, 厳正主義者. — *adj.* ＝rigoristic. 〘(1714) ▭ F *rigoriste*: ⇨ ↑, -ist〙

rig·or·is·tic /rɪ̀gərístɪk⁻/ *adj.* **1** 厳正な. **2** 厳正主義の. 〘1907〙

rig·or mor·tis /rígəmɔ́əṭɪ̣s, ráɪgɔə- | rígəmɔ́:tɪs, rígə-, ráɪgɔ:-/ *n.* 〘医学〙 死後硬直. 〘(1839–47) ▭ L ～ 'stiffness of death': ⇨ rigor, mortal〙

rig·or·ous /ríg(ə)rəs/ *adj.* **1** 厳しい, 厳重な, 厳格な, 厳粛な, 過酷な (⇨ strict SYN): ～ discipline 厳格なしつけ / ～ enforcement of the law 法律の厳しい施行[実施]. **2** 〈気候・風土など〉厳しい, 酷烈な. **3** 厳密な, 精密な, 正確な: ～ accuracy 厳密な正確さ. **4** 〘数学〙 厳密な 《精密で正しいことをいう》. **～·ly** *adv.* **～·ness** *n.* 〘(*a*1425) ▭ OF ～ (F *rigoureux*): ⇨ rigor, -ous〙

rigour /rígə | -gə^(r)/ *n.* ＝rigor.

ríg-òut *n.* 《英口語》 着衣[衣服]一式. 〘(1823) ← RIG¹ (*n.*) 3〙

Rigs·dag /rígzdɑ:g; *Dan.* ʁígsdɛ:ˀ/ *n.* [the ～] (1849–1953 の) デンマークの二院制の国会 《1953 年以降は一院制; cf. Folketing, Landsting, Riksdag》. 〘(1883) ▭ Dan. ～ ← *rige* kingdom (⇨ Reich)＋*dag* 'DAY': cf. G *Reichstag*〙

rigs·da·ler /rígzdɑ̀:lə | -lə^(r); *Dan.* ʁígsdɛ:lɐ/ *n.* リグズダラル 《ライヒスターレル (reichstaler) と等価のデンマークの銀貨; ＝6 marks ＝96 skillings》. 〘《古形》: ⇨ rix-dollar〙

Rig-Ve·da /rìgvéɪdə | -də; *Hindi* rɪgvé:d/ *n.* [the ～] 〘バラモン教〙 「リグヴェーダ(詩編吠陀)」 (⇨ Veda). 〘(1776) ▭ Skt *ṛgveda* ← *ṛc* praise＋*veda* knowledge〙

Riis /rí:s/, **Jacob August** *n.* リース (1849–1914; デンマーク生まれの米国の新聞記者・社会改革者).

Ri·je·ka /ri(j)ékə | rié-; *Croat.* rijěka/ *n.* リエカ 《クロアチア西部の港市; 1927–47 までイタリア領; イタリア語名 Fiume /fjú:me/》.

rijks·daal·der /ráɪksdɑ̀:ldə | -də^(r); *Du.* réiksdà:l-dər/ *n.* レイクスダールダー: **a** ライヒスターレル (reichstaler) と等価で 16 世紀初めから Louis Napoleon (1806–10) の治世まで行われたオランダの旧銀貨. **b** オランダの 2 ½ グルデン銀貨 (guilder). 〘▭ Du. ～: cf. rix-dollar〙

Rijks·mu·se·um /ráɪksmju:zi:əm, -mjʊ-; *Du.* réiksmysè:əm/ *n.* アムステルダム国立美術館 《Amsterdam にあるオランダを代表する総合美術館》.

Rijn /*Du.* réin/ *n.* ライン川 (Rhine) のオランダ語名.

rijst·ta·fel /ráɪstɑ̀:fəl, -fl; *Du.* réista:fl/ *n.* (*also* **rijs·ta·fel** /～/) インドネシアの昼食 《米に多種多様の添え料理がつく》. 〘(1889) ▭ Du. ～ ← *rijst* 'RICE'＋*tafel* 'TABLE'〙

Rijs·wijk /ráɪsvaɪk; *Du.* réiswɛik/ *n.* レイスウェイク 《オランダ南西部の都市; The Hague 南東の郊外にあり, 大同盟戦争 (War of the Grand Alliance) を終結させたレイスウェイク条約の締結地 (1697); 英語名 Ryswick》.

Riks·dag /ríksdɑ:g; *Swed.* ríksdɑ̀:g/ *n.* [the ～] スウェーデンの国会 (cf. Reichstag). 〘(1887) ▭ Swed. ～: ⇨ Rigsdag〙

Riks·mål /ríksmɔ:l, rí:ks-; *Norw.* ríksmɔ:l/ *n.* (*also* **riks·maal** /～/) 〘言語〙 リクスモール (⇨ Bokmål). 〘(1913) ▭ Norw. ～ ← *rik* kingdom＋*mål* speech〙

rile /ráɪl/ *vt.* **1** 《口語・方言》 怒らせる, いらだたせる (⇨ irritate¹ SYN). **2** 《米》 濁らす. 〘(1825) 《変形》 ← 《廃・方言》 *roil* ▭ OF *ruiler* to mix mortar ＜LL *regulāre* 'to REGULATE'〙

ril·ey /ráɪli/ *adj.* **1** 《口語》 怒った, いらいらしている. **2** 《米》 濁った. 〘(1825): ⇨ ↑, -y⁴〙

Ri·ley /ráɪli/ *n.* ライリー 《男性名; 異形 Reilly, Ryley》. ***the life of Riley*** ⇨ life 成句. 〘(1919) ← Ir.-Gael. *rag-hallach* valiant one〙

Ri·ley /ráɪli/, **Bridget** (**Louise**) *n.* ライリー (1931– ; 英国の画家).

Riley, James Whit·comb /(h)wítkəm/ *n.* ライリー (1849–1916; 米国の詩人).

ri·lie·vo /rɪljéɪvoʊ | -liéɪvəʊ; *It.* riljé:vo/ *It. n.* (*pl.* ～**s, -lie·vi** /-vi:; *It.* -vi/) 〘美術〙 ＝relievo¹. 〘▭ It. ～ 'RELIEF²': cf. relievo〙

R

Ril·ke /rílkə, -ki | -kə; G. ʁílkə/, **Rai·ner** /ʁáɪnɐ/ **Maria** *n.* リルケ《1875–1926; オーストリアの詩人・著述家; Paris に在住; *Die Aufzeichnungen des Malte Laurids Brigge*「マルテの手記」(1910), *Duineser Elegien*「ドゥイノの悲歌」(1923)》.

rill¹ /ríl/ *n.* 《詩》小川, 小流. — *vi.* 細流で流れる; 小川のように流れる. 〘(1538) ▭? Du. *ril* // LG *ril(le)*〙

rill² /ríl/ *n.* (*also* **rille** /ríl, rílə/) 《天文》谷, 裂溝《月の表面に見える細長い溝》. 〘(1868) ▭ G *Rille* 《原義》furrow: cf. rill¹〙

rill·et /rílɪ̀t/ *n.* 小流, 細流. 〘(1538) ← RILL¹+-ET〙

ril·lettes /rɪléts | riːét; F. ʁijɛt/ *n.* [単数または複数扱い]《料理》リエット《火を通した豚肉を挽きつぶし調味した加工食品》. 〘(1889) ▭ F *rillette* (dim.) ← *rille* piece of pork ＜OF *reille*: ⇨ rail¹, -ette〙

ríll·màrk *n.* 《地質》流痕(りゅうこん)《退潮によって砂の上に残された小さな溝》. 〘1863〙

rim¹ /rím/ *n.* **1 a** (円形の物体などの)へり, 縁(ふち) (⇨ border SYN): red at the ~*s* 縁の赤い / the ~ of an eyeglass [a cup] 単眼鏡[カップ]の縁. **b** 周辺, 縁辺; 近辺: the southern ~ of the town その町の南部[南郊]. **c** (岩山の)縁, 岩縁(がんえん); 盆地などの縁の山地. **2 a** (車輪の)リム, 枠. **b** リム《自動車の車輪にタイヤを取り付けるための取外し可能な金属製外枠》. **3** 《詩》丸いもの: a golden ~ 王冠. **4** 《紡績》(ミュール精紡機などの)動輪; はずみ車 (flywheel). **5** (バスケットボールのネットをつるす)鉄リング. **6** 《海事》水面, 海面《地球を考えた場合の一番外端》. **7** (新聞社などの整理[編集]担当の編集者席《通常 U 字形または馬蹄形をした編集デスクの外側の縁に位置することから; cf. rim man, slot¹ 6, copydesk》. **8** 《冶金》鋳塊の縁.
— *vt.* (**rimmed**; **rim·ming**) **1 a** …に縁[へり]を付ける; …の縁[へり]となる, を取り囲む: a belt of wood ~*ming* the field 畑地を取り囲む樹林帯. **b** 〈車輪〉にリム[枠]を付ける. **2** 〈ゴルフのボールが〉(カップに入らずに)〈カップ〉の縁を転がる; 〈バスケットボールが〉(ネットに入らずに)〈鉄リング〉に沿って転がる.
〘OE *rima* ＜? Gmc **rimo* (ON *rimi* ridge) ← ?〙

rim² /rím/ *n.* 《廃》膜 (membrane); 《古・方》腹膜 (peritoneum): the ~ of the belly 《古・方》腹膜. 〘OE *rēoma* membrane (現在の形は RIM¹ の影響): cog. Du. *riem* / G *Riemen* strap〙

rim³ *vt.* **1** (-mm-) 《俗》…に肛門ねぶり[肛門口舌愛撫]を行う; …に肛門性交を行う. **2** 《米》だます, ペテンにかける. 〘(1923) 《変形》← ? REAM²〙

RIM /áɚàɪém | ɑ́ː(r)àɪém/ 《略》《自動車国籍表示》Islamic Republic of Mauritania.

ri·ma /ráɪmə/ *n.* (*pl.* **ri·mae** /-miː/) **1** 細長い亀裂[裂け目, 割れ目]. **2** 《解剖》声門裂《rima glottidis ともいう》. 〘(1835) ← NL ~ ← L *rīma* cleft, slit〙

ríma glóttidis *n.* 《解剖》=rima 2.

ri·maye /rɪméɪ; F. ʁimɛ/ *n.* 《地理・登山》=bergschrund. 〘(1920) ▭ F ~ ▭ L *rīma* cleft＋F *-aye* 《集合名詞接尾辞》〙

Rim·baud /ræmbóu | rǽmbəu; F. ʁɛ̃bo/, **Arthur** *n.* ランボー《1854–91; フランスの象徴派詩人; *Une Saison en Enfer*「地獄の一季節」(1873)》.

rím-bràke *n.* リムブレーキ《車輪の枠[リム]に作用させるブレーキ》. 〘1896〙

rím-drive *n.* 《電気》リムドライブ, リム駆動(装置)《レコードプレーヤーのターンテーブルの回転伝達法の一つで, モーターの軸とターンテーブルのリムとを接触させ摩擦で伝達する方式; cf. direct drive》. 〘1961〙

rime¹ /ráɪm/ *n.* **1** 霜 (hoarfrost) 《rime frost ともいう》. **2** 《気象》霧氷《樹氷など, 大気中の水蒸気が凍結または昇華してできた付着氷; rime ice ともいう》. **3** 外被, 殻: a ~ of snow 雪殻. — *vt.* 霜でおおう; 霜に似た(白い)もので覆う. 〘OE *hrīm* (cog. Du. *rijm* / ON *hrīm*) ← ? IE **krei-* to touch lightly〙

rime² /ráɪm/ *n.*, *v.* =rhyme. 〘n.: (?c1200) *rim(e)* ▭ (O)F *rime* ▭ ML *rithmus*=L *rhythmus* 'RHYTHM'. — v.: (c1290) ▭ (O)F *rimer* ← *rime*〙

rime³ /ráɪm/ *vt.* 《方言》《海事》=ream² 6. **rimed** *adj.*

ríme fròst *n.* =rime¹ 1. 〘c1250〙

rím·er¹ /ráɪmə | -mə^(r)/ *n.* 《英》=reamer.

rím·er² *n.* =rhymer. 〘1408〙

rime riche /riːmríːʃ; F. ʁimʁiʃ/ *n.* (*pl.* **rimes riches** /~/) 《詩学》=identical rhyme. 〘(1904) ▭ F ~ 'rich rhyme'〙

rime·ster /ráɪmstə | -stə^(r)/ *n.* =rhymester.

rime suf·fi·sante /riːmsùːfiːzɑ̃ː(n)t, -zɑ́ːnt; F. ʁimsyfizɑ̃ːt/ *n.* (*pl.* **rimes suffisantes** /~/) 《詩学》=perfect rhyme 1. 〘▭ F ~ 'sufficient rhyme'〙

rím-fire *adj.* 《銃砲》**1** 周縁起爆式の《起爆薬が弾薬筒の基部周縁に環状に詰まっている型式; cf. centerfire 1》. **2** 周縁起爆式弾薬筒を使用する: a ~ rifle. 〘(1868): ⇨ rim¹〙

Ri·mi·ni /rímənì | -mɪ̀-; It. ríːmini/ *n.* リミニ《アドリア海に臨むイタリア北東部の海港; 古代名 Ariminum》.

Ri·mi·ni /rímәni | -mɪ̀-; It. ríːmini/, **Francesca da** *n.* ⇨ Francesca da Rimini.

rím·lànd *n.* [しばしば pl.] (中核地帯 (heartland) に対する)周縁地域 (cf. fringeland). 〘1944〙

rím·less *adj.* 縁のない: ~ glasses [spectacles] 縁なしめがね. 〘1802〙

rím lighting *n.* 《写真》光源を被写体のほぼ後ろ側において縁を光らせる照明法《backlighting ともいう》. 〘1940〙

rím lòck *n.* 面(つら)付け錠; 《戸に埋め込まず表面に直接取りつける錠; cf. mortise lock》.

rím màn *n.* (新聞社の)整理(編集)担当の記者 (copyreader) (cf. slot man). 〘← RIM¹ (n.) 7〙

rimmed /rímd/ *adj.* [通例複合語の第 2 構成素として] …の縁[へり]の: gold-[shell-]*rimmed* glasses 金[べっ甲]縁のめがね. 〘1729〙

rímmed stéel *n.* 《冶金》リムド鋼《凝固前に脱酸されない鋼; 低炭素鋼でプレス用鋼材などに用いる; rimming steel ともいう; cf. killed steel》. 〘1926〙

Rim·mon /rímən/ *n.* 《聖書》リンモン《昔シリアの Damascus で崇拝された神》. ***bów dówn in the hóuse of Rímmon*** 自己の体面を保つために悪いとわかっていることをする, 自分の信念を曲げる (cf. 2 *Kings* 5:18). 〘▭ Heb. *Rimmōn* ▭ Assyr. *Rammān* 《原義》? the roarer〙

ri·mose /ráɪmous, ─ ́ | ráɪməus, ─ ́/ *adj.* 《植物》裂け目[割れ目]の多い. **~·ly** *adv.* **ri·mos·i·ty** /raɪmɑ́(ː)səti | -mɔ́sɪ̀ti/ *n.* 〘(1726) ▭ L *rīmōsus* ← *rīma* 'RIMA': ⇨ -ose¹〙

ri·mous /ráɪməs/ *adj.* =rimose.

rim·ple /rímpl̩/ 《まれ》 *n.* しわ, ひだ; 折り目. — *vt.* …にしわを寄せる, しわくちゃにする, 折り目をつける. — *vi.* しわがつく, しわくちゃになる, 折り目がつく. 〘(1440) *rimpyl* ＜OE *hrympel* ← Gmc **χrimp-*, **χrump-* ← IE **(s)kerb(h-)* to turn, bend〙

rím·ròck *n.* 《地質》(プラトー (plateau)・メサ (mesa) などの)堅固な上層岩(盤)《露出して急な崖をなす》. 〘1860〙

rím sàw *n.* (歯の部分が取りはずしできる)リング式丸鋸(のこ).

rím-shòt *n.* 《音楽》リムショット《ドラムの奏法で, 枠と打面を同時にたたくか, あるいは枠のみをたたくもの》. 〘1934〙

Rim·sky-Kor·sa·kov, Rim·ski-Kor·sa·koff /rím(p)skikɔ́ːəsəkɔ̀(ː)f, -kɑ̀(ː)f | -kɔ́ːsəkɔ̀f, -kɔ̀v; Russ. rʲímskʲijkórsəkəf/, **Nikolai Andreevich** *n.* リムスキーコルサコフ《1844–1908; ロシアの作曲家; *Scheherazade*「シェエラザード」(交響組曲, 1888), *Le Coq d'Or*「金鶏」(オペラ, 1907)》.

rím·stòne *n.* 《地質》リムストーン, 畦石(あぜいし)《石灰洞内の緩斜面を水が流れ落ちる時につくる畦状の石灰質堆積物; 百枚皿, 千枚皿などと呼ばれる》. 〘1930〙

ri·mu /ríːmuː/ *n.* **1** 《植物》リーム (*Dacrydium cupressinum*) 《ニュージーランド産マキ科リーム属の高木; red pine ともいう》. **2** リーム材《家具・建築用》. 〘(1835) ← Maori〙

rim·y /ráɪmi/ *adj.* (**rim·i·er**; **-i·est**) 霜の降った, 霜[霧氷]で真っ白な, 霜[霧氷]の多い[で覆われた]. 〘OE *hrīmig*: ⇨ rime¹, -y⁴〙

rind¹ /ráɪnd/ *n.* **1 a** (スイカ・オレンジ・ベーコン・チーズなどの堅い)外皮 (⇨ skin SYN); 外皮の一片: an orange ~ / the ~ of a whale 鯨の皮. **b** 樹皮. **2** 外観, 外面, 外見. — *vt.* …の皮をむく, 殻を取る. 〘OE *rind(e)* 《原義》torn-off thing ← ? Gmc **rind-* (G *Rinde*) ← IE **rendh-* to tear up〙

rind² /ráɪnd, rínd/ *n.* 石臼(いしうす)の(上石にはめた)心棒受け金. 〘(?c1343) *rynd(e)* ← ?: cf. MDu. *rijn*〙

rind·ed /ráɪndɪ̀d/ *adj.* [通例複合語の第 2 構成素として] …の皮[殻]のある, 皮が…の: smooth-*rinded* 皮の滑らかな / thick-*rinded* 皮の厚い. 〘(1552): ⇨ rind¹ (n.)〙

rin·der·pest /ríndəpèst | -də-/ *n.* 《獣医》牛疫 (≒ cattle plague). 〘(1865) ▭ G *Rinderpest* ← *Rinder* ((pl.) ← *Rind* ox)＋*Pest* 'PEST'〙

rínd gàll *n.* 《建築》入皮(いりかわ), 猿喰(さるばみ)《樹皮に傷があるとその上に年々層ができるために生じる木材のきずの一種》. 〘1794〙

Rine·hart /ráɪnhɑət | -hɑːt/, **Mary Roberts** *n.* ラインハート《1876–1958; 米国の女流推理小説家・劇作家; *The Circular Staircase* (1908)》.

rin·for·zan·do /rìnfɔətsɑ́ːndou | -fɔːtsɑ́ːndəu; It. rinfortsándo/ *adv.* 《音楽》一つの音[和音]に強くアクセントをおいて (略 Rf., rf, rfz) 《sforzando のほうが普通》. 〘(1801) ▭ It. ~ 'reinforcing' (pres.p.) ← *rinforzare* ← *ri-* 'RE-¹'＋*inforzare* 'to ENFORCE'〙

ring¹ /ríŋ/ *v.* (**rang** /rǽŋ/, 《まれ》**rung** /rʌ́ŋ/; **rung**) — *vi.* **1 a** 〈鐘・ベル・金属製器具が〉鳴る, 響く; 〈らっぱなどが〉鳴り響く: The bell [doorbell, alarm bell, telephone] *rang*. 鐘[ドアの呼び鈴, 非常ベル, 電話]が鳴った / The warning set alarm bells ~*ing* in my mind. その警告をうけて私は用心するようになった. **b** 〈音・声が〉鳴る, 響く, 鳴り響く, 響き渡る 〈*out*〉: with a ~*ing* laugh からからと笑って / ~ again (to) (…に)鳴り響く, 反響する / A shot *rang out*. 一発どんと聞こえた. **c** 〈耳が〉鳴る: My ears are ~*ing* (with unusual sounds). 耳に(聞き慣れない)音が響いている. **2 a** 合図の鐘[呼び鈴]を鳴らす: Did you ~ [You *rang*], sir? お呼びになりましたか / ~ at the front door 玄関のベルを鳴らす. **b** 鐘[呼び鈴]を鳴らして呼ぶ[求める] 〔*for*〕; 〈鐘・呼び鈴が〉鳴って合図する, 鐘[呼び鈴]が鳴って呼ぶ 〔*for*〕: ~ *for* tea [a servant] ベルを鳴らして茶を命じる[召使いを呼ぶ] / ~ *for* prayers [dinner] お祈り[食事]の合図の鐘を鳴らす / The bells are ~*ing for* church. 教会へ行く鐘が鳴っている. **3 a** 〈場所が〉(音で)鳴り響く, 響き渡る 〔*with*〕: The hall *rang with* laughter. ホールは笑い声でどよめいた. **b** 〈場所が〉(名声・評判などで)知れ渡る, 評判が高い 〔*with*〕: The whole town was ~*ing with* his praises. 町中彼を褒める声で持ち切りだった. **4 a** [true, false などの補語を伴って] …の音(ね)がする; 〈物の性質・真偽などが〉…に響く, …らしく聞こえる: The bells *rang* (out) clear. ベルが澄んだ音で鳴り響いた / The coin ~*s* true [false]. この硬貨は本物の[にせ金の]音がする / That story ~*s* true [false]. あの話は本当[うそ]らしく聞こえる / Her promises *rang* hollow (in my ears). (私には)彼女の約束がむなしく聞こえた[響いた]. **b** 〈心・耳に〉響く, 心に思い浮かぶ: words ~*ing in* one's mind 心に絶えず去来する言葉 / ~ *in* one's ears 耳に残っている, 記憶に残る. **5** 《英》電話をかける 〈*up, through*〉: ~ *through* to Peter.
— *vt.* **1 a** 〈鐘・ベルなどを〉鳴らす; 打つ, 打ち鳴らす: ⇨ *ring a* BELL¹ / ~ a doorbell ドアの呼び鈴を鳴らす / ~ the knell (of …) (…の)弔鐘を鳴らす. **b** 〈物を〉鳴らして真偽などを試す: ~ a coin on a counter 硬貨を売台の上に落としてその音(ね)を聞いて真偽を調べる. **2 a** 鐘[ベル]を鳴らして告げる[知らせる, 響かせる] 〔*with*〕: ~ an alarm 鐘を鳴らして急を告げる / ~ a peal [chime] チャイムを鳴らす / The bells of New Orleans were ~*ing* the noon hour. ニューオーリンズの鐘が正午を告げていた. **b** 鐘[呼び鈴]を鳴らして呼ぶ: ~ a servant *down* [*up, out, in*] 呼び鈴を鳴らして使用人を下へ[上へ, 外へ, 中へ]呼ぶ / ~ people *to* divine service [church] 鐘を鳴らして人々を礼拝式[教会]へ呼ぶ. **c** 鐘を鳴らして送る 〈*out*〉; 鐘を鳴らして迎える 〈*in*〉: ~ *out* the old year and ~ *in* the new (year) 鐘を鳴らして行く年を送り, 来る年を迎える (cf. Tennyson, *In Memoriam*). **3** 《英》…に電話をかける 〈*up*〉: ~ *up* a doctor 医者に電話をかける / ~ a person *up* on the telephone 人に電話をかける. **4** 高らかに言う[ふれる], 響き渡らせる 〈*out*〉; うるさく言う, 繰り返し言う: ~ a person's praises 声高く人を称賛する. **5** 《俗》不正に取り替える 〔*in*〕.
ring báck 《英》(電話をかけて来た人に)こちらから電話をかける. (1942) ***ring dówn*** ⇨ curtain 成句. ***ring in*** (*vt.*) (1) ⇨ *vt.* 2 b. (2) ⇨ *vt.* 2 c. (3) 《口語》そっと入れる, すり換える; 不正手段で持ち込む. (4) 《豪》(競馬で)〈馬を〉不正に取り替える. — (*vi.*) (タイムレコーダーで)到着の時間を記録する. ***ring óff*** 《英》(1) 電話を切る. (2) 話をやめる. (1882) ***ríng óut*** (*vi.*) (タイムレコーダーで)退社[退出]時間を記録する. — (*vt.*) (1) ⇨ *vt.* 2 b. (2) *vt.* 2 c. (3) ⇨ *vt.* 4. ***ring róund*** 《英》(*vt.*) 〈多くの人〉に次々と電話をかける. (*vi.*) 人に次々と電話をかける. ***ring úp*** (*vt.*) (1) ⇨ *vt.* 3. (2) 〈売上げなどを〉金銭登録器に記録する. (3) 記録する. (4) 〈教会の鐘を〉梁の上に上げて鳴らす. (5) ⇨ curtain 成句. — (*vi.*) ⇨ *vi.* 5.
— *n.* **1 a** 鐘・ベルなどを鳴らすこと, 鐘・ベルが鳴ること; 呼び鈴[鐘]を鳴らす[の鳴る]音: answer a person's ~ 人の呼び鈴に答える / give the bell a ~ ベルを鳴らす / There was a ~ at the door. 戸口でベルが鳴った. **b** 《口語》電話のベルの音, 電話をかけること: give a person a ~ 人に電話をかける. **2** (金属性の物の)音(ね), 響き, 鳴る音: the ~ of coins 硬貨の(ちゃりんという)音. **3 a** (笑い・声などの)響く音, よく通る声: the ~ of one's voice [laughter] 響き渡る声[笑い]. **b** (話・文章などの)響き, 感じ, 調子: There was a ~ of sincerity in [to] his voice. 彼の声は誠実な感じがした / His story has a ~ of truth about [to] it. 彼の話は本当らしく聞こえる. **c** (物の真偽などを示す)響き: have a false [hollow] ~ 音が悪い, にせ金[にせ物]だ, 劣悪だ / have a true [right] ~ 音がよい, 本物の音がする; 本物だ, 実力がある, 真価がある. **4** (教会の)一組の鐘(の音): a ~ of bells 一組の鐘, 組鐘(の音).
〘OE *hringan* ← Gmc **χreŋʒan* (ON *hringja* / Du. & G *ringen*) ← IE **krenk-* ← **ker-* (高い音や鳥の鳴き声を表す擬音語?): cf. raven¹, scream, shriek〙

ring² /ríŋ/ *n.* **1** (装飾・お守りなどに用いる)輪: **a** 指輪, 耳輪, イヤリング, 鼻輪, 腕輪, 足首輪: wear a ~ on one's finger [in one's ear, in one's nose] 指[耳, 鼻]に指輪[イヤリング, ノーズリング]をはめる / ⇨ engagement ring, wedding ring. **b** 《英》(鳥の脚につける)脚環. **c** [the R-] 《ドイツ・北欧伝説》ニーベルンゲンの指輪 (⇨ Ring of the Nibelung). **2** (物を吊したり, 繋いだり, 引っぱったりするのに使う)輪形[円形]の物; 輪, 環: ⇨ key ring, napkin ring. **3 a** 輪形[円形]もの: puff out ~*s* of smoke =blow smoke ~*s* たばこ(の煙)を輪に吹く / He has livid [dark] ~*s* around [beneath] his eyes. 彼は目の縁[下]が黒い《衰弱・疲労の現れ》/ The moon has a ~ around it. 月がかさをかぶっている / Saturn has ~*s* around it. 土星には環がある / ~*s* in water 波紋 / ~*s* in a dirty cup (コップの内側につく)よごれの輪 / a lake set in a ~ of giant mountains 高山に囲まれた湖 / ⇨ RING of fire. **b** (物を並べて[人が並んで]作った)輪, 車座: in a ~ 輪をなして, 輪状[螺旋形]を描いて / a ~ of stones 円形に並べた石 / dance in a ~ 輪になって踊る / sit in a ~ 輪になって[車座に]座る / form a ~ 輪をなす, 車座になる. **c** 巻毛: ~*s* in one's hair. **d** 円状の動き[螺旋(らせん), 渦など]の一回り: run in ~*s* ぐるぐる走る / ⇨ *run* RINGS *round*. **e** 円形の食物: a ~ cake. **f** 輪形につないだソーセージ. **g** ガス[電気]こんろなどのリング状熱源部分. **4** (貨幣・皿など円形の物の)外側の縁, へり: the ~ of a cup カップのへり. **5 a** (円形の)試合場, 競馬場, 競技場, (相撲などの)土俵, サーカスの演技場, ショーの舞台. **b** 動物展覧会の陳列場. **c** 闘牛場. **d** (ボクシング・レスリングの)リング.
日英比較 プロレスでリングの外に出て乱闘することを日本語で「リングアウトする」というのは和製英語. 英語では (fight) out of the ring という. **e** (特に, 政治の)競争の場; 競争: He is in the ~ for the governorship. 彼は知事選挙に打って出ている. **6** (私利を狙って結託した政治上・商業上の)徒党, 同盟; 一味, 連中: a ~ of smugglers [thieves] 密輸業者[泥棒]仲間 / a spy ~ スパイ一味 / lead the ~ 率先する, 張本人[リーダー]となる (cf. ringleader) / the inner ~ 幹部連. **7** [the ~] **a** (プロ)ボクシング (prizefighting): meet in *the* ~ ボクシングの試合をする. **b** サーカス団員の仕事, サーカス業. **8 a** (競馬場の)賭博(とばく)に使われる場所. **b** [the ~; 集合的] (競馬の)賭博師仲間, 賭博業者. **9 a** 年輪 (annual ring). **b** (生長の抑制などを目的に枝や幹の樹皮に)環状につけた切り込み, または環状剝皮した部分. **c** 魚のうろこにみられる輪状隆起[模様]. **10** [*pl.*] 《体操》**a** つり輪. **b** (競技としての)つり輪. 11 〘数学〙 a 環(かん)(二つの同心円で囲まれた図形). b =toroid 1. c 環(加・減・乗の三つの演算が可能な集合). 12 〘化学〙環(環式の結合に帰せられる原子の集団; cf. chain 5). 13 〘建築〙輪状平縁(annulet). 14 〘天文〙(土星などの)環(わ). 15 〘海事〙リング(錨の上端にある弓状または円形の鎖またはケーブルを固定する部分). 16 〘機械〙 a =piston ring. b =spinning ring.

hóld* [*kéep*] *the ríng (けんか・紛争・戦いなどに)巻き込まれずにいる, 中立的立場を取る; けんか[紛争, 戦いなど]を傍観する. 《1829》 ***màke a ríng*** 輪状に取り巻く; 同盟して市場を左右する. 《1659》 ***rùn ríngs (a)ròund*** 《口語》 (1) 〈人〉よりはるかに早く走る[する]. (2) 〈人〉よりはるかにまさる, 〈人〉をゆうゆう負かす: He can *run* ~*s around* us in everything. 彼は何をやっても我々より役者が上だ. 《1891》 ***thrów* [*tóss*] *one's hát in* [*ìnto*] *the ríng*** ⇨ hat 成句.

ríng of fíre 〘地質〙環太平洋火山帯《太平洋周縁の火山地帯》.

— *vt.* **1** 輪で[に]取り囲む, 取り巻く, 囲む 〈*round, about, in*〉: ~ a house 家を取り巻く / a lake ~*ed* by [with] trees 木で囲まれた湖 / ~ major cities *with* nuclear-missiles 核弾頭付きミサイルで主要都市を防備する / Police ~*ed* the hijacked train. 警官たちはハイジャックされた列車を取り囲んだ / a large garden ~*ed with* elms ニレで囲まれた広い庭. **2 a** 〈動物〉の鼻などに輪をはめる. **b** 《まれ》〈人〉に指輪[耳輪, 鼻輪など]をはめる. **c** 〈鳥などに〉脚環をはめる: ~ migrating birds. **3** 〘園芸〙樹皮を輪状にはぎ取る (girdle, ringbark). **4** 〈りんご・玉ねぎなどを〉輪切りにする. **5** (輪投げ・蹄鉄投げで)〈棒・杭〉に輪[蹄鉄]を投げる: ~ a post 輪を棒に投げ入れる. **6** 巻狩する: ~ cattle 家畜の周囲を乗り回して一箇所に集める, 牛を一箇所に集めるために周囲を乗り回す. — *vi.* **1 a** 輪になる, 丸くなる. **b** 車座にすわる. **2** 環状に動く, ぐるぐる回る; 〈タカ・トビなどが〉輪を描いて舞い上がる; 〈キツネなどが〉円を描いて走る.

〘n.: OE *hring* < Gmc **χreŋʒaz* (Du. *ring* / G *Ring* / ON *hringr*) ← IE **(s)ker-* to turn, bend. — v.: (*a*1387) ← (n.): ⇨ curve, rank¹〙

ring-a-lie·vo /rìŋəlíːvoʊ | -vəʊ/ *n.* (*also* **ring-a-le·vi·o** /-líːviòʊ | -əʊ/) 〘遊戯〙=relievo². 〘(1901) (変形) ← *ring relievo*〙

ríng a rìng o' róses, ríng-aróund-a [-the]-rósy *n.* 〘遊戯〙「バラの輪作ろう」《子供が手をつないで輪になって; 歌を歌い踊りながら進み, あらかじめ決めた合図に従ってすばやくしゃがむ遊戯; 「羅漢さん」に似ている》. 〘1881〙

ríng·bàrk *vt.* =girdle¹ 2.

ríng bèarer *n.* (結婚式の)指輪持ち《通例は少年》. 〘1932〙

ríng·bìll *n.* 〘鳥類〙=ring-necked duck.

ríng-bìlled gúll *n.* 〘鳥類〙オビハシカモメ (*Larus delawarensis*)《北米産のカモメの一種; くちばしに黒い環紋がある》. 〘1831〙

ríng bìnder *n.* リングバインダー《ルーズリーフをとじ込む部分に金属製の輪を使っているバインダー》. 〘1929〙

ríng blàckbird *n.* 〘鳥類〙=ring ouzel.

ríng·bòlt *n.* 〘機械〙リングボルト, 環付きボルト, 目玉ボルト. 〘1599〙

ríng·bòne *n.* 〘獣医〙(馬の)趾骨瘤(しこつりゅう)《馬の繋(つなぎ)骨に生じる骨腫で跛行(はこう)の原因となる》. **ríng·bòned** *adj.* 〘(1523): cf. OE *hringbān*〙

ríng-bòund *adj.* リングバインダー (ring binder) に綴じた.

ríng bùoy *n.* 救命浮輪.

ríng-càrrier *n.* 《Shak》(結婚・恋愛の)仲介人. 〘1602–03〙

ríng-càrtilage *n.* 〘解剖〙輪状軟骨. 〘1690〙

ríng cìrcuit *n.* 〘電気〙環状回路.

ríng còmpound *n.* 〘化学〙環状化学物. 〘1932〙

ríng connèction *n.* 〘電気〙環状接続, 環状結線. 〘1931〙

ríng·cràft *n.* ボクシングの技術. 〘1896〙

Ríng Cỳcle *n.* [the ~] 「指輪」四部作 (Wagner の「ニーベルンゲンの指輪」(The Ring of the Nibelung) 四部作の通称).

ríng dànce *n.* =round dance a.

ríng dìke [**dỳke**] *n.* 〘地質〙環状岩脈《地表に露出した部分が環状になっている岩脈》. 〘1915〙

ríng dòllar *n.* =holey dollar.

ríng·dòve *n.* 〘鳥類〙 **1** モリバト (*Columba palumbus*)《ヨーロッパ産; wood pigeon ともいう》. **2** ジュズカケバト (*Streptopelia risoria*). 〘(1538) (なぞり) ← Du. *ringduif*〙

ringed /ríŋd/ *adj.* **1** 環[輪]のある[を着けた, から成る, で囲まれた]. **2** 指輪をはめた; 結婚指輪をはめた; 正式に結婚した. **3** 環状の; 環紋のある. **4** 〘甲冑〙(鎖輪を)鍛接した. 〘?*a*1393〙

rínged pláin *n.* [the ~] 〘天文〙=walled plain.

rínged plóver *n.* 〘鳥類〙=ring plover.

rínged séal *n.* 〘動物〙フイリアザラシ, ワモンアザラシ (*Phoca hispida*)《環紋のあるアザラシ》. 〘1871〙

rínged snáke *n.* 〘動物〙 **1** ヨーロッパヤマカガシ (*Natrix natrix*)《英国でよく見られる無毒のヘビ》. **2** =ring-necked snake.

rin·gent /rínʤənt/ *adj.* **1** 口を大きく開けた; にやにや笑っている. **2** 〘植物〙開口状の《唇(しん)状花冠にいう》. 〘(1760) ◻ L *ringentem* (pres.p.) ← *ringī* to open the mouth〙

ring·er¹ /ríŋə | -ŋə^(r)/ *n.* **1 a** 鐘[鈴(すず)]を鳴らす人. **b** (教会の)鳴鐘係. **2** 鳴鐘装置; (電話の呼出し信号のための)信号発信機. **3** 《口語》 **a** 身元・経歴などを偽って出場する人[馬], 不正競技参加者, 替玉[馬]. **b** 詐欺師. **4** [しばしば dead ~ で] 非常によく似ている人[もの], 瓜(うり)二つ 〈*for*〉: He's a (*dead*) ~ *for* you as far as physique goes. 体つきだけは君に(まったく)そっくりだ. **5** 《英俗》 **a** 盗んだ車に付けるにせのナンバープレート. **b** にせのナンバープレートを付けた盗難車. **c** 盗んだ車に偽のナンバープレートを付ける人. ***tóot the rínger*** 《米俗》玄関のベルを鳴らす. 〘*c*1425〙

ring·er² /ríŋə | -ŋə^(r)/ *n.* **1** 輪で取り巻く[囲む]人[もの]. **2 a** (輪投げ・蹄鉄投げなどで, 棒・杭に投げ入れられる)輪, 蹄鉄(など). **b** その一投. **3** (樹皮を丸く切りとって)木材の皮はぎの準備をする人, 皮下はぎ下職人. **4** (葉巻・びんなどにラベルを貼りつける)ラベル貼り職人. **5 a** 《豪》小屋でいちばん速い羊毛刈り職人. **b** 《豪口語》いちばん速い[うまい]人, 熟練した人. **6** 〘遊戯〙地面に線を引いた円の中央の十字形の中に石を入れておき, 他の石を飛ばしてなるべく多く円の外にはじき出そうとする遊び《ringtaw ともいう》. **7** 〘狐狩〙狩り立てられて環状に逃げ回る狐. **8** 《豪》家畜を追い立てて移動させる牧夫. **9** 《英》鳥に標識の脚環を付ける人. 〘1825〙

Ring·er /ríŋə | -ŋə^(r)/ *n.* 《口語》=Ringer's solution. 〘1893〙

Ring·er /ríŋə | -ŋə^(r)/, **Sydney** *n.* リンガー (1835–1910; 英国の医学者; リンゲル液 (Ringer's solution) を考案).

Ríng·er's solùtion [**flùid**] *n.* 〘医学〙リンゲル液《塩化ナトリウム・塩化カリウム・塩化カルシウムなどを含む血液代用液》. 〘(1893) ← *Sydney Ringer*〙

ring·ette /rɪŋét/ *n.* 《カナダ》〘スポーツ〙リンゲット《アイスホッケーに似た競技で, パックの代わりにゴムの環を使用する; 特に女子の競技》. 〘← RING²+-ETTE〙

ríng-fènce *vt.* **1** 囲い (ring fence) で囲む. **2** 不当な侵入[侵害]から守る; 保護する. **3** 〈資金などを〉使途を限定して割り当てる[交付する]. 〘1769〙

ríng fènce *n.* **1** (大きな地所を囲んだ)囲い. **2** 不当な侵入[侵害]の禁止. 〘1769〙

ríng fìnger *n.* (エンゲージリングまたは結婚指輪をはめる, 通例左手の)薬指, 無名指 (third finger)《ただし結婚式の時は ring finger を fourth finger という; hand 挿絵》. 〘OE *hring fingere*〙

ríng flàsh *n.* 〘写真〙リングフラッシュ《ドーナツ状の放電管をもつストロボ; レンズの周囲に取り付けるもので接写に適する》. 〘1969〙

ríng formàtion *n.* 〘天文〙環状体《月面のクレーター・壁平原 (walled plain) など環状地形の総称》.

ríng fòrt *n.* 〘考古〙環状土塁《環状の塁壁と壕で守られた先史時代の土塁; 特に鉄器時代の山上砦》. 〘1935〙

ríng fràme *n.* 〘紡織〙=ring spinner.

ríng gàge [**gàuge**] *n.* 〘機械〙リングゲージ, 輪ゲージ《円柱形の製品の直径を測る道具; 円筒形や座金(ざがね)形などで, 製品の最大または最小許容直径などに合わせた穴があり, 製品がその穴を通るか通らないかを検査する; cf. plug gage》.

ríng gèar *n.* 〘機械〙内歯車の大歯車《環形の歯車で歯が内側にあるもの》.

ring·git /ríŋgɪt | -gɪt; *Malay* riŋgit/ *n.* リンギット《マレーシアの通貨単位; =100 sen; 1 リンギット貨》. 〘(1967) ◻ Malay〙

ríng-gòal *n.* 〘遊戯〙輪なげ遊び.

ring·hals /ríŋhæls/ *n.* (*pl.* ~, ~·es) 〘動物〙ドクハキコブラ (*Haemachates haemachatus*)《アフリカ産のコブラの一種; 獲物の目に毒液を吹きかける性質がある; spitting snake [cobra] ともいう》. 〘◻ Afrik. ~, *rinkals* ← ring (⇨ ring²)+*hals* neck〙

ríng hèad *n.* 〘電気〙リングヘッド《磁心を環状にした録音ヘッド》.

ríng-ìn *n.* **1** 《豪》(競馬で)代役として走る馬 (⇨ RING¹ *in* (*vt.*) (4)). **2** 《豪》特定の集団に属さない人[物], よそ者. 〘1941〙

ring·ing /ríŋɪŋ/ *adj* **1** 鳴り響く, 鳴り渡る, 響き渡る: a ~ voice [laugh, cheer] (朗々と)鳴り響く声[笑い声, 歓声] / a ~ frost 踏めばざくざくと音のする霜. **2** 明確な, 断固とした: a ~ declaration. — *n.* **1** 鳴ること. **2** 鳴る[鳴り渡る]声: the ~ of the telephone 電話の(ベルの)音. **~·ly** *adv.* 〘*c*1300〙

rínging cìrcuit *n.* 〘電気〙信号回路《電話の呼出信号送出回路》.

rínging èngine *n.* 〘機械〙(数人で綱を引いておもりを上げ落とす)杭打ち機; 地形(じぎょう)つきやぐら.

rínging tòne *n.* 《英》〘電話〙呼び出し音 (cf. dial tone). 〘1924〙

ríng·lèader *n.* (暴動・不法行為などの)リーダー, 首謀者. 〘(1503) ← *to lead the ring* (⇨ ring² (n.) 6)〙

ríng·less *adj.* **1** 環のない, 環をつけない. **2** 指輪をはめてない. 〘1837〙

ring·let /ríŋlɪt/ *n.* **1** (毛髪の)巻毛. **2** 《古》 **a** 小環, 小輪. **b** =fairy ring. **3** 〘昆虫〙ジャノメチョウ科のチョウ. 〘(1555) ← RING²+-LET〙

ring·let·ed /-tɪ̀d | -tɪd/ *adj.* (*also* **ring·let·ted** /~/) 巻毛にした. 〘1837〙

ring·let·y /ríŋlɪti | -ti/ *adj.* 巻毛のような, 巻縮れ癖のある. 〘1858〙

Ríng·ling Brothers /ríŋglɪŋ-/ *n. pl.* [the ~] リングリングブラザーズ《世界最大のサーカス団をつくりあげた米国の 5 人兄弟; **Albert C. Ringling** (1852–1916), **Otto** (1858–1911), **Alfred T.** (1861–1919), **Charles** (1863–1926), **John** (1866–1936)》.

ríng lòck *n.* 環錠《切り欠きのある数個の環を組み合わせた一種の組合わせ錠》.

ríng lubricàtion *n.* 〘機械〙リング注油《輪にはめたオイルリングによる給油方法》.

ríng machìne *n.* 〘印刷〙リングマシーン《校正・訂正用のライノタイプ》.

ríng màin *n.* 〘電気〙環状配電系統《閉じた環状の配電系統; 通常どの負荷にも二重の系統から給電される》. 〘1892〙

ríng·man /-mən/ *n.* (*pl.* **-men** /-mən, -mèn/) **1** 《英》(競馬の)賭屋. **2** 《米》ボクサー, 拳闘の選手. 〘1857〙

ríng màn *n.* 〘印刷〙リングマン《ring machine を操作する人》. 〘1857〙

ríng·màster *n.* (サーカスなどの馬の)演技主任; =equestrian director. 〘1873〙

ríng mòdulator *n.* 〘電気〙リング変調器. 〘1938〙

ríng nèbula *n.* 〘天文〙 **1** 環状星雲. **2** [the R- N-] こと座 (Lyra) の環状星雲.

ríng·nèck *n.* **1** 〘鳥類〙 **a** 首の回りに環紋のある鳥の総称 (ring plover, ring-necked duck, ring-necked pheasant など). **b** 《豪》=parrot 1. **2** 〘動物〙首に環紋のある動物の総称《クビワヘビ (ring-necked snake) など》. 〘1791〙

ríng-nèck *adj.* =ring-necked.

ríng-nècked *adj.* 〘動物〙首に環紋のある. 〘1817〙

ríng-necked dúck *n.* 〘鳥類〙クビワキンクロ (*Aythya collaris*)《北米産の海ガモの一種》. 〘1831〙

ríng-necked phéasant *n.* 〘鳥類〙キジ, (俗に)コウライ(高麗)キジ (*Phasianus colchicus*)《アジア産; Japanese pheasant と違って白い首輪があり, 羽色も異なる; cf. pheasant 1》. 〘1834〙

ríng-necked snáke *n.* 〘動物〙クビワヘビ (*Diadophis punctatus*)《北米産の首に黄色の環紋のある無毒のヘビ》. 〘1840〙

ríngneck snáke *n.* 〘動物〙=ring-necked snake.

ríng nèt *n.* 〘漁業〙きんちゃく網の一種《網裾に ring をつけ, これに締括綱を通した網》. 〘1505〙

Ríng of the Ní·be·lung /-níːbəlʊŋ; G. níːbəlʊŋ/, **The** *n.* **1** 「ニーベルンゲンの指輪」(R. Wagner 作の楽劇; *Das Rheingold*「ラインの黄金」(1854), *Die Walküre*「ワルキューレ」(1856), *Siegfried*「ジークフリート」(1871), *Götterdämmerung*「神々の黄昏(たそがれ)」(1874) の四部から成る; ドイツ語名 *Der Ring des Nibelungen*). **2** 〘ドイツ・北欧伝説〙ニーベルンゲンの指輪《世界の支配権を象徴する黄金の指輪で, この指輪にこもる呪いのため次々に争いと悲劇が生まれる》.

ríng òuzel *n.* 〘鳥類〙クビワツグミ (*Turdus torquatus*)《首に環紋のあるツグミの一種; ring blackbird, ring thrush ともいう》. 〘1674〙

ríng plòver *n.* 〘鳥類〙ユーラシア大陸のツンドラで繁殖するチドリ属 (*Charadrius*) の鳥の総称《ハジロコチドリ (*C. hiaticula*) など》.

ríng-pórous *adj.* 〘植物〙秋材部との境に春材部の大きな導管が環状に並んでいる (cf. diffuse-porous). 〘1902〙

ríng pùll *n.* 《英》(缶の)引き開けリング (《米》tab) (cf. pop-top, ziptop). 〘1970〙

ríng ròad *n.* 《英》環状道路 (《米》belt highway). 〘1928〙

ríng ròt *n.* 〘植物病理〙輪腐(わぐされ)病《細菌 *Corynebacterium sepedonicum* によるジャガイモの病気; 維管束が輪状に黒ずんでくる》. 〘1920〙

ríng·sàil *n.* 〘海事〙リングスル (ringtail).

ríng shàke *n.* 〘林業〙目回り, 輪裂《年輪に沿って弧状に生じる木材の割れ; cup shake ともいう; cf. heart shake》. 〘1905〙

ríng shòut *n.* リングシャウト《輪になって踊る西アフリカ起源のダンス; ジャズに影響を与えた; 米国南部の黒人教会に残る》.

ríng·sìde *n.* **1** リングサイド《競技場の最前列の席》. **2** (ショーなどの)近くから見られる場所, かぶりつき. — *adj.* [限定的] **1** リングサイドの; かぶりつきの: have a ~ seat. **2** 間近に見える, よく見える. — *adv.* リングサイドで; かぶりつきで. 〘1866〙

ríng·sìd·er *n.* リングサイドの観客. 〘1898〙

ríng·sìlicate *n.* 〘鉱物〙環状ケイ酸塩 (⇨ cyclosilicate).

ríng snàke *n.* 〘動物〙 **1** 《英》=ringed snake 1. **2** 《米》=ring-necked snake.

ríng spànner *n.* 《英》=box wrench.

ríng spìnner *n.* 〘紡織〙リング精紡機《ボビンの周囲にあるリング状レールの上を小さな金属ループ(トラベラー)に糸をかけて回し, よりかけして糸を紡績する機械; ring frame ともいう》.

ríng spìnning *n.* リング精紡《リング精紡機を用いる紡績法》.

ríng spòt *n.* 〘植物病理〙輪状斑紋: **1** 植物組織に生じる黄・紫色等の輪状または同心円状の斑紋. **2** この斑紋を生じる植物の病害《ウイルスによるタバコの葉の病害など》. 〘1923〙

ring·ster /ríŋstə | -stə^(r)/ *n.* 《米口語》一味[徒党]の一人. 〘(1875) ← RING² (n.) 6+-STER: cf. gangster〙

ríng·stràked /-strèɪkt/ *adj.* 《古》=ring-streaked. 〘(1568) ← RING²+*straked* ((変形) ← *streaked*)〙

ríng-strèaked *adj.* 環紋のある, 環状の縞(しま)の.

ríng·tàil *n.* **1** 〘動物〙 **a** =ring-tailed opossum. **b** =ring-tailed cat. **2** 〘鳥類〙 **a** ハイイロチュウヒ (hen harrier) の雌. **b** (生まれて 3 年以内の)イヌワシ (golden eagle). **3** 〘海事〙リングテイル《ガフスル (gaff sail) の後部に張るスタンスル (studding sail)》. 〘1538〙

ríng-tàiled *adj.* **1** 尾に環紋のある. **2** 〈犬が〉尾を巻いた, 巻尾の. 〘1725〙

ríng-tailed cát *n.* 〘動物〙カコミスル (cacomistle).

R

ríng-tailed lémur *n.* 〘動物〙ワオキツネザル (*Lemur catta*)《目のまわりに黒い輪があり, 尾に白黒の帯状模様がある灰色のキツネザル》. 〚1840〛

ríng-tailed opóssum *n.* 〘動物〙リングテイル《有袋目クスクス科リングテイル属 (*Pseudocheirus*) の動物の総称; 尾が長く, その先が巻いている》. 〚1835〛

ríng-tailed róarer *n.* 左右の脚の長さが不揃いでうなり声の大きい想像上の動物《短脚の側を急な崖[岩壁]に掛けて, 転ばぬように歩くという》. 〚1830〛

ríng-tailed snórter *n.* 《米俗》強くて勇敢な男,「タフガイ」. 〚1950〛

ríng·tàw *n.* 〘遊戯〙=ringer² 6. 〚⇨ ring², taw¹〛

ríng thrùsh *n.* 〘鳥類〙=ring ouzel.

ríng·tìme *n.* 《Shak》愛の証として指輪を贈呈[交換]する季節 (*As Y L* 5. 3. 19).

ríng·tòss *n.* 〘遊戯〙輪投げ. 〚1871〛

ríng vaccinátion *n.* 〘医学〙全員接種《伝染病患者に関係のある全員に対する予防接種》.

ríng·wàll *n.* (地所に取り囲んだ)塀.

ríng·wày *n.* =ring road.

ríng wìnding /-wàındıŋ/ *n.* 〘電気〙環状巻《環状鉄心にコイルを螺旋(らせん)状に巻いた電機子の巻線の一種; cf. drum winding》. 〚1892〛

ríng·wòrk *n.* 〘考古〙(中世の小さな城の)環状の塹壕. 〚1643〛

ríng·wòrm *n.* 〘病理〙白癬(はくせん)《たむし・ぜにたむし・みずむし・しらくもなど》. 〚*a*1425〛

rink /ríŋk/ *n.* **1** (スケート)リンク, アイススケート[ローラースケート]場《滑るための平面だけについても, そういう場所のある建物全体についても用いられる》. **2** (氷上の)カーリング (curling) 場. **3** ローンボーリング (lawn bowling) 場. **4** カーリング[ローンボーリング]競技の一方の組《4 人 1 組》. — *vi.* リンクで滑る. 〚(1375)《スコット》*renk, rinc*《原義》jousting ground ◻ OF *renc* (F *rang*) 'course, RANK¹'〛

rink·hals /ríŋkhæls, hɑːls/ *n.* 〘動物〙リンカルス, ドクハキコブラ (*Hemachatus haemachatus*)《南アフリカ産の夜行性の大形コブラ; 攻撃してくる相手に毒液を噴射する》. 〚(*c*1775) ◻ Afrik. ~ Du. ← *ring* 'RING²'+*hals* neck < Gmc *χ(w)lsaz*: cf. hawse〛

rínk ràt *n.* 《米口語》**1** アイスホッケーリンクにたむろする若者. **2** 〘カーリング〙ほうき. 〚1945〛

rink·y-dink /ríŋkidìŋk/《米俗》*adj.* **1** 使い古した, 古臭い. **2** お粗末な, 安っぽい, さえない. — *n.* **1** 使い古したもの; ぱっとしない人, さえないやつ. **2** 〘ジャズ〙=rickytick. 〚(1912)《変形》← ? RICKYTICK〛

rínky·tìnk /-tìŋk/ *adj., n.* 《米俗》=rinky-dink.

Rín·man's gréen /rínmənz-/ *n.* 〘顔料〙リンマングリーン (⇨ cobalt green).

rins·a·ble /rínsəbl/ *adj.* すすぎ落とせる, ゆすげる.

rìns·a·bíl·i·ty /-səbíləti | -lɪ̀ti/ *n.*

rinse /ríns, rínts/ *vt.* **1** (水で)ゆすぐ, すすぐ; ゆすぎ落とす, すすぎ落とす, 洗い落とす ⟨*out, away*⟩: ~ *out* clothes in water 洗濯(せんたく)した衣服を水ですすぐ / ~ *out* a coffee cup with one's forefinger 人さし指でコーヒー茶碗をこすって洗う / ~ the soap *out of* washed clothes 洗濯物から石けんをすすぎ落とす / ~ the ink stain off one's fingers 指についたインク(のしみ)を洗い落とす / ~ *out* one's mouth 口をすすぐ, うがいをする. **2 a** ⟨織物・衣類を⟩染料液につける. **b** ⟨毛髪に⟩ヘアリンス[頭髪染料]を使う, リンスする. — *vi.* 水洗いで落ちる[とれる]: This oil does not ~ easily. この油は(手などからの)落ちがよくない.

rinse dówn ⟨食物を⟩(飲み物と一緒に)胃に流し込む: ~ *down* one's dinner with a glass of beer. 《1812》

— *n.* **1 a** ゆすぎ, すすぎ; ゆすぎ落とし, すすぎ落とし. **b** (ヘア)リンスすること. **2 a** すすぎ用の水[液]. **b** (ヘア)リンス(液); 頭髪染料. **c** 口内洗浄剤, マウスウォッシュ.

ríns·er *n.* 〚(?*c*1300) *rince(n), rinse(n)* ◻ OF *rincer, raincier* <? VL **recentiāre* to renew ← L *recens* 'fresh, RECENT'〛

rins·i·ble /rínsəbl | -sɪ̀-/ *adj.* =rinsable.

ríns·ing *n.* **1** =rinse 1. **2** [通例 *pl.*] ゆすぎ水《物をゆすいだ後の水》. **3** [通例 *pl.*] 残滓(ざんし), 残りかす. 〚?*c*1300〛

Ri·o /ríːou | ríːəu; *Braz.* ʁíu/ *n.* =Rio de Janeiro.

Ri·o Bran·co /rìːoubrǽŋkou; *Braz.* ʁiubrɐ̃ku/ *n.* **1** リオブランコ《ブラジル西部の都市; Acre 州の州都》. **2** [the ~] ブランコ川, リオブランコ《ブラジル北部の川; 南流して Río Negro に合流する (644 km)》.

Rí·o Bra·vo /*Am.Sp.* rioβráβo/ *n.* リオブラボ (Rio Grande 1 のメキシコ名; Río Bravo del Norte ともいう).

Ri·o de Ja·nei·ro /ríːoudeɪʒənéᵊrou, -diː-, -də-, -dʒə-, -níᵊrou | ríːəudʒ̀dʒəníərəu, -deɪ-, -ʒə-, -néər-; *Braz.* ʁíudʒiʒənéiɾu/ *n.* **1** リオデジャネイロ《ブラジル南東部にある Rio de Janeiro 州の州都・海港; 同国の旧首都; Guanabara 湾に臨む; cf. Brasília》. **2** リオデジャネイロ(州)《ブラジル南東部の州; 面積 44,268 km², 州都 Rio de Janeiro》. 〚◻ Port. ~ 'River of January' ← *rio* <L *rīvum* brook, stream, 《原義》that which flows: cf. rival〛

Río de Janéiro Báy *n.* リオデジャネイロ湾 (⇨ Guanabara Bay).

Rí·o de la Plata *n.* =Plata.

Rí·o de O·ro /ríːoudiːóːrou | ríːəudiːóːrəu; *Sp.* ríoðeóɾo/ *n.* リオデオーロ: **1** 西サハラ (Western Sahara) の南部約 3 分の 2 を占める部分. **2** Western Sahara の旧名.

Ri·o Gran·de /ríːougrǽnd, -grǽndi, -grɑ́ːndeɪ, rɑ̀ıougrǽnd | ríːəugrǽnd, ~~~, -grǽndi, -deɪ; 1 では *Am.Sp.* rioɣránde, 2, 3 では *Braz.* ʁiugrɐ̃dʒi/ *n.* **1** [the ~] リオグランデ(川)《米国 Colorado 州に発してメキシコとの国境を流れ, Mexico 湾に注ぐ川; 3,034 km; メキシコ名 Río Bravo》. **2** [the ~] リオグランデ(川)《ブラジルの南東部を西流する Paraná 川の支流, 1,050 km》. **3** リオグランデ《ブラジル南部の海港; Rio Grande do Sul ともいう》. 〚cf. Rio de Janeiro, grand〛

Río Grànde do Nór·te /-dənɔ́ːəṭə, -dou- | -də(u)nɔ́ːtɪ; *Braz.* -dunɔ́ɾtʃi/ *n.* リオグランデドノルテ(州)《ブラジル北東部の州; 面積 53,015 km², 州都 Natal》.

Río Grànde do Súl /-dəsúːl, -dou- | -də(u)-; *Braz.* -dusúw/ *n.* **1** リオグランデドスル(州)《ブラジル南端の州; 面積 282,184 km², 州都 Pôrto Alegre》. **2** =Rio Grande 3.

Ri·o·ja /rióuhə; | riókə, -óxə, -óukə; *Sp.* rjóxa/ *n.* [ときに r-] リオハ《スペイン北部 La Rioja 地方産の辛口の赤ワイン》. 〚1907〛

Rí·o Mu·ni /ríːoumúːni | ríːəu-; *Sp.* ríomúni/ *n.* リオムニ《アフリカ中西部, 赤道ギニアのアフリカ本土にある部分; 面積 28,051 km²》.

Río Negro *n.* ⇨ Negro.

Rio Roosevelt *n.* ⇨ Roosevelt.

ri·ot /ráıət/ *n.* **1 a** (集団による)暴動, 騒動, 一揆: raise [start, get up] a ~ (*against* ...) (...に)暴動を起こす / A serious ~ broke out. 大暴動が起こった. **b** 〘法律〙騒擾(そうじょう)(罪)《三人以上共同の暴力行為》. **2** [a ~ of で] (色彩・音などの)非常に豊富[過多]なこと: *a* ~ *of* sound 入り乱れた騒音 / He will often create *a* ~ *of* laughter. 彼はよく皆を大笑いさせる / *a* ~ *of* autumn coloring とりどりの秋の色. **3** 騒乱, 大混乱, ごった返し. **4** (想像・感情などの)奔逸, 爆発: a ~ of emotion(s) 湧き立つ感情(の渦巻). **5** 《口語》すごく面白い人[もの, 演技]: His new comedy is simply a ~. 彼の新作の喜劇は爆笑ものだ. **6 a** 《古》放埒(ほうらつ), 放縦, 放蕩. **b** ばか騒ぎ, 底抜け騒ぎ. **7** 〘狩猟〙何の臭跡であろうとむやみに追うこと.

rùn ríot (1) 放埒にふるまう, 放蕩する, 奔放自在に行う; 荒れ回る, 騒ぎ回る《猟犬が臭跡を失ってむやみに追い回すことから》. (2) やたらにはびこる; ⟨花が⟩咲き乱れる. (3) やたらにしゃべる. (4) 荒唐無稽(むけい)な想像をたくましくする. 《1523》

— *vi.* **1** 暴動を起こす, 騒動に加わる; 騒ぐ: The residents ~*ed* to protest (against) the building of a seventy-story skyscraper. 住民たちは 70 階の超高層ビル建設に反対して騒いだ. **2** 放埒な生活をする, 放蕩する; 飲み騒ぐ, 底抜け騒ぎをする (cf. *Luke* 15:13; *Prov.* 23:20). **3** 過度にふける, 耽溺(たんでき)する ⟨*in, upon*⟩. **4** 〘狩猟〙⟨猟犬が⟩狙った獲物以外の動物の臭跡を追う. — *vt.* 《まれ》放埒な生活をして⟨時間・金を⟩浪費する ⟨*away, out*⟩.

〚(?*a*1200) ◻ OF *riot(e)* (F *riotte*) ← *r(u)ihoter* to quarrel ← ? *ruire* to make an uproar <L *rugīre* to roar ← IE **reu-* to bellow〛

Ríot Àct *n.* **1** [the ~] 騒擾(そうじょう)取締法《1715 年ジャコバイト (Jacobites) による十五年の乱 (Fifteen) のあとに英国で発布されたもので, 12 人以上の者が不穏な集会を催した際, 官憲が本条令を読み上げ (これを read the Riot Act という) 解散を命じても応じない者は重罪に処せられた; 1973 年に廃止》. **2** [r- a-] 戒告, 警告. *rèad the ríot àct* (*to*) (1) 騒ぎをやめるよう命じる. (2) 《戯言》叱りつける: *read the riot act to* one's child 言うことを聞かない子供を(ひどい目に遭わせるぞと言って)いましめる[しかる]《騒擾取締法を読み上げることから》. 〚1731〛

rí·ot·er /-tə | -tə^(r)/ *n.* **1** 暴動者, 暴徒, 暴民. **2** 《古》放埒(ほうらつ)な人, 放蕩(ほうとう)者; 飲み騒ぐ人. 〚(1389) ← RIOT+-ER¹ ∞ ME *riotour* ◻ AF〛

ríot gàs *n.* 暴動鎮圧用催涙ガス.

ríot gèar *n.* 暴動鎮圧用装備.

ríot girl *n.* ライオットガール《特に攻撃的なパンクロックによって女権を主張する若いフェミニスト》.

ríot gùn *n.* (暴徒の殺傷よりも離散を目的とする)暴動用小型銃; (特に)短銃身散弾銃. 〚1916〛

rí·ot·ing /-tıŋ | -tıŋ/ *n.* 暴動, 騒動.

ri·ot·ous /ráıətəs | -təs/ *adj.* **1 a** ⟨人が⟩暴動を起こして騒ぐ, 暴動に加わった. **b** (行動が)暴動的な: a ~ demonstration 騒然としたデモ. **2** 騒々しい: ~ laughter 騒々しい笑声. **3** 放埒(ほうらつ)な, 放蕩(ほうとう)な; 飲み騒ぐ, 底抜け騒ぎをする (cf. *Luke* 15:13; *Prov.* 23:20). **4** ⟨感情・想像など⟩奔逸な, 奔放な: a ~ fancy 奔放自在な空想. **5** あり余るほど豊富な: a garden ~ with flowers 花の咲き乱れる庭. **~·ly** *adv.* **~·ness** *n.* 〚(1340) ◻ OF *riotous*: ⇨ riot, -ous〛

ríot políce *n.* (警察の)機動隊. 〚1958〛

ri·ot·ry /ráıətri/ *n.* 《古》**1** 暴動, 大暴れ; 乱痴気騒ぎ. **2** [集合的] 暴動を起こす人たち, 暴徒. 〚*a*1338〛

ríot shìeld *n.* (機動隊などが用いる)暴徒鎮圧用の盾. 〚1967〛

ríot squàd *n.* 機動隊. 〚1948〛

rip¹ /ríp/ *v.* (**ripped**; **rip·ping**) — *vt.* **1 a** (ぐいと)裂く, 引き裂く, 切り裂く ⟨*up*⟩ (⇨ tear¹ SYN); 裂いて開く: The bull ~*ped up* the horse with his horns. 雄牛は角で馬の体を引き裂いた / ~ *open* a bag [an envelope] 袋[封筒]を引き裂いて開ける / ~ (the seams of) a garment (縫い目を切って)衣服を解きほどく / Her blouse was ~*ped* at the elbow. 彼女のブラウスは肘のところが裂けていた. **b** ⟨木材・石を⟩割く, 割る. **c** ⟨木材を⟩縦挽(び)きにする. **2 a** はぎ取る, 裂き取る, 切り取る ⟨*off, away, out*⟩: ~ *out* [*off*] the lining 裏をはぎ取る / He ~*ped* the sheet *out* of the typewriter. タイプライターから用紙を抜き取った / The telephone cord had been ~*ped out*. 電話線は引きちぎられていた / ~ the sheets *off* a bed ベッドからシーツをはがす. **b** 《英》⟨屋根⟩から瓦(かわら)[スレートなど]をはがす; 屋根から⟨瓦などを⟩はがす. **c** 〘電算〙⟨データを⟩吸い出す《音楽 CD からデータをコンピューターで処理できる形式にして取り出す》. **3** ⟨裂け目・通路などを⟩裂いてつくる[開く]. **4** ⟨ののしりの言葉を⟩吐く ⟨*out*⟩: ~ *out* an oath. **5** 〘野球〙シャープに⟨ヒットを⟩打つ: ~ a hit to right field ライトにヒットをきれいに打つ. **6** 《古》**a** ⟨治りかかった傷口を⟩再び開ける. **b** ⟨不愉快なこと・過去・悲しみなどを⟩再び思い出させる, 暴露する: ~ *up* an old sore 古傷をえぐり出す, 昔の嫌なことを思い出させる. **c** ⟨喧嘩などを⟩蒸し返す. — *vi.* **1** 裂ける, 破れる; ほころびる. **2 a** 突進する, まっしぐらに進む: The typhoon is now ~*ping* through the city. 台風は今市内を吹き抜けつつある / let her [it] ~ (船・車などを)ぶっとばす. **b** 自由にふるまう, 勝手にする: let things ~ (手を出さずに)成り行き次第に任せる. **3** 《口語》荒々しい[ののしりの]言葉を吐く ⟨*out*⟩: ~ *out* with a curse ののしりの言葉を放つ.

lèt ríp 自由に[思うままに, 遠慮なく]行動する[しゃべる].

rip apárt (1) ...の仲を裂く. (2) ⟨人・意見を⟩こき下ろす. *ríp ínto* (物理的にまたは言葉で)...を激しく[鋭く]攻撃する: He ~*ped into* the press for bias. (その)新聞には偏見ありと激しく非難した. *ríp óff* (1) ⇨ *vt.* 2 a. (2) 《俗》⟨人を⟩だます. (3) 《俗》⟨物を⟩盗む. 《1967》

— *n.* **1** 裂け目; ほころび; 裂傷, 傷口. **2** 縦挽(び)き鋸(のこ) (ripsaw); 縦挽き鋸で切ること. **3** 《英》突進.

like ríps 《米俗》ひどく; 鋭く; 元気に.

ríp·pa·ble /-pəbl/ *adj.* 〚◻ ? Flem. *rippen* to strip off: cf. 《方言》*ripple* to scratch / reave¹〛

rip² /ríp/ *n.* **1** 川の早瀬に立つ波, さざ波; (暗礁上などにできる)激浪. **2** 激潮《反対に流れる潮流の衝突によって起こる激浪》. 〚(1775) ← ? RIP¹: cf. ripple¹〛

rip³ /ríp/ *n.* 《口語・古》**1** 放蕩(ほうとう)者, 道楽者, やくざ者, ならず者. **2** 駄馬, 廃馬. **3** 役に立たない物. 〚(1778)《変形》← REP³〛

RIP /ríp/ 《略》raster image processor《オブジェクトから構成される図形を印刷などのためにビットマップに変換するシステム》; *L.* Requiēscat (or Requiēscant) in pāce「安らかに眠れ」(May he [she] (or they) rest in peace). 〚*c*1975〛

ri·par·i·an /rɪ̀péᵊriən, raɪ- | raıpéər-, rı-/ *adj.* **1 a** 河岸(上)の, 水辺の; 湖辺の: a ~ proprietor 河岸所有者. **b** 水辺[河岸]に生じる; 水辺[河岸]にすむ. **2** 海岸の, 臨海の (littoral). — *n.* 〘法律〙河岸所有者. 〚(1841) ← L *rīpārius* (← *rīpa* river bank: ⇨ river¹)+-AN¹〛

ripárian ríght *n.* 〘法律〙河岸[河川敷]所有者特権《漁業・発電・用水などのために川を利用するなどの河岸所有者の権利》. 〚1860〛

ríp còrd *n.* **1** 〘航空〙(気球の)引裂き綱《これを引けば, 気嚢(きのう)の頭部が開いてガスが出て, 気嚢は急降下する; ripping cord ともいう》. **2** 〘航空〙(パラシュートの)開き綱, リップコード. **3** 〘電気〙リップコード: **a** 接続のために容易に引き裂けるように絶縁電線を 2 本並べたコード. **b** 接続のために外皮を裂く目的でケーブル中に埋め込まれた紐. 〚1907〛

ríp cùrrent *n.* =riptide.

ripe¹ /ráıp/ *adj.* (**rip·er**; **-est**) **1 a** ⟨果物・穀物など⟩熟した, 実った: ~ grain 実った穀物 / Soon ~, soon rotten. 《諺》早く熟すれば早く腐る (cf.「大器晩成」). **b** 刈り取りの十分できる: a ~ field. **2** 機の熟した, 準備の整った, すっかり用意のできた 〔*for*〕/ ⟨*to do*⟩: ~ *for* action [*to* act] 行動の時機が熟して / He judged the moment ~. 機が熟したと判断した / The news is ~ *for* publication. そのニュースは発表の機が熟している / This is an opportunity ~ *to* be seized. 絶好の機会だ. **3 a** 爛熟(らんじゅく)した, 盛りの, 豊満な, 成熟した; 円熟した, 熟達した, 老練な: a person of ~(r) years 成熟した人, 大人 / ~ beauty 女盛り / a ~ scholar 円熟した学者 / ~ judgment [wisdom] 円熟した判断力[知恵]. **b** 年取った: live to a ~ old age 長生きする. **4 a** ⟨動物など⟩十分太って食べごろの. **b** ⟨酒・チーズなど⟩飲みごろ[食べごろ]となった: ~ cheese 熟成チーズ. **5** 〔...で〕いっぱいの 〔*with*〕. **6** (熟した果物のように)赤くふっくらした: ~ lips. **7** ⟨はれ物など⟩化膿(かのう)した, 膿(う)んだ. **8** 《古》酔った: reeling ~ 酩酊して. **9** 〘生物〙⟨魚が⟩成熟卵[精子]をもった (cf. spent 4, green 11 a): a ~ herring. **b** ⟨卵が⟩成熟した. **10** 《俗》きわどい, 下(しも)がかった, 品のない.

— *vt., vi.* 《詩・方言》=ripen. *be ripe for pícking* [*plúcking*] ⟨物事が⟩獲得が容易である.

~·ness *n.* 〚*adj.*: OE *rīpe* ← Gmc **rīpja-*《原義》ready for reaping (Du. *rijp* / G *reif*: cf. OE *rīpan* to reap) ← IE **rei-* to cut, tear. — *v.*: OE *rīpian* ← (adj.)〛

SYN 熟した: **ripe** ⟨果物・穀物などが⟩熟した; 行動などの準備が整っている: *ripe* apples 熟れたりんご / The time is *ripe* for revolution. 革命の機は熟している. **mature** ⟨人が精神的にも肉体的にも成熟した: sexually *mature* 性的に成熟した. **mellow** ⟨果物などが⟩熟して甘く柔らかな《格式ばった語》; ⟨人・性格が⟩年齢や経験で円熟した: a *mellow* peach 熟れて柔らかい桃 / *mellow* character 練れた人格.

ripe² /ráıp/《スコット》*vt.* **1** 捜す, くまなく捜す. **2** 調査する, 吟味する. **3** 略奪する. **4** 一掃する. — *vi.* 捜す. 〚OE *rȳpan*: cf. G *raufen, rupfen* to pull, pluck〛

rípe·ly *adv.* **1** 熟して, 爛熟(らんじゅく)して; 円熟して. **2** 用意が整って, 機が熟して; 好時機に. 〚*c*1384〛

rip·en /ráıpən, -pn/ *vi.* **1** 熟する, 成熟する; 食べ[飲み]ごろになる. **2** 機が熟する, 円熟する: The friendship ~*ed* quickly. すぐに友情が深まった / Her immature beauty bloomed and ~*ed* into its splendor. 未熟だった

美しさは開花して爛漫と咲き誇った. **3** 〈腫れ物などが〉膿(う)む. **— *vt.*** **1** 熟させる, 成熟させる; 食べ[飲み]ごろにする. **2** 円熟させる, 発達させる. **3** 〈腫れ物などを〉化膿(かのう)させる, 膿ませる. **~·er** /-p(ə)nə | -nə(r/ *n.* 〖《1561》← RIPE[1]+-EN[1]〗

ripe ròt *n.* 〖植物病理〗リンゴの炭疽病 (⇨ bitter rot).

ri·pid·o·lite /rɪpídəlàɪt, raɪ- | -də-/ *n.* 〖鉱物〗リピドライト, 鉄緑泥石 ((Mg, Fe)$_9$Al$_6$Si$_5$O$_{20}$(OH)$_{16}$) (prochlorite ともいう). 〖《1850》□ G *Ripidolith* ← Gk *rhīpid-, rhīpis* fan+G *-lith* '-LITE'〗

ri·pie·no /rɪpjéɪnou | rìpiéɪnəʊ; *It.* ripjé:no/ 〖音楽〗 *n.* (*pl.* **~s,** *It.* **-pie·ni** /-ni:; *It.* -ni/) **1** リピエーノ (バロック時代の合奏協奏曲などで, 独奏楽器群 (concertino) に対する総奏部). **2** =tutti 1, 2. **— *adj.*** =tutti 2. 〖《1724》□ It. ~ 'stuffed' ← *ri-* 'RE-'+*pieno* full〗

Rip·ken /rípkən/, **Cal(vin Edwin) ~, Jr.** *n.* リプケン (1960– ; 米国の野球選手; 名遊撃手にして強打者; 1995 年 Lou Gehrig の 2130 連続試合出場記録を破り, 98 年に出場を辞退するまで 2632 連続出場の記録をつくった).

Rip·ley /rípli/, **George** *n.* リプリー (1802–80; 米国の(宗教)思想家・著述家; Brook Farm の創立者).

rip-off /rípɔ̀(:)f, -à(:)f | -ɔ̀f/ *n.* 《俗》 **1** いかさま[いんちき]商品; 換骨奪胎の作品. **2** 盗み, 略奪, 強盗; 詐取, 詐欺; 搾取. 〖1970〗

Rip·on /rípən, -pn/ *n.* リポン (イングランド North Yorkshire 州の町; 大聖堂がある). 〖OE *Rypum* (dat.pl.) ← *Hrype* (部族名) ← ?〗

ri·poste /rɪpóust | rɪpɔ́st, -páust/ (*also* **ri·post** /~/) *n.* **1** 〖フェンシング〗リポスト, 突き[斬り]返し (相手の攻撃を剣で防いだあとに続く攻撃). **2** 当意即妙の答, しっぺ返し. **3** 報復手段; 反撃. **— *vi.*** **1** 〖フェンシング〗敏速に突き返す. **2** 当意即妙の答えをする, しっぺ返しをする. **3** 反撃する. 〖《1707》□ F ~ □ It. *risposta* ← *rispondere* < L *respondēre* 'to RESPOND'〗

ríp pànel *n.* 〖航空〗(気球の)緊急ガス放出口. 〖1933〗

ripped /rípt/ *adj.* 《米俗》 **1** (酒・麻薬で) 酔っ払った. 〖1971〗 **2** 筋肉隆々の, ムキムキの.

ríp·per *n.* **1 a** 引き裂く[はぎ取る]人. **b** 人切り(犯人) (cf. Jack the Ripper). **2 a** 引き裂くもの. **b** 縫い目を解きほどく器具. **c** 屋根のスレートをはぐ道具. **d** 縦挽(び)き鋸(のこ). **e** (鉱物)破砕機. **f** (岩石・舗装道路など)堅い物を砕く機械. **g** 〖電算〗リッパー (音楽 CD からデータを取り出すツール; cf. rip 2 c). **3** 《主に豪俗》 **a** すてきな人[物], 出来物(でき), 秀才; 優秀なもの (cf. ripping 2). **b** 向こう見ずな人. **— *adj.*** [限定的] 《米》 〈法案などが〉党派的目的から大幅な人事の変更をもくろんだ, 改造含みの: a ~ bill, amendment, etc. 〖1611〗

ríp·ping *adj.* **1** 引き裂く. **2** 《英古俗》すてきな, すばらしい (cf. ripper 3 a): a ~ pace すばらしい速度 / How perfectly ~ to see you! 君に会えてすごくうれしいよ. **3** [副詞的に] すてきに, すばらしく: We had a ~ good time. すごくおもしろかった. **~·ly** *adv.* **~·ness** *n.* 〖1714〗

rípping còrd *n.* 〖航空〗=rip cord 1.

rípping sàw *n.* =ripsaw.

rip·ple[1] /rípl/ *n.* **1 a** さざ波, 小波 (⇨ wave SYN). **b** (影響の)波紋, 動揺: The affair has caused barely a ~ in the village. その事件は村にほとんど何の波紋も起こさなかった / The coup d'état hardly sent a ~ across the surface of the society. クーデターは社会の表面にほとんど影響らしい影響を与えなかった. **2** さざ波の音, さらさら, ぴちゃぴちゃ; (談話・笑い声などの)さざめき: a ~ of laughter / the ~ of rats ネズミの(走り回る)かさこそという小さい音. **3 a** (毛髪などの)波状, ウェーブ. **b** (たっぷりしたスカートなどの)柔らかいひだ. **c** 帽子のひさしの波. **4** 《米》小さな早瀬. **5** =ripple mark. **6** 〖電気〗リプル, 脈動 (電流の強度の微小な変化).

— *vt.* **1** 〈水面など〉にさざ波を起こす; …に波紋を起こす, 小さく波打たせる: The wind ~*d* the curtains. 風がカーテンを波打たせた. **2** 〈毛髪などを〉波状に縮らせる; 〈筋肉を〉ぴくぴく動かす; …に波状の跡をつける. **3** さらさら[ぱらぱら, ぴちゃぴちゃ]と(いう)音を立てる, くすくす笑う: ~ chords ころころと和音を鳴らす. **— *vi.*** **1** さざ波が立つ; 波紋をなす, さざ波を立てて流れる. **2** 〈布・毛髪・筋肉などが〉小さなひだ[波状]をなす; 〈畑の穀物などが〉風にさらさらと揺れる; 〈小舟・ボートなどが〉さざ波を立てる[立てて進む]: The muscles down the shoulders and back ~*d*. 肩から背にかけての筋肉がぴくぴく動いた / A little shiver ~*d* over her body. 体中にぞくぞくと震え(のようなもの)が走った. **3** さざ波のような音がする, ざわざわ音がする, さらさら[ぴちゃぴちゃ]という音を立てる, ちょろちょろ[さらさら]と流れる. 〖v.: 《1669》 (freq.)? ← RIP[1]. — n.: 《1755》← (v.): ⇨ -le[3]: cf. rip[3]〗

rip·ple[2] /rípl/ *vt.* **1** 〈亜麻を〉(種を取り除くために)亜麻こきにかける. **2** (亜麻こきにかけて)〈種を〉こき落とす. **—** *n.* 亜麻こき機 (flax comb) (亜麻や麻などの種をこき落とす機械). 〖《c1350》 *rip(e)le(n)*: cf. Du. *repelen* / G *riffeln* to comb for flax〗

rípple-clòth *n.* =zibeline 2.

rípple contròl *n.* リップルコントロール (電気料金が最も高くなるときに, 電力会社が家庭への電気の供給を自動的に停止するシステム).

rípple effèct *n.* ある出来事・発言などが他に及ぼす影響, 波及効果.

rípple màrk *n.* **1** (波や風によって砂上などにできた)波跡; (地層面・岩石表面などに残された)漣痕(れんこん). **2** 〖林業〗木材の板目面に繊維方向に直角に現れる筋状の杢(もく)筋, 横しま. **rípple-màrked** *adj.* 〖1833〗

ríp·pler /-plə, -plə | -plə(r, -pl-/ *n.* **1** 亜麻をこく人. **2** 亜麻こき機 (ripple). 〖1743〗

rip·plet /rípl̩ɪt, -pl-/ *n.* 小さなさざ波, 小さな波紋. 〖1820〗

rípple vóltage *n.* 〖電気〗リプル電圧, 脈動電圧 (交流成分を含んだ直流電圧またはこのうちの交流成分). 〖1947〗

ríp·pling /-plɪŋ, -pl-/ *adj.* **1** さざ波を立てる: a ~ brook さざ波を立てて流れる小川. **2** 〈笑い声など〉さざめく; 〈ピアノの音・旋律など〉ころころと鳴る: The pianist effortlessly bounded off ~ melodies. ピアニストはさざ波のような細かい旋律を苦もなく弾むように弾いてのけた. **~·ly** *adv.* 〖1670〗

rip·ply /rípli, -pli/ *adj.* **1** さざ波が立っている; 波紋のある. **2** (さざ波のように)さらさら[ざわざわ]音がする. 〖1775〗

rip·rap /ríprӕp/ 《米》〖土木〗 *n.* **1** [集合的] 捨石(すていし) (基礎を作るために軟地盤や水中に投げ込む粗石または割栗(わりぐり)) → work 捨石工事 / a ~ slope (道路・トンネル工事などの際, 運び出して捨てた)粗石などでできた斜面. **2** 捨石基礎. **— *vt.*** (**rip·rapped; -rap·ping**) **1** …の捨石基礎[護岸壁]などを造る. **2** 〈防波堤などを〉捨石して補強する. 〖《1580》《1833》(加重) ← RAP[1]〗

ríp·ràp·ping *n.* 〖土木〗 (捨石(すていし)基礎などに使われている集合体としての)石, 石材. 〖1848〗

rip-roar·ing /rípró:rɪŋ⁻/ *adj.* 《口語》騒がしい, 騒々しい; 乱痴気騒ぎの: a ~ farce 騒々しい茶番劇 / have a ~ time どんちゃん騒ぎをする / ~ drunk へべれけに酔って. 〖1834〗

rip·roar·i·ous /rípró:riəs/ *adj.* 《口語》=riproaring. 〖← RIP[1]+(UP)ROARIOUS〗

ríp·sàw *n.* 縦挽(び)きのこぎり (cf. crosscut saw). 〖《1846》← RIP[1] (v.)+SAW[2] (n.)〗

ríp·sàwyer *n.* (製材用の)縦挽(び)き鋸(のこ)の使い手, 縦挽き工.

ríp·snòrt·er /-snɔ̀ətə | -snɔ̀:tə(r/ *n.* 《俗》 **1** ひどく騒々しい[乱暴な]人. **2 a** ものすごいもの, 激しいもの: The boat race was a ~. あのボートレースはものすごかった. **b** とてもすばらしいもの[人]. 〖《1840》: ⇨ rip[1]〗

ríp·snòrt·ing /-tɪŋ | -tɪŋ/ *adj.* 《俗》 **1** 騒々しい; 向こう見ずな. **2** すばらしい; 健康な, うれしい, 楽しい. 〖1846〗

ríp·stòp *adj., n.* リップストップの(生地) (一定間隔で 2 本撚(よ)りの糸を用いて小さなきずから長く裂けたりしないようにした). 〖1971〗

ríp·tìde *n.* **1** 潮衝 (他の潮流に衝突して激潮を起こす潮流; rip, tide-rip ともいう; cf. rip[2] 2). **2** 相反する 2 つの心理的な力. 〖《1862》: ⇨ rip[2]〗

Rip·u·ar·i·an /rìpjuɛ́əriən | -pjuéər-⁻/ *n.* リプアリ族 (4–5 世紀に Rhine 河畔の Cologne の近くに住みついたフランク人). **— *adj.*** リプアリ族の (特にリプアリ族の間で行われていた法についていう). 〖《1781》← ML *rīpuārius* (← ? L *rīpa* river bank)+-AN[1]: cf. riparian〗

Rip Van Win·kle /rípvænwíŋkl/ *n.* **1** リップ・バン・ウィンクル (Washington Irving 作 *The Sketch Book* (1820) 中の物語, また 20 年間山中に眠った後起き出てきて, 世の移り変わりに驚いたという その主人公の名). **2** 時代遅れの人, 「浦島太郎」. **3** 眠ってばかりいる人.

ri·ro·ri·ro /rí:rourì:rou | -rəurì:rəu/ *n.* 〖鳥類〗ニュージーランドセンニョムシクイ (⇨ grey warbler). 〖《1835》□ Maori ~〗

RISC /rísk/ 《略》〖電算〗reduced instruction set computer.

rise /ráɪz/ *v.* (**rose** /róuz | ráuz/; **ris·en** /rízən, -zn/) (↔ fall) **— *vi.*** **A 1 a** (横になっていたり, ひざまずいていたり, 座っていたりする状態から)立ち上がる: ~ to one's feet 立ち上がる / All *rose* to receive him. 皆立って彼を迎えた / All ~. 全員起立 (法廷開廷前の号令) / She *rose* to leave. 立ち上がってその場を離れた / *Rise*, Sir Thomas. トーマス卿よ, 立て (勲爵士 (knight) に叙する儀式で, 王が Thomas を前にひざまずかせて, 剣の背で肩を軽くたたいてこう呼び掛ける; cf. dub[2] 2). **b** 起床する, 起きる: ~ at 5 a.m. 午前 5 時に起きる / ~ early [late] 早起き[寝坊]する / ~ with the lark [the sun] 早起きする. ★ rise より get up のほうが口語的. **c** (倒れた状態から)起き上がる; 再起する: He fell never to ~ again. 倒れたきり起き上がれなかった. **2** 反抗して立つ, 反旗を翻す, 蜂起(ほうき)する 〈*up*〉: ~ (*up*) against oppression [an oppressor] 圧制[圧制者]に反抗して立つ / ~ in arms 武装して立つ / ~ in rebellion 暴動を起こす, 蜂起する. **3** 席を立つ, 引き上げる, 去る; 閉会する, 散会する: ~ from one's chair 椅子から立ち上がる / ~ from (the) table (食事を終えて)食卓を去る / Parliament will ~ next week. 議会は来週閉会になる / The House *rose* at 3 p.m. 議会は 3 時に閉会した. **4** 〈毛髪などが〉(驚きまたは恐怖で)立つ, 直立する: The hair *rose* on his head. 頭髪が逆立った. **5** 〈馬が〉棒立ちになる, 飛び上がる: A horse ~*s* on its hind legs. 馬が(驚いて)棒立ちになる / ~ to a fence 〈馬が〉垣根を飛び越えようと飛び上がる. **6** 奮い立つ, 応じて立つ, 応じる 〔*to*〕: ~ *to* the emergency [crisis, challenge] 危急に応じて立つ[危機を乗り切る, 難局にうまく対処する] / ⇨ *rise to the* OCCASION / ~ *to* the requirement 要求に応じられる[任に耐える] / I can't ~ *to* it. それをやる力[気持ち]がない. **7** 喝采する, 熱烈に歓迎する 〔*to*〕: The house *rose to* the actor. その役者に観客は拍手喝采した. **8** 〖神学〗よみがえる, 生き返る: ~ again / ~ *from* the dead よみがえる / Christ is [has] *risen*. キリストはよみがえりぬ.

B 1 a 〈太陽・月などが〉(地平線上に)昇る (↔ set): The sun ~*s* in the east. 太陽は東から出る / The moon is [has] *risen*. 月が出た. **b** 〈船が〉(地平線上に)見えてくる, 近づいて大きく見える. **2 a** 〈鳥などが〉舞い上がる, 飛び立つ: A lark ~*s* in the air. ヒバリが空中に飛び立つ[昇る] / The birds are ~*ing* well today. (狩猟で)今日は鳥がよく飛び立つ. **b** 〈煙などが〉空に昇る: Smoke ~*s* straight up in [into] the air. 煙がまっすぐに空に昇る. **c** 〈舞台の幕などが〉揚がる: The curtain ~*s*. 幕が揚がる; 新局面が展開する / The curtain ~*s* at 6 p.m. 午後 6 時開演. **3** そびえ立つ, (樹木などが)…の高さに達する: ~ (high) above the clouds [out of the sea] 雲の上に[海の中から]そびえ立つ / The tower ~*s* (to a height of) 80 feet. 塔は 80 フィートの高さにそびえている. **4 a** 〈川・洪水の〉水かさが増す, 増水する: The river [flood] is *rising*. **b** 〈潮が〉上がる, 上げ潮になる: The tide was *rising*. 潮がさしてきた. **c** 〈パンなどが〉膨れ上がる, 膨張する: The bread will not ~. パンがうまく膨れない. **d** 〈水疱(すいほう)などが〉腫れ上がる; 隆起する: A blister is *rising* on my heel. かかとのまめが膨れてきた. **5** 上り坂になる, 〈土地が〉高くなる: The ground ~*s* near the house. 家の近くで上り道になっている / The land ~*s to* a plateau. その土地はせり上がって高原になっている. **6 a** 〈音・声が〉調子が上がる, 高くなる: Her voice *rose to* a scream. 彼女の声は金切声になった / His voice *rose* high and stern. 彼の声は高く厳しくなった. **b** 〈色が〉濃くなる: The color *rose* in [to] her cheeks. 彼女のほおはぽっと赤くなった / A slight flush *rose* in her face. 彼女の顔がかすかに紅潮した. **c** 〈熱が〉高くなる: The fever was *rising* again. 熱がまた上がっていた. **7 a** 〈感情などが〉強まる, 激しくなる; 〈気分が〉愉快[陽気]になる: Indignation ~*s*. 怒りが激しくなる / Spirits ~. 元気が出てくる / Temper ~*s*. 感情が激してくる / His suspicions *rose to* (a) certainty. 彼の疑心は嵩じて確信となった. **b** 〈気持ちが〉いら立つ, むかつく: My whole soul ~*s* against it. 心の底から腹が立つ / My gorge [stomach] ~*s* at it. それを見ると胸が悪くなる[むっとする] (cf. Shak., *Hamlet* 5. 1. 207). **8** (信用・興味・重要性などが)増大する, 増す; 地位が高まる; 出世する, 立身する; 向上する, 栄える: ~ in a person's opinion [estimation] 人の信用[尊敬]が増して来る, 人に重んじられる / The interest ~*s* with each act. 一幕ごとに興味が増す / The demand for fish is *rising*. 魚の需要が増大している / ~ in status 地位が向上する / ~ *from* the ranks ⇨ rank[1] 成句 / ~ *to* fame 名を揚げる / ~ *to* greatness 偉くなる / ~ *to* a high position 高い地位に昇る / ~ *to* be a general 昇進して大将になる / ~ and fall 盛衰する / You will ~ high in your profession. 君は出世するよ / The South will ~ again! 南部は再び栄えるだろう. **9** (水面に)浮かび上がる, 浮かび出る: A fish ~*s* (to the surface). 魚が(餌を求めて)水面(近く)に浮かび上がってくる[現れる] / A drowning man ~*s* three times. 人はおぼれる時 3 度浮かび上がる (それから後は絶望) / Bubbles ~. あわが立つ / A fish *rose* to the bait [fly]. 〈魚が〉餌[毛鉤]に食いついた / ⇨ *rise to the* BAIT. **10 a** 〈温度計などが〉昇る: The mercury [barometer] is *rising*. 温度計[晴雨計]が昇ってきた. **b** 〈物価が〉上がる, 騰貴する: ~ to 10,000 yen 10,000 円に騰貴する / Prices ~. 物価が上がる / Stocks may ~ in price. 株価が上がるかもしれない. **11** 上に出る, 超越する 〔*above*〕: ~ *above* petty jealousies つまらない嫉妬(しっと)心を超越する / He does not ~ *above* mediocrity. 凡庸の域を出ない.

C 1 源を発する 〔*in, from, at*〕: The river ~*s in* a mountain [*from* a spring]. その川は山地[泉]に源を発する. **2 a** 〈風・あらしなどが〉起こる, 発生する, 生じる: The wind *rose*. 風が出た / A fog was *rising* in the hollow. 窪地で霧が立ち込めてきた. **b** 《詩》〈事件などが〉起こる 〔*from, out of*〕 (arise): The trouble *rose from* misunderstanding. 紛争は誤解がもとで起こった / A feud *rose*. 不和が生じた. **c** 〈うわさが〉広まる, 立つ (arise): A rumor *rose*. あるうわさが立った. **3** 〈音などが〉起こる, 聞こえてくる: A sound of laughter *rose* in the next room. 隣の部屋で笑い声が起こった. **4 a** 見えてくる, 視界[水平線]に現れる: The land *rose* to [into] view. 陸地が見えてきた / The fabric *rose* like a dream. 建物は夢のように現れた / There *rose* before us a great mountain range. 眼前に大山脈がそびえ立った. **b** (心の中に)出て来る, 思い浮かぶ: The scene *rose before* my mind. その情景が私の心に浮かんだ / A thought now ~*s in* [*to*] my mind. 一つの考えが私の心に浮かんできた. **c** 〈家などが〉建つ, 建築される: Many houses *rose* on the heights. 高台に多くの家が建った. **5** 《古》〈植物が〉芽を出す, 生える.

— *vt.* **1** 上げる, 上がらせる, 昇らせる, 高める. **2** 《古》〈山・坂〉の頂上に着く. **3** 〖釣〗〈魚を〉水面に誘い出す. **4** 〖狩猟〗〈鳥を〉飛び立たせる, 狩り出す.

rise and shine 《戯言》(ベッドから)起きる; [しばしば命令形で] 起床!, さっさと起きなさい. 《1916》

— *n.* **1 a** 上り坂, 上り道: a ~ in the road 上り坂. **b** 台地, 高台, 丘: a ~ of land [a land ~] 高地, 高所 / A chapel stands on the ~. 丘の上に礼拝堂が立っている. **2 a** 増加(量), 増大(量), 増水(量): a ~ in unemployment 失業の増加 / the ~ of the tide 潮昇 / the ~ of water in the river 川の増水. **b** 〖音楽〗音高[音調]の高くなること: the ~ and fall of the pitch 音の高さの昇降. **c** 〖音声〗上昇調. **3 a** 騰貴, 値上がり: a ~ in prices [a price ~] 物価の騰貴 / buy for [on] the ~ 騰貴を見越して買い込む / Prices are on the ~. 物価が上昇基調にある. **b** 《英》増俸, 昇給 (《米》raise): a ~ of 2 pounds a week 一週 2 ポンドの昇給 / ask for a ~ 昇給を求める. **4 a** 上がること, 上がった状態; 上昇: be on the ~ 上がりつつある, 上昇している. **b** (太陽・月・星が)出ること (cf. sunrise, moonrise): at ~ of sun [day] 日の出に. **c** 《米》(劇場の)幕が揚がること, 幕開き. **5** 発源; 発生, 起源 〔*in, from*〕 (⇨ origin SYN): The river takes [has] its ~ *in* the lake. その川はその湖に源を発している. **6** 立身, 出世, 昇進: have [achieve] a ~ (in life [in the world]) 立身する, 出世する. **7** 向上, 進歩, 繁栄: the ~ and fall of the Roman Empire ローマ帝国の興亡[盛衰]. **8**

R

出現(すること), 目立つ[注目を集める]ようになること: the (spectacular [meteoric]) ～ (to fame) of a new star (はなばなしい[彗星のような])新スターの出現 / the ～ (to power) of the Nazis ナチスの台頭. **9** 《古》復活, 蘇生(そせい): the ～ of Jesus Christ. **10** 〚狩猟〛鳥が飛び立つこと. **11** 〚釣〛《魚が餌を食おうとして水面(近く)に現れること》: There was not a sign of ～. 魚が水面近くに現れる気配は全くなかった. **12** 〚建築〛 **a** 階段[傾斜物]の垂直高; (階段の)蹴(け)上げ《階段の一段の垂直高》. **b** ライズ, 迫高(せりだか)《アーチの迫台上端から迫頭までの垂直高》. **13** 〚鉱山〛掘上がり, 切上がり《raise ともいう》. **14** 〚海事〛重心高《船において, ある想定線から見た重心の高さ》. **15** 〚服飾〛ズボンの股からウエストラインまでの長さ; スカートのウエストラインから上の長さ.

gèt [《英》***táke***] ***a ríse òut of a person*** 〈人〉を(わざとからかったりして)怒らせる; 〈人〉を怒らせて[じらせて]思うつぼにはまった反応を示させる. (1840) ***give rise to*** …を起こす, …のもとである: These words will *give* ～ *to* suspicion. こういう言葉は疑いを起こさせるもとになる / The Industrial Revolution *gave* ～ *to* many changes. 産業革命はさまざまな変化をもたらした. (1705)

rise of flóor [bóttom] 〚造船〛=dead rise.

〖v.: OE *rīsan* <Gmc *rīsan (Du. *rijzen* / G *reisen* to travel / ON *rīsa*) ← ? IE *rei- to move, flow. — n.: (*c*1400) ← (v.): cf. raise, arise〗

SYN 生じる: **rise** 〈ある物事が〉発生する《上昇を含意する》: A new thought *rose* in my mind. 新しい考えが心に浮かんだ. **arise** しばしば因果関係によって発生する: This fear *arises* from ignorance. この恐怖は無知から生じる. **originate** 明確な根源・原因から発生する《格式ばった語》: The quarrel *originated* from a misunderstanding. 口論は誤解から生じた. **derive** 源から由来・発達する: This word *derives* from Greek. この単語はギリシャ語からきている. **issue** 出口から出てくる: Smoke *issued* forth from the volcano. 煙が火山から吹き出した. **emanate** 〈考え・うわさ・光などが〉出てくる: Joy *emanated* from his face. 彼の顔は喜びで輝いていた. **stem** 起源・原因から発生する: Modern detective fiction *stems* from Poe. 現代の探偵小説はポーに発する.

ríse-fàll *n.* 〚音声〛下降上昇調 (falling-rising tone).

ris·en /rízn, -zn/ *v.* rise の過去分詞. — *adj.* **1** 昇った: the ～ sun 昇った太陽, 朝日; 旭日昇天の勢いの人[もの]. **2** よみがえった: the ～ Christ. 〖OE *risen〗

ris·er /ráɪzə | -zə(r)/ *n.* **1** 起きる[立ち上がる]人[もの]; (特に)[多く形容詞を伴って] 起床者: an early ～ 早起きする人 / a late ～ 朝寝坊. **2** 反徒, 暴徒. **3 a** 〚建築〛(階段の)蹴(け)込み, 蹴上げ; 蹴込み[上げ]板 (⇨ flight¹ 挿絵). **b** 〚劇場〛台, 二重《登場人物を観客席から見やすくするために舞台上に臨時に置く台》. **4** (配水塔などの)立ち上がり管[パイプ]. **5** 〚航空〛ライザー《パラシュートの傘とハーネス (harness) をつなぐ 4 本のベルトの 1 本》. **6** [通例 *pl.*] 〚海事〛下带《ボートの座席板の両端を支える, 左右の》縦通材. **7** 〚金属加工〛=feedhead. 〖*a*1398〗

ríse·time *n.* 〚電気〛立上り時間《パルス振幅が, 例えば 10% から 90% まで, 変化するのに要する時間》. 〖1947〗

rish·i /ríʃi/ *n.* 〚ヒンズー教〛リシ: **a** 霊感を受けた賢者・詩人. **b** 聖仙《特に高名な 7 人のリシをサプタリシという》. 〖(1766) □ Skt *ṛṣi*〗

ris·i·bil·i·ty /rìzəbíləṭi | rìzɪ̀bílɪ̀ti, ràɪz-/ *n.* **1 a** すぐ笑いたくなる性質, 笑い性, 笑い癖. **b** [しばしば *pl.*] 笑える[おかしさが判る]能力, 笑いの感覚, ユーモア[のセンス]. **2** 笑い; 陽気な騒ぎ. 〖(1620) □ LL *risibilitātem*: ⇨ ↓, -ity〗

ris·i·ble /rízəbl | rízɪ̀-, ráɪz-/ *adj.* **1** 笑う能力がある, 笑える; 笑いたがる, 笑い性の, よく笑う. **2** 笑いの[に関する, に用いられる]: ～ nerves 笑いの神経 / the ～ faculties 笑う能力. **3** 笑わせる, 笑止な, おかしい, 滑稽な. — *n.* [*pl.*] 笑いの感覚, ユーモア(のセンス). **rís·i·bly** *adv.* 〖(1557) □ LL *risibilis* ← *rīsus* (p.p.) ← *rīdēre* to laugh: ⇨ rident, -ible〗

ris·ing /ráɪzɪŋ/ *adj.* **1 a** 昇る, 上がる, 上昇する. **b** 〈太陽・月など〉地平線上に昇る, 出る: the ～ sun 朝日. **2 a** 騰貴する: a ～ market 上向き相場 / the ～ cost of imported petroleum 輸入石油の上昇コスト. **b** 増大する; 増加する; 増水する: ～ unemployment 増大する失業率 / a ～ anger こみ上げて来る怒り / a ～ tide of nationalist sentiment 民族主義的感情の高まり. **3 a** 昇進する; 向上する; 新進の, 売出しの: a ～ novelist [lawyer] 新進の小説家[弁護士] / a ～ man 新進の人物 / a ～ comedienne 売出し中の喜劇女優. **b** 発達中の, 成長中の: the ～ generation やがて次代を担う人たち, (現代の)青年(層) / the ～ middle classes 台頭する中産階級. **4** 上り坂の, 上りの; 高くなった: a ～ hill 上り坂 / ～ ground 高台. **5** [前置詞的に] **a** (年齢など)…に近い, もう少しで…になる: He is ～ fifteen years. 彼はもう少しで 15 歳になる / He is nine, ～ ten. 9 歳ですがもうじき 10 歳です. **b** 《米中部》(数・量が)…以上の; …よりやや多い (*of*): a crop ～ (*of*) a million bushels 100 万ブッシェルを上回る収穫 / *Rising* (*of*) a thousand men were injured. 1 千人以上の人が負傷した. **6** 〚紋章〛〈鳥が飛び立とうとする姿勢の〉(cf. soaring 1 b, volant 3). — *n.* **1 a** 上がること, 上昇. **b** (太陽・月・星の)出: the ～ of the sun 日の出; 〚天文〛日出(にっしゅつ). **c** 起きること, 起立; 起床. **d** 生き返り, 甦(よみがえ)り, 復活: ～ from the dead 死からの復活. **e** 閉会, 散会. **2** 反乱, 反旗: a peasants' ～ 農民一揆. **3 a** 上り坂, 坂道, 高台. **b** 隆起, 突出部. **4 a** (酵母で練り粉が)膨らむこと, 膨らみ. **b** (焼く前に)膨らむのに要する時間: a short ～ 短時間の膨らませ. **5** 《方言》腫れ物, でき物. **6** [通例 *pl.*] 〚海事〛=riser 6. 〖1548〗

rísing bútt *n.* 〚建築〛=rising hinge.

rísing dámp *n.* 上昇湿気, 上昇水分《地中から毛管現象で建物の壁にしみ込む水分》. 〖1956〗

rísing díphthong *n.* 〚音声〛上昇二重母音《後の母音が前の母音よりも強い二重母音; 日本語の矢 /ja/, 英語の you /juː/ など; cf. falling diphthong》. 〖1888〗

rísing hínge *n.* 〚建築〛昇り蝶番(ちょうつがい)《開いたとき戸が少し持ち上がるように作られている蝶番》. 〖1807〗

rísing líne *n.* 〚海事〛ライジングライン《フロアーなどの面の, 直線より中央が上に膨らんでいる設計上の線》. 〖1691〗

rísing máin *n.* 《英》立ち上がり本管《地中から垂直に立ち上がって建物に水を供給する水道管》; 水ポンプ (water pump) の縦管[垂直管]. 〖1838〗

rísing rhýthm *n.* 〚詩学〛上昇韻律《強音節の前に一つまたはそれ以上の弱音節のある詩脚からなる韻律形式 (iambic, anapaestic); ↔ falling rhythm》. 〖1881〗

rísing sígn *n.* 〚占星〛上昇宮《天宮図における東の地平線上の十二宮の一つ》. 〖1697〗

rísing tròt *n.* 〚馬術〛軽速歩(けいはやあし)《騎手が馬の歩みの 2 拍子ごとに鞍から腰を浮かせる方法; cf. sitting trot》.

rísing vòte *n.* 起立投票 (cf. voice vote).

rísing wòod *n.* 〚造船〛(木造竜骨の)上縁部《ここに肋材がはまる》. 〖1752〗

risk /rísk/ *n.* **1** 損失[危害, 不利, 破滅など]の可能性; 危険, 賭(か)け, 冒険 (⇨ danger SYN): at all ～*s*=at any [whatever] ～ どんな危険を冒しても, ぜひとも / at one's own [a person's] ～ 自分[人]の責任[危険負担]において / Beyond this barricade at your own ～. この柵から向こうは安全を保障しません《危険警告の掲示》/ at the ～ of one's life 生命を賭けて / at the owner's [buyer's] ～ 所有者[買い手]の責任[危険負担]で / at the ～ of offending a person 人の気にさわるのを承知の上で / run [take] a ～=run [take] ～*s* 危険を冒す《★ take の方は「承知[決断]して敢えて行なう」の意; 次も同じ》/ run [take] the [a] ～ of …の危険を冒す / There is the ～ of his catching cold. 彼は風邪を引く恐れがある. **2** 〚保険〛危険(率); 保険金(額); 被保険者[物]; (死亡・火事・海難・地震などの)事故発生の可能性: a good [bad, fair] ～ 優良[不良, 普通]危険 / against all ～*s* 〚海上保険〛オールリスク担保で(略 AAR) / take a ～ on a cargo 〈保険会社が〉積荷に対して保険を引受ける / ⇨ AMOUNT at risk, fire risk, war risk insurance. **3** 〚医学〛(手術などの)危険度, リスク: a good [poor] ～ 予後良好[不良], グッド[プア]リスク. ***at risk*** (1) 危険な状態で[の]: put a person *at* ～ 人を危険にさらす. (2) (特に, 避妊の手段をとっているにもかかわらず)妊娠の恐れのある. — *vt.* **1** 〈財産・生命などを〉危険にさらす, 危くする, 賭(と)する: ～ one's fortune [neck, life] 身代[命]を賭ける. **2** 一か八かやってみる, 敢行する; …の危険を冒す: ～ it 一か八かやってみる / ～ a [the] jump 思い切って飛んでみる / He ～*ed* losing his job. 職を失うかも知れないようなことをやった / ～ war (あえて)戦争の危険を冒す / ～ a person's anger 人を怒らせる覚悟でやってみる. 〖n.: (1661) □ F *risque* □ It. *risc(hi)o* (n.) ← *rischiare, risicare* to run into danger <? VL *risicāre《原義》to navigate among cliffs ← Gk *rhíza* cliff, root. — v.: (*a*1687) □ F *risquer* □ It. *rischiare*〗

rísk àrbitrage *n.* 〚商業〛リスクアービトラージ《リスクを伴った裁定取引; 企業買収の動きを予想して買収対象会社の株式を買い, 買収会社の株式を売ること》. **rísk àrbitrager, rísk arbitragèur** *n.*

rísk càpital *n.* 〚経済〛危険(負担)資本 (⇨ venture capital). 〖1944〗

rísk·er *n.* 危険を冒す人, 冒険家, 向こう見ず, 山師. 〖1678〗

rísk fàctor *n.* 〚医学〛危険因子, リスクファクター《疾病の発現を促す要因; 肺癌に対する喫煙など》.

risk·ful /rískfəl, -fl/ *adj.* 危険の多い, 危険な, 危ない. 〖1793〗

rísk·less *adj.* 危険のない, 安全な. 〖1865〗

rísk mànagement *n.* 危険[危機]管理, リスクマネジメント.

rísk-mòney *n.* 不足金補償手当《銀行などで出納係に与える》. 〖1849〗

rísk·tàker *n.* 危険を引き受ける人[企業], 危険を冒す人. **rísk·tàking** *n.*

risk·y /ríski/ *adj.* (**risk·i·er; -i·est**) **1** 危険な; 冒険的な, 向こう見ずな: a ～ business 冒険的な仕事 / a ～ gamble 危険な賭け / dabble in ～ speculation 危険な投機にちょっと手を出す. **2** 〚変形〛← F *risqué* みだらな, きわどい. **rísk·i·ly** /-kɪ̀li/ *adv.* **rísk·i·ness** *n.* 〖(1826) ← RISK＋-Y¹〗

Ri·sor·gi·men·to /rɪzɔ̀ədʒəméntoʊ, -sɔ̀ədʒ- | -sɔ̀ːdʒɪ̀méntəʊ; *It.* rizordʒiménto/ *n.* (*pl.* ～*s*) [the ～] **1** リソルジメント《自由・独立・統一を求めて起こった 19 世紀イタリアの解放統一運動; この運動の指導者の一人が創刊した新聞の名から》. **2** [the ～] 《まれ》文芸復興期《フランスおよび北欧の Renaissance と区別して 14–15 世紀におけるイタリアのものをいう》. **3** [r-] 復興, 復活. 〖(1889) □ It. ～ ← *risorgere* to rise again <L *resurgere*: cf. resurrection〗

ri·sot·to /rɪsɔ́(ː)toʊ, -sɑ́(ː)ṭ-, -zɔ́(ː)ṭ-, -zɑ́(ː)ṭ- | rɪzɔ́təʊ, -sɔ́t-; *It.* rizɔ́tto/ *n.* (*pl.* ～*s*) リゾット《米を玉ねぎなどと共にバターで炒め, ストック (stock) で炊き込んだ米料理; パルメザンチーズと共に供する》. 〖(1855) □ It. ～ ← *riso*: ⇨ rice〗

ris·qué /rɪskéɪ | rískeɪ, ríːs-; *F.* ʁiske/ *adj.* 猥褻(わいせつ)気味の, きわどい: a ～ jest [pun] きわどい冗談[洒落]. 〖(1867) □ F ～ (p.p.) ← *risquer* 'to RISK'〗

Riss /rís/ *n.* 〚地質〛リス氷期《アルプスの更新世の第三氷河期; cf. Günz, Mindel, Würm》. 〖1910〗

ris·soid /rísɔɪd/ *adj., n.* 〚貝類〛ホソスジチョウジガイ科 (Rissoidae) の(巻貝).

ris·sole /rɪ̀sóʊl, rísoʊl | rísəʊl; *F.* ʁisɔl/ *n.* リソール《パイ生地に詰めものをして, 小さな半月形にまとめて揚げたもの》. 〖(1706) □ F ～ <OF *ruissolle* ← LL *russeolus* reddish ← *russus* red: ⇨ russet〗

ris·so·lé /rìsəléɪ, rìsəléɪ; *F.* ʁisɔle/ *adj.* 〈食物が〉狐色に揚げた: ～ potatoes. 〖□ F ～ (p.p.) ← *rissoler* to brown ← *rissole* (↑)〗

Rís·so's dólphin /rísoʊz- | -səʊz-/ *n.* 〚動物〛ハナゴンドウ, カマビレサカマタ (⇨ grampus). 〖(1871): ← G. A. *Risso* (1777–1845: イタリアの博物学者)〗

ris·to·ran·te /*It.* ristoránte/ *n.* (*pl.* **ris·to·ran·ti** /*It.* -ti/) リストランテ, イタリア料理店. 〖(1925) □ It. ～ □ F *restaurant*〗

ri·sus sar·don·i·cus /ráɪsəssaədɑ́(ː)nɪ̀kəs | -saːdɔ́nɪ-/ *n.* 〚医学〛痙笑(けいしょう)《顔面筋痙攣による笑うような表情》. 〖(1693) □ L *Risus Sardonicus* (《廃》*Sardonius*)〗

rit. 《略》〚音楽〛ritardando.

rit·a /ríṭə | -tə/ *n.* 〚ヒンズー教〛天則《Veda 文献において宇宙の理法・秩序を意味する》. 〖□ Skt *ṛta*〗

Ri·ta /ríːṭə | -tə; *G.* ʁíːta, *It.* ríːta/ *n.* リータ《女性名》. 〖(dim.) ← MARGARET: cf. It. *Margarita*〗

Rit·a·lin /rɪ́ṭəlɪn | -təlɪn/ *n.* 〚商標〛リタリン《塩酸メチルフェニデート (methylphenidate hydrochloride) 製剤; 精神刺激薬》.

ritard. 《略》〚音楽〛ritardando.

ri·tar·dan·do /rìːtaədɑ́ːndoʊ | rìtaːdǽndəʊ; *It.* ritardándo/ 〚音楽〛*adv., adj.* リタルダンドで[の], 次第にゆっくり (略 rit., ritard.). — *n.* (*pl.* ～*s*) リタルダンドをかける楽句. 〖(1811) □ It. ～ ← *ritardare* <L *retardāre* to hinder: ⇨ retard〗

rite /ráɪt/ *n.* **1** (宗教上の規定の方式や慣習によって執行される, 通例荘厳な)儀式 (⇨ ceremony SYN): the ～ of baptism 洗礼式 / the burial [funeral] ～*s* 葬式 / the conjugal [marriage, nuptial] ～*s* 《古》夫婦の肉体の交わり / the ～ of confirmation 堅信式, 堅信礼, 信徒按手(あんしゅ)式. **2** (儀礼的)慣習, 慣例, 習わし, 風習: the ～*s* of hospitality 客のもてなし. **3 a** 儀式形式, 典礼: the Roman [Anglican] ～ ローマ教会[英国国教会]の典礼 / in Buddhistic ～ 仏式で. **b** 儀式的な行為[行動]. **4** [しばしば R-] 〚キリスト教〛…典礼(の教会)《特定の典礼形式を用いる教会の宗派》: Protestants of the Anglican ～.

ríte of intensificátion 〚人類学〛強化儀礼《四季の変化, 月の満ち欠け, 種まきから収穫までの諸段階など, 社会集団の全員に影響を及ぼすような周期的変化を迎えるごとに, 集団の成員全体が新しい状況に適応することを目的として行う儀式》. (1947)

ríte of pássage (1) 〚文化人類学〛通過[移行]儀礼《個人がある集団から他の集団に移るとき, またある年齢から次の年齢や世代へと移るとき行われる儀式; 誕生・成人・結婚・死亡などに際して行われる》. (2) 人生の節目を示す経験や出来事. (1909)

～·less *adj.* 〖(*a*1333) □ (O)F *rit(e)* // L *rītus* rite ← IE *ar- to fit together: cf. art¹〗

rite de pas·sage /ríːtdəpæsáːʒ, -pɑː-; *F.* ʁitdəpasaːʒ/ *F. n.* 〚文化人類学〛=RITE of passage. 〖(1911) □ F ～ 'rite of passage'〗

riten. 《略》〚音楽〛ritenuto.

ri·te·nu·to /rìːtənúːṭoʊ | rìtənúːtəʊ; *It.* ritenúːto/ 〚音楽〛*adv.* 急に緩徐に (略 riten.). — *n.* (*pl.* ～**s**, **-ti** /-tiː; *It.* -ti/) リテヌートの楽節. 〖(1828) □ It. ～ (p.p.) ← *ritenere* <L *retinēre* 'to RETAIN'〗

Rítes Cóntroversy *n.* [the ～] 〚カトリック〛典礼問題《17–18 世紀の中国布教で, 中国風習との融合に関する論争; 神を「天主」と呼ぶべきか, 孔子崇拝の儀式を認めるべきか否かをめぐって論争が行われた》.

ri·tor·nel·lo /rìṭənéloʊ, -təə- | -tənéləʊ, -tɔː-; *It.* ritornɛ́llo/ *n.* (*pl.* **-nel·li** /-liː; *It.* -li/, ～**s**) (*also* **ri·tor·nelle, ri·tor·nel** /rìṭənél, -təə- | -tə-, -tɔː-/) 〚音楽〛リトルネロ: **1** (オペラなどで)歌の前奏・間奏・後奏として器楽により反復される楽節. **2** (バロック時代の協奏曲で, 独奏の挿入部をはさみ)反復される楽節. **3** 管弦総奏 (tutti). 〖(1675) □ It. ～ (dim.) ← *ritorno* 'RETURN': cf. F *ritournelle*〗

Ritsch·li·an /rítʃliən/ 〚神学〛*adj.* リッチュル(学派)の. — *n.* リッチュル学派(の人)《神学から形而上学を排し, キリストにおける歴史的啓示を強調した学派; Schleiermacher 以後のプロテスタント神学に大きな影響力をもった》. 〖← *Albrecht Ritschl* (1822–89: ドイツの神学者)＋-IAN〗

rit·ter /ríṭə | -tə(r); *G.* ʁítɐ/ *n.* (*pl.* ～, ～*s*) **1** 騎士. **2** (ドイツ・オーストリアの)最下級貴族. **3** [R-] 〚商標〛リッター《ドイツ製のビール》. 〖(1824) □ G *Ritter* ← *Reiter* rider〗

Rit·ter /ríṭə | -tə(r)/, **'Tex'** ～ [**Woodward Maurice** ～] *n.* リッター (1906–74; 米国のカントリーアンドウェスタンの歌手・ソングライター; 1930–40 年代の西部劇映画に出演).

rit·u·al /rítʃuəl, -tʃʊl | rítʃuəl, -tʃʊl, -tjuəl, -tjʊl/ *n.* **1** (宗教的)儀式, 式典 (⇨ ceremony SYN); (宗教的)儀式の執行, 行事: the ～ of the dead 葬式, 埋葬式. **2 a** 儀式[形式]的な行為. **b** (細部まで忠実にくり返される)習慣的行為: Coffee making is a ～ for him. コーヒーをいれるのは彼の場合毎日の儀式のようなものだ. **3** 儀式書, 式典書, 礼典. **4** (挨拶の形式などのように社会的な行動を規制している)規範, 慣例, 習慣. — *adj.* [限定的] 儀式の[に関係する, に用いられる]: a ～ dance 儀式舞踏《神楽など》/ ～ laws 儀式規則. 〖(1570) □ L *rituālis*

← *ritus* 'RITE': ⇨ -al¹: cf. F *rituel*〗

rítual a·bùse /-əbjù:s/ *n.* 魔術的儀式における児童虐待[殺し].

rít·u·al·ism /-lìzm/ *n.* **1 a** 儀式主義. **b** [R-]〘英国国教会〙典礼主義《19世紀, E. B. Pusey らによって英国国教会へ中世あるいはローマ教会の典礼や慣行を導入した運動》. **2** 儀式偏重, 儀式に対する過度の愛着[傾倒]. **3** 儀式研究, 礼典学, 儀式学. 〖《1843》: ⇨ ↑, -ism: cf. F *ritualisme*〗

rít·u·al·ist /-ləst | -lɪst/ *n.* **1 a** 儀式主義者; 儀式偏重者. **b** [R-]〘英国国教会〙典礼主義者. **2** 儀式精通者, 礼典研究家. **3** 一定の手続[規範]を忠実に守る人. 〖《1657》← RITUAL + -IST: cf. F *ritualiste*〗

rit·u·al·is·tic /rìtʃuəlístɪk, -tʃul- | -tʃuəl-, -tjuəl-ˊ/ *adj.* **1** 儀式の. **2 a** 儀式主義者の, 典礼派の, 儀式を尊重する. **b** [R-]〘英国国教会〙典礼主義の. **rìt·u·al·ís·ti·cal·ly** *adv.* 〖1850〗

rit·u·al·ize /rítʃuəlàɪz, -tʃul- | -tʃuəl-, -tʃul-, -tjuəl-, -tjul-/ *vt.* **1 a** 儀式化する, 儀式として行う. **b** …を慣習[習慣]化する. **2** 〈人を〉儀式主義者に変える; …に儀式主義を押しつける. — *vi.* 儀式的[主義]になる; 儀式を偏重する. **rit·u·al·i·za·tion** /rìtʃuəlɪzéɪʃən, -tʃul- | -tʃuəlaɪ-, -tʃul-, -tjul-, -tjuəl-, -lɪ-/ *n.* 〖1842〗

rít·u·al·ly /-tʃuəli, -tʃuli | -tʃuəli, -tʃuli, -tjuəli, -tjuli/ *adv.* 儀式的に, 儀式によって[に従って, として]. 〖1612〗

ritual múrder *n.* 儀式的殺害《人身御供(ごくう)など儀式的な犠牲行為》. 〖1950〗

ritz /ríts/《俗》*n.* 見せびらかし, 誇示. ***pùt ón the rítz*** (財産を誇示するために)優雅で贅沢な暮らしをする. 《1926》 — *vt.* 慇懃(いんぎん)無礼に扱う, 鼻であしらう. 〖《1910》← *the Ritz hotels* (↓)〗

Ritz /ríts; *F.* ʁits/ *n.* リッツ: **1** [the ~] London, Paris, New York などにある高級ホテル. **2**〘商標〙米国製のクラッカー. 〖*César Ritz* (1850–1918: スイスの著名なホテル経営者)〗

Rítz combinátion prìnciple /ríts-; *G.* ʁíts-/ *n.* [the ~]〘物理〙リッツの結合原理《原子の出す線スペクトルの振動数が, 原子に固有な量(項という)の差として表されること; 量子論を生み出す基礎の一つとなった; 単に combination principle ともいう》. 〖← *Walther Ritz* (1878–1909: これを見出したスイスの物理学者)〗

ritz·y /rítsi/ *adj.* (**ritz·i·er**; **-i·est**)《しばしば皮肉》《口語》豪華な; 上流の; 横柄な; きざな: a ~ lady, bar, etc. **rítz·i·ly** /-tsəli/ *adv.* **rítz·i·ness** *n.* 〖《1920》← RITZ + -Y⁴〗

riv. 《略》river.

riv·age /rívɪdʒ, ráɪv-/ *n.* **1**《詩》河岸, 沿岸, 海岸. **2**《古》〘英法〙河川通行税. 〖《?*a*1300》□ (O)F ~ ← *rive* < L *ripam* river bank: ⇨ river¹, -age〗

ri·val /ráɪvəl, -vl/ *n.* **1** 競争相手, 対抗者, ライバル: a ~ in love [trade] 恋[商売]敵. **2** 肩を並べる人, 匹敵する者; 好適手, 対等の人: be without a ~ = have no ~(s) 比類なし, 無敵である / ~s in wealth 財産で負けず劣らずの人たち. **3** (質的に)匹敵するもの, 肩を並べるもの. **4**《廃》同僚, 相棒. — *adj.* [限定的] 競争する, 対抗する: ~ firms 競争会社 / ~ lovers 恋敵同士 / put forth a ~ candidate 対立候補を立てる / a clash between ~ political groups ライバル的政党派閥間の衝突. — *vt.* (**ri·valed**, **-valled**; **-val·ing**, **-val·ling**) **1** …と競争する, 対抗する, 張り合う: Donne cannot ~ Milton in grandeur and beauty. 雄大さと美しさの点でダンはミルトンに及ばない / I hardly know a bell which would ~ this for fullness and sweetness of tone. これほど豊かで美しい音色をもつ鐘はほかにはまずないと思う. **2** …と比べられる, …に似ている: Her cheeks ~ the rose in hue. 彼女のほおはバラと色をきそう. — *vi.*《古》競争する, 張り合う, 争う 〔*with*〕. 〖《1577》□ L *rīvālis*《原義》one who uses the same stream with another ← *rīvus* stream ← IE **rei-* 'to flow, RUN': ⇨ river¹, -al¹〗

SYN 競争相手: **rival** 実力が伯仲している競争相手: *rivals* in love 恋敵. **adversary** 試合・議論・戦いの相手: my political *adversaries* 私の政敵. **antagonist** 戦い・争いにおける敵対者《明らかに敵意を抱いている》: a formidable *antagonist* 恐るべき敵. **opponent** 議論・選挙・競技などの相手《敵意・憎しみを含意しない》: his *opponent* in tennis 彼のテニスの相手. **competitor** 特に商売において競争する人: *competitors* in business ビジネス上の競争者, 商売敵.

---

ri·val·i·ty /raɪvǽləti | -ləti/ *n.* **1** = rivalry. **2** 《Shak》同等の権利. 〖《1582》□ L *rīvālitātem*: ⇨ -ity〗

ri·val·rous /ráɪvəlrəs, -vl-/ *adj.* 張り合う, 競争的な. **~·ness** *n.* 〖《1812》: ⇨ ↓, -ous〗

ri·val·ry /ráɪvəlri, -vl-/ *n.* 競争, 張合い, 対抗 (⇨ competition SYN): friendly ~ 互いに張り合うこと, 相互激励 / enter into ~ with …と競争を始める / factional *rivalries* 党派間の抗争. 〖《1598》← RIVAL + -RY〗

rival·ship *n.* = rivalry.

rive /ráɪv/ *v.* (**rived**, **rove** /róuv | ráuv/; **riv·en** /rívən/, **rived**) — *vt.* **1 a** (激しくまたは乱暴に)裂く, 割る: ~ a tree 〈落雷などが〉木を裂く. **b** 分裂させる: The Government is still *riven* with disagreement about the problem. 政府はその問題でまだ意見が分かれている. **2**《古・詩》ねじ取る, もぎ取る 〈*away, from, off*〉. **3** 〈職人・職工が〉〈木材を〉割る, 裂く, 〈石を〉割る; 〈木ずり (lath) を〉割ってつくる. **4** 〈心を〉苦しめる, 悩ます: Nero's ruthless cruelty ~*d* thousands of hearts. ネロの残忍な言葉は何千人という人々の心をかきむしった. — *vi.* **1** 裂ける, 割れる. **2** 〈木が〉うまく[きれいに]割れる. 〖《*a*1250》 *rive(n)* □ ON *rifa*: cf. OFris. *rīva*: cf. rift¹, rope〗

riv·el /rívəl, -vl/ *v.* (**riv·eled**, **-elled**; **-el·ing**, **-el·ling**)《古》 — *vi.* しわが寄る; 縮まる; しなびる. — *vt.* …にしわを寄らせる; 縮ませる; しなびさせる. 〖《?*a*1325》 *rivele(n)* 《逆成》← *riveled* riveled, wrinkled < OE *rifelede* ← ? **rifel* wrinkle: cf. rift¹〗

rív·elled *adj.*《古》**1** しわの寄った, 波形の. **2** (特に熱のために)しなびた. **3**《廃》ひだに畳んだ. 〖OE *rifelede*: ⇨ ↑, -ed〗

riven *v.* rive の過去分詞. 〖1307–27〗

riv·er¹ /rívə | -və(r)/ *n.* **1** 川: The ~ past and God forgotten. = The DANGER past and God forgotten. ★(1) 河川の名称には, 通例, 英国では the river [River] Thames, 米国では the Hudson River のように用いる; the river of Jordan の形は古体. (2) ラテン語系形容詞: fluvial. 日英比較 日本語の「川」は大小にかかわらず用いられるが, 英語の *river* は「大河や大きい川」を意味し, *river* よりも川幅が狭い川は stream, さらに小さい小川は brook という. したがって *river* を jump [leap] over することはできない. **2 a** (水以外の)流れ: a ~ of glacial ice 氷河の氷の流れ. **b** [*pl.*] 大量の流出: ~s of blood (虐殺・戦争などによる)血の海. **c** [*pl.*] 大量(の液体): drink ~s of tea お茶をがぶがぶ飲む. **3** [the R-]〘天文〙エリダヌス座 (⇨Eridanus). **4**〘印刷〙小川《欧文の場合, 語間のあきが連続することによって生じる曲がりくねった白い流れ; channel, gutter, lizard, staircase ともいう》.

cróss the ríver (***of déath***) 死ぬ (cf.「三途(さんず)の川を渡る」) 《1790》. ***séll a person dówn the ríver*** 《口語》〈人を〉売り渡す, 〈人を〉裏切る, 見捨てる; (現在より)悪い立場[地位, 環境]に落とす[送り込む]《昔奴隷を罰として Mississippi 川下流のさとうきび農園主に売りつけたことから》. 《1851》 ***ùp the ríver*** 《米口語》刑務所[監獄]へ[で]《もと囚人を New York 市から Hudson 川を上って Sing Sing 刑務所に送ったことから》: send a person *up the* ~ 刑務所送りにする. 《1891》

— *adj.* [限定的] [動植物・物の名と共に用いて] 川に生息する, 川に生える, 川に産する, 川で用いる.

〖《?*c*1225》□ AF *rivere* = (O)F *rivière* < VL **rīpāriam* ← L *rīpārius* riparian ← *ripa* river bank, 《原義》something cut out by a river ← IE **rei-* to cut〗

riv·er² /ráɪvə | -və(r)/ *n.* 裂く人; 割る人. **rív·ered** *adj.* 〖《1483》← RIVE〗

Ri·ve·ra /rɪvέərə | rɪvéərə; *Am.Sp.* riβéra/, **Diego** *n.* リベラ (1886–1957; メキシコの画家).

riv·er·ain /rívərèɪn, ←—/ *adj.* 川の, 川辺の[にある, に住む]. — *n.* 川辺に住む人. 〖《1858》□ F ~ ← *rivière* 'RIVER¹': ⇨ rivière, -an¹〗

ríver·bànk *n.* 川岸. 〖1565〗

ríverbank gràpe *n.*〘植物〙リバリア種ブドウ (*Vitis riparia*)《米国東部の河岸に多く生じる野生のブドウ; 高くはい上り, 実は黒く酸っぱい》.

ríver básin *n.*〘地理〙=basin 4 b.

ríver·bèd *n.* 川床, 河床: in the ~ in 川床に. 〖1833〗

ríver bìrch *n.*〘植物〙カワカバ (*Betula nigra*)《赤褐色の樹皮をもつ北米産のカバノキ》.

ríver blìndness *n.*〘病理〙= onchocerciasis.

ríver·bòat *n.* 川船 (cf. sea boat 1). 〖1565〗

ríver bòttom *n.*《米》河川に沿った低地. 〖1752〗

ríver càpture *n.*〘地理〙河川争奪. 〖1901〗

ríver cárpsucker *n.*〘魚類〙米国の河川にすむサッカー科の魚 (*Carpiodes carpio*).

ríver·cràft *n.* (*pl.* ~) 川船 (riverboat).

ríver dòlphin *n.*〘動物〙カワイルカ《南米・インド・中国の河川に主として生息するカワイルカ科 (Platanistidae) のイルカ; くちばしは細長く, 濁水に生活するため視力はきわめて弱い; アマゾンカワイルカ・インダスカワイルカ・ヨウスコウカワイルカ・ラプラタカワイルカの4属がある》. 〖1781〗

ríver dùck *n.*〘鳥類〙= dabbler 1 b.

ríver fèver *n.*〘病理〙= tsutsugamushi disease.

ríver·frònt *n.* (都市・町の)河岸(地域). 〖1855〗

ríver-gòd *n.* 川の神, 河神, 水神. 〖《1661》: cf. Du. *riviergod*〗

ríver·hèad *n.* 河川の源, 川の発源[水源]地. 〖1685〗

ríver hòg *n.*〘動物〙カワイノシシ (⇨ bushpig). 〖1729〗

ríver hòrse *n.*〘動物〙カバ (hippopotamus). 〖1601〗

riv·er·ine /rívəràɪn, -rì:n/ *adj.* **1** 川の[に関する, のような, によって作られた]. **2** 河岸[川辺]にある; 河岸に住む. 〖《1860》← RIVER¹ + -INE¹〗

ríver·less *adj.* 川のない, 河川のない. 〖1860〗

ríver nòvel *n.* 大河小説. 〖《なぞり》← ROMAN-FLEUVE〗

ríver réd gùm *n.*〘植物〙カマルドレンシス, レッドリバーガム (*Eucalyptus camaldulensis*)《広く栽植される豪州原産のユーカリ; 材は赤色》. 〖1973〗

Riv·ers /rívəz | -vəz/ *n.* リバーズ《ナイジェリア南部の州; ニジェール川三角州に位置しギニア湾に臨む; 州都 Port Harcourt》.

Riv·ers /rívəz | -vəz/, **Larry** *n.* リバーズ (1923–2002; 米国の画家).

Rivers, William Halse /hɔ́:ls, há:ls | hɔ́:ls/ *n.* リバーズ (1864–1922; 英国の生理学者・人類学者).

riv·er·scape /rívəskèɪp | -və-/ *n.* 川の景色, 河川風景. 〖《1903》← RIVER¹ + (LAND)SCAPE〗

riv·er·side /rívəsàɪd | -və-/ *n.* 河岸, 川辺, 河畔. — *adj.* [限定的] 川辺の, 河岸の, 河畔の: a ~ hotel, villa, etc. 〖?*a*1400〗

Riv·er·side /rívəsàɪd | -və-/ *n.* リバーサイド《米国 California 州南西部の都市》.

Ríverside Párk *n.* リバーサイド公園《米国 New York 市 Manhattan の Hudson 河畔の公園》.

ríver sùnflower *n.*〘植物〙ノヒマワリ, コヒマワリ (*Helianthus decapetalus*)《北米東部産キク科ヒマワリ属の多年草》.

ríver·wàll *n.* 堤防, 護岸. 〖1837〗

river·ward /rívəwəd | -vəwəd/ *adv., adj.* 川に向かって(の), 川の方へ(の). 〖《1833》⇨ -ward〗

ríver·wards /-wədz | -wədz/ *adv.* = riverward.

ríver·wèed *n.*〘植物〙カワゴケソウ科の水草の総称. 〖《1671》: ⇨ weed¹〗

riv·et /rívət | -vɪt/ *n.* リベット, 鋲. — *vt.* (**riv·et·ed**, **-et·ted**; **-et·ing**, **-et·ting**) **1** 〈目・注意などを〉集中する, 注ぐ; 引きつける, 心を奪う: ~ one's attention [eyes] *upon* …に深く注意[注目]する / Her eyes were ~*ed on* his face. 彼女の目は彼の顔にじっと注がれていた / His voice ~*ed* the jury's attention. 彼の声は陪審員たちの注目を集めた. **2** リベット[鋲]で留める 〈*together, down*〉. **3** 固くする, 動かなくする: a ~*ed* error 根強い誤り / ~*ed* hatred 根深い恨み / stand ~*ed on* the spot その場に釘付けされたように立っている / It is ~*ed in* my mind. それは私の心に深く刻み付けられている. **4** 〈打った釘などを〉(しっかりさせるために)先を打って曲げる[つぶす]. 〖《?*a*1400》 *ryvette* □ (O)F *rivet* ← *river* to fix, clinch < ? VL **rīpāre* to make firm, 《原義》fasten to the shore ← L *ripa* shore: ⇨ river¹〗

rívet bùster *n.*〘機械〙リベット切取機.

rív·et·er /-tə | -tə(r)/ *n.* **1** リベット工. **2** リベッター, リベット打ち機. 〖1800〗

rívet fòrge *n.* リベット火床《リベット加熱用の鉄炉》.

rívet gùn *n.* (自動式)リベット打ち機. 〖1950〗

rívet hèater *n.* **1** = rivet forge. **2** リベット加熱工.

rívet hòle *n.* リベット穴. 〖1832〗

rív·et·ing /-tɪŋ- | -tɪŋ-/ *adj.* とても魅力的な, 心を奪う[釘付けにする]ような. 〖1677〗

ríveting hàmmer *n.*〘機械〙リベットハンマー. 〖*a*1642〗

ríveting sèt *n.* = setting punch.

rívet lìne *n.* リベット線.

rívet pìtch *n.* リベットピッチ《一列に並んだリベットとリベットの中心間距離》.

rívet sèt *n.* = setting punch.

rívet whèat *n.*〘植物〙= poulard wheat.

Ri·vi·è·ra /rìviéərə | -éərə; *It.* rivjέ:ra/ *n.* **1** [the ~] リヴィエラ(地方)《地中海 Genoa 湾の沿岸で, フランスの Cannes からイタリアの La Spezia までの海岸地方; 風光明媚(めいび)で知られ, 冬期にはヨーロッパ各地からの避寒客が多い; フランス側は Côte d'Azure ともいう》. **2** [通例 the ~] 海岸の避寒地: *the* Cornish ~ (イングランド南西海岸の)コーンウォールの「リヴィエラ」(避寒地). 〖《1766》□ It. ~《原義》sea coast < VL **rīpāriam*: cf. river¹〗

ri·vière /rìviέə | -viéə(r); *F.* ʁivjε:ʁ/ *n.* リビエール《ダイヤモンドなどのネックレスで, 特に数本から成るもの》. 〖《1879》□ F ~ 'RIVER¹'〗

ri·vo /rí:vou, ráɪ- | -vəu/ *int.*《廃》乾盃《酒宴の席で使われる発声》 〖《*c*1592》← ? Sp. *arriba* up〗 R

riv·u·let /rívjulət | -lət, -lèt/ *n.* 小川; 細い流れ: He was perspiring in little ~s. 汗が筋を引いてしたたり落ちていた. 〖《1587》← L *rīvulus* small stream ((dim.) ← *rīvus* stream: ⇨ rival) + -ET // 《古形》*rivolet* □ It. *rivoletto* (dim.) ← *rivolo* < L *rīvulus*〗

riv·u·lose /rívjulòus | -lòus/ *adj.* 細く曲がりくねった線をもつ, 細い波状線の. 〖《1871》← L *rivulus* + -OSE〗

riv·u·lus /rívjuləs/ *n.*〘魚類〙リビュルス (*Rivulus marmoratus*)《中・南米産キプリノドント科リビュルス属の魚》. 〖← NL ~ ← L *rīvulus*: ⇨ rivulet〗

rix-dol·lar /ríksdɑ̀(:)lə | -dɔ̀lə(r)/ *n.* リックスドル: **1** 英国が 1803–21 年にかけてセイロン用に造った銀貨. **2** 16–19 世紀の中ごろまでオランダ・ドイツ・スウェーデン・デンマークなどで使用された銀貨; cf. reichsthaler, rigsdaler, rijksdaalder. 〖《1598》《部分訳》← Du.《廃》*rijksdaler* ← *rijk* kingdom (⇨ rich) + *daler* 'DOLLAR': cf. G *Reichsthaler* ← *Reich* kingdom + *Thaler* dollar〗

Ri·yadh /rijá:d | rí:æd, -ɑ:d; *Arab.* rijá:dˤ/ *n.* リヤド《サウジアラビア中部にある同国の首都》.

ri·yal /ri(j)á:l, -(j)ɔ́:l | ri(j)á:l/ *n.* **1** リヤル: **a** サウジアラビアの通貨単位; = 20 qursh, 100 halala; 記号 R, SR. **b** カタールの通貨単位; = 100 dirhams; 記号 QR. **2** 1 リヤル紙幣. **3** = rial¹ 2, 3. **4** リヤル《イラクの旧銀貨; = $^1/_5$ dinar》. 〖《1932》□ Arab. *riyāl* □ Sp. *real* 'REAL²'〗

riz /ríz/ *v.*《方言》rise の過去形・過去分詞. 〖← RISEN (p.p.): 過去形は ME *risen* (pl.) から〗

Ri·zai·yeh /rɪzáɪə/ *n.* リザイエ《イラン北西部の都市; 旧名 Urmia》.

Rizaiyeh, Lake *n.* リザイエ湖《イラン北西部の塩湖; 面積 5,600 km²; Lake Urmia ともいう》.

Ri·zal /rɪzá:l, -sá:l; *Sp.* riθál, -sál/ *n.* Pasay の別称.

Ri·zal /rɪzá:l, -sá:l; *Sp.* riθál, -sál/, **José** *n.* リサール (1861–96; フィリピンの愛国者・小説家・詩人・医師; スペイン反逆の罪で銃殺された).

Rizál Dày *n.* リサールデー《フィリピンの法定祝日 (12 月 30 日); José Rizal の死を記念》.

Ri·zá Sháh Páhlavi /rɪzá:/ *n.* リザ シャー パハレビ (1877–1944; イラン国王 (1925–41)).

Riz·zio /rítsiòu | -tsiəu; *It.* ríttsjo/, **David** *n.* リッチョ (1533?–66; イタリアの音楽家; スコットランド女王 Mary 一世の秘書・顧問に登用されたが, 女王の夫 Darnley の嫉妬を買い, 惨殺された; David Riccio ともいう).

RJ 《略》road junction 道路交差点.
RK 《略》religious knowledge. 〖1959〗
RKO /ɑ́əkèɪóʊ | ɑ́:kèɪə́ʊ/ 《略》Radio-Keith-Orpheum (米国の映画制作配給会社).
RKVA, rkva 《略》〖電気〗reactive kilovolt-ampere 無効キロボルトアンペア (無効電力を表現する単位).
Rl 《記号》〖貨幣〗rial(s).
RL 《略》〖自動車国籍表示〗(Republic of) Lebanon; 《英》Rugby League.
r-less /ɑ́əlɪ̀s | ɑ́:-/ *adj.* 〖音声〗r を発音しない (star /stɑ́:/, board /bɔ́:d/ のように語末および子音の前の r を発音しない世界各地の英語などについていう, non-rhotic ともいう; cf. r-ful). 〖1902〗
ŕ-linking /ɑ́ə- | ɑ́:-/ *n.* 〖音声〗r のつなぎ (⇨ linking r).
RLO 《略》railway liaison officer; returned letter office (cf. D.L.O.).
RLS 《略》Robert Louis Stevenson.
rly 《略》railway.
rm 《略》ream 紙の一連; room.
RM 《略》reichsmark(s); 〖自動車国籍表示〗Malagasy Republic; Registered Midwife; Resident Magistrate; riding master; Royal Mail; Royal Marines.
RMA 《略》Royal Marine Artillery; Royal Military Academy (Sandhurst); Royal Military Asylum.
RMB 《記号》〖貨幣〗Renminbi.
RMC 《略》《英》Royal Military College (今は R.M.A).
Ŕ-methodólogy *n.* 〖心理〗R テクニック〖技法〗(変数間の相関行列を用いる因子分析; ⇨ Q-methodology).
RMM 《略》〖自動車国籍表示〗(Republic of) Mali.
Ŕ [ŕ, 'ŕ'] mònths *n. pl.* アールの月 (9 月から翌年 4 月までの 8 か月; 英国でカキ (oyster) が安心して食べられるといわれている季節). 〖(1764) この間の月の英語名に r 字が含まれていることから〗
RMP 《略》《英》Royal Military Police.
rms 《略》〖数学〗root-mean-square.
RMS 《略》Railway Mail Service; Royal Mail Service; Royal Mail Ship; Royal Mail Steamer; Royal Mail Steamship.
ŕmś vàlue *n.* 〖電気〗=root-mean-square value.
RMT 《略》National Union of Rail, Maritime, and Transport Workers.
Rn 《記号》〖化学〗radon.
RN 《略》《米》registered nurse; 《英》Royal Navy.
RNA /ɑ́əènéɪ | ɑ̀:(r)èn-/ *n.* 〖生化学〗=ribonucleic acid (cf. DNA). 〖(1948) ← R(IBO)N(UCLEIC) A(CID)〗
RNA·ase /ɑ̀əènéɪeɪs, -eɪz | ɑ̀:(r)ènèɪeɪs/ *n.* 〖生化学〗=ribonuclease. 〖(1948) ← RNA＋-ASE〗
ŔŃÁ pólymerase *n.* 〖生化学〗RNA ポリメラーゼ (RNA を合成する酵素; DNA を鋳型として依存するものをいう; cf. DNA polymerase). 〖1962〗
ŔŃÁ réplicase *n.* 〖生化学〗RNA リプリカーゼ (RNA を鋳型として依存する RNA ポリメラーゼ; 単に replicase ともいう). 〖1965〗
RNAS 《略》《英》〖軍事〗Royal Naval Air Service; Royal Naval Air Station 英国海軍航空基地.
RNase /ɑ̀əéneɪs, -eɪz | ɑ̀:(r)éneɪs/ *n.* 〖生化学〗=RNA-ase.
RNav 《略》〖航空〗area navigation.
ŔŃÁ vírus *n.* 〖生物〗RNA ウイルス (遺伝物質のコアが RNA からなる ウイルス; paramyxovirus, retrovirus など). 〖1963〗
RNC 《略》〖軍事〗Royal Naval College.
rnd 《略》round.
RNIB 《略》《英》Royal National Institute for the Blind.
RNLI 《略》《英》Royal National Lifeboat Institution.
RNR 《略》《英》〖軍事〗Royal Naval Reserve 英国海軍予備隊(員).
RNVR 《略》《英》Royal Naval Volunteer Reserve. 〖1905〗
RNWMP 《略》《カナダ》Royal Northwest Mounted Police.
RNZAF 《略》〖軍事〗Royal New Zealand Air Force.
RNZN 《略》〖軍事〗Royal New Zealand Navy ニュージーランド海軍.
ro 《記号》Romania (URL ドメイン名).
ro. 《略》recto, road.
r.o. 《略》〖クリケット〗run out.
Ro 《略》〖聖書〗Romans.
Ro /róʊ | rə́ʊ/ *n.* ロー語 (1906 年米国 Ohio 州の Rev. Edward P. Foster (1853–1937) の創案した国際語).
 Ró·ist /~ɪ̀st | ~ɪst/ *n.* 〖造語〗
RO 《略》Royal Observatory.
roach¹ /róʊtʃ | rə́ʊtʃ/ *n.* 《米》 **1** ゴキブリ (⇨ cockroach). **2** 《俗》(マリファナの)短い吸いさし. 〖(1836–48) 《略》← COCKROACH〗
roach² /róʊtʃ | rə́ʊtʃ/ *n.* (*pl.* ~, ~·es) 〖魚類〗 **1 a** ローチ (*Rutilus rutilus*) (ヨーロッパ産のコイ科ローチ属の淡水魚): (as) sound as a ~ とても元気で. **b** 北米東部産のローチに似た魚 (*Notemigonus crysoleucas*). **2** =sunfish 3. 〖(?a1200) *roche* ☐ OF ← ? Gmc (MLG *roche* / OE *ruhha* roach) cf. Gmc *rūχ- 'ROUGH': その皮がざらざらしていることから?〗

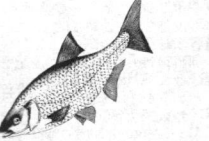

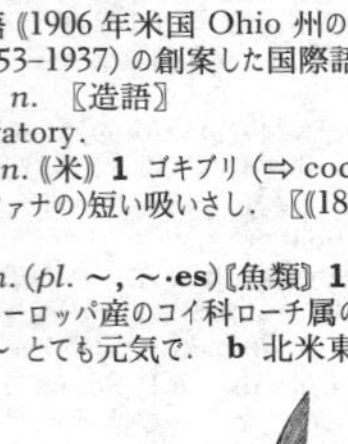
roach²
Rutilus rutilus

roach³ /róʊtʃ | rə́ʊtʃ/ *n.* **1 a** ブラシをかけて弧状に巻いた髪の毛. **b** (毛が立つように)短く切った馬のたてがみ. **2** 〖海事〗 **a** 横帆下縁の弧状の切取り (マストの支索などに触れないようにするため). **b** 帆縁の凹型弧状の切り込み.
— *vt.* **1 a** 〈髪の毛を〉ブラシをかけて弧状に(巻くように)する 〈*up*〉. **b** 〈馬のたてがみを〉毛が立つくらいに短く刈る. **2** 〖海事〗〈帆〉に弧状の切取りを入れる. 〖(1794) ← ?〗
roach⁴ /róʊtʃ | rə́ʊtʃ/ *n.* 〖航空〗踊り水 (水上機のフロート (float) の背後にはね上がる水幕). 〖(1794) ← ?〗
Roach /róʊtʃ | rə́ʊtʃ/, **Max(well)** *n.* ローチ (1925–2007; 米国のジャズドラマー・作曲家).
róach bàck *n.* (馬・犬などの)丸くなっている背. 〖(1668): ⇨ roach²〗
róach-bàcked *adj.* 背中の丸い. 〖1847〗
róach-bèllied *adj.* 丸く腹の出た. 〖1833〗
róach clìp [hòlder] *n.* 《米俗》(マリファナの)吸いさしはさみ. 〖1968–70〗
roached *adj.* (whippet 犬の背中のように)アーチ状に曲がった. 〖1776〗
road /róʊd | rə́ʊd/ *n.* **1 a** 道, 道路, 街道; (都市間の市街地を走る)公道, 主要道路 (highway): a main ~ 幹線道路 / the ~ *to* Boston=the Boston ~ ボストンへの道〖街道〗/ This ~ goes [leads] to Dover. この道はドーヴァーへ通じる / All ~*s* lead to Rome. ⇨ lead¹ *vi.* 2 a / ⇨ RULE of the road. **b** [R-; 主に都市の主要街路の名に用いて] 街 (cf. street 2) (略 Rd.): York *Road* ヨーク街. **c** [(the) R-] …街道: *the* Bath *Road* バス街道. **d** 車道. **2 a** 《比喩》(…への)道 〔*to*〕: the ~ *to* success [honor, peace, ruin] 成功〖名誉, 平和, 破滅〗に至る道 / the high ~ *to* perdition 間違いなく地獄に堕(ﾀﾞ)ちる道, 身の破滅を招く道 / Japan is on the ~ back *to* prosperity. 日本は(不況から立ち直って)再び好況への道を進んでいる / There is no royal ~ to learning [geometry]. ⇨ royal road 1. **b** (旅の)進路, 道筋: the ~ *to* London ロンドンへの道筋 / be uncertain of one's ~ 道がはっきりわからない / give a person the ~ 人を通行させる. **3** 《米》鉄道. **4** [the ~] (劇団・プロ野球チームなどが巡業する, New York・本拠地以外の) 巡業地, 遠征地, ロード: ⇨ *on the* ROAD. **5** [しばしば *pl.*] 〖海事〗=roadstead. **6** 〖鉱山〗(石炭運搬用の)トンネル, 坑道. **7** 《まれ》売春婦. **8** 《廃》馬上の旅. **9** 《廃》(騎上の一団による)襲撃, 侵入 (cf. *1 Sam.* 27:10).
ány ròad =anyroad. ***bréak a róad*** (1) 道を切り開く. (2) 困難を排して進む. ***búrn úp the róad*** ⇨ BURN¹ *up* (3). ***by róad*** (鉄道に対して)道路輸送によって, 車で, 徒歩で(など). ***for the róad*** 《口語》別れのしるしに[を惜しんで]: ⇨ *one for the* ROAD. ***(fúrther) dówn the róad*** (1)道をさらに行ったところに. (2) これから先, 将来: 5 years *down the* ~ 5 年先に. ***gèt óut of a pérson's [the] róad*** 〈人・車などの〉通行の邪魔にならぬようにわきへ寄る; …を取りのける, 片付ける, 追い払う. ***gò dówn a [that] róad*** ある〖その〗方針をとる. ***gò upón the róad*** 《古》追いはぎになる. ***hít the róad*** 《口語》(1) 旅に出る; 再び旅を続ける. (2) 《米》去る, 出かける. (3) 《米》放浪する; 浮浪人になる. (1893) ***hóld [húg] the róad*** 〈自動車などが〉路面をしっかりとらえて走る; 滑らかに路上を走る (cf. roadholding): The larger [heavier] cars *hug the* ~ better than the small cars. 大きな〖重い〗車の方が小さな車より走り具合に安定感がある. ***in a pérson's [the] róad*** (1) 《口語》〈人などの〉邪魔になって. (2) 〈人・車などの〉道をふさいで. (1500–20) ***óne for the róad*** 《口語》(別れを惜しんで)出かける前の(もう)一杯: get [have] *one for the* ~. (1943) ***on the róad*** (1) 旅行して(いる); 旅行中で(ある). (2) 〈劇団など〉地方巡業に出て; 〈プロ野球チームなど〉ロードに出て. (3) (セールスマンとして)地方を回って(いる); 行商〖旅かせぎ〗して(いる). (4) 放浪して: I was *on the* ~ two weeks. 二週間放浪していた. (1642) ***over the róad*** 刑務所に[へ]: go *over the* ~ 刑務所入りする; 刑に服する. ***tàke the róad*** (1) 旅に出る. (2) 放浪する. (3) 〈劇団・プロ野球チームなどが〉地方巡業〖ロード〗に出る. (1833) ***tàke the róad of*** 〈人〉の上に立つ. (1670) ***táke the hígh [lów] róad*** 《米》正しい〖不正な〗ことをする 〔*on*〕 (cf. highroad). ***táke to the róad*** (1) 旅に出る, 出発する, 出立する. (2) 《古》追いはぎになる. (1729)
— *vt.* 〈犬が〉〈猟鳥〉の跡をかいで追う.
〖OE *rād* riding ← Gmc *raiðō- (OFris. *rēd* / ON *reið*) ← IE *reidh- 'to RIDE'〗
road·a·bil·i·ty /ròʊdəbíləṭi | rə̀ʊdəbíl ɪ̀ti/ *n.* 〖自動車〗ロードビリティー, 路行性能 (道路上で自動車に要求される安定性・操作性・速度柔軟性・バランスなどの走行能力). 〖1914〗
road·a·ble /róʊdəbl | rə́ʊd-/ *adj.* **1** 〈自動車など〉路行可能な, 路行能力のある. **2** 〈飛行機が〉(翼などの取外し, または折り畳みによって)自動車に変わりうる. 〖1929〗
róad àgent *n.* 《米》(昔の駅馬車道に出没した)追いはぎ. 〖1863〗
róad·bèd *n.* **1 a** (鉄道の)路盤. **b** バラスト (枕木の床となる砂利面). **2** (道路の)路床, 道床; 路体. **3** 舗装材料 (砕石・砂利・石炭殻など). **4** 《米》(道路の)車両通行部分. 〖1840〗
róad bìke *n.* ロードバイク: **1** 一般路で走行するための法的条件を満たしたバイク. **2** 一般路での走行にのみ適した自転車; cf. mountain bike.
road·block /róʊdblɑ̀(:)k | rə́ʊdblɔ̀k/ *n.* **1 a** (逃亡防止・検問などのための道路上の)バリケード: set up ~*s* to check passing vehicles 通行する車をチェックするためにバリケードを設ける. **b** (敵軍の進撃を妨げるための道路上の)防塞(ﾎﾞｳｻｲ), 道路閉塞(ｿｸ)物. **c** 《米》道路上の障害物 (倒木・崩れた岩など). **2** 《米》(目的を)妨げる物, 障害(物).
— *vt.* …の障害となる, 邪魔する. 〖1940〗
róad·bòok *n.* 道路案内書. 〖1798〗
róad-bòrne *adj.* 路上輸送の[された].
róad brèaker *n.* 〖土木〗(舗装道路修理用の)動力つき舗装破砕機. 〖1928〗
róad brèw *n.* 《米学生俗》ビール (beer).
róad càr *n.* ロードカー (一般道路で走行するための法的条件を満たした車; 特に路上使用に適合するよう変更を加えたレーシングカー). 〖1888〗
róach còach *n.* 《米俗》軽食販売車.
róad còmpany *n.* 《米》(New York で成功を収めた芝居を打って回る)巡業劇団, 旅回りの劇団. 〖1900〗
róad dràg *n.* 路面ならし機.
róad ènd *n.* (道路の) 行き止まり.
róad èngine *n.* 〖鉄道〗(運行用)機関車 (cf. switch engine). 〖1875〗
road·e·o /róʊdiòʊ | rə́ʊdiə̀ʊ/ *n.* ローデオ (バスや自転車の運転, 特に職業トラック運転手の運転の技術を競う競技会). 〖(1948) ← ROAD＋(ROD)EO〗
róad-fùnd lìcence *n.* 《英》自動車税納付証明書 (車に張る). 〖1975〗
róad gàme *n.* (プロ野球・バスケットボールチームなどの本拠地を離れての)遠征試合, ロードゲーム.
róad gàng *n.* **1** [集合的] (一団の)道路建設〖工事〗作業員. **2** 《米》道路工事をする囚人作業隊.
róad-gòing *adj.* 〈自動車が〉一般道路で走行するための法的条件を満たした, 一般道路走行用の.
róad hàulage *n.* 道路を使っての輸送〖運輸〗(業), 道路輸送.
róad hàulier *n.* 道路輸送業者.
róad hòg *n.* 《口語》乱暴な運転をする人, 無茶なドライバー. 〖1891〗
róad·hòlding *n.* 《英》ロードホールディング, 路面保持性能 (カーブや凹凸路面を自動車が高速で走行しても車輪が路面から離れず, しっかりと路面を保持する性能; cf. *hold the* ROAD). 〖1932〗
róad hòrse *n.* 道路で用いる乗用〖馬車〗馬. 〖OE *rādhors* riding-horse〗
róad·hòuse *n.* **1** ロードハウス (通例, 食事・酒類を供し, またダンスや賭博もできる道路沿いの簡易ホテル). **2** (旅行者用の)宿, 宿屋. **3** 《米》郊外の道路沿いのナイトクラブ. 〖1857〗
róad hùmp *n.* (道路の)スピード防止帯 (sleeping policeman).
road·ie /róʊdi | rə́ʊdi/ *n.* (ロックグループなどの)地方公演マネージャー (road manager ともいう). 〖1969〗
róad·kìll *n.* 《米》路上轢死(ﾚｷｼ); 路上轢死動物[者].
 róad-kìlled *a.* 〖1972〗
róad·less *adj.* 道路のない. 〖1837〗
róad·man /-mən, -mæ̀n/ *n.* (*pl.* **-men** /-mən, -mɛ̀n/) 道路工事人〖補修作業員〗; ロードレースの選手 (特に自転車選手). **~·shìp** *n.* 〖1816〗
róad mànager *n.* =roadie.
róad màp *n.* **1** (ドライバーのための)道路地図, ロードマップ. **2** 〖電算〗ロードマップ (メーカーがこれから開発する CPU の予定表; また一般的に長期的な計画の予定表). 〖1883〗
róad mènder *n.* 道路補修作業員. 〖1824〗
róad mènding *n.* 道路補修(工事).
róad mètal *n.* 道路舗装〖鉄道路床〗用の割石〖砕石〗(など). 〖1818〗
róad mòvie *n.* ロードムービー (登場人物が長い旅の中で出会う様々なエピソードを描いた映画).
róad nòise *n.* ロードノイズ, 路面騒音 (路面と走行車両のタイヤとの間で発生するノイズ). 〖1963〗
róad òil *n.* 道路油 (道路の防塵(ﾎﾞｳｼﾞﾝ)・防水用に散布). 〖1921〗
róad pèn *n.* 〖製図〗道路ペン (地図製作で道路を描き入れるのに用いる二叉の烏口(ｶﾗｽｸﾞﾁ)).
róad prìc·ing /-pràɪsɪŋ/ *n.* 《英》道路通行料徴収 (混雑した時間帯に通行料を課す制度). 〖1964〗
róad ràcing *n.* 〖自動車〗(自動車やオートバイなどの)ロードレース (公道または左折・右折のコーナーや急な曲がり角・坂道などを設けて実際の公道に似せたコースで行う自動車レース). 〖1828〗
róad ràge *n.* 路上の激怒〖逆上〗(運転中のストレスでドライバーがかっとなること).
róad repòrt *n.* 道路情報.
róad ròller *n.* 道路をならす〖固める〗人[もの]; (道路を固める)道ならし機, ロードローラー. 〖1876〗
róad·rùnner *n.* 〖鳥類〗ミチバシリ (*Geococcyx californianus*) (米国西部産の地上を疾走するカッコウ科の鳥; ヘビ・トカゲを好んで捕食する; chaparral cock ともいう). 〖1856〗

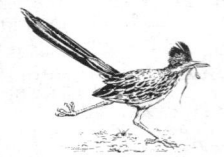

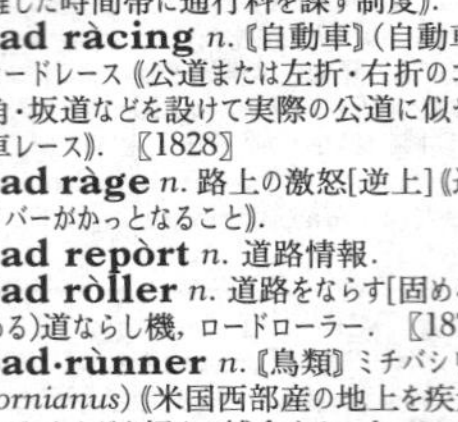
roadrunner

róad sàfety *n.* 交通安全.
róad sàlt *n.* 凍結路面を溶かすためにまく塩.
róad sàuce *n.* 《米学生俗》ビール (beer).
róad sènse *n.* (歩行中・運転中に)道路上で適切に行動する〖事故をうまく避けられる〗能力. 〖1923〗

róad-shòw *vt.* 〈映画を〉ロードショー公開する, ロードショーにかける, 一般封切前に一部地区に公開する. 〖1959〗

róad shów *n.* **1** (ラジオやテレビの)路上公開番組; (商品や政策の)巡回宣伝[キャンペーン]. **2** (チケット前売りの新作映画の)特別独占興行, ロードショー. **3** (劇団・バンドなどの)巡回[旅]興行, (地方)巡業 (cf. road *n.* 4). 〖1908〗

road·side /róudsàɪd | ráud-/ *n.* 路傍, 路辺: by [on, at] the ~ 路傍に. — *adj.* [限定的] 路傍の: a ~ inn 路傍の宿屋 / ~ plants 街路樹 / a ~ restaurant ドライブイン (⇨ drive-in 日英比較). 〖1712〗

róad sign *n.* 道路標識. 〖1904〗

road·stead /róudstèd | ráud-/ *n.* 〖海事〗(沖合の)停泊地, (港外の)錨地(びょうち). 〖1556〗

road·ster /róudstə | ráudstə(r/ *n.* **1 a** (道路上で用いる)乗用[馬車]馬. **b** (hunter (猟馬), charger (軍馬), plow horse (農用馬)などと区別して, 軽装馬車を引く)馬車馬. **2 a** ロードスター《1920–30 年代にはやった通例後部にランブルシートが付いている二[三]人乗りのオープンカー》. **b** (道路用)自転車. **c** 軽装馬車. **3 a** 追いはぎ. **b** 浮浪者. **4 a** (沖合の停泊地に)停泊中の船. **b** (潮・風が悪いために)沖に仮泊中の船. 〖(1744) ← ROAD+-STER〗

róad tàx *n.* (道路の)通行税《車両にかかる税で年 1, 2 回納める》. 〖1801〗

róad tèst *n.* (路上で行う車・運転者の)実地試験, 路上試験. — *vt.* 〈車・運転者に〉路上試験をする. 〖1906〗

Róad Tòwn *n.* ロードタウン《英領バージン諸島 (British Virgin Islands) の主都》.

róad-tràin *n.* 《豪》路面列車, トラック列車《鉄道のない地域で用いる数両連結のトラック》. 〖1959〗

róad·wày *n.* **1 a** 道路; (特に)車道 (cf. sidewalk). **b** (橋の上の)車道. **2 a** 道路用地. **b** (列車の運行に必要な)鉄道用地(権). 〖1598〗

róad·wòrk *n.* **1** ロードワーク《トレーニング・調整のためにボクサーなどが行うランニング》. **2** [*pl.*]《英》道路工事: *Roadworks* ahead. [掲示] この先道路工事中. 〖1869〗

róad·wòrthy *adj.* 道路に適した; 〈馬・馬車・車など〉道路で使用[路上走行]に適する; 〈人が〉旅行に耐える.

róad·wòrthiness *n.* 〖1819〗

roam /róum | ráum/ *vi.* **1** (あてどもなく) 歩き回る, (土地・海上を)漂泊する 〈*about, over*〉: ~ *about* the forest 森の中を歩き回る / ~*ing* gypsies 放浪のジプシーたち. **2** ローミングする (cf. roaming). — *vt.* 〈場所を〉歩き回る, 放浪する: ~ the country 田舎を歩き回る / a herd of elephants that ~ the area その地域を歩き回る象の群れ / drunken gangs of youths ~*ing* dirty streets 汚ない街路を酔っ払ってうろつき回る若者たちの群れ. — *n.* 歩き回ること, 漫歩; 放浪: a half hour's ~ 半時間のぶらぶら歩き. **~·er** *n.* 〖(?a1300) *rome*(*n*) ← ?: cf. OF *romier* to pilgrim to Rome〗

ROAM 《略》〖会計〗return on assets managed.

róam·ing *n.* ローミング《携帯電話やネットワーク接続サービスなどで, 契約区域外からその地域の提携会社を通して利用すること》.

roan[1] /róun | ráun/ *adj.* 〈動物が〉葦毛(あしげ)の《黒・赤・灰・茶などの地色に白の差毛(さしげ)のあるものにいう》. — *n.* 葦毛の動物《馬・牛など》. 〖(1530) ▭ OF ~ (F *rouan*) ▭ OSp. *roano* ← ? L *rāvidus* yellow-gray〗

roan[2] /róun | ráun/ 〖製本〗*n.* ローン革《モロッコ革に似せた柔らかい羊皮》. — *adj.* ローン革(装)の. 〖(1818) ← ? *Rouen* (フランスの都市の名)〗

róan àntelope *n.* 〖動物〗ローンアンテロープ (*Hippotragus equinus*)《アフリカ南部産の羚羊》. 〖1839〗

Ro·a·noke /róuənòuk | ráuənàuk, ráunəuk/ *n.* **1** ロアノーク《米国 Virginia 州西部の工業都市》. **2** [the ~] ロアノーク(川)《米国 Virginia 州南西部から North Carolina 州を通って Albemarle 海峡を流れる川 (660 km)》. 〖▭ ? N-Am-Ind. (Algonquian) *Roanok* (原義) northern people, white-shell place, wampum〗

Róanoke Ísland *n.* ロアノーク島《米国 North Carolina 州北東沿岸沖の島; Raleigh が植民しようとして失敗した (1585–87)》.

roar /rɔ́ə | rɔ́:(r/ *vi.* **1** 〈猛獣・牛などが〉ほえる. **2 a** 〈海・風・雷・火・砲などが〉ごうごういう[鳴る], とどろく: The fire ~*ed* up the chimney. 火がごうごうと煙突から燃え上がった / ~ into life 〈機械などが〉ごう音を立てて動き出す. **b** 〈車などが〉大きな音を立てて…する: ~ away 大きな音を立てて走り去る. **3 a** 〈人が〉どなる, わめく, 叫ぶ. **b** 大笑いする: ~ *at* the show ショーにげらげら笑う. **4** 〈喘鳴(ぜんめい)症にかかった馬が〉喘鳴する (⇨ roaring *n.* 2). **5** 〈場所・部屋などが〉鳴り響く. **6** 〖ジャーナリズム〗猛進する.
— *vt.* **1** 〈命令・賛成・反対などを〉大声で言う[歌う, どなる, 叫ぶ]: ~ out a song 大声で歌を歌う / The audience ~*ed* its approval. 聴衆は叫んで賛意を表した. **2** どなって…にする: ~ a speaker down 大声で騒いで弁士を黙らせる / ~ oneself hoarse どなって声をからす.
róar úp 《豪口語》〈人を〉非難する, 叱責する.
— *n.* **1** (猛獣・牛などの)うなり声, ほえ声, 咆哮(ほうこう). **2** (海・風・雷などの)吠えるような音, とどろき: the ~ of the waves 波のとどろき. **3 a** (人の)叫び声, 怒号; どよめき: in a ~ わあっと叫んで / a ~ of anger どなる声, 怒声. **b** 大笑い, 爆笑: go into ~*s* of laughter げらげら笑い出す / set the table [company] in a ~ 食卓を囲む人々をどっと笑わせる.
〖OE *rārian* ← (WGmc) (MDu. *reeren* / G *röhren*) ← ? IE **reu-* to bellow (L *raucus* hoarse)〗

ROAR 《略》right of admission reserved.

roar·er /rɔ́:rə | rɔ́:rə(r/ *n.* **1 a** どなるもの; 怒号するもの. **b** うなるもの《動物・人・エンジンなど》. **c** 噴油井 (oil gusher). **2** 〖獣医〗喘鳴(ぜんめい)症の馬 (cf. roaring *n.* 2). 〖c1395〗

roar·ing /rɔ́:rɪŋ/ *adj.* **1** ほえる; 怒号する; とどろく; 荒天の: ~ applause 割れんばかりの拍手喝采 / a ~ night 暴風雨の夜. **2** 〈商売など〉活発な, 大繁盛の; 活気のある, 盛んな: do [drive] a ~ business [trade] 商売が大いに繁盛する[景気がよい] / a ~ fire 勢いよく燃え盛る火 / a ~ success 大成功 / in ~ health 健康ではち切れそうな. **3 a** 騒々しい, 大騒ぎの: ~ traffic 騒々しい車の往来. **b** どんちゃん騒ぎの, 飲み騒ぎの: a ~ party 飲み騒ぎのパーティー. — *n.* **1** ほえ声, うなり声; 怒号; とどろき: the ~ of the wind ごうごう鳴る風の音. **2** 〖獣医〗(馬の)喘鳴(ぜんめい)症《喉頭(こうとう)が弛緩して狭くなるために, 呼吸に伴って音を発する》. — *adv.* 非常に, ものすごく: ~ drunk ぐでんぐでんに[へべれけに]酔っ払って. 〖(c1384) adj.: ME *rorende*. — n.: OE *rārung*〗

róaring bóy *n.* 〖英史〗おどし屋 (Elizabeth 一世, James 一世のころ, 大声をあげて通行人を威嚇した暴漢; circling boy とも呼ばれた). 〖1590〗

róaring fórties *n. pl.* [the ~] 緯度 40–50 度の暴風雨帯《普通, 南緯 40–50 度の風浪の高い海域をいう》. 〖1883〗

róaring gàme *n.* [the ~] =curling.

Róaring Twénties *n. pl.* 《米》[the ~] 狂乱の 20 年代《経済的繁栄を背景に新しい都市文化・風俗が開花して刺激に満ちた 1920 年代; ジャズ, flapper などに象徴される》. 〖1930〗

roast /róust | ráust/ *vt.* **1 a** 〈肉などを〉(オーブンで)焼く, あぶる, ローストする: ~ a chicken in an oven [over a fire] チキンをオーブン[火の上]で焼く. **b** (串に刺して)火であぶる. **c** (熱灰で)蒸し焼きにする. 日英比較 日本語では肉に火を当てて調理することを「焼く」というが, 英語ではオーブンで焼くのは *roast*, 網などを使って直火で焼くのは broil (《英》grill) などと分けてよばれる. これは日本の伝統的な調理法に肉料理がなかったことによる. **2** 〈コーヒー豆・栗などを〉炒(い)る, 焙(ほう)じる: ~ coffee コーヒー豆を炒る. **3 a** (火で)暖める: ~ one's hands at the fire 手を火にあてて暖める / ~ oneself 火にあた(って暖ま)る. **b** (拷問・処刑で)火あぶりにする: be ~*ed* alive 火あぶり[火刑]にされる. **4 a** からかう, ばかにする. **b** 《口語》非難する, 酷評する. **5** ひどく熱する: the scorching sun ~*s* the desert [sands] 焦げつくような日が砂漠に照りつける. **6** 〖冶金〗〈鉱石などを〉焙焼(ばいしょう)する《鉱石を溶融しない程度の温度で処理する精錬法の一過程をいう》. — *vi.* **1** 肉(など)を焼く[あぶる], ローストする. **2** 焼ける, 炒(い)れる.
— *n.* **1 a** 焼肉; (特に)ローストビーフ. **b** 焼肉用の肉, ロース(肉). **c** 肉のような形にして焼いた食べ物. **2** 《米》(焼いた料理を食べる)戸外でのパーティー[ピクニックなど]. **3 a** からかい, あざけり. **b** 《米》酷評, 非難. **4** 焼くこと, あぶること. **5** 焼いたもの, あぶったもの. **6** 〖冶金〗焙焼.
rúle the róast 事を主宰する, 事件の采配(さいはい)を取る, 支配する, 牛耳る. 〖15C〗
— *adj.* 焼いた, あぶった, 炒(い)った: ~ beef ローストビーフ. 《ME *roste* (p.p.)》
〖v.: (c1280) *roste*(*n*) ▭ OF *rostir* (F *rôtir*) ▭ Gmc **raustjan* (Du. *roosten* / OHG *rōsten* (G *rösten*)) ← **raust*(*a*) gridiron (OHG *rōst*). — n.: (?c1300) ▭ OF *rost* (F *rôt*) ← (v.)〗

róast·er *n.* **1** 焼く人, あぶる人. **2 a** ロースター《オーブンなどでローストするときに用いる深い金属製の皿》. **b** あぶり焼き器具 (rotisserie). **c** (コーヒー・木の実などの)焙煎器. **3** 丸焼き用の動物[若鶏, 子豚, 兎など], 丸焼き用の野菜《じゃがいもなど》. **4** 〖印刷〗=scorcher 5. 〖1440〗

róast fúrnace *n.* 〖冶金〗焙焼(ばいしょう)炉.

róast·ing *n.* 《口語》厳しい批評[非難, 叱責]. — *adj.* **1** 焼けつくような, とても暑[熱]い: a ~ day / I'm simply ~. 全くうだっちまう. **2** ロースト用の[に適した]. **3** [副詞的に] 焼けつくように, じりじりと. 〖1398〗

róasting èar *n.* **1** (皮つきのまま焼いた[焼くのに適した])トウモロコシ. **2** /(現地ではしばしば) róusniə, -sn-/ 《米南部・中部》(通例皮をとって蒸したりゆでたりする)トウモロコシ. 〖1650〗

róasting jàck *n.* (あぶり焼き器の)焼き串(くし)回転具. 〖1784〗

róasting pàn [《英》**tìn, trày**] *n.* (オーブンなどで使う)天パン.

rob /rá(:)b | rɔ́b/ *vt.* (**robbed; rob·bing**) **1** 〈人〉から〔物・権利などを〕奪う, 強奪[略奪, 奪取]する 〔*of*〕 (⇨ steal SYN); 《口》〈人〉からぼる: ~ a person *of* his money 人から金を奪う / He was ~*bed of* his watch. 時計を奪われた (cf. He had his watch stolen.) / ~ a person *of* his inheritance [rights] 人から遺産[権利]を奪い取る / ~ a person *of* his fair name 人に名声を失わせる / The pickpocket ~*bed* the lady *of* her wallet. すりがその女性の財布を奪った / The shock ~*bed* him *of* speech. 彼はショックで口もきけなかった / The despair ~*bed* him *of* his youth. 絶望のあまりいっぺんに老けてしまった / They ~*bed* him *of* peace of mind. 彼らは彼の心の平和を奪い去った. **2** 〈金庫・家・箱などの〉中の物を盗む: ~ a safe [till, house] 金庫[現金箱, 家]をかき回して盗む / ~ a bank 銀行強盗をする. **3** 《まれ》〈金・宝石・人などを〉盗む: ~ money [jewelry] *from* a house 金[宝石]を家から盗む. **4** 〖鉱山〗**a** 〈炭鉱〉の良鉱部分を乱掘して, 以後の採鉱をだめにしてしまう. **b** 〈石炭・原鉱を〉あとのことを構わず掘り[採り]まくる. **c** (廃坑にする直前の最終的処置として)〈炭鉱〉から炭柱を取る. **5** 〖野球〗〈相手〉からヒット[点]を奪う.
— *vi.* 強盗をする; 略奪をする. ***rób Péter to páy Pául*** ⇨ Peter 成句. ***rób the crádle*** ⇨ cradle 成句.
〖(?a1200) *robbe*(*n*) ▭ OF *rob*(*b*)*er* ▭ Gmc **raubōjan* (G *rauben*) ← IE **reub-* to snatch: cf. reave[1]〗

Rob /rá(:)b | rɔ́b/ *n.* ロブ《男性名》. 〖(dim.) ← ROBERT〗

ROB 《略》〖広告〗run of book.

ro·ba·lo /roubá:lou, rá(:)bəlòu | rəubá:ləu/ *n.* (*pl.* ~, ~**s**) 〖魚類〗=snook². 〖(1890) ▭ Sp. *róbalo* ∥ Port. ~ ← Catalan *elobarro* ← L *lupus* 'WOLF'〗

ro·band /róubænd, -bənd | rəu-/ *n.* 〖海事〗ロバンド《帆を帆桁(ほげた)に結び付ける短い索》. 〖(1336–37) ▭ Du. *raband* yard band ← *rā* sailyard+*band* 'BAND[1]'〗

Robbe-Gril·let /róubgri:jéɪ, rá(:)b- | rɔ́b; *F.* ʀɔbgʀijɛ/, **Alain** *n.* ロブグリエ (1922– ; フランスの作家・映画監督; nouveau roman の代表的存在).

Rób·ben Ísland /rá(:)bən-, -bn̩- | rɔ́bn̩-/ *n.* ロッベン島《Cape 半島の沖合い 11 km にある小島; 南ア政府が政治犯を収容した》.

rób·ber /rá(:)bə | rɔ́bə(r/ *n.* 強盗, 追いはぎ, (力ずくの)泥棒 (cf. burglar, thief): an armed ~ 凶器を持った強盗. 〖lateOE *robbere* ▭ AF & OF *rob*(*b*)*ere* ← *rob*(*b*)*er* 'to ROB': ⇨ -er[1]〗

SYN 泥棒: **robber** 強盗《ピストルなどでおどして物を奪う》. **thief** 泥棒《こっそりと盗みを働く》. **burglar** 押し込み強盗《家に押し入って盗みを働く》.

---

róbber ànt *n.* 〖昆虫〗奴隷使役アリ《奴隷アリを使う各種のアリ; アカヤマアリ (*Formica sanguinea*), サムライアリ (*Polyergus samurai*) など》.

róbber bàron *n.* **1** 〖英史〗追いはぎ貴族《自分の領地内を通行する旅人に追いはぎを働いたり, 人質にとって身の代金を強要したり, 法外な通行税を取り立てたりした中世の貴族》. **2** (19 世紀後半の米国の)追いはぎ成金《天然資源の乱掘・不正取引・労働者の搾取などにより財を成したと考えられた資本家・企業家》. 〖1878〗

róbber cràb *n.* 〖動物〗**1** =purse crab. **2** =hermit crab.

róbber flỳ *n.* 〖昆虫〗ムシヒキアブ《ムシヒキアブ科の昆虫の総称; 枝葉上に静止していて飛んでくる昆虫を捕食する; bee killer, assasin fly ともいう》. 〖1871〗

róbber fròg *n.* 〖動物〗中央アメリカに生息するユビナガガエル科コヤスガエル属 (*Eleutherodactylus*) の犬がほえるような声で鳴くカエルの総称.

róbber trènch *n.* 〖考古〗盗難壕《壁の礎石などが持ち去られた後に残った溝》. 〖1953〗

rob·ber·y /rá(:)b(ə)ri | rɔ́b-/ *n.* **1** 強盗, 強奪, 略奪 (⇨ theft SYN): commit a (daylight) bank ~ (白昼の)銀行強盗を働く / It is sheer ~ to ask such prices. こんな値段を吹っかけるとは全く泥棒みたいなものだ. **2** 〖法律〗強盗罪. 〖(?a1200) ▭ AF & OF *rob*(*b*)*erie*: ⇨ rob, -ery〗

Rob·bia /rá(:)biə, róub- | rɔ́b-, ráub-; *It.* róbbja/, **Andrea del·la** /délla/ *n.* ロッビア (1435–1525; イタリアの彫刻家, 多色のレリーフで有名).

Robbia, Lu·ca della /lú:ka della/ *n.* ロッビア (1400?–82; イタリアのテラコッタ彫刻家; Andrea della ~ のおじ).

rob·bin /rá(:)bn̩ | rɔ́bɪn/ *n.* 〖海事〗=roband.

Rob·bins /rá(:)bn̩z | rɔ́bɪnz/, **Frederick Chapman** *n.* ロビンズ (1916–2003; 米国の微生物学者; Nobel 医学生理学賞 (1954)).

Robbins, Jerome *n.* ロビンズ (1918–98; 米国のダンサー・振付師; ミュージカル *West Side Story* (1957) で有名).

robe /róub | ráub/ *n.* **1 a** [しばしば *pl.*] (儀式用または職業・官職を表す, 裾まで垂れる長いゆったりとした)礼服, 官服, 職服: ~*s* of office=official ~*s* (正式の)職服 / the king's coronation ~*s* 戴冠(たいかん)式の際の王の式服 / royal ~*s* 王服 / the (long) ~ (法律家や聖職者の)長服 / ~ of estate 〖紋章〗=mantle 11 b. **b** [the ~] 法律関係の職業 (cf. silk 3 c): gentlemen of *the* (long) ~ 法曹界の人々, 弁護士連, 裁判官連 / follow *the* ~ 法律家になる / a man of *the* ~ 法律家, 弁護士. **2 a** 化粧着, 部屋着, バスローブ. **b** ローブ《裾まで垂れる長いゆったりとした外衣[部屋着]; 主に中世の男女が着用し, 現在ではアジア・アフリカ諸国の男女が着用する》. **c** (洗礼の時などに着せる)長いベビー服. **d** [*pl.*] 《古》衣装, 衣服. **3** (長いワンピースの)婦人服, ローブ: a ~ for the evening 夜会服 / a ~ décolleté ローブデコルテ (⇨ décolleté 1). **4** 《米》(獣皮・毛糸などで作った)旅行用ひざ掛け: a lap ~ ひざ掛け. **5** ローブを思わせるもの; おおい: the ~ of night 夜のとばり / Nature wore a ~ of snow. 山野は雪に覆われていた. **6** 《口語》洋服だんす.
bóth róbes [***Róbes***] 法曹と軍職, 法官(たち)と軍人(たち). 〖1622〗
— *vt.* 〈人〉に礼服・官服などを着せる: ~ oneself 《文語》服を着る. — *vi.* 礼服[官服]を身にまとう.
〖(?a1200) ▭ (O)F ~ <VL **raubam* clothes taken as booty ▭ Gmc **raubō* booty ← IE **reub-* to snatch: cf. rob〗

robe de cham·bre /róubdəʃá:(m)br(ə), -ʃá:m- | ráub-; *F.* ʀɔbdəʃɑ̃:bʀ/ *F. n.* (*pl.* **robes d-** /~/) 化粧着. 〖(1731) ▭ F ~ 'ROBE OF CHAMBER'〗

róbe de stýle /-dəstí:l; *F.* -dɛstil/ *n.* (*pl.* **robes d-**) ローブドスティール《正装用のドレスで, たっぷりしたロングスカートとぴったりした身頃が特徴》. 〖(1928) ▭ F ~ (原義) robe of style〗

Rob·ert /rá(:)bət | rɔ́bət; *F.* ʀɔbɛ:ʀ, *G.* ʀó:bɛʀt/ *n.* ロバート《男性名; 愛称形 Bob, Bobby, Dob, Dobby, Dobbin (馬にも用いられる), Rab (スコットランド), Rob, Robby, Robin》. 〖ME ▭ ONF ~ ▭ OHG *Hrōde-*

R

bert ← *hruod-* fame (← ? IE **kar-* to paise loudly)+ *beraht* 'BRIGHT' ∽ OE *Hreodbeorht*: cf. Rupert〗

Rob·ert I /rá(ː)bət- | rɔ́bət-/ *n.* **1** ロバート一世《1274–1329; スコットランド王 (1306–29); イングランド王に反抗して一旦は亡命したが, 1314 年の Bannockburn の戦いでイングランド軍に勝ち, スコットランドの独立を確保した; Robert de Bruce, Robert (the) Bruce ともいう (cf. Arbroath)》. **2** ロベール一世《?–1035; Normandy 公 (1028–35); William the Conqueror の父; 異名 Robert the Devil》.

Robert II *n.* ロバート二世《1316–90; スコットランド王 (1371–90); Robert 一世の孫で Stuart 朝の創始者》.

Robert III *n.* ロバート三世《?1337–1406; スコットランド王 (1390–1406); Robert II の息子》.

Ro·ber·ta /rəbə́ːtə, rou- | rə(ʊ)bə́ːtə, rɔ-/ *n.* ロバータ《女性名》. 〚(fem.) ← ROBERT〛

Robert Guiscard *n.* ⇨ Guiscard.

Rob·erts /rá(ː)bəts | rɔ́bəts/, **Elizabeth Mad·ox** /mǽdəks | -dəks/ *n.* ロバーツ《1886–1941; 米国の女流詩人・小説家; *The Time of Man* (小説, 1926)》.

Roberts, Frederick Sleigh /sléɪ/ *n.* ロバーツ《1832–1914; インド生まれの英国陸軍元帥 1st Earl Roberts of Kandahar, Pretoria, and Waterford; 通称 Bobs》.

Roberts, Kenneth (Lewis) *n.* ロバーツ《1885–1957; 米国の小説家; *Northwest Passage* (1937)》.

Roberts, Tom *n.* ロバーツ《1856–1931; 英国生まれのオーストラリアの画家; *Shearing the Rams* (1890)》.

Roberts, William Patrick *n.* ロバーツ《1895–1980; 英国の画家; 1913 年にフランスを訪れ立体派の影響を受けた》.

Rob·ert·son /rá(ː)bətsən, -tsn̩ | rɔ́bəts-/, **Thomas William** *n.* ロバートソン《1829–71; 英国の俳優・劇作家; *David Garrick* (1864), *Society* (1865), *Caste* (1867)》.

Robertson, William *n.* ロバートソン《1721–93; スコットランドの歴史家, Edinburgh 大学学長 (1762–92); *History of the Reign of the Emperor Charles V* (1769)》.

Robertson, Sir **William Robert** *n.* ロバートソン《1860–1933; 英国の陸軍元帥; 一兵卒から身を起こし, 第一次大戦中参謀総長 (1915–18) を務めた》.

Rob·ert·so·ni·an /rɑ̀(ː)bətsóuniən | rɔ̀bətsə́u-ˉ/ *adj.* 〘遺伝〙ロバートソン(型)転座の《2 個の末端動原体染色体の短い腕が切断され, 2 本の長い腕をもつ 1 個の染色体が融合されること》. 〚(1954) ← W. R. B. *Robertson* (1881–1941: 米国の生物学者)〛

Robe·son /róubsən, -sn̩ | rə́ub-/, **Paul** *n.* ロブソン《1898–1976; 米国の黒人歌手・俳優》.

Ro·bes·pierre /róubzpɪə, róubɛspiɛ̀ə, ⌐ー⌐ー | rə́ubzpɪəʳ, -pìɛəʳ; *F.* ʁɔbɛspjɛːʁ/, **Maximilien (François Marie I·si·dore** /izidɔːr/ **de)** *n.* ロベスピエール《1758–94; フランス革命における山岳党の指導者; 1793 年, Jacobin 独裁・恐怖政治を確立した; 94 年の Thermidor 9 日のクーデターで刑死》.

Ro·bey /róubi | rə́u-/, Sir **George** *n.* ロービー《1869–1954; 英国の喜劇役者・俳優》.

rob·in[1] /rá(ː)bɪ̈n | rɔ́bɪn/ *n.* 〘鳥類〙 **1** ヨーロッパコマドリ (*Erithacus rubecola*)《胸が黄色がかった赤色; redbreast, robin redbreast ともいう》. **2** コマツグミ (*Turdus migratorius*)《胸と腹が栗色がかった赤色のツグミ; American robin ともいう》. **3** ヨーロッパコマドリ・コマツグミに似た各種の鳥. 〚(1549)《略》← *robin redbreast*: ⇨ Robin〛

rob·in[2] /rá(ː)bɪ̈n | rɔ́bɪn/ *n.* 〘海事〙 =roband.

Rob·in /rá(ː)bɪ̈n | rɔ́bɪn/ *n.* ロビン: **1** 男性名; 女性名. **2** 米国の漫画の主人公 Batman のアシスタントの少年《the Boy Wonder と呼ばれる》. 〚1: (dim.) ← ROBERT. 2: ← ROBINA〛

Ro·bi·na /roubíːnə, rə- | rə(ʊ)-/ *n.* ロビーナ《女性名》. 〚(fem.) ← ROBIN: cf. Roberta〛

róbin chàt *n.* 〘鳥類〙ツグミヒタキ《ツグミヒタキ属 (*Cossypha*) などの数種の鳥; アフリカ産》. 〚1901〛

Róbin Góod·fel·low /-gúdfèlou | -ləu/ *n.* 〘英国伝説〙ロビン グッドフェロー《昔英国の田舎家に現れていたずらをすると信じられた妖精; Puck ともいう》. 〚1531〛

rób·ing ròom /róubɪŋ- | rə́ub-/ *n.* (教会の)式服着替え室; (参列者)式服着用室. 〚1711–12〛

Róbin Hood /-hʊ̀d | -hʊ́d/ *n.* **1** 〘英国伝説〙ロビンフッド《英国の 12 世紀ごろの伝説的英雄; 弓術に長じ, その徒党と共に緑色の服を着て Sherwood Forest に住み, イギリスを侵略したノルマン人の貴族・金持ちなどを襲って金品を奪い, 土着のアングロサクソン系の貧しい人々に分け与えたといわれる義賊; cf. Maid Marian》. **2** ロビンフッドのような英雄[義賊], 目を見張るような活躍をする人[義人]. **3** 〘商標〙ロビンフッド《カナダ製の小麦粉・ミックス粉・オートミール》.

ro·bin·i·a /roubíniə | rəubín-/ *n.* 〘植物〙ニセアカシア《北米産マメ科ハリエンジュ属 (*Robinia*) の落葉性高木・低木の総称; cf. locust 3 a》. 〚(1759) ← NL ～ ← *Jean Robin* (17 世紀フランスの植物学者)+-IA[1]〛

róbin rédbreast *n.* **1** 〘鳥類〙=robin[1] 1. **2** 〘英古俗〙=Bow Street runner. 〚赤い布装のチョッキを着けていたことから〛〚*c*1450〛

róbin's-ègg blúe *n.* 《米》緑色がかった青色. 〚1881〛

róbin snòw *n.* 《ニューイングランド》春の淡雪. 〚(1853) コマツグミの帰還後に降る雪は淡いところから〛

Rob·in·son /rá(ː)bɪ̈nsən, -sn̩ | rɔ́bɪn-/ *n.* ロビンソン《男性名》. 〚ME *Robynson*《原義》'SON' of ROBIN'〛

Rob·in·son /rá(ː)bɪ̈nsən, -sn̩ | rɔ́bɪn-/, **Edward G(oldenberg)** *n.* ロビンソン《1893–1973; ルーマニア生まれの米国の映画俳優; ギャング役で有名; *Little Caesar* (1930), *Key Largo* (1948)》.

Robinson, Edwin Arlington *n.* ロビンソン《1869–1935; 米国の詩人; *The Man Against the Sky* (1916)》.

Robinson, Henry Crabb *n.* ロビンソン《1775–1867; 英国の日記作家; 英国とドイツの多くのロマン主義作家と知り合い, 貴重な資料となる日記を残した》.

Robinson, Jackie *n.* ロビンソン《1919–72; 米国の野球選手; 黒人初の大リーガー; 本名 Jack Roosevelt Robinson》.

Robinson, James Harvey *n.* ロビンソン《1863–1936; 米国の歴史家》.

Robinson, Joan (Violet) *n.* ロビンソン《1903–83; 英国の経済学者; *The Accumulation of Capital* (1956)》.

Robinson, Lennox *n.* ロビンソン《1886–1958; アイルランドの劇作家; *The White Headed Boy* (1920)》.

Robinson, Sir **Robert** *n.* ロビンソン《1886–1975; 英国の化学者; Nobel 化学賞 (1947)》.

Robinson, Smo·key /smóuki | sməu-/ *n.* ロビンソン《1940– ; 米国の Motown 歌手・作曲家・プロデューサー; "Being with you" (1981)》.

Robinson, Sugar Ray *n.* ロビンソン《1920–89; 米国のボクサー; 史上初めて 5 度ミドル級チャンピオンとなる》.

Robinson, (Wiliam) Heath *n.* ロビンソン《1872–1944; 英国の諷刺漫画家・挿絵画家; ⇨ Heath Robinson》.

Róbinson Crú·soe /-krúːsou | -səu/ *n.* **1** ロビンソン クルーソー《Defoe 作の同名の小説 (1719) の主人公; 難船して二十数年間無人島生活をした; cf. Friday[2] 1》. **2** 孤独な漂着者; (自給自足で)一人暮らしをしている人.

róbin's píncushion *n.* 〘植物〙虫こぶ (bedeguar). 〚1850〛

Róbin's plántain *n.* 〘植物〙キク科ヒメジョオン属の多年草 (*Erigeron pulchellus*). 〚1846–50〛

ro·ble /róubleɪ, -bl̩ | rə́u-/ *n.* 〘植物〙 **1** 米国 California 州産ブナ科コナラ属 (*Quercus*) のオークの総称 (*Q. lobata, Q. chrysolepis* など). **2** 南米産ナンキョクブナ属 (*Nothofagus*) の樹木の総称. 〚(1864) □ Am-Sp. ～ □ Sp. ～ <L *rōbor-, rōbur* (⇨ roborant)〛

ro·bomb /róubɑ̀(ː)m | rə́ubɔ̀m/ *n.* 〘軍事〙=robot bomb. 〚← *ro(bot) bomb*〛

rob·o·rant /rá(ː)bərənt, róub- | rə́ub-, rɔ́b-/ 〘医学・薬学〙 *adj.* 強壮にする, 力をつける, 保健的な. — *n.* 強壮剤. 〚(1661) □ L *rōborantem* (pres.p.) ← *rōborāre* to strengthen ← *rōbor-, rōbur* oak tree, strength: ⇨ robust〛

ro·bot /róubɑ(ː)t, -bət | rə́ubɔt, -bət/ *n.* **1** ロボット, 人造人間, 機械人間. **2** (ロボットのような)機械的な人間, (仕事はこなすが)情を欠いた人間. **3** 自動装置. **4** 〘電算〙ロボット《インターネット上を自動的に検索して回るプログラム》. **5** 〘軍事〙=robot bomb. **6** 《南ア》自動式交通信号. — *adj.* [限定的] 無人操縦の. **～·like** *adj.*

ro·bot·ry /-tri/ *n.* 〚(1923) □ Czech ～ ← *robota* compulsory service ← OSlav. *rabŭ* slave: Karel Čapek 作の劇 *R.U.R.* (=Rossum's Universal Robots) 中の名から〛

róbot bòmb *n.* 〘軍事〙ロボット爆弾《第二次大戦末期にドイツが英国攻撃に用いた無線操縦の無人飛行機型爆弾 V-1 のあだ名; buzz bomb, fly bomb, flying bomb, robomb ともいう》. 〚1944〛

róbot [robótic] dáncing *n.* ロボットダンス《1980 年代に流行したダンス; ロボットのような機械的な動きをする》.

ro·bot·ic /roubá(ː)tɪk | rəubɔ́t-/ *adj.* [限定的] **1** ロボットのような. **2** [悪い意味で] =robotistic.

ro·bot·ic·ist /roubá(ː)tɪ̈sɪ̈st | rə(ʊ)bɔ́tɪ̈sɪst/ *n.* ロボット研究家; ロボット工学の専門家. 〚(1940) ↓〛

ro·bot·ics /roubá(ː)tɪks | rə(ʊ)bɔ́t-/ *n.* **1** ロボット工学, 人造人間学《ロボットの構造・行動・管理・維持を研究する工学の分野》. **2** =robot dancing. 〚(1941) ← ROBOT+-ICS〛

ro·bot·ism /róubɑ(ː)tɪzm, -bət- | rə́ubɔt-, -bət-/ *n.* (感情抜きの)機械的な行為[性格]. 〚1928〛

ro·bot·is·tic /ròubɑ(ː)tístɪk, -bət- | rə̀ubɔt-, -bət-ˉ/ *adj.* (ロボットのように)全く機械主義的な, 非人間的な, 無情な.

ro·bot·ize /róubɑ(ː)tàɪz, -bət- | rə́ubɔt-, -bət-/ *vt.* **1** 〈人間を〉ロボット化する. **2** 〈工場・装置などを〉自動化する.

ro·bot·i·za·tion /ròubɑ(ː)tɪ̈zéɪʃən, -bə- | rə̀ubɔtaɪ-, -bə-, -tɪ-/ *n.* 〚1927〛

róbot pìlot *n.* 〘航空・海事〙=automatic pilot.

Rob Roy /rá(ː)brɔ́ɪ | rɔ́b-/ *n.* **1** ロブロイ《1671–1734; スコットランド高地の義賊; Sir Walter Scott の小説 *Rob Roy* のモデル; 本名 Robert Macgregor (or Campbell)》. **2** ロブロイ《スコッチウイスキー・甘口のベルモット・ビターズに氷を入れて混ぜ, マラスキノチェリーを添えて出すマンハッタンカクテルの一種》. 〚□ Gael. ～ 'Red Rob'〛

Rob·sart /rá(ː)bsɑət | rɔ́bsɑːt/, **Amy** *n.* ロブサート《Sir Walter Scott の小説 *Kenilworth* (1821) の主人公; Elizabeth 女王の寵臣 Leicester 伯の薄幸の妻で, 夫の従臣によって殺される; 1550 年に Robert Dudley (のちの Leicester 伯) と結婚した同名の人物 (1525–60) をモデルとしている》.

Rob·son /rá(ː)bsən, -sn̩ | rɔ́b-/, **Mount** *n.* ロブソン山《カナダ British Columbia 州東部の山, カナダ Rocky 山脈中の最高峰 (3,954 m)》.

Rob·son /rá(ː)bsən, -sn̩ | rɔ́b-/, Dame **Flora** *n.* ロブソン《1902–84; 英国の舞台・映画女優; *Fire Over England* (1931) のエリザベス女王役などで有名》.

ro·bur·ite /róubəràɪt | rə́u-/ *n.* 〘化学〙ロブライト《鉱山用無炎爆薬の一種》. 〚(1887) ← L *rōbur* (↓)+-ITE[1]〛

ro·bust /roubʌ́st, ⌐ー | rə(ʊ)bʌ́st, róubʌst/ *adj.* (**more ～, most ～; ～·er, ～·est**) **1 a** たくましい, 強健な; 〈動植物など〉丈夫な; 健康な, 達者な (↔ delicate) (⇨ healthy SYN): a ～ constitution 頑丈(がんじょう)な身体. **b** 〈知性・精神・約束・信念など〉しっかりした, 強固な: a ～ intellect 強健な知性. **2** 〈装置など〉頑丈につくられた, 耐久力の大きい. **3** 〈会話・冗談など〉粗野な, 荒っぽい. **4** 〈ワインなど〉こくのある, 濃い: ～ stew. **5** 体力を要する, 骨の折れる: ～ exercise 体力を要する(激しい)運動. **6** 〘統計〙ロバストな《統計的推測に際し, 設定した確率モデルからデータがある程度ずれても妥当性・有効性が失われないような方法》. **～·ly** *adv.* **～·ness** *n.* 〚(1549) □ (O)F *robuste* ∥ L *rōbustus* ← *rōbur* oak, strength ← IE **reudh-* 'RED[1]'〛

ro·bús·ta cóffee /roubʌ́stə- | -rə(ʊ)-/ *n.* **1** 〘植物〙ロバスタコーヒーノキ《中央アフリカ原産アカネ科コーヒーノキ属の植物; *Coffea robusta* およびそれと *C. canephora* の交配品種》. **2 a** ロバスタコーヒーノキの実. **b** (ロバスタコーヒーノキの実から製した)ロバスタコーヒー. 〚(1909) ← NL *Coffea robusta*〛

ro·bus·tious /roubʌ́stʃəs, rə- | rə(ʊ)-/ *adj.* **1** 《古》強壮な, 頑丈な, がっしりできている. **2** 自己を主張する, 我を張る, 出しゃばりの; 騒々しい; がさつな; 乱暴な. **～·ly** *adv.* **～·ness** *n.* 〚(*a*1548): ⇨ robust, -ious〛

roc /rá(ː)k | rɔ́k/ *n.* **1** 〘アラビア伝説〙ロック《巨大な伝説上の白い怪鳥で, 象を爪で持ち上げ餌にしたという; cf. simurgh》: a ～'s egg 話だけで実際にはないもの, 到底手に入らない物. **2** 〘軍事〙ロック(爆弾)《テレビカメラ装置を備えた爆弾で, 爆撃手は遠距離無線操縦によって目標への照準を絶えず修正できる》. 〚(1579) □ Arab. *rokh, rukhkh* ← ? Pers. *rukh*〛

ROC /áəousíː | áː(r)əu-/ 《略》《英》Royal Observer Corps.

Ro·ca /róukə | rə́u-; *Port.* ʁókɐ/, **Cape** *n.* ロカ岬《ポルトガルの西部 Lisbon 付近の岬; ヨーロッパ大陸の最西端》.

ro·caille /roukáɪ, rɑ(ː)- | rɔ-, rə(ʊ)-; *F.* ʁɔkɑːj/ *n.* **1** 〘美術〙ロカイユ《18 世紀に発達した岩石・貝殻状の装飾モチーフ》. **2** =rococo. 〚(1856) □ F ～ ← *roc* 'ROCK[1]'〛

roc·am·bole /rá(ː)kəmbòul | rɔ́kəmbə̀ul/ *n.* 〘植物〙ヒメニンニク (*Allium scorodoprasum*)《ニンニクの代わりに用いる; giant garlic ともいう》. 〚(1698) □ F ～ □ G *Rockenbolle* ← *Rocken* distaff+*Bolle* bulb〛

ROCE 《略》〘経済〙return on capital employed 資本利益率《投下資本の運用効率を測定する指標》.

Ro·cham·beau /ròuʃæmbóu, -ʃɑː(m)-, -ʃɑːm- | rə̀uʃɑ̃ː(m)bə́u, -ʃɔ̃ː(m)-, -ʃɑːm-, -ʃɔːm-; *F.* ʁɔʃɑ̃bo/, **Jean Baptiste Do·na·tien de Vi·meur** /ʒɑ̃ batist dɔnasjɛ̃ d vimœːʁ/ *n.* ロシャンボー《1725–1807; フランスの陸軍元帥, アメリカ独立戦争の際のフランス軍の司令官; 称号 Comte de Rochambeau》.

Roch·dale /rá(ː)tʃdeɪl | rɔ́tʃ-/ *n.* ロッチデール《イングランド北西部, Greater Manchester 州の都市; 英国最初の協同組合がここで設立された (1844)》. 〚ME *Rachedal*《原義》the dale of the river Roch〛

Róchdale Pionéers *n. pl.* ロッチデール協同組合の創立者(たち)《1844 年英国の Rochdale で協同組合を興した機業家 28 名》.

Róchdale prínciples *n. pl.* ロッチデール協同組合原則《Rochdale Pioneers の根本規則; 掛売りしないこと, 利益はみな購買者に分配することなど》.

Rochefoucauld *n.* ⇨ La Rochefoucauld.

Róche límit /róuʃ-, rɔ́(ː)ʃ- | rɔ́ʃ-, rə́uʃ-; *F.* ʁɔʃ-/ *n.* 〘天文〙ロッシュ(の)限界《ある天体の中心と隣接天体との接近限界距離; それ以上接近すると隣接天体は崩壊する; Roche's limit ともいう》. 〚(1889) ← *Édouard Albert Roche* (1820–83: フランスの天文学者)〛

Rochelle *n.* ⇨ La Rochelle.

Ro·chélle pòwders /rouʃél- | rə(ʊ)-; *F.* ʁɔʃɛl-/ *n. pl.* 〘薬学〙ロッシェル粉 (Seidlitz powders). 〚↓〛

Rochélle sàlt *n.* 〘化学・薬学〙ロッシェル塩 ($KNaC_4H_4O_6 \cdot 4H_2O$)《酒石酸ナトリウムカリウム (potassium sodium tartrate) の別名で, 緩下剤・圧電素子として, また鏡の銀びきにも用いられる》. 〚(1753) ← *La Rochelle* (フランス西部の海港): この町の薬剤師が発見したことから〛

roche mou·ton·née /rɔ́(ː)ʃmùːtənéɪ, róuʃ-, -tn̩- | rɔ́ʃmuːtɔ́neɪ, -mùːtɔnéɪ; *F.* ʁɔʃmutɔne/ *F. n.* (*pl.* **roches mou·ton·nées** /～(z); *F.* ～/) 〘地質〙羊背岩, 羊群岩《氷河の作用で丸く滑らかにされた岩盤突起》. 〚(1843) □ F ～《原義》fleecy rock〛

Róche's límit /róuʃɪ̈z- | rə́u-; *F.* ʁɔʃ/ *n.* 〘天文〙= Roche limit.

Roch·es·ter /rá(ː)tʃɪ̈stə, -tʃɛs- | rɔ́tʃɪ̈stəʳ/ *n.* ロチェスター: **1** 米国 New York 州西部にある工業都市. **2** イングランド南東部, Kent 州北西部の都市; 大聖堂がある. 〚OE *Hrofesċeaster*《原義》the Roman fort *Hrofi* ← *Durobrivis* (dat.pl.) ← Celt. *duro-* stronghold+*brīvā* bridge〛

Roch·es·ter /rá(ː)tʃɪ̈stə, -tʃɛs- | rɔ́tʃɪ̈stəʳ/, **2nd Earl of** *n.* ロチェスター《1647–80; 英国の詩人・才人; Charles 二世治下の Restoration 期の退廃的風潮を代表する宮廷詩人; 本名 John Wilmot》.

roch·et /rá(ː)tʃɪ̈t | rɔ́tʃ-/ *n.* 〘教会〙ロチェット《bishop や時に高位聖職者などの着るリンネルまたは寒冷紗(かんれいしゃ)製の白色の聖職衣; surplice に似ているが袖は筒状をしている》. 〚(?*a*1200) □ (O)F ～《変形》← *roquet* ← **roc* outer garment ← Gmc: cf. G *Rock* coat / OE *rocc* ← IE **ruk-* fabric〛

rock[1] /rá(ː)k | rɔ́k/ *n.* **1 a** 岩, 岩石, 岩塊: (as) firm [solid, steady] as a ～ 不動の; 十分に信頼のおける / belief founded on the ～ of reason 岩盤(がんばん)の理性に基づく信念 (cf. *Matt.* 7:25, 24, etc.). **b** 岩山, 岩壁; 岩盤; 岩床: dig down to (the) ～ 岩床[岩のある所]まで

掘り下げる (cf. 7 a). **c** (物質としての)岩, 岩石: a mass of ～ 岩塊 / a needle of ～ 針のように切り立った岩山. **d** 〖略〗[the R-] ＝the Rock of GIBRALTAR. **2** 《米・豪》(種々の大きさの)石, 小石: throw ～*s* at a person 人に石をぶつける. **3 a** [しばしば *pl.*] 岩礁(がんしょう), 暗礁: a sunken ～ 暗礁 / run [go]against a ～ 座礁する / be wrecked on the ～*s* 座礁して難破する / *Rocks* ahead! 暗礁だ; 危いぞ. **b** 危険, 破綻(はたん)のもと, 禍根: Strife was the ～ on which the party split. 党は内紛がもとで分裂した. **4 a** 岩の形をした物. **b** ロック《英国の観光地などで, 様々な香料を入れ色を流し込んだ棒状の堅いキャンデー》: an almond ～ アーモンド入りのロック. **c** 《米》＝rock candy 1. **d** ＝rock cake. **5** 堅固な支え; 防護物, 拠(よ)り所: The Lord is my ～. 主はわが岩なり (2 *Sam.* 22: 2). **6** 《俗》**a** ダイヤ(モンド). **b** 宝石. **7** 〖地質〗**a** 岩石《種類》: an aqueous ～ 水成岩 / a volcanic ～ 火山岩. **b** 岩石《地殻の一部を構成する物質》. **8** 《米俗》**a** 1 ドル札. **b** [*pl.*] 金 (money): pile up the ～*s* 金を貯めこむ. **9** 《野球俗》間抜けな失策 (boner), ボーンヘッド (bonehead play): pull a ～ ボーンヘッドをやる. **10 a** 〖魚類〗＝rockfish, rock salmon. **b** 〖鳥類〗＝rock pigeon. **11** [*pl.*] 《卑》睾丸, きんたま.

be (strúck [cáught]) betwèen a róck and a hárd pláce 《米》(いずれも好ましくない選択肢の)板ばさみになる. ***gèt one's rócks òff*** 《卑》(1) 射精する; オルガスムに達する. (2) 〔…を〕大いに楽しむ 〔*on*〕. ***hàve rócks in one's héad*** 《米口語》頭がどうかしている, ばかだ. ***òff the rócks*** 《口語》危険[破綻]を免れて. ***of the óld róck*** 〈宝石が〉本物で上等の. 《1698》 ***on the rócks*** (1) ⇨ 3 a. (2) 《口語》進退窮まった; 金に窮して: a firm *on the* ～*s* 破産しかかった会社 / Their finances are *on the* ～*s*. 彼らの経済状態はもうお手上げだ / Their marriage was [went] *on the* ～*s*. 二人の結婚生活は破綻しそうだ[した]. (3) 〈ウイスキーなど〉氷の上に注いだ, オンザロックの: She was sipping Dubonnet *on the* ～*s*. デュボネをオンザロックでちびちび飲んでいた. 《1760–72》

róck and rýe ロックアンドライ《ライウイスキーに氷砂糖・レモン・オレンジなどを加えた米国の瓶詰め飲料》. 《1948》

Róck of Áges (1) [the ―]「ちとせのいわよ」《英国国教会牧師 A. M. Toplady (1740–78) 作詞の賛美歌 (1776)》. (2) [the r- of a-] 千年(ちとせ)の岩, キリスト; キリスト教の信仰 (cf. *Matt.* 16: 18, *1 Cor.* 10: 4). (3) [r- of a-] 頼り[支え]になるもの. 《1738》

― *adj.* [限定的] 岩石の(ような); 堅い: a ～ wall 岩壁.

― *vt.* 《米俗》…に石を投げつける.

〖《*c*1250》 *rokk(e)* □ ONF *ro(c)que* 《変形》← (O)F *roche* ＜VL **rocca*: cf. OE *-rocc*〗

rock² /rá(:)k | rɔ́k/ *vt.* **1 a** (優しく)前後[左右]に動かす, 揺する (⇨ swing SYN): ～ a cradle [rocker] 揺りかご[揺り椅子]を揺する / ～ a child in a cradle 子供を揺りかごにいれて揺する / The waves ～ the boat. 波がボートを前後に揺り動かす. **b** 揺すって…にさせる: ～ a child *to* [*into*] sleep 揺すって子供を眠らせる. **c** (なだめ, すかし, 慰めて)〔安心・希望などの状態に〕置く, 安心させる 〔*in*〕: be ～*ed in* security 危険はないと安心している / He was ～*ed in* the vainest hopes. 彼ははかない希望を抱いてのんきな気分でいた. **2 a** (感情的に)強く動かす, ひどく感動させる. **b** ひどく混乱させる, 呆然とさせる: ～ a person's belief 人の信念をぐらつかせる / The murder case ～*ed* the whole country. その殺人事件は国中を震撼させた. **3** 〈地震・爆弾・爆風などが〉振動させる, よろめかす; 揺さぶる: The earthquake ～*ed* the house. 地震で家が揺れた/ The bomb blast ～*ed* the tower. 爆風が塔を揺さぶった. **4** 〖鉱山〗選鉱器 (rocker) で揺すって選び出す: ～ gravel 砂利を揺すり出す. **5** 〖版画〗(メゾチント版画のために)〈銅版〉に砂目を作る.

― *vi.* **1** 前後[左右]に動く, 揺れる, 動揺する, 振動する: The boat ～*s* on the water. ボートが水上で揺れる / He sat ～*ing* in his chair. 彼は揺り椅子に腰掛けて体を揺らしていた. **2** ロックンロールを踊る (rock 'n' roll); ロックを演奏する. **3 a** 感動する. **b** 身も揺れるほど仰天する; 恐怖などでおののく: She ～*ed* with horror. 恐怖のあまり身も震えるほどだった. **4** 〖鉱山〗選鉱器 (rocker) で揺すって選鉱される: ～ slowly 〈鉱石が〉(揺すぶられて選鉱される時)出が遅い.

ròck alóng 〈事業などが〉安全着実に楽々と続いて[やって]いく. 《1906》

― *n.* **1** 揺すること, 揺れること, 動揺; 一揺れ. **2** 〖音楽〗**a** ＝rock 'n' roll. **b** ロック《ロックンロールから派生したポピュラー音楽; 体を揺さぶるようなリズムをもち, 他の様々な音楽的要素と結びつく》: ⇨ acid rock, country rock¹, folk-rock, jazz-rock, ragarock.

― *adj.* [限定的] ロックンロールの; ロック(音楽)の: a ～ band, musician, record, etc. / ～ music / a ～ magazine ロックの雑誌 / the ～ era ロック(の)時代.

〖lateOE *roccian* ← Gmc **rukk-* to move, remove (Du. *rukken* / G *rücken* / ON *rykkja* to jerk)〗

rock³ /rá(:)k | rɔ́k/ *n.* (昔の)糸巻きざお[棒]. 〖《?*a*1300》 □ MLG *rocken* & MDu. *rocke* (Du. *rok, rokken*) // ON *rokkr* ＝OHG *rocko* (G *Rocken*) ＜Gmc **rukkon*: cf. It. *rocca*〗

Rock /rá(:)k | rɔ́k/ *n.* ロック《男性名; 愛称形 Rocky》. 〖cf. rock¹〗

rock·a·bil·ly /rá(:)kəbìli | rɔ́k-/ 〖音楽〗*n.* ロカビリー《1950 年代末に流行した音楽で, カントリーミュージックの要素の強いロック》. ― *adj.* [限定的] ロカビリー風の. 〖《1956》《混成》← *rock a(nd roll＋hill)billy*〗

Rock·all /rá(:)kɔ:l | rɔ́kɔ:l/ *n.* ロッコール(島)《アイルランド北西の大西洋上にある英国領の無人島; 領有権はデンマークなども主張》.

róck and róll *n.* ＝rock 'n' roll.

róck ásphalt *n.* 〖地質〗＝asphalt rock.

róck àster *n.* 〖植物〗北半球の高山地帯に分布するキク科シオン属の青または紫の花が咲く多年草 (*Aster alpinus*).

rock·a·way /rá(:)kəwèɪ | rɔ́k-/ *n.* ロックアウェー馬車《米国で用いられた二, 三人乗りの四輪馬車》. 〖《1845》← *Rockaway* (米国 New Jersey 州の町・避暑地): この町で生産されていたことから〗

róck bàdger *n.* 〖動物〗＝hyrax.

róck bàss /-bæ̀s/ *n.* 〖魚類〗**1** 北米産サンフィッシュ科の淡水魚の一種 (*Ambloplites rupestris*). **2** ＝striped bass. 〖1811〗

róck bèauty *n.* 〖植物〗ムラサキイヌナズナ (*Draba pyrenaica*)《ヨーロッパの高山に生えるアブラナ科イヌナズナ属の多年草; 香りのよい紫の花が咲く》. 〖1870〗

róck-bèd *n.* 岩石の基盤; 岩石から成る底部. 〖1839–52〗

róck·bìrd *n.* 〖鳥類〗**1** 岩壁に営巣するウミガラス (murre) の類の海鳥の総称. **2** ＝COCK¹ of the rock. **3** ＝purple sandpiper. 〖1766〗

róck·bòlt *n.* 〖鉱山〗ロックボルト《坑道・採掘切羽などにおいて落盤・落石などを防止するために用いられるボルト; 岩盤に小孔を穿ち, その孔に差し込んで固定する; roof-bolt ともいう》. 〖1957〗

róck bòot *n.* ロッククライミング用のブーツ.

róck bòrer *n.* 〖動物〗岩穿生物《岩石に穿孔(せんこう)する海洋生物の総称; ウニ・フジツボ・フナムシなど》. 〖1854〗

róck-bóttom *adj.* 《口語》最低の, 最下の: ～ prices 底値. 〖1884〗

róck bóttom *n.* 《口語》最低, どん底; 底値: Prices have hit ～. 物価は底をついた. 〖1866〗

róck·bòund *adj.* **1** 岩に囲まれた, 岩だらけの: a ～ island [coast] 岩だらけの島[海岸]. **2** (性格・主義・主張など)小揺るぎもしない, 確固たる: one's ～ mind. 〖1840〗

róck bràke *n.* 〖植物〗岩上に生じる数種のシダの総称《cliff brake, リシリシノブ属 (*Cryptogramma*) のシダなど》. 〖1846–50〗

róck bùn *n.* ＝rock cake. 〖1889〗

róck bùrst *n.* 山跳ね《鉱山などで弱くなった岩盤からの岩石の急激な噴出》. 〖1928〗

róck càke *n.* 《英》ロックケーキ《ごつごつした岩のように焼き上げたレーズン入りのクッキー》. 〖1868〗

róck cándy *n.* 《米》**1** 氷砂糖 (《英》sugar candy). **2** ＝rock¹ *n.* 4 b. 〖1723〗

róck chòpper *n.* 《豪俗》ローマカトリック教徒《Roman Catholic の頭文字 RC より》.

róck-clìmb *vi.* 岩登りをする.

róck clìmb *n.* 岩登り; ロッククライミングのルート. 〖1895〗

róck-clìmber *n.* (ロック)クライマー, 岩壁登攀者. 〖1896〗

róck-clìmbing *n.* ロッククライミング, 岩登り. 〖1892〗

róck còd *n.* 〖魚類〗**1** ＝rockfish a. **2** 岩の間に生息するスズキ科マハタ属の魚 (*Epinephelus dameli*). **3** 《NZ》＝blue cod. 〖1634〗

róck còrk *n.* 〖鉱物〗(コルク状の)石綿の一種. 〖1804〗

Róck Córnish *n.* 〖畜産〗ロックコーニッシュ《Cornish 種と White Rock 種を交雑してつくり出した肉用鶏; Rock Cornish hen ともいう》. 〖1956〗

róck cràb *n.* 〖動物〗海岸の岩場にすむカニの総称: **a** マダラガニ (*Cancer irroratus*)《北米東海岸(特に New England) 産イチョウガニ科のカニ》. **b** イチョウガニ (*C. antennarius*)《北米西海岸産》. 〖1837〗

róck·cràft *n.* **1** ロッククライミング[岩登り]の技術. **2** 石組配置法, 石庭造園術 (cf. rock garden). 〖1892〗

róck crèss *n.* 〖植物〗岩上に生えるアブラナ科ハタザオ属 (*Arabis*) の丈の低い多年草の総称. 〖*c*1710〗

róck·crùsher *n.* **1** 〖機械〗砕岩機; 砕石機. **2** 〖トランプ〗(ブリッジなどで)きわめて強力な手. 〖1897〗

róck crỳstal *n.* 〖鉱物〗水晶《無色透明の石英》: a ～ chandelier 水晶(ガラス)製シャンデリア. 〖1666〗

róck dàsh *n.* 〖建築〗小石打込み[埋込み]仕上げ《スタッコ (stucco) が硬化する前に, 砕石[小石]を壁面に並べて埋め込んだ外壁仕上げ; pebble dash, roughcast ともいう》.

róck dòve *n.* 〖鳥類〗＝rock pigeon 1.

róck drìll *n.* 削岩機. 〖1877〗

róck èel *n.* ＝rock salmon 1 (特に dogfish). 〖1876〗

Rock·e·fel·ler /rá(:)kəfèlə | rɔ́kəfèlə^(r)/, **John D(a·vi·son)** /déɪvɪsn | -vɪ-/ *n.* ロックフェラー (1839–1937; 米国の実業家; Standard 石油会社を創立し (1870), また Chicago 大学および Rockefeller 研究所などを設立した).

Rockefeller, John D(avison), Jr. *n.* ロックフェラー (1874–1960; 米国の実業家・慈善家; J. D. Rockefeller の息子; Rockefeller Center の計画・建築に当たった).

Rockefeller, Nelson A(ldrich) *n.* ロックフェラー (1908–79; 米国の政治家; New York 州知事 (1958–73), 副大統領 (1974–76); John D. ～, Jr. の息子).

Róckefeller Cénter *n.* ロックフェラーセンター《米国 New York 市 Manhattan 地区の中心にある, 高層建築群が構成する商業・娯楽地区 (49,487 m²)》.

Róckefeller Foundàtion *n.* [the ～] ロックフェラー財団 (1913 年 John D. Rockefeller の創設).

róck èlm *n.* 〖植物〗**1** 北米東部産のニレの一種 (*Ulmus thomasii*). **2** ニレ材《淡褐色で堅い》. 〖1830〗

róck·er /rá(:)kə | rɔ́kə^(r)/ *n.* **1 a** ＝rocking chair. **b** 揺れるもの. **c** (揺り木馬や揺り椅子の下部についている)揺り子. **d** 揺り木馬. **e** ロッカースケート《揺り木馬の脚のように弧状に曲がった滑走部のあるスケート靴》. **2** ロック歌手; ロック音楽; ロックファン. **3** 揺り動かす人[もの]. **4** 《英》ロッカー《1960 年代に革ジャンなどを着てオートバイを乗り回した暴走族の若者; cf. TON-UP boys, mod¹ 1》. **5** ロッカー《軍曹以上の下士官の山形袖(そで)章の下部の曲線》. **6** 〖機械〗ロッカー(部)《振り子[首振り]運動をする機械の一部[仕掛け]》. **7** 〖鉱山〗選鉱器, 揺汰器(ようたき) (cradle). **8** 〖版画〗ロッカー《メゾチント版画のための, 銅板に砂目を作る道具》. **9** 〖フィギュアスケート〗ロッカー, 逆カウンター《ターンの先端が真ん中の円の中心からみて内側を向く; 進行順はカウンター (counter) に同じ》. ***óff one's rócker*** 《俗》気が狂って. 《1897》 〖lateME *rokkere*: ⇨ rock²〗

rócker àrm *n.* 〖機械〗ロッカーアーム, 揺れ腕《内燃機関のシリンダーの吸排弁を押し開けるてこ》. 〖1860〗

rócker pànel *n.* ロッカーパネル《乗物の客室の敷居の下に設けられた外板[荷台]》. 〖1921〗

rócker shàft *n.* 〖機械〗＝rockshaft.

rócker swìtch *n.* ロッカースイッチ《ばねが内蔵されている電気のスイッチ》. 〖1964〗

rock·er·y /rá(:)kəri | rɔ́k-/ *n.* ＝rock garden. 〖← ROCK¹＋-ERY〗

rock·et¹ /rá(:)kɪ̣t | rɔ́kɪt/ *n.* **1 a** 〖宇宙〗ロケット《酸素を液体酸素か化合物の形で積載し外界の空気から採らない噴射式エンジン; 宇宙船の発射・飛行などに使う; rocket engine ともいう》: launch a ～ ロケットを打ち上げる. **b** ロケット爆弾; ロケットミサイル, ロケット弾. **c** ロケットで軌道上に打ち上げられた宇宙船(のカプセル). **2** (花火・信号・救命索などを打ち出す)火矢, のろし, 打上げ. **3** 《英俗》叱責, 大目玉.

― *vt.* **1** ロケット弾で攻撃する. **2** ロケットで動かす[運ぶ].

― *vi.* **1 a** 〈値が〉急騰する. **b** 急に[とんとん拍子に]出世[昇進]する. **c** ロケットのように突進する. **2** 〈猟鳥, 特にキジが〉一直線に飛び上がる.

― *adj.* [限定的] ロケット推進(式)の: ⇨ rocket bomb.

〖《1611》 □ (O)F *roquette* □ It. *rocchetta* (dim.) ← *rocca* □ OHG *rocko* 'ROCK³': その形にちなむ: ⇨ -et〗

rock·et² /rá(:)kɪ̣t | rɔ́kɪt/ *n.* 〖植物〗**1** フユガラシ (*Barbarea vulgaris*)《アブラナ科の多年草; サラダに用いる》. **2** ＝garden rocket 1. **3** ＝dame's violet. **4** ＝sea rocket. 〖《*a*1500》 □ F *roquette* □ It. *rochetta* 《変形》← *ruchetta* (dim.) ← *ruca* ＜L *ērūcam* colewort ← ? *ēr* hedgehog〗

rócket astrónomy *n.* 〖天文〗ロケット天文学《ロケットに積んだ機器を使って高所で得た天文学上のデータを用いての研究》. 〖1960〗

rócket bàse *n.* ロケット[ミサイル]基地. 〖1954〗

rócket bòmb *n.* 〖軍事〗ロケット爆弾. 〖1883〗

rócket·dròme /-dròum | -drəum/ *n.* ロケット発射基地. 〖← ROCKET¹＋(AERO)DROME〗

rock·e·teer /rà(:)kɪ̣tíə | rɔ̀kɪtíə^(r)/ *n.* **1** ロケット射手; ロケット操縦者[搭乗者]. **2** ロケット技師[研究家, 設計家]. 〖《1832》← ROCKET¹＋-EER〗

rócket èngine *n.* (航空機などの)ロケットエンジン《rocket motor ともいう》. 〖1971〗

róck·et·er /-tə | -tə^(r)/ *n.* **1** まっすぐに飛び上がる猟鳥. **2** ＝rocketeer. 〖1863〗

rócket gùn *n.* ロケット砲《rocket launcher, bazooka など》. 〖1884〗

rócket lárkspur *n.* 〖植物〗ヒエンソウ(飛燕草) (*Delphinium ajacis*)《南欧原産キンポウゲ科の一年草; 青, 時に紫または桃色がかった花が咲く》.

rócket làuncher *n.* 〖軍事〗**1** (歩兵用)ロケット弾発射筒 (⇨ bazooka). **2** (航空機の翼下に取り付けた)ロケット発射機[射出装置, ランチャー]. **3** ロケット弾発射用車両. 〖1944〗

rócket mòtor *n.* ロケットエンジン《自機搭載の燃料と酸化剤のみによって進力を発生する》. 〖1858〗

rócket plàne *n.* **1** ロケット機. 〖1928〗 **2** 〖軍事〗ロケット搭載戦闘機.

rócket-propélled *adj.* ロケット推進式の: a ～ bomb ロケット爆弾. 〖1928〗

rócket propùlsion *n.* 〖航空〗ロケット推進 (cf. jet propulsion). 〖1928〗

rócket rànge *n.* 〖宇宙〗ロケット発射場. 〖1948〗

rock·et·ry /rá(:)kɪ̣tri | rɔ́kɪtri/ *n.* **1** ロケット研究, ロケット実験[使用]. **2** [集合的] ロケット. 〖1930〗

rócket sàlad *n.* 〖植物〗＝garden rocket 1.

rócket scìentist *n.* **1** ロケット科学者. **2** 《俗》頭のいい人; 《商業俗》裁定取引 (arbitrage) の専門家: It doesn't take a ～ (to do …) (…するのは)むずかしいことではない.

rócket shìp *n.* **1** ロケット推進船. **2** 〖軍事〗ロケット弾発射砲を装備した小艦艇. **3** 〖宇宙・航空〗ロケット船《ロケットで推進する航空機; rocket vehicle ともいう》. 〖1927〗

rócket slèd *n.* ロケットスレッド《通例, 単軌道の上をロケット推進で走る高速そり》. 〖1954〗

rócket·sònde *n.* 〖気象〗高空用ロケットラジオゾンデ (cf. radiosonde). 〖《1949》← ROCKET¹＋(RADIO)SONDE〗

Rock·ettes /rá(:)kɛts | rɔ́k-/ *n. pl.* [the ～] ロケッツ《Radio City Music Hall の歌とダンスの女性グループ; ラインダンスを踊る》.

rócket vèhicle *n.* 〖宇宙・航空〗＝rocket ship 3.

róck fàce *n.* (険しい斜面・崖などの)露出岩石, 岩石面. 〖1855〗

róck-fáced *adj.* **1** 岩石の(ような)表面を持つ. **2** 〈人が石のように固い無表情な顔をした. 〖1944〗

róck·fàll *n.* 落石(の山) (cf. rockslide). 〖1930〗

Róck fèver *n.* 〖病理〗マルタ熱 (Malta や Gibraltar で流行する熱病; cf. brucellosis). 〖《1897》← ROCK¹ (n.) 7〗

róck·fìsh *n.* 〖魚類〗岩間や岩棚に生息する各種の魚類の総称: **a** カサゴ科 *Sebastodes* 属の魚《rock cod ともいう》. **b** =striped bass. **c** =greenling. **d** 《英》=rock salmon 1 の旧称. 〖1598〗

róck flòur *n.* 〖地質〗岩粉《氷河などの剝蝕(はくしょく)作用によって生じた岩石の微細な粉砕物; glacial meal ともいう》. 〖1883〗

róck flòwer *n.* 〖植物〗米国南西部の荒地に生えるバラ科 *Crossosoma* 属の低木の総称. 〖*c*1820〗

Rock·ford /rɑ́(ː)kfəd | rɔ́kfəd/ *n.* ロックフォード《米国 Illinois 州北部の都市》. 〖この近辺に石の多い浅瀬があることから〗

róck·fòwl *n.* 〖鳥類〗ハゲチメドリ《西アフリカ産, ハゲチメドリ属 (*Picathartes*) の鳥の総称; 首が長く禿頭(とくとう)》.

róck gàrden *n.* ロックガーデン, 岩石庭園《高山植物などを植え付けるため岩を築いて作った庭; または岩石を配した日本などの石庭; rockery ともいう》. 〖1836〗

róck gerànium *n.* 〖植物〗=alumroot 1 a.

róck glàcier *n.* 〖地質〗岩石氷河《氷河に形態の似た岩石の流れ》. 〖1905〗

róck gòat *n.* 〖動物〗=ibex.

róck gòldenrod *n.* 〖植物〗北米西部産キク科アキノキリンソウ属の黄色の花が咲く多年草 (*Solidago pumila*).

róck gùnnel 〖魚類〗=gunnel.

Rock·hamp·ton /rɑ(ː)kh*ǽ*m(p)tən | rɔk-/ *n.* ロックハンプトン《オーストラリア Queensland 州東部の港市; Fitzroy 川に臨む》.

róck-hárd *adj.* **1** 岩のように硬い, 非常に硬い. **2** 《英》《戯言》信念の強固な, だれも恐れない.

róck-hèwn *adj.* 岩を切った[切って造った]. 〖1804〗

róck hìnd *n.* 〖魚類〗岩棚・サンゴ礁などにすむ大西洋・地中海産のハタ科マハタ属の食用魚 (*Epinephelus adscensionis*). 〖1867〗

róck·hòpper *n.* **1** 〖鳥類〗イワトビペンギン (*Eudyptes crestatus*)《Falkland 諸島・ニュージーランド・亜南極海などにすむ黄色の冠のある小形のペンギン; rock hopper penguin, crested penguin ともいう》. **2** 《豪口語》海岸の岩間で魚をとる漁師[釣人]. 〖1875〗

róck hòund *n.* 《口語》**1** 地質学者,「地質屋」; (特に)石油[油田]を探し求める人. **2** 趣味で石[宝石, 鉱物]を集める人. 〖1922〗

róck hỳrax *n.* 〖動物〗ケープハイラックス《アフリカ・シリアなどの岩の多い地方に生息するケープハイラックス属 (*Procavia*) のイワダヌキ類の総称; ケープハイラックス (*P. capensis*), シリアハイラックス (*P. syriaca*) など》. 〖1954〗

Rock·ies /rɑ́(ː)kiz | rɔ́k-/ *n. pl.* [the ～] =Rocky Mountains.

róck·ing *adj.* 前後[左右]に揺れる. 〖lateME *rokking*〗

rócking bàr *n.* 〖時計〗揺り棒《りゅうずを回すことによってぜんまい巻きと針合わせの 2 動作を古い時計では別なボタンを使って切りかえたが, その際にボタンに連動して動く切り換えレバー》. 〖1884〗

rócking bèd *n.* 〖医学〗(人工呼吸用)揺れベッド.

rócking chàir *n.* 揺りいす, ロッキングチェア. 〖1766〗

R **rócking fùrnace** *n.* 〖冶金〗揺動炉.

Rock·ing·ham /rɑ́(ː)kɪŋəm, -kɪŋhæ̀m | rɔ́kɪŋəm/, 2nd Marquis of *n.* ロッキンガム (1730–82; 英国の政治家; 首相 (1765–66; 1782); Whig 党の指導者で, 米国独立を支持; 本名 Charles Watson-Wentworth).

rócking hòrse *n.* (子供の)揺り木馬《hobbyhorse ともいう》. 〖1724〗

rócking rhỳthm *n.* 〖詩学〗一つの強音節を二つの弱音節がはさんでいる単語が押韻する韻律形式《undulating cadence ともいう》. 〖G. M. Hopkins の用法〗

rócking shàft *n.* 〖機械〗rockshaft. 〖1841〗

rócking slíde vàlve *n.* 〖機械〗=rocking valve.

rócking stòne *n.* 〖地質〗ゆるぎ岩《わずかな力で動く巨岩; 氷河が運んできた場合と風化によって周囲の岩がとれた場合とがある; logan-stone ともいう》. 〖1740〗

rócking vàlve *n.* 〖機械〗揺れ弁《蒸気機関において円板または円筒形をした弁で, 往復角運動をすることにより管路を開閉する; rocking slide valve ともいう》.

Róck Ísland *n.* ロックアイランド《米国 Illinois 州北西部, Mississippi 川に臨む港市; 連邦政府の兵器廠(しょう)がある》. 〖川の中の岩だらけの小島にちなむ〗

róck jàsmine *n.* 〖植物〗北半球の高山地帯に生えるサクラソウ科チシマザクラ属 (*Androsace*) の一年草または多年草の総称.

róck jòck *n.* 《俗》登山家, ロッククライマー.

róck kangaròo *n.* 〖動物〗=rock wallaby.

róck lèather *n.* 〖鉱物〗=mountain leather.

róck·less *adj.* 岩の無い. 〖*c*1640〗

rock·let /rɑ́(ː)klɪ̀t | rɔ́k-/ *n.* 小岩, 小岩石. 〖(1845) ← ROCK[1]＋-LET〗

róck·lìke *adj.* [限定的] 不動の, 堅固な.

rock·ling /rɑ́(ː)klɪŋ | rɔ́k-/ *n.* (*pl.* ～, ～s) 〖魚類〗小形で細長いタラ科の魚の総称; (特に)イタチダラ (*Ciliata mustela*)《ノルウェーからポルトガルにかけての大西洋に生息するイタチダラ属のひげのある魚》. 〖1602〗

róck lòbster *n.* 〖動物〗**1** イセエビ (spiny lobster). **2** ザリガニ (crawfish). 〖1884〗

róck màple *n.* 〖植物〗=sugar maple.

róck mechànics *n.* 岩石力学《岩石の強度・弾性・透水性・多孔性・密度・圧力に対する反応などを研究する》. 〖1956〗

róck mèlon *n.* 《米・豪》=cantaloupe. 〖1871〗

róck mìlk *n.* 〖鉱物〗=agaric mineral.

róck mùsic *n.* **1** =rock[2] 2 b. **2** =rock 'n' roll.

róck musìcian *n.*

Rock·ne /rɑ́(ː)kni | rɔ́k-/, **Knute** (**Kenneth**) *n.* ロックニー (1888–1931; ノルウェー生まれの米国のフットボールコーチ).

rock 'n' roll /rɑ̀(ː)kənróʊl | rɔ̀kənrə́ʊl/ (*also* **rock-'n'-roll** /～/) *n.* 〖音楽〗ロックンロール《1950 年代に黒人の rhythm and blues と白人の country and western の合体で形成されたアフタービートを強調したポピュラー音楽; rock and [&] roll ともいう》; その曲. **— *vi.*** ロックンロールを踊る. **～·er** /-lə | -lə(r)/ *n.* 〖(1955) = *rock and roll*: ⇨ rock[2] (n.)〗

róck òil *n.* 岩油 (petroleum). 〖1668〗

rock·oon /rɑ(ː)kúːn | rɔk-/ *n.* 〖宇宙〗ロックーン《ロケットと気球を結合した飛行体で, ロケットは高空で気球から打ち出される》. 〖(1953)《混成》← ROCK(ET)[1]＋(BALL)OON〗

róck pìgeon *n.* 〖鳥類〗**1** カワラバト (*Columba livia*)《ヨーロッパおよびアジア産の野生バトで, 飼いバトの原種; rock dove ともいう》. **2** サケイ (sandgrouse). 〖1611〗

róck pìle *n.* 《米俗》刑務所.

róck pìpit *n.* 〖鳥類〗イギリスタヒバリ (*Anthus petrosus*)《ヨーロッパ産; 磯によくみられる》. 〖1831〗

róck plànt *n.* 〖植物〗岩生植物. 〖1694〗

róck pòol *n.* 《英》(海岸の岩の間にできる)潮だまり (tide pool).

róck pỳthon *n.* 〖動物〗各種の大形ニシキヘビ《特にアフリカニシキヘビ》.

róck ràbbit *n.* 〖動物〗**1** =hyrax. **2** =pika. **3** 《アフリカ南部》=dassie.

róck-ríbbed *adj.* **1** 〈地面・海岸など〉岩石の層のある, 岩石の多い: a ～ coast 岩石の多い海岸. **2** 確固たる, 堅固な, 毅然とした; 頑強な, 不屈な: a ～ nationalist [Conservative] 頑固な国家主義者[保守党員] / a ～ policy 確固たる政策 / ～ determination 断固たる決意. 〖1776〗

róck·ròse *n.* 〖植物〗ハンニチバナ科ゴジアオイ属 (*Cistus*), ハンニチバナ属 (*Helianthemum*) の植物の総称 (cf. labdanum). 〖1731〗

róck sàlmon *n.* **1** 《英》数種の海産食用魚の総称《dogfish, wolffish など; 魚屋の用語; 今は catfish または rockfish という》. **2** 《米》〖魚類〗=amberjack.

róck sàlt *n.* 岩塩 (halite) (NaCl) (cf. sea salt). 〖1707〗

róck sàmphire *n.* 〖植物〗=samphire 1.

róck·shàft *n.* 〖機械〗揺軸. 〖1875〗

róck·skìpper *n.* 〖魚類〗イソギンポ科の魚の総称 (blenny).

róck·slìde *n.* 岩が斜面をすべり落ちること, 盤すべり; 盤すべりの岩 (cf. rockfall). 〖1851〗

róck snàke *n.* 〖動物〗ニシキヘビ (python).

róck sólid *adj.* 非常に硬い[頑丈な]; きわめてしっかりした, 頼りになる.

róck spèedwell *n.* 〖植物〗ヨーロッパ原産ゴマノハグサ科クワガタソウ属の青い花の咲く多年草 (*Veronica fruticans*). 〖1855〗

róck sprày *n.* 〖植物〗ベニシタン (*Cotoneaster horizontalis*)《Himalaya 地方原産バラ科の常緑低木; 白い花が咲き赤い実がなる》.

róck squìrrel *n.* 〖動物〗**1** 北米西部にすむイワリス属 (*Otospermophilus*) の大形の地上性リスの総称. **2** アジア中東部の岩地にすむシナイワリス属 (*Sciurotamias*) または *Rupestes* 属の地上性リスの総称. 〖1852〗

róck·stàff *n.* 〖機械〗ふいごてこ《鍛冶屋がふいごを伸縮させるために前後[上下]に動かすてこ》. 〖1677〗

róck stéady *n.* ロック ステディ《1960 年代に起こったジャマイカの緩やかなダンス音楽》. 〖1969〗

róck sùcker *n.* 〖魚類〗ヤツメウナギ (lamprey).

róck tàr *n.* 原油 (petroleum). 〖1854〗

róck thrùsh *n.* 〖鳥類〗イソヒヨドリ《ツグミ科イソヒヨドリ属 (*Monticola*) の鳥の総称; コシジロイソヒヨ (*M. saxatilis*), イソヒヨドリ (*M. solitarius*) など》. 〖1783〗

róck trìpe *n.* 〖植物〗《カナダ》イワタケ《北極から北温帯にかけての岩地に生えるイワタケ属 (*Umbilicaria*) の食用地衣類の総称》. 〖1854〗

rock·u·men·ta·ry /rɑ̀(ː)kjuméntəri, -tri | rɔ̀kjuméntəri, -tri/ *n.* ロキュメンタリー《ロックミュージックについてのドキュメンタリー映画・番組》. 〖(*c*1975)《混成》← ROCK[2]＋DOCUMENTARY〗

Rock·ville /rɑ́(ː)kvɪl | rɔ́k-/ *n.* ロックヴィル《米国 Maryland 州中部の都市; Washington, D.C. の郊外》.

róck wàllaby *n.* 〖動物〗イワワラビー (*Petrogale xanthopus*)《オーストラリアの岩石地帯に生息する夜行性の小型のカンガルー》. 〖1841〗

róck·wèed *n.* 〖植物〗ヒバマタの類の各種の海藻《主にヒバマタ属 (*Fucus*) およびホンダワラ属 (*Sargassum*) の藻の総称; 干潮時には露出する》. 〖1626〗

Rock·well /rɑ́(ː)kwel, -wəl | rɔ́k-/, **Norman** *n.* ロックウェル (1894–1978; 米国の挿絵画家).

Róckwell hàrdness *n.* 〖冶金〗ロックウェル硬度《ダイヤモンドコーンを用いて測定した金属の硬度; cf. Brinell hardness》. 〖← *Stanley P. Rockwell* (20 世紀の米国の冶金学者)〗

róck wòol *n.* 岩綿(がんめん)《鉱石を溶かして作った羊毛様の繊維; 絶縁・断熱および防音材料として用いる; mineral wool ともいう》. 〖1909〗

róck·wòrk *n.* **1** (自然の)岩石の集まり, 岩山. **2 a** (岸壁・石垣・岩石庭園などの)積石工事, 築山. **b** ロックガーデン, 石庭 (rock garden). 〖1706〗

róck wrèn *n.* 〖鳥類〗イワミソサザイ (*Salpinctes obsoletus*)《米国東部およびメキシコ地方の岩間にすむミソサザイの類の鳴鳥》. 〖1858〗

rock·y[1] /rɑ́(ː)ki | rɔ́ki/ *adj.* (**rock·i·er; -i·est**) **1** 岩の多い, 岩だらけの; 岩石から成る: a ～ hill [canyon] 岩の多い山[渓谷]. **2** 困難に満ちた, 苦難の: the ～ road to accomplishment 達成への苦難の道. **3 a** 岩に似た, 岩のような; ごつごつした. **b** 岩のように不動な, 泰然とした. **c** 〈心など〉非情な, 冷酷な; 頑固な, 強情な: a ～ heart. **róck·i·ly** /-kə̀li/ *adv.* **róck·i·ness** *n.* 〖(?*a*1475) ← ROCK[1]＋-Y[4]〗

rock·y[2] /rɑ́(ː)ki | rɔ́ki/ *adj.* (**rock·i·er; -i·est**) 《口語》**1 a** 不安定な, ゆらゆらする, ぐらぐらする: a ～ chair ぐらぐらする椅子. **b** 不確実な, 当てにならない. **c** (精神的に)不安定な: a ～ marriage 不安定な結婚. **2** (病気・二日酔いなどで)ふらふらする, めまいのする, よろめく. **róck·i·ly** /-kə̀li/ *adv.* **róck·i·ness** *n.* 〖(1737) ← ROCK[2] (v.)＋-Y[4]〗

Rock·y /rɑ́(ː)ki | rɔ́ki/ *n.* ロッキー《男性名》. 〖(dim.) ← ROCK〗

Rócky Móunt *n.* ロッキーマウント《米国 North Carolina 州北東部の都市》.

Rócky Móuntain bée plànt *n.* 〖植物〗セイヨウフウチョウソウ (*Cleome serrulata*)《北米北中部および西部産の一年草または多年草; stinking clover ともいう》.

Rócky Móuntain góat *n.* 〖動物〗=mountain goat.

Rócky Móuntain júniper *n.* 〖植物〗Rocky 山脈地方に自生するヒノキ科ビャクシン属の常緑高木 (*Juniperus scopulorum*).

Rócky Móuntain Nátional Párk *n.* ロッキー山脈国立公園《米国 Colorado 州北部にあり, 山岳および野生動物で有名; 1915 年指定; 面積 1,060 km²》.

Rócky Moúntain réd cédar *n.* 〖植物〗=Rocky Mountain juniper.

Rócky Móuntains *n. pl.* [the ～] ロッキー山脈《北米大陸西部の山脈, Alaska 西部からメキシコにまでおよぶ; 延長 4,800 km, 最高峰 Mt. Elbert /ɛ́lbət | -bɑt/ (4,399 m); the Rockies ともいう》. 〖《なぞり》← F *les montagnes Rocheuses*〗

Rócky Móuntain shéep *n.* 〖動物〗=bighorn.

Rócky Móuntain spótted féver *n.* 〖病理〗ロッキー山紅斑(こうはん)熱《ダニの一種 Rocky Mountain wood tick によって媒介される rickettsia 病; 発熱・関節筋肉痛・発疹(ほっしん)を伴う》. 〖(1905) Rocky 山岳地方で最初に症例が発見されたことから〗

Rócky Móuntain Stàtes *n. pl.* [the ～] ロッキー山脈諸州《Rocky 山脈地帯に位置する米国 Colorado, Idaho, Montana, Nevada, Utah, Wyoming (時に Arizona, New Mexico を加えて) の諸州》.

Rócky Móuntain whítefish *n.* 〖魚類〗米国西部およびカナダ産 whitefish の一種 (*Prosopium williamsonii*).

Rócky Móuntain whíte píne *n.* 〖植物〗ロッキーマツ (⇨ limber pine).

Rócky Móuntain wóod tìck *n.* 〖植物〗ロッキー山紅斑熱を媒介するダニの一種 (⇨ wood tick). 〖1937〗

rócky róad *n.* 《米》〖菓子〗ロッキーロード《チョコチップ・マシュマロ・ナッツなどを混ぜたアイスクリーム》.

ro·co·co /rəkóʊkoʊ, roʊ-, ròʊkəkóʊ | rə(ʊ)kə́ʊkəʊ; *F.* ʀɔkɔko/ *n.* (*pl.* **～s**) **1** ロココ式《18 世紀に室内装飾を中心に行われた華麗な建築・美術様式》; ロココ建築; ロココ趣味. **2** 〖音楽〗ロココ様式《軽快で華やかな装飾を特徴とする, Louis 十五世時代のフランスを中心として栄えた音楽様式》. **— *adj.*** **1 a** ロココ式の, ロココ(様式)の, ロココ趣味の; ロココ時代の: ～ knights and ladies in the tapestry タペストリーに描かれたロココ風の騎士や貴婦人たち. **b** 〈建築・家具・文体など〉飾り過ぎて俗悪な, 派手すぎる. **2** 《古》古くなった, すたれた, 古臭い, 古風な. 〖(1836) ◻ F ～《変形》← *rocaille* pebblework ← *roc* 'ROCK[1]'〗

roc·om·bole /rɑ́(ː)kəmbòʊl | rɔ́kəmbə̀ʊl/ *n.* 〖植物〗=rocambole.

rod /rɑ́(ː)d | rɔ́d/ *n.* **1 a** (木・金属などの)細いまっすぐな棒: a curtain ～ カーテンつりの棒 / ⇨ divining rod. **b** 釣ざお; 釣師, 漁夫: a ～ and line 釣糸のついた釣ざお. **c** (懲罰用の)むち (cf. ferule[1] 1 a); [the ～] むち打ち; 懲罰: give *the* ～ むち打つ / make a ～ for oneself [for one's own back] 自ら苦しみ[災い]を招く / have a ～ in pickle for a person ⇨ *in* PICKLE[1] / kiss the ～ 神妙に[素直に]罰を受ける / a ～ to beat a person with 人を攻撃[非難]する根拠 / Spare the ～ and spoil the child. 《諺》むちを惜しめば子供はだだっ子になる,「かわいい子には旅をさせよ」. **d** 避雷針 (lightning rod). **e** (羊飼いの用いる狼よけの)棍棒. **2 a** (自然のままの, または切り取った)細いまっすぐな枝. **b** コリヤナギの細い枝 (osier). **3 a** 職標, 権標, 官杖(かんじょう). **b** 職権, 権力, 権威; 支配, 圧制. **4 a** 物差し; ($5\frac{1}{2}$ ヤードの)さお尺. **b** ロッド《長さの単位; $=5\frac{1}{2}$ yards, 16.5 feet, 5.029 m; 略 rd.; perch, pole, square pole ともいう》. **c** 平方ロッド (square rod)《面積の単位; $=30\frac{1}{4}$ 平方ヤード, 0.006 エーカー, 25.293 m²; 略 sq.rd., rd²; (square) perch, pole ともいう》. **5** 《米俗》ピストル. **6** 《米俗》=hot rod. **7** 《俗》=penis. **8** 〖機械〗棒, 桿(かん); 連桿. **9** 〖測量〗標尺, 箱尺. **10** 〖鉄道〗(貨車などの床下の)棒軸: ride [take] the ～s 《米俗》〈浮浪者が〉(棒軸に乗って)列車にただ乗りする. **11** 〖解剖〗(網膜内の)桿状体. **12** 〖生物〗**a** 桿菌. **b** 桿状染色体. **13** 〖聖書〗(一家[一族]の)分家, 支族; 子孫: the ～ of Jesse エッサイの子孫[血筋の者] (cf. *Isa.* 11:1). **14** 〖建築〗(モルタル[漆喰]塗装工事に用いる)直線鏝(ごて). **— *vt.*** (**rod·ded; rod·ding**) **1** …に棒(特に避雷針)を付ける[備える]. **2** 〈モルタル・漆喰などを〉直線鏝でならす. **～·lìke** *adj.* 〖lateOE *rodd* ← Gmc **roð-* (ON *rudda* club) ← IE **rēt-* post: cf. rood〗

Rod /rɑ́(ː)d | rɔ́d/ *n.* ロッド《男性名》. 〖(dim.) ← RODERICK // RODNEY〗

Rod·dick /rɑ́(ː)dɪk | rɔ́d-/, **Anita** *n.* ロディック《1942–2007; 英国の実業家; 環境保護志向の商品を売りものにした化粧品チェーン the Body Shop の創業者》.

Rod·dy /rɑ́(ː)di | rɔ́di/ *n.* ロディ《男性名》. 〖(dim.) ← RODERICK // RODNEY〗

rode[1] /róud | rə́ud/ *v.* ride の過去形;《古・方言》ride の過去分詞. 〖OE *rād* (pret.)〗

rode[2] /róud | rə́ud/ *n.* 〘海事〙(ニューイングランド・カナダ東部で用いる, 船の)もやい綱. 〖← ?〗

rode[3] /róud | rə́ud/ *vi.* 〈ガン・カモなど水鳥が〉夕方陸に向かって飛ぶ;〈ヤマシギ (woodcock) が〉繁殖期の間夕方に飛ぶ. **ród·ing** /-dɪŋ | -dɪŋ/ *n.* 〖(1768) ← ?〗

Ro·den·stock /róudn̩stɑ(ː)k | rə́udn̩stɔk; *G.* ʁóːdn̩ʃtɔk/ *n.* 〘商標〙ローデンストック《ドイツの眼鏡メーカー, その製品》.

ro·dent /róudn̩t | rə́ʊ-/ *adj.* **1** 嚙(か)む, かじる. **2** 〘病理〙〈潰瘍(かいよう)が〉蚕食性の. **3** 〘動物〙齧歯(げっし)目の. — *n.* 〘動物〙齧歯動物《ネズミ・リス・ビーバーなど》. **～-lìke** *adj.* 〖(1833) ◻ L *rōdent-*, *rōdēns* (pres.p.) ← *rōdere* to gnaw: ⇨ -ent〗

Ro·den·ti·a /roudénʃiə, -ʃə | rə(ʊ)-/ *n. pl.* 〘動物〙齧歯(げっし)目 (Simplicidentata ともいう). **ro·dén·tial** /-ʃəl, -ʃl̩/ *adj.* 〖← NL ～ (neut. pl.) ← L *rōdent-* (↑) ＋-IA[2]〗

ro·den·ti·cide /roudéntəsàɪd | rəudéntɪ̀-/ *n.* 殺鼠(さっそ)剤《有害齧歯類に用いる》. **ro·den·ti·cid·al** /roudèntəsáɪdl̩ | rəudèntɪ̀-ˈ-/ *adj.* 〖(1935) ← RODENT ＋-I-＋-CIDE〗

ródent òfficer *n.* 《英》捕鼠官. 〖1944〗

ródent òperative *n.* 《英》＝rodent officer. 〖1944〗

ródent ùlcer *n.* 〘病理〙(皮膚, 特に顔面にできる)蚕食性[侵食性]潰瘍(かいよう). 〖1853〗

ro·de·o /róudiòu, roudéɪou | rəudéɪəu, rə́udiəu/ *n.* (*pl.* ～s) 《米》**1** ロデオ《荒馬を乗り回したり投げなわ (lariat) を投げて牛を捕えたりして見せるカウボーイの公開演技》. **2 a** (数を調べたり, 焼印を押したりするための)牧牛の駆り集め. **b** (牧牛を収容する)囲い, 柵. **3** (オートバイなどの)曲乗りショー. — *vi.* ロデオに参加する. 〖(1834) ◻ Sp. ～ 'cattle ring' ← *rodear* to go round ← *rueda* wheel < L *rotam*: cf. roll〗

Ródeo Dríve *n.* ロデオドライブ《Los Angeles 近郊の Beveley Hills を南北に走る通り; 高級品店が軒を連ねる》.

Rod·e·ri·ca /rɑ̀(ː)dəríːkə | rɔ̀d-/ *n.* ロデリーカ《女性名》. 〖(fem.) ← RODERICK〗

Rod·er·ick /rɑ́(ː)dərɪk, rɑ́(ː)drɪk | rɔ́dərɪk, -drɪk/ *n.* ロデリック《男性名; 愛称形 Rod, Roddy, Rick, Ricky; 異形 Roderic》. 〖◻ ML *Rodericus* ◻ OHG *Hrōd(e)rich* (G *Roderich*)《原義》ruling in fame ← *hruo* fame ＋*-rich* rule, ruler (⇨ rich)〗

Rod·ger /rɑ́(ː)dʒə | rɔ́dʒə(r)/ *n.* ロジャー《男性名》. 〖(異形) ← ROGER〗

Rod·gers /rɑ́(ː)dʒəz | rɔ́dʒəz/, **Richard** (**Charles**) *n.* ロジャーズ《1902–79; 米国のミュージカル作曲家; Oscar Hammerstein 二世と組んで *Oklahoma!* (1943), *South Pacific* (1949), *The Sound of Music* (1959) などを作曲》.

rod·ham /rɑ́(ː)dəm | rɔ́d-/ *n.* ロダム《イングランド East Anglia 地方の Fen 地区の干上がった川床にみられる周囲より高くなった地形》. 〖(1932) ← ?〗

Ro·dhos /*Mod.Gk.* rɔ́ðɔs/ *n.* ＝Rhodes.

Ro·din /roudǽ(ŋ), -dǽŋ | rə́udæn; *F.* ʀɔdɛ̃/, **Auguste** (**René**) *n.* ロダン《1840–1917; フランスの彫刻家, 近代写実派の代表者; *Le Penseur*「考える人」(1898)》.

ród·less *adj.* 棒[さお, 杖]のない. 〖1834〗

rod·let /rɑ́(ː)dlɪ̀t | rɔ́d-/ *n.* 小さな棒[さお, 杖]. 〖1877〗

ród·man /-mən, -mæ̀n/ *n.* (*pl.* **-men** /-mən, -mɛ̀n/) **1** 〘測量〙標尺手, 測桿(かん)手. **2** 鉄筋(組込)工《鉄筋コンクリートの鉄筋を入れる[組む]人》. 〖1853〗

ród mill *n.* **1** 〘金属加工〙**a** 金属棒製造工場. **b** 棒鋼圧延機, (熱間)線材圧延機. **2** 〘機械〙ロッドミル《鋼鉄の棒を粉砕媒体とした回転円筒粉砕機; cf. ball mill》. 〖1885〗

Rod·ney /rɑ́(ː)dni | rɔ́d-/ *n.* ロドニー《男性名》. 〖← *Rodney Stoke* (英国 Somerset 州の地名) ← *Richard de Rodene* (最初の地主)＋OE *stoc* place: もと家族名〗

Rod·ney /rɑ́(ː)dni | rɔ́d-/, **George Brydg·es** /brɪ́dʒɪ̀z/ *n.* ロドニー《1719–92; 英国の提督; アメリカ独立戦争中の 1780 年 St. Vincent 岬沖でスペイン艦隊を, 1782 年カリブ海でフランス艦隊を破る; 1st Baron Rodney》.

Ro·dolph /róudɑ(ː)lf | rə́udɔlf/ *n.* ＝Rudolph.

Ro·dol·phus /roudɑ́(ː)lfəs | rəudɔ́l-/ *n.* ＝Rudolph.

rod·o·mon·tade /rɑ̀(ː)dəmɑntéɪd, ròud-, -tɑ́ːd | rɔ̀dəmɔntéɪd, -tɑ́ːd/ *n.* (*also* **ròd·o·mon·tá·do** /-dou | -dəu/) **1** だぼら, 自慢, 大風呂敷, 大言壮語. **2** 自慢屋, ほら吹き. — *adj.* 自慢する, ほら吹きの, 大言する. — *vi.* ほらを吹く, 自慢する. 〖(1612) ◻ (O)F ～ ◻ It. *rodomontata* ← *rodomonte* braggart ← *Rodomonte* (Ariosto 作 *Orlando Furioso* (1532) 中の自慢たっぷりのサラセンの首領:《原義》one who rolls (away) the mountain): ⇨ -ade〗

Ro·dos /*Mod.Gk.* rɔ́ðɔs/ *n.* ロードス《Rhodes のギリシャ語名》.

Rod·ri·go /rɑ(ː)dríːgou | rɔdríːgəu; *Sp.* roðríɣo/, **Joaquín** *n.* ロドリーゴ《1902–99; スペインの作曲家; ギターと管弦楽の名曲 *Concierto de Aranjuez*「アランフエス協奏曲」(1940) で知られる》.

Ro·dri·gues /roudríːgəs, rɑ(ː)dríːgɛs, -gəs | rɔdríː-gɛz; *Sp.* roðríɣes/ *n.* ロドリゲス(島)《インド洋にあるモーリシャスの島; Mauritius 島東北東にある》.

rod·ster /rɑ́(ː)dstə | rɔ́dstə(r)/ *n.* 釣師. 〖(1879) ← ROD＋-STER〗

Ro·dzin·ski /roudʒɪ́nski, rə- | rə(ʊ)-/, **Artur** *n.* ロジンスキー《1892–1958; ポーランド生まれの米国の指揮者》.

roe[1] /róu | rə́u/ *n.* 〘動物〙**1** (魚類・甲殻類・両生類などの)卵, 卵塊: hard ～ はららご. **2** (雄魚の)白子 (soft roe). 〖(*c*1450) *row(e)* ◻ ? MLG & MDu. *roge* (cf. OHG *rogo* (G *Rogen*) / ON *hrogn*) ← IE **krek-* frog spawn〗

roe[2] /róu | rə́u/ *n.* (*pl.* ～, ～s) 〘動物〙＝roe deer. 〖OE *rā(a)*, *rāha* ← Gmc **raiχ-* (Du. *ree* / G *Reh*) ← IE **rei-* flecked〗

ROE 《略》〘会計〙return on equity; rules of engagement (⇨ rule).

Roe, Richard *n.* ⇨ Richard Roe.

Roeb·ling /róublɪŋ | rə́ub-/, **John A**(**ugustus**) *n.* ローブリング《1806–69; ドイツ生まれの米国の土木技師; 鋼索吊橋の創案者; New York の Brooklyn Bridge の設計者》.

róe·bùck *n.* (*pl.* ～, ～s) 〘動物〙ノロジカ (roe deer) の雄. 〖*a*1387〗

roed /róud | rə́ud/ *adj.* [通例複合語の第 2 構成素として]〈魚が〉卵[白子]をもった: a full-*roed* fish 卵を一杯もった魚 / a soft-*roed* fish 白子をもった魚. 〖(1611) ← ROE[1] ＋-ED[2]〗

Roe·dean /róudiːn | rə́u-/ *n.* ローディーン《英国 Brighton 付近にある女子パブリックスクール》. 〖1948〗

róe dèer *n.* 〘動物〙ノロジカ (*Capreolus capreolus*)《ヨーロッパ・アジア産の敏速・優美な小形のシカ》. 〖OE〗

Roeg /róug | rə́ug/, **Nicholas** *n.* ローグ《1928–　; 英国の映画監督; *Don't Look Now*「赤い影」(1973), *The Man Who Fell to Earth*「地球に落ちてきた男」(1975)》.

roent·gen /réntgən, rʌ́nt-, -tʃən | rɔ́ntgən, rɑ́n-, rɑ́ːn-, -tjən; *G.* ʁœ́ntgn̩/ *adj.* [時に R-] **1** レントゲンの. **2** レントゲン線の: a ～ photograph レントゲン写真. — *n.* 〘物理〙レントゲン《X 線またはガンマ線の放射線量の単位; 1 レントゲンは, 温度 0°C, 1 気圧の乾燥した空気 1 cm³ の中に 20 億 8 千万個のイオン対を作る X 線またはガンマ線の量; 記号 r; cf. curie, rad, rem, rep[6]》. 〖(1896) ← W. K. Roentgen〗

Roent·gen /réntgən, rʌ́nt-, -tʃən | rɔ́ntgən, rʌ́nt-, -rɑ́ːnt-, -tjən; *G.* ʁœ́ntgn̩/, **Wilhelm Konrad** *n.* レントゲン《1845–1923; ドイツの物理学者でレントゲン線の発見者; Nobel 物理学賞 (1901)》.

róentgen equivalent mán *n.* ⇨ rem.

roent·gen·ize /réntgənàɪz, rʌ́nt-, -tʃən- | rɔ́ntgən-, rʌ́nt-, rɑ́ːnt-, -ntjən-/ *vt.* **1** 〘医学〙…にレントゲン(線)をかける. **2** 〘物理〙(レントゲン線をかけて)〈空気・その他の気体に〉導電性を与える. **ròent·gen·i·zá·tion** /-nɪ̀zéɪʃən | -naɪ-, -nɪ-/ *n.* 〖1909〗

roent·gen·o- /réntgənou, rʌ́nt-, -tʃən- | rɔ́ntgənəu, rʌ́nt-, rɑ́ːnt-, -ntjən-/「レントゲン (roentgen)」の意の連結形: *roentgenology*. 〖← ROENTGEN＋-O-〗

róent·gen·o·gràm /-nəgræ̀m/ *n.* レントゲン写真, レントゲン像. 〖(1904) ← ROENTGENO-＋-GRAM〗

róent·gen·o·gràph /-nəgræ̀f | -grɑ̀ːf, -græ̀f/ *n.* ＝roentgenogram. 〖(1909) ← ROENTGENO-＋-GRAPH〗

roent·gen·og·ra·phy /rèntgənɑ́(ː)grəfi, rʌ̀nt-, -tʃən- | rɔ̀ntgənɔ́grəfi, rʌ̀nt-, rɑ̀ːnt-, -ntjən-/ *n.* レントゲン撮影(法). **ròent·gen·o·gráph·ic** /-nəgrǽfɪk-ˈ/ *adj.* **ròent·gen·o·gráph·i·cal·ly** *adv.* 〖(1905) ← ROENTGENO-＋-GRAPHY〗

roent·gen·ol·o·gy /rèntgənɑ́(ː)lədʒi, rʌ̀nt-, -tʃən- | rɔ̀ntgənɔ́l-, rʌ̀nt-, rɑ̀ːnt-, -ntjən-/ *n.* X 線(医)学, 放射線科 (radiology の旧称). **ròent·gen·o·lóg·ic** /-nəlɑ́(ː)dʒɪk | -lɔ́dʒ-ˈ/ *adj.* **ròent·gen·o·lóg·i·cal** /-dʒɪ̀kəl, -kl̩ | -dʒɪ-ˈ/ *adj.* **ròent·gen·o·lóg·i·cal·ly** *adv.* **ròent·gen·ól·o·gist** /-dʒɪ̀st | -dʒɪst/ *n.* 〖(1905) ← ROENTGENO-＋-LOGY〗

ròentgeno·páque /-noupéɪk | -nə(ʊ)-ˈ/ *adj.* レントゲン線を通さない. 〖← ROENTGENO-＋OPAQUE〗

ròentgeno·pár·ent /-pέərənt, -pǽr- | -pǽr-, -pέər-ˈ/ *adj.* レントゲン線で見える, レントゲン透視可能な. 〖← ROENTGENO-＋(AP)PARENT〗

róent·gen·o·scòpe /-nəskòup | -skə̀up/ *n.*, *vt.* 〘医学〙＝fluoroscope. **ròent·gen·o·scóp·ic** /-skɑ́(ː)pɪk | -skɔ́p-/ *adj.* **ròent·gen·ós·co·py** /-nɑ́(ː)skə- | -nɔ́s-/ *n.* 〖(1923) ← ROENTGENO-＋-SCOPE〗

ròentgeno·thérapy *n.* 〘医学〙レントゲン(線)療法, X 線療法. 〖(1903) ← ROENTGENO-＋THERAPY〗

Róentgen rày, r- r- *n.* [通例 *pl.*] レントゲン線, X 線 (X ray の旧称). 〖1890〗

Róentgen(-ràv) tùbe *n.* X 線管. 〖1911〗

Roe·rich /rέːrɪk, rέᵊr- | rɔ́ːr-, réər-/, **Nikolay Konstantinovich** *n.* レーリヒ《1874–1947; ロシア生まれの米国の画家》.

Roe·se·lare /*Flem.* rúsəlaːrə/ *n.* ルーセラーレ《Roulers のフラマン語名》.

róe·stòne *n.* 〘岩石〙魚卵状石灰岩 (oolite). 〖(1804) ← ROE[1]＋STONE〗

Roeth·ke /rétkə, réθ-, -ki | rétkə/, **Theodore** *n.* レトケ《1908–63; 米国の詩人; *The Waking* (1953)》.

Róe vs. Wáde *n.* ロウ対ウェード事件(判決)《妊娠中絶を許容する州法の合憲性が認められた事件》.

Roffen. 《略》*ML.* Roffēnsis (＝of Rochester) (Bishop of Rochester が署名に用いる; ⇨ Cantuar. 2).

ROG /ɑ́ːroudʒíː | ɑ́ː(r)əu-/ 《略》〘商業〙receipt of goods 到着払い, 現金引換え.

Ro·gaine /róugeɪn | rə́u-/ *n.* 〘商標〙ロゲイン《米国 The Upjohn Co. 製の男性用円形脱毛治療のための塗布薬》.

ro·gal·lo /rəgǽlou | -ləu/ *n.* (*pl.* ～s) ロガロ《三角形の骨組に布を張って作ったハンググライダー》. 〖(1961) ← *Francis M. Rogallo* (20 世紀米国の技術者)〗

ro·gan josh /róugəndʒòuʃ | rə́ugəndʒə́uʃ/ *n.* 〘料理〙ローガンジョーシ《濃厚なトマトソースの中にカレーで味付けしたラムなどの肉のはいったインド料理》. 〖◻ Urdu *roghan josh* ← *roghan* fat＋*josh* boiling〗

ro·ga·tion /rougéɪʃən | rə(ʊ)-/ *n.* **1** (古代ローマの, 人民の議決を求めるために執政官または護民官の行う)法律案の提出; その提出法律案. **2** 〘キリスト教〙**a** [*pl.*] (Rogation Days に行われる) 祈願(祭), 祈禱(きとう), 連禱, 嘆願; 祈願祭の儀式. **b** 《廃》連禱; 祈願. **～·al** /-ʃnəl, -ʃənl̩/ *adj.* 〖(*a*1387) ◻ L *rogātiō(n-)* ← *rogātus* (p.p.) ← *rogāre* to ask,《原義》to stretch toward ∽ ME *rogacio(u)n* ◻ OF (F *rogation*) ← IE **reg-*: ⇨ -ation〗

Rogátion Dàys *n. pl.* 〘キリスト教〙祈願祭[節], 昇天前祈禱日《キリスト昇天の祝日 (Ascension Day) 前の三日間(月・火・水), 昇天前祈禱日; カトリック教会では,「諸聖人の連禱(れんとう)」(Litany of the Saints) を唱えながら行列をする; 英国国教会では豊年の祈願を行い, 地方には行列の風習が残っている所がある》. 〖*a*1400〗

rogátion flòwer *n.* 〘植物〙ヒメハギ科ヒメハギ属の多年草 (*Polygala vulgaris* または *P. incarnata*). 〖1597〗

Rogátion Sùnday *n.* 〘キリスト教〙祈願祭前の日曜日. 〖1662〗

Rogátion·tìde *n.* 〘キリスト教〙祈願祭 (Rogation Days) のころ[期間]. 〖1872〗

Rogátion wèek *n.* 〘キリスト教〙祈願祭週間. 〖1530〗

rog·a·to·ry /rɑ́(ː)gətɔ̀ːri | rɔ́gətəri, -tri/ *adj.* 査問の, 調査の; (他裁判官に対する)調査依頼の: a ～ commission 査問委員会 / ⇨ letters rogatory. 〖(1843–56) ◻ ML *rogātōrius* ← L *rogātus* (⇨ rogation, -ory[1]): cf. interrogatory〗

rog·er[1] /rɑ́(ː)dʒə | rɔ́dʒə(r)/ *int.* **1** 〘通信〙了解 (cf. wilco). **2** 《口語》よし, 承知した. 〖(1941) (*message*) *r(eceived and understood)* の 'r' に仮につけた男性名 Roger から〗

rog·er[2] /rɑ́(ː)dʒə | rɔ́dʒə(r)/ 《卑》*n.* **1** ＝penis. **2** 性交. — *vt.* 〈女〉と性交する. — *vi.* 〈男が〉性交する 〈*with*〉. 〖(1711) ← ROGER〗

rog·er[3], **R-** /rɑ́(ː)dʒə | rɔ́dʒə(r)/ *n.* ＝Jolly Roger.

Rog·er /rɑ́(ː)dʒə | rɔ́dʒə(r); *F.* ʀɔʒe/ *n.* ロジャー《男性名; 愛称形 Dodge, Rodge; 異形 Rodger》. 〖ME ◻ ONF ～ ◻ OHG *Hrōdgēr* ← *hruod* fame＋*gēr* spear ∽ OE *Hrōpgār*〗

Roger de [of] Coverley, Sir *n.* 〘ダンス〙＝Sir Roger de Coverley.

Rog·ers /rɑ́(ː)dʒəz | rɔ́dʒəz/, **Bruce** *n.* ロジャーズ《1870–1957; 米国の書籍装丁家・印刷師》.

Rogers, Ginger *n.* ロジャーズ《1911–95; 米国のダンサー, 映画女優; Fred Astaire の相手役で有名》.

Rogers, Richard *n.* ロジャーズ《1933–　; 英国の建築家; パリの Pompidou Centre (1971–77), ロンドンの Lloyds (1986)》.

Rogers, Robert *n.* ロジャーズ《1731–95; 米国の開拓者》.

Rogers, Samuel *n.* ロジャーズ《1763–1855; 英国の詩人; *The Pleasures of Memory* (1792)》.

Rogers, Will(**iam Penn A·dair** /ədέə | ədέə(r)/) *n.* ロジャーズ《1879–1935; 米国の俳優・ユーモア作家》.

Ro·get /rouʒéɪ, róuʒeɪ | rɔ́ʒeɪ, rə́u-/, **Peter Mark** *n.* ロジェ《1779–1869; 英国の医師・語学者; *Thesaurus of English Words and Phrases* (1852) の編者》.

Rog·ge /rɑ́(ː)gə | rɔ́gə/, **Jacques** *n.* ロゲ《1942–　; ベルギーの外科医; 国際オリンピック委員会 (IOC) の会長 (2001–2013)》.

ro·gnon /rounjɔ̃ː(ŋ), -njɔ́ːŋ | rəu-; *F.* ʀɔɲɔ̃/ *n.* 〘登山〙ロニョン《氷河上に露出している岩》. 〖(1828) ◻ F ～〗

rogue /róug | rə́ug/ *n.* **1 a** 不正直者, 詐欺師, ぺてん師 (⇨ knave SYN): play the ～ 詐欺を働く. **b** 悪党, ごろつき (rascal): an arrant ～ 途方もない悪党. **2** 《戯言》いたずら者, ひょうきん者, 茶目公: You dear little ～! いたずらっ子ね. **3** 浮浪の象, はぐれ象[水牛など]《性質が荒く群れを離れてさまよう動物》; (競馬・猟での)ずるけ馬. **4** 《古》浮浪人, こじき: ～*s* and vagabonds 浮浪人たち. **5** 〘生物〙(通例, 劣等な)変異個体. **6** 〘園芸〙**a** 不良実生(みしょう)《普通, 生長不良や異常な苗を指す》. **b** (たまたま種子が混じって生じた)異型の苗. — *adj.* 〈野生動物が〉(群れから離れていて)狂暴な: a ～ animal / ⇨ rogue elephant. — *v.* (**rogued**; **rogue·ing, rogu·ing**) — *vt.* **1** だます, 欺く. **2 a** 〈悪い苗を〉引き抜く, 抜き捨てる. **b** 〈畑〉から悪い苗を間引く: ～ a field. — *vi.* **1** 浮浪生活をする. **2** 間引きをする. 〖(1561) ← ?《廃》*roger* begging vagabond (Oxford や Cambridge の苦学生を装った) ← ? L *rogāre* to ask: ⇨ rogation〗

rógue élephant *n.* 浮浪[はぐれ]象. 〖1859〗

rogu·er·y /róugəri | rə́ug-/ *n.* **1** 悪事, 詐欺: play ～ upon a person 人をだます, 人に対して詐欺を働く. **2** いたずら, 悪ふざけ. 〖(1592) ← ROGUE＋-ERY〗

rógue's gallery *n.* (警察の)犯罪者写真台帳. 〖1859〗

rógue's márch *n.* 追い出しマーチ, 悪党行進曲《もと人を軍隊や社会から追放する時に演奏した曲》. 〖1802〗

rógue státe *n.* ならず者国家《国際的テロに関与したりテロリストたちを支援する国; 主に米国が使っていた語》.

rógue's yàrn *n.* 〘海事〙識別糸《索具・ロープの中にねじり込まれた他と違う撚(ﾖ)り・材料・色などの細ロープで, 盗難防止, 欠陥ロープの製造所識別用にする; identification thread ともいう》. 〘1769〙

rógu·ish /-gɪʃ/ *adj.* **1 a** ごろつきの, 無頼の, 悪党らしい. **b** 悪事をする, 不正をする. **2** いたずらっぽい, ふざけた, 茶目な: a ～ look いたずらっぽい顔つき[表情, 様子]. **～·ly** *adv.* **～·ness** *n.* 〘1572〙

Röhm /G. rǿːm/, **Ernst** *n.* レーム《1887–1934; ドイツの軍人; 突撃隊を組織し隊長となったが, Hitler の命により処刑された》.

Ro·hyp·nol /roʊhípnɔ(ː)l | rəʊhípnɒl/ *n.* 〘商標〙ロヒプノール《benzodiazepine 類の強力な精神安定剤》. 〘*c*1985〙

roi /rwáː; *F.* ʁwa, ʁwɑ/ *F. n.* (*pl* **～s** /～z; *F.* ～/) 〘英議会〙王 (cf. reine): Le ～ le veult (＝veut) [lvø]. 朕(ﾁﾝ)は裁可す (＝the King wills it)《フランス王が議案に裁可を下す時の形式文句; 英国王は今もこの形式を用いる; cf. royal assent》/ Le ～ s'avisera [savizra]. 朕は考慮せん (＝the King will consider)《フランス王が議案に裁可を拒む時の形式文句》. 〘□F ～ ＜L *rēgem, rēx*: cf. royal〙

ROI /áːòʊáɪ | áː(r)əʊ-/ 《略》〘会計〙return on investment; Royal Institute of Oil Painters (英国)王立油彩画家協会.

roid /rɔ́ɪd/ *n., adj* 《米俗》＝steroid.

roi fai·né·ant /⌐ fèɪneɪáː(ŋ), -áːŋ; *F.* -fɛneɑ̃/ *F. n.* (*pl.* **rois fai·né·ants** /～; *F.* ～/) **1** 名義だけの国王. **2** (王権が有名無実になった)後期メロヴィング (Merovingian) 朝の王. 〘(1841) □F ～ 'King Do-nothing': ⇨ roi, fainéant〙

roil /rɔ́ɪl/ *vt.* **1** 底にたまった物[おり]をかき立てて〈液体を〉濁らす. **2** 〈心を〉かき乱す, 混乱させる; 怒らせる, いらだたせる. **— *vi.*** **1** 乱れる. **2** 荒れ狂う, 狂ったように動き回る. **— *n.*** **1** (水・流体などの)動揺. **2** (川の)激流の部分, 早瀬. 〘(1590) □? F 《廃》*ruiler* to mix mortar ＜LL *rēgulāre* 'to REGULATE': cf. rile〙

roil·y /rɔ́ɪli/ *adj.* (**roil·i·er**; **-i·est**) 濁った; 怒った; 激しい, 荒れ狂う: ～ waters 激流. 〘1823〙

roi·nek /rɔ́ɪnɛk/ *n.* 《南ア》＝rooinek.

rois·ter /rɔ́ɪstə | -tə(r)/ *vi.* **1** どんちゃん騒ぎをする, 飲み騒ぐ. **2** 威張り散らす, わめく. **～·er** /-tərə | -tərə(r), -trə(r)/ *n.* 〘(1551)《動詞用法》← roister (n.) □? OF *ru(i)stre* ruffian《変形》← *ru(i)ste* rustic ＜L *rūsticum* 'RUSTIC'〙

róis·ter·ing /-tərɪŋ, -trɪŋ/ *adj.* **1** 飲み騒ぐ. **2** 威張り散らす. 〘1850〙

rois·ter·ous /rɔ́ɪstərəs, -trəs/ *adj.* ＝roistering.

ro·jak /róʊdʒɑː | rə́ʊ-/ *n.* (マレーシアで)チリソースをかけたサラダ料理.

ROK /áːòʊkéɪ, rá(ː)k | áː(r)əʊkéɪ, rɔ́k/ *n.* **1** 韓国; 〘自動車国籍表示〙韓国. **2** (*also* **Rok**) 韓国兵.
★ /rá(ː)k | rɔ́k/ という発音は特に形容詞的に使われるときに多い. 〘《頭字語》← *R(epublic) o(f) K(orea)*〙

R

roke /róʊk | rə́ʊk/ *n.* 《英方言》**1 a** 湯気, 水蒸気, 蒸気. **b** 霧, もや. **2** 煙. 〘(*c*1250) □ ON **raukr* smoke, steam (cf. ON *reykr* / Da. *røg*) ⇨ reek〙

rol·a·mite /róʊləmàɪt | rə́ʊ-/ *n.* 〘機械〙ローラマイト《金属またはプラスチック製の薄いベルトを 2 個(以上)のローラーに S 字状にかけた一種の滑車装置; 摩擦抵抗が非常に小さい》. 〘← ROL(LER[1])＋*-amite* (← ? DYNAMITE): 発明者 D. F. Wilkes (1931– : 米国の工学者)の造語〙

Ro·land[1] /róʊlənd | rə́ʊ-; *F.* ʁɔlɑ̃, *Du.* róːlant/ *n.* ローランド《男性名; 愛称形 Rollo, Rolly, Rowe; 異形 Rolland, Rowland》. 〘lateOE □ ONF ～ □ OHG *Hrōdland* ← *hruod-* fame＋*land, lant* 'LAND[1]': cf. Orlando[2]〙

Ro·land[2] /róʊlənd | rə́ʊ-; *F.* ʁɔlɑ̃/ *n.* **1** ローラン《フランスの騎士道物語に伝えられる Charlemagne の甥(ｵｲ)で, その旗下の十二勇士 (twelve paladins) の一人; その友で同じく Charlemagne の旗下の勇士 Oliver と試合をしたが 5 日間戦ってついに勝負がつかなかったという; cf. Roncesvalles》. **2** 勇将, 勇士.
a Róland for an Óliver 対等の力量ある好取組; 負けず劣らず; しっぺ返し, 売り言葉に買い言葉: give a person *a ～ for an Oliver* 人に同一手段で仕返し[しっぺ返し]する. 〘(*a*1325) □ OF ～ (↑)〙

role /róʊl | rə́ʊl/ *n.* **1** 任務, 役目, 本務: the ～ of religion in society 社会における宗教の役割 / the ～ of cholesterol in blood and heart disease 血液および心臓疾患(発生)におけるコレステロールの役割 / fill the ～ of …の任を満たす / play an important [a leading] ～ in …で重要[指導的]な役割を演じる. **2** (演劇・映画などの出演者の)役割, 役: the leading ～ 主役 / a small ～ 端(ﾊ)役. **3** 役割《ある集団や社会の中で個人が占める地位 (status) にふさわしいものと期待される行動様式》. **4** 〘電算〙(データベースにおける)各データの役割. 〘(1606) □F *rôle*, 《廃》*roule*《原義》roll (役者の台詞(ｾﾘﾌ)を書いた巻物): cf. roll〙

róle mòdel *n.* 役割モデル《何らかの社会的役割がよく果たせて, 他人の見本になるような人》. 〘1959〙

róle-plày *n.* ＝role-playing. **— *vi., vt.*** (心理療法などで)…の役割を演ずる.

róle-plàying *n.* **1** 〘心理〙役割演技《ある状況に実際に居合わせているように特定の役割・行動を被験者に演技させて, その経過を討議させること; 心理療法・社会復帰促進に利用される; cf. psychodrama》. **2** ロールプレーイングゲームをすること. 〘1943〙

róle-playing gàme *n.* ロールプレーイングゲーム《プレーヤーが特徴を細かく設定されたキャラクターとなって筋書に定められた冒険などをするゲーム; 略 RPG》.

róle revérsal *n.* (仕事・家事・育児などにおける男女間の)役割転換. 〘1951〙

Ro·lex /róʊlɛks | rə́ʊ-/ *n.* 〘商標〙ロレックス《スイス(元英国)の腕時計メーカー》.

Rolf /rá(ː)lf | rɔ́lf, rə́ʊf; *G.* ʁɔlf / *n.* ロルフ《男性名》. 〘□ ON *Hrōlfr*＝OHG *Hrōdulf* 'RUDOLPH'〙

Rolfe /rá(ː)lf | rɔ́lf, rə́ʊf/, **John** *n.* ロルフ《1585–1622; 英国から米国への入植者; 1610 年に Virginia 州の Jamestown に移住し, たばこの栽培を導入; Pocahontas の夫》.

rolf·ing /rɔ́(ː)lfɪŋ, rá(ː)l- | rɔ́(ː)l-/ *n.* [しばしば R-] 〘商標〙ロルフィング, ロルフ式マッサージ《筋肉をほぐすことにより精神的緊張を取り除こうとするマッサージの一種》. 〘(1972) ← *Ida P. Rolf* (1897–1979: 米国の自然療法家): ⇨ -ing[1]〙

roll /róʊl | rə́ʊl/ *vi.* **1 a** 〈球・車輪が〉転がる; 回る, 回転する; 転がって進む: ～ down 転がり落ちる / ～ on 転がって行く, 転がり進む / ～ *over* (and over) (ぐるりと)転がる / ～*ing* wheels 回転する車輪 / ～ from side to side 左右に揺れる / The coin ～*ed* under the counter. 硬貨はカウンターの下に転がっていった / The ball ～*ed* (*away*) into a ditch. ボールはどぶの中に転がり込んだ / The barrel started ～*ing*. 樽は転がり始めた / Heads will ～ (for this)! (失策などで責任者の)何人かの首がとぶだろう / ⇨ *set a* STONE *rolling* / ⇨ rolling stone / waves ～*ing* in to shore [onto the shore] 岸に打ち寄せる波. **b** 〈涙・汗などが〉流れ落ちる: Sweat was [Tears were] ～*ing* down his face. 汗[涙]が顔を流れ落ちていた. **2 a** 〈人・動物が〉(寝て, または仰向いて)転がる, 転がり回る: ～ *over* ころころ転がる / You don't expect me just to ～ *over* and play dead, do you? (訓練された犬が命令に従ってごろっと横になり死んだふりをするように)僕が君の言いなりになるとは思っていないだろうね / ～ in bed (ベッドで)寝返りを打つ / The mule tried to ～. ラバは地面に転がろうとした《乗り手または荷を嫌がって》. **b** 〘毛布代わりに札束にくるまっているの意から〙[通例 be ～*ing* として]《口語》(…の中にごろごろ暮らす, 贅沢に暮らす 〈*in*〉: He *is* ～*ing in* money [it, cash]. 金に埋まっている, 金が有り余っている. **c** 《口語》腹をかかえて笑う 〈*about, around*〉. **3 a** 〈車が〉進む, 走る 〈*along, by*〉: A carriage [train] ～*ed along*. 馬車[列車]が通った. **b** 車に乗って行く[走る]: He ～*ed* past in his car. 車に乗って通って行った / We'd better get ～*ing* if we don't want to be late. 遅れたくなければ車で行ったほうがよい. **c** (流れに乗って)運ばれる, 流れて行く. **d** さまよう, ぶらぶら歩き回る. **4 a** 〈波などが〉うねる, 波動する: a ～*ing* seas うねる波. **b** 〈土地が〉起伏する, うねる; 広がる: a ～*ing* plain 起伏する平原. **c** 〈雲などが〉漂う; 〈煙などが〉もくもく昇る: The fog ～*ed away*. 霧は動いて消え去った / Smoke ～*s up*. 煙が巻き上がる. **d** 〈言葉などが〉流れるように出る. **5 a** 〈船・飛行機が〉横揺れする (cf. pitch[1] *vi.* 5); 〈船が〉横揺れしながら進む: The ship pitched and ～*ed* in the storm. 船はあらしの中で前後左右に揺れた. **b** 体を揺すって歩く; よろめく: He ～*ed* up to her. 体を揺すぶりながら彼女に近づいた. **6 a** 〈雷・太鼓などが〉ごろごろ[どんどん]鳴り響く, とどろく. **b** 〈鳥が〉(玉を転がすように)さえずる (trill). **7 a** 動き出す, 活動を始める: The motor ～*ed*. モーターが始動した. **b** 進んでいく: get business ～*ing* (again) (再び)商売をうまくやっていく. **c** 〈製品が〉(…から)出てくる 〈*off*〉: Books ～*ed off* the presses and cars ～*ed off* the assembly lines. 印刷機から本が, そして組立てラインから車が出てきた. **8** 〈目玉が〉ぐるりと動く: His eyes ～*ed*. **9 a** 〈歳月・時間が〉過ぎ去る 〈*on, by*〉; 〈季節などが〉巡る 〈*around*〉: Time ～*s* away. 時は過ぎ去る / The years ～*ed on* [*by, past*]. 歳月は経過した, 年月は過ぎた / Things will be better when the clouds ～ by. 時機がくれば状況は好転するだろう. **b** [命令形で ～ on として] (季節などに向かって)早く来い: *Roll on*(,) Christmas. クリスマスが早く来ればいいなあ. **10** 〈天体が〉運行する: The planets ～ (*on*) in their courses. 惑星は軌道を運行する. **11 a** 〈糸・布・紙などが〉丸くなる, 巻かれる 〈*up*〉: Carpets ～ *up* easily. カーペットは楽に巻ける. **b** 〈猫などが〉背中を丸くする, 丸くなる 〈*up*〉: The hedgehog ～*ed up* (into a ball). ハリネズミは丸くなった. **12 a** (いったん巻かれた後)広がる, 延びる 〈*out*〉. **b** 〈金属・印刷インク・練り粉などが〉(ローラーにかけられて)伸びる: The metal ～*s* easily. この金属はよく伸びる[圧延される]. **13** とんぼ返りする, 宙返りする. **14** 《古》心に去来する. **15** 〘宇宙〙〈ロケット・誘導弾が〉横揺れする《回転して安定飛行の状態から外れる》. **16** 〘印刷〙印刷に付される.

— *vt.* **1 a** 転がす, 回す, 回転させる; 転がして行く: ～ a barrel [ball] (*along*) 樽[ボール]を転がす / ～ a person a ball＝～ a ball *to* a person 人のほうへボールを転がす / Rapids ～ stones down (river). 急流は石を転がし流す. **b** (なぐって)転倒させる: ～ a person *over*. **c** 転がして丸くする. **2 a** 〈車を〉ころころ転がす: ～ a wheelbarrow 一輪車を押す / ～ it (*along* [*around, away*]) (ある方向に[同じ場所で, 邪魔にならないようにどかす目的で])それを転がす. **b** 車で運ぶ. **c** ころ (rollers) で運ぶ: ～ a stone to the garden 石を庭までころで運ぶ. **d** 流す, 押し流す: The flood ～*ed* its muddy waters over the village. 洪水は濁流で村を水浸しにした. **3 a** 〈糸・布・紙などを〉巻く, 丸める: ～ bandages / ～ cotton around a reel 綿糸を糸巻に巻き取る / ～ wool *into* a ball 毛糸を巻いて球にする / ～ a greatcoat 防寒コートを巻き畳む / ～ a huge snowball 大きな雪の球を作る / ～ snow *into* a ball 雪を丸めて雪つぶてを作る / ～ clay between one's fingers 粘土を指で丸める / ～ pastry (out) flat ペストリーを伸ばして平らにする. **b** [しばしば ～ itself で] 〈動物が〉背を丸くする (cf. *vi.* 11 b, ROLL *up* (*vt.*) (2)): The kitten ～*ed itself* (*into* a ball). 子猫は丸くなった. **c** 巻いて作る; 巻いて包む, 包み込む, くるむ: ～ (a person) a cigarette＝～ a cigarette (*for* a person) (人のために) 巻たばこを巻く / ～ a baby *in* a shawl 赤ちゃんをショールにくるむ / ～ oneself *in* a blanket 毛布にくるまる / ～ panty-hose *on* and *off* パンストを(引っ張るのではなく)巻いてはいたり脱いだりする. **4** 〈目玉を〉ぐるりと動かす; 〈頭などを〉ぐるりと回す: He ～*ed* his eyes *at* me. 目玉をぐるりとさせて私を見た / He ～*ed* his head. 顔をぐるぐる回した. **5 a** 〈地面・道路・芝生などを〉ローラーでならす; 〈布・紙・インクなどを〉ローラーで伸ばす: ～ a lawn (flat [smooth]) 芝生を(平らに[でこぼこがないように])ならす. **b** 〘金属加工〙〈金属を〉ローラーで伸ばす: ～*ed* steel 圧延鋼 / ⇨ rolled gold. **c** 〈巻いた物を〉広げる, 延ばす; …にアイロンをかける 〈*out*〉. **d** 〈練り粉などを〉めん棒で伸ばす; 〈麦などを〉押して平らにする (⇨ rolled 3). **6** 〈船・飛行機などを〉横揺れさせる, 左右に揺らす: The rough waves ～*ed* the ship along. 荒波は船を左右に揺らした / He ～*ed* himself from side to side. 身体を左右に揺すった. **7** 〘ダイス〙(クラップス (craps) で)〈さいころを〉転がす[振る, 投げる]. **8** 〈カメラなどを〉作動させる, 始動する. **9** 《米俗》〈酔っ払いなど〉から盗む (rob): ～ a drunk 酔っ払いから金などを奪う. **10 a** 〈太鼓を〉どんどん鳴らす[打つ]; 鳴り響かせる. **b** 太い強い声で発する, 朗々と言う[歌う] 〈*out*〉: ～ *out* verses [a song] 太く強い声で詩を朗吟する[歌を歌う]. **c** 〈オルガンなどを〉重々しく共鳴音で奏する. **11** 〘音声〙〈音を〉顫動音[ふるえ音]で発音する (cf. trill[1] *n.* 3): He ～*s* his r's. 彼は 'r' の音を巻き舌で発音する. **12** [～ on として] **a** 〈ペンキなどを〉(はけで伸ばしながら)塗る. **b** 〈輪ゴムなどを〉(ぐるぐる回しながら)はめる, 巻き付ける (cf. roll-on *n.* 1). **c** 〈化粧水などを〉ロールオンで付ける[塗付する] (cf. roll-on *n.* 2). **13** 《古》(心に)思いめぐらす. **14** 〘印刷〙〈版面など〉にローラーで印刷インクを塗る, インク付けをする. **15** 〘海事〙〈船・帆桁(ﾎｹﾞﾀ)・マストが〉〈索具などを〉揺り動かす.

róll aróund (1) ころげ回る. (2) ⇨ *vi.* 2 c, *vt.* 2 a. (3) 〈季節などが〉巡って来る: Winter ～*ed around* again. 冬がまたやって来た. ***róll báck*** (1) 逆転[後退]させる; 逆転[後退]する: ～ *back* the tide of war 戦況を逆転させる / ～ *back* the years to our youth. 時の流れを若い頃に逆もどりさせる. (2) 《米》(統制などによって)〈物価などを〉元の水準に引下げる (cf. rollback 2). ***róll dówn*** (1) ⇨ *vi.* 1 a, 1 b, *vt.* 1 a. (2) 〈窓などを〉ハンドルを回して下げる: Please ～ *down* the window. (車の)窓を開けてください. (3) 〈巻いた物を〉広げる, 下ろす. ***rólled ìnto óne*** 合わせて一つになった: a saint and a philosopher ～*ed into one* 聖人と哲学者とを合わせたような人. ***róll ín*** (1) 〈物・人が〉転がり[流れ]込む, たくさん入る[集まる]: The waves ～ *in*. 波が打ち寄せる / Money is ～*ing in*. (2) 《口語》やって来る, 現れる. (3) 《口語》(寝るために)毛布にくるまる; 寝る. (4) ⇨ *vi.* 2 b. (5) (ホッケーで)サイドラインを越えたボールをゴロで再びプレーに戻す. ***róll ìnto*** 〈人が〉…に遅くやって来る, 遅く出勤する. ***róll óff*** (1) …から転げ落ちる. (2) ⇨ *vi.* 7 c. ***róll óut*** (1) 転がり出る. (2) 《俗》(ベッドから)起き出る. (3) ⇨ *vi.* 12 a, *vt.* 5 c. (4) 《口語》…を量産する. (5) 〘アメフト〙〈クォーターバックが〉パスをする前に右[左]に回り込む《フルバックにボールを手渡す(と見せかける)ため》. ***róll óver*** (1) ⇨ *vi.* 1 a, 2 a; *vt.* 1 b. (2) 〘証券〙〈償還期限の来た債券を〉同一の条件の新たな債券と交換する, ロールオーバーする. ***róll róund*** ＝ROLL *around*. ***róll úp*** (*vt.*) (1) 巻き上げる, まくり上げる: ～ *up* one's pants ズボンをまくり上げる / ⇨ *roll up one's* SLEEVES. (2) くるくると巻く; くるむ (cf. *vi.* 11 a): ～ *up* a map [picture] 地図[絵]を丸く巻く / ～ a thing *up* in paper 物を紙にくるむ / The hedgehog ～*ed itself up* (into a ball). ハリネズミは丸まった (cf. *vt.* 3 b) / He ～*ed* himself *up* in a blanket. 毛布にくるまった. (3) 〈金などを〉貯める, 増やす: ～ *up* a fortune 財産をつくる. (4) 〘軍事〙〈敵の隊列〉の側面から包囲するように攻め立てる[追い詰める], 〈敵を〉取り囲む. **— (*vi.*)** (1) ⇨ *vi.* 4 c; 11 a, b. (2) 〈金などが〉貯まる, 増える. (3) 《口語》(車で)やって来る; 現れる: ～ *up* late / ～ *up to* the door in a carriage 馬車で玄関に着く. (4) [通例命令形で] 《英口語》〈見物客たちが〉(見世物の)中に入る: *Roll up*, ～ *up!* いらっしゃい, いらっしゃい. (5) 《豪》大勢で集まる; 会合に出席する.
róll with the púnch 《口語》⇨ punch 成句. ***stárt* [*sét*] *the báll rólling*** ⇨ ball[1] 成句.

— *n.* **A 1 a** (太鼓の)連打, ロール打ち; 連打の音: the ～ of a drum＝a drum-*roll* 太鼓のとどろき. **b** (雷・波などの)とどろき: the ～ of breaking waves 岸に砕ける波の音 / the [a] ～ of thunder 雷鳴. **c** 長い叫び声. **d** (韻文など)朗々とした調子. **e** (玉を転がすようなカナリアなどの)さえずり (trill). **2 a** (船の)横揺れ (cf. pitch[1] *n.* 9): The ship gave a ～. 船が横に揺れた. **b** (歩く時の)体の揺さぶり. **3 a** 転がり; 回転: have a ～ on [in] the grass 草の上[中]で一回転する / with a ～ of hips お尻を左右に振って / (have) a ～ down the hill (丸太のように)横になって坂を転げ落ちる. **b** とんぼ返り, 宙返り. **4** うねり; (土地の)起伏: the ～ of the waves 波のうねり. **5** 〘航空〙横揺れ, ロール.

B 1 a 巻いてある物, 一巻き, 一本: a ～ of film フィルム 1 本 / a ～ of wallpaper [cloth, wire] 壁紙[布, 針金]の一巻き / a carpet ～ カーペットの一巻き. **b** 《米俗》札束 (wad); 金. **2 a** ロールパン《生地を巻くか折りたたむかして焼いた小さなパン; 形はさまざま》. **b** ロールケーキ《薄く焼いたスポンジケーキにジャムやクリームを塗って巻き上げたもの》. 日英比較 (1)「ロールパン」は和製英語. (2)「ロールキャベツ」は和製英語. 英語では cabbage rolls, または rolled cabbage という. **3 a** 目録; 表; 名簿 (⇨ list[1] SYN): a ～ of honor 戦没者名簿; 優等生名簿; ⇨ honor roll: on the class [attendance, electoral] ～*s* クラス名簿[出勤簿, 選挙人名簿]に載って / rising [falling]

〜*s* 増加[減少]する名簿記載者. **b** (学校・軍隊などの)出席簿: call [read, take] the 〜 出席をとる. **c** [*pl.*]《英》弁護士名簿: on the 〜*s*《英》弁護士録に載って. **4 a** (紙・羊皮紙などの)巻物, 軸, 巻子本(かんすぼん); 写本. **b** 公文書; 記録簿. **5 a** 巻いて作ったもの; (特に)ねじたばこ, 巻きたばこ; 毛糸のより糸; 巻いた食品; 巻肉; 巻菓子: a bread 〜《英》/ 〜*s* and butter. **b** (脂肪などの)盛り上がり: have 〜*s* of fat 丸々と太っている. **6 a** ロール, ころ, 転子, 地ならし機, 圧延機, ローラー (roller); 巻き上げろくろ (windlass). **b** (タイプライターの)ローラー. **7**〖製本〗花車. **8**〖製紙〗巻取り(紙) (web). **9**〖建築〗(コリント式・イオニア式の柱頭などの)渦巻き (volute); =roll molding. **10**〖音楽〗=music roll. **11** 折り返したもののみね;〖服飾〗(服の)襟.
a róll in the háy《口語》性交: have *a* 〜 *in the hay*.
on a róll《米俗》(人気・資金調達・仕事などの面で)幸運が続いて, うまくいって (cf. on the CREST of a wave, on a winning STREAK[1]): Don't stop while you're still *on a* (brilliant) 〜! (すばらしく)うまくいっている間はやめるな.
stríke off* [*from*] *the rólls (1) 除名する. (2)《英》(不正行為などのため)弁護士名簿から除外する.
róll of hónor 戦没者名簿《特にある地域や組織の》.
〖v.: (*c*1300) *rolle*(*n*) ◻ OF *roller* (F *rouler*) <VL **rotulāre* ← L *rotulus* (n.). — n.: (?*a*1200) ◻ OF *ro*(*u*)*lle* (F *rôle*) <L *rotulum*《変形》← *rotula* (dim.) ← *rota* wheel: ⇨ rota[1]〗

roll·a·ble /róuləbl | rə́ul-/ *adj.* **1** 転がすことのできる; ならすことのできる; 伸ばすことのできる. **2** 巻くことのできる, 巻き込める. 〖1729〗

Rol·land /rɔ(ː)lɑ́ː(ŋ), rou-, -lɑ́ːŋ | rɔ-, rə(ʊ)-; *F.* ʀɔlɑ̃/, **Romain** *n.* ロラン《1866–1944; フランスの小説家・音楽批評家・劇作家; Nobel 文学賞 (1915); *Jean-Christophe*「ジャンクリストフ」(1906–12)》.

róll-and-fíllet mòlding *n.*〖建築〗平縁(ひらぶち)付き円繰形(くりがた).

róll·awày《米》*adj.* キャスター[脚輪]付きの: a 〜 bed. — *n.* 折畳み式キャスター付きベッド. 〖1938〗

róll·bàck *n.*《米》**1 a** (以前の位置までの)撃退, 巻返し. **b** (特に, 旧ソ連に対する米国の)巻返し(戦術). **2** (統制などによる)物価[賃金など]の引下げ(策): a 〜 of prices 物価の引下げ. **3** ロールバック《鍵を外すためにドアの把手の軸につけた突起》. 〖1942〗

róll bàr *n.*〖自動車〗ロールバー《転覆時に搭乗者を保護するため車の屋根に取り付いてある補強棒》. 〖1952〗

róll-bíllet mòlding *n.*〖建築〗ロールビレット繰形(くりがた)《ノルマン様式の建築にみられる, 円筒形を横に市松に配した繰形》.

róll bòok *n.* (教師が使う生徒の)出席簿.

róll càge *n.*〖自動車〗ロールケージ《レーシングカーなどで, 転覆時にドライバーを保護する金属棒の枠》. 〖1966〗

róll-càll *vt.* 〈生徒・兵員など〉の出席[点呼]を取る, 出欠を調べる. 〖1928〗

róll càll *n.* **1** 点呼, 出席調べ: have [take] a 〜 出席[点呼]を取る. **2** 点呼時刻. **3** (太鼓などの)点呼合図, 点呼らっぱ. 〖1775〗

róll càst *n.*〖釣〗ロールキャスト《釣り糸を最初に後方への反動をつけずに投げる投げ方》. 〖1934〗

róll-cùmulus *n.*〖気象〗層積雲の一種《地平線上では長い棒状をしている》. 〖1880〗

rolled /róuld | rə́uld/ *adj.* **1** 巻いた. **2**〖音声〗ふるえ音の, 顫動(せんどう)音 (trill) の. **3** 押し(つけ)た, 伸ばした: 〜 barley 押し麦 / ⇨ rolled oats. 〖1467–68〗

rólled gláss *n.*〖ガラス製造〗ロール法板ガラス《ロールにかけて成形した板ガラス》.

rólled góld *n.*〖金属加工〗**1** 金を薄く圧着した黄銅板. **2** 圧延または引抜き加工された薄い金の電極板 (rolled gold plate ともいう). 〖1898〗

rólled óats *n. pl.* ロールドオート, 押しオート麦《外皮をとり, 蒸した後にローラーで平たくつぶしたオート麦; オートミールを作るのに使う》. 〖1888〗

rólled páperwork *n.* 巻紙装飾《細く切った紙をカールさせて, 小さな箱などに貼りつけて精巧な絵や模様を作りあげる手工芸; 18–19 世紀に流行した; curled paperwork, paper filigree ともいう》.

rólled ríb róast *n.*《米》⇨ rib roast.

rólled-stéel jòist *n.* (圧延)形鋼梁《特に H [I] 形鋼のものをいう; 略 RSJ》.

Rol·lei /róulaɪ | rə́u-; *G.* ʀɔ́laɪ/ *n.*〖商標〗ローライ《ドイツの写真・映画撮影用品・光学機器メーカー; 特に二眼レフが有名》.

roll·er[1] /róulə | rə́ulə(r)/ *n.* **1 a** ローラー《木・石・金属などで作られた円筒状のもの; 地ならし・印刷・粉砕・布巻き・紙の巻取り・摩擦減らしなどに用いる》. **b** (髪をカールする)ローラー, カール器. **c**〖金属加工〗(圧延用の)ローラー, ロール; 金属圧延機. **d**〖印刷〗印肉棒. **2 a** (重い物を転がすための)シリンダー, 車. **b** (機械の)ころ, ローラー. **3** (掛図・映写用小型スクリーン・窓の日除けなどを巻きつける)軸, 巻軸. **4** (暴風雨後の)大うねり, 巻き波 (⇨ wave SYN). **5** 巻き包帯 (roller bandage ともいう). **6 a** 転がる[転がす]人. **b** 圧延機係. **7**〖時計〗**a** 軸受に使われる小さなころ. **b** つば《レバー脱進機のてん真にはめられる》. **8**〖野球〗ゴロ (grounder). **9** =tumbler 2. **10** =roller caption. 〖*c*1399〗

rol·ler[2] /róulə | rə́ulə(r)/ *n.*〖鳥類〗**1** ブッポウソウ《ブッポウソウ科の鳥の総称; ニシブッポウソウ (*Coracias garrulus*), 日本にいるブッポウソウ (*Eurystomus orientalis*) など; 繁殖期に急上昇と急降下の飛び方を繰り返す》. **2** ローラーカナリア. 〖(1678) ◻ G *Roller*: ↑〗

Roll·er /róulə | rə́ulə(r)/ *n.* [時に r-]《俗》ロールスロイス (Rolls-Royce).

róller·bàll *n.* **1** ローラーボールペン, 水性ボールペン. **2**〖電算〗= trackball.

róller bèaring *n.*〖機械〗ころ軸受, ローラーベアリング (cf. ball bearing). 〖1857〗

Roll·er·blade /róuləblèɪd | rə́ulə-/ *n.* [通例 *pl.*]《英》〖商標〗ローラーブレード《ローラーが一列に並んだローラースケート靴, インラインスケート (in-line skates)》.

róller blìnd *n.*《英》ローラーブラインド (《米》window shade).

róller-blìnd shùtter *n.*〖写真〗ローラーブラインドシャッター《レンズの前に枠を取り付け, 枠の上方のローラーから下方のローラーへ不透明な膜をスプリングの力で移動させ, 膜の中央の穴によって露光するシャッター》.

róller càption *n.*〖テレビ〗ロールテロップ《番組の終わりなどに製作スタッフ名などを紹介するのに使われる字幕; 文字が次々と流れるように映し出される; 単に roller ともいう》. 〖1960〗

róller chàin *n.*〖機械〗ローラーチェーン, ローラー鎖《自転車のチェーンのように, 摩擦減少のため中空円筒がピンの上を自由に回転するようになった鎖》.

róller chòck *n.*〖海事〗ローラー付き導索器.

róller-còaster *adj.* ジェットコースターのような; 急激に変動する, 浮き沈みの激しい. — *vi.* (ジェットコースターのように)上下する; 激しく変動する[浮き沈みする].

róller còaster *n.* **1** (ローラー)コースター, ジェットコースター (《英》big dipper, switchback) (《米》では単に coaster ともいう): ride on a 〜. 日英比較「ジェットコースター」は和製英語. **2** (ローラー)コースター(用の)車. **3** 激しい浮き沈み[変転]: be on a 〜 (短期間に)様々な激変を経験する. 〖1888〗

róller convèyor *n.*〖機械〗ローラーコンベヤー.

róller dèrby *n.* ローラーダービー, ローラーゲーム《2 チームがローラースケート場内を回りながら相手チームの選手を一定時間内に一周(以上)抜いて得点しようとするゲーム》. 〖1936〗

róller dìsco *n.* ローラースケートを履いてディスコ音楽に合わせて踊ること; ローラーディスコ《その音楽》.

róller fàirlead *n.*〖海事〗=roller chock.

róller gàte *n.*〖土木〗ローラーゲート《両端にローラーのある水門》.

róller hòckey *n.* ローラーホッケー《ローラースケート靴をはいてするホッケー》. 〖1926〗

róller jèwel *n.*〖時計〗振り石 (⇨ impulse pin).

róller mìll *n.* ローラーミル, ローラー製粉機.

róller rìnk *n.* ローラースケートリンク[場].

róller shàde *n.*《米》=roller blind.

róller-skàte *vi.* ローラースケートで滑る.
róller skàter *n.* 〖1928〗

róller skàte *n.* **1** ローラースケート靴. **2** ローラースケート板(いた)《普通の靴に付けてローラースケートとして用いる車輪付きの板》. 〖1863〗

róller-skàting *n.* ローラースケート. 〖1874〗

róller tàble *n.*〖時計〗=impulse roller.

róller tòwel *n.* ローラータオル, 環状タオル《両端を縫い合わせ, ローラーに吊るしたタオル; ぐるぐる回して使う;《米》では round towel, towel roll ともいう》. 〖1845〗

Rólle's théorem /rɔ́ːlz- | rɔ́ulz-/ *n.*〖数学〗ロールの定理《閉区間 [*a*, *b*] で連続, *a*, *b* を除いて微分可能な関数が, *a*, *b* で等しい値を取れば, *a*, *b* 以外のどこかで導関数の値が 0 になるという定理》. 〖(1891) ← *Michel Rolle* (1652–1719: フランスの数学者)〗

róll fìlm *n.* (写真の)ロールフィルム (スプールに巻いた長尺フィルム; cf. plate *n.* 5). 〖1895〗

rol·lick /rɑ́(ː)lɪk | rɔ́l-/ *vi.* はしゃぎ回る, ふざけ回る, はね回る. — *n.* 大はしゃぎ, 大浮かれ, はね回り. 〖(1811)《混成》← RO(MP)+(FRO)LIC〗

ról·lick·ing *adj.* **1** はしゃぎ回る, ふざけ回る, 跳ね回る. **2** 陽気な. **〜·ly** *adv.* 〖1811〗

rol·lick·some /rɑ́(ː)lɪksəm | rɔ́l-/ *adj.* =rollicking.

roll·ing /róulɪŋ | rə́ul-/ *n.* **1 a** 転がり, 回転 (cf. sliding). **b** 体の揺すぶり. **c** (波の)うねり. **d** 目玉をぐるりと動かすこと. **2** ローリング《船・飛行機などの横揺れ; cf. pitching 2》. **3** (雷の)とどろき. **4 a** (金属の)圧延《回転するロールの間に材料を通して板・棒などを作る塑性加工法》. **b** 転造《丸棒を回転させながらダイスを通してねじ・歯車などを塑性加工する方法》. — *adj.* **1 a** 〈土地・平原・山脈など〉なだらかに起伏する: the 〜 hills of Burgundy 緩やかにうねるブルゴーニュの山々. **b** 〈雲・波など〉うねっている. **2 a** 横揺れする. **b** 体を揺すぶる; 威張って歩く: a 〜 gait. **3**《口語》金がうなるほどある, 大金持ちの. **4** 転がる, 回転する. **5 a** とどろく, 鳴り響く; 音を立てて流れる. **b** 〈小鳥の鳴き声・歌手の歌声など〉玉を転がすような, 震え声の. **6** 〈カラー・帽子の縁など〉折れ曲がった, そりかえった. **7** 〈目玉が〉ぐるりと動く. **8** 〈季節など〉循環する: the 〜 years. — *adv.*《俗》足元がふらついて《rolling drunk の句で》. 〖1408〗

rólling barráge *n.*〖軍事〗移動弾幕射撃《すべての砲火が互いに一定の関係位置を保ちながら一度に一線ずつ前進して行く弾幕射撃; creeping barrage ともいう》.

rólling bèaring *n.* 転がり軸受け. 〖cf. *roller bearing* (1859)〗

rólling brìdge *n.* 転開橋, 回転はね橋.

rólling bùnt *n.*〖海事〗=low bunt.

rólling chàir *n.* 車椅子《特に, 人に押してもらって甲板上などで気晴らしに乗る車椅子》.

rólling chòck *n.*〖海事〗=bilge keel.

rólling cìrcle *n.*〖機械〗ころがり円, サイクロイド円.

rólling frìction *n.*〖物理〗回転摩擦, ころがり摩擦《ある物体が他の物体に沿って転がる場合の摩擦; cf. sliding friction》. 〖1859〗

rólling hìtch *n.*〖海事〗(円材や大索に索の小枝を出させる場合の)枝結び, ローリングヒッチ.

rólling kítchen *n.*〖軍事〗(トラックやトレーラーに取り付けた)移動料理室; 移動式炊事車.

rólling mìll *n.* **1** 圧延工場. **2** 圧延機. 〖1787〗

rólling mòment *n.*〖航空〗(飛行機の)横揺れモーメント. 〖1914〗

rólling pìn *n.* 麺(めん)棒, のし棒. 〖1589〗

rólling prèss *n.* ローリングプレス: **1** 鉄ロールで紙などに光沢を付けるカレンダー (calender). **2** D 型シリンダーを使う銅版印刷機. 〖1625〗

rólling stóck *n.* **1** (鉄道の)全車両《機関車・客車・貨車など全部》. **2**《米》(運輸会社所有の)全車両《トラック・トレーラーなど》. 〖1853〗

rólling stóne *n.* **1** 転がり回る石, 転石: A 〜 gathers no moss.《諺》転石苔(こけ)むさず《しばしば商売[住居]を変える人は金がたまらない; 絶えず愛人を変える人は真の愛は得れない》. ★ 米国では, 絶えず活動している人はいつも清新だという意味に用いることもある. **2** 何度も職業[住居, 愛人]を変える人. **3** [R- S-]「ローリングストーン」《米国のポピュラー音楽・文化雑誌; 1967 年創刊》. 〖1546〗

Rólling Stónes *n. pl.* [the 〜] ローリングストーンズ《1962 年に結成された英国のロックバンド》.

rólling strìke *n.* 波状ストライキ《少人数の労働者がグループごとに順に協調して行う一連のストライキ》.

Rol·lins /rɑ́(ː)lɪ̃nz | rɔ́lɪnz/, **Sonny** *n.* ロリンズ《1930– ; 米国のテナーサックス奏者・作曲家》.

róll jòint *n.*〖金属加工〗ロールジョイント《2 枚の板金を接合する際, 両端を一緒に巻き, 圧して平らにする方法》.

róll mòlding *n.*〖建築〗巻物繰形(くりがた), 丸繰形《円筒形状をした繰形の総称》. 〖1830〗

róll·mop /róulmɑ̀(ː)p | rə́ulmɔ̀p/ *n.* =rollmops.

roll·mops /róulmɑ̀(ː)ps | rə́ulmɔ̀ps/ *n.* (*pl.* 〜) ロールモップス《ニシンの切り身を野菜のピクルスに巻いて漬け汁 (marinade) に漬けたもの; 前菜の一種》. 〖◻ *G Rollmops* ← *rollen* to roll+*Mops* pug (dog)〗

róll·nèck *n.*《英》ロールネック《巻いて折り返す長いタートルネック (turtleneck) のセーターやシャツ》. 〖1942〗

róll-nèck *adj.* ロールネックの.

Rol·lo /rɑ́(ː)lou | rɔ́ləu/ *n.* ロロ《男性名》. 〖(dim.) ← RUDOLPH〗

Rol·lo /rɑ́(ː)lou | rɔ́ləu/ *n.* ロロ《北欧の Viking 首領の一人; 初代 Normandy 公 (911–927); 別名 Rolf, Rolf the Ganger》.

rol·lock /rɑ́(ː)lək | rɔ́l-/ *n.* =rowlock.

róll-òff *n.* (ボーリングの)優勝決定戦, プレーオフ. 〖1947〗

róll-òn *n.* **1** ロールオン(ガードル)《ゴムや伸縮性の繊維で作った婦人用ガードル; cf. roll *vt.* 12 b》. **2 a** ロールオン《開口部に付けた回転するボールで直接皮膚に当てて塗布する化粧液などの容器》. **b** ロールオンで塗布する化粧液(など). — *adj.*〖海事〗〈船が〉貨物を積んだトラック[トレーラーなど]を乗り入れさせて運ぶ設備のある. 〖1941〗

róll-òn róll-òff *adj.*《英》[限定的] 車両がそのまま乗り降りできる〈フェリーなど〉(略 ro-ro).

róll·òut *n.* **1**〖航空〗ロールアウト: **a** 新型航空機の初公開. **b** 飛行機の接地からタキシング (taxiing) に移る間の滑走. **2**〖アメフト〗ロールアウト《オフェンスプレーの一つで, クォーターバックが右[左]に大きく回り込むこと》. 〖1952〗

róll·òver *n.* **1** (車などの)転覆; 転倒. **2** 転覆[転倒]事故. 〖1945〗

róll òver *n.*〖経済〗ロールオーバー, 短期資金の借り[貸し]つなぎ《短期融資を継続することによって実質的には長期貸借を行うこと》. 〖1958〗

róll-òver árm *n.* 張出し型ひじ掛け《詰め物をして被覆した椅子の座の左右に張り出した形のひじ掛け》. 〖1925〗

róll ràgging *n.*〖金属加工〗ロールラッギング (⇨ ragging).

Róll·right Stónes /róulraɪt- | rə́ul-/ *n. pl.* [the 〜] ロールライトストーンズ《イングランド Oxfordshire 州の村 Little Rollright 付近の巨石群; 人が魔女によって石に化されたものとの伝説がある》. 〖*Rollright*: lateOE *Rollendri*, *Rollandri*《原義》'the property of *Hrolla*' ← OE **Hrolla* (人名:《短縮》← *Hrōplāf* ← *hrōp-* fame (⇨ Roger)+*lāf* remnant)+*landriht* landowner's privileges〗

Rolls /róulz | rə́ulz/, **Charles Stewart** *n.* ロールズ《1877–1910; 英国の事業家・パイロット; Henry Royce と共同して 1906 年から乗用車を生産した》.

Rolls /róulz | rə́ulz/ *n.* =Rolls-Royce.

róll spòt wélding *n.*〖金属加工〗ロールスポット溶接, ロール点溶接《電極を回転して点溶接を連続して行う方法》.

Rolls-Royce /róulzrɔ́ɪs | rə́ulz-/ *n.* **1**〖商標〗ロールスロイス《英国製の高級乗用車》. **2** 最高品質のもの. — *adj.* 最高品質の. 〖(1908) ← *Charles S. Rolls* + *Henry Royce*: 共に英国の自動車製造業者〗

róll-tòp *adj.* 巻き込み式の.

róll tòp *n.* **1** (rolltop desk の) 巻き込み式のふた. **2** =rolltop desk. 〖1887〗

róll-top désk *n.* ロールトップデスク《巻き込み式のふた付き(事務)机》. 〖1887〗

róll-ùp *adj.* 〈ブラインド・掛地図など巻き上げ式の. — *n.* **1** (詰め物をした, または詰め物なしで)巻き込んだ料理: a bacon 〜 ベーコン巻き. **2** (石版画用の)色インキ. **3**《豪》人の集まり, 集会. **4** (18 世紀に用いられた)男子用の長ズボン. **5**《英口語》手巻きたばこ. 〖1755〗

róll·wày *n.* **1** (その上を)物を転がす[ころで動かす]場所. **2 a** (材木を川の中に転落させる)滑り台, 転斜路. **b** (輸送するために河岸に積んである)材木の山. **3** 外部から地下室に通じる入口. 〖1878〗

R

róll wélding *n.* 〘金属加工〙ロール鍛接, ロール溶接《回転するロールの間に, 加熱した 2 種類の材料を通して圧縮接合する方法》.

róll-your-ówn *n.* 《口語》(自分で巻いて吸う)紙巻きたばこ.

Ro·lo·dex /róulədèks | rə́ulə(ʊ)-/ *n.* 〘商標〙ロロデックス《米国製の回転式卓上カードファイル》.

Rolph /rɑ́(:)lf | rɔ́lf, rə́uf/ *n.* ロルフ《男性名》. 〘⇨ Rolf〙

Rølvaag /róulvɑːg | rə́ul-; *Norw.* rølvɔːg/, **O·le Ed·vart** /úːlə édvɑt/ *n.* ロールバーグ《(1876–1931; ノルウェー生まれの米国の小説家; *Giants in the Earth* (1927)》.

ro·ly-po·ly /róulipóuli | rə́ulipə́uli/ *n.* **1** 《英》ローリーポーリー《ジャムや果物を, 薄く伸ばした生地に巻いて蒸すか焼くかしたプディング》. **2 a** 《口語》ずんぐりした人[もの, 動物]. **b** 《米》=tumbler 3. **3** 《豪口語》=tumbleweed. ― *adj.* 《口語》〈通例, 子供が〉丸々とした, ずんぐりむっくりの. 〘《1601》《変形》← 《古形》*rowle powle* worthless fellow《加重》← ROLL (v.): ⇨ poll[1], -y[4] 4〙

róly-pòly púdding *n.* =roly-poly 1.

Rom /róum | rɔ́m, rə́um/ *n.* (*also* **rom** /~/) (*pl.* **~s, Ro·ma** /róumə | rə́u-/) ジプシーの男[少年]. 〘《1841》□ Romany *rom* man, husband □ Skt *ḍom(b)a* minstrel dancer of low caste〙

ROM /rɑ́(:)m | rɔ́m/ 《略》〘電算〙read-only memory 読み取り専用記憶装置 (cf. RAM); run of mine. 〘1966〙

rom. 《略》〘活字〙roman (type).

Rom. 《略》Roman; 〘言語〙Romance; Romania; 〘言語〙Romanian, Romanic; Romans (新約聖書の)ローマ書.

Roma[1] *n.* Rom の複数形.

Ro·ma[2] /róumə | rə́u-/ *n.* **1** ローマ《女性名》. **2** 〘ローマ伝説〙ローマ, ローメ《地名ローマにその名を与えた女で, Evander の娘》. 〘← ROMA[3]〙

Ro·ma[3] /*It.* róːma/ *n.* ローマ《Rome のイタリア語名》.

Ro·ma·gna /roumɑ́ːnjə | rəu-; *It.* romáɲɲa/ *n.* ロマーニャ《イタリア北東部の地域で, Emilia-Romagna 州の一部; 1860 年まで教皇領; 主都 Ravenna》.

Ro·ma·ic /rouméɪɪk | rəu-/ *n.* 現代ギリシャ語. ― *adj.* 現代ギリシャ(語, 人)の[に関する]. 〘《1809》□ Gk *Rhōmaikós* Roman of the Eastern Empire ← Gk *Rhṓmē* □ L *Rōma* 'ROME'〙

Ro·ma·i·ka, r- /rouméɪkə | rəuméɪ-/ *n.* ロメイカ《近世ギリシャの民族舞踏; 古代の戦舞の名残りと考えられる》. 〘□ Gk *Rhōmaikḗ* (fem.) ← *Rhōmaikós* (↑)〙

Ro·main /roumǽ(ŋ), -mǽŋ | rə(ʊ)-; *F.* ʀɔmɛ̃/ *n.* ロマン《男性名》. 〘□ F ~ 《原義》Roman〙

ro·maine /rouméɪn | rə(ʊ)-/ *n.* **1** 《米》〘植物〙コスチシャ (⇨ cos lettuce). **2** ロメインクレープ《絹か人造繊維を用いた平織りまたはななこ織りの薄い織物; romaine crepe ともいう》. 〘《1907》□ F ~ (fem.) ← *romain* < L *Rōmānum* 'ROMAN'〙

Ro·mains /roumǽ(ŋ), -mǽŋ | rə(ʊ)-; *F.* ʀɔmɛ̃/, **Jules** *n.* ロマン《(1885–1972; フランスの小説家・詩人・劇作家; *Les Hommes de bonne volonté*「善意の人々」(1932–47); 本名 Louis Farigoule》.

ro·ma·ji /róumədʒi | rə́u-/ *n.* (日本語表記のための)ローマ字. 〘《1903》□ Jpn.〙

ro·man /roumɑ́ː(ŋ), -mɑ́ːŋ | rə(ʊ)-; *F.* ʀɔmɑ̃/ *F. n.* (*pl.* **~s** /~z; *F.* ~/) **1** (特に, 中古フランス文学の)ロマン, 韻律体物語. **2** 物語, 小説, ロマンス. 〘《1765》□ F < OF *romanz* 'ROMANCE[1]'〙

Ro·man[1] /róumən | rə́u-/ *adj.* **1 a** ローマ (Rome) の, ローマ人の; 古代ローマ(人)の: ~ history (主として古代ローマの王政・共和政および東西分離以前の帝政の歴史を取り扱う)ローマ史 / ⇨ Roman architecture, Roman Catholic, Roman holiday, Roman numeral, etc. **b** 古代ローマ人風の, 古代ローマ人気質(ｶﾀｷﾞ)の: ~ simplicity [honesty, virtue, patriotism] 古代ローマ人の質素[正直, 徳義, 愛国心]. **c** 《古》古代ローマ人の言語の. **d** 〈道路など〉ローマ時代から残っている, ローマ時代の. **2** (ローマ)カトリック教会の: ⇨ Roman collar. **3** 〈鼻が〉鼻梁(ﾋﾞﾘｮｳ)の高い: ⇨ Roman nose. **4** [r-] 〘活字〙ローマ字(体)の, ローマン(体)の (cf. italic 1, Gothic 4): *roman* type ローマ字(体), ローマン(体).
― *n.* **1** 古代ローマ人; (中世・近世・現代の)ローマ人: a King [an Emperor] of the ~s 神聖ローマ帝国皇帝 / Do at [in] Rome as the ~s do. ⇨ Rome 1 a. **2 a** [通例 the ~s] 古代ローマのキリスト教徒 (⇨ Romans). **b** [しばしば軽蔑的に] (ローマ)カトリック教徒. **3** [r-] 〘活字〙ローマ字(体), ローマン(体)《現用普通の字体; 略 rom》. **4** 《古》ラテン語.
〘adj.: 《16C》□ L *Rōmānus* of Rome ← *Rōma* 'ROME' ∽ 《*a*1325》*Romain* □ (O)F □ L *Rōmānus*: ⇨ -an[1]. ― n.: OE *Rōmāne, Rōmanan* (pl.) □ L *Rōmānus*〙

Ro·man[2] /róumən | rə́u-; *Russ.* ramán, *Pol.* rɔ́man, *F.* ʀɔmɑ̃/ *n.* ローマン《男性名》.

ro·man à clef /roumɑ́ː(ŋ)ɑːkléɪ, -mɑ́ːŋ- | rəu-; *F.* ʀɔmɑ̃nakle/ *F. n.* (*pl.* **romans à c-** /-mɑ́ː(ŋ)zɑː-, -mɑ́ːn-; *F.* ʀɔmɑ̃za-/) 実話小説. 〘《1893》□ F ~ 《原義》novel with a key〙

Róman álphabet *n.* [the ~] ローマ字 (⇨ Latin alphabet).

Róman árch *n.* 〘建築〙半円(形)アーチ《Norman arch ともいう》.

Róman árchitecture *n.* 〘建築〙(古代)ローマ式建築《アーチや円天井構造を好んで用い, ギリシャ式装飾法をやや過度に用いた古代ローマ帝国の建築》.

Róman blínd *n.* ローマンブラインド[シェード]《引き上げるとアコーディオン式に折りたためる布地でできた窓用日よけ》.

Róman bríck, r- b- *n.* ローマれんが《黄褐色の扁平な 2 in.×4 in.×12 in. の大きさの建築用れんが》.

Róman cálendar *n.* [the ~] ローマ暦《現代暦の先駆であるユリウス暦 (Julian calendar) の原型となった古代ローマ暦》. 〘1788〙

Róman cándle *n.* ローマ花火, 筒形花火《円筒の中に火薬を入れたもので, 手に持って揚げる; 吹き出る火花の中から時々火の玉が飛び出る》. 〘1834〙

Róman Cátholic *adj.* (ローマ)カトリック教会の[に関する]. ― *n.* (ローマ)カトリック教徒. 〘《1605》← L (*Ecclesia*) *Rōmāna Catholica et Apostolica* Roman Catholic and Apostolic (Church): *Roman(ist), Romish* などが蔑称的に使われるのを避けるための造語〙

Róman Cátholic Chúrch *n.* [the ~] (ローマ)カトリック教会, ローマ教会, 天主公教会《その中心は Rome にあり, 教皇 (Pope) を首長とするキリスト教会; 全世界のキリスト教徒の約半分が所属する; Catholic Church, Church of Rome ともいう》.

Róman Cathólicism *n.* (ローマ)カトリック《ローマカトリック教会の教義・儀式・慣習など》. 〘*a*1823〙

ro·mance[1] /rouméns, rə-, -mǽnts, róumæns, -mænts | rə(ʊ)mǽns, -mǽnts/ *n.* **1** 恋愛, ロマンス (love affair). **2** 小説よりも不思議な[感動的な]事実[挿話]. **3 a** 伝奇物語, 空想小説, ロマンス(文学)《冒険や驚くべき武勇行為, きわめて純情な恋愛事件, その他各種の空想的な事柄を含む物語》(⇨ novel[1] SYN). **b** 冒険物語. **c** 恋愛物語. **4** 中世騎士(の武勇)物語《通例韻文で, ロマンス語で書かれた》: the Arthurian ~s アーサー王物語. **5** 伝奇的雰囲気[気分, 生活, 世界]; 空想癖: a girl full of ~ 空想癖のある少女. **6 a** 作り事, 虚構. **b** 誇張, 見て来たような嘘. **7** [R-] 〘言語〙ロマンス語(の一つ)《俗ラテン語から分化した諸言語: フランス語・プロバンス語・スペイン語・ポルトガル語・イタリア語・ルーマニア語など》. 日英比較 日本語で「ロマンスカー」「ロマンスグレー」「ロマンスシート」などというときの「ロマンス」は和製英語, 英語ではそれぞれ deluxe train, silver-gray hair, love seat などという.
― *adj.* [R-] ロマンス語の: the ~ languages ロマンス系諸言語.
― *vi.* **1** (ひどい)作り事を話す[書く], (ひどく)誇張して話す 〔*about*〕. **2** 〔異性と〕恋愛をする〔*with*〕. **3** ロマンチックに考える. **4** 《口語》言い寄る, 求愛する. ― *vt.* **1** 《口語》〈人〉に求愛する, 〈人〉と恋愛する[愛を語らう]: ~ one's date デートの相手と愛を語る. **2** (お世辞・贈物などによって)〈人〉に取り入ろうとする, 〈人〉の気に入ろうとする. **3** 〈出来事などを〉でっちあげる, 誇張する.
〘《?*a*1300》*roma(u)nz* □ OF *romanz* < VL **rōmānicē* (something written) in Romance, i.e. in the popular tongue (adv.) ← L *Rōmānicus* 'ROMANIC'〙

ro·mance[2] /rouméns, rə-, ⌐⌐ | rə(ʊ)mǽns; *F.* ʀɔmɑ̃ːs/ *n.* **1** 〘音楽〙ロマンス《ゆっくりとした優美な旋律に富む楽曲》. **2** 〘スペイン文学〙**a** 小物語詩. **b** 小抒情詩; 民謡. 〘《1797》□ F ~ □ Sp. ~ 'ballad or tale in Spanish' < VL **rōmānicē* (↑)〙

Róman cemént *n.* 〘化学〙ローマンセメント《天然セメントの一種》. 〘*c*1800〙

ro·mánc·er *n.* **1** 伝奇物語作者; ロマンス作家. **2** 空想家. **3** 誇張する人, 作り事を話す人, 途方もないうそをつく人. 〘《*a*1338》: cf. F *romancier*〙

ro·manc·ist /ro(ʊ)mǽnsɪ̣st, rə- | rə(ʊ)mǽnsɪst/ *n.* =romancer 1. 〘cf. Sp. *romancista*〙

Róman cóllar *n.* (聖職者用の)ローマンカラー (⇨ clerical collar). 〘1890〙

Róman Cúria *n.* [the ~] ローマ教皇庁.

Róman Émpire *n.* [the ~] **1** ローマ帝国《紀元前 27 年に Augustus によって帝政が樹立され, Theodosius 一世の死後, 395 年 Western Roman Empire と Eastern Roman Empire とに分裂したが, 前者は 476 年に衰亡し, 後者は 1453 年にオスマントルコに滅ぼされた》. **2** ビザンチン帝国. **3** 神聖ローマ帝国. 〘1610〙

Rom·an·es /rɑ́(:)mənès, -nɪ̣s | rɔ́mənɛs, -nɪs/ *n.* = Romany 2. 〘□ Gipsy ~ (adv.) ← *Romano* (adj.) ← *Rom*: ⇨ Rom, Romany〙

Ro·ma·nes /roumɑ́ːnɪ̣z, -nɪ̣s | rə(ʊ)-/, **George John** *n.* ローマーネズ《(1848–94; 英国の生物学者》.

Ro·man·esque /ròumənésk | rəu-⌐/ *adj.* **1** 〈建築様式など〉ロマネスク様式の: ⇨ Romanesque architecture. **2** [しばしば r-] 伝奇[空想]小説の; 空想的な. **3** ロマンス語の. ― *n.* **1** 〘美術・建築〙ロマネスク様式《ゴシック様式の興る 12 世紀まで続いた様式で, ローマ的技術の影響を一部にとどめるが, キリスト教文明の様式として全ヨーロッパに広く見られる》. **2** ロマンス語. 〘《1715》← ROMAN[1]+-ESQUE: cf. F *romanesque* romantic〙

Rómanesque árchitecture [style] *n.* 〘建築〙ロマネスク建築[様式]《10 世紀末から 12–13 世紀までヨーロッパ西部および南部に行われた建築の一様式; 大体は半円アーチと厚い壁からなる重厚な形態で, ゴシック様式以前のキリスト教様式の代表》. 〘*a*1878〙

román-fléuve /roumɑ́ːnflə́v | rəumɑ́ː(ː)ŋflə́ːv, -mɑ́ːŋ-; *F.* -flœːv/ *F. n.* (*pl.* **romans-fleuves** /~; *F.* ~/) 大河小説 (river novel, saga)《一家・一族の人々の生活・思想の流れを長期にわたって描出した連作長編小説; 例えば Romain Rolland の *Jean-Christophe*「ジャンクリストフ」, Martin du Grad の *Les Thibault*「チボー家の人々」》. 〘《1935》□ F ~ ← *roman* novel+*fleuve* large river〙

Róman hóliday *n.* **1** ローマの休日《他人の苦しみによって得られる娯楽[利得]; 残忍な悦楽にふける時[日など]》. **2** (古代ローマの休日に似た)騒ぎ, 騒動. 〘《1886》Byron 作 *Childe Harold* 中の 'Butchered to make a Roman holiday' から: 古代ローマで大衆の娯楽のため奴隷や捕虜などに武器を持たせて戦わせた故事にちなむ〙

Rom·a·ni /rɑ́(:)məni, róum- | rɔ́m-, rə́um-/ *n.* = Romany 2.

Ro·ma·ni·a /ruːméɪniə, rʊ-, rou-, -njə | ruː-, rʊ-, rə(ʊ)-/ *n.* ルーマニア《ヨーロッパ南東部, Balkan 半島北東の黒海に臨む共和国; 面積 237,500 km², 首都 Bucharest; 公式名 the Republic of Romania; ルーマニア語名 România /*Rom.* rominía/》. 〘← NL ~ 'RUMANIA'〙

Ro·ma·ni·an /ruːméɪniən, rʊ-, rou-, -njən | ruː-, rʊ-, rə(ʊ)-/ *adj.* **1** ルーマニア(人)の. **2** ルーマニア語の. ― *n.* **1** ルーマニア人. **2** ルーマニア語《ロマンス語に属する》.

Ro·man·ic /roumǽnɪk | rə(ʊ)-/ *adj.* **1** ロマンス語の. **2** 古代ローマ人(風)の, 古代ローマ人の文化を受け継いだ. **3** ロマンス語を話す. ― *n.* ロマンス語. 〘《1708》□ L *Rōmānicus* ← *Rōmānus* 'ROMAN[1]': ⇨ -ic[1]〙

Ro·man·ish /róumənɪʃ | rə́u-/ *adj.* [通例軽蔑的に] (ローマ)カトリック教(会)の. 〘《1591》← ROMAN+-ISH[1]: cf. OE *rōmānisc* Roman〙

Ró·man·ìsm /-nɪzm/ *n.* **1** [通例軽蔑的に] (ローマ)カトリック. **2** 古代ローマの政体[制度, 精神]. **3** 古代ローマ好き. 〘1674〙

Ró·man·ist /-nɪ̣st | -nɪst/ *n.* **1** [通例軽蔑的に] (ローマ)カトリック教徒. **2** 古代ローマの制度[法律, 文化, 言語]研究者. **3** ロマンス語学者[のうまい人]. ― *adj.* = Romanistic. 〘《1523》□ G ~ // ← NL *Romanista*: ⇨ Roman, -ist〙

Ro·man·is·tic /ròumənístɪk | rəu-⌐/ *adj.* **1** [通例軽蔑的に] (ローマ)カトリック教徒の. **2** ローマ法の[に関する]. 〘1829〙

Ro·man·i·ty /roumǽnəṭi | rəumǽnɪ̣ti/ *n.* =Romanism.

Ro·man·ize /róumənàɪz | rə́u-/ *vt.* **1** (古代)ローマ化する, ローマ人風にする. **2** (ローマ)カトリック化する. **3** [しばしば r-] **a** ローマ字体で書く, ローマン活字で印刷する. **b** ローマ字体に改める, ローマ字体に転写する: ~ Japanese 日本語をローマ字で書く[に改める]. ― *vi.* **1** 古代ローマの風習[文化]を模倣する, 古代ローマ人風になる. **2** (ローマ)カトリック教に帰依(ｷｴ)する, (ローマ)カトリック教徒になる.

Ro·man·i·za·tion /ròumənɪ̣zéɪʃən | rə̀umənaɪ-, -nɪ-/ *n.* **Ró·man·iz·er** *n.* 〘《1607》← ROMAN[1] (adj.)+-IZE〙

Róman láw *n.* 〘法律〙**1** ローマ法《広義ではローマ市民の間に行われていたすべての法を意味する; 狭義ではヨーロッパ大陸に継受された主としてユスティニアヌス法典を指す; 英米においてはローマ法大全 (Corpus Juris Civilis) を含むローマ法律学の全体系の意味で用いられる》. **2** =civil law. 〘1660〙

Róman míle *n.* ローママイル《古代ローマの長さの単位; 1,000 歩の距離; 約 1,620 ヤード; 約 1,480 m》. 〘1839〙

Róman néttle *n.* 〘植物〙ヨーロッパ南部産イラクサ属の葉に刺毛がある一年草 (*Urtica pilulifera*). 〘1578〙

Róman nóse *n.* ローマ鼻 (鼻梁(ﾋﾞﾘｮｳ)が高い; ⇨ nose 挿絵). 〘1624〙

Róman númeral, r- n- *n.* ローマ数字《用法は昔とは多少異なっている; 現在用いられる符号は低い方から I=1, V=5, X=10, L=50, C=100, D=500, M=1,000; その配列は価の高いものに順次低いものを後続させる; 例えば MDCLXVI=1666; この配列が逆になって価の低い文字が先行している場合は, その数を高いものから引き去る; 例えば XC=90, MCMXCIX=1999; なお符号の起源については V, L, D はそれぞれ X, C (← *L.* centum), M (← *L.* mille) の半形をかたどったもの; cf. Arabic numeral》. ★ 1,000 以上のローマ数字は次の通り: MM (=2,000), $\overline{V}$ (=5,000), $\overline{X}$ (=10,000), $\overline{C}$ (=100,000), $\overline{M}$ (=1,000,000). 〘1735〙

Ro·ma·no, r- /rəmɑ́ːnou, rou- | rə(ʊ)mɑ́ːnəu/ *n.* (*pl.* **~s**) ロマノ(チーズ)《通例, 羊の乳からつくられる固くて色の薄い香りの強いイタリア産のチーズ; Romano cheese ともいう》. 〘《1908》□ It. ~ 'ROMAN[1]'〙

Romano, Giulio *n.* ⇨ Giulio Romano.

Ro·ma·no- /rouméɪnou | rə(ʊ)méɪnəu/「ローマ(風)の; ローマと…との」意の連結形: *Romano*-Byzantine ローマ風ビザンチン式の. 〘← L *Rōmānus* 'ROMAN[1]'〙

Románo chéese *n.* =Romano.

Ro·ma·noff /róumənɔ̀(ː)f, roumɑ́ːnɔ(ː)f | rə́umənɔ̀f, -nɔ̀v; *Russ.* ramánəf/ *n.* **1** =Romanov. **2** 〘商標〙ロマノフ《米国製のキャビアやアンチョビーペーストの缶詰》.

Róman órder *n.* 〘建築〙**1** =Composite order. **2** =arch order.

Ro·ma·nov /róumənɔ̀(ː)f, roumɑ́ːnɔ(ː)f | rə́umənɔ̀f, -nɔ̀v; *Russ.* ramánəf/ *n.* ロマノフ朝(君主)《1613 年 Mikhail ~ によって興され, 1917 年 Nicholas 二世の廃位まで続いたロシアの王朝》.

Ro·ma·nov /róumənɔ̀(ː)f, roumɑ́ːnɔ(ː)f | rə́umənɔ̀f, -nɔ̀v/, **Mikhail Feodorovich** *n.* ロマノフ《(1596–1645; ロマノフ朝初代皇帝 (1613–45); Romanoff ともつづる》.

Róman páce *n.* 古代ローマの長さの単位の一つ (=5 Roman feet=4.85 English feet)《歩測 (pacing) では一方の足のかかとから次にその同じ足が地面についた時のかかとまで; 現在は geometrical pace と同一視される》.

Róman péace *n.* =Pax Romana. 〘《なぞり》← L *pāx Rōmāna*〙

Róman péarl *n.* (ガラス玉製の)模造真珠.

Róman ríde *n.* 古代ローマ風立ち乗り《二頭一組の各々の馬の背に片足を乗せ, 立って乗る乗馬法》.

Róman ríte *n.* [the ~] 〘キリスト教〙ローマ(式)典礼, ラテン式典礼, ローマ定式書, ローマ挙式法《ローマカトリック教会の典礼様式; ラテン語を用いる; cf. Greek rite》.

Róman róad *n.* ローマ人道路, ローマンロード《ローマ人が Britain 島占領中に築いた道路; 今もその跡や名称が残存している; Watling Street, Foss Way, Icknield Street, Ermine Street が代表的なもので, Four Roman roads と呼ばれる》.

Ro·mans /róumənz | rə́u-/ *n. pl.* [単数扱い] (新約聖書の)ローマ人への手紙, ローマ書 (The Epistle of Paul to the Romans) (略 Rom.).

Ro·mansch /roumá:nʃ, -mǽnʃ | rəumǽnʃ/ *n.* **1** =Romansh. **2** =Rhaeto-Romanic. 〖(1663) ▭ Rhaetian *roman(t)sch* <VL **rōmānicē*: ⇨ romance¹, Rhaeto-Romanic〗

Ro·mansh /roumá:nʃ, -mǽnʃ | rəumǽnʃ/ *n.* ロマンシュ語《スイス東部のグリゾン (Grisons) 州に行われるレトロマン(ス)語 (Rhaeto-Romanic) の一方言; スイスではドイツ語・フランス語・イタリア語と共に正式国語の扱いを受けている; cf. Friulian, Ladin》. — *adj.* ロマンシュ語の[に関する]. 〖1663〗

Róman snáil *n.* 〖動物〗リンゴマイマイ (*Helix pomatia*)《ヨーロッパ産食用カタツムリ》. 〖1861〗

Róman stríking *n.* 〖時計〗ローマ式打鐘(法)《昔の大時計の打鐘法の一つで, 低温の一点打がローマ数字の V を, 高音の一点打が同じく I を表した》.

ro·man·tic /rouméntɪk, rə-, -mǽnɪk | rə(u)mǽntɪk/ *adj.* **1 a** 〈人が〉空想に耽る; 空想的な. **b** 恋愛に耽る, 恋愛に夢中の: a ~ girl. **c** 恋愛に適した, ロマンチックな: a ~ night. **2 a** 愛[強い情愛]を表す; 熱情的な, 熱烈な: ~ love. **b** 情事を扱った: a ~ film, play, novel, etc. **3 a** 〈考え・計画など〉非実際的な, 実行し難い; 突飛な: ~ ideas [motives] 突飛な考え[動機]. **b** 英雄的な, 冒険的な, 理想主義的な. **c** 〈話など〉架空の, 虚構の, 出たらめな. **d** 神秘的な, 不思議な: a ~ glen 神秘な峡谷. **4** [しばしば R-] **a** 〖文学・芸術〗ロマン的な, ロマン派の《古典の厳格な形式と均整を無視し空想と手法の自由を特色とした, 18 世紀末から 19 世紀初頭に復興した近世の文学芸術の風潮をいう; cf. romanticism 1 a, classic 3 b, classical 3 c》: the ~ revival (18 世紀後半のヨーロッパにおける)ロマン派復興 / the ~ school (近世の)ロマン派 (⇨ romanticism) / the ~ poets (19 世紀初頭の)ロマン派詩人 / ~ poetry ロマン派の詩. **b** 〖音楽〗ロマン派の《主観的情緒と自由な形式を重んじる 19 世紀の音楽の流れについていう; cf. classical 2 a》. **5** 空想物語[伝奇小説](的)の, ロマンチックな: a ~ story ロマンチックな物語. **6** (軽い喜劇または恋を主題にした喜劇で)主人公[恋人]役の[に関する]: play the ~ role 恋人役を演じる.
— *n.* **1 a** [しばしば R-] ロマン主義の作家, ロマン派の詩人[芸術家]. **b** ロマンチックな人: an incurable ~ 手のつけられぬ夢想家. **2** [通例 *pl.*] ロマンチックな考え[話, ふるまいなど]: indulge in ~*s* ロマンチックな考えに耽る.

ro·mán·ti·cal·ly *adv.* 〖(1650) ▭ F *romantique* ← (廃) *romant* (⇨ romaunt)+-*ique* '-ɪᴄ¹'〗

ro·man·ti·cism /rouméntəsìzm, rə-, -mǽnə- | rə(u)mǽntɪ̀-/ *n.* **1** [しばしば R-] **a** ロマンチシズム, ロマン主義《18 世紀の末から 19 世紀の初頭にかけて西欧に興り, 文芸・思想・哲学・音楽などにおける擬古主義に反対し, 旧来の束縛を脱し熱烈な感情の解放を主張する主義; cf. classicism, realism 2》. **b** ロマンチシズム[ロマン主義]の尊重[実践]. **2** 空想的な気分[傾向]. 〖1803〗

ro·mán·ti·cist /-sɪ̀st | -sɪst/ *n.* **1** [しばしば R-] ロマン主義者, ロマン派作家・画家・音楽家(など). **2** ロマンチックな人. 〖1827〗

ro·man·ti·cize /rouméntəsàɪz, rə- | rə(u)mǽntɪ̀-/ *vi.* **1** ロマン風[空想的, ロマンチック]に書く[作る, 話す]. **2** ロマンチックな考えをもつ. **3** ロマンチックなふるまいをする. — *vt.* ロマン化する, …にロマン的性格を与える, 空想的[ロマンチック]に描写する[書く, 話す]. **ro·man·ti·ci·za·tion** /roumæ̀ntəsɪ̀zéɪʃən, rə- | rə(u)mæ̀ntɪ̀saɪ-, -sɪ-/ *n.* 〖1818〗

Romántic Móvement *n.* [the ~] ロマン主義運動《18 世紀末から 19 世紀初頭にかけてフランス・ドイツ・イギリスに興った運動; 文学・美術・音楽など芸術の諸分野で, 旧来の古典的形式を脱して, 天真な感情の流露を唱えた》.

Róman vítriol *n.* 〖化学〗=blue vitriol.

Róman wáll, R- W- *n.* [the ~] =Hadrian's Wall.

Róman wórmwood *n.* 〖植物〗 **1** ヨーロッパ原産キク科ヨモギ属の草本 (*Artemisia pontica*). **2** =ragweed 1.

Rom·a·ny /rá(:)məni, róum- | rɔ́m-, rə́um-/ *n.* **1 a** ロマ人, ジプシー (Gypsy). **b** [the ~; 集合的] ジプシー族. **2** ロマニ語《世界各地のジプシー族の言語の総称; インドアーリア語系統に属するが地方差が大きい》: deep ~ 純粋ロマニ語. **3** [しばしば r-] 暗業色. — *adj.* **1** ロマ人の, ジプシーの, ジプシー風俗の. **2** ロマニ語の. 〖(1812) ▭ Gipsy *Romani* (fem.pl.) ← *Romano* (adj.) ← Rᴏᴍ〗

Rómany rýe *n.* ジプシーと交わる人; ジプシーの言語[風俗]に通じた人. 〖(1851) ▭ Romany *romani rei* ← *romani* (↑)+*rei, rai* lord (▭ Skt *rājan* king: ⇨ raja)〗

ro·man·za /rəménzə; *It.* romándza/ *n.* (*pl.* **-ze** /-zeɪ; *It.* -dze/) =romance² 1. ★ 音楽では複数形のほうをよく使う. 〖1834〗

ro·maunt /roumɔ́:nt, -má:nt | rə(u)mɔ́:nt/ *n.* 《古》伝奇物語. 〖(1530) ▭ OF *roma(u)nt* (F *roman*) ← *romanz, romans* 'ʀᴏᴍᴀɴᴄᴇ¹'〗

Ro·máyne wòrk, r- w- /rouméɪn- | rə(u)-/ *n.* 〖家具〗ロメイン装飾《特に, 17 世紀英国の人間の頭像やグロテスクな頭像を刻んだ円形浮彫り・球飾り・先端装飾などを使った家具装飾》. 〖(1904) *Romayne*: ▭ F *romaine* (fem.) ← *romain* 'ʀᴏᴍᴀɴ¹'〗

Rom·berg /rá(:)mbə:g | rɔ́mbə:g/, **Sigmund** *n.* ロンバーグ《1887–1951; ハンガリー生まれの米国のオペレッタ作曲家; *The Student Prince* (1924)》.

Rom·blon /rɑ(:)mblóun, -blá(:)n | rɔmblɔ́n/ *n.* ロンブロン: **1** フィリピン諸島中部, Visayan 諸島中の小群島. **2** 同群島中の一島; 主都 Romblon がある.

Rom. Cath. 《略》Roman Catholic.

Rome /róum | rə́um/ *n.* **1 a** ローマ《イタリアの首都; 古代ローマ帝国の首都; 市内にローマ教皇庁 Vatican City がある; イタリア語 Roma; 別称 Eternal City, Imperial City》: When (you are) at [in] ~ do as ~ does.=Do at [in] ~ as the Romans do. 《諺》「郷(ごう)に入っては郷に従え」/ ~ was not built in a day. 《諺》ローマは一日にして成らず《大事業は短日月の間には成らない》/ All roads lead to ~. ⇨ lead¹ *vi.* 2 a. **b** =Roman Empire. **2** (ローマ)カトリック教会; (ローマ)カトリック: go over to ~ ⇨ go¹ *over* (3). **3** ローム: **a** 米国 New York 州中部の都市. **b** 米国 Georgia 州北西部の都市.
fiddle while Róme is búrning 大事をよそにして安逸に耽る. 《紀元 64 年ローマ炎上の際, 竪琴を奏しながら見物したと伝えられる暴君 Nero の故事から》
〖OE *Rōm* ▭ OF *Rome* // L *Rōma* ← ? Etruscan **Rūma* the name of an Etruscan clan〗

Róme Béauty *n.* ロームビューティー《やや酸味のある赤い冬リンゴ; 主に料理用》.

Rom·el·dale /rá(:)məldèɪl | rɔ́m-/ *n.* ロメルデール《Romney, Rambouillet, Corriedale の 3 種の羊のかけ合わせによる羊毛用の一品種の羊》. 〖(1948) (混成) ← *Romney*+*Rambouillet*+*Corriedale*〗

Ro·me·o /róumiòu | rə́umiə̀u/ *n.* **1** ロメオ, ロミオ《Shakespeare 作 *Romeo and Juliet* 中の Juliet の恋人》. ★ Shakespeare の作品中では /róumjou | rə́umjəu/ のように 2 音節に発音されることもある. **2 a** 女性に心を奪われた男; 色男. **b** 恋する男, 恋に悩む男. **3** [r-; 通例 *pl.*] 両側に(普通 U 字形の)ゴム布のついている男性用室内靴[スリッパ]. **4** 文字 r を表す通信コード. 〖1766〗

Róm eo and Júliet *n.* 「ロミオとジュリエット」《Shakespeare 作の悲劇 (1595–96); cf. Capulet, Montague²》.

ro·mer /róumə | rə́umə^(r)/ *n.* ローマー《地図上の地点の正確な位置を読み取るために用いる目盛り(透明である場合は方眼)の付いた小さなプラスチック[カード]》. 〖(1933): ← *Carrol Romer* (1883–1951): 英国の法廷弁護士・考案者〗

ro·me·ro /roumé^(ə)rou | rəuméərəu; *Sp.* roméro/ *n.* (*pl.* ~**s**) 〖魚類〗ブリモドキ (pilot fish). 〖▭ Sp. ~ (原義) pilgrim (headed for Rome)〗

Rome·ward /róumwəd | rə́umwəd/ *adv.*, *adj.* **1** ローマへ(の). **2** (ローマ)カトリックへ(の). 〖*a*1338〗

Róme·wards /-wədz | -wədz/ *adv.* =Romeward.

Rom·ford /rá(:)mfəd | rɔ́mfəd/ *n.* ロムフォード《London 北東部の Havering 区の一部》. 〖ME *Rumford* ← OE (i) *rūm* roomy (⇨ room) // (ii) *rūn* council // (iii) *hruna* fallen trees: ⇨ ford〗

Ro·mic /róumɪk | rə́u-/ *n.* 〖音声〗ローミック表記(法)《Henry Sweet の工夫したローマ字だけを用いる音声表記方式》: broad [narrow] ~ 簡略[精密]ローミック記号. 〖(1877) ← Rᴏᴍ(ᴀɴ¹)+-ɪᴄ¹〗

Rom·ish /róumɪʃ | rə́u-/ *adj.* [しばしば軽蔑的に] (ローマ)カトリック教会の; (ローマ)カトリックの. **~·ly** *adv.* **~·ness** *n.* 〖(1531) ← Rᴏᴍᴇ+-ɪsʜ¹〗

Rom·ma·ny /rá(:)məni | rɔ́m-/ *n.*, *adj.* =Romany.

Rom·mel /rá(:)məɫ | rɔ́m-; *G.* ʀɔ́mḷ/, **Erwin (Johannes Eugen)** *n.* ロンメル《1891–1944; ドイツの陸軍元帥; 第二次大戦中, 司令官として北アフリカで活躍; 通称 the Desert Fox》.

Rom·ney¹ /rá(:)mni, rám- | rɔ́m-, rʌ́m-/ *n.* ロムニー《男性名》. 〖↓〗

Rom·ney² /rá(:)mni, rám- | rɔ́m-, rʌ́m-/ *n.* ロムニー《英国産の食用羊の一品種; 強健で長い毛をもち, 沼沢地での飼育に適する; Romney Marsh ともいう》. 〖(1832) ← *Romney* (イングランド南西部の原産地名) <OE *Rumenea* ← *rūm* roomy (⇨ room)+*ēa* river〗

Rom·ney³ /rá(:)mni, rám- | rɔ́m-, rʌ́m-/ *n.* ⇨ New Romney.

Rom·ney /rá(:)mni, rám- | rɔ́m-, rʌ́m-/, **George** *n.* ロムニー《1734–1802; 英国の画家; Nelson 提督の愛人 Lady Hamilton の肖像で知られる》.

Rómney Mársh *n.* **1** =Romney². **2** Kent 州沿岸の Hythe と Rye の間の干拓された沼沢地.

Rom·o·la /rá(:)mələ | rɔ́m-/ *n.* ロモラ《女性名》. 〖▭ It. ~ (fem.) ← *Romolo* <*Romulus* (ローマの建設者)〗

romp /rá(:)mp | rɔ́mp/ *vi.* **1 a** 〈子供などが〉はね回る, 飛び回る, ふざけ回る (⇨ play sʏɴ). **b** 恋愛する 〔*with*〕. **2** (競馬・競技などで)快走する 〈*along, past*〉: ~ in [home, to victory] (競馬などで)楽勝する / ~ *through* 〈仕事・難関などを〉楽々とこなす, 軽く突破する. ***rómp awáy*** [***ahéad***] 急速に上昇[進歩]する. — *n.* **1** 騒々しい遊戯; はね[ふざけ]回ること: a game of ~*s* はね回る遊戯. **2** (競馬・競技などで)快走; 楽勝: win in a ~ 楽勝する. **3** はね[ふざけ]回る子供; お転婆な娘[女性], はねっ返り. 〖v.: (1709) (変形) ← ʀᴀᴍᴘ¹. — n.: (1706) (変形) ← (廃) *ramp* rude girl, (原義) one who ramps: ⇨ ramp¹〗

rómp·er *n.* **1** はね回る人. **2** [通例 *pl.*] **a** ロンパース《身頃とブルマー (bloomers) のつながっている短い子供用の遊び着》. **b** 《NZ》女子生徒が着るロンパース風の運動着. 〖1842〗

rómper sùit *n.* =romper 2 a.

rómp·ing *adj.* はね回る, ふざけ回る. **~·ly** *adv.* 〖1711〗

rómp·ish /-pɪʃ/ *adj.* お転婆の; はね回る, ふざける. **~·ly** *adv.* **~·ness** *n.* 〖1709〗

rom·pu /rá(:)mpu: | rɔ́m-/ *adj.* 〖紋章〗図形が破れた, 一部が段違いになった. 〖(1610) ▭ F ~ (p.p.) ← *rompre* to break ▭ L *rumpere*〗

romp·y /rá(:)mpi | rɔ́m-/ *adj.* (**romp·i·er**; **-i·est**) お転婆の, はね回る, ふざけ回る. 〖1863〗

Rom·u·lus /rá(:)mjələs | rɔ́m-/ *n.* 〖ローマ神話〗ロムルス《Mars と Rhea Silvia との間に生まれた双生児の一人 (他の一人は Remus) で, 生後間もなく捨てられ, 狼に育てられたと伝えられる; ローマの建設者 (753 ʙ.ᴄ.) で最初の国王; cf. Numa Pompilius》. 〖▭ L ~〗

Romulus and Remus

Ron /rá(:)n | rɔ́n/ *n.* ロン《男性名》. 〖(dim.) ← Ronald〗

Ron·ald /rá(:)nḷd | rɔ́n-/ *n.* ロナルド《男性名; 愛称形 Ron, Ronnie, Ronny》. 〖▭ ON *Rǫgnvaldr*: cf. Reynold〗

ron·ca·dor /rɑ̀(:)ŋkədɔ́ə | rɔ̀ŋkədɔ́:^(r)/ *n.* (*pl.* ~**s**, **-ca·do·res** /-dɔ́:reɪs/) 〖魚類〗 **1** アメリカ太平洋岸産のニベ (croaker) の類の魚類の総称. **2** イサキ科の魚; (特に) 太平洋・大西洋沿岸産の魚 (*Haemulon steindachneri*). 〖(1882) ▭ Sp. ~ ← *roncar* to snore〗

Ron·ces·va·lles /rɑ̀(:)nsəsváɪəs, rá(:)nsəvæ̀lz | rɔ̀nsɪ̀sváɪəs, rɔ́nsɪ̀vælz; *Sp.* ronθesβáʎes, -jes/ *n.* ロンセスバリェス《スペインの北部, ピレネー山脈 (Pyrenees) 中の一村; ここの峠で Charlemagne 大帝の軍が敗れて勇士 Roland が戦死したロンセスバリェスの戦い (778) の舞台ロンセスバリェス峠 (the Pass of ~) がある; この故事は *The Song of Roland* に歌われている; フランス語名 Roncevaux》.

Ronce·vaux /*F.* ʀɔ̃svo/ *n.* ロンスボー《Roncesvalles のフランス語名》.

ron·co /rá(:)ŋkou | rɔ́ŋkəu/ *n.* 〖魚類〗イサキ科 *Haemulon* 属の魚類の総称; (特に) 熱帯大西洋西部産の灰色の地に褐色の縞のある小形食用魚 (*H. parra*). 〖▭ Am.-Sp. ~ ← Sp. ~ 'hoarse' (変形) ← L *raucus*〗

ron·da·vel /rá(:)ndɑ:veɫ | rɔ́n-; *Afrik.* rɔndá:vəl/ *n.* (南アフリカの)土壁小屋, ロンダヴェル《土でできた草屋根の円形の小屋》. 〖(1891) ▭ Afrik. *rondawel*〗

rond de jambe /rɔ̃:(n)dəʒɑ̃:(m)b, rɔ̃:ndəʒɑ̃:mb | -də-; *F.* ʀɔ̃dʒɑ̃:b/ *n.* (*pl.* **ronds de j-** /~/) 〖バレエ〗ロン(ドジャンブ)《床上で, または跳躍中に片足で円を描く動作》. 〖(1830) ▭ F ~ (原義) circle of the leg〗

ronde /rá(:)nd | rɔ́nd/ *n.* =round hand. 〖(1838) ▭ F ~ (fem.) ← *rond* 'ʀᴏᴜɴᴅ¹'〗

ron·deau /rá(:)ndou, —ˊ | rɔ́ndəu; *F.* ʀɔ̃do/ *n.* (*pl.* **ron·deaux** /~(z); *F.* ~/) **1** 〖詩学〗ロンドー体(の詩)《通例 3 連 15 行, 2 脚韻からなり, 第 1 連の最初の語句が次の 2 連の句 (refrain) として用いられるフランス起源の詩型; 脚韻は一般に a a b b a, a a b refrain, a a b b a refrain の形式をとる; cf. roundel 4》. **2** 〖音楽〗 **a** ロンドー《中世・ルネサンスのフランスの音楽形式; 二つの楽節がほぼ交互に数回反復される; はじめ単声, のち多声の声楽曲》. **b** =rondo. 〖(1525) ▭ F ~ (原義) small circle (変形) ← *rondel* 'ʀᴏɴᴅᴇʟ'〗

rondeau re·dou·blé /-rədu:bléɪ; *F.* -ʀəduble/ *n.* (*pl.* **rondeaux redoublés** /~; *F.* ~/) 〖詩学〗二重ロンドー体(の詩)《6 連 4 行, 2 脚韻からなり, 第 1 連の各行は順次次の 4 連の末尾に繰り返され, さらに第 1 行の前半行が最後の連の末尾に添えられる》. 〖▭ F ~ 'double rondeau'〗

rondeaux *n.* rondeau の複数形.

ron·del /rá(:)ndḷ, rɑ(:)ndéɫ | rɔ́ndḷ/ *n.* **1** 〖詩学〗ロンデル体(の詩)《ロンドー体 (rondeau) と同種の詩型; 通例 3 連 14 行, 2 脚韻からなり, 第 1 連の最初の 2 行が次の 2 連で繰り返される》. **2** 〖劇場〗=roundel 5. **3** 〖冶金〗=rondelle². **4** 〖甲冑〗(よろいの)腋当《特に円盤型のもの; cf. besague; ⇨ half armor 挿絵》. 〖(*c*1300) *rondeal* ▭ OF *rondel* ((O)F *rondeau*) (dim.) ← *rond* 'ʀᴏᴜɴᴅ¹': cf. rondeau, roundel〗

ron·de·let /rɑ̀(:)ndəlét, -léɪ | rɔ̀ndəlèt/ *n.* 〖詩学〗小ロンドー体(の詩)《ロンドー体 (roundeau) の変形で 2 個の折り返し句 (refrain) をもつ七行詩》. 〖(1575) *roundelet* ▭ OF ~: ⇨ ↑, -let〗

ron·delle¹ /rɑ(:)ndéɫ | rɔn-; *F.* ʀɔ̃dɛl/ *n.* **1** 円形[環形]の物体. **2** 〖宝石〗 **a** 丸環, 輪つなぎ, ロンデル《特に, 大形の宝石の間に小形の宝石を入れてつないだ輪》. **b** 輪つなぎにした首環[ネックレス]. 〖(1839) ▭ F ~: ⇨ rondel〗

ron·delle² /rɑ(:)ndéɫ | rɔn-/ *n.* 〖冶金〗(るつぼの中で溶融した金属の)こけら, 薄片, 湯あか. 〖(14C) ▭ F ~: ⇨ rondel〗

ron·di·no /rɑ(:)ndí:nou | rɔndí:nəu; *It.* rondí:no/ *n.* (*pl.* ~**s**) 〖音楽〗ロンディーノ《短い rondo》. 〖▭ It. ~ (dim.) ← *rondo* (↓)〗

ron·do /rá(:)ndou, —ˊ | rɔ́ndəu; *It.* rondɔ́/ *n.* (*pl.* ~**s**) 〖音楽〗ロンド, 回旋曲. 〖(1797) ▭ It. ~ ▭ F *rondeau*: cf. rondeau, round¹〗

róndo fòrm *n.* 〖音楽〗ロンド形式《主題が挿入部 (episode) をはさんで数回反復される器楽曲の形式》. 〖1874〗

R

ron·do·let·to /rɑ̀(:)ndəlétoʊ | rɔ̀ndəlétəʊ; *It.* ròndolétto/ *n.* (*pl.* **~s**) =rondino. 〖□ It. ~: ⇨ rondino〗

Ron·dô·nia /rɑ(:)ndóʊnjə | rɔndə́ʊ-; *Braz.* ʀõdónia/ *n.* ロンドニア《ブラジル西部ボリビアと接する地域で連邦地区; 面積 243,043 km²; 1956 年までは Guaporé といった》.

ron·dure /rɑ́(:)nʤə | rɔ́nʤə^(r), -djuə^(r)/ *n.* 《文語》 **1** 球面, 球体. **2** 丸さ, 丸み. 〖(1593–99) □ F *rondeur* ← *rond* 'ROUND'〗

rone /róʊn | rəʊn/ *n.* 《スコット》 雨どい. 〖(1808) ← ?〗

Ro·ne·o /róʊniòʊ | rəʊniə̀ʊ/ *n.* (*pl.* **~s**) 《商標》 ロネオ複写器. **—** *vt.* [r-] 複写する. 〖(1901) 《混成》 ← RO(TARY)+*neo*(*style*)〗

róne·pìpe *n.* =rone.

Ron·ga /rɑ́(:)ŋgə | rɔ́ŋ-/ *n.* (*pl.* **~**, **~s**) **1 a** [the ~(s)] ロンガ族《Mozambique の農耕民族》. **b** ロンガ族の人. **2** ロンガ語《バンツー語 (Bantu) 系》.

ron·geur /rɔ̃:(n)ʒə́:, rɔ:n- | -ʒə́:^(r); *F.* ʀɔ̃ʒœ:ʀ/ *n.* (*pl.* **~s** /~z; *F.* ~/) 《外科》 骨鉗子(かんし). 〖(*a*1884) □ F ~ 《原義》 gnawer ← *ronger* to gnaw〗

rong·geng /rɑ́(:)ŋgɛŋ | rɔ́ŋ-/ *n.* ロンゲン《マレーシアの歌と踊り》. 〖(1817) □ Malay. ~〗

ron·go·ron·go /rɑ́(:)ŋgoʊrɑ́(:)ŋgoʊ | rɔ́ŋgəʊrɔ́ŋgəʊ/ *n.* 《考古》 ロンゴロンゴ文字《Easter 島の木片にみられる象形文字》. 〖(1919) ← Polynesian (Easter Island)〗

Ron·ky /rɑ́(:)ŋki | rɔ́ŋ-/ *n.* ロンキー《女性名》. 〖(dim.) ← VERONICA〗

ron·nel /rɑ́(:)nl̩ | rɔ́nl̩/ *n.* 《薬学》 ロンネル ($C_8H_8Cl_3O_3PS$)《牛などを伝染病から守るための殺虫剤》. 〖商標名〗

Ron·nie /rɑ́(:)ni | rɔ́ni/ *n.* ロニー: **1** 男性名. **2** 女性名. 〖1: (dim.) ← RONALD. 2: (dim.) ← VERONICA〗

ron·quil /rɑ́(:)ŋkɪ̀l | rɔ́ŋkɪl/ *n.* 《魚類》 北米北西岸産のメダマウオ科の魚類の総称. 〖(1882) □ Am.-Sp. *ronquillo* (dim.) ← *ronco*: ⇨ ronco〗

Ron·sard /rɔ̃:(n)sɑ́ə, rɔ:n- | -sɑ́:^(r); *F.* ʀɔ̃sa:ʀ/, **Pi·erre de** *n.* ロンサール《1524–85; フランスの詩人; プレイヤード派 (the Pleiad) のリーダー; *Sonnets pour Hélène*「エレーヌに寄せるソネット集」(1578)》.

Ron·son /rɑ́(:)nsən, -sn | rɔ́n-/ *n.* 《商標》 ロンソン《米国製ライター; 同ブランドでキャンプ用品や電気器具もある》.

rönt·gen /réntgən, rʌ́nt-, -ʤən | rɔ́ntgən, rʌ́n-, rə́:n-, -tjən; *G.* ʀœ́ntgn̩/ *n.* =roentgen.

Rönt·gen /réntgən, rʌ́nt-, -ʤən | rɔ́ntgən, rʌ́n-, rə́:n-, -tjən; *G.* ʀœ́ntgn̩/, **Wilhelm Conrad** *n.* ⇨ Roentgen.

rönt·gen·o- /réntgənoʊ, rʌ́nt-, -ʤən- | rɔ́ntgən-, rʌ́nt-, rə́:nt-, -ntjən-/ =roentgeno-.

roo[1] /rú:/ *vt.* 《英》〈羊毛を〉羊から手でむしり取る. 〖(1612) ← Scand.: cf. Norw. 《方言》 *rua*〗

roo[2] /rú:/ *n.* (*pl.* **~s**) 《豪口語》 =kangaroo. 〖略〗

róo bàr, róo guàrd *n.* 《豪》 カンガルー排障器, ルーバー《車の前に付ける; cf. bullbar》. 〖1976〗

rood /rú:d/ *n.* **1 a** 十字架上のキリスト像《通例 rood beam または rood screen の上に立てたもの》. **b** [the ~] 《古》(キリストが処刑された)十字架: by *the* (holy) *Rood* 十字架にかけて, 十字架に誓って, 神かけて, 確かに. **c** =Holy Rood Day. **2** 《英》 ルード《長さの単位; 地方によって異なるが 5½ yards から 8 yards に相当》. **3** 《英》 ルード《面積の単位》: a =¼ acre, 約 1,011.7 m²: Not a ~ remained to him. 彼には猫の額ほどの土地も残らなかった. **b** 1 平方 rod の面積 (25¼ m²). 〖OE *rōd* cross ← Gmc **rōd-* (cf. G *Rute*) ← IE **rēt-* post: ⇨ rod〗

róod àrch *n.* 《建築》 **1** 内陣正面仕切り (rood screen) の中央部のアーチ《真上に rood が立つ》. **2** 身廊 (nave) と内陣 (chancel) の間の rood 上方の天井アーチ. 〖1850〗

róod bèam *n.* (教会の)十字架梁(はり)《内陣または聖歌隊席入口の上に渡した横梁で, キリスト十字架像 (holy rood) を支える》. 〖*c*1395〗

róod clòth *n.* 十字架掛布《四旬節 (Lent) の間キリスト十字架像 (holy rood) をおおうスミレ色または黒色の布》. 〖1466〗

Roo·de·poort-Ma·rais·burg /rú:ḍəpɔ̀ətmərέɪsbə:g | -dəpʊ̀ətmərέɪsbə:g/ *n.* ローデポールト《南アフリカ共和国北東部, Gauteng 州 Johannesburg 西郊にある工業都市》.

roo·dle /rú:ḍl̩ | -dl̩/ *n.* [通例 *pl.*] 《トランプ》(ポーカーで)ルードル場(ば), ぞろ場《競技者間の取決めにより参加料や賭金の上限を 2 倍にするなど, 高い場にしてプレーする方式の総称; rang doodles または whang doodles ともいう》. 〖□ G *Rudel* pack, troop〗

róod lòft *n.* 《建築》(教会の内陣仕切り桟敷(さじき)), 内陣桟敷. 〖1399〗

róod scrèen *n.* 《建築》(教会の)内陣正面仕切り《精巧な装飾を施した内陣 (chancel) と身廊 (nave) の間の仕切りで, その真上にキリスト十字架像 (holy rood) を立てる》. 〖1843〗

róod spìre *n.* 《建築》(教会の身廊 (nave) と翼廊 (transept) の交差部分の屋根の上に立つ)尖塔付きの塔 (rood steeple).

róod stàir *n.* rood loft へ通じる階段.

róod stèeple *n.* =rood spire.

roof /rú:f, rʊ́f | rú:f/ *n.* (*pl.* **~s** /~s/, **rooves** /rú:vz/) **1 a** 屋根. **b** 《比喩》 家, 住居: be (left) without a ~ =have no ~ over one's head 住む家がない. **2 a** (車や飛行機の)覆い, 屋根(上) (top) (⇨ car 挿絵). **b** (口内の)上顎(うわあご): the ~ of the mouth 上顎, 口蓋(こうがい). **c** (形や機能が)屋根のようなもの: under a ~ of foliage 木の葉の茂った下で, 木陰に. **d** =tegmentum. **e** (体の)覆う部分: the ~ of the skull (頭蓋の)頭頂部. **3 a** 最高部, 頂部, てっぺん: the ~ of the world 世界の屋根《非常に高い所にある山・山脈・高原など, 特に Everest 山, Himalaya 山脈, Pamir 高原をいう; cf. ceiling 5 b》. **b** 最高限度, 上限. **c** 天空: the ~ of heaven 天空 / this majestical ~ fretted with golden fire 金色の光をちりばめた壮麗な天空 (Shak., *Hamlet* 2. 2. 313). **4** 《鉱山》 天盤《水平鉱床・坑道などの天井をなす岩盤》.

hit the róof*=*gó through the róof 《口語》(ひどく)怒り出す, 腹をたてる. (1925) ***ráise*** [《英》 ***lift***] ***the róof*** 《口語》 (1) (屋根が飛ぶほど)大喝采(かっさい)をする, 大騒ぎする. (2) かんかんになって怒る, 騒ぎ立てる. (1860) ***the róof fálls*** [***cáves***] ***ín*** 《米口語》〔…に〕災難が起こる〔*on*〕. ***ùnder óne*** [***the sáme***] ***róof*** 同じ家[建物]の中で[の]. ***ùnder a person's róof*** 人の家に(泊めてもらって); 人の世話になって.

— *vt.* **1 a** 〈建造物・家などに〉屋根を付ける, 屋根で覆う. **b** 〈屋根〉に屋根材を載せる; 〈屋根を〉葺(ふ)く〔*with*〕: the top of a tower ~*ed with* copper 銅葺きの塔の屋根. **2** 屋根のように覆う, 覆う〔*in, over*〕: Huge trees ~*ed* a gully *in*, and made a night of noon. 巨木が峡谷を屋根のように覆って日中でも暗かった.

〖n.: OE *hrōf* < Gmc **χrōfaz* (Du. *roef* cover, cabin) ← IE **krōpo-* roof. — v.: (*a*1420) ← (n.)〗

roof·age /rú:fɪʤ, rʊ́f- | rú:f-/ *n.* 屋根材, 屋根葺(ふ)き材料. 〖1865〗

róof·bòlt *n.* 《鉱山》 =rock-bolt.

róof·dèck *n.* (テラスなどとして使われる)屋根の平たい部分. 〖1945–50〗

roofed *adj.* [通例複合語の第 2 構成素として] …の屋根のある, …屋根の; 覆いのある: a ~ wagon 有蓋(ゆうがい)荷車 / flat-*roofed* 平屋根の / thatch-*roofed* 草ぶき屋根の / a red-*roofed* cottage 赤屋根の小住宅. 〖?*a*1425〗

róof·er *n.* **1** 屋根屋, 屋根職人. **2** 屋根ふきに用いる板[材木]. **3** 《英口語》 饗応(きょうおう)に対する礼状 (Collins). 〖1840–50〗

róof gàrden *n.* **1** 屋上庭園. **2** (高層建築物・ホテルなどの)屋上レストラン. 〖1893〗

róof guàrd *n.* =snow guard.

róof hèliport *n.* 屋上ヘリポート.

róof·ing *n.* **1** 屋根ふき. **2** 屋根ふき材料. **3** 屋根. **4** [形容詞的に] 屋根ふき用の: a ~ tile [slate] 屋根瓦(がわら)[スレート] / ~ felt 屋ねぶきフェルト. 〖*c*1450 ME *rouyng*〗〖*c*1440〗

róofing nàil *n.* 《建築》 屋根釘《アスファルトルーフィングなどを留める, 頭が大きく短い釘》. 〖*c*1325〗

róof ìris *n.* 《植物》 イチハツ (*Iris tectorum*)《日本・中国産》.

róof·less *adj.* **1** 屋根のない. **2** 宿なしの. 〖1610〗

róof lìght *n.* **1** 天窓《屋根に付けた窓(枠)》. **2** (自動車の)ルームライト, 室内灯; (パトカーなど緊急車両の屋根の上の)点滅灯. 〖1958〗

róof·lìne *n.* 《建築》 屋根線《屋根側面の輪郭; 破風(はふ)の輪郭》. 〖1857〗

róof prism *n.* 《光学》 屋根形プリズム, ダッハプリズム《屋根形の反射面をもつプリズムで, 像の上下を反転させるアミーチプリズムや一眼レフカメラに用いられる光線の方向を 90 度曲げるものなどがある》.

róof ràck, róof-ràck *n.* 《英》(自動車の)ルーフラック, 屋根上荷台. 〖1960〗

róof ràt *n.* 《動物》 エジプトネズミ (*Rattus rattus alexandrinus*)《暖かい地方の建物の上の方に巣を造るクマネズミの変種; 体は灰褐色》. 〖1810–20〗

róof·scàpe *n.* 屋根の風景, 屋根のつくる景色.

róof·spòtter *n.* 《英》(民間人の)対空監視人. 〖1940〗

róof stày *n.* 《機械》(ボイラーの)天井控え.

roof·top /rú:ftɑ̀(:)p, rʊ́f- | rú:ftɔ̀p/ *n.* 屋根, 屋上: from the ~*s*=*from the* HOUSETOPS. **—** *adj.* 屋根[屋上]にある[置かれた]: a ~ weathercock / a ~ restaurant. 〖1611〗

róof·trèe *n.* **1** 棟木(むなぎ) (ridgepole). **2** 屋根. 〖1321〗

roo·i·bos /rú:ɪbɑ̀(:)s | rɔ́ɪbɔs/ *n.* 《南ア》《植物》 **1** ロイボス《マメ科 *Aspalathus* 属の数種の常緑樹; 葉から茶を製する》. **2** シクンシ科ヨツバネカズラ属 (*Conbretum*) の低木《黄色の香りのよい穂状花序をつける》. 〖(1911) *rooibos*: □ Afrik. ~ ← *rooi* red+*bos* bush〗

róoibos tèa *n.* 《南ア》 ロイボス茶《ロイボスの葉から造られ強壮作用があるとされる》.

roo·i·gras /rú:ɪgræ̀s | rɔ́ɪgræs/ *n.* 《南ア》《植物》 南アフリカ産イネ科メガルカヤ属 (*Themeda triandra*) の牧草《冬期に赤く色づく; 日本でみられるメガルカヤの変種》.

rooi·kat /rú:ɪkæ̀t | rɔ́ɪkæt/ *n.* 《南ア》《動物》 =caracal. 〖(1785) □ Afrik. ~ ← *rooi* red+*kat* cat〗

roo·i·nek /rú:ɪnɛ̀k | rú:ɪnɛk, rɔ́ɪ-/ *n.* 《南ア》[通例軽蔑的にあるいは《戯言》] 新来者, イギリス人; (特に)新来移民. 〖(1890) □ Afrik. ~ 《原義》 red neck〗

rook[1] /rʊ́k/ *n.* **1** 《鳥類》 ミヤマガラス (*Corvus frugilegus*)《群居性で樹木や建物の付近に巣を造る; ユーラシア産で日本にも飛来する》. **2** 《俗》(遊び事で)ペテン師, いかさま師. **—** *vt.* 《俗》 **1** 〈相手をごまかす, だます. **2** 〈客〉に不当な値段を吹っかける. 〖OE *hrōc* < Gmc **Xrōkaz* (Du. *roek* / G *Ruch*) ← IE **ker-* 《擬音語》〗

rook[2] /rʊ́k/ *n.* 《チェス》 ルーク《縦と横に自由に動く城塔形の駒; 日本の将棋の飛車に当たる; castle ともいう; 略 R》. 〖(?*a*1300) *rok*(*e*) □ OF *roc*(*k*) □ Arab. *rukhkh* □ Pers. *rukh*〗

rook·er·y /rʊ́kəri/ *n.* **1** ミヤマガラス (rook) の群居[繁殖]する所[森]; ミヤマガラスの群れ. **2** (ペンギン・アザラシなどの)繁殖所; (ペンギンなどの)群れ: a penguin ~. **3** (同類の人・物の)集まり, 集まる所. **4** 《古》(多くの人が住んだ昔の)安アパート; (特に)貧民窟(くつ), スラム. 〖(1725) ← ROOK[1]+-ERY〗

rook·ie /rʊ́ki/ *n.* 《口語》 **1** 新兵; 新参者, 新米: a ~ reporter 新米記者. **2** 《米》(プロチームなどの)新人選手, ルーキー: The ~ scored a lot of points for his team. その新人はチームのために多くの得点を獲得した. 〖(1892) 《転訛》 ← RECRUIT: cf. -ie〗

roo·koo /rú:ku:/ *n.* =roucou.

róok·rìfle *n.* ミヤマガラスを撃つのに用いるライフル銃. 〖1859〗

rook·y[1] /rʊ́ki/ *adj.* (**rook·i·er**; **-i·est**) 《文語》 ミヤマガラスのすむ[多い, 群居する]. 〖1605〗

rook·y[2] /rʊ́ki/ *n.* 《俗》 =rookie.

room /rú:m, rʊ́m/ ★《英》では room を単独では /rú:m/ と発音するが, bedroom, drawing room のような合成語では /-rʊm/ と発音する人もいる. **—** *n.* **1 a** 部屋, 室, 間(ま): an upper ~ 屋根裏部屋 / an L-shaped ~ L 字形の部屋 / *Rooms* for Rent =《英》*Rooms* to Let 《広告・掲示で》 貸室有り / do one's [the] ~ 部屋を片づける[掃除する] / ⇨ dining room, rest room, strong room. 日英比較 日本語で車内灯を「ルームライト」あるいは「ルームランプ」というのは和製英語. 英語では dome light. **b** (ホテルの) 寝室. **c** [*pl.*] 《英》(一組の)室, 部屋; 下宿部屋, 借間: Come to my ~*s*. うち[私の所]へ来なさい / take ~*s* at the seaside for the holidays 休暇中海岸で部屋を借りる. **d** 《婉曲》 化粧室, トイレ (lavatory). **2** [通例 the ~; 集合的] 室内にいる人々; 集合した人々, 会合した仲間: set *the* whole ~ in a roar of laughter 満座[部屋中]の人々を大笑いさせる. **3** (人・物などの占める)場所, 空間, 余地 (space): There's always ~ *for* one more! もう一人[ひとつ]分の余裕[余地, 場所]は常にあるものだ / The table takes up too much ~. このテーブルはあまりに場所を取りすぎる / We have no ~ here *for* idlers. ここには怠け者などを入れる余地はない / There is no [not (enough)] ~ *to* swing a cat (in). 《口語》 猫を振り回すだけの余地もない, 全く狭苦しい / I would rather have his ~ than his company. 彼のいない方がずっといい / *Room for* the man! 《古》 その男のために道をあけてやれ. **4 a** (…する)機会, 余地〔*for*〕/〈*to do*〉: There is (a lot of) ~ *for* improvement. 改善の余地が(十分)ある / There is no ~ *for* complaint [compromise, hope]. 不平を言うべき[妥協の, 希望を抱く]余地がない / leave no ~ *for* doubt 疑いを入れる余地をなくす. **b** 〔…の〕知的能力 (capacity) 〔*for*〕. **5** 《鉱山》 採炭場, 切羽(きりは), 切場(きりば) (breast, stall ともいう). **6** 《廃》 地位, 身分.

in a person's róom 《古》 人に代わって. (1489) ***in the róom of*** 《古》 …の代わりに: eat fish *in the* ~ *of* meat 肉の代わりに魚を食う. (1535) ***léave the róom*** 《口語》 トイレに行く《主に教室での用語》. ***make róom*** (1) (通る)道をあける; 席[場所]をあける; (時間的に)都合をつける〔*for*〕. (2) 地位を譲る, 退く〔*for*〕. (*a*1450) ***róom and bóard*** 賄い付き貸間 (cf. table-board 1). (1955) ***róom for manéuver*** 計画変更[再考]の余地.

— *vi.* 《米》 宿泊[下宿, 寄寓]する, 室を占める〔*at, in, with*〕 (lodge): ~ *at* [*in*] a place ある場所に宿泊する / ~ *with* a person 人と同宿する / ~ together 同宿する.

— *vt.* **1** 〈客を〉泊める; 〈客などを〉部屋に案内する. **2** 〈下宿人・テナントに部屋を貸す.

〖OE *rūm* < Gmc **rūmaz* (Du. *ruim* / G *Raum*) ← (adj.) spacious (OE *rūm* roomy / ON *rūmr*) ← IE **rewə-*, **rū-* space (L *rūs*, *rūris* open land, the country)〗

róom-and-píllar *adj.* 《鉱山》 柱房法の《採鉱のとき, まず房 (bord) を掘り進めて鉱柱 (pillar) を残し, 次に鉱柱を掘り取って進む方法にいう; bord-and-pillar ともいう》.

róom clèrk *n.* 客室係《ホテルで部屋の割当てを担当する係》. 〖1916〗

róom divider *n.* 間仕切り家具《部屋を仕切るためのテーブル・椅子・ついたてなど》. 〖1959〗

roomed *adj.* [通例複合語の第 2 構成素として] …の室のある: a ten-*roomed* house 10 室ある家. 〖1548〗

róom·er *n.* 《米》 間借り人, (特に, 賄いなしの)宿泊者. 〖1853〗

room·ette /ru:mέt, rʊm-/ *n.* **1** (寮などの)小部屋. **2** 《米》(寝台車の)個室. 〖(1937) ← ROOM+-ETTE〗

room·ful /rú:mfʊ̀l, rʊ́m-/ *n.* **1** 部屋一杯: a ~ *of* people [books] 部屋一杯の人たち[本]. **2** [集合的] 満座[列席]の人々; 部屋一杯のもの[品物]: the whole ~ 満座の人々. 〖1710〗

room·ie /rú:mi, rʊ́mi/ *n.* 《米口語》 =roommate. 〖1918〗

róom·ing hòuse *n.* 《米》 下宿屋 (lodging house). 〖1893〗

róoming-ín *n.* 母子同室育児《病院で新生児を乳児室に置かず母親の近くのベッドに寝かせること》. 〖1943〗

róom·màte *n.* 同宿[室]者, ルームメイト. 〖1789〗

róom nùmber *n.* 部屋番号.

róom sèrvice *n.* **1** (ホテルなどで部屋に食物を運ぶ)ルームサービス. **2** ルームサービス部[係]. 〖1930〗

róom tèmperature *n.* (通常の)室温 (20°C 前後). 〖1945〗

room·y[1] /rú:mi, rʊ́mi/ *adj.* (**more ~, most ~**; **room·i·er, -i·est**) **1** 部屋数の多い; 広い: a ~ closet 広い戸棚. **2** 〈雌の動物が〉繁殖に適する大きな均勢のとれた体をした: a ~ mare. **róom·i·ly** /-mɪ̀li/ *adv.* **róom·i·ness** *n.* 〖1627〗

room·y[2] /rú:mi, rʊ́mi/ *n.* 《米口語》 =roomie.

roor·back /rʊ́əbæk | rʊ́ə-/ *n.* (*also* **roor·bach** /~/) 《米》(選挙前などの政敵に対する)中傷, 悪口, 中傷的流言.

〖(1844) ← *Baron von Roorback* (1844 年の大統領選挙の候補者 J. K. Polk を中傷した *Roorback's Tour through the Western and Southern States* の著者と称する架空の人物名)〗

roose /rúːz/ ((スコット・イングランド北部)) *n.* **1** 称賛. **2** 自慢. ― *vt.* 賞める, 賞めそやす. 〖n.: (?*c*1200) ME *ros* ◻ ON *hrōs*. ― v.: (?*c*1200) ME *rose(n)* ◻ ON *hrōsa* to praise〗

Roo·se·velt /róuzəvèlt, rúː-, -vəlt, róuzvɛlt, -vəlt | rə́uzəvèlt, rúː-, -sə-, rúːsvɛlt, -vəlt/, **Rio** *n.* [the ～] ルーズベルト(川) ((ブラジル西部に発し Madeira 川に合流する川 (640 km); 1914 年 Theodore Roosevelt が探検; 旧名 Rio da Dúvida /ʀíudadúvida/)).

Roo·se·velt /róuzəvèlt, rúː-, -vəlt, róuzvɛlt, -vəlt | rə́uzəvèlt, rúː-, -sə-, rúːsvɛlt, -vəlt/, **(Anna) Eleanor** ★ Roosevelt 大統領一族の発音は /róuzəvèlt/. /rúːz-/ という発音は英語式の綴(つづ)り字発音. *n.* ルーズベルト ((1884–1962; 米国の著述家・社会事業家; Franklin D. Roosevelt の妻)).

Roosevelt, Franklin Del·a·no /délənòu | -nəu/ *n.* ルーズベルト ((1882–1945; 米国の政治家; 第 32 代大統領 (1933–45); New Deal 政策を実施した; 略 FDR)).

Roosevelt, Theodore *n.* ルーズベルト ((1858–1919; 米国の政治家; 第 26 代大統領 (1901–09); Nobel 平和賞 (1906); cf. roughrider 2)).

Róosevelt Dám *n.* [(the) ～] ルーズベルトダム ((米国 Arizona 州中部, Salt 川にあるダム; 高さ 87 m, 長さ 330 m)).

Roo·se·velt·i·an /ròuzəvéltiən | rə̀uzəvéltiən, ruːsvélt-, -tjən⁻/ *adj.* **1** Theodore Roosevelt (の主義, 見解, 政策)の[に関する, を支持する]. **2** Franklin Roosevelt (の主義, 見解, 政策)の[に関する, を支持する]. 〖1908〗

Róosevelt Ísland *n.* ルーズベルト島: **a** New York 州の East River にある島で, Manhattan 区に属する; Franklin D. Roosevelt Island ともいう; かつて刑務所など各種施設があったが, 1970 年代に宅地開発された; 1973 年までの名称は Welfare Island. **b** =Theodore Roosevelt Island. **c** 南極大陸のロス氷棚東部にある島.

roost¹ /rúːst/ *n.* **1 a** 止まり木. **b** 鶏舎; (鶏舎の中の)鶏の寝る場所. **c** (鳥の)止まり木. **2** [集合的] 止まり木に止まっている一群の鳥, ねぐらの鳥. **3** (人の)休み場所, 寝所, 寝床; 宿.
at róost (1) 〈鳥が〉ねぐらについて. (2) 〈人が〉休んで, 眠って. (1692) ***còme hóme [báck] to róost*** 〈呪い・企みなどが〉本人の所へ戻る; 身から出たさびとなる; Curses (, like chickens,) *come home to* ～. ((諺)) 呪いは呪い主に返る, 「人を呪わば穴二つ」. (1810) ***gó to róost*** (1) 〈鳥が〉ねぐらに帰る. (2) 〈人が〉休む, 寝る. (*a*1529) ***rúle the róost*** ((口語)) =*rule the* ROAST. (1769)
― *vi.* **1** 止まり木に止まる, ねぐらにつく. **2** 座る, 着席する. **3** 〈人が〉宿る, 泊る; 一夜を過ごす.
― *vt.* **1** …に止まり木[ねぐら]を与える. **2** 泊める.
〖OE *hrōst* ← ? Gmc **Xrō(d)st-* (Du. *roest*) ← ? IE **kred-* framework, timberwork〗

roost² /rúːst/ *n.* (*also* **R-**) ((スコットランド Orkney 諸島, Shetland 諸島近くの))激しい潮流. 〖(1654) ◻ ON *rǫst* (Norw. *røst*)〗

roost·er /rúːstə | -tə^(r)/ *n.* **1** ((米)) **a** 雄鶏(おんどり). **b** 鳥の雄. **2** ((口語)) 威張った男, 気取った男. **3** 〖魚類〗=roosterfish. 〖(1772) ← ROOST¹+-ER¹〗

róoster·fìsh *n.* 〖魚類〗ルースターフィッシュ (*Nematistius pectoralis*) ((北米太平洋岸産アジ科の食用魚; papagallo ともいう)).

róoster tàil *n.* 高速のモーターボートが立てる高い波しぶき. 〖1953〗

root¹ /rúːt, rút | rúːt/ *n.* **1 a** 根 ((通俗には地下茎・根茎・塊茎・球根などをも含む; cf. stock¹ 7, top¹ *n.* 5 b)). **b** [*pl.*] ((英)) 根菜類 (root crops). **c** [*pl.*] 〖植物〗枝分かれした根, ひげ根. **2 a** 根状のもの. **b** (歯・毛・爪などの)根. **c** (神経の)根. **d** (舌・耳・翼・指・毛などの)付け根, 根元: blush to the ～s of one's hair 耳の付け根まで真っ赤になる. **3** [*pl.*] **a** 人の生まれ育った環境[文化], (精神的な)故郷(ふるさと): How far back can you trace your ～s? あなたのルーツはどれくらい昔までさかのぼれますか / He returned to Japan to get back to his ～s. 心の故郷に戻るために日本に帰った / a filmmaker with (one's) ～s in the theater 演劇界出身の映画制作者. **b** (土地・習慣・時代・祖国などとの)結びつき, 愛着: The ～s connecting them with the prewar days have been lost. 彼らと戦前の時代とを結びつきは失われてしまった. **4 a** 根源, (根本的)原因 (⇨ origin SYN): The love of money is the ～ of all evil. 金を愛するはもろもろの悪しきことの根なり (*1 Tim.* 6: 10) / War has its ～(s) in selfishness. 戦争の根源は私欲である. **b** [通例 the ～] 根底, 根本, 基礎, 核心: at (*the*) ～ 根本において / be [lie] at *the* ～ of …の根本にある / get to [at] *the* ～ of …の根本原因を究明する / ⇨ *the* ROOT *of the matter*. **c** [集合的にも用いて] 始祖, 祖先: the ～ and father of many kings 歴代国王の祖先であり祖父 (Shak., *Macbeth* 3. 1. 5). **d** 〖聖書〗子孫, 後裔(こうえい). **5** 〖言語〗**a** (派生語などの)語根 ((loving, loved, lovely などに対する love; cf. base¹ 14)). **b** (共通基語の)語根, 語基 ((語の中核的意味を表しそれ以上分析できない究極要素; 記号 √ または星印 (*) をつけて表す; 例えば water の語根は Gmc √ wat-, *wat-, IE √ wed-, *wed-)). **6** 〖数学〗**a** 根, (累)乗根, 根数: a cubic [second, square] ～ 立法[平方]根 / an even [odd] ～ 偶[奇]数乗根 / The cube [third] ～ of 27 (i.e. $\sqrt[3]{27}$) is 3. 27 の立法根は 3 / The square [second] ～ of 4 is 2. 4 の平方根は 2 ((略して The root of 4 または Root 4 といい, 記号で $\sqrt{4}$ と表す)) / $\sqrt{3}$ is irrational. 3 の平方根は無理数である. **b** (方程式の)根, 解 (solution). **7** 〖音楽〗(和音の)根音, 基礎音. **8 a** [*pl.*] (海などの)底; (山などの)ふもと. **b** 他の物に付着している部分: the ～ of a gem 宝石 (特に緑玉)の根 ((他の石に付着していた部分)). **9 a** 〖天文〗(諸現象の)起算時点. **b** 〖占星〗(誕生日・惑星の位置など人の運命を計出するための)起算時点. **10** 〖金属加工〗ルート, 底 ((溶着金属の底と母材の交点)). **11** 〖機械〗**a** (ねじの)谷底 (cf. crest 7, flank 6 a). **b** (歯車の)歯元 (cf. flank 6 b). **12** 〖造船〗ルート ((両板を溶接する時, 両板端が斜めになっているために造られる V 字型の溝の最下部; bosom ともいう)). **13** 〖電算〗ルート(ディレクトリー) (root directory). **14** ((俗)) (尻などへの)一蹴り. **15** ((豪俗)) 性交(の対象となる女性).
by the [its] róot(s) 根こそぎ: dig [pull, pluck] up a tree *by the* ～*s* 木を根こそぎにする / pull up [tear out] the evil *by the* ～*s* 悪を根絶する. (?*a*1300) ***púll úp one's róots*** (長年の)住居[職業]を変える. ***pùt dówn róots*** (1) 〈植物が〉根付く. (2) 居[生活の根城]を構える, (一家を構えて)落ち着く: *put down* new ～*s* (居を移して, 職を変えて)新しく根を下ろす, 新しい地盤を作る. (1921) ***róot and bránch*** ((文語)) (特に排除すべきものについて) 完全に, すっかり: eliminate errors ～ *and branch* 誤りを完全に除去する (cf. *Mal.* 4: 1; 1640). ***strike at the róot(s) of …*** の根絶をはかる: *strike at the* ～ *of* vices [evils, a problem] 諸悪[問題]の根絶をはかる. ***tàke [strìke] róot*** (1) 根が付く. (2) 定着する, 落ち着く: His teaching *struck* ～ deeply in the hearts of his disciples. 彼の教えは深く弟子たちの心に染み込んだ. (1440) ***the róot of the mátter*** 事の根[根源], 本質: go [get] to *the* ～ *of the matter* 事の本質[核心]をつかむ. 〖(*c*1395) ((なぞり)) ← Heb. *shōreš dābār* (*Job* 19: 28)〗 ***róot of únity*** 〖数学〗1 累乗根 ($x^n=1$ を満たすような実数または複素数).
― *vt.* **1** 〈植物などを〉根付かせる, …の根を下ろさせる: ～ itself 〈植物が〉根付く. **2 a** 根深く植え付ける, 強く染み込ませる 〔*in*〕, 〈考えなどを〉定着させる: ～ a principle *in* the mind 主義を心に植え付ける / ～ oneself firmly *in* tradition 伝統をしっかり身につける / Their ill feeling towards the company is deeply ～*ed*. 彼らの会社に対する反感にはきわめて根深いものがある. **b** 〈人を〉立ちすくませる, (その場に)くぎづけにする, 金縛りにする: Terror ～*ed* him to the spot [ground]. =He was [stood] ～*ed* to the spot [ground] (by terror). 恐怖のためにそこから動けなくなった / She stood there ～*ed* like a plant. 彼女は根が生えたようにその場にじっと立っていた. **3** 〈植物・思想・信仰などの〉根を抜く, 根こぎにする; 根絶する 〈*out, up*〉: ～ *out* evils [injustice] 諸悪[不正]を根絶する. **4** ((詩)) 〔大地から〕引き抜く, むしり取る 〔*from*〕. **5** ((豪俗)) 〈女性〉と性交する. ― *vi.* **1** 根付く, 根を下ろす. **2** 動かないようになる, 固着する, 定着する. **3** 〔…に〕起源をもつ 〔*in*〕: The crime ～*ed in* his pride. その犯罪は彼の高慢に端を発していた. **4** ((豪俗)) 〔女性と〕性交する 〔*with*〕.
― *adj.* [限定的] 根の[に関する]; 根本の: the ～ cause 根本的原因 / a ～ idea 根本観念 / a ～ fallacy 根本的な誤謬(ごびゅう).
～·like *adj.* 〖n.: lateOE *rōt* ◻ ON ← Gmc **wrōt-* (OE *wyrt* 'WORT²') ← IE **w(e)rād-* branch, root (L *rādīx* 'RADIX' & *rāmus* 'RAMUS' / Gk *rhíza* 'RHIZO-'). ― v. (?*a*1200) ← (n.)〗

root² /rúːt, rút | rúːt/ *vt.* **1** 捜す, 捜し出す, ほじくり出す 〈*out*〉: The cats ～*ed* the fishbones *out*. 猫が魚の骨を掘り出した. **2** 〈豚などが〉鼻で掘る, 鼻で掘り出す; 鼻で引っくり返す 〈*up*〉. **3** 狩り回る 〈*up*〉. ― *vi.* **1** (物を捜して)かき回す 〈*about, around*〉〔*among, in, through*〕: ～ (*around*) *in* a drawer to find something 何かを見つけようと引出しの中をかき回す. **2** 〈豚などが〉鼻で地を掘る, 鼻で地を掘って食べ物を捜す 〈*about, around*〉. **3** ((口語)) 一生懸命に[あくせく]働く. ― *n.* [次の成句で] ***have a (good) root round*** ((英口語)) あちこちかき回して(よく)捜す. 〖(1532) (↑ と連想) ← ((古形)) *wroot* < OE *wrōtan* ← Gmc **wrōt-* (OE *wrōt* snout / G *Rüssel*) ← ? IE **wrōd-* to gnaw (L *rōdere* to gnaw)〗

root³ /rúːt, rút | rúːt/ *vi.* ((米口語)) **1** (スポーツ・選挙などで)応援する, 声援する 〔*for*〕: ～ *for* one's team. **2** 〔人・物を〕精神的に支持する, 精神的支援を与える 〔*for*〕. 〖(1889) ← ((廃)) *rout* to shout, roar ◻ ON *rauta*〗

Root /rúːt, rút | rúːt/, **Elihu** *n.* ルート ((1845–1937; 米国の弁護士・政治家; 国務長官 (1905–09); Nobel 平和賞 (1912))).

root·age /rúːtɪdʒ, rút- | rúːt-/ *n.* **1** 根付くこと; 根付いていること, 定着(していること). **2** 根 ((一植物の根全体をいう)). **3** 根源, 原因. 〖(1587) 1874〗

róot-and-bránch *adj.* 〈改革・除去など〉徹底的な (cf. ROOT *and branch*).

róot bàll *n.* 根巻き ((木や灌木の植栽に使用される根と土壌を集めて球形にしたもの)); 根鉢 ((鉢植えの植物の根と土が容器の中で球形になったもの)). 〖1930〗

róot bèer *n.* ((米)) ルートビヤー ((サルサ根・サッサフラス根などから取った汁を発酵させて造った清涼飲料; cf. beer 2)). 〖1843〗

róot bòrer *n.* 〖昆虫〗根食い虫 ((植物の根に孔(あな)をあける昆虫やその幼虫; ブドウなどの害虫のカミキリムシ科のノコギリカミキリの一種 *Prionus laticollis* やスカシバガ科ブドウスカシバ属の *Paranthrene polistif ormis* など)).

róot-bòund *adj.* 〖園芸〗=pot-bound.

róot canàl *n.* 〖歯科〗(歯)根管. 〖1893〗

róot canàl thèrapy [trèatment] *n.* 〖歯科〗根管治療 ((endodontia の一部)).

róot càp *n.* 〖植物〗根冠 ((根の先端の生長点を包む部分)). 〖1875〗

róot cèllar *n.* ((半)地下の)根菜類貯蔵室[貯蔵庫]. 〖1822〗

róot chòrd *n.* 〖航空〗翼付根の翼弦 ((通例翼の前後縁の延長が胴体中心線と交わった 2 点を結ぶ仮想の線)).

róot circle *n.* 〖機械〗=dedendum circle.

róot clìmber *n.* 〖植物〗付着根攀縁(はんえん)植物 ((ツタのように茎から不定根を出し他物に付着してよじ登る植物)). 〖1897〗

róot cròp *n.* 根菜 ((砂糖大根・カブ・ニンジン・ジャガイモなど; root vegetable ともいう; cf. green crop, white crop)). 〖1834〗

róot dirèctory *n.* 〖電算〗ルートディレクトリー (root) ((DOS や UNIX などの階層化されたファイルシステムで, ファイルシステムの起点となる最上位のディレクトリー)).

róot divìsion *n.* 〖園芸〗根分け ((株分けの一種; 塊根や地表近くの茎 (crown) を分ける)).

root·ed /rúːtɪ̀d, rút- | rúːtɪd/ *adj.* **1** 根付いた, …に根を下ろした: a theater-*rooted* filmmaker 演劇畑出身の映画監督. **2** 根深い, 根強い, 深く染み込んだ, 定着した: a deeply ～ prejudice 根強い偏見 / a ～ dislike 根深い嫌悪. **3** 〖歯科〗〈歯が〉根で歯槽骨に付着した. **4** ((豪俗)) 疲れた, 打ちのめされた. ***Gèt róoted!*** ((豪卑)) ばか野郎, うせろ, くそくらえ. **～·ly** *adv.* **～·ness** *n.* 〖*a*1393〗

róot·er¹ /-tə | -tə^(r)/ *n.* ((米口語)) **1** 応援者. **2** 支持者, 支援者. 〖(*a*1890): ⇨ root³〗

róot·er² /-tə | -tə^(r)/ *n.* **1** 鼻で地面を掘る動物. **2** 〖魚類〗=black buffalo. **3** 〖土木〗ルーター ((下向きの大きなつめをもった被牽引土木機械; 硬い土や舗装を掘り起こすのに適する)). 〖1560〗

root·er·y /rúːtəri, rút- | rúːtəri/ *n.* 樹木の大きな根で造った築山 ((根の間に土を入れてシダ類などを植え付ける)). 〖(1882) ← ROOT¹ (n.)+-ERY〗

róot flỳ *n.* 〖昆虫〗=cabbage fly.

róot fùngus *n.* 〖植物〗根生菌 ((高等植物の根に寄生, 腐生または共生する菌類)).

róot gràft *n.* 〖園芸〗**1** 根接ぎ ((根を台木として用いる接木法; cf. crown graft, topworking)). **2** 根接ぎした植物. **3** 異なる植物の根同士が自然条件下で癒合する現象. 〖1824〗

róot hàir *n.* 〖植物〗根毛. 〖1857〗

róot·hòld *n.* **1** 根付き. **2** 根付く場所. 〖1864〗

róot infinitive *n.* 〖文法〗原形不定詞 (to がつかないで動詞の原形がそのまま用いられるもの; simple [bare] infinitive ともいう)).

root·ing-toot·ing /rúːtɪŋtúːtɪŋ | -tɪŋtúːt-⁻/ *adj.* (*also* **root·in'-toot·in'** /-tṇtúːtṇn | rúːtɪn-túːtɪn/) ((米口語)) 騒々しい, にぎやかな; 元気のいい, 精力的な; 興奮[わくわく]させる, 刺激的な; (いま)評判[話題]の, 大人気の. 〖1875〗

róot knòt *n.* 〖植物病理〗根瘤(こぶ)病. 〖1889〗

róot-knòt némätode *n.* 〖動物〗根瘤(こぶ)線虫 ((Hetteroderidae 科 *Meloidogyne* 属に属する線虫類で, 植物の根に寄生しこぶをつくる)). 〖1922〗

roo·tle /rúːtḷ | -tḷ/ *v.* ((英)) =root². 〖(1809) ← ROOT²+-LE³〗

róot·less *adj.* **1** 根のない. **2** 根無し草の: a ～ fellow. **～·ness** *n.* 〖(*c*1385) ME *rooteles*〗

root·let /rúːtlɪ̀t, rút- | rúːt-/ *n.* 〖植物〗**1** 小根, 幼根, 細根 (radicel). **2** 仮根 (rhizoid). 〖1793〗

róot màggot *n.* 〖昆虫〗根食い虫 ((タマナバエ (cabbage fly) などの幼虫)).

róot-méan-squáre *n.* 〖数学〗二乗平均の平方根 ((いくつかの数の平方の平均値の平方根; 略 rms, RMS)). 〖1890–95〗

róot-méan-squáre deviàtion *n.* 〖数学・統計〗=standard deviation. 〖cf. *root-mean-square value* (1895)〗

róot-méan-squáre vàlue *n.* 〖電気〗二乗平均平方根 ((rms value とも略記する; ⇨ effective value)). 〖1895〗

róot nòde *n.* 〖電算〗ルートノード, 根節点 ((木構造の起点となる節点)).

róot nòdule *n.* 〖植物〗根粒. 〖1907〗

róot posìtion *n.* 〖音楽〗基本位置 ((根音が低音部に置かれた和音の形)). 〖1890–95〗

róot prèssure *n.* 〖植物〗根圧 ((根から水分を押し上げる浸透圧)). 〖1875〗

róot ròt *n.* 〖植物病理〗根腐れ病. 〖1883〗

róot-rùn *n.* 〖園芸〗(植物の)根が張る範囲, 根回り. 〖1882〗

róot sìgn *n.* 〖数学〗=radical sign.

róots mùsic *n.* 〖音楽〗ルーツミュージック: **a** 民族音楽に基づくポピュラー音楽. **b** (商業化されていない)正統派のレゲエ.

róot·stàlk *n.* 〖植物〗根茎 (rhizome).

róot·stòck *n.* **1** 〖植物〗根茎 (rhizome). **2** 〖園芸〗(接ぎ木の)台木. **3** 根本, 起源. 〖1832〗

roots·y /rúːtsi, rútsi | rúːtsi/ *adj.* roots music の.

róot vègetable *n.* =root crop.

róot·wòrm *n.* **1** 〖昆虫〗根食い虫 ((植物の根を食う種々の昆虫の幼虫; corn rootworm など)). **2** 〖動物〗ネクイムシ ((植物の根に害を与える線虫; テンサイに大被害を与える *Heterodera schachtii* など)). 〖1795–1805〗

root·y /rúːṭi, rúṭi | rúːti/ *adj.* (**root·i·er**; **-i·est**) **1** 根の多い. **2** 根のような, 根状の. **róot·i·ness** *n.* 〖?*c*1475〗

roove /rúːv/ *n.* 〖造船〗=rove³ 1. 〖1513〗

rooves *n.* roof の複数形.

R

ROP /áəòupí: | á:(r)òʊ-/ (略) **1** 〘広告〙run of paper 新聞社の都合でどこの欄にでも広告を掲載してよいという指示; 〘広告〙run of press 紙のあるだけ印刷するようにとの指示. **2** 〘畜産〙record-of-production 〈乳牛・ニワトリなどが〉平均産量合格の.

rop·a·ble /róupəbl̩ | ráʊp-/ *adj.* **1** 縛ることができる. **2** 《豪俗》〈人が〉怒り(狂)った, 不機嫌な. 〘1874〙

rope /róup | ráʊp/ *n.* **1** 綱, 縄, ロープ《通例, 周囲 1 インチ以上, または直径 ¹/₄ インチないし 5 インチまでの繊維・鋼線などで綯(な)って作った丈夫で太いもの; またはひも状の細長いもの; cf. cable, cord》: Name not a ~ in his house that hanged himself. 《諺》首つりのあった家で縄の話をするな; cf.「病人の前で死人の話をするな」. **2 a** [the ~s] (ボクシングのリングなどの)囲い綱, 縄張り, ロープ. **b** (動物などをつなぐ)綱. **c** (登山者用)ロープ, ザイル. **d** 《米》(カウボーイの)投げ縄, 輪縄 (lasso). **e** 綱渡りのロープ. **3** [the ~s] (仕事などの)こつ, 秘訣(けつ): learn [show a person] *the ~s* 《口語》仕方を学ぶ[教える], こつを覚える[教える] / put a person (up) to *the ~s* こつ[仕方]を教える / ⇨ *know the* ROPES. **4 a** (ひも・ひもなどでつないだ物の)ひとつなぎ, ひと下げ: a ~ of pearls [onions] ひとつなぎの真珠[タマネギ]. **b** ザイルで体をつなぎ合った登山者たち. **5** [the ~] **a** 絞首索. **b** 絞首刑. **6** (あめ・練り粉などに生じる)糸状の粘質物, 糸. **7** 〘建築〙縄飾り.

a rope of sánd 薄弱な結びつき, 頼むに足らないもの. (1624) ***be at* [*cóme to, réach*] *the énd of one's rópe*** 《米》(忍耐・能力・財力などの) 限界にきている[達する], 万策つきる. ***dánce on a rópe*** ⇨ dance *v.* 成句. ***give a person enóugh* [*plénty of*] *rópe* (*to háng himsèlf*)** (自滅するまで)勝手にやらせる, (命取りになるのを知っていて) 思うままにさせる: *Give* a thief ~ *enough* and he'll hang himself. 《諺》泥棒[悪いやつ]にはしたい放題のことをやらせておけばいつかは自滅する. ***júmp* [*skíp*] *rópe*** 縄跳びをする. ***knów the rópes*** 《口語》内部の事情に明るい, こつを心得ている; 世慣れている (cf. 3). (1840) ***móney for óld rópe*** 《英口語》⇨ money 成句. ***on the* [*one's*] *high rópes*** 《口語》得意になって; 傲慢な, 威張って《綱渡り芸人が観客を見下(お)ろすことから》. (*a*1700) ***on the rópe*** 〈登山者が〉ザイルで身体をつなぎ合って. ***on the rópes*** (1) 〘ボクシング〙グロッキー[ふらふら]の状態でロープにもたれて. (2) 《口語》全く窮して, 困って. (1958) ***the énd of one's rópe*** ⇨ end¹ 成句.

— *vt.* **1 a** 縄[綱, ロープ]で縛る[くくる, 結ぶ] 〈*up*〉: ~ a box 箱に縄を掛ける / ~ a robber *to* a tree 泥棒を木に縛りつける / The robbers ~*d* her feet together. 泥棒どもは彼女の両足を縛り上げた. **b** 〘登山〙〈登山者を〉ザイルでつなぎ合わせる, アンザイレンする 〈*up*〉. **c** 《米》投げ輪[縄]で捕える. **2** 《英口語》 **a** 誘い[つり]込む, 引き入れる 〈*in*〉 / 〔*into*〕: I was ~*d in to* help them. 彼らを手伝うために引き入れられた. **b** 《米》だます, たらし込む 〈*in*〉. **3** 縄[ロープ]で囲う[仕切る], 縄張りする 〈*away, in, off, out*〉: ~ *off* the arena ロープで闘技場を仕切る. **4** 〘海事〙(縁索(ふちなわ)) (boltrope) を縁に縫いつけて〈帆を〉補強する. **5** 《英》〘競馬〙(わざと負けるように)〈馬を遅く走らす, 引っぱる. — *vi.* **1** 〈あめ・シロップ・よだれなどが〉糸を引く: Syrup ~*s* when you lift it with a spoon. シロップはさじですくうと糸を引く. **2** [~ up として]〘登山〙ザイルで体をつなぎ合う, アンザイレンする. **3** 《英》〘競馬〙(わざと負けるように)馬の速度を緩める, 引っぱる.

rope dówn ロープを使って降りる. ***rópe úp*** (1) ⇨ *vt.* 1 a, b, *vi.* 2. (2) ロープを使ってよじ登る.

〘n.: OE *rāp* < Gmc **raipaz* (Du. *reep* / G *Reif*) ← IE **rei-* to scratch, tear, cut: cf. river¹. — v.: (*a*1325) ME *ropen*〙

rope·a·ble /róupəbl̩ | ráʊp-/ *adj.* =ropable.

rope-a-dope /-ə-/ *n.* 〘ボクシング〙ロープアドープ《ボクシングの戦法の一つ; ロープによりかかって前面を手でおおい, 相手に有効でないパンチを打たせ消耗させる; Muhammed Ali が選手生活晩年に多用した》. 〘*c*1975〙

rópe·dàncer *n.* 綱渡り芸人 (tightrope dancer) (cf. wiredancer). 〘1648〙

rópe·dàncing *n.* 綱渡り(芸). 〘*a*1704〙

rópe làdder *n.* 縄ばしご. 〘1704〙

rópe·màking *n.* 縄製造, 製綱(法). 〘1785–95〙

rópe·man·ship /-mən-/ *n.* 綱渡り技術; 綱登り技術. 〘1869〙

rópe mòlding *n.* 〘建築〙縄形刳形. 〘1836〙

rópe-quòit *n.* 縄製の投げ輪《船上で行うデッキ輪投げ (deck quoits) に用いる》. 〘1893〙

róp·er *n.* **1** 縄[ロープ]を作る人; 縄[ロープ]作り機を動かす人. **2** 《米》(輪縄 (lasso) で)牛馬を捕える)カウボーイ. **3 a** (賭場(とば)へ)人をつり込む)おとり. **b** おとり刑事. **c** スト破り仕掛人. 〘1321–22〙

rópe ràce *n.* 〘機械〙綱溝《綱車などでロープの通る溝》. 〘1892〙

rópe ràilway *n.* =ropeway. 〘*a*1890〙

rop·er·y /róupəri | ráʊ-/ *n.* **1** 《まれ》縄[ロープ]製造所. **2** 《古》いたずら, 悪ふざけ. 〘1363〙

rópe's-ènd *vt.* 縄むちで打つ.

rópe's ènd *n.* **1** (処罰用の)縄むち, (特に, もと水夫の処罰に用いた笞刑(ちけい)用の)短いロープ: give a person a ~ 人を縄むちで打つ. **2** 絞首索 (halter). 〘1460–70〙

rópe·sìght *n.* 〘鳴鐘法〙ロープサイト《change ringing において, いつロープを引いて鐘を鳴らすかの判断[技術]》. 〘1902〙

rópe slìng *n.* 〘海事〙ロープスリング《ロープの輪で, 荷物をつり上げる時のつり索》.

rópe stìtch *n.* 〘服飾〙ロープステッチ《ブランケットステッチ (blanket stitch) の針目をつめて短く刺す刺繍の一種》. 〘1880〙

rópe tòw *n.* ロープトウ (⇨ ski tow 1). 〘1948〙

rópe·wàlk *n.* **1** 綱[ロープ]製造所《ロープ職人が往復してロープを作る長廊》. **2** 綱[ロープ]工場《ロープ製作用の長廊[往復路]のある細長い建物》. 〘1672〙

rópe·wàlker *n.* =ropedancer. 〘1615〙

rópe·wàlking *n.* =ropedancing. 〘1881〙

rópe·wày *n.* ロープウェー; 空中索道 (cableway). 〘1889〙

rópe·wòrk *n.* **1** ロープ製造工場. **2** 製綱[綱ない]法. **3** (ロープで作った)結節 (knot); ロープを編んで作ったもの《足場など》.

rop·ey /róupi | ráʊ-/ *adj.* (**rop·i·er**; **-i·est**) =ropy.

rópe yàrd *n.* =ropewalk 1. 〘1611〙

rópe yárn *n.* **1** (縄のもと子《それをより合わせて縄にする》). **2** つまらぬもの. 〘1623〙

róp·ing *n.* **1** [集合的] 索類, 綱具(類). **2** 〘海事〙= boltrope 1. 〘1566〙

rop·y /róupi | ráʊ-/ *adj.* (**rop·i·er**; **-i·est**) **1** 〈液体などが〉ねばねばする, 〈パンなど〉糸を引く, 粘着性の. **2 a** 縄[ロープ]のような. **b** 綱[ロープ]のように強い; 筋ばった, 筋骨たくましい. **3** 《英口語》品質の悪い, 劣った: a ~ suit. **ró·pi·ly** /-pəli/ *adv.* **róp·i·ness** *n.* 〘1480〙

roque /róuk | ráʊk/ *n.* 《米》croquet の一種. 〘(1899) 《変形》← croquet〙

Róque·fort chéese /róukfət | rɔ́kfɔː⁽ʳ⁾; *F.* ʀɔkfɔːʀ/ *n.* 〘商標〙ロクフォール(チーズ)《風味の強い, もとは羊乳から造った青カビチーズ》. 〘(1837): 南フランスの産地名〙

ro·que·laure /ròukəlɔ̀ə, rà(ː)k-, ←–↗ | rɔ́kəlɔː⁽ʳ⁾; *F.* ʀɔkloːʀ/ *n.* ロックロール《18–19 世紀初頭の膝丈の男性用外套[マント]》. 〘(1716) □ F ~ ← *Duc de Roquelaure* (1656–1738: フランスの陸軍元帥)〙

ro·quet /roukéɪ | ráʊki, -keɪ/〘クロッケー〙 *v.* (**~ed** /~d/; **~·ing** /~ɪŋ/) — *vt.* 自分の球を〈相手の球〉に当てる; 〈球が〉〈他の球〉に当たる. — *vi.* 他の球に当たる[当てる]. — *n.* 自分の球を相手の球に当てること《これによってもう一回続けて打つ, あるいは croquet 2 を行うなどの選択権を与えられる》. 〘(1862) 《変形》← CROQUET〙

ro·quette /rɑ(ː)két | rɔ-/ *n.* 〘植物〙キバナスズシロ (*arugula*)《地中海地方原産で, 葉は食用》. 〘F. (rocket)〙

Ro·rai·ma /rɔːráɪmə; *Braz.* ʀoɾáimɐ/ *n.* ロライマ《ブラジル北部の州; 主として熱帯雨林; 州都 Boa Vista; 面積 230,104 km²》.

ro·ral /rɔ́ːrəl/ *adj.* 《古》=roric. 〘(1656): ⇨ ↓, -al¹〙

ro·ric /rɔ́ːrɪk/ *adj.* 露の[に関する]; 露にぬれた (dewy). 〘← L *rōr*, *rōs* dew + -IC¹〙

ro-ro /róurou | ráʊrəʊ/ *adj.* 〘海事〙ローロー式の (roll-on roll-off).

ró-ro shìp /róurou- | ráʊrəʊ-/ *n.* 〘海事〙ローロー船《貨物を積んだトラック・トレーラーなどを運ぶフェリー式貨物船》. 〘(1969) ← *ro(ll-on) ro(ll-off) ship*〙

ror·qual /rɔ́ːəkwəl | rɔ́ː-/ *n.* 〘動物〙=finback. 〘(1827) □ F ~ □ Norw. *røyrkval* (原義) red whale〙

Ror·schach /rɔ́əʃɑːk | rɔ́ːʃɑːk, -ʃæk; *G.* ʀóːʀʃax, ʀɔ́ʀ-/〘心理〙 *adj.* **1** ロールシャッハ検査(法)の[に関する, による], ロールシャッハ検査用の: ⇨ Rorschach test. **2** ロールシャッハ検査に熟達した: a ~ psychologist. — *n.* =Rorschach test. 〘(1927) ↓〙

Rórschach tèst *n.* 〘心理〙ロールシャッハ検査《不明瞭なインクのしみのような, 色々に解釈できる 10 個の図形を示し, それを自由に解釈させて人の性格を分析する心理診断の一方法; Rorschach inkblot test ともいう》. 〘(1927) ← *Hermann Rorschach* (1884–1922: この方法を考案したスイスの精神病学者)〙

rort /rɔ́ət | rɔ́ːt/ *n.* 《豪口語》 **1** 詐欺, ぺてん. **2** 浮かれ騒ぐパーティー. — *vi.* **1** ペテンにかける. **2** 飲んで騒ぐ. — *vt.* 不正手段で一杯食わせる. **rórt·er** /-tə | -tə⁽ʳ⁾/ *n.* 〘(1936) 《逆成》? ↓〙

ror·ty /rɔ́əti | rɔ́ːti/ *adj.* (**ror·ti·er**; **-ti·est**) **1** 《英俗》愉快な, 楽しい, 騒々しい: We had a ~ time. 愉快だった. **2** みだらな, 下品な. 〘(1864) ← ?〙

Ro·ry /rɔ́ːri/ *n.* ローリー《男性名》. 〘□ Ir. ~ ← Gael. *Ruaidhri* Red King, (原義) man whose spirit was as flamboyant as his hair〙

Ros. (略) Roscommon.

Ro·sa /róuzə | ráʊ-; *F.* ʀoza, *G.* róːza/ *n.* ローザ《女性名》. 〘□ L ~: ⇨ rose²〙

Ro·sa /róuzə | ráʊ-; *It.* rɔ́ːza/ ⇨ Monte Rosa.

Ro·sa, Sal·va·tore /sàlvatóːre/ *n.* ローザ (1615–73; イタリアバロックの画家).

Ro·sa·bel /róuzəbèl | ráʊ-/ *n.* ローザベル《女性名》. 〘← ROSE: Christabel にならった造語〙

ro·sace /rouzéɪs, -zɑ́ːs | ráʊzeɪs/ *n.* **1** ばら花形飾り; ばら花形意匠. **2** ばら形窓. 〘(1849) □ F ~ ← *rose* < L *rosam* 'ROSE²'〙

ro·sa·ce·a /rouzéɪʃiə | rəʊ-/ *n.* 〘病理〙酒皶(しゅさ) (⇨ acne rosacea). 〘(1833) ← NL ~ (fem.) ← L *rosāceus* of rose: ⇨ rose², -aceous〙

ro·sa·ceous /rouzéɪʃəs | rəʊ-/ *adj.* **1** 〘植物〙バラ科 (Rosaceae) の[に関する]. **2** (バラのように)五弁の. **3** ばらのような; ばら色の. 〘(1731) □ L *rosāceus*: ⇨ rose², -aceous〙

ro·sa·li·a /rouzáːljə | rəʊ-; *It.* rozalíːa/ *n.* 〘音楽〙ロザリア《短い楽句を音程関係を変えずに一度ずり上げて繰り返す反復進行》. 〘(1773) □ It. ~ ← *Rosalia* (この種の反復旋律をもつ古謡の冒頭の語): ↓〙

Ro·sa·li·a /rouzéɪliə | rəʊ-/ *n.* ロゼイリア《女性名》. 〘□ L ~ (↓)〙

Ro·sa·lie /róuzəli, rɑ́(ː)z- | ráʊz-, rɔ́z-/ *n.* ローザリー《女性名》. 〘□ F ~ □ L *Rosalia* (原義) the festival of roses: ⇨ Rosa〙

Ros·a·lind /rɑ́(ː)zəl̩nd, róuz- | rɔ́zəlɪnd/ *n.* ロザリンド: **1** 女性名. **2** Shakespeare 作の喜劇 *As You Like It* の女主人公. 〘□ Sp. *Rosalinda* (pretty rose の意と誤解された) □ ? OHG *Roslindis* ← *(h)ros* 'HORSE' + *lind-* linden〙

Ros·a·line /rɑ́(ː)zəl̩n | rɔ́z(ə)laɪn, -liːn/ *n.* ロザライン《女性名》. 〘↑〙

Ro·sa·mond /rɑ́(ː)zəmənd, róuz- | rɔ́z-/ *n.* ロザモンド《女性名; 異形 Rosamund》. 〘ME *Rosamund(a)* □ OF *Rosamonde* // Sp. *Rosamunda* □ ML *Rosamunda* (L *rosa munda* clean rose と誤解された) □ OHG ← *(h)ros* 'HORSE' + *munda* protection〙

Ro·sa·mund /rɑ́(ː)zəmənd, róuzə- | rɔ́z-/ *n.* ロザマンド《女性名》. 〘↑〙

ros·an·i·line /rouzǽnəl̩n, -nl̩-, -laɪn | rəʊzǽnɪ̩liːn, -lɪn, -nl̩-/ *n.* (*also* **ros·an·i·lin** /-l̩n, -nl̩- | -lɪn, -nl̩-/) 〘化学〙ローザニリン, フクシン, マゼンタ ($C_{20}H_{19}N_3 \cdot HCl$)《赤色塩基性染料》; その塩基 ($C_{20}H_{19}ON_3$) (cf. fuchsin). 〘(1860–65) ← ROSE² + ANILINE〙

rosaria *n.* rosarium の複数形.

ro·sar·i·an /rouzé(ə)riən | rəʊzéər-/ *n.* **1** バラ栽培者. **2** [R-]〘カトリック〙ロザリオ信心会 (Fraternity of the Rosary) の会員. 〘(1864) ← L *rosārium* + -AN¹: ⇨ rosary〙

Ro·sa·ri·o /rousáːriòu, -zɑ́ː- | rəʊzɑ́ːriəʊ, -sɑ́ː-; *Sp.* rosárjo/ *n.* ロサリオ《アルゼンチン東部の都市, Paraná 川に臨む港》.

ro·sar·i·um /rouzé(ə)riəm | rəʊzéər-/ *n.* (*pl.* **~s**, **-i·a** /-riə/) バラ園. 〘(1841) □ L *rosārium* (↓)〙

ro·sa·ry /róuzəri | ráʊ-/ *n.* **1 a** 数珠(じゅず). **b** 〘カトリック〙ロザリオ《小珠 10 個と大珠 1 個を一組とし普通 15 組(165 珠)から成る; また 5 組(55 珠)から成る lesser rosary と呼ぶものもある; 小珠を繰って「めでたし」(Ave Maria) を 10 回唱え, その後に栄誦 (Gloria) を唱える; 大珠で主の祈り (Paternoster) を唱える》. **c** [しばしば R-] ロザリオを繰りながら唱える祈り. **d** ロザリオを繰りながら唱える祈りを載せた本. **2** =rosarium. **3** バラ花壇. **4** 《古》=garland. 〘(1316–17) ME *rosarie* □ L *rosārium* rose garden ← *rosa* 'ROSE²': ⇨ -ary: 1 の意味は LL *rosārium* chaplet から〙

rosary 1 b

rósary pèa *n.* 〘植物〙トウアズキ (⇨ Indian licorice). 〘*c*1866〙

Rosc. (略) Roscommon.

Ros·ci·an /rɑ́(ː)ʃiən, -ʃən | rɔ́ʃ-/ *adj.* **1** ロスキウス (Roscius) の[のような, に関する]. **2** 演技の[に関する, のすぐれた]. — *n.* 俳優, (特に)名優. 〘(1636) □ L *Rosciānus* ← *Quintus Roscius* (↓): ⇨ -an¹〙

Ros·ci·us /rɑ́(ː)ʃiəs, -ʃəs | rɔ́ʃiəs, rɔ́s-, rɔ́skiəs/, **Quin·tus** /kwíntəs | -təs/ *n.* **1** ロスキウス (126?–62 B.C.; ローマの喜劇俳優; Cicero の友). **2** 名優; 名優をもって自任する人.

ros·coe /rɑ́(ː)skou | rɔ́skəʊ/ *n.* 《俗》ピストル. 〘(1914) ? ← *Roscoe* (人名)〙

Ros·coe /rɑ́skou | rɔ́skəʊ/ *n.* ロスコー《男性名》. 〘イングランド北部の地名から: もと家族名: cf. ON *ras-kogr* the roe-deer park〙

ros·coe·lite /rɑ́(ː)skoulàɪt | rɔ́skəʊ-/ *n.* 〘鉱物〙バナジン雲母 ($K_2(Mg, Fe, V, Al)_4(Si, Al)_8O_{20}(OH)_4$). 〘(1876) ← *Sir Henry E. Roscoe* (1833–1915: 英国の化学者) + -LITE〙

Ros·com·mon /rɑ(ː)skɑ́(ː)mən | rɔskɔ́m-/ *n.* ロスコモン《アイルランド共和国中北部の州; 面積 2,463 km², 州都 Roscommon》.

rose¹ /róuz | ráʊz/ *v.* rise の過去形. 〘OE *rās*〙

rose² /róuz | ráʊz/ *n.* **1 a** 〘植物〙バラ《バラ科バラ属 (*Rosa*) の植物の総称》: Every ~ has its thorn.=No ~ without a thorn. 《諺》とげをもたぬバラはない《世に完全な幸福はない》. **b** バラの花《純血・美などの象徴》: a blue ~ 青いバラ《有りえないもの, できない相談; cf. blue dahlia》/ (as) fair [fresh] as a ~ バラのように美しい[新鮮な] / A ~ by any other name would smell as sweet. バラはほかのどんな名で呼んでも同じようによい香りがする (Shak., *Romeo* 2:2:43–44). **2 a** ばら色, ピンク(色), 淡紅色. **b** [通例 *pl.*] 健康(な皮膚の)色, (若い女性・少年などの)ピンクの顔色: She has quite lost her ~*s*. すっかり血色が悪くなった. **c** [the ~] 《口語》丹毒 (erysipelas). **3** バラの香りの[バラから造った]香料. **4 a** ばら花形のもの. **b** (装飾などの) ばら模様. **c** (リボンなどの)ばら結び. **d** (ホースの先やじょうろの)口. **e** 〘海事〙=compass rose. **f** (ドアのノブの回りに付ける装飾の)ばら花形飾り. **5 a** 非常にすぐれた人; (特に)非常に美しい[貞淑な]女性; 花形, 名花: She was the ~ of the party. 彼女は一座の花だった. **b** 楽な立場; 楽な仕事: ⇨ *a* BED *of roses*. **6** (靴や牧師の帽子などに付ける)バラ飾り, ロゼット. **7** 〘紋章〙(五枚花弁の)ばら: **a** イングランドを示す badge《正しくは Tudor rose; cf. leek, shamrock 1 a》. **b** 七男を示す血統マーク (cadency mark). **8** 〘建築〙 **a** 円花飾り (rosette). **b** ばら窓, 車輪窓《中世の教会堂正面にしばしば用いられる大きな円形の窓; wheel window, rose window ともいう》. **9**

〘宝石〙 a ローズ形《宝石の面を三角形の面にカットしたもので, 昔のダイヤモンドの普通のカット; cf. rose-cut》. b = rose diamond. c ローズ形宝石. 10 〘数学〙ばら形曲線《極方程式 $r=a \sin n\theta$ または $r=a \cos n\theta$ のグラフ; 原点から花びら状の輪が三つ以上出ている》.
a béd of róses ⇨ bed 成句. ***be nòt àll róses*** 楽しい[のんきな]ことばかりではない. ***còme óut [úp] smélling like [《英》 of] róses*** 《口語》(危ないところを)非難されずにすむ, 思わぬ幸運に巡り会う. ***còme ùp róses*** 《口語》[しばしば進行形で] うまくいく, 良い結果になる. ***gáther (lífe's) róses*** 快楽を追う, 楽しみを求める. ***ùnder the róse*** 秘密に, 内証(ないしょ)で: He told me about it *under the* ～. 彼は内証で話をしてくれた. 〖(1546)《なぞり》← L *sub rosā*: 昔バラは秘密の象徴であった〗
róse of Chína 〘植物〙=China rose 3.
róse of Héaven 〘植物〙コムギセンノウ (小麦仙翁) (*Lychnis coeli-rosa*) 《地中海沿岸産のピンク色の花が咲くナデシコ科センノウ属の一年草》. 《1852》
róse of Jéricho 〘植物〙アンザンジュ (*Anastatica hierochuntica*) 《シリア地方産のアブラナ科の一年草; 乾燥すると葉を巻き, 水気を得ると開く; また巻いたまま砂漠を転がり種子をまき散らす; resurrection plant ともいう》. 《?c1400》
róse of Máy 〘植物〙=poet's narcissus. 《1866》
róse of Sháron (1) 〘聖書〙シャロンの野花《その実体は不詳; cf. *Song of Sol.* 2: 1》. (2) 〘植物〙ムクゲ (*Hibiscus syriacus*) 《althaea ともいう》. (3) 〘植物〙オトギリソウ属の一種 (*Hypericum syriacus*) (cf. St.-John's-wort). (4) 〘植物〙《英》オトギリソウ属の低木 (*Hypericum calycinum*). 《1605–15》
Wárs of the Róses [the —] ⇨ war 1.
— *adj.* [限定的] **1 a** バラの[に関する]. **b** バラのある[生えている]. **c** バラの(ような)匂いを付けた[香りのする]. **2** ばら色の, 淡紅色の, ピンクの.
— *vt.* 〈暁・夕焼けの空などを〉ばら色にする; 〈羊毛・布などを〉ばら色に染める; 〈顔などを〉赤らめる.
〖OE *rōse* (cog. Du. *roos* / G *Rose* / ON *rōs(a)*) ▭ VL **rōsa*=L *rosa* ▭ ? Gk *rhódon* (▭ ? OIran. **wrda-*): cf. rhodo-〗
Rose /róuz | rə́uz/ *n.* ローズ《女性名; 愛称形 Rosetta, Rosette, Rosie, Rosy, Zita》. 〖ME *Roesia* ← Gmc **(χ)rōs* 'HORSE': L *rosa* 'ROSE²' と混同〗
ro·sé /rouzéɪ | rə́uzeɪ, ―́―; *F.* ʁoze/ *F. n.* ロゼワイン (⇨ wine¹ 1). 〖(1897) ▭ F ～ 《原義》(adj.) pink〗
róse acàcia *n.* 〘植物〙ハナエンジュ (*Robinia hispida*) 《北米南部, Allegheny 山脈産マメ科ハリエンジュ属の低木で, 美しいばら色の花をつける》. 《1819》
ro·se·al /róuziəl | rə́u-/ *adj.* 《古》バラに似た, バラを思わせる. 《1531》
Rose·an·na /rouzǽnə, ròuziǽnə | rəu-, rə̀uzi-/ *n.* ローザンナ《女性名》. 〖← ROSE+ANNA〗
róse àpple *n.* 〘植物〙 **1** フトモモ, ホトウ (*Eugenia jambos*) 《テンニンカ科フトモモ属の熱帯性高木》. **2** (食用としての)フトモモの果実. 《1626》
ro·se·ate /róuziɪt, -zièɪt | rə́u-/ *adj.* **1** ばら色の. **2 a** しあわせそうな, 明るい. **b** ひどく楽観的な. **～·ly** *adv.* 〖(1589) ← L *roseus* rosy (← *rosa* 'ROSE²')+-ATE²〗
róseate cóckatoo *n.* 〘鳥類〙モモイロインコ (⇨ galah). 《1877》
róseate spóonbill *n.* 〘鳥類〙ベニヘラサギ (*Ajaia ajaja*) 《米国南部からアルゼンチン南部にかけて生息する羽毛がピンクで, 頭とのどに羽毛の少ない鳥》. 《1785》
róseate térn *n.* 〘鳥類〙ベニアジサシ (*Sterna dougallii*) 《世界各地に生息する海鳥の一種》. 《1813》
Ro·seau /rouzóu | rəuzə́u/ *n.* ロゾー《ドミニカの首都で港町》.
róse·bày *n.* 〘植物〙 **1** セイヨウキョウチクトウ (oleander). **2** 《米》=big laurel 2. **3** ヤナギラン (willow herb). 〖(1548) ← ROSE²+BAY⁴〗
rósebay rhododéndron *n.* 〘植物〙《米》=big laurel 2.
rósebay wíllowherb *n.* 〘植物〙ヤナギラン (*Epilobium angustifolium*) 《アカバナ科の背の高い多年草; ユーラシア, 北米に分布; ピンクがかった紫色の花と長い穂状花序をもつ》. 《1760》
róse bèetle *n.* 〘昆虫〙=rose chafer. 《1783》
Rose·ber·y /róuzbɛri, -b(ə)ri | rə́uzb(ə)ri/, **5th Earl of** *n.* ローズベリー《1847–1929; 英国の政治家・著述家; 自由党員で, Gladstone 引退後首相 (1894–95); *William Pitt* (1891), *Sir Robert Peel* (1899); 本名 Archibald Philip Primrose》.
róse bìt *n.* 〘機械〙=rose reamer. 《1846》
Róse Bòwl *n.* **1** [the ～] ローズボール《米国 California 州 Pasadena, Rose Bowl Stadium でシーズン終了後の招待大学チーム主催のアメリカンフットボールゲーム》. **2** [r- b-] バラの花の展示用ガラス鉢. 《1895》
róse bòx *n.* (ポンプの吸水管の端に付ける)ごみよけ器[箱]. 《1863》
róse-brèasted grósbeak *n.* 〘鳥類〙北米産のホオジロ科の鳥の一種; イカルのように嘴(くちばし)が大きく胸が赤いムネアカイカル (*Pheucticus ludovicianus*). 〖cf. rose-breasted (1810)〗
róse·bùd *n.* **1 a** バラのつぼみ: Gather ye ～s while ye may. バラのつぼみはできるうちに摘むがよい; 若いうちに青春を味わえ (R. Herrick, *To the Virgins*). **b** バラのつぼみに似たもの. **2** 《文語》年ごろの(美)少女; 初めて社交界に出た少女. **3** 青みがかった赤色. 《a1500》
róse bùg *n.* 〘昆虫〙=rose chafer 1.
róse·bùsh *n.* バラの木; バラの茂った所. 《1587》
róse càmpion *n.* 〘植物〙 **1** スイセンノウ (⇨ mullein pink) 《dusty miller ともいう》. **2** =corn cockle. 《1530》
róse chàfer *n.* 〘昆虫〙 **1** モモブトコガネ (*Macrodactylus subspinosis*) 《コガネムシ科のバラ・ブドウなどに害を与える黄褐色の甲虫; rose bug ともいう》. **2** ツヤハナムグリ (*Cetonia aurata*) 《バラの花粉や果実を食うヨーロッパ産ハナムグリの類のコガネムシ》. 《1704》
róse còld *n.* 〘病理〙(バラの花粉によって起こる)枯れ草熱《rose fever ともいう》. 《1879》
róse còlor *n.* **1** ばら色, ピンク, 淡紅色. **2** 好状態, 好況: seem all ～ すごく具合がよさそうに見える / Life is not all ～. 人生はすべてよい時ばかりではない. 〖(c1384) ME〗
róse-còlored *adj.* **1** ばら色の, ピンクの, 淡紅色の. **2** 有望な; 楽観的な; 陽気な: take a ～ view 楽観的見解をとる / see things through ～ spectacles [glasses] 事物を楽観的に見る. 《1526》
róse-colored stárling [pástor] *n.* 〘鳥類〙バライロムクドリ (*Strunus roseus*) 《中近東・南欧主産》. 《1843》
róse còmb *n.* 〘鳥類〙ばら冠(かん)《鶏の肉の厚いとさか》. **róse-còmb** *adj.* **róse-còmbed** *adj.* 《1850》
Ro·se·crans /róuzəkræ̀nzs, róuzkrænts | rə́uzkrænts, -zəkrænts/, **William Starke** /stáək | stáːk/ *n.* ローズクランズ《1819–98; 米国の軍人・政治家; 南北戦争当時の北軍の将軍》.
róse-cùt *adj.* 〈宝石など〉ローズ形に磨き上げた, ローズ形仕上げの, ローズ形の (cf. rose² *n.* 9). 《1842》
róse cùtter *n.* 〘機械〙菊形フライス《菊形の刃をもった半球状のフライス》.
rosed *adj.* **1** ばら色になった, 〈顔・ほおが〉紅潮した. **2 a** ばら模様にした. **b** [複合語の第 2 構成素として] 〈じょうろが〉…の散水孔のある: a fine-*rosed* watering pot 目の細かいじょうろ. 《1562》
rose d'An·vers /róuzdɑ̃ː(m)véə, -dɑːm- | rə́uzdɑ̃ː(m)véə(r, -dɔ̃ː(m)-, -dɑːm-, -dɔːm-; *F.* ʁozdɑ̃vɛːʁ/ *n.* 〘宝石〙ローズダンベール《小面 10 またはそれ以下のローズ形の宝石》. 〖▭ F ～ 《原義》rose of Anvers〗
róse dìamond *n.* 〘宝石〙ローズ形 (24 面)ダイヤモンド (cf. rose² *n.* 9).
róse ègine *n.* 〘機械〙ロゼット模様機《曲線模様を彫刻する旋盤の付属器具; cf. engine turning》. 《1839》
róse fàmily *n.* 〘植物〙バラ科 (Rosaceae).
róse fèver *n.* 〘病理〙=rose cold. 《1851》
róse·fìnch *n.* 〘鳥類〙マシコ《アトリ科マシコ属 (*Carpodacus*) の小鳥の総称; 雄の羽衣は一般に紅色; アジア・ヨーロッパ・北米産》. 《1863》
róse·fìsh *n.* 〘魚類〙北大西洋産のメバル属の一種 (*Sebastes marinus*) 《New England では重要な食用魚》. 《1715–25》
róse-gàll *n.* 〘植物病理〙バラの木に生じた虫癭(ちゅうえい). 《1753》
róse gàrden *n.* バラ園.
róse geràniun *n.* 〘植物〙ニオイテンジクアオイ (*Pelargonium graveolens*) 《アフリカ南部原産アオイ科の低木》. 《1832》
róse hàw *n.* =rose hip.
róse·hèad nàil *n.* =rose nail.
róse hìp *n.* バラの実. 《1857》
róse·lèaf *n.* バラの花弁[葉]. ***a crumpled roseleaf*** 幸福の最中に起こるちょっとした厄介事, 「花に風」. 《a1325》
róse·lìke *adj.* バラのような. 《1530》
róse-lìpped *adj.* ばら色の唇をした. 《1604》
ro·se·lite /róuzəlàɪt | rə́u-/ *n.* 〘鉱物〙ローズ石 ($Ca_2(Co,Mg)(AsO_4)_2 \cdot 2H_2O$). 〖(1830) ← *Gustav Rose* (1798–1873: ドイツの鉱物学者)+-LITE〗
ro·sel·la /rouzélə | rə(u)-/ *n.* **1** 〘鳥類〙ナナクサインコ (*Platycercus eximius*) 《オーストラリア産の美しいインコ; 飼鳥として珍重される》. **2** 〘動物〙《豪》毛がほとんど抜けた羊. 〖(1829) 《変形》← *Rose-hill* (オーストラリア Sydney 近郊の Paramatta にある地名): ROSE² の連想が加わっている〗
ro·selle /rouzél | rə(u)-/ *n.* (*also* **ro·sel·la** /rouzélə | rə(u)-/) 〘植物〙ローゼル, ローゼルソウ (*Hibiscus sabdariffa*) 《東インド諸島産アオイ科フヨウ属の一年草; 多肉質の萼(がく)はタルト (tart) やゼリーにする》. 〖(1857) 《転訛》← F *l'oseille de Guinée* 《原義》sorrel of Guinea〗
Ros·el·len /rouzélən | rəu-/ *n.* ローゼレン《女性名》. 〖← ROSE+HELEN〗
róse lòcust *n.* 〘植物〙=bristly locust.
róse màdder *n.* 〘化学〙ローズマダー《アリザリンと水和アルミナから造る薄桃色の顔料; cf. madder lake 2》. 《1886》
ro·se·mal·ing /róuzəmɑ̀ːlɪŋ | rə́u-/ *n.* ローズマリング《スカンジナビアの農家で用いる木製の食器・家具・壁面などにみられる彩色[彫刻]を施した装飾》. 〖(1942) ▭ Norw. ～ ← *rose* 'ROSE²'+*maling* painting (cf. G *malen*)〗
róse màllow *n.* 〘植物〙 **1** アオイ科フヨウ属 (*Hibiscus*) の植物の総称; (特に)アメリカフヨウ, クサフヨウ (*H. moscheutos*) 《北米東部原産で白色または桃色の花をつける; mallow rose, sea hollyhock, swamp (rose) mallow, wild cotton ともいう》. **2** タチアオイ (⇨ hollyhock). 《1725–35》
rose ma·rie, R- m- /róuzmərìː | rə́uz-/ *n.* (明るい)珊瑚(さんご)色. 〖← ? *Marie* (女性名)〗
rose·mar·y /róuzmɛri, -m(ə)ri | rə́uzm(ə)ri/ *n.* 〘植物〙マンネンロウ, ローズマリー (*Rosmarinus officinalis*) 《地中海地方原産のシソ科の常緑低木; 香味料に用いる; 忠実・貞操・追憶の表徴》; [集合的に] その葉. 〖(1373) 《変形》← ME *rosmarine* ▭ LL *rōsmarīnum* ← L *rōs* dew +*marinus* of the sea (← *mare* sea: cf. marine): ROSE² および MARY (the Virgin) の連想が加わっている〗

rosemary

Rose·mar·y /róuzmɛri, -m(ə)ri | rə́uzm(ə)ri/ *n.* ローズマリー《女性名; 異形 Rosemarie》. 〖↑〗
rósemary òil *n.* 〘化学〙ロスマリン油《rosemary の花から採る精油; 石鹸(せっけん)・香料の原料にする》. 《1866》
Rose·mead /róuzmiːd | rə́uz-/ *n.* ローズミード《米国 California 州南西部, Los Angeles 近郊の町》.
róse medàllion *n.* 〘窯業〙各種の図形を円形の縁で囲み, 外側に花・蝶などの地模様を置いた 19 世紀ごろの上絵装飾中国磁器.
róse mòss *n.* 〘植物〙マツバボタン (*Portulaca grandiflora*).
róse nàil *n.* 花頭釘《頭に三角形の小面の付いた, 手打ちハンマーで叩いた釘; rosehead nail ともいう》. 《1640》
Ro·sen·berg /róuzənbə̀ːg, -zn-, | rə́uzənbə̀ːg, -zn-; *G.* ʁóːznbɛʁk/, **Alfred** *n.* ローゼンベルク《1893–1946; ドイツの政治家, ナチズムの理論家; *Der Mythus des 20. Jahrhunderts*「20 世紀の神話」(1930)》.
Ro·sen·berg /róuzənbə̀ːg -zn-, | rə́uzənbə̀ːg, -zn-/, **Harold** *n.* ローゼンバーグ《1906–78; 米国の美術評論家》.
Ro·sen·crantz and Guil·den·stern /róuzənkræntsəngíldənstə̀ːn, -zn- | rə́u-, -stɜ̀ːn/ *n.* ローゼンクランツとギルデンスターン《Shakespeare 作の *Hamlet* に出てくる二人の廷臣; 王 Claudius の命によって Hamlet の殺害を図ったが, 見破られ Hamlet の身代わりに殺される》.
Ro·sen·ka·va·lier /róuzənkɑːvəlɪ̀ə, -zn- | rə́uzənkɑːvəlɪ̀ə(r, -zn-; *G.* ʁóːznkavalìːɐ/, **Der** /dɛə | dɛə; *G.* deːɐ/ *n.*「ばらの騎士」《Richard Strauss 作のオペラ (1911)》.
róse nóble *n.* =ryal 1. 《1473》
Ro·sen·thal /róuzəntɔ̀ːl, -zn-; *G.* ʁóːzntaːl/ *n.* 〘商標〙ローゼンタール《ドイツの陶磁器ブランド》.
Ro·sen·wald /róuzənwɔ̀ːld, -zn- | rə́uzən-, -zn-/, **Julius** *n.* ローゼンウォルド《1862–1932; 米国の実業家・慈善家》.
róse òil *n.* ばら油《芳香のある精油; 香料・香水に用いられる; attar of roses ともいう》. 《1552》
ro·se·o·la /rouzíːələ, ròuzióulə | rə(u)zíːələ, rə̀uziə́ulə/ *n.* 〘病理〙 **1** 小児ばら疹, 特発性発疹《roseola infantum ともいう》. **2** ばら疹, 薔薇疹(しょうびしん), 紅疹(こうしん) (rubella) 《rose rash ともいう》. **3** はしか (rubeola). **ro·se·o·lar** /rouzíːələ, ròuzióulə | rə(u)zíːələ(r, rə̀uziə́ulə(r/ *adj.* **ro·se·o·lous** /rouzíːələs | rəu-/ *adj.* 〖(1818) ← NL ～ ← L *roseus* rosy: ⇨ -ole²〗
roseóla in·fán·tum /-ɪnfǽntəm | -təm/ *n.* 〘病理〙=roseola 1. 〖(c1935) ← NL ～ 'roseola of infants'〗
Róse Paràde *n.* ローズパレード《毎年 1 月 1 日 California 州 Pasadena で Rose Bowl を祝って行われるパレード》.
róse pínk *n.* 薄いばら色, 淡紅色, ローズピンク. **róse-pínk** *adj.* 《1735》
róse pòint *n.* 〘服飾〙ローズポイント《バラなどの花や葉の模様をつないだ Venice 原産のレース》. 《1865》
róse quártz *n.* 〘鉱物〙紅水晶, ばら石英. 《1819》
róse ràsh *n.* =roseola 2. 《1818》
róse rèamer *n.* 〘機械〙菊形リーマー《鉄の厚板などに穴をあける回転菊形穂先錐(きり)》.
róse réd *n.* 濃いばら色, 深紅色. **róse-réd** *adj.* 〖?a1225〗
róse·ròot *n.* 〘植物〙イワベンケイ (*Sedum rosea*) 《北半球北部産のベンケイソウ科の多年草; 雌雄異株; 根がバラの匂いがする; midsummer-men ともいう》. 《1597》
ro·ser·y /róuzəri | rə́u-/ *n.* バラ園, バラの繁み. 〖(1864) ← ROSE²+-ERY〗
róse scàle *n.* 〘昆虫〙バラカイガラムシ (*Aulacaspis rosae*) 《バラ・イチゴ・キイチゴ・ナシなどにつく》.
róse slùg *n.* 〘昆虫〙バラの葉を食べるハバチ類の幼虫《タシヒゲハバチ類 (*Cladius isomerus* や *Endelomyia aethiops*) のぬるぬるした青虫》. 《1877》
ros·et /róuzɪt | rə́uzɪt/ *n.* 《スコット》=resin. 〖1385 《変形》← ROSIN〗
Róse Théatre *n.* [the ～] 〘演劇〙ローズ座《London の Southwark に 1587 年に建てられた劇場; Shakespeare 劇の多くがここで演じられた; 1605 年ころ取り壊された》.
róse-tìnted *adj.* =rose-colored. 《1855》
róse trèe *n.* (特に立木作りの)バラの木. 〖c1350〗
Ro·set·ta¹ /rouzétə | rə(u)zétə/ *n.* ロゼッタ《エジプト北部, Nile 河口にある都市》.
Ro·set·ta² /rouzétə | rə(u)zétə/ *n.* ロゼッタ《女性名》. 〖(dim.) ← ROSE〗
Rosétta stòne *n.* [the ～] ロゼッタ石, ロゼッタストーン《1799 年 Napoleon 軍のエジプト遠征の際, Nile 河口にある Rosetta の付近で発見された高さ 114 cm の板状の石碑で, ヒエログリフ・デモティックおよびギリシャ文字の三通りで記された碑文が彫ってある; フランスの J. F. Champollion が 1822 年その解読に成功し, エジプトのヒエログリフ解読の端緒となった; 現在大英博物館所蔵》. 〖c1859〗

ro·sette /rouzét | rə(ʊ)-/ *n.* **1 a** (布製の)ばら造花. **b** (リボンなどの)ばら結び, ロゼット. **c** ばら飾り《服飾に用いたり, 名誉・支持を表すために胸に付けたりする》. **2 a** ロゼット《天井に取り付ける陶器製のコードつり》. **b** (鏡を留めたりする)ねじ[釘(くぎ)]の装飾用の頭. **3** 〖宝石〗=rose diamond. **4** 〖建築〗 **a** 円花飾り (rose). **b** ばら窓 (rose window). **5** 〖植物〗座葉, ロゼット《根性葉が放射状に地上に広がったもの》. **6** 〖冶金〗ばら模様《溶けた金属の表面を水で急冷したときにできる》. **7** 〖植物病理〗ロゼット病《葉がウイルスなどに痛められて, バラの花のように重なり固まってくる病気; rosette disease ともいう》. **8** 〖動物〗 **a** (ヒョウの)斑紋. **b** ロゼット《タコノマクラ・ブンブクなどのウニにみられる5個の花弁状の歩帯》. **9** 《米》ロゼット《ベーコンを巻いて串で止めた, 小さな丸い子牛肉の切り身》. 〖(1790) □F ~: ⇨ rose², -ette〗

Ro·sette /rouzét | rə(ʊ)-/ *n.* ロゼット《女性名》. 〖(dim.) ← Rose〗

ro·sét·ted /-tɪ̣d | -tɪ̣d/ *adj.* **1** ばら結びを付けた[で飾った]. **2** バラ花形に作った. 〖1836〗

rosétte disèase *n.* 〖植物病理〗ロゼット病 (⇨ rosette 7).

Rose·ville /róuzvɪl | ráuz-/ *n.* ローズビル《米国 Michigan 州南東部, Detroit 郊外の町》.

róse vìnegar *n.* 〖薬学〗薔薇醋(しょうびさく)《酢にバラの花弁を浸出させたもので, 頭痛の塗布薬などに用いる》. 〖1603〗

Rose·wall /róuzwɔːɫ, -wɑːɫ | ráuzwɔːɫ/, **Ken(neth)** *n.* ローズウォール (1934– ; オーストラリアのテニス選手).

róse·wàter *adj.* **1** バラ(香)水のような. **2** 優美[上品]を気取る, 感傷的な: ~ philosophy 感傷的な哲学. 〖1629〗

róse wàter *n.* **1** (バラの花を蒸留した)バラ(香)水. **2** お世辞. **3** 上品な扱い方; 感傷的な気持ち: Revolutions are not made with ~. 革命は生易しい手段ではできない. 〖*a*1398〗

róse·wàtered *adj.* =rosewater. 〖1600〗

róse wíndow *n.* 〖建築〗=rose² 8 b. 〖1773〗

róse·wòod *n.* 〖植物〗シタンの類《マメ科 *Dalbergia* や *Pterocarpus* 属などの植物; cf. red sandalwood》; センダン科のシマセンダン (*Dysoxylum fraserianum*). 〖1660〗

rósewood òil *n.* 〖化学〗 **1** =rhodium oil. **2** =bois de rose oil. 〖1868〗

Rosh Cho·desh /róuʃxóudeʃ | rɔ́ʃxáudeʃ/ *n.* =Rosh Hodesh. 〖1879〗

Rosh Ha·sha·nah /róuʃhɑːʃɔ́ːnə, rɔ̀ːʃ-, hə- | rɔ̀ʃhəʃɑ́ːnə, hæ-/ *n.* (*also* **Rosh Ha·sha·na** /~/, **Rosh Ha·sho·noh** /~/), 〖ユダヤ教〗新年祭 (Tishri 月1–10日はユダヤ教徒にとって厳粛な日で, 1日, 2日の両日は特に, 神とその審判を想って悔い改める; この日に角笛 (shofar) が吹奏される; New Year, Feast of Trumpets ともいう; cf. Jewish holidays). 〖(1846) □Heb. *rōš haššānā*ʰ《原義》beginning of the year ← *rōš* head + *haššānā*ʰ the year〗

Rosh Ho·desh /róuʃxóudeʃ | rɔ́ʃxáudeʃ/ *n.* 〖ユダヤ教〗新月祭《特別の礼拝が行われる月始め》. 〖□Heb. *rōš ḥōdheš*《原義》beginning of the new moon〗

ro·shi /róuʃi | ráu-/ *n.* [しばしば R-] (禅宗の)老師. 〖(1934) □Jpn.〗

Ro·si·cru·cian /ròuzəkrúːʃən, rɑ̀(ː)z- | ràuzɪkrúː-ʃən, rɔ̀z-, -ʃiən⁺/ *n.* 薔薇(ばら)十字会員《17–18世紀ごろのヨーロッパの神秘主義的秘密結社員で, 錬金術・長命術などの研究にふけった; 19世紀に英米およびヨーロッパに同種の結社が復活し, 米国では薔薇と十字架を記章とし, この名称を用いる神秘家たちの数団体がある》. — *adj.* 薔薇十字会(員)の. 〖(1624) ← NL *rosa crucis* ← G *Rosenkreuz* (この結社の創始者の名)《原義》rose cross: ⇨ -ian〗

Rò·si·crú·cian·ism /-nɪzm/ *n.* 薔薇十字会の神秘思想[知識, 行事, 技術]. 〖*c*1740〗

Ro·sie /róuzi | ráu-/ *n.* ロージー《女性名》. 〖(dim.) ← Rose〗

Ro·sie Lee /róuzilíː | ráu-/ *n.* 《英押韻俗》=tea.

ros·in /rá(ː)zɪ̣n, -zṇ | rɔ́zɪn/ *n.* 〖化学〗ロジン《松脂(まつやに)からテレビン油を蒸留した後の残留物; ワニスの製造や弦楽器の弓に塗るのに用いるほか, インク・石鹸・絶縁用に用いる; colophony ともいう; cf. resin》. — *vt.* **1** 〈バイオリンの弓など〉にロジンを塗りつける, ロジンでこする. **2** 〈石鹸など〉にロジンを加える. 〖(1295)《変形》← RESIN〗

Ro·si·na /rouzíːnə | rə(ʊ)-/ *n.* ロジーナ《女性名》. 〖□It. − (dim.) ← *Rosa*《原義》rose²: cf. Rose〗

Ros·i·nan·te /rɑ̀(ː)zənǽnṭi, ròuz- | rɔ̀zɪ̣nǽnti; *Sp.* rosinánte/ *n.* **1** ロシナンテ (Don Quixote のやせ馬). **2** [しばしば r-] 役立たない馬, 老いぼれ馬, やくざ馬. 〖(1745) □Sp. *Rocinante* (Don Quixote の馬の名) ← *rocin* jade: cf. ME *rouncy* nag □OF *ronci(n)* (F *roussin*) = Sp. *rocin*〗

rósin bàg *n.* ロジンバッグ《手の汗を取るのに用いるロジンの粉末を入れた布袋》.

rósin cérate *n.* 〖薬学〗ロジン蠟(ろう)剤 (⇨ basilicon ointment).

ros·i·ner /rá(ː)zənə | rɔ́zɪ̣nə⁽ʳ⁾/ *n.* 《豪俗》強い酒. 〖(1932) ← ROSIN + -ER¹〗

rósin éster *n.* 〖化学〗=ester gum.

rósin òil *n.* ロジン油《ロジンの乾留によって得られる粘性のある無臭の油; 滑剤・亜麻仁油(あまにゆ)の混和剤・印刷インキの展色剤などに使う; rosinol, retinol ともいう》. 〖1866〗

ros·in·ous /rá(ː)zənəs, -zṇ- | rɔ́zɪn-/ *adj.* ロジンを含む, ロジン状の.

rósin plànt *n.* 〖植物〗=rosinweed.

rósin sòap *n.* ロジン石鹸(せっけん). 〖1839〗

rósin·wèed *n.* 〖植物〗樹脂のような液を有し, ねばねばする葉と強い匂いをもつ北米産キク科ツキヌキオグルマ属 (*Silphium*), ネバリオグルマ属 (*Grindelia*) の植物の総称: **a** =compass plant a. **b** =gumweed. **c** =prairie dock. 〖1831〗

ros·in·y /rá(ː)zəni, -zṇi | rɔ́zɪni/ *adj.* ロジン状の, ロジンの多い[の匂いの]. 〖1562〗

Ro·si·ta /rouzíːṭə | rə(ʊ)zíːtə; *Sp.* rosíta/ *n.* ロシータ《女性名》. 〖□Sp. − (dim.) ← *Rosa*《原義》rose²: cf. Rose〗

Ros·kil·de /rá(ː)skɪldə | *Dan.* ʁɔ́skilə/ *n.* ロスキレ《デンマークの都市; Copenhagen 西部, Sjælland 島北東部に位置し, 10世紀から1443年まで首都; スウェーデンとの間の平和条約 (the Peace of ~) の締結地 (1658)》.

Rós·kopf escápement /rá(ː)skɑ(ː)pf- | rɔ́skɔpf-; *G.* ʁɔ́skɔpf-/ *n.* 〖時計〗ロスコフ脱進機《ピンレバー脱進機 (pin pallet escapement) の通称》. 〖← *G.F.Roskopf* (*d.* 1889: スイスの時計製作者)〗

ro·sól·ic ácid /rouzá(ː)lɪk-, -zóul- | rə(ʊ)zɔ́l-, -zóul-/ *n.* 〖化学〗ロゾール酸 ($C_{19}H_{14}O_3$)《示色染料・指示薬に使用; aurin ともいう》. 〖(1835) *rosolic*: ← G *Rosol*(*säure*) rosolic acid ← L *rosa* rose²: ⇨ -ol², -ic¹〗

ro·so·li·o /rouzóuliòu | rəuzəúliəu; *It.* rozɔ́ːljo/ *n.* (*pl.* ~s) ロゾーリオ《ブランデー・干しぶどう・砂糖などで造った強壮酒》. 〖(1818) □It. ~ ← ? ML *rōs sōlis* sundew ← L *rōs* dew + *sōlis* of the sun ((gen.) ← *sol* sun): もとは sundew という植物から造った〗

ro·so·lite /róuzəlàɪt | ráu-/ *n.* 〖宝石〗ロゾライト《ピンク色のガーネット》. 〖← ROSE² + -O- + -LITE〗

ROSPA, RoSPA /rá(ː)spə | rɔ́s-/ *n.* 《英》事故防止王立協会. 〖《頭字語》← R(oyal) S(ociety for the) P(revention of) A(ccidents)〗

ross /rɔ́(ː)s, rá(ː)s | rɔ́s/ *n.* (樹皮の)ざら面《ざらざらでしばしばうろこ状の樹皮の外側》. — *vt.* 〈丸太など〉から粗い樹皮の外側を取り除く. 〖(1577) ← ?: cf. Norw.《方言》*ros* scrapings〗

Ross /rɔ́(ː)s, rá(ː)s | rɔ́s/ *n.* ロス《男性名》. ★スコットランドに多い. 〖← Bret. *ros* hillock (where heather grows) // Ir. *ros* promontory: もと地名に由来する家族名〗

Ross /rɔ́(ː)s, rá(ː)s | rɔ́s/, **Betsy** *n.* ロス (1752–1836; 米国国旗を考案したといわれる女性; 本名 Mrs. Elizabeth Griscom Ross).

Ross, Diana *n.* ロス (1944– ; 米国のポピュラー歌手; もと the Supremes のリードボーカル).

Ross, Harold W(allace) *n.* ロス (1892–1951; 米国の雑誌編集者; *The New Yorker* を創刊 (1925)).

Ross, Sir James Clark *n.* ロス (1800–62; 英国海軍軍人で極地探検家; 北極, つづいて南極をたびたび探検し, 1831年に北磁極を発見した; 南極の Ross Island, Ross Sea は彼の名にちなむ).

Ross, Sir **John** *n.* ロス (1777–1856; 英国海軍軍人・北極探検家; Sir James Clark のおじ).

Ross, Sir **Ronald** *n.* ロス (1857–1932; 英国の病理学者・医師; Nobel 医学生理学賞 (1902)).

Ross. 《略》Ross and Cromarty.

Rós·sall Schóol /rá(ː)səl-, -sɪ̣- | rɔ́s-/ *n.* ロッサルスクール《1844年創立の英国の public school; イングランド Lancashire 州の Fleetwood にある》.

Róss and Cróm·ar·ty /-krá(ː)məṭi | -krɔ́məti/ *n.* ロス クロマーティ《スコットランド北西部の旧州; 以前は別々の州だったが1891年合併; 現在の Highland 州中部; 面積 8,000 km², 州都 Dingwall /díŋwɔːɫ, -wɑːɫ, -wəɫ | -wɔːɫ, -wəɫ/》. 〖*Cromarty*:《原義》bend between the heights ← Gael. *cromb athan* crooked little bay + *ārd(e)* height: ⇨ Ross〗

Róss Bárrier *n.* [the ~] =Ross Ice Shelf.

Róss Depéndency *n.* [the ~] ロス属領《南極大陸の一地域で, 英国が領有を主張, ニュージーランドの管轄区域; 面積 427,348 km²》.

Rosse /rɔ́(ː)s, rá(ː)s | rɔ́s/, **3 rd Earl of** *n.* ロス (1800–67; アイルランド系英国人の天文学者; 19世紀最大の反射望遠鏡を造り, 銀河の渦の発見につながる観測をした; 本名 William Parsons).

Ros·sel·li·ni /rɔ̀(ː)səlíːni, rɑ̀(ː)s- | rɔ̀s-; *It.* rossellíːni/, **Roberto** *n.* ロッセリーニ (1906–77; イタリアの映画監督; ネオリアリズムの代表的存在).

róss·er *n.* **1** 樹皮はぎ人《引きずりやすいように丸太の皮をむき, 片側を滑らかにする伐木者》. **2** 皮取機《一般に丸太やパルプ材の皮を取り除く機械[装置]》. **3** (歯が触れる前に荒い樹皮の外側を取り除くために)丸鋸(まるのこ)の先端につける部品. 〖1875〗

Ros·set·ti /rouzéṭi, rə-, -séṭi | rɔséti, rə-/, **Christina (Georgina)** *n.* ロセッティ (1830–94; 英国の女流詩人; *Goblin Market* (1862)).

Rossetti, Dante Gabriel *n.* ロセッティ (1828–82; 英国の詩人・画家, Pre-Raphaelites の中心人物; C. G. Rossetti の兄; *The Blessed Damozel* (1850, 改訂版 1870), *The House of Life* (1870, '81)).

Rossetti, William Michael *n.* ロセッティ (1829–1919; 英国の著述家・批評家; D. G. Rossetti の弟, C. G. Rossetti の兄).

Róss Íce Shèlf *n.* [the ~] ロス氷棚(ひょうほう)《Ross 海南部の氷棚; Ross Barrier, Ross Shelf Ice ともいう》.

Ros·si·gnol /rá(ː)sinjɔ̀(ː)ɫ | rɔ́sinjɔ̀ɫ; *F.* ʁɔsiɲɔl/ *n.* 〖商標〗ロシニョール《フランスのスキー用具のブランド》.

Ros·si·ni /rousíːni, rɔ(ː)s-, rɑ(ː)s-, rə- | rɔs-, rə-; *It.* rossíːni/, **Gio·ac·chi·no** /ʤoakkíːno/ **(Antonio)** *n.* ロッシーニ (1792–1868; イタリアの作曲家; *Il Barbiere di Siviglia*「セビリャの理髪師」(1816), *Guillaume Tell*「ウィリアムテル」(1829)).

Róss Ísland *n.* ロス島《南極大陸 Ross Dependency 西部, Ross Sea の一島》.

Ros·si·ya /rɑːsíːjə, *Russ.* rasʲíjə/ *n.* ロシア語の Россия (=Russia) のローマ字音訳.

Ross·lare /rɔ̀(ː)sléə, rɑ̀(ː)s- | rɔ̀sléə⁽ʳ⁾/ *n.* ロスレア《アイルランド南東部 Wexford 県にあるフェリー港》.

Róss Séa *n.* [the ~] ロス海《南極大陸太平洋側の湾湾入部》.

Róss sèal, Róss's sèal *n.* 〖動物〗ロスアザラシ (*Ommatophoca rossi*)《南極海産》.

Róss Shélf Ìce *n.* [the ~] =Ross Ice Shelf.

Ros·tand /rɔːstɑ́ː(ŋ), -tɑ́ːŋ | rɔs-; *F.* ʁɔstɑ̃/, **Edmond** *n.* ロスタン (1868–1918; フランスの劇作家・詩人; *Cyrano de Bergerac*「シラノドベルジュラック」(1897)).

rostella *n.* rostellum の複数形.

ros·tel·late /rá(ː)stəlèɪt, -lɪ̣t, rɑ(ː)stélɪ̣t | rɔstélɪ̣t, rɔ́stəlèɪt/ *adj.* 〖植物〗小嘴(しょうし) (rostellum) のある. 〖(1826) ← NL *rostellātus*: ⇨ ↓, -ate²〗

ros·tel·lum /rɑ(ː)stéləm | rɔs-/ *n.* (*pl.* ~s, **-tel·la** /-lə/) **1** 〖植物〗小嘴(しょうし)《花弁のある部分が延びて細い管状の袋になったもの》. **2** 〖動物〗 **a** 小嘴, 額嘴(がくし)《条虫類の頭部前端から出入する固着器官》. **b** (ある種の昆虫の)小吻(ふん)状器. **ros·tél·lar** /-lə | -lə⁽ʳ⁾/ *adj.* 〖(1760) □L ~ (dim.) ← *rōstrum* beak: ⇨ rostrum〗

ros·ter /rá(ː)stə | rɔ́stə⁽ʳ⁾/ *n.* **1** 名簿; 登録簿: a ~ of the new cabinet 新内閣の閣僚名簿. **2 a** 〖軍事〗勤務当番表; 〖海事〗当直表. **b** [集合的] 当番[当直]表に載った人たち. — *vt.* 当番表[名簿]に載せる. 〖(1727) □Du. *rooster* list, 《原義》gridiron ← *roosten* 'to ROAST': ⇨ -er¹: 焙(あぶ)り器の平行した鉄格子にちなむ〗

Ros·tock /rá(ː)stɑ(ː)k | rɔ́stɔk; *G.* ʁɔ́stɔk/ *n.* ロストック《ドイツ北東部の港市; Warnow 川河口のバルト海から 13 km 上流に位置する》.

Ros·tov /rəstɑ́(ː)f, rɑ(ː)s-, -tɔ́(ː)f | rɔ́stɔv; *Russ.* rastóf/ *n.* ロストフ《ロシア連邦南西部, Don 川下流の港市; Rostov-on-Don ともいう》.

Ro·stov·tzeff /rəstɔ́(ː)ftsɛf, -tɑ́(ː)f- | rɔstɔ́f-; *Russ.* rastóftsɨf/, **M(ichael) I(vanovitch)** *n.* ロストフツェフ (1870–1952; ロシア生まれの米国の歴史家・考古学者).

rostra *n.* rostrum の複数形. 〖1542〗

ros·tral /rá(ː)strəɫ | rɔ́s-/ *adj.* **1** 〈柱など〉船嘴(せんし)装飾のある, 船嘴 (rostrum) で飾った. **2** 〖動物〗嘴(くちばし)[吻(ふん)](のような); 嘴[吻]にある. 〖(1392) (1709) ME *rostrale* □LL *rōstrālis* ← *rōstrum* 'ROSTRUM'〗

róstral cólumn *n.* 海戦記念柱《敵船の船嘴(せんし)を付けた, または船嘴模様を彫刻した柱》. 〖*c*1800〗

róstral crówn *n.* (古代ローマの)海戦冠《海戦で敵船に一番乗りした将士に与えられた》. 〖1709〗

ros·trate /rá(ː)streɪt, rɔ́(ː)s-, -trɪ̣t | rɔ́s-/ *adj.* 〖動物〗嘴(くちばし)[吻(ふん)]のある; 嘴[吻]突起のある. 〖(1392) (1819) □L *rōstrātus* ← *rōstrum* 'ROSTRUM'〗

ros·trat·ed /rá(ː)streɪṭɪ̣d, rɔ́(ː)s- | rɔstréɪtɪ̣d/ *adj.* **1** 〖動物〗=rostrate. **2** 船嘴(せんし)装飾のある. 〖1705〗

ros·trif·er·ous /rɑ(ː)stríf(ə)rəs | rɔs-/ *adj.* 〖動物〗嘴(くちばし)[吻(ふん)]のある. 〖(1852) ← ROSTR(UM) + -I- + -FEROUS〗

ros·tri·form /rá(ː)strəfɔ̀əm | rɔ́strɪ̣fɔ̀ːm/ *adj.* 〖動物〗嘴(くちばし)[吻(ふん)]状の. 〖1801〗

ros·tro·car·i·nate /rɑ̀(ː)stroukǽrənèɪt, -kér-, -nɪ̣t | rɔ̀strə(ʊ)kǽrɪ̣-⁺/ *n.* 〖考古〗ロストロキャリネート, 嘴(くちばし)状石器, 竜骨形石器《最初イングランド東部で発見され, その後ヨーロッパ・アフリカの前期旧石器時代のものとされる鷲(わし)の嘴状(くちばしじょう)の石器》. — *adj.* 鷲の嘴状の. 〖(1912) ← ROSTR(UM) + -O- + CARINATE〗

Ros·tro·po·vich /rɑ̀(ː)strəpóuvɪtʃ, -trɑːpɔ́ː-, -pɑ́ː- | rɔ̀strəpə́ʊvɪtʃ; *Russ.* rəstrapóvʲitʲʃ/, **Msti·slav Le·o·pol·do·vich** /mstʲɪsláf lʲɪapólʲdəvʲɪtʲʃ/ *n.* ロストロポービッチ (1927–2007; ロシアのチェロ奏者・作曲家・指揮者).

ros·trum /rá(ː)strəm, rɔ́(ː)s- | rɔ́s-/ *n.* (*pl.* ~s, **rostra** /-trə/) **1** (古代ローマの)船嘴(せんし)《特に軍艦の舳(へさき)から嘴(くちばし)状に突き出たもので, これで敵艦の中腹を突き破った》. **2 a** [通例 rostra; 単数扱い] (古代ローマの)船嘴演壇《紀元前338年ローマ軍が Antium の海戦で捕獲した敵船の船嘴を Forum に飾ったことから》. **b** 演壇, 講壇, 説教壇, 公開演説会場: take the ~ 登壇する. **c** [集合的] 演説家(達). **3** 〖劇場〗(舞台上の移動できる)壇, 平台. **4** 〖動物〗額角, 嘴(くちばし)[吻(ふん)]状突起, 口先. 〖(1542) □L *rōstrum* beak ← L *rōdere* to gnaw: ⇨ rodent〗

ros·u·late /róuzəlɪ̣t, rá(ː)z- | rɔ́zjʊ-/ *adj.* 〖植物〗ロゼット (rosette) 状に集まった. 〖(1832) ← LL *rosula* ((dim.) ← L *rosa* 'ROSE²') + -ATE²〗

Ros·well /rá(ː)zwɛɫ, -wəɫ | rɔ́z-/ *n.* ロズウェル《米国 New Mexico 州南東部, Texas 州との州境の近くにある市》.

ros·y /róuzi | ráu-/ *adj.* (**ros·i·er**; **-i·est**) **1 a** ばら色の, 淡紅色の. **b** 〈ほおなど〉健康で赤みを帯びた; ほてった; 〈唇が〉真っ赤な; (恥ずかしそうに)顔を赤くした: a ~ blush [face] ほんのり赤くなった顔 / ~ cheeks ばら色のほお. **2** 明るい, 有望な; 楽観的な: a ~ outlook 明るい見通し / The prospect for the future is ~. 将来の見通しは明るい / ~ views 楽観論 / see the world through ~ spectacles 世の中を楽観的に見る / paint a ~ picture of ... を楽観的に見る[述べる]. **3** 《古》 **a** バラで作った. **b** バラで飾った; バラのように匂う. **ró·si·ly** /-zɪ̣li/ *adv.* **ró·si·ness** *n.* 〖(1204) (1381): ⇨ rose², -y⁴〗

SYN ばら色の: **rosy** 〈特に皮膚が〉ピンク色で健康そうな: *rosy* cheeks of a girl 少女のばら色のほお. **rubicund** 〈人, 特に顔が〉健康そうな赤い色をした《格式ばった語》: a *rubicund* face 赤ら顔. **ruddy** 《よい意味で》〈顔が〉戸外生活などでピンク色で健康そうな: a *ruddy* complexion 血色のよい顔色. **florid** 高血圧などで顔がしばしばむらのある赤みのある: *florid* woman of forty 40 歳の赤ら顔の女性.

Ro·sy /róuzi | rə́u-/ *n.* ロージー《女性名; 異形 Rosie》. 〖(dim.) ← ROSE〗

rósy cróss *n.* 薔薇(ばら)十字(章)《薔薇十字会 (Rosicrucians) の会員章》. 〖1631〗

rósy fínch *n.* 〖鳥類〗 **1** ハギマシコ《ハギマシコ属 (*Leucosticte*) の鳥の総称》; (特に)ハギマシコ (*L. arctoa*), クロハギマシコ (*L. atrata*) など. **2** (一般に)ばら色の羽色の小鳥の総称. 〖1801〗

rósy-fíngered *adj.* 《詩》ばら色の指をした. 〖(1590)《なぞり》← *rhododáktulos* (*ēōs*)「ばら色の指をなせる(曙)」(cf. Homer, *Odyssey* ii, 1)〗

rósy pástor *n.* 《インド》〖鳥類〗バライロムクドリ (rose-colored starling).

rot /rɑ́(ː)t | rɔ́t/ *v.* (**rot·ted**; **rot·ting**) — *vi.* **1 a** 腐る, 腐敗する, 腐朽する (⇨ decay SYN): ~ off [away, out] 〈木の枝など〉腐って落ちる, 朽ち落ちる / The eaves were ~*ting* away. ひさし[軒]がどんどん朽ちていった. **b** 〈社会・制度など〉衰亡する. **c** (薬物などの影響で)弱体[劣質]化する, 弱まる. **d** 〈囚人などが〉やせ衰える. **2** (道徳的に)腐敗する, 堕落する. **3** 《英俗》ナンセンスなことを言う, ばかなことを言う; 冗談を言う: He was only ~*ting*. ただ冗談を言っていただけだ. **4** 〖植物病理〗腐敗病にかかる. — *vt.* **1** 腐らせる, 腐敗させる, 腐朽させる. **2** (道徳的に)腐敗させる, 堕落[退廃]させる: God ~ them! =ʼOd ~ 'em! 《俗》畜生め, あんなものが何だ. **3** 〈亜麻などを〉(柔らかくするために)水につける. **4** 《英俗》からかう, 冷やかす. **5** 〈羊を〉肝蛭(かんてつ)症にかからせる.
— *int.* 畜生め, くだらない, ばかばかしい.
— *n.* **1 a** 腐れ, 腐敗, 腐朽. **b** 腐敗物, 腐朽物; 腐りかけている物. **2** [the ~] (社会的・精神的な)腐敗, 堕落, 退廃. **3** 《英俗》たわごと, ばかなこと, ナンセンス (tommyrot): Don't talk ~! ばかを言うな / It is perfect ~ to trust him. 彼を信用するなんて全くばかげたことだ / What ~ that it is not open on Sundays! 日曜日にやってないなんて何とばかなことだ. **4** 〖植物病理〗(菌類による)腐敗病: ⇨black rot, dry rot 1. **5** [通例 the ~] 〖獣医〗(羊の)肝蛭(かんてつ)症 (liver rot). **6** 《古》〖病理〗悪疾《結核・性病・疱瘡(ほうそう)など》. **7 a** 〖クリケット〗三柱門の(しばしば説明のつかない)連続くずれ. **1 b** (突然の)失敗続き: A ~ set in. (物事が)次々にうまく行かなくなった. ***stóp the rót*** 危機を防ぐ, 失敗しないようにする[手を打つ] (cf. n. 7).
〖n.: (*a*1325) *rote* ◻ ON *rot*. — v.: OE *rotian* to rot < ? Gmc **rutjan* (Du. *rotten* / G *rössen*)〗

rot. 《略》rotating; rotation.

Rot. 《略》Rotterdam.

ro·ta[1] /róutə | rə́utə/ *n.* **1** 《英》**a** 名簿, (輪番)勤務当番表 (roster). **b** (人・仕事などの)輪番, 当番. **2** [the R-] 〖カトリック〗教皇庁控訴院《公式名 Sacra Romana Rota (=Sacred Roman Rota); cf. Sacred Penitentiary》. **3** 〖音楽〗輪唱 (round). 〖(1660) ◻ L ~ 'wheel' — IE **ret(h)-* to run, roll (G *Rad* / Skt *ratha*)〗

ro·ta[2] /róutə | rə́utə/ *n.* =rote².

róta bèd *n.* 〖社会福祉〗当番ベッド《介護人が休みをとる際, 老人ホームでその間だけ老人を収容して面倒をみるために確保されたベッド》.

ro·ta·mer /róutəmə | rə́utəmə(r)/ *n.* 〖化学〗=rotational isomer.

ro·ta·me·ter /routǽmətə, róutəmìːtə | rəutəmìːtə(r), rə(u)tǽmɪtə-/ *n.* ロータメーター: **1** 目盛りのついたガラス管に自由に動く浮きを入れた液体[気体]流量計測器. **2** 小さい車を曲線に沿って動かして曲線の長さを測る計器. 〖(1907) ← L *rota*+-METER¹: ⇨ rota¹〗

Ro·tar·i·an /routéᵊriən | rə(u)téər-/ *adj.* ロータリークラブ (Rotary Club) の. — *n.* ロータリークラブ会員. 〖(1911) ← ROTARY (CLUB)+-AN¹〗

Ro·tár·i·an·ìsm /-nìzm/ *n.* ロータリー主義 (⇨ Rotary Club). 〖(1922): ⇨ ↑, -ism〗

ro·ta·ry /róutəri | rə́utəri/ *adj.* **1 a** 回る, 回転する; 循環する, 環状式の: ~ motion 回転運動 / a ~ intersection 環状交差路. **b** 人が交替する, 交替制の. **2 a** 〈機械など〉回転する部分のある, 回転式の: a ~ drill 回転ドリル / a ~ fan 扇風機 / a ~ air pump 回転式空気ポンプ, ロータリーポンプ. **b** ロータリーエンジンの[に関する]. **3** 輪転(印刷)機による[用いられる]: ~ printing. — *n.* **1** 《米》環状交差路, ロータリー (《英》roundabout) 《circle, traffic circle ともいう》. **2 a** (回転機関・輪転機などの)回転機械. **b** 〖機械〗=rotary engine. **c** 〖電気〗=rotary converter. **d** 〖印刷〗=rotary press. **3** [(The) R-] =Rotary International. 〖(1731) ◻ LL *rotārius* ← L *rota* wheel: ⇨ rota¹, -ary〗

rótary béater *n.* (手で動かす)回転式かくはん器.

rótary cancellátion *n.* 〖郵趣〗回転式消印[日付印], ローラー印《インクが自動的に補充される消印器による消印; 現在は, 小包や書留に用いられる》.

rótary clóthesline *n.* 回転物干し《中央の柱から放射状に腕がのびていて回転できる; rotary clothes dryer ともいう》. 〖1971〗

Rótary Clùb *n.* ロータリークラブ《支部; ⇨ Rotary International》. 〖(1910): ⇨ rotary: もと各会員の事務所で会合を順番に開いたことから〗

rótary condénser *n.* 〖電気〗=synchronous condenser.

rótary convérter *n.* 〖電気〗回転変流機, 同期変流機. 〖1899〗

rótary cúltivator *n.* 〖農業〗回転耕運機. 〖1926〗

rótary cútter *n.* 〖木工〗ロータリー切削機, ロータリーカッター《原木を回転させ, それに刃を当てがって皮をむくようにベニア単板を連続的に切削する機械》. 〖1799〗

rótary cútting *n.* 〖木工〗ロータリー切削 (cf. rotary cutter). **rótary-cút** *adj.* 〖1927〗

rótary éngine *n.* 〖機械〗 **1** ロータリーエンジン《タービンのように, 回転円板の周りに備えた羽根に流体の動力を与えるエンジン; cf. reciprocating engine》. **2** 回転シリンダー発動機. **3** 回転ピストンエンジン (cf. Wankel engine). 〖1810–20〗

rótary hóe *n.* 回転草掻(か)き機.

Rótary Internátional *n.* 国際ロータリー《社会奉仕 (Service above Self) と世界平和を目的とする実業家および専門職業人の団体; 1905 年 Chicago の弁護士 Paul Harris (1868–1947) が同市に創設; 世界各地に支部をもつようになり, 1922 年現在名に改称; 単に Rotary ともいう; 旧称 International Association of Rotary Clubs》. 〖⇨ Rotary Club〗

rótary kíln *n.* 〖窯業〗ロータリーキルン, 回転窯(がま)《ゆっくり回転するやや傾斜させた円筒形の窯で, 端部からバーナーで焼成する; ポルトランドセメントなどの製造に用いる》.

rótary mílling machìne *n.* 〖機械〗回転フライス盤.

rótary perforátion *n.* 〖郵趣〗ロータリー目打ち《針が植えられた円筒の雄型と穴の開いたシリンダーの雌型をかみ合わせて穴を開けて作った目打ち》.

rótary pláner *n.* 〖機械〗回転平削り盤.

rótary plów *n.* **1** 〖農業〗回転耕運機, ロータリープラウ. **2** 回転式雪掻(か)き機. 〖1885–90〗

rótary préss *n.* 〖印刷〗輪転(印刷)機.

rótary púmp *n.* 〖機械〗回転ポンプ.

rótary tíller *n.* 〖農業〗=rotary plow 1.

rótary válve *n.* 〖機械〗回転弁, 回り弁.

rótary wíng *n.* 〖航空〗(ヘリコプター・オートジャイロの)回転翼. 〖1908〗

rótary-wíng àircraft *n.* 〖航空〗=rotorcraft. 〖1935〗

ro·tat·a·ble /róuteɪtəbl | rə(u)téɪt-/ *adj.* 回転できる. 〖1875〗

ro·tate[1] /róuteɪt, ─́─ | rə(u)téɪt/ *vi.* **1** 回転する (⇨ turn SYN). **2** 循環する, 交替する: The seasons ~. 季節は巡る. — *vt.* **1** 回転させる. **2** 循環[交替]させる; 次々と役職に任命する: ~ men in office 交替制[ローテーション]で人を役職に任命する. **3** 〈作物を〉輪作する: ~ crops 作物を輪作する. 〖(1808) ← L *rotātus* (p.p.) ← *rotāre* to turn like a wheel ← *rota* wheel: ⇨ rota¹, -ate³〗

ro·tate[2] /róuteɪt, ─́─ | rə́u-/ *adj.* 〖植物〗花弁が車輪状[車輪の幅(や)のよう]に平らに広がった: a ~ flower 輻(ふく)状花, 放射状花. 〖(1785) ← L *rota* wheel+-ATE²: ⇨ rota¹〗

ró·tat·ing béacon /-tɪŋ- | -tɪŋ-/ *n.* 〖通信〗回転無線航路標識.

rotating field *n.* 〖電気〗=revolving magnetic field.

rotating rádio bèacon *n.* 〖通信〗回転無線標識.

rotating-wìng áircraft *n.* 〖航空〗=rotorcraft.

ro·ta·tion /routéɪʃən | rə(u)-/ *n.* **1 a** 回転. **b** 一回転. **2** 循環: the ~ of the seasons 四季の循環. **3** 輪番; 循環交替; 交替: in [by] ~ 輪番制で / hold office in ~ 交替(制)で就任する. **4** 〖農業〗輪作: the ~ of crops=crop rotation. **5** 〖天文〗自転 (cf. revolution 3). **6** 〖数学〗**a** (点または直線のまわりの図形の)回転. **b** 回転《ベクトルと偏微分作用素を成分とするベクトルとのベクトル積として得られるベクトル; curl ともいう; 略 rot》. **7** 〖玉突〗ローテーション《プール (pool) で, 15 の玉を番号順に入れていくゲーム》. **8** 〖トランプ〗(配り手・ビッド権・打出し権などが回ってくる)順番, 回り方. 〖(1471) ◻ L *rotātiō(n-)* ← *ratātus*: ⇨ rotate¹, -ation〗

ro·tá·tion·al /-ʃnəl, -ʃənl/ *adj.* 回転の, 旋転の; 循環の; 輪作の; 輪番の. **~·ly** *adv.* 〖1852〗

rotátional ísomer *n.* 〖化学〗回転異性体.

rotátional ísomerism *n.* 〖化学〗回転異性《炭素原子間の単結合のまわりの回転のため両炭素原子に結合している原子(団)の相対位置が異なることによる異性》.

rotátional véctor *n.* 〖数学〗渦のある[回転的]ベクトル (cf. irrotational 2).

rotátion àxis *n.* 〖結晶〗回転軸《回転の操作における特定の軸》. 〖1903〗

ro·ta·tive /róutətɪv | rəutéɪt-, rə́utə-/ *adj.* **1** 回転の; 回転する. **2** 回転運動を起こす. **3** 循環する; 輪番(制)の. **~·ly** *adv.* 〖(1778) ← ROTATE¹+-IVE〗

ro·ta·tor /róuteɪtə ─́── | rə(u)téɪtə(r)/ *n.* (*pl.* **~s**, 2 では **-ta·to·res** /ròutətɔ́ːriːz | rə̀utə-/) **1** 回転するもの; 回転子. **2** 〖解剖〗回旋筋. **3** 〖海事〗旋回子, ローテイター《測程器に付属したスクリュー状のもので水中で測程器を回転させる; ⇨ taffrail log》. **4** 〖電気〗(テレビ)アンテナ回転装置. **5** 〖天文〗回転[自転]する天体《惑星・恒星・銀河など》. 〖(1676) ← ROTATE¹+-OR²: 2 は L *rotātor* (← *rotāre* 'to ROTATE¹') より〗

rotator cùff *n.* 〖解剖〗回旋腱板《三角筋の下にあって, 肩関節を覆い, 上腕骨と肩甲骨をつなぐ》.

Ro·ta·to·ri·a /ròutətɔ́ːriə | rə̀utə-/ *n. pl.* 〖動物〗=Rotifera. 〖← NL ~ ← *rotātōrius* (↓): ⇨ -ia²〗

ro·ta·to·ry /róutətɔ̀ːri | rə́utətəri, -tri, rə(u)-téɪtəri, -tri/ *adj.* **1 a** 回転の, 回転する: ~ motion 回転運動. **b** 回転運動を起こす. **2** 循環する; 輪番(制)の. 〖(1755) ← NL *rotātōrius* ← L *rotātus*: ⇨ rotate¹, -ory¹〗

rotatory dispérsion *n.* 〖光学〗回転分散, 旋光分散.

ro·ta·vate /róutəveɪt | rə́utə-/ *v.* =rotovate. 〖1959〗

Ro·ta·va·tor /róutəvèɪtə | rə́utəvèɪtə(r)/ *n.* =Rotovator. 〖1936〗

ró·ta·vìrus /róutə- | rə́utə-/ *n.* 〖医学〗ロタウイルス《2 層のキャプシド (capsid) を有し, 放射状の外観を示すレオウイルス (reovirus); 幼児や動物の新生児に胃腸炎を引き起こす》. 〖(1974) ← NL ← L *rota* wheel+VIRUS〗

ROTC /áəòutìːsíː, rɑ́(ː)tsi | ɑ́ː(r)əutìːsíː, rɔ́tsi/ 《略》〖米軍〗Reserve Officers' Training Corps 予備役将校訓練部. 〖1916〗

rotch /rɑ́(ː)tʃ | rɔ́tʃ/ *n.* (*also* **rotche** /~/) 〖鳥類〗= dovekie. 〖《古形》*rotge* ◻ Du. *rotje* petrel〗

rote[1] /róut | rə́ut/ *n.* **1** (深い理解なしに行う)暗記; 棒読み的な暗唱. **2** 機械的な反復, 機械的経過[手順]. ★ 今は主に次の成句に用いられる. ***by róte*** 機械的に; そらで: do *by* ~ (意味も目的も知らずに)機械的にやる / have [get, learn] *by* ~ 丸暗記する, 機械的に覚える / know [say] *by* ~ そらで覚えている[言う] / recite a poem *by* ~ 詩を暗唱する.
〖(?*c*1300)《古》habit, practice ← ?: cf. OF *rote* 'ROUTE' / L *rota* wheel〗

rote[2] /róut | rə́ut/ *n.* =crwth. 〖(?*a*1300) ◻ OF ~ ← ? Celt. (cf. MIr. *crott* harp)〗

rote[3] /róut | rə́ut/ *n.* (海岸に打ち寄せて砕ける)波の音. 〖(1610) *rot(e)* ← ? Scand.: cf. ON *rōt* commotion〗

ro·te·none /róutənòun, -tn- | rə́utɪnəun, -tn-/ *n.* 〖化学〗ロテノン ($C_{23}H_{22}O_6$) 《熱帯性有毒植物デリス (derris) やキュベ (cube) の根から抽出した結晶; 殺虫剤などに用いる》. 〖(1924) ← ? Jpn. *rōten* derris plant+-ONE〗

rót·gùt *n.* 《米俗》(混ぜ物をした)下等酒, 悪(あく)酒. 〖(1590–1600) ← ROT (v.)+GUT〗

Roth /rɔ́(ː)θ, rɑ́(ː)θ | rɔ́θ/, **Henry** *n.* ロス (1906–1995; 米国のユダヤ系小説家; *Call It Sleep* (1934)).

Roth, Philip (**Milton**) *n.* ロス (1933–　; 米国の小説家; *Goodbye, Columbus* (1959)).

Roth·er·ham /rɑ́(ː)ðərəm | rɔ́ð-/ *n.* ロザラム《イングランド中部の工業都市》. 〖lateOE *Rodreham* ← *Roper* 《原義》chief river ← ? *ro-* (強意接頭辞: cf. Welsh *rhy-* (← *rhylaw* heavy rain))+Welsh *dw(f)r* water, river: ⇨ ham³〗

Roth·er·mere /rɑ́(ː)ðəmìə | rɔ́ðəmìə(r)/, **1st Viscount** *n.* Harold Sidney Harmsworth の称号.

Rothe·say /rɑ́(ː)θsi, -seɪ | rɔ́θ-/ *n.* ロスシー《スコットランド南西部, Bute 島東岸の町》.

Roth·ko /rɑ́(ː)θkou | rɔ́θkəu/, **Mark** *n.* ロスコー (1903–70; ロシア生まれの米国の抽象画家).

Roth·mans /rɔ́(ː)θmənz, rɑ́(ː)θ- | rɔ́θ-/ *n.* 〖商標〗ロスマンズ《英国製たばこ》.

Roth·schild /rɔ́(ː)θ(s)tʃaɪld, rɑ́(ː)θ(s)-, rɔ́(ː)stʃaɪld, rɑ́(ː)s- | rɔ́θ(s)tʃaɪld, rɔ́stʃaɪld/, **Lionel Nathan** *n.* ロスチャイルド (1808–79; ドイツ系の英国の銀行家; 最初のユダヤ人議員; 通称 Lord Natty).

Roth·schild /rɔ́(ː)θ(s)tʃaɪld, rɑ́(ː)θ(s)-, rɔ́(ː)stʃaɪld, rɑ́(ː)s- | rɔ́θ(s)tʃaɪld; G. ʁóːtʃɪlt/, **Meyer Am·schel** /ǽmʃl/ [Amselm /ǽnzelm/] *n.* ロートシルト, ロスチャイルド (1744–1812; ドイツの銀行家; 代表的な国際金融業一家の祖).

Rothschild, Nathan Meyer *n.* ロスチャイルド (1777–1836; ドイツ生まれの英国の銀行家; 英国に帰化し (1804), 政府の代理商人となって反ナポレオン諸国への軍資金貸付業務により巨富を得た; Meyer Amschel Rothschild の子).

Rothschild, Sir Nathan Meyer *n.* ロスチャイルド (1840–1915; 英国の銀行家; 称号 1st Baron Rothschild).

ro·ti /róuti | rə́uti/ *n.* (*pl.* ~) ローティー《酵母の入っていない平らなパン》. 〖(1920) ◻ Hindi, Urdu *roṭī* bread〗

rô·ti /routíː | rəu-; *F.* ʁoti/ *F. n.* =roast 1. 〖(1771) ◻ F ~ ← *rôtir* 'to ROAST'〗

ro·ti·fer /róutəfə | rə́utɪfə(r)/ *n.* 〖動物〗ワムシ《ワムシ綱の微小動物の総称; wheel animal, wheel bearer ともいう》.

ro·tif·er·al /routíf(ə)rəl | rəu-/ *adj.* **ro·tíf·er·ous** /-f(ə)rəs/ *adj.* **ro·tíf·er·an** /-f(ə)rən/ *adj., n.* 〖(1793) ↓〗

Ro·tif·er·a /routíf(ə)rə | rəu-/ *n. pl.* 〖動物〗(袋形動物門)ワムシ綱. 〖(1830) ← NL ~ ← *roti-* (↓)+-FER: ⇨ -a²〗

ro·ti·form /róutəfɔ̀əm | rə́utɪfɔ̀ːm/ *adj.* =rotate². 〖(1855) ← *roti-* (← L *rota* wheel: ⇨ rota¹)+-FORM〗

ro·tis·ser·ie /routísəri | rəutís-, -tíːs-; *F.* ʁotisʁi/ *n.* (*pl.* **~s** /~z; *F.* ~/) **1** 焼肉店《ローストビーフなどを専門に売る店やレストラン》. **2** 回転する焼き串(ぐし)のついたあぶり焼き器. 〖(1868) ◻ F *rôtisserie* ← *rôtir* 'to ROAST': ⇨ -ery〗

rot·l /rɑ́(ː)tl | rɔ́tl/ *n.* (*pl.* **~s**, **ar·tal** /áətɑːl | ɑ́ː-/) ロットル《イスラム教国で用いられる重量および乾量の単位; 地方により 1 ポンド弱から 6 ポンド強までいろいろある》. 〖(1615) *rethels* ◻ Arab. *raṭl* ← ? Gk *lítra* 'LITER'〗

ro·to /róutou | rə́utəu/ *n.* (*pl.* **~s**) =rotogravure. 〖(1926) 略〗

ro·to- /róutou, -tə | rə́utəu/ 「回転する (rotary)」の意の連結形. 〖← L *rota* wheel+-o-〗

ro·to·chute /róutəʃùːt | rə́utə-/ *n.* ロートシュート《傘の代わりにヘリコプターのそれに似た回転翼が落下速度を落とすようになっているパラシュート》. 〖(1955) ← ROTO-+(PARA-)CHUTE〗

ro·to·graph /róutəgræ̀f | rə́utəgrɑ̀ːf, -græf/ *n.* 〖写真〗回転印画(写真), ロートグラフ《左右を反転するプリズムをつけて, 直接ブロマイド紙に複写した黒地に白字・白線の印画》. 〖(1898) ← ROTO-+-GRAPH〗

ròto·gravúre *n.* **1** 〖印刷〗**a** グラビア(印刷), ロートグ

R

ラビア, 輪転グラビア《輪転機で印刷されるグラビア印刷》. **b** グラビア写真. **2** 《米》《新聞》=roto section. 〘(1913) ← ROTO-+GRAVURE〙

ro·tor /róuṭə | ráutə(r)/ *n.* **1** 《電気》回転子, ローター (cf. stator 1). **2** 《航空》(ヘリコプターなどの)回転翼, ローター. **3** 《海事》(円筒船 (rotor ship) の)旋回円筒, 風筒, ロートル. **4** 《機械》(蒸気ロービンの)軸車, ローター. 〘(1873) 《略》← ROTATOR〙

rótor blàde *n.* 《航空》(ヘリコプターなどの)ローターブレード, 回転翼羽根, (回転圧縮機などの)動翼. 〘1931〙

ro·tor·craft /róuṭəkræ̀ft | ráutəkrɑ̀:ft/ *n.* 《航空》回転翼航空機《ヘリコプター・オートジャイロなど》. 〘1940〙

Ro·to-Roo·ter /róuṭərù:ṭə | ráutərù:tə(r)/ *n.* 《商標》ロトルーター《排水管などの詰まりを除去するスプリングの入ったスチール製ケーブル; 米国製》.

rótor plàne *n.* 《航空》=rotorcraft.

rótor ship *n.* 《海事》円筒船, ロートル船《帆の代わりに円筒を立て, これを回転させて起こる気流変化を利用して走る船; cf. Magnus effect》. 〘1924〙

Ro·to·ru·a /ròuṭərú:ə | ràutə-/ *n.* ロトルーア《ニュージーランド北島中北部, Rotorua 湖南西の町; 林業の中心地で火山活動で知られる観光地》.

ro·to·scope /róuṭəskòup | ráutəskə̀up/ *n.* ロトスコープ《実写した個々のフィルムのコマを拡大してアニメーションにひきうつす装置》. — *vt.* 〈実写の映像を〉ロトスコープを用いて別の映画の中にうつす. 〘(*c*1955) ← ?〙

róto sèction *n.* 《新聞》(輪転)グラビア(写真)ページ. 〘*roto*: ← ROTO(GRAVURE)〙

ro·to·till /róuṭətìl | ráutə-/ *vt.* 〈土地・畑を〉回転熊手[レーキ]付きの動力耕運機で耕す. 〘(1939) 《逆成》↓〙

Ro·to·till·er /róuṭətìlə | ráutətìlə(r)/ *n.* 《商標》ロートティラー《回転刃または回転式耕耘(うん)機の商品名》. 〘(1923) ← ROTO-+TILLER[1]〙

ro·to·vate /róuṭəvèɪt | ráutə-/ *vt., vi.* (*also* **rota·vate**) 回転式耕運機で耕す. 〘(1959) 《逆成》↓〙

Ro·to·vat·or /róuṭəvèɪṭə | ráutəvèɪtə(r)/ *n.* (*also* **Ro·ta·vat·or** /~/) 《商標》ロートベーター《回転式耕運機》. 〘(1936) ← ROT(ARY)+(CULTI)VATOR〙

rót·pròof *adj.* 防腐性の, 耐腐性の.

Rot·ring /róutrɪŋ | ráu-; G. ʁó:tʁɪŋ/ *n.* 《商標》ロトリング《ドイツの製図用品ブランド; 特に製図ペンが有名》.

rot·ta /rɑ́(:)ṭə | rɔ́tə/ *n.* (*also* **rot·te** /rɑ́(:)t | rɔ́t/) = rote[2]. 〘1883〙

rot·ten /rɑ́(:)tn̩ | rɔ́tn̩/ *adj.* (~·er; ~·est) **1 a** 腐った, 腐敗した, 腐朽した: These bananas will go ~ in a week. このバナナは一週間も経てば腐ってしまうだろう. **b** 不潔な, きたない; 悪臭を放つ, 臭い. **2 a** (道徳的・社会的・政治的に)腐敗した, 堕落した: ~ to the core すっかり堕落した / Something is ~ in the state of Denmark. (わが)デンマークには何かけしからぬことがある; 事がうまくいっていない (cf. Shak., *Hamlet* 1. 4. 90). **b** 行儀[態度]の悪い; 無礼な: a ~ child / It's a ~ thing to say to a lady. 女性にそんなことを言うのは失礼だ. **3** 《口語》不快な, 嫌な, うんざりする: ~ weather / It's ~ waiting for things. 待つって嫌なことだ. **4** 《口語》劣等の, 下等な, つまらない, だめな: a ~ book [concert, film] / ~ luck 不運 / I'm [I have] a ~ hand at drawing. 私は絵は下手です. **5** 〈土地・岩石など〉砕けやすい, もろい, 柔らかな. **6** 《獣医》**a** 〈羊が〉肝蛭(てつ)症にかかった. **b** (羊の)肝蛭を起こさせる. **7** 《廃》悪疾の: a ~ disease. ***féel rótten*** 《口語》(1) 気分が悪い (feel ill). (2) 〔…について〕気がとがめる 〔*about*〕

— *adv.* 《口語》ひどく, 極端に: spoil a person ~ ((特に)子供を)甘やかしすぎる / fancy a person ~ 《英戯言》性的に人に引かれる, 魅力を感じる.

~·ly *adv.* **~·ness** *n.* 〘(?*a*1200) *roten* ◻ ON *rotinn* (p.p.) ← *rotna* to rot: ⇨ rot, -en[3]〙

rótten bórough *n.* **1** 《英史》腐敗選挙区, 過疎選挙区《有権者が激減して, 有力者の私物と化した選挙区; 1832 年改正された; cf. pocket borough》. **2** 不平等選挙区《選挙民の数による割合よりも多い代議士を送っている選挙区》. 〘1812〙

rótten égg *n.* 《口語》悪いやつ, 下劣なやつ.

Rot·ten Row /rɑ́(:)tn̩róu | rɔ́tn̩ráu/ *n.* ロットン通り《London の Hyde Park の並木道; ここを上流人士が騎馬または馬車で通るのを日課とした; 単に the Row ともいう》. 〘(1799) 《転訛》? OF *route le roi, route du roi* royal route ∥ ← ? 《北部方言》*ratton* (=rat) *raw*: 《原義》? ネズミの巣くう廃屋の並ぶ通り〙

rótten·stòne *n.* 《岩石》トリポリ石《分解したケイ質石灰岩; 金属研磨用; cf. tripoli》. 〘1677〙

rótten stóp *n.* 《海事》ロッテンストップ《帆を張るために引き上げる間, それを一時的に束ねておくひも》.

rót·ter /-ṭə | -tə(r)/ *n.* 《英俗》**1** やくざ者, ろくでなし. **2** 役に立たない[無能な]人, だめ人間; 嫌われ者. 〘(1611) (1894)〙

Rot·ter·dam /rɑ́(:)ṭədæ̀m | rɔ́tədæm, ⌐⌐⌐; *Du.* rɔ̀tərdɑ́m/ *n.* ロッテルダム《オランダ南西部の港湾都市; 世界有数の貿易港である; 石油精製・造船などの工業がある》.

Rott·wei·ler /rɑ́(:)twaɪlə, rɑ́(:)tvaɪ- | rɔ́twaɪlə(r), -vaɪ-; G. ʁɔ́tvaɪlɐ/ *n.* ロットワイラー《ローマの牛追いのイヌを祖犬とする短毛・短尾・垂れ耳で黒色の牧畜・作業・警察犬》. 〘(1907) ◻ G ~ ← *Rottweil* (ドイツ南西部の都市名)〙

rot·u·la /rɑ́(:)tʃulə | rɔ́tju-/ *n.* (*pl.* **~s, rot·u·lae** /-lì:/) 《解剖》膝蓋(しつがい)骨. **rót·u·lar** /-lə | -lə(r)/ *adj.* 〘(*c*1400) ← NL ~ ← L (dim.) ← *rota* wheel: ⇨ -ula[1]〙

ro·tund /routʌ́nd, ⌐⌐ | rə(ʊ)tʌ́nd, ráutʌnd/ *adj.* (~·er; ~·est) **1** 《主に婉曲》丸々と太った, 豊満な: a ~ face 丸顔 / a ~ little man 丸々太った小男. **2 a** 円形の. **b** 〈口など〉丸く開いた. **3 a** (口を大きく開いて出した声のように)朗々とした, よく通る[響く], 太い: a ~ voice. **b** 〈文体など〉釣合いのとれた, 堂々とした, 豊麗な.

~·ly *adv.* **~·ness** *n.* 〘(?*a*1425) ◻ L *rotundus* round ← *rotāre* 'to ROTATE[1]': ROUND[1] と二重語〙

ro·tun·da /routʌ́ndə | rə(ʊ)-/ *n.* **1** (丸屋根のある)円形の建物, ロトンダ. **2** (丸天井のある)円形大広間. **3** 《印刷》円形ゴシック体. 〘(1687) ◻ L ~ (fem.) ← *rotundus* (↑) ∞ (1611) *rotonda* ◻ It.〙

ro·tun·date /routʌ́ndɪ̀t, -deɪt | rə(ʊ)-/ *adj.* 先[角]の丸くなった. 〘(1776) ◻ L *rotundātus* (p.p.) ← *rotundāre* to make round ← *rotundus*: ⇨ rotund, -ate[2]〙

ro·tun·di·ty /routʌ́ndəṭi | rə(ʊ)tʌ́ndɪ̀ti/ *n.* **1** 丸々と太っていること, 肥満, 脂肪過多. **2 a** 丸いこと; 円形, 球形. **b** 丸いもの, 球形のもの. **3 a** (声の)朗々としていること. **b** (文章の)豊麗, 豊かさ. 〘(1589) ◻ F *rotondité* ∥ L *rotunditas*: ⇨ rotund, -ity〙

ro·tu·ri·er /routúᵊrièɪ, -tjúᵊr- | rə(ʊ)tjúər-; F. ʁɔty-rje/ F. *n.* (*pl.* **~s** /~z; F. ~/) **1** 平民, 庶民. **2** 成金. 〘(1586) ◻ F ~ 'plebeian' ← *roture* plebeian rank <L *ruptūram* a breaking: ⇨ rupture, -ier[1]〙

Rou·ault /ru:óu | ru:ə́u; F. ʁwo/, **Georges** *n.* ルオー《(1871–1958; フランスの画家・石版画家》.

Rou·baix /ru:béɪ; F. ʁubɛ/ *n.* ルーベ《ベルギー国境に近いフランス北部の町; Tourcoing と共に大工業地帯を形成する》.

rou·ble /rú:bl̩/ *n.* =ruble.

rouche /rú:ʃ/ *n.* =ruche. 〘*a*1827〙

rou·cou /ru:kú:; F. ʁuku/ *n.* =annatto. 〘(1666) ◻ F ~ ◻ Tupi *urucú*〙

roué /ru:éɪ, ⌐⌐ | rú:eɪ, ⌐⌐; F. ʁwe/ *n.* (特に初老の)道楽者, 放蕩(ほうとう)者; 女たらし. 〘(1800) ◻ F ~ (p.p.) ← *rouer* to break on a wheel ← *roue* wheel <L *rotam*: ⇨ rota[1]: 《原義》車裂きの刑に値するもの〙

Rou·en /ru:ɑ́:(ŋ), -ɑ́:ŋ | ⌐⌐, ⌐⌐; F. ʁwɑ̃/ *n.* **1** ルーアン《フランス北部, Seine 川に臨む都市; 大聖堂がある; Joan of Arc の処刑地 (1431)》. **2** ルーアン《野生のマガモに似たアヒルの一種》.

Rouén lílac *n.* 《植物》ルーアンライラック (*Syringa chinensis*)《フランスで交配作出されたモクセイ科ハシドイ属の低木; 花は薄紫色》. 〘1842〙

rouge[1] /rú:ʒ; F. ʁu:ʒ/ *n.* **1** (化粧用)紅(べに), ルージュ; 口紅, ほお紅. **2 a** 《化学》弁柄(べんがら), 鉄丹, ルージュ《酸化第二鉄 (Fe_2O_3) が主成分; 顔料または塗料, セメントや瓦の着色料》. **b** =jeweller's rouge. — *vi.* **1** (ほお)紅をつける. **2** 赤くなる, 赤面する. — *vt.* **1** 〈ほお・唇〉に紅[ルージュ]をつける: heavily ~*d* cheeks ほお紅を厚く塗ったほお / ~ one's lips. **2** 赤面させる. — *adj.* 赤色の. 〘n.: (1437) ◻ (O)F ~ 'red' <L *rubeum* 'RED[1]' (cf. rubric). — v.: (1777) ← (n.)〙

rouge[2] /rú:dʒ, rú:ʒ/ *n.* 《英》**1** (Eton 式ラグビーで)スクラム (scrummage). **2** (カナディアンフットボールで)タッチダウン(による相手チームの得点)《3 回繰り返すと 1 点とられる》. **3** =Canadian football. 〘(1863) ← ?: もと Eton 校の用語〙

Róuge Cróix *n.* (英国紋章院の)ルージュクロア《紋章官補 (pursuivant) の一人》. 〘1485〙

Róuge Drágon *n.* (英国紋章院の)ルージュドラゴン《紋章官補 (pursuivant) の一人》. 〘1491〙

rouge et noir /rú:ʒeɪnwɑ́ə | -nwɑ́:; F. ʁuʒe-nwa:ʁ/ *n.* 《トランプ》ルージュ エ ノワール《赤・黒の菱形模様のあるテーブルで行う賭博ゲームで, 二列に分けて配られるカードのうち, 列の数の合計が (31 から 40 までのうち) 31 に近いほうに賭ける; trente-et-quarante ともいう》. 〘(1791) ◻ F ~ 'red and black'〙

róuge-róyal mårble *n.* 《岩石》赤味がかったベルギー産の大理石. 〘1896〙

rou·get /ru:ʒéɪ; F. ʁuʒɛ/ *n.* 《魚類》ヒメジ (red mullet). 〘(1885) ◻ F ~ ⇨ ROUGE[1]〙

Rou·get de Lisle [L'Isle] /ru:ʒéɪdəlí:l | -də-; F. ʁuʒɛdlil/, **Claude Joseph** *n.* ルジェ ド リール《(1760–1836; フランスの詩人・作曲家; フランスの国歌 *La Marseillaise* を作詞・作曲 (1792) した軍人》.

rough /rʌ́f/ *adj.* (~·er; ~·est) **1 a** (表面が)手ざわりの粗い, ざらざらした (↔ smooth): ~ hands 荒れた手 / ⇨ rough paper / This cloth feels ~ (to the touch). この布は手ざわりが粗い[ざらざらする]. **b** 〈布地が〉地の粗い, ざっくりした地の: a ~ tweed skirt 地の粗いツイードのスカート. **c** ぎざぎざの, アンカットの (uncut): a book with ~ edges [pages] (小口を裁たない)ぎざぎざべり[アンカット]の書物.

2 a でこぼこの, 起伏の多い: a ~ track でこぼこの小道. **b** 出入りが困難な, 未開の: a ~ jungle 通り抜けできそうもないジャングル / the ~ woods 未開の森, 原生林. **3 a** 乱暴な, 暴れる; 粗暴な, 激烈な: ~ sports 荒っぽいスポーツ / ~ to deal with 扱いにくくて手に負えない / a ~ boy [game, blow] 乱暴な少年[試合, 打撃] / a ~ gesture 激しい身振り / damaged by ~ handling 乱暴な扱いで傷んだ. **b** 気性の激しい; 手荒な, 荒っぽい. **c** むごい, 不親切な, 思いやりのない: a ~ way of treating children 子供のむごい扱い方 / get ~ *with* a person 人を手荒く扱う / He is ~ *on* her. 彼は彼女につらく当たる / It's ~ *on* her working on Sundays (like that). (あんなふうに)日曜日まで働かせるのは彼女には酷だ. **d** 〈地域など〉危険な, 物騒な: a ~ area of town 町の物騒な区域.

4 a 《口語》つらい, 苦しい, ひどい, 不愉快な: a ~ life in the jungle / have ~ luck 不幸な目に遭う / go through a ~ patch ⇨ patch *n.* 成句 / have a bit of ~ going 少々苦戦[難航]する / We had [They gave us] a ~ time (of it). =They made it ~ for us. ひどい[つらい]目に遭った / give a ~ ride ⇨ ride *n.* 成句 / still feel a bit ~ after the accident 事故後, 調子があまりよくない. **b** (睡眠不足・深酒などで)疲れ切った, 気分の悪い.

5 a おおざっぱな, あらましの, 大体の, 概略の: a ~ sketch [draft] 略画[草稿] / a ~ estimate [guess] およその見積り[見当], 概算 / a ~ idea おおざっぱな考え / a ~ circle 不正確な円 / ~ cost 原価概算, 概略費用 / ⇨ rough copy / give a ~ outline 概略を説明する / At a ~ guess, I'd say about $5,000. 大体のところ, 5,000 ドルくらいだろう. **b** ぞんざいな, 粗っぽい, 粗造[粗製]の: ~ coating (壁の)荒塗り, (しっくいの)下塗り / a ~ makeshift 間に合わせのやりくり / It's worth much less in its ~ state than after it's been polished. 磨きをかける前は価値がずっと低い. **c** 〈仕事など〉(知力より)体力を要する, 荒[力]仕事の: ⇨ rough work. 日英比較 日本語で服装などが「ラフな」というが, 英語では casual, informal という.

6 a 粗野な, 下品な, 無作法な, 無骨な, ぶしつけな: a ~ customer 粗野な客 / a ~ tongue 荒っぽい口のきき方 / ~ manners 無作法 / a ~ element of the population 住民中の(無教育で)粗野な連中 / the ~*er* sex 男性 (↔ the softer sex) / a ~ neighborhood 粗野な人々の住む地区 / be ~ in [《古》of] speech 言葉遣いがぞんざいである. **b** 素朴な: a ~ welcome 素朴な(しかし真心をこめた)歓迎. **7 a** 〈海・空など〉荒れる; 荒天の: a ~ wind 吹き荒れる風, 強風 / a ~ sea 荒海 / a ~ night あらしの夜. **b** 〈航海・飛行など〉荒天をついた, 荒れた: a ~ voyage [crossing] 荒天の航海[渡航] / ⇨ rough passage / have a ~ flight 荒天下に飛行する, 飛行機[機体]が揺れる.

8 a 目に荒く見える, 目障りな: a ~ landscape 殺風景な景色. **b** 耳に荒々しく聞こえる, 耳障りな, 調子外れの. **c** 〈ワイン・ウイスキーなど〉(味わって)きつい, 渋い, 酸(す)い, 未熟な: ~ whiskey. **d** 粗末な, 粗悪な: ~ accommodation 粗末な設備. **e** 〈表現・文体など〉雑な, ぞんざいな, 推敲(すいこう)してない: a ~ style 粗っぽい文体. **f** 品のない, みだらな: ~ words がさつな言葉.

9 a 毛むくじゃらの; 毛の多い: a dog with a ~ coat of hair 毛むくじゃらの犬. **b** ひげをそってない: a face ~ with a week's beard 一週間ひげをそってない顔.

10 未完成の, でき上がっていない, 加工していない, 自然のままの: ~ stone (切り出したばかりで未加工の)荒石 / ~ materials 原料 / ~ skin なめしてない皮, 荒皮.

11 《音声》(ギリシャ語の語頭母音が)帯気音の (cf. smooth 10): ⇨ rough breathing.

12 《トランプ》(ポーカー, 特に lowball で)(手作りの)難しい手の, 荒れ手の (cf. smooth 11).

13 《生物》ラフな《細菌のコロニーの表面がざらざらになった状態; 細菌の突然変異で, 表面を覆う莢膜(きょうまく) (capsule) が失われると, このようになる》.

róugh and réady =rough-and-ready. ***róugh and tóugh*** 頑丈(がんじょう)な, たくましい. ***róugh as sáckes*** ⇨ sack[1]. ***the róugh side [édge] of one's tóngue*** きびしい言葉, 叱責, 非難 (cf. tongue 成句).

— *adv.* (**more ~, most ~; ~·er, ~·est**) **1** 荒く, 手荒く: treat a person ~ 人を乱暴に[手荒く]扱う / play ~ ラフ[荒っぽい]プレーをする. **2** 粗く: Land should be plowed ~. 土地は粗く耕すべきものだ.

cùt ùp róugh ⇨ CUT *up* (*vi.*) (4). ***líve róugh*** 《英》(1) 苦しい生活をする, 不便を忍ぶ (live hard). (2) 〈浮浪者などが〉戸外に住む. (1974) ***sléep róugh*** 《英》戸外に寝る, 野宿する. (1697)

— *n.* **1 a** でこぼこの土地[地面], 荒地: over ~ and smooth でこぼこのある所と平らな所も, 至る所に. **b** [the ~] 《ゴルフ》ラフ《雑草などを刈り込んでない区域; cf. fairway》. **2 a** (画家・デザイナーなどの)下絵(スケッチ)[下書き], ラフ(スケッチ). **b** 未完成品, 未加工品. **3** [the ~] 辛い[苦しい, 不愉快な]こと[点, 状態]; 辛苦; 虐待: *the* ~(*s*) and smooth(s) 浮沈, 幸運と不運. **4** 《口語》乱暴者, 与太者. **5** (蹄鉄(ていてつ)の)滑り止め (spike). **6** 《テニス》ラフ《ラケットの飾りガットが滑らかでない方の面; ↔ smooth》. **7** 《印刷》=rough proof.

in (the) róugh (1) おおよそ, 大体において; 大ざっぱに, ざっと. (2) 未完成のままの[で]; 未加工[未仕上]のままの[で]; 下ごしらえのままの[に]: a picture *in (the)* ~ 未完成の絵 / a diamond *in the* ~ =a rough diamond ⇨ rough diamond / I have seen it only *in (the)* ~. 私はその生地のままをみただけです. (3) 乱雑な[に], だらしない[く]; 普段のままの状態の[で]; 準備なしの[に]. ***a bit of róugh*** (低い階層出身で粗野なところが魅力の)男の愛人. ***róugh and túmble*** ⇨ rough-and-tumble. ***táke the róugh with the smóoth*** 苦楽[運不運]を甘受する; (物事の)長短を受け入れる.

— *vt.* **1** 《口語》[~ it として] (野外生活・探険などで)不自由な生活を忍ぶ (cf. tough). **2 a** …の概略を書く 〈*in*〉; おおまかに描く[説明する] 〈*out*〉. **b** 粗ごしらえする, 大体の形に作る[切る]; 〈ダイヤモンドなど〉に粗いカットを施す; …にざっと形をつける 〈*down, off, out*〉; 〈レンズ〉を粗ずりする. **3** 《口語》**a** 手荒く[乱暴に]扱う, 虐待する; 暴力を振るう 〈*up*〉: The hooligans ~*ed up* foreigners. フーリガンが外国人に暴力を振るった. **b** (球技で)相手にわざと乱暴する; 〈相手〉にラフプレーをする. **4 a** 粗くする, ざらざらにする, でこぼこにする 〈*up*〉. **b** 〈羽・毛などを〉逆立てる, 荒立てる; くしゃくしゃにする, かき乱す 〈*up*〉: The wind ~*ed up* her hair. 風で彼女の髪は乱れた / ⇨ *rough a person (up) the wrong* WAY[1]. **c** 《製靴》起毛する《接着剤がよくきくように, 革その他の材料の表面をけば立てる》. **5 a** 〈蹄鉄(ていてつ)〉に滑り止めをつける. **b** 《豪》〈馬を〉馴らす.

— *vi.* **1 a** 乱暴にする. **b** (球技で)ラフプレーをする. **2** 《まれ》〈表面が〉ざらざらになる.

~·ness *n.* 〘adj.: OE *rūh* <(WGmc) **rūXaz*

R

(Du. *ruig* / G *rauh*) ← IE **reuk-* rough; to scrape (L *rūga* ʻRUGAʼ / Gk *orússein* to dig). — n.: 《1480》 ← (adj.). — v.: 《1483》 ← (adj.)》

SYN ざらざらした: **rough** 表面が滑らかでなくざらざらした (一般的な語): *rough* paper ざらざらした紙 / a *rough* board でこぼこの板. **uneven** 面や線が不揃いな: *uneven* ground でこぼこの地面. **bumpy** 〈表面が〉ごつごつした: a *bumpy* road でこぼこ道. **harsh** 手で触ると不快にざらざらした: a *harsh* texture 手触りの悪い織物. **rugged** 〈地表面が〉でこぼこで岩だらけの: a *rugged* mountain 岩だらけの山. **jagged** 端がのこぎり歯になった: *jagged* leaves ぎざぎざした葉. **ANT** smooth.

rough·age /rʌ́fɪdʒ/ *n.* **1 a** 栄養価の少ない食物や飼葉. **b** (腸の蠕動(ぜんどう)の刺激材としての)繊維質食品, 食物繊維 (dietary fiber). **2** (生地などの)粗い素材. 《1883》: ⇨ ↑, -age》

róugh-and-réady *adj.* **1** (当座の役には立つが)間に合わせの, 拙速主義の, 手っ取り早い, 大ざっぱな: the ~ rule 拙速主義. **2** 粗雑な, ぞんざいな: a ~ bow ぞんざいなお辞儀. **3** 〈人が〉ぞんざいだが有能な, 荒削りな: a ~ collegian. **róugh-and-réadiness** *n.* 《1810》

róugh-and-túmble *adj.* **1** 無秩序な, でたらめな, 無鉄砲な, 入り乱れた; 競争の激しい: a ~ fight [struggle] 乱戦[乱闘]. **2** 間に合わせの, 応急の: a ~ bridge. **—** *n.* 乱戦, 乱闘, 立回り; (競争社会の)激しい戦い: It was very difficult for him to cope with the ~ of life. この世の激しい戦いを生き抜くのは彼には至難のわざだった. 《1792》

róugh-áss *n.* 《米俗》粗暴な, 粗野な.

róugh blúegrass *n.* 〘植物〙=bird grass 2. 《*c*1925》

róugh bòok *n.* 下書き帳. 《1867》

róugh bréathing *n.* **1** 帯気音符 (ʻ) 《ギリシャ語で語頭の母音または r が帯気音を伴うことを示し, ローマ字化するときは h で表す; spiritus asper ともいう; cf. smooth breathing》. **2** ʻ の表す帯気音. 《(1740–50) 《なぞり》← LL *spīritus asper*》

róugh·càst *n.* **1** 〘建築〙=rock dash. **2** 大体のひな形, 粗形. **—** *adj.* [限定的] **1** 荒塗りの. **2** 〈計画などが〉おおざっぱな, ぞんざいな; あらかたの. **—** *vt.* (**rough-cast**) **1** 荒塗りする, 荒塗りにする. **2** 粗[下]ごしらえする; あらまし整える, …に大体の筋を立てる, あらかたの準備をする: ~ a plot (小説などの)粗筋を立てる. **~·er** *n.* 《(adj.: 1519; n.: 1593–96 v.: 1565) ← ROUGH (adv., adj.)＋CAST to cover by casting mortar on》

róugh cóat *n.* (ペンキやしっくいの)下地塗り, 粗面塗り. 《1875》

róugh-cóated *adj.* 〈動物などが〉被毛[外皮]の粗い. 《1687》

róugh cóllie *n.* ラフコリー《長毛種で大型・鼻先のとがったコリー犬; 日本でいう「コリー」はこれを指すことが多い》. 《1806》

róugh cópy *n.* 下書き, 草稿; 大まかな写し. 《1781》

róugh-cút *adj.* 〈たばこなど〉雑切りの (cf. fine-cut). 《((1937)) (*c*1965)》

róugh cút *n.* 〘映画〙ラフカット《未編集の映画フィルム》. 《1939》

róugh díamond *n.* **1** 未加工のダイヤモンド(原石). **2** (無骨で)荒削りだがすぐれた素質の人. **3** 《米口語》荒削りながらもすぐれた着想(など).

róugh·drý *vt.* 〈洗濯物を〉(アイロンなどをかけずに)ただ乾かす. **—** *adj.* **1** 〈洗濯物が〉(アイロンをかけないで)洗って乾かしただけの. **2** 洗濯物をアイロンをかけずに洗って乾かして返す(方式の). 《1837》

rough·en /rʌ́fən/ *vt.* 荒くする, ざらざら[でこぼこ]にする: her skin ~*ed* from exposure 日に焼けた彼女の皮膚 / Her hands were ~*ed* by work. 彼女の手は仕事で荒れていた. **—** *vi.* 荒くなる, ざらざら[でこぼこ]になる. 《(1582) ← ROUGH＋-EN[1]》

róugh·er *n.* **1** 荒造りする人, 下ごしらえする人. **2** 〘金属加工〙=roughing rolls. 《1882》

Rough Fell /rʌ́ffèl/ *n.* 〘動物〙ラフフェル種の羊《イングランド北部 Pennine 山地地方産の大形で長毛種の羊》. 《(1916): その産地から: cf. fell[5]》

róugh físh *n.* 釣りにも食用にも適さない魚 (《英》 coarse fish). 《1843》

róugh-fóoted *adj.* 〈鳥が〉足に羽毛のある. 《1495》

róugh grázing *n.* 《英》自然(のままの)牧場. 《1932》

róugh-gríndl *vt.* 〈刃物などを〉荒研ぎする. 《1660》

róugh·héw *vt.* **1** 〈材木・石を〉荒切り[荒削り]する. **2** 荒造りする, 荒仕上げする (roughcast). 《1530》

róugh·héwn *adj.* **1** 荒切りの, 荒削りの; 荒造りの, 未仕上げの. **2** 粗野な, 品のない, 教養のない. 《(1530) (p.p.) ← ROUGHHEW》

róugh hòund *n.* 〘魚類〙=dogfish 1.

róugh·hòuse 《口語》/-hàus/ *n.* (室内・屋内での)大騒ぎ, ばか騒ぎ; けんか, 乱暴. **—** /-hàus, -hàuz | -hàus/ *v.* **—** *vi.* 大騒ぎ[ばか騒ぎ]する; 乱暴する. **—** *vt.* **1** (面白がって)手荒く扱う. **2** 〈幼児などを〉(投げ上げたりして)やや荒っぽくあやす. 《1887》

rough·ie /rʌ́fi/ *n.* 《豪俗》**1** 乱暴者, よた者. **2** 不正, こすいやり方. **3** (競馬で)勝ちそうもない馬. 《(1934) ← ROUGH＋-IE》

róugh·ing *n.* 〘アイスホッケー〙ラフィング《不必要または過剰なラフプレー; マイナーペナルティーの対象となる》. 《1755》

róughing-ín *n.* 〘建築〙**1** (しっくいの)下地塗. **2** (建築物の壁や床下などの)配管工事. 《1815–25》

róughing rólls *n. pl.* 〘金属加工〙荒引き圧延機, 粗圧延機, ラファー (rougher) 《鋼鉄などの初段階圧延用の並列ローラー》.

rough·ish /rʌ́fɪʃ/ *adj.* **1** 〈表面など〉やや粗い. **2** やや乱暴な; やや手荒い, 荒っぽい: a *roughish*-looking young man. **3** やや粗野な; 少し無作法な. **4** (天候などが)やや荒れ気味の. **5 a** 少し耳障りな; やや不調和な. **b** やや渋い; 〈酒など〉少しぴりっとくる. **6** 〈言葉遣い・表現・説明など〉ややぞんざいな, やや大ざっぱな. 《1764》

róugh jústice *n.* 不当な扱い; 法によらない裁き.

róugh·lèg *n.* 〘鳥類〙=rough-legged hawk. 《1895》

róugh-lègged *adj.* 〈馬などが〉脚に毛のある, 脚が毛深い; 〈鳥が〉脚に羽毛のある[が密生している]. 《1611》

róugh-legged háwk [búzzard] *n.* 〘鳥類〙ケアシノスリ (*Buteo lagopus*) 《北半球に分布するタカ科ノスリ属の大形のタカ; ネズミなどを捕食する; 脚が毛で覆われている》. 《1811》

róugh lémon *n.* 〘園芸〙**1** ラフレモン《インド原産と考えられるレモン; カンキツ類の接木用台木として用いられる》. **2** ラフレモンの実. 《1900》

róugh lúmber *n.* (切り出したばかりで未加工の)荒板, 粗板.

rough·ly /rʌ́fli/ *adv.* **1** 大ざっぱに, 大よそ, 概略: estimated ~ 概算で / ~ 10% およそ一割 / ~ 50 people ざっと 50 人 / at ~ the same time ほぼ同時刻に / ~ speaking 大ざっぱに言えば / The doctor put the time of death as, ~, about three hours ago. 医師は死亡時刻を大体 3 時間ぐらい前と推定した. **2** 乱暴に, 手荒く: treat a person ~ 人を乱暴に扱う. **3** ぞんざいに, 荒っぽく: ~ chopped celery 大ざっぱに刻んだセロリ. **4** 粗野に, 下品に; 無作法に, 無骨に. **5** 荒く; でこぼこに. **6** 荒れて. **7** 耳障りに, 不調和に. 《(*c*1300) ME *rughli*》

róugh músic *n.* 《英方言》(はた迷惑な)どんちゃん騒ぎ. 《1708》

róugh·nèck 《米俗》*n.* **1** 無作法者, 乱暴者, 与太者. **2** 石油掘削の作業員《掘削工 (driller) 以外の人夫》. **—** *adj.* [限定的] 無作法者にふさわしい, 無骨な, 粗野な. **—** *vi.* 石油掘削の作業員として働く. 《1836》

róugh·nècked *adj.* =roughneck.

róugh pàper *n.* 下書き用の紙, ざら紙.

róugh pássage *n.* **1** 荒天の航海. **2** つらく困難な時, 試練の時.

róugh próof *n.* 〘印刷〙(体裁を整えていない)校正刷り.

róugh púff pàstry *n.* ラフパフペーストリー《バターを入れて作る薄片を重ねたようなペーストリー; パイ生地, タルト生地に用いる》.

róugh ríce *n.* もみ米 (paddy). 《1763》

róugh·ríder *n.* **1 a** 荒馬を乗りこなせる人. **b** 調教師. **2** [R-] 義勇騎馬隊員, ラフライダー《1898 年米西戦争当時, Theodore Roosevelt と Leonard Wood (1860–1927) によって組織された義勇騎兵隊の隊員》. 《1733》

róugh·shód *adj.* **1** 滑り止め釘(くぎ)付きの蹄鉄(ていてつ)を付けた. **2** 冷酷な; 圧制的な, 専制的な. ***ríde róugh-shod òver*** …に威張り散らす, (他の迷惑をかまわずに)我(が)を通す; 〈人を〉踏みつけにする; 手荒く扱う. 《1688》

róugh shóoting *n.* 狩猟地ではない土地での銃猟. 《1934》

róugh spín *n.* 《NZ 口語》ひどい[不当な]扱い. 《1924》

róugh-spóken *adj.* 言葉遣いの荒い, 乱暴な口をきく, 言葉のぞんざいな. 《1633》

róugh·strìng *n.* 〘建築〙(階段の)中桁(なかげた)《階段を支える登り桁で, 外からは見えない》. 《1823》

róugh·stùff *n.* ペンキの下塗り. **—** *vt.* 〈板・塀・ドアなどに〉ペンキの下塗りをする.

róugh stúff *n.* 《口語》**1** 乱暴(な行為); 大暴れ, 大騒ぎ. **2** (スポーツなどでの)不必要なラフプレー; 反則(行為). **3** ひどい低俗さ[猥褻(わいせつ)]. 《1889》

róugh tímber *n.* 〘木工〙素材《枝を切り落としただけの用材; 丸太と杣角(そまかく)の総称》. 《1607》

róugh-tóngued *adj.* 口のきき方が荒っぽい[不作法な]. 《1598》

róugh tràde *n.* 《俗》(肉体労働者などの)荒っぽいホモ; 荒っぽいホモ相手の男娼. 《1935》

róugh-wìnged swállow *n.* 〘鳥類〙北米産のツバメ科の鳥の一種 (*Stelgidopteryx ruficollis*). 《1830–40》

róugh wóodbine *n.* 〘植物〙北米中東部産スイカズラ科の黄色い花が咲くつる植物 (*Lonicera hirsuta*).

róugh wòrk *n.* **1** (体力を要する)荒仕事, 力仕事. **2** (試験的に, または仕上げを前提として)ざっとなされた仕事, 荒仕上げ, 下作業, 草稿.

róugh-wróught *adj.* 荒ごしらえの, 荒造りの. 《1680》

rough·y /rʌ́fi/ *n.* 〘魚類〙**1** マルスズキ科の海産魚《豪州・ニュージーランド沿岸産の食用魚; さわるとざらざらする; tommy rough, ruff ともいう》. **2** ラフィー (*Trachichthys australis*) 《豪州の浅海にすむヒウチダイ科の小魚; ひれにとげがある》. 《(1875) ← ? ROUGH》

Rou·gié /rùːʒiéɪ; *F.* ʁuʒje/ *n.* 〘商標〙ルジエ《フランス製の缶詰; ガチョウを材料にしたものが多い》.

roul. 《略》〘郵趣〙roulette.

rou·lade /ruːlɑ́ːd/ *n.* **1** 〘音楽〙ルーラード: **a** 装飾音として挿入された迅速な連続音. **b** 声楽曲でひとつづりの語に付された装飾音; 無意味な coloratura の蔑称. **2** 〘料理〙ルーラード, 巻肉《種々の詰めものを薄切りの肉片で巻き込んだもの》. 《(1706) □F ~ ← *rouler* ʻto ROLLʼ: ⇨ -ade》

rou·leau /ruːlóu | rúːləu; *F.* ʁulo/ *n.* (*pl.* **~s, rou·leaux** /~z; *F.* ~/) **1 a** 細長く巻いたもの. **b** 密封硬貨《一定の個数のコインを柱状に重ねて紙に巻いたもの; 一定の単位ごとにまとめたコインのセットをいうこともある》. **2** (衣服や帽子などの)装飾用パイピングリボン. **3** 〘生理〙(赤血球の)連銭状態《コインを積み重ねたように集合していること》: ~ formation 連銭形成. 《(1693) □F ~ (dim.) ← *rôle* ʻROLLʼ》

roule·ment /ruːlmɑ̃ː(ŋ), -mɑ́ːŋ; *F.* ʁulmɑ̃/ *n.* 〘軍事〙(特に 他の隊と交替するための)軍隊[装備]の移動. 《(1918) □F ~ 《原義》roll, rumble ← *rouler* ʻto ROLLʼ》

Rou·lers /ruːléəz | -léəz; *F.* ʁuleʁs/ *n.* ルレルス《ベルギー北西部 West Flanders 州の町; フラマン語名 Roeselare》.

rou·lette /ruːlét/ *n.* **1 a** ルーレット《すり鉢形の円盤の中央で回転する小円板の上に小球を転がして, その球が赤・黒の区画内のどこに止まるかに賭ける賭博(とばく)道具》. **b** ルーレット賭博: ⇨ Russian roulette. **2** ルーレット《メゾチント銅版に砂目を付ける鋼鉄製回転筒》. **3** (裁縫用)ルーレット (tracing wheel); 波線状の切込み具. **4** 〘郵趣〙(郵便切手の)不貫通目打穴, ルレット《目打ち傷だけで穴を打ち抜かないもの; cf. perforation 3》. **5** 〘数学〙ルーレット《一定の曲線上を別の曲線が滑らずに転がる時に, その曲線上の 1 点が描く曲線; cycloid, epicycloid など》. **—** *vt.* **1** …にルーレットで跡を付ける; 〈紙など〉に点線状の目打穴を付ける, 点線(状の目)で模様を作る. **2** 〘郵趣〙〈切手シート〉にミシン目[不貫通目打穴]を付ける: ~*d* stamps ミシン目入りの切手. 《((1734)) (*a*1734) □F ~ (dim.) ← *rouelle* wheel ← *roue* < L *rotam* wheel: ⇨ rota[1], -ette》

Rou·man /rúːmən/ *adj.* =Romanian.

Rou·ma·ni·a /ruméɪniə, ruː-, rou-, -njə | ruː-, ru-, rə(u)-/ *n.* =Romania.

Rou·má·ni·an /ruːméɪniən, ru-, rou-, -njən | ruː-, ru-, rə(u)-/ *n., adj.* =Romanian.

Rou·mansh /ruːmɑ́ːnʃ, ru-, -mǽnʃ | -mǽnʃ/ *n.* = Romansch.

Rou·me·li·a /ruːmíːliə/ *n.* =Rumelia.

Rou·me·li·an /ruːmíːliən/ *adj., n.* =Rumelian.

Rou·me·li·ote /ruːmíːliòut | -liəut/ *n.* ルーメリア人 (Rumelian). 《(1835) □ ModGk *Rhumeliṓtēs* ← *Rhumeliā* ʻRUMELIAʼ: ⇨ -ote》

rounce /ráuns/ *n.* 〘印刷〙ラウンス《手引き印刷機の版盤を往復させるハンドル》. 《(1683) □ Du. *ronse, rondse* ← ? *rond* round》

roun·ce·val /ráunsəvəl, -vɪ | -sɪ-/ *n.* (*also* **roun·ci·val** /~/) 〘園芸〙=marrowfat.

roun·cy /ráunsi/ *n.* 《古》乗馬用の馬. 《(*c*1300) □ MF *ronci* charger》

round[1] /ráund/ *adj.* (**~·er, ~·est**) **1 a** 丸い, 円形の; 輪[環]状の: a ~ pond 丸い池 / a ~ hoop [ring] 丸い輪 / a ~ dish 丸い皿 / ⇨ round table. **b** 球形の, 球状の: a ~ ball 丸いボール / the ~ earth 丸い地球. **c** 円筒状の: a ~ can 円筒形の缶. **d** ほぼ丸い: a ~ face 丸顔 / ~ eyes 丸い目. **e** 丸みを帯びた, 丸くなった, 湾曲した: a ~ nose 丸い鼻, 団子鼻 / a ~ back 丸くなった背 / ~ shoulders 猫背. **f** 〈アーチが〉半円(形)の, 弧状の: ⇨ round arch. **2 a** 丸々と太った, 丸くふくれた: ~ cheeks [arms] 丸々と太った頬[腕]. **b** 〈筆跡が〉丸みのある, 角(かど)のない: ⇨ round hand. **3** [限定的] **a** 回る, 順に回る: ⇨ round dance. **b** 一周する; 一回りする: a ~ tour 周遊旅行 / ⇨ round trip. **4** [限定的] **a** 〈数・量が〉ちょうどの, 端数のない: a ~ dozen [score] ちょうど 1 ダース [20] / a ~ number 端数のない数. **b** 概数の, 大体の, おおよその: express in ~ numbers 概数で表す / a ~ guess おおよその見当 / a ~ half million 約 50 万 / ⇨ round figure. **c** 〈金額など〉かなりの, 沢山の, 相当な: a good ~ fee かなりの謝礼 / a ~ sum かなりの(金)額. **5** 〈声が〉太く豊かな, 朗々と響く; 〈音が〉鳴り響く, 響き渡る: the rich ~ voice of the professional actor プロの俳優の豊かで朗々とした声. **6 a** 〈文体など〉円熟した, 釣合いの取れた, 流暢(りゅうちょう)な: a ~ style 流暢な文体. **b** 〈酒など〉熟成した, 慣れた: a ~ wine 味のまろやかなぶどう酒. **7 a** 威勢のよい, 活発な; 迅速な, 快速な: a ~ pace 活発な歩調. **b** 腕を大きく振って与えた[打った]: a ~ blow. **8 a** 率直な, 真っ正直な, ありのままの; 遠慮のない, 断固とした: ~ dealing 公明正大なやり方 / in good ~ terms 遠慮のない言葉で / a ~ reproof 率直な説論 / have a ~ scolding うんとしかられる / a ~ assertion 断固とした主張 / a ~ answer はっきりした返答 / a ~ oath ひどい悪態 / be ~ with a person 人に包み隠しをしない / a ~ unvarnished tale ありのままの[包み隠しのない]話. **b** 厳しい: give a person a ~ hiding (鞭で)ひどく打つ. **9** 〘音声〙円唇(えんしん)の (rounded): ~ vowels 円唇母音. **10** 〘服飾〙〈ジャケットが〉すそが平らにカットされた.

a round pég in a squáre hóle＝a squáre pég in a róund hóle ⇨ peg 成句.

— *adv.* ★《米》では一般に round よりは around の方を多く用いるが, 《英》では round の方がより口語的とされる; *prep.* の場合も大体同じ. **1 a** (場所の)周囲に, 回りに, 四囲に, 取り巻いて: A crowd gathered ~. 群衆が回りに集まった. **b** 周囲が…で: a ball 10 inches ~ 周囲 10 インチの球 / The land is fenced ~. その土地には柵がめぐらしてある. **2 a** 界隈(かいわい)に, 近くに; あち(ら)こち(ら)へ, 四方へ: show a person ~ 人を案内して回る / spread rumors ~ 流言をまき散らす / all the country ~ 国中に. **b** 《口語》どこかこの[その]辺に(ぶらぶらして) (cf. around *adv.* 8). **3 a** 回って, ぐるりと; ぐるぐると, 回転して; 循環して: fly ~ 飛び回る / look ~ (ぐるりと)見回す / ⇨ TURN *round* / The earth goes ~. 地球は運行する / Christmas soon comes ~ again. クリスマスがじきにやって来る / ~ and ~

R

ぐるぐる(回って). **b** 始めから終わりまで, 一巡して: all (the) year ~ 年中(絶え間なく) (cf. *prep.* 6). **4 a** (ある場所から他へ)回って, 回して; こちら[そちら]の方へ: She'll be ~ in a minute. じきに来るでしょう / Come ~ and see us this evening. 今晩遊びに来て下さい / ask a person ~ 人を(自宅に)招く / Bring my car ~. 私の車を(玄関へ)回して下さい / ⇨ BRING (*a*)*round*, COME (*a*)*round*, WIN[1] *round*. **b** (結局)意見が変わって; (意識・健康などを)回復して, 正気づいて: He is ~ now. もう正気になった. **5** 回り道して: a long way ~ 回り道 / go a [the] long way ~ 遠回りして行く / go ~ by [near] the market ちょっとマーケットの近くまで出かける / ⇨ GO[1] *round*. **6** (グループのそれぞれに)一巡して, 行き渡って, 次から次へと: hand ~ cigars 皆に葉巻を配る / Tea was carried ~. お茶が皆に運ばれた / provisions enough to go ~ 皆に行き渡るだけの食料. **7** 大体, ほぼ: He lived ~ here. 彼はこの辺に住んでいた.

áll róund (1) ぐるりと一回り(して). (2) あらゆる点で[から]: taking it [taken] *all* ~ あらゆる点から考えて. (3) 万遍なく: Let's have drinks *all* ~! (その場にいる)皆で飲みましょう (cf. all-round). ***róund abóut*** (1) 輪になって, 回りに; 四方八方に; 付近に. (2) 反対の側に, 逆方向に: turn ~ *about* くるりと背を向ける. (3) 回り道して. (4) およそ (cf. *prep.* 7): It will cost ~ *about* ten dollars.

— /raʊnd, ràʊnd, ráʊnd/ *prep.* (⇨ *adv.* ★) **1 a** …を(ぐるりと)取り巻いて, …の周囲[回り]に: a rope ~ a tree 樹木に巻いた綱 / be seated ~ the table 食卓を囲んで座っている / She had a shawl ~ her [her shoulders]. 彼女はショールに身を包んで[ショールを肩にかけて]いた / She is [measures] 30 inches ~ the waist. ウエストが 30 インチだ. **b** …の近くに, 界隈(かいわい)に, 付近に: the country ~ Kyoto 京都近郊. **c** 〈問題など〉の周辺を, 核心を避けて: ⇨ TALK *round*. **2** …を迂回して, 回って; …を曲がった所に: sail ~ a cape 岬を回航する / go ~ a corner 角を曲がって行く / There is a shop (just) ~ the corner. 角を曲がると店がある / (just) ~ the corner ⇨ corner *n.* 成句. **3** …を(ぐるりと)回って, を一周して: sail (all) ~ the world / a tour ~ the world 世界一周旅行 / go ~ the sun 太陽の回りを運行する. **4** …の中に[を]ぐるりと, の回りに[を], の四方に; …をあちこちと[に]: look ~ a room 部屋を見回す / walk ~ a park 公園内を一巡する / show a person (all) ~ a house 人を家中案内して回る / There are service stations all ~ the city. 町のあちこちにガソリンスタンドがある. **5** …を中心にして, …について: write a play ~ a controversial subject 議論を呼ぶ主題を中心にして劇を書く. **6** …の間中: all ~ the year 年中(絶え間なく) (cf. *adv.* 3 b). **7** …ごろ, 約…: ~ (about) five o'clock 5 時ごろ / ~ (about) $55 55 ドルくらい.

róund and róund (1) …の回りをぐるぐる回って. (2) (議論など)〈問題〉の(核心に触れず)堂々めぐりをして (cf. 1 c).

— *n.* **1** (仕事・交渉などの)一区切り; (決まりきった仕事・日常の出来事などの)繰返し, 連続: a ~ of gaieties お祭り騒ぎの連続 / the boring ~ of office routine 会社での退屈な決まり仕事 / the daily ~ (of life) 日々の生活[仕事, 務め] / have a further ~ of talks さらに何回か会談[一連の協議]を続ける / ⇨ Kennedy Round, Tokyo Round. **2 a** (試合の)一勝負, 一試合; (勝ち抜きトーナメントの)…回戦, ラウンド (cf. set *n.* A 3): play a ~ 一勝負する / The winners in [of] the first ~ are paired for the second. 1 回戦の試合に勝ったものは 2 回戦の試合に組み合わされる / The horse had a clear ~. その馬は文句なしの勝ち方をした. **b** (ボクシングの)1 回, ラウンド《1 回は 3 分で, 回の間隔は 1 分》: a ten-*round* fight (ボクシングの)10 回戦. **c** (ゴルフの)ラウンド《通例 18 ホールのすべてを一巡する》. **3 a** 回ること, 一回転; 循環: the earth in its daily [yearly] ~ 自転[公転]している地球 / the ~ of the seasons 季節のめぐり. **b** (円形物・球形物などの)周囲, 周り. **4 a** (散歩・観光・買物・訪問・販売などの)一巡り, 一巡, 一周: a ~ of calls [visits] 歴訪 / make [do] the ~*s* of the firms 次々と会社を訪問して歩く / make [go] one's ~*s* 巡回する / He took his wife on a ~ of Manhattan stores. 彼は妻を連れてマンハッタン(区)をショッピングして歩いた / make the ~*s* of the nightclubs ナイトクラブを次々にはしごをして回る / I met the mailman on his daily ~. 配達区域を回っている郵便屋さんに会った / She's got a paper ~ [《米》 route] to make some extra money. 新聞配達をしてお金を余分に稼いだ. **b** [しばしば *pl.*] (うわさ・ニュースなどの)広まる経路: go [do] the ~*s* 〈うわさなどが〉伝わる, 広まる / There are rumors going the ~*s* (of the office) that he's seeing her. 彼は彼女とつきあっているという噂が(社内に)広まっている / ⇨ GO[2] *around*. **c** [通例 *pl.*] (警察官・巡察隊などの)巡回, 巡察, 巡回区域; (郵便・新聞・牛乳配達夫などの)配達順路, 受持区域; (医者・看護婦などの)回診: go [make, pace, walk] the (one's) ~(*s*) 巡視[巡回]する, 回診[往診]する / a doctor making [on] a ward ~ 病棟を回診中の医師. **d** [*pl.*] 《英》 渡り歩き《もと, 農業労働者が農場を次々と渡り歩くこと》. **5** (酒・ジュースなどの)全員[一同]への一渡り(分): serve out a ~ of brandy to all hands 全乗組員に一渡りブランデーを出す / Let's have another ~ (of drinks). 全員にもう一杯(飲み物を)もらおう / It's my ~: what are you having? 僕のおごりだ. 君は何を飲むんだい? **6 a** 一斉射撃: fire two ~*s* 一斉射撃を 2 度続ける. **b** 一回の発射, 一発(に必要な弾薬): 20 ~*s* of ammunition 20 発の弾丸. **c** (歓声の)一しきり: a ~ of cheers [applause] 万歳の声明[一斉の拍手] / three ~*s* of cheers 3 度わき起こる歓呼; 万歳三唱 / ~ after ~ of cheers 万歳万歳の繰返し. **7** 〖音楽〗 輪唱《無限カノンの一種; 全声部が同じ旋律を歌う》. **8 a** 円, 輪. **b** 円形[環状]のもの[建物, 部屋, 塔など]. **c** 円形[環状]部分. **d** 車座(の人々); 一団. **e** (糸・鎖・ヘビなどの)一巻き. **f** 《廃》 王冠: the golden ~ 金色の王冠 (Shak., *Macbeth* 1.5.29). **9 a** 球. **b** 球状のもの: this (earthly) ~ この地球. **10 a** 円筒. **b** 円筒形のもの. **11 a** (牛の)もも肉, ラウンド (⇨ beef 挿絵): ~ of beef. **b** (パンの)輪切り, 一切れ: a ~ of bread [toast]. **c** 2 枚のパンを丸ごと使ったサンドイッチ. **12 a** 湾曲形. **b** 湾曲したもの; 湾曲部. **c** 〖製本〗 (丸み出しによる)丸背; (丸み出しで)くぼんだ前小口: in ~ (書物が)丸背の, 丸み出しした. **13** 全範囲, 域内: the whole ~ of knowledge 知識の全範囲 / in all the ~ of Nature 自然の全範囲内において, 世界中で. **14** 〖トランプ〗 **a** 競技者一巡; 一巡して場に出された札. **b** (rubber of bridge で)パートナーが一巡する間《競技者 4 人の場合は 3 ラバー》. **c** (デュープリケイトブリッジで)一つのテーブルに着いている間《通例 2 ボード (boards)》. **15** 〖ダンス〗 円舞(曲) (round dance). **16** [*pl.*] 〖鳴鐘法〗 (長音階高音から順次低音に向かう)鐘の鳴らし方 (cf. change 7). **17 a** (はしごの丸く仕上げた)横木, 子(こ) (rung): get to the top ~ 最上段まで昇る. **b** (椅子の脚の間の丸く仕上げた)横木. **18** 〖アーチェリー〗 (一定距離から発射する)矢の一定数《色々な方式がある》. **19** 〖建築〗 円形刳形. **20** 〖海事〗 ラウンド, 丸み《縦帆の上端や下端などを直線として裁断せずに, 上下に丸みをもたせたもの; そのふくらみの曲線》. **21** 《廃》〖美術〗 丸彫り像 (cf. relief[2] 1)

in the róund (1) 〈彫刻が〉丸彫りで: a sculpture *in the* ~ 丸彫りの彫刻. (2) 全体的に見た, あらゆる角度から(の). (3) 観客が舞台を取り巻いた[て]; 円形劇場式[の]: ⇨ theater-in-the-round. (4) 〈魚が〉丸ごと[で], 調理してない. 《1873》 ***óut of róund*** 丸さ[円形]が完全でない[不完全な].

— *vt.* **1** 回る; 回り道する; 一周する: The ship ~*ed* the cape. 船は岬を回った / The train ~*ed* a long curve. 列車は長いカーブを曲がった / ~ a dangerous corner 危険なコーナーを曲がる. **2** 〈数・金額を〉(四捨五入して) 丸める 〈*off*〉; 〈数を〉切り捨てる 〈*down*〉; 〈数を〉切り上げる 〈*up*〉: ~ *off* the prices 値段を端数のないものにする / ~ off each amount to the nearest dollar それぞれの金額を(端数を四捨五入などして)ドルにそろえる / ~ it *down* [*up*] to … 切り捨てて[上げて]…にする. **3** 完成する, 完全にする; 〈文章などを〉(手際よく)仕上げる, しめくくる; 〈物事に有終の美を添える〈*off, out*〉〈*by, with*〉: ~ (*out*) one's character 人格を完成する[円満にする] / ~ *off* a dinner *with* entertainment 晩餐会の最後に余興を添える / His election to the mayoralty ~*ed off* his career. 市長当選が彼の生涯の最後を飾った. **4 a** 丸くする, 円形にする; 球状にする 〈*off*〉: ~ *off* the angles 角を落とす / ~*ed* eyes 丸く見張った目 / His shoulders were ~*ed* from too much studying. 彼は研究のしすぎで背が丸くなっていた. **b** 〈犬の耳など〉の端を切り取る[落とす]. **c** 〈本の背など〉に丸みをつける, 湾曲させる. **d** 円筒状にする. **5** 丸々と太らせる; 丸く発達させる, 丸くふくらませる 〈*out*〉. **6** 回す, 転じる 〈*off*〉; …の向きを変えさせる, 振り向かせる 〈*off*〉; 回転させる: ~ a boat *off* (波などの方向に)ボートを回す. **7** 《まれ》 囲む, 取り巻く (surround). **8** 〖音声〗 唇を丸くして発音する (↔ unround): The vowel [i] when ~*ed* becomes [y]. 唇を丸めて発音した場合の [i] の母音は [y] となる. **9** 〖宝石〗 (研磨作業で)〈石の〉ガードル (girdle) を丸く縁取る.

— *vi.* **1 a** 丸くなる, 円形になる, 丸みがつく 〈*out*〉; 球状になる; 円筒状になる; 湾曲する. **b** 丸々と太る 〈*out*〉: Her form is ~*ing*. 彼女は体に段々丸みがついてきた. **2** 発達する, 成長する, 完成する, 円熟する. **3** 巡回する; 〈守衛などが〉巡察する, 巡視する. **4** 回る, 曲がる; 向きを変える, 振り向く: He ~*ed* on his heels to look at me. 彼はかかとでくるりと回って私を見た. **5** 〖数学〗 (四捨五入して)概数にする 〈*down, up*〉 (cf. *vt.* 2).

róund dówn (1) =*vt.* 2 (cf. *adj.* 4 a) (↔ round up). (2) 〖海事〗 =ROUND *in*. ***róund ín*** 〖海事〗 〈ロープなどや, 特に風上の帆綱のゆるみを〉たぐり込む. ***róund ón*** 《口語》 (1) 〈人〉にいきなり食ってかかる. (2) 〈人〉にいきなり襲いかかる. (3) 〈人を〉裏切る, 密告する: Always smiling, the bastard ~*ed on* me. いつもにこにこしていたくせに奴は私を裏切った. ***róund tó*** 〖海事〗 〈船が〉(投錨する直前に)船首を風上に立てて一時水上に止まる. ***róund úp*** (*vt.*) (1) 〈牧場の家畜を〉(馬を乗り回して)駆り集める. (2) 《口語》 〈散っている人・物を〉集める, 寄せ集める: ~ *up* the two-thirds majority 全体の 3 分の 2 (の票)をかき集める / Let's ~ *up* all our friends and have a party! 友だちを皆集めてパーティーを開こう. (3) (一網打尽に)逮捕する: ~ *up* a gang of criminals 犯人の一味を逮捕する. (4) =*vt.* 2. (5) 〖海事〗 〈ゆるんだロープを〉導滑車をへてたぐり込む. — (*vi.*) 一団に集まる.

〖adj.: 《(1212)》 《?a1300》 ▭ OF *round-, rond-* (stem) ← *ro(o)nt* (F *rond*) < VL **retundum*=L *rotundus* 'ROTUND': ROTUND と二重語. — n.: 《*c*1330》 ← (adj.). — adv.: 《*c*1300》 ← (adj.). — prep. 《1600》 (頭音消失) ? ← AROUND. — v.: 《*a*1325》 ▭ OF *rondir* ← *rond* // ← (adj.)〗

SYN 丸い: **round** 円・楕円・球・円筒の形をした《最も包括的な語》: a *round* face 丸顔. **spherical** 完全な球形をした: a *spherical* body 球体. **globular** 不完全な球形の: a little *globular* house 小さな球形の家. **circular** 環状の: a *circular* railway 環状鉄道. **annular** 木の年輪の横断面のように輪状の: an *annular* eclipse 金環食.

round[2] /ráʊnd/ *vt., vi.* 《古》 ささやく: ~ a person *in* the ear (*that* …) (…と)人の耳にささやく. 〖OE *rūnian* ← *rūn* a secret: ⇨ rune: *-d* は非語源的添加音〗

round·a·bout /ráʊndəbàʊt/ *adj.* **1 a** 〈道が〉遠回りの, 回り道の: a ~ way 回り道; 迂遠(うえん)な方法 / a ~ journey 迂回旅行. **b** 〈言葉・方法など〉婉曲な, 遠回しの, 回りくどい, 間接的な: a ~ phrase 遠回しの文句 / a ~ method 回りくどい方法 / in a ~ way 回りくどく, 遠回しに, 間接(的)に. **2** 肥満した, 丸々と太った, でっぷりした. **3** 《米》 〈コートなど〉すそを平らに[燕尾のないように]切った.
— *n.* **1 a** 《英》 環状交差路, ロータリー (⇨ rotary 1). **b** 円形のもの, 円形場. **c** 《古》 円陣. **d** 《方言》 囲い生垣(いけがき). **2 a** 回り道. **b** 遠回しの言葉, 婉曲な言い方; 回りくどい方法. **3** 《英》 メリーゴーラウンド, 回転木馬 (merry-go-round): You lose on the swings what you make on the ~*s*. ⇨ swing 4. **4** 《米》 往復旅行 (round trip). **5** 《米》 ラウンダバウト《19 世紀の男性[男児]用の短いきっちりしたジャケット》. **6** 《口語》 =boring mill. **~·ness** *n.* 〖*c*1300〗

róundabout chàir *n.* =corner chair.

róundabout jàcket *n.* =roundabout *n.* 5.

róund ángle *n.* 〖数学〗 周角, 四直角《360 度の角, 2π ラジアン(の角); cf. right angle, straight angle, radian》. 〖*c*1934〗

róund árch *n.* 〖建築〗 半円アーチ (cf. pointed arch). 〖1840〗

róund-àrm *adj.* 〈クリケットの投球など〉横に[水平に]腕を振ってする (cf. overarm 1, underhand 1): ~ bowling 横手投げ. 〖1836〗

róund báck *n.* 〖製本〗 丸背 (cf. square back).

róund·bàll *n.* 《米》(黒人俗) バスケットボール《卵形のアメリカンフットボールのボールに対して》.

róund brácket *n.* 丸括弧 (cf. bracket 2 c).

róund cháracter *n.* 丸みのある登場人物《小説・演劇・映画などで, 性格・内面心理・動機などが十分に描写されている小説中の登場人物; 英国の小説家 E. M. Forster がその小説論 *Aspects of the Novel* (1927) で用いた用語; cf. flat character, stock character》.

róund clám *n.* 〖貝類〗 =quahog. 〖*c*1843〗

róund dànce *n.* 輪舞(曲) (cf. square dance): **a** 民族舞踊・儀式舞踊・カップルダンスなどで, 参加者が輪をつくり, 指示された方向へ移動するもの. **b** 社交ダンスでカップルが室内を回るように進行するもの. 〖1683〗

round·ed /ráʊndɪd/ *adj.* **1** (形が)丸い, 丸みのある, 曲線的な. **2 a** 完全な. **b** 〈人格など〉円満な, 円熟した. **c** 〈文体など〉洗練された. **3** 〈身体などが〉均整のとれた. **4** 〈声が〉太くてよく響く. **5** 〖音声〗 唇を丸めて発音される, 円唇の (↔ unrounded; cf. spread 4, neutral 8 a): ~ vowels 円唇(えんしん)母音 《[u] [o] [ɔ] [ɒ] など》. **6** 〖数学〗 小さい数を切り捨てた[切り上げた], おおよその (round). **~·ly** *adv.* **~·ness** *n.* 〖1430–40〗

roun·del /ráʊndl̩/ *n.* **1 a** 丸くて小さい物. **b** 環, 輪, 円盤. **c** 飾りメダル. **d** (装飾用の)丸皿. **e** 小さい丸窓(のガラス). **2 a** 輪形に並んだ人[もの]. **b** 円舞, 輪舞 (round dance). **3** (航空機などの)円形標識. **4** 〖詩学〗 **a** ロンドー体 (rondeau), ロンデル体 (rondel). **b** ラウンドル体(の詩) 《ロンドー体の変形で 2 個の折り返し句 (refrain) をもつ 3 連 11 行詩》. **5** 〖劇場〗 (照明燈の前に付ける)ゼラチン色彩膜. **6** 〖甲冑〗 (鎧(よろい)の)腋当て円盤. **7** [*pl.*] 〖紋章〗 ラウンドル《紋章図形の小円の総称; bezant, fountain, hurt, plate, pellet, torteau を含む; 紋章学では通例 roundle の方を用いる》. 〖《*c*1300》 ME *roundele* ▭ OF *rondel* ← *rond* 'ROUND[1]': ⇨ -el[1]〗

roun·de·lay /ráʊndəlèɪ -dl̩- | -dl̩-/ *n.* **1 a** =rondeau 2 a. **b** 生き生きとした単純な歌[曲]. **2** 《古》 鳥のさえずる声. **3** 円舞, 輪舞 (round dance, roundel). **4** 短い折返しのある詩. 〖《?a1430》 ME *roundelai* ▭ OF *rondelet* (dim.) ← *rondel* (↑): *lay* は lay[4] との連想〗

róund·er *n.* **1** 《米俗》 酒場[ダンスホール]回りをする人; 同じことを繰り返す人; 常習犯人; 常習浮浪人; 酔っ払い常習者; 金使いの荒い人; はしご酒をする人. **2 a** [*pl.*; 単数扱い] 《英》〖球技〗 ラウンダーズ《野球に似た球技》. **b** (ラウンダーズで)各塁を一巡すること. **3** 《米》〖ボクシング〗 …回戦(の試合): win a 15-*rounder* 15 回戦で勝つ. **4** 丸くする人[もの]; 物を丸くする器具. **5 a** [R-] 《英》 (メソジスト派の)巡回説教師. **b** 《古》 巡視者, 巡回者, 巡行者. 〖1624〗

róund-éyed *adj.* (驚きなどで)目を丸くした.

róund fígure *n.* **1** 概数. **2** 推定数.

róund fíle *n.* 丸やすり (cf. rattail file).

róund gàme *n.* ラウンドゲーム《通例 4 人以上の競技者が組にならず各自単独で行うゲーム; cf. square game》. 〖1790〗

róund-hànd *adj.* =round-arm.

róund hánd *n.* 円形書体《丸みを帯びた明瞭な書体; 主に製図用文字; cf. running hand》. 〖1682〗

róund·hèad *adj.* 〈ねじなど〉頭が丸くなった. 〖《(1641)》 1840〗

Róund·hèad *n.* 〖英国史〗 円頂党員, 議会党員 (Parliamentarian) 《17 世紀の英国の内乱当時, 王党 (Cavaliers) に敵対した議会派清教徒; cf. Cavalier》. 〖《(1641)》: 頭髪を短く刈っていたことから王党派がつけたあだ名〗

róund·héaded *adj.* **1** 頭の丸い; 短頭の. **2** 頭髪を短く刈った, いがぐり頭の. **3** 〈ねじなど〉頭が丸い[半球形]の. **4** 〈窓など〉上部が半円形の. **5** [通例 R-] **a** 円頂党員 (Roundhead) の[に関する]. **b** =puritanical. **~·ness** *n.* 〖1642〗

róund-hèaded ápple trèe bòrer *n.* 〖昆虫〗 =apple tree borer b.

róundheaded bórer *n.* 〖昆虫〗 テッポウムシ《木材を食うカミキリムシ科の甲虫の幼虫; 頭が小さくて丸く, 顎(あご)が大きい》.

róund·hèel *n.* (*also* **round·heels**) 《俗》 簡単に影響される[負ける]人; (特に) 男にすぐに応じて性的関係をもつ女, 尻軽女. **róund·hèeled** *adj.* 〘(1940–45): 靴のかかとが厚く丸ければ簡単に負かされやすいということからか〙
round hérring *n.* 〘魚類〙 熱帯海域にすむウルメイワシ科の腹の丸い魚の総称. 〘1835–45〙
róund·hòuse *n.* **1** 《米》 円形機関車庫 《中央に転車台 (turntable) がある》. **2** 《米俗》 〘ボクシング〙 大振りのパンチ. **3** 〘トランプ〙 (pinochle で) キングとクイーンの組札 (cf. marriage 4 b). **4** 《廃》 拘留場, 留置場; =guard-house. **5** 〘海事〙 《廃》 丸部屋 《昔の大型帆船の船尾楼甲板直下の円形船室》. **6** 《米》 〘野球〙 遅めのスライダー 《ほとんどまたは全く落ちずに大きく曲がる緩いアウトカーブ; cf. slider 3》. 〘(1437) 《なぞり》 ← Du. *rondhuis* guard-house〙
róundhouse kíck *n.* (空手などの) まわし蹴り.
róund·ing *adj.* **1** 丸くなる. **2** 周りを囲む[巡る], 回転[旋回]する. — *n.* **1** 丸くする[なる]こと; 丸くなったもの[表面, 角(☆)]. **2** [形容詞的に] 丸くする[角を落とす]のに用いる. **3** 〘音声〙 唇の丸め. **4** 〘海事〙 ラウンディング 《摩損を防ぐためにケーブルに巻いた古索》. **5** 〘数学〙 丸め 《切り上げ, 切り捨て, 四捨五入して, 必要な桁の概数をつくること》. 〘1551〙
róunding érror *n.* 〘数学〙 丸め誤差 《数値を丸めるために生じる誤差》. 〘1948〙
róund·ish /-dɪʃ/ *adj.* 丸みのある, やや丸い. 〘1545〙
róund kúmquat *n.* 〘植物〙 マルキンカン (*Fortunella japonica*) 《日本原産ミカン科の常緑低木》.
roun·dle /ráundl/ *n.* =roundel.
round·let /ráundlɪt/ *n.* 《文語》 小円; 小円形のもの. 〘(1333) ME *roundelet* ◻ OF *rondelet*: ⇨ roundelay〙
róund·lìne *n.* 〘海事〙 ラウンドライン, 括着索 《索端結着 (seizing) 用の右巻き三つ撚(よ)りの索; cf. hambroline》.
róund lót *n.* 〘証券〙 取引単位 《米国では, 債券は額面千ドル, 株式は取引所によって異なり, New York 取引所では普通の銘柄は 100 株, 一部の不活発な銘柄では 10 株; cf. odd lot 2》. 〘*c*1902〙
round·ly /ráundli/ *adv.* **1** **a** 容赦なく, 仮借なく: He was ~ abused. 彼はこてんぱんに[口汚なく]やっつけられた. **b** 率直に, あからさまに, 腹蔵なく, 有りていに: He ~ asserted that it was true. 彼はそれが本当であるとずばり言い切った. **2** 十分に, 完全に, 徹底的に, したたかに: defeat the team ~. **3** 勢いよく, 活発に: go ~ to work 熱心に仕事を始める. **4** 丸く, 円形[球形]に: swell out ~ 丸く膨れる. **5** 概略, おおよそ, ざっと: calculate ~. 〘?*a*1425〙
róund·ness *n.* 丸さ, 丸み.
róund·nòse *adj.* 鼻の丸い; 端[角]を丸めた, 先端[刃先]を丸めた〈工具など〉; 先端の丸い〈弾丸〉: a ~ chisel 丸刃のみ. — *n.* 先端の丸い工具[弾丸など]. 〘1879〙
róund pómpano *n* 〘魚類〙 コバンアジの一種 《ブラジルから Cod 岬までみられる》.
róund róbin *n.* **1** **a** 円形署名上申[抗議]書 《署名順を明らかにしないために円形に署名した上申[抗議]書; 日本の「傘(からかさ)連判」に当たる》. **b** 数人が連署した上申[抗議]書. **c** (受取り人が順次追記していく) 回状. **2** 《米》 (チェス・テニスなどの) 総当り戦, リーグ戦; ラウンドロビン (略 RR; cf. tournament 1 b, tie 6 c). **3** 円卓会議. **4** 連続, 順繰り(にするもの), シリーズ (series). **5** 《特に友人・仲間による》慈善の寄付金. 〘(1546) 《転訛》 ← ? F *rond* round + *ruban* ribbon〙
róunds chéf *n.* =roundsman 2.
róund shót *n.* (昔の大砲の) 球形弾[砲]丸.
róund-shóuldered *adj.* 猫背の (cf. square-shouldered). 〘1586〙
rounds·man /ráundzmən/ *n.* (*pl.* **-men** /-mən, -mèn/) **1** **a** 《米》 巡査部長, 監督巡査 《巡回して勤務中の巡査を監督する》. **b** 巡回員. **c** 《英》 (牛乳やパンなどの) 御用聞き (《米》 routeman). **d** 《豪》 (特定の地域・話題を担当する) 記者. **2** コック(長)代理 (rounds chef). 〘1795〙
róund stèak *n.* ラウンドステーキ 《牛のもも肉 (round) から取った骨付きの厚切り肉》. 〘1876〙
róund stíngray *n.* 〘魚類〙 北米 California 州沿岸のガンギエイ科の魚 (*Urobatis halleri*) 《stingaree ともいう》.
róund-tàble *adj.* 円卓の, 円卓を囲んでする: a ~ conference 円卓会議 / have a ~ discussion 円卓を囲んで討議する.
róund tàble *n.* **1** **a** 丸テーブル, 円卓. **b** 円卓会議. **c** [集合的] (討論などのために) 円卓を囲んだ人々. **2** [the R- T-] 〘アーサー王伝説〙 **a** (Arthur 王が部下の騎士に上下の別をつけないために座らせた) 円卓. **b** [集合的] アーサー王と部下の騎士たち; 円卓の騎士. 〘?*a*1300〙
róund-the-clóck *adj.* =around-the-clock.
róund tímber *n.* 丸太 (roundwood). 〘1874〙
róund·tòp *n.* 〘海事〙 檣楼(しょうろう) 《下部マストの頂付近にある円形の脚場》. 〘1706〙
róund tówel *n.* =roller towel.
róund tówer *n.* 円塔 《アイルランドに多く残っている 18–45 m の石造の尖塔(せんとう)で, 9–13 世紀に建設された; 教会堂に付属した鐘楼として以外に, 北欧海賊 (Vikings) の侵入に備えた望楼または要塞(ようさい)でもあった》. 〘1827〙
róund trèe *n.* 〘植物〙 =American mountain ash. 〘《変形》 ← *rowan tree*〙
róund-tríp *adj.* 《米》 往復旅行の: a ~ ticket 往復切符 (《英》 return ticket) (↔ one-way ticket). 〘1860〙
róund tríp *n.* **1** **a** 周遊旅行. **b** 往復旅行. **2** 〘トランプ〙 =roundhouse 5. 〘1850–55〙
róund-trípper *n.* 《米》 **1** 往復旅行者. **2** 《俗》 〘野球〙 ホームラン. 〘1944〙
róund-trípping *n.* 〘金融〙 ラウンドトリッピング 《企業が借り入れた資金をそれより高利で貸し付けて利益を上げること》. 〘1974〙
róund túrn *n.* 〘海事〙 **1** (船を急に止めたり仮につなぐ場合などに杭権上の係柱などに取った) ロープの一巻き: take a ~ *about* a bollard 係柱にロープを一巻きする. **2** ラウンドターン 《双錨泊している船が錨(いかり)のまわりを 2 回転して, チェーンのクロスが 3 回巻きにからまっている状態; cf. ELBOW *in* (*the*) *hawse*》. ***bring úp with a róund túrn*** (1) 〘海事〙 (柱などに) ロープを一巻きして〈船を〉急に止める. (2) 《口語》 急に[ぐっと]止める.
round·up /ráundʌ̀p/ *n.* **1** (事実・情報などの) 要約, 抄録; (ニュースの) 総括報告: a news ~. **2** **a** (犯人などの) 一斉検挙, 手入れ, 逮捕, …狩: a ~ of suspected terrorists テロリスト容疑者の一斉検挙をする. **b** (人や物の) 狩り集め, 集合, (人の) 集まり: a ~ of the alumni 同窓生の集まり, 同窓会. **3** **a** (米国西部やオーストラリアですする) 家畜の駆り集め 《数を確かめたり焼印を押したりするため》. **b** [集合的] 駆り集めた家畜(の群); (家畜の) 駆り集め隊. 〘(1769) ← *round up* (⇨ round¹ (v.) 成句)〙
roun·dure /ráundʒə | -dʒə(r)/ *n.* 《まれ》 **1** 円(形), 円環; 球. **2** 周囲. 〘(1600): ⇨ -ure〙
róund wíndow *n.* 〘解剖〙 (耳の) 正円窓, 蝸牛窓. 〘*c*1903〙
róund·wòod *n.* **1** 〘植物〙 =American mountain ash. **2** =round timber. 〘1910〙
róund·wòrm *n.* 〘動物〙 カイチュウ(回虫) (*Ascaris lumbricoides*). 〘1565〙
roup¹ /rúːp, ráup | rúːp/ *n.* 〘獣医〙 **1** 家禽の呼吸器疾患 (coryza) 《目・鼻・口からチーズ様の粘液が出るウイルス病》. **2** 家禽のビタミン A 欠乏. 〘(1551) 擬音語?〙
roup² /rúːp/ *n.* しわがれ. 〘1575–85 擬音語: cf. roup¹〙
roup³ /róup | ráup/ 《スコット・北英》 *vt.* 〈品物・家畜などを〉競売する. — *vi.* しわがれ声で叫ぶ[呼ぶ]. — *n.* **1** 競売 《通例 public roup という》. **2** 叫び声, 絶叫. 〘(*c*1300) *roupe*(*n*) to shout ◻ (M)Du. *roepen* to cry out: cf. OE *hrōpan* / G *rufen*〙
roup·y¹ /rúːpi, ráupi | rúː-/ *adj.* (**roup·i·er**; **-i·est**) roup¹ にかかった. 〘(1722) ← ROUP¹ + -Y⁴〙
roup·y² /rúːpi/ *adj.* (**roup·i·er**; **-i·est**) しわがれ声の, ハスキーな (cf. roup²). 〘(1808) ← ROUP² + -Y⁴〙
Rous /ráus/, **Francis Peyton** *n.* ラウス 《1879–1970; 米国の病理学者; Nobel 医学生理学賞 (1966)》.
rouse¹ /ráuz/ *vt.* **1** **a** 〈人を〉(眠り・不活発・無気力などから) 目覚ませる, 起こす 〈*up, out*〉 〔*from*〕. **b** 喚起する, 鼓舞する, 激励する (⇨ stir SYN): ~ a person *to* action [energy] 人を奮起させる / ~ a person *to* do a thing 人を刺激して…させる / ~ oneself 奮起する / He wants *rousing*. 彼は(怠け者だから)刺激してやらねばだめだ. **c** 〈感情を〉起こさせる, 激発する, 激怒させる: He was ~*d* to anger by the insult. 侮辱されてかっとなった. **2** 〈猟鳥獣を〉(隠れ場所から) 飛び立たせる, 狩り出す 〔*from*〕: ~ game *from* the bush 茂みから獲物を狩り出す. **3** 〈液体を〉丸かき回す, 〈醸造中のビールを〉かくはんする. **4** 〘海事〙 〈綱を〉手で強く引っ張る, 強くたぐる 〈*in, out, up*〉. — *vi.* **1** 目覚める, 目を覚ます 〈*up*〉. **2** 〈猟鳥獣が〉飛び立つ, 飛び出る. **3** 奮い立つ, 奮起する 〈*up*〉. **4** 〈毛が〉逆立つ. **5** 〈感情が〉激発する 〈*up*〉. **6** 《豪》 叱りつける 〈*on*〉. ***róuse and bítt*** 《古俗》 〘海事〙 (当直のために) 起床する, 起きる. — *n.* **1** 覚醒(かくせい); 奮起, 鼓舞. **2** 〘軍事〙 《米》 起床らっぱ[合図] (reveille).
rous·ed·ness /ráuzɪ̀dnɪ̀s/ *n.* **róuse·ment** /-mənt/ *n.* 〘(*c*1460) *rowse*(*n*) ← ? AF: もと狩猟用語〙
rouse² /ráuz/ *vt.* 〈にしんなどを〉塩漬けにする. 〘(18C) 《頭音消失》 ← 《廃》 *arrouse* to sprinkle, bedew ◻ OF *arouser* < L *adrōrāre* ← AD- + *rōrāre* to drip (← *rōs* dew)〙
rouse³ /ráuz/ *n.* 《古》 **1** (ビール・ワインなどを) いっぱいについだ杯, 満杯; 乾杯: give a ~ 祝杯を挙げる, 飲んで騒ぐ. **2** 飲騒ぎ, 底抜け騒ぎ (carousal): take one's ~ 飲んで騒ぐ. 〘(1600–1) 《頭音消失》 ← CAROUSE: *drink carouse* を *drink a rouse* と異分析したものか〙
róuse·abòut *n.* 《豪》 (牧羊場などの) 雑役夫; 半端(はんぱ)仕事をする人. 〘(1746) ← ROUSE¹ + ABOUT (adv.): cf. roustabout〙
roused /ráuzd/ *adj.* 怒った.
róus·er *n.* **1** 覚醒者, 覚醒させるもの; 喚起者; 激励者, 啓蒙家; 喚起[激励]するもの. **2** 《口語》 はっとさせるもの[事], すごいもの[事], 面白いもの[事], びっくりさせるような言葉[行動]. **3** (醸造用の) かくはん器. 〘1611〙
rou·sette /ruzét/ *n.* 〘動物〙 ルーセットオオコウモリ 《アフリカから Solomon 諸島に至る地域に分布する, オオコウモリ科ルーセットオオコウモリ属 (*Rousettus*) の各種のコウモリ; rousette fruit bat ともいう》. 〘(1774) ◻ F ~ (fem.) ← OF *ro*(*u*)*sset* reddish: ⇨ russet〙
rous·ing /ráuzɪŋ/ *adj.* **1** **a** 鼓舞する, 奮起させる, 興奮させる, 感動させる, 心を動かす: ~ cheers 励ましの喝采(かっさい) / a ~ shake 激励, 鼓舞 / a ~ speechmaker 聴集を奮い立たせる(ような) 弁士. **b** 活発な: a ~ dance tune 軽快なダンスの曲. **2** 〈火が〉燃え盛る. **3** 《口語》 **a** ひどい, ものすごい: a ~ lie 大うそ, 大ぼら. **b** すばらしい, 最高の: a ~ picture, skier, etc. — *n.* **1** 騒ぎ, 騒動. **2** 《豪俗》 叱言, (大)目玉: give a person a ~ 人に文句を言う, 人を叱りつける. **~·ly** *adv.* 〘1641〙
Róus sarcòma *n.* 〘獣医〙 ラウス肉腫 《鳥類の可移植性の悪性腫瘍; 移植は細胞濾過液で行えることからウイルス性腫瘍と考えられている》. 〘(*c*1925) *Rous*: ← *F. Peyton Rous*〙
Rous·se /rúːseɪ/ *n.* =Ruse.
Rous·seau /ruːsóu | rúːsəu, ‒ ⸗; *F.* ʁuso/, **Henri** *n.* ルソー 《1844–1910; フランスの画家; 日曜画家の代表者; 愛称 Le Douanier /dwanje/ (税関吏)》.
Rousseau, Jean Jacques *n.* ルソー 《1712–78; スイス生まれのフランスの哲学者・社会改良家・作曲家; *Du contrat social*「社会契約論」(1762), *Émile*「エミール」(1762), *Les Confessions*「告白」(1781–88)》.
Rousseau, (Pierre Étienne) Théodore *n.* ルソー 《1812–67; フランスの風景画家; cf. Barbizon School》.
Rous·seau·esque /rùːsouésk | -səu-ˊ/ *adj.* ルソー (J. J. Rousseau または P. E. T. Rousseau) 流[風]の. 〘1947〙
Rous·seau·ism /ruːsóuɪzm | rúːsəuɪzm, ruːsóuɪzm/ *n.* ルソー (J. J. Rousseau) の(社会契約)説, ルソー(の自然)主義; ルソー主義信奉. 〘1865〙
Rous·séau·ist /-ɪ̀st | -ɪst/ *n.* ルソー (J. J. Rousseau) の学徒[学説信奉者], ルソー主義者[信奉者]. **Rous·seau·ís·tic** /rùːsouístɪk | -səu-ˊ/ *adj.* 〘1889〙
Rous·seau·ite /ruːsóuaɪt | rúːsəuàɪt, ‒ ‒ ⸗/ *n.* = Rousseauist. 〘1930〙
Rous·sil·lon /rùːsijɔ́ː(ŋ), -jɔ́ːŋ; *F.* ʁusijɔ̃/ *n.* ルション 《ピレネー山脈とリヨン湾に接する南仏の歴史上の地域; 現在は Languedoc-Roussillon の一部》.
roust¹ /ráust/ *vt.* 《口語》 **1** 呼び起こす, 引っ張り出す 〈*up*〉: Newsmen were ~*ed* out of bed at 4 a.m. 記者たちは朝 4 時にたたき起こされた. **2** 駆逐[駆除]する, 追い出す 〈*out*〉. 〘(1658) 《変形》 ← ROUSE¹: *-t* は非語源的添加〙
roust² /rúːst/ *n.* 《英方言》 (特に, 狭い海峡・瀬戸などでの) 強い潮流, 高潮. 〘《異形》 ← ROOST²〙
róust·abòut /ráust-/ *n.* **1** 《米》 **a** (Mississippi 川などの) 波止場人足; 甲板人夫. **b** 《米・豪》 (油田・精油所で働く) 未熟練労働者. **c** (サーカスで大道具を運んだり, 組み立てたり, 動物の世話をしたりする) 何でも屋, 雑役夫. **2** 《豪》 =rouseabout. 〘(1868) ← ROUST¹ + ABOUT〙
roust·er /ráustə | -tə(r)/ *n.* 《米》 =roustabout 1 a.
rout¹ /ráut/ *vt.* **1** 〈軍隊を〉敗走させる: ~ the enemy 敵を敗走させる / They were completely ~*ed*. 完全な敗北だった. **2** (競争・選挙などで) 完全に負かす (⇨ conquer SYN). — *n.* **1** **a** (算を乱した) 大敗走, 総くずれ, 潰走(かいそう); (競争・選挙などでの) 大敗, 敗退: put … to ~ 〈敵を〉敗走させる. **b** 《古》 敗走する軍隊. **2** 混乱した群衆; 暴民, 暴徒. **3** 《古》 **a** 騒ぎ; 騒乱, 暴動. **b** (反逆者・暴徒などの) 群, 団, 隊. **c** (動物・鳥などの) 群れ: a ~ of sheep. **d** 多数. **4** 《英古》 社交的集会, 招待パーティー, 大夜会. **5** 〘法律〙 (2 人以上の) 不穏集合. 〘(?*c*1225) *r*(*oute* crowd, host ◻ AF *rute* = OF *route* < VL **ruptam* ← L *rupta* broken (fem. p.p.) ← *rumpere* to break: ⇨ rupture〙
rout² /ráut/ *vt.* **1** 〈豚などが〉(鼻先で) 掘る, 掘り出す. **2** たたき起こす 〈*up*〉; 引きずり出す, 追い出す 〈*out*〉: ~ a person *out* of bed 人をベッドから引きずり出す. **3** 捜し出す. **4** 〈板などに溝をつける; (版面などの) 地の部分を丸のみで削り取る, えぐ(り取)る. — *vi.* **1** 〈豚などが〉(鼻先で) 掘り出す. **2** 引っかき回す; 捜し出す. 〘(1547) 《変形》 ← ROOT²: cf. MDu. *ruten* to root out〙
rout³ /ráut/ 《英方言》 *vi.* **1** 〈家畜・獣が〉鳴(な)く, 吠(ほ)える. **2** どなる. — *vt.* どなる. — *n.* 吠え声, 鳴き声, うなり声. 〘(*c*1300 *rowte*(*n*) ◻ ON *rauta* to roar〙
rout⁴ /ráut/ *vi.* 《古》 いびきをかく. 〘OE *hrūtan* ← Gmc: 擬音語?〙
róut càke *n.* 《英》 夜会用ケーキ. 〘1807〙
route¹ /rúːt, ráut/ ★《英》では /ráut/ の発音は 〘軍事〙 に限られる. *n.* **1** **a** 道, 道路; (特に, 一定の) 通路, ルート, 路線, 道筋, 航路: the shortest ~ 一番の近道 / take one's ~ to … へ向かって進む, へ行く / There are no stations on the ~. 途中に駅がない / a steamer on the American ~ アメリカ航路の汽船 / the great circle ~ 大圏航路 (cf. great circle). **b** [R-] 《米》 (都市を結ぶハイウェイ) …号線: ⇨ Route 66. **c** =routeway. **d** (…への) 道, 手段: a ~ to peace 平和への道. **2** 《米》 郵便集配区域, 配達路, (新聞や牛乳の) 配達区域. **3** 《古》 〘軍事〙 行軍命令, 進発令: give [get] the ~ 進発令を下す[受ける]. **4** **a** 〘医学・生理〙 (食べ物などの) 通路: the alimentary ~ 消化管. **b** 〘医学〙 (医薬を体内に入れる) 経路. **c** 〘病理〙 (病気・病菌の) 感染経路. **5** 〘競馬〙 1 マイル(以上)の競走. ***èn*** [***òn***] ***róute*** =en route. ***gó the róute*** (1) 最後までやりとげる. (2) 《口語》 〘野球〙 〈投手が〉完投する.
— *vt.* **1** **a** 〈ある道筋・路線によって〉発送する, 発信[送信]する 〔*through, by*〕. **b** …の経路を指定する: ~ a tour via Cape Town ケープタウン経由の旅を指定する. **2** 〈ある事〉のための道筋[ルート]を計画する, …の手順を考える[決める], ある手順によって〈事を〉運ぶ.
〘(?*a*1200) *rute* ◻ OF *r*(*o*)*ute* (F *route*) < VL **ruptam* (*viam*) broken-up (way) ← L *rupta*: cf. rout¹, street. —v.: (1832)〙
route² /ráut/ *n.* 《古》 =rout¹ 3 c.
róute lòcking /rúːt-, ráut- | rúːt-/ *n.* 〘鉄道〙 進路鎖錠 《列車の信号機内への進入から通過まで, その信号機でこが動かないように電気鎖錠すること》.
route·man /rúːtmən, ráut-, -mæ̀n | rúːt-/ *n.* (*pl.* **-men** /-mən, -mèn/) 《米》 **1** **a** 御用聞き (《英》 roundsman). **b** (郵便配達人・トラック運転手などの) 特定の区域[路線]で働く人. **2** (新聞配達などの) 配達監督, 責任者 《配達順路の決定, 苦情処理, 配達人の給料支払いなどを行う》. **3** (造船所などで) 一部門の仕事の割り振り[手順]を決める人. 〘1918〙
róute màrch /rúːt-, ráut-/ *n.* **1** 〘軍事〙 道(みち)足行進, 旅次行軍 (cf. route step). **2** 《口語》 長くて疲れる行

R

進. **—** *vi.* 道足行進で進む.

Route Óne *n.* 《英》【サッカー】ルートワン《ロングキックを敵陣内に蹴り込んで攻撃すること》. 〖1960 年代英国のテレビのクイズ番組 'Quizball' の用語から; 通常は段階的にクイズに答えて'ゴール'を目指すのに対し, 一気に'ゴール'をねらうことをこう呼んだ〗

rout·er¹ /ráutə | -tə(r)/ *n.* 【工具】ルーター, 高速面取り彫刻機械, えぐり道具; 溝かんな; (銅版などの)空白部をえぐり取る機械. **—** *vt.* えぐり道具でえぐる. 〖(1818): ⇨ rout²〗

rout·er² /rúːtə, ráutə | rúːtə(r)/ *n.* **1** 手順[道筋]を考案[立案]する人. **2** 【電算】ルーター《ネットワークで最適経路を選択する装置》. 〖(1903): ⇨ route¹〗

rout·er³ /rúːtə, ráutə | rúːtə(r)/ *n.* 長距離用競走馬 (cf. sprinter 2). 〖(c1951): ⇨ route¹ (n.) 5〗

róuter plàne *n.* 【木工】えぐりかんな.

Róute 66 /-sìkstisíks/ *n.* ルート 66《1930 年代初頭に開通した Chicago と Los Angeles を結ぶフリーウエイ》.

róute stèp /rúːt-, ráut-/ *n.* 【軍事】道(ᵈᵒ)足, 旅次行軍歩調《歩調もとらず, 話してもよく, 銃の持ち方も随意な徒歩部隊の行進》. 〖1867〗

róute·wày /rúːt-, ráut- | rúːt-/ *n.* (旅行などの)予定路, 予め決めた道[ルート]. 〖1946〗

routh /ráuθ, rúːθ/ 《スコット》 *n.* 多量, 多数, たくさん, 豊富. **—** *adj.* 多量[多数, たくさん]の. 〖(1689)?〗

routh·y /ráuθi, rúːθi/ *adj.* 《スコット》 =routh. 〖1792〗

rou·tier /rúːtièɪ | -ti-; *F.* ʁutje/ *n.* **1** 【フランス史】(中世後期の)私兵, 傭兵. **2** (フランスの)長距離トラックの運転手. 〖(1845) ◻ F ~ ← *route* 'ROUTE¹'〗

rou·tine /ruːtíːn/ *n.* **1 a** 決まりきった仕事, 日常の仕事[課程], 日常業務: the day's ~ 一日の課程, 日課 / daily ~ 日々の決まり仕事, 日課 / the monotonous ~ of the store 店の決まりきった単調な仕事 / the ~ of office work 事務所の決まりきった仕事 / break the ~ (平凡な日常の仕事と)変わったことをする. **b** 機械的操作[手順], 型にはまった手口, 慣例, 定石. **c** 型にはまっていること, 決まり文句: the ~ of speech [phrases] 型にはまった言葉[文句]. **2 a** (芸能人などが)決まってする出し物[手順の決まった演技, 所作]. **b** (ある舞踊の)定められた一連のステップ. **3** 【電算】ルーチン, 手順《コンピューターの定形的プログラム》. **—** *adj.* [限定的] 決まりきった, 型にはまった, 常套的な, 紋切型の, 機械的な: ~ work (決まりきった)日常の仕事 / policemen's ~ questions 警官たちの型どおりの職務質問. **~·ly** *adv.* 〖(1676) ◻ F ~ ← *route*: ⇨ route¹, -ine²: cf. rote¹〗

rou·tin·eer /rùːtəníə, -tn- | -tɪníə(r)/ *n.* 慣例尊重主義者; 紋切型生活(の愛好)者, 機械的事務家; 型どおりのこと[仕事]をする人, 杓子定規(しゃくしじょうぎ)な人. 〖1875〗

rout·ing /rúːtɪŋ, ráut- | rúːt-/ *n.* **1 a** 旅程(の設定). **b** (仕事・計画の)手順決定. **2** (一定のコースによる)伝達, 発送; (船荷)発送手順. **3** (配達路順による)郵便物選別[分類]. **4** 【電算】ルーティング, 経路制御. 〖1750–51〗

rou·ti·nier /rùːtɪnjéɪ | -ti-; *F.* ʁutinje/ *n.* 型にはまった人; 能力はあるが独創性に欠けるオーケストラ指揮者. 〖(1934) ◻ F ~: ⇨ routine〗

rou·tin·ism /ruːtíːnɪzm/ *n.* (千篇一律の)慣例[慣習]尊重. 〖1883〗

rou·tín·ist /-nɪst | -nɪst/ *n.* =routineer. 〖1852〗

rou·tin·ize /ruːtíːnaɪz, rúːtənàɪz, -tn- | ruːtíːnaɪz, rúːtɪnàɪz/ *vt.* **1** 一定の手順にする, 慣例化する. **2** 決まりきった型にはめる. **rou·tin·iz·a·tion** /ruːtìːnɪzéɪʃən, rùːtən-, -tn- | ruːtìːnaɪ-, rùːtɪn-, -nɪ-/ *n.* 〖1925–30〗

róut-sèat *n.* 《英古》(業者から借り入れる)大夜会 (rout¹ 4) 用ベンチ《軽便なもの》.

roux /rúː/ *n.* (*pl.* ~ /~z/) ルー《小麦粉を油脂(特にバター)でいためたもの; ソースなどにとろみをつける》. 〖(1813) ◻ F (*beurre*) *roux* brown (butter) <L *russum* red: cf. russet〗

ROV /róuv/ 《略》 remotely operated vehicle 遠隔操作探査機《海洋無人探査機》.

Ro·va·nie·mi /róuvəniəmi | rəu-; *Finn.* rɔ́vanjemi/ *n.* ロヴァニエミ《フィンランド北部の町; 同国 Lapland 地方の中心》.

rove¹ /róuv | rəuv/ *vi.* **1 a** (当てもなく)うろつく, さまよう, 歩き回る, 徘徊する. **b** (定住せずに)(広い区域を)流浪する, 漂泊する 〔*over, through*〕 (⇨ wander SYN): The plunderers ~*d through* towns and villages. 略奪者たちは町や村を徘徊した. **2** 〈目が〉(絶えず)あちこちと動く, きょろきょろする (cf. roving¹ 1 c): His eyes ~*d* (a)round the room. 彼の目は(物色するように)部屋を眺め回していた. **3** 【アーチェリー】臨時的(ᵗᵉᵏⁱ)(rover) を射る. **4** 《古》【釣】生き餌(ᵉ)で引き釣りをする. **—** *vt.* 〈場所を〉うろつく; 放浪する: ~ the woods 森をうろつく. **—** *n.* **1** さまよい, 歩き回り; 漂泊, 流浪: on the ~ うろついて, 漂泊して. **2** (目の)絶え間ない動き. 〖(1536) ← ? 《方言》*rave* to stray ← Scand. (cf. Icel. *ráfa*): cf. OF *rouer*, *roer* to wander (<L *rotāre*)〗

rove² /róuv | rəuv/ 【紡織】 *n.* (糸にする前の)粗紡糸《わずかに撚(ʸ)りをかけた太糸, これを練り引き伸ばして糸にする》. **—** *vt.* 粗紡糸にする, 紡(ᵗˢᵘᵐᵘ)いで粗撚(ˢᵒʸᵒʳⁱ)りをかける. 〖(1789) ?〗

rove³ /róuv | rəuv/ *n.* **1** リベットを作る前にはめる座金 (burr). **2** 【海事】=rope sling. 〖(c1440) ◻ ON *rō:v(e)* は非語源的添加〗

rove⁴ *v.* reeve ² の過去形・過去分詞.

róve bèetle *n.* 【昆虫】ハネカクシ《ハネカクシ科の甲虫の総称》. 〖(c1771) ← ? ROVE¹〗

róve-òver *adj.* 【詩学】(sprung rhythm において)前行の終わりと次行の初めとで 1 詩脚を成す. 〖← ROVE¹: G. M. Hopkins の造語〗

rov·er¹ /róuvə | rə́uvə(r)/ *n.* **1 a** さまよう人; 漂泊者, 流浪人. **b** 恋愛遊戯にふける人, プレイボーイ[ガール], 女[男]たらし. **2** 【アーチェリー】[通例 *pl.*] **a** 臨時的(ᵗᵉᵏⁱ)(不定の距離にある臨時の目標). **b** 遠的(ᵉⁿᵗᵉᵏⁱ). **c** 遠的を射る人. **d** [単数扱い] 非公式の弓技大会. **3** 【クロッケー】**a** すべての門柱 (hoop) を通過して決勝標に当たるばかりになっている球. **b** その球をプレーする競技者. **4** ポジションの決まっていない選手. **5** [R-] 《英》 Venture Scout の旧名. **6** 【宇宙】月面車 (lunar rover). **7** [R-] 【商標】ローヴァー《英国製の中上級乗用車》. ***at róvers*** 《廃》でたらめに, やたらに. 〖(1468): ⇨ rove¹〗

róv·er² *n.* **1** 粗紡工. **2** 粗紡機. 〖1742〗

ro·ver³ /róuvə | rə́uvə(r)/ *n.* **1** 《古》海賊; (しばしば騎馬の)追いはぎ. **2** 《廃》海賊船. 〖(a1393) ME *rovere* ◻ MDu. or MLG *rōver* ← *rōven* to rob: cf. reave¹〗

Ro·ver /róuvə | rə́uvə(r)/ *n.* **1** ローバー《飼犬にしばしば使われる名; cf. Fido》. **2** =Rover Scout. 〖⇨ rover¹〗

Róver Bòy *n.* (いささか世間知らずだが)勇敢で節操のある男. 〖← *Rover boys* (米国の児童文学作家 Edward Stratemeyer (1862–1930) のシリーズものに登場する主人公の少年たち)〗

Róver Scòut *n.* 《英》 senior scout 2 の旧名.

róver tìcket *n.* 《英》ローヴァーチケット《特定地域内で鉄道・バスその他公共交通機関を, 指定された期間中無制限に利用できる共通切符[券]》.

róv·ing¹ *adj.* **1 a** (あちこち)放浪する; 移動する[できる], 常駐しない. **b** 〈仕事・行動など〉ある地域[領域]に限らない. **c** 〈目・視線が〉あちこちと移る: have a ~ eye (きょろきょろ)色目を使う癖がある; 浮気っぽい. **2** 〈考えなど〉取り留めのない, 散漫な. 〖1596〗

róv·ing² *n.* 【紡織】**1** 粗紡糸, 粗撚(ˢᵒʸᵒʳⁱ)り糸. **2** 練紡《梳(ˢᵒ)毛[綿] (carding) の最終過程; cf. slubbing》. 〖1785–95〗

róv·ing³ *n.* 【海事】=roband. 〖c1860〗

róving ambássador *n.* 《米》移動大使. 〖1965〗

róving commission *n.* **1** (海軍本部から艦長に賦与される)自由航行権限; (調査員の)自由航行[移動]権限. **2** 《口語》あちこち飛び回る仕事. 〖1846〗

róving correspóndent *n.* (一箇所に駐留しない)移動通信員. 〖1938〗

róving mínister *n.* 《米》移動公使.

Rov·no /rɔ́(ː)vnə, rά(ː)v- | rɔ́v-; *Ukr.* rʲíwne, *Russ.* róvnə/ *n.* ロヴノ, リウネ《ウクライナ西部の都市》.

row¹ /róu | rə́u/ *n.* **1 a** (通例まっすぐ並んだ人・物の)列, 行 (cf. line¹ *n.* 7 a) (⇨ line¹ SYN): a ~ of trees 並木 / a ~ of houses 立ち並ぶ家々, 家並み / a ~ of teeth 歯列 / ⇨ *in a* ROW / in ~*s* 何列にもなって, 列を作って (in lines) / in three ~*s* 3 列に / ~ upon ~ (重なって)何列もの…. **b** (劇場・公会堂などの)席の列: in the front [third] ~ 最前列[3 列目]に. **c** 作物[植木](など)の列. **d** (表の数字などの)横の列 (↔ column). **e** 【電算】行《コンピューター画面に表示される文字や記号の横の列》. **2** (両側[片側]に家の並んでいる)通り, 町, (特に特定の職業・種類の人が多く住んでいる)通り, 地域. ★ 英国ではしばしば町名として用いる: Rochester Row《London の町名》/ ⇨ row house. **3** [the R-] 《英》=Rotten Row. **4** (チェッカー盤の)横筋.

a hárd* [*tóugh, lóng*] *rów to hóe 《米》骨の折れる仕事, つらい[嫌な]生活; むずかしい状況. (1835) ***at the énd of one's rów*** ⇨ end¹ 成句. ***hóe one's ówn rów*** 《米》独力でやっていく. (1871) ***in a rów*** (1) 一列になって[並んで] (in a line). (2) 《口語》続けて, 立て続けに, 連続的に: three holidays in a ~ 3 連休. (c1369)

— *vt.* 列に並べる 〈*up*〉.

〖OE *rāw* 《異形》← *ræw* <Gmc *raiwiz* 《原義》something cut out (G *Reihe* row) ← IE *rei-* to scratch, tear, cut (Skt *rēkhā* stroke, line): cf. reap, rope〗

row² /róu | rə́u/ *vi.* **1** 船をこぐ: ~ dry 水を飛ばさないようにこぐ; 空(ᵏᵃʳᵃ)こぎする, こぐまねをする / ~ wet 水を飛ばしてこぐ / ~ in the galley ⇨ galley 3. **2** ボートレースに参加する: ~ in the Oxford boat オックスフォード大学の選手としてレースに出る / ~ in the eight エイト[8 人こぎのボート]の選手としてレースに出る. **3** 〈船が〉櫂(ᵏᵃⁱ)[オール]でこがれる[進む]. **—** *vt.* **1 a** 〈船・ボート・カヌーなどを〉こぐ: ~ a boat. **b** 〈船・ボート・何番席[オール]の〉こぎ手となる: ~ bow [stroke] 舳手[整調]をこぐ / ~ five in the boat 5 番をこぐ. **c** 〈何ピッチ・何ストロークで〉こぐ: ~ a few strokes 二こぎ三こぎする / ~ a long [fast] stroke 大きく[速く]こぐ / ~ 30 to the minute 1 分間に 30 のピッチでこぐ. **2** 舟で[舟をこいで]運ぶ; 舟をこぐようにして運ぶ[進ませる]: ~ a person across the lake こいで〈人を〉湖の向こう岸へ渡す. **3 a** 〈ボートレースなどに〉参加する: ~ a race ボートレース[レガッタ]に出る. **b** 〈相手と〉ボートレースをする: Oxford ~*s* Cambridge. (レガッタで)オックスフォードの相手はケンブリッジだ. **4 a** 〈櫂[オール]を〉用いる; 〈櫂[オール]を〉備える, 有する: a boat that ~*s* 6 oars 6 丁のオールでこぐボート. **b** 〈ある人・選手などを〉こぎ手として使う; 〈こぎ手〉にボートをこがせる: ~ an untrained man 素人をボートレースに使う.

lóok óne wáy and rów anóther ⇨ look 成句. ***rów agàinst the tíde* [*stréam, wínd*]** (1) 潮流[流れ, 風]に逆らってこぐ. (2) 困難[障害]と戦う, 困難な仕事と取り組む. ***rów dówn*** 【ボートレース】こいで〈相手〉に追いつく. ***rów óut*** (舟をこいで)こぎ疲れさせる: The crew were all ~*ed out*. クルーは全員こぎ疲れていた. ***rów óver*** 【ボートレース】独漕(ᵈᵒᵏᵘˢᵒᵘ)して勝者となる. ***rów úp*** 力漕(ʳⁱᵏⁱˢᵒᵘ)する.

— *n.* **1** 船こぎ[遊び], 短艇巡航: Let's go for a ~. 船こぎ[ボート遊び]に行こう. **2** こぐこと, 一こぎ: It was a long ~ to the island. その島までこいで行くにはかなりの時間がかかった.

〖OE *rōwan* ← Gmc *ro-* (ON *rōa*) ← IE *erə-* to row (L *rēmus* (cf. remex) / Gk *eretmón* oar)〗

row³ /ráu/ *n.* 《英口語》**1** (騒々しい)口論, 激しいけんか: have [pick] a ~ *with* …と口論する / have a terrific ~ *over* [*about*] trifles つまらない事ですさまじいけんかをする / an open ~ between them 彼らの間の大っぴらなけんか. **2** 騒ぎ, がやがや, 騒動: make [kick up] a ~ やかましい音を立てる; 反対して騒ぐ, しつこく抗議する / What is the ~? 何を騒いでいるのだ, 何事だ. **3** 《英》叱責: get into a ~ 叱られる. ***give a person a rów*** 《口語》叱る. ***hóld* [*shút*] *one's rów*** [通例命令形で] 《俗》黙る.

— *vt.* 《英》叱る: ~ a person *up* 人を叱りつける.

— *vi.* 《英口語》口論する, けんかする.

〖(1746) 《逆成》? ← ROUSE¹〗

ROW 《略》 right of way.

row·an /róuən, ráu- | rə́u-, ráu-/ *n.* 《スコット・北英》**1** 【植物】ナナカマド (rowan tree, mountain ash). **2** ナナカマドの実. 〖(1548) ← Scand.: cf. Norw. *rogn* / Icel. *reynir*〗

rówan·bèr·ry /-bèri, -b(ə)ri | -b(ə)ri/ *n.* =rowan 2. 〖1814〗

rówan trèe *n.* 【植物】**1** ヨーロッパ産バラ科ナナカマドの類の植物 (*Sorbus aucuparia*) 《mountain ash ともいう》. **2** アメリカナナカマド (American mountain ash). 〖1548〗

rów·bòat /róu- | rə́u-/ *n.* 《米》こぎ船, 櫓櫂(ʳᵒᵏᵃⁱ)船. 〖1538〗

rów cròp /róu- | rə́u-/ *n.* 【農業】一列植えの作物, 条植作物《トウモロコシ・ワタなど》. 〖1930〗

rów cùlture /róu- | rə́u-/ *n.* 【農業】条植栽培.

row-de-dow /ráudɪdàu | ràudɪdáu/ *n.* =rowdydow. 〖1790〗

row·dy /ráudi | -di/ *adj.* (**row·di·er; -di·est**) **1 a** 騒々しい, やかましい. **b** 乱暴な, 粗野な; けんか好きな. **c** 下品な. **2** 《豪》〈家畜など〉言うことをきかない, 手におえない. **—** *n.* 乱暴者, 暴れ者, けんか好きな人; 無頼漢, 与太者. **rów·di·ly** /-dəli, -dli | -dɪli, -dli/ *adv.* **rów·di·ness** *n.* 〖(1808) 《米・原義》backwoodsman ← ? ROW³〗

row·dy·dow /ráudɪdàu | ràudɪdáu/ *n.* **1** 騒ぎ, 騒々しさ, がやがや, わいわい. **2 a** 大げんか, 乱闘. **b** 宴会, 酒宴. 〖(1935) ↓〗

row·dy·dow·dy /ráudɪdáudi | ràudɪdáudi/ *adj.* **1** がやがやする, 騒々しい, やかましい. **2** 下品な, 野卑な. 〖(1854) 《加重》← ROWDY〗

rów·dy·ish /-diɪʃ | -di-/ *adj.* 乱暴な, 無法な; 騒々しい. **~·ness** *n.* 〖1835–45〗

rów·dy·ism /-dɪɪzm | -di-/ *n.* 乱暴な[騒々しい]ふるまい[性質], 狂騒. 〖1842〗

Rowe /róu | rə́u/, **Nicholas** *n.* ロウ (1674–1718; 英国の詩人・劇作家; 桂冠(ᵏᵉⁱᵏᵃⁿ)詩人 (1715–18); *Tamerlane* (1702), *The Fair Penitent* (1703)).

row·el /ráuəl/ *n.* **1** 【馬術】(乗馬用ブーツの)拍車 (spur) の先の小車, 馬刺輪(ᵇᵃˢʰⁱʳⁱⁿ)歯車, 歯輪, 花車. **2** 【獣医】串線打膿条(ᵏᵃⁿˢᵉⁿᵈᵃⁿᵒᵘʲᵒᵘ)《膿(ᵘᵐⁱ)を出すために馬などの皮膚の下に差し込むゴムや革の小片; cf. seton》. **—** *vt.* (**row·eled, -elled; -el·ing, -el·ling**) **1** 【馬術】花車で突く, 〈馬・馬の横腹〉に花車を当てる. **2** 【獣医】〈馬などの皮膚の下〉に串線打膿条を挿入する. 〖ME *rouel* ◻ OF *rouel*, *roel* (F *rouelle*) (dim.) ← *roue*, *roe* <L *rotam* wheel: ⇨ rota¹, -le¹〗

rówel-spùr *n.* 花車形の拍車.

row·en /ráuən/ *n.* 《米》**1** [しばしば *pl.*] (牧草の)二番刈り. **2** (晩季の牧草地として使うために刈り残してある)刈株畑. 〖(c1440) *rewayn* ◻ ONF *rewain* =(O)F *regain* ← RE-¹+*gain* 'GAIN¹'〗

Row·e·na /rouíːnə | rəuíː-/ *n.* ローウィーナ《女性名》. 〖? OE *Hrōþwyn* ← *hrēð* fame (⇨ Roger)+*wine* friend // ◻ OWelsh *rhon(g)wen* ← *rhon* lance; slender+*gwen* fair: Scott 作 *Ivanhoe* に登場する Ivanhoe の恋人の名から一般化〗

row·er /róuə | rə́uə/ *n.* こぎ手. 〖c1380〗

rów hòuse /róu- | rə́u-/ *n.* 《米》**1** (建売住宅のように同規模・同様式の)軒続きの家の一軒. **2** 間仕切り壁を共有する家, 長屋, 連続住宅. **3** =terrace house b. 〖1936〗

row·ing /róuɪŋ | rə́u-/ *n.* **1** ボートこぎ, 漕艇(ˢᵒᵘᵗᵉⁱ). **2** ロウイング《丸い枠の中に入って枠を回しながら進む競走》. 〖OE〗

rówing bòat *n.* 《英》漕(ˢᵒᵘ)ぎ舟, 櫓櫂(ʳᵒᵏᵃⁱ)船 (rowboat). 〖1820〗

rówing machìne *n.* 漕力強化台《漕艇選手の筋力を強化するのに用いる器具》. 〖1848〗

Row·land /róulənd | rə́u-/ *n.* ローランド《男性名》. 〖《異形》← ROLAND¹〗

Row·land·son /róulən(d)sən, -sn | rə́u-/, **Thomas** *n.* ローランドソン (1756–1827; 英国の諷刺漫画家・画家; *Vauxhall Gardens* (1784)).

Row·ling /róulɪŋ/, **J(oanne) K(athleen)** *n.* ローリング (1965– ; 英国の女性童話作家; Harry Potter シリーズで一躍ベストセラー作家になった; *Harry Potter and the Philosopher's Stone* (1997) に始まる).

row·lock /rά(ː)lək, rʌ́l-, rɔ́l- | rɔ́lək, rʌ́l-, rə́ulɔ̀k/ ★ /róulὰ(ː)k | rə́ulɔ̀k/ の発音は船乗りの間では使わない. *n.* **1** (ボートの)オール受け, 櫂(ᵏᵃⁱ)受け (《英》oarlock). **2** 【石工・建築】**a** れんが小端立(ᵏᵒᵇᵃᵈᵃ)て積み (cf. soldier 7). **b** (小端立積みしたれんがの)端. 〖(1750) ← ROW²+(OAR)LOCK〗

Rown·tree /ráuntri:/, **(Benjamin) Seebohm** *n.* ラウントリー《1871–1954; 英国の実業家・社会学者; York 市の貧困層を調査研究》.

Rowntree, Joseph *n.* ラウントリー《1836–1925; 英国の社会改革運動家・製造業者; クエーカーの家に生まれ, 社会改革に取り組んだ; ココアメーカー Rowntree and Co. を設立》.

Równtree Máckintosh *n.* ラウントリーマッキントッシュ(社) (～ PLC)《英国の大手菓子メーカー; Kit Kat, Aero, Quality Street, Smarties (チョコレート) などのブランドをもつ》.

Rowse /ráus | ráus/, **Alfred Leslie** *n.* ラウス《1903–97; 英国の歴史家・文筆家》.

rowt, rowte /ráut/ *v.*, *n.* 《スコット》 =rout³.

rów vèctor /róu- | ráu-/ *n.* 【数学】 行ベクトル, 横ベクトル (cf. column vector). 〖1928〗

Rox. 《略》 Roxburgh; Roxburghshire.

Rox·an·a /ra(:)ksǽnə | rɔksá:nə, -sǽnə/ *n.* ロクサーナ《女性名; 愛称形 Roxie, Roxy; 異形 Roxane》. 〖□L *Rōxānē* □ Gk *Rhōxánē* ← Pers.: cf. Avest. *raoxshna-* shining〗

Rox·ane /ra(:)ksǽn | rɔk-/ *n.* ロクサン《女性名》. 〖□F ～: ↑〗

Ro·xas /róuha:s | ráu-; *Sp.* róxas, -has/, **Manuel** *n.* ロハス《1892–1948; フィリピンの政治家, 初代大統領 (1946–48); 本名 Manuel Roxas y Acuña /akúja/》.

Rox·burgh /rá(:)ksbə:rə, -rou | rɔ́ksb(ə)rə/ *n.* ロクスバラ《スコットランド南東部の旧州; 面積 1,722 km², 州都 Jedburgh; Roxburghshire ともいう》. 〖ME *Rokisburc* 《原義》? castle of *Rywc* (人名): ⇨ borough〗

Rox·burghe /rá(:)ksbə:rə, -rou | rɔ́ksb(ə)rə/ *n.* 【製本】 ロクスバラ装丁《平(ひら)はクロースまたは紙; 金文字入りの背革で天(金)以外の縁は裁たない》. 〖(1877) ← *the third Duke of Roxburghe* (1740–1804: この装丁の愛好者)〗

Rox·burgh·shire /rá(:)ksbə:rəʃə, -rou-, -ʃiə | rɔ́ksb(ə)rəʃə^(r), -ʃiə^(r)/ *n.* =Roxburgh.

Rox·i /rá(:)ksi | rɔ́ksi/ *n.* ロクシー《女性名》. 〖↓〗

Rox·ie /rá(:)ksi | rɔ́ksi/ *n.* ロクシー《女性名》. 〖(dim.) ← ROXANA〗

Roy /rɔ́i/ *n.* ロイ《男性名》. 〖□ Gael. *rhu* red: OF *roy* (F *roi*) king と混同〗

roy·al /rɔ́iəl/ *adj.* **1 a** [しばしば R-] 国[女]王の[に関する, に属する]; 王室の: a ～ family [household] 王室 / a ～ house 王家 / a ～ palace [crown] 王宮[王冠] / of ～ blood 王族の (cf. blood royal) / a ～ prince [princess] 王子[王女] / the ～ estates 王室の領地, 王領 / the Princess *Royal* 国王の長女 / a *Royal* salute 皇礼砲 / ～ "we" ⇨ we 3 b. **b** 国王から与えられた, 国王の保護を受ける; 勅許の, 勅定の: a ～ bounty 国王下賜の扶助料 / a ～ warrant [charter] 勅許状 / a ～ speech (議員への)勅語. **c** [通例 R-] 《英》 国王[国家]に奉仕する; 国王[国家]の保護下にある; 王立の《公共[国家]の機関・協会・学会・施設・団体などの名称に用いる》: the *Royal* Academy of Music 王立音楽院 / the *Royal* Courts of Justice (London の Strand 街にある)王立裁判所《高等法院; 控訴院などのある建物を指す》 / the *Royal* Botanic Gardens 王立植物園《London 郊外 Kew にあり, the Kew Gardens とも呼ばれる》 / the *Royal* Horse Guards ⇨ Horse Guards / the *Royal* Victorian Chain=Victorian Chain / the *Royal* Victorian Order=Victorian Order. ★ 公共機関・施設・団体の名称では「王立」とは限らない. **2 a** 王者の, 王(様)らしい, 王にふさわしい; 気高い, 高貴な, 威厳のある: live in ～ state [splendor] (王侯のように)豪奢(ごうしゃ)な生活をする. **b** 《口語》 すばらしい, 堂々たる, 立派な, この上ない: a ～ view 素晴らしい眺め / a ～ feast [welcome] 素晴らしい宴会[歓迎] / right ～ すばらしい, すごい / have a ～ time とても愉快な時を過ごす / He is in ～ spirits. おそろしく元気だ / He gave us ～ entertainment. すばらしいもてなしをしてくれた. **c** 非常に[めっぽう]大きな, 非常に重要な. **d** 特権を与えられた; 楽な: ⇨ royal road. **3** 【化学】 不活性の: ～ metals 貴金属《酸化などに対して抵抗力のある金属; 金・銀など》 / ～ gases 貴ガス《ヘリウム・ネオンなど》. **4** 【海事】 ロイヤルの《トゲルン (topgallant) の上にあり一番上の》: ⇨ royal mast, royal sail, royal yard.

Róyal and Áncient [the —] ロイヤルアンドエンシェント《世界最古で最高権威のあるゴルフクラブ Royal and Ancient Golf Club of St. Andrews; スコットランドの St. Andrews で 1754 年に結成; 略 R&A》.

Róyal Bánk of Scótland [the —] 王立スコットランド銀行《スコットランド最大の銀行; 1727 年設立》.

— *n.* **1** 《口語》 王家の一員. **2** [the Royals] **a** = Royal Scots Regiment. **b** =Royal Marines. **3** = royal stag. **4** =royal blue. **5 a** =ryal. **b** = real². **6** 【海事】 **a** =royal sail. **b** =royal mast. **7** 【製紙】 **a** ロイヤル(版)《紙の寸法名; 筆記用は 24×19 インチ [609.6×482.6 mm] (=small ～), 印刷用は 25×20 インチ [635×508 mm]; cf. super royal》. **b** [形容詞的に] ロイヤル(版)を用いた: ～ octavo ロイヤルオクタボ(判) 《10×6.25 インチ》 / ～ quarto ロイヤルクォート(判) 《12.5×10 インチ》. **8** 【鳴鐘法】 (教会堂鐘楼の)十鐘(変化)鳴鐘法. **9** 【トランプ】 =royal flush.
〖(*c*1250) ME *roial* □ OF *roial* (F *royal*) < *rēgālem* ← *rēx* 'REX²': ⇨ -al¹: REGAL¹, REAL² と三重語〗

Róyal Academícian *n.* (英国の)ロイヤル アカデミー会員 (略 RA).

Róyal Acádemy *n.* [the ～] (英国の)ロイヤル アカデミー《1768 年英国王 George 三世によって創設された美術家協会; Royal Academy of Arts ともいう; 略 RA; cf. Royal Society》. 〖1769〗

Róyal Áir Fòrce *n.* [the ～] 英国空軍; 英連邦 (Commonwealth of Nations) 加盟国の空軍 (略 RAF). 〖1918〗

róyal ántelope *n.* 【動物】 ローヤルアンテロープ (*Neotragus pygmaeus*)《西アフリカ産の小羚羊》. 〖1872〗

Róyal Ánthem *n.* [the ～] 英国国歌.

róyal ántler *n.* 鹿の角の(付け根から)三本目の枝角《tres-tine ともいう》. 〖1849〗

Róyal Áscot *n.* ロイヤルアスコット (⇨ Ascot 2 a). 〖1920〗

róyal assént *n.* [the ～] 【英議会法】 国王の裁可, 勅裁《両院を通過した法案は国王が Le roi le veult (⇨ roi) と記す裁可の形式によって発効する》.

Róyal Bállet *n.* [the ～] 英国ロイヤルバレエ団 (略 RB).

róyal báy *n.* 【植物】 ゲッケイジュ(月桂樹) (*Laurus nobilis*) 《bay, bay laurel, bay tree ともいう》. 〖1849〗

róyal blúe *n.* ロイヤルブルー, 紺青色《英国王室を象徴する色》. 〖1789〗

róyal búrgh *n.* 勅認自治都市《国王からじきじきに自治の勅許 (charter) を得たスコットランドの都市》. 〖(1672): cf. *burgh royal* (1648)〗

Róyal Canádian Móunted Políce *n.* [the ～] 王立[英国王室直轄]カナダ騎馬警察隊 (略 RCMP; ⇨ Northwest Mounted Police).

Róyal Clúb *n.* 【商標】 ロイヤルクラブ《オランダ Heineken NV 社製の清涼飲料》.

róyal cóachman *n.* 【釣】 =coachman 2.

róyal cólony *n.* **1** 直轄植民地. **2** 【英史】 英王直轄植民地《英国王が総督および総督任命の議会を通じて直接治めていた植民地; cf. proprietary colony》.

Róyal Commíssion *n.* 《英》 王立委員会《国王[政府]任命の調査委員会; 行政上の公共問題について調査・勧告する; 略 RC》.

Róyal Cópenhagen Pórcelain *n.* 【商標】 ロイヤルコペンハーゲンポーセリン《デンマークの代表的陶磁器》.

Róyal Crówn Dérby *n.* ⇨ Derby china.

Róyal Délft *n.* 【商標】 ロイヤルデルフト《オランダ製陶磁器》.

róyal demésne *n.* (英国王室の)御料地.

Róyal Dóulton *n.* 【商標】 ロイヤルドルトン《英国の高級陶磁器》.

róyal dúke *n.* **1** 大公《王家の男子, 特に王子に授けられる世襲称号》. **2** 《英》 王族公爵《王族の一員で公爵の位をもっている男子; 他の公爵より上位》.

róyal éagle *n.* **1** 【鳥類】 =golden eagle. **2** 【紋章】 =imperial eagle 2. 〖(1809): cf. *eagle royal* (1575)〗

Róyal Engineérs *n. pl.* [the ～] 英国陸軍工兵隊 (略 RE). 〖1787〗

róyal évil *n.* =King's evil.

Róyal Exchánge *n.* [the ～] 王立取引所《London の Cornhill 街にある建物で, もと商業・金融取引所 (1571–1939); 略 RE; 現在の建物は 1844 年に再建されたものだが, この業務はしていない》. 〖1648〗

róyal férn *n.* 【植物】 ゼンマイの一種 (*Osmunda regalis*); (その他の)ゼンマイ属の植物の総称. 〖1770–80〗

Róyal Féstival Háll *n.* ロイヤルフェスティバルホール《London の Thames 川南岸に大博覧会百周年を記念して 1951 年に開設されたコンサートホール; Festival Hall ともいう; 略 RFH》.

róyal físh *n.* 【英法】 御料魚, 王魚《クジラ・チョウザメ (sturgeon)・ネズミイルカ (porpoise) の三大海産動物; 岸に打ち上げられた場合や海浜近くで捕えられた場合は王または王から勅許を得た者の所有となる》. 〖1570–76〗

róyal fízz *n.* ロイヤル フィズ《レモン果汁・ジン・卵・砂糖で作るカクテル》.

róyal flúsh *n.* 【トランプ】 ロイヤルフラッシュ《ポーカーで同じスーツ (suit) の最高位札 5 枚続き (ace から 10 まで); 一番強い出来役; ⇨ poker¹》. 〖1868〗

Róyal Flýing Còrps *n.* [the ～] 英国陸軍航空隊《略 RFC; 現在は Royal Air Force》. 〖1912〗

Róyal Flýing Dòctor Sérvice *n.* 《豪》 (遠隔地医療のために)医者が飛行機で往診するサービス.

Róyal Gála *n.* ロイヤルガラ《表面が赤と黄のニュージーランド産生食用リンゴ》.

Róyal Gréenwich Obsérvatory *n.* [the ～] 王立グリニッジ天文台《1958 年 London 郊外の Greenwich から Sussex 州 Herstmonceux に移転し, 1990 年に Cambridge へ移ったが, 1998 年に閉鎖》.

Róyal Híghlanders *n. pl.* [the ～] 英国高地連隊, 第四十二スコットランド高地連隊 (Black Watch の公式名; 略 RH). 〖1884〗

Róyal Híghness, r- h- *n.* (略 RH) **1** (英国で)殿下: **a** (1917 年以前に称号として)君主の男系の子[兄弟, 姉妹, おじ, おば, 孫]. **b** (1917 年以後の称号として)君主の子[孫]: His [Her] ～ 殿下[妃殿下] (略 HRH). **c** 英国の君主がこの称号を与える人. **2** (英国以外の国の)王室・皇室の種々の構成員. 〖1645–55〗

Róyal Horticúltural Socíety *n.* [the ～] 《英》 王立園芸協会 (略 RHS).

Róyal Hóspital *n.* [the ～] =Chelsea Royal Hospital.

Róyal Humáne Socíety *n.* [the ～] (英国の)王立投身者救助会《1774 年創立; 略 RHS》. 〖1784–95〗

róyal ícing *n.* 《英》 ロイヤルアイシング《卵白と粉砂糖で作る(フルーツ)ケーキの硬い糖衣》. 〖1845〗

Róyal Institútion *n.* [the ～] (英国の)王立科学研究所《1799 年 London に創立, 科学研究と科学知識普及を目的とする; 略 RI》.

roy·al·ism /rɔ́iəlìzm/ *n.* 王制(擁護), 王党主義. 〖1793〗

roy·al·ist /rɔ́iəl̩ɪst | -lɪst/ *n.* **1** 国王擁護者; 王党派. **2** [しばしば R-] **a** (特に 17 世紀清教徒革命時代の英国の)王党派 (Cavalier) (cf. parliamentarian 4, Roundhead). **b** (米国独立戦争当時の)英国派, 王党員 (Loyalist). **c** (フランス革命以降の)ブルボン (Bourbon) 家支持者, レジチミスト, (七月革命以降の)オルレアン家支持者, オルレアニスト, 王党派. **3** 《米口語》 保守主義者, 旧弊家: an economic ～ 経済上の保守主義者, 保守的財政家[財界人]. — *adj.* =royalistic. 〖(1643) ← ROYAL+-IST: cf. F *royaliste*〗

roy·al·is·tic /rɔ̀iəlístɪk⁻/ *adj.* 王制(擁護), 王党(派)の. 〖1867〗

roy·al·ize /rɔ́iəlàɪz/ *vt.* 《古》 王らしくする, 王にふさわしくする. — *vi.* 《廃》 王権を執る. 〖1586〗

róyal jélly *n.* ロイヤルゼリー, 王乳《女王バチになるべき幼虫の食用として働きバチが分泌する粘性の栄養物》. 〖1817〗

Róyal Léamington Spá *n.* Leamington Spa の公式名.

róyal líly *n.* 【植物】 リーガルリリー, オウカンユリ, ホソバハカタユリ (*Lilium regale*)《中国西部原産ユリ属の球根草; 花は内側が白, 外側は紫がかったピンク色で基部は黄色》.

roy·al·ly /rɔ́iəli/ *adv.* **1 a** 王らしく, 王侯然として. **b** 王によって. **2** 壮大に; 立派に. **3** 《口語》 すばらしく, 物すごく, (ものの)見事に. 〖*c*1385〗

Róyal Máil *n.* [the ～] ロイヤルメール《英国郵政公社 (Post Office) の郵便部門; 略 RM》.

Róyal Maríne *n.* 英国海兵隊員.

Róyal Marínes *n. pl.* [the ～] 英国海兵隊《もとの Royal Marine Artillery と Royal Marine Light Infantry とが合体したもの; 略 RM》.

róyal márriage *n.* 【トランプ】 (pinochle, bezique などで)切札のキングとクイーンの組合わせ (cf. marriage 4 b).

róyal mást *n.* 【海事】 ロイヤルマスト《大型帆船の一番上のマストで, royal sail を張る部分; topgallant (mast) の上につける》. 〖1785–95〗

Róyal Máundy *n.* =Maundy money.

Róyal Mílitary Acádemy *n.* [the ～] 英国陸軍士官学校《Sandhurst にある; もと Woolwich にあった工・砲兵の Royal Military Academy と Sandhurst にあった歩・騎兵の Royal Military College とを合併したもの; 略 RMA》.

Róyal Mínt *n.* [the ～] 王立鋳貨局, ロイヤルミント《英国の硬貨鋳造を担当する政府の施設 (紙幣は Bank of England などが担当); 1811 年にロンドン塔の近くに造られたが, 現在は博物館となり, 本体は 1968 年よりウェールズの Cardiff 近郊に移った》.

róyal móth *n.* 【昆虫】 ヤママユガ科 *Citheronia* 属の大型の美しいガの総称 (regal moth など).

Róyal Nátional Lífeboat Institùtion *n.* [the ～] 王立救命艇国民協会《1824 年設立の民間ボランティア組織で, 英国とアイルランド沿岸での遭難船救助に 24 時間態勢をとっている; 2000 の支部と 3 万人の会員がいる; 略 RNLI》.

Róyal Nával Áir Sèrvice *n.* [the ～] 英国海軍航空隊 (略 RNAS; 現在は Royal Air Force).

Róyal Nával Cóllege *n.* [the ～] 英国海軍兵学校《London の Thames 川南岸の Greenwich にある; 略 RNC; cf. naval academy 2》.

Róyal Návy *n.* [the ～] 英国海軍; 英連邦 (Commonwealth of Nations) 加盟国の海軍 (略 RN).

Róyal Nórthwest Móunted Políce *n.* [the ～] ⇨ Northwest Mounted Police.

róyal óak *n.* ロイヤルオーク: **1** 1651 年 9 月のちの英王 Charles 二世が Worcester の戦いに敗れたときオークの木に身を隠して助かったことを記念して 5 月 29 日に身につけるオークの木の小枝 (cf. Oak-Apple Day). **2** (上の故事から) 1660 年 5 月の同王の London 帰還時に市民が歓迎の意で身につけたオークの小枝; また Oak-Apple Day に身につけるオークの小枝. 〖18C〗

Róyal Óak *n.* ロイヤルオーク《米国 Michigan 州南東部 Detroit の北にある都市》.

Róyal Ópera Hòuse *n.* [the ～] ロイヤルオペラハウス (⇨ Covent Garden Theatre).

róyal pálm *n.* 【植物】 ダイオウヤシ (*Roystonea regia*) 《米国 Florida 州およびキューバ産》. 〖1861〗

róyal páper *n.* 【製紙】 =royal 7.

Róyal Pecúliar, r- p- *n.* 《英》 (特権を許された)王室直轄教会[教区].

róyal péndulum *n.* 【時計】 ロイヤル振り子, 秒振り子 (seconds pendulum). 〖1851–53〗

róyal plúral *n.* 【文法】 君主の複数 (royal 'we') (cf. we). 〖1931〗

róyal poinciána *n.* 【植物】 ホウオウボク (*Delonix regia*)《Madagascar 島原産のマメ科の落葉高木; 赤い房状のみごとな蝶(ちょう)形花をつける; 熱帯地方で街路樹に植える; flamboyant, flame tree, peacock flower ともいう》. 〖*c*1900〗

róyal póle *n.* 《豪》 【海事】 =royal mast.

róyal prerógative *n.* [the ～] 王の特権, 国王大権.

róyal púrple *n.* 青みがかった紫. 〖1661〗

Róyal Régiment *n.* [the ～] 英国砲兵連隊《正式名 Royal Regiment of Artillery》.

róyal róad *n.* **1** 王道, 近道, 楽な手段: There is no ～ to learning [knowledge]. 《諺》 学問には楽な道はない, 学問に王道なし《Euclid が Ptolemy 一世に言ったと伝えられる There is no royal road to geometry. の転用》. **2**

R

[しばしば R- R-] 王道《古代イランのアケメネス朝が建設した, Susa から Anatolia を経てエーゲ海に至る全長 2,400km 以上に及ぶ道路》.
róyal sáil *n.* 〔海事〕ロイヤルスル, 最上檣帆(しょうはん) (⇨ royal mast).
róyal salúte *n.* **1** [the ～] ロイヤルサルート《ロンドン塔などで王室の慶事に際して放たれる礼砲》. **2** [R- S-]〔商標〕ロイヤルサルート《スコットランド Chivas Brothers 社製のブレンデッドウイスキー; 1952 年に Elizabeth 二世の戴冠を記念して発売》.
Róyal Scóts Gréys *n. pl.* [the ～] ロイヤルスコッツグレイズ《英国の第二騎兵連隊; (Scots) Greys ともいう》.
Róyal Scóts Régiment *n.* [the ～]〔軍事〕ロイヤルスコットランド兵連隊.
Róyal Shákespeare Còmpany *n.* [the ～] ロイヤルシェークスピア劇団《英国の代表的な劇団; Stratford-upon-Avon の Shakespeare Memorial Theatre の所属劇団を改組して 1961 年発足; Shakespeare 劇以外にも幅広く活動; 略 RSC》.
Róyal Socíety *n.* [the ～] 王立協会, 英国学士院《1662 年 Charles 二世によって認可された科学研究の学会; 略 RS; 正式名 the Royal Society of London for Improving Natural Knowledge; cf. Royal Academy》: a Fellow of *the* ～ 王立協会員 (略 FRS).
Róyal Society for the Prévention of Crúelty to Ánimals [the —] 英国動物愛護協会《1824 年設立の慈善団体; 略 RSPCA》.
Róyal Sóciety of Árts [the —]《英》王立職業技能検定協会《技術修得と産業の振興を目的とする協会; 1754 年設立; 略 RSA》.
〖1671〗
róyal stág *n.* 〔動物〕両方の角を合わせて 12 尖(せん) (points) 以上の枝角 (antlers) をもつシカ.
róyal stándard *n.* [the ～] 王旗《England, Scotland, Ireland の国章を組み合わせたもので, 英国王滞在中の宮殿・艦船などに掲げる》.
róyal ténnis *n.* 《豪》=court tennis. 〖1902〗
róyal térn *n.* 〔鳥類〕アメリカオオアジサシ (*Thalasseus maximus*)《カモメ科の鳥; 北米南部産》.
róyal tóuch *n.* お手付け《瘰癧(るいれき) (king's evil) という病気をなおすと信じられ, 王が手を触れる行為》.
Róyal tréssure *n.* 〔紋章〕ロイヤルトレッシャー《スコットランド王の紋章で, 2 本の tressures に fleur-de-lis が交互に向きを変えて配されたもの》.
roy·al·ty /rɔ́ɪəlti/ *n.* **1 a** [通例 *pl.*] 特許権使用料, (著作・作曲の)印税, ロイヤルティー: a ～ of ten percent *on* a book 著書に対する 1 割の印税 / The new record brought her half a million dollars in *royalties.* 新しく出たレコードは彼女に 50 万ドルの印税をもたらした. **b** (劇などの)上演料. **c** 国王から委譲された権利《管轄権, 貨幣鋳造権, 採掘権, 鉱山[鉱区, 油田]使用料など》. **2 a** 王室の一人. **b** [集合的] 王族, 皇族: live like ～ 王族のように暮らす. **c** 特権階級. **3** 王[君主]であること, 王の身分, 王位; 国王の尊厳, 王威. **4** 王らしさ, 高貴(さ). **5 a** 《古》王領, 王国. **b** [通例 *pl.*]《まれ》王の特権, 王権. 〖(*c*1390) □ OF *roialte* (F *royauté*) ∽ (*a*1375) *realte* □ OF *realté, reaute* < VL **rēgālitātem* 'REGALITY': ⇨ royal, -ity〗
Róyal Victórian Cháin *n.* [the ～] ロイヤルヴィクトリア鎖章《1902 年 Edward 七世が制定》.
Róyal Victórian Órder *n.* [the ～] ロイヤルヴィクトリア勲章《1896 年 Victoria 女王が制定; 元首に対して勲功のあったものに授けられる; 略 VO》.
róyal wárrant *n.* 王室御用達許可証.
róyal wáter *n.* 〔化学〕王水 (aqua regia).
róyal wáter lily *n.* 〔植物〕オオオニバス (*Victoria amazonia*)《南米 Amazon 川, British Guiana に産する浮葉の直径 1-2 m のスイレン科の植物; Amazon water lily, giant water lily ともいう》.
Róyal Wórcester *n.* ロイヤルウスター《特に 1862 年以後の Worcester china》.
róyal yárd *n.* 〔海事〕最上檣帆(しょうはん)の帆桁(ほげた).
Royce /rɔ́ɪs/, Sir **(Frederick) Henry** *n.* ロイス《1863–1933; 英国の工学者・設計家; 1904 年に車の設計・組み立てを開始; 1906 年 Charles Rolls と共に Rolls-Royce 社を設立; 第一次大戦中, 航空エンジンの開発に専念》.
Royce, Josiah *n.* ロイス《1855–1916; 米国の哲学者》.
roys·ter /rɔ́ɪstə | -tə^(r)/ *vi.* =roister.
Róys·ton crów /rɔ́ɪstən-, -tn-/ *n.* 《英》〔鳥類〕= hooded crow. 〖← *Royston* (英国 Hertfordshire 州北部の地名)〗
Rozh·dest·ven·ski /rɔ(ː)ʒdéstvənski, rɑ(ː)ʒ- | rɔʒ-; *Russ.* rəʒdʲéstvʲinskʲij/, **Gen·na·di** /gʲinádʲij/ **Nikolaevich** *n.* ロジェストベンスキー《1931– ; ロシアの指揮者》.
Rozhdestvenski, Zi·no·vi /zʲinóvʲij/ **Petrovich** *n.* ロジェストベンスキー《1848–1909; 帝政ロシアの海軍大将, 日露戦争の日本海海戦のときの司令官》.
roz·zer /rɑ́(ː)zə | rɔ́zə^(r)/ *n.* 《英俗》=policeman 1. 〖(1893) ← ?〗
Rp 《記号》〔貨幣〕rupiah(s).
RP /ɑ́əpíː | ɑ́ː-/ 《略》Radio Press (通信社); reaction product; Received Pronunciation; reception poor; recovery phase; Reformed Presbyterian; Regimental Police; Regius Professor; reinforced plastic; relief pitcher; reply paid; reprint; reprinting; Republic of the Philippines; rocket projectile; rules of procedure.
RPC 《略》《英》Royal Pioneer Corps.
RPE 《略》Reformed Protestant Episcopal.
RPG 《略》〔電算〕report program generator レポートプログラムジェネレーター《利用者の要求に応じてレポートプログラムを作成する汎用プログラム》; rocket-propelled grenade; role-playing game.
RPI 《略》retail price index.
rpm /ɑ́əpìːém | ɑ́ː-/ 《略》revolutions per minute 毎分…回転: a $33\frac{1}{3}$ *rpm* LP record $33\frac{1}{3}$ 回転の LP.
RPM 《略》resale price maintenance.
RPO 《略》Railway Post Office; Regional Personnel Officer; Royal Philharmonic Orchestra.
rps 《略》revolutions per second 毎秒…回転.
RPS 《略》Royal Philatelic Society 英国郵趣協会; Royal Philharmonic Society; Royal Photographic Society.
rpt 《略》repeat; report; reprint.
RPV 《略》〔航空〕remotely piloted vehicle 遠隔操縦機《射撃演習・爆撃偵察などに使う地上から操作される無人飛行機》. 〖1970〗
RQ, r.q. 《略》〔生化学〕respiratory quotient.
rr 《記号》〔気象〕continuous rain ひっきりなしの雨.
RR 《記号》〔気象〕continuous heavy rain ひっきりなしの強雨.
r.r. 《略》radiation resistance; radio ranging; ready reckoner; respiratory rate.
RR 《略》railroad; research reactor; research report; return rate; Right Reverend; 〔チェス〕Round Robin; 《米》Rural Route.
R-R, RR 《略》Rolls-Royce.
RRB 《略》Race Relations Board; 《米》Railroad Retirement Board.
RRC 《略》《英》(Lady of the) Royal Red Cross.
-rrhage, -rrhagy /rɪdʒ/「異常流出[排出]」の意の名詞連結形: hemo*rrhage.* 〖← NL *-rrhagia* ← Gk *-rrhagía* ← *rhēgnúnai* to burst forth〗
-rrhag·i·a /-réɪdʒiə, -dʒə/ -rrhage の異形.
-rrhe·a /ríːə | ríːə, ríə/「流出 (flow), 排出 (discharge)」の意の名詞語尾: diar*rhea*, logor*rhea*. 〖□ LL *-rrhoea* □ Gk *-rrhoía* ← *rhoía* flow, flux ← *rhein* to flow〗
-rrhine /ràɪn/「…の鼻をした」の意の形容詞連結形: cata*rrhine*, platy*rrhine*. 〖← Gk -rrhîn- ← *rhís* nose〗
-rrhi·za /ráɪzə/ =-rhiza.
-rrhoe·a /ríːə | ríːə, ríə/ =-rrhea.
ŔŔ Lý·rae váriables /-láɪriː-/ *n. pl.* 〔天文〕こと座 RR 型変光星《短周期変光星の下位分類; 周期 $1\frac{1}{2}$–29 時間》.
rRNA 《略》〔生化学〕ribosomal RNA. 〖*c*1965〗
RRP 《略》recommended retail price 希望小売価格.
r.s. 《略》right side.
Rs 《略》reis; rupees.
RS 《略》reconaissance squadron; Recording Secretary; recruiting service; Reformed Spelling; research station; Revised Statutes; Rolls series (Henry 八世までの英国の年代記・歴史文献を編集した叢書); Royal Scots; Royal Society.
RSA 《略》Republic of South Africa; Royal Scottish Academician; Royal Scottish Academy; Royal Society of Antiquaries; Royal Society of Arts; Royal Society of Australia.
RSC 《略》Royal Shakespeare Company; Royal Society of Chemistry.
RSCJ 《略》*L.* Virginēs Religiōsae Societātis Sacrātissimī Cordis Jēsus (=Nuns of the Most Sacred Heart of Jesus).
RSCN 《略》Registered Sick Children's Nurse.
RSD 《略》Royal Society of Dublin.
RSE 《略》Royal Society of Edinburgh.
RSFSR 《略》Russian Soviet Federated Socialist Republic.
RSG 《略》《英》rate support grant; Regional Seat of Government.
RSGB 《略》Radio Society of Great Britain.
RSI 《略》〔医学〕repetitive strain [stress] injury.
R. Signals. 《略》《英》Royal Corps of Signals.
RSJ 《略》rolled-steel joist.
RSL 《略》Royal Society of Literature; 《豪》Returned Services League 復員軍人協会《元軍人とその家族を援助する団体; 1916 年設立》.
RSM 《略》regimental sergeant major; Royal Society of Medicine; Royal School of Music; 〔自動車国籍表示〕(Republic of) San Marino.
RSNC 《略》Royal Society for Nature Conservation.
RSNZ 《略》Royal Society of New Zealand.
RSPB 《略》Royal Society for the Protection of Birds. 〖1907〗
RSPCA 《略》Royal Society for the Prevention of Cruelty to Animals (cf. ASPCA).
RSS 《略》*L.* Rēgiae Societātis Socius (=Fellow of the Royal Society); Royal Statistical Society.
RSSPCC 《略》Royal Scottish Society for the Prevention of Cruelty to Children.
RSV 《略》Revised Standard Version; Rous sarcoma virus.
RSVP /ɑ́əèsvìːpíː | ɑ̀ː(r)ès-/ 《略》*F.* Répondez s'il vous plaît. (=Please reply). 〖1895–1900〗
RSWC 《略》right side up with care 天地無用.
rt. 《略》right.
r.t. 《略》〔アメフト〕right tackle ライトタックル《右側エンドとガードの間のポジション》.
RT 《略》radio telephone; radio telephony; reaction time; reading test; real-time; remote terminal; 《英》return ticket; room temperature; round table; round trip.
RT, R/T 《略》radio telegraphy.
'rt /ət | ət/ *v.* 《古》art の略: thou'*rt* =thou art. 〖⇨ be^1〗
RTA 《英》road traffic accident.
RTC 《略》《インド》Road Transport Corporation; 《インド》Round Table Conference.
rte 《略》route.
RTE 《略》Irish Radio and Television. 〖1969〗
RTF 《略》〔電算〕Rich Text Format 書式付きテキストフォーマット《書式などを制御するタグ情報を含めて文書をテキストファイルで表す規格; また そのテキストファイルの拡張子》.
RTFM 《略》read the fucking [frigging, etc.] manual.
Rt Hon. 《略》《英》Right Honourable.
RTL 《略》〔電子〕Resistor Transistor Logic 抵抗トランジスター論理(回路).
RTO 《略》〔米軍〕Railroad Transportation Officer 鉄道輸送指揮官; 〔英軍〕Railway Transport Officer.
RTOL /ɑ́ətɔ̀(ː)l, -tɑ̀(ː)l | ɑ́ːtɔ̀l/ *n.* 〔航空〕アールトール, 短縮離着陸《離着陸距離について STOL と CTOL との中間にあるもの; cf. STOL》. 〖《頭字語》← *r(educed) t(ake)-o(ff and) l(anding)*〗
RTR 《略》Royal Tank Regiment.
Rt Rev. 《略》Right Reverend (bishop の尊称).
Rts. 《略》〔証券〕rights.
RTT, RTTY 《略》radioteletype.
r-t-w 《略》ready-to-wear.
ru 《記号》Russia (URL ドメイン名).
Ru 《記号》〔化学〕ruthenium; 《略》〔聖書〕Ruth.
RU 《略》〔医学〕rat unit; 《英》Rugby Union.
RU 486 /ɑ́əjúːfɔ́ːəèɪtsíks | ɑ́ː(r)júːfɔ́ː(r)èɪt-/ *n.* RU 486《妊娠初期用の経口流産誘発薬; 抗プロゲステロン作用をもつ (=mifepristone)》. 〖*RU:* ← Roussel-Uclaf (フランスの医薬品会社, 486 は研究所の通し番号)〗
ru·a·na /ruɑ́ːnə; *Am.Sp.* rwána/ *n.* ルアーナ《特に Colombia で着用されるポンチョ (poncho) に似た毛織物の外衣》. 〖1903 □ Am.-Sp. ～ □ Sp. ～ 'woolen fabric'〗
Ru·an·da /ruɑ́ːndə | -ǽn-/ *n.* (*pl.* ～, ～s) **1 a** [the ～(s)] ルアンダ族《ルワンダ (Rwanda) とコンゴ民主共和国に住むバンツー族 (Bantu)》. **b** ルアンダ族の人. **2** ルアンダ語《ルアンダ族の用いるバンツー語の一種で, ルワンダとブルンジ (Burundi) で使われる二つの商用語の一つ; cf. Rundi》.
Ruánda-U·rún·di /-urúːndi | -urún-/ *n.* ルアンダウルンジ《アフリカ中央部の一地方; もとドイツ領東アフリカの一部, ベルギーの委任統治領 (1919–45), 国連ベルギー信託統治領 (1946–62) などを経て, 1962 年 Rwanda と Burundi の二つに分かれて独立》.
Ru·a·pe·hu /rùːəpéɪhuː/ *n.* ルアペフ《ニュージーランド北島の Tongariro National Park 中にある活火山; 高さ 2797 m》.
rub^1 /rʌ́b/ *vt.* (**rubbed**; **rub·bing**) **1 a** こする, する, 摩擦する; こすって磨く: ～ one's face *with* one's hands 手で顔をこする / ～ one's forehead (思い出そうとして)額をこする / ～ a glass *with* a cloth 布でグラスを磨く / ～ a blade *with* one's finger 刃を指でなでる / ～ oneself *with* a towel タオルで体を(こすって)ふく. **b** こすって[磨いて]…にする; 〈穴などを〉こすってあける: ～ silver bright 銀器を磨いてぴかぴかにする / ～ oneself dry 体をこすって乾かす / My shoe has ～*bed* a hole in my sock. 靴がすれて片方の靴下に穴があいた. **c** こすり合わせる 〈*together*〉: ～ one's hands (*together*) 両手をもみ[こすり]合わせる. 日英比較 日本語の「揉み手」(相手に遠慮しながら依頼・謝罪などをする仕草)とは異なり, 英語ではしばしば喜び・満足を表す仕草. / ～ noses (*with* someone) (マオリ人などが挨拶のしるしに)(相手と)鼻をすり合わせる / ⇨ *rub* ELBOWS, *rub* SHOULDERS. **2 a** 〔…の上に〕塗り広げる, すり込む 〔*on, over*〕; 〔…に当てて〕こする, こすりつける, 〔*against*〕: She ～*bed* suntan lotion *on* [*over*] her back. 背中に日焼けローションをすり込んだ[塗りつけた] / The dog ～*bed* itself (*up*) *against* my leg. 犬は私の脚に体をこすりつけてきた. / The dog ～*bed* its nose *in* the dust. 犬は鼻を土にすりつけた / ～ a person's nose in it ⇨ nose 成句. / ～ salt *into* a person's wounds ⇨ salt 成句. **b** 〈教訓など〉繰り返し言って覚えさせる 〔*in, into, on, through*〕. **3** すり落とす, すり消す, すりぬぐう; 〈目新しさ・はにかみなどを〉〔…から〕ぬぐい去る, なくす 〈*away, off, out*〉 / 〔*from*〕: ～ *off* the dirt *from* one's shoes 靴から泥をこすり落とす / ～ sleep *out* of one's eyes 目をこすって眠気を覚ます. **4** すりむく, すって痛くする: My shoe ～*s* my heel. かかとに靴ずれができる. **5** 《俗》じらす, いらいらさせる. **6** 〈碑銘などの〉拓本をとる: She loves ～*bing* brasses in old churches. 彼女は古い教会で(碑銘などを)すり写して拓本をとるのが好きだ. **7** 粉にする 〔*to*〕; すりおろす, 裏ごしする 〔*through*〕: ～ cheese *through* a grater すりおろし器でチーズをすりおろす. **8** 《まれ》妨害する, 阻止する. — *vi.* **1 a** 〔…に当たって〕すれる, 摩擦する 〔*against, on, upon*〕: My new shoe is ～*bing against* my heel. 新しい靴はかかとに当たってこすれる. **b** すれ合う 〈*together*〉. **c** 〈布地が〉すれる; 〈皮膚が〉すりむける, すりむけて痛む. **2** すれて取れる 〈*away, off, out*〉: All that nasty household grime just ～*s away* [*off*] like magic with our new washday product! 当社の新洗剤を使えば家庭のいやな汚れも皆, うそのようによく落ちます / This stain won't ～ out. このしみはなかなかとれない. **3** 《口語》無理やりに進む, 骨折って進む; どうにかこうにかやって行く 〈*on,* 《英》*along, through*〉; 〔人と〕仲良くやっていく 〈*along*〉

R

〔*with*〕: We can ~ *along* somehow. どうにかやって行くことができる / We ~ *along* (together) rather well. どうにか仲良く暮らしている / Her English is good enough (for her) to ~ *along* in [*with*]. 彼女の英語はどうにかやっていくには十分だ. **4** (ゴルフなどで)〈ボールが〉グリーンの上の障害物に当たる.

rúb dówn (1) (上から下へ)摩擦する, こすって拭く; マッサージする: ~ a horse *down* 馬にブラシをかけてやる / ~ oneself *down* 体を摩擦する, 体を拭く. (2) こすって平らにする; こすって小さくする. (3) (絵をかく前に)〈画布など〉にサンドペーパーをかける. ***rúb in*** 〈油脂を〉(指先で)小麦粉と混ぜ合わせる. ***rúb (it) ín*** 《口語》いやなこと[失敗など]を繰り返して言う[力を入れて言う]. ***rúb óff on*** 《口語》(*vt.*) (摩擦したり, (人と)接触したりすることによって)〈物・人〉の上に跡[印]として残る, 乗り移る, 感染する, 影響する: I hope some of his strength ~*s off on* me. 彼の力がいくらかでも私に乗り移ってくれればよい. ***rúb óut*** (*vt.*) (1) すり消す; 消しゴムで消す. (2) 《俗》殺す, 「消す」. (*vi.*) 消える; 消しゴムで消える. (3) 〘豪式フットボール〙〈選手を〉出場停止にする. ***rúb shóulders with*** ⇨ shoulder 成句. ***rúb úp*** (*vt.*) (1) 十分にこする, 磨き上げる: ~ *up* spoons. (2) 磨きをかける: ~ *up* one's Latin ラテン語に磨きをかける. (3) 〈記憶などを〉喚起する, 新たにする. (4) 〈顔料などを〉よく練って糊状にする. (*vi.*) 〔人と〕接触する, 近づきになる〔*against*〕. ***rúb (úp) the wróng wáy*** ⇨ way 成句.

— *n.* **1** こすること, こすり, 摩擦; マッサージ: give a thing a ~ 物をこする[拭く]. **2** [the ~] 邪魔, 障害, 困難: *the* ~*s* and worries of life 人生の色々な故障や苦労 / There's *the* ~. それが厄介な[危い]のだ (Shak., *Hamlet* 3. 1. 65) / *The* ~ is that there's nowhere else to go. 厄介なのはほかにはどこも行き場がないことだ. **3** 感情を害するもの, 嫌なこと; 非難, 皮肉, 当てこすり, 嫌味. **4** (すれて)ざらざらした所[面]. **5** (ゴルフなどのグリーンの)でこぼこ; (障害物のための)球のそれ (cf. *vi.* 4). **6** 《英方言》砥石(とし) (rubstone).

a rúb of [***on***] ***the gréen*** (1) 〘ゴルフ〙(何かに当たったための)球の進行[位置など]の変化. (2) (物事の)進行途上での障害; (物事の)運, 不運.

〖v.: (*a*1325) *rubbe(n)* □ ? LG *rubb-en* ← ?: cf. Norw. *rubba* to scrub ← IE *reup- to tear out ← *reu- to dig, tear out (L *rumpere* to break). — n.: (1586) ← (v.)〗

rub[2] /rʌ́b/ *n.* =rubber[3] 1 a. 〖略〗

rub. 《略》rubber; 〘処方〙L. ruber (=red).

Rub. 《記号》〘貨幣〙ruble(s).

rub·a·boo /rʌ́bəbùː/ *n.* =rubbaboo.

rub-a-dub /rʌ́bədʌ̀b/ *n.* どんどん《太鼓の音》; 太鼓の音に似た音. — *vi.* (**-dubbed**; **-dub·bing**) 〈太鼓が〉どんどん鳴る. 〖(1787) 擬音語〗

Ru·bái·yát /rùːbaɪjáːt, -biː-, ⌐⌐⌐, rúːbaɪ(j)æ̀t, -beɪ-, ⌐⌐⌐/ *n.* **1** [The ~] 「ルバイヤート」《ペルシャの Omar Khayyám の詩集; Edward FitzGerald の英訳 (1859) で有名》. **2** 〘詩学〙=Rubaiyat stanza. 〖□ Pers. ~ □ Arab. *rubāʿiyāt* (fem.pl.) quatrain ← *rubāʿī* quadruple ← *árbaʿ* four〗

Rúbaiyat stànza *n.* 〘詩学〙ルバイヤート連《弱強五歩格で a a b a と押韻する四行連; Omar stanza ともいう》.

Rubʿ al Kha·li /rùbæłkáːli/ *n.* [the ~] ルブアルハリ(砂漠)《アラビア南部の大砂漠; Great Sandy Desert, Empty Quarter ともいう》.

Rú·barth's disèase /rúːbaəθs-, -baəts- | -baːts-; *Swed.* rúːbaʈ-/ *n.* 〘獣医〙ルバルト病, イヌ伝染性肝炎《イヌのウイルス性肝炎》. 〖(1947) ← *C. Sven Rubarth* (1905– : スウェーデンの獣医)〗

ru·basse /ruːbǽs, -báːs/ *n.* 〘鉱物〙ルバス《赤鉄鉱の剝片(はくへん)がはいって赤く見える石英》. 〖(*c*1890) □ F *rubace* <OF *rubi(s)* 'RUBY'〗

ru·ba·to /ruːbáːtoʊ | -təʊ; *It.* rubáːto/ 〘音楽〙 *n.* (*pl.* **~s, -ba·ti** /-tiː; *It.* -ti/) (テンポ)ルバート《表情をつけて(テンポを)自由に加減する奏法; 1 音を長くする代わりに他の音を短くして演奏するなど; tempo rubato ともいう》. — *adj.* ルバートの, 表情のため加減した. — *adv.* テンポルバートで, 意図的にテンポを変えて[加減して]. 〖(1883) □ It. (*tempo*) *rubato* 《原義》robbed (time) ← *rubare* to rob ← Gmc〗

rub·ba·boo /rʌ́bəbùː/ *n.* 《カナダ》ラバブー《ペミカン (pemmican) を水で煮て作ったスープ; 時に小麦粉を入れて濃くする》 〖(1821) ?〗

rúb·ber[1] /rʌ́bə | -bə(r)/ *n.* **1 a** ゴム, 生ゴム, 天然ゴム, 弾性ゴム: hard ~ 硬質ゴム / Tires are made of ~. タイヤはゴムでできている. **b** 合成ゴム. **2 a** ゴム製品. **b** 《英》消しゴム (eraser). **c** 輪ゴム. **d** 《米口語》コンドーム. **e** ゴムタイヤ; [集合的] 一台の車のタイヤ. **f** (アイスホッケーの)パック (puck). **g** [通例 *pl.*] 《米》(特に, 留め金具がなく足首以下の短い)ゴム製のオーバーシューズ (cf. overshoe, galosh): a pair of ~s. **3** 《略》=rubberneck. **4** 《俗》〘野球〙 **a** 本塁. **b** 投手板. ***búrn rúbber*** 《米俗》自動車[バイクなど]を急発進させる; 〈人が〉大急ぎで出かける. ***péel rúbber*** ⇨ peel[1] 成句. ***whére the rúbber mèets the róad*** 《米》実力が問われるところ.

— *adj.* [限定的] **1** ゴムの, ゴム製の: a ~ boat / ~ cloth ゴム引き布. **2** ゴムを産する: a ~ plantation.

— *vt.* …にゴムを引く.

~·like *adj.* 〖(略) ← *India(n) rubber*〗

rub·ber[2] /rʌ́bə | -bə(r)/ *n.* **1 a** こするもの[人]; 磨くもの[人]. **b** (碑銘などの)拓本[石摺(すり)]を取る人 (cf. rubbing). **c** 按摩(あんま), マッサージ師; 競走馬のマッサージをする人. **2** =cutter 6. **3 a** 紙やすり; あらやすり; 砥石(とし); 磨き砂. **b** (マッチ箱の)摩擦面. **c** 《英》ふきん; タオル, バスタオル; (馬用の)タオル (stable rubber). **4 a** (機械の)摩擦部; 消す物, 黒板ふき. **b** 衝突; 障害, 困難; 不運, 不幸. **5** (bowls で, 球戯場の)でこぼこ. 〖1536〗

rub·ber[3] /rʌ́bə | -bə(r)/ *n.* **1 a** 〘トランプ〙(特に, ブリッジ・ホイストで)《3 回 [5 回]戦勝負; どちらかが 2 [3] ゲーム先取すれば勝ち; rub ともいう》. **b** (クリケット・テニスなどで)(3 回戦・5 回戦などの)一連の試合. **2** [the ~] (3 回 [5 回]戦勝負での) 2 [3] ゲーム先取; 決勝戦 (rubber game). 〖(1593) ← ? ME *at rebours* 《なぞり》← (O)F *à rebours* backwards: bowls 用語でもとの形は *a rubbers*〗

rub·ber[4] /rʌ́bə | -bə(r)/ *vi.* 《米俗》=rubberneck.

rúbber bánd *n.* 輪ゴム, ゴムバンド (elastic band). 〖1886〗

rúbber-bàse páint *n.* (塩素処理した)ゴムを接合材としたペンキ. 〖1935–40〗

rúbber bélt *n.* ゴムベルト.

rúbber bélting *n.* 〘機械〙ゴムベルト装置.

rúbber bòa *n.* 〘動物〙ラバーボア (*Charina bottae*) 《北米西部産ボア科のヘビ; 体型は太く短く, 表面がゴムに似る》.

rúbber bóot *n.* [通例 *pl.*] ゴム長靴.

rúbber-brìck *n.* =cutter 6.

rúbber brídge *n.* 〘トランプ〙ラバー方式で行うブリッジ《最も一般的な競技方式; cf. duplicate *n.* 5》. 〖1936〗

rúbber búllet *n.* ゴム弾《暴徒鎮圧用》.

rúbber cemént *n.* ゴムのり, ゴムセメント《加硫していないゴムをベンゼン・ガソリンなどに溶かした接着剤》. 〖1886〗

rúbber chéck *n.* 《口語》(銀行から返された)不渡り小切手 (⇨ bounce *vi.* 4). 〖(1926) 弾んだボールがはね返って来るのに類推して〗

rúbber-chícken cìrcuit *n.* 《米口語》(政治家などが資金集めやスピーチをするために出席しなければならない)退屈な一連の会食. 〖1959〗

rúbber dám *n.* 〘歯科〙ラバーダム《薄い生ゴムの膜; 治療中, 歯に装着して唾液の流入を防ぐためなどに用いる》. 〖1872〗

rúbber dínghy *n.* 小型のゴムボート.

rúbber dùck *n.* 《南ア口語》モーター付きゴムボート《ふくらませて使う》. 〖1907〗

rúbber gàme *n.* ⇨ rubber[3] 2.

rúbber gòods *n. pl.* 《婉曲》ゴム製品《避妊用品, condom》. 〖1853〗

rúbber hydrocárbon *n.* 〘化学〙ゴム炭化水素《天然ゴムの主成分を成す炭化水素》.

rúbber-ínsulated cáble *n.* 〘電気〙ゴム絶縁電線, ゴムケーブル.

rub·ber·ize /rʌ́bəràɪz/ *vt.* …にゴムを引く, ゴムを含ませる, ゴムで処理する. 〖1912〗

rúbber látex *n.* 〘化学〙ゴムラテックス《パラゴムの木から採取した白色乳液で, 生ゴムの製造に用いる》. 〖1905–10〗

rúbber·nèck 《米口語》 *n.* **1** (首を伸ばして)むやみに見たがる[聞きたがる]人. **2** (ガイドに引率された)観光客.

— *vi.* **1** (首を伸ばして)むやみに聞きたがる. **2** 観光旅行をする. — *adj.* 観光(目的)の: a ~ tour 観光旅行.

~·er *n.* 〖1896〗

rúbberneck bús *n.* 《米俗》観光バス. 〖1949〗

rúbber-nècked *adj.* 〈馬が〉(手綱を引かれても)首を曲げるだけで従わない.

rub·ber·oid /rʌ́bərɔ̀ɪd/ *adj.* ゴム製の, ゴムに似た. 〖1884〗

rúbber plánt *n.* 〘植物〙 **1** インドゴムノキ (*Ficus elastica*) 《かつてはこれからゴムを採った; 観葉植物としてしばしば鉢植えにされる》. **2** (その他)ゴムの採れる木の総称; (特に) = rubber tree. 〖1888〗

rúbber-shèathed cáble *n.* 〘電気〙ゴム装ケーブル.

rúbber shéet *n.* (病人や子供のベッドに用いる)ゴムシート, ラバーシート.

rúbber shóe *n.* ゴム靴.

rúbber-sóled *adj.* ゴム底の.

rúbber solútion *n.* =solution 2 b.

rúbber-stámp *vt.* **1** …にゴム印を押す. **2** 《口語》十分考えずに[内容を吟味せずに]〈計画・提案など〉に賛成する. 〖1918〗

rúbber stámp *n.* **1** ゴム印: He stamped the company name on checks with a ~. 彼は小切手に会社名をゴム印で押した. **2** 《口語》**a** 他人の言葉[意見]を請け売りする人, 独創性のない人. **b** 十分考えずに何でも賛成する人[官庁, 議会など]. **3** 《口語》**a** 独創性のないもの, 型にはまったもの[思考, 表現, 作品, 批評]. **b** 機械的な[ろくに内容を吟味しない]承認. 〖1881〗

rúbber thréad *n.* 糸ゴム.

rúbber trèe *n.* 〘植物〙=Pará rubber 2. 〖1847〗

rub·ber·y /rʌ́bəri/ *adj.* ゴムのような; 弾性のある, 強い.

rúb·ber·i·ness *n.* 〖1907〗

Rub·bia /rúbiə; *It.* rúːbja/, **Carlo** *n.* ルビア《1934– ; イタリアの物理学者; Nobel 物理学賞 (1984)》.

rúb·bing *n.* **1** こすること, 摩擦; 研磨; マッサージ. **2** (碑銘などの)石摺(ずり), 摺り写し, 拓本作り (cf. heelball 2): ⇨ brass-rubbing. **3** (ボーリングなどで)障害物に当たること. 〖*a*1398〗

rúbbing àlcohol *n.* 《米》消毒用アルコール. 〖*c*1931〗

rúbbing pàunch *n.* 〘海事〙すれ止め, 防摩材《摩擦を防ぐためマストにつける保護材》.

rúbbing stòne *n.* (琺瑯(ほうろう)のこぶ状のきずを除くのに用いる細かい研磨材から成る)砥石(とし). 〖1648〗

rúbbing stràke *n.* 〘海事〙すれ材《岸壁や桟橋などでの摩損を防ぐために船尾に向かって取り付けた, 舷縁の下の補強材》. 〖1875〗

rúbbing strìp *n.* 〘海事〙防舷材《船が岸壁や他の船に接する時, 船側に傷をつけないためにぶらさげる木の棒やロープで作ったクッション》.

rúbbing vàrnish *n.* 研磨ワニス.

rub·bish /rʌ́bɪʃ/ *n.* **1** くず, がらくた, 壊れ物, 廃物: a pile of ~ がらくたの山 / Good riddance to bad ~! 大助かりだ《特に嫌な人が去った時に言う》. **2** 《英口語》**a** つまらないもの: This book [poem, play] is ~. この本[詩, 脚本]はくずだ. **b** くだらない考え, つまらない話, ばかげたこと: He is always talking ~. いつもばかなことばかり言っている / What ~! 何てくだらない. **c** [間投詞的に] くだらない《軽蔑の意を表す》: Oh, ~! ばかなことを. — *vt.* 《英口語》 **1** 〈物・作品などを〉無価値なものとして非難する, こきおろす. **2** ゴミをまきちらす. — *adj.* 《英口語》〔…が〕下手な, ひどい〔*at*〕: be ~ *at* golf. 〖(1392–93) *robous, robys* □ AF *rubbous* (pl.) ← *robel 'RUBBLE'〗

rúbbish bìn *n.* 《英》ごみ入れ.

rúbbish dùmp *n.* ごみ捨て場.

rúb·bish·ing *adj.* 《口語》=rubbishy.

rub·bish·y /rʌ́bɪʃi/ *adj.* **1** くずみたいな, がらくたの, 廃物の. **2** くだらない, つまらない. **3** くずだらけの, ごみが散乱している. 〖(1795): ⇨ rubbish, -y[1]〗

rub·bi·ty /rʌ́bəti | -bɨti/ *n.* 《豪俗》パブ, 飲み屋. 〖1898〗

rub·ble /rʌ́bl̩/ *n.* **1 a** (くずの)砕石, コンクリ片, (建物が壊れてできた)瓦礫. **b** 雑多な物[がらくた]の集積[山]. **2 a** (石切場から切り出した)荒石. **b** =rubblework. **3** =rubble ice. **4** 〘地質〙(岩石の表面の)分壊層; (水にすり減らされた)河原石(層). — *vt.* 瓦礫にしてしまう, 破壊する. 〖(1376–77) *robyl, robel* □ ? AF *robel ← OF *robe* spoils: ⇨ robe, -le[1]: cf. rubbish〗

rúbble cóncrete *n.* 〘土木〙粗石(そせき)コンクリート《生コンクリートに粗石を加えたコンクリート》.

rúb·bled *adj.* 瓦礫(がれき)におおわれた, 瓦礫と化した. 〖1926〗

rúbble dràin *n.* 〘土木〙=French drain.

rúbble·hèad *n.* 《米俗》ぼんくら, ばか.

rúbble ìce *n.* (北氷洋などの)砕氷, 浮氷《直径 1–2.5 m ほどのものにいう》.

rúbble·wòrk *n.* 〘石工〙乱積み, 野石積み (ragwork). 〖1823〗

rub·bly /rʌ́bl̩i, -bli/ *adj.* (**rub·bli·er**; **-bli·est**) 砕石で作った[から成る, の多い]. 〖1733〗

rúb bòard *n.* **1** ラブボード《リネンからドロンワークを作るのに用いる歯の付いた板》. **2** 《米》〘海事〙=washboard.

Rub·bra /rʌ́brə/, **(Charles) Edmund** *n.* ラブラ《1901–86; 英国の作曲家; 16–17 世紀の英国の作曲家の影響を受け教会音楽・コンチェルト・室内楽・交響曲などを作曲》.

rub·by /rʌ́bi/ *n.* 《カナダ俗》 **1** 消毒用アルコールに安物のワインを混ぜたもの. **2** 1 を飲む人; アル中. 〖(1950): ⇨ rubbing, -y[2]〗

rúb·dòwn *n.* **1** (上から下へ)こすること: have a ~ with a wet towel 冷水摩擦をする. **2** マッサージ. 〖(1665–75) ← *rub down* (⇨ rub (v.) 成句)〗

rube /rúːb/ *n.* 《米口語》うぶな田舎者. — *adj.* 田舎(者)の. 〖(1896) ? ← RUBE (↓)〗

Rube /rúːb/ *n.* ルーブ《男性名》. 〖(dim.) ← REUBEN[1]〗

ru·be·fa·cient /rùːbəféɪʃənt | -bɨ-⌐/ *adj.* 〈薬品など〉皮膚を赤くする, 発赤の. — *n.* 〘薬学〙発赤剤《練芥子(ねりがらし)などの外用薬》. 〖(1804) □ L *rubefacientem*: ⇨ rubify, -facient〗

ru·be·fac·tion /rùːbəfǽkʃən | -bɨ-/ *n.* 〘医学〙 **1** (皮膚の)発赤(状態). **2** 発赤作用. 〖(1658) ← L *rubefactus* (p.p.) ← *rubefacere* (⇨ rubify) : ⇨ -ion〗

ru·be·fy /rúːbəfàɪ | -bɨ-/ *vt.* **1** =rubify. **2** 〘薬学〙〈反対刺激剤が〉〈皮膚などを〉発赤させる.

Rúbe Góld·berg /-góʊl(d)bəːg | -gə́ʊl(d)bəːg/ *adj.* **1** (R. Goldberg の漫画のように)ごちゃごちゃした, 必要以上[ばかげたほど]に込み入った; 簡単にできることを複雑な方法でする. **2** 複雑すぎて実際的でない. 〖(1931) *Reuben L(ucius) Goldberg* (1883–1970: 米国の漫画家・彫刻家)の通称から〗

ru·bel·la /ruːbélə/ *n.* 〘病理〙風疹(ふうしん)《German measles ともいう》. 〖(1883) ← NL ~ (neut. pl.) ← L *rubellus* reddish ← *rubeus* red: ⇨ ruby〗

ru·bel·lite /ruːbélaɪt, rúːbəlàɪt | ruːbɨlaɪt, rúːbəlaɪt/ *n.* 〘鉱物〙紅電気石, ルベライト《ルビーに似ているが, それより色の淡い宝石(の原石)》. 〖(1796) ← L *rubellus* (↑) + -ITE[1]〗

Ru·ben·esque /rùːbənésk | -bɨ-⌐/ *adj.* ルーベンス[ルーベンスの描いた絵]のような. 〖(1913) ← Rubens (↓) + -ESQUE〗

Ru·bens /rúːbənz | -bɨnz; *Du.* rýːbəns/, **Peter Paul** *n.* ルーベンス《1577–1640; フランドルの画家; バロック絵画の代表者》.

Ru·ben·si·an /ruːbénziən/ *adj.* =Rubenesque. 〖(1890) ← Rubens (↑) + -IAN〗

ru·be·o·la /ruːbióʊlə, ruːbíːə- | rubíːələ, rùːbióʊ-/ *n.* 〘病理〙 **1** 麻疹(ましん), はしか. **2** 風疹(ふうしん). **ru·be·o·lar** /rùːbióʊlə⌐, ruːbíːələ | ruːbíːələ(r), rùːbióʊlə(r)⌐/ *adj.* 〖(1676) ← NL ~ (dim.) ← L *rubeus*: ⇨ ruby〗

ru·bes·cent /ruːbésənt, -sn̩t/ *adj.* 赤くなる, 紅潮する.

ru·bés·cence /-səns, -sn̩s/ *n.* 〖(1731) □ L *rubēscentem* ← *rubēscere* to become red ← *ruber*: ⇨ rubify, -escent〗

Ru·bi·a·ce·ae /ruːbiéɪsiìː/ *n. pl.* 〘植物〙アカネ科.

rù·bi·á·ceous /-ʃəs⌐/ *adj.* 〖← NL ~ ← *Rubia* (属名: ← L *rubia* madder) + -ACEAE〗

ru·bi·celle /rúːbəsèl | -bɨ-/ *n.* 〘鉱物〙ルビセル《帯黄色ないし帯橙紅色の尖晶石; spinel の一種の宝石》. 〖(1671) □ ? F *rubacelle* (dim.) ← *rubace* 'RUBASSE': ⇨ -ella〗

Ru·bi·con /rúːbɪ̈kὰ(ː)n | -kən, -kɔ̀n/ *n.* **1** [the ~] ルビコン(川) 《イタリアと Cisalpine Gaul の Caesar 管轄領域との境の川; 紀元前 49 年に Caesar が 'Jacta est alea' (=The die is cast. 賽(さい)は投げられた)と言ってこの川を渡り, ローマ政府の大権を握る Pompey との会戦を始めた》. **2** (事を決する)最後の一線, (のるかそるかの)決意のしどころ. **3** [r-] 〖トランプ〗 (pinochle 系のゲームで)ルビコン 《規定得点数に達しないうちに負けること; 勝者の得点が倍以上になる》. ***cróss [páss] the Rúbicon*** あとに引けない決定的な行動に出る, 重大な決意をする. 《1626》
— *vt.* [r-] 〖トランプ〗 (piquet, bezique などで) 〈相手を〉ルビコンに抑えて勝つ.
〖《1626》□ L *Rubiconem* ← ? *rubeus* 'RED[1]': その流域の赤土にちなむ?〗

rúbicon bezíque *n.* 〖トランプ〗 ルビコンベジーク 《4 組 (128 枚)のカードで行う bezique の一種; 規定点 1,000 に達しないで負けると相手にルビコン点を加算する》.

rúbicon piquét *n.* 〖トランプ〗 ルビコンピケット 《規定点 100 に達しないで負けると相手にルビコン点 100 を加算する方式の piquet》.

ru·bi·cund /rúːbɪ̈kʌ̀nd, -kənd | -bɪ-/ *adj.* 〈顔などが〉赤い, 赤みを帯びた; 赤ら顔の (⇨ rosy SYN): a round ~ face 赤みを帯びた丸顔. 〖《?a1425》□ ME *rubicunde* L *rubicundum* ← *rubēre* to be red: ⇨ rubify〗

ru·bi·cun·di·ty /rùːbɪ̈kʌ́ndəṭi | -bɪkʌ́ndɪ̈ti/ *n.* (顔色などの)赤いこと, 赤色. 〖《1727》: ⇨ ↑, -ity〗

ru·bid·i·um /ruːbídiəm | -di-/ *n.* 〖化学〗 ルビジウム 《金属元素の一つ; 記号 Rb, 原子番号 37, 原子量 85.4678, 比重 1.532, 融点 38.5°C, 沸点 700°C》.
ru·bíd·ic /-dɪk | -dɪk/ *adj.* 〖《1867》← NL ~ ← L *rubidus* reddish (← *ruber* 'RED[1]')+-IUM〗

rubídium-stróntium dàting *n.* ルビジウム-ストロンチウム年代測定法 《ルビジウムの放射性同位体が崩壊してストロンチウムの同位体となる現象を利用した年代測定法》.

rú·bied *adj.* ルビー色をした; 深紅色の. 〖1608〗

ru·bi·fy /rúːbɪ̈fàɪ | -bɪ̈-/ *vt.* 赤くする. 〖《*c*1395》□ ME *rubifien* OF *rubifier, rubefier* (F *rubéfier*) <VL *rubeficāre*=L *rubefacere* to redden ← *rubeus* 'RED[1]': ⇨ -fy〗

ru·big·i·nose /ruːbídʒənòus | ruːbídʒɪ̈nəus/ *adj.* = rubiginous.

ru·big·i·nous /ruːbídʒənəs | ruːbídʒɪ̈-/ *adj.* 〖生物〗 **1** 赤褐色の, 錆(さび)色の. **2** 〈植物が〉サビ病[胴枯れ病]にかかった, 赤枯れの. 〖《1671》← L *rūbigin-, rūbīgō* rust (← *ruber* 'RED[1]')+-OUS〗

Rú·bik [Rú·bik's] cúbe /rúːbɪk(s)-/ *n.* 〖商標〗 ルービックキューブ 《27 個の小立方体から成る立方体の各面をそれぞれ同色にまとめるパズル》. 〖← *Erno rubik* (b. 1944: ハンガリーの建築家で, その考案者)〗

Ru·bin·stein /rúːbɪ̈nstàɪn; *Russ.* rubʲinʃtʲéjn/, **Anton** *n.* ルビンシュテイン 《1829–94; ロシアのピアニスト・作曲家・指揮者》.

Ru·bin·stein /rúːbɪ̈nstàɪn; *Pol.* rúbʲinʃtʲeʲn, -ʃtaʲn/, **Ar·tur** /ɑ́ətə | ɑ́ːtə(r; *Pol.* ártur/ *n.* ルービンスタイン 《1887–1982; ポーランド生まれの米国のピアニスト》.

Ru·bin·stein /rúːbɪ̈nstàɪn/, **Helena** *n.* ルービンスタイン 《1882–1965; 米国の企業家; 化粧品の製造・販売で国際的な企業王国を築いた》.

ru·bi·ous /rúːbiəs/ *adj.* 《詩》 赤い, ルビー色の. 〖《1601》← RUBY+-OUS〗

ru·bis·co /rubískou | -kəu/ *n.* 〖生化学〗 ルビスコ 《すべての緑色植物の葉緑体と光合成細菌にある酵素で, 光合成中の大気中の二酸化炭素の固定化と光呼吸中のオキシゲナーゼ活性に関与する; リブロースビスリン酸カルボキシラーゼ (ribulose bisphosphate carboxylase) の通称》.

ru·ble /rúːbl̩; *Russ.* rúblʲ/ *n.* **1** ルーブル, ルーブリ 《ロシア・ベラルーシの通貨単位; =100 kopecks; 記号 R, Rub; タジキスタンの通貨単位; =100 tanga; 記号 TJR》. **2** 1 ルーブル銀貨[紙幣]. 〖《1554》 *rubbel* □ Russ. *rubl'* 《原義》 silver bar, (ORuss.) bar, block ← *rubit'* to cut up: cf. F rouble〗

rúb·òut *n.* 《米俗》 殺人; (ギャング間の)殺し. 〖《1927》← *rub out*〗

ru·bre·dox·in /rùːbrədɑ́(ː)ksɪ̈n, -sn̩ | -brɪ̈dɔ́ksɪn/ *n.* 〖生化学〗 ルブレドキシン 《嫌気性菌にみられ, 酸化還元反応に関係のある電子伝達蛋白質; cf. flavodoxin》. 〖《1965》□ L *rubr-, ruber* red+REDOX+-IN[1]〗

ru·bric /rúːbrɪk/ *n.* **1 a** 朱書き題目, 赤文字, 赤刷り題目, ルーブリック 《昔の写本や印刷物で赤や装飾文字で書かれた[印刷された]章・節の題目・頭文字など》. **b** (書物・論文などの章・節の)題名, 題目, 見出し. **c** 項目, 範疇, 部門, 部類: the three ~*s* of race, language, and culture 人種・言語・文化の 3 範疇. **2 a** (法令・規程などの)題目, 項目 《昔は朱書された》. **b** [集合的にも用いて] 法令, 令式; 規程. **3** 注解, 注釈, 解説. **4** 確立した習慣[形式, 手続き]. **5** 《古》 =red ocher. **6** 〖教会〗 (赤字)典礼法規, 典礼執行規定, 礼拝[儀式]規程 《儀式の指図書き, ミサなどの次第書き; 本文と区別するため昔は朱書または赤刷りにしたが, 今はイタリック体で印刷することが多い》.
— *adj.* **1** 朱文字で書かれた. **2** 《古》 赤い, 赤みがかった. — *v.* (**ru·bricked; -brick·ing**) — *vt.* …に赤い印をつける, 赤く塗る, 朱書する, 赤文字で書く, 赤刷りする, 赤色で飾る. — *vi.* (氏名の代わりに)マークを記して署名とする, 署名代わりのマークを記す.
〖《?*c*1300》 *rubryke* □ L *rubrica* red chalk ← *ruber* 'RED[1]': cf. ME *rubriche* □ OF〗

rú·bri·cal /-brɪ̈kəl, -kl̩ | -brɪ-/ *adj.* **1 a** 赤色の, 赤色で記した. **b** 赤文字の[で示された]: a ~ day 祝祭日; 大切な日, 記念日. **2** 〖教会〗 (赤字)典礼法規の, 礼拝[儀式]規程の. **~·ly** *adv.* 〖1641〗

ru·bri·cate /rúːbrɪ̈kèɪt/ *vt.* **1** 朱書する, 赤文字で書く, 赤刷りする. **2** …に赤表題を付ける; 赤表題などで整理する. **rú·bri·cà·tor** /-ṭə | -tə(r/ *n.* 〖《1570》← L *rubricātus* (p.p.) ← *rubricāre* to color with red ← *rubrīca*: ⇨ rubric, -ate[3]〗

ru·bri·ca·tion /rùːbrɪ̈kéɪʃən/ *n.* **1** 朱書, 赤刷り. **2** 赤題目; 朱書の物. 〖1658〗

ru·bri·cian /ruːbríʃən/ *n.* **1** 典礼に明るい人. **2** 典礼墨守家. 〖1843〗

rú·bri·cìsm /-brəsìzm | -brɪ̈-/ *n.* 典礼(法規)墨守, 礼拝[儀式]規程遵守. 〖1862〗

rú·bri·cist /-sɪ̈st | -sɪst/ *n.* =rubrician. 〖1857〗

ru·bric·i·ty /ruːbrísəṭi | -sɪ̈ti/ *n.* 赤さ, 赤み, 赤色. 〖1800〗

Ru·brouck /ruːbrúːk/ (*also* **Ru·bruck, Ru·bruk** /rúːbruk/), **William of** *n.* ⇨ Rubruquis.

Ru·bru·quis /rùːbrukíː; *F.* ʀybʀyki/, **Guillaume** *n.* リュブリュキ 《1220?–93; フランドル生まれのフランシスコ会の宣教師; モンゴルに布教 (1253); 英語名 William of Ruysbroeck [Rubrouck, Rubru(c)k]》.

rúb·stòne *n.* 砥石(といし) (whetstone). 〖1400–50〗

rúb·ùp *n.* 十分にこする[摩擦する]こと, 磨き上げ.

ru·bus /rúːbəs/ *n.* 〖植物〗 キイチゴ 《バラ科キイチゴ属 (*Rubus*) の低木の総称; cf. blackberry 1, raspberry 1 a》. 〖《1921》← NL ~ ← L ~ 'blackberry-bush'〗

ru·by /rúːbi/ *n.* **1** 紅玉, ルビー (⇨ birthstone): Oriental [true] ~ 東洋紅玉[純紅玉] / ⇨ spinel ruby. **2 a** ルビー色, 鮮紅色. **b** ルビー色のもの. **c** 赤ワイン. **3** 〖時計〗 石 《関係部品の摩擦・摩耗を少なくする目的で軸受や衝撃を受ける箇所に使用; jewel ともいう》: a watch with 23 *rubies* 23 石[ルビー]入りの時計. **4** 《英》 〖活字〗 ルビー 《活字の大きさの古い呼称; 5 ½ アメリカンポイント相当, 米国の agate に当たる; ⇨ type[1] 3 ★》. **5** 〖鳥類〗 ルビーハチドリ (*Clytolaema rubricauda*) 《ブラジル産のハチドリ; 雄は胸がルビー色》. ***abòve rúbies*** 価値の計り難い, きわめて貴重[重要]な.
— *adj.* (**ru·bi·er; -bi·est**) ルビー色の; 〈ポートワインが〉明るい赤色の: ~ lips 真紅の唇. — *vt.* ルビー色に染める.
~·lìke *adj.* 〖《?*c*1300》□ OF *rubi* (F *rubis*) □ ML *rubinus* (*lapis*) red (stone) ← L *rubeus, ruber* 'RED[1]'〗

Ru·by /rúːbi/ *n.* ルビー 《女性名》. ★ 19 世紀末より一般化した. 〖↑〗

rúby-cròwned kínglet [wrén] *n.* 〖鳥類〗 ルビーキクイタダキ (*Regulus calendula*) 《米国産キクイタダキ属の鳴鳥; 雄は頭に鮮紅色の冠羽をもつ》. 〖1835–45〗

rúby glàss *n.* (金・酸化銅・硫化鉄などで色付けした)ルビーガラス, 紅色ガラス, 赤色ガラス. 〖1797〗

rúby pìn *n.* 〖時計〗 振り石 (⇨ impulse pin).

rúby pòrt *n.* ルビーポート 《ポルトガル産赤紫色のポートワイン; 黒ブドウを用い木樽熟成して 4, 5 年後に瓶詰めされる; 若くてフレッシュな味が特徴》. 〖1921〗

rúby sílver *n.* 〖鉱物〗 **1** 濃紅銀鉱 (⇨ pyrargyrite). **2** 淡紅銀鉱 (⇨ proustite). 〖1815〗

rúby spániel *n.* ルビースパニエル 《被毛がルビー色のスパニエル; Cavalier King Charles spaniel, King Charles spaniel などにみられる》.

rúby spinèl *n.* 〖鉱物〗 ルビースピネル, 紅尖晶石 《spinel ruby ともいう》. 〖1839〗

rúby-tàil *n.* 〖昆虫〗 腹が光沢の強い赤色をしたヨーロッパ産セイボウ科のハチ (*Chrysis viridula*) 《ruby-tailed fly ともいう》. 〖1837〗

rúby-tail wásp *n.* =ruby-tail.

rúby·thròat *n.* 〖鳥類〗 **1** =ruby-throated hummingbird. **2** ノゴマ (*Erithacus calliope*) 《アジア北部で繁殖するコマドリ属の一種》. 〖1783〗

rúby-thròated húmmingbird *n.* 〖鳥類〗 ノドアカハチドリ (*Archilochus colubris*) 《北米東部産のハチドリ; 背が緑色, 腹が白く, 成鳥の雄はのどが光沢のある赤色》. 〖*c*1782〗

rúby wédding *n.* ルビー婚式 《結婚 40 周年の記念式[日]; ⇨ wedding 4》. 〖1911〗

rúby wédding annivérsary *n.* =ruby wedding.

rúby wòod *n.* 〖植物〗 =red sandalwood 1 b. 〖1843〗

RUC 《略》 Royal Ulster Constabulary.

ruche /rúːʃ; *F.* ʀyʃ/ *n.* ルーシュ 《レース・リボン・紗(しゃ)などにギャザーやひだを入れて作った服飾付属品で, 婦人服の襟(えり)・袖口などの飾りに用いる》. — *vt.* ルーシュで飾る. 〖《1827》□ F ~ 《原義》 beehive <ML *rūscam* bark of a tree ← Celt.〗

ruched /rúːʃt/ *adj.* ルーシュで飾った. 〖1847〗

ruch·ing /rúːʃɪŋ/ *n.* **1 a** [集合的にも用いて] ルーシュ (ruche(s)). **b** ルーシュの材料. **2** ルーシング 《ルーシュで飾ること》; ルーシュ飾り. 〖1862〗

ruck[1] /rʌ́k/ *n.* **1 a** 多数, 多量, 群れ: a ~ of people. **b** 《方言》 (積み重ねた)山 (heap). **2** [the ~] 凡人の群れ, 有象無象(うぞうむぞう), 大衆; つまらない物の集まり: the general ~ of singers 平凡な歌手たち. **3** 〖ラグビー〗 ラック 《地面にあるボールの周りに両チームのプレーヤーが密集して押し合った状態; loose scrum ともいう; cf. maul 3》. **4** 〖豪式フットボール〗 特定の守備位置はもたずボールの直後を追う 3 選手. **5 b** [the ~] **a** (競走などで人・物の)後続集団[グループ]. **b** 〖競馬〗 後続馬の群れ. — *vi.* 〖ラグビー〗 ラックする. 〖《?a1200》 *ruke* heap □ ? ON *hroki*: cf. rick[1] / Norw. *ruka* little heap〗

ruck[2] /rʌ́k/ *n.* しわ (crease), ひだ. — *vt.* しわにする 〈*up*〉. — *vi.* しわになる, ひだになる 〈*up*〉. 〖《1787》□ ON *hrukka* wrinkle <Gmc **χruŋkw(i)ōn*〗

ruck[3] /rʌ́k/ *n.* 《英》 つかみ合い, 乱闘: a ~ with the cops 警官との小競り合い.

ruck[4] /rʌ́k/ 《廃・方言》 *vi.* しゃがむ. — *vt.* しゃがませる. 〖《?a1200》 *rouke(n)* □ ? ON〗

Rück·ert /rʊ́kət, rík- | -kət; *G.* ʀʏ́kɐt/, **Friedrich** *n.* リュッカート 《1788–1866; ドイツの詩人; *Liebesfrühling* 「愛の春」 (1844)》.

ruck·le[1] /rʌ́kḷ, rʊ́kḷ/ *vi.* 《スコット・英方言》 〈臨終の人が〉のどをごろごろ鳴らす. — *n.* (臨終の人の)のどをごろごろ鳴らす音. 〖《1530》← Scand.: cf. Norw. 《方言》 *rukla* (v.)〗

ruck·le[2] /rʌ́kḷ/ *n., v.* 《英》 =ruck[2]. 〖《1839》← RUCK[2]+-LE[3]〗

ruck·sack /rʌ́ksæ̀k, rʊ́k-; *G.* ʀʊ́kzak/ *n.* リュック(サック), ザック (cf. knapsack), 背嚢(はいのう). 〖《1866》□ *Rucksack* ← *Rucken* (《南ドイツ方言》 ← *Rücken* 'back, RIDGE'+*Sack* 'SACK[1]'〗

rück·um·laut /rʊ́kùmlaut; *G.* ʀʏ́kumlaut/ *n.* 〖言語〗 後位[バック]ウムラウト, ウムラウト欠如 《ゲルマン系言語のある種の弱変化動詞の過去形・過去分詞形の語幹母音にウムラウトが欠けている現象; ウムラウト形成期前に語幹母音に後続するシラブル中の i 音が消失したことによる》. 〖□ G ~ 《原義》 back umlaut ← *rück* (← *zurück* backward)+UMLAUT〗

ruck·us /rʌ́kəs/ *n.* 《口語》 **1** 騒動, 騒ぎ; けんか: raise a ~ 騒ぎを起こす / She is in some kind of a ~ with her husband. 夫とけんか中である. **2** (激しい)論争. 〖《1890》 《混成》? ← RUC(TION)+(RUMP)US〗

ru·co·la /rúːkələ/ *n.* 〖植物〗 =garden rocket. 〖□ It. 《方言》 ~ (dim.) ? ← *ruca* argula: ⇨ rocket[2]〗

ruc·tion /rʌ́kʃən/ *n.* [しばしば *pl.*] 《口語》 騒ぎ, 騒動; けんか: raise a ~ 騒動を起こす / There will be ~*s*. 無事には治まるまい, 一騒動持ち上がるだろう. 〖《1825》 《短縮》 ← ? INSURRECTION: cf. 《廃》 *ructation* belching 《頭音消失》 ← ERUCTATION〗

rud /rʌ́d/ *n.* 《方言》 **1** 赤, 赤色. **2** 色; 顔色. — *vt.* (**rud·ded; rud·ding**) 赤くする. 〖OE *rudu*: ⇨ ruddy〗

rud. 《略》 rudder.

ru·da·ceous /ruːdéɪʃəs/ *adj.* 礫(れき)質の (cf. arenaceous, argillaceous). 〖1904〗

rud·beck·i·a /rʌdbékiə, ruːd-/ *n.* 〖植物〗 オオハンゴンソウ 《北米産のキク科オオハンゴンソウ属 (*Rudbeckia*) の多年草の総称; black-eyed Susan など》. 〖《1759》← *Olof Rudbeck* (1630–1702: スウェーデンの植物学者): ⇨ -ia[2]〗

rudd[1] /rʌ́d/ *n., vt.* =rud.

rudd[2] /rʌ́d/ *n.* (*pl.* ~) 〖魚類〗 ラッド (*Scardinius erythrophthalmus*) 《ヨーロッパ産のコイ科の腹びれと尾びれが赤い淡水魚》. 〖《1526》← RUD〗

Rudd /rʌ́d/, **Steele** *n.* ラッド 《1868–1935; オーストラリアの作家; 本名 Arthur Hoey Davis; *Back at Our Selection* (1906)》.

rud·der /rʌ́də | -də(r/ *n.* **1 a** 〖海事〗 舵(かじ), 楫(かじ) (⇨ yacht 挿絵). **b** 〖航空〗 方向舵(だ), ラダー. **2** 指導原理[標準]; 指導者. **3** (カワウソなどの)尾. **4** 〖木工〗 支え板 《バタフライ[折り曲げ式]テーブルの折り下げ部分を支える(船の舵に形の似た)縦板》. **rúd·dered** *adj.* 〖OE *rōþer* ← (WGmc) **rōþra-* (Du. *roer* / G *Ruder*) ← **rō-* ← IE **erə-* 'to ROW[2]'〗

rúdder chàin *n.* 〖海事〗 舵鎖: **1** 小船で舵輪(だりん)を回すと舵(かじ)がその方向へ回るように力を伝える鎖. **2** 事故で舵頭が破損した時など応急処置として舵を取るために舵面へ直接取り付ける鎖.

rúdder·fìsh *n.* 〖魚類〗 船について行く(といわれる)種々の魚類の総称: **a** =pilot fish 1. **b** =banded mackerel [rudderfish]. 〖1734〗

rúdder·hèad *n.* 〖海事〗 ラダーヘッド, 舵頭(だとう) 《舵(かじ)の軸頭》. 〖1795–85〗

rúdder hòrn *n.* 〖海事〗 舵頭(だとう)角 《昔, 舵(かじ)が過度にとられないように鎖で制止したが, その鎖を取り付けるために舵頭にはめ込んだ横棒》.

rúdder·less *adj.* **1** 舵(かじ)のない, 舵を失った. **2** 舵取り役[指導者]のない. 〖1605〗

rúdder·pòst *n.* 〖海事〗 **1** 舵柱(だちゅう) 《船尾にある小柱で, そこへ舵(かじ)が取り付けられる》. **2** =rudderstock. 〖1691〗

rúdder·stòck *n.* 〖海事〗 舵幹(だかん) 《舵(かじ)の軸材》. 〖1860–65〗

rúdder tàckle *n.* 〖海事〗 ラダーテークル 《操舵装置が破損した時, 応急に取り付けられる操舵用滑車装置》.

rúdder trùnk *n.* 〖海事〗 ラダートランク 《舵幹(だかん)が船内を貫通する部分の防水用の囲い》.

rud·der·va·tor /rʌ́dəvèɪṭə | -dəvèɪtə(r/ *n.* (*also* **rud·de·va·tor** /-də- | -də-/) 〖航空〗 ラダベーター 《V 形尾翼の舵面(だめん)で方向舵と昇降舵の両方の働きをする》. 〖《1962》 《混成》 ← RUDD(ER)+(EL)EVATOR〗

rud·dle /rʌ́dḷ | -dl/ *n.* 〖地質〗 紅土, 代赭(たいしゃ)石 《特に, 羊に印を付けるため, または顔料として用いる; red ocher ともいう》. — *vt.* **1** 紅土で赤く染める, (特に)〈羊〉に紅土で印をつける. **2** =raddle[2]. **3** 〈顔などを〉赤くする. 〖《1538》← RUD+-LE[1]〗

rúddle·man /-mən/ *n.* (*pl.* **-men** /-mən, -mèn/) 代赭(たいしゃ)石商人. 〖1623〗

rud·dock /rʌ́dək | -dək/ *n.* 《英方言》 〖鳥類〗 =robin[1] 1. 〖late OE *rudduc* robin ← *rudu* red: ⇨ ↓, -ock〗

rud·dy /rʌ́di | -di/ *adj.* (**rud·di·er; -di·est**) **1** 〈顔色・人などが〉血色のよい, ばら色の, 健康そうな (⇨ rosy SYN); (怒り・当惑などで)赤面した: ~ cheeks 紅顔 / a ~ complexion 血色のよい顔色 / ~ health 壮健. **2** 赤い, 赤らんだ: a ~ firelight 赤い火明かり / a ~ sky 赤く輝く空,

朝[夕]焼け空. **3** [動物名に付けて] 赤い, 赤みがかった: ⇨ ruddy duck, ruddy plover. **4** [しばしば(言葉に勢いをつけるだけの)虚辞として用いて]《英俗》いやな, いまいましい, べらぼうな, ものすごい: a ～ lie 真っ赤なうそ. ── *adv.* [強意語として用いて]《英俗》べらぼうに, ひどく, ものすごく: It seems so ～ peculiar, doesn't it? なんだかひどく変だよ. ── *vt.* 赤くする. ── *vi.* 赤くなる. **rúd·di·ly** /-dəli, -dḷi | -dɪli, -dḷi/ *adv.* **rúd·di·ness** *n.* 〖late OE *rudiġ* ← *rudu* red ＜Gmc *ruðō ← IE *reudh- 'RED¹', rud-dy': ⇨ -y¹〗

rúddy dúck [díver] *n.* 〖鳥類〗 アカオタテガモ (*Oxyura jamaicensis*) 《北米・ジャマイカ産の羽根が赤く尾羽がとがり, くちばしの青いカモ》. 〖1814〗

rúddy plóver *n.* 〖鳥類〗 =sanderling.

rúddy túrnstone *n.* 〖鳥類〗 キョウジョシギ (*Arenaria interpres*) 《シギ科の渡り鳥; 米国では冬鳥》.

rude /rúːd/ *adj.* (**rud·er**; **rud·est**) **1 a** 不作法な, 失礼な, 無礼な: a ～ fellow 不作法な男 / ～ in manners 不作法な / be ～ *to* a person 人に無礼をする, 人を侮辱する / say ～ things 失礼なことを言う / He was ～ enough to contradict me. 無礼にも私に反対した / It is ～ to speak with your hands in your pockets. ポケットに手を入れてしゃべるのは失礼です / I hope it is not ～ of me to say so. こんなことを言って失礼かもしれませんが. **b** 粗野な, 無骨な; 下品な, みだらな: a ～ joke. **2** 粗暴な, 乱暴な, 荒々しい; 突然の, 出し抜けの: a ～ shock (嫌なことで受ける)激しいショック / a ～ awakening ⇨ awakening 2. **3 a** 自然のままの, 未加工の: ～ ore 粗(あら)石, 原石 / ～ produce 天然産物. **b** 荒れたままの, 荒涼とした: a ～ path 荒れた道 / ～ scenery 荒涼とした光景. **c** 〈波・風など〉激しい, ひどい: a ～ blast of wind 激しい一陣の風 / ～ waves 激浪. **4 a** 粗製の, 粗(あら)造りの, 未完成の; 粗雑な, ざっとした; 下手な, 不器用な, 不細工な: a ～ estimate 大体の見積もり / a ～ drawing ぞんざいな画 / a ～ method 粗雑なやり方 / ～ classification 大別 / a ～ version 大体の話 / a little ～ hut 仮小屋 / a ～ plan ぞんざいな計画. **b** 舌[耳]にさわる, まずい: ～ fare 粗末な飲食物 / ～ music 耳障りな音楽 / ～ plenty まずいものたくさん. **5** 頑健(がんけん)な, 壮健な: in ～ health たくましく健康で. **6 a** 野蛮な, 未開の, 原始的な: ～ times 未開時代 / ～ mountain tribes 未開の山岳部族. **b** 教養のない, 無教育の: ～ peasants. **7** 未熟な, 下手な; 雑な: a ～ observer 粗雑な観察者 / a ～ writer 悪文家. **～·ly** *adv.* **～·ness** *n.* 〖《?c1280》□ (O)F ～ □ L *rudis* raw: cf. ruderal〗

SYN 無礼な: **rude** 〈人やふるまいが〉敬意や思いやりに欠ける: a *rude* remark 失礼な言葉. **impolite** 社交上のしきたりを守らない: It's *impolite* to ask a woman's age. 女性の年を聞くのは失礼だ. **ill-mannered** 礼儀作法を知らない: a well-meaning but *ill-mannered* youth 人はよいが礼儀を知らない若者. **discourteous** 他人に対して不作法な《格式ばった語》: a *discourteous* reply 無礼な返事.
ANT polite, civil.

rúde bòy *n.* 《カリブ俗》(レゲエやスカを好む)街の不良. 〖1967〗

ru·den·ture /ruːdéntʃə | -tʃə(r)/ *n.* =cabling 3. 〖《1723》□ F ～ ← L *rudent-*, *rudēns* ship's rope: ⇨ -ure〗

ru·der·al /rúːdərəl | -də-/ 〖植物〗 *adj.* 荒地に生える. ── *n.* 荒地性植物[雑草]. 〖《1858》← NL *rūderālis* ← L *rūdera* (pl.) ← *rūdus* broken stone ← IE *reud- to tear apart: ⇨ -al¹〗

rud·er·y /rúːdəri | -də-/ *n.* 《口語》失礼[無礼]なふるまい. 〖1932〗

rudes·by /rúːdzbi/ *n.* 《古》不作法者, 騒々しい人. 〖《1566》← RUDE＋-sby (Grimsby などの家族名をまねた戯言的接尾辞)〗

Rü·des·hei·mer /rúːdəshàɪmə | -dɪshàɪmə(r); G. ʁýːdəshaɪmɐ/ *n.* リューデスハイム(ワイン)《ドイツ Rhine 河畔地方産の白ワイン》. 〖《1797》□ G ～ ← *Rüdesheim* (ドイツ Rhine 河畔の産地名)〗

ru·di·ment /rúːdəmənt | -dɪ̀-/ *n.* **1** [通例 *pl.*] **a** 根本, 基本, 基礎, 基礎的原理: the ～s of a plan 計画の基礎. **b** 初歩: the ～s of Latin ラテン語初歩. **2** [通例 *pl.*] (発展が期待される)兆し: some ～s of common sense 常識の基礎(とも言えるもの) / the ～s of civilization 文明の兆し / the ～s of socialism 社会主義の根源. **3** 〖生物〗 **a** (これから発達する器官の)原基, 原始細胞. **b** 退化器官, 痕跡(こんせき)器官. 〖《1548》□ F ～ ∥ L *rudimentum* a beginning ← *rudis* unwrought: ⇨ rude, -ment〗

ru·di·men·tal /rùːdəméntḷ | -dɪ̀méntḷ⁻/ *adj.* =rudimentary.

ru·di·men·ta·ry /rùːdəméntəri, -tri | -dɪ̀méntəri, -tri⁻/ *adj.* **1 a** 根本の, 基本の. **b** 初歩の, 初等の: a ～ knowledge of arithmetic 算数の初歩的知識. **2** 〖生物〗 未発達[未発育]の, 未成の; 痕跡(こんせき)の (cf. functional 4): a ～ organ 痕跡器官 / Some types of monkeys show evidence of ～ intelligence. サルの中には未発達ながら知能らしいものの証左を示すものもある / ～ forms of life さまざまな原始的生物. **ru·di·men·ta·ri·ly** /rùːdəmentérəli, ━━━━, rùːdəméntərəli, -trəli | rùːdɪ̀méntərəli, -mentérəli/ *adv.* **rù·di·mén·ta·ri·ness** *n.* 〖《1839》← RUDIMENT＋-ARY: cf. F *rudimentaire*〗

rud·ish /rúːdɪʃ | -dɪʃ/ *adj.* =rude 2. 〖*c*1450〗

ru·dist /rúːdɪst | -dɪst/ *n.* 〖古生物〗 ルーディスト, 厚歯二枚貝《白亜紀に礁状のコロニーをつくった円錐形二枚貝(の化石)》. 〖《1889》← NL *Rudista* (科名) ← L *rudis* unformed, rude〗

ru·dis·tid /rúːdɪ̀stɪ̀d | -dɪstɪd/ *n.* 〖古生物〗 =rudist.

Ru·dolf /rúːdɑ(ː)lf | -dɒlf; G. ʁúːdɔlf, Du. rýːdɔlf/ *n.* ルドルフ《男性名; 愛称形 Rudy, Rolph, Rollo, Dolf; 異形 Rodolf, Rodolph, Rudolph》. 〖□ G ～ ＜OHG *Hrodulf* ← *hruod-* fame＋*wolf* 'WOLF': cf. Rolf〗

Ru·dolf /rúːdɑ(ː)lf | -dɒlf; G. ʁúːdɔlf/ *n.* ルドルフ《1858–89; オーストリア皇太子; 愛人の Mary Vetsera と心中したと伝えられる》.

Rudolf I *n.* (*also* **Rudolph I**) ルドルフ一世《1218–91; Hapsburg 朝初代の神聖ローマ皇帝 (1273–91)》.

Ru·dolf /rúːdɑ(ː)lf | -dɒlf/, **Lake** *n.* ルドルフ湖《アフリカ東部, ケニア北部にある湖; 長さ約 274 km, 面積 6,405 km²》.

Ru·dolph /rúːdɑ(ː)lf | -dɒlf; G. ʁúːdɔlf, Du. rýːdɔlf/ *n.* ルドルフ《男性名》. 〖《異形》← RUDOLF〗

Rud·ra /rúdrə/ *n.* 〖ヴェーダ神話〗 ルドラ《嵐(あらし)の神で Siva の前身; また病いをもたらすが, これを治す薬草を与えもする》. 〖□ Skt ～〗

Rud·ras /rúdrəz/ *n. pl.* 〖ヒンズー教〗 =Maruts.

Ru·dy /rúːdi | -di/ *n.* ルーディ《男性名》. 〖(dim.) ← RUDOLF〗

Rud·yard /rʌ́djəd | -djəd/ *n.* ラドヤード《男性名》. 〖cf. OE *rudu-geard* red enclosure〗

rue¹ /rúː/ *v.* (～·ing, ru·ing) ── *vt.* 後悔する, 悔悟する, 残念に思う, 遺憾に思う; …しなければよかったと思う: ～ a bargain 取引[契約]したことを後悔する / ～ the day [hour] when …した日[時]を悔いる[が悔(く)しい] / You shall ～ it. 今に後悔するぞ / You will live to ～ it. いつかそれを後悔する日が来るだろう. ── *vi.* 《古》後悔する, 悔悟する, 残念[遺憾]に思う. ── *n.* 《古》 **1 a** 後悔, 悔悟. **b** 悔い改め, 懺悔. **2** 哀れみ, 同情. **rú·er** *n.* 〖OE *hrēowan* to grieve ＜Gmc *χrewan (Du. *rouwen* / G *reuen*) ← IE *kreu- to push, strike (Gk *kroúein* to push): cf. ruth〗

rue² /rúː/ *n.* 〖植物〗 ヘンルーダ (*Ruta graveolens*) 《南ヨーロッパ原産のミカン科の常緑低木; 昔, 薬草として用いられた; 葉は苦く, 強い香りがあり興奮剤に用いられ, rue¹ に結び付けて悔い改めの表象として herb of grace と呼ばれた》. 〖《(late OE)》□ (O)F ～ ＜L *rūtam* □ Gk *rhutḗ* bitter herb ← ? ∞ OE *rūde* □ L *rūta*〗

rúe anèmone *n.* 〖植物〗 バイカカラマツソウ (*Anemonella thalictroides*) 《北米東部原産のキンポウゲ科の多年草; 花は白色》. 〖《1818》↑〗

rúe bárgain *n.* 《英方言》後悔する(ような)取引[契約]. 〖1649〗

rúe fàmily *n.* 〖植物〗 ミカン科 (Rutaceae).

rue·ful /rúːfəl, -fl/ *adj.* **1** 後悔している, 悔やんでいる, 悲しげな: a ～ smile 悲しげな笑み / the Knight of the *Rueful* Countenance 憂い顔の騎士《ドンキホーテ (Don Quixote) の異名》. **2** 哀れな, 悲惨な: a ～ sight. **～·ly** *adv.* **～·ness** *n.* 〖?*a*1200〗

ru·fes·cent /ruːfésənt, -sṇt/ *adj.* 赤みがかった. **ru·fés·cence** /-səns, -sṇs/ *n.* 〖《1817》□ L *rūfescentem* (pres.p.) ← *rūfescere* to redden ← *rūfus* red: ⇨ rufous, -escent〗

ruff¹ /rʌ́f/ *n.* **1** 襞襟(ひだえり)《16 世紀から 17 世紀初頭に男女共に用いたリンネまたはモスリン製の円形に襞をとった白襟; レースの縁取りをしたものが多い》. **2 a** 襞襟状のもの. **b** (鳥の)首羽; (獣の)首毛. **3** 〖鳥類〗 エリマキシギ (*Philomachus pugnax*) 《欧州・アジアなどに生息するシギ科の鳥; 雌は reeve という》. ── *vt.* **1 a** 〈布・レースを〉襞(襟)にする. **b** 〈服などに〉襞襟を付ける. **2** 〈髪の毛をふわりと浮かせるために細歯の櫛(くし)を当てて〉〈髪〉に逆毛(さかげ)を立てる. **3** 〈鷹が〉〈一旦襲った鳥・うさぎなどを〉捕えそこなう. **～·lìke** *adj.* 〖《(1523)》← ? RUFFLE¹ ∥ 《転用・変形》← ? ROUGH〗

ruffs 1

ruff² /rʌ́f/ *n.* 〖魚類〗 **1** =ruffe. **2** =pumpkinseed 2 a. **3** =roughy 1. 〖《1440》*ruf*, *rowe* ← ? ROUGH: cf. ML *rufus* a kind of fish〗

ruff³ /rʌ́f/ 〖トランプ〗 *n.* **1** ラフ, 切り《他のスーツが打ち出されたとき, 切札を出して取ること》: double ～ =crossruff. **2** 《古》ラフ《16 世紀に行われ whist の前身となったゲーム》. ── *vt., vi.* (他のスーツの札を)切札で取る, ラフする, 切る (trump). ***rúff óut*** 〖トランプ〗 (ブリッジで)〈あるスーツを〉敵方の上位札がなくなるまで切ってエスタブリッシュする (cf. establish *vt.* 10). 〖《1589》□ OF *roffle* ← *ronfle* □ ? It. *ronfa* a card game 《転訛》← *trionfo* triumph, trump □ L *triumphus* 'TRIUMPH'〗

ruff⁴ /rʌ́f/ *n.* 〖音楽〗 ラフ《ドラムの基本奏法のひとつで, ある音の直前に二つの装飾音を加えるもの》. 〖《1688》擬音語か: cf. ruffle²〗

ruffe /rʌ́f/ *n.* 〖魚類〗 ルフェ, ラッフ (*Gymnocephalus cernua*) 《ヨーロッパ産のパーチ科の淡水小魚; pope ともいう》. 〖⇨ ruff²〗

ruffed /rʌ́ft/ *adj.* **1** 襞襟(ひだえり)(ruff)のある. **2** 〈鳥など〉首羽のある; 〈獣など〉首毛のある. 〖1578〗

rúffed bústard *n.* 〖鳥類〗 フサエリショウノガン (⇨ houbara). 〖1783〗

rúffed gróuse *n.* 〖鳥類〗 エリマキライチョウ (*Bonasa umbellus*) 《北米産; 地方によって partridge または pheasant と呼ばれる》. 〖1745–55〗

rúffed lémur *n.* 〖動物〗 エリマキキツネザル (*Varecia variegata*) 《Madagascar 島東海岸に分布; 白と黒の体毛をもち, 特に首のまわりに密生した長い毛がある; 絶滅の危機に瀕している》. 〖1840〗

ruf·fi·an /rʌ́fiən/ *n.* **1** 悪党, 悪人; ごろつき, 与太者. **2** 《廃》女郎屋の主人, ぽん引き. ── *adj.* **1** 悪党の; ごろつきの. **2** 残忍な, 狂暴な. 〖《1531》□ (O)F *ruf(f)ian* □ It. *ruffiano* ← 《方言》*rof(f)ia* scab, filth ← Gmc (cf. OHG *ruf* scurf)〗

rúf·fi·an·ìsm /-nìzm/ *n.* 残忍(な行為); 悪党根性. 〖1593〗

rúf·fi·an·ly *adj.* 悪党の[に関する, らしい]; 残忍な, 乱暴な, 無法な. 〖1570〗

ruf·fle¹ /rʌ́fl/ *vt.* **1 a** 〈頭髪を〉くしゃくしゃにする 〈*up*〉: He ～*d* the girl's hair affectionately. いとおしげに女の子の髪をくしゃくしゃとやった / Her nice hairdo was ～*d* by a gust of wind. 彼女のせっかくの髪が突風で乱れた. **b** 〈水面を〉波立たせる, 〈水面に〉さざ波を立てる: The wind ～*d* the water. 風で水面が波立った. **c** 〈額などに〉しわを寄せる. **d** 〈皮膚を〉擦(す)りむく. **2** 〈心を〉乱す; 〈人を〉いらだたせる, 怒らせる 〈*up*〉: ～ a person's composure 人の落着きを失わせる, 人の心を乱す / ～ a person's temper 人の機嫌を悪くさせる / Nothing ever ～*d* him. どんな事にも彼は腹を立てたためしがない. **3** (怒った時など)〈鳥が〉〈羽を〉逆立てる 〈*up*〉: ～ *up* the feathers [plumage] 〈鳥が〉怒って[寒さを防ぐために]羽を逆立てる; 〈人が〉怒る. **4 a** 〈布地などに〉ギャザーを入れる, 襞(ひだ)をとる. **b** 〈袖口や襟元に〉幅広のフリルをつける. **5 a** 〈ページを〉ぱらぱらめくる: She ～*d* the pages of her diary. 彼女は日記をぱらぱらとめくった. **b** 〈トランプ札を〉(左右の手から飛ばすようにして)すばやく混ぜる, 切る (cf. riffle¹ *vt.* 2 b). **6** [～ it として]《古》威張る, 威張り散らす. ── *vi.* **1 a** 波立つ, さざ波が立つ. **b** 〈旗が〉翻る. **c** 〈頭髪が〉乱れる. **2** いらだつ, 怒る, むしゃくしゃする. **3** 襞になる; しわくちゃになる. **4** 《古》威張る. ── *n.* **1** (服・カーテンなどの)襞飾り, 幅の広いフリル (frill). **2 a** 襞べり状のもの. **b** (鳥の)首羽; (獣の)首毛. **3** 波立ち, さざ波. **4** 混乱, 動揺, 波乱; いらだち, 立腹: without ～ or excitement 騒がず激せず, 落ち着き払って / put a person in a ～ 人を不安にさせる; 人をじらす[怒らせる].

ruffle

〖v.: 《*a*1325》ME *ruffele(n)* ← ?: cf. MDu. *ruffelen* to crumple. ―n.: 《1508》《廃》impairment of one's reputation〗

ruf·fle² /rʌ́fl/ 〖軍事〗 *n.* 低くどろどろと鳴る太鼓の音. ── *vt.* 〈太鼓を〉低くどろどろと鳴らす. ── *vi.* 〈太鼓が〉低くどろどろと鳴る; 低くどろどろと太鼓を鳴らす. 〖《1721》← 《廃》*ruff* ruffle² (擬音語)＋-LE³〗

ruf·fle³ /rʌ́fl/ 《古》 *vi.* **1** 争う. **2** 威張りちらす. ── *vt.* 乱暴に引ったくる. ── *n.* 《廃》誇示, 見せびらかし.

rúf·fled *adj.* **1** 〈髪・羽毛など〉逆立った, 〈水面が〉波立った. **2** 襞(ひだ)べりのついた[のある]. **3** 首羽[首毛]のある. 〖1609〗

rúf·fler /-flə, -flə | -flə(r), -flə(r)/ *n.* **1** 威張り散らす人. **2** 平和を乱す者, 邪魔立てする人. **3** (ミシンの)襞(ひだ)飾り[フリル]用装置. **4** 《古》(16 世紀に負傷兵と称して放浪した)乞食(こじき), 浮浪者. 〖《1535》← RUFFLE¹〗

ru·fi·yaa /rùːfijɑ́ː/ *n.* (*pl.* ～) ルーフィヤ《モルジブ共和国の通貨単位; =100 laari》.

ruf·fly /rʌ́fli, -fli/ *adj.* =ruffled. 〖1883〗

ru·fous /rúːfəs/ *adj.* 赤みがかった; 〈特に, 動物が〉赤褐色の, 赤茶けた. ── *n.* 赤褐色. 〖《1782》← L *rūfus* red, reddish＋-ous: cf. red¹〗

rúfous húmmingbird *n.* 〖鳥類〗 アカフトオハチドリ (*Selasphorus rufus*) 《米国西部産のハチドリ; 雄は羽が赤褐色をしている》.

rúf·ter hòod /rʌ́ftə- | -tə-/ *n.* 〖鷹狩〗 新しく捕まえた鷹にかぶせるフード《単に rufter ともいう》. 〖《1575》*rufter*: ← ? RUFF¹ (v.)〗

Ru·fus /rúːfəs/ *n.* ルーファス《男性名; ユダヤ人がしばしば Reuben の代わりに用いる》. 〖□ L *rūfus* red-haired〗

rug /rʌ́g/ *n.* **1 a** (床の一部や炉の前に敷く)敷物, じゅうたん《一枚で模様の完成したもの, または継ぎ合わせずに一枚で用いるもの; cf. carpet, hearthrug》. **b** 毛皮の敷物. **c** (牛馬用の)毛布. **2** 《英》ひざ掛け (《米》lap robe): a travelling ～ 旅行用ひざ掛け. **3** 《俗》=toupee 2. ***cút a rúg*** 《米俗》ダンスをする; (特に)ジルバを踊る. 《1942》 ***púll the rúg (óut) from ùnder*** *a person* [***a person's féet***] (1) 人の計画をぶち壊す[無効にする], 〈人を〉出し抜く. (2) 人の支えとなる物[隠れ場所]を取り去る[取り除く]. 《1946》 ***swéep ùnder the rúg*** 《米》=*sweep under the* CARPET. **～·lìke** *adj.* 〖《1551》← Scand. (cf. Norw. 《方言》*rugga* coarse coverlet / Swed. *rugg* matted hair)〗

RUG /rʌ́g/ 《略》〘電算〙 restricted users group.
ru·ga /rúːgə/ *n.* (*pl.* **ru·gae** /rúːgaɪ, rúːdʒiː/) [通例 *pl.*]〘生物・解剖〙(特に, 胃壁・膣の)皺(しわ), 襞(ひだ). **rú·gal** /-gəl, -gḷ/ *adj.* 〘(1775) ◻ L *rūga* wrinkle: cf. rough〙
ru·gate /rúːgeɪt, -gḷt/ *adj.* 襞(ひだ)のある, 皺(しわ)のある. 〘(1846) ◻ L *rūgātus*: ⇨ ↑, -ate[2]〙
Rug·be·ian /rʌgbíːən/ *adj.* **1** (英国の)ラグビー校 (Rugby School) の. **2** Rugby (に居住する人)の. ― *n.* ラグビー校の生徒[卒業生]. 〘1714〙
Rug·by /rʌ́gbi/ *n.* ラグビー: **1** [しばしば r-] =Rugby football. **2** イングランド中部, Warwickshire 州東部にある都市. **3** =Rugby fives. **4** =Rugby School. 〘ME *Rokebi* (cf. ON *bȳ-r* village, homestead) ∞ OE *Rocheberie* 《原義》 'burg of *Hrōca* (人名)' or village inhabited by rooks〙
Rúgby fives *n. pl.* [単数扱い]〘球戯〙ラグビーファイブズ《背面と前面それに両側面それぞれが壁で囲まれたコート内で, 壁にボールを打ち当てるゲーム; プレーヤーが手にグローブをはめ, またはバットを持ってプレーする; ⇨ fives 挿絵》. 〘1879〙
Rúgby fóotball, r- f- *n.* ラグビー《アマチュアは各チーム 15 名, プロは各チーム 13 名で競技する》. 〘(1871) ← *Rugby School*: 同校で初めて行われたところから〙

Rugby Union field

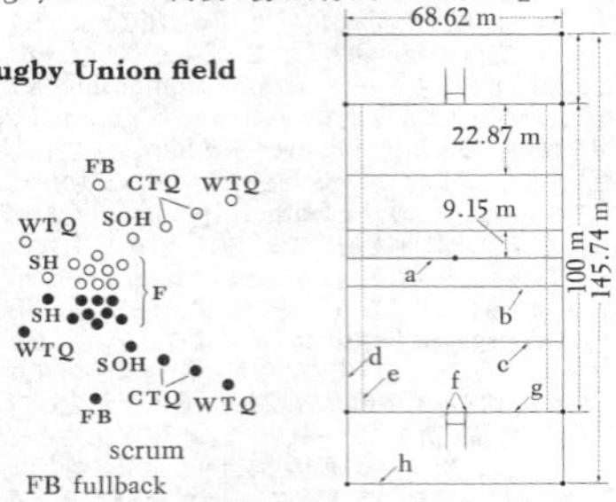

FB fullback
WTQ wing three-quarter
CTQ center three-quarter
SOH stand off half
SH scrum half
F packs of forwards in scrum

a halfway line
b 10 yard line
c 25 yard line
d touch line
e 5 yard line
f goal posts
g goal line
h dead ball line

Rúgby Lèague *n.* 《英》 **1** [the ~] ラグビー連盟《プロラグビーチームの連合; 公式名 The Rugby Football League》. **2** [時に r- l-] 連盟ラグビー《各チーム 13 名でするラグビー》. 〘1923〙
Rúgby Schòol *n.* ラグビー校《Rugby にある有名な public school; 1567 年設立》.
rúgby shìrt *n.* ラグビー[ラガー]シャツ《通例, 明るい色のストライプのジャージーで白い襟とプラケットが付いている; ラグビーの競技用またはふだん着用》.
Rúgby Ùnion *n.* 《英》 **1** [the ~] ラグビー同盟《アマチュアラグビーチームの連盟; 公式名 The Rugby Football Union》. **2** [時に r- u-] 同盟ラグビー《各チーム 15 名でするラグビー》. 〘1871〙
rúg·cùtter *n.* 《米俗》ジルバを踊る人. 〘(1938) ← *cut a rug* (⇨ rug 成句)〙
Rü·gen /rúːgən; G. ʀýːgn/ *n.* リューゲン《ドイツ北東部 Pomerania 沖のバルト海にある, 同国最大の島; 本土と狭い海峡で隔てられている; 夏の保養地》.
rug·ged /rʌ́gḷd/ *adj.* (**more ~, most ~; -ged·der; -ged·dest**) **1 a** 凹凸(おうとつ)のある, でこぼこの, 高低の多い; 険しい, 岩だらけの (⇨ rough SYN): a ~ road でこぼこの多い道路 / a ~ mountain 岩だらけの[凹凸の激しい]山 / a ~ country 険しい山国. **b** ざらざらした, ぎざぎざの: a ~ bark ざらざらした樹皮 / ~ rocks ごつごつした岩. **2 a** 〈顔つきなど〉(力強さ・精神力の強さを示して)いかつい, がっしりした: his ~ looks 彼のいかつい顔つき / ~ features がっしりした顔[目鼻立ち]. **b** 〈顔が〉しわの寄った: a ~ face. **3 a** 《米》がっちりした, たくましい, 頑丈(がんじょう)な; 元気一杯の: ~ health 頑健 / a ~ physique 頑丈な体格. **b** 〈機械など〉長年の使用に耐えられる, しっかりした, 堅固な: a ~ machine 頑丈な機械. **4 a** 洗練されていない, 失敬な, 無骨な, 粗野な: ~ kindness [honesty] 無骨な親切[正直] / ~ manners 粗野なふるまい, 無作法 / a ~ mountaineer 山好きの荒くれ男, 荒っぽい山男. **b** 磨きのかかっていない, 洗練されていない: ~ verses 推敲(すいこう)の足りない[調子の悪い]詩 / In his style Simonides has none of Pindar's ~ majesty. シモニデスの文体にはピンダロスの粗(あら)削りではあるがまた荘重でもあるあの調子はない. **5** 〈天候など〉ひどく荒れる, 険悪な, 暴風雨の: ~ weather 荒天. **6** 苦しい, つらい, 困難な: live a ~ life 苦しい生活をする / have ~ times つらい目に遭う. **7 a** 厳格な, 厳しい, やかましい: a ~ teacher / ~ training つらい訓練. **b** 《口語》(能力・決断力・忍耐力の)厳しい試練になる, 厳しい: a ~ test 厳しい試験[テスト]. **8** 〈音声・言葉など〉耳障りな, 聞きづらい. **9** 《廃》毛むくじゃらの, 毛でぼうぼうの: a ~ beard. **~·ly** *adv.* **~·ness** *n.* 〘(?a1300) ← ON (cf. Swed. *rugga* to roughen & *ruggig* rugged): cf. rug, rough〙
rúgged indivídualism *n.* 徹底個人主義《経済・社会関係における強力な個人的自由・自由競争をよしとする立場》. 〘1928〙
rug·ged·ize /rʌ́gḷdàɪz/ *vt.* 《米》〈機械・構造などを〉(摩耗・圧力・ショック・酷使などに一層よく耐えるように)強化[補強]する. **rug·ged·i·za·tion** /rʌ̀gḷdɪzéɪʃən | -daɪ-, -dɪ-/ *n.* 〘1950〙
rug·ger /rʌ́gə | -gə(r)/ *n.* 《英俗》ラグビー (Rugby football). 〘(1893) ← RUG(BY)+-ER[1]: cf. soccer〙
rúgger bùgger *n.* 《英俗・豪俗》(うるさくて乱暴な)ラグビー選手[応援者], (広く)がさつな運動選手. 〘c1975〙
rúg·ging *n.* (床の敷物用の)深くけばをたてた粗い毛織物. 〘1858〙
rúg-héad·ed *adj.* 《Shak》髪を乱した, ぼさぼさ頭の.
ru·gó·sa róse /ruːgóʊsə- | -gə́ʊ-/ *n.* 〘植物〙ハマナス (*Rosa rugosa*)《中部日本以北の海岸に産するバラ科バラ属の低木》. 〘(1892) ← NL *Rosa rugosa* 《原義》 wrinkled rose ← L *rosa* 'ROSE[2]'+*rūgōsa* ((neut.pl.) ← *rūgōsus* (↓))〙
ru·gose /rúːgoʊs, ―́ | rúːgəʊs, ―́/ *adj.* **1** しわが多い, しわだらけの; しわになった. **2** 〘植物〙〈葉が〉しわのある《網脈が裏面に目立ち, それが表面でしわになっている》. **~·ly** *adv.* 〘(1676) ◻ L *rūgōsus* ← *rūga* wrinkle: ⇨ ruga, -ose[1]〙
ru·gos·i·ty /ruːgɑ́(ː)səti | -gɔ́sḷti/ *n.* しわだらけの状態; しわ. 〘1599〙
ru·gous /rúːgəs/ *adj.* =rugose. 〘(1615): ⇨ ↑, -ous〙
rúg ràt *n.* 《俗》(まだはいはいをしている)赤ん坊, 幼児, チビ, ガキ《carpet rat, rug ape ともいう》. 〘1968〙
ru·gu·la /rúːgjʊlə/ *n.* (*pl.* **-gu·lae** /-lìː/) 小じわ. 〘← NL ~ (dim.) ← L *rūga* wrinkle: ⇨ ruga, -ule〙
ru·gu·lose /rúːgjʊlòʊs | -lə̀ʊs/ *adj.* 小じわのある[多い]. 〘(1819) ← RUGA+-ULOSE〙
Rúhm·korff còil /rúːmkɔəf- | -kɔːf-; G. ʀúːmkɔʁf-/ *n.* 〘電気〙誘導コイル, ルームコルフ線輪 (induction coil). 〘(1850–55) ← *Heinrich Daniel Ruhmkorff* (1803–77: これを発明したドイツの物理学者)〙
Ruhr /rʊ́ə | rʊ́ə(r; G. ʀúːɐ/ *n.* [the ~] **1** ルール(川)《ドイツの西部を流れる Rhine 川の支流 (233 km)》. **2** ルール(地方)《Ruhr 川流域の石炭鉱業および産業の盛んな地方; Ruhr Basin ともいう》.
Rui·jin /rùːɪdʒín, -tʃín; *Chin.* ʐuìtɕín/ *n.* 瑞金(ずいきん)《中国江西省 (Jiangxi) の都市; 国共内戦時, 中国共産党の中華ソビエト共和国臨時中央政府が置かれた (1931–1934); ⇨ Long March》.
ru·in /rúːḷn | rúːɪn/ *vt.* **1 a** 台なし[だめ]にする: ~ a dress, plan, etc. / ~ one's health ひどく健康を害する / ~ one's prospects 前途を台なしにする. **b** [通例 p.p. 形で]〈場所を〉破壊する, 破滅させる, 荒廃させる, 崩壊させる (⇨ ruined 1 a). **2 a** 没落させる, 破産させる, 零落させる: be ~*ed* by drink 酒で身を持ちくずす / His extravagance ~*ed* him. 彼は浪費の結果零落してしまった. **b** [~ *oneself* で] 身を滅ぼす, 零落する: He ~*ed himself* on the turf. 競馬で身を持ちくずした. **3** 《古》〈女性を〉誘惑して捨てる. ― *vi.* 《古》 **1** 破滅する, 滅びる, 荒廃する. **2 a** 没落する, 破産する. **b** 堕落する. **3** 真っ逆さまに[大音響を立てて]落ちる.
― *n.* **1 a** 没落, 破産, 零落: His very intelligence has caused his ~. 頭のいいことがかえって彼の身の破滅のもととなった. **b** 破壊, 破滅, 滅亡, 崩壊, 衰亡: fall into ~ 破壊[崩壊]する / the ~ of one's country [health, hopes, reputation] 国の滅亡[健康の衰退, 希望の消滅, 名声の衰微] / rapine and red ~ 略奪と火災. **c** (女性の)堕落. **d** 《古》(建物・壁などの)倒壊. **2 a** [*pl.*] 廃墟, 荒れ跡: the ~*s* of Rome ローマの廃墟 / the ~*s* of a house (火事・地震・爆弾などで)破壊された家の跡[焼け跡, 崩れた跡など]. **b** 破壊[破滅, 荒廃]したもの; 荒廃した建物(など), 零落した人, 残骸(ざんがい): the ~ of a ship 船の残骸 / He is but the ~ of what he was. 今の彼は昔の面影などないほど落ちぶれている / His mind is a ~. 彼の知性[精神]は衰え果てた / The castle is a mere ~. 城はすっかり荒れ果てている / He lives in an old ~. 古びたあばら家[廃屋]に住んでいる. **c** 破壊[荒廃]した状態: be in ~ 荒廃状態にある. **3** [one's ~, the ~] 破滅[衰微, 零落など]の原因, 禍根: Her beauty was *her* ~. 彼女の美貌が身の破滅のもとだった / Drink will be *the* ~ of him [*his* ~]. 彼は酒でしくじるだろう.
bríng* [*redúce*] *to rúin 没落[零落]させる; 失敗させる. ***fáll* [*gó, cóme*] *to rúin*** 崩壊する; 零落する. ***in rúins*** (1) 荒れ果てて, 廃屋になって: The house lies [stands] *in* ~*s*. 家は荒れ果てている. (2) 〈計画・希望など〉崩れて, だめになって.
~·a·ble /-nəbḷ/ *adj.* 〘n.: (late OE) ◻ (O)F *ruine* ◻ L *ruīna* ← *ruere* to fall violently ← IE **ereu* ← **er-* to set in motion. ― v.: (1581) ◻ (O)F *ruiner* // ML *ruīnāre* ← L *ruīna*: cf. run[1]〙

SYN 破滅: **ruin** 長期にわたる老朽・風雨などによる腐朽・崩壊の状態: the *ruin* of a city 都市の廃墟. **devastation** 戦争や自然災害による通例広い地域に及ぶ破壊: The storm brought *devastation* to the island. 嵐はその島に破壊をもたらした. **havoc** 広範囲の破壊・混乱・損害《格式ばった語》: The hail did *havoc* to the crops. ひょうが作物に大損害を与えた. **dilapidation** 〈家具や建物などが〉荒廃・破損した状態《格式ばった語》: the *dilapidation* of an old house 古い家の荒廃ぶり. **destruction** 火事・爆発・洪水などによる破壊《破壊行為を強調する》: the city's *destruction* by the enemy 敵による都市の破壊. **wreck** 船・航空機・車などの残骸・大破: the *wreck* of a jet plane ジェット機の残骸.

ru·in·ate /rúːḷnèɪt | rúːɪ-/ 《古》 *vt.* 破壊[破滅]させる, 台なしにする; 没落させる; 堕落させる. ― *vi.* 破滅[没落, 堕落]する. ― *adj.* 破壊[破滅]した; 没落した, 堕落した. 〘(v.: a1548; adj.: 1538) ← ML *ruīnātus* (p.p.) ← *ruīnāre* ← *ruīna*: ⇨ ruin (v.), -ate[2,3]〙
ru·in·a·tion /rùːḷnéɪʃən | rùːɪn-/ *n.* **1 a** 破壊, 破滅, 荒廃; 衰微, 没落, 破産, 零落. **b** 破壊[破産, 零落(などの)]状態. **2** 堕落[破滅]のもと, 禍根; 《諧謔・料理などを》台なしにしてしまう原因[もと]. 〘(1664): ⇨ ↑, -ation〙
ru·ined /rúːḷnd | rúːɪnd/ *adj.* **1 a** 破壊された, 滅びた, 荒廃した: a ~ castle 荒れ果てた城, 荒城. **b** 没落[零落, 破産]した. **c** 〈女性が〉堕落した: a ~ maid 身を持ちくずした女性. **2** 枯らされた, 害された: ~ health 衰えた健康. 〘1585〙
rú·in·er *n.* 破壊[破滅]させる人[もの].
rúin màrble *n.* ルーインマーブル《不規則な模様の輪郭が廃墟を思わせるような大理石》. 〘1883〙
ru·in·ous /rúːḷnəs | rúːɪn-/ *adj.* **1** 破壊をもたらす, 破滅を招く, 破滅的な: a ~ war 破壊的な戦争 / ~ inflation 破滅的インフレ / ~ folly 身の破滅を招く愚行 / Her motherly love was a wonderful and a ~ thing. 彼女の母性愛はすばらしかったが子供たちをだめにしてしまうものでもあった. **2** 〈費用など〉破産させるほどの, 法外な, べらぼうな: ~ expenditure [taxes] 破産に瀕(ひん)するような出費[税(金)]. **3** 荒廃した, 荒れている: a ~ heap 山のようなくずれた跡, 廃墟 / a ~ old house 荒れ果てた古家, 廃屋. **~·ly** *adv.* **~·ness** *n.* 〘(c1384) ◻ L *ruīnōsus* ← *ruīna*: ⇨ ruin, -ous〙
Ruis·dael /ráɪsdɑːl, ráɪz-, rɔ́ɪs- | ráɪz-, riːz-, -deɪl; *Du.* rœ́ysdaːl/, **Jacob van** *n.* ⇨ Ruysdael.
Ruisdael, Salomon van *n.* ⇨ Ruysdael.
Rui·slip North·wood /ráɪslɪpnɔ́əθwʊd, ráɪz- | -nɔ́ːθ-/ *n.* ライスリップノースウッド《London の Hillingdon 区の一部》. 〘*Ruislip*: OE *Rislepe* ← *rysc* rush+*slǣp* slippery place〙
rukh /rúːk/ *n.* =roc.
Rukh /rúːk, rúːx; *Ukr.* rúx/ *n.* ルフ《1991 年ウクライナの独立を確立した国民運動》. 〘◻ Ukrainian ~ '(people's) movement'〙
rul·a·ble /rúːləbḷ/ *adj.* **1** 規則上許される. **2** 《廃》支配できる; 統治できる. 〘c1449〙
rule /rúːl/ *n.* **A 1 a** (行動などを規制する)規則, 規定 (⇨ law[1] SYN): follow [break] the ~*s* 規則に従う[を破る] / bend [stretch] the ~*s* 規則を曲げる[拡大解釈する] / the ~*s* of the game (物事の)やり方[決まり] / play [abide] by the ~*s* 規則に則って行う[を守る] / a ~ *against* smoking 喫煙禁止の規定 / the ~*s* of cricket クリケットの競技規定 / the ~*s* of decorum 礼法 / school [office] ~*s* 校則[オフィスの内規] / make [observe, obey] the ~*s* 規則を作る[守る] / ⇨ golden rule, ground rule / ~*s* and regulations (こまごまとした)規則や規定 / The ~ is … 守られるべきことは…《アドバイスする時のことば》/ Smoking is against the ~*s*.=It's against the ~*s* to smoke. 喫煙は規則違反だ / We made (it) a (standing) ~ *that* everyone should get up at six. みな 6 時に起床との(暫定)規則を作った / The exception proves the ~. 《諺》例外(のあること)が通則(の存在すること)を証明する / There is no general ~ without some exceptions. 《諺》例外のない規則はない. **b** [集合的]《修道会などの》宗規, 法規: the *Rule* of St. Benedict ベネディクト修道会の会則. **2 a** 常習, 習わし, 習慣, 決まり: My ~ is to have breakfast at eight o'clock. 8 時に朝飯を食べるのが私の習慣だ. **b** 常の事, 通例, 通則, 常態: Failure is the ~, success the exception. 失敗が常態で成功は例外 / In some communities illiteracy is the ~. ある社会では無学が普通だ. **c** 大体の傾向[状態]: During this season fair weather is the ~. この季節は大体が晴天である. **3 a** 法則, 方式; 標準: a hard and fast ~ (融通のきかない)堅苦しい規準 / a ~ for forming the plural 複数形を作る規則 / *rule*-governed behavior [procedures] 規則にのっとった行動[手続き]. **b** (科学・芸術上の)法則. **c** (数学などの)規則, 解法, 解式: ⇨ RULE of three. **4 a** 物差し, 定規 (ruler): a carpenter's ~ (大工の使う)折り尺 / a foot ~ 1 フィート差し / by ~ and line [measure] ⇨ 成句. **b** 計算尺. **5** 《廃》ふるまい, 態度. **6** 〘法律〙(特定の訴訟に関する法廷の)命令, 法規範, 規則, 裁判所規則: a ~ absolute 絶対命令 (cf. rule nisi) / the *Rules* of the High Court 高等法院規則 / ⇨ general rule, special rule. **7** [the R-] 〘天文〙じょうぎ(定規)座 (⇨ norma 2). **8** 〘印刷〙 **a** 罫(けい), 罫線《線を印刷するための薄い板金》: a dotted ~ 星罫 / a wave ~ 波罫, ブル罫. **b** 《英》ダッシュ (dash). **c** セッテン (composing rule). **9 a** [the ~s] 〘英史〙ルール区域《London の Fleet 監獄および King's [Queen's] Bench 監獄側の一区域で, 囚人が保証金を出して居住を許された》. **b** ルール区域での居住の自由. **10** [Rules] 《豪》=Australian Rules.
B 1 支配, 統治; 支配状態: the ~ of force 武力政治 / under Communist [military, British] ~ 共産党[軍部, 英国]の支配下に / under democratic [majority] ~ 民主的統治[多数者による支配]下に / He was entrusted with the ~ of half the tribe. 彼はその部族の半分の支配を委ねられ(てい)た. **2** 統治期間, 治世: during the ~ of Elizabeth I エリザベス一世の治世中.
(a) rule of thúmb 親指で計ること; (経験と常識に基づく)実際的な規準, 大ざっぱな目安, (おおよそ正しい)経験則: as a ~ *of thumb* 大ざっぱに[経験則から]言って. ***as a (géneral) rúle*** 概して, 一般に, 普通. 〘1845〙 ***by rúle*** = ***accórding to rúle*** 規定通りに; 機械的に, 杓子(しゃくし)定規に. 〘a1376〙 ***by rúle and líne* [*méasure*]** 正確に, 厳密に. ***màke it a rúle to do*** いつも…することにしている: I make it a ~ to get up early. 朝は早く起きることにして

いる. *rún the rúle óver* (正確さ, 適否などについて)ざっと調べる. ⦅1874⦆ *wórk to rúle*＝*gó on a wórk to rúle* ⦅英⦆〈労働者が〉順法闘争を行う (cf. work-to-rule, slow down).

rúle of detáchment [the ―]〘論理〙離切の法則 (⇨ modus ponens).

rúle of elévén〘トランプ〙(ブリッジ, ホイストで)「11 引く」の法則 ⦅打出しの札が fourth highest である場合, その札の番号(例えば 6)を 11 から引くと, 他の 3 人の手中にあるそれより高い同種札の総枚数(すなわち 5)がわかるという法則⦆.

rúle of fáith [the ―]〘キリスト教〙(究極の)信仰規準; (公的な)信仰告白.

rúle of láw [the ―]〘法律〙自然法尊重の大原則; 法の支配 ⦅統治する者も, 統治される者も法に従うべきであるとする原理⦆. ⦅1634⦆

rúle of thrée [the ―]〘数学〙 **a** 三の法則 ⦅第一項と第四項(外項)の積は第二項と第三項(内項)の積に等しいという法則⦆. **b** 比例算, 三数法 ⦅三の法則を用いて問題を解く方法⦆: the double ~ *of three* 複比例算. ⦅1594⦆

rúles of engágement 交戦規則[法規].

rúles of the róad [the ―] (1) (歩行者・車馬・船などの)交通規則. (2)〘海事〙海上衝突予防規則. ⦅1871⦆

― *vt.* **1 a** 支配する, 統治する (⇨ govern SYN): ~ the country / the rulers and the ~*d* 支配者と被支配者. **b** 〈感情などが〉支配する, 左右する: let one's heart ~ one's head 理性よりも感情で決定する / *be* ~*d* by passion 感情に支配される. **c** [通例受身で]⦅古⦆指図する, 導く, 指導する, 命令する: Listen to me, and *be* ~*d* by me. よく聴きなさい, そして私の言うとおりにしなさい. **2** 抑制する, 抑える: ~ one's passions [actions] 感情[行動]を抑制する / ~ a horse 馬を御する. **3** 〈裁判官・議長・司会者などが〉判定する, 決定する, 裁定する: ~ a person [thing] (to be) out of order 人[事]を違反と判定する / The court ~*d that* A should evacuate the building within a week. 裁判所は A は一週間以内にその建物から立ち退かなければならないと決定した / The appellate court ~*d* him (to be) innocent. 控訴[上告]裁判所は彼に無罪の判決を下した. **4** 〈線を〉定規で引く; …に線[罫(けい)]を引く: ~ lines on paper＝~ paper *with* lines 紙に罫を引く / ~ a notebook ノートに罫を引く / ~*d* paper [notebooks] 罫紙[罫入りノート].

― *vi.* **1 a** 支配する, 統治する: ~ *over* many millions 幾千万の人々を統治する / A king should ~ by love. 王たるものは愛によって統治しなければならない. **b** 優勢[最重要]である. **2** 判定する, 決定する, 裁定する: ~ *on* the case 訴訟に裁定を下す / The judge ~*d against* [*for, in favor of*] him. 判事は彼の敗訴[勝訴]とした. **3** 〈値段など〉持ち合う, 大体…の状態を保つ: Prices ~ high [low]. 物価は高値[安値]が持ち合って[続いて]いる / Crops ~ good. 農作物は概して堅調である / The market ~*s* high. 市況は堅調だ. **4** ⦅英⦆どこにも負けない, 最高だ ⦅落書きなどで⦆: Yokohama ~*s* (OK)! 横浜が勝つ.

rúle óff (1)〘競技・競馬・ドッグレース〙〈選手・騎手・馬・犬などの〉出場を禁止する, 失格させる (cf. WARN *off* (2)): The racehorse was ~*d off* for having been doped. 薬物[興奮剤]使用の理由でその競走馬は出場禁止になった. (2)〈欄などを〉線を引いて区切る: *Rule off* a few lines and leave the rest of the page blank. 線を数行引いて区切り, ページの残り部分はあけておきなさい. *rúle óut* (1) (規定によって)除外する. (2) 不可能にする, 妨げる: Rain ~*d out* our going. 雨で出かけられなかった / Nothing can be absolutely ~*d out* at present. 目下の所, 全てを完全に排除できるわけではない. (3) 不適切[不適格]であると宣言する. ⦅1849⦆ *rúle the róast* [*róost*] ⇨ roast 成句.

〘n.: (?*a*1200) ME *riwle* ◻ OF *riule* (F *règle*) ＜VL **regulam*＝L *rēgula* straight stick, ruler ← IE **reg-* to move in a straight line (L *regere* to rule (⇨ regent) & *rēx* king / OE *riht* 'RIGHT'): RAIL[1] と二重語. ― v.: (?*a*1200) *reule(n)* ◻ OF *reuler* ◻ LL *rēgulāre* 'to REGULATE'〙

rúle·bòok *n.* **1** (就業)規則書. **2** [the ~] 規則集: go by the ~ 規則通りにする, きまりを守る / throw the ~ at a person 人に重い罪を負わせる, 人を厳しく罰する[しかる]. ⦅1897⦆

Rúle, Británnia *n.* 「ブリタニア[英国]よ, 統治せよ」⦅英国の愛国歌; James Thomson と David Mallet /mǽlɪt, -lət/ 共作の台本に基づく T. A. Arne 作曲の仮面劇 'Alfred' (1740) 中の音楽; この歌の題名は first stanza, 11.5–6, Rule, Britannia! rule the waves! / Britons never will be slaves. から; cf. God Save the King [Queen]⦆. ⦅1740⦆

ruled /rúːld/ *adj.* 罫(けい)線の, (紙が)罫線の入った.

rúled súrface *n.*〘数学〙線織(せんしょく)面, 線織曲面 ⦅1 本の直線が動いてできる曲面; 円筒・円錐・平面など⦆. ⦅1862⦆

rúle jòint *n.*〘木工〙肘接(ひじつ)ぎ ⦅折れ板などに用い, 凸部と凹部がすり合って一方向に回転できる継手⦆. ⦅1782⦆

rúle·less *adj.* **1** 支配[統治]されない: a ~ tribe, island, etc. **2** 規則のない, 無規律な; 法(律)の規制を受けない, 法律のない, 無法の. 〘(*a*1449) ME *rewleless*〙

rúle nísi *n.*〘法律〙仮命令 ⦅一定期間内に反対の事由が示されない限り効力を生じる命令⦆. 〘(1836): ⇨ nisi〙

rúle-of-thúmb *adj.* (正確な科学的方法でなく)経験・常識などによって判断した, 常識で割り出した; およそのところ正確な: a ~ decision 大まかな決定. 〘(1692) ← *rule of thumb* (⇨ rule (n.) 成句)〙

rul·er /rúːlə | -lə(r/ *n.* **1** 支配者; 統治者, 主権者: the ~*s* of England 英国の支配者たち. **2** 定規, 物差し: draw straight lines with a ~ 定規で直線をかく. **3** 罫(けい)[線]を引く人[機械]. 〘(*a*1325) ME *rewler*〙

rúler·ship *n.* 統治者[支配者]の位[職権, 在任期間]. ⦅1648⦆

Rúles Commìttee *n.*〘政治〙(米国下院の)議事運営規則常設委員会 ⦅一般規制の修正や特別規制の提案, 法案修正の禁止, 審議期日の決定など議事運営に大きな権限をもつ⦆. ⦅1918⦆

rul·ing /rúːlɪŋ/ *adj.* **1** 支配する, 統治する: the ~ race [class] 支配民族[階級] / the ~ spirit 主動者, 首脳 / the ~ party 与党. **2** 優勢な, 有力な, 主な: the ~ principle of conduct 支配的な行動原理 / a ~ passion 人の心を支配している情熱, 人が情熱を傾けているもの / Freud was my ~ passion. フロイト一辺倒だった. **3**〘商業〙〈価など〉市場に行われている, 現下の: the ~ price(s) 時価, 通り相場. ― *n.* **1** 支配, 統治. **2**〘法律〙裁定, 決定: accept the ~ 決定[裁定]に従う / give a ~ *against* [*in favor of*] a person 人に不利な[有利な]決定をする. **3 a** 罫(けい)引き. **b** [集合的] 罫線. **4**〘数学〙線織面 (ruled surface) の母線 ⦅線織面をつくり出すもとになる直線⦆. 〘(adj.: 1593; n.: ?*a*1200)〙

rúling élder *n.* (長老派教会の)俗人[非聖職者]の長老. ⦅1585–95⦆

rúling èngine *n.*〘機械〙罫(けい)線作製器 ⦅精密な回折格子(こうし)などを製作するとき用いる⦆. ⦅1969⦆

rúling gràde *n.*〘鉄道〙制限勾配(こうばい) ⦅1 台の機関車が牽引(けんいん)する列車の重量を制限する勾配; cf. pusher grade⦆.

rúling pèn *n.* ＝drawing pen ⦅1612⦆

rúling plánet *n.*〘占星〙支配星 ⦅ホロスコープにおいて最も強力な支配力を持つ惑星⦆.

rul·y /rúːli/ *adj.* ⦅古⦆規則を守る, 従順な. 〘(?*a*1400) ← RULE (n.)＋-Y[4] // ⦅逆成⦆ ← UNRULY: 現在の用法は後者か〙

rúly Énglish *n.*〘電算〙従順英語 ⦅コンピューター用の人工英語; 単語はすべて単一の意味をもち, 一つの意味は常に単一の語で表され, 意味も語も選択に迷うことがない⦆.

rum[1] /rʌ́m/ *n.* **1** ラム(酒) ⦅糖蜜または砂糖きびの搾り汁を発酵させ蒸留して造る酒⦆. **2** ⦅米⦆酒, アルコール飲料. **3** ＝rum baba. **4** ＝rum shrub. 〘(1567) ⦅略⦆ ← ⦅廃⦆ *rumbullion* or *rumbustion* rum ← ?〙

rum[2] /rʌ́m/ *adj.* (**rum·mer; rum·mest**) ⦅英口語⦆ **1** 奇妙な, 変な, おかしな: a ~ old fellow 変わった男 / a ~ go 困った破目 / a ~ start 驚くべき出来事 / feel ~ 気分が悪い; いらいらする. **2** 危険な, 手ごわい, ごろつきの: a ~ customer うかつに手出しのできないやつ[代物]. **3** 下手な, まずい: a ~ joke. **4** よい, すてきな. **~·ly** *adv.* **~·ness** *n.* 〘(1567) ⦅変形⦆ ← ROM〙

rum[3] /rʌ́m/ *n.*〘トランプ〙＝rummy[2]. 〘(1910) ⦅略⦆〙

Rum[1] /*Arab.* rúːm/ *n.* ルーム ⦅Rome のアラビア語名; Byzantine Empire を指す名称⦆. 〘◻ Arab. *rūm*〙

Rum[2] /rʌ́m/ *n.* ラム ⦅スコットランド西岸沖 Inner Hebrides 諸島の島; 自然保護区になっている⦆.

Rum. ⦅略⦆ Rumania; Rumanian.

Ru·ma·ni·a /ruːméɪniə, rʊ-, roʊ-, -njə | ruː-, rʊ-, -rə(ʊ)-/ *n.* ⇨ Romania. **Ru·má·ni·an** /-niən, -njən/ *adj.*

Ru·mansh /ruːmǽnʃ, rʊ-/ *n.*, *adj.* ＝Romansh. ⦅1663⦆

rum·ba /rʌ́mbə, rúm-; *Am.Sp.* rúmba/ *n.* **1** ルンバ: **a** もとキューバ黒人の踊り. **b** そのアメリカ化したもの. **2** ルンバの曲 ⦅シンコペーションを頻繁(ひんぱん)に使い, テンポの速い 2/4 拍子の舞踏曲; 1920 年代ジャズ音楽へ導入された⦆. ― *vi.* ルンバを踊る. 〘(1922) ◻ Am-Sp. ~ ← *rumbo* carousal, spree ← ? Afr.〙

rúm bába *n.* ＝baba.

rum·ble[1] /rʌ́mbl/ *vi.* **1** 〈雷・地震・腹などが〉ごろごろ音がする, ごろごろと鳴る, とどろく: a *rumbling* sound ごろごろ[がらがら]いう音 / My stomach ~*s*. お腹がぐうぐう鳴る / The earth swayed and ~*d*. 地面が揺れて地鳴りがした. **2** 〈列車などが〉がらがら[ごうごう]音を立てながら進む[通る], 〈人が〉がらがら車に乗って行く 〈*along, by*〉: The train ~*d* away. 列車はごうごう音を立てて走り去った / Thirteen tanks ~*d* through the city. 13 両の戦車ががらがらと市内を通り抜けて行った. **3** 低く響く声で話す; ⦅英⦆〈議論が〉だらだら続く〈*on*〉. **4** ⦅米口語⦆ (路上でグループ同士で)殴り合う, けんかする. ― *vt.* **1** 低い太い声で叫ぶ[言う]〈*out*〉. **2 a** 〈音を〉がらがら立てる 〈*forth*〉, がらがら[ごろごろ]いわせる: ~ money [coins] with hand 金を手でじゃらじゃらいわせる. **b** 転摩器 (tumbling box) などでごろごろ転がして磨く.

― *n.* **1 a** (雷や重い車などの)ごろごろ[がらがら]という音, とどろき; やかましい音, 騒音: a ~ of thunder in the distance 遠雷のごろごろと鳴る音. **b** (録音・再生の際の)低周波ノイズ, ランブル. **2** (人々の)不満[不安]のつぶやき[ささやき]声. **3 a** ＝rumble seat. **b** (車両後部の)補助的な荷物の乗せる場所. **4** 転摩器 (tumbling box). **5** ⦅米口語⦆ (路上でのグループ同士の)けんか, 衝突.
〘v.: (*c*1375) ME *romble(n)* ◻ ? (M)Du. *rommelen* ⦅擬音語⦆: cf. G *rummeln*: ⇨ -le[3]. ― n.: (*c*1385) ← (v.)〙

rum·ble[2] /rʌ́mbl/ *vt.* ⦅英口語⦆ …の真相を突き止める, 見抜く. 〘cf. tumble (to)〙

rúm·bler /-blə, -blə | -blə(r, -bl-/ *n.* **1** ごろごろ[がらがら]いうもの[人]. **2 a** ＝tumbling barrel. **b** 転摩器 (⇨ tumbling box). **3** 転摩器(など)の操作員. ⦅1611⦆

rúmble sèat *n.* ⦅米⦆ **1** ランブルシート ⦅coupé や roadster の自動車の後部に取り付けた屋根のない折り畳み補助席⦆. **2** ＝wagon seat. ⦅1912⦆

rúmble strìp *n.* [通例 *pl.*] 減速舗装 ⦅前方などの危険をドライバーに知らせるため道路上に薄い突出[凹凸(おうとつ)]を作って舗装した部分⦆. ⦅1962⦆

rúmble-túmble *n.* **1** がたがた車. **2** ひどい動揺. ⦅1801⦆

rum·bling /rʌ́mblɪŋ, -bl-/ *n.* **1** ごろごろ[がらがら, がたがた]いう音. **2** [通例 *pl.*] (政府などに対する)不満, 批判. ⦅*c*1395⦆

rúm·bling·ly *adv.* ごろごろと, がらがらと. ⦅1847⦆

rum·bly /rʌ́mbli, -bli/ *adj.* **1** ごろごろ[がらがら]いう. **2** 〈車など〉がたがたする, がたがたと音を立てる. ⦅1874⦆

rum·bus·tious /rʌmbʌ́stʃəs | -tʃəs, -tiəs/ *adj.* ⦅口語⦆ やかましい, 騒々しい, 大騒ぎの (boisterous). **~·ly** *adv.* **~·ness** *n.* 〘(1778) ⦅混成⦆ ← ? RUM[2]＋(RO)BUSTIOUS: cf. rambunctious〙

rúm bùtter *n.* ラムバター ⦅バターに砂糖を混ぜラム酒で香りをつけたソース; プディングなどにかける; cf. brandy butter⦆. ⦅1889⦆

rum-dum /rʌ́mdʌ̀m/ ⦅米俗⦆ *adj.* 飲んだくれの, 酒で頭のいかれた; 平凡な, 凡庸な. ― *n.* 飲んだくれ, 頭のいかれた酒飲み; 凡人. 〘(1891) ← RUM[1]＋DUMB〙

Ru·me·li·a /ruːmíːliə/ *n.* ルメリア ⦅Balkan 半島の旧トルコ帝国領土の一部; Albania, Macedonia, Thrace 地域を含んでいた⦆. 〘◻ F *Roumélie* ◻ Turk. *Rumili*: ⇨ -ia[1]〙

Ru·me·li·an /ruːmíːliən/ *adj.* ルメリアの. ― *n.* ルメリア人[の住民]. ⦅1859⦆

ru·men /rúːmən | -men, -mɪn/ *n.* (*pl.* **ru·mi·na** /rúːmənə | -mɪ-/, **~s**) **1**〘動物〙こぶ胃 ⦅反芻(はんすう)動物の第一胃; paunch ともいう; cf. reticulum 2, psalterium, abomasum⦆. **2** (第一胃からの)食い戻し (cud). **ru·mi·nal** /rúːmənl̩ | -mɪ-/ *adj.* 〘(1728) ◻ L *rūmen* throat, gullet〙

Rum·ford /rʌ́mfəd | -fəd/, Count *n.* ⇨ Benjamin THOMPSON.

rumina *n.* rumen の複数形.

ru·mi·nant /rúːmənənt | -mɪ-/ *adj.* **1**〘動物〙 **a** 食い戻して再びかむ, 反芻(はんすう)する. **b** 反芻亜目の. **2** 熟考する, 沈思する, 黙想にふける, 考え込む. ― *n.* 反芻動物 ⦅ウシ・スイギュウ・ヒツジ・ヤギ・シカ・ラクダなど⦆. **~·ly** *adv.* 〘(1661) ◻ L *rūminantem* (pres.p.) ← *rūminārī*: ⇨ ruminate, -ant〙

ru·mi·nate /rúːmənèɪt | -mɪ-/ *vi.* **1** 反芻(はんすう)する, 食い戻してかむ, 齝(にれか)む. **2** 〔…を〕思いめぐらす, 黙思する, 黙考する 〔*on, of, over, about*〕 (⇨ ponder SYN). ― *vt.* **1** 反芻する, 再びかむ, 齝む. **2** 思いめぐらす, 沈思[黙考]する. 〘(1533) ← L *rūminātus* (p.p.) ← *rūminārī* to chew the cud ← *rūmen* throat ← ?IE **reus-men-* ← **reu-* to belch: ⇨ rumen, -ate[3]〙

rú·mi·nàt·ing·ly /-tɪŋli | -tɪŋ-/ *adv.* 沈思[黙考]して, 考え込んで. ⦅1872⦆

ru·mi·na·tion /rùːmənéɪʃən | -mɪ-/ *n.* **1** (反芻(はんすう)動物の)反芻, 齝(にれか)み. **2**〘病理〙反芻(症). **3** 思案, 沈思, 黙考. 〘(1599) ◻ L *rūminātiō(n-)*: ⇨ ruminate, -ation〙

ru·mi·na·tive /rúːmənèɪtɪv | -mɪnət-, -nèɪt-/ *adj.* **1** 反芻(はんすう)の. **2** 黙想にふける, 思いめぐらすような, 黙想的な, 沈思黙考的な. **~·ly** *adv.* ⦅1841⦆

rú·mi·nà·tor /-tə | -tə(r/ *n.* 思いめぐらす人, 思案[黙考]する人. 〘(1598) ◻ L *rūminātor*: ⇨ ruminate, -or[2]〙

rum·mage /rʌ́mɪdʒ/ *vt.* **1** (かき回して)捜す, くまなく捜す: ~ a book [drawer, house, pocket] / ~ a ship *for* contraband [runaways] 禁制品[逃亡者]を捜して船内をくまなく調べる. **2 a** 捜すためにひっくり返す 〈*about, out*〉, (かき回して)捜し出す, 見付け出す 〈*out, up*〉. **b** 詳細に調査する. ― *vi.* (かき回して)捜す, (物を捜して)かき回す 〈*about, around*〉〔*in, through, among*〕: ~ *in* her handbag *for* her purse＝~ *for* her purse *in* her handbag ハンドバッグの中をかき回して財布を捜す. ― *n.* **1** (物捜しの)かき回し, かき回して捜すこと; (税関吏の)検索, 臨検. **2 a** (かき回して)捜し出したもの. **b** ⦅米⦆がらくた, 雑多な品物 (⦅英⦆ jumble). **3** ＝rummage sale. **4** (船荷の)積込み; 船内での積み付け換え. 〘n.: (1526) ◻ AF **rumage* ⦅頭音消失⦆ ← OF *arrumage* (F *arrimage*) ← *arrumer* ⦅異形⦆ ← *arimer* to stow ← AD-＋*run* ship's hold (⇨ run[3]): ⇨ -age. ― v.: (1544) ← (n.)〙

rúm·mag·er *n.* (かき回して)捜す人; (禁制品などの)検査人. ⦅1544⦆

rúmmage sàle *n.* がらくた市 (⦅英⦆ jumble sale); (教会などの基金集めの)慈善市, バザー. ⦅1858⦆

rum·mer /rʌ́mə | -mə(r/ *n.* (通例, 脚つきの)大型ワイングラス. 〘(1654) ◻ Du. *roemer* ← *roemen* to praise: cf. G *Römer*〙

rum·my[1] /rʌ́mi/ *n.*〘トランプ〙ラミー ⦅2–6 人の競技者が 6–10 枚の手札を順位札 (sequence) や同位札 (set) のそろいにまとめて得点を競うゲーム; わが国では俗に「ブリッジ」ともいう⦆. 〘(1910) ?〙

rum·my[2] /rʌ́mi/ *n.* ⦅俗⦆ **1** 飲んだくれ, 大酒飲み. **2** 酒屋; 酒造業者. ― *adj.* (**rum·mi·er; -mi·est**) ラム酒の[に関する, のような]. 〘(1851) ← RUM[1]＋-Y[2]〙

rum·my[3] /rʌ́mi/ *adj.* (**rum·mi·er; -mi·est**) ⦅英俗⦆ ＝rum[2] 1. 〘(1828) ← RUM[2]＋-Y[4]〙

ru·mor, ⦅英⦆ **ru·mour** /rúːmə | -mə(r/ *n.* **1** うわさ, 風聞, 風評, 風説: a mere ~ 単なるうわさ / ~*s* of a coup クーデターのうわさ / the author of a ~ うわさを立てた本人 / start a ~ うわさを立てる / The ~ ran *that* …といううわさが立った / *Rumor* has it (*that*) [says (*that*)] …といううわさだ / There is a persistent ~ *that* …といううわさが絶えない. **2** ⦅古⦆(ほとんどはっきりしない)騒音, ざわめき; つぶやき. **3** ⦅古⦆評判, 名声. ― *vt.* [通例受身で] うわさする, …と評判する, …という風説を立てる: the ~*ed* event うわさの事件 / It *is* ~*ed that* …といううわさだ / He *is* ~*ed*

R

to be an infant prodigy. 神童だというわさだ. **~·er** /-mərə | -rə^(r)/ *n.* 〖(c1380) ◻ rum(o)ur ◻ OF *rum(o)ur* (F *rumeur*) ◻ L *rūmor* common talk ← IE **reu-* to bellow (Gk *ōrúesthai* to roar)〗

ru·mored /rúːməd | -məd/ *adj.* うわさされている, (今)うわさの.

rúmor mìll *n.* [the ~] うわさの発生源, うわさをつくる[流す]ところ.

rúmor·mònger *n.* うわさを触れ歩く人, デマ屋, 金棒引き. 〖1884〗

ru·mor·ous /rúːmərəs/ *adj.* **1** うわさの, うわさでいっぱいの. **2** 《古》つぶやくような. 〖1550〗

ru·mour /rúːmə | -mə^(r)/ *n., vt.* =rumor.

rump /rʌ́mp/ *n.* **1** 〚解剖・動物〛 **a** (四足獣の)臀部(でんぶ). **b** (鳥の)仙骨の部分. **c** 《口語》尻(しり), 臀部 (buttocks). **2** (牛の)臀部肉, ランプ (rump steak) (⇨ beef 挿絵). **3** 残り物, 残り滓(かす); 切れ端. **4 a** (多数の構成員の脱退や追放後, 残余の構成員だけで正規の名のもとに活動を続ける)残余国会[委員会など]. **b** [the R-] (英国の)残余議会《1648 年 12 月の Pride's Purge による長老派議員の追放以後, 残余議員で維持された Long Parliament の後期; 1653 年に解散されたが, 1659–60 年の間しばらく復活した; Rump Parliament ともいう》. 〖《c1440》《c1410》 *rumpe* ← ON (cf. Dan. *rumpe* / Swed. & Norw. *rumpa*): cog. G *Rumpf* trunk〗

rúmp bòne *n.* 尻(しり)の骨; 〚解剖〛 仙骨 (sacrum). 〖*a*1661〗

Rum·pel·stilts·kin /rʌ̀mpḷstíltskɪ̀n | -kɪn; *G.* ʁʊ́mpl̩ʃtɪltsçən/ *n.* 〚ゲルマン伝説〛 ルンペルシュティルツヒェン《ドイツの伝説に出て来る足の悪い小人》. 〖《1949》 ◻ G *Rumpelstilzchen* ← ? *rumpeln* rumble¹ + 《古》 *Stülz* cripple〗

rumpf /rʌ́m(p)f/ *n.* 〚物理化学〛 核 (core). 〖◻ G *Rumpf*: ⇨ rump〗

rúmp-fèd *adj.* 《Shak》〈臀部が〉丸々と太った (*Macbeth* 1. 3. 6).

rum·ple /rʌ́mpḷ/ *vt.* **1** 〈頭髪などを〉くしゃくしゃにする, もつれさせる, 乱す 〈*up*〉: His hair was ~*d* by the wind. 髪の毛が風で乱れ(てい)た. **2** 〈織物・衣類・紙などを〉しわにする, しわくちゃにする: a ~*d* sheet of paper しわくちゃになった(1 枚の)紙. **—** *vi.* しわになる, しわくちゃになる, くしゃくしゃになる; もつれる. **—** *n.* しわ. 〖n.: 《1500–20》 ◻ (M)Du. *rompel* ← MDu. *rompe* (cf. MLG *rumpe* wrinkle). — v.: 《1603》 ← (n.)〗

rúm·pled *adj.* しわくちゃになった.

rúmp·less *adj.* 〈鳥が〉尾のない; 〈鶏が〉尾底骨のない. 〖1668〗

rum·ply /rʌ́mpli, -pli/ *adj.* しわのある; しわくちゃな. 〖1833〗

rúm·pòt *n.* 《俗》大酒飲み, 飲んだくれ. 〖1930〗

Rúmp Pàrliament *n.* [the ~] =rump 4 b.

rúmp·sprùng *adj.* 《口語》〈家具が〉使い古されて傷んだ, がたつく.

rúmp stèak *n.* 《英》ランプステーキ《牛の最も臀部(でんぶ)に近い側の腰部 (loin) からとる切り身; cf. sirloin steak》.

rum·pus /rʌ́mpəs/ *n.* **1** 騒音, がやがや; 騒ぎ, 騒動: kick up [cause, create, make, raise] a ~. **2** 激しい論争, 激論. 〖《1764》 ← ?: cf. romp〗

rúmpus ròom *n.* 《米》遊戯室, 娯楽室《通例, 家屋の地下にあり, 遊戯道具を備え, パーティーを催したりして家族が遊ぶ部屋; cf. recreation room》. 〖1939〗

rump·y /rʌ́mpi/ *n.* 〚動物〛 マンクス (Manx cat). 〖《1856》 ← RUMP + -Y²〗

rúmpy púmp·y /-pʌ́m(p)i/ *n.* 《英俗》性行為, セックス. 〖《1960》: cf. rump〗

Rúm Rebéllion *n.* 《豪》ラム酒反乱《植民地政府の厳しいラム密貿易の取締まりに対して 1808 年, オーストラリア New South Wales 植民地軍団 (Rum Corps) が総督 William Bligh を追い落とそうとした反乱; 当時蒸留酒はすべてラムと呼ばれた》.

rúm·rùnner *n.* 《米口語》酒類密輸入者[船]. 〖1920〗

rúm-rùnning *n.* 《米口語》酒類密輸入. 〖1924〗

Rum·sey /rʌ́mzi/, **James** *n.* ラムジー《1743–92; 米国の機械技師; 蒸気船の改良者》.

rúm·shòp *n.* 《米口語》酒場, バー. 〖1738〗

rúm shrub *n.* ⇨ shrub². 〖1808〗

run¹ /rʌ́n/ *v.* (**ran** /rǽn/; **run; run·ning**) **—** *vi.* **1 a** 走る, 駆ける: ~ fast まっしぐらに走る[一目散に逃げる] / ~ *down* 駆け下りる / ~ *on* 走り続ける / ~ *out* 走って外へ出る / ~ a mile [a distance] 1 マイル[ある距離を] 走る / He who ~*s* may read. ⇨ read¹ *vi.* 1 a. **b** 逃亡[逃走]する, 逃げる, 逐電する: ~ *for* one's life 一生懸命[命からがら]逃げる / After the third volley the enemy *ran*. 3 回目の斉射の後敵は逃げた. **c** 〈馬が〉疾駆[疾走]する.

2 a 急ぐ, 駆けつける; 突進する: ~ [come ~*ning*] *to* a person's aid 人の救援に駆けつける / ~ *for* [*to* catch] a bus バスに乗ろうとして急ぐ. **b** 急いで[短期間]旅行する; ちょっと行く[訪ねる], 〈気軽に〉立ち寄る: ~ *up to* London 急いでロンドンへ行く / ~ *over* to borrow money 金を借りに気軽にやってくる / I'll ~ *over to* my uncle's. おじさんの所へちょっと行ってこよう. **c** (困って)援助・慰めを求めて〔…へ〕出かけて行く〔*to*〕: ~ *to* the police.

3 a 競走に加わる, レースに出る: I used to ~ *for* my school [when I was at school]. 学校代表で[学校にいたころは]よく短[長]距離走に出たものだ / This horse *ran in* the Derby. この馬はダービー競馬に出た. **b** 走って…着になる: His horse *ran* second. 彼の馬は 2 着だった. **c** 《米》〔選挙などに〕立候補する (《英》 stand) 〔*for*〕: ~ *for* Congress [Mayor, Governor, election] 国会議員[市長, 知事, 選挙]に立候補する / ~ *for* President [the Presidency] 大統領に立候補する.

4 a 〈車・船などが〉進む, 走る, (帆をかけて)走る, (船尾からの風を受けて)帆走する: The car *ran* fast. / Trains ~ *on* rails. 列車はレールを走る. **b** するする動く, 滑る, 滑走する; 滑らかに動く, よく動く: Curtains ~ *on* metal rods. カーテンは金属棒を滑って動く / A rope ~*s through* the pulley. 綱が滑車をするする通る / His tongue [He] ~*s on* (*about* everything). 彼の舌は(何にでも)よく動く《よくしゃべる》. **c** 〈ボールが〉転がる; (ゴルフで)〈打ったボールが〉一度着地したあと弾んで[転がって]行く.

5 a 自由に動く[行く]; ぶらぶらする, ぶらつく, さまよう 〈*about, around*〉: ~ *around* in the woods. **b** 〈船・車などが〉コースを外れる: ~ *aground* [*on* (*to*) the rocks] 暗礁に乗り上げる. **c** 〈のこぎりの切り目が〉それる. **d** 交際する; (特に)〈動物の雄が〉〈雌と〉交わる, つがう〔*with*〕.

6 〈魚が〉(産卵のため群れをなして)移動する, 遡上(そじょう)する; 群れ泳ぐ: ~ wide 〈魚群が〉沖に群れ泳ぐ / The salmon ~ *up* the rivers. サケは川に上る.

7 〈車・馬・船が〉通う, 往復する; 発車[出帆]する: Trains [Buses] ~ every five minutes. 列車[バス]は 5 分ごとに出る / Ferries ~ daily *between* France and England. フェリーは毎日フランスと英国の間を通う / There are no trains ~*ning* today. 今日は列車が走っていない.

8 a 〈川・潮が〉流れる: The river Arno ~*s into* the Mediterranean. アルノ川は地中海に注ぐ / The current is ~*ning* strong(ly). 流れが強い / The river ~*s* clear [thick, high, low]. 川が澄んで[濁って, 増水して, 減水して]いる / The water *ran* hot [cold]. (蛇口から水を流していうちに)熱く[冷たく]なった. **b** 〈血・涙・鼻汁・よだれ・うみなどが〉流れる, したたる; 〈目が〉涙を流す, 〈鼻が〉鼻水をたらす: ~ *with* sweat 汗を流す / Blood was ~*ning from* his wound. 傷口から血が流れていた / Blood was ~*ning in* the streets. =The streets were ~*ning with* blood. 通りは血の海だった / His nose ~*s*. 鼻水が出る / Tears *ran from* his eyes. =His eyes *ran with* tears. 彼の目から涙がこぼれた / Moisture was ~*ning down* the walls. =The walls were ~*ning with* moisture. 水滴が壁を伝って流れていた. **c** 漏れる, こぼれる; 流れ出す; 〈砂時計の砂が〉流れ落ちる 〈*out*〉: leave the water [faucet] ~*ning* 水を流しっぱなし[蛇口をあけっぱなし]にする / Water ~*s from* a tap [《米》 faucet]. 水が飲み口から流れる / Beer ~*s from* a cask. ビールが樽から流れる / The sands are ~*ning out*. 砂時計[猶予時間]が切れかかっている.

9 〈道路などが〉(一定の方向に)延びている, 通る, 通じる: The road ~*s for* several miles by the sea. 道路は海岸を数マイル走っている / The road ~*s along* [*at* right angles *to*] the river. 道路は川に沿って通っている[直交している] / Does this road ~ *to* [*past*] Long Beach? この道路はロングビーチに[を越してその先に]通じているのですか / The fence ~*s round* the house. 塀が家を取り巻いている / A scar *ran across* his cheek. 傷跡が彼のほおを走っていた.

10 a 〈時が〉経過する, 過ぎる, 推移する: How fast the years ~ *by*! 年月は何と早くたつものであろう. **b** 〈心像・記憶などが〉ふと浮かぶ, 去来する: His words were ~*ning in* [*through*] my head all day. 彼の言葉が終日私の頭に去来していた / An idea *ran through* his mind (that he should do something). (何かしなければならないという)考えが頭に浮かんだ / The quest for freedom ~*s* like a red thread through our history. 自由の探究は赤い一筋の糸のように歴史を貫いて通っている. **c** ざっと目を通す, 急いで読む: He [His eyes] *ran through* a book [*over* the accounts]. 彼は本[計算書]にざっと目を通した.

11 a 〈色などが〉しみ出る, 〈インクなどが〉にじむ: The colors of dyed material are apt to ~ if exposed to moisture. 染め物の色は湿るとにじみやすい. **b** 溶けて流れる, 熱で溶ける, 溶解する: The candle ~*s*. 蠟燭(ろうそく)が溶けて流れる.

12 〈編物・織物などが〉するするとほどける; 〈靴下〉の糸が線となって解ける, 伝線する (《英》 ladder): Silk stockings, and knitting sometimes ~. 絹の靴下やニット製品は伝線することがある.

13 a 迅速に移って行く[広がる]: Fire *ran along* the street. 火が通りを走った / A cold shiver *ran up* [*down, up and down*] my spine. 背筋を冷たい震えが走った / The news *ran* like wildfire. そのニュースは野火のように広がった. **b** 〈うわさなどが〉広まる, 流布する: The rumor ~*s* that he is going to resign. 彼が辞職するというわさが広まっている.

14 〈匍匐(ほふく)性の植物が〉はびこる, はう, 広がる: ~ wild はびこる / The vine *ran along* the fence. つるがフェンスに沿って広がっていた.

15 a うまく行く, 望み通りに進行する: All his arrangements [businesses] *ran* smoothly. 彼の計画[事業]はすべて順調に進んだ / His life ~*s* smoothly. 彼の人生は順風満帆だ / Things are ~*ning* for me at the moment. 目下のところ, 万事順調だ. **b** 回転する. **c** 〈機械などが〉運転する: leave the engine ~*ning* エンジンをかけっ放しにしておく / I can't make the lawn mower ~ properly. 芝刈機がうまく動かせない.

16 a 続く, 継続する: The lease ~*s* (*for*) more seven years. =The lease has seven years more to ~. 賃貸契約はあと 7 年(間)続く. **b** 〈劇などが〉打ち続けられる: a brilliant new play now ~*ning on* Broadway 目下ブロードウェーで上演中の素晴らしい新作の芝居 / ~ and ~ 〈劇など〉長く続演される / The play ~*s for* nearly three hours. その劇は上演に 3 時間近くかかる. **c** 〈利子などが〉かさむ, たまる. **d** 〈血統などが〉(継続して)流れる, 伝わる: Bad blood ~*s in* his veins. 悪い血が彼の血管を流れている / Genius ~*s in* the family [blood]. その家には天才の血が流れている.

17 a 〈話題などが〉及ぶ, わたる: His talk *ran on* current events. 彼の話は時事問題に及んだ. **b** さまざまな段階を含む: His works ~ *from* poems *to* novels. 彼の作品は詩から小説に及ぶ.

18 (できが)大体[平均して, 一般に]…である: Our peaches have ~ big this year. 今年はうちの桃は概して大ぶりだ / Oats ~ forty-four pounds to the bushel. オート麦は(平均すると) 1 ブッシェルにつき 44 ポンドである.

19 a [悪い状態を表す形容詞の補語を伴って] 〈ある状態に〉なる, 変わる: ~ mad 発狂する / ~ dry 乾く; 〈水・乳などが〉出なくなる, かれる / ~ rampant 自由奔放にふるまう, やたらにはびこる / His blood *ran* cold. 彼はぞっとした / Feelings were ~*ning* high about the scandal [that something had to be done]. スキャンダルについての[何とかしなければならないという]感情が高まっていた / Rumors were ~*ning* rife about the scandal. スキャンダルについてのうわさが広まっていた / ⇨ *run* AMOK, *run* LOW¹, *run* RIOT, *run* SCARED, *run* SHORT (*of*), *run* WILD. **b** 〔ある状態に〕なる〔*to*〕: ~ *to* leaves 葉となる / ~ *to* seed 種になる / ~ *to* ruin 荒廃する / He is ~*ning* to fat a bit. やや太り気味である. **c** 〔ある傾向に〕向かう, 傾く〔*to*〕: ~ *to* extremes 極端に走る / ~ *to* sentiment 感傷に傾く[走る]. **d** 〈数量などが〉〔…に〕達する, 及ぶ〔*to*〕: The cost ~*s to* ten thousand dollars [*into* the thousands]. 費用は 1 万ドルに[何千(ドル)にも]達する. **e** 〔別の状態に〕移る, 陥る, はまる〔*into*〕: ~ *into* peril [debt] 危険に陥る[借金する].

20 a 〈話・写真などが〉〔新聞・雑誌などに〕掲載される, 載る〔*in, on*〕: The story *ran in* the magazine [*on* the front page, *on* p. 23]. その記事は雑誌[表紙, 23 ページ]に載った. **b** 〔…と〕書いてある, 述べられてある〔*as*〕: The will ~*s as* follows. 遺言書には次のように書いてある / So the story ~*s*. 話がそういう風になっている / How did that last line ~, again? その最後のせりふ, どうなっていたかな, もう一度言ってくれ.

21 〚法律〛 〈令状などが〉効力をもつ, 有効である; 〈権利・義務が〉伴う〔*with*〕.

22 〚音楽〛 〈楽句などを〉速く演奏する[歌う].

23 〚アメフト〛 (攻撃に際して)ランニングプレーを利用する.

24 〚トランプ〛 (ブリッジのビッドで)逃げる 〈*out*〉《パートナーのビッドがダブルされた場合 (cf. double *vt.* 8), 別のスーツあるいはノートランプをビッドして難を避ける; cf. rescue *vt.* 3》.

25 〚クリケット〛 (両打者が, 得点するためにそれぞれ反対側の)三柱門へ走る. **26** 〚電算〛 〈プログラムが〉走る, 動作する: ~ *on* Unix ユニックス上で走る.

— *vt.* **1 a** 〈道・コースなどを〉走って行く, 走る; 通る, 経る; 走って横切る: ~ a road *through* 通路を走り抜ける / have ~ one's [its] course 一生を終わる[行く所まで行く] / The disease will ~ its course in a week. 病気(の治癒)には 1 週間かかるでしょう / Things must ~ their course. 物事はなるようにしかならぬ. **b** 走って行う: ~ a race 競走する / ~ errands [messages] 走り使いをする / The Derby was ~ in the rain. ダービーは雨の中で行われた.

2 a 〈馬などを〉走らせる, 駆けさせる: ~ a horse up and down 馬をあちこち走らせる. **b** 走って…させる: ~ a horse *to* death 馬を乗りつぶす / He *ran* himself *out of* breath. 彼は走って息が切れた / He *ran* me *off* my legs. 彼に走らされて足が棒になった.

3 a 競馬に出す, 出走させる: He *ran* three horses. 彼は 3 頭の馬を出走させた. **b** …と競走する: I will ~ him two miles [two blocks]. 私は彼と 2 マイル[ブロック]かけっこをする / He *ran* me a close second. 彼はもう少しで私を抜くところだったが 2 位に終わった. **c** 《米》〈選挙などに〉立候補させる: ~ a person *for* the Senate 人を上院議員に立候補させる / ~ a candidate 候補者を立てる.

4 a 〈車・馬・船を〉通わせる, 往復させる; 〈車・列車を〉走らせる: ~ a steamer 汽船を通わせる / ~ a car *into* the garage 車を車庫に入れる / ~ a train 列車を走らせる / They ~ buses (there) every five minutes. (そこでは)バスは 5 分おきに走っている. **b** (船・車で)運ぶ, 車に乗せて行く: ~ a person *to* the station [*back home from* the station] 駅まで[駅から家まで]人を乗せて行く. **c** 密輸する: ~ liquor [guns] 酒[銃]を密輸する.

5 a 経営する, 管理する, 支配する, 〈人を〉指揮する: ~ a hotel [shop, school, company, business, country, house, one's life, everything] 旅館[商店, 学校, 会社, 事業, 国, 家庭, 人生, 全て]を経営する[営む, 動かす, 切り盛りする, やりくりする, 処理する] / ~ a campaign [party] 政治運動[政党]を指揮する / ~ a tight ship ⇨ tight ship. **b** 〈機械などを〉動かす, 運転する; 〈実験などを〉行う, 実行する: ~ a machine (*on* diesel oil) / It is a cheap machine to ~. =It is a machine that is cheap to ~. =It's cheap to ~ the machine. その機械は運転コストが低い / ~ a check *on* …を点検する. **c** 《英》〈車などを〉持つ, …に乗っている: I don't earn enough to ~ an expensive car. 高級車を乗り回すほど稼いではいない.

6 a …から逃亡[逃走, 脱走]を企てる; 逃亡[脱走]する. **b** 走り抜ける, 通り抜ける, 突破する, 乗り切る: ~ a blockade / ~ a stoplight 停止信号を突破する / ~ the rapids 急流を乗り切る.

7 a 追う, 追跡する, 狩り立てる: ~ a scent 臭跡を追う / ~ a fox [hare] 狐[うさぎ]を狩り立てる / ~ a hare *to* earth [ground, cover] うさぎを穴まで追い詰める / ~ a criminal *to* earth 犯人をとことん捜して発見する / ~ the missing facts *to* earth in an encyclopedia 欠けている事実を百科事典で調べて捜し出す / ~ a person *out of* town 人を町から追い出す. **b** (考えて)追求する, 突きとめる: ~ a rumor back *to* its source うわさの根源をつきとめる.

8 a 〈家畜を〉〔牧場へ〕追い出す〔*to*〕: ~ cattle (*to* pasture) 牛を牧場に追い出す. **b** 〈家畜を〉放牧する: ~ 200 head of sheep 200 頭の羊を牧場で飼っている.

9 a 突き刺す, 突き通す, 突っ込む: ～ a knife *into* a person 人にナイフを突き刺す / ～ a sword *through* a person＝～ a person *through with* a sword＝～ through a person *with* a sword 人に剣を突き刺す. **b** 通す, 通過させる: ～ a string [stitch] *through* a hem へりに糸を通す[を一針ぬう] / ～ a rope *through* an eyelet 綱を穴に通す / ～ one's fingers [a comb] *through* one's hair 指[くし]で髪をさっととかす / ～ a carpet sweeper *over* a rug 敷物にじゅうたん掃除機をかける.

10 打ちつける, 突き当てる, 打ち当てる: ～ one's head *against* a wall 頭を壁に打ちつける / ～ a cart *into a* guardrail 車をガードレールに突き当てる / ～ a ship *aground* [*on(to)* the rocks] 船を座礁させる.

11 a 流れさす, 流す: ～ water *into* casks 水を樽へ流し込む / ～ water *over* one's hair 髪に水をかける / ～ tears [blood] 涙[血]を流す. **b** 〈溶液を〉流し込む; 鋳造する: ～ lead *into* molds (溶けた)鉛を型に流し込む / ～ bullets 弾丸を鋳造する. **c** 〈風呂おけなど〉に水を張る: ～ a hot tub [bath] 風呂をたてる / ～ a bath (蛇口から)風呂に水[湯]を入れる / *Run* me a bath.＝*Run* a bath *for* me.

12 a 処理する: ～ a problem *through* a computer コンピューターにかけて問題を処理する. **b** 加工する, 精製する: ～ crude oil.

13 a 〈危険〉に身をさらす, 冒す, 招く, 賭ける (incur): ～ risks [dangers] 冒険する[危険を冒す] / ～ the risk of ... の危険を冒す. **b** 〈病気〉にかかる, 〈熱を〉出す: ～ a temperature [fever] (病気で)熱を出す.

14 陥らせる, 追い込む: ～ a person *into* trouble [debt] 人を困難[借金]に陥らせる.

15 a ざっと〈目を〉通す〔*over, through*〕(cf. RUN¹ *over* ... (1)): ～ one's eye(s) *over* a letter 手紙にさっと目を通す. **b** 〈指などを〉走らせる (cf. RUN¹ *over* ... (5)): ～ a finger *down* the pages of a ledger 元帳のページに指を走らせる / ～ one's tongue *over* one's dry lips 乾いた唇を舌でなめる.

16 〈線・仕切りなどを〉引く, 画する, 立てる: ～ a boundary 境界を画する / ～ a partition across a room 部屋に仕切りを立てる.

17 《米》〈ストッキング〉に伝線を作る (《英》 ladder): ～ a stocking *on* a nail 爪をひっかけてストッキングに伝線させる.

18 〈布地を〉直線縫い[ランニングステッチ]で縫う.

19 a 〔新聞・雑誌に〕〈連載物・広告などを〉掲載[連載]する〔*in, on*〕: ～ an ad [a story, a headline] *in* an evening paper [*on* p. 23] 夕刊 [23ページ]に広告[記事, 見出し]を載せる. **b** 印刷する, 出版する, …のコピーを取る 〈*off*〉.

20 〈勘定などを〉滞らせる: ～ an account [a charge account] at Bloomingdale's ブルーミングデールズのつけ[掛け売り]代金を払っていない.

21 a 費用[価]が〈いくら〉かかる: This coat *ran* fifty dollars. この上着は50ドルした. **b** 〈人〉に〈いくら〉費用がかかる: The repairs will ～ me fifty pounds. 修理は50ポンドかかるだろう.

22 〖ゴルフ〗〈ボールを〉(特にグリーン上で)着地してから転がるようにショットする, ランさせる.

23 〖トランプ〗(ブリッジやホイストで)〈切札などのスーツ (suit)を〉走らせる《勝てることが確実な一連の札を上から順に出してトリック (trick) を取り続ける; cf. establish *vt.* 10》.

24 〖玉突〗ミスをしないで〈連続の得点を〉あげる.

25 〖クロッケー〗球を打って〈門柱を〉くぐらせる, 〈柱〉に当てる: ～ a croquet hoop.

26 〖電算〗〈プログラムを〉走らせる, 実行する.

rún abóut (1) 走り[駆け]回る; (方々)遊び回る; 車で走り回る. (2) (仕事で)駆けずり回る. ***rún acróss*** (1) 〈人〉に偶然出会う, 不意に行き合う; 〈物を〉偶然見つける: I *ran across* him in the park. 公園で彼に出くわした. (2) …を走って渡る (cf. *vi.* 9). ***rún áfter*** (1) …の後を追う, 追跡する (chase); …を追い求める, 探す. (2) 〈異性〉の尻を追い回す, 〈異性〉との交際を求める. (3) 〈研究など〉に熱中する, に夢中になる. (4) 《口語》〈人〉のために尽くす, …の世話[雑用]をして回る. ***rún agàinst*** (1) …と衝突する; (利害・意見などで)…とぶつかる. (2) …に偶然出会う. (3) …の不利になる: At first luck *ran against* him. 初めは彼は運がなかった. (4) 〈人〉と競走する. (5) 〈相手〉と選挙戦をたたかう. ***rún ahéad of*** …の先を行く, …をしのぐ. ***rún alóng*** 《口語》(1) 去る, 出かける, 発(た)つ. (2) [通例子供に対して, 命令形で] あっちへ行く: *Run along!* (うるさいから)あっちへ行っていなさい. ***rún ánd ...*** すぐ[はやく]...しなさい. ***rún aróund*** (*vi.*) (1) ⇨ *vi.* 5 a. (2) (雑用・世話などで)駆けずり回る, 大忙しである 〈*doing*〉〔*after*〕. (3) (通例, 好ましくない人と)交際する; (異性と)遊び回る〔*with*〕. (4) 〈既婚者が〉浮気する. ― (*vt.*) 《英》〈人を〉車であちこち連れて行く[案内する]. ***rún aròund ...*** 《米》…を次々とうまくかわす[外す]. ***rún at*** (1) (突進して)…を攻撃する; …に向かって走る. (2) 〈エンジンなどが〉…の速度で動く; 〈取引きなどが〉…に及ぶ. ***rún awáy*** (1) 逃げる, 逃走する; 急いで立ち去る. (2) 〈馬が〉逸走する, 逃げ出す. (3) 家出する, 出奔する, 駆け落ちする〔*from*〕. (4) 〔問題などを〕避ける, 〔事実などから〕目をそらす〔*from*〕. (5) 〈競走馬・競走者が〉〔相手を〕引き離す〔*from*〕. (6) 〈水などが〉流れ出る. (7) [won't を伴い]〈問題・課題などが〉消えてなくなる. ***rún awáy with*** (1) 《主に米》…を持ち逃げする; 盗む. (2) …を連れて逃げる, …と駆け落ちする. (3) 〈馬が〉〈車・乗客など〉を付け[乗せ]たまま駆け出す. (4) 〈感情などが〉〈人〉の自制心を失わせる: Don't let your feelings ～ *away with* you. 感情に駆られてはいけない. (5) 〈人の意見など〉を早のみ込みする, 早合点する. (6) 〈計画・機械などが〉〈金・燃料など〉を浪費する, 費やす. (7) 〈試合などで〉圧倒的に[やすやすと]勝つ; 優勝して[優等で]〈賞など〉をもらう. (8) 《主に米》〈ショーなど〉で人気をさらう. (9) 〈計画など〉を思い通りに進める. (10) 〖海事〗〈滑車のロープ〉を(大きく引くために)甲板を走って引く. ***rún báck*** (*vi.*) (1) 走って帰る, 走って戻る〔*to*〕. (2) 〈家系などが〉(…に)遡(さかのぼ)る; 回想する: ～ *back over* the past 過去を追想する / His memory doesn't ～ so far *back* [*back* so far]. 彼はそんなに前の事は覚えていない. (3) 〖アメフト〗(キックオフのボールを取ったりした後で)ボールを持って相手ゴールめがけて走る. (4) 〈水などが〉逆流する. ― (*vt.*) (1) 〈フィルムなどを〉巻き戻す. (2) ⇨ *vt.* 4 b. ***rún befóre one can wálk*** 基礎ができないうちに難しいことに取り組む (cf. WALK *before one can run*). ***rùn behínd*** (予定などより)遅れる. ***rún behìnd ...*** (1) 〈予定〉より遅れる. (2) …の後について走る. ***rún by ...*** 〈…〉を急いで訪れる. ***rún ... by*** ― 《米口語》(反応などを知るために)〈人〉に〈…について〉話す[見せる]: *Run* that *by me* again. もう一度説明してくれませんか. ***rún** a person **clóse*** [***hárd***] (1) 〈競争相手を〉追い詰める. (2) 〈人を〉窮迫させる. ***rún dówn*** (*vi.*) (1) 〔…に〕急いで行く; 〔…に〕流れ落ちる; 〔…まで〕〈土地などが〉のびている〔*to*〕 (cf. *vi.* 1 a). (2) (ぜんまいの巻きがほぐれたり, 動力がなくなって)〈時計が〉止まる; 〈運転が〉止まる, 〈電池などが〉切れる. (3) (過労・栄養不良などのために)〈健康が〉衰える; 〈地域・建物などが〉荒廃する. (4) 〈数量が〉減る. (5) (都会から)田舎を訪れる: ～ *down to* Torquay (cf. *vi* 2 b). (6) 《英》(洪水のあと)〈川の水が〉引く. ― (*vt.*) (1) 〈人を〉突き倒す, 衝突する; [しばしば受身で] 〈車が〉〈人などを〉轢(ひ)き倒す. (2) 〈電池などを〉使い果たす. (3) [通例受身で] 〈病気などが〉〈人を〉衰弱させる: I feel ～ *down.* 私は体の衰えを感じる (cf. run-down). (4) 《英》〈人員などを〉減らす, 削減する. (5) 〈船〉に衝突して沈没させる. (6) 威圧する, 圧倒する. (7) 〈人・獲物を〉追い詰める, 狩り立てる. (8) 捜して見つけ出す, つかまえる. (9) けなす, くさす, そしる: You're always ～*ning me down!* 君はいつも僕のことを悪く言うね. (10) 《英・豪》[しばしば受身で] 〈物〉の価値[量]を減らす; 〈組織などの規模を〉縮小する: ～ stocks *down* 在庫を減らす. (11) 〖野球〗〈走者を〉挟殺(きょうさつ)する. ***rún dówn ...*** (1) 〈リストなど〉にさっと目を通す. (2) 〖海事〗〈岸〉に平行して近くを航行する. ★ その他の用法については ⇨ *vi.* 8 b, 13 a. ***rún for it*** 《口語》(危険などから)急いで逃げる. ***rún fúll*** 〖海事〗帆を十分にはらませて走る. ***rún** a person **hárd*** ＝RUN *a person close.* ***rún ín*** (*vi.*) (1) 駆け込む; 流れ込む. (2) 〈列車が〉駅へ入って来る. (3) 突進して取り組む, 肉薄する〔*to*〕. (4) 《口語》〔人の家に〕立ち寄る, ちょっと訪問する〔*to*〕. (5) 〈負債〉を作る, 生む. (6) 〖ラグビー〗ボールを持って敵のゴール内へ駆け込みこれを地につける. (7) 〖印刷〗〈原稿が〉(組んでみて)予想外に縮まる. ― (*vt.*) (1) 差し込む, はさむ. (2) 《口語》逮捕連行する, (捕縛して)投獄する, ぶち込む. (3) 〖印刷〗追込みにする; 〈母型を〉装塡する. (4) 《英》〈新しい機械, 特に新車を〉ならし運転して調子を出す[整える]. ***rún into ...*** …に思いがけなく会う, 偶然…に出くわす. ***rún ínto ...*** (1) 〈川などが〉…に流れ込む. (2) …にぶつかる, 衝突する. (3) 〈苦しい状況など〉に陥る (cf. *vi.* 19 e); 〈悪天候など〉に遭う. (4) …に達する: ～ *into* a large sum of money 大きな金額に達する. (5) …と合体する. (6) 〈習慣など〉に染まる[がつく]. (7) …に続く[代わる]; 〈色などが〉…にとけ込む. ***rún ... ínto*** ― ⇨ *vt* 4 a, 9 a, 10, 11 a, 14. ***rún into the gróund*** ⇨ ground¹ 成句. ***rún in with*** (1) …と一致する, …に同意する. (2) 〖海事〗〈岸・船など〉に接近して航行する. ***rún it fíne*** ⇨ fine¹ *adv.* 成句. ***rún óff*** (*vi.*) (1) 逃げる; 家出[駆け落ち]する〔*from, to*〕. (2) 流れ去る. (3) 突然脱線する; 〈話が〉わき道にそれる. (4) 下痢をする. (5) [通例命令文で] 立ち去る. (6) 〈道・廊下などが〉始まる. ― (*vt.*) (1) 〈一覧表・詩などを〉すらすらと読む, すらすらと書く. (2) 刷る, 印刷する, 刷り出す. (3) (機械で)造り出す, 製作する. (4) 〈液体を〉流出させる, 干上がらせる; 放出する. (5) [しばしば受身で] 〈レースなどの決勝戦を〉する. (6) 〈侵入者などを〉追い出す. (7) 《米》〈家畜を〉(追い払って)盗む. (8) 走って〈体重を〉落とす. ***rún off ...*** (1) 〈機械などが〉…を動力源にする. (2) 〈水などが〉…から流れ去る. (3) 〈道・レール〉から外れる. ***rún ... off*** ― (1) 〈…を〉―から追い出す; 〈…を〉―から飛び出させる, 脱線させる. (2) 〈…を〉―(を動力源)で動かす, 使う. ***rún óff at the móuth*** 《米口語》しゃべりまくる, まくしたてる: He's always ～*ning off at the mouth about* the government. いつも政府のことをべらべらしゃべっている. ***rún óff with*** (1) …と駆け落ちする. (2) …を持ち逃げする; 盗む. ***rún ón*** (*vi.*) (1) ⇨ *vi.* 1 a. (2) 続ける; 話し続ける. (3) 〈書体が〉続き文字になる. (4) 作用[効力]を続ける. (5) 〈時が〉経過する; 〈道などが〉〔…に〕続いている〔*to*〕. (6) 〈印刷物〉の行[段]が切れずに続く. ― (*vt.*) (1) 〈印刷物〉の行[段]を追い込む, 行[段]を切らずに続ける; 〈文などを〉続ける. (2) (辞書などの項目の)最後に付け加える, 追い込む. ***rún on ...*** (1) 〈車が〉…を燃料とする, …で走る; 〈ソフトウェアが〉…で作動する: ～ *on* diesel oil [batteries, electricity]. (2) 〈心が〉…にとらわれる, くよくよ考える: ～ *on* the past 過去にこだわる. (3) ⇨ *vi.* 17 a. ***rún ... on*** ― 〈…を〉―(を動力源)で動かす, 使う; 〈ソフトウェアを〉―で作動させる. ⇨ *vt.* 5 b. ★ その他の用法については ⇨ *vt.* 12 a, 17, 19 a. ***rún ón émpty*** 《米口語》(資金・燃料・エネルギーなどがなくなっても)(走り)続ける. ***rún óut*** (*vi.*) (1) ⇨ *vi.* 1 a. (2) ⇨ *vi.* 8 c. (3) 〈土地・桟橋などが〉突き出る, 突出する. (4) 〈金・食料などが〉尽きる, 終わる; 〈時間・蓄えなどが〉なくなる〔*for*〕. (5) 満期になる; 〈契約・カードなど〉の有効期限が切れる. (6) 使い尽くす; 無一文になる, 貧乏になる. (7) (交配などの結果)〈植物・動物が〉特徴をなくす, 退化してしまう. (8) (ある成績で)競争[コンテスト]にパスする; 必要な得点を挙げる. (9) 〖海事〗〈索が〉ロープ一杯繰り出される, 繰り出す. (10) 〈馬が〉障害を避けてわきにそれる. ― (*vt.*) (1) 〈競技などを〉終了する, けりをつける. (2) 〈ロープなどを〉繰り出す. (3) 《米》〈人を〉追い出す, 追放する〔*of*〕. (4) 〖印刷〗〈行を〉(クワタ (quad) や飾りなどを入れて)いっぱいに組む, 広く組む; 〈段落の一行目などを〉頭を出して組む (cf. hanging indention). (5) 〖クリケット〗[しばしば受身で] 〈打者線 (popping creases) 間を走っている走者を〉アウトにする. (6) 〖野球〗〈打者を〉アウトにする: The runner was ～ *out* between 2nd and 3rd. ランナーは2, 3塁間でアウトになった. (7) 〖野球〗〈打者を〉(ヒットを打って)一塁へ全力疾走させる. (8) 突き出す. (9) 〈…を〉走って疲れさせる. ***rún óut at*** 〈経費・合計などが〉…に達する. ***rún óut of*** …を使い果たす, 切らす, …が欠乏する, なくなる: ～ *out of* coffee, energy, fuel, money, etc. ***rún óut on*** 《口語》…を見捨てる. ***rún óut the clóck*** ⇨ clock 成句. ***rún óver*** (*vi.*) (1) ⇨ *vi.* 2 b. (2) 〈液体またはその容器が〉あふれる: The last drop makes the cup ～ *over.* 最後の一滴でカップはあふれる《物事は程合いを知らねばならない》. (3) 超過する; 〈ゲーム・番組などが〉予定時間を越える. ― (*vt.*) (1) 〈車が〉〈人などを〉轢(ひ)く: He was ～ *over* by a car. 彼は車にひかれた. (2) 〈…を〉運ぶ, 持ってゆく〔*to*〕. ***rún over ...*** (1) 〈せりふ・要点など〉をざっと見る, 通読する, 復習する (cf. *vt.* 15 a); …について考えてみる; 急いで述べる, かいつまんで話す. (2) 繰り返す, 復唱[復習]する, (もう一度)調べて[考えて]みる. (3) 〈車が〉〈人など〉を轢(ひ)く: The car *ran over* him.＝The car *ran* him *over.* その車が彼を轢いた. ★ 後者の over は副詞. (4) 〈限度・予定など〉を超す, 超過する; 〈感情が〉…を圧倒する. (5) 〈鍵盤など〉に続けざまに素早く触れる (cf. *vt.* 15 b). ***rún ... past** a person*＝***rún ... by** a person.* ***rún thróugh*** (*vi.*) 走り抜ける; 流れ抜ける. (*vt.*) (1) 〈…を〉〔刃・針などで〕突き刺す〔*with*〕(⇨ *vt.* 9 a). (2) 〈フィルム・テープなどを〉(機械に)かける. ***rún thròugh ...*** (1) 〈場所〉を走り抜ける; 流れ抜ける (cf. *vi.* 4 b); 〈道・川などが〉…を貫いている. (2) 〈考えなどが〉〈社会など〉に行き渡っている; 〈感情などが〉〈作品〉に流れている. (3) 〈恐怖などが〉…を突然襲う; 〈ささやき・うわさなどが〉…にさっと広まる (cf. *vi.* 13 a). (4) 〈一連の出来事など〉について初めから終わりまで考える, 説明する. (5) 〈手紙・リストなど〉をさっと読む, 見る, 調べる (cf. *vi.* 10 c). (6) …をさっと復習する; 〈場面・劇など〉を通してリハーサルする. (7) 〈財産など〉を使い尽くす, 浪費する. (8) 〈書いた文字〉を線を引いて消す. (9) ⇨ *vi.* 10 b. ***rún ... thróugh*** ― (1) 〈…に〉―を走り抜けさせる; 〈…を〉―に流す. (2) ⇨ *vt.* 9 a, b. (3) 〈…に〉―の場面をリハーサルさせる. (4) 〈…を〉〈機械〉にかける (⇨ *vt.* 12 a). ***rún to*** (1) ⇨ *vi.* 19 b, c, d. (2) ⇨ *vi.* 2 c. (3) [しばしば can, will などを伴い否定文で] 〈人が〉…の能力[財力]をもっている; 〈金が〉〈経費・事業など〉に(十分)足りる. (4) 〈好みなどが〉…に向う. ***rún togéther*** 混ぜる; 結合する: ～ words *together* 言葉を混ぜる / Don't ～ sentences *together* without proper punctuation. 適切な句読点なしで文を結合してはいけない. ***rún to méet*** 〈不幸などを〉(早まって)先取りする (anticipate): ⇨ *run to meet one's* TROUBLES. ***rún to páttern*** ⇨ pattern 成句. ***rún úp*** (*vi.*) (1) 駆け上がる; 駆け上がる〔*to*〕; 助走する. (2) 速やかに成長する: Children ～ *up* rapidly. 子供はぐんぐん成長する. (3) 〈物価などが〉騰貴する. (4) 〈数量が〉〔…に〕達する〔*to*〕. (5) 〈出費・借金などが〉(どんどん)かさむ, 増える. (6) 二位になる, 二着に入る. ― (*vt.*) (1) 〈出費・借金などを〉(どんどん)増やす; 〈カードで〉出費を重ねる: ～ *up* debts / She *ran up* huge bills. (やたらに買物などをして)すごく勘定がたまった. (2) (競売で)〈競う相手に〉競り上げさせる. (3) [しばしば受身で] 〈旗などを〉(するすると)掲げる. (4) 〈家などを〉建てる, 作る; 安普請(やすぶしん)で建てる, 大急ぎで建てる, 急造する; 高く建てる. (5) 大急ぎで縫う. (6) 〈数字の列を〉迅速に寄せる, 加える. (7) 〈物価を〉押し上げる; 〈日用品など〉の価格を上げる. (8) 《主に米》〈勝敗などを〉重ねる. ***rún up agàinst*** (1) …に衝突する. (2) 〈困難・難題など〉に出くわす. ***rún upòn*** (cf. RUN *on*) (1) …に不意に出会う. (2) 〈考えなどが〉…に集中する, に奪われる. ***rún with*** (1) …と付き合う. (2) 〈場所が〉…であふれる (⇨ *vi.* 8 b). (3) 〈事〉を進める, 発展させる; …を受け入れる.

― *n.* **1 a** 走ること, 駆けること, 走り: go for [do] a ～ before breakfast 朝食前に一走りしに行く / be *on* the ～ 走っている / give a good ～ 十分に走らせる / have a good ～ (狩猟・船・列車などで)さんざん[たっぷり]走る / break into a ～ 急に走り出す. **b** 駆け足(の速度); 《米》早駆け (cf. double time 1 a): *at* a [the] ～ 駆け足で. **c** 走る力, 疾走力, 逃げる力: There is no more ～ left in him. 彼にはもう走る力がない. **d** (飛行機の)滑走: a landing ～ 着陸滑走.

2 競走, 競馬 (cf. dash¹ 2): a (one-)mile ～ 1マイル競走 / a ～ for a stake 懸賞競走[競馬].

3 a (自動車などに乗って)速く行くこと, 一走り[とばし]: go for [take] a ～ *to* town 町へ一走り行ってくる. **b** 急ぎの旅行, 短い旅行: a ～ *on* the Continent 急ぎの(ヨーロッパ)大陸旅行. **c** (列車・バスの)運行, (船の)航行: a ferry ～ フェリーの運行 / do the morning school ～ 午前中のスクールバスを運転する.

4 a 走程, 行程, (一定時間, 特に24時間に走る)航程: a ～ of several hours 数時間の走程 / take a six-mile ～ 6マイル走る / the ship's ～ 船の航程《一日の航行マイル数》/ a 4-hour ～ 4時間の走程 / the New York-London ～ ニューヨーク-ロンドン間の航程. **b** 通路; 走路; (列車・バスの)路線, 航路; 滑走路.

5 (大急ぎの)逃走, 逃亡: make a ～ for it 急いで逃げる / live *on* the ～ 逃亡生活をする.

6 a (特に, 産卵期のサケ・マス類の河川への)遡上. **b** 移行中の魚群[鳥群, 獣群]: a ～ of salmon.

7 a 流れる[流す]こと; 流れるもの. **b** 流れる量, 流出量. **c** 〖金属加工〗(鋳造などの)流し込み. **d** 流れ; 《米中部》(時期によって水の枯れる)小川, 細流. **e** (水を流す)樋(とい),

水管, 水路.
8 リズミカルな動き; すばやい動き[運動]: come down with a ～ 急速に落ちる[下がる].
9 a 方向, 向き: the ～ of a range of hills 山脈の方向 / the ～ of the grain of wood 木目の方向. **b** 形勢, 気配; 進行, 成り行き: the ～ of the market 市場の気配 / the ～ of events 事の成り行き, 形勢 / against the ～ of play 不利な試合の流れにもかかわらず.
10 a 連続, 継続, 続き, 引き続き: a ～ of bad luck 不運続き / have a good [bad] ～ at the (roulette) wheel ルーレットで勝ち[負け]続ける / a ～ *on* the red (トランプで)赤の札続き / The ～ of the cards was against me. 不利なカードばかり出た / ⇨ long run, short run 1. **b** (演劇・映画などの)連続公演, 続演: The play had a ～ of twenty months. その劇は 20 か月上演され続けた / ⇨ long run 2. **c** 〘玉突〙うまいストローク[ショットなど]の連続. **d** =pressrun. **e** (鉱脈などの)広がり, 続き: a 500-foot ～ of pipe 500 フィート続きの管.
11 a 大需要, 大売行き: a great ～ *on* a new novel 新しい小説の大当たり. **b** 流行, 人気: the ～ of a fashion 流行の趨勢 / have a good [great, long] ～ 非常に[長期にわたって]人気を取る, 大いに流行する. **c** (銀行の)取り付け: a ～ *on* a bank [*on* the pound].
12 a (連続的な仕事の)作業高, 仕事量; 作業, 操業: an eight-hour ～ of a factory 工場の 8 時間操業. **b** 作業[操業]時間.
13 〘電算〙プログラムの実行, ラン.
14 a (動物の)(決まった)通り道, 獣道: a deer ～. **b** [通例複合語の第 2 構成素として] (家畜などの)囲い場: a fish ～ 養魚場 / a poultry [chicken] ～ 養鶏場. **c** 《豪》放牧場: a sheep ～.
15 [the ～] 出入り[使用]の自由: have *the* ～ of a person's house 人の家に自由に出入りできる / give a person *the* ～ of one's library 人に蔵書を自由に使わせる.
16 [通例 the ～] 普通の種類[型] (sort); 普通の人[もの], 平均のもの 〈*of*〉: above the ordinary ～ *of* mankind [things] 人並[普通]以上で[の] / the common [general] ～ 普通の人間, 凡人; 凡事, 凡物 / out of [outside] the usual ～ 並外れて[の]. **17** 一緒に生まれた[育った]一群れの動物. **18** (ストッキング・編物などの)縦のほころび, ラン, 伝線 (《英》ladder): get a ～ *in* a stocking. **19 a** 傾斜した走路, コース: a bobsled ～ ボブスレーコース / ⇨ ski run. **b** (劇場などの)通路の斜面 (ramp). **20** [*pl.*; 単数または複数扱い] 《俗》下痢 (diarrhea). **21** 〘音楽〙= roulade 1 b. **22** 〘野球〙ベースの一巡 (1 点; cf. home run, earned run); 得点(すること), (投手にとっての)失点.
23 〘クリケット〙ラン, 得点 《打球後両打者が三柱門の位置を交換すること; 1 点》. **24** 〘ゴルフ〙ラン 《着地したボールが地面を転がること; その距離》. **25** 〘アメフト〙ラン 《ランニングプレーでボールが進んだヤード数》. **26** 〘建築〙**a** (屋根で)棟から壁面までの水平距離. **b** 踏面 《階段の一段の長さ》. **c** (ひと続き (flight) の階段の)水平距離. **27** 〘時計〙=slide 13. **28** 〘軍事〙**a** =bomb run. **b** (任務飛行中の)一区切りの航程[飛行経路] 《爆撃・ロケット攻撃・対地機銃掃射など特定の任務遂行中, 例えば攻撃開始のため目標に向かって直進する区間など, 一区切りの飛行経路》: a strafing ～ 対地射撃航程. **29** 〘トランプ〙(rummy や cribbage で)同種札 3 枚以上のそろい; (pinochle で)切札のそろい.
by the rún (1) 突然に, 急速に, 急落して. (2) 出来高で. (3) 〘海事〙(全部)一ぺんに(下方に): come down *by the* ～ どっと倒れる, 急に下がる. (1800) ***gèt the rún upon*** 《米》〈人を〉ばかにする, 冷やかす. (1848) ***give a person a (góod) rún for his móney*** 人に満足感を与える; 人と激しい競争をする: They won in the end, but we *gave* them *a* ～ *for their money.* 結局向こうが勝ったが, こちらもそう簡単には勝たせてやらなかった. ***gó and hàve a rún*** [命令形で] 《俗》出て[とっとと]失せろ. ***hàve [gèt] a (góod) rún for one's móney*** (1) 激しい競争をする, 接戦を演じる. (2) 金や努力を費やしただけの甲斐がある[楽しみを味わう, 満足を得る]. (1874) ***have the rún of one's téeth*** (通例, 勤労・奉仕の報償として)ただで食事する, (気兼ねなしに)自由に食事する. (1807) ***in the lóng rùn*** ⇨ long run 成句. ***in the shórt rùn*** ⇨ short run 1. ***kéep the rún of*** 《米口語》…と接触を保つ; …(の事情)に注意している. (1859) ***on the rún*** (1) 走って, 走りながら (while running) (cf. 1 a); 急いで, あわてて. (2) 駆け(ずり)回って; ひどく多忙で. (3) 〈特に犯人が〉逃走して; 退却して: a fugitive *on the* ～ from the authorities 当局から身を隠している逃亡者 / We had [kept] our enemies *on the* ～. 敵を敗走させた. (1830) ***the rún of the mill*** [《英古》***mine***] (1) (選別品でない)平均的[標準的]製品 (cf. run-of-the-mill[-mine]). (2) 普通の状態, 取り立てて言うほどのこともない状態. (1909) ***with a rún*** にわかに, どっと; すらすらと. (1840)
〘v.: (14C) *runne(n)* (p.p., pret.pl. との類推形) ∽ ME *rinne(n), renne(n)* <OE *rinnan, yrnan* <Gmc **rinwan* (G *rinnen* / ON *rinna*) ← IE **er-, *ergh-* to set in motion. — n.: (*c*1390) ← (v.)〙
run² /rʌ́n/ *v.* run¹ の過去分詞. — *adj.* **1** 走り疲れた, 走って息切れした. **2** 〈魚が〉上(のぼ)った: a freshly ～ salmon (海から)川へ上ったばかりのサケ. **3** 搾り取った, 抽出した: ～ honey 抽出した蜂蜜. **4 a** 溶けた, 溶解した: ～ butter 溶けたバター. **b** 鋳造された: ～ metal [bronze] 鋳鉄[鋳造青銅]. **5** 密輸入した, 密輸入の: ～ goods 密輸品 / ～ liquor 密輸入の酒. **6** 《スコット》続く, 継続的な: ～ joists 続き根太; 続き梁. 〘OE (*ge*)*runnen*〙
run³ /rʌ́n/ *n.* 〘海事〙船尾(尖)端部. 〘(1618) □ OF ～ 'ship's hold' □ (M)Du. *ruim* space: ⇨ room〙

rún·abòut *n.* **1** うろつき回る人, のらくら者, 放浪者. **2 a** 小型無蓋(むがい)馬車. **b** 小型のロードスター, 小型無蓋自動車; 小型飛行機. **c** 小型モーターボート. **3** 幼児. 〘(1378) ← *run about* (⇨ run¹ (v.) 成句)〙
run·a·gate /rʌ́nəgèɪt/ *n.* 《古》**1** 脱走者, 逃亡者. **2** 浮浪人, 放浪者. **3** 背教者, 変節者. 〘(*c*1530) ← RUN¹+《廃》*agate* away (← A-¹+GAIT¹): 《廃》*renegate* (<ME *renegat* □ ML *renegātus* 'RENEGADE') の通俗語源による変形〙
rún·aròund *n.* **1** 《口語》**a** 曖昧な返事, 言い逃れ, ごまかし: give a person the ～ 人に言い逃れを言う / get the ～ ごまかされる, 夫[妻, 恋人]にだまされる. **b** (要求に対する役所などでの)たらい回し. **2** 〘印刷〙囲み組み 《挿絵などを囲んで組むため活字の行が幅狭くなっていること》. 〘(1857) ← *run around* (⇨ run¹ (v.) 成句)〙
run·a·way /rʌ́nəwèɪ/ *adj.* [限定的] **1** どんどん上がる, とめどもない: a ～ market 急騰相場 / ～ prices and taxes うなぎ登りの物価と税金 / ～ inflation 天井知らずのインフレ / a ～ bestseller 独走するベストセラー. **2 a** 逃亡[脱走, 出奔]した: a ～ girl 家出少女 / a ～ slave 逃亡奴隷. **b** 〈馬など〉逃げ出した, 手に負えない: a ～ horse 放れ馬[駒], 逸走馬. **3** 逃げながらの; 駆け落ちの[による]: a ～ ring [knock] ベルを押して[戸をたたいて]逃げ去るいたずら / a ～ marriage 駆け落ち結婚 / ～ lovers 駆け落ちした恋人同士. **4** 〈競馬・勝利など〉段違いの, 一方的勝利の, 楽勝の: a ～ victory. — *n.* **1 a** 逃亡者, 脱走者, 出奔者, 家出人: The police caught the two ～s. 警察はその二人の逃亡者を捕まえた. **b** 逸走馬 《乗手・御者を振り切って逃げた馬》. **2** 逃亡, 逃走, 脱走; 駆け落ち (eloping). **3** 一方的[圧倒的]勝利, 楽勝; 楽な成功. 〘(*c*1515) ← *run away* (⇨ run¹ (v.) 成句)〙
rúnaway shòp *n.* 《米》逃げ出し工場 《労働組合の規制やその地域・州の法律などを逃れるために経営者が他へ移転させた工場》. 〘1949〙
rúnaway spéed *n.* 〘電気〙(直巻電動機などの)無拘束速度.
rún·bàck *n.* **1** 〘アメフト〙**a** ランニングバック 《kickoff を受けてからボールを持って退走すること》. **b** 退走距離. **2** 〘テニス〙(テニスコートの)ベースラインから背後の壁[金網]までの部分. 〘1908〙
runch /rʌ́ntʃ/ *n.* 《スコット・北英》〘植物〙=white charlock. 〘(*a*1585) ← ?〙
rún·ci·ble spóon /rʌ́nsəbl̩- | -sɪ̀-/ *n.* 幅の広い三本[二本]叉のフォーク 《さじのように湾曲し外側の一方に刃がついている; ピクルス・オードブルなどを取るのに用いる》. 〘*runcible*: (1871) 《変形》← ? ROUNCEVAL (⇨ runcinate, -ible): Edward Lear の造語〙
Run·cie /rʌ́nsi/, **Robert** (**Alexander Kenney**) *n.* ランシー (1921–2000; カンタベリー大主教 (1980–91); 東方正教会との結びつきを促進).
Run·ci·man /rʌ́nsəmən | -sɪ-/, **Walter** *n.* ランシマン (1870–1949; 英国の政治家・実業家).
run·ci·nate /rʌ́nsənèɪt | -sɪ̀-/ *adj.* 〘植物〙(タンポポの葉のように)下向きの歯のある, 下向きの鋸歯状の. 〘(1776) ← NL *runcinātus* ← L *runcina* □ Gk *rhukánē* plane: L で誤って「のこぎり」とも解されていたため: ⇨ -ate²〙
Run·corn /rʌ́ŋkɔən | -kɔːn/ *n.* ランコーン 《英国北西部, Cheshire 北部の港市; 1964 年 "new town" に指定》.
run·dale /rʌ́ndeɪl/ *n.* 〘英史〙(アイルランドまたは改革前のスコットランドの)土地配分[保有]方法 《各自の保有地が幾つかに分断され, 他人の土地と交互にはさまれた状態となり, 長い間農業の発展を阻害した》. 〘(*a*1545) 《変形》← 《スコット》*ryndale* ← *ryn* 'RUN¹ (v.)'+*dale* 'DOLE¹': ⇨ deal²: cf. runrig〙
Run·di /rúːndi/ *n.* (*pl.* ～, ～s) **1 a** [the ～(s)] ルンディ族 《Burundi の大部分を占めるバンツー系住民》. **b** ルンディ族の人. **2** ルンディ語 《ルンディ族の用いるバンツー語の一種で, ブルンジ と ルワンダ で使われる二つの商用語の一つ; cf. Ruanda》.
run·dle¹ /rʌ́ndl̩/ *n.* **1** (はしごの)横木, 格(こ) (rung). **2** ピン歯車 (lantern wheel) の棒[ピン]. **3 a** 軸で回転する物. **b** 車輪. **4** 〘海事〙(巻き揚げ機械・車地(しゃち) (capstan) などの)回転胴 (drum). 〘(*c*1305) 《変形》← ROUNDEL〙
run·dle² /rʌ́nl̩/ *n.* 《方言》=runnel.
rund·let /rʌ́ndlɪ̀t/ *n.* 《古》**1** (小さな)樽. **2** ランドレット 《昔の液体容量の単位; =15 英ガロン=18 米ガロン; runlet ともいう》. 〘(1394) *roundelet* □ (O)F *rondelet* 'little barrel, ROUNDLET'〙
rún·dòwn *n.* **1** 減数, 減員; (特に, 召集解除による)兵員減少; 《英》(産業の)減退: the ～ of the coal industry over the last 10 years 最近 10 年間の石炭産業の衰退. **2** 《口語》(項目別の)調査, 分析, 報告: He gave a full ～ on company progress. 彼が社業の経過について詳しい報告をした. **3** 《口語》要約, 概要. **4** 〘野球〙挟殺. 〘1908〙
run-down /rʌ́ndáʊn⁻/ *adj.* **1** 《口語》健康を害した, 病気の: You look a bit ～. 少し調子が悪そうだね. **2** 〈家屋・地域など〉荒廃した, くずれかかった; 〈工場・商店街など〉さびれた: a ～ house あばら家. **3** 〈時計のぜんまいが〉巻きが解けた; 〈時計が〉止まった. 〘(1683) ← *run down* (⇨ run¹ (v.) 成句)〙
Rund·stedt /rʊ́ntʃtɛt, rʊ́nd-; G. ʁʊ́ntʃtɛt/, **Karl Rudolf Gerd** /gɛ́ʁt/ **von** *n.* ルントシュテット (1875–1953; ドイツの陸軍元帥).
rune¹ /rúːn/ *n.* **1 a** [通例 *pl.*] ルーン文字, 古代北欧文字 《紀元 300 年ごろから古代ゲルマン人種, 特にスカンジナビア人およびアングロサクソン人の用いた文字; おそらくギリシャ文字を変形したもので, その一つは thorn と呼ばれる þ (= th); 神秘的な記号としてまたは神秘的記録に用いられた; cf. futhark》. **b** ルーン文字で書かれた[刻まれた]もの. **2** 8 世紀のモンゴル系トルコ人の用いたルーン文字に類似した文字. **3 a** ルーン文字に似た秘密の意味をもつ[神秘の]記号. **b** 魔術, 神秘. 〘(1685) □ ON **rūn* <Gmc **rūnaz* ← **reu-* mystery, secret (Dan. *rune* / Swed. *runa* / OE *rūn* mystery, secret counsel): cf. round²〙
rune² /rúːn/ *n.* **1** 《詩》詩, 詩歌. **2** [*pl.*] 北欧(フィンランド)の古代詩 《カレワラ (Kalevala) など》. 〘(1847) □ Finn. *runo* poem, canto □ ON **rūn* (↑)〙
Ru·ne·berg /rúːnəbɜ̀ːg, -bèri | -bɜ̀ːg, -bèri; *Finn.* rúːnɛberi, *Swed.* rʉ̀ːnebærj/, **Johann Ludvig** *n.* リューネベルイ (1804–77; フィンランドの詩人; 叙事詩をスウェーデン語で創作; *Elk Shooters* (1832)).
runed *adj.* ルーン文字を刻んだ. 〘1886〙
rúne·smìth *n.* ルーン文字で書く人, ルーン文字を判読[研究]する人. 〘1866〙
rúne·stàff *n.* **1** ルーン文字の彫り込んである魔法杖. **2** (北欧の)ルーン暦, 棒ごよみ (⇨ clog almanac). 〘(1705) □ Swed. *runstaf* ← *runa* 'RUNE¹'+*staf* 'STAFF¹'〙
rúne·stòne *n.* ルーン文字の刻まれた石碑. 〘1883〙
rún-flát *adj.* 〘自動車〙〈タイヤが〉ランフラットの 《パンクなどで空気が抜けても一定距離は走行できる》; ランフラットタイヤの.
rung¹ /rʌ́ŋ/ *v.* ring の過去分詞(まれに過去形). 〘(16C) *roong*〙
rung² /rʌ́ŋ/ *n.* **1 a** (はしごの)丸く削った横棒, 格(こ). **b** (椅子の脚の間や背の)桟, 横木. **2** 段階: the lowest [topmost] ～ of Fortune's ladder 運命のどん底[幸運の絶頂] / start at the bottom [lowest] ～ 最低の地位からたたき上げる / rise some ～*s* on the social scale 社会的地位が数段上がる. **3** (車の)輻(や) (spoke): the ～s of a wheel 車の輻. **4** 《スコット》棍棒. **runged** /rʌ́ŋd/ *adj.* **～·less** *adj.* 〘OE *hrung* crossbar: cog. Du. *rong* / G *Runge* / Goth. *hrugga* ← IE **(s)krengh-* ← **sker-* to turn〙
Rúng·e-Kút·ta mèthod /rʊ́ŋəkʊ́tɑː-; G. ʁʊ́ŋəkʊ́ta-/ *n.* 〘数学〙ルンゲクッタ法 《微分方程式の逐次近似による解法の一つ》. 〘ドイツの数学者 *Carl D. T. Runge* (1856–1927) と *W. Kutta* (1867–1944) にちなむ〙
ru·nic /rúːnɪk/ *adj.* **1** ルーン文字 (runes) の[に関する, で記した, を刻んだ]: ～ verses ルーン文字で書いた詩 / a ～ calendar =clog almanac. **2** 秘密の意味をもつ, 秘儀[魔術]の; 不可解な. **3** 〈詩などが〉古代北欧風の. **4** 〈装飾が〉ルーン文字のように組み合わせられた. — *n.* 〘活字〙ルーニック 《装飾的な肉太の活字書体》. 〘(1662) ← NL *rūnicus* ← ON **rūn*: ⇨ rune¹, -ic¹〙
rúnic álphabet *n.* (古代ゲルマン人の使用した)ルーンアルファベット, ルーン文字 《futhark, futhorc ともいう》. 〘1851〙
rúnic stàff *n.* =clog almanac.
ru·ni·form /rúːnəfɔ̀əm | -nɪ̀fɔ̀ːm/ *adj.* ルーン文字に似た. 〘← RUNE¹+-FORM〙
run-in /rʌ́nìn/ *n.* **1** 《口語》けんか, 口論: I had ～*s with* him. 彼とは何度もけんかしたことがある. **2** 《英》最終局面, 追込み (run-up) 〈*to*〉: the ～ *to* an election. **3** 〘印刷〙追込み(記事) 《段落なしで詰め込む事》. — *adj.* 〘印刷〙段落なしの, 追込みの. 〘1857〙
Rún-in gróove *n.* =lead-in groove.
Run·jeet Singh /rʌ́ndʒiːtsɪ́ŋ/ *n.* =Ranjit Singh.
rún·less *adj.* 〘野球〙得点のない, 無得点の. 〘1921〙
run·let¹ /rʌ́nlɪ̀t/ *n.* 《古》=rundlet.
run·let² /rʌ́nlɪ̀t/ *n.* =runnel. 〘← RUN¹ (n.)+-LET〙
run·na·ble /rʌ́nəbl̩/ *adj.* 狩猟可能の; 狩りに適した: a ～ stag. 〘1884〙
run·nel /rʌ́nl̩/ *n.* **1** 小さな流れ, 小川. **2** 小さな水路, 溝. 〘(1577) ∽ ME *rinel* OE *rynel* ← *ryne* stream <Gmc **runiz* ← IE **rei-* 'to RUN': ⇨ run¹, -el²〙
run·ner /rʌ́nə | rʌ́nə^(r)/ *n.* **1 a** 走る人[動物]: a fast ～ 走るのが速い人; 快走者 / a distance ～ 中[長]距離ランナー. **b** 出走馬. **c** 〘野球〙走者, ランナー: throw the ～ out at first base 一塁に送球して走者をアウトにする. **d** 〘アメフト〙ボールを持っている競技者. **e** 〘クリケット〙ランナー 《二つの三柱門の間を走りながらスコアしつつある打者》. **f** 〘鳥類〙走禽類の鳥の総称; (特に)クイナ (water rail). **g** 《北英》小川. **2 a** 密輸入[出]業者; 密売買者, 売人: a drug [gun] ～. **b** 使い走りする人; (周旋業者などの)使者; (商店の)外交員, 集金人. **c** (旅館などの)客引き, 送迎係. **d** 《英口語》ひいき[厚遇]を受ける人[物]. **e** (18 世紀の London の) 巡査: ⇨ Bow Street runner. **3 a** 快速船. **b** 密輸船. **c** 封鎖を突破する人. **4 a** (機械・機関車などの)運転手, 機関手. **b** (短い一航海のための)臨時船員. **5 a** (そりなどの)滑走部. **b** (スケートの)刃. **c** (そりなどの)すべり. **d** (タービンの)羽根車. **e** (計算尺の)滑子, カーソル (cursor). **f** (物が滑り走る)溝; (引戸などの)敷居. **6** (ストッキングの)縦糸のほどけ[ほつれ], 伝線 (run). **7** (廊下などに敷く)細長いじゅうたん; (テーブルの中央に掛ける)細長いテーブル掛け; (たんすなどに掛ける)掛け布 (scarf). **8 a** (挽臼の)上臼, 回転臼. **b** 動滑車. **c** (洋傘の)輪金. **9** 〘魚類〙**a** =rainbow runner. **b** =blue runner. **10** 〘植物〙**a** (オランダイチゴなどの)匍匐茎. **b** 匍匐茎を出す植物. **c** =scarlet runner. **11** 〘海事〙(テークルを構成している)通索 《一端は上方に固定され, 他端は単滑車を抜けて上方に引き上げられる》. **12** 〘冶金・金属加工〙(溶融金属の)湯溝, 湯道. **13** 《英口語》(特に, 犯罪現場からの)逃亡, 逃走, ずらかり: do a ～ ずらかる. 〘(*c*1330) ∽ ME *urnare, rennere*: cf. OE *fore-iornere* fore-runner〙
rúnner bèan *n.* 《英》〘植物〙=scarlet runner.

rúnner dùck *n.* =Indian runner.

rúnner stòne *n.* (挽臼(ひきうす)の)回転石 (runner).

run·ner-up /rʌ́nəʌ́p | rʌ́nə(r)ʌ́p/ *n.* (*pl.* **~s, runners-up**) **1 a** (競技の)次点者[チーム], 第二着. **b** (優勝者ではないが)上位に入って賞や名誉を受ける人, 上位入賞[入選]者《ベストテンに入っている一位以外の人など》. **2** (競売で)値を競り上げる者. 〘1842〙

run·ning /rʌ́nɪŋ/ *adj.* **1** 走る, 駆ける: at the ~ pace 駆け足で. **2 a** 〈馬が〉疾走している. **b** 競馬用に訓練された, 競馬用の: a ~ horse. **3** 走りながら行う, 走るようにして行う: the ~ high jump 走り高跳び / ⇨ running broad jump, running fight. **4 a** 〈事がするする運ぶ, 円滑に行く. **b** 〈結び目・輪縄などが〉するすると抜ける, 簡単にほどける[締まる]: ⇨ running knot. **c** 〈綱などが〉引っ張った[たぐった]時に動く. **d** 〈機械など〉動いている, 運転している. **5** 連続する, 引き続きの, 繰り返される: a ~ pattern 連続模様 / ~ days 継続日数 / a ~ total 累計. **6 a** 〈水など〉流れる, 流動する; 流体の, 液体の: books in the ~ brooks 流れる小川にも教訓(を見いだす) (Shak., *As Y L* 2.1.16). **b** 〈うみが〉流れる; 〈傷などがうみの出る: a ~ sore うみの出ているはれもの. **7** 〈植物などが〉はう, はい伸びる, よじ登る. **8** 〈書体など〉走り書きの: ⇨ running hand. **9** 現在の, 現行の; 現在行われている: the ~ month 今月. **10** 〈測量などが〉まっすぐに測った, 直線の; 急いで測った. **11** 〚海事〛〈滑車などの綱が〉移動する: a ~ part 動索部, (滑車索の)移動部分 / ⇨ running rigging.
— *adv.* 続けて, 連続して: two summers ~ 二夏続けて.
— *n.* **1 a** 走ること; 一走り. **b** ランニング; 競走(すること). 日英比較 「ランニングシャツ」は和製英語. 英語では athletic shirt, singlet. 下着としては sleeveless undershirt という. **c** 〚野球〛走塁. 日英比較 「ランニングホームラン」は和製英語. 英語では inside-the-park homer [home run] という. **2** 走力, 疾走力. **3** 走路[競走路, トラック]の状態. **4** 競馬. **5** 経営: the ~ of a school 学校の経営. **6** 流出物; 流出量.
in the rúnning (1) レース[競走]に加わって; レース[競走]に耐える. (2) 立候補して. (3) 勝算がある.《1886》 ***màke (all) the rúnning*** (1) 〈馬が〉他の馬のペースを決める (set the pace). (2) 《英》(事業・話題などで)主導者となる, リードする.《1837》 ***out of the rúnning*** (1) レース[競走]に加わらない[耐えない]; 立候補しないで. (2) 勝算がない.《1863》 ***tàke úp the rúnning*** (1) (レースなどで)先頭に立つ (take the lead). (2) =*make the* RUNNING (2).《1858》
〘adj.: (*c*1300) *runnynge* ∞ ME *rynnand, rennande*: cf. OE *eornende*. — n.: (15C) ∞ ME *rennyng(e)*: cf. OE *ærninge*〙

rúnning accóunt *n.* 〚銀行〛(現に取引関係のある)経常勘定, 当座勘定.

rúnning bàck *n.* 〚アメフト〛ランニングバック《クォーターバックからピッチアウトされたボールを持ってランニングプレーをする選手; ハーフバックとフルバックの総称》.〘1924〙

rúnning bále *n.* 〚商業〛(繰綿(くりわた)機にかけ, いつでも船積みできるように梱包(こんぽう)した)棉花の梱(こり)《通例 500–508 ポンドの重量》.

rúnning báttle *n.* =running fight.

rúnning beláy *n.* 〚登山〛ランニングビレイ《トップがカラビナやハーケンなどでパートナーとの間に確保支点を作り, 墜落した場合の落下距離を短かくすること》.〘1941〙

rúnning blòck *n.* 動滑車 (cf. standing block).

rúnning bòard *n.* (自動車・機関車などの両わきに設けられた)踏み板, ステップ.〘1817〙

rúnning bónd *n.* 〚石工〛(れんがの)長手(ながて)積み《stretcher bond ともいう》.

rúnning bówline *n.* 〚海事〛もやい結び (bowline knot) を使った滑り輪縄《引っ張ると輪が締まる》.〘1823〙

rúnning bówsprit *n.* 〚海事〛ランニングバウスプリット《船首帆を張る時には突き出させ, 帆を下ろした時は艇内に取り込めるようになっているバウスプリット》.

rúnning bóx *n.* 〚植物〛=partridge berry.

rúnning bróad jùmp *n.* 《米》〚陸上競技〛走り幅跳び (《英》running long jump).

rúnning cómmentary *n.* **1** (本文[物事]の進行の順序に従って付けた, またはその主題を扱った)連続した注釈[解説, 批評]. **2** 〚ラジオ・テレビ〛実況放送.〘1811〙

rúnning còsts *n. pl.* (会社などの) 運営(経)費, 運転費, ランニングコスト; (車などの)維持費.

rúnning dòg *n.* **1** 〚政治〛人の命令に従う人, 走狗(そうく), 追従者. **2** 競走犬, そり犬. **3** 〚建築〛=Vitruvian scroll.〘1937 (なぞり) ← Chin. *tsou kou* (走狗)〙

rúnning Énglish *n.* 《米》〚玉突〛ランニングイングリッシュ《突き玉がクッションまたは他の玉に当たった後, 同方向に回転するように突き玉に加えられたひねり; cf. reverse English[1]》.

rúnning expénses *n. pl.* 〚会計〛経常費.〘1904〙

rúnning fíght *n.* (追う船と逃げる船との)追撃戦, 航走戦, 移動戦.〘1690〙

rúnning fíre *n.* **1** 連続速射. **2** (批判・反対など)矢継ぎ早にやって来るもの: a ~ of criticism [questions] 批判[質問]の集中砲火.〘1629〙

rúnning fít *n.* 〚機械〛動きばめ, すきまばめ《軸の寸法が穴の寸法より小さくて, すき間のあるはめ合い》.〘1908〙

rúnning fíx *n.* ランニングフィックス: **1** 〚航空〛ある無線局の方位を二つ以上の異なる時刻に測ったデータから自機の位置を求める方法. **2** 〚海事〛最初の観測で求めた位置の線を, 新たに観測して得た位置の線と組み合わせて船位を求める方法.〘1916〙

rúnning gèar *n.* **1 a** (車体と区別して)荷馬車・馬車の車輪および車軸の総称. **b** ランニングギア《自動車のシャシーの一部で, 動力の発生・伝達・制御には用いられない部分; フレーム・ばね・車軸・車輪など》. **c** (フレームと区別して)機関車または機械の作動部分および支持部. **2** 〚海事〛動索《帆船の帆を操るためのロープ》.〘1662〙

rúnning hánd *n.* 続け書き(書体), 草書 (cf. round hand).〘1648〙

rúnning héad [héadline] *n.* 〚印刷〛**1** ランニングヘッド《図書や雑誌の上部欄外の行》. **2** 通し書名[柱] (running title).〘1839〙

rúnning júmp *n.* 助走をつけた跳躍, 走り跳び《走り幅跳び・走り高跳びなどの総称》. ***(Gò and) tàke a rúnning júmp (at yourself)!*** 《俗》あっちへ行け, うるさいな.〘1914〙

rúnning knót *n.* 投げ縄結び《引けば引くほど結び目が締まる; cf. running noose》.〘1648〙

rúnning lìght *n.* 航海灯; 航空灯《夜間航行[飛行]中の艦[飛行機]などの大きさ・位置・方向などを示す》.〘1881〙

rúnning lóng jùmp *n.* 《英》=running broad jump.

rúnning mártingale *n.* =martingale 1.

rúnning màte *n.* 《米》**1** 〚政治〛(憲法で組み合わされた二つの官職のうち)次位の職の選挙に立つ候補者, (特に)副大統領候補: The president selected him as his ~. 大統領は彼を副大統領候補として選んだ. **2** (特定の人と)密接な関係にあると見られる人, 親しい仲間, 腹心. **3** 〚競馬〛**a** ペースメーカー《出走馬の歩調を整えるために初めのうち一緒に走らせる馬; cf. *make the* RUNNING》. **b** 同厩舎の馬.〘1868〙

rúnning nóose *n.* 輪縄《running knot で作った輪; その中に物を入れて縄の一方の端を引っ張ればきつく引き締まる; slip noose ともいう》.

rúnning nóse *n.* 鼻感冒, はなかぜ.

rúnning òrder *n.* [the ~] (会議・放送・ショーなどの)進行順序, 式次第.

rúnning párt *n.* **1** (滑車装置の)可動部. **2** (テレビ・ラジオの続き物の)複数のエピソードに登場する役.

rúnning píne *n.* 〚植物〛=coral evergreen.

rúnning póstman *n.* 《豪》〚植物〛オーストラリア産マメ科ケンネディア属の多年草 (*Kennedia prostrata*)《つるが地をはうように生え, 朱紅色の花をつける; coralpea ともいう》.〘1898〙

rúnning pówers *n. pl.* 〚鉄道〛軌道共用権《他社の線路上に列車を乗り入れる権利》.〘1865〙

rúnning repáirs *n. pl.* 簡単な修理[補修], 応急修理.〘1913〙

rúnning rhýthm *n.* 〚詩学〛階調律《弱と強の組合わせによる普通の韻律のことで, sprung rhythm に対し伝統的なものをいう; common rhythm ともいう》.

rúnning rìgging *n.* 《英》〚海事〛動索《帆の操作や積荷の扱いに用いる索具; cf. standing rigging》.

rúnning rópe *n.* 動索《滑車などで動く綱》.

rúnning shèd *n.* 円形機関車庫 (roundhouse).〘1667〙

rúnning shòe *n.* [通例 *pl.*] ランニングシューズ. ***give a person his rúnning shòes*** 《米俗》人との関係を断つ, 首にする.〘1941〙

rúnning stárt *n.* **1** 〚スポーツ〛(三段跳びの)助走 (flying start). **2** (何か事をなすに当たって)最初から与えられる有利さ[勢い], 有利なスタート[出だし]; (事業などの)開始当初の好条件.〘1926〙

rúnning stìtch *n.* 〚服飾〛直線縫い, ランニングステッチ《布目を表, 裏, 表, 裏と同間隔で一針ずつすくって行く普通の縫い方; gathering stitch ともいう; cf. darning stitch》.〘1848〙

rúnning stóry *n.* **1** (新聞や雑誌などの)連続[連載]もの. **2** 〚印刷〛植字工の所へ何回にも分けて送られ(て来)る記事.

rúnning téxt *n.* 〚印刷〛(新聞や雑誌などの普通組)本文《見出し, 特殊文字, 表などのように組版に時間のかかるものを除いた「本文」の部分》.

rúnning títle *n.* 〚印刷〛通し書名, 通し柱[見出し]《図書の各左ページ欄外に刷り込んだその本の題名・章題など; running head ともいう》.〘1668〙

rúnning tótal *n.* 〚会計〛ランニングトータル, 現在合計高《継続的にさらに項目の追加がある場合の暫定的な合計高》.

rúnning wáter *n.* **1** 配管で給水される水, 水道の水. **2** 流水《川・水路などを流れる水》.〘1523〙

run·nion /rʌ́njən/ *n.* 《廃》**1** (くそ)ばばあ《女性に対する蔑称》. **2** 皮癬(ひぜん)にかかった[だらけの]動物, きたならしい生き物.〘(1597) ← ? F *rogne* scab〙

run·ny /rʌ́ni/ *adj.* **1** 〈練り粉・チーズなど〉(普通より)軟かい, とろとろになった: The butter's gone ~. バターが溶けてしまった. **2** 〈目・鼻が〉涙[鼻水]の出る[たれる]: have a ~ nose 鼻水が出る.〘(1817) ← RUN[1] (v.)+-Y[4]〙

Run·ny·mede /rʌ́nimìːd/ *n.* ラニミード《イングランド南部, Surrey 州の Thames 川南岸の草原; London の西方 33 km; John 王が Magna Carta に調印した (1215) 地といわれる》.〘ME *Runimede* ← OE *Rūnieg* (原義) council island (← *rūn* council (cf. rune[1])+*ieg* 'ISLAND')+*mǣd* 'MEADOW': 昔, 集会地であった〙

rún·òff *n.* **1 a** 同点決勝(の競走); 決勝戦 (cf. jump-off 2, play-off). **b** =runoff primary. **2 a** 流れ去るもの. **b** (地中に吸収されずに流れる)雨水[雪解け水].〘1873〙

rúnoff prìmary *n.* 〚米政治〛(特に, 南部諸州での最高得票者二人の)決選投票, 第二次予備選挙.〘1924〙

rún-of-míll *adj.* =run-of-the-mill.

rún-of-míne *adj.* =run-of-the-mine.

rún-of-páper *adj.* 〚新聞〛〈記事・広告など〉(編集者の一存で)紙面のどこに置いてもよい.〘1923〙

rún-of-ríver *adj.* (上流で水を堰(せ)き止めるなどの操作を加えない)自然河川[流水]利用の: a ~ power plant 流れ込み(自流)式発電所《ダムや水路で水量調節をしない発電所》.〘1943〙

rún-of-the-míll *adj.* 普通の, 並の (cf. mill-run 2): a ~ pianist.〘1930〙

rún-of-the-míne *adj.* **1** 選(え)り分けてない, 選別してない; 精錬してない. **2** 当たり前の, 並の.〘1903〙

rún-of-the-ríver *adj.* =run-of-river.

rún·òn *adj.* **1** 〚詩学〛句またがり[行またがり]の (↔ end-stopped; cf. enjambment): a ~ line. **2** 〚印刷〛追込みの, 追加の: a ~ entry (辞書で派生語などの)追込み見出し. — *n.* 追加事項; (辞書などの)追込み事項[語, 記事] (run-on entry).〘1877〙

rún-on séntence *n.* 〚文法〛無終止文《接続詞を用いずに二つ以上の文をコンマで一つに結びつけた文; cf. comma fault》.〘1914〙

rún·òut *n.* **1** 《米俗》逃亡, ずらかり. **2** 〚機械〛ふれ: **a** 機械部品の実際の表面が正規の面から外れている量. **b** 運動する機械部品の位置が正規の位置から外れる量. **3** 〚クリケット〛ランアウト《打者が二つの三柱門を走っている間に球を投げられて, あるいは球を手にもって三柱門上の横木 (bail) を落とされてアウトになること》.〘1825〙

rún-òut *n.* 〚馬術〛(障害飛越での)逃避.

rúnout pówder *n.* [通例次の成句で]: ***take a ~*** 《米俗》逃げる, ずらかる.〘1920〙

rún·òver *n.* **1** 超過(量), 余り. **2** 〚印刷〛**a** はみ出し《割当てスペースを超過する組版》. **b** (次ページ・次欄などへの)送り.〘1814〙

rún-òver *adj.* 超過の; はみ出しの; スペースをはみ出した, 送りの.〘1934〙

rún·pròof *adj.* **1** 〈ストッキングが〉「伝線」にならない. **2** 〈染めが〉散らない; 〈インクなど〉にじまない.

rún-resist *adj.* 《英》(ストッキングなどが)伝線しにくい織り方の.

run·rig /rʌ́nrɪg/ *n.* 《スコット》=rundale.〘(1437) ← RUN[1] (v.)+*rig* (《北部方言》← RIDGE): 「うね」状に細長く土地を区別することから: cf. rundale〙

rún·ròund *n.* =runaround 2.

rún shéep rún *n.* 羊よ走れ《隠れんぼに似た子供の遊び; 二組に分かれ, 隠れる側のリーダーは基地に残って仲間にサインで警告する》.

runt /rʌ́nt/ *n.* **1 a** (同一種類中の)標準より小さいもの[植物, 動物]; (特に, 豚の一腹の子の中で)最も小さい子. **b** (スコッチハイランド種・ウェールズ種の)小牛. **2** [軽蔑的に] 小人, ちび. **3 a** 《スコット》硬くなった植物の茎. **b** 老いた牛. **c** やせ衰えた[しなびた]老婆. **4** [時に R-] 〚鳥類〛ラント種の大型のハト.〘(1501) ← ?: cf. MDu. *runt* bullock〙

rún·thròugh *n.* **1** (芝居などの)通し稽古. **2** 通読. **3** 要約(すること), 大要, 概観, あらまし.〘1923〙

rún tìme *n.* 〚電算〛実行時間《目的プログラムの実行に要する時間》; 実行時《目的プログラムが実行されている時間》. **rún-tìme** *adj.*〘1965〙

rún-time érror *n.* 〚電算〛実行時エラー《プログラムの実行時に起こる[起こった]エラー》.

R

rúnt·ish /-tɪʃ | -tɪʃ/ *adj.* =runty.

runt·y /rʌ́nti | -ti/ *adj.* (**runt·i·er**; **-i·est**) 発育不良の; ちびの. **rúnt·i·ness** *n.*〘1807〙

rún-up /rʌ́nʌ̀p/ *n.* **1 a** (ある出来事へ向けての)準備期間[活動]: during [in] the ~ *to* the election 選挙運動期間中に. **b** (幅跳び・棒高跳びなどの)助走. **2** 〚航空〛ランナップ《試験・検査のため, 地上で航空機のエンジンの回転を上げてみること》. **3** (株価などの)値上がり; 物価[価格]騰貴: a ~ in the price of new cars 新車の価格の騰貴. **4 a** (サッカー・ポロで)ゴールに向かってボールを進める[送る]こと. **b** 〚ゴルフ〛低いアプローチショット. **5** =run-in 2.〘(1834) (⇨ *run up* (⇨ run[1] (v.) 成句))〙

run·way /rʌ́nwèɪ/ *n.* **1 a** 滑走路: The plane taxied to the ~ for takeoff. 飛行機は離陸のために滑走路に移動した. **b** 自動車道. **c** 走路. **2 a** (戸が動く)溝. **b** (カーテン・アコーディオンドアなどの環の走る)レール(パイプ). **c** (列車などの走る)レール. **d** (窓枠の)滑り溝. **3** (動物が水飲みなどのために)往来する道, 獣(けもの)道. **4** 舞台から客席へ細長く突き出ている部分《日本の劇場の花道の類》. **5** 家畜の囲い場. **6** 川筋, 流路. **7** (木材を滑り落とす)斜路, 落とし. **8** 〚ボウリング〛球が投球者に送り返される溝. **9** 〚陸上競技〛(跳躍競技の)助走路.〘1833〙

Run·yon /rʌ́njən/, **(Alfred) Damon** *n.* ラニヤン (1884–1946; 米国のジャーナリスト・短編小説家; *Guys and Dolls* (1932)).

ru·pee /ruːpíː, ⌐⌐ | ⌐⌐/ *n.* **1** ルピー《以下の国の通貨単位; 記号 Re (*pl.* Rs): インド (=100 paise), パキスタン・ネパール (=100 paisa), スリランカ・モーリシャス・セーシェル (=100 cents)》. **2** 1ルピー貨.〘(1610) ← Hindi *rūpiyah* ← Skt *rūpya* wrought silver ← *rūpa* shape〙

Ru·pert /rúːpət | -pət/ *n.* ルーパート(男性名).〘□ G *Rup(p)recht* <OHG *Hrodebert*: ⇨ Robert〙

Ru·pert /rúːpət | -pət/, **Prince** *n.* ルーパート (1619–82; ドイツの選帝侯・ボヘミア王 Frederick 五世の息子, 英国の Civil War の時に自分のおじである Charles 一世を援助).

Rúpert's dróp *n.* ⇨ Prince Rupert drop.

Rúpert's Lánd *n.* ⇨ Prince Rupert's Land.

ru·pes·trine /ruːpéstrɪn | -traɪn/ *adj.* 〚生物〛rupicolous.〘(1890) ← L *rūpes* rock+(LACUS)TRINE〙

ru·pi·a /ruːpíə/ *n.* 〚病理〛(第3期梅毒の症候としての)牡蠣殻(かきがら)疹, 蠣殻(れいかく)疹. **rú·pi·al** /-piəl/ *adj.*〘(1815) ← NL ~ ← Gk *rhúpos* filth: ⇨ -ia[1]〙

ru·pi·ah /ruːpíːə/ *n.* (*pl.* ~, **~s**) **1** ルピア《インドネシ

アの通貨単位; =100 sen; 記号 Rp). **2** 1ルピア貨.
〘(1947) □ Hindi *rūpiyah, rūpiyah*: ⇒ rupee〙

ru·pic·o·line /ru:píkəlàɪn/ *adj.* 〖生物〗=rupicolous. 〘← L *rūpes* rock+-I-+-COLINE〙

ru·pic·o·lous /ru:píkələs/ *adj.* 〖生物〗岩の間にすむ, 岩の上に生える. 〘(1858) ← L *rūpes* rock+-I-+-COLOUS〙

rup·ture /rʌ́ptʃə | -tʃə(r)/ *n.* **1 a** 破裂; 破壊: a ～ in a storage tank 貯蔵タンクの破裂. **b** 破裂した状態. **2** (友好関係の)決裂, 断絶; 仲違(なか)い, 不和, 争い: come to a ～ 〈交渉が〉決裂する / a ～ *between* friends. **3** 〖病理〗(器官・血管などの)破裂, 断裂, 裂傷; ヘルニア, 脱腸: the ～ of a blood vessel 血管の破裂 / He has a ～. 彼にはヘルニアがある. — *vt.* **1** 〈血管などを〉破る, 破裂させる. **2** 〈関係・婚約などを〉破棄する; 決裂させる, 仲違いさせる, 不和にする: ～ friendship 絶交する, 交友関係を断つ. **3** 〖病理〗ヘルニアを起こさせる: ～ oneself=be ～*d* ヘルニアを起こす. — *vi.* **1** 破れる, 裂ける, 破裂する. **2** 〈器官・血管などが〉破裂する; 〖病理〗ヘルニアになる[を起こす]. **rúp·tur·a·ble** /-tʃərəbl/ *adj.* 〘n.: (1392) □ (O)F ～ // L *ruptūra* (fem. fut. part.) ← *rumpere* to break: ⇒ reave[1,2], -ure. — v.: (1739) ← (n.)〙

rúp·tured dúck *n.* 《米俗》(軍人の除隊章に描かれた)羽を広げたワシ; 第二次大戦従軍記章, 召集解除記念章. 〘1930〙

rúpture·wòrt *n.* 〖植物〗ナデシコ科コゴメビユ属[ヘルニアリア属]の草本, (特に)コゴメビユ (*Herniaria glabra*) 《ヘルニアに効くとされた匍匐(ほふく)植物》.

ru·ral /rʊ́ᵊrəl | rʊ́ər-/ *adj.* **1 a** 田園の, 田舎の, 村落の; 田園風の, 田舎風の (↔ urban): a ～ community 農村 / ～ sports 田園的なスポーツ / ～ quiet 田舎の閑静 / a ～ scene 田園風景 / in ～ seclusion 田舎に引っ込んで, 人里を離れて / ～ France フランスの田舎. **b** 田舎に住む; 農業に従事する. **2** 農業の, 農事の: a ～ economy 農業経済. **3** 田舎者らしい, 田舎くさい[じみた] (rustic). **～·ly** *adv.* **～·ness** *n.* 〘(1412–20) □ (O)F ～ // L *rūrālis* ← *rūr-, rūs* country ← IE *rewə-, *rū- to open; space (⇒ room): ⇒ -al[1]: cf. rustic〙

SYN 田舎の: **rural** 都会生活と対立した田園・田舎の《田舎の楽しい, のどかな面を強調する》: *rural* life 田園生活. **rustic** 田舎の《粗野・素朴さを強調し, よい意味でも悪い意味でも用いられる》: *rustic* charm 素朴な田舎の味 / *rustic* furniture 粗野な家具. **pastoral** 《文語》理想化された田園生活の: *pastoral* scenery 田園風景.

---

rúral déan *n.* 〖英国国教会〗地方監督, 地方参事《主教区 (diocese) 中の数個の教会区 (parish) の監督で, 主教 (bishop) を補佐する》. 〘*c*1450〙

rúral déanery *n.* 〖英国国教会〗地方監督区《地方監督 (rural dean) の管轄する数個の教会区 (parish)》. 〘*c*1628〙

rúral delívery *n.* 《米》〖郵便〗地方(地区)無料郵便配達《昔は騎馬で, 今は車で, 僻地の郵便物を rural route によって配達する; rural free delivery ともいう》. 〘1893〙

rúral delívery ròute *n.* 《米》〖郵便〗=rural route.

rúral dístrict *n.* 《英》地方自治区, 郡《county 中の自治体; urban district よりも権限が狭く, これがさらにいくつかの parish に分かれた; 1974 年の地方行政制度改革により廃止》. 〘1894〙

rúral frée delívery *n.* ⇒ rural delivery.

rú·ral·ìsm /-lìzm/ *n.* **1** 田舎風. **2** 田園生活. **3** 田舎言葉. 〘1864〙

rú·ral·ist /-lɪst | -lɪst/ *n.* **1** 田園生活者, 農夫. **2** 田園[農村]生活賛美[主義]者. 〘1739〙

ru·ral·i·ty /rʊrǽləti | rʊ(ə)rǽlɪti/ *n.* **1** 田舎風, 田園風. **2** 田舎の場所[事物]; 田園風景. 〘(1730): cf. F *ruralité*〙

ru·ral·ize /rʊ́ᵊrəlàɪz | rʊ́ər-/ *vt.* 田舎風にする; 田園化する. — *vi.* 田舎に行く; 田園生活をする. **ru·ral·i·za·tion** /rʊ̀ᵊrəlɪzéɪʃən | rʊ̀ərəlaɪ-, -lɪ-/ *n.* 〘1805〙

rúral ròute *n.* 《米》〖郵便〗地方無料郵便配達巡回路《rural delivery route ともいう; cf. star route》. 〘1898〙

rúral scíence [stúdies] *n.* 《英》田園[農村]学《農業・生物学・生態学および関連科学の研究》. 〘1914〙

rur·ban /rə́:bən, rʊ́ə- | rə́:-, rʊ́ə-/ *adj.* 《米》田園都市の[に住む]; 都市郊外の[に住む]: a ～ home, life, population, etc. 〘(1918) 《混成》← R(URAL)+URBAN〙

ru·ri·de·ca·nal /rʊ̀ᵊrɪdɪ́kéɪnl, -dékənl | rʊ̀ərɪdɪ-ˊ/ *adj.* 地方監督 (rural dean) の, 地方監督職[管区]の. 〘(1861) ← L *rūr-, rūs* country+-I-+DECANAL〙

Ru·rik /rʊ́ᵊrɪk | rʊ́ər-/ *n.* リューリック (?–879; スカンジナビアの族長で, ロシア建国の祖とされる; Rurik 王朝 (862–1598) を開く; ロシア語名 Ryurik).

Ru·ri·ta·ni·a /rʊ̀ᵊrɪtéɪniə | rʊ̀ərɪ-/ *n.* ルリタニア: **1** Anthony Hope の冒険小説の舞台となったヨーロッパ中部の架空の小王国. **2** ロマンスと冒険と陰謀が展開する小国. **Rù·ri·tá·ni·an** /-niən-ˊ/ *adj., n.* 〘(1894) ← L *rūri-, rūs* country+(LUSI)TANIA: Anthony Hope の造語〙

rurp /rə́:p | rə́:p/ *n.* 〖登山〗ラープ《ピトン (piton) の一種》. 〘(1968) 《頭字語》← *r(ealized) u(ltimate) r(eality) p(itons)*〙

ru·ru /rú:ru/ *n.* 《NZ》=morepork. 〘(1859) □ Maori ～〙

Rus. 《略》Russia; Russian.

ru·sa /rú:sə/ *n.* 〖動物〗**1** ルサジカ (*Cervus timorensis*) 《インドネシア産のシカ; 体毛は褐色で, 枝分かれした角をもつ》. **2** ルサジカに類似するがやや小形のサンバー亜属 (*Rusa*) のシカの総称 (サンバー (sambar), マリアナジカ (*R. mariannus*) など). 〘(1783) ← NL ～ ← Malay *rūsa*〙

rúsa dèer *n.* 〖動物〗=rusa.

rus·bank /rʌ́sbæ̀ŋk/ *n.* (*pl.* **～s, -banke**) 《南ア》休憩用長いす《木製で, 背もたれと座席が編んだ革ひもでできているものが多い》. 〘(1880) □ Afrik. ～ ← *rustrest*+*bank* bench〙

ruse /rú:s, rú:z | rú:z/ *n.* 謀計, 策略, 計略 (⇒ trick SYN). 〘(*c*1410) □ (O)F ～ ← OF *ru(s)ser* to drive back ＜? VL *ru(r)sāre ← L *rursus* back(wards): cf. rush[1]〙

Ru·se /rú:seɪ; *Bul.* rúse/ *n.* ルセ《ブルガリア北東部, Danube 河畔の都市; 産業の中心地》.

rush[1] /rʌ́ʃ/ *vi.* **1 a** ものすごい勢いで進む, 突進する; 急行する: ～ out of a room [house] 部屋[家]から飛び[駆け]出す / ～ at …に向かって突進[攻撃]する / ～ for …に向かって[を求めて]駆けて行く / ～ in 飛び込む, 乱入する / ～ up [through] …に駆けよる[…を駆け抜ける] / go [come] ～*ing* down the stairs 階段を駆け下りる / ～ to the scene 現場に駆けつける / A dark horse ～*ed* past the favorite. ダークホースが本命馬を抜き去った / Don't go ～*ing around* [*about*] all the time: take it easy! いつも走り回っていないで, ゆっくりしなさい / Fools ～ in where angels fear to tread. ⇒ angel 1. **b** 性急にやる, 軽率にやる: ～ *to* a conclusion 軽率に結論を下す / ～ *into* extremes 極端に走る / ～ *into* the breach ただちに困っている(人の)所へ行って援助する, 急場を助ける / ⇒ rush into PRINT / ～ *to* arms 急いで武器を取る[取って立つ] / ～ headlong [pell-mell] 向こう見ずに突進する, 前後の考えなしに行う / Don't ～ *into* things. You might regret later on. あわてて事を進めてはいけない. あとで後悔するかもしれない. **2** 勢いよく[音を立てて]流れる, どっと落ちる: Avalanches ～ down. なだれがどうっと落ちる / The river ～*es* past. 川が非常な勢いで流れて行く. **3** にわかに起こる, 急に現れる: ～ *into* [*in, upon*] a person's mind 突然心に浮かぶ / Words ～*ed to* lips. 言葉が口を突いて出て来た / Blood ～*ed to* his face. さっと顔に血がさした / His past life ～*ed into* his memory [*through* his mind]. 過去の生活が急に記憶に浮かんだ. **4** 急に襲いかかる, 急襲する 〔*on, upon, at*〕: ～ *on* [*at*] the enemy. **5** 〖アメフト〗ラッシュする (⇒ *n.* 7).

— *vt.* **1 a** 突進させる, 駆り立てる, 急がせる, せき立てる (hurry): be ～*ed* 急がされる / He ～*ed* them round the sights. 急いで彼らを見物に引っ張り回した. **b** 〈人を〉せき立てて働かせる[やらせる]: ～ oneself 向こう見ずにやる / ～ the pace ペースを速める / at a ～*ed* pace あわただしいペースで, 大急ぎで / I don't want to ～ you, but it's getting late. せかすわけじゃないけど, 遅くなってきたよ / Don't ～ me *into* (doing) something I might regret later on. 後で後悔しかねない事をせかさないでくれ. **c** 〈子供・生徒など〉に(急速な)詰め込み教育を施す. **2 a** 大急ぎでする[進める]: ～ one's work [an order] 急いで仕事[注文の品の手配]を進める / ～*ed* work やっつけ仕事 / ～ a bill *through* 議案を急いで通過させる. **b** 急送する; 至急報で送る: ～ a message [an order] メッセージ[注文]を急送する / ～ a person a message=～ a message (*through* [*up, down, across*]) *to* a person メッセージを人に急いで伝える / We'll ～ your order *through* at once, Madam. すぐにご注文に応じさせていただきます, 奥様 / He was ～*ed to* (the) hospital. 急いで病院へ運ばれた. **c** 大急ぎで越える, 突破する: ～ a fence 馬で垣を飛び越える. **3 a** 〖軍事〗急襲[襲撃]する; 急襲して奪取する[占領する] (cf. storm): ～ a position 陣地を突撃して奪取する. **b** 押し寄せて占領する; 圧倒する: ～ a gold field. **4** 《英》〈客〉に高値を吹っかける: They ～*ed* me shockingly. 目をむくほど吹っかけられた / They ～*ed* us £100 a head. 一頭 100 ポンドの高値を請求された. **5** 《米口語》**a** (歓心を買うために)〈女性〉にしきりに親切にする, 熱心に求愛する. **b** 〈fraternity, sorority に未入会の学生〉から入会約束を取ろうとしきりに歓待する. **c** 《米》(他人の同意や参加を得るために)一致協力する. **6** 〖アメフト〗**a** ラッシュする (⇒ *n.* 7). **b** =blitz 2. ***rúsh a person óff his féet*** ⇒ foot 成句. ***rúsh one's fénces*** ⇒ fence 成句.

— *n.* **1 a** 突進, 猛進: a ～ of rain [wind] 激しい雨[一陣の突風] / the ～ of the tide 強い潮の流れ / make a ～ for the door 戸口へ向かって突進する. **b** 突撃, 急襲: a ～ of troops 軍隊の突撃 / carry a position with a ～ 突撃して陣地を占領する. **c** (感情などの)激発: a ～ of anger 激怒 / made dizzy by a (sudden) ～ of blood (to the head) (頭に)急に血がのぼってふらふらして. **2** あわただしさ, 忙殺, 大急ぎ; 混雑時: the ～ of city life 都会生活のあわただしさ / the frantic holiday ～ 狂ったような休日の雑踏[あわただしさ] / have [be in] a ～ to finish …を終わらせるのに多忙である / do … in a ～ あわただしく…をする / be caught in a ～ 群集に巻き込まれる / get lost in the ～ 雑踏の中で身動きがとれなくなる / have [get] a ～ of business 商売が繁盛する / a hasty [headlong] ～ to judgment 早まった[軽率な]判断 / He talked in a frenzied ～ (of excitement). 彼はあわただしく夢中になってしゃべった / The [The Christmas] ～ is over. ラッシュ(アワー) [クリスマスの混雑時期]は終わった / What's (all) the ～? There's still plenty of time. 何をあわてているんだ. まだ十分時間がある. **3 a** 急激な増加; 急激な発達[成長]: a ～ of buds いっせいの芽ぶき. **b** 大needs需要, 需要の急増; 注文の殺到: a ～ of orders / a ～ *on* mining stocks 鉱山株への人気の殺到 / a ～ *for* iron 鉄の需要の急増. **c** (新開地・新金山などへ)多くの人の殺到; =gold rush: a ～ to the gold fields 金鉱地への殺到. **4** 《米》(大学の各クラス間などで行われる)取っ組み合い《旗・棒・歩道・垣などを争奪するもの》. **5** 《米口語》**a** (求婚者が女性に対して示す)親切な心尽くし[気遣い]. **b** (fraternity, sorority による)入会勧誘の歓待. **6** 《俗》(値段のひどいぼり方, ふんだくり (cf. *vt.* 4). **7** 〖アメフト〗ラッシュ: **a** ランニングプレーでボールを持って進むこと. **b** ボールを持った攻撃側の選手を守備側が追いかけること. **8** [通例 *pl.*] 〖映画〗ラッシュ《撮影の直後に作る下見・編集用プリント》. **9** 《口語》**a** 麻薬による快感 (cf. flash *n.* 7). **b** 急激な快感.
with a rúsh (1) ⇒ *n.* 1 b. (2) 一気に, 大急ぎで. 〘1841〙

— *adj.* [限定的] **1** 殺到する, 突然の, 急ぎの: a ～ order [job] 大急ぎの注文[仕事]. **2 a** 人が殺到する: ⇒ rush hour. **b** あわただしい, 多忙を極める.
〘(1375) *rusche(n)* □ AF *russ(h)er*=OF *rus(s)er* to drive back: ⇒ ruse〙

rush[2] /rʌ́ʃ/ *n.* **1 a** 〖植物〗イグサ, イ(藺), トウシンソウ(灯心草)《イグサ科イグサ属 (*Juncus*) の植物の総称; 茎は椅子の座部・むしろ・かごなどを作り, 昔は灯心に用いた》. **b** イグサの茎; [集合的] (材料としての)イ (rushes): made of ～(*s*). **c** =rushlight. **2** 《古》つまらない物, 価値のない物: not care a ～ 少しも気にかけない / not worth a ～ 何の価値もない. **3** 《廃》=rush ring.
séek a knót in a rúsh 《廃》(節のないイグサの節を捜すように)むだな騒ぎをする. 〘1563–87〙

— *adj.* [限定的] イグサの: ～ matting イグサの粗い織物 / ～ mat イグサのマット.
〘OE *rysc(e)* ← Gmc *ruski- (Du. *rusch* / G *Rusch*) ← IE *rezg- to plait〙

Rush /rʌ́ʃ/, **Benjamin** *n.* ラッシュ (1745–1813; 米国の医師・政治家; 独立宣言署名者の一人).

rúsh-bèaring *n.* 《英》教会献堂記念祭《イングランド北部で行われる年中行事で, この日村人たちがイグサ (rush) や花を取って来て, 教会の床にまいたり壁に飾ったりする》. 〘1617〙

rúsh-bóttomed *adj.* 〈椅子が〉イグサで座部を張った. 〘1753〙

rúsh cándle *n.* =rushlight 1 a, 2 c.

rúsh cúrrent *n.* 〖電気〗突入電流, 突流.

Rush·die /rʊ́ʃdi, rʌ́ʃ-/, **(Ahmed) Salman** *n.* ラシュディ (1947–　; インド生まれの英国の作家; *The Satanic Verses*「悪魔の詩(うた)」(1988)).

rushed /rʌ́ʃt/ *adj.* 急いで[あわてて]した, あわただしい; 〈人が〉忙しい.

rush·ee /rʌʃí:/ *n.* 《米》(fraternity, sorority から)目をつけられた学生 (cf. rush[1] *vt.* 5 b). 〘(1916) ← RUSH[1]+-EE[1]〙

rush·en /rʌ́ʃən/ *adj.* イグサ[灯心草] (rushes) でできた. 〘OE *ryscen*: ⇒ rush[2], -en[2]〙

rúsh·er *n.* **1** 仕事の早い[精力的な]人; 猪突猛進する人. **2** (金鉱・新開地などへ)殺到する人. **3** 〖アメフト〗ディフェンスクォーターに殺到するプレーヤー. 〘1654〙

rúsh-hòur *adj.* [限定的] ラッシュアワーの, 混雑時の: ～ traffic. 〘1907〙

rúsh hòur *n.* **1** (出勤・退出時における交通の)混雑時間, ラッシュアワー (↔ slack time): during [in] the ～(*s*). **2** (一日の中で)電話・注文などの殺到する時間: the ～(*s*) in a restaurant レストランの混む時間. 〘1898〙

rush·ing /rʌ́ʃɪŋ/ *n.* **1** (fraternity や sorority が入会見込者などのために行う)社交的行事. **2** 〖アメフト〗**a** ラッシング《走りながらボールを前に送ること》. **b** ディフェンスがクォーターバックに突進すること. **c** (ラッシングによって)ボールの進んだ距離. — *adj.* **1** 突進する, 突進している: a ～ mighty wind 激しい突風. **2** 大急ぎの, あわただしい: a ～ business. **～·ly** *adv.* 〘*c*1340〙

rúsh·lìght *n.* **1 a** 灯心草蠟燭(ろうそく)《昔, 灯心草 (rush) の髄を獣脂にひたして作った細い蠟燭》. **b** その明かり. **2 a** かすかな光. **b** わずかばかりの知性; 不十分な知識; 微々たるもの. **c** 微力な人. 〘1710〙

rúsh·lìke *adj.* イグサ[灯心草]のような. 〘1578〙

rúsh lìne *n.* 〖アメフト〗ラッシュライン(前衛線). 〘1887〙

Rush·more /rʌ́ʃmɔə | -mɔ:(r)/, **Mount** *n.* ラシュモア山《米国 South Dakota 州西部 Black Hills 中の山, 高さ 1,707 m; この山には米国の四人の大統領の約 18 m の高さの頭像群が, 向かって左から Washington, Jefferson, Theodore Roosevelt, Lincoln の順に刻まれており, この一帯は国立記念公園 (Mount Rushmore National Memorial) に指定されている》. 〘← C. E. *Rushmore* (New York の弁護士)〙

rúsh rìng *n.* (イグサを真田(さなだ)に編んで作った)結婚指輪《17–19 世紀に結婚式のまねごとをするのに用い, また指輪を買う金や時間がないときの形ばかりの結婚式に用いられたが, 後にこれを悪用して結婚詐欺を企てる男などが出たため, 禁止された》. 〘1579〙

rúsh·wòrk *n.* イグサ[灯心草]細工(品). 〘1687〙

rush·y /rʌ́ʃi/ *adj.* (**rush·i·er**; **-i·est**) **1** イグサ[灯心草]で作った. **2 a** イグサの多い: a ～ pond. **b** イグサで覆われた; イグサをまき散らした. **rúsh·i·ness** *n.* 〘(*c*1384) *resshi*〙

rú·sine ántler /rú:saɪn-, -sɪn- | -saɪn-, -sɪn-/ *n.* 〖動物〗(ルサジカ (rusa) の角のように根に近い所から一本の枝角が出て, 先の方が二本に分かれた)離れ三叉(さんさ)角(つの). 〘*rusine*: ← RUSA+-INE[1]〙

rus in ur·be /rʌ́sɪnə́:bi, rúsɪnʊ́əbeɪ | -ə́:bi, -ʊ́əbeɪ/ *L. n.* 都会の中の田舎《樹木や芝生の多いところ; Martial, *Epigrammata* Bk 12. 57: 12》. 〘(1759) □ L *rūs in urbe* the country in the town〙

rusk /rʌ́sk/ *n.* ラスク《薄切りのパンをオーブンできつね色に焼いたもの》. 〘(1595) □ Sp. & Port. *rosca* roll, twist of bread, 《原義》coil, screw〙

Rus·ki /rʌ́ski; *Russ.* rúskʲij/ *n.* =Russki.

Rus·kin /rʌ́skɪn | -kɪn/, **John** *n.* ラスキン (1819–1900;

英国の著述家・批評家・社会改良家, Oxford 大学美術史教授 (1870–79, 83–84); *Modern Painters* (1843–60), *The Stones of Venice* (1851–53), *Unto this Last* (1862)》.

Russ¹ /rʌ́s; Russ. rúsʲ/ *adj., n.* 《古》=Russian. 〖□ Russ. *Rus'* Russia: ⇨ Russia〗

Russ² /rʌ́s/ *n.* ラス《男性名》. 〖↑〗

Russ. 《略》Russia; Russian.

Rus·sell /rʌ́səl, -sl/ *n.* ラッセル《男性名》. 〖□ F ~ (dim.) ← *roux* red〗

Rus·sell /rʌ́səl, -sl/, **Bertrand** (**Arthur William**) *n.* ラッセル《1872–1970; 英国の数学者・論理学者・哲学者・著述家; Lord John Russell の孫; Nobel 文学賞 (1950); *Principia Mathematica* 「数学原理」 (1910–13) (A. N. Whitehead と共著), *Human Knowledge, its Scope and its Limits* (1948); 称号 3rd Earl Russell》.

Russell, Elizabeth Mary Annette *n.* ラッセル《1866–1941; 英国の女流小説家; 称号 Countess Russell》.

Russell, George William *n.* ラッセル《1867–1935; アイルランドの詩人・劇作家・画家; *Deirdre* (戯曲, 1902 年上演); 筆名 Æ または A.E.》.

Russell, Lord **John** *n.* ラッセル《1792–1878; 英国の政治家; Bertrand Russell の祖父; 首相 (1846–52, 1865–66); 称号 1st Earl Russell of Kingston Russell》.

Russell, Lord **William** *n.* ラッセル《1639–83; 英国の Whig 党の政治家; 剛毅の気性で知られたが, 非国教徒が Charles 二世の暗殺を企てて起こしたライハウス事件 (Rye House Plot) (1683) に加担したという無実の嫌疑を受け, 死刑に処せられた》.

Russell, Sir **William Howard** *n.* ラッセル《1820–1907; アイルランド生まれの英国のジャーナリスト; 1843 年 *The Times* に加わり, クリミア戦争中の兵士の惨状やセポイの反乱・南北戦争・普仏戦争などをレポート》.

Rússell córd *n.* 羊毛または綿毛交織の一種のうね効果を出したラシャ《学生ガウン・婦人服用》. 〖製造者の名から?〗

Rússell dìagram *n.*=Hertzsprung-Russell diagram.

Rus·sell·ite /rʌ́səlàɪt, -sl-/ *n.* [しばしば軽蔑的に] Jehovah's Witnesses の一員. 〖← *Charles T. Russell* (1852–1916: 米国人でこの宗教運動の指導者): ⇨ -ite¹〗

Rússell's páradox *n.* 〘数学〙ラッセルの逆理《ある対象がその対象自体を含む対象の集合によって定義されるために生じる論理的矛盾; Bertrand Russell が 1922 年に最初に提唱》. 〖1922〗

Rússell's víper *n.* 〘動物〙ラッセルクサリヘビ (*Vipera russellii*)《東南アジア産クサリヘビ科の毒蛇》. 〖← *Patrick Russell* (*d.* 1805: シリア Aleppo 在の英国人医師)〗

rus·set /rʌ́sɪ̀t | -sɪt/ *adj.* **1** あずき色の, 赤褐色の, 朽葉(くちば)色の: in ~ mantle clad 《暁があかね色の衣をまとって》 (Shak., *Hamlet* 1. 1. 166). **2** 《古》あずき色の手織りラシャの[で作った]. **3** 《古》ひなびた, 素朴な. — *n.* **1** 赤褐色, あずき色, 朽葉色. **2** 仕上げしてない自然なタンニン色の革. **3** (昔, 農夫が着た)あずき色[灰色]の手織りラシャ; それで作った衣服. **4** 〘園芸〙 **a** さび《リンゴなどで傷・農薬散布・降霜などにより果皮に生じるコルク化した褐変組織》. **b** =russet apple. **5** 〘植物病理〙=russeting. 〖(*c*1248) □ AF *russet* ← OF *r(o)usset* ← *rous* red <L *russum* ← IE **reudh-* 'RED¹': ⇨ -et〗

rússet ápple *n.* 〘園芸〙ラセット《果皮にさびが発生しやすく, それが品種の特徴となっているリンゴの品種の総称; Roxbury russet など》. 〖1887〗

rús·set·ing /-ṭɪŋ | -tɪŋ/ *n.* 〘植物病理〙褐色斑点《降雪・虫・菌害・薬液などでリンゴ・ナシ・柑橘(かんきつ)類の果皮に生じる斑点》. 〖1576–77〗

rus·set·y /rʌ́sɪ̀ṭi | -ti/ *adj.* あずき[朽葉]色がかった. 〖1778〗

Rus·sia /rʌ́ʃə/ *n.* **1** ロシア《ヨーロッパ東部・アジア北部にまたがる国で Kaliningrad から太平洋まで, また北極海から中国との国境におよぶ; 面積 17,075,400 km^2, 首都 Moscow; 公式名 the Russian Federation (ロシア連邦); 旧称 Russian Soviet Federated Socialist Republic (ロシアソビエト連邦社会主義共和国); 1991 年成立; 独立国家共同体 (CIS) の中心的な加盟国》. **2** =Russian Empire. **3** ソビエト(社会主義共和国)連邦 (Union of Soviet Socialist Republics) の俗称《ソ連は 1991 年 12 月に崩壊し, 独立国家共同体 (CIS, Commonwealth of Independent States) が結成された》. **4** =Russian Soviet Federated Socialist Republic. **5** =Russia leather. 〖(1658) □ ML ~ ← *Russi* □ ORuss. *Rus'* Russians, Russia, 《原義》Norsemen ← ON *Rōþsmenn* 《原義》sea-farers ← *rōþr* a rowing ← *rōa* to row: ⇨ -ia¹〗

Rússia léather *n.* ロシア革《製本用および袋物製造用の上質革; かば皮油で処理するため特有においがある; Russia calf ともいう》. 〖1658〗

Rus·sian /rʌ́ʃən/ *adj.* **1** ロシアの[に関する]. **2** ロシア人[語]の. — *n.* **1** ロシア人: ⇨ Great Russian, Little Russian, White Russian. **2** ロシア語. 〖(1538) □ ML *Russiānus*: ⇨ Russia, -an¹〗

Rússian bállet *n.* 〘バレエ〙ロシアバレエ《ロシアの宮廷で特に 19 世紀に発展したバレエの様式; 20 世紀に入ってから Sergei Diaghilev のバレエ団バレエ リュス (Ballets Russes) によってヨーロッパに広められた》. 〖1911〗

Rússian blúe, R- B- *n.* ロシアンブルー《灰青色の短毛が密生し, 耳が大きく体の細長いロシア原産の飼い猫; Russian blue cat ともいう》. 〖1889〗

Rússian bóot *n.* (ふくらはぎまであるゆるい)ロシア風長靴. 〖1915〗

Rússian Chúrch *n.* [the ~] =Russian Orthodox Church.

Rússian dándelion *n.* 〘植物〙=kok-saghyz.

Rússian dóll *n.* [通例 *pl.*] マトリョーシカ《木製の人形の中にそれよりひとまわり小さい人形が入っていてそれが何層かの入れ子になったロシア民芸人形; matrioshka, matryoshka ともいう》. 〖1937〗

Rússian dréssing *n.* ロシア風ドレッシング《チリソース・ピメント (pimento)・刻んだピクルスなどを加えたマヨネーズソース》. 〖1922〗

Rússian Émpire *n.* [the ~] ロシア帝国《ヨーロッパ東部からアジアにわたった大帝国; 首都 St. Petersburg (1713–1917); 1917 年の革命で崩壊した》.

Rússian Federátion *n.* [the ~] ロシア連邦《Russia 1 の公式名》.

Rússian Fíve *n.* [the ~] 〘音楽〙=five 11.

Rússian gráy *n.* =slate gray.

Rús·sian·ìsm /-nɪ̀zm/ *n.* **1** ロシア(人)びいき; ロシア(人)への関心. **2** ロシア[ロシア人, ロシア語]の特質. 〖1855〗

Rus·sian·ize, r- /rʌ́ʃənàɪz/ *vt.* **1** ロシア(人)化する, ロシア風にする. **2** 〈皮を〉ロシア革と同様の(仕上がりを得る)処理法で処理する. **Rus·sia·ni·za·tion** /rʌ̀ʃənɪzéɪʃən | -naɪ-, -nɪ-/ *n.* 〖1831〗

Rússian ólive *n.* 〘植物〙ホソバグミ (*Elaeagnus angustifolia*)《西部アジア・南部ヨーロッパ原産のグミ属の高木状低木; 実は食用; oleaster ともいう》. 〖1913〗

Rússian Órthodox Chúrch *n.* [the ~] ロシア正教会《1918 年以前はロシアの国教会》.

Rússian Revolútion *n.* [the ~] ロシア革命: **a** 第一次革命《血の日曜日 (Bloody Sunday) 事件がその発端となった》. **b** 二月革命《1917 年 3 月(旧暦 2 月)兵士や労働者が起こした革命; これで Romanov 王朝が崩壊して臨時政府が樹立された》. **c** 十月革命 (⇨ October Revolution). 〖1905〗

Rússian roulétte *n.* **1** ロシアンルーレット《弾丸が一個入っている拳銃の弾倉を回し, 銃口を自分の頭に向けて引金を引くゲーム》. **2** (命取りにもなりかねない)無謀な行為, 暴挙. 〖1937〗

Rússian sálad *n.* ロシア風サラダ《賽(さい)の目に切ったビート・じゃがいも・きゅうりなどの野菜, 塩漬けの牛タン・ソーセージなどを Russian dressing であえたもの》. 〖1879〗

Rússian Sóviet Féderated Socialist Repúblic *n.* [the ~] ロシアソビエト連邦社会主義共和国《ロシア連邦 (Russian Federation) の旧称; 旧ソ連邦構成共和国の一つでソ連の主要部をなしていた; 略 RSFSR》.

Rússian téa *n.* ロシア紅茶, ロシアンティー《ジャムやウオツカを加えて大きなタンブラーで飲む紅茶》. 〖1862〗

Rússian thístle [**túmbleweed**] *n.* 〘植物〙ホソバオカヒジキ (*Salsola kali* var. *tenuifolia*)《ユーラシア原産アカザ科オカヒジキ属の塩生植物; 北米西部では厄介な雑草》. 〖1894〗

Rússian Túrkestan *n.*=Turkestan.

Rússian víne *n.* 〘植物〙ファロピア バルドシューアニカ (*Fallopia baldschuanica*)《つる性の耐寒性のタデ科多年草》. 〖1948〗

Rússian wólfhound *n.* =borzoi.

Rússian wórmwood *n.* 〘植物〙アジア北部産キク科ヨモギ属の花壇用の草本あるいは半低木 (*Artemisia sacrorum*).

Rússian Zòne *n.* =Soviet Zone.

rus·si·fy, R- /rʌ́səfàɪ | -sɪ̀-/ *vt.* =Russianize. **rus·si·fi·ca·tion, R-** /rʌ̀səfɪkéɪʃən | -sɪfɪ-/ *n.*

Russ·ki /rʌ́ski; *Russ.* rúskʲij/ *n.* (*also* **Russ·ky** /~/) 《米俗》ロシア人. 〖(1858) □ Russ. *Russkiĭ* (adj., n.) Russian ← *Rus'* 'RUSSIA'〗

Rus·ni·ak /rʌ́sniæ̀k/ *n.* =Ruthenian.

Russo- /rʌ́soʊ | -səʊ/ 「ロシア(人)の (Russian); ロシアと…との (Russian and …)」の意の連結形. 〖⇨ Russ¹, -o-〗

Rùsso-Byzántine *adj.* 〘建築〙ロシア風ビザンチン式の. 〖1889〗

Rùsso-Japanése *adj.* ロシアと日本の, 日露の: the ~ War 日露戦争 (1904–05). 〖1906〗

Rus·so·phile /rʌ́səfàɪl/ *n., adj.* (*also* **Rus·so·phil** /-fɪl/) 親露主義者(の), ロシア(人)びいきの(人); ロシア政策支持者(の). 〖(1882): ⇨ Russo-, -PHILE〗

Rus·so·phobe /rʌ́səfòʊb | -fəʊb/ *n., adj.* ロシア恐怖症の(人), ロシア(人)嫌いの(人). **Rus·so·pho·bic** /rʌ̀səfóʊbɪk | -fəʊ-ˊ/ *adj.* 〖(1882) ← ↓, -PHOBE〗

Rus·so·pho·bi·a /rʌ̀səfóʊbiə | -fəʊ-/ *n.* ロシア恐怖症, ロシア嫌い, ロシアアレルギー. 〖(1836) ← RUSSO-+-PHOBIA〗

Rùsso-Túrkish *adj.* ロシアとトルコ(との間)の: the ~ War 露土戦争《ロシアが Balkan 半島のスラブ民族主義者の保護を口実に Balkan 進出を果たそうとしたトルコの戦い (1877–78)》. 〖1878〗

rus·su·la /rʌ́sjʊlə/ *n.* (*pl.* **~s, -lae** /-lìː/) 〘植物〙ベニタケ属 (*Russula*) のキノコの総称《カワリハツ (*R. cyanoxantha*), アイタケ (*R. virescens*) など》.

rust /rʌ́st/ *n.* **1** (金属の)さび; さびに類したもの: gather [develop] ~ さびがつく[を生じる] / get [rub] the ~ off さびを落とす / keep a knife from ~ ナイフがさびないようにする / be in ~ さびている. **2** さび色. **3** 〘植物病理〙 **a** =rust fungus. **b** =rust disease. **4** (精神・才能・価値などに悪影響を及ぼす)無為, 不活発; 悪習慣(など): the ~ of idleness 怠け癖 / a life of ~ (かびの生えたような)無為の生活.
— *vi.* **1** 〈鉄などが〉さびる, さびつく; 腐食する. **2** 〈木の葉などが〉さび色になる. **3** 〘植物病理〙サビ病にかかる. **4** (使わずに)鈍くなる, 鈍ってくる, 怠け癖がつく, かびが生えたようになる: talents left to ~ 才能の持ち腐れ / His mind had ~*ed.* 彼も焼きがまわった / Better wear out than ~ out. いても一生立っても一生《老年の無為を戒める言葉》.
— *vt.* **1** さびつかせる, さび腐らせる: Water ~*s* iron. 水気は鉄をさびつかせる. **2** さび色にする. **3** 〘植物病理〙サビ病にかからせる. **4** (使わずにいて)〈才能などを〉だめにする.
rúst awáy [***óut***] さびて役に立たなくなる[する]. ***rúst thróugh*** さびて穴があく. ***rúst togéther*** 〈鉄管など金属同士〉の合わせ目をさびつかせて接合する, 腐着接続させる.
〖n.: OE *rūst* ← Gmc **rudh-*, **reudh-*, **raudh-* 'RED¹' (Du. *roest* / G *Rost*): ⇨ russet. — v.: (?*a*1200) ← (n.)〗

rust·belt /rʌ́s(t)bèlt/ *n.* (米国北部の)斜陽重工業地帯. 〖1984〗

rúst bùcket *n.* 《俗》ひどくさびた車, ポンコツ車.

rúst-còlored *adj.* 赤さび色の. 〖1692〗

rúst disèase *n.* 〘植物病理〙サビ銹病《サビ菌類の多くの種類が種々の高等植物の葉・茎・果実などに寄生して起こす病気; 小麦のサビ病など》. 〖1902〗

rúst·ed *adj.* さび(つい)た.

rúst fúngus *n.* 〘植物病理〙サビ菌《種々の高等植物の葉・茎・果実などに寄生し, さび色の斑点を生じる担子菌類の総称; 病害を起こすものが多い》. 〖1883〗

rus·tic /rʌ́stɪk/ *adj.* **1 a** 田舎(者)らしい, 田舎臭い (⇨ rural SYN); ひなびた, 野趣のある (cf. urbane). **b** 質朴な, 純真な, 飾り気のない: ~ simplicity 純朴. **c** 田舎向きの: a ~ hat 田舎風の帽子. **d** 無骨な, 無作法な, 粗野な: ~ manners 無作法 / ~ speech 田舎風な言葉遣い. **2** 《古》田舎の, 田舎にある: a ~ dwelling 田舎家 / a ~ beauty 田舎美人. **3** 丸木[丸太]造りの: a ~ bridge 丸木橋 / a ~ chair 丸木椅子 / a ~ seat 東家(あずまや)風の腰掛け / ⇨ rustic work 1. **4** 〘石工〙石の面を粗く仕上げた; 目地を深く取った, 二面切りの: ⇨ rustic work 2. **5** 〈古代ラテン字体が〉不規則体の (cf. square capital). — *n.* **1** 田舎の人; 百姓. **2 a** 粗野な人. **b** 純朴な人. **rús·ti·cal·ly** *adv.* 〖(*c*1440) □ L *rūsticus* ← *rūs* country: ⇨ rural, -ic¹〗

rus·ti·cate /rʌ́stɪ̀kèɪt | -tɪ-/ *vi.* 田舎へ行く; 田舎に滞在する[引きこもる]; 田舎[田園]生活を送る. — *vt.* **1** 田舎へやる, 田舎へ放逐する; 田舎に住まわせる. **2** 田舎風にする, ひなびさせる. **3** 〈大学生を〉停学[退学]させる, 停学[退学]処分にする. **4** 〘石工〙粗面仕上げ[二面切り]にする. **rús·ti·cà·tor** /-ṭə | -tə(r)/ *n.* 〖(1660) ← L *rūsticā-tus* (p.p.) ← *rūsticārī* to live in the country ← *rūsticus*: ⇨ rustic, -ate³〗

rús·ti·càt·ing /-ṭɪŋ | -tɪŋ/ *n.* 《NZ》(古い家の)下見板 (weatherboarding)《rusticated ともいう》. 〖(1801) ↑〗

rus·ti·ca·tion /rʌ̀stɪkéɪʃən | -tɪ-/ *n.* **1** 田舎へやること, 田舎へ放逐すること. **2** 田舎に引きこもること; 田園生活. **3** 《英》(大学生の)停学(期間). **4** 〘石工〙粗面仕上げ, 粗石積み. 〖(1623) □ L *rusticātiō(n-)*: ⇨ ↑, -ation〗

rus·tic·i·ty /rʌstísəṭi | -sɪ̀ti/ *n.* **1 a** 田舎者らしいこと. **b** 田舎風[らしさ]; 野趣. **c** 田舎[田園]生活. **2 a** 質朴, 飾り気のないこと. **b** 無骨, 無作法, 粗野. **c** 無知. **3** (表記などの)生硬さ. 〖(1531) □ F *rusticité*: ⇨ rustic, -ity〗

rústic jóint *n.* 〘石工〙面取り目地《石材の角を落として目地を深く強調するもの》.

rústic wórk *n.* **1** 〘木工〙丸木細工, 東家(あずまや)造り. **2** 〘石工〙粗面仕上げ, 粗石積み, 二面切り, 江戸切り. 〖1715〗

rúst jòint *n.* 〘機械〙さび継手《水密に保つため継ぎ目にさびを生じるようにした継手》. 〖1839〗

rus·tle /rʌ́sl/ *vi.* **1 a** 〈葉・絹・紙などが〉さらさら音がする, かさかさいう; 〈雨が〉ばらばら音を立てて降る: The leaves ~*d.* 葉がさらさらと鳴った. **b** さらさら音をさせて動く[歩く], かさかさ音を立てて動く, 衣(きぬ)ずれの音をさせて歩く 〈*along*〉: ~ in silks 絹物を着ている. **2** 《米口語》 **a** 精力的に動く, 活躍する, せっせと働く, ハッスルする. **b** 牛[馬]を盗む. **3** 《口語》〈動物などが〉食べ物を捜す.
— *vt.* **1 a** さらさら[かさかさ]と音をさせる, 衣ずれの音をさせる. **b** さらさら[かさかさ]音を立てて動かす[振り落とす]: The wind ~*s* the leaves. 風が葉を鳴らす. **2** 《米口語》 **a** さっさと動かす[持って来る, 扱う]. **b** 〈牛・馬を〉盗む. **3** 《米口語》努力して得る[集める] 〈*up*〉.
rústle úp 《口語》(1) (捜し回って)手に入れる, 〈人・物を〉かき集める: ~ *up* money to pay a debt 借金を払うために金をかき集める. (2) 〈料理を〉急いで作る: ~ *up* sandwiches *for* a guest. 〖1844〗
— *n.* **1** さらさら, かさかさ, 衣ずれの音: the ~ of bedclothes 寝具のすれるかすかな音 / a ~ of talk among the students 学生たちの間の静かな話し声 / the ~*s* of leaves in the wind 風にそよぐ木の葉の音. **2** 《米口語》精力的な活動, ハッスル.
〖v.: (*a*1398) 《擬音語》: cf. OE *hrūxlian* to make a noise / Du. *ritselen.* — n.: (1759) ← (v.)〗

rús·tler /-slə, -slə | -slə(r), -sl-/ *n.* **1** さらさら[かさかさ]音を立てる人[物]; (風にそよいで)さらさら音を立てる植物. **2** 《米口語》 **a** 活動家, 活躍家. **b** 牛[馬]泥棒: a cattle ~ 牛泥棒. 〖1820〗

rúst·less *adj.* **1** さびのない. **2** さびない. 〖1845〗

rús·tling /-slɪŋ, -sl-/ *adj.* **1** さらさら音がする, かさかさいう, ばらばら鳴る, 衣(きぬ)ずれの音がする: ~ leaves. **2** 《米口語》活動的な, 活発な. — *n.* **1** さらさら音を立てること. **2** 《米口語》牛を盗むこと, 牛泥棒. **~·ly** *adv.* 〖1387〗

rúst mìte *n.* 〘動物〙サビダニ《葉や果実に穴をあけて褐斑

R

を作る数種のフシダニ).
rúst·pròof *adj.* さびない. — *vt.* 〈鉄・刀など〉にさび止めをする. 〘1691〙
rus·tre /rʌ́stə | -tə(r)/ *n.* 〖紋章〗円形の穴のある菱形図形. 〘(1680) □ F ～ ← ?〙
rust·y[1] /rʌ́sti/ *adj.* (**rust·i·er, -i·est; more ～, most ～**) **1** さびた, さびを生じた: a ～ blade [sword] さび刀 / a knife ～ through disuse 使わなかったためさびたナイフ / a ～ iron door さびた鉄のドア / a ～ pen point さびたペン先 / ～ spots [stains] さび, しみ. **2** (使用しないために, または年をとって)鈍くなった, 不活発になった, 下手になった, 役に立たない, 「さびついた」: be a bit ～ in shooting 射撃が少し下手になる / My French is rather ～. 私のフランス語は少々あやしくなった. **3 a** さび色の; さび色がかった. **b** 〈黒い服が〉(使い古して)色のさめた, 羊羹(ようかん)色になった. **c** 古ぼけた, 古めかしい, 旧式な, 時代遅れの: ～ clothes. **4** 〈植物が〉サビ病にかかった: ～ wheat. **5** しわがれ声の.
rúst·i·ly /-təli, -tḷi | -tɪ̆li, -tḷi/ *adv.* **rúst·i·ness** *n.* 〘OE *rūstig* (cog. G *rostig*): ⇨ rust (n.), -y[4]〙
rust·y[2] /rʌ́sti/ *adj.* (**rust·i·er; -i·est**) **1** 《古・方言》強情な, 頑固な: a ～ horse / ride [run] ～ 強情になる. **2** 《英口語・米方言》不機嫌な; 意地悪な. ★ 主に次の句で用いる: turn ～ 機嫌が悪くなる / cut up ～ ⇨ CUT *up* (*vi.*) (4). 〘(1562) 《変形》← 《古形》*resty* restive〙
Rus·ty /rʌ́sti/ *n.* ラスティー《男性名・女性名》. 〘← ONF *russet*=OF *ro(u)sset* (dim.) ← *rous* red(-haired): ⇨ -y[2]〙
rústy bláckbird *n.* 〖鳥類〗クロムクドリモドキ (*Euphagus carolinus*) 《米国東部産ムクドリモドキ科の鳥; 雄の羽毛は, 春は青黒色, 秋には緑がさび色になる》.
rústy dáb *n.* 〖魚類〗北米東海岸産カレイ科マコガレイ属の小形食用魚 (*Limanda ferruginea*). 〘1839〙
rústy-dústy *n.* 《米俗・戯言》さびついたもの; 尻《しばしば 'なまけ者の尻' という含みをもつ》; さびついた銃, おもちゃ[小道具]の銃.
rústy gráckle *n.* 〖鳥類〗=rusty blackbird.
rústy gúm *n.* 〖植物〗=gum-myrtle.
rut[1] /rʌ́t/ *n.* **1** 決まりきったやり方, 常例, 慣例, 常軌; (単調でやりきれない)決まりきった行動[思考, 生活]の様式[やり方]: get into [be (stuck) in] a ～ 型にはまって(くる) / get [break] out of the [a] ～ マンネリから抜け出す / go on in the same old ～ 十年一日のように同じ事をやっていく / move in a ～ 常軌に従って行動する, 決まりきった事をやる. **2 a** 轍(わだち), 車の跡: ～*s* in the dirty road 泥道にできた車の跡. **b** 細長いくぼみ, 溝(みぞ), 水路. — *vt.* (**rut·ted; rut·ting**) [通例 p.p. 形で] 〈道など〉に車の跡[轍]をつける; …に溝をつける: The track was ～*ted* by heavy lorries. 道路には重いトラックの通った跡がついていた. 〘(1580) *ru(p)t, rotte* □ ? OF *rute, rote* 'ROTE'〙
rut[2] /rʌ́t/ *n.* **1** (シカ・ヤギ・ヒツジなどの)盛り, 発情. **2** [しばしば the ～] 盛りのついた時, 発情期: be in [at] (*the*) ～ 盛りがついている / go to (*the*) ～ 盛りがつく. — *vi.* (**rut·ted; rut·ting**) 盛りがつく, 発情する: a ～*ting* deer 発情しているシカ / the ～*ting* season 発情期. 〘(?(1183)) 《(c1410)》 *rutte* □ (O)F ～ < VL *rūgitum=L *rugītus* a roaring ← *rugīre* to roar ← IE *reu- (⇨ rumor)〙
Rut. 《略》Rutland.
ru·ta·ba·ga /rù:təbéɪgə, ⌐ー⌐ー | -tə-/ *n.* **1** 〖植物〗ルタバガ, スウェーデンカブ, カブカンラン (*Brassica napobrassica*) 《根が黄色のカブの一種; Swede (turnip) ともいう》. **2** ルタバガの根《食用・飼料用》. 〘(1799) □ Swed. 《方言》 *rotabagge* ← *rot* (< ON *rōt* 'ROOT[1]') + *bagge* bag, ram〙
Ru·ta·ce·ae /ru:téɪsiì:/ *n. pl.* 〖植物〗ミカン科. 〘← NL ～ ← *Ruta* (属名: ← L *rūta* 'RUE[2]') + -ACEAE〙
ru·ta·ceous /ru:téɪʃəs/ *adj.* 〖植物〗**1** ヘンルーダ (rue) の[に似た]. **2** ミカン科の. 〘(1830): ⇨ ↑, -aceous〙
ruth /rú:θ/ *n.* 《古》**1** 哀れみ, 同情. **2** 悲しみ; 悔悟, 後悔. 〘OE *reuþe* ← *hrēowan* 'to RUE[1]': ⇨ -th[2]〙
Ruth[1] /rú:θ/ *n.* ルース《女性名》. 〘□ Heb. *Rūth* ← ? *rᵉʿūth* companion〙
Ruth[2] /rú:θ/ *n.* 〖聖書〗**1** ルツ (Boaz の妻; ダビデ (David) の曽祖母となったモアブ (Moab) の婦人; 前夫の母ナオミ (Naomi) に対する孝養で知られる). **2** (旧約聖書の)ルツ記 (The Book of Ruth). 〘↑〙
Ruth, George Herman *n.* ルース《1895–1948; 米国の野球選手; 史上最強打者の一人; 通称 Babe Ruth》.
Ru·thene /ru:θí:n/ *n.* =Ruthenian. 〘□ ML *Rut(h)ēnī* Little Russians ← Russ. *Rusin* ← *Rus'* 'RUSS[1]': cf. Russia〙
Ru·the·ni·a /ru:θí:niə/ *n.* ルテニア《Carpatho-Ukraine の旧名》. 〘□ ML ～ 'Russia' ← *Rut(h)enī* (↑): ⇨ -ia[1]〙
Ru·the·ni·an /ru:θí:niən/ *adj.* ルテニア[小ロシア]人の; ルテニア[小ロシア]語の. — *n.* **1 a** ルテニア[小ロシア]人《Galicia, Ruthenia などのウクライナ人》. **b** ルテニア語. **2** 〖教会〗ルテニア教会信徒《ポーランド・チェコ・スロバキア・ハンガリーなどの帰一教会信徒 (Uniate)》. 〘1850〙
ru·then·ic /ru:θénɪk, -θí:n-/ *adj.* 〖化学〗ルテニウムの; (特に)高い原子価のルテニウムを含む. 〘1849〙
ru·the·ni·ous /ru:θí:niəs/ *adj.* 〖化学〗ルテニウムの; (特に)低い原子価のルテニウムを含む. 〘(1868): ⇨ ↓, -ous〙
ru·the·ni·um /ru:θí:niəm/ *n.* 〖化学〗ルテニウム《白金に類する金属元素の一つ; 記号 Ru, 原子番号 44, 原子量 101.07》. 〘(1848) ← NL ～ ← ML *Ruthenia* (⇨ Ruthenia) + -IUM: Ural 山脈中で発見されたため〙
ruth·er /rʌ́ðə | -ðə(r)/ *adv.* 《黒人英語》=rather.
ruth·er·ford /rʌ́ðəfəd | -ðəfəd/ *n.* 〖物理〗ラザフォード(放射能の単位; 放射性物質中の放射性核種の毎秒の壊変数 10^6 の放射能に相当する; =10^6 becquerels; 記号 rd). 〘(1946) ↓〙
Ruth·er·ford /rʌ́ðəfəd | -ðəfəd/, **Ernest** *n.* ラザフォード《1871–1937; ニュージーランド生まれの英国の化学・物理学者; Nobel 化学賞 (1908); 称号 1st Baron Rutherford of Nelson》.
Rutherford, Joseph Franklin *n.* ラザフォード《1869–1942; 米国のキリスト教の一派「エホバの証人」の指導者》.
Rutherford, Dame **Margaret** *n.* ラザフォード《1892–1972; 英国の女優; *The Importance of Being Earnest* の Miss Prism 役などで性格俳優の評価を得る》.
Rutherford, Mark *n.* William Hale WHITE の筆名.
Rútherford átom *n.* 〖物理〗ラザフォード原子(模型)《陽電荷の原子核の周りを電子が軌道運動をしている原子模型》. 〘← *E. Rutherford*〙
ruth·er·ford·i·um /rʌ̀ðəfɔ́ədiəm | -ðəfɔ́:d-/ *n.* 〖化学〗ラザフォーディウム (記号 Rf) (⇨ element 104). 〘(1969): ⇨ *E. Rutherford*, -ium〙
Rútherford scàttering *n.* 〖物理〗ラザフォード散乱《荷電粒子がクーロン力により原子核で散乱されること》. 〘(1928) ← *E. Rutherford*〙
ruth·ful /rú:θfəl, -fl/ *adj.* 《古》**1** 哀れみ深い. **2** 悲しみに満ちた, 悲しい: a ～ smile. **3** 悲しみを誘う. **～·ly** *adv.* **～·ness** *n.* 〘(*a*?1200) *re(o)uðful*〙
ruth·less /rú:θlɪ̆s/ *adj.* 無慈悲な, 無情な, 残酷な (⇨ cruel, implacable SYN): a ～ egoist 冷酷なエゴイスト / ～ slaughter and destruction during World War II 第二次大戦中の容赦のない殺戮と破壊. **～·ly** *adv.* **～·ness** *n.* 〘(*c*1330) *reutheles*〙
ru·ti·lant /rú:tələnt, -tḷ- | -tɪ̆l-/ *adj.* 《まれ》赤く光る; きらきら(金色に)輝く. 〘(1497) □ L *rutilantem* (pres.p.) ← *rutilāre* to make reddish ← *rutilus* red: ⇨ red[1]〙
ru·ti·lat·ed /rú:təlèɪtɪ̆d, -tḷ- | -tɪ̆lèɪt-/ *adj.* 〖鉱物〗金紅石 (rutile) の針状結晶を含んだ. 〘(1889) ← L *rutilātus* ((p.p.) ← *rutilāre* (↑)) + -ED〙
ru·tile /rú:ti:l, -taɪl | -taɪl/ *n.* **1** 〖鉱物〗金紅石, ルチル (TiO_2). **2** 人工金紅石《チタニア (titania) の名前で人工宝石として広く使われている; ダイヤモンドより屈折率が高い》. 〘(1803) □ F ～ 'shining' ← L *rutilus* red〙
ru·tin /rú:tṇ | -tɪn/ *n.* 〖薬学〗ルチン ($C_{27}H_{30}O_{16}$) 《ヘンルーダ (rue) やタバコの葉・ソバ・エンジュ(槐)の花などから得られる配糖体で黄色い結晶; 毛細血管がもろくなるのを防ぐのに用いる》. 〘(1857) □ G *Rutin* // F *rutine* ← L *rūta* 'RUE[2]': ⇨ in[2]〙
Rut·land /rʌ́tlənd/ *n.* ラトランド《イングランド中東部の旧州; 1974 年 Leicestershire 州の一部となる; 面積 394 km^2, 州都 Oakham》. 〘lateOE *Roteland* 'land of *Rōta* (人名)'〙
Rutland. 《略》Rutlandshire.
Rut·land·shire /rʌ́tləndʃə, -ʃɪə | -ʃə(r), -ʃɪə(r)/ *n.* = Rutland.
Rut·ledge /rʌ́tlɪdʒ/, **Edward** *n.* ラトレッジ《1749–1800; 米国の政治家・法律学者; 独立宣言署名者の一人》.
Rutledge, John *n.* ラトレッジ《1739–1800; 米国の政治家, Edward の兄》.
rút·ted /-tɪ̆d | -tɪ̆d/ *adj.* 轍(わだち)のできた.
rút·ting /-tɪŋ | -tɪŋ/ *adj.* 〈シカなど〉発情した, 盛りのついた.
rut·tish /rʌ́tɪʃ | -tɪʃ/ *adj.* **1** 〈動物が〉盛りのついた. **2** 〈人が〉好色な; 猥褻(わいせつ)な; 性欲を誘う(ような). **～·ly** *adv.* **～·ness** *n.* 〘1601〙
rut·ty /rʌ́ti | -ti/ *adj.* (**rut·ti·er; -ti·est**) 〈道路など〉轍(わだち)の多い, 車の跡だらけの. **rút·ti·ly** /-təli, -tḷi | -tɪ̆li, -tḷi/ *adv.* **rút·ti·ness** *n.* 〘(1596) ← RUT[1] + -Y[1]〙
Ru·wen·zo·ri /rù:wənzɔ́:ri/ *n.* ルウェンゾリ(山地)《アフリカ中部, コンゴ民主共和国とウガンダの国境, Albert 湖と Edward 湖の間の山群; 最高峰 Mt. Stanley (5,109 m)》.
Ruys·broeck /ráɪsbru:k; *Du.* rœ́yzbru:k/, **William of** *n.* ⇨ Guillaume RUBRUQUIS.
Ruys·dael /ráɪsdɑ:l, ráɪz-, rɔ́ɪs- | ráɪz-, rí:z-, -deɪl; *Du.* rœ́yzda:l/, **Jacob van** *n.* (ファン)ロイスダール《1628?–82; オランダの風景画家》.
Ruysdael, Sa·lo·mon /sá:lomɔn/ **van** *n.* (ファン)ロイスダール《1601?–70; オランダの風景画家; Jacob van Ruysdael の叔父》.
Ruy·ter /ráɪtə | -tə(r); *Du.* rœ́ytər/, **Michel A·dri·aans·zoon de** /adriánso:n də/ *n.* ロイテル《1607–76; オランダの海軍提督》.
Ru·žič·ka /rú:ʒɪtʃkə, -zɪtʃ-, -ʒɪts-; *Serb.* / *Croat.* rûʒitʃka/, **Leopold** *n.* ルジチカ《1887–1976; ユーゴスラビア生まれのスイスの化学者; Nobel 化学賞 (1939)》.
r.v. 《略》〖統計〗random variable.
Rv 《略》〖聖書〗Revelation.
RV 《略》rateable value; recreational vehicle; 〖宇宙〗reentry vehicle 再突入飛翔体; research vessel; Revised Version (cf. AV).
RVA, rva 《略》〖電気〗reactive volt-amperes.
RVSVP 《略》*F.* répondez vite s'il vous plaît 至急御返事願い上げます (please reply immediately).
rw 《記号》Rwanda (URL ドメイン名).
RW 《略》radioactive warfare; radiological warfare; rainwater; right of way; Right Worshipful, Right Worthy 閣下; Royal Warrant; runway.
R/W 《略》〖電算〗read/write.
RWA 《記号》〖自動車国籍表示〗Rwanda.
Rwan·da /ruá:ndə | -ǽn-/ *n.* ルワンダ《アフリカ中東部の共和国; もと国連ベルギー信託統治領 Ruanda-Urundi の一部であったが, 1962 年独立, 面積 26,338 km^2, 首都 Kigali; 公式名 the Republic of Rwanda ルワンダ共和国》. **Rwán·dan** /-dən/ *n.*, *adj.* **Rwan·dese** /ruà:ndí:z, -dí:s | -ændí:z/ *n.*, *adj.*
r.w.d. 《略》rear-wheel drive.
Rwy 《略》railway.
Rx /ɑ́əéks | ɑ̀:(r)éks/ *n.* (*pl.* **～'s, ～s**) **1** 処方箋(せん). **2** 治療法; (問題・紛争などの)解決法. 〘《変形》← R (処方箋の書き出しに用いる L *recipe* の意の略記号)〙
Rx 《記号》〖処方〗recipe (=take).
Rx, rx 《記号》tens of rupees.
Ry 《略》Railway.
-ry /ri/ *suf.* -ery の異形《d, t, l, n, sh に終わる弱音節の後に付く時に多い》: Jewry, chivalry, heraldry, Irishry, pedantry. 〘ME *-rie* □ OF ← *-erie* '-ERY'〙
ry·a /rí:ə, ráɪə | rí:ə/ *n.* **1** リーヤ絨毯(じゅうたん)《スカンジナビア産の手織りの小型絨毯》. **2** リーヤ織り; リーヤ絨毯模様. 〘(1957) □ Swed. *rya* (*matta*) < ON *ry* coarse woolen cover: cf. rough〙
RYA 《略》Royal Yachting Association.
ry·al /ráɪəl/ *n.* ライアル: **1** Edward 四世が最初に鋳造した金貨《10 シリング, 後に Elizabeth 一世のもとで 15 シリング相当; それ以前からあった noble 金貨のデザインにバラを加えたもの; rose noble ともいう》. **2 a** スコットランド女王 Mary Stuart の発行した 60 シリング相当の金貨《3 ポンド金貨ともいわれ, 22 karats, 18 grains》. **b** スコットランド女王 Mary Stuart および James 六世が発行した 30 シリング相当の銀貨《22 karats, 472 $^1/_2$ grains》. 〘ME *ryal* □ OF *rial* 《変形》← *roial* 'ROYAL'〙
Ry·an /ráɪən/ *n.* ライアン《男性名》.
ry·a·ni·a /raɪéɪniə/ *n.* リアニア《南米産熱帯性低木の幹から製する殺虫剤; アルカロイドの混合でアワノメイガ (European corn borer) に効果がある》. 〘← NL *Ryania* (属名) ← *John Ryan* (18 世紀英国の医師): ⇨ -ia[2]〙
rýa rùg *n.* =rya 1.
Rya·zan /rì:əzá:n, -zǽn; *Russ.* rʲizánʲ/ *n.* リャザニ《ロシア連邦 Moscow 南東, Oka 河畔の都市》.
ryb·at /ráɪbət/ *n.* 《スコット》窓・ドアなどの側面部の磨いた石. 〘(1554) 《変形》← RABBET〙
Ry·binsk /ríbɪ̆nsk | -bɪnsk; *Russ.* rɨ́bʲɪnsk/ *n.* **1** ルイビンスク《ヨーロッパロシア中西部, Moscow 北方にある都市; 旧称 Shcherbakov (1946–57), Andropov (1984–91)》. **2** ルイビンスク(湖)《ロシア連邦西部, Volga 川上流の人造湖; 面積約 4,550 km^2; Rybinsk Reservoir ともいう》.
Ry·dal /ráɪdḷ | -dl/ *n.* ライダル《イングランド北西部 Cumbria の村; Wordsworth の旧居 (Rydal Mount) がある》.
Rýd·berg stàte /rídbəːg- | bəːg-; *Swed.* rý:dbærj/ *n.* 〖物理〗リュードベリ状態《原子に関して, 励起された 1 つの電子が点状の陽電荷のまわりを回っているとみなせる状態》. 〘← *J. R. Rydberg* (1854–1919) スウェーデンの物理学者〙
Ry·der /ráɪdə | -də(r)/, **Albert Pink·ham** /pɪ́ŋkəm/ *n.* ライダー《1847–1917; 米国の画家》.
Rýder Cúp *n.* 〖ゴルフ〗[the ～] ライダーカップ《英米ヨーロッパのプロが隔年に行うゴルフマッチ; 1927 年から行われる》. 〘← *Samuel Ryder* (1859–1936) トロフィーの寄贈者である英国の実業家〙
rye[1] /ráɪ/ *n.* **1** 〖植物〗ライムギ (*Secale cereale*) 《黒パン・ライウイスキー・黒ビールの原料, 間作 (cover crop) 用・土壌改善用, また家畜飼料; ⇨ wheat 挿絵》. **2** =rye bread. **3** ライウイスキー (rye whiskey) (一杯). 〘OE *ryġe* < Gmc *ruʒiz (ON *rugr*), *roʒʒan (Du. *rogge* / OHG *rokko*) ← IE *wrughyo-〙
rye[2] /ráɪ/ *n.* (特に, ジプシーの)紳士《ジプシー用語》. 〘(1851) □ Romany *rai* □ Skt *rājan* king: cf. royal〙
Rye /ráɪ/ *n.* ライ《イングランド南東部, East Sussex 州の都市 (⇨ Cinque Ports)》. 〘← (*at the*) *rye* (異分析) ← ME *at ther ye* < OE *æt þære īeġe* at the island〙
rýe bread *n.* (ライムギ粉で作った)ライムギパン, 黒パン (cf. black bread). 〘1579〙
rýe-bròme *n.* 〖植物〗=cheat 5 a.
rýe·gràss *n.* 〖植物〗ライグラス《イネ科ドクムギ属 (*Lolium*) の一年草または多年草の総称; 生長が早く芝生・秣(まぐさ)用; cf. perennial ryegrass》. 〘(1712) 《変形》← *raygrass* ← 《廃》*ray darnel* ← ?〙
Rye·land /ráɪlənd/ *n.* ライランド《英国産の角がなく短毛で顔が白い, 食肉用の一品種の羊》. 〘(1802) ← *Ryelands* (英国 Herefordshire の産地名)〙
rýe whískey *n.* ライウイスキー《51% 以上のライムギを用いたウイスキー; Canadian whiskey ともいう》. 〘1785〙
ryke /rí:k/ *v.*, *n.* 《スコット》=reach[1].
Ryle /ráɪl/, **Gilbert** *n.* ライル《1900–76; 英国の哲学者; *The Concept of Mind* (1949), *Dilemmas* (1954), *Plato's Progress* (1966); 学術誌 *Mind* の編集者 (1947–71); cf. GHOST in the machine》.
Ryle, Sir **Martin** *n.* ライル《1918–84; 英国の天文学者; 電波天文学的観察によりビッグバン理論を支持; Nobel 物理学賞 (1974)》.
rynd /ráɪnd, rínd/ *n.* =rind[2].
ry·ot /ráɪət/ *n.* (インドの)百姓, 農夫; 自作農. 〘(1625) □ Hindi *raiyat* □ Arab. *raʿīyaʰ* 'flock, RAYA'〙
RYS 《略》Royal Yacht Squadron 王立ヨット隊[クラブ].
Rys·wick /rízwɪk/ *n.* =Rijswijk.
Ry·sy /rísi; *Pol.* rɨsi/ *n.* リシ山《タトラ山地 (Tatra Mountains) の峰; 2,499 m》.
ry·u /rjú:/ *n.* (*pl.* ～(s)) 流《特に日本の武道の流派》. 〘Jpn.〙
Ryú·kyu Íslands /riú:kju:, rijú:-/ *n. pl.* [the ～] 琉球諸島.
Ryu·rik /*Russ.* rʲúrʲik/ *n.* Rurik のロシア語名.

S s

S, s /és/ *n.* (*pl.* **S's, Ss, s's** /~ɪ̆z/) **1** 英語アルファベットの第 19 字. ★ 通信コードは Sierra. **2** (活字・スタンプなどの) [S] または s 字. **3** [S] S 字形(のもの): ⇨ COLLAR of SS [S] / ⇨ S wrench / The river makes an *S* there. 川はそこで S 字形に曲がっている. **4** 文字 s が表す音 (seed, roofs などの /s/). **5** (連続したもの)第 19 番目(のもの); (J を数に入れない時は)第 18 番目(のもの). **6** (中世ローマ数字の) 7; 70. 〘OE *S, s* ◻ L (Etruscan を経由) ◻ Gk *Σ, σ, ς* (sígma) ◻ Phoenician w: cf. Heb. שׁ (šîn) (原義) tooth: ⇨ A¹ ★〙

s (略) stere(s).

s (記号) second(s) (角度の秒); 〘化学〙 symmetrical.

S (略) satisfactory; September; 〘処方〙 *L.* signa (= label); square.

S (記号) 〘米軍〙 antisubmarine plane 対潜攻撃機; 〘物理化学〙 entropy; 〘物理・数学〙 scalar; 〘貨幣〙 schilling(s); 〘電気〙 siemens; 〘時計〙 slow (緩急針ダイヤル用; cf. F); 〘物理〙 S-matrix; 〘チェス〙 *G.* Springer (= knight); 〘統計〙 standard deviation of a sample; 〘物理〙 strangeness; 〘化学〙 sulfur; 〘化学〙 svedberg.

S, S. (略) 〘言語〙 sentence; south; southern.

s. (略) 〘解剖〙 sacral; scruple; second(s); section; see; semi; *It.* senza (= without); sermon; set(s); 〘貨幣〙 shilling(s); *F.* siècle (= century); sign; signed; sine; *L.* sinister (= left); sire (動物の)雄親; small; smooth; snow; *L.* solidus (= shilling); solo; son(s); 〘貨幣〙 sou(s); spade('s); spherical; steamer; steel; stock; stratus cloud; subject; substantive; suit; sun; sunny; surplus.

s., S. (略) school; sea; seaman; secondary; series; 〘処方〙 signature; silver; singular; sister; society; 〘音楽〙 soprano; stem; succeeded.

S. (略) Sabbath; 〘紋章〙 sable; Saint; *Port.* São (= Saint); Saturday; Saxon; Scotch; Scottish; scribe; secret; secretary; section; *It.* Segno (= sign); *G.* Seite (= page); Senate; *Sp.* Señor (= Mr.); *L.* sepultus (= buried); ship; Signor; Signore; socialist; *L.* socius (= fellow); *L.* sodālis (= fellow); solar; staff; statute; submarine summer; sun; Sunday; Sweden.

S/ (記号) 〘貨幣〙 sol(s), soles; sucre(s).

's¹ /s, z/ *v.* (口語) is, has, does の縮約形: He'*s* out. / He'*s* been here. / What'*s* he say about it? 〘1584〙

's² /s/ *pron.* us の縮約形: Let'*s* go. ★ let's (= let us) の場合のほかは (方言). 〘1594–95〙

's³ /z/ (古) = God's: 'sdeath! = *God's* DEATH! 〘(1596–97) (転訛) ← *God's*: cf. zounds〙

s- /és/ [通例イタリック体で] 〘化学〙 = sym-².

-s¹ *suf.* ★ 発音は /s/ /z/ /ʃ/ /ʒ/ /tʃ/ /dʒ/ の後では /ɪ̆z/, その他の有声音の後では /z/, その他の無声音の後では /s/. **1** s, x, sh, ch および '子音 + y' に終わらない名詞の複数語尾 (cf. -es): boy*s*, cat*s*, dog*s*, state*s*. **2** '子音 + y' に終わる固有名詞の複数語尾: Mary*s*. **3** 名詞的に用いられた略語・数字・記号などの複数語尾: MP*s*, 8*s*, #*s*. ★ (1) この場合 -s の前に省略符 (') を伴うことがある (⇨ -'s²): A'*s*, 1920'*s*, &'*s*. (2) 広告文などで略形または口語に誤って省略符(')を付けることがある: summer hol'*s* for all the kid'*s*. また (英) の青果商の手書きの掲示で複数形があやふやなときに用いられるので greengrocer's apostrophe として知られる: potato'*s*. 〘ME *-(e)s* < OE *-as* (nom. & acc. pl.): cf. OS *-os* / Skt *-āsas*〙

-s² *suf.* ★ 発音については ⇨ -s¹. **1** s, x, sh, ch および '子音 + y' に終わらない動詞の第三人称単数直説法現在語尾 (cf. -es): It rain*s*. / He jump*s*. / She rise*s*. **2** (俗) 次のような履歴の現在の第一人称単数語尾: Then I say*s* to him. 〘ME (北部方言) *-(e)s* < OE (Northumbrian) *-es, -as* (第二人称単数直説法現在語尾からか: ⇨ -est²) ∞ -ETH¹, -TH³〙

-s³ ★ 発音は -s¹ と同じ. *suf.* **1** 副詞形成語尾: alway*s*, need*s*, perhap*s*, unaware*s* / (米口語) We go dancing night*s* (= of a night). ★ (1) always, oftentimes などでは複数語尾の -s (⇨ -s¹) と連想されることがある. (2) -s の有無によって意味・用法を異にする場合がある: sometime (いつか)—sometime*s* (ときどき) / indoor (*adj.*)—indoor*s* (*adv.*). (3) once, hence, whence, since などの -ce は -s の変形. **2** 名詞の所有格語尾: crafts*man*, trades*man*. ★ これらの類推で一般に職業などを表す語の構成要素として用いられる: spokes*man*, spoils*man*. **3** 父名のあとに付いて son of の意の姓を造る (cf. patronymic): Howell*s*, Jenkin*s*, Simon*s*, Sim*s*, William*s*. **4** 所有代名詞を造る (his との類推による二重属格): her*s*, our*s*, their*s*. 〘ME *-(e)s* < OE *-es* (gen. sing.)〙

-'s¹ *suf.* 単数名詞・-s で終わらない複数名詞・不定代名詞・群属格・地名・時・文化活動・輸送手段・成句などの所有格語尾: a woman'*s* life / Frank'*s* cap / Charles'*s* poems / children'*s* education / anybody'*s* guess / the King of England'*s* daughter / Korea'*s* leaders / today'*s* newspaper / the drama'*s* climax / a ship'*s* crew / at one'*s* tongue'*s* end. ★ (1) /s/ /z/ /ʃ/ /ʒ/ /tʃ/ /dʒ/ の後では /ɪ̆z/, その他の有声音の後では /z/, その他の無声音の後では /s/. (2) /s/ /z/ で終わる古典の人名では通例単に ' だけを付ける: Zeus', Achilles', Venus', Herodotus'; また -s で終わる複数形も同じ: ladies', wives'. 〘OE *-es* (masc., neut.): cog. OHG *-es* / ON *-s* / Goth. *-is* / Skt *-asya*〙

-'s² ★ 発音については ⇨ -'s¹. *suf.* アルファベットの文字や数字・略語・記号などの複数形を表す: t'*s*, z'*s* / 1940'*s* (1940 年代) / M.P.'*s*. 〘⇨ -s¹〙

$, $ /dáː(ː)lə^(r) | dɔ́lə^(r), -lɚ/ (記号) dollar(s). ★ ただし dollar と称しない通貨単位でも $ の記号を用いる国がある. 例: escudo(s) (ポルトガル); peso(s) (チリ・コロンビア・メキシコ・キューバ・ウルグアイ); その他の通貨単位(ボリビア・ニカラグア・ブラジル・ポルトガル). ★ $10 は ten dollars と読む. 〘(1797): *pesos* (= dollars: ⇨ peso) の p と s を重ねた略字, または SOLIDUS (ローマ帝国の金貨)の頭字 s の装飾化したもの, または PIECE of eight (ペソ銀貨)に印した数字の 8 の変形などの説がある〙

sa (記号) Saudi Arabia (URL ドメイン名).

Sa. (略) 〘化学〙 samarium; 〘聖書〙 Samuel; Saturday.

$A (記号) 〘貨幣〙 Australian dollar(s).

s.a. (略) safe arrival; 〘処方〙 *L.* secundum artem; see also; semiannual; *L.* sine anno (= without year, undated); small arms; special agent; *L.* sub anno (= under the year); subject to approval.

SA (略) Salvation Army; 〘海軍〙 Seaman Apprentice; semi annual; (俗) sex appeal; *Sp.* Sociedad Anónima, *F.* Société Anonyme (= Anonymous Society) 株式会社; South Africa; South America; South Australia; Sturmabteilung (ナチスの)突撃隊.

Saa·di /sɑːdíː; *Pers.* sæʔdíː/ *n.* サーディ (1184?–?1291; ペルシャの詩人; *Gulistān*「薔薇の園」(1258); 本名 Muslih-ud-Din).

saag /sáːg/ *n.* = sag².

Saa·le /záːlə, sáːlə; *G.* záːlə/ *n.* [the ~] ザーレ(川) (ドイツ中東部の川; チェコ国境に近い Bavaria 州北東部に発し, 北流して Elbe 川に合流する).

Saa·le /záːlə; *G.* záːlə/ *adj.* 〘地学〙 ザーレ氷期の (北ヨーロッパの第四紀中期の氷期; Alps 周辺の Riss 氷期に相当). — *n.* [the ~] ザーレ氷期の堆積層. 〘(c1935): ↑〙

Saa·mi /sáːmi/ *n.* = Sami.

Saa·nen /sáːnən, záː-; *G.* záːnən/ *n.* 〘動物〙 ザーネン (スイス産の乳用種のヤギ; 全身白色で通例無角). 〘(1906): スイス南西部の町の名から〙

Saar /sáə, záə | sáː^(r), záː^(r); *G.* záːɐ/ *n.* [the ~] **1** ザール(川) (フランス北東部 Vosges 山脈に発し, Saar Basin を貫流してドイツの Moselle 川に合流する川 (246 km)). **2** = Saarland.

Sáar Básin *n.* [the ~] ザール盆地 (ドイツ Saarland 地方の炭田地区).

Saar·brück·en /sɑəbrúkən | sɑː-; *G.* zaːɐbʀýkn̩/ *n.* ザールブリュッケン (ドイツ Saarland 州の州都・産業都市).

Sa·a·re·ma·a /sáːrəmàː; *Eston.* sáːrɛmaː/ *n.* サーレマー(島) (エストニア共和国, バルト海 Riga 湾頭の島; 面積 2,714 km²).

Saa·ri·nen /sáːrənèn, -nən | -rɪ̆-; *Finn.* sáːrinɛn/, **Ee·ro** /ɛ́ᵊrou | ɛ́ərəu; *Finn.* éːro/ *n.* サーリネン (1910–61; フィンランド生まれの米国の建築家; Eliel の息子).

Saarinen, (Gottlieb) El·i·el /éliəl, íːl-/ *n.* サーリネン (1873–1950; 米国に在住したフィンランドの建築家).

Saar·land /sáəlænd, záə- | sáː-, záː-; *G.* záːɐlant/ *n.* [the ~] ザールラント (ドイツとフランスとの国境付近 Saar 川流域の地方で, 鉄・石炭を多く産する; フランス領 (1797–1815), ドイツ領 (1815–1919), フランスの国際連盟の委任統治領 (1919–35), ドイツ領 (1935–45), 第二次大戦後はフランスの支配下におかれたが, 1957 年政治的に西ドイツに編入されその一州となり, ついで 59 年経済管理権も西ドイツに返還された; Saar ともいう; 州都 Saarbrücken).

Sa·a·ve·dra La·mas /sɑːvéɪdrəláːməs; *Am.Sp.* sa(a)βéðralámas/, **Carlos** *n.* サーベドララマス (1878?–1959; アルゼンチンの外交官; チャコ (Chaco) 戦争の調停者; Nobel 平和賞 (1936)).

sab /sǽb/ (英口語) *n.* 狩猟反対活動家 (hunt saboteur). — *vi.* (**sabbed**; **sab·bing**) 狩猟反対活動をする.

Sab. (略) Sabbath.

Sa·ba¹ /séɪbə; *Du.* sáːbaː/ *n.* サバ(島) (カリブ海東部の Leeward 諸島に属し, オランダ領).

Sa·ba² /sáːbə, séɪ-/ *n.* = Sheba 1 a.

Sa·ba·dell /sæ̀bədéɫ, sɑ̀ː-; *Sp.* saβaðél/ *n.* サバデル (スペイン北東部 Barcelona 近郊の繊維産業都市).

sab·a·dil·la /sæ̀bədílə; *Am.Sp.* saβaðíja/ *n.* 〘植物〙 **1** メキシコ産のユリ科の薬用植物 (*Schoenocaulon officinale*). **2** その種子 (veratrine の原料). 〘(1812) ◻ Sp. *cebadilla* (dim.) ← *cebada* barley ← *cebo* feed〙

Sa·bae·an /səbíːən/ *adj.* **1** (南西アラビアの古国)シバ (Sheba) の. **2 a** シバ人の. **b** シバ語の. — *n.* **1 a** シバ人. **b** シバ語. **2** = Mandaean. 〘(a1586) ← L *Sabaeus* (◻ Gk *Sabaîos* ← *Saba* 'SHEBA') + -AN¹〙

Sa·bah /sáːbɑː/ *n.* サバ (Borneo 島北東部にあるマレーシアの一州; もと英国直轄植民地で, (British) North Borneo といった; 州都 Kota Kinabalu).

Sab·a·oth /sǽbeɪà(ː)θ, -bəɔ̀(ː)θ, səbéɪɔ(ː)θ | sæbéɪɔθ, sə-, sǽbeɪɔθ/ *n. pl.* 〘聖書〙 万軍, 天軍: the Lord of ~ 万軍の主, 神 (cf. *Rom.* 9:29, *James* 5:4). 〘(a1325) ◻ LL *Sabaōth* ◻ LGk *Sabaṓth* ◻ Heb. *ṣᵉbhā'ōth* (pl.) ← *ṣābhā'* host (of heaven), army〙

Sa·ba·thé's cýcle /sæ̀bətéɪz-; *F.* sabate-/ *n.* 〘機械〙 サバテサイクル (Otto cycle と diesel cycle が合成されたサイクル). 〘← ? *Sabathé* (人名)〙

Sa·ba·tier /sæ̀bətjéɪ; *F.* sabatje/, **Paul** *n.* サバティエ (1854–1941; フランスの化学者; Nobel 化学賞 (1912)).

Sa·ba·ti·ni /sæ̀bətíːni; *It.* sabatíːni/, **Rafael** *n.* サバティーニ (1875–1950; イタリア生まれの英国の歴史小説家; *Scaramouche* (1921), *Captain Blood* (1922)).

sab·a·ton /sǽbətɑ̀(ː)n | -tɒn/ *n.* 〘甲冑〙 = sabbaton.

sa·ba·yon /sæ̀baɪjɔ̃ː(ŋ), -jɔ́ːŋ; *F.* sabajɔ̃/ *n.* 〘料理〙 = zabaglione. 〘(1906) ◻ F ~ ◻ It. *zabagione* 'ZABAGLIONE'〙

Sab·bat, s- /sǽbət; *F.* saba/ *n.* 魔女の宴会 (中世に始まる俗信で魔女や魔法使いが Walpurgis の夜や Halloween の深夜などに悪魔に忠誠を誓い, 悪魔のミサや乱飲乱舞の大酒宴を催した集会). 〘(1652) ◻ F ~ 'SABBATH'〙

Sab·ba·tar·i·an, s- /sæ̀bətɛ́ᵊriən | -tɛ́ər-⁻/ *adj.* 安息日の; 安息日厳守主義の. — *n.* 安息日厳守主義者, 安息日を厳守する人: **a** 土曜日を安息日とするユダヤ教徒. **b** 土曜日を安息日とするバプテスト派の信徒 (Seventh-Day Baptist). **c** 日曜日を安息日として厳守するキリスト教徒. 〘(1613) ← LL *sabbatārius* (← *sabbatum* 'SABBATH') + -AN¹〙

Sàb·ba·tár·i·an·ìsm, s- /-nìzm/ *n.* (仕事を休み娯楽を控える)安息日厳守(主義) (⇨ Sabbath, Sabbatarian). 〘(1673–74): ⇨ ↑, -ism〙

Sab·bath, s- /sǽbəθ/ *n.* **1** [the ~] 安息日 (ユダヤ教では週の最終日(土曜日); キリスト教では日曜日; イスラム教では金曜日; Sabbath day ともいう; cf. *Exod.* 20:8–11, *Deut.* 5:13–14): break [keep, observe] *the* ~ 安息日を破る[守る]. **2** [s-] 休息[安息]の時間; 休息, 平和, 静寂: a *sabbath* of sound 静けさ, しじま / a *sabbath* of the tomb 墓の中の静かな安息. **3** [s-] = Sabbat. — *adj.* 安息日の. 〘OE *sabat* ◻ LL *sabbatum* ◻ Gk *sábbaton* ◻ Heb. *šabbāth* (day of) rest ← *šāpháth* to rest〙

Sábbath-brèaker, sábbath-b- *n.* 安息日を守らない人. 〘1607〙

Sábbath-brèaking, sábbath-b- *n.* 安息日を守らないこと, 安息日破り. — *adj.* 安息日を守らない, 安息日破りの. 〘1651〙

Sábbath dày, s- d- *n.* = Sabbath 1. 〘1526〙

Sábbath-dày's jóurney, sábbath-d- j- *n.* **1** ユダヤ人が安息日に許された旅行道程 (2,000 cubits, 約 ²/₃ マイル). **2** 楽な旅行.

Sábbath·less, s- *adj.* 安息日のない, 休日なしの. 〘1605〙

Sábbath Schòol, S- s- *n.* **1 a** 日曜学校 (Sunday school). **b** [集合的] 日曜学校の生徒たち[先生と生徒]. **2** (米) 安息日学校 (土曜日を安息日とする安息日再臨派 (Seventh-day Adventists) の土曜学校). 〘1820〙

Sab·bat·ic, s- /səbǽtɪk | -tɪk/ *adj.* = Sabbatical.

Sab·bát·i·cal, s- /səbǽtɪ̆kəl, -kl̩ | -tɪ-/ *adj.* **1** 安息日の; 安息日にふさわしい: ~ peace. **2** [s-] サバティカルイヤーの. **3** [s-] 安息の, 休息の. — *n.* [s-] **1** = sabbatical year 2: on ~. **2** 休暇. **sab·bát·i·cal·ly** *adv.* 〘(1599) ← LL *sabbaticus* (◻ LGk *sabbatikós* ← *sábbaton* 'SABBATH') + -AL¹〙

sabbátical léave *n.* ⇨ sabbatical year 2.

sabbátical ríver *n.* [the ~] 〘ユダヤ伝説〙 安息日には流れを中止するといわれた川. 〘1671〙

sabbátical yéar *n.* **1** [しばしば S- y-] 〘聖書〙 安息の年 (古代ユダヤ人が 7 年ごとに地に安息を与えて耕作を休む年; cf. *Lev.* 25:4; cf. jubilee 4). **2** サバティカルイヤー, 休暇年度 (大学・教会で休養・旅行・研究のため通例 7 年ごとに教授・宣教師などに与えられる 1 年間の有給休暇; sabbatical leave ともいうが, この場合は休暇が 1 学期間のこともある). 〘1599〙

Sab·bat·ism /sǽbətìzm/ *n.* 安息日厳守. 〘(1582) ◻ LL *sabbatismus* ◻ Gk *sabbatismós* ← *sabbatízein* (↓)〙

Sab·ba·tize, s- /sǽbətàɪz/ *vi.* 安息日を守る. **—** *vt.* 安息日にする. 〖(1384) *sabbatise*(*n*) ☐ LL *sabbatizāre* ☐ Gk *sabbatízein* ← *sábbaton* 'SABBATH': ⇨ -ize〗

sab·ba·ton /sǽbətɑ̀(ː)n | -tɔ̀n/ *n.* 〖甲冑〗(鎧(よろい)の)鉄靴 (solleret) (⇨ armor 挿絵). 〖(*c*1300) ☐ OProv. *sabató* ← *sabata* shoe=F *sabate*〗

SABC 《略》South African Broadcasting Corporation.

sab·e /sǽbi/ *n.*, *v.* (**sab·ed**; **sab·e·ing**) =savvy.

Sa·be·an /səbíːən/ *adj.*, *n.* =Sabaean.

Sa·bel·li·an[1] /səbéliən/ *n.* **1** サベリ人《古代イタリアの中部に住んでいた; Sabines, Samnites などを含む》. **2** サベリ語[方言]《古代イタリアの中央部で用いられた言語で, Oscan, Umbrian 方言に近いと考えられる》. **—** *adj.* サベリ人の; サベリ語[方言]の. 〖(1601) ← L *Sabellus* Sabine+-IAN〗

Sa·bel·li·an[2] /səbéliən/ *n.* サベリウス (Sabellius) 主義者, サベリウス説信奉者. **—** *adj.* サベリウス主義[説]の. 〖(1402) ☐ LL *Sabelliānus* ← *Sabellius*: ⇨ -an[1]〗

Sa·bél·li·an·ism /-nɪzm/ *n.* 〖神学〗サベリウス主義[説] (⇨ Sabellius; cf. Modalism). 〖1668〗

Sa·bel·li·us /səbéliəs/ *n.* サベリウス《3 世紀にローマで活躍した神学者; 三位一体の三位は唯一の神の単なる三つの顕現様式にすぎないと説いた》.

sa·ber, 《英》**sa·bre** /séɪbə | -bə^(r)/ *n.* **1** 〖フェンシング〗 **a** サーブル《切りと突きを併用して用いる剣; cf. épée 1, foil[3] 1》. **b** サーブル競技(種目). **2** サーベル《騎兵用の湾曲刀》. **3** [the ~] 武力, 武断政治: by *the* ~ 武力によって. **4** 騎兵; [*pl.*] 騎兵隊 (cf. bayonet 3): have 5,000 ~*s*. ***ráttle the sáber*** サーベルをがちゃがちゃいわせる; 武力で脅かす, 武力行使をほのめかす. (1949) **—** *vt.* サーベルで切る[殺す, 傷つける]. 〖(1680) ☐ F *sabre* 《変形》← *sable* ☐ G 《方言》*Sabel* (=*Säbel*) ← ORuss. *sablya*: cf. Pol. *szabla*〗

sáber bèan *n.* 〖植物〗ナタマメ (⇨ sword bean).

sáber·bill *n.* 〖鳥類〗 **1** =curlew. **2** オニキバシリ《中・南米産オニキバシリ科ユミハシオニキバシリ属 (*Campylorhamphus*) の鳥類の総称; くちばしが細長くて曲がっている》. 〖1859–62〗

sáber cùt *n.* **1** サーベルの一撃[切りつけ]. **2** サーベル傷(の跡). 〖*c*1820〗

sá·bered *adj.* サーベルを帯びた. 〖1760–72〗

sáber-légged *adj.* 〈馬が〉刀状肢勢の (sickle-hocked).

sáber·like *adj.* サーベルのような形の, サーベル状の; 曲がった; 三日月形の. 〖1934〗

sa·ber·met·rics /sèɪbəmétrɪks | -bə-/ *n.* (コンピューターによる)野球の記録の統計的処理・分析. 〖(1982) ← saber- (《変形》← *SABR* 《頭字語》← *S*(*ociety*) *for A*(*merican*) *B*(*aseball*) *R*(*esearch*)) + -*metrics* (cf. biometrics, econometrics)〗

sáber-ràttler *n.* 武力で威嚇する者, 横暴な軍国主義者. 〖1928〗

sáber ràttling *n.* 武力による威嚇, 武力の誇示. 〖1922〗

sáber sàw *n.* 〖木工〗携帯用電動細刃のこ. 〖1953〗

sáber·tòoth *n.* 〖古生物〗=saber-toothed tiger. 〖1953〗

S

sáber-tòothed /-tùːθt, -tùːðd/ *adj.* 剣歯のある《犬歯がサーベル状に発達した状態で, ある種の化石動物に見られる》. 〖1849〗

sáber-toothed tíger [cát, líon] *n.* 〖古生物〗剣歯虎《トラ類の化石獣で, 漸新世から更新世の終わりごろまで存続》. 〖1849〗

sáber·wìng *n.* 〖鳥類〗南米産ハチドリ科カタバネハチドリ属 (*Campylopterus*) と *Eupetomena* 属のハチドリの総称《アオカタバネハチドリ (*C. falcatus*) など; cf. hummingbird》. 〖1861〗

Sa·bi /sɑ́ːbi/ *n.* [the ~] サビ(川)《アフリカ南東部, ジンバブエ中部に源を発し, 南流してモザンビークに入って Save 川となり, インド洋のモザンビーク海峡に注ぐ》.

Sa·bi·a·ce·ae /sèɪbiéɪsiìː/ *n. pl.* 〖植物〗(双子葉植物ムクロジ目)アワブキ科. **sà·bi·á·ceous** /-ʃəs˝/ *adj.* 〖← NL ~ ← *Sabia* (属名: ← ? Hindi *sabjā*) + -ACEAE〗

Sa·bi·an /séɪbiən/ *n.* **1** サービア教徒《イスラム教の経典 Koran の中でイスラム教・ユダヤ教・キリスト教徒と同じく真の神の信者とされている》. **2** 《俗用》(古代アラビア・メソポタミアの)拝星教徒 (Heb. *ṣābhā'* host (of heaven) との混同による). **—** *adj.* **1** サービア教の. **2** 《俗用》拝星教の. 〖(1614) ← Arab. *ṣābi'* Sabian, 《原義》? baptizer + -AN[1]〗

Sá·bi·an·ìsm /-nɪ̀zm/ *n.* サービア教; 《俗用》拝星教. 〖1788〗

sab·i·cu /sæ̀bəkúː | -bɪ-/ *n.* 〖植物〗メキシコ・西インド諸島産のマメ科の高木 (*Lysiloma sabicu*); マホガニーに似たその堅材《造船用; sabicu wood ともいう》. 〖(1866) ☐ Cuban Sp. *sabicú* ← 《現地語》〗

sa·bin /séɪbɪn, sǽb- | -bɪn/ *n.* 〖物理〗セイビン《吸音力の単位》. 〖(1934) ← *Wallace C. W. Sabine* (1868–1919: 米国の物理学者)〗

Sa·bin /séɪbɪn | -bɪn/, **Albert Bruce** *n.* セービン (1906–93; ポーランド生まれの米国の細菌学者; ポリオワクチン (Sabin vaccine) を開発した (1955)).

Sa·bi·na /səbáɪnə, -bíː-/ *n.* サバイナ《女性名》. 〖☐ L *Sabīna* 《原義》SABINE[1] woman〗

Sa·bine[1] /séɪbaɪn | sǽb-, séɪb-/ *n.* **1** サビニ人《昔 Apennines 山脈地方に住んでいたが, 紀元前 3 世紀ごろローマ人に征服された民族の人》. **2** サビニ語. **—** *adj.* サビニ人[語]の. 〖(1387) ME ☐ L *Sabīnus* 《原義》? of its own kind; cog. OE *sibb* 'SIB': ⇨ -ine[1]〗

Sa·bine[2] /səbíːn | səbíːn, sæ-/ *n.* [the ~] サビーン(川)《米国 Texas 州北東部に発し Louisiana 州との境を流れて Mexico 湾に注ぐ川 (930 km); 河口から約 8 km の所から Sabine 湖 (長さ 27 km, 幅 11 km) を形成する》. 〖↑〗

Sa·bine[3] /séɪbaɪn, -bɪn | sǽb-, séɪb-/, Sir **Edward** *n.* サバイン (1788–1883; 英国の天文学者; 太陽の黒点と地球の磁気あらしの関係を解明; 英国学士院長 (1861–71)).

Sá·bine's gúll /séɪbaɪnz-, -bɪnz- | sǽb-, séɪb-/ *n.* 〖鳥類〗クビワカモメ (*Xema sabini*) 《北極地方で繁殖する, 首に黒色の輪がつき, ツバメのような二叉の尾のカモメ; fork-tailed gull ともいう》. 〖(1852) ↑ *Sir Edward Sabine*〗

Sá·bin vaccíne /séɪbɪn- | -bɪn-/ *n.* 〖薬学〗セービンワクチン《ポリオの経口生ワクチン》. 〖← A. B. *Sabin*〗

sab·kha /sǽbkə/ *n.* サブカ《アフリカ北部にみられる, 塩で覆われた海岸の平地》.

sa·ble /séɪbl/ *n.* (*pl.* ~, ~*s*) **1** 〖動物〗 **a** クロテン (*Martes zibellina*) 《マツテンに似たユーラシア北部産のテンの一種, 毛が長く下毛が密で, 毛色は淡褐色, 茶黄褐色または黒褐色; その黒褐色の皮は珍重される; cf. marten》. ★ ラテン語系形容詞: zibeline. **b** アメリカテン (American sable). **c** =sable antelope. **2 a** クロテン(類)の毛皮. **b** クロテンの毛の画筆 (sable's hair pencil ともいう). **3** [通例 *pl.*] 《詩》喪服: in ~*s* 喪服をつけて. **4 a** 〖紋章〗黒色《無彩色図では縦横の線で示す》. **b** 《詩》黒. **c** (クロテンの毛皮の)濃い茶色. **—** *adj.* **1** クロテンの毛[皮]で作った. **2 a** 〖紋章〗黒色の. **b** 《詩》〈黒人・空・海・夜・運命など〉黒い, 黒色の, 暗黒の; 陰気な, 陰鬱(いんうつ)な, 恐ろしい. **3** 悪魔の: His *Sable* Majesty 悪魔大王. 〖(1352) ☐ (O)F ~ 'sable(-fur), black' ☐ ML *sabelum* ← ? Slav. (cf. Russ. *sobol'*)〗

sable 1 a

Sa·ble /séɪbl/, **Cape** *n.* セーブル岬: **1** 米国 Florida 州南端の岬《米国本土の最南端》. **2** Canada の Nova Scotia 半島南端沖にある小島の岬. 〖← F *sable* sand〗

sáble àntelope *n.* 〖動物〗セーブルアンテロープ (*Hippotragus niger*) 《アフリカ南部産の大形のレイヨウ; 体の色が黒っぽく, のどに長い毛をもち, 角は後方に平行に曲がって 1 m 以上に達する》. 〖1850〗

sá·bled *adj.* 喪服をつけた. 〖1804〗

sáble·fìsh *n.* 〖魚類〗ギンダラ (*Anoplopoma fimbria*) 《北太平洋産の大形で黒色の食用魚》. 〖1917〗

sa·bo·ra, S- /səbɔ́ːrə/ *n.* (*pl.* **sa·bo·ra·im** /sɑ̀ːbouráːɪm | -bə(ʊ)-/) 〖ユダヤ教〗サボラ《6 世紀ごろ Babylonia で Talmud を編集したユダヤ人の律法学者; ⇨ amora》. 〖☐ Aram. *sābhōrā'* sharp thinker ← *sᵉbhár* to think〗

sa·bot /sæbóu, sǽbou | sǽbəu, ─´/; *F.* sabo/ *n.* (*pl.* ~*s* /~z; *F.* ~/) **1** [通例 *pl.*] **a** 木靴, サボ《フランス・オランダ・ベルギーなどの農民がはく》. **b** 木底の靴, クロッグ (clog). **2** ★《米》ではまた /sǽbət/ とも発音する. **a** サンダル型靴の甲にある革製の帯 (sabot strap ともいう). **b** sabot strap 付きの靴. **3** 〖軍事〗 **a** 弾底板《昔の先込め砲の発射体に装着した木片または金属片》. **b** (縮射用)送弾筒《大口径の砲腔内に縮射弾を保持し, 発射されると砲口まで弾丸とともに動き, 砲口から出ると落ちる金属環》. **c** (曳光高速徹甲弾の)装弾筒《アルミの弾体で, 中に炭化タングステンの弾身を包む》. **4** 〖機械〗やすりぐつ. **5** 《豪》先の短い小型ヨット. 〖(1607) ☐ F ~ < OF *çabot* 《混成》? ← *çavate* (F *savate*) old shoe + *botte* boot〗

sabot 1 a

sab·o·tage /sǽbətɑ̀ːʒ, -tɑ̀ːdʒ, ─ ─ ´ | ´ ─ ─; *F.* sabɔtaːʒ/ *n.* **1** サボタージュ, 破壊活動《労働争議中労働者たちが機械・製品などに故意の損害を与えたり, 戦時中に軍事行動や重要生産を妨害したりなどする行為》: acts of ~ サボタージュ行為. 日英比較 日本語の「サボタージュ」は一般に労働者が仕事の能率を落とす争議戦術の意で使われるが, 英語では《米》slowdown, 《英》go-slow という. 日本語の「サボる」はフランス語の *sabotage* から借用した語だが, 英語では「仕事をサボる」は goof off, 「学校をサボる」は play truant, 《米》play hook(e)y, 「授業をサボる」は cut a class [classes] という. **2 a** (運動などに対する)中傷, 妨害. **b** 故意の転覆[破壊]. **—** *vt.* **1** 〈建物・設備などを〉破壊する; 〈計画・政策・綱領などを〉妨害する: ~ a scheme. **2** …にサボタージュを起こす: ~ the government 政府に対してサボタージュをする. **—** *vi.* サボタージュを起こす. 〖(1910) ☐ F ~: ⇨ ↑, -age: もとフランスの労働者が争議中 sabot で機械などを破壊したことにちなむ〗

sa·boted /sæbóud, sǽboud | sǽbəud, ─ ─´/ *adj.* 木靴 (sabots) をはいた. 〖1862〗

sab·o·teur /sæ̀bətə́ː, -túə, -tjúə | sæ̀bətə́ː^(r), ─ ─ ´; *F.* sabɔtœːʀ/ *n.* **1** 破壊活動をする人. **2** (狐狩りなどの)流血を伴うスポーツをやめさせようとする人, 狩猟反対活動家. 〖(1921) ☐ F ~: ⇨ sabotage〗

sa·bra /sɑ́ːbrə/ *n.* **1** [しばしば S-] (移住者でなく)イスラエル生まれの[生粋の]イスラエル人. **2 a** Palestine 産サボテン科 *Opuntia* 属の植物の食用果実. **b** =Indian fig 2. 〖(1945) ☐ ModHeb. *ṣabrāh* a kind of cactus〗

Sab·ra·tha /sǽbrəθə/ *n.* サブラタ《リビアの Tripoli の西に位置した古代都市; 前 4 世紀にフェニキア人が建設; ローマ時代やビザンティン時代の遺跡が残る》.

sabre *n.*, *vt.* =saber.

sab·re·tache /séɪbətæ̀ʃ, sǽbə- | sǽbə-/ *n.* (もと騎兵がサーベルの帯革から左の腰に下げた革製の)小かばん. 〖(1812) ☐ F ~ ☐ G *Säbeltasche* 《原義》saber pocket ← *Säbel* 'SABER' + *Tasche* pocket〗

sa·breur /səbrə́ː, sæ- | -brə́ː^(r); *F.* sabʀœːʀ/ *n.* **1** サーベルをつけた騎兵: a beau ~ いきな姿の騎兵将校. **2** サーベルを使う人. 〖(1845) ☐ F ~ ← *sabrer* 'to SABER'〗

Sa·bri·na[1] /səbríːnə, -bráɪ-/ *n.* サブリーナ: **1** [the ~] Severn 川の古名. **2** Severn 川で溺死した少女の精 (Milton の *Comus* (1634) に登場する).

Sa·bri·na[2] /səbríːnə, -bráɪ-/ *n.* サブリーナ《女性名》. 〖↑〗

sab·u·lous /sǽbjʊləs/ *adj.* (*also* **sab·u·lose** /-lòus | -ləus/) **1 a** 砂の多い. **b** 砂質の, 砂のような. **2** 〖医学〗〈尿など〉沈渣(ちんさ)の多い. **sab·u·los·i·ty** /sæ̀bjʊlɑ́(ː)səti | -lɔ́sɪti/ *n.* 〖(1632) ☐ L *sabulōsus* ← *sabulum* gravel, sand: ⇨ -ous〗

sa·bur·ra /səbə́ːrə | -bʌ́rə/ *n.* 〖病理〗(口・歯・胃中の)食物残渣(ざんさ). 〖(1710) ☐ L ~ 'sand'〗

sab·zi /sʌ́bzi/ *n.* 《インド》野菜; 野菜カレー. 〖☐ Hindi *sabzi* ☐ Pers.〗

sac /sǽk/ *n.* **1** 〖生物〗袋状の部分, 嚢(のう)《通例液体を含む》. **2** 〖服飾〗=sack[1] 8. 〖(1741) ☐ F ~ // L *saccus*: ⇨ sack[1]〗

Sac /sɔ́ːk, sɑ́ːk, sǽk | sɔ́ːk, sǽk/ *n.* (*pl.* ~, ~*s*) ソーク族 (Sauk).

SAC /sǽk/ 《略》〖米空軍〗Strategic Air Command 戦略空軍(司令部).

SAC /ésèɪsíː/ 《略》〖英空軍〗Senior Aircraftman; 《米》State Athletic Commission.

sa·ca·huis·te /sɑ̀ːkəwístə, sɑ̀ː-, -ti/ *n.* 〖植物〗リュウゼツラン科トックリラン属の葉の細長い植物 (*Nolina texana*) 《秣(まぐさ)用》. 〖(1896) ☐ Am.-Sp. *zacahuiscle* ← Am.-Ind. 《現地語》: cf. Nahuatl *zacatl* coarse grass〗

sac·a·lait /sǽkəlèɪ, ─ ─ ´/ *n.* 《米》小魚《特に white crappie, killifish など》. 〖(1877) (1884) ☐ Louisiana F *sac-à-lait* 《原義》milk bag 《民間語源》← N.-Am.-Ind. (Choctaw) *sakil* trout〗

sac·a·ton /sǽkətòun | -təun/ *n.* 〖植物〗米国南西部産イネ科ネズミノオ属の牧草 (*Sporobolus wrightii*). 〖(1865) ☐ Am.-Sp. *zacatón* ← *zacate* grass, hay ☐ Nahuatl *zacatl* (↑)〗

sac·c- /(a, o, u の前では) sæk, (e, i の前では) sæk(s)/ (母音の前にくるときの) sacco- の異形.

sac·cade /sækɑ́ːd, sə- | sækɑ́ːd, sə-, -kéɪd/ *n.* **1** [通例 *pl.*] 〖生理〗サッカード《読書のとき目の焦点が次から次へ急速に動く動き》. **2** 〖馬術〗手綱をぐいと引っ張って馬を急激に止めること. **sac·cad·ic** /sækɑ́ːdɪk | -kɑ́ːd-, -kéɪd-/ *adj.* 〖(1727–41) ☐ F ~ ← MF *saquer* to draw: ⇨ -ade〗

sac·cate /sǽkeɪt, -kɪt/ *adj.* **1** 袋状の部分のある, 嚢(のう)状の (sac-shaped). **2** 包嚢 (cyst) に包まれた. 〖(1830) ← NL *saccātus* ← SACCO- + L *-atus* '-ATE[2]'〗

sac·cat·ed /sǽkeɪtɪd | -tɪd/ *adj.* =saccate.

sac·char- /sǽkər/ (母音の前にくるときの) saccharo- の異形.

sac·cha·rase /sǽkərèɪs, -rèɪz | -rèɪs/ *n.* 〖生化学〗サッカラーゼ (invertase). 〖(1920) ← SACCHARO- + -ASE〗

sac·cha·rate /sǽkərèɪt, -rɪt/ *n.* 〖化学〗 **1** サッカラート《糖と金属水酸化物とから生じる塩または付加物》. **2** サッカラート, 蔗糖(しょとう)塩《カルシウム・バリウム・ナトリウムなどの酸化物または水酸化物の蔗糖との化合物》. 〖(1815) ← SACCHARO- + -ATE[1]〗

sac·cha·rat·ed /sǽkərèɪtɪd | -tɪd/ *adj.* 蔗糖(しょとう)を含む[混ぜた]; 甘くした. 〖(1784): ⇨ ↑, -ed〗

sac·cha·ri- /sǽkərɪ, -ri/ saccharo- の異形 (⇨ -i-).

sac·char·ic /səkǽrɪk, sæ-, -kér- | -kǽr-/ *adj.* 〖化学〗 **1** 糖の, 糖から誘導した. **2** 糖酸の[から誘導した]. 〖(1800) ← SACCHARO- + -IC[1]〗

sacchàric ácid *n.* 〖化学〗糖酸 ($COOH(CHOH)_4COOH$). 〖1800〗

sac·cha·ride /sǽkəràɪd, -rɪd | -ràɪd, -rɪd/ *n.* 〖化学〗 **1** 炭水化物; (特に)単糖類 (monosaccharide). **2** 蔗糖(しょとう)エステル. 〖(1860) ← SACCHARO- + -IDE〗

sac·cha·rif·er·ous /sæ̀kəríf(ə)rəs˝/ *adj.* 糖を生じる[含む]. 〖(1757) ← SACCHARO- + -FEROUS〗

sac·char·i·fy /səkǽrəfàɪ, sæ-, -kér- | -kǽrɪ-/ *vt.* 糖化する. **sac·char·i·fi·ca·tion** /səkæ̀rəfɪkéɪʃən, sæ-, -kèr- | -kæ̀rɪfɪ-/ *n.* 〖(1839) ← SACCHARO- + -FY〗

sac·cha·rim·e·ter /sæ̀kərímətə | -mɪtə^(r)/ *n.* 〖化学〗検糖計, (特に検糖に用いられる)旋光計, サッカリメーター. 〖(1839) ☐ F *saccharimètre*: ⇨ saccharo-, -meter[1]〗

sac·cha·rim·e·try /sæ̀kərímətri | -mɪ-/ *n.* 〖生化学〗検糖法, 糖計測法. 〖(1851) ☐ F *saccharimétrie*: ⇨ ↑, -metry〗

sac·cha·rin /sǽk(ə)rɪn | -kərɪn, -rìːn/ *n.* 〖化学〗サッカリン ($C_7H_5NO_3S$) 《蔗糖(しょとう)より約 500 倍甘い白色の結晶》. 〖(1880) ☐ G ~: ⇨ saccharo-, -in[2]〗

sac·cha·rine /sǽk(ə)rɪn, -kəriːn, -ràɪn | sǽkəràɪn, -rìːn/ *adj.* **1** 糖の (sugary), 糖質の; 糖を含む[生じる]: ~ taste, vegetables, etc. **2** 甘すぎる, 甘ったるい: ~ flavor. **3** 〈態度・言語など〉いやに甘ったるい, 迎合的な: ~ words. **~·ly** *adv.* 〖(1674) ← ML *saccharum* 'SUGAR' + -INE[1]〗

sac·cha·rin·i·ty /sæ̀kərínəṭi | -nʃti/ n. 糖質, 甘さ (sweetness). 〖(1868): ⇨ ↑, -ity〗

sáccharin sódium n. 〖化学〗サッカリンナトリウム塩 ($C_6H_4COSO_2NNa·2H_2O$) (可溶性サッカリン, 白色結晶; 甘味料).

sac·cha·rize /sǽkəràɪz/ vt. 糖化する; 発酵させる (ferment). **sac·cha·ri·za·tion** /sæ̀kərɪzéɪʃən | -raɪ-, -rɪ-/ n. 〖(1764) ← SACCHARO-＋-IZE〗

sac·cha·ro- /sǽkəroʊ | -rəʊ/ 「糖 (sugar); 糖の, 糖質の (saccharine)」の意の連結形: *saccharometer*. ★ 時に sacchari-, また母音の前では通例 sacchar- になる. 〖← ML *saccharum* 'SUGAR': ⇨ -o-〗

sàccharo·farináceous adj. 糖と穀粉の[から成る]. 〖1896〗

sac·cha·roid /sǽkərɔ̀ɪd/ 〖地質〗 adj. 〈石質が〉棒砂糖 (loaf sugar) 状の: ～ stone. — n. 糖状《棒砂糖の組織に類似した岩石の組織》. 〖(1833) ← SACCHARO-＋-OID〗

sac·cha·roi·dal /sæ̀kərɔ́ɪdḷ | -dḷ⁻/ adj. 〖地質〗＝saccharoid. 〖⇨ ↑, -al¹〗

sáccharo·làctic ácid n. 〖化学〗＝mucic acid.

sac·cha·ro·lyt·ic /sæ̀kəroʊlíṭɪk | -rə(ʊ)lít-⁻/ adj. 1 〖化学〗糖分解の. 2 〖生物〗〈バクテリアが〉糖をエネルギー源とする, 糖分解性の. 〖(1908) ← SACCHARO-＋-LYTIC〗

sac·cha·rom·e·ter /sæ̀kərɑ́(ː)məṭə | -rɔ́mʃtə(r)/ n. 検糖計, 糖液比重計, サッカロメーター. **sac·cha·rom·e·try** /sæ̀kərɑ́(ː)mətri | -rɔ́mʃ-/ n. 〖(1784) ← SACCHARO-＋-METER¹〗

sac·cha·ro·my·ces /sæ̀kəroʊmáɪsiːz | -rə(ʊ)-/ n. 〖植物〗サッカロミセス《有胞子酵母菌 *Saccharomyces* 属の微生物; ビール酵母・ぶどう酒酵母・清酒酵母などが含まれる》. 〖(1873) ← NL ～ ← SACCHARO-＋Gk *múkēs* mushroom〗

Sac·cha·ro·my·ce·ta·ce·ae /sæ̀kəroʊmàɪsə-téɪsiː | -rə(ʊ)màɪsɪ-/ n. pl. 〖植物〗サッカロミセス科《酵母菌》. **sàc·cha·ro·mỳ·ce·tá·ceous** /-ʃəs⁻/ adj. 〖← NL ～: ⇨ ↑, -aceae〗

sac·cha·rose /sǽkəròʊs, -ròʊz | -rə̀ʊz, -rəʊs/ n. 〖化学〗1 蔗糖(しょ) (sucrose). 2 ＝disaccharide. 〖(1876) ← SACCHARO-＋-OSE²〗

sac·ci- /sǽk(s)ʃ, -(s)i/ sacco- の異形 (⇨ -i-): *sacci-form*.

sac·ci·form /sǽk(s)əfɔ̀əm | -k(s)ʃfɔ̀ːm/ adj. 嚢(のう)状の. 〖(1819) ← SACCO-＋-FORM〗

Sac·co /sǽkoʊ | -kəʊ; *It.* sákko/, **Nicola** n. サッコ《(1891–1927; 米国に在住したイタリア生まれの過激思想家; ⇨ Sacco-Vanzetti Case》.

sac·co- /sǽkoʊ | -kəʊ/ 「嚢(のう) (sac)」の意の連結形. ★ 時に sacci-, また母音の前では通例 sacc- になる. 〖← L *saccus* 'SAC': ⇨ -o-〗

sac·cos /sɑ́ːkɔ(ː)s, -kɑ(ː)s | -kɔs/ n. ＝sakkos.

Sácco-Vanzétti Càse n. [the ～] サッコバンゼッティ事件《米国 Massachusetts 州での強盗殺人事件で, 1921 年イタリア人移民の無政府主義者 N. Sacco と B. Vanzetti が死刑を宣告され, 27 年処刑された; 当時の反無政府主義の思潮と新移民排斥感情のなかで生まれた冤罪(えん)事件; Upton Sinclair の *Boston* (1928), Maxwell Anderson の *Winterset* (1935) などの作品にも取り上げられている》.

sac·cu·lar /sǽkjʊlə | -lə(r)/ adj. 嚢(のう)状の. 〖(1859) ← SACCUL(US)＋-AR¹〗

sac·cu·late /sǽkjʊlʃt, -lèɪt/ adj. ＝sacculated. 〖(1859) ← SACCUL(US)＋-ATE²〗

sac·cu·lat·ed /sǽkjʊlèɪṭʃd | -tʃd/ adj. 嚢(のう)[小嚢]の[から成る]; 多数の嚢[小嚢]からできた. **sac·cu·la·tion** /sæ̀kjʊléɪʃən/ n. 〖(1835–36): ⇨ ↑, -ed〗

sac·cule /sǽkjuːl/ n. 1 小嚢(のう) (little sac). 2 〖解剖〗(内耳の迷路の)球形嚢, 小嚢 (cf. utricle). 〖(1836–39) □ L *sacculus* small bag (dim.) ← *saccus* 'SAC': ⇨ -ule〗

sac·cu·lus /sǽkjʊləs/ n. (*pl.* **-cu·li** /-làɪ/) ＝saccule. 〖↑〗

sac·er·do·cy /sǽsədòʊsi, sǽkə- | -sədəʊ-, -kə-/ n. 1 司祭職, 聖職者たること. 2 聖職者の役目[資格]. 〖(1657–83) ← L *sacerdōtium* priestly office ← *sacerdōs* priest: ⇨ -cy〗

sac·er·do·tage /sǽsədòʊṭɪdʒ, sǽkə- | -sədəʊt-, -kə-/ n. 《戯言》聖職界; 聖職制度 (sacerdotalism). 〖(1859) ← L *sacerdōt-* (↓)＋-AGE〗

sac·er·do·tal /sæ̀sədóʊṭḷ, sæ̀kə- | -sədə́ʊtḷ, -kə-⁻/ adj. 1 a 聖職者[司祭, 僧]の; 聖職の, 僧門の: ～ literature. b 聖職に属する: a ～ teacher. 2 聖職[司祭]制の; 僧権[聖権]尊重主義の. **～·ly** adv. 〖(c1400) □ (O)F ～ // L *sacerdōtālis* ← *sacerdōtem, sacerdōs* priest ← *sacer* holy (⇨ sacred): ⇨ -al¹〗

sàc·er·dó·tal·ism /-ṭəlɪzm, -ṭḷ- | -təl-, -tḷ-/ n. 1 聖職[司祭, 僧]制 (priestly order). 2 聖職者かたぎ, 聖職者の慣行. 3 祭司主義, (過度の)聖職[司祭]制主義, 僧権[聖権]尊奉主義. 4 [軽蔑的に] (特に, 世俗的目的のための)聖職者の政略[策謀] (priestcraft). 〖1847–54〗

sàc·er·dó·tal·ist /-ṭəlʃst, -ṭḷ- | -təlɪst, -tḷ-⁻/ n. 聖職制主義者, 聖職尊奉論者. — adj. 聖職制(主義)の. 〖1865〗

sac·er·do·tal·ize /sæ̀sədóʊṭəlàɪz, sæ̀kə-, -ṭḷ- | -sədə́ʊtəl-, -kə-/ vt. 1 聖職制にする, 聖職尊奉主義にする. 2 聖職制(主義)に従わせる. 〖(1865) ← SACERDOTAL＋-IZE〗

sác fùngus n. 〖植物〗子嚢(のう)菌 (ascomycete). 〖c1929〗

sa·chem /séɪtʃəm/ n. 1 (アメリカインディアンの)首長 (chief) (cf. sagamore); (特に, 北大西洋沿岸のアルゴンキン族 (Algonquian tribes) 連合の)大酋長. 2 《米》(政党などの)指導者; (特に, New York 市の Tammany Society の)役員: the Grand *Sachem* タマニー協会総裁.

sa·chem·ic /seɪtʃémɪk/ adj. **～·shìp** n. 〖(1622) ← N-Am.-Ind. 《現地語》〗

Sa·cher tor·te /sɑ́ːkəṭɔ̀əṭə, zɑ́ː- | -kətɔ́ːtə; G. záxɐtɔʁtə/ n. ザッハトルテ《アプリコットジャムを塗り, チョコレート入りの砂糖衣をかけたオーストリアのチョコレートケーキ; 通常ホイップクリームを添える》. 〖(1906) □ G *Sachertorte* ← *Sacher* (Metternich に仕えていてこれを考案した料理人の名)＋*Torte* 'TORTE'〗

sa·chet /sæʃéɪ | ⌐⌐; F. saʃɛ/ n. (*pl.* **～s** /～z; F. ～/) 1 (シャンプーなど) 1 回分の分量を入れたプラスチックの袋[包み]. 2 a におい袋, サシェ. b (におい袋に入れる)香粉 (sachet powder ともいう). 〖(1483) (1838) □ F ～ (dim.) ← *sac* 'SACK¹': ⇨ satchel, -et〗

Sachs /sɑ́ːks, zǽks; G. záks/, **Curt** n. ザックス《1881–1959; ドイツ生まれの米国の比較音楽・楽器学者》.

Sachs, Hans n. ザックス《1494–1576; ドイツの Nuremberg の靴職人で職匠歌人 (Meistersinger) の一人; 約 6,000 編に及ぶ歌や戯曲を書いた》.

Sachs, Nelly n. ザックス《1891–1970; ドイツ生まれのスウェーデンのユダヤ系女流詩人・劇作家; ユダヤ人の受難を描いた; Nobel 文学賞 (1966)》.

Sach·sen /G. záksn̩/ n. ザクセン《Saxony のドイツ語名》.

Sáchsen-Ánhalt n. ザクセンアンハルト《Saxony-Anhalt のドイツ語名》.

sack¹ /sǽk/ n. 1 a 食料品などを入れる小さな紙[ナイロン]製の袋; (特に)紙袋: a ～ of candy キャンディー一袋. b 大袋《穀物・石炭・果物・じゃがいも・羊毛などを入れる麻・ズックなど粗布製の大きな通例長方形の袋》(⇨ bag¹ SYN): a ～ of potatoes. c (小包・第二種・第三種の郵便物を入れる)郵便袋 (mail sack ともいう). 2 a 中身の入った一袋, 一包. b 一袋の量《特に, 穀物や羊毛の計量単位として用いられるが, 一定しない》. 3 [the ～] 《口語》解雇; (求愛などの)はねつけ, ひじ鉄砲: get [have] *the* ～ 暇を出される, 解雇される (cf. *get the* GATE¹); はねつけられる, ひじ鉄砲を食う / give a person the ～ 人を解雇する; 人をはねつける. 4 [the ～] 《俗》a 寝床: hit *the* ～ 床に就く, 寝る. b 《米》ハンモック. 5 〖野球〗ベース, 塁; 《豪》〖クリケット〗＝bye. 6 〖アメフト〗スクリメージライン後方でクォーターバックにタックルすること. 7 〖生物〗＝sac 1. 8 a (17 世紀後半から 18 世紀前半に流行した)背の中心にワトープリーツ (Watteau pleat) のあるガウン[上着]. b (婦人・子供用の室内または外出用の)ゆったりしたオーバーブラウスのような上着. c ＝sack dress. d ＝sacque 2. e ＝sack coat. 9 [the ～] (古代ローマの)袋詰めの刑罰《罪人を袋に入れて水死させた》. 10 《古》＝sackcloth.

hóld the sáck ＝*hold the* BAG¹. ***róugh as sácks*** 《NZ》不格好な.

— vt. 1 袋に入れる. 2 《口語》(特に, 即座に)解雇する (⇨ dismiss SYN): ～ a worker. 3 〖アメフト〗(パスが通る前にスクリメージライン後方でクォーターバックに)タックルする. 4 《口語》得る, 獲得する 〈*up*〉: ～ a profit.

sáck ín 《米俗》就寝する, 寝る (go to bed). (1946)

sáck óut 《米俗》床に就く, 寝る. (1946)

～·lìke adj. 〖OE *sacc* □ L *saccus* □ Gk *sákkos* □ Heb. *śaq* sackcloth, sack, bag: cf. sac〗

sack² /sǽk/ vt. 1 (占領後)〈都市などを〉略奪する (⇨ ravage SYN). 2 〈強盗などが〉〈貴重品を〉奪い去る. — n. 1 (占領地などの)略奪: put to the ～ 略奪する / the ～ of Rome ローマの略奪. 2 略奪品. 〖(a1547) □ F (*mettre à*) *sac* (to put to) sack □ It. *sacco* < L *saccum* 'SACK¹': cf. ML *saccāre* to put in a sack〗

sack³ /sǽk/ n. 《商標以外は古》サック(ワイン)《16–17 世紀にスペインおよび Canary 諸島などから輸出された辛口の白ワイン》. 〖(1531) (*wyne*) *seck* □ (O)F (*vin*) *sec* dry (wine) < L *siccum* dry: ⇨ sec²〗

sáck·bèarer n. 〖昆虫〗ミノムシ (bagworm). 〖1842〗

sack·but /sǽkbʌt, -bət/ n. 1 サックバット《trombone に似た中世の低音らっぱ》; サックバットの奏者. 2 〖聖書〗三角琴 (trigon). 《(誤訳) ← Aram. *sabbᵉkhā* trigon》〖(1509) □ F *saquebute* trombone ← OF *saquer* to pull＋*bouter* to push〗

sáck·clòth n. 1 ズック, 袋地(麻布) (sacking). 2 (特に, 服喪・懺悔(ざん)・抗議のしるしに着た)袋地の粗服. ***in sáckcloth and áshes*** 悲しみに沈んで; 深く悔いて (*Matt.* 11: 21; cf. 2 *Sam.* 3: 31; *Esth.* 4: 1): repent [be] *in* ～ *and ashes*. 〖(1373–74) *sekkclath*: ⇨ sack¹, cloth〗

sáck còat n. サックコート《ゆったりした男性用上着》. 〖1847〗

sáck drèss n. サックドレス《体の線に合わせないでゆったりと作った女性用ドレス》. 〖1957〗

sáck·er¹ n. 1 袋を作る[詰める]人. 2 [通例 first, second, third ～ として] 〖野球〗塁手 (baseman). 〖1914〗

sáck·er² n. (占領地などの)略奪者. 〖1589〗

sack·ful /sǽkfʊ̀l/ n. (*pl.* **～s, sacks·ful**) 一袋, 一俵(分); 《口語》たくさん (large quantity) 〔*of*〕. 〖1484〗

sack·ing¹ /sǽkɪŋ/ n. 1 袋材料 (bagging); 袋地, ズック, 粗製麻布. 2 免職, 解雇. 〖(1585): cf. OE *sæccing bed*〗

sáck·ing² n. 1 略奪, 強奪. 2 決定的勝利. 〖1560〗

sack·less /sǽklʃs/ adj. 1 《スコット》a 気力のない (dispirited), 気の弱い (feeble-minded). b 害のない.

2 《古》罪のない (guiltless). 〖OE *saclēas* innocent ← *sacu* dispute: ⇨ sake¹, -less〗

sáck lùnch n. 《米》(詰めた)弁当 (packed lunch). 〖1972〗

sáck ràce n. サックレース, 袋競走《袋に腰まで両脚を入れてジャンプしながらまたは足をひきずって進む競走》. **sáck ràcing** n. 〖1859〗

sáck sùit n. 《米》背広(服)《上着に sack coat を用いたビジネス用スーツ》. 〖1895〗

Sack·ville /sǽkvɪl, -vḷ/, **Thomas** n. サックビル《1536–1608; 英国の詩人・外交官; T. Norton との合作で英国最初の悲劇 *Gorboduc* (1561) を書いた; 称号 1st Earl of Dorset and Baron Buckhurst》.

Sack·ville-West /sǽkvɪlwést, -vḷ-/, **Victoria (Mary)** n. サックビルウェスト《1892–1962; 英国の女流小説家・詩人; 小説 *The Edwardians* (1930), *All Passion Spent* (1931)》.

sác·lìke adj. 嚢(のう)状の, 袋状の. 〖1849〗

sacque /sǽk/ n. 1 ＝sack¹ 8 a, b, c. 2 赤ちゃん用の上着. 〖(1846) 《フランス語形化》← SACK¹〗

sacr-¹ /seɪkr, sækr | seɪk/ (母音の前にくるときの) sacro-¹ の異形.

sacr-² /sækr, seɪkr | seɪk/ (母音の前にくるときの) sacro-² の異形.

sacra n. sacrum の複数形.

sa·cral¹ /séɪkrəl, sǽk- | séɪk-/ adj. 神聖な, 聖なる (sacred, holy), 神聖な儀式の, 聖式. ★《米》では sacral¹ を /séɪk-/, sacral² /sǽk-/ と発音して区別する人がいる.

sa·cral·i·ty /seɪkrǽləṭi, sæk- | seɪkrǽlʃti/ n. 〖(1882) ← SACRO-¹＋-AL¹〗

sa·cral² /sǽkrəl, séɪk- | séɪk-, sǽk-/ 〖解剖〗 adj. 仙骨(せん)の, 仙骨部の; 仙椎(せん)の: the ～ vertebrae 仙椎(骨). — n. 仙骨(神経). 〖(1767) ← NL *sacralis*: ⇨ sacrum, -al¹〗

sa·cral·ize /séɪkrəlàɪz, sǽk- | séɪk-, sǽk-/ vt. (宗教的儀式によって)神聖にする. **sa·cral·i·za·tion** /sèɪkrəlɪzéɪ-ʃən, sæ̀k- | sèɪkrəlaɪ-, sæ̀k-, -lɪ-/ n. 〖1933〗

sac·ra·ment /sǽkrəmənt/ n. 1 〖キリスト教〗サクラメント《神の恩寵(ちょう)のしるしとして, 特に神聖と考えられる宗教的儀式; ローマカトリック教会の用語としては「秘跡」といい, 洗礼 (baptism)・堅信 (confirmation)・聖体 (the Eucharist)・告解 (penance)・終油 (extreme unction)・叙階 (holy orders)・婚姻 (matrimony) の七秘跡を指す; ギリシャ正教会系の用語としては「機密」といい, 聖公会・プロテスタント教会の用語としては「聖奠(てん)」, 聖礼典」といい, 洗礼 (baptism) と聖餐 (the Eucharist) だけを指す》. 2 [しばしば the S-] a 聖餐(式), 聖晩餐(式) (the Eucharist, Lord's Supper): the last ～ 臨終の聖餐[秘跡] / administer the ～ 聖餐式を行う / go to ～ 聖餐式に列する / take [receive] the ～ (*to* do [upon…]) (…する事を誓って)聖餐を受ける. b 聖体, 聖餐用パン. ★ 英国国教会・ローマカトリック教会では通例 Blessed [Holy] Sacrament という. 3 神聖なもの; 神秘的な意味のある事[もの]. 4 《古》a しるし, 象徴 (sign, symbol). b 神聖な誓い, 宣誓, 誓約 (oath, pledge): take a ～ 誓う, 宣誓[誓言]する.

sácrament of the áltar [the ―] ＝2.

— vt. [通例 p.p. 形で] 誓約でしばる; 神聖にする. 〖? late OE □ L *sacrāmentum* ← *sacrāre* to set apart as sacred ← *sacer* 'SACRED': ⇨ -ment〗

sac·ra·men·tal /sæ̀krəménṭḷ | -tḷ⁻/ adj. 1 サクラメントの, 聖礼(典)の, 秘跡の, 機密の; 聖餐(式)の[に用いる]: ～ rites 聖餐式 / ～ wine 聖餐用ぶどう酒. 2 特に神聖な (sacred); 宣誓した: a ～ obligation. 3 〈教義など〉サクラメント[聖礼典]を重んずる. — n. 〖カトリック〗準秘跡《例えば聖水・十字架像・十字架の道行・教会の鐘・ロザリオなど》. **sac·ra·men·tal·i·ty** /sæ̀krəmentǽləṭi, -mən- | -lʃti/ n. **～·ly** adv. **～·ness** n. 〖(c1400) □ OF ～ // LL *sacrāmentālis*: ⇨ ↑, -al¹〗

sàc·ra·mén·tal·ìsm /-ṭəlɪzm, -ṭḷ- | -təl-, -tḷ-/ n. 1 〖キリスト教〗礼典主義, 聖餐重視主義《サクラメントが魂の救済に必要であるとする》. 2 サクラメンタリズム《全自然・全生命は霊的意義に満ちあふれており, 見えないもの・永遠を象徴しているものとする考え》. 〖(1861): ⇨ ↑, -ism〗

sàc·ra·mén·tal·ist /-ṭəlʃst, -ṭḷ- | -təlɪst, -tḷ-/ n. 礼典主義者, 聖餐重視(主義)者. 〖1840〗

Sac·ra·men·tar·i·an /sæ̀krəmentéᵊriən, -mən- | -téər-⁻/ n. 〖キリスト教〗1 聖餐形式論者《聖餐用パンとぶどう酒はキリストの肉と血を単に表象するにすぎないと主張する Zwingli などの説に賛成する人》. 2 [s-] ＝sacramentalist. — adj. 1 聖餐形式論の. 2 [s-] 礼典主義の, 聖餐重視の. 3 [s-] 秘跡[聖礼典]の. 〖(1535) ← SACRAMENT＋-ARIAN: cf. G *Sakramenter, Sakramentierer*〗

sàc·ra·men·tár·i·an·ìsm /-nìzm/ n. 〖キリスト教〗1 礼典形式主義. 2 ＝sacramentalism. 〖1882〗

sac·ra·men·ta·ry¹ /sæ̀krəménṭəri | -tə-⁻/ adj. 1 サクラメントの, 聖礼典の, 聖餐式の (sacramental). 2 聖餐形式論者の. — n. [S-] ＝Sacramentarian 1. 〖(1561) □ ML *sacrāmentārius*: ⇨ sacrament, -ary〗

sac·ra·men·ta·ry² /sæ̀krəménṭəri | -tə-/ n. 聖礼典式書, 式文. 〖(1538) □ ML *sacrāmentārium* (neut.): ↑〗

sácrament clòth n. 〖教会〗聖体匣(こう)の覆い[掛け布]. 〖1535〗

sácrament hòuse n. 〖教会〗聖櫃(ひつ). 〖1551〗

Sac·ra·men·to /sæ̀krəménṭoʊ | -təʊ⁻/ n. 1 サクラメント《米国 California 州中部, Sacramento 河畔の港市で同州の州都; 海運・産業の中心》. 2 [the ～] サクラメント(川)《米国 California 州北部から南流して San Fran-

S

cisco 湾に注ぐ川 (615 km)). 〖← Sp. ～ 'SACRAMENT'〗
Sácramento Móuntains *n. pl.* [the ～] サクラメント山脈 (米国 New Mexico 州南部の山脈).
Sácrament Súnday *n.* 聖餐式を行う日曜日. 〖1768〗
sa·crar·i·um /səkré(ə)riəm, sæ- | -réər-/ *n.* (*pl.* **-i·a** /-riə/) **1** (古代ローマの)サクラリウム《邸宅内の聖所または聖堂》. **2** 〘キリスト教〙至聖所, 聖所 (sanctuary), (教会堂の)内陣 (chancel). **3** 〘カトリック〙聖杯洗盤, 手洗い盤 (piscina). 〖(1727) □ L *sacrārium* ← *sacr-, sacer* 'SACRED': ⇨ -arium〗
Sa·cra Ro·ma·na Ro·ta /sáːkrəroumáːnəróutə | -rə(u)máːnərə́utə/ *n.* [the ～] 〘カトリック〙教皇庁控訴院 (⇨ rota¹ 2). 〖□ L *sacra Rōmāna rota*: ⇨ ↓, Roman, rota¹〗
sa·cré /sækréɪ, saː-; *F.* sakʁe/ *adj.* **1** 神聖な. **2** [しばしば反語的に] 呪われた, いまいましい. 〖(1768) □ F ～ (p.p.) ← *sacrer*: ⇨ sacred〗
sa·cré bleu /sǽkreɪbləː; *F.* sakʁeblø/ *int.* うわっ, くそっ, ちくしょう! 〖(1869) □ F ～〗
Sa·cré Coeur /sækréɪkə́ː, saː- | -kə́ː(r; *F.* sakʁekœːʁ/ *n.* **1** 〘カトリック〙聖心 (Sacred Heart). **2** サクレクール教会 (Paris の Montmartre の丘の上に建つ教会堂; 観光名所).
sa·cred /séɪkrɪ̈d/ *adj.* **1 a** 清められた; 聖別された; 神聖な, 聖なる(⇨ holy SYN): the ～ elements of the Eucharist 聖餐の聖別されたパンとぶどう酒 / the ～ altar 聖壇 / the ～ name of Jesus イエスの聖なる名. **b** 崇敬[尊敬]に値する, 尊い, 立派な (venerable): ～ old age. **2 a** 〔神に〕ささげた, 〈神殿などが…を〉祭った〔*to*〕: a tree ～ *to* the gods 神木 / a monument ～ *to* the memory of …を祭った碑, …の記念碑. **b** 〈人・集団・目的などに〉慎んで献じた, ささげられた (dedicated)〔*to*〕: Lombard Street has been ～ *to* the banking interest. ロンバード街は金融業者の聖地になってきた / a fund ～ *to* charity 慈善のための資金. **3** 神聖で侵すことのできない (sacrosanct), 侵されない (inviolable): His [Her, Your] most *Sacred* Majesty (the King [Queen]) 陛下《以前用いた英国王[女王]の尊称》/ Their property [persons] will be held ～. 彼らの財産[生命]は安全に保護されるだろう / No place was ～ from outrage. 乱暴を受けない場所はなかった / Is nothing ～? 世も末だね《しきたりが無視されたときなどにいう》. **4** 宗教(的儀式)に関する; 宗教的な (cf. profane, secular): the ～ writings [books] 聖典 / a ～ concert 宗教音楽会, 聖楽会 / a ～ edifice [building] 教会, 聖堂, 神殿, 寺院 / ～ history 聖書に記された歴史 / ～ hymns 賛美歌, 聖歌 / a ～ number 宗教的に神秘な数《例えば 7》/ ～ music 宗教音楽, 聖楽 / ～ songs 聖歌, 賛美歌. **5** 〈動物が〉(宗教的・神秘的意味をもつものとして)特別に神聖視される: the ～ cat 神猫(しんびょう)《古代エジプト人が神の使いだと信じた》/ the ～ elephant 《インド人が神聖視する》聖象 / ⇨ sacred beetle, sacred monkey. **6** 《古》呪われた.
～·ness *n.* 〖(?a1300) (p.p.) ← ME *sacre(n)* to make holy □ (O)F *sacrer* □ L *sacrāre* to consecrate ← *sacr-, sacer* holy ← IE **sak-, *sank-* to sanctify: cf. saint, sanction〗
sácred babóon *n.* 〘動物〙マントヒヒ (*Papio hamadryas*) 《エチオピアと西南アラビアに分布; 古代エジプトでは聖獣として神聖視された; hamadryas baboon ともいう》. 〖1890〗
sácred bambóo *n.* 〘植物〙=nandina.
sácred béetle *n.* 〘昆虫〙オオタマオシコガネ, 聖王押金亀子虫 (⇨ scarabaeus 1).
Sácred Cóllege *n.* [the ～] 〘カトリック〙=COLLEGE of Cardinals.
sácred ców *n.* **1** 〘ヒンズー教〙聖牛. **2** 神聖で侵す[批判する]べからざる人[物, 思想, 制度], なぜか批判を免れる人[物]. 〖(1891) インドでは牡牛が神聖視されることから〗
sácred éar·flow·er /-ɪəflàuə | -ɪəflàuə(r/ *n.* 〘植物〙メキシコ南部・中米アメリカ産のバンレイシ科の低木 (*Cymbopetalum penduliflorum*) 《花は強壮剤・薬味用, アステカ族がチョコレートの飲み物に味をつけるのにバニラとともに用いた》.
Sácred Héart *n.* [the ～] 〘カトリック〙(イエズスの)聖心《やりで貫かれたキリストの心臓; 人類に対する彼の愛と犠牲の象徴として特別の信仰をささげる; cf. Immaculate Heart》. 〖1765〗
sácred íbis *n.* 〘鳥類〙アフリカクロトキ, コシグロトキ (*Threskiornis aethiopica*) 《古代エジプトでは神の使者として尊んだ; cf. white ibis 2》.
sácred lótus *n.* 〘植物〙ハス (Indian lotus).
sácred·ly *adv.* 神聖に, 神聖なものとして, 侵しがたく: a secret to be ～ kept 神聖に守るべき秘密. 〖1561〗
sácred mónkey *n.* (インド人が尊ぶ)神聖猿《ハヌマンヤセザル (hanuman) など》.
sácred múshroom *n.* 〘植物〙**1 a** 米大陸産の幻覚を感じさせるシビレタケ属 (*Psilocybe*) のキノコの総称《インディアンが儀式に用いることがある》. **b** =fly agaric. **2** =mescal button. 〖1930〗
Sácred Níne *n. pl.* [the ～; 集合的] 〘ギリシャ神話〙ミューズの九女神 (the Muses).
sácred órder *n.* [通例 *pl.*] 〘キリスト教〙聖職, 上級聖職階 (major order). 〖1726〗
Sácred Peniténtiary *n.* [the ～] 教皇庁内赦院《信者の良心上の問題に関して回答・許しを与える役所; cf. rota¹ 2》.
Sácred Róman Róta *n.* [the ～] 〘カトリック〙教皇庁控訴院 (⇨ rota¹ 2).
sácred scárab *n.* 〘昆虫〙=sacred beetle.
sácred thréad *n.* 〘ヒンズー教〙聖紐(せいちゅう)《ヒンズー教徒の上層三階級の青年男子が入門式に帯びるひも; 左肩から右わきにかける》.
Sácred Wrít *n.* [the ～] 聖書 (Scripture). 〖1593〗
sac·ri·fice /sǽkrəfàɪs | -rɪ̈-/ *n.* **1** 犠牲(物); 犠牲的行為: at [by] the ～ of …を犠牲にして / at a tremendous ～ 途方もない犠牲を払って / fall a ～ to …の犠牲になる / the ～ of oneself for one's family [to help one's family] 家族のために自分を犠牲にすること / make (great) ～*s for* [*to* do] …のために[するために](大いに)犠牲を払う / make a ～ of …を犠牲にする / His health was the ～ demanded of him. 彼は健康を犠牲にしなければならなかった / ⇨ supreme sacrifice / poor ～*s* of our enmity 両家の憎しみの哀れな犠牲者 (Shak., *Romeo* 5. 3. 304). **2** 神[霊的存在]にいけにえをささげること, 供犠; (神[霊的存在]にささげる)いけにえ, ささげ物: a human ～ 人身御供(ひとみごくう) / as a ～ to God 神へのいけにえとして. **3** 投げ売り, 捨て売り; 投げ売りによる損失: sell at a ～ 特価で売る / the surplus stock for sale at a large ～ 見切売りされる過剰在庫. **4 a** 〘神学〙キリストの犠牲[はりつけ] (the Crucifixion); 聖餐 (the Eucharist). **b** 〘カトリック〙(聖体の)犠牲. **5** 〘野球〙犠打 (sacrifice hit [fly] ともいう). **6** 〘チェス〙捨て駒《局面を有利にするため, 初めわざと損をすること》. **7** 〘トランプ〙(ブリッジで)サクリファイス《敵方のゲーム (game) 達成を阻止するために, 多少の損失を承知であえてオーバーコール (overcall) すること》. — *vt.* **1** 〔…のために〕犠牲にする, ささげる〔*to, for*〕: ～ one's life (*for* one's country [*to* save one's friend]) (国のために[友を救うために])命をささげる / ～ accuracy *to* effect (文章などの)効果をねらって正確さを犠牲にする / ～ appearance *to* comfort 快適さのために見てくれを犠牲にする / ～ an inheritance *for* a principle 遺産を投げうって主義のために尽くす / I could not ～ my political beliefs *for* money. 金のために政治信念を捨てることはできなかった / I won't ～ myself *for* you [just *to* help you out]! 君のために[君を救い出すためだけに]自分を犠牲にするつもりはないよ. **2** 〔…に〕いけにえとしてささげる〔*to*〕: ～ sheep *to* God 神に羊をいけにえにささげる. **3** 安く売る, 投げ売りする. **4** 〘野球〙犠打で〈走者を〉進塁させる. — *vi.* **1** 〔…に〕犠牲を[として]ささげる〔*to*〕: ～ *to* God. **2** 〘野球〙犠打を打つ. **～·a·ble** /-səbl/ *adj.* **sác·ri·fic·er** *n.* 〖(c1275) □ (O)F ～ □ L *sacrificium* ← *sacer* 'SACRED': ⇨ -fic〗
sácrifice búnt *n.* 〘野球〙犠牲バント (sacrifice hit).
sácrifice flý *n.* 〘野球〙犠牲フライ. 〖1880〗
sácrifice hít *n.* 〘野球〙犠打, 犠牲バント (略 SH). 〖1944〗
sácrifice páddock *n.* 《NZ》家畜に草を食べ尽くさせる牧草地《後に耕地にする》. 〖1958〗
sac·ri·fi·cial /sæ̀krəfíʃəl, -ʃl | -rɪ̈-ˈ/ *adj.* **1** いけにえの, 犠牲の: a ～ rite いけにえの儀式. **2** 犠牲的な; 献身的な. **3** 投げ売りの, 見切り売りの: ～ prices 捨て値. **～·ly** *adv.* 〖(1607) ← L *sacrificium*+-AL¹: ⇨ sacrifice〗
sácrificial ánode *n.* 〘化学〙電気防食用陽極《水中構造物などの防食のために, 自らが溶解することによって保護作用を示す陽極》. 〖1976〗
sacrifícial protéction *n.* 犠牲的保護《金属を保護するためにその上に別の金属をめっきして先に腐食させること; 例えば鉄のさびを防ぐためにマグネシウム・亜鉛などをめっきすること》.
sac·ri·lege /sǽkrəlɪdʒ | -rɪ̈-/ *n.* **1** 神聖[聖所, 聖物]を汚すこと, 神聖冒瀆(ぼうとく), 瀆聖, 汚聖. **2** 聖物窃盗罪, 教会泥棒. **sác·ri·lèg·er** *n.* **sac·ri·le·gist** /sǽkrəlìːdʒɪst | -rɪ̈líːdʒɪst/ *n.* 〖(c1303) □ OF ～ (F *sacrilège*) □ L *sacrilegium* ← *sacer* 'SACRED'+*legere* to gather, steal (⇨ lecture)〗

SYN 瀆神: **sacrilege** 教会泥棒などのように神聖な物や場所をみだりに使用・侵犯すること: commit a *sacrilege* 神聖冒瀆罪を犯す. **profanation** 破壊などの具体的な行為ではなくても観光や商売に使うなどして神聖なものを汚すこと: the *profanation* of sacred things 神聖な物を汚すこと. **desecration** 破壊行為などによって神聖な場所を汚して傷つけること《格式ばった語》: the *desecration* of a chapel 礼拝堂を汚すこと.

sac·ri·le·gious /sæ̀krɪ̈lídʒəs, -líːdʒ- | -lídʒ-ˈ/ ★ /sæ̀krɪ̈líːdʒəs/ が本来の発音だが, 語源的には関係のない religious の発音の連想で, 現在では /sæ̀krɪ̈lídʒəs/ の発音が一般的となった. *adj.* **1** 神聖を汚す, 神聖冒瀆(ぼうとく)の: ～ practices 冒瀆行為. **2** 聖物盗みの, 教会泥棒の. **～·ly** *adv.* **～·ness** *n.* 〖(1582): ⇨ ↑, -ous〗
sa·cring /séɪkrɪŋ/ *n.* 《古》**1** 神聖にすること[行為], 清めること; (特に)ミサの聖別 (Consecration of the Mass). **2** (bishop, 君主などの)就任式, 即位式, 聖別式 (ordination, consecration). 〖(c1300) ← ME *sacre(n)* to consecrate: ⇨ sacred, -ing¹〗
sácring béll *n.* 〘カトリック〙**1** 祭鈴《ミサ聖祭執行中, 聖変化の行われる際, 聖体と聖血を奉挙する時に侍者の使用する鈴》. **2** 奉挙を告げる教会の鐘(を鳴らすこと). 〖1395〗
sac·rist /sǽkrɪst, séɪk- | -rɪst/ *n.* =sacristan. 〖(1577–87) □ (O)F *sacriste* // ML *sacrista* ← *sacer* 'SACRED': ⇨ -ist〗
sac·ris·tan /sǽkrɪ̈stən, -tn/ *n.* **1** (教会・修道院などの)聖具室係, 聖物納室係, 香部屋係, 聖具保管人. **2** 《古》教会堂番人, 寺男 (sexton). 〖(c1375) □ ML *sacristānus* ← *sacrista*: ⇨ ↑, -an¹〗
sac·ris·ty /sǽkrɪ̈sti/ *n.* (教会・修道院の)聖器[聖物]保管室, 聖物納室, 聖具室, 香部屋 (cf. vestry 1). 〖(1656) □ F *sacristie* // ML *sacristia* ← *sacrista*: ⇨ sacrist, -y¹〗
sa·cro-¹ /séɪkrou, sǽk- | séɪkrəu/ 「神聖な (holy); 神聖にしてまた…」の意の連結形. ★ 母音の前では通例 sacr- になる. 〖ME *sacro-* □ MF // L ← *sacr-, sacer* 'SACRED'〗
sa·cro-² /sǽkrou, séɪk- | séɪkrəu/ 〘解剖〙「仙骨(せんこつ) (sacrum), 仙椎(せんつい); 仙骨と…との (sacral and …)」の意の連結形. ★ 母音の前では通例 sacr- になる. 〖← NL ～: ⇨ sacrum〗
sac·ro·il·i·ac /sæ̀krouíliæ̀k, sèɪk- | sèɪkrəu-/ 〘解剖〙*adj.* 仙骨(せんこつ) (sacrum) と腸骨 (ilium) の; 仙腸関節の. — *n.* 仙腸関節. 〖(1831): ⇨ ↑, iliac〗
sac·ro·sanct /sǽkrousæ̀ŋ(k)t | -krə(u)-/ *adj.* **1** 神聖で侵すことのできない, きわめて神聖な, 至聖の. **2** [しばしば反語的に] いやに神聖な. **～·ness** *n.* 〖(1601) □ L *sacrōsanctus* ← *sacrō* ((abl.) ← *sacrum* sacred rite ← *sacer* 'SACRED')+*sanctus* consecrated (⇨ sanction)〗
sac·ro·sanc·ti·ty /sæ̀krousǽŋ(k)təti | -krə(u)sǽŋ(k)tɪ̈ti/ *n.* 神聖(性), 至聖. 〖(1650): ⇨ ↑, -ity〗
sàcro·sciátic *adj.* 〘解剖〙仙骨(せんこつ) (sacrum) と座骨 (ischium) の. 〖1753〗
sac·rum /sǽkrəm, séɪk- | séɪk-, sǽk-/ *n.* (*pl.* **sac·ra** /-rə/) 〘解剖・動物〙仙骨(せんこつ). 〖(1753) ← NL ～ ← LL (*os*) *sacrum* sacred (bone) ← (neut. sing.) ← L *sacer* 'SACRED': この骨がいけにえに用いられたことから〗
SACW 《略》《英》Senior Aircraftwoman.
sad /sǽd/ *adj.* (**sad·der; sad·dest**) **1** 悲しい, 嘆き悲しむ: a ～ heart 悲しむ心 / *sad*-hearted [～ at heart] 悲しみに沈んだ / feel ～ *about* …を悲しむ / It makes me ～ to think of her. 彼女のことを思うと悲しくなる / He was ～ to leave them. 彼らのもとを去るのが悲しかった / He was ～ *that* his business (had [should have]) failed. 事業が失敗したことを悲しんだ. **2** 悲しそうな, ふさぎ込んだ, 憂鬱(ゆううつ)な: a ～ countenance 悲しげな顔つき / ～ eyes 悲しそうな目つき / ⇨ sad-faced / look ～ 意気消沈した様子である / growing ～*der* and ～*der* ますますふさぎ込んで. **3** 悲しく思わせる, 悲しむべき, 嘆かわしい: a ～ event [song] 悲しい出来事[歌] / ～ news 悲報 / the ～ light of the moon 哀れを催させる月影 / ～ to say 悲しいことには / It's ～ *about* her child's death. 《口語》あの方のお子さんが亡くなられてお気の毒です / It is ～ that you failed [should have failed] in your examination. 試験に落ちたとは悲しいことだ. **4** 《口語》**a** けしからぬ, ひどい, 始末におえない, あきれた (cf. sorry): write ～ stuff ひどい文章[もの]を書く / the ～ fact that things are getting worse 事態が悪化しているという嘆かわしい事実 / a ～ comment on the decline of standards 水準の低下に対するやりきれない論評 / It's a pretty ～ business [state of affairs] all round. どこからみても随分と嘆かわしいこと[事態]だ / make ～ work of it ⇨ work 7. **b** 退屈な, いかさない; こっけいな. **5 a** (色が)沈んだ, 暗い, くすんだ (somber): ⇨ sad-colored. **b** 《廃》陰気な. **6 a** 《方言》〈パン・ケーキなど〉ふくれそこねた, 生焼けの (doughy, soggy). **b** 《英方言》〈土地・土が〉ねばつく, 粘土質の. **7** 《古》真剣な, まじめな; 威厳のある (grave), 深刻な (serious): in ～ earnest 真剣で, 悲壮に. **8** 《廃》確固たる, 堅い (fixed): ～ resolution.
a sádder and* [*but*] *a wíser mán 苦い経験の末賢明になった人, 苦労人 (Coleridge, *The Rime of the Ancient Mariner*).
— *adv.* 《古》=sadly.
〖OE *sæd* sated, satiated, weary < Gmc **saðaz* (G *satt* satiated) ← IE* *sā-* to satisfy (L *satis* enough)〗

SYN 悲しんで: **sad** 悲しみや後悔を示す一般語: He was inconsolably *sad*. 慰めようもないくらい悲しんでいた. **sorrowful** 喪失・失望などで深く悲しんでいる: The death of his wife left him *sorrowful*. 妻が死んで悲嘆にくれた. **melancholy** 慢性的に落ち込んでいる《格式ばった語》: a *melancholy* mood 憂鬱(ゆううつ)な気分. **dejected** 失敗・失望などで意気消沈している: a *dejected* look がっかりした顔. **depressed** 心身の疲労などで心が沈んだ: Don't look so *depressed*. そんなにふさぎ込んだ顔をするな. **doleful** 〈表情・態度・声などが〉深く悲しんでいる《格式ばった語》: a *doleful* expression 悲しみに沈んだ表情.

SAD /sǽd/ 《略》〘精神医学〙seasonal affective disorder.
sád-áss *adj.* 《俗語》なさけない, しょうもない, ひどい.
Sa·dat /sədáːt, -dǽt | sədǽt; *Arab.* saːdáːt/, **(Mohammed) An·war el-** /ánwaːʁel-/ *n.* サダト (1918–81; エジプトの政治家; 大統領 (1970–81); 暗殺された; Nobel 平和賞 (1978)).
sád-colored *adj.* 沈んだ色の, 暗い, くすんだ (dark, somber). 〖1660〗
Saddam Hussein ⇨ Hussein.
sad·den /sǽdn/ *vt.* **1** 悲しませる, 悲しみに沈ませる (depress). **2** 黒ずんだ色にする (darken): ～ cloth. — *vi.* **1** 悲しむ, 悲しくなる. **2** くすんだ色になる[染める]. **～·ing·ly** /-dnɪŋli, -dn-/ *adv.* 〖(1600) ← SAD+-EN¹〗
sad·dhu /sáːduː/ *n.* =sadhu.
sád·dish /-dɪʃ | -dɪʃ/ *adj.* **1** やや悲しい, もの悲しい, 悲しげな. **2** 少しくすんだ色の. 〖(1647) ← SAD+-ISH¹〗
sad·dle /sǽdl | -dl/ *n.* **1 a** (馬などの)鞍(くら) (cf. harness 1): lose one's ～ 馬から落ちる / take [get into] the ～ 馬に乗る. **b** (自転車・トラクターなどの)サドル, 腰掛け. **c** (荷車用動物につける)荷鞍 (packsaddle). **2** (動物の)鞍(くら)状部《鞍を載せる両肩から腰までの部分》. **3 a** (羊肉・鹿肉・兎肉の)鞍下肉《両腰骨付きの背肉; cf. chine² 1

b)): a ～ of mutton. **b** 動物の背にある鞍形模様. **c** 雄の家禽(かきん)の背の後部. **d** (ミミズなどの)環帯 (clitellum). **4** 鞍部(あんぶ) (col) ((山の尾根の二つの峰の間をたわんだ部分)); (鞍部の)乗っ越し, 峠. **5** (屋根の棟の)覆い. **6 a** 台座の役をするもの. **b** (つり橋の支柱にある)鋼索の支え. **c** (砲架の)砲耳支え. **d** 〖機械〗サドル, 軸鞍 ((工作機械の往復台などの案内面にまたがる部分)). **e** 〖陶磁器〗サドル ((釉焼を行う時に品物を支える耐火粘土製の支柱)). **f** 〖海事〗サドル ((帆桁の先端またはバウスプリットにブームを取り付けるための枕木で, 上下が半円に凹部をもち両円材に合うようになっている)). **7** (靴の)鞍形の飾り革 ((ひも穴のある甲の部分, 他の部分の革と対照的な色をしている; cf. saddle shoe)). **8** (鉄道車両本体と台車をつなぐ)荷重受の腕金. **9** 〖建築〗沓摺(くつずり), ドアの下框(したがまち). **10** 〖製本〗本の背綴じの中心.

cást óut of* [*gèt ìnto*] *the sáddle 免職[就職]する. ***for the sáddle*** 乗用に[の]. (1819) ***in the sáddle*** (1) 鞍にまたがって; (特に)馬に乗って: He is quite at home *in the* ～. 乗馬にすっかり慣れている. (2) 仕事に就いて, 仕事中に; 仕事にかかる用意ができて, しきりに仕事にかかりたくて. (3) 采配(さいはい)を振るって; 権力[政権]を握って. ***pùt the sáddle on the ríght* [*wróng*] *hórse*** 《英》責めるべき[お門違いの]人を責める. (1752)

— *vt.* **1** 〈馬などに〉鞍を置く 〈*up*〉: ～ a horse. **2 a** 〈人などに〉〔責任・負担などを〕負わせる, 課する 〔*with*〕: ～ a person *with* debts [responsibilities] 人に負債[責任]を負わせる. **b** 〔人などに〕〈厄介な責任・名声などを〉課する, 負わせる 〔*on, upon*〕: ～ an onerous responsibility *on* him 彼に厄介な責任をなすりつける. **3** サドル[サドル状のもの]で支える[つなぐ]. **4** 〈調教師が〉〈調教した馬を〉レースに送る. **— *vi.*** **1** 鞍にまたがる, 馬に乗る. **2** 馬に鞍を付ける 〈*up*〉.

～·like *adj.* 〖n.: OE *sadol* < Gmc **saðulaz* (G *Sattel*) ← IE **sed-* 'to SIT' (L *sella* / Gk *hellā́* seat)〗

sáddle·bàck *n.* **1** 鞍(くら)形のもの; 鞍形の山の背[尾根]. **2** 背に鞍形模様のある鳥獣: **a** 〖動物〗=harp seal. **b** 〖動物〗背に白い帯状模様のある中形の黒豚. **c** 〖鳥類〗=black-backed gull. **d** 〖鳥類〗=hooded crow. **e** 〖鳥類〗セアカホオダレムクドリ (*Philesturnus carunculatus*). **3** 《英》サドルバック ((45×36 インチの包み紙のサイズ)). **4** 〖建築〗笠石(かさいし) ((石塀の最上部に並べる切妻形の石)). **— *adj.*** =saddle-backed. 〖1545〗

sáddle-bàcked *adj.* **1 a** 〈山の頂の間の尾根が〉鞍形をした. **b** (馬の背が)鞍形にくぼんだ. **2** 〈鳥獣が〉背中に鞍形模様のある. 〖1545〗

sáddleback ròof *n.* 〖建築〗=saddle roof.

sáddleback stìtch *n.* 〖製本〗=saddle stitch 2.

sáddle·bàg *n.* **1** 鞍(くら)袋, サドルバッグ ((鞍, 自転車・オートバイの後輪などの左右に一つずつつける皮製または布製の大きな袋; ⇨ bicycle 挿絵)). **2** 鞍袋地 ((ラクダの鞍袋を作るようなペルシャ製の毛せん地; 今は安楽椅子などを張るのに用いる)). 〖1773〗

sáddle-bìll *n.* 〖鳥類〗クラハシコウ (*Ephippiorhynchus senegalensis*) ((川岸や沼沢地にすむアフリカ産コウノトリ科の鳥; saddle-billed stork ともいう)). 〖1906〗

sáddle blànket *n.* 〖馬具〗鞍(くら)敷き, 鞍下毛布 ((鞍の下に敷いて馬の皮膚を刺激しないようにする)). 〖1737〗

sáddle blòck *n.* 〖医学〗=saddle block anaesthesia.

sáddle blòck anaesthésia *n.* 〖医学〗サドル麻酔, サドルブロック ((脊髄麻酔の一種で乗馬の際鞍(くら)に接触する部位が麻酔される; 無痛分娩に利用する)). 〖1946〗

sáddle bòiler *n.* (暖房装置用)鞍(くら)形ボイラー. 〖1881〗

sáddle·bòw /-bòu | -bàu/ *n.* 〖馬具〗鞍(くら)前弓, 猪の首 ((鞍の前方にある弓形に湾曲した部分)). 〖OE *sadulborga*: ⇨ saddle, bow³〗

sáddle·brèd *n.* サドルブレッド種の馬 (American saddle horse). 〖1974〗

sáddle brònc *n.* (ロデオに使う)鞍をつけた馬.

sáddle·clòth *n.* **1** 〖競馬〗ゼッケン ((馬の鞍(くら)にかける番号をつけた布)). **2** 〖馬具〗鞍敷き ((フェルト・羊毛製など; cf. saddle blanket)). 〖1481–90〗

sáddled próminent *n.* 〖昆虫〗シャチホコガの一種 (*Heterocampa guttivitta*) ((幼虫は北米東部と中西部で各種の広葉樹を食害する)). 〖1910〗

sáddle·fàst *adj.* 《古》しっかり鞍にまたがった. 〖1805〗

sáddle·gìrth *n.* (馬の)鞍(くら)用腹帯. 〖1813〗

sáddle hòrn *n.* (カウボーイ用の鞍の)鞍頭の隆起部.

sáddle hòrse *n.* **1** 乗用馬. **2** =American saddle horse. **3** 鞍(くら)掛け ((保管・手入れのために鞍を載せる木製の架台)). 〖1662〗

sáddle jòint *n.* **1** 〖建築〗立ちはぜ継ぎ ((屋根板金の継ぎ合わせ法)). **2** 〖石工〗鞍(くら)目地 ((石造やれんが造りで, せり出した層の下に水が入らないよう段をつけた目地)). **3** 〖解剖〗鞍関節. 〖1875〗

sáddle kèy *n.* 〖機械〗サドルキー, 鞍(くら)キー (cf. flat key, sunk key). 〖1888〗

sáddle lèather *n.* **1** サドルレザー ((馬具用の植物タンニンなめし革)). **2** サドルレザーに似せて造った革 ((ハンドバッグ・ジャケットなどに用いる)). 〖1832〗

sáddle·less *adj.* 鞍(くら)なしの, 裸馬の. 〖15C〗

sáddle òxford *n.* =saddle shoe.

sáddle·pìn *n.* (自転車の)鞍軸(くらじく). 〖1896〗

sáddle pòint *n.* 〖数学〗鞍点(あんてん), 鞍形点 ((2 変数関数の表す曲面が馬の鞍(くら)ないしは峠のようになっている点; anticlastic point ともいう)). 〖1922〗

sád·dler /-dlə, -dl \| -dlə^(r), -dl/ *n.* **1** 馬具製造[販売]人, 馬具屋. **2** 《米》乗用馬 (saddle horse). **3** 〖動物〗タテゴトアザラシ (harp seal) の雄. 〖(1389) ← SADDLE＋-ER¹〗

sáddle ròof *n.* 〖建築〗両切妻屋根. 〖1875〗

sad·dler·y /sǽdləri, -dl- / *n.* **1** 馬具製造[販売](業). **2** [集合的] 馬具一式, 馬具. **3** 馬具店, 馬具製作所, 馬具置場. 〖(*c*1449) ← SADDLER, -Y¹〗

sáddle sèat *n.* サドルシート ((中央隆起部の両側と後方が凹状にくりぬかれた椅子の座型)). 〖1822〗

sáddle shòe *n.* [通例 *pl.*] 《米》サドルシューズ ((鞍(くら)形の飾りのある通例白に茶または黒のコンビネーションのカジュアルシューズ; oxford の変形; cf. saddle 7)). 〖1939〗

sáddle sòap *n.* 革磨き石鹸 ((通例 Castile 石鹸と牛の油で造り, 馬具その他の革製品を磨くのに用いる)). 〖1889〗

sáddle·sòre *adj.* 鞍(くら)ずれで痛む, 鞍ずれができた.

sáddle sòre *n.* **1** (合わない鞍による馬の)鞍ずれ, 鞍傷. **2** (鞍による乗馬者の)またずれ, 鞍ずれ. 〖1946〗

sáddle stìtch *n.* **1** サドルステッチ ((革具の周囲を縫う一方式)). **2** 〖製本〗(一折丁形式の週刊誌・パンフレットなどを綴じる)中綴(なか)じ, 鞍形綴じ; cf. double stitch, side stitch). **— *vt.*** 〖製本〗中綴じで綴じる. **sáddle-stìtched** *adj.* 〖1954〗

sáddle tànk *n.* 〖鉄道〗サドルタンク(機関車) ((水のタンクがボイラーに鞍のようにまたがる形式の小型蒸気機関車)). 〖1871〗

sáddle·trèe *n.* **1** 鞍枠(くらわく), 鞍骨(くらぼね). **2** 〖植物〗=tulip tree 1. 〖15C〗

sáddle wìre stìtch *n.* 〖製本〗=saddle stitch 2.

sad·do /sǽdou \| -dəu/ *n.* (*pl.* ～s) 《英口語》なさけないやつ, どうしようもないやつ. 〖(1992): ⇨ sad〗

Sad·du·ce·an /sæ̀dʒusíːən, -dju- \| -dju-ˊ-/ *adj.* (*also* **Sad·du·cae·an** /～/) サドカイ人[派]の. **— *n.*** = Sadducee. 〖(1547): ⇨ ↓, -an¹〗

Sad·du·cee /sǽdʒusìː, -dju- \| -dju-/ *n.* **1** サドカイ人 ((復活と天使と霊魂の存在を信じず, 成文律法を文字通り解釈して口伝律法を退け, 紀元前 2 世紀より西暦 1 世紀ごろのパリサイ人と対立したユダヤ教徒の一派)). **2** [しばしば s-] 物質主義者. 〖OE *Sad(d)ucēas* (pl.) ◻ LL *Saddūcēī* ◻ LGk *Saddoukaîoi* ◻ Heb. *ṣᵉdōqî* (原義) descendants of Zadok (cf. *2 Sam.* 8:17) ← *ṣādáq* to be just〗

Sád·du·cèe·ism /-sìːɪzm/ *n.* **1** サドカイ派の教説. **2** 懐疑主義. 〖(1661): ⇨ ↑, -ism: cf. F *Saducéisme*〗

sa·de /sáːdi \| -di/ *n.* =sadhe.

Sade /sáːd, sǽd \| sáːd; *F.* sad/, Comte **Do·na·tien** /dɔnasjɛ̃/ **Alphonse François de** *n.* サド (1740–1814; フランスの作家; 加虐性愛など性的倒錯の世界を描いた; *Justine* (1791), *Juliette* (1797); 通称 Marquis de Sade; ⇨ sadism).

sád-fàced *adj.* 悲しげな表情[顔つき]の. 〖1588〗

sa·dha·na /sáːdənàː \| -də-; *Hindi* saːdʰanaː/ *n.* 〖ヒンズー教〗苦業; 能成立法(のうじょうりつほう), 能立(のうりゅう), サーダナー ((禅定に至るための修業としての立論証明)). 〖(1898) ◻ Hindi *sādhanā* ◻ Skt ← *sādhati* he goes straight to a goal or an aim〗

sa·dhe /sáːdeɪ, -di \| -deɪ, -di/ *n.* サーデー ((ヘブライ語アルファベット 22 字中の第 18 字: צ; ⇨ alphabet 表)). 〖(1899) ◻ Heb. *ṣādhé* (原義) fishing hook ← *ṣādh* to hunt, catch〗

sa·dhu /sáːduː/ *n.* 《インド》放浪の聖人; 賢者; 苦行者 (ascetic). 〖(1845) ◻ Skt. *sādhu* straight, good〗

Sa·di /sáːdi/ *n.* =Saadi.

Sa·die /séɪdi \| -di/ *n.* セイディー (女性名). ★ 米国に多い. 〖(dim.) ← SARAH〗

Sádie Háwkins Dày *n.* 《米》セイディー ホーキンズデー ((女性が意中の男性に告白できる日; 毎年 11 月初めごろ)). 〖(1939): 米国の漫画 *Li'l Abner* 中の架空の休日から〗

sad·i·ron /sǽdàɪən \| -àɪən/ *n.* (中空でない両端のとがった)アイロン, ひのし (cf. box iron). 〖(1761) ← SAD (廃) solid, heavy〗

sad·ism /sǽdɪzm, séɪd- \| séɪd-/ *n.* **1** 〖精神医学〗サディズム, 加虐嗜愛, 加虐性愛 ((好んで異性を虐待したり屈辱を与えたりして性的興奮を得る性癖; cf. algolagnia, masochism)). **2** 残酷好き; 過度な残酷. 〖(1888) ◻ F *sadisme* ← *Marquis de Sade*: ⇨ -ism〗

sád·ist /-dɪst \| -dɪst/ *n.* サディスト ((加虐性愛によって性的興奮を得る人)); 残酷好きな人. 〖(1897) ↑〗

sa·dis·tic /sədístɪk, seɪ-, sæ- \| sə-, sæ-/ *adj.* サディスト的な. **sa·dís·ti·cal·ly** *adv.* 〖1892〗

Sád·ler's Wélls /sǽdləz- \| -ləz-/ *n.* サドラーズ ウェルズ ((London 北東部にある歴史と伝統のある劇場)). 〖← *Richard* [or *Thomas*] *Sadler* (?–?) 創設者; *Wells* は, Sadler が 1683 年に 'Musick House' を建てたときそこで薬効のある鉱泉が発見され, それを呼び物にしたことから〗

sad·ly /sǽdli/ *adv.* **1** 悲しんで, 悲しげに, 悲惨に; 悲しいことに. **2** ひどく, いたく (grievously): The house is ～ neglected. その家はひどく荒れ果てている. **3** 《俗》真剣に, まじめに (seriously). **— *adj.*** [叙述的]《英方言》加減が悪くて, 気分がすぐれないで: She is very ～. ひどく具合が悪い / look ～ 顔色が悪い. 〖(*a*1325)〗

sad·ness /sǽdnəs/ *n.* **1** 悲しみ, 悲哀, 悲嘆 (⇨ sorrow SYN). **2** 悲惨. **3** 《古》まじめさ: in sober [good] ～ まじめに, 本気で. 〖1315〗

sad·o- /sǽdou, séɪd- \| séɪdəu/「サディスト的な; サディズムに関する」の意の連結形: *sado*sexuality. 〖← SADISM〗

sàdo·másochism *n.* 〖精神医学〗サドマゾヒズム ((一人の人間が sadism と masochism の両面をもつ異常性格)). **sàdo·masochístic** *adj.* 〖1922〗

sàdo·másochist *n.* サドマゾヒスト ((サディズム・マゾヒズムの両傾向を強くもっている人)). 〖1935〗

Sa·do·wa /sáːdouvə \| -dəu-/ *n.* サドバ ((チェコ西部, Bohemia 北東部の村; 1866 年プロイセン軍がオーストリア軍を破った地; チェコ語名 Sadová /sádovaː/)).

sád sàck *n.* 《米俗》**1** (軍隊で)人はいいがへまばかりやる新兵, へまなやつ, のろまな兵隊 (cf. eight ball 4). **2** 要領の悪いやつ. 〖(1943) 米国の漫画家 George Baker (1915–75) の連作物 *The Sad Sack* の主人公から〗

sád trèe *n.* 〖植物〗=hursingar. 〖(1866) (なぞり) ← NL *arbor tristis*〗

sa·du /sáːduː/ *n.* =sadhu.

sad·za /sǽdzə/ *n.* 《アフリカ南部・東部》(トウモロコシまたはキビをひいた粉で作る)かゆ. 〖(1950) ← Bantu (Shona)〗

sae /séɪ/ *adv.* 《スコット》=so¹.

s.a.e. /ɛ̀sèɪíː/ 《略》stamped addressed envelope; self-addressed envelope.

SAE /ɛ̀sèɪíː/ 《略》《米》Society of Automotive Engineers 自動車技術者協会.

SAEF 《略》Stock Exchange Automatic Execution Facility 株式取引自動執行設備 ((ロンドン証券取引所において小口注文を処理する電算システム)).

SÁE nùmber *n.* 〖機械〗SAE 粘度番号, SAE 数 ((SAE 規格による潤滑油の粘度を示す数; 数の多いほど粘度が高い)). 〖*SAE*: ← *S*(*ociety*) *of A*(*utomotive*) *E*(*ngineers*)〗

sae·ter /síːtə \| -tə^(r); *Norw.* seːtər/ *n.* (*pl.* ～s, ～) スカンジナビア山地の夏期牧場(の農園). 〖(1576) (1799) ◻ ON *sætr* summer pasture〗

S.Af. 《略》South Africa.

Sa·fa·qis /səfáːkɪs/ *n.* サファーキス (Sfax の別称).

Sa·far /səfáːə \| -fáː^(r)/ *n.* (イスラム暦の) 2 月 (⇨ Islamic calendar). 〖(1771) ◻ Arab. *ṣafar*〗

sa·fa·ri /səfáːri/ *n.* **1** (アフリカ東部の)長旅 (long journey), (特に)狩猟[探検]旅行, サファリ: go [be] on (a) ～ (狩猟)旅行に出かける[出かけている]. **2** (特に, アフリカ東部で, らくだ・荷車・荷かつぎ人夫または自動車などを伴った)狩猟[旅行]隊. **3** 冒険旅行, 探検旅行. **— *adj.*** [限定的] 〈衣服が〉サファリスタイルの. **— *vi.*** 狩猟旅行に出かける, サファリを行う. 〖(1860) ◻ Arab. *safarī* of a journey ← *sáfar* journey〗

safári jàcket *n.* サファリジャケット ((大きなパッチポケット (patch pockets) を配したベルトつきのカジュアルジャケット)).

safári pàrk *n.* サファリパーク ((野獣を放し飼いにして, 訪問者はその中を車で通行しながら車中から観察する動物公園)). 〖1969〗

safári sùit *n.* サファリスーツ ((safari jacket と共地のパンツ[スカート]の組合わせ)). 〖1967〗

safári sùpper *n.* サファリサパー, 遠征式食事会 ((コース式の食事の一品一品を, それぞれ別々の家に出かけて行って食べる方式の食事会)).

Sa·fa·vi /səfáːwi/ *n.* =Safavid.

Sa·fa·vid /səfáːwɪd/ *n.* **1** [the ～s] (イランの)サファビー王朝[王家] (1501–1736). **2** サファビー王朝の人. 〖(1911) ← Arab. *ṣafawī* ← *ṣafī-al-Dīn Isḥāq* (1252–1334: イランの聖者): ⇨ -id¹〗

Sa·fa·wid /səfáːwɪd/ *n.* =Safavid.

safe /séɪf/ *adj.* (**saf·er; saf·est**) **1 a** 安全な, 危険のない, 心配のない: a ～ harbor, road, toy, etc. / a ～ place (to hide) / a place ～ *from* attack [one's enemy] 攻撃を受ける[敵にあう]危険のない場所 / We are ～ *from* discovery [infection]. 見つかる[伝染の]心配はない / at a ～ distance 安全な距離をおいて / (as) ～ as houses 《英》まったく安全な / (as) ～ as the Bank of England 本当に頼りになる / Is the rope [bridge, ice] ～? その綱[橋, 氷]は大丈夫か / This beach is ～ *for* swimming. この浜辺は泳いでも危険がない / Is it ～ to go swimming here? ここで泳いでも大丈夫ですか / Is it ～ to pet the dog? その犬をなでても大丈夫ですか / *Safe* journey! 道中ご無事で. **b** [叙述的] 安全に, 無事に[で] (unharmed); 危険を脱して. ★ arrive, be, bring, come, feel, keep などと共に用いられる: arrive ～ 安着する / come back [home] ～ from the war 戦争から無事帰還する / come ～ to land 無事上陸する / bring something back ～ 無事に物を持って帰る / We got ～ into port. 無事港に着いた / I saw her ～ home. 無事家まで送り届けた / I'll keep it ～ for you. 大事にお預かりしておきましょう / God keep you ～! どうぞご無事で / You're *safer with* me than anywhere else. 私と一緒ならばどこよりも安全ですよ / Your secret will be ～ with me. 私になら君の秘密を漏らしても大丈夫 / wishing it ～ to hand 《古》無事お手元に届くことを願って ((手紙の結び文句)). **2 a** 〈推量・投資・方法など〉間違いのない, 無難な, 安全な; 危険のない, 着実な; 〈見積もりなど〉内輪の, 〈経費の余裕など〉多めの; 〈書籍・薬品など〉害毒を与えない, 害のない: a ～ estimate, guess, investment, margin, method, vaccine, etc. / ⇨ safe bet / a ～ book for boys and girls 少年少女が安心して読むことのできる本 / It is better to be ～ than sorry. =Better (be) ～ than sorry. 《諺》悔やむより安全がよい, 転ばぬ先の杖 / The ～*st* thing (to do) would be to do nothing. 一番安全なのは何もしないことでしょう. **b** (…しても)差しつかえない, 大丈夫な 〈*to do*; *in doing*〉: It is ～ *to* say [assume, conclude] that …と言って[想定して, 推断して]も差しつかえない[過言ではない] / The weather is a subject quite ～ *to* talk about. 天気は話題としてはいたって無難である / You are ～ *in doing* so. 君はそうしても大丈夫だ. **3 a** 〈人が〉危なげのない, 用心深い, 着実な, 慎重な, 信頼できる: a ～ critic, driver, guide, statesman, etc. / a ～ doctor to consult 安心してかかれる医者 / a ～ person to confide in (事を)打ち明けても大丈夫な人 / prefer a ～ man to a reckless one 無鉄砲な人より慎重な人を取る / a ～ pair of hands 頼れる人. **b** 大事をとりすぎる, 臆病な. **4 a** 確実な, 確かな (reli-

S

able): a ~ first 確実に第一番になる人 / a ~ catch 名捕手 / a ~ winner 優勝確実な人[馬] / a ~ choice [option] 確実な選択 / from a ~ quarter 確かな筋から. **b** [be ~ *to* do として] 確実に〈…する〉(certain, sure): He *is* ~ *to* get in [*to* be hanged]. 当選[絞首刑]は確実だ / The Liberals *are* ~ *to* win. 自由党は確実に勝つ. **5** (監禁・死亡などによって)悪いことをする恐れのない, 逃げられる心配のない: a ~ place *for* confining [*to* confine] criminals 罪人を入れておくのに安心な場所 / in ~ custody [convoy] 安全に保護[護衛]されて / He is ~ *in* prison [the grave]. もう刑務所[墓場]に入っているから大丈夫だ. **6** 〈選挙区など〉当選確実な: ⇨ safe seat / The district will be ~. この地区は大丈夫だろう(「わが党のものだろう」などの意). **7** 〈暗号など〉解読不可能な, 安全な: a ~ code. **8** 〈やすりなどの片面が〉歯のついてない: the ~ edge (of a file). **9** 《廃》〈精神・心などが〉健全な, 確かな (sound): with a ~ conscience 良心にやましいところがなく, 安んじて / Are his wits ~? あれで気は確かなのかい (Shak., *Othello* 4. 1. 269). **10** 〘野球〙セーフの (cf. out 12 a): a ~ hit 安打 / The runner is ~ on first. ランナーは1塁セーフ.

in sáfe hánds 信頼できる人の手に任せて[預けて]. ***on the sáfe side*** 大事をとって: I took my umbrella (just) to be *on the* ~*side*. 大事をとって傘を持って行った / It is always best to err *on the* ~ *side*. 大事をとるに越したことはない. 《1811》 ***sáfe and sóund*** [*wéll*] 無事息災に, つつがなく (*Luke* 15: 27): arrive ~ *and sound* 無事に到着する《よく手紙の決まり文句として用いる》《*a*1325》.

— *adv*. 《口語》安全に, 無事に; 確かに: play (it) ~ 用心深く[慎重に]やる, 冒険をしない / It's best to play (it) ~ and do [by doing] nothing. 安全策をとって何もしないのが最善だ / *Safe* bind, ~ find. 《諺》ちゃんと締めときゃちゃんとある (cf. Fast bind, fast find. ⇨ fast[1] *adv*. 2). ★ しばしば複合語に用いる: *safe*-borne 無事に出生した.

— *n*. **1** 金庫: a fireproof ~ 耐火金庫. 《(1688)《変形》← (1440) *save* ← SAVE[1]》 **2** 《英》(冷蔵の)食糧貯蔵庫; (金網目でできた)蠅帳(はいちょう) (meat safe). **3** (配管で)漏水受け; (洗面台などの)大理石の台座. **4** 《米俗》コンドーム (condom). **5** 〘馬具〙擦(す)止革.

— *vt*. 《廃》(…に関して)安心させる, 安全にする; 〔…から〕安全に案内する 〔*out of*〕.

〘《*c*1300》 *sa*(*u*)*f* □ (O)F *sauf* (AF *saf*) < L *salvum* uninjured ← IE **sol-* whole (Gk *hólos* whole / Skt *sarva*): cf. save[1], solid, holo-〙

SYN 安全な: **safe** 危険を脱して; 危険のない: *safe* from attack 攻撃される恐れのない / Keep your money in a *safe* place. お金は安全な場所に保管しておきなさい. **secure** 客観的に見ても危険・損失などの心配のない: *secure* from burglary 強盗に入られる恐れのない.
ANT dangerous.

---

sáfe área *n*. 安全地域[地帯], 中立地域. 《1944》

sáfe bét *n*. 安全な賭け; 確実な方法; 無難な判断: It's a ~ that nothing will happen. 何事も起こらないからご安心を.

sáfe·blòwer *n*. 爆薬使用の金庫破り《人》. 《1873》

sáfe·blòwing *n*. 爆薬使用の金庫破り《行為》. 《1928》

S

sáfe·brèaker *n*. 金庫破り《人》. 《1870》

sáfe·brèaking *n*. 金庫破り《行為》. 《1934》

sáfe-cónduct *n*. **1** (戦時に, 敵国内または被占領地内などを安全に通過することを保証する)通行証: in [with] ~ = under [upon] (a) ~ 通行証を所持して. **2** (通行証によって保証される)通行権. **3** 護衛, 護送. 〘《*c*1300》 *sa*(*u*)*f condu*(*i*)*t* □ (O)F *sauf conduit*: ⇨ safe, conduct〙

sáfe·cràcker *n*. 金庫破り《人》. 《1925》

sáfe·cràcking *n*. 金庫破り《行為》. 《1937》

sáfe-depòsit *adj*. 貴重品を安全に保管する: a ~ company 貸金庫会社 / a ~ box [vault] (銀行の各個人に貸す)貸金庫(室), 安全庫 (safety-deposit box [vault] ともいう). 《1880》

sáfe depòsit *n*. 貴重品保管所《金庫や金庫室の設備があってこれを賃貸しする》. 《1783》

safe·guard /séɪfgɑ̀ːd | -gɑ̀ːd/ *n*. **1** 守るもの, 保護手段[方法], 保証, 保護条件, 保証条項: a ~ for liberty 自由を守る手段 / a ~ against temptation 安全に誘惑から身を守ってくれるもの. **2** 保護, 擁護: for (the) ~ of …の保護のために / in [under] (the) ~ of …の保護を受けて. **3** (機械などの)事故防止装置, 安全装置. **4 a** 安全通行券, 護照 (safe-conduct). **b** 護衛《人》. **5** 《古》(ほこりよけのため乗馬服の外に着る)上スカート. **6** 〘経済〙緊急輸入制限. — *vt*. 保護する (defend), 擁護する, 保障する: ~ the Constitution 憲法を擁護する / ~ industries (外国品との競争から)産業を保護する. 〘《*c*1385》 *saufgarde* □ (O)F *sauve garde*: ⇨ safe, guard〙

sáfe háven *n*. 安全な避難場所, 隠れ家, シェルター.

sáfe hít *n*. 〘野球〙安打, ヒット (base hit).

sáfe hòuse *n*. **1** (スパイ・テロリストなどが連絡場所などに用いる, 盗聴・監視などの恐れのない)アジト. **2** (暴力におびやかされている人の)避難所. 《1946》

sáfe·kéeping *n*. (壊れたり・損失・逃亡のないように)安全に守ること, 保護; 保管: be in ~ with him = be in his ~ 彼の所に保管してある. 《*c*1410》

sáfe·lìght *n*. 〘写真〙 **1** 安全光《肉眼にだけ感じる光で, 感光材を取り扱うのに用いる》. **2 a** (感光防止用の)カラーフィルター. **b** (カラーフィルター付きの暗室用)安全灯[光]. 《1816》

safe·ly /séɪfli/ *adv*. **1** 安全に, 無事に. **2** 危険を冒さずに, 大事をとって. **3** 不安がなく, 間違いなく, 大丈夫で: It may ~ be said that …と言っても大丈夫[差しつかえない]. 《*a*1325》

saf·en /séɪfən/ *vt*. 無害にする; (特に)毒性緩和剤を混ぜて〈物質〉の毒性を緩和する. 〘← SAFE + -EN[1]〙

sáf·en·er /-f(ə)nə | -nə(r)/ *n*. (毒性)緩和剤. 《1942》

sáfe·ness *n*. 安全; 無事; 大丈夫; 確実; 大事をとること. 〘《*a*1325》 ME〙

sáfe pèriod *n*. (受胎)安全期間《妊娠の可能性が最も少ないとされている通例月経前後の数日間; 周期避妊法 (rhythm method) において利用される》. 《1918》

sáfe séat *n*. 選挙前と同じ政党が確保できそうな議席, 再選確実な議席. 《1891》

sáfe séx *n*. セーフセックス《AIDS などの性行為感染症防止のためにコンドームを用いる性行為》. 《1983》

sáfe-tìme *n*. 〘宇宙〙セーフタイム《飛翔中のロケットやミサイルの弾頭に安全装置が働いていて起爆しない時間》.

safe·ty /séɪfti/ *n*. **1 a** 危険[損害]のない状態, 安全, 無事, 無難; 安全性; (財政上の)不安のない状態: public ~ 公安 / in ~ 無事に, 安全に / with ~ 危険なく, 安全に, 無難に / *Safety* First 安全第一《危険防止の標語》/ reach ~ 安全なところに着く / take a person *to* ~ 人を安全なところへ連れて行く / play for ~ 「やま」をかけない; 大事をとる / seek ~ in flight 避難する / There is ~ in numbers. 《諺》数の多い方が安全. (★ 次の聖書の文句から出たもの: In the multitude of counselors there is ~. 議士多ければ安らかなり (*Prov*. 11: 14)) / I fear for [am anxious about, am concerned about] his ~. 彼の安否が心配だ / do something for ~'s sake 安全のためにあることをする. **b** 安全なところ: flee for [to] ~ 避難する. **2 a** (銃・砲の)安全装置《safety catch, safety lock ともいう》; 安全装置をかけた状態: put the ~ on …に安全装置をかける. **b** 危険[事故]防止装置; 事故防止の知識[技術], 安全策: traffic [road] ~ 交通安全. **c** 《俗》= condom. **3** 《廃》監禁, 拘留: Hold him in ~. 彼を逃げないように押さえておけ (Shak., *Romeo* 5. 3. 183). **4** 〘アメフト〙 **a** セーフティ《オフェンス側のボール保持者が自軍エンドゾーン内でタックルに遭うなどしてボールをダウン (down) した場合, またはオフェンス側のボールが自軍ゴールライン後方でアウトオブバウンズ (out of bounds) になった場合に, ディフェンス側に与えられる得点(2点); cf. touchback》. **b** = safetyman. **5** 〘野球〙安打, ヒット; (特に)単打 (base hit). 日英比較 「セーフティーバント」は和製英語. 英語では drag bunt. **6** 〘玉突〙セーフティ《得点しようとせず相手に不利になるような位置をねらって球を突くこと》.

— *adj*. [限定的] **1** 安全であるように作った: a ~ trigger 安全引金. **2** (社会・作業員などの)安全を保護する: a ~ device [apparatus, appliance] 安全装置 / ~ measures 安全処置. — *vt*. **1** (危険・事故のないように)保護する, 守る. **2** …に安全装置をつける. 〘《*c*1300》 *sauvete* □ (O)F *sauveté* < ML *salvitātem*: ⇨ safe, -ty〙

sáfety bèlt *n*. **1** (飛行機・自動車などの座席の)安全ベルト《seat belt ともいう》. **2** (高所で働く人の)命綱, 安全バンド. **3** 救命帯 (life belt). 《1858》

sáfety bìcycle *n*. 《古》安全自転車《両輪がほぼ等しい大きさで, 現在普通に用いられているもの; cf. ordinary *n*. 6》. 《1877》

sáfety bòat *n*. 救難艇, 救命ボート. 《1840》

sáfety bòlt *n*. **1** (戸・扉・門などの)安全錠, かんぬき. **2** (銃・砲などの)安全装置. 《1881》

sáfety bòot *n*. 安全靴《底を厚くし, つま先部に鋼芯を入れた作業靴》. 《1967》

sáfety càr *n*. 〘海事〙= life car. 《1840》

sáfety càtch *n*. **1** 〘機械〙安全つかみ《エレベーターなどが故障を起こした時に落下を防止する装置》. **2** = safety 2 a. 《1877》

sáfety chàin *n*. (ブレスレット・時計などが落ちないようにする)安全鎖 (guard); ドアチェーン. 《1845》

sáfety-crìtical *adj*. 安全保障設計の, フェイルセーフ (fail-safe) 機構であることが求められる.

sáfety cùrtain *n*. (劇場のステージと観客席を仕切ることのできる)防火幕《石綿または金属製》. 《1909》

sáfety-depòsit *adj*. = safe-deposit.

sáfety explòsive *n*. 安全爆薬.

sáfety fàctor *n*. 〘機械〙安全率, 安全係数 (factor of safety). 《1909》

sáfety fìlm *n*. 安全フィルム《酢酸繊維素などで造った不燃性フィルム》. 《1928》

sáfety-fìrst *adj*. (危険を避けて)安全第一の: a ~ attitude 安全第一の態度. 《1871》

sáfety fùse *n*. **1** 安全導火線. **2** 〘電気〙筒形ヒューズ (cartridge fuse). 《1839》

sáfety glàss *n*. **1** 〘ガラス製造〙安全ガラス《破損しても飛散せず人体に傷害を与えないような板ガラス; laminated glass, tempered glass, wire glass など》. **2** [*pl*.] 防護ゴーグル《電動工具などを使う時に目を保護するもの》. 《1919》

sáfety hàrness *n*. (車などの)シートベルト, 安全ベルト《ベルトとストラップから成る》. 《1920》

sáfety hèlmet *n*. = crash helmet.

sáfety hòok *n*. 安全フック《蝶番(ちょうつがい)付きの開閉式金具で, 閉じると環になる》. 《1875》

sáfety ìnk *n*. 安全インキ《酸・アルカリ・水などにあっても消えないインキ》.

sáfety ìsland *n*. (街路上の)安全島, 安全地帯《交通量の多い街路の歩行者の安全を守るため, また交通の流れのために設けられた地帯》. 《1933》

Sáfety Íslands *n*. *pl*. [the ~] サルー諸島, セーフティ諸島《南米フランス領 Guiana 近海の3島; Ile Royale /iːrwaːjáːl/, Joseph, Devil's Island の3島から成り, フランス領で, もと徒刑地; フランス語名 Iles du Salut /*F*. ildysaly/》.

sáfety ìsle *n*. = safety island.

sáfety làmp *n*. (鉱山用)安全灯 (⇨ Davy lamp). 《1816》

sáfety lòck *n*. **1** (盗難防止用に作られた)安全錠. **2 a** (銃砲の)安全装置. **b** 安全子《安全装置の部品》. 《1877》

sáfety·màn /-mæ̀n/ *n*. (*pl*. **-men** /-mèn/) 〘アメフト〙セーフティ《守備陣の最後尾に位置しゴールラインの守備に当たる; 単に safety ともいう》. 《1927》

sáfety màtch *n*. 安全マッチ《黄燐を用いず, 特別のすり面でのみ点火するマッチ; 現在普通に用いられているマッチのこと》. 《1863》

sáfety nèt *n*. **1** (曲芸師・高所労働者が落下した場合に備えて張られる)安全網. **2** 予防措置, 安全策. 《1950》

sáfety pìn *n*. **1** 安全ピン. **2** 〘時計〙= guard pin. **3** (手榴弾・地雷の)安全ピン. 《1857》

sáfety plày *n*. 〘トランプ〙(ブリッジで)セーフティプレー, 万全策《余分な組数を取ることをねらわず, 確実にコントラクト (contract) を達成するようにプレーすること, またその方策》. 《1896》

sáfety ràzor *n*. 安全かみそり. 《1875》

sáfety ròller *n*. 〘時計〙小つば《てん真にはめ込まれ, アンクルのけん先と係合しててんぷの振り切りを防ぐ》.

sáfety sèat *n*. 《車の》チャイルドシート.

sáfety shòe *n*. = safety boot.

sáfety sprìng *n*. 〘時計〙= brake spring.

sáfety squéeze *n*. 〘野球〙セーフティスクイズ (⇨ squeeze play 2)《safety squeeze play ともいう》.

sáfety stòp *n*. 〘機械〙安全止め.

sáfety stràps *n*. *pl*. 〘航空〙セーフティストラップ《急激な加・減速時に, シートベルトとは別に体を広い範囲で拘束する締具》. 《1877》

sáfety swìtch *n*. 〘電気〙安全開閉器, 金属箱開閉器《金属箱の中に納めて外から手動で操作できるようにした開閉器》. 《1940》

sáfety vàlve *n*. **1** (ボイラーなどの)安全弁 (cf. relief valve). **2** (感情・精力などの)はけ口 (outlet): serve [act] as a ~ *for* …の安全弁の役をする. ***sít on the sáfety vàlve*** 抑圧手段をとる. 《1797》

sáfety wìre *n*. (振動などでナットが緩まないようにからげる)緩み止め線.

sáfety zòne *n*. 《米》= safety island.

Safe·way /séɪfweɪ/ *n*. セイフウェイ《米国に本社のある大スーパーマーケットチェーン》.

saf·fi·an /sǽfiən/ *n*. 〘皮革〙サフィアン, モロッコ革 (saffian leather) 《sumac でなめして鮮麗な黄色または赤色に染めた羊またはやぎの皮》. 〘《(1591)》 □ Russ. *saf'yan* □ Turk. *sahtiyan* □ Pers. *sakhtiyān* goatskin ← *sakht* hard, strong〙

saf·flor /sǽflɔə | -lɔː(r)/ *n*. = safflower.

saf·flor·ite /sǽflərὰɪt/ *n*. 〘鉱物〙サフロライト ($CoAs_2$). 〘《1852》 □ G *Safflorit* ← *Safflor* (↓): ⇨ -ite[1]〙

saf·flow·er /sǽflὰʊə | -flὰʊə(r)/ *n*. **1** 〘植物〙ベニバナ (*Carthamus tinctorius*) 《キク科の多年草でとげが多い; 花から食紅をとる; false saffron ともいう》. **2 a** べにばな染料, べに《医療用にも用いる》. **b** = safflower oil. 〘《1562》 □ Du. *saffloer* // G *Safflor* □ OF *saffleur* □ OIt. *saffiore* ← ? Arab. *ṣafrā'* yellow + (O)It. *fiore* flower〙

sáfflower òil *n*. サフラワーオイル《ベニバナの種子から採った油; 食用・薬用》. 《1857》

saffranine *n*. ⇨ safranine.

saf·fron /sǽfrən | -rən, -rɔn/ *n*. **1 a** 〘植物〙サフラン (*Crocus sativus*) 《アヤメ科の植物》. **b** サフラン《サフランの雌蕊の柱頭を乾燥させたもの; 薬用・染料・香辛料用》. **2** = saffron yellow. — *adj*. サフランの; サフラン色の, 鮮黄色の. — *vt*. サフラン色にする[染める]; サフランで着色する[味付けする]. 〘《?*a*1200》 □ (O)F *safran* □ Arab. *za'farān* ← ?〙

sáffron càke *n*. サフラン(で風味を付けた)菓子パン, サフランケーキ《英国 Cornwall 地方の伝統的な菓子》. 《1747》

sáffron crócus *n*. 〘植物〙= saffron 1 a.

saf·fron·y /sǽfrəni/ *adj*. サフラン色の, 鮮黄色の. 〘《1630》: ⇨ -y[4]〙

sáffron yéllow *n*. サフラン色, 鮮黄色. 《1832》

Sa·fi /sǽfi; *F*. safi/ *n*. サフィ《モロッコ中西部, 大西洋岸の海港》.

Sa·fid Rud /sæfíːdrúːd/ *n*. [the ~] サフィード川《イラン北部を流れ, カスピ海に注ぐ川 (785 km)》.

S. Afr. 《略》South Africa; South African.

saf·ra·nine /sǽfrəniːn, -nɪ̀n | -niːn, -nɪn/ *n*. (*also* **saf·ra·nin** /sǽfrənɪ̀n | -nɪn/, **saf·fra·nine** /sǽfrəniːn, -nɪ̀n | -niːn, -nɪn/) **1** 〘化学〙= phenosafranine. **2** 〘染色〙サフラニン《絹およびタンニンで媒染した木綿を赤く染める塩基性染料》. 〘《1869》 □ F ~ ← *safran* 'SAFFRON' + -INE[3]〙

S. Afr. D. 《略》South African Dutch.

saf·role /sǽfroʊl | -rəʊl/ *n*. (*also* **saf·rol** /-rɔ(ː)l | -rɒl/) 〘化学〙サフロール ($C_{10}H_{10}O_2$) 《サッサフラス油の成分で, 薬用・香水用》. 〘《1869》 ← F *safran* // G *Safran* + -OLE: ⇨ saffron〙

saft /sǽft/ *adj*. 《スコット》= soft.

sag[1] /sǽg/ *v*. (**sagged; sag·ging**) — *vi*. **1 a** 〈横に張った物が〉(重量・圧力などのために)たるむ, たわむ, (真ん中が)落ち込む; ゆがむ, 曲がる: Elm beams are apt to ~. ニレ材の梁(はり)はたわみやすい / The roof is ~*ging*. 屋根が下

がっている / a ～*ging* board たわんだ板. **b** だらりと垂れる[下がる], しだれる; ずり下がる: ～*ging* shoulders 落ちた肩. **2 a** (老齢・疲労などで)張りをなくす: a ～*ging* face. **b** (筋肉の締まりがなくなって)倒れる: ～ to one's knees ひざをつく. **3** 〈力・迫力・弾力などが〉なくなる, 弱る, 元気がなくなる: His spirits ～*ged* when he knew his friends had given him up. 友人に見限られたと知った彼の気力は衰えた. **4** 〈物価・価値・売れ行きなどが〉漸次下落する, 下押しになる (decline): ～ off from … to … 〈相場が〉…から…へ漸落する / Production ～*ged* during the depression. 不況中に生産は漸落した. **5** 興味を保持し[そそら]ない: His plays are apt to ～ in the middle. 彼の劇は中だるみしがちだ. **6** 〈道路などが〉(通常の位置から)徐々に沈下する, 下がる. **7** のらくら[ふらふら]進む: ～ along. **8** 〖海事〗 **a** 〈船が〉(風下へ)押し流される (drift). ★ 通例次の句で用いられる: ～ to leeward. **b** 〈船体が〉(中央部が自重によって)垂下する (cf. hog *vi.* 2). — *vt.* **1** たるませる. **2** 〖海事〗〈船体〉の中央部を垂下させる.

— *n.* **1 a** たるみ, 垂下; (道路の)沈下. **b** 沈下した所, 窪地. **c** たるみ[垂下]の程度[部分]. **2** (物価の)小下落, 下押し. **3** 〖海事〗(船の風下への)流落 (drift). 〘v.: (*c*1425) □ ? (M)LG *sacken*: cf. Du. *zakken* to subside / Da. *sakke* to lag〙

sag² /sɑ́ːg/ *n.* 《インド》サーグ《野菜または野菜料理; ホウレンソウを用いることが多い; saag ともいう》. 〘□ Hindi *sāg* vegetable(s)〙

sa·ga /sɑ́ːgə, sǽgə | sɑ́ːgə/ *n.* **1** サガ, 北欧(王侯)伝説《中世の Iceland および Norway の英雄・国王などの戦争や業績を中心に述べた(散文)物語; cf. Edda》. **2** 軍談, 武勇談, 冒険談. **3** 一族物語, 年代記《一家・一門または一社会を伝記[歴史]的に述べた長編小説》: *The Forsyte Saga* フォーサイト物語《フォーサイト家を主題にした J. Galsworthy の連作小説》. **4** 長い込み入った物語. 〘(1709) □ ON ～ 'story, legend, history, saga': ⇨ saw³〙

sága bòy *n.* 《カリブ》プレイボーイ, 遊び人. 〘1949〙

sa·ga·cious /səgéɪʃəs/ *adj.* **1** 賢明な, 明敏な, 利口な (⇨ shrewd **SYN**); 機敏な: a ～ remark, writer, etc. **2** 《廃》〈動物など〉感覚の鋭い; (特に)嗅覚(きゅうかく)の鋭い. **～·ly** *adv.* **～·ness** *n.* 〘(1607) ← L *sagāc-, sagāx* sagacious (← IE *sāg- 'to SEEK out')＋-IOUS〙

sa·gac·i·ty /səgǽsəṭi | -sɪ̀ti/ *n.* **1** 賢明, 明敏, 利口; 機敏: the ～ of age and experience 年の功. **2** 《廃》感覚[嗅覚]の鋭さ. 〘(*a*1548) □ F *sagacité* // L *sagācitās* ← *sagāx* (↑): ⇨ -ity〙

sag·a·more /sǽgəmɔ̀ə | -mɔ̀ː(r)/ *n.* **1** New England 地方のアルゴンキン族 (Algonquian) の族長 (chief). **2** ＝sachem 1. 〘(1613) □ N-Am-Ind. (Algonquian) *sāgimau* 《原義》he prevails over〙

Sa·gan, **Carl (Edward)** /séɪgən/ *n.* セーガン《1934–96; 米国の天文学者・科学著述家; *Cosmos* (1980)》.

Sa·gan, **Françoise** /sægɑ̃́ː(ŋ), sɑː-, -gɑ́ːŋ; *F.* sagɑ̃/ *n.* サガン《1935–2004; フランスの女流小説家; 本名 Françoise Quoirez; *Bonjour tristesse*「悲しみよこんにちは」(1954)》.

sag·a·na·ki /sægənɑ́ːki/ *n.* 〖料理〗サガナキ《パン粉[小麦粉]をつけたチーズをバターで揚げたギリシャの前菜》. 〘□ ModGk *saganáki* a small two-handled frying pan〙

sága nóvel *n.* ＝saga 3.

ság bàg *n.* ビーンバッグ (beanbag)《大型のクッション》. 〘(1974) ← Sagbag《商標》〙

sag·but /sǽgbʌt, -bət/ *n.* ＝sackbut 1. 〘《変形》← SACKBUT〙

sage¹ /séɪdʒ/ *n.* **1** 賢人, 聖人, 哲人: ⇨ Seven Sages. ★ しばしば皮肉・滑稽に用いられる: the ～ of the village. **2** 経験に富み判断の健全な人.

Ságe of Chélsea [the ―] チェルシーの賢人《Thomas Carlyle の異名; London の Chelsea に住んでいた》.

Ságe of Cóncord [the ―] コンコードの哲人《Ralph Waldo Emerson の異名; 米国 Massachusetts 州の Concord に住んでいたことから》.

Ságe of Sámos [the ―] ＝Samian sage.

— *adj.* (**sag·er**; **sag·est**) **1** 賢い, 賢明な, 思慮深い (⇨ wise¹ **SYN**): ～ advice / a ～ counselor. **2** [しばしば反語的に用いて] 賢人らしい, 哲人ぶった; 何でもわかったような: He looks as ～ as an owl. ひどくまじめくさった顔をしている. **3** 《廃》厳粛な, いかめしい.

～·ly *adv.* **～·ness** *n.* 〘(*c*1300) □ (O)F ～ < VL *sapium ← L *sapere* 'to be SAPIENT'〙

sage² /séɪdʒ/ *n.* **1** 〖植物〗セージ, ヤクヨウサルビア (*Salvia officinalis*)《シソ科アキギリ属の多年性草本; 葉を香料とする; garden sage ともいう; cf. salvia》. **2** セージ《その葉を乾燥させたもの; 薬用・香辛料》: ～ and onions セージとタマネギの詰め物《かも・がちょう・豚肉などの詰め物にする》. **3** 〖植物〗＝sagebrush. **4** ＝sage green. **～·lìke** *adj.* 〘(*a*1310) *sauge* □ (O)F < L *salviam*: SALVIA と二重語〙

SAGE /séɪdʒ/ *n.* 〖軍事〗セージ, 半自動式(地上)防空管制組織《各地の防空警戒基地からの情報をコンピューターによって総合的に処理し, 最適の防空作戦を決定する体制; cf. BADGE》. 〘(1955)《頭字語》← *s(emi)a(utomatic) g(round) e(nvironment)*〙

Sage, **Russell** /séɪdʒ/ *n.* セージ《1816–1906; 米国の実業家; その遺産で Russell Sage Foundation が設立された》.

ságe·brùsh *n.* 〖植物〗キク科ヨモギ属の雑草の総称; (特に) *Artemisia tridentata*《小低木状となり, 米国西部の不毛地に多く自生する; Nevada 州の州花》. 〘(1850) ← SAGE²〙

Ságebrush Rebéllion *n.* [the ～] 〖米史〗よもぎの反乱《1970–80 年代, 連邦政府に公有地を州に譲渡するように求めた西部諸州の運動》.

Ságebrush Stàte *n.* [the ～] 米国 Nevada 州の俗称.

ságe chéese *n.* セージチーズ《セージで味と色をつけた Cheddar cheese》. 〘1699〙

ságe còck *n.* 〖鳥類〗⇨ sage grouse. 〘1840〙

ságe Dérby chéese *n.* セージダービーチーズ《セージで香味を付けた Derby cheese》.

ságe gréen *n.* 灰緑色《セージの葉の色》. 〘1810〙

ságe gròuse *n.* 〖鳥類〗キジオライチョウ (*Centrocercus urophasianus*)《米国西部の sagebrush の多い地方にいるライチョウ; 雄は sage cock, 雌は sage hen という》. 〘1876〙

ságe hèn *n.* 〖鳥類〗⇨ sage grouse. 〘1843〙

sag·e·nite /sǽdʒənàɪt | -dʒɪ-/ *n.* 〖鉱物〗網目状をなす針状金紅石を含む鉱物《主に石英を指す; cf. love arrows》. 〘(1802) □ F *sagénite* ← L *sagēna* 'SEINE': ⇨ -ite¹〙

ságe spàrrow *n.* 〖鳥類〗ヤチヒメドリ (*Amphispiza belli*)《北米西部産のホオジロ科の小鳥》. 〘1884〙

ságe tèa *n.* 灰緑色茶 セージ茶 (サルビアの葉の浸出液で収斂(しゅうれん)剤として咽喉(いんこう)炎のうがい薬にする). 〘1705〙

ságe thràsher *n.* 〖鳥類〗ウタイマネシツグミ (*Oreoscoptes montanus*)《北米西部産マネシツグミ科》. 〘1884〙

sage·y /séɪdʒi/ *adj.* (**sag·i·er**; **-i·est**) ＝sagy.

sag·gar /sǽgə | -gə(r)/ *n.*, *vt.* 〖窯業〗＝sagger.

sag·ger /sǽgə | -gə(r)/ 〖窯業〗 *n.* さや, 円五郎《耐火材料でできた容器; 陶磁器を入れて焼く》. — *vt.* 〈陶磁器を〉さやに入れる. 〘(1752)《変形》? ← SAFEGUARD〙

ság·ging *n.* 〖海事〗(船体中央部の, 自重による)垂下, サッギング (cf. hogging). 〘*c*1440〙

sag·gy /sǽgi/ *adj.* (**sag·gi·er**; **-gi·est**) 重さで垂れ下がった, たるんだ, だらりと垂れ下がった, ゆがんだ, 曲がった. 〘(1853) ← SAG¹ (n.)＋-Y⁴〙

Sa·gha·lien /sǽgəliːn | sǽg-, sɑ́ːg-/ *n.* ＝Sakhalin.

sag·i·nate /sǽdʒənèɪt | -dʒɪ-/ *vt.* 《古》〈動物を〉(食用に)太らせる. **sag·i·na·tion** /sǽdʒənéɪʃən | -dʒɪ-/ *n.* 〘(1623) ← L *sagīnātus* (p.p.) ← *sagīnāre* ← *sagīna* fattening (of animals)〙

Sag·i·naw /sǽgənɔ̀ː, -nɑ̀ː | -nɔ̀ː/ *n.* サギノー《米国 Michigan 州の Saginaw River の沿岸に位置する港市・工業都市》. 〘← N-Am.-Ind. (Ojibway)《原義》? at the mouth of a river〙

Ságinaw Báy *n.* サギノー湾《米国 Michigan 州中東部, Huron 湖の入江》.

sa·git·ta /sədʒítə | -dʒítə, -gítə/ *n.* (*pl.* **～s**, **sa·git·tae** /-tiː, -taɪ/) **1** [S-] 〖天文〗や(矢)座《北天の星座; the Arrow ともいう》. **2** 〖動物〗ヤムシ《毛顎動物門ヤムシ属 (*Sagitta*) の海洋性浮遊動物の総称; cf. arrowworm》. **3** 〖数学〗矢《円弧の中点からその弦の中点に至る長さ》. 〘(1704) ← NL ～ ← L ～ 'arrow'〙

sag·it·tal /sǽdʒəṭl | -dʒɪtl/ *adj.* **1** 矢の; 矢(じり)状の. **2** 〖解剖〗(頭蓋(とうがい)の)矢状縫合の; 矢状方向の《前後の方向をいう》. **～·ly** *adv.* 〘(1541) ← L *saggitta* (↑)＋-AL¹〙

ságittal crést *n.* 〖動物〗矢状稜《哺乳類の頭頂骨の矢状縫合に沿う骨稜; ヒトではエスキモーなどにみられる》. 〘1854〙

sággital pláne *n.* 〖解剖〗矢状面.

ságittal súture *n.* 〖解剖〗(頭蓋(とうがい)の)矢状縫合.

Sag·it·tar·i·us /sǽdʒətéᵊriəs | sǽdʒɪtéər-, sǽgɪ-, -tɑ́ːr-/ *n.* **1** 〖占星〗 **a** いて(射手)座, 人馬宮《黄道 12 宮の第 9 宮; the Archer ともいう; cf. zodiac》. **b** いて座生まれの人. **2** 〖天文〗いて座《南天の星座; the Archer ともいう》. **Sàg·it·tár·i·an** /-riən⁻/ *n.*, *adj.* 〘(*a*1393) □ L *sagittārius*《原義》archer ← *sagitta*: ⇨ sagitta, -ary〙

sag·it·tar·y /sǽdʒətèri | -dʒɪtəri/ *n.* **1** 〖ギリシャ伝説〗＝centaur 1. **2** 〖紋章〗サギタリウス《半人半馬で弓を引く架空の動物; イングランド王 King Stephen のしるしであったと伝えられる》. 〘(1413) □ L *sagittārius* (↑)〙

sag·it·tate /sǽdʒətèɪt | -dʒɪ-/ *adj.* **1** 矢じりの形をした. **2** 〖植物〗〈葉が〉矢じり状の (cf. hastate 1): ～ leaf 箭状(せんじょう)葉《クワイの葉など》. 〘(1760) ← SAGITTA＋-ATE²〙

sag·it·ti·form /sədʒíṭəfɔ̀əm | -tɪ̀fɔ̀ːm/ *adj.* ＝sagittate. 〘(1895) ← L *sagitta* (⇨ sagitta)＋-I-＋-FORM〙

sa·go /séɪgou | -gəu/ *n.* (*pl.* **～s**) **1** サゴ《サゴヤシ (sago palm) の髄から採る澱粉(でんぷん); 南洋諸島先住民の重要な食品; プディング材料や布地用のりにも用いる》. **2** 〖植物〗＝sago palm 1. 〘(1555) □ Malay *sagu*〙

ságo gràss *n.* 〖豪〗〖植物〗ゴウシュウスズメノヒエ, サゴグラス (*Paspalidum globoideum*)《家畜の飼料用》.

ságo pàlm *n.* 〖植物〗 **1** サゴヤシ《マライ産ヤシ科サゴヤシ属 (*Metroxylon*) の, その髄から sago を採るヤシの総称; マサゴヤシ (*M. laeve*), トゲサゴヤシ (*M. rumphii*) など》. **2** ソテツジュロ (*Phoenix farinifera*). **3** コウリバヤシ属の植物 (*Corypha elata*). **4** サトウヤシ (gomuti). **5** パルミラヤシ (palmyra). **6** ソテツ (*Cycas revoluta*)《中国・東インド産》. **7** ＝coontie. 〘1769〙

ságo púdding *n.* サゴプディング《サゴヤシ澱粉(でんぷん)と牛乳で作る》. 〘1747〙

Sa·guáche Mountains /səwɑ́ː(ː)tʃ- | -wɔ́tʃ-/ *n.* [the ～] ＝Sawatch Mountains.

sa·gua·ro /sə(g)wɑ́ːrou | -rəu; *Am.Sp.* saɣwáro/ *n.* (*pl.* **～s**) 〖植物〗ベンケイチュウ(弁慶柱) (*Carnegiea gigantea*)《米国 Arizona 州産の高さ 20 m にも及ぶハシラサボテンの一種; 茎は用材とし, 果実は食用にする; 花は Arizona 州の州花; giant cactus ともいう》. 〘(1856) □ Mex.-Sp. ～ (現地語)〙

saguáro càctus *n.* 〖植物〗＝saguaro.

Sag·ue·nay /sǽgənèɪ, ⁻⁻⁻/ *n.* [the ～] サゲネー(川)《カナダの南東部, Quebec 州の St. John 湖に発して東流し, St. Lawrence 川に注ぐ川 (201 km)》.

Sa·gui·a el Ham·ra /səgíːəɛlhǽmrə, sɑ́ːgiə-/ *n.* サギアエルアムラ《西サハラ (Western Sahara) の北部約 3 分の 1 を占める部分; 面積 82,310 km²》.

Sa·gun·to /səgúːntou | -təu; *Sp.* saɣúnto/ *n.* サグント《スペイン東部, Valencia の北部にある地中海に近接した都市; 古代名 Saguntum》.

sag·y /séɪdʒi/ *adj.* (**sag·i·er**; **-i·est**) セージで味をつけた, セージを入れた. 〘(1747) ← SAGE²＋-Y⁴〙

Sa·ha, **Meghnad Nad** /sɑ́hɑː/ *n.* サハ《1893–1956; インドの理論物理学者; 恒星大気中での温度と電離度の関係を表すサハの電離式 (Saha's ionization formula) を導いた》.

Sa·hap·tan /səhǽptən/ *n.* ＝Shahaptian.

Sa·hap·ti·an /səhǽptiən/ *n.* ＝Shahaptian.

Sa·hap·tin /səhǽptn̩ | -tɪn/ *n.* ＝Shahaptian.

Sa·ha·ra /səhǽrə, -héᵊrə, -hɑ́ːrə | -hɑ́ːrə/ *n.* **1** [the ～] サハラ(砂漠)《アフリカ北部, 大西洋岸から Nile 川流域にわたる世界最大の砂漠; 面積 9,065,000 km²; the Sahara Desert ともいう》. **2** [比喩的に] 砂漠(のような場所[もの]), 荒野 (desert, wilderness). **3** シエナ色《一種の茶色》. 〘(1613) □ Arab. *ṣaḥrā'* desert (fem.) ← *áṣḥaru* yellowish red〙

Sa·har·an /səhǽrən, -héᵊr-, -hɑ́ːr- | -hɑ́ːr-/ *adj.* **1** サハラ砂漠の(ような); 不毛の. **2** サハラ諸語の. — *n.* **1** サハラ砂漠の住民. **2** 〖言語〗サハラ諸語《チャドおよびその周辺地域で用いられる》. 〘(1849): ⇨ ↑, -an¹〙

Sa·ha·ran·pur /səhɑ́ːrənpùə | -pùə(r)/ *n.* サハランプル《インド北部, Uttar Pradesh 州の都市》.

Sa·har·i·an /səhǽriən, -héᵊr-, -hɑ́ːr- | -hɑ́ːr-/ *adj.* ＝Saharan.

Sa·hel /sɑhéɪl, sə-/ *n.* [the ～] サヘル《中央アフリカ北部, セネガルからエチオピアに至るサハラ砂漠の南に接する半乾燥地帯》. **Sa·hél·i·an** /-liən/ *adj.*

sa·hib /sɑ́ː(h)ɪb, -(h)iːb | sɑ́ːb, sɑ́ː(h)ɪb; *Hindi* saːhiːb/ *n.* **1** [S-] 《古》(インドで)貴人や高位の人に対する尊称《名や官職名などの後につける》: Smith *Sahib* スミス様 / the Colonel *Sahib* 大佐殿 / Raja *Sahib* ラージャ閣下. **2** 《口語》ヨーロッパ人, 英国人, 紳士 (gentleman); (特に, 非ヨーロッパ人の中の)ヨーロッパ人の官吏[植民者]: a pucka ～ (真の)ヨーロッパ人; (立派な)紳士. 〘(1627) □ Hindi *ṣāḥib* □ Arab. *ṣāḥib* friend, master〙

sa·hi·bah /sɑ́ːiːbə/ *n.* (*also* **sa·hi·ba** /～/) sahib の女性形. 〘(1849) □ Hindi *ṣāḥibā*: ↑〙

Sa·hín Lìne /sæhíːn-; *Turk.* sɑhin-/ *n.* ＝Attila Line. 〘*Sahin* トルコの町の名〙

sa·hit·ya /sɑhítjə/ *n.* 《インド》サーヒトヤ《文学, 特に叙情詩》. 〘(1953) □ Skt *sāhitya* poetry, literature association ← *sahita*＝*saṁhita* joined: cf. Samhita〙

Sa·hit·ya A·ka·de·mi /sɑːhítjəəkɑ́ːḍəmi | -də-/ *n.* 《インド》サーヒトヤアカデミー《インド諸言語や英語によるインド文学の発展を目指す団体; インド政府により設立された》.

sa·hi·wal /sɑ́ːhɪ̀wɑ̀ːl/ *n.* [しばしば S-] 〖動物〗サヒワール《インド・パキスタン産の乳牛》. 〘(1916) ← *Sahiwal* (パキスタン Punjab 州中部の町)〙

sa·hua·ro /sə(h)wɑ́ːrou | -rəu/ *n.* ＝saguaro.

sai /sáɪ/ *n.* (*pl.* ～) サイ(釵)《柄から 2 本の鋭い翼が外側に突出している, 十手のような形の短剣; 沖縄古武道または格闘技で 2 つ一組で用いる》. 〘□ Jpn.〙

saice /sáɪs/ *n.* ＝syce.

said¹ /séd/ *v.* say² の過去形・過去分詞. — *adj.* /séd/ [限定的] [the ～] 前記の, 上述の. ★ 法律用語としてまたは戯言的に用いる: *the* ～ person 当該人物, 当人. 〘OE *sæġde* (pret.), (*ġe*)*sæġd* (p.p.)〙

sa·id² /sɑ́ːɪ̀d/ *n.* 〖イスラム教〗＝sayyid.

Sa·id, **Edward Wa·di** /sɑːíːd/, /wɑ́ː(ː)di | wɔ́di/ *n.* サイード《1935–2003; パレスチナ生まれの米国の批評家; 西洋で形成された東洋像に潜むイデオロギーの研究 *Orientalism* (1978) で注目を浴びた》.

Sa·i·da /sɑ́ːɪdə | -də; *Arab.* saidáː/ *n.* サイダ《レバノン南西部, 地中海に臨む港市; 古代フェニキアの都市 Sidon の所在地》.

sai·ga /sáɪgə; *Russ.* sajgá/ *n.* 〖動物〗サイガ (*Saiga tatarica*)《シベリアの草原地帯産のサイガ属のレイヨウの一種; 鼻部がふくれ, 下方に伸びる; saiga antelope ともいう》. 〘(1801) □ Russ. *saĭga* ← Tartar〙

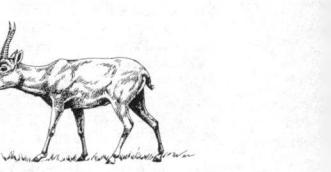

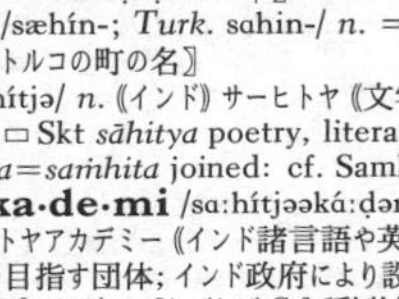

saiga

Sai·gon /sàɪgɑ́(ː)n | -gɔ́n⁻; *F.* saigɔ̃/ *n.* サイゴン《ベトナム南部海港で, かつての South Vietnam の首都; 旧名 Ho Chi Minh City》. **Sai·gon·ese** /sàɪgə(ː)níːz, -gə-, -níːs | -gə-, -gə⁻⁻/ *n.*, *adj.*

Sáigon cínnamon *n.* **1** 〖植物〗ニッケイ (*Cinnamomum loureirii*)《インドシナ原産のクスノキ科の常緑高木》. **2** 肉桂, にっき《ニッケイの樹皮》.

sail /séɪl/ *n.* **1 a** (船の)帆: a set ～ 揚げた帆 / a ～ taken aback 裏帆, 逆帆 / a ～ well taut＝a taut ～ 風を受けて張りきった帆 / with all ～*s* set＝with every ～ set (out) 帆を全部張って, 全部の帆を揚げて / hoist [haul down, lower] a ～ 帆を揚げる[降ろす] / bend a ～ 帆を桁

(ﾏｽﾄ)[支索などに]縛りつける / furl a ～ 帆をたたむ[巻く] / get a ～ in 縮帆する / spread the ～*s* 帆を張る / loose the ～*s* 帆を解く / keep full ～*s* 満帆を揚げている / fill a ～ 帆に風をはらませる. **b** [集合的に](ある船の)帆 (sails) ((一部または全部)): in [under] full ～ 満帆を張って / clap on ～ (速力を増すため)帆を揚げる / hoist [carry] ～ 帆を揚げる[揚げている] / a crowd of ～ ⇨ crowd¹ 3. **c** (氷上ヨット (iceboat) などの)帆. **2 a** (*pl.* 通例 ～) 帆船; 船: in the days of ～ 帆船時代に / There wasn't a ～ in sight. 帆影一つ見えなかった, 船は一隻も見えなかった / *Sail* ho! 船が見えるぞ ((他船が見えた時の叫び)). **b** [通例数詞を伴って; 集合的に] ...隻(の船・帆船): a fleet of twenty ～ 20 隻の船隊[艦隊]. **c** ((廃)) (泳ぎ進む白鳥などの)群れ. **3 a** 帆走, 航行; 航海, 船旅 (voyage); 帆船による回遊, 巡航; 帆走距離, 航程: a few hours' [miles'] ～ / go for [on] a ～ 回遊の船旅に出かける / ten days' ～ (from ...) (...から) 10 日の航程. **b** ((廃)) 帆船の帆走力, 航続力. **4** [*pl.*; 単数扱い] ((俗)) 【海事】 **a** 製帆[縫帆]員. **b** ((英俗)) 掌帆長. **5 a** 帆形の物. **b** 風車の羽根, 風受け. **c** ((詩)) (鳥の)翼 (wing). **d** (潜水艦の)艦橋, 展望塔. **6** ((アフリカ)) =buck sail. **7** 【動物】 **a** バショウカジキ (sailfish) の大背びれ. **b** オウムガイ (nautilus) の大触手 ((2 個あって, 昔帆の役をすると信じられた)). **8** [the S-] 【天文】ほ(帆)座 (⇨ Vela).

(*at* [((廃)) *with*]) ***full sáil(s)*** 順風満帆で; 全速力で; 順調に進捗して. ((*a*1533)) ***béar lów sáil*** ((古)) 謙遜した態度をとる. ((*a*1325)) ***crówd (ón) sáil*** 【海事】 =*pack on all* SAIL(*s*). ***gét ùnder sáil*** 出帆[出港]する. ***give the sáils to the wind*** 〈船が〉帆を風に向ける. ***hául ín one's sáils*** 競争から退く, 遠慮する, 差し控える. ***hóist sáil*** (1) ⇨ 1 b. (2) しりに帆を掛ける, 逃げ出す. ***in sáil*** (1) 帆を揚げて. (2) 帆船に乗って. ***lówer one's sáil(s)*** 恐れ入って降参する, しっぽを巻く, かぶとを脱ぐ. ***màke sáil*** (1) =*set* SAIL. (2) 展帆する, 帆を増して急ぐ: *make* ～ to a breeze 軟風に帆を揚げる. (3) 帆の方向を調節するため桁(ﾔｰﾄﾞ)を檣(ﾏｽﾄ)の周囲に移動する. ***móre sáil than bállast*** 実より見え. ***páck ón àll sáil(s)*** = ***préss sáil(s)*** 【海事】 〈帆を〉できるだけたくさん張る. ***réef one's sáils*** 活動範囲を縮小する; 少々控える. ***sèt sáil*** (1) 帆を揚げる. (2) 出帆する, 出航する (*from, for, to*). ***shórten sáil*** =*take in* SAIL. ***stríke sáil(s)*** (1) (突風の時または他船に敬意を表して)帆を降ろす. (2) ((古)) でしゃばらない; 降参する, かぶとを脱ぐ. ***táke ín sáil*** (1) 帆を減らす[しぼる], 縮帆する. (2) (欲望・活動・野心などを)控え目にする. ***tàke sáil*** 乗船する. ***táke the wínd òut of a person's sáils*** ⇨ wind¹ 成句. ***trím the [one's] sáils (to the wínd)*** (1) 適帆する ((風受けのいいように帆を調節する)). (2) 臨機の処置をとる. ***ùnder sáil*** (1) 帆を揚げて[掛けて]; 帆走で: *under* all ～ 満帆に風を受けて / *under* easy ～ 穏やかな風を帆に受けて. (2) 航行中で. ((OE))

— *vi.* **1 a** 〈船・人が〉帆で走る, 帆走する; 船で行く; 航海する; 船を操る: go ～*ing* 帆走に行く / ～ *out* [*round*] 出港[回航]する / ～ in a steamer [on the Queen Elizabeth] 汽船で[クイーンエリザベス号に乗って]航海する / ～ under the Japanese flag 日本船に乗って航海する[行く] / ～ under false colors ⇨ color 成句 / ～ *along* the coast 沿岸を航行する / ～ *across* [*over*] the seas 海を航行する / ～ *into* harbor [Yokohama] 港に入る[横浜に入港する] / ～ with a fair wind 順風に乗って航行する. **b** ヨットで遊航する; (スポーツとして)ヨットを操縦する. **2** 出帆する, 出港する (set sail): We ～ tomorrow *from* London *for* [*to*] America. 明日ロンドンからアメリカへ向けて出帆します / The ship ～*ed* with the tide. 船は潮の出と共に出港した. **3** 〈白鳥・魚など〉(帆船のように)なめらかに泳ぎ進む; 〈鳥・航空機などが〉滑るように飛ぶ (glide) (cf. swim¹ *vi.* 2); 〈雲・月などが〉浮かぶ, 渡る (float): The airship [clouds, discus] ～*ed over* our heads. 飛行船[雲, 円盤]はゆうゆうと我々の頭上を飛んで行った. **4 a** 苦もなく進む, 簡単に通る; すばやく動く: He ～*ed through* the door [examination]. ドアをさっと通り抜けた[楽々試験に通った]. **b** 〈特に女性が〉(満帆を揚げた船のように)堂々と進む, もったいぶって歩く: She ～*ed into* the room. (反り身になって)さっそうと部屋に入って来た. **c** 仰々しく[騒々しく]やって来る 〈*up*〉. **5** ((口語)) **a** 〔...に〕勢いよく取り掛かる 〔*into*〕: ～ *into* a job [hamburger] 威勢よく仕事を始める[ハンバーガーに食らいつく]. **b** 〔...を〕ののしる, しかる; 攻撃する, なぐる 〔*into*〕: ～ *into* a person for loafing on the job 仕事をサボっていると言って人に食ってかかる. — *vt.* **1 a** 〈船・人が〉〈海・川などを〉渡る, 航海する: ～ the seas, the Pacific, etc. **b** 〈鳥・航空機が〉〈空を〉渡る, 軽く飛ぶ: ～ the air, the sky, etc. **c** 〈円盤などを〉滑るように飛ばす: ～ a discus over a person's head. **2 a** 〈船を〉(帆で)走らせる, 操縦して行く: ～ a boat, ship, yacht, etc. **b** 〈おもちゃの船を〉浮かべる: ～ a boat on a pond 池におもちゃの船を浮かべる. **3** 〈帆走競争を〉行う: ～ a race (*through* [*out*]) 帆走競争を最後までやり抜く. ***sáil fíne*** 詰め開きの状態で風上に航行する. ***sáil clóse to [néar] the wínd*** ⇨ wind¹成句. ***sáil frée*** 順走する, 帆を一杯に開かずに航走する. ***sáil ín*** (1) 入港する. (2) ((口語)) (議論・改革などに)勢いよく[大胆に]乗り出す: ～ *in* and settle the dispute 紛争解決に精力的に乗り出す. (3) ((口語)) ののしる, 食ってかかる, しかる (cf. *vi.* 5).

～·able *adj.* 〚n.: OE *seg(e)l* < Gmc **seʒlam* (n.) (G *Segel*) ← ? IE **sek-* to cut (L *secare* to cut): 原義は a piece of cloth cut off か. — v.: OE *segl(i)an* < Gmc **seʒljan* (G *segeln*)〛

sáil àrm *n.* 風車の翼 (whip) ((翼板を張った腕木)). 〚1760〛

sáil·àxle *n.* 風車の腕木の軸. 〚1868〛

sáil·bòard *n.* **1** (1 本マスト・三角帆・平らな船底で通例コックピットのない 1 人または 2 人乗りの)小帆船. **2** ウィンドサーフィン用ボード. 〚1962〛

sáil·bòarding *n.* ウィンドサーフィン (windsurfing). 〚1974〛

sáil·bòat *n.* ((米)) 帆船, ヨット ((英)) sailing boat). **～·er** /-tə | -tə(r)/ *n.* 〚1798〛

sáil·clòth *n.* **1** (帆・テントなどに用いる)帆布, 帆木綿(ﾓﾒﾝ), キャンバス, ズック: a ～ bucket (船などで用いる)ズック製のバケツ. **2** (衣服・カーテン用の)粗麻布の一種. 〚*a*?1200〛

sailed *adj.* [通例複合語の第 2 構成素として] 帆のある, (...の)帆を張った: red-*sailed* 赤帆の / ⇨ full-*sailed*. 〚(*c*1611) ← SAIL (n.)＋-ED 2: cf. OE *ġeseġled*〛

sáil·er /-lə | -lə(r)/ *n.* **1** 帆船 (cf. steamer 1). **2** [前に帆船の速力・航法などを表す限定詞を伴って] (船脚(ﾌﾅｱｼ)の...な)船: a good [fast] ～ 船脚の速い船 / a heavy [bad, poor, slow] ～ 船脚の遅い船. 〚(?*a*1400): ← SAIL (v.) ＋ -ER¹〛

sáil·fin mòlly /séɪlfɪn-/ *n.* 【魚類】 セールフィンモーリー (*Poecilia latipinna, P. velifera*) ((北米・中米産カダヤシ科グッピー属のあざやかな色をした小型淡水魚; 雄には直立した高い背びれがある)).

sáil·fìsh *n.* (*pl.* ～, ～·es) 【魚類】 **1** バショウカジキ ((マカジキ科バショウカジキ属 (*Istiophorus*) の背びれが著しく発達して帆に似ている魚類; バショウカジキ (*I. orientalis*) など)). **2** =basking shark. 〚1591〛

sáil·flùke *n.* 【魚類】 =megrim¹.

sail·ing /séɪlɪŋ/ *n.* **1** 航海, 航行; 船旅; 帆走; ヨット遊び[競技]; 航行力[速力], 船脚(ﾌﾅｱｼ): fast ～ 速い船脚 / *Sailing* was bad near the coast. 沿岸では難航した / ⇨ plain sailing. **2 a** (定期船の)出帆, 出港: a list of ～*s* from Kobe 神戸出帆表 / make ready for ～ 出港用意をする. **b** (出港時の)積載量. **3** 帆走法, 航海術, 航行法: ⇨ great-circle sailing, composite sailing, parallel sailing, plane sailing. **4** [形容詞的に] 航海の; 船の. 〚OE *seglung* (n.) ← SAIL (v.)＋ -ING¹·²〛

sáiling bòat *n.* ((英)) = sailboat. 〚1721〛

sáiling canòe *n.* 帆走カヌー.

sáiling dày *n.* **1** (客船の)出帆[出港](予定)日. **2** 【海事】 貨物船積み最終日. 〚1839〛

sáiling lèngth *n.* ヨットの全長 ((舳先(ﾍｻｷ)から艫(ﾄﾓ)まで; 時にはその喫水線上の長さをいうこともある)).

sáiling lìst *n.* 出港(予定)表.

sáiling màster *n.* 航海長. ★ 英国では大型ヨットの, 米国では 19 世紀初めまでの海軍の航海長 (warrant officer) をいう. 〚1779〛

sáiling màtch *n.* 帆走競争. 〚1810〛

sáiling òrders *n. pl.* 出帆命令(書), 航海指図(書). 〚1692〛

sáiling shìp *n.* (大型の)帆船, 帆前船. 〚1877〛

sáiling vèssel *n.* (特に大型の)帆船 (↔ steamer). 〚1748〛

sáil·less *adj.* **1** 〈船が〉帆のない. **2** 〈海が〉帆影の見えない, 船のない. 〚1618〛

sáil lòft *n.* 帆を作る部屋[小屋]. 〚1769〛

sáil·màker *n.* **1** 縫帆(ﾎｳﾊﾝ)工, (船の)縫帆員. **2** ((米海軍)) (旧制度の)掌帆(兵曹)長. 〚1596〛

sáil nèedle *n.* 帆縫い針. 〚1497〛

sáil-òff *n.* ヨット競走の決勝戦. 〚1949〛

sail·or /séɪlə | -lə(r)/ *n.* **1** 船員, 海員, 船乗り, セーラー (seaman, mariner): a ～'s life 船乗り生活. **2** [前に good, bad などの限定詞を伴って] 船に強い[弱い]人: a good [bad, poor, wretched] ～ / What kind of a ～ are you? 船はどうですか(強いか弱いか). **3** 甲板員, 水夫; (海軍士官の下位の)水兵 (cf. officer 1 b); 海軍軍人 (cf. soldier 1). **4** =sailor hat; sailor suit. ***a sáilor befóre the mást*** 平水夫; 平水兵 (cf. *before the* MAST¹). ***tálk sáilor*** 海事用語を使う. **～·like** *adj.* 〚(*a*1642) ((変形)) ← SAILER (cf. tailor¹): ⇨ -or²〛

sáilor cóllar *n.* セーラーカラー ((背に四角い大きな襟が下がっていて前は V ネックになっている; アメリカの水兵服からきたもの)). 〚1895〛

sáilor hàt *n.* セーラーハット ((山 (crown) は平らで低く, 縁はまっすぐな紳士用麦わら帽, またはそれに似た婦人帽; 単に sailor ともいう)). 〚1873〛

sáil·or·ing /-lərɪŋ/ *n.* 海員[船乗り]生活, 水夫の仕事[職務]. 〚1864〛

Sáilor Kíng *n.* [the ～] 水夫王, 船乗り王 ((英国王 William 四世の異名; 1779 年海軍少尉候補生として海軍に入り, 1827 年海軍大臣になったことから)). 〚1911〛

sáil·or·ly *adj.* 船乗りらしい[に適した]. 〚1865〛

sáilor·man /-mən, -mæ̀n | -mæ̀n/ *n.* (*pl.* **-men** /-mən, -mèn | -mèn/) ((戯言)) =sailor 1. 〚1761〛

sáilor's-chòice *n.* (*pl.* ～) 【魚類】 北米大西洋沿海産タイ科の小魚の総称: **1** ピンフィッシュ (pinfish). **2** = pigfish. **3** 西インド諸島産イサキ科の魚 (*Haemulon parra*). 〚*c*1860〛

sáilors' hóme *n.* 海員宿泊所, 海員ホーム, 海員会館. 〚1839〛

sáilor's-knòt *n.* 【植物】 北米産のフウロソウ属の一種 (*Geranium maculatum*).

sáilor's knòt *n.* **1** セーラーズノット ((水夫の用いる結索(法))). **2** 船乗り結び ((ネクタイの引結びの一種)). 〚1843〛

sáilor sùit *n.* 水兵服; セーラー服 ((セーラーブラウスにらっぱズボンの少年の服; 単に sailor ともいう)). 日英比較 日本でいう「セーラー服」は主として女子中学生, 女子高校生の制服を指すが, 英語の *sailor suit* は男子用の服をいう. 「セーラー服」に当たる英語は一応 middy (blouse) and skirt (女性・子供用のセーラーカラーのブラウスとスカート)であるが, さらに worn by Japanese junior and senior high school girls as a school uniform のような説明が必要. 〚1880〛

sáil·òver *n.* **1** 【建築】 (屋根・バルコニーなどの)張出し (overhang). **2** 【ヨット】 セールオーバー ((レースでヨットがゴールに進まずに行きつ戻りつすること)). 〚1611〛

sáil plàn *n.* 【造船】 帆装図, 帆船艤装図 ((帆船において円材・索具・帆を装着した状態を真横から見た図)). 〚1953〛

sáil·plàne *n.* 【航空】 セールプレーン ((上昇気流中で滑翔する性能を備えた翼面荷重の小さいグライダー)). — *vi.* セールプレーンで滑空する[飛ぶ]. **sáil·plàn·er** *n.* 〚1922〛

sáil·ròom *n.* (船中の)帆庫, 帆室. 〚1805〛

sáil tràck *n.* 【海事】 セールトラック ((マストの後部やブームの下端に取り付けたレールで, これに帆鐶(ﾊﾝｶﾝ) (hanks) が掛けられ, 帆の揚げ降ろしの際に滑りのよいようにしたもの)).

sáil yàrd *n.* 【海事】 帆桁(ﾎｹﾞﾀ) (yard). 〚OE *seġlġerd*: ⇨ sail, yard¹〛

sai·min /sàɪmín/ *n.* **1** (ハワイの種々の麺料理に用いられる)麺. **2** (麺料理に用いる肉・野菜などの)だし汁. 〚(1949) □ ? Chin. (広東方言) *sai mihn* (細麵)〛

sain¹ /séɪn/ *vt.* ((英古・方言)) **1** (災難除けに)...に十字を切る; 十字を切って...の災を払う; (災を払うために)清める (bless, consecrate). **2** 祈願して悪から守る. 〚OE *segnian* to bless □ LL *signāre* 'to SIGN'〛

sain² /séɪn/ ((廃)) **1** =say. **2** =said¹ (p.p.).

sain·foin /séɪnfɔɪn, sǽn- | sǽn-, séɪn-/ *n.* 【植物】 **1** イガマメ (*Onobrychis viciifolia*) ((ユーラシアに分布するマメ科の植物; 牧草として栽培する; esparcet ともいう)). **2** アメリカハギ (*Desmodium canadense*). 〚(1626) □ F ((廃)) *saintfoin* (F *sainfoin*) □ ML *sanctum faenum* holy hay ((変形)) ← *sānum faenum* wholesome hay: ⇨ sane: 薬草として用いられたことから〛

Sains·bu·ry's /séɪnzbèriz, -b(ə)riz | -b(ə)riz/ *n.* セインズベリーズ ((英国のスーパーマーケットチェーン; 1869 年創業)). 〚← *John James Sainsbury* (1844–1928: 創業者)〛

saint /séɪnt/; (人名などの前では) sèn(t) | s(ə)n(t), sn(t)/ *n.* **1 a** 聖人, 聖徒, 聖者 ((地上の生活が清浄であったため天上において至福の状態にあるとみなされ, キリスト教会で正式に認定され, 信者から尊崇される人; cf. canonize)): ⇨ All Saints' Day, patron saint. ★ (1) しばしばまたは慣用的に St. と略し, 名に冠して St. Paul 聖パウロ, St. Cecilia 聖セシリアのように書く. (2) 本辞典の見出し語では, 地名・複合名詞の場合は慣用に従って St. Louis, St. Agnes's Eve などとし, 聖人自身の場合には Agnes, Saint として収めた; St. が前接する見出しは本辞典ではつづり字に従って St の後の箇所に配置した. **b** 聖人[聖者]像. **2** 聖人のように清らかな人, 高徳の人, 君子; 忍耐強い人, 慈悲深い人: It is enough to provoke [try the patience of] a ～. それじゃどんな聖人だって堪忍袋の緒が切れるよ (cf.「仏の顔も三度」) / play the ～ 聖人ぶる / Young ～(*s*), old devil(s) [sinner(s)]. ((諺)) 「若いうちの神信心は当てにならない」. **3 a** 天国に昇った人, 死者: a departed ～ 故人, 死者 / ⇨ blessed Saints. **b** 天使 (angel): *Saint* Michael the archangel 大天使聖ミカエル. **4 a** 【聖書】 神の選民, 聖徒: with all the ～*s* which are in all Achaia アカイア全土に在るすべての聖徒に (2 *Cor.* 1:1). **b** [S-] Saints と称するキリスト教団体の一員, (特に) Latter-day Saint. **5** (芸術・運動などの)創始者, 創設者, 後援者. — *vt.* **1** 聖人にする, 聖人の列[聖列]に加える. **2** ...に聖人の名を与える, 聖人として崇拝する. **3** [～ it として] 聖徒らしくふるまう, 信心家ぶる. — *vi.* 聖人のように生きる[ふるまう].

～·less *adj.* 〚?late OE □ (O)F ～, OF *seint* < L *sanctum* (p.p.) ← *sancire* to consecrate (⇨ sacred, sanction) ∞ OE *sanct* □ L〛

Saint-Cyr-l'É·cole /sæ̃ː(n)sɪ́əleɪkɔ́ː)l, sæn- | -sɪ́əleɪkɔ́l; *F.* sɛ̃siʁlekɔl/ *n.* サンシルレコル ((フランス北部の Versailles 近くの町; 陸軍士官学校の所在地)).

sáint·dom /-dəm/ *n.* =sainthood 1.

Sainte /sǽ(n)t, sǽnt; (人名の前では) sæ̃(n)t, sǽn(t) | s(ə)n(t), sn(t)/ *n.* Saint のフランス語女性形 ((Ste と略す)).

Sainte-Beuve /sæ̃(n)(t)bə́ːv, sæn(t)- | s(ə)n(t)-, sn(t)-; *F.* sɛ̃tbœːv/, **Charles Au·gus·tin** /ɔgystɛ̃, o-/ *n.* サントブーブ ((1804–69; フランスの批評家・詩人・小説家; *Port-Royal* (1840–59), *Les Causeries du lundi*「月曜閑談」(1851–62))).

sáint·ed /-tɪd | -tɪd/ *adj.* **1** 聖人とされた, 聖列にはいった (canonized). **2** 聖人の, 聖人にふさわしい; 神聖な (sacred), 聖なる (holy); 高徳な; 信心深い (devout). **3** 天国に行った, 死んだ: my ～ mother わが亡き母. ***My sáinted áunt!*** ((古)) [驚きを表して] 何てことだ. 〚1598〛

saint·ess /séɪntɪs | -tɪs, -tɛs/ *n.* ((まれ)) 女聖人, 聖女. 〚1449〛

Saint Eu·sta·ti·us /sèɪntjuːstéɪʃ(i)əs/ *n.* セントユースタティウス ((西インド諸島東部, Leeward 諸島北部の島; オランダ領 Antilles に所属)).

Saint-Ex·u·pé·ry /sæ̃(n)tègz(j)ʊperíː, sæn-; *F.* sɛ̃tɛgzypeʁi/, **Antoine de** *n.* サンテグジュペリ ((1900–44; フランスの小説家・飛行家: *Vol de nuit*「夜間飛行」(1931), *Le Petit Prince*「星の王子さま」(1943))).

saint·foin /séɪn(t)fɔɪn/ *n.* 【植物】 =sainfoin.

Saint-Gau·dens /sèɪn(t)gɔ́ːdnz, -gáː- | s(ə)n(t)gɔ́ː-/, **Augustus** *n.* セントゴーデンズ ((1848–1907; アイルランド生まれの米国の彫刻家)).

sáint·hòod *n.* **1** 聖人[聖徒, 聖者]であること; 聖人の身分[位]. **2** [集合的] 聖人, 聖徒 (saints). 〚1550〛

Saint-John Perse /sɪ́ndʒɒnpə́ːs, -pɛ́əs | -pə́ːs, -pɛ́əs; *F.* sɛ̃dʒɔnpɛʁs/ *n.* サンジョンペルス (⇨ Léger).

S

Saint-Just /sǽ(n)ʒúst, sæn-, -dʒʌ́st, -ʒɪst; *F.* sɛ̃ʒyst/, **Louis Antoine Léon de** *n.* サンジュスト《1767–94; フランス革命の指導者の一人》.

Saint Kil·da /sèɪn(t)kɪ́ldə | s(ə)n(t)-/ *n.* セントキルダ《スコットランドの西方 Outer Hebrides 諸島に属する3つの小島から成る島群で, Great Britain の最西部; 1930 年以来無人で, 野鳥の保護区域になっている》.

sáint·lìke *adj.* 聖人[聖徒]らしい[のような] (saintly). 〖*c*1580〗

saint·ling /séɪntlɪŋ/ *n.* [軽蔑的に] 小聖人. 〖(1622): ⇨ -ling〗

sáint·ly *adj.* (**saint·li·er; -li·est**) **1** 聖人[聖徒]らしい, 聖人のような (saintlike). **2** 非常に高徳な, 高潔な, 気高い (holy). **sáint·li·ly** /-ləli | -lɪ̣li/ *adv.* **sáint·li·ness** *n.* 〖1534〗

Sàint Márk *n.* San Marco の英語名.

Sàint Máry *n.* 聖(母)マリア (Virgin Mary).

Sàint Mónday *n.* 《英戯言》聖月曜日《労働者などが日曜日の大酒・夜ふかしなどで月曜日に休む時にいう; cf. Black Monday, blue Monday》: keep *Saint* [*St.*] *Monday* (日曜を飲み遊んで)月曜休日を決め込む.

Sàint-Pátrick's càbbage *n.* 〖植物〗ヒカゲユキノシタ (London pride).

saint·pau·li·a /seɪn(t)pɔ́ːliə, -pάː- | s(ə)n(t)pɔ́ː-, sn̩(t)-/ *n.* 〖植物〗セントポーリア, アフリカスミレ (⇨ African violet). 〖(1895) ← NL ～ ← *Walter von Saint Paul* (1860–1910: ドイツの男爵で軍人, その最初の発見者): ⇨ -ia¹〗

Saint-Pierre /seɪn(t)piéə | s(ə)n(t)piéə(r, sn̩(t)-; *F.* sɛ̃pjɛːʁ/, **Jacques Henri Ber·nar·din de** /bɛrnardɛ̃d/ *n.* サンピエール《1737–1814; フランスの作家; *Paul et Virginie*「ポールとビルジニー」(1787)》.

Saint-Saëns /sǽ(n)sά̃ː(n)s, sænsάːns; *F.* sɛ̃sɑ̃ːs/, **(Charles) Camille** *n.* サンサーンス《1835–1921; フランスの作曲家; 歌劇 *Samson et Dalila*「サムソンとデリラ」(1877), *Le Carnaval des animaux*「動物の謝肉祭」(1886)》.

Saints·bur·y /séɪntsbɛri, -b(ə)ri | -b(ə)ri/, **George (Edward Bate·man)** /béɪtmən/ *n.* センツベリー《1845–1933; 英国の文学史家・文芸批評家; *A Short History of English Literature* (1898), *A History of English Prosody* (1906–10)》.

sáint's dày *n.* 聖人の祝日, 聖人記念日《教会で記念礼拝を行い, 学校が休日となることがある》. 〖*a*1450〗

sáint·shìp *n.* **1** 聖人[聖徒]の身分[位], 聖人であること. **2** 聖人[聖徒]らしさ, 高徳. 〖1606〗

Saint-Si·mon /sǽ:(n)simɔ́:(ŋ), sænsimɔ́:ŋ; *F.* sɛ̃simɔ̃/, comte de *n.* サンシモン《1760–1825; フランスの空想的社会主義者・作家; 本名 Claude Henri de Rouvroy /ruvrwa/》.

Saint-Simon, duc de *n.* サンシモン《1675–1755; フランスの軍人・作家; *Mémoires*「回想録」; 本名 Louis de Rouvroy /ruvrwa/》.

Saint-Si·mo·ni·an /sèɪn(t)saɪmóuniən | s(ə)n(t)-saɪmə́u-, sn̩(t)-⁻/ *adj.* サンシモン (comte de Saint-Simon) の, サンシモン社会主義の, 国家社会主義の. — *n.* サンシモン社会主義遵奉者, 国家社会主義者. 〖(1830): ⇨ -ian〗

Sàint-Si·mó·ni·an·ìsm /-niənìzm/ *n.* サンシモン主義, 国家社会主義《国家が全財産を所有し, 労働者はその労働に応じて財産を享有する資格をもつとする空想的社会主義》. 〖1830〗

Sàint-Si·món·ism /-nɪzm/ *n.* =Saint-Simonianism.

Sàint-Si·món·ist /-nɪ̣st | -nɪst/ *n.* =Saint-Simonian.

Sai·pan /sàɪpǽn, -pάːn | -pǽn⁻/ *n.* サイパン(島)《北太平洋 Northern Mariana 諸島の島; もと日本の委任統治領; 太平洋戦争の激戦地 (1944); 面積 122 km²》.

sair /séə | séə(r/ *adj.*, *n.*, *adv.* 《スコット》=sore.

Sa·ïs /séɪɪ̣s | séɪɪs/ *n.* サイス《Nile 川三角洲(*)地帯にあった都市; 古代 Lower Egypt の首都》.

Sa·ite /séɪaɪt/ *n.* サイス (Saïs) の住民. — *adj.* **1** サイスの; サイスの住民の. **2** サイス王朝の: the ～ dynasty サイス王朝《古代エジプト第 26 王朝 (664–525 B.C.)》. 〖(1678) □ L *Saïtēs* □ Gk *Saḯtēs* ← *Sáis* (↑): ⇨ -ite¹〗

saith /séθ, séɪθ/ *vt.*, *vi.* 《古・詩》say の第三人称単数直説法現在形.

saithe /séɪθ, séɪð/ *n.* (*pl.* ～) 〖魚類〗=pollack b. 〖← Scand.: cf. ON *seiþr* coal fish〗

Sa·it·ic /seɪ́tɪk | -tɪk/ *adj.* =Saite. 〖□ L *Saïticus* □ Gk *Saïtikós* ← *Sáis*〗

Sai·va /sí:və, ʃáɪ-/ *n.* 〖ヒンズー教〗シバ派《ヒンズー教の一派で Siva を最高主神とするもの》. **Sái·vism** /-vɪzm/ *n.* **Sái·vite**/sí:vaɪt, ʃáɪ-/ *n.* 〖(1810) □ Skt *Śaiva* ← *Śiva*: ⇨ Siva〗

sa·ka·bu·la /sæ̀kəbú:lə/ *n.* 〖鳥類〗コクホウジャク (*Euplectes progne*)《アフリカ南部産ハタオリドリ亜科の, 黄・赤・黒のあざやかな羽色の鳥; long-tailed widow bird ともいう》. 〖(1887) □ Bantu (Xhosa) *isakabula*〗

Sa·kai /sάːkaɪ | sǽk-/ *n.* **1** サカイ《Malay 半島の先住民族の総称, 時に蔑称》. **2** サカイ語. **3** [s-] 粗暴な人間. 〖(1839) ← Malay〗

sake¹ /séɪk/ *n.* (…の)ため, 目的, 理由; 利益 (interest). ★ (1) 現在では for the sake of …, for …'s sake「…のために」「…に免じて」の形だけで用いる; sake を修飾する名詞の語尾が /s/ 音の場合には通例所有格の s (時には 's) を省略する (2) sakeよりも前後の名詞のほうが強く発音される: Do it for John's [John('s) and Mary's] ～. ジョン[ジョンとメアリー]のためにそうしなさい / Do it for the children's ～ [for the ～ of the children]. その子供たちのためにそれをしなさい / Do it for the ～ of the environment. 環境のためにそれをしなさい / for the ～ of health 健康のために, 保養[養生]に / art [beauty] for art's [beauty's] ～ 芸術[美]のための芸術[美]《芸術至上[唯美]主義の motto》/ for appearance('s) ～=for the ～ of appearance 体裁上, 外見を繕うために, 世間の手前 / for both [all] our ～*s* 我々双方[皆]のために / for brevity's ～ 簡潔のために, 略して / for charity's ～ 慈善のために / for conscience' ～ 気の済むように, 気休めに / for convenience' [convenience] ～ 便宜上 / (just) for argument's ～=(just) for the ～ of argument (単に)議論を進めるために / for form's ～ 形式上, 念のため / for God's [Christ's, goodness('), heaven's, Pete's] ～ 後生(ごしょう)だから, どうぞ (★ いらだちや怒りを表したり命令形を強めたりする) / for mercy's [pity's] ～ お情けに, かわいそうだと思って, 後生だから / for his name's ～ 彼の名前が名前だから; 彼の名誉のために / for old times' ～ 昔のよしみに, 昔なじみに / for your own ～ 君自身のために, (君が)わが身がかわいくて / It's worth doing for its own ～. それはそれ自体のためにも行う価値がある. ***for ány sàke*** [懇願のときに用いて] とにかく, ぜひ (by all means). 〖1824〗
〖OE *sacu* contention, cause < Gmc **sakō* affair, thing, cause, crime (G *Sache* thing) ← IE **sāg-* 'to SEEK out'〗

sa·ke² /sάːki | sάːki, -keɪ/ *n.* (*also* **sa·ké** /～/) 日本酒, 清酒 (saki ともつづる). 〖(1687) □ Jpn.〗

sa·ker /séɪkə | -kə(r/ *n.* **1** セイカーハヤブサ (*Falco cherrug*)《鷹狩用のハヤブサの一種; 特に雌をいう》. **2** セーカー砲《culverin 砲の第 3 番目; 17 世紀では 5.5 ポンド砲》. 〖(*c*1400) *sacre, sagre* □ (O)F *sacre* □ Arab. *ṣaqr* hawk〗

Sa·kha /sǽkə; *Russ.* sáxə/ *n.* ⇨ Yakutia.

Sa·kha·lin /sǽkəlì:n, -lɪ̣n | sǽkəlì:n, sάː-, -lɪn; *Russ.* səxalʲín/ *n.* サハリン(島), 樺太(からふと)《ロシア連邦東部, オホーツク海の島; もと北緯 50 度を境に北半分はソ連, 南半分は日本に分割されていたが, 1945 年 Yalta 協定によって全島旧ソ連の所有となった; 面積 76,400 km²》. 〖□ Russ. ～ □ Manchu *Sakhalin-Oula*〗

Sa·kha·rov /sάːkərɔ̀(ː)f, sǽk-, -rὰ(ː)f | sǽkərɔ̀f, -rɔ̀v; *Russ.* sáxərəf/, **Andrei Dmi·tri·e·vich** /dmʲitrʲíjivʲitʃ/ *n.* サハロフ《1921–89; ソ連の核物理学者・反体制運動家; 水爆の父といわれる; 人権擁護委員会を設立 (1970); 1980 年 Gorky に流刑されたが, 国際世論により釈放された; Nobel 平和賞 (1975)》.

sa·ki¹ /sǽki, sάːki | sάːki/ *n.* 〖動物〗サキ《南米産オマキザル科サキ属 (*Pithecia*) のサルの総称; 尾が長くて太く, 鼻が大きい》. 〖(1774) □ F ～ □ S-Am.-Ind. (Tupi) *sagui*〗

saki
(*P. monachus*)

sa·ki² /sάːki | sάːki, sǽki/ *n.* =sake².

Sa·ki /sάːki/ *n.* サキ (Hector Hugh MUNRO の筆名).

sak·i·eh /sǽkièɪ/ *n.* (*also* **sak·i·a** /sǽkiə/) (エジプトの)水揚げ車. 〖(1687) □ Arab. *sāqiyah* ← *sáqā* to irrigate〗

Sak·ka·ra /səkάːrə/ *n.* =Saqqara.

sak·kie-sak·kie /sǽkisǽki/ *n.* 《南ア》〖音楽〗サキサキ《アフリカーナーの単純でリズミカルなダンス(音楽)》. 〖□ Afrik. ～: リズムを模した擬音語か〗

sak·kos /sάːkɔ(ː)s, sǽk-, -kɔ(ː)s | sǽkɔs; *Mod.Gk.* sákos/ *n.* 〖東方正教会〗サッコス《主教 (bishop) が礼拝中に着るダルマチカ (dalmatic) に似た上衣服》. 〖← NGk *sákkos*《原義》'SACK¹'〗

Sak·mann /zάːkmaːn, sάːk-; *G.* zákman/ , **Bert** *n.* ザクマン《1942– ; ドイツの生化学者; Nobel 医学生理学賞 (1991)》.

Sáks Fífth Ávenue /sǽks-/ *n.* サックスフィフスアベニュー《New York 市の Fifth Avenue に本店のある高級デパート》.

Sak·ta /ʃάːktə/ *n.* 〖ヒンズー教〗=Shakta.

Sak·ti /ʃάːkti/ *n.* 〖ヒンズー教〗=Shakti.

Sak·tism /ʃάːktɪzm/ *n.* 〖ヒンズー教〗=Shaktism.

Sa·kun·ta·la /səkúntəlὰː | -tə-/ *n.*「シャクンタラー」《Kalidasa 作の古代インド詩劇; 序詩および 7 章から成る; 隠者の娘 Sakuntala は Dushyanta 王から授かった婚約指輪を紛失したため道士の呪いを受けるが, のち指輪が出て王とめでたく結ばれる》.

Sa·kya·mu·ni /sάːkjəmùni/ *n.* 釈迦牟尼(しゃかむに)《560–480 B.C., あるいは 463–383 B.C.; 仏教の開祖; 仏陀 (Buddha) の別称》. 〖□ Skt *Sākyamuni*《原義》a hermit sage of the Sakyas (釈迦族)〗

sal¹ /sǽl/ *n.* 〖化学・薬学〗[通例複合語の第 1 構成素として] 塩 (salt): ⇨ sal ammoniac. 〖(*c*1395) □ L *sāl* 'SALT'〗

sal² /sάːl; *Hindi* saːl/ *n.* **1** 〖植物〗サラソウジュ(娑羅双樹), サラノキ (*Shorea robusta*)《インド北部原産フタバガキ科の常緑高木; sal tree ともいう》. **2** サラソウジュ材《ラワン (lauan) の一種》. 〖(1789) □ Hindi *sāl* ← Skt *sāla*〗

Sal /sǽl/ *n.* サル《女性名; 男性名》. 〖(dim.) ← SARAH: cf. Sally¹〗

sal. 《略》salad; salary.

sa·la /sάːlə; *Sp.* sála, *It.* sáːla/ *n.* (個人の家の)大きな部屋, 広間《特に, 接客用》. 〖(1611) □ Sp. & It. ～: ⇨ saloon〗

sa·laam /səlάːm | sə-, sæ-; *Arab.* salá:m/ *n.* **1** 額手礼《体をかがめ右手の手のひらを額に当てて行うイスラム教徒の敬礼》: make one's ～ 額手礼をする. **2** [*pl.*] 挨拶 (salutation), 敬意: send ～*s* 敬意を表する, よろしく言ってやる. — *vt.* …に額手礼をする, …に挨拶する; 額手礼をして[敬意を表して]迎える. — *vi.* 額手礼をする, 挨拶する. 〖(1613) □ Arab. *salām* saluting, 《原義》peace: cf. Islam, Moslem, shalom〗

sal·a·bil·i·ty /sèɪləbɪ́ləṭi | -lɪ̣ti/ *n.* 販売可能性, 売れる見込み. 〖(1797): ⇨ ↓, -ity〗

sal·a·ble /séɪləbl/ *adj.* **1** 売るに適した, 売れる. **2** 《古》買収されやすい (venal). **sál·a·bly** /-bli/ *adv.* **～·ness** *n.* 〖(1530) ← SALE+-ABLE〗

Sa·la·cia /səléɪʃə/ *n.* 〖ローマ神話〗サラーキア《Neptune のきさき》. 〖□ L *Salācia* ← *salum* the (open) sea □ Gk *sálos*〗

sa·la·cious /səléɪʃəs/ *adj.* **1** 好色な, みだらな (lewd, lustful). **2** 〈話・本・絵など〉猥褻(わいせつ)な (obscene): ～ writings 猥褻な著作物. **3** 《古》〈食物が〉催淫性の (aphrodisiac). **～·ly** *adv.* **～·ness** *n.* 〖(*c*1645) ← L *salāc-*, *salāx* fond of leaping, lustful (← *salīre* to leap: ⇨ salient)+-IOUS〗

sa·lac·i·ty /səlǽsəṭi | -sɪ̣ti/ *n.* 好色; 猥褻(わいせつ). 〖(1605) □ (M)F *salacité* // L *salācitātem*: ⇨ ↑, -ity〗

sal·ad /sǽləd/ *n.* **1** サラダ, サラダ料理: fruit [lobster, chicken] ～ / dress a ～ サラダにドレッシングをかける. **2** サラダ用野菜; 《方言》(特に)レタス, チシャ, サラダ菜 (lettuce). **3** ごたまぜ (hodgepodge). 〖(*c*1390) □ (O)F *salade* □ OProv. *salada* < VL **salāta* (*herbam*) salted (herb) ← **salāre* to salt ← L *sāl* 'SALT'〗

sálad bàr *n.* サラダバー《レストラン内のセルフサービスのサラダカウンター》. 〖1973〗

sálad bòwl *n.* サラダボウル《サラダを盛る大皿[大鉢], またはサラダを取り分ける小皿[小鉢]》. 〖1773〗

sálad bùrnet *n.* 〖植物〗オランダワレモコウ, サラダバーネット (*Sanguisorba minor*)《時にサラダに使うバラ科ワレモコウ属の植物》. 〖1854〗

sálad crèam *n.* サラダクリーム《マヨネーズに似たサラダ用ドレッシング》. 〖1858〗

sálad dàys *n. pl.* (無経験な)青二才時代: My ～, when I was green in judgment 物を見る目もなかった青二才時代 (Shak., *Antony* 1. 5. 73). 〖1606〗

sálad drèssing *n.* サラダ(用)ドレッシング《フレンチドレッシング・マヨネーズなど》. 〖1836–39〗

sa·lade /səlάːd, -lǽd/ *n.* 〖甲冑〗=sallet¹.

sa·lade ni·çoise, s- N-, S- N- /səlάːdnɪswά:z; *F.* saladniswa:z/ *n.* サラードニソワーズ, ニース風サラダ《マグロ・トマト・ゆでたグリンピース・ジャガイモ・アンチョビー・ゆで卵・黒オリーブ・にんにく入りビネグレットソースを使ったサラダ; niçoise salad ともいう》. 〖(1955) □ F ～〗

sálad fòrk *n.* サラダ(用)フォーク: **a** (食べるための)小型のフォーク. **b** (よそうための)大型の木製フォーク. 〖1917〗

Sal·a·din /sǽlədɪ̣n, -dn̩ | -dɪn/ *n.* サラディン《1138–93; クルド人; イスラム世界を代表する君主; アイユーブ朝を興し, エジプトおよびシリアを支配したスルタン (1169–93); Jerusalem を奪取して十字軍と戦い Richard 一世の好敵手となった; アラビア語名 Ṣalāḥ ad-Dīn Yūsuf ibn Ayyūb》.

sál·ad·ing /-dɪŋ | -dɪŋ/ *n.* 《英》サラダ用野菜・ハーブ. 〖(1664): ⇨ salad, -ing³〗

Sa·la·do /səlάːdou | -dəu; *Am.Sp.* saláðo/, **(Río** /ríːo/**)** *n.* [the ～] サラド(川)《アルゼンチン北部の川; 同国北部 Andes 山脈中に発し, 南東に流れて Paraná 川に合流する (2,010 km)》.

sálad òil *n.* サラダ油, サラダオイル《サラダドレッシング用の植物油》. 〖1537〗

sálad ònion *n.* =spring onion.

sálad plàte *n.* **1** サラダ用取り皿. **2** (レストランなどで昼食にサラダ菜の上に盛って出される)サラダ料理. 〖1881〗

sálad spòon *n.* サラダ用スプーン. 〖1858〗

sal·ae·ra·tus /sæ̀ləréɪṭəs | -təs/ *n.* =saleratus.

sa·lah /səlάː/ *n.* 〖イスラム教〗=salat.

sa·lal /səlǽl, sæ-/ *n.* 〖植物〗北米太平洋岸産のツツジ科の常緑小低木 (*Gaultheria shallon*)《果実を乾かして食用にする; shallon ともいう》. 〖(1825) □ Chinook jargon *sallal*〗

Sa·lam /sɑlάːm/, **Ab·dus** /άːbdus/ *n.* サラム《1926–96 ; パキスタンの物理学者; イタリアと英国で活躍; Nobel 物理学賞 (1979)》.

Sal·a·man·ca /sæ̀ləmǽŋkə; *Sp.* salamáŋka/ *n.* サラマンカ《スペイン西部, Madrid 西方の都市; この付近で英国の将軍 Wellington がフランス軍を破った (1812)》.

sal·a·man·der /sǽləmæ̀ndə | -də(r/ *n.* **1** 〖動物〗サンショウウオ《有尾両生類の総称; ヨーロッパ産のマダラサンショウウオ (*Salamandra salamandra*)・北米産のトラフサンショウウオ属 (*Ambystoma*) のものなど約 20 種におよぶ; cf.

salamander 1

S

giant salamander》. **2 a** 火とかげ, サラマンダー《火中にすんで焼けないと信じられた伝説の動物》: that ~ of yours お前の顔のその火くいとかげ[赤ら顔] (Shak., *1 Hen IV* 3. 3. 47). **b** 火中にすむ魔神, 火の精 (cf. gnome¹ 1, nymph, sylph 1). **3** 火に耐えるもの; 熱さに平気な人; 砲火の下をくぐる軍人. **4 a** (料理用)焼ごて《熱して食品の上に載せてその上部を焼くのに用いる》. **b** (上から加熱する)料理用ガスオーブン. **c** 携帯用ストーブ[燃焼器] 《salamander stove ともいう》. **5** 〖冶金〗サラマンダー, べこ, 炉底堆積物. 〖《1340》 *salamandre* ◻ (O)F ◻ L *salamandra* ◻ Gk *salamándrā* ← ?〗

sal·a·man·dri·an /sæ̀ləmǽndriən⁻/ *adj.* =salamandrine 1. 〖《1600》: ⇨ ↑, -ian〗

sal·a·man·drine /sæ̀ləmǽndrɪn | -drɪn⁻/ *adj.* **1** salamander の(ような). **2** 火に耐える, 耐火の; 熱さに平気な. — *n.* **1** 〖動物〗サンショウウオ (salamander). **2** 火中にすむと信じられた魔神, 火の精. 〖《1712》 ← L *salamandra* 'SALAMANDER'＋-INE³〗

sal·a·man·droid /sæ̀ləmǽndrɔɪd⁻/ *adj.* 〖動物〗サンショウウオに似た. 〖《1854》: ⇨ -oid〗

Sa·lam·bri·a /sælǽmbriə/ *n.* [the ~] サランブリア(川) (⇨ Piniós) 《古代名 Peneus》.

sa·la·mi /səlɑ́ːmi/ *n.* サラミ(ソーセージ) 《イタリア原産の香辛料(しばしばにんにく)をきかせたソーセージ》. 〖《1852》 ◻ It. ~ (pl.) ← *salame* ← L *salāre* to salt ← *sāl* 'SALT'〗

Sal·a·mis¹ /sǽləmɪs | -mɪs; *Mod.Gk.* salamís/ *n.* サラミス: **1** ギリシャの南東, Aegina 湾にある島; この付近の海戦でギリシャ軍が Xerxes 一世指揮下のペルシャ軍を破った (480 B.C.); 面積 96 km². **2** 地中海東部の Cyprus 島にあった古都; 使徒 Paul の第 1 回伝道地 (cf. *Acts* 13: 5). **Sal·a·min·i·an** /sæ̀ləmíniən⁻/ *adj.*, *n.*

Sal·a·mis² /sǽləmɪs | -mɪs/ *n.* 〖ギリシャ神話〗サラミス 《Asopus と Metope の娘; Poseidon との間に男子 Cychreus をもうけた》.

sál ammóniac /sǽl-/ *n.* 〖化学〗塩化アンモニウム (NH_4Cl). 〖《*c*1325》 ◻ L *sāl ammōniacus*〗

sal·an·gane /sǽləŋgæ̀n, -gèn/ *n.* 〖鳥類〗アマツバメ《燕巣(えんす) (edible bird's nest) を作る数種のアマツバメ (swift) の総称; cf. swiftlet》. 〖《1793》 ◻ F ~ ◻ Malay *salamga*〗

Sá·lang Páss /sɑ́ːlæŋ-/ *n.* サーラング峠《アフガニスタン北東部の Hindu Kush 山脈を横切る標高の高いルートで, Kabul への輸送ルートを改善するために 1960 年代にソ連が道路とトンネルを建設した》.

sa·lar /səlɑ́ə | -lɑ́ː(r; *Am.Sp.* salár/ *n.* (乾燥気候の地域で)塩湖が(完全にまたは季節的に)干上がってできた平地《一面に塩の結晶が堆積している; cf. salt lick》. 〖◻ Am.-Sp. ~ ← Sp. *salar* to salt: cf. salad〗

sa·lar·i·at /səlé(ə)riət, -riæ̀t | -léəriæ̀t, -riət/ *n.* [the ~] 給料生活者[サラリーマン]階級《通例賃金労働者と区別して用いられる》. 〖《1917》 ◻ F ~ 《混成》 ← *sala*(*ire*) 'SALARY'＋(*prolēta*)*riat* 'PROLETARIAT'〗

sal·a·ried /sǽlərid/ *adj.* **1** 給料を取る, (時間給でなく)給料を受ける: a ~ worker サラリーマン (cf. wage earner) / the ~ class 給料生活者[サラリーマン]階級. **2** 〈地位・官職など〉有給の (paid): a ~ office 有給職. 〖1600〗

sal·a·ry /sǽləri/ *n.* **1** (週, 月, 年ごとに定期的に支払われる固定の)俸給, 給料, 月給, 年俸, サラリー (cf. wage, salt 5) (⇨ wage SYN): a beginning [starting] ~ 初任給 / a clerk with [on] a small [low] ~ 薄給の事務員 / get [draw, earn] a high ~ 高給をとる / work on a ~ 給料をもらって働く / *Salary* Range [Scale]: £3,000 to £3,500 p.a. plus London (Weighting) Allowance [広告] 給与の幅: 年俸 3,000–3,500 ポンド, 他にロンドン地域手当あり. 日英比較 (1) 日本語の「サラリー」はかなりくだけた文脈で用いられることが多いので, 英語では pay に相当する場合が多い. (2) 日本語の「サラリーマン」は英語では salaried man [woman, worker] ともいうが, office worker, white-collar worker のほうが一般的である. **2 a** 《廃》謝礼, 報酬金 (fee). **b** 報酬 (reward). — *vt.* **1** …に俸給を与える, 給料を払う. **2** …に報いる. **~·less** *adj.* 〖《?*c*1395》 *salarie* ◻ AF=(O)F *salaire* ◻ L *salārium* soldier's salt money, salary ← *sāl* 'SALT': ⇨ -ary〗

sálary sávings insùrance *n.* 〖保険〗給料積立保険.

sa·lat /sɑlɑ́ːt/ *n.* 〖イスラム教〗サラート, 礼拝《日に 5 回行う礼拝; 早朝・昼・午後・日没・夜に行う务めとされる; salah ともいう》. 〖◻ Arab. *ṣalāʰ* ← *ṣállā* to pray〗

Sa·la·zar /sæ̀ləzɑ́ə, sɑ̀ːl- | -zɑ́ː(r; *Port.* sɐlɐzár/, **An·tó·nio de O·li·vei·ra** /ɐ̃tɔ́niu ðɯ olivɐ́irɐ/ *n.* サラザール《(1889–1970; ポルトガルの政治家, 首相 (1932–68); ファシズムとカトリック精神を基調とした憲法を発布し, 独裁制をしいた》.

sal·bu·ta·mol /sælbjúːtəmɔ̀(ː)l | -təmɔ̀l/ *n.* 〖薬学〗サルブタモール ($C_{13}H_{21}NO_3$) 《気管支拡張薬》. 〖《1969》 ← SAL(ICYL)＋BUT(YL)＋AM(INE)＋-OL¹〗

sal·chow /sǽlkou, -kau | sǽlkəu, sɔ́ːl-, sɔ́l-; *Swed.* sálkɔv/ *n.* 〖スケート〗サルコージャンプ《一方の足のバック・インサイドエッジを使って空中で 1 回転し, もう一方の足のバック・アウトサイドエッジを使って着地するジャンプ》. 〖《1921》 ← *Ulrich Salchow* (1877–1949: スウェーデンのフィギュアスケーター)〗

Sal·du·ba /sæ̀ldúːbə, sǽldəbə/ *n.* サルドゥバ《Saragossa の古代名》.

sale /séɪl/ *n.* **1** 販売, 売却, 売渡し, 売出し: dispose of a thing by ~ 売り払う, 売却する / offer for ~ 売りに出す / They advertised the ~ of a large estate. 大きな屋敷の販売広告を出した / We have made no ~ today. 今日は何も売れなかった / No ~(*s*) took place yesterday. 昨日は全く売れなかった / ring up "No *Sale*" on a cash register レジスターに「販売なし」を記録する / There were no ~*s* during the morning. 午前中は商売が全くなかった / low prices for quick ~*s* 多売のための低価格 / a cash ~ 現金売り, 現金取引き, 直取引き / a credit ~ 掛け売り. **2** [*pl.*] 売上げ高: The ~*s* were enormous [up, higher, down, lower]. 売上げは巨額に上った[上がった, 落ちた] / Today's ~*s* were over five hundred dollars. 今日の売上げ高は 5 百ドルを越えた / a ~*s* book 売上げ帳[勘定書]. **3** [*pl.*] 販売業務, 販売部門 (cf. sales): an executive in charge of ~*s*=a ~*s* executive 販売部門重役. **4** 蔵払い売出し, 安売り, 見切売り: Stores have [hold] ~*s*. 商店は特売をしている / I bought this dress in [at] a ~. このドレスを特売で買った / a clearance [closing-down, charity, fire, garage] ~ 蔵払い, 在庫一掃セール[店じまい大売出し, チャリティーセール, 処分特売, ガレージセール] / at ~ prices 特売価格で / ⇨ rummage sale. 日英比較 日本語では「バーゲン・セール」というが, 英語では単に *sale* という. **5** 競売, 競り売り: a public ~ 公売, 競売 / ⇨ forced sale. **6** 売行き, 売れ口, はけ[さばけ]口, 需要: find no ~ 少しも売れない / She had [found] a ready ~ for her pottery.=Her pottery had [found] a ready ~. 彼女の陶器類は飛ぶように売れた[どんどん売れた]. **7** 〖法律〗売買契約, 売渡し: conclude a ~ 売買契約を結ぶ.

for sále 売り物の, 売りに出した: a house *for* ~ 売家 / not *for* ~ 非売品. 《1611》 ***on sále*** (1) 売りに出した (for sale): Many things were *on* ~ in the streets. いろんな物を路上で売っていた / put a thing *on* ~ 物を売りに出す / The book goes *on* ~ next week. その本は来週発売される. (2) 《米》割引き価格で, 特価で; 特売で: This ten-dollar hat is now *on* ~ for 5. この 10 ドルの帽子は特価で 5 ドルだ / I bought this dress *on* ~. このドレスを特価で買った. 《1546》 ***on sále or retúrn*** 〖商業〗(1) 残品引受けの約定で(小売人へ渡すこと): *on a sale-or-return* basis 残品引受けの販売契約で. (2) (顧客への)点検売買の条件で, 解除条件付き売買で (cf. *on* APPROVAL). 《1795》 ***pùt úp for sále*** 売りに出す; 競売に付する: *put up* a house *for* ~. 《1838》 ***úp for sále***=*for* SALE: My honor [house] is not *up for* ~! 私の名誉[家]は売り物ではない.

sále of wórk 《英》チャリティーバザー《宗教団員などの製作品を売る》. 《1859》

〖OE *sala* ◻ ON ← Gmc **saljan* 'to SELL'〗

Sale /séɪl/ *n.* セール《オーストラリア南東部 Victoria 州南東部の都市》.

Sa·lé /sælér; *F.* sale/ *n.* サレ《モロッコ北西部 Rabat に隣接する海港》.

sale·a·ble /séɪləbl/ *adj.* =salable.

sále-and-léaseback *n.* 賃貸借契約付き売却, 借戻し付き売買. 〖1949〗

sal·eb /sǽləb, -lɛb/ *n.* =salep.

Sa·lem¹ /séɪləm | -ləm, -lɛm/ *n.* **1** セーレム《米国 Massachusetts 州北東部の海港・工業都市; Nathaniel Hawthorne の出生地, 魔女裁判 (1692) で有名》. **2** セーレム《米国 Oregon 州の州都》. 〖⇨ Salem³〗

Sa·lem² /séɪləm | -ləm, -lɛm/ *n.* セーレム《インド南部 Tamil Nadu 州中部の都市》.

Sa·lem³ /séɪləm | -ləm, -lɛm/ *n.* サレム《Canaan の古代都市, 現代の Jerusalem と同じ; cf. *Heb.* 7: 1》. 〖◻ Heb. *Šālōm* 《原義》 peace: cf. *Gen.* 14: 18〗

Sálem sécretary [désk] *n.* 《米》上部は引き出しと棚, 下部は扉と書き物ができる開閉の板を備えた大型書机. 〖⇨ Salem¹ 1〗

sal·ep /sǽləp, -lɛp/ *n.* サレップ粉《諸種のラン科植物の根を乾燥粉末にしたもので, タピオカのようにして食用, または薬用にする》. 〖《1736》 ◻ F ~ // Sp. ~ ◻ Arab. *sáhlab* 《変形》 ← *khuṣā ath-thá'lab* 《原義》 the fox's testicles〗

sále prìce *n.* (特別)販売価格. 〖1793〗

sal·e·ra·tus /sæ̀ləréɪtəs | -təs/ *n.* 《米》ふくらし粉, (ベーキングパウダー用)重曹(じゅうそう) (baking soda). 〖《1837》 ← NL *sal aerātus* 《原義》 'aerated SALT'〗

sále·rìng *n.* 競売者を取り巻く買手. 〖1901〗

Sa·ler·no /səlɛ́ːnou, sɑːléə- | -lɛ́ːnəu, -léə-; *It.* salérno/ *n.* サレルノ《イタリア南西部 Salerno 湾に面する港市》.

sále·ròom *n.* 《英》=salesroom.

sales /séɪlz/ *adj.* 販売の. 〖1913〗 ← SALE＋-S² 2〗

sáles allòwances *n. pl.* 〖会計〗売上げ値引《品質不良など特定の理由による売価の引き下げ》.

sáles campàign *n.* 販売キャンペーン (sales drive).

sáles chèck *n.* =sales slip.

sáles·clèrk *n.* 《米》(商店の)店員, 売り子 (《英》shop assistant). 〖1926〗

sáles depàrtment *n.* 販売部門, 営業部.

sáles dìscounts *n. pl.* 〖会計〗売上げ割引《一定期日前の支払に対する売価の割引き》.

sáles drìve *n.* 販売キャンペーン.

sáles engineèr *n.* (商品に関する専門的知識を有する)販売専門技術者, セールスエンジニア. 〖1942〗

sáles fòrecast *n.* 〖商業〗売上げ(高)予測.

sáles·gìrl *n.* (商店の)女店員, 売り子. 〖1887〗

Sa·le·sian /səlíːʒən, -ʃən/ 〖カトリック〗*n.* サレジオ会の会員《現在はドンボスコ会; 1859 年貧しい子供の教育のためイタリアの Turin にカトリック司祭 St. John Bosco (1815–88) によって創設された》. — *adj.* **1** 聖フランソアドサル (St. Francis of Sales) の. **2** サレジオ会の. 〖《1887》 ← *St. Francis de Sales* (1567–1622: Savoy の聖職者): ⇨ -ian〗

sáles·làdy *n.* =saleswoman. 〖1856〗

sales·man /séɪlzmən/ *n.* (*pl.* **-men** /-mən, -mɛ̀n/) 販売員, 店員; (販売の)外交員, セールスマン (cf. sales representative, traveling salesman). 日英比較 日本語の「セールスマン」は「外交販売員」の意味で用いられるが, 英語の *salesman* は「店内販売員」の意味もある. 〖1523〗

sálesman·shìp *n.* 売り込みの手腕, (うまい)売り込み方; 販売, 売り込み, セールス. 〖1880〗

sáles·pèople *n. pl.* [集合的] 販売員, 店員.

sales·per·son /séɪlzpə̀ːsən, -sn̩ | -pɜ̀ː-/ *n.* 販売員, 店員 (salesman, saleswoman) 《性差別を避けた語; cf. -person》. 〖1901〗

sáles pìtch *n.* 《口語》=sales talk.

sáles promòtion *n.* 〖経営〗販売促進, セールスプロモーション《広告やセールスに加えて, 展示・無料見本・クーポン・景品・特売などで購買力を喚起する方法》. 〖1916〗

sáles rèbate *n.* 〖会計〗売上げ割戻し.

sáles règister *n.* =cash register.

sáles represèntative *n.* **1** 販売外交員《通例自社製品の注文取りのため担当の地区を回る; 今は traveling salesman や commercial traveller より好まれる表現; rep ともいう》. **2** 販売代理店[人]. 〖1949〗

sáles resìstance *n.* 販売抵抗《商品の売行きを阻止するような事情; 例えば品質・販売担当者の応対・広告方法などの点で買い手に与える不快感など; cf. consumer resistance》. 〖1925〗

sáles retùrns *n. pl.* 〖会計〗戻り品.

sáles·ròom *n.* 《米》売場; (特に)競売場. 〖1840〗

sáles slìp *n.* 売上げ伝票. 〖1926〗

sáles tàlk *n.* **1** 売込み口上, セールストーク. **2** 説得談義. 〖1926〗

sáles tàx *n.* 取引(高)税, 売上げ税《売上げ高を課税標準とする税; 日本の消費税; cf. purchase tax》. 〖1921〗

sáles·wòman *n.* (*pl.* **-women**) 女性販売員[販売外交員]. ⇨ salesman 日英比較. 〖1704〗

sal·et /sǽlɪt/ *n.* 〖甲冑〗=sallet¹.

sále·wòrk *n.* 《Shak》出来合いの[並の]品. 〖1599〗

sále·yàrd *n.* 《豪》競売する家畜を入れた囲い.

Sal·ford /sɔ́ːlfəd, sɑ́ːl- | sɔ́ːlfəd, sɔ́l-/ *n.* ソルフォード《イングランド北西部, Manchester の西隣の工業都市; Irwell 川に沿った the Manchester Ship Canal のターミナルドックがある》. 〖OE *Saleford* 《原義》 sallow ford: ⇨ sallow¹, ford〗

sa·li- /séɪlɪ, sǽlɪ, -li/「塩 (salt)」の意の連結形. 〖◻ L *sāli-* ← *sāl* 'SALT'〗

Sa·li·an¹ /séɪliən/ *adj.* 〖ローマ神話〗(軍神 Mars の神官) サリイー (Salii) の: a ~ hymn 軍神の賛歌. 〖《1653》 ← L *Salii* (pl.) 《原義》 leapers, dancers (← *salīre* to leap: ⇨ salient)＋-AN¹〗

Sa·li·an² /séɪliən/ *n.* (フランク族に属した)フランクサリ支族 (Salian Franks) の人《4–5 世紀に Rhine 河口 Sala 川付近に移住し, メロビング (Merovingian) 王朝を興した》. — *adj.* フランクサリ支族の. 〖《1614》 ← LL *Saliī* Salian Franks, 《原義》 those living near the river *Sala* (=IJssel)＋-AN¹〗

sal·ic /sǽlɪk/ *adj.* 〖鉱物〗サリックの《主に二酸化珪素 (SiO_2) とアルミナを組成とする》. 〖《1902》 ← S(ILICA)＋AL(UMINA)＋-IC¹〗

Sal·ic /sǽlɪk, séɪl-/ *adj.* フランクサリ (Salian) 支族の: ⇨ Salic law. 〖《*a*1548》 ◻ (M)F *salique* // ML *salicus* ← LL *Saliī* (⇨ Salian²)〗

Sal·i·ca·ce·ae /sæ̀ləkéɪsiìː | -lɪ-/ *n. pl.* 〖植物〗(双子葉植物ヤナギ目)ヤナギ科. **sàl·i·cá·ceous** /-ʃəs⁻/ *adj.* 〖← NL ~ ← *Salic-*, *Salix* (属名: ← L *salix* willow)＋-ACEAE〗

salices *n.* salix の複数形.

sal·i·cet /sǽləsɛ̀t, ⸗⸗⸗ | -lɪ-/ *n.* 〖音楽〗=salicional. 〖◻ G ~ ← L *salic-*, *salix* (↓): ⇨ -et〗

sal·i·cin /sǽləsɪn, -sn̩ | -lɪsɪn/ *n.* (*also* **sal·i·cine** /~/) 〖化学〗サリシン, サリゲニン-B-D-グルコシド ($C_{13}H_{18}O_7$) 《ヤナギの皮に含まれている配糖体; 解熱剤・リューマチ治療薬・強壮剤用となる》. 〖《1830》 ◻ F *salicine* ← L *salic-*, *salix* willow: ⇨ salix, -in²〗

sa·li·cio·nal /səlíʃənl, -ʃənl/ *n.* 〖音楽〗(オルガンの)笛声音管. 〖《1843》 ◻ G ~ ← L *salic-* (↑)〗

Sálic láw *n.* [the ~] サリカ法典《フランクサリ (Salian) 支族の制定した法律で, 女子の土地相続権や王位継承権を否認したもの; フランスやスペインで行われた》. 〖*a*1548〗

sal·i·cor·ni·a /sæ̀ləkɔ́ːniə | -lɪkɔ́ː-/ *n.* 〖植物〗アカザ科アッケシソウ属 (*Salicornia*) の植物《海岸や塩性湿地に生える》. 〖← NL ~ ← F *salicor* 《*corne* horn の影響による変形》 ← *salicor* ← ? Arab.〗

sal·i·cyl /sǽləsɪl | -lɪsɪl/ *n.* 〖化学〗サリチル基. 〖《1839》 ◻ F *salicyle* ← *salicine*: ⇨ salicin, -yl〗

sálicyl álcohol *n.* 〖化学〗サリチルアルコール (⇨ saligenin).

sálicyl álcohol glúcoside *n.* 〖化学〗=salicin.

sàlicyl·áldehyde *n.* 〖化学〗サリチルアルデヒド (HOC_6H_4CHO). 〖1869〗

sal·ic·yl·ate /səlísəlèɪt, -lɪt | -sɪ-/ *n.* 〖化学〗サリチル酸塩[エステル], (特に)サリチル酸ナトリウム (sodium salicylate). 〖《1842》 ← SALICYL＋-ATE¹〗

sal·i·cyl·ic /sæ̀ləsílɪk | -lɪ-⁻/ *adj.* 〖化学〗サリチル酸の. 〖《1840》: ⇨ -ic¹〗

sálicylic ácid *n.* 〖化学〗サリチル酸 (HOC_6H_4COOH). 〖1840〗

sálicylic áldehyde *n.* 〖化学〗=salicylaldehyde.

sa·li·ence /séɪliəns, -ljəns/ *n.* **1** 突出, 突起(物). **2** 際立つこと, 顕著, 特徴: give ~ to the important points 重要な諸点を強調する. **3** 突起[突出]物; 顕著な

点, (話・筋書・議論などの)重要点, やま (highlight). 〖(1836) ← SALIENT＋-ENCE〗

sa·lien·cy /séɪliənsi, -ljən-/ *n.* =salience. 〖(1664): ⇨ ↓, -ency〗

sa·li·ent /séɪliənt, -ljənt/ *adj.* **1** 顕著な, 目立った, めざましい: ~ features [points, characteristics] 目立った特徴. **2** 外[上]部に突起した, 突出した, 隆起した (↔ re-entrant): a ~ nose / a ~ feature (海岸線・顔面の)突出部 / ⇨ salient angle. **3** 〈水が〉噴出する: a ~ fountain. **4** 〈特にカエルのような無尾類の動物が〉はねる, 跳ぶ; 無尾類の: a ~ amphibian. **5** 〖紋章〗〈動物が〉獲物に襲いかかるため立ち上がった姿勢の (cf. forcene, saltant 2). **6** 〖音声〗強音の.
— *n.* **1 a** 〖軍事〗(要塞・戦線・塹壕(ざんごう)線の)突角(とっかく)[突出]部. **b** [the S-] (第一次大戦当時, Ypres における連合軍の)塹壕線突角[突出]部. **2 a** 凸角(とっかく) (salient angle): a ~ of the bastion 〖築城〗稜堡 (bastion) の突出部, 突角. **b** (岬などの)突出部.
〖(1562) □ L *salientem* (pres.p.) ← *salīre* to leap ← IE **sel-* to jump (Gk *hállesthai*): cf. sally¹〗

sálient ángle *n.* **1** 〖数学〗凸角(とっかく)《多角形の内角で, 2直角より小さいもの; ↔ reentering angle》. **2** 〖軍事〗(要塞・戦線などの)突角. 〖1687〗

Sa·li·en·ti·a /sèɪliénʃiə, sèl-, -ʃə, -tiə | sèɪliénʃiə, -tiə/ *n. pl.* 〖動物〗カエル目. 〖← NL ~ ← L *salientem* 'SALIENT'＋-IA²〗

sa·li·en·ti·an /sèɪliénʃiən, -ʃən⁻/ *adj., n.* 〖動物〗カエル目の(動物)《カエル・ガマなど無尾類》. 〖(1948): ⇨ ↑, -an¹〗

sálient·ly *adv.* 目立って, 著しく. 〖1847-54〗

sálient póint *n.* **1** 目立った特徴[細部]. **2** 《古》出発点, 源泉 (source). 〖(1672) cf. F *point saillant* / NL *punctum saliens*〗

sálient-póle machìne *n.* 〖電気〗突極機《界磁磁極が突出している回転界磁形同期発電機などの電気機械》.

Sa·lie·ri /sæ̀liéəri | -éəri; *It.* saljɛ́ːri/, **Antonio** *n.* サリエリ《(1750-1825; イタリア生まれの作曲家; ハプスブルク家に仕えた; モーツァルト毒殺の風説があったが正しくない)》.

sa·lif·er·ous /səlíf(ə)rəs, sæ-/ *adj.* 〖地質〗塩を含んだ[生じる], 含塩の: a ~ system 含塩系. 〖(1828-32) ← SALI-＋-FEROUS〗

sal·i·fi·a·ble /sǽləfàɪəbl | -lɪ̀-/ *adj.* 〖化学〗塩化できる. 〖1790〗

sal·i·fi·ca·tion /sæ̀ləfɪkéɪʃən | -lɪ̀fɪ-/ *n.* 〖化学〗塩化. 〖(1684) □ ? F ~: ⇨ sali-, -fication〗

sal·i·fy /sǽləfàɪ | -lɪ̀-/ *vt.* 〖化学〗 **1** 塩化する. **2** 塩と混合する; 塩で処理する. 〖(1790) □ F *salifier*: ⇨ sali-, -fy〗

sal·i·gen·in /sæ̀lədʒénɪn | -lɪ̀dʒénɪn/ *n.* 〖化学〗サリゲニン ($HOC_6H_4CH_2OH$)《白色板状晶のフェノール系アルコール; salicyl alcohol ともいう》. 〖(1852) ← SALI(CIN)＋-GENIN〗

Sal·i·i /sǽliàɪ/ *n. pl.* 〖ローマ神話〗サリイー《軍神 Mars と Quirinus に仕えた神官たち》. 〖□ L *Saliī* 《原義》leapers: ⇨ Salian¹〗

sa·lim·e·ter /sælímətə, sə- | -mɪ̀tə(r)/ *n.* 検塩計, 塩分計. **sal·i·met·ric** /sæ̀ləmétrɪk | -lɪ-⁻/ *adj.* **sal·im·e·try** /-mətri | -mɪ̀-/ *n.* 〖(1866) ← SALI-＋-METER¹〗

sal·in- /sǽliːn, -laɪn, səlíːn, -láɪn/ (母音の前にくるときの) salino- の異形.

sa·li·na /səláɪnə, -líː-/ *n.* **1 a** 塩水性沼沢, サリナ (salt marsh) 《米国西部からラテンアメリカにかけてある》. **b** 乾燥した塩湖《動物がそこに結晶した塩をなめに来る; cf. salt lick》. **2** 塩田, 製塩所. 〖(1589) □ Sp. ~ □ L *salīnae* salt works, salt pits ← *salīnus* 'SALINE'〗

Sa·li·na /səláɪnə/ *n.* サライナ《米国 Kansas 州中部 Smoky Hill 川に臨む都市》.

Sa·li·nas /səlíːnəs/ *n.* サリナス《米国 California 州西部の町; J. Steinbeck の生地》. 〖← Sp. *salina* 'SALINA'＋-s¹: この町の近くを流れる川の名から; その河口付近には塩分を含んだ沼が多い〗

sa·line /séɪliːn, -laɪn | séɪlaɪn, sǽl-/ *adj.* **1 a** 塩の; 塩のような, 塩からい: a ~ taste 塩味. **b** 塩を含んだ, 塩分のある, 塩気のある: a ~ solution 食塩溶液[水] / a ~ lake 塩水湖 / a ~ cathartic 含塩下剤. **2** (特に, ナトリウム・カリウム・マグネシウムなどの)塩類の, 塩性の. — *n.* **1** =salina 1. **2** 塩類; 含塩物; (特に)薬用塩類, マグネシウム下剤, 含塩下剤. 〖(*c*1450) □ L **salīnus* ← *sāl* 'SALT': ⇨ -ine³〗

Sal·in·ger /sǽlɪ̀ndʒə | sǽlɪndʒə(r), séɪ-/, **J(erome) D(avid)** *n.* サリンジャー《(1919-2010; 米国の小説家; *The Catcher in the Rye* (1951), *Nine Stories* (1953), *Franny and Zooey* (1961))》.

sal·i·ni- /sǽlənɪ̀, séɪl- | -lɪ̀-/ salino- の異形 (⇨ -i-).

sa·lin·i·ty /səlínəti, sæ- | -nɪ̀ti/ *n.* 〖化学〗塩分, 塩度《海洋学では海水 1,000 g 中に溶解している固型物質のグラム数》. 〖(1658) ← SALINE＋-ITY〗

sal·i·nize /sǽlənàɪz, séɪl- | -lɪ̀-/ *vt.* 〈土壌など〉に塩分を加える; 塩で処理する. **sal·i·ni·za·tion** /sæ̀lənɪ̀zéɪʃən, sèɪl- | -lɪ̀naɪ-, -nɪ-/ *n.* 〖(1926) ← SALINO-＋-IZE〗

sal·i·no- /sǽlənoʊ, séɪl- | -lɪ̀nəʊ/ 「塩 (salt); 塩の (saline)」の意の連結形: *salino*meter. ★ 時に salini-, また母音の前では通例 salin- になる. 〖(1674) ← SALINE: ⇨ -o-〗

sal·i·nom·e·ter /sæ̀lənɑ́(ː)mətə, sèɪl- | sæ̀lɪ̀nɔ́mɪ̀tə(r)/ *n.* =salimeter. **sal·i·no·met·ric** /sæ̀lənəmétrɪk, sèɪl- | sæ̀lɪ̀nə(ʊ)-⁻/ *adj.* **sal·i·nom·e·try** /sæ̀lənɑ́(ː)mətri, sèɪl- | sæ̀lɪ̀nɔ́mɪ̀-/ *n.* 〖(1844) ← SALINO-＋-METER¹〗

Sal·ique /sǽlɪk, séɪl-, sæ̀líːk, sə-; *F.* salik/ *adj.* = Salic.

Salis·bu·ry /sɔ́ːlzb(ə)ri, sɑ́ːlz-, -bèri | sɔ́ːlzb(ə)ri, sɔ́lz-/ *n.* ソールズベリー: **1** イングランド Wiltshire 州の都市; 有名な 13 世紀の大聖堂がある. **2** ジンバブエ (Zimbabwe) の首都 Harare の旧名. **3** オーストラリア南部 Adelaide 近郊の都市. 〖OE *Sarisberie*, *Searoburh* ← *Searo-* 《(変形) (OE *searu* trick, armor と連想) ← *Sorvio-* (Avon 川の古名?)》＋*burg* 'fort, BOROUGH': ME 初期に *r-r* の異化により *Salis-* となった〗

Salis·bu·ry /sɔ́ːlzb(ə)ri, sɑ́ːlz-, -bèri | sɔ́ːlzb(ə)ri, sɔ́lz-/, 1st Earl of *n.* ⇨ Robert CECIL.

Salisbury, 3rd Marquis of *n.* ソールズベリー《(1830-1903; 英国の保守党の政治家; 首相 (1885-86, 1886-92, 1895-1902); 本名 Robert Arthur Talbot Gascoyne-Cecil /gǽskɔɪn-/)》.

Sálisbury Pláin *n.* [the ~] ソールズベリー平原《英国南部 Salisbury の北方にある起伏性高原地帯; Stonehenge ほか古代遺跡がある》.

Sálisbury stéak *n.* ソールズベリーステーキ《ハンバーグステーキの一種》. 〖(1897) ← *J. H. Salisbury* (食生活改善を唱えた 19 世紀の英国の医師)〗

Sa·lish /séɪlɪʃ/ *n.* **1 a** [the ~(s)] セイリッシュ族《セイリッシュ語族 (Salishan) に属する言語を話す北米インディアンの一種族; もと米国 Montana 州に住み, しばしば周囲の種族から Flatheads と呼ばれた》. **b** セイリッシュ族の人. **2** =Salishan. 〖(1831) □ N-Am.-Ind. (Salishan) *sälst* people〗

Sa·lish·an /séɪlɪʃən/ *n.* セイリッシュ語族《もとカナダの British Columbia および米国北西部地方に住んだアメリカインディアンの話す諸語からなる語族》. — *adj.* セイリッシュ語族の. 〖(*a*1886): ⇨ ↑, -an¹〗

sa·li·va /səláɪvə/ *n.* 唾液(だえき), つば (spittle). 〖(*c*1400) □ L *salīva*: cf. sallow¹〗

sal·i·var·y /sǽləvèri | sælɪ̀v(ə)ri, səláɪvə-/ *adj.* つばの, 唾液(だえき)の; 唾液を分泌する. 〖(1709) □ L *salīvārius* slimy: ⇨ ↑, -ary〗

sálivary chrómosome *n.* 〖生物〗唾(液)腺染色体《ある双翅類の昆虫の唾液腺の細胞にある大型の染色体》.

sálivary glánd *n.* 〖解剖〗唾液腺(だえきせん). 〖1709〗

sal·i·vate /sǽləvèɪt | -lɪ̀-/ *vt.* (水銀を用いたりして)…に過度につばを出させる, 異常に唾液(だえき)を分泌させる; …に流涎症を生じさせる. — *vi.* **1** (過度に)唾液を分泌する, つば[よだれ]を出す. **2** (過度に)興奮する, わくわくする. 〖(1657) ← L *salīvātus* (p.p.) ← *salīvāre* to spit: ⇨ saliva, -ate³〗

sal·i·va·tion /sæ̀ləvéɪʃən | -lɪ̀-/ *n.* **1** 唾液(だえき)の分泌, つばを出すこと. **2** 〖病理〗 **a** 流涎(りゅうぜん)症 (ptyalism), 唾液(分泌)過多. **b** 水銀中毒. 〖(1598) □ (M)F ~ // LL *salīvātiō(n-)*: ⇨ ↑, -ation〗

sál·i·và·tor /-tə | -tə(r)/ *n.* 〖医学〗流涎を起こす因子, 流涎[催唾]剤. 〖(1834): ⇨ -or²〗

sal·ix /séɪlɪks, sǽl-/ *n.* (*pl.* **sa·li·ces** /-ləsìːz | -lɪ̀-/) 〖植物〗ヤナギ属 (*Salix*) の植物の総称《北半球の温帯を中心に約 500 種ある》. 〖(1775) ← NL ~: ⇨ sallow¹〗

Salk /sɔ́ːlk, sɑ́ːlk, sɔ́ːk, sɑ́ːk | sɔ́ːlk, sɔ́ːk/, **Jonas E(dward)** *n.* ソーク《(1914-95; 米国の細菌学者; 1954 年ポリオ予防用のソークワクチン (Salk vaccine) を造った; California 州にソーク生物学研究所を設立)》.

Sálk vaccine *n.* 《ポリオ予防用》ソークワクチン. 〖↑〗

salle /sɑ́ːl, sǽl; *F.* sal/ *F.n.* (*pl.* ~**s** /~z; *F.* ~/) 広間, ホール, 室, 部屋 (hall, room). 〖(1762) □ F ~ ← Gmc (cf. OHG *sal* hall)〗

salle-à-man·ger /sæ̀ləmɑ̃ː(n)ʒéɪ, -mɑːn-; *F.* salamɑ̃ʒe/ *F. n.* (*pl.* **salles-** /~/) 食堂 (dining room). 〖(1762) □ F ~ 《原義》room for eating〗

salle-d'at·tente /sæ̀ldætɑ́ː(n)t, -tɑ́ːnt; *F.* saldatɑ̃ːt/ *F. n.* (*pl.* **salles-** /~/) (駅の)待合室. 〖(1863) □ F ~ 《原義》hall for attending〗

sal·lee /sǽli/ *n.* 《豪》 **1** =snow gum. **2** (各種の)アカシア. 〖(1884) 《異形》← SALLY³〗

sal·len·ders /sǽlɪ̀ndəz | -dəz/ *n. pl.* [単数扱い] 〖獣医〗(馬の第一足関節の)乾発疹(かんぱっしん) (cf. malanders). 〖(1523) ← ?: cf. F *solandres*〗

sal·let¹ /sǽlɪ̀t/ *n.* 〖甲冑〗サレット《15 世紀頃の一種の軽い鉄かぶとで, 後のひさしが長く通例 beaver と共に用いる》. 〖(*c*1440) □ (M)F *salade* □ Sp. *celada* // It. *celata* < ? L *caelātam* (*galeam*) (helmet) ornamented with engraving ← *caelum* chisel〗

sallet² *n.* 《廃》=salad.

sal·ley /sǽli/ *n.* 《主に方言》=sallow².

sal·low¹ /sǽloʊ | -ləʊ/ *adj.* (~·er; ~·est) 〈顔・肌など〉黄ばんだ, 土色の, 土気色の, 血色の悪い: ~ skin, face, etc. — *vt.* 〈顔色を〉黄ばんだ色にする. **~·ly** *adv.* **~·ness** *n.* 〖OE *salo* < Gmc **salwa-* (OHG *salo* dirty gray / ON *sǫlr* dirty) ← IE **sal-* dirty gray〗

sal·low² /sǽloʊ | -ləʊ/ *n.* 〖植物〗低木性で葉の広いヤナギ属の植物の総称; (特に)サルヤナギ (*Salix caprea*) 《火薬用の木炭にする; goat willow ともいう》. 〖OE *s(e)alh* < Gmc **salχaz* (OHG *salaha*) < IE **salik-* (L *salix* willow): SALLOW¹ との関係は不詳〗

sál·low·ish /-ɪʃ/ *adj.* 少し黄ばんだ, 少しどす黒い, 土色を帯びた: a ~ complexion. 〖(1754): ⇨ -ish¹〗

sal·low·y /sǽloʊi | -ləʊi/ *adj.* ヤナギ (sallow) の多い. 〖(1840): ⇨ -y⁴〗

Sal·lust /sǽləst/ *n.* サルスティウス《(86-?34 B.C.; ローマの歴史家; *Bellum Catilinae*「カティリナ戦記」(42 B.C.); ラテン語名 Gaius Sallustius Crispus /səlʌ́stʃiəs kríspəs, -tiəs | gáɪəs səlʌ́stiəs/)》. **Sál·lus·ti·an** /-tiən/ *adj.*

sal·ly¹ /sǽli/ *n.* **1** (機知縦横の)警句, 機知に富んだ言葉, しゃれ (⇨ joke SYN). **2** 突発; (感情・機知・想像などの)ほとばしり出ること, 激発: a ~ of anger 怒りの爆発. **3** (籠城(ろうじょう)軍などの包囲陣に対する)出撃, 突撃: make a ~ 出撃する. **4** 急に飛び出すこと; 出発, 外出; (通例人のよく行くコースをはずれた)小旅行, 遠足: make a ~ into the country 田舎へ遠足に行く. **5** 《古》突飛な行為, 脱線. **6** 〖木工〗突出, 出(で)《(框(かまち)の)先など, 外側に突き出した部分》. — *vi.* **1** 〈籠城軍・飛行機などが〉(急に)出撃する, 打って出る, 反撃する 〈*out*〉. **2** (旅行・散歩などに)出掛ける, 出発する 〈*forth, out*〉: ~ *forth* for an evening walk. **3** 勇み立って[勢いよく, 急に]出る 〈*forth*〉: ~ *forth* in triumph 意気揚々と繰り出す. **4** 《古》出る, ほとばしり出る: Blood *sallied* from the wound. 血が傷口からほとばしり出た. — *vt.* 〖海事〗(船底が泥に吸い付いたのを離すような時に)〈船を〉人為動揺させる《多人数まとまって甲板上を右へ左へと移動して動揺させる》. **sál·li·er** *n.* 〖(1542) □ (O)F *saillie* (fem. p.p.) ← *saillir* to leap, rush forward < L *salīre*: ⇨ salient〗

sal·ly² /sǽli/ *n.* (鐘を鳴らすときの)ハンドストローク (handstroke); (鐘を鳴らすロープの)グリップ (grip).

sal·ly³ /sǽli/ *n.* =sallee. 〖(1826) 《異形》← SALLOW²〗

Sal·ly¹ /sǽli/ *n.* **1** サリー《女性名》. **2** ⇨ Aunt Sally. 〖(dim.) ← SARAH〗

Sal·ly² /sǽli/ *n.* 《豪口語》 **a** [the ~] =Salvation Army. **b** Salvation Army の隊員 (Salvo). 〖(1915) 《変形》← *Salvation Army*〗

Sálly Ármy *n.* [the ~] 《英口語》=Salvation Army.

Sálly Líghtfoot *n.* (*pl.* ~**s**) 〖動物〗カリブ海・中米・ガラパゴス諸島の海岸の岩場にすむイワガニ科のカニ (*Grapsus grapsus*).

sál·ly lúnn, S- L- /sǽlilʌ́n/ *n.* サリーラン《お茶の時間に食べる軽い甘い菓子パンの一種; 焼きたてにバターをつけて食べることが多い》. 〖(1780) ← *Sally Lunn* (1800 年ごろ英国の Bath でこれを呼売りした女性)〗

sálly pòrt *n.* 〖築城〗(出撃用の)裏門, 非常門, 出撃門. 〖1649〗

Sal·ma·cis /sǽlməsɪ̀s | -sɪs/ *n.* 〖ギリシャ神話〗サルマキス (⇨ Hermaphroditus). 〖□ L ~ □ Gk *Salmakís*〗

sal·ma·gun·di /sæ̀lməgʌ́ndi/ *n.* (*also* **sal·ma·gun·dy** /~/) **1** サルマガンディー: **a** 火を通して刻んだ肉・アンチョビー・堅ゆで卵・タマネギ・ピクルス・クレソンなどをドレッシングであえるサラダの一種. **b** 残りものの肉など種々の材料を煮込んだ料理. **2** ごたまぜ, 寄せ集め (miscellany), 雑集, 雑録, 雑筆 (potpourri). 〖(1674) □ F *salmigondis* ← ?〗

Sal·ma·naz·ar /sæ̀lmənǽzə, -néɪzə | -néɪzə(r), -nǽz-/ *n.* (ワイン用の)サルマナザルびん《約 12 quarts 入り; 普通のびんの 12 本分》. 〖(1935) ← *Salmanasar* (= *Shalmaneser*) IV (紀元前 8 世紀の Assyria の王: cf. *2 Kings* 17:3)〗

sal·mi /sǽlmi/ *n.* (*pl.* ~**s**) サルミ: **a** 主に猟鳥を用いた料理; 半ばローストしてから胸肉などを外し, そのガラとワイン・スープ・香辛料などで濃厚なソースを作り, さきの肉を入れて軽く煮込む. 〖(1759) □ F *salmis* 《略》← *salmigondis* 'SALMAGUNDI'〗

sal·mis /sǽlmiː; *F.* salmi/ *n.* (*pl.* ~ /~z; *F.* ~/) = salmi.

salm·on /sǽmən/ *n.* (*pl.* ~, ~**s**) **1** 〖魚類〗 **a** タイセイヨウサケ (*Salmo salar*) 《北大西洋沿岸産サケ科ニジマス属の, 北米・ヨーロッパの川をさかのぼって産卵する魚; 毛ばり釣りの好対象魚; Atlantic salmon ともいう; cf. grilse, parr, smolt 1, landlocked salmon, ouananiche》. **b** [しばしば限定詞を伴って] サケ《サケ科サケ属 (*Oncorhynchus*) の魚類の総称; 北太平洋に生息し, 産卵のため溯河する魚; サケ (chum salmon), マスノスケ (king salmon), ギンマス (silver salmon), ベニマス (sockeye salmon) など; Pacific salmon ともいう》. **2** 〖魚類〗《豪》(サケ科ではないが鮭(さけ)肉色をした魚の総称: **a** =barramunda. **b** = walleye 5. **3** 鮭肉: a kippered ~ 薫製鮭 / smoked ~ スモークサーモン. **4** 鮭肉色, サーモンピンク (salmon pink). 〖(?*a*1300) *sa(l)moun* □ AF *sa(u)moun* = (O)F *saumon* < L *salmōnem* ← ? (cf. *salīre* to leap: ⇨ salient)〗

Salm·on /sǽmən/ *n.* [the ~] サーモン(川)《米国 Idaho 州中部を流れ Snake 川に合流する川; 長さ約 680 km》.

sálmon bàss *n.* =kabeljou.

sálmon·bèr·ry /-bèri | -b(ə)ri/ *n.* 〖植物〗サーモンベリー (*Rubus spectabilis*) 《北米太平洋岸からアラスカに産するキイチゴの一種; その実》. 〖1844〗

sálmon brìck *n.* 焼きが不十分なまたは石灰が入っているために明るい色になっている赤れんが.

sálmon-còlor *n.* 鮭(さけ)肉色 (salmon pink). 〖1813〗

sálmon-còlored *adj.* 鮭肉色の. 〖1776-96〗

sal·mo·nel·la /sæ̀lmənélə/ *n.* (*pl.* **-nel·lae** /-liː/, ~**s**, ~) 〖細菌〗サルモネラ《*Salmonella* 属の好気性グラム陰性の杆菌; 腸チフス・パラチフスや多くの食中毒の病原菌を含む》. 〖(1913) ← NL ~ ← *D. E. Salmon* (1850-1914: 米国の獣医)＋-ELLA〗

sal·mo·nel·lo·sis /sæ̀lmənɛlóʊsɪ̀s | -ləʊsɪs/ *n.* (*pl.* **-lo·ses** /-siːz/) 〖病理〗サルモネラ症. 〖(1913) ← NL ~: ⇨ ↑, -osis〗

salm·on·et /sǽmənɪ̀t | -nɪt/ *n.* 〖魚類〗=samlet. 〖(1576) ← SALMON＋-ET〗

Sal·mo·ne·us /sælmóʊniəs | -máʊ-/ *n.* 〖ギリシャ神話〗サルモネウス《Aeolus と Enarete の息子; Zeus のまねをしたため神の怒りを買い, 罰として雷に撃たれて死んだ》. 〖□ L *Salmōneus* □ Gk *Salmōneús*〗

sal·mo·nid /sǽ(l)mənɪ̀d/ *adj.*, *n.* 〖魚類〗サケ科 (Salmonidae) の(魚). 〖(1868) ↓〗

Sal·mo·ni·dae /sælmɑ́(ː)nədìː | -mɔ́nɪ-/ *n. pl.* 〖魚類〗(サケ目)サケ科. 〖← NL ～: ⇨ salmon, -idae〗

sálmon làdder [**lèap**] *n.* 魚梯(ぎょてい)《サケを川の上流に上らせるために作った魚道; fish ladder ともいう》. 〖1867〗

sal·mon·oid /sǽ(l)mənɔ̀ɪd, sɑ́ːm-/ 〖魚類〗 *adj.* **1** サケ科の, サケに似た. **2** サケ亜目の. ― *n.* サケ科の魚. 〖(1842) ↓〗

Sal·mo·noi·de·a /sæ̀lmənɔ́ɪdiə | -diə/ *n. pl.* 〖魚類〗サケ亜目. 〖← NL ～: ⇨ salmon, -oidea〗

sálmon pàss *n.* ＝salmon ladder. 〖1867–99〗

sálmon pínk *n.* 鮭(さけ)肉色, サーモンピンク (salmon-color). 〖1882〗

Sálmon Ríver Móuntains *n. pl.* [the ～] サーモンリバー山脈《米国 Idaho 州中部の山脈》.

sálmon ròe *n.* イクラ《サケ・マスの魚卵》.

sálmon shàrk *n.* 〖魚類〗ネズミザメ科の魚 (*Lamna nasus*) (cf. porbeagle).

sálmon stàir *n.* ＝salmon ladder.

sálmon stéak *n.* サーモンステーキ《鮭(さけ)の切り身のステーキ》. 〖1902〗

sálmon tàil *n.* 〖海事〗スエズ運河舵, ダニューブ舵《スエズ運河内で, 低速時でも舵ききが良いように, 舵面の後方へ継ぎ足す補助舵面; Suez Canal rudder ともいう》.

sálmon tròut *n.* 〖魚類〗 **1** ヨーロッパ産の降海型の brown trout. **2** ＝lake trout 1. **3** ＝cutthroat trout. **4** ＝steelhead.

sálmon whèel *n.* サケ車《急流に仕掛ける網のついた大きな水車; 川をさかのぼってくるサケをすくい取る》. 〖1889〗

sal·ol /sǽlɔ(ː)l | -lɒl/ *n.* 〖化学〗ザロール, サリチル酸フェニル (⇨ phenyl salicylate). 〖← *Salol* (商標) ← SAL(ICYL) ＋-OL[1]〗

Sa·lo·me /səlóumi, sǽləmèɪ | səlóumi, -meɪ/ *n.* **1** サロメ《女性名》. **2** サロメ《Herod Antipas の後妻 Herodias の娘; その踊りが Herod の気に入ったため, 彼女は所望する John the Baptist の首をもらった; cf. *Matt.* 14:6–11, *Mark* 6:22–28》. 〖□ LL ～ □ Gk *Salṓmē* □ Aram. *Šᵉlāmṣā* ← *Šᵉlamṣiyōn* (原義) peace of Zion: cf. Solomon〗

sa·lom·e·ter /səlɑ́(ː)mətə | -lɔ́mɪtə(r)/ *n.* 〖化学〗＝salimeter.

Sal·o·mon /sǽləmən/, **Haym** /háɪm/ *n.* サロモン《(1740?–85; ポーランド生まれの米国の資本家・愛国者; アメリカ独立戦争で財政支援をした》.

sal·on /səlɑ́(ː)n, sǽlɑ(ː)n | sǽlɒn, -lɔ̃ː(ŋ), -lɔːŋ; *F.* salɔ̃/ *n.* **1** サロン《美容院などの, ファッショナブルな店舗》: a shoe ～ / a beauty～ 美容院. **2** (17–18 世紀にはやった, サロンで催す)名士の集まり, サロン. **3** (フランスなどの大邸宅の上品な)大広間, 客間, サロン. **4 a** 美術展覧会場. **b** [the S-] サロン《毎年パリで催される現代美術展覧会》. 〖(1699) □ F ～ □ It. *salone* saloon (aug.) ← *sala* hall, room ← Gmc (cf. OE *sæl* hall / G *Saal*)〗

Sa·lo·ni·ka /səlɑ́(ː)nɪkə | sælɔ́nɪ-, sæ̀lənáɪ-/ *n.* (*also* **Sa·lo·ni·ca** /～/) サロニカ, テサロニキ《ギリシャ北東部 Macedonia の港市; Salonika 湾に臨む; ギリシャ語名 Thessaloniki; 古名 Thessalonica, Therma》.

S **Salonika, the Gulf of** *n.* サロニカ湾《エーゲ海北西部の湾》.

sa·lon·ist /səlɑ́(ː)nɪst, sǽlɑ(ː)n- | sǽlɒnɪst/ *n.* サロン[上流社会の集まり]に出入りする人, サロン人種.

salón mùsic *n.* サロン音楽《客間で小人数のオーケストラが演奏するのに適するような上品で軽い音楽》. 〖1914〗

sa·lon·nard /səlɑ́(ː)nəd | sǽlɒnɑːd; *F.* salɔnaːʁ/ *n.* 高級サロン[名士の集まり]に頻繁に出入りする人. 〖(1970) □ F ～: ⇨ salon, -ard〗

sa·loon /səlúːn/ *n.* **1 a** 《米》(酒類販売提供を許可されている)酒場, バー (tavern). **b** 《英》(パブ (pub) での)中級のバー (cf. public house 1). **2 a** (宮廷・大邸宅・ホテルなどの)大広間. **b** (客船の)談話室; 大食堂. **3** 《英》 **a** セダン型自動車 (《米・NZ》 sedan). **b** 一等客車 (《米》 parlor car): a family ～ 特別客車. **4** 《英》(娯楽・飲食その他特殊な目的に当てられる)部屋: a dining ～ 食堂 / a hairdressing [hairdresser's, shaving] ～ 理髪店 / a refreshment ～ 喫茶店 / a dancing ～ ダンスホール / a billiard ～ ビリヤード場 / a shooting ～ 屋内射的場. **5** 展覧会場, 陳列場; 演芸場; 集会場. 〖(1728) □ F *salon*: ⇨ salon, -oon〗

salóon bàr *n.* ＝saloon 1 b.

salóon càr *n.* ＝saloon 3.

salóon càrriage *n.* ＝saloon 3 b.

salóon dèck *n.* 一等[サルーンクラス]船客用甲板. 〖1888〗

sa·lóon·ist /-nɪst | -nɪst/ *n.* 《米》 **1** ＝saloonkeeper. **2** 酒場の常客. 〖1870〗

salóon·kèeper *n.* 《米》酒場の主人[経営者]. 〖1849〗

salóon pàssenger *n.* 一等船客, サルーンクラス船客. 〖1879〗

salóon pìstol *n.* 《英》屋内射的場用ピストル. 〖1899〗

salóon rìfle *n.* 《英》屋内射的場用ライフル. 〖1881〗

sa·loop /səlúːp/ *n.* **1** サループ《salep (後には sassafras) の浸出液・牛乳・砂糖で作った温飲料》. **2** ＝salep. **3** ＝sassafras 2. 〖(1712) (変形) ← SALEP〗

Sal·op /sǽləp/ *n.* サロップ《Shropshireの別称, 旧公式名 (1974–80)》.

sa·lo·pettes /sæ̀ləpéts; *F.* salɔpɛt/ *n. pl.* サロペット《フランス人の着るオーバーオール; このタイプのスキーズボン》. 〖(1972) □ F ～ ← *salope* very dirty ← *sale* dirty ← Gmc: cf. MHG *sal*, OHG *salo*〗

Sa·lo·pi·an /səlóupiən | -ləu-/ *adj.* **1** Salop [Shropshire] 州の. **2** Shrewsbury School の. ― *n.* **1** Salop [Shropshire] 州の人. **2** Shrewsbury School の在校生[卒業生]. 〖(1700) ← SALOP＋-IAN〗

Salópian wáre *n.* 〖陶器〗 **1** イングランドの Shropshire 州で発見されたローマ時代の陶器; 通例赤または白の陶土で造られている. **2** (18 世紀末に最初に作られた現代の)シュロップシャー磁器. 〖1850〗

salp /sǽlp/ *n.* 〖動物〗＝salpa. 〖(1835) ↓〗

sal·pa /sǽlpə/ *n.* (*pl.* ～**s**, **sal·pae** /-piː, -paɪ/) 〖動物〗サルパ《サルパ綱サルパ科に属する原索動物の総称》. 〖(1852) ← NL ～ ← L 'stockfish' □ Gk *sálpē*〗

sal·pi·con /sǽlpɪkɑ̀(ː)n, -kən | -pɪkɒ̀n, -kən/ *n.* 〖料理〗サルピコン《肉・魚・野菜などを細かく切って味をつけ濃いソース状にしたもの; コロッケなどの中身にする》. 〖(1723) □ F ～ □ Sp. *salpicón* ← *salpicar* to sprinkle (with salt) ← *sal* salt＋*picar* to prick〗

sal·pi·form /sǽlpəfɔ̀ːm | -pɪfɔ̀ːm/ *adj.* サルパ (salpa) 状の[に似た]. 〖⇨ salpa, -form〗

sal·pi·glos·sis /sæ̀lpəglɑ́(ː)sɪs | -pɪglɔ́sɪs/ *n.* 〖植物〗サルメンバナ (*Salpiglossis sinuata*)《チリ原産のナス科の観賞植物》. 〖(1846) ← NL ～ ← Gk *sálpigx* trumpet＋*glôssa* tongue〗

sal·ping- /(a, o, u の前では) sǽlpɪŋ; (e, i の前では) -pɪndʒ | -pɪndʒ/ (母音の前にくるときの) salpingo- の異形.

sal·pin·gec·to·my /sæ̀lpɪndʒéktəmi | -pɪn-/ *n.* 〖外科〗卵管切除(術). 〖(1888) ← SALPINGO-＋-ECTOMY〗

salpinges *n.* salpinx の複数形.

sal·pin·gi·an /sælpíndʒiən/ *adj.* 〖解剖〗《まれ》 **1** 卵管 (salpinx) の. **2** 耳管の, 欧氏管 (Eustachian tube) の. 〖(1891) ← SALPINGO-＋-IAN: ⇨ salpinx〗

sal·pin·gi·tis /sæ̀lpɪndʒáɪtɪs | -pɪndʒáɪtɪs/ *n.* 〖病理〗 **1** 卵管炎. **2** 耳管炎. **sàl·pin·gít·ic** /-dʒítɪk | -tɪk/ *adj.* 〖(1861) ← NL ～: ⇨ ↓, -itis〗

sal·pin·go- /sælpíŋgou | -gəu/ 「卵管; 欧氏管 (salpinx)」の意の連結形. ★ 母音の前では通例 salping- になる. 〖(1861) ← NL ～ ← Gk *sálpigx* trumpet: ⇨ -o-〗

sal·pin·gos·to·my /sæ̀lpɪŋgɑ́(ː)stəmi | -pɪŋgɔ́s-/ *n.* 〖外科〗卵管開口(術). 〖(1891): ⇨ ↑, -stomy[1]〗

sal·pin·got·o·my /sæ̀lpɪŋgɑ́(ː)təmi | -pɪŋgɔ́t-/ *n.* 〖外科〗卵管切開(術). 〖(1899) ← SALPINGO-＋-TOMY〗

sal·pinx /sǽlpɪŋks/ *n.* (*pl.* **sal·pin·ges** /sælpíndʒiːz/) 〖解剖〗 **1** 卵管, らっぱ管 (Fallopian tube). **2** 耳管, 欧氏管 (Eustachian tube). 〖(1842) ← NL ～ ← Gk *sálpigx* trumpet〗

sal·sa /sɑ́ːlsə, sɔ́ːl- | sǽl-; *Am.Sp.* sálsa/ *n.* サルサ: **1** 〖料理〗トマトなどの野菜を細かく切ってチリソースであえたメキシコ料理のソース. **2** 〖音楽〗キューバ・プエルトリコで生まれ, ジャズやロックの影響を受けた速いテンポのダンス音楽. **3** 2 の音楽に合わせたダンス. 〖((1846)) (c1962) □ Sp. ～ < VL **salsa(m)*: ⇨ sauce〗

sálsa vér·de /-vɛ́ːdeɪ, -di | -vɛ́ːdeɪ, -di; *Am.Sp.* sálsaβérðe/ *n.* 〖料理〗 **1** ヴェルデソース《オリーブ油・ニンニク・ケーパー・アンチョビー・酢[レモン汁]・パセリで作るイタリア風ソース》. **2** ベルデソース《タマネギ・ニンニク・コリアンダー・パセリ・トウガラシで作るメキシコ風ソース》. 〖□ Sp. ～ (原義) green sauce ← *salsa* (↑)＋*verde* green (cf. vert[1])〗

salse /sɑ́ːls, sǽls; *F.* sals/ *n.* (*pl.* **sals·es** /～ɪz; *F.* ～/) 〖地質〗＝mud volcano. 〖(1832) □ F ～ □ It. *salsa* < VL **salsa(m)*: ⇨ sauce〗

sal·si·fy /sǽlsəfi, -fàɪ | -sɪ-/ *n.* 〖植物〗バラモンジン, セイヨウゴボウ (*Tragopogon porrifolius*)《紫色の花を咲かせるキク科の二年草; 長くて白い根は食用; その風味から oyster plant または vegetable oyster とよばれる》. 〖(1675) □ F *salsifis* □ It. (廃) *salsefica*, *salsefrica* ← ?: cf. Sp. *salsifí*, Port. *sersifim*〗

sál sòda *n.* 〖化学〗結晶ソーダ, 洗濯ソーダ (sodium carbonate)《洗濯に用いられる炭酸ナトリウム結晶》.

salt[1] /sɔ́ːlt, sɑ́ːlt | sɔ́ːlt, sɒ́lt/ *n.* **1 a** 塩, 塩化ナトリウム (NaCl); 食塩 (common salt ともいう): table [kitchen, sea] ～ 食卓塩[調理用の塩, 海塩] / in ～ 塩をふった; 塩漬けにした / spill ～ 塩をこぼす《★縁起が悪いという古くからの迷信がある》/ a *salt*-free diet 塩分を含まない食事 / The stew needs a bit more ～. そのシチューはちょっと塩気が足りない. ★ ラテン語系形容詞: saline. **b** 〖化学〗塩(えん)《酸の水素を金属元素(塩基)で置き換えた化合物; 例えば硫酸塩, 硫酸ナトリウムなど》. **2** [*pl.*] **a** 薬用塩類《緩下剤・防腐剤など》: a dose of ～*s* 下剤一服 (⇨ *like a dose of* SALTS) / ⇨ Epsom salts, Glauber's salt, Rochelle salt. **b** ＝smelling salts. **3 a** 刺激・興味・生気(など)を与えるもの: ～ of youth (若さの)はつらつとしたもの, 生気 (cf. Shak., *Merry W* 2. 3. 48) / Adventure is the ～ of life. 冒険は人生の刺激剤である. **b** 痛快味, 機知, ぴりっとしたしゃれ: a talk full of ～ 機知に富んだ談話 / ⇨ Attic salt. **c** 常識, 思慮分別. **4** [通例 old ～] 水夫, (特に)老練な水夫: a story of adventure told by an *old* ～ 老練な水夫の語る冒険談. **5** 主人から与えられる食事[給料] (cf. salary 1). ★ 主に次の句に用いる: eat a person's ～＝eat ～ with a person 人の客となる; 人の居候になる / earn one's ～ 食うだけ稼ぐ / not worth one's ～ ⇨ 成句. **6** 塩入れ, 塩つぼ. **7** ＝salt marsh. **8** [*pl.*] (川への)海水の異常な逆流.

abòve* [*belòw, benèath, ùnder*] *the sált 上席[末席]に, 上座[下座]に《昔食卓の中央に大きな塩入れを置き, その上手は身分の高い人が座る上席であり, その下手には身分の低い人が座ったことから》. 《(1597)》 ***be nèither súgar nor sált*＝*be nót màde of* (*súgar or*) *sált*** ⇨ sugar 成句. ***dróp* [*láy, pút, cást*] (*a pinch of*) *sált on the táil of*** …を造作なく捕える《鳥を捕えるには尾に一つまみの塩を落とせと戯れに子供に教えることから》. 《(1580)》 ***lìke a dóse of sálts*** 《俗》急速に. 《(1837)》 ***a mán of sált*** 《方》涙もろい人 (Shak., *Lear* 4. 6. 195). 《(1604–05)》 ***rúb sált in* [*into*] *the wóund*＝*rúb sált in a person's wóund(s)*** 恥辱[悲しみ, 苦痛など]をつのらせる. 《(1944)》 ***the sált of the éarth*** (世の腐敗を防ぐ)地の塩, 世の師表, (社会の)健全な人(々) (*Matt.* 5:13). 〖(OE) (c1395)〗 ***with a gráin* [*pínch*] *of sált*** 加減して, 控え目に, 話半分に: take a person's story *with a grain of* ～ 人の話を割引いて聞く[受け取る]. 《(1647)》 ***wórth one's sált*** [通例否定文で] 給料に見合う働きをする, 有能な.

sált of hártshorn 〖化学〗 (1) ＝ammonium chloride. (2) ＝ammonium carbonate.

sált of lémon 〖化学〗＝potassium oxalate.

sált of sórrel 〖化学〗＝potassium binoxalate.

sált of tín 〖染色〗塩化スズ《塩化スズ (II) と塩化スズ (IV) がある; 前者は抜染剤に, 後者は媒染剤や絹のスズ増量剤などに使われる》.

sált of vítriol 〖化学〗＝zinc sulfate.

sált of wísdom 〖化学〗＝alembroth.

sált of wórmwood 〖化学〗＝potassium carbonate.

― *adj.* (～·**er**; ～·**est**) **1 a** 塩を含んだ; 塩気のある, しょっぱい (cf. salty): a ～ breeze 潮風 / a ～ spring 食塩泉 / ⇨ salt water. **b** 〈土地など〉海水に浸った; 塩の混じった: a ～ pasture / ⇨ salt marsh. **2** 塩漬けの: ～ beef, pork, cod, etc. **3** 〖植物〗海水[塩性沼沢地, 海辺]に生じる: ⇨ salt grass. **4** 《古》 **a** 皮肉な, 痛快な: a ～ wit. **b** 痛烈な: a ～ reproach.

― *vt.* **1 a** …に塩を加える, 塩をふりかける. **b** …に塩をまき散らす; …にまき散らす. **c** 〈道路〉に塩をまいて雪[氷]を解かす. **d** 〈家畜〉に塩を与える: ～ cattle. **2** 〈魚・肉などを〉塩漬けにする, 塩漬けにして貯蔵する: ～ fish, beef, pork, etc. **3** 〈言葉・話など〉に味をつける; ぴりっとさせる: ～ one's speech *with* anecdotes 逸話を入れて話に味をつける. **4** 〈髪を〉白髪まじりにする (gray). **5 a** 〈鉱山を〉(よく見せるために)よその良質鉱石などを(鉱山の)目につく所へ置く; 〈油井を〉(よく見せるために)石油を(油井に)入れておく: ～ a mine. **b** 〈商品などを〉(ごまかして)実際以上に見せる, 〈にせ物を〉本物らしく見せかける; 〈記録・勘定などを〉ごまかす; 実際以上の値段を〉つける: ～ an account 勘定をごまかす / ～ the books 実際より多く利益があったように帳簿を粉飾する / ～ prices (あとでまけるつもりで)でたらめに高い値をつける. **6** 〖化学〗(硝酸銀を除去するために)食塩溶液に浸す; 化学塩で処理をする.

sált awáy* [*dówn*]** (1) 塩漬けにして貯蔵する. (2) 《口語》〈金・情報などを〉しまっておく, (特に不正に)蓄える; 〈金を〉(安全に)投資する: ～ *away* information 情報を収集して蓄えておく / have a little money ～*ed away* 少しばかりの金を蓄えている. 《(1849)》 ***sált óut (*vt.*) 〖化学〗塩析する《蛋白質・石鹸(せっけん)などの水溶液に塩を加えて分離析出させる》. (*vi.*) 塩の沈澱ができる, 塩が沈澱する. 《(1939)》

～·lìke *adj.* 〖n.: OE *s(e)alt* < Gmc **saltan* (G *Salz*) ← IE **sal-* (L *sāl* / Gk *háls*). ― v.: OE *s(e)altan* ← (n.)〗

salt[2] /sɔ́ːlt, sɑ́ːlt | sɔ́ːlt, sɒ́lt/ *adj.* 《廃》 **1** 〈人が〉好色な, みだらな: his ～ and most hidden loose affection 彼のいやらしい助平根性 (Shak., *Othello* 2. 1. 240). **2** 〈雌の動物が〉さかりがついた. 〖(1541) (頭音消失) ← (廃) (*go* or *be*) *assaut* to seek the male, rut ← (O)F *à saut* on the jump: cf. assault〗

Salt /sɔ́ːlt, sɑ́ːlt | sɔ́ːlt, sɒ́lt/ *n.* [the ～] ＝Salt River.

SALT, salt /sɔ́ːlt, sɑ́ːlt | sɔ́ːlt, sɒ́lt/ 《略》Strategic Arms Limitation Talks 戦略(核)兵器制限交渉《1969 年 11 月米ソ間で始まった戦略核兵器生産制限のための交渉; 72 年に調印; SALT II は 1972 年に開始, 79 年調印されたが, 米議会が批准せず失効》. 〖1968〗

Sal·ta /sɑ́ːltə; *Am.Sp.* sálta/ *n.* サルタ《アルゼンチン北西部の都市》.

sal·tan·do /sɑːltɑ́ːndou | -dəu; *It.* saltándo/ *adv.*, *adj.* 〖音楽〗弦の上で弓を跳ねさせて《弦楽器運弓法の指示; sautillé ともいう》. 〖□ It. ～ ← L *saltāre*: ⇨ saltant〗

sált-and-pépper *adj.* ＝pepper-and-salt. 〖1915〗

sal·tant /sǽltənt, sɔ́ːl-, sɑ́ːl-, -tnt | sǽl-, sɔ́ːl-, sɒ́l-/ *adj.* **1** 《まれ》跳ぶ, 踊る, はねる; 舞踏の (saltatory). **2** 〖紋章〗〈小動物が〉跳びはねる姿勢の《ライオンなどの salient に当たる》. **3** 跳躍進化 (saltation) により種が異なった. 〖(1601) □ L *saltantem* (pres.p.) ← *saltāre* to leap, dance (freq.) ← *salīre*: ⇨ salient〗

sal·ta·rel·lo /sæ̀ltərélou, sɔ̀ːl-, sɑ̀ːl- | sæ̀ltəréləu, sɔ̀ːl-, sɒ̀l-; *It.* saltarèllo/ *n.* (*pl.* ～**s**, **-rel·li** /-liː; *It.* -li/) **1** 〖音楽〗サルタレロ《16 世紀イタリア起源の速い 3 拍子の舞曲》. **2** 〖ダンス〗サルタレロ《スキップやジャンプの多い 1 人または 2 人で踊るイタリア・スペインのダンス》. 〖(1597) □ It. ～ ← *saltare* to jump < L *saltāre* (↑)〗

sal·ta·tion /sæltéɪʃən, sɔːl-, sɑːl- | sæl-, sɔːl-, sɒl-/ *n.* **1** はね回り, 跳躍; 踊ること, 舞踏. **2** 急激な変動[変化, 推移], 激変. **3** 〖生物〗＝saltatory evolution. **4** 〖地質〗サルテーション, 跳動, 躍動《水中または空中を砂泥粒子がバウンドしながら運ばれること; cf. traction transport》. 〖(1623) □ L *saltātiō(n-)* ← *saltātus* (p.p.) ← *saltāre*: ⇨ saltant, -ation〗

sal·ta·to·ri·al /sæ̀ltətɔ́ːriəl, sɔ̀ːl-, sɑ̀ːl- | sæ̀ltətɔ́ːr-, sɔ̀ːl-, sɒ̀l-/ *adj.* **1** 跳躍の; 舞踏の: ～ exercises 跳躍運動. **2** 〖動物〗跳躍に適した[のできる]: ～ legs. 〖(1789) ← L *saltātōrius* (↓)＋-AL[1]〗

sal·ta·to·ry /sǽltətɔ̀ːri, sɔ́ːl-, sɑ́ːl- | sǽltətəri, sɔ́ːl-, sɒ́l-, -tri/ *adj.* **1** 跳躍の; 舞踏の: the ～ art. **2** 一足とびに進化する, 躍進する; 飛躍的な: ～ thinking. 〖(1656)〗

▭ L *saltātōrius* ← *saltātus*: ⇨ saltation, -ory〗

sáltatory evolútion *n.* 〘生物〙跳躍進化, 飛躍的進化《進化は飛躍的な変量で起こるという考え; cf. macroevolution》. 〘1894〙

sált bàth *n.* 〘冶金〙塩浴《鋼などの金属材料を熱処理するのに使う溶融塩》. 〘1913〙

sált béef *n.* 《英》コーンビーフ (corned beef).

sált·bòx *n.* **1** 塩入れ《台所に備える木製のもの》. **2** ソールトボックス《17 世紀から 19 世紀初期にかけて New England にみられた前が二階建て, 後ろが一階建ての家; saltbox house ともいう》. 〘1: 《(1611)》; 2: 《(1876)》〙

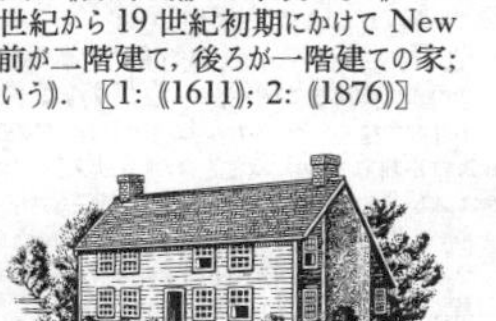

saltbox 2

sált brìdge *n.* 〘物理〙塩橋(えんきょう)《2 個の半電池を電気的に連結するガラス管に塩類溶液を満たしたもの》. 〘1915〙

sált·bùsh *n.* 〘植物〙ハマアカザ属 (*Atriplex*) の植物《塩性地・乾燥地に多い》. 〘1863〙

sált càke *n.* 粗製硫酸ソーダ《ガラス・石膏・洗剤製造用》, 芒硝(ぼうしょう) ($Na_2SO_4 \cdot 10H_2O$)《硫酸ナトリウム十水塩の俗称; cf. Glauber's salt》. 〘*c*1702〙

sált·càt *n.* **1** 塩塊. **2** 塩土《鳩を誘ったり家畜飼養に用いたりする塩・ひき割り麦・石灰の塊》. 〘《(?*a*1425)》← SALT[1]+? CAT《方言》a chump of clay stone〙

sált cèdar *n.* 《米南西部》〘植物〙ギョリュウ属 (*Tamarix*) の低木または高木の総称 (tamarisk ともいう). 〘1881〙

sált·cèllar *n.* **1** (食卓用の)塩入れ, 塩つぼ. **2** 《口語》(特に, やせた女性の)首の付け根(左右)のくぼみ. 〘1434〙

sált·chùck *n.* 《米》海, (塩水の)入江, 湾. 〘《(*c*1857)》← SALT+CHUCK[4]〙

sált·chùck·er *n.* 《カナダ》saltchuck の釣り人. 〘《(1958)》↑〙

sált dàmage *n.* 塩害《海水によって引き起こされる障害の総称; 例えば電線などの碍子(がいし)に潮風により運ばれた海水が付着して起こる障害》.

sált dòme *n.* 〘地質〙岩塩ドーム《地層中の岩塩層がドーム状にもち上がってきたもの》. 〘1908〙

sált·ed *adj.* **1** 塩を入れた, 塩漬けにした; 塩で味をつけた[加工した]. **2** 《口語》〈人が〉(ある職などに)経験を積んだ, 腕の達者な. **3** 〘獣医〙〈馬などが〉(伝染病に一度かかって)免疫となった, 鍛えられた: a ~ horse. 〘《(*a*1325)》: ⇨ salt[1], -ed[2]〙

sált·er *n.* **1** 製塩業者, 塩商人. **2** 《英》乾物商 (drysalter). **3** (肉・魚・チーズなどの)塩漬け加工業者. **4** 肉や魚など塩漬けにするために入れる容器. 〘OE *sealtere*: ⇨ salt[1] (v.), -er[1]〙

sal·tern /sɔ́ːltən, sɑ́ːl- | sɔ́ːltən, sɔ́l-/ *n.* 塩田; 製塩所 (saltworks). 〘OE *sealtærn* ← *sealt* 'SALT[1]'+*ern*, *ærn*, *ren* house (⇨ barn[1])〙

sált fìnger *n.* 〘海洋〙ソルトフィンガー《ある水の層の上に高密度・高塩の別な水の層がきたときに, 界面付近で水が柱状を成して交互に上昇・下降する現象を指に見たてたもの》.

sált fìngering *n.*

sált·fìsh *n.* 《カリブ》塩漬けのタラ.

sált flàt *n.* 〘地質〙ソールトフラット《海水の蒸発で, 沈澱した塩の層で覆われた平地》. 〘1816〙

sált glànd *n.* 〘鳥類〙塩腺《海鳥および海産爬虫類にあり, 過剰な塩分の排出にかかわる》. 〘1950〙

sált glàze *n.* 〘窯業〙食塩釉(ゆう)《焼成中に火床に食塩を投入し, 分解したソーダと素地とを反応させて生成される釉》. 〘1855〙

sált-glàzed *adj.* 〘窯業〙食塩釉(ゆう)のかかった. 〘《(1862)》↑〙

sált gràss *n.* 《米》〘植物〙塩生草《塩分の多い牧草地・沼沢地やアルカリ性土壌に生える草の総称; イネ科の alkali grass, *Spartina patens* など》. 〘1704〙

sált hày *n.* 塩生草 (salt grass) で作った干し草. 〘1648〙

sált hórse *n.* 《俗》〘海事〙(牛・豚などの)塩漬け肉. 〘1836〙

sal·ti·cid /sǽltəsɪ̀d, sɔ́ːl-, sɑ́ːl- | sǽltɪ-, sɔ́ːl-/ *adj.*, *n.* 〘動物〙=attid.

sal·tier /sǽltɪə, sɔ́ːl-, sɑ́ːl-, -taɪə | sǽltɪə[r], sɔ́ːl-, sɔ́l-/ *n.* 《古》〘紋章〙=saltire.

sal·ti·grade /sǽltəgrèɪd, sɔ́ːl-, sɑ́ːl- | sǽltɪ-, sɔ́ːl-, sɔ́l-/ 〘動物〙*adj.* 〈クモが〉跳躍に適した足をもった. — *n.* ハエトリグモ (attid). 〘《(1840)》← L *saltus* leap, jump+-GRADE〙

Sal·til·lo /sɑːltíːjoʊ, sæl- | -jəʊ; *Am.Sp.* saltíjo/ *n.* サルティーヨ《メキシコ中北部の都市; Coahuila 州の州都》.

sal·tim·ban·co /sæ̀ltɪ̀mbǽŋkoʊ, sɔ̀ːl-, sɑ̀ːl- | sæ̀ltɪmbǽŋkəʊ, sɔ̀ːl-, sɔ̀l-/ *n.* (*pl.* ~**s**) (*also* **sal·tim·banque** /-bǽŋk/, **sal·tim·bank** /-bǽŋk/) 《古》やし, 山師 (mountebank, quack). 〘《(1646)》▭ It. ~《原義》one who jumps upon a bench ← *saltare* to jump (⇨ saltarello)+*in* 'IN, on'+*banco* 'BENCH'〙

sal·tim·boc·ca /sɑ̀ːltɪ̀mbóʊkə, sɔ̀ːl-, -bɑ́(ː)kə | sæ̀ltɪmbɔ́kə, sɔ̀ːl-, sɔ̀l-; *It.* saltimbókka/ *n.* 〘料理〙サルティンボッカ《子牛の薄切り肉を生ハムで巻いてソテーにしたイタリア料理》. 〘《(1937)》▭ It. ~ ← *saltare* (↑)+*in* in+*bocca* mouth〙

salt·ine /sɔːltíːn, sɑː- | sɔː-, sɔl-/ *n.* 《米》(薄くてかりかりした)塩味のクラッカー. 〘《(1907)》← SALT[1]+-INE[3]〙

sált·ing *n.* **1** 塩を使うこと. **2** [通例 *pl.*] 《英》〘地理〙潮間陸地《干潮線と満潮線の間の部分; cf. salt marsh 2》. 〘《(*a*1325)》: ⇨ salt[1], -ing[1]〙

sálting òut *n.* 〘化学〙塩析.

sal·tire /sɔ́ːltaɪə, sɑ́ːl- | sɔ́ːltaɪə[r], sɔ́l-, sǽl-/ *n.* 〘紋章〙X 形十字. ***in sáltire*** 〈図形が〉X 形十字形に並んだ. ***párty per sáltire*** 〈盾が〉X 形十文字に分けられた. — *adj.* X 形の: a ~ stretcher. 〘《(*c*1440)》*sawturoure*, *sawtire* ▭ MF *sau(l)toir* (F *sautoir*) stirrup cord, stile, saltire ← *saulter* to leap < L *saltāre*; ⇨ saltant〙

sáltire·wàys *adv.* =saltirewise. 〘*c*1550〙

sáltire·wise *adv.* **1** 打違いに, X 形に. **2** 〘紋章〙X 形十字に. 〘1725〙

sált·ish /-tɪʃ/ *adj.* 少し塩辛い, 塩気のある. **~·ly** *adv.* **~·ness** *n.* 〘1477〙

sált júnk *n.* 乾燥させた塩漬け牛肉. 〘1792〙

sált láke *n.* 塩湖《海への出口がなく塩分を多量に含んだ湖》. 〘1763〙

Sált Láke *n.* [the ~] ソルトレーク (⇨ Great Salt Lake).

Sált Làke Cíty *n.* ソルトレークシティ《米国 Utah 州の北部 Great Salt Lake の近くにある同州の州都; モルモン教会 (Mormon Church) の本山がある; 2002 年冬季オリンピックの開催地》.

sált·less *adj.* **1** 塩のない, 塩味のない. **2** 面白みのない, つまらない, くだらない: a ~ life. **~·ness** *n.* 〘1398〙

sált lìck *n.* **1** (草食動物のなめる)岩塩のかたまりのある場所 (lick). **2** (牧草地におく)家畜用岩塩. 〘1751〙

sált·ly *adv.* 塩のように, 辛辣く, 塩くさく. 〘1736〙

sált màrsh *n.* **1** (砂漠などの)塩性湿地[沼沢地]. **2** (海岸の)潮間帯沼沢地 (cf. salting 2). 〘lateOE *on sealtne mersc* 《なぞり》← L *in salsuglnem*〙

sált-màrsh cáterpillar *n.* 〘昆虫〙作物に害を与えるヒトリガ科のガ (*Estigmene acrea*) の幼虫.

sált méadow *n.* 海水に浸った牧草地. 〘1656〙

sált mìne *n.* **1** 岩塩坑, 岩塩産地. **2** [通例 *pl.*] 閉じこもって退屈な骨折り仕事をする場所. 〘1685〙

sált·ness *n.* **1** 塩気を含むこと, 塩気, 塩辛さ, 塩くささ. **2** 辛辣さ, ぴりっとした味 (pungency). 〘OE *saltnisse*: ⇨ salt[1], -ness〙

Sal·to /sɑ́ːltoʊ | sǽltəʊ; *Am.Sp.* sálto/ *n.* サルト《ウルグアイ北西部の Uruguay 川に臨む港市》.

Sál·ton Séa /sɔ́ːltn-, sɑ́ːl-, -tən- | sɔ́ːl-, sɔ́l-/ *n.* [the ~] ソルトン湖《米国 California 州南東部にある塩湖; 面積約 900 km²; 標高 −70m; ⇨ Salton Sink》. 〘*salt on* (the dry lake bed)〙

Sálton Sínk *n.* [the ~] ソルトン盆地《米国 California 州南東部, Imperial Valley にあった低地; 現在は Salton Sea となる》.

sált pàn *n.* **1** [通例 *pl.*] 塩田. **2** (製塩用の)塩がま. **3** [*pl.*] 製塩所 (saltworks). 〘1493〙

salt·pe·ter, 《英》**salt·pe·tre** /sɔ̀ːltpíːtə, sɑ́ːlt-, ―⌣―― | sɔ̀ːltpíːtə[r], sɔ̀lt-, ―⌣――/ *n.* **1** 〘化学〙硝石 (⇨ potassium nitrate). **2** 〘鉱物〙チリ硝石 (Chile saltpeter). 〘《(1501–02)》《変形》← 《廃》*salpetre* ▭ (O)F *salpètre* ▭ ML *salpetra* rock salt ← L *sāl* 'SALT[1]'+*petra* rock: 岩石に外皮状に生じることから〙

sáltpeter pàper *n.* =touchpaper. 〘1832〙

sált pìt *n.* 塩坑. 〘1398〙

sált plùg *n.* =salt dome.

sált-pònd *n.* 塩池. 〘1697〙

sált-póor díet *n.* 〘医学〙=low-sodium diet.

sált pórk *n.* 塩漬け豚肉《特に, 脂肪の多い腹肉・背肉・わき腹肉の塩漬けをいう》. 〘1723〙

sált trèe *n.* 〘植物〙=sal[2] 1.

sált rhèum *n.* 《米》湿疹 (eczema). 〘1809〙

sált-rìsing bréad *n.* 塩・牛乳・小麦粉・砂糖・コーンミールにソーダを加えて焼いたパン.

Sált Ríver *n.* [the ~] ソルト川《米国 Arizona 州東部に発し西流して Gila 川に合流する川 (322 km); Roosevelt Dam がある》.
rów up Sált Ríver 《米俗》(1) 〈反対党(の人)を〉敗北させる《一説に 1832 年の米国大統領選挙に立候補した Henry Clay が演説のため Louisville へ向かう途中, 船頭が Ohio 川をさかのぼらずその支流のこの川をさかのぼり選挙妨害をしたため敗れたことによるという》. (2) 酔っ払う. 《1828》

sált·shàker *n.* 《米》塩振出し容器, 塩入れ, 食卓塩容器. 〘1895〙

sált spòon *n.* (食卓用の)塩スプーン《小型の丸いもので saltcellar についている》. 〘1820〙

sált trèe *n.* 〘植物〙**1** シオノキ (*Halimodendron halodendron* or *argenteum*)《ザカフカス (Transcaucasia) 原産のマメ科の落葉低木》. **2** =athel tree. 〘1824〙

sált trùck *n.* 《米》塩[砂利]散布トラック《道路の凍結防止に塩や砂をまく; 《英》gritter》.

sal·tus /sǽltəs, sɔ́ːl-, sɑ́ːl- | sǽl-, sɔ́ːl-/ *n.* **1** (論理などの)中断; 飛躍. **2** 〘数学〙=oscillation 4 b. 〘《(1665)》▭ L ~ 'leap' (p.p.) ← *salīre*: ⇨ salient〙

sált·wàter *adj.* [限定的] **1** 塩水の[から成る, に生ずる]; 海水にすむ, 海水産の (cf. freshwater 1): ~ fish. **2** 航海に慣れた: a ~ sailor. **3** 海の[に関する]: a ~ song. 〘1528〙

sált wàter *n.* **1** 塩水; (特に)海水. **2** [the ~] 海. **3** 《戯言》涙. 〘lateOE *sealtera wætera* (gen. pl.)〙

sáltwater crócodile *n.* 〘動物〙イリエワニ (*Crocodylus porosus*)《東南アジアからオーストラリアにかけて分布する大型のワニ (全長 4 m) で, 人を襲うこともある; estuarine crocodile ともいう》.

sált wèll *n.* 塩井(えんせい)《地下の岩塩を水に溶かしてくみ上げる岩塩坑の井戸》. 〘OE *saltwælla*: ⇨ salt[1], well[2]〙

sált·wòrks *n. pl.* [単数または複数扱い] 製塩所. 〘1565〙

sált·wòrt *n.* 〘植物〙**1** 海岸や塩湖などに生えるアカザ科オカヒジキ属 (*Salsola*) の植物の総称; (特に)オカヒジキ (*S. kali* and *S. soda*)《焼いてソーダ灰を採る》. **2** アッケシソウ (glasswort). 〘《(1568)》《なぞり》? ← Du. *zoutkruid*: cf. G *Salzkraut*〙

salt·y /sɔ́ːlti, sɑ́ːl- | sɔ́ːl-, sɔ́l-/ *adj.* (**salt·i·er; -i·est**) **1** 塩気のある, しょっぱい. **2** 辛辣な, ぴりっとしたところのある; 機知のある: ~ humor 機知に富んだユーモア. **3** 粗野な, 俗悪な. **4** 経験を積んだ, 世故にたけた. **5** 海の, 海上生活の; 航海の. **6** 〈馬が〉御しにくい, 手に負えない.
sált·i·ly /-təli, -tli/ *adv.* **sált·i·ness** *n.* 〘《(1440)》: ⇨ salt[1], -y[4]〙

sa·lu·bri·ous /səlúːbriəs | -lúː-, -ljúː-/ *adj.* **1** 《気候・空気・土地など》健康によい (⇨ healthful SYN). **2 a** 精神的に健全な. **b** 有益な, ためになる. **~·ly** *adv.* **~·ness** *n.* 〘《(1547)》← L *salūbris* (← *salūs* health)+-OUS〙

sa·lu·bri·ty /səlúːbrəti | -lúːbrɪ̀ti, -ljúː-/ *n.* 健康[衛生]によいこと, 健全さ. 〘《(*c*1400)》*salubrite* ▭ L *salūbritās*: ⇨ ↑, -ty[2]〙

sa·lud /sɑːlúː(d); *Sp.* salú(ð)/ *Sp. int.* 乾杯. 〘《(1938)》▭ Sp. ~ < L *salūtem*: ⇨ salute[2]〙

sa·lu·ki, S- /səlúːki/ *n.* サルーキ《古代からエジプト・ペルシャ・アラビアなどを含むカスピ海からサハラ砂漠に及ぶ地域で飼ったガゼル (gazelle) 狩り用の猟犬; Persian greyhound ともいう》. 〘《(1809)》▭ Arab. *salūqī*《原義》from *Salūq* (アラビア南部の古都市)〙

sal·u·ret·ic /sæ̀ljʊrétɪk | -tɪk⁻/ *adj.* 〘薬学〙塩分排泄の, 塩類利尿の. — *n.* 〘薬学〙塩分排泄促進剤, 溶質排泄剤《塩分および特にナトリウムイオンの排泄を促進する》.
sàl·u·rét·i·cal·ly *adv.* 〘《(1959)》← L *sāl* 'SALT[1]'+(DI)URETIC〙

Sa·lus /séɪləs/ *n.* 〘ローマ神話〙サルス《健康と繁栄の女神; cf. Hygeia》. 〘▭ L *Salūs*: ⇨ salutary〙

sa·lut /sælúː/ *int.* 健康を祈る, 幸いあれ《酒を飲む前に, 仲間に向かって言う》. 〘▭ F ~: ⇨ ↓, salute〙

sal·u·tar·y /sǽljʊtèri | -təri, -tri/ *adj.* **1** 有益な, ためになる: a ~ lesson ためになる教訓. **2** 健康によい, 健康に効く, 健康増進の (⇨ healthful SYN): ~ medicine.
sal·u·tar·i·ly /sæ̀ljʊtérəli, ―⌣―――| sǽljʊtərɪ̀li, -trɪ̀li/ *adv.* **sál·u·tàr·i·ness** *n.* 〘《(1490)》▭ (O)F *salutaire* // L *salūtāris* ← *salūt-*, *salūs* health: ⇨ -ary〙

sal·u·ta·tion /sæ̀ljʊtéɪʃən/ *n.* **1** 挨拶[を述べること]: bow in ~ 挨拶に頭を下げる / return one's ~ 答礼をする. **2** (手紙の書出しや演説の冒頭などの)挨拶文句 (Dear Sir, Mr. President, Ladies and Gentlemen など). **3 a** 挨拶の言葉; [*pl.*] (手紙などで)よろしくとの挨拶の言葉: give a perfunctory ~ 形ばかりの挨拶をする / utter a cordial ~ ねんごろな挨拶を述べる / ⇨ Angelic Salutation. **b** (会釈・握手・キスなどによる)挨拶の動作; 敬礼. ★ 今は salute を用いる. **~·al** /-ʃnəl, -ʃənl⁻/ *adj.* 〘《(*c*1390)》▭ (O)F ~ // L *salūtātiō(n-)* ← *salūtāre* 'to SALUTE[1]': ⇨ -ation〙

sa·lu·ta·to·ri·an /səlùːtətɔ́ːriən | -lùːtətɔ́ːr-, -ljùː-/ *n.* (米国の大学や学校で)式辞 (salutatory) を述べる卒業生《通例学業成績が次席の卒業生; cf. valedictorian》. 〘《(1847)》: ⇨ salutatory (n.), -an〙

sa·lu·ta·to·ri·um /səlùːtətɔ́ːriəm | -lùːtətɔ́ːr-, -ljùː-/ *n.* (*pl.* **-ri·a** /-riə/) サルタトリウム《中世の修道院の玄関 (porch) や聖具室 (sacristy) の一部で, 施し物の施与・集会の場所となる》. 〘▭ ML *salūtātōrium*: ⇨ ↓, -ium〙

sa·lu·ta·to·ry /səlúːtətɔ̀ːri | -lúːtətəri, -ljúː-, -tri/ *adj.* 挨拶の: a ~ oration 式辞. — *n.* (米国の大学や学校の卒業式で通例次席卒業生が述べる)開会の式辞 (cf. valedictory 2). 〘《(1641)》▭ ML *salūtātōrius* ← L *salūtāre*: ⇨ ↓, -ory〙

sa·lute[1] /səlúːt | -lúːt, -ljúːt/ *vt.* **1 a** 〔挙手・捧げ銃(つつ)・刀礼・礼砲・降旗などで〕…に敬礼する〔*with*〕: ~ one's superior officer 上官に敬礼する / ~ a general by lowering the colors [striking sails] 軍旗[帆]を下げて将官に敬意を表する / ~ an honored guest *with* a sword 貴賓に刀礼する / ~ an honored guest *with* cannon [guns] 貴賓に礼砲を放って敬意を表する. **b** 〈人を〉〔…で〕迎える, 〔…を〕〈人〉に浴びせる〔*with*〕: ~ a person *with* a smile [scowl] にこにこして[しかめつらして]人を迎える / ~ a person *with* cheers [oaths] 歓呼して人を迎える[人にののしりの言葉を浴びせる] / ~ the enemy *with* a volley 敵に一斉射撃を浴びせる. **2** 褒める, 賞賛する; 推賞する (praise). **3** …に挨拶する, 会釈する; …に挨拶の言葉をかける: ~ each other by raising hats [shaking hands] 帽子をちょっと持ち上げて[握手して]互いに挨拶する. **4** 《古》〈光景・音などが〉〈目・耳〉にはいる, 映る, 聞こえてくる: A gloomy sight ~*d* our eyes [us]. 陰気な光景が目に映った / Our ears were ~*d* by hostile shouts. 敵意ある叫び声を浴びせられた. **5** 《詩》〈小鳥などが〉〈太陽・暁を〉さえずって迎える: ~ the dawn. **6** 《古》(人を送迎するときに)〈手・ほおなどに〉接吻[キス]する. **7** 〘フェンシング〙〈相手〉に試合始めの礼をする. **8** 〘ダンス〙〈パートナー〉に会釈をする. **9** 《廃》…に影響を及ぼす (affect), 作用する. — *vi.* **1** 挨拶する, 会釈する, 敬礼する: ~ properly and smartly. **2** 礼砲を放つ.
— *n.* **1 a** (軍人・警官などの)敬礼, 挙手の礼; 礼砲; 捧げ銃(つつ), 刀礼, 旗[帆]を下げる敬礼: in ~ 敬礼して / a Royal [an Imperial] ~ of 21 guns 21 発の王[皇]礼砲 / fire [give] a ~ 礼砲を放つ / exchange ~*s* 礼砲を交換す

S

る / take the ～ (特に)〈最高将校が〉敬礼を受ける / come to the ～ 敬礼する. **b** 敬礼[挙手の礼, 捧げ銃]の姿勢: stand at (the) ～ 敬礼の姿勢で立つ. **c** 敬意[好意]を表す行為[行事・式典]. **d** 賞賛. **2** 挨拶, 会釈, 敬礼: acknowledge [return] a ～ 答礼する. **3** 爆竹, 爆竹 (firecracker). **4** サリュート金貨《聖母マリアに大天使 Gabriel が挨拶を送る図の描かれた金貨; フランスの Charles 六世および英国の Henry 五世と Henry 六世によって発行された》. **5** 《古》(通例, 挨拶のための)接吻, キス. **6** 〖フェンシング〗試合始めの礼.

sa·lút·er /-ṭə | -tə^(r)/ *n.* 〖v.: 《c1390》□ L *salūtāre* ← *salūtem, salūs* health, safety, greeting (cf. *salvus* 'SAFE, healthy'). — n.: 《?a1400》 *salut* □ (O)F < L *salūtem*〗

sa·lu·te² /sɑːlúːteɪ/ *It.* salúːte/ *It. int.* 乾杯. 〖□ It. ～ < L *salūtem* health (↑)〗

sal·u·tif·er·ous /sæ̀ljutíf(ə)rəs/ *adj.* 《古》 =salutary. 〖《c1540》 ← L *salūtifer* (← *salūt-, salūs* health + *-fer* '-FER') + -OUS〗

Salv. 《略》 Salvador; L. Salvātor (=Savior).

sal·va·ble /sǽlvəbl/ *adj.* 救える, 救済できる; 〈難船・火災などから〉救出できる. **～·ness** *n.* **sal·va·bil·i·ty** /sæ̀lvəbíləṭi | -lɪ̀ti/ *n.* **sál·va·bly** /-bli/ *adv.* 〖《1667》 ← LL *salvāre* 'to SAVE¹' + -ABLE〗

Sal·va·dor¹ /sǽlvədɔ̀ə, ⸗⸗́ | sǽlvədɔ̀ː^(r), ⸗⸗́; *Braz.* sawvadóɾ/ *n.* サルバドル《ブラジル東部の港市; Bahia 州の州都; 旧名 São Salvador》.

Sal·va·dor² /sǽlvədɔ̀ə, ⸗⸗́ | sǽlvədɔ̀ː^(r), ⸗⸗́; *Sp.* salβaðóɾ/ *n.* サルバドル《男性名》. 〖□ Sp. ～ 《原義》 savior〗

Salvador, El *n.* ⇨ El Salvador.

Sal·va·do·ran /sæ̀lvədɔ́ːrən⁻/ (*also* **Sal·va·do·re·an** /sæ̀lvədɔ́ːriən⁻/) *adj.* エルサルバドル (El Salvador) (の住民)の. — *n.* エルサルバドルの住民. 〖《1886》 ← *El Salvador* + -AN¹〗

Sal·va·dor·i·an /sæ̀lvədɔ́ːriən⁻/ *adj., n.* =Salvadoran. 〖《1886》: ⇨ -ian〗

sal·vage /sǽlvɪdʒ/ *vt.* **1 a** 〈難船・略奪・火災などから〉〈船・船荷・家財などを〉救い出す, 救助する (salve) 〔*from*〕. **b** 〈沈没船を〉引き揚げる. **2** 〈廃品を〉利用する. **3** 失敗などから学ぶ. **4** 〖医学〗救命する. — *n.* **1 a** 海難救助, サルベージ《海難した船舶や貨物の救助》: There is little hope of her ～. (船の)救助の見込みはほとんどない. **b** (沈没船の)救難作業, 引揚げ作業. **2 a** 救助された船舶[貨物]. **b** (火災などの際の)救助財産; 財産救助. **3** 海難救助償金[救助料]. **4** 廃物利用(物). **5** 〖保険〗 **a** (損害額填補(てん)によって保険者の所有物となる)残存物. **b** 残存財産処分金. **6** 〖医学〗救命. **sal·vage·a·bil·i·ty** /sæ̀lvɪdʒəbíləṭi | -lɪ̀ti/ *n.* **sal·vage·a·ble** /sǽlvɪdʒəbl/ *adj.* **sál·vag·er** *n.* 〖《1645》 □ (O)F ～ □ ML *salvāgium* ← L *salvāre* 'to SAVE¹': ⇨ -age〗

sálvage archaeòlogy *n.* 〖考古〗 =rescue archaeology. 〖1967〗

sálvage bòat *n.* 救難船, サルベージ船.

sálvage còrps *n.* 〖保険〗(火災保険会社の)火災救助隊 (fire patrol ともいう). 〖1866〗

sálvage yàrd *n.* 《米》(使用されなくなった機械・自動車などの)解体処理場.

S

Sal·var·san /sǽlvəsæn, -sən | -və-/ *n.* 〖商標〗サルバルサン《ドイツの医学者 Paul Ehrlich (1854–1915) と日本の秦(はた)佐八郎 (1873–1938) の協力発見 (1910) による梅毒特効薬アルスフェナミン (arsphenamine)》. 〖《1910》 ← L *salvus* 'SAFE, healthy' + G *Arsenik* 'ARSENIC' + -AN¹〗

sal·va·tion /sælvéɪʃən/ *n.* **1** 〖神学〗(罪からの)救い, 救済, 救世; 救世主, 救い主 (cf. damnation 1 a): Christ's ～ of the world キリストの世界救済 / Christ is our ～. キリストは我らの救い主. **2** 〔破壊・損害・損失・災難などから〕の救い, 救済, 救助, 救出 〔*from*〕; (無知・幻想などからの)解放: ～ *from* slavery 奴隷状態からの救出. **3** 救済手段; 救済者: be the ～ of …の救済手段となる, …を救済する / Work was her ～. 仕事は彼女の救いだった. **4** 〖クリスチャンサイエンス〗癒(いや)し, 救い《神の導きによって幻影[非実在]にすぎない病気・災害などが除去されること》.

find salvátion (1) 罪を悔いキリストを信じる, 改宗する. (2) 《戯言》得たり賢し[これ幸い]と変節する. ***wórk óut one's ówn salvátion*** 努力して自己の魂の救済をとげる; 自力で問題を解決する (cf. *Philip.* 2:12). 《1535》

～·al /-ʃnəl, -ʃənl/ *adj.* 〖《?a1200》 *sa(l)vacioun, sauvacioun* □ OF *sauvation,* (O)F *salvation* □ LL *salvātiō(n-)* ← *salvāre* 'to SAVE¹': ⇨ -ation〗

Salvátion Ármy *n.* [the ～] 救世軍《1865 年 William Booth が London で組織し, 1878 年軍隊式組織に改編された, 伝道と社会事業を目的とするキリスト教団体; Through Blood and Fire がその motto》. 〖c1880〗

Sal·vá·tion·ism /-ʃənìzm/ *n.* **1** 救世軍の教旨[主義, やり方]. **2** [s-] 魂の救済を強調する宗教上の教義. 〖1883〗

Sal·vá·tion·ist /-ʃ(ə)nɪ̀st | -nɪst/ *n.* **1** 救世軍軍人. **2** [s-] 福音の宣教者, 福音伝道者 (evangelist). — *adj.* **1** 救世軍の, 救世軍軍人の. **2** [s-] 福音伝道の. 〖1882〗

Salvátion Jáne *n.* 《豪》〖植物〗 =Paterson's curse.

sal·va ver·i·ta·te /sǽlvəvɛ̀rɪtáːteɪ/ *L. adv.* 〖哲学〗真理値を損うことなく (without affecting truth-value).

salve¹ /sæv, sɑːv | sælv, sɑːv/ *n.* **1** 膏薬(こうやく), 軟膏: ⇨ lipsalve. **2 a** (心痛をいやすもの, 慰安, 慰め: a ～ *for* a tender conscience 感じやすい良心に対する鎮静剤. **b** お世辞, おべっか. **3** 《まれ》(羊の)塗剤《通例タールと油脂の混合物》. — *vt.* **1** 〈苦痛を〉鎮める, 緩和する, 軽減する; 〈自尊心・良心などを〉慰める: ～ a sore 心痛をいやす / ～ one's conscience 良心の痛みを和らげる, 気がとがめないようにする. **2** 《古》…に膏薬を塗る; いやす. **3** 《廃》〈難局・意見の相違・疑惑・欠陥などを〉うまく処理する, ごまかす, 言いつくろう, 釈明する. 〖n.: OE *sealf* ointment < Gmc **salbō* (G *Salbe*) ← IE **selp-* fat, oil (Gk *élpos* oil). — v.: OE *sealfian* < Gmc **salbōjan*〗

salve² /sǽlv/ *vt.* **1** …の海難を救う; 〈船・貨物を〉救う. **2** 火災から〈家財を〉救う, 救助する, 持ち出す (salvage). 〖《1706》《逆成》 ← SALVAGE〗

sal·ve³ /sǽlvi/ *n.* 〖カトリック〗サルベ《L. Salvē, rēgīna, misericordiāle (=Hail, queen of compassion) で始まる聖母マリアに対する賛美の交誦; その音楽》. — *int.* 幸あれ, 万歳 (hail). 〖《1428》 □ L *salvē* hail (imper.) ← *salvēre* to be well〗

Sal·ve·mi·ni /sæ̀lvéɪməni, sɑː- | -mɪ-; *It.* salvéːmini/, **Ga·e·ta·no** /gaetáːno/ *n.* サルベミニ《1873–1957; イタリアの歴史学者; ファシズムを批判して米国に亡命》.

sal·ver¹ /sǽlvə | -və^(r)/ *n.* 盆《通例円形金属製で, 召使いが食べ物・飲み物・手紙などを載せて出すもの; cf. tray¹ 1 a》. 〖《1661》《変形》 ← F *salve* tray for presenting food (to the king) □ Sp. *salva* 《原義》 sampling of food to detect poison ← *salvar* to sample food to detect poison < L *salvāre* 'to SAVE¹': -ER¹ の影響をうけた〗

sal·ver² /sǽlvə | -və^(r)/ *n.* =salvor.

Sal·ve Re·gi·na /sáːlveɪrɪ̀dʒíːnə | -rɪ-/ *L. n.* 〖カトリック〗 =salve³. 〖□ L *salvē rēgīna* hail queen〗

sal·ver·form /sǽlvəfɔ̀əm | -vɪ̀fɔːm/ *adj.* 〖植物〗〈花冠が〉高盆(こうぼん)形の. 〖《1821》 ← SALVER¹ + -FORM〗

sálver-shàped *adj.* 〖植物〗 =salverform. 〖c1760〗

sal·vi·a /sǽlviə/ *n.* 〖植物〗サルビア《シソ科アキギリ属 (*Salvia*) の植物の総称; 特に, 観賞用のサルビア (scarlet sage), セージ (sage), オニサルビア (clary) など》. 〖《1844》 ← NL ～: ⇨ sage²〗

sal·vif·ic /sælvífɪk/ *adj.* 救いをもたらす. **sal·víf·i·cal·ly** *adv.* 〖《1591》 □ LL *salvificus* ← *salvus*: ⇨ safe, -fic〗

Sal·vi·ni /sælvíːni, sɑː- ; *It.* salvíːni/, **Tom·ma·so** /tommáːzo/ *n.* サルビーニ《1829–1915; イタリアの悲劇俳優》.

sal·vo¹ /sǽlvou | -vəu/ *n.* (*pl.* **～s, ～es**) **1 a** 一斉射撃, 斉射; (礼砲などの)一斉発射, 斉射; 爆弾の一斉[同時]投下; ロケットの一斉発射; 一斉に発射[投下]された砲弾[ロケット, 爆弾]; 翼次射《砲列の一端から通例 2 秒の間隔で順次に発射すること; cf. stick¹ 15 a》. **b** (討論などの冒頭の)質問[陳述]の口火: opening ～. **2** (笑い・歓呼・拍手などの)爆発, 盛んな[一斉に起こる]拍手喝采: ～(*e*)*s* of applause, cheering, etc. / laugh in ～ 一斉に笑う. **3** 賞賛の言葉, 賛辞. — *vt.* 〈爆弾・ロケットなどを〉一斉投下[発射]する. — *vi.* 一斉射撃する. 〖《1591》《変形》 ← It. *salva* □ L *salvē*: ⇨ salve³〗

sal·vo² /sǽlvou | -vəu/ *n.* (*pl.* **～s**) **1** (良心・自尊心などを傷つけない)慰め, 気休め; (名誉・名声などの)保全手段. **2** 言いわけ, 言い抜け, ごまかし. **3** 〖法律〗保留条項, 但し書き: with an express ～ of …の保留を明示して. 〖《1642》 □ L *salvō* (abl.) ← *salvus* 'SAFE': cf. L *salvō jūre* with the right intact, saving the right〗

Sal·vo /sǽlvou | -vəu/ *n.* (*pl.* **～s, ～es**) 《豪口語》救世軍軍人. 〖《1891》 ← SALV(ATION ARMY) + -O〗

sal vo·la·ti·le /sæ̀lvəlǽṭəli:, -ṭli: | -və(u)lǽtəli, -vɒ-, -tli/ *n.* 〖化学〗 **1** 炭酸アンモニウム (ammonium carbonate) 《smelling salts の主薬》. **2** (炭酸アンモニウムをアルコールに溶解した)アンモニア水. 〖《1654》 ← NL *sal volātile* 'VOLATILE SALT'〗

sal·vor /sǽlvə | -və^(r)/ *n.* 難船救助者, 水難[海難]救助隊員, 難船引揚げ人; 救助船. 〖《1678》 ← SALV(AGE) + -OR²〗

sal·war /sʌlwáə | -wáː^(r)/ *n.* =shalwar.

Sal·ween /sǽlwiːn/ *n.* [the ～] サルウィン(川)《中国南西部からミャンマーを貫流して Bengal 湾に注ぐ川 (2,400 km); 中国語名怒江 (Nu Jiang)》.

Sal·yut /sǽljuːt | sǽljúːt, sæ-; *Russ.* salʲúːt/ *n.* サリュート《ソ連の宇宙ステーション; 1 号 (1971) から 7 号 (1982) まである》. 〖□ Russ. ～ 《原義》 'SALUTE¹' □ G *Salut* // F *salut*〗

Salz·burg /sɔ́ːlzbəːg, sáːlz- | sǽltsbəːg, sáːlts-, sɔ́ːlts-; *G.* záltsbʊʁk/ *n.* ザルツブルク《オーストリア西部の都市; Mozart の生地; 特に夏の音楽祭が有名》. 〖← *Salzach* (河川名) ← *Salz* salt + *-ach* (「河川, 水」の意); 流域に岩塩の産地が多かったことから; ⇨ -burg〗

Salz·git·ter /záːltsgɪtə | -tə^(r); *G.* zálts̮gɪtɐ/ *n.* ザルツギッター《ドイツ中北部 Lower Saxony 州南東部の工業都市》.

Salz·kam·mer·gut /sɔ́ːlzkɑːməgùːt, sáːlz- | sǽltskɑːmə-, sáːlts-, sɔ́ːlts-; *G.* záltskamɐguːt/ *n.* [the ～] ザルツカンマーグート《オーストリア北部, Salzburg の東の地方; 山と湖の観光保養地; 主都 Bad Ischl》.

Sam /sǽm/ *n.* サム《男性名》.

stánd Sám 《英俗》(みんなの)勘定を持つ, (特に)酒をおごる. 《1823》米兵士の背のうに書かれた U.S. を Uncle Sam と解し, "The government of 'Uncle Sam' has to pay for all." (勘定はおやじの政府もち)としゃれたものか》 ***upòn my Sám*** 《英俗・戯言》誓って, 大丈夫 ('pon my sacred Sam ともいう). 〖《1879》 ← 《廃》 *salmon* (cf. *by (the) salmon, so help me salmon*) 《変形》 ← ? SERMON〗 〖(dim.) ← SAMUEL¹〗

SAM¹ /sǽm/ *n.* サム, 地対空ミサイル, 艦対空ミサイル. 〖《1950》《頭字語》 ← *s(urface-to-)a(ir) m(issile)*〗

SAM² /sǽm/ *n.* 《米》〖郵便〗サム《海外向けの軍関係の小包に対する割引料金の航空便; 15 ポンド以下に適用; cf. PAL》. 〖《頭字語》 ← *S(pace) A(vailable) M(ail)*〗

SAM 《略》〖電算〗 sequential access method シーケンシャルアクセス法 (cf. sequential access); special air mission; surface-to-air missile.

Sam. 《略》 Samaria; Samaritan; Samoa; Samuel (旧約聖書の)サムエル記.

S. Am. 《略》 South America; South American.

sa·ma·dhi /səmáːdi | -di; *Hindi* səmáːdʰiː/ *n.* 〖ヒンズー教・仏教〗深い瞑想, 専心; 定, 禅定, 等持; 三昧, 三摩地《禅定 (dhyana) の対象だけが輝いて, 心自体は空であるかのようになった状態》. 〖《1795》 □ Skt *samādhi* 《原義》 application ← *sam* together: ⇨ same〗

sam·an /sæmáːn/ *n.* 〖カリブ〗 =monkeypod.

sam·an·go /sæmǽŋgou | -gəu/ *n.* 〖動物〗サマンゴモンキー, サマンゴアオザル (*Cercopithecus mitis samango*) 《アフリカ南部に分布するオナガザル; 青みがかった灰色の体毛に黒い紋が入っている; ～ monkey ともいう》.

Sa·ma·nid /səmáːnɪ̀d, sáːmən- | -nɪd/ *n.* [the ～s] サーマーン朝《中央アジアから東部イランにかけて支配したイラン系王朝 (874–999)》.

Sa·man·tha /səmǽnθə/ *n.* サマンサ《女性名》. 〖□ Aram. ～ 'listener'〗

Sa·mar /sáːmaə | -mɑː^(r)/ *n.* サマル(島)《フィリピン東部, Luzon 島の南東方の島; 面積 13,080 km²》.

sam·a·ra /sǽmərə, səmɛ́ərə, -máːrə | sǽmərə, səmáːrə/ *n.* 〖植物〗翼果《モミジ・トネリコなどの種子のように果皮が翼状になって飛ぶもの; 俗に key, key fruit という》. 〖《1577》 ← NL ～ ← L ～, *samera* seed of the elm〗

Sa·ma·ra /səmáːrə; *Russ.* samárə/ *n.* サマラ《ロシア連邦西部, Volga 河畔の港市; 旧名Kuibyshev (1935–91)》.

Sa·ma·ranch (To·re·lló) /sæ̀mərɑ́ːntʃ (tɔːréɪ(l)jou) | sæmərǽntʃ (-(l)jəu); *Sp.* samaɾántʃ (toɾeʎo)/, **Juan Antonio** *n.* サマランチ (トレリョ) 《(1920–2010; スペインの政治家; 国際オリンピック委員会 (IOC) 会長 (1980–2001)》.

Sa·ma·rang /səmáːrɑːŋ | -ræŋ; *Indon.* səmáɾaŋ/ *n.* =Semarang.

Sam·ar·cand /sǽməkæ̀nd, ⸗⸗́ | sæ̀məkǽnd, -mə-, ⸗⸗́; *Russ.* səmarkánt/ *n.* =Samarkand.

Sa·mar·i·a /səmɛ́əriə | -mɛ́ər-/ *n.* サマリア: **1 a** Jordan 川と地中海の間にあった古代の王国; のち Palestine の北部の一州となった. **b** 同王国の首都. **2** Jordan 川西方の地帯.

sam·a·ri·form /sǽmərəfɔ̀əm | -rɪ̀fɔːm/ *adj.* 〖植物〗翼果 (samara) 形の. 〖《1891》 ← SAMARA + -FORM〗

Sa·ma·rin·da /sæ̀mərɪ́ndə/ *n.* サマリンダ《インドネシアの Borneo 島東部にある市》.

Sa·mar·i·tan /səmǽrətn̩, -mɛ́r- | -mǽrɪ̀tn/ *n.* **1** [時に s-] (困っている人を助ける)哀れみ深い人, 情のあつい人 (⇨ good Samaritan). **2** サマリア人. **3** サマリア語《サマリア人の用いるヘブライ語方言》. **4** (英国の慈善団体) the Samaritans の会員. — *adj.* **1** [s-] 哀れみ深い, 情のあつい (compassionate). **2** サマリア (Samaria) の. **3** サマリア人の. 〖lateOE *samaritana* □ LL *Samarītānus* □ Gk *Samarítēs* inhabitant of Samaria ← *Samareía*: ⇨ -an¹〗

Sa·már·i·tan·ìsm /-tənìzm, -tn̩- | -mǽrɪ̀tn-/ *n.* **1** サマリア人の信仰[教義]. **2** サマリア語法. **3** [時に s-] (困っている人への)慈悲, 慈善, 親切. 〖《a1641》: ⇨ ↑, -ism〗

Samáritan Péntateuch *n.* [the ～] 〖聖書〗サマリア五書《ユダヤに対立してサマリア人が唯一の正典として用いたモーセの五書》. 〖1624〗

sa·mar·i·um /səmɛ́əriəm | -mɛ́ər-/ *n.* 〖化学〗サマリウム《希土類族元素の一つ; 記号 Sm, 原子番号 62, 原子量 150.43; samarskite の中に発見された》. 〖《1879》 ← NL ～ ← F *samarskite* 'SAMARSKITE': ⇨ -ium〗

Sam·ar·kand /sǽməkæ̀nd, ⸗⸗́ | sæ̀məkǽnd, -mə-, ⸗⸗́; *Russ.* səmarkánt/ *n.* サマルカンド《ウズベキスタン 共和国の都市; Alexander 大王の占拠地 (329 B.C.); 14 世紀にはチムール (Tamerlane) が都をここに定めた》.

Sam·ar·qand /sǽməkæ̀nd, ⸗⸗́ | sæ̀məkǽnd, -mə-, ⸗⸗́/ *n.* サマルカンド《Samarkand のウズベク語名》.

Sa·mar·ra /səmáːrə/ *n.* サーマッラー《イラク中部 Tigris 川に臨む町; Baghdad の北方に位置》.

sa·mar·skite /səmáəskàɪt, səmáəskaɪt | sǽmɑːskàɪt, səmáːskaɪt/ *n.* 〖鉱物〗サマルスカイト《ウランを含有する斜方晶系鉱物; cf. hjelmite》. 〖《1849》 □ ← *Col. von Samarski* (19 世紀のロシアの鉱山技官): ⇨ -ite¹〗

Sá·ma-Vé·da /sáːmə-/ *n.* [the ～] 〖バラモン教〗「サーマベーダ」(⇨ Veda). 〖1798〗

sam·ba /sǽmbə, sáːm-/ *n.* **1 a** サンバ《アフリカ起源の軽快なブラジルのダンス》. **b** サンバの曲. **2** 〖トランプ〗サンバ《3 組のトランプと 6 枚のジョーカーを用いてする canasta の一種》. — *vi.* サンバを踊る. 〖《1885》 □ Port. ～ ← Afr. 《現地語》〗

sam·bal /sáːmbɑːl | sǽmbæl, -bəl; *Malay* sámbal/ *n.* 〖料理〗サンバル《チリトウガラシやスパイスを混ぜた香辛料; 東南アジア料理で使われる》. 〖《1815》 □ Malay ～ □ Tamil *sambhar* ← Prakrit *saṁbhārei* he gathers〗

sam·bar /sǽmbə, sáːm- | -bə^(r)/ *n.* 〖動物〗スイロク(水鹿), サンバー (*Rusa* (or *Cervus*) *unicolor*) 《大きな三枝に分かれた角をもつインド・東南アジア・中国南部・台湾などに分布する大型のシカ》. 〖《1698》 □ Hindi *sāmbar* ← Skt *śambara*〗

sam·bhar /sáːmbaə | -bɑː^(r)/ *n.* サンバ《豆・野菜・香料で作った南インドのポタージュ風スープ》.

sam·bo¹ /sǽmbou | -bəu/ *n.* (*pl.* **～s**) **1** サンボ (zambo) 《黒人と mulatto またはアメリカインディアンとの混血児》. **2** [しばしば S-; 軽蔑的に] 黒人 (Negro).

〖(1704) ◻ Am.-Sp. *zambo* Negro, mulatto ◻ ? Kongo *nzambu* monkey〗

sam·bo² /sǽmbou | -bəu; *Russ.* sámbə/ *n.* 〖スポーツ〗サンボ《レスリングと柔道に似た格闘技》. 〖(1972) ◻ Russ. ← *sam(ozashchita) b(ez) o(ruzhiya)* self-defense without weapons〗

sam·bouk /sæmbúːk/ *n.* =sambuk.

sámbo wréstling *n.* =sambo².

Sam·bre /sɑ́ː(m)br(ə), -bə, sɑ́ːm- | -br(ə), -bə(r; *F.* sɑ̃ːbʀ/ *n.* [the ~] サンブル(川)《フランス北部から東流してベルギーに入り, Meuse 川に合流する川 (190 km)》.

Sám Brówne bélt /sǽmbràun-/ *n.* サムブラウンベルト, 帯剣用帯革《士官および准士官用の帯剣の重みを軽くするように右肩に(後には両肩にも)掛けるためのつり革付きベルト; 単に Sam Browne ともいう》. 〖(1915) ← *Sir Samuel J. Browne* (1824–1901: その発明者である英国の将官)〗

sam·bu·ca /sæmbjúːkə/ *n.* サンブカ《古代ギリシャではハープやプサルテリウム, 中世ではハーディーガーディ, フルートの一種などを指すこともある楽器》. 〖(*c*1384) ◻ L *sambūca* ◻ Gk *sambū́kē* ← ? Sem.〗

sam·buk /sǽmbʊk/ *n.* (*also* **sam·bouk, -buq** /~/) 紅海で用いられる小型帆船. 〖(1582) ◻ Arab. *sunbūq*〗

sam·bur /sǽmbə, sɑ́ːm- | -bə(r/ *n.* 〖動物〗=sambar.

Sam·bu·ru /sæmbúruː/ *n.* (*pl.* ~) **1** サンブル《ケニア北部の主に遊牧民》. **2** サンブル語《ナイル・サハラ言語群に属する》. 〖(1896) ← Sudanic (Nilotic)〗

same /séɪm/ *adj.* [3, 4 のほかは通例 the ~] **1** 同じ, 同一の (identical), 同様の (similar): books of *the* ~ kind 同種類の本 / be born on *the* (very) ~ day and in *the* (very) ~ town 同じ日に同じ町で生まれる / eat *the* ~ (sort of) food every day 毎日同じようなものを食べる / *the* ~ old excuse いつもの同じ口実 / It's *the* ~ old game [thing]. よくある例の手[こと]だ / It's *the* ~ old story. 例のよくある話[こと, やつ]だ (cf. story¹ 2) / Human nature is (pretty much) *the* ~ everywhere. 人情はどこでも(ほとんど)変わらない / It's *the* ~ with me. 私もその通り / We offer a *same*-day delivery service at a slightly higher charge. 少しの割増し料金で当日配達を致します / He died at *the* ~ age *with* her. 《古》彼女と同じ年で死んだ.

語法 (1) 意味を強調するためにはしばしば 'the very same', 'one and the same' を用いる (cf. selfsame): Mark Twain and Samuel Clemens were *one and the* ~ person. マークトウェインとサミュエル クレメンズは全くの同一人物だった. (2) this, that, these, those などに付けて強調または対照を示すために用いられる (cf. *adj.* 3): I happened to be absent last Monday, and *that* ~ day the school burned down. たまたま先週の月曜日は欠席したが, その当日学校は焼けてしまった. (3) as, that, who(m), when, where などと相関的にも用いられる: *the* ~ umbrella (*as, which, that*) I lost なくしたのと同じ傘(ᵏᵃˢᵃ)《同種の場合も同一の場合もありうる》/ I have *the* ~ watch (*as, that*) you have [as yours]. 君と同じ時計を持っている / I'm *the* ~ age *as* you (are). 君と同じ年だ / Is this *the* ~ one (*that*) you showed me before? これは君が以前見せてくれたのと同じものですか / He is *the* ~ person *who* [*that*] was here yesterday. 昨日来たのと同じ人だ / I spoke to him for *the* ~ reason (*that*) I spoke to you. 私はあなたと話したのと同じ理由で彼に話した / I put it back to *the* ~ place (*where, that*) I had found it. それを元の所へ戻しておいた. (4) 従属節で動詞が省かれると as が用いられる: feel *the* ~ way towards [about] a person *as* before 人に対して以前と同じように感じる / I read *the* ~ book *as* you. 君と同じ本を読んだ / He gave *the* ~ answer *as* before. 彼は前と同じ返事をした / Do it *the* ~ way *as* me [I do]. 私と同じようにしなさい / He's going *the* ~ way *as* his father, alas! ああ, 彼は父と同じ道をたどっている.

---

2 [通例叙述的に用いて] (以前と)同じ(で), 変わらない: The patient is much [about] *the* ~ (*as* yesterday [*as* usual]). 病人は(昨日と[ふだんと])ほとんど変わりがない / The town was still *the* ~ after the war. 町は戦前と少しも変わっていなかった / She has always been *the* ~ *to* me. 彼女の私に対する態度はいつも変わらない / He's not *the* ~ man since his illness. 病後すっかり変わってしまった. **3** [this, that, these, those に続いて; しばしば軽蔑的に] 例の, あの, その, …とかいう (cf. *adj.* 1 語法 (2)): *This* ~ man afterwards told a lie. こいつがあとでうそをついたんだ. **4** 《まれ》相変わらずの, 単調な: The life may be a little ~. その生活は少々単調かもしれない.

at the sáme tíme ⇨ time 成句. ***cóme* [*amóunt*] *to the sáme thíng*** (結局)同じことになる. ***múch* [*abóut*] *the sáme*** ほとんど[大体]同じ (cf. *adj.* 1, 2). 〖1758〗

— *adv.* [通例 the ~] 同様に, 相変わらず (in like manner): think *the* ~ towards, feel *the* ~ about] a person 人に対する考え[気持]に変わりがない / They do not think *the* ~ *as* we do. 彼らは我々と同じようにはものを考えない / They don't all think [behave] *the* ~. 皆がすべて同様に考え[ふるまい]はしない / Do it *the* ~ *as* me [I do]. 私と同じようにしなさい. ★ the を省くのは《口語》: He speaks with a slight lisp, ~ *as* his brother (does). 兄さんと同じようにちょっと舌足らずだ.

— *pron.* [2 のほかは通例 the ~] **1 a** 同一物[事], 同様の物[事]: Is this the ~ *as* you showed me before? これは前に君が見せてくれたのと同じ物ですか / I wish you *the* ~!=(*The*) ~ to you! ご同様に《Happy New Year! とか Merry Christmas! とか言われたときに返す挨拶の言葉》/ Go to hell!—(And) *the* ~ to you! くたばれ—お前こそ. **b** 《古》同一人: To [From] *the* ~ 同人へ[より]《手紙・詩などの初めに用いる》/ He that shall endure unto the end, *the* ~ shall be saved. 終わりまで耐え忍ぶものは救わるべし (*Matt.* 24:13). **2** 〖法律・商業〗=he [him], she [her], they [them], it, this, etc. ★〖商業〗では the を省くことがある: We have heard from Mr. Jones and have written to ~. ジョーンズ氏より来信あり, 同氏に返信す / For [《古》To] dry-cleaning coat, 50 ¢; for [《古》to] repairing ~, 25 ¢. 上着ドライクリーニング代 50 セント, 同直し代 25 セント / Sighted sub, sank ~. 潜水艦を発見, 同艦を撃沈す《戦時中の米国海軍が使った通信文》.

áll* [*júst, exáctly*] *the sáme (1) 全く同じ (the very same): Life goes on *just* (about) *the* ~ (*as* always). 世の中はいつもと変わりなく続く. (2) どうでもよい (indifferent): if it's *all the* ~ *to* you おかまいなければ / Whatever you do, it's *all the* ~ *to* me. 君が何をしようと僕は一向に構わない. (3) 《口語》[副詞的に] それでも, やはり (yet, still): He gives us a lot of trouble, but I like him *all the* ~. いろいろ面倒はかけるが, それでも彼が好きだ / We don't like it, but *all the* ~ we have to do it. 我々は好まないが, それでもしなくてはならない. (4) ともかく (anyway): I can't come to your party, but thanks *all the* ~ for inviting me. パーティーに行けませんが, ともかく招待して下さってありがとう. (1669) ***móre of the sáme*** (繰り返された[別の])同種の物[事, 人], 変わりばえのしない物[事, 人]. ***nòt the sáme* (*without* a *person*)** 人がいなくなってからすっかりつまらなくなって: Life will *not* be *the same without* you. ***The sáme* [*Sáme*] *agáin* (*plèase*).** 《口語》お代わりもう一つ《物を注文するときの言葉》. ***Sáme hére.*** 《口語》こちらもご同様だ; (注文で)こっち[私]にも同じ物を下さい. (1896)

〖(?*c*1200) ◻ ON ~ (masc.), *sama* (fem. & neut.) < Gmc **samaz* (OHG & Goth. *sama*) ← IE **sem-*, **sm̥-* single, united (L *similis* 'like, SIMILAR' / Gk *homós* same (⇨ homo-) / Skt *samas* level, same): cf. some〗

SYN 同じの: **same** 同一の; 同種の: the *same* watch that I lost なくしたのと同じ時計 / eat the *same* food everyday 毎日同じ物を食べる. **identical** 同一の; 細部までよく似た: The fingerprints are *identical*. 指紋は一致している. **equal** 同一物ではないが量・大きさ・価値などの点で全く差異がない: an *equal* amount 同等の量. **equivalent** 価値・力・意味などの点で同等である: What is $5 *equivalent* in French money? 5 ドルはフランスの金でいくらに当たるか. **tantamount** 同じ効果のある《格式ばった語》: His answer was *tantamount* to an insult. 彼の答えは侮辱に等しかった. **ANT** different.

---

sa·mekh /sɑ́ːmɛk, -mɛx/ *n.* (*also* **sa·mech** /~/) サーメク《ヘブライ語アルファベット 22 字中の第 15 字: ס (ローマ字の S に当たる); ⇨ alphabet 表》. 〖(1823) ◻ Heb. *sā́mekh* ← *sāmákh* to support〗

sam·el /sǽməl, -mɫ/ *adj.* 〈れんが・かわらが〉(完全に焼けてない[生焼けで])軟らかくもろい. 〖(1663) ← ? OE **samǣled* ← *sam-* half+*ǣlan* to burn〗

sáme·ness *n.* **1** 同一 (identity); 同様; 酷似 (similarity). **2** 一様, 一律, 単調 (monotony). 〖1581〗

sa·mey /séɪmi/ *adj.* 《英口語》単調な, (あまり)変化のない, 似たような. 〖(1929): ⇨ same, -y⁴〗

sam·foo /sǽmfuː; *Cant.* ʃɑ̃ːmfuː/ *n.* サンフー《ハイネックの上着とパンタロンから成る中国の婦人服; samfu ともいう》. 〖(1955) ◻ Chin. (広東方言) *shaam foò* (衫褲)〗

Sa·mhain /sɑ́ːwɪn | sáun, sáuɪn, sóːɪn/ *n.* サムハイン祭《古代ケルト人が 11 月 1 日に冬の始まりと新年を祝って行った祭》. 〖(1888) ◻ Ir. ~〗

Sám Híll /-hɪ́l/ *n.* 《米俗・婉曲》[強意語として] 地獄; 悪魔: What *in the* ~ are you doing [have you been]? 一体何をしてるんだ[どこに行っていたんだ]. 〖(1839)《婉曲語法》? ← HELL: cf. Sam〗

Sam·hi·ta /sʌ̀mhɪtɑ́ː/ *n.* 〖バラモン教〗「サンヒター」(⇨ Veda). 〖(1805) ◻ Skt *saṁhitā* (原義) combination ← *sam* together (⇨ same)+*hita* (p.p. ← *dadhāti* he places): cf. sandhi〗

Sa·mi /sɑ́ːmi | sǽmi, sɑ́ːmi/ *n.* サーミ《ラップ人 (Lapp) の自称》. 〖(1797) ◻ Sami ~ ← ?: cf. Finn. *suomi* Finnish〗

Sa·mi·an /séɪmiən/ *adj.* (エーゲ海の)サモス島 (Samos) の. — *n.* サモス島人[の住人]. 〖(1580) ← L *Samius* Samian (◻ Gk *Sámios* ← *Sámos*)+-AN¹〗

Sámian ságe *n.* [the ~] サモスの賢者 (Samos 島で生まれた Pythagoras の異名).

Sámian wàre *n.* 〖窯業〗**1** サモス焼き《ローマ遺跡で大量に発掘された赤褐色または黒色のもろい陶器》. **2** = Arretine ware. 〖1848〗

sam·iel /sæmjɛ́l | sǽmjɛl/ *n.* 〖気象〗=simoom. 〖(1687) ◻ Turk. *samyeli* ← *sam* poisonous+*yel* wind〗

sam·i·sen /sǽməsɛ̀n | -mɪ-/ *n.* 三味線. 〖(1616) (1864) ◻ Jpn.〗

sam·ite /sǽmaɪt, séɪm-/ *n.* サマイト《金糸などを織り交ぜた中世の豪華な絹織物》. 〖(?*a*1300) ◻ OF *samit* ◻ ML *examitum, samitum* ◻ MGk *hexámiton* ← Gk *hexámitos* of six threads ← HEXA-+*mítos* thread of the warp〗

sa·mi·ti /sɑ́mɪṭi | -mɪti/ *n.* (*also* **sa·mi·thi** /~/) 《インド》(特に労働者の)政治集団. 〖(1930) ◻ Hindi ~ ◻ Skt ~ ← *sameti* he goes together ← *sam* together+*eti* he goes〗

sam·iz·dat /sɑ́ːmɪzdɑ̀ːt, ⸗⸗⸗; *Russ.* səmizdát/ *n.* (旧ソ連の)地下出版, サミズダート, アングラ出版; (秘密)地下出版物. 〖(1967) ◻ Russ. ~ ← *sam* self+*izdat* (*el' stvo*) publisher〗

Sam·khya /sɑ́ːŋkjə/ *n.* 〖インド哲学〗=Sankhya.

Saml. 《略》Samuel (旧約聖書のサムエル記.

sam·let /sǽmlɪ̀t/ *n.* 〖魚類〗(海へ下る前の)若いタイセイヨウサケ (parr). 〖(1655) ← SALM(ON)+-LET〗

Sam·mar·ti·ni /sɑ̀ːmɑəṭíːni | -mɑː-; *It.* sammartíːni/, **Giovanni Battista** *n.* サンマルティーニ (1695–1775; イタリアの作曲家・オルガン奏者).

sam·mel /sǽməl, -mɫ/ *adj.* =samel.

Sam·mie /sǽmi/ *n.* サミー《男性名》.

Sam·my¹ /sǽmi/ *n.* **1** 《英俗》(第一次大戦時の)米国兵士. **2** [s-] **a** 《英古俗》ばか, 間抜け (simpleton). **b** 《軽蔑》《南ア》インド人の野菜果物行商人. 〖(1837) ↓: Uncle Sam から生じたもの〗

Sam·my² /sǽmi/ *n.* サミー《男性名》. 〖(dim.) ← SAMUEL¹〗

Sam·nite /sǽmnaɪt/ *n.* **1** サムニウム (Samnium) の人. **2** サムニウム語. — *adj.* **1** サムニウムの. **2** サムニウム人[語]の. 〖(*a*1393) ◻ L *Samnītēs* (pl.) ← *Samnium* =? **Sabniom*: cf. L *Sabīnus* 'SABINE¹': ⇨ -ite¹〗

Sam·ni·um /sǽmniəm/ *n.* サムニウム《イタリア中南部にあった古代の部族国家》.

Sa·mo·a /səmóuə | səmə́uə, sɑː-/ *n.* **1** サモア(諸島)《南太平洋の 14 の火山島から成る群島; Samoa と米国領の American Samoa とに分かれている; 面積 3,110 km²; Samoa Islands ともいう; 旧名 Navigators Islands》. **2** サモア《南太平洋 Samoa 諸島西半の Savii, Upolu を主とする島群からなる国; 面積 2,946 km², 首都 Apia; 公式名 the Independent State of Samoa サモア独立国; 旧名 Western Samoa》.

Sa·mo·an /səmóuən | səmə́uən, sɑː-/ *n.* **1** サモア人. **2** サモア語《サモア人の用いるポリネシア語》. — *adj.* **1** サモアの. **2** サモア人[語]の. 〖(1846): ⇨ ↑, -an¹〗

Samóa stándard tìme *n.* =Samoa time.

Samóa tìme *n.* サモア(標準)時《米国の標準時の一つ; 西経 165° にあり, GMT より 11 時間遅い; ⇨ standard time 1 ★》.

Sa·mos /séɪmɑ(ː)s, sǽmous | -mɔs; *Mod.Gk.* sámɔs/ *n.* サモス《エーゲ海中の一小島, ギリシャ領; Pythagoras の生地; 面積 476 km²》.

SAMOS /séɪmɑ(ː)s | -mɔs/ *n.* サモス《米国の偵察衛星》. 〖《頭字語》← *s(atellite) a(nti)m(issile) o(bservation) s(ystem)*〗

sa·mo·sa /səmóusə, sæ- | -mə́u-; *Hindi* səmóːsaː/ *n.* (*pl.* ~, ~s) 〖料理〗サモサ《香辛料の入った肉と野菜を小麦粉を練って作った皮で三角形に包んで揚げたインド料理》. 〖(1955) ← Hindi *samosā* ◻ Pers. *samosa*〗

Sam·o·thrace /sǽməθrèɪs | -mə(u)-/ *n.* サモトラケ(島)《エーゲ海北東部の島; 欽定訳聖書では Samothracia /sæ̀məθréɪʃə, -ʃiə | -ʃiə, -ʃə/ という; cf. *Acts* 16:11》. 〖◻ L *Samothrācē* ◻ Gk *Samothrā́kē*〗

Sam·o·thra·cian /sæ̀məθréɪʃən | -mə(u)θréɪʃiən, -ʃən⸗/ *adj., n.* Samothrace の(人). 〖(1653): ⇨ ↑, -ian〗

Sam·o·thrá·ki /*Mod.Gk.* samoθráki/ *n.* サモスラキ (Samothrace のギリシャ語名).

sam·o·var /sǽməvɑ̀ə, ⸗⸗⸗ | sǽməvɑ̀ː(r, ⸗⸗⸗; *Russ.* səmavár/ *n.* サモワール《ロシアのお茶用湯沸かし; 通例銅製で中央に炭火を入れる》. 〖(1830) ◻ Russ. *samovar* ← *samo-* self+*varit'* to boil〗

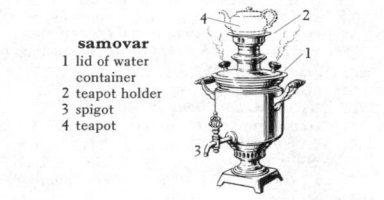

samovar
1 lid of water container
2 teapot holder
3 spigot
4 teapot

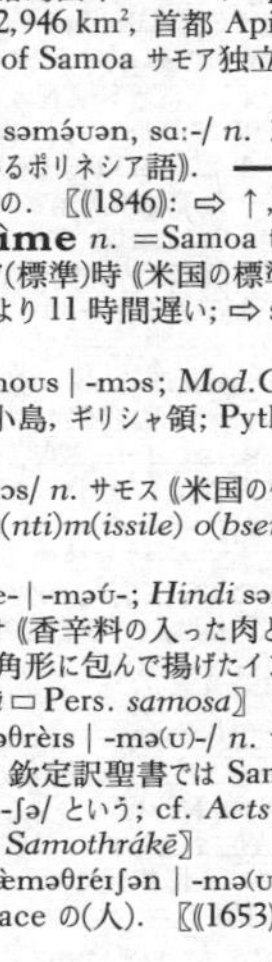

Sam·o·yed /sǽməjɛ̀d, sǽmɔɪɛ̀d | sǽmɔɪɛ́d, ⸗⸗⸗; *Russ.* səmajét/ *n.* (*pl.* ~, ~s) (*also* **Sam·oy·ede** /~/) **1 a** [the ~(s)] サモエード族《中央シベリアに分布し, ウラル語族サモエード語派の諸言語を用いる民族の総称; トナカイの遊牧・狩猟・漁労などを生業とする》. **b** サモエード族の人. **2** サモエード語派 (Samoyedic)《ウラル語族に属する》. **3** [しばしば s-] 《英》səmɔ́ɪɛd, -ɪd/ サモエード《サモエード族がトナカイの番犬やそり犬としてきたイヌ》. — *adj.* **1** サモエード人の. **2** サモエード語の. 〖(1589) ◻ Russ. (廃) *samoed* (民間語源) ← *samo-* self+-*ed* eater) ← Sami *sāmm emńne* land of the sami (=Lapland)〗

Sam·o·yed·ic /sæ̀məjɛ́dɪk, -mɔɪɛ́d- | -dɪk⸗/ *adj.* = Samoyed. — *n.* =Samoyed 2. 〖(1813): ⇨ ↑, -ic¹〗

samp /sǽmp/ *n.* 《米》ひき割りとうもろこし; それで作ったかゆ (cf. hominy). 〖(1643) ◻ N-Am.-Ind. (Algonquian) *nasaump* corn mush, soup〗

sam·pan /sǽmpæn/ *n.* 〖海事〗舢板(ᵗᵉⁿᵖᵃⁿ), 通い船《もとは中国の河川や沿岸で, 後には一般に極東水域で用いられるようになった木造の小型平底船》. 〖(1620) ◻ Chin. *shan ban* (舢板):「三板」(san ban), つまり 3 枚の板で組み立てた船とするのは通俗語源〗

sam·phire /sǽmfaɪə | -faɪə(r/ *n.* 〖植物〗**1** ヨーロッパ産セリ科クリスマム属の草本 (*Crithmum maritimum*)《海岸の岩間に生え, 葉は多肉で塩気があって香ばしく酢漬けにする》. **2** アッケシソウ (glasswort). 〖(1545)《古形》*samp(i)ere* ◻ (M)F (*herbe de*) *Saint Pierre* St. Peter('s herb)〗

S

sam·ple /sǽmpl | sáːm-/ *n.* **1 a** (全体または種類を代表する)見本, 標本, サンプル (⇨ instance SYN): come up to ～ 見本に合う, 見本通り / sell by ～ 見本で売買する. **b** (無料で配布する)商品見本, 試供品. [日英比較] 日本語では「サンプル」を「実例」の意で使うことがあるが, その場合, 英語では example を使う. **2** 〘統計〙 サンプル, (無作為)標本; 標本抽出, サンプリング (sampling); 無作為標本抽出 (random sampling). **3** (全体像を示すような)例, 実例: That is a fair ～ of his manners. 彼の行儀作法はあんなものさ. **4** 《廃》 模範. **—** *adj.* [限定的] **1** 見本の, 標本の: a ～ copy 書籍の見本 / a ～ ore (鉱石の)試料 / a ～ bottle [package] (見本品の入っている)見本びん[包み]. **2** 実験の (experimental). **3** 〘統計〙 サンプルの, 標本の. **—** *vt.* **1 a** (見本によって)…の品質を試す, …の味をみる, 試食[試飲]する: ～ wine. **b** …の見本を取る. **2** ためす, 経験する. **3** …にさっと目を通す. **4** …の見本[標本, 範例]になる. **5** 〘統計〙 サンプルを抜き出す, 標本抽出をする. **6** 〘音楽〙〈音を〉サンプリングする (cf. sampling). **7** 〘電気〙〈信号を〉サンプリングする. 〖(*a*1325) 《頭音消失》 ← AF *assample*=OF *essample* 'EXAMPLE'〗

sámple bàllot *n.* 模擬投票用紙 《有権者に周知させるため選挙前に配布される本物そっくりのもの》.

sámple càrd *n.* 見本をはり付けた紙; 型見本.

sámple pòint *n.* 〘数学〙 標本点 《考察を簡単にするため標本を点で表したもの》.

sámple pòst *n.* (特別割引料金の)商品見本郵便.

sam·pler /sǽmplə | -plə(r)/ *n.* **1** 刺繍練習品, 試作品 《布切れに種々の縫い方や刺繍を見本的に施したもの》. **2 a** 見本を取る人, 見本検査人. **b** 〘統計〙 サンプラー 《世論調査などでサンプルの意見を聞いてまわる人》. **3** 試食者, 試飲者. **4** 試料採取器 《米屋の使う「さし」など; cf. taster 2》. **5** 見本集, 選集: a ～ of English poets. **6** サンプラー: **a** 〘音楽〙 サンプリングを行う装置[楽器]. **b** 〘電子工学〙 指定の時間間隔で電気信号を取り出す回路. 〖(*a*1325) 《頭音消失》 ← OF *essamplaire*: ⇨ sample (v.), -er¹〗

sámple ròom *n.* 見本陳列室, 鉱石見本分析室; (特に, ホテル内の, 商品を陳列する)見本展示室. 〖1865〗

sámple spàce *n.* 〘数学〙 標本空間 《標本調査において標本として可能なもの全体のつくる集合》. 〖1951〗

sam·pling /sǽmplɪŋ, -pl- | -/ *n.* **1** 〘統計〙 標本抽出, サンプリング; 無作為標本抽出 (random sampling); 標本, サンプル. **2** (宣伝のための)無料商品見本[サンプル]配布; 商品見本, 試供品. **3** 〘音楽〙 サンプリング 《既存の音源から音を録音・抽出し, それを編集して再利用すること》. **4** 〘電子工学〙 標本化, サンプリング 《連続信号を等間隔の瞬間値の列で表す方法》. 〖(*a*1638): ⇨ sample, -ing¹〗

sámpling distribùtion *n.* 〘統計〙 (正規母集団を基礎にした)標本分布.

sámpling èrror *n.* 〘統計〙 標本[抽出, サンプリング]誤差 《標本から母集団における数値を推定するときに生ずる誤差》. 〖1914〗

sámpling fràme *n.* 〘統計〙 =frame 20.

sámpling inspèction *n.* 〘商業〙 (品物を受理するか否かを決める)見本検査, 抜き取り検査 (cf. acceptance sampling).

S

Sam·po /sáːmpoʊ | -pəʊ; *Finn.* sámpo/ *n.* 〘フィンランド伝説〙 サンポ (*Kalevala* に出る, 天空を支える柱または望みをかなえる魔法のひき臼(うす); 初め Ilmarinen が Louhi のために作ったが, 後に Väinämöinen, Lemminkäinen と共にこれを奪う). 〖□ Finn. *Sampo*: cf. Skt *skambha* pillar〗

Sam·pras /sǽmprəs/, **Pete** *n.* サンプラス 《1971– ; 米国のテニスプレーヤー; ギリシャ移民の子; Wimbledon で優勝 (1993–95, 97–2000)》.

Samp·son /sǽm(p)sən, -sn/ *n.* サンプソン, サムソン 《男性名》. 〖□ LL *Sampson*: ⇨ Samson〗

sam·sa·ra /səmsáːrə; *Hindi* səmsáːr/ *n.* 〘ヒンズー教・仏教〙 サンサーラ, 輪廻(りんね), 転生(てんしょう), 流転(るてん), 生死(しょうじ)輪廻 《一つの生から他の生へ巡り巡ること; 生死を繰り返すこと》. 〖(1886) □ Skt *saṁsāra* 《原義》 running together〗

sam·shu /sǽmʃuː; *Cant.* saːmsiu/ *n.* 焼酒 《米またはきびを蒸留して造る中国の酒》. 〖(1697) □ ? Cant. *saam shiu* (三焼): 「3 度も蒸留された酒」の意から〗

sam·ska·ra /səmskáːrə/ *n.* 〘ヒンズー教〙 サンスカーラ 《ヒンズー教徒の通過儀礼》. 〖(1807) □ Skt *saṁskāra* preperation, making perfect ← *sam* together＋*karoti* he makes, does: cf. sanskrit〗

Sam·son /sǽmsən, -sn/ *n.* **1** サムソン 《男性名》. **2** 〘聖書〙 サムソン 《旧約聖書に出るイスラエルの士師 (judge); 大力無双の勇士 (cf. Delilah 2 a); cf. *Judges* 13–16》. **3** 怪力の持ち主, 力持ち. **4** 〘海事〙 =Samson post. 〖(1565) □ LL *Sam(p)sōn* □ Gk *Sampsṓn* □ Heb. *Šimšôn* 'child of *Šemeš* (=the sun god)'〗

sam·son·ite /sǽmsənàɪt/ *n.* 〘鉱物〙 サムソナイト ($Ag_4MnSb_2S_6$). 〖(1910) □ G *Samsonit* ← *Samson* (*mine*) (ドイツ中部の Harz 山脈中にある鉱山): ⇨ -ite¹〗

Sam·son·ite /sǽmsənàɪt/ *n.* 〘商標〙 サムソナイト 《米国 Samsonite 社製のスーツケース・ビジネスケース, その他の旅行用かばん》. 〖(1941) ← SAMSON 2＋-ITE: 製品の頑強さを強調するため, Samsonite 社前身の創立者が命名〗

Sámson pòst, s- p- *n.* 〘海事〙 **1** 鳥居型デリック支柱. **2** 小舟の錨索(びょうさく)留め短柱. **3** 副竜骨から梁材下面までの間に立てられる支柱. 〖(1577) ← SAMSON: cf. *Judges* 16: 25–30〗

Sam·sun /sɑːmsúːn; *Turk.* sámsun/ *n.* サムスン 《トルコ北部, 黒海に臨む都市》.

Sam·u·el¹ /sǽmjuəl, -mjʊl; *F.* samɥɛl, *G.* záːmueːl, -ɛl/ *n.* サミュエル 《男性名; 異形 Sam, Sammie, Sammy》. 〖□ LL ～ □ Gk *Samouḗl* □ Heb. *Šᵉmū'ēl* 《原義》? name of god ← *šēm* name＋*Ēl* 'god, *El*'〗

Sam·u·el² /sǽmjuəl, -mjʊl/ *n.* 〘聖書〙 **1** サムエル 《イスラエルの士師 (judge) で預言者》. **2** (旧約聖書の)サムエル記 (The First [Second] Book of Samuel) 《上・下 2 書から成る; 略 Sam.》.

Sam·u·el·son /sǽmjuəlsən, -mjʊl-, -sn/, **Paul Anthony** *n.* サミュエルソン 《1915–2009; 米国の経済学者; Nobel 経済学賞 (1970)》.

sa·mu·rai /sǽmʊràɪ, -mjʊ-/ *n.* (*pl.* ～, ～s) **1 a** (日本の)武士, 侍. **b** 武家階級. **2** (日本の)陸軍将校. 〖(1727) □ Jpn.〗

sámurai bónd *n.* 〘金融〙 円建て外債 《日本国内において非居住者が円建てで発行する債券》.

san /sǽn/ *n.* 《口語》 =sanatorium. 〖(1906) 略〗

San¹ /sɑːn; *Pol.* sán/ *n.* [the ～] サン(川) 《Carpathian 山脈に発しポーランド南東部を北西に流れて Vistula 川に合流する (450 km)》.

San² /sɑːn/ *n.* (*pl.* ～, ～s) =Bushman 1, 2.

San'a /sænáː, ∸∸ | sɑ̀náː; *Arab* saʕɑː/ *n.* (*also* **Sanaa** /～/) サヌア 《イエメン中部にある同国の首都》.

Sán An·drè·as Ríft [Fáult] /sǽnændrèɪəs-/ *n.* [the ～] サンアンドレアス断層 《米国 California 州西海岸の数百キロメートルにわたる断層; 1906 年と 89 年, 94 年のサンフランシスコ地震を起こした》.

San An·ge·lo /sænǽndʒəlòʊ | -dʒɪ̀làʊ/ *n.* サンアンジェロ 《米国 Texas 州中西部の都市》. 〖□ Sp. & It. ～ (masc.) ← *Santa Angela*: メキシコの尼僧の名にちなむ〗

San An·to·ni·o /sæ̀nəntóʊniòʊ | -æntə́ʊniə̀ʊ/ *n.* サンアントニオ 《米国 Texas 州南部の都市; Alamo の砦(とりで)跡がある》. 〖□ Sp. ～ 'Saint Anthony'〗 **Sàn Antó·ni·an** /-niən⁻/ *adj.*, *n.*

san·a·ta·ri·um /sæ̀nətéˀriəm | -téər-/ *n.* (*pl.* ～s, **-ri·a** /-riə/) 《米》 =sanatorium.

san·a·tive /sǽnəṭɪv | -tɪv/ *adj.* 病気を治す, 治癒力のある (curative). 〖(?*c*1408) □ OF *sanatif* // ML *sānātīvus* ← L *sānāre* to cure ← *sānus* 'SANE': ⇨ -ative〗

san·a·to·ri·um /sæ̀nətɔ́ːriəm/ *n.* (*pl.* ～s, **-ri·a** /-riə/) **1** サナトリウム, 療養所 《特に, 回復期の病人や結核患者のために高原や山間などに設けられたもの》: a tuberculosis ～. **2** 保養地, 療養地. **3** 《英》 (学校の寄宿舎で)病人隔離部屋, 病室. 〖(1839) ← NL ～ ← LL *sānātōrium* (neut.) ← *sānātōrius* (↓): ⇨ -orium〗

san·a·to·ry /sǽnətɔ̀ːri | -təri, -tri/ *adj.* 病気を治す (curative); 健康によい. 〖(*a*1832) □ LL *sānātōrius* ← L *sānāre*: ⇨ sanative, -ory¹〗

san·be·ni·to /sæ̀nbəníːtoʊ | -təʊ/ *n.* (*pl.* ～s) **1** 囚衣, 贖罪(しょくざい)服, 悔罪服 《昔スペインの宗教裁判所で悔い改めた者に着せた, 赤のX形十字を前後につけた肩衣(かたぎぬ)風の黄色服》. **2** 囚衣, 地獄服 《昔スペインの宗教裁判所で悔い改めない異端者を火刑に処するときに着せた火災と悪魔の模様の黒服》. 〖(*c*1560) □ Sp. *sambenito* ← *San Benito* St. Benedict: ベネディクト会で着用した肩衣に似ていることから〗

San Ber·nar·di·no /sæ̀nbəːnədíːnoʊ, -nə- | -bɜ̀ːnədíːnəʊ/ *n.* サンベルナルディーノ 《米国 California 州南部の都市》. 〖□ Sp. ～ 'Saint Bernardinus' (Siena の聖者)〗

Sán Bernardíno, Mount *n.* サンベルナルディーノ山 《米国 California 州南部, San Bernardino 山脈中の高峰 (3,240 m)》.

Sán Bernardíno Móuntains *n. pl.* [the ～] サンベルナルディーノ山脈 《米国 California 州南部の山脈; 最高峰 San Gorgonio /gɔəgóʊniòʊ | gɔːgə́ʊniəʊ/ (3,505 m)》.

Sán Bernardíno Páss /sǽnbəːnədíːnoʊ- | -bɜːnədíːnoʊ-; *It.* sambernardíːno/ *n.* [the ～] サンベルナルディーノ山道 《スイス南東部, Alps の山道; 最高地点 2,065 m》.

San Blas /sænbláːs; *Am.Sp.* samblás/, **the Gulf of** *n.* サンブラス湾 《パナマ北岸のカリブ海内の湾》.

San Blás, the Isthmus of *n.* サンブラス地峡 《パナマ地峡の最も狭い所; 幅 40 km》.

San·cerre /sɑːnséə | sɑ̃ː(n)séə(r), sáːn-; *F.* sɑ̃sɛːʁ/ *n.* サンセール 《フランス中部 Loire 川上流域産辛口白ワイン》.

San·chi /sáːntʃi/ *n.* サーンチー 《インド中部 Madhya Pradesh 州中西部にある仏教遺跡; 大型の第 1 塔をはじめとするストゥーパ, 仏堂などの遺構が残る》.

San·chi·a /sáːntʃiàː; *Sp.* sántʃja/ *n.* サンチア 《女性名》. 〖□ Sp. *Sancha* (fem.) ← *Sancho* ← L *sanctus* 'holy, SAINT'〗

San·cho Pan·za /sǽntʃoʊpǽnzə, sáːntʃoʊpáːn- | sǽntʃəʊpǽnzə/ *n.* サンチョパンサ 《Cervantes 作 *Don Quixote* 中の人物で Don Quixote の従者; 常識豊かで愉快な, 打算的だが人にだまされやすい人物; スペイン語名 Sancha Panza /sántʃa pánθa/》.

san·coche /sænkáː(ː)tʃ, -káː(ː)ʃ, -káː(ː)tʃi | -kɔ́tʃ, -kɔ́ʃ, -kɔ́tʃi/ *n.* (*also* **san·coch·o** /-káː(ː)tʃoʊ | -kɔ́tʃəʊ/) サンコーチョ 《肉などをキャッサバ・タロイモなどと煮込んだ中南米の料理》.

San Cris·tó·bal /sæ̀nkrɪstóʊbəl, -bɑːl | -tə́ʊbæl; *Am.Sp.* saŋkristóβal/ *n.* **1** サンクリストバル 《南米北部, ベネズエラ南西部の都市》. **2** サンクリストバル(島) 《太平洋の Galápagos 諸島中の島; エクアドル領; 面積 505 km²; Chatham Island ともいう》.

sancta *n.* sanctum の複数形.

sanc·ti·fi·ca·tion /sæ̀ŋ(k)təfɪkéɪʃən | -tɪ̀fɪ-/ *n.* **1** 神聖にすること, 罪を清められること, 清浄化. **2** 〘キリスト教〙 清め, 聖化; 成聖; 聖別(式). 〖(1526) □ LL *sanctificātiō(n-)* ← *sanctificāre* 'to SANCTIFY': ⇨ -fication〗

sánc·ti·fìed *adj.* **1 a** 神聖にされた, (罪を)清められた. **b** 聖別された: ～ bread, wine. **2** 信心ぶる: one's ～ attitude 殊勝ぶった態度. 〖*c*1485〗

sanc·ti·fy /sǽŋ(k)təfàɪ | -tɪ̀-/ *vt.* **1** 神聖にする; (神聖な用途のために)聖別[成聖]する (consecrate, hallow): God blessed the seventh day and *sanctified* it. 神七日を祝してこれを神聖(きよ)めたまえり (*Gen.* 2: 3). **2** (宗教的に)正当化する; 是認する (justify): a custom *sanctified* by long practice 長年の慣行で正しいとされている慣習 / The results ～ the work. 結果によって仕事が正当化される, 結果がよければ仕事もよいとされる. **3** 罪のないようにする, 清らかにする, 浄化する, 清める (purify): ～ one's heart. **4** 精神的祝福を生じさせる. **sánc·ti·fi·a·ble** /-fàɪəbl/ *adj.* **sánc·ti·fì·er** *n.* 〖(*a*1393) *sanctifie(n)*, *seintifie(n)* □ OF *sanctifier*, *saintifier* □ LL *sanctificāre* ← L *sanctus* holy: ⇨ saint, -fy〗

sanc·ti·mo·ni·ous /sæ̀ŋ(k)təmóʊniəs | -tɪ̀máʊ-⁻/ *adj.* **1** 信心ぶる, 殊勝ぶる (⇨ devout SYN). **2** 《廃》 神聖な (holy). **～·ly** *adv.* **～·ness** *n.* 〖(1604) ← L *sanctimōnia* (↓)＋-OUS〗

sanc·ti·mo·ny /sǽŋ(k)təmòʊni | -tɪ̀mə-/ *n.* **1** 信心ぶり, 殊勝げなこと, うわべ[見せかけ]の高徳. **2** 《廃》 信心, 高徳; 神聖. 〖(1540–41) □ MF *sanctimonie* □ L *sanctimōnia* ← *sanctus* holy: ⇨ saint, -mony〗

sanc·tion /sǽŋ(k)ʃən/ *n.* **1** [通例 *pl.*] 〘国際法〙 (国際連合が国際法違反国に対してとる)制裁: financial [economic] ～s 財政的[経済的]制裁 《借款[通商]の制限または停止》 / military ～s 軍事的制裁 《海上封鎖など》. **2** (法・法令違反に対する)制裁, 処罰; 賞罰: social ～ 社会的制裁 / punitive [vindicatory] ～ 刑罰 / suffer the last ～ of the law 死刑に処せられる / take ～ against … に制裁手段をとる. **3 a** (法令などの)裁可, 認可; (世論, 既存の慣習などからの行動などに対する)是認, 承認 (approval) (⇨ permission SYN): popular ～ 世間の是認 / give ～ to …を裁可[是認]する. **b** 支持, 奨励 (encouragement). **4** 〘法律〙 制裁, 法の強制力 《法の遵守を強制するための制裁または罰》. **5 a** (誓約・行動規則など)拘束力を生じるもの, 拘束. **b** (良心など)内的な制裁, 道徳的拘束力 《行為者が道徳・義務などに背くことを許さない強制力》. **6** 《廃》 (教会の)法令 (decree). **7** 《廃》 誓い (oath). **—** *vt.* **1** (正式手続きにより)正当とする, 裁可する, 認可する (ratify) (⇨ approve SYN); 〈法令などに〉制裁規定を設ける: ～ a law. **2** 認める, 容認する (countenance): It is ～*ed* by usage. それは慣習上認められている. **～·er** /-ʃ(ə)nə | -nə(r)/ *n.* 〖(1563) □ (M)F ～ // L *sanctiō(n-)* ← *sancīre* to render sacred ← *sacer* 'SACRED': ⇨ -tion〗

sanc·tion·a·ble /sǽŋ(k)ʃ(ə)nəbl/ *adj.* 裁可[是認]される. 〖1891〗

sánction·less *adj.* **1** 裁可を経ない, 認可のない; 承認されていない. **2** 制裁のない. 〖1875〗

sánction màrk *n.* 品質合格証 《19 世紀のフランスの家具についているパリの黒檀細工師ギルド発行のもの》.

sanc·ti·tude /sǽŋ(k)tətùːd, -tjùːd | -tɪ̀tjùːd/ *n.* 《古》 神聖, 清浄 (sanctity). 〖(*c*1450) □ L *sanctitūdō* ← *sanctus* holy: ⇨ saint, -tude〗

sanc·ti·ty /sǽŋ(k)təṭi | -tɪ̀ti/ *n.* **1 a** 神々(こうごう)しさ, 清浄, 高潔 (holiness): a place of great ～ 神々しい場所. **b** [*pl.*] 神聖な美徳[主義]. **2 a** 神聖, 尊厳 (solemnity): violate the ～ of an oath [of marriage] 誓約[結婚]の神聖を侵す. **b** [*pl.*] 神聖な義務[権利, 感情など]: the *sanctities* of the home 家庭の神聖な義務. 〖(?*c*1395) *saun(c)tite* □ OF *sainteté*, *saintité* (F *sainteté*) □ L *sanctitātem* ← *sanctus* holy: ⇨ saint, -ity〗

sanc·to·ra·le /sæ̀ŋ(k)təréɪli/ *n.* 〘カトリック〙 (聖務日課書およびミサ典書の)聖人祝日の聖務日課 (cf. temporale). 〖(1872) □ ML *sanctorāle* (neut.) ← *sanctorālis* of saints ← LL *sanctus* 'SAINT': ⇨ -al¹〗

sanc·tu·a·rize /sǽŋ(k)tʃuəràɪz/ *vt.* 《まれ》 かくまう (afford sanctuary to). 〖(1600–01): ⇨ ↓, -ize〗

sanc·tu·ar·y /sǽŋ(k)tʃuèri | -tʃuəri, -tʃəri, -tjuəri, -tjəri/ *n.* **1 a** 聖域, 避難所 《中世に法律の及ばなかった教会内; 犯罪人もここに逃げ込めば法律の適用を免れた》. **b** 〔…からの〕逃げ込み場, 避難所 (refuge, asylum) 〔*from*〕 (⇨ shelter SYN): take [seek, find] ～ 聖域[免罪区域]に逃げ込む / break [violate] ～ 避難権を侵す 《避難権を侵して犯人などを連れ去る》. **c** 免罪[避難]の権利, 免罪特権, 聖域権 (right of sanctuary). **2 a** 聖所, 神聖な場所 《教会・神殿・神社・寺院など》. **b** 聖壇, 至聖所 《教会などの特に神聖な最奥部の祭壇を設けた所》, 内陣 (sacrarium, chancel); 奥の院. **c** 〘ユダヤ教〙 (Jerusalem の)神殿, 幕屋; (特に, その)至聖所 (holy of holies). **3** (繁殖期などの)鳥獣保護区域, 禁猟区: ⇨ bird sanctuary. **4** (他人に侵されない心の中などの)聖所, 安らいの場所 (haven): the ～ of one's thoughts 心の深奥 / find a ～ in sleep 眠りの中に安らいを見出す. 〖(*c*1340) *sanctuarie*, *seintuarie* □ OF *sain(c)tuarie* (F *sanctuarie*) □ L *sanctuārium* ← L *sanctus* holy: ⇨ saint, -ary〗

sánctuary làmp *n.* 〘キリスト教〙 聖体ランプ, 永明燈, 常明燈 《聖堂内陣 (choir) の天井からつるしたり祭壇に置いたりして, 日夜聖体 (the Blessed Sacrament) のある場所を示すランプ; 通例赤色》.

sanc·tum /sǽŋ(k)təm/ *n.* (*pl.* ～s, **sanc·ta** /-tə/) **1 a** 聖所 (holy place): ⇨ sanctum sanctorum. **b** [しばしば *pl.*] 神聖とされるもの, 聖物. **2** 《戯言》 (人の訪げを受けない)私室, 書斎. 〖(1577) □ L ～ (neut.) ← *sanctus* holy: ⇨ saint〗

sánctum sanc·tó·rum /-sæŋ(k)tɔ́ːrəm/ *n.* **1** (ユダヤ神殿の)至聖所. **2** 《戯言》=sanctum 2. 〖《*c*1400》□ LL *sanctum sanctōrum* (← *sanctum* (↑)+*sanctōrum* (neut. gen. pl.) ← *sanctum*) 《なぞり》← Gk *tò hágion tôn hagíōn* 《なぞり》← Heb. *qōdheš haqqodhāšîm* holy of holies〗

Sanc·tus, s- /sǽŋ(k)təs, sɑ́ːŋ(k)-, -tʊs | sǽŋ(k)-/ *n.* [the ~] 〖キリスト教〗サンクトゥス, 三聖唱[誦], 聖誦 《聖餐式に用いる「聖なる, 聖なる, 聖なるかな (*Sanctus, Sanctus, Sanctus* or Holy, Holy, Holy)」の聖歌; カトリックではミサ式の序唱の終わりに用いる; Tersanctus ともいう》; サンクトゥスの曲. 〖《*c*1390》□ ML ~ ← L ~ 'holy': ⇨ saint〗

Sánctus bèll *n.* 祭鈴 《教会の聖壇と本堂との間にあって Sanctus を歌うときなどに鳴らす》. 〖1479–81〗

sánctus tùrret *n.* 祭鈴 (Sanctus bell) を納める鐘楼.

San·cus /sǽŋkəs/ *n.* 〖ローマ神話〗サンクス 《誓い・歓待・行路安全の神》. 〖□ L ~〗

sand /sǽnd/ *n.* **1 a** 砂, 真砂(まさご) ($^1/_{16}$–2 mm の細かい岩石の粒; gravel より小さく silt より大きい): ⇨ quicksand / a grain of ~ 砂粒 / dry ink [writing] with ~ 砂でインク[文字]を乾かす 《吸取紙のなかった時代の習慣; cf. sandbox 1 c》. **b** 砂土 (sandy soil) 《85% 以上の砂を含む土》. **2** [通例 *pl.*] **a** 砂地, 砂原; 砂漠; 砂浜: children playing on the ~*s* / footprints on the ~*s* of time この世に生活した(人の)足跡 (cf. Longfellow, *A Psalm of Life* 7. 4). **b** 洲(*), 砂洲(す), 浅瀬: strike [be cast on] the ~*s* 砂洲に乗り上げる. **c** 砂粒: be (as) numberless [numerous] as the ~(*s*) on the seashore 浜の真砂のように無数である. **3 a** [通例 *pl.*] (砂時計の)砂. **b** [*pl.*] 時刻 (moments); 寿命 (one's life): The ~*s* are running out [low]. 時間は尽きようとしている / His ~*s* are running out. 彼の寿命も尽きてきた / The ~*s* are number'd that make up my life. わが身の寿命も尽きた (Shak., *3 Hen VI* 1. 4. 25). **4** 不安定な基礎: a house built on the ~ 砂上に建てた家 《不安定なもののたとえ; cf. *Matt.* 7: 26》 / popularity built upon [written in] ~ 砂の上に立てられた(不安定な, 当てにならない)人気. **5** 砂色 《赤みがかった黄色》. **6** 《米口語》意気, 勇気, 元気 (pluck, grit): a man with plenty of ~ in him 気概のある人. **7** 〖岩石〗砂岩 (sandstone). **8** 〖金属加工〗鋳物砂, 型砂. **9** 〖病理〗砂状の結石: urinary ~ 尿砂 / ⇨ brain sand. **10** 〖ダンス〗サンド 《円環状に足でけずるようなジャズダンスのステップ》.

a rópe of sánd ⇨ rope 成句. ***búry* [*híde, hàve*] *one's héad in the sánd*** ⇨ head 成句. ***plów* [*númber*] *the sánds*** (砂を耕す[数える]ように)むだ骨を折る. 〖《1590》《なぞり》← L *litus arāre* to labor in vain〗 ***pùt sánd in the whéels* [*máchine*]** (車輪[機械]へ砂を投げ込むように)事を邪魔する, 破壊する. ***shífting sánd*** 刻々と変わる困難な状況.

— *vt.* **1** 〈物を〉砂[サンドペーパー]で磨く 〈*down*〉. **2** …に砂をまく: ~ a road (すべらないように凍った)道に砂をまく / ~ the ink (乾かすために)インクに砂をかける (cf. *n.* 1 用例). **3 a** 砂で覆う, 砂に埋める. **b** (潮流の作用などで)〈港湾などを〉砂で埋める 〈*up, over*〉. **4** (ごまかすために)〈砂糖・羊毛など〉に砂を入れる, 砂を混ぜる: ~ sugar.

— *adj.* 砂色の, 黄赤色の.

〖OE ~ ← Gmc **sandaz* (Du. *zand* / G *Sand*) < **samaδaz-* ← IE **bhes-* to rub (L *sabulum* / Gk *psámathos*): cf. sabulous, pasammite〗

Sand /sǽnd, sɑ́ː(n)d, sɑ́ːnd | sɑ́ː(n)d, sɑ́ːnd; *F.* sɑ̃ːd/, **George** *n.* サンド (1804–76; フランスの女流作家; Alfred de Musset および Chopin との関係は有名; *La Mare au diable*「魔の沼」(1846); 本名 Amandine Aurore Lucie Dupin, Baronne Dudevant).

San·dage /sǽndɪdʒ/, **Allan Rex** *n.* サンディッジ (1926–2010; 米国の天文学者).

San·da·kan /sɑːndɑ́ːkən | sæn-; *Malay* sandákan/ *n.* サンダカン 《Borneo 島北部, マレーシア領の Sabah 州北東部にある港市; British North Borneo の主都》.

san·dal[1] /sǽndl/ *n.* **1** (主に女性・子供用の)サンダル靴. **2** 《米》浅いオーバーシューズの一種. **3** サンダルひも 《足の甲[くるぶしのまわり]に回して, 短靴[スリッパ]をしばる(皮)ひも》. **4** サンダル 《ギリシャ人・ローマ人が用いたわらじに似た革製のはきもの》. 〖《*c*1390》*sandalie* □ L *sandalium* □ Gk *sandálion* little sandal (dim.) ← *sándalon* sandal〗

san·dal[2] /sǽndl/ *n.* 〖植物〗ビャクダン (sandalwood). 〖《*c*1400》□ OF ~, *sandle* □ ML *sandalum, santalum* □ LGk *sántalon, sándanon* □ ? Skt *candana*〗

sán·daled *adj.* (*also* **sán·dalled**) サンダルをはいた: one's ~ feet / go ~ サンダルをはいて行く.

sándal·wòod *n.* 〖植物〗 **1** ビャクダン(白檀) (*Santalum album*) 《インド原産ビャクダン科の半寄生小高木》. **2** 白檀材 《ビャクダンの心材; 質は堅く香気があるので, 扇子・手箱などの工芸品の製作および薫香の材料に用いる; cf. quandong》. **3** ビャクダンに似た木; (特に)シタン (red sandalwood 1). 〖*c*1511〗

Sándalwood Ísland *n.* Sumba の英語名.

sándalwood òil *n.* 白檀油(*) 《ビャクダンから採る油; 香水や石鹸などに用いる》. 〖1851〗

san·da·rac /sǽndəræ̀k/ *n.* (*also* **sand·da·rach** /~/) **1** 〖化学〗サンダラック (sandarac tree から採る淡黄色あるいは褐色の芳香性のある樹脂; ワニスまたは香に用いる; gum juniper ともいう). **2 a** 〖植物〗=sandarac tree. **b** マオウヒバの木材 《建築用; citronwood ともいう》. **3** 〖鉱物〗鶏冠石 (realgar). 〖《*c*1550》□ L *sandarac(h)a* red pigment, beebread □ Gk *sandarákē, sandarákhē* (red pigment derived from) realgar〗

sándarac trèe *n.* 〖植物〗 **1** カクミヒバ (*Tetraclinis articulata*) 《アフリカ北西部産ヒノキ科の常緑低木; 樹脂と木材は有用》. **2** マオウヒバ (*callitris quadrivalvis*).

San·da·we /sændɑ́ːweɪ/ *n.* (*pl.* ~, ~**s**) **1 a** [the ~(s)] サンダウェ族 《東アフリカのタンザニアに住む民族》. **b** サンダウェ族の人. **2** サンダウェ語 《Khoisan 語族の一つ》. 〖《1924》← Khoisan (Sandawe)〗

sand·bag /sǽn(d)bæ̀g/ *n.* 砂袋, 砂嚢(さのう) 《(築城の)胸城・塹壕(ざんごう)用材, ボート・気球のバラスト, 彫刻師用の台, 窓のすき間風よけとして用いるほか, きずあとを残さずに人を打ち倒すため強盗などの武器としても用いる; ⇨ punch(ing) bag 日英比較》. — *vt.* **1** 砂袋で防止する[ふさぐ]: ~ the dike 堤防に砂袋を積む. **2** 砂袋で打ち倒す. **3** 《口語》 **a** はげしく襲いかかる. **b** 《米》強いる (coerce). **4** 《俗》〖トランプ〗(ポーカーで, 強い手を持ちながらわざとパスして)〈相手を〉賭けに誘いこんで負かす. **5** 〖金融〗《望ましくない株式公開買付けを》(よりよい条件を得るまで交渉を長びかせて)妨害する. — *vi.* 《俗》〖トランプ〗(ポーカーで)わざと下手なふりをして相手をだます. 〖(*n.*: 1590; *v.*: 1860)〗

sánd·bàg·ger /-gə | -gə(r)/ *n.* **1** 砂袋を使う人; (特に)砂袋で人を打ち倒す悪漢. **2** 《バラストに砂袋を使用している喫水の浅い》帆船. **3** 《俗》〖トランプ〗(ポーカーで)猫かぶり屋. 〖1882〗

sánd·bànk *n.* (河口などの)砂洲(す); (風に吹きよせられてできた)砂丘. 〖1589〗

sánd·bàr *n.* 砂洲(す) 《潮の干満や沿岸流のために形成される河口や湾口または沖合の浅瀬, およびその陸地となったもの》. 〖1766〗

sánd bàth *n.* **1 a** 〖医学〗(医療法としての)砂浴. **b** 砂風呂; (鶏の)砂浴び. **2** 〖化学〗砂浴, サンドバス 《砂を用いて加熱する器具; 直火では危険なときに用いる》. 〖1677〗

sánd·bèd *n.* **1** 〖地質〗砂床, 砂層. **2** 〖金属加工〗(鋳型および型枠を置く鋳造用の)砂床. 〖*c*1475〗

sánd·blàst *n.* **1 a** 砂吹き, サンドブラスト 《金属やガラスなどの表面を磨く[粗くする]ために圧縮空気・蒸気などで砂を吹き付けること》. **b** 砂吹き機. **2** 砂塵. **3** (砂塵を思わせる)不可抗力的破壊力. — *vt.* (砂吹き機で)…に砂を吹き付ける, 砂吹き機で磨く[切る]. 〖(*n.*: 1871; *v.*: 1888)〗

sánd·blìnd *adj.* 《古》半盲の, かすみ目の (purblind, dim-sighted) (cf. stone-blind, gravel-blind). **~·ness** *n.* 〖《?*c*1475》(通俗語源)? ← OE **samblind* ← *sam-* half (⇨ semi-)+BLIND〗

sánd blùestem *n.* 〖植物〗イネ科ヒメアブラスズキ属の根茎植物 (*Andropogon hallii*) 《米国に広く分布し, まぐさや地面を固めるのに用いられる》. 〖*c*1946〗

sánd·bòx *n.* **1 a** 砂入れ, 砂箱. **b** (車輪がすべらないよう砂をまくために機関車に付けた)砂箱. **c** (吸取紙のなかったころインクを乾かすため振りかける砂を入れた)砂入れ. **d** 《米》(子供がその中で遊ぶ)砂場 (《英》sandpit). **2** 〖ゴルフ〗サンドボックス 《盛り砂用の砂入れ》. **3** 〖金属加工〗(砂型鋳造用の)型枠 (sand mold). **4** 〖植物〗sandbox tree. 〖1572〗

sándbox trèe *n.* 〖植物〗サブリエ, スナバコノキ (*Hura crepitans*) 《熱帯アメリカ産のトウダイグサ科の植物; 果実に砂を入れてインクの吸い取り用に用いた; cf. sandbox 1 c》.

sánd·bòy *n.* **1** 砂売り. ★ 昔英国の海浜保養地で砂を呼び売りした人で, 通例次の句で用いる: (as) jolly [merry, happy] as a ~ 非常に陽気な. **2** スナノミ (sand flea) など砂浜にいる跳ぶ昆虫の総称. 〖1821〗

sánd·bùr *n.* 〖植物〗 **1** 米国西部産ナス属のイヌホウズキの類の毒草 (*Solanum rostratum*) 《果実にとげが多い; buffalo bur ともいう》. **2** イネ科 *Cenchrus* 属の植物の総称 《bur grass ともいう》. 〖1830〗

Sand·burg /sǽn(d)bəːg | -bəːg/, **Carl (August)** *n.* サンドバーグ (1878–1967; 米国の詩人・伝記作者・童話作家; *Chicago Poems* (1916), *Abraham Lincoln* (6 巻, 1926–1939)).

sánd·bùrr *n.* 〖植物〗=sandbur.

sánd-càst *vt.* 〖金属加工〗溶融した金属を砂型に流し込んで〈鋳物を〉作る. 〖1949〗

sánd càsting *n.* 〖金属加工〗砂型鋳造. 〖1949〗

sánd·càstle *n.* (子供が浜辺などで作る)砂の城 (cf. *a* CASTLE *in the air*): build a ~. 〖1854〗

sánd càt *n.* 〖動物〗スナネコ (*Felis margarita*) 《北アフリカ・西南アジアの砂漠にすむ小型の野生ネコ》.

sánd chèrry *n.* 〖植物〗北米五大湖地方の砂地に生えるサクラ属 (*Prunus*) の低木; (特に)ヒコザクラ (*P. pumila*).

sánd còlumn *n.* 砂柱 《砂漠地方で旋風の巻き上げる砂の竜巻; cf. dust devil, waterspout 3》.

sánd cràb *n.* 〖動物〗 **1** =lady crab. **2** オーストラリアに生息するワタリガニ科の水中を泳ぐカニ (*Ovalipes australiensis*). 〖1844〗

sánd cràck *n.* **1** 〖獣医〗つまわれ, 裂蹄(れってい) 《馬のひづめの疾患; cf. quarter crack, toe crack》. **2** (人が熱砂の上を歩くために生じる)足のひび. **3** 〖窯業〗混練不十分なために焼成前にれんがに生成する亀裂. 〖1754〗

sánd·cùlture *n.* 〖農業〗砂耕法, 砂栽培 《水耕法に砂を利用する方法で, 植物の根が砂の中に置かれる》. 〖1916〗

sánd dàb *n.* 〖魚類〗ヒラメ科の魚類の総称 《北米太平洋沿岸にいる *Citharichthys* 属の魚類など》. 〖1839〗

sánd dìver *n.* 〖魚類〗エソ科アカエソ属 (*Synodus*) の魚類の総称 《昼間頭だけを出して砂中に潜み, 夜活動するアカエソ (*S. variegatus*) や西インド諸島にいる *S. intermedius* など》.

sánd dòllar *n.* **1** 〖動物〗タコノマクラ 《タコノマクラ目 (Clypeasteroida) のウニ》. **2** 〖植物〗=star cactus. 〖1884〗

sánd drìft *n.* 流砂, 漂砂 《陸上では風, 水中では沿岸流などの働きによって移動する砂, またはそれによってできる地形》. 〖1839〗

sánd dròwn *n.* 〖植物病理〗(白化現象を起こすたばこの)マグネシウム欠乏病. 〖《1922》豪雨地帯の砂地に発生することから〗

sánd dùne *n.* 砂丘.

sánd·ed *adj.* **1** 砂だらけの; 砂地の; 砂を敷いた: a ~ floor 砂をまいた床 《昔台所などのれんが床の上にきれいに砂をまく習慣があった》. **2** グラニュー糖をまぶした. **3** 《廃》砂色の, 赤みがかった黄色の. 〖1595–96〗

sánd èel *n.* 〖魚類〗 **1** =sand launce. **2** インド洋・太平洋の海底の砂上に生息するネズミギス属の細長い円筒形の魚 (*Gonorhynchus gonorhynchus*) 《sandfish ともいう》. 〖1307〗

san·dek /sɑ́ːndɛk/ *n.* 〖ユダヤ教〗割礼時に子供を抱く役目の男性. 〖□ Yid. *sandik* □ Mish. Heb. *sandāq* 《変形》? ← LGk *súnteknos* godfather ← Gk *sunteknoûn* to breed〗

sánd·er *n.* **1** 砂[サンドペーパー]で磨く人[機械]. **2** サンダー 《研磨剤で物の表面を滑らかにしたり磨いたりする装置》. **3** (機関車の)砂まき装置. **4** (凍った道路などへの)砂まき装置. 〖《1627》← SAND (*v.*)+-ER[1]〗

san·der·ling /sǽndəlɪŋ | -dəl-, -dl-/ *n.* 〖鳥類〗ミユビシギ (*Crocethia alba*) 《シギ科の小鳥》. 〖《1602》← SAND+(UND)ERLING〗

san·ders /sǽndəz | -dəz/ *n.* (*pl.* ~) 〖植物〗シタン (red sandalwood). 〖《1329–30》《変形》← 《廃》*saunders* sandalwood □ OF *sandre* 《変形》← *sandal* 'SANDAL[2]'〗

sánders·wòod *n.* 〖植物〗=sanders. 〖1615〗

san·desh /sʌndéɪʃ/ *n.* 〖インド〗サンデーシュ 《カテージチーズに砂糖を加えて練り固めた菓子; ピスタチオ・アーモンドなどを混ぜ込み, さまざまな形に切り分ける》. 〖《1944》□ Bengali *sandeś*〗

san·de·ver /sǽndəvə | -dɪvə(r)/ *n.* 〖ガラス製造〗=glass gall. 〖《?*c*1380》□ ? MF *suin de verre* ← *suin* (F *suint*) exudation from wool (← *suer* to sweat)+*de* of +*verre* glass〗

sánd fìlter *n.* 砂濾過器, 砂濾床, サンドフィルター. 〖1894〗

sánd·fìsh *n.* 〖魚類〗 **1** 北太平洋産の砂の中にいるハタハタ科 *Trichodon* 属または *Arctoscopus* 属の魚類の総称 《ハタハタ (*A. japonicus*) など 2 種いる》. **2** =sand eel 2. **3** =belted sandfish. 〖1896〗

sánd flèa *n.* **1** 〖昆虫〗スナノミ (⇨ chigoe 1). **2** 〖動物〗ハマトビムシ 《beach flea, sand hopper ともいう》. 〖1796〗

sánd-flòated *adj.* 〖建築〗木鏝(きごて)仕上げの 《モルタル壁の木鏝 (float) を用いた粗い仕上げの》.

sánd·flỳ *n.* チョウバエ科・ブユ科・ヌカカ科などに属する双翅目の小型吸血性昆虫の総称; (特に)チョウバエ科のサシチョウバエ属 (*Phlebotomus*) のハエ 《雌はリーシュマニア症 (leishmaniasis) を媒介する》. 〖1681〗

sándfly fèver *n.* 〖病理〗パパタシ熱, パパタチ熱 《サシチョウバエ属 (*Phlebotomus*) の昆虫スナバエが媒介するウイルス病; 地中海域から中東にかけてみられる; three-day fever, phlebotomus fever ともいう》. 〖1911〗

sánd fòx *n.* 〖動物〗オジロスナギツネ (*Vulpes rueppelli*) 《北アフリカから中央アジアにいたる地域の砂漠・ステップにすむ小型のキツネ》.

sánd·glàss *n.* 砂時計 (hourglass). 〖1556〗

sánd·gròper *n.* 《豪》 **1** 《戯言》Western Australia 州の人. **2** 《古》(ゴールドラッシュ当時の)開拓者. 〖1896〗

sánd·gròuse *n.* 〖鳥類〗サケイ 《ヨーロッパ・アジア・アフリカの砂漠地域にすむサケイ科の鳥の総称》. 〖1783〗

S & H 《略》shipping and handling.

san·dhi /sǽndi, sɑ́ːn-, sʌ́n- | sǽndi, sʌ́n-, sǽndhiː, sʌ́n-; *Hindi* sənd[h]i/ *n.* 〖言語〗サンディ, 連声(れんじょう) 《複合語の各要素または文中の各語の頭音または尾音が隣接音の影響によって変化または消失する現象; 例えば I'm sorry の 'm は am の連声形 (sandhi form) とよばれる; cf. liaison 3》. 〖《1806》□ Skt *saṁdhi* 《原義》placing together ← *sam* together+*dadhāti* he places: cf. Samhita〗

sánd hìll *n.* **1** 砂山, 砂丘 (dune). **2** [*pl.*] 砂丘地帯. 〖OE〗

sánd·hill cràne *n.* 〖鳥類〗カナダヅル (*Grus canadensis*) 《北米産ツル属の鳥; 羽毛は灰青色で, 前額部が赤い》. 〖1805〗

sánd·hìll·er *n.* 砂丘地帯に住む人. 〖1848〗

sánd·hòg *n.* 《米》(地下[水底]トンネル工事などで)潜函(せんかん) (caisson) の中で働く労働者. 〖1903〗

sánd hòpper *n.* 〖動物〗ハマトビムシ 《ハマトビムシ科の甲殻類の総称 (beach flea, sand flea) 《海水の飛沫の洗う砂地にすみ, 1 m くらい跳ねるものもある》. 〖1790〗

Sand·hurst /sǽndhəːst | -həːst/ *n.* **1** サンドハースト 《ロンドン南西部郊外の村; もと Royal Military Academy (陸軍士官学校)の所在地 (現在は Surrey 州 Camberly /kǽmbəli | -bə-/ にある)》. **2** Royal Military Academy の俗称. 〖ME *Sandherst* 《原義》sandy hill: ⇨ sand, hurst〗

sand·hya /sʌ́ndjɑː, sʌ́n-/ *n.* 〖ヒンズー教〗一日の三接点 《朝, 正午, 夕》, 昼夜の接点 《朝夕の薄明》; 朝夕の勤行, 祈禱. 〖《1868》□ Skt *saṁdhyā*: cf. sandhi〗

San·die /sǽndi/ *n.* サンディー: **1** 男性名. **2** 女性名. 〖1: (dim.) ← ALEXANDER. 2: (dim.) ← ALEXANDRA〗

San Di·e·go /sæ̀ndiéɪgoʊ | -gəʊ/ *n.* サンディエゴ 《米国 California 州南西海岸の港市; 海軍・海運の基地》. 〖□ Sp. ~ 'St. James': 15 世紀スペインの托鉢修道士の名にちなむ〗

san·dik /sɑ́ːndiːk/ *n.* 〖ユダヤ教〗=sandek.

sánd·ing machìne *n.* =sander 2.

San·di·nis·ta /sændəní:stə, sà:n- | sændɪ̯nís-, -ní:s-ˊ/ *n.* サンディニスタ《1979 年ニカラグアのソモサ (Somoza) 政権を倒した民族解放戦線 (the Sandinista National Liberation Front) のメンバー》. 〖((1928)) (1974) ← *A.C. Sandino* (1895–1934) ニカラグアの民族主義者・革命家〗

sánd ìron *n.* 〘ゴルフ〙 =sand wedge.

san·di·ver /sǽndəvə | -dɪ̯və(r/ *n.* 〘ガラス製造〙 =glass gall. 〖(*c*1380) (なぞり) ← F *suin de verre*〗

sánd jàck *n.* 〘造船〙 砂盤木《船を進水させる直前にその重量を一時的に支えている多くの砂袋で, その砂を抜くと船体が進水台上に載るようになっている》. 〖*c*1901〗

S&L 《略》《米》 savings and loan (association).

sánd làunce [lànce] *n.* 〘魚類〙 砂の中にもぐって生活するイカナゴ属 (*Ammodytes*) の細長い魚の総称. 〖1776〗

sánd lèek *n.* 〘植物〙 ヒメニンニク (rocambole).

sánd lìly *n.* 〘植物〙 米国西部の草地に生えるユリ科の多年草 (*Leucocrinum montanum*) 《mountain lily ともいう》. 〖1909〗

sánd-lìme brìck *n.* ケイ灰れんが《ケイ砂に不純な石灰石を加えて成形し, 高圧蒸気で硬化させて造ったれんが》. 〖1910〗

sand·ling /sǽndlɪŋ/ *n.* 〘魚類〙 =dab². 〖((1440)): ⇨ sand, -ling¹〗

sánd lìzard *n.* 〘動物〙 **1** ニワカナヘビ (*Lacerta agilis*) 《ヨーロッパ産の普通種; 体長 15–20 センチ; 雄は緑色, 雌は褐色》. **2** アメリカハシリトカゲ (⇨ race runner). 〖1855〗

sánd·lòt 《米》 *n.* (都市内またはその付近の子供たちの遊ぶ)スポーツ用空き地. — *adj.* [限定的] (子供たちの遊ぶ)空き地の, 空き地で行う: ~ baseball 空き地でやる野球, 草野球. 〖1878〗

sánd·lòt·ter /-tə | -tə(r/ *n.* 《米》 空き地で(野球などをして)遊ぶ町の少年. 〖1887〗

S & M 《略》 sadism and masochism; sadomasochism.

S. & M. 《略》 *ML.* Sodorēnsis et Manniae (=of Sodor and Man) 《Bishop of Sodor & Man が署名に用いる; ⇨ Cantuar. 2》.

sánd·màn /-mæ̀n/ *n.* (*pl.* **-men** /-mèn/) **1** [the ~] 眠りの精, 睡魔《子供の目に砂をまいて眠くするというおとぎ話の人物; cf. dustman 2》: The ~ is coming. (親が子に)そろそろおねむの時間だよ. **2** 砂ふるい[混ぜ, 積み]の仕事をする人; 砂[サンドペーパー]で磨く人. 〖((1821)) 子供が眠くなると目に砂でも入ったように目をこすることから: cf. G *Sandmann*〗

sánd màrtin *n.* 《英》 =bank swallow. 〖1668〗

sánd mìst *n.* 黄塵 (⇨ bai¹).

sánd mòld *n.* 〘金属加工〙 (鋳造用の)砂型. 〖1843〗

sánd mỳrtle *n.* 〘植物〙 米国南東部の海岸や砂丘地帯に生えるツツジ科の常緑低木 (*Leiophyllum buxifolium*) 《葉が細かくピンクの花が咲く》. 〖1814〗

sánd pàinting *n.* **1** 砂絵《Navaho, Hopi などの先住民が色とりどりの砂で平面に象徴的なデザインを描く宗教的・治療的儀式; dry painting ともいう》. **2** 砂絵で描いた模様. 〖1902〗

sánd·pàper *n.* **1** 紙やすり, サンドペーパー. **2** = glasspaper. — *vt.* 紙やすり[サンドペーパー]で磨く. 〖1812〗

S

sánd·pàpery *adj.* 板を紙やすり[サンドペーパー]でこするような音がする, 耳ざわりな. 〖1957〗

sánd pèar *n.* 〘植物〙 **1** =snow pear. **2** ニホンヤマナシ (*Pyrus pyrifolia*) 《日本・中国原産のナシ属の高木; 花を観賞し, またナシの台木に使う; 果実は硬い; 時にホクシヤマナシ (*P. ussuriensis*) も含む》. **3** (それらを改良して栽培化した)ニホンナシ《果肉に石細胞があり, ざらざらした舌ざわりがある; 時にチュウゴクナシも指す》. 〖1629〗

sánd phlòx *n.* 〘植物〙 米国中部の砂地に生えるフロックスの一種 (*Phlox bifida*).

sánd·pìle *n.* (子供たちの遊ぶ)砂山.

sánd pìle *n.* 〘建築〙 サンドパイル, 砂杭(すなぐい)《軟弱な地盤の改良のために打ち込んだ砂柱》. 〖1921〗

sánd pìllar *n.* =sand column. 〖1879〗

sánd·pìpe *n.* 〘鉄道〙 (機関車の)砂まき管. 〖1839〗

sánd·pìper *n.* 〘鳥類〙 海辺に生息するシギ科の数種の鳥類の総称《ムラサキハマシギ (purple sandpiper), アメリカイソシギ (spotted sandpiper) など》. 〖1674〗

sánd·pìt *n.* **1** 砂採取場, 砂掘り場, 砂坑. **2** 《英》 = sandbox 1 d. 〖1440〗

sánd·plòver *n.* 〘鳥類〙 ハジロコチドリ (ring plover). 〖1842〗

sánd pùmp *n.* 砂揚げポンプ, サンドポンプ《トンネル工事などで湿った砂や泥などを除去する装置》. 〖1865〗

San·dra /sǽndrə | sǽn-, sá:n-/ *n.* サンドラ《女性名》. 〖(dim.) ← Alexandra〗

San·dra·cot·tus /sæ̀ndrəká(:)təs | -kɔ́t-/ *n.* =Sandrocottus.

sánd ràt *n.* 〘動物〙 砂地や砂漠に生息するネズミ類の総称《ホリネズミ (gopher), ハダカネズミ属 (*Heterocephalus*) のネズミなど》. 〖1781〗

sánd rèed *n.* 〘植物〙 =beach grass.

San·dring·ham /sǽndrɪŋəm/ *n.* サンドリンガム《イングランド東部 Norfolk 州の Wash 湾東岸の近くにある村; 1863 年以来王室の別荘 Sandringham House がある》.

San·dro /sǽndroʊ | sǽndrəʊ, sá:n-; *It.* sándro/ *n.* サンドロ《男性名》. 〖(dim.) ← It. *Alessandro* 'Alexander'〗

San·dro·cot·tus /sæ̀ndroʊká(:)təs | -drəʊkɔ́t-/ *n.* サンドロコットス《Chandragupta のギリシャ語名》.

sánd ròller *n.* 〘魚類〙 北米産サケスズキ科の淡水魚の一種 (*Percopsis transmontana*). 〖1902〗

S and SC 《略》〘製紙〙 sized and supercalendered サイズをかけスーパー仕上げをした.

sánd shàrk *n.* 〘魚類〙 浅海にすむミズワニ科ミズワニ属 (*Carcharias*) のサメの総称《sand tiger ともいう》. 〖1882〗

sánd·shòe *n.* 《英・豪》 スニーカー. 〖1855〗

sánd shrìmp *n.* 〘動物〙 ヨコエビの一種 (*Gammarus locusta*).

sánd sìfter *n.* 〘金属加工〙 鋳物砂ふるい機.

sánd skìpper *n.* 〘昆虫〙 =sand hopper. 〖1871〗

sánd smèlt *n.* 〘魚類〙 =silversides.

sánd·sòap *n.* 砂入り石鹸《食器用・洗面所用など》. 〖1855〗

sánd·spìt *n.* =spit² 3.

sánd spòut *n.* =sand column. 〖*a*1849〗

sánd-spràyed *adj.* 〘建築〙 モルタル吹き付け仕上げの.

sánd stàrgazer *n.* 〘魚類〙 ダクティロスコプス科 (Dactyloscopidae) の各種のギンポ《Bermuda からブラジルに至る大西洋海域に生息; 頭の上に小さな管状の眼をもち, 浅海の砂地にもぐって頭と眼だけ出している》.

sand·stone /sǽn(d)stòʊn | -stəʊn/ *n.* 〘岩石〙 砂岩. 〖1668〗

sánd·stòrm *n.* (砂漠の)砂あらし. 〖1774〗

sánd tàble *n.* **1** サンドテーブル《縁が高くなっていて子供が砂を入れて遊ぶテーブル》. **2** 砂盤《浅い箱に固めた砂を入れ, 地形・木・川・建物などを作って軍隊の机上演習に用いる盤》. **3** 〘鉱山〙 サンドテーブル《比較的粗粒を処理する振動テーブル (shaking table); cf. slime table》. 〖1812〗

sánd tìger *n.* 〘魚類〙 =sand shark.

sánd tràp *n.* サンドトラップ: **1** 流水中の砂粒を捕集する装置. **2** 〘ゴルフ〙《米》 コース上に障害として設けてある砂地 (bunker). 〖*a*1877〗

sand·veld /sǽndfɛlt/ *n.* 《南ア》 砂地.

sánd verbèna *n.* 〘植物〙 **1** キバナハイビジョザクラ (*Abronia latifolia*) 《米国 California 州原産オシロイバナ科の多年草》. **2** ハイビジョザクラ (*A. umbellata*).

sánd vìne *n.* 〘植物〙 ガガイモ科のつる草 (*Ampelamus albidus*).

sánd vìper *n.* 〘動物〙 **1** ハナナガクサリヘビ (*Vipera ammodytes*). **2** ツノクサリヘビ (⇨ horned viper). 〖1668〗

S & W /ɛ́sənd́ʌ́blju:, ɛ́sn-/ *n.* 〘商標〙 S アンド W《米国 S &W Fine Foods 社製の野菜や果物の缶詰》.

sánd wàsp *n.* 〘昆虫〙 砂地に坑道を掘ってすむジガバチ科のハチの総称; (特に)ハナダカバチ《ハナダカバチ属 (*Bembix*) のハチの総称》. 〖1802〗

sánd wèdge *n.* 〘ゴルフ〙 サンドウェッジ《アイアンクラブの一種で, バンカー (bunker) からボールを打ち出すのに使う; ⇨ golf club 挿絵》. 〖1937〗

sand·wich /sǽn(d)wɪtʃ | sǽn(d)wɪdʒ, sǽm-, -wɪtʃ/ *n.* **1** サンドイッチ: ham [egg, caviare, cucumber] ~*es* / make a ~ on rye bread 黒パンのサンドイッチを作る. 日英比較 「サンド」と省略するのは和製英語. **2** サンドイッチ状のもの. ***ride*** [***sit***] ***sándwich*** 二人の間にはさまれて乗る[腰をかける]. ***the méat*** [***filling***] ***in the sándwich*** 《英口語》 板ばさみ.
— *adj.* **1** サンドイッチ用の: ~ bread. **2** 《英》 サンドイッチ課程 (sandwich course) の: ~ students.
— *vt.* **1** サンドイッチにする; サンドイッチ状にはさむ. **2** (二者またはそれ以上のものの間に)(無理やりに)さし[はさみ]込む, はさむ; …の場所[時間]をあける, 詰め込む 〔(*in*), *between*〕: be ~*ed in between* the two 両者の間にはさまる[介在する] / He was ~*ed between* two gangsters. 二人のギャングの間にはさまれた / ~ leisure *in between* two jobs 二つの仕事の間に余暇の時間をあける.
〖((1762)) ← *John Montagu, the Fourth Earl of Sandwich* (1718–92: 英国の政治家で, 食事に中断されずに賭け勝負を続けられるように, 二枚のトーストの間に肉をはさんだパンを作らせたと伝えられる)〗

Sand·wich /sǽn(d)wɪtʃ | sǽn(d)wɪtʃ, sǽm-, -wɪdʒ/ *n.* サンドイッチ《イングランド Kent 州の東部の港市; 五港 (Cinque Ports) の一つ》. 〖OE *Sandwīc* 《原義》'*wic* (=? market town) on sandy soil': ⇨ sand, -wick³〗

sándwich bàr *n.* (通例カウンター式の)サンドイッチ専門のレストラン. 〖1955〗

sándwich bèam *n.* 〘建築〙 合わせ梁, サンドイッチ梁 (flitch beam). 〖1887〗

sándwich bòard *n.* サンドイッチマンが体の前後に 1 枚ずつ両肩から下げて歩く広告板. 〖1897〗

sándwich-bòat *n.* 《英》《Oxford および Cambridge 大学の bumping race で》前後 2 区間にまたがって走るボート. 〖1884〗

sándwich-bònded cómplex *n.* 〘化学〙 サンドイッチ錯体《二つの環状炭化水素の作る平面の間に金属原子またはイオンがはさまれてサンドイッチ状構造になっている錯体; sandwich compound ともいう》.

sándwich bòy *n.* 少年のサンドイッチマン (cf. sandwich man 1). 〖1848〗

sándwich còmpound *n.* サンドイッチ化合物 (⇨ sandwich-bonded complex).

sándwich constrùction *n.* サンドイッチ構造《2 枚の表板の間に(多くは蜂の巣状の)芯材をはさんで接着した構造; 軽くて剛性が高いので, 飛行機の動翼・各部パネルなどに広く使用されている》. 〖1944〗

sándwich còurse *n.* 《英》〘教育〙 サンドイッチ課程《工業大学や技術専門学校 (polytechnic) などにおける教育制度で, 学習と企業などの生産現場での実習とを半年 [3 か月, 1 年]交代に繰り返す》. 〖1955〗

sándwich generàtion *n.* サンドイッチ世代《親と子の世話を同時にしなければならない年代; おおむね 40 歳代の人》.

sándwich gìrder *n.* 〘建築〙 =sandwich beam.

Sándwich glàss *n.* サンドイッチガラス器《Boston and Sandwich Glass Company (1825–88) 製の種々のガラス器; 特に押し型ガラス器で有名》. 〖((1922)) 米国 Massachusetts 州にある製造地名から〗

Sándwich Íslands *n. pl.* [the ~] サンドイッチ諸島《ハワイ諸島 (Hawaiian Islands) の旧名》. 〖*The Fourth Earl of Sandwich* (⇨ sandwich) にちなむ〗

sándwich màn *n.* **1** サンドイッチマン《2 枚の広告板 (sandwich boards) を体の前後につけてねり歩く人》. **2** サンドイッチを作る[売る]人. 〖1864〗

sándwich shòp *n.* =luncheonette.

sándwich strùcture *n.* 〘化学〙 サンドイッチ構造《平面状の 2 分子にはさまれた分子構造, 例えば $M(C_5H_5)_2$ のように, シクロペンタジエン (C_5H_5) 2 分子に Fe, Co, Ni など金属原子がはさまれた分子構造》.

sándwich tèrn *n.* 〘鳥類〙 サンドイッチアジサシ (*Sterna sandvicensis*) 《ヨーロッパ北部・北米産のカモメ科の海鳥》.

sánd·wòrm *n.* **1** 砂の中にすむ多毛環虫類 (polychaete) の動物の総称《ゴカイ (clam worm), タマシキゴカイ (lugworm) など》. **2** スナノミ (chigoe). 〖1776〗

sánd·wòrt *n.* 〘植物〙 **1** 砂地に生えるナデシコ科ノミノツヅリ属 (*Arenaria*) の雑草の総称. **2** ナデシコ科タチハコベ属 (*Moehringia*) の植物の総称; (特に)オオヤマフスマ, ヒメタガソデソウ (*M. lateriflora*). 〖1597〗

sand·y /sǽndi/ *adj.* (**sand·i·er, -i·est; more ~, most ~**) **1** 砂の, 砂でできている, 砂をまいた, 砂を含んだ, 砂だらけの: ~ soil 砂土 / a ~ floor [path] 砂をまいた床[砂道] / a ~ desert [plain] 砂漠[砂原]. **2** 砂色の, 薄茶色の; 髪の毛が薄茶色の: ~ hair, beards, etc. **3** ざらざらした: a ~ taste, feel, etc. **4 a** 砂のような. **b** 落ち着かない, 移動しやすい (shifting). **c** 面白みのない, 無味乾燥な. **5** 《米口語》 勇気のある, 気力のある: a ~ man. **6 a** 〈ニス・塗料など〉砂目の. **b** 〈アイスクリームが〉乳糖結晶を含んだ. **7** 《古》《時を計る》砂の(入った); (砂時計の砂で計られる)時刻の; 寿命の: one's ~ time.
sánd·i·ness *n.* 〖OE *sandiġ*: ⇨ sand, -y⁴〗

San·dy¹ /sǽndi/ *n.* サンディー: **1** 男性名. **2** 女性名. 〖1: (dim.) ← Alexander. 2: (dim.) ← Alexandra〗

San·dy² /sǽndi/ *n.* スコットランド人 (Scotchman) 《あだ名; cf. Sawney, John Bull》. 〖↑: この名がスコットランドに多いことから〗

sánd yàcht *n.* 砂上ヨット, サンドヨット《帆のあるボート状の乗り物; 風を利用して海浜などで走らせる》. 〖1912〗

sánd yàchting *n.* サンドヨットレース.

sánd yàchtsman *n.* サンドヨットレース選手.

sándy blìght *n.* 《豪》 (はやり目やトラコーマなど, 砂が目に入ったように感ずる)伝染性結膜炎. 〖1869〗

sándy dóg *n.* 〘魚類〙 ニシトラザメ (cf. dogfish).

Sándy Hóok *n.* サンディーフック《米国 New Jersey 州東部, New York 湾の南方に突き出た半島; 長さ 10 km》. 〖← Du. *sant hoek* sand point〗

sánd·y·ish /-diɪʃ/ *adj.* **1** 砂っぽい. **2** 少しざらざらした. **3** 砂色[薄茶色]がかった. 〖1793〗

sane /séɪn/ *adj.* (**san·er, -est; more ~, most ~**) **1** 正気の, 気の確かな, 気のふれない. **2** (考え方など)健全な, 穏健な; 分別に富む, 論理的な: a ~ policy / a ~ proposal. **3** (まれ) 健康な. ★ 名詞は sanity. **~·ly** *adv.* **~·ness** *n.* 〖((1628)) ▭ L *sānus* healthy, sane ← ?〗

San Fer·nan·do /sæ̀nfənǽndoʊ | -fənǽndəʊ; *Sp.* samfernándo/ *n.* サンフェルナンド: **1** トリニダードトバゴの Paria 湾に面した港市. **2** ベネズエラ西部, Apure 州の州都; 公式名 San Fernando de Apure. **3** スペイン南西部, Cádiz の南東の, León 島にある港市; 兵器庫とヨーロッパ最南端の天文台がある.

Sàn Fernándo Válley *n.* [the ~] サンファーナンド峡谷《米国 California 州南西部にある峡谷; 一部は Los Angeles に属する; 面積 670 km²》. 〖13 世紀の Castile の王 Fernando 三世の名をとって命名された布教団 (1797) にちなむ〗

San·fi·líp·po's sýndrome /sæ̀nfɪlí:poʊz- | -pəʊz-/ *n.* 〘医学〙 サンフィリッポ症候群《ハーラー症候群 (Hurler's syndrome) に似たムコ多糖体沈着症の症候群; 硫酸ヘパランの尿への排泄, 重症の精神遅滞を特徴とする》.

San·ford /sǽnfəd | -fəd/, Mount *n.* サンフォード山《米国 Alaska 州南東部の山; 4,949 m》. 〖1885 年 Alaska 探険隊長の H. T. Allen が曾祖父 *Reuben Sanford* にちなんで命名〗

San·for·ized /sǽnfəraɪzd/ *n.* 〘商標〙 サンフォライズド《洗濯しても縮まないように加工を施した綿や麻などの織物》. 〖((1930)) ← *Sanford L. Cluett* (1874–1968: その考案者である米国人)〗

San Fran·cis·co /sæ̀nfrənsískoʊ, -fræn- | -kəʊˊ/ *n.* サンフランシスコ《米国 California 州中央部 San Francisco 湾に臨む都市で, 同国西部最大の貿易港; 俗に Frisco と略す》. 日英比較 「シスコ」と略すのは和製英語. 英語では Frisco という省略形があるが, これは同市民には好まれない. 一般的な省略形は SF **Sàn Fran·cís·can** /-kənˊ/ *adj.*, *n.* 〖▭ Sp. ~ 'St. Francis (of Assisi)'〗

Sán Francísco Báy *n.* サンフランシスコ湾《米国 California 州太平洋岸の港湾; cf. Golden Gate》.

Sán Francísco Cónference *n.* [the ~] サンフランシスコ会議《1945 年 4 月–6 月, 世界 50 か国の代表が集まって国連憲章を起草した》.

Sán Francísco Móuntains *n.* [the ~] サンフランシスコ山塊《米国 Arizona 州北部の山塊; 最高峰 Humphreys Peak (3,862 m)》.

Sán Francísco Péaks *n. pl.* [the ~] =San Francisco Mountains.
sang[1] /sǽŋ/ *v.* sing の過去形. 〖OE *sang*〗
sang[2] /sǽŋ/ *n.* 《スコット》=song.
san·ga /sǽŋgə/ *n.* 〘動物〙アフリカ産のコブウシ. 〖⊏ Amharic *sangā*〗
San·gal·lo /sɑːŋgɑ́ːloʊ, sɑːŋ- | -ləʊ; *It.* saŋgállo/, **Giuliano da** *n.* サンガロ《1445?–1516; ルネサンス期イタリア Florence の建築家・彫刻家》.
san·gam /sʌ́ŋgʌm/ *n.* 《インド》サンガム《川の合流点, 特に Uttar Pradesh 州の Allahabad にあるヒンズー教の聖地である Ganges 川と Jumna 川の合流点を指す》. 〖⊏ Hindi *saṅgam*〗
san·gar /sǽŋgə | -gə(r/ *n.* **1** (天然の凹地のまわりを丸石などで補強した 2, 3 人を入れるだけの)小射撃塹壕(ざんごう)[胸墻(きょうしょう)]. **2** 石の橋台の原始的な木の橋. 〖(1841) ⊏ Pashto *sangár*〗
san·ga·ree /sæ̀ŋgəríː/ *n.* サンガリー《ワインや蒸留酒などに砂糖・香料・氷などを入れて冷やして飲む飲料》. 〖(1736) ⊏ Sp. *sangría* (原義) a bleeding < *sangre* blood (変形) ← L *sanguin-, sanguis*: ⇨ sanguine〗
sang de boeuf /sɑ̃ː(n)dəbə́ːf, sɑːn-; *F.* sɑ̃dbœf/ *F. n.* 〘窯業〙牛血紅, 朱色《中国の康熙(こうき)帝 (Kang Xi) の時代に最初に用いられたあざやかな牛血色で, 銅赤の一種》. 〖(1881) ⊏ F ~ (原義) ox's blood: cf. beef〗
san·ger /sǽŋə/ *n.* =sangar 1.
Sang·er /sǽŋə | sǽŋə(r, sǽŋə(r/, **Frederick** *n.* サンガー《1918–　; 英国の生化学者; Nobel 化学賞 (1958, 1980)》.
Sanger, Margaret (Higgins) *n.* サンガー《1883–1966; 産児制限運動を指導した米国女性》.
sang·froid /sɑ̃ː(ŋ)frwɑ́ː, sɑːŋ-; *F.* sɑ̃fʁwa, -fʁwɑ/ *n.* 平気, 冷静, 沈着 (⇨ equanimity **SYN**). 〖(1750) ⊏ F ~ (原義) cold blood ← *sang* blood+*froid* cold〗
Sangh /sǽŋ, sʌ́ŋ/ *n.* (インドの)政治協会, 労働組合. 〖⊏ Hindi *saṅgh* ← Skt *saṁgha* (↓)〗
san·gha /sʌ́ŋgə/ *n.* **1** 〘仏教〙僧団. **2** ジャイナ教徒団, ジャイナ修道会. 〖(1858) ⊏ Skt *saṁgha*〗
San Gior·gio /sændʒɔ̀ədʒiòʊ | -dʒɔ́ːdʒiəʊ/ *n.* 〘商標〙サンジョルジョ《米国 Hershey Pasta Group 製のスパゲッティ・マカロニなどのパスタおよびヌードル類》.
San·gi·o·ve·se /sæ̀ndʒioʊvéɪzi | -dʒiə(ʊ)-/ *n.* サンジョヴェーゼ《Chianti ほかのイタリア産赤ワインの原料となる黒ブドウ》.
San·go /sɑ́ːŋgoʊ | sǽŋgəʊ, sɑ́ːŋ-/ *n.* サンゴ語《中央アフリカ共和国で用いられる Niger-Congo 語族の Adamawa 語派に属する言語》. 〖(1948) ← Niger-Congo (Ngbandi)〗
san·go·ma /sæŋgóːmə/ *n.* 《南ア》祈禱師《通例 女性》. 〖← Bantu (Nguni)〗
San·grail /sæŋgréɪl, sæŋ-/ *n.* 聖杯 (Holy Grail). 〖(?a1400) *sangrayle* ⊏ OF *saint graal*: ⇨ saint, grail[1]〗
San·gre·al /sǽŋgriəl/ *n.* =Sangrail.
Sán·gre de Crís·to Móuntains /sǽŋgridəkrístoʊ- | -dəkrístəʊ-; *Sp.* sáŋgreðekrísto-/ *n. pl.* [the ~] サングレデクリスト山脈《米国 Colorado 州南部から New Mexico 州北部にわたる Rocky 山脈中の一山系; 最高峰 Blanca Peak (4,364 m)》. 〖← Sp. *sangre de Cristo* blood of Christ〗
san·gri·a /sæŋgríːə, sǽŋgriə; *Sp.* saŋgría/ *n.* サングリア《赤ワインに果汁・炭酸水・砂糖・香料を加えて冷やして飲む飲料》. 〖(1961) ⊏ Sp. *sangría* 'bleeding' ← *sangre* blood〗
san·gui- /sǽŋgwɪ, -gwi/「血, 血液 (blood)」の意の連結形. 〖⊏ MF ~ ⊏ L ~ ← *sanguis* blood: cf. sanguine〗
san·guic·o·lous /sæŋgwíkələs/ *adj.* 〘生物〙血液中に寄生生活をする (hematobic). 〖(1891): ⇨ ↑, -colous〗
san·gui·nar·i·a /sæ̀ŋgwənέ(ə)riə | -gwɪnéər-/ *n.* 〘植物〙**1** 北米原産ケシ科サンギナリア属 (*Sanguinaria*) の多年草《ケッコンソウ (*S. canadensis*) など; cf. bloodroot 1》. **2** サンギナリア属の植物の根茎〘薬用〙. 〖(1808) ← NL ~ ← L *sanguināria* an herb that stanches blood ← *sanguinārius*: ⇨ sanguinary〗
san·gui·nar·i·ly /sæ̀ŋgwənérəli, ━━━━ | sǽŋgwɪnərɪli/ *adv.* 血なまぐさく; 残忍に. 〖(1850): ⇨ ↓, -ly[1]〗
san·gui·nar·y /sǽŋgwənèri | -gwɪnəri/ *adj.* **1** 血を流す, 流血の, 血なまぐさい, 血にまみれた (bloody): a ~ battle, struggle, etc. / ~ hands, daggers, etc. **2** 流血を好む, 残忍な, 凶暴な, 殺伐な (bloodthirsty); 《法律が》むやみに死刑を科する: a ~ tyrant / of a ~ nature / with ~ thoughts [purpose] 殺伐な考え[目的]をもって. **3** 《英》ひどい; 《言葉が》口汚ない. ★ 特に, bloody のような語の代わりに婉曲的に用いる: a ~ fool 大ばか者 / ~ language. **4** 《まれ》血でできている[から成る]: a ~ stream. **sán·gui·nàr·i·ness** *n.* 〖(a1550) ⊏ L *sanguinārius* ← *sanguin-, sanguis* blood: ⇨ -ary〗
san·guine /sǽŋgwɪn | -gwɪn/ *adj.* **1** 快活な; 楽観的な (cheerful); 希望に燃える, 自信に満ちた (confident): a ~ person [nature, disposition] 楽天家[ほがらかな気質] / ~ expectations 楽観的期待 / He was ~ *of* [*about*] his success [*that* he would succeed]. 成功するものと信じていた. **2** 《顔色など》血色のよい (ruddy): a ~ face, lip, etc. **3** 血の色をした, 血紅色の (blood-red). **4** (古代生理学で 4 つの **HUMOR** のうち)特に血が多い, 多血質の: a man of ~ temperament 多血質の人《血色がよくて快活》. **5** 《まれ》**a** 血の[から成る]: ~ rain. **b** 血を好む, 残忍な (sanguinary): ~ slaughter. **6** 〘紋章〙暗紅色の (cf. *n.* 4). — *n.* **1** 血紅色. **2** (古代生理学での)多血質. **3 a** (酸化鉄で作った)赤チョーク (red chalk) 《16–18 世紀ごろ好んで素描用に用いられた》. **b** 赤チョーク画. **4** 〘紋章〙暗紅色《無彩色図では bend line (向かって左上からの斜線)とその逆の bend sinister line で示す》. — *vt.* 《詩・廃》血で汚す, 赤く汚す. **~·ly** *adv.* **~·ness** *n.* **san·guin·i·ty** /sæŋgwínəti, sæn- | -nɪti/ *n.* 〖(c1390) ⊏ (O)F *sanguin* ⊏ L *sanguineus* ← *sanguin-, sanguis* blood〗
san·guin·e·ous /sæŋgwíniəs, sæŋ- | sæŋ-/ *adj.* **1** 血の, 血に関する, 血から成る, 血を含む. **2** 血紅色の (blood-red). **3** 流血の, 流血[殺害]を含む, 血なまぐさい. **4** 血が多い, 多血質の, 楽観的な (sanguine): a ~ temperament. **~·ness** *n.* 〖(c1520) ⊏ L *sanguineus*: ⇨ ↑, -ous〗
san·guin·o·lent /sæŋgwínələnt, sæŋ-, -nl- | -nəl-, -nl-/ *adj.* **1** 血の. **2** 血に染まった, 血のついた. **san·guín·o·len·cy** /-si/ *n.* 〖(c1450) ⊏ L *sanguinolentus* ← *sanguin-, sanguis* blood: ⇨ -ulent〗
San·hed·rim /sænhédrɪm, sɑːn-, -híː- | sǽnɪdrɪm, sænhédrɪm/ *n.* =Sanhedrin.
San·hed·rin /sænhédrɪn, sɑːn-, -híː- | sǽnɪdrɪn, sænhédrɪn/ *n.* (古代エルサレムの)サンヘドリン《Gerousia ともいう》: **a** [the ~] 大サンヘドリン《祭司・長老らによって構成された最高議会; Great Sanhedrin ともいう》. **b** 小サンヘドリン《地方の小議会; Lesser Sanhedrin ともいう》. 〖(1588) ⊏ Mish. Heb. *sanhedhrín* ⊏ Gk *sunédrion* council, (原義) sitting together ← *sun-* '**SYN**-'+*hédrā* seat〗
san·i·cle /sǽnɪkl | -nɪ-/ *n.* 〘植物〙ウマノミツバ《セリ科ウマノミツバ属 (*Sanicula*) の植物の総称; black snakeroot ともいう》; (特に) *S. marilandica*. 〖(?c1450) ⊏ OF ~ ⊏ ML *sanicula* ← L *sānus* 'healthy, **SANE**': ⇨ -cle〗
san·i·dine /sǽnədìːn, -dɪn | -nɪdìːn, -dɪn/ *n.* 〘鉱物〙サニディン, 玻璃(はり)長石 ($KAlSi_3O_8$)《酸性や中性の火山岩中に産する高温型のカリ長石; rhyacolite ともいう》. 〖(1815) ⊏ G *Sanidin* ← Gk *sanid-, sanís* board: ⇨ -ine[3]〗
sa·ni·es /séɪniːz/ *n.* (*pl.* ~) 〘病理〙希薄腐敗膿(のう)《創傷・潰瘍からの薄い漿液(しょうえき)》. 〖(1562) ⊏ L *saniēs* (原義) diseased blood〗
san·i·fy /sǽnəfàɪ | -nɪ-/ *vt.* **1** 衛生的にする, 衛生化する; …に衛生設備を施す. **2** 健康的にする, 健全化する. 〖(1836) ← L *sānus* 'healthy, **SANE**'+-**FY**〗
San Il·de·fon·so /sænɪldəfɑ́(ː)nsoʊ | -fɔ́nsəʊ; *Sp.* saniIdefónso/ *n.* サンイルデフォンソ《スペイン中部, Madrid の北方 Segovia 付近の町; もとスペイン王室の夏の宮殿 La Granja があるため, La Granja または Spanish Versailles と呼ばれる》.
sa·ni·ous /séɪniəs/ *adj.* 〘病理〙希薄腐敗膿 (sanies) の(出る). 〖(1562) ⊏ L *saniōsus* ← *saniēs*: ⇨ sanies, -ous〗
sanit. (略) sanitary; sanitation.
sanitaria *n.* sanitarium の複数形.
san·i·tar·i·an /sæ̀nətέ(ə)riən | -nɪtéər-˝/ *adj.* 公衆衛生(学)の. — *n.* 公衆衛生学者, 公衆衛生専門家. 〖(1859) ← **SANITARY**+-**AN**[1]〗
sán·i·tàr·ist /-rɪst | -rɪst/ *n.* =sanitarian.
san·i·tar·i·um /sæ̀nətέ(ə)riəm | -nɪtéər-/ *n.* (*pl.* **~s, -tar·i·a** /-riə/) 《米》=sanatorium 1, 2. 〖(1851) ← NL ~ ← L *sānitās* (↓): ⇨ -arium〗
san·i·tar·y /sǽnətèri | -nɪtəri, -tri/ *adj.* **1** (公衆)衛生の, 衛生上の (⇨ healthful **SYN**): ~ conditions (下水・便所などの)衛生設備の状態 / ~ regulations 公衆衛生規則 / ~ science 公衆衛生学. **2** 衛生的な, 清潔な: in a ~ condition / a ~ cup (紙製)衛生コップ. **3** (特に, 家庭の下水とともに流される)ごみ処理の[に用いられる]: ~ sewage. — *n.* 水洗便所. **san·i·tar·i·ly** /sæ̀nətérəli, ━━━━ | sǽnɪtərɪli, -trɪ-/ *adv.* **sán·i·tàr·i·ness** *n.* 〖(1842) ⊏ F *sanitaire* ← L *sānitās* health: ⇨ sanity, -ary〗
sánitary bélt *n.* 生理帯. 〖1908〗
sánitary córdon *n.* (防疫のための)隔離線, 防疫線, 交通遮断線 (cordon sanitaire). 〖(なぞり) ← F *cordon sanitaire*〗
sánitary engineér *n.* 衛生工学技師. 〖1873〗
sánitary engineéring *n.* 衛生工学《上下水道など公衆衛生上の問題を扱う》. 〖1868〗
sánitary inspèctor *n.* 《英》(もと)公衆衛生検査官《現在は environmental health officer, public health inspector などという》. 〖1863〗
sánitary lándfill *n.* =landfill 1. 〖1968〗
sánitary nápkin *n.* 《米》生理用ナプキン. 〖1917〗
sánitary pád *n.* =sanitary napkin.
sánitary páper *n.* トイレットペーパー (toilet paper).
sánitary protéction *n.* [集合的] 生理用品.
sánitary séwer *n.* 〘土木〙汚水管渠.
sánitary tówel *n.* 《英》=sanitary napkin. 〖1881〗
sánitary wàre *n.* [集合的] 衛生陶器《便器・浴槽・流し台など》. 〖1872〗
san·i·tate /sǽnətèɪt | -nɪ-/ *vt.* 衛生的にする; …に衛生設備を施す. 〖(1882) (逆成) ↓〗
san·i·ta·tion /sæ̀nətéɪʃən | -nɪ-/ *n.* **1** 公衆衛生. **2** 衛生設備, (特に)下水設備. 〖(1848) ← **SANIT(ARY)**+-**ATION**〗
sà·nit·á·tion·ist /-ʃ(ə)nɪst | -nɪst/ *n.* 公衆衛生専門家 (sanitarian). 〖1888〗
sanitátion·màn /-mæ̀n/ *n.* (*pl.* **-men** /-mèn/) 《米》清掃局作業員《家庭廃棄物回収員》. 〖1939〗
sanitátion wòrker *n.* 《米》=garbage collector.
san·i·tize /sǽnətàɪz | -nɪ-/ *vt.* **1** (好ましくないものを取り除き)より気に入るようにする: ~ a document. **2** (消毒・清掃などによって)衛生的にする, 消毒する. **san·i·ti·za·tion** /sæ̀nətɪzéɪʃən | -nɪtaɪ-, -tɪ-/ *n.* 〖(1836) ← **SANIT(ARY)**+-**IZE**: ⇨ sanity〗
sáni·tìz·er *n.* (食物などの) 消毒剤. 〖1950〗
san·i·to·ri·um /sæ̀nətɔ́ːriəm | -nɪ-/ *n.* 《米》=sanatorium.
san·i·ty /sǽnəti | -nɪti/ *n.* **1** 正気, 気の確かなこと; 健康: lose one's ~ 気が狂う. **2** (思想などの)穏健. 〖(c1400) *sanite* ⊏ L *sānitās* health, sanity ← *sānus* '**SANE**': ⇨ -ity〗
San Ja·cin·to /sæ̀ndʒəsíntoʊ | -təʊ/ *n.* [the ~] サンジャシント(川)《米国 Texas 州南東部の川; この河口付近で Sam Houston 指揮下の Texas 軍が Santa Anna の Mexico 軍を破った (1836)》. 〖⊏ Sp. ~ 'St. Hyacinth (13 世紀のドミニコ会修道士)'〗
Sàn Jacínto Dày *n.* (4 月 21 日の)サンジャシント戦記念日《米国 Texas 州の祝日で, 1836 年対 Mexico 戦勝記念日》.
san·jak /sændʒɑ́ːk/ *n.* (オスマン帝国の)州 (vilayet) の下の行政区画; 県. 〖(1537) ⊏ Turk. *sancàk* (原義) flag, standard〗
San Joa·quin /sæ̀nwɑːkíːn, -wɔː- | *n.* [the ~] サンウォーキーン(川)《米国西部の Sierra Nevada 山脈に発し, Sacramento 川に合流して San Francisco 湾に注ぐ川 (563 km)》. 〖(1958) ⊏ Sp. ~ 'St. Joachim (聖母マリアの父と信じられた人)'〗
Sàn Joaquín Vàlley féver *n.* 〘医学〙=coccidioidomycosis. 〖(1958): California 州南部にあるこの病気の最初の発見地から〗
San Jo·se /sæ̀nəzéɪ, -n(h)oʊ- | -n(h)ə(ʊ)-˝/ *n.* サンノゼ《米国 California 州中西部の都市, 保養地; Silicon Valley の一部を成す》. 〖⊏ Sp. *San José* St. Joseph〗
San Jo·sé /sæ̀n(h)oʊzéɪ, -nə- | -n(h)ə(ʊ)-˝; *Am.Sp.* saŋhosé/ *n.* サンホセ《中米 コスタリカ の首都; 同国中部にあってコーヒー生産の中心地》.
Sán Josè scále *n.* 〘昆虫〙サンホセカイガラムシ, ナシマルカイガラムシ (*Aspidiotus perniciosus*)《米国 California 州の San Jose で発見されたバラ科の果樹(ナシ・リンゴ・モモなど)の害虫; 今は広く世界各地に広がっている》. 〖1887〗
San Juan /sæ̀n(h)wɑ́ːn˝; *Am.Sp.* saŋhwán/ *n.* サンフワン: **1** プエルトリコの北岸にある首都で海港. **2** アルゼンチン西部, Andes 山脈のふもとにある都市. 〖⊏ Sp. ~ 'St. John'〗
Sàn Juán Cap·is·trá·no /-kæ̀pəstrɑ́ːnoʊ | -pɪstrɑ́ːnəʊ/ *n.* サンフワンキャピストラーノ《米国 California 州南西部, Los Angeles の南東にある市; 1776 年にスペインの布教所が建設され, 毎年 3 月 19 日にツバメが帰ってきて 10 月 23 日に飛び去るといわれ有名になった》.
Sán Juàn Híll *n.* サンフワンヒル《キューバ東部, Santiago de Cuba 近くの丘; 米西戦争の戦跡 (1898)》.
Sán Juàn Íslands *n. pl.* [the ~] サンウォン[サンフワン]諸島《米国 Washington 州に属し, その北西部とカナダ Vancouver 島の間にある群島》.
Sán Juàn Móuntains *n. pl.* [the ~] サンウォン[サンフワン]山脈《米国 Colorado 州南西部から New Mexico 州北部にわたる Rocky 山脈中の連山; 最高峰 Uncompahgre Peak (4,363 m)》.
sank /sǽŋk/ *v.* sink の過去形. 〖OE *sonc*〗
San·ka /sǽŋkə/ *n.* 〘商標〙サンカ《米国 General Foods 社製のカフェイン抜きコーヒー》.
San·ka·ra /sɑ́ːŋkərə/ *n.* =Shankara.
San·key /sǽŋki/, **Ira David** *n.* サンキー《1840–1908; 米国のメソジスト教会伝道者・賛美歌作者; D. L. Moody に同行して英米で信仰復興運動を行った》.
San·khya /sɑ́ːŋkjə/ *n.* 〘インド哲学〙サーンキヤ学派, 数論(すろん)派《インド六派哲学の一つ; 精神 (purusha) と物質 (prakriti) の二元性を説く》. 〖(1788) ⊏ Skt *sāṁkhya* (原義) based on calculation ← *saṁkhyā* calculation, number ← *saṁkhyāti* he counts up〗
Sankt-Pe·ter·burg /sæ̀ŋktpíːtəzbə̀ːg | -təzbə̀ːg/ *n.* =St. Petersburg.
Sankt Pöl·ten /sæ̀ŋktpə́ʊltən | -pə́ʊl-; *G.* zaŋktpœ́ltṇ/ *n.* =St. Pölten.
San Le·an·dro /sæ̀nliǽndroʊ | -drəʊ/ *n.* サンリアンドロ《米国 California 州西部 Oakland の郊外の都市》. 〖⊏ Sp. ~ 'St. Leander (Seville の大司教)'〗
San Luis Po·to·sí /sɑ̀ːnluíːspòʊṭəsíː | -pəʊtə(ʊ)-; *Sp.* sanlwíspotosí/ *n.* サンルイスポトシ: **1** メキシコ中部の州; 面積 62,848 km². **2** 同州の州都.
San Mar·co /sænmɑ́əkoʊ | -mɑ́ːkəʊ; *It.* sammárko/ *n.* サンマルコ(島)《Venice の二大島の一つ; 英語名 Saint Mark; cf. Rialto》.
San Ma·ri·no /sæ̀nmərí:noʊ | -nəʊ; *It.* sammaríːno/ *n.* サンマリノ: **1** イタリア半島東部, Rimini の南西にある世界最小の共和国; ヨーロッパ最古の独立国; 面積 62 km²; 公式名 the Republic of San Marino サンマリノ共和国. **2** 同国の首都. **San Ma·ri·nese** /sæ̀nmæ̀rəníːz, -níːs, -mɛ̀r- | -mæ̀rɪníːz˝/ *adj., n.*
San Mar·tín /sæ̀nmɑətíːn, sɑ̀ːn- | -mɑː-; *Am.Sp.* sa(m)martín/, **José de** *n.* サンマルティン《1778–1850; アルゼンチン生まれの軍人で将軍・政治家; チリおよびペルーをスペインから独立させた》.
San Ma·te·o /sæ̀nmətéɪoʊ | -əʊ/ *n.* サンマテオ《米国 California 州西部, San Francisco 郊外の都市》. 〖⊏ Sp. ~ 'St. Matthew'〗
San·mi·che·li /sɑ̀ːnmɪkéɪli; *It.* sammikéːli/, **Michele** /mikéːle/ *n.* サンミケーリ《1484–1559; イタリアのマ

S

ニエリスムの建築家》.

San Mi·guel /sænmɪɡél, sɑ̀:n-, sɑ̀:m-; *Am.Sp.* sa(m)-miɣél/**, the Gulf of** *n.* サンミゲル湾《Panama 湾の入江》.

Sàn Mi·guél de Tu·cu·mán /-dətù:kumá:n; *Am.Sp.* -detukumán/ *n.* サンミゲル デ トゥクマン《アルゼンチン北西部, Andes 山麓の都市; 同国の独立が宣言された地 (1816)》.

sánn hémp /sǽn-, sá:n-/ *n.* =sunn. 〘(1939) ◻ Hindi *san* 'SUNN'〙

san·nie /sǽni/ *n.* 《スコット》 =plimsoll.

san·nup /sǽnʌp, -nəp/ *n.* アメリカインディアンの既婚の男性 (cf. squaw 1). 〘(1628) ◻ N-Am.-Ind. (Algonquian) *senanbe*〙

sann·ya·si /sʌnjá:si/ *n.* (*also* **san·ya·si** /～/, **sann·ya·sin** /sʌnjá:sən, -sn | -sɪn/) 〖ヒンズー教〗 **1** 遊行期《アーシュラマ (ashrama) の第四期; 林住期を終えて各地を遍歴する時期》. **2** 遊行托鉢(たくはつ)僧. 〘(1613) ◻ Hindi *sannyāsī* ← Skt *saṁnyāsin* abandoning〙

San Pá·blo Báy /sænpǽblou-, -pá:b- | -bləu-/ *n.* サンパブロ湾《米国 California 州西部, San Francisco 湾の北部の入江》. 〘← Sp. *San Pablo* St. Paul〙

San Pe·dro Su·la /sænpí:drousú:lə, -pédrou- | -drəu-; *Am.Sp.* sampéðrosúla/ *n.* サンペドロスラ《ホンジュラス北西部の工業都市》.

san·pro /sǽnprou | -prəu/ *n.* 《婉曲》 衛生用品 (sanitary protection). 〘略〙

San Quen·tin /sænkwéntn | -tɪn/ *n.* サンクウェンティン《米国 California 州 San Francisco の北郊外にある刑務所》.

San Re·mo /sɑ:nrí:mou, sænréi- | sænréɪməu, -rí:-; *It.* sanrɛ́:mo/ *n.* サンレモ《イタリア北西部, Riviera 海岸に臨む港市, 保養地》.

sans[1] /英語の語句では sǽnz; フランス語の語句では sɑ̃:(ŋ), sɑ:ŋ; *F.* sɑ̃/ *prep.* 《古·戯言》 …なしに, …がなくて (without). ★ 今は次の句に関連して用いる以外は主にフランス語の成句に用いる: ～ teeth, ～ eyes, ～ taste, ～ everything (老いぼれて)歯なし目なし味もなければ何もなし (Shak., *As Y L* 2. 7. 166) / ⇨ sans cérémonie, sans doute, sans façon, sans souci. 〘(?a1300) *saun(z)*, *sa(u)n* ◻ OF *san(z)*, *sen(s)* (F *sans*) < VL **sene* =L *sine*: OF 形は一部に L *absentiā* ((abl.): ⇨ absence) の影響を受けた〙

sans[2] /sǽnz/ *n.* 〖活字〗 =sans serif.

Sans. 《略》 Sanskrit.

san·sa /sǽnsə/ *n.* =zanza.

San Sal·va·dor /sænsǽlvədɔ̀ə | -dɔ̀:(r, ―⌣―⌣―́/; *Am.Sp.* sansalβaðór/ *n.* サンサルバドル: **1** Bahama 諸島東部の一島; 1492 年 Columbus が最初に上陸した島; 面積 155 km²; 旧名 Watling Island. **2** 中米 エルサルバドルの首都.

sans cé·ré·mo·nie /sɑ̃:(n)sèrəmɔ(:)ní:, sɑ:n-; *F.* sɑ̃seʁemɔni/ *F. adv.* 四角ばらずに, くつろいで, 無礼講で, 略式に, 遠慮なく, ぶしつけに. 〘(1645) ◻ F ～ 'without ceremony': ⇨ sans[1]〙

San·scrit /sǽnskrɪ̀t/ *n.*, *adj.* =Sanskrit.

sans-cu·lotte /sænzkjulá(:)t, -ku- | -kjulɔ́t; *F.* sɑ̃kylɔt/ *n.* (*pl.* **～s** /～(z); *F.* ～/) **1** (フランス革命時代の)サンキュロット《上流階級の使用したキュロット(短いズボン)を排して pantaloons をはいたフランス革命当時のパリの民衆層; その独自の行動により革命を激化させた; もとは貴族が軽蔑して用いた言葉だったが, 革命家が自ら使うようになった; cf. Jacobin 1》. **2** 過激な共和主義者, 急進革命家 (cf. Bolshevik). **3** 教養·上品さを欠いた下層階級の人. 〘(1790) ◻ F *sans-culotte*: ⇨ sans[1], culottes〙

sans-cu·lot·tic /sænzkjulá(:)tɪk, -ku- | -kjulɔ́t-⁻/ *adj.* 革命的な, 過激派の (radical). 〘(1822): ⇨ ↑, -ic[1]〙

sans-cu·lot·tide /sænzkjulá(:)tɪd, -ku- | -kjulɔ́t-; *F.* sɑ̃kylɔtid/ *n.* (*pl.* **～s** /～(z); *F.* ～/) **1** サンキュロットの日《フランス革命暦の 12 月 (Fructidor) につけ加えた 5 日(閏年は 6 日)中の一日; 各日はそれぞれ徳 (Virtues)·天才 (Genius)·勤労 (Labor)·世論 (Opinion)·報償 (Rewards) を象徴した; ⇨ Revolutionary Calendar》. **2** [*pl.*] その期間中に行われる祝祭. 〘(1813): ⇨ -ide〙

sàns·cu·lót·tish /-tɪʃ | -tɪʃ⁻/ *adj.* =sansculottic.

sàns·cu·lót·tism /-tɪzm/ *n.* 過激共和主義; 過激主義, 暴民政治. 〘(1794) ◻ F *sansculottisme*〙

sàns·cu·lót·tist /-tɪ̀st | -tɪst/ *n.* 過激(共和)主義者. 〘1831〙

sans doute /sɑ̃:(n)dú:t, sɑ:n-; *F.* sɑ̃dut/ *F. adv.* 疑いもなく (without doubt); 必ず. 〘(1890) ◻ F ～: ⇨ sans, doubt〙

San Se·bas·tián /sænsɪ̀bǽstʃən | -tiən; *Sp.* sanseβastján/ *n.* サンセバスティアン《スペイン北部 Basque 地方の港市; 保養地》.

San·sei, S- /sɑ́:nsèi, ―⌣―́/ *n.* (*pl.* ～, **～s**) 《米》 三世《米国に移住·帰化した日系移民の孫; cf. Issei》. 〘(1945) ◻ Jpn.〙

san·ser·if /sænsérɪ̀f, sænz-/ *n.* 〖活字〗 =sans serif. 〘(1830) ← SANS[1]+SERIF〙

san·se·vie·ri·a /sænsəvɪ̀ə́riə | -sɪ̀víər-/ *n.* (*also* **san·se·vie·ra** /-víə́rə | -víərə/) 〖植物〗 サンセベーリア《アフリカ原産のユリ科チトセラン属 (*Sansevieria*) の植物の総称; (特に)フクリンチトセラン; 葉は剣状·斑(ふ)入りで美しいので観賞用に栽培される; 強い繊維は弓の弦を作るのに用いるため bowstring hemp ともいう》. 〘(1804) ← NL ～ ← *Raimondo di Sangro, Prince of San Severo* (Italy) (1710–74): ⇨ -ia[1]〙

sans fa·çon /sɑ̃:(ŋ)fɑ:sɔ̃:(ŋ), sɑ̀:ŋfɑ:sɔ́:ŋ; *F.* sɑ̃fasɔ̃/ *F. adv.* 遠慮なく, 腹蔵なく (outspokenly). 〘(1672) ◻ F ～ 'without FASHION, manner, or ceremony': ⇨ sans[1]〙

sans-gêne /sɑ̃:(n)ʒén, sɑ:n-; *F.* sɑ̃ʒɛn/ *F. n.* 窮屈でないこと, くつろぎ, 無遠慮. 〘(1893) ◻ F ～ 'without constraint': ⇨ sans[1]〙

Sansk. 《略》 Sanskrit.

San·skrit /sǽnskrɪ̀t/ *n.* **1** サンスクリット, 梵語(ぼんご)《古代インドの言語で, 印欧語族の最古層の一つ; 最初の記録は紀元前 1200 年頃のリグヴェーダ (Rig-Veda) にさかのぼり, 紀元前 5–4 世紀ごろ Panini によって文法規則が体系化され, 文章語·雅語として定着した; 略 Skt, Skr. (cf. Prakrit)》. **2** (狭義に)古典サンスクリット《ヴェーダ語 (Vedic) や叙事詩の言語などを除く, Panini 文法に従った文章語》. ― *adj.* **1** サンスクリットの, 梵語の, 梵文の. **2** 古代インド文化の[から出た]. 〘(1617) ◻ Skt *saṁskṛta* 《原義》 refined, cultivated ← *sam* together+*karoti* he makes, does ⇨ same, karma: PRAKRIT 「俗語」に対して「雅語」の意〙

San·skrit·ic /sænskrítɪk | -tɪk/ 〖言語〗 *adj.* サンスクリットの, 梵語(ぼんご)の; インド語派の. ― *n.* インド語派 (Indic) 《パーリ語 (Pali), ヒンディー語 (Hindi), パンジャビ語 (Punjabi) など》. 〘(1848): ⇨ ↑, -ic[1]〙

San·skrit·ist /sǽnskrɪtɪ̀st | -tɪst/ *n.* サンスクリット学者, 梵語(ぼんご)学者.

San·som /sǽnsəm/ *n.* サンソム《男性名》. 〘《変形》← SAMSON〙

Sán·son-Flám·steed projéction /sǽnsən-flǽmsti:d-, -sn- | *n.* 〖地図〗 =sinusoidal projection. 〘← *Nicolas Sanson* (1600–1667: フランスの地理学者)+*John* FLAMSTEED〙

San·so·vi·no, Jacopo /sɑ̀:nsəví:nou | -nəu; *It.* sansoví:no/ *n.* サンソビーノ《1486–1570; イタリアの建築家·彫刻家; もとの姓は Tatti; Venice でサンマルコ (St. Mark's) 広場の整備, 公共建築·教会堂などを手掛けた》.

sans pa·reil /sɑ̃:(m)pɑréi, sɑ̀:m-; *F.* sɑ̃paʁɛj/ *F. adj.* 無比の, 無類の (without equal). 〘(1749) ◻ F ～ 'without parallel': ⇨ sans[1]〙

sans peine /sɑ̃:(m)péin, sɑ:m-; *F.* sɑ̃pɛn/ *F. adv.* 容易に, わけなく (without trouble). 〘◻ F ～: ⇨ sans[1], pain〙

sans phrase /sɑ̃:(ŋ)frá:z, sɑ:ŋ-; *F.* sɑ̃fʁɑ:z/ *F. adv.* 率直に (plainly); かれこれ言わずに. 〘(1808) ◻ F ～: ⇨ sans[1], phrase〙

sans ser·if /sæn(z)sérɪ̀f/ 〖活字〗 *n.* (*also* **san·serif** /～/) サンセリフ(体)《セリフ (serifs) のない活字書体; Doric, Gothic, grotesque ともいう; 例: **ABC**》. ― *adj.* サンセリフ(体)の. 〘← SANS[1]+SERIF〙

sans sou·ci /sɑ̃:(n)su:sí:, sɑ:n-; *F.* sɑ̃susi/ *F. n.*, *adj.* 気楽(な), 無頓着(な), のんき(な). 〘(1781) ◻ F ～ 'without care': ⇨ sans[1]〙

Sans Sou·ci /sɑ̃:(n)su:sí:, sɑ̀:n-; *F.* sɑ̃susi/ *n.* サンスーシ宮殿, 無憂宮《プロイセンの Frederick 大王が Potsdom に建てた (1745–47) 宮殿》. 〘↑〙

San Ste·fa·no /sænstéfənòu | -nəu; *It.* sanstɛ́:fano/ *n.* サンステファノ《トルコ西部の Istanbul 近くにある村; ロシアトルコ戦争の講和条約締結地 (1878); トルコ語では Yeşilköy》.

sant /sʌnt/ *n.* 〖ヒンズー教·シク教〗 聖人 (saint). 〘◻ Hindi & Punjabi ～〙

San·ta[1] /sǽntə | -tə/ *n.* 《口語》 =Santa Claus.

San·ta[2] /sǽntə | -tə; *Sp.*, *It.* sánta/ *Sp.*, *It. adj.* [名前に冠して用いて] 聖… (Holy, Saint). 〘◻ Sp. & It. ～ (fem.) ← *santo* < L *sanctum* 'SAINT': ⇨ santo〙

San·ta An·a /sæ̀ntəǽnə | -tə-/ *n.* サンタアナ: **1** 米国 California 州西部の都市. **2** エルサルバドル 北西部の都市. **3** 〖気象〗 米国 California 州南部から Los Angeles にかけて吹く北東または東の乾燥した熱風. 〘(1887) ◻ Sp. ～ 'St. Anne'〙

San·ta An·na /sæ̀ntəǽnə, sɑ̀:ntɑ́:nə | -tə-; *Am.Sp.* sant(a)ána/ (*also* **San·ta Ana** /～/)**, Antonio López** /lópes/ **de** *n.* サンタアナ《1795?–1876; メキシコの将軍·政治家; 大統領 (1833–35, '41–42, '44, '47, '53–55); Alamo のとりでを陥落させた (1836)》.

San·ta Bar·ba·ra /sæ̀ntəbɑ́əbərə, -brə | -tə bɑ́:-/ *n.* サンタバーバラ《米国 California 州南西海岸の都市》.

Sánta Bárbara Íslands *n. pl.* [the ～] サンタバーバラ諸島《California 州南西海岸沖の群島》.

Sánta Cat·a·lí·na /-kæ̀təlí:nə, -tl- | -təl-, -tl-/ *n.* サンタカタリナ《California 州南西海岸沖の Santa Barbara 諸島中の島; 保養地; 面積 181 km²; Catalina Island ともいう》. 〘◻ Sp. ～ 'St. Catharine'〙

San·ta Cat·a·ri·na /sæ̀ntəkæ̀tərí:nə | -təkæ̀tə-; *Braz.* sɔ̃takatarína/ *n.* サンタカタリナ《ブラジル南部の大西洋に面する州; 州都 Florianópolis》.

San·ta Cla·ra /sæ̀ntəklǽrə, -klérə | -tə-; *Am.Sp.* santakláɾa/ *n.* サンタクララ: **1** キューバ中部の都市. **2** 米国 California 州, San Jose 付近の都市. 〘◻ Sp. ～ 'St. Clare (of Assisi)'〙

San·ta Claus /sǽntəklɔ̀:z, -tɪ-, -klɑ̀:z | sæ̀ntəklɔ́:z, ⌣―⌣―́/ *n.* サンタクロース《4 世紀ごろ小アジア Lycia の Myra の bishop であった, 子供の守護聖人 St. Nicholas のオランダ語なまり; 3 人の貧しい娘の家に金の入った財布を投げ入れたという; 祝日は 12 月 6 日だが, クリスマスと結びつき, アメリカからサンタクロース伝説が生まれ, クリスマス前夜の贈答の習慣が生まれた; cf. Father Christmas》. 〘(1773) ◻ Du. 《方言》 *Sante Klaas*=*Sinterklaas* < MDu. *Sinterclaes* 《変形》 ← *Sint Nicolaes* 'St. NICHOLAS'〙

San·ta Cruz[1] /sǽntəkrù:z, ⌣―⌣―́ | sæ̀ntəkrú:z/ ★ 現地のアクセントは /⌣―⌣―́/ が普通. *n.* サンタクルズ: **1** 米国 California 州西部, Monterey 湾岸の都市, 観光地. **2** Santa Barbara Islands 中の島. **3** =St. Croix 1. 〘◻ Sp. ～ 《原義》 holy cross〙

Santa Cruz[2] /sæ̀ntəkrú:z | -tə-; *Am.Sp.* santakrús/ *n.* **1** アルゼンチン最南端の州; 州都 Rio Gallegos. **2** ボリビア東部の同国第 2 の都市.

San·ta Cruz[3] /sæ̀ntəkrú:z | -tə-; *Sp.* santakrúθ/**, Marqués de Ál·va·ro de Ba·zán** /alβáro ðe βaθán/ *n.* サンタクルス《1526–88; スペインの海軍軍人; 本名 Alvaro de Bazán; 無敵艦隊 Armada の結成に尽力》.

Sánta Crúz de Ten·e·ríe /-dətènərí:f, -ríf | -rí:f; *Sp.* santakrúθðeteneɾífe/ *n.* サンタクルスデテネリフェ《スペイン領 Canary 諸島中の Tenerife 島北東部の港市》.

Sánta Crúz wáter lily *n.* 〖植物〗 パラグアイオニバス (*Victoria cruziana*) 《アルゼンチンまたはパラグアイ原産のスイレン科の植物; 巨大な葉を水面に浮かべる; water platter ともいう》.

San·ta Fe /sǽntəfèi, ⌣―⌣―́ | sæ̀ntəféi, ⌣―⌣―́/ *n.* **1** サンタフェ《米国 New Mexico 州北部の都市, 州都; 1605 年スペイン人が建設した》. **2** 〖商標〗 サンタフェ《米国 Universal Cigar 社製の葉巻》. 〘◻ Sp. ～ 《原義》 holy faith〙

San·ta Fé /sæ̀ntəféi | -tə-; *Am.Sp.* santafé/ *n.* サンタフェ《アルゼンチン東部の都市》.

Sánta Fè Tráil *n.* [the ～] サンタフェ街道《米国 Missouri 州の Independence と New Mexico 州の Santa Fe とを結ぶ 1821–80 年ごろの重要な交易路》.

San·ta Ger·tru·dis /sæ̀ntəɡə(:)trú:dɪ̀s | -təɡə(:)-trú:dɪs/ *n.* サンタガートルーディス《米国でショートホーン種にインド牛を交配して作られた熱帯地方に適する肉用品種の牛》. 〘(c1946): 米国 Texas 州の King 牧場の一区画の名称から〙

Sànta Isabél /*Sp.* santaisaβél/ *n.* サンタイサベル《Malabo の 1973 年までの名称》.

San·ta Klaus /sǽntəklɔ̀:z, -tɪ-, -klɑ̀:z | sæ̀ntəklɔ́:z, ⌣―⌣―́/ *n.* =Santa Claus.

san·tal /sǽntḷ | -tḷ/ *n.* 〖化学〗 紫檀(したん), サンタル ($C_{16}H_{12}O_6$) 《シタン (red sandalwood) やアフリカビャクダン (camwood) の心材から採れる生薬; 練り歯磨きやチンキ類の着色用に供する》. 〘(1727–41) ◻ F ～ ◻ ML *santalum*: ⇨ sandal[2]〙

San·ta·la·ce·ae /sæ̀ntəléɪsiì: | -tə-/ *n. pl.* 〖植物〗 (双子葉植物)ビャクダン科. **sàn·ta·lá·ceous** /-ʃəs⁻/ 〘(1845) *adj.* 〘← NL ～ ← *Santalum* (属名: ↑)+-ACEAE〙

San·ta·li /sæntá:li/ *n.* サンタール語《インド東北部に分布する Munda 諸語の一つ》. 〘(1873) ◻ *Santal* (インド北東部などに住む Munda 族)+-*i* (adj. sub.)〙

san·tal·ic /sæntǽlɪk/ *adj.* 〖化学〗 紫檀(したん)の: ～ acid サンタル酸 ($C_{15}H_{22}O_2$) 《α, β, γ の 3 種の異性体があり, β 体, γ 体はビャクダン油中に含まれる》. 〘(1849) ← SANTAL+-IC[1]〙

san·ta·lin /sǽntəlɪ̀n, -tl- | -təlɪn, -tl-/ *n.* 〖化学〗 サンタリン ($C_{30}H_{24}O_9$) 《シタン (red sandalwood) などに含まれる》. 〘(1833): ⇨ santal, -in[2]〙

Sàn·ta Lu·cí·a fír /sæ̀ntəlu:sí:ə- | -tə-/ *n.* 〖植物〗 サンタルシアモミ (*Abies venusta*) 《米国 California 州, Santa Lucia 山脈特産のモミの一種; bristlecone fir ともいう》. 〘(1905) ← *Santa Lucia* (California 南西部の山脈)〙

San·ta Ma·ri·a[1] /sæ̀ntəmərí:ə | -tə-; *Sp.* santamaría/ *n.* [the ～] サンタマリア号《Columbus がアメリカ到達 (1492) の航海に用いた 3 隻の帆船の旗艦 (⇨ caravel 挿絵); 他の 2 隻は Niña と Pinta》.

San·ta Ma·ria[2] /sæ̀ntəmərí:ə | -tə-; *Am.Sp.* santamaría/ *n.* **1** サンタマリア《ブラジル南部の都市》. **2** サンタマリア(山)《グアテマラ南西部の活火山 (3,768 m)》. 〘◻ Sp. ～ 'St. Mary'〙

Sànta María trèe *n.* 〖植物〗 =calaba tree.

San·ta Mar·ta /sæ̀təmáətə | -má:tə; *Am.Sp.* santamárta/ *n.* サンタマルタ《コロンビア北西部, カリブ海に面する港市》. 〘◻ Sp. ～ 'St. Martha'〙

San·ta Mon·i·ca /sæ̀ntəmá(:)nɪ̀kə | -təmɔ́nɪ-/ *n.* サンタモニカ《米国 California 州, Los Angeles 近郊の都市; Santa Monica Bay に臨む観光地》. 〘◻ Sp. ～ 'St. Monica (Numidia の St. Augustine の母)'〙

San·tan·der /sɑ̀:ntɑ:ndéə, sæntæn- | sæ̀ntændéə(r, -tæn-; *Sp.* santandér/ *n.* サンタンデル《スペイン北部の港市; ⇨ Altamira》.

San·ta·rém /sæ̀ntərém | -tə-; *Braz.* sɐ̃tarẽ́ĩ/ *n.* サンタレン《ブラジル北部の Pará 州西部, Tapajos 川と Amazon 川の合流点にある河港都市》. 〘◻ Port. ～ 《古形》 *Sanctaren* ← LL *Sancta Irena* St. Irene〙

San·ta Ro·sa[1] /sæ̀ntəróuzə | -tərəu-/ *n.* サンタローザ《米国 California 州西部, San Francisco の北西にある都市》.

San·ta Ro·sa[2] /sæ̀ntəróuzə | -tərə́u-; *Am.Sp.* santarósa/ *n.* サンタローサ《アルゼンチン中南部の都市》.

Sànta Rósa de Co·pán /-dəkoupá:n | -dəkəu-; *Am.Sp.* -ðekopán/ *n.* サンタロサデコパン《中米 ホンジュラス北西部の町; Maya 文明の遺跡 Copán がある》.

Sànta Sophía *n.* =St. Sophia.

San·ta·ya·na /sæ̀ntiǽnə, -á:nə | -tɪjá:-, -taɪá:-; *Sp.* santajána/**, George** *n.* サンタヤナ《1863–1952; スペイン生まれの米国の詩人·評論家·哲学者; *The Life of Reason* (1905–06), *The Last Puritan* (小説) (1936)》.

San·tee /sæntí:, ―⌣―́/ *n.* **1** [the ～] サンティー(川)《米国 South Carolina 州の中部から南部に流れて大西洋に注ぐ川 (230 km)》. **2** サンティー《米国 California 州 南西部の都市》.

San·te·ri·a /sæ̀ntərí:ə, sɑ̀:n- | -tə-; *Am.Sp.* santeɾía/ *n.* サンテリア《キューバから周辺の合衆国領の島々に広まったアフリカ起源の宗教; ヨルバ族の宗教とカトリックの要素を含む》. 〖《1950》□(Am.-)Sp. *santería*《原義》holiness ← Sp. *santo* saint: ⇨ santo〗

San·te·ro /sæntɛ́ᵊrou | -tɛ́ərəu; *Am.Sp.* santéɾo/ *n.* (*pl.* **~s**) **1** (メキシコ, 合衆国南西部のスペイン語使用地域で)聖像職人. **2** サンテリア僧. 〖《1931》: ⇨ ↑〗

San·ti·a·go /sæ̀nṭiáːgou, sàːn- | sæ̀ntiáːgəu; *Am.Sp.* santjáɣo/ *n.* サンティアゴ: **1** チリの首都; 公式名 Santiago de Chile. **2** ドミニカ共和国北部の都市; 公式名 Santiago de los Caballeros.

Santiágo de Com·pos·té·la /-ḍəkɑ̀(ː)mpəstɛ́lə | -dəkɔ̀m-; *Sp.* -ðekompostéla/ *n.* サンティアゴデコンポステラ《スペイン北西部の都市; St. James the Greater の埋葬地の跡に建てられたという有名な大聖堂があり, 巡礼地》.

Santiágo de Cú·ba /-ḍəkjúːbə | -də-; *Am.Sp.* -ðekúβa/ *n.* サンティアゴデクーバ《Cuba 南東部の港市》.

Santiágo del Es·té·ro /-dɛləstɛ́rou | -rəu; *Am.-Sp.* -ðelestéɾo/ *n.* サンティアゴデルエステロ《アルゼンチン北部の都市》.

san·tim /sǽntiːm/ *n.* サンティム《ラトビアの通貨単位; =1/100 lat》. 〖□ Latvian ~ □ F *centime* 'CENTIME'〗

san·tir /sæntíə | -tíə(r/ *n.* サンティール《2本の曲がった撥(ばち)で奏するペルシャのチター属の撥弦(はつげん)楽器》. 〖《1853》□ Arab. *sanṭīr, sinṭīr, sanṭūr* dulcimer, psaltery ← Gk *psaltḗrion* stringed instrument: ⇨ psalter〗

san·to /sáːnṭou | -təu; *Sp.* sánto/ *n.* (*pl.* **~s**) **1** 聖人, 聖者 (saint). **2** 聖人の肖像. 〖《1638》□ Sp. ~ < LL *sanctum* 'SAINT'〗

San·to An·dré /sàːnṭuændréɪ | -tu-; *Braz.* sə̃tuə̃dɾɛ́/ *n.* サントアンドレ《ブラジル東部 São Paulo の近くの都市》.

San·to Do·min·go /sæ̀nṭədəmíŋgou | -təudə(u)-míŋgəu, -dɔ-; *Sp.* santoðomíŋgo/ *n.* サントドミンゴ: **1** ドミニカ共和国 (Dominican Republic) 南部の海港で, 同国の首都; ヨーロッパ人が初めてアメリカに植民した (1496) 地で, 1936–61 年には Ciudad Trujillo といった. **2** Dominican Republic の旧名. **3** (植民地時代の) Hispaniola の旧名. **Sàn·to Do·mín·gan** /-gən←/ *adj.*, *n.*

san·to·li·na /sæ̀nṭəlíːnə, -tḷ- | -təl-, -tḷ-/ *n.* 〘植物〙ワタスギギク《地中海沿岸原産キク科ワタスギギク属 (*Santolina*) の低木の総称; ワタスギギク (*S. chamaecyparissus*) など》. 〖《1578》← NL ~ ← L *santonica*: ⇨ santonica〗

san·ton /sǽntṇ, -ṭən | -tṇ, -tən/ *n.* **1** イスラム教の聖者, 聖者と尊敬されるイスラム修道僧. **2** 隠者 (hermit), 苦業者. 〖《1599》□ F ~ □ Sp. *santón* (aug.) ← *santo*: ⇨ santo〗

san·ton·i·ca /sæntɑ́(ː)nɪ̈kə | -tɔ́nɪ-/ *n.* 〘植物〙 **1** シナヨモギ (Levant wormseed). **2** シナヨモギの乾燥した頭花(とうか). 〖《1658》← NL ~ ← L (*herba*) *santonica*? wormwood (fem.) ← *santonicus* 'of the *Santoni* (古代 Gaul の部族名)'〗

san·to·nin /sǽnṭənɪ̈n | -tənɪn/ *n.* 〘化学〙サントニン ($C_{15}H_{18}O_3$)《santonica の主成分で駆虫剤》. 〖《1838》: ⇨ ↑, -in[2]〗

San·to·rin /sæ̀nṭəríːn, -rín/ *n.* サントリン《Thera 島の別名》.

San·to·ri·ni /sæ̀nṭəríːni | -tə-/ *n.* サントリーニ《Thera 島の現代ギリシャ語名》.

San·tos /sǽnṭəs | -tɔs; *Braz.* sə̃́tus/ *n.* サントス《ブラジル南部の港市; 世界最大のコーヒー輸出港の一つ》.

San·tos-Du·mont /sǽnṭəsduːmɑ́(ː)nt, -djuː- | -təsdjuːmɔ́nt; *Braz.* sə̃́tuzdumṍ/, **Alberto** *n.* サントスデュモン《1873–1932; フランスに在住したブラジル人飛行家・航空機発明家》.

san·tour /sæntúə | -túə(r/ *n.* =santir.

san·tur /sæntúə | -túə(r/ *n.* =santir.

Sa·nu·si /sənúːsi/ *n.* (*pl.* ~, **~s**) 〘イスラム教〙サヌーシー教徒, セヌッシー教団員《1837 年に創設され, リビアを中心に北アフリカで影響力をもったイスラム神秘主義教団の信徒》. 〖← *Muhammad ibn Ali as Sanūsī* (1787?–1859: この一派を始めたアルジェリアのイスラム教徒)〗

san·ya·si /sʌnjáːsi/ *n.* 〘ヒンズー教〙=sannyasi.

São Fran·cis·co /sâu(m)frənsískou, sàum- | -kəu; *Braz.* sə̃ũfrə̃sísku/ *n.* [the ~] サンフランシスコ(川)《ブラジルの東部を流れて大西洋に注ぐ川 (3,200 km)》.

São Luís do Ma·ra·nhão /sâu(n)luːíːsdou-mæ̀rənjə̃ú(ŋ), sàunluːíːsdoumæ̀rənjáuŋ | -dəu-; *Braz.* sə̃ũluízdumàɾəɲə̃ú/ *n.* サンルイス(ドマラニャン)《ブラジル北東海岸の島にある港市; Maranhão 州の州都; São Luís, São Luíz ともいう》.

São Mi·guel /sâu(m)miːgɛ́ɫ, sàum-; *Port.* sə̃ũmiɣɛ́l/ *n.* サンミゲル(島)《大西洋北部, アフリカの北西にある Azores 諸島最大の島; 面積 746 km^2》.

Saône /sóun | sə́un; *F.* soːn/ *n.* [the ~] ソーヌ(川)《フランス北東部から南流して Lyons で Rhône 川に合流する川 (480 km)》.

Saône-et-Loire /sóuneɪlwɑ́ə | sə́uneɪlwɑ́ː(r; *F.* soːnelwaːʁ/ *n.* ソーヌエロワール(県)《フランス東部の県; 面積 8,614 km^2, 県都 Mâcon /mɑkɔ̃/》.

São Pau·lo /sãu(m)páuluː, sàu(m)-, -lou | sàu(m)-páuləu; *Braz.* sə̃ũpáulu/ *n.* **1** サンパウロ《ブラジル南東部の都市; São Paulo 州の州都》. **2** サンパウロ(州)《ブラジル南東部の州; 面積 247,898 km^2》.

São Paulo de Lo·an·da /*Port.* -ðɯluə̃́də/ *n.* サンパウロデルアンダ《Luanda の旧名》.

Saor·stát Éir·eann /sɛ́əstaːtɛ́ᵊrən | sɛ́əstaːtɛ́ər-; *Gael.* séːrstaːtéːrʲən/ *n.* アイルランド自由国 (Irish Free State) のゲール語名. 〖□ Ir.-Gael. ~〗

São Sal·va·dor /sãu(n)sǽɫvədɔ̀ə, saun- | -dɔ̀ː(r; *Braz.* sə̃ũsalvadóɾ/ *n.* サンサルバドル《Salvador[1] の旧名》.

São To·mé /sâu(n)ṭəméɪ, sàun- | -tə-; *Braz.* sə̃ũtomɛ́/ *n.* (*also* **São Tho·mé** /~/) **1** サントメ(島) (⇨ São Tomé and Principe). **2** サントメ《São Tomé and Principe の首都》. **São To·mé·an** /⌐— méɪən←/ *n.*, *adj.*

São Tomé and Principe /⌐—⌐—⌐—⌐/ *n.* サントメプリンシペ《アフリカ西海岸, Guinea 湾内の 2 つの島 São Tomé 島 (面積 140 km^2) と Principe 島 (面積 824 km^2) とから成る共和国, 両島とももとポルトガル領で, 1975 年独立; 首都 São Tomé; 公式名 the Democratic Republic of São Tomé and Principe サントメプリンシペ民主共和国》.

São Vin·cen·te /sâu(m)vɪnsɛ́nt; *Port.* sə̃ũvĩsẽtɯ/, **Ca·bo de** /káβuðɯ/ *n.* St. Vincent 岬のポルトガル語名.

sap[1] /sǽp/ *v.* (**sapped; sap·ping**) — *vt.* **1** 〈勢力・決意・信念などを〉徐々に破壊する; 〈人〉の気力を奪う, 衰えさせる, 弱らせる (⇨ weaken **SYN**): ~ one's energy, self-confidence, etc. / He had been ~*ped* by his son's death. 息子が死んで気抜けしてしまっていた / Modern science has ~*ped* much of old superstition. 近代科学は古い迷信をかなり打破した. **2** 〘軍事〙〈地面〉に対壕(たいごう)を掘る; 対壕によって〈敵陣など〉に迫る. **3** …の下を掘ってこわす[転覆させる]: ~ a wall. — *vi.* 〘軍事〙対壕を掘る[掘って進む]. — *n.* **1** 〘軍事〙対壕《敵の陣地に迫るために掘るジグザグ形の塹壕(ざんごう)》. **2** ひそかに破壊するもの, 徐々に食い入るもの. 〖《1591》□ F *sape* (n.), *saper* (v.) // It. *zappa* (n.), *zappare* □ LL *sappa* spade ← ?〗

sap[2] /sǽp/ *n.* **1** (植物の)液汁, 樹液. **2** 《口語》間抜け, ばか (fool). (← SAPHEAD[1]) **3 a** (生命・健康に必須な)体液《血液・リンパ液など》. **b** 活力, 元気, 生気: the ~ of life 活力, 元気, 精力 / the ~ of youth 血気 / feel the ~ rising《戯言》(特に性的な意味で)精力がみなぎってくる. **4 a** 辺材 (sapwood). **b** [*pl.*] 辺材を多く含んだ材木. **5** 〘冶金〙軟らかい中心部《滲炭鋼で滲炭されない軟らかい中心部》. — *vt.* (**sapped; sap·ping**) 〈木〉の樹液を搾り取る; 〈樹の辺材を〉除く. 〖OE *sæp* < Gmc **sap-(p)am* (Du. *sap* / G *Saft*) ← IE **sap-* juice, fluid (L *sapa* new wine boiled thick)〗

sap[3] /sǽp/ 《英学生俗》*vi.* (**sapped; sap·ping**) がり勉する, 精を出す: ~ at one's lessons 勉強に精を出す. — *n.* **1** がり勉学生 (bookworm). **2** 苦しい[面倒な]仕事, 退屈な勉強: It is such a ~. 実に骨が折れる仕事だ. 〖《1798》□ ? F *saper* // It. *zappare* (⇨ sap[1]): または SAP[1] の転用?〗

sap[4] /sǽp/ 《米俗》*n.* 短い棍棒, 警棒 (blackjack). — *vt.* (**sapped; sap·ping**) 棍棒[警棒]で〈人〉の頭をなぐる, なぐり倒す. 〖《1899》《略》← SAPLING〗

s. ap. 《略》〘薬学〙(apothecaries') scruple.

sap·a·jou /sǽpədʒùː, sæ̀pəʒúː; *F.* sapaʒu/ *n.* 〘動物〙 **1** =capuchin 3. **2** =spider monkey. 〖《1698》□ F ~ ← S-Am.-Ind. (Tupi)〗

sap·an·wood /səpǽnwùd | sǽpæn-/ *n.* 〘植物〙=sappanwood.

sa·pe·le /səpíːli | sæpíli, sə-, -píː-/ *n.* 〘植物〙=sapele mahogany. 〖《1904》↓〗

sapéle mahógany *n.* **1** 〘植物〙サペリ《マホガニーに似たアフリカ産センダン科 *Entandrophragma* 属の樹木; 特に *E. candollei*》. **2** サペリ材《家具材》. 〖《1928》← WAfr. 《現地語》*sapele*〗

sap·ful /sǽpfəɫ, -fḷ/ *adj.* 液汁[樹液]の多い (sappy). 〖1674〗

sáp-gréen *adj.* 暗緑色の. 〖1658〗

sáp gréen *n.* **1** 緑色顔料《クロウメモドキ (rhamnus) の実から採る暗緑色絵の具》. **2** 暗緑色. 〖1578〗

Sa·phar /səfɑ́ə | -fɑ́ː(r/ *n.* =Safar.

sáp·hèad[1] *n.* 《俗》のろま, ばか (simpleton). 〖《1798》← SAP[2]〗

sáp·hèad[2] *n.* 〘軍事〙対壕(たいごう)頭《掘り進む対壕の前端》. 〖《1665》← SAP[1] (n.) 1〗

sáp·hèad·ed /-dɪ̈d | -dɪ̈d/ *adj.* 《俗》のろまの, ばかな (silly).

sa·phe·na /səfíːnə/ *n.* (*pl.* **-nae** /-niː/) 〘解剖〙=saphenous vein. 〖《*a*1398》□ ML ~ □ Arab. *ṣāfin*〗

sa·phe·nous /səfíːnəs/ *adj.* 〘解剖〙(下肢の)伏在(静脈)の[に関する]. 〖《1840》: ⇨ ↑, -ous〗

saphénous véin *n.* 〘解剖〙伏在静脈. 〖1840〗

sáp hòuse *n.* (かえで糖 (maple sugar) の)精糖所. 〖1917〗

sap·id /sǽpɪ̈d | -pɪd/ *adj.* **1** 風味のある, 味のよい, 風味のよい, うまい. **2** 〈談話・文体など〉味のある, 面白い, 楽しめる. **~·ness** *n.* **sa·pid·i·ty** /sæpídəṭi | -dɪ̈ti/ *n.* 〖《1634》□ L *sapidus* tasty, savory ← *sapere* to taste: ⇨ -id[4]〗

sa·pi·ence /séɪpiəns | séɪp-, sǽp-/ *n.* **1** 知恵 (wisdom). **2** 《文語》[軽蔑的に] 知ったかぶり, 物知り顔をすること. 〖《*c*1378》□ OF ~ □ L *sapientia* ← *sapientem*: ⇨ sapient, -ence〗

sá·pi·en·cy /-piənsi/ *n.* =sapience.

sa·pi·ens /sǽpiənz, séɪp-, -piɛ̀nz | sǽp-, séɪp-/ *adj.* 〘人類学〙(化石人と区別して)ホモサピエンスの[に関する]. 〖《1939》← NL *sapiēns*《原義》knowing (pres.p.) ← *sapere* (↓)〗

sa·pi·ent /séɪpiənt | séɪp-, sǽp-/ *adj.* **1** 《詩》賢い, 知恵のある. **2** 《文語》[軽蔑的に] 物知りぶる, 知ったかぶりの, 分別顔の. **3** ホモサピエンスの. — *n.* 〘人類学〙ホモサピエンスの時代に属する人. **~·ly** *adv.* 〖《1471》□ OF ~ // L *sapientem* (pres.p.) ← *sapere* to have sense, be wise ← IE **sap-* to taste: cf. sage[1]〗

sa·pi·en·tial /sèɪpiɛ́nʃəɫ | sèɪp-, sæ̀p-←/ *adj.* 知恵の, 知恵を教える[説く]. **~·ly** *adv.* 〖《*c*1485》□ LL *sapientiālis* ← L *sapientia*: ⇨ sapience, -ial〗

sápiential bóoks *n. pl.* [the ~] 〘聖書〙知恵の書《旧約聖書の Proverbs, Ecclesiastes, Song of Solomon および外典の Wisdom of Solomon, Ecclesiasticus の五書; cf. wisdom literature 2》. 〖1673〗

Sap·in·da·ce·ae /sæ̀pɪ̈ndéɪsiìː | -pɪn-/ *n. pl.* 〘植物〙(双子葉植物ムクロジ目)ムクロジ科. **sàp·in·dá·ceous** /-ʃəs←/ *adj.* 〖← NL ~ ← *Sapindus* (属名: ← L *sāpō* soap + *Indus* 'INDIA' + -ACEAE〗

Sa·pir /səpíə | səpíə(r, séɪpɪə(r/, **Edward** *n.* サピア《1884–1939; 米国の人類学者・言語学者; *Language* (1921)》.

Sapír-Whórf hypòthesis *n.* [the ~] 〘言語〙サピアウォーフの仮説《言語構造により使用する人の宇宙観・経験様式が規制[決定]されるという仮説》. 〖《1954》← *Edward Sapir & B. L. Whorf*〗

sáp·less *adj.* **1** 樹液のない; しなびた (withered). **2** 活気[生気]のない, 衰えた (feeble). **3** 味のない, 面白くない, 気の抜けた (insipid): a ~ story. **~·ness** *n.* 〖1589–90〗

sap·ling /sǽplɪŋ/ *n.* **1** 若木, 大苗. **2** 若者, 青二才: a young foolish ~ ばかな青二才 (cf. Shak., *Pericles* 4. 2. 93). **3** グレーハウンド (greyhound) の 10–18 か月の幼犬: ~ stakes グレーハウンド幼犬の賭(かけ)競走. 〖《1415》: ⇨ sap[1], -ling[1]〗

sap·o·dil·la /sæ̀pədílə/ *n.* **1** 〘植物〙サポジラ, チューインガムノキ (*Achras zapota*)《熱帯アメリカ産のアカテツ科の常緑樹; 樹液からチューインガムの原料である chicle を採る; naseberry, sapota ともいう》. **2** サポジラの実《sapodilla plum ともいう》. 〖《1697》□ Sp. *zapotillo* (dim.) ← *zapote* 'SAPOTA'〗

sa·po·ge·nin /sæ̀pədʒɛ́nɪ̈n | -nɪn/ *n.* 〘生化学〙サポゲニン《サポニンのアグリコン; トリテルペン系とステロイド系とがあるが大部分は前者》. 〖《1862》← SAPO(NIN) + -GENIN〗

sap·o·na·ceous /sæ̀pənéɪʃəs | -pə(u)-←/ *adj.* **1** 石鹸質の, 石鹸性の (soapy). **2** 《戯言》お世辞のうまい, 口上手の. **~·ness** *n.* 〖《1710》← NL *sāpōnāceus* ← *sāpō(n-)* 'SOAP': ⇨ -aceous〗

sap·o·na·ri·a /sæ̀pənɛ́ᵊriə | -pə(u)nɛ́ər-/ *n.* 〘植物〙シャボンソウ (⇨ bouncing bet). 〖← NL ~ (属名): ⇨ ↑, -aria[2]〗

sa·pon·i·fi·a·ble /səpɑ́(ː)nəfàɪəbḷ | -pɔ́nɪ̈-, sæ-/ *adj.* 〘化学〙鹸化(けんか)できる.

sa·pon·i·fi·ca·tion /səpɑ̀(ː)nəfɪ̈kéɪʃən | -pɔ̀nɪ̈fɪ-/ *n.* 〘化学〙 **1** 鹸化(けんか)《エステル (ester) をアルコールと酸またはその塩とに加水分解すること》. **2** 加水分解 (hydrolysis). 〖《1821》□ F ~ ← *saponifier* 'SAPONIFY': ⇨ -fication〗

saponificátion vàlue [nùmber] *n.* 〘化学〙鹸化(けんか)価. 〖1895〗

sa·pón·i·fì·er *n.* 〘化学〙 **1** 鹸化(けんか)剤. **2** 鹸化装置. 〖1872〗

sa·pon·i·fy /səpɑ́(ː)nəfàɪ | -pɔ́nɪ̈-/ 〘化学〙*vt.* 〈脂肪・脂肪酸を〉鹸化(けんか)する. — *vi.* 鹸化する, 石鹸になる. 〖《1821》□ F *saponifier* ← L *sapō(n-)*: ⇨ saponaceous, -ify〗

sap·o·nin /sǽpənɪ̈n | -nɪn/ *n.* 〘化学〙サポニン《chinaberry など種々の植物から得られる配糖体; 石鹸のように泡立つので洗濯用剤などにされる》. 〖《1831》□ F *saponine* ← L *sāpō(n-)*: saponaceous, -in[2]〗

sap·o·nite /sǽpənàɪt/ *n.* 〘鉱物〙サポーナイト, 石鹸石: **a** アルミニウムとマグネシウムの含水ケイ酸塩鉱物. **b** モンモリロナイト (montmorillonite) の一種. 〖《1849》□ Swed. *saponit* ← L *sāpō(n-)*: ⇨ saponaceous, -ite[1]〗

sa·por /séɪpə, -pɔə | -pɔː(r, -pə(r/ *n.* (主に科学用語として, 甘味・苦味・辛味などの)味. 〖《*c*1477》□ L ~ ← *sapere* to taste: SAVOR と二重語〗

sap·o·rif·ic /sæ̀pərífɪk←/ *adj.* 味をだす[与える]. 〖《1704》← NL *sapōrificus*: ⇨ ↑, -fic〗

sap·o·rous /sǽpərəs/ *adj.* 味[風味]のある; (特に)味のよい. 〖《*a*1670》□ LL *sapōrōsus*: ⇨ sapor, -ous〗

sa·po·ta /səpóuṭə | -pə́utə/ *n.* 〘植物〙=sapodilla. 〖《?*c*1560》□ Sp. *zapote* ← Nahuatl *tzapotl*〗

Sap·o·ta·ce·ae /sæ̀pətéɪsiìː/ *n. pl.* 〘植物〙(双子葉植物カキノキ目)アカテツ科. **sàp·o·tá·ceous** /-ʃəs←/ *adj.* 〖← NL ~: ⇨ ↑, -aceae〗

sa·po·te /səpóuṭi | -pə́uti/ *n.* 〘植物〙 **1** =marmalade tree; その実. **2** =sapodilla. 〖《?*c*1560》□ Sp. *zapote*: ⇨ sapota〗

sap·pan·wood /səpǽnwùd | sǽpæn-/ *n.* **1** 〘植物〙スオウ (*Caesalpinia sappan*)《ジャケツイバラに似たインド原産マメ科の小低木》. **2** スオウ木[材]《タンニンを含み黒色染料に使用》. 〖← Malay *sapang*〗

sap·per /sǽpə | -pə(r/ *n.* 〘軍事〙 **1** (対壕(たいごう)・坑道・築城の工事に従事する)工兵, 土木工兵 (cf. miner 2). **2** 《英》(英国陸軍工兵隊 (the Royal Engineers) の)工兵隊員. 〖《1626》← SAP[1] + -ER[1]〗

Sap·per /sǽpə | -pə(r/ *n.* サッパー《1888–1937; 英国の大衆小説家; 本名 Herman Cyril McNeile》.

Sap·phic /sǽfɪk/ *adj.* **1** サッポー[サッフォー] (Sappho) の. **2** 〘詩学〙サッフォー風[詩体]の: a ~ stanza サッフォー連 / the ~ verse [meter] サッフォー詩体《Sappho が愛用した 5 脚の 4 行詩》. **3** [s-] 〈女性同士が〉性的遊戯にふける, 同性愛の, レズの (lesbian). — *n.* 〘詩学〙 **1** サッフォー詩体 (Sapphic verse). **2** [*pl.*] サッフォー詩体で書かれた詩. 〖《1501》□ F *saphique* □ L *sapphicus* □ Gk *sapphikós* ← *Sapphṓ* Sappho: ⇨ -ic[1]〗

S

Sápphic óde *n.* =Horatian ode.

Sap·phi·ra /səfáırə, sæ- | -fáı(ə)rə/ *n.* **1** サファイラ《女性名》. **2**〘聖書〙サッピラ《Ananias の妻; 夫とともにうそを言った罰を受けて死んだ; cf. *Acts* 5:1–11》. 〖⇨ sapphire〗

sap·phire /sǽfaıə | -faıə^r/ *n.* **1**〘鉱物〙サファイア, 青玉《宝石として用いる; ⇨ birthstone》. **2** サファイア色, るり色, 青空色: the ~ of the skies, of eyes, etc. **—** *adj.* サファイアの(ような); サファイア色の, るり色の. 〖《*a*1272》*saphir, safir(e)* ◻ OF *safir* (F *saphir*) ◻ L *sapphīrus* ◻ Gk *sáppheiros* ◻ Heb. *sappīr* ◻ ? Skt *śanipriya*《原義》dear to the planet Saturn ← *Śani* (the planet) Saturn＋*priya* dear (cf. free)〗

sápphire wédding *n.* サファイア婚式《結婚 45 周年の記念式[日]; ⇨ wedding 4》.

sap·phi·rine /sǽfərìn, -rìːn, -ràın/ *adj.* **1** サファイア[青玉]製の. **2** サファイア色の, 青玉色の. **—** *n.*〘鉱物〙サファーリン《淡青または淡緑色の一種のケイ酸塩鉱物; 淡青色の水晶や尖晶(せんしょう)石 (spinel) の俗称に用いることもある》. 〖adj:《1413》◻ L *sapphīrinus* ◻ Gk *sappheírinos*: ⇨ sapphire, -ine¹. — n.: ◻ G *Saphirin* ← *Saphir* sapphire: ⇨ -ine³〗

sap·phism /sǽfızm/ *n.* 女子同性愛, サッフィズム (lesbianism). 〖《1890》: ⇨ Sappho, -ism〗

sáp·phist /-fıst | -fıst/ *n.* 同性愛[レズ]の女性 (lesbian). 〖《1923》: ⇨ ↓, -ist〗

Sap·pho /sǽfou | -fəu/ *n.* **1** サッフォー《女性名》. **2** サッポー, サッフォー《紀元前 600 年ごろ Lesbos 島に生まれたギリシャの女流詩人; 失恋のため岩頭からイオニア海 (Ionian Sea) に身投げをしたという伝説がある》. 〖《1843》◻ L *Sapphō* ◻ Gk *Sapphṓ*〗

sap·py /sǽpi/ *adj.* (**sap·pi·er**; **-pi·est**) **1**〈木が〉樹液の多い (sapful). **2** (若くて)活気に富む, 威勢のいい. **3**《口語》ばかな, のろまな (silly). **4**《口語》めそめそした, 感傷的な (mawkish). **5** 辺材 (sapwood) 状の; 辺材を多く含んだ. **sáp·pi·ness** *n.* 〖OE *sæpiġ*: ⇨ sap¹, -y¹〗

sapr- /sæpr/ (母音の前にくるときの) sapro- の異形.

sa·pre·mi·a /səpríːmiə/ *n.* (*also* **sa·prae·mi·a** /~/)〘病理〙腐敗血症. **sa·pre·mic** /səpríːmık/ *adj.* 〖《1886》← NL ~: ⇨ ↓, -emia〗

sap·ro- /sǽprou | -rəu/ 次の意味を表す連結形: **1**「腐敗した (rotten)」: *saprogenic*. **2**「死体, 腐敗物」: *saprophyte*. **3**「死物寄生植物の (saprophytic)」. **4**「腐泥 (sapropel)」. ★ 母音の前では通例 sapr- になる. 〖◻ Gk ~ ← *saprós* putrid〗

sap·robe /sǽproub | -rəub/ *n.*〘生物〙腐生生物, 腐生者, 腐生菌. **sa·pro·bic** /səpróubık, -prá(ː)b- | -práub-, -prób-/ *adj.* **sa·pró·bi·cal·ly** *adv.* 〖《1932》← SAPRO-＋Gk *bíos* life: ⇨ bio-〗

sap·ro·gen·ic /sæ̀prədʒénık | -prə(ʊ)-ˊ/ *adj.* **1** 腐敗を起こす, 腐敗性の: ~ bacteria 腐敗菌. **2** 腐敗から生じる; 腐敗物に生じる. **sap·ro·ge·nic·i·ty** /sæ̀prədʒənísəṭi | -prə(ʊ)dʒənísəti/ *n.* 〖《1876》← SAPRO-＋-GENIC¹〗

sa·prog·e·nous /səprá(ː)dʒənəs | -prɔ́dʒı-/ *adj.* = saprogenic. 〖《1876》← SAPRO-＋-GENOUS〗

sap·ro·leg·ni·a /sæ̀prəlégniə/ *n.*〘植物〙ミズカビ属 (*Saprolegnia*) の水生菌の総称. 〖《1866》← SAPRO-＋Gk *légnon* border＋-IA¹〗

S

sap·ro·lite /sǽprəlàıt/ *n.*〘地質〙腐食岩石《岩石が原地で風化してできた残滓(ざんし)土》. **sap·ro·lit·ic** /sæ̀prəlíṭık | -tık-ˊ/ *adj.* 〖《1895》← SAPRO-＋-LITE〗

sáp·ròller *n.*〘軍事〙坑道[対壕(たいごう)]ローラー《坑道[対壕]を掘り進むとき敵の砲火を防ぐために前方にころがす大きな堡籃(ほうらん)(gabion)》. 〖《1834》← SAP¹〗

sap·ro·pel /sǽprəpèl/ *n.*〘化学〙**1** 腐泥(ふでい)《プランクトン・沿岸植物など湖水中で生産された生物の残滓(ざんし)を主とした有機性沈殿物》. **2** = kerogen. 〖《1907》← SAPRO-＋Gk *pēlós* clay (⇨ pel-)〗

sap·ro·pel·ic /sæ̀prəpélıkˊ/ *adj.* **1** 腐泥(ふでい)にすむ. **2** 腐泥[から生ずる]. 〖《1901》: ⇨ ↑, -ic¹〗

sap·ro·pel·ite /sǽprəpelàıt, ━━━/ *n.*〘岩石〙腐泥岩《腐泥 (sapropel) でできた岩石》. 〖← SAPROPEL＋-ITE¹〗

sa·proph·a·gous /səprá(ː)fəgəs | -prɔ́f-/ *adj.*〘生物〙腐敗物を食物とする, 腐食性の. 〖《1819》← SAPRO-＋-PHAGOUS〗

sap·ro·phyte /sǽprəfàıt | -prə(ʊ)-/ *n.* (*also* **sap·ro·phite** /~/)〘植物〙腐生[死物寄生]植物《菌類など; cf. guild 3》. 〖《1875》← SAPRO-＋-PHYTE〗

sap·ro·phyt·ic /sæ̀prəfíṭık | -prə(ʊ)fít-ˊ/ *adj.*〘生物〙腐敗物を栄養源とする, 死物寄生の. **sàp·ro·phýt·i·cal·ly** *adv.* 〖《1882》: ⇨ ↑, -ic¹〗

sap·ro·phyt·ism /sǽprəfàıtızm | -prə(ʊ)-/ *n.*〘生物〙腐食性, 死食性. 〖《1890》: ⇨ -ism〗

sáp ròt *n.*〘植物病理〙=dry rot 1. 〖《1838》← SAP²〗

sápro·tròph /-tròuf, -trà(ː)f | -trəuf, -trɔ̀f/ *n.* 腐生生物.

sàpro·tróphic *adj.*〘生物〙〈生物が〉腐敗有機物を栄養源とする, 腐生の. 〖⇨ -trophic〗

sap·ro·zo·ic /sæ̀prəzóuık | -prə(ʊ)záu-ˊ/ *adj.*〘生物〙〈動物が〉腐敗物を栄養源とする (saprophytic). 〖《*c*1920》← SAPRO-＋-ZOIC¹〗

sap·sa·go /sæpséıgou, sǽpsəgòu | sǽpsəgàu/ *n.* (*pl.* **~s**) サップサーゴー(チーズ)《スイス原産の料理用緑色チーズ; レイリョウコウ (blue melilot) の乾燥した葉の粉末を混ぜる》. 〖《1846》《転訛》← G *Schabziger* ← *schaben* to scrape ＋《方言》*zi(e)ger* whey, whey cheese〗

sáp·sùcker *n.*〘鳥類〙シルスイキツツキ属 (*Sphyrapicus*) の鳥の総称《アメリカ産; 特に yellow-bellied sapsucker》. 〖《1805》〗

sáp·wòod *n.*〘林業〙辺材, 白太(しらた)《心材を囲む, 樹液に富む白色の材部; alburnum ともいう; cf. heartwood》. 〖《1791》〗

Saq·qa·ra /səkáːrə/ *n.* サッカラ《エジプト北部, Cairo の南にある村; 古代の都 Memphis 遺跡を見おろす台地上にあり, マスタバ (mastabas) やエジプト最古のピラミッド (Djoser 王の階段ピラミッド)などがある》.

SAR /ésèıáə | -áː^r/《略》search and rescue 捜索救助, 救難;《米》Sons of the American Revolution アメリカ独立革命の息子たち《愛国的な全国組織》; South African Republic.

Sar.《略》Sardinia(n).

Sa·ra¹ /sáːrə/ *n.* (*pl.* **~**, **~s**) **1 a** [the ~(s)] サラ族《アフリカ中部チャドの Shari 川流域に住む農耕民族》. **b** サラ族の人. **2** サラ語.

Sar·a² /séərə | séərə, sáːrə/ *n.* セアラ《女性名》. 〖《変形》← SARAH〗

sar·a·band /sǽrəbæ̀nd, sér- | sǽrəbæ̀nd, ━━━/ *n.* (*also* **sar·a·bande** /~/) **1** サラバンド: **a** カスタネットを持って踊る活発なスペインダンス (Spanish sarabande). **b** これから発展し, 17–18 世紀に流行した優美な 3 拍子の宮廷ダンス. **2**〘音楽〙サラバンド《同上の舞踊曲; ゆったりとした 3 拍子のリズムをもち組曲の構成に不可欠な楽章となった》. 〖《1616》◻ F *sarabande* ◻ Sp. *zarabanda*〗

Sar·a·cen /sǽrəsən, sér-, -sn̩ | sǽrəsən, -sn̩, -sèn/ *n.* サラセン人《ギリシャ時代およびローマ時代の後期ごろはシリア・アラビアの砂漠地方に住んだ遊牧民をいったが, 中世では十字軍に対抗したアラビア人またはイスラム教徒を, 後には一般にアラビア人またはイスラム教徒を指すようになった》. **—** *adj.* =Saracenic. 〖OE *Sarracene* (pl.) ◻ LL *Saracēnī* ◻ LGk *Sarakēnoí* ◻ ? Arab. *šarqiyīn* Easterners (pl. acc.) ← *šarqī* Eastern ← *šarq* east ← *šáraqa* (the sun) rose: cf. OF *Sar(r)azin* (F *Sarrasin*) ◻ LL *Saracēnus* ◻ Gk *Sarakēnós*〗

Sáracen córn *n.*《英古》ソバ (buckwheat). 〖1687〗

Sar·a·cen·ic /sæ̀rəsénık, sèr- | sær-ˊ/ *adj.* サラセン人の; サラセン風の. 〖《1638》◻ ML *Saracēnicus* ← LL *Saracēnus* (↑): ⇨ -ic¹〗

Sàr·a·cén·i·cal /-nıkəl, -kl̩ | -nı-ˊ/ *adj.* =Saracenic. 〖1613〗

Sáracenic árchitecture *n.*〘建築〙サラセン建築, 回教建築《イスラム教徒の建築; 馬蹄形アーチ・ドームなどに特徴がある; cf. Moorish architecture》. 〖1842〗

Sáracen's héad *n.* (紋章または旅館の看板に用いた)サラセン人の頭. 〖1510〗

Sa·ra·gat /sáːrəgàːt; *It.* sáːragat/, **Giuseppe** *n.* サラガート《1898–1988; イタリアの政治家; 社会民主党党首; 大統領 (1964–71)》.

Sar·a·gos·sa /sæ̀rəgá(ː)sə, sèr- | sæ̀rəgɔ́sə/ *n.* サラゴサ《スペイン北東部, Ebro 川に臨む都市; スペイン語名 Zaragoza》.

Sar·ah /séərə | séərə; *F.* saʁa/ *n.* **1** セアラ《女性名; 愛称形 Sadie, Sal, Sally; 異形 Sara, (アイルランド) Sorcha, Saraid》. **2**〘聖書〙サラ《Abraham の妻で Isaac の母; cf. *Gen.* 17:15–21》. 〖◻ Heb. *śārā^h* (fem.) ← *śar* prince ← *śārár* to rule〗

SARAH /séərə | séərə/《略》search and rescue and homing 捜索救難自動誘導. 〖1955〗

Sa·rai /séəraı | séər-/ *n.*〘聖書〙サライ《Abraham が神から男児を授かる約束を受ける前の Sarah の名; cf. *Gen.* 17:15》. 〖◻ Heb. *śāráy*: cf. Sarah〗

Sa·ra·je·vo /sæ̀rəjéıvou, sèr- | sæ̀rəjéıvəu; *Serb.* sàrajevo/ *n.* サラエボ《ボスニアヘルツェゴビナ共和国の首都; ここでのオーストリア皇太子 Francis Ferdinand の暗殺が第一次大戦の直接のきっかけとなった (1914 年 6 月 28 日)》.

Sa·ran /sərǽn/ *n.*〘商標〙サラン《塩化ビニリデンと塩化ビニルとの共重合物の商品名; 合成繊維の一種で, 魚網・防虫網・テント・耐酸性布地・服地・食品包装材料などに用いられる; cf. Saranwrap》. 〖《*c*1940》: 恣意的造語〗

Sár·a·nac Láke /sǽrənæ̀k-, sér- | sǽr-/ *n.* サラナク湖《米国 New York 州の北東部, Lower Saranac 湖に近い村; 保養地; ⇨ Saranac Lakes》.

Sáranac Lákes *n. pl.* [the ~] サラナク湖《米国 New York 州北東部, Adirondack 山脈中の Upper Saranac, Middle Saranac および Lower Saranac の 3 つの湖》. 〖← ? Iroquoian〗

sa·ran·gi /sáːrəŋgi | sərǽŋgi/ *n.* サーランギ《共鳴弦をもつインドの擦弦楽器》. 〖《1851》◻ Skt *sāraṅgī*〗

Sa·ransk /səráːnsk, -rǽnsk; *Russ.* saránsk/ *n.* サランスク《ロシア連邦西部, モルドビア共和国の首都》.

Sarán·wràp *n.*〘商標〙サランラップ《フィルム状のサラン; 食品などの包装用》. 〖《1968》← SARAN＋WRAP〗

sa·ra·pe /səráːpi, -rǽpi; *Am.Sp.* saɾápe/ *n.* セラーペ《ラテンアメリカ人の用いるウールブランケット地の派手な幾何学模様のポンチョのような肩掛け; serape ともいう》. 〖《1834》◻ Mex.-Sp.《現地語》*sarape*〗

Sa·ra·sa·te /sàːrəsáːteı | sær-; *Sp.* saɾasáte/, **Pablo de** *n.* サラサーテ《1844–1908; スペインのバイオリン奏者・作曲家》.

Sar·a·so·ta /sæ̀rəsóuṭə, sèr- | sæ̀rəsə́utə/ *n.* サラソタ《米国 Florida 州西海岸の都市; 冬の保養地》.

Sa·ras·va·ti /sərʌ́svəṭi, sáː rəs- | sərʌ́svəti, sʌ́rəs-/ *n.*〘ヒンズー教〙弁天, サラスバティ《学識・音楽・弁舌をつかさどる女神; もと聖河の名, 後に弁才の天女》. 〖◻ Skt *Sarasvatī*〗

Sar·a·to·ga /sæ̀rətóugə, sèr- | sæ̀rətə́u-ˊ/ *n.* サラトガ《米国 New York 州東部, Hudson 河畔の村, 現在の Schuylerville; アメリカ独立戦争の際, ここで行われた戦いで英国の将軍 Burgoyne が愛国派軍に降伏し愛国派軍の勝利を決定的にした (1777)》. 〖← Iroquoian《原義》? beaver place〗

Sáratoga chíp [potáto] *n.* =potato chip 1. 〖《1880》↓〗

Sáratoga Spríngs *n.* サラトガスプリングス《米国 New York 州東部の都市; 鉱泉保養地》.

Sáratoga trúnk *n.*《米》サラトガトランク《19 世紀に主に女性が用いた丸みのあるふたのついた旅行用大型トランク》. 〖《1858》↑〗

Sa·ra·tov /səráːtɑ(ː)f, -tɔ(ː)f | -tɔf; *Russ.* sarátəf/ *n.* サラトフ《ロシア連邦西部, Volga 河畔の港市》. 〖◻ Russ. ~ ← Turk. *sary* yellow＋*tau* mountain〗

Sa·ra·wak /səráːwɑːk, -wɑː, -wæk | səráːwɔk, -wæk, -wə; *Malay* saráwaʔ/ *n.* サラワク(州)《Borneo 島北西部にあるマレーシアの一州; もと英国植民地; 1966 年以降 Sabah と合わせて East Malaysia と呼ばれる; 面積 125,205 km², 州都 Kuching》.

sarc- /sɑək | sɑːk/ (母音の前にくるときの) sarco- の異形.

-sarc /━ sɑək, ━ sɑək | ━ sɑːk, ━ sɑːk/「肉 (flesh)」の意の名詞連結形: ecto*sarc*. 〖← Gk *sárx* (↓)〗

sar·casm /sáəkæzm | sáː-/ *n.* **1** (軽蔑・嫌悪・皮肉の響きを込めた鋭い)当てこすり, 嫌味, 諷刺, ひやかし (gibe, taunt) (⇨ irony¹ SYN). **2** 露骨な[毒々しい]皮肉(な表現). 〖《1579》◻ F *sarcasme* // LL *sarcasmos* ◻ LGk *sarkasmós* sneer ← *sarkázein* to tear flesh like dogs, speak bitterly, sneer ← *sark-*, *sárx* flesh: ⇨ sarco-〗

sar·cast /sáəkæst | sáː-/ *n.*《まれ》皮肉家. 〖《1654》《逆成》? ↓〗

sar·cas·tic /sɑəkǽstık | sɑː-/ *adj.* 皮肉な, 当てこすりの, ひやかしの; 嫌味な[当てこすり]を言う: She started being ~ *about me* to them. 私について彼らに嫌味を言い始めた. **sar·cás·ti·cal** /-tıkəl, -kl̩ | -tı-/ *adj.* **sar·cás·ti·cal·ly** *adv.* 〖《1695》← SARCASM: ENTHUSIASM–ENTHUSIASTIC などとの類推による: ⇨ -ic¹〗

SYN 嘲笑的な: **sarcastic** あざけったり言外に軽蔑の意を含めたりして人の感情を傷つける: a *sarcastic* reply 皮肉な答え. **satiric(al)** 他人の愚行・悪徳を暴露し攻撃する: a piece of *satirical* prose 諷刺的な一文. **ironic(al)** 自分が言っていることとは反対のことを意味して, こっけい感をかもし出したり, 強調したりする: He made his small, *ironical* smile. ちょっと皮肉に微笑した. **caustic**〈特に批評が〉わざと辛辣で意地悪な: *caustic* remarks 辛辣な言葉. **sardonic** 言葉や態度が嘲笑的な: a *sardonic* smile せせら笑い. **cynical** 相手を信用せず冷笑的な: Don't be so *cynical* about doctors. 医者のことをそんなに皮肉っぽく言う[見る]な.

---

sarce·net /sáəsnıt | sáːsnıt, -nɛt/ *n.* サーセネット《柔らかい薄い絹織物; 主に裏地・リボン用》. 〖《1463》◻ AF *sarzinett* (dim.) ← *Sarzin* 'SARACEN': ⇨ -et〗

sar·ci·na /sáəsənə, -kənə | sáːsı-, -kı-/ *n.* (*pl.* **~s**, **-ci·nae** /-sənìː, -kənàı | -sınìː, -kınàı/)〘細菌〙サルチナ, 八連球菌《サルチナ属 (*Sarcina*) の寄生性微生物》. 〖《1842》← NL ~ ← L 'bundle'〗

sar·co- /sáəkou | sáːkəu/「肉 (flesh)」の意の連結形: *sarco*carp. ★ 母音の前では通例 sarc- になる. 〖◻ Gk ~ ← *sark-*, *sárx* flesh ← IE **twerk-* to cut〗

sàrco·adenóma *n.*〘病理〙腺肉腫 (⇨ adenosarcoma). 〖← SARCO-＋ADENOMA〗

sàrco·carcinóma *n.*〘病理〙癌肉腫(がんにくしゅ) (carcinosarcoma). 〖← SARCO-＋CARCINOMA〗

sar·co·carp /sáəkəkɑ̀əp | sáːkə(ʊ)kɑ̀ːp/ *n.*〘植物〙**1** 果肉《多肉多汁の中肉皮》. **2** 肉果《果肉の多い果物》. 〖《1819》◻ F *sarcocarpe*: ⇨ sarco-, -carp〗

sar·co·coc·ca /sɑ̀əkoukɑ́(ː)ksə | sɑ̀ːkə(ʊ)kɔ́ksə/ *n.*〘植物〙サルココッカ《インド・マレーシアから中国南部にかけて分布するツゲ科サルココッカ属 (*Sarcococca*) の各種の常緑低木》. 〖《1914》NL ~ ← SARCO-＋Gk *kókkos* seed〗

sar·code /sáəkoud | sáːkəud/ *n.*〘生物〙サルコード, (動物の)肉質《原形質 (protoplasm) の旧称》. 〖《1853》◻ F ~ ◻ Gk *sarkṓdēs* fleshlike substance ← *sarkṓdēs* fleshy: ⇨ sarco-, -ode¹〗

Sar·co·di·na /sɑ̀əkədáınə, -díː- | sɑ̀ː-/ *n. pl.*〘動物〙肉質虫亜門. 〖← NL ← Gk *sarkṓdēs* (↑)＋-INA¹〗

sar·co·din·i·an /sɑ̀əkədíniən | sɑ̀ː-/ *adj.*〘動物〙肉質虫亜門の. 〖⇨ ↑, -ian〗

sàrco·enchondróma *n.*〘病理〙軟骨肉腫(にくしゅ) (⇨ chondrosarcoma). 〖← SARCO-＋ENCHONDROMA〗

sar·coid /sáəkɔıd | sáː-/ *n.*〘病理〙類肉腫(にくしゅ), サルコイド《外観は肉腫に似た良性腫瘍の一種》. **—** *adj.* **1** 肉に似た, 肉状の. **2**〘病理〙類肉種の, サルコイドの. 〖《1841》← SARCO-＋-OID〗

sar·coid·o·sis /sɑ̀əkɔıdóusıs | sɑ̀ːkɔıdə́usıs/ *n.* (*pl.* **-ses** /-siːz/)〘病理〙サルコイドーシス, 類肉腫(にくしゅ)症. 〖《1936》← NL ~: ⇨ ↑, -osis〗

sar·co·lem·ma /sɑ̀əkəlémə | sɑ̀ːkə(ʊ)-/ *n.*〘解剖〙筋線維鞘(しょう), 筋鞘《筋線維を包む薄膜》. **sàr·co·lém·mal** /-məl, -ml̩ˊ/ *adj.* 〖《1840》← NL ~: ⇨ sarco-, lemma²〗

sar·col·o·gy /sɑəkɑ́(ː)lədʒi | sɑːkɔ́l-/ *n.*〘医学〙軟部組織解剖学; 筋肉学 (cf. osteology). 〖《1728》← SARCO-＋-LOGY〗

sar·co·ma /sɑəkóumə | sɑːkə́u-/ *n.* (*pl.* **~s**, **~·ta** /~ṭə | ~tə/)〘病理〙肉腫(にくしゅ). **sar·co·ma·toid** /sɑəkóumətɔ̀ıd | sɑːkə́u-/ *adj.* **sar·co·ma·tous** /sɑəkóumətəs | sɑːkáumətəs/ *adj.* 〖《1657》← NL ~ ← Gk *sarkōmat-*, *sárkōma* fleshy growth ← *sarkoûn* to grow flesh ← *sark-*, *sárx*: ⇨ sarco-, -oma〗

sar·co·ma·to·sis /sɑəkòumətóusɪ̀s | sɑ:kòumətóusɪs/ *n.* (*pl.* **-ses** /-si:z/) 〖病理〗肉腫症. 〘(1890) ← NL ～ ← Gk *sarkōmat-* (↑): ⇨ -osis〙

sar·co·mere /sɑ́əkəmìə | sɑ́:kəmìə⁽ʳ⁾/ *n.* 〖解剖〗筋節. **sar·co·mer·ic** /sɑ̀əkəmíᵊrɪk, -mér- | sɑ̀:kəmíər-, -mér-⁻/ *adj.* 〘(1891) ← SARCO-＋-MERE〙

sarcophagi *n.* sarcophagus の複数形.

sar·co·phag·ic /sɑ̀əkəfǽdʒɪk | sɑ̀:-⁻/ *adj.* ＝sarcophagous.

sar·coph·a·gous /sɑəkɑ́(:)fəgəs | sɑ:kɔ́f-/ *adj.* 肉食の (carnivorous) (cf. entomophagous). 〘(1885) □ L *sarcophagus* (↓): ⇨ -ous〙

sar·coph·a·gus /sɑəkɑ́(:)fəgəs | sɑ:kɔ́f-/ *n.* (*pl.* **-a·gi** /-fəgàɪ, -fədʒàɪ, -fədʒì:/, ～·**es**) 〖考古〗 **1** (彫刻などを施した大理石造りの)石棺. **2** (古代ギリシャ・ローマ人が死体の肉を分解すると考えていた石棺用の)石灰岩. 〘(1601) □ L ～ (*lapis*) limestone used for coffins □ Gk (*líthos*) *sarkophágos* (原義) flesh-eating stone: ⇨ sarco-, -phagous〙

sarcophagus 1

sar·co·phile /sɑ́əkəfàɪl | sɑ́:-/ *n.* 〖動物〗＝Tasmanian devil. 〘← SARCO-＋-PHILE〙

sar·co·plasm /sɑ́əkəplæ̀zm | sɑ́:-/ *n.* 〖解剖〗筋形質. **sar·co·plas·mic** /sɑ̀əkəplǽzmɪk | sɑ̀:-⁻/ *adj.* 〘(1891) ↓〙

sar·co·plas·ma /sɑ̀əkəplǽzmə | sɑ̀:-/ *n.* (*pl.* ～·**ta** /～ṭə | ～tə/) 〖解剖〗＝sarcoplasm. **sar·co·plas·mat·ic** /sɑ̀əkəplæzmǽṭɪk | sɑ̀:kəplæzmǽt-⁻/ *adj.* 〘← NL ～: ⇨ sarco-, -plasma〙

sarcoplásmic retículum *n.* 〖解剖〗筋小胞体《横紋筋線維の小胞体》. 〘1953〙

sar·cóp·tic mánge /sɑəkɑ́(:)ptɪk- | sɑ:kɔ́p-/ *n.* 〖獣医〗疥癬(かいせん)《頭や顔の皮膚に穴をあけてすむヒゼンダニ属 (*Sarcoptes*) のダニによっておこる家畜の皮膚病》. 〘(1886): *sarcoptic* ← NL *Sarcoptes* ← SARCO-＋Gk *kóptein* to cut, strike〙

sar·co·sine /sɑ́əkəsì:n | sɑ́:-/ *n.* 〖化学〗サルコシン (CH_3NHCH_2COOH)《甘味のある水溶性結晶化合物; 歯磨き・化粧品・薬品の製造に用いる》. 〘(*c*1850): ← SARCO-＋-*s*-＋-INE³〙

sar·co·some /sɑ́əkəsòum | sɑ́:kəsəum/ *n.* 〖解剖〗筋粒体《横紋筋線維の糸粒体》. **sar·co·so·mal** /sɑ̀əkəsóuməl, -mḷ | sɑ̀:kəsə́u-⁻/ *adj.* 〘(1899) ← NL *sarcosoma*: ⇨ sarco-, -some³〙

sar·cous /sɑ́əkəs | sɑ́:-/ *adj.* 肉[筋肉]の[からできている]. 〘(1840) ← SARCO-＋-OUS〙

sard /sɑ́əd | sɑ́:d/ *n.* 〖鉱物〗紅玉髄《宝石に用いる; sardine, sardius または carnelian ともいう》. 〘(*c*1390) □ (O)F *sarde* // L *sarda* □ ? Gk *sárdion* ← ? *Sárdeis* Sardis〙

Sard /sɑ́əd | sɑ́:d/ *adj.*, *n.* ＝Sardinian.

sar·da·na /sɑədɑ́:nə | sɑ:-/ *n.* **1** サルダナ《スペイン・カタロニア地方の民族舞踊》. **2** サルダナ《1 の舞踊音楽》. 〘(1922) □ Sp. ～ ← Catalan〙

Sar·da·na·pa·li·an /sɑ̀ədənəpéɪliən, -pɑ́:l- | sɑ̀:də-⁻/ *adj.* (Sardanapalus のように)柔弱で淫蕩な[放蕩にふける]. 〘(1555) ← L *Sardanapālus* (□ Gk *Sardanápālos*)＋-IAN〙

Sar·da·na·pa·lus /sɑ̀ədənǽp(ə)ləs, -dənəpéɪl- | sɑ̀:dənǽpələs, -nəpɑ́:l-/ *n.* サルダナパロス《アッシリア最後の王; Ashurbanipal と同一人物ともいわれる》. 〘□ LL ～ □ Gk *Sardanáphallos*〙

sar·dar /sə́:dɑə, ─⁻ | sɑ́:dɑ:⁽ʳ, ─⁻/ *n.* ＝sirdar.

Sar·de·gna /*It.* sardéɲɲa/ *n.* サルデーニャ (Sardinia のイタリア語名).

sar·del·le /sɑədélə, -dél | sɑ:-/ *n.* (*also* **sar·del** /-dél/) 〖魚類〗＝sardine¹. 〘(1598) □ It. *sardella* (dim.) ← *sarda* < L *sardam* □ Gk *sárdē*〙

Sar·des /sɑ́ədɪ̀z | sɑ́:dɪz/ *n.* ＝Sardis.

Sar·di·an /sɑ́ədiən | sɑ́:d-/ *adj.* **1** (Lydia の古都)サルディス (Sardis) の. **2** サルディスの住民の. ── *n.* サルディスの住民. 〘(1551) □ L *Sardiānus* □ Gk *Sardianós* ← *Sárdeis* Sardis: ⇨ -ian〙

sar·dine¹ /sɑədí:n | sɑ:-⁻/ *n.* **1** (*pl.* ～, ～**s**) 〖魚類〗イワシ科の数種の小さな魚類の総称《食用に適する程度になったヨーロッパ大西洋岸産のサーディン (pilchard) の幼魚, 北米太平洋岸の(マ)イワシ (*Sardinops sagax melanosticta*), 熱帯大西洋などに生息するカタクチイワシ (*Sardinella anchovia*) など》. **2** [～s; 単数扱い] 〖遊戯〗サーディン《隠れんぼうの一種; 鬼が隠れて, それを見つけた人たちも次々に同じ場所に隠れていき, 最後に一人が残るまで続ける》. ***packed*** [***squáshed***] ***like sardínes*** (***in a bóx***) すし詰めになって. 〘(1911)〙 ── *vt.* [通例 p.p. 形で] すし詰めにする: be ～*d* in train. 〘(*c*1430) *sardeine* □ (O)F *sardine* □ L *sardīna* □ Gk *sardínē* ← ?〙

sar·dine² /sɑ́ədaɪn, -dṇ | sɑ́:daɪn/ *n.* 〖鉱物〗＝sard. 〘(*c*1375) □ LL (*lapis*) *sardīnus* (原義) Sardian (stone) □ Gk *sárdinos* (*líthos*) (異形) ← *sárdios* 'SARDIUS'〙

sardíne òil *n.* 〖化学〗いわし油.

Sar·din·i·a /sɑədíniə | sɑ:-/ *n.* **1** サルディーニャ(島)《イタリア半島の西方の地中海第 2 の大島でイタリアの特別州の一つ; 面積 24,089 km², 州都 Cagliari》. **2** サルディーニャ王国《同島および Savoy, Piedmont を (1815 年以後には Genoa をも)含む旧王国 (1720–1859); 首都 Turin; イタリア統一の中核となる; イタリア語名 Sardegna》.

Sar·din·i·an /sɑədíniən | sɑ:-/ *adj.* **1** サルデーニャ (Sardinia) 島[王国]の. **2** サルデーニャ人の. **3** サルデーニャ語の. ── *n.* **1** サルデーニャ人. **2** サルデーニャ語《ロマンス語に属する》. 〘(1748): ⇨ -an¹〙

Sar·dis /sɑ́ədɪ̀s | sɑ́:dɪs/ *n.* サルディス《小アジア西部の古都; 古代 Lydia の首都》.

sar·di·us /sɑ́ədiəs | sɑ́:d-/ *n.* **1** 〖聖書〗ユダヤの大祭司が胸当てに用いた宝石《ルビーであったと考えられている; cf. *Exod.* 28:17》. **2** 〖鉱物〗＝sard. 〘(*c*1390) □ LL (*lapis*) ～ 'Sardian (stone)' □ Gk *sárdios* (*líthos*) ← ? *Sárdeis* Sardis〙

sar·don·ic /sɑədɑ́(:)nɪk | sɑ:dɔ́n-/ *adj.* 冷笑的な, 嘲弄(ちょうろう)的な, せせら笑いの (⇨ sarcastic SYN): a ～ laugh [chuckle, smile] 冷笑, せせら笑い. ── *n.* [しばしば *pl.*] 冷笑的な表現[言葉]. **sar·dón·i·cal** /-nɪ̀kəl, -kḷ | -nɪ-/ *adj.* **sar·dón·i·cal·ly** *adv.* **sar·dón·i·cìsm** /-nəsɪ̀zm | -nɪ-/ *n.* 〘(1638) □ F *sardonique* (変形) ← (廃) *sardonien* ← L *sardonius* □ LGk *sardónios*, *sardánios* derisive, sardonic: ⇨ -ic¹〙

sardónic láugh *n.* 〖病理〗痙笑(けいしょう), ひきつり笑い. 〘(1897): cf. *sardonic smile* (1638)〙

sar·do·nyx /sɑədɑ́(:)nɪks, sɑ́ədənɪks, -dṇ- | sɑ́:dən-, -dṇ-, sɑ:dɔ́n-/ *n.* 〖鉱物〗サードニックス, 紅(べに)しまめのう《cameo 細工に用いられる; ⇨ birthstone》. 〘(?*c*1380) □ L ～ □ Gk *sardónux* ← *sárdios* 'SARDIUS'＋*ónux* 'ONYX'〙

Sar·dou /sɑədú: | sɑ:-; *F.* saʁdu/, **Vic·to·rien** /viktɔʁjɛ̃/ *n.* サルドゥー (1831–1908; フランスの劇作家).

sa·ree /sɑ́:ri/ *n.* ＝sari.

Sa·re·ma /sɑ́:rəmɑ̀:/ *n.* ＝Saaremaa.

Sa·ré·ra Báy /sərɛ́ᵊrə- | -réərə-/ *n.* サレラ湾《ニューギニア北西海岸の湾; 幅 322 km》.

Sarg /sɑ́əg | sɑ́:g/, **Tony** *n.* サーグ (1882–1942; ドイツ生まれの米国の挿絵画家・人形芝居の演出家; 本名 Anthony Frederick Sarg).

sar·gas·so /sɑəgǽsou | sɑ:gǽsəu/ *n.* (*pl.* ～**s**) 〖植物〗＝gulfweed《sargasso weed ともいう》. 〘(1598) □ Port. *sargaço* ← ?〙

Sar·gás·so Séa /sɑəgǽsou- | sɑ:gǽsəu-/ *n.* [the ～] サルガッソー海, 藻の海《北大西洋, 西インド諸島と Azores 諸島間の海域; 大型の sargassum などの褐藻が一面に浮かび, 魚群の豊庫であるが, 昔は船が巻き込まれて難船したこともあった》.

sar·gas·sum /sɑəgǽsəm | sɑ:-/ *n.* 〖植物〗ホンダワラ属 (*Sargassum*) の海藻の総称《広く沿岸に分布する; ホンダワラ (*S. fulvellum*), ウミトラノオ (*S. chunbergii*) など》. 〘(1905) ← NL ～: ⇨ sargasso〙

sargássum fish *n.* 〖魚類〗ホンダワラ類の海藻のなかで生活し海洋を浮遊するイザリウオ科の異様な形をした小魚の総称《ハナオコゼ (*Histrio histrio*) など》. 〘1905〙

sarge /sɑ́ədʒ | sɑ́:dʒ/ *n.* 《口語》〖米軍〗＝sergeant. 〘(1867) 略〙

Sar·gent /sɑ́ədʒənt | sɑ́:-/, Sir (**Harold**) **Malcolm** (**Watts**) *n.* サージェント (1895–1967; 英国の指揮者).

Sar·gent, John Singer *n.* サージェント (1856–1925; 英国に住んだ米国の肖像・風俗画家).

Sar·ge·son /sɑ́ədʒəsən, -sṇ | sɑ́:-/, **Frank** *n.* サージソン (1903–82; ニュージーランドの小説家).

sar·go /sɑ́əgou | sɑ́:gəu/ *n.* (*pl.* ～**s**) 〖魚類〗 **1** タイ科 *Diplodus* 属および近縁の属の魚の総称; (特に) *D. argenteus* と *Lagodon rhomboides*. **2** 南カルフォルニア海岸のイサキ科の魚 (*Anisotremus davidsonii*). 〘(1880) □ Sp. ～ < L *sargum* □ Gk *sárgos*〙

Sar·go·dha /səgóudə | səgə́udə/ *n.* サルゴーダ《パキスタン北東部 Punjab 州の都市; 穀物の集散地》.

Sar·gon /sɑ́əgɑ(:)n | sɑ́:gɔn/ *n.* サルゴン (2400 B.C. ごろメソポタミアを統一し大帝国を築いたアッカド王朝の創始者; Sargon of Akkad ともいう).

Sárgon II *n.* サルゴン二世 (?–705 B.C.; アッシリア (Assyria) の王 (722–705 B.C.)).

sa·ri /sɑ́:ri; *Hindi* sɑ́ṛi/ *n.* サリー《インドなどで女性が腰から肩にかけて巻きつけたり, 余った部分を頭にかぶったりする長い綿布または絹布; cf. dhoti》. 〘(1785) □ Hindi *sāṛī*〙

sa·rin /sɑ́:rɪ̀n, zɑ:rí:n | sɑ́:rɪn, sǽr-; *G.* zaʁí:n/ *n.* 〖化学〗サリン ($C_4H_{10}FO_2P$)《神経毒ガスの一つ》. 〘(1951) □ G ～〙

sark /sɑ́ək | sɑ́:k/ *n.* 《スコット・北英》シャツ, 肌着. 〘OE *serc*(*e*) < Gmc **sarkiz* (ON *serkr* shirt)〙

Sark /sɑ́ək | sɑ́:k/ *n.* サーク(島)《イギリス海峡にある Channel 諸島の島; 面積 5 km²》.

Sar·ka /zɑ́əkə | zɑ́:-/ *n.* ＝Zarqa.

sark·ing /sɑ́əkɪŋ | sɑ́:k-/ *n.* 《スコット》 **1** 垂木と屋根の間の薄い板. **2** シャツ地 (linen shirting). 〘(1464–65) 《スコット》(ger.) ← *serke*(*n*) to clothe in a shirt ← *serk* shirt (↑): ⇨ -ing¹〙

sar·ky /sɑ́əki | sɑ́:-/ *adj.* 《英口語》＝sarcastic. 〘1912〙

Sar·ma·ti·a /sɑəméɪʃə, -ʃiə | sɑ:-/ *n.* サルマチア《黒海の北部 Vistula 川と Volga 川の中間地方の古名》. **Sar·mat·ic** /sɑəmǽṭɪk | sɑ:mǽt-/ *adj.* 〘□ L ～ ← *Sarmatae* the Sarmatians □ Gk *Sarmátai* (原義) tribe of the steppe〙

Sar·ma·tian /sɑəméɪʃən, -ʃiən | sɑ:-/ *adj.* **1** サルマチア (Sarmatia) の. **2** サルマチア人[語]の. **3** 《詩》ポーランド人[語]の. ── *n.* **1 a** サルマチア人. **b** サルマチア語《イラン語と想定されている》. **2** 《詩》 **a** ポーランド人. **b** ポーランド語. 〘(1613): ⇨ ↑, -an¹〙

sar·ment /sɑ́əmənt | sɑ́:-/ *n.* **1** 〖植物〗 纖匐枝(せんぷくし)《細い匍匐(ほふく)茎 (runner)》. **2** (接ぎ木の)接ぎ穂 (scion). 〘(*a*1398) □ L *sarmentum* (sarmentose)〙

sarmenta *n.* sarmentum の複数形.

sar·men·ta·ceous /sɑ̀əməntéɪʃəs | sɑ̀:-⁻/ *adj.* 〖植物〗＝sarmentose.

sar·men·tose /sɑəméntous | sɑ:méntəus/ *adj.* 〖植物〗 **1** 纖匐枝(せんぷくし) (sarment) を生じる. **2** 纖匐枝の[状の]. 〘(1760) □ L *sarmentōsus* ← *sarmentum* twig: ⇨ -ose¹〙

sar·men·tous /sɑəméntəs | sɑ:mént-/ *adj.* 〖植物〗＝sarmentose. 〘1721〙

sar·men·tum /sɑəméntəm | sɑ:mént-/ *n.* (*pl.* **-men·ta** /-ṭə | -tə/) 〖植物〗＝sarment 1. 〘□ L ～〙

sar·mie /sɑ́əmi | sɑ́:-/ *n.* 《南アロ語》サンドイッチ (sandwich). 〘⇨ sarnie〙

Sar·nath /sɑənɑ́:t | sɑ:-/ *n.* サールナート《インド北部 Uttar Pradesh 州にある仏教の聖地; cf. Asoka pillar》.

Sar·nen /zɑ́ənən | zɑ́:-; *G.* zaʁnən/ *n.* ザルネン《スイス中部 Obwalden 準州の州都; 保養地》.

Sar·ni·a /sɑ́əniə | sɑ́:-/ *n.* サーニア《カナダ Ontario 州南西部の港市》.

sar·nie /sɑ́əni | sɑ́:-/ *n.* 《英口語》サンドイッチ (sandwich). 〘(*c*1925) ← ? sarn- (《口語・方言》?) ← SANDWICH)＋-IE〙

sa·rod /səróud | -rə́ud/ *n.* (*also* **sa·rode** /～/) サロッド《北インドのリュートに似た弦楽器》. **～·ist** /-dɪ̀st | -dɪst/ *n.* 〘(1865) □ Hindi ～〙

sa·rong /sərɔ́(:)ŋ, -rɑ́(:)ŋ | sərɔ́ŋ, sɑ:-, sæ-/ *n.* **1** サロン《マレー半島からインドネシア諸島などで広く着用される腰に巻く衣類; 男女ともに用いられる》. **2** サロン用布地. **3** サロン風の衣服. 〘(1834) □ Malay (*kain*) *sarong* ← *kain* cloth＋*sarong* sheath, covering〙

Sa·rón·ic Gúlf /sərɑ́(:)nɪk- | -rɔ́n-/ *n.* ＝the Gulf of AEGINA.

sa·ros /sɛ́ᵊrɑ(:)s | séərɔs/ *n.* サロス (600 B.C. ごろカルデア人の発見した日食・月食の周期; 6585.32 日で循環する). **sa·ro·nic** /sərɑ́(:)nɪk | -rɔ́n-/ *adj.* 〘(1613) □ Gk *sáros* □ Akkad. *šār* (原義) 3600〙

Sa·ros /sɛ́ᵊrɑ(:)s | sɑ́:rɔs; *Mod.Gk.* sáros/, **the Gulf of** *n.* サロス湾《トルコの Gallipoli 半島の北, エーゲ海北東部の入江》.

Sa·rouk /sərú:k/ *n.* 中央に模様がある中近東産の毛氈(もうせん), ペルシャじゅうたん. 〘(1900) 産地名〙

Sa·roy·an /sərɔ́ɪən/, **William** *n.* サロイアン (1908–81; 米国の小説家・劇作家; *The Time of Your Life* (1939), *The Human Comedy* (1943)).

sar·panch /səpʌ́ntʃ | sə-/ *n.* 《インド》伝統的な村会 (panchayet) の議長. 〘(1963) Hindi or Urdu ～ ← *sar* head (□ Pers. ～)＋*pañc* council, (原義) five (□ Skt *pañca*)〙

Sar·pe·don /sɑəpí:dṇ, -dɑ(:)n | sɑ:pí:dṇ, -dɔn/ *n.* 〖ギリシャ神話〗サルペードン: **1** Zeus と Europa の息子の一人; Minos, Rhadamanthus と兄弟. **2** Lycia の王, Zeus の息子; トロイ戦争で Patroclus に殺された. 〘□ L *Sarpēdōn* □ Gk *Sarpēdṓn* ← ?〙

Sar·pi /sɑ́əpi | sɑ́:-; *It.* sárpi/, **Paolo** *n.* サルピ (1552–1623; イタリアの神学者・愛国者; 教会と国家の分離を主張した; 本名 Pietro Soave Polano).

sar·plar /sɑ́əplə | sɑ́:plə⁽ʳ⁾/ *n.* (*also* **sar·pler** /～/, **sar·pli·er** /-pliə | -pliə⁽ʳ⁾/) **1** 粗い麻布地, ズック. **2** (廃) 羊毛 1 俵の重量 (80 tods または 2,240 lbs (約 1 トン)). 〘(1353) *sarpler* □ OF *sarpilliere*〙

S

sar·ra·ce·ni·a /sæ̀rəsí:niə, sèr- | sæ̀r-/ *n.* 〖植物〗サラセニア, ヘイシソウ(瓶子草)《北米の沼地に生じるサラセニア科サラセニア属 (*Sarracenia*) の食虫植物の総称; cf. pitcher plant》. 〘(1786) ← NL ～ ← *Michel Sarrazin* (1659–1734: カナダの医師・植物学者): ⇨ -ia¹〙

Sar·ra·ce·ni·a·ce·ae /sæ̀rəsì:niéɪsiì:, sèr- | sæ̀rə-/ *n. pl.* 〖植物〗(双子葉植物)サラセニア科. **sàr·ra·cè·ni·á·ceous** /-ʃəs⁻/ *adj.* 〘← NL ～ ← *Sarracenia* (属名: ↑)＋-ACEAE〙

Sar·raute /sərόut | sɑ:rə́ut; *F.* saʁo:t/, **Nathalie** *n.* サロート (1900–99; フランスの作家; 伝統的な人物造形などを否定した作風は「アンチロマン」と呼ばれ, 後にヌーボーロマンの代表的存在とみなされた).

Sarre /*F.* sa:ʁ/ *n.* Saar のフランス語名.

sar·ru·so·phone /sərú:zəfòun, -rʌ́sə- | -fə̀un/ *n.* サリュソフォーン《金属製の木管吹奏楽器》. 〘← *Sarrus* (19 世紀のフランスの指揮者)＋-PHONE〙

SARs 《略》Substancial Acquisition Rules.

sar·sa /sɑ́əsə | sɑ́:-/ *n.* ＝sarsaparilla.

sar·sa·pa·ril·la /sæ̀s(ə)pərílə, sɑ̀əs- | sɑ̀:s(ə)p-/ *n.* **1** 〖植物〗サルサ(パリラ)《熱帯アメリカ産ユリ科シオデ属 (*Smilax*) の数種の植物の総称; *S. officinalis*, *S. papyracea*, *S. medica* など》. **2** サルサ根《乾燥させて強壮薬や飲料に用いる》; そのせんじ汁. **3** 〖植物〗サルサに似た北米産ウコギ科の植物数種の総称《根はサルサの代用となる》. **4** サルサパリラ《サルサ根で味をつけたルートビヤー (root beer) に似た炭酸水》. 〘(1577) □ Sp. *zarzaparrilla* ← *zarza* bush ＋**parrilla* ((dim.) ← *parra* vine)〙

sar·sen /sɑ́əsən, -sṇ | sɑ́:-/ *n.* 〖岩石〗サルセン石《第三紀初期のケイ質砂岩の一種; 特に, イングランド Wiltshire の砂丘に点在する》. 〘(1644) 《略》← *sarsen stone* (変形) ← *Saracen stone* (＝pagan stone of monument)〙

sarse·net /sɑ́əsnɪ̀t | sɑ́:snɪt, -nɛt/ *n.* ＝sarcenet.

Sarthe /sɑ́ət | sɑ́:t; *F.* sart/ *n.* サルト(県)《フランス西部の県; 面積 6,210 km², 県都 Le Mans》.

Sar·to /sɑ́əṭou | sɑ́:təu; *It.* sárto/, **Andrea del** /del/ *n.* サルト (1486–1531; フィレンツェ派の画家).

sar·tor /sɑ́əṭə | sɑ́:tɔ:⁽ʳ⁾/ *n.* 《戯言・文語》仕立て屋 (tailor). ⇨ Sartor Resartus. 〘(1656) ◻ L ~ 'tailor' ← *sartus* (p.p.) ← *sarcīre* to patch〙

sar·to·ri·al /sɑətɔ́:riəl, sɑ:-, sə-, sɔ- | sɑ:-/ *adj.* **1 a** 《戯言・文語》衣服の[に関する]. **b** 仕立て屋 (tailor) の, 裁縫の: the ~ art 裁縫技術 / a ~ triumph 裁縫の傑作, みごとな仕立て. **2** 〘解剖〙縫工筋の. **~·ly** *adv.* 〘(1823) ← L *sartor* (↑)＋-IAL〙

sar·to·ri·us /sɑətɔ́:riəs, sɑ:- | sɑ:-/ *n.* (*pl.* **-ri·i** /-riàɪ/) 〘解剖〙縫工筋. 〘(1704) ← NL ~ ← L *sartor* (↑)〙

Sar·tor Re·sar·tus /sɑ́ətər̩risɑ́ətəs, sɑ́:- | sɑ́:tər̩risɑ́:t-/ *n.* 「衣裳哲学」(Thomas Carlyle の諷刺的評論 (1833–34)). 〘◻ L ~ 'the tailor patched'〙

Sar·tre /sɑ́ətr(ə), -tə | sɑ́:tr(ə); *F.* saʀtʀ/, **Jean-Paul** /ʒɑ̃pɔl/ *n.* サルトル (1905–80; フランスの哲学者・作家; 第二次大戦後 existentialism (実存主義)を提唱; *La Nausée*「嘔吐」(1938), *L'Être et le Néant*「存在と無」(1943), Nobel 文学賞 (1964) (辞退)).

Sar·um /sέᵊrəm | séər-/ *n.* サルム (イングランドの Salisbury の古代名; 現在では Old Sarum, New Sarum の呼び名に残っているが, 後者は 13 世紀に Salisbury の町が現在地へ移転してからの公式名). 〘◻ ML ~ (略)? ← *Sarisburia*〙

Sarum. (略) *ML.* Sarisburiēnsis (=of Salisbury) (Bishop of Salisbury が署名に用いる; ⇨ Cantuar. 2).

Sárum ùse *n.* 〘キリスト教〙サルム用式, ソールズベリー式典礼 (11 世紀から宗教改革まで Salisbury 教区を中心に広く用いられた礼拝式順序). 〘(1570): ⇨ Sarum.〙

sa·rus /sɑ́:rəs/ *n.* 〘鳥類〙オオヅル (*Grus antigone*) (インドおよびマライ地方のツルの一種; sarus crane ともいう). 〘(1838) ◻ Hindi *sāras* ← Skt *sārasa*〙

sar·vo·da·ya /sərvóudəjə | sɑvə́udə-/ *n.* (インド) 社会経済の改善発展. 〘(1919) ◻ Skt ~ ← *sarva* all＋*udaya* prosperity, going up〙

SAS /ésèiés/ (略) Scandinavian Airlines System スカンジナビア航空(記号 SK); *L.* Societātis Antiquāriōrum Socius (=Fellow of the Society of Antiquaries); Special Air Service (英) 空軍特殊部隊 (1941 年に設立された対ゲリラ活動部隊).

Sas·a·ni·an /səséɪniən, sæ-, -njən/ *adj., n.* =Sassanian.

Sas·a·nid /səsɑ́:n̩d, -sén- | sǽsənɪd/ *n., adj.* =Sassanid.

sa·san·qua /səsǽŋkwə | -séŋ(k)wə/ *n.* 〘植物〙サザンカ (山茶花) (*Camellia sasanqua*) (ツバキ科ツバキ属; 日本原産). 〘(1866) ◻ Jpn.〙

SASE, sase /ésèiésí:/ (略) (米) self-addressed stamped envelope 自分の住所氏名を書いて切手を貼った返信用封筒(同封のこと).

sash[1] /sǽʃ/ *n.* **1** (婦人・子供服の胴回りなどに飾る幅広で長めの)飾り帯, サッシュ. **2 a** (軍人が肩から腰にかける)肩帯, 懸章, 飾帯. **b** (礼服着用時に肩から垂らす)綬(じゅ). — *vt.* **1** …に飾り帯[サッシュ]をつける[しめる]. **2** …に肩帯[懸章]をつける. **~·less** *adj.* 〘(1590) *shash* ◻ Arab. *šāš* muslin〙

sash[2] /sǽʃ/ *n.* (*pl.* ~, ~·**es**) **1** (ガラスを支える)窓枠, サッシ; (温室などの)ガラス明かり窓: ⇨ sash chain, sash line, sash window. **2** 上げ下げ窓 (cf. casement). **3** [集合的] サッシ (sashes), 窓枠. — *vt.* 〈戸・窓にサッシを取り付ける. 〘(1681) (逆成) ← (1681) *shashes* (異形) ← *chasses* (pl.) ← *chassis* ◻ OF 'frame, framework': ⇨ chassis〙

Sa·sha /sɑ́:ʃə | sǽʃə/ *n.* サーシャ (女性名 Sandra, Alexandra の愛称; 男性名 Alexander の愛称).

sa·shay /sæʃéɪ/ (米口語) *vi.* **1 a** 気取って歩く, 目立つようにして歩く. **b** すべるように進む (glide along), 歩く (walk), 行く (go). **c** 斜めに歩く. **2** 〘ダンス〙足をすって進む (chassé). — *n.* **1** 旅行, 旅 (trip): take a ~ 旅行する. **2** 〘ダンス〙=chassé. **3** (スクエアダンスの)サシェイ (パートナー同士がサイドステップしながら旋回した後で男性が女性の後ろを歩く形). 〘(1836) (変形) ← CHASSÉ〙

sásh bàr *n.* (窓などの)桟. 〘1837〙

sásh chàin *n.* (上げ下げ窓の)つり鎖.

sásh còrd *n.* =sash line.

sásh-dòor *n.* ガラス付きの扉, 腰唐戸. 〘1726〙

sashed[1] *adj.* 飾り帯[サッシュ, 肩章, 懸章]をつけた. 〘(1869) ← SASH[1]＋-ED 2〙

sashed[2] *adj.* サッシ (sash) を施した, 上げ下げ窓 (sash window) を取り付けた. 〘(1710) ← SASH[2]＋-ED[2]〙

sásh fillister *n.* 〘木工〙=fillister 2.

sa·shi·mi /sɑ:ʃí:mi | sæ-, sə-/ *n.* 刺身. 〘(1880) ◻ Jpn.〙

sásh lìne *n.* (上げ下げ窓の)つり綱, つり紐. 〘1794〙

sásh pòcket *n.* 窓枠分銅 (sash weight) の上下する溝, 分銅笛. 〘1887〙

sásh-pùlley *n.* (上げ下げ窓の)つり綱用つり車. 〘1762〙

sásh rìbbon *n.* (上げ下げ窓の窓枠分銅と窓枠とをつなぐ)鋼やアルミ合金のテープ. 〘1861〙

sásh sàw *n.* (窓枠を切るための)細引き鋸(のこ). 〘1812〙

sásh wèight *n.* (上げ下げ窓の)窓枠分銅. 〘1737〙

sásh wìndow *n.* (二枚の窓サッシが上下する)上げ下げ窓 (cf. casement 1 b, window sash). 〘1686〙

sas·in /séɪsən, sǽsən, -sn̩/ *n.* 〘動物〙ブラックバック, インドレイヨウ (black buck). 〘1834?〙

sas·ine /séɪsɪn, séɪs-/ *n.* 〘スコット法〙封土の占有権 (cf. seisin). 〘(1669) (変形) ← SEISIN: cf. ML *sasina*〙

Sask. (略) Saskatchewan.

Sas·katch·e·wan /səskǽtʃəwɑ̀(:)n, sæs-, -wən | -tʃ̩wən, -wɒ̀n/ *n.* **1** サスカチェワン (カナダ中部の州; 面積 651,900 km², 州都 Regina; 略 Sask.). **2** [the ~] サスカチェワン川 (Rocky 山脈から東流する Canada 中部の川; South Saskatchewan (1,392 km) と North Saskatchewan (1,223 km) が合流して Winnipeg 湖に注ぐ(合流点以下 547 km)). **Sas·katch·e·wan·ian** /səskætʃəwɑ́:niən, sæs- | -tʃɪ-ˊ-/ *n., adj.*

sas·ka·toon /sæ̀skətú:n/ *n.* 〘植物〙バラ科ザイフリボク属の植物の総称 (Juneberry); (特に)北米 Oregon 州産の低木 (*Amelanchier alnifolia*) (実は甘く, 食用になる). 〘(1810) ◻ N-Am.-Ind. (Cree) *misâsk watomin* ← *misâkwat* shadbush, (原義) tree with much wood＋*min* berry〙

Sas·ka·toon /sæ̀skətú:n/ *n.* サスカトゥーン (カナダ中部の Saskatchewan 州中南部の都市).

Sas·quatch, s- /sǽskwɑ(:)tʃ, -kwætʃ | -kwɒtʃ, -kwætʃ/ *n.* サスクワッチ (北米北西部山岳地帯にすみ, 毛深く長い腕と巨大な足をもち, 人間に似ているといわれる未確認動物; Bigfoot ともいう). 〘(1924) ← Salishan〙

sass[1] /sǽs/ (米口語) *vt.* …に生意気を言う; …に口答えする (talk back). — *n.* 生意気な言葉[口]; 口答え (back talk). 〘(1856) (逆成) ← SASSY〙

sass[2] /sǽs/ *n.* (米方言) **1** [集合的] 野菜類 (garden vegetables). **2** (デザートまたは料理の付け合わせとして食べる)果物の砂糖煮. 〘(1775) (転訛) ← SAUCE〙

sas·sa·by /sǽsəbi/ *n.* 〘動物〙ササビーダマリスクス, ササビー (*Damaliscus lunatus*) (アフリカ南西部産の体が濃い赤栗色で顔の前面と足の上部が暗色の, 三日月形の角をもつレイヨウ). 〘(1820) ◻ Tswana *tshêsêbê*〙

sas·sa·fras /sǽsəfræ̀s/ *n.* **1** 〘植物〙サッサフラス (*Sassafras albidum*) (北米東部産クスノキ科の落葉樹; 黄色い花を咲かせ紺色の漿果をつける). **2** サッサフラスの根皮 (乾燥して調味料・香料・薬用にする; cf. sassafras tea). 〘(1577) ← NL ~ ← Sp. *sasafrás*〙

sássafras òil *n.* サッサフラス油 (サッサフラスの根から採る黄色がかった揮発性の油). 〘1800〙

sássafras téa *n.* サッサフラス茶 (サッサフラスの根皮を乾燥してつくる茶で, 刺激薬・発汗薬・利尿薬として用いる). 〘1783〙

Sas·sa·ni·an /səséɪniən, sæ-/ *adj.* (イランの)ササン朝の. — *n.* =Sassanid. 〘(1788): ⇨ ↓, -ian〙

Sas·sa·nid /səsɑ́:n̩d, -sǽn- | sǽsənɪd/ (*also* **Sas·sa·nide** /~/) *n.* (*pl.* ~**s**, **-sa·ni·dae** /-nədi: | -nɪ-/) **1** ササン朝の君主. **2** [the ~s; the Sassanidae] ササン朝. — *adj.* =Sassanian: the ~ dynasty ササン朝 (226–642) (イランのイスラム期に先立つ王朝). 〘(1776) ← NL *Sassanidae* Sassanids ← *Sāsān* (ササン朝の創始者 Ardashir I の祖父): ⇨ -id[2]〙

Sas·sa·ri /sɑ́:səri:; *It.* sássari/ *n.* サッサリ (イタリア Sardinia 島北西部の都市).

Sas·se·nach, s- /sǽsənæ̀k, -næ̀x, -nɒx | -næ̀k/ *n.* (スコット・アイル) [軽蔑的に] イングランド人, イングランド出身の英国人 (Englishman, Englishwoman); イングランド的なもの. ★ 英国諸島に住むスコットランド人・アイルランド人が用いる. 〘(1771) ◻ Gael. *Sasunnoch*=Ir.-Gael. *Sasanach* ← *Sasan-* ◻ L *Saxonēs* 'SAXONS'〙

Sas·soon /sæsú:n, sə- | sə-, sæ-/, **Siegfried** (**Loraine**) *n.* サスーン (1886–1967; 英国の詩人・著述家; *War Poems* (1919), *Memoirs of an Infantry Officer* (1930)).

Sassoon, Vidal *n.* サスーン (1928–2012; 英国のヘアスタイリスト).

sass·wood /sǽswʊ̀d/ *n.* 〘植物〙アフリカ西部産のマメ科の有毒高木 (*Erythrophloeum guinense*) (アルカロイドを含み強心薬となる; 硬い幹は防虫木材として使われ, またその皮は先住民が矢毒用にする). 〘(1897) (変形) ← SASSY-WOOD〙

sas·sy /sǽsi/ *adj.* (**sas·si·er**; **-si·est**) (米口語) **1** 口答えする; 生意気な, 厚かましい. **2** 元気のいい, 生き生きした. **3** しゃれた, いきな: a ~ scarf. **sás·si·ly** /-s̩li/ *adv.* **sás·si·ness** /-sin̩s/ *n.* 〘(1833) (転訛) ← SAUCY〙

sássy bàrk *n.* **1** sasswood の樹皮 (アフリカ西部の先住民が試罪法 (ordeal) の毒として用いる; cf. ordeal tree). **2** 〘植物〙=sasswood. 〘(1856) ↓〙

sássy·wòod *n.* 〘植物〙=sasswood. 〘← WAfr. *sassy*〙

sas·tra, S- /ʃɑ́:strə/ *n.* 〘ヒンズー教〙=shastra.

sas·tru·ga /sǽstrəgə, sɑ:ʃ-/ *n.* (*pl.* **-tru·gi** /-trəgi/) [通例 *pl.*] サスツルーガ (風の働きで雪原の表面に生じた雪の隆起). 〘(1840) ◻ Russ. *zastruga*〙

sat[1] /sǽt/ *v.* sit の過去形・過去分詞. 〘OE *sæt*, *ġeseten*〙

sat[2] /sʌ́t/; *Hindi* sət/ *n.* 〘ヒンズー教〙実在性, 存在一般 (cf. Sat-cit-ānanda). 〘◻ Skt ~ (原義) being〙

SAT /ésèɪtí:, sǽt/ (略) 〘商標〙Scholastic Assessment [旧称 Aptitude] Test; South Australian Time; standard assessment task.

sat. (略) satellite; saturate; saturated; saturation.

Sat. (略) satellite; Saturday; Saturn.

sa·tai /sɑ́:teɪ | sǽteɪ, sɑ:-/ *n.* =satay.

Sa·tan /séɪtn̩/ *n.* **1** 〘キリスト教〙サタン, 悪魔(の頭), 地獄の王, 魔王, 大悪魔 (the Devil) (通例 Lucifer と同一視される). **2** 悪魔のような人. ***Sátan rebúking sín*** 自分の悪いことは棚上げして人の同じような悪いことを非難する人 (「罪をとがめるサタン」の意から). 〘OE *Satan(as)* ◻ LL *Satān*, *Satanās* ◻ Gk *Satân*, *Satanâs* ◻ Heb. *śāṭān* enemy ← *śāṭán* to oppose〙

sa·tang /sətɑ́:ŋ, sɑ:tǽŋ | sǽtæŋ/ *n.* (*pl.* ~**s**, ~) **1** サタン (タイの通貨単位; =¹/₁₀₀ baht). **2** 1 サタン貨. 〘(1915) ◻ Thai *satāṅ*〙

sa·tan·ic /sətǽnɪk, seɪ-/ *adj.* **1** [時に S-] サタンの, 悪魔の: ~ influence / the *Satanic* Host 堕落天使群 (cf. Milton, *Paradise Lost* 6. 392). **2 a** 悪魔のような (devilish); (風采が)悪魔的な: a ~ face. **b** 〈笑いなど〉嘲笑的な: a ~ laugh / with ~ glee 悪魔でくほくそえんで. **c** 残忍な, 極悪非道な, 凶悪な: ~ cruelties 鬼のような残虐行為. **d** 異常な, 恐ろしい: ~ energy 超人的なエネルギー. **e** ぞっとする, 嫌な (hellish): ~ conditions. **3** 悪魔派の[から成る] (cf. Satanic school). 〘(1667) ◻ LGk *satanikós*: ⇨ Satan, -ic[1]〙

satánic abúse *n.* 大人の悪魔崇拝めいた儀式で行われる児童虐待[殺し] (ritual abuse).

sa·tán·i·cal /-n̩kəl, -kl̩ | -nɪ-/ *adj.* (古) =satanic. **~·ly** *adv.*

Satánic schòol *n.* [the ~] 悪魔派 (不道徳・不信仰を特色とする作家の一派; 英国では特に Byron, Shelley などの一派を R. Southey がこう呼んだ). 〘1821〙

Sá·tan·ìsm, s- /-tənɪzm, -tn̩- | -tən-, -tn̩-/ *n.* **1** 悪魔主義 (diabolism), 悪魔崇拝; 悪魔的行為[傾向]. **2** 悪魔教, 悪魔崇拝 (特に, 19 世紀後半のフランスで悪魔を神としてキリスト教をまねたり, その典礼を滑稽に模倣して黒ミサ (Black Mass) と称する儀式を行って神を冒瀆(ぼうとく)したこと). **3** 悪魔派 (Satanic school) の特徴. 〘(1565): ⇨ -ism〙

Sá·tan·ist /-tən̩st, -tn̩- | -tənɪst, -tn̩-/ *n.* **1** 悪魔崇拝[主義]者. **2** (古) 生まれつき悪人と思われている人. 〘(1559) ◻ ML *satanista*: ⇨ Satan, -ist〙

Sa·ta·nol·o·gy /sèɪtənɑ́(:)lədʒi, -tn̩- | -tənɒ́l-, -tn̩-/ *n.* サタン[悪魔]研究, サタン[悪魔]学[論]. 〘(1862) ← SATAN＋-O-＋-LOGY〙

sat·a·ra /sətɑ́:rə/ *n.* サタラ (横うね織の光沢のあるラシャ). 〘(1878) ← *Satara* (インド Maharashtra 州の産地名)〙

sa·tay /sɑ́:teɪ | sǽteɪ; *Malay* satai, sáte/ *n.* サテ (焼串で肉を刺して香料をつけて焼いたマレーシア・インドネシアの料理; ピーナッツ入りのたれにつけて食べる). 〘(1934) ◻ Malay *sate*, *satai* // Indonesian *sate*〙

SATB (略) 〘音楽〙soprano, alto, tenor, (and) bass.

satch·el /sǽtʃəl, -tʃl̩/ *n.* **1** (教科書などを入れる皮・ズック製の, 通例肩にかける)学生かばん, 小かばん, ランドセル: the whining school-boy, with his ~ ランドセル背負った泣虫生徒 (Shak., *As Y L* 2. 7. 145). **2** ランドセルに似たもの[かばん]. **sátch·elled** *adj.* **~·fùl** /-fʊ̀l/ *adj.* 〘(*c*1300) ◻ OF *sachel* < L *saccellum* (dim.) ← *saccus* 'SACK[1]': ⇨ -el[1]〙

sátchel chàrge *n.* 〘軍事〙梱包爆破薬 (一人または数人で運搬し爆発できる爆薬).

Sat-cit-a·nan·da /sʌ́ttʃítəːnʌ́ndə/ *n.* 〘ヒンズー教〙実在の現象形態 (実在性 (sat), 純粋意識 (cit), 歓喜 (ānanda) の三様態より成る). 〘◻ Skt ~〙

sat·com /sǽtkɑ̀(:)m | -kɒ̀m/ *n.* 〘宇宙〙サットコム, 衛星通信センター (cf. earth station). 〘← *sat(ellite) com(munications)*〙

satd. (略) saturated.

sate[1] /séɪt/ *vt.* 〈渇き・欲望などを〉十二分に満足させる, 満たす, 満腹させる (⇨ satiate SYN); 飽きあきさせる: be ~*d with* food [pleasure] 食物を十二分に食べる[十二分に楽しむ] / ~ oneself *with* …を満喫する. 〘(1600) (変形) ← (方言) *sade* OE *sadian* ← SAD: *-t-* は L *satis* enough の影響〙

sate[2] *v.* (古) sit の過去形. 〘ME *saat*, *sate*〙

sa·té /sɑ́:teɪ | sǽteɪ, sɑ́:-/ *n.* =satay.

sa·teen /sætí:n, sə-/ *n.* 綿繻子(じゅす), 毛繻子 (cf. satin 1). 〘(1878) (混成) ← SAT(IN)＋(VELVET)EEN〙

sáte·less *adj.* (詩・古) 飽きることを知らない (insatiable). 〘1701〙

sat·el·lite /sǽtəlàɪt, -tl̩- | -təl-, -tl̩-/ *n.* **1 a** 人工衛星 (artificial satellite) (cf. communications satellite): launch a ~ 人工衛星を打ち上げる / by [via] ~ 衛星中継で. **b** 〘天文〙衛星 (惑星の周囲をその引力の作用で公転する天体; 地球における月の類): an artificial [earth] ~ 人工衛星. **2 a** (政治的・経済的に大国に従属する)衛星国 (satellite state). **b** 衛星都市 (satellite town [city]); (都市の)近郊. **3** (飛行場の周囲にある)付属小飛行場. **4 a** 追従者; おべっか使い (minion); 従者; お供; 居候 (dependent); 下役, 小者. **b** 付随するもの, 補充物. **5** (空港の)サテライト (乗客が乗り降りするときに通る). **6** 〘生物〙付随体 (染色体のくびれの先端の小球状の部分; trabant ともいう). — *adj.* **1** 衛星の[に関する]: a ~ booster 衛星加速用ロケット. **2** (大国・大都市に対して)衛星のような関係にある; 付随する, 共存する; 隣接する: ~ states [cities] 衛星国家[都市]. **3** 〘生物〙付随体のある. 〘(*a*1548) ◻ (O)F ~ // L *satellit-*, *satelles* guard, attendant〙

sátellite bròadcasting *n.* 衛星放送. 〘1964〙

sátellite chròmosome *n.* 〘生物〙付随体染色体.

sátellite cìty *n.* =new town 2.

sát·el·lìt·ed /-t̩d | -t̩d/ *adj.* 〘生物〙=satellite. 〘1895〙

sátellite dìsh *n.* 衛星通信用パラボラアンテナ, 衛星放送受信アンテナ (皿型の凹面鏡のような大きなパラボラアンテナ; 放送衛星から電波を直接受信できる装置; home dish ともいう).

sátellite DNA *n.* 〘生物〙付随 DNA, サテライト DNA (細胞の DNA を遠心器で分けたとき, 核内にある主成分と違う比重をもつ DNA; ミトコンドリアなどに含まれている DNA などがこれに当たる; 略 sat. DNA). 〘1969〙

sátellite fèed *n.* 〘放送〙(番組中に挿入される)衛星生中継.

sátellite stàtion *n.* (宇宙船の給油などの目的のため

の)人工衛星ステーション, 宇宙船基地. 〖1945〗

sátellite tèlevision *n.* 衛星テレビ《放送衛星を使って信号を送受信するテレビ放送システム》. 〖1966〗

sátellite tòwn *n.* **1** (大都市の近郊にある)衛星都市 (cf. new town). **2** (都市の近郊にある)団地. 〖1925〗

sat·el·lit·ic /sæ̀təlítɪk, -tl̩- | -təlít-, -tl̩-ˊ/ *adj.* = satellite.

sat·el·lit·i·um /sæ̀təlítiəm, -ʃiəm | -təlít-, -tl̩-/ *n.* 〘占星〙同一宮の星群《黄道十二宮 (zodiac) のひとつの宮に属する 3 個以上の星》. 〖《1669–96》▫ LL ～ bodyguard (of a prince) ← L *satelles*: ⇨ satellite〗

sat·el·li·za·tion /sæ̀təlɪzéɪʃən, -tl̩- | -təlaɪ-, -lɪ-, -tl̩-/ *n.* 衛星(圏)化, 従属化. 〖1958〗

sat·el·loid /sǽtəlɔ̀ɪd, -tl̩- | -təl-, -tl̩-/ *n.* 〘宇宙〙サテロイド《衛星軌道にまで至らない低い高度で比較的短時間飛行する人工衛星》. 〖《1955》: ⇨ satellite, -oid〗

sa·tem /sɑ́ːtəm | -təm/ *adj.* 〘言語〙サテム言語群の[に属する]《印欧語族のうち, 共通基語に想定さる k が s [s], š /ʃ/ などの歯擦音になった言語群; インド・イラン・バルト・スラブ・アルバニア・アルメニア語派など; cf. centum²》: ～ languages. 〖《1901》▫ Avest. *satəm* hundred: *satəm* の語頭の *s-* が IE *k* の歯擦音化を表すことから〗

satg 《略》saturating.

sa·ti /sətíː, sʌ́tiː | sʌ́tiː, sətíː; *Hindi* səṭiː/ *n.* 〘ヒンズー教〙＝suttee.

Sa·ti /sətíː, sʌ́tiː | sʌ́tiː, sətíː; *Hindi* səṭiː/ *n.* 〘ヒンズー神話〙サティー《Siva 神の妻; 父と夫の争いのあとで, 自ら火の中に入って犠牲となった; sati または suttee と呼ばれる妻の殉死の習俗は, この神話に関係している》. 〖▫ Skt *satī*〗

sa·tia·ble /séɪʃəbl̩, -ʃiə- | -ʃiə-, -ʃə-/ *adj.* 満足することのできる, 飽きあきさせられる. **sa·tia·bil·i·ty** /sèɪʃəbíləti | -ʃiəbílɪ̀ti, -ʃə-/ *n.* **～·ness** *n.* **sá·tia·bly** *adv.* 〖《1570》▫ LL *satiābilis*: ⇨ ↓, -able〗

sa·ti·ate /séɪʃièɪt/ *vt.* **1** 嫌というほど与える, 飽かす, 飽きあきさせる: be ～*d* with pleasure 快楽に飽き飽きする. **2** 《まれ》〈食欲・欲望などを〉十分満足させる (satisfy).
— /séɪʃiɪ̀t, -ʃièɪt/ *adj.* 《詩・古》飽きあきした.
〖(v.: *c*1532.; adj.: *c*1440) ← L *satiātus* (p.p.) ← *satiāre* to satisfy: ⇨ satis, -ate²·³〗

SYN 十分に食べる: **satiate** 必要以上に食べ物などを食べて十分に〈人や食欲を〉満足させる《格式ばった語》: be *satiated* with rich food こってりした食べ物に飽きる. **sate** うんざりするほど〈食欲や欲望を〉満足させる《格式ばった語》: He was *sated* with pleasure. 快楽に飽きていた. **surfeit** 飽きあきするほど食べさせる[供給する]《格式ばった語》: She *surfeited* herself with candy. 胸が悪くなるほどキャンディーを食べた. **cloy** 甘い物などを食べ過ぎて気分を悪くさせる《格式ばった語》: *cloy* the palate with too many sweets お菓子を食べ過ぎて気分が悪くなる. **glut** 〈商品などを〉過度に供給する《特に飽きさせる意はない》: The market is *glutted* with cheap products. 市場には安い品があり余っている.

sá·ti·àt·ed /-èɪtɪ̀d | -tɪ̀d/ *adj.* 〈食欲・欲望など〉十分満足している; 飽きあきした (bored). 〖1691〗

sa·ti·a·tion /sèɪʃiéɪʃən/ *n.* 充足すること; 充足の状態, 飽満. 〖《1638》← SATIATE ＋-ATION〗

Sa·tie /sætíː, sɑː- | sǽti, sɑ́ː-, ―ˊ; *F.* sati/, **Erik** *n.* サティ《1866–1925; フランスの作曲家; 知的・革新的な楽風で Debussy, Ravel らに影響を与えた; 本名 Alfred Erik Leslie-Satie /lɛsli-/》.

sa·ti·e·ty /sətáɪəti | sətáɪɪ̀ti, séɪʃiəti, -ʃə-/ *n.* **1** 飽きあきすること[状態], 飽満: to ～ 飽きあきするほど. **2** 欲望の充足. **3** (過度, 放縦による)嫌悪, 嫌け. 〖《1533》▫ (O)F *satiété* ▫ L *satietās* ← *satis*: ⇨ satis, -ty〗

satíety cènter *n.* 〘解剖〙(脳の)満腹中枢. 〖1962〗

sat·in /sǽtn̩ | -tɪn/ *n.* **1 a** 繻子(しゅす), サテン. **b** サテンの衣服[衣装]. **2** 繻子のような(柔らかくなめらかでつやのある)表面: the ～ of a fine skin 繻子のようなきめの細かい皮膚 / the ～ of the coat of a horse つやつやしたなめらかな馬の毛並. — *adj.* [限定的] **1** 繻子[サテン]で作った: ～ shoes. **2** 繻子のような; なめらかで光沢のある: a ～ polish 繻子仕上げ / a horse's ～ coat 馬の繻子のような毛並.
— *vt.* **1** 〘製紙〙繻子[サテン]がけする, 繻子仕上げにする. **2** 〘金属加工〙〈銀器を〉梨地仕上げにする. **～·lìke** *adj.* 〖n.: 《1369》▫ (O)F ～ ▫ Arab. (*átlas*) *zaytūnī* 'tissue brought from *Zaytūn* (▫ Chin. *Tzut'ing* (刺桐: 福建省の海港である泉州の旧名))' ― v.: 《1839》← n.〗

sátin bìrd *n.* 〘鳥類〙アオアズマヤドリ (*Ptilonorhynchus violaceus*)《豪州東部産ニワシドリ科の一種; 光沢のある羽毛をもつ》.

sátin clòth *n.* 毛繻子(じゅす). 〖1882〗

sat·i·net /sæ̀tənét, -tn̩- | -tɪn-/ *n.* (*also* **sat·i·nette** /～/) **1** まがい繻子(じゅす), 絹綿交織繻子. **2** (品質の劣った)薄いサテン. 〖《1703》▫ F ～: ⇨ satin, -et〗

sátin fìnish *n.* **1** 〘金属加工〙(銀器の)梨地仕上げ《細かい針金のブラシを用いる》. **2** 〘ガラス製造〙繻子(じゅす)仕上げ《ガラス面に繻子状の光沢を出すための仕上げ》. 〖1865〗

sátin fìnish glàss *n.* 〘ガラス製造〙繻子(じゅす)光沢のガラス器《繻子状光沢仕上げ加工したガラス器》.

sátin·flòwer *n.* 〘植物〙**1** ゴウダソウ(合田草) (⇨ honesty 3). **2** ニワゼキショウ (blue-eyed grass). **3** タイリンゴデチア (*Godetia grandiflora*)《米国 California 州原産アカバナ科の一年草またはその花》. **4** ハコベ (stitchwort, common chickweed) **5** 《豪》＝flannel flower. 〖1597〗

sátin glàss *n.* サテンガラス器, 繻子(じゅす)仕上げガラス器《不透明な厚手のガラスに一定の深さの刻みをつけ, 色ガラスを植え込んで全体を透明ガラスで覆い, 酸で薄く食刻した繻子光沢のある米国のガラス工芸品; mother-of-pearl glass ともいう》.

sátin gýpsum *n.* 〘鉱物〙繊維石膏(こう)《真珠光沢をもった繊維状の石膏》. 〖1836–41〗

sat·in·ize /sǽtənàɪz, -tn̩- | -tɪn-/ *vt.* ＝satin. 〖1869〗

sátin·lèaf *n.* 〘植物〙**1** 北米の寒地産ユキノシタ科の多年草 (*Heuchera hispida*). **2** ＝caimitillo. 〖1864〗

sátin mòth *n.* 〘昆虫〙ヨーロッパヤナギドクガ (*Stilpnotia salicis*)《ヨーロッパをはじめアメリカ・カナダなどに生息するドクガ; 成虫は光沢のある白い翅がある》. 〖1819〗

sátin pàper *n.* (光沢のある)繻子(じゅす)紙《書簡用》. 〖1834〗

sátin·pòd *n.* 〘植物〙ゴウダソウ (⇨ honesty 3).

sátin pòppy *n.* 〘植物〙ヒマラヤ原産のケシ科メコノプシス属の多年草 (*Meconopsis napalensis*).

sátin spár *n.* 〘鉱物〙＝satin gypsum.

sátin stìtch *n.* サテンステッチ《刺繍の刺し方; 平行な糸で図案をすき間なく埋めていくもので, 裏表がほとんど同じに仕上がる》. 〖1684〗

sátin stóne *n.* 〘鉱物〙＝satin gypsum.

sátin wèave *n.* 繻子(じゅす)織《縦糸を際立たせて布地に滑らかな光沢を出す織り方》. 〖1883〗

sátin whíte *n.* 繻子(じゅす)白《アルミナおよび石膏から成る白色顔料》. 〖1839〗

sátin·wòod *n.* 〘植物〙**1** (インドおよびスリランカ産の)センダン科マホガニー類の高木 (*Chloroxylon swietenia*)《East Indian satinwood ともいう》; その木材《繻子(じゅす)のような光沢があり良質の家具用材》. **2** 西インド諸島産ミカン科サンショウ属の植物 (*Zanthoxylum coriaceum*)《West Indian satinwood ともいう》. **3** 南米ガイアナ産のバラ科の高木 (*Feronia guayanencis*)《材は黄褐色で美しく家具材にする》. 〖1792〗

sat·in·y /sǽtəni, -tn̩i | sǽtɪni/ *adj.* **1** 繻子(じゅす)のような(光沢のある), つやつやした, 滑らかな. **2** 強く感覚に訴える, 感覚的な. 〖《1786》← SATIN＋-Y¹〗

sat·ire /sǽtaɪə | -taɪə(r)/ *n.* **1** 諷刺, 皮肉, 当てこすり, 嫌味 (⇨ irony¹ **SYN**): a political and social ～ 政治的社会的諷刺 / *Satire* is wasted on him. 彼には皮肉はききめがない / Our lives are a ～ *upon* our religion. 我々の生活は我々の宗教に対する皮肉だ. **2 a** 諷刺文[小説, 劇, 詩], 諷刺文学作品《社会や権威者の愚行・悪徳を機知をもって嘲笑する作品; Swift の *Gulliver's Travels* など; ⇨ caricature **SYN**》. **b** [集合的] 諷刺文学. **c** 諷刺文, 落首 (lampoon). **3** 《廃》諷刺家 (satirist). 〖《1509》▫ (O)F ～ ∥ L *satira* medley, satire (変形) ← (*lanx*) *satura* full (dish) ← *lanx* dish＋*satur* full (cf. satis)〗

sa·tir·ic /sətírɪk/ *adj.* **1** 諷刺の[を基にした]; 皮肉な, 口の悪い, 嫌味を言う, 辛辣(しんらつ)な (caustic) (⇨ sarcastic **SYN**): a ～ style 諷刺的文体. **2** 諷刺を好む, 諷刺のうまい, 諷刺詩[文, 劇]を書く: a ～ writer [poet] 諷刺作家[詩人]. 〖《1509》▫ F *satirique* ∥ LL *satiricus*: ⇨ ↑, -ic¹〗

sa·tír·i·cal /sətírɪ̀kəl, -kl̩ | -rɪ-/ *adj.* ＝satiric. **～·ness** *n.* **～·ly** *adv.* 〖《*a*1529》: ⇨ ↑, -al¹〗

sat·i·rist /sǽtərɪ̀st | -tɪ̀rɪst/ *n.* **1** 諷刺作者, 諷刺文[小説, 劇, 詩]作者. **2** 諷刺家, 当てこすり家. 〖《1589》← SATIRE＋-IST ∽ 《*a*1387》ME *satiric* (⇨ satiric)〗

sat·i·rize /sǽtəràɪz | -tɪ̀-/ *vt.* **1** …に対して諷刺詩[文]を書く[で攻撃する], 諷刺する, 当てこする, 皮肉を言う; ひやかす. **2** 〈弱点などを〉諷刺[皮肉]の対象にする, 皮肉化する, …の皮肉となる: This detestable custom ～*s* humanity. この忌むべき慣習は人類に対する皮肉だ《こんなひどい慣習があっては人類も笑われものだ》. — *vi.* 諷刺詩[文]を書く, 諷刺する. **sát·i·rìz·er** *n.* **sat·i·ri·za·tion** /sæ̀tərɪ̀zéɪʃən | -tɪraɪ-, -rɪ-/ *n.* 〖《1601》▫ F *satiriser*: ⇨ satire, -ize〗

sat·is /sǽtɪ̀s | -tɪs/ *L. adj., adv., n.* 十分(な[に]) (enough); (試験成績など)合格(で): ⇨ jam satis (巻末), satis superque (巻末). 〖▫ L 'enough': ⇨ sad〗

sat·is·fac·tion /sæ̀tɪ̀sfǽkʃən | -tɪ̀s-/ *n.* **1 a** 満足させる[する]こと; (欲望・願望の)充足, 達成, 満足, 本望, 本懐: a feeling of (deep) ～ (深い)満足感 / find [take] ～ in doing …することに満足を見いだす[…して満足を覚える] / I heard the news *with* great [much] ～. その知らせを聞いて非常に満足した / express one's ～ *at* [*with*] the result 結果に満足の意を表する / changes at work to increase job ～ 仕事の満足度を増すための職場での配置替え / the ～ of a person's appetite(s) [demands] 人の食欲[要求]を満たすこと. **b** [通例 a ～] 満足させる事物, 満足の原因[手段]: The news was [The events were] *a* great ～ to all of us. その知らせ[催し物]は我々すべてにとってたいへん満足のいくものだった / It will be *a* ～ (to [for] us) to know that …と聞けば(我々は)満足だろう. **2 a** (損失・毀損などに対する)償い, 賠償, 支払い, 弁済, 義務の履行: ～ *for* a debt 借金の返済 / in full and complete ～ 皆済して / in ～ of …の支払い[償い]として / get ～ 賠償[謝罪]を受ける / make ～ *for* …の賠償をする. **b** (決闘などによる)名誉回復, 雪辱(せつじょく); 決闘. **3** 安心して[真実なものとして]受容[認容]すること; 確信; 納得, 得心: For your private ～, I will let you know. お前にだけ納得いくように教えてやろう (Shak., *Caesar* 2. 2. 73). **4 a** 〘キリスト教〙懺悔(ざんげ)の苦行. **b** 〘カトリック〙(キリストによる)贖罪(しょくざい), 罪の償い; 贖(あがな)い人.
demánd satisfáction (1) 賠償[謝罪]を要求する. (2) 決闘を申し込む. 《1802》 ***give satisfáction*** (1) 満足を与える, 満足させる (satisfy). (2) 賠償する, 謝罪する. (3) 決闘の申し込みに応じる. 《1609–10》 ***tàke satisfáction for*** 《古》…のかたき[賠償]を取る: Ye shall *take* no ～ *for* the life of a murderer. 汝ら死に当たる故殺人(ごろし)の生命(いのち)を贖(あがな)わしむべからず (*Num.* 35:31). ***to one's satisfáction*** 満足のいくほど, 得心のいくように; 満足したことには: I found *to my* ～ that …ということがわかって満足した / The question has yet to be answered *to her* (complete) ～. その質問はまだ彼女が(すっかり)得心のいくようには答えられていない. 《1662》
〖《*a*1325》▫ (O)F ～ ∥ L *satisfactiō(n-)* satisfaction, LL penitence: ⇨ satisfy, -faction〗

sat·is·fac·to·ri·ly /sæ̀tɪ̀sfǽktərəli, -trə- | -tɪ̀sfǽktərɪ̀li, -tr-/ *adv.* 満足に, 十分に, 納得[満足]のいくように, 思う存分: Our project is progressing ～. 我々の計画は思うとおりに進行している / arrange everything ～ 万事満足のいくように取り決める. 〖1587〗

sat·is·fac·to·ry /sæ̀tɪ̀sfǽktəri, -tri | -tɪ̀s-ˊ/ *adj.* (cf. satisfying) **1 a** 満足のいく, 満足すべき, 意に満たた, 思い通りの, 申し分のない, 十分な: The answer is [The goods are] not ～. 返事[その商品]は満足すべきものでない / My pupil's progress was ～, though not outstanding. 教え子の進歩は傑出してはいないがよしとすることができた / His behavior is anything but ～. 彼の行状には全く納得がいかない. **b** ちょうどよい, 良好な, よい (adequate): ～ results [scores] 好結果, 好得点[成績] / The cooking here is very [only] ～. ここの料理は非常によい[よいというほかない]. **c** 疑問[無知]を晴らしてくれる, 納得させる, 確かな. **2** 〘神学〙贖罪(しょくざい)の, 十分罪の贖(あがな)いとなる: The sacrifice of Christ was ～ *for* the sins of mankind. キリストの犠牲は全人類の罪悪を贖うに十分であった. **sàt·is·fác·to·ri·ness** *n.* 〖《1547》▫ LL *satisfactōrius*: ⇨ ↑, -ory〗

sat·is·fi·a·ble /sǽtɪ̀sfàɪəbl̩, ―――――ˊ | -tɪ̀s-/ *adj.* 満足させることのできる; 支払うことのできる. 〖1609〗

sat·is·fice /sǽtɪ̀sfàɪs | -tɪ̀s-/ *vi.* 最小限の条件[結果]を追求する, 小さな成果でよしとする. **sát·is·fic·er** *n.* 〖(《1561》) 《1956》《混成》? ← SATISFY＋SUFFICE: cf. L satisfacere〗

sat·is·fied /sǽtɪ̀sfàɪd | -tɪ̀s-/ *adj.* **1** 満足した, 満ち足りた: hundreds of ～ customers 多くの満足した顧客 / an easily ～ requirement 満たしやすい条件 / Look at the trouble you've caused! I hope you're ～! 君がかけた迷惑を見ろ! 満足だろう! **2** 〈請求書など〉皆済[完済]した (discharged). **3** (議論・証拠などで)確信[得心, 納得]した. 〖1816〗

sat·is·fy /sǽtɪ̀sfàɪ | -tɪ̀s-/ *vt.* **1 a** 〈欲望・望みなどを〉満足させる (satiate); 〈必要・条件などを〉満たす (fulfill); 〈要求・期待などに〉応(こた)える (meet): ～ one's appetite [hunger, thirst] (*with* …) (…で)食欲[空腹, 渇き]をいやす / ～ one's ambitions [aspirations] 大望[宿望]を達する / ～ the requirements for graduation 卒業に必要な条件を満たす / ～ a person's expectations [demands] 人の期待[要求]に応える. **b** 〈絵画・音楽などが〉〈目・耳などを〉楽しませる (please). **2 a** 〈人を〉満足させる, 〈人〉の意を満たす (gratify): ～ a person by carrying out his [her] instructions 指示されたことを成し遂げて人の意にかなう / Nothing satisfied him (but that we should obey his every wish). (我々が彼のすべての望みに従わねば)何物も彼を満足させなかった. **b** [p.p. 形で形容詞的に] 満足して 〔*with*〕/ 〈*to do*〉(cf. satisfied): rest *satisfied* 満足している, 甘んじる / I am not *satisfied with* [*by*] her work. 彼女の仕事には不満足だ / They were *satisfied to* get equal shares. 分け前を平等にもらえて満足だった. **3** [しばしば p.p. 形または ～ *oneself* で] 〈人〉に納得[得心, 確信]させる 〔*of, about*〕/ 〈*that*〉: I'll ～ him *about* the matter. そのことは私が彼に得心させよう / ～ the police *that* one is innocent 自分が無罪であることを警察に納得させる / I *satisfied myself of* her honesty [*that* she was honest]. 私は彼女が正直だという確信を得た / He *was satisfied (that)* the report was true. その報告は間違っていないと確信していた / There's a good deal that I'm *not satisfied about* [*with*]. 納得いかないことがたくさんある / Are you *satisfied?* 満足[納得]しましたか《相手の質問や要求に対して確かめる言い方》. **4** 〈債務を〉果たす, 履行する; 〈請求に〉応じる; 〈負債を〉支払う, 〈債権者〉に皆済する (discharge): ～ an obligation 債務を果たす / ～ a claim for damages 損害賠償の請求に応じる / ～ one's debts [creditors] 負債を[債権者に]弁済する. **5** 〈疑念・心配などを〉晴らす; 〈異議・疑問など〉に十分に答える: ～ a person's fears, anxiety, doubts, etc. **6 a** 〈罪・悪事を〉償う, 贖(あがな)う. **b** 〈人〉に償い[補償]をする (indemnify): ～ people deprived of their lands 土地を奪われた人々に補償を与える. **7** 〘数学〙(…の条件を)満たす, 満足させる: ～ a hypothesis 仮説の条件を満たす / ～ an algebraic equation 代数方程式を満足させる / ～ the necessary conditions 必要条件を満たす. — *vi.* **1** 満足を与える, 十分に満足させる. **2** 〘神学〙〈キリストが〉人類の罪の贖いをする. ***satisfy the exáminers*** ⇨ examiner 成句.

sát·is·fi·er *n.* 〖《*c*1430》ME *satisfien* ▫ OF *satisfier* ▫ L *satisfacere* ← *satis* enough＋*facere* to make: ⇨ satis, -fy〗

SYN 満足させる: **satisfy** 必要・欲望などを満足させる: I am deeply *satisfied* with marriage. 結婚に深く満足している. **content** いま持っているもので満足する: He *contented* himself with his lot. 自分の運命を甘受していた. **gratify** 人の欲望などを満足させる《格式ばった語》: I am highly *gratified* with your progress. あなたの進歩に大いに満足している.

sat·is·fy·ing /sǽtɪ̀sfàɪɪŋ | -tɪ̀s-/ *adj.* **1** 満足を与える,

S

満足のいく, 申し分のない, 十分な. **2** 疑いを晴らすに十分な, 納得できる, 得心の行く, 確かな. **～·ly** *adv.* **～·ness** *n.* 〖1560〗

sat·nav /sǽtnæv/ *n.* サトナブ, 衛星航法《衛星を利用した電波による航法システム》. 〖(*c*1975)《混成》← SAT(ELLITE)＋NAV(IGATION)〗

sa·to·ri /sətɔ́ːri/ *n.* (禅の)悟り. 〖(1727) □ Jpn.〗

sa·trap /séɪtræp, sǽtræp | sǽtræp/ *n.* **1** (古代ペルシャ帝国の)地方総督, 大守 (governor); 副王 (viceroy). **2** (属領地·植民地の)専制的な総督. 〖(*c*1390) □ (O)F *satrape* ∥ L *satrapēs* □ Gk *satrápēs* □ OPers. *xshathrapāvan* protector of the country〗

sa·trap·y /séɪtrəpi, sǽtrə- | sǽtrə-/ *n.* **1** satrap の支配する管区[領地]. **2** satrap の統治. 〖(1603) □ F *satrapie* ∥ L *satrapīa* □ Gk *satrapeía*: ⇨ ↑, -y¹〗

sat·sang /sǽtsæŋ, sʌ́tsʌŋ/ *n.* 〖インド哲学〗宗教対話. 〖(1929) □ Skt *satsaṅga* association with good men ← *sat* good man＋*saṅga* association〗

sat. sol. 《略》〖化学〗saturated solution.

Sat·su·ma /sætsúːmə, sǽtsʊ-/ *n.* **1** [s-]〖園芸〗ウンシュウミカン (*Citrus unshiu*)《鹿児島原産; satsuma mandarin, satsuma orange ともいう》. **2** 薩摩(ㇱ)焼き《素地は象牙色で表面に「ひび」を施し, 上絵に織麗な絵を加える陶磁器の一種; Satsuma ware ともいう》. 〖(1872) □ Jpn.〗

satt·va /sʌ́tvə, sɑ́ːt-/ *n.* **1**〖インド哲学〗サットヴァ, 純質《数論(ㇲ)派 (Sankhya) の形而上学における三要素 (guna) の一つ》. **2**〖仏教〗衆生, 有情. 〖□ Skt ～《原義》existence ← *sa(n)t* existing, true〗

satt·vic /sʌ́tvɪk, sɑ́ːt-/ *adj.*〖インド哲学〗サットヴァ (sattva) 的な; 心が平静な, 悟った.

sat·u·ra·ble /sǽtʃ(ə)rəbl̩, -tʃʊ- | -tʃ(ə)r-, -tʃʊr-, -tjʊr-/ *adj.* 飽和できる. **sat·u·ra·bil·i·ty** /sæ̀tʃ(ə)rəbíləti, -tʃʊ- | -lɪ̀ti/ *n.* 〖(1570) □ LL *saturābilis*: ⇨ saturate, -able〗

sáturable reáctor *n.*〖電気〗可飽和リアクトル (略 SR). 〖1944〗

sat·u·rant /sǽtʃ(ə)rənt, -tʃʊ- | -tʃ(ə)r-, -tʃʊr-, -tjʊr-/ *adj.* 飽和する (saturating). — *n.* 飽和剤. 〖(1755) □ L *saturantem* (pres.p.) ← *saturāre*: ⇨ ↓, -ant〗

sat·u·rate /sǽtʃərèɪt, -tʃʊr- | -tʃər-, -tʃʊr-, -tjʊr-/ *vt.* **1 a** …に(…を)深くしみ込ませる, (…に)浸す (steep) 〔*with*〕(⇨ wet SYN): ～ a sponge *with* water スポンジに水を十分含ませる / ～ oneself *with* sunshine 日光浴をする. **b** ずぶぬれにする (soak): be ～*d* by the rain 雨でびしょぬれになる. **c** (…で)満たす, いっぱいにする (fill) 〔*with*〕: ～ a market *with* products 市場に製品を充満させる / The room was ～*d with* perfume. その部屋は香水のにおいでいっぱいだった. **2 a** [～ *oneself* で]〔研究題目·ある作家などに〕没頭させる〔*in*〕: ～ *oneself in* Roman history ローマ史に没頭する. **b** [p.p. 形で]〔学問·伝統·偏見などが〕しみ込む (imbue)〔*with*〕: His novel *is* ～*d with* prejudice to Christianity. 彼の小説はキリスト教に対する偏見に満ちている. **3** ぎりぎりまで積む[入れ込む, いっぱいにする], 満載する. **4**〖化学·物理〗〈蒸気·溶液·化合物·電流·磁気を〉飽和させる. **5**〖軍事〗〈ある目標地区を〉(砲弾·爆弾·ミサイルなどの集中攻撃で)完全破壊する (cf. saturation bombing). **6** (多数の航空機を送り込んで)〈敵の防空システムを〉無力化する, 麻痺させる. **7**《廃》十分満足させる, 充足させる (satiate).
— /sǽtʃ(ə)rɪ̀t, -tʃərèɪt, -tʃʊr- | -tʃ(ə)r-, -tʃər-, -tʃʊr-, -tjʊr-/ *adj.* 《古》=saturated.
— *n.* 飽和脂肪酸 (saturated fat).
〖(1538) ← L *saturātus* (p.p.) ← *saturāre* to fill ← *satur* full (cf. *satis* enough): ⇨ -ate³〗

sat·u·rat·ed /sǽtʃərèɪtɪ̀d, -tʃʊ- | -tɪ̀d/ *adj.* **1 a** しみ込んだ, 充満した (pervaded): a style ～ *with* affectation よくよくきざな文体. **b** ずぶぬれの (soaked). **2** 限界に達した. **3** 満足した (satisfied). **4** 〈スペクトラムなどの色が強い, 鮮明な, 全然白色の入っていない (cf. saturation 5). **5**〖化学〗飽和した《原子価が満たされている, あるいは飽和濃度, 飽和圧に達している; 略 sat.》: ⇨ saturated solution. **6**《俗》泥酔した, ぐでんぐでんに酔っぱらった. 〖1668〗

sáturated cómpound *n.*〖化学〗飽和化合物《不飽和結合をもたない有機化合物》. 〖1866〗

sáturated díving *n.* =saturation diving.

sáturated fát *n.*〖栄養〗飽和脂肪《飽和脂肪酸を多量に含む動物性脂肪》.

sáturated líquid *n.*〖物理·化学〗飽和液体.

sáturated solútion *n.*〖化学〗飽和溶液 (略 sat. sol.).

sáturated stéam *n.*〖化学〗**1** 飽和水蒸気. **2** = wet steam. 〖1848〗

sáturated vápor *n.*〖化学〗飽和蒸気《体積を減らすと液化するが, 圧力は変化しないような温度·圧力状態にある蒸気》.

sát·u·ràt·er /-tə | -tə(r)/ *n.* =saturator.

sat·u·ra·tion /sæ̀tʃəréɪʃən, -tʃʊ- | -tʃər-, -tʃʊr-, -tjʊr-/ *n.* **1** 十分にしみ込む[込ませる]こと, 浸透, 浸潤, ずぶぬれ. **2** (蒸気·溶液·電流·磁気などの)飽和(状態), 飽和度. **3** =saturation point 2. **4** 充足, 満足. **5**〖光学〗(色の)彩度《色の心理的な属性の一つで色の鮮やかさの度合, 無彩色からのへだたりを表す》. **6**〖気象〗(大気中の水蒸気の)飽和状態 (湿度 100%). **7**〖商業〗**a** (商品の)市場への過剰供給, 市場飽和. **b** 消費者能力の限界. **c** 大衆受容率. **8**〖軍事〗(敵の防御施設の完全破壊を目指す軍事力[火力]の)集中. 〖(?1554) □ LL *saturātiō(n-)*: ⇨ saturate, -ation〗

saturátion bòmbing *n.*〖軍事〗完全爆撃, 集中爆撃《目標地域の完全破壊が目的の最大爆撃; cf. pattern bombing》. 〖1943〗

saturátion cùrrent *n.* 飽和電流. 〖1929〗

saturátion cùrve *n.* 飽和曲線.

saturátion dìving [dìve] *n.* 飽和潜水《潜水法の一種で, 潜水体内の混合気体を飽和状態に保って減圧·増圧の変化に耐えるようにする方式》. **saturátion dìver** *n.* 〖1966〗

saturátion fàctor *n.*〖電気〗飽和率, 飽和係数.

saturátion lèvel *n.*〖生態〗=carrying capacity 2.

saturátion pòint *n.* **1** 飽和点《溶解·化合において ある物質が他の物質をそれ以上取り入れようとしない状態》. **2** (一般に)限度, 極限. ***réach* (*a* [*the*]) *saturátion pòint*** (1) 飽和点[状態]に達する. (2) 極限に達する. 〖1858〗

saturátion prèssure *n.*〖化学〗飽和圧力.

sát·u·rà·tor /-tə | -tə(r)/ *n.* **1** 飽和させるもの. **2**〖化学〗飽和器, 飽和槽. 〖(1883) ← SATURATE＋-OR²〗

Sat·ur·day /sǽtədèɪ, -di | -tədèɪ, -di/ *n.* 土曜日 (略 Sat., Sa.). — *adv.* 《口語》土曜日に (on Saturday). 〖OE *Sæterdæg, Sætern(es) dæg* (cog. Du. *zaterdag* / LG *saterdag*)《なぞり》← L *Sāturnī diēs* 'day of (the planet) SATURN'《なぞり》← Gk *Krónou hēméra* 'day of CRONUS'〗

Sáturday níght spécial *n.* **1** 《米口語》(安物の)小型ピストル《週末の犯罪によく使われるから》. (1968) **2** 《米》〖金融〗(会社乗っ取りのための)予告なしに行われる株式の公開買付け.

Sat·ur·days /sǽtədèɪz, -diz | -tədèɪz, -diz/ *adv.* 《米》土曜日に (on any Saturday), 土曜日ごとに (every Saturday, on Saturdays). 〖⇨ -s² 1〗

Sáturday-to-Mónday *adj.* 土曜日から月曜日にかけての, 週末の (weekend). — *n.* 週末休暇. 〖1886〗

Sat·urn /sǽtən | -tə(ː)n/ *n.* **1**〖天文〗土星《太陽系で 2 番目に大きい惑星; 主な衛星 Mimas, Enceladus, Tethys, Dione, Rhea, Titan, Hyperion, Iapetus, Phoebe, Janus, その他 1979–81 年に数個の衛星を発見; Saturn's rings と呼ばれる数条の環(ㇹ)をもつ》. **2**〖宇宙〗サターン《人工衛星·宇宙船などを打ち上げる米国の大型ロケット》. **3**〖ローマ神話〗サトゥルヌス《農耕の神; Jupiter 以前の黄金時代に世界を支配した主神; ギリシャ神話の Cronus に当たる》. **4**〖古化学〗鉛 (lead) (cf. saturnic). 〖OE *Sætern-, Saturnus* □ L *Sāturnus* ← ? Etruscan: 通俗語源で L *sāt-, serere* to sow と連想された〗

sat·ur·na·lia, S- /sæ̀tənéɪljə, -liə | -tə(ː)néɪliə, -ljə/ *n. pl.* **1** [通例単数扱い] お祭り騒ぎ, 無礼講, 底抜け騒ぎ; 勝手放題: a *saturnalia* of crime したい放題の悪事. ★ 単数形は saturnale. 2 は複数形に saturnalias も用いられる. **2** [the ～; 単数または複数扱い] (古代ローマの)サトゥルヌスの祭り, サトゥルナリア, 農神祭 (12 月の収穫祭で冬至の祝い; 奴隷が解放された大祝宴が催された). 〖(1591) □ L *Sāturnālia* (neut. pl.) ← *Sāturnālis* (adj.) ← *Sāturnus* (↑): ⇨ -ia²〗

sat·ur·na·lian, S- /sæ̀tənéɪljən, -liən | -tə(ː)néɪliən, -ljən⁺/ *adj.* **1** お祭り騒ぎの, 底抜け騒ぎの, 無礼講の; したい放題の. **2** サトゥルヌス祭の, 農神祭の. 〖1721–22〗

Sa·tur·ni·an /sætə́ːniən, sə- | -tə́ː-/ *adj.* **1**〖天文〗土星の. **2** 農神サトゥルヌス (Saturn) の. **3**《古》黄金時代のような; 幸福な: the ～ age 黄金時代《サトゥルヌス神の支配した時代は黄金時代だと考えられたことから》. — *n.* **1** (想像上の)土星の住民, 土星人. **2**〖詩学〗= Saturnian verse. 〖(1557) ← L *Sāturnius* (← *Sāturnus*)＋-AN¹: ⇨ Saturn〗

Satúrnian vérse *n.*〖詩学〗サトゥルヌス詩体《ギリシャ詩の影響を受ける前の初期ラテン詩体》. 〖1783〗

sa·tur·nic /sætə́ːnɪk, sə- | -tə́ː-/ *adj.* 鉛中毒にかかった (cf. Saturn 4). 〖1879〗

sa·tur·ni·id /sætə́ːniɪ̀d, sə- | -tə́ːnɪɪd/〖昆虫〗*adj.* ヤママユの; ヤママユガ科 (Saturniidae) の. — *n.* ヤママユガ《ヤママユガ科のガの総称; 鮮やかな色の羽をもち, 大型のものが多く, まゆは絹糸の原料》. 〖(1892) ↓〗

Sat·ur·ni·i·dae /sæ̀tənáɪədìː | -tənáɪɪ-/ *n. pl.*〖昆虫〗(鱗翅目)ヤママユガ科. 〖← NL ～ ← *Sāturnia* (属名: ← L *Sāturnia* daughter of Saturn)＋-IDAE〗

sat·ur·nine /sǽtənàɪn | -tə-/ *adj.* **1 a** 〈気質·表情などむっつりした, 気むずかしい, 陰気な: a ～ expression of face 陰気な表情 / a man [woman] of ～ temper 陰気な気質の人. **b** 冷笑的な, ひねくれた; ものぐさな (sluggish): a ～ smile. **c**〖占星〗土星の影響を受けて生まれた. **2 a**〖病理〗鉛中毒にかかった, 鉛毒の: ～ patients [symptoms] 鉛毒患者[症状]. **b**〖錬金術〗鉛の, 鉛に似た. **～·ly** *adv.* 〖(*c*1433) □ (O)F *saturnin*: ⇨ Saturn, -ine³〗

sát·ur·nìsm /-nìzm/ *n.*〖病理〗鉛中毒(症), 鉛毒症 (lead poisoning). 〖1855〗

sáturn réd *n.* 鉛丹 (red lead).

Sat·ya·gra·ha, s- /sʌtjɑ́ːgrəhə, sʌ́tjəgrʌ̀hə; *Hindi.* sətjəgrəh/ *n.* **1** サチャグラハ, 無抵抗不服従運動 (1919 年 M. K. Gandhi によって提唱された抗英闘争戦術; cf. Gandhism). **2** [S-] (一般に)無抵抗不服従運動. 〖(1919) □ Hindi *satyāgraha*《原義》truth-grasping ← *satya* truth (← *sa(n)t* existing, true)＋*āgraha* clinging to (← *ā* to ＋*grbhṇāti* he seizes)〗

sat·ya·gra·hi /sʌtjɑ́ːgrəhi, sʌ́tjəgrʌ̀hiː/ *n.* 無抵抗主義者. 〖(1928) □ Skt *satyāgrahi* ← *satyāgrapha* (↑)〗

sat·ya·lo·ka /sʌ̀tjəlóukə | -lə́u-/ *n.*〖インド神話〗真実の世界《そこで梵天と弁才天がバラモンと共に住むといわれる最高の世界》. 〖□ Skt ～ ← *satya* (↑)＋*loka* shining〗

Sát·ya Yúga /sʌ́tjə-/ *n.*〖ヒンズー教〗黄金時代 Yuga 中の最初の時代 (Krita Yuga ともいう). 〖⇨ Yuga〗

sa·tyr /séɪtə, sǽtə | sǽtə(r)/ *n.* **1** [しばしば S-]〖ギリシャ神話〗サテュロス《Dionysus の従者で半人半獣の森の神の一人; 酒と女が大好き; ローマ神話の faun に当たる》. **2** 好色家; 男子性欲亢(ㇰ)進患者, 色情狂. **3**〖昆虫〗ジャノメチョウ《ジャノメチョウ科のチョウの総称; satyr butterfly ともいう》. **4**〖動物〗=orangutan. 〖(*c*1385) □ (O)F *satyre* ∥ L *satyrus* □ Gk *sáturos*《原義》? sower ← IE **sē(i)-* 'to sow'〗

sa·ty·ri·a·sis /sèɪtəráɪəsɪ̀s, sæ̀tə- | sæ̀tɪráɪəsɪs/ *n.* (*pl.* **-a·ses** /-sìːz/)〖病理〗**1** 男子性欲亢(ㇰ)進(症), 男子色情(症) (cf. nymphomania), サティリアシス. **2** 獅子(ㇱ)面(症). 〖(1657) ← NL ～ ← Gk *saturíāsis*: ⇨ ↑, -iasis〗

sa·tyr·ic /seɪtírɪk, sə- | sə-/ *adj.* サテュロス (satyr) の. **sa·týr·i·cal** /-rɪ̀kəl, -kl̩ | -rɪ-/ *adj.* 〖(1607) □ L *satyricus* □ Gk *saturikós*: ⇨ -ic¹〗

satýric dráma *n.* =satyr play.

sa·ty·rid /sətáɪrɪ̀d, séɪtər-, sǽt- | sətáɪərɪd, séɪtər-, sǽt-/〖昆虫〗*adj.* ジャノメチョウ(科)の. — *n.* ジャノメチョウ《ジャノメチョウ科のチョウの総称》. 〖(1901) ↓〗

Sa·tyr·i·dae /sətírədìː | -rɪ-/ *n. pl.*〖昆虫〗(鱗翅目)ジャノメチョウ科. 〖← NL ～ ← *Satyrus* (属名: ⇨ satyr)＋-IDAE〗

sa·tyr·o·ma·ni·a /sèɪtərouméɪniə, sæ̀t- | sæ̀tɪrə(ʊ)méɪnjə, -niə/ *n.*〖病理〗=satyriasis.

sa·tyr·o·ma·ni·ac /sèɪtərouméɪniæ̀k, sæ̀t- | sæ̀tɪrə(ʊ)-/ *n.* 好色家. 〖(1889) ← SATYR＋-O-＋MANIAC〗

sátyr plày *n.* サテュロス劇《古代ギリシャで悲劇の後で演じた一種の茶番狂言; 神々の事績などを茶化したもので大勢の satyrs に扮した役者の合唱があった》. 〖1929〗

sauce /sɔ́ːs, sɑ́ːs | sɔ́ːs/ *n.* **1** ソース《料理や菓子などに用いる調味料》: ⇨ barbecue sauce, cranberry sauce, mint sauce, tartar sauce, white sauce, Worcester sauce / made with [cooked in] tomato ～ トマトソースで料理した / (a) hot ～ (辛いソースなど)辛いソース / What's ～ for the goose is ～ for the gander. 《諺》⇨ goose 1 b / Hunger is the best ～. 《諺》⇨ hunger 1 a. **2** 《米》(デザートまたは料理の付け合わせとして用いる)果物の砂糖煮 (stewed fruit): ⇨ applesauce. **3** /《米》では sǽs, sɔ́ːs, sɑ́ːs/《米》(肉の付け合わせとして用いる)野菜, 青物, サラダ《garden sauce [sass] ともいう》. **4** 味をつける物, 面白味, 活を入れるもの: It adds ～ to the monotony of a quiet life. それは静かで単調な生活に刺激を与えるものだ / It is tame without the ～ of danger. 危険味がないと退屈だ. **5** /《米》では sǽs, sɔ́ːs, sɑ́ːs/《口語》ずうずうしさ, 厚かましさ; 生意気な言葉[行動] (sass): None of your ～! =I don't want any of your ～! 生意気言うな. **6** [the ～]《米俗》酒 (liquor): be off [on] *the* ～ 酒を断って[飲んで]いる / He's hitting the ～ again. 彼はまた酒に溺れている. ***sérve the sáme sáuce to a person*＝*sérve a person* (*with*) *the sáme sáuce*** 〈人〉にしっぺい返しをする, 返報をする. (1523) ***The sáuce is bètter than the físh* [*méat*].** 添え物のほうが本体よりすぐれている.
— *vt.* **1** …にソースをかける, に味をつける. **2** …に刺激[興味]を与える, に面白味をつける: a sermon ～*d* with wit 機知で面白味を添えた説教. **3** /《米》では sǽ(ː)s, sɔ́ːs/《口語》…にずうずうしくする, 無礼[生意気]を言う (sass). **4**《古》…の激しさを和げる; …に気持ちよくする. **5** (Shak) 高値をふっかける (overchange) 〖1686〗 **6**《古·方言》ひどく非難する.
〖(*a*1375) ME □ (O)F ← < VL **salsa(m)* (fem.) ← L *salsus* salted ← *sallere* to salt ← *sāl* 'SALT'〗

sáuce-alòne *n.*〖植物〗ニンニクの香りのするヨーロッパ産バラ科ザイフリボク属の香料植物 (*Amelanchier alnifolia*) (cf. garlic mustard). 〖(1530): これがあればソースは不要との意: ⇨ ↑, alone〗

sáuce·bòat *n.* 舟形ソース入れ《gravy boat ともいう》. 〖1747〗

sáuce·bòx *n.*《口語》生意気な青二才, こましゃくれた子供. 〖1588〗

sauced *adj.*《俗》酒に酔った, 酔っぱらった.

sauce es·pagn·ole /sɔ́ːsɛ̀spənjóul, sɑ́ːs-, -pæ- | sɔ́ːsɛ̀spənjɔ́l; *F.* sosɛspaɲɔl/ *n.* =brown sauce. 〖□ F ～ 'Spanish sauce'〗

sauce fi·nan·cière /sɔ́ːsfɪ̀nɑ̃ː(n)sjɛ́ə, sɑ́ːs-, -nɑːn- | sɔ́ːsfɪ̀nɑ̃ː(n)sjɛ́ə(r), -nɑːn-; *F.* sosfinɑ̃sjɛːʁ/ *n.* フィナンシエールソース (⇨ financière).

sáuce·less *adj.* ソースのない. 〖1882〗

sauce·pan /sɔ́ːspæ̀n, sɑ́ːs- | sɔ́ːspən/ *n.* シチューなべ, ソースパン《通例, 長い柄のついた深なべ》.

sau·cer /sɔ́ːsə, sɑ́ː- | sɔ́ːsə(r)/ *n.* **1** (コーヒー茶碗の)受け皿, 下皿, 台皿, 茶托, ソーサー: a cup and /-p(ə)n-/ ～ ソーサー付きコーヒー茶碗. **2 a** ソーサー状のもの. **b** (植木鉢の)鉢受け皿. **c** (土地の)浅いくぼみ. **d** =flying saucer. **～·less** *adj.* **～·lìke** *adj.* 〖(?*a*1300) □ OF *saussier* (F *saucière*) sauceboat (⇨ sauce, -er¹)《なぞり》? ← LL *salsārium*〗

sáucer dòme *n.*〖建築〗皿状ドーム, 扁平ドーム, ソーサードーム《通常の半球形のドームより背の低いドーム; ビザンチン建築にしばしば見られる》. 〖1895〗

sáucer èye *n.* 皿のような丸い目. 〖1664〗

sáucer-èyed *adj.* 目が皿のような, 目を見張った, まん丸い(大きな)目をした. 〖1622〗

sau·cer·ful /sɔ́ːsəfʊ̀l, sɑ́ː- | sɔ́ːsə-/ *n.* (*pl.* **～s, saucers·ful**) saucer 一杯(分) 〔*of*〕. 〖1852〗

sáucer làke *n.*〖地理〗(近接する 2 本の川の間にできた小皿状の)氾濫湖.

sáucer·màn /-mæ̀n/ *n.* (*pl.* **-men** /-mɛ̀n/) 空飛ぶ円

S

盤で飛行する人，宇宙人．〘1967〙

sauce su·prême /sóʊssʊpríːm, sáːs-, -suː-, -sə-, -préɪm | sɔ́ːssʊ-, -sjʊ-, -suː-, -sjuː-; *F.* sossypʀɛm/ *n.* シュプレームソース (suprême)《鶏のだし汁，または velouté に生クリームを加えて作った濃いソース》．〘□F ～《原義》supreme sauce〙

sauch /sáʊx, sɔ́ːx, sáːx/ *n.* ＝saugh.

sau·cier /sɔːsjéɪ, sɑː- | sɔː-; *F.* sosje/ *n.*〖料理〗ソース係り，ソース作り専門のコック．〘(1961)□F ～〙

sau·cisse /soʊsíːs | səʊ-; *F.* sosis/ *n.* ソーセージ．〘□F ～ < VL **salsīcia* (neut. pl.) ← LL *salsīcius* salted, salty ← L *salsus*: ⇨ sauce〙

sau·cis·son /sòʊsɪsɔ́ː(ŋ), -sɔ́ːŋ | sàʊ-; *F.* sosisɔ̃/ *n.* (大型で香りの強い)ソーセージ．〘(1760–72)□F ～□It. *salsiccione* (aug.) ← *salsiccia* sausage < VL **salsīcia* (↑)〙

sauc·y /sɔ́ːsi, sáː- | sɔ́ː-/ *adj.* (**sauc·i·er; -i·est**) **1 a**〈絵・雑誌・ジョークなど〉ちょっとエッチな，エロチックな: ～ underwear《英》(体をより多く見せる)色っぽい下着．**b** ずうずうしい，生意気な，無礼な (⇨ impertinent SYN): a ～ answer, child, etc. / There was nothing ～ in his manner. 彼の態度には生意気なところはなかった / It was ～ *of* you to contradict your father. おやじに逆らうなんて君も生意気なことをしたものだ．**c** 小気味のよい，威勢のよい，快活な．**2**《口語》〈舟・自動車・帽子など〉気の利いた，いきな (smart, stylish): a ～ little boat [hat] スマートな小型のボート[帽子]．**3**〈食物が〉ソースのたっぷりかかった．**4**《廃》小味のきいた《調味料・香辛料がたっぷり入った》．**5** (Shak) みだらな (wanton). **sáuc·i·ly** /-s̬ɪli/ *adv.* **sáuc·i·ness** *n.* 〘(1508) ← SAUCE＋-Y[4]〙

Saud /sáʊd, sɑːúːd; *Arab.* saʕúːd/ *n.* サウド (1902–69; サウジアラビア王 (1953–64); 全名 Saud ibn Abdul-Aziz, ibn-Saud の子; 弟 Faisal に譲位した)．

sau·da·de /saʊdáːdə | -də/ *n.* サウダーデ《ポルトガル人[ブラジル人]の気質に特徴的とされる懐旧の念，哀愁，甘美なせつなさ[なつかしさ]などの気分》．〘(1912)□Port. ～ < L *solitātem* aloneness: ⇨ solitary〙

Sau·di /sáʊdi, sɔ́ː-, sáː-, sɑːúːdi | sáʊdi, sɔ́ː-; *Arab.* saʕúːdiː/ *adj.*, *n.* サウジアラビアの，サウジアラビア人(の) (Saudi Arabian).

Sáu·di Arábia /sáʊdi-, sɔ́ː-, sáː-, sɑːúːdi- | sáʊdi-, sɔ́ː-/ *n.* サウジアラビア《Arabia 半島の大部分を占める王国; Hejaz, Nejd などの地方から成る; 面積 2,240,000 km², 首都 Riyadh; 公式名 the Kingdom of Saudi Arabia サウジアラビア王国》．**Sáudi Arábian** *adj.*, *n.*

sau·er·bra·ten /sáʊəbràːtn̩ | sáʊə-; *G.* záʊɐbʁaːtn̩/ *n.* ザウアーブラーテン《酢漬けにした牛肉を表面を焼いてから蒸し煮にしたドイツの料理》．〘(1889)□G ～ ← *sauer* 'SOUR'＋*Braten* roastmeat〙

sau·er·kraut /sáʊəkràʊt | sáʊə-; *G.* záʊɐkʁaʊt/ *n.* ザワークラウト《塩漬けにして発酵させた酸味のあるキャベツ; 肉料理の付け合わせなどに用いる; choucroute ともいう》．〘(1617)□G ～ ← *sauer* (↑)＋*Kraut* cabbage〙

sau·ger /sɔ́ːgə, sáː- | sɔ́ːgə^(r)/ *n.*《米》〖魚類〗カナダや北米などの淡水(まれに海水)に生息するスズキ目パーチ科の一種 (*Stizostedion canadense*)．〘(1882) ← ? Am.-Ind.〙

saugh /sɔ́ːk, sɔ́ːx/ *n.*《スコット》〖植物〗ヤナギ (willow). 〘OE (Anglian) *salh*: SALLOW² と二重語〙

Sauk /sɔ́ːk, sáːk | sɔ́ːk/ *n.* (*pl.* ～, ～**s**) **1 a** [the ～(s)] ソーク族《Algonquian 族に属するアメリカ先住民の一種族; Michigan から移って，今は Iowa, Oklahoma, Kansas, その他の州に居住する; Sac ともいう》．**b** ソーク族の人．**2** ソーク語《フォックス族 (Fox) の方言》．〘(1762)□N-Am.-Ind. (Algonquian) *Osākiwŭg*《原義》people of the outlet〙

saul /sɔ́ːɫ, sáːɫ | sɔ́ːɫ/ *n.* ＝sal².

Saul /sɔ́ːɫ, sáːɫ | sɔ́ːɫ/ *n.* **1** ソール《男性名》．**2**〖聖書〗サウル《イスラエルの第一代の王; cf. *1 Sam.* 9》．**3**〖聖書〗サウロ《使徒 Paul のもとの名; Saul of Tarsus ともいう; cf. *Acts* 9:1–30》．***Sául amòng the próphets*** 意外な性質や才能を発揮する人，意外な共感を示す人 (*cf. 1 Sam.* 10:11)．〘□L *Saūl* □Heb. *Šā'ūl*《原義》asked for ← *šā'al* to ask〙

sault /súː/ *n.* 滝 (waterfall)，急流，早瀬 (rapid). 〘(1600)□F《方言》～＝*saut* < L *saltum* a leap〙

Saul·teaux /soʊltóʊ | səʊɫ-/ *n.* (*pl.* ～ /～z/) **1 a** [the ～] ソルトー族《オジブウェー族 (Ojibwa) の一支族; カナダ Ontario 州西部，Huron 湖と Superior 湖の北部の森林地帯に住む》．**b** ソルトー族の人．**2** ソルトー語．

Sáult Sàinte Maríe *n.* ＝Sault Ste. Marie.

Sault Ste. Ma·rie /súːsèɪntməríː/ **1** [the ～] スーセントマリー(川)《北米の Superior 湖と Huron 湖の間にある St. Marys 川の急流》．**2** スーセントマリー《カナダ中部の Ontario 州の港市; Superior 湖と Huron 湖を結ぶ St. Marys 川の河畔にある》．**3** スーセントマリー《カナダのスーセントマリー市の対岸にある米国 Michigan 州の港市》．〘□F *Sault de Sainte Marie*《原義》falls of St. Mary〙

Sáult Ste. Maríe Canáls *n. pl.* [the ～] スーセントマリー運河《米国とカナダの国境 Superior 湖と Huron 湖とをつなぐ St. Marys 川にある運河; カナダ側に 1 本，米国側に 2 本ある; Sault Sainte Marie Canals または Soo Canals ともいう》．

sau·mur /soʊmjʊ́ə | səʊmjʊ́ə^(r); *F.* somyːʁ/ *n.* ソーミュール(ワイン)《フランス産のシャンパンに似た(白)ワイン》．〘(1888) ← F *Saumur* (フランスの Maine-et-Loire にある産地名)〙

sau·na /sɔ́ːnə, sáː-, sáʊ- | sɔ́ː-, sáʊ-; *Finn.* sáunɑ/ *n.* **1** サウナ(風呂)《熱い石に水をかけた蒸気を利用するフィンランドの蒸し風呂; 入浴後皮膚を樺(㊞)または西洋杉の枝で軽く打つ; 熱気浴を主とするものもある》．**2** サウナ浴場．〘(1881)□Finn. ～《原義》bathroom〙

saun·ders·wood /sɔ́ːndəzwʊ̀d, sáːn- | sɔ́ːndəz-/ *n.*〖植物〗ビャクダン (sandalwood). 〘(1615) ←《廃》*saunders* (□MF *sandre*: ⇨ sandal²)＋WOOD〙

saunf /sɔ́ːnf, sáːnf | sɔ́ːnf/ *n.*《インド》＝aniseed. 〘□Hindi *saumph*〙

saun·ter /sɔ́ːnt̬ə, sáːn- | sɔ́ːntə^(r)/ *vi.* **1** 散歩する，ぶらつく，歩き回る: ～ *about* [*to* and *fro*] あちこち[あてもなく]歩き回る / ～ *along* the street [*through* the park] 通りを[公園の中を]ぶらぶら散歩する．**2**《古》のらくら時を過ごす，ぶらぶら暮らす: ～ *through* life のらくらと人生を送る．── *n.* **1** 散歩，漫歩，ぶらぶら歩き: take [have] a ～ / go for a ～．**2** ぶらぶらした歩き方[足取り]．**～·er** /-t̬ərə, -trə | -tərə^(r), -trə^(r)/ *n.* 〘(c1475) *santre(n)* ←《廃》*sauntrell*? pretended saint: ⇨ saint, -rel: cf. AF *s'auntre*＝F *il s'aventure* he adventures (himself)〙

sáun·ter·ing·ly /-t̬ərɪŋli | -tərɪŋ-, -trɪŋ-/ *adv.* ぶらぶらと，ぶらついて．〘1842〙

saur- /sɔːr/ (母音の前にくるときの) sauro- の異形．

-saur /sɔə | sɔː^(r)/「トカゲ (lizard)」の意の名詞連結形: dino*saur*, ichthyo*saur*. 〘← Gk *saûros* lizard〙

-sau·ra /sɔ́ːrə/〖動物〗[属名に用いて]「トカゲ (lizard)」の意の名詞連結形: Chamae*saura*. 〘← NL ～ ← Gk *saúra*: ⇨ -saur〙

sau·rel /sɔ́ːrəl, sɔːrɛ́l | sɔ́ːrəl/ *n.*〖魚類〗マアジ属 (*Trachurus*) の海水魚の総称《マアジ (*T. japonicus*), jack mackerel, horse mackerel など》．〘(1882)□F ～ ← LL *saurus* □Gk *saûros* horse mackerel, lizard〙

Sau·ri·a /sɔ́ːriə/ *n. pl.*〖動物〗トカゲ類．〘(1834) ← NL ～ ← LL *saurus* (↑): ⇨ -ia²〙

sau·ri·an /sɔ́ːriən/〖動物〗*adj.* **1** トカゲ類 (Sauria) の．**2** トカゲに似た．── *n.* トカゲの類の動物《トカゲ・カナヘビ・ヤモリなど; 以前の分類ではワニ・恐竜・魚竜なども含んでいた》．〘(1807–29): ⇨ ↑, -ian〙

Saur·is·chi·a /sɔːrískiə/ *n. pl.*〖古生物〗竜盤目．〘← NL ～: ⇨ sauro-, ischium〙

saur·is·chi·an /sɔːrískiən/〖古生物〗*n.* (恐竜を骨盤の構造によって 2 大別した中の一つ)竜盤目の肉食・草食恐竜《骨盤がワニのように 3 つに分枝した竜盤類動物; cf. ornithischian》．── *adj.* 竜盤目の．〘(1887): ⇨ ↑, -an¹〙

sau·ro- /sɔ́ːroʊ | -rəʊ/「トカゲ (lizard)」の意の連結形．★ 母音の前では通例 saur- になる．〘← NL ～ ← Gk *saûros* lizard〙

sau·roid /sɔ́ːrɔɪd/ *adj.* トカゲに似た．

sau·ro·pod /sɔ́ːrəpɑ̀(ː)d | -pɔ̀d/〖古生物〗*n.* 竜脚亜目 (Sauropda) の恐竜《dinosaur の一種で，主にジュラ紀の地層中に発見される》．── *adj.* ＝sauropodous. 〘(1891) ← NL *Sauropoda*: ⇨ sauro-, -pod〙

Sau·rop·o·da /sɔːrɑ́(ː)pədə | -rɔ́pədə/ *n. pl.*〖古生物〗竜脚亜目．〘← NL ～: ⇨ sauro-, -poda〙

sau·rop·o·dous /sɔːrɑ́(ː)pədəs | -rɔ́pəd-/ *adj.*〖古生物〗竜脚亜目の．〘1887〙

Sau·ru·ra·ce·ae /sɔ̀ːrəréɪsiìː/ *n. pl.*〖植物〗(双子葉植物コショウ目)ドクダミ科．**sàu·ru·rá·ceous** /-ʃəs⁻/ *adj.* 〘← NL ～: ⇨ sauro-, -urus, -aceae〙

-sau·rus /sɔ́ːrəs/〖動物〗「トカゲ (lizard)」の意の名詞連結形: bronto*saurus*. 〘← NL ～ ← Gk *saûros* lizard〙

sau·ry /sɔ́ːri, sáː-/ *n.*〖魚類〗**1** ニシサンマ (*Scomberesox saurus*)《大西洋産; skipper ともいう》．**2** サンマ (*Cololabis saira*)《太平洋産》．〘(1771) ← NL *saurus* (⇨ saurel)＋-Y¹〙

saus·age /sɔ́ːsɪdʒ, sáː- | sɔ́s-/ *n.* **1 a** ソーセージ，腸詰め．**b** =sausage meat. **2 a** ソーセージ型のもの: a ～ finger 先まで太い指．**b** ＝sausage balloon. **3**《米俗》[軽蔑的に] ドイツ人．**4** [親愛をこめて] おばかさん．***nòt a sáusage***《俗》少しも…ない (nothing at all). (1938) **～·like** *adj.* 〘(a1400) *sausige* □ONF *saussiche* (F *saucisse*) < ML *salsīciam* ← L *salsus* salted: ⇨ sauce〙

sáusage ballòon *n.*〖航空〗ソーセージ型係留観測気球 (kite balloon). 〘1874〙

sáusage bassòon *n.* ラケット (⇨ rackett).

sáusage cùrl *n.* ソーセージカール《ソーセージの形に似せて作った巻き毛》．〘1828〙

sáusage dòg *n.*《口語》ダックスフント (dachshund). 〘1938〙

sáusage-machìne *n.* **1** ソーセージ用肉ひき器．**2** 画一的なものを生み出す物[機関]．〘1840〙

sáusage mèat *n.* 豚の細かいひき肉《ソーセージまたは詰め物用》．

sáusage róll *n.* ソーセージ入りロール《ソーセージをパン生地やパイ生地で巻いて焼いたもの》．〘1852〙

sáusage trèe *n.*〖植物〗ソーセージノキ (*Kigelia pinnata*)《アフリカ産ノウゼンカズラ科の高木; ソーセージに似た実をつけるが食用にはならない》．〘1915〙

sáusage tùrning *n.* ソーセージを並べたような形の挽物部材《特に，19 世紀の米国家具に用いられた》．

Saus·sure /soʊsʊ́ə, -sjʊ́ə | sə(ʊ)sjʊ́ə^(r), -sʊ́ə^(r); *F.* sosyːʁ/, **Ferdinand de** *n.* ソシュール (1857–1913; スイスの言語学者; 現代の言語理論，特に構造主義言語学に多大な影響を与えた; *Cours de linguistique générale*「一般言語学講義」(1916))．**Saus·súr·e·an** /-riən/ *adj.*, *n.*

Saussure, Nicolas Théodore de *n.* ソシュール (1767–1845; スイスの化学者・植物学者)．

saus·su·rite /sɔ́ːsəràɪt, sáː- | sɔ́ː-/ *n.*〖鉱物〗ソーシュル石《斜長石の変質物》．**saus·su·rit·ic** /sɔ̀ːsərítɪk, sàː- | sɔ̀ːsərítɪk⁻/ *adj.* 〘(1811)□F ～ ← *H. Bénédict de Saussure* (1740–99: スイスの地質学者，↑の父): ⇨ -ite¹〙

S. Aust. (略) South Australia.

saut /sɔ́ːt, sáːt | sɔ́ːt/ *n.*, *adj.*, *vt.*《スコット》＝salt¹.

saut de basque /sóʊdəbáːsk | sə́ʊdə-; *F.* sodbask/ *n.* (*pl.* **sauts de basque** /～/)〖バレエ〗ソードバスク《一方の足を他の脚の膝に添えて，空中で回転するジャンプ》．〘(1948)□F ～《原義》Basque leap: ⇨ sault, Basque〙

sau·té /sɔːtéɪ, sɑː-, soʊ- | sə́ʊteɪ, sɔ́ː-; *F.* sote/ *adj.* (少量の油で)いためた，ソテーの[にした]: ～ pork ポークソテー．── *n.* (*pl.* ～**s** /～z; *F.* ～/) ソテー，いためた料理: a pork ～ ポークソテー《一人前》．── *vt.* (少量の油で)いためる，ソテーにする (cf. deep-fry): ～ onions. 〘(1813)□F ～ (p.p.) ← *sauter* to jump < L *saltāre*: ⇨ saltant〙

Sau·ternes /soʊtə́ːn, sɔː-, sɑː-, -téən | sə(ʊ)tə́ːn, -téən; *F.* sotɛʁn/ *n.* **1** ソーテルヌ《フランスのボルドー (Bordeaux) 地方にある有名なワイン産地》．**2** (*also* **Sau·terne** /～/) [しばしば s-] ソーテルヌ[ワイン]《Sauternes 産の白ワインまたはその他の産地の同類の白ワイン》．〘(1711)□F *sauternes* ← *Sauternes* (フランス南部の産地名)〙

sau·til·lé /sòʊtijéɪ | səʊ-; *F.* sotije/ *adv.*, *adj.*〖音楽〗ソティエ (⇨ saltando). 〘□F ～ (p.p.) ← *sautiller* to hop ← *sauter* to jump: ⇨ sauté〙

sau·toir /soʊtwáə, -twɔ́ə, ←┴ | səʊtwáː^(r), -twɔ́ː^(r); *F.* sotwaːʁ/ *F.* *n.* (*pl* ～**s** /～z; *F.* ～/) ソトワール《下の端が胸のところで X 十字形になっているリボン・鎖・珠数(㊞)玉などのネックレス》．〘(1936)□F ～: ⇨ saltire〙

sauve qui peut /sóʊvkiːpə́ː | sə́ʊv-; *F.* sovkipø/ *F.* *n.* 大敗走，総崩れ，大敗北 (stampede). 〘(1815)□F ～《原義》(let him) save himself who can〙

Sauve·ter·ri·an /soʊvtéə·riən | səʊvtéər-/〖考古〗*adj.* ソーヴェテル文化の《フランス南部を中心とする西ヨーロッパの中石器時代の文化についていう; 標準遺跡はフランス南西部，Lot-et-Garonne 県の Sauveterre-la-Lémance》．── *n.* [the ～] ソーヴェテル文化(期)．〘(1940)□F *Sauveterrien*〙

Sau·vi·gnon Blanc, s- b- /sóʊvɪnjɔ̀ː(m)bláː(ŋ), -njɔ̀ːmbláːŋ; *F.* sovipɔ̃blɑ̃/ *n.* ソービニョンブラン《フランス原産の白ワイン用ブドウ品種; 辛口の白ワイン; Bordeaux, California などで辛口白ワインの原料となる》．〘1941〙

sav /sǽv/ *n.*《豪口語》＝saveloy.

sav. (略) savage.

SAV (略)〖細菌〗simian adenovirus.

Sa·va /sáːvə; *Serb./Croat.* sǎːva/ *n.* [the ～] サバ(川)《スロベニアの北西部に発し東流して Belgrade 付近で Danube 川に合流する川 (940 km); 別名 Save》．

sav·a·ble /séɪvəbɫ/ *adj.* **1** 救える．**2** 節約[貯蓄]できる．**～·ness** *n.* 〘(c1450)□OF *sauvable*: ⇨ save¹, -able〙

sav·age /sǽvɪdʒ/ *adj.* (**sav·ag·er, -est; more ～, most ～**) **1 a** どうもうな，狂暴な，猛悪の，凶猛な (⇨ barbarian SYN); 残忍な，残酷な; 猛烈な: a ～ man 残忍な男 / a ～ blow [attack] 残酷[猛烈]な打撃[攻撃]．**b** 激怒した，腹を立てた: get ～ with …に対してひどく怒る / make a person ～ 人を激怒させる．**c**〈動物が〉飼いならされていない，野性の (untamed): a ～ beast 野獣．**2 a** 野蛮な，未開の (uncivilized): a ～ life / ～ tribes 未開部族 / ～ customs [beliefs] 野蛮な習慣[信仰] / a ～ country 未開の国．**b** 未開人の[によって作られた]: ～ art. **3** 洗練されていない，下品な; 無作法な，無礼な: ～ manners 無作法．**4**〈土地・場所など〉自然のままの，荒涼とした: a ～ scene 荒涼たる光景．**5**《古》〈植物が〉野生の: ～ berries 野イチゴ．**6**〖紋章〗〈人体が〉裸の，裸体の (naked). ── *n.* [差別的な言い方] **1** 野蛮人，未開人 (barbarian). **2 a** 野蛮人のような人，残忍な人．**b** 礼儀をわきまえぬ人，無作法な人．**3** 野性の動物; 癖の悪い馬．── *vt.* **1**〈動物が〉あばれて…にかみつく[を踏みつける]．**2** 猛烈に攻撃[非難]する，ひどく扱う．**3** 野蛮[残忍]にする．**～·ly** *adv.* **～·ness** *n.* 〘(a1300) *sa(u)vage* □AF *savage*＝(O)F *sauvage* < VL **salvāticum* ＝L *silvāticus* wild, of the woods ← *silva* wood: ⇨ silvan, -age〙

Sav·age /sǽvɪdʒ/, **Michael Joseph** *n.* サビッジ (1872–1940; ニュージーランドの政治家; 首相 (1935–40))．

sav·age·dom /sǽvɪdʒdəm/ *n.* ＝savagery.

Sávage Ísland *n.* サベージ島 (⇨ Niue).

sav·age·ry /sǽvɪdʒ(ə)ri/ *n.* **1** 凶暴性，猛悪，残忍，残虐; 残忍[残虐]な行為: the ～ of a riotous mob 暴徒の凶暴 / during the *savageries* of bombardment 猛烈な砲撃の続くなか．**2** 野蛮[未開]状態: live in ～ 原始生活をする．**3** [集合的] 野獣; 野蛮人．**4**《古》(景色の)荒涼さ．**5**《廃》のび放題の雑草．〘(1594) ← SAVAGE＋-RY〙

sáv·ag·ìsm /-vɪdʒɪzm̩/ *n.* ＝savagery.

Sa·vai·i /səváɪi; *Samoan* savaíʔi/ *n.* サバイイ(島)《太平洋南西部 Samoa 諸島最大の島; 面積 1,821 km²》．

sa·van·na /səvǽnə/ *n.* (*also* **sa·van·nah** /～/) **1** サバンナ《熱帯または亜熱帯(特にアフリカ)の寡雨地方の樹木のまばらな大草原; cf. llano》．**2**《米国南東部 Florida 州の)大草原．〘(1555)□Sp. *zabana* □Carib. *zabana*〙

Sa·van·nah /səvǽnə/ *n.* **1** サバンナ《米国 Georgia 州東部，Savannah 河口付近の港市》．**2** [the ～] サバンナ(川)《米国 Georgia 州と South Carolina 州との州境を南東に流れて大西洋に注ぐ川 (505 km)》．〘↑〙

Savánnah spárrow *n.*〖鳥類〗クサチヒメドリ (*Passerculus sandwichensis*)《北米産の草地にすむホオジロ科の小鳥》．〘(1808–13) ← SAVANNAH 2 (その発見地)〙

Sa·van·na·khet /sæ̀vænəkét/ *n.* サバナケット《ラオス南部 Mekong 川に臨む町; タイ国境に近い》．

S

sa·vant /sævɑ́ːnt, sə-, sǽvənt | sǽvənt; F. savɑ̃/ *n.* (*pl.* **sa·vants** /-nts; F. ～/) (専門分野での)学識豊かな人, 学者 (scholar). 〖(1719) □ F ～ (pres.p.) ← *savoir* to know < VL **sapēre*=L *sapere*: ⇨ sapient〗

sav·a·rin /sǽvərɪ̀n | -rǽ(ŋ), -rǽŋ, -rɪn; F. savaʀɛ̃/ *n.* サバラン《卵やバターのたっぷり入ったイースト生地をリング型で焼き, ラム酒やキルシュのシロップを含ませたもの; cf. baba》. 〖(1877) □ F ～ ← *A. Brillat-Savarin*〗

sa·vate /səvǽt; F. savat/ *n.* 古いフランス式拳闘《こぶしと共に足も使う》. 〖(1862) □ F ～《原義》rough shoe □ ? Basque *zabota* shoe〗

save[1] /séɪv/ *vt.* **1 a** 〔危険·災難などから〕〈人·生命·身体·国家·財産などを〉救う, 救助する, 助ける, 救い出す〔*from*〕: ～ a person's life 人命を救助する / ～ one's country 自国の危難を救う / ～ a person *from* ruin [injury] 破滅[危害]から人を救い出す / He has ～*d* several lives at sea. 海で何度か人命救助をした / ～ a species *from* extinction 種を絶滅から救う / ～ a historic building *from* destruction [*for* the nation] 歴史的に有名な建物を破壊から[国家のために]守る / ～ a computer file *from* erasure コンピューターファイルを削除から守る / You ～*d* my life.《口語》おかげで大助かりです / *Save* us! やれまあ, 驚いた / I ～*d* the diamonds *from* the fire. ダイヤを火事から安全に守った. **b** 〔損害·紛失·破壊などから〕〈物を安全に保つ, 保全する〔*from*〕: ～ a coat *from* damage by moths 上着が虫食いの被害を受けるのを防ぐ / They tried to ～ the powder *from* the rain. 火薬を雨から守ろうと努めた / He managed to ～ something *from* the ruins of his reputation. 彼は自分の名声が損なわれるのを何とか防ごうとした / She ～*d* the situation by proposing a compromise. 妥協案を提案して彼女は事態を収拾した. **c** 〈名誉·信用·権利などを〉安全に守る: The loan ～*d* my credit rating. その借金で信用等級が保たれた / We ～*d* our father's honor 父の名誉を守った.
2 〈金·物品を〉貯える, ため込む, 貯蓄する 〈*up*〉; 収集する, 集める 〈*up*〉: He ～*d* money (*up*) *for* his child's education. 子供の教育のために金を貯えた / I ～ (*up*) money out of my salary. 給料から貯金する / A penny ～*d* is a penny earned.《諺》1 銭ためれば 1 銭のもうけ / She stored what little she could ～. わずかばかりのへそくりを貯えた / ～ stamps [coins] 切手[コイン]をため込む.
3 〈物品·席などを〉〈ある目的のために〉取っておく (reserve) 〔*for*〕: I ～*d* the rest of the food [the best news] *for* tomorrow. 食物の残り[最もいい知らせ]を明日に取っておいた / He ～*d* a seat *for* her.=He ～*d* her a seat. 彼女のために席を取っておいた / I'm *saving* money *for* retirement. 隠退に備えて貯金しています.
4 a 〈金·物品·体力などを〉節約して使う, 無駄遣いしないようにする: I am *saving* my strength. 体力を消耗しないようにしている / ⇨ *save one's* BREATH. **b** 〈金·物品を〉使わないでおく: He walks to ～ the fare. 運賃を節約するために歩いて行く.
5 a [しばしば二重目的語を伴って] 〈出費·労力·時間などを〉〈人〉から省いてやる, 〈負担·不便などを〉〈人〉にかけないようにする, 免れさせる; 省く, 不要にする: *Save* me this trouble. 私のこの手間を省いてください / Machines ～ us much time and trouble. 機械は多くの時間と手間を省いてくれる / To ～ time, let's skip the preliminaries. 時間節約のために前置きは省きましょう / a money-*saving* discount offer お買得割引提供 / That will ～ me $100. それで 100 ドル節約できる / Soap ～*s* rubbing. 石鹸を使うとこすらないですむ / A stitch in time ～*s* nine.《諺》早いうちの一針は手おくれの九針に当たる,「今日の一針あすの十針」/ We can ～ two hours by taking the express. 急行に乗れば 2 時間助かる / We can ～ fuel by using [if we use] public transportation. 公共交通機関を利用すれば燃料が省ける / ～ space by writing on both sides of the page ページの両面に書いて紙面を節約する. **b** [～ one*self* で] 骨惜しみをする, 体力を消耗しないようにする; 〔…のために〕備える, 待機する, 〔…を〕待つ〔*for*〕: ～ *oneself* trouble 手数を省く / He is *saving himself for* tomorrow's match. 明日の試合に備えて体を休めている.
6 〔災い·不快·難儀などから〕〈人を〉免れさせる〔*from*〕: He ～*d* me *from* (having to answer) many annoying questions. 彼のおかげでいろいろ煩わしい質問に答えなくて済んだ / This route ～*s* one *from* the crowd. この道筋なら人込みが避けられる / ～ a person *from* himself 人が失態を演じないようにする / God ～ [*Save*] me *from* my friends! 友達顔をしてのおせっかいはご免だ《時機を失したおせっかいに対する評言》.
7 《疲労·損傷を少なくするように》大事にする, 保護する: Large print ～*s* one's eyes. 大活字は目を疲れさせない.
8 《電算》〈データ·ファイルなどを〉保存する, セーブする: ～ the file before one ends the program プログラムを終了する前にファイルを保存する.
9 《スポーツ》敵に〈得点を〉挙げさせないようにする, 〈敵の得点などを〉のがれる, 防ぐ, セービングする; 〈試合(に負けるの)を〉防ぐ, 救う: His shot was ～*d* by the goalkeeper, who ～*d* another goal later on.《サッカー》彼のシュートはゴールキーパーに阻まれたが, 後でもう一つゴールを防いだ / ～ two [three, four] runs《クリケット》2[3, 4]回目の得点をさせないようにする / His bowling [pitching] ～*d* the game.《クリケット·野球》彼の投球でその試合は負けずに済んだ / A new pitcher was brought in to ～ their lead. 彼らのリードを守るために新しいピッチャーが投入された / He ～*d* three set points. (テニスで)3 度セットポイントを逃れた.
10 〈勝負·試合·賭けなどを〉失わないようにする;《俗》《競馬》(ブックメーカーが)〈馬に〉両賭けをして損をしないようにする〈*upon, on*〉(cf. saver 4).
11 《神学》〈人·魂を〉罪から救う, 救済する; 永遠の至福を得させる: ～ souls 霊魂を救済する / A man is ～*d* by the infinite grace of God. 人は神の無限の恩寵によって救済される.
12 〈機会などに〉間に合うようにする: ～ the next mail [post] 次便に間に合わせる / ～ the dinner time [gate] 食事時[門限]に間に合うように帰る / ～ the tide 潮のある間に入[出]港する; (好)機に乗じる, 機会を逸しない.
13 [目的補語を伴って] (…の状態に)保つ: He risked his life to ～ his wife *whole* from any wound. 彼は妻が負傷しないように命がけで守った.
14 保護する, 長生きさせる. ★ 次のような表現に限られる: God ～ the King [Queen, Republic]! 国王[女王, 共和国]万歳. **15** [～ one*self* で] 逃れる, 逃げる; 免れる: He ～*d himself* to the ship. その船へ逃げた.
— *vi.* **1** 貯える, 貯蓄する, 貯金する〈*up*〉: He never ～*s*. 貯金など少しもしない / I set out to ～ (*up*) *for* my old age [*for* a new car, *to* buy a new car]. 自分の老後に備えて[新車を買うために]貯金し始めた. **2** 〔…を〕節約する〔*on*〕; つましく暮らす: He ～*s on* fuel by using public transportation. 公共交通機関を利用して燃料を節約する. **3** 《口語》〈魚·果物などが〉長もちする (keep): food that will ～ / This fish ～*s* well. この魚はもちがよい. **4** 《電算》ファイルを保存[セーブ]する. **5** 《スポーツ》**a** 敵に得点させないようにする, 敵の得点を防ぐ, セービングする: He ～*d* well on several occasions. 彼は数回立派にゴールを守った. **b** 《野球》セーブで勝つ, セーブする. **6** 救う; 《神学》救済する, 済度する: Christ alone has power to ～. キリストのみが救済する力を有する.
as I hópe to be sáved 《古》誓って: *As I hope to be* ～*d*, I will never mention a word of it. 誓ってそのことはひと言も言いません. 《*c*1530》 ***sáve it*** 《米俗》(1) [命令文で] そんな話はやめておけ, やめるよ《長話を中止したり話題を変えたりしてほしいときの注文》. (2) 〈女性が〉貞操を守る, 最後の一線を守る. ***to sáve one's life*** [通例 can, be able to を含む否定構文で]《口語》どうしても, 全く(…できない): I *couldn't* remember his name *to* ～ *my life*. どうしても彼の名前が思い出せなかった. ***Wéll sáved!*** (1) 落馬しなかったとはお見事. (2) 《球技》見事な守りだ. 《1859》
— *n.* **1** 《スポーツ》**a** 敵の得点を防ぐこと, セービング: The goalkeeper made several excellent ～*s*. ゴールキーパーは数回見事に敵の得点を防いだ. **b** 《野球》セーブ《救援投手がリードを守って試合に勝った場合に与えられるポイント》. 日英比較 「セーブポイント」というのは和製英語. **2** 《トランプ》=sacrifice 7.
sáve as you eárn *n.* 《英》天引き貯金(法)(略 SAYE).
〖v.: 《(?a1200)》ME □ AF *sa(u)ver*=OF *sauver, salver* < LL *salvāre* ← L *salvus* 'SAFE'〗

save[2] /seɪv/ *prep.* …を除けば, …のほかは, …は別として (⇨ except[1] SYN): the last ～ one 最後から 2 番目 / all ～ me 私を除いて皆 / ～ only me 私一人を除いて / without duties ～ to eat and sleep 食って寝る以外は仕事もなく / ～ errors《商業》誤算は別として, 誤算はこの限りにあらず / ～ on special occasions 特別な場合を除いて / He has his hat on ～ when he sleeps. 寝る時以外はいつも帽子をかぶっている. ★ (1)《米》では except の方が普通;《英》では《古·詩》. (2) 時に主格代名詞を伴うことがある: No one knows about it ～ she. そのことは彼女のほかだれも知らない.
sáve and excépt …のほかは, …を除けば: It is the most pleasing poem in English ～ *and except* one or two of Dryden's fables. ドライデンの寓話の一つ二つを除けば, それは英語で一番楽しい詩である. 《1808》 ***sáve for*** 《文語》…を除いては (except for): They are happy ～ *for* one want. ただ一つ欠けたものがあるほかは彼らは幸福だ / The house was dark ～ *for* one light. その家は明かりが一つついているだけであとは暗かった. 《1592》
— *conj.* **1** [～ that … として] …ということを除いては (except): I know nothing ～ *that* he died suddenly. 彼が急死したということ以外は何も知らない. **2** 《古》…でなければ (unless): *Save* he be dead, he will return. 死んでいるのでなければ戻って来よう.
〖《a1300》*sa(u)f, sa(u)ve* □ OF *sauf, sauve* < L *salvō, salvā* (abl. sing.) ← *salvus* (↑)〗

Sa·ve /sɑ́ːvə/ *n.* [the ～] サベ(川)《Sava 川の別名》.

Save /sɑ́ːvə/ *n.* [the ～] サベ(川)《Sabi 川のモザンビークにおける名称》.

save·a·ble /séɪvəbl̩/ *adj.* =savable.

sáve-àll *n.* **1 a** 無駄[損失]を省くもの[装置], 節約装置. **b** (各種機械の材料のこぼれを受ける)こぼれ受け(装置); 《古》(ろうそくを最後まで燃えさせる)ろうそく皿. **2** 《方言》(子供の)上っ張り (overalls). **3** 《方言》**a** (子供の)貯金箱 (piggy bank,《英》money box). **b** 《英俗》けちんぼう, 吝嗇(りんしょく)家 (miser). **4** 《海事》**a** 付加帆《風をできるだけ多く受けるために付け加えた帆》. **b** (船と岸壁の間に張る)貨物脱落防止網. — *adj.* けちな (miserly). 〖*c*1645〗

sav·e·loy /sǽvəlɔ̀ɪ, ╴─╴╱/ *n.* 《英》サヴィロイ《香辛料をきかせた豚肉の乾燥ソーセージ》. 〖(1837)《変形》← F *cervelas* □ It. *cervellata* ← *cervello* brain < L *cerebellum* 'CEREBELLUM': もと豚の脳で作った〗

sav·er /séɪvə | -və^(r)/ *n.* **1** 救い主, 救助者, 救済者. **2** 貯蓄家, 節約家. **3** [しばしば複合語の第 2 構成素として] **a** 節約となるもの, 省けるもの: ⇨ time-saver. **b** 〈メンツや顔などを〉立てるもの: ⇨ face-saver. **c** 節約器, 節約装置: a coal ～ 石炭節約器. **4** 《俗》《競馬》両賭け《ブックメーカー (bookmaker) が自分の損失を補填(ほてん)するために他のブックメーカーに賭けること》. 〖《a1325》← SAVE[1] +-ER[1]〗

Sa·ver·y /séɪv(ə)ri/, **Thomas** *n.* セーバリー《1650?–1715; 英国の技術者; 蒸気機関を発明した》.

Sáve the Chíldren Fùnd *n.* [the ～] 児童救助基金《1919 年に創設された国際的なボランティア組織; 被災地などの子供の救助と援助のための活動を行っている》.

Sav·ile Row /sǽvəl-/ *n.* サビル通り《London の一流の紳士服仕立屋の多い街路名》.

sav·in /sǽvɪn | -vɪn/ *n.* (*also* **sav·ine** /～/) **1 a** 《植物》サビナビャクシン (*Juniperus sabina*)《ヨーロッパ中南部, 小アジア原産の低木; その芽を摘んで薬用にする》. **b** サビナビャクシンから作った薬剤. **2** 《植物》**a** アメリカハイネズ (creeping juniper). **b** エンピツビャクシン (red cedar). 〖lateOE *safine* □ OF *savine* □ L *sabina* (*herba*) 'SABINE[1] (herb)'〗

sav·ing /séɪvɪŋ/ *n.* **1** 節約, 倹約: the ～ of fuel 燃料の節約 / a ～ of ten percent 1 割の節約 / a 30% ～ off the regular rate 正規の料金の 3 割の節約 / From ～ comes having.《諺》倹約は富のもと / *Saving* is getting.《諺》節約は金もうけ. **2** [*pl.*] 貯金, 貯蓄: He lost all his ～*s*. 貯金を全部なくした / All her ～*s* were invested in stocks. 貯金はすべて株に投資した. ★ many, few でなく, much, little で修飾する. **3** 救助, 救済, 済度. **4** 《法律》留保, 保留, 除外 (reservation, exception).
sáving from lóading 《保険》費差益《事業費の節約による利益》.
sáving from mortálity 《保険》死差益《死亡率の低下による利益》.
sávings and lóan associàtion 《米》貯蓄貸付組合《小口の貯蓄性預金を受け入れ, 個人向け住宅ローン提供を中心業務とする金融機関;《英》の building society に相当; 略 S & L》. 《1884》
— *adj.* **1** 倹約する; つましい: a ～ homemaker / He is very ～. 彼はなかなか節約家だ / Be ～ *of* your money. 無駄遣いをしないようにしなさい. **2** (危険などから)救う, (望ましくない事から)守る; 《神学》(神の恩寵によって)救済する: a ～ saint 救いの聖徒 / a ～ faith (自分を)救済してくれる信仰 / ⇨ saving grace. **3** 埋合わせ[取り柄]となる: I am not without a [the] ～ sense of humor. 私だってユーモアを解するくらいの取り柄はある. **4** 除外[保留]する: ⇨ saving clause. **5** 《古》損にも得にもならない: a ～ bargain 損にも得にもならない[五分五分の]取引き.
— *prep.* **1** 《文語》…のほかは, …を除いて (⇨ except[1] SYN): None remains ～ these few things. この 2, 3 の物以外は何も残っていない. ★ 主格代名詞を伴う用法は《廃》: none ～ I [he] 私[彼]を除いてだれも…ない. **2** 《古》…に敬意を表しながら: ～ your presence [reverence] (年長者·聖職者などの前で)こう申しては失礼ですが, 御免いただいて.
— *conj.* **1** [～ that …として] …ということを除いて (except): *Saving that* he is slightly deaf, he has preserved all his faculties. 耳が少し遠いだけで他の機能は全部元のままである. **2** [副詞句·節を伴って] …のほかは: He is never idle, ～ *when* he is asleep [～ *in* sleep]. 眠っている時以外彼は暇な時はない.
〖《a1325》: ⇨ save[1], -ing[1]〗

sáving clàuse *n.* 留保条項, 但し書.

sáving gráce *n.* **1** 救いの恩恵, 恩寵(おんちょう): by the ～ of God 神の加護によって. **2** (欠点を補う)取り柄: He has the ～ of modesty. 彼には謙譲という取り柄がある. 〖1597〗

sáv·ing·ly *adv.* **1** 倹約して, 節約して, つましく (frugally): live ～ つましく暮らす. **2** 《神学》救われるように, 済度されるように. 〖1553〗

sávings accòunt *n.* 預金口座《《米》では利子のつく口座一般を指し,《英》では普通預金口座 (deposit account) より利子の高い口座を指す; cf. checking account》. 〖《1911》: ⇨ -s[1]〗

sávings bànk *n.* **1** 貯蓄銀行. **2** 貯金箱. 〖1817〗

sávings bànk lífe insùrance *n.* 《保険》貯蓄銀行生命保険《貯蓄銀行の保険部で扱う生命保険; 米国の数州で行われている》.

sávings bònd *n.* 《米》(政府発行の)貯蓄債券.

sávings certìficate *n.* 《英》(政府発行の)利子付き貯蓄証書. 〖1916〗

sávings stàmp *n.* 貯蓄スタンプ《郵便局などで購入し特定口座に預け入れ, 定額に達した後は換金または savings bond に切り換え可能》.

sav·ior, 《英》**sav·iour** /séɪvjə | -vjə^(r)/ *n.* **1** (危険·破壊からの)救助者, 救済者. **2** [the S-, Our S-, Your S-] 救い主, 救世主 (the Redeemer), キリスト (Christ). ★ 2 の意味では《米》でも Saviour のつづりが普通. 〖《a1325》*saviour, saveour* □ OF *sa(u)veour* (F *sauveur*) < LL *salvātōrem* ← *salvātus* (p.p.) ← *salvāre* 'to SAVE[1]': ⇨ -or[2]〗

Sa·voie /sævwɑ́ː; F. savwa/ *n.* サボワ: **1** フランス東部のイタリアに接する県; 面積 6,036 km², 県都 Chambéry /ʃɑ̃beʀi/. **2** Savoy のフランス語名.

sa·voir faire /sǽvwɑːfέə | -vwɑːfέə^(r); F. savwaʀfɛːʀ/ *F. n.* 臨機応変の才, 機転. 〖《1815》□ F ～《原義》knowing how to act〗

sa·voir vi·vre /-víːvr(ə), -və | -vr(ə); F. -viːvʀ/ *F. n.* しつけ[身だしなみ]のよさ, 礼儀作法[社交術]を心得ていること. 〖《1755》□ F ～《原義》knowing how to live〗

Sa·vo·na /səvóʊnə | -vóʊ-; It. savóːna/ *n.* サボーナ《イタリア西北部 Liguria 州の港市; イタリア鉄鋼業の拠点》.

Sav·o·na·ro·la /sæ̀vənəróʊlə, sɑ̀ːv-, sævɑ̀(ː)nə- | sæ̀vənərə́ʊlə; It. savonaróːla/, **Gi·ro·la·mo** /dʒiróːlamo/ *n.* サボナローラ《1452–98; イタリアのドミニコ会修道士; 宗教改革を企てたが異端者として火刑に処せられた》.

Savonaróla chàir *n.* サボナローラチェア《ルネサンス時代のイタリアの, X 字型の脚をもつ折り畳み式の椅子; scis-

sors chair ともいう》. 〖(1918)↑〗
Sa·von·lin·na /sɑ̀:vɑ(:)nlíːnə | -vɔn-/ *n.* サボンリンナ《フィンランド南東部の町; 夏の保養地》.
Sa·vonne·rie /sævɔ̃:(ŋ)rí:, -vɔ:ŋ- | ←–––; *F.* savɔnʁi/ *adj.* サヴォヌリー[サボンリー](ラグ)の《17–18 世紀 Paris で製造された手織りのパイルじゅうたん[タペストリー]についていう; Seine 川近く Chaillot にかつてあった石鹸工場 (F savonnerie) がその製作所であったことから》. 〖(1876)◻F ~ ← *savon* soap＋*-erie* '-ERY'〗
sa·vor, 《英》**sa·vour** /séɪvə | -və^(r)/ *vt.* **1 a** …の味[におい]を楽しむ: ~ the roses. **b** 味わう, 賞味する, 鑑賞する: ~ life しみじみと人生を味わう (cf. 4) / ~ the delicacy of Japanese haiku 日本の俳句の繊細な趣を味わう. **c** 《古》…に気付く. **2** …の経験をもつ (experience): ~ politics. **3 a** …に味をつける, 風味をつける: meat ~*ed with* salt 塩味をつけた肉. **b** …に塩味をつける[与える]. **4** …に面白味を添える, 特徴づける (season): ~ life 人生に趣を添える (cf. 1 b) / a life well ~*ed with* humor and adventure ユーモアと冒険で味わい深い人生. **5** 《古》好む: Filths ~ but themselves. 汚物は汚物のみを好む (Shak., *Lear* 4. 2. 39).
— *vi.* **1** (…の)気味[趣, 臭味]がある, (…な)ところがある (smack) (*of*): His criticism ~*s of* pride [insolence]. 彼の批評には自慢めいた[横柄な]ところがある / ~ *of* the pan ⇨ pan[1] 成句. **2** 味[におい]がする (*of*): ~ *of* garlic にんにくの味[におい]がする. **3** 《古》(…に)快い (*to*).
— *n.* **1 a** (物特有の)味, におい; 風味 (relish), 香味 (flavor). **b** 味覚・嗅覚に訴えるものの性質[効力]: if the salt have lost his ~ 塩もし効力を失わば (*Matt.* 5: 13). **2** 風味[興味]を添えるもの; 趣味, 面白味, 興味 (zest), 刺激 (stimulus): a book without ~ 面白味のない本 / the ~ of life 人生の趣. **3** 気味, 心持ち, 幾分 (smack) (*of*): There is a ~ of insolence in his manner. 彼の態度にはちょっと横柄なところがある. **4** 《古》名声, 評判 (repute): have an evil ~ 評判がわるい.
〖n.: (?a1200)◻OF *savour* (F *saveur*) < L *sapōrem* ← *sapere* to taste: ⇨ sapient, -or[1]. — v.: ME◻(O)F *savo(u)rer* < LL *sapōrāre* ← L *sapōr-, sapor*〗
sa·vor·i·ly, 《英》**sa·vour·i·ly** /séɪvərəli | -r[ɪ]li/ *adj.* 風味をつけて, おいしそうに. 〖a1450〗
sávor·less *adj.* 味[におい]のない; 気の抜けた (insipid). 〖c1387〗
sa·vor·ous /séɪv(ə)rəs/ *adj.* 味[におい]のよい, おいしい, 風味のある (flavorful). 〖(?a1400)◻OF *savorous* (F *savoureux*) < LL *sapōrōsum*: ⇨ savor, -ous〗
sa·vor·y[1] /séɪv(ə)ri/ *adj.* (**sa·vor·i·er; -i·est**) **1 a** (調味料などによって)味のよい, 風味のある, おいしそうな (tasty, appetizing): ~ fish dishes おいしい魚料理. **b** 香りのよい, よいにおいの (fragrant). **c** 〈料理など〉ぴりっとした味の, 刺激的な味のする (piquant). **2** [通例否定文で] **a** 気持ちのよい, 心地よい (agreeable): *not* very ~ districts あまり住みごこちのよくない土地. **b** 道徳的に健全な, 教化的な, 有益な: have *not* a very ~ reputation 評判が余りかんばしくない / be *none* too ~ ちっとも健全でない. — *n.* 《英》セイボリー《食事の最後か時には食前に出す主に辛口の料理; cf. sweet 1 b》. **sá·vor·i·ness** /-rənəs | -r[ɪ]-/ *n.* 〖(?c1200) *sav(o)uri*◻OF *savouré* (p.p.) ← *savo(u)rer*: ⇨ savor, -y[4]〗
sa·vo·ry[2] /séɪv(ə)ri/ *n.* 〖植物〗(ヨーロッパ産の)セリ科トウバナ属 (*Satureia*) の植物の総称《種子を料理の香料に用いる; キダチハッカ (summer savory, winter savory など)》. 〖(a1387) *saverey* 《変形》← OE *sæðerie*◻L *saturēia*〗
sa·vour /séɪvə | -və^(r)/ *n., v.* =savor.
sa·voy /səvɔ́ɪ/ *n.* 〖園芸〗ちりめんキャベツ《キャベツの一種; 葉の面がちりめん状に波うつ; savoy cabbage ともいう》. 〖(1578)◻F (*chou de*) *Savoie* '(cabbage of) SAVOY'〗
Sa·voy /səvɔ́ɪ/ *n.* サボイ, サボワ《フランスの南東部, スイス・イタリアとの国境に近い地方; もと公国であったが後 Sardinia 王国の一部となり, 1860 年フランスの一部となった; フランス語名 Savoie》.
Sa·voy /səvɔ́ɪ/, **the House of** *n.* サボイ家《初め Savoy 公国, ついで Sardinia 王国の支配者; 1861 年以後イタリアの王家となり 1946 年廃朝》.
Savóy Álps *n. pl.* [the ~] サボイアルプス《フランス南東部の山脈; 最高峰は Mont Blanc (4,807 m)》.
Sa·voy·ard[1] /səvɔ́ɪəəd, sævɔɪɑ́əd | səvɔ́ɪɑːd, sævɔɪɑ́:d; *F.* savwajaːʁ/ *n.* (*pl.* ~ /~z; *F.* ~/) サボイ (Savoy) の住民. — *adj.* サボイの; サボイの住民の. 〖(1687)◻F ~ ← *Savoie*: ⇨ Savoy, -ard〗
Sa·voy·ard[2] /səvɔ́ɪəəd, sævɔɪɑ́əd | səvɔ́ɪɑːd, sævɔɪɑ́:d; *F.* savwajaːʁ/ *n.* (*pl.* ~ /~z; *F.* ~/) サボイオペラ (Savoy operas) の俳優[演出家, ファン]. 〖(1890) ← *Savoy* (*Theatre*: ⇨ Savoy operas)＋-ARD〗
savóy cábbage *n.* 〖園芸〗=savoy.
Savóy óperas *n. pl.* [the ~] サボイオペラ《英国の作曲家 Sullivan と台本作者 Gilbert との共作によって, D'Oyly Carte Company が興行した喜歌劇; 19 世紀後半に最も栄えた; Gilbert and Sullivan operas ともいう》. 〖(1889) ← *Savoy Theatre* (London の Strand にある劇場名, ここでこの喜歌劇がよく上演された)〗
Sá·vu Séa /sɑ́:vu:-/ *n.* [the ~] サブ海《インドネシア東部小スンダ列島の Sumba 島, Flores 島, Timor 島に囲まれた海域》.
sav·vy /sǽvi/ 《俗》*n.* **1** 理解; 物わかり, 常識 (common sense); 機知, 機転 (wits). **2** 技術, 腕; こつ (know-how): one's political ~ 政治的手腕. — *adj.* 《米》(事情に)精通している, よく知っている. — *vt.* 理解する, わかる (understand). — *vi.* 意味を知る, わかる: *Savvy?* わかったか / No ~. 知らない, わからない.
sáv·vi·ness *n.* 〖(1785)《混成・転訛》? ← F *savez* (*-vous*)? do you know?＋Sp. *sabe* you know〗
saw[1] /sɔ́:, sɑ́: | sɔ́:/ *v.* see[1] の過去形. 〖OE *sæh, seah*〗
saw[2] /sɔ́:, sɑ́: | sɔ́:/ *n.* **1 a** のこぎり: ⇨ power saw, chainsaw, hacksaw, jigsaw. **b** のこぎりのついている機械[装置]. **2** 〖動物〗鋸歯(きょし)状部[器官]《sawfish の口先や, sawfly の産卵管など》. — *v.* (~**ed**; ~**ed, sawn** /sɔ́:n, sɑ́:n | sɔ́:n/) — *vt.* **1 a** のこぎりでひく: ~ down のこぎりで切り倒す / ~ *up* a log 丸太をひく / ~ a log *into* boards 丸太を板にひく / ~ *off* のこぎりで切り落とす / ~ *through* a bone 骨をのこぎりでひき切る. **b** のこぎりでひいて作る, …にひく: ~ boards *out of* a log 丸太をひいて板にする. **2** のこぎりでひくように動かす[切る, 音をさせる]: ~ a towel across one's back / ~ the air ⇨ air[1] 成句 / ~ *out* a tune on a violin バイオリンで一曲弾く / ~ a horse's mouth 手綱を交互に締めてくつわをきかせる. **3** 〖製本〗〈背の部分を〉目引きする, …に引き目を入れる 〈*in*〉《手とじの時, 折り丁の背にとじ目をつくるためにのこぎり目を入れる》. — *vi.* **1** 木をひく, のこぎりを使う. **2** のこぎりを使うような手つきをする; 弦楽器を演奏する: ~ *at* a steak with a knife ナイフでステーキをごしごし切る / ~ *on* a violin バイオリンを弾く. **3** のこぎりで(…が)ひける: This wood ~*s* badly [easily]. この材木はのこぎりでひきにくい[やすい].
sáw alíve [***thróugh and thróugh***] (製材で)丸太を真っすぐに切り分ける: ~ a log *alive.* ***sáw wóod*** 《米俗》いびきをかく, 眠る.
~·lìke *adj.* 〖OE *saga* (n.) < Gmc **saʒō* (Du. *zaag*: cf. G *Säge*) ← IE **sek-* to cut (L *secāre*): cf. section〗

chainsaw

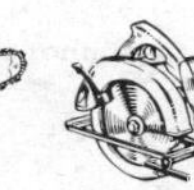

circular saw

hacksaw

jigsaw

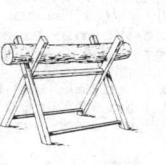

saw[3] /sɔ́:, sɑ́: | sɔ́:/ *n.* 諺, 格言: a wise ~ 金言 / an old ~ 昔からの諺, 古諺(こげん) 〖OE *sagu* < Gmc **saʒō* (G *Sage* / ON *saga*) ← **saʒjan* 'to SAY[1]': SAGA と二重語〗
SAW /ɛ̀sèɪdʌ́bl̩ju:, sɔ́:, sɑ́: | ɛ̀sèɪdʌ́bl̩ju:, sɔ́:/ 《略》surface acoustic wave 表面弾性波 (Rayleigh wave).
Sa·wan /sɑ́:wən/ *n.* サーワン(の月)《ヒンズー暦の月名の一つで, 太陽暦の 7–8 月に当たる; cf. Hindu calendar》. 〖◻Hindi *sāwan*〗
Sa·wátch Móuntains /səwɑ́(:)tʃ- | -wɔ́tʃ-/ *n. pl.* [the ~] サウォッチ山脈《米国 Colorado 州中央部にある Rocky 山脈の一系; 最高峰 Mt. Elbert (4,399 m) は Rocky 山脈の最高峰でもある》. 〖*Sawatch*: ◻N-Am.-Ind. (Uto-Aztecan) 《原義》? blue-earth spring〗
sáw·bàck *n.* 鋸歯(きょし)状山稜, 櫛形山稜《のこぎりの歯のように峰々が突き立った山背 (sierra)》.
sáw bènch *n.* 〖木工〗のこぎり台《丸のこの据えられている台》. 〖1846〗
sáw·bìll *n.* 〖鳥類〗鋸歯(きょし)状のくちばしをした鳥類の総称, (特に)アイサ (merganser). 〖1763〗
sáw·bònes *n.* (*pl.* ~, ~·**es**) 《俗・戯言》外科医 (surgeon), 医者 (physician). 〖(1837) ← SAW[2] (v.)〗
sáw·bùck *n.* 《米》**1** =sawhorse. **2** 《俗》10 ドル紙幣 (ten-dollar bill) 《ローマ数字の 10 を表す X と木びき台の足の形の類似から》. **3** 《俗》10 年の刑. 〖(1850) ← SAW[2]＋BUCK[1] (n.) 5 (なぞり) ← Du. *zaagbok*〗
sáwbuck tàble *n.* (ヨーロッパ中世に由来する) X 字形脚付きテーブル.
sáw cábbage pàlm *n.* 〖植物〗=saw palmetto 2.
saw·der /sɔ́:də, sɑ́:- | sɔ́:də^(r)/ *n.* 《口語》[通例 soft ~ で] お世辞 (flattery): ⇨ soft sawder. — *vt.* …にこびへつらう, お世辞を言う (flatter). 〖(1836) 《変形》← SOLDER〗
sáw-dòctor *n.* 《英・NZ》(のこぎりの)目立て器[職人]. 〖1936〗
sáw·dùst *n.* **1** おがくず, のこくず. **2** 〖獣医〗牛の肝臓の表面に出現するおがくず様の斑点[壊死(えし)巣] (sawdust liver ともいう). ***lèt the sáwdust òut of*** (人形の中のおがくずを出すように)…のぼろをさらけ出す, …の高慢の鼻を折る; 台無しにしてしまう. — *adj.* [限定的] **1** おがくずを詰めた[入れた]: a ~ doll. **2** 実質のない: a ~ answer. **3** (サーカス・信仰復興伝道集会など)テントで行われる興行[集会]の[に関する]: a ~ preacher, performer, etc. / ⇨ sawdust trail. — *vt.* 〈床などに〉おがくずをまく. 〖1530〗
sáwdust tràil *n.* **1** 改宗[更生]の道. **2** 信仰復興特別伝道集会の巡回. 〖(1913) テントの伝道集会で, 悔い改めや改宗のしるしとして, おがくずを敷いた側廊を通って祭壇へ行くことから〗
sáw·dùsty *adj.* **1** おがくずだらけの, おがくずに似た, おがくずのにおいのする. **2** 退屈な, 飽き飽きする (wearisome). 〖1861〗
sáw-édged *adj.* (のこぎり状の)ぎざぎざの刃[へり]のある. 〖1890〗
sáwed-óff *adj.* 《米》**1** (端を切って)短くした: a ~ shotgun 銃身をごく短く切った(ギャング用)散弾銃. **2** 《口語》やや小さい; 平均寸法[身長]以下の, ちびの: a ~ man. 〖1869〗
saw·er /sɔ́:ə, sɑ́:ə | sɔ́:ə^(r)/ *n.* =sawyer. 〖1457〗
sáw fèrn *n.* 〖植物〗熱帯地方, 特に米国 Florida 州から西インド諸島にかけて群生するシシガシラ科ヒリュウシダ属のシダ (*Blechnum serrulatum*)《葉のへりがのこぎりのようになっている》.
sáw·fìsh *n.* (*pl.* ~, ~·**es**) 〖魚類〗ノコギリエイ《ノコギリエイ科の魚類の総称; 平たく長い口先の両側に強い歯がある; *Pristis pristis* など; cf. saw shark》. 〖(1664) cf. L *serra* sawfish, 《原義》saw[2]〗
sáw·flỳ *n.* 〖昆虫〗ハバチ《膜翅目ハバチ上科 (Tenthredinoides) の昆虫の総称; 雌の輪卵管にのこぎり状の歯があり木の中に卵を産みつける》. 〖1773〗
sáw gàte [**fràme**] *n.* (西洋のこぎりの)のこぎりわく. 〖1601〗
sáw gìn *n.* (のこぎり歯の付いている)綿繰り機, ソージン (cf. cotton gin). 〖1801〗
sáw gràss *n.* 〖植物〗葉のへりに鋭いとげのあるカヤツリグサ科ヒトモトススキ属 (*Cladium*) の植物の総称; 特に *C. jamaicensis* 《twig rush ともいう》. 〖1822〗
sáw·hòrse *n.* (X 字形の)木挽(こ)き台《sawbuck, buck ともいう》. 〖1778〗

sawhorse

sáw·lòg *n.* 製材厚木丸太《ひいて板や柱にする丸太》. 〖1756〗
sáw·mìll *n.* **1** 製材所. **2** 製材用のこぎり. 〖(1553): cf. Du. *zaagmolen* / G *Sägemühle*〗
sawn /sɔ́:n, sɑ́:n | sɔ́:n/ *v.* saw[2] の過去分詞.
Saw·ney /sɔ́:ni, sɑ́:- | sɔ́:-/ *n.* **1** [軽蔑的に] スコットランド人 (Scotsman, Scotchwoman). **2** [通例 s-] 《特に英口語》まぬけ, ばか. — *adj.* [通例 s-] 《特に英口語》ばかな, まぬけな. 〖(a1704) 《変形》← ? SANDY[2]〗
sáwn-òff *adj* 《英》=sawed-off.
sáw-òff *n.* 《カナダ》(妥協のための)相殺取引; 交換条件 (trade-off). 〖1908〗
saw palmètto *n.* 〖植物〗**1** ノコギリパルメット (*Serenoa repens*)《米国南部産のシュロに似たヤシの一種で葉柄に鋭い歯が並んでいる》. **2** ライトヤシ (*Paurotis wrightii*)《米国 Florida 州および西インド諸島産の低木のヤシ; everglade palm ともいう》. 〖1797〗
sáw·pìt *n.* 木挽(こ)き穴《上下 2 人で材木を挽く場合下の人が入る穴; cf. pit saw》. 〖1408〗
sáw sèt *n.* 〖機械〗あさり出し具《のこぎりの歯を左右に開く道具》. 〖1846〗
sáw shàrk *n.* 〖魚類〗ノコギリザメ《アフリカ南部や東アジアなどに生息するノコギリザメ科の魚類の総称; 日本近海にいるノコギリザメ (*Pristiophorus japonicus*) など》. 〖1882〗
sáw·tìmber *n.* 製材に向いた木材. 〖1901〗
sáw·tòoth *n.* **1** のこぎりの歯, 鋸歯(きょし). **2** 〖建築〗=sawtooth roof. **3** 〖電気〗鋸歯状波 (sawtooth wave). — *adj.* **1** =saw-toothed. **2** 〖電気〗鋸歯状波の. 〖1601〗
sáw-tòothed *adj.* **1** 鋸歯(きょし)の, のこぎり状の歯のある. **2** 鋸歯状の, ぎざぎざになった. 〖1588〗
sáwtooth róof *n.* 〖建築〗のこぎり屋根. 〖1942〗
sáwtooth wáve *n.* 〖電気〗のこぎり波, 鋸歯(きょし)状波. 〖1935〗
sáw-whèt ówl *n.* 〖鳥類〗ヒメキンメフクロウ (*Aegolius acadica*)《北米産フクロウ科の小さい鳥; 単に saw-whet ともいう》. 〖(1834) ← SAW[2]＋WHET: その鳴声がのこぎりの目立ての音と似ていることから〗
sáw·wòrt *n.* 〖植物〗北米産キク科タムラソウ属 (*Serratula*) の植物の総称; (特に) *S. tinctoria* 《のこぎり状の葉から黄色の染料を採る》. 〖1597〗
saw·yer /sɔ́:jə, sɑ:-, sɔ́ɪə | sɔ́:jə^(r), sɔ́ɪə^(r)/ *n.* **1** 木挽(こ)き: ⇨ bottom sawyer, top sawyer. **2** 《米》(のこぎりを挽くかのように, 流れに上下に揺れる)流木《船の事故の原因となった; cf. planter 5》. **3** 〖昆虫〗カミキリムシ《ヒゲナガカミキリ属 (*Monochamus*) の昆虫の総称; sawyer beetle ともいう》. 〖(1350) *sawier* ← SAW[2] (v.): ⇨ -ier: cf. lawyer〗
sax[1] /sǽks/ *n.* 《口語》サックス (saxophone); サックス奏者. 〖(1923) 略〗
sax[2] /sǽks/ *n.* 〖建築〗スレート加工用なた, スレートハンマー《屋根のスレートの耳を切り, 背にある角(つの)状の所でくぎ穴をあける道具; zax ともいう》. 〖OE *seax* knife < Gmc **saχsam* (OHG *saks* / ON *sax*) ← IE **sĕk-* (L *saxum* rock): ⇨ saw[2]〗
Sax /sǽks; *F.* saks/, **Antoine Joseph** *n.* サックス《1814–94; ベルギーの楽器製作者; saxhorn (1845), saxophone (1846) などを製作; 通称 Adolphe Sax》.
Sax. 《略》Saxon; Saxony.
sax·a·tile /sǽksətàɪl/ *adj.* 〖生物〗=saxicolous. 〖(1661)◻F ~ // L *saxātilis* ← *saxum* rock: ⇨ sax[2], -ile〗
sáx·bòard *n.* 〖海事〗無甲板船の最上外板. 〖1857〗
saxe /sǽks/ *n.* [しばしば S-] =saxe blue. 〖(1864)◻F *Saxe* 'SAXONY'〗
Saxe /*F.* saks/ *n.* サックス《Saxony のフランス語名; 旧ドイツ帝国内の公国の名称の一部に付属して用いられた》.
Saxe /sǽks; *F.* saks/, **Hermann Maurice de** *n.* サックス《1696–1750; フランスの陸軍元帥; 1745 年スイス南西部の Fontenoy /*F.* fɔ̃tnwa/ における会戦で英・オランダ・オーストリア連合軍を破った》.

Saxe-Al·ten·burg /sǽksǽːltnbə̀ːg | -bə̀ːg; G. záksáltnbʊʁk/ *n.* ザックスアルテンブルク《ドイツ中部の旧公国; 1919 年以後は Thuringia 州の一部》.

sáxe blúe, S- b- *n.* (藍(ﾗﾝ)から採った)明るい淡青色. 〖1905〗

Saxe-Co·burg-Go·tha /sǽkskòubəːggóuθə, -góuṭə | -kə̀ubəːggə́uθə, -gə́utə; G. zákskoːbʊʁggóːta/ *n.* ザックスコーブルグゴータ《ドイツ中部の旧公国, 1919 年以後 Thuringia 州と Bavaria 州とに分かれる》.

Saxe-Co·burg-Go·tha /sǽkskòubəːggóuθə, -góuṭə | -kə̀ubəːggə́uθə, -gə́utə/ *n.* ザックスコーブルグゴータ公 (⇨ Prince ALBERT).

Saxe-Coburg-Gotha, the House of *n.* ザックスコーブルグゴータ王家《旧英国王家 (1901–17) の名; Victoria 女王没後, 彼女の夫であった Prince Albert の出身家名を用いたもの; この王家の王は Edward 七世および George 五世; それ以前は Hanover 王家と呼び, 以後は the House of Windsor と改称》.

Saxe-Mei·ning·en /sǽksmáɪnɪŋən; G. záksmáɪnɪŋən/ *n.* ザックスマイニンゲン《ドイツ中央部の旧公国; 1919 年以後は Thuringia 州の一部》.

Sáxe-Wéimar-Éisenach *n.* ザックスワイマールアイゼナッハ《ドイツ中央部の旧大公国; 1919 年以後は Thuringia 州の一部》.

sax·horn /sǽkshɔ̀ən | -hɔ̀ːn/ *n.* サクソルン, サクスホルン《A. J. Sax の考案した金管楽器, 7 種ある》. 〖(1844) ← (*Antoine J.*) *Sax*＋HORN〗

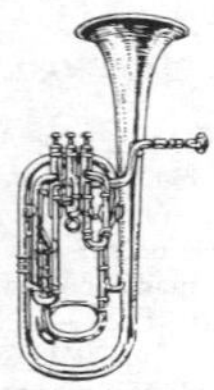

saxhorn

sax·i- /sǽksɪ, -si/「岩石 (rock)」の意の連結形: *saxicolous*. 〖← L *saxum* rock: cf. sax²〗

sax·ic·o·line /sæksíkəlàɪn, -lɪn | -làɪn, -lɪn/ *adj.* **1** 〘鳥類〙ノビタキ属 (*Saxicola*) の. **2** ＝saxicolous. 〖(1899) ← NL *Saxicola*《原義》inhabiting rocks (← SAXI-＋*colere* to inhabit)＋-INE³〗

sax·ic·o·lous /sæksíkələs/ *adj.* 〘生物〙岩石に生じる, 岩石の間にすむ. 〖(1856) ← SAXI-＋-COLOUS〗

Sax·i·fra·ga·ce·ae /sæ̀ksəfrəgéɪsiìː | -sɪf-/ *n. pl.* 〘植物〙(双子葉植物バラ目)ユキノシタ科. **sàx·i·fra·gá·ceous** /-ʃəs⁻/ *adj.* 〖← NL ～ ← *Saxifraga*(属名: ↓)＋-ACEAE〗

sax·i·frage /sǽksəfrɪʤ, -frèɪʤ | -sɪ̀frɪʤ, -frèɪʤ/ *n.* 〘植物〙ユキノシタ《ユキノシタ属 (*Saxifraga*) の各種の草本の総称》. 〖(1440) □ (O)F ～ ∥ LL *saxifraga*《原義》stone-breaking (← SAXI-＋*frangere* to break): SALSIFY と二重語〗

sáxifrage pínk *n.* 〘植物〙ハリナデシコ (*Tunica saxifraga*)《南ヨーロッパ原産のナデシコ科の観賞用多年草; coat flower, tunic flower ともいう》.

S **sax·ist** /sǽksɪst | -sɪst/ *n.* 《口語》＝saxophonist. 〖1939〗

sax·i·tox·in /sæ̀ksətɑ́(ː)ksɪn, -sn | -sɪtɔ́ksɪn/ *n.* 〘生化学〙サキシトキシン ($C_{10}H_{17}N_7O_4 \cdot 2HCl$)《赤潮に見られるプランクトンの一種がもっている非蛋白性毒物; 貝などによる食中毒の原因となる》. 〖(1962) ← NL *Saxi(domus giganteus)* a species of butter clam (この毒素はこれから抽出される)＋TOXIN〗

Sax·o Gram·mat·i·cus /sǽksougrəmǽṭɪkəs | -səugrəmǽtɪ-/ *n.* サクソグラマティクス《1150?–?1220; デンマークの歴史家; ラテン語で書いたデンマーク史 *Gesta Danorum* には *Hamlet* 伝説を含む》.

Sax·on /sǽksən, -sn/ *n.* **1 a** [the ～s] サクソン族《昔 Elbe 河口に居住した民族でその一派は Angles, Jutes と共に 5–6 世紀に英国に渡来し定住した》. **b** サクソン族の人. **2 a** アングロサクソン人 (Anglo-Saxon). **b** (アイルランド人・ウェールズ人・高地スコットランド人などに対して)イングランド人 (Englishman, Englishwoman), スコットランド低地人 (Lowland Scot). **3** (ドイツの)ザクセン (Saxony) 人. **4** 〘言語〙**a** サクソン語《英国に移住した当時のサクソン人が用いた言語》: ⇨ Old Saxon, West Saxon. **b** (フランス語・ラテン語と区別して)英語のゲルマン語要素.
— *adj.* **1 a** サクソン人の; (ノルマン征服以前の)アングロサクソン時代の: ～ architecture サクソン式建築《ノルマン征服以前の英国の建築》. **b** (アイルランド・ウェールズ・高地スコットランドに対し)イングランドの (English). **2** サクソン語の; アングロサクソン語(起源)の (Anglo-Saxon): ～ words (借入語に対し)本来の英語. **3** (ドイツの)ザクセン人の. 〖(c1300) □ (O)F ～ □ LL *Saxō(n-)* □ (WGmc) **Saχson-* (G *Sachse*)《原義》warrior with knives ← ? **saχsam* 'SAX²' ∞ OE *Seaxan* (pl.)〗

Sáxon blúe *n.* **1** 〘染色〙(染料用)ザクセン青. **2** 〘顔料〙＝smalt 1. 〖1771〗

Sáx·on·dom /-dəm/ *n.* ＝Anglo-Saxondom.

Sax·on·ic /sæksɑ́(ː)nɪk | -sɔ́n-/ *adj.* ＝Saxon *adj.* 1, 2.

Sáx·on·ìsm /-sənɪzm/ *n.* ＝Anglo-Saxonism.

Sáx·on·ist /-sənɪst | -nɪst/ *n.* アングロサクソン語[史, 文化]学者. 〖1599〗

sax·on·ite /sǽksənàɪt/ *n.* 〘岩石〙斜方輝石橄欖(ｶﾝﾗﾝ)岩《harzburgite ともいう》. 〖(1884) ← SAXONY＋-ITE¹〗

Sax·on·ize, s- /sǽksənàɪz/ *vt.* ＝Anglo-Saxonize. 〖(1804) □ ML *saxonizāre*〗

sax·o·ny, S- /sǽks(ə)ni, -sni/ *n.* **1** サクソニー毛糸, ザクセン毛糸《Saxony 産の細手の上質毛糸; Saxony yarn ともいう》. **2** サクソニー織, ザクセン織《高級紡毛織物の一種; メルトンとフランネルとの中間織物のような紡毛織物で, 最初はドイツのザクセン (Saxony) 地方産の羊毛で作ったものをいったが, 現在は細いメリノ羊毛でメルトン仕上げをしたものをもいう》. 〖(1842) ↓〗

Sax·o·ny /sǽksəni, -sni/ *n.* ザクセン: **1** ドイツの歴史的地域名; 古くはドイツ北部の Rhine 川と Elbe 川の間, ザクセン族 (Saxons) の居住地域で, 9 世紀後半に部族公国が形成され, 919–1024 年ドイツ王国を支配した. **2** ドイツ東部の州; 州都 Dresden. 〖(a1338) (1842) □ LL *Saxonia*: ⇨ Saxon, -ia¹〗

Sáxony-Ánhalt *n.* ザクセンアンハルト (G Sachsen-Anhalt)《ドイツ中北東部の州; 州都 Magdeburg》.

Sáxony blúe *n.* 〘顔料〙＝smalt 1. 〖1857〗

sax·o·phone /sǽksəfòun | -fə̀un/ *n.* サキソホーン《A. J. Sax の考案した 1 枚リードの管楽器で, その音色は木管・金管の中間にある; 略して sax という》. **sax·o·phon·ic** /sæ̀ksəfɑ́unɪk, -fɑ́(ː)n- | -fə́un-, -fɔ́n-⁻/ *adj.* 〖(1851) □ F ～ ← *Antoine J. Sax*: ⇨ saxhorn, -o-, -phone〗

saxophone

sax·o·phon·ist /sǽksəfòunɪst | sæksɔ́fənɪst, sǽksəfə̀un-/ *n.* サキソホーン奏者. 〖1865〗

sáx·tùba *n.* サックスチューバ《低音(吹奏)の大型サクソルン》. 〖(1856) ← (*Antoine J.*) *Sax*＋TUBA: ⇨ saxhorn〗

say¹ *v.* /séɪ/ (**said** /séd/; 三人称単数直説法現在形 **says** /séz/) (cf. speak, tell¹) — *vt.* **1** 言う, 言葉に言い表す (utter); (決意・意見として)述べる (assert): ～ yes [no] はい[否]と言う, 承諾する[断る] / ～ yes to an offer 申し出を承諾する / I wouldn't ～ no to a drink. 一杯飲むのだったら喜んでいただきます / ～ a few words 簡単なあいさつをする / ⇨ *say the* WORD / Who *said* that? だれがそう言ったか / *Say* no more! I understand! もう言うな, わかった / Let's ～ no more about what happened. 起こったことについてこれ以上言うのはやめよう / There's something [a lot] to *be said for* your plan. あなたの計画には少し[大いに]取り柄がある / Do you mean what you ～? それは本気で言っているのか / No one can ～ [There is no ～*ing*] what may happen. 何が起こるやらだれだってわからない / ⇨ *Never say* DIE¹ / Easier *said* than done. 《諺》口で言うほどやさしくはない,「言うはやすく行うはかたし」/ No sooner *said* than done. 言うが早いか実行した[する] / The less *said* about it the better. 言わぬが花 / Who shall I ～ (is calling), sir [ma'am]? (取次ぎの者が来客に向かって)どなた様でございますか / Shall we ～ lunch on Thursday [50 % now], then? では, 木曜日に昼食[今度は 50%] にしてはどうでしょう / ... and so ～ all of us (そして)それが我々の意見だ, 我々は皆そう言っている / Would you please ～ that again? もう一度おっしゃって下さい / You may well ～ so. あなたがそう言うのはもっともです / If I may ～ so [If you don't mind me [my] ～*ing* so], your shirt is dirty. こう言っては何ですが, シャツが汚れています / So ～*ing*, she left. そう言うと, 彼女は立ち去った / You can ～ that again!＝You *said it*! 《口語》全くその通り, 賛成[同感]です / ⇨ *You don't* SAY (*so*)! / That's what you ～! それはあなたの言い草だ / What do [would] you ～ (to ...) ⇨ what *pron.* 成句.

2 [通例, 被伝達部または *that*-clause を導いて] ...と言う: "I'll do it," he *said*.＝He *said*, "I'll do it."「そうしましょう」と彼は言った / *Say* after me: "I do solemnly swear ..." 私の後について言いなさい,「私は厳粛に誓います...」/ She *said* (*that*) she would come today. 彼女は今日うかがいますと言った / When did she ～ she'd arrive? いつ着くと彼女は言いましたか / How old would you ～ that tree is [was]? その木の樹齢は何年だとおっしゃいますか / I can't (honestly) ～ (*that*) I like her very much. (正直に言って)私は彼女があまり好きではない / It is not too much to ～ that ...というのは言い過ぎではない / I must [have to, 《英》am bound to] ～ (*that*) I never expected that to happen! 全く私はそんなことが起こるとは予期しなかったと言わざるを得ない / Don't ～ it's actually happened! That would be like ～*ing* [You might as well ～] all our efforts have failed! そんなことが本当に起こったなどと言うな! それでは我々の努力がすべて失敗したと言うようなものだ! / You [One] might [could] ～ *that* we weren't altogether displeased with the result. その結果がまんざら気に入らなかったわけでもないとも言える / I am sorry to ～ (*that*) ... 残念ながら...です / I should ～ (*that*) ...でしょうね / I wouldn't say ...とは思わない.

語法 (1) 直接話法で被伝達部のあとまたは中間に伝達部を置く場合, 伝達部の主語が名詞の場合は "said＋主語" または "主語＋said" の語順が用いられる: "I would prefer not to," *said* George [George *said*].「そうしたくはありません」とジョージは言った. (2) きびきびした文体では, *said* の代わりに *says* を用いることがある; また《俗》では said に代わって, *says* I [you] を用いることもあり, その場合, 無教養者の言葉であることを示すために says が *sez* とつづられることもある (cf. SAYS *you*!, SEZ *you*!). (3) 《口語》では say が *to* do を伴うことがある: He *said* to hurry. 急ぐようにと彼は言った / She *said for* me *to* leave at once. 彼女は私がすぐ出かけるようにと言った / Tell her I *said to* go. 私が行けと言ったと彼女に伝えなさい. ★ この go の主体は her.

3 [*that*-clause を伴い, しばしば受身で; または *be said to* do で] (一般の人が)...と言う, うわさする; となえる (allege): People [They] ～ (*that*) he is going to resign. 彼は辞職しようとしているとのことだ / What will people ～ if he resigns now? もし彼が今辞職すれば人は何とうわさするだろうか / People ～ *of* him *that* he is mad. 人は彼を評して気が狂っているという / *It is* generally *said* (*that*) ... 一般に...と言われている / She *is said to* be a good singer. 彼女は名歌手だそうだ / He *was said to* have taken a doctor's degree. 彼は博士号を取得したと言われていた / This tree *is said to* be 2,000 years old. この木は樹齢 2 千年になるという. ★ 最後の 3 例のような単文の表現法は常に受動構文で用いられる.

4 〈言い分を〉言う, 論じる (argue); (弁解として)述べる; 〈情報を〉伝える (convey): There is much to be *said* on both sides. 両方ともに言い分は大いにある / There's nothing more to be *said*. これ以上言うことはない / The victim has this to ～ ... 被害者はこう述べている / have nothing to ～ *for* oneself 弁解することは何もない, 文句がない; 《口語》内気で黙っている, 意気地がなくて何も言わない / have a lot to ～ *for* oneself 弁解すること[文句]が大いにある / What have you got to ～ *about* that? そのことについて何か言い分があるかね / If you break the vase, your father will have plenty to ～ about it. 花瓶を割ったらお父さんはあれこれ言うだろう / He spoke for more than an hour but did not ～ much. 1 時間以上も話したが大した事は言わなかった / She never has a good word to ～ *for* [*about*] anyone. 彼女は決してだれのこともよく言わない.

5 誦(ｼﾞｭ)する, 暗唱する, 唱える (recite, rehearse): ～ one's prayers 祈りを唱える / ～ one's lesson 教わったことを暗唱する / ～ mass 〈聖職者が〉ミサを捧げる / to be *said* or sung 読みまたは歌うべし《祈禱書中の指示文句》.

6 〈時計などが〉〈時を〉示す, 指す (indicate); 〈表情などが〉表している (show); 〈本・新聞などが〉書いている 〈*that*〉: the box that ～*s* "Paper Clips"「紙ばさみ」と書いてある箱 / The clock ～*s* ten minutes after three. 時計は 3 時 10 分を指している / Her glance *said* all I wanted to know. 彼女のまなざしは私の知りたいと思っていることを全部語っていた / The way he speaks ～*s* a lot about his character. 彼の話し方は性格をよく表している / That is ～*ing* a great deal. それは大変な[容易ならぬ]ことだ / It ～*s* a lot *for* her [her efficiency] that she finished so quickly. 彼女がそんなに速く終えたのは彼女が[彼女の手際が]すぐれていることを示している / The papers ～ *that* exports are up. 新聞によると輸出が上向いている / *It* ～*s* in the Bible *that* ...《口語》...と聖書に書いてある.

7 [命令法または Let us ～ ... で] ...だとしてみよ; ...とすれば: Any European country, ～ Germany [Germany, ～ I], might do the same. ヨーロッパの国ならどこでも, 例えばドイツでも, 同じことをするだろう / He has, ～, fifty thousand yen. そうね, 5 万円ばかり持っているね / Well, ～ it were so, what then? まあそうだとしておこう, するとどうなるか / Let's ～ *that* you are right. かりに君が正しいとしてみよう.

— *vi.* **1** 言う, 語る (speak); 意見を述べる, 主張する, 断言する (declare): just as you ～ 君の言う通り / Whatever you ～. おっしゃる通りにします[通りです] / Who can ～? だれにも明言できない / I cannot ～. さあどうかしら, わからないけど / You don't ～ (so)! ⇨ 成句 / I'll ～! 《口語》まったくね, そうね, なるほど / I'm not ～*ing*. (ご質問に)お答えしません / That's not for me to ～. それは私が言うべきことではない / I'd rather not ～. 言わないほうがいいだろう / ⇨ *How* SAY *you*? / ⇨ I SAY. **2** [挿入的に用いて] (cf. *vt.* 7)) 仮定的に言う[言えば], おおまかに言って: She's, I'd ～, forty. 彼女はまず 40 歳といったところだ / A fourth of the population, ～, is illiterate. 全住民のまず 4 分の 1 が読み書きできないと言ってよい / so to ～ いわば (so to speak). **3** [間投詞的]《口語》ねえ, もしもし, ちょっと (I ～ (⇨ 成句)): *Say*, that's some bump you're got on your head! おやおや, 君の頭のこぶはちょっとしたものだね.

as mùch as to sày ... ちょうど...とでも言うかのように, ...とでも言いたげに, ...と言わんばかりに (as if saying, as if to say): The dog wagged its tail, *as much as to* ～ "Thank you, sir." その犬は「ありがとう」と言わんばかりに尾を振った. ***enóugh sáid*** ＝NUFF *said*. ***gó without sáying*** ⇨ go¹ 成句. ***háving sáid that*** そうは言っても, それでもやはり. ***Hów sày yóu?*** (陪審員に向かって)評決はいかがですか. ***Í sáy*** 《英口語》[間投詞的] (1) おい, ちょいと, あのね. (2) これは驚いた, 大したものだ: I ～, what a beauty! これは美しい / Well, I ～! これはこれは. (3) [否定を強めて]: No, I ～! いいえ, いけません. 《c1220》 ***Í should sày nót.*** (1) 絶対だめです, いけません; 違います《強い拒絶・否定などを表す》. (2) 多分そうでないでしょう: Do you think it will rain?—No, I *should* ～ *not*. 雨は降ると思いますか—いや降らないでしょう. ***Í should sày só*** (1) そうですとも, もちろん. (2) そう言ってもいいでしょう. ***nót sày múch (for)*** 《口語》(...を)高く評価しない; (...が)あまりよくないことを示す (cf. *vt.* 4): I *can't* ～ *much for* the picture. その絵はたいしたものじゃない. / It *doesn't* ～ *much for* the picture that it's not as bad as I thought!

=It's not as bad as I thought—but that's *not* ~*ing much!* 私が思ったほどひどくはないからといって，その絵がすぐれていることにはならないよ． ***nót to sày*** …でなくとも，…とは言えないまでも (cf. *to say* NOTHING *of*): It is warm, *not to* ~ hot. 暖かい，暑いと言ってもいいくらいだ．《1736》 ***núff sáid*** ⇨ nuff 成句． ***Sáy agáin?*** なんだって． ***sáy awáy*** どしどし言う． ***sáy for onesélf*** ⇨ *vt.* 4. ***sáy nóthing to*** ⇨ nothing 成句． ***sáy ón*** 続けて(言おうと思っていることを)言う． ***sáy óut*** 洗いざらい[腹蔵なく]言う． ***sáy óver*** 〈演説など〉の暗唱を繰り返す: ~ one's speech *over*. ***sáy one's píece*** 思って[考えて]いることをぶちまける． ***sáy sòmething*** ⇨ something 成句． ***Sáys yóu [whó]!*** 《俗》[間投詞的に] (お言葉だが)さあどうかね，まさか《不信を軽蔑的に表す; cf. *vt.* 2 [語法] (2)》． ***sáy to onesèlf*** (心の中で)考える (think): He *said to himself that* there was something wrong. どこかおかしなところがあると心の中で考えた． ***Sáy whàt you líke [wíll]*** あなたが何と言おうとも: *Say what you like* (*about* him), he's been very good to me in the past. 彼のことであなたが何と言っても，彼はこれまで私にとても親切にしてくれました． ***Sày whén!*** ⇨ when *adv.* 成句． ***thàt is to sày*** ⇨ that¹ *pron.* 成句． ***thát's nót to sáy (that)*** … だからといって…というわけではない． ***though Í sày it (who [《口語》as] should nót)*** 私の口から言うのは変だが，自慢ではないけれど: I am a man of my word, *though I* ~ *it who* [《口語》*as*] *shouldn't*. 私の口から言うのもどうかと思うが，私は絶対に約束を破らない人間だ． ***to sày nóthing of*** ⇨ nothing 成句． ***to sáy the léast*** (《英》 ***of it***) ⇨ least *n.* 成句． ***when áll is sáid (and dóne)*** ⇨ all *pron.* 成句． ***You dón't sáy (sò)!*** 《口語》まさか，どうだか; まあ (Really!) 《軽い驚きを表す》．《1779》

— *n.* (*pl.* **says**) **1 a** 言いたいこと，言うべきこと，言い分: Let him say his ~. 彼に言いたいことを言わせなさい． **b** 発言の機会; 発言の番: have one's ~ (発言の機会を捕らえて)はっきり意見[言い分]を述べる． **2 a** 発言権，発言の能力: have a [no] ~ *in* the matter その事に発言権がある[ない]，それには言い分がある[口を出す権利がない] / We had no ~ *about* our food. 食べ物について何も言う資格がなかった． **b** [the ~] (最終)決定権 (cf. say-so): Who has *the* (final) ~ *in* this matter? この件ではだれが決定権を持っているか / He has *the* ~ *about* what shall be done. 何をすべきかということについては彼に決定権がある． **3** 《古》(個人の)言葉，発言，陳述 (saying, statement).

〖v.: OE *secgan* < Gmc **saʒ(w)jan* (Du. *zeggen* / G *sagen*) ← IE **sekʷ-* to show, say (L *inquam* I say / Gk *énnepe* Say!): ModE の語形と発音は OE *segeþ* (3rd sing. pres. ind.) などから〗

SYN 言う: **say** 〈言葉を〉言う: He *said* no. ノーと言った． **utter** 〈叫びや言葉を〉口で発する《格式ばった語》: He didn't *utter* a single word. うんともすんとも言わなかった． **tell** 〈話の内容あるいは考えや思想を〉言葉で述べる: I can't *tell* you how sorry I was to hear the sad news. その悲しい知らせを聞いて私がどんなに気の毒に思ったかとても口では言えない． **state** 理由を挙げて正式にまた明確に述べる: He clearly *stated* his opinion to them. 彼は自分の意見をはっきりと彼らに述べた． **remark** 気づいたことなどを言う: He *remarked* that he did not like the idea. その考えは気に入らないと言った．

say² /séɪ/ *n.* 《古》セイ《純毛織薄地サージで，もとクエーカー教徒たちが着た織物》．〖《c1300》□ (O)F *saie* < VL **sagia*=L *saga* (pl.) ← *sagum* military cloak〗

say³ /séɪ/ *n.* あかし (proof), 特徴 (quality): thy tongue some ~ of breeding breathes ことばつきも育ちのよさを感じさせる． (Shak., *Lear* 5.3.144). — *vt., vi.* 試みる．〖《?a1325》《頭音消失》← ASSAY〗

Say /séɪ; *F.* sɛ/, **Jean Baptiste** *n.* セー (1767–1832; フランスの古典派経済学者; ⇨ Say's law).

say·a·ble /séɪəbl̩/ *adj.* **1** 口に出して言うことができる． **2** はっきりと[効果的に]言うことができる．《1856》

Sa·yán Móuntains /sɑːjáːn-; *Russ.* sajánʲ-/ *n. pl.* [the ~] サヤン山脈《ロシア連邦東中央部 Altai 山脈の一部; その一部はシベリアとモンゴルとの境をなす; 最高峰 Munku Sardyk /munkúsardík/ (3,490 m)》．

SAYE /èsèɪwàɪíː/ 《略》save as you earn.

say·ee /seɪíː/ *n.* [言う]相手．《1902》: ⇨ -ee¹〗

sáy·er *n.* **1** 言う人． **2** 《古》詩人 (poet).《1384》

Say·ers /séɪəz, séəz | séɪəz, séəz/, **Dorothy L(eigh)** *n.* セイヤーズ (1893–1957; 英国の推理小説家・著述家; *The Nine Tailors* (1934)).

say·est /séɪɪ̀st/ *vt., vi.* 《古》say¹ の二人称単数直説法現在形: thou ~=you say.

say·id /sáɪ(j)ɪ̀d, sáɪd, séɪ(j)ɪ̀d, séɪd | sáɪɪd, sáɪd, séɪɪd, séɪd/ *n.* 〖イスラム教〗=sayyid.

say·ing /séɪɪŋ/ *n.* **1** 言ったこと，言説; (特に)言い習わし，諺 (proverb), 格言 (maxim); 警句，名言: a common ~ 世間の言い習わし． **2** 言うこと，発言: one's ~ and doing 言行． ***as the sáying is [góes]*** よく人が言う通り，俗にいわゆる，ことわざに言うように．〖*a*1325〗

SYN 諺(ことわざ): **saying** 知恵と真実を含んだ，よく知られた簡潔な言い習わし《例: More haste, less speed. 急がば回れ》． **maxim** 格言: 行為の基準として役立つ一般原則を諺の形に表現したもの《例: Honesty is the best policy. 正直は最善の策》． **adage** 金言: 人間の経験について賢明なことを言うよく知られた句《例: In wine there is truth. 酒に真実あり》． **proverb** 諺: 人生について助言を述べるよく知られた短い文《例: It is no use crying over spilt milk. 覆水盆に返らず》． **motto** モットー: 人・学校・機関などの行為の信条を述べた短い文《例: Strike while the iron is hot. 鉄は熱いうちに打て》． **aphorism** 金言: 一般的な真理を述べた，簡潔で気の利いた文《例: Art is long, life is short. 芸術は長く人生は短い》． **epigram** 警句: ある思想をしばしば逆説的，諷刺的で機知に富んだ面白い形で述べた短い文や詩《例: Brevity is the soul of wit. 簡潔は機知の神髄》．

Sáy's láw, S- L- /séɪz-/ *n.* 〖経済〗セー法則《商品の供給はそれみずからの需要を作り出すという販路法則》．〖《1934》← *Jean Baptiste Say*〗

say-so /séɪsòʊ | -sàʊ/ *n.* 《口語》 **1** 許可; (根拠のない)主張; 決定権; 訓令，命令; 権威，権力: on a person's ~ =on the ~ of a person 人の主張[発言]に従って． **2** [通例 one's ~ で] **a** (人の)独断的断定． **b** 権威のある発言．〖1637〗

sayst /séɪst/ *v.* =sayest.

say·yid /sáɪ(j)ɪ̀d, sáɪd, séɪ(j)ɪ̀d, séɪd | sáɪɪd, sáɪd, séɪɪd, séɪd/ *n.* 〖イスラム教〗サイイド: **1** マホメット (Muhammad) の正系子孫に対する尊称． **2** 部族の長．〖《1615》□ Arab. *sáyyid* lord〗

saz /sǽz/ *n.* 〖音楽〗サズ，サーズ《トルコの民族音楽に用いられる，細長い棹(さお)をもつリュート族の撥弦(はつげん)楽器》．〖《1870》□ Turk. ~ < Pers. *sāz* musical instrument〗

Saz·e·rac /sǽzəræ̀k/ *n.* 《米》〖商標〗サザラック《バーボンウイスキー・ビターズ・アブサン・砂糖を入れてシェークし，氷とレモンの皮を入れたカクテル》．〖《1941》?〗

sb 《記号》Solomon Islands (URL ドメイン名).

Sb 《記号》〖化学〗antimony (← *L.* stibium).

SB 《略》sales book; *L.* Scientiae Baccalaureus (= Bachelor of Science); 《米》Shipping Board 船舶局; simultaneous broadcast; southbound; South Britain; Statute Book.

$B 《記号》〖貨幣〗Bolivian peso(s).

sb. 《略》substantive.

s.b. 《略》single-breasted; 〖野球〗stolen base(s).

SBA 《略》School of Business Administration; 《米》Small Business Administration 中小企業庁．〖1953〗

S-Bahn /ésbɑːn; *G.* ésbaːn/ *n.* (ドイツ都市部の)高速鉄道．〖《1962》《略》← G *S(chnell)-Bahn* fast railway, *S(tadt)-Bahn* urban railway〗

Ś-bànd *n.* 〖通信〗S バンド，S 周波帯《1550–5200 メガヘルツの極超短波の周波帯; cf. L-band》．〖1946〗

SbE 《略》South by East.

Ś-bènd *n.* S 字ベンド《2 重に屈曲した汚水管の接合部》．

sbir·ro /zbíroʊ | -rəʊ; *It.* zbírro/ *It. n.* (*pl.* **sbir·ri** /-riː; *It.* -ri/) (イタリアの)警察官 (police officer).〖《a1668》□ It. ~〗

SBN 《略》Standard Book Number 標準図書番号《現在は ISBN》．〖1967〗

SBS 《略》〖軍事〗Special Boat Service.

SbW 《略》South by West.

Sc 《記号》Seychelles (URL ドメイン名).

Sc 《記号》〖化学〗scandium; 〖気象〗stratocumulus.

SC 《略》Security Council (of the United Nations) (国連)安全保障理事会; 〖米郵便〗South Carolina (州); 〖保険〗Salvage Corps; 〖法律〗same case 同事件; 《英・豪》〖教育〗school certificate; *L.* Senatus Consultum (= decree of the Senate); 〖法律〗senior counsel 年長バリスター; service certificate; 〖米陸軍〗Signal Corps; 〖カトリック〗Sisters of Charity; special constable; 〖軍事〗Sanitary Corps; Staff College; Staff Corps; standing committee 常置委員会; statutory committee; 《カナダ》Star of Courage; 〖法律〗Supreme Court.

S/C 《略》〖海上保険〗salvage charges 救助費．

sc. 《略》scale; scene; science; scientific; scilicet; screw; 〖衡量〗scruple; sculpsit.

Sc. 《略》Scandinavia; Scandinavian; science; scientific; Scotch; Scotland; Scots; Scottish; Sculptor.

s.c. 《略》〖海上保険〗salvage charges 救助費; scruple 薬量単位; self-contained; sharp cash 即金(払い); 〖印刷〗single column; 〖製紙〗sized and calendered; 〖印刷〗small capital(s); 〖冶金〗steel casting 鋼鋳造; 〖製紙〗supercalendered.

scab /skǽb/ *n.* **1 a** かさぶた，痂皮(かひ) (crust). **b** (エナメルの表面などに出る)かさぶた状のもの． **2** 《口語・軽蔑》 **a** 労働組合不参加者，非組合員． **b** ストライキ[罷業]不参加者; スト[罷業]破り，スキャップ (blackleg). **3** 〖獣医〗(家畜の)疥癬(かいせん)，皮癬(ひぜん) (scabies), (特に) =psoroptic mange. **4** 〖植物病理〗 **a** 腐敗病《ジャガイモ・リンゴなどの皮にかさぶたが生じる; cf. apple scab, potato scab》． **b** 腐敗病によるかさぶた． **5** 〖金属加工〗 **a** 鋳肌(いはだ)のふくれ． **b** 砂型の表面きず． **c** 剝げ《圧延鋼材に現れる欠陥の一つ》． **6** 〖木工〗添え板《二つの部材をつなぐため，ボルトなどで取り付けられる小さな板》． **7** 〖物理〗衝撃剝離《物体に打撃を与えた時にそれと反対の部分がはがれ落ちること》． **8** 《古》いやな奴; 悪党，悪漢 (scoundrel). **9** 《古》膿疱・鱗癬(りんせん)を作る皮膚病． — *vi.* (**scabbed; scab·bing**) **1** 〈傷が〉かさぶたを生じる，〈傷が〉(かさぶたで)治る: The wound ~*bed* over. 傷口にかさぶたができた． **2** 《口語》スト破りをする: ~ on strikers 罷業者たちを裏切る． **3** 〖物理〗衝撃剝離する． — *vt.* **1** 〈人〉にスト破りのレッテルを貼る，〈人〉をスト破りとして扱う． **2** 〖物理〗衝撃剝離させる． **~·lìke** *adj.* 〖《c1275》□ ON **skabbr* ← Gmc **skabb-*: ⇨ shabby〗

Scab·al /skǽbəl, -bl̩/ *n.* 〖商標〗スキャバル《ベルギーの Scabal 社製の高級紳士服地》．

scab·bard /skǽbəd | -bəd/ *n.* **1** (刀剣などの金属または皮製の)鞘(さや)． **2** 《米》拳銃入れ． ***thrów [flíng] awáy the scábbard*** 飽くまで戦う，断固とした態度に出る．《a1674》 — *vt.* **1** さやに入れる[納める]． **2** 《古》(罰として)さやでたたく．〖《c1400》*scauberd* 《変形》← 《c1300》*sca(u)berc* □ AF **escauberc,* (pl.) *escaubers* ← Gmc (cf. OHG *scār* blade, *bergan* to hide): cf. hauberk〗

scábbard fìsh *n.* 〖魚類〗タチウオ (⇨ cutlass fish).〖1836〗

scab·bed /skǽbɪ̀d, skǽbd/ *adj.* **1** かさぶたのある，かさぶただらけの． **2** 疥癬(かいせん)[皮癬(ひぜん)]にかかった． **3** 〖植物病理〗腐敗病の: ~ potatoes. **4** 《廃》取るに足らぬ，卑小な (mean). **~·ness** *n.* 〖*c*1300〗

scab·ble /skǽbl̩/ *vt.* (採石場で)〈石を〉荒仕上げ[削り]する． **scáb·bler** /-blə, -blə | -blə^r, -bl-/ *n.* 〖《1620》《変形》← 《1443》*scaple(n)* □ OF *esc(h)apeler* to dress timber〗

scab·by /skǽbi/ *adj.* (**scab·bi·er; -bi·est**) **1** かさぶた (scab) でおおわれた，かさぶただらけの: a ~ skin. **2** 疥癬(かいせん)[皮癬(ひぜん)]にかかった: a ~ dog. **3** 《口語》汚い，卑劣な; みすぼらしい: a ~ trick. **4** 〖植物病理〗腐敗病の: ~ potatoes. **5** 〖金属加工〗〈鋳物が〉表面にふくれのある，へげきずのある． **6** 〖印刷〗不鮮明な． **scáb·bi·ly** /-bɪ̀li/ *adv.* **scáb·bi·ness** *n.* 〖《?a1425》← SCAB+-Y¹: cf. MDu. *schabbich*〗

scábby móuth *n.* 《豪》〖獣医〗=sore mouth 1 a, 2.

sca·bies /skéɪbiz, -biiːz/ *n.* (*pl.* ~) 〖病理・獣医〗(羊・牛，時には人間に寄生する)疥癬(かいせん)，皮癬(ひぜん)． **sca·bi·et·ic** /skèɪbiétɪk | -ét-⁻/ *adj.* **sca·bet·ic** /skəbétɪk | -tɪk/ *adj.* 〖《a1400》□ L *scabiēs* roughness, itch ← *scabere* to scratch〗

sca·bi·o·sa /skèɪbióʊsə, skæ̀b- | -óʊsə/ *n.* 〖植物〗 **1** [S-] マツムシソウ属． **2** [s-] =scabious². 〖← NL *Scabiosa* ← ML *scabiōsa (herba)* ← *scabiōsus* (↓)〗

sca·bi·ous¹ /skéɪbiəs, skǽb-/ *adj.* **1** かさぶただらけの[から成る] (scabby). **2** 疥癬(かいせん)[皮癬(ひぜん)]の(ような): ~ eruptions 皮癬性の吹出物．〖《1603》□ L *scabiōsus*: ⇨ scabies, -ous〗

sca·bi·ous² /skéɪbiəs, skǽb-/ *n.* **1** 〖植物〗マツムシソウ属 (*Scabiosa*) の植物の総称《セイヨウマツムシソウ (*S. atropurpurea*) など》． **2** 〖植物〗欧州産マツムシソウ科の多年草 (*Succisa pratensis*).〖《a1400》*scabiose* □ ML *scabiōsa (herba)* scabious (herb) ← L *scabiōsus* (↑)〗

scáb·lànd *n.* **1** 〖地理〗 **a** 火山溶岩地の不毛でごつごつした地形《米国北西部の Spokane 付近の地形はその一例》． **b** でこぼこした不整地． **2** [しばしば *pl.*] scabland の地方．〖1904〗

scab·rid /skǽbrɪ̀d | -rɪd/ *adj.* (表面が)ざらざらした，うろこ状の． **sca·brid·i·ty** /skəbrídəti | -dɪ̀ti/ *n.* 〖《1866》□ LL *scabridus* ← *scaber* (↓)〗

scab·rous /skǽbrəs, skéɪb- | skéɪb-, skǽb-/ *adj.* **1** (突起などで)ざらざらした，でこぼこのある: a ~ leaf. **2** むずかしい，厄介な (knotty): a ~ problem. **3 a** 〈主題・場面など〉きわどい，猥褻(わいせつ)な; いかがわしい，品行の悪い． **b** 不愉快な，嫌な感じのする． **c** しみだらけの，うす汚れた: ~ furniture. **~·ly** *adv.* **~·ness** *n.* 〖《1549》□ LL *scabrōsus* ← L *scaber* rough (cf. *scabiēs* roughness / *scabere* to scratch): ⇨ -ous〗

scáb·wòrt *n.* 〖植物〗=elecampane.〖*c*1450〗

scad¹ /skǽd/ *n.* (*pl.* ~, ~**s**) 〖魚類〗アジ科ムロアジ属 (*Decapterus*) の魚の総称 (big-eyed scad, horse mackerel など)．〖《1602》《方言》? ← SHAD〗

scad² /skǽd/ *n.* **1** 《米口語》[a ~ of, または ~*s* of として] 多量，多数，たくさん: a ~ *of* fish たくさんの魚 / ~*s of* money 巨額の金． **2** 《米古》[通例 *pl.*] ドル (dollar); 金，金銭 (money).〖《1858》□ ? Norw. *skadd* (cf. shad) // 《変形》? ← SCALD¹〗

Scá·fell Píke /skɔ́ːfɛl-, skɑ́ː- | skɔ́ː-/ *n.* スコーフェル峰《イングランド北西部，Cumbria 州の山; イングランドの最高峰 (978 m)》．〖ME ← ? ON *Skālafell* 《原義》'FELL⁵ with a SHIELING'〗

scaf·fold /skǽfəld, -fɪ̀d, -foʊld | -fəʊld, -fəld, -fɪ̀d/ *n.* **1** (建築・修繕・改装の際の)足場，仮構え (scaffolding); (高層建築のガラス窓拭き用や画家の制作の際の)つり足場，(高所作業用の)ゴンドラ: a flying ~ つり足場． **2 a** 処刑[死刑]台; 絞首台，断頭台． **b** [the ~] 死刑: go to [mount] *the* ~ 死刑に処せられる / send [bring] a person to *the* ~ 人を死刑に処する． **3 a** (各種の目的のために組み立てる)組立てやぐら，台． **b** 《ニューイングランド》=hayloft. **4** 〖古〗野外舞台; (野外の)組立てさじき，観覧席． **5** 〖解剖・生物〗骨格，骨組: the ~ of the skull (胎児の)頭蓋の骨組． **6** 〖冶金〗(溶鉱炉の)棚吊り． — *vt.* **1** (建築の際に)…に足場を設ける． **2** 足場に乗せる，足場で支える． **3** 〈議論など〉をしっかりと支える．〖《1349》*scaffot, scaf(f)old* □ ONF *escafaut*=OF *(e)scadafaut* (F *échafaud*) < VL **excatafalcum* ← EX-¹+**catafalcum* 'CATAFALQUE'〗

scaf·fold·age /skǽfəldɪdʒ, -fɪ̀-, -foʊl- | -fəʊld-, -fəl-, -fɪ̀-/ *n.* =scaffold, scaffolding.

scaf·fold·er /skǽfəldə, -fɪ̀-, -foʊl- | -fəʊldə^r, -fəl-, -fɪ̀-/ *n.* 足場を組み立てる人．〖(1597) 1864〗

scaf·fold·ing /skǽfəldɪŋ, -fɪ̀-, -foʊl- | -fəʊl-, -fəl-, -fɪ̀-/ *n.* **1** 足場 (scaffold), 足代(あじろ)． **2** [集合的] 足場材料． **3** 足場作り． **4 a** あるものの構造[基礎，外形]を支える骨組み． **b** あるものを確認[確証]する証拠．〖1347–48〗

scáffold nàil *n.* 足場用の釘《深く入り過ぎず容易に抜けるように頭が二段になって止めがついている; double-headed nail, staging nail ともいう》．

scag¹ /skǽg/ *n.* 《米俗》 **1** 質の悪いヘロイン (heroin) (skag ともいう)． **2** たばこ(の吸いさし)． **3** 醜い女．〖1967?〗

scag² /skǽg/ 《南ウェールズ・南西英方言》 *n.* 衣服の裂け

目. ― *vt.* 〈布を〉裂く.

sca·glia /skáːljə; *It.* skáʎʎa/ *n.* 〘岩石〙スカリャ《(南アルプス産の)白色または赤色石灰岩》. 〖(1774) □ It. ～ 'scale' □ (WGmc) **skalō*: cf. scale³〗

sca·glio·la /skæljóʊlə | -ljə́ʊ-; *It.* skaʎʎɔ́ːla/ *n.* スカリオラ《大理石のくずなどで造る人造[模造]大理石》. 〖(1582) □ It. *scagliuola* (dim.) ← *scaglia* (↑)〗

scaife /skéɪf/ *n.* スケイフ《金剛砂とオリーブ油が塗布処理してある宝石・工業用ダイヤモンド研磨盤》. 〖(1793) □ ? Du. *schijf* disk, wheel: cog. G *Scheibe*〗

sca·la /skéɪlə | skéɪ-, skáː-/ *n.* (*pl.* **-lae** /-liː/) 〘解剖〙(内耳の蝸牛の)階, らせん階段様構造. 〖← NL ～ ← L ～: ⇨ scale¹〗

Sca·la /skáːlə; *It.* skáːla/ *n.* [La ～] スカラ座《Milan にある世界有数の歌劇場; 1778 年開場》. 〖□ It. ～: Santa Maria alla Scala 教会の跡地に建てられたことから: It. *scala* は L *scala* (⇨ scale¹) にさかのぼる〗

scal·a·ble¹ /skéɪləbl/ *adj.* **1** 〈山など〉登攀(とうはん)可能な, 登れる. **2** 〘電算〙スケーラブルな《拡大・縮小しても乱れを生じない》. **3** 大規模に実現可能な《規模を大きくしても費用などがそれほど増加しない》. **～·ness** *n.* **scál·a·bly** /-bli/ *adv.* 〖1579–80〗

scal·a·ble² /skéɪləbl/ *adj.* (はかりで)量れる; (尺度で)測れる. 〖1936〗

scal·a·ble³ /skéɪləbl/ *adj.* うろこ (scales) が落とせる. 〖1579〗

sca·la cor·do·na·ta /skáːləkɔ̀ədənáːtə | -kɔ̀ːdənáːtə; *It.* skáːlakordonáːta/ *It. n.* (*pl.* **sca·le cor·do·na·te** /skáːleɪkɔ̀ədənáːteɪ | -kɔ̀ːdənáːteɪ; *It.* skáːlakordonáːte/) 《幅の広いわずかに傾斜した階段状の》坂道. 〖□ It. ～: ⇨ scale¹, cordon, -ate¹〗

scalae *n.* scala の複数形.

scalae mediae *n.* scala media の複数形.

scalae tympanorum *n.* scala tympani の複数形.

scalae vestibulorum *n.* scala vestibuli の複数形.

scal·age /skéɪlɪdʒ/ *n.* 《米》 **1** (見積もり高よりの)減少歩合い, 減り, 減り高; (自然減少を見越しての)天引高. **2** (重量・面積などの)測定 (scaling). **3** 〘林業〙(丸太の)見積もり石数. 〖(1878) ← SCALE¹＋-AGE〗

scá·la mé·di·a /skéɪləmíːdiə | -diə/ *n.* (*pl.* **sca·lae me·di·ae** /-míːdiìː | -dɪ-/) 〘解剖〙中央階《内耳の蝸牛内の階の一つで, コルチ器 (organ of Corti) を含む管》.

sca·lar /skéɪlə, -lɑə | -lə(r, -lɑː(r/ *n.* **1** 〘数学〙スカラー, 数量《数ないしはそれに準じる量をベクトル (vector) に対していう》. **2** 〘物理〙スカラー量《大きさはあるが方向をもたない量》. ― *adj.* **1** 〘生物〙=scalariform. **2** 〘数学〙スカラーの. **3** 〘物理〙スカラーの: a ～ meson スカラー中間子《スピン 0 のもの》/ ⇨ scalar field. 〖(1656) □ L *scālāris* ← *scālae* ladder: ⇨ scale¹〗

sca·la·re /skəléəri, -láːri | -léəri, -láːri/ *n.* 〘魚類〙エンゼルフイッシュ (*Pterophyllum scalare*)《南米北部地方産カワスズメ科の観賞用に飼育される熱帯淡水魚; 胴が上下に平たく黒と銀色のしまをもつ; angelfish ともいう》. 〖(1928) ← NL *Scalare* (neut.) ← L *scālāris* (↑): しま状の模様があることから〗

scálar fìeld *n.* スカラー場: **1** 〘数学・物理〙多様体上の各点にスカラーを付随せしめたもの (cf. vector field). **2** 〘物理〙スピン 0 の粒子の場. 〖1932〗

sca·lar·i·form /skəlǽrəfɔ̀əm, -lér- | -lǽrɪ̀fɔ̀ːm/ *adj.* 〘動・植物〙はしご状の. 〖(1836) ← NL *scālāriformis*: ⇨ scalar, -form〗

scálar próduct *n.* 〘数学〙スカラー積, 内積《2 つのベクトルの大きさに, その間の角の余弦を掛けたもの; inner product ともいう; $a \cdot b$ [$A \cdot B$] のようにドット (dot) を用いて表したときは, dot product ともいう; cf. vector product》.

scálar tríple próduct *n.* 〘数学〙スカラー三重積《3 つのベクトル *a*, *b*, *c* で作られる平行六面体の体積に適当に符号をつけたもの; $u \cdot v \cdot w$ や [*u*, *v*, *w*] などで表す; triple scalar product ともいう》. 〖1901〗

sca·la·tion /skeɪléɪʃən/ *n.* 〘動物〙鱗(りん)甲《うろこの構造とその配列》. 〖← SCALE³＋-ATION〗

scála tým·pa·ni /-tímpənàɪ, -nìː/ *n.* (*pl.* **scalae tym·pa·no·rum** /-tìmpənɔ́ːrəm/) 〘解剖〙鼓室階《内耳の蝸牛内の階の一つで, 最上部の蝸牛孔で前庭階と連絡する》. 〖(1712): *tympani*: □ L *tympanī* (gen.) 'of a TYMPANUM'〗

scála ves·tíb·u·li /-vɛstíbjʊlàɪ, -lìː/ *n.* (*pl.* **scalae ves·ti·bu·lo·rum** /-vɛstìbjʊlɔ́ːrəm/) 〘解剖〙前庭階《内耳の蝸牛内の階の一つ; 最上部の蝸牛孔で鼓室階と連絡する》. 〖(1712): *vestibuli*: □ L *vestibulī* (gen.) 'of a VESTIBULE'〗

scal·a·wag /skǽlɪ̀wæ̀g/ *n.* **1** 〘口語〙ごくつぶし, やくざ者. **2** からだの小さい動物, 栄養不良の動物. **3** 《米》スキャラワグ《米国で南北戦争後の再建時代 (1865–70) に共和党員として活躍した南部白人; 南部民主党員による軽蔑的な用語; cf. carpetbagger 1 b》: *Scalawags* were considered as traitors by their fellow Southerners in those days. 当時スキャラワグは南部人の仲間から裏切り者とみなされていた. 〖(1848) 《原義》undersized (i.e., worthless) animal 《転訛》? ← *Scalloway* (Shetland の地名): Shetland 産の小馬にたとえた?〗

scald¹ /skɔ́ːld, skáːld | skɔ́ːld/ *vt.* **1 a** (熱湯や湯気などで)やけどをさせる (cf. burn 3 a): ～ *oneself* with boiling water 熱湯でやけどをする / be ～*ed* to death やけどで死ぬ / Don't ～ your lips in another man's porridge. 《諺》余計な世話で手を焼くな. **b** 《方言》〈日光などが〉焦がす, 焼く: sun-*scalded* sands 陽光で熱くなった砂丘. **2 a** 〈器具を〉熱湯で消毒する; 熱処理する, 煮沸する, 湯ですすぐ 〈*out*〉: ～ (*out*) a vessel. **b** (果物・野菜の薄皮を取るため, または鶏の羽毛を取るため)熱(湯)処理する, 湯通しにする: ～ a tomato. **c** 〈牛乳などを〉沸騰点近くまで熱する: ～ milk. **3** (熱湯でやけどするように)ひりひりさせる. **4** 《アイル》悩ませる (worry), 苦しませる (torment). ― *vi.* **1** やけどする; やけどのように痛む. **2** 〈りんごなどが〉蒸れ腐れする. ***like a scálded cát*** 猛烈な勢いで(動き回る).
― *n.* **1** (熱湯や湯気による)やけど: an ointment for ～*s* and burns (熱)湯傷と火傷に効くぬり薬. **2** 煮沸; 熱湯消毒. **3** 〘植物病理〙 **a** (リンゴなどの)蒸れ腐れ, うれ腐れ. **b** (炎熱による)木の葉の変色, 日焼け. **4** =scall. **5** 〘獣医〙羊の趾間腐爛. ***gèt a góod scáld on*** 《方言》…に成功する. ― *adj.* =scalded. 〖(?a1200) □ ONF *escalder* =OF *eschalder* (F *échauder*) < LL *excaldāre* to wash in hot water ← L EX-¹＋*cal(i)dus* hot (⇨ caldron)〗

scald² /skɔ́ːld, skáːld | skɔ́ːld/ *n.* =skald.

scald³ /skɔ́ːld, skáːld | skɔ́ːld/ *adj.* 《古》 **1** 汚い, 卑劣な. **2** 下劣な, 見下げた. 〖(c1500) ← SCALL＋-ED 2〗

scáld cròw *n.* 《アイル》=hooded crow.

scáld·ed *adj.* **1** 熱(湯)処理をした, 湯通しした: a ～ meal. **2** 沸騰点近くまで熱した: ～ cream 牛乳を沸騰点近くまで熱して冷ましてから取ったクリーム. 〖1494〗

scáld·er *n.* 熱湯消毒器, 煮沸器.

scáld·fìsh *n.* 〘魚類〙ヨーロッパ産ナガダルマガレイ属の小型のカレイ (*Arnoglossus laterna*)《うろこが大きい》. 〖(1812) ← ? *scald³* scabby＋FISH¹〗

scáld hèad *n.* 《古》白癬(はくせん)などにかかった頭. 〖(1546): ⇨ SCALD³〗

scald·ic /skɔ́ːldɪk, skáːld- | skɔ́ːld-/ *adj.* =skaldic.

scald·ing /skɔ́ːldɪŋ, skáːld- | skɔ́ːld-/ *adj.* **1** やけどをさせるような; ひりひりさせる, 刺すような (biting): ～ tears (悲嘆の)熱い涙. **2** 煮えたぎっている: ～ water. **3 a** 燃えるような, 強烈な: the ～ sun. **b** [副詞的に] やけどをするほど (cf. scorching 1 c): ～ hot. **4** 〈批評・意見など〉鋭い, 痛烈な, 辛辣(しんらつ)な. ― *n.* **1** 熱(湯)処理, 湯通し. **2** [*pl.*] 《古》熱湯, 煮沸した液体. **3** 〘植物病理〙= scald¹ 3. 〖(a1398): ⇨ scald¹, -ing^{1, 2}〗

scal·di·no /skɑːldíːnoʊ | -nəʊ; *It.* skaldíːno/ *n.* (*pl.* **-di·ni** /-niː; *It.* -ni/) (イタリアで使う)陶器製の手あぶり火ばち. 〖(1866) □ It. ～ ← *scaldare* to make hot or warm: cf. scald¹〗

scale¹ /skéɪl/ *n.* **1** 規模, 仕掛け, スケール: *on* a small ～ 小規模に, 小ぢんまりと / *on* a large [grand, vast, national, global] ～ 大規模に, 大々的に[全国的に, 全世界的に] / an achievement [a catastrophe] on [of] this [that, such a] ～ この[その]規模の業績[大災害] / economies of ～=scale economies. 日英比較 日本語では「スケール」を「人の度量の大きさ・見識の深さ」の意味で用いることがあるが, 英語では caliber を用いるのが普通.「スケールの大きい人」は a person of a high caliber という. **2 a** 目盛り, 度盛り, 尺度: the ～ on a slide rule, thermometer, etc. / The ～ on this rule is in centimeters. この物差しの目盛りはセンチである. **b** (距離・面積などを計る目盛りつきの)物差し, 定規, スケール: ⇨ architects' scale, engineer's scale, logarithmic scale. **c** (グラフ・図面・地図などに添えた)縮尺線. **3** (物価・賃金・課税などの)率; 等級表, 賃金表: a ～ of charges [wages, pensions] 料金[賃金, 年金]率. **4** 階級, 等級 (gradation): the social ～ 社会階級 / be [rank] high [low] in the ～ of civilization 文明度が高い[低い] / sink [rise] in the ～ 等級が下がる[上がる], 下位に落ちる[上位になる] / On a ～ of 1 to 10, I'd give her (an) 8, but he goes right off the ～ altogether! 10 段階で彼女には 8 を与えたいが, 彼はまったく等外だ. **5** (実物に対する模型・地図・写真などの)大きさ, 比例 (relative dimensions): a map on [drawn to] a ～ of one inch to a mile 1 マイル 1 インチの割合でかいた[1 マイル 1 インチ縮尺の]地図 / a picture of an object reduced to a ～ of one-tenth of the natural size 実物の 1/10 大の縮小図 / a large-[small-]*scale* map 大[小]縮尺地図 / a ～ model 縮尺模型, スケールモデル / a proportional [proportionate] ～ 比例尺 / a reduced ～ 縮尺 / an enlarged ～ 拡大尺. **6** 〘音楽〙音階: a major [minor] ～ 長[短]音階 / a chromatic [diatonic] ～ 半[全]音階 / a pentatonic [whole-tone, 12-tone] ～ 五音[全音, 十二音]音階 / ～ notes 音階固有音 / learn [practice] one's ～*s* 音階の勉強[練習]をする / play [sing] one's ～*s* 音階を奏する[歌う] / run over one's ～*s* 音階の速度を速めて復習的に弾く / ⇨ harmonic minor scale, melodic minor scale, natural minor scale. **7** 〘数学〙記数法, 進法 (scale of notation): the binary [ternary, decimal, duodecimal] ～ 二[三, 十, 十二]進法. **8** 〘教育・心理〙測定尺度《段階的に知能測定や人格評価を可能とする検査法によって規定された尺度》. **9 a** 《廃》はしご. **b** 《廃》階段. **c** 《古》登るためのもの.
in scále 一定の尺度に応じて, 釣り合いが取れて 〔*with*〕: The house is *in* ～ *with* its setting. その家は環境と釣り合っている. ***òut of scále*** 一定の尺度からはずれて, 釣り合いが取れないで 〔*with*〕. ***to scále*** 一定の割合で, 一定の比例に応じて, 案分比例で: a plan [map] (drawn) *to* ～ 一定の比例に応じて描かれた設計図[地図]. ((1793) 1889)
― *vt.* **1 a** 〈山などに〉登る (⇨ climb SYN): ～ a mountain. **b** …にはしごで登る. **c** はしごを登って攻める: ～ a walled town. **2** (努力して)〈高い所〉に登る, 達する, 極める. **3** 縮尺[比例尺]で〈図を〉引く, 比例尺で設計する, 一定の割合で造る, 率に応じて決める: ～ a map. **4 a** 〈人物・品物などを〉一定の基準で判断[評価, 試験]する. **b** 一定の率で制限する[作る, 決める]. **5** 《米》〘林業〙 **a** 〈丸太を〉測る. **b** 〈森林の立木など〉の石数 (board feet) を概算する. ― *vi.* **1** はしごで登る; よじ登る. **2** はしご[階段, 段階]になっている. **3** 〈量が〉釣り合いが取れている. **4** 〘音楽〙音階を奏する[歌う]; 〈声が〉高まる. **5** 〘林業〙〈丸太が〉測って…である: ～ about 30 feet. **b** 〈立木などが〉…の石数と概算される: ～ thirty thousand board feet an acre.
scále báck 《米》率に応じて減らす (scale down).
scále dówn [***úp***] (1) 率に応じて減じる[増す]: ～ *up* [*down*] a person's pay / ～ production *up* [*down*] 生産を一定率で上げる[下げる]. (2) 比例縮小[拡大]する: ～ *up* [*down*] a map 地図を拡大[縮小]する. (1887)
〖(1391) □ L *scālae* (pl.) steps, ladder ← *scandere* to climb: cf. scan〗

scale² /skéɪl/ *n.* **1 a** [しばしば *pl.*; 時に単数扱い] はかり, 体重計, 重量計: a bathroom ～ / kitchen ～*s* / a beam ～ さおばかり / a counter ～ (商店の売台などで用いる)上皿(うわざら)ばかり / a platform ～ 台ばかり. **b** [*pl.*; 時に単数扱い] 天秤: a pair [set] of ～*s* 天秤 / weigh a thing on a big ～(*s*) 大きな天秤ではかる / the pan of a ～=a scale-pan. **c** 天秤(てんびん)の皿: a beam and ～*s* 天秤, はかり. **2** [しばしば *pl.*] (両者の価値を)評価決定するもの, (運命を決する)はかり: the ～*s* of justice 正義のはかり; 正義, 裁定 / hang in the ～ (まだ)どちらとも決定しない / hold the ～*s* even [equal(ly)] 公平に裁く / Her fate was in the ～(*s*). 彼女の運命は風前のともしびであった. **3** (家畜の)重さ (weight), 大きさ (size). **4** 《方言》飲む器, コップ (cup): a ～ of beer. **5** [the Scales] 〘天文〙てんびん(天秤)座 (⇨ Libra 1).
thrów the [one's] ***swórd into the scále*** ⇨ sword 成句. ***tip the scále***(*s*) (1) 天秤の片方を重くする, 優勢である[となる]. (2) 〔…の目方がある〕〔*at*〕: *tip the* ～*s at* 150 kg 150 キロの目方がある. ***túrn the scále***(*s*) (1) 天秤の片方を重くする. (2) 一方を優勢にする, 局面を一変させる. (1596–97)
― *vt.* **1** 天秤[はかり]で量る: ～ a load of wood. **2** 〈パンを〉量り分ける, 重さで分ける. **3** 《廃》(正義の)天秤にかける. ― *vi.* 目方が…ある 〈*in*〉; 重さが…ある: It ～*s* 100 lb. 目方が 100 ポンドある / a man *scaling in* at 150 pounds 150 ポンドの体重のある人.
〖(?a1200) □ ON *skāl* bowl, *skālar* (pl.) scales < Gmc **skǣlō* (OE *scealu* 'SHELL' / Du. *schaal* / G *Schale* shell) ← IE *(*s*)*kel-* to cut, split (L *silex* pebble): SCALE³ と同根〗

scale³ /skéɪl/ *n.* **1** (魚類・両生類・鳥類の脚・チョウ・ガ類の羽などの)うろこ, 鱗(りん)片, 鱗粉, こけら, こけ: fish ～*s* / remove [scrape] the ～*s* from a fish. **2 a** うろこ状の物, (うろこ状に剝落する)薄片, 鱗片. **b** (皮膚病による)皮膚の薄片, 鱗屑(りんせつ). **c** (ボイラー・やかんなどの内側にできる)湯あか: the ～(*s*) in a teakettle やかんの湯あか. **d** 歯石. **e** 〘冶金〙スケール《熱した鉄・鋼などの表面にできる酸化物層》: metal ～(*s*) 鉄鋼の酸化膜. **3** [*pl.*] 目をかすませるもの: remove the ～*s* from a person's eyes 人の目のかすみを取る; 誤りを悟らせる, 目ざめさせる / The ～*s* fell [dropped] from his eyes. 彼の目からうろこが落ちた; 誤りを悟った, 迷いがさめた (cf. *Acts* 9:18). **4** 〘植物〙 **a** (芽やつぼみを保護する)芽鱗(がりん), 包葉 (bract). **b** (ユリの鱗茎・松かさなどの)鱗片. **5 a** 〘昆虫〙カイガラムシ《同翅類カイガラムシ科 (Coccoidea) の小さな昆虫の総称》. **b** 〘植物病理〙カイガラムシによる病気. **6** 〘甲冑〙 **a** (scale armor の)小札(こざね). **b** =scale armor.
― *vt.* (cf. descale) **1** 〈魚など〉のうろこを落とす, …のこけらを取る: ～ a fish. **2** …の皮をむく, …の殻をむく: ～ chestnuts. **3** [しばしば ～ off として] **a** 〈ペンキなどの薄片をとる: ～ paint from a fence. **b** …の湯あかを落とす. **c** 〈歯石を〉取る: ～ tartar from the teeth. **d** 〈木の皮を〉はぐ: ～ *off* the bark of a tree. **4** …に湯あかを生じさせる. **5** 〈平らな石などを〉(池などの水面を切るようにして)投げる. **6** 《古》〘砲術〙〈大砲などの〉筒払いをする《少量の火薬を爆発させて砲腔を掃除する》. ― *vi.* **1** [しばしば ～ off で] **a** (うろこになって)はげる, はげて落ちる. **b** 〈ペンキなどがぼろぼろ落ちる. **c** 〈木の皮が〉はがれる. **2** 湯あかがつく. **3** 《豪口語》(バス・電車などに)無賃乗車する.
〖(a1325) □ OF *escale* (F *écale*) □ Gmc **skalō*: cf. shale, shell〗

scále anàlysis *n.* 〘教育・心理〙尺度分析(法).

scále àrmor *n.* 〘甲冑〙小札鎧(こざねよろい)《角(つの)や金属製の小札を布または皮に縫い付けて仕立てた古式の鎧; cf. jazerant》. 〖(1842): ⇨ scale³〗

scále·bàck *n.* 《米》=scale-down 1.

scále-bèam *n.* (さおばかりの)さお, (台ばかりの)目盛りざお.

scále·bòard *n.* **1 a** (額や鏡の)裏板. **b** (貼合せて合板にする)薄板. **c** 《古》〘製本〙(表装材用の)薄板. **2** 《古》〘印刷〙木製[厚紙]薄インテル. 〖(1711): ⇨ scale³〗

scále bùg *n.* 〘昆虫〙=scale³ 5 a.

scále cordonáte *n.* scala cordonata の複数形.

scaled¹ *adj.* **1** うろこ状の斑(はん)点のある. **2** うろこのある. **3** 〘甲冑〙小札(こざね)のある. **4** 〘紋章〙=laminated 4. 〖(a1400–50) ← SCALE³ (n.)＋-ED〗

scaled² *adj.* うろこを落とした: a ～ herring. 〖(1599) ← SCALE³ (v.)＋-ED〗

scaled³ *adj.* 目盛り[度盛り]のある. 〖1900〗

scále-dòwn *n.* **1** 〈給与・予算などの〉一定比率による削減[割引]. **2** (地図などの)縮小. ― *adj.* 一定比率で削減された; 縮小された.

scáled quáil [**pártridge**] *n.* 〘鳥類〙ウロコウズラ[アミメウズラ] (*Callipepla squamata*)《キジ科の鳥; 北米南西部・メキシコ原産》.

scále ecónomies *n. pl.* 〘経済〙規模の経済.

scále effèct *n.* 〘航空〙寸法効果《縮尺模型による実験結果と実物との食違いのうち両者の寸法の差に基づく部分;

空気の流れについていえば，両者の間のレノルズ数の差に基づくレノルズ数効果を指す)．〘1917〙

scále fèrn *n.* 〘植物〙ヨーロッパ産のチャセンシダ科のシダの一種 (*Asplenium officinarum*) (stone-fern, stone-wort ともいう)．〘1548〙

scále ìnsect *n.* 〘昆虫〙＝scale³ 5 a.

scále lèaf *n.* 〘植物〙鱗片葉(りんぺんよう)《イトスギなどの小さなうろこ状の葉》．〘1882〙

scále·less *adj.* うろこのない．〘1611〙

scále·lìke *adj.* うろこ様の，鱗片(りんぺん)状の: a ～ design. 〘1611〙

scále lòuse *n.* 〘昆虫〙＝scale³ 5 a.

scále màrk *n.* (ビペットなどの)目盛線.

scále mòss *n.* 〘植物〙＝leafy liverwort.

sca·lene /skéɪliːn, ─⌣/ *adj.* **1** 〘数学〙 **a** 〈三角形が〉不等辺の: a ～ triangle 不等辺三角形. **b** 〈円錐や円形柱が〉斜軸の: a ～ cone 斜円錐(体). **2** 〘解剖〙斜角筋の: a ～ muscle 斜角筋. ── *n.* **1** 〘数学〙不等辺三角形 (scalene triangle). **2** 〘解剖〙斜角筋 (scalene muscle). 〘(1642) ◻ LL *scalēnus* ◻ Gk *skalēnós* unequal〙

sca·le·no·he·dron /skeɪlìːnəhíːdrən | -híːdrən, -hédrən/ *n.* (*pl.* ～**s**, **-he·dra** /-drə/) 〘結晶〙偏三角面体《不等辺三角形で囲まれた多面体》: **a** (tetragonal system で) 正方偏三角面体. **b** (hexagonal system で)六方偏三角面体, 複三方偏三角面体. 〘(1854) ← NL ～: ⇨ ↑, -hedron〙

sca·le·nus /skeɪlíːnəs/ *n.* (*pl.* **-le·ni** /-naɪ, -niː/) 〘解剖〙斜角筋 (scalene muscle). 〘(1704) ← NL ～: ⇨ scalene〙

scále·pàn *n.* (天秤の)はかり皿. 〘(1830): ⇨ scale²〙

scál·er¹ /-lə | -lə(r)/ *n.* **1** よじ登る人; 城をよじ登る兵士. **2** 〘林業〙材木の石数を見積もる人. **3** 〘電子工学〙計数回路, スケーラー《パルス信号が入ってきた回数を数えるための回路; scaling circuit, counter ともいう》. 〘(1568) ← SCALE¹ (v.)＋-ER¹〙

scál·er² /-lə | -lə(r)/ *n.* 天秤[はかり]で品物を量る人. 〘(1887) ← SCALE² (v.)＋-ER¹〙

scál·er³ /-lə | -lə(r)/ *n.* **1** 魚のうろこを落とす人[道具]. **2** 〘歯科〙歯石除去器, スケーラー. **3** 〘冶金〙スケールを落とす人[道具]. 〘(1611) ← SCALE³ (n.)＋-ER¹〙

scále·tàil *n.* 〘動物〙ウロコオリス《アフリカ産ウロコオリス科 *Anomalurus* 属の尾の基部の裏にうろこがある齧歯(げっし)類の動物の総称; ウロコオリス (*A. fraseri*) など; scale-tailed squirrel ともいう》. 〘1888〙

scále-ùp *n.* **1** (給与・予算などの)一定比率による増加[拡大]. **2** (地図などの)拡大. ── *adj.* 一定比率で増大された; 拡大された.

scále vàlue *n.* 〘教育・心理〙尺度値.

scále wàx *n.* 〘化学〙スケールワックス, 硬ロウ《発汗法で得られる融点の高い硬質のパラフィンロウ》.

scále·wìng *n.* 〘昆虫〙＝lepidopteron.

scále-wìnged *adj.* 〘昆虫〙＝lepidopterous.

scále·wòrk *n.* (かわらを重ねたような)うろこ細工, うろこ模様細工.

scále wòrm *n.* 〘動物〙コガネウロコムシ《多毛綱コガネウロコムシ科 (Aphroditidae) の環形動物; 海産で背面にうろこがあり, 剛毛で被われる; cf. sea mouse》. 〘1882〙

Scal·i·ger /skǽlɪdʒə | -lɪdʒə(r); *F.* skaliʒɛːʁ/, **Joseph Jus·tus** /ʒystys/ *n.* スカリジェール《1540–1609; フランスの古典学者・批評家;「歴史的批判の父」と呼ばれる; *De Emendatione Temporum* (1583); Julius C. Scaliger の子》.

Scaliger, Julius Caesar *n.* スカリジェール《1484–1558; フランスに住んだイタリアの古典学者・自然哲学者; *De Causis linguae Latinae* (1540) は近代ラテン文法研究の端緒となる; Joseph J. Scaliger の父》.

scál·ing¹ /-lɪŋ/ *n.* 尺度化, 尺度構成; 比例縮小(化) (scaling down ともいう). 〘(1710) ← SCALE¹＋-ING¹〙

scál·ing² /-lɪŋ/ *n.* **1** 魚のうろこ[湯あか, スケール]を取ること. **b** 歯石除去, スケーリング. **2** (ボイラーなどの)湯あかの付着. 〘(1591) ← SCALE³＋-ING¹〙

scáling cìrcuit *n.* 〘電子工学〙＝scaler¹ 3.

scáling làdder *n.* **1** 消防用はしご. **2** (敵の城壁に登るために用いる)攻城ばしご. 〘*a*1400〙

scall /skɔ́ːl, skáːl | skɔ́ːl/ *n.* 〘病理〙 **1** (頭の)ふけ. **2** 結痂(けっか), かさぶた. **3** 〘廃〙落屑(らくせつ)性[鱗屑(りんせつ)性]皮膚症; 疥癬(かいせん): dry ～ 疥癬 / moist ～ 湿疹. 〘(*a*1325) ◻ ON *skalle* bald head: cf. ON *skāl* bowl (⇨ scale³)〙

scal·la·wag /skǽləwæ̀g/ *n.* ＝scalawag.

scalled /skɔ́ːld, skáːld | skɔ́ːld/ *adj.* 〘古〙＝scald³. 〘1340〙

scal·lion /skǽljən | -ljən, -liən/ *n.* **1 a** ＝shallot. **b** ＝leek. **2 a** (病害虫や悪条件などのために)球根形成の悪い玉ねぎ. **b** ＝spring [green] onion. 〘(?*a*1300) *scal(y)on* ◻ AF *scal(o)un*＝OF *eschalo(i)gne* < VL **escalōnia*＝L (*caepa*) *Ascalōnia* (onion) of Ascalon: ⇨ shallot〙

scal·lop /skɑ́(ː)ləp, skǽl- | skɔ́l-, skɔ́l-/ *n.* **1 a** 〘貝類〙ホタテガイ《イタヤガイ科 *Pecten* 属の二枚貝の総称; ヨーロッパ産のジェームスホタテガイ (*P. jacobaeus*), *P. maximus* など; cf. pecten》. **b** [通例 *pl.*] (ホタテガイの)貝柱《食用》. **2 a** ＝scallop shell. **b** 貝殻なべに似た小型なべ. **3** [通例 *pl.*] スカラップ《布や皮などの端に連続して用いる半円状のカーブ》. **4** 肉叩きなどで叩いてのばした薄い肉片. **5** 〘主に豪〙ジャガイモの薄切りに衣を着せて揚げたもの. ── *vt.* **1** 〈魚介類を〉貝殻(形の器)でソースを加えパン粉をふりかけて焼く; グラタン風にする. **2 a** スカラップ形にする[仕上げる, 切る]. **b** …にスカラップ形を作る; スカラップで飾る. ── *vi.* **1** 貝殻(形の器)で焼ける. **2** ホタテガイを採る. 〘(?*a*1400) *scalap* ◻ OF *escalope* ← Gmc: cf. scale³, shell〙

scál·lop·er *n.* **1 a** ホタテガイを採る人. **b** ホタテガイ採りの舟 (scallop dragger ともいう). **2** スカラップをつける人. 〘1881〙

scál·lop·ing *n.* **1** ホタテガイ採り[漁]. **2** (近世のヨーロッパ建築などに用いられた)スカラップ装飾[模様]. **3** スカラップ装飾[模様]で飾ること[仕事]. 〘*a*1800〙

scal·lo·pi·ni /skɑ̀(ː)ləpíːni, skæ̀l- | skæ̀l-, skɔ̀l-; *It.* skallopíːni/ *n.* スカロッピーニ《子牛肉などの薄切りをソテーにし, ワインなどの入ったソースと共に出すイタリア料理》. 〘(1946) ◻ It. *scaloppine* (pl.) ← *scaloppina* (dim.) ← *scaloppa* fillet of meat ◻ OF *escalope*: ⇨ scallop〙

scállop shèll *n.* **1** ＝pilgrim scallop. **2** 貝殻皿, 貝殻なべ. 〘1530〙

scállop squàsh *n.* 〘植物〙＝cymling.

scal·ly /skǽli/ *n.* 〘英俗〙(特に Liverpool や Manchester の) 不良, よた者. 〘(*c*1985) 《略》← SCALLYWAG, SCALAWAG〙

scal·ly·wag /skǽliwæ̀g | -lɪ-/ *n.* ＝scalawag.

sca·lo·gram /skéɪləgræ̀m/ *n.* 〘心理〙スケログラム《態度の尺度を測定する技法の一つ》. 〘(1944) ← SCALE¹＋-O-＋-GRAM〙

sca·lop·pi·ne /skɑ̀(ː)ləpíːni, skæ̀l- | skæ̀l-/ *n.* ＝scallopini.

scalp /skǽlp/ *n.* **1 a** 人間の頭皮. **b** (オオカミ・イヌなどの)動物の頭皮. **c** (下あごなしの)クジラの頭. **2 a** 頭髪つき頭皮《特に, 北米先住民などの戦利品として敵の頭からはぎ取るもの》. **b** 戦利品, 戦勝記念品. **3** 《スコット》丸くはげた山頂, (浜辺などの)露出した岩山. **4** 《口語》(相場の小浮動から得る)小幅の利益, わずかな利ざや. **5** 《英》(カキなどの)養殖場. **6** 《スコット》頭蓋骨 (skull), 頭 (head). ***be after* [*óut for*] *a person's scálp*** 〈人を〉やっつけ[懲らしめ]ようとしている. ***hàve the scálp of*** …を負かす, やっつける. ***óut for scálps*** (1) 頭皮狩りに出て. (2) 戦おうとして, 挑戦的に; 戦利品を得ようとして. ***táke a person's scálp*** (1) 〈人〉の頭皮をはぎ取る. (2) 〈人〉に勝つ; 報復する. ── *vt.* **1** 〈敵など〉の頭皮をはぐ. **2** …の上部を取る; 〈山頂の樹木を〉切り倒す. **3 a** 〈政治家など〉の地位[力]を奪う. **b** 《米》〈人を〉徹底的に打ち負かす; 厳しく批判する. **c** 〈人〉に恥をかかせる. **4 a** 〈穀物・鋳塊・鋼片などの表面を削る. **b** …から望ましい要素を取り他を捨てる. **5** 《米口語》 **a** 〈株式などを〉薄利ですばやく売る, 利食いのために売る. **b** 〈劇場などの切符を〉(買い占めたりして)高く売る, プレミア付きで売る (《英》tout). ── *vi.* **1** 頭皮をはぐ. **2** 《口語》 **a** 〈仲買人が〉相場の浮動で早く薄利を得る, 小すくいする, 早く利食いする, 小ざや取りする. **b** (買い占めたりした)劇場などの切符を高く売る, だふ屋をする. 〘(*a*1300) ◻ ? ON *skālpr* leather sheath: cf. scale², shell〙

scal·pel /skǽlpəl, -pl̩/ *n.* 〘外科〙メス, 小刀. ── *vt.* メスを加える, 小刀で切る; 解剖する. **scal·pel·lic** /skælpélɪk/ *adj.* 〘(1742) ◻ L *scalpellum* (dim.) ← *scalprum* knife ← *scalpere* to cut, scrape〙

scalp·er¹ /skǽlpə | -pə(r)/ *n.* **1** 頭皮をはぐ人. **2** 《口語》 **a** 小ざや取り, 利ざやかせぎ《相場の小変動ですばやく薄利を得る人》. **b** 劇場などの切符仲買人, だふ屋 (speculator; 《英》tout). 〘1760〙

scal·per² /skǽlpə | -pə(r)/ *n.* 彫刻用丸のみ (scorper). 〘(1688) ◻ L ～ (変形) ← *scalprum*: ⇨ scalpel〙

scálp·ing *n.* (鋳塊などの)スキャルピング《表面を削って不純物・傷などを除くこと》; (鉱石などの)洗浄.

scálp·less *adj.* 頭皮のない; 頭の皮をはがれた. 〘1756〙

scálp lòck *n.* **1** (アメリカ先住民が敵に挑戦するため)頭皮に残す一房の髪. **2** (1980 年代の若者の)頭皮に一部の髪を残すヘアスタイル. 〘1826〙

scal·pri·form /skǽlprəfɔ̀əm | -prɪ̣fɔ̀ːm/ *adj.* 〘動物〙〈門歯が〉鑿(のみ)状の (chisel-shaped). 〘(1828) ← L *scalprum*＋-I-＋-FORM: ⇨ scalpel〙

scal·y /skéɪli/ *adj.* (**scal·i·er**; **-i·est**) **1 a** うろこのある, うろこだらけの; うろこ状の: ～ fish. **b** うろこのようにはげ落ちる, ぼろぼろ落ちる: ～ stone. **2** 湯あかのついた: a ～ boiler. **3** カイガラムシ (scale insect) につかれた[やられた]: ～ fruit. **4** 〘俗〙 **a** 卑しい, 汚い (mean), けちな (stingy): a ～ man. **b** 劣った, ひどい, 悪い (poor, inferior): a ～ road. **5** 〘植物〙鱗(りん)片状の (cf. scale leaf): ～ hair 鱗毛. **scál·i·ness** *n.* 〘(1528) ← SCALE³＋-Y¹〙

scály ánteater *n.* 〘動物〙＝pangolin.

scály·fòot *n.* (*pl.* ～**s**) 〘動物〙ヒレアシトカゲ《オーストラリア産ヒレアシトカゲ科 *Pygopus* 属の前肢がなく, 後肢が痕跡的でブラシ状の蛇型のトカゲ》.

scály-tàiled squírrel *n.* 〘動物〙ウロコオリス《西アフリカ・中央アフリカ産ウロコオリス科のリスに似た哺乳類; 尾の下面が角質のうろこでおおわれ, 一種を除き滑空する》. 〘1962〙

scam /skǽm/ 《米俗》 *n.* **1** 信用詐欺(さぎ); ぺてん, 詐欺. **2** 内幕, 内情. ── *vt.* (**scammed**; **scam·ming**) (信用詐欺で)だます, 欺く. 〘(1963) 《変形》? ← SCHEME: cf. scamp¹〙

Sca·man·der /skəmǽndə | -də(r)/ *n.* **1** [the ～] スカマンドロス(川)《Menderes 川の古名》. **2** 〘ギリシャ神話〙スカマンドロス《Scamander 川の神; Oceanus と Tethys の子; Xanthus ともいう》. 〘◻ L ～ ◻ Gk *Skámandros*〙

Sca·man·dri·us /skəmǽndriəs/ *n.* **1** 〘ギリシャ神話〙＝Astyanax. **2** (*Iliad* で) スカマンドリオス《Strophius の子; 弓術にたけていたが, Menelaus に殺された》. 〘◻ L ～ ◻ Gk *Skamándrios*〙

scam·ble /skǽmbl̩/ *vi.* **1** 〘廃〙〈群衆の中にまかれた祝儀を求めて〉争う, われ勝ちに争う[奪い合う] 〔*for*, *after*〕. **2** 《方言》つまずき歩く. **3** 《英方言》だらしなく歩き回る. ── *vt.* **1** 《英方言・廃》〈金・食物などを〉散らす, まき散らす; 浪費する 〈*away*〉. **2** 《方言》かき集める. 〘(1539) ← ?: cf. shamble, scramble〙

scám·bling /-blɪŋ, -bl-/ *adj.* **1 a** 雑然とした, 不規則な, ばらばらの. **b** ぞんざいになされた, 当座しのぎの; 出来のまずい, だらしない. **2** 〘廃〙われ勝ちの, 先を争う. **～·ly** *adv.* 〘1589〙

sca·mil·lus /skəmíləs/ *n.* 〘建築〙 **1** スカミルス《古典主義建築の円柱の方形(ほうけい)台座の下に設けられるもう一つの台座》. **2** (ギリシャのドリス式の柱頭にみられる)石の角のゆるやかな曲線. 〘◻ L ～ (dim.) ← *scamnum* bench〙

scam·mo·ny /skǽməni/ *n.* **1** 〘植物〙スカモニア (*Convolvulus scammonia*) 《シリア・小アジア地方産のヒルガオ科のサンシキヒルガオの類》. **2** スカモニアの根; それから採る樹脂《下剤として用いる》. 〘OE *scamonie* ◻ L *scammōnia* ◻ Gk *skammōnía* bindweed〙

scamp¹ /skǽmp/ *n.* **1** (親愛の意を含めて)いたずら者, わんぱく者, 茶目 (cf. rogue 2) (⇨ knave SYN): a handsome young ～ 風采のよい青年. **2** やくざ者, ならず者, ごろつき, 悪漢. **3** 《古》追いはぎ. **4** 〘魚類〙西インド諸島産のハタ科の魚 (*Mycteroperca falcata*) 《餌を食い逃げするのが上手であるところから》. 〘(1782) ← 《廃》*scamp* to go (on the highway) 《逆成》← SCAMPER〙

scamp² /skǽmp/ *vt.* 〈仕事を〉いい加減にする, ぞんざいにする, 手を抜いてやる. **～·er** *n.* 〘(1837) 《混成》? ← SCA(NT)＋(SKI)MP: cf. 《廃》*scamp* to roam about idly〙

scam·per /skǽmpə | -pə(r)/ *vi.* **1** 〈驚いた動物・子供のように〉大急ぎで逃げる, 逃げ去る 〈*away*, *off*〉: ～ *off* in all directions 四方八方へかけ出す / ～ through a yard 庭をかけ抜ける. **2** 〈子供などが〉飛び回る, かけ回る, ふざけ回る 〈*about*〉. ── *n.* **1** 大急ぎで逃げること, 逃走; はね[飛び]回ること. **2** 疾走; 急ぎの旅行: a ～ through Europe. **3** 急いで一読すること, 走り読み: take (a) ～ through Dickens ディケンズを急ぎ読みする. ***on* [*upòn*] *the scámper*** かけ回って, はね回って, 急行して. (1766) ***pút to the scámper*** はね回らせる. (1697)

～·er /-pərə | -rə(r)/ *n.* 〘(1687) ◻ Flem. *scamperen* to decamp ◻ OF *esc(h)amper* < VL **excampāre* ← EX-¹＋L *campus* field (⇨ camp¹)〙

scam·pi /skǽmpi/ *n.* (*pl.* ～, ～**es**) **1** 〘動物〙アカザエビ科のエビ (*Nephrops norvegicus*) 《アドリア海・ダブリン湾で採れる; 食用になる》. **2** スキャンピー《ガーリックで味付けした小えび (scampi) のフライ料理》. 〘(1925) ◻ It. ～ (pl.) ← *scampo* shrimp〙

scámp·ish /-pɪʃ/ *adj.* ならず者の; わんぱく者の. **～·ness** *n.* 〘1847〙

scan /skǽn/ *v.* (**scanned**; **scan·ning**) ── *vt.* **1** 細かく[入念に]調べる, 精査する; じろじろ[あちこち]見る: ～ every word of the contract 契約書の一語一語を綿密に調べる / ～ a person's face 人の顔をじろじろ見る / ～ the horizon 地平線をじっと見つめる / She ～*ned* the windows for the dress she wanted. 自分の欲しいドレスを求めてウィンドーをあちこち見た. **2** ざっと見る, 走り読みする: ～ a newspaper. **3** (サーチライトなどが)〈ある区域を〉横切るように照らす. **4** 〘テレビ〙〈映像を〉走査する (cf. scanning 1). **5** 〘医学〙(放射線で)〈人体を〉スキャン[走査]する. **6** 〘電算〙〈データなどを〉(スキャナーで)読み取る, 〈画像などを〉スキャンして取り込む. **7** 〘通信〙〈ある地域を〉(レーダーで)走査する. **8** 〈詩の〉韻律(構造)を調べる, 〈詩行を〉韻脚に分ける; 韻律的に朗読する. **9 a** 《古》識別する (discern). **b** 《古》批判的に判断する. **c** 〘廃〙…の意味を説明する, 解釈する (interpret).
── *vi.* **1** ざっと目を通す 〈*through*〉. **2** 詩行を韻脚に分ける, 詩の韻律を調べる. **3** 〈詩行が〉韻脚に分かれる; 韻律に合う, 韻律が合う: The line will not ～. この行は韻律に合っていない / The line ～*s* smoothly [badly]. この行はうまく韻脚に合う[合わない]. **4** 〘テレビ〙走査する. **5** 〘電算〙走査する, スキャンする《スキャナーで画像などを読み取る》.
── *n.* **1** 細かく調べること; ざっと目を通すこと. **2** 綿密な検査. **3** 〘テレビ・通信〙走査. **4** 〘医学〙(体内の)断層写真: a brain ～ 脳のスキャン. **5** 〘電算〙スキャン. **6** 視野の範囲, 理解. **7** (詩の)韻律を調べること.
〘(*a*1398) ◻ LL *scandere* to scan, L to climb ← IE **skand-* to leap, climb (Skt *skandati* he leaps): *-d-* の消失は -ED との混同から〙

Scan. 《略》Scandinavia; Scandinavian.

Scand. 《略》Scandinavia; Scandinavian.

scan·dal /skǽndl̩/ *n.* **1** (人の名声・信用を落とすような)醜聞, 不祥事; 疑獄, スキャンダル: a political ～ 政治スキャンダル / A grave ～ has occurred. 大疑獄が起こった. **2** 恥辱, 不面目, 名折れ: The slums are a ～ to the town. その貧民街は町の名折れだ / It is a ～ that such things should be possible. そんなことがあるなんて不面目なこと[言語道断]だ / to the ～ of …にとって恥さらしなことには. **3** (ある恥辱的事件に対する世間の)反感, 物議, 反感[憤慨]の種: cause [give rise to] (a) ～ 世間を騒がせる, 世人を憤慨させる. **4** 中傷, 悪口: talk ～ 悪口を言う / love a bit of ～ ちょっとした陰口をたたくのが好きだ. **5** 恥辱[侮辱]を与えるようなふるまいをする人. **6** 《古》他人の信仰のつまずきとなるようなこと; 教会の不面目となるようなこと. **7** 〘法律〙(訴訟に直接関係のない)中傷的申立 (cf. libel, slander). ── *vt.* (**scan·daled**, **-dalled**; **-dal·ing**, **-dal·ling**) **1** 《古・方言》…の中傷[悪口]を言う, 悪いうわさを広める (slander). **2** 《廃》侮辱する (disgrace). 〘(1581) ◻ L *scandalum* trap ◻ Gk *skándalon* snare, stumbling block (cf. L *scandere* 'to SCAN'): cf. ME *sca(u)ndle* ◻ ONF *escandle*＝OF *eschandle*〙

scandala magnatum *n.* scandalum magnatum の複数形.

scándal-bèarer *n.* =scandalmonger.

scándal-bèaring *n.* =scandalmongering.

scan·da·lize¹ /skǽndəlàɪz, -dl̩-/ *vt.* **1** (不道徳と思える行為によって)〈人を〉憤慨させる, あきれさせる, ひどい[けしからぬ]と思わせる (shock): be ～*d* at …に憤慨する, 愛想をつかす. **2** …の悪口をいう, 中傷する. **3** 《古》…の顔に泥を塗る, 辱める. **scan·dal·i·za·tion** /skæ̀ndəl̩ɪzéɪʃən, -dl̩- | -dəlaɪ-, -lɪ-, -dl̩-/ *n.* **scán·dal·ìz·er** *n.* 〘(*c*1489) □ (O)F *scandaliser* // LL *scandalizāre* □ LGk *skandalízein*: ⇨ scandal, -ize〙

scan·dal·ize² /skǽndəlàɪz, -dl̩-/ *vt.* 〘海事〙 風抜きをする; (斜桁(ɕ)の先端を下げるなどして)〈縦帆〉の面積を減じる. 〘(1862) 《変形》← 《廃》 *scantelize* ← SCANT〙

scándal·mònger *n.* 醜聞を広める人, 人の中傷[悪口]を言い触らす人, 金棒引き, 悪口屋. 〘1721〙

scándal·mòngering *n., adj.* 醜聞[悪口]を言い触らす(こと). 〘1865〙

scándal·mòngery *n.* =scandalmongering.

scan·dal·ous /skǽndələs, -dl̩-/ *adj.* **1** (道徳・礼節を汚すような)恥ずべき, 外聞の悪い; けしからぬ, ひどい, 言語道断な, 憤慨にたえない: ～ actions / a most ～ election ひどく不正な選挙. **2** 中傷する, 中傷的な, 悪口の: a ～ story [rumor] 中傷的な話[うわさ]. **～·ly** *adv.* **～·ness** *n.* 〘(1592) □ F *scandaleux* // ML *scandalōsus*: ⇨ scandal, -ous〙

scándal shèet *n.* スキャンダル[醜聞]新聞, 赤新聞; スキャンダル[暴露]雑誌. 〘1904〙

scan·dal·um mag·na·tum /skǽndələm-mægnéɪtəm, -dl̩- | -təm/ *L. n.* (*pl.* **scan·da·la m-** /-dələ-, -dl̩ə-/) (昔の)貴人[高官]誹毀(ɕ), 高官名誉棄損. 〘(1607) □ ML *scandalum magnātum* scandal of magnates: ⇨ scandal, magnate〙

Scan·da·roon /skæ̀ndərúːn/ *n.* 〘鳥類〙 スカンダルーン (細い胴体, 長い首と頭をもつ変わり大バト). 〘((1631)) (1860) 《変形》← ? *İskenderun* (トルコの港市)〙

scan·dent /skǽndənt/ *adj.* 〘生物〙 よじ登る, 攀縁(ɕɕ)性の (climbing): a ～ plant 攀縁植物. 〘(*a*1682) □ L *scandentem* (pres.p.) ← *scandere* to climb: ⇨ scan〙

Scan·den·tia /skændénʃə/ *n. pl.* 〘動物〙 ツパイ目 (半地上半樹上の生活をするリスに似た小型の哺乳類の一目; インド・東南アジア産). 〘← NL ～ ← L *scandentem* (↑): ⇨ -ia²〙

Scan·dër·beg /skǽndəbèg | -də-; *Alban.* skándəɾbeg, ―ー´/ *n.* スカンデルベグ (1403?–68; アルバニアの国民的英雄; トルコからの独立を指導; 本名 George Castriota).

scan·di·a /skǽndiə/ *n.* 〘化学〙 酸化スカンジウム (Sc_2O_3). 〘← NL ～ (↓)〙

Scan·di·a /skǽndiə/ *n.* スカンジア (スカンジナビア半島南部の古名). 〘□ ML ～ 'SCANDINAVIA'〙

Scan·di·an /skǽndiən/ *adj.* **1 a** スカンジアの. **b** スカンジナビア半島の. **2** スカンジナビア語の. ― *n.* スカンジナビア人 (Scandinavian). 〘(1668) ← ML *Scandia* (↑)＋-AN¹〙

scan·dic /skǽndɪk/ *adj.* 〘化学〙 スカンジウム (scandium) の: ～ oxide 酸化スカンジウム. 〘← SCAND(IUM)＋-IC¹〙

Scan·di·na·vi·a /skæ̀ndənéɪviə | -dl̩-/ *n.* **1** スカンジナビア, 北欧 (ノルウェー・スウェーデン・デンマーク・フィンランド・アイスランド・Faeroe 諸島をも含む地域). **2** =Scandinavian Peninsula. 〘□ L *Scandināvia* (Pliny の用語: *Scan*- の *n* は誤形) □ Gmc **Skadinaujā* (スウェーデン南部の地名: OE *Scedeneġ* / ON *Skāney*; cf. Gmc **aujō* 'ISLAND')〙

S

Scan·di·na·vi·an /skæ̀ndənéɪviən | -dl̩-´/ *adj.* **1** スカンジナビアの, 北欧の. **2** スカンジナビア人の, 北欧人の. **3** スカンジナビア語の, 北欧語の (cf. Norse). ― *n.* **1** スカンジナビア人, 北欧人. **2** スカンジナビア語, 北欧語. 〘(1765): ⇨ ↑, -an¹〙

Scandinávian Península *n.* [the ～] スカンジナビア半島 (ヨーロッパ北部の大半島; ノルウェーおよびスウェーデンの両国で占めている).

scan·di·um /skǽndiəm/ *n.* 〘化学〙 スカンジウム (希金属元素の一つ; 記号 Sc, 原子番号 21, 原子量 44.9559). 〘(1879) ← NL ～: ⇨ scandia, -ium: スカンジナビアの鉱物中に発見された〙

Sca·ni·a /skáːniə/; *Swed.* skɑ́ːnɪa/ *n.* 〘商標〙 スカニア (スウェーデンの自動車・航空機メーカー; そのトラック・バスなど).

scan·na·ble /skǽnəbl̩/ *adj.* **1** スキャン[走査]できる, スキャン[走査]可能な. **2** 〈詩行が〉韻脚に分けられる, 韻律分析が可能な. 〘1828〙

scánned prìnt *n.* 〘テレビ〙 スキャンドプリント (アナモルフィックレンズで左右を縮めて写した映画のネガから, 画面の重要部を選んだ左右を縮めてないテレビ放映用のプリント).

scan·ner /skǽnə | -nə^(r)/ *n.* **1** 〘電算〙 スキャナー (写真・スライドなどを走査して画像を取り込む装置). **2** 〘テレビ〙 走査機, 走査板 (scanning disk); 走査装置, スキャナー. **3** 〘医学〙 走査装置, スキャナー. **4** 〘写真〙 (空中写真術で)航空機の高度と速度の比を測定する装置. **5** 詩の韻律を分析する人, 律読者. **6** 細かく調べる人. 〘1557〙

scán·ning *n.* **1** 〘テレビ〙 走査 (電波または再生しようとする影像を一定の順序に従って画点に分解すること): ⇨ electrical scanning, scanning line. **2** 〘医学〙 走査法, スキャニング, スキャン法. **3** =scansion. **4** 詳しい調査. 〘*c*1440〙

scánning bèam *n.* 〘テレビ〙 走査のための電子ビーム.

scánning dìsk *n.* 〘テレビ〙 走査円板. 〘1927〙

scánning eléctron mìcroscope *n.* 走査(型)電子顕微鏡 (微細な電子ビームが検査物を掃引し, 三次元的な画像を作り出す高性能電子顕微鏡; cf. transmission electron microscope; 略 SEM). 〘1953〙

scánning lìne *n.* 〘テレビ〙 走査線. 〘1929〙

scánning ràdar *n.* 走査式レーダー (対空捜索などに用いる).

scánning spèech *n.* 〘医学〙 断続性言語, とぎれ言語 (語[音節]間に間合いをおいて話す).

scánning túnneling mìcroscope *n.* 走査型トンネル(電子)顕微鏡 (可動子とトンネル効果を用いて原子表面構造の像を生成し, 走査型電子顕微鏡よりも大きな倍率を得ることができる; 略 STM).

scan·sion /skǽnʃən/ *n.* 詩の韻律分析, 韻律的朗読. 〘(1654) □ LL *scansiō(n-)* ← **scansus* (p.p.) ← *scandere*: ⇨ scan, -ion〙

scan·so·ri·al /skænsɔ́ːriəl/ *adj.* 〘生物〙 よじ登る(のに適した), 登攀(ɕɕ)性の; 攀(ɕ)木性の. 〘(1806) ← L *scansōrius* for climbing (← **scansus* (↑): ⇨ -ory)＋-AL¹〙

scant /skǽnt/ *adj.* (～·er; ～·est) **1 a** 乏しい, 不十分な, 不足な, 貧弱な (scanty, deficient): a ～ attendance 少数の出席者[聴衆] / ～ weight 目方不足 / with ～ interest さして興味もなさそうに / She paid him ～ attention. 彼にほとんど注意を払わなかった. **b** (一定の数量に)ちょっと不足の, …足らずの: a ～ half-hour [five yards] 小半時間 [5 ヤード少し切る長さ] / The new government lasted a ～ six months. 新政府は 6 か月足らずしか続かなかった. **2** 〔…が〕足りない, 不足して〔*of*〕: be ～ *of* breath 息を切らしている / ～ *of* money 金不足で. **3** 《方言・廃》 **a** 惜しみがちな: treat a person with ～ courtesy 人をぞんざいに取り扱う. **b** 〔…を〕惜しむ, けちけちする; 倹約する, 無駄遣いをしない〔*of*〕: Be somewhat ～*er of* your maiden presence. 娘らしくお目にかかるのをいささか控えるように (Shak., *Hamlet* 1. 3. 121). ― *vt.* **1** 〈数量を〉減らす, 乏しくする, 削減する; 不十分にあてがう, 出し惜しむ, しぶる, けちる; 差し控える: ～ an allowance of food 食物を十分にあてがわない. **2** 軽んずる, ぞんざいに取り扱う. ― *adv.* 《方言・廃》 やっと, 辛うじて (scarcely, barely). **～·ness** *n.* 〘(*c*1370) □ ON *skamt* (neut.) ← *skammr* short ← Gmc **skamm*- ← IE *(*s*)*kem*- hornless (cf. hind¹)〙

scant·ies /skǽntiz | -tiz/ *n. pl.* スキャンティー (女性用の短いパンティー; cf. pantie 1). 〘(1928) 《混成》 ← SCANT＋(PANT)IES〙

scánt·i·ly /-təli, -tl̩i | -tl̩i, -tli/ *adv.* わずかに, 乏しく, 不十分に; ほとんど何も身につけずに, 体を露出させて: a ～ clad woman ろくに衣服を身につけていない[半裸の]女性 / a ～ furnished room 家具らしい家具のない部屋. 〘(1774) ← SCANTY＋-LY¹〙

scan·tle /skǽntl̩ | -tl/ *n.* 〘建築〙 スレート穴の位置測定器 ($1^1/_2 \times ^3/_4$ インチの木片).

scant·ling /skǽntlɪŋ/ *n.* **1 a** (たるき・間柱などに用いる, 特に厚さ 2 インチ以上 5 インチ未満, 幅 8 インチ未満の挽材の)小角材, 小割材. **b** [集合的] 小角[小割]材類. **2** (建築用木材・石材などの)木口(ɕɕ)寸法, 容積. **3** [a ～ of として] 少量, 僅少: *a* ～ *of* bacon / *a* ～ *of* labor わずかな労働. **4** [通例 *pl.*] 〘海事〙 **a** 船の骨組として作り上げた仕上げ済み木材または圧延金属材. **b** (船の骨組の)材料寸法. **5 a** 《古》 見本. **b** 《廃》 略図, ひな形. 〘(1476) 《変形》 ← (*a*1300) *scantillon* □ ONF *escantillon* (F *échantillon*) ← ?〙

scántling-dràft vèssel *n.* 〘海事〙 スカントリング喫水船 (満載喫水線まで船内のどこへ貨物を積んでもよいというには構造が充分であるとはいえない船).

scántling nùmber [**nùmeral**] *n.* 〘造船〙 寸法指数 (船の構成材料の寸法で, 安全上守らなければならない規程がある).

scánt·ly *adv.* **1** =scantily. **2** 《古》 辛うじて (barely), ほとんど…でない (scarcely). **3** 《廃》 いやいやながら (grudgingly). 〘*c*1375〙

scánt màrk *n.* 〘動物〙 臭痕, 匂いのマーク (動物が自分の存在を他の動物に知らせるために尿その他で地面などに独特の匂いをつけるもの).

scant·y /skǽnti | -ti/ *adj.* (**scant·i·er**; **-i·est**) **1** わずかな, 乏しい, 貧弱な (⇨ meager SYN); 不十分な (insufficient); まばらな: a ～ diet [nourishment] 不十分な食事[栄養] / a ～ crop of rice 米の不作 / the ground with ～ grass 草のまばらな地面. **2** 〈衣服が〉体を露出させるような: a ～ bikini. **3** 《古》 けちけちする. **scánt·i·ness** *n.* 〘(1660) ← SCANT (adj.)＋-Y⁴〙

SCAP /skǽp/ 《略》 〘軍事〙 Supreme Commander for [of] the Allied Powers 連合軍最高司令官.

SCAPA /skǽpə/ 《略》 Society for Checking the Abuses of Public Advertising.

Scap·a Flow /skáːpəflóu, skǽpə- | -flə́u/ *n.* スカパフロー (スコットランド北部, Orkney 諸島中の海域; もと英国海軍基地). 〘*Scapa*: ← Icel. *skálpr* boat〙

scape¹ /skéɪp/ *n.* **1** 〘植物〙 根生花梗(ɕ), 花茎 (スイセン・サクラソウなどのように直接に地中から出るもの). **2** 〘鳥類〙 羽幹 (shaft) (羽根の中軸). **3** 〘昆虫〙 柄節 (触角の第 1 節). **4** 〘建築〙 **a** 柱身. **b** =apophyge. 〘(1601) □ L *scāpus* 'SHAFT'〙

scape² /skéɪp/ *n., v.* (*also* **'scape** /～/) 《古》 =escape. 〘(*a*1325) 《頭音消失》 ← ESCAPE〙

-scape /skèɪp/ 「景色 (view)」の意の連結形: cloud*scape* 雲景 / land*scape* (陸上の)風景 / river*scape* 川のながめ / sea*scape* 海景 / water*scape* 水景. 〘《逆成》 ← LANDSCAPE〙

scape, SCAPE /skéɪp/ 《略》 〘宇宙工学〙 self-contained atmospheric pressure ensemble 大気圧自給システム付きの宇宙服.

scápe·gàllows *n.* (*pl.* ～, ～·es) 絞首刑になり損なった悪党. 〘(1799): ⇨ scape²〙

scape·goat /skéɪpgòut | -gə̀ut/ *n.* **1** 他人の罪[(失敗などの)責任]を背負うもの, 身代わり: make a ～ of …を(罪の)身代わりにする / be made the ～ for …の身代わり[いけにえ]にされる. **2** 〘聖書〙 贖罪(ɕɕ)の山羊(ɕ), アザゼル (Azazel) の山羊 (古代ユダヤで贖(ɕɕ)いの日 (Yom Kippur) に民の罪を負わせて荒野に放した山羊; cf. *Lev.* 16: 8–26). **3** 〘心理〙 (心理的な葛藤(ɕɕ)や脅威を軽くするための)スケープゴート. ― *vt.* …に罪[責任]を転嫁する. **～·er** *n.* 〘(1530) 《原義》 goat allowed to escape (into the wilderness) ← SCAPE²＋GOAT: Tyndale による Heb. '*azāzēl* 'goat for AZAZEL' の誤訳といわれる (cf. Luther *der ledige Bock* / Vulgate *caper emissarius* (=goat sent out to go free))〙

scápe·gòat·er *n.* 身代わりになる者.

scápe·gòat·ing /-tɪŋ | -tɪŋ/ *n.* 罪の身代わり, 罪の転嫁, 責任転嫁. 〘1943〙

scápe·gòat·ism /-tɪzm/ *n.* 罪の身代わり, (失敗などの)責任転嫁 (scapegoating).

scape·grace /skéɪpgrèɪs/ *n.* やくざ者, 厄介者, ごくつぶし; 手に負えない若者[子供]. 〘(1809) ← SCAPE²＋GRACE: 《原義》 one who has escaped grace (of God)〙

scápe whèel *n.* 〘時計〙 =escape wheel.

scaph- /skǽf/ (母音の前にくるときの) scapho- の異形.

scaph·o- /skǽfou | -fəu/「舟形の (scaphoid); 舟状骨と…と」の意の連結形. ★ 母音の前では通例 scaph- になる. 〘← SCAPHOID〙

scaph·o·ceph·a·ly /skæ̀fəséfəli | -séf-, -kéf-/ *n.* 〘病理〙 舟状頭症 (頭蓋骨の奇形). 〘(1901): ⇨ ↑, cephalo-, -y¹〙

scaph·oid /skǽfɔɪd/ 〘解剖〙 *adj.* 舟状の (navicular): a ～ bone 舟状骨. ― *n.* 舟状骨 (scaphoid bone). 〘(1741) ← NL *scaphoīdēs* ← Gk *skaphoeidḗs* ← *skáphē* bowl, boat (cf. *skáptein* to dig out): -oid〙

scaph·o·pod /skǽfəpɑ̀(ː)d | -pɔ̀d/ 〘動物〙 *adj.* 掘足(ɕɕ)綱の. ― *n.* 掘足綱の軟体動物 (ツノガイ (tooth shell) など). 〘(1913) ↓〙

Sca·phop·o·da /skəfɑ́(ː)pədə | -fɔ́pədə/ *n. pl.* 〘動物〙 掘足綱 (ツノガイ類). **sca·phóp·o·dous** /-dəs | -dəs/ *adj.* 〘NL ～: ⇨ scapho-, -poda〙

sca·pi·form /skéɪpəfɔ̀əm, skǽp- | -pɪ̀fɔːm/ *adj.* 〘植物〙 花茎状の. 〘(1796) ← SCAPE¹＋-I-＋-FORM〙

scap·o·lite /skǽpəlàɪt/ *n.* 〘鉱物〙 スカポライト, 柱石 (主としてアルミニウム・カルシウム・ナトリウムから成るケイ酸塩鉱物; wernerite ともいう). 〘(1802) □ G *Skapolith*: ⇨ scape¹, -lite〙

sca·pose /skéɪpous | -pəus/ *adj.* 〘植物〙 根生花梗(ɕ) (scape) をもっている[から成る]; 根生花梗のような. 〘(1903) ← SCAPE¹＋-OSE¹〙

scap·ple /skǽpl̩/ *vt.* =scabble.

scap·u·l- /skǽpjul/ (母音の前にくるときの) scapulo- の異形.

scap·u·la /skǽpjulə/ *n.* (*pl.* **-u·lae** /-lìː/, ～**s**) **1** 〘解剖〙 肩甲骨 (shoulder blade). **2** 〘昆虫〙 肩板 (tegula). 〘(1578) ← NL ～ ← L ～ 'shoulder (blade)'〙

scap·u·lar /skǽpjulə | -lə^(r)/ *adj.* **1** 肩甲骨の; 肩の. **2** 〘鳥類〙 肩羽の. ― *n.* **1** 〘教会〙 無袖肩衣, スカプラリオ (ベネディクト会・ドミニコ会はその修道服の上につける; カトリック教徒が信仰のしるしとして平服の下に肩から下げる 2 枚の羊毛の布きれ). **2** 〘解剖〙 肩甲骨 (scapula). **3** 〘鳥類〙 肩羽 (scapular feather ともいう). 〘adj.: (1688) ← NL *scapulāris* ← *scapula* (↑). ― n.: (OE) (1483) □ LL *scapulāre* ← L *scapula*〙

scápular árch *n.* 〘解剖〙 肩甲帯 (shoulder girdle). 〘1880〙

scápular médal *n.* 〘カトリック〙 スカプラリオ (scapular) の代わりに身につける略章. 〘1912〙

scap·u·lar·y /skǽpjulèri | -ləri/ *n.* **1** 〘外科〙 肩甲(包)帯. **2** =scapular 1. ― *adj.* =scapular. 〘n.: (?*a*1200) □ ML *scapulārium* 《変形》 ← L *scapulāre* 'SCAPULAR'. ― adj.: □ F *scapulaire* // ← NL *scapulārius*〙

scap·u·li·man·cy /skǽpjuləmænsi | -lɪ-/ *n.* 肩甲骨占い (動物の肩の骨を火であぶりできた亀裂で占うこと). 〘(1871) ← SCAPUL(O)-＋-I-＋-MANCY〙

scap·u·lo- /skǽpjulou | -ləu/「肩甲骨」の意の連結形. ★ 母音の前では通例 scapul- になる. 〘← SCAPULA＋-O-〙

scàpulo·húmeral *adj.* 〘解剖〙 肩甲上腕骨の. 〘1840〙

scar¹ /skáə | skáː^(r)/ *n.* **1** (やけど・できもの・切り傷などの)あと, 瘢痕(ɕɕ); 傷跡 (cf. cicatrix 1): a vaccination ～ 種痘の瘢痕 / heal to a ～ 治って傷跡ができる / not leave a ～ behind あとに傷跡を残さない. **2** (鋳物・家具などの)きず. **3** (心痛・苦労などの)跡, 心の傷: the ～*s* of life's battle in his face 顔に刻まれた苦労の跡. **4** 〘植物〙 葉痕(ɕɕ) (cf. cicatrix 2). ― *vt.* (**scarred**; **scar·ring**) **1** …に傷跡を残す; …の跡を残す; 損なう, 醜くする: a face ～*red with* sorrow 悲しみの跡をとどめた顔 / a typhoon-*scarred* town 台風の傷跡を残している町. **2** …に悪影響を残す: The accident left her ～*red* for life. その事故は彼女に一生の傷を残した. ― *vi.* **1** 瘢痕ができる, 治って瘢痕になる. **2** (瘢痕などを残して)癒(ɕ)える. 〘(*c*1390) *scare* □ OF *escare* (F *escarre, eschare*) □ LL *eschara* □ Gk *eskhára* hearth, burn ← ?〙

scar² /skáə | skáː^(r)/ *n.* 《英》 **1** 山腹の孤岩; 断岩. **2** (海の)暗礁. **3** 〘地質〙 =clinker² 3. 〘(*a*1387) *skerre* □ ON *sker* isolated rock in sea: cf. skerry〙

scar·ab /skǽrəb, skéɚ- | skǽr-/ *n.* **1** 〘昆虫〙 オオタマオ

シコガネ《コガネムシ科の大型のコガネムシ》; (特に) =scarabaeus 1《scarab beetle ともいう》. **2** スカラベ, 甲虫石《古代エジプトで太陽神ケペラ (Khepera) の象徴として再生・豊穣をもたらすものと神聖視したオオタマオシコガネをかたどった護符; 装飾品・印章としても用いた》. 〖(1579) □ F *scarabée* □ L *scarabaeus*: cf. Gk *kārabos* horned beetle〗

scarab 2

scar·a·bae·an /skæ̀rəbíːən, skèr- | skæ̀r-⁻/ *adj., n.* =scarabaeid.

scarabaei *n.* scarabaeus の複数形.

scar·a·bae·id /skæ̀rəbíːɪ̀d, skèr- | skæ̀rəbíːɪd⁻/〘昆虫〙*adj.* コガネムシ(科)の. — *n.* コガネムシ《コガネムシ科の甲虫の総称》. 〖(1842) ↓〗

Scar·a·bae·i·dae /skæ̀rəbíːədìː, skèr- | skæ̀rəbíː-ɪ-/ *n. pl.*〘昆虫〙コガネムシ科. 〖← NL ~ ← *Scarabaeus* (属名: ← L *scarabaeus*: ⇨ scarab) + -IDAE〗

scar·a·bae·i·form /skæ̀rəbíːəfɔ̀əm, skèr- | skæ̀rəbíːɪ̀fɔ̀ːm/ *adj.* コガネムシ状の, コガネムシ科の昆虫・幼虫に似た. 〖← SCARABAE(US) + -IFORM〗

scar·a·bae·oid /skæ̀rəbíːɔɪd, skèr- | skæ̀r-⁻/〘昆虫〙*adj.* **1** コガネムシ型幼虫の《ツチハンミョウなどの過変態をする昆虫の第3期幼虫にいう》. **2** コガネムシ上科の. **3**《古》=lamellicorn. — *n.* **1** コガネムシ《コガネムシ上科の昆虫の総称》. **2** =scaraboid. 〖(1889) ← L *scarabaeus* (↓) + -OID〗

scar·a·bae·us /skæ̀rəbíːəs, skèr- | skæ̀r-/ *n.* (*pl.* ~·es, -bae·i /-bíːaɪ/) **1**〘昆虫〙オオタマオシコガネ, タマコロガシ (*Scarabaeus sacer*)《糞虫 (dung beetle) の一種; sacred beetle ともいう》. **2** =scarab 2. 〖(1664) □ L ~: ⇨ scarab〗

scárab fàmily *n.*〘昆虫〙コガネムシ科 (Scarabaeidae).

scar·ab·oid /skǽrəbɔ̀ɪd, skér- | skǽr-/ *n.* まがい甲虫形宝石[印]《スカラベ (scarab) をかたどった石》. — *adj.* **1**〘昆虫〙=scarabaeoid. **2** 甲虫石の(ような); まがい甲虫形宝石の. 〖(1879) ← SCARAB + -OID〗

Scar·a·mouch /skǽrəmùːʃ, skér-, -mùːtʃ | skǽrəmùːtʃ, -mùːʃ/ *n.* (*also* **Scar·a·mouche** /~/) **1** スカラムッチャ《古いイタリアの即興喜劇 (commedia dell'arte) にお決まりの道化役; から威張りする臆病者で Harlequin に打たれる》. **2** [s-] から威張りする臆病者, ほら吹き; やくざ者, ならず者. 〖(1662) □ F *Scaramouche* // It. *Scaramuccia*《原義》'SKIRMISH'〗

Scar·bor·ough /skáəbə̀ːroʊ, -rə | skáːb(ə)rə/ *n.* スカーバラ《イングランド North Yorkshire 州東部の港市・保養地》. 〖ME *Scardeburc* □ ON *Skarðaborg*《原義》'BURG of *Skarði*《原義》hare-lipped: その創設者)'〗

Scárborough líly *n.*〘植物〙スカーバロウリリー (*Vallota purpurea*)《アマリリスに似た紫色の花をつけるアフリカ南部原産ヒガンバナ科の観賞用球根植物》. 〖1882〗

scarce /skéəs | skéəs/ *adj.* (**scarc·er; -est**) **1** [叙述的]〈金銭・生活必需品など〉不十分で, 乏しい, 欠乏している ⦅*of*⦆ (⇨ rare SYN): Money is ~. 金融が逼迫(ひっぱく)している / Houses are getting scarcer. 住宅がだんだん少なくなってきた / Fruit will be ~ this season. 今季は果物は少ないだろう / We are ~ *of* provisions. 食糧が欠乏している. **2** 珍しい, まれな: a ~ book 珍本 / a ~ moth 珍しいガ / Really good wines are now ~. 本当に良いぶどう酒は今はめったに見当たらない. **3**《廃》けちな, 節約する. ***máke onesèlf scárce***《口語》(1) (かかわり合いを恐れてその場から)急に出て行く, いなくなる. (2) 引き退る, 引っ込む; 避ける, (人などを避けて)寄りつかない, (会合などに)顔を出さない. 《1809》 — *adv.*《古・文語》=scarcely. **~·ness** *n.* 〖(c1300) □ ONF (*e*)*scars*=OF *eschars* (F *échars*) < VL **excarpsum* (p.p.) ← **excarpere*=L *excerpere* 'to EXCERPT'〗

scarce·ly /skéəsli | skéəs-/ *adv.* **1 a** ほとんど…ない (hardly): I ~ see [know, understand] him. 彼に会うことはまずない[彼を知らないも同然だ, 彼の言うことがほとんどわからない] / I can [could] ~ hear. 私にはほとんど聞こえない[なかった] / I have ~ spoken to her. 彼女と口をきいたことはほとんど[まず]ない / I need ~ add that this information is top-secret. この情報が極秘であることは言うまでもない / There is [are] ~ any. ほとんど何もない / *Scarcely* anybody believes that. それを信じる者はほとんど[まず]いない / *Scarcely* a day passes that …という日はほとんどない / I ~ slept a wink. ほとんど一睡もしなかった / It ~ affected them. それはほとんど影響を与えなかった.

語法 (1) 付加疑問は肯定形をとる: He ~ seems to care, *does* he? ほとんど気にかけてないようですね. (2) 他の否定語と併用するのは非標準的: I couldn'*t* ~ hear. ほとんど聞こえなかった.

---

b やっと, ようやく: ~ enough food for two なんとか2人分には間に合う食料 / be ~ seventeen years old (やっと)17歳になるかならないかである / *Scarcely* twenty people were present. やっと20人そこそこの出席者だった / He died when he had ~ reached manhood. 一人前になるかならないうちに死んだ. **2 a** 確かに…ない (hardly, almost certainly not): You will ~ believe that. 君はきっとそれを信じないだろう / He can ~ have said so. まさか彼がそう言ったとは思えない. **b** まず[恐らく]…ない (hardly, probably not). ★ 婉曲・皮肉・弁解などの気持ちをこめてものを言うときの not の代用語: I ~ know what to say. 何と申し上げてよいやら / He could ~ be described as an expert! 彼は専門家とは言いかねる. **3**《古》やっとのことで, 辛うじて (with difficulty): if the righteous ~ be saved 義人もし辛うじて救わるるならば (*1 Pet.* 4. 18). ***scárcely … but …***《古》…しないものはほとんどない (cf. but[1] *rel. pron.*): There is ~ a man *but* has his weak side. 弱点をもたない人はほとんど一人もいない. ***scárcely éver*** めったに…しない: She ~ *ever* drinks. めったに酒を飲まない. ***scárcely … when*** [***before***] …するや否や, ほとんど…すると同時に: He had ~ escaped [*Scarcely* had he escaped] *when* he was recaptured. 逃げるか逃げないうちにまたつかまった. ★ when, before の代わりに than を用いるのは no sooner … *than* との混交. しかし教育のある人も使うことがある. 〖(c1300): ⇨ ↑, -ly[1]〗

scarce·ment /skéəsmənt | skéəs-/ *n.*〘建築〙(壁の上部がセットバックしてできた)足掛かり, 犬走り, 小段. 〖(1501) ←《廃》*scarce* to diminish (< ME *scarce(n)* ← *scars* 'SCARCE') + -MENT〗

scar·ci·ty /skéəsəṭi, -sti | skéəsɪ̀ti/ *n.* **1** (需要に対して供給の)不足, 欠乏, 払底: an energy ~ エネルギー不足 / a ~ of food [resources] 食糧[資源]不足 / the ~ of home helps ホームヘルパーの不足. **2** 食糧難, 飢饉: a year of great ~ 大飢饉の年 / during the late *scarcities* 先の食糧難時代に. **3** まれなこと (rarity), 稀少性: The book is dear because of its ~. その本は希覯(きこう)書なので高価だ. 〖(?a1300) *scarsete* □ ONF *escarceté*=OF *escharceté*: ⇨ scarce, -ity〗

scárcity prìce *n.*〘経済〙希少価格, 品薄値段. 〖1920〗

scárcity vàlue *n.*〘経済〙希少価値. 〖1848〗

scare /skéə | skéə(r)/ *vt.* **1** (急に)びっくりさせる, 怖がらせる, おびえさせる, 脅かす (startle, alarm) (cf. scared) (⇨ frighten SYN): You ~*d* me! びっくりさせるなよ / She was ~*d by* [*at*] the sudden noise. 突然物音がしてぎょっとした. **2 a** 脅して追い払う ⟨*away, off*⟩; おびえさせて〔…を〕失わせる[やめさせる]〔*out of*〕; びっくりさせて〔ある状態に〕陥れる〔*into, to*〕: The guard dog ~*d away* [*off*] the burglar. 番犬に驚いて強盗は退散した / ~ a person *out of* an attempt 人を脅して計画をやめさせる / ~ a person *out of* his wits [senses] 人をびっくりさせて度を失わせる / ~ a person *into* revelations [*into* backing out] 人を脅して白状させる[手を引かせる] / ~ a person *into* fits 人に肝をつぶさせる / ~ a person *to* death 人を(死ぬほど)ひどくぎょっとさせる. **b** 脅して〔人から〕引っ張り出す〔*out of*〕: ~ information *out of* a person 脅して人から情報を聞き出す / ~ the wits [《口語》daylights, hell] *out of* a person 人をびっくり仰天させる. — *vi.* (すぐに)驚く, 怖がる, おびえる, 肝をつぶす: ~ *at* nothing 何でもないことに驚く / He ~s easily. 彼はすぐおびえる.

be mòre scáred than húrt 取り越し苦労をする.

scáre óut《米》〈潜んでいる猟獣・猟鳥を〉狩り出す. 《1874》

scáre the pánts óff ⇨ pants 成句. ***scáre the shít òut of***《俗》ぎょっとさせる, 怖がらせる (terrify). ***scáre úp***《米》(1) =SCARE *out*. (2)《口語》〈投票・人員・金などを〉急いで[苦労して]かき集める, 用意する, 工面する (scrape up); (有り合わせのもので)〈食事などを〉用意する. 《1846》

— *n.* **1** (むやみに)びくびくすること, (風説に)騒ぐこと, 恐慌; 恐怖を起こさせること: a cholera [war] ~ コレラ[戦争]騒ぎ / cause a ~ 人騒がせをする / throw a ~ into a person 人をびっくりさせる[あっと言わせる] / We've had a ~ in this neighborhood lately. 最近この近所でぶっそうな事件があった. **2** (経済)恐慌.

— *adj.* [限定的] **1** 恐ろしい, おっかない, 怖がらせる: a ~ story. **2** 恐怖[恐慌]による.

〖(?c1200) *skerre(n)* □ ON *skirra* ← *skjarr* timid ← ?〗

scare bùying *n.* (品薄を見越しての)備蓄購入.

scáre·cròw *n.* **1** かかし. **2** こけおどし. **3**《口語》(かかしのような)みすぼらしい人, やせ衰えた人, やせっぽち. 〖(1553) ← SCARE (v.)〗

scared /skéəd | skéəd/ (~·er; ~·est) *adj.* **1**《口語》こわがって〔*of, about*〕/〈*to do, that*〉(⇨ afraid SYN): be ~ *of* dogs [crossing a suspension bridge] 犬が[つり橋を渡るのが]こわい / be ~ stiff [silly, (half) to death, out of one's wits] ひどく(おびえ(ている) / He's ~ *about* something. 何かにおびえている / I was ~ *to* tell the truth [*that* he might fail]. こわくて本当のことが言えなかった[彼が失敗するのではないかとびくびくしていた]. **2** びっくりした, おびえた (frightened): a ~ child [look] 物におびえた子供[顔つき]. ***rùn scáred***《俗》(政治運動などで)敗北を恐れて[恐れるかのように]あらゆる努力を傾ける; おびえたように懸命に走る. 〖1590〗

scáre·dy-càt /skéədi- | skéədi-/ *n.*《口語》臆病者. 〖(1933) ← *scaredy* (⇨ ↑, -y[4])〗

scáre·hèad《米口語》*n.* (新聞の)特大見出し《scare headline ともいう; cf. spreadhead》. — *vt.* 〈センセーショナルなニュースを〉特大見出しに掲げる.

scáre hèadline *n.* =scarehead.

scáre·mònger *n.* (戦争・天災などの切迫した危険の)うわさ[デマ]を飛ばす人, 人騒がせをする人 (alarmist). **~·ing** *n.* 〖1888〗

scáre pìcture *n.* 恐怖映画, ホラー映画.

scáre quòtes *n. pl.* 注意の引用符《単語や句の用法が普通でない, または不正確であると疑われるときに注意を引くためにつける引用符》.

scar·er /skéᵊrə | skéərə(r)/ *n.* おどかす人[もの]. 〖1740〗

scáre tàctics *n. pl.* 威嚇戦術《脅しを使った説得戦術》. 〖1967〗

scar·ey /skéᵊri | skéəri/ *adj.* (**scar·i·er; -i·est**) = scary.

scarf[1] /skáəf | skáːf/ *n.* (*pl.* **~s,**《英》**scarves** /skáəvz | skáːvz/) **1** スカーフ《頭・首・肩の回りにかける装飾・防寒用の布; muffler, babushka, neckerchief, headscarf などに用いる》. **2 a** (軍人・高官の)懸章, 肩帯, 飾帯 (sash). **b**《古》〘英国国教会〙頸(くび)垂帯《牧師が着用する長いスカーフ》. **3** (たんす・ピアノの上などに掛けるレースなどの)掛け布 (runner). **4**《廃》つり包帯. — *vt.* **1** …にスカーフをつける. **2** (スカーフで覆うように)ふんわり覆う, 包む;《廃》目隠しする. 〖(1555) □ ONF *escarpe*=OF *escherpe* (F *écharpe*)《原義》purse hanging from the neck □ (Frank.) **skirpja* rush pouch: cf. scrip[2]〗

scarf[2] /skáəf | skáːf/ *vt.* **1**〘木工〙〈木材を〉滑り刃継ぎにする; (金属・獣皮など)面をそいで接合する. **2**〈鯨を〉切り裂く;〈鯨の皮をはぐ, 脂肪を取る (flense). **3** (鋳塊・鋼片などの金ごけを焼き切って)〈表面を〉なめらかに仕上げる. — *vi.*〘木工〙滑り刃継ぎにする. — *n.* (*pl.* ~s) **1**〘木工〙**a** スカーフ《滑り刃継ぎをするためにそいで用意した片方》. **b** =scarf joint. **2** (鯨などの)切込み, 切割り; 細く切り取った鯨の皮. **3** (NZ) (倒す方向を決める)木の幹につけた楔状の切り込み. 〖n.: ((1276)) (1497) □ ? ON *skarfr*〗

scarf[3] /skáəf | skáːf/《米俗》*n.* 食い物, 食事. — *vt., vi.* (がつがつと)食う, (がぶがぶと)飲む ⟨*up*⟩; 盗む, くすねる, かっぱらう ⟨*up*⟩; (見)捨てる, あきらめる. ***scárf dówn*** [***úp***] (急いで)食う, 平らげる, 飲み込む. ***scálrf óut*** ばか食いする (pig out). 〖(c1960)《変形》← SCOFF[2]〗

scár-fàced *adj.* 顔にきずあとのある.

scarfed /skáəft | skáːft/ *adj.* スカーフでつないだ, スカーフで飾られた.

scárf jòint *n.*〘木工〙滑り刃継ぎ, スカーフ継ぎ, そぎ継ぎ, 相欠き継ぎ (cf. rabbet joint). 〖1791〗

scárf-lòom *n.* 小幅物用織機. 〖1875〗

scárf·pìn *n.*《英》スカーフピン, タイピン《ネクタイやスカーフを留める装飾ピン》. 〖1859〗

scárf-rìng *n.*《英》スカーフリング《のどの所まで押し上げてネクタイやスカーフを留める輪》.

scárf·skìn *n.* 表皮 (epidermis); (特に, 爪の)甘皮(あまかわ). 〖1615〗

scárf·wèld *n.*〘金属加工〙斜面溶接, はめ鍛接, そぎ鍛接. 〖1882〗

scárf-wìse *adv.* (懸章のように)肩からわきへ掛けて, 斜めに. 〖(1581): ⇨ -wise〗

scar·i·fi·ca·tion /skæ̀rəfɪ̀kéɪʃən, skèr- | skæ̀rɪ̀fɪ-, skèər-/ *n.* **1**〘医学〙**a** 乱切(法), 乱刺(放血法). **b** 乱切[乱刺]の傷跡. **2** 痛烈な批評, 酷評. **3**〘農業〙**a** 土かき. **b** 種皮処理《発芽を早めるため種皮に傷をつける処理》. 〖(1392) □ (O)F ~ // LL *scarificātiō(n-)* ← L *scarificātus* (p.p.) ← *scarificāre* to scratch: ⇨ scarify[1], -ation〗

scar·i·fi·ca·tor /skǽrəfɪ̀kèɪṭə, skér- | skǽrɪ̀fɪkèɪtə(r), skéər-/ *n.* **1** 乱切[乱刺]者. **2**〘医学〙(外科用)乱切刀, 乱刺器. **3**〘農業〙種皮処理器《発芽を早めるために種皮に傷をつける器械》. 〖(1611) ← NL *scarificātor*: ⇨ ↑, -or[2]〗

scár·i·fì·er *n.* **1**〘医学〙乱切器; 乱切[乱刺]者. **2** (道路工事などに用いるスパイクのついた)路面かき起こし機. **3**〘農業〙土かき器《土の表面をかき起こす農具》. 〖1566〗

scar·i·fy[1] /skǽrəfàɪ, skér- | skǽrɪ̀-, skéər-/ *vt.* **1**〈道路の表面を〉掘り起こす. **2**〘農業〙**a** かき土する. **b** (発芽を早めるために)〈種皮に傷をつける. **3**〘外科〙〈皮膚を〉(乱切器で)乱切する. **4** 痛烈に批評する, 散々にけなす; いじめる, 悩ます. 〖(1392) □ (O)F *scarifier* □ L *scarificāre*《変形》← L *scarifāre* □ Gk *skariphâsthai* to sketch ← *skáriphos* stylus: ⇨ -fy〗

scar·i·fy[2] /skéᵊrəfàɪ | skéərɪ̀-/ *vt.*《口語》こわがらせる, おどかす (scare). 〖(1794) ← SCARE + -I- + -FY〗

scar·i·ous /skéᵊriəs | skéər-/ *adj.* (*also* **scar·i·ose** /-riòʊs | -əʊs/) **1**〘植物〙薄膜状の, 膜質の. **2**〘動物〙かさぶただらけの (scabby); ふけだらけの. 〖(1806) ← NL *scariōsus* ← ? L *scaria* thorny shrub: ⇨ -ous〗

scar·la·ti·na /skàələtíːnə | skàːlɪ̀-/ *n.*〘病理〙猩紅(しょうこう)熱 (scarlet fever). **scàr·la·tí·nal** /-nḷ⁻/ *adj.* 〖(1803) ← NL ~ ← It. *scarlattina* (dim.) ← *scarlatto* 'SCARLET'〗

scar·la·ti·noid /skàələtíːnɔɪd | skàːlɪ̀-⁻/ *adj.* 猩紅熱 (scarlatina) のような. 〖(1886): ⇨ ↑, -oid〗

Scar·lat·ti /skaəlɑ́ːṭi | skaːlǽti; *It.* skarlátti/, **Alessandro** *n.* スカルラッティ (1660–1725; イタリアの作曲家).

Scarlatti, (Giuseppe) Domenico *n.* スカルラッティ (1685–1757; イタリアの作曲家・チェンバロ奏者; A. Scarlatti の子).

scár·less *adj.* きずあとのない[を残さない]. 〖1630〗

scar·let /skáəlɪ̀t | skáː-/ *adj.* **1 a** 緋(ひ)の, 深紅色の. **b** 緋の服を着た. **c** (怒りなどで)顔を真っ赤にした: blush [turn] ~ 顔を真っ赤にする. **2 a** 極悪の. **b** 売春の (cf. scarlet woman). (cf. *Isa.* 1:18) — *n.* **1** 緋, 深紅色, スカーレット (bright-red color). **2 a** 緋の服《英国で高等法院判事, 陸軍将校, その他高官の礼服》: wear ~ 緋の服を着る; (市長・助役などの)制服を着る / be dressed *in* ~ 緋の服を着ている. **b** 緋の布, 猩猩(しょうじょう)緋の布. 〖(c1250)《頭音消失》← OF *escarlate* (F *écarlate*) □ ML *scarlātum* (It. *scarlatto*) □ ? Pers. *sāquirlāt* scarlet cloth □ Arab. *siqillāt* tissue adorned with seals □ L *sigillātus* sealed ← *sigillāre* to seal ← *sigillum* seal ← *signum* 'SIGN'〗

scárlet ádmiral *n.*〘昆虫〙=red admiral.

scárlet búgler *n.*〘植物〙スカーレットビューグラー (*Pentstemon centranthifolius*)《北米南西部産ゴマノハ

S

グサ科イワブクロ属の多年草, 緋色(ひいろ)の筒状花をつける; 観賞用).

scárlet clématis *n.* 〘植物〙 ベニバナハンショウズル (*Clematis texensis*) (米国 Texas 州産キンポウゲ科クレマチス属の一種).

scárlet éggplant *n.* 〘植物〙 =tomato eggplant.

scárlet élf cùp *n.* 〘菌類〙 ベニチャワンタケ (*Sarcoscypha coccinea*) (ユーラシア・北米に分布する内側が紅色のカップ状を呈する子嚢菌).

scárlet féver *n.* **1** 〘病理〙 猩紅(しょうこう)熱 (scarlatina). **2** (戯言・俗) (女性たちの)軍人崇拝熱 (cf. scarlet 2 a). 〚1676〛

scárlet ha·mé·lia /-həmíːljə/ *n.* 〘植物〙 スカーレットハメリア (*Hamelia erecta*) (熱帯アメリカ産の緋色(ひいろ)の花をつけるアカネ科の低木; 観賞用に栽培; 実は食用).

scárlet hát *n.* 〘カトリック〙 (枢機卿の)緋(ひ)の帽子 (⇨ cardinal's hat).

scárlet íbis *n.* 〘鳥類〙 ショウジョウトキ (*Eudocimus ruber*) (トキ科の鳥; 熱帯アメリカに生息).

scar·le·ti·na /skɑ̀ːələtíːnə | skɑ̀ː-/ *n.* 〘病理〙 =scarlatina.

scárlet lády *n.* =scarlet woman 1.

scárlet lárkspur *n.* 〘植物〙 米国 California 州産キンポウゲ科の緋色(ひいろ)の花をつけるヒエンソウの一種 (*Delphinium cardinale*).

scárlet létter *n.* 緋(ひ)文字 (緋の色の布で作った adultery の頭文字 A; もと姦通者が胸につけさせられた). 〚(1850): Hawthorne の小説 *The Scarlet Letter* から〛

scárlet líghtning *n.* 〘植物〙 =Maltese cross 2. 〘通俗語源による ↓ の変形〙

scárlet lýchnis *n.* 〘植物〙 =Maltese cross 2.

scárlet mónkey flòwer *n.* 〘植物〙 ベニミゾホオズキ (*Mimulus cardinalis*) (北米原産のゴマノハグサ科ミゾホオズキ属の一種; 赤い花が咲く; cf. monkey flower).

scárlet óak *n.* 〘植物〙 カシの一種 (*Quercus coccinea*) (材の木目が細やかで赤みを帯び, 葉は秋に鮮やかに紅葉する).

scárlet pímpernel *n.* **1** 〘植物〙 ベニバナルリハコベ (*Anagallis arvensis*) (サクラソウ科ルリハコベ属の植物; 日本でも暖地に帰化している; poor man's [shepherd's] weatherglass, red pimpernel ともいう). **2** 命を脅かされている人を国外に脱出させる義侠人 (Baroness Orczy 作の *The Scarlet Pimpernel* (1905) 中の主人公から). 〚1855〛

scárlet plúme *n.* 〘植物〙 スカーレットプルーム (*Euphorbia fulgens*) (メキシコ原産の緋色(ひいろ)の苞(ほう)をもったトウダイグサ科の観賞用低木; ショウジョウボクの一種).

scárlet rúnner *n.* 〘植物〙 ベニバナインゲン (*Phaseolus coccineus*) (熱帯アメリカ原産; runner bean, string bean ともいう). 〚1786〛

scárlet ságe *n.* 〘植物〙 サルビア (*Salvia splendens*) (ブラジル産の赤花のシソ科植物; cf. sage² 1). 〚1890〛

scárlet tánager *n.* 〘鳥類〙 アカフウキンチョウ (*Piranga olivacea*) (アメリカ産; 成長した雄は羽と尾が黒く体は深紅色をしている; redbird, red robin ともいう). 〚1808–13〛

scárlet Túrk's-càp lìly *n.* 〘植物〙 ギリシャ原産の深紅の花が咲くユリ (*Lilium chalcedonicum*).

S **scárlet whóre** *n.* =scarlet woman 1.

scárlet wóman *n.* **1** 緋色(ひいろ)の女 (*Rev.* 17: 1–6 に記載された淫婦(いんぷ); プロテスタント教徒の中にはこれを教皇治下のローマまたはローマカトリック教会を象徴すると悪口する人もいた). **2** (婉曲) 売春婦. 〚1816〛

scarp¹ /skɑ́əp | skɑ́ːp/ *n.* **1** 〘築城〙 (城塁外堀の内岸の)傾斜面[壁] (escarp) (cf. counterscarp). **2** 〘地理〙 **a** (断層・浸食による)急斜面, 急な崖. **b** (波の浸食による)海岸沿いの急な崖[斜面]. — *vt.* **1** 〈山腹などを〉直断する, 垂直に切る. **2** 〘築城〙 〈堀〉に傾斜面を設ける, 急坂を付ける. 〚(1589) □ It. *scarpa*: ←Gmc (cf. sharp)〛

scarp² /skɑ́əp | skɑ́ːp/ *n.* (*also* **scarpe** /~/) 〘紋章〙 スカープ (bend sinister の ½ 幅の斜めの帯). 〚(1562) □ ONF *escarpe*=OF *escherpe* sash: ⇨ scarf¹〛

scar·per /skɑ́əpə | skɑ́ːpə(r)/ *vi.* (英口語) 逃げ出す (run away). 〚(1846) □ ? It. *scappare* to flee < VL **excappāre* 'to ESCAPE'〛

scarph /skɑ́əf | skɑ́ːf/ *v.*, *n.* =scarf².

scarp·ment /skɑ́əpmənt | skɑ́ːp-/ *n.* 〘地理〙 (平地などから)急にそそり立つ崖, 急斜面 (scarp). 〚(1861) (頭音消失) ← ESCARPMENT〛

scárp slòpe *n.* 〘地学〙 階崖, スカープスロープ (ケスタ (cuesta) の急傾斜面; cf. dip slope).

Scar·ron /skɑːrɔ̃ː(ŋ), -rɔ́ŋ; *F.* skaʁɔ̃/, **Paul** *n.* スカロン (1610–60; フランスの小説家・劇作家・詩人; *Le Roman comique*「滑稽物語」(小説, 1651–57)).

scar·ry¹ /skɑ́ːri/ *adj.* きずあとのある (scarred). 〚1653〛

scar·ry² /skɑ́ːri/ *adj.* 切り立った, 岩がごつごつした. 〚*c*1384〛

scart /skɑ́ət | skɑ́ːt/ (スコット) *vt.*, *vi.* かきむしる, かく, こする (scratch, scrape). — *n.* かきむしり (scratch), かすり傷; 走り書き. 〚(*c*1375) (音位転換) ← *scratte(n)* 'to SCRATCH'〛

scár tìssue *n.* 〘病理〙 瘢痕(はんこん)組織. 〚1875〛

scar·us /skɛ́ᵊrəs | skέər-/ *n.* 〘魚類〙 地中海産ブダイ科の魚 (*Sparisoma cretense*). 〚(1601) □ L ~ □ Gk *skáros* (原義)? the leaping one (cf. *skaírein* to leap)〛

scarves *n.* scarf¹ の複数形.

scar·y /skɛ́ᵊri | skέəri/ *adj.* (**scar·i·er**; **-i·est**) (口語) **1** 恐ろしい, おっかない: a ~ moment 恐怖の一瞬. **2 a** 驚きやすい, おびえやすい, 臆病な. **b** おびえる, びくびくする: get ~. **scár·i·ly** *adv.* **scár·i·ness** *n.* 〚(1582) ← SCARE (n.)+-Y⁴〛

scat¹ /skǽt/ *n.* 〘ジャズ〙 スキャット (意味のない音節をもって歌詞に変える即興的な歌(い方)). — *vi.* (**scat·ted**; **scat·ting**) スキャットする. 〚(1929) 擬音語?〛

scat² /skǽt/ *vi.* (**scat·ted**; **scat·ting**) (口語) **1** [通例命令文で] **a** さっさと行け. **b** (猫などに向かって)しっ, あっちへ行け, 去れ (Be off!). **2** 急いで行く. 〚(1837) (短縮)? ← SCATTER〛

scat³ /skǽt/ *n.* (動物の)糞(ふん). 〚(1927) □ Gk *skat-*, *skôr* dung〛

scat⁴ /skǽt/ *n.* (Orkney および Shetland 諸島で) 地租 (land tax). 〚(*a*1500) □ ON *skattr* tribute < Gmc **skattaz* (OE *sceat* money / G *Schatz* treasure)〛

scat⁵ /skǽt/ *n.* 〘魚類〙 クロホシマンジュウダイ科 (Scatophagidae) の魚 (cf. argus 3). 〚(略) ← NL *Scatophagidae* ← Gk *skatophágos* eating dung ordirt; しばしば下水口に見られることから〛

SCAT /ɛ́ssìːèttíː, skǽt/ (略) School and College Ability Test; supersonic commercial air transport.

scat- /skǽt/ (母音の前にくるときの) scato- の異形.

scát·bàck *n.* 〘アメフト〙 スキャットバック (足が速く守備側の妨害を避けるのが巧みなボールキャリアー). 〚(1945) ← SCAT²+BACK¹ (n.)〛

Scátch·ard plòt /skǽtʃəd- | -tʃɑːd-/ *n.* 〘生化学〙 スキャッチャードプロット (蛋白質と低分子物質やイオンとの間の相互作用における結合定数および蛋白質分子中の結合部位の数値を得るために行うグラフプロット). 〚(1958): ← *George Scatchard* (1892–1973: 米国の物理化学者)〛

scath /skǽθ/ *n.*, *vt.* (方言) =scathe.

scathe /skéɪð/ *n.* (古・方言) 害, 損害, 損傷 (harm, injury): keep [guard] from ~ 害を受けさせないように保護する / without ~ 害なく, 無事に. — *vt.* **1** 酷評する (cf. scathing). **2** (古・方言・詩) 傷つける, 害する, 損傷する: He shall be ~*d*. 彼はただではすむまいぞ. 〚(?*a*1200) □ ON *skaði* ← Gmc **skap-* (G *Schade(n)*) ← ?IE **skēt(ə)-* to injure ∽ OE *sceaþa* malefactor〛

scáthe·less *adj.* [叙述的] 無傷で, 無事で, 無難で (unharmed). **~·ly** *adv.* 〚?*c*1200〛

scath·ing /skéɪðɪŋ/ *adj.* 仮借(かしゃく)[容赦]しない, 痛烈な (bitterly severe): a ~ remark 仮借のない言葉 / ~ sarcasm [criticism] 骨を刺すような諷刺[批評] / a ~ rebuke ひどい非難. **~·ly** *adv.* 〚1794〛

scat·o- /skǽtoʊ | -təʊ/「糞(ふん)(ordure)」の意の連結形: *scatology*. ★ 母音の前では通例 scat- になる. 〚□ Gk *skato-*, *skôr* dung: ⇨ -o-〛

sca·tol·o·gy /skætɑ́(ː)lədʒi, skə- | -tɔ́l-/ *n.* **1** 糞(ふん)便学 (特に動物の糞の調査による食物の分析); 〘医学〙 糞便診断. **2** 糞石学 (cf. coprolite). **3** スカトロジー (排泄物を中心とした汚穢(おわい)文学(研究[趣味])). **scat·o·log·ic** /skæ̀təlɑ́(ː)dʒɪk, -tl- | -təlɔ́dʒ-, -tl-ˈ/ *adj.* **scàt·o·lóg·i·cal** /-dʒɪ̀kəl, -kl | -dʒɪ-ˈ/ *adj.* **sca·tól·o·gist** /-dʒɪ̀st | -dʒɪst/ *n.* 〚(1876): ⇨ ↑, -logy〛

sca·to·ma /skətóʊmə | -təʊ-/ *n.* (*pl.* **~s**, **~·ta** /-tə | -tə/) 〘医学〙 糞(ふん)腫, 糞塊瘤. 〚← SCATO-+-OMA〛

sca·toph·a·gous /skətɑ́(ː)fəgəs | -tɔ́f-/ *adj.* 〈昆虫が〉糞(ふん)を食う. 〚(1891) ← NL *scatophagus* ← Gk *skatophágos*: ⇨ scato-, -phagous〛

sca·toph·a·gy /skətɑ́(ː)fədʒi | -tɔ́f-/ *n.* (病的・宗教的理由による)食糞(ふん), 食便飲尿. 〚← SCATO-+-PHAGY〛

sca·tos·co·py /skətɑ́(ː)skəpi | -tɔ́s-/ *n.* 〘医学〙 糞(ふん)便検査, 検便. 〚← SCATO-+-SCOPY〛

scát sìnging *n.* 〘ジャズ〙 =scat¹.

scatt /skǽt/ *n.* (古) 税, 租税, 貢 (tribute). 〚□ ON *skattr*: ⇨ scat⁴〛

scat·ter /skǽtə | -tə(r)/ *vt.* **1 a** 〈群衆・動物の群れなどを〉四散させる, 追い散らす; 〈敵軍などを〉敗走させる; 〈雲・霧などを〉散らす: The sun ~*ed* the clouds. 太陽は雲を散らした / The wind ~*ed* the papers. 風で書類が飛び散った / The police ~*ed* the crowd. 警官が群衆を追い払った. **b** 〈希望を〉消散させる (dissipate); 〈疑惑・恐怖などを〉晴らす, 消す. **2 a** ばらまく, 振りまく; 〔…に〕まき散らす (strew) 〔*on, over*〕; 〔…を〕…にまき散らす〔*with*〕: ~ seed [salt] 種をまく[塩を振りかける] / ~ toys *about* [*around*] おもちゃを散らかす / ~ gravel *on* the road=~ the road *with* gravel 砂利を道路にまく / Ashes were ~*ed* all *over* his clothes. 灰が服一面にかかっていた / ~ foreign words *throughout* an article 論文のあちこちに外国語を使う / The park was ~*ed with* rubbish. 公園にはごみくずが散らばっていた. **b** 〈建物などを〉分散して建てる, 散在させる. **3** 〈力などを〉むだに分散する, 分散しすぎて効果を失わせる: ~ one's strength. **4** (古) 〈財産を〉まき散らす, 使い果たす: ~ one's inheritance 遺産を使い果たす. **5** 〘物理〙 〈光・粒子などを〉不規則に散らす, 散乱させる (diffuse).
— *vi.* **1** 〈集団が〉散る, 四散する, ちりぢりになる; 〈雲などが〉消散する: The mob ~*ed* (*about*) in all directions at the sound of gunfire. 暴徒は銃声にちりぢりになって逃走した. **2** 〈建物などが〉散在する. **3** 〈散弾銃の散弾が〉(発砲されて)散る. ***scátter to the* (*fóur*) *winds*** ⇨ wind¹ *n.* 成句.
— *n.* **1** まき散らすこと; まき散らされたもの: a ~ of applause [rain, houses] ぱらぱらの拍手[ぱらぱら降る雨, 散在する家]. **2** (散弾の)飛散範囲; (光の)散乱. **3** (米俗) アパート; 部屋; 隠れ家. **4** 〘言語〙 分布, 変化表.
~·a·ble /-tərəbl | -tə-/ *adj.* **~·er** /-tərə | -tərə(r)/ *n.* 〚(late-OE) (*c*1300) *scatere(n)* (変形) ← ? SHATTER: [sk-] は ON の影響か〛

SYN まき散らす: **scatter** あちこちにまき散らす: The wind *scatters* the seed far and wide. 風が種を遠く広く散らす. **dispel** 〈闇・不安・疑いなどを〉追い払う: How can we *dispel* their fears? どうすれば彼らの不安を一掃することができるか. **disperse** 〈群衆を〉完全に分散させる: The police *dispersed* the crowd. 警察は群衆を四散させた. **dissipate** 〈霧・不安などを〉消滅させる: The doubts have now been totally dissipated. 疑いはすっかり消え去った.

scat·ter·a·tion /skæ̀tərέɪʃən | -tə-/ *n.* **1 a** ばらまく[散らばる]こと, 分散. **b** ばらまかれた[まき散らされた]もの. **2** (都市からの人口・産業の)分散; 地方の都市化. **3** (資金・エネルギーなどの)過度の[むだな]分散. 〚1776〛

scátter·bràin *n.* そわそわした人, 落ち着かない人. 〚1790〛

scátter·bràined *adj.* そわそわした, うかうかした, 頭の散漫な (desultory). 〚1747〛

scátter·bràins *n.* (*pl.* ~) =scatterbrain.

scátter communicàtion *n.* 〘通信〙 散乱波通信 (対流圏・電離層で生じる散乱波を利用した見通し外通信).

scátter cùshion *n.* 小型クッション (ソファー・ひじ掛け椅子用).

scátter dìagram *n.* 〘統計〙 撒布図, 点図表 (2つの変量の実現値の組を平面上にプロットしたもの). 〚1925〛

scat·tered /skǽtəd | -təd/ *adj.* **1** まき散らされた, ちりぢりになった, まばらな: ~ clouds ちぎれ雲 / ~ hamlets 散在する村落 / three ~ hits 〘野球〙 散発の 3 安打 / ~ instances 時たま出てくる例 / lie ~ 散らばって[散在して]いる. **2 a** (各部分・要素が)分散した, ばらばらな; 平均化していない: a ~ attendance [population] まばらな出席者[人口]. **b** 取りとめのない, 散漫な: a ~ story / ~ thoughts. **3** 〘植物〙 散生の: ~ leaves 散生葉. **4** 〘物理〙 〈光・粒子など不規則に散らされた, 散乱された: ~ light 散(乱)光. **5** (廃) おこぼれの (stray). **~·ly** *adv.* **~·ness** *n.* 〚*c*1384〛

scáttered séttlement *n.* 〘社会学〙 散村 (家屋の配置がちりぢりの状態にある村落形態; cf. collective village).

scátter·gòod *n.* 浪費家 (spendthrift). 〚(1577) ← SCATTER (v.)+GOOD (n.)〛

scat·ter·gram /skǽtəgræ̀m | -tə-/ *n.* 〘統計〙 =scatter diagram. 〚(1938) ← SCATTER+-GRAM〛

scat·ter·graph /skǽtəgræ̀f | -təgrɑ̀ːf, -græ̀f/ *n.* 〘統計〙 =scatter diagram. 〚⇨ -graph〛

scátter·gùn *n.* (米) =shotgun. — *adj.* =scattershot.

scat·ter·ing /skǽtərɪŋ, -trɪŋ | -tərɪŋ, -trɪŋ/ *n.* **1** 少数[少量]の分散したもの: have a ~ of visitors 訪問者がちらほらある. **2** まき散らすこと, 散布(されること). **3** 〘物理〙 散乱 (波動または粒子線が小物体・分子・原子などの標的にあたって方向を変えること). — *adj.* **1** ちりぢりの, ばらばらの, まばらな: a ~ flock of sheep まばらな羊の一群. **2** 散在する, 集中しない: ~ votes 散票. **3** 散発的な: ~ shots 時おり起こる銃声. **~·ly** *adv.* 〚*c*1340〛

scáttering àmplitude *n.* 〘物理〙 散乱振幅 (量子力学的な散乱過程を記述する確率振幅).

scáttering coefficient *n.* 〘物理〙 散乱係数.

scáttering làyer *n.* 散乱層 (海洋中のプランクトンのつくる音波を反射する層). 〚1942〛

scáttering màtrix *n.* 〘数学〙 =S matrix.

scat·ter·om·e·ter /skæ̀tərɑ́(ː)mətə | -tərɔ́mɪ̀tə(r)/ *n.* スキャトロメーター (レーザー光線・超短波などを広範囲に放射し, その戻ってくる信号を記録するレーダー様の装置). 〚(1966) ← SCATTER+-O-+-METER¹〛

scátter pìn *n.* スキャタービン (通例 2 つ以上組み合わせて婦人用ドレスやスーツなどにつける小さい飾りピン).

scátter·plòt *n.* 〘統計〙 =scatter diagram.

scátter propagàtion *n.* 〘通信〙 =scatter communication.

scátter rùg *n.* 小型カーペット (床の小部分を覆うのにあちこちにいくつも用いる). 〚1926〛

scátter·shòt *adj.* 不特定の広範囲に広がる; でたらめの, やみくもな: ~ accusations. 〚1951〛

scátter shòt *n.* ライフル式火器用の散弾. 〚1911〛

scátter·sìte hóusing *n.* (米) 分散住宅(建設) (中産階級の居住区に低所得者層を対象とする公営住宅を分散して建てること). 〚1972〛

scátter transmíssion *n.* 〘通信〙 =scatter communication.

scat·ty /skǽti | -ti/ *adj.* (**scat·ti·er**; **-ti·est**) (英口語) **1** 忘れっぽい, 頭の弱い (scattterbrained). **2** 一風変わった, 妙な. **scát·ti·ly** *adv.* **scát·ti·ness** *n.* 〚← ? SCAT(TERBRAIN)+-Y⁴〛

sca·tu·ri·ent /skətʊ́ᵊriənt, -tjʊ́ᵊr- | -tjʊ́ər-/ *adj.* 流れ出る; ほとばしり出る. 〚(1684) □ L *scatūrientem* (pres.p.) ← *scatūrīre* to gush forth〛

scaud /skɔ́ːd, skɑ́ːd | skɔ́ːd/ *vt.*, *vi.*, *n.* (スコット) = scald¹.

scaup /skɔ́ːp, skɑ́ːp | skɔ́ːp/ *n.* **1** 〘鳥類〙 =scaup duck. **2** (詩・方言) はげ山 (bare hill). 〚(変形) ← SCALP〛

scáup dùck *n.* 〘鳥類〙 スズガモ (*Aythya marila*) (北半球産の海ガモの一種; 青灰色のくちばしをもつ; (greater) scaup, shuffler ともいう; (米) では bluebill). 〚(*a*1672): *scaup* (変形) ← *scalp* bank as a bed for shellfish (転用) ? ← SCALP〛

scau·per /skɔ́ːpə, skɑ́ː- | -pə(r)/ *n.* =scorper.

scaur /skɑ́ːə, skɔ́ːə | skɑ́ː(r), skɔ́ː(r)/ *n.* (スコット) =scar².

scav·enge /skǽvɪ̀ndʒ/ *vi.* **1** 〔利用できる物を求めて〕あさる〔*for*〕; 食物をあさる: ~ *for* food, scrap iron, etc. **2** 街路掃除人として働く; ごみさらいをする. **3** 掃気する.
— *vt.* **1** 〈動物が〉〈汚物・ごみなどを〉あさる, 取る; 〈腐肉・

廃物を)食う. **2 a** 〈利用できる物を〉廃品の中から取り出す[集める]. **b** 〈廃品〉から利用できる物を取り出す[集める]: ~ the wreckage. **c** (利用できる物を求めて)〈場所を〉あさる: ~ factories. **3** 〈街路などを〉掃除する, …のごみさらいをする: ~ a street. **4** 内燃機関の気筒から〈廃気を〉取り除く, 掃気する. **5 a** 〘化学〙捕集する, 捕捉する. **b** 〘冶金〙(溶融金属に添加剤を投入して)〈不純物を〉取り除く. 〘(*a*1644)《逆成》↓〙

scav·en·ger /skǽvɪ̈ndʒə | -dʒə^(r)/ *n.* **1 a** 清掃動物《腐肉を食う動物; 特に, ハゲタカ・ネズミ・カブトムシ・アリ・カニなどのある種類》. **b** 〘昆虫〙=scavenger beetle. **c** 〘魚類〙ハマフエフキ (*Lethrinus nebulosus*)《インド洋・太平洋産のフエフキダイの一種; 食用魚; sweetlips ともいう》. **2 a** ごみ集め人夫 (garbage collector). **b** くず物屋 (junkman). **3** 《英》街路掃除人 (street cleaner). **4** 〘化学〙不純物除去剤, 捕捉剤. 〘(1530)《変形》← (15C) *scavager* inspector of imports ⊏ AF *scawager* ← ONF *escauwer* to inspect ⊏ Flem. *scauwen* =OE *scēawian*: ⇨ show〙

scávenger bèetle *n.* 〘昆虫〙腐敗物を食う甲虫《ガムシ科のケシガムシ類など》.

scávenger cèll *n.* 〘生理〙清掃細胞 (phagocyte). 〘1899〙

scávenger hùnt *n.* 〘遊戯〙品物集め《パーティーなどで通例 2 人ずつ組になって外出し, 定められた数種の品物を金で買わずに入手し制限時間内に戻ってくるゲーム》. 〘1936〙

scávenger's dáughter *n.* スカベンジャー式締め金《鉄のたがで体を締めつけた昔の拷問道具》. 〘*scavenger*: (1564)《転訛》← *Skevington*: 英王 Henry 八世時代 London 塔の長官 Leonard Skeffington [Skevington] が考案した〙

scav·en·ger·y /skǽvɪ̈ndʒəri/ *n.* 街路掃除 (street cleaning). 〘1656〙

scáv·eng·ing *adj.* 気筒から廃気を取り除く, 掃気する: a ~ pump. 〘1851〙

sca·zon /skéɪzən, -zn̩/ *n.* 〘ギリシャ詩〙=choliamb. **sca·zon·tic** /skeɪzɑ́(ː)ntɪk | -zɔ́nt-/ *adj.* 〘(1651) ⊏ L *scāzon* ⊏ Gk *skázōn*《原義》limping verse ← *skázein* to limp〙

Sc B《略》*L.* Scientiae Baccalaureus (=Bachelor of Science).

Sc B C《略》Bachelor of Science in Chemistry.

Sc B E《略》Bachelor of Science in Engineering.

Sc D《略》*L.* Scientiae Doctor (=Doctor of Science). 〘1885〙

Sc D Hyg《略》Doctor of Science in Hygiene.

SCE《略》Scottish Certificate of Education (cf. O grade).

scelp /skélp/ *v., n.*《スコット・北英》=skelp.

sce·na /ʃéɪnɑː, -nə | -nə; *It.* ʃéːna/ *n.* 〘音楽〙**1** (イタリア歌劇の)一場面 (scene). **2** シェーナ, 劇唱《初期のオペラの伴奏付きの劇的な叙唱 (recitative) で, 通例その後に aria が続く》. 〘(1819) ⊏ It. ~ ⊏ L *scēna* 'SCENE'〙

sce·na·ri·o /sɪ̈nǽ^(ə)riòʊ, -nɑ́ːr- | sɪ̈nɑ́ːriəʊ, sɛ-/ *n.* **1** (計画・行動予定などの)概要, 摘要: one's ~ for an experiment. **2** (*pl.* ~**s**) 映画脚本, シナリオ: a ~ writer [editor] 映画脚本作家[編集者] / the ~ staff 映画脚本部, (撮影所の)文芸部. **3** (*pl.* ~**s**, **sce·na·ri** /-ri/) (劇・歌劇などの)筋書き (synopsis)《各場面・配役・俳優や歌手の出入などを書いたもの》. **4** 背景, 場面. 〘(1878) ⊏ It. ~ ⊏ L *scēnārius* ← *scēna* 'SCENE'〙

sce·nár·i·ò·ist /-riòʊɪ̈st | -əʊɪst/ *n.* =scenarist.

sce·nar·ist /sɪ̈nǽ^(ə)rɪ̈st, -nɑ́ːr- | síːnərɪst, sɪ̈nɑ́ːr-, sɛ-/ *n.* 映画脚本作者, シナリオライター. 〘(1920) ← SCENARIO+-IST〙

sce·nar·ize /sɪ̈nǽ^(ə)raɪz, -nɑ́ːr- | síːnər-, sɪ̈nɑ́ːr-, sɛ-/ *vt.* 〈ある作品を〉シナリオにする, 脚色する. 〘1946〙

scend /sénd/ 〘海事〙*vi.* 〈船が〉(大波などで)持ち上げられる. — *n.* **1** 船の持上がり (send) (cf. pitch¹ *n.* 9). **2** =send² 2. 〘(*a*1625)《変形》← SEND²〙

scene /síːn/ *n.* **1 a** (映画・テレビなどの特定の)場面 (shot), シーン: a love ~ ラブシーン / the balcony ~ in "Romeo and Juliet"「ロミオとジュリエット」のバルコニーのシーン / a ~ between Hamlet and Ophelia ハムレットとオフェリアのやりとりの場面 / The big ~ comes in the last act. 重要場面が最終幕にある. **b** (劇の幕 (act) を構成する)場: Act I, *Scene* ii 第一幕第二場. **c** 〘音楽〙=scena 1. **2** 景色, 風景 (⇨ sight SYN): a woodland ~ 山林風景 / the American ~ アメリカ的風景 / Just picture [imagine] the ~ from the top of the hill! 山頂からの眺めを想像してごらん / The sunset was [made] a beautiful ~ [a ~ of great beauty]. 日没は美しい眺めであった. **3 a** (事件・出来事などの)舞台, 場面, 現場; (目に浮かぶ)情景: a ~ of destruction [disaster] 破壊[遭難]の現場 / a ~ of a person's greatest achievements 人の偉業達成の舞台 / ~*s* of happy family life 楽しい家庭生活の場面 / ~*s* of [from] one's boyhood 少年時代の(ありのままの)情景 / be *on the* ~ 現場にいる, 居合わせる / The police were [arrived] quickly *on the* ~. 警官はすぐ現場に駆けつけた / The murderer returns to the ~ of the crime. 殺人犯は犯罪現場へ戻るもの. 日英比較 日本語の「シーン」は「眼前の光景」の意で用いられるが, その意味では sight が相当することが多い. **b** (物語などの)場面, 舞台挿話 (episode); 背景 (setting): The ~ is set in Tokyo during the War. 舞台[場面]は戦時中の東京に設定されている / The ~ was set *for* a reconciliation between the warring factions. 戦争当事者間の和解の場が設定された. / The ~ changes from London to New York. 場面はロンドンからニューヨークに移る. **4 a** [the ~] 活躍の場面, 注目の場所, 流行界; (人が皆それぞれの役を演じる)現世: *the* drug [rock] ~ in London ロンドンの麻薬[ロック]界 / *on the* US fashion [political] ~ アメリカのファッション界[政界]で / Britain hasn't been the same since Mrs. Thatcher left *the* ~. 英国はサッチャー氏が退陣してから変わってきている. **b** 事情, 立場 (situation): a bad ~《米口語》困った状況, まずい場面. **c** [one's ~]《口語》関心事, 好み: I'm afraid it's just not *my* ~. それは私の性に合わないと思う. **5** (怒りなどの見苦しい)大騒ぎ, 醜態; (泣くやわめくの)口論: make [create] a ~ 大騒ぎをする / Angry ~*s* erupted on the floor of the House. 議場で激しいやりとりが突発した. **6** [しばしば *pl.*] (芝居の)書割り, 背景, 道具立て, 舞台(面) (cf. scenery 2): shift the ~*s* 背景[道具立て]を変える. **7** 《まれ》(ギリシャ・ローマの劇場の)舞台. **8** 《廃》舞台上演, 演劇, 芝居.

a chánge of scéne ⇨ change 成句. ***behind the scénes*** (1) 舞台裏で: Murders were usually committed *behind the* ~*s*. 殺人は通例舞台裏で行われた. 〘1668〙 (2) 裏面に, 秘密に (in secret); 内幕に通じて: I knew what was going on *behind the* ~*s*. 裏側で何が行われているか知っていた. 〘1748〙 ***cóme [appéar, arríve] on the scéne*** 登場する, 現れる. 〘1951〙 ***hít the scéne*** 《口語》登場する, 現れる. ***máke the scéne***《米俗》(1) (特定の場所に)現れる. (2) (派手に, 特定の)活動をする, (目立つように)加わる, 派手にやる. 〘1957〙 ***sét the scéne*** (1) 〔…の〕舞台を用意する, 〔…への〕道を開く〔*for*〕(⇨ 3 b). (2) (話を始める前に)〔…の〕状況[経過]説明をする〔*for*〕: Let me *set the* ~ for you. これまでの事情を話しておきましょう. ***stéal the scéne***=***stéal the shów*** ⇨ show 成句.

〘(1540) ⊏ (O)F *scène* ⊏ L *scēna* scene, stage ⊏ Gk *skēnḗ* tent, stage: cf. Gk *skiā́* shadow〙

scéne dòck [bày] *n.* 〘劇場〙=dock¹ 5.

scéne màster *n.* 〘劇場〙配電盤.

scéne pàck *n.* 〘演劇〙張物一式.

scéne pàinter *n.* (舞台の)背景[書割り]画家. 〘1749〙

scéne-pàinting *n.* (劇場の)背景画(法). 〘1754〙

scen·er·y /síːnəri/ *n.* [集合的] **1** (ある土地の美しい)景色, 風景, 景観 (⇨ sight SYN): water [woodland] ~ 水景[森の景色] / This mountain ~ is picturesque. この山景は絶佳だ. **2** (芝居の)書割り, 道具立て, 舞台面, 背景 (cf. scene 6): paint ~ 背景を描く. ***chéw the scénery***《米俗》過度な[誇張した]演技をする, 演技過多になる. 〘(1729)《変形》← (廃) *scenary* ⊏ It. *scenario* 'SCENARIO': ⇨ scene, -ery〙

scénery wàgon *n.* 〘劇場〙引枠《小さな車輪をもった平台; 大きな張物の移動に用いる; boat truck ともいう》.

scéne·shifter *n.* (芝居の)道具方, 裏方. 〘1752〙

scéne-shifting *n.* (劇場の)舞台変え. 〘1818〙

scéne(s)-of-críme *adj.* 〘警察〙鑑識の. 〘1954〙

scéne-stèaler *n.* 〘演劇〙主役を食う脇役. 〘1955〙

scene·ster /síːnstə | -stə/ *n.* 《米口語》(ファッション・音楽などの)流行の世界の人, 流行の分野にのめり込んだ人.

sce·nic /síːnɪk, sén-/ *adj.* **1 a** 景色の, 風景の: ~ beauty 風景の美 / the ~ splendors [attractions] of Nikko 日光の壮麗な風景. **b** 眺めのよい, 景勝に富んだ: a ~ spot 景勝の地, 名所 / a ~ route 景勝に富んだ道. **2 a** 舞台(面)の; 背景の, 道具立ての, 舞台装置[効果]の: ~ art 舞台美術 / ~ effects 舞台効果 / a ~ triumph すばらしい舞台装置. **b** 劇の, 劇的な (dramatic), 芝居がかった (theatrical): ~ poets (特に, 古代ギリシャ・ローマの)劇詩人. **3** (絵画・彫刻などで, 写実的な)場面描写の: a ~ bas-relief / ~ wallpaper. — *n.* 風景映画[写真]. 〘(1623) ⊏ F *scénique* ⊏ L *scēnicus* ⊏ Gk *skēnikós* ← *skēnḗ*: ⇨ -ic¹〙

scé·ni·cal /-nɪ̈kəl, -kl̩ | -nɪ-/ *adj.* =scenic 2. 〘(*a*1425) ← L *scēnicus*+-AL¹〙

scé·ni·cal·ly *adv.* **1** 芝居がかって. **2** 景色[風景]に関して. 〘1650〙

scénic ráilway *n.* **1** (遊園地などの人工の景色を配した)遊覧豆鉄道. **2** (遊園地の)ジェットコースター. 〘1894〙

scénic resérve *n.* 《NZ》(保養などのための)景観保護区. 〘1936〙

sce·no·graph /síːnəgræ̀f | -grɑ̀ːf, -græ̀f/ *n.* 遠近図《建築などを透視画法で描いたもの; 平面図・立面図に対していう》. 〘(1842)《逆成》↓〙

sce·nog·ra·pher /siːnɑ́(ː)grəfə | -nɔ́grəfə^(r)/ *n.* 遠近図法を用いる画家. 〘(1598) ← Gk *skēnográphos* scene-painter+-ER¹: ⇨ scenography〙

sce·no·graph·ic /siːnəgrǽfɪk⁻/ *adj.* 遠近図法の, 遠近画的の. 〘1670〙

scè·no·gráph·i·cal /-fɪ̈kəl, -kl̩ | fɪ-⁻/ *adj.* =scenographic. **~·ly** *adv.*

sce·nog·ra·phy /siːnɑ́(ː)grəfi | -nɔ́g-/ *n.* **1** 遠近画法[図法]. **2** (特に, 古代ギリシャの)配景図(法). 〘(1645) ⊏ L *scēnographia* ⊏ Gk *skēnographía*: ⇨ scene, -graphy〙

scent /sént/ *n.* **1** (特に, よい)香り, 香気 (⇨ smell SYN); (快・不快ともに嗅覚に訴える)におい, 臭気; 特有のにおい: the sweet ~ of roses ばらの芳香 / a nasty ~ of stale tobacco 古たばこの嫌なにおい. **2** 《英》香水 (perfume(s)): put ~ on one's handkerchief. **3** (獣が通った後に残る)遺臭; 臭跡 (trail): a burning ~ 強烈な臭跡 / a cold ~ 微弱な[古い]臭跡 / a hot ~ 強い[新しい]臭跡 / a false ~ 方向を迷わせるためにわざとしかける臭跡 / cast about for the ~ 〈猟犬が〉鳥などを捜し回る / follow up the ~ 〈猟犬が〉獲物の跡を追う / lose [recover] the ~ 〈猟犬が〉(獲物の)手掛かりを失う[再びかぎ当てる] / hunt by ~ 臭跡をつけて狩りをする. **4 a** (犬などの)嗅覚(きゅうかく): a dog of good ~ 鼻のよくきく犬. **b** かぎ出す力, 直覚, 勘: a keen ~ for an error 間違いを発見する鋭い勘 / have no ~ かぎつける力を持たない. **5** 手掛かり; ほのめかし, 気配: a ~ of trouble やっかいなことが起こりそうな気配. **6** (動物・魚を引き寄せる時のおとりに使う)擬臭. **7** 〘遊戯〙散らし紙《紙まき鬼ごっこで hare になった人がまいて行く紙片; ⇨ HARE and hounds》.

gèt scént of …をかぎつける, …に感づく. 〘1722〙 ***on the scént*** (嗅覚で)跡を追って, 手掛かりを得て 〘(1656) 1882〙: *on the* right [wrong] ~ (求める方向を)誤らないで[誤って], 方向よろしきを得て[得ないで] / put a person *on the* ~ 人に跡を追わせる, 人に探知させる / be hot *on the* ~ of an important discovery 重大発見の端緒をつかんで夢中になって追跡している / We are not yet *on the* right ~. まだ正しい手掛かりを得ていない. ***pút [thrów] a person òff the scént*** 〈人を〉惑わす, 〈追っ手を〉まく. 〘1862〙 ***pút a person on a fálse [wróng] scént*** =*put* [*throw*] *a person off the* SCENT. ***táke [píck úp] the scént of*** =*get* SCENT *of*.

— *vt.* **1** におわす, かおらす: The flowers ~*ed* the air. 花がよいにおいを放った / The air was ~*ed with* the sweet odor of flowers. 大気には花の甘い香りが漂っていた. **2** かぐ, かぎ出す, かぎ分ける 〈*out*〉: ~ spring in the air 吹く風に春の気配を感じる / Hounds ~ (*out*) a fox. 猟犬がキツネの跡をつける / ~ game (猟の)獲物をかぎ分ける / ~ *out* a job 仕事をかぎ出す. **3** 〈秘密などを〉かぎつける, 疑い始める, 疑わしく思う, うすうす気づく; …の存在に感づく, 悟る: ~ a plot たくらみを感知する / ~ danger [treachery] 危険[裏切り]に気づく / Methinks I ~ the morning air. 朝の空気が漂ってきたようだ (Shak., *Hamlet* 1. 5. 58). **4** …に香水を振りかける[つける] (perfume): ~ one's handkerchief. — *vi.* **1** 遺臭で追跡する, においをかいで追う: ~ about 〈犬などが〉かぎ回る. **2** 〔…の〕においがする, におう〔*of*〕: This ~*s* of vinegar. 酢のにおいがする / The atmosphere ~*ed of* revolt. あたりの様子は反逆を思わせた. 〘n.: (1375). — v.: (*c*1410) *sente*(*n*) ⊏ AF **sent* ← (O)F *sentir* to feel, smell < L *sentīre* to perceive: ⇨ sense〙

scént bàg *n.* **1** におい袋 (sachet). **2** (drag hunt の時に用いる)アニスの実 (aniseed) を詰めた香袋. **3** 〘動物〙(動物体内の)香腺(こうせん) (scent gland), におい袋. 〘1682–83〙

scént-bòttle *n.* 香水びん. 〘1833〙

scent·ed /séntɪ̈d | -tɪd/ *adj.* **1** 香水をつけた (perfumed); 香料入りの: a ~ handkerchief / ~ soap 香料入り石鹸, 香水石鹸. **2** [通例複合語の第 2 構成素として] 芳しい, においのよい; (…の)においのする: strong-*scented* においの強い. **3** [通例複合語の第 2 構成素として] 嗅覚(きゅうかく)が…の: ⇨ keen-scented. 〘1579〙

scénted órchid *n.* 〘植物〙テガタチドリ, チドリソウ (*Gymnadenia conopsea*)《ラン科; 芳香を発する淡紅色の花をつける; fragrant orchid ともいう》.

scént glánd *n.* 〘動物〙(ジャコウネコなどの)香腺, 麝香(じゃこう)分泌腺. 〘1683〙

scént·less *adj.* **1** においのない, 無臭の: ~ flowers. **2** (狩猟で)臭跡をかぐのに都合の悪い; 臭跡の消えている: ~ ground / ~ weather 臭跡をわからなくする天候. **3** 嗅覚のない. **~·ness** *n.* 〘1605〙

scéntless cámomile [máyweed] *n.* 〘植物〙イヌカミルレ (corn mayweed). 〘1800〙

scént màrk *n.* 〘動物行動学〙臭痕, においのマーク《動物が自分の存在を他の動物に知らせるために香腺から, あるいは尿中などに分泌するにおいのある物質》. **scént-màrk** *vi., vt.*

scént-òrgan *n.* 〘動物〙香腺 (scent bag, scent gland ともいう).

scént strip *n.* セントストリップ《雑誌などに折り込んだ香水をしみ込ませた紙; サンプル用》.

scep·sis /sképsɪ̈s | -sɪs/ *n.* 《英》=skepsis.

scep·ter, 《英》**scep·tre** /séptə | -tə^(r)/ *n.* **1** (王権の表象として王の持つ)笏(しゃく), 王笏 (cf. globe 4 e). **2** [the ~] 王権 (cf. crown 2); 王位, 主権 (sovereignty): wield *the* ~ 君臨[支配]する / lay down *the* ~ 王位[帝位]を退く. — *vt.* …に(王権の表象としての)笏を与える; …に王権を与える, 王位につかせる. 〘(?*a*1300) ⊏ OF *ceptre*, (O)F *sceptre* ⊏ L *scēptrum* ⊏ Gk *skēptron* staff, scepter ← *skḗptesthai* to lean on: cf. shaft¹〙

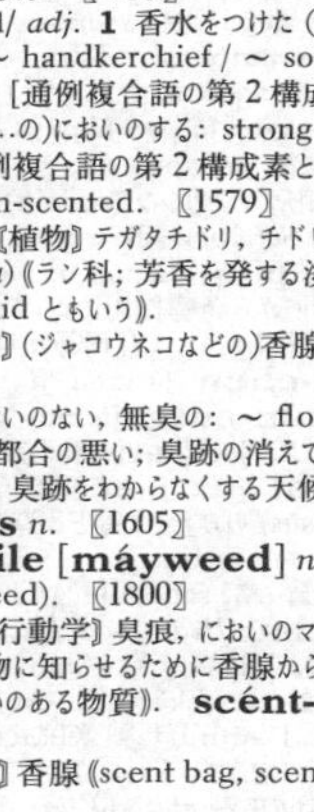

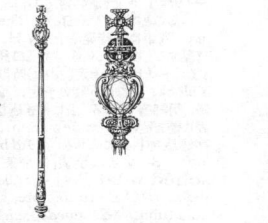

scepter of the King of England

scép·tered, 《英》**scép·tred** *adj.* **1** 笏(しゃく)をもった; 王権を有する; 王位についた. **2** 王権の, 国王の. ***this scéptered isle*** 王権に統(す)べられたこの島《英国のこと; Shak., *Rich II* 2. 1. 40》. 〘1513〙

scép·ter·less *adj.* **1** 笏(しゃく)のない; 王権を奪われた, 王位を退けられた. **2** 王権に従わない[の支配を受けない]. 〘1820〙

scep·tic /sképtɪk/ *n., adj.* 《英》=skeptic.

scep·ti·cal /sképtɪ̈kəl, -kl̩ | -tɪ-/ *adj.* 《英》=skeptical.

scep·ti·cism /skέptəsìzṃ | -tɪ̀-/ *n.* 《英》 =skepticism.

sceptre *n., vt.* =scepter.

sceptred *adj.* =sceptered.

scf 《略》 standard cubic feet.

SCF 《略》 Save the Children Fund.

SCG 《略》《豪》 Sydney Cricket Ground.

Sc.Gael. 《略》 Scottish Gaelic.

sch. 《略》 scholar; scholarship; scholastic; school; schooner.

Sch. 《記号》〘貨幣〙 schilling(s).

schaap·ste·ker /skɑ́ːpstɪkə, -stìː- | -kə^(r)/ *n.* 《南ア》〘動物〙 アフリカ南部産ナミヘビ科ヒツジウチ属 (*Psammophylax*) の毒ヘビ《ミスジヒツジウチ (*P. tritaenitatus*) など》. 〖(1818) ◻ Afrik. ～ ← Du. *skaap* sheep＋*steker* stinger〗

Schacht /ʃɑ́ːkt, ʃɑ́ːxt; *G.* ʃáxt/, **Hjal·mar** /(h)jɑ́lmɑr/ *n.* シャハト (1877–1970; ドイツの財政家・銀行家; ライヒスバンク総裁 (1923–30, '33–'39); 1920 年代のドイツの通貨安定に貢献; ナチ政権の経済相 (1934–39); Nuremberg 国際裁判で戦犯を免れた (1946)).

scha·den·freu·de, S- /ʃɑ́ːdṇfrɔɪdə | -də; *G.* ʃáːdṇfʁɔʏdə/ *G. n.* 他人の不幸を痛快がること, 意地悪な喜び. 〖(1895) ◻ G ～ ← *Schaden* damage＋*Freude* joy〗

Scháef·fer's ácid /ʃέɪfəz- | -fəz-/ *n.* 〘化学〙 シェファー酸 ($HOC_{10}H_6SO_3H$) (ナフトールスルホン酸; アゾ染料の中間体として用いられる). 〖← *L. Schaeffer* (19 世紀ドイツの化学者)〗

Schaer·beek /skɑ́əbeɪk | skɑ́ː-; *Du.* sxáːrbeːk/ *n.* スハールベーク (ベルギー中央部, Brussels 近郊の産業都市).

Schá·fer's méthod /ʃéɪfəz- | -fəz-/ *n.* シェーファー法 (患者をうつぶせにして行う人工呼吸法; prone pressure method ともいう). 〖← *Sir Edward Albert Scharpey-Schafer* (1850–1935: 英国の生理学者)〗

Schäf·fer's ácid /ʃéɪfəz- | -fəz-/ *n.* 〘化学〙 = Schaeffer's acid.

Schaff·hau·sen /ʃɑːfháuzən, -zṇ; *G.* ʃafháuzṇ/ *n.* シャフハウゼン (スイス北部, Rhine 河畔の都市; 付近に Rhine 川が落下して作る有名な滝がある; フランス語名: Schaffhouse).

schan·ze /ʃɑ́ːntsə; *G.* ʃántsə/ *G. n.* 〘スキー〙 ジャンプの踏切り台, シャンツェ. 〖(1880) ◻ G *Schanze* ◻ It. *scanso* defense ← *scansare* to go out of the way < VL **excampsāre* ← L EX-¹＋*campsāre* to turn around: SCONCE³ と二重語〗

schap·pe /ʃɑ́ːpə | ʃǽpə; *G.* ʃápə/ *n.* 絹紡糸織維, 絹紡糸織物 (schappe silk ともいう). — *vt.* (発酵作用により)〈絹屑〉のセリシン (sericin) を取り除く. 〖(1885) ◻ G 《方言》 *Schappe* silk waste〗

schap·ping /ʃǽpɪŋ/ *n.* シャッピング, 腐化練り, 腐化精練 (絹屑から発酵作用によってセリシンを取り除く方法; ヨーロッパで行われる). 〖(1909): ⇨ ↑, -ing¹〗

schat·chen /ʃɑ́ːtxən, ʃɑ́ːt-, ⌐─⌐/ *n.* =shadchan.

Schaum·burg /ʃɔ́ːmbəːg, ʃɑ́ːm- | -bəːg/ *n.* ショームバーグ (米国の Illinois 州北東部, Chicago 近郊の村).

Sche·at /ʃiǽt, ʃiːɑ́t, ʃǽt/ *n.* 〘天文〙 シャート (ペガスス座 (Pegasus) の β 星; 2 等と 3 等との間で変光). 〖← ? Arab. *sa'd* good fortune〗

S

sched. 《略》 schedule.

Sched·ar /ʃέdə | -də^(r)/ *n.* 〘天文〙 スケダル (カシオペア座の α 星, 2.2 等). 〖◻ Arab. *ṣadr* upper part〗

sched·ule /skέdʒuːl, -dʒuːl, -dʒl | ʃέdjuːl, -dʒuːl, skέdjuːl, -dʒuːl/ ★ 米国式の発音 /skέdjuːl, skέdʒuːl/ も英国で増えている. *n.* **1** 予定, 日取り, 期日, スケジュール: a tight ～ ⇨ tight *adj.* 5 b / according to ～ 予定通りに, 予定に従えば / behind [ahead of] ～ (time) 予定より遅れて[早く]. **2 a** 《米》 時間表, 発着表: a train ～ 列車時刻表[ダイヤ] / on ～ time＝*on* SCHEDULE. **b** 表, 一覧表, 明細書 (⇨ list¹ SYN): a ～ of prices 定価表 / a long ～ of speakers たくさんの演説者の一覧表. **c** 議事予定表. **d** (学生の)時間割. **e** 仕事割当て表. **3 a** (本文に付属した)別表, 目録. **b** (法的文書の)付属明細書, 付帯条項, 付則: *Schedule* D of the tariff bill 関税申告書の D 項. **4** 《廃》 文書.

on schédule 時間表通りに, 定時に (punctually): The train is running *on* ～. 列車は定時に動いている.

— *vt.* **1 a** 《米》〈…するように〉予定[指定]する 〈*to* do〉; 〔…することに〕している 〔*for*〕: The train *is* ～*d to* leave at five. 列車は 5 時発の予定 / He *is* ～*d for* a speech. 一言話すことになっている. **b** 《口語》〈日時・会合などを〉予定する: ～*d* time 予定(された)時間 / Supper is ～*d* for six o'clock. 夕食は 6 時の予定. **2 a** …の表[一覧表, 目録, 明細書]を作る, 表に書き込む. **b** 〈新列車などを〉時刻表に書き込む: ～ a new train. **c** 《英》〈建物・史跡を〉保存建造物目録に入れる: a ～*d* building (cf. listed building). **3** 〈法令に〉別表[付帯条項]を添える.

schéd·u·lar /-lə | -lə^(r)/ *adj.* 〖(1397) *cedule, sedule* ◻ (O)F *cédule* note, slip of paper ◻ LL *schedula* (dim.) ← L *scheda, scida* papyrus leaf ◻ Gk **skhídā* splinter of wood ← *skhízein* to split: ⇨ -ule〗

schéd·uled *adj.* 予定された[に含まれた]; 〈飛行機・飛行便が〉定期の; 《英》〈建物・史跡が〉法的保存目録に載せられた. 〖1881〗

schéduled cáste *n.* 指定カースト (インドの不可触賤民 (untouchables) の階層; 公的に各種の特権を与えられている; cf. Harijan). 〖1935〗

schéduled flíght *n.* (航空機の)定期便 (↔ charter flight). 〖1970〗

schéduled térritories *n. pl.* [the ～] =sterling area.

schéduled tríbe *n.* 指定トライブ, 指定部族 (インド憲法において scheduled castes とともに特別保護優遇措置を受ける対象として定められている民族集団). 〖1957〗

schéd·ul·er /-lə | -lə^(r)/ *n.* **1** スケジュールを組む人[機械(など)]. **2** 〘電算〙 スケジューラー: **a** スケジュール管理ソフトウェア. **b** プロセス管理システム. 〖1: (1952). 2: (1966)〗

schédule ràting *n.* 〘保険〙 スケジュール料定法 (個々の被保険物件の保険料率をその物件に関係する物理的条件を基礎として決定すること).

Scheel /ʃéɪl; *G.* ʃéːl/, **Walter** *n.* シェール (1919– ; 旧西ドイツの政治家; 自由民主党党首 (1968–74); 大統領 (1974–79)).

Schee·le /ʃéɪlə; *Swed.* ɧéːle/, **Carl Wilhelm** *n.* シェーレ (1742–86; スウェーデンの化学者; Joseph Priestly とは別に酸素 (1772) を, また窒素・マンガン・塩素を発見).

Schée·le's gréen /ʃéɪlɪ̀z-; *G.* ʃéːlə-/ *n.* 〘化学〙 シェーレ緑, 酸性亜ヒ酸銅 ($CuHAsO_3$) (緑色顔料). 〖(1819) ↑〗

scheel·ite /ʃéɪlaɪt | ʃíː-/ *n.* 〘鉱物〙 灰重石 ($CaWO_4$) (タングステンの鉱石). 〖(1837) ◻ G *Scheelit* ← *K. W. Scheele*: ⇨ -ite¹〗

schef·fer·ite /ʃέfəràɪt/ *n.* 〘鉱物〙 シェフェル輝石 ($CaMg(Fe, Mn)(SiO_3)_2$) (褐色または黒色の輝石の一種). 〖(1868) ◻ Swed. *schefferit* ← *H. T. Scheffer* (1710–59: 発見者であるスウェーデンの化学者): ⇨ -ite¹〗

schef·fler·a /ʃέflərə, ʃefliˀrə | ʃέflərə, ʃeflíərə/ *n.* 〘植物〙 熱帯・亜熱帯産ウコギ科フカノキ[シェフレラ]属 (*Schefflera*) の常緑低木・小高木 (観葉植物として栽培されるホンコンカポック (＝ヤドリフカノキ) (*S. arboricola*) など). 〖(1954) ← *Schefflera* (属名) ← *J. C. Scheffler* (1698–1742: ドイツの植物学者・医師)〗

Sche·he·ra·za·de /ʃəhèrəzɑ́ːdə, ʃɛ-, -zɑ́ːd, -hìˀr-, -dɪ | ʃəhɪ̀ərəzɑ́ːdə, -hɪər-/ *n.* シェーラザード (『アラビアンナイト』の語り手で, ペルシャ王の妻; 妻を迎えては初夜のあとで殺してしまう王に対し, 千一夜の間毎夜面白い話を聞かせてついに殺されるのを免れたという).

scheik /ʃíːk, ʃeɪk | ʃéɪk, ʃíːk, ʃέk/ *n.* =sheikh.

Schel·de /*Du.* sxéldə/ *n.* [the ～] スヘルデ(川) (Scheldt 川のオランダ語名).

Scheldt /skέlt | skέlt, ʃέlt/ *n.* [the ～] スケルト(川) (北フランスに発し, ベルギー西部とオランダ南西部を流れ, 北海に注ぐ川 (435 km); フランス語名 Escaut; フラマン語, オランダ語名 Schelde).

Schel·ling /ʃέlɪŋ; *G.* ʃέlɪŋ/, **Friedrich Wilhelm Joseph von** *n.* シェリング (1775–1854; ドイツの汎神論哲学者). **Schel·ling·i·an** /ʃelíŋiən/ *adj.*

schel·ly /skéli/ *n.* (*also* **skel·ly** /～/) 〘魚類〙 イングランドの Lake District だけに分布するコクチマス (*Coregonus stigmaticus*) の一種). 〖(1740) ◻ ? ON *skel* sea-shell: ⇨ shell〗

sche·ma /skíːmə/ *n.* (*pl.* ～**·ta** /～ṭə | ～tə/, ～**s**) **1** 図解, 図式, シェーマ (diagram). **2** 綱要, 大要, 概要 (synopsis, outline). **3** 〘論理〙 シェーマ (任意の式などを代表する記号・文字), (三段論法の)格 (figure). **4** 〘カント哲学〙 先験的図式. **5** 〘心理〙 シェーマ (世界の認知, 外界への働きかけを行う基礎となる心理的枠組). **6** 〘修辞〙 修辞的表現法. **7** 〘電算〙 スキーマ (データベースの構造). 〖(1796) ◻ L *schēma*: ⇨ scheme〗

sche·mat·ic /skɪmǽṭɪk, ski- | -tɪk/ *adj.* 大要の, 図式的な, シェーマの. — *n.* (配線・機械関係の)設計図, 構成図. **sche·mát·i·cal·ly** *adv.* 〖(1701) ← NL *schēmaticus* ← *schēmat-, schēma*: ⇨ ↑, -ic¹〗

sche·ma·tism /skíːmətìzṃ/ *n.* **1** (ある方式による)部分的配置; (物の取る)特殊な形態. **2** (知識などの)組織的体系. **3** 〘カント哲学〙 図式化, 図式論. 〖(1593) ◻ L *schēmatismus* ◻ Gk *skhēmatismós* formalization: ⇨ ↑, -ism〗

sche·ma·tize /skíːmətàɪz/ *vt.* **1** 組織的に配列する. **2** 図式化する. **sche·ma·ti·za·tion** /skìːmətɪ̀zéɪʃən | -taɪ-, -tɪ-/ *n.* **shé·ma·tiz·er** *n.* 〖(1650) ◻ Gk *skhēmatízein*: ⇨ ↓, -ize〗

scheme /skíːm/ *n.* **1** たくらみ; 策動, 陰謀, 計略 (⇨ plot SYN): some mad [crazy] ～ or other 何か狂気じみた計画 / a crafty ～ for getting more for less 出すものを少なくして得るものを多くしようというずるいたくらみ / a ～ to overthrow the government 政府転覆の陰謀. **2 a** (政府などの)公共計画; 年金などの制度: a pension ～ 年金制度. **b** 《英》 案, 計画, もくろみ (project) (⇨ plan SYN): an irrigation ～ 灌漑(かんがい)計画 / a business ～ 事業計画 / a visionary ～ 雲をつかむような計画 / a ～ for building a new bridge 新橋建設の計画 / on a five-year ～ 五か年計画で / work out a ～ for rebuilding a town 都市復興計画を立てる. **c** 夢のような計画. **d** 《スコット》 (地方自治体の)住宅団地. **3** 組織, 機構, 配列, 組立て (system): ⇨ color scheme / in the (great [overall, general]) ～ of things 物事の(おおよその)成り立ち[性質]上. **4** 《英》 概要, 大要 (outline, synopsis): a ～ of work 仕事の概要. **5** 分類表, 表 (table); 図式, 図解, 略図 (diagram). **6** 《古》〘占星〙 天象図 (figure). — *vt.* たくらむ, …の陰謀を企てる, 策動する 〈*out, to do*〉; 計画する, 工夫する, 案出する: ～ (*out*) a way of getting what one wants 自分の欲しい物を手に入れようと計画する / ～ the downfall of one's country 国家の倒壊を企てる / ～ *to* kill one's rival 敵手の殺害をたくらむ. — *vi.* 計画を立てる; たくらむ: ～ *for* power 権力を得ようと策動する. 〖(1550) ◻ L *schēma* ◻ Gk *skhēmat-, skhêma* shape, manner: cf. G *Sieg* victory〗

schém·er *n.* **1** 計画者, 設計者, 考案者 (projector). **2** 陰謀家, 策士, 策動家 (intriguer): a political ～. 〖1724〗

schém·ing *adj.* 陰謀を企てる, 策略をもてあそぶ, ずるい, 狡猾な, 腹黒い: a ～ politician. — *n.* 陰謀. **～·ly** *adv.* 〖1813〗

sche·moz·zle /ʃəmɑ́(ː)zl | ʃɪmɔ́zl/ *n.* 《俗》 **1** 困った事[事情]. **2** ごたごた, 騒動, 大騒ぎ, けんか. — *vi.* 逃げ去る, ずらかる (run away). 〖(1899) 《部分訳》 ← Yid. *shlimazel* (bad luck) ← *shlim* bad (◻ MHG *slimp* not right)＋*mazel* luck (◻ LHeb. *mazāl* luck, star)〗

Sche·nec·ta·dy /skɪ̀néktədi | -di/ *n.* スケネクタディ (米国 New York 州東部の工業都市). 〖◻ Du. *Scheaenhechstede* ← Iroquoian *Scheaenhech* place of the pines＋Du. *stede* place, town (cf. stead)〗

schénk bèer /ʃέŋk-/ *n.* シェンクビール (冬に醸造し, 醸造後すぐに飲むビール; cf. lager¹). 〖《部分訳》 ← G *Schenkbier* ← *schenken* to pour out＋*Bier* 'BEER'〗

Schè·ring brídge /ʃέˀrɪŋ- | ʃέər-; *G.* ʃéːʁɪŋ-/ *n.* 〘電気〙 シェーリングブリッジ (静電容量や損失角の測定に用いる交流ブリッジの一種; cf. Wheatstone bridge). 〖(1926) ← *Harald Ernst Malmstein Schering* (1880–?: ドイツの技師)〗

Scher·rer /ʃέrə | -rə^(r); *G.* ʃέʁɐ/, **Paul** *n.* シェラー (1890–1969; スイスの物理学者; cf. Debye-Scherrer method).

scher·zan·do /skɛətsɑ́ːndoʊ, -tsǽn- | skɛətsǽndəʊ, skə-; *It.* skertsándo/ 〘音楽〙 *adj., adv.* スケルツァンド (諧謔的に[な], 浮かれて[た]). — *n.* (*pl.* **-di** /-diː; *It.* -di/, ～**s**) スケルツァンドの楽章[曲, 楽節]. 〖(1811) ◻ It. ～ ← *scherzare* to sport, jest ← *scherzo* (↓)〗

scher·zo /skέətsoʊ | skέətsəʊ, skɑ́ː-; *It.* skértso/ *n.* (*pl.* ～**s, scher·zi** /-tsiː; *It.* -tsi/) 〘音楽〙 スケルツォ (四楽章のソナタまたは交響曲・四重奏曲の第三楽章にメヌエット (minuet) の代わりとしてよく用いられる 3 拍子の速い曲). 〖(1852) ◻ It. ～ 'sport, jest' ◻ ? G *Scherz* sport ← MHG *scherzen* ← OHG *skern* jest: ⇨ scorn〗

Sche·ven·ing·en /skéɪvənɪ̀ŋən; *Du.* sxéːvənɪŋə(n)/ *n.* スヘーベニンゲン (オランダ西部 The Hague 付近の都市; 海岸保養地として有名).

Schia·pa·rel·li /skjæ̀pərέli, ʃæ̀p-; *It.* skjaparélli/, **Elsa** *n.* スキャパレリ (1890–1973; イタリア生まれのフランスのファッションデザイナー; センセーショナルな作品で著名).

Schiaparelli, Giovanni Vir·gi·nio /virdʒíːnjo/ *n.* スキャパレリ (1835–1910; イタリアの天文学者; Brera Observatory (Milan) 天文台長 (1862–1900); 火星表面の'運河' (かすかな条模様) の発見 (1877) で有名).

Schick /ʃík/ *n.* 〘商標〙 シック: **1** 米国 Warner-Lambert 社製の安全かみそり・シェービングクリームなど. **2** 米国 Schick 社製の電気かみそり.

Schick·ard /ʃíkəd | -kəd/ *n.* 〘天文〙 シッカルト (月の表面, 南東部の象限内にある大クレーター; 直径約 215 km). 〖← *Wilhelm Schikard* (1592–1635: ドイツの天文学者)〗

Schíck tèst /ʃík-/ *n.* 〘医学〙 シックテスト (ジフテリア皮膚反応). 〖(1916) ← *Bèla Schick* (1877–1967: ハンガリー生まれの米国の小児科医)〗

Schie·dam, s- /skɪdɑ́ːm | skɪdǽm, ⌐─; *Du.* sxidɑ́m/ *n.* シーダム (強い風味のオランダ産のジン). 〖(1821) ← Du. ～ (オランダの産地名)〗

Schie·le /ʃíːlə; *G.* ʃíːlə/, **Egon** /éːgɔn/ *n.* シーレ (1890–1918; オーストリアの表現主義の先導的画家).

Schíff bàse /ʃíf-; *G.* ʃíf-/ *n.* シッフ塩基 (一般式 RR′C＝NR″ で表される化合物; 多くの有機合成の中間体として生じる; ゴムの加硫促進剤ともなる). 〖(1892) ← *Hugo Schiff* (1834–1915: ドイツの化学者)〗

schiff·li /ʃífli/ *n.* 自動刺繡織機; それによる刺繡. 〖◻ G 《方言》 ～ (dim.) ← *Schiff* 'SHIP'〗

Schíff's reàgent *n.* 〘化学〙 シッフ試薬 (フクシン溶液に亜硫酸ガスを通して造る; アルデヒドやケトンの検出に用いる; cf. Feulgen reaction). 〖(1897): ⇨ Schiff base〗

Schil·ke /ʃílki/ *n.* 〘商標〙 シルキー (米国 Schilke Music Products 社製の管楽器; 特にトランペット).

schil·ler /ʃílə | -lə^(r)/ *n.* **1** 〘鉱物〙 閃光(せんこう), 光彩. **2** (甲虫などの)玉虫色の色彩. 〖(1804) ◻ G ～ 'play of colors' ← *schillern* to change colors〗

Schil·ler /ʃílə | -lə^(r); *G.* ʃílɐ/, **Johann Christoph Friedrich von** *n.* シラー (1759–1805; ドイツのロマン派詩人・劇作家; *Die Räuber*「群盗」(1781), *Wilhelm Tell*「ウィルヘルム テル」(1804)).

schil·ler·ize /ʃílərài̯z/ *vt.* 〘鉱物〙 (繊維状や針状結晶が定方向配列をすることなどによって)〈鉱物〉に閃光(せんこう)[光彩]を与える (スタールビー・眼石などに例がある). **schil·ler·i·za·tion** /ʃìlərɪ̀zéɪʃən | -raɪ-, -rɪ-/ *n.* 〖(1885) ← SCHILLER＋-IZE〗

schíller spár *n.* 〘鉱物〙 絹布石. 〖(1796) 《部分訳》 ← G *Schillerspat* ← *Schiller* 'SCHILLER'＋*Spat* spar〗

schil·ling /ʃílɪŋ; *G.* ʃílɪŋ/ *n.* **1 a** シリング (Euro 流通前のオーストリアの通貨単位; ＝100 groschen; 記号 S, Sch.). **b** 1 シリングアルミ貨. **2** シリング (昔ドイツで用いた小硬貨). 〖(1693) ◻ G ～: ⇨ shilling〗

Schind·ler /ʃíndlə | -lə^(r)/, **Oskar** *n.* シンドラー (1908–74; ドイツの実業家; 第二次世界大戦中, 千人を超えるユダヤ人を自分の工場で雇って保護し,彼らの命を救った).

Schin·kel /ʃíŋkəl, -kḷ; *G.* ʃíŋkl/, **Karl Friedrich** *n.* シンケル (1781–1841; ドイツの新古典主義の建築家).

schip·per·ke /skípəki, -kə | ʃípəki, skíp-/ *n.* 〘動物〙 スキッパーキー (ベルギーのフランドル地方原産のずんぐりした小形の犬; 黒毛で, キツネに似た頭部, 三角状の立った耳をもつ; 運河船の番犬や狩猟に使われた). 〖(1887) ◻ Du. 《方言》 ～ (dim.) ← *schipper* 'SKIPPER²'〗

Schi·rach /ʃíːrɑːk, -rɑːx; G. ʃíːʁax/, **Baldur von** *n.* シーラハ《1907–74; ドイツの政治家; ナチスの青年部指導者 (1936–40); Nuremberg 国際裁判 (1946) で 20 年の禁固刑》.

-schi·sis /← skəsɪ̀s | -skɪsɪs/ (*pl.* **-schi·ses** /-sìːz/, **~·es**)「亀裂 (fissure)」の意の名詞連結形: gastro*schisis*. 〖← NL ~ ← Gk *skhísis* cleavage ← *skhízein* to split〗

schism /sízm̩, skízm̩ | skízm̩, sízm̩/ ★ /sízm̩/ が伝統的な発音だが,《英》では次第に減って少数派になっている. *n.* **1 a** 分離, 分裂; 不和, 不調和: There should be no ~ in the body. 体のうちにあい争いなし (*1 Cor.* 12:25). **b** (対立する集団の)分裂; 分派: a ~ in a political party 政党分裂. **2**《古》(布の)裂け目, ほころび. **3**《古》徒党 (clique). **4**〘キリスト教〙**a** (特に, 教会の一致を破る)分離, 分裂, 分立, シスマ: ⇨ Great Schism. **b** 教会分離[分裂]の罪. **c** 教会分離[分裂]派.
Schísm of the Éast [the —]〘キリスト教〙=Great Schism 2.
Schísm of the Wést [the —]〘キリスト教〙=Great Schism 1.
〖《c1384》*scisme* □ OF (*s*)*cisme* (F *schisme*) □ LL *schisma* □ Gk *skhísma* split ← *skhízein* to split: cf. schedule〗

schis·mat·ic /sɪzmǽṭɪk, skɪz- | skɪzmǽtɪk, sɪz-/ *adj.* **1** 分離の, 分裂の. **2** 教会分離を企てる, 教会分離の罪を犯す. — *n.* (教会)分離者, 教会分離論者. 〖《c1378》□ (O)F *schismatique* // LL *schismaticus* □ Gk *skhismatikós*: ⇨ ↑, -ic[1]〗

schis·mát·i·cal /-ṭɪ̀kəl, -kl | -tɪ-/ *adj.* =schismatic. **~·ly** *adv.* **~·ness** *n.*

schis·ma·tist /sízməṭɪ̀st, skíz- | sízmətɪst, skíz-/ *n.* =schismatic

schis·ma·tize /sízmətàɪz, skíz- | síz-, skíz-/ *vi.* 分離に加担する, 分離運動をする, 分裂を図る; 教会分離を企てる. — *vt.* 分裂させる; …に教会分離を起こさせる. 〖《1601》□ OF *scismatiser*〗

schist /ʃíst/ *n.*〘岩石〙片岩, 結晶片岩. 〖《1782》□ F *schiste* □ L *schistos* fissile □ Gk *skhistós* split ← *skhízein* to split〗

schis·to- /ʃístoʊ | -təʊ/「裂けた; 分かれた (divided)」の意の連結形. 〖← NL ~ ← Gk *skhistós* (↑)〗

schis·tose /ʃístoʊs | -təʊs/ *adj.*〘岩石〙片岩 (schist) の, 片岩質の, 片岩状の. **schis·tos·i·ty** /ʃɪstɑ́(ː)səṭi | -tɔ́sɪ̀ti/ *n.* 〖《1794》: ⇨ ↑, -ose[1]〗

schis·to·sis /ʃɪstóʊsɪ̀s | -təʊsɪs/ *n.* (*pl.* **-to·ses** /-siːz/)〘病理〙(スレート工などの)肺塵症. 〖← SCHIST + -OSIS〗

schis·to·some /ʃístəsòʊm | -sə̀ʊm/ *n.*〘動物〙住血吸虫《ヒトを含む哺乳類の循環系に寄生する住血吸虫属 (*Schistosoma*) の雌雄別々の細長い扁形動物の総称; blood fluke ともいう; cf. bilharzia 1》. — *adj.* 住血吸虫の[による]. 〖《1905》← NL *Schistosoma* ← Gk *skhistós* divided: ⇨ -some[2]〗

schístosome dermatítis *n.*〘病理〙住血吸虫性皮膚炎 (swimmer's itch).

schis·to·so·mi·a·sis /ʃɪ̀stəsəmáɪəsɪ̀s | -sə(ʊ)máɪəsɪs/ *n.* (*pl.* **-a·ses** /-sìːz/)〘病理・獣医〙住血吸虫症《特にエジプト・熱帯アフリカ・南アメリカでは, 人を冒す猛烈な地方病; cf. bilharzia, bilharziasis》. 〖《1906》← SCHISTOSOME + -IASIS〗

schis·tous /ʃístəs/ *adj.*〘岩石〙=schistose.

schiz /skíts, skíz | skíts, skídz/ *n.*《俗》分裂病患者. 〖《1955》《略》← SCHIZOPHRENIA〗

schiz- /skɪz, skɪts | skɪts, skɪts, skɪdz/ (母音の前にくるときの) schizo- の異形.

Schiz·ae·a·ce·ae /skɪ̀ziéɪsiìː/ *n. pl.*〘植物〙(シダ目)フサシダ科《カニクサ科ともいう》. **schìz·ae·á·ceous** /-ʃəs˝/ *adj.* 〖← NL ~ ← *Schizaea* (属名: ← Gk *skhízein* to split): ⇨ -aceae〗

schi·zan·thus /skɪ̀zǽnθəs | skɪ-/ *n.*〘植物〙コチョウソウ《ナス科コチョウソウ属 (*Schizanthus*) の植物の総称; 赤・白・黄色のランに似た花をつけ, 花冠に細長い切れ込みがある; 鉢植え・庭植えにされる; butterfly flower ともいう》. 〖《1823》← NL ~: ⇨ schizo-, -anthus〗

schiz·o /skítsoʊ | -tsəʊ/《口語》*n., adj.* 分裂病患者(の). 〖《1945》《略》← SCHIZOPHRENIA〗

schiz·o- /skízoʊ, skítsoʊ | skítsəʊ, skídzəʊ/ 次の意味を表す連結形: **1**〘生物〙「分裂した (divided)」. **2**〘植物〙「裂開の[した, で作られた]」. **3**〘精神医学〙「精神分裂症 (schizophrenia)」. ★ 母音の前では通例 schiz- になる. 〖← NL ~ ← Gk ~ ← *skhízein* to split〗

schízo·affèctive disórder *n.*〘精神医学〙分裂情動障害《精神分裂症と情緒障害が同時に発生する精神障害》. 〖1965〗

schízo·càrp *n.*〘植物〙分果, 分離果. **schìzo·cárpic** *adj.* **schìzo·cárpous** *adj.* 〖《1870》: ⇨ ↑, -carp〗

schi·zog·a·my /skɪ̀zɑ́(ː)gəmi, -tsɑ́(ː)g- | skɪtsɔ́g-, -dzɔ́g-/ *n.*〘生物〙シゾガミー《ゴカイなどでみられる特殊な生殖法で, 体が性の分化した成熟部分と, 性の分化していない未熟な部分に分かれること》. 〖← SCHIZO- + -GAMY〗

schìzo·génesis *n.*〘生物〙分裂生殖. **schìzo·genétic** *adj.* **schìzo·génic** *adj.* 〖《1891》← NL ~: ⇨ schizo-, -genesis〗

schi·zog·e·nous /skɪ̀zɑ́(ː)dʒənəs, -tsɑ́(ː)dʒ- | skɪtsɔ́dʒɪ̀-, -dzɔ́dʒ-/ *adj.* **1**〘生物〙=schizogonous. **2**〘植物〙離生の《細胞間隙などが組織の細胞が離れることによって生じる; cf. lysigenous》. **~·ly** *adv.* 〖《1883》← SCHIZO- + -GENOUS〗

schi·zog·o·nous /skɪ̀zɑ́(ː)gənəs, -tsɑ́(ː)g- | skɪtsɔ́g-, -dzɔ́g-/ *adj.*〘生物〙増員生殖の.

schi·zog·o·ny /skɪ̀zɑ́(ː)gəni, -tsɑ́(ː)g- | skɪtsɔ́g-, -dzɔ́g-/ *n.*〘生物〙シゾゴニー, 増員生殖. 〖《1887》← NL *schizogonia*: ⇨ schizo-, -gony〗

schiz·oid /skítsɔɪd/ *adj.* **1** 精神分裂症的傾向の; 分裂(病)質の《冷静・孤独・内省を特徴とする》. **2**《口語》矛盾した態度を示す. — *n.* 分裂(病)質の人. 〖《1924》← SCHIZO- + -OID〗

schìzo·lysígenous *adj.*〘植物〙離破生の.

schìzo·mýcete *n.*〘植物〙分裂菌, 細菌 (bacteria). 〖《逆成》↓〗

Schìzo·mycétes *n. pl.*〘植物〙分裂菌類《分裂植物門に同じ; 分裂生殖をする細菌 (bacteria) をいう》.

schìzo·my·cét·ic /-maɪsíṭɪk | -tɪk˝/ *adj.*

schìzo·my·cé·tous /-maɪsíːṭəs | -təs˝/ *adj.* 〖《1880》← NL: ⇨ schizo-, -mycetes〗

schìzo·mycósis *n.*〘病理〙分裂菌病.

schiz·ont /skízɑ(ː)nt, skíts- | skítsɔnt, skáɪz-, skíz-/ *n.*〘生物〙シゾント, 分裂前体《マラリア原虫の一時期》. 〖《1900》← SCHIZO- + -ONT〗

schiz·o·phrene /skítsəfrìːn | skítsə(ʊ)-, skídz-/ *n.* =schizophrenic

schiz·o·phre·ni·a /skɪ̀tsəfríːniə, -frén- | -tsə(ʊ)-, -dzə(ʊ)-/ *n.* **1**〘精神医学〙統合失調症, 精神分裂症《以前は早発性痴呆(ちほう) (dementia praecox) と呼ばれた; cf. catatonia, hebephrenia, paranoia》. **2**〘心理〙=split personality 1. **3**《口語》分裂的行動. 〖《1912》□ G *Schizophrenie* // NL ~: ⇨ ↑, -ia[1]〗

schiz·o·phren·ic /skɪ̀tsəfrénɪk, -fríːn- | -tsə(ʊ)-frén-, -dzə(ʊ)-˝/ *adj.*〘精神医学〙精神分裂症の. — *n.* 精神分裂症患者. 〖1912〗

Schiz·o·phy·ce·ae /skɪzoʊfáɪsiìː | -tsə(ʊ)-/ *n. pl.*〘植物〙藍藻(らんそう)類 (Myxophyceae). **schìz·o·phy·ceous** /skɪ̀zəfáɪʃəs, -ʃiəs | -tsə(ʊ)-˝/ *adj.* 〖← NL ~: ⇨ schizo-, -phyceae〗

Schi·zoph·y·ta /skɪ̀zɑ́(ː)fəṭə | skɪtsɔ́fɪtə/ *n. pl.*〘植物〙分裂植物門《分裂生殖をする植物で分裂菌類 (Schizomycetes) と藍藻(らんそう)類 (Schizophyceae) とを含む》.

schiz·o·phyt·ic /skɪ̀zəfíṭɪk | -tsə(ʊ)fɪt-˝/ *adj.* 〖← NL ~: ⇨ schizo, -phyte〗

schiz·o·phyte /skízəfàɪt | -tsə(ʊ)-/ *n.*〘植物〙分裂植物《主に分裂によって生殖する植物; たとえば細菌・藍藻(らんそう)など》. 〖《1880》↑〗

schiz·o·pod /skízəpɑ̀(ː)d | -tsə(ʊ)pɔ̀d/ *adj., n.*〘動物〙裂脚目の(動物). 〖↓〗

Schi·zop·o·da /skɪ̀zɑ́(ː)pəḍə | skɪtsɔ́pədə/ *n. pl.*〘動物〙(節足動物門)裂脚目. **schi·zóp·o·dous** /-dəs | -dəs/ *adj.* 〖《1840》← NL ~: ⇨ schizo-, -poda〗

schi·zo·sty·lis /skɪ̀zəstáɪlɪ̀s, skɪts-/ *n.* (*pl.* ~)〘植物〙アフリカ南部産アヤメ科 *Schizostylis* 属の植物; 特に Kaffir lily, 別名 crimson flag. 〖《1864》← NL ← SCHIZO- + L *stilis* 'STYLE[1]': 分枝した花柱から〗

schi·zo·thy·mi·a /skɪ̀tsoʊθáɪmiə | -tsə(ʊ)-/ *n.*〘精神医学〙分裂気質. **schìz·o·thý·mic** /-mɪk˝/ *adj.* 〖《1940》: ⇨ schizo-, -thymia〗

schízo·tỳpe *n.* (人格の)分裂病型. **schìzo·týpal** *adj.* 〖1953〗

schi·zo·zo·ite /skɪ̀zəzóʊaɪt | skɪ̀tsə(ʊ)zə́ʊ-/ *n.*〘生物〙=merozoite.

schiz·y /skítsi/ *adj.* (*also* **schiz·zy** /~/)《俗》=schizophrenic. 〖《1927》《短縮・変形》← SCHIZOID〗

Schle·gel /ʃléɪgəl, -gl; G. ʃléːgl/, **August Wilhelm von** *n.* シュレーゲル《1767–1845; ドイツの批評家・ロマン派詩人; 定期刊行物 *Athenaeum* (1798–1800) を Friedrich と共編; Shakespeare の独訳で有名》.

Schlegel, (Karl Wilhelm) Friedrich von *n.* シュレーゲル《1772–1829; ドイツの詩人・批評家・文学史家・比較言語学者; A. W. von Schlegel の弟; サンスクリット語とインド文化を研究; *On the Language and Wisdom of India* (1808)》.

Schlei·den /ʃláɪdn̩; G. ʃláɪdn̩/, **Matthias Jakob** *n.* シュライデン《1804–81; ドイツの植物学者; Theodor Schwann と共同で, 植物細胞の構造理論の基礎を築く》.

Schlei·er·ma·cher /ʃláɪəmɑ̀ːkə, -mɑ̀ːxə | ʃláɪəmɑ̀ːkə(r), -mɑ̀ːx-; G. ʃláɪɐmaxɐ/, **Friedrich Ernst Daniel** *n.* シュライアーマッハー《1768–1834; ドイツの新教神学者・哲学者; 主著 *The Christian Faith* (1821–22)》.

schle·miel /ʃləmíːl/ *n.* (*also* **schle·mihl** /~/)《米俗》不運でへまをするやつ, どじなやつ; ばかなやつ. 〖《1892》□ Yid. *s*(*c*)*hlumiel* ← ? Heb. *šᵉlūmīʼēl* Shelumiel (*Num.* 1:6): 今の用法は Adelbert von Chamisso の小説 *Schlemihl* (1814) の同名の主人公の名から〗

schlen·ter /ʃlénṭə | -tə(r)/ *n.*《豪口語》いんちき (fake, trick);《南ア》(ダイヤの)まがいもの. — *adj.*《豪口語・南ア口語》いんちきな, まがいものの. 〖《1864》□ Afrik. or Du. *slenter* knavery, trick〗

schlepp /ʃlép/ (*also* **schlep** /~/)《米俗》*vt.* **1** 引きずる, 引いて行く (haul). **2** 盗む. — *vi.* 引きずるように歩く, のろのろ進む: ~ around だらだらと時間を過ごす. — *n.* **1** のろま, 役立たず, 不器用者. **2** こそどろ. 〖《1922》□ Yid. *s*(*c*)*hlepen* □ G *schleppen* to drag〗

schlep·per /ʃlépə | -pə(r)/ *n.* =schlepp.

Schle·si·en /G. ʃléːziən/ *n.* シュレジエン《Silesia のドイツ語名》.

Schles·in·ger /ʃlésɪŋə, -zɪndʒə, ʃléɪz- | ʃlézɪndʒə(r), ʃlés-/, **Arthur M(ei·er)** /máɪə | máɪə(r)/ *n.* シュレージンガー《1888–1965; 米国の歴史家》.

Schlesinger, Arthur M(eier), Jr. *n.* シュレージンガー《1917–2007; 米国の歴史家, Arthur Meier Schlesinger の息子》.

Schles·wig /ʃléswɪg, ʃlés- | ʃlézvɪg, -wɪg, ʃlés-; G. ʃléːsvɪç/ *n.* シュレスウィッヒ: **1** ドイツ北部, デンマークの近くにあるバルト海に臨む海港. **2** Jutland 半島南部にあったデンマークの旧公国; 1864 年プロイセンに併合; 1920 年人民投票の結果, 北部はデンマークに返還; 現在, 南部はドイツ Schleswig-Holstein 州の一部; デンマーク語名 Slesvig.

Schléswig-Hólstein *n.* シュレスウィッヒホルシュタイン: **1** デンマークの 2 旧公国; 19 世紀に国際紛争の中心となり, Schleswig は 1864 年に, Holstein は 1866 年にプロイセンに併合. **2** ドイツ北部の州; Jutland 半島南部を占める; 面積 15,676 km², 州都 Kiel.

Schley·er /ʃláɪə | ʃláɪə(r); G. ʃláɪɐ/, **Johann Martin** *n.* シュライアー《1831–1912; ドイツのカトリックの聖職者; 国際語 Volapük を考案し発表 (1880)》.

Schlick, Moritz /ʃlík; G. ʃlík/ *n.* シュリック《1882–1936; ドイツの哲学者; 論理実証主義を唱えるウィーン学団 (Vienna Circle) の指導者》.

Schlief·fen /ʃlíːfən; G. ʃlíːfn̩/, **Count Alfred von** *n.* シュリーフェン《1833–1913; ドイツの陸軍元帥; 参謀総長 (1891–1906); cf. Schlieffen Plan》.

Schlíeffen Plán *n.* [the ~] シュリーフェン作戦《第一次大戦前に Schlieffen が立案した対ロシア・フランス二正面作戦》. 〖1919〗

Schlie·mann /ʃlíːmɑːn | -mən, -mɑːn; G. ʃlíːman/, **Heinrich** *n.* シュリーマン《1822–90; ドイツの考古学者; Homer の叙事詩に刺激を受け, 努力して財を成し, Troy (1871–73) をはじめ, Mycenae (1876–78) や Tiryns (1884–85) を発掘, エーゲ文明研究の道を開いた》.

schlie·ren /ʃlíᵊrən | ʃlíər-; G. ʃlíːʁən/ *n. pl.* **1**〘地質〙シュリーレン《ある種の火成岩中にみられる不規則のしま状の部分; 周囲との境界はあまりはっきりしない場合が多いが, 大体においてレンズ状》. **2**〘物理〙シュリーレン, かげろう現象; シュリーレン部位《透明媒質の中で屈折率のわずかに変化する部分》. **schlie·ric** /ʃlíᵊrɪk | ʃlíər-/ *adj.* 〖《1898》□ G ~ (pl.) ← *Schliere* streak < MHG *slier*(*e*): ⇨ slur〗

schlíeren effèct *n.*〘物理〙かげろう効果.

schlíeren mèthod *n.* [the ~]〘物理〙シュリーレン法《透明媒質のわずかな屈折率の変化を光学的に観測する方法》. 〖1933〗

schlíeren photògraphy *n.*〘物理〙かげろう(法)写真. 〖1953〗

schli·ma·zel /ʃlɪ̀mɑ́ːzəl, -zl | ʃlɪ-/ *n.* (*also* **schli·mazl** /~/)《米俗》不運続きでへまばかりする人, 不運続きの人. 〖《1948》□ Yid. *s*(*c*)*hlimazel* ← *s*(*c*)*hlim* bad + *mazel* luck〗

Schlitz /ʃlɪts/ *n.*〘商標〙シュリッツ《米国製のビール》.

schlock /ʃlɑ́(ː)k | ʃlɔ́k/《米口語》*adj.* 安物の, 安っぽい (cheap); くずの (trashy). — *n.* 安っぽい[つまらぬ]もの; がらくた (junk). 〖《1915》□ Yid. *s*(*c*)*hlak* a curse □ G *Schlacke* dregs〗

schlock·meis·ter /ʃlɑ́(ː)kmàɪstə | ʃlɔ́kmàɪstə(r)/ *n.*《米俗》粗悪品[安物]を売る商人. 〖《1965》← SCHLOCK + G *Meister* 'MASTER[1]'〗

schlock·y /ʃlɑ́(ː)ki | ʃlɔ́ki/ *adj.* =schlock.

schloss /ʃlɔ́(ː)s, ʃlɑ́(ː)s | ʃlɔ́s; G. ʃlɔ́s/ *n.* (*pl.* **schlös·ser** /ʃlésə, ʃlʌ́sə | -sə(r); G. ʃlœ́sɐ/)(ドイツの)城, 御殿, 宮殿, 館(やかた). 〖《1820》□ G ~ < OHG *sloȥ* doorbolt〗

schlub /ʃlʌ́b/ *n.*《米口語》=shlub.

schlum·ber·ger·a /ʃlʌmbə́ːgərə | -bə́ː-/ *n.*〘植物〙=Christmas cactus.

schlump /ʃlʌ́mp/ *n.*《米口語》**1** ばかな[さえない]やつ, 怠け者. **2** 身なりのだらしない[みすぼらしい]やつ. — *vi.* (だらしない格好で)のらくらする. 〖《1948》← ? Yid. (cf. Yid. *shlumperdik* shabby)〗

schm- /ʃm/《米口語》語頭の子音(群)と置換, または母音の前に置いて,「不信」「軽蔑」「排除」などを示す連結形: *schm*ewspaper. 〖← Yid.〗

Schma·len·bach /ʃmɑ́ːlənbɑ̀ːk, -bɑ̀ːx; G. ʃmáːlənbax/, **Eugen** *n.* シュマーレンバッハ《1873–1955; ドイツの経営学者》.

Schmal·kál·dic Léague /ʃmɑːlkǽldɪk-/ *n.* [the ~] シュマルカルデン同盟《1531 年 Schmalkalden /G. ʃmalkáldn̩/ に結成されたプロテスタント諸侯・都市の同盟》. 〖← *Schmalkalden* (ドイツ南西部の都市)〗

schmaltz /ʃmɔ́ːlts, ʃmɑ́ːlts | ʃmɔ́ːlts, ʃmɔ́lts, ʃmǽlts/ *n.* **1**《口語》過度に感傷的な曲[作品]; (音楽やメロドラマなどの)感傷主義 (sentimentalism). **2**《米俗》(にわとりの)脂肪. 〖《1935》□ Yid. *s*(*c*)*hmalts* rendered fat: cf. OHG *smelzan* to melt: ⇨ smelt[2]〗

schmáltz hérring *n.* (産卵直前の)あぶらの乗ったニシン. 〖1935〗

schmaltz·y /ʃmɔ́ːltsi, ʃmɑ́ːl- | ʃmɔ́ːl-, ʃmɔ́l-, ʃmǽl-/ *adj.*《口語》過度に感傷的な (sentimental). 〖《1935》: ⇨ -y[4]〗

schmalz /ʃmɔ́ːlts, ʃmɑ́ːlts | ʃmɔ́ːlts, ʃmɔ́l-, ʃmǽl-/ *n.* =schmaltz.

schmalz·y /ʃmɔ́ːltsi, ʃmɑ́ːl- | ʃmɔ́ːl-, ʃmɔ́l-, ʃmǽl-/ *adj.* =schmaltzy.

schmatte /ʃmɑ́ṭə | -tə/ *n.* =shmatte.

schmear /ʃmíə | ʃmíə(r)/ *n.*《米口語》事柄 (matter), こと (affair); わいろ: ⇨ whole schmear. — *vt.* 〈人〉の機嫌をとる. 〖《1961》□ Yid. *s*(*c*)*hmir* spread〗

Schmidt /ʃmít; G. ʃmít/, **Alexander** *n.* シュミット《1816–87; ドイツの英語学者; *Shakespeare-Lexicon* (1874)》.

Schmidt, Helmut (**Heinrich Waldemar**) *n.* シュミット《1918–　; ドイツの社会民主党の政治家; 西ドイツ首相 (1974–82)》.

S

Schmidt, Wilhelm *n.* シュミット《1868–1954; オーストリアの言語学者・民族学者》.

Schmídt cámera /ʃmít-/ *n.* 〖写真〗シュミットカメラ《天体観測に用いる明るく写野の広い反射鏡と非球面補正ガラス板を用いた特殊なカメラ》. 〚《1936》← *Bernard Schmidt* (1879–1935: ドイツの光学研究者)〛

Schmídt óptics *n.* 〖光学〗=Schmidt system.

Schmidt-Rott·luff /ʃmítrɑ́(ː)tlʊf | -rɔ́t-; *G.* ʃmítʁɔ́tlʊf/, **Karl** *n.* シュミット ロットルフ《1884–1976; ドイツ表現主義の画家》.

Schmídt's orthogonalizátion *n.* 〖数学〗= Gram-Schmidt orthogonalization.

Schmídt sỳstem *n.* 〖光学〗シュミット(光学)系《球面鏡とほぼその曲率中心においた補正板より構成される, 収差が極めて小さく口径比の大きい結像光学系で, 天体撮影などに用いられる》. 〚cf. Schmidt camera〛

Schmítt trìgger *n.* 〖電子工〗シュミットトリガー《入力電圧が特定値を超えた時から(別の)ある値以下になるまでの間一定の出力電圧を生じる双安定回路》. 〚《1953》: ← *O. H. Schmitt* (1913–98: 米国の生物物理学者・エレクトロニクス技術者)〛

Schmitz, Ettore *n.* =Italo SVEVO.

schmo /ʃmóʊ | ʃmə́ʊ/ *n.* (*pl.* ~**es**) (*also* **schmoe** /~/) 《米俗》うすのろ, とんま, 変人 (jerk). 〚《1947》《短縮》? ← Yid. *s(c)hmok* fool〛

Schmol·ler /ʃmɔ́(ː)lə, ʃmɑ́(ː)lə | ʃmɔ́lə^(r); *G.* ʃmɔ́lɐ/, **Gustav von** *n.* シュモラー《1838–1917; ドイツ歴史学派の経済学者》.

schmooze /ʃmúːz/ 《米俗》*vi.* (*also* **schmoose** /~/) くだらないおしゃべりをする (chat idly). — *n.* むだなおしゃべり (jargon). **~·er** *n.* 〚▭ Yid. *s(c)hmues* ← Heb. *šᵉmūᵉōth* gossip, reports〛

schmuck /ʃmʌ́k/ *n.* 《米俗》(通例, 不愉快な)ばか (fool), うすのろ (oaf). 〚《1892》▭ Yid. *s(c)hmuck* penis ▭ Pol. *smok* serpent, tail〛

Schna·bel /ʃnɑ́ːbəl, -bḷ; *G.* ʃnɑ́ːbḷ/, **Ar·tur** /ɑ́ʁtʊʁ/ *n.* シュナーベル《1882–1951; オーストリア生まれの米国のピアニスト・作曲家》.

schnap·per /ʃnǽpə | -pə^(r)/ *n.* 〖魚類〗オーストラリア・ニュージーランド産のマダイの類の食用魚 (*Pagrosomus auratus*). 〚《1827》《変形》← SNAPPER〛

schnapps /ʃnǽps/ *n.* (*pl.* ~) (*also* **schnaps** /~/) シュナップス《アルコールの強い蒸留酒; 特に, オランダジン》. 〚《1818》▭ G *Schnaps* ▭ LG & Du. *snaps* gulp, mouthful ← *snappen* 'to seize, SNAP'〛

schnau·zer /ʃnáʊtsə, ʃnáʊzə | -tsə^(r), -zə^(r); *G.* ʃnáʊtsɐ/ *n.* シュナウザー《ドイツ原産の作業犬; 長い頭部, 小さい耳, 太い眉, ひげ, 硬い毛をもつ; standard を原型にして, giant, miniature の 3 犬種に区別している》. 〚《1923》▭ G ~ ← *Schnauze* 'SNOUT, muzzle': ⇨ -er¹〛

schnec·ke /ʃnékə; *G.* ʃnɛ́kə/ *n.* (*pl.* **schnec·ken** /~n; *G.* ~n/) [通例 *pl.*] 《米》シュネッカ《シナモン入りの渦巻状のロールパン》. 〚▭ G ~ 'snail'〛

schnei·der /ʃnáɪdə | -də^(r); *G.* ʃnáɪdɐ/ 〖トランプ〗*n.* **1** (gin rummy で)ゼロ敗. **2** (skat で) 120 点中 90 点取ること. — *vt.* 〈相手を〉ゼロ [30 点以下]に抑えて勝つ. 〚《1886》▭ G *Schneider* tailor ← *schneiden* to cut〛

Schnei·der /ʃnáɪdə | -də^(r); *G.* ʃnáɪdɐ/, **Reinhold** *n.* シュナイダー《1903–58; ドイツのカトリック作家・詩人》.

Schnéider Tróphy *n.* [the ~] シュナイダー杯《世界水上飛行機競争の優勝杯; 最初にフランスの富豪 Jacques Schneider により贈呈された (1913)》.

schnit·zel /ʃnítsəl, -tsl; *G.* ʃnítsḷ/ *n.* シュニッツェル《通例薄切りの子牛肉のカツレツ: ⇨ Wiener schnitzel》. 〚《1854》▭ G ~ (dim.) ← *Schnitz* slice〛

Schnitz·ler /ʃnítslə | -lə^(r); *G.* ʃnítslɐ/, **Arthur** *n.* シュニッツラー《1862–1931; オーストリアの劇作家・小説家・内科医; *Anatol*「アナトール」(1893), *Professor Bernhardt* (1912)》.

schnook /ʃnʊ́k/ *n.* 《米口語》つまらぬ人間, ばか, まぬけ, あほ (dope). 〚《1940》▭ Yid. *s(c)hnok* fool 《変形》← *s(c)hmok*: ⇨ schmo〛

schnor·chel /ʃnɔ́əkəl, -kḷ | ʃnɔ́ː-; *G.* ʃnɔ́ʁçḷ/ *n.* = snorkel 1. ★ snorkel が一般的な語.

schnor·kel /ʃnɔ́əkəl, -kḷ | ʃnɔ́ː-/ *n.* =snorkel 1.

schnor·rer /ʃnɔ́ːrə | ʃnɔ́rə^(r), ʃnɔ́ːr-/ *n.* 《米口語》こじき, たかり屋; 居候 (sponger). 〚《1892》▭ Yid. *s(c)hnorrer* ← *s(c)hnorren* to beg〛

schnoz /ʃnɑ́(ː)z | ʃnɔ́z/ *n.* 《俗》=schnozzle.

schnoz·zle /ʃnɑ́(ː)zḷ | ʃnɔ́zḷ/ *n.* 《米俗》(でかい)鼻, 大鼻. 〚《1930》《変形》? ← Yid. *s(c)hnoitsl* (dim.) ← *s(c)hnoits* ▭ G *Schnauze* 'SNOUT'〛

Schnur Ke·ra·mik /ʃnʊ́əkeɪrɑ́ːmɪk | ʃnʊ́ə-; *G.* ʃnúːʁkeʁáːmɪk/ *n.* 〖考古〗縄(ᵗ)線紋土器《糸または縄の圧痕(え)で装飾されたヨーロッパ新石器時代の土器の一形式》. 〚《1902》▭ G ~ ← *Schnur* cord, string (⇨ snare¹)+*Keramik* 'CERAMICS'〛

Schoen·berg /ʃóʊnbəːg, ʃɜ́ːn- | ʃɜ́ːnbəːg, -bɛəg; *G.* ʃǿːnbɛʁk/ *n.* =Schönberg.

Schóen·flies sỳmbol /ʃóʊnfliːz- | ʃə́ʊn-; *G.* ʃǿːnfliːs-/ *n.* 〖結晶〗シェーンフリースの記号《点群・空間群を表す記号体系の一つ; cf. Hermann-Mauguin symbol》. 〚《1934》← *Arthur Moritz Schoenflies* (1853–1928: ドイツの科学者)〛

scho·la can·to·rum /skóʊləkæntɔ́ːrəm | skə́ʊ-/ *n.* (*pl.* **scho·lae cantorum** /skóʊliː- | skə́ʊ-/) **1** (修道院・大聖堂の)聖歌隊, 聖歌隊の学校. **2** 修道院[大聖堂]聖歌隊の使用する場所[席]. 〚《1782》▭ ML ~ 'school of singers'〛

schol·ar /skɑ́(ː)lə | skɔ́lə^(r)/ *n.* **1 a** (大学などで, 専門分野の専門家としての)学者《もとギリシャ・ローマの文学に通じた古典学者を指したが, 現在主に人文科学の分野の学者をいう; ⇨ pupil SYN》: a famous Shakespeare ~. **b** 学問のある人, 学識者 (learned person). **2** 《古》**a** [通例前に限定語を伴って] 学生, 生徒 (pupil); 学ぶ人, 学習者 (learner): a good [poor] ~ よくできる[できない]生徒 / a dull [an apt] ~ のみ込みの悪い[速い]人. **b** 門下生, 門人, 弟子 (disciple). **3** 奨学金受領者, 給費生; 特待生 (cf. scholarship 1 a): ⇨ King's Scholar, Rhodes scholar. **4 a** [通例, 否定構文で]《口語》教育[学]のある人: He is no [not much of a] ~. あまり学[才覚]のない男だ. **b** 《方言》読み書きのできる人. ***a schólar and a géntleman*** 育ちもよく教育もある人. 〚《c1300》 *sc(h)oler* < lateOE *scolere* ▭ LL *scholāris* ← *sc(h)ola* 'SCHOOL¹': ⇨ -ar²: cf. OF *escoler* (F *écolier*)〛

schol·arch /skɑ́(ː)lɑək | skɔ́lɑːk/ *n.* **1** 校長 (head of a school). **2** (昔の Athens の)哲学学校の校長. 〚《1863》▭ Gk *skholárkhēs* ← *skholḗ* 'SCHOOL¹'+ *-arkhēs* '-ARCH'〛

schol·ar·ly /skɑ́(ː)ləli | skɔ́lə-/ *adj.* 学者らしい, 学者的な, 学問的な (academic): ~ habits 学者的な習慣 / a ~ work of criticism 学問的な批評書 / a ~ journal 学術雑誌. — *adv.* 学者らしく, 学者的に. **schól·ar·li·ness** *n.* 〚《1597》← SCHOLAR+-LY¹·²〛

schol·ar·ship /skɑ́(ː)ləʃɪp | skɔ́lə-/ *n.* **1 a** 奨学金, 給費; 奨学資金(制度) (cf. fellowship 4 a): a ~ association [society] 育英会 / receive a ~ 奨学金をもらう / win a ~ *to* Princeton プリンストン大学の奨学金を勝ち取る. **b** 奨学資金を受ける身分[資格]. **2 a** (学者の持っている)学識, 博学 (⇨ knowledge SYN); (特に)古典に関する学識; 学術上の業績. **b** 学問. **c** 学者らしさ. 〚《1535–36》← SCHOLAR+-SHIP〛

Schólarship lèvel, S- L- *n.* 《英》〖教育〗学問級《18 歳で受験する A level よりも高い試験(科目); 大学入学資格の一部となる; S level ともいう; ⇨ General Certificate of Education》.

schólar's máte *n.* 〖チェス〗スカラーズメイト《先手の 4 手目で後手が詰むこと》.

scho·las·tic /skəlǽstɪk | skə-, skɔ-/ *adj.* **1 a** 学校の, (特に)中等[高等]学校の; (学校)教育の (educational): ~ achievement 学力, 成績 / a ~ institution 教育施設, 学校 / ~ competitions (学校間の)対抗試合 / the ~ profession 教職 / a ~ year 学年 (cf. calendar year) / a ~ agent 教職斡旋(ᵃˢ)業者. **b** 学者らしい, 学者的な (scholarly): a ~ thesis. **c** 学者のための[に作られた]: a ~ association. **2 a** [しばしば S-] (中世の)スコラ哲学(者)の, スコラ学の: ~ philosophy [divinity, theology] スコラ哲学[神学]. **b** 学者ぶった, 衒学的な (pedantic); 形式的な, 堅苦しい考えの: ~ subtleties and niceties 細かな論理を追うこむずかしさ. — *n.* **1 a** [通例 S-] (中世の)スコラ哲学者, スコラ学者 (Schoolman). **b** 学者ぶる人, 衒学者 (pedant); 形式家 (formalist). **c** (衒学的な)大学の先生. **2** 学風[芸術の伝統的方式]を固執する人. **3** 〖カトリック〗イエズス (Jesuit) 会の哲学生, 神学生. 〚← NL *scholasticus* ← L (adj.)〛 **scho·lás·ti·cal** /-tɪkəl, -kḷ | -tɪ-/ *adj.* **scho·lás·ti·cal·ly** *adv.* 〚《1596》▭ L *scholasticus* of a school ▭ Gk *skholastikós* ← *skholázein* to have leisure, keep a school ← *skholḗ* 'leisure, SCHOOL¹': ⇨ -ic¹〛

Scholástic Asséssment [《古》**Áptitude**] **Tèst** *n.* 《米》〖商標〗大学進学学力[適性]検査《米国の大学進学希望の高校生を対象にした全国共通テスト; College Entrance Examination Board が管轄する; 略 SAT》.

scho·las·ti·cate /skəlǽstəkèɪt, -tḳət | skəlǽstḳ-, skɔ-/ *n.* 〖カトリック〗イエズス (Jesuit) 会修道生の塾舎, 修学修士館, 修学院. 〚《1875》← NL *scholasticātus* ← *scholasticus* 'scholastic': ⇨ scholastic, -ate¹〛

scho·lás·ti·cìsm /-təsìzm | -tɪ-/ *n.* **1 a** [通例 S-] (中世の)スコラ哲学, スコラ学. **b** =neo-scholasticism. **2** 学風固執, 伝統的教義固執. 〚《1756–82》← SCHOLASTIC+-ISM〛

Scholes /skóʊlz | skə́ʊlz/, **Myron S(amuel)** *n.* スコールズ《1941–　; カナダ生まれの米国の経済学者; Nobel 経済学賞 (1997)》.

scholia *n.* scholium の複数形.

scho·li·ast /skóʊliæ̀st, -əst | skə́ʊ-/ *n.* **1** (ギリシャ・ローマの)古典注解を行った古代の学者, 古注家. **2** (ある著書に対する)注釈者, 評注者 (annotator, commentator). **scho·li·as·tic** /skòʊliǽstɪk | skə̀ʊ-ˈ-/ *adj.* 〚《1583》▭ LL *scholiasta* ▭ Gk *skholiastḗs* ← *skholiázein* to write scholia: ↓〛

scho·li·um /skóʊliəm | skə́ʊ-/ *n.* (*pl.* **-li·a** /-liə/, ~**s**) **1** [しばしば *pl.*] (ギリシャ・ローマの古典に付けた)古代の注釈. **2** (数学書などの)注釈, 評注, 例解. 〚《1535》▭ ML ~ ▭ Gk *skhólion* commentary (dim.) ← *skholḗ* 'leisure, lecture, SCHOOL¹'〛

Scholz /ʃɑ́(ː)lts, ʃɔ́(ː)lts | ʃɔ́lts; *G.* ʃɔ́lts/, **Wilhelm von** *n.* ショルツ《1874–1969; ドイツの作家・劇作家》.

Schön·berg /ʃóʊnbəːg | ʃɜ́ːn- | ʃɜ́ːnbəːg, -bɛəg; *G.* ʃǿːnbɛʁk/, **Arnold** *n.* シェーンベルク《1874–1951; 米国に在住したオーストリアの作曲家; 無調音楽・十二音技法で知られる; 米国へ移住後は Schoenberg とつづった》.

Schon·gau·er /ʃóʊngaʊə | ʃɔ́ŋgaʊə^(r); *G.* ʃóːngaʊɐ/, **Martin** *n.* ショーンガウアー《1445?–91; ドイツの版画家・画家》.

school¹ /skúːl/ *n.* **1 a** (教育を与える機関としての)学校; 小[中, 高等]学校: ⇨ common school, continuation school, elementary school, finishing school, grammar school, high school, industrial school, infant school, night school, normal school, primary school, secondary school, secondary modern school, summer school / teach in [at] a ~ 学校で教える (cf. teach school ⇨ 4) / keep a ~ 《古》(校主として)(私立)学校を経営する. **b** (特殊な技能を教える)特殊学校, 練習場, 養成[研修]所: an artillery [a gunnery] ~ 砲術学校 / a driving ~ 自動車教習所 / ⇨ dancing school, riding school / go to art [drama] ~ 美術[演劇]学校へ行く. **c** 《米》大学 (college, university): Harvard's still a good ~. ハーバード大学は依然としていい大学だ. **d** (大学で学位取得を目的とする)専門学部 (faculty); 大学院: medical [history] ~ 医学部[史学科] / the *School* of Oriental and African Studies (ロンドン大学の)東洋・アフリカ研究所 / ⇨ graduate school, law school. **e** 《英》(私立の学校での)科: the upper [lower] ~ 高等[尋常]科. 日英比較 日本語では「学校の特色, 校風」を「スクールカラー」というが, 英語の school color は学校の旗やユニフォームなどの色を表す. 日本語の「スクールカラー」に相当する英語は the character of the school (特色), the tradition of the school (伝統). **2** [the ~; 集合的] 全校の生徒[学生]; (学校の)職員と学生全員: address *the* whole ~ 全校生徒に講演する / *The* whole ~ knows it. 全校中知らない者はない. **3** [集合的] **a** (学問・美術の)流, 派, 流派, 学派, 門下, 弟子 (disciples, followers); 思想を同じくする人の集団: the Freudian ~ フロイド派 / Hegelian ~ of philosophy ヘーゲル派の哲学 / the Peripatetic ~ 逍遙学派《ギリシャのアリストテレス学派》/ the ~ of Epicurus (ギリシャの)エピクロス学派 / the Bolognese [Venetian, Roman, British] ~ ボローニャ[ベネチア, ローマ, 英国]画派 / the ~ of Raphael ラファエロ画風 / the classical [romantic] ~ (文学・芸術史上の)古典[ロマン]派 / the Lake ~ 湖畔詩人派 (cf. Lake Poets) / a doctor of the old ~ 昔風の医者 / a ~ of thought 考えを同じくする人々[一派], 学派(の見解) / He left no ~ after [behind] him. 彼は衣鉢(ᵉᵖᵖᵃᵗˢᵘ)を継ぐ者を残さなかった. **b** 《口語》(一座の) 博打(ᵇᵃᵏᵘᶜʰⁱ) 仲間, 飲み仲間. **4** [無冠詞で] (学校教育の意味での)学校, 修業, 学業; 授業; (授業への)出席: go to ~ 通学する, 登校する; 入学する / send a child to ~ 子供を学校へ上げる / leave ~ 卒業する; 中途退学する; 下校する / be dismissed [expelled] from ~ 退学させられる, 放校される / teach ~ 《米》学校の教師をする (cf. teach in a school ⇨ 1) / after ~ 放課後; 卒業後 / before ~ 始業前に / out of ~ 学校を出て, 卒業して / be late for [《米》to] ~ 学校に遅刻する / *School* begins at 8 o'clock. 学校は 8 時始まり / We have no ~ today. きょうは学校は休み. **5 a** 校舎 (schoolhouse); 教場, 教室 (classroom): build a new ~ 学校を新築する. **b** (英大学で)学位試験場. **6** 道場, 鍛錬場, (試練的)境遇: The duel is a good ~ of manners. 決闘は作法を学ぶよい試練だ / in the hard ~ of adversity [experience, life] 逆境[経験, 人生]という激しい訓練場で. **7** 《英》**a** [*pl.*] (オックスフォード大学の)優等卒業試験, 学位試験(場): in the ~*s* 学位試験を受験[施行]中で / be in [sitting] for one's ~*s* 学位試験を受験中である. **b** (オックスフォード大学の)優等卒業受験科《このコースを取る者は honours degree の獲得資格が得られる; cf. tripos 2》. **8** [the ~s; 集合的] (中世の)大学 (universities); 学界 (academic world). **9** [Schools] 《廃》スコラ哲学者[神学者] (Schoolmen). **10** [集合的] 〖軍事〗訓練規定, 訓練, 教練 (⇨ SCHOOL of the soldier [squad]). **11** 〖音楽〗手引き, 教則本, 教習書 (manual).

at schóol (1) 授業中, 授業を受けて. (2) 《英》就学中, 在学中 (《米》in school). ***gó to schóol to*** …に教えを受ける, に学ぶ: *go to* ~ *to* the wisdom of ants アリの知恵に学ぶ. ***in schóol*** 《米》在学中: The boys are still *in* ~. 子供たちはまだ在学中です. ***of the óld schóol*** ⇨ old school. ***téll táles òut of schóol*** ⇨ tale¹ 成句. ***the schóol of hárd knócks*** 《米口語》忍苦の経験, 試練, 人生経験. 《1912》

Schóol of Láw 〖中国哲学〗法家.

Schóol of Mínd 〖中国哲学〗心学.

Schóol of Páris [the —] 〖美術〗エコール ド パリ (l'École de Paris) の英語名《第一次大戦後 Paris で活躍した主として外国人画家の一派》.

schóol of the sóldier 〖軍事〗兵卒訓練規定, (密集教練の一部としての)各個教練.

schóol of the squád 〖軍事〗分隊教練規定, (密集教練の一部としての)分隊教練.

— *adj.* [限定的] **1** 学校の[に関する]: a ~ library 学校図書館 / a ~ cap [uniform] 学生帽[学校の制服] / a ~ play 学校劇 / a ~ newspaper 学校新聞 / a ~ trip 修学旅行 / ~ hours 授業時間 / ~ things 学用品 / ~ slang 学生俗語 / a BBC ~*s* programme 《英》BBC の学校向け番組 / ⇨ old school tie. **2 a** 学校で教えられる, 学校教育の: ~ studies / ⇨ school grammar. **b** (乗馬学校で)調教された. **3** 《廃》スコラ哲学者[神学者]の.

— *vt.* **1** (学校で)教える; …に学校教育を受けさせる; 教育する (educate): He was well ~*ed*. 学校教育を十分に受けた. **2 a** (訓練・訓戒などで)おとなしくする; しつける, 訓練する (train, discipline): ~ a horse 調馬する / ~ oneself *to* patience 忍耐力を鍛える / *School* yourself *to* control your temper. かんしゃくを抑えるように修養せよ / ~ one's temper かんしゃくを抑える / be ~*ed in* war [*by* adversity] 戦争[苦難]で鍛えられる. **b** [しばしば p.p. 形で] (長く何度も繰り返して)〈人・動物〉に〈…を〉教え込む 〔*in*〕: well ~*ed* in languages 十分な言語教育をうけた / ~ oneself *in* self-control 自制心を養う. **3** 《古》しかる, 懲戒する (reprimand). — *vi.* **1** 田野を横断して乗馬する: ~ over the country. **2** 《まれ》登校する.

〖OE *scōl* ◻ L *schola*, leisure, lecture, school ◻ Gk *skholḗ* (原義) a holding back ← IE **segh-* to hold (Gk *ékhein* / OE *sige* victory): cf. scholar, scholium〗

school² /skúːl/ *n.* **1** (魚・鯨などの)群れ (⇨ group SYN): a ~ of fish. **2** (人・鳥などの)集まり, 群集: a ~ of people. ― *vi.* 〈魚などが〉群れをなす, 群れをなして泳ぐ. ***schóol úp*** 〈魚などが〉水面近く群集する. 〖(1386) *scol(e)* ◻ MDu. *schōle* (Du. *school*) ← ? IE **skel-* to cut: SHOAL² と二重語〗

school·a·ble /skúːləbl/ *adj.* **1** 就学すべき, 就学年齢の: ~ children. **2** 教え[鍛え]られる, 調練できる. 〖(1594) 1846〗

schóol-àge *adj.* 学齢の.

schóol àge *n.* 〘教育〙 **1** 学齢, 就学年齢: reach [attain] ~ 学齢に達する. **2** 義務教育年限. 〖1741〗

schóol atténdance òfficer *n.* 《英》〘教育〙 = Educational Welfare Officer の旧称.

schóol·bàg *n.* 通学かばん. 〖1895〗

schóol bòard *n.* 〘教育〙 **1** 《米・カナダ》教育委員会 (選挙または任命による委員から成り, 地方公立学校の行政をつかさどる). **2** 《英》学務委員会 (地方納税者の選出したもので, 1870 年から 1902 年まで各地方の初等教育の運営をつかさどった; cf. board school). 〖1836〗

schóol·bòok *n.* 教科書 (textbook). ― *adj.* [限定的] **1** 教科書の. **2** 《米》教科書的な; 過度に単純化した. 〖1745〗

school·boy /skúːlbɔ̀ɪ/ *n.* (小・中学校の)男子生徒: Every ~ knows it. 学童でも みな知っている. 〖1594–95〗

schóol bùilding *n.* 校舎 (cf. schoolhouse). 〖1829〗

schóol bùs *n.* (通学生専用の)スクールバス. 〖1908〗

schóol càptain *n.* 《英》(public school の) 生徒長 (全校の規律と風紀をつかさどる; cf. house captain).

schóol certìficate, S- C- *n.* 《英》〘教育〙 中等教育修了証明書 (イングランド・ウェールズで 1917 年以来 16 歳の中等教育修了見込み者で school certificate 試験に合格した者に与えられた; 現行の O level に相当する; 18 歳で受験する上級の試験 Higher School Certificate と二段階になっており, 大学入学資格の構成要素となっていた; 1951 年この制度が変わり General Certificate of Education となった; ニュージーランドではまだこの旧制度が実施されている; 略 SC). 〖1937〗

school·child /skúːltʃàɪld/ *n.* (*pl.* **-chil·dren** /-tʃìldrən/) 学童.

schóol còlors *n. pl.* 特定の色の校服[学章など]; (代表選手のユニホームなどの)校色, スクールカラー. 〖1913〗

schóol commìttee *n.* 〘教育〙 **1** =school board 1. **2** [S- C-] 《NZ》(小学校の)父兄委員会.

schóol còuncil *n.* 《英》〘教育〙 (小学校の)生徒委員会.

School·craft /skúːlkræ̀ft | -krɑːft/, **Henry Rowe** *n.* スクールクラフト (1793–1864; 米国の民族学者).

schóol cróssing guàrd [《英》 **patròl**] *n.* (学校付近の交差点にいる)交通指導員, 学童道路横断監視員 (《米》では school guard, 《英口語》では lollipop man [lady] ともいう).

schóol·dàme *n.* 《英》 dame school の校長. 〖1652〗

schóol dày *n.* **1** 授業日. **2** [*pl.*] 学校時代, 学生時代: in his ~*s*. **3** (始業時から終業時までの)授業時間. 〖1595–96〗

schóol dìnner *n.* =school lunch.

schóol dìstrict *n.* 《米》学区 (教育行政上の最小の単位で, 教育委員会をもち, 財源を得るための課税をする権限も与えられている). 〖1809〗

schóol divíne *n.* 《古》スコラ神学者 (Schoolman). 〖1594〗

schóol divìnity *n.* スコラ神学. 〖1594〗

schóol dòctor *n.* **1** 学校医, 校医. **2** 《廃》= school divine. 〖1528〗

schóol edìtion *n.* (書物の)学校版 (学校用にしばしば縮小したり注解をつけたりした本).

-school·er /-lə | -lə^(r)/ *n.* [通例複合語の第 2 構成素として] 学校の生徒: *pre*schooler.

schóol fèe *n.* [しばしば *pl.*] 授業料.

schóol·fèllow *n.* (同期の)同窓生, 学友 (schoolmate): an old ~ of mine 私の同窓生. 〖*a*1387〗

schóol fìgure *n.* 〘スケート〙 規定のフィギュア.

schóol-fìsh *n.* 〘魚類〙 群れをなしている魚; (特に) = menhaden. 〖1876〗

schóol frìend *n.* 《英》=schoolfellow.

school·girl /skúːlgə̀ːl | -gə̀ːl/ *n.* (小・中学校の)女子生徒, 女学生. 〖1777〗

schóol gòvernor *n.* 《英》学校理事.

schóol gràmmar *n.* 学校文法 (科学的・理論的文法に対し学校で教える規範文法 (prescriptive grammar) をいう).

schóol guàrd *n.* 《米》=school crossing guard.

schóol·hòuse *n.* **1** (主に, 村の小さな小学校の)校舎. **2** 《英》(小学校付属の)校長住宅 (cf. school house 1). 〖*c*1303〗

schóol hóuse *n.* 《英》 **1** (ある public school で) 校長住宅 (cf. schoolhouse 2). **2** [集合的] 校長住宅の寄宿生. 〖15C〗

school·ie /skúːli/ *n.* 《豪口語》学校の先生. 〖1889〗

school·ing /skúːlɪŋ/ *n.* **1 a** 学校教育: He never had any ~. 彼は全く学校教育を受けなかった. **b** (特に, 通信教育で行う)教室授業, 実地訓練, スクーリング. **2** 訓練; (特に)競走馬の調教, 乗馬訓練, 乗馬術教練; 障害跳躍訓練, 発馬訓練. **3** 学費, 授業料: pay a ~. **4** 《古》懲罰, 懲戒. 〖*c*1395〗

schóol inspèctor *n.* 視学官. 〖1822〗

schóol-kìd *n.* 《口語》小学生, 学童. 〖1938〗

schóol lànd *n.* [通例 *pl.*] 《米》学校用地 (学校設立のために留保した州の土地). 〖1648〗

school-leav·er /skúːlliːvə | -və^(r)/ *n.* 《英》〈主として中等教育の学校を〉卒業する見込みの者, 卒業して間もない者. **schóol-léaving** *adj.* 〖1925〗

schóol-léaving àge *n.* 《英》義務教育修了[卒業]年. 〖1920〗

schóol lùnch *n.* 学校給食.

schóol·mà'am /-mæ̀m | -mɑ̀ːm, -mæ̀m/ *n.* (*also* **school·ma'm** /～/) =schoolmarm.

schóol·man /-mən, -mæ̀n/ *n.* (*pl.* **-men** /-mən, -mèn/) **1** 細かい学問的論争に秀でた人. **2** [通例 S-] スコラ哲学者[神学者], スコラ学者 (Scholastic). **3** 《米》学校教師. 〖(*a*1540): cf. OE *scōlmann* learner〗

schóol·màrm /-mɑ̀əm | -mɑ̀ːm/ *n.* 《米口語》 **1** (旧式の田舎または小都市の)女性教師. **2** 《口語》 **a** (衒学的で堅苦しいタイプの)先生くさい人 (女にも男にもいう). **b** 堅苦しい女性. 〖1831〗

schóol·màrm·ish /-mɪʃ/ *adj.* 《米口語》=schoolmistressy.

school·mas·ter /skúːlmæ̀stə | -mɑ̀ːstə^(r)/ *n.* **1** 男の先生, 《英》(男の)校長. **2** (先生を思わせるような)指導者. **3** 《廃》家庭教師 (tutor). **4** 〘魚類〙米国の Florida 州・西インド諸島産のフエダイ科の一種 (*Lutjanus apodus*) (cf. black snapper). ***The schóolmaster is abróad.*** 教育は普及している; 《反語》教育はお留守になっている (英国の政治家・法律家 Lord Brougham (1778–1868) の下院での演説 (1828) のことばから). ― *vi.* 教師をする, 教える. ― *vt.* (教師のように)教える, 訓練する; (特に, 絶えず口やかましく言って)教え込む. 〖?*a*1200〗

schóol·màster·ing *n.* 教師職[業]. 〖1844〗

schóol·màster·ly *adj.* 学校の先生らしい. 〖1865〗

schóol·màte *n.* 学友 (fellow pupil); 同窓生, 学校友達 (schoolfellow). 〖1563〗

schóol mìss *n.* 女生徒 (schoolgirl); (特に)生意気な娘[女の子].

schóol·mìstress *n.* 女教師; (特に)女性の校長 (cf. schoolmaster 1). 〖*a*1500〗

schóol·mìs·tress·y /-si/ *adj.* 《口語》女教師風の, つんとすましてこうるさい. 〖1915〗

schóol nìght *n.* 翌日学校がある夜.

schóol nùrse *n.* (学校の)養護教諭. 〖1912〗

schóol pràctice *n.* =teaching practice.

schóol repòrt *n.* 《英》=report card.

schóol·ròom *n.* **1** (学校の)教室. **2** (家での)子供の勉強部屋, 学習室. 〖1773〗

schóol rùn *n.* 《英》学校に通う子供の送り迎え: ~ congestion 子供の送り迎えで生じる交通渋滞.

Schóols Còuncil *n.* 《英》〘教育〙 スクールズカウンシル (正式名称は Schools Council for the Curriculum and Examinations; 初等・中等学校のカリキュラムと試験制度の検討・研究・改善を主目的に 1964 年成立した半官半民の教育研究開発機関).

schóol sèction *n.* 《カナダ》=school land.

schóol shìp *n.* (船員養成の)練習船 (training ship). 〖1841〗

schóols inspèctor *n.* =school inspector.

schóol sỳstem *n.* [the ~] 〘教育〙学校組織 (教育委員会管轄下の全学校).

schóol-tàught *adj.* 学校で教わった, 学校仕込みの. 〖1765〗

school·teach·er /skúːltìːtʃə | -tʃə^(r)/ *n.* (初等[中等, 高等]学校の)学校教師. 〖1847〗

schóol·tèaching *n.* 教師の職業, 教職. 〖1847〗

schóol tìe *n.* =old school tie.

schóol·tìme *n.* **1** 授業時間, (家庭での)勉強時間; 始業時間. **2** [通例 *pl.*] 学生[学校]時代 (school days). **3** 訓練期間. 〖1740〗

schóol wélfare òfficer *n.* 《英》〘教育〙 Educational Welfare Officer の旧称.

schóol·wòrk *n.* 学業 (学校での学習または宿題). 〖1857〗

schóol·yàrd *n.* 校庭; (学校の)運動場. 〖1870〗

schóol yéar *n.* =academic year.

schoo·ner /skúːnə | -nə^(r)/ *n.* **1** スクーナー (通例 2–7 本以上のマストの縦帆式帆船): a three-masted ~. **2** 《米》幌(ほろ)馬車 (prairie schooner). **3 a** 《米・豪》(大きい背の高い)ビールコップ. **b** 《英》シェリー・ビールなどの単位. **c** シェリー・ポートワイン用細長いグラス. 〖(1716) (古形) *scooner* ← ? (米方言) **scoon* to glide, slide ← ? (スコット) *scon* to make a flat stone skip along the surface of water: ⇨ -er¹〗

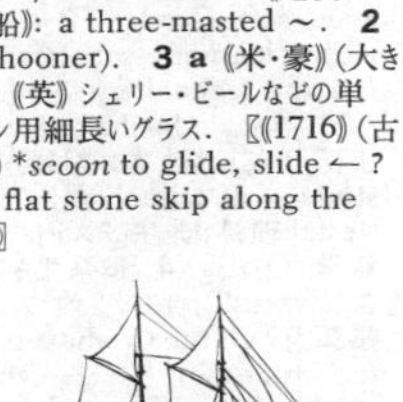

schooner 1

schóoner bàrk *n.* スクーナーバーク (ジャッカス艤装の 5 本マスト帆船; 1920 年に試作されたものでフォアマストとミズンマストの上帆を横帆にし, その他は全部縦帆としたもの).

schóoner kètch *n.* スクーナーケッチ (3 本マストのスクーナーで, ミズンマストを短くし, そこのガフトップスルは略してあるのが普通).

schóoner rìg *n.* 縦帆装置, スクーナー式帆装.
schóoner-rigged *adj.* 〖1866〗

Scho·pen·hau·er /ʃóupənhàuə, -pn- | ʃóupənhàuə^(r), ʃɔ́p-; G. ʃóːpn̩hàuɐ/, **Arthur** *n.* ショーペンハウアー (1788–1860; ドイツの哲学者; *Die Welt als Wille und Vorstellung*「意志と表象としての世界」(1819)).

Schó·pen·hàu·er·ìsm /-hàuərɪzm/ *n.* ショーペンハウアー (Schopenhauer) の厭世[宿命]哲学. 〖1882〗

schorl /ʃɔ̀ət | ʃɔ́ːl/ *n.* 〘鉱物〙黒電気石 (黒色の電気石 (tourmaline)). **schor·la·ceous** /ʃɔəléɪʃəs | ʃɔː-/ *adj.* 〖(1779) ◻ G *Schörl* ← ?〗

schot·tische /ʃɑ́(ː)tɪʃ | ʃɔtíːʃ, ʃə-/ *n.* **1** ショッティッシュ舞踊 (19 世紀に流行したポルカ (polka) に似た 2 拍子の輪舞; 英国で初めて踊られた). **2** ショッティッシュの曲. ― *vi.* ショッティッシュを踊る. 〖(1849) ◻ G *Schottische* ← *schottisch* 'SCOTTISH'〗

Schótt·ky bàrrier /ʃɑ́(ː)tki- | ʃɔ́t-; G. ʃɔ́tki/ *n.* 〘物理〙ショットキー障壁, ショットキーバリア (半導体と金属が接触するときに生ずる界面領域). 〖(1949): ← *Walter Schottky* (1886–1976: この現象を発見したスイス生まれのドイツの物理学者)〗

Schóttky diode *n.* 〘物理〙ショットキーダイオード (金属と半導体を接触させた整流器). 〖(1968) ↑〗

Schóttky effèct *n.* 〘物理〙(熱電子放射における) ショットキー効果. 〖1925〗

schrei·ner /ʃráɪnə | -nə^(r)/ *vt.* =schreinerize.

Schrei·ner /ʃráɪnə | -nə^(r); G. ʃʁáɪnɐ/, **Olive Emilie Albertina** *n.* シュライナー (1855–1920; ドイツの宣教師の娘で南アフリカ共和国の女流小説家・女権拡張論者; *The Story of an African Farm* (1883); *Woman and Labour* (1911); 筆名 Ralph Iron, のち Mrs. Cronwright /krά(ː)nraɪt | krɔ́n-/).

schréiner fìnish *n.* (織物の表面の)つや出し仕上げ. 〖(1904) ← ? *Schreiner* (創始者の名)〗

schrei·ner·ize /ʃráɪnəràɪz/ *vt.* 〈木綿地〉に(特殊なローラーで)つや出し加工をする. 〖(1905): ⇨ ↑, -ize〗

Schrief·fer /ʃríːfə | -fə^(r)/, **John Robert** *n.* シュリーファー (1931– ; 米国の理論物理学者; Nobel 物理学賞 (1972); cf. BCS theory).

schrik /ʃrík/ *n.* 《アフリカ南部》いきなり驚かせること; 周章狼狽 (panic). 〖(1887) ◻ Afrik. *skrik* ◻ Du. *schrik*〗

Schrö·der /ʃróudə, ʃréɪ- | ʃráudə^(r), ʃrɜ́ː-; G. ʃʁǿːdɐ/, **Gerhard** *n.* シュレーダー (1944– ; ドイツの社会民主党の政治家; 首相 (1998–)).

Schröder-Bernstein theorem /⸗–⸗–⸗–/ *n.* 〘数学〙シュレーダー-ベルンシュタインの定理 (集合 *A* が集合 *B* のある部分集合と対等で, *B* がまた *A* のある部分集合と対等ならば, *A* と *B* とは対等であるという定理; Bernstein's theorem ともいう).

Schrö·ding·er /ʃróudɪŋə, ʃréɪ- | ʃrɜ́ːdɪŋə^(r); G. ʃʁǿːdɪŋɐ/, **Erwin** *n.* シュレーディンガー (1887–1961; オーストリアの物理学者; 波動力学 (wave mechanics) の確立者; Nobel 物理学賞を Paul Dirac と共同受賞 (1933)).

Schrödinger equation /⸗–––⸗–/ *n.* 〘物理〙シュレーディンガー方程式 (Schrödinger によって確立された波動力学の基礎方程式; 一般に量子力学的状態を記述する方程式; Schrödinger wave equation ともいう). 〖(1927) ↑〗

schtick /ʃtík; G. ʃtík/ *n.* =shtick.

schtuck /ʃtúk/ *n.* (*also* **schtook** /～/) 《英俗》[次の句で]: **in schtúck**=in trouble. 〖(1936) ← ?〗

schtum /ʃtúm/ *adj.*, *vi.* =shtum.

schtup /ʃtúp/ *v.*, *n.* 《卑》=shtup.

Schu·bert /ʃúːbə(ː)t | -bə(ː)t; G. ʃúːbɐt/, **Franz (Peter)** *n.* シューベルト (1797–1828; オーストリアの初期ロマン派の作曲家).

schuit /skáɪt, skɔ́ɪt; *Du.* sxœ́it/ *n.* スクート (オランダの内陸・沿岸航行用の平底の川船; 帆装は sloop 形で leeboard をもつ). 〖(1617) ◻ Du. ~, 《廃》*schyt*: cf. scout², scoot, shout〗

schul /ʃúːl/ *n.* 〘ユダヤ教〙=shul.

Schul·berg /ʃúlbəːg | -bəːg/, **Budd (Wilson)** *n.* シュルバーグ (1914–2009; 米国の小説家; *What Makes Sammy Run?* (1941)).

Schulz /ʃúlts/, **Charles (Monroe)** *n.* シュルツ (1922–2000; 米国の漫画家; *Peanuts* の Charlie Brown, ビーグル犬 Snoopy などで有名).

Schu·man /ʃúːmən; *F.* ʃuman/, **Robert** *n.* シューマン (1886–1963; Luxembourg 生まれのフランスの政治家; 首相 (1947–48); 外相時代に Schuman Plan を立案 (1950)).

Schu·man /ʃúːmən/, **William (Howard)** *n.* シューマン (1910–92; 米国の作曲家).

Schu·mann /ʃúːmɑːn, -mən | -mən, -mæn, -mɑːn; G. ʃúːman/, **Clara Josephine** *n.* シューマン (1819–96; ドイツのピアニスト; Robert Schumann の妻; 旧姓 Wieck /G. víːk/).

Schumann, Elizabeth *n.* シューマン (1885–1952; ドイツ生まれの米国のソプラノ歌手).

Schumann, Robert (Alexander) *n.* シューマン (1810–56; ドイツロマン派の作曲家).

Schumann-Heink /háɪŋk/, **Ernestine** *n.* シューマンハインク (1861–1936; Bohemia 生まれの米国のアルト歌手).

Schúman Plàn *n.* [the ~] シューマン計画 (フランス外相 Robert Schuman が 1950 年に発表した仏独の鉄鋼・石炭の共同運営計画; 発展してヨーロッパ石炭鉄鋼共同体 (ECSC) が創設された).

Schum·pe·ter /ʃúmpeɪtə | -tə^(r); G. ʃúmpeːtɐ/, **Joseph A·lo·is** /áloɪs, ɑ́ːloɪːs/ *n.* シュンペーター (1883–

1950; オーストリア生まれの米国の経済学者).

Schurz /ʃə́ːz, ʃúəts, ʃə́ːts | ʃúəts, ʃə́ːts; *G.* ʃúʁts/, **Carl** *n.* シュルツ (1829–1906; ドイツ生まれの米国の将軍・政治家・政論家).

Schusch·nigg /ʃúʃnɪk, -nɪg; *G.* ʃúʃnɪk/, **Kurt von** *n.* シュシュニク (1897–1977; オーストリアの政治家; 首相 (1934–39); 第二次大戦後米国に定住).

schuss /ʃús, ʃúːs; *G.* ʃús/ 〖スキー〗 *n.* **1** シュス, 直滑降. **2** 直滑降コース. — *vi.* 直滑降をする. — *vt.* 直滑降する: ~ a slope. **~·er** *n.* 〖(1937) □ G ~ 'SHOT[1]'〗

schúss·bòom *vi.* 《俗》〖スキー〗(高速で)直滑降をする. **~·er** *n.* 〖(*c*1960) ← SCHUSS, BOOM[1]〗

Schütz /ʃúts; *G.* ʃʏ́ts/, **Heinrich** *n.* シュッツ (1585–1672; ドイツの作曲家).

Schuy·ler /skáɪlə | -lə^(r)/, **Philip John** *n.* スカイラー (1733–1804; 米国の軍人・政治家; 大陸会議代表).

Schuy·ler·ville /skáɪləvɪl | -lə-/ *n.* スカイラービル (米国 New York 州東部の村; ⇨ Saratoga). 〖⇨ ↑, -ville〗

Schuyl·kill /skúːlk̩ɪl, skúːk̩ɪl/ *n.* [the ~] スクールキル(川) (米国 Pennsylvania 州から南東に流れて Philadelphia で Delaware 川に合流する川 (210 km)). 〖□ Du. *Schuilkil* hidden channel ← *schuilen* to hide＋*kil* channel〗

schuyt /skáɪt, skɔ́ɪt; *Du.* sxœ́ɪt/ *n.* ＝schuit.

schwa /ʃwáː; *G.* ʃváː/ *n.* **1** 〖音声〗 **a** (しばしばアクセントのない)曖昧(あいまい)母音, シュワー (sofa, quiet, April, atom, circus などの [ə] 音). **b** シュワーの記号 [ə]: ⇨ hooked schwa, schwar. **2** 〖言語〗シュワー (ヘブライ語・アラム語の母音表記法で, : を文字の下に付けて表され [ə] または無母音を表し, 本辞典の語源欄では ᵉ で転写する). 〖(1895) □ G *Schwa* □ Heb. *šᵉwā* 《原義》 vain〗

Schwa·be /ʃwáːb, ʃwáːbə; *G.* ʃváːbə/, **Heinrich Samuel** *n.* シュワーベ (1789–1875; ドイツの天文学者; 太陽黒点の 11 年の周期を発見 (1843)).

Schwa·ben /*G.* ʃváːbn̩/ *n.* シュワーベン (Swabia のドイツ語名).

Schwann /ʃwáːn, ʃváːn | ʃwɔ́n, ʃvǽn; *G.* ʃván/, **Theodor** *n.* シュワン (1810–82; ドイツの生物組織学者・生理学者).

Schwánn cèll *n.* 〖解剖〗(神経線維周囲の)シュワン細胞. 〖(1906) ↑〗

schwar /ʃwáə | ʃwáː^(r)/ *n.* 〖音声〗シュワール (hooked schwa) ([r] の音色のついた [ə], つまり [ɚ] およびその記号). 〖(1987) ← *schwa*＋*r*; 音声学者 Mackay の造語〗

schwar·me·rei /ʃvɛəməráɪ | ʃvɛ̀ə-; *G.* ʃvɛʁməʁáɪ/ *n.* 熱狂, 熱中; 心酔, 耽溺(たんでき). 〖(1845) □ G *Schwärmerei* ← *schwärmen* to swarm〗

Schwartz /ʃwɔ́əts | ʃwɔ́ːts/, **Delmore** *n.* シュウォーツ (1913–66; 米国の詩人・批評家).

schwarz /ʃwɔ́əts, ʃváəts | ʃwɔ́ːts, ʃváːts; *G.* ʃváʁts/ *n.* 〖トランプ〗(skat で) 総ざらい (相手の得点札を全部取ること; あらかじめ予告すれば総得点が倍になる). 〖(1880) □ G ~ 《原義》 black (adj.)〗

Schwarz /ʃwɔ́əts, ʃváəts | ʃwɔ́ːts, ʃváːts; *G.* ʃváʁts/, **Hermann Amandus** *n.* シュワルツ (1843–1921; ドイツの数学者).

Schwar·ze·neg·ger /ʃwɔ́ətsənɛ̀gə | ʃwɔ́ːtsənɛ̀gə^(r)/, **Arnold** *n.* シュワルツェネッガー (1947–　; オーストリア生まれの米国の俳優; 肉体派スターとして活躍).

Schwar·zerd /ʃváətsɛət | ʃváːtsɛət; *G.* ʃváʁtseːʁt/, **Philipp** *n.* ＝Philipp MELANCHTHON.

Schwárz inequàlity *n.* 〖数学〗シュワルツの不等式 (ヒルベルト空間ないしは内積の定義されたベクトル空間の二つのベクトルの内積の絶対値はそれらのノルムの積以下であることを示す不等式; cf. Cauchy's inequality). 〖(1955) ← *H. A. Schwarz*〗

Schwarz·kopf /ʃwɔ́ətskɑ(ː)pf, ʃwɑ́əts-, ʃváəts-, -kɔ(ː)pf | ʃváːtskɔpf, ʃwɔ́ːts-, ʃwɔ̀ːts-; *G.* ʃváʁtskɔpf/, **Elisabeth** *n.* シュワルツコップ (1915–　; ポーランド生まれのドイツのソプラノ歌手; R. Strauss の *Die Rosenkavalier* (バラの騎士) の元帥夫人の役などで有名).

Schwárz·schild ràdius /ʃwɔ́ətsʃɪld-, -tʃaɪld- | ʃwɔ́ːts-; *G.* ʃváʁtsʃɪlt-/ *n.* 〖天文〗シュワルツシルト半径 (ブラックホール (black hole) 周辺の束縛領域の半径). 〖(1957) ← *Karl Schwarzschild* (1873–1916: ドイツの天文学者)〗

Schwarz·wald /*G.* ʃváʁtsvalt/ *n.* シュバルツバルト (ドイツ南西部の森林地帯; 英語名 Black Forest).

Schwéd·ler's máple /ʃwɛ́dləz- | -ləz-/ *n.* 〖植物〗ノルウェーカエデ (Norway maple) の栽培変種 (*Acer platanoides* var. *schwedleri*) (春の葉の芽出しには赤く後に緑に変わる). 〖← *Schwedler* (人名)〗

Schwein·furt /ʃváɪnfəːt | -fəːt/ *n.* シュバインフルト (ドイツ中南部 Bavaria 州北部の Main 川に臨む市).

Schweit·zer /ʃwáɪtsə, ʃváɪ- | -tsə^(r); *G.* ʃváɪtsɐ, *F.* ʃvɛdzɛːʁ/, **Albert** *n.* シュバイツァー (1875–1965; Alsace 生まれのドイツ系フランスの神学者・哲学者・医師・音楽理論家・オルガン演奏家; フランス領赤道アフリカ(現在のガボン)で黒人の医療に生涯の多くを捧げた; *The Quest of the Historical Jesus* (1906), *Philosophy of Civilization* (1923); Nobel 平和賞 (1952)).

Schweiz /*G.* ʃváɪts/ *n.* シュバイツ (Switzerland のドイツ語名).

Schwei·zer·deutsch /ʃváɪtsədɔ̀ɪtʃ | -tsə-; *G.* ʃváɪtsɐdɔʏtʃ/ *n.* 〖言語〗＝Schwyzertütsch.

Schwenk·feld /ʃvɛ́ŋkfɛld; *G.* ʃvɛ́ŋkfɛlt/, **Kaspar** /káspar/ **von** *n.* シュベンクフェルト (1489–1561; ドイツのプロテスタント神秘主義者・宗教改革者; Luther と一時親交があった; Schwenkfelder の祖).

Schwenk·feld·er /ʃvɛ́ŋkfɛldə | -də^(r); *G.* ʃvɛ́ŋkfɛldɐ/ *n.* (プロテスタント教会の)シュベンクフェルト教会信者 (Schwenkfeld の信徒で 1734 年ドイツより米国 Pennsylvania 州に移住, 同地に教会を創設したプロテスタント信者). 〖□ G ~ ← *Kaspar von Schwenkfeld*: ⇨ -er[1]〗

Schweppes /ʃwɛ́ps/ *n.* 〖商標〗シュウェップス (英国 Cadbury-Schweppes 社製のトニックウォーター・ジンジャーエール・清涼飲料など).

Schwe·rin /ʃvɛəríːn, ʃvɛɪr- | ʃvɛər-, ʃwɛər-; *G.* ʃveʁíːn/ *n.* シュベリン (ドイツ北部の Mecklenburg-West Pomerania 州の州都; Hamburg の東, Schwerin 湖に面している; この地方の農業・畜産の中心地).

Schwin·ger /ʃwíŋgə | -gə^(r)/, **Julian Seymour** *n.* シュウィンガー (1918–94; 米国の物理学者; Nobel 物理学賞 (1965)).

Schwit·ters /ʃvíṭəs | -təs; *G.* ʃvítɐs/, **Kurt** *n.* シュビッタース (1887–1948; ドイツの抽象画家・詩人).

Schwyz /ʃvíːts; *G.* ʃviːts/ *n.* シュビーツ: **1** スイス中央部, Lucerne 湖に接する州; 面積 908 km². **2** 同州の都市で Alps 山中の保養地.

Schwy·zer·tütsch /ʃvíːtsətùːʃ, -tjùːʃ | -tsətjùːʃ; *G.* ʃvíːtsɐtyːtʃ/ *n.* 〖言語〗スイス(人)のドイツ語. 〖(1934) □ G ~, *Schwyzerdütch*: *Deutsch* (＝German) の発音をスイス人が tütsch ということから〗

schyn·bald /ʃínbɔːld, -bɑːld | -bɔːld/ *n.* 〖甲冑〗すね当て. 〖ME *shinbawde* ← SHIN[1]＋*bald* protection (← ?: cf. baldric)〗

sci. 《略》 science; scientific.

sci- /saɪ/ (母音の前にくるときの) scio- の異形 (⇨ skia-).

sci·a- /sáɪə/ ＝skia-.

sci·ae·nid /saɪíːnɪ̆d | -nɪd/ 〖魚類〗 *adj.* ニベ科の. — *n.* ニベ科の魚類の総称 (熱帯・亜熱帯に産し, 多くが食用魚). 〖↓〗

Sci·ae·ni·dae /saɪíːnədìː | -nɪ-/ *n. pl.* 〖魚類〗ニベ科. 〖← NL ~ ← *Sciaena* (属名: ↓)＋-IDAE〗

sci·ae·noid /saɪíːnɔɪd/ *n.*, *adj.* 〖魚類〗ニベ科近縁の(魚). 〖(1840–45) ← NL *Sciaena* (← L *sciaena* □ Gk *skíaina* a fish, the meager)＋-OID〗

sci·a·gram /sáɪəgræ̀m/ *n.* ＝skiagram.

sci·a·graph /sáɪəgræ̀f | sáɪəgrɑ̀ːf, -græ̀f/ *n.*, *vt.* ＝skiagraph. **sci·ag·ra·pher** /saɪǽgrəfə | -fə^(r)/ *n.*

sci·a·graph·i·cal /sàɪəgrǽfɪ̆kəl, -kl̩ | -fɪ-ˈ/ *adj.*

sci·ag·ra·phy /saɪǽgrəfi/ *n.* 〖1656〗

sci·am·a·chy /saɪǽməki/ *n.* 影との戦い; (仮想敵との)想像上の戦い; 模擬戦. 〖(1623) □ Gk *skiāmakhía* ← *skiā́* shadow＋*-makhía* '-MACHY'〗

sci·am·e·try /saɪǽmətri | skaɪ-, saɪ-, -mɪ̆-/ *n.* ＝skiametry.

sci·a·pod /sáɪəpɑ̀(ː)d | skáɪəpɔ̀d, sáɪə-/ *n.* ＝monopode 1. 〖□ L *sciāpodes* □ Gk *skiā́podes* (pl.) ← *skiā́* shadow＋*pod-*, *poús* 'FOOT'〗

sci·a·scope /sáɪəskòup | skáɪəskə̀up, sáɪ-/ *n.* 〖眼科〗＝skiascope.

sci·as·co·py /saɪǽskəpi | skaɪ-, saɪ-/ *n.* 〖医学〗＝skiascopy.

sci·at·ic /saɪǽṭɪk | -tɪk/ *adj.* **1** 座骨の (ischial): the ~ foramen 座骨孔. **2** 座骨神経痛の[にかかった]: ~ pains 座骨神経痛の痛み / a ~ patient 座骨神経痛患者. — *n.* 〖解剖〗(神経・動脈などの)座骨部. **sci·át·i·cal·ly** *adv.* 〖(1526) □ (O)F *sciatique* ∥ ML *sciaticus* (変形) ← L *ischiadicus*: ⇨ ischiadic〗

sci·at·i·ca /saɪǽṭɪ̆kə | -tɪ-/ *n.* **1** 〖病理〗座骨神経痛. **2** 腰の痛み, 座骨痛. 〖(1392) ← ML ~ ← (fem. sing.) ← *sciaticus* (↑)〗

sciátic ártery *n.* 〖解剖〗座骨動脈. 〖1836–39〗

sciátic nérve *n.* 〖解剖〗座骨神経. 〖1741〗

SCID /ɛ́ssìːàɪdíː/ 《略》〖病理〗 severe combined immunodeficiency.

sci·ence /sáɪəns, -ənts/ *n.* **1** (体系化された知識としての)科学 (⇨ knowledge SYN); (特定の対象を研究する)…学: the history of ~ 科学史 / the ~ of history [politics] (歴)史[政治]学 / moral ~s 倫理学 / political ~ 政治学 / inductive ~ 帰納的科学 / pure [applied] ~ 純正[応用]科学 / try to turn an art into a ~ 技術を科学にしようと試みる / ⇨ dismal science, domestic science, exact science, gay science, hard science, life science, natural science, physical science, social science, soft science. **2 a** 自然科学 (natural science): ~ and learning [scholarship] 自然科学と人文学, 学術 / ~ and technology 科学(と)技術 / a man [woman] of ~ 科学者 / a bachelor [doctor] of ~ 理学士[理学博士]. **b** 自然科学の学科目 (cf. humanity 3 c); 理科: study ~ at school 学校で理科を学ぶ / ~ teachers [tests] 理科の先生[テスト]. **3** 科学的原理に基づく体系, 科学的方法. **4** (体系化された訓練に基づく)技術, 術, わざ (art, skill); ボクシング, フェンシング: the ~ of boxing 拳闘術 / Of the two boxers, one had greater strength, the other more ~. 二人のボクサーの一方は力に他方は技にすぐれていた / There's a lot of ~ in making a good soufflé. おいしいスフレを作るには多くのこつがある. **5 a** (古)(無知・誤解と区別して)知識, (特に, 経験・研究から得た)知識. **b** 特殊な学問の分野, 専門的知識, 学問: occult ~s ⇨ occult *adj.* 1 a. **6** [通例 S-] 《米》〖キリスト教〗＝Christian Science.

blind a person with science 専門的なことを言って人をけむに巻く. ***hàve … dówn to a science*** …のやり方を熟知している, …を完全にこなしている.

science of lánguage 言語学 (linguistics).

science of relígion 宗教学. 〖1869〗

〖(*c*1340) *siens* □ (O)F *science* □ L *scientia* knowledge ← *scient-*, *sciēns* (pres.p.) ← *scīre* to know, 《原義》 to separate one thing from another ← IE **skei-* to cut, split (Gk *skhízein*): ⇨ -ence〗

scíence fàir *n.* 《米》(特に高校生の参加する)科学研究コンテスト.

scíence fíction *n.* 空想科学小説 (略 SF; cf. space fiction). 〖1851〗

Scíence Musèum *n.* [the ~] 科学博物館 (London の South Kensington にある 国立の科学技術・産業博物館).

scíence pàrk *n.* 《英》科学技術工業団地.

sci·en·ter /saɪɛ́nṭə | -tə^(r)/ 〖法律〗 *adv.* 故意に, わざと (wittingly). — *n.* 故意 (cf. mistake 2): prove (a) ~ 被告が故意に行ったことを立証する. 〖(1824) □ L ~ 'knowingly' ← *scient-*: ⇨ science〗

sci·en·tial /saɪɛ́nʃəl, -ʃl̩/ *adj.* **1** 科学の, 学問の, 知識の. **2** 学識ある, 物知りの, よく知っている, 有能な. 〖(*c*1454) □ ML *scientiālis* ← L *scientia*: ⇨ science, -al[1]〗

sci·en·tif·ic /sàɪəntífɪkˈ/ *adj.* **1** 科学の[に関する, に用いられる], (自然)科学(上)の: ~ and learned circles 科学界と文科学界, 学界 / ~ books (自然)科学書 / ~ talent 科学の才能 / ~ studies 科学研究 / ~ instruments [apparatus] 科学器具[装置] / ~ (and technical) terminology 科学(技術)用語, 術語 / ~ training (自然)科学上の訓練. **2** 科学的に系統立った; 正確な, 厳正な: ~ research 科学的研究 / a ~ argument 系統立った[厳正な]論議 / a ~ attitude (冷静で批判的な)科学的態度. **3** 科学研究に従事する, 科学的に考える: a ~ body 学術研究団体 / a truly ~ mind 真に科学的に考える人. **4** 〈競技・業務など〉科学的な, 科学を応用した; 術[技]のうまい, 巧妙な (skillful): ~ farming 科学的農業 / a ~ boxer 技巧派のボクサー / a ~ game 技を発揮した勝負. **sci·en·tíf·i·cal·ly** *adv.* 〖(1589) □ F *scientifique* ∥ ML *scientificus* ← L *scient-*: ⇨ science, -fic〗

scientífic empíricism *n.* 〖哲学〗科学的経験主義 (経験科学の方法のみならず, 古典経験論と違って論理・数学の方法を重視し, 言語分析を通じて諸科学に統一の場を与えようとする現代実証的哲学の動向; cf. logical positivism).

scientífic mánagement *n.* 〖経営〗科学的管理法 (広義では経営の合理的な管理のことをいうが, 狭義では Taylor system のことを指す). 〖1903〗

scientífic méthod *n.* 科学的方法 (観察・実験による資料の収集や, 事例の実証的確証と合理的推論によるこれら事実間の法則の発見に基づいて, 事象を体系的・組織的に研究する方法). 〖1854〗

scientífic miscónduct *n.* 科学上の不正行為 (剽窃(ひょうせつ)やデータの偽造・捏造(ねつぞう)など科学的研究の信頼性を故意に損なう行為).

scientífic náme *n.* 〖生物〗(ラテン語による)学名 (taxon) (cf. vernacular *adj.* 3).

scientífic notátion *n.* 〖数学〗科学的記数法 (数値を必要な有効数字と 10 の冪乗(べきじょう)の積で記す記法; 2.3 $\times 10^{6}$, 125.08 $\times 10^{-8}$ の類). 〖1934〗

scientífic sócialism *n.* 科学的社会主義 (空想的社会主義を排して歴史的現実的科学認識の上に立つマルクスなどの社会主義; cf. utopian socialism).

sci·en·tism /sáɪəntɪ̀zm̩/ *n.* **1** 科学主義, 科学万能主義 (すべての学問に科学的方法を当てはめようとする考え方). **2** 科学者的態度[方法, 主義, 表現法など]. 〖(1877) ← SCIENT(IST)＋-ISM〗

sci·en·tist /sáɪənṭɪ̆st, sáɪənɪ̆st | sáɪəntɪst/ *n.* **1 a** 科学者, (特に)自然科学者, 科学研究者. **b** 科学的方法を用いる人. **2** [通例 S-] ＝Christian Scientist. 〖(1840) ← L *scientia* 'SCIENCE'＋-IST〗

sci·en·tis·tic /sàɪəntístɪkˈ/ *adj.* **1** 科学的原理[方法]尊重の. **2** 科学主義の, 科学的原理[方法]の. **sci·en·tís·ti·cal·ly** *adv.* 〖(1878): ⇨ ↑, -ic[1]〗

Sci·en·tol·o·gy /sàɪəntɑ́(ː)lədʒi | -tɔ́l-/ *n.* 〖商標〗サイエントロジー (米国の作家 L. Ron Hubbard が 1952 年に創始した応用宗教哲学; 精神療法理論 Dianetics と自己修養とによって自己の再生と向上を説く). **sci·en·tól·o·gist** /-dʒɪ̆st | -dʒɪst/ *n.* [しばしば S-]

sci. fa. 《略》 scire facias.

sci-fi /sáɪfáɪˈ/ (口語) *adj.* 空想科学小説の, SF の: a ~ writer. — *n.* 空想科学小説, SF. 〖(1955) ← *sci(ence) fi(ction)*: cf. hi-fi〗

scil. 《略》 scilicet.

sci·li·cet /sílәsɛ̀t, sáɪl-, skíːlɪ̆kɛ̀t | sílɪ̆sɛ̀t, sáɪl-, skíːlɪkɛ̀t/ *adv.* すなわち, 言い換えると (to wit, namely) (通例 sc. と略し, あらたまった文に用い 'namely' に置き換えて読むことが多い): they, ~ [*sc.*] Mr. and Mrs. Smith 彼ら, すなわちスミス夫妻. 〖(*a*1387) □ L *scīlicet* it is permitted to know ← *scīre* to know＋*licet* it is permitted (← *licēre* to be permitted): ⇨ science, license〗

scil·la /s(k)ílə/ *n.* 〖植物〗ユリ科ツルボ属 (*Scilla*) の植物の総称; (特に)中央・南部ロシアなどの原産の球根植物 (*S. siberica*) (青または白の鐘形の花をつける; Siberian squill ともいう). 〖(1824) □ L ~ □ Gk *skílla* sea onion ← ?: cf. squill〗

Scil·la /*It.* ʃílla/ *n.* シッラ (Scylla 1 のイタリア語名).

scil·lism /sílɪzm̩/ *n.* 〖病理〗海葱(かいそう)中毒症. 〖← SCILLA＋-ISM〗

Scil·lo·ni·an /sɪ̆lóuniən | sɪlә́u-/ *adj.*, *n.* シリー諸島 (Scilly Isles) の(住民). 〖1750〗

Scíl·ly Ísles /síli-/ *n. pl.* [the ~] シリー諸島 (イングランドの南西端 Land's End の南西 45 km の沖合にある約 140 の小島群; 気候温和な観光地で, Bristol, London の花市場への出荷地; 行政的には Cornwall の一部; 面積

16 km², 主都は諸島中最大の St. Mary's にある Hugh /hjúː/ Town; 上の正式名称のほか Isles of Scilly, Scilly Islands, Scillies ともいう). 〖← lateOE *Sully* ◻ LL *Scylinancim* (acc.) ← ?〗

scim·i·tar /símətə, -tàə | -mɪ̀tə^(r), -tàː^(r)/ *n.* (*also* **scim·i·ter** /~/, **scim·e·tar** /símətə, -tàə | -mɪ̀tə^(r), -tàː^(r)/) **1** (昔アラビア人·ペルシャ人が使った新月形の)偃月(えんげつ)刀, 湾曲刀. **2** 湾曲刀状のもの, (特に)長柄のなたがま. 〖(*a*1548) ◻ (O)F *cimeterre* ◻ ? Pers. *shimshīr*〗

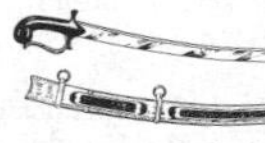

scimitar 1

scímitar·bìll *n.* 〖鳥類〗 カマハシ《アフリカ東部産カマハシ科カマハシ属 (*Rhinopomastus*) のくちばしが細く下方へ湾曲している鳥; ミナミカマハシ (*R. cyanomelas*) とキバシカマハシ (*R. minor*) の 2 種》.

scímitar-bìlled wóod hòopoe *n.* 〖鳥類〗 = scimitarbill.

scímitar fòot *n.* (一脚テーブル (pedestal table) の台脚を受ける)短い湾曲脚.

scímitar-hòrned óryx *n.* 〖動物〗 =scimitar oryx.

scímitar òryx *n.* 〖動物〗 シロオリックス (*Oryx dammah*) 《半月形の長い優美な角がある淡色のレイヨウ; 分布域が Sahara 砂漠南部の一画に狭まり, 絶滅が心配されている; white oryx ともいう》.

scin·coid /sɪ́ŋkɔɪd/ *adj.* (*also* **scin·coi·di·an** /s(k)ɪŋkɔ́ɪdiən | -diən/) トカゲ (skink) に似た. — *n.* トカゲの類の動物. 〖(1790) ← NL *scincoīdēs* ← L *scincus* 'SKINK¹': ⇨ -oid〗

scin·dap·sus /sɪndǽpsəs/ *n.* 〖植物〗 スキンダプサス《サトイモ科スキンダプサス属 (*Scindapsus*) の植物; ポトス (*S. aureus*), オオシラフカズラ (*S. pictus*) など》. 〖(1946) ← NL *scindapsus* 《属名》 ← Gk *skindapsós* ivy-like tree〗

scin·ti·gram /síntəgræ̀m | -tɪ-/ *n.* 〖医学〗 シンチグラム《放射性同位元素投与後にシンチスキャナー (scintiscanner) またはシンチカメラによって得た体内の放射能分布図》. 〖(1952) ← SCINTI(LLATION)+-GRAM〗

scin·tig·ra·phy /sɪntígrəfi/ *n.* 〖医学〗 シンチグラフィー《シンチグラム法のこと》. **scin·ti·graph·ic** /sɪ̀ntəgrǽfɪk | -tɪ-ˈ/ *adj.* 〖(1958): ⇨ graphy〗

scin·til·la /sɪntílə/ *n.* (*pl.* ~s, **-til·lae** /-liː/) **1** 火花 (spark). **2** [通例 not a ~ of で] 微量, わずか, みじん (iota, trace): There was *not a* ~ *of* truth in what he said. 彼の言葉には少しの真実もなかった. 〖(1692) ◻ L ~ 'spark' ← ?IE **skeai-* to gleam (OE *scīnan* 'to SHINE'): TINSEL と二重語〗

scin·til·lant /síntələnt, -tḷ- | -tɪl-, -tḷ-/ *adj.* 火花を発する, きらきら光る. **~·ly** *adv.* 〖(1610) (1737) ◻ L *scintillantem* (pres.p.) ← *scintillāre* (↓)〗

scin·til·late /síntəlèɪt, -tḷ- | -tɪl-, -tḷ-/ *vi.* **1** 火花を発する (spark). **2** 〈星が〉瞬く, きらめき光る (sparkle, twinkle); 星のようにきらきら光る: The stars ~. 星がきらめく / Her eyes ~*d with* envy. 嫉妬(しっと)で目がぎらぎら光った. **3** 〈才気·機知が〉ひらめく, ひらめき出る. **4** 〈レーダースクリーンの物体の位置を示す輝点が〉(平均的位置を中心にして)左右前後に動く, ちらつく. **5** 〖物理〗 **a** 〈電磁波の振幅·位相·極性が〉不規則な微変動を示す. **b** 〈素粒子などが〉蛍光体に当たって閃光を放つ. 〖(1623) ← L **scintillātus* (p.p.) ← *scintillāre* to spark: ⇨ scintilla, -ate³〗

scín·til·làt·ing /-tɪŋ | -tɪŋ/ *adj.* きらきら光る, きらめく; 〈才気など〉ひらめき出る: a ~ diamond / ~ wit 才気煥発(かんぱつ). **~·ly** *adv.* 〖1775〗

scin·til·la·tion /sɪ̀ntəléɪʃən, -tḷ- | -tɪl-, -tḷ-/ *n.* **1** 火花を発すること. **2** 火花; (星·目などの)きらめき, きらきら光ること. **3** (才気·機知の)ひらめき: ~ of wit. **4** 〖天文〗 シンチレーション《大気密度の変化による天体の光の瞬き》. **5** (レーダースクリーンで物体の位置を示す輝点の)動揺. **6** 〖物理〗 **a** シンチレーション《電磁波の振幅·位相·極性の不規則な微変動》. **b** (素粒子などが蛍光体に当たって生じる)蛍光発光. 〖(1623) ◻ F ~ // L *scintillātiō(n-)* ← *scintillātus*: ⇨ scintillate, -ation〗

scintillátion càmera *n.* 〖光学〗 シンチレーションカメラ《放射性物質のシンチレーションを撮影し, 人体の器官などの中の放射性物質の分布を知る装置》.

scintillátion còunter *n.* 〖物理〗 シンチレーション計数器《蛍光物質を用いた放射線測定器》. 〖1948〗

scintillátion spectròmeter *n.* 〖物理〗 シンチレーション分析器. 〖1949〗

scín·til·là·tor /-tə | -tə^(r)/ *n.* **1** きらめくもの《星など》. **2** (会話などで)才気のひらめきのある人. **3** 〖物理〗 =scintillation counter. 〖(1872) ← SCINTILLAT(E)+-OR²〗

scin·til·lom·e·ter /sɪ̀ntəlɑ́(ː)mətə, -tḷ- | -tɪlɔ́mɪtə^(r), -tḷ-/ *n.* **1** 〖天文〗 星の瞬きの程度や周期を測定する観測機器の一種. **2** 〖物理〗 =scintillation counter. 〖(1877) ← SCINTILLA+-O-+-METER¹〗

scin·til·lon /sɪntílɑn/ *n.* 〖生物〗 (渦鞭毛虫の細胞質内にある)蛍光体. 〖← SCINTILLA+-*on* (恣意的接尾辞)〗

scin·ti·scan /síntəskæ̀n | -tɪ-/ *n.* =scintigram. 〖↓〗

scin·ti·scan·ner /síntəskæ̀nə | -tɪskæ̀nə^(r)/ *n.* 〖物理〗 シンチスキャナー《放射性物質の所在を探る計数器の一種》. 〖(1953) ← SCINTI(LLATION)+SCANNER〗

sci·o- /sáɪou | sáɪəu/ scia- の異形 (⇨ skia-).

sci·o·graph /sáɪəgræ̀f | -gràːf, -græ̀f/ *n.*, *vt.* = skiagraph. **sci·o·graph·ic** /sàɪəgrǽfɪkˈ/ *adj.*

sci·o·lism /sáɪəlɪ̀zm | sáɪə(ʊ)-/ *n.* 生かじり, 見せかけの知識; 知ったかぶり. 〖(1816) ← LL *sciolus* smatterer ((dim.) ← L *scius* knowing ← *scīre* to know)+-ISM: ⇨ science〗

scí·o·list /-lɪst | -lɪst/ *n.* 浅学者, 生かじりの人; 知ったかぶりをする人, えせ学者. 〖(1615) ← L *sciolus*: ⇨ -ist〗

sci·o·lis·tic /sàɪəlístɪk | sàɪə(ʊ)-ˈ/ *adj.* 浅学の, 生かじりの; 知ったかぶりの, えせ学者の. 〖1831〗

sciol·to /ʃɔ́(ː)ltou | ʃɔ́ltəu; *It.* ʃɔ́lto/ *adv.* 〖音楽〗 **1** 自由に. **2** レガートなしに (non legato). 〖◻ It. ~ (p.p.) ← *sciogliere* to loosen < L *exsolvere* ← EX-¹+*solvere* to loosen (⇨ solve)〗

sci·om·a·chy /saɪɑ́(ː)məki | -ɔ́m-/ *n.* =sciamachy.

sci·o·man·cy /sáɪəmæ̀nsi/ *n.* 死者の霊による占い, 心霊占い, 口寄せ. **scí·o·man·cer** *n.* **sci·o·man·tic** /sàɪəmǽntɪk | -tɪkˈ/ *adj.* 〖(1623) ◻ LL *sciomantīa* ◻ Gk *skiomanteía* ← *skiá* shadow+*manteía* '-MANCY'〗

sci·on /sáɪən/ *n.* **1** (貴族·名門の男子の)子, 子孫 (descendant): a ~ of a royal stock 王族の出の人. **2** (接ぎ木の)接ぎ穂; 《廃》 新芽, 分枝. 〖(*c*1300) (1814) *si(o)un* ◻ OF *sion, cion* (F *scion*) ◻ ? (Frank) **kīp* shoot ← IE **gēi-* to sprout: F *scier* to saw と連想?〗

sci·os·o·phy /saɪɑ́(ː)səfi | -ɔ́s-/ *n.* (占星術·伝承などに基づく)自然[超自然]力についてのえせ知識, 知ったかぶり. 〖← *scio-* 'SKIA-'+-SOPHY〗

Scip·i·o Ae·mil·i·a·nus /sípiòuiːmɪ̀liéɪnəs, skíp- | skípiəʊ-, síp-/ *n.* スキピオ アエミリアヌス (185?–129 B.C.; Scipio Africanus の養孫でローマの将軍; カルタゴを攻略 (146 B.C.); Tiberius Gracchus の改革に反対して怪死; 本名 Publius Cornelius /pʌ́blɪəskɔəníːlɪəs | -kɔː-/ Scipio Aemilianus Africanus Numantinus /nùːməntáɪnəs, njùː- | njùː-/; 通称 Scipio the Younger [Minor] 「小スキピオ」).

Scípio Af·ri·cá·nus /-æ̀frəkéɪnəs | -rɪ̀-/ *n.* スキピオ アフリカヌス (236–184 or 183 B.C.; ローマの将軍; Hannibal を Zama で破った (202 B.C.); ギリシャ文化の擁護者で, 後世のローマ帝国の基礎を築いた; 本名 Publius Cornelius Scipio Africanus; 通称 Scipio the Elder [Major] 「大スキピオ」; cf. Scipio Aemilianus).

sci·re fa·ci·as /sáɪriféɪʃiəs, -ʃəs, -ʃiæ̀s, skíːreɪfáːkiàːs | sàɪərɪféɪʃiæ̀s/ *L. n.* 〖法律〗 **1** 告知令状《執行官 (sheriff) に対して, 相手方(被告)に申立人(原告)が公記録(判決·特許状など)を利用してはならない理由を立証するよう告知することを命じる令状; 略 sci. fa.》. **2** 告知令状の手続き. 〖(?1421) ◻ L *scire facias* make (him) know〗

sci·roc·co /ʃərɑ́(ː)kou | ʃɪrɔ́kəʊ/ *n.* =sirocco.

scirrhi *n.* scirrhus の複数形.

scir·rhoid /s(k)írɔɪd/ *adj.* 〖病理〗 硬性癌(がん)に類似した. 〖(1855): ⇨ ↓, -oid〗

scir·rhus /s(k)írəs | sír-/ *n.* (*pl.* **scir·rhi** /-raɪ/, ~·es) 〖病理〗 (特に胸部の)硬性癌(がん). **scír·rhous** /-rəs/ *adj.* **scir·rho·si·ty** /s(k)ɪrɑ́(ː)səti | sɪrɔ́sɪ̀ti/ *n.* 〖(1605) ← NL ~ ← Gk *skírrhos* hard swelling ← *skîros* hard ← ?〗

scis·sel /sísəl, -sḷ, sízəl, -zḷ/ *n.* [集合的] 〖冶金〗 (板金の)切りくず, 打抜きくず. 〖(1622) ◻ F *cisaille* ← *cisailler* to clip with shears ← *ciseler* to chisel: ⇨ scissors〗

scis·sile /sísəl, -sḷ | -saɪl/ *adj.* 容易に切断できる, 切れる; 裂ける, 裂けやすい. 〖(1621) ◻ L *scissilis* easily cut ← *scissus*: ⇨ ↓, -ile〗

scis·sion /síʒən, síʃ-/ *n.* **1** 切ること, 切断 (cutting); 分裂, 分離, 分裂 (division, separation). **2** 〖化学〗 = cleavage 5. 〖(1443) ◻ (O)F ~ ◻ LL *scissiō(n-)* ← *scissus* (p.p.) ← *scindere* to split: ⇨ -sion〗

scis·sor /sízə | -zə^(r)/ *vt.* **1** はさみで切る[切り取る, 切り抜く] 〈*off, up, out*〉: ~ *out* a paragraph from a newspaper 新聞の一節を切り抜く. **2** 削減する, 縮小する. — *n.* =scissors. 〖(1613) 《逆成》 ← SCISSORS〗

scíssor·bill *n.* **1** 《米西部》 階級意識のない労働者; 何もわからない人 (know-nothing). **2** 〖鳥類〗 skimmer 5. 〖1839〗

scíssor·bìrd *n.* 〖鳥類〗 =scissortail.

scíssor hòld *n.* 〖レスリング〗 =scissors 2 b.

scís·sor·ing /-z(ə)rɪŋ/ *n.* **1** はさみで切ること. **2** [*pl.*] はさみで切り取った物, 切り抜き (clippings). 〖1822〗

scíssor kìck *n.* 〖水泳·サッカー〗 =scissors kick.

scíssor·lìke *adj.* 〈構造·動きなど〉はさみに似ている, はさみのような. 〖1868〗

scis·sors /sízəz | -zəz/ *n. pl.* **1** [通例複数扱い] はさみ: buttonhole ~ ボタン穴用はさみ / lamp ~ ランプの芯(しん)切りばさみ / ⇨ nail-scissors / a pair [two pairs] of ~ はさみ一[二]ちょう / Get me some ~. はさみがほしい / Where are my ~? 私のはさみはどこにあるか. ★ 単数扱いもあるが, その時は a pair of scissors が好まれる: What *a* lovely ~! / Get me *a* ~. / This *pair of* ~ *is* sharp. **2** [単数扱い] **a** 〖体操〗 (跳躍の際の)両足のはさみ式開閉. **b** 〖レスリング〗 はさみ絞め, シザーズ《相手の頭またはからだを両足で絞める; scissors hold ともいう》. **c** 〖高跳び〗 はさみ跳び, 正面跳び《バーの上で足をはさむように交互に動かしてクリアーするフォーム; Eastern cut-off ともいう; cf. flop 5》.

scissors and páste (1) (のりとはさみによる)つぎはぎ細工, 独創性のない編集《切り抜きで機械的に新聞や書物を編集すること》: by ~. 《1809》 (2) 〖電算〗 =CUT and paste.

〖(*c*1380) *sisours* ◻ OF *cisoires* shears ◻ VL **cīsōria* (pl.) ← LL *cīsōrium* cutting instrument ← L *caesus* (p.p.) ← *caedere* to cut (cf. caesura): *sc-* は LL *scissor* one who cuts との混同による〗

scíssors-and-páste *adj.* のりとはさみを使う, 研究と独創性に欠けた (cut-and-paste). 〖1817〗

scíssors chàir *n.* 脚が X 字型に交差した折り畳み椅子 (Savonarola chair).

scíssors-grìnder *n.* 〖鳥類〗 **1** ヨーロッパヨタカ (*Caprimulgus europaeus*). **2** =dishwasher 2. 〖1841〗

scíssors hòld *n.* 〖レスリング〗 =scissors 2 b.

scíssors kìck *n.* **1** 〖水泳〗 あおり足. **2** 〖サッカー〗 シザーズキック《ジャンプしてまず一方の足をあげ, 続いて他方の足をあげてボールをキックすること》. 〖1930〗

scíssors trùss *n.* 〖建築〗 はさみ形トラス《はさみの形に部材が交差した屋根のトラス》.

scíssor·tàil *n.* 〖鳥類〗 **1** エンビタイランチョウ (*Muscivora forficata*) 《米国南西部·メキシコ産のヒタキの類の鳥; 尾が長く二股に分かれて, はさみのように動く》. **2** 尾が長くはさみ形の二股に分かれた各種の鳥(特にハチドリ)の総称. 〖1839〗

scíssor-tàiled *adj.* 〈鳥が〉はさみ形の尾をした: a ~ bird. 〖1823〗

scíssor-tàiled flýcatcher *n.* =scissortail 1.

scíssor tòoth *n.* (肉食獣の)裂肉歯 (carnassial). 〖1840〗

scíssor·wìse *adv.* はさみのように[式に]. 〖(1873): ⇨ -wise〗

scis·sure /síʒə, síʃə | -ʒə^(r), -ʃə^(r)/ *n.* **1** 《古》 縦断, 縦裂, 裂け目, 割れ目 (cleft). **2** 《廃》 分裂, 分離. 〖(*c*1400) ◻ L *scissūra* ← *scissus*: ⇨ scission, -ure〗

sci·u·rine /sáɪjʊràɪn, -rɪ̀n | -ràɪn, -rɪn/ *adj.* 〖動物〗 リス科の. 〖(1842) ← L *sciūrus* 'SQUIRREL'+-INE¹〗

sci·u·roid /sáɪjʊrɔ̀ɪd/ *adj.* **1** 〖動物〗 **a** リスに似た. **b** リス科の. **2** 〖植物〗 〈大麦 (barley) の穂などが〉リスの尾に似た. 〖(1891) ← L *sciūrus* (↑)+-OID〗

Sci·u·ro·mor·pha /saɪjʊ̀ərəmɔ́əfə | -jʊ̀ərəmɔ́ː-/ *n. pl.* 〖動物〗 リス亜目 (齧歯(げっし)目の一亜目で, リス類·プレーリードッグ類·マーモット類などを含む). 〖(1882) ← NL ~ ← L *sciūrus* 'SQUIRREL': ⇨ -morpha〗

sciv·vy /skívi/ *n.* =skivvy¹.

sclaff /sklǽf/ 〖ゴルフ〗 *n.* スクラッフ《インパクト前にクラブフェースを地面に打ちつけること》. — *vi.* スクラッフする. — *vt.* 〈クラブ〉でスクラッフする; (スクラッフの際)〈地面を〉たたく. **~·er** *n.* 〖(1893) ← 《スコット》 *sclaf* to shuffle 《擬音語》〗

SCLC 《略》 Southern Christian Leadership Conference 南部キリスト教指導者会議《1957 年に Martin Luther King, Jr. が結成した公民権運動組織; 主に米国南部の教会が所属》.

scler- /sklíˀr, sklɛr | sklɪər, sklɛr/ (母音の前にくるときの) sclero- の異形.

scle·ra /sklíˀrə | sklíərə/ *n.* (*pl.* ~s, **scle·rae** /-riː/) 〖解剖〗 (目の)鞏膜(きょうまく), 強膜 (sclerotic). **sclé·ral** /-rəl/ *adj.* 〖(1888) ← NL ~ ← Gk *sklērā́* (*mêningx*) the hard (membrane): ⇨ sclero-〗

scle·ra- /sklíˀrə, sklérə | sklíərə, sklérə/ sclero- の異形.

Scle·rac·tin·i·a /sklɛ̀ræktíniə/ *n. pl.* 〖動物〗 イシサンゴ目. **sclè·rac·tín·i·an** /-niənˈ/ *n.*, *adj.* 〖⇨ sclero-, actinia〗

scle·rec·to·my /sklɪ̀réktəmi/ *n.* 〖外科〗 **1** (目の)鞏膜切除術. **2** 硬化鼓膜切除術. 〖← SCLERO-+-ECTOMY〗

scle·re·id /sklíˀriɪ̀d | sklíəriɪd/ *n.* 〖植物〗 厚壁異形細胞《厚膜組織の細胞》. 〖(1896) ◻ G *Sclereid* (変則的造語) ← Gk *sklērós*: ⇨ -id³〗

scle·re·ma /sklɪ̀ríːmə/ *n.* 〖病理〗 (皮膚)硬化症. 〖(1858) ← NL ~ ← Gk *sklērós* hard〗

scle·ren·chy·ma /sklɪ̀réŋkəmə/ *n.* (*pl.* ~s, **scle·ren·chym·a·ta** /sklìˀrɛnkímətə, sklɛ̀r- | sklìərenkímətə, sklɛ̀r-/) 〖植物〗 厚膜組織 (cf. collenchyma). **scle·ren·chym·a·tous** /sklìˀrɛnkímətəs, sklɛ̀r-, -rɪ̀n- | sklìərenkímət-, sklɛ̀r-ˈ/ *adj.* 〖(1861) ← NL ~: ⇨ sclero-, -enchyma〗

scle·ri·a·sis /sklɪ̀ráɪəsɪ̀s | -sɪs/ *n.* 〖病理〗 =scleroderma.

scle·rite /sklíˀraɪt, sklɛ́r- | sklíər-, sklɛ́r-/ *n.* 〖動物〗 (海綿動物などの)骨片, 針骨; 硬皮《昆虫·クモ·カニの体の環節を作るキチン板》. **scle·rit·ic** /sklɪ̀rítɪk | -tɪk/ *adj.* 〖(1861) ← SCLERO-+-ITE¹〗

scle·ri·tis /sklɪ̀ráɪtɪ̀s | -tɪs/ *n.* 〖病理〗 (目の)鞏膜炎. 〖(1861) ← NL ~: ⇨ sclero-, -itis〗

scle·ro- /sklíˀrou, sklɛ́r- | sklíərəu, sklɛ́r-/ 次の意味を表す連結形: **1** 「堅い (hard)」: *sclero*derm. **2** 「鞏膜 (sclera) に関する」. ★ 時に sclera-, また母音の前では通例 scler- になる. 〖← NL ~ ← Gk *sklēr(o)-* ← *sklērós* hard (cf. *skéllein* to dry up)〗

scle·ro·blast /sklíˀroublæ̀st, sklɛ́r- | sklíərə(ʊ)-, sklɛ́r-/ *n.* **1** 〖動物〗 骨片母細胞, 造骨片細胞. **2** 〖魚類〗 鱗(うろこ)形成細胞《魚の真皮中にある》. 〖(1882): ⇨ ↑, -blast〗

scle·ro·cau·ly /sklíˀroukɔ̀ːli, sklɛ́r-, -kàː- | sklíərə(ʊ)-, sklɛ́r-/ *n.* 〖植物〗 茎硬化《砂漠植物のように茎が硬くなる現象; cf. sclerophylly》. 〖← SCLERO-+CAULO-+-Y¹〗

scléro·dèrm *n.* 〖動物〗 (サンゴの骨格を作る)硬皮, 硬組織. **sclèro·dérmous** *adj.* 〖1891〗

sclèro·dérma *n.* (*pl.* ~s, ~·ta) 〖病理〗 硬皮症, 強皮症. 〖(1860) ← NL ~: ⇨ sclero-, -derma〗

sclèro·dermatítis *n.* 〖病理〗 硬化性皮膚炎. 〖← SCLERO-+DERMATITIS〗

sclèro·dérmatous *adj.* **1** 〖動物〗 硬皮で覆われた.

S

2 〖病理〗硬化性皮膚炎にかかった[による]. 〖《1899》← SCLERO-＋DERMATO-＋-OUS〗

sclèro·dér·mi·a /-dɔ́ːmiə | -dɔ́ː-/ *n.* 〖病理〗＝ scleroderma.

scle·rog·e·nous /sklɪ̀ərɑ́(ː)dʒənəs | sklɪrɔ́dʒɪ̀-, sklɪr-, sklər-/ *adj.* 〖病理・植物〗硬化組織を作る. 〖《1847–49》← SCLERO-＋-GEN＋-OUS〗

scle·roid /sklíərɔɪd, sklér- | sklíər-, sklér-/ *adj.* 〖生物〗硬組織の, 硬質の. 〖《1856》← SCLERO-＋-OID〗

scle·ro·ma /sklɪ̀əróumə | -rə́ʊ-/ *n.* (*pl.* ～**s**, ～·**ta** /～tə | ～tə/) 〖病理〗硬腫(こうしゅ). 〖(1684)《1823》← NL ～ ← Gk *sklḗrōma* ← *sklēroûn* to harden: ⇨ sclero-, -oma〗

scle·rom·e·ter /sklɪ̀ərɑ́(ː)mətə | -rɔ́mɪ̀tə(r, sklɪr-, sklər-/ *n.* 〖地質〗(鉱物用の)硬度計. **scler·o·met·ric** /sklɪ̀ərəmétrɪk | -lɪərə-⁻/ *adj.* 〖《1879》← SCLERO-＋-METER¹〗

scléro·phỳll *adj.* 〖植物〗硬葉の. — *n.* 硬葉植物. **sclèro·phýl·lous** *adj.* 〖《1911》← SCLERO-＋-PHYLL〗

scle·ro·phyl·ly /sklíərəfɪli, sklér- | sklíər-, sklér-/ *n.* 〖植物〗葉硬化《砂漠植物のように含水量が少ないため葉が硬くなる現象; cf. sclerocauly》. 〖《1903》← SCLERO-＋PHYLL-＋-Y¹〗

scle·ro·phyte /sklíərəfàɪt, sklér- | sklíər-, sklér-/ *n.* 〖植物〗硬葉植物. 〖⇨ -phyte〗

sclèro·prótein *n.* 〖生化学〗スクレロプロテイン, 硬蛋白質, 類蛋白質《靭帯(じんたい)・腱(けん)・軟骨内のコラーゲン, 毛髪・角・爪内のケラチンなど》. 〖《1907》← SCLERO-＋PROTEIN〗

scle·ro·scope /sklíərəskòup, sklér- | sklíərəskàʊp, sklér-/ *n.* スクレロスコープ, 反発硬さ試験機《一定高度から試料の上に鋼球を落とし, その弾んだ高さで硬度を測る金属用硬度計》. 〖《1907》← *Scleroscope*《商標名》: ⇨ sclero-, -scope〗

scle·rosed /sklɪ̀əróust, -róuzd | -rə́ʊst, -rə́ʊzd/ *adj.* 1 〖病理〗硬化症 (sclerosis) にかかった, 硬化した. 2 〖植物〗木質化した. 〖《1878》← NL *sclerosis* (← ML *scli-rōsis* (⇨ sclerosis))＋-ED〗

scle·rós·ing cholangítis /sklɪ̀əróusɪŋ-, -róuz- | -rə́ʊs-, -rə́ʊz-/ *n.* 〖病理〗硬化性胆管炎《胆管の肥厚硬化と狭窄が進展する潰瘍性大腸炎の合併症》. 〖《*c*1985》: *sclerosing*: ← *sclerose*《逆成》← *sclerosed* (↑)〗

scle·ro·sis /sklɪ̀əróusɪ̀s | -rə́ʊsɪs/ *n.* (*pl.* -**ro·ses** /-siːz/) 1 〖病理〗硬化(症): ～ of the arteries 動脈硬化 / ⇨ arteriosclerosis, atherosclerosis, disseminated sclerosis, multiple sclerosis. 2 〖植物〗細胞壁硬化. **scle·ró·sal** /-sət, -sḷ/ *adj.* 〖《1392》◻ ML *sclirōsis* ◻ Gk *sklḗrōsis* ← *sklēroûn* to harden: ⇨ sclero-, -osis〗

sclèro·thérapy *n.* 〖医学〗硬化療法《痔核や静脈瘤の治療のため硬化剤を注射して血流をそらし血管を虚脱させる治療法; しみ除去のための美容整形にも用いる》.

sclerotia *n.* sclerotium の複数形.

scle·rot·ic /sklɪ̀ərɑ́(ː)tɪk | -rɔ́t-/ *adj.* 1 〖植物〗厚い, 硬い. 2 〖解剖〗鞏膜(きょうまく)の. 3 〖病理〗硬化した, 硬化症にかかった (sclerosed). 4 (古くなって)硬直化した. — *n.* 1 〖解剖〗＝sclera. 2 硬結薬, 硬化剤. 〖《?*a*1425》◻ ML *sclērōticus*: ⇨ sclero-, -ic¹〗

S

scle·ro·tin /sklíərətɪ̀n, sklér- | sklíərətɪn, sklér-/ *n.* 〖生化学〗スクレロチン《節足動物の外皮のキチン質に含まれる不溶性硬蛋白質》. 〖《1940》← Gk *sklērótēs* hardness ＋-IN²: ⇨ sclerotium〗

scle·ro·tin·i·a /sklɪ̀ərətíniə, sklɪ̀r- | sklɪər-, sklɪ̀r-/ *n.* 〖植物病理〗1 [S-] 菌核病菌属《菌核病菌科に属する一属; cf. brown rot》. 2 菌核病菌. 〖《1926》← NL ～ ← *sclerotin-* (← SCLEROTIUM)＋-IA²〗

scle·ro·ti·tis /sklɪ̀ərətáɪtɪ̀s, sklɪ̀r- | sklɪərətáɪtɪs, sklɪ̀r-/ *n.* 〖病理〗＝scleritis. **scle·ro·tit·ic** /sklɪ̀ərətítɪk, sklɪ̀r- | sklɪərətít-, sklɪ̀r-⁻/ *adj.* 〖《1822–29》← NL ～: ⇨ ↑, -itis〗

scle·ro·ti·um /sklɪ̀əróuʃiəm, -ʃəm | -rə́ʊ-/ *n.* (*pl.* -**ti·a** /-ʃiə, -ʃə/) 〖植物〗菌核《菌糸が集まって硬い塊状になったもの》. **scle·ró·tial** /-ʃət/ *adj.* **scle·ró·ti·oid** /-ṭiɔ̀ɪd | -ti-/ *adj.* 〖《1819》← NL ～ ← Gk *sklērótēs* hardness ← *sklērós* hard: ⇨ -ium〗

scle·ro·ti·za·tion /sklɪ̀ərəṭɪ̀zéɪʃən, sklɪ̀r- | sklɪərətaɪ-, sklɪ̀r-, -tɪ-/ *n.* 1 〖病理〗硬化. 2 〖昆虫〗硬化 (⇨ sclerotized 1). 〖1957〗

scle·ro·tized /sklíərətàɪzd, sklér- | sklíər-, sklér-/ *adj.* 1 〖昆虫〗(表皮が)硬蛋白質[ろう質, カルシウム塩類]で硬化した. 2 〖病理〗＝sclerosed 1. 〖《1928》← SCLEROT(IC)＋-IZE＋-ED〗

scle·ro·tome /sklíərətòum, sklér- | sklíərətə̀ʊm, sklér-/ *n.* 1 〖生物〗硬節《脊椎動物の胚にみられる中胚葉性の体節の一部が神経管の方へ突出した部分; 将来, 脊椎骨, 肋骨を形成する》. 2 〖動物〗硬節《隣接する筋節間にみられる繊維性組織》. 〖《1857》← SCLERO-＋-TOME〗

scle·rot·o·my /sklɪ̀ərɑ́(ː)ṭəmi | -rɔ́t-, sklɪr-, sklər-/ *n.* 〖外科〗鞏膜(きょうまく)切開(術). 〖《1876》← SCLERO-＋-TOMY〗

scle·rous /sklíərəs, sklér- | sklíər-, sklér-/ *adj.* 1 〖病理〗硬い, 硬化した, 硬結した (hard); 骨状の, 骨質の (bony). 2 〖植物〗細胞壁硬化の. 〖《1845》← SCLERO-＋-OUS〗

ScM 《略》*L.* Scientiae Magister (＝Master of Science).

SCM 《略》《英》State Certified Midwife 国家認定助産婦; Student Christian Movement 学生キリスト教運動.

Sc M Hyg 《略》Master of Science in Hygiene.

scoff¹ /skɑ́(ː)f, skɔ́(ː)f | skɔ́f/ *vi.* 〔宗教・尊敬すべきものを〕あざける, 嘲弄(ちょうろう)する, 嘲笑する, 冷やかす 〔*at*〕. — *vt.* 《米・英廃》嘲笑する. — *n.* 1 あざけり, 嘲弄, 愚弄, 嘲笑, 冷やかし. 2 嘲笑の的, 笑い草, 笑いもの, 物笑いの種 (laughingstock): the ～ of the world 世の物笑い. **～·er** *n.* 〖《?*a*1300》◻ ? ON *skop*, **skof*〗

SYN あざける: **scoff** 無礼・不信・不敬の表れとしてあざける: They *scoffed* at his story. 彼の話をあざけった. **sneer** 意地悪そうな表情や声の調子と侮蔑的な言葉で軽蔑を表す: "You call this a poem?" he *sneered*.「これが詩と言えるのかい」と彼はせせら笑った. **jeer** 激しく下品にまた嘲笑的にやじる: The audience *jeered* at the speaker. 聴衆は弁士をやじった. **gibe, jibe** 侮辱的なまたは嘲笑的な言葉を言う: He *jibed* at me for my clumsiness. 私の無器用さを笑った. **flout** 公然と無視して軽蔑感を表す: He *flouted* my wishes totally. 私の願いを完全に無視した.

scoff² /skɑ́(ː)f, skɔ́(ː)f | skɔ́f/ 《英口語》*vt.* 1 むさぼり食う. 2 強奪する. — *vi.* むさぼり食う, 急いで食う. — *n.* 1 むさぼり食うこと: have a good ～ がつがつ食べる. 2 食料, 食い物 (food); 食事 (meal). 〖《1846》《変形》← 《方言》*scaff* ← ?: cf. Afrik. *scoff* food〗

scóff·ing *adj.* 嘲弄(ちょうろう)的の. **～·ly** *adv.* 〖*c*1378〗

scóff·làw *n.* 《米口語》法律をばかにする人, (特に)常習的な法律違反者: a traffic ～. 〖1924〗

Sco·field /skóufiːld | skə́ʊ-/, **(David) Paul** *n.* スコーフィールド (1922–2008; 英国の舞台・映画俳優; Shakespeare 劇で活躍).

scoke /skóuk | skə́ʊk/ *n.* 〖植物〗アメリカヤマゴボウ (⇨ pokeweed). 〖《1794》◻ N-Am.-Ind. (Massachusett) *m'skok* 《原義》that which is red〗

scold /skóuld | skə́ʊld/ *vt.* …に文句を言う, しかる (rebuke, rate): ～ one's husband about the low pay 少ない給料のことで夫に文句を言う / ～ a child for being naughty 言うことをきかないと言って子供をしかる. — *vi.* 1 しかる, 文句を言う, がみがみ言う, 口汚くののしる, どなりつける (brawl, rail) 〔*at*〕. 2 《廃》(大声で)けんか[口論]する. — *n.* 1 口やかましい人, (特に)口やかましい女: a common ～ 近所迷惑ながみがみ女. 2 しかること, 叱責(しっせき). **～·er** *n.* 〖n.: 《?*c*1150》 *scald* ← ? ON *skáld* poet (諷刺詩を書く人の意から?). — v.: 《*c*1378》← (n.)〗

SYN しかる: **scold** 特に非行をした子供を怒ってしかる: She *scolded* her daughter for being out late. 遅くまで外を出歩いたといって娘をしかった. **rebuke** 公式な立場で激しく厳しく非難する: The minister *rebuked* the official for his misconduct. 大臣はその公務員の不行跡を厳しくしかった. **reprimand** 公式あるいは正式に権威をもって非難する: He was sharply *reprimanded* for his negligence. 彼は職務怠慢のかどでひどく叱責された. **reproach** 愛想を尽かして非難あるいは批判する: He *reproached* me for being careless. 彼は私の不注意をしかった. **reprove** 相手をたしなめる調子でおだやかにしかる: The teacher *reproved* me for being impolite. 先生は私の不作法をたしなめた. **upbraid** 非行を激しく非難してしかる《格式ばった語》: The boss *upbraided* me for my carelessness. 社長は私の不注意をしかりつけた. **berate** がみがみとしかる[非難する]《格式ばった語》: She kept *berating* her husband. 夫をののしり続けた.

scold·ing /skóuldɪŋ | skə́ʊld-/ *adj.* (特に)〈女が〉口やかましい (faultfinding), 口汚くののしる, がみがみ言う (railing), しかりつける. — *n.* がみがみ言うこと; 叱責(しっせき): give [get, receive] a good ～ うんとしかりつける[しかられる], がみがみ言う[言われる]. **～·ly** *adv.* 〖*a*1450〗

scólding bridle *n.* 《英方言》＝branks.

scóld's bít [brídle] *n.* 《英方言》＝branks.

sco·lec- /skouliːk | skəʊ-/ (母音の前にくるときの) scoleco- の異形.

scoleces *n.* scolex の複数形.

scol·e·cite /skɑ́(ː)ləsàɪt, skóul- | skɔ́lɪ-/ *n.* 〖鉱物〗灰沸石 ($CaAl_2Si_3O_{10}·3H_2O$). 〖《1823》◻ G *Skolezit*: ⇨ ↓, -ite¹〗

sco·le·co- /skoulíːkou | skəulíːkəu/「虫 (worm)」の意の連結形. ★ 母音の前では通例 scolec- になる. 〖◻ Gk *skṓlēko-*, *skṓlēx* worm〗

sco·lex /skóulɛks | skə́ʊ-/ *n.* (*pl.* **sco·le·ces** /skoulíːsiːz | skəʊ-/, **scol·i·ces** /skɑ́(ː)ləsiːz, skóul- | skɔ́lɪ̀-/, ～·**es**) 〖動物〗(条虫類の)頭節《通例付着器を備える》. 〖《1855》← NL ～ ← Gk *skṓlēx* worm〗

Sco·line /skóuliːn | skə́ʊ-/ *n.* 〖商標〗スコリーン《一時的完全麻痺状態を作り出す筋肉弛緩剤 succinylcholine chloride》. 〖《1952》← s(UCCINYL)C(H)OLINE〗

sco·li·o·sis /skòulióusɪ̀s, skɑ̀(ː)li- | skɔ̀liə́ʊsɪs/ *n.* (*pl.* -**o·ses** /-siːz/) 〖病理〗脊柱側湾症《脊柱が左または右に曲がる病態; cf. kyphosis, lordosis》. **sco·li·ot·ic** /skòuliɑ́(ː)ṭɪk, skɑ̀(ː)l- | skɔ̀liɔ́t-⁻/ *adj.* 〖《1706》← NL ～ ← Gk *skolíōsis* ← *skoliós* bent, crooked: ⇨ -osis〗

scol·lop /skɑ́(ː)ləp | skɔ́l-/ *n.*, *vt.* ＝scallop.

scol·o·pa·ceous /skɑ̀(ː)ləpéɪʃəs | skɔ̀l-⁻/ *adj.* シギ (snipe) のような, シギに似た (snipelike). 〖《1785》← LL *scolopac-*, *scolopax* snipe (◻ Gk *skolópax*)＋-OUS〗

Scol·o·pac·i·dae /skɑ̀(ː)ləpǽsədìː | skɔ̀ləpǽsɪ-/ *n. pl.* 〖鳥類〗(チドリ目)シギ科. 〖← NL ～ ← *Scolopac*, *Scolopax* (属名: LL *scolopac-* (↑))＋-IDAE〗

scol·o·pa·cine /skɑ̀(ː)ləpéɪsaɪn, -sɪ̀n | skɔ̀ləpéɪsaɪn, -sɪn/ *adj.*, *n.* 〖鳥類〗シギ科の(鳥). 〖《1889》← LL *scolopac-* (↑)＋-INE¹〗

sco·lop·a·le /skəlɑ́(ː)pəli | -lɔ́p-/ *n.* (*pl.* **scol·o·pa·li·a** /skɑ̀(ː)ləpéɪliə | skɔ̀l-/) 〖動物〗有桿細胞, 受音波尖器《昆虫類の機械刺激を感じる感覚器の中心をなす感覚細胞》. 〖《1912》← NL ～ ← Gk *skólops* spike＋-ALE〗

scol·o·pen·drid /skɑ̀(ː)ləpéndrɪ̀d | skɔ̀ləpéndrɪd/ *n.* 〖動物〗オオムカデ《オオムカデ科の動物の総称》. 〖⇨ ↓, -id²〗

Scol·o·pen·dri·dae /skɑ̀(ː)ləpéndrədìː | skɔ̀ləpéndrɪ-/ *n. pl.* 〖動物〗オオムカデ科. 〖← NL ～ ← *Scolopendra* (属名: ← Gk *skolópendra* millipede)＋-IDAE〗

scol·o·pen·drine /skɑ̀(ː)ləpéndraɪn, -drɪ̀n | skɔ̀ləpéndraɪn⁻/ *adj.* 〖動物〗オオムカデの(ような). 〖《1882》: ⇨ ↑, -ine³〗

scol·o·pen·dri·um /skɑ̀(ː)ləpéndriəm | skɔ̀lə-/ *n.* 〖植物〗＝hart's-tongue. 〖《1611》← NL ～ ← Gk *skolopéndrion* hart's tongue ← *skolópendra* (⇨ Scolopendridae): Gk での派生は形の類似から〗

scol·o·phore /skɑ́(ː)ləfɔ̀ə, skóul- | skɔ́ləfɔ̀ː(r/ *n.* 〖動物〗弦音器官《昆虫類の皮膚に存在する感覚器で, 振動刺激に対する受容器となる》. 〖《略》↓〗

sco·lop·o·phore /skəlɑ́(ː)pəfɔ̀ə | -lɔ́pəfɔ̀ː(r/ *n.* 〖動物〗＝scolophore. 〖← Gk *skolopo-*, *skólops* spike＋-PHORE〗

scom·brid /skɑ́(ː)mbrɪ̀d | skɔ́mbrɪd/ *adj.*, *n.* 〖魚類〗サバ科の(魚). 〖↓〗

Scom·bri·dae /skɑ́(ː)mbrədìː | skɔ́mbrɪ-/ *n. pl.* 〖魚類〗サバ科. 〖← NL ～ ← *Scombr-*, *Scomber* (属名: ↓)＋-IDAE〗

scom·broid /skɑ́(ː)mbrɔɪd | skɔ́m-/ *adj.*, *n.* 〖魚類〗サバ亜目の(魚). 〖《1841》← NL *Scombroidea* ← L *scomber* mackerel ◻ Gk *skómbros*: ⇨ -oid〗

scon /skɑ́(ː)n | skɔ́n/ *n.* ＝scone.

sconce¹ /skɑ́(ː)ns | skɔ́ns/ *n.* 1 (壁などに取り付けた)突き出し燭台[ガス灯, 電灯]《多く後ろに反射鏡が付いている》. 2 (突き出し燭台の)ろうそく受け. 〖《*c*1392》◻ OF *esconse* screened lantern ◻ ML *sconsa* ← L *absconsa* (*laterna*) dark lantern (fem. p.p.) ← *abscondere* to hide: ⇨ abscond〗

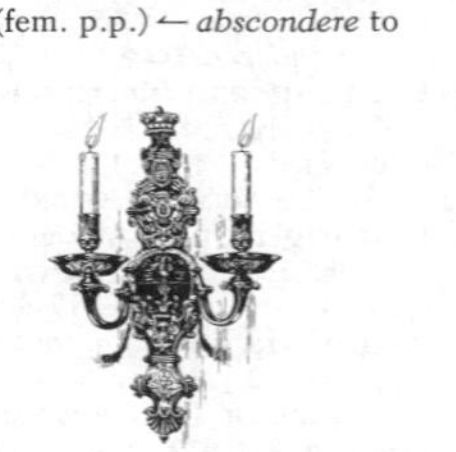

sconce¹ 2

sconce² /skɑ́(ː)ns | skɔ́ns/ 《英》*n.* 罰金, 科料 (fine, mulct)《特に, 昔英国の Oxford, Cambridge 大学の食堂などで作法を破ったとき上級生から罰として科せられる多量のビールの一気飲みなど》. — *vt.* 1 (上のような)罰を〈在学生〉に科する. 2 《廃》(無礼に対して)〈学生に〉罰金を科す. 〖《1617》《転用》? ← SCONCE⁴〗

sconce³ /skɑ́(ː)ns | skɔ́ns/ *n.* 1 〖築城〗(ある地点を防護するための孤立した)堡塁(ほうるい), 小砦. 2 《古》遮蔽(しゃへい)物, 避難所 (shelter), (避難)小屋 (shed); 目隠し, ついたて (screen). ***build a scónce*** 《廃》(居酒屋などで)借金がかさんで行けなくなる. 《*a*1700》 — *vt.* 1 〖築城〗堡塁で固める, …にとりでを築く. 2 《廃》保護する, 覆う; 遮蔽する (screen). 〖《1571》 *skonce*, *scance* ◻ Du. *schans* bulwork ← ?: ↑に同化: SCHANZE と二重語〗

sconce⁴ /skɑ́(ː)ns | skɔ́ns/ *n.* 《古・戯言》頭, 脳天 (head); 知力, 才 (sense, wits): get a crack over the ～ 脳天をどやされる / knock a person about the ～ 人の頭をぶんなぐる. 〖《1567》《転用》? ↓〗

scon·cheon /skɑ́(ː)ntʃən | skɔ́n-/ *n.* 〖建築〗(開口部の建具の枠から内側の壁の面までの)抱き. 〖《1293》◻ OF *escoinson* (F *écoinçon*) ← *es-* 'EX-¹'＋*coin* corner (⇨ coin)〗

scone /skóun, skɑ́(ː)n | skɔ́n, skə́ʊn/ *n.* 1 スコーン: a (本来スコットランドの)オート麦の生地を平たく丸く焼いたパンケーキの一種. b 通例ベーキングパウダーを加えて焼いた小型の柔らかいパンの一種《《米》では biscuit ともいう》. 2 《豪俗》頭: off one's ～ 《豪俗》怒った (angry); 気のふれた (insane). 〖《1513》◻ MDu. *schoon* (*broot*) fine (bread): cf. sheen〗

Scone /skúːn/, **the Stone of** *n.* スクーンの石《スコットランド Perth の郊外, Tay 河畔の村の宮殿 (Scone Palace) にあって, 昔スコットランド王が即位に用いた石; 1296 年に Edward 一世によってイングランドに持ち去られ Westminster Abbey で英国王の戴冠式に王がすわる椅子の座部にはめ込まれていた; 1996 年スコットランドに返還された; Coronation Stone, Stone of Destiny ともいわれる》. 〖*Scone*: ← ? Gael. *sgonn*, *sguinn* lump, block of wood〗

scóne-hót *adj.* 《豪俗》ひどくよい[上手な]; 法外な. ***gó a pérson (fór) scóne-hót*** 人をこっぴどく責める. 〖《1927》: ⇨ scone 2〗

scoop /skúːp/ *n.* 1 a (穀物・銅貨・砂糖・石炭などをすくうための, 水平の柄のついたひしゃく状の)すくいシャベル, 小スコップ. b (柄のついた半球状の)アイスクリーム[マッシュポテト]すくい, ディッシャー (disher). c 〖機械〗(ドレッジャーの)バケツ, 泥すくい. d 〖医学〗外科用さじ《異物などをすくい出すのに用いる》. 2 すくうこと; 一すくい, 一しゃくり(の量): a ～ of water 水の一すくい / a ～ of ice cream 一盛りのアイスクリーム / make a ～ さらう / in [at, with] one ～ 一すくいに / He earned $100 at a ～. 一挙に 100 ドル稼いだ. 3 《口語》〖ジャーナリズム〗a 特だね, 特だねで他社を抜くこと, スクープ (beat): get a ~ *on* other papers 特だねを出して他社の鼻をあかす. **b** (直接の取材で得た興味ある)ニュース, 新情報: a hot ~ *on* the conference. **c** [the ~] 最新情報.《1874》 **4**《口語》大もうけ, 大当たり (large gain): He made a big ~ *on* the deal. あの取引きで大もうけした. **5** すくい網, さじ網《scoop net ともいう》. **6 a** (すくい取られてできた)くぼみ, へこみ, 穴 (cavity, hollow). **b** (鳥が地上に営巣するために地面を足で引っかいて作る)浅いくぼみ. **c** (空気・油を通すじょうご状の)受け口: ⇨ air scoop. **7** (テレビ・映画撮影用の数灯で一組をなす)照明灯. **8**〖服飾〗襟ぐりの大きい丸いネックライン. **9**〖フィールドホッケー〗スクープ《ボールを打つのではなく押すようにして地上から飛ばすこと》. **10**〖音楽〗ポルタメント (portamento), その効果.

— *vt.* **1** (両手・両腕で)かき集める; 抱き上げる ⟨*up*⟩: ~ fallen jewels / She ~*ed up* her baby. 赤ん坊を抱き上げた. **2 a** すくう, くむ; くみ出す: ~ water *out of* a boat ボートから水をくみ出す / ~ *up* a fistful of sand 手いっぱいの砂をすくい出す. **b** くみ出して空にする: ~ a boat dry ボートの水を全部かき出す. **c** さらえる; えぐる, 掘る (dig out); えぐって[掘って]作る ⟨*out*⟩: ~ (*out*) a hole in the sand 砂の中に穴を掘る. **3**《口語》⟨利益などを⟩(さっと)かき集める, 大もうけする, 大当たりする ⟨*in, up*⟩; ⟨賞を⟩獲得する (win): ~ *in* a good profit. **4**《口語》〖ジャーナリズム〗他社に先んじて⟨特だねを⟩報じる, スクープする; 特だねで⟨他社を⟩出し抜く: The paper ~*ed* some wonderful news yesterday. その新聞はきのう超特だねを出した / ~ a rival paper 特だねで競争紙を抜く. — *vi.* **1** (シャベルなどで)すくう, 取り除く. **2**〖音楽〗ポルタメントをかける (slide).

— *adj.* ⟨襟ぐりが⟩丸く大きくあいた: ⇨ scoop neck.
〖n.:《1324–25》《混成》← MLG *schōpe* ladle+MDu. *schoppe* shovel: cf. shove. — v.:《*a*1338》← (n.)〗

scóoped néck *n.* =scoop neck.

scóop·er *n.* **1** すくう人, さらう人[物]. **2** (彫刻用)すくいのみ (scorper). **3**〖鳥類〗**a** ソリハシセイタカシギ (avocet). **b** ハシビロガモ (shoveler).《1668》

scoop·ful /skúːpfʊ̀l/ *n.* (*pl.* ~**s**, **scoops·ful**) 一しゃくり[さじ, へら](分) ⟨*of*⟩.《1725》

scóop nèck *n.* スクープネック《ドレスやブラウスなどの深く大きくあいた丸い襟ぐり》.《1953》

scóop nèckline *n.* =scoop neck.

scóop nèt *n.* =scoop 5.

scóop sèat *n.* =dropped seat.

scóop-whèel *n.* 水上げ水車.《1838》

scoosh /skúːʃ/《スコット》*vt.* ⟨液体を⟩噴出させる (squirt) — *vi.* ⟨液体が⟩噴出する, 吹き出す. — *n.* **1** (液体の)噴出, 吹き出し. **2** 炭酸飲料.〖《1890》← ?〗

scoot /skúːt/《口語》*vi.* **1** 駆け出す, 走る, 飛び出す (dart, scud); 走り去る (run away): ~ *off* into the dark 暗闇の中に走り去る. **2** 滑走する. **3**《スコット》=scoosh. — *vt.* 駆け出させる, 走らせる. — *n.* **1**《口語》駆け出し, 突進. **2** そりの一種 (dray). **3**《方言》〖鳥類〗=scoter. **4**《スコット》=scoosh.〖《1758》← ? Scand. (Swed. *skjuta* to shoot)〗

scoot·er[1] /skúːtə | -tə(r)/ *n.* **1** スクーター, 片足スケート《子供が片足を乗せ片足で地をけって走る》. **2** モータースクーター (motor scooter). **3**《米》(水上・氷上を滑走する)帆走船 (ice yacht). — *vi.* scooter で走る[滑走する].《1820》

scoo·ter[2] /skúːtə | -tə(r)/ *n.*〖鳥類〗=scoter.

scóot·er·ist /-tərɪst | -tərɪst/ *n.* モータースクーターを乗り回す人.

scop /skɑ́(ː)p, skóup, ʃóup | skɒ́p, skə́up/ *n.* 古英語時代の詩人[吟遊詩人] (bard).〖OE ~ (原義) maker of taunting verses ← ? IE **skeub(h)-* to shove: cf. scoff[1]〗

sco·pa /skóupə | skə́u-/ *n.* (*pl.* **sco·pae** /-piː/, ~**s**)〖昆虫〗刷器(はけ)《ミツバチの脚にある花粉採集用の剛毛列》.〖《1802》□ L *scōpa* broom〗

scope[1] /skóup | skə́up/ *n.* **1 a** (知力・研究・能力・活動などの)範囲 (⇨ range SYN): an investigation of wide ~ 広範囲にわたる調査 / the ~ of an inquiry [undertaking] 調査[事業]の範囲 / within [beyond, outside] one's ~ =within [beyond, outside] the ~ of 自分の力量の及ぶ[及ばない]ところで. **b** 眼界, 視界, 視野: a man of wide [limited] ~ 視野[識見]の広い[狭い]人. **2** (活動・思考などの)自由な場, 余地 (room); 機会 (opportunity); はけ口, 出口 (outlet, vent): have an ample [a free, a full, a large] ~ *for* one's activities 活動する十分な余地[自由, 機会]をもつ / have no ~ *for* the imagination 想像の余地がない / give (full) ~ *to* the imagination 想像力を発揮する / seek ~ *for* ...の(活動の)機会[余地]を求める. **3**《方言》広さ, 広がり, 地域 (expanse, stretch): a great ~ of land 広い地面. **4**〖論理・言語〗(量記号[数量詞]の)作用域. **5**《古》目的, 意図, 目当て (aim): the ~ of a law. **6**〖海事〗(停泊中船外に出している)錨鎖(びょうさ)の長さ. **7**《まれ》〖アーチェリー〗(矢の)射程 (range). — *vt.*《米俗》見る, 調べる,《品定めのために》⟨異性を⟩見つめる ⟨*out, on*⟩. ***scope out*** (どんなものか)見に行く, のぞいてみる.〖《1534》□ It. *scopo* □ L *scopus* □ Gk *skopós* mark to shoot at (cf. *skopeîn* to aim at / *sképtesthai* to look out)〗

scope[2] /skóup | skə́up/ *n.*《口語》**1** 見る[観察する]器械《microscope, oscilloscope, periscope, radarscope, telescope などの短略形》. **2** =horoscope.〖《1603》↓〗

-scope /skòup | skə̀up/「見る器械; ...鏡」の意の名詞連結形: laryngo*scope*, snooper*scope*, tele*scope*.〖⇨ NL *-scopium* ← Gk *-skopion* ← *skopeîn* to view: ⇨ scope[1]〗

Scópes trìal /skóups- | skə́ups-/ *n.* [the ~]〖米史〗スコープス裁判《米国 Tennessee 州の高校の生物教師 John T. Scopes (1901–70) が州法に反して進化論を教えたことに対する裁判 (1925); 被告は 100 ドルの罰金刑を受けた; 人はサルから進化したかどうかが争点になり, Monkey Trial ともいわれる》.

sco·pi- /skóupɪ̀, -pi | skə́u-/「はけ (brush)」の意の連結形: *scopi*form.〖← L *scōpa* broom〗

-sco·pic /skɑ́(ː)pɪk | skɒ́p-/ 次の意味を表す形容詞連結形: **1**「(ある)方向に見る」. **2**「見る, 観察する」: ortho*scopic*.〖← -SCOPE+-IC[1]〗

sco·pol·a·mine /skoupɑ́(ː)ləmìːn, -mɪ̀n | skəu-pɔ́ləmìːn, -mɪn/ *n.*〖化学〗スコポラミン ($C_{17}H_{21}O_4N$)《ナス科植物の根から採るアルカロイドで, 各種の塩がある; 鎮静剤などに用いる; hyoscine ともいう; cf. atropine, twilight sleep》.〖《1892》□ G *Scopolamin* ← NL *Scopolia* (*japonica*) (Japanese) belladonna ← G. A. *Scopoli* (1723–88: イタリアの博物学者): ⇨ amine〗

sco·po·line /skóupəlìːn, -lɪ̀n | skə́upəlìːn, -lɪn/ *n.*〖化学〗スコポリン ($C_{16}H_{18}O_9$)《クマリン配糖体の一種》.〖《1887》← SCOPOL(AMINE)+-INE[3]〗

sco·po·phil·i·a /skòupəfíliə | skə̀u-/ *n.*〖精神医学〗窃視(せっし)症《他人の性器などをのぞき見することで快感を得るものを active scopophilia または voyeurism, 逆に見られるのを好むものを passive scopophilia または exhibitionism という》.〖《1924》← NL ~ ← Gk *skopeîn* to view: ⇨ -philia〗

sco·po·phil·i·ac /skòupəfíliæ̀k | skə̀u-/ *n., adj.*〖精神医学〗窃視症の(人).《1960》

sco·po·phil·ic /skòupəfílɪk | skə̀u-ˈ-/ *adj.*〖精神医学〗窃視症の.《1971》

scóps òwl /skɑ́(ː)ps- | skɒ́ps-/ *n.*〖鳥類〗コノハズク属 (*Otus*)の各種の鳥《欧州・アフリカ・南アジア産》.〖《1825》← scops: ← NL Scops (旧属名) ← Gk *skṓps* small kind of owl〗

scop·to·phil·i·a /skɑ̀(ː)ptəfíliə | skɒ̀p-/ *n.*〖精神医学〗=scopophilia.〖《1968》← NL ~ ← Gk **skoptós* observed ← *skopeîn* to view: ⇨ -philia〗

scop·to·phil·i·ac /skɑ̀(ː)ptəfíliæ̀k | skɒ̀p-/ *n., adj.*〖精神医学〗=scopophiliac.

scop·to·phil·ic /skɑ̀(ː)ptəfílɪk | skɒ̀p-ˈ-/ *adj.*〖精神医学〗=scopophilic.

scop·u·la /skɑ́(ː)pjulə | skɒ́p-/ *n.* (*pl.* ~**s**, **-u·lae** /-lìː/) **1**〖昆虫〗=scopa. **2**〖動物〗(クモの脚や鋏角(きょうかく)の先端にある)網張り用の剛毛群.〖《1802》← NL ~ ← L *scōpula* (dim.) ← *scōpa* broom〗

scop·u·late /skɑ́(ː)pjulɪ̀t, -lèɪt | skɒ́p-/ *adj.*〖動物〗ほうき形をした, 刷(はけ)状の.〖《1826》← NL *scopula* (↑)+-ATE[2]〗

Sco·pus /skóupəs | skə́u-/, **Mount** *n.* スコプス山《イスラエルの中央, Jerusalem の東にある山 (834 m); Hebrew 大学 (1925) の所在地》.

-sco·py /ˈ-skəpi/「見る術; 検査; 観察」の意の名詞連結形: micro*scopy*.〖□ Gk *-skopia* ← *skopeîn* to view: ⇨ -y[1]〗

scor·bu·tic /skɔəbjúːtɪk | skɔːbjúːt-/ *adj.*〖病理〗壊血病 (scurvy) の[にかかった]; 壊血病に似た. **scor·bú·ti·cal** /-tɪk(ə)l, -kl | -tɪ-ˈ-/ *adj.* **scor·bú·ti·cal·ly** *adv.*〖《1655》← NL *scorbūticus*: ⇨ ↓, -ic[1]〗

scor·bu·tus /skɔəbjúːtəs | skɔːbjúːt-/ *n.*〖病理〗壊血病 (scurvy).〖《1866》← NL *scorbūtus*=**scorbūcus* □ MLG *schorbūk* ← *schoren* to break+*būk* belly〗

scorch[1] /skɔ́ətʃ | skɔ́ːtʃ/ *vt.* **1** ⟨物⟩の表面を焼く, 焦がす, あぶる, きつね色に焦がす (⇨ burn[1] SYN); ⟨日光が⟩⟨皮膚を⟩焼く: ~ a shirt in ironing it アイロンをかけていてシャツを焦がす. **2** ⟨日照り・不良な土壌などが⟩⟨草木を⟩しなびさす, 枯らす (dry up, wither). **3**《口語》さんざんにけなす, こき下ろす, 罵倒(ばとう)する, ...に毒づく (excoriate). **4**〖軍事〗(焦土戦術で)⟨作物・施設・街を⟩焦土化する. **5**〖冶金〗焼入れする. — *vi.* **1 a** 焦げる. **b**《口語》焼けつくように暑い: It is ~*ing* in the daytime. **2** (日照りなどのために)しなびる, 枯れる. **3**《口語》**a** ⟨人が⟩⟨自転車・自動車などで⟩突っ走る, 飛ばす ⟨*on*⟩: ~ *off on* one's motorbike バイクでぶっ飛ばす. **b** ⟨自動車などが⟩疾走する[して行く]. — *n.* **1 a** 焼け焦げ. **b** 焦げ跡. **2**《口語》(自転車・自動車など(で)の)疾走. **3** (植物の)焼け《葉焼けなど》; (細菌性の)褐斑.〖《*a*1325》□ ? ON *skorpna* to shrivel: cf. OF *escorchier* (< LL *excorticāre* to flay)〗

scorch[2] /skɔ́ətʃ | skɔ́ːtʃ/ *vt.*《廃》傷を負わせる.〖《*c*1550》《混成》← SCORE+SCRATCH〗

scórched éarth *n.* **1** 焦土(戦術)《退却する前に侵入敵軍に役立つ一切のものを焼き払う戦術またはその状況; 第二次大戦でロシア軍が行った》. **2** 焦土作戦《買収の標的となった企業が資産売却などで買収の魅力をなくすこと》.《1937》

scórched éarth pòlicy [tàctics] *n.* 焦土政策[戦術].《1937》

scórch·er *n.* **1 a** 焦がす物, 非常に熱い物. **b**《口語》焼けつくような暑い日: Today was a ~. 今日はとても暑かった. **2**《口語》痛烈なもの; 手厳しい小言, 酷評, 非難. **3**《口語》(自転車・自動車などを)飛ばす人, 疾駆者. **4**《俗》世間をあっと言わせるもの, びっくりさせるもの. **5**〖印刷〗スコーチャー《紙型を乾燥させ, 半円形にする機材》.《1842》

scorch·ing /skɔ́ətʃɪŋ | skɔ́ːtʃ-/ *adj.* **1 a** 焼けつくほど熱い[暑い] (burning): a ~ day. **b** 焦がす. **c** [副詞的に] 焼けつく[焦げる]ほど (cf. scalding): be ~ hot. **2**《口語》手厳しい, 猛烈な (severe), 痛烈な, 皮肉極まる (caustic): a ~ criticism 酷評. — *n.* **1** 焦がすこと. **2**《口語》(自転車・自動車などでの)疾走. **3**〖植物病理〗植物体の褐変[焼け]を起こす病的症状《熱や寄生物による》. **~·ly** *adv.*《1563》

scórch màrk *n.* (衣服などについた)焼け焦げ, 焦げ目.

scórch pèncil *n.* 焼画筆《焼き絵用の尖筆》.《1903》

scor·da·tu·ra /skɔ̀ədətúᵊrə | skɔ̀ːdətjúərə/ *n.* (*pl.* **-tu·re** /-reɪ/, ~**s**)〖音楽〗スコルダトゥーラ《特殊な効果を出すため弦楽器を普通と違った音程に調弦すること》.〖《1876》□ It. ~ ← *scordare* to be out of tune ← *s-* dis-+(*ac*)*cordare* to accord〗

score /skɔ́ə | skɔ́ː(r)/ *vt.* **1 a** ⟨点を⟩得る, 得点する; (試験などで)⟨点を⟩取る: ~ a point [goal, run] 1 点を獲得する / ~ a touchdown / ~ a century at cricket クリケットで 100 点を得る. **b** ⟨試合⟩の得点[点数]をつける. **c** (何)点になる: A touchdown ~*s* six. タッチダウンは 6 点. **d** ⟨競争者⟩に点を割り当てる. **e**〖野球〗⟨走者⟩に得点させる: ~ a base runner. **2 a**《米・カナダ》〖教育・心理〗⟨試問・テスト⟩の答を評価する, 採点する (mark). **b** ...の品質の評価値を決める. **3 a** ⟨利益・成功・人気などを⟩得る, 収める, 博する (gain, win): ~ an advantage, a victory, a great success, etc. / She ~*d* a great hit [success] as Nora. ノラ役で大ヒットした. **b**《俗》⟨金・麻薬などを⟩うまく入手する, 盗む. **4**〖音楽〗**a** 管弦楽曲に作る (orchestrate); ⟨ある楽曲⟩の総譜を書く: music ~*d for* wind ensemble 管楽器のアンサンブルのために作った曲. **b** ⟨映画など⟩に曲をつける, 作曲する: the film ~*d* by Dimitri Tiomkin ディミトリ ティオムキンが音楽を担当した映画. **5 a** ...に刻み目[切り目]をつける: ~ timber / rocks ~*d* by glacial action 氷河作用によって傷つけられた岩, 氷河の跡のついている岩 / a heart ~*d* by sorrow and remorse 悲哀と悔恨で傷ついた心. **b**〖料理〗⟨肉片など⟩に細かい切り目をつける. **6 a** ...にしるし[線, 溝]をつける: The page was ~*d* with underlinings. そのページには幾筋もアンダーラインが引いてあった. **b** 線を引いて消す, 削除する ⟨*out, off, through*⟩: ~ *out* the name. **7 a** 刻み目をつけて記録する. **b** 記録する (record), 計算する, つけておく (reckon, count) ⟨*up*⟩: ~ *up* three pounds against [to] a person 人に 3 ポンドつけておく. **c** ...の負債[勘定]を記録する ⟨*up*⟩. **8**《米・カナダ》ののしる, こき下ろす (berate, censure severely): ~ him for the mistake 間違いに対して彼を非難する. **9** ⟨競走馬を⟩スタートラインへ連れて来る.

— *vi.* **1 a** (競技で)得点をつける, 得点を計算[勘定]する. **b** 得点する: He did not ~ once. 一度も得点しなかった / The runner ~*d* on a sacrifice fly. 犠牲フライでランナーは得点した. **c** 勝つ (win); [...に]勝る ⟨*over*⟩: Who will ~? だれが勝つだろうか / A ~*d against* [*over*] B. A が B に勝った / Where she really ~*s over* you is in her energy. 彼女があなたに勝っている点はその活力にある. **2**《俗》利益を占める, 得をする, うまくやる, 成功する: ~ in a show ショーで成功する / We found a good cheap hotel at once, so we really ~*d*! すぐいい安い宿を見つけたのですごくよかった. **3**《俗》⟨男が⟩セックスする, ものにする [*with*]. **4**《俗》不法に麻薬を買う[入手する]. **5 a** 刻み目[切り目]をつける. **b** しるし[線, 溝]をつける. **6** ⟨競走馬が⟩スタートラインに現れる. **7**《俗》借金を作る.

***scóre óff=scóre póints* [*a póint*] *òff* [*agàinst*]**《口語》(議論などで)...をやっつける, へこませる, 勝つ, 負かす: ~ *off* an opponent.《1882》

— *n.* **1** 競技の得点, 得点記録, 得点表, スコア; 総得点 (total count): What is the ~? (競技の)得点はいくらか / keep (the) ~ (競技の)スコアを記録する / make [notch up] a good ~ 大量得点する; 好成績を上げる / win by a ~ of 5 to 4 5 対 4 で勝つ / There's no ~ yet. まだ得点は入っていない. **2 a**《米・カナダ》〖心理・教育〗(テストの)得点, 点数, 成績: SAT ~*s* 大学進学学力試験の得点. **b** (品質など最高級品を 100 点として示した)点, 評価値. **3**〖音楽〗**a** (映画・劇などの)背景音楽: a film ~ 映画音楽 / The ~ was written by Dimitri Tiomkin. その音楽はディミトリ ティオムキンによって作曲された. **b** 総譜, 譜表, 楽譜, スコア: an orchestral ~ 管弦楽用(総括的および各部別の)総譜 / read [follow] the ~ 楽譜を読む / ⇨ close score, full score, open score, piano score, short score / in ~ 総譜で; 各声部併記して. **4** 点 (point); 理由 (account), 根拠 (ground): You may rest easy on that [this] ~. その[この]点では[に関する限り]ご安心ください / Upon [On] what ~? どういう理由で / on the same ~ 同じ点[事, 理由]で / on more ~*s* than one 一つならぬ理由で / wrong on several ~*s* いくつかの点で間違っている / on the ~ of illness [low pay] 病気[低賃金]のために. **5** (*pl.* ~) **a** 二十 (twenty): a ~ of balls. **b** [しばしば基数の複合語として] 二十(人[個]) (set of twenty) (cf. sixscore): five ~ (of) herring にしん一束《100 尾》/ four ~ and seven years ago 87 年前《Lincoln の Gettysburg Address の冒頭のことば》/ ⇨ THREESCORE and ten. **c**《古》[特に, 豚または去勢牛の重量単位として] 20 または 21 ポンド. **6** [*pl.*] 多数, 多大: ~*s* of years / People come in ~*s*. 幾十人となくやって来る / ~*s* of times 数十回, 何度も何度も. **7** [the ~]《口語》(事態の)厳然たる事実, 真相, 実情, 内幕 (lowdown): know *the* ~ = know what *the* ~ is 真相を知っている / The folks at home had no idea what *the* ~ was. 国内の人たちは事実の真相を知らなかった. **8 a** 切り傷 (cut), 切り込んだ線, 引っかいた線[すじ]: deep ~*s* of pain and sorrow on [in] a person's face 人の顔に残る苦悩の深い跡 / The ~*s* of the whip showed on his back. むちの傷跡が彼の背に現れていた. **b**《古》(勘定の覚えなどのために棒につけた)刻み目 (notch); (特に)割符の刻み目: make a ~ in the tally 割符にしるしをつける. **c**《古》(競技の)出発[決勝]線 (cf. taw[1] 2); (競射会の)選手の位置, 射的線: start off from the ～. **9 a** (居酒屋などで黒板やドアにチョークで書く)勘定覚え書き. **b** 勘定 (account); 借金 (amount due): pay off [settle] a ～ 勘定を払う, 支払いを済ます / It was laid to my ～. ⦅古⦆ 私の勘定につけられた. **10** (報復すべき)恨み (grudge): I have an old ～ [(old) ～*s*] to settle with him. 彼には昔からの恨み[積もる恨み]がある. **11 a** ⦅口語⦆ 人をやりこめること[議論], 相手をへこます返答[皮肉, 動作] (cf. SCORE *off*): He is too fond of making cheap ～*s*. 彼はくだらんことで人をへこますのが好きだ. **b** ⦅口語⦆ うまい手; 成功, 幸運: What a ～! なんて運がいいんだろう. **c** ⦅俗⦆ (金・麻薬などを)うまく盗む[入手する]こと. **d** 当面の麻薬 1 回分. **e** (ペテンにかかる)カモ. **12** 〘ダンス〙 舞踊譜, 運動譜. **13** 〘海事〙 (滑車の)帯索溝(ɴ). ***by the scóre*** 多数, たくさん (in large numbers). ***gó óff [gèt óff, stárt] at (fúll) scóre*** (1) 〈馬などが〉全速力で走り出す; 出発線から元気よく行く. (2) 〈得意の問題を〉威勢よく話し出す; 自制しきれなくなる. ⦅1833⦆ ***máke a scóre òff an áwkward héckler*** ⦅俗⦆ 手ごわいやじをやっつける[へこます]. ***máke a scóre òff** one's **ówn bát*** 自力でやる, 独力でやってのける. ⦅1869⦆ ***séttle [páy óff] óld scóres*** 積もる恨みを晴らす, 仕返しをする (cf. 10). ***òver the scóre*** ⦅口語⦆ 度を越えた[て]; 不当な[に]. ⦅*c*1863⦆ 〖n.: lateOE *scoru* twenty ◻ ON *skor* twenty, notch, ⦅原義⦆ cut < Gmc **skurō-* ← **skēran*. — v.: ⦅*c*1390⦆ ◻ ON *skora* ← *skor*〗

SCORE *n.* ⦅豪⦆ 退職経営者奉仕隊 ⦅1964 年創立⦆. 〖⦅頭字語⦆ ← *S(ervice) Co(rps of) R(etired) E(xecutives)*〗

scóre·bòard *n.* (野球などの)得点掲示板, スコアボード. 〖1826〗

scóre·bòok *n.* スコアブック, 得点記入帳, 得点表, 採点簿. 〖1851〗

scóre·bòx *n.* 〘クリケット〙 スコアボックス ⦅公式記録員がいて, スコアが掲示される部屋または小屋⦆.

scóre·càrd *n.* **1 a** (競技の)スコア[得点]カード. **b** 〘ボクシング〙 採点表, ジャッジペーパー. **2** (選手名その他の記録・情報を載せた)選手一覧表: a baseball ～. 〖1877〗

scóre dràw *n.* (サッカーなどで)同点による引き分け. 〖1970〗

scóre·kèeper *n.* (競技の)得点[スコア]記録係. 〖1880〗

scóre·less *adj.* 無得点の. 〖1611〗

scóre·lìne *n.* スポーツ競技の結果[成績, 得点]. 〖1969〗

scóre màrk *n.* =score 8 a, b.

scóre·pàd *n.* (ボウリング・ブリッジなどの)得点記録帳.

scor·er /skɔ́ːrə | skɔ́ːrə^(r)/ *n.* **1** 得点者: a high ～ 高得点者 / He is our team's leading ～. 彼はわがチームでいちばん得点する選手だ. **2** 採点者, スコア係. 〖1394〗

scóre-shèet *n.* スコアシート, 採点紙. 〖1859〗

sco·ri·a /skɔ́ːriə | skɔ́ːr-, skɔ́r-/ *n.* (*pl.* **-ri·ae** /-riìː/) **1** 〘地質〙 多孔質・黒色の細粒火山放出物, 火山岩滓(がんさい) (cf. cinder 4). **2** 〘冶金〙 かなくそ, からみ, 鉱滓(こうさい) (slag). **sco·ri·a·ceous** /skɔ̀ːriéɪʃəs | skɔ̀ːr-, skɔ̀r-⁻/ *adj.* 〖⦅*a*1387⦆ ◻ L *scōria* ◻ Gk *skōría* refuse ← *skôr* dung〗

scória còne *n.* 〘地質〙 岩滓(がんさい)丘.

S

sco·ri·fi·ca·tion /skɔ̀ːrəfɪ̀kéɪʃən | skɔ̀ːrɪfɪ-, skɔ̀r-/ *n.* 〘冶金〙 焼溶(試金法), 焼融. 〖⦅1754⦆ ← SCORI(A)+-FICATION〗

scó·ri·fì·er *n.* 〘冶金〙 (金銀の乾(かん)式試金に用いる)焼溶[焼融]皿, スコリファイヤー. 〖1758〗

sco·ri·fy /skɔ́ːrəfàɪ | skɔ́ːrɪ-, skɔ́r-/ *vt.* (金・銀の試金において鉱石に鉛とホウ砂(しゃ)を加えて)鉱滓(こうさい) (scoria) にする, 焼溶[焼融]する. 〖⦅1754⦆ ← SCORI(A)+-FY〗

scor·ing /skɔ́ːrɪŋ/ *n.* **1 a** 試合記録(記入); 得点. **b** ⦅米⦆ 評価, 採点 (cf. score *vt.* 2 a). **2** (管弦楽の)総譜(作成). **3** [集合的] 切り傷 (scores). 〖1546〗

scorn /skɔ́ən | skɔ́ːn/ *n.* **1** 軽蔑, さげすみ, 侮辱 (disdain, contempt); あざけり, 冷笑 (mockery, derision): with ～ 軽蔑して / have [feel] ～ for …に対して軽蔑の念をいだく / hold … in [up to] ～ …⦅古⦆ …を軽蔑する, さげすむ / think ～ of … ⦅古⦆ …を軽蔑する / think [hold] it ～ to lie ⦅古⦆ うそをつくことをいさぎよしとしない / heap [pour] ～ on …に軽蔑のことばを浴びせる / the object of ～ 軽蔑の対象. **2** 軽蔑[冷笑]される人[もの], 笑い草, 物笑い: He is a ～ to [the ～ of] his neighbors. **3** ⦅古⦆ 嘲笑的[軽蔑的]な行為[話しぶり]. ***láugh** a person **to scórn*** ⇨ laugh 成句. — *vt.* **1** さげすむ, 軽蔑する (⇨ despise SYN). **2** [～ *to do* として] いさぎよしとしない, 恥とする, …しない (disdain): ～ *to* tell a lie うそをつくことをいさぎよしとしない. **3** ⦅古⦆ 嘲笑する (mock). — *vi.* ⦅廃⦆ あざける, 冷笑する (mock).

～·er *n.* 〖n.: ⦅?*a*1200⦆ *sc(h)arn, sc(h)orn* ◻ OF *esc(h)ar(n)* ← Gmc (OHG *skern* jest, trick). — v.: ⦅?*a*1200⦆ *scarne(n), sc(h)orne(n)* ◻ OF *esc(h)arnir* < VL **escarnīre* ◻ Gmc **skarnjan* (OHG *skernōn* to behave rowdily)〗

scorn·ful /skɔ́ənfəl, -fl | skɔ́ːn-/ *adj.* 〔…を〕軽蔑する, さげすむ, あざける 〔*of*〕; 嘲笑的な, 冷笑的な (contemptuous, derisive): smile in a ～ way ばかにしたように微笑する / laugh a ～ laugh 冷笑する, せせら笑う / be ～ of honors 名誉を軽蔑する **～·ly** *adv.* **～·ness** *n.* 〖⦅*c*1350⦆: ⇨ ↑, -ful¹〗

scorp /skɔ́əp | skɔ́ːp/ *n.* =scorper.

scor·pae·nid /skɔəpíːnɪ̀d | skɔːpíːnɪd/ *adj., n.* 〘魚類〙 カサゴ科の(魚). 〖⦅1885⦆: ⇨ ↓, -id²〗

Scor·pae·ni·dae /skɔəpíːnədìː | skɔːpíːnɪ-/ *n. pl.* 〘魚類〙 カサゴ科. 〖← NL ～ ← *Scorpaena* (属名: ← L *scorpaena* ◻ Gk *skórpaina* sea scorpion)+-IDAE〗

scor·pae·noid /skɔəpíːnɔɪd | skɔː-/ *adj., n.* 〘魚類〙 カサゴ亜目の(魚). 〖⦅1842⦆ ← NL *Scorpaenoidea* ← *Scorpaena* (↑): ⇨ -oid〗

scor·per /skɔ́əpə | skɔ́ːpə^(r)/ *n.* **1** 彫刻用丸のみ. **2** (金属を切ったり彫刻したり穴をあけたりする)宝石細工用ののみ (scalper). 〖⦅1843⦆ ⦅変形⦆ ← SCALPER²〗

Scor·pi·an /skɔ́əpiən | skɔ́ː-/ *n.* さそり座生まれの人. 〖1951〗

Scor·pi·o /skɔ́əpiòu | skɔ́ːpiəu/ *n.* **1** 〘占星〙 **a** さそり座, 天蝎(てんかつ)宮 ⦅黄道 12 宮の第 8 宮; 10 月 23 日–11 月 21 日の期間を支配するとされる; the Scorpion ともいう; cf. zodiac⦆. **b** さそり座生まれの人. **2** 〘天文〙 =Scorpius. **3** 〘動物〙 サソリ属 ⦅コガネサソリ科の一属; 化石種と現存種を含む⦆. **Scor·pi·on·ic** /skɔ̀əpiɑ́(ː)nɪk | skɔ̀ːpi-ɔ́n-⁻/ *adj.* 〖⦅1391⦆ ◻ L *scorpiō(n-)*: ⇨ scorpion〗

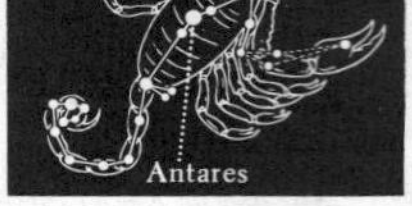

Scorpio 1 a

scor·pi·oid /skɔ́əpiɔ̀ɪd | skɔ́ːp-/ *adj.* **1** サソリに似た, サソリ状の. **2** 〘植物〙 〈花が〉サソリの尾のように巻いた (circinate). **3** 〘動物〙 サソリ類の. 〖⦅1839⦆ ◻ Gk *skorpioeidḗs*: ⇨ ↓, -oid〗

scor·pi·on /skɔ́əpiən | skɔ́ː-/ *n.* **1** 〘動物〙 **a** サソリ ⦅温暖な地域・熱帯に広く分布するサソリ類の総称⦆. **b** カキネハリトカゲ (pine lizard) などのトカゲ類の総称. **c** =false scorpion. **2** サソリのような人[物], 憎悪に燃える人. **3 a** [the S-] 〘天文〙 サソリ(蠍)座 (⇨ Scorpius). **b** 〘占星〙 さそり座, 天蝎(てんかつ)座 (⇨ Scorpio 1). **4** [*pl.*] 〘聖書〙 さそりむち ⦅ひもに金属のつめの付いたものと想像される; cf. *1 Kings* 12: 11⦆: chastise with ～*s* さそりむちで懲らす (重い刑罰). **5** (古代・中世の)大弩(おおゆみ), 小弩砲(どほう), 投石機 (catapult). **6** 〘魚類〙 =scorpion fish. 〖lateOE *scorpioun* ◻ (O)F *scorpion* LL *scorpiō(n-)* ◻ Gk *skorpíos* ← ? IE **sker-* 'to cut, SHEAR'〗

scórpion-bròom *n.* 〘植物〙 ヒトツバエニシダ (*Genista scorpius*) ⦅scorpion-plant[-thorn] ともいう⦆. 〖1884〗

scórpion fìsh *n.* 〘魚類〙 カサゴ ⦅カサゴ科の魚類の総称; (特に)背びれに毒のあるフサカサゴ属 (*Scorpaena*) の魚⦆. 〖1661〗

scórpion flỳ *n.* 〘昆虫〙 シリアゲムシ ⦅長翅目シリアゲムシ科の昆虫の総称; 雄は腹端をサソリのように反り返すためこの名がある⦆. 〖1668〗

scórpion gràss *n.* 〘植物〙 =forget-me-not.

scórpion-plànt *n.* 〘植物〙 **1** サソリラン (*Renanthera arachnitis*) ⦅ジャワ産のランで花は巨大なクモの形をしている⦆. **2** =scorpion-broom. 〖1866〗

scórpion sènna *n.* 〘植物〙 南ヨーロッパ産のマメ科のサソリの尾に似た節のあるさやと黄色い花をつける低木 (*Coronilla emerus*). 〖1731〗

scórpion shèll *n.* 〘貝類〙 サソリガイ (*Harpago chiragra*). 〖1752〗

scórpion spìder *n.* 〘動物〙 =whip scorpion.

scórpion-thòrn *n.* 〘植物〙 =scorpion-broom.

scórpion·wèed *n.* 〘植物〙 **1** ハゼリソウ科ファセリア属 (*Phacelia*) の植物の総称 ⦅北米原産で園芸植物が多い⦆. **2** ハゼリソウ (fiddle-neck).

Scor·pi·us /skɔ́əpiəs | skɔ́ː-/ *n.* 〘天文〙 さそり(蠍)座 ⦅南天の星座; 一等星 Antares を含む; the Scorpion または Scorpio ともいう⦆. 〖◻ L ～〗

Scor·se·se /skɔəséɪzi | skɔː-, -zeɪ/, **Martin** *n.* スコセッシ ⦅1942–　; 米国の映画監督; Sicily 移民の子; *Taxi Driver*「タクシードライバー」(1976), *The Raging Bull*「レイジングブル」(1980)⦆.

scor·zo·ne·ra /skɔ̀əzənɪ́ᵊrə | skɔ̀ːzəníərə/ *n.* 〘植物〙 フタナミソウ ⦅地中海沿岸産キク科フタナミソウ属 (*Scorzonera*) の植物の総称; black salsify ともいう⦆. 〖⦅1580⦆ ← NL ～ ← It. ～ ← *scorzone* < VL **scurtione* ← ML *curtiō(n-)* poisonous snake〗

scot /skɑ́(ː)t | skɔ́t/ *n.* ⦅英⦆ (昔の)税金 (tax, assessment); (支払いの)割前.

scót and lót ⦅英⦆ (昔の)住民税; 分相応の税, 応分の義務 ⦅lot and scot ともいう⦆: pay (one's) ～ *and lot* 分相応の税を納める[割前を出す], 皆済する. ⦅1494⦆ 〖⦅*c*1110–35⦆ ◻ OF *escot* reckoning // ON *skot* contribution: cog. OE *scēot* 'SHOT, reckoning, contribution' (cf. *scēotan* 'to SHOOT')〗

Scot /skɑ́(ː)t | skɔ́t/ *n.* **1** スコットランド人. ★ スコットランドでは自分たちのことを Scots, 単数形では Scot, Scotsman, Scotswoman という. Scotchman, Scotchwoman は軽蔑語と見なされる. **2** スコット族の人 ⦅6 世紀にアイルランドからイングランド北西部に移住したゲール人の一派; Scotland の名はこの種族名による⦆. 〖OE *Scottas* (pl.) ◻ LL *Scottī* (pl.) the Irish ← ? Celt.: cf. OIr. *Scuits* ((pl.) ← *Scot*) ⦅原義⦆ ? the wanderer: cf. Gael. *sguit* wanderer〗

Scot. ⦅略⦆ Scotch; Scotland; Scotsman; Scottish.

scotch¹ /skɑ́(ː)tʃ | skɔ́tʃ/ *vt.* **1 a** 〈計画などを〉だめにする, くじく; (災害・悪影響・暴動などを)根絶する, 撲滅する, 鎮圧する: ～ a mutiny 暴動を抑える / ～ a plot 陰謀をくじく. **b** 〈噂などを〉(間違いを示して)きっぱり拒否する, 止める. **2** ⦅古⦆ 生殺[半殺]しにする. **3** ⦅古⦆ 切る, 刻む, 傷をつける (cut, score). — *n.* **1** 浅く刻むこと; 浅傷, 切傷 (cut, score); 深手 (gash). **2** (hopscotch の遊戯などで地面に書く)線. 〖⦅*c*1412⦆ ◻ ? AF *escocher* ← (O)F *es-* 'EX-¹' +*coche* notch < VL **coccam*〗

scotch² /skɑ́(ː)tʃ | skɔ́tʃ/ *vt.* (輪止め・まくらくさびを入れて)〈車・樽などを〉動かない[滑らない]ようにする. — *n.* (車の)輪止め, (樽などの)まくらくさび. 〖⦅1601⦆ ⦅変形⦆ ← ⦅廃⦆ *scatch* stilt ◻ ONF *escache* (F *échasse*)〗

Scotch /skɑ́(ː)tʃ | skɔ́tʃ/ *adj.* **1** スコットランドの; スコットランド人の: They are ～. 彼らはスコットランド人だ. ★ スコットランド人は Scotch を用いるのを好まず, 一般に Scottish または Scots を好んで用いるが, 英米では Scottish が普通; ただし次のように慣用的に固定したものもある: Scotch whisky [fir, tweeds, girl]; Scottish custom [book, history]; Scots law. **2** スコットランド語 (⇨ *n.* 3 ★). **3** つましい (frugal). — *n.* **1** [しばしば S-] スコッチ(ウイスキー): (a) ～ and soda. **2** [the ～; 集合的] スコットランド人 (the Scots). **3** スコットランド語. ★ Scotch が最も一般的で, Scottish はあまり用いられない. スコットランドでは Scots という. **4** 〘商標〙 =Scotch tape.

Scótch and Énglish ⦅スコット・北英⦆ 陣取り遊戯 (prisoner's base). ⦅1802⦆ 〖⦅1591⦆ ⦅短縮⦆ ← SCOTTISH〗

Scótch árgus *n.* 〘昆虫〙 ユーラシアの主に高地地方の草地に分布するジャノメチョウ科のチョウ (*Erebia aethiops*) ⦅地色は茶色で, オレンジ色の帯に眼状紋が並ぶ⦆.

Scótch bárley *n.* =hulled barley.

Scótch Bláckface *n.* 〘動物〙 ブラックフェイス ⦅スコットランド産の毛が長く顔の黒い, 山地で飼育される肉用品種の緬羊⦆.

Scótch bónnet *n.* ⦅カリブ・米⦆ 極辛の小型のトウガラシ (habanero).

Scótch bróom *n.* 〘植物〙 エニシダ (*Cytisus scoparius*) ⦅ヨーロッパ原産マメ科エニシダ属の黄色の蝶形花をつける低木⦆. 〖1818〗

Scótch bróth *n.* スコッチブロス ⦅牛または羊肉と野菜に丸麦を混ぜた濃いスープ⦆. 〖1834〗

Scótch cáp *n.* スコッチキャップ ⦅スコットランドで用いるウール地のキャップ; cf. bonnet 2 b, glengarry, Balmoral 3⦆. 〖1591〗

Scótch cátch *n.* 〘音楽〙 =Scotch snap.

scótch cóllops *n. pl.* スコッチコロップス ⦅牛肉と細く切りねぎを入れたシチュー⦆.

Scótch crócus *n.* 〘植物〙 ヨーロッパ東南部およびトルコ原産アヤメ科のクロッカスの一種 (*Crocus biflorus*). 〖1882〗

Scótch égg *n.* スコッチエッグ ⦅堅ゆで卵をひき肉でくるんでパン粉をつけて揚げたもの⦆. 〖1809〗

scotch·er /skɑ́(ː)tʃə | skɔ́tʃə^(r)/ *n.* =scutcher.

Scótch fír *n.* 〘植物〙 ヨーロッパアカマツ (*Pinus sylvestris*) ⦅Scotch pine ともいう⦆; その材 ⦅堅牢で尊重される⦆. 〖1696〗

Scótch fóursome *n.* 〘ゴルフ〙 =foursome 2 b.

Scótch fúrnace *n.* 〘冶金〙 スコッチ炉 (⇨ ore hearth).

Scótch Gáelic *n.* 〘言語〙 =Scottish Gaelic.

Scótch gále *n.* 〘植物〙 ヤチヤナギ (⇨ sweet gale). 〖1795〗

Scotch·gard /skɑ́(ː)tʃgɑəd | skɔ́tʃgɑːd/ *n.* 〘商標〙 スコッチガード ⦅ソファー・衣類の防水防濁用の炭化フッ素スプレー⦆.

Scótch glúe *n.* ⦅英⦆ にかわ.

Scótch gráin *n.* 牛革に型押しでつけた石目模様のある銀面 ⦅男物の革靴に用いる⦆.

Scótch-Írish *adj.* **1** スコットランド系アイルランド人の ⦅特に, 北アイルランド定住のスコットランド系新教徒の子孫と 1846 年以前に米国に移住したスコットランド系の北アイルランド人にいう⦆. **2** スコットランド人とアイルランド人の混血の. — *n.* [the ～ で集合的にも用いて] **1** スコットランド系アイルランド人. **2** スコットランド人とアイルランド人の混血の人. 〖1744〗

Scótch kále *n.* 〘園芸〙 スコッチケール ⦅ケールの代表的品種の名; 葉は灰緑色で, 縮れが激しい⦆.

Scotch·lite /skɑ́(ː)tʃlaɪt | skɔ́tʃ-/ *n.* 〘商標〙 スコッチライト ⦅微小なレンズ状のガラスの層をもった光反射板シート⦆.

scótch lóvage *n.* 〘植物〙 =lovage 2.

scótch·man /-mən/ *n.* (*pl.* **-men** /-mən/) **1** 〘海事〙 (索具に付けた)摩擦よけの当て木 ⦅rigging batten ともいう⦆. **2** 〘魚類〙 =Scotsman 2. 〖⦅1841⦆ ⦅転用⦆〗 ↓〗

Scótch·man /-mən/ *n.* (*pl.* **-men** /-mən/) スコットランド人 (⇨ Scot 1 ★). 〖1407〗

Scótch míst *n.* **1** (スコットランドの山地に多い)湿気の多い濃霧, こぬか雨. **2** スコッチミスト ⦅細く砕いた氷にスコッチウイスキーを注いだカクテル⦆. 〖1647〗

Scótch páncake *n.* =drop scone.

Scótch pébble *n.* 〘鉱物〙 (スコットランド各地に産する)めのう・玉髄など ⦅磨いて各種工芸品に用いる⦆.

Scótch píne *n.* 〘植物〙 =Scotch fir.

Scótch róse *n.* 〘植物〙 ヨーロッパ産のバラの一種 (*Rosa spinosissima*) ⦅小さな羽状の葉に, ピンク・白・黄色の花をつける; burnet rose ともいう⦆. 〖1731〗

Scótch snáp *n.* 〘音楽〙 スコッチ スナップ ⦅付点のリズムが普通と逆なもの; 例えば ♫; Scotch catch ともいう⦆. 〖1883〗

scótch-tápe *vt.* スコッチテープでとめる. 〖⦅1955⦆ ↓〗

Scótch tápe *n.* ⦅米⦆ 〘商標〙 スコッチテープ ⦅セロテープの商品名⦆. 〖1947〗

Scótch térrier *n.* =Scottish terrier.

Scótch thístle *n.* 〘植物〙 **1** ヨーロッパ産アザミ属 (*Cirsium*) の植物の総称. **2** オオヒレアザミ (⇨ cotton thistle). 《スコットランド国民の象徴として用いられたことから》

Scótch vérdict *n.* **1** 〘スコット法〙証拠不十分という(陪審による)評決. **2** 確定的でない決定[判決]. 〘1912〙

Scótch whísky *n.* スコッチ(ウイスキー) 《大麦の麦芽をピートで燻臭をつけ乾燥・発酵・蒸留して造るスコットランド原産のウイスキー; cf. bourbon whiskey》. 〘1835〙

Scótch·wòman *n.* (*pl.* **-women**) スコットランドの女性 (⇨ Scot 1 ★). 〘1818〙

Scótch wóodcock *n.* スコッチウッドコック 《anchovy paste をつけいり卵を載せたトースト》.

sco·ter /skóuṭə | skə́utə^(r)/ *n.* (*pl.* **~s, ~**) 〘鳥類〙クロガモ 《ヨーロッパ北海岸や北米に生息するクロガモ属 (*Melanitta*) のカモの総称; ビロウドキンクロ (*M. fusca*), クロガモ (*M. nigra*) など》. 〘(1674) ?〙

scót-frée *adj.* **1** 罰を免れて (unpunished); 害を受けないで, 無事に (unharmed): go [get off, escape, get away] ~ 無事にのがれる, 罰を免れる, おとがめなしである. **2** 支払いを免れて, 免税の. 〘13C〙

sco·tia /skóuʃə, -ʃiə, -ṭiə | skə́uʃə/ *n.* 〘建築〙スコティア 《古典主義建築の柱礎などに用いる深くえぐった繰形》. 〘(1563) □ L ~ □ Gk *skotía* ← *skótos* darkness: cf. shade〙

Sco·tia /skóuʃə | skə́u-/ *n.* 《詩・文語》スコティア 《Scotland の古名[雅名]; cf. Caledonia》. **Scó·tic** /-tɪk | -tɪk/ *adj.* 〘← ML ~ ← LL *Scōtus, Scottus* 'Scot'〙

Scot·i·cism /ská(ː)ṭəsìzṃ | skɔ́t-/ *n.* =Scotticism 2.

Sco·tis·ic /skoutísɪk | skə(ʊ)-/ *adj.* 〘哲学〙スコトゥス哲学[派]の.

Sco·tism /skóutɪzṃ | skə́u-/ *n.* 〘哲学〙ドゥンス スコトゥス (Duns Scotus) の哲学. 〘(1645) ← (*Duns*) *Scotus* + -ISM〙

Scó·tist /-ṭɪst | -tɪst/ *n.* 〘哲学〙スコトゥス学派 《Duns Scotus の説の信奉者》. 〘1530〙

Scot·land /ská(ː)tlənd | skɔ́t-/ *n.* スコットランド: **1** Great Britain 島の北部 (Hebrides, Orkney Islands, Shetland Islands を含む) を占め England などと共に連合王国を構成する; 法制度はスコットランド独自のものがある; 1707 年に England と合併するまでは独立した王国であった; ⇨ Great Britain, United Kingdom; 面積 78,772 km^2, 主都 Edinburgh; 詩語 Caledonia, Scotia. **2** 〘紋章〙Royal tréssure に囲まれた競い獅子 (lion rampant) の紋章. 〘OE *Scotlande* 'the land of Scots': cf. L *Scotia*〙

Scótland Yárd *n.* **1** ロンドン警視庁(本部) 《1829 年から 1890 年まで Great Scotland Yard にあったことから通称となる; 1890 年に Thames 河畔に移転して New Scotland Yard となる; 1967 年に Broadway に移転; 公式名 New Scotland Yard》. **2** (ロンドン警視庁の)刑事部: call in ~ 〈地方警察が〉(難事件などに際して)ロンドン警視庁刑事部に捜査を依頼する. 〘(1864) 旧所在地にちなんだもの〙

Scót Nát /-nǽt/ *n.* 《スコット口語》=Scottish Nationalist. 〘1970〙

sco·to- /ská(ː)ṭou, skóuṭ- | skɔ́təu, skə́ut-/ 「暗黒 (darkness)」の意の連結形. 〘← NL ~ ← Gk *skótos* darkness: ⇨ scotia〙

scot·o·din·i·a /skɑ̀(ː)ṭədíniə, skòuṭ- | skɔ̀tə(ʊ)-, skə̀ut-/ *n.* 〘病理〙失神性眩暈(げん). 〘← SCOTO- + Gk *dînos* whirling + -IA¹〙

scot·o·graph /ská(ː)ṭəgræ̀f, skóuṭ- | skɔ́tə(ʊ)grɑ̀ːf, skə́ut-, -græ̀f/ *n.* 放射線写真 (radiograph). 〘(1869) ← SCOTO- + -GRAPH〙

sco·to·ma /skətóumə, skou- | skə(ʊ)tə́u-/ *n.* (*pl.* **~s, ~·ta** /~ṭə | -tə/) 〘眼科〙(視野)暗点. **sco·tom·a·tous** /skətá(ː)məṭəs, skou- | skə(ʊ)tɔ́mətəs/ *adj.* 〘(1543) (1875) ← NL ~ ← LL *scotōma* dimness of vision □ Gk *skótōma* ← *skotoûn* to darken, blind ← *skótos* darkness: ⇨ -oma〙

scot·o·pho·bin /skɑ̀(ː)ṭəfóubɪ̣n, skòuṭ- | skɔ̀təfə́u-bɪn, skə̀ut-/ *n.* 〘生化学〙スコトフォビン 《暗所を恐れさせる脳内ペプチッド》. **scot·o·pho·bic** /skɑ̀(ː)ṭəfóubɪk, skòuṭ- | skɔ̀təfə́u-, skə̀ut-ˈ/ *adj.* 〘(1970) ← SCOTO- + -PHOBE + -IN²〙

sco·to·pi·a /skətóupiə, skou- | skə(ʊ)tə́u-/ *n.* 〘眼科〙暗所視 (↔ photopia). **sco·to·pic** /skətóupɪk, skou-, -tá(ː)p- | skə(ʊ)tə́up-, -tɔ́p-/ *adj.* 〘(1915) ← SCOTO- + -OPIA〙

sco·top·sin /skətá(ː)psɪ̣n, skou-, -sṇ | skə(ʊ)tɔ́psɪn/ *n.* 〘生化学〙スコトプシン 《暗視野に働く網膜桿状体にある視物質の蛋白部分》.

Scots /ská(ː)ts | skɔ́ts/ *n.* **1** [the ~; 集合的] スコットランド人. **2** スコットランド語, スコットランド方言 (⇨ Scotch *n.* 3 ★): He speaks broad ~. 彼にはひどいスコットランドなまりがある. — *adj.* =Scottish (⇨ Scotch *adj.* 1 ★): the ~ language (低地)スコットランド語 / ~ law スコットランド法 / a pound ~=pound¹ 3 / a ~ mile スコットランドマイル 《英米法定マイルの 1.123 マイル (約 1,807 m) に当たる》. 〘(*c*1333–52) 《北部方言》 *Scottis* ← SCOTTISH〙

Scóts fir *n.* 〘植物〙=Scotch fir.

Scóts Gáelic *n.* 〘言語〙=Scottish Gaelic.

Scóts Gréys *n. pl.* [the ~] =Royal Scots Greys.

Scóts Guárds *n. pl.* [the ~] ⇨ Foot Guards. 〘1823〙

Scóts·man /ská(ː)tsmən | skɔ́ts-/ *n.* **1** (*pl.* **-men** /-mən/) =Scotchman (⇨ Scot 1 ★). **2** [s-] (*pl.* **scots·men, scots·man**) 〘魚類〙アフリカ南部産の色鮮やかなタイ科の食用魚 (*Polysteganus praeorbitalis*). 〘*c*1375〙

Scóts píne *n.* 〘植物〙=Scotch fir.

Scóts·wòman *n.* (*pl.* **-women**) =Scotchwoman. 〘1820〙

Scott /ská(ː)t | skɔ́t/ *n.* スコット 《男性名; 愛称形 Scottie, Scotty》. 〘OE *Scottas* 《原義》 Irishmen: ⇨ Scot〙

Scott /ská(ː)t | skɔ́t/, **Dred** *n.* スコット 《1795?–1858; 米国の黒人奴隷; 自由州に居住の結果自由の身になれるとの主張は, 最高裁判決で却下された (1857)》.

Scott, Evelyn *n.* スコット 《1893–1963; 米国の女流小説家・詩人》.

Scott, Sir **George Gilbert** *n.* スコット 《1811–78; 英国の建築家》.

Scott, Paul (**Mark**) *n.* スコット 《1920–78; 英国の小説家; *The Raj Quartet* (1966–75) シリーズで知られる》.

Scott, Ridley *n.* スコット 《1937– ; 英国の映画監督; *Alien* (1979), *Blade Runner* (1982)》.

Scott, Robert Falcon *n.* スコット 《1868–1912; 英国の海将で南極探検家; 1912 年初め Amundsen より 1 か月遅れて南極点に到達したが帰路死亡》.

Scott, Sir **Walter** *n.* スコット 《1771–1832; スコットランドの小説家・詩人; *The Lady of the Lake* (1810), *Waverley* (1814), *Ivanhoe* (1819)》.

Scott, Win·field /wínfiːld/ *n.* スコット 《1786–1866; 米国の将軍》.

Scótt connéction *n.* 〘電気〙スコット結線 (⇨ T connection).

Scot·ti·cism /ská(ː)ṭəsìzṃ | skɔ́tɪ̣-/ *n.* **1** スコットランド語法[なまり]. **2** スコットランドびいき. 〘(1717) ← LL *scōtticus* of the Scots (⇨ Scot, -ic¹) + -ISM〙

Scot·ti·cize /ská(ː)ṭəsàɪz | skɔ́tɪ̣-/ *vt.* **1** 〈語句・習慣などを〉スコットランド風にする, スコットランド化する. **2** スコットランド語に訳す. 〘(1763) ← LL *scōtticus* (↑) + -IZE〙

Scot·tie¹ /ská(ː)ṭi | skɔ́ti/ *n.* **1** =Scotchman. **2** =Scottish terrier. 〘(1: 1918; 2: 1907) ← SCOT + -IE〙

Scot·tie² /ská(ː)ṭi | skɔ́ti/ *n.* スコッティ (男性名). 〘(dim.) ← SCOTT〙

Scot·tie³ /ská(ː)ṭi | skɔ́ti/ *n.* 〘商標〙スコッティー 《米国製のティッシュペーパー・トイレットペーパー》.

Scot·tish /ská(ː)ṭɪʃ | skɔ́t-/ *adj.* スコットランドの; スコットランド人[語]の (⇨ Scotch *adj.* 1 ★): ~ literature スコットランド文学 / the ~ Church=the Church of Scotland.

Scóttish Certíficate of Educátion [the —] 《スコット》〘教育〙普通教育修了証書 《イングランド, ウェールズの General Certificate of Secondary Education に相当する; 略 SCE》.

— *n.* **1** スコットランド語 (⇨ Scotch *n.* 3 ★). **2** [the ~; 集合的] スコットランド人. 〘lateOE *Scottisċ*: ⇨ Scot, -ish¹〙

Scóttish Baróníal *adj.* 〘建築〙スコティッシュバロニアル様式の 《塔や狭間を備えた中世スコットランドの城塞風建築様式についていう; cf. baronial》. 〘1938〙

Scóttish Bláckface *n.* 〘動物〙スコティッシュブラックフェース 《スコットランド産の黒面長毛の肉用羊》.

Scóttish Bórders *n.* スコティッシュボーダーズ 《スコットランド南東部の行政区; 行政の中心地は Melrose; 区域は旧 Borders 州と同じ》.

Scóttish déerhound *n.* =deerhound.

Scóttish fóld *n.* スコティッシュフォールド 《スコットランド産の耳折れ・短毛のずんぐりしたネコ》.

Scóttish Gáelic *n.* 〘言語〙スコットランド高地のゲール語 《Hebrides 諸島やスコットランドの高地のゲール語; Nova Scotia でも用いられる》. 〘1956〙

Scóttish Nátionalist *n.* スコットランド民族党員[支持者], スコットランド独立主義者 (略 Scot Nat). 〘1936〙

Scóttish Nátional Párty *n.* [the ~] スコットランド民族党 《スコットランドの政党で 1934 年結成; 連合王国からの独立を党是とする; 略 SNP》.

Scóttish Presbytérians *n. pl.* 〘スコット史〙=covenanter 2.

Scóttish ríte, S- R- *n.* [the ~] 〘フリーメーソン〙スコット儀礼 《フリーメーソン団員の儀式の一つ; 33 級を与える; cf. York rite》. 〘1903〙

Scóttish térrier, S- T- *n.* スコッチテリア 《スコットランド原産のテリア犬種のイヌ; 肢が短く(通例)黒色の剛毛に覆われている; Scotch terrier ともいう; Aberdeen terrier は旧称》. 〘1837〙

Scott-Mon·crieff /ská(ː)tmənkríːf, -mɑ(ː)n- | skɔ́tmən-, -mɔn-/, **Charles Kenneth Michael** *n.* スコットモンクリーフ 《1889–1930; *Beowulf*, Stendhal, Proust および Pirandello などを翻訳したスコットランド生まれの翻訳家》.

Scotts·dale /ská(ː)tsdeɪl | skɔ́ts-/ *n.* スコッツデール 《米国 Arizona 州中南部, Phoenix の東にある都市》.

Scot·ty¹ /ská(ː)ṭi | skɔ́ti/ *n.* =Scottie¹.

Scot·ty² /ská(ː)ṭi | skɔ́ti/ *n.* スコッティ (男性名). 〘(dim.) ← SCOTT〙

Sco·tus /skóuṭəs | skə́ut-/, **John Duns** *n.* ⇨ Duns Scotus.

Scotus, Johannes *n.* ⇨ Erigena.

scoun·drel /skáundrəl/ *n.* 悪党, 悪漢 (villain), 無頼漢, ならず者, やくざ者 (rogue, rascal) (⇨ knave SYN). — *adj.* 《米》《英まれ》悪党の, 悪漢風の; ふらちな, 不道徳な, 破廉恥な (scoundrelly). 〘(1589) ← ? : cf. AF *escoundre*=OF *escondre* ← L *abscondere* 'to ABSCOND'〙

scóun·drel·dom /-dəm/ *n.* **1** 悪党仲間[社会]; [集合的] 悪党たち (scoundrels). **2** =scoundrelism. 〘1837〙

scóun·drel·ìsm /-lìzṃ/ *n.* 悪行, ふらち; 悪党根性 (rascality); 卑劣さ (baseness). 〘1611〙

scoun·drel·ly /skáundrəli/ *adj.* 悪党の, 悪漢風の, 無頼漢のような; ふらちな, 横着な (rascally); 下劣な (mean). 〘1790〙

scour¹ /skáuə | skáuə^(r)/ *vt.* **1** 〈場所を〉急いで[くまなく]捜し回る (search rapidly), あさり歩く: ~ the coast *for* an escaped convict 脱走犯を求めて海岸を捜し回る / ~ the plain [the woods] 《猟犬などが》平原[森]をあさり回る. **2** 〈場所を〉かけ通る (traverse swiftly). **3** 〈書籍・文書・記録を〉注意してよく調べる: ~ a book *for* quotations 引用句を捜すために注意深く本に目を通す. — *vi.* **1** 〔…を求めて〕あさり歩く, 急いで捜し回る (range about) 〔*after, for*〕: The dogs are ~*ing* through the woods *after* [*for*] game. 猟犬は獲物を求めて森の中を捜し回っている. **2** 急ぐ, 疾走する, 走り回る (scamper). 〘(?*a*1425) *sc(o)ure(n)* ← ? ON (cf. Swed. *skura* to rush)〙

scour² /skáuə | skáuə^(r)/ *vt.* **1 a** 〈鍋・かまなどを〉(砂・磨き粉などでこすって)すり磨く (rub bright): ~ a rusty kettle さびたやかんを磨く. **b** 〈さび・しみなどを〉(こすったり, 水洗いなどして)取り除く, 洗い去る (clear away) 〈*off, away, out*〉: ~ rust *off* さびを落とす. **2** 〈床・衣類などを〉(こすって)洗う, 洗濯をする, 洗ってきれいにする: ~ clothes [wool] 衣服[毛糸]を洗濯する. **3 a** 〈管などを〉洗いさらう, (水を通して)洗い流す, 〈港・川底などを〉洗掘する 〈*out*〉: ~ (*out*) a ditch [drainpipe] 水を流して溝[下水管]をさらう / The river has ~*ed* its bed of silt. 川は川底の泥を洗掘した. **b** (水が流れ続けて)〈穴を〉うがつ 〈*out*〉. **4** (下痢などで)〈家畜の〉腸を下す, 洗浄する (purge): ~ a horse, cow, etc. / ~ worms for bait (もみがらやこけなどに入れて)餌(え)にするミミズをきれいにする. **5** 一掃する, 掃討する (sweep away): ~ the sea *of* pirates 海から海賊を一掃する. **6** 〘冶金〙こすりへらす 《溶鉱炉の内容物が炉の内張りの耐火物を侵すこと》. **7** 《廃》罰する (punish). — *vi.* **1** すり磨く, 光らせる; 洗濯する. **2** すり磨かれてきれいになる[光る]. **3** 〈くわ・耕運機などが〉刃に泥がつかずに耕す. **4** 〈シャベルの先などが〉(使っているうちに)すれて光る. **5** 〈家畜が〉下痢する, 腹が下る.

— *n.* **1** (水勢で川底の砂泥などを)洗い流すこと[作用]: give it a ~ 一洗いする / the ~ of the tide 潮の洗い流し[流す力]. **2** 洗い流された場所, 水勢でできたくぼみ. **3** 研磨剤, 洗剤. **4** [通例 *pl.*; 単数または複数扱い] (家畜の)下痢, 白痢.

〘(?*a*1200) □ ? MDu. *scūren* □ OF *escurer* (F *écurer*) < LL *excūrāre* to clean off ← L EX-¹ + *cūrāre* to care for, cleanse: ⇨ cure〙

scour·er¹ /skáuᵊrə | skáuərə^(r)/ *n.* たわし; すり磨く人[物]; 洗濯人[機]. 〘(1411) ← SCOUR² + -ER¹〙

scour·er² /skáuᵊrə | skáuərə^(r)/ *n.* **1** 歩き回る人; 疾走者. **2** 《古》(17–18 世紀に)夜分街路をうろつき回った浮浪者[夜盗]. 〘(*a*1400) (1672) ← SCOUR¹ + -ER²〙

scourge /skə́ːdʒ | skə́ːdʒ/ *n.* **1 a** 苦悩のもと, 悩み(の種); 疫病, 戦乱, 野蛮な征服者, 社会悪(など): the white ~ (風土病としての)肺病 / the ~ of war 戦争の惨害 / Flies are a regular ~ in summer. 夏のハエは全く悩みの種だ. **b** 懲罰, 天罰, たたり (punishment). **2** 懲罰の器具; 厳しく罰する人; 厳しい批評家. **3** 《古》(懲罰に使う)むち, しもと (whip, lash). — *vt.* **1** 悩ませる, 苦しめる (afflict, torment): He is ~*d* by the memory of his misdeeds. 彼は自分の非行の思い出に苦しんでいる. **2** 〈土地を〉荒廃させる (devastate). **3** 《古》むち打つ (whip, lash). **4** 厳しく罰する, 懲らしめる (punish, chastise). **5** 厳しく批判する. **scóurg·er** *n.* 〘(?*a*1200) □ AF *escorge* ← OF *escorgier* to whip < VL **excorrigiāre* ← EX-¹ + L *corrigia* shoelace, strap〙

scour·ing /skáuᵊrɪŋ | skáuər-/ *n.* **1** すり磨くこと; 洗濯すること, 洗浄. **2** [通例 *pl.*] **a** こすり取った汚物[ごみ, くず]. **b** (製粉前に小麦から除く)ごみ. **c** 人間のくず, 社会の落伍者. **3** 〘獣医〙(馬・牛の)劇症下痢. **4** 〘地質〙研磨(作用), 洗掘 《流水・氷河による土砂・岩などの浸食》. 〘(*a*1325): ⇨ scour², -ing¹〙

scóuring pàd *n.* たわし (scourer).

scóuring rùsh *n.* 〘植物〙トクサ (*Equisetum hyemale*) 《昔, これを磨剤として用いた; Dutch rush, shave grass ともいう; cf. horsetail 3》. 〘1845–50〙

scouse /skáus/ *n.* **1** 〘海事〙=lobscouse. **2** 《リバプール方言》残り肉で作るシチュー. 〘(1840) 《短縮》〙

Scouse /skáus/ *n.* 《英口語》**1** (英語の)リバプール (Liverpool) 方言. **2** リバプールの住民[出身者]. — *adj.* リバプールの (Liverpudlian). 〘(1945) 《短縮》 ← LOBSCOUSE: Liverpool で lobscouse が好まれることから〙

Scous·er /skáusə | -sə^(r)/ *n.* 《口語》リバプール (Liverpool) の住民. 〘(1959) ← SCOUSE + -ER¹〙

scout¹ /skáut/ *n.* **1 a** 斥候(兵), 偵察兵; 敵情監視兵. **b** 偵察艦. **c** 偵察機 (scout plane). **2 a** (情報を求めに出される)内偵者, 偵察者. **b** 《古》スパイ (spy). **3** スカウト 《相手方の技術・競技者などについて探察報告するために送られる人; またプロスポーツ団に雇われて選手勧誘をしたり, 新人タレントを掘り出す係》: a talent ~. **4** [時に S-] **a** =boy scout 1. **b** =girl scout 1 (cf. air scout, sea scout, Venture Scout; guide *n.* 5 a). **5** 偵察; 探察, 見張り; 《英》(自動車連盟などの)救難パトロール員: be on [in] the ~ 偵察をしている. **6** 《英》(Oxford 大学で学生の世話をする)用務員 (servant) 《Cambridge 大学では gyp, Dublin 大学の Trinity college では skip という》. **7** 《口語》人 (person); やつ, 男 (chap). ★ 通例次の句で用いる: a good ~ (頼りになる)いい人. **8** [S-] 〘宇宙〙スカ

S

ウト《米国の小型衛星打上げ用の 4 段式固体燃料ロケット》. ***Scóut's hónor!*** 《戯言》本当だとも, うそじゃないよ.
— *vi.* **1** 〔…を〕捜して[探して]歩き回る〔*for*〕: ~ about [(a)round] あさり回る, 探し回る. **2** スカウトする. **3** 斥候をする, 偵察する, 敵の行動を見張る (reconnoitre): He is out ~*ing*. 彼は偵察に出ている. — *vt.* **1** 情報獲得のために調査[視察, 観察]する; 偵察する. **2** 捜す; 捜して見つけ出す〈*out, up*〉.
〖v.: 《?c1380》▭ OF *escouter* (F *écouter*) to listen 《変形》← *ascolter* < VL **ascultāre*=L *auscultāre*: ⇨ auscultate. — n.: 《1553》▭ OF *escoute* ← *escouter*〗

scout² /skáʊt/ *vt.* 《古》 **1** 〈申し出・意見などを〉はねつける (⇨ despise SYN). **2** 鼻であしらう, ばかにする (flout, mock). — *vi.* 嘲笑[嘲弄]する (scoff)〔*at*〕. 〖《1605》← Scand. (cf. ON *skūta* to taunt): ⇨ shout〗

Scóut Assocìation *n.* [the ~] ボーイスカウト連盟《1908 年 Baden-Powell が創設; 本部 London》.

scóut càr *n.* **1** (機関銃を装備した高速軽装甲の)偵察(自動)車. **2** 《米》(警察の)パトカー (patrol car). 〖1933〗

scóut·cràft *n.* スカウト活動; (特に)ボーイスカウト[ガールスカウト]の活動に必要な知識と技術. 〖1908〗

scóut·er /-tə | -tə(r)/ *n.* **1** 探察者, 偵察者. **2** [しばしば S-] スカウター《ボーイスカウトの大人のリーダーの通称》. 〖《1: 1642; 2: 1930》〗

scouth /skúːθ, skáʊθ/ *n.* 《スコット》 **1** 豊富, たくさん (plenty). **2** 活動の機会, 余地 (scope). 〖《1591》?〗

scóut·hòod *n.* ボーイスカウト[ガールスカウト]のメンバーの身分[性格, 特質, 精神].

scóut·ing /-tɪŋ | -tɪŋ/ *n.* **1** 斥候[偵察]活動. **2** [S-] ボーイスカウト[ガールスカウト]運動[活動, 計画, 指導など]. **3** =scoutcraft. 〖《1644》← SCOUT¹+-ING¹〗

scóuting repòrt *n.* 《米》【スポーツ】(スコアラーによる)敵情報告.

scóut·màster *n.* **1** (ボーイスカウトの)班の隊長《成人で, 通例, ボーイ隊長という; scouter の旧称》. **2** 偵察隊長, 斥候隊長. 〖1579〗

scóut plàne *n.* 【軍事】偵察機 (scout).

scow /skáʊ/ *n.* **1** スカウ, 平底船《泥・石炭などを運搬する平底の運送船》. **2** 《米東部》(かさばる荷物を運搬する)屋根なしのはしけ. — *vt.* スカウで運ぶ. 〖《1669》▭ Du. *schouw* ferry-boat〗

scowl /skáʊl/ *vi.* **1** (眉を寄せて)不快な表情をする, 苦い顔をする, いやな顔をする (⇨ frown SYN): He made no reply, but simply ~*ed*. 彼は返事はしないでただいやな顔をした. **2** にらみつける〔*at, on, upon*〕: He ~*ed at* his child. 子供をにらみつけた. **3** 陰気な[険悪な]様相を呈する. **4** 〈空などが〉荒れ模様になる, 今にも降り出しそうになる (lower). — *vt.* **1** 苦い顔をして示す: ~ one's dissatisfaction 嫌な顔をして不満を示す. **2** 苦い顔をして追い払う〈*away*〉; 嫌な顔をして[にらみつけて]…させる: ~ a person *into* silence 嫌な顔をして人を黙らせる / ~ *down* a person 人をにらみすえる[にらみつけて黙らせる]. — *n.* **1** 顔をしかめること, しかめっ面, 渋面, 苦い顔, 嫌な顔, こわい顔: give a ~ 顔をしかめる / look at a person with a ~ 人にしかめっ面をする. **2** 荒れ模様, しけ模様; 陰気な様相. **~·er** /-lə | -lə(r)/ *n.* 〖《a1400》← ON (Dan. *skule* to scowl)〗

S

scówl·ing·ly /-lɪŋli/ *adv.* 眉をひそめて, 顔をしかめて, 苦い[こわい]顔をして. 〖《1755》: ⇨ ↑, -ing², -ly¹〗

SCP 《略》【生化学】single-cell protein. 〖1971〗

SCPO 《略》senior chief petty officer.

SCPS 《英》《略》Society of Civil and Public Servants.

SCR 《略》(Cambridge 大学などで) Senior Combination Room; (Oxford 大学などで) Senior Common Room; 【電子工学】silicon controlled rectifier シリコン制御整流器《サイリスターの一種》. 〖1923〗

scr. 《略》scrip; script; scruple.

scrab·ble /skrǽbl/ *vi.* **1 a** (手探りで)かき回して捜す〈*around, about*〉〔*for*〕: ~ *around* [*about*] *for* something. **b** ひっかく (scratch): ~ on the doors of the gate 門の扉をかきむしる (cf. *1 Sam.* 21:13). **2** なぐり書きする, 落書きする (scribble). **3 a** よじ登る (scramble). **b** 必死に努力する, あがく. — *vt.* **1** (かぎ爪や手で)ひっかく; かき集める. **2** ぞんざいに書く (scrawl), 落書きする (scribble). — *n.* 《口語》 **1** (爪などで)ひっかくこと, (手で)こすること. **2** 走り書き, 落書き (scrawl); 走り書きの絵. **3** 奪い合い, 争奪 (scramble): a ~ *for* a ticket. 〖《1537》▭ Du. *schrabbelen* (freq.) ← *schrabben* 'to SCRAPE': ⇨ -le³〗

Scrab·ble /skrǽbl/ *n.* 【商標】スクラブル《anagram や crossword puzzle に似た 2–4 人で行う一種の語合わせ遊戯》. 〖1950〗

scrab·bler /skrǽblə, -blə | -blə(r), -bl-/ *n.* そこらじゅうひっかき回す人; 落書きする人.

scrab·bly /skrǽbli, -bli/ *adj.* (**scrab·bli·er; -bli·est**) 《口語》 **1** こすれるような, 耳ざわりな. **2** みすぼらしい, 貧しげな. 〖《1945》: ⇨ scrabble, -ly²〗

scrag /skrǽg/ *n.* **1** やせこけた人[動物]; 貧弱な木[枝, 植物]. **2 a** (羊・子牛の)首肉《脂肪の少ない安肉; scrag end ともいう; ⇨ mutton¹ 挿絵》. **b** 《俗》(人間の)首根っこ, 首っ玉 (neck). — *vt.* (**scragged; scrag·ging**) **1** 《俗》〈人〉の首をつかむ; 腕で首を絞める (choke); 怒ってつかみかかる. **2** 絞め殺す (garrote, throttle); 〈罪人を〉絞首刑に処する (hang); 《米俗》殺す, 死なせる, バラす (kill, murder). **3** 《英俗》〈人を〉つかまえてたたく. **4** 【冶金】〈板ばね用鋼板を〉曲げてためす. 〖《1542》《変形》← ? CRAG²: cf. Norw. *skragg* lean person〗

scragged *adj.* やせた, やせこけた (lean): a ~ neck. **~·ly** *adv.* **~·ness** *n.* 〖《a1591》: ⇨ ↑, -ed〗

scrag·gly /skrǽgli, -gli/ *adj.* (**scrag·gli·er; -gli·est**) **1** 《米》ぎざぎざの, でこぼこの (ragged), 不揃いの. **2** まばらの (straggly). 〖《1869》← SCRAG+-LE²+-Y⁴〗

scrág·gli·ness *n.*

scrag·gy /skrǽgi/ *adj.* (**scrag·gi·er; -gi·est**) **1** 《英》骨と皮ばかりの, やせこけた: a ~ neck. **2** でこぼこした, ごつごつした (rugged): a ~ cliff. **scrág·gi·ly** /-gli/ *adv.* **scrág·gi·ness** *n.* 〖《1611》← SCRAG+-Y⁴〗

scraich /skréɪx/ *v., n.* 《スコット》=screech. 〖1785〗

scram¹ /skrǽm/ *v.* (**scrammed; scram·ming**) — *vi.* **1** 《口語》[主に命令形で] 逃げろ, 出て行け (Be off!). **2** 【原子力】〈原子炉が〉緊急停止する. — *vt.* **1** 【原子力】〈原子炉を〉緊急停止させる. — *n.* 原子炉の緊急停止. 〖《1928》《略》← SCRAMBLE〗

scram² *vt.* =scramb.

scram·a·sax /skrǽməsæks/ *n.* スクラマサクス《サクソン人・フランク人が用いた片刃の大型ナイフ[剣]; 狩猟にも用いた》. 〖《1862》▭ ML *scramasaxus* ← Frank.: cf. sax²〗

scramb /skrǽm/ *vt.* 《英方言》爪でひっかく (scratch). 〖《1892》← ?: cf. Du. *schrammen* to scratch〗

scram·ble /skrǽmbl/ *vi.* **1 a** (手・足を使って急いで)はい上がる, よじ登る (clamber)〈*up*〉; 伝って降りる〈*down*〉; (はうように)骨折って進む[やり抜く]〈*along, on, through*〉; はい回る〈*about*〉: ~ *up* a mountain 山によじ登る / Children love *scrambling* over rocks. 子供は岩をよじ登るのが好きだ / ~ *through* difficulties どうにか困難を切り抜ける. **b** 大急ぎでする: ~ *to* one's feet 急いで立ち上がる / ~ *into* one's trousers 急いでズボンをはく / ~ *into* the car 車に急いで乗り込む / ~ *into* action 急いで行動する. **2 a** 〔…を求めて〕奪い合う, 争奪する, 我勝ちに取ろうとする〔*for, after*〕: ~ *for* a seat 席を奪い合う / ~ *for* [*after*] office [promotion] 猟官[昇進運動]をする / They ~*d for* pennies. 彼らは(まいた)銅貨を奪い合った. **b** (苦労して)…しようとする〈*to* do〉: ~ *to* take seats 我先に席をとろうとする. **3** 【空軍】〈地上待機のパイロット・迎撃機・救援機が〉緊急発進する, スクランブルする. **4** 【アメフト】〈クォーターバックが〉スクランブルする《自分の守備・密集を利用して, パスをやめ自らランニングにより攻撃を図る》. **5** 不揃いに[だらだらと]延びる, 繁茂する. **6** 【植物】〈植物が〉支持物にはい登る (cf. twine¹ *vi.* 3). — *vt.* **1 a** ごちゃ混ぜにする, 混乱させる (jumble)〈*up*〉: ~ a person's brain 頭[思考]を混乱させる. **b** 〈鶏卵を〉バターやミルクを加えてかき混ぜながら炒(い)る (cf. scrambled eggs). **c** 〈トランプの札などを〉かき混ぜる. **2** 【通信】〈電話・無線の通信を〉(盗聴できないように)波長を混乱させる[変える], スクランブルをかける. **3 a** (急いで)かき集める〈*up, together*〉: ~ *up* the papers 書類をかき集める. **b** 急いで処理する; 急がせる, 急いで…させる: ~ a person *out of* the house 家から人を急いで出す. **4** 【空軍】〈地上待機のパイロット・迎撃機・救援機を〉緊急発進させる, スクランブルさせる. **5** よじ登る, はい上がる: ~ a cliff.
— *n.* **1** (ごつごつした登りにくい所を)はい上がること (clamber); よじ登ること (climb). **2** 奪い合い, 争奪 (struggle), 我勝ちに取ろうとすること〔*for*〕: a ~ *for* office 官職の奪い合い / scatter money for a ~ 銭をまいて奪い合いをさせる. **3** 無秩序な寄せ集め, ごちゃ混ぜ. **4** 大急ぎでやってのけること: in a ~ 大急ぎで, ざっと. **5** 【空軍】(敵機迎撃・救援のための)緊急発進, スクランブル. **6** スクランブルレース《でこぼこ道のオートバイレース》. 日英比較 日本語の「スクランブル交差点」の「スクランブル」は和製英語. 英語では six-way (pedestrian) crossing という. 〖《a1586》《鼻音化変形》? ← SCRABBLE〗

scrámbled égg [éggs] *n.* **1** 炒(い)り卵, かき卵. **2** 【軍】炒卵飾り《中佐以上の軍帽のひさしについている金色の派手な縫い取り》; (その飾りをつける)高級将校連. 〖1864〗

scrám·bler /-blə | -blə(r)/ *n.* **1** scramble する人; 山や丘を乗り回すモーターバイク. **2** 【通信】(盗聴防止用の)周波数帯変換器 (cf. unscrambler 2). **3** 【アメフト】スクランブルするクォーターバック (cf. scramble *vi.* 4). 〖《1687》← SCRAMBLE+-ER¹〗

scrám·bling /-blɪŋ, -blɪŋ/ *adj.* **1** 〈人が〉奪い合いをする, 我勝ちに取ろうとする. **2** 〈植物が〉(やたらに)はい登る. **3** 〈物事が〉不規則な, だらしない. — *n.* **1** =scramble *n.* 1, 6. **2** 【通信】スクランブルをかけること (cf. scramble *vt.* 2). **~·ly** *adv.* 〖《1607》← SCRAMBLE+-ING²〗

scrám·jèt *n.* 【航空】 **1** スクラムジェット《燃焼器内での燃焼が超音速気流の中で行われるラムジェット; (マッハ 6 を超える)極超音速機用エンジンとして考えられている一型式》. **2** スクラムジェット機. 〖《1966》← *s*(*upersonic*) *c*(*ombustion*) *ramjet*〗

scran /skrǽn/ *n.* **1** 《俗》(食物の)くず (refuse), 食べ残し, 残飯 (leftovers); 食い物 (food). **2** 《アイル方言》運 (luck). ***Bád scrán to you!*** 《アイル方言》くそでも食らえ. 《1841》 〖《1808》← ?: cf. Icel. *skran* rubbish〗

scran·nel /skrǽnl/ *adj.* 《文語》 **1** 〈音など〉細い (thin, slight), か弱い; 耳ざわりな, 調子外れの (harsh): ~ pipes (Milton, *Lycidas* 124). **2** 《方言》貧弱な (poor). 〖《1637》← ?: cf. Norw. *skran* shrivelled〗

scran·ny /skrǽni/ *adj.* (**scran·ni·er; -ni·est**) 《英方言》やせた, やせこけた (lean). 〖《1820》: ⇨ ↑, -y⁴〗

Scran·ton /skrǽntn, -tən | -tən, -tn/ *n.* スクラントン《米国 Pennsylvania 州北東部の都市; 無煙炭の産地》. 〖この町の近郊の炭鉱主の名から〗

scrap¹ /skrǽp/ *n.* **1 a** 一片, 小片, こぎれ, 破片, 切れはし, はした (shred, fragment): a ~ of bread, meat, cloth, etc. / a few ~*s* of news (まとまりのない)二, 三のニュース / ⇨ a SCRAP *of paper.* **b** (印刷物・書き物などの)切抜き, 抜粋, スクラップ (cf. scrapbook); 断片: ~*s* from *The Times* タイムズ紙の切抜き / some ~*s* of poetry 詩の断片. **c** [not a ~ で] 少し, 僅か: *not a* ~ 少しも…ない / do *not* care *a* ~ 少しも構わない. **2** [*pl.*] **a** 食べ残り, 残飯. **b** (動物の)脂肪かす, 魚かす, しめかす (cracklings): dry [green] ~ 乾いた[生の]魚かす, しめかす. **3 a** スクラップ, くず金, くず鉄 (scrap iron). **b** (製造中に切り取られたり削られたりする)くず, 廃物. **c** (溶解を助けるための)ガラスくず (cullet). **d** (たばこの)切れくず.
a scráp of a … (愛情・軽蔑をこめて)小さな, ちっちゃな…(small, diminutive): *a* ~ *of a* baby ちいさい赤ちゃん. 《1898》 ***a scráp of páper*** (1) 紙切れ. 《1840》 (2) 《皮肉》紙くず同然の条約《1914 年 8 月ドイツがベルギーの中立を犯した際のドイツ外相の言葉から》.
— *adj.* [限定的] **1** 破片[小片]の, くず金の, スクラップの: ~ metal くず金 / ⇨ scrap iron. **2** 残り物の[で作る]: a ~ pie. **3** 捨てられた, 使い古した (used).
— *vt.* (**scrapped; scrap·ping**) **1 a** 〈方法・計画などを〉廃止[中止]する, 取り止める. **b** くずとして捨てる, 廃品にする; 廃棄する: ~ a chapter of one's book 本の一章を廃棄する / ~ a battleship 戦艦を廃艦にする. **2** 破片[断片, くず]にする, 破り裂く (break up): ~ metal [iron] くず金[くず鉄]にする.
〖《a1387》▭ ON *skrap* trifles ← *skrapa* 'to SCRAPE'〗

scrap² /skrǽp/ 《俗》 *n.* **1** いさかい, けんか (row), なぐり合い (scuffle): have a (bit of a) ~ *with* …と争う. **2** 拳闘試合. — *vi.* (**scrapped; scrap·ping**) けんかをする, なぐり合う; 口論[激論]する (squabble): ~ *with* a person. 〖《1679–80》《変形》← SCRAPE〗

scráp·bòok *n.* (写真・新聞などの)切抜き帳, 貼込み帳, スクラップブック. 〖1825〗

scrape /skréɪp/ *vt.* **1 a** (鋭い[堅い, ざらざらした]もので)〈付着物を〉こする; こすり取る, かき取る, こすり落とす〈*off, away, out, down*〉: ~ a ship's bottom (貝殻を落とすために)船底をこする / ~ *off* the paint ペンキをこすり落とす / ~ the scales *off* a fish 魚のうろこを取る / ~ (*down*) a wall 壁をこする[こすってペンキ・はり紙などを落とす] / ~ *away* [*off*] mud from one's shoes 靴の泥をかき落とす / ~ one's boots 靴の泥をこすり落とす / ~ *out* a mark しるし[しみ]をすり落とす. **b** 〈文字などを〉削除する〈*out*〉: ~ *out* a word. **c** こすって平らにする[すべすべにする, きれいにする]: ~ one's chin あごのひげをそる / ~ a dish [plate] 皿をなめたようにに食べてしまう. **d** (地ならし機で)〈舗装していない道路を〉平らにする; 〈舗装していない道路〉に地ならし機をかける. **e** 〈髪の毛を〉額から後ろへなでつける. **2 a** すりつける, かする, 引っかく; …にかき傷[かすり傷]をつける: ~ one's knee *against* a stone 石に当ってひざをすりむく / ~ one's arm *on* a fence 塀で腕をすりむく. **b** (荒々しく, または音を立てて)引きずる / ~ a chair *on* the floor 椅子を音を立てて床の上を引きずる / ~ a chair back 椅子を後ろにずらす. **3** (銅版にのせた紙を)こすって〈エッチングなどを〉作る. **4** かき集める; 〈金などを〉寄せ集める, (苦労して)ためる〈*up, together*〉: ~ *up* the dirt from the floor 床からごみをかき集める / ~ a majority *together* 得票の過半数をなんとかして集める / ~ *up* people for a bus tour バス旅行のため人をかき集める / ~ *up* money 金をかき集める / ~ a living 何とか暮しを立てる. **5** かきのける〈*away*〉, かき出す〈*out*〉; (かきのけて)掘る, えぐる, 掘り出す (hollow)〈*out, up*〉: ~ *out* the ashes from a grate 炉格子から灰をかき出す / ~ *out* a hole in the ground 地面に穴を掘る. **6 a** (こすって)…にがりがり音をさせる, きしるような音を出させる, きしらせる: ~ one's nail *over* a slate 石板の上で爪をきしらせる / ~ the floor *with* one's shoes 靴で床をこすって音をたてる / ~ *out* a tune from a fiddle (ぎいぎい鳴らしながら)バイオリンで一曲奏する. **b** [軽蔑的に]〈弦楽器を〉かき鳴らす: ~ a violin.
— *vi.* **1** こする, かく, すれる, かする, きしむ (rub, graze)〈*against, on, along, by, through*〉: branches *scraping against* a window 窓にすれる枝 / ~ *along* a building 建物にこすって行く[すれすれに通る]. **2** 〈弦楽器を〉かき鳴らす (play)〔*on*〕: ~ *on* a fiddle バイオリンをきーきー鳴らす. **3** どうにか通り[切り]抜ける〈*along, by, through*〉; どうにか入る〈*in, into*〉: ~ *by* [*along*] on …でどうにかこうにか食っていく / ~ *through* an examination 試験をやっと通過する / ~ *into* college 大学にやっと入る / He has just ~*d along* [*through*]. 彼はどうにか試験[難局]を切り抜けた. **4** こつこつためる; ひどく倹約する: work and ~ 勤労貯蓄する / ~ *up* enough *for* the marriage 結婚に十分な金をためる. **5** 足をする, (礼をしながら)片足を後ろに引く: ⇨ BOW¹ *and scrape.*
ráke and scrápe ⇨ rake¹ 成句. ***scrápe dówn*** 《英》〈弁士を〉足ずりして黙らせる. 《1855》 ***scrápe hóme*** 〈目的・地位などを〉骨折って獲得する, かろうじて達成する. 《1927》 ***scrápe (the bóttom of) the bárrel*** ⇨ barrel 成句. ***scrápe úp an acquáintance*** ⇨ acquaintance 成句.
— *n.* **1** こする[かく, そる, きしる]こと[音]; かき鳴らす音 (squeak): the ~ of a pencil *on* a slate 石盤の上を石筆でかききしらせること[音] / the ~ of a bow *on* a fiddle バイオリンの弦のきしみ / He pushed back his chair *with* a ~. 音を立てて椅子を後ろに押した. **2** すり傷, そり跡, すった[かいた]跡 (scratch, abrasion): a ~ *on* the shin [the chin]. **3** 《口語》 **a** (自分の軽率から出た)難儀, 苦境, 窮境 (⇨ fix SYN): a fine [pretty] ~ 困ったこと, 窮境 / in [out of] ~ 窮地に陥って[を脱して] / get into a ~ (自分の失策で)窮境に陥る. **b** 争い, 対立 (conflict). **4** 《英》薄く塗った物: bread and ~ バターを申しわけ程度に薄く塗ったパン (cf. BREAD *and butter*). **5** (足を後ろに引いてする)会釈; そうする時の足ずりの音: a bow and a ~ ⇨ bow¹ *n.* ***scrápe of the pén*** 《スコット》一筆書くこと, 走り書き (hasty note). 《1690》

〖(?c1225) ◻ ON *skrapa*: cog. OE *scrapian* to scrape: cf. sharp〗

scrápe-gùt *n.* 《軽蔑》バイオリン弾き (fiddler). 〖1837〗

scrápe-pènny *n.* けちんぼう (miser).

scrap·er *n.* **1 a** (戸口などにある)靴の泥落とし (shoe scraper). **b** (いろいろな)削り[すり, かき]道具. **c** 〖機械〗スクレーパー, きさげ《やすり仕上げした加工品のすり合わせに使用する工具》. **d** 〖土木〗スクレーパー, 削土機. **e** スクレーパー《鍋・ボウルなどの食物をこそぎ落とす硬化ゴムのへら》. **f** (土をかきならす)鋤簾(じょれん) (large broad hoe): a road ~. **g** 地ならし機 (road grader). **h** 〖考古〗スクレーパー, 掻器(そうき)《石器の一種》. **2 a** scrape する人. **b** (削って)清掃する人. **c** 《軽蔑》バイオリン弾き (fiddler). **d** 《軽蔑》床屋 (barber). **e** こつこつ金をためる人, けちんぼう (miser). **3** 《俗》=cocked hat. **4** 〖鳥類〗土をかきならす鳥. **5** 〖動物〗(昆虫がこすり合わせて音を出す脚や羽の)摩擦片. 〖(1552) ← SCRAPE+-ER¹〗

scráper·bòard *n.* =scratchboard. 〖1895〗

scráper convèyor *n.* 〖機械〗スクレーパーコンベヤー (⇨ drag conveyor).

scráper rìng *n.* 〖機械〗油かきリング《シリンダー壁から余分の油をかき落とすピストンリングの一種》. 〖1918〗

scráp-hèap *vt.* 廃品置場[ごみため]へ捨てる. 〖(1905) ↓〗

scráp hèap *n.* **1** くず鉄の山. **2** 《口語》ごみため, 鉄くず[古鉄]だめ; 廃品置場, 不用物の捨て場所: consign to a ~ ごみために捨てる / books fit only for the ~ 紙くずかごに投げ込むより用のない本, くだらない本 / throw [toss, cast] on the ~ 役に立たなくなって捨てる. 〖1838〗

scrap·ie /skréɪpi, skrǽpi | skrǽpi/ *n.* 〖獣医〗羊海綿状脳症, スクレイピー《羊の神経系統を冒す致死性の疾患; プリオン (prion) が病原体と考えられる; 掻痒(そうよう)を伴いわき腹をこすりつけることからこの名がある》. 〖(1910) ← SCRAPE+-IE〗

scráp·ing *n.* **1** 削る[する, 引っかく]こと. **2** 削る[する, かく, かき鳴らす]音. **3** [通例 *pl.*] 削り[すり]落とした物, 削り[すり, 掻き]くず, ごみ: street ~*s* 道路から掻き集めた泥[ごみ, くず]. ***the scrápings and scóurings of the stréet*** 街のごみくず; 街の無頼漢. — *adj.* **1** ごしごし[がりがり]鳴る. **2** けちけちした. **~·ly** *adv.* 〖c1384〗

scráp ìron *n.* くず鉄, スクラップ (⇨ scrap¹ 3 a). 〖1823〗

scráp lòg *n.* 〖海事〗甲板部(航海)日誌 (deck log).

scráp·màn /-mæ̀n/ *n.* (*pl.* **-men** /-mèn/) くず鉄取り扱い業者, スクラップ業者, くず屋.

scráp mèrchant *n.* 《英》**1** くず鉄屋. **2** くず屋. 〖1978〗

scráp métal *n.* くずの金属, (特に)くず鉄. 〖1941〗

scráp pàper *n.* 《英》=scratch paper.

scráp·per¹ *n.* スクラップを処理する人[物]. 〖(1648) ← SCRAP¹+-ER¹〗

scráp·per² *n.* 《口語》**1** けんか好きな人, けんかに加わる人 (fighter). **2** 拳闘選手, ボクサー (prizefighter). 〖(1874) ← SCRAP²+-ER¹〗

scrap·ple /skrǽpl/ *n.* 《米》〖料理〗スクラップル《豚肉のこまぎれと, とうもろこし粉などをいっしょに煮て冷やし固め, 薄切りにして炒めて食べる》. 〖(1855) (dim.) ← SCRAP¹: ⇨ -le¹〗

scrap·py¹ /skrǽpi/ *adj.* (**scrap·pi·er**; **-pi·est**) **1** きれぎれの, 断片の, はしたの (fragmentary); ちぐはぐな, 支離滅裂な, まとまりのない (disconnected): a ~ lecture (きれぎれで)まとまりのない講義 / a ~ mind 散漫な心 / *Scrappy* remembrances passed across her mind. 断片的な思い出が彼女の脳裏をよぎった. **2** くずの, 残物の, 残物で作った: a ~ dinner. **scráp·pi·ly** /-pɪli/ *adv.* **scráp·pi·ness** *n.* 〖(1837) ← SCRAP¹+-Y⁴〗

scrap·py² /skrǽpi/ *adj.* (**scrap·pi·er**; **-pi·est**) 《米口語》けんか[議論]好きな, けんか腰の; 攻撃的な (aggressive). **scráp·pi·ly** /-pɪli/ *adv.* **scráp·pi·ness** *n.* 〖(1895) ← SCRAP²+-Y⁴〗

scráp·yàrd *n.* くず鉄処理場, 解体場, スクラップ置場. 〖1963〗

scratch /skrǽtʃ/ *vt.* **1** 〈かゆい所などを〉(爪などで)かく; こする, くすぐる: ~ an itch かゆい所をかく / ~ a cat's neck ねこの首筋をかいてやる / ~ one's head (in perplexity [amazement]) (困って[驚いて])頭をかく; 困りぬく, 途方に暮れる. [日英比較] この表現は, 日本におけるように照れたりはにかんだりするしぐさではなく, 困惑・不満・不可解・自己嫌悪などを表わす / ~ oneself 体をかく / Never ~ a mosquito bite. 蚊にさされた所を決してかくな / *Scratch* me [my back] and I'll ~ you [yours]. 《諺》かゆい所[背中]をかいてくれるならかいて返そう, お互いにほめ合いでいこう, 「魚心あれば水心」(cf. CLAW *me and I'll claw thee.*). **2 a** (爪・針・とげなどで)かく, 引っかく: ~ a person's face 人の顔を引っかく / ~ the paint ペンキを引っかいてはがす / Don't worry: you've only ~*ed* the surface (of the table). 心配しなさんな. (テーブルの)表面をちょっと引っかいただけだよ / *Scratch* a Russian, and you will find a Tartar. 《諺》文明人も一皮むけば野蛮人. **b** (爪などで)かき取る, むしり[えぐり]取る (scrape, tear) 〈*away, out, off*〉: ~ the rust さびをこすり取る. **c** 〈地面の上っつらを〉かく; かいて〈穴を〉掘る〈*out*〉: ~ (*out*) a hole in the ground 引っかいて地面に穴を掘る. **3** …にかき傷をつける; …の表面に浅い切り傷をつける: ~*ed* records 傷のついたレコード / I've ~*ed* my hand *on* the thorns. いばらで手にかき傷をこしらえた. **4** (ざらざらの面で)こする, 〈マッチを〉する: ~ a match on a box. **5 a** (線を引いたりして)(かき)消す (erase), 取り消す (cancel) 〈*off, out, through*〉: ~ *off* [*out, through*] a name 名前を消し去る / ~ a name *off* the list リストから名前を抹消する. **b** 〈競技参加者・競走馬などを〉出場名簿から消す: ~ a horse. **c** 《口語》〈計画などを〉やめる, 中止する. **6** 《米》〈投票者が〉ある候補者の名を〈党公認候補者名簿から〉削除し他党の候補者名を書き加える, 撤回する (withdraw), 〈候補者〉の支持を拒絶する. **7 a** 引っかいて[筋彫りで]書く: ~ one's name *on* a wall 引っかいて壁に名前を刻む. **b** 〖音楽〗スクラッチする《DJ などがターンテーブルの上で針を載せて回転しているレコードの動きを前後にずらして効果音を出す》. **c** 浅く耕す. **8** 走り書きする, なぐり書きする: ~ a note hurriedly 急いでメモを走り書きする / ~ one's signature 急いで署名する. **9** 〈金などを〉かき集める, こつこつためる (scrape) 〈*up, together*〉: ~ a living 何とか暮らしを立てる / ~ *up* a baseball team 人をかき集めて野球チームをつくる.

— *vi.* **1** かゆいところをかく. **2 a** かく, 引っかく; かいて傷つける: a ~*ing* sound 引っ掻く音 / Cats ~. **b** かいて掘る[捜す]: The dog is ~*ing* as if he smelled a rat. ねずみのにおいでもしたのか犬が地面を引っかいている / Hens are ~*ing* for worms. めんどりは虫を捜して地面を引っかいている / ~ around (for evidence) (証拠を)ほじくり捜す. **3 a** 引っかいて音をたてる: The cat is ~*ing* at the door. 猫が戸を引っかいている. **b** 〈ペンなどが〉引っかかる; 引っかかる音がする, がりがりいう: This pen ~*es* badly. このペンはひどく引っかかる. **4** やり繰りして金をためる; 〔…で〕どうにかやって[暮らして]いく〈*along*〉〔*on*〕: ~ *along on* little money わずかの金でやり繰りする / ~ for oneself 自分でやっていく, 一人で始末をつける. **5** 〔競争[競技]から〕退く, 出場を取り消す, 手を引く〔*from*〕; 企てをやめる〔*from*〕. **6** 《米》候補者の名を消す. **7** 〖玉突〗まぐれ当たりする, フロックを出す (fluke). **8** 〖トランプ〗(ある種のゲームで)点を取らない.

(*only*) ***scrátch the súrface*** (ほんの)通り一遍のことをする, 深く考えない; 〔…に〕ちょっと手を染める〔*of*〕(cf. *vt.* 2 a): He [His book] has *only* ~*ed the surface of* the subject. 彼[彼の本]はこの問題の上っつらをなでたに過ぎない. 〖1915〗 ***scrátch benèath the súrface*** 表面下に隠れた部分をよく見る.

— *n.* **1 a** (引っ)かくこと: have a (good) ~ of one's head [at an itch] 頭[かゆい所]を(存分に)掻く. **b** 《口語》かき傷; かすり傷: a mere ~ ほんのかすり傷 / without a ~ かすり傷一つ負わずに. **2** (引っ)掻く音, がりがりいう音, (レコードの)針の当たる音: the ~ of one's pen on the paper ペンが紙に当たってがりがりいう音. **3** 一筆, 走り書き, なぐり書き (scrawl): The business can be settled by a ~ of the pen. 事は一筆[署名一つ]で片付く. **4** (家禽の)まき餌 (scratch feed). **5** =scratch wig. **6** 《俗》金, ぜに (money), 現金 (cash). **7** 〖スポーツ〗**a** (競走の)スタートライン; (ハンディキャップを与えられない者の)スタートライン (starting line). **b** (ハンディキャップがなくてスコアが)零 (zero), パー, 対等 (par): ⇨ *from* SCRATCH. **c** 出場取消し者[馬]. **8** 〖玉突〗**a** まぐれ当たり, フロック (fluke). **b** 罰球, 失策 (miss). **9** 〖野球〗=scratch hit. **10** [*pl.*; 単数または複数扱い] 〖獣医〗(馬脚にできる)ぶどう瘡(そう) (cf. grease heel). **11** 〖ボクシング〗(もとリング中央の)仕切り線.

còme úp to (《古》***the***) ***scrátch*** 《口語》(1) (事に当たる)決意を固める; (ひるまずに)やるべきことをやる; 期待[要望]に応える. (2) [しばしば否定構文で] 標準に達する, 満足と言える. 〖1821〗 ***from scrátch*** (1) (ハンディキャップなしに)スタートラインから: start *from* ~ ハンディキャップなしに走る. (2) 全くの無[初め]から: start *from* ~ ゼロから[準備も何もなしに]始める. 〖1876〗 ***nó grèat scrátch*** 《古俗》大したものでない. 〖1844〗 ***tóe the scrátch*** ⇨ toe *v.* 成句. ***úp to scrátch*** (1) 〈競技者が〉スタートラインに立って. (2) 《口語》(事に当たる)決心がついて, 覚悟ができて. (3) [しばしば否定構文で] 《口語》〈状態・結果などが〉標準に達して, 申し分なく; (体調・気分が)申し分なく, 上々で: bring one's schoolwork *up to* ~ 成績を満足のいくものにする. 〖1934〗

— *adj.* [限定的] **1** 寄せ集めの, あり合わせの; かき集めの, にわか仕立ての (haphazard): a ~ meal あり合わせの食事 / a ~ team 寄せ集めのチーム / a ~ vote かき集め投票. **2** 〈競走(者)が〉ハンディキャップなしの, 平等[同等]の: a ~ golfer / a ~ race 対等競走. **3** 走り書き用の, 雑記用の. **4** 《口語》(球技で)まぐれの, まぐれ当たりの, フロックの: a ~ shot まぐれ当たり.

~·er *n.* 〖(c1400)《混成》← 《廃》*scratte*(*n*) to scratch (< ME *scratte*(*n*))+《廃》*cracche*(*n*) to scratch (< ME *cracche*(*n*) ◻ ? MDu. *kratsen*)〗

Scratch /skrǽtʃ/ *n.* [通例, Old ~ で] 《口語・方言》悪魔 (Satan). 〖(1740)《変形》← 《廃》*scrat* ◻ ON *skrat*(*t*)*i* monster, goblin: cf. G *Schrat* satyr〗

scrátch-and-sníff *adj.* [限定的] 〈カードなどが〉こすって香りを出す.

scrátch-and-wín *adj.* [限定的] 〈宝くじなどが〉こすって番号を出す.

scrátch àwl *n.* 〖木工〗罫書(けが)き針《木などに印をつけたりするのに用いる突き錐》.

scrátch·bàck *n.* =backscratcher. 〖1842〗

scrátch·bòard *n.* スクラッチボード《ボール紙に白色顔料を塗ってその上に塗料の膜をかけたもの》. 〖c1908〗

scrátch·càrd *n.* **1** =scratchboard. **2** スクラッチカード《表面をこすって番号を出すくじ》. 〖1839〗

scrátch còat *n.* (しっくいなどの)下塗り, 粗面塗り《中塗りの着きがよいように, 表面に荒らし目をつける; first coat ともいう》. 〖1891〗

scrátch còmma *n.* 〖印刷〗(初期の印刷者たちによって, コンマの意味で用いられた)斜線. 〖1888〗

scrátch fèed *n.* =scratch *n.* 4.

scrátch hàrdness *n.* 〖鉱物〗引っかき硬度《鋼鉄針で傷つけたり, 鉱物同士を引っかき合わせてきめた硬度; 例としてモース硬度などがある》. 〖1928〗

scrátch hìt *n.* 〖野球〗テキサス安打, フロック (fluke). 〖1903〗

scrátch·ing¹ *n.* 〖音楽〗(DJ などの)スクラッチ(ング) (cf. scratch *vt.* 7 b). 〖1982〗

scrátch·ing² *n.* 《英》[通例 *pl.*] ラードを取ったあとのカリカリした豚肉《酒のつまみ》. 〖(c1440) *scrachen* ← ?: cf. crackling〗

scrátching hàrdness *n.* 〖鉱物〗=scratch hardness.

scrátching pòst *n.* (猫の)爪とぎ(柱). 〖1890〗

scrátch lìne *n.* 〖スポーツ〗**1** (競走の)スタートライン. **2** (走り幅跳の)踏み切り線. **3** (槍投げの)投擲(とうてき)ライン.

scrátch pàd *n.* **1** 《米》はぎ取り式メモ用紙, メモ用紙綴じ. **2** 〖電算〗スクラッチパッド《高速の作業用メモリー》. 〖1895〗

scrátch pàper *n.* 《米》(思いつきなどをざっと書き留めておくための)メモ用紙 (《英》scrap paper). 〖1899〗

scrátch·plàte *n.* (ギター表板の)爪傷防止板, スクラッチプレート.

scrátch·pròof *adj.* (引っ)かき傷のつかない.

scrátch shèet *n.* 《米・カナダ》《口語》最終出馬表・競馬新聞・予想誌《出走取消馬・騎手・予想賭率などが記載されている; dope sheet ともいう》. 〖1939〗

scrátch tèst *n.* **1** 〖医学〗乱切法《アレルギーを起こす物質などを皮膚の傷にすり込み, (約 20 分以内に)反応が起こるかどうかをためす方法; cf. intracutaneous test, patch test》. **2** 〖鉱物〗引っかき硬度試験《材料の表面をダイヤモンドの圧子で引っかいた時にできる傷の幅で, 硬さを判定する》. 〖1937〗

scrátch vìdeo *n.* 〖テレビ〗スクラッチビデオ《映画やテレビの映像を順不同につなぎ合わせたり組み合わせたりしたビデオ》. 〖1985〗

scrátch wìg *n.* 半かつら (short wig)《頭の一部だけを覆うものをいう; 単に scratch ともいう》. 〖1775〗

scrátch wòrk *n.* **1** =scratch coat. **2** 〖窯業〗=sgraffito 1. 〖1710〗

scratch·y /skrǽtʃi/ *adj.* (**scratch·i·er**; **-i·est**) **1** かゆい, むずむずする, ちくちくする (itching): ~ cloth, wool, etc. **2** 〈ペン・レコードなど〉引っかかる音のする, がりがり音のする: a ~ pen, record, etc. **3** 〈文字・絵などが〉ぞんざいな, 走り書きの: a ~ drawing, writing, etc. **4** 〈船員・チームなどが〉寄せ集めの, にわか仕立ての: a ~ crew, team, etc. **5** むらのある (uneven), 偶然の (haphazard). **6** 引っかき傷を作る[りやすい]: ~ bushes. **7** ずるくて意地悪な (cattish). **8** 怒りっぽい (irritable), 気むずかしい. **9** 〖獣医〗〈馬が〉ぶどう瘡(そう)にかかった. **scrátch·i·ly** /-tʃɪli/ *adv.* **scrátch·i·ness** *n.* 〖(1710) ← SCRATCH (n.)+-Y⁴〗

scrawl /skrɔ́ːl, skrɑ́ːl | skrɔ́ːl/ *vt.* 走り書きする, 書き散らす, 落書きする; …になぐり書きの字[悪筆]で書く: ~ a letter 手紙を走り書きする / ~ papers with hieroglyphics 書類に悪筆で書く. — *vi.* 走り書きする, 書き散らす: ~ all over the wall 壁一面に落書きする. — *n.* 走り[なぐり]書き, 悪筆; 落書き; 走り書きの手紙: His letters are always ~*s*. 彼の手紙はいつもなぐり書きだ. 〖(1611)《混成》? ← SPRAWL+CRAWL〗

scráwl·er /-lə | -lə(r)/ *n.* **1** 走り書きする人. **2** 〖農業〗(畑に)うねを作る農機具. 〖(1734): ⇨ ↑, -er¹〗

scrawl·y /skrɔ́ːli, skrɑ́ː- | skrɔ́ː-/ *adj.* (**scrawl·i·er**; **-i·est**) 走り[なぐり]書きの; ぞんざいな. 〖(1833): ⇨ -y⁴〗

scraw·ny /skrɔ́ːni, skrɑ́ː- | skrɔ́ː-/ *adj.* (**scraw·ni·er**; **-ni·est**) **1** やせた, やせこけた, 骨ばった (⇨ lean² SYN): one's ~ shoulders. **2** ずんぐりした, 背の低い (stunted). **scráw·ni·ly** /-nɪli/ *adv.* **scráw·ni·ness** *n.* 〖(1833)《転訛》← 《方言》SCRANNY ← ?〗

scray /skréɪ/ *n.* (*also* **scraye** /~/) 《英》〖鳥類〗アジサシ (tern). 〖(1668) ◻ ? Welsh *ysgraen*〗

screak /skríːk/ 《英方言・米》*vi.* **1** きーきー声で叫ぶ, 金切り声を出す〈*out*〉. **2** きしる, きーきーいう. — *n.* **1** きーきー声, 金切り声. **2** きしる音. **screak·y** /skríːki/ *adj.* 〖(?a1500) ◻ ? ON *skrækja*: ⇨ ↓〗

scream /skríːm/ *vi.* **1 a** (恐怖・苦痛のあまりに)きゃっと叫ぶ, (怒り・いらだちで)金切り声をあげる, 絶叫する〈*out*〉(⇨ shout SYN); 〈子供が〉ぎゃーぎゃー泣く: ~ (*out*) *in* [*with*] anger, fright, hysteria, pain, etc. / ~ (*out*) *for* help 助けを求めて悲鳴をあげる / ~ *at* one's servant 召使いに向って金切り声でどなる. **b** 〈歌手などが〉高く耳ざわりな声で歌う; 〈楽器が〉鋭く高い音を出す. **2** 〈汽笛・サイレンなどが〉ピーと鳴る; 〈風が〉ぴゅーと吹く; 〈ジェット機・パトカーなどが〉鋭い音を立てて飛ぶ[走る]; 〈爆弾などが〉鋭い音を立てて落ちる〈*down*〉; 〈フクロウなどが〉鋭い声で鳴く. **3** きゃっきゃっと笑う, 大笑いする: ~ with laughter 心底から[きゃっきゃっと]笑う. **4** 〈ポスター・見出しなどが〉けばけばしく人目を引く; 〈衣服・色などが〉けばけばしく目立つ. **5 a** はでに[ヒステリックに]書き立てる[言う]. **b** 声を張り上げて[激しく]抗議する. **c** 〔…を〕必死に求める〔*for*〕(cf. 1 a).

— *vt.* **1 a** …と金切り声で言う, 思い切り高く叫ぶ: ~ (*out*) curses [warnings, abuse] かん高い声でののしり[警告, 毒舌]の言葉を発する / She ~*ed that* she was suffocating.="I'm suffocating!" she ~*ed*. 彼女は息が詰まりそうだと金切り声で叫んだ. **b** かん高い声で歌う. **2** [~ *oneself* で; 形容詞・前置詞付きの句を伴って] 金切り声で叫んで(ある状態)にする: ~ *oneself hoarse* 絶叫して声をからす / ~ *oneself red* [*blue*] in the face 顔を真っ赤[蒼白]にして叫ぶ / The baby ~*ed himself to* sleep. 赤ん坊は火がついたように泣いたあげくに寝入ってしまった. **3** 〔…と〕声を張り上げて[盛んに]抗議する〈*that*〉. ***scréam blúe múrder*** ⇨ murder 成句.

— *n.* **1** (恐怖・苦痛の)絶叫, (怒り・いらだちの)金切り声, きーきー声: give [let out] a ~ 金切り声を出す, きゃーっと叫ぶ. **2** きゃっきゃっと笑う声, 大笑い: a ~ of laughter 高笑い. **3** (汽笛の)ぴーぴー鳴る音; (タイヤ・ブレーキなどがきしむ)きーという音; (フクロウなどの)鳴き声: the ~ of the brakes. **4** 《口語》吹き出さずにはいられない人[出来事], お笑い草: It [He] was a real ~. おかしくてたまらなかった. 〖lateOE *scræman □ ? ON *skræma* to scare (cog. G *schreien* to cry) / *skræmast* to flee ← IE **ker-* (鳥の鋭い鳴声などを表わす擬音語: cf. crow[1,2])〗

scréam·er *n.* **1** 金切り声を出す人[物], ぴーぴー[きーきー]鳴る物. **2** 《口語》 **a** おかしくて吹き出させるような人[喜劇役者, 劇, 話など]. **b** 《豪俗》あっと言わせる物, 逸品, 傑作. **3** 《米口語》〖新聞〗大見出し, 煽情的な見出し; (第一面の)横一杯の大見出し. **4** 《俗》〖印刷〗感嘆符 (!). **5** 《俗》〖野球〗痛烈なライナー; 《俗》〖ゴルフ〗すごいロングショット; 《米口語》〖アイスホッケー〗＝slap shot. **6** 《豪俗》すぐ酒に酔う人 (two-pot screamer). **7** 〖鳥類〗サケビドリ《鳴き声の激しい中南米産のサケビドリ科 (Anhimidae) の鳥の総称》. 〖《(1712)》: ⇨ ↑, -er[1]〗

scréamer bòmb *n.* 音響爆弾《敵の威嚇に用いる》.

scréam·ing *adj.* **1** 金切り声を出す; きーきー鳴く, ぴーぴー鳴る, ぴゅーぴゅー吹く: a ~ jet plane, wind, etc. **2** きゃっきゃっと笑う; きゃっきゃっと笑わせる, 吹き出させる, おかしくてたまらない (very funny): a ~ farce 腹の皮をよじらせる茶番狂言. **3** 〈見出しなど〉大げさな, 煽情的な; 〈色・デザインなど〉いやに目立つ, どぎつい, けばけばしい (startling): ~ headlines. **4** 《口語》あっと言わせる, すばらしい (excellent, splendid). — *n.* 金切り声(をあげること). 〖《n.: ?*a*1400; adj.: 1602》〗

scréam·ing·ly *adv.* とても, ひどく (extremely): ~ funny とてもおかしい. 〖《(1847)》: ⇨ ↑, -ly[1]〗

scréaming méemies *n. pl.* [通例 the ~; 単数扱い] 《俗》極端な神経過敏, ヒステリー (hysteria). 〖《(1942)》(pl.) ← *screaming meemie* (第一次大戦時の独軍の砲弾につけられたあだ名): *meemie* 《押韻変形》← SCREAM〗

scréam thèrapy *n.* 〖精神医学〗＝primal therapy.

scream·y /skríːmi/ *adj.* 《口語》 **1** 金切り声の, 絶叫的な: a ~ voice. **2** 〈色など〉強烈な, けばけばしい (glaring). 〖《(1882)》: ⇨ -y[4]〗

scree /skríː/ *n.* **1** がれ(場)《風化のため崩壊して山腹や崖下にたまった岩屑(がんせつ)(地帯); cf. talus[2] 2》. **2** がれの山道 〖《(1781)》《逆成》← *scree(th)es* (pl.) □ ON *skriða* landslip ← *skrīða* to slide〗

screech[1] /skríːtʃ/ *vi.* **1** (恐怖・苦痛などのために)かん高い聞き苦しい声を立てる, 金切り声を立てる (⇨ shout SYN). **2** ぎゃーぎゃー叫ぶ, きーきー[ぎーぎー]鳴る: The bus ~*ed* to a stop. バスがきーと音を立てて急停車した. — *vt.* 金切り声で叫ぶ 〈*out*〉: ~ *out* a slogan. — *n.* **1** (恐怖・苦痛などを表す)かん高い嫌な叫び声, 金切り声 (shrill cry): let out a ~ 金切り声を出す. **2** きーきー[ぎーぎー]鳴る音 (harsh noise): the ~ of sirens. **~·er** *n.* 〖《(1560)》《変形》←《廃》*scritch*: SHRIEK と二重語〗

screech[2] /skríːtʃ/ *n.* 《カナダ》 **1** 濃いラム酒. **2** 強い安酒, 安ウイスキー. 〖《(1902)》←《スコット》*screigh, screich* whiskey ← ? *skreich* '(to) screech'〗

S **scréech bèetle** *n.* 〖昆虫〗捕まると腹部の先を翅鞘にこすりつけてキーキーと鳴く甲虫 (*Hygrobia hermanni*) 《沼地に生息する》.

scréech·ing *adj.* 金切り声を立てる; ぎゃーぎゃー叫ぶ. — *n.* 金切り声をあげること; その音. **~·ly** *adv.* 〖《n.: 1616; adj.: 1816》: ⇨ screech[1], -ing[1,2]〗

scréech òwl *n.* **1** 〖鳥類〗 **a** 《米》コノハズク属 (*Otus*) のミミズクの総称; (特に)アメリカオオコノハズク (*O. asio*). **b** 《英》メンフクロウ (barn owl). **2** 凶事の予言者. 〖[1590–91]〗

screech·y /skríːtʃi/ *adj.* (**screech·i·er; -i·est**) 絶叫的な, 金切り声の; きーきー音を立てる. 〖《(*a*1830)》: ⇨ -y[4]〗

screed /skríːd/ *n.* **1 a** 長談義, 長広舌 (harangue, tirade). **b** 非公式の報告[レポート], 私信. **2** (左官の用いる)定規モルタル, しっくい定規《塗る壁面の所々に置いて厚さの定規にする木やしっくいやモルタルの小片》. **3 a** 流したてのコンクリート表面を平坦にするための木片[金属片], 定規, スクリード. **b** 平坦に仕上げたセメントなどの層. **4** 《英方言》 **a** (布などの)断片, 切れ端. **b** 一片の土地. **5** 《スコット》布の裂け目[ほころび]. **6** 《スコット》酒宴. 〖《(*a*1333)》*screade* 《異形》← *shrede* < OE *scrēade*: ⇨ shred〗

screek /skríːk/ *vi., n.* ＝screak.

screel /skríːl/ *vi.* 《主にスコット・カリブ》金切り声をあげる, キーと鳴る.

screen /skríːn/ *n.* **1 a** 〖テレビ〗映像スクリーン, 蛍光面, 画面: a star of the small ~ テレビのスター (cf. 1 d) / ⇨ small screen. **b** 〖電算〗(ディスプレーの)画面, スクリーン: correct one's work on ~ 作品を画面上で訂正する. **c** (映画の)映写幕, 銀幕, スクリーン: show [throw] on the ~ 映写する / ⇨ wide screen. **d** [通例 the ~; 集合的] 映画; 映画界: write for *the* ~ 映画の脚本を書く / a star of *the* big [large] ~ 映画界のスター. **2** (風・熱よけまたは装飾用のついたて, びょうぶ: a folding ~ びょうぶ / a sliding ~ 障子, ふすま(など) / ⇨ fire screen. **3 a** 仕切り (partition). **b** (教会の)内陣仕切り: ⇨ rood screen, choir screen. **c** 〖建築〗＝nonbearing partition. **4** さえぎる[覆う, 隠す]もの; 隠れみの; 防護物 (protection), 物陰 (shelter): a ~ of secrecy 秘密の幕 / behind a ~ of trees 木の陰に / under the ~ of night 夜のやみにまぎれて. **5** 《米》 **a** (窓の防虫用の)網, 金網. **b** 網戸 (screen door). **6 a** (適格)審査制度; 鑑別. **b** (土・砂・石・石炭などをふるう時に立てて用いる)荒目のふるい: a coal [sand] ~ 石炭[砂]ふるい. **7** 〖写真〗 **a** 濾(ろ)光器, 整色スクリーン, フィルター (filter). **b** ピントグラス, 焦点板. **8** 〖印刷〗 **a** (網ネガを作る時の)網目スクリーン. **b** 網線数: a 200-*screen* engraving. **9** 〖気象〗百葉箱《四方をよろい張りにした屋根つきの箱で, 中に温度計などを入れて戸外に置き, 気象観測に用いる》. **10** 〖電気〗(電気・磁気などの)遮壁(しゃ): an electric [a magnetic] ~ 遮電[磁]壁. **11 a** 〖陸軍〗(敵の偵察・妨害に対する部隊援護のために配置する)遮掩(しゃえん)部隊, 前衛部隊, 遮(掩)幕. **b** 〖海軍〗(主力艦隊援護用の)警戒陣, 直衛(艦隊)《駆逐艦・魚雷艇などから成る》. **c** 〖空軍〗(友軍機・地上部隊・友軍地帯などを防御するための)空中哨戒(編隊). **12** 〖軍事〗遮蔽物; 煙幕 (smoke screen), カムフラージ. **13** 〖電子工学〗＝screen grid. **14** 〖バスケット〗スクリーンプレー, 遮断戦法《相手のプレーヤーの防御の壁になって, 味方プレーヤーを楽にシュートさせるようにするプレー》. **15** 〖アメフト〗＝screen pass. **16** 《英》風防ガラス, フロントガラス (windscreen).

— *adj.* [限定的] **1** 映画の: a ~ lover 映画愛好者 / a ~ actor [star, idol] 映画俳優[スター, アイドル] / a ~ actress 映画女優 / make a ~ version of a novel 小説を映画化する. **2** (虫よけの)金網の張った: a ~ door 網戸.

— *vt.* **1** 上映する, 放映する (project, broadcast on TV); 撮影する; 〈小説・劇などを〉映画化する: ~ a film at a movie theater [on TV] 映画館[テレビ]で映画を上映[放映]する. **2** 〈光・熱などを〉さえぎる 〈*out*〉; 〔危険・傷害・人目などから〕かくまう, かばう, 覆う, 見えなくする, 隠す (conceal, protect) 〔*from*〕: ~ one's eyes *from* the sunshine with one's hand 手をかざして日光から目をおおう / ~ oneself *from* observation 人目につかぬようにに隠れる. **3** …に仕切りを置く, 遮断する (shut off); …に仕切りをする, 仕切る 〈*off*〉: ~ *off* a part of a room (*from* the rest [*for* sleeping in, as a closet]) (他から[寝室として, 押し入れとして])部屋の一部を仕切る / A high wall ~*ed* the mansion *off* (*from* the busy street). 邸宅は高い塀で(にぎやかな通りから)仕切られていた. **4 a** (所持品・罹病(りびょう)などについて)〈人・物を〉調べる, 検査する: ~ patients *for* cancer 患者に癌検査をする. **b** (特に, 官庁の雇用に)…の適格審査をする, 審査[選抜]する, ふるいにかける; 〈望ましくないものを〉除く, ふるい落とす 〈*out*〉: ~ candidates *for* a job 求職者の選抜をする / ~ *out* unacceptable applicants 不適格な応募者をふるい落とす. **c** 検閲する (censor). **5** (虫が入らないように)…に金網を張る; …に網戸を付ける. **6** 〈石炭・砂などを〉ふるう (sift). **7** 〈電気・磁気〉の干渉を阻止する, …から遮蔽(しゃへい)する. **8** 〖印刷〗網どりをする, 網がけをする. **9** 〖スポーツ〗 **a** (バスケットボール・サッカーなどで)〈敵を〉さえぎる. **b** (バレーボールで相手にサーブの方向を見られないように)〈自チームのサーバーを〉カバーする.

— *vi.* **1** 上映される[できる]: The film ~*ed* from coast to coast. 映画は全国的に上映された. **2** 〈俳優が〉映画に向く. **3** 〖スポーツ〗スクリーンを作る.

~·less *adj.* 〖《(1348)》□ ONF *escren*＝OF *escran* (F *écran*) fire screen □ ? (M)Du. *schern*: cf. OHG *skirm*, *skerm* (G *Schirm*)〗

screen·a·ble /skríːnəbl/ *adj.* **1** スクリーンで囲うことのできる. **2** 映画にとれる, 映画化しうる; 上映できる. **3** ふるいにかけられる.

scréen ànimator *n.* ⇨ screen saver.

scréen blànker *n.* ⇨ screen saver.

scréen búlkhead *n.* 〖造船〗仕切り隔壁. 〖1797〗

scréen càpture *n.* 画面コピー《現在の画面表示をそのまま画像データとすること; またそのデータ》.

scréen·cràft *n.* 映画制作の技術.

scréen dòor *n.* 網扉(あみとびら), 網戸. 〖1840〗

scréen dùmp *n.* ＝screen capture.

scréened cóal *n.* ふるいにかけた石炭.

scréen grìd *n.* 〖電子工学〗(電子管の)スクリーングリッド, 遮蔽(しゃへい)格子.

screen·ing /skríːnɪŋ/ *n.* **1** 映写すること; (映画の)上映, (テレビの)放映. **2** 〖医学〗検診スクリーニング《病気の有無や薬物の効果, 発癌性などを効率よくふるい分けること》. **3 a** ふるうこと, ふるい分け. **b** (適格)審査, 鑑別. **c** [形容詞的に] 審査する: a ~ committee 適格審査委員会. **4** 覆う[仕切る]こと. **5** (窓や戸の網として用いる)網の目状の物; (網戸などの)網. **6** [*pl.*; 単数または複数扱い] (小麦などの)ふるいかす, ふるい残り(の小麦など); (ふるいにかけた)石炭くず (refuse coal). 〖《(1725)》: ⇨ -ing[1]〗

scréening efféct *n.* 〖電気〗遮蔽(しゃへい)作用《磁界や静電界または電波の作用を遮断する効果》.

scréening tést *n.* **1** 適格審査, 選考テスト. **2** 〖医学〗スクリーニングテスト. 〖1942〗

scréen·lànd *n.* 映画界 (filmdom). 〖1925〗

scréen mèmory *n.* 〖精神分析〗隠蔽(いんぺい)記憶《抑圧された幼児期の体験を覆い隠している記憶内容》. 〖1923〗

screen·o, S- /skríːnou | -nəu/ *n.* (*pl.* **~s**) スクリーノ《映画館に設置されて観客が遊ぶビンゴ》. 〖← SCREEN＋-o〗

scréen pàss *n.* 〖アメフト〗スクリーンパス《ブロッカーをまわりにスクリーンのように立てて防壁を作り投げるパス》. 〖*c*1949〗

screen·play /skríːnplèɪ/ *n.* 〖映画〗台本, 脚本, シナリオ (scenario): write [do] the ~ for [of, to] a new film 新しい映画の脚本を書く. 〖1916〗

screen-print *vt.* スクリーン印刷する.

scréen prìnting *n.* 〖印刷〗スクリーン印刷 (silk-screen printing).

scréen sàver *n.* 〖電算〗スクリーンセーバー《同じ画面表示を続けることによる CRT の焼けを防止するためのプログラム; 表示を完全に抑止するかまたは画面の輝度を下げるもの (screen blanker) や絶えず変化するパターンを表示するもの (screen animator) などがある》. 〖1982〗

scréen·shòt, scréen shòt *n.* 〖電算〗画面コピー《現在の表示画面を画像データとしたもの》.

scréen-tèst *vt.* スクリーンテストをする. 〖1970〗

scréen tèst *n.* (映画俳優志願者の適性を決める)スクリーンテスト, 撮影オーディション. 〖1922〗

scréen tìme *n.* 上映[放映]時間.

scréen·wàsh *n.* 《英》(自動車のフロントガラスの)自動ワイパーによる洗浄.

scréen·wàsher *n.* 《英》(自動車の)自動ワイパー.

scréen wìper *n.* 《英》(自動車などの)ワイパー (《米》 windshield wiper).

screen·writer /skríːnràɪtə | -tə[r]/ *n.* 映画台本[シナリオ]作家 (scenarist). 〖1921〗

screeve /skríːv/ 《英》 *vt.* 〈無心の手紙を〉書く. — *vi.* (喜捨を請うため)舗道の上に絵をかく, 大道絵師 (pavement artist) をする. — *n.* **1** 無心の手紙 (begging letter). **2** 舗道にかく絵. 〖《(1788)》← It. *scrivere* to write < L *scribere*: ⇨ scribe[1]〗

scréev·er *n.* 《英》大道絵師 (pavement artist). 〖《(1851)》: ⇨ ↑, -er[1]〗

screigh /skríːk, skríːx/ *v., n.* (*also* **screich** /~/) 《スコット》＝screech[1].

screw /skrúː/ *n.* **1** ねじ, らせん, ねじくぎ, ボルト; 《英》ねじ穴: a female [an interior] ~ 雌ねじ / a male [an external] ~ 雄ねじ / a right-handed [left-handed] ~ 右[左]ねじ. **2 a** ねじ[らせん]のついている道具. **b** コルク抜き(具) (corkscrew); そのねじ. **c** [通例 *pl.*] ＝thumbscrew 1. **d** ＝screw propeller. **e** ＝screw-steamer. **3 a** らせん状の物. **b** (顔の)ゆがみ, ひきつり. **c** 〖数学〗らせん体. **4 a** (らせんの)一ねじ, 一回し (twist, turn): a turn of a ~ ねじの一ひねり / give a nut a good ~ ナットをぎゅっとひねる / give ... another ~ …をもう一ひねり締める. **b** 《英》(玉突きなどで)(ボールなどの)ひねり; put a ~ on a billiard [tennis] ball 玉突き[テニス]の球をひねる. **c** 〖卓球〗球に与えられるスピン. **5** [通例 the ~s] (肉体的・精神的)圧迫 (pressure), 強要 (coercion); 圧制, 強制 (force): ⇨ *put the* SCREW*(s) on*. **6** 《英古》(たばこなどの)一包み, 一ひねり: a ~ of tobacco, salt, sweets, etc. **7** 《口語》 **a** 獄吏 (jailer, prison guard), 看守 (turnkey). **b** 警察官 (policeman). **c** 鍵(かぎ) (key). **8** 《卑》 **a** 性交, 性行為 (copulation). **b** 性交の相手(の女). **9 a** 《英口語》守銭奴, けちんぼう (miser); 値切る人 (hard bargainer): an old ~ けちんぼう. **b** ばか者 (fool). **10** 《英俗》給料 (salary), 賃金 (wages): a poor [good] ~ 安[いい]給料. **11** 《英俗》廃馬, 駑馬(どば), やくざ馬. **12** 《英俗》一瞥(いちべつ), 一目(見ること) (look, glance).

a scréw lóose 《口語》ねじがゆるんでいること; 変な所, 故障: He has *a* ~ *loose* (somewhere). 彼は(どこか)気が変だ / When he starts talking, you can tell there is *a* ~ *loose* somewhere. 彼が話し始めると, 頭が少し変であることがわかる. 〖1888〗 ***pùt* (*túrn, tíghten*) *the scréw(s) òn*** 《口語》(脅迫・搾取のために)…に圧力をかける, 締めつける (coerce); 無理に払わせる: *put the* ~*s on* a debtor for [to pay] his money 債務者から金を無理に取り立てる. 〖1834〗

— *vt.* **1 a** ねじで締める[止める, 取り付ける, 押しつける, つなぐ, はずす] 〈*up, down, on, off*〉: ~ hinges *to* [*on*(*to*)] a door ねじでドアにちょうつがいを付ける / ~ a lock *on* a door ねじでドアに錠を取り付ける / ~ *on* a knob 取っ手をねじで取り付ける / ~ a lid *on* tight ねじでふたをしっかり取り付ける / ~ two things *together* 二つの物をねじでつなぐ / ~ *down* the lid of a coffin 棺おけのふたのねじを締めて閉じる. **b** ねじ込む: ~ a screw *in* tight ねじをしっかりねじ込む / ~ a bolt *into* an iron sheet 鉄板にボルトをねじ込む. **c** 〈弦楽器の弦を〉締める 〈*up*〉: ~ *up* the strings of a violin. **d** (thumbscrew で)拷問する. **2 a** 〈身体・腕などを〉ねじる, ひねる, 曲げる (twist): ~ a person's arm 人の腕をねじる / ~ one's head (a)round (to look at something) (ある物を見るために)首を(ねじるように)ぎゅっと回す. **b** 〈ふたなどをねじって取る[開ける, 閉じる]: ~ the lid *on* [*off*] the jar つぼのふたをねじって閉める[開ける] / ~ open the bottle びんのふたをねじって開ける. **3 a** 〈顔などを〉ゆがめる (contort): ~ one's face (*up*) into wrinkles 顔をしかめる. **b** 〈目などを〉細める (pucker): ~ one's eyes 目を細める / ~ *up* one's lips [mouth] 唇[口]をとがらす[すぼめる]. **c** 〈紙などを〉丸める (crumple): ~ *up* a piece of paper into a ball 紙片をねじって丸める. **4** 《卑》〈男が〉…とセックスする. **5** 《口語》〈人を〉欺す, 欺し取る (cheat): get ~*ed* on a deal 取引きで欺される. **6 a** 〔…から〕絞り出す[取る], 無理やり取る 〈*out*〉〔*out of, from*〕; 〈人に〉〔…を〕強要する〔*out of*〕: ~ money [a secret, a promise] *out of* [*from*] a person 人から金を搾り取る[人から秘密を引き出す, 人に無理に約束させる]. **b** 〈地代・家賃などを〉不法に上げる 〈*up*〉: ~ *up* a person's rents. **7** …の度[量]を増す (increase); 〈心を〉引き締める, 緊張させる, 〈勇気などを〉奮い起こす, 奮い立たせる 〈*up*〉: ~s ~ *up* one's courage (to ask for a raise) (昇給を求めるために)勇気を奮い起こす / ⇨ *screw one's courage to the* STICKING PLACE / ~ oneself *up to* do(*ing*) 無理にしようとする. **8** [~ *up* で] 《口語》 **a** (不手際なために)台無しにする, やり損なう (bungle): He really ~*ed up* the deal this time! 今回取り引きを全くだめにしてしまった. **b** 〈人を〉(ひどく)緊張させる, 混乱させる, 神経質にする (cf. screwed-up): His parents really ~*ed* him *up*. 彼の両親は本当に彼をノイローゼ気味にさせた. **9 a** (理不尽なことで)圧迫する (oppress) 〈*down*〉. **b** 無理に下げ[まけ]させる 〈*down*〉: ~ a bookseller [a price] (*down*) 本屋に[値段を]無理にまけさせる. **c** 《米俗》〈生徒を〉難問題でいじめる. **10** …の意味を曲げる, こじつける, 曲解する. **11** 〈ボルト・穴〉にねじを切る (thread). **12** 《英俗》〈人の家〉に(合い鍵で)押し入る, 泥棒に入る. **13** [~ *oneself* で] 《古》(…に)巧みに取り入る (insinuate) 〔*into*〕. **14 a** 《英》(玉突などで)〈ボールを〉ひねる. **b** 〔ラグビー〕(お互いに押し合った際, 力の均衡がくずれ, どちらかに)〈スクラムを〉(スクリューのように)回らせる.

— *vi.* **1** 〈ねじが〉回る, ねじれる, ねじがきく; ねじで取りはずせる[開く, 閉じる] 〈*on, together, off*〉; らせん状に回る: This handle won't ~ [~*s* stiffly]. この柄はうまく回らない[回りがかたい]. **2** 《卑》〈男が〉セックスする. **3** 《口語》へまをやる, やり損なう 〈*up*〉: Don't you ever ~ *up* like that again! そのようなへまは二度とするな. **4 a** 身体をねじる, 身をよじる: ~ (a)round easily 楽にからだをねじる. **b** 〈顔が〉(苦痛で)ゆがむ, しかめ面になる 〈*up*〉. **5** けちけちする, ひどく倹約をする (stint). **6** 搾取する. **7** 《俗》〈盗賊が〉押し入る, 押し込みを働く. **8** 《俗》急いで去る (hurry away). **9** 《英》(玉突などで)ボールをひねる.

hàve one's héad scréwed ón ⇨ head 成句. ***scréw aróund*** (1) 《俗》(何もしないで)ぶらぶらする, のらくらする, 無為に過ごす: Stop ~ *around* and get back to work! ぶらぶらしていないで仕事に戻れ. (2) 《卑》〈男が〉いろいろな女と関係を持つ. 《1939》 ***scréw báck*** 《英》〔スポーツ〕= screw *vt.* 14 a. 《1884》 ***scréw a person óver*** 〈人を〉だます, ひどい目に遭わせる. ***Scréw you!*** 《卑》ばか抜かせ; くたばってしまえ.

~·a·ble /skrúːəbl/ *adj.* **~·er** *n.* 〖(1404) □ OF *escroue* (F *écrou*) nut, female screw < VL **scrōba(m)* 《混成》? ← L *scrobis* pit (← ?IE **skreb-* ← **sker-* to cut) + *scrōfa* 'sow[2]' □ (WGmc) **scrūva* (G *Schraube*) □ L *scrōba, scrōfa* 'sow[2]'〗

scréw ànchor *n.* 〔海事〕らせん錨 (mooring screw) 《浮標を留めておくなどのために, 係留鎖の先端につけ海底にねじ込んで固定する一種の錨》.

scréw àuger *n.* ねじ錐(ぎり) 《刃がねじ状の木工錐》. 〖1825〗

scréw àxis *n.* 〔結晶〕らせん軸. 〖1903〗

scréw-bàck *n.* 《英》= screw 4 b.

scréw·bàll *n.* **1** 〖この球を投げるとき腕をモーターボートのスクリューのように回転させるところから〗〔野球〕スクリューボール《速球または普通のカーブと同じ握り方で持ち, 手首と腕を内側に回して投げるいわゆるシュートボール》. 日英比較 英語の shoot には日本でいう「シュートボール」の意味はなく *screwball* がそれに当たる. **2** 《米俗》とっぴな人[物], 常軌を踏みはずした人[もの], 気のふれた人, 変人; 変わった物.
— *adj.* [限定的]《米俗》とっぴな, 常識はずれな, 風変わりな (erratic, unconventional): ~ comedy どたばた喜劇. 〖1866〗

scréw bèan *n.* **1** 〔植物〕米国南部産マメ科の低木 (*Prosopis pubescens*) 《tornillo ともいう》. **2** その(ねじれた)さや《家畜飼料》. 〖1866〗

scréw·bèan mesquíte *n.* = screw bean 1.

scréw bòlt *n.* ねじボルト. 〖1793〗

scréw bòx *n.* (木製ねじの)ねじ切り. 〖1677〗

scréw càp *n.* (瓶・つぼなどの)ねじぶた. 〖1875〗

scréw convèyor *n.* 〔機械〕ねじコンベヤー.

scréw còupling *n.* ねじ連結器. 〖1875〗

scréw cùtter *n.* ねじ切り. 〖1846〗

scréw cùtting làthe *n.* 〔機械〕ねじ切り旋盤.

scréw-dòwn *adj.* ねじって閉じる方式の.

scréw·driver *n.* **1** ねじ回し, ドライバー. **2** スクリュードライバー《ウオツカとオレンジジュースを混ぜたカクテル》. **3** 《俗》ペニス (penis). — *adj.* (工場など)組立(専門)の. 〖1779〗

screwed /skrúːd/ *adj.* **1** ねじで留めた. **2** ねじを切ってある, ねじ山のある. **3** ねじれた, 曲がった (twisted). **4** 《英俗》ほろ酔いの, 酔っ払った (intoxicated). **5** 《俗》ぺてんにかかった, だまされた (cheated); めちゃめちゃで, いかれて, だめで. **6** 〈紙や布など〉丸めた, くしゃくしゃにした. 〖(1646) ← SCREW + -ED〗

scréwed-úp *adj.* 《口語》**1** (ひどい緊張で)混乱した, 不安[ノイローゼ気味]になった, (ショックで)気が変になった: You poor ~ kid! かわいそうにびくついているね. **2** 〈紙や布など〉丸めた, くしゃくしゃにした. 〖1907〗

scréw èye *n.* ねじ丸環《頭部が円形の環状になったねじ; 主として木材にねじ込んで使用する》. 〖1873〗

screw·gate *n.* 〔登山〕スクリューゲートカラビナ《開閉部がねじ式のもの》.

scréw gèar [gèaring] *n.* 〔機械〕**1** = screw wheel. **2** ねじ歯車装置. 〖1875〗

scréw·hèad *n.* ねじ頭. 〖1688〗

scréw hòok *n.* ねじフック, 折れねじ《先がかぎ形をしたねじ釘》. 〖1688〗

scréw-ìn *adj.* ねじ込み式の.

scréw jàck *n.* 〔機械〕= jackscrew. 〖1719〗

scréw kèy *n.* = screw wrench. 〖1850〗

scréw lòg *n.* 〔海事〕= patent log.

scréw machìne *n.* 〔機械〕ねじ切り盤. 〖1841〗

scréw mòoring *n.* 〔海事〕らせん錨 (mooring screw).

scréw·nàil *n.* **1** 〔木工〕= wood screw. **2** 〔機械〕= drivescrew. 〖1660〗

scréw nùt *n.* ボルトのねじ留め, ナット (nut). 〖1815〗

scréw-òn *adj.* ねじでつながった[取り付けられた], ねじ留め式の; 〈イヤリングが〉耳たぶに小さなねじで留めた.

scréw pìle *n.* らせん杭, ねじ込み杭. 〖1840〗

scréw pìne *n.* 〔植物〕熱帯産タコノキ属 (*Pandanus*) の植物の総称《アダン・タコノキなど》. **scréw-pìne** *adj.*

scréw plàte *n.* ねじ羽子板, ねじ切り(型)板.

scréw pòd *n.* = screw bean.

scréw-pòd mesquíte *n.* = screw bean.

scréw pòst *n.* 〔海事〕= propeller post. 〖1882〗

scréw prèss *n.* 〔機械〕ねじプレス. 〖1688〗

scréw propèller *n.* 〔海事・航空〕スクリュープロペラ, ねじプロペラ (propeller). **scréw-propélled** *adj.* 〖1839〗

scréw pùmp *n.* 〔機械〕ねじポンプ. 〖1776〗

scréw pùnch *n.* 〔機械〕= screw press.

scréw rìvet *n.* 〔機械〕ねじ込みリベット.

scréw·shìp *n.* スクリュープロペラ船. 〖1850〗

scréw spànner *n.* = screw wrench. 〖1869〗

scréw spìke *n.* 〔鉄道〕ねじ釘, 螺釘(らてい)《レールを枕木に締結する》. 〖1875〗

scréw stày *n.* 〔機械〕ねじ控え (stay bolt).

scréw-stèamer *n.* スクリュー汽船. 〖1848〗

scréw stòck *n.* 〔機械〕ねじ用棒材. 〖1846〗

scréw stùd *n.* 〔機械〕= stud bolt.

scréw tàp *n.* ねじタップ《雌ねじ切り》. 〖1677〗

scréw thrèad *n.* ねじ山; ねじ山の一回り.

scréw-tòp *n.* (瓶・つぼなどの)ひねって開け[閉め]るふた, ねじぶた. — *adj.* ねじぶたの(ついた). 〖1895〗

scréw-tópped *adj.* 〈瓶などねじぶたの付いた. 〖1963〗

scréw·ùp *n.* 《俗》**1** へまばかりやる人, 気のきかないやつ. **2** 大失敗, へま (blunder). 〖(1960): cf. screw (vi.) 3〗

scréw vàlve *n.* (ねじで開閉する)止め弁. 〖1850〗

scréw whèel *n.* ねじ歯車《screw gear ともいう》. 〖1825〗

scréw·wòrm *n.* 螺旋(らせん)虫《温帯アメリカのクロバエ科のハエ (*Callitroga hominivorax*) の幼虫; 哺乳類の傷口や鼻の中に卵を産み, 時には致命的となる》. 〖1879〗

scréw wrènch *n.* 自在スパナー《screw spanner ともいう》. 〖1850〗

screw·y /skrúːi/ *adj.* (**screw·i·er; -i·est**) **1** 《口語》**a** 気のふれた, 気が変になった (crazy). **b** 〈考え・計画などが〉非常にとっぴな, 思いもよらない (unlikely). **2** 《俗》少々酔っ払った (tipsy). **3** 《俗》けちけちした, けちな (stingy, mean). **4** ねじ形の, ねじ状の; 〈道路など〉ねじれた, 曲がりくねった (tortuous). **5** 〈馬が〉疲れはてた.
scréw·i·ness *n.* 〖(1820) ← SCREW + -Y[4]〗

Scri·a·bin /skriáːbɪn | skriəbɪn, skriǽbɪn; *Russ.* skrʲabʲin/, **Aleksandr (Nikolaievich)** *n.* スクリャービン (1872–1915; ロシアの作曲家・ピアニスト).

scrib·al /skráɪbəl, -bl/ *adj.* **1** 筆写の, 書記の: ~ traditions 書き伝え, 記録された伝説 / a ~ error 誤写. **2** (ユダヤの)法学者の. 〖(1857) ← SCRIBE[1] + -AL[1]〗

scrib·ble[1] /skríbl/ *vt.* **1** 走り書きする, なぐり書きする 〈*down*〉: ~ (*down*) a note, letter, etc. **2** わけのわからないものを…に書き散らす. **3** 〈詩・文章を〉へたに書く; 〈時間を〉へたな文章を書いて浪費する 〈*away*〉: ~ verses へたな詩を書く. — *vi.* **1** 走り書きする, 落書きする: No *scribbling!* 落書禁止. **2** へたな文章[詩]を書く. **3** (わざと卑下や冗談などの意を含ませて)文筆を業とする, 文士である: ~ for a bare existence 文筆でやっと生計を立てる. — *n.* **1** 走り書き, 乱筆 (scrawl). **2** 走り書きした物, 落書き; へたな文章[詩], 駄作: a hasty ~ 走り書きの手紙.
〖(*c*1456) □ ML *scrībillāre* (freq.) ← L *scrībere* to write: ⇨ scribe[1], -le[3]〗

scrib·ble[2] /skríbl/ *vt.* 〈羊毛を〉あらすきする. 〖(1682) ? ← LG: cf. G *schrubbeln, schloppeln*: ⇨ scrub[1], -le[3]〗

scríb·bler[1] /-blə, -blə | -blə(r), -bl-/ *n.* **1** なぐり書きする人, 乱筆家, 悪筆家. **2** 《口語・戯言》駄作家, 三文文士, へぼ文士. 〖(*a*1553) ← SCRIBBLE[1] + -ER[1]〗

scríb·bler[2] /-blə, -blə | -blə(r), -bl-/ *n.* (羊毛の)あらすき機. 〖(1682) ← SCRIBBLE[2] + -ER[1]〗

scríb·bling /-blɪŋ, -blɪŋ/ *adj.* 走り[なぐり]書きしがちな, ぞんざいな, へたな. 〖(1592) ← SCRIBBLE[1] + -ING[2]〗

scríbbling blòck *n.* 《英》はぎ取り式メモ用紙 (《米》scratch pad). 〖1908〗

scríbbling·ly *adv.* 走り[なぐり]書きに. 〖1653〗

scríbbling pàd *n.* = scribbling block. 〖1938〗

scríbbling pàper *n.* 《英》メモ用紙. 〖1803〗

scrib·bly /skríbli, -bli/ *adj.* 走り書きした, 書き散らした. 〖(1883) ← SCRIBBLE[1] + -Y[4]〗

scribe[1] /skráɪb/ *n.* **1 a** 筆記者, 写字者 (copyist). **b** (印刷術発明前に写本を筆写した職業的な)筆写者 (transcriber). **c** 代書屋; 書記 (clerk, secretary). **d** 《古》字を書く[書ける]人, 書家 (penman): I am no great ~. 字はうまく書けない《能書家ではない》. **2** 《戯言》著作者 (author), 作家, 文士 (writer); ジャーナリスト, 新聞記者; 政治記者. **3** 〔ユダヤ教〕律法に通じた学者, 法学者; 記録係《記録を作成保存する; sopher ともいう; cf. rabbi[1]》.
— *vt.* **1** 《まれ》書く (write), 書きつける (write down). **2 a** 〈木・金属などに〉罫書(けが)針 (scriber) で線を刻みつける[印をつける]; 〈線を〉刻みつける. **b** (凹凸のある面などに)ぴったり合うように削る.
〖(?*c*1200) □ L *scrība* ← *scrībere* to write ← IE **skribh-* to cut (Gk *skariphâsthai* to scratch): cf. shrive〗

scribe[2] *n.* = scriber. 〖(1812) ↑ (v.)〗

Scribe /skríːb; *F.* skʁib/, **(Augustin) Eugène** *n.* スクリーブ (1791–1861; フランスの劇作家; 合作も含めて 300 編以上の喜劇・ボードビルなどの台本を書いた).

scríbe-àwl *n.* = scriber. 〖1875〗

scríb·er *n.* (木・石材・金属などの削り取る部分にしるしをつける)罫書(けが)針, (鉄筆状の)罫引(けひき). 〖(1834–36) ← SCRIBE[1] + -ER[1]〗

scríb·ing blòck *n.* 〔機械〕= surface gauge. 〖1863〗

scríbing gòuge *n.* (繰形を作るときに用いる)丸のみ.

scrieve /skríːv/ *vt.* 《スコット》書く. 〖(1788) 《変形》← *scrive* < ME *scrive(n)* □ ? AF *escrivre* // 《語頭音消失》← ? *descrive(n)* to descrive〗

scrim /skrím/ *n.* **1** スクリム《目の粗い丈夫な綿布または麻布; カーテン・家具の裏張りなどにする》. **2** 《米》〔劇場〕紗幕(しゃまく)《垂れ幕などに用いる透明の麻[綿]織物》. 〖(1792) ?〗

scrim·er /skráɪmə | -mə(r)/ *n.* 《Shak》剣客. 〖(1600–1) 《頭音消失》← *escrimer* ← F *escrimeur* ← *escrimer* to fences〗

scrim·mage /skrímɪdʒ/ *n.* **1 a** こぜり合い (skirmish). **b** 組打ち, つかみ合い, なぐり合い, 乱闘, けんか (brawl). **2** 〔ラグビー〕= scrum. **3** 〔アメフト〕**a** (同一チームの 2 組の間で行う)練習[非公式]試合. **b** スクリメージ《ボールがスナップ (snap) されてからデッドになるまでのプレー》. **c** = scrimmage line. — *vi.* **1** つかみ合いをする, なぐり合いをする, 乱闘をする, けんかをする. **2** せわしく捜す. **3** 〔ラグビー〕スクラムを組む. — *vt.* 〔ラグビー〕**1** 〈ボールを〉スクラムの中に入れる. **2** 〈相手チーム〉とゲームを競う, 戦う. **scrím·mag·er** *n.* 〖(*c*1470) (1780) 《変形》← *scrimish* SKIRMISH: cf. scrummage〗

scrímmage lìne *n.* 〔アメフト〕スクリメージライン[線] (⇨ LINE[1] of scrimmage). 〖1909〗

scrimp /skrímp/ *adj.* 切り詰めた, けちけちした, 貧弱な (scanty, meager). — *vt.* **1** …にけちけち与える, わずかしか与えない, 切り詰める (skimp). **2** 〈食物などを〉限って当てがう, ぎりぎりにする. — *vi.* けちけちする, 節約する (economize) 〔*on*〕: ~ and save けちけちして節約する.
~·er *n.* 〖(1718) ← ? Scand.: cf. skimp / OE *scrimman* to shrink〗

scrimp·y /skrímpi/ *adj.* (**scrimp·i·er; -i·est**) **1** 不足がちな (scanty), かつかつの, 切り詰めた (stinted), 貧弱な (⇨ meager SYN). **2** けちな, 倹約する (parsimonious).
scrímp·i·ly /-pɨli/ *adv.* **scrímp·i·ness** *n.* 〖(1918): ⇨ ↑ (adj.), -y[4]〗

scrim·shan·der /skrímʃændə | -də(r)/ *n.* scrimshaw を作る人[船乗り]; = scrimshaw. 〖(*c*1825): ⇨ -er[1]: 語幹は scrimshaw の変形〗

scrim·shank /skrímʃæŋk/ *vi.* 《英軍俗》職務をずるける, 仕事をさぼる. **~·er** *n.* 〖(1893) ?〗

scrim·shaw /skrímʃɔː, -ʃɑː | -ʃɔː/ *n.* **1** [集合的にも用いて] 慰み細工, 水夫の手工品《水夫が長い航海中の手慰みとして作った貝殻・鯨骨・セイウチの牙(きば)・象牙・木片などに彫刻や彩色模様を施したもの》. **2** 手工芸彫刻の技術. — *vt.* (慰みに)〈鯨骨などを〉彫刻する. — *vi.* 慰み細工をする. 〖(1864) 《変形》← ? (1851) *schrimshander*: 人名から?〗

scrin·i·um /skríniəm/ *n.* (*pl.* **-ni·a** /-niə/) (通例, 金属製のふた付き円筒形の古代ローマの)書類入れ. 〖□ L *scrīnium*: cf. shrine〗

scrip[1] /skríp/ *n.* **1** 簡単な書類[書き付け]《受取証・証明書・予定表・メモなど》. **2** (一片の小さな)紙切れ (scrap of paper). **3** 〔金融〕**a** (株式・公債などの)分払い済証書, 仮株券, スクリップ《払い込み高が額面価格に達すれば本株券・公債証書と交換する; scrip certificate ともいう; cf. scrip dividend》. **b** [集合的] 仮株券類. **c** (市や会社が生産・交易の用に供するため発行する)仮証券, 代用紙幣《scrip money ともいう》. **d** (緊急時に発行される)臨時紙幣; (占領軍の)軍票. **4** (以前米国で発行されていた)1 ドル未満の紙幣《私人・私企業のための紙幣の代用品》; (炭鉱や従軍商人の発行する)代用貨幣, 手札. 〖(1617) 《略》← SUBSCRIPTION // 《混成》← SCRIPT + SCRAP[1]〗

scrip[2] /skríp/ *n.* 《古》(旅人・羊飼いの腰などに下げた)どうらん, 合財袋 (wallet) (cf. Matt. 10: 10): a pilgrim's ~ 巡礼の小袋. 〖(?*c*1225) □ OF *escrep(p)e* (F *écharpe* scarf) // ML *scrippum* 《変形》← L *scirpea* basket made of rushes ← *scirpus* rush ← ?〗

Scrip. 《略》Scriptural; Scripture.

scríp certìficate *n.* 〔金融〕= scrip[1] 3 a.

scríp dìvidend *n.* 〔金融〕スクリップ配当, 仮証券配当《現金を支払う代わりに約束手形を交付する配当》. 〖1881〗

scríp ìssue *n.* 〔証券〕= bonus issue. 〖1955〗

scrip·oph·i·ly /skrɪpɑ́(ː)fɨli | -pɔ́fɪli/ *n.* (歴史的に価値のある)古証券の収集. 〖(1978) ← SCRIP[1] + -O- + -PHILY〗

scrip·page /skrípɪdʒ/ *n.* 合財袋 (scrip[2]) の中身 (cf. Shak., *As Y L* 3. 2. 162: bag and baggage をまねた Shakespeare の造語で, 通例 scrip and scrippage として用いる). 〖(1599) ← SCRIP[2]〗

Scripps /skríps/, **E(dward) W(yl·lis)** /wílɨs | -lɪs/ *n.* スクリップス (1854–1926; 米国の新聞経営者; UP 通信創立者; R. P. Scripps の父).

Scripps, Robert Paine *n.* スクリップス (1895–1938; 米国の新聞発行者; R. W. Howard と共に Scripps-Howard 系新聞の経営者; E. W. Scripps の子).

scrip·sit /skrípsɪt/ *L.* (原稿などの著書名の後に入れる) …著. 〖□ L *scripsit* he or she wrote (it): cf. scribe[1]〗

script /skrípt/ *n.* **1 a** 〔演劇〕脚本, 台本. **b** 〔映画〕台本, スクリプト《撮影中使用する》. **c** 〔ラジオ・テレビ〕(放送用)台本. **2 a** 手書き(文字) (handwriting); 字体: in ~ 筆記体で. **b** 文字: in Japanese ~ 日本文字で. **c** 〔印刷〕スクリプト《手書き書体に似た活字書体》. **3 a** (著者の手書きまたはタイプの)原稿 (manuscript). **b** 《英》試験答案. **4** 行動計画. **5** 〔法律〕原本, 正本, 原文

書 (cf. copy 8). 6 〘電算〙スクリプト《一連の簡単な命令を記述したもの》. 7 《口語》(特に, 麻薬の)処方箋. — *vt.* 〈劇・映画・ラジオ・テレビ放送の〉脚本[台本]を書く; …に脚色する. 〘(?*a*1300) ◻ L *scrīptum* (something) written (neut. p.p.) ← *scrībere* to write ∞ ME *scrit(e)* ◻ OF *escri(p)t* ◻ L: ⇨ scribe〙

Script. 《略》 Scriptural; Scripture.

scrípt·ed *adj.* 1 〈演説・放送など〉原稿[台本]による: a ~ speech 原稿通りの演説. 2 あらかじめ仕組まれた. 〘1949〙

scrípt èditor *n.* (ラジオ・テレビの)放送用台本編集者. 〘1959〙

scrípt·er *n.* =scriptwriter. 〘1940〙

scrípt gìrl *n.* 〘映画〙スクリプトガール《映画撮影中に撮影記録をつける係》. 〘1928〙

scrípt·ing lànguage *n.* 〘電算〙スクリプト言語《スクリプトを記述するためのプログラミング言語; script language ともいう》.

scrip·to·ri·um /skrɪptɔ́ːriəm/ *n.* (*pl.* **-ri·a** /-riə/, **~s**) (*also* **scrip·to·ry** /skríptəri, -tri/) (修道院の)写本室, 文書室《印刷術発明以前に修道士たちが写本を作ったり, その他記録などを作った部屋; 明るい廊下にあった》. 〘(1774) ◻ ML *scrīptōrium* ← L *scrīptus* (p.p.) ← *scrībere*: ⇨ script, -orium〙

scrípt rèader *n.* =script editor. 〘1956〙

scrip·tur·al /skríptʃ(ə)rəl/ *adj.* 1 [時に S-] 神聖な書物の; (特に)聖書の[に基づく, による] (Biblical): a ~ scholar. 2 書物の[にした]; 手書きの. **~·ly** *adv.* **~·ness** *n.* 〘(1641) ◻ LL *scrīptūrālis* ← L *scrīptūra* 'SCRIPTURE': ⇨ -al¹〙

scríp·tur·al·ìsm /-lɪzm/ *n.* 聖書主義, 聖書本位主義《聖書を字義通りに守ること》. 〘(1858): ⇨ ↑, -ism〙

scríp·tur·al·ist, S- /-lɪst | -lɪst/ *n.* 1 聖書(本位)主義者《聖書を字義通りに守る人》. 2 聖書研究家, 聖書学者. 〘(1725): ⇨ -ist〙

scrip·ture /skríptʃə | -tʃə(r)/ *n.* 1 [S-; しばしば *pl.*] a 聖書 (the Bible); (一冊の)聖書 (a Bible). ★ 通例, 外典 (Apocrypha) を除外して新約・旧約の双方または時にはその一方を指し, Holy Scripture または the (Holy) Scriptures ともいう: (Holy) *Scripture* teaches us that … / read the *Scriptures*. b (ユダヤ教の)聖書《旧約聖書と同一》. 2 [しばしば S-] 聖書からの引用, 聖書の句[一節]: There is a ~ which says …. 3 (キリスト教以外の)経典, 聖典 (sacred writing): the *Scripture* of Islam イスラム経典, コーラン (the Koran) / Buddhist *Scriptures* 仏教経典. 4 書き物, 手紙 (writing). 5 《古》銘, 碑文 (inscription). — *adj.* [限定的] [しばしば S-] 聖書の[にある] (scriptural): a *Scripture* card (日曜学校で生徒に与える)聖句カード / a *Scripture* lesson 聖書日課. 〘(*a*1325) ◻ L *scrīptūra* a writing, (LL) the Bible ← *scrīptus*: ⇨ script, -ure〙

scrípture-rèader *n.* (貧民や文字の読めない人の家などに行って)聖書を読んで聞かせる人. 〘1625〙

scrípt·writer *n.* (劇・映画・ラジオ・テレビの)台本作家, 脚本家, スクリプトライター. **scrípt·wrìting** *n.* 〘1915〙

scríve bòard /skráɪv-, skríːv-/ *n.* 〘造船〙スクライブボード, 切込み現図場《船体正面線図 (body plan) などを実物大に描いた木製床》. 〘(1869) *scrive*: 《変形》? ← SCRIBE (v.)〙

S

scriv·en·er /skrív(ə)nə | -nə(r)/ *n.* 《古》 1 a 筆耕, 写字生; 代書屋; 書記 (clerk). b 《軽蔑》物書き, 作家, 著述家 (author). 2 公証人 (notary). 3 《廃》金融業者 (money broker). 〘(1370) *scriveyner* ← *scrivein* copyist ◻ OF *escrivain* (F *écrivain*) ◻ LL *scrībānus* ← L *scrībe* to write: ⇨ scribe¹, -an¹, -er¹〙

scrívener's pálsy *n.* 〘病理〙書痙(しょけい) (writer's cramp). 〘1877〙

scro·bic·u·late /skroubíkjʊlɪt, -lèɪt | skrəu-/ *adj.* 〘生物〙小さなくぼみ[穴]のある. 〘(1806) ← LL *scrobiculus* ((dim.) ← L *scrobis* ditch)+-ATE²〙

scrod /skrɑ́(ː)d | skrɔ́d/ *n.* 《米》 1 〘魚類〙大西洋産タラ科の幼魚 (*Gadus morrhua*). 2 (特に)調理するように縦に裂いたタラ(の身). 〘(1841) ◻ Du. 《廃》*schrood* piece cut off: cf. shred〙

scrod·dled /skrɑ́(ː)dld | skrɔ́d-/ *adj.* 〘窯業〙種々の顔料を混じらないように用いて斑紋模様にした. 〘(1884) ← ?: cf. LG *schrodel* scrap〙

scrof·u·la /skrɑ́(ː)fjʊlə, skrɔ́(ː)f- | skrɔ́f-/ *n.* 〘病理〙瘰癧(るいれき) (⇨ king's evil). 〘(*a*1400) ◻ ML *scrōfula* (sing.) ← LL *scrōfulae* (pl.) glandular swelling, 《原義》little pigs (dim.) ← L *scrōfa* a breeding sow: cf. Gk *gromphás* old sow〙

scrof·u·lo·sis /skrɑ̀(ː)fjʊlóʊsɪs, skrɔ̀(ː)f- | skrɔ̀fjʊlə́ʊsɪs/ *n.* (*pl.* **-lo·ses** /-siːz/) 〘病理〙腺病(質). 〘(1860) ← NL ~: ⇨ ↑, -osis〙

scrof·u·lous /skrɑ́(ː)fjʊləs, skrɔ́(ː)f- | skrɔ́f-/ *adj.* 1 悪に染まった, 堕落した. 2 〘病理〙瘰癧(るいれき)の[にかかった]; 腺病質の. **~·ly** *adv.* **~·ness** *n.* 〘(1612) ← SCROFULA+-OUS〙

scrog·gin /skrɑ́(ː)gɪn | skrɔ́g-/ *n.* 《NZ》(ドライフルーツやナッツなどを混ぜて作った)手作り菓子《ハイキングなどに持って行く》. 〘(1940) ← ?: scr(an)+(h)og とする説もある〙

scroll /skróʊl | skrə́ʊl/ *n.* 1 a 巻子本(かんすぼん), 巻物《パピルス・皮・羊皮紙で作った古代の書物で, 巻きやすいように両端に軸がついている》; (絵・書の)軸物, 絵巻物. b 〘紋章〙スクロール《大紋章 (achievement) の上部または下部にある巻物; この中に標語を加える》. c 《古》表, 名簿 (list), 目録, 一覧表 (schedule): on the ~ of fame 名を後世[歴史]に残して. d 《古》覚え書き, 伝言, 手紙. 2 渦形の装飾, 渦巻き模様, 渦形 (volute)《イオニア式柱頭・椅子・テーブルの脚などにみられるような建築・家具などの装飾細工や模様》: an Ionian ~ イオニア式(柱頭の)渦巻き. 3 (バイオリンなど弦楽器の頭部の)渦巻き, スクロール (⇨ violin 挿絵): the ~ of a violin バイオリンの渦巻き. — *vi.* 1 〘電算〙(画面で)上下左右に移動する, スクロールする. 2 巻く, 巻物のようになる (roll up). — *vt.* 1 〘電算〙〈画面・行などを〉スクロールする. 2 巻物に書く. 3 [通例 p.p. 形で] 渦形で飾る, …に渦巻き模様をつける. 〘(1405) *scrowle* 《変形》← *scrow* ◻ AF *escrowe*=OF *escroe* strip (of parchment): ⇨ escrow: 今の形は ROLL との連想による〙

scróll bàr *n.* 〘電算〙スクロールバー《ウインドー環境で, ウインドーの縁に設けられた棒状の領域で, 現在ウインドー内に表示されている文書などが全体のどの部分であるかを示すもの; 通例 スクロールのためのマウスで操作するボタンを備える》.

scróll càsing *n.* 〘機械〙=spiral casing.

scróll chùck *n.* 〘機械〙スクロールチャック《渦巻き形の溝によって爪が同時に動くチャックの一種》. 〘1875〙

scrolled *adj.* 1 渦形装飾のついた, 渦巻き模様のついた. 2 曲がりくねった (curved). 〘(1603): ⇨ -ed〙

scróll·er /-lə | -lə(r)/ *n.* 1 スクローラー《背景が一定の速度でスクロールしていくコンピューターゲーム》. 2 =scroll saw.

scróll fòot *n.* 渦形足《18 世紀の家具のキャブリオール[曲がり脚] (cabriole) の先端にみられる》. 〘1935〙

scróll gèar *n.* 〘機械〙(渦巻き形の)スクロール歯車. 〘1875〙

scróll·hèad *n.* 〘海事〙船首渦巻き模様《船首像 (figurehead) の代わりにつける渦巻き形の船首飾り》. 〘1867〙

scróll·ing /-lɪŋ/ *n.* (コンピューターの画面上で)スクロールすること. — *adj.* 〈装飾デザイン・彫刻が〉巻物を広げた形の, 巻軸模様の.

scróll làthe *n.* 〘機械〙スクロール[渦巻き形チャック]旋盤. 〘1884〙

scróll pàinting *n.* 1 (中国の)画巻, (日本の)絵巻. 2 絵巻(物)の製作技術.

scróll sàw *n.* 雲形切りのこぎり, 糸のこ (fretsaw); 機械雲形切りのこぎり. 〘1851〙

scróll whèel *n.* 〘機械〙=scroll gear. 〘1868〙

scróll·wòrk *n.* 渦形装飾, 唐草模様; (scroll saw で作った)雲形模様. 〘1739〙

scrooch /skrúːtʃ/ *vi.* 《口語》うずくまる, かがむ (crouch) ⟨*down*⟩. 〘(1844) 《変形》← CROUCH〙

scrooge /skrúːdʒ/ *vi.* 《方言》=scrouge.

Scrooge, s- /skrúːdʒ/ *n.* けちんぼう, 守銭奴. 〘(1940) ← *Ebenezer Scrooge* (Dickens 作 *A Christmas Carol* 中の主人公である老人; 守銭奴であったが, 改心して優しい人間となる)〙

scroonch /skrúntʃ/ *vi.* =scrunch *vt.* 2, *vi.* 2.

scroop /skrúːp/ *vi.* 《方言》きしる, きーきーいう (creak, grate). — *n.* 1 《方言》きしる音, きーきーいう音 (scrooping sound). 2 絹鳴り《絹などに特殊加工仕上げをする時の音》. 〘(1787) 擬音語〙

scrootch /skrúːtʃ/ *vi.* =scrooch.

Scroph·u·lar·i·a·ce·ae /skrɑ̀(ː)fjʊlɛ̀əriéɪsiiː, skrɔ̀(ː)f- | skrɔ̀fjʊlèəri-/ *n. pl.* 〘植物〙(双子植物管状花目)ゴマノハグサ科. **scròph·u·làr·i·á·ceous** /-ʃəs-/ *adj.* 〘(1840) ← NL ~ ← *Scrophularia* (属名: ← ML *scrōfula* 'SCROFULA'+-ARIA)+-ACEAE: cf. *Scorpularia*〙

scro·ta *n.* scrotum の複数形.

scro·tal /skróʊtl | skrə́ʊtl/ *adj.* 〘医学〙陰嚢(いんのう)の: ~ hernia 陰嚢ヘルニア. 〘(1800) ← NL *scrotalis* ← L *scrōtum*: ⇨ scrotum, -al¹〙

scro·ti·tis /skroutáɪtɪs | skrəutáɪtɪs/ *n.* 〘病理〙陰嚢(いんのう)炎. 〘⇨ scrotum, -itis〙

scro·to·cele /skróʊtəsìːl | skrə́ʊt-/ *n.* 〘病理〙陰嚢(いんのう)ヘルニア (scrotal hernia). 〘(1693): ⇨ ↓, -cele¹〙

scro·tum /skróʊtəm | skrə́ʊt-/ *n.* (*pl.* **scro·ta** /-tə | -tə/, **~s**) 〘解剖〙陰嚢(いんのう) (⇨ reproductive system 挿絵). 〘(1597) ◻ L *scrōtum*: cf. L *scrautum* skin sheath for arrows〙

scrouge /skráʊdʒ, skrúːdʒ/ 《方言》*vt.* …に押し込む, 詰め込む (crowd), 押しつける (squeeze). — *vi.* 押し込む, 詰め込む (crowd). 〘(1755) 《擬音的転訛》? ← 《方言》*scruze* to squeeze 《混成》? ← SCREW+SQUEEZE〙

scrounge /skráʊndʒ/ 《口語》*vt.* 1 うまい言葉を使って手に入れる (wheedle); たかる: ~ some money *off* [*from*] her お金を彼女にねだる. 2 〈他人の物を〉わが物にする, 失敬する, かっ払う, くすねる (pilfer). 3 見つけ出す, 捜し求める (salvage) ⟨*up*⟩. — *vi.* 1 甘言を用いる (wheedle). 2 捜し回る ⟨*around*⟩. — *n.* 1 捜し求めること; かっ払い. 2 捜し求めた物; かっ払った物. ***be on the scróunge*** 物乞いをする. 〘(*c*1909) 《転訛》? ← 《方言》*scrunge* to wander about idly ← ?〙

scróung·er *n.* 常習的借り手; 食客, 居候 (sponger). 〘(1909) (1918): ⇨ ↑, -er¹〙

scroung·y /skráʊndʒi/ *adj.* 《俗》うすぎたない, だらしのない. **scróung·i·ness** *n.* 〘1949〙

scroyle /skrɔ́ɪl/ *n.* 《廃》悪党, 卑劣漢 (scoundrel). 〘(1594–96) ← ?〙

scrub¹ /skrʌ́b/ *v.* (**scrubbed; scrub·bing**) — *vt.* 1 a (ブラシ・布などで)ごしごしこする, ごしごし洗う ⟨*down, out*⟩; ごしごし洗って…の状態にする: ~ oneself with a towel タオルでからだをごしごしこする / ~ the floor 床を(たわしで)ごしごし洗う. b 〈汚れなどを〉ごしごしこすって洗い落とす: ~ the dirt *away* 汚れをこすり落とす / ~ dirt *off* the walls 壁の汚れをこすり落とす. c (外科の手術の前に)〈手などを〉洗浄する. 2 (水の中や上を通過させて)〈ガス〉の不純物を除く, 洗浄する (wash, cleanse) ⟨*out*⟩. 3 〘モーターレース〙(減速のため)〈タイヤを〉路面でこする. 4 《口語》a 〘宇宙〙〈ミサイル発射・飛行を〉延期する, 中止する. b 廃止する, 除く, 取り消す, 止める (cancel). c 〈文字が〉読めないように消す ⟨*out*⟩. — *vi.* 1 ごしごし洗う, ふき掃除をする; 〈しみなどが〉ごしごし洗い落とせる ⟨*out*⟩. 2 (外科手術前に)洗浄する, 手を洗う ⟨*up*⟩. 3 〘モーターレース〙(減速のため)〈タイヤが〉路面をこする. ***scrúb róund*** 《口語》(1) 〈規則などを〉無視する, 避ける. (2) 〈会合などを〉なかったことにする. 〘1943〙

— *n.* 1 ごしごしこする[磨く]こと, 洗い掃除; (特に)外科手術前に行う洗浄 (scrub-up): give a good ~ ごしごしよくこする[洗う]. 2 a ごしごし洗う道具, ブラシ (brush). b ブラシに似たもの. c スクラブ《肌の角質層を取り除くための化粧品》. 3 [*pl.*] (外科医が着る)手術着. 4 〘宇宙〙ミサイル発射延期[中止].

〘(?*a*1300) (*c*1595) *scrobbe(n)*, *shrubbe(n)* ◻ ? MLG & MDu. *schrobben, schrubben*〙

scrub² /skrʌ́b/ *n.* 1 a いじけた木, 低木; [集合的] 低木, やぶ. b [*pl.*] 低木林, 雑木地帯. 2 a ちっぽけな人[物]; つまらない人. b 並より小さい[劣る]もの. 3 下等種の動物, 雑種 (mongrel): a mere ~ of a horse やくざ馬. 4 〘スポーツ〙a 補欠選手, 二軍選手. b 二軍チーム. 5 [the ~] 《豪口語》人里離れた所. — *adj.* [限定的] 1 いじけた, ちっぽけな (stunted, undersized). 2 下等な, 劣等な (inferior), やくざな, つまらない (worthless). 3 《米》〘スポーツ〙補欠[二軍]選手から成る; にわか仕立ての, にわか仕立てチームの: a ~ team 二軍チーム / a ~ game [race] 二軍選手の試合[競走]. 〘(*a*1398) 《変形》← SHRUB¹: cf. Dan. 《方言》*skrub*〙

scrub·bed /skrʌ́bɪd/ *adj.* 《古》いじけた, 成長を妨げられた (stunted); みすぼらしい (scrubby): a little ~ boy. 〘(1596–97) ← SCRUB²+-ED〙

scrúb·ber¹ *n.* 1 こする[洗う]ときに使う道具《ブラシ・たわし・ぞうきんなど》. 2 ごしごしこする[力を入れて洗う]人. 3 スクラッバー, ガス洗浄装置《ガス中の不純物を除去する装置》. 4 《英俗》身持ちの悪い(若い)女性. 〘(1839) ← SCRUB¹+-ER¹〙

scrúb·ber² *n.* 1 雑種; (特に)雑種の牡牛. 2 やせて成長の止まった牡牛. 3 《豪》a 叢林(そうりん) (scrub) に住む人[動物]. b 叢林の中に逃げて野生化した家畜《牛・羊・馬など》. 〘(1859) ← SCRUB²+-ER¹〙

scrúb·bing *n.* ごしごしこする[磨く]こと, 洗い掃除: The floor wants a good ~. 床はよく洗わなければいけない. 〘(1622): ⇨ -ing¹〙

scrúbbing brùsh *n.* =scrub brush. 〘1681〙

scrúb·bìrd *n.* 〘鳥類〙クサムラドリ (*Atrichornis rufescens*)《オーストラリア産のやぶの中にすむコトドリに似たクサムラドリ科の小鳥》. 〘1869〙

scrúb brùsh *n.* 《米》洗濯用ブラシ, (床などを洗う)たわし《scrubbing brush ともいう》. 〘1897〙

scrub·by /skrʌ́bi/ *adj.* (**scrub·bi·er; -bi·est**) 1 〈木・動物などが〉いじけた, ちっぽけな (stunted): ~ trees. 2 いじけた木のはえた, 雑木[下ばえ]の生い茂った: ~ land. 3 〈人が〉ちっぽけな (small, insignificant); みじめな, みすぼらしい (shabby). 4 〈ひげが〉たわしのような: a ~ beard. 5 つまらない, くだらない. **scrúb·bi·ly** /-bɪli/ *adv.* **scrúb·bi·ness** *n.* 〘(1591) ← SCRUB²+-Y⁴〙

scrúb fòwl *n.* 〘鳥類〙=megapode.

scrúb jày *n.* 〘鳥類〙米国南部やメキシコ産の青灰色の羽毛をしたカケス (*Aphelocoma coerulescens*). 〘1938〙

scrúb·lànd *n.* 低木で覆われた土地. 〘1779〙

scrúb nùrse *n.* 手術室勤務看護婦《手術中に手術器具を扱ったり, 外科医を補佐する訓練を受けた看護婦》. 〘(1927): ⇨ scrub¹〙

scrúb òak *n.* 〘植物〙アメリカ産のブナ科コナラ属 (*Quercus*) の低木の総称; (特に)ヒイラギガシ (*Q. ilicifolia*). 〘1766〙

scrúb pìne *n.* 北米東部の乾燥した砂地に生えるバンクスマツ (jack pine) などの小型のマツ類; 特に *Pinus virginiana*. 〘1791〙

scrúb sùit *n.* 手術着《外科医師や助手が手術室で使用するゆったりした衣服》.

scrúb tùrkey *n.* 〘鳥類〙megapode.

scrúb týphus *n.* 〘病理〙つつが虫病 (⇨ tsutsugamushi disease). 〘1929〙

scrúb-ùp *n.* 〘医学〙(手術前の)手や腕の洗浄.

scrúb wàllaby *n.* 〘動物〙=pademelon.

scrúb·wòman *n.* (*pl.* **-women**) 《米》=charwoman. 〘(1873): ⇨ scrub¹〙

scruff¹ /skrʌ́f/ *n.* 1 うなじ, えり首, 首すじ: take [seize] a person by the ~ of the neck 人のえり首をつかまえる. 2 衣服のゆったりした部分《コートのえり・ズボンの尻の部分など》. — *vt.* 首すじをつかまえる. 〘(1790) 《転訛》↓〙

scruff² /skrʌ́f/ *n.* 1 《英口語》うすぎたないやつ; つまらない人[物]. 2 《英方言》ふけ (dandruff). 3 〘冶金〙スクラッフ《すずめっきの際, めっき槽の上に浮かぶ浮遊物》. 〘(15C) 《音位転換》← SCURF〙

scruff·y /skrʌ́fi/ *adj.* (**scruff·i·er; -i·est**) だらしのない, とりちらかした (untidy), ぼろぼろの, みすぼらしい (shabby). **scrúff·i·ly** /-fɪli/ *adv.* **scrúff·i·ness** *n.* 〘(1660): ⇨ ↑, -y⁴〙

scrum /skrʌ́m/ *n.* 1 〘ラグビー〙スクラム《フォワードのプレーヤーが肩を組んで密集し, 同様に密集して対峙した相手チームのフォワードと, グラウンド上のボールを争って押し合うこと; scrummage ともいう; ⇨ Rugby football 挿絵; cf. set scrum》. 2 《戯言》押し合い, もみ合い. — *vi.* スクラムを組む. 〘(1888) 《略》← SCRUMMAGE〙

scrúm-càp *n.* 〘ラグビー〙ヘッドギヤー. 〘1917〙

scrúm hálf *n.* 〘ラグビー〙スクラムハーフ《ハーフバックの一

人で, 通常スクラムの後方にあって, ヒールアウトされたボールをバックラインにパスし, または拾ってスクラムサイドを自ら走る役目をもつ; ⇨ Rugby football 挿絵). 〘1906〙

scrum·mage /skrʌ́mɪdʒ/ *n.* **1** 〘ラグビー〙 =scrum 1. **2** =scrimmage 〘(*a*1825)《変形》← SCRIMMAGE〙

scrum·my /skrʌ́mi/ *adj.* 《英口語》 =scrumptious.

scrump /skrʌ́mp/ 《英方言》 *vt.* **1** 〈りんごなどを〉萎縮させる. **2** 〈果樹園〉から盗む; 〈りんごなどを〉くすねる (pilfer). — *vi.* 萎縮する. — *n.* 萎縮した物, (特に)小さなりんご; 小さな人. 〘(1866) ← ? Scand. (cf. Swed. & Dan. *skrumpen* shriveled): cf. scrimp〙

scrum·ple /skrʌ́mpḷ/ *vt.* 《英》〈紙・布を〉しわくちゃ[くしゃくしゃ]にする 〈*up*〉. 〘(*c*1575)《変形》← CRUMPLE〙

scrump·tious /skrʌ́m(p)ʃəs/ *adj.* 《口語》 **1** 〈食事・食べ物が〉おいしい (delicious): What a ~ tea! おいしいお茶だこと. **2** すてきな, すばらしい (splendid); 魅力的な; ぜいたくな: We had a ~ time. とても愉快だった. **~·ly** *adv.* **~·ness** *n.* 〘(1830)《変形》? ← SUMPTUOUS〙

scrum·py /skrʌ́mpi/ *n.* 《英》 酸味の強いりんご酒《イングランド南西部の特産》. 〘1904〙

scrunch /skrʌ́ntʃ, skrúntʃ | skrʌ́ntʃ/ *vi.* **1** ばりばり音を立てる, ざくざく音を立てて進む. **2** つぶれる, うずくまる, かがむ (crouch). — *vt.* **1** ばりばり砕く[かむ] (crunch). **2** 押しつぶす; 弓なりに曲げる (hunch). **3** しわくちゃにする (crumple) 〈*up*〉: ~ (*up*) a leaflet into a ball チラシをくしゃくしゃにして丸める. — *n.* ばりばり[ざくざく]音を立てること; ばりばり砕く音, ざくざく踏む音: a ~ of wheels on the gravel 砂利道を踏む車輪のざくざくいう音. 〘(1825)《変形》← CRUNCH〙

scrúnch-drỳing *n.* スクランチドライイング《ドライヤーを髪の根元に当てながら髪をもみくしゃにして髪を乾かす方法》. **scrúnch-drỳ** *vt.*

scrunch·y, scrunch·ie /skrʌ́ntʃi/ *n.* (ゴムひもをつけた布を小さな輪にした)髪留め, シュシュ.

scru·ple /skrúːpḷ/ *n.* **1** [否定構文および成句に用いる以外は通例 *pl.*] (事の正邪・当否についての)疑念, ためらい (hesitation), 遠慮; 良心のとがめ (⇨ qualm SYN): a man *of* no ~*s* 平気で悪事をする人 / without ~ ためらわずに, 平気で / have ~*s* [little ~, no ~] *about* doing …するのに気がとがめる[とがめない], ためらう[ためらわない, 平気です], 疑う[疑わない] / make no ~ *to* do [*of* doing] 平気で…する, 何とも思わずに…する, …することをはばからない / stand on ~ 遠慮する. **2** スクループル: **a** 薬衡の単位 (=20 grains, 0.333 drams, 1.295 g; 略 s. ap.). **b** 古代ローマの重量単位 (=1/24 oz). **3** 《古》少し, 微量 (iota, jot): do not care *a* ~ ちっともかまわない, 少しも気にかけない. — *vi.* **1** [通例否定構文で] ためらう, 躊躇(ちゅうちょ)する, 遠慮する (hesitate): ~ *at* doing wrong [*at* nothing] 悪事をすることをためらう[どんなことでも平気でする] / He doesn'*t* ~ *to* scold them. 彼は彼らを平気でしかる / Do*n't* ~ *to* ask for anything you want. いる物は遠慮なく言いなさい. **2** 良心のとがめを感じる, 気がとがめる. — *vt.* 《古》 **1** …をためらう, …をはばかる: ~ lying [a lie] うそを言うのをはばかる. **2** 疑う (doubt). 〘(*c*1384) ◻ F *scrupule* ∥ L *scrūpulus* small sharp stone, small weight, scruple (dim.) ← *scrūpus* sharp stone ← IE **skreup-* ← **skreu-* to cut〙

scru·pu·los·i·ty /skrùːpjulɑ́(ː)səṭi | -lɔ́sə̀ti/ *n.* **1** 綿密さ, 慎重さ, 几帳面. **2** ためらい, 良心のとがめ[苛責]. 〘(1526) ◻ F *scrupulosité* ∥ L *scrūpulōsitātem*: ⇨ ↓, -ity〙

scru·pu·lous /skrúːpjuləs/ *adj.* **1** 細心な, 几帳面な (punctilious) (⇨ upright SYN); 綿密な, 正確な, きちんとした, 周到な, 行き届いた (precise, thorough) (⇨ careful SYN): a ~ proofreader 几帳面な校正係 / pay ~ attention to …に気を使い過ぎる / be ~ *about* [*in*] one's dress 服装にやかましい / with ~ care 細心の注意を払って. **2** 良心的な, もの堅い, 慎重な (conscientious); 誠実な, 実直な, 節操のある (principled): act with ~ honesty (一点のやましさもなく)全く正直に行動する. **3** 《古》(良心のとがめなどで)ためらう, 躊躇(ちゅうちょ)する (hesitant). **~·ly** *adv.* **~·ness** *n.* 〘(*c*1443) ◻ (O)F *scrupuleux* ∥ L *scrūpulōsus*: ⇨ scruple, -ous〙

scru·ta·ble /skrúːṭəbḷ | -tə-/ *adj.* 調査[研究]でわかる, 理解[判読]できる (comprehensible, legible). 〘(*c*1600) ◻ LL *scrūtābilis* ← L *scrūtārī* (↓): ⇨ -able〙

scru·ta·tor /skruːtéɪṭə | -tə(r)/ *n.* 精査する人, 検査者 (investigator), 詮索者. 〘(1580) ◻ L *scrūtātor* ← *scrūtātus* (p.p.) ← *scrūtārī* to search, examine: ⇨ scrutiny, -or²〙

scru·ti·neer /skrùːtəníə | -tṇ- | -tɪ̀níə(r), -tṇ-/ *n.* **1** 検査者 (examiner). **2** 《英》開票検査人 (《米》canvasser). 〘(1557) ← SCRUTINY + -EER〙

scru·ti·nize /skrúːtənàɪz, -tṇ- | skrúːtɪ̀nàɪz, -tṇ-/ *vt.* 精細に調べる, 綿密に検査する, 吟味する, 詮索する; 詳しく見る, よく見る (⇨ examine SYN). — *vi.* 精査する, 詳しく見る, じろじろ見る. **scrú·ti·nìz·er** *n.* 〘(1671) ← SCRUTINY + -IZE〙

scrú·ti·nìz·ing *adj.* じろじろ見ている, 吟味する(ような), 小やかましい. **~·ly** *adv.* 〘(1782): ⇨ -ing²〙

scru·ti·ny /skrúːtəni, -tṇi, -tni | skrúːtɪ̀ni, -tṇi/ *n.* **1** 精査, 精密な吟味, 詮索 (close investigation): make a ~ into …を精査[吟味]する / subject to the ~ of …の精査[吟味]を受けさせる / bear ~ 精査に堪える, やましい点がない / His actions do not bear ~. 彼の行動にはうしろ暗いところがある. **2** じろじろ見ること (close look), 詮索するような目つき: a ~ of a person's face 人の顔を探るように見ること / A close ~ revealed a crack in the vase. よくよく注意して見ると花びんにはひびがはいっているのがわかった. **3** 監視, 監督 (surveillance): be under ~ 監視される. **4** 《米古・英》開票検査, 投票再検査: demand a ~ 開票[投票再]検査を要求する. 〘(1415) ◻ L *scrūtinium* ← *scrūtārī* to search, examine ← *scrūta* trash, rags ← IE **skreu-* to cut: ⇨ shred〙

scry /skráɪ/ *vi.* 水晶で[水晶を見て]占う. — *vt.* 《古・方言》見出す, 見つける (descry). 〘(*a*1456) (1528)《頭音消失》← DESCRY〙

scrý·er *n.* 水晶で占う人 (crystal gazer). 〘(1549): ⇨ ↑, -er¹〙

SCS 《略》Society of Civil Servants; Space Communications Systems.

SCSI /skʌ́zi/ *n.* 〘電算〙スカジー《ハードディスクなどの周辺装置をパソコンに接続する仕様を規定した規格; パラレル伝送で daisy chain 方式の接続をサポートする》. 〘(1952)《頭字語》← *s*(*mall*) *c*(*omputer*) *s*(*ystem*) *i*(*nterface*)〙

sct. 《略》scout.

sctd. 《略》scattered.

scu·ba /skúːbə | skúː-, skjúː-/ *n.* スキューバ《圧搾空気のシリンダーと目と鼻につけるマスクを含む潜水用水中呼吸器》. 〘(1952)《頭字語》← *s*(*elf*)-*c*(*ontained*) *u*(*nderwater*) *b*(*reathing*) *a*(*pparatus*)〙

scúba dìve *vi.* スキューバダイビングをする.

scúba dìver *n.* 〘1963〙

scúba dìving *n.* スキューバダイビング《スキューバをつけて潜水するスポーツ; cf. skin diving》. 〘1962〙

scud¹ /skʌ́d/ *v.* (**scud·ded; scud·ding**) — *vi.* **1** (押し出されるように)すうっと走る, (風などに追われて)すうっと飛ぶ 〈*about, along, off, away*〉; かすめて通る (skim along): Clouds ~ across the moon. 雲が月をよぎって飛ぶ / Rabbits ~ across the turf. うさぎが芝生を横切って走る. **2** 〘海事〙(ほとんど帆を揚げずに)順風に走る: ~ before the wind [gale] 追風に帆をおろした状態で走る, 帆を下ろして強風に任せて走る / ~ under bare poles 帆を揚げずに走る. **3** 〘アーチェリー〙〈矢が〉的を外れて高く飛ぶ. — *vt.* **1** 《古》…をすっと走る. **2** すっと走らせる. **3** 《スコット》打つ, たたく. — *n.* **1** すうっと走る[飛ぶ]こと, 疾走, 飛走 (rush). **2 a** (吹きつける)にわか雨, 通り雨; しぶき. **b** 一陣の風, 突風. **c** 吹雪. **3** 〘気象〙ちぎれ雲《乱層雲の下面のあたりをちぎれて飛ぶ雲》. 〘(1532) ← ? Scand. (cf. Norw. *skudda* to push / Dan *skyde* to shoot)〙

scud² /skʌ́d/ 〘皮革〙 *vt.* あか出しをする《裸皮上のあかを人手または機械により刃のついた薄板の金具(古くは石片)を用いて押し出す》. — *n.* あか, 汚物《脱毛裸皮に残った上皮組織・毛根・あかなどの汚物》. 〘(1609)《廃》'dirt'《変形》? ← SCUT¹ ∥《混成》? ← SCUM + MUD¹〙

Scud /skʌ́d/ *n.* スカッドミサイル《ロシア製の地対地ミサイル; 核弾頭装備も可能》. 〘(*c*1990): NATO によるコード名〙

Scud·der /skʌ́də | -də(r)/, **Horace Elisha** *n.* スカッダー (1838–1902; 米国の著述家・伝記作家; *The Atlantic Monthly* の編集者 (1890–98)).

scúd·ding machìne /-dɪŋ- | -dɪŋ-/ *n.* 〘皮革〙裸皮のあか出しをする機械.

Scu·dé·ry /skùːdəríː | -də-; *F.* skydeʀi/, **Ma(g)·de·leine de** /ma(g)dəlɛ́ndə/ *n.* スキュデリ (1607–1701; フランスの女流小説家; 通称 Sapho /safo/; *Le Grand Cyrus*「キューロス大王」(1649–53)).

scu·do /skúːdou | -dəu; *It.* skúːdo/ *n.* (*pl.* **scu·di** /-diː; *It.* -di/) スクード《イタリアの古い金・銀貨》. 〘(1644) ◻ It. ~ < L *scūtum* shield: ⇨ scutum〙

scuff¹ /skʌ́f/ *vt.* **1** (こすったりして)〈靴・床などに傷をつける 〈*up*〉; (足を引きずって)〈靴・床などを〉すりへらす; 〈家具などを〉使いへらす, 傷める: ~*ed* slippers. **2 a** 〈足を〉引きずる (shuffle): ~ one's feet. **b** 〈物を〉足でこする. **c** 《米》足指でつつく. **3** なぐる (cuff). **4** 《スコット》 **a** かする. **b** こすり取る, ふき取る (wipe off). — *vi.* **1** 足を引きずって歩く (shuffle). **2** 足をこすりつける, 足摺りをする. **3** (こすれて)すり傷がつく, 傷つく. **4** 《米》足指でつつく 〔*at*〕. **5** 〘機械〙スカッフする《歯車の歯面などに摩擦運動方向と直角方向に走る損傷ができることをいう》. — *n.* **1** 引きずり歩き(の音). **2** [通例 *pl.*] 《米》(上部はつま掛けだけの)スリッパ. ⇨ slipper 日英比較. **3** こすってできた表面の損傷. **4** 《スコット》こすること (cuff). **5** 〘ダンス〙スカッフ《かかとで床を打ち, 滑らすように前空中に足をあげるタップダンスのステップ》. 〘(1595) ← ? Scand. (cf. Swed. *skuffa* 'to SHOVE')〙

scuff² /skʌ́f/ *n.* 《古》 =scruff¹. 〘(1787) ← ?: cf. ON *skopt* hair of the head / G *Schopf*〙

scúff·er /-fə | -fə(r)/ *n.* 《英俗》おまわり, 警官. 〘(1860) ← ?: cf. scuff¹〙

scuf·fle /skʌ́fḷ/ *vi.* **1** 取っ組み合う, つかみ合いをする, 乱闘する 〔*with*〕. **2** あわてて行く (scurry). **3** 足を引きずって歩く (shuffle). — *n.* **1** 取っ組み合い, つかみ合い, 乱闘 〔*between, with*〕. **2** 足を引きずって歩くこと; 足を引きずる音. **3** =scuffle hoe. **4** スカッフル《タップダンスで足を前後に動かすこと》. **scúf·fler** /-flə, -flə | -flə(r), -fl-/ *n.* 〘(1579) (freq.) ← SCUFF¹: ⇨ -LE³〙

scúffle hòe *n.* 《米》(園芸用の)押しくわ (Dutch hoe, thrust hoe, 米では単に scuffle ともいう). 〘1856〙

scúff·ling /-lɪŋ/ *n.* (何かが動きまわる)がさごそいう音.

scúff·màrk *n.* =scuff¹ *n.* 3.

scug /skʌ́g/ *n.* 《英》(社交や運動もせず教室でも活動しない)ぱっとしない学生; 見栄えのしない人. 〘(1825) ← ? 《方言》*scug* pretence, shadow ◻ ON *skuggi* shadow〙

scul /skʌ́l/ *n.* (*also* **scull, sculle**) 《Shak》 =school².

scul·dud·der·y /skʌldʌ́dəri | -də-/ *n.* 《方言》猥褻(わいせつ)な行為, みだらな行い. 〘(1713) ?〙

scul·dug·ger·y /skʌ̀ldʌ́gəri/ *n.* =skulduggery.

sculk /skʌ́lk/ *vi.* =skulk.

scull¹ /skʌ́l/ *n.* **1 a** とも櫂(かい)《小舟のともの切込みにはさんで左右にもみながらこぐ櫂》. **b** スカル《両手に一本ずつ持ってこぐ比較的短くて軽いオール》. **2** とも櫂[オール]でこぐ舟[ボート]. **3** スカル《一人または二人がおのおの両手のスカルでこぐ競漕用の軽いボート》. **4** [*pl.*] スカル競技 (cf. double sculls, single sculls). **5** スカルでこぐこと[時間, 距離]. — *vt.* **1** とも櫂[スカル]で〈舟を〉こぐ. **2** スカルで運ぶ. — *vi.* **1** とも櫂[スカル]で舟をこぐ. **2** 〈舟が〉とも櫂でこげる. 〘(1345–46) ← ?: cf. skull¹〙

scull 1 　　　 scull 2, 3

scull² /skʌ́l/ *n.* 《カナダ》 **1** 外洋から近海に回遊してきた魚の大群. **2** 魚群が外洋から近海に回遊してくる季節.

scull·cap /skʌ́lkæ̀p/ *n.* 〘植物〙=skullcap 4.

scúll·er /-lə | -lə(r)/ *n.* **1** 小舟をスカルでこぐ人. **2** = scull¹ 2. 〘(1530): ⇨ scull¹, -er¹〙

scul·ler·y /skʌ́ləri, skʌ́lri/ *n.* 《英》(調理室に隣接する)流し場; 食器室. 〘(1377) ◻ AF *squillerie* = OF *escuelerie* ← *escuele* dish < VL **scūtellam* = L *scutellam* salver (dim.) ← *scutra* platter: ⇨ -ery: cf. scuttle³〙

scúllery-màid *n.* (大きな旧家などの)皿洗い女中, おさんどん.

Scul·lin /skʌ́lɪ̀n | -lɪn/, **James Henry** *n.* スカリン (1876–1953; オーストラリアの政治家; 首相 (1929–31)).

scúll·ing /-lɪŋ/ *n.* スカル競技.

scul·lion /skʌ́ljən, -liən/ *n.* 《古》 **1** 台所下働き, 皿洗い. **2** げす, 下郎 (wretch). 〘(?*c*1475) ◻ ? OF *escouillon* dishcloth (dim.) ← *escouve* broom < L *scōpam*〙

sculp /skʌ́lp/ *vi.* 《口語》 =sculpture. 〘◻ L *sculpere* to carve〙

sculp. 《略》sculpsit; sculptor; sculptural; sculpture.

scul·pin /skʌ́lpɪ̀n | -pɪn/ *n.* (*pl.* ~, ~**s**) **1** 〘魚類〙 **a** カジカ《カジカ科の淡水魚の総称; sea scorpion など; cf. miller's thumb》. **b** シャレヌメリ (*Callionymus lyra*) 《ネズッポ科の深海魚; cf. dragonet 2》. **c** 米国 California 州産のカサゴ科の釣りの対象とされる食用魚 (*Scorpaena guttata*). **2** 《軽蔑》やくざ者; つまらない[役に立たない]獣. 〘(1672)《変形》← ? *scorpene* ◻ L *scorpaena* ◻ Gk *skórpaina* 'sea SCORPION': SKULL との連想も加わった〙

sculp·sit /skʌ́lpsɪ̀t | -sɪt/ *L. v.* …これを彫る, …刻《彫刻家が署名に添える; 略 sc., sculp.; cf. pinxit, fecit》. 〘◻ L ~ 'he or she carved or engraved (it)': ⇨ sculpture〙

sculpt /skʌ́lpt/ 《口語》 *vt.* **1** 彫る, 彫刻する (carve): ~ a Buddhist image out of [from] wood = ~ the wood into a Buddhist image 木で仏像を彫刻する, 彫る. **2** (彫刻する時のように)〈髪などを〉形造る, 扱う, 整える. **3** 〈自然が地形を〉変化させる. — *vi.* 彫刻する, 彫る. 〘(1864) ◻ F *sculpter* (← L *sculptum* (neut. p.p.)) ∥《逆成》← SCULPTURE〙

sculpt. 《略》sculptor; sculpture.

sculp·tor /skʌ́lptə | -tə(r)/ *n.* **1** 彫刻家; 彫り物師. **2** [the S-] 〘天文〙ちょうこくしつ(彫刻室)座, アトリエ座 (ほうおう座 (Phoenix) とくじら座 (Cetus) の間の星座). 〘(1634) ◻ L ~ ← *sculptus*: ⇨ sculpture, -or²〙

Scúlptor's Tóol *n.* [the ~] 〘天文〙ちょうこくぐ(彫刻具)座 (⇨ Caelum).

sculp·tress /skʌ́lptrə̀s | -trɪ̀s, -trɛs/ *n.* 女性彫刻家. 〘(1662) ← SCULPTOR + -ESS¹〙

sculp·tur·al /skʌ́lptʃ(ə)rəl/ *adj.* **1** 彫刻の[に関する, から成る]. **2** 彫刻的な, 彫像のような (sculpturesque). 〘(1819) ← SCULPTUR(E) + -AL¹〙

sculp·tur·al·ly /-rəli/ *adv.* 彫刻で, 彫刻術上. 〘(1825): ⇨ ↑, -ly¹〙

sculp·ture /skʌ́lptʃə | -tʃə(r)/ *n.* **1** 彫刻術; 彫刻; 彫塑(ちょうそ)術 (plastic art). **2** [集合的にも用いて] 彫像, 彫刻作品. **3** 〘生物〙彫刻したような模様. **4** 〘地質〙浸食 (erosion), 浸食による土地の彫刻. — *vt.* **1** (石・木などに)彫刻する; 彫る, 刻む (carve, engrave): ~ a head, bust, etc. **2** …に彫刻を施す, 彫刻物で飾る. **3** 〘地質〙〈風雨が〉浸食する (erode). — *vi.* **1** 彫刻する. **2** 彫刻師になる. 〘(*a*1393) ◻ L *sculptūra* ← *sculptus* (p.p.) ← *sculpere* to carve: ⇨ scalpel, -ure〙

scúlp·tured *adj.* **1** 彫刻した, 彫刻を施した: a pillar. **2** 〈容貌が〉整った, 目鼻立ちの整った. **3** 〘生物〙彫刻に似た模様のある: a ~ conch. 〘(*c*1710): ⇨ ↑, -ed〙

sculp·tur·esque /skʌ̀lptʃərésk⁺/ *adj.* **1** 彫刻のような, 彫像のような (statuelike). **2** 形の整った, 目鼻立ちがくっきりした (clear-cut); 堂々たる (majestic): ~ beauty. **~·ly** *adv.* **~·ness** *n.* 〘(1835) ← SCULPTURE + -ESQUE〙

scúlp·tur·ing /-tʃ(ə)rɪŋ/ *n.* 彫刻; 彫刻で彫られた形, 彫刻的な姿; 〘動物・植物〙彫刻のような模様 (sculpture).

scum /skʌ́m/ *n.* **1 a** (煮沸または発酵の際生じる)浮きかす, 浮き泡, あく; 薄皮. **b** 〘冶金〙(溶けた金属の上に生じた)浮きかす. **2** 《口語》[集合的にも用いて] 最下層の人々, くず, かす (of (refuse, dregs): the ~ of society 社会のかす / the ~ of the earth [of mankind] 人間のくず / You filthy ~! この穀つぶし. **3** 《米俗》精液, 糊. — *v.* (**scummed; scum·ming**) — *vt.* **1** …に浮きかす[薄皮]を作る. **2** 《古》…の浮きかす[泡]を取る, 薄皮を取

S

る (skim). ― *vi.* 浮きかす[泡]ができる, 薄皮ができる 〈*over*〉. 〖(*a*1250) □ MDu. *schūme* (Du. *schuim*) < Gmc **skūmaz* (G *Schaum* foam) ← **(s)keu-* to cover: cf. skim〗

scúm·bàg *n.* **1** 《口語》 嫌なやつ, 見下げはてたやつ. **2** 《俗》 コンドーム. 〖1: (1971). 2: (1967)〗

scum·ble /skʌ́mbl/ 〖絵画〗 *vt.* **1** (不透明色を薄く塗って)〈絵画・色彩〉の色調を和らげる. **2** 〈鉛筆画〉の線を(指先などで)こすってぼかす. ― *n.* **1** 不透明色の薄塗り. **2** (色彩の調子を和らげる)ぼかし. **3** ぼかしに使う絵具. 〖(1798) (freq.) ← SCUM: ⇨ -le³〗

scúm·bling /-blɪŋ, -bl-/ *n.* ぼかしの効果[技術]. 〖(1815): ⇨ -ing¹〗

scúm·bòard *n.* 〖土木〗 スカム止め板 《下水の浮きかす遮断板》. 〖1898〗

scúm·bùcket *n.* 《米》 =scumbag 1.

scum·my /skʌ́mi/ *adj.* (**scum·mi·er**; **-mi·est**) **1** 浮きかす (scum) のできた, 泡立った. **2** 浮きかす状の. **3** 《口語》 くだらない, つまらない, 卑劣な (worthless). 〖(1577) ← SCUM (n.)+-Y¹〗

scun·cheon /skʌ́ntʃən/ *n.* 〖建築〗 =sconcheon. 〖1435〗

scunge /skʌ́ndʒ/ 《豪俗》 *vt.* 借りる. ― *n.* **1** うすぎたないやつ; みじめなやつ, ろくでもないやつ. **2** 年中人から借りている人. 〖(1824) ← ?〗

scun·gil·le /skundʒíːli; *It.* skundʒílli/ *n.* (*pl.* **-gil·lei**/-leɪ; *It.* -dʒílle/) 食用の[調理した]巻貝 (conch), スクンジッリ. 〖(1953) □ It. 《方言》 *scunciglio*, (pl.) *-gli* 《変形》? ← *conchiglia* sea-shell: It. は L を介して Gk にさかのぼり conch と同語源〗

scun·gy /skʌ́ndʒi/ *adj.* 《豪口語》 うすぎたない, だらしない. 〖1964〗

scun·ner /skʌ́nə | -nə^(r)/ *n.* 《スコット》 **1** (理不尽な)毛嫌い, 大嫌い, 嫌悪, 憎悪 (loathing), 反感: take a ~ *at* [*against, to*] …を憎悪する, …にあいそをつかす. **2** 憎悪の対象. ― *vi.* 《スコット・北英》 〔…を〕ひどく嫌う; 〔…に〕むかつく 〔*at, with*〕. 〖v.: (1375) ? ; n.: (*a*1500-20) ?〗

scún·nered *adj.* 《スコット》 うんざりした, むかむかしている: I'm ~ of it!

Scun·thorpe /skʌ́nθɔːp | -θɔːp/ *n.* スカンソープ 《イングランド旧 Humberside 州南西部の都市》. 〖lateOE *Escumetorp* 《原義》 'THORP of *Skūma* (古代北欧の人名)'〗

scup /skʌ́p/ *n.* (*pl.* ~, ~**s**) 〖魚類〗 スカップ (*Stenotomus chrysops*) 《米国大西洋岸産のタイ科スカップ属の食用魚; cf. fair maid》. 〖(1848) 《頭音消失》 ← N-Am.-Ind. (Narragansett) *mishcùp* thick-scaled ← *mishe* big+*kuppe* close together〗

scup·per /skʌ́pə | -pə^(r)/ *n.* **1** (工場などで床にまいた水の)排水溝. **2** (雨水などの)排水口. **3** [*pl.*] 〖海事〗 甲板排水孔, 水落とし. ― *vt.* 《英口語》 **1** 急襲してやっつける[殺す] (ambush); 〈機会・計画・企てなどを〉台無しにする, だめにする: We are ~*ed.* もうだめだ / That's ~*ed* our plans. それがわれわれの計画をだめにした. **2** 〈船・乗組員を〉動けなくする (disable); 〈自分の船を〉故意に沈める. 〖n.: (1422-27) *scoper* ← ? OF *escopir* (F *écopir*) < VL **skuppire* to spit 《擬音語》 v.: (1885) ← (n.)〗

scup·per·nong /skʌ́pənɔ̀(ː)ŋ, -nɑ̀(ː)ŋ | -pənɒŋ/ *n.* **1** 〖植物〗 マスカットブドウ (muscadine) の一品種. **2** スカッパノッグ(ワイン) (scuppernong で造った白ぶどう酒; 食卓用). 〖(1811) ← *Scuppernong* (米国 North Carolina 州にある川・湖の名) □ N-Am.-Ind. (Algonquian) 《原義》 place of the magnolia〗

scúpper pìpe [**shòot**] *n.* 〖海事〗 排水管 《船外に汚水を排出するための導管》. 〖1867〗

scur /skə́ː | skə́ː^(r)/ *v.* =skirr.

scurf /skə́ːf | skə́ːf/ *n.* **1** (病的に多く出る)ふけ (dandruff). **2** うろこ状にはげ落ちるもの; 汚物, あか. **3** 《まれ》 人間のくず (scum). **4** (植物の)かさかさの表皮[鱗片]. ― *vt.* **1** こすったりして…の表皮を落とす. **2** ふけで白くする[おおう]. 〖lateOE 《変形》 ← OE *scēorf* ← Gmc **skurf-* ← IE **skerp-* ← **sker-* to cut: cf. OE *scēorfan* to scrape and *scēarp* 'SHARP'〗

scúrf pèa *n.* 〖植物〗 オランダビユ (⇨ psoralea).

scurf·y /skə́ːfi | skə́ː-/ *adj.* (**scurf·i·er**; **-i·est**) **1** ふけのような. **2** ふけだらけの. **scúrf·i·ness** *n.* 〖(?*a*1425): ⇨ scurf, -y⁴〗

scur·rile /skə́ːrəl, -raɪl | skʌ́raɪl/ *adj.* (*also* **scur·ril** /-rəl | -rɪl/) 《古》 =scurrilous. 〖(1567) □ F ~ // L *scurrīlis* like a buffoon ← *scurra* buffoon: ⇨ -ile〗

scur·ril·i·ty /skəríləti | skʌríləti, skər-/ *n.* **1** 下卑たこと, 下品. **2** 口汚ないこと; 口汚ない言葉, げすロ, 品のない悪口, 毒舌: use ~ [*scurrilities*] 口汚なくののしる, げす口をきく. 〖(1508) □ F *scurrilité* // L *scurrilitātem* buffoonery: ⇨ -ity〗

scur·ril·ous /skə́ːrələs | skʌ́rɪ-/ *adj.* 〈人・言葉が〉下卑た, 下品な (indecent, vulgar), 口汚ない (abusive); 口汚ない言葉を使う: ~ language 下卑た言葉 / a ~ jest [attack] 下品な冗談[口汚ない悪口]. **~·ly** *adv.* **~·ness** *n.* 〖(1576) ← SCURRILE+-OUS〗

scur·ry /skə́ːri | skʌ́ri/ *vi.* **1 a** (小刻みな速足で)あわてて走る, ちょこちょこ走る, 急ぐ (scamper) 〈*away, off*〉. **b** あわてて走る 〈*to do*〉. **2** 〈花・雪などが〉乱れ舞う. ― *vt.* あわてさせる, 急がせる. ― *n.* **1** ちょこちょこ走り, 急ぎ足 (scamper). **2 a** 短距離競馬[競走]. **b** 〖馬術〗 障害タイムレース. **3** あわてふためき, 大急ぎ (bustle, hurry) (cf. hurry-scurry). **4** にわか雨 (shower); にわか雪: a ~ of rain [snow]. 〖(1580) (1810) 《略》 ? ← HURRY-SCURRY〗

S cùrve *n.* S 字状のカーブ. 〖1839〗

scur·vied /skə́ːvid | skə́ː-/ *adj.* 〖病理〗 壊血病にかかった. 〖(1856): ⇨ ↓, -ed〗

scur·vy /skə́ːvi | skə́ː-/ *n.* 〖病理〗 壊血病. ― *adj.* (**scur·vi·er**; **-vi·est**) **1** 卑しい, 下劣な, 卑劣な, あさましい (low, mean): a ~ trick, fellow, etc. **2** 《廃》 = scurfy. **scúr·vi·ly** /-vəli/ *adv.* **scúr·vi·ness** *n.* 〖(?*a*1425) ← SCURF+-Y⁴〗

scúrvy gràss [**wèed**] *n.* 〖植物〗 **1 a** トモシリソウ (*Cochlearia officinalis*) 《アブラナ科のワサビダイコンに似た多年草; 壊血病に特効があるとされる》. **b** それと同族の植物の総称. **2** ハマヒルガオ (⇨ sea bells). 〖*a*1597〗

scut¹ /skʌ́t/ *n.* (ウサギ・シカなどの)短い尾. 〖(?*a*1300) (1530) *scut(te)* hare ← ?〗

scut² /skʌ́t/ *n.* 《俗》 下劣な人, げす. 〖(1873) 《変形》 ← ME *scoute* ← ? ON: cf. scout²〗

scuta *n.* scutum の複数形.

scu·tage /skjúːtɪdʒ | -tɪdʒ/ *n.* (封建制度における)軍役代納金, 兵役[賦役]免除税. 〖(*c*1460) □ ML *scūtāgium*: ⇨ scutum, -age〗

scu·tal /skjúːtl | -tl/ *adj.* 盾板(じゅんばん) (scutum) の. 〖(1857) ← SCUT(UM)+-AL¹〗

Scu·ta·ri /skúːtəri | skuːtəri, skutɑ́ːri/ *n.* スクタリ: **1** Üsküdar の旧名. **2** /*It.* skúːtari/ Shkodër のイタリア語名.

Scutari, Lake *n.* スクタリ湖 《アルバニア北西部とユーゴスラビアの間にある景色の美しい湖; 面積 370 km²》.

scu·tate /skjúːteɪt/ *adj.* **1** 〖動物〗 盾(たて)状の鱗(うろこ)のある, 鱗甲(りんこう)[大鱗(うろこ)]のある. **2** 〖植物〗 〈葉が〉円盾(えんじゅん)状の (cf. peltate). **scu·ta·tion** /skjuːtéɪʃən/ *n.* 〖(1826) □ ML *scūtātus* ← *scūtum*: ⇨ scutum, -ate²〗

scu·tat·ed /skjúːteɪtɪd | -tɪd/ *adj.* =scutate. 〖1802〗

scutch /skʌ́tʃ/ *vt.* **1** 《英》 〈綿を〉打ってよく開かせる. **2** 打って〈麻・亜麻など〉の木質部を取り除く (swingle). ― *n.* **1** =scutcher 1. **2** (つるはし状の頭をもった)れんが用ハンマー. 〖(1611) □ OF **escoucher* 《変形》 ← *escousser* < VL **excussāre* ← L *excutere* ← EX-¹+*quatere* to shake〗

scutch·eon /skʌ́tʃən/ *n.* **1** 〖紋章〗 =escutcheon 1. **2** 忌中紋章 (hatchment). **3** 〖動物〗 =scute 1. 〖(1348) 《頭音消失》 ← ESCUTCHEON〗

scútch·er *n.* **1** 打綿機, 綿打ち機; 麻打ち機, スカッチャー. **2** 綿・麻などを打つ人. 〖1611〗

scútch gràss *n.* 〖植物〗 **1** =Bermuda grass. **2** =couch grass.

scute /skjúːt, skúːt/ *n.* **1** 〖動物〗 (アルマジロ・センザンコウなどの)鱗甲(りんこう); 大鱗(うろこ) (large scale) (cf. scutellum 2). **2** 鱗状の組織[構造]. **3** (昆虫の)盾板(じゅんばん)(たてばん). **4** 《古》 値打ちの少ない硬貨. 〖(*a*1400) □ L *scūtum* 'SCUTUM'〗

scutella *n.* scutellum の複数形.

scu·tel·lar /skjuːtélə, skuː- | -lə^(r)/ *adj.* **1** scutellum の[に関する]. **2** scutellum のある. 〖(1826): ⇨ scutellum, -ar¹〗

scu·tel·late /skjuːtéleɪt, skuː-, skjúːtəlèɪt | skjuːtélɪt, skuː-, skjúːtəlèɪt/ *adj.* **1** 円盾(えんじゅん)形の. **2** 〖動物〗 〈鳥の足など〉鱗甲(りんこう) (scutes) をもった; 大鱗(うろこ)のある; 角質鱗片の. **3** 〖昆虫〗 小盾板(じゅんばん)状の. 〖(1785) ← NL *scutellātus*: ⇨ scutellum, -ate²〗

scu·tel·lat·ed /skjúːtəleɪtɪd, skúː- | -təleɪtɪd/ *adj.* 〖動物・昆虫〗 =scutellate 2, 3. 〖(1729): ⇨ ↑, -ed〗

scu·tel·la·tion /skjùːtəléɪʃən, skuː- | -tə-/ *n.* 〖動物〗 盾(たて)状形成; (鳥の足などの)鱗(りん)片の配列. 〖(1872) ← SCUTELLATE+-ATION〗

scu·tel·li·form /skjuːtéləfɔ̀ːm, skuː- | -lɪfɔ̀ːm/ *adj.* 〖生物〗 盾(たて)状の. 〖(1826): ⇨ ↓, -form〗

scu·tel·lum /skjuːtéləm, skuː-/ *n.* (*pl.* **-tel·la** /-lə/) **1** 〖植物〗 胚(はい)盤 《イネ科特有の胚の器官》. **2** 〖動物〗 小鱗(りん)片 (cf. scute 1); (鳥の足の)角質鱗片. **3** 〖昆虫〗 小盾板(じゅんばん) 《有翅類の昆虫の胸背板の一部; cf. scutum 3》. 〖(1760) □ L *scūtellum* (dim.) ← *scūtum*: ⇨ scutum〗

scu·ti·form /skjúːtəfɔ̀ːm, skuː- | -tɪfɔ̀ːm/ *adj.* 盾(たて)状の (shieldshaped). 〖(1656) ← NL *scūtiformis*: ⇨ scutum, -form〗

scu·ti·ger /skjúːtədʒə | -tɪdʒə^(r)/ *n.* 〖動物〗 モトゲジ (ヨーロッパにいるゲジ科モトゲジ属 (*Scutigera*) の節足動物の総称; モトゲジ (*S. coleoptrata*) など). 〖(1839) ← NL ~ ← *scūti-* (↑)+*-ger* bearing〗

scut·ter /skʌ́tə | -tə^(r)/ *vi.* 《英》 あわてて駆ける, ちょこちょこ走る, 疾走する (scuttle, scurry). ― *n.* **1** 《英》 あわてて駆けること, 疾走. **2** 《方言》 (優秀・悪事などで)目立つもの. 〖(1781) 《変形》 ? ← SCUTTLE¹〗

scut·tle¹ /skʌ́tl | -tl/ *vi.* 急いで行く (hurry along), あわてて走る (scurry): ~ *away* [*off*] 逃げ去る, ほうほうの体で逃げる. ― *n.* **1** 急ぎ足, 早足; 急ぎの出発[逃亡]. **2** あわててちょこちょこ走ること, 小走り. 〖(*c*1475) ← ? *scot*, *scut* 'SCUT'〗

scut·tle² /skʌ́tl | -tl/ *vt.* **1 a** 〈計画・企てなどを〉やめる, 手放す (abandon): He was compelled to ~ his laissez-faire principles. 長年の放任主義を放棄せざるを得なかった. **b** 〈計画などを〉だめにする, めちゃめちゃにする (destroy). **2 a** (沈没させる目的で)〈船〉の底[甲板, 側]に穴をあける; (敵に利用されないように)穴をあけて〈船を〉沈没させる. **b** (船荷を救助するために)〈船〉の甲板に穴をあける. ― *n.* **1** 〖海事〗 (甲板の)小型の昇降口(の戸); (舷側(げんそく)や甲板の)天窓, 丸窓, 明かり採り, 舷窓(の戸); (特に, 船荷を救助するための)船底または船側の小穴. **2** (屋根や天井に取り付けた)ふた付きの天窓; 天窓のふた. **3** 《英》 〖自動車〗 スカットル 《エンジンルームと車室との仕切りをする》. 〖(1497) *skottell* □ OF *escoutile* hatchway □ Sp. *escotilla* (dim.) ← *escota* ← *escotar* to cut out a hole ← ? Gmc (Frank.)〗

scut·tle³ /skʌ́tl | -tl/ *n.* **1** (室内用)石炭入れ 《半円形の取手のついた石炭を運ぶ金属製のバケツ; coal scuttle ともいう》. **2** (穀物・野菜・花などを運ぶ)浅い大きなかご. 〖(lateOE) (1366-67) *scutel* dish □ L *scutella* salver (dim.) ← *scutra* tray〗

scúttle·bùtt *n.* **1** 《米口語》 うわさ (rumor, gossip). **2** 〖海事〗 **a** (甲板上にある)飲用水小出し用の水樽. **b** (船の乗組員が使用する)飲用噴水. 〖1805〗

scúttle-càsk *n.* 〖海事〗 =scuttlebutt 2 a. 〖1803〗

scu·tum /skjúːtəm | -təm/ *n.* (*pl.* **scu·ta** /-tə | -tə/) **1** (古代ローマの)長方形[小判形]の盾. **2** 〖動物〗 鱗甲(りんこう) (scute). **3** 〖昆虫〗 (昆虫の胸や背を覆う)盾板(じゅんばん) (cf. scutellum 3). **4** [S-] 〖天文〗 たて(盾)座 《小さく非常に明るい星雲を含む南天の星座; the Shield ともいう》. 〖(1771) □ L *scūtum* (leather) shield ← IE *skei-* to cut: cog. OE *hȳd* 'skin, HIDE¹'〗

scút·wòrk *n.* 《米口語》 おきまりのつまらない仕事, いやな仕事. 〖(1972): *scut*: ← ?: cf. scut²〗

scuz *n.* 《俗》 =scuzz.

scuzz /skʌ́z/ 《俗》 *n.* **1** むかつく[きたない]もの; いやなやつ, いかさない若い女. **2** マリファナ. ― *adj.* =scuzzy. ― *vt.* [次の成句で]: ***scúzz óut*** 〈人〉にむかつく思いをさせる, うんざりさせる, いやがらせる.

scúzz·bàg *n.* 《米俗》 さもしいやつ, 嫌なやつ (scuzzball, scuzzbucket ともいう). 〖1986〗

scuz·zy /skʌ́zi/ *adj.* 《米俗》 汚れていて不快な, むさくるしい. 〖(1968) 《混成》 ? ← SCUMMY+FUZZY〗

scye·lite /sáɪlaɪt/ *n.* 〖岩石〗 ロッシェ岩 《角閃石黒雲母橄欖(かんらん)岩》. 〖(1885) ← *Scye* (Caithness にある湖の名)+-LITE〗

Scyl·la /sílə/ *n.* **1** スキラ 《Sicily 島とイタリア本土の間, Messina 海峡にある岩; その前方に有名な渦巻 Charybdis がある; この海峡を通る船が渦巻の難を逃れようとして岩に近づくと, ここに住む犬のようにほえる 6 頭の女怪物のえじきになったという; cf. Homer, *Odyssey* 12》. **2** 〖ギリシャ・ローマ神話〗 スキュラ 《海神 Glaucus に愛されたニンフ; Circe によって怪物の姿に変えられ, Messina 海峡に身を投じた》. ***between Scýlla and Charýbdis*** 進退きわまって (between the devil and the deep (blue) sea). 〖1651〗 〖(*c*1520) □ L ~ □ Gk *Skúlla* 《原義》? the tearing one〗

scyph- /saɪf/ (母音の前にくるときの) scypho- の異形.

scy·phate /sáɪfeɪt/ *adj.* 茶わん状の (cup-shaped). 〖← SCYPHO-+-ATE²〗

scyphi *n.* scyphus の複数形.

scy·phi- /sáɪfɪ, -fi/ scypho- の異形.

scy·phi·form /sáɪfəfɔ̀ːm | -fɪfɔ̀ːm/ *adj.* 〖植物〗 杯状の. 〖(1871) ← SCYPHO-+-FORM〗

scy·phis·to·ma /saɪfístəmə/ *n.* (*pl.* **-to·mae** /-mìː/, ~**s**) 〖動物〗 スキフィストマ 《腔腸動物, 鉢水母(はちくらげ)類の幼生》. 〖(1878) ← NL ~: ⇨ scypho-, -stoma¹〗

scy·pho- /sáɪfoʊ | -fəʊ/ 「杯 (cup), 大杯 (scyphus)」の意の連結形. ★ 時に scyphi- また母音の前では通例 scyph- になる. 〖← SCYPHUS〗

Scỳpho·medúsae *n. pl.* 〖動物〗 =Scyphozoa. 〖(1881) ← NL ← SCYPHO-+*medusae* ((pl.) ← *medusa* 'MEDUSA')〗

Scy·pho·zo·a /sàɪfəzóʊə | -zə́ʊə/ *n. pl.* 〖動物〗 (腔腸動物門)鉢水母(はちくらげ)綱. 〖← NL ~: ⇨ scypho-, -zoa〗

scy·pho·zo·an /sàɪfəzóʊən | -zə́ʊ-/ *n.* (腔腸動物門)鉢水母(はちくらげ)綱の動物. ― *adj.* 鉢水母綱の[に属する]. 〖(1892): ⇨ ↑, -an¹〗

scy·phus /sáɪfəs/ *n.* (*pl.* **scy·phi** /-faɪ/) **1** スキュフォス 《古代ギリシャの 2 本の取っ手のついた大杯》. **2** 〖植物〗 (地衣体などの)杯状部. 〖(1777) ← NL ~ ← Gk *skúphos* cup〗

Scy·ros /sáɪrəs | sáɪər-/ *n.* =Skyros.

scyt- /saɪt/ (母音の前にくるときの) scyto- の異形.

scythe /sáɪð/ *n.* **1** (長柄の)大鎌 《中世には主に武器, 一般には草刈り用などの農具; 死神の持ち物とされる》. **2** 戦車鎌 《古代の戦車の車軸につけた鎌》. ― *vt.* 草刈り鎌[大鎌]で刈る. 〖OE *sīþe* < Gmc **sezīþō* (G *Sense*) ← IE **sek-* to cut (L *secāre*: ⇨ section): 今の *sc-* は L *scindere* to cut との連想〗

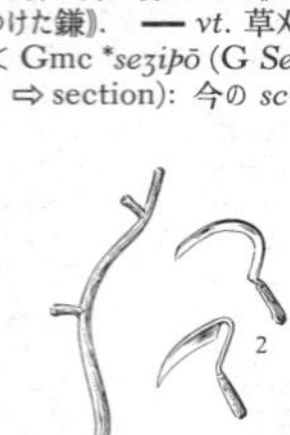

scythe 1
1 scythe
2 sickles

scýthe·stòne *n.* 大鎌用砥石. 〖1688〗

Scyth·i·a /síθiə, síð- | síð-, síθ-/ *n.* スキタイ 《黒海とカスピ海の北東部にあった地方》. 〖□ L ~ □ Gk *Skuthía* ← *Skúthēs* Scythian ← ? Pers. *akhšaēna-* of a dull complexion〗

Scyth·i·an /síθiən, síð- | síð-, síθ-/ *adj.* **1** スキタイ (Scythia) の. **2** スキタイ人の. **3** スキタイ語の. ― *n.* **1** スキタイ人. **2** スキタイ語 《死滅したイラン語派の一つ》. 〖(1543): ⇨ ↑, -ian〗

Scýthian lámb *n.* 〖植物〗 タカワラビ (*Cibotium barometz*) 《熱帯アジア原産の木性シダの一種; 根茎には毛が密生し子羊 (lamb) を思わせる; 芽に生える軟毛を外傷の止血用に用いる》. 〖1659〗

scy·to- /sáɪtoʊ, -tə | -təʊ/ 「皮膚 (skin), 外皮 (leather)」の意の連結形. ★ 母音の前では通例 scyt- に

なる. 〖← NL ～ ← Gk *skûtos* 'HIDE[1]'〗

sd《略》said; sewed; sound.

sd《記号》Sudan《URL ドメイン名》.

SD《略》Diploma in Statistics; *L.* Scientiae Doctor (＝Doctor of Science);〚海上保険〛sea damaged; Senior Deacon; service dress; sight draft; South Dakota; special delivery; special duty; stage direction; standard deviation; standard displacement; State Department;〚軍事〛submarine detector; supply department; supply depot;〚自動車国籍表示〛Swaziland.

S/D《略》sight draft.

s.d.《略》safe deposit; same date; semi-detached; semi-diameter; semi-double; several dates; *L.* sine die (＝without date).

SDA《略》Scottish Development Agency; severe disablement allowance; Seventh Day Adventist; Sex Discrimination Act; specific dynamic action; Students for Democratic Action.

S. Dak.《略》South Dakota.

'sdeath /zdέθ/ *int.*《廃》畜生, いまいましい, しまった, おやおや《怒り・驚き・決心などを表す》. 〖《1606》《略》← *God's death*〗

SDF《略》Social Democratic Federation (英国の)社会民主連盟. 〖1893〗

SDI《略》selective dissemination of information; strategic defence initiative.

SDLP /ésdì:èlpí:/《略》Social Democratic and Labour Party.

SDP /ésdì:pí:/《略》Social Democratic Party. 〖1908〗

SDR《略》Special Drawing Rights. 〖1972〗

SDRs《略》Special Drawing Rights. 〖1967〗

SDS《略》《米》Students for a Democratic Society 民主社会学生連盟. 〖1961〗

se《記号》Sweden《URL ドメイン名》.

Se《記号》〚化学〛selenium.

SE /ésí:/《略》southeast; southeastern. ★ southeast, southeastern とも読む.

S/E, SE《略》Stock Exchange. 〖1927〗

s.e.《略》single end; single-ended; single engine; single entry; straight edge.

se- /sɪ, sɛ/ *pref.*「離して, 別に (apart); なくして, …のない (without)」の意: *se*duce, *se*gregate, *se*parate. 〖⇨ L *sē-* ← *sē, sēd* (prep., adv.) without, apart〗

sea /sí:/ *n.* **1** [the ～] 海; 海洋, 大洋 (ocean); 海の特定の部分: … above *the* ～ 海抜… / beyond [over, across] *the* ～ [～*s*] 海を渡って, 海外に[へ], 国外で / from over *the* ～ 海外から / (live) by [beside] *the* ～ 海岸(近く)に[海辺に](住む) / on *the* ～ 海に浮かんで, 船に乗って; 海に臨んで / swim in *the* ～ 海で泳ぐ / at the bottom of *the* ～ 海底に / go (down) to *the* ～ 海岸へ行く / an arm of *the* ～ 入江, 入海 / the command of *the* ～(*s*) 制海権 / the freedom of *the* ～(*s*) 海洋の自由 / the mistress of *the* ～ [～*s*] 海上の覇者, 最強海軍国 / ⇨ closed sea, four seas, high sea, open sea, seven seas, South Seas / Let's walk as far as *the* ～. 海岸まで歩こう / Praise *the* ～, but keep on land.《諺》「君子危きに近よらず」. **2** [S-; 固有名詞として] **a** (陸地によって囲まれている)…海 (cf. ocean): the North *Sea* / the Mediterranean *Sea* / the Adriatic *Sea* / the *Sea* of Azov. **b** (内陸の大きな)塩水湖: the Caspian *Sea* カスピ海 / the Dead *Sea* 死海. **c** (真水の)湖: the *Sea* of Galilee ガリラヤ湖. **3** (天候・風に関連しての)海面(の状態), 海; 波, 波浪, 潮流: a calm [stormy] ～ 穏やかな[荒れる]海 / a ～ like a looking glass [mirror, sheet of glass] 鏡のような海 / a high [rough, heavy] ～ 荒波, 激浪 / mountainous ～*s* 山のように高い波 / ⇨ full sea / ship a ～〈ボートなどが〉波を浴びる[かぶる] / How's the ～ today?＝What's the ～ like today? きょうは海(の状態)はどうだい / The ～ gets up [rises, goes down]. 波が立つ[静まる] / A high ～ is running.＝The ～ is running high. 波が高い. **4 a** (広がり・多量・波立ちなどで)海を思わせるもの. **b** (海のような)広がり; 山ほど, たくさん〔*of*〕(cf. world 8): a ～ [～*s*] *of* flame [blood] 火[血]の海 / a ～ *of* (upturned) faces (聴衆などの)無数の(上向いた)顔 / a ～ *of* difficulties 山なす困難 / take arms against a ～ *of* troubles 山なす難儀に立ち向かう (Shak., *Hamlet* 3. 1. 58). **c** (波立つ海を思わせる)荒波: in the ～*s* of time [life] 時[人生]の荒波の中に. **5** 海岸, 海浜 (seashore): enjoy one's summer vacation at [by] the ～ 海辺で夏休みを楽しむ. **6** [the ～] 水夫稼業, 水夫の海上生活: follow *the* ～ 船乗りを業とする, 船乗りになる / retire from *the* ～ 船乗り生活をやめる. **7**〚聖書〛(ユダヤ人神殿にあった真鍮(しんちゅう)製の)大洗盤 (cf. *1 Kings* 7:23). **8**〚天文〛(月面の)海 (⇨ mare[3]).

áll at séa ＝at SEA (2). ***at fúll séa***《廃》満潮で; 絶頂で. 《*a*1500》 ***at séa*** (1) 航海中で, 大洋に出て, 海上の[で] (cf. in PORT[1], on SHORE[1]): be buried *at* ～ 水葬にされる. 《*a*1325》 (2) [しばしば all at ～ として] どうしていいかわからないで; 五里霧中で, 途方に暮れて: He was *all at* ～ about [over] where to go. どこへ行っていいやら全く途方に暮れた / The complicated report left him *all at* ～. 錯綜した情報に彼は本当に困った. 《1768》 ***between the dévil and the déep blúe séa*** ⇨ devil 成句. ***beyónd (the) séa(s)*** (1) 海外に[へ]. (2) 領海外で[に]. 《OE》 ***by séa*** 海路で (by ship) (cf. by LAND[1], by AIR): by ～ and land 海陸から[で]. 《?*a*1200》 ***fárm the séa*** (海産物の)養殖を行う, 栽培漁業に従事する. ***gó (and) júmp in the séa*** [命令形で]《口語》黙りなさい, 出て行け. ***gó to séa*** (1)〈人が〉船乗りになる. (2)〈船・漁師が〉航海に出る, 出港する. 《?*a*1200》 ***hálf séas òver***《古・戯言》ほろ酔いで, 泥酔して. 《*a*1700》 ***kéep the séa*** (1) 制海権を保持する. (2)〈船が〉続航する; 陸を離れて[沖に]いる. 《*a*1338》 ***òut to séa*** 海[水平線]の方へ: look *out to* ～ 海のかなたへ目をやる. ***òver (the) séa(s)*** ＝*beyond (the)* SEA(*s*). 《OE》 ***pùt [stánd] (óut) to séa*** (1) 出帆する, 出港する. (2) 沖に出る. 《1375》 ***swéep the séas***〚海事〛(1) 敵を海上から一掃する. (2)〈船が〉海上を縦横に走る. ***táke the séa***《古》(1) 乗船する, 船に乗り組む. (2) 出帆する, 沖に出る. 《*c*1400》 ***when the séa gíves úp its déad*** よみがえりの日に (cf. *Rev.* 20:13). ***wish a person at the bóttom of the séa***〈人が〉海のもくずになればよいと思う;〈人を〉呪う,〈人が〉どこへでも行ってしまえばよいと思う. ***wórse [stránger] things háppen at séa***《口語・戯言》海の上ならもっとひどい事が起きる《この程度ですんでよかったね, と相手を慰める時に用いる》.

Séa of Japán [the —] 日本海.

— *adj.* [限定的] **1 a** 海の[に関する, にある]: ～ water 海水 / ～ smells 海のにおい / ～ air 海辺の空気, 海の空気. **b** 海上の, 海運の; 海で用いる: ～ traffic 海上交通 / ～ routes 海路, 航路 / a ～ chart 海図. **c** 海で起こる[で生ずる, によって作られる]: ～ clouds. **d** 海に住む: a ～ animal. **e** 海を描く[描写する]: a ～ poem, painter, etc. **2 a** 海辺に住む: *sea*-dwellers. **b** 海岸の[に生じる]: ～ bathing《英》海水浴. **3 a** 海軍の (naval): ～ forces 海軍部隊. **b** 船乗りの, 水夫の: ～ discipline. **c** 遠洋に適する (seagoing): ⇨ sea boat.

〖OE *sǣ* ＜ Gmc **saiwiz* (Du. *zee* / G *See*) ← ?〗

SEA《略》《米》Science and Education Administration (農務省の) 科学教育公団; Single European Act; Southeast Asia.

séa àcorn *n.*〚動物〛フジツボ (acorn barnacle).

séa ànchor *n.* **1**〚海事〛海錨(かいびょう)《荒天の際, 漂流を避けるため船首から投入して船首を風上に引き留めさせるキャンバス製の抵抗物; drogue ともいう》. **2**〚航空〛《着水中の水上機用》海錨. 〖1769〗

séa anèmone *n.*〚動物〛イソギンチャク《イソギンチャク目の腔腸動物の総称; seaflower ともいう; cf. anemone fish》. 〖1742〗

séa àngel *n.*〚魚類〛＝angelfish.

séa-àpe *n.* **1**〚魚類〛＝thresher 2. **2**〚動物〛＝sea otter. 〖1607〗

séa àster *n.*〚植物〛ハマシオン, ウラギク (*Aster tripolium*)《塩性湿地に生えるキク科の多年草》.

séa·bàg *n.* (船員が衣類などを入れる)筒状のズック袋, キャンバス製の袋. 〖1919〗

séa bànk *n.* **1** (海岸の)護岸壁, 海岸堤防 (seawall). **2** 海岸, (海岸の)砂丘 (dune). 〖1647〗

séa-bàrrow *n.*〚魚類〛サメ・エイ類の卵殻,「さめのかけまもり」.

séa bàss /-bæ̀s/ *n.*〚魚類〛スズキ科の海魚の総称《ハタ・スズキなど》; (特に) ＝black sea bass 1. 〖1765〗

séa·bèach *n.* 海辺, 浜辺. 〖1742〗

séa bèan *n.*〚植物〛モダマ (*Entada scandens*)《熱帯原産のマメ科の植物; 長大なさやの中にある大きなチョコレート色の堅い豆は装飾用, 茎から漁網用などの繊維をとる》. 〖1696〗

séa bèar *n.*〚動物〛**1** オットセイ (fur seal). **2** ホッキョクグマ (polar bear). 〖《1: 1771; 2: 1829》〗

séa·bèd *n.* [the ～] 海底. 〖1637〗

Sea·bee /sí:bì:/ *n.* (米国海軍)設営部隊員; [the ～s] (米国海軍)設営部隊《戦闘地域における飛行場・上陸施設などの建設にあてるため, 1941 年米国海軍が民間土木義勇隊の一支隊として組織したもの》. 〖《1942》← c.b. (頭字語) ← *c*(*onstruction*) *b*(*attalion*)〗

séa bèet *n.*〚植物〛ハマフダンソウ《ヨーロッパの海岸地帯に自生する多年草で, 栽培植物のビート (*Beta vulgaris*) の野生型》.

séa bèlls *n.* (*pl.* ～)〚植物〛ハマヒルガオ (*Calystegia soldanella*)《scurvy grass ともいう》. 〖1597〗

séa bèlt *n.*〚植物〛帯状にのびたコンブなどの類の海藻 (*Laminaria saccharina*). 〖1548〗

séa·bìrd *n.*〚鳥類〛海鳥《アホウドリ, カモメ, ウミツバメ (petrel), ミズナギドリ (shearwater) など》. 〖1589〗

séa bìscuit *n.* **1** 船用堅パン《暴風がひどくて料理を作れない時などに支給するビスケット》. **2**〚動物〛＝heart urchin. 〖1680–90〗

séa blìte *n.*〚植物〛アカザ科マツナ属 (*Suaeda*) の塩生植物の総称; (特に)ハママツナ (*S. maritima*)《葉は食用になる》.

séa blùbber *n.*〚動物〛＝jellyfish 1. 〖1683–84〗

séa·bòard *n.* **1** 海岸, 海辺 (seashore); 海岸線: on ～ 海岸の, 海に臨んで. **2** 海岸地方, 沿海地. ★ 米国では, 東部海岸を the Eastern Seaboard, 西海岸を the West Coast という (cf. coast *n.* 1 c). — *adj.* [限定的] 海に臨んだ, 海岸の. 〖《*c*1400) 1788〗

séa bòat *n.* **1** 外洋航行船, 航洋船 (cf. coaster 2, river boat); (一定の)耐波性をもった船: a good [bad] ～ 耐波性の大きい[小さい]船; 乗心地のよい[悪い]船. **2** (海上で用いる)救急船(ボート). 〖1725〗

séa·bòot *n.* (水夫・漁夫の用いる)背の高いゴム長靴. 〖1851〗

Sea·borg /sí:bɔəg | -bɔ:g/, **Glenn T(heodore)** *n.* シーボーグ《1912–99; 米国の化学者; 超ウラン元素の権威, 原子力委員会委員長 (1961–71); Nobel 化学賞 (1951)》.

sea·bor·gi·um /si:bɔ́əgiəm | -bɔ́:-/ *n.*〚化学〛シーボーギウム《カリホルニウム 249 に酸素 18 のイオンを照射するなどしてつくられた人工放射性元素; 原子番号 106; 1974 年に米国で発見された; 記号 Sg》. 〖↑〗

séa-bòrn *adj.*《詩》**1**〈水の精など〉海から生まれた: the ～ goddess 海から生まれた女神《Aphrodite あるいは Venus のこと》. **2**〈岩礁など〉海から生じた: the ～ city 海から生まれた都市《Venice のこと》. 〖*a*1593〗

séa·bòrne *adj* **1** 船で運ばれた (cf. airborne); 海を渡ってくる: ～ articles [goods] 舶来品[貨物] / ～ coal＝sea coal. **2** 海上輸送の: ～ trade. 〖1823〗

séa bòttom *n.* [the ～]《米》海底.

séa·bòund[1] *adj.* 海で囲まれた, 環海の. 〖《1636》← BOUND[1]〗

séa·bòund[2] *adj.* 海に向かう, 海行きの. 〖《1839–52》← BOUND[2]〗

séa brèach *n.* **1** (岸壁など)海岸線の決壊. **2** 破壊力をもつ大波. 〖*c*1610〗

séa brèad *n.* ＝sea biscuit. 〖1834〗

séa brèam *n.*〚魚類〛スズキ亜目の海に生息する数種の魚類の総称. **a** タイ科の各種の食用魚; (特に)米国大西洋岸産のタイ科アメリカチヌ属の魚の一種 (*Archosargus rhombidalis*). **b** ＝pomfret 1; シマガツオ科の魚の総称. 〖1530〗

séa brèeze *n.*〚海事・気象〛海風《海側から陸側へ吹いて来るそよ風; 一日中では昼間に吹く; cf. land breeze》. 〖1697〗

séa bùckthorn *n.*〚植物〛ヒッポファエ ラムノイデス (*Hippophaë rhamnoides*)《欧州・アジア産のグミの一種》.

séa bùtterfly *n.*〚動物〛翼足類 (pteropod).

SEAC /ésì:èisí:, sí:æk/《略》School Examinations and Assessment Council.

séa càbbage *n.*〚植物〛**1** ＝sea kale. **2** キャベツの原種 (*Brassica oleracea*)《ヨーロッパ原産のアブラナ科の海浜植物; キャベツ・カリフラワー・ブロッコリーなどはこの栽培品種》. 〖1731〗

séa càlf *n.*〚動物〛ゴマフアザラシ (harbor seal). 〖*a*1387〗

séa càmpion *n.*〚植物〛ハマベマンテマ (*Silene maritima*)《ヨーロッパ原産の青灰色の葉と白い花をつけるナデシコ科の多年草》. 〖1597〗

séa canàry *n.*〚動物〛シロイルカ (beluga). 〖鳴き声が似ているところから〗

séa càptain *n.* (現役または退役の商船の)船長, 艦長. 〖1612〗

séa càt *n.* **1**〚動物〛**a** オットセイ (fur seal). **b** ゴマフアザラシ (harbor seal). **2**〚魚類〛**a** ＝weever. **b** ＝wolffish. 〖《1601》: cf. F *chat de mer*〗

Séa Càt *n.*〚商標〛シーキャット《短距離(カー)フェリーに用いられる大型高速双胴船》.

séa chànge *n.* **1** (人の態度・行動にみられる)著しい様変わり, 大変化: undergo a ～ 面目を一新する. **2**《古》海の力による変化: suffer a ～ 海の力で変えられる (cf. Shak., *Tempest* 1. 2. 400). 〖1611〗

séa chèst *n.*〚海事〛**1** (水夫の)衣服箱, 小型の長持 (cf. chest 2 d). **2** 海水箱《海水取入口の保護箱》. 〖1669〗

séa chèstnut *n.*〚動物〛ウニ (sea urchin)《棘皮(きょくひ)動物 ウニ綱に属する種類の総称》. 〖1666〗

séa chùb *n.*〚魚類〛大西洋の熱帯海域にすむイスズミ科の魚 (*Kyphosus sectatrix*). 〖1668〗

séa-clòth *n.*〚劇場〛舞台で波を表すのに用いる布. 〖*c*1578〗

séa còal *n.*《古》石炭《炭鉱のないイングランド南部地方で Newcastle から船で運ばれて来た石炭 (seaborne coal) を木炭 (charcoal) と区別して呼んだ名. 〖《lateOE》《1227》*secole* (⇨ sea, coal): cf. OE *sǣcol* jet〗

séa·còast *n.* 海岸, 沿岸. 〖?*a*1300〗

séa·còck *n.*〚海事〛(船外の海水に通じる管の)海水コック, 海水弁. 〖1855〗

séa còconut *n.*〚植物〛オオミヤシ, ウミヤシ (*Lodoicea callipyge*)《インド洋の Seychelles 諸島に産するヤシ; 果実は巨大で 22 kg におよび, 中に 3–4 個の大種子がある; これが熟するには 10 年, 発芽には 3 年を要する; 木は sea coco, 果実は double coconut ともいう》. 〖1850〗

séa còok *n.*《俗》船のコックさん. ★ 通例 son of a sea cook の句で, 船乗りでないのに俺は船乗りだと自慢する人を軽蔑的にいう. 〖1706〗

séa còw *n.*〚動物〛**1** カイギュウ(海牛)《ジュゴン (dugong) など海生哺乳動物の総称; cf. manatee》; (特に)ステラーカイギュウ (Steller's sea cow). **2**《古》セイウチ (walrus). **3** カバ (hippopotamus). 〖1613〗

séa cràdle *n.*〚貝類〛＝chiton 2.

séa cràyfish [cràwfish] *n.*〚動物〛＝spiny lobster. 〖1748〗

séa cròw *n.*〚鳥類〛**1** ベニバシガラス (chough). **2** ＝cormorant 1. **3** ユリカモメ (black-headed gull). **4** ウミスズメ (auk). **5** トウゾクカモメ (skua). 〖1579〗

séa cùcumber *n.*〚動物〛ナマコ《棘皮(きょくひ)動物門ナマコ綱の動物の総称》. 〖1601〗

séa·cùlture *n.* 海面増養殖.

séa dàhlia *n.*〚植物〛北米西部原産のキク科ハルシャギク属 (*Coreopsis*) の植物の総称.

séa dàisy *n.*〚動物〛棘皮(きょくひ)動物の一種 (*Xyloplax medusiformis*)《周辺に棘(とげ)があり, 体は小型円盤形》.

Séa Dàyak [Dyàk] *n.* 海ダヤク族 (＝Iban).

séa dèvil *n.*〚魚類〛＝devilfish 1. 〖1634〗

séa·dòg *n.*〚気象〛霧虹 (fogbow)《太陽や月と反対側で, 霧にできる白っぽい円弧》. 〖1825–80〗

séa dòg *n.* **1**《文語・戯言》老練な船乗り: an old ～. **2** 海賊; 私掠(しりゃく)船長 (privateer). **3**〚動物〛＝harbor seal. **4** (悪天候の予兆とされる)地平線近くの明かり. 〖1598〗

séa dràgon *n.*〚魚類〛ミツマタヤリウオ科の魚類の総称. 〖1551〗

sea·drome /sí:dròum | -drəum/ *n.*〚航空〛(中継用ま

S

たは緊急着陸用の)水上浮遊空港. 〖(1923)← SEA＋-DROME〗

séa dùck *n.* 〔鳥類〕ウミガモ《スズガモ (scaup duck), クロガモ (scoter), ホオジロガモ (goldeneye) などを含む, 潜水性がある海鳥の総称; 特に, ケワタガモ (eider)》. 〖1753〗

séa èagle *n.* 〔鳥類〕魚を常食とするオジロワシ属 (*Haliaeëtus*) の数種の大ワシの総称《オジロワシ (white-tailed sea eagle) など》. 〖1668〗

séa-èar *n.* 〔貝類〕アワビ (abalone, ormer). 〖1681〗

séa ègg *n.* ウニ (sea urchin).

séa èlephant *n.* 〔動物〕ゾウアザラシ (elephant seal). 〖1601〗

séa fàn *n.* 〔動物〕腔腸動物花虫綱八放サンゴ亜綱ヤギ目の動物; (特に)《フロリダや西インド諸島産の》ウミウチワ (*Gorgonia flabellum*). 〖*c*1633〗

séa·fàrer *n.* **1** 船乗り (sailor). **2** 海上旅行者. 〖(1513)← SEA＋FARER: cf. G *Seefahrer*〗

séa·fàring *adj.* **1** 海上旅行の. **2** 船乗り業の, 船乗りの: a ~ life 船乗り生活 / a ~ man 船乗り. — *n.* **1** 海上旅行. **2** 船乗り稼業[生活]. 〖adj.: (?*a*1200); n.: (1592)〗

séa fàrming *n.* 海中植物栽培, 海中動物養殖 (mariculture). 〖1962〗

séa fèather *n.* 〔動物〕ヤギ目の数種の腔腸動物の総称《からだが羽状になっている》; (特に)ウミエラ (sea pen). 〖1624〗

séa fènnel *n.* 〔植物〕＝samphire 1. 〖1731〗

séa fìght *n.* 海戦. 〖1600〗

séa fìre *n.* 《夜光虫などの発光による》不知火(しらぬい). 〖1814〗

séa·fìsh *n.* 海魚. 〖OE〗

séa·flòor *n.* [the ~] 海底 (seabed). 〖1855〗

séafloor spréading *n.* 〔地球物理〕海洋底拡大 (ocean floor spreading)《大洋地殻が海嶺で誕生し海溝で消滅する》. 〖1961〗

séa·flòwer *n.* 〔動物〕イソギンチャク (sea anemone). 〖1805〗

séa fòam *n.* **1** 海の泡. 〖*a*1325〗 **2** 〔鉱物〕海泡石 (sepiolite, meerschaum). 〖(1837)《なぞり》← G *Meerschaum*〗

séa fòg *n.* 〔気象〕海霧《海上で発生する霧》. 〖1796〗

séa·fòod *n.* 海産食物《食用の魚類・貝類など》. 〖1836〗

séa·fòwl *n.* (*pl.* ~, ~s) 海鳥 (sea bird) (cf. waterfowl). 〖1340〗

séa fòx *n.* 〔魚類〕＝thresher 2. 〖1591〗

séa frèt *n.* 《海上から陸上へくる》霧, もや (sea fog). 〖1842〗

séa·frònt *n.* 《都市の》海岸通り, 臨海地区. 〖1879〗

séa gàte *n.* **1** 海へ出る水門[水路]. **2** 波よけの門, 海門. 〖1861〗

séa gàuge *n.* 〔海事〕**1** 《船の》喫水. **2** 《水圧による》測深器. 〖1751〗

séa·gìrt *adj.* 《詩》海に囲まれた, 環海の. 〖1621〗

séa-gòd *n.* 海神 (cf. Neptune). 〖1565〗

séa·gòing *adj.* **1 a** 〈船が〉《川・湾内と区別して》遠洋航海に適する, 《遠洋》航海用の, 航洋性のある: a ~ vessel 航海船 (cf. coaster 2). **b** 《遠洋》航海船に適する[用いられる]: a ~ chronometer. **2** 航海を業とする (seafaring): a ~ fisherman 遠洋漁業者. **3** 〈魚が〉《産卵のため》海へ降る (catadromous). 〖1829〗

séa gòoseberry *n.* 〔動物〕有櫛動物有触手綱テマリクラゲ属 (*Pleurobrachia*) の動物の総称.

séa gòwn *n.* 《廃》船乗りの用いた長い上着 (cf. Shak., *Hamlet* 5. 2. 13). 〖1600–1〗

séa gràpe *n.* **1** 〔植物〕ホンダワラ (gulfweed). **2** 〔植物〕ハマベブドウ (*Coccoloba uvifera*)《紫のブドウ状食用果実をつける熱帯アメリカ産低木》. **3** [*pl.*] 〔魚類〕ヤリイカ類の卵. 〖1578〗

séa gràss *n.* 海辺[海中]の植物, (特に) アマモ (eelgrass). 〖(1578): cf. G. *Seegras, Meergras*〗

séa-gréen *adj.* 海緑色の. 〖1603〗

séa gréen *n.* 海緑色《浅海の砂底の色》. 〖1598〗

sea·gull /síːgʌ̀l/ *n.* **1** 〔鳥類〕海カモメ; カモメ (gull). **2** 《俗》《水夫相手の》港の女, 売春婦. **3** 《豪口語》非組合員港湾労働者. 〖1542〗

séa hàre *n.* 〔動物〕アメフラシ《無楯類アメフラシ科の軟体動物の総称; オオシュウアメフラシ (*Aplysia depilans*) など》. 〖1593〗

séa hàwk *n.* 〔鳥類〕トウゾクカモメ (jaeger, skua). 〖1655〗

séa hèath *n.* 〔植物〕フランケニア ラエビス (*Frankenia laevis*)《ユーラシアの温帯, 亜熱帯の海浜に生えるフランケニア科のヒースのように見える多年草》.

séa hèdgehog *n.* **1** 〔動物〕ウニ (sea urchin). **2** 〔魚類〕**a** フグ (globefish). **b** ハリセンボン (porcupine fish). 〖1602〗

séa hòg *n.* 〔動物〕イルカ (porpoise). 〖1580〗

séa hòlly *n.* 〔動物〕**1** セリ科ヒゴタイサイコ属のヨーロッパ原産の多年草 (*Eryngium maritimum*)《深緑色で匍匐(ほふく)枝を生じ, 高さ 50–80 cm; 昔, 催淫剤とした》. **2** ハアザミ (*Acanthus mollis*) (acanthus). 〖1548〗

séa hóllyhock *n.* 〔植物〕アメリカフヨウ (*Hibiscus moscheutos*)《アオイ科フヨウ属の植物; rose mallow ともいう》.

séa hòrse *n.* **1** 〔魚類〕タツノオトシゴ《タツノオトシゴ属 (*Hippocampus*) の魚類の総称》. **2** 〔動物〕セイウチ (walrus). **3** 〔ギリシャ神話〕海馬《海神の車を引く馬頭魚尾の怪獣》. 〖*c*1475〗

séa ìce *n.* 〔海洋〕海氷.

séa ìsland cótton, S- I- c /síː-/ *n.* 〔植物〕カイトウメン(海島綿)《*Gossypium barbadense* から採る長繊維で最良質の綿花; Sea Islands 原産および主産; 単に sea island ともいう》; cf. Egyptian cotton, Pima cotton, upland cotton》. 〖1805〗

Séa Íslands /síː-/ *n. pl.* [the ~] シー諸島《米国 South Carolina 州, Georgia 州, Florida 州北部沿岸沖の連鎖状の諸島》.

séa·jàck *n.* 《航海中の》船の乗っ取り, シージャック. — *vt.* 〈船を〉海上で乗っ取る. **~·er** *n.* 〖(1975)← SEA＋(HI)JACK〗

séa kàle *n.* 〔植物〕ハマナ (*Crambe maritima*)《ヨーロッパ西海岸地方に自生するアブラナ科の植物; 英国では栽培してその若芽を軟白して食用にする; sea cabbage ともいう》. 〖1699〗

séakale bèet *n.* 〔植物〕＝chard.

séa·kèeping *n.* 《船舶の》荒海上の航行性能.

séa-kindliness *n.* 〔海事〕慣海性, 凌波性《波浪に対する船の性能》.

séa-kindly *adj.* 〔海事〕〈船が〉凌波性がある, 操縦しやすい, 慣海性の充分な: a ~ ship.

séa kìng *n.* 《古代スカンジナビアの》海賊王 (⇨ Viking). 〖(1582)(1819)《なぞり》← ON *sækonungr*: cf. OE *sæ-kyning*〗

séa kràit *n.* 〔動物〕エラブウミヘビ属 (*Laticauda*) のヘビ《東シナ海からインド洋にかけて分布するコブラ科の毒ヘビ》.

seal[1] /síːl/ *vt.* **1** 《昔は封蠟(ふうろう)で, 現在はゴムのり・テープなどで》〈封筒・手紙などの〉封をする, …に封印を施す 〈*up*〉: ~ (*up*) all drawers 引出しに全部封印する / ~ (*up*) a letter [an envelope, a package]. **2 a** 《空気・ガスなどから》密閉する, 目塗りする, ふさぐ, 閉める 〈*off, up*〉: ~ a pipe [can] / be hermetically ~*ed* 密閉される / Windows must be ~*ed* (*up*). 窓は目張りをしなければならない. **b** 〈目・唇を堅く閉じる, 強く結ぶ: Sleep ~*ed* his eyes. 彼の目は眠りに堅く閉ざされた / My lips are ~*ed*. 口は封じられている; 口止めされている. **3** 固める, 確実にする (confirm); 確証[証明]する (certify), 保証する: ~ a promise *with* a handshake [kiss] 握手[キス]をして約束を固める / ~ one's loyalty *with* one's life 一命をささげて忠誠を証明する. **4** 〈証書〉に印を押す, …に調印する; 批准する (ratify): ~ a document / The treaty has been signed and ~*ed*. 条約は署名調印を終わった. **5** 〈運命・勝利などを〉動かぬものにする, 決定する (determine): ~ a person's fate, doom, victory, etc. / His fate is ~*ed*. 彼の運命は定まった《もう助からない》/ Death has ~*ed* her for her own. 彼女は死ぬべき運命に定まった, 彼女の命数は尽きた / They are ~*ed* for [to] salvation. 救われる運命に定まっている. **6** 《品質・含有量・重量などが法定基準に合っていることを証明して》〈金・銀などに〉刻印を押す, …に検印を押す. **7** 《押印の上で》〈赦免などを〉与える, 下賜する (grant). **8** 《塗装する前に》〈木〉に目止めをする, 下地塗料を塗る. **9** 〔モルモン教〕結び固める《夫婦・親子・養親と養子の結び付きを永遠のものとする》. **10** 〔電気〕〈差込み・プラグなどを〉しっかりとはめ込む; 〈素子を容器などに〉封入する. **11** 〔チェス〕〈手を〉封じ手として記録する, 封じる. **12** 〔土木〕〈道路を〉タールマカダム (tarmacadam) 舗装する. — *vi.* 捺印する.

séal in 〈香りなどを〉封じ込める, 密封する: *Seal* the flavor *in* by frying before roasting. 焼く前にいためて風味が逃げないようにしなさい / This tea bag ~*s in* freshness and flavor. このティーバッグでは新鮮さと風味が抜けない. ***séal óff*** (1) 密閉する, 密封する. (2) 〈ある地域を〉封鎖する, 立入禁止にする: Police ~*ed off* the accident site. 警察は事故現場を立入禁止にした. (1926)

— *n.* **1 a** 印, 印形, 判, 璽(じ)《紋章・略字・符号などを金属・石などに彫って浮き出させ文書の真正・物の所有の証明として用いる》: the official ~ of a university 大学の公式印 / ⇨ seal ring, great seal, privy seal, the LORD Keeper of the Great [Privy] Seal. **b** 《王・領主・貴族などが信書・布告書などに添付したワックス状の》印章, 証印《あらかじめ小紙片 (wafer) に印を押しまたは打ち出したもので文書にはり付けた; また, 書類にリボンを付け, そのリボンを封じる形にワックスを固めたもので, そのワックスに発行者の紋章が押印されていた》: under ~ 調印されて, 押印証明した / affix [put] one's ~ to …に押印[捺印]する. **2 a** しっかり封をするもの; 封蠟(ふうろう): break [take off] the ~ 封を切る, 開封する / put the ~ (up)on …＝put … under ~ …を封じる, …に封印する. **b** 《空気・水の漏れを防ぐ》密封, 密閉. **c** 人の口を封じるもの, 秘密を保つもの; 秘密を守る義務: put a ~ (up)on a person's lips 人の口に封をする[口止めする] / under (the) ~ of secrecy [confidence] 秘密を守る約束で. **3 a** 《確証・保証・固めなどの》しるし (pledge): the ~ of love 愛のしるし《キス・結婚・出産など》/ put [set] the ~ on …を保証する, 確認する, …を決定づける / a handshake as a ~ of friendship 友愛のしるしとしての握手 / Our name on a product is its ~ of quality. 製品上の私達の名前は品質の保証となるものです. **b** 著しい徴候, 予言的な表示, 相(そう) (sign, mark) 〔*of*〕: He has the ~ *of* death [genius] on his face. 彼の顔には死相[天才の相]が見える. **4** 《社会事業団などの発行する装飾》シール《通例クリスマス季節などに募金応募者に配布し手紙・小包などに貼って用いられる》: a Christmas ~. **5 a** 《下水管の》防臭弁《通例鉄[鉛]管を横 S 字形に曲げてそこに水をため, 臭気を遮断する》. **b** 封水《防臭弁にためておく水》. **c** 封水の深さ. **6** [通例 the ~s] 《英》大法官[国務大臣]の官職: receive [resign, return] *the* ~*s* 大法官[国務大臣]の職に就く[を辞する]. **7** 《豪》舗装路面.

sét* [*pút*] *one's séal to* [*on*]** (1611)＝sét* [*pút*] *the séal* (*of appróval*) *on*** (1881) (1) …に(承認の)捺印をする. (2) …の裏書きをする (endorse), …を承認する (approve). ***ùnder one's hánd and séal*** ⇨ hand 成句.

séal of conféssion [the ~] 〔カトリック〕告白の秘密《聴罪司祭が告白の内容をいかなる場合もももらしてはならない義務, あるいはその義務の下にある内容》. (*a*1325)

séal of státe ＝great seal 1.

〖(?*c*1200) *seel* ▭ AF＝OF *seel* (F *sceau*) < L *sigillum* little sign (dim.) ← *signum* 'SIGN': cf. sigillate. — v. (?*a*1200) ▭ OF *seeler* (F *sceller*) < VL **sigellāre*＝LL *sigillāre* ← *sigillum*〗

seal[2] /síːl/ *n.* (*pl.* ~s, ~) **1** 〔動物〕アザラシ, アシカ《一般にセイウチ (walrus) を除く鰭脚(ききゃく)亜目の海獣でアザラシ (earless seal), ゴマフアザラシ (harbor seal), ゾウアザラシ (elephant seal), アザラシ (hair seal), フイリアザラシ (ringed seal) など耳殻のないアザラシ科やアシカ (eared seal), オットセイ (fur seal) など耳殻のあるアシカ科動物の総称》. ★ ラテン語・ギリシャ語系形容詞: phocine. **2 a** アザラシ[オットセイ]の毛皮; そのなめし革 (sealskin): a ~ coat. **b** まがいもののアザラシ[オットセイ]の毛皮. **3** 暗褐色, 濃褐色《アザラシやオットセイの皮の色; seal brown ともいう》. — *vi.* アザラシ[オットセイ]狩りをする[を捕える]: go ~*ing* アザラシ[オットセイ]狩りに行く.

〖OE *sēol-, seolh* < Gmc **selχaz* (ON *selr*)《原義》? that which drags its body along with difficulty ← ? IE **selk-* to pull, draw〗

Sea·lab /síːlæ̀b/ *n.* シーラブ《米海軍が開発した海洋研究用の海中実験室; cf. habitat》. 〖← SEA＋LAB(ORATORY)〗

seal·a·ble /síːləbl/ *adj.* 封じることのできる. 〖(1477): ⇨ seal[1]〗

séa làce *n.* [通例 *pl.*] 〔植物〕ツルモ (*Chorda filum*)《黒みがかった紐状の海藻; sea twine ともいう》. 〖1666〗

séa làdder *n.* **1** 〔海事〕《甲板から水面までかかっている》船腹のはしご. **2** 海面まで下げた縄ばしご, ヤコップ.

séa làmprey *n.* 〔魚類〕ヤツメウナギ科の円口類の一種 (*Petromyzon marinus*)《口の吸盤で魚類に寄生して吸血する; 食用; 五大湖地方ではマス類に被害をおよぼす》.

séa-làne *n.* 《大洋上の》海上交通路, シーレーン, 常用[通商]航路, 航路帯.

seal·ant /síːlənt/ *n.* **1** 密閉[封緘(ふうかん)]剤 (sealing agent)《封蠟(ふうろう)・粘着剤など》. **2** もれ止め液[ペイント], 封水剤, シーラント《配管などの中に塗り, 乾燥すると耐水被膜をつくる》. 〖← SEAL[1] (v.)＋-ANT〗

séa làvender *n.* 〔植物〕**1** 海浜・草原に生えるイソマツ科イソマツ属 (*Limonium*) の植物の総称《花壇・鉢物用》. **2** ＝sea lungwort.

séa làw *n.* 海法 (maritime law); 海事法規. 〖1613〗

séa làwyer *n.* **1** 《口語》〔海事〕[軽蔑的に] 理屈っぽい水夫. **2** 〔魚類〕**a** サメ, フカ (shark). **b** ＝gray snapper. 〖1811〗

séal brówn *n.* ＝seal[2] 3.

séal còat *n.* 〔土木〕シールコート《アスファルト舗装道路で仕上げに塗ったアスファルトの薄層》.

sealed *adj.* **1** 印を押した, 調印した; 封印[密封, 目塗り]した: a ~ letter 封書. **2** 《内容不可解の書のように》不知の, 不可解な: ⇨ sealed book. **3** 《封緘(ふうかん)命令のように》指定の時まで発表されない, 秘密にされた. **4** 〈道路が〉舗装された. **5** 《秤・ますなどが公正であるという認定をうけた》印のある. 〖(?*c*1200): ⇨ seal[1], -ed〗

séaled-béam *adj.* 〔自動車〕シールドビームの《ヘッドライトのフィラメント・反射鏡・レンズが密封され一体となっている》: a ~ light [lamp]. 〖1939〗

séaled bóok *n.* **1** 内容不可解の書; 神秘, なぞ: It is a ~ to us. それは我々には全然わからない. **2** [S- B-] 祈禱書標準版《1662 年に英国の Charles 二世が審査国璽(こくじ)を押して国内の各 cathedral に備えつけさせた; 正式には Sealed Book of Common Prayer》. 〖1710〗

séaled móve *n.* 〔チェス〕封じ手.

séaled órders *n. pl.* 封緘(ふうかん)命令《指定の時に至って初めて開封すべき命令書で, 特に船長に渡すものをいう》: sail under ~ 封緘命令の下に出帆する. 〖1872〗

séaled páttern *n.* 《英》〔軍事〕《軍により使用が正式に認可された装備・被服などの》標準型. 〖1850〗

séaled únit *n.* シールドユニット《データを読み書きするヘッドとディスクを保護するために永久に密封したハードディスク; Winchester disk ともいう》.

séaled vérdict *n.* 〔法律〕密封評決《陪審が裁判所の開廷中に評決に達した際は, 書面にして, 密封保管され, 法廷再開後は, 開廷中になされた評決として取り扱われる》. 〖1894〗

séa lègs *n. pl.* **1** 動揺する甲板上をよろけずに歩ける能力: find [get, have] one's ~ 船に慣れ(酔わないで)甲板上をよろけずに歩けるようになる (cf. *get one's* ICE *legs*). **2** 船に慣れること, 船酔いしないこと. 〖1712〗

séa lèmon *n.* 〔動物〕ウミウシ《ニセワタガイ科の黄色の軟体動物の総称》. 〖*c*1790〗

séa lèopard *n.* 〔動物〕**1** ＝leopard seal. **2** ＝Weddell seal. **3** ＝harbor seal.

séal·er[1] /-lə | -lə(r)/ *n.* **1** 度量衡検査官《合格した度量衡に検査済みの検印を押す》. **2** 印押し係, 押印者. **3** 封印機械. **4** 〔木工〕シーラー, 吸込み止め《材木・壁などがペンキやニスを吸収するのを防ぐための塗装下地用の塗料》. **5** 《カナダ》《ジャム・ピクルスなどの保存用の》密閉式瓶[ジャー]. 〖(*c*1384) *seeler*: ⇨ seal[1], -er[1]〗

séal·er[2] /-lə | -lə(r)/ *n.* アザラシ[オットセイ]漁夫[漁船]. 〖(1770): ⇨ seal[2], -er[1]〗

seal·er·y /síːləri/ *n.* **1** アザラシ[オットセイ]の群集地[繁殖場, 漁場]. **2** アザラシ[オットセイ]漁業. 〖(1895) ← SEAL[2]＋-ERY〗

séa lètter *n.* 《戦時中出港時に与える》中立国船舶証明書. 〖1755〗

séa lèttuce *n.* 〘植物〙アオサ(アオサ属 (*Ulva*) の海藻類の総称; しばしばサラダ用に使われる). 〘1668〙

séa lèvel *n.* **1** 海面. **2** 〘測量〙平均海面 (満潮と干潮の中間の海面で山の海抜の高さを計る基準; (the) mean sea level ともいう): above [below] ～ 海抜[海面下] / corrected to ～ (距離・重力の加速度など)海面に直した. 〘1806〙

séa-level prèssure *n.* 〘気象〙海面気圧 (任意の高度の気圧を平均海面の気圧に引直したもの).

séal fìshery *n.* =sealery.

séa·lìft *n.* 海上輸送. 〘1956〙

séa lìly *n.* 〘動物〙ウミユリ (深海底産棘皮(きょくひ)動物ウミユリ綱に属する動物; 植物のユリのような外観を呈する; crinoid ともいう). 〘1903〙

séa lìne *n.* **1** 海上の水平線; 海岸線. **2** (測深・釣り用の)糸. 〘*a*1687〙

séal·ing /-lɪŋ/ *n.* オットセイ[アザラシ]漁業. 〘(1839): ⇨ seal², -ing¹〙

séaling wàx *n.* 封蠟(ふうろう). 〘(14C): ⇨ seal¹, -ing¹, wax¹〙

séa lìon *n.* **1** 〘動物〙海に生息するアシカ科のカリフォルニアアシカ (*Zalophus californianus*), 首から肩にかけてライオンのたてがみのような毛があるオタリア (*Otaria byronia*), トド (*Eumetopias jubata*), ミナミアシカ (*Neophoca cinerea*) などの動物の総称. **2** 〘紋章〙前部がライオンで水かきのある足と魚の尾をもった怪物. 〘1601〙

séa lòch *n.* (スコット) 入江, 峡江. 〘*c*1645〙

Séa Lòrd *n.* 海軍本部武官委員 (英国国防省の海軍本部委員会 (Admiralty Board) に勤める二人の委員 (First Sea Lord と Second Sea Lord) の一人). 〘1817〙

séal·pòint *n.* 〘動物〙シールポイント (四肢・耳・尾などの先端が暗褐色のシャムネコ). 〘1939〙

séal rìng *n.* =signet ring. 〘1608〙

séal-ròokery *n.* アザラシ[オットセイ]繁殖地.

séal·skìn *n.* **1** アザラシ[オットセイ]の毛皮[皮]. **2** アザラシの毛皮で作った衣服[外套]. 〘1325〙

séal·stòne *n.* 石製の印章, 石印. 〘1774〙

séal-tóp *adj.*, *n.* 柄の先に印章がついた(スプーン).

séa lùngwort *n.* 〘植物〙ハマベンケイソウ (*Mertensia maritima*) (ムラサキ科の植物). 〘1597〙

séal·wòrt *n.* 〘植物〙 **1** ナルコユリ (Solomon's seal). **2** ツメクサ (*Sagina procumbens*) (ナデシコ科の小型の雑草; cf. pearlwort). 〘(1837) ← SEAL¹+WORT²〙

Séa·ly·ham (térrier) /síːlihæm-, -liəm- | -liəm-/ *n.* シーリアムテリア (ウェールズ原産の頑健な白毛の猟犬種のイヌ). 〘(1894) ← *Sealyham* (ウェールズ旧 Pembrokeshire 州の地名)〙

séa lỳme gràss *n.* 〘植物〙テンキ (*Elymus arenarius*) (アジア・ヨーロッパ原産のイネ科の多年草; 堤防などに砂防用に植える).

seam¹ /síːm/ *n.* **1 a** (布・毛皮などの)縫い合わせ, 継ぎ合わせ (cf. French seam, flat-fell seam). **b** 縫い目, 継ぎ目, とじ目. **2** 〘地質〙薄層, 薄い鉱層 (thin stratum): a coal ～ 石炭層. **3** [通例 *pl.*] (船板などの)合わせ目, はぎ目: leaking ～*s* 水の漏る合わせ目 / caulk the ～s 継ぎ目にまいはだを詰める. **4 a** 割れ目, 溝 (fissure, groove). **b** 傷跡 (scar): a ～ of an old wound. **c** (顔の)しわ (wrinkle). **5** 〘解剖〙縫合(線), 縫線 (suture). **6** 〘服飾〙裏編みの縫い目. **7** 〘金属加工〙(管・板の熱間圧延中に生じるひれ状・しわ状の)かぶりきず.

búrst [*búlge*] *at the séams* 《口語》[通例進行形で] (はち切れんばかりに)大きく[いっぱいに, 満員に]なる, パンクしそうになる[である]. (1962) *cóme* [*bréak, fáll*] *apárt at the séams* 《口語》[通例進行形で] 〈人・物事が〉だめになる, つぶれる, 老いぼれる. (1965) *fray at* [*around*] *the seams* ⇨ fray¹ 成句. *in a góod séam* 《英方言》(特に財政的に)うまくいって.

— *vt.* **1** 〔…で〕縫い合わす, 継ぎ合わす, とじ合わせる 〔*with*〕. **2** [通例 p.p. 形で] 〔…で〕…に傷跡[割れ目]をつける (line, scar), しわを寄らせる 〔*with*〕: ～*ed with* wounds 傷跡のある / a face ～*ed with* care [old age] 苦労[寄る年波]でしわの寄った顔. **3** 〘服飾〙(裏編みをして) 〈靴下などに〉すじをつける. — *vi.* **1** (まれ) 割れ目[ひび]が入る (crack). **2** 〘服飾〙裏編みですじを出す. **3** 〘クリケット〙(投げたボールが縫い目でバウンドして)曲がる.

〘n.: lateOE *sēam* < Gmc **saumaz* (G *Saum*) ← IE **syū-* 'to SEW¹'. — v.: (1582) ← (n.)〙

seam² /síːm/ *n.* **1** 豚のラード. **2** (廃) あぶら身 (fat). 〘(?*a*1200) *seim(e)* □ OF *saim* (F *sain*) < VL **saginen* =L *sagina*〙

séa-màid *n.* (詩) **1** 人魚 (mermaid). **2** 海の女神 (sea-goddess); 海の精 (sea-nymph). 〘1595–96〙

séa-màiden *n.* =sea-maid. 〘1893〙

séa màil *n.* 海上郵便(物), 船便 (cf. surface mail). 〘*a*1672〙

sea·man /síːmən/ *n.* (*pl.* **-men** /-mən, -mèn/) **1 a** 水夫, 船乗り, 海員, 船員 (sailor, mariner) (cf. landsman 1). ★ 英商船では船長および練習生 (apprentice) を除いたすべての船員; 米商船では練習生以外の全船員をいう: ⇨ able-bodied seaman, merchant seaman, ordinary seaman. **b** 船の操縦ができる人: a good [poor] ～ 操船のうまい[まずい]人. **2** 〘海軍〙水兵 (bluejacket); 《米》一等水兵: a leading ～ 《英》一等水兵. **3** 男の人魚 (merman). 〘OE *sǣmann* seaman, viking〙

séaman appréntice *n.* 〘海軍〙(一通りの巡洋訓練をうけた)二等水兵 (seaman の下の階級). 〘1947〙

séaman·lìke *adj.* 船乗りらしい. 〘1796〙

séaman·ly *adj.* =seamanlike. 〘1798〙

séaman recrúit *n.* 〘海軍〙最下級の水兵, 三等水兵 (seaman apprentice の下の階級). 〘1947〙

séaman·shìp *n.* (船舶)運用[操縦]術 (船舶の操縦運用に関する百般の技能): good ～ 船乗りとしての優秀な技能[腕前]. 〘1766〙

séa·màrk *n.* **1** (海岸にできた潮の上限がわかる)満潮線. **2** 〘海事〙(航路標識として役立つ)航路目標 (陸標・ビーコン・灯台・丘など); 危険標識. 〘*c*1470〙

séa màt *n.* 〘動物〙コケムシ (触手動物, 苔虫綱の動物の総称; 特にアミガイ (*Flustra* 属)のような網目状のコケムシをいう). 〘1819〙

séam bówling *n.* 〘クリケット〙ボールの縫い目でバウンドさせて変化させる投球法. **séam bówler** *n.*

seamed /síːmd/ *adj.* 縫い目[継ぎ目]のある; (深い)しわの寄った 〔*with*〕. 〘1656〙

séam·er *n.* **1** 縫合する人; =seamstress. **2** 縫合する機械; 縫合機を操る人. **3** 〘クリケット〙 **a** =seam bowler. **b** 縫い目でバウンドさせる変化球. 〘(1843): ⇨ seam, -er¹〙

séa mèw *n.* 《英》海カモメ (sea gull); (特に)カモメ (*Larus canus*). 〘*c*1430〙

séa mìle *n.* 海里 (nautical mile) (⇨ mile 1). 〘1796〙

séa mìlkwort *n.* 〘植物〙ウミミドリ (*Glaux maritima*) (アジア・北米産のサクラソウ科の沿岸植物; 薄いピンクの白い小花をつける; saltwort, black saltwort ともいう).

séam·ing *n.* **1** 縫い目[継ぎ目]をつけること; 縫い目. **2** 縁(ふち)レース, 玉ぶち (家具などの布[皮]張りの縁のおさえに用いる). 〘*c*1450〙

séaming làce *n.* =seaming 2. 〘1616〙

séa mìst *n.* **1** 海から発生する霧, 海霧. **2** 〘気象〙=steam fog. 〘1893〙

séam·less /síːmlɪ̀s/ *adj.* 縫い目[継ぎ目]のない, シームレスの: a ～ pipe [tube] 継目なし管 / a ～ web 縫い目のない織物; 完全な統一体, 渾然として一体をなすもの (cf. *John* 19:23). **～·ly** *adv.* **～·ness** *n.* 〘1483〙

séa mònkey *n.* 〘動物〙シーモンキー (brine shrimp).

séa mònster *n.* **1** 大きな海の動物. **2** (時に人食いと称される伝説上の)海の怪物. 〘*c*1586〙

séa mòss *n.* **1** =seaweed. **2** 〘動物〙触手動物コケムシ綱の動物 (bryozoan). 〘1548〙

séa·mòunt *n.* 〘地質〙海山 (深海底から 1,000 m 以上も高くなっている孤立した海面下の隆起部; cf. guyot). 〘1941〙

séa mòuse *n.* 〘動物〙ウミネズミ (コガネウロコムシ科コガネウロコムシ属 (*Aphrodite*) の多毛環虫類の環形動物; 背面は密毛に被われている). 〘1520〙

séam-prèsser *n.* 鋤(すき)きあとをならす農具. 〘1843〙

seam·ster /síːmstə, sém- | sémstə^r/ *n.* 裁縫師, 仕立て屋 (tailor). 〘OE *sēamestre* ← *sēamere* tailor, seamstress (← *sēam* 'SEAM')+-STER〙

seam·stress /síːmstrɪ̀s | sém-, síːm-/ *n.* 女裁縫師, 裁縫婦, お針子 (sempstress). 〘(*a*1613): ⇨ ↑, -ess¹〙

séa mùd *n.* 軟泥, 骸泥 (沿岸の沈積物で, しばしば肥料用; sea ooze ともいう). 〘1726〙

séa mùle *n.* (港湾内で, 作業はしけや浮箱を扱うディーゼルエンジン付きの箱型の)引き船.

séam wèlding *n.* 〘金属加工〙シーム溶接 (ローラー電極 2 個の間に金属板をはさんで行う溶接; cf. butt weld, percussive welding, spot welding, resistance welding). 〘1917〙

seam·y /síːmi/ *adj.* (**seam·i·er; -i·est**) **1 a** 裏面の, 見苦しい: the ～ side of city life 都会生活の暗黒面 (cf. Shak., *Othello* 4. 2. 146). **b** 下劣な, 卑しい (morally low), むさ苦しい (sordid). **2** 縫い目のある, 縫い目の出た. **3** 傷跡のある; しわのある: a ～ face. **séam·i·ness** *n.* 〘(1604) ← SEAM+-Y¹〙

séa mỳrtle *n.* 〘植物〙熱帯アメリカ原産キク科の低木 (*Baccharis halimifolia*) (consumption weed ともいう). 〘1938〙

Sean /ʃɔ́ːn, ʃáːn | ʃɔ́ːn/ *n.* (*also* **Seán** /～/) ショーン (男性名). 〘□ Ir. ～ ← *Eoin* □ AF *Jean*: ⇨ John¹〙

Sean·ad Eir·eann /ʃǽnədéˑrən | ʃɔ́nədέər-; *Irish* ʃónədéːrʲən/ *n.* [the ～] (アイルランド共和国の)上院 (cf. Dail Eireann, Oireachtas 1). 〘□ Ir.-Gael. ～ 'Senate of Ireland' ← *seanad* □ L *senātus* 'SENATE': cf. Dail Eireann〙

sé·ance /séɪɑ̃ː(n)s, -ɑːns; *F.* seɑ̃ːs/ *n.* (*pl.* **sé·anc·es** /～ɪ̀z; *F.* ～/) **1** 降霊術の会. **2** (学会・公共団体などの)会 (session). 〘(1789) □ F ～ (原義) sitting ← *seoir* to sit < OF < L *sedēre*〙

séa nèedle *n.* 〘魚類〙オキサヨリ (*Belone vulgaris*).

séa nèttle *n.* 〘動物〙刺胞毒の強いクラゲ (jellyfish) (クダクラゲ (siphonophore) など). 〘1601〙

séa-nỳmph *n.* 〘ギリシャ神話〙海の精 (Nereid). 〘1565〙

séa ònion *n.* 〘植物〙 **1** カイソウ(海葱) (*Urginea scilla*) (地中海地方産ユリ科の植物; 乾燥した球根が薬用の「海葱根 (squill)」; (sea) squill ともいう). **2** ヨーロッパ産ルツボ属の草本 (*Scilla verna*). 〘1548〙

séa òoze *n.* =sea mud. 〘1669〙

séa òtter *n.* **1** 〘動物〙ラッコ (*Enhydra lutris*) (北太平洋沿岸に生息するイタチ科の動物). **2** ラッコの皮. 〘1664〙

séa-òx *n.* 〘動物〙セイウチ (walrus). 〘1613〙

séa pàlm *n.* 〘植物〙北米太平洋岸産の小形のシュロの葉に似た形の海藻 (*Postelsia palmaeformis*).

séa pàrrot *n.* 〘鳥類〙=puffin. 〘1664〙

séa pàss *n.* =sea letter.

séa pày *n.* 海上勤務手当.

séa pèn *n.* 〘動物〙ウミエラ (腔腸動物門花虫綱ウミエラ属 (*Pennatula*) の動物の総称). 〘1763〙

Séa Péople *n.* [the ～] 海の民 (紀元前 13 世紀末に, 地上および海上からエジプトや東地中海地方を侵略した諸種族の一).

séa pèrch *n.* 〘魚類〙 **1** スズキ科の魚 (base や stone bass など). **2** ウミタナゴ (surfperch). 〘1611〙

séa pìe *n.* **1** (水夫用の)塩肉パイ. **2** 《英》〘鳥類〙= oyster catcher. 〘(1: 1751; 2: 1552)〙

séa·pìece *n.* 海景画, 海の絵 (seascape). 〘1656〙

séa pìg *n.* 〘動物〙 **1** イルカ (porpoise, dolphin). **2** ジュゴン (dugong).

séa pìke *n.* 〘魚類〙 **1** (ダツ (garfish), メルルーサ (hake) など各種の)細長い魚類の総称. **2** =barracuda 1. 〘1601〙

séa pìnk *n.* 〘植物〙ハマカンザシ, アルメリア (thrift). 〘1731〙

séa·plàne *n.* 飛行艇, 水上(飛行)機 (hydroplane) (cf. flying boat 1, floatplane). 〘1913〙

séaplane càrrier *n.* 〘海軍〙水上機母艦.

séa·plànt *n.* 海草. 〘1681〙

séa pòacher [pòker] *n.* 〘魚類〙主に北太平洋に生息するトクビレ科の魚類の総称 (外観が特異なヨロイトクビレ (pogge), 日本の北方海域にいるイヌゴチ (*Percis japonica*) など; 単に poacher ともいう).

séa pollùtion *n.* 海洋汚染.

séa·pòrt *n.* **1** 海港. **2** 港町; 港市. 〘1596〙

séa potàto *n.* 〘動物〙オカメブンブク (*Echinocardium cordatum*) (淡褐色をしたウニの仲間の棘皮動物; 日本各地・朝鮮半島・中国沿岸・大西洋・地中海に分布).

séa pòwer *n.* **1** 大海軍国. **2** 海軍力, 海上兵力 (cf. land power). 〘1849〙

séa pùrse *n.* 〘魚類〙サメ・エイ類の卵嚢(らんのう) (mermaid's purse ともいう). 〘1806〙

séa pùrslane *n.* 〘植物〙ハリミオネポルツラコイデス (*Halimione portulacoides*) (ユーラシアの海浜の沼沢地に生えるアカザ科の小低木).

SEAQ /síːæk/ (略) 《英》Stock Exchange Automated Quotations (System) 証券取引自動通報システム, 気配入力速報システム, シアック (株価を表示し, 取引を記録する電子システム; Big Bang 以後のイギリス証券取引所の心臓部).

séa·quàke *n.* 海震 (震央が海底にあって海水に異様な震動を与える地震). 〘(1680) ← SEA+(EARTH)QUAKE〙

sear¹ /síə | síə^r/ *vt.* **1** 焼く, 焦がす (burn, scorch): 〈食肉を〉(高熱で)さっと焦がす. **2 a** やけどをさせる: ～ one's hand. **b** (焼きごてで)印をつける, …に焼印を押す; 焼灼(しょうしゃく)する (cauterize) (⇨ burn¹ SYN); 〈苦難などが〉強く焼きつく 〔*with*〕: ～ a wound *with* a hot iron 焼きごてで傷口を焼灼する / be ～*ed* on [into] one's memory 〈経験などが〉心に深く刻まれている. **3** 無感覚にする, 麻痺させる (harden) (cf. *1 Tim.* 4:2): a ～*ed* conscience 麻痺した良心. **4** (古) しなびさす, 枯らす (wither, blast): A cold wind ～*s* the leaves. 寒風は木の葉を枯らす. — *vi.* **1** (焼きごてのように)食い込む 〔*into*〕: The rope ～*ed into* his hands. 彼は(引っ張っていた)ロープが手に食い込んで焼けるように痛かった. **2** (古) 〈植物などを〉枯れさせる. — *n.* **1** (詩) しなびた状態. **2** 焼けこげ, 焼印の跡. — *adj.* (詩) =sere¹.

〘OE *sēarian* < Gmc **sauzējan* ← **sauzaz* 'SERE¹'〙

sear² /síə | síə^r/ *n.* 逆鉤(さかかぎ), 掛け金 (小火器の撃鉄を発射装置または半撃ちの状態に保持する留め金). 〘(?1560) □? (O)F *serre* lock (逆成) ← *serrer* to grasp < VL **serrāre*=LL *serāre* to bolt ← L *sera* bar of a door〙

S

séa rànger *n.* 《英》シーレンジャー (船舶操縦術などの訓練を受ける年長のガールガイド).

séa ràven *n.* 〘魚類〙北米大西洋沿岸産ケムシカジカ属の魚 (*Hemitripterus americanus*). 〘1601〙

search /sə́ːtʃ | sə́ːtʃ/ *vt.* **1** 〈身体・懐中・場所などを〉捜す, 捜しまわる, 探索する (look through) 〔*for*〕: ～ a drawer [one's pockets, a place] 引出し[ポケット, 場所]の中を捜す / ～ a house [library] *for* papers 家の中[図書館]で書類を捜す. **2 a** 細かく[詳しく]調べる, 調査する, 精査する (examine, check): ～ a person (for drugs) (麻薬を所持していないか)身体検査をする / ～ books [records] (引用句などを求めて)本[記録]を調べる / Baggage is ～*ed* at customs. 手荷物は税関で調べられる. **b** 〈人の心などを〉探る: ～ a person's mind 人の心を探る / ～ one's memory 記憶をたどる / ～ one's conscience [heart] 自分の良心に問う, 反省[自省]する. **3** 〘電算〙検索する: ～ the Internet for the word インターネットでその語を検索する. **4** じろじろ見る, じっと見詰める: ～ a person's face (for a sign of recognition) (見覚えがあるかどうか)人の顔をじろじろ見る / ～ the horizon with a telescope 望遠鏡で地平線をじっと見る. **5** 〈傷などを〉(手術道具などで)探る (probe): ～ a wound. **6** (文語) **a** 〈風・寒気・光・弾丸などが〉…のすみずみまで入り込む, …に吹きすさぶ, 一面に注ぐ: The fog ～*ed* the mountain pass. 霧は山道一面にたれこめていた. **b** …一面に砲火を浴びせる, …を掃射する.

— *vi.* **1** 〔…を〕捜す, 捜索[探索]する, 検索する 〔*after, for, through*〕: ～ *for* [*after*] a lost child 迷い子を捜し求める / ～ (*around* [everywhere]) *for* gold [things lost, things stolen] 金[紛失品, 盗難品]を(あちこち)捜す / ～ *through* one's pocket (for a coin) (硬貨を求めて)ポケットの中を捜す / They ～*ed through* his baggage at customs. 税関では彼の荷物を調べた. **2** 〔…を〕調査する (inquire) 〔*into*〕: ～ *into* a case 事件を調べる.

Séarch mé! 《口語》私には全くわからない, 知らない: Where is he?—*Search me!* 彼はどこにいるのか—知るもんか. (1901) *séarch óut* (調査・探求によって)捜し出す, 見つけ出す, 発見する (look for and find): ～ *out* an old friend [a mislaid book] 旧友の居所[置き忘れた本]を捜し

出す / ～ *out* all the facts すべての事実を見つけ出す.
— *n.* **1** 捜索, 探索, 追求 (quest): the ～ *for* the missing aviators / the ～ *for* truth, wealth, health, etc. **2** 詮索 (inquiry), 調査 (investigation), 吟味 (scrutiny), 検索〔*for, of*〕: make [conduct] a ～ *for* [*of*] …を捜す, 調査する / do [carry out] a body ～ (空港などで)ボディーチェックをする〔*on*〕/ do a computer ～ of the records 記録のコンピューター検索をする / In my ～*es* I came across something new. 調査しているうちに新しい事実を偶然見つけた. **3** (公海上の船舶に対する捜索権による)捜索 (cf. RIGHT of search).
in séarch of …を捜して, …を求めて: I went *in* ～ *of* her. 彼女を捜しに出た / Fish swim around *in* ～ *of* (a chance to get) food. 魚はえさを求めて泳ぎ回る. 《1644》
〘(?a1300) *serche(n)* □ AF *sercher*＝OF *cerchier* (F *chercher*) ＜ L *circāre* to go round ← *circum* round about: ⇨ circum-〙

séarch·a·ble /sə́ːtʃəbl̩ | sə́ːtʃ-/ *adj.* 捜せる, 調査できる. 〘1558〙

séarch-and-destróy *adj.* (対ゲリラ戦で, 特定の地域の敵の戦闘力を無力化または破壊するための)索敵殲滅(せんめつ)作戦の, 掃討作戦の: ～ operations. 〘1966〙

séarch còil *n.* 〘電気〙さぐりコイル《磁束を測るための小さなコイル; exploring coil, flip coil ともいう》. 〘1897〙

séarch èngine *n.* 〘電算〙検索エンジン《他のソフトウェア(特にインターネットの WWW ブラウザー)からの要求を受けて検索を実行するプログラム本体》.

search·er /sə́ːtʃə | sə́ːtʃə^r/ *n.* **1** 捜索者, 探索者: the ～ of (men's) hearts 人の心をきわめる者, 天の神 (cf. *Rom.* 8:27). **2 a** 調査者, 検査者. **b** 税関検査官, 船舶検査官. **c** 囚人身体検査官. **3** 〘医学〙(膀胱(ぼう)の結石などを探る)探り針. **4** 《廃》検疫官《疫病流行の時死体を検分し死因を報告する》. 〘(c1384) *serchere*〙

search·ing /sə́ːtʃɪŋ | sə́ːtʃ-/ *n.* 捜索, 探索; 検査, 吟味: ～*s* of heart 疑念, 良心の苦しみ[悩み] (cf. *Judges* 5: 16; heart-searching). — *adj.* [限定的] **1** 捜索する; 綿密に調査する, 吟味する: a ～ examination 厳重な検査. **2** 〈視線など〉探るような, 鋭い: a ～ look [gaze] 鋭い目つき[凝視]. **3** 〈寒さなど〉身にしみる, 膚を刺すような: a ～ cold, wind, etc. **4** 〈砲火が〉徹底的な, 激しい: a ～ gunfire 掃射. **～·ly** *adv.* **～·ness** *n.* 〘(n.: c1384; adj.: c1580)〙

séarch·less *adj.* 《詩》捕捉(ほそく)しにくい, 計り知れない (inscrutable); 捜索のできない (unsearchable). 〘1605〙

séarch·light *n.* サーチライト, 探照灯, 照空灯; 探照灯の光: play a ～ on …を探照灯で照らす. 〘1883〙

séarch pàrty *n.* 捜索隊. 〘1884〙

séarch wàrrant *n.* 〘法律〙(家宅)捜索令状, 差押え令状. 〘1739〙

séa rèach *n.* 海に通じる(河口付近の)まっすぐな川の流れ, (川の)直線水路. 〘1867〙

séa retùrn *n.* 〘電子工学〙(レーダー波の)海面反射, 海水帰路. 〘1945〙

sear·ing /sí(ə)rɪŋ | síər-/ *adj.* [限定的] **1** 焼けるような; 焦がすような: feel a ～ pain 焼けるような痛みを感じる / a ～ heat 焼けつくような暑さ. **2** 痛烈な: ～ criticism 酷評. 〘(1665) 1818〙

séaring-ìron *n.* 焼きごて (cautery). 〘1541〙

S

séa rìsks *n. pl.* 海難の危険《難破・座礁・衝突・沈没など海上固有の危険》. 〘1727〙

Searle /sə́ːl | sə́ːl/, **Humphrey** *n.* サール《1915–82; 英国の十二音技法作曲家》.

Searle, Ronald (William Fordham) *n.* サール《1920–2011; 英国の画家・漫画家》.

séa ròad *n.* **1** 海路, 航路. **2** (港ほどは条件がよくない)船の停泊地 (road). 〘1893〙

séa ròbber *n.* **1** 海賊 (pirate). **2** 〘鳥類〙＝jaeger 3. 〘1568〙

séa ròbin *n.* 《米》〘魚類〙ホウボウ (gurnard); (特に) *Prionotus* 属のアメリカ産の魚. 〘1814〙

séa ròcket *n.* 〘植物〙ヨーロッパ・北米の海岸に生えるアブラナ科カキレ属 (*Cakile*) の草の総称《ふじ色・ピンクまたは白色の花をつける》.

séa ròom *n.* **1** 〘海事〙操船余地《操船するに十分な水面; cf. beth 1 a》. **2** 十分な活動余地 (full scope). 〘a1554〙

séa ròver *n.* 《古》**1** 海賊 (pirate). **2** 海賊船. 〘1579–80〙

Sears /síəz | síəz/ *n.* シアーズ《米国の世界最大の小売業者 Sears, Roebuck and Co. の略・通称; カタログ通信販売で有名になった; Sears Roebuck ともいう》.

Sears /síəz | síəz/, **Richard Warren** *n.* シアーズ《1863–1914; 米国の実業家; 通信販売による世界最大の小売チェーン Sears, Roebuck and Co. を創立 (1886)》.

séa-rùn[-rùnning] *adj.* ＝anadromous. 〘1885〙

séa-sàlt *adj.* 海塩の(ような); 塩からい. 〘1593–94〙

séa sàlt *n.* 海塩 (cf. rock salt). 〘1601〙

séa sànd *n.* **1** (海岸または海底から採取した)海砂. **2** [*pl.*] (海岸の)砂浜. 〘(c1220) *se sond*〙

sea·scape /síːskèɪp/ *n.* **1** 海景 (seaview). **2** 海景画, 海の絵 (seapiece) (cf. landscape). 〘1799〙

séa scòrpion *n.* **1** 〘魚類〙カジカ (sculpin); (特に)カジカ科ギスカジカ属の魚 (*Myoxocephalus scorpius*). **2** 〘古生物〙＝eurypterid. 〘1601〙

séa scòut *n.* 海洋少年団員, シースカウト《ボーイスカウトの海事訓練隊員》; [the ～s] 海洋少年団. 〘1911〙

séa-scòuting *n.* 海洋スカウト活動《海洋の活動を主目標とするボーイスカウト運動の一分野》. 〘1912〙

séa sèrpent *n.* **1** 大海蛇(うみへび)《巨大なヘビ状の伝説上の空想的怪物》: the (great) ～ 竜. **2** 〘動物〙＝sea snake 1. **3** 〘魚類〙リュウグウノツカイ (oarfish). **4** [the S- S-] 〘天文〙うみへび(海蛇)座 (⇨ hydra 4). 〘1646〙

séa sèrvice *n.* 海上勤務; 海軍兵役 (cf. land service). 〘1610〙

séa·shèll *n.* 海産の貝[貝殻]; 海水軟体動物の貝殻. 〘OE *sǣscel*〙

séa·shòre *n.* **1** 海岸, 海浜, 海辺 (seacoast). **2** 〘法律〙海岸《満潮線と干潮線との間の地》. 〘1526〙

Séa·shore tèst /síːʃɔə- | -ʃɔː-/ *n.* 〘心理〙シーショア(音楽才能)テスト《音記憶・リズム感覚などの音楽能力をレコードを用いてテストする》. 〘← *Carl Seashore* (1866–1949: 米国の心理学者)〙

séa·sìck *adj.* 船に酔った, 船酔いの (cf. airsick, carsick): be [get] ～ 船に酔っている[酔う]. 〘a1566〙

séa·sick·ness *n.* 船酔い. 〘1625〙

sea·side /síːsàɪd/ *n.* [the ～] **1** 海辺, 海浜, 海岸 (seashore)《特に《英》では保養・避暑地などとしての海岸地帯》(⇨ shore^1 SYN): at [by] *the* ～ / go to *the* ～ 海岸へ行く. **2** (都市の)臨海側. — *adj.* [限定的] 海辺の, 臨海の: a ～ hotel 海浜ホテル / a ～ resort 海辺の行楽地. 〘?a1200〙

séaside dáisy *n.* 〘植物〙米国太平洋沿岸地方の海岸の紫色の花をつけるアズマギクの一種 (*Erigeron glaucus*) 《beach aster ともいう》.

séaside góldenrod *n.* 〘植物〙トキワアワダチソウ (*Solidago sempervirens*)《北米大西洋沿岸地方の鮮やかな黄色の花の咲くキク科アキノキリンソウ属の多年草; beach goldenrod ともいう》.

séaside spàrrow *n.* 〘鳥類〙カイガンヒメドリ, カイガンスズメ (*Ammospiza maritima*)《北米大西洋沿岸地方のホオジロ科の小鳥》. 〘1886〙

séa slàter *n.* 〘動物〙フナムシ (*Ligea oceanica*).

séa slùg *n.* 〘動物〙**1** ＝holothurian. **2** ＝nudibranch. 〘1779〙

séa snàil *n.* **1** 〘動物〙海産巻貝の総称《エゾバイ (whelk), ホラガイ (triton), タマガイ (moon shell) など》. **2** 〘魚類〙オタマジャクシの形に似たクサウオ科クサウオ属 (*Liparis*) の小魚の総称《snailfish ともいう》. 〘lateOE *sǣsnæl*〙

séa snàke *n.* **1** 〘動物〙ウミヘビ《ウミヘビ科の毒ヘビの総称; インド洋・西太平洋熱帯部などにいる》. **2** ＝sea serpent 1. 〘1755〙

sea·son /síːzən, -zn̩/ *n.* **1 a** 季節, 季《四季の一つ》: the (four) ～*s* (一年の)四季《spring, summer, autumn [《米》fall], winter》/ at any ～ (of the year) (一年中)いつでも / in all ～*s* 四季共に[を通じて]. **b** 時候: *Season's* Greetings＝(with) the compliments of the ～ (時候の挨拶として)おめでとう《特にカードに書く, クリスマス[新年]の賀詞》. **2** [通例修飾語を伴って] **a** (…の)季節, 時節, 時季: a [the] dry [rainy] ～ 乾燥[雨, 梅雨]期 / a closed ～ 禁猟期 / an open ～ (*for* [*on*] deer) (シカの)狩猟期 / the holiday ～ 休暇期《Christmas, Easter または八月; 米国では Thanksgiving から Christmas を経て New Year's まで》/ the ～ of good will 善意の季節《Christmas のころ》/ the harvest ～ 収穫期 / a [the] busy [high] ～ (*in* [*for*] hotels) (ホテルの)最盛期, 書き入れ時 / a dead [the dead, a dull, a low, a slack] ～ (*for* trade) (商売の)霜枯れ時, 不景気の時節 / ⇨ off-season, silly season. **b** (果実・魚介などの)出盛り時, 旬(しゅん): come into ～ 〈食物が〉出盛りになる, 旬(しゅん)になる / the ～ *for* oysters かきの時節 / Everything is good in its ～. 《諺》物はすべて旬がよい. **c** (社交・演劇・スポーツなどの)活動期, シーズン (⇨ off-season 日英比較): the (London) (social) ～ ロンドン社交期《初夏のころ》/ the opera [theatrical, theater] ～ オペラ[芝居]の季節 / the baseball [hunting] ～ 野球[狩猟]シーズン / the tourist ～ 観光シーズン / the best ～ *for* travel*ing* [*to* travel] 旅行に一番良い季節 / at the height of [early in, late in, at the start of] the ～ 季節[シーズン]の盛り[始めころ, 終りころ, 始まり]に / She's directed three plays this ～. 今期は彼女は 3 本の劇の演出をした. **3 a** 〔…に〕よい頃合, 適当な時〔*for*〕: There is a ～ *for* everything. 何事にも時機がある (cf. *Eccles.* 1:3) / This is not the ～ *for* arguing. 今は議論をしている時ではない. **b** 時期, 頃: the ～ of one's youth 青年期. **4** 閑散期, 霜枯れ時 (off-season): close a shop for the ～ シーズンオフの間店を閉める. **5** 《口語》＝season ticket. **6** [*pl.*] 《文語》年齢, …歳 (year): a child of five ～*s* 5 歳の子供. **7** 〘スポーツ〙(試合)シーズン; シーズン中の試合予定数; シーズン中の勝敗結果: get through the ～ undefeated シーズンを無敗で切り抜ける.
for a séason ある期間, しばらくの間. 《1526》 ***for áll séasons*** どんな状況にも対応する: a man *for all* ～*s* どんな状況にも適応できる男《もと Thomas More についていわれたことば》. ***in dúe séason*** 《古》しかるべき時機に, 間に合うように. 《1837》 ***in góod séason*** 《古》十分間に合って, 早目に: arrive *in good* ～ *for* [*to* catch] the train 列車に十分間に合うように到着する. ***in séason*** (1) (果実・魚介など)出盛り[旬(しゅん)]で, 食べごろで: Oysters are now *in* ～. かきが今食べごろだ. (2) 猟期で. (3) 時を得て[た], ちょうどよく: a word *in* ～ 時を得た忠言 (*Isaiah* 50: 4). 《c1338》 (4) ＝*in good* SEASON. (5) 〈雌の動物が〉盛りがついて. 《1414》 ***in (sèason) and óut of sèason*** (時を選ばず)いつも, 明けても暮れても, のべつまくなしに (cf. 2 *Tim.* 4: 2): He is witty *in* (～) *and out of* ～ [*in* ～ *and out*]. 時をきらわずしゃれを言う. 《1526》 ***óut of séason*** (1) 季節はずれで[の], 旬[食べごろ]ではない. (2) 禁猟期で. (3) 時を得ない, 時機を失して. 《c1378》
— *vt.* **1 a** 調味する; 〔調味料・香辛[香味]料などで〕…に味をつける (flavor, spice)〔*with*〕: ～ a fish dish highly 魚料理に香味料を強くきかす / ～ meat *with* ginger 肉にしょうがで風味をつける. **b** 〔機知・ユーモアなどで〕…に味をもたせる, 興味[おもしろ味, 趣]を添える〔*with*〕: ～ conversation *with* wit とんちで談話に興を添える. **2 a** 〈材木などを〉乾燥させる, 枯らす: ～ timber [tobacco] 木材[たばこの葉]を乾燥させる. **b** 〈酒を〉慣らす (mature); 〈パイプなどを〉なじませる. **3** 慣らす, 習熟させる (inure); 練る, 鍛える (harden): ～ an athlete 競技者を鍛える / ～ oneself *to* cold [hunger, fatigue] 寒気[空腹, 疲労]に身を慣らす / the marines ～*ed in* battle 戦闘で鍛えられた海兵隊員. **4** 《文語》緩和させる, 和らげる (temper): when mercy ～*s* justice 慈悲の心が裁きを和らげるとき (Shak., *Merch V* 4. 1. 197).
— *vi.* 熟する, 慣れる; 〈材木などが〉乾燥する, 枯れる.
～·er /-z(ə)nə, -znə | -z(ə)nə^r, -zn̩-/ *n.*
〘n.: (?a1300) *seson(e)* □ OF *se(i)son* (F *saison*) ＜ L *satiō(n-)* sowing (time) ← *satus* (p.p.) ← *serere* 'to sow^1': ⇨ semen, -ion. — v.: (?c1390) □ OF *saisonner* ← *seson*〙

sea·son·a·ble /síːz(ə)nəbl̩, -zn-/ *adj.* **1** 季節の, 時節がらの, 時節[季節]相応の; 順調な: ～ weather [cold] 時節[相当]の天候[寒さ]. **2** 時を得た, 好時機の, 都合のよい, 適当[適切]な (⇨ timely SYN): a ～ gift [aid] 時を得た贈り物[援助] / ～ advice 時宜を得た忠告 / The money came at a most ～ time. その金はちょうど都合のよい時に手に入った. **séa·son·a·bly** *adv.* **～·ness** *n.* 〘(?c1300): ⇨ ↑ (v.), -able〙

sea·son·al /síːz(ə)nl̩, -znəl, -zn̩l/ *adj.* **1** 特定の季節だけの[に関した]: a ～ resort. **2** 季節の, 季節的な; 季節ごとの, 周期的な (periodical): ～ changes of climate 気候の季節的変化 / a ～ laborer 季節労働者 / the ～ migration of birds 鳥の季節ごとの移動. **～·ly** *adv.* **～·ness** *n.* 〘(1838) ← SEASON＋-AL^1〙

séasonal adjústment *n.* 〘経済〙季節調整.

séasonal affèctive disórder [depréssion] *n.* 〘精神医学〙季節性感情障害《冬季の日照不足からくる鬱(うつ)病》. 〘1983〙

séasonal ràte *n.* (電力・ホテルなどの)季節料金.

séason chèck *n.* 〘林業〙＝season crack 2. 〘1887〙

séason cràck *n.* **1** 置割れ, 時季割れ《黄銅その他の金属に生じる使用中または貯蔵中の亀裂》. **2** 〘林業〙干割れ《木材の乾燥によって起こる割れ; season check ともいう; cf. frost crack》. 〘1909〙

sea·soned /síːzənd, -zn̩d/ *adj.* **1** 調味[味付け]した (flavored, spiced): highly ～ dishes 香味料をたくさん入れた[味の濃厚な]料理. **2** 〈人が〉慣れた, 経験豊かな, 練達の: a ～ soldier 古つわもの / a ～ politician 老練な政治家 / a ～ boxer 年季の入ったボクサー. **3** 〈木など〉よく乾燥させた[枯らした]; 〈パイプなど〉よく使い込んだ: well-*seasoned* wood よく枯らした材木. 〘1440〙

sea·son·ing /síːz(ə)nɪŋ, -zn-/ *n.* **1** 調味料《塩・こしょうなど》; 調味料で味を付けること. **2** 興趣[おもしろみ]を添えるもの: a ～ of humor ユーモアの味. **3** (人の新しい風土への)馴化(じゅんか); 鍛練. **4** (材木などの)乾燥 (drying). 〘1511〙

séason·less *adj.* 四季[春夏秋冬]の区別のない. 〘1595〙

séason tícket *n.* **1** 《英》定期乗車券, 定期券 (《米》commutation ticket). **2** (劇場・野球場などの一定期間の催し物への)定期入場券. 〘1820〙

séa spìder *n.* 〘動物〙**1** ＝spider crab. **2** ウミグモ綱の節足動物の総称. 〘1666〙

séa squìll *n.* 〘植物〙＝sea onion 1.

séa squìrt *n.* 〘動物〙ホヤ《原索動物門海鞘綱の無脊椎動物の総称; マボヤ (*Halocynthia roretzi*) など; ascidian ともいう》. 〘(1850) 触れたりすると収縮して水を噴出することから〙

séa stàck *n.* (波食によって孤立化した) 離れ岩 (stack).

séa stàghorn *n.* 〘植物〙ミル《ミル科ミル属 (*Codium*) の緑藻の総称; ミル (*C. fragile*) など》.

séa stàr *n.* 〘動物〙ヒトデ (starfish). 〘(OE) 《1569》: 古義は航海のしるべとなる星〙

séa stàte *n.* 海上模様, 海況. 〘1967〙

séa stèps *n. pl.* 〘海事〙舷側昇降段.

séa swàllow *n.* 〘鳥類〙**1** アジサシ類の海鳥の総称 (tern); (特に)アジサシ (*Sterna hirundo*). **2** 《英》ヒメウミツバメ (storm petrel). 〘1598〙

seat /síːt/ *n.* **1 a** 座席, (特に, 決まった)席: All the ～*s* in the room were empty. 部屋中の座席は全部空席だった / take [have] a ～ 座る, 着席する / Please take your ～*s*. どうぞ席にお着き下さい / keep [《米》save] a ～ for a person＝save a person a ～ 人のために席を取る / Are there (enough) ～*s* for everyone? 皆に席がありますか / resume [go back to] one's ～ 席に戻る / give up one's ～ 席を譲る / Keep your ～! 席に着いていて下さい, どうぞそのままに / rise [get up] from one's ～ 席を立つ / the ～ of judgment 裁きの座, 判事席 / ⇨ driver's seat. **b** (劇・映画などの)観覧席(に着く権利): a ～ at a theater 劇観覧席 / a 500-*seat* theater 500 席の劇場 / buy [reserve, book] two ～*s* for the play [on the train, on the plane] 芝居[電車, 飛行機]の切符を 2 枚買う[予約する] / I'd like two ～*s* for tonight, please. 今夜の席を 2 枚下さい. **2 a** (椅子・腰掛け・鞍 (saddle) の)座, 座部: the ～ of a chair. **b** (からだの)尻, 臀(でん)部 (buttocks); (着物の)居敷(いしき), 尻: the ～ of one's trousers / put a ～ on a pair of trousers ズボンの尻につぎを当てる / by the ～ of one's pants ⇨ 成句. **3** 座るもの《椅子・腰掛け・ベンチなど》. **4 a** 議席, 議員権, 議員の地位 (membership): a safe ～ 当選確実な選挙区 / win a ～ in Congress 国会の議席を得る, 議員に当選する / lose one's ～

(in Congress)〈議員が〉議席を失う; 落選する / take one's ～ in the House of Commons [Lords] 下[上]院に当選後初めて登院する / resign [give up] one's ～ 議員を辞する / He has a ～ on the Board. 彼は評議員の一人だ. **b** 王座, 司教[主教]座 (throne); 王権, 司教権. **c** (証券取引所の)会員権 (membership). **5** (馬・自転車などの)乗り方, 座り, 腰つき; 乗った姿勢: You have a good ～. 君は乗馬ぶりがいい / keep [lose] one's ～ when one's horse rears 馬が後ろ足で立った時に落ちない[落ちる]. **6** (器械などの)台, 座 (base): the ～ of an engine 機関座 / the ～ of a valve 弁座. **7 a** (あるものの占めている・起こっている・所属している)場所 (locality, site). **b** 所在地; 中心地 (center); 首都 (capital): the ～ of war 戦場 / the ～ of government 政庁所在地 / ～ of learning [commerce] 学問[商業]の中心地 / the ～ of the soul 霊魂の宿るところ, 心. **c** (田舎の)地所 (estate), (貴族の田舎の)屋敷, 邸宅: have a (country) ～ in Devon デボン州に邸宅がある / ⇨ countryseat. **d** 病源, 病巣, (病気の)部位: The lungs are the ～ of the disease.=The disease has its ～ in the lungs. 病気は肺にある. **8** 〘スコット法〙=COURT of Session. **9** 〘木工〙(榫(ほぞ)の先端を横架材に据えるための)欠き込み.
báck séat ⇨ backseat. ***be on the édge of one's séat*** わくわく[そわそわ]して待つ. ***by the séat of one's pánts*** 《俗》(1) (飛行機の操縦に)計器を用いないで, 勘で: fly *by the* ～ *of one's pants* 勘で飛行機を操縦する. (2) 直感で, 勘で, 経験に基づき. (3) わずかの差で, きわどいところで: win *by the* ～ *of one's pants* 辛勝する. 《1958》 ***in one's séat*** 《インド》勤務形態についている. ***on séat*** 《アフリカ西部口語》〈役人が〉在勤して〘旅行・休暇に対して〙. ***táke a frónt séat*** ⇨ front *adj.* 成句.
— *vt.* 1 a 〈人を〉着席させる, 腰をかけさせる: ～ a person in an armchair [a restaurant, a theater] 肘掛け椅子に[レストラン, 劇場で]人をかけさせる. **b** [～ *oneself* または p.p. 形で]〔…に〕座る, 座っている, 着席する[している]〔*on, at*〕: ～ *oneself on* [*in*] a chair 椅子に座る / She was ～*ed at* a table. 彼女はテーブルについていた / I found him ～*ed on* a bench. 彼がベンチに腰かけているのを見つけた / Please be ～*ed*. どうぞご着席下さい / Please wait (here) to be ～*ed*. (食堂などで)席にご案内するまで(ここで)お待ち下さい / stay [remain] ～*ed* 着席のままでいる. **2** …人分の座席を有する, 収容する, …に席を設ける (accommodate): How many does [will] the hall ～? ホールには何人分の座席がありますか / The theater will ～ 1,000. その劇場には 1000 人はいれるだろう. **3 a** [通例 ～ *oneself* または p.p. 形で] 腰を据えさせる; 〈ある場所に〉定住する, 住む (settle)〔*in*〕. **b** [p.p. 形で] 位置する; 〔…に〕ある〔*in*〕: His disease is deep(ly) ～*ed*. 彼の病気は根深い. **4 a** 〈椅子〉の座部をつけ(かえ)る; 〈ズボン〉の尻当てをつけ(かえ)る: ～ a pair of trousers ズボンに尻当てをつける / ～ a chair *with* [*in*] leather 椅子に皮の座をつける. **b** 〈機械などを〉据える: ～ machinery 機械を据えつける. **5** …に議席を得させる: ～ a candidate 候補者を当選させる / He has been ～*ed* for Bridgewater. ブリッジウォーターから選出された. **6** 〈弾薬筒を〉銃に正しくこめる. **— *vi.* 1** きちんとおさまる, ぴったりはまる. **2** 衣服の尻が出る.
〘(?*a*1200) *sete* ◻ ON *sæti* < Gmc *(*ʒa*)*setjam* (OE *ġesete* / G *Gesäss*) ← **setjan* 'to SIT'〙

séa tàngle *n.* 〘植物〙=kelp; (特に)コンブ属 (*Laminaria*) の海藻の総称.

séat bèlt *n.* (自動車・飛行機の)安全ベルト, 座席ベルト, シートベルト《safety belt ともいう》: fasten [unfasten] a ～ 安全ベルトを締める[はずす]. 〘1932〙

séat·ed /-ṭɪ̀d | -tɪ̀d/ *adj.* [通例複合語の第 2 構成素として] **1** 座部が…の; 腰掛けが…の: cane-*seated* 〈椅子が〉座部を籐(とう)で張った / two-*seated* vehicles 二人乗りの乗物. **2** 根底が…の, 根が…の: a deep-*seated* prejudice 根強い偏見. 〘(1606) 1818〙

-séat·er /-ṭə | -tə⁽ʳ⁾/「(飛行機・自動車など)…人乗りの乗物」の意の名詞連結形: a two[four]-*seater* 二[四]人乗り.

séa tèrm *n.* 航海[海事]用語, 海語 (nautical term).

seat·ing /síːṭɪŋ | -tɪŋ/ *n.* **1 a** 座席の設備[設営]; 収容(力): a ～ capacity 座席数, 収容力. **b** [集合的に] 座席 (seats). **2** 着席(させること); 座席(への)案内: a ～ chart 着席図. **3** 椅子の材料; (特に)詰め物, 張り布 (upholstery). **4** 乗馬の姿勢, 乗り方. **5** (機械などの)台, 座 (seat). 〘(1596) 1805〙

séating plàn *n.* (劇場・晩餐会などでの)座席表, 座席の配列.

séat·less *adj.* **1** 席のない. **2** 議席のない. 〘1807〙

séat·màte *n.* 《米》(乗物などで)同じ席に隣り合って座る人. 〘1859〙

séat míle *n.* 〘航空〙座席マイル《旅客機の輸送能力の単位で, 1 座席につき 1 マイル飛行すること; マイルによる飛行距離に座席数をかけて計算する; cf. passenger-mile》. 〘1953〙

SEATO /síːṭoʊ | -təʊ/ *n.* シアトー, 東南アジア条約機構 (cf. NATO). 〘(1954)《頭字語》← *S*(*outh*) *E*(*ast*) *A*(*sia*) *T*(*reaty*) *O*(*rganization*)〙

séat-of-the-pánts *adj.* 《俗》(計器・理論でなく)勘と経験による. 〘1942〙

Séa·ton Válley /síːtn̩-/ *n.* シートンバレー《イングランド Northumberland 州南東部の炭鉱地帯》.

séa tòrtoise *n.* 〘動物〙=sea turtle. 〘1601〙

séa tràin *n.* **1** 列車輸送船《荷物を積んだ列車を輸送する船》. **2** (陸・海軍の)海上輸送船団. 〘1932〙

séa tròut *n.* 〘魚類〙**1** 降海性のあるマス類 (trouts and chars) の総称; (特に)ヨーロッパ産のブラウントラウト (brown trout). **2** ニジマスに似た海産魚類の総称《weakfish, アイナメ (greenling) など》. 〘1745〙

Se·at·tle /siǽṭl̩ | -tl̩/ *n.* シアトル《米国 Washington 州西部の Puget Sound に臨む港市》. 〘この土地のインディアンの酋長の名 *Seathl* にちなむ〙

séa tùrtle *n.* 〘動物〙ウミガメ《暖海に広く分布する大型のウミガメの総称; オサガメ (leatherback turtle), タイマイ (hawksbill turtle), アカウミガメ (loggerhead turtle), アオウミガメ (green turtle) などを含む》. 〘1612〙

séa twìne *n.* 〘植物〙=sea lace.

séat·wòrk *n.* 〘教育〙(生徒が監督者なしに行う)自席学習, 自習.

séa·ùnicorn *n.* 〘動物〙=unicorn 2. 〘1646〙

séa ùrchin *n.* **1** 〘動物〙ウニ《棘皮(きょくひ)動物門ウニ綱の動物の総称》. **2** 《豪》〘植物〙=cushionflower. 〘1591〙

séa vàlve *n.* 〘海事〙(船の)海水弁, 海水コック. 〘1895〙

séa·view *n.* =seascape. 〘1781〙

séa·wàll *n.* (海岸の)護岸, 防波堤, 防潮壁, 岸壁. 〘OE *sǣweal*(*l*)〙

séa-wàlled *adj.* **1** 防波堤で守られた. **2** 海に護られた[囲まれた]. 〘1595〙

séa wàlnut *n.* 〘動物〙有櫛(ゆうしつ)動物門 (Ctenophora) のクラゲ《くるみの形をしている》.

sea·wan /síːwən/ *n.* =wampum.

sea·ward /síːwəd | -wəd/ *adv.* 海の方へ, 海に向かって: travel ～. **— *adj.* 1** 海に向かった, 海に向かおうとする, 海への: have a ～ aspect 〈建物など〉海の方を向いている / the ～ course 外海進路. **2** 〈風など〉海から来る: a ～ wind. **— *n.*** [the ～] 海の方: look to *the* ～ 海の方を見る. 〘(*c*1385): ⇨ sea, -ward〙

séa·wards /-wədz | -wədz/ *adv.* =seaward. 〘(1517): ⇨ -wards〙

sea·ware /síːwɛ̀ə | -wɛ̀ə⁽ʳ⁾/ *n.* (肥料用の)海草, 海藻 (seaweed). 〘lateOE *sǣwār* ← OE *sǣr* 'SEA'+*wār* alga (← Gmc **waira*- ← IE **wei*- to turn, twist)〙

séa wàsp *n.* 《豪》=box jellyfish.

séa·wàter *n.* 海水. 〘OE *sǣwæter*〙

séa·wày *n.* **1** 海路, 航路. **2** 外海, 外洋 (open sea). **3** 運河, (大船舶の航行できる)深い内陸水路: St. Lawrence *Seaway*. **4** 船の進航, 船脚 (ship's progress): make ～ 進航する. **5** 荒海, 激浪 (rough sea): in a ～ 激浪にもまれて, 荒波の中で. 〘OE *sǣweġ*〙

séa·wèed *n.* [集合的にも用いて] 海草; 海藻 (marine alga); 淡水藻 (freshwater seaweed). 〘(1577) ← SEA+WEED[1]〙

séa whìp *n.* 〘動物〙ヤギ目のサンゴ.

séa·wife *n.* (*pl.* **sea·wives**) 〘魚類〙ヨーロッパ産ベラの類で次の 2 種のいずれかを指す《ベラ科の魚 *Labrus vetula*, *Acantholabrus yarrelli*》. 〘1836〙

séa·wìnd *n.* 海風 (sea breeze). 〘1604〙

séa wòlf *n.* **1** 〘魚類〙大食する海の魚類の総称; (特に)オオカミウオ (wolffish). **2** 海賊 (pirate); 潜水艦 (submarine). 〘*a*1393〙

séa wòrm *n.* **1** 海にすむ環形動物. **2** =sea serpent 1. **3** =shipworm. 〘1681〙

séa wòrmwood *n.* 〘植物〙ミブヨモギ (*Artemisia maritima*)《アジア・ヨーロッパ産キク科の多年草; 根を薬用・香味料に使う》. 〘1548〙

séa·wòrthy *adj.* 〈船が〉航海に適する, 耐航性[耐波性]のある (cf. airworthy): a ～ ship. **séa·wòrthi·ness** *n.* 〘1807〙

séa wràck *n.* **1** (海岸へ打ち寄せられた)海草. **2** 〘植物〙=eelgrass 1. 〘1551〙

seax /sǽks/ *n.* 〘建築〙=sax[1].

Seb /séb/ *n.* 〘エジプト神話〙=Geb.

se·ba·ceous /sɪ̀béɪʃəs | sɪ̀-, sɛ-/ *adj.* 〘解剖・生理〙 **1** 脂肪質の; 脂肪の多い (fatty). **2** 脂肪(性)の, 脂腺(性)の. 〘(1728) ← L *sēbāceus* ← *sēbum* tallow: ⇨ -aceous〙

sebáceous cýst *n.* 〘医学〙皮脂嚢胞(のうほう)[嚢腫].〘1876〙

sebáceous glánd *n.* 〘解剖〙皮脂腺, 脂腺. 〘1728〙

se·bac·ic /sɪ̀bǽsɪk, -béɪs- | sɪ̀-, sɛ-/ *adj.* 〘化学〙脂肪の. 〘(1790) ← *sēbāceus*+-IC[1]: ⇨ sebaceous〙

sebácic ácid *n.* 〘化学〙セバシン酸 ($HO_2C(CH^2)_8CO_2H$)《ひまし油などの加水分解で得られ, 可塑剤・潤滑油などに用いる》. 〘1790〙

Se·bas·tian /səbǽstʃən | sɪ̀bǽstiən, sɛ-; *G.* zebástian/ *n.* セバスチャン《男性名; 愛称形 Bassy, Bastion》. 〘◻ L *Sebastiānus* ◻ Gk *Sebastianós* 'inhabitant of *Sebasteía* (Pontus の町の名)'〙

Se·bas·tian /səbǽstʃən | sɪ̀bǽstiən, sɛ-/, Saint *n.* 聖セバスティアヌス, セバスティアン《3 世紀末のローマの軍人で殉教者; 迫害にあっても信仰を棄てるのを拒んだため木につながれ無数の矢に貫かれて殺されたが生き返り, 後に棍棒で殺されたと伝えられる》.

Se·bas·to·pol /sɪ̀bǽstəpòʊl, -pl̩ | -pɔ̀l, -pl̩/ *n.* =Sevastopol.

Se·bat /ʃəbáːt/ *n.* =Shebat.

SEbE 《略》Southeast by East.

se·bes·ten /sɪ̀béstən | sɪ̀-, sɛ-/ *n.* **1** 〘植物〙西アジア産ムラサキ科の白い花をつける植物 (*Cordia myxa*). **2** その実《食用となり, もとは鎮痛剤用; 粘着性があり, はえとりリボンにも用いる》. 〘(1392) ◻ ML *sebestēn* ◻ Arab. *sibistān* ◻ Pers. *sapistān* ← *sapista* smelling badly〙

seb·i- /sébɪ̀, síːb-, -bi/ sebo- の異形.

se·bif·er·ous /sɪ̀bífərəs/ *adj.* 〘生物〙脂肪質を分泌する (sebaceous). 〘(1858) ← SEBI-+-FEROUS〙

se·bip·a·rous /sɪ̀bípərəs/ *adj.* 〘生物〙=sebiferous. 〘(1855) ← SEBI-+-PAROUS〙

seb·o- /sébou, síːb- | -bəʊ/「脂肪 (fat)」の意の連結形. 〘← NL ～ ← L *sēbum* tallow〙

seb·or·rhe·a /sèbəríːə/ *n.* 〘病理〙脂漏(症), 皮脂漏.
seb·or·rhe·ic /sèbəríːɪk⁻/ *adj.* 〘(1876) ← NL ～: ⇨ ↑, -rrhea〙

seborrhéic dermatítis *n.* 〘病理〙脂漏性皮膚炎.

seb·or·rhoe·a /sèbəríːə/ *n.* 〘病理〙=seborrhea.
seb·or·rhoe·ic /sèbəríːɪk⁻/ *adj.*

SEbS 《略》Southeast by South.

se·bum /síːbəm/ *n.* 〘生理〙脂(し), 皮脂. 〘(1706) (1876) ◻ L *sēbum* tallow, grease〙

se·bun·dy /sɪ̀bʌ́ndi | sɪ̀-, sɛ-/ *n.* (*pl.* **～, se·bun·dies**) (インドの)不正規兵, 私兵, 民兵. 〘(1782) ◻ Hindi *sibandī* ◻ Pers. *sihbandī* ← *si* three+*band* bond, agreement: もと 3 か月ごとに俸給が支払われたことから〙

SEbW 《略》Southeast by West.

sec[1] /sék/ *n.* 《英口語》ちょっとの間, 瞬時: Wait a ～. 〘(*c*1880)《略》← SECOND[2]〙

sec[2] /sék; *F.* sɛk/ *F. adj.* 〈ワインが〉辛口の, セック《糖量が 3–5% のものにいう》. 〘(1889) ◻ F ～ < L *siccum* dry: cf. secco〙

sec 《略》〘数学〙secant.

SEC /ésìːsíː/ 《略》Securities and Exchange Commission (米国)証券取引委員会. 〘1934〙

sec. 《略》second(s); secondary; secretary; section(s); sector; secundum.

Sec. 《略》Secretary.

sec- /sèk/ [通例イタリック体で用いて] 〘化学〙「第二の, 二次の, 二級の (secondary)」の意の連結形: *sec*-butyl. 〘← SECONDARY〙

SECAM /síːkæm/ 《略》séquentiel couleur à mémoire《フランスなどで採用しているカラーテレビ放送の方式》.

se·cant /síːkənt, -kænt | síːkənt, sék-/ 〘数学〙*n.* **1** 割線. **2** (三角関数の)正割, セカント (略 sec): the ～ of an arc 弧の正割. **— *adj.*** 切る, 分かつ, 交差する: a ～ line 割線. 〘(1593) ◻ L *secantem* (pres.p.) ← *secāre* to cut: ⇨ section, -ant〙

sec·a·teur /sékətə̀ː, ⁻⁻⁻ | sèkətə́ː⁽ʳ⁾, ⁻⁻⁻; *F.* sekatœːʀ/ *n.* (*pl.* **～s** /～z; *F.* ～/) [通例 *pl.*] 《英》剪定(せんてい)ばさみ, 植木ばさみ (pruning shears). 〘(1881) ◻ F *sécateur* ← L *secāre* (↑)+-*ateur* '-ATOR'〙

Séc·chi dísk [dísc] /séki-; *It.* sékki/ *n.* 透明度板《水の透明度を測るため水中に投入する》. 〘(1913) ← *Angelo Secchi* (1818–78: イタリアの天文学者: 初めてその円板を利用した)〙

sec·co /sékou | -kəʊ; *It.* sékko/ *adj.* **1** 乾いた (dry). **2** 〘音楽〙短く断音的な; (叙唱で)通奏低音楽器のみを伴奏とする. **— *n.*** (*pl.* **～s**) 〘絵画〙セッコ《乾いたしっくい壁面に水彩で描く画法; fresco secco, dry fresco ともいう; cf. fresco》. 〘(1852) ◻ It. ～ < L *siccum* dry: cf. sec[1]〙

Sec·co·tine /sékətìːn/ *n.* 〘商標〙セコチーン《にかわ代用の液体の商品名》. 〘(1894): ⇨ ↑, -ine[1]〙

se·cede /sɪ̀síːd/ *vi.* 〈教会・政党などから〉脱退[脱党, 脱会]する, 分離する〔*from*〕. 〘(1702) ◻ L *sēcēdere* ← *sē-* apart+*cēdere* to go: ⇨ se-, cede〙

se·céd·er /-də | -də⁽ʳ⁾/ *n.* **1** 脱退者, 脱党[脱会]者, 分離者. **2** [S-] (1733 年英国国教会から分離したスコットランドの長老(派)教会の人. 〘(1755): ⇨ ↑, -er[1]〙

se·cern /sɪ̀sə́ːn | -sə́ːn/ *vt.* **1** 区別する (separate); 識別する, 弁別する (discriminate). **2** 〘生理〙分泌する (secrete). **— *vi.*** 識別[弁別]される. **～·ment** *n.* 〘(1656) ◻ L *sēcernere* (← SE-+*cernere* to separate): cf. secret〙

se·cer·nate /sɪ̀sə́ːneɪt | -sə́ː-/ *vt.* 〘生理〙=secern 2. 〘⇨ ↑, -ate[3]〙

se·cern·ent /sɪ̀sə́ːnənt | -sə́ːn-/ *adj.* 〘生理〙分泌する. **— *n.* 1** 〘生理〙分泌器官; 分泌機能. **2** 〘薬学〙分泌薬, 分泌促進薬. 〘(1808) ◻ L *sēcernentem* (pres.p.) ← *sēcernere* to separate: ⇨ secern〙

se·ces·sion /sɪ̀séʃən/ *n.* **1** (政党・教会などからの)脱退, 脱会, 脱党, 分離 (separation). **2** [しばしば S-] 《米》1860–61 年に企てられた南部 11 州の分離《これが原因で南北戦争 (Civil War, War of Secession) (1861–65) が起こった》. **3** [S-] (スコットランドで) 1733 年の英国国教会からの離脱. **4** [S-] 〘建築〙ゼツェッション, セセッション, 分離派《1897 年 Vienna に起こった, 過去の建築からの分離を唱える, 直線を主とした建築・応用美術の様式》. 《なぞり》← G *Sezession*〙 **～·al** /-ʃnəl, -ʃənl̩/ *adj.* 〘(1533) ◻ L *sēcessiō*(*n*-) ← *sēcessus* (p.p.) ← *sēcēdere*: ⇨ secede, -sion〙

Secéssion Chúrch *n.* 〘キリスト教〙分離教会《1733 年に英国国教会から分離したスコットランドの長老(派)教会》. 〘1733〙

se·cés·sion·ism /-ʃənɪzm̩/ *n.* **1** 分離論, 脱退論. **2** [しばしば S-] 《米》(南北戦争当時の)分離主義. **3** 〘建築〙ゼツェッション式, 分離派式. 〘(1898): ⇨ -ism〙

se·ces·sion·ist /sɪ̀séʃ(ə)nɪ̀st | sɪséʃ(ə)nɪst/ *n.* **1** 分離[脱党]論者. **2** [しばしば S-] 《米》分離主義者. **3** ゼツェッション式建築家. **— *adj.*** (政党・教会などの)分離論[分離主義]者の. 〘(1860): ⇨ -ist〙

sech 《記号》〘数学〙hyperbolic secant.

Seck·el /sékəl, sík-, -kl̩/ *n.* 〘園芸〙セカル《米国のセイヨウナシの品種名; 小型だが, 品質優良》. 〘(1817) 米国 Philadelphia 州の栽培者の名から〙

sec·ko /sékou | -kəʊ/ *n.* 《豪俗》性的変質者, 倒錯者. 〘(1949) ← SEX+-O〙

sec. leg. 《略》*L.* secundum legem (=according to law).

se·clude /sɪklúːd/ *vt.* **1** 引き離す (separate), 遮断する, 寄せつけない, 閉じ込める (shut off) 〔*from*〕: ～ one's children *from* companions 子供を友だちから引き離す. **2** 引きこもらせる, 隠退させる (withdraw), 孤立させる (isolate) 〔*from*〕: ～ oneself *from* the world 隠遁する / live ～*d from* the world 隠遁生活をする. 〖《1451》□ L *sēclūdere* ← SE-+*claudere* 'to CLOSE[1]'〗

se·clud·ed /sɪklúːdɪd | -dɪd/ *adj.* **1** 〈場所が〉引っ込んだ, 奥まった (retired): a ～ place [spot] 人里離れた所, 辺鄙(へんぴ)な所. **2** 〈人が〉世間と交わらない, 隠遁した: a ～ person. **～·ly** *adv.* **～·ness** *n.* 〖《1604》: ⇨ ↑, -ed〗

se·clu·sion /sɪklúːʒən, -ʒn/ *n.* **1** 隔離, 遮断, 隔絶 (separation): a policy of ～ 鎖国政策. **2** 隠退, 隠遁 (retirement), 閑居, 独居 (⇨ solitude **SYN**): seek ～ in …に引きこもる / a place of ～ 隠退先 / live in ～ 隠遁する. **3** 世を遠ざかった場所, 人里を離れた場所. 〖《1616》□ ML *sēclūsiō(n-)* ← *sēclūsus* (p.p.) ← *sēclūdere*: ⇨ seclude, -sion〗

se·clú·sion·ist /-ʒ(ə)nɪst | -nɪst/ *n.* 隠遁主義者; 鎖国主義者. 〖1839〗

se·clu·sive /sɪklúːsɪv, -zɪv | -sɪv/ *adj.* 引きこもり[引きこもらせ]がちな, 隠遁的な. **～·ly** *adv.* **～·ness** *n.* 〖《*a*1834》: ⇨ seclusion, -ive〗

sec. nat. 《略》*L.* secundum naturam (=according to nature).

sec·o- /sékou | -kəu/ 〘化学〙「(有機化合物で)開環をもつ」の意の連結形. ★ 主としてテルペノイド, ステロイド環の開裂したものを示す. 〖← L *secāre* to cut+-o-〗

sèco·bárbital *n.* 〘薬学〙セコバルビタール ($C_{12}H_{18}N_2O_3$) 《短時間作用型催眠剤・鎮静剤》. 〖《1952》← SECO(NAL)+BARBITAL〗

Se·combe /síːkəm/, Sir **Harry Donald** *n.* シーカム 《1921–2001; ウェールズの歌手・コメディアン》.

Sec·o·nal /sékənɔ̀(ː)l, -nɑ̀(ː)l, -næ̀l, -nl | -næ̀l/ *n.* 〘商標〙セコナール (secobarbital の商品名).

sec·ond[1] /sékənd/ *adj.* **1** 第2の, 2番目の (2nd): the ～ day of the month, week, etc. / the ～ chapter of a book / He was the ～ (person) to come. 彼は2番目に来た / This is the ～ time (that) I've been here. ここへ来たのはこれで2度目だ / for the ～ time 再び / in the ～ place 第二に, 次に / She finished in ～ place. 2着になった / the ～ chamber (立法府の)第二院, (両院制議会の)上院 / the ～ half [quarter] (サッカーの試合などの)後半の時間[第2クォーター] / ⇨ Second estate. **2** 二等の; 次位の (secondary): a [the] ～ secretary (of a legation) (公使館の)二等書記官 / be ～ in command 副司令官である; 次長である (cf. *n.* 3 c) / What's the ～ (largest [smallest, most important]) city in the country? この国で2番目の(大きい[小さい, 重要な])都市はどこですか. **3** 〔…に〕劣る, ひけをとる (inferior) 〔*to*〕: He is ～ only *to* his master. 彼は先生を除いてだれにもひけをとらない / ～ *to* none 何物[何人]にも劣らない. **4 a** [a ～] 今一つの, またの, 別の, 他の (another), 付加の (additional); 下位の (subordinate): *a* ～ time もう一度 / *a* ～ chance もう一度の機会 / *a* ～ coat 二度塗り / *a* ～ pair of boots 替えのブーツ1足 / *a* ～ helping (食事の)お代わり / have [take] *a* ～ look at …をもう一度よく見る. **b** 一つおきの, 互い違いの (alternate, other): every ～ day [line] 1日[1行]おきに. **5** 第二の, よく似た, 再来の: a ～ Hannibal 第二のハンニバル / a ～ Daniel (名裁判官)ダニエルの再来 (cf. Shak., *Merch* V 4. 1. 333). **6** 獲得した, 後天的な (acquired): ⇨ second nature. **7** 〘音楽〙第2《合唱・管弦楽などで同じ声種・楽器が2部以上に分かれる時にいう》: ～ alto, violin, trombone, etc. **8** 〘文法〙第二人称の. **9** 〈自動車などのギアが〉第2速の, セカンドの.

sécond áxiom of countabílity [the —] 〘数学〙第二可算公理 (⇨ AXIOM of countability).

sécond láw of thermodynámics [the —] 〘物理化学〙熱力学第二法則 (⇨ LAW[1] of thermodynamics (2)).

— *n.* **1** [通例 the ～] (連続したものの)第2, 2番目, 第2位, 第2項; (月の)(第)2日: be *the* ～ in a race / a good [poor, bad] ～ 第1着と大差のない[ある]第2着 / *the* ～ [2*nd*] of May [May (*the*) 2*nd*, 《米》May 2] 5月2日. **2** 第二世, 第二代目; 他の人, 別の人: James *the Second* ジェームズ二世 (James II とも書く) / He [She] will soon take a ～. じき再婚するだろう. **3 a** (競走・決闘・ボクシング(選手)などの)介添人, セコンド, セカンド: *Seconds* out [away]! セコンドは外に出て下さい. **b** 援助者, 補佐官 (backer); 後見人: act as a most useful ～ 大いに補佐[援助]する, ふところ刀となる. **c** =second-in-command. **4** [通例無冠詞で] 〘野球〙二塁, セカンド (second base). **5** [*pl.*] (食べ物の)お代わり (second helping). **6** (自動車などのギアの)第2速, セカンド (second gear). **7** [*pl.*] **a** 二等[二級]品. **b** 二等小麦粉(のパン). **c** 品質の悪いたばこの葉. **d** 〘スポーツ〙[the ～s] 二軍, 控えチーム. **8** 《英》第2級(の優等学位)《大学卒業の優等 (honours) 試験で中位の成績; 良に相当》: get an upper [a lower] ～ 2級の上[下]を取る. **9** 〘音楽〙**a** 二度音程; 二度音. **b** 二度音との結合による和声の組合わせ. **c** 低音部, 低音部音声[楽器]; 《俗に》アルト (alto). **10** 〘鉄道〙二等車. **11** (国会運営における)動議に対する賛意表明, 動議支持. **12** 〘フェンシング〙=seconde. **13** 〘トランプ〙(いかさま賭博または手品で, 一番上と見せかけて配られた)上から2枚目の札: deal ～*s*「中抜き」をする / a ～ dealer 中抜き師. **14** 〘冶金〙二級品[二等品]のブリキ.

— *adv.* **1** 第2に, 2番目に (secondly): come ～ 2番目になる[来る] / First (of all) … *Second* (《米》of all) … まず第一に…第二に…. **2** 二等で (second class; cf. economy, standard): travel ～ 二等で旅行する.

— *vt.* **1** 〈動議・決議〉に賛成する, の賛成表明をする: ～ a proposal [a motion] / I'm sure we'll all ～ that! 我々全員がそれに賛成しますよ. **2** 後援する, 支持する (support), 補う (supplement): Will you ～ me if I ask him? 私が彼に頼んだら君は口を添えてくれるか / ～ words *with* deeds 行いで言葉を補う[補強する]. **3** 〈目的などを〉助成する, 促進する (further). **4** 〈決闘者・ボクサーなどの〉介添えをする, セコンド役を務める: ～ a boxer [wrestler] ボクサー[レスラー]の介添えをする.

〖adj.: 《*c*1300》□ (O)F ～ □ L *secundus* ← *sequī* to follow: ⇨ sequel. — n.: 《?*a*1325》← (adj.). — v.: 《*a*1586》□ F *seconder* □ L *secundāre* to favor ← *secundus*〗

sec·ond[2] /sékənd/ *n.* **1** 秒, 1秒時《時間の単位; 1分の $^1/_{60}$; 記号 ″》: two minutes and twenty ～*s* 2分20秒 / per [a] ～ 1秒につき, 毎秒. **2 a** ちょっとの間, 瞬時 (moment, instant): We must not lose a ～. 1秒もぐずぐずしてはいられない / He was done in a few ～*s*. 彼はたちまち疲れ果てた / Wait a ～!=Just a ～! ちょっと待て / in (half) a ～ またたく間に, たちまち / It won't take (more than) a ～. すぐです. **b** [the ～; 接続詞的に] …するとすぐ (the minute). **3** 〘数学〙秒, セコンド《角度の単位; 1分の $^1/_{60}$; 記号 ″》: 12° 10′ 30″ =12 degrees, 10 minutes, and 30 ～*s* 12度10分30秒. ***per sécond per sécond*** 毎秒毎秒ごと: The gravitational acceleration near the surface of the earth is 32.2 feet *per* ～ *per* ～. 地球表面近くの重力加速度は32.2フィート毎秒毎秒である. 〖《1391》□ (O)F *seconde* // ML (*minūta*) *secunda* secondary (minute) ← L *secundus* (↑): 1時間の第2の $^1/_{60}$ の意〗

se·cond[3] /sɪkɑ́(ː)nd | -kɔ́nd/ *vt.* 《英》**1** 〈公務員などを〉(一次的に)配置替えする, 転属させる: be ～*ed to* another department. **2** 〈将校を〉(幕僚勤務または連帯[軍団]外のポストに配置するため一時的に)隊付きを解く, 待命にする, 隊外勤務を命じる: be ～*ed* for service on the staff 幕僚勤務配属のため隊付きを解かれる. 〖《1802》← F *en second* in(to) the second rank〗

sécond Ádam *n.* [the ～] 第二のアダム《キリストのこと; new Adam ともいう; cf. *1 Cor.* 15: 45, 47》. 〖1587〗

Sécond Adár *n.* 〘ユダヤ暦〙第二アダル (⇨ Veadar).

Sécond Ádvent *n.* [the ～] キリストの再臨 (⇨ advent 2 b). 〖1736〗

Sécond Ádventist *n.* キリスト再臨派 (Second Adventists) の信徒, キリスト再臨論者 (Adventist). 〖1878〗

sec·ond·ar·i·ly /sèkəndérəli, ⌐—⌐—— | sékəndərɪ-, -drɪ-/ *adv.* **1** 第2位に, 従属的に, 従的に. **2** 補佐として, 補助的に. **3** 《廃》第2に, 第2番目に; 2度目に. 〖《*a*1398》: ⇨ ↓, -ly[1]〗

sec·ond·ar·y /sékəndèri | -dəri, -dri/ *adj.* **1** (地位・重要性・価値・順序など)第2位の (next below), 二流の (cf. primary): a matter of ～ importance 二次的に重要な事 / a ～ cousin またいとこ. **2** 次の, 副の, 従の, 副次[二次]的な (subordinate), 従属的な (auxiliary), 補遺の (supplementary): a ～ cause 副原因, 副因 / a ～ product 副産物 / ～ bases 補助基地 / a ～ planet 衛星 / These matters are ～ *to* our most pressing concerns. これらのことは何より差し迫った問題に比べると二次的だ. **3** 派生的な; (特に)また聞きの, 受け売りの (secondhand). **4** 中等教育の; 中等学校の (cf. primary 3): ⇨ secondary education, secondary school. **5** 〘病理〙続発性の, 第二期の (cf. primary 6); 次性の; 後発の: a ～ infection 二次感染 / a ～ union 第二次癒合, 化膿癒合 / (the) ～ symptoms of syphilis 梅毒の第二期症候 / a ～ fever 後熱. **6** (原色を2色等分に混ぜて作る)等和色の: ⇨ secondary color. **7** 〘音声〙〈アクセント[強勢]が〉第二の: ⇨ secondary stress. **8** 〘文法〙**a** 〈単語が〉派生的な, 二次構成の《例: reasonableness=reasonable (=reason+-able)+-ness》. **b** (ギリシャ語・ラテン語・サンスクリット語で)過去時制の. **c** 二次語(句)の (⇨ *n.* 8). **9** 〘化学〙**a** 第二の, 二次の. **b** 2個の原子または基で置換された. **10** 〘植物〙次生の: a ～ leaf 後生葉. **11** 〘電気〙二次側の, 二次の: a ～ coil [current, wire] 二次コイル[電流, 電線]. **12** [S-] 《廃》〘地質〙**a** 中生代の (Mesozoic). **b** 古生代の (Paleozoic). **13** 〘地質〙〈岩石が〉二次生の《初生鉱物・岩石から変質生成した》. **14** 〘鳥類〙次列の: ～ feathers 次列風切羽. **15** 〘冶金〙鉱石からじかに造られたのでない, スクラップから再生した (cf. virgin 7): ～ metal 二次金属. — *n.* **1 a** 第二次的な物[人], 補佐的[従属的]な物[人]. **b** 代人, 代理者 (deputy, delegate), 補佐 (assistant). **c** 《英》大聖堂 (cathedral) 副員. **2** 〘アメフト〙セカンダリー《守備チームのバックフィールドにいる第二守備陣; cf. line[1] 25 b》. **3** 等和色. **4 a** 〘天文〙伴星. **b** 衛星 (satellite). **5** 〘鳥類〙次列風切羽 (secondary feather). **6** 〘昆虫〙(チョウ・ガなどの)後翅. **7** 〘電気〙二次(電流)回路, 二次コイル. **8** 〘文法〙二次語(句)《形容詞および形容詞相当語句; ⇨ primary 7》. **9** 〘音声〙=secondary stress. **10** 〘証券〙=secondary distribution. **11** 《英》=secondary school. **séc·ond·àr·i·ness** *n.* 〖《*c*1384》□ L *secundārius*: ⇨ second, -ary〗

sécondary áccent *n.* 〘音声〙=secondary stress.

sécondary álcohol *n.* 〘化学〙第二アルコール. 〖1864〗

sécondary articulátion *n.* 〘音声〙副次調音, 二次調音.

sécondary báttery *n.* **1** 〘電気〙二次電池 (⇨ storage cell; cf. primary cell). **2** 〘軍事〙副砲. 〖1872〗

sécondary bóycott *n.* 〘法律〙第二次ボイコット《争議中の労働者が使用者をボイコットするだけでなく, 使用者との取引をする直接争議に関係のない取引先をボイコットする団結行為》.

sécondary cámbium *n.* 〘植物〙二次形成層《維管束の内鞘(ないしょう)に生じる形成層; extrafascicular cambium ともいう; cf. fascicular cambium, interfascicular cambium》.

sécondary céll *n.* 〘電気〙二次電池 (⇨ storage cell). 〖*c*1909〗

sécondary chórd *n.* 〘音楽〙副次和音 (cf. secondary triad).

sécondary cólor *n.* 等和色《原色2色を等分に混ぜた色; cf. primary color》. 〖1831〗

sécondary consúmer *n.* 〘生態〙二次消費者《小形草食動物を食う小形肉食動物で, tertiary consumer に食われる; ⇨ food chain》.

sécondary cóntact *n.* 〘社会学〙二次的接触《マスメディアなどを通じての間接的な人間関係; cf. primary contact》.

sécondary derívative *n.* 〘言語〙二次的派生語《*play*-ed, *play*-er のように語幹そのものが独立しうる派生語; cf. primary derivative》.

sécondary distribútion *n.* 〘証券〙第二次分売《既発行証券の大量売りさばき》.

sécondary educátion *n.* 中等教育《初等教育 (primary education) と高等教育 (higher education) との中間》. 〖1882〗

sécondary eléctron *n.* 〘電子工学〙二次電子《電子管の管壁や電極などに高速の電子が衝突することによってそこから放出される電子; cf. primary electron》. 〖1921〗

sécondary eléctron mùltiplier *n.* 〘電子工学〙二次電子増倍管.

sécondary emíssion *n.* 〘物理〙二次放射《荷電粒子やガンマ線が標的に衝突する時, 粒子(電子や光子など)が放出されること; 主として電子工学で, 電極に電子やイオンをあてて電子が出る二次電子放出の意味に用いられる》. 〖1931〗

sécondary évidence *n.* 〘法律〙補証, 二次的証拠《文書の内容を証明するための原本以外の証拠・証言・謄本など; cf. hearsay evidence, original evidence》. 〖1810〗

sécondary féather *n.* 〘鳥類〙次列風切羽 (secondary). 〖1768〗

sécondary gròup *n.* 〘社会学〙第二次集団《特殊利害を中心にして目的意識的に形成された定型的な集団で, 成員間の関係は間接的接触を特徴とする; 学校・組合・政党・国家などがその例; cf. primary group》.

sécondary grówth *n.* 〘植物〙=secondary thickening.

sécondary índustry *n.* 〘経済〙第二次産業, 製造工業.

sécondary márket *n.* 〘証券〙**1** 流通市場《証券取引所ならびに店頭市場; cf. primary market》. **2** 短期金融市場.

sécondary médical cáre *n.* セカンダリーケアー《プライマリーケアー (primary care) に続く段階の医療; secondary care ともいう》.

sécondary méristem *n.* 〘植物〙二次分裂組織, 後生分裂組織《永久組織にできた分裂組織; cf. primary meristem》.

sécondary módern schòol *n.* (英国の)モダンスクール《eleven-plus に合格しなかった生徒が進む, 1944年に設立された実用科目重視の中等学校; 現在は comprehensive school の増加に伴い減らしている; cf. secondary technical school, comprehensive school》. 〖1943〗

sécondary phlóem *n.* 〘植物〙二次篩部(しぶ), 次生篩部《形成層の細胞分裂によってその外側に形成される篩部(しぶ); cf. primary phloem》.

sécondary pícketing *n.* 《英》〘労働〙支援ピケ.

sécondary plánet *n.* 衛星. 〖1664〗

sécondary prócesses *n. pl.* 〘精神分析〙二次過程《現実に適応しようとする論理的意識に基づく精神活動; cf. primary processes》.

sécondary prodúcer *n.* 〘生態〙二次生産者《小形肉食動物に食われる小形草食動物; ⇨ food chain》.

sécondary própyl álcohol *n.* 〘化学〙第二プロピルアルコール ($(CH_3)_2CH_2OH$)《溶剤として, また不凍液製造原料に用いる; isopropyl alcohol ともいう》.

sécondary quálity *n.* 〘哲学〙第二性質《J. Locke の用語; 物体自身に備わる第一性質 (primary quality) が感覚器官に与える刺激から生じる主観と相関的な偶有的性質; 音・色・香・味など》. 〖1666〗

sécondary radiátion *n.* 〘物理〙二次放射線. 〖1938〗

sécondary ráinbow *n.* 〘気象〙副虹(こう)《主虹の外側にでき, 色の配列順序は主虹と逆》. 〖1793〗

sécondary ráy *n.* 〘植物〙二次放射組織, 後生射出組織 (cf. primary ray).

sécondary ráys *n. pl.* 〘物理〙=secondary radiation. 〖1898〗

sécondary róot *n.* 〘植物〙二次根, 側根《主根から出る; cf. primary root》.

sécondary schòol *n.* 中等学校《米国の high school, 英国の grammar school, 日本の中学校・高等学校など》. 〖1809〗

sécondary séventh chòrd *n.* 〘音楽〙副七(ふくしち)の和音《属七の和音以外の「七の和音」》.

S

sécondary séx [séxual] characterìstic [chàracter] *n.*〖医学〗二次性徴.〖1859〗

sécondary smóke *n.* 二次煙《受動喫煙で吸い込む煙》.〖1976〗

sécondary smóking *n.* 二次喫煙, 受動喫煙 (passive smoking).

sécondary spéctrum *n.*〖光学〗二次スペクトル, 残留色収差《二つの波長の光に対し色収差を補正したレンズ系における他の波長の光に対する色収差》.〖1893〗

sécondary stréss *n.*〖音声〗第二強勢[アクセント]《例: edu*cate* /édʒukèɪt/ の第 3 音節に置かれた強勢; secondary accent ともいう》.

sécondary substátion *n.*〖電気〗二次変電所.

sécondary sýphilis *n.*〖病理〗第二期梅毒.〖*c*1909〗

sécondary téchnical schòol *n.* (英国の)技術中等学校 (cf. secondary modern school).

sécondary thíckening *n.*〖植物〗二次成長《形成層の活動によって起こる肥大成長》.

sécondary tréatment *n.* 二次処理《沈澱に続いて下水に生物学的処理を施す段階》.

sécondary tríad *n.*〖音楽〗副三和音《主和音・属和音・下属和音以外の三和音; cf. secondary chord》.

sécondary wáll *n.*〖植物〗(細胞壁の)二次膜 (cf. primary wall).

sécondary wàve *n.*〖地震〗第二次波 (⇨ S wave).

sécondary wórd *n.*〖言語〗二次(的)語《secondary derivative, または play-boy のようにそれぞれ独立しうる語から成る複合語; cf. free form 1》.

se·con·da vol·ta /sɪ̀kóundəvɔ́(:)ltə, -ká(:)n-, -vá(:)l- | sèkɔ́ndəvɔ́l-; *It.* sekondavɔ́lta/ *n.*〖音楽〗第 2 回目(に演奏せよ)《繰返しの部分で第 2 回目のみ演奏される部分につけられる演奏指示語; 略 IIa volta, II; cf. prima volta》.〖⊏ It. ～ 'second time'〗

Sécond Bálkan Wár *n.* [the ～] 第二次バルカン戦争《セルビア・ギリシャ・モンテネグロ・ルーマニア・トルコ対ブルガリアの戦争 (1913)》.

sécond bállot *n.* 決選[第二回]投票.〖1910〗

sécond banána *n.* **1**《俗》(コメディーショーなどの)脇役, ぼけ (cf. top banana). **2**(一般に)次位者, ナンバーツー.〖1953〗

sécond báse *n.*〖野球〗二塁, セカンド; 二塁の守備位置.〖1845〗

sécond báseman *n.*〖野球〗二塁手. 日英比較 野球の二塁手を「セカンド」というのは和製英語.

sécond-bést *adj.* 次善の, 第二位の: one's ～ suit 2 番目によい服 / come (off) ～《口語》(試合などで)2 位になる[終わる]; 負ける.〖1395〗

sécond bést *n.* 次善の人[物]: be content with the ～ 次善に甘んじる.〖*a*1500〗

sécond bírth *n.* 再生, 更生, 生まれ変わり.〖1513〗

sécond bléssing *n.*〖カトリック〗第二の祝福《最初の回心の経験に続く聖霊による第二の清め》.〖1891〗

sécond cátegory *n.*〖数学〗第二類《可算個の疎集合の和集合としては表されない, という位相空間の部分集合に対する条件; cf. first category》.

sécond cáuse *n.*〖論理〗第二原因《それ自身原因をもつ原因》.

sécond chámber *n.* (二院制議会の)第二院, 上院.〖1861〗

sécond chíldhood *n.* 老衰, 老耄(ろうもう)期 (dotage).〖1901〗

sécond-class /sék(ə)n(d)klǽs | -klɑ́:s⁻/ *adj.* **1** 二流の, あまり上等でない; 平凡な, 劣った (inferior): a ～ hotel. **2**〈列車など〉二等の: a ～ carriage [passenger] 二等客車[乗客]. **3**〖郵便〗**a**《米・カナダ》第二種の: ～ matter 第二種郵便物《新聞・雑誌などの定期刊行物》. **b**《英》普通便[配達]の (cf. first-class 3 b). — *adv.* **1** 二等で: travel [go] ～ 二等で旅行する. **2**〖郵便〗second-class で (cf. *adj.* 3).〖1837–38〗

sécond cláss *n.* **1** (列車などの)二等. **2**《英》(大学の優等試験で)二級(の学生): get [take] a ～ in law 法律学で二級優等試験に合格する. **3**〖郵便〗**a**《米・カナダ》第二種郵便物. **b**《英》普通便.〖1810〗

sécond-clàss cítizen *n.* 二級市民《ないがしろにされ, 十分な権利が認められていない人; 特に社会的に差別を受けている少数民族》.〖1942〗

Sécond Cóming *n.* [the ～] キリストの再臨 (Second Advent) (⇨ advent 2 b).〖1644〗

Sécond Commándment *n.* [the ～] (十戒の)第二戒 (⇨ Ten Commandments).

sécond cónsonant shìft *n.*〖言語〗第二子音推移 (⇨ consonant shift 2).〖1939〗

sécond cóusin *n.* またいとこ.〖1660〗

sécond-cút fìle *n.*〖金属加工〗中目やすり.

Sécond dáy *n.* (主としてクエーカー派 (Quakers) 間で)月曜日 (Monday).〖1691〗

sécond déath *n.*〖キリスト教〗第二の死, 地獄に落ちること, 永遠の死 (eternal death)《肉体の死(第一の死)後, 裁きによって定められる死のこと; cf. *Rev.* 21:8》.

sécond déck *n.*〖海事〗第二甲板.

sécond-degrée *adj.*〈火傷・犯罪が〉第二級の, 第二度の: ～ murder 第二級謀殺.〖1930〗

sécond-degrèe búrn *n.*〖医学〗第二度熱傷《水疱性火傷; cf. burn¹ 1 a》.〖1937〗

sécond derívative *n.*〖数学〗二次導関数《導関数の導関数; cf. first derivative》.

sécond dístance *n.*〖絵画〗中景 (middle distance).

sécond divísion *n.* **1** [集合的] (政府の)下級官吏. **2**《米》〖野球〗B クラス《米国の二大プロ野球連盟 (National League と American League) のそれぞれ下位 5 チーム; cf. first division》.〖1897〗

se·conde /sɪ̀ká(:)nd | -kɔ́nd; *F.* səgɔ̃:d/ *n.*〖フェンシング〗スゴンド, 第二の構え《8 種の受けの構えの一つ; cf. guard *n.* 6》.〖(1688) ⊏ F ～ (fem.) ← *second* 'SECOND¹'〗

Sécond Émpire *n.* [the ～] (フランスの)第二帝政《Napoleon 三世の治世 (1852–70)》.〖*c*1934〗

sécond·er *n.* 後援者; (特に, 会議で動議の)賛成者.〖(1623) ← SECOND¹ (v.)＋-ER¹〗

sécond estáte *n.* 第二身分《中世ヨーロッパの三身分 (Three Estates) のうち貴族》.

sécond fíddle *n.* **1** (オーケストラの)第二バイオリン(奏者). **2** 下位の人; 端役: ⇨ *play second* FIDDLE.〖1884〗

sécond fílial generátion *n.*〖生物〗雑種第二代《雑種第一代同士を交雑して生じる子; 略 F_2》.

sécond flóor *n.* **1**《米》**a** 二階 (cf. ground floor 1, first floor 1). **b** (地階がある建物の)三階. **2**《英》三階 (cf. first floor 2). **sécond-flóor** *adj.*〖1821〗

sécond-generátion *adj.* **1** 二代目の, (移民の)二世の. **2** (機械開発などの)第二世代の, 改良期の: a ～ robot.

sécond grówth *n.* 二次林, 再生林《森林の伐採後に生えてくる林》.〖1829〗

sécond-guéss《米》*vt.* **1**〈人(のしたこと)を〉後知恵によって批判する,〈人〉に後知恵で忠告する,〈物事を〉後知恵で判断する. **2**〈人を〉出し抜く,〈計画など〉の裏をかく (outguess). **3**〈結果などを〉予想する. — *vi.* 後知恵を働かす. **～·er** *n.*〖1946〗

sec·ond·hand /sék(ə)n(d)hǽnd⁻/ *adj.* **1 a** 中古の, 古手の, 古物の (used): ～ books [clothes] 古本[古着] / a ～ car 中古車. **b** 古物を商う: a ～ dealer 古物商人 / a ～ bookseller [bookshop] 古本屋. **2** 間接の, また聞きの (indirect),〈学説など〉受売りの (borrowed) (cf. firsthand): a ～ witness また聞きを陳述する証人 / ～ knowledge 受売り, 入れ知恵. — *adv.* **1** 古物で: buy ～ 古物を買う. **2** また聞きで, 間接に: know something ～ また聞きで知っている.〖1654〗

sécond hánd¹ *n.* (時計の)秒針 (cf. hour hand, minute hand).〖(1759) ← SECOND²〗

sécond hánd² *n.* 仲介者, 媒介物; 間接の関係者; (手仕事をする人の)助手, 手助けする人. ★ 主に次の成句に用いる: ⇨ *at second* HAND.〖1654–66〗

sécondhànd smóke *n.* 副流煙《非喫煙者が吸い込む他人のたばこの煙》.〖1976〗

sécond hóme *n.* **1** 第二のわが家[故郷]: He regards Japan as his ～. 彼は日本を第二の故郷と思っている. **2** 別荘, 別宅.〖1883〗

sécond hóneymoon *n.* (結婚後時を経たカップルによる)第二のハネムーン.

secondi *n.* secondo の複数形.

sécond-in-commánd *n.* (*pl.* **seconds-**) **1**〖軍事〗副司令官 (cf. second¹ *adj.* 2). **2** 次長.

sécond inténtion *n.* **1**〖外科〗二次[二期]癒合(ゆごう) (⇨ healing). **2**〖スコラ哲学〗第二志向《第一志向 (first intention) に対する反省的意識》.〖1767〗

Sécond Internátional *n.* [the ～] 第二インターナショナル (⇨ international 2).

Sécond Isáiah *n.*〖聖書〗第二イザヤ (Deutero-Isaiah)《イザヤ書の 40–55 章の作者とされる預言者; 聖書研究上の便宜的な名称》.〖1881〗

sécond lády *n.* (米国の)副大統領夫人 (cf. first lady).

sécond lánguage *n.* **1** 第二言語《母語の次に習得される言語》. **2** (一国の)第二公用語.〖1875〗

sécond lieuténant *n.*〖軍事〗**1**〖米陸軍・空軍・海兵隊〗少尉 (⇨ lieutenant 2). **2**〖英陸軍・海兵隊〗少尉.〖1702〗

sécond líne *n.* 第二線《後方にあって前線を支援し, 損害を補強する戦列》; [形容詞的に] 二級の.

sec·ond·ly /sék(ə)ndli/ *adv.* 第二に, 次に.〖(*c*1384): ⇨ second¹, -ly¹〗

sécond màn *n.*《英》(機関車の)機関助手.

sécond màrk *n.* 秒記号 (″).〖(1888): ⇨ second², mark〗

sécond máster *n.* 副校長, 教頭 (cf. head master).〖1853〗

sécond máte *n.*〖海事〗＝second officer.〖1843〗

se·cond·ment /sɪ̀ká(:)n(d)mənt | sɪkɔ́n(d)-/ *n.*《英》(士官・公務員の)一時的な配置換え, 仮解任, 仮解職.〖(1837) ← SECOND³＋-MENT〗

sécond méssenger *n.*〖生化学〗二次[第二]メッセンジャー《一次メッセンジャーが細胞表面の受容部に伝達した情報を伝達[増幅]するサイクリック AMP などの細胞内化学物質》.〖1965〗

sécond místress *n.* 女性副校長[教頭] (cf. head mistress).〖1923〗

sécond mólar *n.*〖歯科〗第二大臼歯.

sécond mórtgage *n.*〖法律〗二番抵当権.

sécond móurning *n.*《古》＝half mourning.

sécond náme *n.* 姓 (surname) (cf. first name).

sécond náture *n.* 第二の天性《習慣や性癖》: Habit is ～.《諺》習慣は第二の天性.〖1662〗

sécond nérve *n.*〖解剖〗視神経 (optic nerve)《第二脳神経に相当するための名称》.

se·con·do /sɪ̀kóundou, -ká(:)n- | sɛkɔ́ndəu, sɪ̀-; *It.* sekóndo/ *It.n.* (*pl.* **se·con·di** /-di:; *It.* -di/)〖音楽〗(ピアノ二重奏や 4 種連弾で)低音部(奏者) (cf. primo¹).〖(1792) ⊏ It. ～ ⊏ L *secundus* 'SECOND¹'〗

sécond ófficer *n.*〖海事〗二等航海士.

sécond pápers *n. pl.*《米》〖法律〗第二次書類, 帰化請願書《外国人の帰化申請書; 第一次書類から 2 年–7 年の間に提出することが必要; cf. first papers》.

sécond pérson *n.*〖文法〗第二人称(の語形)《聞き手を示す人称; 英語では you; cf. person 8》.〖1672〗

sécond pérson síngular fòrm *n.*〖文法〗(第)二人称単数形.

sécond philósophy *n.*〖哲学〗(Aristotle の)第二哲学《自然学その他のような諸個別科学; cf. First Philosophy》.

sécond posítion *n.* **1**〖バレエ〗第二ポジション《バレエの基本姿勢の一つ; 自分の足の 1 歩の間隔をおき, 両足を一直線上につま先を外側に向けておく; cf. first position》. **2**〖音楽〗(弦楽器の)第二ポジション《基本となる第一ポジションから左手を指板の一つ上の位置に移動させた状態》.

sécond quárter *n.*〖天文〗**1** 衝《上弦から満月までの期間》. **2** 満月, 望.

sec·ond-rate /sék(ə)n(d)réɪt⁻/ *adj.* 第二流の, 二等[級]の (second-class); 劣等の, 低級の, 凡庸な (inferior, mediocre) (cf. first-rate 1): a ～ author 二流の作家 / a ～ player 平凡な選手. **～·ness** *n.*〖1669〗

sécond-ráter *n.* 二流の[つまらない]人[もの].〖1826〗

Sécond Réader *n.*〖クリスチャンサイエンス〗第二読唱者《礼拝の中で第一読唱者 (First Reader) を助けて聖書を朗読する教会員》.〖1895〗

sécond réading *n.*〖議会〗第二読会 (cf. first reading, third reading): **a** (米国議会で)委員会の答申を受けた法案に十分な討議, 修正を加える. **b** (英国議会で)委員会へ細部の審議を付託する前に法案の要点を討議する.〖1647〗

Sécond Réich *n.* [the ～] 第二帝国 (⇨ Reich).

Sécond Repúblic *n.* [the ～] (フランスの)第二共和制 (1848–52) (cf. First Republic).

sécond rún *n.*〖映画〗第二次興行《封切に次ぐ興行》.

sécond sélf *n.* 親友, 腹心の友; 右腕, 片腕《人》.〖1586〗

sécond sérvice *n.*〖英国国教会〗聖餐式[拝受] (Communion).〖(1654): 朝の礼拝の次に行われることから〗

sécond séx *n.* [the ～; 集合的] 第二の性, 女性 (women). ★ 性差別語.〖1928〗

sécond shèet *n.* **1** (書簡紙頭部に印刷文字 (letterhead) のある書簡用紙を 1 枚目に用いた次に用いる letterhead のない)書簡用紙. **2** 複写用紙《通例カーボン紙の下におく薄葉紙》.

sécond síght *n.* 千里眼, 透視力 (clairvoyance). **sécond-síght·ed** *adj.* **sécond-síghted·ness** *n.*〖1616〗

sécond-sóurce *adj.* (コンピューターのハードウェアなどの)二次供給者の, セカンドソースの《他社の製品と同一または互換性のある製品を供給する会社の》.

séconds pèndulum *n.*〖時計〗秒振り子《長い振り子で半周期がちょうど 1 秒である; royal pendulum ともいう》.

sécond-stòry *adj.* **1**《米》二階の. **2**《英》三階の.

sécond stóry *n.* ＝second floor.

sécond-stóry màn *n.*《米口語》(二階などの窓から忍び込む)夜盗 (cf. cat burglar).〖1886〗

sécond-stríke *adj.*〖軍事〗最初の反撃用の, 第二撃の《一般に核作戦に関する用語で, 敵の核攻撃, 特に地下ミサイル格納庫に対する攻撃に報復できるように隠された核兵器についていう; cf. first-strike》: a ～ capability 最初の反撃力, 第二撃能力. — *n.* 最初の反撃, 第二撃.〖1960〗

sécond-stríng *adj.*《米》**1** (フットボールチームなどで)二軍選手の, 補欠の (cf. first-string *n.* 1 a, substitute). **2** 二流の, つまらない: a ～ writer 二流作家.〖1643〗

sécond stríng *n.* 控えの選手; 二流どころ; 代案, 次善の策.〖1643〗

sécond thígh *n.* ＝gaskin¹.

sécond thóught *n.* 再考, 考え直し; 熟考後の意見[決心]: give ... a ～ [否定文で] ...を再考する, よく考える / have ～*s* 決心がつかない, 二の足を踏む / without a ～ あまりよく考えもせずに / *Second thoughts* are best.《諺》再考は最善の考え / On ～(*s*), I think I'll go. 考え直して行ってみようと思う. ★《英》では通例複数形を,《米》では単複とも用いる; ただし《米》では on second thought では単数形を用いる.〖1633〗

sécond tóoth *n.* 永久歯 (cf. permanent tooth).

Sécond Vátican Cóuncil *n.* 第二バチカン公会議 (1962–65; ローマカトリック教会の第 21 回公会議;「典礼」「教会」「啓示」など 16 の公文書が採択された).

sécond wínd /-wínd/ *n.* **1** (激しい運動の際, 息が切れた後に心臓の調子の回復と共に生じる)息つぎ. **2** 盛返し, 元気の回復: get [find] one's ～ 元気を取り戻す.〖1830〗

Sécond Wórld, s- w- *n.* [the ～] 第二世界 (cf. First World): **1** 共産・社会主義国《旧ソ連・東ヨーロッパ諸国》. **2** 先進工業国《超大国(米国・旧ソ連)を除く先進国; 西ヨーロッパ諸国・日本など》.〖(1967): cf. Third World〗

Sécond Wórld Wár *n.* [the ～] ＝World War II.〖1942〗

se·cos /sí:kɑ(:)s | -kɔs/ *n.*〖考古〗＝sekos.

sec·par /sékpɑ̀ə | -pɑ̀:(r)/ *n.*《まれ》〖天文〗＝parsec.

se·cre·cy /sí:krəsi | -krɪ̀-/ *n.* **1** 秘密(になっている[されている]こと[状態]), 内密, 内緒 (concealment): There need be no ～. 秘密にする必要はない / in ～ 秘密に, 内緒で / a meeting in strict ～ 厳重な秘密会議 / done with great ～ ごく内緒でなされた / with absolute ～ 極秘裡(り)

S

に / in the ～ of one's own heart 心の奥底で. **2** 秘密[内密]にしようとする傾向, 隠しだて; 秘密厳守, 秘密主義: promise ～ 秘密を守ることを約束する / I rely on your ～. 君が秘密を守ってくれるものと信じている. **3** 隠しだてしたもの, 秘密事 (secret). **4** 《廃》 **a** 人目を避けること (privacy), 隠退, 隠遁 (seclusion). **b** 信頼 (trust). 〖(*c*1415) ← SECRE(T)＋-CY (cf. private—privacy) ∽ 《廃》 *secretie* ← SECRE(T)＋-TY[2]〗

sec. reg. 《略》 *L.* secundum regulam (＝according to rule).

se·cret /sí:krɪt/ *adj.* **1 a** 秘密の, 機密の, 内密の, 内緒の; ひそかな; 秘密の目的で働く: ～ diplomacy [negotiations] 秘密外交[交渉] / a ～ treaty 秘密条約 / a (highly) ～ errand 秘密[極秘]の任務 (cf. top-secret) / ⇨ secret agent / keep something ～ (from a person) (人に)事を秘密にして[伏せて]おく. **b** 秘密に行われる, こそこそする (furtive, secretive); 隠密の, こそこそやる (clandestine): be ～ in one's habits 秘かな習慣である / a ～ marriage 秘密結婚 / ～ drugs traffic 麻薬の秘密取引 / a ～ sin 人知れず犯した罪. **c** 公表されていない, 認められていない (unacknowledged): a ～ bride. **2** 秘密を守る, 口外しない, 口の固い (closemouthed): (as) ～ as the grave 決して人には漏らさない. **3** 人目につかないように作られた, 他人にはわからない, 隠れた, 見えない: a ～ code [sign] 暗号 / a ～ door [drawer, corridor, place] 隠し戸[引出し, 廊下, 場所] / a ～ passage 秘密の抜け道. **4** 〈場所が〉人目を避けた, 人目につかない, 奥まった (secluded): a ～ valley 奥まった谷, 人里離れた谷間 / the ～ depths of the sea 深い海の底. **5** 人間にはわからない, 計り知れない, 神秘的な, 深遠な (inscrutable, occult): the ～ workings of nature 自然の神秘. **6** 心に秘めた, 奥底の (inmost): in one's ～ heart 心の奥底で, 人知れず. **7** 人に見せない, 陰部の: the ～ parts 《古》 陰部. **8** 〖米政治・軍事〗〈書類・情報など〉(国の安全にとって)極秘の. — *n.* **1 a** 秘密, 機密, 秘事, 内緒ごと, 密事: Let's have no ～*s* between us. 我々の間では隠し事のないようにしよう / There's no ～ *about* it: she plans to run for President. それは秘密でも何でもなく, 彼女は大統領に立候補するつもりだ / a military [state] ～ 軍事[国家]機密 / an open ～ 公然の秘密 / the ～ of one's birth 出生の秘密 / let out [reveal] a (closely-guarded) ～ (固く守られている)秘密を漏らす / be in on the ～ 秘密を知っている / have no ～*s* from a person 人に隠しだてしない / keep a ～ 秘密を守る / keep something a ～ あることを秘密にする / make a [no] ～ of …を秘密にする[しない] / let a person into a [the] ～ 人に秘密を明かす. **b** 秘伝, 極意. **c** [*pl.*] 秘密の儀式, 秘儀. **2 a** 秘訣, 奥の手 (key): the ～ of (achieving) longevity [health, success] 長寿[健康, 成功]の秘訣. **b** 理解のかぎ, 真義: Shall we ever know the ～ of Shakespeare's sonnets? シェークスピアのソネットの真義がいかは我々にわかるのだろうか. **3** [しばしば *pl.*] (自然界の)不思議, 神秘 (mystery): the ～*s* of nature. **4** [*pl.*] 陰部 (secret parts). **5** [S-] 〖カトリック〗密誦(ひそ) (ミサの序誦の前に司祭が低い声で唱える祈り; 最近の典礼改革によってなくなり, 声を出して祈る奉納祈願がこれに代わった). (⊏ ML *sēcrēta* (fem.) ← L *sērētus*) **6** 〖米政治・軍事〗(文書・情報の重要度の段階としての)極秘 (cf. classification 1 d).

S

in sécret 秘密に, こっそり, かげで: cry *in* ～ 忍び泣きする. (1474) ***in the sécret*** 秘密を握って: Is your brother *in the* ～ (of it)? 兄さんはその内情を知っていますか. (1680) 〖adj.: (1378) ⊏ (O)F ～ ⊏ L *sēcrētus* (p.p.) ← *sēcernere* to seperate ← *sē-* 'apart, SE-'＋*cernere* to sift (⇨ certain) ∽ (*c*1380) *secre* ⊏ OF *secré* 《変形》 ← *secret* — n.: (*c*1380) ⊏ OF ～ ⊏ L *sēcrētum* (neut.) ← *sēcrētus* ∽ (*c*1300) *secre*〗

SYN 秘密の: **secret** 2, 3 人の人にのみ知られており, 他の人には知られていない《一般的な語》: one's *secret* desires ひそかな望み. **covert** 変装や覆いで隠されている: *covert* jealousy 内に隠した嫉妬. **confidential** 個人的で内密なこととして秘密にされている: *confidential* information 内密の情報. **clandestine** 〈しばしば不法・不道徳なことが〉秘密に行われた《格式ばった語》: *clandestine* activities 秘密の活動. **stealthy** 人に気づかれないようにこっそり行った《格式ばった語》: *stealthy* footsteps 忍び足. **furtive** 通例他人を欺くため行動や意図を隠そうとする《格式ばった語》: a *furtive* glance 盗み見. **surreptitious** 良心のとがめを感じるようなことをこっそり行う: *surreptitious* pleasures 人目を忍んでふける快楽.
ANT open, overt, aboveboard.

---

se·cret- /sɪkrí:t/ (母音の前にくるときの) secreto- の異形.

sécret ágent *n.* (政府所属の)課報部員, スパイ. 〖*a*1715〗

se·cre·ta·gogue /sɪkrí:təgɑ̀(:)g, -gɔ̀(:)g | -təgɒg/ *n.* (胃・膵臓(すい)などの)分泌促進剤. 〖(1919) ← SECRETE＋-AGOGUE〗

sec·re·taire /sèkrətéə | -rɪtéə(r; *F.* s(ə)kʀetɛ:ʀ/ *n.* ＝secretary 4. 〖(1771) ⊏ F *secrétaire*: ⇨ secretary〗

sec·re·tar·i·al /sèkrətéəriəl | sèkrɪtéər-/ *adj.* **1** 秘書[書記] (secretary) の, 書記官[秘書官]の: ～ duties [work] 書記[秘書]の仕事 / the ～ staff 書記[秘書]陣. **2** 《米》 長官の; 《英》 大臣の (ministerial). 〖(1801): ⇨ secretary, -al[1]〗

sec·re·tar·i·at /sèkrətéəriət, -riæt | -rɪtéər-/ *n.* (*also* **sec·re·tar·i·ate** /～/) **1** 秘書[書記官]の職[地位]; 秘書(官)長の事務局; 秘書[文書]課, 官房室. **2** [集合的] 秘書課職員. **3** [S-] (国際連合の)事務局. 〖(1811) ⊏ F *secrétariat* ⊏ ML *sēcrētāriātus* ← *sēcrētārius* (↓): ⇨ -ate[1]〗

sec·re·tar·y /sékrətèri | -rɪtəri, -tri/ *n.* **1** (個人の)秘書, 秘書官: a confidential ～ 《米》 ＝a private ～ 《英》 秘書 / I was ～ to a writer once. かつて作家の秘書をしていた. **2** [S-] **a** 《米・NZ》 長官 《他国の大臣に当たる》: ⇨ SECRETARY of State (1) / the *Secretary* of the Interior [Treasury] 内[財]務長官 / the *Secretary* of Agriculture [Commerce] 農[商]務長官 / the *Secretary* of Defense 国防長官. **b** 《英》 大臣 (cf. minister 1): ⇨ SECRETARY of State (2). **3** (官公庁の)書記官, 事務官; (会の)幹事. **4 a** (書類整理棚と折り畳み式の蓋をつけた)書き物机 (escritoire). **b** (上部が本箱になっている)書き物机 (secretary bookcase ともいう). (1818) ⊏ F *secrétaire*) **5** 〖鳥類〗 ＝secretary bird. **6** 〖活字〗 秘書体(活字) (15–17 世紀の手書き書体の一つ秘書体 (secretary hand) に似せた活字書体).
Sécretary of Státe [the —] (1) 《米》 国務長官 《国務省 (Department of State) の長官で首席閣僚; 他国の外務大臣に当たる》. (1774) (2) 《英》 国務大臣, 省大臣 (cf. CHANCELLOR of the Exchequer): *the Secretary of State* for Foreign and Commonwealth Affairs 外務連邦大臣 / *the Secretary of State* for Scotland スコットランド大臣 / *the Secretary of State* for Defence 国防大臣 / *the Secretary of State* for Home Affairs 内務大臣. (1599) (3) 《米》 (州の法令の配布・選挙の管理などをする任命または選出による)官吏.
〖(*a*1387) ⊏ ML *sēcrētārius* ← L *sēcrētum* 'SECRET': ⇨ -ary〗

sécretary bìrd *n.* 〖鳥類〗 ヘビクイワシ, (俗に)書記官鳥 (*Sagittarius serpentarius*) 《アフリカ産のワシの一種; 大形で脚が著しく長くヘビを食うので serpent eater, snake-eater ともいう》. 〖(1797) そのとさかが羽根ペンを耳にはさみ姿勢正しく歩く中世の書記官を連想させることから〗

sécretary bòokcase *n.* ＝secretary 4 b.

sécretary-géneral *n.* (*pl.* **secretaries-**) 事務総長[局長]: the ～ of the United Nations 国連事務総長. 〖1701〗

sécretary hànd *n.* 書記体 《15–17 世紀の特に法律文書の手書き書体》. 〖1587〗

sécretary·ship *n.* 書記[書記官, 秘書官, 長官, 大臣]の職[任期]. 〖1530〗

sécret bállot *n.* 秘密[無記名]投票(用紙) (cf. Australian ballot): voting by ～ [the use of ～*s*] 無記名投票(用紙)の使用)による選挙.

sécret blóck *n.* 〖機械〗 隠し滑車 《他の索ともつれないように囲いで密閉した滑車》.

se·crete[1] /sɪkrí:t | sɪ-, si:-/ *vt., vi.* 〖生理〗 分泌する (cf. excrete): a *secreting* cell [gland] 分泌細胞, 分泌腺. 〖(1707) ← L *sēcrētus* (⇨ secret) // 《逆成》 ← SECRETION〗

se·crete[2] /sɪkrí:t, sí:krɪt | sɪkrí:t, si:-/ *vt.* **1** 隠す, 隠匿する (conceal) (⇨ hide[1] SYN); 秘密にする: ～ one*self* 姿を隠す, 隠れる / ～ stolen goods 盗品を隠す. **2** こっそり我が物にする, くすねる. 〖(1741) 《変形》 ← 《廃》 *secret* to conceal ← SECRET (adj.)〗

se·cre·tin /sɪkrí:tn, -tn | sɪkrí:tɪn, si:-/ *n.* 〖生化学〗 セクリチン 《小腸内に生じる一種のホルモン; 膵臓(すい)を刺激し膵液分泌を促す》. 〖(1902): ⇨ secreto-, -in[2]〗

sécret ínk *n.* 隠顕インキ 《紙に書いたものは無色で見えないが, 熱するか, 適当な化学薬品で処理すると読めるインキ; sympathetic ink ともいう》. 〖1852〗

Sécret Intélligence Sèrvice *n.* [the ～] 秘密情報部 《英国の MI6 の公式名; 略 SIS》.

se·cre·tion[1] /sɪkrí:ʃən | sɪ-, si:-/ *n.* 〖生理〗 **1** 分泌(作用) (cf. excretion). **2** 分泌物, 分泌液. **～·ary** *adj.* 〖(1646) ⊏ F *sécrétion* ⊏ L *sēcrētiō(n-)* ← *sēcrētus*: ⇨ secret, -tion〗

se·cre·tion[2] /sɪkrí:ʃən | sɪ-, si:-/ *n.* 隠すこと, 隠匿: the ～ of stolen goods. 〖← SECRETE[2]＋-TION〗

se·cre·tive[1] /sí:krɪtɪv, sɪkrí:t- | sí:krɪt-, sɪkrí:t-/ *adj.* 隠しだてする, 秘密主義の, 黙っている (reticent) (⇨ silent SYN): a ～ nature / be ～ about …について口をつぐんでいる. **～·ly** *adv.* **～·ness** *n.* 〖((1464)) (1853) ← SECRET＋-IVE〗

se·cre·tive[2] /sɪkrí:tɪv | sɪkrí:t-, si:-/ *adj.* 〖生理〗 分泌の, 分泌を促す (secretory). **～·ly** *adv.* **～·ness** *n.* 〖← SECRET(E)[1]＋-IVE〗

sécret líst *n.* 極秘リスト 《軍事機密に関する研究・進行の記録; 国家の安全にかかわるため, 詳細は明らかにされないことがある》.

se·cret·ly /sí:krɪtli/ *adv.* **1** 秘密に, 内緒で, こっそりと. **2** (祈りの時)聞こえないような声で, 声を立てないで (inaudibly). 〖(?*c*1412): ⇨ secret, -ly[1]〗

se·cre·to- /sɪkrí:toʊ | -təʊ/ 「分泌 (secretion)」の意の連結形. ★ 母音の前では通例 secret- になる. 〖← SECRETION〗

se·cre·tor /sɪkrí:tə | sɪkrí:tə(r, si:-/ *n.* **1** 〖解剖〗 分泌腺(せん); 分泌管. **2** 〖生理〗 分泌型の人 《ABO 式血液型の型物質が唾液など血液以外の体液にも分泌されるタイプの人》. 〖(1941) ← SECRET(E)[1]＋-OR[2]〗

se·cre·to·ry /sɪkrí:təri, sí:krətɔ̀:ri | sɪkrí:təri, -tri/ 〖生理〗 *adj.* 分泌の, 分泌する: a ～ organ [gland] 分泌器官[腺(せん)]. — *n.* 分泌器官[腺]. 〖(1692) ← L *sēcrētus*: ⇨ -ory[1]〗

sécret pártner *n.* 匿名社員, 匿名組合員 《社員名簿に載っていない社員; silent partner ともいう; cf. general partner》. 〖*c*1909〗

sécret políce *n.* 秘密警察 (cf. police state). 〖1823〗

sécret resérve *n.* 〖経済〗 秘密積立金 《貸借対照表に表れない積立金; hidden reserve ともいう; 特に意図的操作による不法なものをいう》.

sécret sérvice *n.* **1** (国家の)秘密情報機関, 諜報(ちょう)部, 諜報機関 (cf. intelligence service). **2** [S-S-] 《米》 (偽造摘発に当たる)財務省秘密検察部 《大統領の秘密警護機関でもある》. **3** 《古》 (国家のための)諜報活動. 〖1737〗

sécret socíety *n.* 秘密結社 《友愛・互助・道徳的規律などを守る目的で, 秘密の入会宣誓をした者のみの組織; Freemason など》. 〖1829〗

secs. 《略》 seconds; sections.

sect /sékt/ *n.* **1** (宗教上の正統派から逸脱した)分派; 教派, 宗派 (religious denomination); (特に)英国国教から分離した教派. **2** (哲学・科学・医学・政治・思想などの)派, 学派 (school); 党派, 閥, セクト. **3** [しばしばけなして] 宗教的に異端とされる(少数)集団. **4** 《古》 性 (sex). 〖(?*c*1350) ⊏ (O)F *secte* // L *secta* (fem. p.p.) ← *sequi* to follow: cf. section〗

sect. 《略》 section; sectional.

-sect /sékt, sèkt/ **1** 「切れた (cut), 分割された (divided)」の意の形容詞連結形. **2** 「切る (cut), 分割する (divide)」の意の動詞連結形: intersect, vivisect. 〖← L *sectus* (p.p.) ← *secāre* to cut〗

sec·tar·i·an /sektéəriən | -téər-/ *adj.* **1** 分派の, 宗派[教派]の, 学派の: ～ differences 宗派的争い. **2** 党派心の強い, 派閥的な. **3** (興味・目的・範囲など)狭い, 偏狭な (parochial): a ～ mind. — *n.* **1** (分派の)教徒, 宗徒, 信徒; 宗派心の強い人. **2** 学閥[派閥]的な人. 〖(1649) ← SECTARY＋-AN[1]〗

sec·tár·i·an·ism /-nìzm/ *n.* 宗派[教派]心, 分派心, 宗閥; 派閥. 〖(1818): ⇨ ↑, -ism〗

sec·tar·i·an·ize /sektéəriənàɪz | -téər-/ *vt.* 宗派的にする, 派閥意識を植え付ける; 党派心にとりこむ. — *vi.* 分派に分かれる; 分派の教徒として活躍する, 派閥的な活動をする. 〖(1842): ⇨ -ize〗

sec·ta·ry /séktəri/ *n.* **1** (ある教派の)信徒, 門徒, 宗徒; 宗派心の強い人 (sectarian). **2** [しばしば S-] 英国国教から分離した教派の人, 非国教徒 (Nonconformist). **3** 熱心な信奉者, 弟子; 愛好者, 心酔者. 〖(1556) ⊏ ML *sectārius* ← L *secta*: ⇨ sect〗

sec·tile /séktl, -taɪl | -taɪl/ *adj.* **1** ナイフでなめらかに切れる. **2** 〖植物〗 細かく刻まれた. **sec·til·i·ty** /sektíləti | -lɪti/ *n.* 〖(1716) ⊏ F ～ // L *sectilis* ← *sectus*: ⇨ ↓, -ile〗

sec·tion /sékʃən/ *n.* **1** (官庁の)課; (団体の)派; 部; (会議・学会などの)部属, セクション, 班; 部門 (⇨ part SYN): the accounts ～ 会計課 / the visa ～ of a consulate 領事館のビザ担当課 / the reference ～ of a library 図書館の参考図書室 / Report to the ～ chief [the head of ～] at once! すぐに課長に報告してください. **2 a** (別個の利害関係または地理的・経済的・文化的などの特質を有する町の区域, 地区 (district): a residential ～ 住宅地区 / in an Irish-Italian ～ of (New York's borough of) Queens (ニューヨークの)クイーンズ区のアイルランド人とイタリア人の居住する区域で. **b** 社会的区画, 階級, (階)層 (division, class); (特に, 切り離した)社会の部分: various ～*s* of Christendom キリスト教徒の各階層 / a conservative ～ 保守派 / a particular ～ of society 社会のある特殊な層 / He is popular with all ～*s* and classes. すべての階層に人気がある. **3 a** 書いた物の部分; (書物・文章などの)節; (規約・法律などの)項: *Section* 12 of the book [the Act] says … 本の第 12 節[条例の第 12 項]には…と書いてある. **b** (新聞の)欄: the sports ～ スポーツ欄. **4** 接合部分, (組立て・組合わせ用の)部分品: ～*s* of a fishing rod 釣りざおの(継ぎざおの)部分 / a bookcase built [that comes] in ～*s* 組立式の本箱 / transport in ～*s* 解体して送る. **5** (立体の)切断, 切断面; 断面図: a conic ～ 円錐(すい)曲線 / a longitudinal ～＝vertical section / a cross [transverse] ～ 横断面 / ⇨ horizontal section / an oblique ～ 斜断面 / a midship ～ 船体中央切断面. **6 a** 物の部分 (part): a ～ of a journey [day] 旅行[1日]の一区分 / the ～*s* of a bamboo stem 竹の節間. **b** (オレンジなどの)袋, 房(ふさ). **7 a** 切り取った部分, 切片: a triangular ～ of cloth 三角に裁断した布地 / a wood cut into ～*s* 細かく切り分けた木片. **b** (検鏡用の)切片 (thin slice): a microscopic ～ 顕微鏡用切片. **8** 切ること (cutting); (外科・解剖の)切開, 切断 (severance): the ～ of an artery 動脈の切断面 / ⇨ Caesarean section. **9** (米国の公有地測量で)一区画 《1 マイル四方すなわち 1 平方マイル(640 エーカー)の正方形の地域; これが 36 集まって 1 township となる》; 《NZ》 一区画の宅地. **10** 〖印刷〗 文節記号, セクション, 章標 (§) 《章・節の始まりを示す記号; 第 4 番目の参照符; section mark ともいう; cf. reference mark》. **11** 〖軍事〗 **a** 《英》 分隊. **b** 〖米陸軍〗 班 《小隊 (platoon) より小, 分隊 (squad) より大で通例 2 分隊から成る》. **c** 〖米海軍〗 小戦隊 《戦隊 (division) の半分で通例 2 隻, 航空機の場合は 2 機》. **d** 幕僚[参謀]部の区部 《幕僚[参謀]部の区分としての第 1 班(総務人事), 第 2 班(情報), 第 3 班(作戦・訓練), 第 4 班(補給)のどれかひとつ》. **12** 〖鉄道〗 **a** 《米》 (寝台車の上下両寝台または向かい合った二つの寝台を含む)一区画. **b** 保線区. **c** 閉塞(そく)区間 《同時に 1 列車のみ進入することを許される線路区間》. **d** (同時に同一ダイヤで運行される)増発車両, 増発機, 増発バス. **13** 〖製本〗 折り (signature, gathering, quire). **14 a** 〖音楽〗 (楽式構造の)段落, 楽節 (period). **b** (オーケストラの)部門, パート: the string ～ 弦楽部門. **15** 〖生物〗 区, 節 《便宜的な分類階級で通例属と種の中間におかれる》. **16** 〖劇場〗 部分調光機. **17** 〖建築〗 形鋼 (⇨ shape 8).

in séction 切断面で, 断面図で: show a tissue *in* ～ 組織を断面で示す. ⦅1860⦆

— *vt.* **1 a** 区分[区画]する: ～ a room 部屋を仕切る / ～ *off* (a) part of a room 部屋の一部を区切る. **b** 段落[節, 項]に分ける. **c** …から(検鏡用の)薄片を作る. **2** …の断面図を描く. **3** 〖外科〗切開する. **4** 《英》(精神健康法に基づいて)〈精神病患者を〉精神病院に強制収容する. **—** *vi.* 区分[区画]される.

〖(*c*1392) □ (O)F ～ ∥ L *sectiō(n-)* ← *sectus* (p.p.) ← *secāre* to cut ← IE **sek-* to cut (OE *sigðe* 'SCYTHE'): ⇨ -tion〗

sec·tion·al /sékʃənl, -ʃənḷ/ *adj.* **1** 部分の, 区分の[から成る]; 部門の; 区画のある, 区間の (divided): ～ repair of a machine 機械の部分的修理. **2** 一地方の, 地域的な; 部門[部族]的な: ～ pride 地方[党派]の誇り / ～ interests 地域[派閥]ごとの(異なる)利害 / ～ quarrels 派閥争い. **3** 課の, 分課の: a ～ chief 課長. **4** 段落の, 節の. **5** 組立式の; 組合わせ式の: a ～ bookcase [boat] 組立式本箱[ボート]. **6** 断面の, 断面図の: a ～ plan of a building 建物の断面図. **—** *n.* 組合わせ[ユニット]式の家具《ソファー, 本箱など》. **～·ly** *adv.* 〖(1806): ⇨ ↑, -al¹〗

séctional bóiler *n.* 〖機械〗組合わせボイラー《多くの直線状小管を組み合わせて構成する小管ボイラー; 今はあまり使用されない》.

séc·tion·al·ìsm /-ʃ(ə)nəlìzm/ *n.* セクショナリズム, 地方偏重[尊重]主義, 地方的偏見; 部門[派閥]主義, 派閥心. 〖(1855) ← SECTIONAL＋-ISM〗

séc·tion·al·ist /-ʃ(ə)nəlɪst | -lɪst/ *adj., n.* 地方偏重主義の(人). 〖(1863): ⇨ -ist〗

sec·tion·al·ize /sékʃ(ə)nəlàɪz/ *vt.* **1 a** 部分[部門]に分ける; 部分[地方]化する. **b** 派閥的にする, 一地方偏重にさせる. **2** (地理的状況や地方的利害関係を考慮して)区分[区画]する. **sec·tion·al·i·za·tion** /sèkʃ(ə)nəlɪzéɪʃən | -laɪ-, -lɪ-/ *n.* 〖(1854): ⇨ -ize〗

séction bòss *n.* 《米》〖鉄道〗保線区班長. 〖1870〗

séction-éight *vt.* 《米》兵役免除にする. 〖(1945) ↓〗

séction eight, S- E- *n.* 《米》**1** (身体・品行・性格上の不適格による)兵役免除. **2** (それによる)兵役免除者, 兵役不適格者, 除隊兵. 〖(1943) 1922–44 年施行の米国陸軍規則第 8 節から〗

séction gàng *n.* 《米》〖鉄道〗保線区班. 〖1890〗

séction hànd [màn] *n.* 《米》〖鉄道〗保線区工手, 保線工夫. 〖1873〗

séction hòuse *n.* 《英》独身警官宿寮; 《米》保線区員宿舎. 〖1856〗

séction màrk *n.* 〖印刷〗＝section 10. 〖1728〗

séction mill *n.* 〖金属加工〗(構造用の)形鋼圧延機《structural mill ともいう》.

séction pàper *n.* 《英》方眼紙, 製図用紙 (graph paper).

sec·tor /séktə | -tə(r)/ *n.* **1** (特に一国の産業・経済などの)部門; (社会・グループなどの)分野, 領域, 区域 (section): in the service ～ サービス部門で / the private ～ 民間部門, 民営企業. **2** 〖軍事〗(防御)地区, 防衛区域, 扇形地区《部隊が行動し, 防御の任にあたる, 通例前線の区画; cf. ZONE of action》. **3** 扇形 (⇨ circle 挿絵): the ～ of a sphere 球底円錐(えんすい). **4** 〖数学〗関数尺, 尺規. **5** 〖機械〗扇形歯輪. **6** 〖天文〗セクター《昔, 2 天体の角距離を測るのに用いられた天文観測機器の一種》. **7** 〖電算〗セクター《磁気ディスクの各トラックを周方向に分割した領域; cf. cluster》. **—** *vt.* **1** 扇形(部門)に分ける. **2** …に扇形歯輪をつける. **—** *vi.* 〖細菌〗〈変異体を作りやすい細菌やカビがはっきり違う部分から成る〉菌集落を形成する. 〖(1570) □ LL ～＝L ～ 'cutter' (《なぞり》)← Gk *to-meús*) ← *sectus*: ⇨ section, -or²〗

sec·tor·al /séktərəl/ *adj.* **1** 〖数学〗扇形の. **2** 〖軍事〗扇形戦区の. 〖1778〗

séctor gàte *n.* 〖土木〗セクターゲート《ダムの扇形に開くゲート》.

séctor gèar *n.* 〖機械〗扇形歯車.

sec·to·ri·al /sektɔ́ːriəl/ *adj.* **1** 扇形の. **2** 〖植物〗〈キメラ (chimera) が〉区分状の《二つ以上の種類の組織が体の表面に区分状に現れる; cf. periclinal 2》. **3** 〖動物〗〈肉食獣の歯が〉肉を裂くに適した. **—** *n.* (食肉獣の)肉裂き歯 (carnassial tooth). 〖(1803) ← SECTOR＋-IAL〗

sec·u·lar /sékjulə | -lə(r)/ *adj.* **1 a** (霊的 (spiritual) と区別して)俗の, 世俗の (lay), 世間的な (worldly); 現世の, この世の (temporal): the ～ power 俗権 / ～ affairs 俗事. **b** (教会と区別して)非宗教的の, 宗教と関係のない; 宗教団体と関係のない: ～ music (宗教音楽に対して)世俗[一般]音楽 / ～ education (宗教を加味しない)普通教育 / ～ courts (宗教裁判所に対して)一般裁判所. **c** (聖職者と区別して)俗人の (nonclerical, lay): a ～ benefactor. **d** 世俗主義の[を擁護する]: ⇨ secular humanism. **2** 〖カトリック〗**a** 〈聖職者が〉修道院[修道士会]外の, 教区付きの (↔ regular): a ～ priest (修道院に住まない)教区付き司祭, 在俗司祭 / ～ orders 修道院外僧団. **b** 在俗司祭の[に関する]: ～ vestments. **3 a** 一時代[一世紀]一度の[見られる, 来る]: a ～ phenomenon 百年に一度というような奇現象. **b** 長年にわたる; 〖経済〗長期の; 〖天文〗永年[長年]の; 永続の (agelong) (cf. periodic¹, cyclic 1): ～ fame 不朽の名声 / the ～ rivalry between Church and State 教権政権の積年の争い / the ～ bird 不死鳥. **c** 《詩》きわめて古い, 年数を経た. **—** *n.* **1** (宗教家に対して)俗人 (layman). **2** 〖カトリック〗教区付きの教職者, 在俗司祭 (secular priest). **～·ly** *adv.*

〖(*c*1300) *seculer* □ OF (F *séculier*) □ L *saeculāris* ← *saeculum* generation, age: ⇨ -ar〗

sécular árm *n.* [the ～] (昔の, 教権に対する)俗権《裁判所の権力》. 〖(*c*1384) *seculer arm* (《なぞり》)← ML *bracchium saeculāre*〗

sécular gámes *n. pl.* (古代ローマの)百年祭《100 年から 120 年に 1 回行われた祝祭で, 3 日 3 晩行われた》. 〖(1696) (《なぞり》)← L *lūdī saeculārēs*〗

sécular húmanism *n.* 世俗的人間主義, 世俗ヒューマニズム《自己救済の源として人間の理性を信じ, 宗教教義や超自然のものを拒否する立場; 1980 年代初期 New Right が社会批判に用いた概念; 特に公立の教育機関で宗教を教えるべきではないとする立場》. **sécular hú·manist** *n., adj.*

sécular hýmns *n. pl.* (古代ローマ百年祭の)百年祭歌. 〖(1696) (《なぞり》)← L *carmina saeculāria*〗

séc·u·lar·ìsm /-lərìzm/ *n.* **1** 世俗[非宗教]主義《あらゆる宗教形態を排斥する政治・社会的思想[傾向]; cf. clericalism》. **2** 非宗教的教育論, 教育宗教分離論; 政教分離論. 〖(1851): ⇨ -ism〗

séc·u·lar·ist /-lərɪst | -rɪst/ *n.* 世俗[非宗教]論者[主義者]. **—** *adj.* 世俗論[主義]の[を信奉する]. 〖(1716): ⇨ -ist〗

sec·u·lar·is·tic /sèkjulərístɪk⁻/ *adj.* ＝secularist. 〖1862〗

sec·u·lar·i·ty /sèkjulǽrəṭi, -lér- | -lǽrɪti/ *n.* **1** 俗心; 俗事. **2** ＝secularism. 〖(*c*1384) *secularite* □ AF **seculerte* ∥ ML *saeculāritātem* ← LL *saeculāris*: ⇨ secular, -ity〗

sec·u·lar·ize /sékjuləràɪz/ *vt.* **1 a** 世俗化する. **b** 教会の手から脱せしめる, …から宗教を分離する: ～ education 教育を宗教から分離する. **2** 〈宗教的財物を〉俗用に供する. **3** 〖カトリック〗〈修道士を〉教区付き[在俗司祭]にする (cf. laicize 4): ～ a monk. **séc·u·lar·iz·er** *n.* **sec·u·lar·i·za·tion** /sèkjulərɪzéɪʃən | -raɪ-, -rɪ-/ *n.* 〖(1611) □ F *séculariser* ← L *saeculāris*: ⇨ secular, -ize〗

sécular tértiaries *n. pl.* 〖教会〗在俗第三会員 (⇨ tertiary 3).

sécular variátion *n.* 〖天文〗永年変化, 永年差. 〖1812–16〗

sécular vícar *n.* 〖英国国教会〗＝clerk vicar.

se·cund /sɪkʌ́nd, síːkʌnd, sék-/ *adj.* 〖植物〗〈花・葉などが〉偏側生の, 一方に偏した, 片側だけの[に生じる] (unilateral). **～·ly** *adv.* 〖(1777) □ L *secundus* following: ⇨ second¹〗

sec·un·dine /sékəndàɪn, -dɪ̀n | -daɪn, -dɪn/ *n.* 〖植物〗胚珠(はいしゅ)の内包皮, 内種皮 (cf. primine). 〖(*a*1398) □ LL *secundīnae* (fem. pl.) ← L *secundus*: ⇨ second¹, -ine¹〗

sec·un·dines /sékəndàɪnz, sɪkʌ́ndɪ̀nz | sékən-dàɪnz, sɪkʌ́ndɪnz/ *n. pl.* 〖医学〗＝afterbirth. 〖(pl.) ← *secundine* (《廃》) afterbirth □ LL *secundīnae* (↑)〗

se·cun·do¹ /sɪkʌ́ndoʊ, -kún- | -dəʊ; *It.* sekúndo/ *n., adj.* 〖音楽〗第 2 部(の) (cf. primo¹). 〖□ It. ～ < L *secundum* (↓)〗

se·cun·do² /sɪkʌ́ndoʊ | -dəʊ/ *L. adv.* 第二に (secondly) (2° と略記する; cf. primo²). 〖□ L *secundō* ← *secundus* 'SECOND¹'〗

se·cun·dum /sɪkʌ́ndəm/ *L. prep.* …によって, に従って, に応じて (according to): ～ artem /-áːtem | -áː-/ 技術的に, 人工的に, 科学的に; 巧妙に; 〖処方〗常法に従って(略 sec. art.) / ～ naturam /-naːtúːraːm/ 自然に, 天然に (略 sec. nat.). 〖(1619) □ L ～ 'according to' ← *secundus* (↓)〗

se·cun·dus /sɪkʌ́ndəs/ *adj.* 《英》(ある男子の) public school で同姓の 2 人の生徒中, 年長順や学年順により)第 2 の (cf. primus¹ 2): Smith ～. 〖□ L ～ 'SECOND¹'〗

se·cur·a·ble /sɪkjúərəbḷ | -kjúər-, -kjɔ́ː-/ *adj.* 手に入れられる, 確保できる (obtainable). 〖(*a*1846) ↓〗

se·cure /sɪkjúə | -kjúə(r), -kjɔ́ː(r)/ *vt.* **1 a** 首尾よく手に入れる, 獲得する (obtain): ～ a prize 賞を獲得する / ～ a seat in the theater 劇場の座席を確保する / Can you ～ me two tickets?＝Can you ～ two tickets *for* me? 切符を 2 枚手に入れてもらえませんか / ～ one's ends 目的を達する / I managed to ～ a job [promotion]. やっと仕事[昇進]にありついた. **b** …の結果を生む, 引き起こす (cause, produce): ～ a laugh. **2 a** 確実にする, 保証する, 請け合う: ～ rights 権利を保証する / ～ the blessings of liberty to ourselves and our posterity われらとわれらの子孫の上に自由の恩恵がもたらされ続けることを保証する / She ～*d* her future success [promotion] by hard work. 熱心に仕事をして彼女は将来の成功[昇進]を確実にした. **b** 〈債権者〉に支払いを保証する, …に保険をつける; (担保・抵当をつけて)〈債務〉の支払いを保証する: ～ one-self *against* accidents 傷害保険をつける / a fully ～*d* loan 十分な担保つきの借款 / a loan ～*d on* property 土地を担保にして借りた金 / ～ a loan *with* collateral 担保品をつけて金を借りる. **c** …の所有を確実にする, 確保する, 保障する (⇨ get¹ SYN); 遺贈する, 遺言で譲る: ～ one's liberty 自由を確保する / ～ one's property to one's child 財産を子供に遺贈する. **d** 〖軍事〗〈陣地または地形を〉占領確保する. **3 a** 〔危険・攻撃などから〕安全にする, 守る (guard, protect) 〔*against, from*〕(⇨ safe SYN): ～ oneself *against* the cold [loss] 防寒の準備をする[自分に損のないようにする] / ～ troops *from* [*against*] a surprise attack 急襲に備えて軍隊を確保する. **b** (破壊・敵の干渉などを受けないように)〈要塞・城壁で〉防備する, 固める (fortify) 〔*with, by*〕: a city ～*d with* walls [*by* fortification] 城壁[要塞]で防備された都市 / ～ the town 町の防備を固める. **c** 〖軍事〗〈銃を〉抱える: ～ arms (雨に濡らさぬため)銃口をわきの下に抱える / *Secure* arms! [号令] 腕に銃(つつ). **4 a** しっかり締める, …に留金をかける; しまい込む: ～ a door [window] 戸締まりをする / ～ a ladder はしごを固定する / ～ a girdle 留金で帯を締める / ～ valuables 貴重品をしまい込む / ～ a thing *to* … 物を…に結びつける / ～ a letter *with* a seal 手紙に封印する. **b** 〈人を〉監禁する (confine): ～ a prisoner 囚人を監禁する. **5** 〖海事〗軍務から解放する, 除隊させる. **6** 〖外科〗(出血を防ぐために)〈静脈を〉圧迫する (close): ～ a vein (外科手術で)静脈を結紮(けっさつ)する. **7** 《廃》油断させる. **—** *vi.* **1** 安全になる, 安全である: ～ against danger. **2** 〖海事〗〈海軍隊員が〉作業をやめて(解散する). **3** 〖海事〗〈船が〉係船する, 停泊する (berth). **4** 〖海事〗開口部を密閉し移動物を固縛して船を安全状態にする.

— *adj.* **1 a** 危険のない, 安全な, 大丈夫な (safe) 〔*from, against*〕; 安全を保証する, 難攻不落の (impregnable): a ～ place [retreat] 安全な場所[避難所] / a ～ lock [rope, knot] 安全錠[ロープ, 結び] / a ～ prison 堅固な刑務所 / a ～ stronghold 難攻不落の要塞 / hold a ～ position 安全な地位を保っている / be ～ *against* attack 攻撃の恐れがない / be ～ *from* danger 危険がない / make ～ 強固に[大丈夫に]する; しっかり締める. **b** しっかりした, 崩れない, 倒れない: a ～ foundation [structure] しっかりした土台[構造]. **2** 安定した, 不動の: a ～ job 安定した職 / Her fame is ～. 彼女の名声は不動だ. **3 a** 心配のない, 気苦労のない, 気楽な, 安心な: a peaceful and ～ life [old age] 平穏で安心な生活[晩年] / feel ～ about the future 将来が心丈夫だ / have one's mind ～ 安心する / feel loved and (emotionally) ～ 愛されていて(情緒的に)安心する. **b** 疑惑をもたない, 疑心のない: be ～ *in* one's convictions / I am ～ *in* the knowledge that you all support me. あなた方全員が私を支持してくれることを確信している. **4** 確かな, 確実な (sure, certain), 信頼できる, 当てにできる (well-founded); 〔…を〕確信している 〔*of*〕: the ～ hope of salvation 必ず救われるという望み / be ～ *of* success 成功を確信する. **5** [通例叙述的] 逃亡の心配のない, 厳重に監禁した; 紛失の心配のない: keep the prisoners ～ 囚人を厳重に監禁しておく / I have got him ～. しっかり彼を捕えた. **6** 《古》過信した; 油断した (careless) (cf. *Judges* 8: 11).

— *n.* 〖海事〗作業やめ解散の合図.

～·ness *n.* **se·cúr·er** /-kjúərə | -kjúərə(r), -kjɔ́ːr-/ *n.* **se·cúr·ance** /-kjúərəns | -kjúər-, -kjɔ́ːr-/ *n.* 〖adj.: (?1533) □ L *sēcūrus* ← *sē-* without＋*cūra* care): ⇨ se-, cure. — v.: (1590–91) ← (adj.)〗

se·cúre·ly *adv.* **1** 安全に, 確信をもって, 大丈夫 (safely): It may ～ be said that …と言っても大丈夫だ. **2** 確実に, 疑いなく (certainly). **3** しっかりと (firmly): be ～ corked. **4** 《古》安心して (trustingly) (cf. *Prov.* 3: 29). 〖(1593–94): ⇨ ↑, -ly¹〗

se·cúre·ment *n.* **1** 保証; 確実. **2** 確保. **3** 《廃》保護. 〖1622〗

secúre ténancy *n.* 《英》安定した借地権《貸借権の確保, 一定期間居住後の割引譲渡など借地人に保証されている権利》.

se·cu·ri·form /sɪkjúərəfɔ̀əm | -kjúərɪfɔ̀ːm, -kjɔ́ːr-/ *adj.* 〖植物・昆虫〗斧(おの)状の. 〖(1760) ← L *secūris* ax (← *secāre* to cut)＋-I-＋-FORM〗

Se·cu·ri·ta·te /sɪkjùərɪtáːteɪ | -kjùər-, -kjɔ̀ːr-; *Rom.* sekuritáte/ *n.* (ルーマニア社会主義共和国の)秘密警察. 〖□ Rum. ～ 《原義》 Security〗

se·cur·it·ize /sɪkjúərətàɪz | -kjúərɪ-, -kjɔ́ːr-/ *vt.* 証券化する《各種の債権を市場性のある証券に転換する》. **se·cu·ri·ti·za·tion** /sɪkjùərəṭɪzéɪʃən | -kjùərɪtaɪ-, -kjɔ̀ːr-, -tɪ-/ *n.* **se·cú·ri·tì·zer** *n.* 〖(1981) ↓, -ize〗

se·cu·ri·ty /sɪkjúərəṭi | -kjúərɪti, -kjɔ́ːr-/ *n.* **1 a** 防衛, 防御 (defense), 保護 (protection), 安全保障, 警備, 警備組織[部門]; 防衛[保護]手段 〔*against, from*〕: lax [tight] (prison) ～ (刑務所の)ゆるんだ[厳重な]警備 / collective ～ *against* (国際間の)集団安全保障 / A watchdog is a ～ *against* burglars. 番犬は強盗に対する防衛である / Pride should at least be a ～ *against* meanness. 自尊心があれば少なくとも卑劣なことはできないはずだ / give ～ *against* …に対して保護する, …の心配をなくする. **b** (経済変動に対する)防衛, 経済的保証. **c** (犯人・囚人の)逃走[脱走]防止; その手段[方策]. **2 a** 安心 (ease), 心丈夫, 確信 (confidence, secureness): feel great (emotional) ～ 大いに安心する. **b** 財政上の安定, 不足[剥奪]のないこと. **c** 確実, 信頼性, 安定 (stability). **3** 危険のないこと[状態], 安全, 大丈夫, 無事 (safety, secureness): personal ～ 身体の安全 / public [national] ～ 治安, 公安[国家治安] / in ～ 安全に, 無事に / ～ *from* danger 危険のない状態. **4** 〖法律〗〔負債の支払いに対する〕保証 (guarantee), 抵当, 担保 (⇨ pledge SYN); 抵当[担保]物件; 保証人 (surety) 〔*for*〕: loans with and without ～ 担保つきと担保なしのローン / ～ *for* a loan 貸借保証 / personal ～ 人的担保 / in ～ *for* …の保証[担保]として / give [stand] ～ (*for*) (…を)保証する, (…の)保証人になる / He does not lend money except on good ～. 彼は抵当がよくないと金を貸さない / What ～ can you offer for it? それに対してどんな抵当物を出すか. **5** [*pl.*] 有価証券 (stocks and bonds): ⇨ government security / He keeps his *securities* at the bank. 彼は証券類を銀行に預けている. **6** 《古》油断 (overconfidence): fatal ～ 取返しのつかない油断 / *Security* is the greatest enemy. 《諺》油断大敵 (cf. *Macbeth* 3. 5. 32–33).

Secúrities and Exchánge Commìssion 《米》証券取引委員会 (略 SEC).

Secúrities and Invéstments Bòard [the ―] 《英》

証券投資委員会《London の金融・投資活動を監督する半官組織; 略 SIB》.

sécurity of ténure 《英》借地借家権の安定《借地[借家]人に保証されている継続使用権》.
— *adj.* [限定的] 安全の, 安全保障の; 安全に役立つ: a top- [maximum-] *security* prison 最大警備の刑務所. 〖(?a1425) *securite* ▭ (O)F *sécurité* // L *sēcūritātem* ← *sēcūrus*: ⇨ secure, -ity〗

secúrity ànalysis *n.* 証券分析.

secúrity ànalyst *n.* 証券分析家, 証券アナリスト《証券について必要な情報を集めてその収益性・危険性などを評価する専門家》. 〖1934〗

secúrity blànket *n.* **1** (安心感を得るために子供が抱きかかえる)安心毛布[タオル, 枕], ねんねタオル. **2** (一般に)安全を保障する[心の安まる]もの[人]; お守り. 〖1971〗

secúrity chèck *n.* (空港などで危険物の所持などの取り締まりのための金属探知機での)所持品検査, セキュリティチェック; ボディチェック (body search). 〖1945〗

secúrity clèarance *n.* 国家機密事項取扱許可《特に身辺調査・審査を経て与えられる》. 〖1955〗

Secúrity Cóuncil *n.* [the ～] (国連の)安全保障理事会. 〖1944〗

secúrity fìrm *n.* 警備保障会社.

Secúrity Fòrce *n.* (国連の)安全保障軍, 国連軍《正式名は United Nations Peacemaking Force》. 〖1948〗

secúrity fòrces *n. pl.* 治安[保安]部隊《テロなどに備える警察・軍隊》. 〖1948〗

secúrity guàrd *n.* ガードマン, 警備員. 〖1955〗

secúrity ìnterest *n.* 〘法律〙 担保権 (lien). 〖1951〗

secúrity lìght *n.* 防犯灯《人が建物や敷地内に侵入すると自動的に点灯する》.

secúrity òfficer *n.* ガードマン, 警備員. 日英比較 日本語の「ガードマン」は和製英語. 〖1945〗

secúrity pàct *n.* 安全保障条約. 〖1925〗

secúrity políce *n.* [集合的] **1** (要人護衛などにあたる)保安警察 (略 SP); (防諜活動に従事する)秘密警察. **2** 《米軍》=air police. 〖1944〗

secúrity rìsk *n.* 危険人物《要職にありながら地下運動などに関係があるため国の安全に危険があるとみなされる人物》. 〖1948〗

Secúrity Sèrvice *n.* 国家保安局《英国の MI5 の公式名; 略 SS》.

secúrity sèrvices *n. pl.* =security forces.

secúrity trèaty *n.* =security pact.

se·cur·o·crat /sɪ̆kjʊ́ᵊrəkræ̀t | -kjʊ́ərə(ʊ)-, -kjɔ́ːr-/ *n.* 《南ア》軍・警察その他の治安組織出身の白人官僚, 治安官僚. **se·cur·o·crat·ic** /sɪ̆kjʊ̀ᵊrəkrǽtɪk | -kjʊərəʊkræ̀t-, -kjɔːr-ˈ/ *adj.* 〖《混成》← SECURITY＋BUREAUCRAT〗

secy, sec'y. 《略》secretary.

SED 《略》Scottish Education Department.

sed. 《略》sediment; sedimentation.

se·dan /sɪ̆dǽn; *F.* sədɑ̃/ *n.* **1** 《米》 **a** セダン型自動車 (《英》saloon)《運転手席を仕切らない普通の箱型自動車; cf. limousine a》. **b** セダン型モーターボート《sedan cruiser ともいう》. **2** =sedan chair. 〖(1635) ← ?〗

Se·dan /sɪ̆dǽn; *F.* sədɑ̃/ *n.* セダン《フランス北東部, Meuse 河畔の要塞都市; 普仏戦争の際 Napoleon 三世が惨敗した地 (1870); 第一次・第二次大戦の戦跡》.

sedán chàir *n.* (17–18 世紀に用いられた一人用の)椅子付きのかご, 輿(こし)《単に sedan ともいう》. 〖1750〗

sedán crùiser *n.* =sedan 1 b.

Sedarim, s- *n.* Seder の複数形.

se·date /sɪ̆déɪt/ *adj.* (**se·dat·er, -est; more ～, most ～**) **1** 平静な, 落ち着いた, 沈着な (calm, composed) (⇨ serious SYN). **2** 〈色・意匠が〉地味な, 落ち着いた. — *vt.* 〘医学〙(鎮静剤で)〈人の気分を〉鎮める, 〈人〉に鎮静剤を飲ませる. **～·ly** *adv.* **～·ness** *n.* 〖(1663) ▭ L *sēdātus* (p.p.) ← *sēdāre* to settle, soothe (caus.) ← *sedēre* 'to SIT'〗

se·da·tion /sɪ̆déɪʃən/ *n.* 〘医学〙 **1** (鎮静剤などによる)鎮静(作用): She was quiet under ～. 鎮静剤のため静かになっていた. **2** (鎮静剤などによる)鎮静状態, 平静. 〖(?a1425) ▭ (O)F *sédation* // L *sēdātiō(n-)* ← *sēdātus*: ⇨ ↑, -ation〗

sed·a·tive /sédətɪv | -dətɪv/ *n.* 鎮静剤[薬] (sedative agent). — *adj.* (神経過敏・興奮などを)鎮静させる. 〖(?a1425) ▭ (O)F *sédatif* // ML *sēdātīvus* ← L *sēdātus*: ⇨ sedate, -ative〗

Sed·don /sédn̩/, **Richard John** *n.* セドン (1845–1906; 英国生まれのニュージーランドの政治家; 首相 (1893–1906); 通称 King Dick).

se de·fen·den·do /síːdɪ̀fɛndéndoʊ | -dəʊ/ *adj., adv.* 〘法律〙 正当防衛のための(に)《殺人罪の審理の際の抗弁などに用いる》: homicide ～. 〖(1548) ▭ L *sē dēfendendō* defending himself: ⇨ defend〗

sed·en·tar·y /sédn̩tèri | -təri, -tri/ *adj.* **1** 座っている; 座りがちの, 座って仕事をする, 座業をする, 座業から生じる: a ～ statue 座像 / a ～ posture 着座の姿勢 / a ～ life 座りがちな生活 / a ～ occupation 座業, 座職. **2** 〘動物〙 **a** 定在の, 定着している; 〈クモなど〉獲物が巣にかかるのを待っている. **b** 〈フジツボ・カキなど〉固着性の. **3** 《廃》不活発な (inactive), ぐずな (sluggish). **sed·en·tar·i·ly** /sèdn̩térəli, ←－←－ | sédn̩tərɪ̆li, -trɪ̆-/ *adv.* **séd·en·tàr·i·ness** *n.* 〖(1598) ▭ F *sédentaire* // L *sedentārius* ← *sedentem* (pres.p.) ← *sedēre* 'to SIT': ⇨ -ary〗

Se·der, s- /séɪdə | -dəʳ/ *n.* (*pl.* **Se·da·rim, s-** /sɪ̆dɑ́ːrɪ̆m | sɪdɑ́ːrɪm/, **～s**) 〘ユダヤ教〙 セデル《ユダヤ人が過ぎ越しの祝い (Passover) の第一夜(と第二夜)に行う祝祭と正餐》. 〖(1865) ▭ Heb. *sēdher* order, arrangement〗

se·de·runt /sɪ̆díərʌnt | sɪ̆díər-/ *n.* 《スコット》 **1** (宗教・立法などの)会議 (session, sitting). **2** [集合的] 会議出席者, 出席者名簿. **3** 長時間座っていること; 会議 (meeting), (社交的な)会合 (social gathering). 〖(1628) ▭ L *sēdērunt* they sat ← *sedēre* 'to SIT'〗

sedge¹ /sédʒ/ *n.* 〘植物〙 **1** スゲ《カヤツリグサ科スゲ属 (*Carex*) の植物の総称; イネ科植物 grass に対していう》. **2 a** ショウブ (sweet flag). **b** キショウブ (yellow iris). 〖OE *secġ* < Gmc **saʒjaz* ← IE **sek-* to cut (L *secāre*: ⇨ section): その葉がぎざぎざしていることから〗

sédge² /sédʒ/ *n.* 〘鳥類〙 =siege 7.

sédge bìrd *n.* 〘鳥類〙 スゲヨシキリ (sedge warbler). 〖1738〗

sédged *adj.* **1** スゲ (sedge) でできた: a ～ crown. **2** スゲの生えた: a ～ brook. 〖1611〗

Sedge·field /sédʒfiːld/ *n.* 〘商標〙 セッジフィールド《米国の男性用・男児用スポーツウェア・カジュアルウェア》.

sédge flỳ *n.* トビケラ (caddis fly) の総称《釣人が使う餌の呼称》.

Sedge·moor /sédʒmʊə, -mɔə | -mɔːʳ, -mʊəʳ/ *n.* セッジムア《イングランド南西部 Somerset 州の広大な低湿地; Duke of Monmouth が James 二世に敗れた地 (1685)》. 〖ME *Seggemore* 《原義》'MOOR where SEDGE¹ grew'〗

sédge wàrbler [wrèn] *n.* 〘鳥類〙 スゲヨシキリ (*Acrocephalus schoenobaenus*)《ヨーロッパ産ヨシキリの一種》. 〖1802〗

Sedg·wick /sédʒwɪk/, **Adam** *n.* セジウィック (1785–1873; 英国の地理学者; カンブリア紀, デボン紀などの地質年代を確立した).

sedg·y /sédʒi/ *adj.* (**sedg·i·er; -i·est**) **1** スゲ (sedge) の茂った. **2** スゲの(ような). 〖(1566): ⇨ sedge¹, -y⁴〗

se·dile /sɪ̆dáɪli/ *n.* (*pl.* **se·dil·i·a** /sɪ̆dílɪə, -dáɪl- | sedíliə, sɪ̆-, -díːl-, -dáɪl-/) [通例 *pl.*] 〘教会〙 司祭席, 牧師席《内陣の南側, 壁面のくぼみに設けられ, 礼拝中に聖職者が使う座席; 通例 priest と deacon および subdeacon 用として 3 席ある》. 〖(1793) ▭ L *sedīle* seat ← *sedēre* 'to SIT'〗

sedilia *n.* sedile の複数形.

sed·i·ment /sédəmənt | -dɪ̆-/ *n.* **1** (液体の)沈澱物 (settlings), おり, かす (dregs, lees). **2** 〘地質〙 砕屑物; 流送土砂 (cf. sedimentation). **3** 〘医学〙 沈渣(ちんさ): urinary ～ 尿沈渣. — /sédəmènt | -dɪ̆-/ *v.* — *vt.* [主に p.p. 形で] 沈澱させる. — *vi.* 沈澱する. **sed·i·men·tous** /sèdəméntəs | -dɪ̆ment-ˈ/ *adj.* 〖(1547) ▭ F *sédiment* // L *sedimentum* a setting ← *sedēre* 'to SIT': ⇨ -ment〗

sed·i·men·tal /sèdəméntl̩ | -dɪ̆méntl̩ˈ/ *adj.* =sedimentary. 〖1614〗

sed·i·men·ta·ry /sèdəméntəri, -tri | -dɪ̆méntəri, -triˈ/ *adj.* **1** 沈澱物の[を含む], 沈積性の. **2** 〘地質〙 (岩石・鉱物またはサンゴなどの生物の死骸の)沈積によって生じた, 水成の (aqueous) (cf. igneous 2, metamorphic 2): ～ clay. — *n.* 〘地質〙 堆積岩. **sed·i·men·tar·i·ly** /sèdəmentérəli, ←－←－ | sèdɪ̆méntərɪ̆-, -trɪ̆-/ *adv.* 〖(1830): ⇨ sediment, -ary〗

sédimentary róck *n.* 〘岩石〙 堆積岩, 水成岩 (cf. igneous rock). 〖1839〗

sed·i·men·ta·tion /sèdəməntéɪʃən, -mɛn- | -dɪ̆mən-, -mɛn-/ *n.* 沈降 (setting); 〘地質〙 堆積作用. 〖(1874) ← SEDIMENT＋-ATION〗

sedimentátion coefficient *n.* 〘化学〙 (コロイド粒子の)沈降係数《単位はスヴェードベリ (svedberg: 10–13 秒)》.

sedimentátion cònstant *n.* 〘化学〙 沈降定数 (sedimentation coefficient).

sedimentátion ràte *n.* 〘医学〙 沈降速度[試験]: blood ～ 赤血球沈降速度, 赤沈, 血沈. 〖1946〗

sed·i·men·tol·o·gy /sèdəməntɑ́(ː)lədʒi, -mɛn- | -dɪmɛntɔ́l-, -mən-/ *n.* 〘地質〙 堆積学《川や海の流れによって土砂・砂利などが浸食され運ばれて沈積する現象を扱う》. **sed·i·men·to·log·ic** /sèdəmèntəlɑ́(ː)dʒɪk, -mèn- | -dɪ̆mèntəlɔ́dʒ-, -mən-ˈ/ *adj.* **sèd·i·mèn·to·lóg·i·cal** *adj.* **sèd·i·mèn·to·lóg·i·cal·ly** *adv.* **sèd·i·men·tól·o·gist** /-dʒɪ̆st | -dʒɪst/ *n.* 〖(1932): ⇨ sediment, -ology〗

sédiment yèast *n.* 〘醸造〙 =bottom yeast.

se·di·tion /sɪ̆díʃən/ *n.* **1** 治安妨害, 煽動, 暴動教唆(きょうさ). **2** 《古》暴動, 反乱 (tumult, riot)《insurrection, rebellion にならない程度のもの》: stir up a ～ 暴動を起こさせる. **～·ist** /-ʃ(ə)n̩ɪ̆st | -nɪst/ *n.* 〖(?c1350) (1838) ▭ (O)F *sédition* // L *sēditiō(n-)* separation ← *sē(d)-* apart＋*itus* ((p.p.) ← *īre* to go): ⇨ se-, itinerate, -tion〗

SYN 暴動: **sedition** 暴力行為はしないが, 文書・演説などで政府に対し抵抗・動乱を煽動するとみなされる行為. **treason** 国家の転覆, 君主の殺害, 敵国に便宜を図ったりするような国家への反逆行為. ⇨ rebellion.
ANT fidelity, loyalty, allegiance.

se·di·tion·ar·y /sɪ̆díʃənèri | -ʃ(ə)nəri/ *n.* 治安妨害者; 動乱煽動[教唆(きょうさ)]犯人. — *adj.* =seditious. 〖(1607) ▭ LL *sēditiōnārius*: ⇨ ↑, -ary〗

se·di·tious /sɪ̆díʃəs/ *adj.* **1** 治安妨害の, 煽動的な: a ～ demagogue 民衆煽動家, 煽動的政治家 / a ～ harangue 煽動演説. **2** 治安妨害[煽動]罪の. 〖(?1435) ▭ (O)F *séditieux* // L *sēditiōsus*: ⇨ sedition, -ous〗

sedítious líbel *n.* 〘法律〙 出版・頒布が煽動罪に該当する文書; 文書煽動罪.

Sed·ra /sédrə/ *n.* (*pl.* **Sed·roth** /sédroʊθ, -droʊt | -drəʊθ, -drəʊt/, **Sed·rot** /-droʊt | -drəʊt/, **～s**) = Sidra.

se·duce /sɪ̆dúːs, -djúːs | -djúːs/ *vt.* **1** 魅する, 引きつける (charm, attract): The beauty to the evening ～*d* me outdoors. 夕景色の美しさに魅惑されて戸外に出た. **2 a** 〈若い未熟な相手を〉(性的に)誘惑する, そそのかす, だましてものにする. **b** (うまく言い含めて)〈人を〉〔正道から〕迷わす〔*from*〕; 〔悪に〕導く, 堕落させる (corrupt) 〔*to, into*〕: ～ a person *into* disloyalty 人を不実(の行為)に導く. **c** (うまく言い含めて)〈忠誠・主義・義務などを〉〈人〉に捨てさせる〔*from*〕(⇨ lure¹ SYN): ～ a person *from* loyalty 人に忠誠を捨てさせる / ～ a person *from* his duty 人に義務を捨てさせる. 〖(c1477) ▭ (O)F *séduis-, séduire* < L *sēdūcere* to lead aside ← *sē-* apart＋*dūcere* to lead: ⇨ se-, duct〗

se·duce·a·ble /sɪ̆dúːsəbl̩, -djúːs- | -djúːs-/ *adj.* = seducible. 〖1613–18〗

se·duc·ee /sɪ̆dùːsíː, -djùː- | -djùː-/ *n.* 誘惑される人, 口説き落とされる者. 〖(1602): ⇨ -ee〗

se·dúce·ment *n.* =seduction. 〖1586〗

se·dúc·er *n.* 人を邪道に導く人; (異性を)誘惑する人; (特に)女たらし, 色魔. 〖(1545): ⇨ seduce, -er¹〗

se·duc·i·ble /sɪ̆dúːsəbl̩, -djúːs- | -djúːsɪ̆-/ *adj.* 誘惑されやすい, (男に)だまされやすい, 堕落させられる. 〖(1629): ⇨ seduce, -ible〗

se·duc·tion /sɪ̆dʌ́kʃən/ *n.* **1** [通例 *pl.*] 人を魅惑する[惑わす]もの; 魅惑, 魅力: the ～*s* of country life [one's favorite study] 田園生活[好きな学科]の魅力. **2** 誘惑 (temptation), そそのかし (enticement), たらし込み, (誘惑による)貞操蹂躙(じゅうりん). **3** 〘法律〙 婦女誘拐(ゆうかい)(罪). 〖(1526) ▭ F *séduction* // L *sēductiō(n-)* ← *sēductus* (p.p.) ← *sēdūcere*: ⇨ seduce, -tion〗

se·duc·tive /sɪ̆dʌ́ktɪv/ *adj.* 誘惑的な (enticing), 魅惑的な, 人をうっとりさせる (captivating), 人目を引く, 人を引きつける (attractive): a ～ smile, woman, etc. **～·ly** *adv.* **～·ness** *n.* 〖(c1760) ▭ ML *sēductīvus* ← L *sēductus*: ⇨ ↑, -ive〗

se·duc·tress /sɪ̆dʌ́ktrɪ̆s/ *n.* 誘惑する女, 男たらし. 〖(1803) ← 《廃》*seduct(o)r* (▭ OF *seducteur* ▭ L *sēductor*: ⇨ seduce, -or²)＋-ESS¹〗

se·du·li·ty /sɪ̆dúːləti, -djúː- | -djúːlɪ̆ti/ *n.* 勤勉, 精励 (diligence). 〖(1542) ▭ L *sēdulitātem*: ⇨ ↓, -ity¹〗

sed·u·lous /sédʒʊləs | -djʊ-, -dʒʊ-/ *adj.* **1** せっせと働く, こつこつと勉強する, 勤勉な, 精励する. **2** 念入りな, 丹念な; 至れり尽くせりの (industrious): ～ care 周到な注意 / ～ flattery そつのないこびへつらい / ⇨ *play the sedulous* APE. **～·ly** *adv.* **～·ness** *n.* 〖(1540) ▭ L *sēdulus* ← *sē dolō* without guile ← *sē* 'without, SE-'＋*dolus* guile: ⇨ -ous〗

se·dum /síːdəm | -dəm/ *n.* 〘植物〙 ベンケイソウ《ベンケイソウ属 (*Sedum*) の各種の草本の総称; ムラサキベンケイソウ (orpine) など; cf. stonecrop, roseroot, orpine》. 〖(c1440) ← NL ～ ← L ～ 'houseleek' ← ?〗

see¹ /síː/ *v.* (**saw** /sɔ́ː, sɑ́ː | sɔ́ː/; **seen** /síːn/) — *vt.* **1** [しばしば目的語＋原形不定詞, do*ing* または p.p. 形を伴って] 見る, …が見える (cf. LOOK *at*): I ～ some people in the garden. 庭に数人の人が見える / Can you ～ your way in the dark? 暗闇の中でも道がわかりますか / ⇨ *see one's* WAY *(clear)* / When last ～*n*, she was dressed in red. 最後に見かけた時, 彼女は赤い服を着ていた / I *saw* her cross [*crossing*] the street. 彼女が通りを横切る[横切っている]のを見た / She was nowhere to be ～*n*.=She wasn't to be ～*n* anywhere. 彼女はどこにも見当たらなかった / There was nothing [nobody] to be ～*n*. 何[だれ]も見当たらなかった / The two were ～*n* shak*ing* [*to* shake] hands. 二人が握手している[握手する]ところが見えた《★ 受動態で特に to 不定詞を伴う構文は形式張ったもの》/ He *saw* the old woman knock*ed* down. 彼はその老婦人が(車に)はねられたのを見た / Are you going to ～ her treat*ed* like that? 彼女があんなふうに扱われるのを傍観するつもりか.
2 a 〈人〉に会う, 会見する, 面会する (interview) (⇨ meet SYN); 会って…だと知る: ～ something of a person 〈人〉に時々会う / I haven't ～*n* you for [《米》in] ages. 随分長い間お会いしませんでしたね《久しぶりですね》/ I'm very pleased to ～ you. お会いできてうれしいです / I've ～*n* nothing [very little] of you lately. Let's ～ more of each other. 近ごろさっぱりお見かけしないが, 今後はもっと会いましょうよ / (I'll) be ～*ing* you!=*See* you (later)! 《口語》ではまた(お会いしましょう) / *See* you (in a while [《英》bit]). ではまた / *See* you again. ではまた, さようなら / I *saw* her at the supermarket yesterday. きのう彼女にスーパーマーケットで会った / Are you ～*ing* him for lunch today? きょう昼食の時に彼にお会いになりますか / The director has asked to ～ you about your report. 部長が報告書のことで君に来てほしいと言っていた. **b** 〈人〉に会いに行く, 訪ねる (call on); 〈医者〉に診てもらう (consult), 〈弁護士〉に相談する: Come and ～ me tomorrow, please. あす訪ねて来てください / I think he ought to ～ a doctor. 彼は医者に診てもらわなければならない / You must ～ a good lawyer. 良い弁護士をやとわなければならない. **c** (時間をさいて)会う, 面会に応じる, 応対する (receive): He is too ill to ～ you. 彼は病気でお会いできません. **d** (特に)〈恋人〉とつきあう, …とデートを重ねる: Kate is ～*ing* too much of the same boy. ケートは同じ男の子とばかりつきあっている. **e** 《俗》わいろの授受にからんで…に会う.
3 a 〈劇・映画・名所などを〉見る, 観覧[見物]する, 見に行く

(visit): ~ the sights (of Rome) (ローマの)名所を見物する, (ローマを)観光する / I'm going to ~ the play [show, parade, baseball game]. 劇[ショー, パレード, 野球]を見に行きます / Have you ever ~*n* Paris? パリに行ったことがありますか / This shrine is worth ~*ing*. この神社は一見に値する. **b** (テレビで)見る, 視聴する: Did you ~ the fight last night? 昨夜あの(ボクシングの)試合を見ましたか.
4 a [しばしば *that*-clause を伴って] 気づく, 認める (notice): I don't [can't, fail to] ~ any harm in what he is doing. 彼のしていることは何も害はなさそうだ / He *saw* at once *that* he had made a mistake. 間違いをしたことにすぐ気づいた. **b** [通例 *wh*-clause を伴って] (取調べなどによって)確かめる (ascertain), 知る (find out): Go and ~ *who* it is. だれだか行って見てごらん / Please ~ *if* these shoes fit you. この靴が合うかお試しください / I believe you, but I'd rather ~ it for myself [with my own eyes]. 君を信じないわけではないが, 自分[自分の目]で確かめてみたい.
5 [しばしば *wh*-clause (または *wh*+*to* do) を伴って] 悟る, 理解[了解]する (understand): I can't ~ the joke [the point of the argument]. どこがおかしいのか[論点が]わからない / He did not ~ the use [good, fun] of doing it. 彼にはそうすることの値打ち[よさ, おかしさ]がわからなかった / (Don't [Can't] you) ~ *what* I mean? 私の言うことがわからないか / I don't ~ *why* he doesn't come. 彼がどうして来ないかわからない / I don't ~ why you shouldn't do ...したらいかがですか / I don't ~ why not. いいですよ, そうしましょう / Last week we *saw how* universities originated. 大学の起源について先週わかった / I did not ~ *how to* answer. どう答えてよいのかわからなかった / I tried to make them ~ reason [sense]. 彼らに道理[もの]をわからせようとした.
6 a (ある見方で)見る: as [(《口語》 the way] I ~ it 私の見るところでは / That's not how [the way] I ~ it. それは私の見方とは違います / I ~ things differently now. 私は今では物の考え方が以前とは違う / I ~ it in a new [totally different] light. 新しい[まったく違った]見方でそれを見ている. **b** [目的語+(*as*+) 補語を伴って] みなす, 考える (consider): ⇨ SEE *fit* / She *saw* it *as* her duty. 彼女はそれを義務だと考えた. **c** [通例 will [would] ~ とし, 目的語+補語を伴って] (軽いののしりとして)むしろ見たい, ...であってほしいと思う: ⇨ SEE a person *hanged* / *I'll* ~ him in hell before I accept his proposal! だれが何と言ってもあの男の提案をのむことなど絶対にできない / He *would* ~ the business fail before he admitted he was wrong about advertising. 宣伝策について自分の誤りを認めるくらいなら, いっそのことその事業が失敗してくれればよいと思った.
7 a よい[好ましい]と思う, ...に長所を認める: I can't think what she ~*s* in him. 彼女は彼のどこがいいと思っているのか理解に苦しむ. **b** [通例否定構文で, しばしば *doing* を伴って] 黙って見過ごす, 黙認する, ...に賛成する (consent to): He could *not* ~ *going* all that way for nothing. むざむざ無為にその方向へ走ってしまうのを見過ごしておくわけにはいかなかった.
8 [しばしば目的語+*doing* または *as*+補語を伴って] (ありうるものと)考えてみる, (好ましいものと)認める, 想像する (imagine): Can you (really) ~ him agree*ing* to such a plan? 彼がそのような計画に同意するなど考えられるだろうか / I cannot ~ myself submitt*ing* to it. 私がそれに屈するなど想像もできない / I (somehow) cannot ~ her *as* a singer. 彼女が歌手だとは(どうも)想像できない.
9 眼前に浮かべて見る (visualize), (夢などに)見る: ~ visions 幻想を抱く / ~ things 《口語》幻覚を起こす / I *saw* my dead father in a dream last night. 昨夜夢に死んだ父を見た / I can still ~ the professor as he was thirty years ago. 今でも 30 年前の教授の姿が目に浮かぶ / The blind girl *saw* the present with her fingers. 盲目の少女はその贈り物を指で触って見た.
10 予知する, 見越す (foresee): He *saw* the day when a world government would be established. 世界政府が樹立される日を予知していた (cf. *vt.* 11 a) / I could ~ [*saw*] it coming (a mile off [away]), but no one believed me. それが(とっくに)そうなるのがわかっていたが, だれも信じてくれなかった (cf. SEE a person *coming* (*a mile off*)).
11 a ...に遭遇する (undergo), 経験する (experience): have ~*n* it all (before) そんなことは(とっくに)経験ずみだ / He didn't live to ~ his son's marriage. 息子の結婚を見ずに死んだ / I have never ~*n* active service. 戦地を経験したことがない / He has ~*n* a lot of life. なかなか世の中の経験を積んでいる / If a man keep my saying, he shall never ~ death. 人もしわが言葉を守らばとこしえに死を見ざるべし (*John* 8:51) / He'll never ~ 50 again. 五十は越している / I never thought I'd live to ~ the day when things were better. 世の中がもっとよくなる日が来ようとは夢にも思わなかった (cf. *vt.* 10) / ⇨ *have* ~*n better* [*one's best*] DAYS / I've ~*n* a lot in my time but never anything like this! 若いころには色々なことに出あったがこんなことは初めてだ. **b** 《文語》〈時代・場所が〉〈事件・事態などを〉生ぜしめる, ...の舞台[場面]となる, 目撃する (witness): The fifth century *saw* the end of the Roman Empire in the West. 5 世紀には西ローマ帝国が幕を閉じた.
12 a なりゆきを見る; 検討する, 見てみる, よく調べる, 検査[検分]する (examine): ~ how it goes [things go] 様子を見る / You'd better ~ the house before taking it. 借りる前に家を見ておいたほうがよい / I got in a man to ~ the drains. 人を呼んで下水を見てもらった / I'll ~ *what* I can do. 何ができるか考えてみよう / I wanted to ~ *how* she would solve the problem. 彼女がどのようにその問題を解決するか見てみたいと思った. **b** (ちょっと)調べてみる, 点検する: Let me ~ your ID card. 身分証明書を見せなさい. **c** [しばしば *that*-clause を伴って] (新聞などで)見る, 読む: I *saw* the news of his death in today's newspaper. 彼の死去のニュースを今日の新聞で読みました / I ~ *that* there was another earthquake in Italy on Monday. 月曜日にまたイタリアに地震があったのを知りました. **d** [通例命令形で] 参照する, 見る (refer to) (略 s.): *For* further information, ~ page 35. なお詳細に知りたい場合は 35 ページを見よ.
13 a [通例 *that*-clause または目的語+p.p. を伴って] 〈...する[される]ように〉気をつける, 手はずをする, 取り計らう, きっと〈...するように〉する: *See* (*that*) you don't catch your foot. つまずかないように注意しなさい / I will ~ *that* the work gets done right away. 今すぐ仕事を片付けてしまうようにします. ★ この構文の *that*-clause には未来の動作を表すのに現在形の述語動詞が用いられる / ~ a thing done 監督してやらせる / ~ justice done 事の公平を期する; 復讐を遂げる. **b** 〈人〉の面倒を見る, 扶養する.
14 a [目的語+方向の副詞語句を伴って] ...に付き添う, 送り届ける (escort); 見送る: I *saw* him home [*to* the door, *onto* the train]. 家[玄関, 列車の中]まで見送った / She *saw* her child *across* the road. 子供に付き添って道路を横断させてやった / Let's ~ the old year *out* and the new year *in*. 旧年を送り新年を迎えよう / ⇨ SEE *in* / Don't bother to come down. I can ~ myself *out*. どうぞそのままに, ひとりで帰れますから / ⇨ SEE *a person off* (1). **b** (援助・補導・注意して)(最終まで)見届ける〔*through*〕: I'll ~ you *through* [*through* the difficulty]. 最後[難局を切り抜ける]まで君を見ていてあげよう / He was ~*ing* his sister *through* college. 大学を出るまで妹に学資を出してやっていた / ⇨ SEE *through* / ~ a bill *through* Congress 法案が議会を通るのを見届ける / A loan would ~ him *through* to the end of the year. 融資を受ければ彼は年末まで何とかやっていけるだろう.
15 《トランプ》(poker などで) 賭けに応じる (meet); 〈相手〉と同額の賭けに応じる (call).
— *vi.* 1 a 見る, 目にする: as far as one [the eye] can ~ 見渡す[見える]限り (cf. *vi.* 2) / We could ~ for miles in every direction. 360 度, 何マイルにもわたって見えた / It was so dark that I could hardly ~. 暗くてほとんど(読めるほどには)見えなかった / It's too dark (for me) to ~ in [out]. (私には)暗くて中[外]が見えない / Why won't you let me ~, too? 私にも見させてよ. **b** 見える, 視力をもつ, 目がきく: A puppy cannot ~ till it's nine days old. 犬の子は 9 日目までは目が見えない / Owls ~ best at night. ふくろうは夜が一番よく目が見える / She does not ~ very well out of [with] her left eye. 彼女は左目がよく見えない / He ~*s* no further than his nose. 彼はお先真っ暗だ, 一向に目先がきかない. **2** わかる, 理解する, 会得する (understand): (Oh) I ~. (ああ)わかりました, なるほど / So I ~. [しばしば皮肉を込めて] おっしゃる通りです, わかりましたよ / Now do you ~? さて, おわかりになりましたか?, ねえ, そうだろう? / *See*? 《口語》 おわかりでしょう, 言った通りでしょう / You'll ~. まあ見てなさい, 今にわかるよ / Do it like this, (you) ~. こんなふうにするんだよ / I'm not leaving here without my money, ~! 《口語》 私の分のお金を持たないでここを出ていくことはありませんからね, わかるでしょう / as you (can [can plainly]) ~ ご覧のように (cf. *you* SEE) / As far as I can ~ 私の見るところでは, 私の考えでは (cf. *vi.* 1 a) / ⇨ SEE *beyond*. **3 a** 注意する, 意を配る (take care): *See* here, ... [しばしば警告や禁止の意を込めて] これこれ..., いいかね... / ⇨ SEE *to*. **b** [通例命令形で] (注意して)見る, 注目する (behold): *See*, the moon is out! ご覧, 月が出たよ. **4 a** 確かめる (find out), 調べる; 〈家・展覧会場などを〉見回る, 検分する〔*over, round*〕: Go and ~ for yourself, if you don't believe me. 私の言うことが信用できなければ自分で行って確かめてみなさい / Let me ~ *over* [*around*] the house before I decide whether to buy it. 買うかどうかを決める前に家をひと回り見せて下さい / ⇨ SEE *about*. **b** なりゆき[様子]を見て決める: We can't answer you yet, but we shall ~. まだご返事できませんが, そのうち何とか致しましょう / We'll (just) have to ~. (それをする前に)少し様子を見なければならない. **5** 考える, 熟考する, 思案する (reflect). ★ 通例 Let me [Let's] ~. という慣用的命令文の形で用いられる: *Let me* [*Let's*] ~, what shall I do next? さあて[そうですね, えーっと, はてな], 次に何をしようかな.
sée abóut ...のことを考える (consider); ...のことを調べる (inquire about); ...に気をつける (attend to); ...について何とか手段を講じる: I'll ~ *about* getting it done. 何とか仕上げるようにしてみます / I'll ~ *about* it. 何とかしよう, 考えて[調べて]みよう 《即刻実行を拒むときの言い訳文句》 / We'll (have to) ~ *about* that! 《口語》 何とか処置しましょう[やめさせるようにしよう]. 《1727》 ***sée acróss*** 〈子供などに〉付き添って〈道路・川などを〉渡らせる (cf. *vt.* 14 a). ***sée àfter*** 《米》 ...に気をつける, ...を世話する (look after): Let me ~ *after* the dinner. 食事のことはお任せください. 《1727》 ***sée agàinst*** (1) [通例受身で] 〈...を〉〈空などを〉背景に見る. (2) [通例受身で] 〈...を〉〈他の物事〉と対照させて考える. ***sée aròund*** (1) ...を案内して回る. (2) ...を見かける; 〈...に〉会う. ***sée aròund ...*** (1) ...の向うが見える. (2) ⇨ *vi.* 4 a. ***sée ... aróund*** — (1) —の向うに〈...を〉見る. (2) 〈...を〉連れて—を案内して回る. ***sée beyònd*** [しばしば否定構文で] 〈身近なことなど〉の先を見通す[理解する]; 〈人を〉等身大で理解する: ⇨ *see beyond* (*the end* [*length*] *of*) *one's* NOSE / She can't ~ *beyond* her own family circle. 彼女は自分の身内以外のことには頭が回らない. ***sée a person cóming*** (***a míle òff***) 《口語》 人をだましやすい[カモ]とみる. ***sée dóuble*** ...が二重に見える 《酔っている時など》. ***sée fít*** ...が適切だと思う; 妥当だと考える 〈*to do*〉: He didn't ~ it *fit to* leave her alone. 彼女を放っておくのはよくないと思った. ***sée a person hánged*** [***dámned first***] 《口語》 〈人に頼まれたことを〉(断固として)拒絶する. ***sèe ín*** (*vt.*) 中に入るまで〈人〉を見送る; 〈人〉に付き添っていく; 〈新年など〉を迎える. (*vi.*) (部屋の中などが)見える, のぞける. ***sée ìnto*** (1) ...(の本質・真意)を見抜く, 見通す (see through): He claims to ~ *into* the future. 彼は未来を見通せると言っている. (2) ...を調査する (investigate, look into). 《1590》 ***sée ... ínto*** — 〈...を〉—の中に案内する. ***sée*** (***múch*** [***a lót, a grèat déal***]) ***of*** — ...に(よく)会う, 接触する: I haven't ~*n much of* her since then. それ以来あまり彼女に会っていない (cf. *vt.* 2 a). ***sée a person óff*** (1) 〈人を〉見送る (send off): Many people came to ~ him *off* (at the airport). 大勢の人が(空港に)彼を見送りにやって来た. (2) 〈人を〉(...から)追い払う, 追い出す (drive off). (3) 《英・豪口語》撃退する, 負かす, 持ちこたえる: I've had many challengers, but I've ~*n* them all *off* and I'm still here! 挑戦者は大勢いたが, 一人残らずやっつけてしまい, 私はまだここに踏みとどまっているぞ. (4) 《英俗》〈...を〉殺す. 《1809》 ***sée ... óff*** — 〈...を〉—から追い払う: Be sure you ~ him *off* the premises. いいか, 彼を屋敷から追い払う[彼には家の敷居を一歩もまたがせない]ようにしなさい. ***sée óut*** (1) 玄関まで見送る, 外へ案内する〔*of*〕(cf. *vt.* 14 a). (2) 終わりまで見る: ~ *out* a long play 長い劇を終わりまで見る. (3) 〈仕事・計画などを〉〈最後まで〉見届ける, 完成する (complete): He decided to ~ the work *out*, even if it meant another year. たとえもう 1 年かかっても, その仕事をやり抜こうと決心した. (4) 〈物が〉〈...の〉終わりまでもつ. (5) 《スコット》...よりも長生きする (outlive). 《1782》 ***sée a person ríght*** 《英口語》〈人〉が無事である[十分報われる]ように計らう (cf. *vt.* 14 b). 《1959》 ***sée that it is góod*** それがよいことを知る[認める] (cf. *Gen.* 1: 4): He looked at his work and *saw that it was good*. 自分の作り出したものを見て満足に思った. ***sée the light*** (***of dáy***) ⇨ light[1] *n.* 成句. ***sée thróugh*** (1) 〈事を〉うまくやってのける, 〈仕事などを〉やり通す (finish): Depend on him to ~ things *through*. 彼なら大丈夫うまくやってのけられる. (2) 〈技能・友情・食料・金などが〉(特定期間にわたって)必要を満たす; ...を助ける[支える]: She sent her son enough money to ~ him *through* for a month. 1 か月を乗り切るのに十分な送金をした. (3) 〈人が〉〈難局を〉乗り切る. ***sée thróugh*** ... (1) ...の向うが見える; ...を通して見る. (2) 《口語》 ...の真相を見抜く, ...を看破する (detect): ~ *through* a person's deception [scheme] 人の欺瞞[計略]を見抜く / I can ~ right *through* you. 君の腹の中などすっかり見通している 《君なんかになめられはしない》. ***sée ... thróugh*** — ⇨ *vt.* 14 b. 《1828》 ***sée to*** (1) ...に注意する, 気をつける, ...をうまく用意[処置]するように計らう (attend to); 〈客〉に応対する; 〈傷など〉を手当てする: Leave it to me; I'll ~ *to* it [I'll have it ~*n to*]. お任せなさい, 私が取り計らいます[取り計らわせます]. (2) [~ *to it that* ...の形式をなして] (...する[される]ように)注意する, 取り計らう (cf. *vt.* 13 a): I'll ~ *to it that* this will never happen again. こんなことが二度と起こらないように注意します / The master *saw to it that* I did day duty only. 主人は私が日勤だけすればよいように計らってくれた. 《1474》 ***sée ... to*** — (1) 〈物が〉〈...に〉—までもつ. (2) ⇨ *vt.* 14 a. ***you sée*** 《口語》 [挿入句的に用いて] (1) ご存じの通り, ねえ, そら (cf. *you* KNOW): *You* ~, it's clearing up. ほら晴れてきたでしょう. (2) [説明文に用いて] だって[何しろ]...だから: He is, *you* ~, still young. 《1657》
〖OE *sēon* < Gmc **seχwan* (Du. *zien* / G *sehen*) ← IE **sekʷ-* to see (Hitt. *sakwa-* eye)〗

SYN 見る: **see** 積極的に見る意志がなくて自然に視覚に映る 《最も一般的な語; ★ ただし *vt.* 3 のように「見ようとして見る」の意もある》: I can *see* a bird. 鳥が見える. **look at** 見ようとして視線を向ける: I *looked at* the sky, but I saw nothing. 私は空を見上げたが何も見えなかった. **watch** 動く(可能性のある)ものを注意を集中して見る: I *watched* a hawk. 私は鷹を観察した. **behold** 《古》特に珍しいものを見る: What a sight to *behold*! 見るも驚くべき光景だった. **observe** 注意深く見る: *observe* the behavior of birds 鳥の生態を観察する. **view** 注意深く眺める: The jury *viewed* the body. 陪審は死体を検死した.

see[2] /síː/ *n.* 《キリスト教》 bishop または archbishop の管轄権, 管(轄)区 (cf. Holy See): the ~ of Canterbury カンタベリー大主教管区 / the ~ of London ロンドン主教管区 / the *See* of Rome=Apostolic See. 〖《*c*1300》 *se*(*e*) □ AF *se*(*d*)=OF *sei*(*d*) < VL **sedem*=L *sēdēs* seat (cf. *sedēre* 'to SIT')〗

see·a·ble /síːəbl̩/ *adj.* 見ることのできる. 〖?*a*1400〗

See·beck /síːbɛk/ 《郵便》 *n.* **1** シーベック切手 (1890–99 年にニカラグア・ホンジュラス・エクアドル・エルサルバドルで発行された切手シート; これらの切手を無償で提供した Nicholas Frederick Seebeck の名にちなむ). **2** Seebeck が後に個人的な利益のために再発行した切手. 〖1903〗

Sée·beck effèct /síːbɛk-, zéɪ-; G. zéːbɛk-/ *n.* 《物理》 ゼーベック効果 《両端を接合した 2 種類の金属線の 2 接合点の温度が異なる時, 起電力が生じる現象; thermoelectric effect ともいう; cf. Peltier effect》. 〖《1903》 ← *Thomas J. Seebeck* (1770–1831: ドイツの物理学者)〗

see·catch /síːkætʃ/ *n.* (*pl.* **-catch·ie** /-tʃi/) 《動物》 (アラスカ産の成熟した)オットセイ (fur seal) の雄. 〖《1881》 □ Russ. *sekach*〗

seed /síːd/ *n.* (*pl.* ~**s**, ~) **1** [集合的にも用いて] 種, 実, 種子: It cannot be grown from ~. それは種からではむり

だ / sow [scatter] ~ in the ground 土に種をまく / plant two ~s in the bed 花壇に種を2粒まく / remove ~s from a melon メロンの種をとる / melon [grape, banana] ~s メロン[ブドウ, バナナ]の種. **2 a** (種として植え付ける)塊茎, 球根(など): a ~ potato 種ジャガイモ. **b** (ふつう皮の堅い)小粒の果実. **3** 根源, 発生源 (germ, source): the ~s of discord 不和の種 / sow the ~(s) of strife [discontent, doubt, disease, vice] 争い[不平, 疑惑, 病気, 悪]の種をまく. **4** 〘スポーツ〙シード(選手) (cf. *vt.* 3): a top ~ トップシード, 第1シード. **5 a** 《古・方言》精液 (semen, sperm); 魚精, 白子 (milt). **b** (昆虫・節足動物などの)卵. **c** 貝の卵 (spat). **6** [集合的] (養殖場に植え付ける)種ガキ (seed oysters). **7 a** 種のように小さなもの. **b** (結晶の)核, 種子, 種晶. **c** 〘ガラス製造〙微細糠泡(ぬかあわ), 小泡, 糠泡《ガラスに残る小さい泡》. **d** 〘窯業〙ほうろう釉の溶融のあと難溶性成分の一部が固結残留したもの. **8** 〘物理化学〙ラジウムなど放射性元素の照射用小型容器. **9** 《古》〘聖書〙子孫 (offspring, progeny); 種族 (race): the ~ of Abraham アブラハムの子孫《ヘブライ人》/ raise up ~(s) 〈父が〉子供をもうける[こしらえる].
gò [rùn] to séed (1) 種子[実]ができる.《1664》 (2) 盛りが過ぎる, 衰える, みすぼらしくなる.《1740》 ***in séed*** 〈ある種の植物が〉種のできる時期になって, 種ができて.《1675》 ***sów the góod séed*** よい種をまく; 宗教の福音を伝える.
— *vt.* **1 a** 〈土地に〉〔種を〕まく (sow) 〔*with*〕: ~ the field *with* wheat 畑に小麦をまく. **b** 〈種を〉まく: ~ wheat in the field 畑に小麦をまく. **c** ものごとの始まり[発展のきっかけ]を与える. **2** 〈果実〉の種を取り去る: ~ fruit. **3** 〘スポーツ〙〈選手・チームを〉シードする《強豪同士が早い回で対戦しないように組み合わせる; cf. *n.* 4, seeded 4》; 〈競技者を〉過去の戦績に従ってランクする: be ~*ed* third 第3シードにシードされている / ~ the draw (強豪同士が初めから顔合わせしないように)くじを組み合わせる, シード選手を置いて対戦組み合わせ表をつくる[ドローを組む]. **4** …に微生物を接種する (inoculate). **5** (人工降雨のため)〈雲〉の間にドライアイス・沃化銀などの粒子を散布する: ~ clouds *with* silver iodide. — *vi.* **1** 〈花が〉実を結ぶ, 種を生じる; 種を落とす. **2** 種をまきする.
〘n.: OE *sǣd*, *sēd* < Gmc **sēðiz*, **sēðam* (G *Saat*) ← **sējan* 'to sow'[1]〙

séed bànk *n.* 種子銀行《絶滅の危険性のある植物種を保存する所》.
séed·bèd *n.* =seed-plot.《1660》
séed bèetle *n.* 〘昆虫〙マメゾウムシ《マメゾウムシ科の甲虫の総称; インゲンマメゾウムシ (bean weevil), エンドウマメゾウムシ (pea weevil) など大多数の種類は豆類の種子に食い入るが, ヤシ類の種子に食い入るものもある; seed weevil ともいう》.
séed·càke *n.* **1** 種子入りケーキ《香味としてゴマや caraway などの種を入れたケーキまたはクッキー》. **2** =oil cake.《1573》
séed càpital *n.* =seed money.
séed càpsule *n.* 〘植物〙(ユリ・アヤメなどの種子を包む)朔(さく).《1860》
séed·càse *n.* 〘植物〙**1** =seed capsule. **2** 果皮 (pericarp).《1677》
séed còat *n.* 〘植物〙種皮.
séed còral *n.* 粒珊瑚(さんご)《小粒で不規則な形のもので, 装飾用》.《1879》
séed còrn *n.* 種子トウモロコシ.《1592》
séed còtton *n.* 実綿.《1797》
séed crỳstal *n.* 〘化学〙種晶(たねしょう)《過飽和溶液の結晶》; (人工降雨用の)散布粒子, 種(結晶).
séed-drìll *n.* 種まき機, 播種(はしゅ)機.《1792》
séed·èater *n.* 〘鳥類〙種子食の鳥《穀物を食う小鳥の総称》.《1879》
séed·ed /-dɪ̀d | -dɪd/ *adj.* **1 a** 種がまかれた (sown); 種を付けた, 十分に成育した (full-grown): a ~ field / a ~ sunflower. **b** 〈果物など〉種のある. **c** 〈干しぶどうなど〉種が取り除いてある. **2** [通例複合語の第2構成素として] 種が…の, …の種をもった: many-*seeded* 種が沢山ある / round-*seeded* 丸い種をもった. **3** 接種された (inoculated). **4** 〘スポーツ〙シードされた, 強力な, 一流の: a ~ player シード選手 / the top-*seeded* tennis star. **5** 斑点のある, 細かい飾りのついた. **6** 〘紋章〙〈ばらなど〉種が花の色と異なる: a rose gules ~ or 金色の種をつけた赤いばら.《(1591) ← SEED (vt.)》
séed·er /-dɚ | -də(r)/ *n.* **1** 種まき人; 種まき機, 播種(はしゅ)機 (seeding machine). **2** (果物の)種取り器. **3** 沢山の種子をつける植物. **4** (人工降雨用の)沃化銀[ドライアイス]噴射装置. **5** 《英》産卵[抱卵]魚, 子持ち魚.《(OE) (1875) *sǣdere*: ⇨ seed, -er[1]》
séed fèrn *n.* 〘古生物〙シダ種子類《古生代のソテツシダ目のシダに似るが裸子植物に近縁の種子植物またはその化石; pteridosperm ともいう》.
séed fìsh *n.* 抱卵魚, 子持ち魚 (breeding fish).《1891》
séed hèad *n.* 〘植物〙種子をつけた頭状花.《1823》
séed·ing /-dɪŋ | -dɪŋ/ *n.* **1** 種まき, 播種. **2** 産卵 (spawning). **3** 〘気象〙(人工降雨用の)種まき. **4** 〘スポーツ〙シードすること (cf. seed *vt.* 3), シード; シード順位表.《(*a*1325): ⇨ -ing[1]》
séeding machìne *n.* 種まき機, 播種(はしゅ)機.
séed·lèaf *n.* (葉巻用の)たばこの葉.《1852》
séed lèaf *n.* 〘植物〙子葉 (cotyledon).《1693》
séed·less *adj.* 種のない: ~ raisins 種なし干しぶどう. **~·ness** *n.*《1598》
séed·like *adj.* 種子状の[に似た].《1715》
seed·ling /síːdlɪŋ/ *n.* **1** 実生(みしょう)の植物. **2 a** (3フィート以下の)若木, 苗木 (sapling). **b** 定植前の苗. **3** 小さな種.《(1600) ← SEED (n.)+-LING[1]》
séed·lìp *n.* 《英》(種まき用の)種入れ.〘OE *sǣdlēap* ← *sǣd* 'SEED'+*lēap* basket〙
séed-lòbe *n.* 〘植物〙子葉 (cotyledon).《1793》
séed·man /-mən/ *n.* (*pl.* **-men** /-mən, -mèn/) = seedsman.《1583》
séed mòney *n.* (新事業のための)元手, 元金.《1943》
séed·ness *n.* 《廃》種まき(時).《(*c*1450): ⇨ -ness》
séed òil càke *n.* =cotton seed cake.
séed òyster *n.* (養殖用の)種ガキ.《1885》
séed pèarl *n.* **1** 小粒真珠 (¼ grain 以下). **2** 種(たね)真珠.《1553》
séed plànt *n.* 種子植物 (spermatophyte) (cf. flowering plant).《1707》
séed-plòt *n.* **1** 苗床 (seedbed). **2** 育成の場, 醸成場: the ~ of sedition 騒乱煽動の温床.《1561》
séed·pòd *n.* 〘植物〙(エンドウなどマメ科植物の)莢(さや).《1718》
séed potàto *n.* ジャガイモの塊茎; 種イモ.
séed shrìmp *n.* 〘動物〙=ostracod.
séeds·man /-mən/ *n.* (*pl.* **-men** /-mən, -mèn/) **1** 種をまく人. **2** 種子商.《1601》
séed snìpe *n.* 〘鳥類〙南米の内陸乾燥地帯にすむヒバリチドリ科の鳥の総称《サヤハシチドリの類であるが, 外観はウズラに似ている》.《1889》
séed stòck *n.* **1** (植え付け用の)種子, 塊茎など. **2** (絶滅しないように)残しておく動物.
séed tìck *n.* マダニの幼虫.
séed·tìme *n.* **1** 種まき時, 播種(はしゅ)期. **2** 発達[準備]期: the ~ of one's career 人生の準備期.《OE》
séed vèssel *n.* 〘植物〙果皮 (pericarp).《1668》
séed wèevil *n.* 〘昆虫〙=seed beetle.
séed-wòol *n.* 種綿《種子を取り去らない綿花》.
seed·y /síːdi | -di/ *adj.* (**seed·i·er, -i·est; more ~, most ~**) **1** 《口語》**a** みすぼらしい, 見苦しい (shabby); みすぼらしいなりをした: ~ clothes / a ~ woman. **b** 少しいかがわしい, みっともない, 評判の悪い (degraded). **2** 《口語》元気のない, 気分のすぐれない (unwell, spiritless): feel [look] ~ 気分が悪い[悪そうに見える]. **3 a** 種の多い, 実を結ぶ[結んだ]. **b** 〈魚が〉子持ちの. **4** 〘ガラス製造〙〈ガラスが〉糠泡(ぬかあわ)の入った: a ~ lens 気泡の入ったレンズ. **séed·i·ly** /-dəli, -dɪli | -dəli, -dɪli/ *adv.* **séed·i·ness** *n.*《(1440) ← SEED+-Y[1]》
See·ger /síːgə | -gə(r)/, **Alan** *n.* シーガー (1888–1916; 米国の詩人).
Seeger, Pete *n.* シーガー (1919–　; 米国のフォーク歌手・ソングライター).
see·ing /síːɪŋ/ *conj.* [~ (*that*) として] …であるからには, …だから (inasmuch as, since): ~ (as) it's you あなたのことだから(特別よくしてやる) / *Seeing* (*that*) he was there, he may have seen her. 彼はそこにいたのだから彼女を見かけたかもしれない. — *n.* **1** 見ること: *Seeing* is believing. 《諺》見るより確かなことはない,「論より証拠」,「百聞は一見にしかず」/ I will tell you my ~s and doings. 自分の見たことやしたことをお話ししよう. **2** 視覚, 視力 (sight): The range of ~ is different in different persons. 視覚の及ぶ範囲は人によって異なる. **3** 〘天文〙シーイング《地球大気の状態による天体像の質》.《1503》 — *adj.* **1** 目の見える, 目明きの, 洞察力のある: a ~ force 透視力, 洞察力. **2** [the ~; 名詞的に; 複数扱い] 目明き(の人々): Sometimes *the* ~ see less than the blind. 時に目明きのほうが盲人よりも物を見ないことがある.《(conj.: 1410; n.: ?*a*1325; adj.: *a*1325)》
séeing éye *n.* マジックアイ《光伝導セルを用いた感光装置》.
Séeing Éye *n.* **1** シーイングアイ《米国 New Jersey 州 Morristown 近くにある盲導犬を供給する慈善団体; 正式名 The Seeing Eye Inc.》. **2** 〘商標〙=Seeing-Eye dog.《1921》
Séeing-Éye dòg *n.* (Seeing Eye で訓練された)盲導犬 (guide dog).《1938》
séeing glàss *n.* 《英方言》姿見, 鏡 (mirror).《1565》
seek /síːk/ *v.* (**sought** /sɔ́ːt, sɑ́ːt | sɔ́ːt/) — *vt.* **1 a** 捜し求める (look for): ~ a missing person 行方不明の人を捜す. **b** 得ようとする, 手に入れようとする; 狙う (aim at): ~ a job [position] 仕事[地位]を求める / ~ wealth [fame] 富[名声]を求める / ~ a quarrel けんかを売る / ~ safety in flight 避難して逃げる / ~ shelter 避難する / ~ a person's life 人を殺そうとする[つけねらう] / ~ a lady's hand in marriage 女性に求婚する / attention-*seeking* behavior 注意を引こうとする行動. **c** 見つけようとする, 探る: ~ a solution / ~ the cause of a disease 病気の原因を究明する / Water ~s its (own) level. 水は低きにつく. **2** 求める, 要求する (request): ~ advice [information] (*from* a person) (人に)助言を求める[問い合わせる] / ~ professional help 専門家の援助を仰ぐ / ~ an explanation of a person's conduct 人の行動の説明を求める. **3** 〈…しようと〉努める (endeavor), 試みる (try) 〈*to do*〉: ~ *to* convince a person 人を納得させようと努める / They *sought to* come to an agreement. 協定に達しようと努めた. **4** 《古》〈人の所・場所〉へ行く (resort to, take to): ~ one's bed 床につく / ~ the woods *for* peace 平安を求めて森へ行く. **5** 《廃》探検する (explore). — *vi.* **1** 〔…を〕捜す, 探索する〔*through, for*〕: ~ *through* a place ある場所をくまなく[すみからすみまで]捜す / ~ *for* an opportunity 機会を探す. **2** 〘電算〙シークする《ドライブのヘッドが読み書き位置まで移動する》. **3** 《廃》行く, 赴く (resort) 〔*to*〕.
be to séek まだ捜さなければならない, まだ見つからない; 欠乏している, ない: A leader *is* yet *to* ~. リーダーはこれから捜さねばならない[まだいない] / Diligence *is* much *to* ~ among them. 彼らには勤勉が大いに不足している / The solution [reason] *is* not far *to* ~. 解決[理由]は近いところにある[簡単だ]. ***séek àfter*** …を求める, 尋ね求める, 欲しがる (demand, desire), 〈人〉に求愛する: He *is* always ~*ing after* wealth. 常に富を求めている / Clothes and food *are* the things most [things much] *sought after*. 衣食が最も必要とされている.《(*c*1200)》 ***séek óut*** 捜し出す: ~ *out* an enemy 敵を捜し出す / ~ *out* every opportunity to meet 会うためにあらゆる機会を見つけ出す.《1297》
— *n.* **1** シーク《熱・音・光などの目標検知追尾》. **2** 〘電算〙シーク《ドライブのヘッドの移動》.
〘OE *sēċan* < Gmc **sōkjan* (Du. *zoeken* / G *suchen*) ← IE **sāg-* to trace (L *sagāx* 'SAGACIOUS' / Gk *hēgeîsthai* to lead): 現在の *-k* は ME の三人称単数現在形 *sēcþ* などの影響によるものか: cf. beseech〙
seek·er /síːkə | -kə(r)/ *n.* **1** 捜す人, 求める人, 探求者, 追求者: a ~ of office 官職を求める人 / ~s after truth 真理の探求者. **2** (外科・解剖用の)さぐり針, 消息子 (small probe). **3** [S-] 〘キリスト教〙求正教徒《17世紀の英国の Puritan の小さな一派の人》. **4** 〘空軍〙**a** 目標追尾装置, シーカー《目標物から出る熱線・音波・光線・電波などを感知し, これに命中するミサイルの自己誘導装置》. **b** (それを装備した)目標追尾ミサイル.《?*a*1300》
séek tìme *n.* 〘電算〙シークタイム《デバイスなどが, 要求されたデータ位置などを探し出すまでの時間》.
seel /síːl/ *vt.* **1** 〘鷹狩〙(慣らすために糸で)〈鷹〉のまぶたを縫う. **2** 《廃》**a** 〈目を〉閉じる. **b** 盲目にする (blind), 目をくらます (hoodwink); だます (deceive).《(*a*1500)《変形》← ME *sile(n)* □ OF *siller*, (O)F *ciller* □ ML *ciliāre* ← L *cilium* eyelid: cf. cilia》
See·land /G. zéːlant/ *n.* ゼーラント (Sjælland のドイツ語名).
see·ly /síːli/ *adj.* 《古》**1 a** 弱々しい. **b** (弱くて)哀れむべき. **2 a** 単純な; 無邪気な. **b** ばかな. **3 a** 善良な. **b** 幸福な. **sée·li·ly** /-ləli | -lɪli/ *adv.* 〘late-OE **sǣliġ* (cf. *ġesǣliġ*) ← *sǣl* < Gmc **sǣliz* luck ← ? IE **sel(ə)-* of good mood (Gk *hilarós* gay)〙
seem /síːm/ *vi.* **1** [通例 *to* be+名詞・形容詞・p.p. 形・-ing 形を伴って] (…であるように)見える, 外観は…だ, …らしい, …のようだ, …と思われる. ★ この構文では seem のあとの to be はしばしば省略されうる: He ~s (*to be*) a nice fellow.=He ~s *like* a nice fellow. 彼はいいやつらしい / He ~s (*to be*) happy [nervous]. 彼は幸せそうだ[いらいらしているようだ] / She ~*ed* (*to be*) *satisfied*. 彼女は満足している様子だった / The baby ~*ed to* be asleep [*to* be sleeping]. 赤ん坊は眠っているようだった / Be what you ~ (*to* be). 外観に対する実を備えよ, 言行を一致させよ / Things are not always what [how, as, 《口語》like] they ~ (to be). 物事は見かけの通りであるとは限らない / She ~*ed as if* [*as though*] she had forgotten to grow old. 彼女はまるで年を取るのを忘れてしまっているかのように見えた (cf. 3 a) / How does she ~ (to you)? (君には)彼女はどんな人に見えますか. **2** [通例 *to* do を伴って] 〈…する〉ように思われる, ような気がする: I ~*ed to* hear footsteps. 足音が聞こえるような気がした / They ~ *to* know the truth. 彼らは真相を知っているようだ / He ~*s to* have been ill. 彼は病気だったらしい. ★ to do が to be の場合の用法は 1 に準じる (cf. 1 ★): I ~ (*to* be) tired today. 今日は疲れたような気がする / *To* me the situation ~*ed* (to be) hopeless. 情勢は絶望的に見えた / My presence ~*s to* be expected. 私は出席するものと思われているらしい / You (really) ~ *to* be enjoying yourself. (本当に)お楽しみのようですね / He ~*ed* not *to* notice it.=He didn't ~ *to* notice it. 彼はそれに気がつかないようだった / I don't ~ *to* like him. 私は何だか彼が気に入らない / He ~s (*to* be) unable to solve the problem.=He can't ~ *to* solve the problem. 彼にはその問題が解けないようだ / The machine doesn't ~ *to* be working. その機械は動いていないようだ / I will do as [what] ~s best. 私は一番よいと思われるようにやってみよう. **3** [it を主語にして] **a** …らしい, …のようだ, …に思われる: *It* ~s (*that*) there was a fire yesterday. (何でも)昨日火事があったらしい / *It* would ~ *that* you object to the plan. 君はどうやら計画に不服のようだね《★ It ~s that … よりも婉曲な表現法》/ It ~s *to* me *that* he is mistaken [*that* he didn't understand]. 彼が間違っている[彼はわかっていなかった]ように私には思える / It ~s, dear, *that* you were drunk last night. 《皮肉》あなた, 昨夜はご酩酊(めいてい)のようでしたね / The road is still, *it* ~s, blocked [blocked, *it* ~s]. 道路はまだ封鎖されているようだ / It ~s so.=So *it* ~s. そうらしい / It ~s not. そうではないらしい《★ 上記2例中の so, not は *that*-clause の代用》/ It ~*ed as if* [*as though*, 《口語》*like*] he didn't understand [the day would never end]. どうも彼には理解できないようだった[長い一日になりそうだった]《★ *that*-clause を用いるより婉曲的な表現法; cf. 1》/ as it ~s 見たところ(では) (seemingly). **b** [補語を伴って] …に見える; …のように思われる: *It* ~s likely to rain. (雨が)降りそうだ / It ~s good to me to do so. そうするのがよさそうだ, そうしたい, そうするつもりだ / It ~s good *for* me to do so. 私がそうするのがよさそうだ / *It* ~s a pity to give it up. 断念するのは惜しいみたいだ / It ~*ed* a long time since that day. あの日からは大分時がたったように思えた / It ~s *like* old times being here with you again. あなたと一緒に再びここにいると昔に帰ったようだ / *It* doesn't ~ much use going on. このまま続けても大して利益にはならないだろう / *It* ~s probable *that* he will be elected. おそらく彼が選出されよう. **4** [There ~(s) … として] …がありそうだ: *There* ~s (*to* be) no need to tell him. 彼に言う必要は

なさそうだ / *There* doesn't ~ (*to* be) much use in making a complaint. 不満を言ってもしかたなさそうだ / *There* ~*s to* be [*to* have been] some mistake. 何か思い違いがありそうだ[あったようだ] / *There* ~ *to* be more people coming. もっと人がやって来るようだ. 〘(?a1200) *seme(n)* ◻ ON *sœma* to honor ← *sœmr* fitting, (原義) making one ← Gmc **sōm-* ← IE **sem-* one (⇨ same)〙

SYN 見える: **seem** 話者の主観的印象に基づいて真実らしく思われる: It *seems* that he is tired.=He *seems* to be tired. 彼は疲れているようだ. **look** 視覚印象に基づいて真実らしく見える: It *looks* like rain. 雨になりそうだ. **appear** 外観から見てそう見える《時にそれが実際とは異なることを暗示する》: He *appears* to be well; really he is rather ill. 見たところ元気そうだが, 実際はかなり病気だ.

séem·er *n.* (外観上)そう思われる人; (特に)うわべ[見せかけ]だけの人 (pretender). 〘(1604): ⇨ ↑, -er¹〙

seem·ing /síːmɪŋ/ *adj.* (真偽は別として)外に現れた, うわべの, 表面上の, 外観上の (apparent); 表面だけの, 外観だけの, 見せかけの (ostensible): his ~ loyalty 彼の忠誠心と見えるもの / a ~ advantage 一見利点と思えない[思える]もの / with ~ sincerity さも誠実らしく. **— *adv.*** [複合語の第一構成素として] うわべは…の, 表面は…に見える: *seeming*-changeless 外観上は変わらない / *seeming*-virtuous うわべは高潔な. **— *n.*** うわべ, 表面, 外観 (appearance); 見せかけ (semblance): the ~ and the real うわべと実際 / to all [outward] ~ どう見ても[見たところ] / to one's ~ 《古》だれそれが見る[考える]ところでは. **~·ness** *n.* 〘(a1338): ⇨ seem, -ing¹˒²〙

seem·ing·ly /síːmɪŋli/ *adv.* **1** うわべは, 表面[外観]上(は); 見たところ(では). **2** 《古》ふさわしく. 〘(?a1425): ⇨ ↑, -ly¹〙

seem·ly /síːmli/ *adj.* (**seem·li·er, -li·est; more ~, most ~**) **1** 上品な, 品のいい, 礼儀にかなった (decent). **2** 《古》(場・目的・人などに)ふさわしい, 適当な (⇨ fit¹ **SYN**). **3** 《廃》**a** みばのよい, 美しい (handsome). **b** 均整のとれた, 魅力的な (attractive). **— *adv.*** (**seem·li·er, -li·est; more ~, most ~**) 《古》**1** 上品に (decently), 心地よく (pleasingly). **2** 適切に, ふさわしく.

séem·li·ness *n.* 〘adj.: (?a1200) ◻ ON *sœmiligr* ← *sœmr*. —adv.: (?c1200) ◻ ON *sœmiliga* ← *sœmiligr*: ⇨ seem, -ly¹˒²〙

seen /síːn/ *v.* see¹ の過去分詞. **— *adj.*** **1** (目に)見える: things ~ (幻想でない)現実の物. (?a1200) **2** 《古》〔…に〕通じた, 精通している (versed) 〔*in*〕: be well [ill] ~ *in* …に通じている[いない]. (1528) 〘OE *(ge)sewen*〙

seep¹ /síːp/ *vi.* **1** 〈液体が〉(小孔・すき間を通して徐々に)しみ出る, 浸出する (ooze). **2** 〈考え方・方法などが〉少しずつ浸透する. **3** 広がる, 拡散する, 行き渡る, 充満する. **4** 漏れる. **— *n.*** **1 a** 地中の水や石油, ガスなどのしみ出し[出た所]. **b** 《米》小さな泉. **2** =seepage. 〘(1790) 《変形》← 《廃》*sipe* < OE *sipian* to soak〙

seep² /síːp/ *n.* 《米》水陸両用のジープ (amphibious jeep). 〘《混成》← s(EA)+(J)EEP〙

seep·age /síːpɪdʒ/ *n.* **1** (水や油の)しみ出し, 浸透, 浸潤 (leakage). **2** しみ出るもの. **3** (液体の)浸出量. 〘(1825) ← SEEP¹+-AGE〙

seep·y /síːpi/ *adj.* (**seep·i·er; -i·est**) 〈地面が〉水につかった, 水のしみ出る, 水はけの悪い. 〘(1860) ← SEEP¹+-Y⁴〙

se·er¹ *n.* **1** /síːə | síːə^(r)/ 見る人. **2** /síə, síːə | síə^(r), síːə^(r)/ **a** 先見者, 先覚者, 予言者 (prophet); (政治・経済情勢などの)予測の専門家. **b** 非凡な直観・洞察力をもった人. **c** 占い師; (特に)水晶占い師 (crystal gazer). 〘(a1338): ⇨ see¹+-er¹〙

seer² /síə, séə | síə^(r); *Hindi* seːr/ *n.* シーア: **1** インドの重量単位; 通例 1/40 maund; 約 8 オンス [3 ポンド]; 所によって異なる. **2** インドの液量単位; 約 1 リットル. 〘(1618) ◻ Hindi *sēr*〙

seer³ /síə | síə^(r)/ *n.* 〘魚類〙=seerfish.

seer·ess /síᵊrɪ̆s, síːər- | síərɪ̆s, -rɛs, síːərɪ̆s, -rɛ̀s/ *n.* 女予言者 (prophetess). 〘(1845) ← SEER¹+-ESS¹〙

séer·fish /síə- | síə-/ *n.* (*pl.* ~, ~**·es**) 〘魚類〙**1** インド近海のサバ科サワラ属 (*Cybium*) の食用魚の総称. **2** インド産ツバメコノシロ属の魚 (*Polynemus indicus*). 〘(1727) 《部分訳》← Port. *peixe serra* (原義) saw fish ← *peixe* (< L *piscem* fish)+*serra* (< L *serram* saw)〙

seer·suck·er /síəsʌ̀kə | síəsʌ̀kə^(r)/ *n.* シアサッカー, サッカー《亜麻(と絹)で織った青じまのあるインド産の薄地の織物で, 経糸(たていと)のしま目の部分を織り方などで縮ませ波状の凹凸を出したもの; 衣類・カーテン・ベッドカバーなどに用いられる》. 〘(1722) ◻ Hindi *śirśakar* ◻ Pers. *shīroshakkar* (原義) 'milk and SUGAR'〙

see·saw /síːsɔ̀ː, -sɑ̀ː | -sɔ̀ː/ *n.* **1 a** シーソー台《teeter-totter ともいう》: play on a ~ シーソーで遊ぶ. **b** シーソー(遊び), ぎっこんばったん: play at ~ シーソーをして遊ぶ. **2** 上下動; 前後動; 動揺, 変動, 一進一退, シーソーゲーム (fluctuation). **3** 〘トランプ〙=crossruff. **— *adj.*** [限定的] **1** シーソーのような; 上下に動く: ~ motion 上がったり下がったりすること, 上下動, 変動. **2** 動揺する (vacillating), 変動する: a ~ match [game] 追いつ追われつの接戦, シーソーゲーム / a ~ policy 日和見(ひよりみ)政策. **— *adv.*** 前後に動いて, 上下して, 変動して: go ~ 動揺する, 上がったり下がったりする, 交替する. **— *vi.*** **1** 上がったり下がったりする, 変動[動揺]する (alternate). **2** 前後[上下]に動く, あちこちに動く. **3** シーソー遊びをする. **— *vt.*** 前後[上下]に動かす; 変動させる. 〘(1640) 《加重》← SAW¹ (v.): cf. singsong, wishy-washy, etc.〙

séesaw rótor *n.* 〘航空〙シーソー回転翼《2 枚羽根のヘリコプター回転翼の一型式で, 2 枚の羽根を一体に作ってある; 従って羽根の一方が上がると他方は下がることになる; cf. fully articulated rotor》.

seethe /síːð/ *v.* (**~d,** 《古》**sod** /sɑ́(ː)d | sɔ́d/; **~d,** 《古》**sod·den** /sɑ́(ː)dn̩ | sɔ́dn̩/) **— *vi.*** **1 a** 〔怒りで〕煮えくりかえる, 心が乱れる〔*with*〕. **b** 沸きかえる, 騒ぐ, 激する, 騒然とする; 動揺する, 興奮する: the mind *seething with* conflicting emotions 千々に思い乱れている心 / Northern Ireland was *seething with* religious civil war. 北アイルランドは宗教内乱で沸き立っていた / The country ~*d over* the armament question. 国内は軍備問題で大騒ぎとなった. **2** 泡立つ; 逆巻く (surge). **3** 《古》煮立つ, 沸騰する (boil). **— *vt.*** **1** (柔らかくするために)〈獣皮などを〉水に浸す; 水につける (steep, soak). **2** 《古》煮る (⇨ boil¹ **SYN**): Thou shalt not ~ a kid in his mother's milk. 汝子山羊をその母の乳にて煮るべからず (*Exod.* 23: 19). **— *n.*** **1** 沸騰, ほとばしり. **2** 騒然としていること, 興奮状態. 〘OE *sēoþan* < Gmc **seuþan* (Du. *zieden* / G *sieden*) ← IE **seut-* to boil〙

séeth·ing *adj.* **1 a** (怒りで)煮えくりかえるような, じりじりした. **b** 動揺の, 動乱の, 騒然とした, 殺気立った (agitated). **c** 激しい, 強烈な. **2 a** 煮えている, 沸き返っている, とても熱い (⇨ boil **SYN**): a ~ pot. **b** [副詞的に] 煮え立つほどに: ~ hot. **3** 泡立って[逆巻いて]いる: ~ waters 逆巻く波浪. 〘(?c1200): ⇨ ↑, -ing²〙

séeth·ing·ly *adv.* 沸き返って; 騒然として. 〘1887〙

see-through /síːθrùː/ *adj.* **1** 透明な, 透き通る, 内部が見える. **2** 〈生地が〉(薄くて)中が透けて見える, シースルーの: a ~ blouse. **— *n.*** **1** 透明. **2** シースルーの服[ブラウスなど]. 〘1960〙

sée-wòrthy *adj.* 見るに値する.

se·fer /séɪfə, séfə | -fə^(r)/ *n.* 〘ユダヤ教〙**1** モーセ五書 (the Torah) の巻物 (sefer torah) (cf. Torah). **2** ヘブライ宗教文学の書物. 〘(1650) *sefer Torah* ◻ Heb. *sēpher hat-tōrā^h* book of the law ← *sēpher* book+ *ha-tōrā^h* 'the TORAH'〙

Se·fe·ris /səféᵊrɪ̆s, sɪ̆- | -féərɪs; *Mod.Gk.* seféris/, **George** *n.* セフェリス (1900–71; ギリシャの詩人・外交官; Nobel 文学賞 (1963); 本名 Georgios (Stylianou) Seferiades /jórgos stìljanú seferiádes/).

seg /ség/ *n.* 《米俗》人種差別主義者. 〘(1965) 《略》← SEGREGATIONIST〙

se·gar /sɪ̆gáə | -gáː^(r)/ *n.* =cigar.

Sé·ger cóne /zéɪgə-, séɪgə- | -gə-; *G.* zéːgɐ-/ *n.* 〘窯業〙ゼーゲルコーン《耐火度測定用三角錐で H. A. Seger が 1886 年に考案した; 米国ではゼーゲル錐の特性をもとにして Edward Orton, Jr (1863–1932) が改良したオルトン錐を pyrometric cone と称している》. 〘(1895) ← *Hermann August Seger* (1839–93: ドイツの窯業家)〙

Séger's pórcelain *n.* ゼーゲル磁器 (H. A. Seger が有田磁器を研究し, 1886 年にヨーロッパで初めて創作した軟磁器).

seg·gie /ségi/ *n.* =seg. 〘(1965): ⇨ seg, -ie〙

seg·gy /ségi/ *n.* 《米俗》セコナール (Seconal) 錠.

Se·ghers /zéɪgəz | -gəz; *G.* zéːgɐs/, **Anna** *n.* ゼーガース (1900–83; ドイツの女流小説家; 本名 Netty Radványi /néti ráːdvaːnji/).

se·ghol /sɪ̆góʊl | sɪgɔ́ʊl, sɛ-/ *n.* 〘言語〙(ヘブライ語・アラム語で) ∵ を文字の下に付けて表される [ɛ(ː)] 音. 〘◻ MHeb. *sᵉghōl* ◻ Arm. (原義) cluster of grapes: その記号の形から〙

se·ghol·ate /sɪ̆góʊlɪ̆t | sɪgɔ́ʊ-, sɛ-/ *adj.*, *n.* 〘言語〙(ヘブライ語で)第二音節に /ɛ(ː)/ 音 (seghol) を有する(名詞). 〘(1831) ← NL *segholātus*: ⇨ ↑, -ate¹〙

seg·ment /ségmənt/ *n.* **1 a** 部分 (bit, fragment): cut the stick into ~*s* 棒を短く切る / great ~*s* of the press 出版物の大部分. **b** (みかんの袋など, 自然にできている)区切り, 区分, 節 (division, section) (⇨ part **SYN**): a ~ of an orange みかんの袋 / in ~*s* 節[部分]になって, 分かれて / the jointed ~*s* of a bamboo stem 竹の節間. **c** (放送の)時間枠, (番組の)区切られた部分. **2** 〘数学〙切片, 線分, (円の)弓形 (⇨ circle 挿絵): a ~ of a line 線分 / a ~ of a sphere=a spherial ~ 球欠, 球面弓形 / the major [minor] ~ 優[劣]弓形 / a ~ of a circle 弓形. **3** 〘機械〙扇形歯車[滑車] (segment gear), 扇形(突子). **4** 〘動物〙体節, 体環 (somite), 環節. **5** 〘音声〙分節音; 分節《音の流れの中で単位をなす主要部分》. **6** 〘電算〙セグメント: **a** プログラム中, 連続したアドレスに収められている部分. **b** ネットワークで, ルーターなどで区切られた単位. **—** /ségmənt, —ˊ— | segmént, sɪ̆g-, ségmənt/ *v.* **— *vt.*** 分裂させる, 分ける (divide): The insect is ~*ed* into head, thorax, and abdomen. 昆虫は頭・胸・腹に分かれる. **— *vi.*** **1** 裂ける, 割れる, 切断される. **2** 〘生物〙〈幼芽・胚子(はいし)などが〉各部分に分かれる; 〈細胞などが〉分裂する. 〘n.: (1570) ◻ L *segmentum* ← *secāre* to cut: ⇨ section, -ment〙

seg·men·tal /segméntḷ | segméntḷ, sɪ̆g-/ *adj.* **1** 区分[節]の; 部分[節]に分かれている[から成る]. **2** 〘動物〙体節から成る. **3** 〘言語〙分節の, 分節的な. **~·ly** *adv.* 〘(1816): ⇨ ↑, -al¹〙

seg·men·tal·ize /segméntəlàɪz, -tḷ- | segméntəl-, sɪ̆g-, -tḷ-/ *vt.* 部分に分ける, 要素に分ける, 区分する. **~d** *adj.* 〘(1956): ⇨ ↑, -ize〙

segméntal órgan *n.* 〘動物〙**1** 体節器, 環節器. **2** =nephridium. 〘1898〙

segméntal phóneme *n.* 〘音声・言語〙分節音素《母音音素と子音音素の総称; cf. suprasegmental phoneme》. 〘1950〙

segméntal sáw *n.* 〘機械〙=segment saw.

seg·men·tar·y /ségməntèri | -təri, -tri/ *adj.* = segmental. 〘(1853): ⇨ -ary〙

seg·men·ta·tion /sègməntéɪʃən, -mɛn- | -mən-, -mən-/ *n.* **1** 分割, 分断. **2** 〘動物〙体節構成《体が同じような分節からできていること》. **3** 〘生物〙卵割, 分割, 分節《受精卵などにおいて発生最初に起こる細胞分裂; cf. cleavage 4》. **4** 〘音声〙分節《発話の流れを分節音 (segment) に分けること》. 〘(1656) ← SEGMENT (v.)+ -ATION〙

segmentátion càvity *n.* 〘生物〙割腔 (⇨ blastocoel). 〘1888〙

seg·ment·ed /ségmentɪ̆d, —ˊ— | segméntɪ̆d, sɪ̆g-, ségmɛn-/ *adj.* **1** 仕切りのある, 分節の. **2** 〘動物〙環形の, 環節のある. 〘(1854): ⇨ +-ed〙

ségment gèar *n.* 〘機械〙**1** =segment rack. **2** =sector gear. 〘1875〙

ségment ràck *n.* 〘機械〙扇形ラック, 弓形ラック. 〘1835〙

ségment sàw *n.* 〘機械〙扇形のこ, 溝挽(ひ)きのこ. 〘1875〙

ségment-vàlve *n.* 〘機械〙扇形弁. 〘1884〙

ségment-whèel *n.* 〘機械〙扇形車, 扇形歯車. 〘1884〙

segni *n.* segno の複数形.

Se·gni /sénji; *It.* séɲɲi/, **Antonio** *n.* セニ (1891–1972; イタリアの政治家; 首相 (1955–57; 1959–60), 大統領 (1962–64)).

se·gno /séɪnjoʊ | sénjəʊ, séɪn-, sénjoʊ; *It.* séɲɲo/ *n.* (*pl.* ~**s, se·gni** /séɪnjiː; *It.* séɲɲi/) 〘音楽〙(特に繰り返しの前後につける)記号 (𝄋, 𝄌 など): dal ~「記号から」, al [sin'al, fin'al] ~「記号まで」. 〘(1908) ◻ It. ~ < L *signum* 'SIGN'〙

se·go /síːgoʊ | -gəʊ/ *n.* 〘植物〙=sego lily.

se·gol /sɪ̆góʊl | sɪgɔ́ʊl, sɛ-/ *n.* 〘言語〙=seghol.

se·gol·ate /sɪ̆góʊlɪ̆t | sɪgɔ́ʊ-, sɛ-/ *adj.*, *n.* 〘言語〙= segholate. 〘1831〙

ségo líly *n.* **1** 〘植物〙チョウユリ (*Calochortus nuttallii*)《米国西部に多いユリ科の多年性植物; 単に sego ともいう; cf. mariposa lily》. ★ 米国 Utah 州の州花. **2** その球根《食用》. 〘(1915) ← N-Am.-Ind. (Paiute) *sego*〙

Se·gon·zac /səgɔ̃ː(n)zǽk, -gɔːn-; *F.* səgɔ̃zak/, **André Du·noy·er de** /dynwaje d/ *n.* スゴンザック (1884–1974; フランスの画家).

Se·go·vi·a¹ /sɪ̆góʊviə, sɛ- | -gɔ́ʊ-; *Sp.* seɣóβja/ *n.* セゴビア《スペインの中部の都市; ローマ時代建造の水道の遺跡がある》.

Se·go·vi·a² /sɪ̆góʊviə | -gɔ́ʊ-; *Sp.* seɣóβja/, **An·drés** /anrés/ *n.* セゴビア (1893–1987; スペインのギタリスト).

Se·grave /síːgreɪv/, Sir **Henry O'Neal Dehane** *n.* シーグレイブ (1896–1930; 英国のレースドライバー; 時速 236 マイルの記録を樹立 (1926)).

Se·grè /səgréɪ, seɪ-; *It.* segrɛ́/, **E·mil·io** /ɪ̆míːliòʊ, -ljoʊ | ɪmíːliəʊ, -ljəʊ; *It.* emíːljo/ *n.* セグレ (1905–89; イタリア生まれの米国の物理学者; 反物質研究の先駆者で反陽子を発見 (1955); Nobel 物理学賞 (1959)).

seg·re·ant /ségriənt/ *adj.* 〘紋章〙〈グリフィン (griffin) が〉後ろ足で立ち上がった《ライオンの rampant に当たる》: a griffin ~ 左後肢で立ち上がったグリフィン. 〘(?a1550) 《古形》*sergreant* ← ? F *s'érigeant* erecting itself〙

seg·re·gate /ségrɪ̆gèɪt/ *v.* **— *vt.*** **1** 〈ある人種・宗教団体などを〉一般社会から引き離す, …に人種的差別をする. **2** 〈人・団体を〉分離する (separate), 隔離する (isolate): ~ boys and [from] girls 男子と女子を分ける. **— *vi.*** **1** 差別政策をしく, 人種差別をする. **2 a** 分かれる, 脱退する. **b** (大きなかたまりや集団から)離れて一箇所に集まる. **3** 〘生物〙〈対等形質が〉(メンデルの法則によって)分離する. **—** /ségrɪ̆gɪ̆t, -gèɪt/ *adj.* 《古》=segregated. **— *n.*** **1** 人種差別された人[団体]; 分離[隔離]された物[人, 団体]. **2** 〘生物〙(遺伝形質が)他と分離した種.

ség·re·ga·ble /-gəbḷ/ *adj.* 〘(1426) ← L *sēgregātus* (p.p.) ← *sēgregāre* to set apart from the flock ← *sē-* apart+*greg-, grex* flock: ⇨ se-, gregarious〙

seg·re·gat·ed /ségrɪ̆gèɪtɪ̆d | -tɪ̆d/ *adj.* **1** 人種隔離を行っている: ~ education 人種隔離教育. **2** 分離した, 隔離された. **3** 特定の人種[グループ]に限られた: a ~ club. 〘(1652): ⇨ ↑, -ed〙

ségregate polýgamy /ségrɪ̆gɪ̆t-, -gèɪt-/ *n.* 〘植物〙多性異株(いしゅ)《両性花と単性花が異株に生じること》.

seg·re·ga·tion /sègrɪ̆géɪʃən/ *n.* **1** 人種差別 (racial segregation) (cf. integration 2). **2** 分離 (separation), 隔絶, 生物の棲み分け (isolation). **3** 分離[隔離]されたもの. **4** 〘生物〙分離《減数分裂で二つの対立遺伝子が別々の配偶子に分裂すること; cf. Mendel's laws》. **5** 〘金属加工〙偏析《溶融合金の凝固過程で, 最後の部分に溶融温度の低い共晶や不純物が凝集・析出すること》. **6** 〘社会学〙凝離, 離反《都市が拡大してゆく過程で特定の地域が政治, 経済, 文化的な機能的特徴を帯びてくること》. **7** 《廃》離散 (dispersion). **~·al** /-ʃnəl, -ʃənḷ⁺/ *adj.* 〘(1555) ◻ LL *sēgregātiō(n-)*: ⇨ segregate, -ation〙

sèg·re·gá·tion·ist /-ʃ(ə)nɪ̆st | -nɪst⁺/ *n.* 人種差別主義者; 分離[隔離]主義者. **— *adj.*** 人種差別を支持する, 人種差別主義者の. 〘(1913): ⇨ ↑, -ist〙

seg·re·ga·tive /ségrɪ̆gèɪtɪv | -tɪv/ *adj.* **1** 人種差別的な, 人種差別の: ~ policies. **2** 分離的な, 隔離的な; (特に)〈人が〉非社交的な (unsociable). 〘(1588) ◻ L *sēgregātivus*: ⇨ segregate, -ative〙

seg·re·gà·tor /-gèɪtə | -tə^(r)/ *n.* 〘医学〙尿分採器, 分離採尿器, 分尿器《両側の腎臓から別々に尿を採る器械》.

se·gue /ségweɪ, séɪg-; *It.* séːgwe/ 〘音楽〙*vi.* 途切れずに

S

続ける《楽章間を切れ目なく演奏させる指示として使われる》; (分散和音の音型などで)同様に続ける. ── *adj.*, *adv.* セグエの[で]. ── *n.* セグエ(の楽句[箇所]). 〘(1740) □ It. ～ 'there follows'〙

seg·ui·dil·la /sèɡədíːjə, sèɪɡ-, -díːljə | sèɡɪdíːljə, -díːjə; *Sp.* seɣiðíʎa, ja/ *n.* **1 a** 〘ダンス〙セギディリア《二人で踊る三拍子のスペインダンス》. **b** 〘音楽〙セギディリア舞曲《同上の舞踏の音楽で, ギター・カスタネットを伴奏に歌われる》. **2** 〘詩学〙セギディリア《民謡起源のスペインの詩型; 始めは 4 行, のちに 7 行または 5 行の連句》. 〘(1763) □ Sp. ～ (dim.) ← *seguida* sequence ← *seguir* to follow〙

Se·gur·i·dad /sɪɡʊ̀ərɪdǽd | -ɡùər-; *Sp.* seɣuriðaᵭ/ *n.* [the ～] (スペインの)国家保安部.

Séhn·a knòt /sénə-/ *n.* センナノット《手織のじゅうたんに使われる立毛房糸の結び方; Senna knot ともいう》. 〘(1901) *Sehna*: (変形) ← *Sinneh* (ペルシャの町の名)〙

Sehn·sucht /zéɪnzùːkt, -zùːxt; *G.* zéːnzuxt/ *n.* 《詩》あこがれ, 憧憬, 思慕, 郷愁. 〘(*a*1861) □ G ～ (< MHG *sensuht*) ← *sehnen* to long＋*Sucht* (obsessive) desire, 《古》illness〙

sei /séɪ/ *n.* 〘動物〙イワシクジラ (*Balaenoptera borealis*)《ナガスクジラ科; 背びれがあり全長 15 m 程度で広く分布する; sei whale ともいう》. 〘(1912) ← *sei whale* (部分訳) ← Norw. *seihval* ← *sei* coalfish＋*hval* 'WHALE[1]': 餌を求めて coalfish の後を泳ぐ習性から〙

sei·cen·to, S- /seɪtʃéntoʊ | -təʊ; *It.* seitʃénto/ *n.* 17 世紀; (特に, イタリアの)17 世紀の美術[文芸]. 〘(1908) □ It. ～ (原義) six hundred: cf. cinquecento〙

seiche /séɪʃ; *F.* sɛʃ/ *n.* セイシュ, 静振《数分から数十分にわたって起こる湖沼・港湾の水面の周期的振動; 地震・突風などが原因といわれる》. 〘(1839) □ Swiss-F ～ □ ? G *Seiche* a sinking ∥ L *siccus* dry〙

sei·del /sáɪdl, záɪ- | -dl; *G.* záɪdl/ *n.* (ビール用)大型グラス[コップ]. 〘(1922) ← G *Seidel* < MHG *sīdel* □ L *situla* bucket, urn: ⇨ situla〙

Séid·litz pòwders /sédlɪts- | -lɪts-/ *n. pl.* 〘薬学〙セドリッツ沸騰散《酒石酸・酒石酸カリ・重炭酸ソーダを混ぜて造る沸騰性緩下剤; Rochelle powder ともいい, また《英》では Seidlitz powder ともいう》. 〘(1784) ← *Seidlitz*, *Sedlice* (チェコ西部, ボヘミアの町): この町の鉱泉の効き目とよく似ていることから〙

seif /séɪf, sáɪf/ *n.* 〘地質〙セイフ, 縦列砂丘《サハラ砂漠などにみられる風の方向に伸び鋭いリッジを伴う砂丘; self dune ともいう》. 〘(1925) □ Arab. *sayf* sword〙

Sei·fert /záɪfət | -fət; *Czech* sájfɛrt/, **Ja·ro·slav** /jároslaf/ *n.* サイフェルト (1901–86; チェコの詩人; Nobel 文学賞 (1984)).

sei·gneur /seɪnjə́ː, sen- | senjə́ː(r, seɪ-; *F.* sɛɲœːʁ/ *n.* [しばしば S-] **1** (フランスの)封建領主, 藩主 (feudal lord) (cf. grand seigneur). **2** (フランス領カナダ時代に勅許で土地を与えられた)地主. **sei·gnéu·ri·al** /-riəl/ *adj.* 〘(1592) □ (O)F ～ < L *seniōrem*: SEIGNIOR, SENIOR, SIGNOR と二重語〙

sei·gneur·y /séɪnjəri, síːn-/ *n.* **1** ＝seigniory 1. **2** (フランス, フランス領カナダにおける)荘園領主の土地支配権; 所有地, 領地. 〘(1683) □ F *seigneurie* (異形) ← *seignorie*: ⇨ seigniory〙

sei·gnior /séɪnjə, seɪnjɔ́ə | séɪnjə(r/ *n.* ＝seigneur. 〘(?*a*1300) *segnour* □ AF < L *seniōrem* 'SENIOR'〙

sei·gnior·age /séɪnjərɪdʒ/ *n.* **1** 君主の特権. **2** 貨幣鋳造税; 貨幣鋳造利差, 造幣益《貨幣地金より生じる一定の差益で精錬費用をまかなうために用いた》. **3** 《古》支配権, 統治権 (dominion), 権力 (power). 〘(1444) □ OF *seigneurage*: ⇨ ↑, -age〙

sei·gnio·ri·al /seɪnjɔ́ːriəl, siːn-/ *adj.* 領主[藩主] (seignior) の. 〘(1818): ⇨ seignior, -ial〙

sei·gnior·y /séɪnjəri, síːn-/ *n.* **1** 領主[藩主]の権力, 主権. **2** (領主の)領地, 領土. 〘(*a*1300) □ (O)F *seigneurie*: ⇨ seignior, -y[1]〙

sei·gnor·age /séɪnjərɪdʒ, síːn-/ *n.* ＝seigniorage.

sei·gno·ri·al /seɪnjɔ́ːriəl, siːn-/ *adj.* ＝seigniorial.

sei·gnor·y /séɪnjəri, síːn-/ *n.* ＝seigniory.

seik /síːk/ *adj.* 《スコット》＝sick[1].

seine /séɪn/ *n.* 引網, 地引網 (seine net ともいう): shoot a ～ 引網をかける / drag [haul ashore] a ～ 地引網を引く. ── *vi.* 引網で魚を取る. ── *vt.* **1** 引網で〈魚を〉取る. **2** 〈川・海などに〉引網をかける. 〘ME *seyn*(*e*) < OE *seġne* < (WGmc) **sāgina* □ L *sagēna* □ Gk *sagḗnē* fishing net ← ?: cf. (O)F *seine*〙

Seine /séɪn; *F.* sɛn/ *n.* [the ～] セーヌ(川)《フランス東部に発し Paris を北西に貫流してイギリス海峡に注ぐ川 (776 km)》. 〘□ F ～ □ ? L *Sēquana* □ Celt. **Sēcoana* ← **sēc* body of water〙

Seine-et-Marne /séɪneɪmáən | -máːn; *F.* sɛnemaʁn/ *n.* セーヌ エ マルヌ(県)《フランス北部の県; 面積 5,931 km^2; 県都 Melun /məlœ̃/》.

Seine-et-Oise /séɪneɪwáːz; *F.* sɛnewaːz/ *n.* セーヌ エ ワーズ(県)《フランス北部の旧県 (1790–1968)》.

Seine-In·fé·rieure /séɪnæ̃(m)feriə́ː, -æ̀m- | -riə́ː(r; *F.* sɛnɛ̃feʁjœːʁ/ *n.* セーヌアンフェリュール(県)《Seine-Maritime の旧名》.

Séine-Ma·ri·tíme /-mæ̀riːtíːm; *F.* -maʁitim/ *n.* セーヌ マリティーム(県)《フランス北部, Normandy 地方東部のイギリス海峡に臨む県; 面積 6,295 km^2; 県都 Rouen; 旧名 Seine-Inférieure》.

séine nèt *n.* ＝seine.

séine-nètter *n.* ＝seiner.

séin·er *n.* **1** 引網漁師. **2** 引網船. 〘(1602): ⇨ seine, -er[1]〙

Seine-Saint-Denis /séɪnsæ̃(n)dəníː, -sæ̀n-; *F.* sɛnsɛ̃dni/ *n.* セーヌ サンドニ《フランス北部中央の県; 面積 236 km^2; 県都 Bobigny》.

seir /síə | síə(r/ *n.* 〘魚類〙＝seerfish.

sei·ren /sáɪrən/ *n.* 〘紋章〙人魚. 〘(変形) ← SIREN〙

seise /síːz/ *vt.* ＝seize. 〘(異形) ← SEIZE〙

sei·sin /síːzɪn, -zn | -zɪn/ *n.* 〘法律〙 **1** (封建時代の土地・不動産の)(特別)占有《賃借権 (leasehold), 動産について用いられる占有 (possession) および現実の占有 (occupation) と区別される》. **2** 自由保有不動産 (estate of freehold) の占有権. **3** 所有物 (possessions), 財産 (property); 占有地, 所有地. 〘(?*a*1300) *sesin*(*e*) □ (O)F *saisine* ← *saisir* 'to SEIZE'〙

seism /sáɪzm, -sm | -zm/ *n.* 地震 (earthquake). 〘(1883) □ Gk *seismós* ← *seíein* to shake〙

-seism /∸−sàɪzm, -sm | -zm/「震動」の意の名詞連結形: micro*seism*. 〘↑〙

seis·mal /sáɪzməl, sáɪs-, -ml | sáɪz-/ *adj.* ＝seismic.

seis·mic /sáɪzmɪk, sáɪs- | sáɪz-/ *adj.* **1** 地震の, 地震性の, 地震から起こる: a ～ area 震域 / a ～ center [focus] 震央, 震源. **2** (月などの天体における)地震の, 震動の. **3** (変化などが)地震変動的な. **séis·mi·cal** *adj.* **séis·mi·cal·ly** *adv.* 〘(1858) ← Gk *seismós*: ⇨ seism, -ic[1]〙

séismic arráy *n.* サイズミック アレイ《地下核実験や地震観測のために規則的に配置された多くの地震計から成る地震波測定システム》.

séismic inténsity *n.* 震度.

seis·mic·i·ty /saɪzmísəṭi, saɪs- | saɪzmísɪti/ *n.* 地震性; (特に, ある地域の)地震の頻度[強度, 分布]. 〘(1902): ⇨ ↑, -ity〙

séismic próspecting *n.* 地震探査《人工地震などによる地質調査》.

séismic refléction *n.* 地震反射《地層の弾性的不連続面で生じる弾性波の反射; 探鉱・地震探査などに利用される》.

séismic refráction *n.* 地震屈折《地層の弾性的不連続面で生じる弾性波の屈折》.

séismic séa-wàve *n.* 津波 (tsunami).

séismic velócity *n.* 地震波速度.

séismic wáve *n.* (地震・爆発などによって生じる)震動波, 地震波.

seis·mism /sáɪzmɪzm, sáɪs- | sáɪz-/ *n.* 地震現象, 地震活動. 〘(1902): ⇨ seism(ic), -ism〙

seis·mo- /sáɪzmoʊ, sáɪs- | sáɪzməʊ/「地震 (earthquake)」の意の連結形: *seismo*graph. 〘□ Gk ～ ← *seismós*: ⇨ seism〙

seis·mo·gram /sáɪzməɡræ̀m, sáɪs- | sáɪz-/ *n.* 震動記録. 〘(1891): ⇨ ↑, -gram〙

seis·mo·graph /sáɪzməɡræ̀f, sáɪs- | sáɪzməɡrɑ̀ːf, -ɡræ̀f/ *n.* 地震計《seismometer ともいう》. **seis·mo·graph·ic** /sàɪzməɡrǽfɪk, sàɪs- | sàɪz-/ *adj.* **sèis·mo·gráph·i·cal** /-fɪkəl, -kl | -fɪ-/ *adj.* 〘(1858) ← SEISMO-＋-GRAPH〙

seis·mog·ra·pher /saɪzmɑ́(ː)ɡrəfə, saɪs- | saɪzmɔ́ɡrəfə(r/ *n.* ＝seismologist. 〘(1891): ⇨ ↓, -er[1]〙

seis·mog·ra·phy /saɪzmɑ́(ː)ɡrəfi, saɪs- | saɪzmɔ́ɡ-/ *n.* **1** 地震観測(術), 地震記録(法). **2** 地震学 (seismology). 〘(1865) ← SEISMO-＋-GRAPHY〙

seis·mo·log·ic /sàɪzməlɑ́(ː)dʒɪk, sàɪs- | sàɪzməlɔ́dʒ-/ *adj.* 地震学(上)の. **sèis·mo·lóg·i·cal** /-dʒɪkəl, -kl | -dʒɪ-/ *adj.* **sèis·mo·lóg·i·cal·ly** *adv.* 〘(1904) ← SEISMOLOGY＋-IC[1]〙

seis·mól·o·gist /-dʒɪst | -dʒɪst/ *n.* 地震学者 (seismographer). 〘(1859): ⇨ ↓, -ist〙

seis·mol·o·gy /saɪzmɑ́(ː)lədʒi, saɪs- | saɪzmɔ́l-/ *n.* 地震学. 〘(1858) ← SEISMO-＋-LOGY〙

seis·mom·e·ter /saɪzmɑ́(ː)məṭə, saɪs- | saɪzmɔ́mɪtə(r/ *n.* 地震計《seismograph よりも精密なもの》. 〘(1841) ← SEISMO-＋-METER[1]〙

seis·mo·met·ric /sàɪzməmétrɪk, sàɪs- | sàɪz-/ *adj.* 地震計の, 地震観測の. 〘(1858) ← SEISMOMETRY＋-IC[1]〙

sèis·mo·mét·ri·cal /-rɪkəl, -kl | -rɪ-/ *adj.* ＝seismometric. 〘1885〙

seis·mom·e·try /saɪzmɑ́(ː)mətri, saɪs- | saɪzmɔ́mɪ-/ *n.* 地震観測. 〘(1858) ← SEISMO-＋-METRY〙

seis·mo·nas·ty /sáɪzmənæ̀sti, sáɪs- | sáɪz-/ *n.* 〘植物〙傾震性《震動を刺激とする傾性運動》. 〘(1912) ← SEISMO-＋-NASTY〙

seis·mo·sau·rus /sàɪzməsɔ́ːrəs, sàɪs- | sàɪzmə(ʊ)-/ *n.* 〘古生物〙サイスモサウルス《わずかな数の骨だけから知られるジュラ期後期の巨大な恐竜; 体長 35–45 m, 体重 100 トンに及び, 史上最長の動物と考えられている; 竜盤目 (Saurischia) 竜脚下目 (Sauropoda) の *S*- 属に属する》.

seis·mo·scope /sáɪzməskòʊp, sáɪs- | sáɪzməskəʊp/ *n.* 簡易地震計 (cf. seismometer). **seis·mo·scop·ic** /sàɪzməskɑ́(ː)pɪk, sàɪs- | sàɪzməskɔ́p-/ *adj.* 〘(1851) ← SEISMO-＋-SCOPE〙

séi whàle /séɪ-/ *n.* 〘動物〙＝sei. 〘1912〙

seiz·a·ble /síːzəbl/ *adj.* **1** 捕らえられる, つかめる, 奪える. **2** (特に)差押さえ[押収, 取押さえ]できる. 〘(1461): ⇨ ↓, -able〙

seize /síːz/ *vt.* **1 a** (急にぐっと)つかむ (grasp, clutch, grab), 握る, 捕らえる (⇨ take SYN): ～ a rope, stick, weapon, etc. / ～ a person by the arm [throat] ＝ ～ a person's arm [throat] 人の腕[のどもと]をつかむ / ～ a person by force 人を引っ捕らえる / ～ hold of …をぎゅっとつかむ, 捕らえる. **b** 〈犯人などを〉捕らえる, 逮捕する (capture): ～ a thief [criminal, suspect] 泥棒[犯人, 容疑者]を逮捕する. **2** 〈敵陣・権力などを〉強奪する, 奪う; 〈敵船などを〉捕獲する: ～ a fortress 要塞を奪取する / ～ power 権力を奪取する / ～ the throne [scepter] 王位を奪う. **3 a** 〈機会などを〉とらえる, つかむ: ～ an opportunity [the occasion] 機会をとらえる, 機に乗じる / ～ the initiative 主導権を握る / ～ an invitation [offer] with both hands これ逃がさじと招待に応じる[申し出に飛びつく]. **b** 〈意味・要点などを〉はっきりと[さっと]つかむ, 把握する, 了解する (understand), のみこむ (see): ～ the point 要点をとらえる / ～ the essence of the matter 問題の核心をつかむ. **4** 〈禁制品・文書などを〉差し押さえる, 没収する, 押収する: ～ the smuggled goods 密輸品を押収する. **5** [しばしば受身に用いて] 〈病気などが〉〈人を〉急に襲う; 〈感情・考えなどが〉〈人〉〈の心〉をとらえて支配する: A vague vertigo ～*d* him. 彼は軽いめまいに襲われた / An idea ～*d* me. 私はある考えにとらわれた / *be* ～*d by* [*with*] terror [anger, pity, shyness] 恐怖に襲われる[怒りがこみ上げる, 哀れみの心を起こす, 急に恥ずかしくなる] / He *was* ～*d with* a coughing fit. せきの発作に見舞われた. **6 a** [特に p.p. 形で] 〘法律〙〔…を〕…に占有[所有]させる〔*of*〕: be [stand] ～*d of* …を占有[の所有権を獲得]している; …をもって[備えて]いる; …をよく承知している / the estate *of* which he died ～*d* 彼が死亡した時に所有していた資産. **b** [通例 p.p. 形で]〔問題を〕(議事日程に載せて)〈政府の機関などに〉審議させる〔*of*, *with*〕: the matter *of* which the council *is* ～*d* 審議会が審議中の事柄. ★ a, b ともしばしば seise ともつづる. **7** 〘海事〙くくり合わせる[付ける] (cf. serve 14): ～ one rope to another 一つのロープを他のロープに結び合わせる / ～ ropes *together* ロープとロープをくくり合わせる / ～ a person *up* (むちで打つために)マストの支え索などに人の両手首を縛り上げる.
── *vi.* **1** (急にぐっと)(…を)つかむ, とっつかまえる, 捕らえる〔*on*, *upon*〕; (最後の手段として)(…に)飛びつく, すがる〔*on*, *upon*〕. ★ *vt.* よりも強調的な表現法: ～ (*up*)*on* a chance [pretext] 機会[口実]をとらえる / ～ *on* a fault [flaw] 欠点をとらえる[あらを探す] / ～ *on* [*upon*] any suggestion どんな提案にも飛びつく. **2** 《口語》〈機械・自動車などが〉(過熱・過圧などのために)止まる, 動かなくなる〈*up*〉: The engine [His legs] just ～*d up*. エンジン[足]が動かなくなった.
〘(1265) *saise*(*n*), *seise*(*n*) □ OF *seisir*, (O)F *saisir* < ML *sacīre* to take possession of ← Gmc (cf. Goth. *satjan* 'to SET')〙

séiz·er *n.* **1** seize するもの[人, 犬]. **2** 〘法律〙＝seizor. 〘(*c*1400): ⇨ ↑, -er[1]〙

séize-ùp *n.* 《機械の》故障, 停止.

sei·zin /síːzɪn, -zn | -zɪn/ *n.* 〘法律〙＝seisin.

seiz·ing /síːzɪŋ/ *n.* **1** つかむ[捕らえる]こと. **2 a** 〘法律〙所有, 占有 (possession, occupation). **b** 押収 (confiscation), 差押さえ (attachment). **3** 〘海事〙 **a** 括着(かっちゃく)《太いロープ端などの周囲を細いひもで整然と巻き付けること》. **b** 括着索. ── *adj.* [フランス語法] 驚くべき, 人目をひく, 印象的な (cf. F *saisissant*). 〘(n.: 1336–37; adj.: 1835): ⇨ seize, -ing[1,2]〙

sei·zor /síːzə, -zɔə | -zə(r, -zɔː(r/ *n.* 〘法律〙 **1** 占有者 (occupier), 所有者 (possessor). **2** 差押さえ人, 没収者 (confiscator). 〘(1555) ← SEIZE＋-OR[2]〙

sei·zure /síːʒə | -ʒə(r/ *n.* **1** 捕らえる[つかむ]こと; 強奪 (robbery). **2** (病気の)発作, (特に)脳卒中(の発作) (apoplectic stroke): die from an apoplectic ～ [a ～ of apoplexy] 卒中で死ぬ. **3** 〘法律〙差押さえ (attachment), 押収, 没収 (confiscation); (謄本保有地の)没収. 〘(1449) *seasure*: ⇨ seize, -ure〙

se·jant /síːdʒənt/ *adj.* (*also* **se·jeant** /～/) 〘紋章〙〈ライオンなど〉前脚をまっすぐに立てて座っている (sitting): a lion ～. 〘(*c*1500) □ AF **seiant*＝(O)F *séant* (pres.p.) ← *seoir* < L *sedēre* 'to SIT'〙

Sejm /séɪm; *Pol.* séjm/ *n.* ポーランド議会《一院制であったが現在は再び二院制で「下院」にあたる》. 〘((1698)) (1893) □ Pol. ～〙

SEK 《記号》krona.

Sekh·met /sékmet/ *n.* 〘エジプト神話〙セクメト《創造神 Ptah の配偶神でライオンの頭をもつ; 太陽熱の破壊力を表わし, 冥界の悪人の魂を懲らしめる; 'Ra の眼' とも呼ばれる》. 〘□ Egypt. *sḫm.t* ← *sḫm* to have control〙

Sek·on·di-Ta·ko·ra·di /sèkəndíːtàːkəráːdi | -di/ *n.* セコンディ タコラディ《ガーナ南西部のギニア湾に面した港市; 1946 年に Sekondi と Takoradi が合併し 1963 年に市となった》.

se·kos /síːkɑ(ː)s | -kɒs/ *n.* 〘考古〙(古代エジプト神殿の)奥殿 (inner sanctuary); 神像安置所. 〘(1820) ← NL ～ ← Gk *sēkós* shrine〙

sekt /sékt; *G.* zékt/ *n.* [しばしば S-] ゼクト《ドイツ産発泡ワインの一種》. 〘(1920) □ G *Sekt* ← F (*vin*) *sec* dry (wine): ⇨ sec[2]〙

sel /sél/ *n.*, *adj.* 《スコット》＝self.

sel. 《略》select; selected; selection.

se·la·chi·an /səléɪkiən/ 〘魚類〙*adj.* 軟骨魚類の, サメ・エイ類の. ── *n.* 軟骨魚《ガンギエイ (skate), サメ (shark) など; cf. elasmobranch》. 〘(1835): ⇨ ↓, -an[1]〙

Se·la·chi·i /səléɪkiàɪ/ *n. pl.* 〘魚類〙軟骨魚綱. 〘← NL ～ ← Gk *sélakhos* cartilaginous fish: ⇨ -i〙

se·la·dang /səláːdɑːŋ | -dæŋ; *Malay* səládaŋ/ *n.* 〘動物〙 **1** ガウア(セラダン) (*Bos gaurus*)《インド・インドシナの野牛》. **2** マライバク, バク (*Tapirus indicus*). 〘(1821) □ Malay *sāladang*〙

sel·ag·i·nel·la /sèlædʒənélə | -dʒɪ-/ *n.* 〘植物〙イワヒバ, ワラマゴケ《シダ植物イワヒバ属 (*Selaginella*) の総称; 温室で栽培する観賞品カタヒバ (*S. caulescens*) などがある;

cf. resurrection plant). 〖(1835) ← NL ~ (dim.) ← L *selāgin-, selāgo* a plant resembling the savin: ⇨ -ella〗

se·lah /síːlə, sélə, -lɑː | síː-/ *n.* 〘聖書〙セラ《旧約聖書の詩篇に現れる意味不明のヘブライ語; 楽曲上の指示として「高調子」や「休止」を意味するものと考えられる》. 〖(1530) □ Heb. *selāh*〗

se·lam·lik /səlɑ́ːmlɪk; *Turk.* selámlik/ *n.* 《トルコ人の家の》男部屋《イスラム教国の家屋内で男子の居住にあてられた部分》. 〖(1838) □ Turk. *selāmlik* ← Arab. *salām* peace: ⇨ salaam〗

Se·lang·or /səlǽŋə, -lɑ́ːŋ-, -ŋɔə | səlǽŋə(r, -ŋɔː(r; *Malay* səlāŋor/ *n.* セランゴール(州)《マレーシア中西部の州; 面積 8,200 km²; 州都 Shah Alam》.

Selassie *n.* ⇨ Haile Selassie.

Sel·craig /sélkreɪg/, **Alexander** *n.* セルクレイグ (⇨ Selkirk).

seld /séld/ *adv.* 《廃》=seldom.

Sel·den /séldən, -dn/, **John** *n.* セルデン (1584–1654; 英国の法学者・東洋学者; 国王に対して議会の権利を主張したために投獄された; *Mare Clausum* (1635), *Table-Talk* (1689)).

sel·dom /séldəm/ *adv.* めったに…(し)ない (rarely) (cf. often); まれに, たまに (infrequently): She ~ writes to me. めったに便りをよこさない / I can ~ find time for reading. 本を読む暇がなかなかない / He goes to church very ~. 教会へ行くことはまずない / *Seldom* have I seen such a sight. こんな景色はめったに見たことがない / It is but ~ that a person loves once and for all. 人が一度限りの決定的な恋愛をすることなどまずめったにない / *Seldom* seen, soon forgotten. 《諺》去る者日々にうとし.
nòt séldom 往々, しばしば (often): It *not* ~ happens that …ということはよくある(ことだ). ***séldom if éver*** よしんば…(する)としてもきわめてまれに (rarely if ever): He ~ *if ever* comes late. 遅れて来ることはまずない. ***séldom or néver*** めったに…(し)ない: He ~ *or never* goes out. 彼は出掛けることはまずない. (1398)
— *adj.* 《古》まれな, たまの (rare, infrequent).
~·ness *n.* 〖lateOE *seldum* 《変形》← *seldan* ← Gmc **selda-* (Du. *zelden* / G *selten*)〗

se·lect /səlékt/ *vt.* 選ぶ, 選択[選抜]する (⇨ choose SYN); 抜粋する (pick out): ~ the date 日取りを選ぶ[決める] / ~ a chairman by secret ballot 議長を秘密投票で選ぶ / ~ a candidate for a post ある地位の候補者を選ぶ / ~ a book *from* the shelf 棚から本を選ぶ / ~ (*out*) a few *from* among many 多くのものから少数を選び出す / be ~*ed* for [against] 〘生物〙《特性・生物が進化論的に》選択されて残る / He was ~*ed* to study abroad. 選ばれて留学した. — *vi.* 選ぶ, 選択する. — *adj.* **1 a** 選り抜きの, 精選した, 極上の (choice, excellent); 最もすぐれた, 選ばれた(少数の): ~ wines / a small but ~ library 小規模だが精選された蔵書 / known only to a ~ few 選ばれた少数の人にだけ知られた. **b** 選んだ, 選抜した (selected, chosen); 抜粋した: a ~ bibliography / a few ~ friends=a small ~ group of friends. **2 a** 《会などの》入会条件の厳しい (exclusive); 上流社会の, 上流の人々の行く: a ~ club [hotel] 高級クラブ[ホテル] / a ~ school 上流向きの学校 / ~ circles [society] 上流社会. **b** 選り好みする (fastidious); 選択にうるさい: She is ~ *in* the people she invites. 彼女は招待する客の選択がやかましい. — *n.* **1** [しばしば *pl.* で] 精選されたもの, 極上品. **2** 《古》《友人などの》選り抜きのグループ. **~·ly** *adv.* 〖(1565) ← L *sēlectus* (p.p.) ← *sēligere* ← *sē-* apart + *legere* to gather, select: ⇨ se-, lecture〗

se·léct·ance /-léktəns/ *n.* 〘ラジオ〙(受信器の)分離度.

seléct commìttee *n.* 《立法府で特定の問題・議題を審議する》特別委員会 (special committee ともいう; cf. standing committee): a ~ of inquiry 特別調査委員会.

se·léct·ed *adj.* 選ばれた, 選抜された; 《特に》選り抜きの, 精選した. 〖(1590): ⇨ -ed〗

se·lect·ee /səlèktíː/ *n.* **1** 《米》《選抜徴兵制によって入隊させる》徴募兵, 応召兵 (draftee). **2** 選抜された人. 〖(1940) ← SELECT (v.) + -EE[1]〗

se·lec·tion /səlékʃən/ *n.* **1** 選ぶ[選ばれる]こと, 選択, 選抜 (selecting), 精選 (⇨ choice SYN): make one's own ~ 自分勝手に選ぶ / the ~ of a candidate 候補者の選出 / the ~ process 選抜[選出, 選考]の過程 / ⇨ selection committee / Bill's ~ *as* manager マネージャーとしてビルが選ばれたこと / justify ~ *for* a national team 国の代表チームに選ばれた理由を示す. **2** [集合的にも用いて] 選んだ[選ばれた]もの, 選択物, 抜粋, 精選品; 選択の範囲, (選ばれた)種類 (range): The new principal is a good ~. 今度の校長の人選はよかった / a choice ~ of books 精選された書物 / ~*s* from great poets 大詩人の選集 / a musical ~ 抜粋曲 / a fine ~ of summer goods 夏向き物の極上品. **3** 〘生物〙選択, 淘汰(ﾄｳﾀ)《環境に適応した個体が生き残り, その形質を子孫に伝えていく過程; 自然界で行われるものと人為的に行われるものがある》: ⇨ artificial selection, natural selection, sexual selection, social selection. **4** 《競馬・ドッグレースなどで》勝つと見込みをつけられた馬[犬など], 本命, 有力馬[犬など]; 本命を選び出すこと, 予想. **5** 〘保険〙危険の選択《保険者が付保申し込みの中から引受け可能なものを選択すること》. **6** 〘言語〙**a** 《文構成における》言語要素の選択. **b** 《任意の語類の中からの》特定の語彙の選択. **c** 《幾つかの語類の中からの》特定の語類の選択. **7** 能力別教育《到達度に応じて生徒を区分して行う教育》. **8** 《豪》**a** 自由選定《土地法によって公有地を年払いで入手すること》. **b** 自由選定によって得た土地. **se·léc·tion·al** /-ʃnəl, -ʃənl/ *adj.* **~·al·ly** *adv.* 〖(1623) □ L *sēlectiō(n-)*: ⇨ select, -tion〗

seléctional restríction *n.* 〘言語〙選択制限《生成文法における語彙の共起制限を記述するための機構》. 〖1977〗

seléction commìttee *n.* 《選手・組織の人事などの》選考委員会.

seléction prèssure *n.* 〘生物〙淘汰圧《個体群内における淘汰の作用を物理的圧に類比してその強さを表す集団遺伝学の用語》. 〖1944〗

seléction restríction *n.* 〘言語〙=selectional restriction. 〖1964〗

seléction rùle *n.* 〘物理〙選択規則《量子力学的状態に対し, ある変化が起こりうるか否かを決める規則; 通例, 状態を指定する量子数の変化で表される》. 〖1931〗

se·lec·tive /səléktɪv/ *adj.* **1 a** 選択[精選]する, 選択[精選]の, 抜粋の, 淘汰(ﾄｳﾀ)の. **b** 選択能力をもつ, 選択に慎重な 〈*about*〉: He is ~ *in* the books he buys. 購入する本の選択にやかましい. **2** 〘通信〙選択式の《1 度に 2 通以上の送受信を同時に行えることにいう》. **3** 〘電子工学〙選択式の《特定周波数の信号に対してのみ動作する》: a ~ amplifier 選択増幅器. **~·ly** *adv.* **~·ness** *n.* 〖(1625) ← SELECT + -IVE: cf. F *sélectif*〗

seléctive absórption *n.* 〘物理〙選択吸収, 選択吸音《物体に電磁波や音波があたった時, 特定の波長だけを選択的に吸収すること》.

seléctive assémbly *n.* 〘機械〙選択組立て《多数のおす形部品とめす形部品との中から両者のはめ合い状態が, ちょうど目的にかなうもの同士を選択して組み合わせること》.

seléctive atténtion *n.* 〘心理〙選択的注意《同時に与えられた多くの情報からある特定の情報を選びとる過程》. 〖1875〗

seléctive emplóyment tàx *n.* 《英》特定産業に就労する者に課せられる税. 〖1966〗

seléctive radiátion *n.* 〘電気〙選択放射《波長により放射率が著しく違う温度放射》.

seléctive refléction *n.* 〘物理〙選択反射《物体に電磁波や音波があたった時, 波長によって異なる仕方で反射すること》.

seléctive sérvice *n.* 《米》選抜徴兵, 義務兵役 (draft) (cf. National Service). 〖1917〗

Seléctive Sérvice Sỳstem *n.* [the ~] 《米》選抜徴兵制 (1940 年に発足, 1947 年廃止, 1948 年に再開された; 略 SSS).

seléctive synchronizátion *n.* セルシンク《オーバーダビングする時, 録音側と再生側の時間ずれをなくすために, 最初に録音した音を録音ヘッドで再生すること; sel-sync ともいう》.

seléctive transmíssion *n.* 《自動車の》選択式変速機《変速レバーの中立位置からどの変速段も直接選べる変速機で, 最も多く使用されている》.

se·lec·tiv·i·ty /səlèktívəti, sìːlek- | səlèktívɪti, sìlek-, sìː-l-/ *n.* **1** 選択, 精選, 淘汰(ﾄｳﾀ). **2** 〘通信〙《無線の》分離感度, 《受信機・同調器などの》選択度, 選択性. 〖(1903) ← SELECTIVE + -ITY〗

seléct·màn /-mæ̀n, -mən/ *n.* (*pl.* **-men** /-mèn, -mən/) 《米》(Rhode Island 州以外の New England 各州で行われている)都市行政委員. 〖1635〗

se·léct·ness *n.* 精選, より抜き, 極上. 〖1727〗

se·léc·tor *n.* **1** 選択者, 選抜者, 精選者; 精選機. **2** 《英》選手選考委員《チーム作りのために選手を選ぶ人》. **3** 〘通信〙選択器, 選波器, 選別器, セレクター. 〖(1777) □ LL *sēlector*: ⇨ select, -or[2]〗

seléct pèriod *n.* 〘保険〙選択期間.

se·lec·tron /səléktrɑ(ː)n | -trɒn/ *n.* 〘電算〙セレクトロン《コンピューターのデジタル情報を蓄積する陰極線管で, 初期のコンピューターで試みられた》. 〖(1947) ← SELECT(ION) + -TRON〗

seléct tàble *n.* 〘保険〙選択(死亡)表.

se·len-[1] /səlíːn, sélən/ (母音の前にくるときの) seleno-[1] の異形.

se·len-[2] /səlíːn, sélən/ (母音の前にくるときの) seleno-[2] 1 の異形.

sel·e·nate /sélənèɪt | -lɪ̀-/ *n.* 〘化学〙セレン酸塩[エステル]《セレン酸と金属原子, アルコールなどが化合して作られる化学塩とエステルの総称》. 〖(1818) □ Swed. *selenat*: ⇨ seleno-[2], -ate[1]〗

Se·le·ne /səlíːni/ *n.* **1** 〘ギリシャ神話〙セレーネ《月の女神; Hyperion と Theia との娘で Endymion を愛した; Artemis と同一視されることもある; ローマ神話の Luna に当たる》. **2** セレーネ《女性名》. 〖□ Gk *Selḗnē*: *selḗnē* moon の擬人化〗

se·le·ni-[1] /səlíːnɪ, sélən-, -ni/ seleno-[1] の異形 (⇨ -i-).

se·le·ni-[2] /səlíːnɪ, sélən-, -ni/ seleno-[2] の異形 (⇨ -i-).

se·le·nic /sɪlíːnɪk, -lén-/ *adj.* 〘化学〙セレンの; 《特に》六価のセレン (Se^{VI}) を含む. 〖(1818) ← SELENO-[2] + -IC[1]〗

selénic ácid *n.* 〘化学〙セレン酸 (H_2SeO_4) 《酸化性の強酸で水溶液は金・プラチナも溶かす; 無色結晶》. 〖1818〗

sel·e·nide /sélənàɪd, -nɪd | -lɪnàɪd/ *n.* 〘化学〙セレン化物. 〖(1849): ⇨ seleno-[2], -ide〗

sel·e·nif·er·ous /sèlənífərəs | -lɪ̀-/ *adj.* セレンを含む. 〖(1823): ⇨ seleno-[2], -ferous〗

se·le·ni·ous /səlíːniəs/ *adj.* 〘化学〙(四価または二価の)セレンを含む, 亜セレンの. 〖(1827): ⇨ seleno-[2], -ious〗

selénious ácid *n.* 〘化学〙亜セレン酸 (H_2SeO_3) 《有毒, 弱い酸; 無色透明の結晶で水溶性; 試薬として用いられる》. 〖1827〗

sel·e·nite[1] /sélənàɪt | -lɪ̀-/ *n.* **1** セレナイト, 透明石膏 (cf. gypsum 1). **2** [S-] 《英》 /sɪlíːnaɪt, sə-/ 月の住民. 〖1: (1567) □ L *selēnītēs* □ Gk *selēnítēs* (*líthos*) 《原義》stone of the moon ← *selḗnē* moon: ⇨ seleno-[1], -ite[1]: 月のように満ちたり, 欠けたりすると信じられたことから. 2: (c1645) □ Gk *Selēnîtēs*〗

sel·e·nite[2] /sélənàɪt | -lɪ̀-/ *n.* 〘化学〙亜セレン酸塩. 〖(1831) ← SELEN(IOUS) + -ITE[1]〗

sel·e·nit·ic /sèlənítɪk | -lɪ̀nít-/ *adj.* **1** セレナイトの. **2** 月の, 月に咲く花の.

se·le·ni·um /səlíːniəm/ *n.* 〘化学〙セレン, セレニウム《非金属元素の一つ; 記号 Se, 原子番号 34, 原子量 78.96; 整流器, 太陽電池・光電池・ゼログラフィーなどに用いられる》. 〖(1818) ← NL *selēnium*: ⇨ seleno-[1], -ium〗

selénium cèll *n.* 〘電気〙セレン光電池《光を受けて発生する電流を利用してカメラの露出計, 防犯装置などに用いられる》. 〖1880〗

selénium dióxide *n.* 〘化学〙二酸化セレン (SeO_2) 《白色吸湿性の結晶; 酸化剤・触媒・セレン製造原料》.

selénium oxychlóride *n.* 〘化学〙オキシ塩化セレン ($SeOCl_2$).

selénium rèctifier *n.* 〘電気〙セレン整流器《セレンを用いた多結晶半導体整流器の一種で, 電池の充電回路などに用いられる》.

se·le·no-[1] /səlíːnou, sélən- | -nəu/「月 (moon); 三日月形の (crescent-shaped)」の意の連結形: *seleno*graph. ★ 時に seleni-, また母音の前では通例 selen- になる. 〖□ L *selēn-* □ Gk *selēn-* ← *selḗnē* moon〗

se·le·no-[2] /səlíːnou, sélən- | -nəu/ 〘化学〙**1**「セレン (selenium)」の意の連結形. ★ 時に seleni-, また母音の前では通例 selen- になる. **2**「(基中に)酸素の代わりに二価のセレンを含む」の意の連結形: *seleno*cyanic. 〖□ Swed. ~ ← SELENIUM〗

selèno·céntric *adj.* 月中心の; 月を中心としてみた. 〖(1852): ⇨ seleno-[1], centric〗

sèl·e·nód·e·sist /-sɪst | -sɪst/ *n.* 月面測量学者. 〖⇨ ↓, -ist〗

sel·e·nod·e·sy /sèlənɑ́(ː)dəsi | -lɪnɒ́dɪsi/ *n.* 〘天文〙月面測量学《月面および月の重力の測量をする学問》. 〖(1962) ← SELENO-[1] + (GE)ODESY〗

se·le·no·dont /səlíːnədɑ̀(ː)nt, -lén- | -dɒ̀nt/ 〘動物〙*adj.* 半月歯の; 月歯状の《臼歯(ｷｭｳｼ)の歯冠に新月状の突起のある歯にいう》. — *n.* 半月歯の臼歯をもつ哺乳類《反芻(ﾊﾝｽｳ)類》. 〖(1883) ← SELENO-[1] + -ODONT〗

se·le·no·graph /səlíːnəgræ̀f | -grɑ̀ːf, -græ̀f/ *n.* 月面図. 〖(1868) ← SELENO-[1] + -GRAPH〗

sel·e·nog·ra·pher /sèlənɑ́(ː)grəfə | -lɪnɒ́grəfə(r/ *n.* 月面学者 (lunarian). 〖(1670): ⇨ selenography, -er[1]〗

sel·e·no·graph·ic /sèlənougrǽfɪk, səlìːnə- | sèlɪnə(ʊ)-, səlìːn-/ *adj.* 月面学上の. **sèl·e·no·gráph·i·cal** /-fɪkəl, -kl | -fɪ-/ *adj.* **sel·è·no·gráph·i·cal·ly** *adv.* 〖(1675): ⇨ selenography, -ic[1]〗

sélenographic chárt *n.* 月面図.

sèl·e·nóg·raph·ist /-fɪst | -fɪst/ *n.* =selenographer. 〖(1864): ⇨ ↓, -ist〗

sel·e·nog·raph·y /sèlənɑ́(ː)grəfi | -lɪnɒ́g-/ *n.* 月面(地理)学《月表面の特徴・地勢などを扱う天文学の一部門》. 〖(1650) ← NL *selēnographia*: ⇨ -graphy〗

sèl·e·nól·o·gist /-dʒɪst | -dʒɪst/ *n.* 月学者. 〖(1890): ⇨ ↓, -ist〗

sel·e·nol·o·gy /sèlənɑ́(ː)lədʒi | -lɪnɒ́l-/ *n.* 月理学, 月質学, 月学《月の表面や内部の物理的特性を扱う天文学の一部門》. **sel·e·no·log·i·cal** /sèlənəlɑ́(ː)dʒɪkəl, səlìːn-, -kl | sèlɪnəlɒ́dʒɪk-, səlìːn-, -kl/ *adj.* 〖(1821) ← SELENO-[1] + -LOGY〗

selèno·morphólogy *n.* 月面地勢学.

sel·e·no·sis /sèlənóusɪs | -lɪnə́usɪs/ *n.* 〘獣医〙セレン中毒. 〖← NL ~: ⇨ selenium, -osis〗

sel·e·no·tro·pism /sèlənətróupɪzm, səlìːn- | sèlɪnəutráup-, səlìːnə(ʊ)-/ *n.* 〘植物〙向月性. **sel·e·no·trop·ic** /sèlənətrɑ́(ː)pɪk, səlìːnou- | sèlɪnəutróp-, səlìːnə(ʊ)-/ *adj.* 〖(1883) ← SELENO-[1] + -TROPISM〗

se·le·nous /səlíːnəs, sélən- | səlíːnəs, sélɪn-/ *adj.* 〘化学〙=selenious.

selénous ácid *n.* =selenious acid.

Se·ler /zéːlə | -lə(r; *G.* zéːlɐ/, **Eduard** *n.* ゼーラー (1859–1922; ドイツの考古学者; マヤ象形文字を解読).

Se·les /séləz, -ləs; *Serb.* sélɛʃ/, **Monica** *n.* セレシュ (1973– ; ユーゴスラビア出身のテニスプレーヤー; 米国に移住).

Se·leu·ci·a /səlúːʃiə, -ʃə | səlúːsiə, -ljúː-, -ʃiə/ *n.* セレウキア: **1** Babylon の北方, Tigris 河畔にあった古都でシリア王国の首都. **2** 古代シリア北西部, Orontes 川河口付近の都市; Antioch の港; 公式名 Seleucia Pieria. **3** 小アジア南東部 Calycadnus 河畔; 現代の Silifke にあった古代都市; 13 世紀トルコに占領された; 公式名 Seleucia Tracheotis または Trachea.

Se·leu·cid /səlúːsɪd | səlúːsɪd, -ljúː-/ *n.* (*pl.* **~s, Se·leu·ci·dae** /-sɪdìː | -sɪ-/) セレウコス王朝の人. — *adj.* セレウコス王朝の. 〖← NL *seleucides*: ⇨ Seleucus, -id[2]〗

Se·leu·ci·dae /səlúːsədìː | sɪlúːsɪ-, -ljúː-/ *n. pl.* [the ~] セレウコス朝《Seleucus 一世が創始したシリア王国の王朝, 紀元前 312–?64 年の間小アジア・シリア・ペルシャの大部分を統治した》.

Se·leu·ci·dan /səlúːsədn | sɪlúːsɪ-, -ljúː-/ *adj.* = Seleucid.

Se·leu·cus I /səlúːkəs- | sɪlúː-, -ljúː-/, **Ni·ca·tor** /nàɪkéɪtə, -tə | naɪkéɪtɔː(r, -tə(r/ *n.* セレウコス一世 (358?–?281 B.C.; Alexander 大王配下の武将; バビロニア・シリアなどを征服し, セレウコス朝を創始; 西アジアの大半を統治し多くの都市を建設).

S

self /sélf/ *n.* (*pl.* **selves** /sélvz/, 5 では ～s) **1 a** 自分, 自身, 自己 (one's own person): his [one's, its] own [very] ～ 彼[自分, それ]自身, 彼[自分, それ]そのもの / loss [recovery] of ～ 自己喪失[回復] / my poor [humble] ～ ふつつかな私, 小生 / one's second [other] ～ 無二の親友, 右腕となる人 / our two *selves* 我々二人 / your honored ～ 閣下 / your good *selves* 貴下たち, 御社 《古い商用文の文句》 / Let's drink (a toast) to our noble *selves*. 《戯言》 さあ御一同の健康を祝して乾杯. **b** [修飾語を伴って] (ある時期・状態の)自分, 自身: one's former [present] ～ 以前[現在]の自分 / become her merry ～ いつもの陽気な彼女に戻る / He was quite his old [usual] ～. (すっかり回復して)いつも通りの彼だった. **c** 〘哲学〙 自我 (ego): the study of the ～ 自我の研究 / annihilation [development] of the ～ 無我[自我の発達] / ～ and society 自己と社会. **2** 自己の利害, 我利, 私欲, 私心; 利己主義 (selfishness): thoughts centered on ～ 自己中心の考え / have no thought of ～ 自分のこと[利益]を考えない / be all for ～ 自分の利益だけに関心がある / care for nothing but ～ 自分のことだけしか考えない / put ～ first 自分第一でやる / rise above ～ 自己を超越する, 己を捨てる. **3** 性質 (nature), 本質 (quintessence): one's better ～ (善悪二つの性質があるとして)よい気質, 良心 / reveal one's true [real] ～ 本性を現す / a glimpse of Shakespeare's ～ シェークスピアの人間性の片鱗. **4** [所有格＋self の形で] 《文語》 (…)自身, (…)そのもの: Caesar's ～ シーザー自身 / beauty's ～ 美そのもの / in the interest of religion's ～ 宗教そのもののために. **5** (*pl.* ～**s**) 〘園芸〙 単色の花, 自然色の花.
— *adj.* [限定的] **1** 〈色など〉一様の (uniform); 〈花が〉単色の (self-colored). **2** (他のものと)同色の, 同種の, 同一材料の (cf. self-colored). **3** 〈弓が〉一本の木で作った. **4** 〈酒など〉生一本の, 純粋な. **5** 《廃》 同一の (same). **6** 《廃》 自身の (own).
— *pron.* 〘商業〙《口語》 私[彼, 彼女, あなた]自身 (myself [himself, herself, yourself]): a check (payable) to ～ 自分あてに振り出した(に支払われる)小切手 / a ticket admitting ～ and friend 本人と同伴者一名がはいれる入場券 / a room for ～ and wife 我々夫婦の部屋.
— *vt.* 同系繁殖[近親交配]させる (inbreed); 自家受粉させる (self-pollinate). — *vi.* 自家受粉する.
〘OE *se(o)lf, sylf, selfa* < Gmc **selbaz* (Du. *zelf* / G *selb(er), selbst*) ← ? IE **se-* (L *sē* self, oneself): cf. suicide〙

self- /sélf/ 「自己を, 自己の, 自己に対して, 自己によって」の意の複合語形成要素: *self*-explaining, *self*-control, *self*-taught, *self*-evident. 〘OE *se(o)lf-*, *sylf-*: ↑〙

-self /sélf/ (*pl.* **-selves** /sélvz/) 複合代名詞を造る: one*self*, my*self*, your*self*, him*self*, it*self*; our*selves*, your*selves*; our*self*. 〘← SELF〙

sélf-abándon *n.* ＝self-abandonment.
sélf-abándoned *adj.* **1** すてばちな, 自暴自棄の. **2** 放逸な, 放縦な. 〘1791〙
sélf-abándonment *n.* **1** すてばち, 自暴自棄. **2** 放逸, 放縦. 〘1818〙
sélf-abásement *n.* (劣等感・罪意識・恥辱感などによる)自己卑下, 自分を卑しむこと (self-humiliation); 謙遜 (modesty). 〘1656〙
S
sélf-abhórrence *n.* 自分に愛想をつかすこと, 自己憎悪(ぞう), 自己嫌悪(けんお). 〘1763〙
sélf-ábnegating *adj.* 自制の, 克己の (self-denying). 〘1864〙
sélf-abnegátion *n.* 自己否認; 自制, 克己 (self-denial), 自己犠牲 (self-sacrifice). 〘1657〙
sélf-absórbed *adj.* 自分の考え[事, 利益]に専念[没入]している, 自己陶酔の. 〘1847〙
sélf-absórption *n.* **1** 自己陶酔[専念], 無我夢中. **2** 〘物理〙 (放射線の)自己吸収. 〘1862〙
sélf-abúse *n.* **1** 自己の能力[才能, 身体]の悪用. **2** 自己非難[叱責]. **3** 自瀆(とく), 自慰 (masturbation). 〘1606〙
sélf-áccess *n.* 自学自習. — *adj.* 〈教材など〉自学自習用の.
sélf-accusátion *n.* 自責(の念). 〘1662〙
sélf-accúsatory *adj.* ＝self-accusing. 〘1836〙
sélf-accúsing *adj.* 自責の. 〘1642〙
sélf-ácting *adj.* 自動の, 自動式の (automatic). 〘1680〙
sélf-áction *n.* 自動; 独自の行動. 〘1819〙
sélf-actívity *n.* 独自の活動. 〘1644〙
sélf-áctor *n.* 自動機械, (特に)自動式ミュール精紡機. 〘1835〙
sélf-actualizátion *n.* 自己の能力[野心など]の十分な発揮[展開], 自己実現; 野望の実現. 〘1939〙
sélf-áctualize *vi.* 自己の能力を十分に発揮する, 自己を実現する. 〘1874〙
sélf-addréssed *adj.* (返信用に)自分の宛名を記した, 自分宛の: a ～ envelope 自分の住所・氏名を記した返信用封筒. 〘1904〙
sélf-adhésive *adj.* ＝self-sealing 2.
sélf-adjóint *adj.* 〘数学・物理〙 自己随伴[共役]の.
sélf-adjústing *adj.* 自動調整(式)の, (特に)自動的に元の位置に戻る. 〘1848〙
sélf-adjústment *n.* 自動調整, 順応. 〘1848〙
sélf-admínistered *adj.* 自己管理された. 〘1908〙
sélf-admirátion *n.* 自慢, 自賛, 自画自賛, うぬぼれ. 〘1661〙
sélf-admítted *adj.* 自分で認めた.
sélf-adváncement *n.* **1** 自己開発[啓発, 昇進]. **2** 私利追求. 〘1707〙
sélf-advertísement *n.* 自己宣伝. 〘1840〙
sélf-ádvertiser *n.* 自己宣伝者, 自分を売り込む人.
sélf-ádvertising *n., adj.* 自己宣伝(の): a ～ pop star 自分を売り込むポップスター. 〘1900〙
sélf-ádvocacy *n.* **1** 《米》〘社会福祉〙 自己主張 《知的障害者に自己主張させたり身の回りのことをさせることにより自立を促す方法; cf. normalization》: ～ training. **2** (社会・法廷での)自己弁護.
sélf-afféctеd *adj.* うぬぼれた (conceited), 自己愛の. 〘1606〙
sélf-affirmátion *n.* **1** 自己確認. **2** 〘論理〙 自己確証. 〘1854〙
sélf-aggrándizement *n.* (権力・影響力などにおける強引な)自己拡大, 自己権力[財産]の強化. 〘1799〙
sélf-aggrándizing *adj.* 自己の権力[財産]を強化する, 自己拡大を図る. 〘1856〙
sélf-alienátion *n.* 自己疎外. 〘1906〙
sélf-alígning *adj.* (*also* **self-alining**) 自動調整(式)の, 〈軸受が〉自動調心の. 〘1944〙
sélf-análysis *n.* 〘心理〙 自己分析 《治療者によらない自分の個性・行動の心理分析》. 〘1860〙
sélf-analýtical *adj.* 自己分析を用いた, 自己分析する. 〘1943〙
sélf-annéaling *adj.* 〘冶金〙 自己焼きなましの 《鉛・亜鉛などの金属が常温で再結晶し, ひずみ硬化を起こさずに冷間加工されること》.
sélf-annihilátion *n.* **1** 自滅 (self-destruction), 自殺. **2** (神との合一を目ざす)自己犠牲, 自己放棄. 〘1647〙
sélf-ántigen *n.* 〘生理〙 自己抗体 《体内の抗原に反応して形成される抗体》. 〘1965〙
sélf-appláuding *adj.* 自画自賛の, 手前みその. 〘1654〙
sélf-appláuse *n.* 自画自賛, 手前みそ. 〘1678〙
sélf-appóinted *adj.* ひとり決めの, 自己推薦[任命]の, 自薦の, 自称の: ～ duties 自分が好きでやる職務. 〘1799〙
sélf-appreciátion *n.* 自己評価, 自賛. 〘1856〙
sélf-approbátion *n.* 自画自賛, ひとりよがり. 〘1751〙
sélf-appróval *n.* ＝self-approbation.
sélf-assémbly *adj.* **1** (購入者が)自分で組み立てる方式の, 自分で組み立てた: ～ furniture 組立て式家具. **2** 〘生化学〙 (生体高分子の)自己集合の. 〘1: (*a*1966). 2: (1969)〙
sélf-assérting *adj.* **1** 自己を主張する, 我を張る (self-willed), でしゃばる, 無遠慮な (forward). **2** 僭越(せんえつ)な, 傲慢な, 横柄な (arrogant). **～·ly** *adv.* 〘1837〙
sélf-assértion *n.* **1** 自己主張, でしゃばり, 勝手気まま (self-will), 無遠慮 (forwardness). **2** 僭越(せんえつ), 傲慢. 〘1806〙
sélf-assértive *adj.* ＝self-asserting. **～·ly** *adv.* **～·ness** *n.* 〘1865〙
sélf-asséssment *n.* 自己評価, 自己査定. 〘1954〙
sélf-assúmed *adj.* 自分免許の, ひとり決めの.
sélf-assúmption *n.* うぬぼれ (self-conceit). 〘1606〙
sélf-assúrance *n.* 自信; 自己過信, うぬぼれ (self-confidence). 〘1594〙
sélf-assúred *adj.* 確信[自信]のある (self-confident): a ～ smile 自信に満ちた笑み. **～·ly** *adv.* **～·ness** *n.* 〘1711〙
sélf-awáre *adj.* 自己を意識[認識]した. **～·ness** *n.* 〘1924〙
sélf-bálancing *n.* 自動平衡.
sélf-begótten *adj.* 自生の, ひとりで生まれた. 〘(1671): Milton の造語〙
sélf-betráyal *n.* 自己暴露; 自己啓示 (self-revelation). 〘1857〙
sélf-bías *n.* 〘電子工学〙 自己バイアス, セルフバイアス 《負荷電流の平均値を抵抗に流しこれによりバイアスを得る方式》. 〘1932〙
sélf-bínder *n.* (刈った麦などを自動的に束ねる)自動刈取り結束機. 〘1882〙
sélf-bórn *adj.* **1** 自分の中で生まれた: ～ sorrows. **2** 〈不死鳥が〉前の自己から飛び出した. 〘1587〙
sélf-buíld *n.* 《英》 自らの手で持家を建てること. **sélf-buílder** *n.* 〘1952〙
sélf-cáncelling *adj.* 自動的に無効となる; 〈装置など〉自動的に止まるようになっている. 〘1935〙
sélf-cáre *n.* 自己の世話, 自分で面倒をみること. 〘1904〙
sélf-castigátion *n.* 自己懲罰 (self-punishment).
sélf-cátering *adj.* 《英》 (キャンプ施設などで)自炊の: a ～ holiday 自炊で過ごす休暇. — *n.* 自炊. 〘1970〙
sélf-cénsorship *n.* 自己検閲. 〘1950〙
sélf-céntered *adj.* **1** 自己中心の; 自給自足の (self-sufficient). **2** 自己本位の, 利己的な (selfish): a ～ child. **3** (中心として)固定した, 不動の (unmoving). **～·ly** *adv.* **～·ness** *n.* 〘1676〙
sélf-certificátion *n.* 《英》 (7 日以内の病欠の際, 従業員が雇用者に提出する)自己証明書 《疾病手当を支払うため, 1982 年以後, 医師の診断書にとってかわった》.
sélf-cértify *vt.* 《英》 (正式文書で)〈自分の収入などを〉自己証明する.
sélf-cléaning *adj.* 〈料理用オーブンが〉自浄化式の.
sélf-clósing *adj.* 〘機械〙 自動閉鎖(式)の. 〘1875〙
sélf-cócking *adj.* **1** 〈銃砲が〉自動コック式の 《射撃のためのある一定の操作によってただちに撃鉄が上がり発射準備の状態になる方式》. **2** 〘写真〙 〈シャッターが〉自動巻き上げ式の. 〘1862〙
sélf-collécted *adj.* 冷静な, 落ち着いた, 沈着な. 〘1711〙
sélf-cólored *adj.* **1** 〈花・動物など〉単色の. **2** 〈布地など〉自然色の, (繊維の)地色を保った. 〘1759〙
sélf-commánd *n.* 自制, 克己 (self-control). 〘1699〙
sélf-commúnion *n.* 自省, 自己省察, 内省.
sélf-compátible *adj.* 〘生物〙 自家和合性の 《自花受粉で種子が実る性質をもつこと》. 〘1922〙
sélf-complácence [**-complácency**] *n.* ＝self-satisfaction. 〘1687〙
sélf-complácent *adj.* 自己満足の; ひとりよがりの, うぬぼれの (self-conceited). **～·ly** *adv.* 〘1763〙
sélf-compósed *adj.* 落ち着いた, 沈着な (calm). **～·ly** *adv.* **～·ness** *n.* 〘1934〙
sélf-concéit *n.* うぬぼれ, 虚栄心 (vanity). 〘1588–89〙
sélf-concéited *adj.* うぬぼれ[自負心]の強い, 虚栄的な (vain). **～·ly** *adv.* **～·ness** *n.* 〘(1589) ↑〙
sélf-cóncept[**-concéption**] *n.* ＝self-image. 〘1925〙
sélf-concérn *n.* 自分に対して利己的[病的]に気を配ること. **～ed** *adj.* 〘1681〙
sélf-condemnátion *n.* 自己非難, 自責 (self-reproach). 〘1703〙
sélf-condémned *adj.* 自責の. 〘1623〙
sélf-conféssed *adj.* (通例よくないことについて)自認している, 自称の (avowed): a ～ politician. 〘1900〙
sélf-conféssion *n.* 自認, 公言. 〘1885〙
self-con·fi·dence /sélfkɑ́(ː)nfədəns, -dṇs, -dənts, -dṇts | -kɔ́nfɪ̀dəns, -dṇs, -dənts, -dṇts/ *n.* **1** 自信 (assurance). **2** 自己過信, うぬぼれ (cockiness) (cf. self-distrust). 〘1637〙
sélf-cónfident *adj.* **1** 自信のある. **2** 自己を過信した, うぬぼれの強い. **～·ly** *adv.* 〘1617〙
sélf-confrontátion *n.* 自己分析.
sélf-congratulátion *n.* 自己満悦 (complacency). 〘1712〙
sélf-congrátulatory *adj.* 自己満足の[にふける]. 〘1877〙
sélf-cónquest *n.* 自己克服, 克己. 〘1711〙
self-con·scious /sélfkɑ́(ː)nʃəs, -tʃəs | -kɔ́n-/ *adj.* **1** 自意識過剰の, 自意識の強い; 人前を気にする, 内気な (shy). **2** 自己を意識する. **～·ly** *adv.* **～·ness** *n.* 〘1697〙
sélf-consecrátion *n.* 自己聖別 《自ら崇高な職務・聖職を引き受けること》.
sélf-cónsequence *n.* **1** 尊大. **2** 尊大な行動. 〘1778〙
sélf-cónsequent *adj.* 尊大な (self-important). 〘1878〙
sélf-consístency *n.* 自己矛盾のないこと[状態], 理路整然, 首尾一貫. 〘1692〙
sélf-consístent *adj.* 自己矛盾のない, 筋道の通った, 首尾一貫した, 理路整然とした. **～·ly** *adv.* 〘1683〙
sélf-cónstituted *adj.* 自己設定の, 自分で決めた: a ～ arbiter. 〘1809〙
sélf-consúming *adj.* 自ら消耗する, 自滅する. 〘1590〙
self-con·tained /sélfkəntéɪnd/ *adj.* **1 a** 必要物がすべてそろった; 自己充足の, 独立の (independent): ～ and self-sufficient 自給自足の. **b** 《英》 〈家屋・アパートなど〉独立式の 《炊事場・バスルーム・出入口などが共有でなく, それぞれ設備が完備している》: a ～ flat. **c** 〈機械がそれだけで完備した. **d** はめ込みの, 作りつけの (built-in). **2 a** 無口な, 打ち解けない (reserved). **b** 自制的な (self-controlled). **3** 〘製本〙 共紙(ともがみ)表紙の. **～·ly** *adv.* **～·ness** *n.* 〘1591〙
sélf-contáinment *n.* **1** 自己充足, 独立. **2** 無口, 非社交性; 自制. 〘1850〙
sélf-contaminátion *n.* **1** 自己汚染. **2** 内部汚染, 自家汚染. 〘1955〙
sélf-contemplátion *n.* 自己凝視, 内省.
sélf-contémpt *n.* 自己軽蔑, 卑下. 〘1594〙
sélf-contémptuous *adj.* 卑下する. **～·ly** *adv.*
sélf-contént *n.* 自己満足 (self-satisfaction). 〘1654〙
sélf-conténted *adj.* 自己満足の, ひとりよがりの (self-satisfied). **～·ly** *adv.* **～·ness** *n.* 〘1818〙
sélf-conténtment *n.* 自己満足 (self-satisfaction). 〘1815〙
sélf-contradíction *n.* 自己矛盾(の陳述[命題]), 自家撞着(どうちゃく)(の陳述). **sélf-contradícting** *adj.* 〘1658〙
sélf-contradíctory *adj.* 自己矛盾の, 自家撞着の: a ～ statement. 〘1657〙
self-con·trol /sélfkəntróʊl | -trə́ʊl/ *n.* **1** 自制(心), 克己 (self-command). **2** 自主管理. **sélf-contrólling** *adj.* 〘1711〙
sélf-contrólled *adj.* **1** 自制した, 自制心のある. **2** 自主管理の. 〘1875〙
sélf-convícted *adj.* 自ら有罪を証拠立てた, 自ら有罪を認めた. 〘1729〙
sélf-convíction *n.* 自ら有罪とする[を認める]こと. 〘1640〙
sélf-corrécting *adj.* 〈機械など〉自動修正する, 自動矯正の. **sélf-corréction** *n.* 〘1939〙
sélf-corréctive *adj.* ＝self-correcting. 〘1909〙

sélf-cóver *n.* 〖製本〗共紙(ともがみ)表紙《パンフレットなどで本文と同じ紙を使った表紙; integral cover ともいう》; 共紙表紙本.
sélf-creáted *adj.* **1** 自己創造の, 自ら作った. **2** 自ら任命した, 自任の. 〖1677〗
sélf-creátion *n.* 自己創造. 〖1862〗
sélf-crítical *adj.* 自己批評の, 自己批判の, 自己批判的な. 〖1936〗
sélf-críticism *n.* 自己批評, 自己批判. 〖1857〗
sélf-cultivátion *n.* 自己修養. 〖1873〗
sélf-cúlture *n.* 自己鍛錬, 自己修養. 〖1829〗
sélf-déaling *n.* 〖法律〗自己取引《取締役または無限責任社員が自己または第三者のために会社との間にする取引》. 〖1940〗
sélf-decéit *n.* =self-deception. 〖1679〗
sélf-decéived *adj.* **1** 自己欺瞞的な. **2** 勘違いをした, 思い違いをした. 〖1671〗
sélf-decéiving *adj.* =self-deceptive. 〖1614〗
sélf-decéption *n.* (性格・動機などについての)自己欺瞞; 迷い, 迷想 (illusion). 〖1677〗
sélf-decéptive *adj.* 自ら欺く, 自己欺瞞の. 〖1894〗
sélf-dedicátion *n.* (理想・目的などへの)自己献身. 〖1695〗
sélf-deféating *adj.* 自己の目的を破壊する, 自滅的な.
self-de·fense /sèlfdɪféns, -fénts/ *n.* **1** 護身, 自己防衛, 自衛: ⇨ ART¹ of self-defense. **2** 自己防衛の主張. **3** 〖法律〗正当防衛: kill a person in ～ 正当防衛で人を殺す. 〖1651〗
sélf-defénsive *adj.* 自己防衛の, 自衛(上)の. 〖1828〗
sélf-definítion *n.* 自己(の本質の)認識; 自己規定. 〖1957〗
sélf-delíght *n.* 自己満足, 自足.
sélf-delúded *adj.* =self-deceived. 〖1766〗
sélf-delúsion *n.* =self-deception. 〖1634〗
sélf-deníal *n.* **1** 自制, 克己 (self-control). **2** 自己否定; 無私 (unselfishness). 〖1642〗
sélf-denýing *adj.* **1** 自己抑制の, 自制の; 克己の. **2** 自己否定する; 無私の. **～·ly** *adv.* 〖1632〗
sélf-depéndence *n.* 自分を頼むこと, 自立(心), 自力本願 (self-reliance). 〖1759〗
sélf-depéndent *adj.* 自己を信頼する, 自力本願の, 自力の, 独立独行の: ～ education. 〖1677〗
sélf-dépreсating *adj.* 自己軽視の, 卑下した, 非常に控えめな. **～·ly** *adv.* 〖1958〗
sélf-depreciátion *n.* 自己軽視, 卑下.
sélf-depréciatory *adj.* =self-deprecating.
sélf-depréciative *adj.* 卑下する.
sélf-designátion *n.* 自ら名のる呼称, 自称.
sélf-despáir *n.* 自分に愛想をつかすこと, 自暴自棄. 〖1677〗
sélf-destróyer *n.* 自滅する人. 〖1657〗
sélf-destróying *adj.* =self-destructive. 〖1612〗
sélf-destrúct *vi.* **1** 自滅する. **2** 消失する. **3** 〈ロケット・ミサイルが〉(故障などの際に)自己破壊する, 自爆する. 〖1969〗
sélf-destrúction *n.* 自滅; 自殺 (suicide). 〖*a*1586〗
sélf-destrúctive *adj.* 自己破壊的な, 自滅的な, 自殺的な (suicidal), 自爆用の. **～·ly** *adv.* **～·ness** *n.* 〖1654〗
self-de·ter·mi·na·tion /sèlfdɪtə̀ːmɪnéɪʃən | -tə̀ː-/ *n.* **1** 民族自決: national [racial] ～ 民族自決(主義). **2** 自決, 自己決定, 自力本願. 〖1683–86〗
sélf-detérmined *adj.* 自決した, 自己決定した. 〖1670〗
sélf-detérmining *adj.* 自己決定の, 自決の. 〖1662〗
sélf-detérminism *n.* 〖哲学〗自己決定論《現在の自我の状態は先行する自らの状況の結果とする説》. 〖1936〗
sélf-devélopment *n.* 自力発達; 自我発展, 自己能力の開発. 〖1817〗
sélf-devóted *adj.* 献身的な. **～·ly** *adv.* **～·ness** *n.* 〖1713〗
sélf-devóting *adj.* 献身的な. 〖1702〗
sélf-devótion *n.* **1** 献身, 自己犠牲 (self-sacrifice). **2** (学問・芸術などへの)没頭. 〖1815〗
sélf-devóuring *adj.* 自食性の (autophagous). 〖1586〗
sélf-diffúsion *n.* 〖化学〗自己拡散《同一種の原子または分子が熱運動によって相互に位置を交換すること》. 〖1924〗
sélf-digéstion *n.* 〖生化学〗(動植物の)自己分解, 自己消化 (autolysis).
sélf-diréсted *adj.* (他に動かされないで)自分で方向を決める, 自発的な. 〖1808〗
sélf-diréсting *adj.* 自己決定する.
sélf-diréction *n.* 自らによる方向決定, 自主独往. 〖1798〗
sélf-díscharge *n.* 〖電気〗自己放電.
sélf-díscipline *n.* 自己訓練, 自己修養 (self-culture). **sélf-dísciplined** *adj.* 〖1796〗
sélf-discóvery *n.* 自己発見. 〖1924〗
sélf-disgúst *n.* 自己嫌悪(けんお). 〖1921〗
sélf-dispáragement *n.* 自己軽視, 卑下. 〖1795–1814〗
sélf-displáy *n.* 自己顕示, みせびらかし. 〖1838〗
sélf-dispráise *n.* 自責, 自己非難. 〖1795–1814〗
sélf-distríbuting *adj.* 自動配布[散布]の. 〖1945〗
sélf-distrúst *n.* 自己不信, 自信の欠乏, 気おくれ (diffidence). 〖1789〗
sélf-distrústful *adj.* 自信のない, 気おくれする. 〖1860〗
self-dom /sélfdəm/ *n.* 自己の本質, 個性 (individuality). 〖(1863) ← SELF＋-DOM〗
sélf-dóubt *n.* 自己不信, 自信喪失. **～·ing** *adj.* 〖1847〗
sélf-drámatizing *adj.* 自己演出的な, 芝居がかった行動をする, 劇的に自己を顕示する. **sélf-dramatizátion** *n.* 〖1938〗
sélf-dríve *adj.* 《英》〈自動車が〉レンタルの: a ～ car レンタカー. 〖1929〗
sélf-dríven *adj.* 自動推進の (automotive). 〖1932〗
sélf-éducated *adj.* 独学の (self-taught).
sélf-educátion *n.* 独学. 〖1831〗
sélf-effácement *n.* でしゃばらないこと, 控えめな態度. 〖1866〗
sélf-effácing *adj.* でしゃばらない, 控えめな. **～·ly** *adv.* 〖1902〗
sélf-eléct *adj.* =self-elected. 〖1842〗
sélf-elécted *adj.* 自選の, 自任の (self-appointed). 〖1818〗
self-em·ployed /sèlfɪmplɔ́ɪd, -ɛm-⁺/ *adj.* 自(家)営業の: a ～ person 自営業者. 〖1946〗
sélf-emplóyment *n.* 自家営業[経営]. 〖1745〗
sélf-enclósed *adj.* 〈人・社会システムが〉他[外部]と交流しない[できない]; 閉じた, 内閉的な; 自己完結した, それだけで完備した. 〖1814〗
sélf-endéared *adj.* =self-loving.
sélf-énergizing bráke *n.* 〖機械〗自励ブレーキ《ブレーキを押しつける力がブレーキドラムの回転により自動的に増強されるブレーキ》. 〖(1931): cf. *self-energizing*〗
sélf-énergy *n.* 〖物理化学〗自己エネルギー. 〖1883〗
sélf-enfórcing *adj.* 自らに強制[施行]力をもつ, 自己強制的な. 〖1952〗
sélf-enríchment *n.* (知的・精神的)自己高揚. 〖1920〗
self-es·teem /sèlfɪstíːm, -ɛs- | -ɪs-/ *n.* **1** 自尊(心), 自負心 (⇨ pride SYN). **2** うぬぼれ. 〖1657〗
sélf-evaluátion *n.* 自己評価, 自己査定. 〖1933〗
sélf-évidence *n.* 自明 (truism); 自明なこと[状態]. 〖1682〗
self-ev·i·dent /sèlfévədənt, -dn̩t, -dènt | -vɪdənt, -dn̩t⁺/ *adj.* 自明な (axiomatic). **～·ly** *adv.* 〖1690〗
sélf-exaltátion *n.* 自己の高揚; うぬぼれ, 虚栄心. 〖1677〗
sélf-exálting *adj.* 自己を高揚する; うぬぼれの強い, 虚栄心の強い (vainglorious). **～·ly** *adv.* 〖1688〗
sélf-examinátion *n.* **1** (宗教的な)自省, 内省 (introspection). **2** (乳癌などの病気を早期発見するための)自己検査[診断]. **sélf-exámining** *adj.* 〖1647〗
sélf-excitátion *n.* **1** 自己刺戟. **2** 〖電気〗自励 (cf. separate excitation). 〖1683〗
sélf-excíted *adj.* 〖電気〗自己励磁の, 自励式の: a ～ generator. **sélf-excíter** *n.* 〖1896〗
sélf-éxecuting *adj.* 〖法律〗〈法律・条約など〉(他の法令をまたず一定の事実の発生により)当然に施行される, 自動発効的な: a ～ treaty. 〖1868〗
sélf-éxile *n.* (自らの意志による)自己追放者, 亡命者. 〖1827〗
sélf-éxiled *adj.* (自らの意志で)自己追放した, 亡命した. 〖1737〗
sélf-exístence *n.* **1** 独立的存在. **2** 自存. 〖1697〗
sélf-exístent *adj.* **1** (神のように因果関係から)独立的に存在する. **2** 独立に存在する, 自立自存の. 〖1701〗
sélf-expláining *adj.* 自明の, 自ら明らかな, 他に説明を要しない (obvious, self-evident). 〖1864〗
sélf-explánatory *adj.* =self-explaining. 〖1898〗
sélf-expréssion *n.* (会話・行動・詩・音楽・絵画などによる)自己[個性]表現. **sélf-expréssive** *adj.* 〖1892〗
sélf-fáced *adj.* 〈石の表面が〉天然のままの, 仕上げを加えない (undressed). 〖1850〗
sélf-féed *vt.* (-fed) 〖畜産〗〈動物を〉自動給餌器で飼う, …に飼料を自動補給する (cf. hand-feed). 〖1924〗
sélf-féeder *n.* **1** 自動給餌器. **2** (燃料などの)自動供給装置. 〖1877〗
sélf-féeding *adj.* **1** 〈機械が〉自給の, 自動給油[水, 紙, 炭]の: a ～ furnace 自給炉. **2** (動物に)自動的に飼料を与える. 〖1834–36〗
sélf-féeling *n.* 自我感情《自己中心の感情》. 〖1879〗
sélf-fértile *adj.* 〖生物〗自家受精する, 自家受精のできる (cf. self-sterile). 〖1865〗
sélf-fertílity *n.* 〖生物〗自家受精, 自殖 (cf. self-sterility). 〖1924〗
sélf-fertilizátion *n.* **1** 〖動物〗自家受精, 自殖. **2** 〖植物〗自家受精, 自花受精 (cf. cross-fertilization). 〖1859〗
sélf-fértilized *adj.* 〖生物〗自家受精の[した]. 〖1871〗
sélf-filler *n.* 自動インク吸入式万年筆.
sélf-filling *adj.* 自動吸入式の. 〖1908〗
sélf-fínanced *adj.* 資金調達を自ら行う, 自己資金による, 自己金融による. **sélf-fináncing** *adj.*
sélf-flagellátion *n.* 極端な自責, 自虐.
sélf-fláttering *adj.* 自賛する; うぬぼれの. 〖*a*1586〗
sélf-fláttery *n.* 自賛; うぬぼれ (self-conceit). 〖1680〗
sélf-forgétful *adj.* 自分を忘れた, 献身的な (self-sacrificing); 自分の利益を考えない, 無私無欲の (disinterested). **～·ly** *adv.* **～·ness** *n.* 〖1848〗
sélf-forgétting *adj.* =self-forgetful. **～·ly** *adv.* 〖1847〗
sélf-fórmed *adj.* 自ら(の努力で)形成した. 〖1700〗
sélf-fulfilling *adj.* 自己達成の[しつつある]. 〖1949〗
sélf-fulfilling próphecy *n.* それを言ったこと自体がもとで結果的に的中する予言[予想]. 〖1949〗
sélf-fulfillment *n.* 自己達成《自らの努力による抱負・希望の達成》. 〖1864〗
sélf-génerated *adj.* 自然に発生した, 自己生殖した, 自生的な (autogenetic). 〖1935〗
sélf-génerating *adj.* 自ら繁殖する, 自己生殖する.
sélf-generátion *n.* 〖生物〗自生, 自己生成《autogeny ともいう》. 〖1950〗
sélf-gíven *adj.* **1** 自ら得られた, 独立した (independent). **2** 自らによって与えられた. 〖1742〗
sélf-gíving *adj.* 自己犠牲の, 献身的な (self-sacrificing). 〖1850〗
sélf-glázed *adj.* 〖窯業〗セルフグレーズの《陶磁器などで, 特に釉(ゆう)を掛けずに焼くうちに表面が自然に釉の掛かった状態となることをいう》.
sélf-glorificátion *n.* 優越感; 自己賛美, 自賛, 自負. 〖1838〗
sélf-glórifying *adj.* 自賛する, 自慢する, 自負する (boastful). 〖1860〗
sélf-glóry *n.* 自賛, 自負, 高慢 (pride). 〖1647〗
sélf-góvernance *n.* 自治 (self-government). 〖1964〗
sélf-góverned *adj.* **1** 〈国・社会など〉自己統治の, 自治の; 独立の (independent). **2** 自制の, 克己の. 〖1709〗
self-gov·ern·ing /sèlfgʌ́vənɪŋ | -vən-⁺/ *adj.* 〈国・社会などが〉自己統治の, 自治の (autonomous): a ～ colony 自治植民地 (cf. crown colony) / a ～ dominion 自治領《独立以前のカナダ・オーストラリアなど》. 〖1845〗
self-gov·ern·ment /sèlfgʌ́və(n)mənt, -v(ə)m- | -və(n)m-, -v(ə)m-/ *n.* **1** (国・社会などの)自治, 民主政治 (democracy). **2** 《古》自制, 克己 (self-control). 〖1734〗
sélf-gratificátion *n.* 自己満足. 〖1677〗
sélf-gratulátion *n.* =self-congratulation. 〖1802〗
sélf-grátulatory *adj.* =self-congratulatory. 〖1859〗
sélf-grávitating *adj.* 〖物理〗自己重力がはたらく.
sélf-gravitátion *n.* 〖物理〗自己重力(がはたらくこと).
sélf-grávity *n.* 〖物理〗自己重力《系の構成要素間にはたらく重力》.
sélf-guíded *adj.* **1** 内部の仕組みに動かされる. **2** (案内なしで)自ら行う, ガイドなしの: a ～ tour.
sélf-hárdened *adj.* 〖冶金〗自硬した.
sélf-hárdening *adj.* 〖冶金〗自硬性の, (物理的・化学的処理をせず)自然に硬くなる. 〖1906〗
sélf-hárdening stéel *n.* 〖冶金〗=air-hardening steel.
sélf-háte *n.* 自己嫌悪(けんお). 〖1947〗
sélf-háting *adj.* 自己嫌悪(けんお)の. 〖1977〗
sélf-hátred *n.* =self-hate. 〖1865〗
sélf-hèal *n.* 〖植物〗シソ科ウツボグサ属 (*Prunella*) の民間薬にされる植物の総称《ウマノミツバ (sanicle), ユキノシタ (saxifrage) など; allheal, heal-all ともいう》. 〖(1373) *selfhele* ← SELF-＋*hele(n)* 'to HEAL': 病に効能があるという俗信から〗
self-help /sèlfhélp/ *n.* **1** 自助, 自立: *Self-help* is the best help. 《諺》自助は最上の助け. **2** 〖法律〗自救行為《法律に訴えないで自分の力で自分の権利を守ること》. 〖(1831): Thomas Carlyle の造語〗
sélf-héterodyne *n.* 〖通信〗=autodyne. 〖1918〗
sélf·hòod *n.* **1 a** 自我 (ego), 個性 (individuality). **b** 人格 (personality). **2** 自己中心, 利己(心) (selfishness). 〖(1649) ← SELF＋-HOOD: 《なぞり》← G *Meinheit*〗
sélf-húmbling *adj.* 卑下する, 謙遜な. 〖1711〗
sélf-humiliátion *n.* 卑下, 謙遜 (self-depreciation). 〖1634〗
sélf-hypnósis *n.* 自己催眠 (autohypnosis). 〖1852〗
sélf-identificátion *n.* (他人または他物との)自己同一視. 〖1941〗
sélf-idéntity *n.* **1** (物事の)同一性; 自己同一性の意識. **2** 個性 (individuality). 〖1866〗
sélf-ignite *vi.* 自己点火する, 自然発火する. 〖1943〗
sélf-ignítion *n.* 自己点火, 自然発火. 〖1903〗
self-im·age /sèlfímɪdʒ/ *n.* 自分の(能力に対しての)イメージ, 自像. 〖1939〗
sélf-ímmolating *adj.* 自己犠牲の, 自己犠牲的な. 〖1922〗
sélf-immolátion *n.* (理想・他人に対する自発的な)自己犠牲. 〖1817〗
sélf-impórtance *n.* **1** 自負, 自尊, うぬぼれ (self-conceit). **2** うぬぼれの強い[尊大な]態度[ふるまい]. 〖1775〗
sélf-impórtant *adj.* 尊大な, もったいぶった (haughty); うぬぼれの強い (conceited) (⇨ proud SYN). **～·ly** *adv.* 〖1775〗

S

self-im·posed /sèlfɪ̀mpóʊzd | -ɪmpə́ʊzd⁻/ *adj.* 自ら課した，自ら進んでする，好きでする: a ～ task, handicap, etc. 〘1781〙

sélf-ímpotent *adj.* =self-sterile.

sélf-impróvement *n.* 自己改善，(自己)修養. 〘1745〙

sélf-inclúsive *adj.* **1** 自分を含む，自己内包的な. **2** それ自体完全な: a ～ system. 〘1909〙

sélf-incompátible *adj.* 〚生物〛自家不和合性の. 〘1922〙

sélf-incríminating *adj.* 〚法律〛自己を刑罰を受けるに至らしめる，自己負罪の. 〘1925〙

sélf-incriminátion *n.* 〚法律〛自己負罪《自己の陳述または答弁が自己を刑事告発の対象にすること; 米国憲法はこういう場合黙秘することを合法化している》: He rejected most questions on grounds of ～. 彼は大半の尋問に対しては自己負罪になる恐れがあると言って答弁を拒否した. 〘1911〙

sélf-indúced *adj.* **1** 自己導入の. **2** 〚電気〛自己誘導によって生じた: a ～ voltage. 〘1886〙

sélf-indúctance *n.* 〚電気〛自己インダクタンス. 〘1865〙

sélf-indúction *n.* 〚電気〛自己誘導《同一回路内の様々な電流によって起電力が生じること; cf. mutual induction》. **sélf-indúctive** *adj.* 〘1865〙

sélf-indúlgence *n.* わがまま，放縦，放逸. 〘1753〙

sélf-indúlgent *adj.* わがままな，放縦な，放逸な. **～·ly** *adv.* 〘1791〙

sélf-inféction *n.* 〚医学〛自己感染.

sélf-inflícted *adj.* 〈傷・罰など〉自ら招いた，自ら自分に加えた: a ～ wound / ～ sadism 自虐. 〘1784〙

sélf-inítiated *adj.* 自分で始めた，自発的な.

sélf-instrúcted *adj.* 独学の，独習の. 〘1833〙

sélf-instrúctional *adj.* 独習(用)の.

sélf-insúrance *n.* 〚保険〛(自分で損害に対する資金を取っておく)自家保険. 〘1897〙

sélf-insúrer *n.* 〚保険〛自家保険を用意している人.

sélf-insúred *adj.* 〘1972〙

self-in·ter·est /sèlfíntrɪ̀st, -trɛst, -ṭərɪ̀st, -rɛ̀st, -ínər- | -íntrɪ̀st, -trɛst, -tərɪ̀st, -rɛ̀st/ *n.* **1** 私利，私欲. **2** 利己心，利己主義 (selfishness). 〘1649〙

sélf-ínterested *adj.* 私利をはかる，利己的な (selfish). **～·ness** *n.* 〘1657〙

sélf-invíted *adj.* (招待を受けないで)押しかけの. 〘1748〙

sélf-invólved *adj.* =self-absorbed. 〘1842〙

self·ish /sélfɪʃ/ *adj.* **1** 利己的な，わがままな，自分本位の，利己主義の (self-seeking): ～ motives / *It is* ～ *of* you *to* do so. そんなことをするとは君も身勝手な人だ. **2** 〚倫理〛自愛的な，利己的な (↔ altruistic): the ～ theory of morals 自愛道徳説. **～·ly** *adv.* 〘《(1640)》← SELF＋-ISH¹〙

sélf·ish·ness *n.* 自分本位，わがまま. 〘1643〙

self·ism /sélfɪzm/ *n.* 自分の利益にのみに集中すること，自己中心，自己専念. **sélf·ist** /-fɪ̀st | -fɪst/ *n.* 〘1791–1823〙

sélf-júdgment *n.* 自己判断[評価]. 〘1657〙

sélf-justificátion *n.* **1** 自分の正当を証すること，自己正当化，自己弁明[弁護]. **2** 〚印刷〛自動行そろえ. 〘1775〙

S

sélf-jústifying *adj.* **1** 自己弁明をする. **2** 〚印刷〛〈プリンターなど〉自動で行そろえする: a ～ typewriter. 〘1740〙

sélf-kíndled *adj.* 自動点火の. 〘1700〙

sélf-knówing *adj.* 自分を知った; 自己認識をもった. 〘1667〙

sélf-knówledge *n.* 自分を知ること，自己認識，自覚. 〘1613〙

self·less /sélfləs/ *adj.* 自分(の利害)を考えない，無私の，無欲の (unselfish): a ～ love. **～·ly** *adv.* **～·ness** *n.* 〘《(1825)》← SELF＋-LESS〙

sélf-límited *adj.* **1** 自らの性質により限定された，本質的制約のある. **2** 〚病理〛〈病気など〉一定の限られた進行経過をたどる. 〘1845〙

sélf-límiting *adj.* **1** 自ら制限する. **2** =self-limited. 〘1863〙

sélf-líquidating *adj.* 〚商業〛 **1** 〈商品など〉仕入先に代金を支払う前に売れてしまう，すぐはける. **2** 〈投資・事業など〉自己回収的な，自己弁済的な. 〘1915〙

sélf-líquidating lóan *n.* 〚商業〛自己決済借入金《その金による取引が有利に予定通り完了して，その返済を期限までに済ますことのできる商業借入金》.

sélf-lóader *n.* 自動装塡(そう)式の小火器 (semiautomatic).

sélf-lóading *adj.* 〈小火器が〉自動装塡(そう)(式)の，半自動式の (semiautomatic)《autoloading ともいう; cf. automatic *adj.* 1 b》. 〘1889〙

sélf-lócking *adj.* 自動的に錠がかかる，自動錠のついた，オートロックの: a ～ door. 日英比較「オートロック」は和製英語. 〘1884〙

sélf-lóve *n.* **1** 自己愛，自愛. **2** 利己心，利己主義 (selfishness)，自分本位，身勝手. 〘1563〙

sélf-lóving *adj.* 自己愛の; 自己本位の. 〘1590〙

sélf-lúbricating *adj.* 自動注油(式)の. 〘1967〙

sélf-lúminous *adj.* 自己発光の. 〘1791〙

sélf-máde *adj.* **1** 独力で立身した，独立独行の: a ～ man 自力でたたき上げた人. **2** 自分で作った，自己製の. 〘1615〙

sélf-máiler *n.* 封筒に入れずにそのまま郵送できるパンフレットや広告用印刷物. 〘1942〙

sélf-máiling *adj.* 封筒に入れずにそのまま郵送できる (cf. self-mailer). 〘1948〙

sélf-mánagement *n.* 自主管理，自己管理. 〘*a*1866〙

sélf-mástery *n.* 克己，自制 (self-control); 沈着 (self-command).

sélf-màte *n.* 〚チェス〛=suimate. 〘1867〙

sélf-médicate *vi.* (医者にかからず)自分で治療する.

sélf-mócking *adj.* 自嘲(じちょう)的な，自虐的な.

sélf-mortificátion *n.* 自ら進んで苦行すること，自己苦行. 〘1823〙

sélf-mótion *n.* 自発的運動，自動. 〘1619〙

sélf-mótivated *adj.* 自立的な，自発的な. **sélf-mótivating** *adj.* **sélf-motivátion** *n.*

sélf-móved *adj.* 自力で動く，自動の. 〘1670〙

sélf-móving *adj.* 自発的運動の，自動の. 〘1607〙

sélf-múrder *n.* 自殺 (suicide). 〘1563–83〙

sélf-múrderer *n.* 自殺者，自害者. 〘1614〙

sélf-mutilátion *n.* 自分の手[足など]を切断すること，自分を不具にすること; 〚精神医学〛自傷. 〘1864〙

sélf-náughting *n.* =self-effacement. 〘1911〙

sélf-neglèct *n.* 自己無視. 〘1628〙

sélf·ness *n.* **1** 自己中心主義 (egotism)，利己主義; 利己的行為 (selfishness). **2** 個性. 〘*a*1586〙

sélf-nóise *n.* 〚海事〛船内雑音《波が荒れて出る音と区別して船自身が出す騒音; 電波についてもいう》. 〘1953〙

sélf-observátion *n.* **1** 自己の外見の観察. **2** 内省 (introspection). 〘1832〙

sélf-óccupied *adj.* **1** 自分のことに夢中になっている (self-absorbed). **2** 自営業の (self-employed). 〘*a*1814〙

sélf-óperating *adj.* 自動の，自動式の (self-acting). 〘1947〙

sélf-óperative *adj.* =self-operating.

sélf-opínion *n.* 自己の過大評価，うぬぼれ (conceit). 〘1580〙

sélf-opínionated *adj.* **1** うぬぼれの強い. **2** 自分の意見を固執する，頑迷な，片意地な. **～·ness** *n.* 〘1671〙

sélf-opínioned *adj.* =self-opinionated. **～·ness** *n.* 〘1624〙

sélf-ordáined *adj.* 自ら制定した，自分免許の.

sélf-organizátion *n.* 自己組織化; (特に)労働組合の形成. 〘1898〙

sélf-oríginated *adj.* 自ら始めた，自然に発生した. 〘1677〙

sélf-oríginating *adj.* 自ら創始[発生]する. 〘1833〙

sélf-oscillátion *n.* 〚電気〛自励振動，自励発振. 〘1921〙

sélf-párk *vt.* 〈車を〉自分で(運転して)駐車する，…の駐車場への出し入れを自分でする (cf. valet-park): a ～*ing* garage.

sélf-párody *n.* 自分を茶化すこと，自己戯画化. 〘1958〙

sélf-partiálity *n.* **1** 自己の過大評価. **2** 身勝手. **sélf-pártial** *adj.* 〘1628〙

sélf-percéption *n.* 自己認識; (特に) =self-image. 〘1678〙

sélf-perpétuating *adj.* **1** 自分の職[地位]に居座り続ける. **2** 無限に継続しうる. **sélf-perpetuátion** *n.* 〘1825〙

self-pit·y /sèlfpíṭi | -ti/ *n.* 自己憐憫(れんびん). 〘1621〙

sélf-pítying *adj.* 自分を憐れむ，自己憐憫(れんびん)の. **～·ly** *adv.* 〘1754〙

sélf-pléased *adj.* 自己満足した (self-satisfied). **～·ly** *adv.* 〘1748〙

sélf-pléasing *adj.* 自分の気に入った. 〘1590〙

sélf-póise *n.* 自然に釣合いを保つこと[状態]; 平静，冷静. 〘《(1854)》《逆成》↓〙

sélf-póised *adj.* **1** 自然に釣合いを保つ (self-balanced). **2** 平静な，冷静な (self-possessed). 〘1621〙

self-po·líc·ing /-pəlíːsɪŋ⁻/ *n.* (特定のグループ・地域・業界などの)自警，自己管理，自己規制[統制]. — *adj.* 自ら警備を行う，自己管理[規制，統制]する. 〘1960〙

sélf-póllinated *adj.* 〚植物〛自家受粉の. 〘1890〙

sélf-pollinátion *n.* 〚植物〛自家受粉 (cf. cross-pollination). 〘1872〙

sélf-pollútion *n.* 自慰，自瀆(じとく) (masturbation). 〘1626〙

sélf-pórtrait *n.* **1** 自画像; 自刻像. **2** 自己描写《自らの性格，人柄を説明すること》. 〘1831〙

sélf-posséssed *adj.* 冷静な，落ち着いた，沈着な. **～·ly** *adv.* 〘1818〙

sélf-posséssion *n.* 冷静，沈着 (composure). 〘1745〙

sélf-pówered *adj.* 動力を自ら供給する，自家動力の.

sélf-práise *n.* 自賛，手前みそ. 〘1549〙

sélf-preparátion *n.* 自分で準備すること; ひとりでに[自然に]備わること. 〘1869〙

sélf-preservátion *n.* **1** 自己保存. **2** 自衛(本能). 〘1614〙

sélf-presérving *adj.* **1** 自己保存する. **2** 自衛する，自衛的な. 〘1669〙

sélf-príde *n.* 自らに対する誇り，自負. 〘*a*1586〙

sélf-procláimed *adj.* 自ら公言した，自称の (self-styled): a ～ genius 自称天才. 〘1943〙

sélf-prodúced *adj.* 自己生産の，自製の，自ら作り出した. 〘1774〙

sélf-prófit *n.* 私利 (self-interest). 〘1832〙

sélf-prònoun *n.* 〚文法〛self 代名詞.

sélf-pronóuncing *adj.* (音声記号でなく，つづり字に発音の手引となる)分音符号 (diacritic) のついた: a Bible with ～ proper names. 〘1851〙

sélf-própagating *adj.* 自己繁殖の. 〘1843〙

sélf-propélled *adj.* **1** 自力で推進される，自己推進の. **2** 〈乗物が〉自動推進(式)の，原動機付の. **3** 〈ロケット発射台・大砲など〉台車付きの，自走式の. 〘1899〙

sélf-propélling *adj.* =self-propelled. 〘1862〙

sélf-propúlsion *n.* (搭載のエンジン・モーターによる)自力推進. 〘1934〙

sélf-protéction *n.* 自己防衛，自衛 (self-defense). 〘1834〙

sélf-protéctive *adj.* 自己防衛の. **～·ness** *n.*

sélf-púnishment *n.* 自己懲罰，自己処罰. 〘1586〙

sélf-purificátion *n.* **1** (河水・下水などの)自浄作用，自然浄化. **2** (人間の)自己浄化. 〘1919〙

sélf-quéstioning *n.*, *adj.* (動機・行動の)自己再吟味(の)，自問(の). 〘1856〙

sélf-ráised *adj.* 自力[自分の努力]で上がった[昇進した]. 〘1647〙

sélf-ráising *adj.* 《英》=self-rising. 〘1854〙

sélf-ráting *n.* 自己評価，自己評定. 〘1925〙

sélf-realizátion *n.* 自己能力の達成，自己実現. 〘1874〙

sélf-realizátionism *n.* 〚倫理〛自己実現説《至高善は各自が先天的に備える真の理想的自我を実現・完成させることにあるとする倫理学説》. **sélf-realizátionist** *n.* 〘1874〙

sélf-recognítion *n.* 自己認識，自我の認識. 〘1946〙

sélf-recórding *adj.* 自動的記録の，自記(方式)の (autographic): a ～ instrument. 〘1866〙

sélf-recriminátion *n.* 自己非難.

sélf-réference *n.* 〚論理〛自己言及《「私の今述べていることは偽りである」のようにある命題が自分自身に言及する場合の性格をいう》. 〘1910〙

sélf-referéntial *adj.* 〚論理〛〈文など〉自己言及の，自己参照の，自己指示の; 自らに言及する，自己言及的な《当該作品や作者自身(の他の作品)に言及する》. 〘1946〙

sélf-refléction *n.* 内省 (introspection). 〘1652〙

sélf-refléctive *adj.* 内省的な (introspective). 〘1677〙

sélf-refléxive *adj.* 自己を反映する，自己言及的な (self-referential).

sélf-reformátion *n.* 自己改造. 〘1892〙

sélf-regárd *n.* **1** 自愛，利己 (↔ altruism). **2** 自尊 (self-respect). **～·ing** *adj.* 〘1595〙

sélf-régistering *adj.* 〈機械が〉自動記録の; 自記(方式)の (self-recording): a ～ barometer.

sélf-régulated *adj.* 自動調節[調整]の，自動式の. 〘1847〙

sélf-régulating *adj.* **1** 自動調節の; (特に)自動式の (automatic). **2** 〈社会・経済など〉自律的な. 〘1837〙

sélf-regulátion *n.* 自動調節; 自律，自治. 〘1693〙

sélf-régulative *adj.* 自動調節の，自律的な. 〘1866〙

sélf-régulatory *adj.* =self-regulative. 〘1899〙

sélf-relíance *n.* 自分を頼むこと (self-dependence)，独立独行. 〘1833〙

sélf-relíant *adj.* 自己を頼む，独立独行の. **～·ly** *adv.* 〘1848〙

sélf-renéwal *n.* 自己革新[変革，再生].

sélf-renóuncing *adj.* 自己放棄する，献身の; 無私の. 〘1781〙

sélf-renunciátion *n.* 自己放棄，自己犠牲，献身 (self-sacrifice); 無私，無我 (selflessness). **sélf-renúnciatory** *adj.* 〘1791〙

sélf-réplicating *adj.* 自動的に[自ら]再生する: a ～ molecule. **sélf-replicátion** *n.* 〘1946〙

sélf-represśion *n.* 自己抑制. 〘1870〙

sélf-repróach *n.* 自責，自己非難，良心のとがめ. 〘1754〙

sélf-repróachful *adj.* 自責の，良心の呵責(かしゃく)を感じる，後悔した. **～·ly** *adv.* 〘1869〙

sélf-repróaching *adj.* 自責する，良心がとがめる. **～·ly** *adv.* **～·ness** *n.* 〘1784〙

sélf-repróof *n.* 良心のとがめ，自責，自己非難. 〘1775〙

sélf-repróving *adj.* 自分を非難する，自責する. 〘1775〙

sélf-repúgnant *adj.* 自己矛盾の (inconsistent). 〘1701〙

self-re·spect /sèlfrɪ̀spékt/ *n.* 自尊(心)，自重 (self-esteem). 〘1657〙

sélf-respéctful *adj.* =self-respecting. 〘1890〙

sélf-respécting *adj.* 自尊心のある. 〘1786〙

sélf-restráined *adj.* 克己の，自制の. 〘1700〙

sélf-restráining *adj.* 自制する，自制的な. 〘1828–32〙

sélf-restráint *n.* (特に感情[欲求]表現における)克己，自制 (self-control). 〘1775〙

sélf-revéaling *adj.* 自己啓示の，自己表出の. 〘1839〙

sélf-revelátion *n.* (思想・感情・態度などのたくまざる)自己啓示，自己表出. 〘1852〙

sélf-réverence *n.* 強い自尊心，自重. **sélf-réverent** *adj.* 〘1832〙

sélf-rewárding *adj.* 自己報酬的な，おのずから報いのある: a ～ virtue. 〘1740〙

Sel·fridges /séɫfrɪdʒɪz/ *n.* 〚商標〛セルフリッジ百貨店《ロンドンにあるデパート》. 〚← *Gordon Selfridge* (1858–1947: 米国生まれの英国の実業家・創業者)〛
sélf-ríghteous *adj.* 自ら正しいとする, ひとりよがりの, 独善的な, 偽善的な (pharisaical). **~·ly** *adv.* **~·ness** *n.* 〚1680〛
sélf-ríghting *adj.* (転覆しても)自動的に復原する, 自動復原の: a ~ lifeboat. 〚1855〛
sélf-rísing *adj.* 《米》(パン種を加えずに)ひとりでにふくれる: ~ flour ふくらし粉などを入れた調合済みの小麦粉. 〚1854〛
sélf-rúle *n.* =self-government. 〚1855〛
sélf-rúling *adj.* =self-governing. 〚1680〛
sélf-sácrifice *n.* 自己犠牲, 献身(行為). 〚1805〛
sélf-sácrificer *n.* 自己犠牲者, 献身的行為をする人. 〚1668〛
sélf-sácrificing *adj.* 自己を犠牲にする, 献身的な. **~·ly** *adv.* **~·ness** *n.* 〚1817〛
sélf·sàme *adj.* [same の強調形; the ~] 全く同じ, 同一の (identical). **~·ness** *n.* 〚(?c1408) ← SELF (adj.)+SAME〛
sélf-satisfáction *n.* 自己満足; ひとりよがり (self-complacency). 〚1739〛
sélf-sátisfied *adj.* 自己満足の; ひとりよがりの (self-complacent). 〚1734〛
sélf-sátisfying *adj.* 自己満足させる, 自己満足を感じさせる. 〚1671〛
sélf-scórn *n.* 自分に愛想をつかすこと, 自嘲(じちょう). 〚1861〛
sélf-scrútiny *n.* 内省 (introspection). 〚1711〛
sélf-séaling *adj.* **1** 〈タイヤなど〉パンクしても自動的に空気の漏れを止める, 〈燃料タンクなど〉自動防漏式の: a ~ pneumatic tire [gas tank, etc.]. **2** 〈封筒(の封)が〉押さえれば自然に粘着する: a ~ envelope. 〚1895〛
sélf-séarching *n.* =self-questioning. 〚1687〛
sélf-séed *vi.* =self-sow. **sélf-séeder** *n.*
sélf-séeded *adj.* =self-sown.
sélf-séeker *n.* 利己主義[自己本位]な人, 身勝手な人. 〚1632〛
sélf-séeking *adj.* 自己本位の, 利己主義な, 身勝手な. — *n.* 自己本位, 利己主義, 身勝手. **~·ness** *n.* 〚1628〛
sélf-seléction *n.* 自己選択; (特に, 店の商品などを)客が自分で選択すること.
sélf-sérve *adj.* =self-service.
sélf-sér·vice /séɫfsə́ːvɪs | -sə́ːvɪs←/ *n.* (飲食店などの)セルフサービス. — *adj.* セルフサービス(式)の: a ~ laundry, store, etc. 〚1919〛
sélf-sérving *adj.* (しばしば他人の利益・幸福を無視する)私利的な; 利己的な. 〚1827〛
sélf-shífter *n.* オートマチック車.
sélf-símilar *adj.* 自己相似の《大小さまざまな相似形から構成される》, 同形の (uniform). 〚1867〛
sélf-sláin *adj.* 《古》自殺した. 〚1814〛
sélf-sláughter *n.* 自殺, 自滅. 〚1600–01〛
sélf-sów *vi.* 〈植物が〉自分で種を落として種がまかれる. 〚1608〛
sélf-sówed *adj.* =self-sown. 〚1759〛
sélf-sówn *adj.* 〈植物が〉(鳥・流れ・風などによって)種がまかれた; 自然に生えた. 〚1608〛
sélf-stánding *adj.* 自立した, 独立した.
sélf-stárter *n.* **1** (自動車その他の内燃機関で運転開始時にクランクを回す必要のない)自動[セルフ]スターター, 自動始動機. **2** 自動[セルフ]スターター付きの自動車(など). **3** (事業・仕事などを)自分で始める人; 自発的にやる人. 〚1894〛
sélf-stárting *adj.* 自動スタートできる. 〚1866〛
sélf-stéering *adj.* 〈船など〉(一定のコースを)自動操舵のできるように設計された. 〚1950〛
sélf-stérile *adj.* 〚生物〛自家不稔の, 自家不実の (cf. self-fertile). 〚1876〛
sélf-sterílity *n.* 〚生物〛自家不稔性, 自家不実性 (cf. self-fertility). 〚(1876) ← ↑+-ITY〛
sélf-stíck *adj.* 自己粘着式の, 糊(のり)をつけずに貼ることができる.
sélf-stimulátion *n.* **1** 〚生理〛自己刺激(法)《動物で快感・不快感を起こす脳の部位を調べる方法の一つ》. **2** 自慰 (masturbation). 〚1947〛
sélf-stúdy *n.* **1** (学校教育によらない)自学自習. **2** 自己観察記録. 〚1683〛
sélf-stýled /séɫfstáɪld←/ *adj.* 自称の, 自任の, 自分免許の: the ~ champion. 〚1823〛
sélf-subsístence *n.* 自分以外のものに頼らないこと, 自立. 〚1629〛
sélf-subsístent *adj.* 自分以外のものに頼らない, 自立した. 〚1647〛
sélf-subsísting *adj.* =self-subsistent. 〚1654〛
sélf-suf·fí·cien·cy /séɫfsəfíʃənsi, -ʃəntsi/ *n.* **1** 自給自足. **2** 自信過剰, うぬぼれ. 〚1623〛
sélf-suf·fí·cient /séɫfsəfíʃənt←/ *adj.* **1** (自給)自足できる, 自立した. **2** 自信の強すぎる, うぬぼれの強い; 尊大な (haughty). 〚(1589)《なぞり》← Gk *autárkēs*〛
sélf-suffícing *adj.* =self-sufficient. **~·ly** *adv.* **~·ness** *n.* 〚1687〛
sélf-suggéstion *n.* 自己暗示 (autosuggestion). 〚1892〛
sélf-suppórt *n.* 自営, 自活, 自給 (self-sustenance). 〚1774〛
sélf-suppórted *adj.* 自立の, 自営[自活]の. 〚1768–74〛
sélf-suppórting *adj.* **1** 自営[自活]する, 自給する (self-sustaining): a ~ student 苦学生 / ~ and self-sufficient 自給自足の. **2** 自ら(の重量)を支える: a ~ wall 自耐壁. 〚1829〛
sélf-surrénder *n.* 自己放棄, 忍従. 〚1702〛
sélf-sustáined *adj.* 自立の, 自営の, 自給の. 〚1742〛
sélf-sustáining *adj.* **1** 自立する, 自活する, 自給の: ~ and self-sufficent 自給自足の. **2** 〚物理〛(いったん開始すると)自ら運動を続ける: a ~ nuclear reaction. **~·ly** *adv.* 〚1844〛
sélf-sústenance *n.* 自立, 自活, 自営, 自給. 〚1862〛
sélf-sýstem *n.* 〚心理〛自己システム《親子関係に始まる人間関係における, 自己に対するはたらきかけとそれへの応答の総体》.
sélf-táiling *adj.* 〈ウィンチが〉セルフテーリングの《ロープに一定の張力が維持され, 滑らない機構になっている》.
sélf-tápping *adj.* タッピンねじの《ねじ山のない穴に雌ねじを切りながら入っていくねじについていう》.
sélf-táught *adj.* 独習[学]の[で得た] (self-educated): a ~ musician 独学の音楽家 / ~ knowledge 独学で得た知識 / German *Self-Taught*「ドイツ語の独習書」(書物の表題). 〚1725〛
sélf-tímer *n.* (カメラの)セルフタイマー《自動シャッター》. 〚1951〛
sélf-tóning páper *n.* 〚写真〛セルフトーニング紙《乳剤中に金塩などを入れて自動的に調色するようにした焼出し紙》. 〚1902〛
sélf-tórment *n.* 自分を苦しめること, 難行苦行. 〚1671〛
sélf-torménting *adj.* 自分を苦しめる, 難行苦行する. 〚1648〛
sélf-torméntor *n.* 苦行者. 〚1667〛
sélf-tórture *n.* 難行苦行. 〚1809–10〛
sélf-transcéndence *n.* 自己超越(能力). 〚1885〛
sélf-tréatment *n.* 自己医療, 自家療法. 〚1886〛
sélf-trúst *n.* 自己信頼, 自信 (self-confidence). 〚1583〛
sélf-understánding *n.* 自覚, 自己認識. 〚1903〛
sélf-unfrúitful *adj.* 〚植物〛自家不和合の《両性花において雌雄間に受精が行われない》. **~·ness** *n.*
sélf-válidating *adj.* 外部からの確認を必要としない.
sélf-véntilated machíne *n.* 〚電気〛自己通風型電気機械.
sélf-víolence *n.* わが身に加える暴行; 《婉曲》自殺, 自害 (suicide). 〚1671〛
self·ward /séɫfwəd | -wəd/ *adv.* 自分の方に. — *adj.* 自分の方に向いている. **~·ness** *n.* 〚1887〛
sélf·wards /-wədz | -wədz/ *adv.* =selfward. 〚1890〛
sélf-wíll *n.* 我意, わがまま, 身勝手 (wilfulness); 頑固, 片意地 (obstinacy). 〚(c1340): ⇨ self-, will²〛
sélf-wílled *adj.* 我意を通す, わがままな, 頑固な, 片意地な (obstinate). **~·ly** *adv.* **~·ness** *n.* 〚(a1471): ⇨ ↑, -ed〛
sélf-wínd·ing /-wáɪndɪŋ/ *adj.* 〈時計が〉自動巻きの: a ~ watch. 〚1825〛
sélf-wórship *n.* 自己崇拝. **~·er** *n.* 〚1831〛
sélf-wórth *n.* 自尊心 (self-esteem). 〚1709〛
sélf-wróng *n.* わが身に加える危害, 自己加害. 〚1592–94〛
Se·li·na /sɪlíːnə/ *n.* セリーナ《女性名; 異形 Selena, Selene》. 〚□F *Céline* □L *Caelīna*《原義》heavenly (5 世紀ごろの聖徒の名) ← *caelum* heaven: cf. celestial〛
Sel·juk /sɛldʒúːk, ←–; *Turk.* seldʒuk/ *n.* **1** [the ~s] セルジュークトルコ族《11–13 世紀に中央アジアから Anatolia にわたる地域を統治したトルコ人》; セルジューク朝. **2** セルジューク族[朝]の人. — *adj.* セルジューク族の, セルジューク朝の. 〚(1834) □ Turk. *Seljūq* (王朝の始祖)〛
Sel·ju·ki·an /sɛldʒúːkiən/ *n., adj.* =Seljuk. 〚(1603): ⇨ ↑, -ian〛
Selk. 《略》Selkirkshire.
sel·kie /sɛ́lki/ *n.* 《スコット》アザラシ (seal). 〚(c1550) *selchie* ← *selch* (《異形》← SEAL²)+-IE〛
Sel·kirk /sɛ́lkəːk | -kəːk/ *n.* **1** =Selkirkshire. **2** セルカーク《スコットランド旧 Borders 州中部の都市, 旧 Selkirkshire 州の州都》. **3** [the ~s] =Selkirk Mountains. 〚ME *Selekirke* (北部方言) ← *Sele(s)chirche*《原義》church among the shielings: ⇨ shieling, kirk〛
Sel·kirk /sɛ́lkəːk | -kəːk/, **Alexander** *n.* セルカーク (1676–1721; 太平洋の Juan Fernández 諸島中の無人島に漂着して孤独の生活を送ったスコットランドの船乗り, Robinson Crusoe のモデルといわれる; Selcraig /sɛ́lkreɪg/ ともいう).
Sélkirk Móuntains *n. pl.* [the ~] セルカーク山脈《カナダ南西部, British Columbia 州南東部の山脈で, Rocky 山脈の一部; 単に the Selkirks ともいう》.
Sel·kirk·shire /sɛ́lkəːkʃə, -ʃɪə | -kəːkʃə(r, -ʃɪə(r/ *n.* セルカークシャー《スコットランド南東部の旧州, 1975 年から Borders 州の一部; 面積 694 km², 州都 Selkirk》. 〚⇨ Selkirk, -shire〛
sel·ky /sɛ́lki/ *n.* 《スコット》アザラシ (seal). 〚⇨ selkie〛
sell¹ /sɛ́ɫ/ *v.* (**sold** /sóʊɫd | sə́ʊɫd/) — *vt.* **1 a** 〈物を〉売る, 売り渡す: a house to ~ [to be *sold*] 売り家 / ~ a thing *at* a bargain price [a ten percent discount] 物を安売りする[1 割引きで売る] / ~ a thing *at* a profit [loss, sacrifice] 物をもうけて[損して]売る / ~ pictures *by* [*at*] auction 絵を競売に付する / ~ goods wholesale [retail] 品物を卸売り[小売り]する / ~ one's collection *for* next to nothing コレクションを二束三文で手放す / ~ the stock under prime cost 在庫品を元を切って売る / He *sold* me his car.=His car was *sold* (*to*) me.=I was *sold* his car. 私に車を譲ってくれた / ~ a thing *back to* its original owner 物をもとの持ち主に売る / I *sold* my house *to* Mr. Smith *for* $100,000. 私の家をスミスさんに 10 万ドルで売った / ~ shares (when the price is) *at* ¥10,000 株価が 1 万円の時に売る. **b** 〈選手を〉移籍[トレード]する (transfer). **2** 商う (deal in), 売っている: ~ insurance 保険を扱う / Do you ~ wine? こちらにはぶどう酒がありますか / This shop ~*s* antiques.=Antiques are *sold* in this shop. この店は骨董(こっとう)品を売っている. **3 a** …の売行きを助ける: Advertising will ~ goods. 広告は品物の売行きをよくする / The name *sold* the product. その名前でその製品が売れた. **b** …に購入を促す. **c** …に売る, 売り込む: ~ supermarkets [prospective customers] スーパーマーケット[買ってもらえそうな人]に売り込む. **4 a** 〈考え・計画・候補者などを〉宣伝する, 推薦する, 売り込む〔*to*〕: ~ oneself (*to* the public [an employer]) 自分を(世間に[雇用主に])売り込む (cf. SELL *oneself*) / ~ an idea *to* the public 思想を世間に宣伝する / ~ a project *to* Congress 計画(の有効性)を議会に納得させる. **b** 《米口語》〈人〉に〔…を〕売り込む, 納得[承知]させる (convince)〔*on*〕: ~ voters *on* a candidate 有権者に候補者を売り込む / ~ students *on* reading 学生に読書の価値を説き聞かせる. **5 a** 〈人・生命・魂などを〉売る, 売り渡す: ~ a captive *into* slavery 捕虜を奴隷に売る / ⇨ SELL *oneself* (2) / ⇨ *sell one's* SOUL / ~ one's life dear(ly) 敵に大きな痛手[損害]を与えて死ぬ. **b** 〈仲間・祖国・主義などを〉売る, 裏切る (betray): ~ one's country [a cause] 祖国[主義]を売る. **c** 〈名誉・魂などを〉売る, 犠牲にする (sacrifice); 〈試合・票などを〉売る: ~ one's honor [soul] 名誉[魂]を売る / ~ a game [match] わいろを取って試合を売る / ~ one's vote 金で票を売る / ~ one's birthright *for* a mess of pottage ⇨ birthright 2. **6** 〈物が〉〈幾つ〉売れる, さばける: The book *sold* a million copies. その本は百万部も売れた. **7** [p.p. 形で]《口語》〔…を〕(無批判に)よいと思い込ませる; 〔…に〕熱中させる〔*on*〕: He is *sold on* the idea [book, candidate]. その考えを信じ込んでいる[その本[候補者]に夢中になっている]. **8** [通例 p.p. 形で]《口語》だます, かつぐ, …に一杯食わせる (cheat): *Sold* again! してやられた, しまった; してやったり, ざまあみろ.
— *vi.* **1** (物を)売る; (物を)商う: buy and ~. 日英比較 日本語の「売買」とは語順が逆. **2 a** 〈物が〉〈幾らで〉売れる, 売られる, さばける〔*at, for*〕: ~ high [*at* a high price] 高い値で売れる / ~ *for* [*at*] one dollar each 1 個 1 ドルで売られる / It finally *sold for* just one dollar! それはたった 1 ドルでやっと売れた / The shares finally *sold* (when their price was) *at* five hundred dollars. 株価が 500 ドルの時ようやく売れた. **b** [通例, 副詞(句)を伴って] 〈物が〉売行きが…だ: His pictures won't ~. 彼の絵は売れないだろう / The book is ~*ing* well. その本はよく売れている / ⇨ SELL *out* (*vi.*) (1). **3** 《口語》受諾[承認, 採択]を得る, 賛成される, 買われる, 受ける: an idea that will [will never] ~ 人に受ける[決して受けない]考え.
séll dówn the ríver ⇨ river 成句. ***séll fórward*** 先物売りする, 他日引き渡す約束で売る. ***séll óff*** 〈商品などを〉(安売りして)売り払う, 見切り売りにする. ***séll onesélf*** (1) 自分を売り込む (cf. *vt.* 4 a). (2) (不名誉な[卑しい]ことのために)自らを売る; (売春などで)身を売る. ***séll óut*** (*vt.*) (1) (全部)売り切る: The tickets were [The play was] *sold out*. 切符[芝居]の座席は全部売り切れていた / We are *sold out* (*of* large sizes). (大きなサイズは)全部売り切れました. (2) 《口語》(利のために)〈味方・主義などを〉犠牲にする, 裏切る, 売る (betray): They *sold* us *out*. 我々を裏切った. (3) 〈債務者〉の財産を競売に付する, 〈財産を〉売って決済する. (4) 〚証券〛売り抜ける, 売り退(の)く. — (*vi.*) (1) 〈商品が〉売り切れる; 〈店などが〉〈商品を〉売り切る〔*of*〕: The new product *sold out* in a month. 新製品は 1 か月で売り切れた / They have *sold out* (*of* the book). (その本は)全部売り切れた. (2) 《口語》変節する, 身売りをする〔*to*〕: ~ *out to* the enemy 敵側に寝返る / ~ *out to* the bosses (自説を曲げて)上司におもねる. (3) 店[のれん, 権利など]を売る: The store *sold out* last week. その店は先週商品を売り払って店をたたんだ. ***séll shórt*** (*vi.*) 〚証券〛(売物なしで)空(から)売りする. 〚1852〛 (*vt.*) 〈人を〉見くびる, 過小評価する: Don't ~ yourself *short!* 自分を過小評価するな. 〚1936〛 ***séll úp*** 《英》(1) =SELL *out* (*vt.*) (3). (2) =SELL *out* (*vi.*) (3).
— *n.* 《英口語》 **1 a** 失望, 閉口 (disappointment): an awful ~ 全くがっかりすること, 全くの当てはずれ. **b** ぺてん, 詐欺 (cheat) (cf. *vt.* 8): What a ~! まんまと一杯食わされた. **2 a** 販売(法), 売り込み(法) (salesmanship): ⇨ hard sell, soft sell. **b** 購買心をそそる魅力.
~·a·ble /-ləbɫ/ *adj.* 〚OE *sellan* < Gmc **saljan*《原義》to cause to take (cf. **salā* 'SALE') ← IE **sel-* to take (Gk *heleîn*)〛
sell² /sɛ́ɫ/ *n.* 《古》=saddle. 〚(c1384) *selle* □ (O)F < L *sellam* seat, saddle〛
sell³ /sɛ́ɫ/ *n., adj.* 《スコット》=self.
sel·la /sɛ́lə/ *n.* ⇨ sella turcica. 〚(1693) ← NL ~ ← L 'seat, saddle'〛
Sel·la·field /sɛ́ləfiːɫd/ *n.* セラフィールド《イングランド北西部 Cumbria 州西部にある核燃料再処理施設; 1983 年に近くの海への廃液漏れで有名になった; 1981 年までは Windscale の名で知られていた》.
sel·la tur·ci·ca /sɛ́lətə́ːkɪkə, -sɪkə | -tə́ː-/ *n.* (*pl.* **sel·lae tur·ci·cae** /sɛ́laɪtə́ːkɪkàɪ, sɛ́liːtə́ːsəsìː | sɛ́laɪ-

tɑ́:kɪkàɪ, séli:tɑ́:sə̀sì:/) 〖解剖〗(頭骨の)トルコ鞍(くら). 〖← NL ～ 《原義》 Turkish saddle: その形の類似から〗

séll-by dàte *n.* 《英》 **1** (食品などの)賞味期限 (best-before date, expiration date, pull date). **2** 品質が落ち始める期日: past one's [its] ～ 《口語》 盛りが過ぎて. 〖1973〗

sel·len·ders /séləndəz | -dəz/ *n. pl.* 〖獣医〗 =sallenders.

sell·er /sélə | -lə$^{(r)}$/ *n.* **1** 売り手, 売り方; 販売人, セールスマン (salesman). **2** [修飾語を伴って] 売れる物: a good [bad] ～ 売れ行きのよい[悪い]物 / a hot ～ 飛ぶように売れる品 / ⇨ best seller. 〖?*a*1200〗

Sel·lers /séləz | -ləz/, **Peter** (**Richard Henry**) *n.* セラーズ (1925–80; 英国の俳優・喜劇役者; コメディー映画 Pink Panther シリーズで知られる).

séllers' [séller's] màrket *n.* 〖経済〗 売手市場 (商品不足のため売手に有利な市場; ↔ buyers' market). 〖1932〗

séller's òption *n.* 〖証券〗 売方勝手渡し (一定期間の中で売手が引渡日を任意に定めてよいという契約). 〖1857〗

Séllers' scréw thrèad *n.* セラーズ式ねじすじ (1884年に William Sellers が提案したねじすじで後にアメリカの標準規格となった).

sell·ing /sélɪŋ/ *adj.* (すぐ)売れる (salable). — *n.* **1** 売り, 売却, 売りさばき; 販売(法), 売り込み(方): ⇨ BUYING-in and selling-out. **2** [形容詞的に] 物品販売業の; 販売の[に関する]; 売りの, 売り方の: a ～ broker 売り方ブローカー / a ～ order 売り注文 / a ～ price 売価, 売り値, 販売価格 / ～ sentiment 売り気. 〖*a*1325〗

sélling àgent *n.* 販売代理商, 販売代理店, 売込問屋.

sélling clìmax *n.* 〖証券〗 大量の売買高を伴う株価の急落 (その後, 反騰に転じる). 〖1949〗

sélling plàte *n.* 〖競馬〗 =selling race. 〖1888〗

sélling-plàter *n.* **1** 〖競馬〗 売却競馬 (selling race) に出す(二流の)競走馬. **2** 能力・価値に限界のある人[もの]. 〖1886〗

sélling pòint *n.* 〖商業〗 (販売・販売促進における品物の)セールスポイント. 日英比較 「セールスポイント」は和製英語. 〖1923〗

sélling ràce *n.* 〖競馬〗 (競走直後に勝馬をあらかじめ協定された値段で売却する)売却競馬, セリング競走 (cf. claiming race). 〖1898〗

sell-off /sélɔ̀(:)f, -ɑ̀(:)f | -ɔ̀f/ *n.* 〖証券〗 大量の売り圧力による主力株の相場の下落. 〖1937〗

Sel·lo·tape, s- /sélətèɪp, -loʊ- | -lə(ʊ)-/ *n.* 〖商標〗 セロテープ (粘着テープの商品名). — *vt.* セロテープでつける. 〖(1949) (変形) ? ← *cellu(lose) tape*〗

sell·out /sélàʊt/ *n.* **1** 大入満員の興行[催物], 座席売切れの演芸, 大入り芝居. **2** 《俗》 密告, 秘密漏洩(ろうえい) (betrayal); 裏切り, なれ合い. **3** 売払い, 蔵ざらえ. 〖(1859), 1927〗

séll-thròugh *n.* **1** 小売り, (特に ビデオソフトの, レンタルに対する)小売り(比率); 小売りビデオ市場; 小売りビデオ. **2** メーカーの小売りレベルにおける販売促進の努力. — *adj.* 〈ビデオソフトが〉(レンタル用ではなく)個人向け販売用の.

Sel·ma /sélmə; *Swed.* sèlma/ *n.* セルマ (女性名). 〖(dim.) ← *Anselma*: ⇨ Anselm〗

S

Se·lous /səlú:/, **Frederick Courteney** *n.* セルース (1851–1917; 英国の探検家・ハンター; 現在のローデシアを中心に探検).

sel·syn /sélsɪn/ *n.* 〖電気〗 セルシン (回転子の回転速度または回転角を遠方から操作する同期電動機兼同期発信機; synchro ともいう): a ～ motor セルシンモーター. 〖(1926) (混成) ← SEL(F)+SYN(CHRONOUS)〗

sel-sync /sélsɪ̀ŋk/ *n.* =selective synchronization.

Sel·ten /zéltən, -tn; *G.* zéltn/, **Reinhard** *n.* ゼルテン (1930–　; ドイツの経済学者; Nobel 経済学賞 (1994)).

Selt·zer, s- /séltsə | -tsə$^{(r)}$/ *n.* **1** セルツァ炭酸水 (ドイツの Wiesbaden 付近の村 (Nieder) Selters /ní:dəzèltəs/ から出る天然鉱泉水). **2** 同質の炭酸入り人工飲料水 (ソーダ水) (soda water). 〖(1741) (短縮) ← *G Selterser* (*Wasser*) 'WATER of Selters'〗

Séltzer wàter, s- w- *n.* =Seltzer.

sel·va /sélvə; *Am.Sp.* sélβa, *Braz.* séwva/ *n.* **1** 密生した熱帯雨林, (特に)アマゾンの熱帯雨林. **2** 熱帯雨林地帯. 〖(1849) ▫ Sp. & Port. ～ 'forest' < *silvam*〗

sel·vage /sélvɪdʒ/ *n.* **1 a** (織物の両側にあるほつれを防ぐため織りつけた)耳 (list) (織物本体とは別の丈夫な糸で織られた幅の狭いへり). **b** (壁紙などの切り捨てられる)へり (edge). **2** 縁, 端. **3** 《まれ》 (錠の)受け金. **4** 〖地質〗 =gouge 4. 〖(?*a*1425) ▫ MDu. *selvegge* (原義) its own edge ← *selv-* 'SELF'+*egge* 'EDGE'〗

sél·vaged *adj.* 〈織物が〉耳のついた (listed). 〖(1611) ↑〗

sel·va·gee /sèlvɪdʒí:/ *n.* 〖海事〗 たばね輪索(なわ), セルベージー (細ひも(古ロープのヤーンなど)を大きく幾重にもわがねて, その途中を何か所かくくった柔軟な輪索). 〖(1750) (変形) ← SELVAGE: ⇨ -ee〗

sel·vedge /sélvɪdʒ/ *n.* =selvage.

selves /sélvz/ *n.* self の複数形.

Sel·wyn /sélwɪn | -wɪn/ *n.* セルウィン (男性名). 〖OE *Selewine* ← *sele* house (cog. G *Saal*)+*wine* friend〗

Sel·ye /séljeɪ; *G.* zéljə/, **Hans** (**Hugo Bruno**) *n.* セリエ (1907–82; オーストリア生まれのカナダの内分泌学者).

Selz·nick /sélznɪk/, **David Oliver** *n.* セルズニック (1902–65; 米国の映画製作者; *Gone with the Wind* (1939); *Duel in the Sun* (1946)).

SEM 《略》 scanning electron microscope. 〖1968〗

sem. 《略》 semicolon; seminar; seminary.

Sem. 《略》 Semitic.

s.e.m., SEM 《略》〖統計〗 standard error of the mean.

SEM 《略》 scanning electron microscope.

se·mai·nier /səménjer; *F.* səmɛnje/ *n.* 整理だんす (背が高く, 幅の狭いたんす; 一週間分の衣料を入れるために引出しが 7 つある). 〖▫ F *semainier* ← *semaine* week < LL *septimāna* ← L *septimānus* of the number seven ← *septem* 'SEVEN'〗

se·man·teme /sɪmǽnti:m | sɪ-, sɛ-, si:-/ *n.* 〖言語・文法〗 意義素 (sememe) (言語形式の有する意義の単位; cf. morpheme). 〖(1925) ▫ F *sémantème* ← *sémantique* 'SEMANTICS': ⇨ -eme〗

se·man·tic /sɪmǽntɪk | sɪmǽntɪk, sɛ-, si:-/ *adj.* **1** 語義の, 意味の: a ～ change. **2** 〖言語〗 意味論の, 語義(上)の. **se·mán·ti·cal** /-tɪkəl, -kl | -tɪ-/ *adj.* **se·mán·ti·cal·ly** *adv.* 〖((1665)) (1894) ▫ Gk *sēmantikós* significant ← *sēmaínein* to signify ← *sêma* sign: ⇨ -ic¹: cf. F *sémantique*〗

semántic féature *n.* 〖言語〗 意味素性 (形式素のもつ意味上の特性).

semántic field *n.* 〖言語〗 意味の場, 意味領域 (⇨ field 19).

se·man·ti·cian /sɪmæ̀ntíʃən | sɪ-, sɛ-, si:-/ *n.* =semanticist. 〖1921〗

se·man·ti·cist /sɪmǽntəsɪst | sɪmǽntɪsɪst, sɛ-, si:-/ *n.* 意味論[語義学]に通じた人, 意味論学者. 〖(1902): ⇨ ↓, -ist〗

se·man·tics /sɪmǽntɪks | sɪmǽnt-, sɛ-, si:-/ *n.* **1** 〖言語〗 **a** 意味論, 語義学 (cf. semasiology). **b** =general semantics. **2** 〖論理〗 **a** 意味論(的方法) (論理・数学的表現を対象領域との関係において集合論的に考察し, 演繹的体系の一群の命題を真とする条件を明らかにする分野[方法]; cf. syntax 2, pragmatics, syntactics). **b** 意味論 (記号論の一分野で, 記号と対象との関係を問題にする; cf. semiotics). **3 a** 意味(関係). **b** (曖昧な)意味の利用[操作]. 〖(1893) ← F *sémantique* ▫ Gk *sēmantikós* 'SEMANTIC': ⇨ -ics〗

sem·a·phore /séməfɔ̀ə | -fɔ̀:$^{(r)}$/ *n.* **1** (鉄道などの)信号機, 信号柱, 腕木信号機. **2** 信号 (signal). **3** 手旗信号 (flag semaphore). — *vt.* 信号(機)[手旗信号]で知らせる. **sem·a·phor·ic** /sèməfɔ́(:)rɪk, -fɑ́(:)r- | -fɔ́r-ˈ/ *adj.* **sèm·a·phór·i·cal** /-rɪkəl, -kl | -rɪ-ˈ/ *adj.* **sèm·a·phór·i·cal·ly** *adv.* 〖(1816) ▫ F *sémaphore* ← Gk *sêma* sign+-PHORE〗

Se·ma·rang /səmɑ́:rɑ:ŋ | -rɛŋ; *Indon.* səmáraŋ/ *n.* スマラン (インドネシア, Java 島北部の港湾都市).

se·mà·si·ól·o·gist /-dʒɪst | -dʒɪst/ *n.* =semanticist. 〖(1899) ← ↓ +-IST〗

se·ma·si·ol·o·gy /sɪmèɪsiɑ́(:)lədʒi, -zi | -ziɔ́l-, -si-/ *n.* 〖言語〗 意味論, 語義学, (特に)語義変遷研究 (cf. semantics 1 a). **se·ma·si·o·log·i·cal** /sɪmèɪsiəlɑ́(:)dʒɪkəl, -ziə-, -kl | -ziəlɔ́dʒɪ-, -siə-ˈ/ *adj.* **se·mà·si·o·lóg·i·cal·ly** *adv.* 〖(1847) ← Gk *sēmasía* meaning (← *sēmaínein*)+-o-+-LOGY: ⇨ semantic〗

se·mat·ic /sɪmǽtɪk | -mǽt-/ *adj.* 〖生物〗 〈有毒動物の目立つ色が〉警戒目標となる: ～ colors [coloration] 警戒色 (cf. protective coloration). 〖(1890) ← Gk *sêmat-*, *sêma* sign+-IC¹〗

sem·a·tol·o·gy /sèmətɑ́(:)lədʒi, sì:m- | -tɔ́l-/ *n.* 〖言語〗 =semantics 1 a. 〖(1831): ⇨ ↑, -ology〗

sem·bla·ble /sémbləbl/ *adj.* **1** 《古》 類似の (similar). **2** 《古》 適切な, ふさわしい (suitable). **3** 《古》 外見上の (seeming, apparent). — *n.* **1** [one's ～] 仲間, 友 (fellow). **2** 《廃》 類似した人[もの]. **3** 《廃》 たとえ, たとえ話 (parable). **sém·bla·bly** /-bli, -bli/ *adv.* 〖(?*a*1300) (1627) ▫ (O)F ～ *sembler*: ⇨ ↓, -able〗

sem·blance /sémbləns, -blənts/ *n.* **1** 見せかけ, 装い (guise): under the ～ of an angel 天使のような顔つきをしながら / without even the ～ of a trial 裁判のまねごとさえもせずに / put on a ～ of anger 怒った風をする / make ～ of reading 読書のふりをする / He made ～ as if he were mad. 狂人のふりをした. **2 a** (人・物の)外形, 外観, 姿: in ～ 外見は, 姿は. **b** 顔, 容貌 (face). **3 a** 類似 (resemblance): have [bear] the ～ of [to] …に似ている / to the ～ of …に似せて / in (the) ～ of …の姿をして, …に似るように. **b** (他の物に似た)形, 姿 (image); 生き写し (likeness, copy). **4** 幽霊, 亡霊. **5** 少量, わずか (modicum): without the ～ of surprise 驚きのそぶりさえも見せないで. 〖(*a*1325) ▫ (O)F ～ *sembler* to be like, seem < L *similāre, simulāre* 'to SIMULATE': ⇨ -ance〗

sem·bla·tive /sémblətɪv | -tɪv/ *adj.* 《まれ》 ～に似て (like, resembling) (cf. Shak. *Twel N* 1. 4. 34). 〖(1601–2) ← SEMBLE+-ATIVE〗

sem·ble¹ /sémbl/ *vt.* **1** …のふりをする (simulate). **2** 表示する, 表現する. 〖(1330) ▫ F *sembler* (↑)〗

sem·ble² /sémbl/ *vi.* 〖法律〗 …のようにみえる, …と思われる (it seems) (判決などで付随的意見を述べるときに用いられる). 〖(1325) ▫ F *sembler*: ⇨ semblance〗

se·mé /səméɪ, séme | sémeɪ/ *adj.* (*also* **se·mée** /～/) 〖紋章〗 散らし模様の, 小紋散らしの (semé に使用される図形は cross, fleur-de-lis, billet, heart, star など少数の図形に限られている). 〖(1562) ▫ F ～ (p.p.) ← *semer* to sow < L *sēmināre* ← *sēmin-*, *sēmen* seed: cf. semen〗

se·mée-de-lis /-dəlí: | -də-/ *adj.* 〖紋章〗 fleur-de-lis をちりばめた (fleurettée) (cf. France ancient). 〖← F *semée de* (*fleurs de*) *lis* powdered with fleurs-de-lis〗

Se·mei /səméɪ/ *n.* =Semey.

se·mei·og·ra·phy /sì:maɪɑ́(:)grəfi, sèm-, -mi- | sèmaɪɔ́g-, sì:m-, -mi-/ *n.* 〖医学〗 症候学, 症候記載. 〖(1706) ← Gk *sēmeîon* sign+-GRAPHY〗

se·mei·ol·o·gy /sì:maɪɑ́(:)lədʒi, sèm-, -mi- | sèmaɪɔ́l-, sì:m-, -mi-/ *n.* =semiology.

se·mei·ot·ic /sì:maɪɑ́(:)tɪk, sèm-, -mi- | sèmaɪɔ́t-, sì:m-, -mi-ˈ/ *adj.* 〖医学〗 症候(症状)の (semiotic).

se·mei·ot·ics /sì:maɪɑ́(:)tɪks, sèm-, -mi- | sèmaɪɔ́t-, sì:m-, -mi-/ *n.* **1** =semiology 1, 2. **2** 〖医学〗 = symptomatology. 〖← Gk *sēmeiōtikós* significant (← *sēmeîon* sign ← *sêma* sign)+-ICS〗

Sem·e·le /séməli: | -mɪli/ *n.* 〖ギリシャ神話〗 セメレー (Cadmus の娘; Zeus に愛されて Dionysus を生んだが, Hera の計略により Zeus が Hera のもとへ行く時と同じ荘厳な姿で彼女のもとへ来ることを望んだため, Zeus の携えて来た稲妻と雷電に打たれて死んだ). 〖▫ L *Semelē* ▫ Gk *Semélē* ▫ Phrygian *Zemelō* mother of the earth〗

sem·eme /sémi:m, sí:m- | sí:m-/ *n.* 〖言語〗 **1** 形態意味素 (形態素 (morpheme) の意味). **2** 意義素 (semanteme). 〖(1913) ← Gk *sēmaínein* to signify (← *sêma* sign)+-EME〗

se·men /sí:mən | -mən, -mɛn/ *n.* (*pl.* ～**s**, **sem·i·na** /sémənə | sémɪ-/) **1** 〖動物・解剖〗 精液 (sperm). **2** [通例複合語の第 1 構成素として] 〖植物〗 種子 (seed): ～ pedicularis. 〖(*a*1398) ▫ L *sēmen* ← IE **sē(i)*- 'to sow'〗

Se·mën /sèmióʊn, seɪmjóʊn | sèmiɔ́n, seɪmjɔ́n; *Russ.* sʲimʲón/ *n.* セミョン (男性名). 〖▫ Russ. ～: ⇨ Simeon〗

Se·më·nov /sɪmjɔ́(:)nəf, -nɔ(:)f | -mjɔ́nɔf; *Russ.* sʲɪmʲónəf/, **Nikolai Nikolaevich** *n.* セミョーノフ (1896–1986; ソ連の物理・化学者; Nobel 化学賞 (1956)).

Se·me·ru /səméˀru: | -méər-; *Indon.* seméru, sə-/ *n.* スメルー(山) (インドネシアの活火山; Java 島の最高峰 (3,676 m). Semeroe ともいう).

se·mes·ter /sɪméstə | -tə$^{(r)}$/ *n.* **1** 半年間, 6 か月間. **2** (年 2 学期制度の大学などの)半学期, 1 学期 (米国・ドイツの大学などで普通 15–18 週間をいう; cf. quarter A 2 c, term 2 a). **3** 学期 (session). **se·mes·tral** /sɪméstrəl/ *adj.* **se·més·tri·al** /-triəl/ *adj.* 〖(1827) ▫ G *Semester* ▫ L *sēmēstris* half-yearly ← *sex* 'SIX'+*mēnsis* month: ⇨ sex-, menses〗

Se·mey /səméɪ/ *n.* セメイ (カザフスタン共和国, Irtysh 河畔の都市; Semei ともいう; 旧称 Semipalatinsk).

sem·i /sémi, -maɪ | -mi/ *n.* 〖口語〗 **1** 《米・豪》 =semitrailer. **2** 《英口語》 =SEMIDETACHED house. **3** [*pl.*] =semifinal. 〖略〗

sem·i- /sémi, -mɪ, -maɪ | -mi, -mɪ/ *pref.* 名詞・形容詞・副詞に付いて次の意味を表す: **1** 「…の半分; 半…」 (cf. hemi-¹, demi-): *semi*circle, *semi*oval. **2** 〖建築〗 「垂直に 2 分された」: *semi*arch. **3** 「片側の」: *semi*pinnate. **4** 「多少…, 部分的(に)」: *semi*darkness, *semi*official. **5** 「やや[幾分]…の性質を持った」: *semi*porcelain. **6** 「不完全な[に]」: *semi*blind 盲目に近い / *semi*nude. **7** 「(ある期間に) 2 回ある」: *semi*monthly. **8** 「擬似的な; 準…」: *semi*governmental. 〖ME ▫ (O)F ～ // L *sēmi-* half < IE **sēmi-* (OE *sām-*, *sōm-* // Gk *hēmi-* / Skt *sāmi-*)〗

sèmi·abstract *adj.* 〖芸術〗 半抽象の (実在する形態をもとにしながらある程度抽象化したものにいう). **sèmi·abstráction** *n.* 〖1871〗

sèmi-acóustic *adj.* 〈ギターが〉セミアコースティックの (通例 f 字形の穴があり, 中は空洞; ピックアップを 1 基以上搭載する).

sèmi·ánnual *adj.* **1** 半年ごとの, 年 2 回の (half-yearly). **2** 半年続く: a ～ plant 半年生植物. ～**·ly** *adv.* 〖1794〗

sèmi·aquátic *adj.* 〖生物〗 半水生の, 水陸両生の (水中と水辺いずれでも成長できる). 〖1833〗

sèmi·arbóreal *adj.* 〖動物〗 半樹木生の. 〖1938〗

sèmi·árch *n.* 半アーチ (ゴシック様式の飛梁のようにアーチの迫元(せりもと)が一方しかないもの). 〖1823〗

sèmi·árid *adj.* 〈気候・土地が〉雨量が少なく乾燥する, 半乾燥の (年間降水量が 250–500 mm 程度の場合に用いる). **sèmi·arídity** *n.* 〖1898〗

sèmi·áuto *adj.* =semiautomatic 2.

sèmi·áutomated *adj.* 半自動の.

sèmi·automátic *adj.* **1** 半自動式の. **2** 〈小火器が〉自動装填(そうてん)(式)の, 半自動(式)の (空の薬莢の放出, 弾薬筒の装填は自動的に行われるが, 引金は撃つたびに引く小銃). — *n.* 半自動[自動装填]小銃. **sèmi·automátically** *adv.* 〖1890〗

sèmi·autónomous *adj.* (内政問題について)準自治の, 半自治の. 〖1915〗

Sémi-Bántu *n.* セミバンツー語 (ナイジェリア南東部とカメルーンを中心とする西アフリカの言語; バンツー語には属さないがバンツー語の基本特性を備え, 現在では Niger-Congo 語族の Benue-Congo 語派にバンツー語とともに分類されている). — *adj.* セミバンツー語の. 〖1919〗

sèmi·básement *n.* 半地下.

sèmi-bòdy *adj.* 〈ギターが〉ソリッドボディーの (数枚の板を重ね合わせてあり, 空洞がない).

sèmi·bóld *n., adj.* 〖活字〗 セミボールド(の) (ライトフェース (lightface) とボールドフェース (boldface) の中間の太さの活字書体).

sémi·brève *n.* 《英》〖音楽〗 **1** 全音符 (whole note). **2** =semibrevis. 〖*c*1475〗

sémibreve rést *n.* 《英》〖音楽〗 全休符.

sèmi·brévis *n.* 〖音楽〗 セミブレービス (中世・ルネサンス

期定量記譜法の音符または休符の一種; brevis の 1/2 または 1/3 の音価をもつ; 記号 ◇).

sèmi·búll *n.* 〘カトリック〙半上諭《ローマ教皇が選挙されてから就任式までの間に発するもの》.

-se·mic /síːmɪk/〘古典詩学〙「…個の韻律単位から成る」の意の形容詞連結形: decasemic. 〘← LL -*semus* (← Gk *sēmeîon* sign ← *sêma* sign)＋-IC¹〙

sèmi·centénary *adj., n.* ＝semicentennial. 〘1870〙

sèmi·centénnial *adj.* **1** 50 年目の, 50 年ごとの. **2** 五十年祭の. —— *n.* 五十年記念日; 五十年祭. 〘1859〙

sèmi·chórus *n.* 〘音楽〙 **1** セミコーラス, 小合唱《合唱隊の半数またはそれ以下の人数で歌うこと》. **2** 小人数の合唱のための楽曲[部分]. 〘(1797) ← NL ～ □ Gk *hēmichorion*〙

sémi·cìrcle *n.* **1 a** 半円(形). **b** 半円周. **2** 半円形の物. **3** 半円規. 〘(1526) □ L *sēmicirculus*: ⇨ semi-, circle〙

sèmi·círcular *adj.* 半円(形)の. **～·ly** *adv.* **～·ness** *n.* 〘(?a1425) □ ML *sēmicirculāris*: ⇨ ↑, circular〙

semicírcular canál *n.* 〘解剖〙(耳の)半規管《内耳にある身体の平衡感覚をつかさどるループ状の器官》: the three ～*s* 三半規管. 〘(1748): ⇨ ↑, canal〙

sèmi·circúmference *n.* 半円周. 〘1661〙

sèmi·cívilized *adj.* 半文明の, 半未開の. 〘1836〙

sèmi·clássic *n.* (文学·音楽などの)準古典作品, セミクラシックな作品. —— *adj.* ＝semiclassical. 〘1843〙

sèmi·clássical *adj.* **1** 準古典的な, セミクラシックな《音楽ではクラシックとポピュラーまたはジャズの中間的なものをいう; 文学は大衆文学的傾向をもつ作品についていう》. **2** 二流の: a ～ theory. **3** 〘物理〙半古典的な《古典力学と量子力学の中間的な手法をいう》. 〘1904〙

sèmi·cóke *n.* 半成コークス《石炭を低温乾留して得られる無煙半成コークス; 家庭用燃料に用いられる》. 〘1918〙

sem·i·co·lon /sémɪ̀kòulən, -maɪ- | sèmɪkóulən, -lɒn, ⌐ー⌐ー/ *n.* セミコロン (;)《句読点の一種; その機能は大体 (.) と (,) との中間; 重文の独立節のような文の大きな構成単位同士を結びつける》. 〘1644〙

sèmi·colónial *adj.* 半植民地的な《独立してもまだ現実には外国支配を受けている状態, または原料を輸出し製品を輸入する外国依存の状態をいう》: a ～ country / a ～ economy. **～·ism** /-lìzm/ *n.* 〘1932〙

sèmi·còlony *n.* 半植民地(的国家). 〘1945〙

sèmi·cóma *n.* 亜昏睡, 半昏睡. 〘1897〙

sèmi·cómatose *adj.* 軽い昏睡状態の, 半昏睡の, 昏睡の十分でない. 〘1878〙

sèmi·commércial *adj.* 半商業的な, 実験的商品の市場の[に適した]. 〘1926〙

sèmi·condúcting *adj.* 〘電気〙半導体の, 半導性の. 〘1782〙

sèmi·condúction *n.* 〘電気〙半導性.

sèmi·condúctive *adj.* 〘電気〙 ＝semiconducting. 〘1953〙

sem·i·con·duc·tor /sèmikəndʌ́ktə, -mɪ-, -maɪ- | sèmikəndʌ́ktə^r, -mɪ-/ *n.* 〘電気〙半導体《電気の伝導度が普通の温度で金属と絶縁体との中間の物質; cf. conductor 2 a》. 〘1838〙

sèmi·cónscious *adj.* 半ば意識的な (half-conscious); 意識の十分でない, 多少意識のある. **～·ly** *adv.* **～·ness** *n.* 〘1839〙

sèmi·consérvative *adj.* 〘生物〙(母型)半有方式の, 半保存的な《もとの分子の鎖が, まとめてというよりは個々に保存される再生形態をいい, DNA 分子などに関して使われる》. **～·ly** *adv.* 〘1957〙

sèmi·crýstalline *adj.* 半結晶性の, 部分的に結晶している. 〘1816〙

sèmi·cýlinder *n.* 半円筒. **sèmi·cylíndri·cal** *adj.* 〘1666〙

sèmi·dárkness *n.* 薄暗がり. 〘1849〙

sèmi·dèmi·sémiquaver *n.* 《英》〘音楽〙 ＝hemidemisemiquaver. 〘1826〙

sèmi·depónent *adj.* 〘ギリシャ·ラテン文法〙半異態の《現在時制では能動形, 完了時制では(能動の意味をもつ)受動形をもつ動詞についていう》. 〘1888〙

sèmi·dérelict *adj.* なかば放棄された.

sèmi·désert *n.* 半砂漠《植物のまばらな乾燥地域で, 砂漠と草林地との中間地帯》. 〘1849〙

sèmi·detáched *adj.* **1** 半分離れた, 一部分離れた (partly detached). **2** 《英》〈家が〉仕切り壁で続いているが独立した, 準独立の: a ～ house 準独立住宅, 2 戸建て住宅 (duplex house)《2 軒全体でひとまとまりの外観を構成した長屋式住宅》. —— *n.* 《英》 ＝SEMIDETACHED house. 〘1859〙

sèmi·diámeter *n.* **1** 半径 (radius). **2** 〘天文〙(月などの)天体の半径. 〘1551〙

sèmi·díesel èngine *n.* 〘機械〙焼玉機関《燃焼室の一部に高温部を設け, その助けによって点火を起こす圧縮点火式機関》. 〘1911〙

sèmi·diúrnal *adj.* **1** 半日の, 半日間の. **2** 1 日 2 回起こる. **3** 〈潮汐(ちょうせき)が〉半日にほぼ 1 回ある. 〘1594〙

sèmi·divíne *adj.* 半神の. 〘1600〙

sèmi·documéntary *n., adj.* 〘映画〙セミドキュメンタリー映画(の), 半記録的映画(の)《ドキュメンタリー映画の手法で作られた劇映画》. 〘1939〙

sémi·dòme *n.* 〘建築〙(後陣 (apse) などの)半ドーム. 〘1788〙

sèmi·doméstic *adj.* ＝semidomesticated. 〘1859〙

sèmi·domésticated *adj.* 〈野生動物が〉半ば飼いならされた. 〘1847〙

sèmi·domesticátion *n.* (動物園などでの野生動物の)半飼育状態. 〘1835〙

sèmi·dóminance *n.* 〘生物〙半優性 (⇨ incomplete dominance). **sèmi·dóminant** *adj.*

sèmi·dóuble *adj.* 〘植物〙半八重の《外側雄蕊だけが花弁状に変形したものをいう》: a ～ daisy. 〘1720〙

sèmi·drý *adj.* 適度に[ほどよく]乾燥した. 〘1878〙

sèmi·drýing *adj.* 〈綿実油などゆっくり乾燥する, 完全に乾燥せずどろどろになる, 半乾性の. 〘1905〙

sèmi·dúrable góods *n. pl.* ＝semidurables.

sèmi·dúrables *n. pl.* (衣服や家具など)準耐久消費財.

sèmi·ellípse *n.* 〘数学〙半楕円《楕円を長径で半分に切ったもの》. **sèmi·ellíptic** *adj.* **sèmi·ellíp·tical** *adj.* 〘1733〙

sèmi·eréct *adj.* **1** 〈霊長類など半[不完全]直立の: ～ primates. **2** (長さの)半分直立した: a ～ stem. 〘1822〙

sèmi·évergreen *adj.* 〘植物〙 ＝half-evergreen. 〘1901〙

sem·i·fi·nal /sèmifáɪnl̩, -mɪ- -maɪ- | -mi-, -mɪ-⌐/ *adj.* **1** (競技などの)準決勝の (cf. quarterfinal). **2** 最後から 2 番目の. **3** (ボクシングなどで)セミファイナルの《その日の試合のうちで 2 番目に主要な》. —— *n.* **1 a** (トラック競技などで)決勝進出者を決めるための競技. **b** [通例 *pl.*] (競技などの)準決勝. **2** (ボクシングなどの)セミファイナル. 〘1884〙

sèmi·fínalist *n.* 準決勝[セミファイナル]出場選手[チーム]. 〘(1898) ← ↑＋-IST〙

sèmi·fínished *adj.* **1** 半ば[一部]完成した. **2** 〈製品が〉完成直前の状態にある, ほぼ完成した; 〈鋼鉄が〉半仕上げの. 〘1902〙

sèmi·fítted *adj.* セミフィットの《衣服が適度に体にフィットしている状態をいう》. 〘1950〙

sèmi·fléxible *adj.* **1** やや柔軟な. **2** 〘製本〙(芯があまり厚くないため)〈本の表紙が〉セミフレキシブルの. 〘1925〙

sèmi·flóating *adj.* 〘自動車〙〈車軸が〉半浮動式の.

sèmi·flúid *adj.* 半流動体の (viscous). —— *n.* 半流動体 (semiliquid). **sèmi·fluídity** *n.* 〘1731〙

sèmi·fórmal *adj.* **1** 準公式[正式]の. **2** 〈衣服が〉準正装の, 略式の, セミフォーマルの. 〘1906〙

sèmi·fóssil *adj.* 完全に化石になっていない, 半化石の. 〘1896〙

sèmi·glóbular *adj.* 半球形の (hemispheric). 〘(1721): ⇨ globe〙

sémi·glòss *adj.* 〈エナメル·ペンキなど〉半光沢の. 〘1937〙

sémi·gòd *n.* 半神, 半神半人 (demigod). 〘(a1464) (部分訳) ← L *sēmideus* ← Gk *hēmítheos*〙

sèmi·governméntal *adj.* ある行政機能[権限]をもつ: a ～ bank. 〘1947〙

sémi·gròup *n.* 〘数学〙半群《乗法が定義され, それが結合法則をみたすような集合》. 〘1904〙

sèmi·hárd *adj.* ほどよい[適度な]固さの, 半硬の: ～ steel 半硬鋼. 〘1811〙

sèmi·independént *adj.* 半独立の; (特に)準自治の. 〘1860〙

sèmi·indiréct *adj.* 〈照明が〉半間接の: a ～ lamp. 〘1914〙

sèmi·indiréct líghting *n.* 〘電気〙半間接照明.

sèmi·ínfinite *adj.* 半無限の《一方は有限で一方だけ無限に延長することにいう》.

sèmi·ínvalid *adj., n.* 半病人(の), 軽度障害者(の).

sèmi·légendary *adj.* 半伝説的な. 〘1878〙

sèmi·léthal *n.* 〘生物〙半致死(性)突然変異《致死作用がすべての個体におよばず一部が生き残る突然変異》 —— *adj.* 〘生物〙半致死(性)の: a ～ gene 半致死遺伝子. 〘1917〙

sèmi·líquid *adj., n.* ＝semifluid. 〘1684〙

sèmi·líterate *adj., n.* **1** (初歩的な)読み書きがかろうじてできる(人). **2** 読めるが書くことはできない(人). **3** 狭い知識[理解力]の(人). **sèmi·líteracy** *n.* 〘1927〙

Sé·mil·lon /sèmijoún | sèmijɔ́ː(ŋ), seɪm-, -jɔ́ːŋ; *F.* semijɔ̃/ *n.* 〘園芸〙セミヨン種《フランスの Gironde 県およびアルジェリアで栽培する, ボルドーワインの原料になるブドウの一品種》. 〘(1875) □ F *sémilion*《変形》← (方言) *semilhoun* ← OProv. *semilhar* to som ← *seme* seed: cf. semen〙

sémi·lòg *adj.* 〘数学〙 ＝semilogarithmic. 〘(1921) 《短縮》↓〙

sèmi·logaríthmic *adj.* 〘数学〙半対数の《一方が対数目盛で, 他方が等間隔の目盛になっている方眼紙, またはそれを使って書いたグラフについていう》. 〘1919〙

sèmi·lúnar *adj.* 半月状の, 三日月状の (crescent). —— *n.* 〘解剖〙(腕関節の)半月形骨《(semilunar bone ともいう)》. 〘(1597) ← NL *sēmilūnāris*: ⇨ semi-, lunar〙

sémi·lùnar cártilage *n.* 〘解剖〙(膝関節内の)月状軟骨, 関節半月, (俗に)半月板. 〘1873〙

sémilunar válve *n.* 〘解剖〙(大動脈·肺動脈の)半月弁《血液が心臓内部へ逆流するのを防ぐ弁》. 〘1719〙

sèmi·lústrous *adj.* やや光沢のある, 半光沢の. 〘1953〙

sèmi·májor áxis *n.* 半長径《楕円の長軸の半分》. 〘1899〙

sèmi·manufáctures *n. pl.* (鋼鉄·ゴムなど)半仕上げ製品. 〘1935〙

sèmi·mát *adj.* (*also* **semi·matt, semi·matte** /～/) 〘製紙〙〈紙など〉半つやの, 半光沢の. 〘1937〙

sèmi·métal *n.* 〘化学〙(ヒ素·アンチモン·テルルなどの)半金属 (metalloid)《金属的性質を幾分備えていながら圧力によって成形できない化学物質》. **sèmi·metállic** *adj.* 〘(1661) ← NL *sēmimetallum*〙

sèmi·mícro *adj.* 〘化学〙セミミクロの, 半微量の. 〘1935〙

sèmi·microanálysis *n.* 〘化学〙半微量分析. 〘1951〙

sèmi·mínor áxis *n.* 半短径《楕円の短軸の半分》. 〘1909〙

sèmi·móist *adj.* やや湿った. 〘1903〙

sèmi·monástic *adj.* 修道院風の. 〘1911〙

sèmi·mónocoque *n.* 〘航空〙半張殻(はんちょうかく), セミモノコック(構造)《飛行機の機体のように軸力を受け持つ縦通材と剪断(せんだん)および引っ張りを受け持つ薄板から成る構造; cf. monocoque 2》. 〘1918〙

sèmi·mónthly *adj.* 半月ごとの; 月 2 回の (cf. bimonthly): a ～ journal. —— *n.* **1** 月に 2 回起こるもの. **2** 隔週刊誌[紙, 出版物], セミマンスリー. —— *adv.* 半月ごとに; 月 2 回(に). 〘1851〙

sèmi·mýstical *adj.* 幾分神秘(主義)的な. 〘1890〙

semina *n.* semen の複数形.

se·mi·nal /sémənl̩ | sémɪ̀-, síːm-/ *adj.* **1** これから発達する, 発展の可能性のある, 将来性のある; 独創的な: in the ～ state これから発達する状態で / a ～ mind. **2 a** 〘解剖·動物〙精液の[を含む, から成る]: ～ glands 精巣. **b** 〘植物〙種子の[を含む, から成る] (germinal): a ～ leaf 子葉. **3 a** 繁殖する, 生殖の (generative): ～ power 生殖力. **b** 生産的な (productive); 有力な (potential); 含蓄のある (pregnant): ～ thoughts. **sèm·i·nál·i·ty** *n.* **～·ly** *adv.* 〘(a1398) □ (O)F *séminal* □ L *sēminālis* ← *sēmin-*, *sēmen* seed: ⇨ semen, -al¹〙

séminal dúct *n.* 〘解剖·動物〙(輸)精管. 〘1909〙

séminal emíssion *n.* 〘生理〙射精 (ejaculation). 〘1858〙

séminal flúid *n.* 〘解剖·動物〙精液 (semen). 〘1929〙

séminal recéptacle *n.* 〘動物〙受精嚢《昆虫その他無脊椎動物の雌が雄から得た精子を受精まで蓄えておく小袋》.

séminal vésicle *n.* 〘解剖·動物〙(貯)精嚢 (⇨ reproductive system 挿絵). 〘1890〙

sem·i·nar /sémənɑ̀ə | -mɪ̀nɑː^r/ *n.* **1** (指導教授の下で特殊研究をする)大学の研究グループ, セミナー, ゼミナール. **2** 《米》研究会. **3 a** (大学院などの)研究科. **b** (セミナーの)研究室. 〘(1889) □ G ～ □ L *sēminārium*: ⇨ seminary〙

sem·i·nar·i·an /sèmənέ(ə)riən | -mɪ̀néər-/ *n.* 〘カトリック〙 **1** 神学校の生徒, 神学生. **2 a** (神学校で教育を受けた)宣教師. **b** ＝seminary priest. 〘(1584) ← SEMINARY＋-AN¹〙

sem·i·nar·ist /sémənər̀ɪst | -mɪ̀nərɪst/ *n.* ＝seminarian. 〘(1583): ⇨ ↓, -ist〙

sem·i·nar·y /sémənèri | -mɪ̀nəri/ *n.* **1** (キリスト教各派の)神学校. **2** 《まれ》学校, 学院. ★ 以前は school の代わりに気取って用いられたが, 今は特に, 女子の学校以外にはあまり用いられない (cf. academy): a ～ for young ladies 女子専門学校. **3** 《米》 ＝seminar 1. **4** (ある事の)発源地, 育成場 (nursery); 温床 (hotbed): a ～ of revolution [vice] 革命の発源地[悪の温床]. **sèm·i·nár·i·al** *adj.* 〘(?1440) □ L *sēminārium* seed-plot (neut.) ← *sēminārius* of seed ← *sēmin-*, *sēmen* seed: ⇨ semen, -ary〙

séminary príest *n.* 〘カトリック〙渡英宣教師 (16–17 世紀にフランスなどで教育を受け渡英して伝道した). 〘1582〙

sem·i·nate /sémənèɪt | -mɪ̀-/ *vt.* 《まれ》〈種を〉まく (inseminate). **sem·i·na·tion** /sèmənéɪʃən | -mɪ̀-/ *n.* 〘(1535) ← L *sēminātus* (p.p.) ← *sēmināre* to sow ← *sēmin-*, *sēmen*: ⇨ semen, -ate³〙

sem·i·nif·er·ous /sèmənífərəs | -mɪ̀-⌐/ *adj.* **1** 〘解剖〙精液を生じる; 輸精の: ～ tubes (輸)精管. **2** 〘植物〙種子を生じる. 〘(1692) ← L *sēmin-*, *sēmen* 'SEED' ＋-I-＋-FEROUS〙

séminiferous túbule *n.* 〘解剖·動物〙細精管, 精細管. 〘1860〙

sem·i·niv·or·ous /sèmənívərəs | -mɪ̀-⌐/ *adj.* 〘動物〙〈鳥など〉種子を食用[餌]にしている. 〘(1688) ← L *sēmin-*, *sēmen* 'SEMEN'＋-I-＋-VOROUS〙

Sem·i·nole /sémənòul | -mɪ̀nəul/ *n.* (*pl.* ～, ～**s**) **1 a** [the ～(s)] セミノール族《アメリカインディアン Creek 族の支族; もと Florida 州にいたが, 今は Oklahoma 州に居住》. **b** セミノール族の人. **2** セミノール語《セミノール族の話すクリーク語》. —— *adj.* セミノール族[人]の. 〘(1763) □ Creek *Simanóli*《原義》runaway ← Am.-Sp. *cimarrón* wild: cf. maroon²〙

sem·i·no·ma /sèmənóumə | -mɪ̀nə́u-/ *n.* (*pl.* ～**s**, **-ma·ta** /～tə | ～tə/) 〘病理〙セミノーム, 精上皮腫《睾丸の悪性腫瘍》. 〘(1919) ← NL ～ ← L *sēmin-*, *sēmen* 'SEMEN'＋-OMA〙

sèmi·nómad *n.* 半遊牧民. **sèmi·nomádic** *adj.* 〘(1934): ⇨ nomad〙

seminomata *n.* seminoma の複数形.

sèmi·núde *adj.* 裸同然の, セミヌードの. **sèmi·núdity** *n.* 〘1849〙

sèmi·occásional *adj.* めったにない, 時折の. **～·ly** *adv.* 〘1850〙

sè·mio·chémical /sìːmiou-, sèm- | -miə(ʊ)-/ *n.* 〘生化学〙信号[情報]化学物質《フェロモンなど》. 〘←

S

semio- (← Gk *sēmeîon* sign, mark)＋CHEMICAL〗
sèmi·official *adj.* 半公式の, 半官的な: a ~ gazette [organ] 半官報 / a ~ statement 半官的声明. **~·ly** *adv.* 〖1806〗
se·mi·og·ra·phy /sìːmaɪɑ́(ː)grəfi, sèm-, -mi- | sèmaɪɔ́g-, -sìːm-, -mi-/ *n.* ＝semeiography.
sè·mi·ól·o·gist /-dʒɪ̀st | -dʒɪst/ *n.* 記号論[学]者.
se·mi·ol·o·gy /sìːmiɑ́(ː)lədʒi, sèm-, sìːmaɪ- | sèmiɔ́l-, sìːm-/ *n.* **1** 記号論[学] (⇨ semiotic). **2** 記号言語 (sign language). **3** 〖医学〗＝symptomatology.
se·mi·o·log·ic /sìːmiəlɑ́(ː)dʒɪk, sèm-, sìːmaɪ- | sèmiəlɔ́dʒ-, sìːmi-ˈ/ *adj.* **sè·mi·o·lóg·i·cal** /-dʒɪ̀kəɫ, -kɫ | -dʒɪ-ˈ/ *adj.* 〖(1694) ← NL *semaeologia* ← Gk *sēmeîon* sign ← *sêma*: ⇨ -logy〗
sèmi·ópal *n.* 〖鉱物〗半蛋白石, 無乳光蛋白石, セミオパール《宝石に用いる》. 〖(1794)《部分訳》← G. *halbopal*〗
sèmi·opáque *adj.* ほとんど不透明の, 半透明の. 〖1691〗
sèmi·ópera *n.* 〖音楽〗セミオペラ《17 世紀末から 18 世紀初頭の英国で流行した演劇の一種; masque の影響を受けて, 脇役を中心とした音楽場面が設けられている; Henry Purcell の *The Fairy Queen* (1692) などが有名》.
sem·i·o·sis /sìːmióʊsɪ̀s, sèm-, -maɪ- | sèmiə́ʊsɪs, sìːm-/ *n.* (*pl.* **-o·ses** /-siːz/) 〖言語・論理〗記号過程, 記号現象《ある物事が有機体に記号としてはたらく過程》. 〖(*c*1907) ← NL *sēmiōsis* ← Gk *sēmeíōsis* observation of signs ← *sēmeioûn* (↓): ⇨ -osis〗
sem·i·ot·ic /sìːmiɑ́(ː)tɪk, sèm-, sìːmaɪ- | sèmiɔ́t-, sìːm-ˈ/ *adj.* **1** 〖医学〗＝semeiotic. **2** 〖言語〗記号の; 記号論[学]の. — *n.* 〖言語・論理〗＝semiotics.
sèm·i·ót·i·cal /-tɪ̀kəɫ, -kɫ | -tɪ-ˈ/ *adj.* **sè·mi·o·tí·cian** /-miətɪ́ʃən/ *n.* 〖(1625) ◻ Gk *sēmeiōtikós* observant of signs ← *sēmeioûn* to observe signs ← *sēmeîon* sign: ⇨ -otic[1] 2〗
se·mi·ot·ics /sìːmiɑ́(ː)tɪks, sèm-, sìmaɪ- | sèmiɔ́t-, sìːm-/ *n.* 〖言語・論理〗記号論[学]《自然言語・諸二次言語および広く諸文化現象などを記号体系とみなして, その構造・機能を研究する理論; 構文論 (syntactics), 意味論 (semantics), 語用論 (pragmatics) の 3 分野に分けられる; cf. syntax 2》. 〖(1880): ⇨ ↑, -ics〗
sèmi·ovíparous *adj.* 〖動物〗半胎生の, 半卵生の《有袋類のように, 発生の初期のみ胎生のものをいう》. 〖(1897): ⇨ OVIPAROUS〗
Se·mi·pa·la·tinsk /sèmɪpəlǽːtɪnsk | -pælǽtɪnsk; *Russ.* sʲɪmʲɪpalátʲɪnsk/ *n.* セミパラチンスク《Semey の旧称》.
sèmi·pálmate *adj.* 〖動物〗〈鳥が〉半蹼(ぼく)足の: a ~ foot. **sèmi·palmátion** *n.* 〖(1828–32): ⇨ palmate〗
sèmi·pálmated *adj.* 〖動物〗＝semipalmate. 〖1785〗
sémipàlmated plóver *n.* 〖鳥類〗ヒメハジロコチドリ (*Charadrius semipalmatus*)《北米の北極圏で繁殖するチドリ科の鳥》.
sémipalmated sándpiper *n.* 〖鳥類〗北米に広く分布する小形のシギの一種 (*Calidris pusilla*).
sèmi·parábola *n.* 〖数学〗半放物線《放物線を頂点で二つに分けた半分》. 〖1656〗
S
sèmi·párasite *n.* 〖生物〗半寄生生物 (hemiparasite).
sèmi·parasític *adj.* 〖生物〗半寄生の: **1** 同時に光合成も行う. **2** 通例生体に寄生するが死体にも寄生する菌類などについていう. 〖1878–80〗
sèmi·párasitism *n.* 〖生物〗半寄生.
Sèmi-Pelágian *adj.* 修正ペラギウス主義(者)の. — *n.* 修正ペラギウス主義者. 〖(1626) ◻ ML *Sēmipelagiānus*: ⇨ semi, Pelagian〗
Sèmi-Pelágianism *n.* 〖神学〗修正[半]ペラギウス主義《原罪説を否定した Pelagius の神学論を緩和したもので, 5–6 世紀ごろ Gaul 地方の司祭および修道士らにより樹立された神学体系; 529 年オランジュ (Orange) 会議で異端とされた》. 〖(1626): ⇨ ↑, -ism〗
sèmi·pérmanent *adj.* **1** 半永久的な. **2** 際限なく続く. 〖1890〗
sèmi·pérmeable *adj.* 半透性の《小さな分子は透過するが大きな分子は通さない》: a ~ membrane 半透性膜. **sèmi·permeabílity** *n.* 〖1888〗
sèmi·plástic *adj.* 半塑性の. 〖1853〗
sèmi·plúme *n.* 〖鳥類〗半綿羽(毛)《正羽と綿羽の中間の形態を示す羽毛で羽軸と羽枝をもつが羽枝に鉤がなく, 綿羽のようにふわふわしている》.
sèmi·pólar *adj.* 〖化学〗半極性の.
sémipòlar bónd *n.* 〖化学〗半極性結合, 配位結合《semipolar double bond ともいう》.
sèmi·polítical *adj.* 半政治的な, 少々政治的な. 〖1857〗
sèmi·pórcelain *n.* 〖窯業〗半磁器《陶器と磁器の性質を共に有する焼物の一種; 陶器よりも融剤の量が多いので一層焼き締まっているが, 完全磁器化していない》. 〖1880〗
sèmi·póstal *adj.* 《米》〖郵趣〗〈郵便切手が〉付加金付きの. — *n.* 付加金付き郵便切手《charity stamp, semipostal stamp ともいう》. 〖1927〗
sèmi·précious *adj.* 準宝石の, 半貴石[宝石]の. 〖1890〗
sémiprècious stóne *n.* 準宝石, 半貴石[宝石]《水晶類・ザクロ石など; cf. precious stone》. 〖1905〗
sèmi·prívate *adj.* 〈病室・患者などが〉半個室の《共同病室と個室の中間で通例他に 1–3 人の患者がいるものについていう》: a ~ room [patient]. 〖1876〗
sémi·prò 《口語》*adj.*, *n.* ＝semiprofessional. 〖(1908) 略〗
sèmi·proféssional *adj.* **1** 半職業的な: a ~ athlete [player] 半職業的な運動選手, セミプロ. **2** 〈業務など〉準専門的な. — *n.* セミプロ選手. **~·ly** *adv.* 〖1897〗
sémi-próne posìtion *n.* 《英》〖医学〗＝recovery position.
sèmi·públic *adj.* **1** 半公共的な; 半官半民の: a ~ institution. **2** 〈会合など〉半公開的な: a ~ meeting. 〖1804〗
sèmi·púpa *n.* 〖昆虫〗半さなぎ.
sèmi·quántitative *adj.* 〖物理〗半定量的な. **~·ly** *adv.* 〖1927〗
sémi·quàver *n.* 《英》〖音楽〗十六分音符 (sixteenth note). 〖(1576): ⇨ quaver〗
sémiquaver rést *n.* 《英》〖音楽〗十六分休(止)符.
sèmi·quinóne *n.* 〖化学〗セミキノン《ヒドロキノンの酸化で得られる反応中間体》. 〖(1931): ⇨ quinone〗
Se·mir·a·mis /sɪ̀mírəmɪ̀s | sɪ̀mírəmɪs, sɛ-/ *n.* 〖ギリシャ伝説〗セミーラミス《Assyria の美しく賢明な女王で Babylon の創建者; cf. Ninus[1]》. 〖◻ L *Semīramis* ◻ Gk *Semíramis*〗
sèmi·relígious *adj.* 半宗教的な, いくらか宗教的[敬虔]な. 〖1864〗
sèmi·retíred *adj.* (老齢・病気で)非常勤[パートタイム]で働く, 嘱託で働く. **sèmi·retírement** *n.* 〖1937〗
sèmi·rígid *adj.* **1** 半剛体の, 部分的に剛体の. **2** 〖航空〗半硬式の: a ~ dirigible [airship] 半硬式飛行船. 〖1908〗
sèmi·róund *adj.* 半球形[状]の.
sèmi·rúral *adj.* やや田園風な, 半ば田舎的な. 〖1835〗
se·mis /séɪmɪ̀s, síː- | -mɪs/ *n.* セミス《古代ローマの銅貨》: **1** ½ アス (as) 貨 (重さは 6 オンス). **2** ローマの帝政期の ½ アウレウス (aureus) 貨. **3** ½ ソリドゥス (solidus) 貨. 〖(1853) ◻ L *sēmis*: ⇨ semi-, as[2]〗
sèmi·sácred *adj.* ＝semireligious. 〖1898〗
sèmi·sávage *adj.* 半野蛮の. — *n.* 半野蛮人. 〖1807〗
sèmi·sécret *adj.* 公然の秘密の, 半秘密の. 〖1917〗
sèmi·sédentary *adj.* 半定住の: ~ tribes. 〖1930〗
sèmi·sérious *adj.* 半ばまじめな. **~·ly** *adv.* **~·ness** *n.* 〖1840〗
sémi·shrùb *n.* ＝undershrub.
sèmi·skílled *adj.* **1** 〈職工など〉半熟練の. **2** 〈仕事が〉ある程度の訓練が必要な. 〖1916〗
sémi-skímmed *adj.* 《英》〈牛乳が〉低脂肪の. — *n.* 低脂肪牛乳 (《米》two-percent milk).
sémi·smìle *n.* 半笑い, かすかな笑み. 〖1841〗
sèmi·sóft *adj.* 〈チーズなど〉中程度の軟かさの, 半軟質の. 〖1903〗
sèmi·sólid *adj.* 〈物質が〉半固体の. — *n.* 半固体の物質. 〖1834〗
sèmi·sphéric *adj.* 半球状の (hemispheric).
sèmi·sphérical *adj.* ＝semispheric. 〖1661〗
sèmi·stéel *n.* 〖冶金〗セミスチール, 鋼性鋳鉄. 〖1858〗
sèmi·submérsible ríg *n.* (石油の)半潜水型掘削装置, 半潜水型リグ《単に semisubmersible ともいう》.
sèmi·subterránean *adj.* 〈家屋など〉半地下式の.
sèmi·swéet *adj.* 〈菓子・チョコレートなど〉甘みを抑えた, わずかに甘い, セミスイートの: a ~ cake. 〖1943〗
sèmi·synthétic *adj.* 〖化学〗**1** 半合成の. **2** 天然物を化学的に加工して作られる: a ~ fiber. 〖1937〗
Sem·ite /sémaɪt | síːm-, sém-/ *n.* **1** セム人《Noah の息子 Shem の子孫 (cf. *Gen.* 10: 21–32) と称されるHebrews, Arabs と Arameans, Babylonians, Carthaginians, Ethiopians, Phoenicians などの諸人種を含む; cf. Hamite 2》. **2** ユダヤ人 (Jew). 〖(1848) ← NL *Sēmīta* ← LL *Sēm* Shem ◻ Gk *Sḗm* ◻ Heb. *Šēm*: Shem, ⇨ -ite[1]〗
sèmi·terréstrial *adj.* 〖生態〗沼地生の; 半陸地生の. 〖1919〗
Se·mit·ic /sɪ̀mítɪk, -mét- | sɪ̀mít-, sɛ-/ *adj.* **1 a** セム人種の, セム系統の. **b** ユダヤ人の (Jewish). **2** セム系諸語の. — *n.* **1** セム語(族)《Hebrew, Amharic, Aramaic, Arabic, Ethiopic を含む》. **2** ＝Semite. 〖(1813) ← NL *sēmīticus* ← *sēmīta*: ⇨ -IC[1]〗
Se·mit·i·cist /sɪ̀mítəsɪ̀st | sɪ̀mítɪ̀sɪst, sɛ-/ *n.* ＝Semitist.
se·mit·i·cize, S- /sɪ̀mítəsàɪz | sɪ̀mítɪ̀-, sɛ-/ *vt.* ＝semitize.
Semític lánguages *n. pl.* [the ~] セム系諸語《Hebrew, Arabic および Akkadian, Amharic, Aramaic, Ethiopic などを含む》. 〖1827〗
Se·mit·ics /sɪ̀mítɪks | sɪ̀mít-, sɛ-/ *n.* セム学《セム系諸語および文学・歴史研究》. 〖(1895): ⇨ Semitic, -ics〗
Sem·i·tism /sémətɪzm | -mɪ̀-/ *n.* **1** セム風, (特に)ユダヤ風, ユダヤ人気質. **2** セム語法[風]. **3** [s-] ユダヤ人びいき. 〖(1851) ← SEMIT(E)＋-ISM〗
Sém·i·tist /-tɪ̀st | -tɪst/ *n.* **1** セム学者. **2** [s-] ユダヤ人びいきの人. 〖(1885) ← SEMITE＋-IST〗
sem·i·tize, S- /sémətàɪz | -mɪ̀-/ *vt.* 〈言語などを〉セム[ユダヤ]風にする; ユダヤ教化する. 〖(1869) ← SEMITIC＋-IZE〗
Sem·i·to- /sémətoʊ | -mɪ̀təʊ/「セム[ユダヤ]人(の)」の意の連結形: *Semito*-Hamitic. 〖← SEMITIC: ⇨ -o-〗
Sémito-Hamític *n.* セム-ハム語族《Afro-Asiatic 語族の旧称》. — *adj.* セム-ハム語族の. 〖1879〗
sèmi·tónal *adj.* 〖音楽〗半音(階)の. **~·ly** *adv.* 〖(1863) ← ↑＋-AL[1]〗
sémi·tòne *n.* 〖音楽〗半音《音階組織における最小単位, 全音 (tone) の半分の音程をもつ; halftone, half step ともいう》: a diatonic ~ 全音階的半音《ホ－ヘなど》/ a chromatic ~ 半音階的半音《ハ－嬰ハなど》/ an equal [a small] ~ 平均率[小]半音《平均率では 12 の半音はすべて等しいが, 他の音律では半音の幅は異なる》. 〖1609〗
sèmi·tónic *adj.* 〖音楽〗＝semitonal. **sèmi·tónically** *adv.* 〖(1728) ← SEMITONE＋-IC〗
sémi·tràiler *n.* セミトレーラー: **1** 後車軸しかなく, 前部を連結部分で牽引車 (tractor) の後部にもたせかける構造のトレーラー (cf. full trailer). **2** 牽引車 (tractor) にセミトレーラーを連結したもの. 〖1919〗
sèmi·translúcent *adj.* 半透明の, やや透明の. 〖1832〗
sèmi·transpárent *adj.* 半透明の. **sèmi·transpárency** *n.* 〖1793〗
sèmi·trópic *adj.* ＝semitropical. 〖1853〗
sèmi·trópical *adj.* 亜熱帯の (subtropical). 〖1856〗
sèmi·trópics *n. pl.* 亜熱帯地方 (subtropics). 〖1908〗
sèmi·túbular *adj.* 半管状の.
sèmi·úncial *adj.* 〈書法が〉半アンシアルの. — *n.* 半アンシアル (half uncial); 半アンシアル文字[書法]. 〖1734〗
sèmi·vítreous *adj.* 〖窯業〗セミビトレアスの《吸水率 0.3–10% の素地(きじ)をいう》. 〖(1782): ⇨ VITREOUS〗
sèmi·vócal *adj.* 〖音声〗半母音 (semivowel) の. **sèmi·vocálic** *adj.*
sémi·vòwel *n.* **1** 〖音声〗半母音《音声的性質は母音であるが, 音節主音でないため子音的なはたらきをする音; 英語の /j/ /w/, /r/ など; cf. glide *n.* 5》. **2** 半母音字《y, w, 時として r などをいう》. 〖1530〗
sèmi·wáter gàs *n.* 〖化学〗半水性ガス. 〖1910〗
sèmi·wéekly *adj.* 週 2 回の (cf. biweekly). — *n.* 週 2 回の刊行物, セミウィークリー. — *adv.* 週に 2 回 (twice a week). 〖1791〗
sémi·wòrks *n. pl.* 〖商業〗(製品の市場受容性をテストするために)実験的スケールで製造をしている工場. 〖1926〗
sèmi·yéarly *adj.* 年 2 回の. — *n.* 年 2 回刊行物. — *adv.* 年 2 回に. 〖1928〗
Sem·mel·weis /sémәlvàɪs, zém-, -mɫ-; *G.* zéml̩vàɪs/, **Ig·naz** /ígnaːts, ─ˊ/ **Philipp** *n.* ゼンメルバイス (1818–65; ハンガリーの産科医; 産科の防腐・消毒処置法の先駆者).
sem·mit /sémɪt, sém-/ *n.* 《スコット》肌着 (undershirt). 〖(1456) ← ?〗
sem·o·li·na /sèməlíːnə/ *n.* セモリナ《硬質小麦 (durum wheat) の粗粉 (middling) から作る上質小麦粉; マカロニやプディングなどに用いる》. 〖(1797) ◻ It. *semolino* (dim.) ← *semola* bran《変形》← L *simila* finest wheat flour ← ?Sem.: ⇨ simnel〗
Sem·pach /zémpaːk; *G.* zémpax/ *n.* ゼンパッハ《スイス中央部 Lucerne 州の村; Sempach 湖に面する; スイス軍がオーストリア軍に勝利をあげた地 (1386)》.
sem·per /sémpə | -pə^(r)/ *L. adv.* 常に, いつでも. 〖◻ L ~ 'always' ← *sem-* one＋*per* through〗
Sem·per /zémpə | -pə^(r); *G.* zémpɐ/, **Gottfried** *n.* ゼンパー (1803–79; ドイツの建築家・建築理論家).
sémper fi·dé·lis /-fɪ̀déɪlɪ̀s | -fɪdéɪlɪs/ *L.* 常に忠実な《米国海兵隊の標語》. 〖*fidelis*: ⇨ fidelity〗
sémper pa·rá·tus /-pəráːtəs | -təs/ *L.* 常に準備怠りなし《米国沿岸警備隊の標語》. 〖*paratus*: ◻ L *parātus* (p.p.) ← *parāre* 'to PREPARE'〗
sem·per·vi·vum /sèmpəváɪvəm | -pə-/ *n.* 〖植物〗ベンケイソウ科クモノスバンダイソウ属 (*Sempervivum*) のアフリカ・ユーラシア産草本の総称《観賞用の多肉植物》. 〖(1591) ◻ L *sempervīvum* (neut.) ← *sempervīvus* ever-living ← SEMPER＋*vīvus* alive (⇨ vivi-)〗
Sem·pio·ne /*It.* sempjóːne/ *n.* センピオーネ《Simplon のイタリア語名》.
sem·pi·ter·nal /sèmpɪ̀tə́ːnɫ | -tə́ː-ˈ/ *adj.* 《文語》永遠の, 永久の, 無窮の (everlasting, eternal). **~·ly** *adv.* 〖(?*a*1425) ◻ LL *sempiternālis* ← L *sempiternus* eternal ← *semper* always＋*aeternus* 'ETERNAL': ⇨ semper, -al[1]〗
sem·pi·ter·ni·ty /sèmpɪ̀tə́ːnəti | -tə́ːnɪ̀ti/ *n.* 《文語》永遠, 永久, 無窮 (eternity). 〖(1599) ◻ LL *sempiternitātem*: ⇨ ↑, -ity〗
sem·pli·ce /sémplətʃèɪ | -plɪtʃi, -tʃèɪ; *It.* sémplitʃe/ *adj.* 〖音楽〗単純な (simple), 装飾音をつけない. 〖(1740) ◻ It. ~ ＜ L *simplicem*, *simplex* 'SIMPLE'〗
sem·pre /sémpreɪ | -pri, -preɪ; *It.* sémpre/ *adv.* 〖音楽〗常に, 絶えず (always, throughout): ~ forte 終始強く / ~ piano 終始静かに. 〖(1801) ◻ It. ~ ＜L *semper*: ⇨ semper〗
semp·ster /sém(p)stə | -stə^(r)/ *n.* ＝seamster.
semp·stress /sém(p)strɪ̀s/ *n.* 《まれ》＝seamstress.
sems /sémz/ *n.* (*pl.* ~) セムス《座金組込みねじ》. 〖(pl.) ← *sem*《略》← ASSEMBLY〗
Sem·tex /sémtɛks/ *n.* 〖商標〗セムテックス《チェコ製の強力なプラスチック爆薬》.
sen[1] /sén/ *n.* (*pl.* ~) 銭《日本の通貨単位; ＝1/100 円》; (旧) 1 銭貨幣. 〖(1727) ◻ Jpn.〗
sen[2] /sén; *Indon.* sen/ *n.* (*pl.* ~) セン《インドネシアの通貨単位; ＝1/100 rupiah》; 1 セン アルミ貨. 〖(1957) ◻ Indonesian (cf. CENT)〗

sen[3] /sén/ *n.* (*pl.* ～) セン《カンボジアの通貨単位; ＝1/100 riel》; 1 センアルミ貨. 〖《1964》□ Khmer 現地語 □ F *centime* 'CENTIME'〗

sen[4] /sén/ *n.* (*pl.* ～) セン《マレーシアの通貨単位; ＝1/100 ringgit》. 〖《1952》□ Malay □ E CENT〗

sen[5] /sén/ *n.* (*pl.* ～) セン《ブルネイの通貨単位; ＝1/100 dollar》; 1 センアルミ貨. 〖□ Malay ～ (↑)〗

Sen /sén/, **Amartya** *n.* セン《1933–　; インドの経済学者; Nobel 経済学賞 (1998)》.

Sen., sen. 《略》 senate; senator; senior.

SEN /èsìːén/ 《略》《英》 State Enrolled Nurse.

se·na /séɪnɑː/ *n.* 《インド》軍団 (army)《準軍事的政治団隊名に用いる》. 〖□ Hindi *senā* □ Skt: cf. Aves. *haēnāi*〗

Se·na·na·ya·ke /sènənáɪəkə/, **D(on) S(tephen)** *n.* セナナヤカ《1884–1952; セイロンの政治家; 独立後初代の首相 (1947–52)》.

se·nar·i·us /sɪ̀néəriəs | sɪ̀nέər-, sε-/ *n.* (*pl.* **-nar·i·i** /-riàɪ/) 《詩学》(特に, ラテン語の)短長三詩脚 (iambic trimeter). 〖《1540》□ L (*versus*) *sēnārius* ← *sēnī* six each ← *sex* 'SIX': ⇨ -ary〗

sen·ar·mon·tite /sènəmɑ́(ː)ntaɪt | -nəmɔ́n-/ *n.* 《鉱物》方安鉱. 〖《1851》← *Henri de Sénarmont* (1808–62: フランスの鉱物学者): ⇨ -ite[1]〗

se·na·ry /síːnəri, sén-/ *adj.* 六の, 六から成る: a ～ division 六分 / a ～ scale 《数学》六進(記数)法. 〖《1661》□ L *sēnārius*: ⇨ senarius〗

sen·ate /sénɪ̀t/ *n.* **1 a** [S-] (二院制議会の)上院《フランス・米国・イタリア・カナダ・アイルランド共和国・南アフリカ共和国・オーストラリア・南米諸国などの上院; cf. the HOUSE of Representatives》: the United States *Senate* 米国上院. **b** 議会 (parliament), 立法機関: the ～, the pulpit, and the press 議会, 教会および新聞 / distinguished both at the bar and in the ～ 弁護士および議員として有名な. **2** (古代ギリシャ・ローマの)元老院. **3** (Cambridge 大学・米国の大学 (college) などの)評議員会, 理事会. **4** 議事堂; 議会の部屋. 〖《?*a*1200》□ (O)F *sénat* □ L *senātus* 《原義》council of elders ← *sen-, senex* old, old man: ⇨ senile, -ate[1]〗

sénate hòuse *n.* **1** 上院(の建物). **2** [S-] (Cambridge 大学などの)評議員[理事]会館. 〖*c*1550〗

sen·a·tor /sénəṭə | -nɪtə(r)/ *n.* **1** 上院議員 (cf. lord 5): He is a ～ from Oklahoma 彼はオクラホマ州選出の上院議員だ. ★《米》では *Senator* Smith のように肩書として使われるときには /sénṭə/ と発音されることもある. **2** (古代ギリシャ・ローマの)元老院議員. **3** (大学の)評議員, 理事. 〖《?*a*1200》□ (O)F *sénateur* □ L *senātor* ← *senātus*: ⇨ senate, -or[2]〗

sen·a·to·ri·al /sènətɔ́ːriəl⁻/ *adj.* **1** 上院[元老院] (senate) の. **2** 上院[元老院]議員の[から成る, らしい, にふさわしい]. **3** (大学の)評議員会の. **～·ly** *adv.* 〖《1740》← L *senātōrius* of a senator (← *senātor* (↑)) ＋-AL[1]〗

senatórial cóurtesy *n.* 《米政治》上院儀礼《大統領が閣僚以外の官職指名者について上院の承認を求める場合, 被指名者の居住州を代表する多数党議員の同意を要するという上院の慣行》. 〖1884〗

senatórial dìstrict *n.* 《米政治》上院議員選挙区 (cf. assembly district, Congressional district). 〖1785〗

sen·a·to·ri·an /sènətɔ́ːriən⁻/ *adj.* 上院(議員)の (senatorial); (特に)古代ローマ元老院(議員)の. 〖《1614》← *senātōrius* (⇨ senatorial): ⇨ -an[1]〗

sénator·shìp *n.* senator の職[地位, 任期]. 〖《1602》← SENATOR＋-SHIP〗

se·na·tus /sɪ̀nάːṭəs, -néɪ- | -təs/ *n.* (*pl.* ～) **1** (古代ローマの)元老院 (senate). **2** ＝senatus academicus. 〖□ L *senātus*: ⇨ senate〗

senátus a·ca·dé·mi·cus /-æ̀kədémɪ̀kəs | -mɪ-/ *n.* (*pl.* **senatus a·ca·de·mi·ci** /-məsàɪ | -mɪ̀-/) (スコットランドの大学の)評議員会, 理事会. 〖《1835》□ L *senātus acadēmicus* academic senate〗

senátus con·súl·tum /-kənsʌ́ltəm, -súl-/ *L. n.* (*pl.* **senatus con·sul·ta** /-tə/) (古代ローマの)元老院令[布告]. 〖《1696》□ L *senātus consultum* 'decree of the SENATE': ⇨ consult〗

senátus po·pu·lús·que Ro·má·nus /-pɑ̀(ː)pjʊlάskwɪroʊmάːnəs, -méɪ- | -pɔ̀pjʊlάskwɪrəʊ-/ *L.* ローマ元老院と人民《古代ローマ帝国の公称; 略 SPQR》. 〖□ L *senātus populusque Rōmānus* 'the SENATE and PEOPLE of ROME'〗

send[1] /sénd/ *v.* (**sent** /sént/) **— *vt.* 1** 送る, 届ける; 発送する; 発信する: ～ a letter [parcel] by airmail 航空便で手紙[小包]を送る / ～ flowers by phone 電話で頼んで花を届け(させ)る / ～ a message by radio 無線で通信を送る / I have *sent* him a telegram (to say yes). (同意すると)彼に電報を打った / Did you ～ it *to* him or *to* me? それは彼に送ったのですかそれとも私あてですか / I will ～ him *home* [*back*] in my car. 私の車で家まで送り[返し]ましょう / ～ money *to* one's child 子供に金を送る / ～ clothes *to* the laundry 洗濯物を洗濯屋に出す / ～ help (*to* ...) (...に)助けを送る / ～ a person one's compliments [respects, best wishes, love] 人に(敬意を表して)よろしくと言い送る / ～ word ⇨ word *n.* 6.

2 a 行かせる, やる; 遣わす; 派遣する (dispatch); よこす: ～ troops to capture a village 村を攻め取るために軍隊を派遣する / ～ an ambassador *abroad* 大使を海外に派遣する / ～ a child (*out*) *on* an errand 子供を使いにやる / ～ employees *on* vacation 従業員を休暇に出す / ～ a patient *to* a clinic 病人を医者に行かせる / ～ a child *to* college 子供を大学にやる / ～ a member *to* Parliament 議員を議会へ送る / ～ a child *to* bed 子供を寝かせる / ～ a search party [helicopters, dogs] after [in search of, to look for] the lost mountaineers 行方不明の登山家の捜索に捜索隊[ヘリコプター, 犬]を出す / be *sent into* the world 世に送られる, 生まれる / *Send* him a messenger. 彼のもとへ使いをやりなさい / Somebody ought to be *sent to* him at once. すぐだれかを彼の所へやらなければならない. **b** 無理に行かせる, 追いやる: ～ the attacker *flying* 襲ってきた者を逃走させる / ～ a person *to* jail [prison] 人を刑務所に入れる / ～ a pupil *out* (*of* the classroom) (教室から)生徒を追い出す《罰として》.

3 a 〈電流・電磁波などを〉送る, 送電する; 〈信号を〉送る: ～ a current [signal]. **b** 〈血液を〉送る: ～ blood to the heart 心臓に血液を送る.

4 a 〈弾丸・球などを〉放つ, 投げる (propel, throw); 〈ロケットなどを〉発射する; 〈打撃などを〉与える (deliver); 〈石などを〉転がしてやる: ～ a bullet [an arrow, a ball] 弾丸[矢, ボール]を飛ばす / ～ a rocket [an astronaut] *to* the moon ロケット[宇宙飛行士]を月に打ち上げる / ～ a punch *to* a person's jaw 人のあごにパンチを食らわせる. **b** 〈視線を〉投げ(かけ)る: ～ a glance *at* ....

5 a [形容詞(句)・*doing* を目的補語として] (駆り立てて)〈ある状態に〉する, 陥れる (drive): ～ a person crazy [wild with joy] 人を熱狂[狂喜]させる / ～ a person *out of* his mind [*off* his head] 人を発狂させる / ～ a person sprawl*ing* 人をなぐり倒す / ～ a stone roll*ing* down the hill 丘から石を転がし落とす / Inflation has *sent* prices *soaring*. インフレで物価が暴騰した. **b** 〔ある状態に〕する, 追い込む 〔*into, to*〕: ～ a person *into* despair [a temper] 人を絶望に陥れる[怒らせる] / ～ a person *to* his death [ruin] 人を死に追いやる[破滅に追い込む] / ～ a person *to* sleep 人を眠らせる.

6 [通例 ～ *forth* [*out*] として] **a** 〈香気・光・熱・煙などを〉放つ, 発散する (emit): Mt. Vesuvius ～*ing* smoke *into* the air 噴煙を空に噴き上げるベスビオ火山 / A percolator bubbled, ～*ing out* a delicious aroma of coffee. パーコレーターがふつふつと沸いておいしそうなコーヒーの香気を放っていた. **b** 〈声を〉あげる (utter); 〈声・音などを〉響かせる: ～ *forth* a cry / The church bells *sent forth* a merry peal. 教会の鐘が陽気に鳴り響いた. **c** 〈木が〉〈芽・枝を〉ふき出す, 生じる: ～ *out* buds [leaves]. **d** 〈雲が〉〈雨などを〉降らせる.

7 〈感情などを〉走らせる: ～ cold shivers up and down a person's spine 人をぞくっとさせる / The sight *sent* a wave of pleasure through me. その光景を見てうれしさが波のように体中を走った.

8 〈乗物を〉用意[準備]させる: I will ～ a car for him. 彼のところへ車を回しておきましょう.

9 a 〈神が〉〈子供を〉恵む, 授ける; 〈予言者などを〉この世に送る, 遣わす: We mustn't grumble: these things are *sent* to try us. 文句は言えないよ, これは神から与えられた試練だ. **b** 〈神が〉...に許す, 与える; 被らせる, 加える; ...たらしめる: God ～ you better health! お体がもっと丈夫になりますように / The Lord *sent* a pestilence upon Israel. 主は疫病をイスラエルに降したまえり (2 *Sam.* 24: 15) / God ～ it may be so! どうかそうあるように / *Send* her [him] victorious! (神よ)女王[王]を勝利者たらしめたまえ《英国国歌の中の句》.

10 《俗》(特に, ジャズ音楽で)〈聞き手などを〉うっとり[わくわく]させる (thrill), 興奮[熱狂]させる (excite): His clarinet playing really ～*s* me. 彼のクラリネットを聞いているとまったく胸を打たれる.

— *vi.* 1 便りをする, 知らせる, 手紙をやる. **2** 使いをやる[よこす], 人をやる[遣わす]: He *sent to* inquire after me. 人をよこして見舞ってくれた / I *sent to* him *to* come immediately. 彼にすぐ来るようにと使いをやった. **3** 信号を送る. **4** 《俗》(特に, ジャズ音楽で)〈演奏家が〉聴衆を興奮させる, (熱が入って)即興的に演奏する.

sénd after ...のあとを追わせる: *Send after* him and bring him back. 彼のあとを追わせて連れ[呼び]戻しなさい.

sénd alóng (1) 〈人を〉急いで行かせる, よこす; 〈物を〉急送する: ～ *along* a doctor [messenger] / I *sent* him *along* to see you in your office. オフィスでお会いできるようにお通ししました / *Send* the book *along to* me. 急いであの本を送って下さい. (2) ...の進行[成長]を早める, はかどらせる.

sénd aróund ＝SEND *round*.

sénd awáy (1) 〈人を〉派遣する; 〈物を〉発送する (dispatch): ～ a present *away* to America 贈り物をアメリカに送る. (2) (金・申し込み書などを送って) 〔...を〕取り寄せる, 注文する 〔*for*〕 (cf. SEND *for* (*vi.*) (2)): ～ *away for* groceries 食料雑貨類を(注文して)取り寄せる / ～ *away to* a travel agency *for* a free brochure 旅行社に無料提供のパンフレットを送ってくれるように手紙で申し込む. 《1598》 (3) 追い払う, 追い出す, ...に暇を出す (dismiss): ～ *away* a servant for misbehavior 行儀が悪いので使用人を解雇する. (4) 〈子供を〉寄宿学校へ入れる: ～ a child *away to* school. (5) (*vi.*) 使いをやる.

sénd báck (1) 戻す, (送り)返す (return). (2) 《クリケット》〈打者を〉アウトにする.

sénd dówn (1) 下げる, 下降させる, 下落させる: ～ *down* prices 物価を下げる / The rain *sent down* the temperature. 雨が降ったので気温が下がった. (2) 〈食器などを〉(台所に)下げる; (都会から地方などへ)送る, 出向させる. (3) 《英口語》刑務所に送る[入れる] (cf. SEND *up* (4)). (4) 《英大学》...に停学を命じる (rusticate), 放校する (expel). (5) 《クリケット》〈ボールを〉投げる, 〈何回〉投げる: ～ *down* ten overs 10 回登板する (cf. over *n.* 2).

sénd flýing ⇨ fly[1] *vi.* 成句.

sénd for (*vi.*) (1) ...を呼びに[取りに](人を)やる (summon); ...を求める: ～ *for* advice [help] 助言[助け]を求める / ～ *for* a doctor 医者に来てもらう / ～ *for* a taxi タクシーを呼びにやる / I *sent for* a plumber *to* repair the bathtub. 浴槽を修繕するので水道屋を呼んだ. 《*a*1338》 (2) ...を(郵便で)注文する, 取り寄せる (order) (cf. SEND *away* (2)): ～ *for* a catalog [sample] カタログ[見本]を(注文して)送ってもらう. — (*vt.*) ⇨ *vt.* 8.

sénd fórth (1) ⇨ *vt.* 6. (2) 生ずる, 産する (yield). (3) 〈荷物を〉送る; 〈人を〉送り出す. (4) 輸出する (export). (5) 出版[発行]する (publish).

sénd ín (1) 送る, 提出する, 差し出す: ～ *in* a manuscript (採用してもらおうと)原稿を送る / ～ *in* a picture (展覧会に)絵を出品する / ～ *in* an entry (競技に)参加を申し込む / ～ *in* one's application 申請書を提出する / ～ *in* a bill 請求書を送付する / ～ *in* one's papers (特に)〈陸海軍人が〉辞表を提出する, 辞職する. (2) 〈警察・軍隊などを〉投入する. (3) (部屋などへ)通す, 入れる: *Send* him *in*, please. その人を中へ通して下さい. (4) 〈名刺・名前を〉取り次ぎに通じる: ～ *in* one's card [name] 受付に名刺を出す[名前を告げる]. (5) 〈飲食物を〉食卓に出す: ～ *in* dinner [a dish] ディナー[料理]を出す. (6) 〈選手を〉競技に出場させる. (7) 《クリケット》〈打者を〉出す.

sénd óff (1) 〈手紙・荷物などを〉送る, 発送する (dispatch), 〈電報を〉打つ; 〈人を〉送り出す: ～ *off* a letter, one's baggage, etc. / ～ *off* a cable [telegram] 電報を打つ / ～ one's children *off* with a good breakfast inside them 朝食を十分に食べさせて子供達を(学校や遠足などに)送り出す. (2) 追い払う, 追い出す; 〈レフェリーが〉〈競技者を〉競技場から退場させる: ～ a player *off* (the field) *for* a foul 反則で選手に退場を命じる. (3) (駅や港で)〈人を〉(盛大に)見送る (cf. SEE[1] *a person off* (1)). (4) 取り寄せる, 注文する (cf. SEND *away* (2)) 〔*for*〕.

sénd ón (1) 〈手紙・荷物などを〉回送する, 転送する (forward): ～ a letter *on*. (2) 〈荷物を〉先へ送る; 〈人を〉先にやる: I've had my trunk *sent on* (ahead). トランクは前もって送らせてあります. (3) 《演劇・スポーツ》〈俳優・選手を〉出演[出場]させる.

sénd óut (1) 〈注文品・招待状などを〉送る, 発送する; 〈人を〉派遣する, (取りに)やる (cf. *vt.* 2 a); 〈人を〉(部屋などから)外へ出させる: ～ *out* a shipment, invitaions, etc. / ～ *out* an office boy *for* [to get] the mail 郵便物を取りに給仕をやる / ～ a person *out* (*of* the room). (2) 〈信号・無線などを〉送る: ～ *out* a signal. (3) 〔...を〕持って来るように注文する 〔*for*〕: ～ *out for* three coffees and sandwiches コーヒーとサンドイッチを 3 人分注文する. (4) ⇨ *vt.* 6.

sénd óver (1) 〔別の場所へ〕送(り届け)る 〔*to*〕: I'll ～ someone *over* as soon as possible. できるだけ早く人をやります / I'll ～ the contract *over to* you tomorrow. 契約書は明日そちらに届けます. (2) 〈人・物を〉引き渡す.

sénd a person pácking ⇨ pack[1] 成句.

sénd róund (1) 回す (circulate): ～ the circular [wine] *round* 回覧[ぶどう酒]を回す / ⇨ *send round the* HAT. (2) ＝SEND *over* (1). (3) 使いをやる: I'll ～ *round* tomorrow to get it. 明日使いを出して受け取らせます.

sénd thróugh 〈通信などを〉目的地まで送る, 届ける.

sénd úp (1) 上げる, 上昇させる: ～ *up* a spacecraft 宇宙船を打ち上げる / ～ *up* smoke [a flare] 煙[火炎]を噴き上げる / ～ *up* prices [temperature] 物価[温度]を上げる / ～ *up* a signal 合図ののろしを上げる / *Send* him *up* to my room. その人を私の部屋へ上げて下さい. 《1584》 (2) 〈報告書などを〉〔上位の機関などに〕提出する, 差し出す 〔*to*〕: ～ *up* a bill *to* the Senate 議案を上院へ上程する. (3) 爆破する (explode): The building was *sent up* in flames. その建物は爆破されて炎上した. (4) 《口語》刑務所にぶちこむ (cf. SEND *down* (3)): He was *sent up for* ten years. 彼は 10 年も刑務所に入っていた. 《1852》 (5) 《英口語》(まねして)からかう (ridicule), 茶化す, 諷刺する (satirize, parody): ～ *up* a pop singer, soap opera, etc. 《1931》 (6) 〈音を〉たてる; 〈においを〉放つ; 〈枝などを〉出す. (7) 〈球などを〉送る. (8) 〈食べ物を〉出す, 食卓に上す; 〈皿などを〉(お代わりに)出す. (9) 〈名刺や名前を〉通じる. (10) 〈生徒を〉(賞罰のために)校長のもとに行かせる. (11) 《海事》〈帆・帆柱・帆桁などを〉上げる, 引き上げる (hoist).

〖OE *sendan* ＜ Gmc **sanðjan* (Du. *zenden* / G *senden*) (caus.) ← **senþan* to go (cf. OE *sīþ* journey) ← IE **sent-* (L *sentīre* to feel): ⇨ sense〗

send[2] /sénd/ 《海事》 *vi.* (～·**ed**) **1** 波に押されて進む. **2** (縦揺れの時)〈船首または船尾が〉波に持ち上げられる (scend) (cf. SEND[1] 5). **— *n.* 1** 波の押しやる力, 波の推進力. **2** (船全体が波などで)持ち上げられること (scend). 〖《*a*1625》《頭音消失?》← DESCEND〗

send·a·ble /séndəbl̩/ *adj.* 送られる, 送ることができる. 〖15C〗

Sen·dak /séndæk/, **Maurice Bernard** *n.* センダック《1928–2012; 米国の絵本作家・挿絵画家》.

sen·dal /séndl̩/ *n.* (中世に用いられた)薄絹地《上等な衣服・法衣などに用いられた》; それで作った服. 〖《?*c*1200》□ OF *cendal* □ ML *cendalum* ← ? Gk *sindṓn* fine cloth ← ? Sem.〗

send·ee /sendíː/ *n.* (送ったものの)受取人. 〖《1806》← SEND＋-EE[1]〗

send·er /séndə | -də(r)/ *n.* **1** 送り手, 送り主, 出荷主. **2** (電信・電話・ラジオなどの)送信[送話]器 (transmitter) (↔ receiver). **3** 《俗》(特に, ジャズ音楽で)聴衆を興奮させる演奏者. 〖?*a*1200〗

Sen·de·ro Lu·mi·no·so /sendéroʊlùːmɪnóʊsoʊ | -rəʊlùːmɪnə́ʊsəʊ/ *n.* センデロルミノソ《ペルーの左翼ゲリラ組織》. 〖□ Sp. ～ 《原義》shining path ← *sendero* path＋*luminoso* shining〗

sénd·ing *n.* 送ること, 送信; (魔力によってもたらされる)不吉な前触れ[使者].

sénding ènd *n.* 《電気》送電端, 送信端《送電線・通信線の送り出し側の端; ↔ receiving end》.

S

sénd·ings *n. pl.* 郵便物.

sénding sèt *n.* 〘通信〙送信機 (transmitting set).

sénd-òff *n.* 《口語》 **1** 見送り, 送別 (farewell): give a person a good [hearty, big, great] ～ 人を盛大に見送る. **2** (人・物の)出発, スタート: give a person a ～ in life 人を世の中に出してやる. 〘(1841) ← *send off* (⇨ send[1] (v.) 成句)〙

sénd-ùp *n.* 《英口語》(人をからかう)ものまね, 諷刺 (parody). 〘(1958) ← *send up* (⇨ send[1] (v.) 成句)〙

se·ne /séɪneɪ/ *n.* (*pl.* ～, ～**s**) **1** セーネ《サモアの通貨単位; ＝1/100 tala》. **2** セーネ貨. 〘(1967) □ Samoan ～ □ E CENT〙

sen·e·ca /sénɪkə/ *n.* 〘植物〙＝senega.

Sen·e·ca /sénɪkə/ *n.* (*pl.* ～, ～**s**) **1 a** [the ～(s)] セネカ族《アメリカインディアンの Iroquois 五族 (Five Nations) 中最大の部族; New York 州西部に居住し Erie 湖の南および西の戦歴は著名; ⇨ Iroquois》. **b** セネカ族の人. **2** セネカ語《Iroquois 語族に属する》. 〘(*c*1616) □ Du. *Sennecaas* the Five Nations □ N-Am.-Ind. (Mohegan) *a'sinnika* (なぞり) ← (Iroquoian) ← *oneñiute* (*roñ non*) Oneida, (原義) people of the standing rock〙

Sen·e·ca /sénɪkə/, **Lucius An·nae·us** /əníːəs/ *n.* セネカ (4 B.C.?–A.D. 65; ローマのストア派の哲学者・悲劇作家・政治家; 皇帝 Nero の教師; Nero 暗殺に加担した疑いで死を命じられた).

Séneca gràss *n.* 〘植物〙＝sweet grass. 〘⇨ Seneca〙

Sen·e·can /sénɪkən/ *adj.* **1** セネカの. **2** 〈哲学・作品の文体など〉セネカ風の. 〘(1885) ← L. A. *Seneca*＋-AN[1]〙

se·ne·ci·o /sɪníːʃiòu, -ʃou | -ʃiəu/ *n.* (*pl.* ～**s**) 〘植物〙＝groundsel[1]. 〘(1562) □ L *seneciō(n)* (原義) old man ← *senex* old〙

se·nec·ti·tude /sɪnéktɪtùːd, -tjùːd | -tɪtjùːd/ *n.* 《戯言》老境 (old age). 〘(1796) □ ML *senectitūdo* ← *senectūs* senility ← *senex* old man: ⇨ -tude〙

sen·e·ga /sénɪgə/ *n.* **1** 〘植物〙セネガ (senega root) (senega snakeroot ともいう). **2** セネガ根《薬用で去痰(きょたん)剤》. 〘(1738) (変形) ← SENECA〙

Sen·e·gal /sènɪgɔ́ːl⁻/ *n.* **1** セネガル《アフリカ西部にあるフランス共同体 (French Community) 内の共和国; もと French West Africa の一部であったが, 1960 年 6 月 Sudanese Republic (今の Mali 共和国)と共に Federation of Mali を結成して独立したが, 同年 8 月分離して単独の共和国となる; 面積 197,161 km²; 首都 Dakar; 公式名 the Republic of Senegal セネガル共和国; フランス語名 Sénégal /senegal/》. **2** [the ～] セネガル(川)《セネガル北部を北西流して大西洋に注ぐ川 (1,610 km)》.

Sen·e·gal·ese /sènɪgəlíːz, -gɔːl-, -líːs | -nɪgəlíːz, -gɔːl-⁻/ *adj.* セネガルの; セネガル人の. ── *n.* (*pl.* ～) セネガル人. 〘(1917) □ F *sénégalais*: ⇨ ↑, -ese〙

Sénegal gúm *n.* アラビアゴム. 〘1867〙

Sen·e·gam·bi·a /sènɪgǽmbiə⁻/ *n.* セネガンビア: **1** アフリカ西部, Senegal 川と Gambia 川との間の地方; 大部分 Senegal と Mali 西部に含まれる. **2** セネガルとガンビアの間で結成された国家連合 (Senegambia Confederation) (1982–89).

sénega róot [snákeroot] *n.* **1** 〘植物〙セネガ (*Polygala senega*)《米国東部地方産のヒメハギ科の植物》. **2** ＝senega 2. 〘(1846): ⇨ Seneca〙

sen·e·ka /sénɪkə/ *n.* 〘植物〙＝senega.

se·nesce /sɪnés/ *vi.* 老齢になる, 老化する; しおれる (wither). 〘(1656) □ L *senescere* ← *senēre* to be old ← *sen-, senex* old〙

se·nes·cence /sɪnésəns, -sns/ *n.* 老齢, 老衰; 老朽; (植物の)老化(期). 〘(1695): ⇨ ↓, -escence〙

se·nes·cent /sɪnésənt, -snt/ *adj.* **1** 老いていく, 老境の (aging). **2** 滅びていく, すたれていく. 〘(1656) □ L *senēscentem* (pres.p.) ← *senēscere*: ⇨ senesce〙

sen·e·schal /sénɪʃəl, -ʃl/ *n.* **1** (中世の王室や貴族の)家老, 家令, 執事 (steward). **2** (中世の都市や地方の)行政長官, 県令, 市政官. **3** 《英》〘教会〙(大聖堂の)職員. 〘(?*a*1387) □ OF ～ (F *sénéchal*) < ML *siniscalcum* ← Gmc (cf. OHG *senescalh* eldest servant)〙

sen·et /sénɪt/ *n.* 〘魚類〙数種のカマス (barracuda) の総称.

sen·ex /séneks/ *n.* (*pl.* **sen·es** /séneɪs/) (文学作品, 特に喜劇で)お決まりの登場人物としての老人.

Seng·hor /sɛŋgɔ́ə, sæ̃(ŋ)-, sæŋ- | séŋgɔː^(r), sæ̃(ŋ)gɔ́ː^(r), sæŋ-; *F.* sɑ̃gɔːʁ, sɛ̃-/, **Lé·o·pold Sé·dar** /leɔpɔl(d) sedaːʁ/ *n.* サンゴール (1906–2001; セネガルの詩人・政治家; セネガル共和国の初代大統領 (1960–80); 詩集 *Chants d'ombre*「日陰の歌」(1945)).

sen·green /séngriːn/ *n.* 〘植物〙＝houseleek. 〘OE *singrēne* ← *sin-* one, always (cog. L *sem-* one)＋*grēne* 'GREEN': ⇨ semper〙

se·nhor /senjɔ́ə, seɪ- | senjɔ́ː^(r)⁻; *Port.* sɨɲór, *Braz.* seɲór/ *n.* (*pl.* ～**s**, **se·nho·res** /-njɔ́ːreɪs, -reɪʃ; *Port.* sɨɲóɾɨʃ, *Braz.* seɲɔ́ris/) **1** 英語の Mr., Sir に当たるポルトガル[ブラジル]語. **2** ポルトガル[ブラジル]の男性. 〘(1795) □ Port. ～ < ML *seniōrem* superior, lord ← L *senior* elder: ⇨ senior〙

se·nhor·a /senjɔ́ːrə, seɪ- | sen-; *Port.* sɨɲórɐ, *Braz.* seɲóra/ *n.* (*pl.* ～**s** /～z; *Port.* ～ʃ, *Braz.* ～s/) **1** 英語の Mrs., Madam に当たるポルトガル[ブラジル]語. **2** 既婚のポルトガル[ブラジル]の女性. 〘(1802) □ Port. ～ (fem.): ↑〙

se·nho·ri·ta /sènjəríːtə, sèɪ-, -njɔːr- | senjɔːríːtə, -njər-⁻; *Port.* sɨɲuɾítɐ, *Braz.* seɲoríta/ *n.* (*pl.* ～**s** /～z; *Pol.* ～ʃ, *Braz.* ～s/) **1** 英語の Miss に当たるポルトガル[ブラジル]語. **2** 未婚のポルトガル[ブラジル]の女性. 〘(1874) □ Port. ～ (dim.): ⇨ senhora〙

se·nile /síːnaɪl, sén- | síːn-/ *adj.* **1** 老齢の(ために起こる); 老人性痴呆の, もうろくした, ぼけた (doting): ～ decay 老衰, 老朽 / ～ degeneration 老衰変性. **2** 〘地理〙〈地形が〉老衰した《浸食の老年期に到達したことをいう; cf. old *adj.* 10》. ── *n.* もうろくした人, ぼけた人. **～·ly** *adv.* 〘(1661) □ F *sénile* // L *senīlis* ← *sen-, senex* old (cog. Gk *hénos* old): ⇨ -ile〙

sénile átrophy *n.* 老年性萎縮(いしゅく).

sénile deméntia [deteriorátion] *n.* 〘病理〙老人性痴呆. 〘(1851): ⇨ senile, dementia〙

sénile pláque *n.* 老人斑, 老年斑 (＝plaque).

sénile psychósis *n.* 〘病理〙老年[老人性]精神病.

se·nil·i·ty /sɪnílətɪ, sɛ- | sɪnílɪti/ *n.* 老齢; 老人性痴呆, もうろく (dotage): ⇨ statutory senility. 〘(1791) ← SENILE＋-ITY〙

se·nior /síːnjə | -njə^(r), -njɔ^(r)/ *adj.* **1** 先任の; 古参の; 先輩の, 上級の; 高級の: a ～ officer 先任将校 / ～ in office 上役で[の] / the ～ members of a club クラブの古参会員 / the ～ counsel 首席弁護人 / the ～ partner [member] (合名会社・組合などの)長, 社長 / at ～ level 上級レベルで. **2 a** 年上の, 年長の (older) (cf. junior 1 a): a ～ statesman 長老政治家, 元老 (cf. elder statesman) / the ～ members of a family 家族の年長者. ★ 同名の父子の父, 二人兄弟の兄, 同名の生徒の年長者などを指す場合に Snr または Sr と略して名の後につけて用いる: John Smith, *Senior* [*Sr*, 《英》*Snr*] 父[兄]の方のジョンスミス. **b** 〔…より〕年上の〔*to*〕: He is (two years) ～ *to* me. ＝He is ～ *to* me (by two years). 私より (2 歳)年上だ. **3 a** (米国の大学・高校などの)最上級生の[向けの] (cf. freshman 1, sophomore 1, junior 4): the ～ class 最上級 / the ～ year 最終学年. **b** (米国の大学で)専門課程の《在学後半の 2 年間》. **4** 〘証券〙請求権の順位が先の, 上位の (cf. junior 7): ～ securities 上位証券《具体的には社債と優先株》. ── *n.* **1 a** 先任者, 古参者, 先輩, 上級生, 上官, 上役, 首席: the ～*s* of a profession 同業の先輩 / Promotion went to the ～*s* in rank. 昇進は先任者に与えられた / He was my ～ at Oxford by two years. 彼はオックスフォードで私の 2 年先輩であった. **b** 〘英大学〙(学寮の)評議員 (senior member). **2 a** 年上の人, 年長者; 古老, 長老: He is two years my ～.＝He is my ～ by two years. 私より 2 歳年上だ / have respect for one's ～*s* 年長者[先輩]を尊敬する. **b** ＝senior citizen. **3 a** 《米》(高校・大学などの)最上級生《大学では四年生》. **b** 《英》(grammar school, public school の)上級生. **4** 〘ボートレース〙シニア《トップクラスの種目を勝ち抜いてきたこぎ手》. 〘(1287–88) □ L ～ (compar.) ← *senex* old: ⇨ senile〙

sénior áircraftman *n.* 〘英空軍〙上等兵《一等兵 (leading aircraft) の上》.

sénior chíef pétty òfficer *n.* 〘米海軍・沿岸警備隊〙上級上等兵曹 (略 SCPO). 〘1960〙

sénior cítizen *n.* 《婉曲》高齢者, お年寄り; (特に養老[退職]年金暮らしの)高齢市民《通例 女 60 歳, 男 65 歳以上》. 〘1938〙

sénior cítizenship *n.* 高齢, 老齢; 高齢者の身分.

sénior clássic *n.* 《英》(Cambridge 大学で)古典語の学位試験における優等合格者中の首席. 〘1859〙

sénior cóllege *n.* 《米》**1** (junior college と区別して)四年制大学. **2** 四年制大学の後半 2 年. 〘1899〙

sénior cómmon [combinátion] ròom *n.* 〘英大学〙(学寮の)教員控室[休憩室] (略 SCR) (cf. junior [middle] common room). 〘1774〙

sen·i·o·res pri·o·res /sìːnióːriːzpraɪóːriːz/ *L.* 年長者を先にせよ, 年長者優先, 年功序列《若者への注意文句》. 〘□ L *seniōrēs priōrēs* elders first: ⇨ senior, prior〙

sénior gírl scòut *n.* 《米》シニアガールスカウト《およそ 14–17 歳までのガールスカウト》.

sénior hígh schòol *n.* (米国の)上級高等学校《10–12 学年; 日本の高等学校に当たる; 単に senior high ともいう; cf. grade school, high school 1 b, junior high school》. 〘1909〙

sénior hóuse òfficer *n.* 《英》(病院の)先任研修医 (houseman より上位の研修医).

se·nior·i·ty /siːnjɔ́(ː)rəti, -njɑ́(ː)r-, sìːni- | sìːniɔ́rɪti/ *n.* **1** 先輩であること, 古参, 先任(順序), 年功序列(による地位): the first on the ～ list 先任順の筆頭 / Promotion goes by ～. 昇進は先任順[年功序列]で行われる. **2** 年長, 年上 (superior age). **3** 〘労働〙先任権《解雇の際, 最近雇われた者から順に辞めさせられる制度》. 〘(?*c*1450) □ ML *seniōritātem*: ⇨ senior, -ity〙

senióríty rúle *n.* 〘米政治〙先任者優先の慣行《議会内の委員会委員長は多数を占める党の担当で, その委員会の最古参者がこれに就任する》.

sénior mánagement *n.* ＝top management.

sénior máster sérgeant *n.* 〘米空軍〙曹長. 〘1962〙

sénior móralist *n.* 《英》(Cambridge 大学で)倫理学の学位試験における優等合格者中の首席.

sénior núrsing òfficer *n.* 《英》病院の正看護婦.

sénior óptime *n.* 《英》(Cambridge 大学で)数学の学位試験における第一級優等合格者 (wranglers) 中, 次席合格者. 〘(1764): ⇨ optime〙

sénior pártner *n.* (合名会社・組合などの)長, 社長.

sénior púpil *n.* 〘教育〙(英国の学校で) 11–19 歳の生徒. 〘1863〙

sénior registrár *n.* 《英》病院の上級専門医 (consultant より下で registrar より上級の医師).

sénior schòol *n.* 〘教育〙シニアスクール《英国の public school で上級生(通例 14 歳以上の生徒をいう)を収容する学校》. 〘1871〙

sénior scóut *n.* **1** ＝senior girl scout. **2** [S- S-] 《英》シニアスカウト《17 歳以上のボーイスカウト》.

sénior sécondary schòol *n.* 〘教育〙(スコットランドの)中等学校《12–18 歳の生徒のための学校; 12–16 歳の生徒の行く学校は junior secondary school と呼ぶ》.

sénior sérvice *n.* [the ～] 《英》(陸軍・空軍に対して)海軍 (the Navy).

sénior tútor *n.* 《英》〘教育〙主任チューター, シニアチューター《上位のチューターで, カリキュラム調整の役割も果たす》.

sénior wrángler *n.* 《英》(Cambridge 大学で)数学の学位試験における第一級優等合格者 (wranglers) 中の首席合格者. ★ 次席を senior optime, 第三位を junior optime という; ただし, 1906–09 年の改革により現在では ABC 順に氏名を発表しておりこれらの名称は使われていない. 〘(1831): ⇨ wrangler〙

sen·i·ti /sénɪti | -ti; *Tongan* seníti/ *n.* (*pl.* ～) **1** セニティー《トンガの通貨単位; ＝1/100 pa'anga》. **2** 1 セニティー青銅貨. 〘(1967) □ Tongan ～ (変形) ← E CENT〙

Sen·lac /sénlæk/ *n.* センラック《イングランド East Sussex 州の丘; Hastings の戦い (1066) の跡》. 〘OE *Sandlacu* (原義) sandy brook: ⇨ sand, lake[1]〙

sen·na /sénə/ *n.* **1** 〘植物〙**a** センナ《ハブソウ・エビスグサの類のマメ科カワラケツメイ属 (*Cassia*) の植物の総称》. **b** ツリハブソウ (wild senna). **2** 〘薬学〙**a** センナ葉《アフリカのナイル地方産センナ (Alexandrian senna) またはインド地方産ホソバセンナ (Tinnevelly senna) の小葉片を乾燥したもので, 下剤; senna leaf ともいう》. **b** センナ果実《乾燥した実で下剤; senna pods ともいう》. 〘(1543) ← NL *sen(n)a* ← Arab. *sanā'*〙

Sen·na /sénə/, **Ayr·ton** /ɛ́ətn | ɛ́ə-/ *n.* セナ (1960–94; ブラジルの F1 ドライバー; 1988 年 McLaren のチームに入り, 世界チャンピオン (1988, 90, 91); GP 優勝 41 回; サンマリノ GP で事故死).

Sen·nach·er·ib /sɪnǽkərɪb | senǽkərɪb, sɪ-/ *n.* セナケリブ (?–681 B.C.; Assyria の王 (704–681 B.C.); Sargon 二世の子; エルサレムを包囲し, バビロンを破壊する).

Sénna knòt *n.* ＝Sehna knot.

Sen·nar /sənáə, sɛ- | senáː^(r), ─⁻/ *n.* センナール《White Nile と Blue Nile 両河間の スーダン東部の地方; 古代にセンナール王国のあった所》.

sen·net[1] /sénɪt | -nɪt/ *n.* トランペットの信号《エリザベス朝の戯曲のト書きに用いられた行列の登場・退場の合図》. 〘(*c*1590) (変形) ? ← SIGNET〙

sen·net[2] /sénɪt | -nɪt/ *n.* ＝sennit.

sen·net[3] /sénɪt | -nɪt/ *n.* 〘魚類〙＝senet. 〘1671〙

Sen·nett /sénɪt | -nɪt/, **Mack** *n.* セネット (1880–1960; カナダ生まれの米国の無声映画製作者・監督; Keystone のスタジオは喜劇製作で有名; 本名 Michael Sinnott).

sen·night /sénaɪt, -nɪt | -naɪt/ *n.* (*also* **se'n·night** /～/) 《古》一週間 (week) (cf. fortnight): Sunday ～ 一週間前[後]の日曜日. 〘OE *seofon nihta* seven nights〙

sen·nit /sénɪt | -nɪt/ *n.* **1** 〘海事〙編みひも, 雑索, センニット《普通 3–9 本の細索を平らに, 角に, または丸く編んだもの》. **2** 麦わら・シュロの葉などで作ったさなだ《帽子を作ったり, ひもとして用いる》. 〘(1769) (変形) ← (廃) *sinnet* (短縮) ? ← *seven knits*〙

Sen·oi /sənɔ́ɪ/ *n.* (*pl.* ～) セノイ族《マレー半島の先住民の一族》.

se·nor /seɪnjɔ́ə, siː n- | senjɔ́ː^(r)⁻/ *n.* **1** 英語の Mr., Sir に当たるスペイン語. **2** スペインの[スペイン語を用いる]男性. 〘□ Sp. *señor* < ML *seniōrem* superior, lord, L elder: ⇨ senior〙

se·ñor /seɪnjɔ́ə, siː- | senjɔ́ː^(r)⁻; *Sp.* seɲór/ *n.* (*pl.* **se·ño·res** /-njɔ́ːreɪs; *Sp.* -ɲóres/) ＝senor. 〘1622〙

se·ño·ra /seɪnjɔ́ːrə, siː- | sen-/ *n.* **1** 英語の Mrs., Madam に当たるスペイン語. **2** 既婚のスペインの[スペイン語を用いる]女性. 〘(1579) □ Sp. ～ (fem.): ⇨ señor〙

señores *n.* señor の複数形.

se·ño·ri·ta /sèɪnjəríːtə, sèn- | sènjəríːtə⁻; *Sp.* seɲoríta/ *n.* **1** 英語の Miss に当たるスペイン語. **2** 未婚のスペインの[スペイン語を用いる]女性. **3** 〘魚類〙米国 California 州沿海の, クリーム色または茶色の細長いベラの一種 (*Oxyjulis californicus*). 〘(1823) □ Sp. ～ (dim.): ⇨ señora〙

Se·nou·si /sənúːsi/ *n.* (*also* **Se·nous·si** /～/) 〘イスラム教〙＝Sanusi.

Senr 《略》Senior.

sensa *n.* sensum の複数形.

sen·sate /sénseɪt/ *adj.* **1 a** 五官で感じられる, 感覚知の. **b** 《廃》感覚をもった. **2** 唯物的な (materialistic). **～·ly** *adv.* 〘(*a*1450) □ LL *sensātus* ← L *sensus* 'SENSE': ⇨ -ate[2]〙

sen·sa·tion /senséɪʃən, sən-/ *n.* **1 a** (熱い・冷たいなど, 感覚器官の外的刺激の反応としての漠然とした)感じ, 感覚, 気持ち (feeling) (⇨ sense SYN): a ～ of heat [cold] 温熱[寒冷]感覚 / a pleasant [disagreeable] ～ 気持ちのよい[嫌な]感じ / a [the] ～ of fear 恐怖感 / a ～ of weariness [dizziness] 疲労[めまい]の感じ. **b** 知覚, 感覚(作用)《感覚器官が直接刺激を受けて生じる意識現象》: lose all ～ of feeling in one's feet 足の感覚を全く失う. **2** (刺激された)強い感情, 感動 (excited feeling); (聴衆・公衆の)感動 (excitement), 耳目を驚かせること, 煽動, 大評判, 大騒ぎ, センセーション: a ～ among [in] the audience 聴衆の感動 / in search of a new ～ [new ～*s*] 何か新しい感興を求めて / The news of the assassination caused [created, was] a great ～. 暗殺の報道は一大セン

セーションを巻き起こした / a three days' [three-day] ~ 一時の世間騒がせ, 一時的な大評判. **3** 大評判のもと[もの]《事件・行動など》; 大騒ぎされるもの[人]: a literary ~ 文学界の評判もの[の作品]. **4**〖心理〗感覚《外界または内界からの刺激によって生じた意識的現象》. **~·less** *adj.* 〖(1615) □ ML *sensātiō(n-)* ← LL *sensātus*: ⇨ ↑, -ation〗

sen·sa·tion·al /sɛnséɪʃnəl, sən-, -ʃənl/ *adj.* **1** 世間をあっと言わせる, 世間を騒がせる, 人騒がせな: a ~ crime. **2** 人気取りの, きわもの的な, 煽情的な: a ~ novel [writer] 煽情的小説[作家] / ~ literature 煽情的な文学. **3**《口語》すばらしい, すてきな: a ~ victory. **4** 感覚(上)の; 知覚の. **~·ly** *adv.* 〖(1840): ⇨ ↑, -al¹〗

sen·sa·tion·al·ism /sɛnséɪʃ(ə)nəlìzm/ *n.* **1** (芸術上の)煽情主義; 煽情的文体. **2** 人気取り, 人気取り主義, 場当たり主義. **3**〖哲学〗感覚論《あらゆる認識の源泉を外的感覚に求める一種の経験論; cf. empiricism 3, rationalism》. **4**〖倫理〗官能[感覚]主義 (sensualism)《善悪の基準は感覚の満足にあるという説》. **5**〖心理〗= sensationism 2. **sen·sá·tion·al·ist** /-lɪst | -lɪst/ *n.* **sen·sa·tion·al·is·tic** /sɛnseɪʃ(ə)nəlístɪk, sən-/ *adj.* 〖(1846): ⇨ ↑, -ism〗

sen·sa·tion·al·ize /sɛnséɪʃ(ə)nəlàɪz, sən-/ *vt.* センセーショナルに扱う[表現する]. 〖(1863) ← SENSATIONAL + -IZE〗

sen·sa·tion·ar·y /sɛnséɪʃənèri, sən- | -ʃ(ə)nəri/ *adj.* = sensational. 〖(1864) ← SENSATION + -ARY〗

sen·sá·tion·ism /-ʃənɪzm/ *n.* **1**〖哲学〗= sensationalism 3. **2**〖心理〗感覚論, 感覚主義論《精神内容を感覚という要素に還元する説; cf. atomism 3, associationism》. 〖(1863) ← SENSATION + -ISM〗

sen·sá·tion·ist /-ʃ(ə)nɪst | -nɪst/ *n.* 感覚(主義)論者. 〖(1861) ← SENSATION + -IST〗

sensátion lèvel *n.*〖心理〗感覚のレベル《感覚しうる最小の刺激値; 例えば最小可聴値》. 〖1925〗

sense /séns, sénts/ *n.* **A 1** [通例無冠詞で] (健全な)思慮, 分別, 良識 (good sense); 分別のあること, 道理にかなったこと, 合理性 (reason), 有用性 (usefulness): a person of ~ 分別のある人, もののわかった人 / ⇨ common sense, good sense, horse sense / have [not have] the [enough] ~ to do …するだけの分別がある[ない] / He has more ~ than to do so. 彼は良識があるからそんなことはしない / There is no [some, much, a lot of] ~ in doing so. そうするのは無茶だ[かなり, 大いにもっともなところがある] / There's no [a lot of] ~ in what he says. 彼の言うことは愚にもつかない[至極もっともな]ことだ / What is the ~ of [in] protesting if nothing ever comes of it? そこから何もでてこないなら抗議して何になる / Where [What] is the ~ of [in] it? どこに分別があるか《それでは全く無茶だ》/ talk [speak] ~ もののわかった話をする, もっともなことを言う / write (good) ~ 分別あることを書く / make a person see ~ 人にものを分からせる / beat [knock, drive] (some) ~ into a person 人の考え[ふるまい]を変えさせる, 矯正する / talk (some) ~ into a person 道理を説いて人の態度[考え方]を改めさせる, 矯正する.

2 a (五官などによって受ける)感覚; 五感の一つ: the ~ of sight [hearing, smell, taste, touch] 視[聴, 嗅(きゅう), 味, 触]覚 / the five ~s 五つの感覚, 五感《sight, hearing, smell, taste および touch》/ ⇨ sixth sense. **b** [集合的] 五感, 感覚 (senses); 官能: ~ impressions 感覚印象 / ~ pleasures 感覚的快楽. **c** (五官による)感覚機能[作用] (sensation). **d**《廃》感覚器官.

3 (漠然とした)感じ, 気持ち (feeling) 〔*of*〕: a ~ *of* impending danger 危険が差し迫っているという感じ / a ~ *of* urgency 急を要するという感じ / with a ~ *of* relief ほっとした気持ちで / lull a person into a false ~ *of* security 人をだまして安心だと思い込ませる.

4 a (知的・道徳的な)感覚, 観念〔*of*〕: the moral ~ 道徳観念 / the religious ~ 宗教心 / the ~ *of* sin [guilt] 罪悪感 / a strong ~ *of* duty 強い責任感 / a ~ *of* honor 廉恥心 / a ~ *of* gratitude 感謝の念 / have no [a keen] ~ *of* right and wrong 善悪正邪の観念がない[強い] / lack all ~ *of* shame 全く恥知らずだ / labor under a ~ *of* injustice 不当な扱いを受けたという感じに悩む. **b** (知的な)認識: a just ~ *of* the worth [value] of time 時間の貴さの正しい認識.

5 a (五官による, または肉体のある部分の特定の状態からくる)知覚, 意識 (perception, consciousness); 感覚, 感じ (sensation) 〔*of*〕: a ~ *of* heat [hunger, pain, pleasure] 熱い[空腹だ, 痛い, 心地よい]という感じ / a ~ *of* distance [(the passage of) time] 距離[時間(の経過)]の感覚 / He has no ~ *of* direction. 方向音痴だ. **b** (芸術・学問の特定のものに対する本能的な)感覚能力, 勘, センス: a mathematical ~ / He has a good language [musical] ~. 彼の言語[音楽的]感覚はすばらしい, 彼は言語[音楽]に対する勘がいい / She has good business ~. 商売のセンスがよい / have a natural ~ *of* rhythm 天性のリズム感がある / He has no ~ *of* humor. 彼はユーモアがわからない / ⇨ road sense. 日英比較 日本語では「服装のセンスがいい」のように「センス」を「趣味・好み」の意味で用いるが, 英語ではこの意味では taste を用いる. **c** (美的な)理解力, 鑑賞力: a ~ *of* beauty 審美眼.

6 [one's ~s として] 正気, 本心 (cf. wit¹ 4): come to *one's* ~*s* 正気づく; 本心に立ち返る / in *one's* (right) ~*s* 正気で, 気が確かで / lose *one's* ~*s* 気絶する; 気が狂う / take leave of *one's* ~*s* 気が狂う / bring a person to *his* ~*s* 人を正気づかせる; 人を本心に立ち返らせる, 人の迷いをさます / out of *one's* (right) ~*s* 気が狂って, 気が変になって / ⇨ *frighten a person out of a person's* SENSES / He was driven out of his ~*s* by fright. 彼は恐怖のあまり発狂した.

7〖数学〗(vector などが示す互いに反対の 2 方向の一方の)向き. 〖□ F *sens*〗

B 1 a (作者・話者により伝達または意図される)意味, 意図, 趣旨 (signification, gist): You got [missed] my ~. 君は私の言おうとすることを理解した[取り違えていた] / The ~ of the argument will be explained by him. その議論の趣旨は彼から説明されるであろう. **b** (文脈または辞書に分類定義された)意味, 意義, 語義 (⇨ meaning SYN): In what ~ are you using the word? どういう意味でその語を使っているのか / What is the ~ of this passage? この一節の意味はどうなのか / in a good [bad] ~ よい[悪い]意味で / in a narrow [broad, wide] ~ (of the word) (その語の)狭い[広い]意味で, 狭[広]義で / in the strict [full, limited, literal, figurative, moral, legal, right, wrong] ~ 厳密な[完全な, 制限された, 字義通りの, 比喩的, 道徳的, 法律的, 正しい, 間違った]意味において / in the best ~ of the term その言葉をもっとも善意に解釈して / in a vague ~ 曖昧な意味で / in all ~*s* あらゆる意味で, どの点からみても / in every ~ あらゆる意味で / in a very real ~ 真の意味で, 実に, 本当に / There is a (certain) ~ in which …《文語》ある意味[点]では… (In a sense).

2 a (グループ全体の)意見, 意向, 総意 (opinion, consensus): take [get] the ~ of the meeting 会衆の意向を問う / The ~ of the meeting is against the idea. 会の空気はその考えには反対だ. **b**《廃》(個人の)意見.

frighten* [*scare*] *a person out of a person's senses 人を(訳がわからなくなるほど)ひどく怖がらせる, ひどくびっくりさせる (frighten a person out of a person's wits): It almost *frightened* [*scared*] *me out of my* ~*s*. 私はびっくりして気が狂いそうだった. ***in a* [*óne*] *sénse*** (1) ある意味[点]では. (2) ある程度 (partly). 《*c*1880》 ***in nó sénse*** (どんな意味においても)決して…ない. ***màke sénse*** (1) 意味をなす; わけがわかる; 道理にかなう: It doesn't seem to *make* ~. それは意味をなさないようだ, それでは筋が通りそうもない. (2) 〔話などの〕意味をとる〔*of, out of*〕: Can you *make* ~ *of* what he says? / *make* ~ *out of* nonsense たわごとの意味を判じる. 《1686》 ***sénse of sélf*** 個性, 人柄 (personality).

— *vt.* **1** (五官で)感覚する, 感じる (feel); 意識する, 何となく感づく: He ~*d* the approaching danger. 彼は迫ってくる危険を感じた / I ~ increasing pressure on the government (to act). 政府に(行動せよという)圧力が増えているのを感じる / I ~*d that* something was fishy. 何かうさんくさいのに気づいた / She doesn't like the idea.—I ~*d* as much (from the way she looked). 彼女はその考えが気にくわない—(その顔つきから)そうだろうと思った. **2** 悟る, 理解する (comprehend, understand). **3**〖電算〗〈コンピューターが〉〈外界の状態を〉検知する, 〈情報を〉読み取る. 〖(*c*1384) □ (O)F *sens* // L *sēnsus* (p.p.) ← *sentire* to perceive, feel: ⇨ send¹〗

SYN 感覚: **sense** 五感の任意の一つ: the *sense* of smell 嗅覚. **feeling** 肉体的に感じたもの: a *feeling* of hunger ひもじい感じ. **sensation** 五官を通して受ける感覚印象《*feeling* よりも格式ばった語》: a *sensation* of faintness 失神しそうな感じ. **sensibility** 印象や影響に敏感繊細に反応する能力: artistic *sensibility* 芸術的な感受性.

---

sénse-dàtum *n.* (*pl.* **sense-data**) **1**〖心理〗(五官の刺激から生じる)感覚されたもの. **2**〖哲学〗感覚与件[所与]《なんらの人為的構成を含まず, 感覚に与えられたままの直接の対象をいう認識論上の仮定; cf. representationalism 1, apriorism》. 〖1882〗

sénse-datum lánguage *n.*〖哲学〗感覚与件言語《「赤い広がりが見える」のように, 感覚与件とそれらの性質・関係だけを述べる言語; cf. thing-language》.

sénse gròup *n.*〖音声〗意義の段落《一つの意味にまとまった語群; cf. breath group》. 〖1928〗

sense·less /sénsləs, sénts-/ *adj.* **1** 良識を欠いた, 非常識な, 無分別な (thoughtless), 愚にもつかない, ばかげた (foolish): a ~ man, action, proposal, etc. / a ~ fondness ねこかわいがり. **2** 感覚のない, 無感覚の (insensible), 人事不省の[で] (unconscious): He fell (to the ground) ~. 彼は卒倒した / a ~ corpse 冷たくなった死体 / knock a person ~ なぐって気絶させる; 肝をつぶさせる. **3** 意味のない, 無意味な (meaningless): a ~ murder 意味のない殺人. **4**《古》意識をもたない. **~·ly** *adv.* **~·ness** *n.* 〖(1557) ← SENSE + -LESS〗

sénse òbject *n.*〖文法〗意味上の目的語.

sénse òrgan *n.*〖生理・心理〗感覚器(官) (receptor), 五官の各器官. 〖1854〗

sénse percèption *n.* (知的認識に対して)感覚認識(力); 知覚. 〖1846〗

sénse strèss *n.*〖音声〗= sentence stress.

sénse sùbject *n.*〖文法〗意味上の主語.

sen·si·bil·i·a /sɛ̀nsəbíliə | -sɪ̀-/ *n. pl.* 知覚しうるもの. 〖(1856) □ LL *sēnsibilia* (neut. pl.) ← L *sēnsibilis*: ⇨ sensible〗

sen·si·bil·i·ty /sɛ̀nsəbíləti, sɛ̀ntsə- | sɛ̀nsɪbílɪti, sɛ̀nts-/ *n.* **1 a** (繊細な)感受性, 敏感さ (susceptibility, delicacy) (⇨ sense SYN): the ~ of the artist / moral and religious ~ 道徳的および宗教的感受性 / ~ *to* pain, slights, etc. **b** [しばしば *pl.*] 感覚の鋭さ, 感じやすいこと, 心の傷つきやすいこと, 神経過敏; 多感: sense and ~ 理知と感情, 知と情 / wound a person's *sensibilities* 人の感情を害する. **2** (刺激に対する)感覚能力, 感度, 感性, 感覚: the ~ of the eye and ear 目と耳の感性 / tactile ~ 触覚 / The skin has lost its ~. 皮膚の感覚がなくなった. **3**《まれ》(測量器・植物などの)感度 (sensitivity): the ~ of a thermometer [balance] 温度計[天秤]の感度. 〖(1392) *sensibilite* □ (O)F *sensibilité* □ LL *sensibilitātem*: ⇨ ↓, -ity〗

sen·si·ble /sénsəbl, sénts- | sénsɪ-, sénts-/ *adj.* **1** 〈行動・思想・発言など〉気のきいた, 理にかなった, 賢明な, 実際的な (⇨ rational SYN); 〈衣服・靴など〉実用的な (practical): a ~ course [compromise] 賢い方法[妥協] / a ~ suggestion 実際的な提案 / ~ clothes 実用的な服. **2** 〈人が〉分別のある, 思慮のある, 賢い (judicious, sagacious): a ~ man もののわかりのよい人 / *It was* ~ *of you to* refuse his offer. 彼の申し出を断わったとは君も賢かった / That is very ~ of him. そうするとはあの男もなかなか気がきいている. **3 a** (感覚[五官]で)感じられる, 知覚できる (sensory) (⇨ material SYN): ~ impressions, phenomena, etc. **b** 現実に知覚できる; 現実的な, 実体のある (material, substantial): the ~ world (a)round us 身の回りの耳目に触れる世界. **c** 感じられるほどの, 目立つ[わかる]ほどの, 著しい (marked, considerable): a ~ difference [increase, reduction] かなりの相違[増加, 減少] / a ~ change for the better [worse] 目立ってよく[悪く]なること. **4** 〔…を〕感づいて, 気づいて (conscious); 知って, よくわかって〔*of*〕(⇨ aware SYN): be ~ *of* a voice crying afar 遠くで叫んでいる声が聞こえる / be ~ *of* one's own shortcomings 自分の欠点に気づいている. **5**《古》敏感な (sensitive): ~ to pain 痛みに敏感な. — *n.* **1** 知覚できるもの. **2**〖音楽〗= leading note. **~·ness** *n.* 〖(*c*1380) □ (O)F ~ □ L *sēnsibilis* ← *sēnsus* 'SENSE': ⇨ -ible〗

sénsible héat *n.*〖物理化学〗顕熱, 感熱《物体の温度変化として現れる熱量; cf. latent heat》. 〖1839〗

sénsible horízon *n.*〖天文〗地上地平 (cf. celestial horizon). 〖1642〗

sen·si·bly /sénsəbli | -sɪ-/ *adv.* **1** 感じられるほどに; 目立って, かなり, 著しく (perceptibly): grow ~ weaker 目立って弱る / look ~ older 目立ってふけて見える. **2** 賢く, 分別よく, 気がきいて (wisely): behave ~ 分別あるふるまいをする. **3** しみじみと (feelingly). 〖*a*1398〗

sen·sil·lum /sɛnsíləm/ *n.* (*pl.* **-sil·la** /-lə/)〖動物〗小感覚体《昆虫の体表などの簡単な感覚器官》. 〖(1925) ← NL ~ (dim.) ← L *sēnsus* 'SENSE'〗

sen·si·mil·i·an /sɛ̀nsɪmíliən/ *n.*, *adj.*《米》(ハワイ産の強力な)大麻(の).

sen·si·tive /sénsətɪv, sénts- | sénsɪtɪv, sénts-/ *adj.* **1 a** (外的刺激などに)敏感な, 感じやすい, すぐ感じる, 感覚の鋭い, 特に敏感な (hypersensitive)〔*to*〕; (感じすぎて)傷つきやすい, 繊細な (delicate): a ~ ear 鋭敏な耳 / eyes ~ *to* light 光に感じやすい目 / skin that is ~ *to* heat 熱に敏感な皮膚 / A partly-healed wound is very ~. 治りかけの傷は触るとぴりぴり痛い / a ~ heart 感じやすい心 / a ~ conscience 敏感な良心 / a ~ skin 繊細な皮膚. **b** (知的・芸術的・情緒的に)感受性の強い, 鋭敏な (nice): a ~ taste in literature 鋭敏な文学鑑賞力. **2** ものを気にしやすい, 神経過敏な, 神経質な (oversensitive), すぐ気にする[怒る] (touchy): a ~ child 神経過敏な子供 / be ~ *about* one's appearance ひどく身なりを気にする / be very ~ *to* any accusation of incompetence 無能といわれることをひどく気にする. **3** 〈問題など〉扱いに注意を要する, 微妙な; (国家の安全保障に関係し機密の情報などを扱うため)高度の慎重を要する, 絶対的忠誠心を必要とする; 機密を扱う: a (politically) ~ subject [problem] (政治的に)微妙な主題[問題] / a ~ position 国家機密を扱う官職 / a ~ document 機密書類. **4 a** 外的な力・状態に容易に変化する[反応を起こす]. **b** 〈木の葉など〉(刺激に)鋭敏な. **c** 〈器械・ラジオなど〉感応しやすい, 感度のよい, 鋭敏な (delicate): a ~ scale [seismograph] 鋭敏なはかり[地震計] / a touch-*sensitive* device 触れると反応する装置. **d** 〈爆発物など〉高感度の: a ~ explosive. **e**〖商業〗動きやすい, 不安定な, 敏感な: a ~ market. **f**〖光学・写真〗感光性の: a (light-)~ film [plate] 感光フィルム[板] / ~ emulsion 感光乳剤. **g**〖通信〗(電波に)感じやすい, 感度のよい. **h**〖光学〗(輻射に対し)感度が高い, 高感度の. **i**〖生理〗敏感な, 反応しやすい, 刺激閾(いき)の低い. **j**〖医学〗〈細菌など〉(薬剤に対して)感性の(ある). **5** 感覚の[による] (sensory): ~ motions. — *n.* **1** 敏感な人. **2** 催眠術などにかかりやすい人; 超能力の持ち主. **~·ly** *adv.* **~·ness** *n.* 〖(1392) □ (O)F *sensitif* □ ML *sēnsitīvus* ← L *sēnsus*: ⇨ sense, -itive〗

sénsitive pàper *n.*〖写真〗感光紙. 〖1839〗

sénsitive pèriod *n.*〖心理〗敏感期《ヒトの発達において, ある刺激に対して強く反応し, 特定の能力を速やかに学習する時期》.

sénsitive plànt *n.* **1**〖植物〗**a** オジギソウ, ネムリグサ (*Mimosa pudica*)《ブラジル原産マメ科の多年草, 葉に触れるとすぐに垂れ下がる》. **b** (刺激を受けると運動する)感覚植物. **2**《口語》過敏な人, すぐ取り乱す人. 〖1659〗

sen·si·tiv·i·ty /sɛ̀nsətívəti | -sɪtívɪti/ *n.* **1** 敏感, 感度, 感受性. **2**〖心理〗感受性: the ~ of a nerve. **3**〖写真〗感光度. **4**〖電気〗(受信機・電気計器の)(比例)感度. 〖1803〗

sensitívity gròup *n.*〖心理〗センシティビティーグループ, 感受性訓練グループ. 〖1969〗

sensitívity spèck *n.*〖化学〗感光核, 集中核《感光剤中で感光した際に銀粒子の生じやすい箇所》.

sensitívity tràining *n.*〖心理〗感受性訓練《グループによる心理療法の一つ; これに参加した人々は肉体的接触や自由な発言によって自己の感情や他の人々の感情について以前より深い人間関係の理解に達するといわれる》. 〖1954〗

sen·si·ti·za·tion /sɛ̀nsətəzéɪʃən, | -sɪtaɪ-, -tɪ-/ *n.*

S

1 敏感にすること. 2 〖免疫〗感作(ˢ), 増感. 〖(1887) ← ↓ ＋-ATION〗
sen·si·tize /sénsətàɪz | -sɪ-/ *vt.* 1 敏感にする. 2 〈紙・フィルムなど〉に感光性を与える: ~*d* paper 感光紙, 印画紙. 3 〖免疫〗感作(ˢᵃ)する. — *vi.* 1 敏感になる. 2 感光性をもつ. 〖(1856) ← SENSIT(IVE)＋-IZE〗
sén·si·tìz·er *n.* 感光薬; 増感剤. 〖(1873) ← ↑ ＋-ER¹〗
sen·si·tom·e·ter /sènsətá(ː)mətə | sènsɪtɔ́mɪtə(r)/ *n.* 〖写真〗感光計. 〖(1880) ← SENSIT(IVE)＋-O-＋-METER¹〗
sen·si·to·me·tric /sènsətoumétrɪk | -sɪtə(u)-⁻/ *adj.* センシトメトリックな《感光性測定的な》. 〖(1881): ⇨ ↑, -METRIC〗
sénsitometric cúrve *n.* 〖写真〗感光曲線 (⇨ characteristic curve 2). 〖1967〗
sen·si·tom·e·try /sènsətá(ː)mətri | -sɪtɔ́mɪtri/ *n.* 〖写真〗センシトメトリー《感光的性質の測定》. 〖(1881): ⇨ SENSITOMETRIC, -METRY〗
sen·so- /sénsou | -səu/「感覚の (sensory)」の意の連結形. 〖← L *sensus*: ⇨ sense, -o-〗
sènso·mótor *adj.* 〖心理〗＝sensorimotor.
sen·sor /sénsə, séntsə, -sɔə, -tsɔə | -sə(r), -tsə(r), -sɔː(r), -tsɔː(r)/ *n.* 1 〖機械〗感知器, センサー《計測器の入力部分》. 2 〖生理・心理〗＝sense organ. 〖(1928): ⇨ ↑, -or²〗
sen·so·ri- /sénsərɪ, -ri/ senso- の異形. 〖(1855) ← SENSORY〗
sensoria *n.* sensorium の複数形.
sen·so·ri·al /sensɔ́ːriəl/ *adj.* ＝sensory. **~·ly** *adv.* 〖(1768) ← SENSORY＋-AL¹〗
sènsori·mótor *adj.* 〖心理〗感覚および運動の, 感覚運動的な[性の] (cf. ideomotor 1): a ~ area 感覚野, 知覚野. 〖(1855) ← SENSORI-＋MOTOR〗
sènsori·néural *adj.* 〖病理〗感覚神経の[と関係する]. 〖1964〗
sen·so·ri·um /sensɔ́ːriəm/ *n.* (*pl.* **~s, -ri·a** /-riə/) 1 〖解剖〗感覚中枢《脳の皮質または灰白質》. 2 〖生物〗感覚器官. 3 〖生理〗識覚, 意識, 知覚. 4 《戯言》頭脳 (brain); 精神, 心 (mind). 〖(1647) □ LL *sensōrium* ← L *sensus*: ⇨ sense, -orium〗
sen·so·ry /sénsəri, -tsəri/ *adj.* 1 知覚の, 感覚の, 感覚上の: ~ psychology. 2 〖生理〗感覚を起こさせる[伝達する]: a ~ nerve 知覚神経 (cf. MOTOR nerve). — *n.* 1 《廃》感覚器官 (sense organ). 2 《古》〖解剖〗＝sensorium 1. 〖(n.: 1626; adj.: 1749) ↑〗
sénsory céll *n.* 〖解剖・動物〗感覚細胞.
sénsory deprivátion *n.* 〖心理〗感覚遮断《刺激がなくなった場合, それに対応する感覚も消失する心理状態》.
sénsory háir *n.* 〖動物〗(節足動物の)感覚毛.
sénsory órgan *n.* 〖生理・心理〗＝sense organ. 〖1799〗
sénsory percéption *n.* ＝sense perception.
sénsory róot *n.* 〖解剖〗《脊髄神経の》感覚根.
sen·su·al /sénʃuəl, -ʃʊl, -tʃuəl, -tʃʊl | -sjuəl, -sjʊl, -ʃuəl, -tsuəl, -tsjʊl, -tʃuəl/ *adj.* 1 a (知性的・精神的と区別して)肉体的感覚の, 官能的な (⇨ sensuous SYN); 肉欲の (carnal) (cf. spiritual): ~ pleasures 肉体的快楽 / ~ appetites [affections] 情欲[肉欲的愛情]. b 〈顔など〉肉感的な: a ~ mouth / a ~ attraction [charm] 肉感美. 2 a 肉欲にふける, 酒色におぼれた; 好色な, みだらな (licentious, lewd) (⇨ carnal SYN): a ~ person. b 世俗的な (worldly), 不信心な (irreligious). c 唯物論者的な (materialistic). 3 《まれ》感覚の (sensory). 4 〖哲学〗感覚的な, 感覚論 (sensationalism) の, 感覚論的な: a ~ idea 感覚的観念. **~·ly** *adv.* **~·ness** *n.* 〖(?a1425) □ LL *sēnsuālis*: ⇨ sense, -al¹〗
sen·su·al·ism /sénʃuəlɪ̀zm, -ʃʊl- | -sjuəl-, -sjʊl-, -ʃuəl-/ *n.* 1 肉欲[酒色]にふけること; 肉欲主義, 快楽主義. 2 〖哲学〗感覚論 (sensationalism). 3 〖倫理〗＝sensationalism 4. 4 〖美学〗肉感主義, 官能主義.
sen·su·al·is·tic /sènʃuəlístɪk, -ʃʊl- | -sjuəl-, -sjʊl-, -ʃuəl-⁻/ *adj.* 〖(1803) ← ↑ ＋-ISM〗
sén·su·al·ist /-lɪst | -lɪst/ *n.* 肉感[官能]論[主義]者; 好色家. 〖(1662) ← SENSUAL＋-IST // □ F *sensualiste*〗
sen·su·al·i·ty /sènʃuǽləti | -sjuǽlɪti, -ʃu-/ *n.* 1 官能性肉欲性. 2 肉欲にふけること; みだら, 好色 (lewdness). 〖(c1340) □ (O)F *sensualité* □ LL *sensuālitā-tem*: ⇨ sensual, -ity〗
sen·su·al·ize /sénʃuəlàɪz, -ʃʊl- | -sjuəl-, -sjʊl-, -ʃuəl-/ *vt.* 肉欲[官能]的にする, 肉欲にふけらせる. **sen·su·al·i·za·tion** /sènʃuəlɪzéɪʃən, -ʃʊl- | -sjuəlaɪ-, -sjʊl-, -ʃuəl-, -lɪ-/ *n.* 〖(1687) ← SENSUAL＋-IZE〗
sen·su la·to /sénsuːléɪtou | -təu/ *L. adv.* 広義で (cf. sensu stricto). 〖(1959) □ L *sensū lātō* in a broad sense〗
sen·sum /sénsəm/ *n.* (*pl.* **sen·sa** /-sə/) 〖哲学〗＝sense-datum 2. 〖(1868) ← NL ~ ← L *sensum* (neut.) ← *sensus*: ⇨ sense〗
sen·su·ous /sénʃuəs, -tʃuəs | -sjuəs, -ʃuəs, -tsjuəs, -tʃuəs/ *adj.* 1 感覚的な, 感覚に訴える: ~ impressions 感覚的印象 / ~ verse 感覚的な詩 / ~ qualities of music 音楽の感覚的性質. 2 ＝sensual. 3 感じやすい, 敏感な: a ~ temperament. **~·ly** *adv.* **~·ness** *n.* **sen·su·os·i·ty** /sènʃuá(ː)səti | -sjuɔ́sɪti, -ʃu-/ *n.* 〖(1641) ← L *sensus* (↑)＋-OUS〗

SYN 官能的な: **sensuous** 快く感覚に訴える: *sensuous* music 甘美な音楽. **sensual** 《しばしば悪い意味で》肉体的な, 特に性的快楽を求める: *sensual* desire 肉体的な欲望. **erotic** 性愛の, 性的刺激の強い《*sensual* が暗に性的快楽をほのめかすのに対して *erotic* は明白に性的快楽を意味する》: *erotic* films ポルノ映画. **voluptuous** 官能的な快楽を与える: her *voluptuous* breasts 彼女の悩ましい乳房. **epicurean** 美食を主要目的とする《格式ばった語》: an *epicurean* feast 食道楽風のごちそう.

Sen·sur·round /séns(j)əràund/ *n.* 〖商標〗センサラウンド《低周波により体で振動を感じさせる映画の音響効果システム》. 〖(1974) ← SENSE＋SURROUND〗
sén·su stríc·to /sénsuːstríktou | -təu/ *L. adv.* 狭義で (cf. sensu lato). 〖(1902) □ L *sensū strictō* in a strict sense〗
sent¹ /sént/ *v.* send の過去形・過去分詞形. 〖ME *sent(e)* ∽ OE *sende* (pret.), *sended* (p.p.)〗
sent² /sént/ *n.* (*pl.* **sen·ti** /sénti:/, **~s**) 1 セント《エストニアの通貨単位; ＝¹/₁₀₀ kroon》. 2 1 セント青銅貨. 〖□ Estonian *senti* □ ? Finn. *sentti* □ L *centum*: ⇨ cent〗
sent. 《略》sentence.
sen·te /sénti | -ti/ *n.* (*pl.* **li·sen·te** /lɪsénti | -ti/) センティ《レソト (Lesotho) の通貨単位; ＝¹/₁₀₀ loti》. 〖(1980) □ Sotho (Sesotho) ~ □ E CENT〗
sen·tence /séntəns, -tənts, -tns, -tnts, sénəns, -nənts | séntəns, -tənts/ *n.* 1 〖文法〗文《1 語または文法的に構成された数語がそれ自身独立して陳述・疑問・命令・感嘆・願望などを表す言語形式; 変形文法では名詞句と動詞句より成るとされる; cf. word 1, phrase, clause》: ⇨ assertive sentence, complex sentence, compound sentence, INTERROGATIVE sentence, simple sentence. 2 a (刑事上の)宣告, 有罪判決 (judgment): a ~ of death＝a death ~ 死刑の宣告 / receive [impose] a lenient [light, heavy] ~ 寛大な[軽い, 重い]宣告を受ける[課す] / be under ~ of …の宣告を受けている / pass (a) ~ upon [on] …に刑を申し渡す; …に対して意見を述べる / pronounce (a) ~ on a defendant 被告に刑を宣告する / await ~ 判決を待つ. b 刑, 処罰 (punishment): a 10-year ~ 10 年の刑 / serve a life ~ [a ~ of life imprisonment] 終身刑を受ける[に服役する]. 3 〖音楽〗(楽式構造の)楽節 (⇨ period 17). 4 〖論理〗文《命題もしくはそれより広義の表現》. 5 《古》名言, 金言, 格言 (maxim, axiom). 6 《廃》(ある問題に対する)意見 (opinion); 正式結論 (conclusion). — *vt.* 1 〈被告〉に刑を宣告する, に判決を下す; 〈被告を〉(…の)刑に処する 〔*to*〕: The accused was ~*d* *for* theft. 被告人は窃盗罪の判決を受けた / ~ a person *to* death 人に死刑の宣告を下す, 人を死刑に処する / He was ~*d* *to* (serve) twenty years' imprisonment [twenty years in jail]. 20 年の禁固刑に処せられた. 2 …を不愉快な目に遭わせる[に追いやる]: The fire ~*d* us *to* poverty. 火事で困窮した. **sén·tenc·er** *n.* 〖n.: (?a1200) □ (O)F ~ □ L *sententia* opinion, judgment ← *sentīre* to feel: ⇨ sense, -ence. — v.: (1413) □ (O)F *sentencier* ← (n.)〗
séntence áccent *n.* 〖音声〗＝sentence stress.
séntence ádverb *n.* 〖文法〗文副詞 (*Certainly* he thinks so. (＝It is certain that he thinks so.) における certainly のように意味上文全体にかかる副詞). 〖1892〗
séntence connèctar *n.* 〖文法〗文接続語(句) (also, therefore などのいわゆる接続副詞).
séntence frágment *n.* 〖文法〗文の断片《音調上は文の特徴を備えているが, 構造上は文の特徴に欠ける言語形式: 語・句・節》. 〖1947〗
séntence mèthod *n.* 文中心教授法《文を中心とする外国語教授法; cf. word method》.
séntence mòdifier *n.* 〖文法〗文修飾語 (disjunct) 《文全体を修飾してその形式や内容に対する話し手の判断を示す副詞語句》.
séntence-mòdifying ádverb *n.* 〖文法〗文修飾副詞.
séntence pàttern *n.* 〖文法〗文型.
séntence strèss *n.* 〖音声〗文強勢《例えば I bought an English dictionary. における bought, English, dictionary に置かれた強勢; sentence accent ともいう; cf. word stress》. 〖1884〗
séntence sùbstitute *n.* 〖文法〗文代用語(句) (yes, certainly などの副詞のように, 文の代用となりうる語句). **~·ly** *adv.*
séntence wòrd *n.* 〖文法〗文相当語 (例: Come!, Splendid!, Certainly., No. など). 〖1848〗
sen·ten·ti·a /senténʃiə, -ʃə/ *n.* (*pl.* **-ti·ae** /-ʃiìː/) 〖通例 *pl.*〗警句, 金言 (aphorism). 〖(1917) □ L ~ 'SENTENCE'〗
sen·ten·tial /senténʃəl, -ʃl | sen-, sən-/ *adj.* 1 〖文法〗文の, 文の形をした: ~ analysis 文の解剖 / a ~ pause 文休止 (一文としての意味の区切れを示す). 2 《廃》判決の. **~·ly** *adv.* 〖(a1471) □ LL *sententiālis*: ⇨ sentence, -al¹〗
senténtial cálculus *n.* 〖論理〗＝propositional calculus. 〖(1937)《なぞり》← G *Satzkalkül*〗
senténtial connéctive *n.* 〖論理〗＝propositional connective. 〖1957〗
senténtial fúnction *n.* 〖論理〗＝propositional function, open sentence. 〖1937〗
sen·ten·tious /senténʃəs | sen-, sən-/ *adj.* 1 金言[教訓]の多い, 金言的の, 警句的な (aphoristic, pithy): a ~ style 警句の多い文体. 2 a 金言めいた, 気取った, もったいぶった, 大げさな (pompous, high-flown). b 〈人が〉(大げさな)警句的文句を使う(のが好きな). **~·ly** *adv.* **~·ness** *n.* 〖(1440) □ L *sententiōsus*: ⇨ sentence, -ous〗
sen·ti /séntiː; *Swahili* sénti/ *n.* (*pl.* ~) センティー《タンザニアの通貨単位; ＝¹/₁₀₀ shilingi》. 〖□ Swahili ~ □ E CENT〗
sen·tience /sénʃəns, -ʃiəns/ *n.* (知覚・思考と区別して)感じうること, 感覚[知覚]力のあること, 有情; 直観. 〖(1839): ⇨ sentient, -ence〗
sén·tien·cy /-ʃənsi, -ʃiən-/ *n.* ＝sentience.
sen·tient /sénʃənt, -ʃiənt/ *adj.* 1 感じる, 感覚(力)のある, 知覚力のある. 2 知覚力をはたらかせる, 敏感な (sensitive). 3 〔…を〕意識する〔*of*〕: be ~ *of* a tense atmosphere 緊張した空気を意識する. — *n.* 1 《まれ》感覚[知覚力]のある人[もの], 生物. 2 《古》心, 意識 (mind). **~·ly** *adv.* 〖(1603) □ L *sentientem* (pres.p.) ← *sentīre* to feel: ⇨ sense, -ent〗
sen·ti·ment /séntəmənt, sénə- | séntɪ-/ *n.* 1 a [しばしば *pl.*] 意見, 感想, 所感 (⇨ opinion SYN): (a) strong public ~ that the government should resign 政府は退陣すべきだという強い世論 / strongly expressed ~*s* 力強く表明された意見 / echo a person's ~*s* 人の見解に賛成する / ascertain a person's ~*s* on [about, regarding, with regard to, toward(s)] …に関して人の意見を確かめる / Those are [《戯言》Them's] my ~*s* (exactly). それが(まさに)私の考えだ. b 情緒 (feeling); 情, 心 (mental attitude): religious [patriotic] ~*s* 宗教[愛国]心 / anti-imperialist ~ 反帝国主義的感情 / hostile [friendly] ~*s* 敵[好]意 / a ~ of pity 哀れみの情 / the ~ of public virtue 公徳心. 2 a (道理や事実よりも感情に走る傾向としての)感情 (emotional feeling) (⇨ feeling SYN): a person of ~ 感情家 / appeal to ~ 感情に訴える / free from ~ 感情を交えない, 感傷的でない / be led astray by mere ~ 単なる感情にとらわれて判断を誤る / do something out of ~ 感情に駆られて事をする / We are often swayed [influenced] by ~. 我々はよく感情に動かされる. b (芸術作品やふるまいなどに表れる)洗練された感情, 情趣, 情操: a person of tender [noble] ~ 情操の優雅な[高尚な]人. c (芸術作品の皮相な)感傷性 (sentimentality): scorn anything that smacks of ~ 感傷じみたものは軽蔑する. 3 (思い出・愛着などによる)感傷(的な気持ち). 4 (言葉などで表そうとする)気持ち, 趣旨, 意味, 真意, 考え. 〖(c1385) (1639) *sentement* □ OF (F *sentiment*) □ ML *sentimentum* ← L *sentīre* to feel: ⇨ sense, -ment〗
sen·ti·men·tal /sèntəméntl, sènə- | sèntɪméntl⁻/ *adj.* 1 a 感情[情緒]に訴える, 情感的な, 感傷的な: strike a ~ note (演説で)感傷的な調子になる / a ~ novel [song] 感傷的な小説[歌] / a ~ melodrama お涙頂戴もの. b いやに感傷的な, 情にもろい, 涙もろい (maudlin): a ~ girl 涙もろい少女. 2 感情的な, 感情からの; (理性・思考より)感情[情緒]に動かされる: ~ motives 感情的な動機 / for ~ reasons 感情的な理由で. **~·ly** *adv.* 〖(1749): ⇨ ↑, -al¹〗

SYN 感傷的な: **sentimental** 過度に感傷的な: a *sentimental* lyric 感傷的な叙情詩. **mawkish** 不誠実・誇張などのために, いや気を催すほど感傷的な: a *mawkish* love story いやに感傷的な恋物語. **maudlin** 特に酔った結果人生一般または自分の人生について悲しみを感じる: He gets *maudlin* when drunk. 彼は酔うと泣き上戸になる. **soppy** 《英口語》〈人・物語などが〉ばかげて感傷的な: a *soppy* film ばかげて感傷的な映画.

séntimental cómedy *n.* 感傷喜劇《18 世紀英国で流行した勧善懲悪的な喜劇》. 〖1805〗
sèn·ti·mén·tal·ism /-təlɪzm, -tl- | -təl-, -tl-/ *n.* 1 感情[情操, 情緒]主義. 2 感傷主義; 多情多感, 涙もろいこと; 感激性, 感傷癖. 3 感情[感傷]的な言動, ぐち. 〖1817〗
sèn·ti·mén·tal·ist /-təlɪst, -tl- | -təlɪst, -tl-/ *n.* 感情家, 多情多感な人; 感傷的な人, 涙もろい人, ぐちっぽい人. 〖1783〗
sen·ti·men·tal·i·ty /sèntəmentǽləti, -mən- | -tɪmentǽlɪti, -mən-/ *n.* 1 感情[感傷]的なこと. 2 感情的[感傷的]な行為[思考, 表現など]. 〖1770〗
sen·ti·men·tal·ize /sèntəméntəlàɪz, -tl- | -tɪméntəl-, -tl-/ *vi.* 感傷にふける, 感傷的になる, 涙もろくなる: ~ *over* [*about*] the past 昔の事を思い出して感傷的になる. — *vt.* 感情的にする: The actor ~*d* his part. その俳優は自分の役を感情的に演じた. **sen·ti·men·tal·i·za·tion** /sèntəmèntəlɪzéɪʃən, -tl- | -tɪmèntəlaɪ-, -lɪ-, -tl-/ *n.* 〖1788〗
séntimental válue *n.* (個人的な思い出などによる, 物に対して抱く)感情的価値.
sen·ti·mo /sentíːmou | -məu/ *n.* (*pl.* **~s**) センティーモ《フィリピンの通貨単位; ＝¹/₁₀₀ peso》. 〖(1968) □ Tagalog ~ □ Sp. *céntimo* 'CENTIMO'〗
sen·ti·nel /séntɪnl, -tnl | -tɪnl/ *n.* 1 a 歩哨, 番兵 (sentry): stand ~ 見張る. ★ 軍隊では sentry を用いる. b 《文語》番人, 見張り (watchman). 2 〖電算〗センチネル, 監視文字 (⇨ flag¹ 11). 3 〖海事〗増し錨 (⇨ kellet). — *vt.* (**sen·ti·neled, -ti·nelled; -ti·nel·ing, -ti·nel·ling**) 1 …の歩哨に立つ, …を見張る. 2 …に歩哨を置く[立てる]. 〖(1579) □ F *sentinelle* □ It. *sentinella* ← ? *sentina* vigilance ← *sentire* to perceive < L *sentīre*: ⇨ sense〗
sen·try /séntri/ *n.* 1 〖軍事〗歩哨, 番兵 (sentinel): relieve a ~ 歩哨を交代する / be on [stand] ~ 歩哨に立つ / go on [come off] ~ (歩哨としての)勤務につく[を離れる], 上番(ʲᵒᵘ)[下番(ᵏᵃ)]する. 2 《まれ》見張り, 番 (guard, watch): keep ~ (over) (…の)番をする. — *vt.* 歩哨として見張る. 〖(1611)《略》? ← 《廃》*centrinell*

《異形》← SENTINEL》

sentry and sentry box

séntry bòx *n.* 哨舎, 番兵小屋. 〖1716〗

séntry-gò *n.* **1** 歩哨[見張り番]交替の合図. **2** 歩哨勤務, 見張りの役目: do ~ 歩哨勤務をする, 見張り番をする. 〖(1852-63) ← *Sentry, go!*〗

Se·nu·fo /sənúːfoʊ | -fəʊ/ *n.* (*pl.* ~, ~s) **1** セヌフォ族《コートジボアール北部・マリ南東部に住む部族; 木彫による仮面や彫像の製作にすぐれる》. **2** セヌフォ語《Gur 語派に属する》. 〖1911〗

Se·nus·si /sənúːsi/ *n.* (*pl.* ~, ~s)〖イスラム教〗= Sanusi. **Se·nús·si·an** /-siən, -ʃiən/ *adj.* 〖1891〗

sen·za /séntsə; *It.* séntsa/ *prep.*〖音楽〗…なしに (without) (略 s.): ~ sordino [stromenti] 弱音器[楽器]なしに / ~ tempo 一定の拍子・速度にとらわれずに. 〖(1724) □ It. ~ ← L *absentiā* in the absence of: cf. sans, sine[2]〗

sénza pe·dá·le /-peɪdáːleɪ; *It.* -pedáːle/ *n.*〖音楽〗センツァペダーレ《ペダルを踏まずに; 演奏の指示》. 〖□ It. ~ 《原義》without the pedal〗

SEO /èsìːóʊ | -óʊ/《略》Senior Executive Officer 上席経営責任者, 上級執行役員.

Se·oul /sóʊl | sóʊl; *Korean* sʌul/ *n.* ソウル《大韓民国西北部の商工業都市で, 同国の首都》.

sep. 《略》sepal; separate; separated.

Sep., Sep 《略》September; Septuagint.

se·pal /síːpəl, sép-, -pl | sép-, síːp-/ *n.*〖植物〗萼(がく)片 (cf. calyx). **sé·paled** *adj.* **sé·palled** *adj.* 〖(1829) □ F *sépal* // NL *sēpalum*《混成》← L *sēp(arātus)* 'SEPARATE' + (*pet*)*alum* 'PETAL'〗

sep·al·ine /sépəlàɪn, síːp-, -lɪn | -làɪn, -lɪn/ *adj.* = sepaloid.

sep·al·oid /sépəlɔ̀ɪd, síːp-/ *adj.*〖植物〗萼(がく)片に似た. 〖(1830): ⇨ sepal, -oid〗

-sep·al·ous /sépələs/「萼(がく)片 (sepals) をもった」の意の形容詞連結形: poly*sepalous*《名詞連結形は -sepaly》. 〖⇨ sepal, -ous〗

sep·a·ra·bil·i·ty /sèp(ə)rəbíləti | -lɪti/ *n.* 分けられること, 分離可能性 (divisibility). 〖(1640) □ ML *sēparābilitās*: ⇨ ↓, -ity〗

sep·a·ra·ble /sép(ə)rəbl/ *adj.* **1** 分けられる, 分離できる, 離せる (divisible)〔*from*〕: Education is ~ *from* religion. 教育は宗教から引き離すことができる. **2**〖数学〗**a** 可分の《稠密な可算部分集合をもっている》. **b** 分離的な《多項式の形式的微分が 0 になっている; それを零点にもつ最小多項式が前述の意味で分離的な》. **3**〖文法〗〈接頭辞や動詞が〉分離可能な《例: *extra*vagant の extra- は接頭辞であるが, extra change, extra pay のような特定の連語では分離可能で, 独立の語のように表記される》: a ~ particle 分離辞. **~·ness** *n.* **sép·a·ra·bly** *adv.* 〖(*a*1400) □ L *sēparābilis* ← *sēparāre* 'to SEPARATE': ⇨ -able〗

séparable attáchment plùg *n.*〖電気〗セパラブルプラグ《一部分が取りはずし可能な多用途のプラグ》.

sep·a·rate /sép(ə)rɪt/ *adj.* **1 a** (他を共有しないで)分かれた, 離れた (disconnected): ~ fragments ばらばらの断片 / cut it into three ~ parts 三つに分離する. **b** 孤立した, 隔離した (isolated): live ~ *from* others 一人暮らしをする / Prisoners are kept ~ one *from* another. 囚人は各自独房に入れられている. **2 a** 別々の, 別の (distinct): two ~ questions 別々な二つの問題 / go one's ~ ways 別れて別々の道を行く; 関係を終わらせる, たもとを分かつ / sleep in ~ beds 別々の寝床で寝る / We'd like ~ checks, please. 別々の勘定でお願いします. / Write your answer on a ~ sheet of paper. 解答は別の用紙に書くこと **b** 個々の (individual), 一つ一つの, 一人一人の (single): each ~ item 一つ一つの項目 / a ~ account 別勘定 / ~ and corporate [common] ownership 別有と共同所有権 / the ~ members of the body 身体の各部分 / The ~ volumes may be had singly. 各巻 1 冊ずつ分売する. **c** 独立した, 単独の (independent): a ~ peace 単独講和 / ~ trade 単独営業 / ~ houses 独立家屋 / ~ entrances [tables] 独立した別の入口[テーブル]. **3** [時に S-] (教会・団体などの)分離[分裂]主義派の. **4**《古》人里離れた. **séparate but équal** 分離しかし平等, (人種)分離平等政策の《黒人と白人の分離はするが, 教育・乗物・職業などでは差別をしない人種政策をいう》.

— *n.* **1** [*pl.*] **a** セパレーツ《スカート・シャツ・パンツ・セーター等上下別々の衣服で自由に組み合わせて着る; cf. coordinate 1 a》. **b** (オーディオシステムなどの)コンポーネント. **2**〖書誌〗(学術雑誌などからの)抜刷り, 別刷り (offprint).

— /sépərèɪt/ *v.* — *vt.* **1 a** 切り離す (sever); 引き離す, 別れ[離れ]させる (disunite)〔*from*〕: ~ two boxers [wrestlers] / ~ fighting dogs かみ合っている犬を引き分ける / ~ a bough *from* the trunk 枝を幹から切り離す / ~ oneself *from* one's friends 友人と別れる / The child was ~*d from* its mother. 子供は母親から引き離された / ~ Church and State 教会と国家[政教]を分離する / ~ education *from* religion 教育を宗教から引き離す. **b** 分離する (extract); より分ける, 取り去る ~ milk 牛乳を脱脂する / ~ the cream from the milk 牛乳からクリームを取る / ~ (*out*) the best parts 最良の部分をより分ける: / ~ chaff *from* grain もみ殻を穀物からより分ける / ~ gold *from* sand / ~ troublemakers (*off*) *from* the rest いざこざを起こす連中を他の人々から分離する. **2 a** (中間物で)隔てる, 分ける〔*from*〕: The sea ~*s* England *from* France. 海が英国をフランスから隔てている / The office is ~*d from* the parlor by a door. 事務所はドアで応接間と分けられている. **b** 分割する, 区画する (divide): ~ land (*up*) *into* small plots 土地を小さな区画に分割する / The room is ~*d off* by a curtain *into* two compartments. **c** 分類する, 区分する (sort): ~ mail (by regions) 郵便物を地域別に区分けする / ~ cards *into* suits トランプを組札に分ける. **d** 分散する, 四散させる (scatter): The war ~*d* many families. 戦争で多くの家族が離散した / The houses are widely ~*d*. 家屋は広範囲にわたって散在している. **3** …の違いを見分ける, 識別する (discriminate)〔*from*〕: ~ (*out*) two arguments 二つの論点を区別して考える / ~ sense *from* nonsense = ~ sense and nonsense (*from* each other) 道理と不条理とを識別する / ~ medicine *from* magic 医術と魔術とを弁別する / This will ~ the wheat *from* the chaff [the sheep *from* the goats]. これで価値のあるものとそうでないもの[善人と悪人]とが区別される. **4** 仲たがいさせる, 不和にする (estrange); 別居させる: Spiteful gossip ~*d* the two old friends. 悪意に満ちたうわさが原因で二人の旧友どうしは仲たがいになった / He is ~*d* but not yet divorced *from* his wife. 彼は妻と別居しているがまだ離婚していない. **5** 除隊[復員]させる, 召集解除する;《米》解雇する (discharge): be ~*d from* the army [firm] 除隊になる[解雇される]. **6**《古》(ある目的のために)取っておく.

— *vi.* **1 a** 〈人々が〉別れる, 離れる: They ~*d* after having dinner at the restaurant. レストランで食事をしてから別れた. **b** 〈物が〉〔…に〕分かれる〔*into*〕: The road ~*s into* two here. 道はここで二つに分かれる / The Germanic languages ~*d into* three branches. ゲルマン語は 3 群に分かれた. **2 a** 〔…と〕関係を断つ, 〔…から〕分離する, 離脱する (withdraw)〔*from*〕: ~ *from* a church 教会から分離する / ~ *from* a party 脱党する. **b** 〈夫婦が〉別居する: The Smiths have decided to ~ (rather than get divorced). スミス夫妻は(離婚しないで)別居することにした / *separated* couples 別居中の夫婦. **3 a** 取れてくる, 遊離する: The paper has ~*d from* the wall. 壁紙が壁からはがれてしまった / Oil and water soon ~ (*out*). 水と油はすぐ分離する. **b** 切れる: The rope ~*d* under the strain. なわが張りすぎて切れた.

~·ness *n.* 〖(1410) ← L *sēparātus* (p.p.) ← *sēparāre* ← *sē-* apart + *parāre* to prepare: ⇨ se-, pare〗

SYN 分ける: **separate** 〈まとまっていたものを〉引き離す: This machine *separates* the cream from the milk. この機械は牛乳からクリームを分離する. **divide** しばしば配分の目的で部分に分ける: *divide* one's property among one's children 財産を子供に配分する. **part** あるものを他のものから分ける《格式ばった語》: *part* the fighters けんかをしている人を引き分ける. **split** 〈物を〉縦に割る, 〈グループなどを〉分裂させる: The committee is *split* over [on] the human rights issue. 委員会は人権問題で分裂している. **sever** 力づくで完全に断ち切る: A bulldozer *severed* a gas main. ブルドーザーがガス本管を断ち切っていた. **sunder**《古・文語》乱暴に引き裂く: Nothing can *sunder* our friendship. 何物も私たちの友情を引き裂くことはできない. **ANT** unite, combine.

sép·a·rat·ed bróther /sépərèɪtɪd- | -tɪd-/ *n.*〖カトリック〗離れた兄弟《カトリック以外のキリスト信者を指す》.

séparated mílk *n.* = skim milk. 〖1901〗

séparate estáte *n.*〖法律〗(妻の)別有[特有]財産.

séparate excitátion *n.*〖電気〗他励 (cf. self-excitation).

sep·a·rate·ly /sép(ə)rɪtli/ *adv.* 別に, 別々に (distinctively), 個々に, 一つ一つ, 一人一人 (singly); 分離して, 単独に〔*from*〕: conclude peace ~ *from* …と別に[単独に]講和する. 〖(1552): ⇨ separate, -ly[1]〗

séparate máintenance *n.*〖法律〗(夫が別居中の妻および子に与える)別居手当 (cf. alimony 1). 〖1722〗

séparate schòol *n.*《カナダ》(地方公立学校制度外の)カトリック[プロテスタント]系国立学校. 〖1852〗

sép·a·ràt·ing fùnnel /-rèɪtɪŋ- | -tɪŋ-/ *n.*〖化学〗= separatory funnel.

sep·a·ra·tion /sèpəréɪʃən/ *n.* **1 a** 分離(すること), 引き離し: the ~ of Church and State 政教の分離. **b** (郵便物などの)分類, 区分け (sorting); 区画, 選別. **c** 別個なこと[状態]. **2 a** (仲間からの)離脱, 独立. **b** (教会の)分立 (schism). **c** [通例 S-; 集合的] (英国国教会からの)分離派の人たち. **3 a** 分離[分割]線[点] (demarcation). **b** 分離するもの; 区分け[選別]するもの. **c** 割れ目 (gap), 穴 (hole), 裂け目 (rent). **4**〖法律〗別居, 夫婦別居: legal ~ = judicial separation. **5 a** 離職, 退職, 退役: ~ *from* employment. **b**《米》免職, 解雇; 退学(処分). **6**〖宇宙〗(多段ロケットの場合, ブースターとメインまたは衛星などの)切離し(時). **7**〖航空〗剝離《流れが物体の表面からはがれること; 四角柱や円柱などの下流側に見られ, 剝離点から下流には大小の渦を含む区域ができる》.

separátion of pówers〖政治〗(立法・行政・司法の)三権分立 (cf. DIVISION of powers).

separátion of váriables〖数学〗変数分離(法). 〖(*a*1400) □ (O)F *séparation* □ L *sēparātiō(n-)* ← *sēparātus*: ⇨ separate, -ation〗

separátion allòwance *n.* (政府が出征軍人の妻に与える)別居手当.

separátion anxìety *n.*〖心理〗別離不安《乳児が母親から引き離されたときに示す不安状態; また, 住み慣れた環境や家族・親友から離れることによって生じる不安》. 〖1943〗

separátion cènter *n.*〖米軍〗復員本部, 召集解除本部.

separátion ènergy *n.*〖物理・化学〗= binding energy.

sèp·a·rá·tion·ist /-ʃ(ə)nɪst | -nɪst/ *n.* = separatist. 〖(1831) ← SEPARATION + -IST〗

separátion nègative *n.* (カラー写真印刷の)三原色分解陰画. 〖1931〗

separátion òrder *n.*〖法律〗(裁判所による)夫婦別居命令. 〖1887〗

separátion pòint *n.*〖航空〗= burble point. 〖1946〗

separátion ràte *n.*〖労働〗(解雇・退職・一時的解雇など, その理由のいかんを問わず離職したものの)離職率 (cf. quit rate).

sep·a·rat·ism /sép(ə)rətɪzm | -rɪt-/ *n.* **1 a** (政治・宗教上の)分離主義, 独立主義. **b** [通例 S-] (英国国教会からの)分離派の主義. **2** 社会的な分離, 排他性. 〖(1628) ← SEPARATE + -ISM〗

sep·a·rat·ist /sép(ə)rətɪst, -pərèɪt- | -p(ə)rətɪst/ *n.* **1** 分離[独立]主義者. **2** [通例 S-] (英国国教会から 16–17 世紀に分かれた)分離派の人, 非国教徒 (Nonconformist). — *adj.* [時に S-] 分離主義(者)の, 独立派の.

sep·a·ra·tis·tic /sèp(ə)rətístɪk | -rɪ-/ *adj.* 〖(1608) ← SEPARATE + -IST〗

sep·a·ra·tive /sép(ə)rətɪv, -pərèɪt- | -p(ə)rət-/ *adj.* **1** 分離性の; 独立性の. **2**〖生物〗《種属が》区別的な. **~·ly** *adv.* **~·ness** *n.* 〖(1592) □ LL *sēparātīvus*: ⇨ separate, -itive〗

sep·a·ra·tor /sépərèɪtə | -tə(r)/ *n.* **1** 分離する人; 選別する人. **2 a** 分離器. **b** (牛乳の)クリーム分離器. **c** 小麦のごみ砂分離器. **d** 脱穀機 (threshing machine). **e** 鉱石分離器, 選鉱器. **f** 液体分離器(など). **3 a** 分離[隔離]するもの. **b** (道路の車線間を分離する)分離帯, セパレーター. **c**〖電気〗(電池の)隔離板. **d**〖機械〗= retainer[1] 3. **e**〖歯科〗歯間分離器, セパレーター. **f**〖電算〗(データ中の)区切り文字, セパレーター. 〖(1607) □ LL *sēparātor*: ⇨ separate, -or[2]〗

sep·a·ra·to·ry /sép(ə)rətɔ̀ːri | -təri/ *adj.* 分離用の[に使用される]. 〖(1715) □ L *sēparātōrius*: ⇨ -ory〗

séparatory fúnnel *n.*〖化学〗分液漏斗《混合しない 2 液を分離するための円柱形[卵形]のガラス器具》. 〖1896〗

sep·a·ra·trix /sépərèɪtrɪks, ⌐—⌐—/ *n.* (*pl.* **sep·a·ra·tri·ces** /sèpərèɪtrəsìːz, -rətráɪ-/, ~·es) **1**〖印刷〗**a** 区分線《校正記号の一つ; 欄外に示す訂正の後につけ, 同じ行の他の訂正と区別するための斜線[垂線]》. **b** 斜線 (diagonal, solidus 3). **2**〖数学〗(数字の列の)分離記号《小数点・コンマ・斜線など》. 〖(1660) □ LL *sēparātrix* (fem.) ← *sēparātor*: ⇨ separator, -trix 2〗

S

sepd. 《略》separated.

Sepe·di /sepéɪdi | -di/ *n.* セペディ語《Pedi 語の別名》.

sepg 《略》separating.

Seph·a·dex /séfədèks/ *n.*〖化学・商標〗セファデックス《デキストラン (dextran) から合成される有機化合物で, ビーズ状の乾質性・不溶性の粉末; ゲルとして各種クロマトグラフィーに使用される》.

Se·phar·di /sɪfáədi, sə- | -fáːdi/ *n.* (*pl.* **Se·phar·dim** /-fáədɪm, | -fáːdɪm/, ~) スペイン・ポルトガル系ユダヤ人《一般に北方系の Ashkenazim より皮膚が浅黒く, 多く北アフリカ・地中海地方・オランダ・英国・アメリカ方面に住む; cf. Ashkenazi》. **Se·phar·dic** /sɪfáədɪk, sə- | -fáːd-/ *adj.* 〖(1851) □ ModHeb. *Sfaradi* Spaniard, Jew of Spanish stock ← Heb. *Sᵉphārādh*《旧約聖書の *Obad.* 20 節に出てくる国, 今のスペインと考えられた》〗

Seph·a·rose /séfəròʊz | -rəʊz/ *n.*〖化学・商標〗セファロース《アガロース (agarose) ゲルの顆粒で, 各種クロマトグラフィーに使用される》.

seph·i·ra /séfɪràː/ *n.* (*pl.* **seph·i·roth** /-ròʊθ | -rəʊθ/)〖ユダヤ哲学〗セフィラー, セフィロート《カバラの教説において, それを通じて神が顕現するとされる神の属性[位相]; 王冠・知恵・慈悲など 10 のセフィロートがあり, これらは生命の木 (Tree of Life) の図式で, 相互に小径によって結ばれる 10 の球体として表される》. 〖□ Heb. *sᵉphīrāh* counting, sphere ← *sāphár* to count〗

se·pi·a /síːpiə/ *n.* **1 a** セピア《イカ (cuttlefish) の墨から作られた暗褐色の絵の具》. **b** セピア色. **2** セピア色の絵, セピア色の印画[写真]. **3**〖動物〗コウイカ《コウイカ科コウイカ属 (*Sepia*) のイカの総称; ⇨ cuttlefish 1》. — *adj.* **1** セピアの, セピア色の, セピアで描いた. **2** 褐色の皮膚をした; 黒人の (Negro). 〖(*a*1398) □ L *sēpia* cuttlefish □ Gk *sēpía*〗

Se·pik /séɪpɪk/ *n.* [the ~] セピック(川)《パプアニューギニア北西部の川; 東流して Bismarck 海に注ぐ (966 km)》.

se·pi·o·lite /síːpiəlàɪt/ *n.*〖鉱物〗海泡石(かいほうせき) (⇨ meerschaum 1). 〖(1854) □ G *Sepiolith* ← Gk *sēpíon* cuttlebone + *líthos* stone: ⇨ sepia, -lite〗

sep·mag /sépmæg/ *adj.*〖映画〗二重方式の (⇨ double-system sound recording). 〖← sep(arate) mag(netic)〗

sepn 《略》separation.

se·poy /síːpɔɪ; *Hindi* sɪpáːhiː/ *n.* (もと英国インド軍の)

インド人兵, 現地人兵. 〖(1682) □ Port. *sipai(o)* □ Hindi *sipāhī* □ Pers. 'horseman, soldier of cavalry' ← *sipāh* army〗

Sépoy Mútiny [Rebéllion] *n.* [the ~] セポイの反乱 (⇨ Indian Mutiny). 〖1857〗

sep·pu·ku /sɛpúːkuː/ *n.* 切腹 (hara-kiri). 〖(1871) □ Jpn.〗

seps /sɛ́ps/ *n.* (*pl.* ~) 〘動物〙 砂漠の生活に適応し小さな脚をもち蛇状の運動をするトカゲ科 *Chalcides* 属の動物の総称 《フランスにいるカラカネトカゲ (*C. chalcides*) など》. 〖(1562) □ L *sēps* □ Gk *sēps* ← *sēpein* to rot ← ?〗

sep·sis /sɛ́psɪs | -sɪs/ *n.* (*pl.* **sep·ses** /-siːz/) 〘病理〙 敗血症, セプシス. 〖(1876) ← NL ~ ← Gk *sêpsis* decay ← *sēpein* (↑)〗

sept /sɛ́pt/ *n.* **1** (主にスコットランドとアイルランドの)氏族, 血族 (clan) 《共同の祖先から出た血族集団》. **2** 〘人類学〙 (共同祖先から出たものと信じられている)種族. 〖(1517) 《変形》 ← ? SECT: cf. Anglo-L *septus* / ML *septa, sette*〗

Sept., Sept 《略》 September; Septuagint.

sept-[1] /sɛpt/ (母音の前にくるときの) septi-[1] の異形. 〖□ L ~ ← *septem* 'SEVEN'〗

sept-[2] /sɛpt/ (母音の前にくるときの) septo- の異形.

septa *n.* septum の複数形.

sep·tage /sɛ́ptɪdʒ/ *n.* 浄化槽内の汚物. 〖(1977) ← *sept(ic tank)*+-AGE: sewage などにならった造語〗

sep·ta·gon /sɛ́ptəgɑ̀(ː)n | -gən, -gɒ̀n/ *n.* 〘数学〙 七角形, 七辺形 (heptagon). **sep·tag·o·nal** /sɛptǽgənl/ *adj.* 〖(1756) □ LL *septagōnus* ← L *septem* seven+Gk *-gōnos* '-GON'〗

sep·tal[1] /sɛ́ptəl, -tl/ *adj.* 〘生物・解剖〙 中隔[隔膜] (septum) の. 〖(1847) ← SEPT(UM)+-AL[1]〗

sep·tal[2] /sɛ́ptəl, -tl/ *adj.* 一族の, 藩の. 〖(1883) ← SEPT+-AL[1]〗

sept·an·gle /sɛ́ptæ̀ŋgl/ *n.* 七角形. **sept·an·gu·lar** /sɛptǽŋgjʊlə | -lə(r)/ *adj.* 〖(1551) ← SEPT-[1]+ANGLE〗

sep·tar·i·um /sɛptέəriəm | -tέər-/ *n.* 〘地質〙 (*pl.* **-i·a** /-riə/) 亀甲石 《チョークや石灰岩中にできた亀甲状の割れ目をもつ団塊》. **sep·tar·i·an** /sɛptέəriən | -tέər-/ *adj.* 〖(1791) ← NL ~ ← L *septum*: ⇨ septum, -arium〗

sep·tate /sɛ́pteɪt/ *adj.* 〘生物・解剖〙 隔膜 (septum) のある[で分かれた]. 〖(1846): ⇨ septum, -ate[2]〗

sep·ta·tion /sɛptéɪʃən/ *n.* 〘生物・解剖〙 隔膜[隔壁]仕切り. 〖(1848): ⇨ septum, -ation〗

sep·ta·va·lent /sɛ̀ptəvéɪlənt⁻/ *adj.* 〘化学〙 =septivalent, heptavalent. 〖《変形》 ← SEPTIVALENT: HEPTAVALENT との類推による〗

sèpt·centénary *n., adj.* 七百年祭(の). 〖(1924) ← SEPTI-+CENTENARY: bicentenary などにならった造語〗

sep·tec·to·my /sɛptɛ́ktəmi/ *n.* 〘外科〙 (鼻の)中隔切除(術). 〖(1949) ← SEPT(UM)+-ECTOMY〗

Sep·tem·ber /sɛptɛ́mbə | sɛptɛ́mbə(r), səp-/ *n.* 9月 (略 Sept.). 〖lateOE ~ □ L *September (mēnsis)* 《原義》 the seventh month (F *septembre*) ← *septem* 'SEVEN': 古代ローマ暦の第7月, 数の食い違いについては ⇨ December〗

Septémber Mássacre *n.* [the ~] 〘フランス史〙 九月虐殺 《1792年9月2-6日に起こったパリ監獄内の王党派その他の反革命容疑者の虐殺》. 〖1805-06〗

Sep·tem·brist /sɛptɛ́mbrɪst | sɛptɛ́mbrɪst, səp-/ *n.* (フランスの)九月虐殺参加の革命党員. 〖((1840)) (1844) □ F *Septembriste*: ⇨ ↑, -ist〗

sep·tem·par·tite /sɛ̀ptɛmpɑ́ətaɪt | -pɑ́ː-⁻/ *adj.* 〘植物〙 〈葉が〉七深裂の. 〖← L *septem* (↓)+PARTITE〗

sep·tem·vir /sɛptɛ́mvə | -və(r)/ *n.* (*pl.* **~s, -vi·ri** /-vərài, -rì: | -vɪ̀riː, -rài/) (古代ローマの)七人官の一人. 〖(1760) □ L ~ 《逆成》 ← *septemvirī* (pl.) ← *septem* 'SEVEN'+*vīrī* ((pl.) ← *vir* man)〗

sep·tem·vi·ral /sɛptɛ́mvərəl | -vɪ̀-/ *adj.* (古代ローマの)七人官の, 七人官制度の. 〖(1641) ↑〗

sep·tem·vi·rate /sɛptɛ́mvərɪ̀t | -vɪ̀-/ *n.* (古代ローマの)七人官(制度); 七人官の職務[支配]. 〖(1640) □ L *septemvirātus*: ⇨ septemvir, -ate[1]〗

septemviri *n.* septemvir の複数形.

sep·te·nar·i·us /sɛ̀ptənέəriəs | -tɪnέər-/ *n.* (*pl.* **-ri·i** /-riài/) 〘詩学〙 =septenary 2. 〖(1819) □ L *septēnārius* (↓)〗

sep·ten·a·ry /sɛ́ptənèri | -tɪ̀nəri/ *adj.* **1** 7の, 7から成る. **2** 7年続く, 7年に1度の (septennial). **3** 7倍の (septuple). — *n.* **1** 七つ一組 (set of seven); (特に)7年間, 7年期 (septennium). **2** 〘詩学〙 (特にラテン詩の)七詩脚の詩句. 〖(1577-86) □ L *septēnārius* ← *septēnī* seven each ← *septem*: ⇨ seven, -ary〗

sep·te·nate /sɛ́ptənèɪt, -nɪ̀t | -tɪ̀-/ *adj.* 〘植物〙 〈葉が〉七つの部分に分裂している. 〖(1830) ← L *septēnī* seven each+-ATE[2]〗

sep·ten·de·cil·lion /sɛ̀ptɛndɪ̀sɪ́ljən | -ljən, -liən/ *n.* 10^{54}; 《英古》 10^{102} (⇨ million 表). — *adj.* septendecillion の. 〖(1938) ← L *septendecim* seventeen+(M)ILLION〗

sep·ten·nate /sɛptɛ́neɪt, -nɪ̀t/ *n.* 7年間; (特に)7年間の任期. 〖(1874) □ F *septennat* 《混成》 ← L *septennis* of seven years+F *décanat* deanery: ⇨ septennium, -ate[1]〗

septennia *n.* septennium の複数形.

sep·ten·ni·al /sɛptɛ́niəl/ *adj.* **1** 7年に1回の, 7年目ごとの. **2** 7年間[期]の. — *n.* 7年目ごとに起こること[もの]. **~·ly** *adv.* 〖(1640) ← L *septennium* (↓)+-AL[1]〗

sep·ten·ni·um /sɛptɛ́niəm/ *n.* (*pl.* **~s, -ni·a** /-niə/) 7年間, 7年期. 〖(1855) □ L ~ ← *septennis* of seven years ← *septem* 'SEVEN'+*annus* year〗

sep·tet /sɛptɛ́t/ *n.* (*also* **sep·tette** /~/) **1** 7人組, 七つ組. **2** 〘音楽〙 七重奏, 七重唱 (cf. solo); 七重奏[唱]曲, 七重奏[唱]団. **3** 〘詩学〙 七行詩. 〖(1828) □ G *Septett* ← L *septem*: ⇨ sept-[1], -et(te)〗

sept·foil /sɛ́p(t)fɔ̀ɪl/ *n.* **1** 《古》 〘植物〙 =tormentil. **2** 〘建築〙 七葉装飾. **3** 〘紋章〙 七つ葉 (cf. cinquefoil 3). 〖(1578): ⇨ ↓, foil〗

sep·ti-[1] /sɛ́ptɪ̀, -ti/ 「七 (seven)」の意の連結形: *septillion*. ★ 母音の前では通例 sept- になる. 〖□ L ~ ← *septem* 'SEVEN'〗

sep·ti-[2] /sɛ́ptɪ̀, -ti/ septo- の異形 (⇨ -i-).

sep·tic /sɛ́ptɪk/ *adj.* **1** 腐敗の, 腐敗性の (putrefactive); 腐敗によって生じる. **2** 腐敗した, 堕落した. **3** 〘病理〙 敗血性の: ~ fever 腐敗熱 / ~ poisoning 腐敗中毒, 敗血症. — *n.* 腐敗を起こすもの; 敗血症病原体. **sép·ti·cal·ly** *adv.* 〖(1605) □ L *sēpticus* □ Gk *sēptikós* ← *sēpein* to rot: ⇨ sepsis, -ic[1]〗

sep·ti·ce·mi·a /sɛ̀ptəsíːmiə | -tɪ̀-/ *n.* (*also* **sep·ti·cae·mi·a** /~/) 〘病理〙 敗血症 (blood poisoning) (cf. bacteremia, pyemia). **sep·ti·ce·mic** /sɛ̀ptəsíːmɪk | -tɪ-⁻/ *adj.* 〖(1860) ← NL ~: ⇨ ↑, -emia〗

sépticemic plágue *n.* 〘病理〙 敗血性ペスト.

sep·ti·ci·dal /sɛ̀ptəsáɪdl | -tɪ̀sáɪdl⁻/ *adj.* 〘植物〙 〈果実が〉胞間裂開の: a ~ capsule 胞間裂開蒴(さく) / ~ dehiscence 胞間裂開. **~·ly** *adv.* 〖(1819) ← SEPTI-[2]+L *-cidere* to cut+-AL[1]〗

sep·tic·i·ty /sɛptísəti | -sɪ̀ti/ *n.* 腐敗, 腐敗性.

séptic sóre thróat *n.* 〘病理〙 敗血性扁桃腺炎[喉頭炎]. 〖1924〗

séptic tànk *n.* 腐敗槽[タンク], 浄化槽 《バクテリアで下水を無害にする槽》. 〖1902〗

sep·tif·ra·gal /sɛptífrəgəl, -gl/ *adj.* 〘植物〙 胞軸裂開の: ~ dehiscence 胞軸裂開. **~·ly** *adv.* 〖(1819) ← SEPTI-[2]+L *frag-* (← *frangere* to break)+-AL[1]〗

sep·ti·lat·er·al /sɛ̀ptəlǽtərəl, -trəl | -tɪ̀ral, -trəl⁻/ *adj.* 7辺のある, 7面をもつ. 〖(1658) ← SEPTI-[1]+LATERAL〗

sep·til·lion /sɛptíljən | -ljən, -liən/ *n.* 10^{24}; 《英古》 10^{42} (⇨ million 表). — *adj.* septillion の. **sep·tíl·lionth** /-ljənθ | -ljənθ, -liənθ/ *n.* 〖(1690) □ F ~: ⇨ septi-[1], million〗

sep·ti·mal /sɛ́ptəməl, -ml | -tɪ̀-/ *adj.* 7の; 7を基にした. 〖(1855) ← SEPTIMUS+-AL[1]〗

sep·time /sɛ́ptiːm, -təm | -tiːm/ *n.* 〘フェンシング〙 セプティム, 第七の構え 《8種の受けの構えの一つ; cf. guard *n.* 6》. 〖(1889) □ L *septima* (fem.): ⇨ septimus〗

sep·ti·mole /sɛ́ptəmòʊl | -tɪməʊl/ *n.* 〘音楽〙 =septuplet 3. 〖(1854) ← L *septimus* (↓)+-OLE[2]〗

sep·ti·mus /sɛ́ptəməs | -tɪ̀-/ *adj.* 《英》 第7の (⇨ primus[1] 2): Smith ~. 〖□ L ~ 'seventh' ← *septem* 'SEVEN'〗

Sep·ti·mus /sɛ́ptəməs | -tɪ̀-/ *n.* セプティマス 《男性名》. 〖□ L *Septimus* (↑): 元来七男を意味したが近年は lucky number のためにつけられる〗

sep·ti·syl·la·ble /sɛ́ptəsɪ̀ləbl | -tɪ-/ *n.* 7音節語 (heptasyllable). **sep·ti·syl·lab·ic** /sɛ̀ptəsɪ̀lǽbɪk | -tɪ-⁻/ *adj.* 〖(1834) ← SEPTI-[1]+SYLLABLE〗

sep·ti·va·lent /sɛ̀ptəvéɪlənt | -tɪ-⁻/ *adj.* 〘化学〙 7価の (heptavalent). 〖(1872) ← SEPTI-[1]+-VALENT〗

sep·to- /sɛ́ptoʊ | -təʊ/ 「隔壁; 隔膜 (septum)」の意の連結形. ★ 時に septi-, また母音の前では通例 sept- になる. 〖□ NL ~ ← L *sēptum*: ⇨ septum〗

sep·to·let /sɛ́ptəlɪ̀t, ⁻⁻⁻/ *n.* 〘音楽〙 =septuplet 3. 〖《転訛》 ← SEPTUPLET〗

sep·to·ri·a /sɛptɔ́ːriə/ *n.* 〘植物・病理〙 セプトリア: **1** セルリー葉枯病菌・ダイズ褐紋病菌など多くの植物の病原菌を含むセプトリア属 (*S-*) の各種真菌. **2** これによる植物の葉枯病[斑点病].

sep·trin /sɛ́ptrɪ̀n | -trɪn/ *n.* 〘商標〙 セプトリン 《尿路感染症などの治療のための抗菌性薬品; cf. co-trimoxazole》.

sep·tu·a·ge·nar·i·an /sɛ̀ptuədʒɪ̀néəriən, -tjuə- | -tjuədʒɪ̀néər-⁻/ *adj.* =septuagenary. — *n.* 70歳の人, 70歳代の人. 〖(1715) ← L *septuāgēnārius* (↓)+-AN[1]〗

sep·tu·ag·en·a·ry /sɛ̀ptuǽdʒənèri, -tju- | -tjuǽdʒɪ̀nəri⁻/ *n.* 70歳の人, 70歳代の人. — *adj.* **1** 70歳の, 70歳代の. **2** 70に基づいた. 〖(1605) □ L *septuāgēnārius* ← *septuāgēnī* seventy each ← *septuāgintā* seventy: ⇨ Septuagint, -ary〗

Sep·tu·a·ges·i·ma /sɛ̀ptuədʒɛ́səmə, -tjuə-, -dʒéɪzəmə | -tjuədʒɛ́sɪmə/ *n.* 〘カトリック〙 七旬節(の主日), 〘聖公会〙 大斎 (Lent) 前第三主日 《四旬節 (Lent) 前の第三日曜日; 復活祭前70日目の意であるが実際は63日目; Septuagesima Sunday ともいう; cf. Sexagesima, Quinquagesima》. 〖(*c* 1380) □ (O)F *septuagésime* // LL *septuāgēsima* (fem.) ← L *septuāgēsimus* seventieth ← *septuāgintā* (↓)〗

Sep·tu·a·gint /sɛ́ptuədʒɪ̀nt, -tjuə- | -tjuə-/ *n.* [the ~] 〘聖書〙 七十人訳(聖書), セプトゥアギンタ 《エジプト王 Ptolemy II (285-?247 B.C.) の命によって Alexandria で70人または72人のユダヤ人が72日間に訳了したと伝えられるギリシャ語訳旧約聖書および外典; LXX と略称される; cf. seventy 5 b》. 〖(1563) □ L *septuāgintā* seventy ← *septem* 'SEVEN'〗

sep·tum /sɛ́ptəm/ *n.* (*pl.* **sep·ta** /-tə/, **~s**) 〘生物・解剖〙 隔壁, 中隔, 隔膜 (partition) (cf. dissepiment): the ~ auricularum 心耳中隔: **a** 芽胞壁. **b** =nasal septum. **c** =crural septum. 〖(1698) □ L *sēptum*, *saeptum* enclosure, fence, wall ← *sēpes, saepes* fence, hedge〗

sep·tu·or /sɛ́ptuɔə, -tju- | -tjuɔː(r)/ *n.* 〘音楽〙 =septet 2. 〖(1850) □ F ~ ← L *septem* 'SEVEN'〗

sep·tu·ple /sɛptúːpl, -tjúː-, sɛ́ptə- | sɛ́ptjʊ-, sɛptjúː-/ *adj.* **1** 7倍の, 七重の (sevenfold). **2** 七つ一組の, 七つから成る. **3** 〘音楽〙 七連符の. — *n.* 7倍, 七重. — *vt.* 7倍する. — *vi.* 7倍になる. 〖v.: (1615) ← LL *septuplus* ← L *septem* 'SEVEN'+*-plus* '-PLE'〗

sep·tup·let /sɛptʌ́plɪ̀t, -túːp-, -tjúːp- | sɛ́ptjʊ-, sɛptjúː-/ *n.* **1** 七つ組. **2 a** 七つ子の一人 (cf. twin). **b** [*pl.*] 七つ子. **3** 〘音楽〙 七連符, 七連音符 《通常2または3の倍数で等分する音符を7等分したもの; septimole, septolet ともいう》. 〖(1891): ⇨ ↑, -et〗

septúple tìme *n.* 〘音楽〙 7拍子. 〖1884〗

sep·tu·pli·cate /sɛptúːplɪ̀kɪ̀t, -tjúː- | -tjúː-/ *adj.* 〈複写など〉7部から成る, 7通作成した (sevenfold). — *n.* **1** (同種のものの)7番目のもの. **2** [通例 in ~ で] (複写の)7部, 7通. — /sɛptúːpləkèɪt, -tjúː- | -tjúːplɪ̀-/ *vt.* 7乗する; (特に)〈同一文書を〉7通作る. 〖□ ML *septuplicātus*: ⇨ septi-[1], quadruplicate〗

sep·ul·cher, 《英》 **sep·ul·chre** /sɛ́pəlkə | -kə(r)/ *n.* **1** 《文語》 墓 (tomb, grave), 埋葬所 (burial place): ⇨ Holy Sepulcher, whited sepulcher. **2 a** (祭壇の)聖遺物匣(こう). **b** =Easter sepulcher. — *vt.* 《古》 **1** 墓に納める (entomb), 葬る, 埋葬する. **2** …の墓になる. 〖n.: (?a1200) *sepulcre* □ (O)F *sépulcre* □ L *sepulc(h)rum* ← *sepelīre* to bury ← IE **sep-* to venerate (the dead) (Skt *saparyati* he honors)〗

se·pul·chral /sɪ̀pʌ́lkrəl, sɛ-/ *adj.* **1 a** 墓のような, 陰気な, 陰鬱な (funereal, gloomy): a ~ visage [look] 陰気な顔つき. **b** 〈音・声が〉こもって低い: a ~ voice 陰にこもった声. **2** 墓の: a ~ mound 塚 / a ~ stone 墓石 / a ~ vault 地下の墓所, 墓穴. **3** 埋葬に関する; 死者の: ~ customs [rites] 埋葬の様式[埋葬式]. **~·ly** *adv.* 〖(1615) □ L *sepulcrālis*: ⇨ ↑, -al[1]〗

sepulchre *n.* =sepulcher.

sep·ul·ture /sɛ́pəltʃə, -tʃʊ̀ə | -tʃə(r), -tjʊ̀ə(r)/ *n.* **1** 《文語》 埋葬 (burial). **2** 《古》 墓 (sepulcher). 〖(*c*1300) □ (O)F *sépulture* □ L *sepultūra* ← *sepultus* (p.p.) ← *sepelīre*: ⇨ sepulcher, -ure〗

seq. 《略》 sequel; sequence; *L.* sequens (=the following one); *L.* sequente (=and in what follows); sequential; *L.* sequitur (=it follows).

seqq. 《略》 sequentes; sequentia; *L.* sequentibus (=in the following places).

se·qua·cious /sɪ̀kwéɪʃəs/ *adj.* **1** 〈音楽など〉調子よく続く: ~ tones. **2** 《古》 〈論理が〉一貫した, 筋道の通った. **3** 《古》 人に従う (following), 追従する (subservient); まねる (imitative). **~·ly** *adv.* **~·ness** *n.* **se·quac·i·ty** /sɪ̀kwǽsəti | sɪkwǽsɪ̀ti, sɛ-/ *n.* 〖(1640) ← L *sequāc-, sequāx* sequacious (← *sequī* (↓))+-IOUS〗

se·quel /síːkwəl/ *n.* **1** 〔文学作品などの〕続き (continuation), 続編, 後編 (succeeding part) 〔*of, to*〕: the ~ of [*to*] a novel 小説の続編. **2** 後続事件, 成り行き; 帰結, 結果 (outcome): as a ~ *to* [*of*] …の結果として, のために / in the ~ その後に到って, 結果として / The ~ *of* it was … 結局それは…であった. **3** 《廃》 連続 (succession, series): in ~ 続いて. 〖(*c*1420) □ (O)F *séquelle* // L *sequella, sequēla* ← *sequī* to follow ← IE **sekʷ-* to follow (Gk *hépesthai*)〗

se·que·la /sɪ̀kwíːlə, sɛ-, -kwɛ́lə/ *n.* (*pl.* **se·que·lae** /-liː/) **1** 結果 (consequence). **2** [通例 *pl.*] 〘病理〙 続発症, 余病, 後遺症. 〖(*c*1793) □ L *sequēla* (↑)〗

se·quence /síːkwəns, -kwɛns, -kwənts, -kwɛnts | -kwəns, -kwənts/ *n.* **1** 続いて起こること, 連続, 続発, (因果的)連鎖 (⇨ series SYN): the ~ of seasons 四季の循行 / a causal ~ 因果関係 / the inevitable ~ of a crime and punishment 罪と罰との因果関係. **2** 順序, 順, 次第: in alphabetical [chronological] ~ アルファベット[年代]順に / in rapid ~ 矢継ぎ早に / in (regular) ~ 順次に, 整然と / out of ~ 順番が狂って / follow the ~ of events 事件を発生順に追う[たどる, 調べる]. **3** 〘映画〙 シークエンス 《一つの挿話を構成する一連の画面》. **4** 《米》 〔…に〕連続[続発]する事物; 結果 (result), 帰結 (consequence) 〔*of, to*〕: the natural ~ *to* folly 愚かなことをした当然の報い. **5** 続き物; (同一テーマによる)連作: a long ~ of narration 長い一続きの物語 / ⇨ sonnet sequence. **6** 〘論理〙 (記号・式などの)系列; 筋道, 理路 (logical connection): a logical ~ 論理, 条理. **7** 〘トランプ〙 続き札, 順位札 《2枚以上の同種札(同じ印の札)で順位(番号)が続いているもの》. **8** 〘音楽〙 **a** ゼクヴェンツ, 模続(反復)進行 《一つの楽句ないし motif が同じ音型で異なる高さで反復すること》. **b** セクウェンツィア, 続唱 《ミサでアレルヤまたはトラクトゥスに続いて歌われる》. **9** 〘カトリック〙 続唱 《昇階唱の次に歌われる聖句; prose ともいう》. **10** 〘数学〙 列 《自然数 1, 2, 3, …, *n*, …のおのおのに, ある集合の要素を一つずつ対応させて作った $a_1, a_2, a_3 \ldots, a_n, \ldots$ のような系列; 数から成るもの(数列)を指すことが多い》. **11** 〘生化学〙 (DNA, RNA の)塩基配列.

séquence of ténses [the —] 〘文法〙 時制照応, 時の呼応[一致] 《主節の動詞が過去形であれば従節の動詞も過去形または過去完了形になるという規則》.

— *vt.* **1** 順番に配列する. **2** 〈DNA, RNA などの中の分子の配列を決定する.

〖(*a*1387) □ LL *sequentia*: ⇨ sequent, -ence〗

séquence contròl *n.* 〘電気〙 シーケンス制御, 順序制御. 〖1946〗

séquence dàncing *n.* シークエンス ダンス 《ペアの全

組が同時に同じステップと動きをする社交ダンス). 〘1940〙

se·quenc·er /síːkwənsə, -kwɛn- | -kwənsə^(r)/ *n.* シーケンサー《一連の作業を順序に従って制御する装置》: **a** 〘音楽〙音符・和音その他の信号を記憶しプログラムしたものを再生するための装置. **b** 〘生化学〙アミノ酸配列やヌクレオチド配列の自動的分析装置. 〘(1954) 1964〙

sé·quenc·ing *n.* (特に時間的に)順番に配列すること.

se·quent /síːkwənt/ *adj.* **1** 次に来る, 次の (succeeding, following): a ~ king. **2** 順々に続く, 連続性の (successive, consecutive): a ~ order 連続, 順序. **3** 結果[結論]として伴う (consequent); 〔…に〕伴って起こる 〔*to, on, upon*〕: be ~ *on* [*to, upon*] the premises 前提に伴って生じる. — *n.* 順序として起こる事, 連続 (succession); (特に)結果, 成り行き, 結末 (consequence). **~·ly** *adv.* 〘(*a*1560) ◻ L *sequentem* (pres.p.) ← *sequi* to follow: ⇨ sequel, -ent〙

se·quen·tes /sɪkwéntiːz/ *L. n. pl.* 以下 (the following). ★ 通例 seq. (*sing.*) または seqq. (*pl.*) と略し引用文の出所を示すために引用最初のページ・章句・行などの数字に添えて用いる《et を添えることもある》: p. 10 (et) *seq.* 第10ページと第11ページ / p. 10 (et) *seqq.* 第10ページ以下の(数)ページ. 〘◻ L *sequentēs* (pl.) ← *sequent-, sequēns*: ⇨ sequent〙

se·quen·ti·a /sɪkwénʃiə/ *L. n. pl.* =sequentes. 〘◻ L ~: ⇨ sequence〙

se·quen·tial /sɪkwénʃəl, -ʃl/ *adj.* **1** 続いて起こる, 一連の, 引き続く, 継続的な (serial). **2** 結果として伴う, 伴って起こる (subsequent). **3** 〘電算〙シーケンシャルな《先頭から順番にデータの読み書きがされる》. **4** 〘医学〙〈経口避妊薬が副作用をなくすためにある特定の順序で飲むべき: ~ oral contraceptives [pills]. — *n.* 〘医学〙特定の順序で飲むべき経口避妊薬. 〘(1822–29) ← LL *sequentia*+-AL¹: ⇨ sequence〙

sequéntial áccess *n.* 〘電算〙シーケンシャルアクセス《磁気テープなどで, データが書き込まれた順番に先頭からアクセスすること; cf. direct access, random access》.

sequéntial análysis *n.* 〘統計〙逐次分析《逐次に標本を取り出して行う統計分析法》.

sequéntial círcuit *n.* 〘電気〙順序回路《論理回路の一種で時間の要素を含むもの》. 〘1954〙

se·quen·ti·al·i·ty /sɪkwènʃiǽləti | -ləti/ *n.* 連続性, 継続性. 〘1893〙

se·quén·tial·ly /-ʃəli, -ʃli, -ʃli/ *adv.* **1** 引き続いて, 続いて, 継続的に (continually). **2** 結果として, 従って (subsequently, consequently). 〘1855〙

sequéntially compáct sét *n.* 〘数学〙点列コンパクト集合《いかなる列も収束する部分列を含むような集合》.

sequéntial sýstem *n.* 〘テレビ〙(カラーテレビの)順次方式《被写体を3原色に分解して撮像し走査線上に順々に並べて色彩画面を構成する方式; 3原色の点として順々に並べてゆく方式を「点順次方式」(dot-sequential system), 線として示すものを「線順次方式」(line-sequential system), 画面全体を3原色で順々に色づけしてゆく方式を「フィールド順次方式」(field-sequential system) という》. 〘1947〙

se·ques·ter /sɪkwéstə | -tə^(r)/ *vt.* **1 a** 没収する, 占有する (confiscate); 〘法律〙仮差押えする, 一時押収する. **b** 〘国際法〙〈敵産を〉接収する. **2 a** 〈陪審団などを〉隔離する (separate). **b** 隠退させる, 引きこもらせる (seclude, withdraw): ~ *oneself from* society [the world] 社会[世間]から引きこもる, 隠遁[隠棲]する. **3** 〘教会〙〈聖職禄 (benefice) の収入を〉(受禄聖職者の負債清算のために)流用する, (新任の受禄聖職者の基金蓄積のために)保管する; 充当する, 使用する. **4** 〘化学〙封鎖する, マスクする《例えば硬水中でカルシウムやマグネシウムが沈澱するのを防ぐために, キレート剤で水溶性の錯化合物を作ることをいう》. — *vi.* 〘法律〙〈寡婦が〉亡夫の財産(など)に対して要求を捨てる (renounce). — *n.* **1** 〘ローマ法〙係争物を判決があるまで寄託すること; 訴訟物管理人. **2** 〘病理〙=sequestrum. **3** 《廃》=sequestration. 〘(*a*1340) *sequestre*(*n*) ◻ (O)F *séquestrer* ◻ LL *sequestrāre* to surrender, separate ← L *sequester* trustee, depository, 《原義》one standing apart〙

se·qués·tered *adj.* **1 a** 引っ込んだ, 引きこもった (secluded, retired): a ~ village 辺鄙(へんぴ)な村. **b** 孤独の, 隠遁の: live a ~ life 隠遁生活をする. **2** 《廃》隔離された (segregated). 〘1599〙

se·qués·ter·ing àgent /-tərɪŋ-, -trɪŋ-/ *n.* 〘化学〙=sequestrant. 〘1962〙

sequestra *n.* sequestrum の複数形.

se·ques·tra·ble /sɪkwéstrəbl/ *adj.* 《古》仮差押えできる; 没収[接収]される. 〘1652〙

se·ques·trant /sɪkwéstrənt, síːkwɪs-, -kwɛs-/ *n.* 〘化学〙金属イオン封鎖剤《沈澱しやすい金属イオンを錯イオンとして可溶性に保つための薬剤》. 〘(1951) ← SEQUESTER+-ANT〙

se·ques·trate /síːkwɪstrèɪt, -kwɛs-, sɪkwéstreɪt/ *vt.* **1 a** =sequester 1 a. **b** 〘スコット法〙〈破産者の財産を〉管理委員の手にゆだね(て債権者に分割する); 〈人を〉破産させる. **2** 〘外科〙…に腐骨[分離片]を形成する. **3** 《古》=sequester 2. — *vi.* 〘外科〙腐骨[分離片]を形成する. 〘(?*a*1425) ← LL *sequestrātus* (p.p.) ← *sequestrāre*: ⇨ sequester, -ate³〙

se·ques·tra·tion /sìːkwɪstréɪʃən, sèk-, -kwɛs-, sɪkwès-/ *n.* **1 a** 〘法律〙(財産の)仮差押え(令状); 没収 (confiscation). **b** 〘スコット法〙(破産者の財産の)一時的強制管理. **2** 隔離 (separation). **3** 隠退, 隠遁 (seclusion). **4** 〘化学〙金属イオン封鎖. **5** 〘外科〙腐骨[分離片]形成, 腐骨分離. 〘(?c1400) ◻ LL *sequestrātiō*(*n*-): ⇨ ↑, -ation〙

sé·ques·trà·tor /-tə | -tə^(r)/ *n.* **1** 〘法律〙仮差押え人; 没収者. **2** 〘英法〙(訴訟当事者が判決のあるまで係争物を寄託する中立の第三者である)強制管理委員. 〘(1646) ◻ ML *sequestrātor*: ⇨ sequestrate, -or²〙

se·ques·trec·to·my /sìːkwɛstréktəmi/ *n.* 〘外科〙腐骨摘出(術). 〘(1940): ⇨ ↓, -ectomy〙

se·ques·trum /sɪkwéstrəm/ *n.* (*pl.* ~s, **se·ques·tra** /~trə/) 〘病理〙(健全な骨から分離する)腐骨, 分離片.

se·qués·tral /-trəl/ *adj.* 〘(1831) ← NL ~ ← L 'sequestration, deposit' ← *sequester*: ⇨ sequester〙

se·quin /síːkwɪn | -kwɪn/ *n.* **1** シークイン(飾り) (spangle)《衣服などに縫い付けて飾りにするぴかぴかする金属片やプラスチック片》. **2** シークイン《13世紀にイタリア・トルコ・マルタで造られた古金貨; zecchino, zechin ともいう》. 〘(1582) ◻ F ~ ◻ It. *zecchino* ← *zecca* mint ◻ Arab. *sikka^h* stamp, stamped coin〙

sé·quined *adj.* (*also* **se·quinned**) シークインで飾った. 〘1894〙

se·quoi·a /sɪkwɔ́ɪə, sɛ-/ *n.* 〘植物〙**1** セコイア, セコイアメスギ (*Sequoia sempervirens*)《米国 California 州および Oregon 州南部産のスギ科セコイア属の巨木; 樹皮は火に強く, 材質は耐久力がある軟らかな針葉樹で, 高さ 130 m に達するものもあり, 樹高は世界一といわれる; redwood ともいう》. **2** =giant sequoia. 〘(1866) ← NL ~ ← *Sequoya*〙

Sequóia Nátional Párk *n.* セコイア国立公園《米国 California 州中部にあり, 巨樹 sequoia で有名; 1890 年指定; 面積 1,566 km²》.

Se·quoy·a /sɪkwɔ́ɪə, sɛ-/ (*also* **Se·quoy·ah**, **Se·quoi·a** /~/) *n.* セコイヤ (1760?–1843; アメリカインディアン Cherokee 族の学者; Cherokee 語の音節文字表を作成した).

ser /sɪ́ə, sɛ́ə | sɪ́ə^(r)/ *n.* =seer².

ser. 《略》serial; series; sermon; service.

ser- /sɪə^r, sɛr | sɪər, sɛr/ ⇨ sero-.

sera *n.* serum の複数形.

sé·rac /sərǽk, seɪ- | sérǽk; *F.* seʀak/ *n.* [通例 *pl.*] 〘登山〙セラック《氷瀑 (icefall) にできる氷の塔; 崩れやすい》. 〘(1860) ◻ Swiss-F ~ 'a solid white cheese' ◻ ML *seracium* whey ← L *serum*: ⇨ serum〙

se·ra·glio /sɪrǽljoʊ, sɛ-, -rɑ́ːl- | -rɑ́ːljəʊ, -liəʊ/ *n.* (*pl.* ~s, **-ra·gli** /-ljiː/) **1** (イスラム教国の)後宮(こうきゅう), 妻妾(さいしょう)部屋 (harem). **2** (もと, イスラム教国君主の)宮殿 (palace) (serai, serail ともいう). 〘(1581) ◻ It. *serraglio* 《原義》enclosure < ML *serrāculum* bolt ← LL *serāre* to lock up ← L *sera* bar (⇨ sear²): 2 は Turk. *serāi* palace (↓) と混同〙

se·ra·i /sɪréɪi, -rɑ́ɪ | sərɑ́ɪ, sə-; *Turk.* seɾai/ *n.* **1** (ペルシャ・インドで)宿舎, 隊商宿 (caravansary). **2** =seraglio 2. 〘(1609) ◻ Turk. *serāi* palace, lodging ◻ Pers. *sarāi*〙

se·rail /sərɑ́ɪ, -rɑ́ɪl, -réɪl/ *n.* =seraglio 2. 〘(1585) ◻ F *sérail* ◻ It. *serraglio*〙

Se·raing /sərǽŋ/ *n.* スラン《ベルギー東部 Liège の南南西, Meuse 川に臨む町; 同国の鉄鋼・機械産業の中心地》.

Se·ra·je·vo /sèrəjéɪvoʊ | -vəʊ/ *n.* =Sarajevo.

ser·al /sɪ́^ərəl | sɪ́ər-/ *adj.* 〘生態〙遷移系列 (sere) の. 〘(1916) ← SERE²+-AL¹〙

Se·ram /séɪrɑːm/ *n.* =Ceram.

Se·rang /sərǽŋ | sərǽŋ; *Hindi* sərhəŋ/ *n.* (インド・東インド諸島で)水夫長 (boatswain) (cf. lascar 1); 船頭, 船長. 〘(1799) ◻ Pers. *sarhang* commander, boatswain ← *sar* chief+*hang* authority〙

Se·rang /sərɑ́ːŋ/ *n.* =Ceram.

se·ra·pe /sɪrɑ́ːpi, sɛ-, -rǽpi/ *n.* =sarape.

ser·aph /sérəf/ *n.* (*pl.* ~s, **ser·a·phim** /sérəfɪm/) **1** 〘聖書〙セラピム《人間に似た姿をして6つの翼を備えた神の前に立つ天使; cf. *Isa.* 6: 2, 6》. **2** 〘神学〙熾(し)天使《天使の九階級中第一階級の天使; しばしば子供の顔の周囲を4枚の翼で囲んだように表される; cf. angel 1》. 〘(1667) 《逆成》← *seraphim* (pl.) < ME *seraphin* < OE ◻ LL *seraphin, seraphim* ◻ Heb. *ś^erāphîm* (pl.) ← *śārāph* 《原義》the burning one〙

se·raph·ic /sɪrǽfɪk, sɛ-/ *adj.* **1** 熾(し)天使 (seraph) の(ような). **2** 美しく神々(こうごう)しい, 清らかな (sublime, serene): a ~ smile 清純な笑い. 〘(1632) ◻ ML *seraphicus*: ⇨ ↑, -ic¹〙

se·ráph·i·cal /-fɪkəl, -kl | -fɪ-/ *adj.* =seraphic. **~·ly** /-kəli, -kli/ *adv.* **~·ness** *n.* 〘1540〙

Seráphic Dóctor *n.* [the ~] 熾(し)天使[セラフィム]的博士 (St. Bonaventura の称号). 〘1728〙

seraphim *n.* seraph の複数形.

ser·a·phi·na /sèrəfíːnə/ *n.* =seraphine. 〘⇨ ↓, -ina〙

ser·a·phine /sérəfiːn, ⌐—⌐/ *n.* セラフィン《19世紀の英国の足踏みオルガン; melodeon, harmonium の前身》. 〘(1839) ← SERAPH+-INE³〙

Se·ra·pis /sɪréɪpɪs | sérəpɪs/ *n.* 〘エジプト神話〙セラピス《プトレマイオス王朝期のエジプトの神で, 聖雄牛; Osiris と Apis 両神の性格を備える地下の神として民間に信仰され, ギリシャ人によって Hades と同一視された》. 〘◻ L ~ ◻ Gk *Sárapis* ◻ Egypt. *User hapi*: ⇨ Osiris, Apis〙

se·ra·skier /sèrəskíə | -skíə^(r)/ *n.* (トルコ帝国の)軍司令官. 〘(1684) ◻ Turk *serasker* ◻ Pers. *sar'askar* (← *ser* head+Arab. *'áskar* army)〙

Serb /sə́ːb | sə́ːb/ *n.* **1** セルビア人. **2** =Serbian 2. — *adj.* =Serbian. 〘(1813) ◻ Serbian *Srb*〙

Serb. 《略》Serbia; Serbian(s).

Ser·bi·a /sə́ːbiə | sə́ː-; *Serb.* sɛ̂rbijə/ *n.* セルビア《ユーゴスラビア連邦の一共和国; もと王国; 面積 88,337 km², 首都 Belgrade; 旧名 Servia》. 〘◻ Russ. *Serbija* ← Serbian *Srb* 'SERB': ⇨ -ia¹〙

Ser·bi·an /sə́ːbiən | sə́ː-/ *adj.* **1** セルビア (Serbia) の. **2** セルビア人[語]の. — *n.* **1** セルビア人. **2** セルビア語《セルビアやモンテネグロで用いられる; ⇨ Serbo-Croatian 1》: ⇨ Old Serbian. 〘1848〙

Ser·bo- /sə́ːboʊ | sə́ːbəʊ/「セルビア (Serbia); セルビアと…との (Serbian and)」の意の連結形. 〘← SERB〙

Sèrbo-Cróat *adj., n.* =Serbo-Croatian.

Serbo-Croat. 《略》Serbo-Croatian.

Sèrbo-Croátian *adj.* セルビアクロアチア語の, セルビアクロアチア語を母語とする. — *n.* **1** セルビアクロアチア語《旧ユーゴスラビアで用いられる南スラブ語系の言語; セルビアとモンテネグロではロシア文字を, クロアチアとボスニア・ヘルツェゴビアではローマ字を用いる; 現在ではセルビア語とクロアチア語に分化する傾向にある; ⇨ Serbian, Croatian》. **2** (その言語を母語としている)旧ユーゴスラビア人. 〘1883〙

Ser·bo·ni·an /səːbóʊniən | səːbə́ʊn-/ *adj.* セルボニスの沼 (Serbonian Bog) の(ような). 〘(1667) ↓〙

Serbónian Bóg *n.* **1** [the ~] セルボニスの沼《昔アフリカの Nile 川三角洲と Suez 地峡との間にあったという危険な沼; 大軍勢がこの中にのみ込まれたという》. **2** 難境, 窮地 (cf. Milton, *Paradise Lost* 2. 592). 〘(1667) ← L *Lacus Serbōnis* ◻ Gk *Serbōnis hē límnē* Lake Serbonis (砂漠に囲まれているので, 大風が吹くと砂で水陸の区別がつかなくなったという): ⇨ -ian〙

SERC /síːɑ̀ːsíː | -ɑ̀ː-/ 《略》《英》Science and Engineering Research Council.

Ser·ci·al /səːsiɑ́ːl | sɜ̀ːə-; *F.* sɛʀsjal/ *n.* セルシアル: **a** 辛口の Madeira ワインを造るためのブドウの品種. **b** このブドウで造るやや辛口のマデイラワイン. 〘(1818) ◻ Port. ~〙

Sercq /*F.* sɛʀk/ *n.* セルク (Sark のフランス語名).

ser·dab /sədɑ́ːb | sə-/ *n.* セルダブ《古代エジプトの墓の密室》. 〘((1842)) (1877) ◻ Arab. *sirdāb* cellar // ◻ Pers. *sardāb* cellar (for ice), sepucher ← *sard* cold+*āb* water〙

sere¹ /sɪ́ə | sɪ́ə^(r)/ *adj.* (**ser·er**; **ser·est**) 《文語》しなびた, ひからびた, 枯れた (withered, blasted): the ~, the yellow leaf 枯れた黄色の葉; 老齢, 老境 (cf. Shak., *Macbeth* 5. 3. 23). 〘ME < OE *sēar*: ⇨ sear¹〙

sere² /sɪ́ə | sɪ́ə^(r)/ *n.* 〘生態〙遷移系列《遷移の始相から極相までの群落発達の系列》. 〘(1916) 《逆成》← SERIES〙

sere³ /sɪ́ə | sɪ́ə^(r)/ *n.* 《古》(鳥獣の)爪 (claw). 〘(1600–01) ◻ F *serre* grip: ⇨ sear²〙

sere⁴ /sɪ́ə | sɪ́ə^(r)/ *n.* 《廃》=sear².

se·rein /sərǽ(ŋ), -rǽŋ; *F.* səʀɛ̃/ *n.* 〘気象〙天泣(てんきゅう)《雲のほとんどない空から降る細かい雨》. 〘(1870) ◻ F ~ < OF *serain* evening, nightfall ← L *sērum* evening ← *sērus* late: cf. serene〙

Se·rem·ban /sərémbən | sèrəmbǽn; *Malay* sərəmbán/ *n.* セレンバン《マレーシア南西部, Negri Sembilan 州の州都》.

se·re·na /səréɪnə/ *n.* 恋の小夜曲. 〘◻ Prov. ~ ← *ser* evening < L *sērum* evening〙

Se·re·na /sɪríːnə, sɛ-, -réɪ-/ *n.* セリーナ《女性名》. 《(fem.) ← SERENUS》

ser·e·nade /sèrənéɪd, ⌐—⌐ | -rɪ-/ *n.* 〘音楽〙**1** セレナード, 夜の調べ, 小夜曲《特に, 南欧の風習として男性が恋人の窓下で歌いまたは奏する曲; cf. aubade 1》. **2** セレナード《18世紀に小さなアンサンブルのために書かれた多楽章の器楽曲》. **3** =serenata. — *vt.* …(のため)にセレナードを歌う[奏する]: ~ one's lady love 恋人にセレナードを歌う[奏する]. — *vi.* セレナードを歌う[奏する]: go *serenading* every night 毎夜出てセレナードを歌う[奏する].

sèr·e·nád·er /-də | -də^(r)/ *n.* 〘(1649) ◻ F *sérénade* ◻ It. *serenata* (↓)〙

ser·e·na·ta /sèrənɑ́ːtə | -rɪnɑ́ːtə; *It.* serenáːta/ *n.* (*pl.* ~s, **ser·e·na·te** /-teɪ; *It.* -te/) 〘音楽〙セレナータ: **1** serenade のイタリア語名. **2** 18世紀の小規模なオペラで, cantata 形式で書かれている. 〘(1724) ◻ It. ~ ← *sereno* clear, calm (of weather) < L *serēnum* 'SERENE': It. *sera* evening の連想が加わった〙

ser·en·dip·i·ty /sèrəndípəti | -rɪndípɪti, -ren-/ *n.* 当てにしない(いい)ものを偶然発見する才能, 掘出し上手.

sèr·en·díp·i·tous /-pətəs | -pɪt-⌐/ *adj.* 〘(1754) ← Arab. *Sarandīb* Ceylon+-ITY: Horace Walpole がおとぎ話 *The Three Princes of Serendip* の題名から作った語(この主人公たちは捜してもいない珍宝をうまく偶然に発見する)〙

se·rene /sɪríːn/ *adj.* (**more** ~, **most** ~; **se·ren·er**, **se·ren·est**) **1** 〈心・態度・生活など〉落ち着いた, 静かな, 平静な (⇨ calm SYN): a ~ look 落ち着いた顔つき / a ~ life 平静な生活 / ~ courage 沈勇 / He kept his temper ~ in the most trying circumstances. 非常に苦しい境遇に際してもよく平静を保った. **2 a** 〈空・天候など〉晴れた, 晴朗な, 雲のない, 一点の雲もない (clear, unclouded); (あらし・急激な変化などの見られない)うららかな, のどかな: a ~ sky 晴朗な空 / ~ weather のどかな天気. **b** 〈天体が〉明るく静かに光り輝いている: The moon is shining ~. 月がきれいに輝いている. **c** 〈水面など〉穏やかな, 静かな (calm): the ~ waters of the Pacific 太平洋の穏やかな水面. **3** [S-; ヨーロッパ大陸で王公の敬称として] やんごとなき (cf. serenity 2): His [Her] *Serene* Highness (略 HSH) / Their *Serene* Highnesses (略 TSH) / Your *Serene* Highness 殿下. ***All seréne!*** 《英俗》異常なし; 危険なし; 平穏無事 (All right!). 《1856》
— *n.* **1** 《古・詩》[the ~] 晴朗な空, 平穏な海[湖水]: into the vast ~ 広々とした大海[大空]へ. **2** 静けさ, 静穏, 静謐(せいひつ).
— *vt.* 《古・詩》〈海・空・顔などを〉静かにする, 穏やかにする,

S

平静にする. **~·ness** *n.* 〖(*c*1440) ◻ L *serēnus*: cog. ? Gk *xērós* dry〗

se·réne·ly *adv.* 穏やかに, 静かに, 落ち着いて. 〖(1690): ⇨ ↑, -ly¹〗

Ser·en·gét·i Nátional Párk /sèrəŋgéti- | -ti-/ *n.* セレンゲティ国立公園《タンザニア北部, ケニア国境に近いセレンゲティ平原 (Serengeti Plain) にある; 野生動物の楽園; 面積 14,763 km²》.

Ser·e·nis·si·ma /sèrənísɪ̀mə | -sɪ-/ *n.* [La ~, the ~] セレニッシマ《Venice の異名》. 〖◻ It. ~ (fem.) ← *serenissimo* (superl.) ← *sereno* < L *serēnum* 'SERENE'〗

se·ren·i·ty /sɪ̀rénəti | -nɪ̀ti/ *n.* **1** **a** 平静, 心のどか (calmness), 落着き, 沈着 (composure). **b** 晴朗, うららかさ (clearness, brightness): the autumnal ~. **2** [S-; 称号として] 殿下 (Highness) (cf. serene *adj.* 3): Your *Serenity*=Your SERENE Highness 殿下. 〖(*c*1450) ◻ (O)F *sérénité* ◻ L *serēnitās*: ⇨ serene, -ity〗

Se·re·nus /sɪ̀rí:nəs/ *n.* セリーナス《男性名》. 〖◻ L *Serēnus*: ⇨ serene〗

Se·res /síəri:z, sí:r- | síər-/ *n. pl.* (古代ギリシャ・ローマ人が絹織物製造者として述べた)東アジア人《現在, 通例中国人と同一視される; cf. Seric》. 〖(?*a*1300 ◻ L *Sērēs* ◻ Gk *Sêres*: cf. serge, silk〗

serf /sə́:f | sə́:f/ *n.* **1** 農奴《封建領主に隷属して労役などの義務を負い, 通例土地に緊縛されて移動などの自由をもたなかった; 資本主義以前のヨーロッパ諸国に広くみられる; cf. villein》. **2** **a** 奴隷 (slave). **b** 奴隷のような人, 苦役する人 (drudge). **~·lìke** *adj.* 〖(1483) ◻ (O)F ~ < L *servum* slave: cf. serve〗

serf·age /sə́:fɪdʒ | sə́:f-/ *n.* =serfdom. 〖(1775): ⇨ ↑, -age〗

sérf·dom /-dəm/ *n.* 農奴の境遇[身分]. 〖(1850): ⇨ -dom〗

sérf·hòod *n.* =serfdom. 〖(1841): ⇨ -hood〗

Serg. 《略》Sergeant.

serge /sə́:dʒ | sə́:dʒ/ *n.* サージ《一種の梳毛あや織物》: blue ~ 紺(こん)サージ / silk ~ 絹セル《裏地用》. — *vt.* 〈じゅうたんなどの縁を V 字型にかがる: ~ a carpet. 〖(*c*1385) *sarge* ◻ OF (F *serge*) < VL **sāricam*=L *sērica* (fem.) ← *sēricus* of silk, 《原義》of the Seres ◻ Gk *sērikós* ← *Sêres*: ⇨ Seres, Seric, silk〗

ser·gean·cy /sɑ́:dʒənsi | sɑ́:-/ *n.* sergeant の職[地位, 任務]. 〖(*a*1338) *sargeancie* ◻ AF *sergeancie*: ⇨ ↓, -ancy〗

ser·geant /sɑ́:dʒənt | sɑ́:-/ *n.* (*also* **serjeant**) **1** 〖軍事〗 **a** 軍曹・曹長級の下士官 (略 serg., sergt, sgt). ★ 米陸軍では sergeant major (上級曹長), master [first] sergeant (曹長), platoon sergeant [sergeant first class] (一等軍曹), staff sergeant (二等軍曹)および sergeant (三等軍曹)の 5 階級がある. **b** 〖米陸軍・海兵隊〗三等軍曹《最下位の sergeant で corporal の上位》: ⇨ lance sergeant. **2** 巡査部長 (police sergeant) (⇨ police 1 ★). **3** **a** =SERGEANT at arms (1). **b** 従士《knight の部下として戦場に赴き, 軍役に服す代償として領主から封土を受けた下級騎士》. **c** [通例複合語の第 1 構成素として] 宮廷の職名: ~ surgeon to the king 国王付き外科医. **4** [通例 serjeant で] 〖英法〗=serjeant-at-law. **5** 〖魚類〗=sergeant fish.

sérgeant at árms (1) [しばしば S- at A-] 《英》(王室または議院の)守衛官《特に, 下院では守衛長で, 上院の Black Rod に対応する》. (2) =3 b. 〖(1556): cf. ~ of arms (1378)〗

〖(?*a*1200) *sergeaunte* ◻ OF *sergent*, *serjant* (F *sergent*) < L *servientem* (pres. p.) ← *servīre* 'to SERVE': cf. servant〗

sérgeant-at-árms *n.* (*pl.* **sergeants-**) =SERGEANT at arms.

sérgeant-at-láw *n.* (*pl.* **sergeants-**) 〖英法〗= serjeant-at-law. 〖1501〗

sérgeant báker *n.* [しばしば S- B-] 《豪》〖魚類〗オーストラリアヒメ (*Aulopus purpurissatus*) 《色あざやかなヒメ科の食用魚》. 〖1882〗

sérgeant fírst cláss *n.* 〖米陸軍〗=platoon sergeant 《旧称 technical sergeant》. 〖1948〗

sérgeant fìsh *n.* 〖魚類〗 **1** スギ (cobia). **2** = snook². 〖1873〗

sérgeant májor *n.* (*pl.* **sergeants m-**, **~s**) **1** 〖軍事〗曹長. **2** 〖米陸軍・海兵隊〗上級曹長《最上級の下士官》. **3** 〖英陸軍〗特務曹長《regimental sergeant major (略 RSM) ともいう》: a company ~ 中隊付曹長《中隊先任下士官; 略 CSM》. **4** 〖魚類〗=cow pilot.

sérgeant májor of the ármy 〖軍事〗陸軍最先任上級曹長《部隊の参謀[幕僚]長の顧問として服務する最上級の下士官》.

sérgeant májor of the maríne còrps 〖軍事〗海兵隊最先任上級曹長《部隊長の顧問として服務する最上級の下士官》.

sérgeant·shìp *n.* sergeant の職[地位, 任期]. 〖*c*1450〗

ser·geant·y /sɑ́:dʒənti | sɑ́:dʒənti/ *n.* 〖法律〗役務保有《封建時代の土地保有方法の一つ; 保有のため国王または領主に対して奉仕・役務(時に軍事的)を負う》. 〖(1467) *sergeantie* ◻ OF *sergentie*: ⇨ sergeant, -y¹〗

Ser·ge·e·vich /sə́:gejɪvɪtʃ | sə́:-; *Russ.* sʲirgʲéjivʲitʃ/ *n.* セルゲイエヴィチ《男性名》. 〖◻ Russ. ~ 《原義》'son of SERGEI'〗

Ser·gei /séəgeɪ, sə́:- | séəgeɪ, sə́:-, ─ ́; *Russ.* sʲirgʲéj/ *n.* セルゲイ《男性名》. 〖◻ Russ. ~: *St. Sergius* (殉教者の名)にちなむ〗

serg·er /sə́:dʒə | sə́:dʒə(r)/ *n.* サージャー《裁ち目をかがるためのミシン》.

ser·gette /sə:dʒét | sə:-/ *n.* 薄サージ. 〖(1858) ◻ F ~: ⇨ serge, -ette〗

Ser·gi·pe /sə:ʒí:pə | sə-; *Braz.* serʒípi/ *n.* セルジペ《ブラジル北東部の州; 州都 Aracaju /*Braz.* arakaʒú/》.

Ser·gi·us of Ra·do·nezh /sə́:dʒiəs əv rɑ́:dənjɪʒ | sə́:dʒiəs əv rɑ́:də-; *Russ.* sʲérgʲij rádənʲɪʃskʲij/ *n.* [Saint ~] ラドネジュの聖セルギウス, セルギー ラドネシスキー《1314–92; ロシアの宗教指導者》.

Sergt 《略》Sergeant.

se·ri·al /síəriəl | síər-/ *n.* **1** (小説などの)連載物, 続き物; その 1 回分 (installment); (映画・テレビ・ラジオ放送の)連続物. **2** [*pl.*] 逐次刊行物, 継続出版物. — *adj.* **1** 連続的な; 順列をなす, 通しの: in ~ order 連続して, 順次に. **2** 〈小説など〉続き物の, 連載の; 逐次[継続]出版の, 逐次[継続]刊行の: a ~ film [publication] 連続映画[逐次刊行物] / a ~ story 続き物[連続, 連載]小説 / ~ pictures 連続画 / publish in ~ form 続き物[逐次刊行物, 継続出版物]として出版する. **3** 〖電算〗〈データ伝送・演算が〉直列の, シリアルの (↔ parallel). **4** 〖音楽〗十二音の, 十二音組織の (twelve-tone). **~·ly** *adv.* 〖(1840) ← SERI(ES)+-AL¹〗

sérial correlátion *n.* 〖統計〗=autocorrelation.

sé·ri·al·ìsm /-lìzm/ *n.* 〖音楽〗セリー (series) 主義[音楽, 理論, 技法] (cf. serial technique, twelve-tone). 〖1958〗

sé·ri·al·ist /-lɪ̀st | -lɪst/ *n.* **1** 連載物を書く作家. **2** セリー技法の作曲家[音楽家]. 〖1846〗

se·ri·al·i·ty /sɪ̀əriǽləti | sìəriǽlɪ̀ti/ *n.* 連続, 連続性, 順列をなすこと. 〖1855〗

se·ri·al·ize /síəriəlàɪz | síər-/ *vt.* **1** 〈読み物などを〉続き物として連載する, 逐次[継続]刊行する: a ~*d* novel 連載小説. **2** 続き物として放送[上映]する. **3** セリー技法で編曲する. **se·ri·al·i·za·tion** /sɪ̀əriəlɪ̀zéɪʃən | sìəriəlaɪ-, -lɪ-/ *n.* 〖1857〗

sérial kíller *n.* 連続殺人者.

se·ri·al·ly /síəriəli | síər-/ *adv.* **1** 連続的に, 順次に, 逐次に, 通しになって: The numbers follow ~. 番号は通しになっている. **2** 続き物として: The novel will appear ~. 〖(1854) ← SERIAL+-LY¹〗

sérial múrderer *n.* =serial killer.

sérial nùmber *n.* (機器・書籍などの確認のための)一連[通し]番号, 製造[製作]番号; 〖軍事〗認識票番号. 〖1935〗

sérial operátion *n.* 〖電算〗直列操作, 順次操作《対象データごとに処理を順次行う操作; cf. parallel operation》.

sérial pórt *n.* 〖電算〗シリアルポート《データの送受信をシリアル伝送によって行う機器を接続するための, コンピューターの周辺機器接続用端子》.

sérial ríghts *n. pl.* 〖出版〗連載権.

sérial séction *n.* 〖医学・生物〗連続切片《組織を連続的に切った標本切片》. 〖1885〗

sérial techníque *n.* 〖音楽〗セリー技法《あらかじめ作られた音列を基礎として作曲する方法》.

se·ri·ate /síəriɪ̀t, -rièɪt | síər-/ *adj.* 連続的に配列された[起こる], 通しの, 一続きの. — /síərièɪt | síər-/ *vt.* 連続的に配列する. **~·ly** *adv.* 〖(1846) adj.: (1846) ← L *seriēs* 'SERIES'+-ATE². — vt.: (1899) 《逆成》← SERIATION〗

se·ri·a·tim /sɪ̀əriéɪtɪ̀m, -riǽt- | sìəriéɪtɪm, sèr-, -riɑ́:t-/ *adv.* 逐次に, 順次に (one after another), 連続して (serially): consider [examine, discuss] ~. — *adj.* 連続した (serial). 〖(1680) ◻ ML *seriātim* ← L *seriēs*: ⇨ series〗

se·ri·a·tion /sɪ̀əriéɪʃən | sìər-/ *n.* **1** 連続配列, 連続. **2** (考古学的資料などの)型式的変化による配列. 〖(1658) ← L *seriēs*+-ATION: ⇨ series〗

Ser·ic /síərɪk, sér- | síər-, sér-/ *adj.* 《古・詩》 **1** 中国の; 中国人の (Chinese). **2** [s-] 絹の (silken). 〖(1840) ◻ L *Sēricus*: ⇨ serge, -ic¹〗

ser·i·cate /sérəkɪ̀t, -kèɪt | -rɪ-/ *adj.* =sericeous. 〖⇨ ↓, -ate²〗

se·ri·ceous /sɪ̀ríʃəs/ *adj.* **1** 絹の (silky). **2** 〖生物〗絹のように柔らかく光沢のある, 絹のような柔毛のある (pubescent): a ~ leaf. 〖(1777) ← LL *sēriceus* ← L *sēricum* silk ← *sēricus*: ⇨ serge, -eous〗

ser·i·ci·cul·ture /sɪ̀rísəkʌ̀ltʃə | -sɪkʌ̀ltʃə(r)/ *n.* = sericulture. **ser·i·ci·cul·tur·al** /sɪ̀rìsəkʌ́ltʃ(ə)rəl | -sɪ-ˈ-/ *adj.* 〖(1892) ◻ F *sériciculture* ← L *sēricum* silk: ⇨ sericeous, culture〗

ser·i·cin /sérəsɪ̀n, -sn | -rɪsɪn/ *n.* 〖化学〗セリシン《繭(まゆ)から取ったばかりの絹糸に付着するゼラチン質; 硬蛋白質の一種》. 〖(1841) ← L *sēricum* (↑)+-IN²〗

ser·i·cite /sérəsàɪt | -rɪ-/ *n.* 〖鉱物〗セリサイト, 絹雲母《白雲母 (muscovite) の一種》. 〖(1854) ◻ G *Sericit* ← L *sēricus* silken: ⇨ serge, -ite¹〗

ser·i·cul·ture /sérəkʌ̀ltʃə | -rɪkʌ̀ltʃə(r)/ *n.* 養蚕(業), 蚕業; 製糸. **ser·i·cul·tur·al** /sèrəkʌ́ltʃ(ə)rəl | -rɪ-ˈ-/ *adj.* 〖(1851–54) ← L *sēricum* silk+CULTURE: ⇨ sericeous〗

ser·i·cul·tur·ist /sèrəkʌ́ltʃ(ə)rɪ̀st | -rɪkʌ́ltʃ(ə)rɪst/ *n.* 養蚕家, 蚕糸業者; 製糸家. 〖(1864) ← ↑+-IST〗

ser·i·e·ma /sèrií:mə, -éɪmə/ *n.* 〖鳥類〗ノガンモドキ (*Cariama cristata*)《ブラジル・アルゼンチンの草原に生息するノガンの類の鳥; cariama ともいう》. 〖(1836) ← NL ~ ← Tupi 《原義》crested〗

se·ries /síəri:z, sí:r- | síəri:z, -rɪz/ *n.* (*pl.* ~) ★《英》では単数形を /síərɪz/, 複数形を /síəri:z/ と発音する人がいる. **1** (通例三つ以上の)一続き, 連続 (sequence), 一組 (set). ★ a series of ＋複数名詞は, 通例単数扱い: a ~ *of* columns, arches, etc. / a [several] ~ *of* lectures 1 回[数回]連続講演 / a ~ *of* stamps [coins] (同時発行[鋳造]の)一組の切手[貨幣] / a ~ *of* defeats [victories] 連敗[連勝] / a ~ *of* misfortunes [successes] 打ち続く不幸[成功] / Two ~ of lectures were held last year. 昨年は二つの連続講演会が開かれた / This concert is the first [third, last] in a ~. これは連続演奏会の第 1 回[第 3 回, 最終回]のものだ. **2** (出版物・テレビ[映画]番組などの)シリーズ(もの), 双書, 叢書, 続き物: the first ~ (双書などの)第一集 / the Men of Letters ~ 文人双書. **3** 〖電気〗直列; 直巻き (↔ parallel): ⇨ in SERIES (3). **4** 〖化学〗 **a** 系列, 系 (group): ⇨ paraffin series. **b** =radioactive series. **5** 〖数学〗級数 (cf. progression 4); 無限級数 (infinite series): an arithmetic(al) [a geometric(al), a trigonometric(al)] ~ 等差[等比, 三角]級数. **6** 〖地質〗統《system (系)の下位単位, 地質時代の epoch (世)に当たる地層》. **7** 〖修辞〗等位語句の連続《コンマや and, or などで結ばれたもの》. **8** 〖生物〗列《属と種との間などにおかれる便宜的分類階級の一つ》. **9** 〖音楽〗(特に, 十二音音楽の)音列, セリー. **10** 〖野球〗 **a** シリーズ《二つのリーグ間で連日行われる試合》. **b** [通例, the S-] 《米口語》=World Series. **11** 〖ボウリング〗シリーズ《連続 3 試合》. **12** 〖土壌〗=soil series. **13** 〖詩学〗韻律単位連続《ある韻律単位が繰り返されるだけで, 全体としての型や組織 (system) を構成しない》. **14** 〖音声〗母音交替系列《母音交替 (ablaut) によって変化する母音の組》. **15** 〖印刷〗シリーズ《書体・活字幅の同一な一連の活字》. **16** 〖窯業〗ある特色(形態・デザインなど)の類似性で陶磁器を類別に組み合わせること.

in séries (1) 双書として. (2) 列[組]をなして, 連続して. (3) 〖電気〗直列で (↔ in parallel).

— *adj.* 〖電気〗直列の (↔ parallel): a ~ circuit [connection] 直列回路[接続] / a ~ generator 直巻き発電機 / a ~ transformer 直列変圧器.

〖(1611) ◻ L *seriēs* ← *serere* to join ← IE **ser-* to line up (Gk *eírein* to string together)〗

SYN 連続: **series** 順番に起こる通例類似したものの一群: a *series* of misfortunes 不幸の連続. **sequence** 論理的な 特定の順序で生じる一連の事件や数《格式ばった語》: a *sequence* of numbers 連続した数. **succession** 多くの類似した物事が連続して生じたもの: a *succession* of victories 相継ぐ勝利. **chain** 明確な因果関係のある連続: a *chain* of thoughts 次々に浮かぶ考え.

---

séries clàuse *n.* 〖保険〗口分け約款.

séries mótor *n.* 〖電気〗(鉄道車両などで用いる)直巻電動機. 〖1962〗

séries-múltiple connèction *n.* 〖電気〗=SERIES-PARALLEL connection.

séries-párallel *adj.* 〖電気〗直並列の: a ~ connection 直並列接続 / ~ control 直並列制御. 〖1894〗

séries párallel *n.* 〖電気〗直並列.

séries résonance *n.* 〖電気〗直列共振 (↔ parallel resonance). **séries-résonant** *adj.* 〖1926〗

séries wìnding /-wàɪndɪŋ/ *n.* 〖電気〗 **1** (電気機械の)直巻き (cf. shunt winding). **2** (電機子の)直列巻 (cf. wave winding).

séries-wòund /-wàund/ *adj.* 〖電気〗直巻きの (cf. shunt-wound): a ~ dynamo. 〖1891〗

ser·if /sérɪ̀f/ *n.* 〖活字〗(欧文活字の)セリフ《D, H, L, M, k, s, z のような文字の先端・終端についているひげのような突出線; cf. sans serif》. 〖(1831) ◻ ? Du. *schreef* stroke, line ← MDu. *schriven* to write ◻ L *scribere*: ⇨ scribe〗

ser·i·graph /sérəgræ̀f | -rɪ̀grɑ̀:f, -græ̀f/ *n.* セリグラフ《serigraphy によって印刷された彩色画》. 〖(1887) ← L *sēricum* silk+-GRAPH: ⇨ sericeous〗

se·rig·raph·er /sɪ̀rígrəfə | -fə(r)/ *n.* (serigraphy による)彩色画印刷者. 〖1940〗

se·rig·ra·phy /sɪ̀rígrəfi/ *n.* セリグラフィー, シルクスクリーン捺染(なっせん)法 (silk-screen process); (特に, シルクスクリーンによる)彩色画印刷法. 〖(1940) ← L *sēricum* silk +-GRAPHY〗

se·rin /sérɪ̀n | -rɪn; *F.* səʀɛ̃/ *n.* 〖鳥類〗セイオウチョウ (*Serinus canarius*)《大西洋カナリア諸島原産で 16 世紀にヨーロッパに輸入されたアトリ科の小鳴鳥; カナリアはこの鳥から発達した》. 〖(1530) ◻ (M)F ~ ◻ ? OProv. *serena* bee-eater ← L *sīrēn* a kind of bird ← *Sīrēn* 'SIREN'〗

ser·ine /séri:n, síər-, -rɪ̀n | séri:n, síər-, -rɪn/ *n.* 〖生化学〗セリーン ($C_3H_7O_3N$)《アミノ酸の一種》. 〖(1876) ← SER(ICIN)+-INE³〗

ser·i·nette /sèrənét | -rɪ̀-/ *n.* セリネット《カナリア・ウグイスなどを仕込むのに用いる手回しオルガン》. 〖(1858) ◻ F ~: ⇨ serin, -ette〗

se·rin·ga /sɪ̀ríŋgə/ *n.* 〖植物〗 **1** =mock orange 1. **2** パラゴムノキ《ブラジル産トウダイグサ科パラゴムノキ属 (*Hevea*) の植物の総称; 樹液からゴムを採る》. 〖(1740) ◻ Port. ~ 'syringe, rubber latex': ⇨ syringa〗

Se·rin·ga·pa·tam /sɪ̀rìŋgəpətɑ́:m, -tǽm/ *n.* セリンガパタム《インド南部, Karnataka 州の小さな町; Mysore の旧州都》.

se·ri·o- /síəriou | síəriəu/「まじめな (serious), まじめでそして (serious and ...)」の意の連結形. 〖(1749) ← SERIOUS〗

sèrio·cómedy *n.* 悲喜劇 (tragicomedy). 〖(1884): ⇨ ↑, comedy〗

sèrio·cómic *adj.* **1** まじめでしかも滑稽(こっけい)な (serious and comic). **2** まじめを装って実は滑稽な, 半道化の. 〘(1783)← SERIO-＋COMIC〙

sèrio·cómical *adj.* ＝seriocomic. **〜·ly** *adv.* 〘1749〙

se·ri·o·so /sɪ̀ᵊrióusou, sèr-, -zou | sɪəriə́usəu, sèr-, -zəu; *It.* serjó:zo/ *It. adj., adv.* 〚音楽〛セリオーソ, 荘重な[に] (serious). 〘□ It. 〜 < LL *sēriōsum* (↓)〙

se·ri·ous /sɪ́ᵊriəs | sɪ́ər-/ *adj.* **1 a** 〈事態・問題など〉油断のならない, 容易ならぬ, 重大な, 由々しい (important); 容易に解決できない[しない], むずかしい (difficult): a 〜 situation 由々しい事態 / a 〜 affair [matter] 重大事件 / a 〜 mistake [oversight] 重大な誤り[見落とし] / a 〜 accident [defeat] 大事故[敗北] / 〜 damage 大損害 / 〜 doubts [consequences] 重大な疑惑[結果] / a 〜 problem 重大問題. **b** 〈病気など〉危惧[不安]を起こさせる, 重い, 危篤の, 危ない (critical): a 〜 illnes [wound] 重病[傷] / in a 〜 condition 重態で. **2 a** 〈文学・音楽など〉(娯楽本位でなく)まじめな, 堅い: 〜 plays, films, music, etc. **b** 〈仕事・研究など〉思考[集中, 努力]を要する, 慎重[真剣]にしなければならない: a 〜 work, study, etc. **3 a** 本気の (sincere, genuine), 冗談でない, 冗談抜きの, 深刻な (⇨ acute SYN): a 〜 thought 本気で考えること / I've given a 〜 thought to changing jobs. 転職を真剣に考えた / He made a 〜 offer, but everyone thought he was joking. 彼は本気で申し出たのだがだれも本気にしなかった / to be very [dead(ly)] 〜 (*about*...) (...について)冗談はさておき / Are you 〜? あなたは本気で言っているのですか / make a 〜 attempt 本気になってやる / You cannot be 〜. ご冗談でしょう. **b** 〔...について〕熱心な, 一生懸命の, 真剣な (devoted, keen) 〔*about*〕: a 〜 opponent てごわい相手 / a 〜 fisherman / a 〜 student (of world affairs) (世界情勢の)熱心な研究家. **c** 宗教や道徳に関係する; 《戯言》(宗教などに)凝り固まった, お堅い (pious): a 〜 subject [book] (宗教・道徳などに関する)まじめな[お堅い]問題[本]. **4** (陽気・軽薄・軽快さのない)まじめな, 厳粛な (grave, solemn), 考え込んだ, しかつめらしい (thoughtful, earnest): a 〜 mind [air] まじめな心[態度] / a 〜 face [look] しかつめらしい顔[表情] / 〜 dress 地味な服装 / He looks very [dead(ly)] 〜. ひどく深刻な顔をしている / We must have a 〜 talk. 真剣に話し合わなければならない / a 〜 student まじめな学生 / What has made you so 〜? なぜそんなに考え込んでいるのだ. **5** 《口語》**a** 多くの, 大量の, 相当な (considerable); 極端な: She's making 〜 money in her new job. 新しい仕事で相当もうけている / Let's go out and do some 〜 drinking! 出かけてうんと飲もうよ. **b** 上等の, 高価な: a 〜 wine. 〘(1440)← (O)F *sérieux* // LL *sēriōsus* ← *sērius*: cog. ? G *schwer* heavy: ⇨ -ious〙

SYN まじめな: **serious** 重要な考えや仕事に本気になって取り組む: This is not a joke. I'm *serious*. これは冗談ではなく私は真剣なのです. **grave** 重い責任などのために重々しく威厳のある: a *grave* expression 重々しい表情. **sedate** 〈人や態度が〉物静かで落ち着いて上品な: a *sedate* old lady 物静かな老婦人. **earnest** ある目的に対して真剣で熱心な: an *earnest* student まじめな学生. **sober** まじめで思慮深い: a *sober* businessman まじめなビジネスマン. **ANT** frivolous, flippant.

se·ri·ous·ly /sɪ́ᵊriəsli | sɪ́ər-/ *adv.* **1** 本気で: Do you 〜 mean what you say? 君は本気でそんなことを言うのか / 〜 speaking まじめな話だが, 冗談は抜きにして / now, 〜 冗談はさておいて / But 〜 (now)...＝*Seriously*, though, ... しかしまじめな話として... / I'm going to change jobs.—*Seriously*? 転職するつもりだ—本気かい. **2** まじめに, 慎重に: take something 〜 まじめに考える, 真(ᵐ)に受ける / think 〜 about changing jobs 転職を真剣に考える / think 〜 of doing ... まじめになって...しようと思う. **3** 重く, ひどく (dangerously, severely): 〜 ill [wounded] 重病で[重傷を負って] / be 〜 offended [affected] ひどく怒る[影響を受ける]. **4** 《口語》すごく, とても, 相当に: She's getting 〜 rich in her new job. 新しい仕事で相当もうけている / Let's go out and get 〜 drunk! 出かけてうんと酔っぱらおうよ. 〘(1509): ⇨ ↑, -ly¹〙

sérious-mínded *adj.* まじめな態度の, 本気でものを考える. **〜·ly** *adv.* **〜·ness** *n.* 〘(1845): ⇨ MINDED〙

sé·ri·ous·ness *n.* **1** 重大さ; 由々しさ: the 〜 of our position 我々の立場の重大性[容易ならぬこと] / the 〜 of an illness 重体, 危篤. **2** まじめなこと: the 〜 of one's mind. ***in áll sériousness*** ひどくまじめに, 真剣に (very seriously): He talked *in all* 〜. すごくまじめに語った. 〘1530〙

ser·iph /sérɪf/ *n.* 〚活字〛＝serif.

ser·i·plane /sérəplèɪn | -rɪ-/ *n.* 〚紡織〛セリプレーン(生糸品質検査法の一種). 〘← SERI(ES)＋PLANE²〙

ser·jeant /sɑ́ːdʒənt | sɑ́ː-/ *n.* ＝sergeant.

sérjeant-at-láw *n.* (*pl.* **serjeants-**) 〚英法〛上級法廷弁護士 (1880 年廃止; 今の King's [Queen's] Counsel に当たる).

sérjeant·shìp *n.* ＝sergeantship.

ser·jeant·y /sɑ́ːdʒənti | sɑ́ːdʒənti/ *n.* 〚法律〛＝sergeanty.

Ser·kin /sə́ːkɪn | sə́ːkɪn; *G.* zérki:n/, **Rudolf** *n.* ゼルキン (1903–91; オーストリア生まれの米国のピアニスト).

ser·mon /sə́ːmən | sə́ː-/ *n.* **1** (教会で司祭[牧師]がする)説教, 説法, 法話; 修養談, 訓話: ⇨ lay sermon / preach [deliver] a 〜 説教をする / read off a 〜 説教を朗読する / after 〜 教会が済んでから / at 〜 教会へ行って, 礼拝中. **2** 《皮肉》お説教, お説法 (lecture); 長たらしい話, 長談義: treat a person to a 〜 人にお説教をしてやる. **3** 教訓(となる人): 〜s in stones 石の説法, 木石の教訓 (cf. Shak., *As Y L* 2. 1. 17).

Sérmon on the Móunt [the 〜] 〚聖書〛(キリストの)山上の垂訓[説教] (*Matt.* 5–7 および *Luke* 6: 20–49 に記されていて, その聖句はしばしば引用される; ルカ伝の方の記述はその 6: 17 にちなんで the Sermon on the Plain (平地の聖訓[説教])とも呼ばれる). 〘(1582)〙

— *vt., vi.* 《古》(...に)説教をする (preach).

〘n.: (?a1200) □ AF *sermun*＝(O)F *sermon* □ L *sermō(n-)* speech, ML religious discourse ← ? *serere* to join: ⇨ series. — v.: ? OE *sermone(n)* □ AF *sarmoner* ← (n.)〙

ser·mon·ette /sə̀ːmənét | sə̀ː-/ *n.* 短い説教, 小説法 (brief sermon). 〘(1814): ⇨ ↑, -ette〙

ser·mon·ic /səːmɑ́(ː)nɪk | səːmɔ́n-/ *adj.* **1** 説教の[に関する, に似た]. **2** 教訓的な (didactic). 〘1761〙

ser·món·i·cal /-nɪ̆kəl, -kl | -nɪ-/ *adj.* ＝sermonic. **〜·ly** *adv.* 〘1782〙

ser·mon·ize /sə́ːmənàɪz | sə́ː-/ *vi.* **1** 《軽蔑》お説教する, 小言を言う. **2** 説き聞かせる; 説教する. **— *vt.* 1** ...にお説教する, 小言を言う. **2 a** ...に説き聞かせる; ...に説教する (preach). **b** 説教して[説き聞かせて]...させる: 〜 a person *into* action 人を諭して奮起させる / 〜 a person fast asleep 説教を聞く人をぐっすり眠らせる.

sér·mon·ìz·er *n.* 〘(1635): ⇨ sermon, -ize〙

se·ro- /sɪ́ᵊrou, sér- | sɪ́ərəu, sér-/「血清, 漿液(しょうえき) (serum); 血清[漿液]と...との (serous and ...)」の意の連結形. 〘← L *serum*: ⇨ serum〙

sèro·convérsion *n.* 〚免疫〛血清変換 《ワクチンとして投与した, 抗原に対して抗体が作られること》. 〘1963〙

sèro·diagnósis *n.* 〚医学〛血清(学的)診断(法).

sèro·diagnóstic *adj.* 〘(1896): ⇨ sero-, diagnosis〙

se·ro·log·ic /sɪ̀ᵊrəlɑ́(ː)dʒɪk | sɪərəlɔ́dʒ-ˊ/ *adj.* 血清学(上)の. 〘1910〙

sè·ro·lóg·i·cal /-dʒɪ̆kəl, -kl | -dʒɪ-ˊ/ *adj.* ＝serologic. **〜·ly** /-kəli, -kli/ *adv.* 〘1911〙

se·rol·o·gist /sɪ̆rɑ́(ː)lədʒɪ̆st | sɪ(ə)rɔ́lədʒɪst/ *n.* 血清学者. 〘1914〙

se·rol·o·gy /sɪ̆rɑ́(ː)lədʒi | sɪ(ə)rɔ́lədʒi/ *n.* 血清学. 〘(1909): ⇨ sero-, -logy〙

sèro·múcous *adj.* 〚医学〛漿(しょう)粘液性の. 〘1894〙

sèro·négative *adj.* 〚医学〛血清反応陰性の; (特に)梅毒反応陰性の. **sèro·negatívity** *n.* 〘1927〙

sèro·pósitive *adj.* 〚医学〛血清反応陽性の《血清中に特異的抗体が存在する状態》. **sèro·positívity** *n.* 〘c1930〙

sèro·prévalence *n.* 血清学的有病率 《ある集団中で血清の中に HIV 抗原に対する抗体などをもつヒトの割合》.

sèro·púrulent *adj.* 〚医学〛漿液(しょうえき)膿性の. 〘1835–36〙

sèro·reáction *n.* 〚免疫〛血清反応.

sèro·resístance *n.* 〚免疫〛血清力価不応, 血清(学的)抵抗 《治療をしても血清学的な力価が満足に落ちてこないこと》. **sèro·resístant** *adj.*

se·ro·sa /sɪ̆róusə, -zə | -rə́u-/ *n.* **1** 〚動物〛**a** 漿膜(しょうまく) (chorion) 《脊椎動物の羊膜類の胚膜の一つ》. **b** 漿膜 《昆虫・節足動物など無脊椎動物の胚の外表を覆う細胞層》. **2** 〚解剖〛漿液膜 (serous membrane). **se·ró·sal** /-səl, -sl/ *adj.* 〘(1890)← NL 〜 (fem.) ← *serōsus* 'SEROUS': ⇨ -ose¹〙

sèro·sanguínolent *adj.* 〚医学〛漿液(しょうえき)血液(性)の. 〘(1874): ⇨ sero-, sanguinolent〙

se·ro·si·tis /sɪ̀ᵊrəsáɪtɪ̆s, sèr- | sɪərəsáɪtɪs, sèr-/ *n.* 〚病理〛漿膜(しょうまく)炎. 〘(1892)← NL 〜: ⇨ serosa, -itis〙

se·ros·i·ty /sɪ̆rɑ́(ː)səti | -rɔ́sɪ̆ti/ *n.* 〚生理〛漿液(しょうえき), 漿液性. 〘(1601) □ F *sérosité*: ⇨ serous, -ity〙

sèro·thérapy *n.* 〚医学〛血清療法 (serum therapy). 〘1894〙

se·rot·i·nal /sɪ̆rɑ́(ː)tənl, se- | -rɔ́tɪ̆-/ *adj.* **1** 夏の後半 (通例乾燥期)の, 晩夏に生ずる. **2** 〚植物〛晩夏に咲く. 〘(1898): ⇨ ↓, -al¹〙

ser·o·tine¹ /sérətɪ̆n, -tn | -ti:n/ *adj.* 〚植物〛晩成の, おくての, 時期に遅れて生じる. 〘(1597) □ L *sērōtinus* coming late ← *sērō* (adv.) ← *sērus* late: ⇨ -ine¹〙

ser·o·tine² /sérətɪ̆n, -tn | -ti:n/ *n.* 〚動物〛ホリカワコウモリ, クビワコウモリ (*Eptesicus serotinus*) 《ヨーロッパ産ヒナコウモリ科の小形で褐色のコウモリ》. 〘(1771) □ F *sérotine* □ L *sērōtina* (fem.) ← *sērōtinus* (↑)〙

se·rot·i·nous /sɪ̆rɑ́(ː)tənəs, se-, -tn- | -rɔ́t-/ *adj.* 〚植物〛**1** ＝serotine¹. **2** 〈球果が〉熟してから長い間開かないままでいる. 〘(1656) □ L *sērōtinus*: ⇨ serotine¹, -ous〙

ser·o·to·nin /sèrətóunɪ̆n, sɪ̀ᵊr-, -tɑ́(ː)n- | sèrətə́unɪn, sɪər-/ *n.* 〚生化学〛セロトニン ($HOC_8H_5NCH_2CH_2NH_2$) 《血管収縮性物質; 5-hydroxytryptamine ともいう》. 〘(1948)← SERO-＋TONE＋-IN²〙

se·ro·type /sɪ́ᵊrətàɪp, sér- | sɪ́ər-, sér-/ 〚医学・免疫〛*n.* 血清型. **— *vi.*** 血清型で分ける 《微生物を抗原の組合わせを基準にして分類することをいう》. 〘(1946)← SERO-＋TYPE〙

se·rous /sɪ́ᵊrəs | sɪ́ər-/ *adj.* **1** 漿液(しょうえき)の, 漿液を生じる; 血清の: 〜 fluid 漿液 / a 〜 cavity 漿液膜腔(こう). **2** 漿液性[状]の; 水のような (watery). **se·ros·i·ty** /sɪ̆rɑ́(ː)səti | -rɔ́sɪ̆ti/ *n.* **〜·ness** *n.* 〘(?a1425) □ F *séreux* □ L *serōsus*: ⇨ serum, -ous〙

sérous glánd *n.* 〚解剖〛漿液(しょうえき)腺.

sérous mémbrane *n.* 〚解剖〛漿液(しょうえき)膜. 〘1862〙

se·row /səróu | sérəu/ *n.* 〚動物〛カシミール・中国・日本などに生息するウシ科 *Capricornis* 属の動物の総称 《ニホンカモシカ (*C. capricornis*), スマトラカモシカ (*C. sumatraensis*) など》. 〘(1847) □ Lepcha *sǎro*〙

Se·row·e /səróui | -rə́ui/ *n.* セローウェ 《アフリカ南部ボツワナ東部の都市》.

Ser·pa·sil /sə́ːpəsɪl, -sɪl | sə́ːpəsɪl/ *n.* 〚商標〛セルパシル 《精神安定剤・鎮静剤 reserpine の商品名》. 〘(1953) ← *serp-* (← RESERPINE)＋*-asil* (?)〙

Ser·pens /sə́ːpənz, -penz | sə́ːpenz, -pənz/ *n.* 〚天文〛へび(蛇)座 《へびつかい(蛇遣い)座の東西に 2 部分に分かれ, 東のものを尾 (Serpens Cauda /káudə, kɔ́:-/, 西を頭 (Serpens Caput /kɑ́:pʊt, kéɪpət/) とよぶ; the Serpent ともいう》. 〘□ L *serpēns* (↓)〙

ser·pent /sə́ːpənt | sə́ː-/ *n.* **1 a** 《文語》ヘビ (snake), (特に)大きなまたは有毒なヘビ (⇨ snake SYN). **b** ＝sea serpent. **c** 《古》有毒ではう動物 《ヘビ・クモ・ヒキガエルなど》. **2** 《古》悪意をもった人, 陰険な人; (特に)卑劣な目的のために人にうまく取り入る人. **3** 《古》[the (Old) S-] 悪魔 (Satan) (cf. *Gen.* 3: 1–5; *Rev.* 12: 9, 20: 2). **4 a** ヘビ花火 《ヘビのようにはい上がるかまたは地上をうねる花火》. **b** ＝Pharaoh's serpent. **5** セルパン (16–18 世紀のヘビ状に湾曲した低音管楽器; 本来は外部を皮で覆った木製であったが後には金属製のものも現れた). **6** [the S-] 〚天文〛へび(蛇)座 (⇨ Serpens). ***chérish a sérpent in one's bósom*** 恩知らずの人に親切を施す. 〘(a1300) □ (O)F ＜L *serpentem* 《原義》the creeping one (pres.p.) ← *serpere* to creep ← IE **serp-* to creep: cog. Gk *hérpein* to creep / Skt *sarpa* serpent: ⇨ -ent〙

ser·pen·tar·i·um /sə̀ːpəntéᵊriəm | sə̀ːpəntéər-/ *n.* (*pl.* 〜**s**, **-tar·i·a** /-riə/) (見せ物にするための)蛇類飼育所. 〘(1895)← NL 〜: ⇨ ↑, -arium〙

Sérpent Bèarer *n.* [the 〜] 〚天文〛へびつかい(蛇遣い)座 (⇨ Ophiuchus).

sérpent-chàrmer *n.* (笛の音を用いてする)へび遣い(人) (snake charmer). 〘1861〙

sérpent èater *n.* **1** 〚鳥類〛ヘビクイワシ (⇨ secretary bird). **2** 〚動物〛＝markhor. 〘1731〙

Ser·pen·tes /sə:pénti:z | sə:-/ *n. pl.* 〚動物〛ヘビ亜目. 〘← NL 〜 (pl.) ← L *serpent-*, *serpēns* 'SERPENT'〙

sérpent fèrn *n.* 〚植物〛キンモウウラボシ (*Phlebodium aureum*) 《熱帯アメリカ原産ウラボシ科のシダ; 黄金褐色の鱗片を密生した根茎を有する; hare's-foot fern ともいう》.

sérpent gràss *n.* 〚植物〛ムカゴトラノオ (*Bistorta vivipara*) 《北半球に広く分布するタデ科の多年草; alpine bistort ともいう》.

ser·pen·ti- /sə:péntɪ̆, -tɪ | sə:péntɪ̆, -ti/「ヘビ (serpent)」の意の連結形. 〘□ L 〜 ← *serpent-* 'SERPENT'〙

ser·pen·ti·form /sə:péntəfɔ̀ːm | sə:péntɪ̆fɔ̀:m/ *adj.* ヘビ状の (serpent-formed). 〘(1777) □ LL *serpentiformis*: ⇨ ↑, -form〙

ser·pen·tine /sə́ːpəntì:n, -tàɪn | sə́:pəntàɪn/ *adj.* **1** 〈道路など〉曲がりくねった (winding), 螺旋状の (coiling); 中央が凸にカーブした: the 〜 turnings [windings] of a road 道の曲がりくねり. **2** 〈形や動きが〉ヘビ(状)の; ヘビのような: 〜 motion ヘビ状運動. **3 a** 複雑な, 理解しにくい: a 〜 plot. **b** 陰険な, ずるい, こすい (cunning), 人を陥れる (treacherous): 〜 windings ぬらりくらりと奸策(かんさく)を用いて人にうまく取り入ること. **— *n.* 1** 曲がりくねったもの, 渦巻いているもの. **2** (体をくねらせて踊る)ヘビ踊り (cf. snake dance). **3** (近世初期の)小型砲の一種; (火縄銃の)火挟(ひばさみ). **4** [the S-] サーペンタイン池 《London の Hyde Park にあるヘビ形の池》. **5** 《表面がヘビの皮と似ているところから》〚鉱物〛蛇紋石 ($Mg_3Si_2O_5 \cdot 2H_2O$); (岩塊として産するとき)蛇紋岩 (cf. serpentinite). **6** 〚スケート〛サーペンタイン 《一直線上に円を三つ並べた形》. **— *vi.*** うねうね曲がる, 蛇行する (wind). **— *vt.*** うまく取り入る (insinuate). 〘(c1385) □ (O)F *serpentin* □ LL *serpentinus*: ⇨ serpent, -ine¹〙

sérpentine dánce *n.* ＝serpentine 2.

sérpentine frónt *n.* (箪笥(たんす)・戸棚・テーブルなどの前表面にみられる)二つの凹状面の間に一つの凸状面を組み入れた複合曲面 (cf. oxbow front).

sérpentine jáde *n.* 〚鉱物〛サーペンチンゼード, 蛇紋ひすい 《ひすいに似た蛇紋石; 宝石に用いる》.

sérpentine láyering *n.* 〚園芸〛波状取り 《取り木法の一つ; 長い枝を地表に波状に曲げて伸ばし, 接地部ごとに埋土をして発根させて苗とする; つる性植物に用いる》.

sérpentine vérse *n.* 〚詩学〛首尾同語詩 《始めと終わりとが同一語の詩》. 〘(1605) ヘビがその尾を口にくわえている姿を連想させることから〙

sérpentine wísdom *n.* 深遠な知恵 (cf. *Matt.* 10: 16).

ser·pen·tin·ite /sə́ːpənti:nàɪt, -taɪn- | sə́:pəntaɪn-/ *n.* 〚岩石〛蛇紋岩 (cf. serpentine *n.* 5). 〘1936〙

ser·pen·tin·i·za·tion /sə̀ːpənti:nɪ̆zéɪʃən, -tàɪn- | sə̀:pəntàɪnaɪ-, -nɪ-/ *n.* 〚地質〛蛇紋石[岩]化(作用). 〘1885〙

ser·pen·tin·ize /sə́:pəntí:naɪz, -táɪn- | sə́:pəntaɪnaɪz/ *vt.* 〚地質〛〈鉄苦土に富んだ鉱物[岩石]を〉蛇紋石[岩]化する. 〘(1791)← SERPENTINE＋-IZE〙

sérpent's-tòngue *n.* 〚植物〛＝adder's-tongue 1. 〘1578〙

serpigines *n.* serpigo の複数形.

ser·pig·i·nous /sə:pídʒənəs | sə:pídʒɪ̆-/ *adj.* 〚病理〛蛇行性の, 匐行(ふくこう)性の, はい広がる. **〜·ly** *adv.* 〘(1676) □ NL *serpīginōsus* (↓)〙

ser·pi·go /sə:páɪgou | sə:páɪgəu/ *n.* (*pl.* **ser·pig·i·nes** /-pídʒənì:z | -dʒɪ̆-/, 〜**es**) 《古》〚病理〛匐行疹(ふくこうしん), 遊行性苔癬(たいせん); (特に)輪癬, たむし (ringworm).

〖(*a*1398)◻ML *serpīgin-*, *serpīgō* ← L *serpere* to creep: ⇨ serpent〗

SERPS, Serps /sə́:ps | sɜ́:ps/《略》《英》state earnings-related pension scheme 所得比例公的年金制度《退職前の収入に基づいて年金を支払う政府の制度》.

ser·pu·la /sə́:pjulə | sɜ́:-/ *n.* (*pl.* ~**s**, **ser·pu·lae** /-lìː/)〖動物〗セルプラ《多毛綱カンザシゴカイ科 *Serpula* 属の石灰質の管の中にすむ動物の総称; ヒトエカンザシゴカイ (*S. vermicularis*) など》. 〖(1767) ← NL ~ ← L ~ 'little snake' ← *serpere*: ⇨ serpent, -ula〗

ser·pu·lid /sə́:pjulɪ̀d | sɜ́:pjulɪd/ *adj.*, *n.*〖動物〗カンザシゴカイ科の(動物). 〖(1883)〗↓〗

Ser·pu·li·dae /səːpjúːlədìː | səːpjúːlɪ-/ *n. pl.*〖動物〗《環形動物門多毛綱定在目》カンザシゴカイ科. 〖← NL ~ ← *Serpula* (属名: ⇨ serpula) + -IDAE〗

ser·ra /sérə/ *n.* (*pl.* **ser·rae** /-riː/) **1**〖動物〗鋸歯(きょし)状部[器官]. **2** =serration. 〖(1800) ← NL ~ ← L 'saw'〗

ser·ra·del·la /sèrədélə/ *n.* (*also* **ser·ra·dil·la** /sèrədílə/)〖植物〗=bird's-foot. 〖(1846) ← Port. *serradella* (dim.) ← *serrado* 'SERRATE'〗

serrae *n.* serra の複数形.

Ser·ra Ju·ní·pe·ro /sérəhuːníːpəròu | -huːníːpərəu; *Am. Sp.* sérahuníperо/, **Miguel José** *n.* セラフニペロ《1713–84; スペインのカトリック宣教師; メキシコ・米国でインディアンの教化に努めた》.

ser·ra·nid /sɪ̀ərǽnɪ̀d, sérə- | -nɪd/ *adj.*, *n.*〖魚類〗スズキ科の(魚). 〖(1900): ⇨ ↓, -id²〗

Ser·ran·i·dae /sɪ̀ərǽnədìː/ *n. pl.*〖魚類〗スズキ科. 〖← NL ~ ← *Serranus* (属名: ⇨ serra, -an¹) + -IDAE〗

ser·ra·noid /sɪ̀əréɪnɔɪd, -rǽn-, -ráːn-/ *adj.*, *n.*〖魚類〗スズキ亜目の(魚). 〖(1884) ← NL *Serrānus* (↑) + -OID〗

Ser·ra Pa·ca·rai·ma /sérəpækəráɪmə; *Am. Sp.* sjérapakaɾáima/ *n.* [the ~] パカライマ山脈《ベネズエラ南東部とガイアナ西部をブラジルとの国境沿いに東西に連なる山脈; 最高峰 Roraima 山 (2,810 m); スペイン語名 Sierra Pacaraima》.

Ser·ra Pa·ri·ma /sèrəpəríːmə; *Am. Sp.* sjéraparíma/ *n.* [the ~] パリマ山脈《ベネズエラとブラジルの国境を南北に連なる山脈; 最高峰 2,438 m; Orinoco 川の源流がある》.

ser·rate /séreɪt, -rɪ̀t, sɪ̀əréɪt | sérɪ̀t, -reɪt/ *adj.* **1** 〈刃が〉鋸歯(きょし)状の. **2**〖生物・解剖〗鋸歯状の, 鋸歯のある: a ~ leaf 縁が鋸歯状の葉, 鋸歯状葉. **3**〖貨幣〗〈縁に〉ぎざぎざがある. — /sɪ̀əréɪt, sɛ-, séreɪt/ *vt.* 〈縁など〉に鋸歯状の切り込みをつける, ぎざぎざにする. 〖(1668)◻L *serrātus* ← *serra* saw: ⇨ -ate²³〗

ser·rát·ed /-tɪ̀d | -tɪd/ *adj.* =serrate. 〖1703〗

ser·ra·ti·a /sɪ̀əréɪʃiə, -ʃə, -ráːtiə | sɪ̀əréɪʃiə, sɛ-, -ʃə, -ráːtiə/ *n.*〖細菌〗セラチア《腸内菌科 *Serratia* 属の微生物; 赤色色素を形成する好気性腐生菌など》. 〖← NL ~ ← *Serafino Serrati* (19 世紀イタリアの企業家): ⇨ -ia¹〗

ser·ra·tion /sɪ̀əréɪʃən, sɛ-/ *n.* **1** 鋸歯状. **2** 鋸歯状の縁. **3** 鋸歯状切れ込み(一個). 〖(1706): ⇨ serrate, -ation〗

ser·ra·ture /sérətʃə, -tʃùə | -tʃə^(r), -tjùə^(r)/ *n.* =serration. 〖(1541)◻L *serrātūra* act of sawing ← *serrātus*: ⇨ serrate, -ure〗

ser·re·fine /sérəfiːn | -rɪ̀-/ *n.*〖外科〗小型の血管用鉗子(かんし). 〖(1875)◻F ~ ← *serre* clamp + *fine* 'FINE¹'〗

ser·ri- /sérɪ̀, -ri/「のこぎり; 鋸歯 (saw)」の意の連結形. 〖← L *serra* saw〗

ser·ried /sérid/ *adj.* **1** 密集した, 隙間のない, すし詰めの (packed, pressed): ~ ranks of soldiers 密集部隊 / ~ rows of spectators 十重二十重(とえはたえ)の見物人. **2** 〈議論が〉正確で一貫した, 緊密な. **3** 〈葉・刃・輪郭など〉鋸歯状の (serrate). 〖← SERRATE〗 **~·ly** *adv.* **~·ness** *n.* 〖(1667) (p.p.) ← SERRY〗

ser·ri·form /sérəfɔ̀əm | -rɪ̀fɔ̀ːm/ *adj.* 鋸歯状の. 〖(1822) ← SERRI- + -FORM〗

ser·ru·late /sérulɪ̀t, -lèɪt/ *adj.* 小鋸歯のある (denticulate). 〖(1793) ← NL *serrulātus* ← *serrula* small saw (dim.) ← *serra* saw: ⇨ -ate²〗

ser·ru·lat·ed /sérulèɪtɪ̀d | -tɪd/ *adj.* =serrulate. 〖1796〗

ser·ru·la·tion /sèruléɪʃən/ *n.* 小鋸歯状; 小鋸歯. 〖1821〗

ser·ry /séri/ *vt.* 密集させる, ぎっちり詰める (⇨ serried). — *vi.*《古》《横列に》密集する, ぎっちり詰まる. 〖(1581)◻(M)F *serré* (p.p.) ← *serrer* to press, crowd < L *serāre* to bolt ← *sera* bar: cf. sear²〗

ser·tão /sə́ːtɑ̃ʊ | sɜ́ː-; *Braz.* seɐtɐ̃ŵ/ *n.* (*pl.* ~**s**) 《ブラジルの》乾燥不毛地帯; 田舎, 奥地. 〖(1816)◻Port. ~《頭音消失》← *deserto* 'DESERT¹'〗

Ser·tó·li céll /səːtóuli- | sɜːtáu-/ *n.*〖解剖〗セルトリ細胞《精細管内の長く伸びた細胞; 精子形成時に精子細胞が付着する》. 〖(1880): ← *Enrico Sertoli* /enríːko sértoli/ (1842–1910: イタリアの組織学者)〗

Ser·to·ri·us /səːtɔ́ːriəs | səː-/, **Quin·tus** /kwíntəs | -təs/ *n.* セルトリウス《?127–72 B.C.; ローマの将軍・政治家》.

ser·tu·lar·i·an /sə̀ːtʃuléəriən | sə̀ːtjuléər-⁻/〖動物〗*n.* ウミシバ《岩や海草に付着するウミシバ属 (*Sertularia*) またはウミシバ科のヒドロ虫の類の腔腸動物》. — *adj.* ウミシバの. 〖(1847–49) ← NL *sertularia* ← L *sertula* melilot (dim.) ← *serta* garland, melilot (fem. p.p.) ← *serere* to join: ⇨ -ial: cf. series, -ure〗

se·rum /síərəm | síər-/ *n.* (*pl.* ~**s**, **se·ra** /-rə/) **1 a** 血清 (blood serum): a preventive ~ 予防血清. **b** 漿液(しょうえき); リンパ液 (lymph). **2** (牛乳の)乳清, 乳漿 (whey)《乳脂肪・カゼイン・アルブミンを取り除いた水分》. **3** 樹液の水分; (特に, ゴム採取の際のラテックスの)漿液. **~·al** /-məl, -ml/ *adj.* 〖(1672)◻L ~ 'whey, serum': cog. Gk *orós* whey / Skt *sara* a flowing〗

sérum albúmin *n.*〖生化学〗血清アルブミン《血清中の蛋白質の類型の一つ; cf. albumin》. 〖1876〗

sérum disèase *n.*〖病理〗=serum sickness. 〖1908〗

sérum erùption *n.*〖病理〗(血清注射後に起こる)血清疹.

sérum glóbulin *n.*〖生理〗血清グロブリン《抗体などを含む; cf. immunoglobulin》. 〖1890〗

sérum hepatítis *n.*〖病理〗血清肝炎 (hepatitis B) (cf. (infectious) hepatitis). 〖1932〗

sérum injèction *n.*〖医学〗血清注射.

sérum prothrómbin accèlerator *n.*〖生化学〗血清プロトロンビン活性化促進因子《プロトロンビンをトロンビンに変える作用を高める血清中にある因子; グロブリンの一種》.

sérum sìckness *n.*〖病理〗血清病. 〖1913〗

sérum thèrapy [**trèatment**] *n.*〖医学〗=serotherapy.

Sé·ru·sier /sèruːzjéɪ; *F.* seʁyzje/, **Paul** *n.* セリュジエ《1864–1927; フランスの画家; ナビ派 (Nabis) の運動を起こした》.

serv. 《略》servant; service.

Serv 《略》Servia; Servian; service(s).

serv·a·ble /sə́ːvəbl | sɜ́ː-/ *adj.* 仕え[務め]られる; 供しうる. 〖(15C)◻OF ~: ⇨ serve, -able〗

ser·val /sə́ːvəl, -vl | sɜ́ː-/ *n.*〖動物〗サーバル(キャット) (*Felis serval*)《耳が大きく, 黄褐色に黒の斑点がある毛色で脚が細長いアフリカ産のヤマネコ》. 〖(1771)◻F ~◻Port. (*lobo*) *cerval* lynx < ML (*lupus*) *cervālis* ← L *lupus* 'WOLF' + *cervālis* 'CERVINE': ⇨ -al¹〗

ser·vant /sə́ːvənt | sɜ́ː-/ *n.* **1 a** 使用人, 召使, 雇い人, しもべ, 下男 (manservant), 女中 (maidservant), 下働き. ★ 通例修飾語と共に用いる: a domestic ~ (家事を手伝う)召使 / a female ~ 女中, お手伝い / a general ~ =a ~ of all work 雑働き / an indoor ~ 内働き使用人《料理番・給仕人など》/ an outdoor ~ 外働き使用人《園丁など》/ an upper ~ 家扶(かふ), 女中頭 / a ~ out of livery (家の定服を着ない)家令, 家扶. **b** 従業員, 事務員, 社員 (employee) (cf. workman 1, laborer): the ~*s* of a railway company 鉄道会社員および事務員. **c** 奴隷 (slave). **2** 公務員, 官吏, 役人: His [Her] Majesty's ~*s*=the king's [queen's] ~*s*《英》官吏 / ⇨ public servant, civil servant. **3** 家来, 従者 (retainer, attendant); 奉仕者; (神・芸術などに)一身を捧げた人 (devoted adherent): a ~ of art 芸術に一身を捧げた人, 芸術のしもべ / a ~ of Jesus Christ キリストのしもべ / a ~ of the public 社会奉仕家. **4** (動物・道具・機械など)役に立つもの: Fire and water may be good ~*s*, but bad masters. 《諺》「ばかとはさみは使いよう」. **5** [公式文書の結び文句または挨拶の文句として]《英古》敬具, 敬白: Your (humble, obedient) ~. 敬白 / Madam, your obedient [humble] ~. 奥様かしこまりました, 奥様今日は. **6** 《廃》特定の貴婦人に献身する人, 恋人 (professed lover).

sérvant of the sérvants (**of Gód**) [(the) —] (神の)しもべたちのしもべ, 最も卑しいしもべ (cf. *Gen.* 9: 25). 《(*c*1390)《なぞり》← L *Servus Servōrum Dei*: Gregory the Great が初めて用いたローマ教皇の称号》

— *vt.* 《廃》支配下に置く, 服従させる.

~·less *adj.* **~·lìke** *adj.* 〖(?*a*1200)◻(O)F ~ ← (pres.p.) ← *servir* 'to SERVE': ⇨ -ant〗

sérvant-girl[**-màid**] *n.* 女性の使用人, (女性の)お手伝い. 〖1834〗

sérvants' háll *n.* 使用人部屋《大邸宅で使用人が食事をしたり休息したりする比較的大きな部屋》.

serve /sə́ːv | sɜ́ːv/ *vt.* **1 a** [しばしば間接目的語, 目的補語を伴って]〈食べ物・飲み物を〉出す, 供する, 食卓に上す (set, present)〈*up*〉; 配る: ~ (*up*) tea お茶を出す / ~ *up* the plates 食卓に皿を並べる / ~ a person (*up*) a sumptuous dinner=~ a sumptuous dinner *to* a person 人に豪華な食事を出す / ~ coffee hot コーヒーを熱くして出す / ~ roast pork with apple sauce ローストポークにアップルソースをつけて出す / *Serve it to* the ladies first. 女性からお先に(差し上げなさい) / Dinner is ~*d*. 食事の用意ができました / First come, first ~*d*. ⇨ first *adv.* 2. **b** 〔食べ物・飲み物を〕〈人〉に出す, 供する〔*with*〕: She ~*d* us (*with*) tea and cake.=She ~*d* tea and cake *to* us. 我々にお茶とケーキを出してくれた / ~ a person *with* the same sauce ⇨ sauce *n.* 成句. **c** 〈客〉に給仕をする, 食べ物・飲み物を出す (wait on): ~ one's guests.
2 〈料理・食べ物などが〉…のために十分である, 満足させる (suffice)〈ある人数分〉だけある: One packet ~*s* me for a day. 1 箱あれば 1 日は足りる / (This recipe) ~*s* 4. これは 4 人分(の調理法)です.
3 a 〈商人が〉〈客〉に商品を提供する; (店で)〈客〉の用[注文]を聞く (attend): ~ customers 客の用を足す; 商売を営む / Are you being ~*d*, sir? (店で)だれか御用を伺っておりますでしょうか. **b** 〈客〉に〔品を〕見せる〔*with*〕.
4 a …に役立つ (help), …のためになる (avail): I am glad if I can ~ you. お役に立てば満足です / That excuse will not ~ you. その言い訳は君の役に立つまい / My memory ~*s* me well. 私の記憶は確かだ / The box ~*d* him *as* a desk. その箱が机として間に合った. **b** 〈目的〉にかなう (fulfill), 〈要求・願望などを〉満たす (gratify): ~ one's purpose 目的[用]にかなう, 間に合う / ~ a person's turn [need(s)] 人の役[用]に立つ / ~ the purpose of …の役に立つ, …の代わりをする / ~ the will of …の願望を満たす.
5 〈国家・君主など〉のために働く; 〈主人〉に仕える, 奉公する; 〈神〉に仕える, 奉仕する: ~ the king [one's country, one's company] well [badly] 国王[国, 会社]のためによく働く[働かない] / ~ mankind 人類に奉仕する / ~ God 神に仕える; 信心を篤くする, 善行を積む / ~ the devil 悪魔に仕える; 悪事を働く.
6 a 〈鉄道・病院などが〉〈ある地区〉の必要を満たす, 〈医者・牧師などが〉〈ある区域を〉受け持つ: The railroad ~*s* the district. その鉄道はその地域の人々の足となっている / One doctor ~*s* a large area. 一人の医師が広い地域を受け持っている. **b** 〔必要物を〕(連続的に)…に供給する, 支給する (supply)〔*with*〕: ~ the town *with* gas [water] 町にガス[水道]を供給する.
7 促進する (promote); …に貢献する: ~ the cause of world peace 世界平和のために尽くす / ~ the national interest 国益を図る.
8 a 〈任期・年季・刑期などを〉務める (cf. SERVE *out*): ~ one's time [apprenticeship] 任期[年季]を務める / ~ one's full term in office [prison] 任期[刑期]を務め上げる / ~ one's sentence=~ (one's) time (囚人として)服役する / He ~*d* five years *for* robbery. 強盗罪で 5 年間服役した. **b** 〈職務・任務を〉務める, 果たす.
9〖法律〗〈令状などを〉〈人に〉送達する, 執行する〔*on*, *upon*〕; 〔召喚状などを〕…に送付する〔*with*〕: ~ a warrant (*on*, *upon* …) 令状を執行して(…を)逮捕する / ~ a writ [subpoena] *on* a person =~ a person *with* a writ [subpoena] 人に令状[召喚状]を送達する / ~ a summons [notice] (*up*)*on* a person=~ a person *with* a summons [notice] 人に召喚状[通知書]を送達する / I ~*d* notice *on* him that I wouldn't tolerate his behavior. 彼のふるまいは許せないという文書を送った.
10〖スポーツ〗(テニスなどで)〈ボールを〉サーブする: ~ a fast ball 速いサーブを打つ.
11 a [副詞(句)を伴って]〈人を〉(どう)取り扱う, 待遇する (treat): He ~*d* me ill [badly]. 《古》私をひどい目に遭わせた. **b** [二重目的語を伴って]〈人〉に〈ある仕打ちを〉する (requite).
12〖畜産〗〈種馬が〉〈雌馬〉と交尾する, 〈雌馬〉に種付けをする: ~ a mare [cow]. **13**〖キリスト教〗〈ミサ〉で侍者 (server) を務める; 〈ミサで〉〈司祭〉の侍者を務める: ~ mass / ~ a priest at mass. **14**〖海事〗(保護または補強のため)〈ロープなどを〉細索で詰めて巻く[巻きからげる] (cf. service¹ *n.* 15): ~ a rope. **15**〖砲術〗〈大砲などを〉操作する, 発射する (fire): ~ a gun 砲撃を続ける, 砲撃する, 操砲する.
16 《古》〈女性〉に求愛する.
— *vi.* **1** (軍人・代議士・陪審員・公務員などとして)奉仕する, 勤務[服務]する, 勤める: ~ in the ranks 兵卒として勤務する / ~ in the army [navy] 陸軍[海軍]に勤務する, 兵士[水兵]になる / ~ in the diplomatic corps 外交官として働く / ~ with the first regiment 第一連隊で軍務に服する / ~ under … の下で働く / ~ overseas 海外勤務をする / ~ *on* a jury 陪審員を務める / ~ *on* a committee 委員を務める / ~ *as* mayor [a judge] (for five years) 市長[裁判官]として (5 年間)務める. **2** 役に立つ, 間に合う; 〔…として〕役立つ, 間に合う〔*as*, *for*〕; 〈…するのに〉役立つ, 有用である〈*to do*〉: This is too short to ~. 短すぎて役に立たない / This will ~ for the moment. 差し当たりこれで間に合う / the shed which ~*s as* a garage ガレージの代用をしている小屋 / This will not ~ *for* [*as*] a bed. これはベッドの役には立たない / That ~*s* to show his honesty. 彼の正直なことはそれでわかる / A word of comfort will ~ *to* encourage him. 一言慰めの言葉があれば彼も元気が出るだろう / His excuse ~*d* *only to* lower his credibility. 言い訳はかえって彼の信用を失わせた. **3 a** 〈天候・時間などが〉都合がよい: when the tide ~*s* 潮[都合]のよい時(に) / as [where] occasion [the time] ~*s* 機会のあり次第, なるべく早く / as wind and tide ~ 風と潮の都合で. **b** 〈記憶が〉役に立つ, 頼れる: as memory ~*s* 思い出すままに / if memory ~*s* 記憶が正しければ. **4** (雇い人として)勤める, 勤務する, 仕える: ~ in the kitchen [garden] 厨房係[園丁]をする / ~ *as* chauffeur お抱えの運転手をする. **5** 給仕をする; (客に)食べ物・飲み物を出す: ~ at table 〈給仕人などが〉給仕をする / ~ at a party 〈主人役などが〉パーティーで客に飲食物の接待をする / We ~ at six. (食堂などで)当店は 6 時から開店します. **6** (店で)客の用を聞く: ~ in a shop 店で働く / ~ behind the counter ⇨ counter¹ 1 a. **7** (テニスなどで)サーブをする: ~ badly サーブが悪い / It is your turn to ~. 今度は君がサーブする番だ / Graf to ~. グラフのサーブだ. **8**〖キリスト教〗(ミサで司祭の)侍者 (server) を務める, ミサ仕えをする: ~ *at* mass.

sérve aróund 〈飲食物を〉配る. ***sérve óut*** (1) 〈任期・刑期・年季などを〉務め上げる: ~ *out* one's apprenticeship 年季奉公を勤め上げる. (2) 《英》〈飲食物を〉出す, 配る (deal out): ~ drinks [rations] *out* 飲み物[配給糧食]を配る. (3) 《英》罰する, …に復讐する: I'll ~ him *out* (*for* that)! (あんなことをしやがって)仕返ししてやる. (4)〖テニス〗サービス側のときにそのセットの最終ゲームを取る. ***sérve a person ríght*** 人に当然の罰を与える: His dishonor ~*d* him *right*. 彼が恥辱を受けたのは当然だ / It ~*d* him *right*. (彼には)当然の報いだった / It ~*s* [*Serve* (*s*), (And) ~(*s*)] you [him, etc.] *right* (*for* being such a fool)! (あんなばかなことをしたのだから)いい気味だ, ざまー見ろ. ***sérve róund*** = SERVE *around*. ***sérve tábles*** ⇨ table 成句. ***sérve úp*** (1) ⇨ *vt.* 1 a. (2) (相も変わらず)〈同じ事を〉言う, 〈くだらぬ事を〉持ち出す (offer): ~ *up* the same old excuse [tale] いつもの言い訳を言う[話を持ち出す] / ~ *up* nonsense [rubbish] (またまた)愚にもつかない事を持ち出す.

— *n.* (テニスなどの)サーブ(の仕方); サーブの番: Whose ~ is it? サーブはだれの番か.

〘lateOE □ (O)F *servir* // L *servīre* ← *servus* slave, servant ← ? Etruscan〙

serv·er /sə́ːvə | sə́ːvə(r)/ *n.* **1** 仕える人, 勤める人, 勤務者, 奉仕者, 給仕人. **2 a** (料理をのせる)盆 (tray, salver). **b** 配膳(はいぜん)台, ワゴン. **c** コーヒー[紅茶]セット《通例 pot, sugar bowl, cream pitcher, tray から成る》. **d** 食べ物を供するもの《しゃくし・へらなど》. **3** 〘電算〙サーバー《分散処理システムにおいて, client からの要求に応じてサービスを供給する機器[プロセス]》. **4** 〘スポーツ〙(テニスなどで)サーバー《サーブをする人; ↔ receiver》. **5** 〘キリスト教〙(ミサなどで司祭の)侍者 (acolyte), サーバー (cf. serve *vi.* 8, *vt.* 13). **6** 〘法律〙令状を送達する人. 〘*c*1380〙

serv·er·y /sə́ːvəri | sə́ːv-/ *n.* **1 a** 《英》(セルフサービス式食堂の)料理の陳列カウンター. **b** (食堂と台所の間の)カウンターつきの配膳(はいぜん)用入り込み. **2** 配膳室, 食器室 (butler's pantry). 〘(1893) ← SERVE+-ERY〙

Ser·ve·tus /səvíːtəs | səːvíːtəs/, **Michael** *n.* セルベトゥス《1511–53; スペイン生まれの医師・神学者; 血液の肺循環を証明; 三位一体説を否認したため異端者として Calvin の命により Geneva で焼き殺された; スペイン語名 Miguel Serveto /serβéto/》.

Ser·vi·a /sə́ːviə | sə́ː-/ *n.* Serbia の旧名.

Ser·vi·an[1] /sə́ːviən | sə́ː-/ *adj., n.* Serbian の古形. 〘1788〙

Ser·vi·an[2] /sə́ːviən | sə́ː-/ *adj.* (ローマ王)セルビウストゥリウス (Servius Tullius) の: the ~ wall セルビウス城壁《ローマの七つの丘を取り囲む》. 〘← L *Servius*+-AN[1]〙

ser·vice[1] /sə́ːvɪ̀s | sə́ːvɪs/ *n.* **1 a** (郵便・電信・電話・交通などの)公益事業[施設]; (電車・バス・列車・汽船などの)(定期)便, 往復, 運転: the [a] telephone ~ 電話事業 / the [a] postal ~ 郵便制度[事務] / There is a good [frequent] train [bus] ~. 電車[バス]の便がよい. **b** (ガス・水道・電力などの)供給 (supply), 供給施設: water [electric, gas] ~ 給水[配電, ガスの供給]. **c** 〘経済〙用役, サービス.

2 (自動車・ラジオ器具などの販売後それについて与える)修理(サービス), (アフター)サービス: My car needs a ~. 車は点検修理が必要だ. [日英比較] 日本語の「アフターサービス」は和製英語. 英語では (maintenance) *service*; 《英》after-sales *service* という.

3 a (ホテル・レストランなどでの)サービス, 給仕, 接客: The food is good, but is spoiled by bad ~. 食べ物はよいがサービスが悪いので台無しだ. / Is the ~ included (on the check)? (勘定に)サービス料は含まれていますか. [日英比較] 日本語では「サービス」を「商店で値引きしたり, 客の便宜をはかったりすること」の意味や「無料にする」の意味で用いるが, 英語の *service* にはこの意味はない.「値引きする」は reduce the price,「無料」の意味は This is free. という. 他にも日本語では「サービスランチ」「サービス残業」「家庭サービス」「写真のサービス版」などの表現があるが, 英語でそのまま service を使うことはできない. **b** [しばしば *pl.*] =service area 1. **c** (食器などの)一そろい, 一式 (cf. set A 1 a): a table ~ 食器一そろい / a coffee [tea] ~ コーヒー[紅茶]セット / a solid gold dinner ~ 純金のディナーセット. **d** 《まれ》食卓に出された食べ物[飲み物].

4 [しばしば *pl.*] (他人に対する)尽力, 世話, 貢献, 奉仕; 社会奉仕; (営利と関係なく行う)奉仕事業: tender one's ~*s* 《古》(何でもいたしましょうと)奉仕を申し出る / render ~*s* to one's town 町のために尽くす / payment [thanks] for ~*s* rendered していただいた尽力に対する支払い[お礼] / one's ~*s* to the country 国家への貢献[功労] / We can dispense with his ~*s*.=His ~*s* are no longer required. もう彼の世話を受けなくともよい / medical ~(*s*) 医療(奉仕) / professional ~*s* 専門家としての奉仕 / public [social] ~(*s*) 社会奉仕.

5 役立つこと, 有用 (use), 利益 (benefit); 助け, 援助 (assistance): ⇨ *be of* SERVICE / My coat has given (me) good [10 years'] ~. このコートはよく[10 年も]もった / Will you do me a ~? ひとつお骨折り下さいませんか / do a person a (great) ~ 人のために(大いに)尽くす, 人の役に立つ.

6 (特に, 公務員の)勤務, 服務, 任務 (official duty); (官庁などの)部門, 部局 (department); [集合的] 部門の職員たち: the consular [diplomatic] ~ 領事館[外交官]勤務; [集合的] 領事官[外交官] / government ~ 政府勤務, 公務, 官庁(吏員) / the intelligence ~ 情報部 / people in government ~ 官吏 / on His [Her] Majesty's *Service* 《英》公用《公文書などの無料配達の印; 略 OHMS; cf. penalty envelope》/ ⇨ civil service, public service.

7 a (陸・海・空軍の)軍務, 兵役(期間): compulsory ~ 義務兵役 / ⇨ voluntary service / be in ~ 入隊している, 軍務に服している, 軍人である / be on (active)~ 現役兵である / ⇨ *see* SERVICE. **b** [しばしば the ~] (陸・海・空)軍: enter the ~*s* (軍に)入隊する / military [naval] ~ 陸軍[海軍] / *the* (fighting) ~*s* 陸海空軍 / the united ~*s* 陸海空軍 /*the* junior [senior] ~ 《英》陸軍[海軍]. **c** 支援兵種《行政関係と技術関係の諸兵種に区分される》. **d** 兵站(へいたん)《戦闘以外に部隊の行う補給・整備・輸送などの一切の活動》; (その活動を行う)兵站部隊.

8 a 神に仕えること, 礼拝; [しばしば *pl.*] 礼拝式, 式 (ritual): attend morning ~ 朝の礼拝に出る / a church [religious] ~ (教会の)礼拝式 / full [plain] ~ 正式[略式]礼拝 / ⇨ burial service, Communion service, divine service, marriage service. **b** 礼拝式文中に歌われる部分の楽曲.

9 召使の地位[仕事, 義務], 勤め, 奉公; 主人[上司]に仕えること, 雇[使]われること, 雇用: domestic ~ (女中)奉公 / be in [go into, go out to] ~ (女中)奉公をしている[に出る] / He was in his master's ~ for many years. 彼は長年主人に仕えた / The cook left our ~ last week. コックは先週うちから暇を取った / take a person into one's ~ 人を雇い入れる / ⇨ yeoman service.

10 (病院の)専門医療班: pediatric ~.

11 〘スポーツ〙(テニスなどで)サービス, サーブすること; サーブの仕方[球, 番] (cf. serve *n.*): Whose ~ (is it)? サーブはだれの番か / deliver a ~ サーブする.

12 〘法律〙送達 (legal delivery), 執行: ⇨ personal service, SERVICE by publication, SERVICE by substitution / ~ of a writ [process, subpoena] 令状の送達 / ~ of attachment 差押え執行.

13 〘畜産〙(雄の雌に対する)交尾, 種付け. **14** 〘金融〙公債利子, 減債基金利子. **15** 〘海事〙索具巻きからげ用の細索 (cf. serve *vt.* 14). **16** 〘砲術〙(大砲の)操作.

17 [挨拶・乾杯のことばとして] 《古》敬意: My ~ to you. あなたに敬意を表して, よろしく / Give my ~ to your wife. 奥様によろしく《手紙の言葉》.

at a person's sérvice 人の命令に喜んで従って; 人の自由に(任せて): (I am) *at your* ~. 何なりとご用命下さい / place [put] something *at a person's* ~ 人に物を自由に使用させる. ***at the sérvice of*** …の役に立つように(なっていて), …が自由に使えて. ***be of sérvice*** 役に立つ: *be of* great [no] ~ to …のため大いに役立つ[いっこう役立たない] / Can I *be of* (any) ~ to you? 何かご用がありますか
cóme [be brought, gó] into sérvice 〈輸送機関などが〉使用[運転]される. ***in sérvice*** (1) 雇われて, 奉公して. (2) ⇨ 7 a. (3) 〈輸送機関などが〉使用[運転]されて (in use). ***on sérvice*** 在職で, 在役で. ***óut of sérvice*** (1) 〈道路・水道・電気などが〉使われていない. (2) 〈輸送機関などが〉使用[運転]停止になって. ***préss into sérvice*** 急場しのぎに利用する. ***sée sérvice*** (1) 〈兵士が〉従軍する, 実戦を経験する. (2) [特に完了形で] 〈物が〉(長く)使われている: My coat has *seen* (good [long]) ~. 私の上着はずいぶん着古した. ***tàke sérvice*** 《古》(1) 入隊する; 実戦に出る. (2) 〔…に〕奉公する 〔*with*〕: *take* ~ *with* a person 人に奉公する. (3) 礼拝式を執行する.

sérvice by publicátion 〘法律〙公示送達 (public notification).

sérvice by substitútion 〘法律〙(令状の)代理送達 (substituted service).

— *adj.* [限定的] **1** 業務用の, 召使用の: a ~ stairway 使用人[店員]用階段 / a ~ door 業務用入口 / ⇨ service elevator, service entrance. **2** (品物の)維持・修理の世話をする, (アフター)サービス(用)の, 修理(用)の: a ~ car. **3** 日常使用する, 徳用の: ~ stockings 徳用の靴下. **4 a** 軍の, 軍用の: an old ~ family 古い軍人一家 / ⇨ service dress, service rifle, service uniform. **b** 支援兵種の, 兵站(へいたん)部隊の. **5** (商売上のまたは社会的)奉仕の, サービスの: a ~ department (百貨店などの)サービス部.

— *vt.* **1** (販売後)修理する, …のアフターサービスをする: ~ a car, typewriter, etc. **2** …に援助[情報]を与える. **3** 〘金融〙〈借金〉に利息を支払う. **4 a** 〈雄が〉〈雌〉に交尾する. **b** 《卑》〈女性〉とセックスする; 〈相手〉にセックスサービスをする.

〘lateOE □ (O)F ~ □ L *servitium* servitude, slavery ← *servus* slave: ⇨ serve, -ice〙

ser·vice[2] /sə́ːvɪ̀s | sə́ːvɪs/ *n.* 〘植物〙**1** =service tree. **2** その果実. 〘(1530) *serves* (pl.) ← 《廃》*serve* < OE *syrfe* □ VL **sorbea*=L *sorbus*: ⇨ sorb〙

Ser·vice /sə́ːvɪ̀s | sə́ːvɪs/, **Robert W(illiam)** *n.* サービス《1874–1958; 英国生まれのカナダの詩人・小説家; カナダの Kipling といわれた》.

ser·vice·a·bil·i·ty /sə̀ːvɪ̀səbíləti | sə̀ːvɪsəbíl̩ti/ *n.* もちのよいこと, 徳用; 便利, 重宝. 〘1834〙

ser·vice·a·ble /sə́ːvɪ̀səbl̩ | sə́ːvɪ-/ *adj.* **1** 使える, 役に立つ (useful), 重宝な, 便利な: a ~ instrument. **2** 長く使える, もちのよい, 徳用の (durable), 実用向きの: ~ shoes. **3** 《古》喜んで助ける, 親切な, 世話好きの (obliging): a ~ friend. **sér·vice·a·bly** /-bli/ *adv.* **~·ness** *n.* 〘(*a*1338) □ OF *servisable*: ⇨ service[1], -able〙

sérvice àce *n.* 〘スポーツ〙(テニスなどの)サービスエース (⇨ ace 3).

sérvice àrea *n.* **1** 《英》(道路に隣接してガソリンや軽食を販売する)サービスエリア. **2** (ラジオ・テレビの)放送区域 (cf. coverage 5). **3** (水道の)給水区域. **4** 〘バレーボール〙サービスエリア《サーブをする場所》. 〘1927〙

sérvice·bèr·ry /-bèri | -b(ə)ri/ *n.* 〘植物〙=Juneberry. 〘← SERVICE[2]+-BERRY〙

sérvice bòok *n.* 礼拝式次第書, 祈禱書 (prayer book), (カトリックの)ミサ典書 (missal). 〘1580〙

sérvice bòx *n.* 〘スポーツ〙(squash racquets やハンドボールなどの)サービスボックス (cf. service court). 〘1898〙

sérvice brèak *n.* 〘テニス〙サービスブレーク《相手のサービスゲームを破ること》. 〘1952〙

sérvice bùreau *n.* 〘電算〙出力業者, 出力センター《DTP 用高精細出力のほか, しばしば画像スキャンなども請け負う》.

sérvice bùs *n.* 《豪》乗合自動車, (長距離旅行)バス.

sérvice càp *n.* (米陸軍・空軍のまびさしの付いた)軍帽, 制帽 (cf. overseas cap). 〘1908〙

sérvice càr *n.* =service bus. 〘1924〙

sérvice cèiling *n.* 〘航空〙実用上昇限度《航空機の上昇率が 0.5 m/s となる高度; cf. absolute ceiling, combat ceiling》. 〘1920〙

sérvice cènter *n.* (自動車・器具などの修理・部品交換のための)サービスセンター.

sérvice chàrge *n.* サービス料《基本料金以外の特別サービス料金》. 〘1917〙

sérvice clàsp *n.* 〘軍事〙=clasp 3 b.

sérvice clùb *n.* **1** (団体などの)厚生部. **2 a** 《米》(軍隊で下士官兵の娯楽用の)サービスクラブ, 隊員集会所. **b** 《英》メンズクラブ; 除隊兵クラブ. **3** (地域社会奉仕を目的とする)親睦団体《事業家・知識人などを会員とする; Rotary Club など》. 〘1926〙

sérvice còntract *n.* 雇用契約; サービス契約《一定期間のメンテナンスなどを保証をするもの》. 〘1948〙

sérvice còurt *n.* 〘テニス〙サービスコート《サーブを入れるべきコートの内の区画; ⇨ lawn tennis 挿絵》. 〘1878〙

sér·viced *adj.* 《英・カナダ》〈キャンプ場など〉水道・電気の通った.

sérvice drèss *n.* 通常軍服, 平常服, 軍装 (cf. full dress 2).

sérvice èlevator *n.* 業務[従業員]用エレベーター.

sérvice engineèr *n.* 修理工. 〘1958〙

sérvice èntrance *n.* 業務[従業員]用出入口; 通用口.

sérvice flàg *n.* 軍籍旗《戦時中家庭または団体で掲げた赤いへりのある白旗で, 軍務に従事している者のあることを示す; 青い星印は軍籍にある人員の数, 金星は戦死者の数を示す》.

sérvice flàt *n.* 《英》まかない付きアパート (cf. apartment hotel).

sérvice gàme *n.* 〘スポーツ〙サービスゲーム《テニスなどの試合でプレーヤーが自分のサーブを行う(セット中の)ゲーム》.

sérvice hàtch *n.* (調理場と食堂の間などの)食器渡し口, ハッチ.

sérvice ìndustry *n.* サービス産業. 〘1941〙

sérvice lìfe *n.* (ある品物の)有効寿命, 実用寿命, 耐用年限[年数].

sérvice lìne *n.* サービスライン: **a** 〘テニス〙service court のネットに平行な線 (⇨ lawn tennis 挿絵). **b** 〘ハンドボール〙サーブ球が越してはならない限界線. 〘1875〙

ser·vice·man /sə́ːvɪ̀smæ̀n, -mən | sə́ːvɪs-/ *n.* (*pl.* **-men** /-mèn, -mən/) **1** 軍人: ⇨ ex-serviceman. **2** 《米》(ラジオ・テレビ・ガスなどの)修理員: a telephone ~. 〘(1899): ⇨ service[1] 2, 7〙

sérvice màrk *n.* 職章, サービスマーク《自社の提供するサービスを他社の提供するサービスから識別するために使われる標識; 例えば標章・ワッペンなど》. 〘1945〙

sérvice mèdal *n.* 〘軍事〙従軍記章《戦時または非常の際に特定の軍務に服したことを示す》. 〘1934〙

sérvice mèter *n.* 〘通信〙(電話の)通話度数計《service register ともいう》.

sérvice mòdule *n.* 〘宇宙〙サービスモジュール《宇宙船の一部で, 燃料タンク・燃料電池およびメインロケットエンジンを含む機械装置部; 略 SM; cf. lunar module, command module》. 〘1961〙

sérvice pìpe *n.* (ガス・水道などの)引込み管.

sérvice plàte *n.* サービスプレート《食卓での位置を示す皿; 料理の敷皿として用いられる》. 〘1925〙

sérvice provìder *n.* 〘インターネット〙サービスプロバイダー, 接続サービス会社《一般個人ユーザーのネットワークへのアクセスを取り持つ施設会社》.

sérvice règister *n.* 〘通信〙=service meter.

sérvice rìbbon *n.* 〘軍事〙略授(りゃくじゅ)《勲章の代わりに胸につけるリボン》.

sérvice rìfle *n.* 軍用銃.

sérvice ròad *n.* 《英》(主要道路から離れたところに住む人々の便利のために建設した)サービス道路. 〘1921〙

sérvice sìde *n.* 〘テニス〙(テニスコートの)サーブをする側.

sérvice sìdeline *n.* 〘テニス〙サービスサイドライン《service court のネットと直角をなす両端の線; ⇨ lawn tennis 挿絵》.

sérvice spèed *n.* 〘海事〙航海速力《船舶が普通の積荷と気象状態で航海するときの平均速力》.

sérvice stàtion *n.* **1** (自動車の)給油所, ガソリンスタンド (filling station). [日英比較] 日本語の「ガソリンスタンド」は和製英語. **2** =service area 1. **3** (電気器具などの)修理所, サービスステーション. 〘1916〙

sérvice strìpe *n.* 〘米軍〙年功袖(そで)章 (hash mark)《下士官兵の軍服の左袖に付け, 陸軍では 3 年, 海軍では 4 年の兵役期間に対して 1 本》. 〘1920〙

sérvice trèe *n.* 〘植物〙**1** ヨーロッパ産バラ科目ナナカマド属の木の総称 (*Sorbus domestica*, *S. torminalis* など). **2** =Juneberry. 〘(1600) ← SERVICE[2]〙

sérvice ùniform *n.* 平常軍服, 通常軍服《軍服のうち日常用いるもので, 作業服は入らない; cf. dress uniform, full-dress uniform》.

sérvice vòltage *n.* 〘電気〙供給(端)電圧.

sérvice wìre *n.* 〘電気〙引込み線.

sérvice·wòman *n.* (*pl.* -women) **1** 女性の軍人. **2** 女性の修理人. 〘1943〙

ser·vi·ent /sə́ːviənt | sə́ː-/ *adj.* 従属した (subordinate); 〘法律〙承役的の. 〘(1615) □ L *servientem* (pres.p.) ← *servire* 'to SERVE': ⇨ -ent〙

sérvient ténement *n.* 〘法律〙地役権 (easement) における承役地 (cf. dominant tenement). 〘1681〙

ser·vi·ette /sə̀ːviét | sə̀ː-/ *n.* 《英》(食卓用の)ナプキン (table napkin) (⇨ napkin 1 ★). 〘(1489) □ (O)F ~ ← *servir* 'to SERVE': ⇨ -ette〙

ser·vile /sə́ːvəl, -vl̩, -vaɪl | sə́ːvaɪl/ *adj.* **1 a** 奴隷根性の (slavish), こびへつらう, 卑屈な (obsequious); 独立心のない, 隷属的な: ~ flatterers 卑しいおべっか使いたち / ~ submission 奴隷的な屈従, 盲従. **b** 〔…に〕追従する, 従属する (subordinate) 〔*to*〕: be ~ *to* public opinion 世論に追従する. **2** 盲従的な, 独創性のない, 模倣的な: ~ imitation (独創性の全くない)盲目的模倣. **3** 奴隷のするような, 卑しい (mean): ~ labors. **4** 奴隷の: the ~

class 奴隷階級. **5** 《古》奴隷状態の; しいたげられた (oppressed). **6** 〘言語〙 **a** 単に文法的関係を示す, 補助的の (auxiliary); 〈文字が〉それ自身発音されないで先行母音の長音を示す: a ~ letter 付け字 《tune, mile の e など》. **b** 《セム語で》〈文字が〉語根に関係のない, 語尾変化や派生関係を示す. **7** 〘カトリック〙 筋肉労働の. — *n.* **1** 奴隷 (slave), 奴僕 (menial). **2** 〘言語〙 付け字 (cf. *adj.* 6 a). **~·ly** *adv.* **~·ness** *n.* 〘《c1384》□ L *servīlis* ← *servus* slave (cf. serve): ⇨ -ile〙

SYN 屈従的な: **servile** 〈人や態度が〉奴隷のように過度に屈従する: *servile* obedience 卑屈な服従. **subservient** 下位または従属的地位であることを意識してへつらったふるまいをする 《*servile* より意味は弱い》: *subservient* waiters ぺこぺこする給仕人. **slavish** 指図や規則に正確に従おうとする 《これらの語の中で一番意味の強い語》: *slavish* adherence to the rules of grammar 文法の規則を後生大事に守ること. **obsequious** 特に長上に対して卑屈にこびへつらう 《格式ばった語》: *obsequious* to men in power 権力者に卑屈にこびへつらう.

sérvile wórk *n.* 〘カトリック〙 日曜や祝日に禁じられている肉体労働. 〘*c*1384〙

ser·vil·i·ty /səːvíləti | səːvílɪ̀ti/ *n.* **1** 奴隷状態 (slavery). **2** 奴隷根性; 卑屈, 追従(ついしょう) (obsequiousness); 盲従, 模倣, 無独創性. 〘《1573》: ⇨ ↑, -ity〙

serv·ing /sə́ːvɪŋ | sə́ːv-/ *n.* **1** (食べ物・飲み物の)一盛り, 一杯 (helping); 一人分, 一人前. **2** [形容詞的に] **a** 食べ物を載せる[盛り分ける, 運ぶ]ための: a ~ bench, spoon, tray, etc. **b** 陸[海]軍に勤務する: a ~ officer in the army [navy] 現役の陸[海]軍将校. **3** serve すること. **4** 〘電気〙 被覆材 《電線の芯[ケーブル]を保護するために巻きつけたテープなど》. **5** 〘海事〙 =service[1] 15. 〘?*a*1200〙

sérving màllet *n.* 〘海事〙 サービングマレット 《木槌のような形をしたロープ巻きかがけ作業用の道具》. 〘1750〙

sérving·màn /-mæ̀n/ *n.* (*pl.* **-men** /-mɛ̀n/) 《古》 下男 (manservant). 〘*c*1303〙

sérving·wòman *n.* (*pl.* **-women**) 《古》 女奉公人, 女中 (maidservant). 〘*c*1450〙

Ser·vite /sə́ːvaɪt | sə́ː-/ *n.* 〘カトリック〙 **1** (1233 年 Florence に創立された)聖母マリア下僕会 (OSM) の会員. **2** [the ~s] 聖母マリア下僕会. 〘《*a*1550》□ ML *Servītae* (pl.) ← L *servus* slave, servant: ⇨ -ite[1]〙

ser·vi·tor /sə́ːvətə, -tɔə | sə́ːvɪ̀tə(r)/ *n.* **1 a** (男の)従者, 従僕 (attendant), 召使 (manservant), (特に)給仕人. **b** 《古》 王に仕える者, (特に)兵士. **2** 〘英史〙 (もと Oxford 大学で, 小使仕事をして学費を免除された)給費生 (cf. sizar). **3** 副親方 《吹き手の親分 (gaffer) のためにガラス製品の大体の形を造るガラス吹き職人; cf. footmaker》. **~·ship** *n.* 〘《*a*1338》 *servitour* □ OF (F *serviteur*) // LL *servitor* ← L *servīre* 'to SERVE': ⇨ -or[2]〙

ser·vi·tude /sə́ːvətùːd, -tjùːd | sə́ːvɪ̀tjùːd/ *n.* **1** 奴隷であること, 隷属 (slavery, bondage): deliver a country from ~ 国家を他国の隷属から救い出す / in ~ *to* one's evil passions 邪欲のとりこになって. **2** 強制労働, 懲役 (penal servitude): ⇨ penal servitude. **3** 〘スコット法〙 地役権, 用役権 (easement): continuous [discontinuous] ~ 継続[不継続]地役権 / ⇨ real servitude / a ~ for the use of water 用水地役権. 〘《*a*1420》□ OF ~ □ L *servitūdō* ← *servus* slave, servant (⇨ serve, -tude) ∞ ME *servitute* □ OF // L *servitūten* ← *servus*〙

S

SYN **servitude** 自由を奪われ他人のために働かされる状態 《格式ばった語》: deliver a people out of *servitude* 国民を隷属から救い出す. **slavery** 奴隷の状態: live in forced *slavery* 奴隷的な生活を強いられる. **bondage** 《古》 奴隷またはとりこの状態 《格式ばった語》: a man in *bondage* to alcohol アルコールのとりこになった男.

Ser·vi·us Tul·li·us /sə́ːviəstʌ́liəs | sə́ː-/ *n.* セルビウス トゥリウス 《578–543 B.C.; Etruria 生まれで古代ローマの第 6 代目の伝説的王; cf. SERVIAN[2] wall》.

ser·vo /sə́ːvoʊ | sə́ːvəʊ/ *n.* (*pl.* ~s) **1** =servomotor. **2** 《口語》 =servomechanism. — *adj.* サーボ機構の[による]. — *vt.* サーボ機構で制御する. 〘《1910》 略〙

Ser·vo- /sə́ːvoʊ | sə́ːvəʊ/ =Serbo-.

sérvo àmplifier *n.* 〘電気〙 サーボ増幅器. 〘1946〙

sérvo bràke *n.* 〘機械〙 サーボブレーキ. 〘1924〙

sérvo·contròl *n.* 〘航空〙 **1** サーボ操縦装置 《操縦士の操舵力を何らかの方法で増大して舵面などを動かす操縦装置; サーボタブ (servotab) を使用するのもその一例》. **2** サーボ機構による制御. — *vt.* サーボ機構で制御する. 〘1928〙

Sèrvo-Croátian *adj.*, *n.* =Serbo-Croatian.

sèrvo·mechánical *adj.* 〘機械〙 サーボ機構を用いた. 〘1947〙

sérvo·mèchanism *n.* 〘機械〙 サーボ機構, 自動制御装置 《機械・装置などの調整操作をそれに自動連動する他の動力源によって増強して行うようになっている機構》. 〘1926〙

sérvo·mòtor *n.* 〘機械〙 サーボモーター 《自動制御装置などで作動動力源となるもの; 補助電動機・水圧ポンプなど》. 〘《1889》□ F *servomoteur* ← L *servus* slave, servant + F *moteur* 'MOTOR'〙

sérvo sỳstem *n.* 〘機械〙 =servomechanism. 〘1946〙

sérvo·tàb *n.* 〘航空〙 サーボタブ 《舵面の後縁についている小さい可動翼面すなわちタブの一種で, 操縦士の操作によってタブの角度が変わり, 舵面にはたらく空気力が変わることによって舵角が変化する》. 〘1939〙

-ses *suf.* -sis の複数形.

ses·a·me /sésəmi/ *n.* **1** 〘植物〙 **a** ゴマ (*Sesamum indicum*). **b** ゴマの実 (sesame seed) 《a, b については benne, gingili, til ともいう》. **2** =open sesame. 〘《?c1425》 *sysane, sesam(a)* □ L *sēsamum, sēsama* □ Gk *sēsamon, sēsámē* ← Sem. (Syriac *shūshmā* / Arab. *símsim*)〙

sésame gràss *n.* 〘植物〙 =gama.

sésame òil *n.* ごま油. 〘1870〙

Sés·a·me Strèet /sésəmi-/ *n.* セサミストリート 《米国の幼児教育用テレビ番組》.

ses·a·moid /sésəmɔ̀ɪd/ 〘解剖〙 *adj.* ごまの実(み)形の: a ~ bone 種子骨 / a ~ cartilage 種子軟骨. — *n.* 種子骨, 種子軟骨. 〘《1696》□ L *sēsamoidēs*: ⇨ sesame, -oid〙

ses·a·mum /sésəməm/ *n.* =sesame.

ses·e·li /sésəli/ *n.* 〘植物〙 セリ科イブキボウフウ属 (*Seseli*) の植物の総称 《香料となるものがある》. 〘《1578》 ← NL ~ ← L *seselis* seseli: ⇨ cicely〙

sesh /séʃ/ *n.* 《口語》 セッション (session); 《英口語》 痛飲, 飲み会. 〘短縮〙

Se·so·tho /səsúːtuː, sɛ-, -sóʊθoʊ | -súːtuː; səsɔ́-; *Sotho* sesúːtuː/ *n.*, *adj.* セソト語(の) 《ソト語 (Sotho) の一方言でレソト (Lesotho) の公用語; 旧名 Basuto; Southern Sotho ともいう》. 〘《1846》□ Sesotho ~〙

ses·qui- /séskwɪ̀, -kwi/ 次の意味を表す連結形: **1** 「一倍半 ($1^1/_2$)」: *sesqui*centennial. **2** 〘化学〙「化合物の元素の比率が 3:2 の」: *sesqui*basic 塩基の 3 と酸の 2 と化合した. 〘《1570》□ L ~ 'one and a half' ← *sēmis* a half (⇨ semi-) + *-que* and〙

ses·qui·al·ter /sèskwiɔ́ːltə, -ǽːl- | -ǽltə(r)/ *adj.* = sesquialteral. 〘《1570》□ L ~ (↓)〙

ses·qui·al·te·ra /sèskwiɔ́ːltərə, -ǽːl- | -ǽl-/ 〘音楽〙 *n.* **1** セスクイアルテラ 《オルガンの混合音栓》. **2** =hemiola. — *adj.* セスクイアルテラの 《3:2 の比率のこと; 音程に関しては完全 5 度のこと》. 〘《1501》□ L (*ratio*) ~ (fem.) ← *sequialter* ← SESQUI- + *alter* other, second: ⇨ alter〙

ses·qui·al·ter·al /sèskwiɔ́ːltərəl, -ǽːl- | -ǽl-ˈ-/ *adj.* **1** 1 倍半の, 1.5 対 1 の. **2** 〘化学〙 3 対 2 の(比の). 〘《1603》: ⇨ ↑, -al[1]〙

sèsqui·cárbonate *n.* 〘化学〙 セスキ炭酸塩, 二炭酸塩 《例: $NaHCO_3 \cdot Na_2CO_3 \cdot 2H_2O$》. 〘1825〙

sèsqui·centénary *n.*, *adj.* =sesquicentennial. 〘1954〙

sèsqui·centénnial *n.* 百五十年祭. — *adj.* **1** 百五十年(祭)の. **2** 百五十年ごとの[に起こる]. **~·ly** *adv.* 〘1880〙

sèsqui·óxide *n.* 〘化学〙 三二酸化物 《酸素 3, 他元素 2 の割合の組成の酸化物》. 〘1831〙

ses·quip·e·dal /sɛskwípədḷ | sɛ̀s-, -pɪdḷ/ *adj.* = sesquipedalian. 〘《1611》□ L *sesquipedālis*〙

ses·qui·pe·da·li·an /sèskwɪ̀pɪ̀déɪliən-ˈ/ *adj.* **1** 〈語が〉非常に長い. **2** 長い語を用いたがる: a ~ style. **3** 〈長さ・幅など〉1 フィート半ある. — *n.* (1 フィート半もあるような)長い言葉[語]. **~·ism** /-nɪzm/ *n.* 〘《1615》 ← L *sesquipedālis* + -IAN: ⇨ sesqui-, pedal〙

sésqui·plàne *n.* 〘航空〙 一葉半機 《複葉機で一方の翼の面積が他方の半分以下のもの》. 〘1921〙

sèsqui·térpene *n.* 〘化学〙 セスキテルペン 《テルペン ($C_{10}H_{16}$) の 1.5 倍の一般式 ($C_{15}H_{24}$) を有する炭化水素およびその誘導体の総称》. 〘1888〙

sess /sés/ *n.*, *vt.* =cess[1].

sess. 《略》 session.

ses·sile /sésəl -sɪ̀l, -saɪl | -saɪl/ *adj.* 〘生物〙 **1** 柄や茎がなくて直接に接続した, 無柄の: ~ eyes 無柄眼 / a ~ leaf 座葉. **2** 定着した (sedentary) (cf. vagile). **ses·sil·i·ty** /sesíləti | -lɪ̀ti, -lɪ-/ *n.* 〘《1753》□ L *sessilis* of sitting, low (of plants) ← *sessus* (p.p.) ← *sedēre* 'to SIT': ⇨ -ile〙

séssile óak *n.* 〘植物〙 =durmast.

ses·sion /séʃən/ *n.* **1** (議会・法廷・会議などの)開会, 開廷 (sitting); (取引所の)立会い: Congress is now in ~. 議会は今開会中だ / the autumn ~ 秋季開会 《夏期休暇後の英国議会》 / a plenary [full] ~ 総会 / in full ~ 総会で, 正式会議で, 全員[全法官]出席で / a private [secret] ~ 秘密会. **2** 開会[開廷]期, (議会の)会期. **3** (特に, 集団で行う活動の) (一回の)集まり, 会合(時間); (音楽の)セッション (jam session), (特に)レコーディングセッション; 《口語》 飲み会; (病院などでの)診察, 面談: a ~ with the dentist 歯科医での診療 / training ~s 練習期間 / a cards ~ (皆で)トランプをやる時間. **4 a** 《米》 学期 (cf. semester). **b** 授業時間, 時限, 課業(講義): morning [afternoon] ~s 午前[午後]の課業 / double ~s 二部授業. **c** 《英》 (大学での)学年 (academic year). **5** 《古》 座ること, 座っている姿勢. **6** [*pl.*; しばしば単数扱い] 〘英法〙 法廷 (court); (周期的な)治安判事裁判所 《正式には sessions of the peace という》: ⇨ quarter sessions, general sessions, petty sessions, special session 2. **7** 〘長老派教会〙 長老会 《長老と牧師から成る》. **8** [the S-] 〘スコット法〙 =COURT of Session. **9** =kirk session. **10** [集合的] (救世軍の)士官学校同期卒業生. **11** 〘電算〙 セッション: **a** 1 回のシステムの利用時間. **b** CD-R などにデータを書き込む際の処理単位. 〘《c1387–95》□ (O)F ~ // L *sessiō(n-)* ← *sessus* (p.p.) ← *sedēre* 'to SIT': ⇨ -sion: cf. sedentary〙

sés·sion·al /-ʃnəl, -ʃənḷ/ *adj.* **1** 開会の, 開廷の, 会期の; 会期中の. **2** 会期ごとの, 会期ごとに繰り返される; ある決まった期間だけの. 〘1715〙

séssional indémnity *n.* カナダ国会議員の報酬. 〘1900〙

séssional órder [rúle] *n.* 〘議会〙 会期中だけ通用するように作られた議事規程. 〘1844〙

séssion clèrk *n.* 〘長老教会〙 長老会事務長. 〘1821〙

séssion màn [musìcian] *n.* スタジオミュージシャン, セッションマン (session musician) 《他のミュージシャンのサポート役としてレコーディングなどに個別参加する》. 〘1958〙

Ses·sions /séʃənz/, **Roger** (**Huntington**) *n.* セッションズ 《1896–1985; 米国の作曲家》.

ses·terce /séstəːs | -təːs/ *n.* **1** セステルス 《古代ローマの貨幣; 初めは銀貨, 後には青銅貨; $=^1/_4$ denarius, $2^1/_2$ asses》. **2** =sestertium. 〘《1598》□ L *sestertius* (*nummus*) (coin) worth two and a half (asses) ← *sēmis* a half (⇨ semi-) + *tertius* 'THIRD'〙

sestertia *n.* sestertium の複数形.

sestertii *n.* sestertius の複数形.

ses·ter·ti·um /sɛstə́ːʃiəm, -ʃəm | -tə́ːtiəm, -ʃiəm/ *n.* (*pl.* **-ter·ti·a** /-ʃiə, -ʃə | -tiə, -ʃiə/) セステルティウム 《古代ローマの通貨単位; =1,000 sesterces》. 〘《1540–41》□ L (*mīlia*) *sestertium* thousands of sesterces (gen.pl.) ← *sestertius*: ⇨ sesterce〙

ses·ter·ti·us /sɛstə́ːʃiəs, -ʃəs | sɛstə́ːtiəs, -ʃiəs/ *n.* (*pl.* **-ter·ti·i** /-ʃiàɪ | -tiàɪ, -ʃiàɪ/) =sesterce 1. 〘《1567》□ L ~〙

ses·tet /sestét, ˌ-ˈ- | -ˈ-/ *n.* **1** 〘詩学〙 六行連(句) 《ソネットの結尾の 6 行; しばしば二つの三行連句 (tercet) に分割される》. **2** 〘音楽〙 =sextet 2. 〘《1801》□ It. *sestetto* ← *sesto* sixth < L *sextum*: ⇨ -et〙

ses·ti·na /sɛstíːnə/ *n.* 〘詩学〙 六行六連体 《1 連 6 行からなる 6 連と最後に 3 行の追連 (envoy) からなる詩型; もとは無韻で第 1 連の各行末語が続く 5 連の行末で違った順序で繰り返されるなど複雑な構造をもつ; sextain ともいう》. 〘《1586》□ It. ~ ← *sesto* (↑)〙

Ses·tos /séstəs, -tɑ(ː)s | -tɒs/ *n.* セストス 《Thrace の古代都市; Hellespont 海峡の北岸にあって Abydos に対する; ⇨ Hero 2》. 〘□ Gk *Sēstós*〙

set /sét/ *n.* **A 1 a** (自然に関連し合う物などの)一組, (同意匠の品などの)一そろい, (器具・道具の)一式 (cf. service[1] 3 c, nest 5): a ~ *of* golf clubs [fishing rods, dishes] 一そろいのゴルフのクラブ[釣りざお, 皿] / a ~ *of* living-room furniture 居間用家具一式 / a (full) ~ *of* teeth 上下の(完全な)歯列 / a ~ *of* fingerprints 一組の指紋 / a ~ *of* lectures [problems] 一連の講義[問題] / a ~ *of* three 三幅対, 三つ組 / both ~s *of* parents 二組の親 / The cat had a new ~ *of* kittens. ねこが新たに一腹の子を産んだ / six matching dishes *in* a ~ セットになったそろいの皿 6 枚 / a carpentry ~ 大工用具一式 / a chess ~ チェス用具一そろい / a dinner ~ ディナー用食器一そろい / a toilet ~ 化粧道具一そろい / ⇨ tea set / complete a ~ セットをそろえる. **b** (書物などの)全集, セット; (定期刊行物の)一とじ: a complete ~ *of* Dickens ディケンズの全集. **c** (関連した建物・部屋などの)一群.

2 (ラジオの)受信機, (テレビの)受像機, セット (receiving set): a radio [《英》 wireless] ~ ラジオ受信機 / a television ~ テレビ受像機 / a crystal ~ 鉱石ラジオ受信機 / Is your ~ working? 君のところのテレビ[ラジオ]はよく映って[聞こえて]いますか.

3 〘スポーツ〙 セット 《テニス・バレーボールなどで一試合 (match) の一区切り; テニスでは通例 6 ゲーム取ればセットの勝者となる; cf. deuce-set, round[1] 2 a》: play a ~ *of* tennis ワンセットテニスをする. 日英比較 「テニス・卓球などで双方が同じセット数を取得すること」を「セットオール」というのは和製英語. 英語では The *set* count is even. という.

4 〘数学〙 集合 (aggregate, class) 《ものの集まりで区画の明確なもの; cf. element 8》: a ~ *of* positive integers 正整数の集合 / the null [empty] ~ 空(くう)集合.

5 a 〘演劇〙 舞台装置 (stage set). **b** 〘テレビ・映画〙 セット 《装置を施した屋内または野外の撮影現場》: She's on the ~. セットに入っている / a ~ designer セット担当者.

6 a (ナイトクラブなどで楽団が 1 回に演奏する)曲の一組. **b** (同上の曲が演奏される)上演 1 回.

7 a 仲間, 連中 (party, gang); (特殊)社会 (coterie, clique): a fine ~ *of* men 立派な人たち / an artistic [a literary, a political] ~ 芸術家[文人, 政治家]仲間 / a racing [golfing] ~ 競馬[ゴルフ]仲間 / the fast ~ 放蕩仲間 / the smart ~ (社交界の)ハイカラ連 / He is not of [in] my ~. 彼は私とは派が違う / Those girls are getting in with a bad [an undesirable] ~. あの女の子たちは不良の[柄のよくない]男友だちとつき合ってばかりいる. **b** 《英》 (同じレベルの生徒から成る学科目別)クラス, 学級 (cf. stream).

8 (卵の)一かえし (clutch), 巣の中の卵 (clutch of eggs): a ~ *of* eggs 一腹[一巣]の卵 / ten chickens hatched out of the ~ of twelve 12 個の卵のうちからかえった 10 羽のひな[ひよこ].

9 a 姿勢, 体つき; (体・体の一部の)格好, 構え方: the ~ of one's head [jaw] 頭[あご]の格好 / the ~ of the hills 山々のたたずまい / From the ~ of his shoulders it was clear that he was tired. 肩の格好からして彼は疲れていることが明らかだった. **b** 着[かぶり]具合, (体への)合い具合, すわり (fit): adjust the ~ of one's coat 上着の具合を直す.

10 a 傾き, ゆがみ, 反り, 曲がり (warp, bend): the ~ in a bow 弓のゆがみ / the ~ of metal (過度の圧力による)金属の反り / The axle has got a left ~. 心棒が左に曲がっている. **b** (のこぎりの歯の)左右交差のふれ, 歯振, あさり.

11 〘美容〙 (curling や waving をして仕上げる頭髪の) セッ

ト; セットした髪型: I'd like a shampoo and ～, please. 洗髪とセットをお願いします.
12 a (液状物・可塑性物質などが)固まること, 凝固 (hardening): You won't get a good ～ unless you keep the jelly cold. ゼリーを冷やしておかないとよく固まらないだろう. **b** (にかわなどによる)固着, 接着.
13 a (潮流・風の)向き, 方向 (direction): the ～ of a current 潮流の方向. **b** (世論などの)趨勢 (drift): The ～ of public opinion is strongly against war. 世論の趨勢は明らかに戦争に反対だ. **c** (性格上の)傾向, 性向, 向き (tendency, bent).
14 〘アメフト〙(通例攻撃態勢の)配列.
15 〘ダンス〙 **a** (スクエアダンス・カントリーダンス・カドリールなどを踊る)一組の人々: a ～ *of* dancers 一組の舞踏者たち. **b** (スクエアダンス・カントリーダンスなどを構成する)一組の旋回[ステップ], (フォーメーションを構成する)一連の動き: a ～ *of* quadrilles 一組のカドリール.
16 〘トランプ〙 **a** (rummy で)そろい, 組《同位札・順位札などメルド (meld) できる 3 枚以上の札の組合わせ》. **b** (ブリッジで)ダウンすること (cf. *vt.* 28).
17 〘郵趣〙セット《5 種とか 8 種とかの種類で発行された切手のそろい; 完全にそろっていることを示すとき complete set といい, 不完全なとき short set という》.
18 〘心理〙構え《刺激状態に対して生体がとる反応準備[傾向]》.
19 〘狩猟〙(猟犬が獲物を見つけ)鼻を前方に向けて立ち止まる姿勢; その位置: ⇨ dead set.
20 〘印刷〙(活字の)幅; 語間の間隔, あき.
21 (壁の)仕上げ塗り, 上塗り (last coat).
22 〘鉱山〙(側壁を支える)支柱; (一組の)揚水ポンプ.
23 《詩》(天体の)没すること, 入り (setting) (cf. sunset, moonset): at ～ of the sun 日没に / before the ～ of the sun 日没前に.
24 〘海事〙帆の形[配列], 艤装(ぎそう)の型.
B (*also* **sett**) **1** (四角に切った舗装用または床敷き用の)敷石, 切石 (pitcher): ～ pavement 敷石舗装.
2 〘園芸〙 **a** (移植用の)若木, 挿し木, 苗 (rooted cutting): a strawberry ～ いちごの苗. **b** (タマネギ・ジャガイモなどの)種球根, 種いも: onion ～*s*. **c** (果樹などの)受精して実の止まった花.
3 アナグマの穴 (badger's burrow).
4 網打ち, 投網 (shot); 網打ち場.
5 a (くいを打ち込むとき上に載せる)小金敷き (stake). **b** へし (set hammer). **c** 釘締め (nail set, punch). **d** (びょうの)形頭器 (snap). **e** (れんが用)幅広のみ. **f** (のこぎりなどの)目立て器.
6 〘紡織〙 **a** 織機の筬(おさ)によってきまる経(たて)糸の幅. **b** 部分整経機で集められた経糸の総本数. **c** 格子じま; 格子じまの目.
7 〘スコット法〙自治都市法 (constitution of a burgh).
màke a déad sét at ⇨ dead set 2.
— *v.* (～; **set·ting**) ★ この語の根本的語義は to put, place, lay で, 「特定の位置・状態に置く」であるが, put に比べ一般により文語的である. — *vt.* **1** [目的語＋副詞語句を伴って] **a** 置く, 載せる, 据える (put, place); 〈器具(の一部)などを〉〈所定の位置に〉はめ込む 〔*on, in*〕: ～ a cup *on* the table 茶わんをテーブルの上に置く / ～ a stone *on* the grave 墓に石を載せる / ～ one brick *on* another れんがを順に積み重ねる / ～ a wheel *on* an axle 心棒に車輪をはめ込む / ～ a chuck *on* a lathe 旋盤にチャックを据える / ～ chairs *around* the table テーブルの周囲に椅子を据える / ～ a stake *in* the ground 地面にくいを刺す / ～ flowers *in* a vase 花瓶に花を挿す / ～ one's foot *in* the stirrup あぶみに足をかける / ～ a ladder *against* the wall 塀にはしごをかける. **b** (ある位置に)つかせる, (ある姿勢・状態に)据える: He ～ the chair *back on* its feet. 椅子を立て直した / He ～ his son *astride* the horse. 息子を馬に乗せてやった / ～ ... on foot ⇨ *on* FOOT (2). **c** (ある関係に)位置づける, 配置する, 備え付ける: They ～ him *over* the workers as a foreman. 彼を職長として工員たちを監督させた / The hostess ～ dishes *before* the guests. その家の女主人は客たちの前にごちそうを並べた. **d** [p.p. 形で]〈家・町などを〉位置させる, 建てる (locate): a city ～ *on* a hill 丘の上に建てられた都市 / The house was ～ *in* the hollow [*amid* the trees]. その家は窪地の中に[木々に取り囲まれて]立っていた.
2 a (部署などに)配置する, 配備する: ～ a [〘海事〙 the] watch 見張りを配置する / ～ policemen *around* the building その建物の周りに警官を配置する / ～ spies *on* a person 人にスパイを付ける. **b** [～ one*self* で] (競走・競泳で)(スタートの)位置に着く.
3 a [目的補語を伴って] …を〈ある状態に〉転じさせる, …させる, 〈…に〉する: ～ things *right* 事をきちんと整頓する / ～ a person [a person's mistake] *right* 人の誤りを正す / ～ a person *straight* 人に正しい事実を知らせる[十分に報告する] / ～ slaves *free* 奴隷を解放する / ～ a cask *abroach* 樽の呑(のみ)口をあける / ～ a person's heart [mind] *at rest* 人の心を落ち着かせる, 人を安心させる / He was adept at ～*ting* people *at their ease*. 彼は人に落ち着いた気分を感じさせるのがなかなかうまかった / ～ the mixed-up pages *in order* 入り混じったページをそろえ直す / ～ a machine *in motion* 機械を作動させる / He ～ the whole room *in an uproar*. 一座の人々を大騒ぎさせた. **b** [目的語＋*doing*, *to* do または *to doing* を伴って] …に〈…し〉始めさせる, …させる; 〔仕事に〕取りかからせる 〔*to*〕: ～ a top spin*ning* こまを回す / ～ a machine go*ing* 機械を作動させる / ～ the bells ring*ing* 鐘を鳴らし始める / ～ a person's heart beat*ing* 胸をどきどきさせる / ～ the enemy fly*ing* 敵を敗走させる / That ～ me laugh*ing*. それで私は笑い出した / That ～ me think*ing* [wonder*ing*]. それで考えさせられた[疑問をもった] / He ～ the children *to* sweep*ing* the garden clean. 子供たちに庭を掃除させた / *Set* a thief *to* catch a thief. ⇨ thief 1 / The teacher ～ the pupils *to* write reports on what they had done. 先生は生徒たちに自分たちがしたことのレポートを書かせた / He ～ her *to* work at her French. 彼女にフランス語の勉強を始めさせた. **c** [～ one*self* で] 〔仕事に〕懸命になって取りかかる (apply oneself) 〔*to*〕; 〈…しようと〉決心する, 身構える 〈*to* do〉: She ～ *herself to* her chores [*to* study it]. 雑用に取りかかった[懸命になってそれを研究しようとした].
4 a 〈器械・器具などを〉整える, 調節する (adjust); 〈時計などを〉(標準時刻などに)合わせる: ～ a brake ブレーキを調節する / ～ one's alarm clock (*for* six o'clock) 目覚まし時計を(6 時に)かける / ～ one's watch *by* the station clock 時計(の針)を駅の時計に合わせる. **b** 〈わな・網などを〉仕掛ける, かける: ～ a trap [snare] (*for*...) (…に)わなをかける / ～ explosives along a railroad track 線路に爆発物を仕掛ける. **c** (釣糸を強く引っ張って)〈釣針を〉魚のあごにしっかりと掛ける: ～ a fishhook. **d** (すぐ使えるように)用意する (arrange): ～ the palette パレットに絵の具を必要なだけ絞り出す, 絵を描く用意をする / He ～ a place *for* his guest. 客席をしつらえた. **e** 〈食卓を〉用意する (lay); …に〔食べ物などを〕並べる (arrange) 〔*with*〕: ～ the table (*for* dinner) (晩餐(さん)用に)食卓を整える, お膳(ぜん)立てをする / There were several long tables ～ *with* refreshments. いくつかの長テーブルに飲み物などが並べられていた.
5 〈時を〉取り決める, 指定する (fix); 〈限界・条件・規約などを〉設ける, 規定する (prescribe); 〈出来事〉の時日を指定する: ～ a wedding day 結婚式の日取りを取り決める / ～ midnight *for* the escape 逃亡の時を夜半と決める / ～ limits 制限を設ける / ～ a deadline *for* a project 計画に期限を定める / ～ (the) case 《廃》仮定する / ～ the rules *for* the game 競技の規則を取り決める / The officers ～ the coup *for* May 8th. 将校たちはクーデターの決行を 5 月 8 日と決めた / They ～ Friday *as* the deadline. 彼らは金曜を最終期限と指定した / We ～ certain conditions *as* part of the deal. 我々はその契約の一部としていくつかの条件をつけた / Pleasure is the end that one ～*s to* one's endeavors. 快楽とは人がその努力につける目標のことである.
6 a [しばしば二重目的語を伴って] 〈実例・模範などを〉示す (furnish); 〈流行などを〉率先して採り入れる (introduce): ～ a person an example [a standard, a model 人に模範[標準, 手本]を示す / ⇨ *set the* PACE[1] / ～ a good example *for* a person 人によい手本を示す / ～ the fashion for new-style poems 新体詩の流行の先駆けをする / We have only to work on lines ～ by our predecessors. 先輩が打ち立てた方向に沿って仕事をしてゆくだけである. **b** 〈記録などを〉打ち立てる (establish): ～ (*up*) a (new) record for weight lifting 重量挙げの(新)記録を打ち立てる / ～ (*up*) a precedent 先例を作る.
7 [しばしば二重目的語を伴って] 〈仕事・問題などを〉課する, あてがう (assign), 〈仕事の分担などを〉割り当てる; 〈問題・判じ物などを〉作る, 作製する (compose): ～ a person a difficult job [an easy task] 人に面倒な[易しい]仕事を課する / ～ a person a sum [problem] 人に計算をさせる[問題を解かせる] / ～ an exam 《英》試験を課する / ～ questions for an examination 《英》試験問題を課する[作製する].
8 a 〔…に〕〈値を〉つける, …という評価をする 〔*on, upon*〕: You should ～ a high value *on* every man's life. どんな人でもその生命は尊重しなければならない. **b** (評価などで)位置づける; 尊重する, 重んじる, 重視する (value): I ～ her in a class of her own. 彼女は抜きんでていると考える / She ～*s* neatness *before* [higher than] beauty. 彼女は美よりも清楚を大切にしている / ⇨ SET *by* (1) / ⇨ *set* STORE *by*. **c** 〈金額・価格などを〉取り決める (fix); 〔ある金額に〕決める, 調整する (adjust), 見積もる, 評価する (estimate) 〔*at*〕: The society ～ $200 *as* the membership fee. 当協会は会費を 200 ドルと取り決めた / We ～ the goal *at* ¥30,000,000. 我々は目標を 3 千万円と定めた / The losses were ～ *at* $2,000,000. 損害は 2 百万ドルと見積もられた / My honor was ～ *at* naught. 私の名誉は無視された. **d** 〔…に〕賭(か)ける (bet, stake) 〔*on, upon*〕: ～ one's life *on* a throw of the dice さいころの一振りに命を賭ける.
9 〈柱などを〉据え付ける, 打ち立てる; 〈苗木などを〉植え付ける 〈*out*〉; 移植する: ～ bricks *in* mortar モルタルでれんがを固める / They ～ a flagpole *in* concrete. もとをコンクリートで固めて旗竿を打ち立てた / ～ (*out*) seedlings [bulbs] 苗木[球根]を植え付ける.
10 a …に〔宝石などを〕ちりばめる (stud); 〔植物などで〕取り囲む, 飾る (border, ornament) 〔*with*〕: a brooch ～ *with* diamonds ダイヤをちりばめたブローチ / a street ～ *with* trees 木の立ち並ぶ通り / the night sky ～ *with* twinkling stars きらきら輝く星をちりばめた夜の空. **b** 〔台・枠などに〕はめ込む; 〔…に〕〈宝石などを〉ちりばめる (mount); 〔…を〕〔金・銀など〕であしらう 〔*in*〕: ～ the glass *in* the window 窓にガラスをはめ込む / ～ a ruby *in* a ring 指輪にルビーをちりばめる / ～ gold *in* a sash 飾り帯を金であしらう.
11 〈心を〉〔…に〕向ける, 注ぐ, 集中する (concentrate) 〔*on, to*〕; 〈望み・期待を〉〔…に〕寄せる, 掛ける 〔*on, upon*〕: The child has ～ his heart [has his heart ～] *on* that toy. しきりにそのおもちゃを欲しがっている / She has ～ her mind *on* the plan. その計画に熱中している / All my hopes are ～ *on* winning. 私の望みはただ勝つことである.
12 [副詞語句を伴って] 〈乗り物などが〉(ある場所へ)もたらす; 〈潮流などが〉(ある方向へ)向かわせる; 〈顔などを〉向ける: The ferry ～ us *ashore on* the pier. 渡し船が着いて我々は桟橋に降り立った / We ～ him *on* the right path. 彼に正しい道をとらせた / The tide had ～ the vessel *eastward*. 潮に乗って船は東方へ向かっていた / We ～ our course *for* home. 進路を家に向けてとった / He ～ his face *toward* the mountains. 顔を山の方に向けた.
13 a けしかけて攻撃[敵対, 反目]させる 〔*on, at, against*〕: He ～ the hounds *on* [*onto*] the trespasser. 猟犬を放って侵入者にかかって行かせた / He was rude enough to ～ a dog *on* [*onto*] me. 無礼にも私に犬をけしかけた / War would ～ brother *against* brother. 戦争となれば兄弟(けい)牆(しょう)にせめぐこととなろう. **b** [～ one*self* で] 〔…に〕強硬に反対[反抗]する 〔*against*〕.
14 座らせる, 着席させる (seat): ～ one*self* down 着席する, 座る / ～ a person *on* the throne 人を王位につかせる.
15 a 〈鶏〉に卵を抱かせる: ～ a hen (*on* eggs). **b** 〈卵を〉鶏に抱かせる: ～ eggs (*under* a hen).
16 a 〔…に〕当てる, あてがう, つける (apply) 〔*to*〕: ～ a glass *to* one's lips コップを口につける / ～ spurs *to* one's horse 馬に拍車を当てる / ～ a match *to* a fire [*to* a pile of leaves] マッチでまきなどに[落葉の山に]火をつける / ～ fire *to* a house 家に放火する / ～ a fire [fires] 《米》火を起こす / ～ pen *to* paper ものを書く, 筆を執る / ～ eyes *on* ＝*lay* EYES *on*. **b** 〔文書に〕〈署名捺印を〉する (affix) 〔*to*〕: ～ one's hand and seal *to* a document 文書に署名捺印する (cf. *put* [*set*] *one's* HAND *to* (3)).
17 a 〈劇の場面を〉設ける, セットする; 〈背景を〉舞台に配置する; 〈舞台〉に道具立てする, 装置する (lay out): The stage was ～ *for* the next part of the play. 劇の次の部分のために舞台装置が作られた. **b** [しばしば受身で] 〈物語・劇などの背景を〉〔ある時代・国に〕設定する 〔*against, in*〕: The story [scene] *is* ～ *in* the seventeenth century France. 物語の背景[舞台]は 17 世紀のフランスにおかれている.
18 a 固める, 固定させる, 凝結させる (curdle): The mortar [cement, concrete] is ～. しっくい[セメント, コンクリ]が固まった / ～ milk for cheese 凝乳してチーズを作る / Pectin ～*s* jelly. ペクチンはゼリーを凝固させる. **b** (標本作製のため)昆虫を〉展翅(てんし)板に固定する: ～ a butterfly. **c** 〈色・染料を〉十分にしみ込ませる (make fast): This chemical is used to ～ a dye. この化学薬品は染色用剤である. **d** 〈髪を〉セットする 〈*in*〉. **e** (化学薬品などを用いて)〈織物・糸・繊維〉の形状[長さ, 幅]を固定する.
19 a [p.p. 形で] 〈目を〉(顔の中に)位置づける: His eyes were ～ rather close together. 左右の目の間隔はちょっと狭かった. **b** (断固・毅然(きぜん)とした意を示して) 〈あご・肩などを〉ぐっと構える, 〈顔を〉きっと引き締める, 〈目を〉据える, 〈唇を〉固く結ぶ: He ～ his jaw and refused to answer my questions. 彼はぐっとあごを引いて私の質問に答えようとしなかった / He ～ his face *against* his son's marriage. 息子の結婚に対してはどうしても首を縦に振ろうとしなかった / His eyes were ～. 彼の目は据わっていた (cf. *adj.* 5 a). **c** 〈要求・訴願などに対して〉〈心を〉不動なものに固める 〔*against*〕 (cf. *adj.* 4): I ～ my mind *against* all those appeals. 断固としてその訴願をことごとくはねつけた.
20 〘音楽〙〈歌詞〉に作曲する (fit) 〔*to*〕; 〈音楽を〉編曲する (arrange) 〔*to, for*〕: ～ words [a poem, text, a song] *to* music 言葉[詩, 原句, 歌]に曲をつける / ～ a melody *to* a text 原句をメロディーに編曲する / ～ a piece of music *for* the violin 曲をバイオリン用に編曲する.
21 組[セット]に分ける.
22 a (砥石で磨いて)〈刃物〉に鋭い刃をつける: ～ a razor. **b** 〈のこぎり〉の目を立てる: ～ a saw.
23 〘印刷〙〈活字を〉組む; 〈原稿などを〉活字に組む, 活字にする 〈*up*〉: ～ (*up*) type 活字を組む / ～ an article by hand [by machine] 記事を手組みで[機械組みで]活字にする / ～ the first word *in* italic(s) 最初の語を斜字体に組む / ～ a word [line] close 語[行]の字間[語間]を詰めて組む / ～ a word [line] wide 語[行]の字間[語間]を広くあけて組む.
24 〘外科〙〈骨折・脱臼などを〉継ぐ, 整復する: ～ a bone 整骨する / ～ a fracture [dislocation] 骨折した骨を継ぐ[脱臼した関節を整復する].
25 〘製本〙〈差し込み (insert)〉の位置を決める.
26 〘木工〙〈釘の頭を〉(板に)埋め込む, 釘締めする (cf. nail set).
27 〘料理〙〈イーストを加えたパン生地を〉別にしてふくれ上がらせる: ～ dough / ～ a sponge パン生地を発酵しやすいように調整する.
28 〘トランプ〙(ブリッジで)落とす, ダウンさせる《相手の contract を破る; cf. GO[1] *down* (11) (a)》: We ～ them two tricks at four spades. こちらは彼らのフォースペードをツーダウンさせた.
29 〘園芸〙〈果樹などが〉〈果実・種子などを〉正常に発育[生長]させる, ならす.
30 〘海事〙(風をはらむように)〈帆を〉広げる (cf. *set* SAIL): ～ the sails of a ship.
31 〘狩猟〙〈猟犬が立ち止まって〈獲物〉の位置を鼻で指し示す (cf. point *vt.* 10).
32 《スコット》…に適する, ふさわしい (suit).
33 《スコット・アイル》〈家を〉賃貸する.
— *vi.* **1** 〈通例, 太陽が〉没する, 沈む (sink); 〈勢いが〉傾く, 衰える (decline, wane): The sun has ～. 日が沈んだ / His star has ～. 彼の運は傾いた[下り坂だ]. **2 a** 固まる, 固定する (congeal); 〈クリームが〉浮き上がって固まる; 〈牛乳が〉凝結する (curdle): The jelly [cement, mortar] has ～. ゼリー[セメント, モルタル]が固まった / This paint ～*s* rapidly. このペンキは乾きが速い. **b** 〈顔・筋肉などが〉きつくなる, 引き締まる: Her face ～. 彼女の顔がきつくなった. **c** 〈染料・色が〉染みつく: One uses a chemical to make a dye ～. 染料を染みつかせるのに化学薬品を用いる. **d**

S

〈髪が〉セットできる; 〈人が〉髪をセットする: Short hair doesn't ~ easily. 短い髪はセットしにくい. **3** [方向の副詞語句を伴って]〈流れ・風などが〉向く, 吹く, 流れる (move, flow): The tides ~ strongly *off* the shore. 潮流が強く沖の方へ流れる / The wind was ~*ting from* [*to*] the northeast. 風は北東から[へ]吹いていた. **4** [方向の副詞を伴って] 出かける, 出発する, 旅立つ: ⇨ SET *forth* (*vi.*), SET *forward* (*vi.*), SET *off* (*vi.*) (1), SET *on* (*vi.*), SET *out* (*vi.*) (1). **5 a** 〘外科〙〈骨折が〉つく, 癒着する, 治る (mend): His broken leg hasn't ~ properly yet. 彼の骨折した脚はまだきちんと治っていない. **b** 〈金属が〉歪(ゆが)む, 屈曲[湾曲]する. **6** 〈雌鶏が〉卵を抱く (brood). **7** 〈着物・態度などが〉合う, 似つかわしい (fit, suit, sit): The coat ~*s* well [badly]. 上着は体に合っている[いない] / His view did not ~ well *with* his conduct. 彼の考えは行為に似つかわしいものではなかった. **8 a** 〈競走でスタートなどの〉位置につく (set oneself). **b** 〘主に方言・俗〙座る, 着席する (sit). **9** 〘園芸〙〈果樹・子房などが〉実を結ぶ, 実になる: The apples [apple blossoms] won't ~ this year. 今年はりんごの実は[花は実に]ならないだろう. **10** 〘狩猟〙〈猟犬が〉伏せをして[立ち止まって]獲物の位置を示す (cf. setter 1; point *vi.* 3): The dog ~*s* well. その犬はよく獲物を示す. **11** 〘海事〙〈帆が〉風をはらむように張れている, 適帆する. **12** 〘印刷〙〈活字が〉〈…の〉幅になる 〔*to*〕: This copy ~*s to* forty picas. この原稿は 40 パイカで組まれる. **13** 〘廃〙賭けを申し出る, 賭ける (bet).

sét abóut (1) [しばしば *doing* を伴って] …に取りかかる; …し始める, …をやり出す (begin); …しようとする, 試みる (attempt): ~ *about* one's task 仕事に取りかかる / I thought I would ~ *about* learning German. ドイツ語の勉強を始めようと思った. (2) 〘口語〙…を攻撃する (attack); …をなぐりつける, 打ちまくる (knock about); …を非難する, やじる. (3) 〘英〙〈うわさを〉広める (spread). (4) [*to do* を伴って] 〘古〙…し始める: She ~ *about to* clean the room. 部屋の掃除を始めた.

sét … abóut — …に—に取りかからせる.

sét agáinst (*vt.*) (1) …に対照させる, と比較する; …に対応させて考慮する, …に釣り合わせる; …から控除する: ~ theory *against* practice 理論を実践に対照させる / ~ advantages *against* disadvantages 有利な点と不利な点をつき合わせる / You can ~ certain business losses *against* taxes. 税金から営業上の損失の一部を控除できる. (2) ⇨ *vt.* 13. (3) ⇨ *vt.* 17 b.

sét agáinst (*vi.*) …に反対[対抗]の傾向を示す: Public opinion is ~*ting against* it. 世論はそれに反対の傾向である.

sét ahéad 〈時計(の針)を〉進める (set forward): ~ one's watch *ahead* one hour 時計の針を 1 時間進める.

sét apárt (1) 〈特徴などが〉〈…を〉〔…から〕引き分ける (separate), 区別させる (distinguish); (際立って)目立たせる 〔*from*〕: Her age ~ her *apart from* the others. 彼女だけがほかの者に比べずっとふけていた / Exceptional gifts ~ him *apart from* other writers of his generation. その異才により同世代の作家よりもひときわ目立っていた. (2) 〔特別の用途・目的のために〕〈時間・金・部屋などを〉取っておく, 取りのけておく (reserve, set aside) 〔*for*〕: ~ something *apart for* special use ある物を特別な用途のために取っておく.

sét asíde (1) 〈本・編み物などを〉片側に置く, 取りのける; 〈時間・金・品物などを〉取っておく (reserve), 貯える (save): He tried to ~ *aside* part of his weekly income. 毎週の収入の一部を蓄えておくようにした / I ~ *aside* a few minutes each day *for* my exercise. 毎日数分を運動の時間に取っておいた. (2) 除去する, 退ける (reject), 〈感情などを〉無視する (disregard); 〈意見の相違などに〉目をつぶる: Let's ~ *aside* all formality in these discussions. これからの討論には形式ばったところは一切抜きにすることにしよう. (3) 〘法律〙無効にする (annul), 破棄する (quash): ~ *aside* a verdict (陪審の)評決を破棄する. (4) 〈畑などを〉休耕にする.

sét at …を攻撃する, 襲う (attack).

sét báck (1) …の進歩を妨げる, 邪魔する, 〈計画・予定などを〉遅らせる (hinder, delay): The bad weather ~ *back* the building plans three weeks. 悪天候のため建築が予定より 3 週間遅れた. (2) 〈時計(の針)を〉あと戻りさせる, 遅らせる (↔ set forward); 〈設定温度などを〉元に戻す: I ~ *back* my watch (two hours) on my flight west. 西行きの飛行機に乗ったとき時計の針を(2 時間)遅らせた. (3) 〘口語〙(費用として)〈…に〉〈いくら〉かかる (cost): This ~ me *back* a lot of money. このため大変な金がかかった. (4) [通例受身で]〈家などを〉〈…から〉引っ込めて建てる 〔*from*〕: The house *was* ~ *back* some distance *from* the road. その家は道路から幾分引っこんだ所に建っていた. (5) 元のところ[状態]に戻す: ~ a cup *back* on a table 茶わんをテーブルに戻す / ~ a lamp *back* upright ランプをまたまっすぐに立てる.

sét … befóre — 〈…を〉—よりも優先する.

sét besíde …と並べてみる, 比較する, …に匹敵させる (compare with): There was no one to ~ *beside* her as an actress. 女優としては彼女に並び立つものはいなかった.

sét by (1) [much, a great deal, little を目的語にして] …を尊重する, 重んじる (cf. *vt.* 8 b): ~ *much* [*a great deal*] *by* a jewel 宝石を非常に大事にする / ~ *little by* death 死を見くびる. (2) (将来のために)取っておく, 蓄える (lay by, set side). (3) 〈仕事・習慣などを〉やめる.

sét dówn (*vt.*) (1) 〈規則・原則などを〉規定する, 取り決める (prescribe); 〘法律〙〈審判日などを〉指定する (appoint); (地図・図面上に)〈場所などを〉指定する: The day for the trial has not been ~ *down* yet. 審理の日取りがまだ指定されていない. (2) 〈考え・経験・情報などを〉書く, 書き留める, (印刷して)記す (put down), 記録する (record): ~ *down* one's impressions (in writing) 印象を書き留める / We have ~ you *down as* a subscriber. あなたを購読[予約]者として登録しました. (3) (そっと, 注意して)下に置く, おろす (lay down). (4) 〈バス・運転手などが〉〈乗客などを〉降ろす: The plane ~ *down* many tourists at Miami. 飛行機はマイアミで多くの観光客を降ろした. (5) 〘米〙〈飛行機を〉着陸[着水]させる (land). (6) 着席させる, 座らせる (seat). (7) 〔…の〕せいにする, 〔…に〕帰する (attribute) 〔*to*〕: They ~ *down* his bad manners *to* ignorance. 彼の無作法を無知のせいにした. (8) 〔…と〕考える, 見なす (regard); レッテルをはる; 〔…と〕評価する (estimate) 〔*as*〕: They soon ~ him *down as* a fool. 間もなく彼をばかと見なした. (9) やりこめる, 〈…に〉恥をかかせる, 〈…の〉高慢の鼻をへし折る (humiliate). (10) 〘野球〙〈打者を〉アウトにする, 三振にする, 打ち取る (retire). (11) 〘競馬〙〈ルール違反などにより〉〈騎手〉の出場を停止する, 失格とする. (12) 〘廃〙〈軍隊を〉配置する, 宿営させる (encamp). — (*vi.*) 〘米〙飛行機を着陸させる, 着陸する (land).

sét fórth (*vt.*) (1) 〈計画・目的などを〉(十分に)述べる, 説明する; 声明する, 宣言する (declare); 〈規則などを〉規定する: The Prime Minister ~ *forth* the aims of his government. 首相は政見を発表した. (2) 飾る (decorate). (*vi*) (旅行・遠征などに)出立する, 出発する (start, set out) 〔*for, on*〕.

sét fórward (*vt.*) (1) 〈時計(の針)を〉進める (↔ set back); 〈行事などを〉繰り上げる: ~ one's watch *forward* one hour 時計の針を 1 時間進める. (2) 〘古〙…の進行をはかどらせる, 促進する (promote). (3) ＝SET *forth* (*vt.*) (1). — (*vi.*) 出発する (start).

sét ín (*vi.*) (1) 〈悪天候・冬期・明暗などが〉始まる, 深まる, 定まる; 〈感染・症状などが〉進行し始める; 〈流行などが〉定着する: The rain has ~ *in* and won't let up. 雨が降り出した, なかなかやまないだろう / The autumn chill is ~*ting in*. 秋冷の候になりました / He was anxious to get there before dusk ~ *in*. 暗くならないうちにそこへ到着したいと思った / The enthusiasm stopped when disillusionment ~ *in*. 幻滅感が広がり出すと熱意も消えた / Rigor mortis will ~ *in* within a few hours. 数時間もしないうちに死後硬直が始まるだろう. (2) 〈風が〉陸に向かって吹く; 〈潮が〉満ちてくる (flow). — (*vt.*) (1) 挿入する (insert); (特に)縫い込む[付ける]: ~ *in* a belt at the waistline ウエストラインにベルトを縫い込む. (2) 〘海事〙〈船を〉岸に向ける.

sét … in — ⇨ *vt* 1 a. 10 b, 17 b, 18 d, 23.

sét óff (*vi.*) (1) 出発する (set out): ~ *off on* a trip 旅行に出かける / ~ *off for* home 帰途につく. (2) [*to do* を伴って] …しようと思う. (3) 〘印刷〙重ねた紙の裏面を汚す, 裏移りする (offset). — (*vt.*) (1) 〈火薬などを〉爆発させる (explode); 〈アラームなどを〉作動させる; 〈一連の事態などを〉触発[誘発]する (touch off), 引き起こす (cause); 〈人を〉かっとさせる: This move ~ *off* an increasingly hostile reaction. この措置のあとにますます敵対的な反動が起こった / The landslides [explosions] were ~ *off* by the earthquake. その地すべり[爆発]は地震に続いて起こった. (2) [*doing* または前置詞 *on* を伴って]〈人〉に…し, …に取りかかり)始めさせる: That ~ us all *off* laughing [shouting angrily]. それを聞いて我々はどっと笑い出し[怒りの叫びをあげ]た / You'll only ~ him *off on* one of those old stories. 言わせれば彼は例の同じ話をやり出すだけだろう. (3) (対照的に)引き立たせる, 〈服・色などが〉目立たせる; 飾り立てる (adorn), 美しくする (beautify); 〈…の〉味を引き立たせる: The red scarf ~ *off* her beautiful face. 赤いスカーフが彼女の美しい顔を引き立たせた. (4) 相殺(そうさい)する, …の埋合わせとなる, 代償となる (counterbalance) 〔*against*〕: You can ~ these expenses *off against* your salary increase. この費用も昇給の分で償える. (5) [通例受身で] 区画する (mark off), 仕切る, 区切る (separate): A part of the hospital was ~ *off* for the care of contagious diseases. 病院の一部は伝染病患者用に隔離されていた / The sentence was ~ *off in* inverted commas. その文は引用符でくくられていた.

sét ón (*vt.*) (1) 〈犬などを〉けしかける; 〈人を〉煽動する, 教唆する (instigate): They were ~ *on to* revolt. 煽動されて暴動に加わった. (2) 〈人・機械などに仕事をさせる, 働かせる, 動かす. (3) 〘廃〙促進させる, 進展させる (promote). — (*vi.*) 前進する (advance).

sét on [***upòn***] … (1) [しばしば受身で] (猛烈に)…を攻撃する, 襲う (assault): He ~ (*up*)*on* me with a bread-knife. パン切りナイフで私に切りつけた. (2) 〈食物が〉〈胃〉にもたれる.

sét … on — (1) 〈犬などを〉けしかけて—を襲わせる; …に—を追跡させる: He ~ the dogs *on* the intruders. (犬を放って)侵入者たちを襲わせた. (2) ⇨ *vt.* 1 a, 8 a, 11. (cf. *adj.* 4 b).

sét óut (*vi.*) (1) 出発する (start); 〔行路に〕踏み出す 〔*on*〕: He ~ *out on* his journey westward [*on* the engineering course]. 西方への旅に出発した[技師として歩を踏み出した] / The funeral procession ~ *out for* the cemetery. 葬列は墓地に向かった. (2) 〈…することに〉取りかかる, 〈…し〉ようとする, 着手する 〈*to do*〉: He ~ *out to* win [*with* the idea of winning] support for his scheme. 計画のための支援を求めることに取りかかった. — (*vt.*) (1) (整然と, 図式的に)呈示する, 配列する, 陳列する (display); 飾る (adorn): ~ *out* the meal *on* a table 食卓に食事を並べる / The merchandise was ~ *out on* the counter. 商品はカウンターに陳列されていた. (2) 〈事実・考えなどを〉(詳しく)述べる (state), 記述する, 説明する (detail) 〔*in*〕: The reasons are ~ *out in* the report. 理由は報告書に述べてある. (3) 設計する, …の図案を作る (plan, design); …の地取りをする (lay out): ~ *out* a garden 造園のための地取りをする. (4) …の境界を定める, 区画する. (5) 〈苗木などを〉(間隔を置いて)植え付ける, 〈接ぎ穂を〉する (plant) (cf. *vt.* 9). (6) 〘印刷〙ばらに組む, 語[字]間をあけて組む (cf. *vt.* 23).

sét tó (1) 勢いこんで[熱心に]取りかかる: He took up a pen and ~ *to* (*to* write the letter). 彼はペンを執ってせっせと(その手紙を)書き始めた. (2) 盛んに食べ始める: When the meal was brought in, the boys ~ *to*. 食事が運ばれてくると少年たちはかぶりついた. (3) けんか[なぐり合い]を始める: ~ *to with* a person 人とけんかを始める / They ~ *to* (with their fists) in earnest. 彼らはむきになって取っ組み合いを始めた.

sét to … (1) 〈仕事〉に(懸命に)取りかかる, 着手する (apply oneself to): ⇨ *set to* WORK. (2) 〈潮流・風などが〉…の方へ流れる[吹く] (cf. *vi.* 3); 〈感情などが〉…へ傾く (tend to). (3) (スクエアダンスで)〈相手〉と向かい合いになる: ~ *to* one's partner. (4) 〘印刷〙⇨ *vi.* 12.

sét … to — ⇨ *vt.* 3 b, 5, 16, 20.

sét úp (*vt.*) (1) 〈会社・委員会・施設などを〉設立する, 創設[開設]する (institute); 〈家計・生業などを〉立てる, 営む: ~ *up* business, a school, a government, etc. / ~ *up* a clinic 診療所を開設する / ~ *up* housekeeping 家政を営む, 家計を立てる. (2) (まっすぐに)据える, 立てる (erect): ~ *up* a building, post, tent, etc. / He ~ the camera *up* in the small patch of shade. 小さく日陰になっている所にカメラを据えた. (3) 掲げる, 掲揚する; 掲示する (post): ~ *up* a flag [sail] 旗を掲げる[帆を揚げる] / ~ *up* a mark 標的を打ち立てる / ~ *up* a sign 看板[標識]を出す / ~ *up* the standard of revolt 反旗を翻す. (4) 組み立てる; 〈機械などを〉据える, 設置する; 調節する; 標本に作る; 表装する (mount); 〈チェスの駒などを〉並べる: ~ men *up* on a chess board チェス盤に駒を並べる / This electrical wiring will take a day to ~ *up*. これだけの電線を取り付けるには 1 日かかるだろう. (5) 権勢の座に据える, …に権力を握らせる: He *was* ~ *up as* dictator [a role model]. 彼は独裁者[手本]として祭り上げられた. (6) 〈新記録を〉打ち立てる, 挙げる (establish) (⇨ *vt.* 6 b). (7) …に生業を営ませる, 身が立つようにしてやる, 独立させる, …に資金を支給する[出してやる]; [しばしば受身で] …に〔必要品・有用物を〕供給する, 支度してやる (fit out) 〔*with, for, in*〕: ~ *up* one's son *in* business 息子に商売で身を立てさせる[店をもたせてやる] / He ~ himself *up as* a businessman. 実業家として身を立てた / I *was* well ~ *up with* clothes for the summer. 夏の間着る物は十分にあった. (8) 〈家などを〉構える: ~ *up* home [house] 家を構える, 所帯をもつ / ⇨ *set up* SHOP. (9) 〈大声を〉立てる, 〈叫びを〉上げる, 〈騒ぎを〉起こす, 〈抗議などを〉申し立てる (raise): The audience ~ *up* an awful clamor. 聴衆はどっとわめき立てた. (10) 〈症状・一連の事態などを〉引き起こす, 生じさせる (cause, produce): Heavy smoking is liable to ~ *up* an irritation in the throat. 過度な喫煙はのどを痛めがちである. (11) 〈案・学説などを〉提案[提起]する, 唱える (advance, propose). (12) 〘口語〙…に元気をつける, …の気分を晴らす (elate); 健康[丈夫, 元気]にする; 〈食事・睡眠などが〉…の健康を回復させる, …の体をもたらす: The sea air will ~ you *up*. 潮風にあたれば君も元気になるさ. (13) 〘英口語〙得意にする, 意気揚々とさせる: He is ~ *up* by admiration. 褒められていい機嫌になっている. (14) …の体を鍛える, 鍛錬する (cf. set-up); 〘軍事〙訓練[教練]する (drill): ~ *up* recruits 新兵を訓練する. (15) [しばしば受身で] 〘口語〙〈人〉に罪をきせる, 陥れる (frame) 〔*for*〕: The police caught me because you ~ me *up*! 警察に捕まったのはおまえにはめられたからだ. (16) [~ oneself *up* として] 〘口語〙〈自らを〉〈…だと〉公言する, 〔…の〕ふりをする 〔*as, for*〕/〈*to be*〉: He ~ *himself up as* an authority on English grammar. 自ら英文法の大家だと公言した / He ~ *himself up to* be a doctor. 医師だと称した. (17) 〈酒などを〉(客の前に)出す; 〘米口語〙〈酒などを〉おごる (treat to), 〈人〉におごる (treat): ~ *up* the drinks 酒を出して[おごって]やる. (18) 〈会合などの〉手配をする 〔*for*〕, あらかじめ用意する, 慎重に計画する (prearrange); 〔…と〕デートさせる 〔*with*〕; (他人にさせるように)〈仕事を〉用意する (prepare): ~ *up* a burglary 強盗を計画する. (19) 〈ねじ・継ぎ手などを〉固く締める (tighten firmly): *Set* the nuts well *up*. ナットをいっぱいに締めつけなさい. (20) 〔…と〕競わせる, 〔…に〕挑戦させる 〔*against*〕. (21) 〈…を〉ジョークのネタにする. (22) 〈球を〉パスする. (23) 〘海事〙〈支索・横静索・大索〉のたるみをなくする, 張りつめる, ぴんと張る. (24) 〘印刷〙(ステッキに)〈活字を〉拾う; 〈語・句を〉採字する; 版にする, 活字に組む (compose) (cf. *vt.* 23): ~ *up* type / The copy is already ~ *up* in page proof. その原稿はもうまとめ校正刷りに組まれている. (25) 〘電算〙〈システムを〉〈ある形に〉構成する, 〈パソコンを〉セットアップする. (26) 〘数学〙〈垂線・図を〉底辺上に引く[描く]. (27) 〘トランプ〙＝establish 10. (28) 〘廃〙売り物に出す, せりにかける. — (*vi.*) (1) 商売[職業]を始める, 開業する (cf. (*vt.*) (7)): He ~ *up* (for himself) *as* a land agent. 自営で土地周旋業を始めた. (2) 〘口語〙自ら〔…だと〕公言する, 〔…の〕ふりをする 〔*as*, 〘古〙 *for*〕/〈*to be*〉 (cf. (*vt.*) (16)): He's ~*ting up as* a moralist. 彼は道学者気取りでいる. (3) 固まる, 凝固する (harden). (4) 作動する, 運転[運営]する. (5) (パソコンなど)セットアップする.

— *adj.* **1 a** 前もって決めた, 決まった, 一定の (prearranged, fixed): a ~ time [date] 所定の時間[日] / ~ rules 決まった規則 / a ~ menu セットメニュー / a ~ meal (一定の献立の)定食 / at a ~ wage [price] 所定の賃金で[定価で] / of ~ purpose 故意に, はっきりした目的で. **b** 慣例上の (customary); 規定通りの, 正規の (regular); 型にはまった, 固定した (stereotyped): a ~ speech (あらかじ

め用意した)型通りの演説 / a ～ form of prayer 一定の様式の祈り / a ～ phrase 成句 / in ～ terms 決まり文句で. **2** (受験参考書などとして)指定された, 課題の (assigned): The pupils talked on a ～ topic. 生徒たちは所定の話題で話した / *Moby-Dick* was the ～ (English) book that term.「モービーディック」がその学期における(英語の)指定書だった. **3 a** [しばしば強調的に all ～ として]《口語》用意ができて, 始められるばかりになって〔*for*〕/〈*to* do〉: They were *all* ～ *for* an early morning start. 早朝の出発の用意ができていた / I was [got] *all* ～ *to* meet her again. 再び彼女に会おうと思った / The coming year looks ～ *to* see the country's worst slump ever. 新しい年はその国にこれまでにない最悪の不況がもたらされることになりそうである. **b**〘スポーツ〙(競走・競泳で)スタートの位置について: Get ～! 用意! / Ready [On your mark(s)], (get) ～, go! 位置について, 用意, スタート (★《英》では Ready, steady, go! ともいう). **4 a** 不変の, 持続的な, 頑強な (persistent);〈意見・人など〉頑固な, 強情な (obstinate), 断固とした (unflinching): ～ defiance 頑強な反抗 / a man of ～ opinions 確固とした意見をもった人 / He is very ～ *in* his opinions [ways, aims]. 考え方[やり方, 意志]がひどく固まっていて変えようとしない. **b** [叙述的] 覚悟を固めて (determined);〔…に〕熱心になって, 執着して (intent),〔…しようと〕決心して〔*on, upon*〕(cf. dead set): She's very ～ *against* the idea. その考えに強く反対している / Her father was ～ *upon* her marrying Tom. 彼女の父は彼女をトムと結婚させようと決めていた. **5 a**〈表情・顔つきなど〉(じっとして)動かない, 据わった (rigid, immovable) (cf. *vt.* 19 b): ～ eyes 据わった目 / a ～ stare (目を据えた)にらみつけ / a stern ～ countenance 厳しくきつい顔 / a ～ smile こわばった笑い, 作り笑い / with teeth ～ 歯を食いしばって, 大決心をして. **b**〈目が〉位置づけられた (cf. *vt.* 19 a): one's deep ～ eyes 深くくぼんだ目. **6** 組み立て式の, 作り付けの (built-in); 固定した, 据え付けの (fixed): a ～ machine 据え付け機械 / ⇨ set scene. **7**《英》体格が…の: a stockily ～ man ずんぐりした体格の男性. **8**〈戦闘が〉(敵味方対決に備えて)陣列を整えた (pitched): a ～ battle 正々堂々の対戦, 決戦. **9**〘クリケット〙〈打者が投手の投げる球の性質・癖などを知り尽くした.
sét fáir〈天気など〉安定した, 好天気が続きそうな.
〚v.: OE *settan* ＜Gmc **satjan* (G *setzen*) (caus.) ← **setjan* 'to SIT'. — adj.: OE *ġesett* (p.p.). — n.: 《*a*1338》← (v.)〛

SYN 据える: **set** 特定の目的で特定の場所に置く (cf. set *v.* ★): He *set* a vase at each window. おのおのの窓に花瓶を置いた. **fix** ある位置や状態に固定する: *fix* a bayonet on a gun 銃に銃剣を着ける. **establish** ある地位にしっかりと定着させる: He *established* himself as a writer. 作家としての地位を確立した.

Set /sét/ *n.*〘エジプト神話〙セト《とがり口で獣頭の悪神, Osiris の弟(または子)でその殺害者; 砂漠・不毛・暴力の化身であらしと暗闇をつかさどる; 古代ギリシャでは Typhon と呼ばれた》.〚□ Gk *Séth* □ Egypt. *Setesh*〛
SET /èsìːtíː/《略》《英》selective employment tax.
se·ta /síːtə | -tə/ *n.* (*pl.* **se·tae** /-tiː/)〘生物〙とげ, 剛毛 (bristle); (剛毛状の)とげ (prickle).〚《1891》← NL ～ ← L *sēta, saeta* bristle〛
se·ta·ceous /sɪ̀téɪʃəs/ *adj.* **1** 剛毛の; 剛毛状の (bristly). **2** 剛毛の生えた. **～·ly** *adv.*〚《1664》: ⇨ ↑, -aceous〛
setae *n.* seta の複数形.
se·tal /síːtl̩ | -tl/ *adj.* 剛毛[とげ]の.〚《1891》: ⇨ seta, -al[1]〛
se·tar·i·a /sɪ̀téəriə | sɪtéər-/ *n.*〘植物〙イネ科エノコログサ属 (*Setaria*) の草の総称《キンエノコロ (*S. glauca*), エノコログサ (*S. viridis*), アワ (*S. italica*) など; bristle grass ともいう》.〚← NL ～: ⇨ seta, -aria〛
sét-aside *n.* (軍用などに供するため政府の命令で行う食糧または他の商品の)使用差し止め, 保留; 休耕(政策): ～ land 休耕地.〚1943〛
set·back /sétbæ̀k/ *n.* **1** (進行などの)妨げ (check): a ～ in trade 商売のつまずき. **2** 逆転, 逆行 (reverse); 敗北 (defeat) (悪いことの)ぶり返し: He suffered an unexpected ～. 病気が思いがけずぶり返した / Don't be discouraged at one ～. 一度の挫折でくじけるな. **3** 逆水, 逆流 (backset). **4**〘トランプ〙あとで得点を差し引くゲーム; (特に) ＝auction pitch. **5**〘建築〙**a** ＝offset 8. **b** セットバック, 段形後退《日照を妨げないためおよび通風をよくするため, 高層建造物の上部の壁面が下部よりも後退して段形を呈するようにする建築法》. **c** セットバックの建築物.〚《1674》← *set back* (⇨ set (v.) 成句)〛
sét-bàck *n.*〘測量〙後退距離《測鎖あるいはテープの測定距離を超える距離》.
sét bàr *n.*〘造船〙＝set iron.
sét bóok *n.*《英》(試験のための)指定[課題]図書《set text ともいう; cf. SET *adj.* 2》〚1888〛
sét chìsel *n.*〘機械〙＝cold chisel.
sét·dòwn *n.* **1** さんざんにしかること, 譴責(けんせき) (rebuke), ののしり, 罵(ば) (abuse); へこますこと, ひじ鉄砲 (rebuff): give a person a ～ 人をやり込める[人にひじ鉄砲を食わせる]. **2**《古》(乗物の)一区; 乗せてやること, 便乗 (lift).〚1727〛
se·te·nant /sətέnənt, sètənɑ́ː(ŋ), -nɑ́ːŋ | sɪ̀ténənt, siː-; *F.* sətənɑ̃/〘郵趣〙*adj.*〈切手がシートになった.
— *n.* 一続きにした 2 枚切手《通例額面やデザインが異なる》.〚《1911》□ F ～ 《原義》holding one another〛
sét fùnction *n.*〘数学〙集合関数《定義域が集合を要素とする集合であるような関数》.
sét gùn *n.* 発条銃, ばね銃《縄張りの地域内に侵入する人や動物が引き金につないだひもに触れると自動的に発射されるように仕掛けた鉄砲》.
Seth[1] /séθ/ *n.* **1** セス《男性名》. **2** セツ《Adam の三男で, Noah の祖》.〚□ LL ～ □ Gk *Sḗth* □ Heb. *Šēth* 《通俗語源》appointed, substitute ← *šīth* to put, set.: cf. *Gen.* 4: 25〛
Seth[2] /séɪt/ *n.*〘エジプト神話〙＝Set.
sét hàmmer *n.*〘機械〙へし, 角へし, あてへし, あてハンマー《かじ屋が材料の表面を平らにならすのに用いる槌(つち)》.〚1855〛
SETI /séti | -ti/《略》search for extraterrestrial intelligence 地球外文明探索計画《地球外の高等生物の存在を探る計画》.
se·ti- /síːtl̩, -ti | -tl̩, -ti/「剛毛 (bristle)」の意の連結形.〚□ L *sēti-, saeti-* ← *sēta, saeta*: ⇨ seta〛
se·tif·er·ous /sɪ̀tíf(ə)rəs | sɪ-/ *adj.* ＝setigerous.〚《1828》: ⇨ ↑, -ferous〛
se·ti·form /síːtəfɔ̀ːm | -tɪ̀fɔ̀ːm/ *adj.* 剛毛[とげ]状の.〚《1816》← SETI- ＋-FORM〛
se·tig·er·ous /sɪ̀tídʒ(ə)rəs | sɪ-/ *adj.* 剛毛[とげ]をもった.〚《1656》← L *sētiger, saetiger* setigerous＋-OUS: ⇨ seti-, -gerous〛
sét-ìn *n.* **1** (潮などの)差込み (flow). **2** 開始, 始まり.
— *adj.* **1** はめ込まれる, 差し込められる: a ～ bookcase. **2**〘服飾〙セットインの, 縫い込みの: a ～ pocket 切りポケット / a ～ sleeve 付け袖《アームホールに縫い合わせた袖; cf. raglan sleeve》.〚《1534》← *set in* (⇨ set (v.) 成句)〛
se·ti·reme /síːtərìːm | -tɪ-/ *n.*〘昆虫〙(水生昆虫の)櫂(かい)状の脚.〚《1835》← L *sēta* bristle＋*rēmus* oar〛
sét ìron *n.*〘造船〙型板金《板金で作った型板; set bar ともいう》.〚1874〛
sét·lìne *n.*《米》〘釣〙**1** はえなわ (groundline, trawl line ともいう). **2** ＝trotline.〚1865〛
sét-nèt *n.* 定置網《一定の場所に仕掛けて, その中に魚を追い込む》.
sét-nètter *n.* 定置網漁をする人.
Se·to /séɪtoʊ, sét- | -təʊ/ *n.* (*pl.* ～) ＝Seto ware.〚1881〛
sét·òff *n.* **1** (外観を)りっぱに見せる物; 装飾, 飾り (ornament). **2 a** (負債の)相殺(そうさい), 差引 (offset). **b**〘法律〙相殺(請求). **3** (旅行などへの)出発 (start). **4**〘建築〙＝offset 8. **5**〘印刷〙裏移り (offset).〚《1621》← *set off* (⇨ set (v.) 成句)〛
se·ton /síːtn̩/ *n.*〘外科〙串(せん)線法; 串線.〚(*a*1400) □ (O)F *séton* ∥ ML *sētō(n-)* ← L *sēta* bristle, (ML) silk〛
Se·ton /síːtn̩/, Saint **Elizabeth Ann** *n.* シートン《1774–1821; 米国の教育家・宗教指導者; 愛徳修道女会 (Sisters of Charity) を創設 (1809); 米国人として最初に列聖された; 祝日 1 月 4 日》.
Seton, Ernest (Evan) Thompson *n.* シートン《1860–1946; 英国生まれの米国の作家・画家; 動物の生態関係の著作(「動物記」)で知られる; *Wild Animals I Have Known* (1898)》.
séton-nèedle *n.*〘外科〙串(せん)線針.〚1672〛
se·tose /síːtoʊs | -təʊs/ *adj.*〘生物〙とげだらけの, 剛毛の多い (bristly).〚《1661》□ L *sētōsus, saetōsus*: ⇨ seta, -ose[1]〛
sét·òut *n.* **1 a** (食器などの)一式, 一そろい. **b** (食事の)並べ立て, 繕(しつら)え立て. **c** 並べ立てたごちそう (spread). **2** 開始; 出発 (start): at the first ～ 門出に, 最初に. **3** 支度 (turnout); 装い, いでたち (getup). **4** 一行, 仲間, 組.〚《1537》← *set out* (⇨ set (v.) 成句)〛
Séto wàre *n.* 瀬戸焼, 瀬戸物《単に Seto ともいう》.〚《1925》*Seto*: □ Jpn.〛
sét pìece *n.* **1** (芸術・文学などの)入念な型通りの作品. **2** 仕掛花火. **3**〘演劇〙(建物・木・山などフラット式の)ステージセット《張物・丸物の類; cf. set scene 1》. **4**〘文学〙(小説・詩で本筋にいろを添えるための)挿話. **5**〘軍事〙(精密な計画に基づいて遂行される)整然たる軍事作戦. **6**〘スポーツ〙セットプレー《違反などで中断されたゲームを再開するためのプレー; サッカーのフリーキックなど》.〚1846〛
sét pòint *n.* **1**〘スポーツ〙セットポイント《そのセットの勝敗を決する 1 点》. **2**〘機械〙目標値, 設定値《プロセス制御の目標値》.〚1928〛
sét scène *n.* **1**〘演劇〙舞台装置 (cf. set piece 3). **2**〘映画〙撮影用装置による場面.〚1866〛
sét·scrèw *n.*〘機械〙止めねじ, 押しねじ《一つの物を他の物の上に固く締め付ける》.〚1850〛
sét scrùm *n.*〘ラグビー〙セットスクラム《レフリーの指示によって行うスクラム; cf. loose *adj.* 13 c》.〚1938〛
sét shòt *n.*〘バスケットボール〙セットショット《立ち止まったままするショット》.〚1931〛
sét síze *n.*〘活字〙(活字の)幅 (set).
sét squàre *n.*《英》三角定規 (triangle).〚1854〛
Se·tswa·na /sɛtswɑ́ːnə/ *n.* セツワナ語 (Tswana).〚《1811》□ Tswana ～〛
sett /sét/ *n.* ＝set n. B.〚《変形》← SET (n.)〛
set·te·cen·to /sèteɪtʃéntoʊ | -təʊ; *It.* settetʃénto/ *n.* (イタリア史で) 18 世紀.〚《1926》□ It. ～ 《略》← *mille settecento* one thousand seven hundred, 18th century〛
set·tee[1] /setíː/ *n.* **1** 背もたれ・ひじ掛け付き長椅子. **2** 中型のソファー.〚《1716》《変形》? ～ SETTLE[2]〛
set·tee[2] /setíː/ *n.*〘海事〙セッティー《船首のとがった 2 本または 3 本のマストに大三角帆 (lateen sail) を張った昔の地中海の帆船》.〚《1587》□ It. *saettia* ← *saetta* ＜L *sagittam* arrow〛
settée rìg *n.*〘海事〙セッティー帆装《地中海で使われた 2 [3] 本マストに大三角帆を張った方式のもの》.
set·ter /sétə | -tə(r)/ *n.* **1** セッター《伏せをして獲物の所在を示す猟犬; cf. set *vi.* 10, pointer 5 a》: ⇨ English setter, Gordon setter, Irish setter. **2** [しばしば複合語の第 2 構成要素として] set する者: an accurate ～ of type 組版の正確な人 / a jewel ～ 宝石を台にはめる職人 / ⇨ bonesetter, trendsetter. **3 a** set する物[道具]. **b** 低い木びき台. **c**〘機械〙＝saw set. **4 a** 詐欺師[泥棒]のおとり役. **b** (警察の)スパイ. **c** (競売で)値をつり上げる役の人, さくら. **5** [*pl.*] 女性 (↔ pointers). **6**〘音楽〙〈パイプオルガンの〉音栓の組み合わせをセットする装置. **7**〘バレーボール〙セッター (cf. setup 11 b).〚《?1403》← SET (v.)＋-ER[1]〛
sétter-ón *n.* (*pl.* **setters-on**) **1** けしかける人, そそのかす人, 煽動者 (instigator): a ～ *to* rebellion. **2** 攻撃する人 (attacker).〚《*c*1550》← *set on* (⇨ set (v.) 成句)〛
sétter·wòrt *n.*〘植物〙＝bear's foot 1.〚《1551》← *setter* 《転訛》? ← SETON)＋WORT: この草の根が牛の seton 療法に用いられたことからか: cf. MLG *siterwort*〛
sét tèster *n.* ＝circuit tester.
sét téxt *n.*《英》＝set book.
sét thèory *n.*〘数学〙集合論《主として無限集合を対象とする数学の分野; ドイツの数学者 G. Cantor によって創始された》.〚1936〛
set·ting /sétɪŋ | -tɪŋ/ *n.* **1 a** 環境, 周囲, 背景; (小説・劇などの)背景としての時代[場所]: the historical ～ of the Bible 聖書の歴史的背景 / The high mountains formed a beautiful ～ *for* our holiday trip. 高い山々が私たちの行楽にとって格好な美しい背景をなしていた / The story has its ～ in ancient Greece. 物語の背景は古代ギリシャに置かれている. **b**〘演劇〙セッティング, 舞台装置, 道具立て (stage setting). **2** (計器・時計などの)調節(法); 調節点; (ダイヤルなどで針の示した)目盛りの位置: the ～ of a watch to the correct time 時計を正しい時刻に合わせること / a watch with two ～*s*, fast and slow 速と遅との二つの調節点がある時計. **3** (食卓またはその一席分の箇所に並べられる)一そろいの食器: The dining room has ～*s for* one hundred. その食堂は百人分の膳立てができる. **4 a** (宝石などの)はめ込み, 象眼 (inlaying); はめ込み物, はめ込み台 (mounting): with a diamond ～ ダイヤをちりばめた. **b** (機械の)台. **5**〘音楽〙(詩などの)作曲, 節付け; 編曲: the ～ of words to music 作曲 / The music will be performed in a ～ *for* string orchestra. その音楽は弦楽合奏用の編曲で演奏される. **6 a** 固まること, 凝固, 硬化; (コンクリートなどの)凝結《コンクリートを打ってから数十分ないし数時間後に起こる現象; cf. hardening 1 a》: the ～ of plaster [cement] 石膏[セメント]の凝固. **b** 固着, 接着. **c** 植付け (planting). **7** (日・月の)没する[沈む]こと, 入り: the ～ of the sun 落日. **8** (卵の)一抱き (clutch). **9**〘軍事〙測合《信管の目盛りを調整すること》. **10**〘教育〙(英国の教科ごとの)能力別学級編成《streaming は全教科に対して固定されているのに対して setting は教科ごとに能力別のコースが編成されること; cf. streaming 3》.〚《*c*1303》: ⇨ set, -ing[1]〛
sétting blòck [bòard] *n.* (昆虫の標本を作るときに用いる)展翅(てんし)板.〚1825〛
sétting còat *n.*〘建築〙(壁の)仕上塗り.〚1812〛
sétting hèn *n.* 巣につきたがる雌鶏.
sétting-lòtion *n.* セットローション《髪をセットするときに使う溶液》.〚1926〛
sétting pòint *n.*〘物理〙凝結温度《ゾルがゲル化する温度》.
sétting pùnch *n.* かしめつぶし棒《リベットを打ち込んだあと頭部をつぶして固定する道具; rivet set ともいう》.
sétting rùle *n.*〘印刷〙セッテン (composing rule).〚1770〛
sétting stìck *n.* **1**〘印刷〙ステッキ (composing stick). **2** ＝dibble[1].〚1556〛
sétting-úp èxercise *n.* [通例 *pl.*] 柔軟体操, 整備体操; 美容体操 (calisthenics).〚1900〛
set·tle[1] /sétl̩ | -tl/ *vt.* **1 a**〈問題・困難などを〉解決する (solve),〈紛争・争議などに始末[結末]をつける,〈国事・危機などを〉処理する (dispose) (⇨ decide SYN);〈家事などを〉整理する;〈疑いを〉晴らす: ～ problems, difficulties, disputes, quarrels, etc. / ～ differences (国際間の)紛争を解決する / ～ affairs of state 国事を決する / ～ one's affairs 家事[財産]を整理する, (特に)遺言書を作る / ～ doubts 疑いを晴らす / Mediation will ～ the crisis. 調停によって危機は解決を見るだろう / There is nothing ～*d* yet. 問題はまだ何も片付いていない / That ～*s* it [the matter]. それで問題は解決した《もう言うことはない》, 君の解決策で間違いないよ. **b**《口語》〈人を〉片付ける, やっつける; おとなしくさせる, 黙らせる (silence): ⇨ *settle a person's* HASH[1] / A word from you will ～ him. 《英》君がひとこと言えばやつもおとなしくなるだろう.
2〘法律〙**a** (双方の了解で)〈訴訟・紛争を〉解決する: ～ a lawsuit [case] (out of court) (*for* $10,000) (1 万ドルで) 訴訟を和解させる[示談にする]. **b**〈財産・権利などを〉〔…に〕分与[譲渡]する,〈不動産などの〉終身継承権を〔…に〕設定する (cf. settlement 4)〔*on, upon*〕: ～ one's estate [fortune] *on* one's children 財産を子供たちに分与する. **3** [しばしば *that*-clause, *wh*-word＋*to* do, *wh*-word＋clause を伴って] 決定する, 決める (decide); 決心する: ～ the order of royal succession 王位継承の順位を決める / It's ～*d that* I will go first. 私が初めに行くことに決まった. / Have you ～*d where to* go [*what* you will take]? どこへ行くか[何にするか]決めましたか.
4 a〈人を〉〔土地・住居などに〕落ち着かせる, 定住させる〔*in, into, on*〕: ～ a child *into* a new school 子供を新しい学校になじませる / ～ one's family *in* the country 家族を田舎に定住させる / We were soon ～*d* [soon ～*d*

S

ourselves, soon got ~*d*] *in* our new house. 我々はほどなく新居に落ち着いた. **b** 〈土地〉に植民する, 移住する (colonize); 〈人を〉〔土地に〕植民させる〔*in*〕; 〔人を〕〈土地〉に移住させる〔*with*〕: ~ Canada / The Dutch were ~*d in* New York. オランダ人はニューヨークに移住した / Australia was ~*d with* people from Britain and Ireland. オーストラリアにはイギリス人とアイルランド人が移住した.
5 a (動かないように)置く, 据える: ~ one's hat *on* one's head 帽子をしっかり頭の上にのせる / ~ one's feet *in* the stirrups 足をしっかりとあぶみに置く / ~ an invalid *among* pillows (for the night) (夜間に)枕で支えて病人を寝かせる / ~ oneself *in*(*to*) a chair [*in* the witness stand] 椅子にどっしりと座る[証人席に立つ]. **b** きちんと整える; 〈衣服などを〉整える, 〈帽子などを〉きちんとかぶる, 〈枕などを〉正しくあてがう.
6 〈勘定・負債などを〉払う (pay), 清算する (liquidate), 片付ける 〈*up*〉〔*with*〕: ~ (*up*) an account [a debt, a claim] (しばしばまけてもらって)勘定[債務]を支払う[済ます] / ~ a bill *with* a desk clerk (ホテルでチェックアウトのとき)フロント係に料金を支払う / ~ the taxi fare タクシーの料金を払う / have an account to ~ *with* …に清算すべき勘定がある; …と談判しなければならぬことがある.
7 a (揺すぶって)〈中身を〉安定させる; (水などを打って)〈土・地面を〉固める: ~ the soil. **b** 〈かすを〉沈澱させる; (かすを沈めて)〈液体を〉澄ませる (clarify); 〈ほこりを〉静める: ~ wine ぶどう酒を澄ませる / A rainfall will ~ the dust. 一雨降ればほこりも静まるだろう.
8 a 〈神経などを〉鎮静させる, 安静にする (quiet); 〈胃などを〉落ち着かせる; 〈消化などを〉よくする: ~ a disordered mind 混乱した頭を静める / medicine to ~ one's nerves [stomach, digestion] 神経を鎮める[胃を落ち着かせる, 消化を助ける]薬. **b** 〈食べた物〉の消化を助ける: have a liqueur to ~ one's meal 食事のこなれをよくするためにリキュールを一杯飲む. **c** 〈病人・子供などを〉安静に[静かに]させる 〈*down*〉: ~ children [the audience] *down* 子供たち[聴衆]を静粛にさせる / ~ the children *down* in bed 子供をベッドに静かに寝かしつける / ~ oneself (*down*) *to* read the paper in peace 落ち着いて静かに新聞を読む.
9 a 〈制度・政体・国語などを〉安定させる, 恒久的にする: ~ the succession to the throne with a compromise 妥協によって王位継承を確立する. **b** 〔職業などに〕就かせ(て安定させる); (結婚させて)…の身を固めさせる: ~ one's children *in* business 子供を実業に就かせる.
10 〈雄の動物が〉〈雌〉に種付けをする (cf. serve *vt.* 12).
— *vi.* **1** 腰を下ろす, くつろぐ, 休む: ~ (*back*) *in* a chair 椅子に(深々と)座る / ~ *down* with a paper 新聞を持ってのんびり(椅子に)くつろぐ / ~ *down* there for the night その晩はそこに泊まって休む.
2 〈ほこりなどが〉降りる, 積もる; 〈かすなどが〉沈澱する; 〈液体などが〉澄む 〈*down*〉: The dust has ~*d on* the shelf. 棚にはほこりがたまっていた.
3 a 〈鳥などが〉留まる, 休む, 〈飛行船などが〉着陸する, 〈霧などが〉降りる, かかる, 〈静寂・夕闇などが〉垂れ込める〔*on, over, in*〕: A bird ~*d on* the bough. 鳥がその枝にとまった / The fog ~*d in* the village. 霧が村に垂れ込めた / Dusk was *settling over* the city. 町に夕闇が迫っていた. **b** 〈視線などが〉〔…に〕留まる〔*on, upon*〕. **c** 〈平静な気持ちなどが〉〔…に〕宿る〔*on, upon*〕: A queer calmness ~*d* (*up*)*on* him. 不思議なくらい落ち着いた気持ちになった. **d** 〈病気などが〉〔…に〕局部化する〔*in, on*〕: A cold ~*d in* my head [*on* my chest]. かぜが抜けずに頭[胸]が痛かった.
4 a 居を定める, 定住する 〈*down*〉: ~ (*down*) nearby [near London, in Europe] / Where would you like to ~ *down* (finally)? (最終的には)どこに落ち着きたいの. **b** 植民[移住]する: The Pilgrim Fathers ~*d in* Plymouth. ピルグリムファーザーズはプリマスに植民した.
5 a 〔職業に〕就く, 腰を据える 〈*down*〉〔*in*〕: ~ *in* the practice of law 弁護士を開業する / ~ *down in* a new job [career] 新しい職に身を落ち着ける. **b** [通例, ~ *down* として]〔仕事に〕腰を落ち着ける, 取りかかる〔*to*〕; [*to* do を伴って]〈…することに〉身を入れる: ~ *down to* dinner [reading] 落ち着いて食事[読書]に取りかかる / ~ *down to* read the paper in peace 落ち着いて静かに新聞を読む / I cannot ~ (*down*) *to* anything today. 今日は何も落ち着いてやる気になれない.
6 a 〈天候・風などが〉定まる, 落ち着く, 固定する: The weather has [is] ~*d* at last. 天気はやっと定まった (cf. SETTLED *adj.* 3). **b** 〈興奮・騒音・騒ぎ・事態などが〉収まる, 静まる 〈*down*〉: let the excitement ~ *down* 興奮を静めさせる / The matter has ~*d down*. 一件は落着した / Wait till the dust has [things have] ~*d* (*down*) before making any decisions. ほとぼりがさめるまで決定を待ちなさい. **c** 〔ある状態に〕落ち着く, 収まる, 定着する〔*into*〕: ~ *into* sleep 眠り込む / ~ *into* marriage [old age] 結婚生活に入る[老境に至る] / Her expression ~*d into* a smile. 彼女の表情は微笑に変わった / Things are *settling into* shape. 事態も目鼻がつき始めた.
7 a 〔…と〕話をつける, 和解する〔*with*〕: We decided to ~ out of court (*for* $10,000). (1万ドルで)示談にすることにした (cf. *vt.* 2 a). **b** 〔…に〕仕返しをする, 復讐する〔*with*〕: Now to ~ *with* you! さあ話をつけてやる《挑戦の言葉》.
8 借金を払う, 勘定を済ます, 精算する (compound, pay up) 〈*up*〉〔*with*〕: ~ *up* after a game ゲームのあとで精算する / ~ (*up*) *with* a creditor [waiter] 債権者に債務を[ウェーターに勘定を]支払う / I will ~ for all of you. 《英》君たちの分も払っておこう.
9 a 〔…に〕決める, 決定する, 決心する (resolve)〔*on, upon*〕: ~ *on* a date [plan of action, sum of money] 日取り[行動計画, 金額]を決める. **b** 〔…で〕満足[我慢]する, 手を打つ〔*for*〕: ~ *for* any kind of work どんな仕事でも我慢する / ~ *for* being a housewife 主婦の立場に甘んじる / ~ *for* half the price 半値で折り合う.
10 a (降雨・降霜などのあとで)〈地面・土地が〉締まる, 固まる. **b** 〈土地・土台などが〉沈下する, 低下する, 下がる (subside). **c** 〈自動車などが〉〔ぬかるみなどに〕はまる (sink)〔*in*〕: The car ~*d in* the mud. 車は泥の中にはまり込んだ. **d** 〈船が〉沈む, 傾く (sink): The ship ~*d* (*down*) on the sea bed. 船は海底に沈んだ. **11** 〈雌の動物が〉子をはらむ.
séttle dówn (*vt.*) ⇨ *vt.* 8 c. (*vi.*) (1) ⇨ *vi.* 1. (2) ⇨ *vi.* 2. (3) ⇨ *vi.* 4 a. (4) ⇨ *vi.* 5. (5) ⇨ *vi.* 6 b. (6) (結婚して)身を固める, 落ち着く: marry and ~ *down* / ~ *down to* married [normal] life 気ままな生活をやめて結婚[普通の]生活に入る. ***séttle ín*** (新居などに)引っ越して落ち着く[着かせる]: Do come and see us when we have ~*d* [are ~*d*] *in*. 落ち着いたらぜひ遊びに来て下さい / She's *settling in* well at work. 職場にうまく慣れてきている. ***séttle úp*** (*vi.*) (1) ⇨ *vi.* 8. (2) 物事を片付ける, 物事に決まりをつける: It's time we ~*d up*. もう決まりをつけてもよい頃だ. (*vt.*) ⇨ *vt.* 6.
〖late OE *setlan* ← *setl* seat, place of rest < Gmc **setlaz* (Du. *zetel* / G *Sessel*) ← IE **sedl-* (L *sella* (< **sedlā*) seat / Gk *hellā́* (< **sedlā́*) ← **sed-* 'TO SIT': cf. Jpn.「すむ(同根語: 住む, 済む, 澄む)」〗

set·tle² /sétl̩ | -tl̩/ *n.* **1 a** (木製の)長椅子《ひじ掛け付きで背もたれが高く座席の下が箱になったものが多い》. **b** = settee¹. **2** 《廃》座る場所; 住居. 〖OE *setl* < Gmc **setlaz* (↑): cf. set, saddle, soot〗

set·tled /sétl̩d | -tl̩d/ *adj.* **1 a** 固まった, 固定した (fixed); 安定した, 確立した (established): a man of ~ convictions 強い確信のある人 / a ~ habit 確立した習慣 / a person of ~ views who dislikes change 考えが固まっていて変化を嫌う人 / a ~ income 定収(入). **b** 根深い: a ~ melancholy 深い憂いの色. **2 a** 〈人が〉定住した. **b** 〈土地が〉植民された, 植民者が居る. **3** 〈天気が〉定まった, 快晴の: ~ weather 快晴続き. **4** 片付いた, 協定のついた: a ~ thing [matter] けり[決まり]のついた事柄[問題]. **5** 清算のできた (adjusted), 支払い済みの: a ~ account / *Settled* (請求書の上に書いて)支払い済み. 〖1556〗

séttled estáte *n.* 〘法律〙制限付き不動産権《通常の相続法による譲渡・遺贈・代襲相続などの権利が継承的不動産処分 (settlement) によって限定されたもの》. 〖1856〗

set·tle·ment /sétl̩mənt | -tl̩-/ *n.* **1** 解決, 処理, 片付け, 決定, 決着 (conclusion); 和解, 示談 (agreement): the ~ of a dispute [strike] 論争[ストライキ]の解決 / a ~ out of court = an out-of-court ~ 示談, 和解 / terms of ~ 和解条件, 解決条件 / come to [arrive at, reach, achieve] a ~ 決まりがつく, 決定になる, 落着[決着]する, 和解する, 示談になる. **2** (勘定の)清算, 決算: payment made in ~ of an account [a debt] 勘定[負債]の決済. **3 a** 植民 (colonization), 移民; (新しく造られた)植民地 (colony); 新開地; (特に)居留地, 租界: the ~ of the new territory 新しい地域への移住 / the English ~*s* (米国の)英国人による開拓地. **b** (植民地など人口の希薄な地域の)小さな村落. **c** 小さな家[小屋]のかたまり, (特に, 農園の)奴隷地区 (slave quarters). **d** (特定の教団・階級が形成する)共同社会: Mennonite ~ メノー派教徒の社会. **e** セツルメント, 隣保団, 隣保事業, 隣保館《貧しい人が多く住む地域に定住してその改善や啓蒙に当たる団体・事業・施設; settlement house, neighborhood house ともいう》. **4** 〘法律〙 **a** (財産・権利などの)譲渡, 処分, 財産授与, (特に, 家族のための)継承的不動産処分: make a ~ on [upon] …に財産を譲渡する / a family ~ 家族継承的不動産処分 / a marriage ~ 婚姻継承的不動産処分 / the Act of *Settlement* 王位継承法《1701 年に定められた英国の法律で, 旧教徒の即位を禁止して, Hanover 朝の成立を確実ならしめた》. **b** 贈与財産. **5 a** (建物・土砂などの)降下, 沈下 (subsidence). **b** 〈液体が〉澄むこと (clarification); (おりの)沈澱 (precipitation), 清澄. **6 a** (住居を定めて)身を落ち着けること, 定住, 居住. **b** 固定, 定着, 確立. **c** 安定した状態; 秩序の確立. **7 a** 身固め (establishment in life), 定職に就くこと; (特に)結婚による身固め. **b** 固定した地位. **c** 牧師に就任すること, 叙階. **8** 《英》(法律で定められた)定住地, (救貧法の救済を受けるだけの期間の)定住. **9** 〘証券〙取引の決済《証券の受渡しと代金の受払い》; 《英》2 週間決済取引の決済処理過程[期間]《その第 1 日が contango day, 第 2 日が ticket day, 間を置いて最終日が account day》. 〖(1626) ← SETTLE¹+-MENT〗

séttlement dày *n.* 決算日, 勘定日, 決済日, 受渡し日. 〖1896〗

séttlement hòuse *n.* = settlement 3 e. 〖1907〗

séttlement òption *n.* 〘保険〙保険金支払い方法の選択.

séttlement wòrker *n.* 隣保事業家, セツラー (cf. settlement 3 e).

set·tler /sétlə, -tlə | -tlə(r, -tlə(r/ *n.* **1 a** 移民, 移住民, 開拓者, 植民者 (colonist): the early ~*s* of New England. **b** 隣保事業家, セツラー. **2** 沈澱器, 沈澱おけ. **3 a** 解決[決定]する人[もの]. **b** 《口語》決定的打撃[議論, 事件], 論争などに最後の結論を与えるような議論, 最後のけりをつけるもの, とどめ (decisive blow). **4** 〘法律〙継承的不動産処分設定者. 〖1598〗

séttler's clòck *n.* 《豪》〘鳥類〙= kookaburra.

sét·tling /-tl̩ɪŋ, -tl- | -tl̩-, -tl-/ *n.* **1** 据えること; 安定させること. **2** 移住, 植民. **3** 決定; 解決; 和解. **4** 鎮静. **5** 沈澱; [*pl.*] 沈澱物, かす, おり (lees, dregs). 〖*a*1400〗

séttling dày *n.* 《英》**1** 勘定日, 決算[清算]日. **2** 〘証券〙= account day (cf. contango day, ticket day).

séttling rèservoir *n.* 沈澱池.

séttling tìme *n.* 〘機械〙整定時間《計器の読みなどが落ちつくまでの時間》. 〖1951〗

set·tlor /sétlə, -tlə | -tlə(r, -tl-/ *n.* 〘法律〙財産譲渡者; (継承的不動産処分や信託の)設定者. 〖(1818)《変形》← SETTLER: ⇨ -or²〗

set-to /séttùː/ *n.* (*pl.* ~**s**) 《口語》**1** [通例単数形で] (通例短時間の激しい)けんか, なぐり合い, 口論: There was a ~ between them. 彼ら二人の間でけんかがあった. **2** (ボクシングなどの)激しい打ち合い. 〖(1743) ← *set to* (⇨ set (v.) 成句)〗

sét·tòp bòx *n.* セットトップボックス《テレビの上に置ける程度の小型補助装置; スクランブルを解除したり, 利用者の要求をシステムに伝えたりする》.

Se·tú·bal /sətúːbəl, -bɑːɫ | -bəl, -bæl; *Port.* sɨtúβaɫ/ *n.* セトゥーバル《ポルトガル南西部の港市; 1755 年の地震で旧市街の大部分が潰滅》.

set·u·la /sétʃʊlə | -tjʊ-/ *n.* (*pl.* **-u·lae** /-liː/) 〘生物〙短い剛毛, 小剛毛. 〖(1826) □ LL *sētula* (dim.) ← *sēta*: ⇨ seta〗

set·u·lose /sétʃʊlòʊs | -tjʊlàʊs/ *adj.* 〘生物〙短い剛毛 (setulae) で覆われた. 〖(1826): ⇨ ↑, -ose¹〗

set·u·lous /sétʃʊləs | -tjʊ-/ *adj.* = setulose.

set·up /sétʌ̀p | sétʌp/ *n.* **1 a** 機構, 組織, 構成 (organization). **b** (機械などの)組立て, 作り (make-up). **2** 《口語》**a** 楽に勝てるように仕組んだ試合[競争]. **b** 八百長(試合). **c** 楽勝できる敵, 弱い敵, 「かも」. **d** 楽にできる仕事. **e** 容易にだまされる人, 「かも」. **3** 〘電算〙(システムの)構成, セットアップ. **4** 《米》(実験装置などの)装備 (arrangement), 準備 (preparation). **5** 行動計画, 企画, 段取り (plan). **6** 《米口語》**a** 態度, 身のこなし (carriage); (特に, 軍人のような直立の)姿勢. **b** 体格 (physique). **7** 《米》**a** 酒に混ぜるソーダ水[氷など]. **b** (レストランでの)食器一そろい, テーブルセット《時にバター・パンも含む》. **8** 《米》〘玉突〙容易に得点の得られるように並んだ球の位置. **9** 〘映画〙セットアップ: **a** カメラの位置. **b** あるカメラ位置からとったフィルムの長さ. **c** 撮影前の小道具の最後の配列. **10** 〘ボクシング〙勝ち目のない選手. **11** 〘スポーツ〙セットアップ: **a** (テニス・バドミントンなどで)相手にやすやすと決定打を許すようなチャンスボール; またはそのショット. **b** (バレーボールで)チームのメンバーがスパイクしやすいようにネット際に高く上げられたボール; そのボールをスパイクする選手. 〖(1841) ← *set up* (⇨ set (v.) 成句)〗

sét-ùp *adj.* [限定的] [通例副詞に伴って] 体を鍛え上げられた, (…の)体格の: a well ~ man 立派な体格の人. 〖(1867): 初出例は *well set up*〗

sét-ùp màn *n.* 〘野球〙中継ぎ投手.

set·wall /sétwɔːɫ/ *n.* 〘植物〙**1** ヨウシュカノコソウ (garden heliotrope). **2** ハナシノブ (*Polemonium coeruleum*). **3** ウコン (turmeric). 〖(?*a*1200) *setewale, zedewale* zedoary □ AF *zedewale* = OF *cito(u)al* □ ML **zedoāle* 《変形》← *zedoārium* 'ZEDOARY'〗

sét wìdth *n.* 〘印刷〙(自動植字で, 小文字の)組み幅.

Seu·rat /sə(ː)rɑ́ː, sʊ- | sə́ːrɑː, ─́─; *F.* søʀa/, **Georges** *n.* スーラ《1859–91; 新印象主義を創始したフランスの画家》.

Seuss, Dr. *n.* ⇨ Geisel.

sev /séɪv/ *n.* セーブ《ヒヨコマメなどの粉を細いひも状にして油で揚げ, スパイスで香味をつけたインドのスナック》. 〖□ Hindi ~〗

Se·van /səvɑ́ːn; / *n.* セバン(湖)《アルメニア北部の火山湖; 面積 1,360 km²》.

Se·vas·to·pol /sɪ̀vǽstəpòʊɫ, -pl̩ | -pɔ̀l, -pl̩; *Ukr.* sevastópolʲ, *Russ.* sʲivastópəlʲ/ *n.* セバストポリ《ウクライナ南部, Crimea 半島南端部にある港湾都市でロシアの海軍基地・保養地がある; クリミア戦争 (Crimean War) および第二次大戦における長期にわたる抗戦は有名》.

sev·en /sévən/ *n.* **1** 7; 7 個, 7 人, 7 歳, 7 時: half past [after] ~ 7 時半 / a boy of ~ 7 歳の少年 / in [by] ~*s* 七つずつ, 7 人ずつ / ~ of them 彼ら[それら](のうち)の 7 人[個]. **2** 7 [VII] の記号[数字]. **3** 7 人[個]一組; 7 人のボートの組. **4** (トランプなどの) 7 の札[カード]: the ~ of hearts ハートの 7. **5** 7 番サイズの衣料品: wear a ~. **6** [*pl.*; 単数扱い] 〘トランプ〙= fan-tan 1. **7** [通例 *pl.*] 〘詩学〙韻律構造の単位が 7 から成るもの《7 音節の強弱調など》. **8** [*pl.*] 〘ラグビー〙セブンズ《7 人ずつのラグビー試合》.
at síxes and sévens ⇨ six 成句.
Séven agàinst Thébes [the ─] 〘ギリシャ神話〙テーベの七勇士《兄 Eteocles のために位を奪われた Polynices を王位に復させようとしてテーベ攻撃に出動した 7 人のギリシャの勇士 Adrastus, Amphiaraus, Capaneus, Hippomedon, Parthenopaeus, Polynices および Tydeus; この出征は失敗に終わったが, 10 年後彼らの子孫 (the Epigoni) によって目的は果たされた; Aeschylus はこれを劇化した》.
— *adj.* 7 の, 7 個の, 7 人の; [叙述的] 7 歳で: at ~ o'clock 7 時に. ★ mystic number として完全または多数を意味する場合がある: seventy times ~ ⇨ seventy 成句 / ~ days 7 日, 1 週間 / ~ year(s) 《廃》長年月.
Séven Chámpions of Chrístendom [the ─] 七守護聖人《イングランドの St. George, スコットランドの St. Andrew, アイルランドの St. Patrick, ウェールズの St. David, スペインの St. James the Greater, フランスの St. Denis およびイタリアの St. Anthony》. 〖1596〗
séven-dày féver in Japán 〘病理〙七日熱, なぬかやみ《日本の山林労務者がかかりやすいレプトスピラ症で, ワイル病よりは軽症》. 〖1888〗
Séven Ságes of Gréece [the ─] = Seven Sages.
Séven Sléepers of Éphesus [the ─] エフェソスの七眠者《Decius 帝のとき, Ephesus でキリスト教信仰のために迫害され, ある岩穴に閉じ込められ約 200 年の間眠って後, 目

S

覚めたときにはローマがキリスト教化されていたと伝えられる 7 人の貴族).《OE》

Séven Wíse Mén of Gréece [the ―] =Seven Sages.

Séven Wónders of the Wórld [the ―] 世界の七不思議《エジプトの大ピラミッド (Great Pyramids), Alexandria の灯台 (Pharos), バビロンのつり庭 (Hanging Gardens of Babylon), Ephesus の Artemis 神殿, Olympia の Zeus 神像, Halicarnassus の墓陵 (Mausoleum) および Rhodes のヘーリオス巨像 (Colossus of Rhodes) の七大造営物》.

〖OE *seofon* < Gmc **seƀun* (Du. *zeven* / G *sieben*) < IE **septṃ* (L *septem* / Gk *hepta* / Skt *sapta*): cf. sept-, hepta-〗

séven·bàrk *n.*〖植物〗**1** =wild hydrangea 1. **2** =ninebark.〖1762〗

séven cárdinal vírtues *n. pl.* [the ~]〖哲学・神学〗=seven principal virtues.

séven-càrd stúd *n.*〖トランプ〗七枚ポーカー《7 枚のカードを最初の 2 枚と最後の 1 枚だけ伏せて配り, うち 5 枚を選んで役を作る方式の stud poker》.

séven déadly síns *n. pl.* [the ~]〖神学〗(地獄に落ちる)七つの大罪[罪源, 主罪] (⇨ deadly sins).

Séven Dwárfs *n. pl.* [the ~] 7 人のこびと《グリム童話 *Snow White* で白雪姫と暮らすこびとたち; Walt Disney の漫画映画 (1937)では Doc, Grumpy, Sleepy, Bashful, Happy, Sneezy, Dopey の 7 人》.

7-Eléven /sévən-/ *n.* セブンイレブン《米国の 24 時間営業のコンビニエンスストアチェーン店; Texas 州に本社がある Southland 社系列; seven-Eleven ともつづる》.

séven·fòld *adj.* **1** 7 部分[部門, 要素]のある, 七重の. **2** 7 倍の. ― *adv.* 7 倍に; 七重に.〖OE *seofonfeald*: ⇨ seven, -fold〗

747 /sévənfɔ̀ːəsévən | -fɔ̀ː-/ *n.* セブンフォーセブン《ボーイング 747 型ジェット機; ⇨ jumbo jet》

Séven Hílls *n. pl.* [the ~] (ローマの)七丘《Aventine, Caelian, Capitoline, Esquiline, Palatine, Quirinal および Viminal; 古代ローマはこの七丘を中心に建設された; Seven Hills of Rome ともいう》: the City of the ~ 「七丘の都」《Rome の別称》.

séven-léague *adj.* [限定的]〈前進など〉長足の, 急速な, すごいスピードの: a ~ step, stride, etc.〖《1793》← *seven-league(d) boots*《なぞり》← F *bottes de sept lieues*〗

séven-league bóots *n. pl.* **1** (童話 *Hop-o'-my-Thumb* に出てくる人食い鬼 (ogre) のはく) 一またぎ 7 リーグの(巨大な)靴. **2** 非常な速さ[大きさ]: advance with ~ 急速に前進する, 長足の進歩をする[遂げる].〖1793〗

séven-lèagued *adj.* =seven-league.〖1799〗

séven líberal árts *n. pl.* [the ~]〖教育〗=liberal arts 1.

séven·nìght *n.* =sennight.

sev·en·pence /sévənpéns | sévənpéns, -pí:ˉ, -pəns, -pṇs/ ★ 発音・用法その他については ⇨ penny 1. *n.* (*pl.* ~, **-penc·es**) (英国の) 7 ペンス(の価).〖1671〗

sev·en·pen·ny /sévənpéni | sévənpéni, -pí:ˉ, -p(ə)ni, -pṇi/ *adj.* ★ 発音・用法その他については ⇨ penny 1. **1** 7 ペンスの. **2**〈釘が〉2¼ インチ(の長さ)の. (100 本につき 7 ペンスしたことから)〖《*c*1380》: ⇨ seven, -penny〗

Séven Pínes *n.* =Fair Oaks.

séven príncipal vírtues *n. pl.* [the ~]〖哲学・神学〗七元徳, 七主徳《faith, hope, love [charity], prudence, justice, fortitude, temperance; cf. cardinal virtues》.

Séven Ságes *n. pl.* [the ~] (古代ギリシャの) 七賢人《Bias, Chilon, Cleobulus, Periander, Pittacus, Solon および Thales; 支配者・法律家・顧問としてギリシャに奉仕し多くの格言を書いた》.〖?*a*1350〗

séven séas, S- S- *n. pl.* [the ~] 世界の七洋, 七つの海《南北太平洋・南北大西洋・インド洋・南極海および北極海》; 全世界の大海.〖1550〗

Séven Séas *n.*〖商標〗セブンシーズ: **1** 英国 Seven Seas Health Care 社製のビタミン B_6 剤のカプセル. **2** 米国 Anderson Clayton Foods 製のサラダドレッシング.

séven sénses *n. pl.* [the ~] 七感《触覚・味覚・視覚・聴覚・嗅覚に知覚と言語感覚を加えたもの》.〖1694〗

séven sísters *n.* (*pl.* ~)〖植物〗ノイバラ (*Rosa multiflora*)《日本の山野に普通にみられるノバラで 2 m 位の落葉低木; seven sisters rose ともいう》.〖*a*1420〗

Séven Sísters *n. pl.* [the ~]〖天文〗「七姉妹」(Pleiades の旧名).〖1412〗

Séven Sléepers *n.* [the ~] =SEVEN Sleepers of Ephesus.〖late OE《なぞり》← L *septem dormientes*〗

séven-spòt *n.*《俗》〖トランプ〗7 のカード[札].

Séven Stárs *n.* [the ~]〖天文〗=Pleiades.〖OE *seofon steorran*〗

sev·en·teen /sèvəntí:nˉ/ *n.* **1** 17; 17 個; 17 人, 17 歳: sweet ~ 妙齢, 鬼も十八の年ごろ. **2** 17[XVII] の記号[数字]. **3** 17 人[個]一組. ― *adj.* 17 の, 17 個の, 17 人の; [叙述的] 17 歳で.〖OE *seofontīene, seofontȳne, sefontēne*: cog. G *siebzehn*: ⇨ seven, -teen〗

sev·en·teenth /sèvəntí:nθˉ/ *adj.* **1** 第 17 の, 17 番目の (17th). **2** 17 分の 1 の: a ~ part 17 分の 1. ― *n.* **1** [the ~] 第 17, 17 番目, 第 17 位; (月の)(第) 17 日: *the* ~ [*17th*] of July 7 月 17 日. **2** 17 分の 1.〖ME *sevententhe*《変形》← *seventethe* < OE *seofontēoþa*: -n- は ↑ の影響による: ⇨ -th¹〗

séventeen-yèar lócust *n.*〖昆虫〗ジュウシチネンゼミ (*Magicicada septendecim*)《米国産で地中の幼虫期が北で 17 年, 南では 13 年に及ぶ; periodical cicada ともいう》.〖1817〗

sev·enth /sévənθ/ *adj.* **1** 第 7 の, 7 番目の (7th). **2** 7 分の 1 の: a ~ part 7 分の 1. ― *adv.* 第 7 に, 7 番目に. ― *n.* **1** [the ~] 第 7, 7 番目, 第 7 位; (月の)(第) 7 日: *the* ~ [*7th*] of May 5 月 7 日. **2** 7 分の 1: a ~ 7 分の 1. **3**〖音楽〗七度音程, 七度; 導音 (leading note): the chord of dominant ~ 属七(ぞく)の和音《属和音に短 3 度を積み重ねた和音; 主和音へ進む性質がある》.

~·ly *adv.*〖ME *seventhe* ← SEVEN+-TH¹ ∽ *sevethe* < OE *seofoþa* < Gmc **seƀunþō-* ← *seƀun* 'SEVEN'〗

Séventh Ávenue *n.* **1** 七番街《米国 New York 市 Manhattan 区の大通り》. **2** New York 市の婦人服飾産業界《大量生産で有名》.

séventh chòrd *n.*〖音楽〗七の和音《根音とその第 3 音・第 5 音および第 7 音の 4 個音によって構成される和音》.〖1909〗

Séventh Commándment *n.* [the ~] (十戒の)第七戒 (⇨ Ten Commandments).

séventh-dày, S- D- *adj.* 週の第 7 日(土曜日)を安息日とする.〖1684〗

Séventh dày *n.* **1** (クエーカー派 (Quakers) 間で)土曜日. **2** (ユダヤ教などで)安息日 (Sabbath).

Séventh-dày Ádventist, Séventh-Dày A- *n.*〖キリスト教〗**1** [the ~s] 安息日再臨派[教団], セブンスデーアドベンティスト《キリストの再臨と土曜日の安息日厳守を主張する再臨派 (Adventists) の一派》. **2** 安息日再臨派の信者.〖1860〗

Séventh-Dày Báptist *n.*〖キリスト教〗セブンスデーバプティスト《土曜日を安息日とするバプティスト派 (Baptists) の一派の信者; Sabbatarian ともいう》.〖1784〗

séventh héaven *n.* **1** [the ~]〖ユダヤ教〗第七天《最上天で, ユダヤ人が神と天使のいる所と考えた》. **2**《口語》無上の幸福, またとなく幸福な場所: *the* ~ of delight 喜びの極致[絶頂] / be in (the) ~ 無上の幸福に浸っている, 有頂天になっている.〖1818〗

séventh-ìnning strétch *n.*〖野球〗七回の背伸び《ひいきのチームがラッキーセブンの攻撃に移る際, その第 1 打者が打席に入るまで観客が立ち上がっていること; 19 世紀の昔から行われている習慣で, 縁起をかついでやるもの》.〖1958〗

sev·en·ti·eth /sévəntiịθ | -ti-/ *adj.* **1** 第 70 の, 70 番目の (70th). **2** 70 分の 1 の: a ~ part 70 分の 1. ― *n.* **1** [the ~] 第 70, 70 番目. **2** 70 分の 1.〖《*c*1300》 *seventiþe*: ⇨ ↓, -th¹〗

sev·en·ty /sévənti | -ti/ *n.* **1** 70; 70 個, 70 歳, 70 年. **2** 70 [LXX] の記号[数字]. **3** [*pl.*] 70 歳代[年代], 70 台: a man still vigorous in his *seventies* 70 代でまだ元気のよい人 / It appeared in *the seventies*. 70 年代に起こった / a score in *the seventies* 70 台のスコア. **4** 70 人[個]一組. **5** [the S-] **a** =Sanhedrin. **b** (旧約聖書のギリシャ語訳に従事した) 70 人の学者 (cf. Septuagint). ― *adj.* 70 の, 70 個の, 70 人の; [叙述的] 70 歳で.

séventy times séven 7 たびを 70 倍するまで; 幾たびとなく (cf. *Matt.* 18:22).《1611》

〖OE *seofontig*《略》← *hundseofontig* ← *hund* 'HUNDRED'+*seofon* 'SEVEN'+*-tig* 'group of ten, -TY¹': OE では 70 から 120 までは語頭に *hund* をつけた〗

séventy-éight *n.* 1 分間 78 回転のレコード盤《通例 78 と書く》.

Séventy-five *n.*〖軍事〗75 ミリ砲; (特に, 第一次大戦で用いられたフランス・米国両軍の) 75 ミリ野砲.〖1915〗

séventy·fòld *adj., adv.* 70 倍の[に].〖*c*1387〗

séven-úp *n.*〖トランプ〗セブンアップ《pinochle 系のゲームの一種で, all fours のアメリカ版; 2–4 人が 6 枚の手札で得点を競い, 7 点取れば勝ちになる; old sledge ともいう》.〖1830〗

7-Up, Seven-Up /sévənʌ́p/ *n.*〖商標〗セブンアップ《炭酸飲料》.〖1928〗

séven vírtues *n. pl.* [the ~]〖哲学・神学〗=seven principal virtues.

Séven Wèeks' Wár *n.* [the ~] 七週間戦争《1866 年 6–8 月のプロイセン対オーストリアの戦争》.

séven-yèar ítch *n.* **1**《俗用》〖病理・獣医〗=scabies. **2** [the ~]《戯言》(結婚後) 7 年目の倦怠期, 7 年目の浮気の虫.〖1854〗

Séven Yèars' Wár *n.* [the ~] 七年戦争《Frederick 大王下のプロイセンおよび英国の連合軍とオーストリア・フランス・ロシア・スウェーデンなどとの間の 1756–63 年間の戦争》.〖1788〗

sev·er /sévə | -və(r)/ *vt.* **1** 切断する, 切り放す, 切る (cleave)〔*from*〕(⇨ separate SYN): ~ a bough *from* the trunk 幹から枝を切り落とす / ~ a rope 綱を切る. **2 a** 断絶する, 断つ, 〈仲を〉裂く (break up); 不和にする (estrange)〔*from*〕: ~ oneself *from* a party 党から脱退する, 脱党[会]する / ~ an ancient friendship [alliance] 昔からの親交[盟約]を断つ / ~ one's connection with ...との関係を断つ / ~ diplomatic relations with ...との国交を断絶する / ~ friends 友だち同士の間を裂く / Slight misunderstandings may ~ lifelong friends. ちょっとした誤解がもとで一生の友だちと不和になることもある / ~ husband and wife 夫婦の仲を裂く. **b**〈人〉の雇用契約を終える. **3** 分かつ, 隔てる (divide)〔*from*〕: The Channel ~*s* England *from* France. イギリス海峡が英国とフランスを隔てている. **4**〈二つのものを〉区別する (distinguish). **5**〖法律〗分離する, 分ける (divide); 別個の物として取り扱う, 訴訟を分離する: ~ an estate [liabilities] 財産[債務]を分離する. ― *vi.* **1** 切断する, 断絶する; 仲を裂く. **2** 二つに裂ける, 切れる (come asunder), 離れる, 分かれる (separate): The rope ~*ed* under the strain. 綱は強く張りすぎて切れた.〖《?*c*1300》□ AF *severer* =(O)F *sevrer* < VL **sēperāre*=L *sēparāre* 'to SEPARATE': ⇨ separate〗

sev·er·a·ble /sév(ə)rəbḷ/ *adj.* **1** 切断できる, 断ち切れる, 断絶できる, 裂き[離し, 切り]うる. **2**〖法律〗〈契約など〉分離できる, 可分の. **sev·er·a·bil·i·ty** /sèv(ə)rəbíləṭi | -lɨ̣ti/ *n.*

sev·er·al /sévrəl, sévərəl/ *adj.* **1** [限定的] **a** (1, 2 ではなく)幾つかの, 数個[名, 度]の. ★ (1) 可算名詞とともに用いる; 3 以上で 9 あたりまでを指すが, 3, 4 のことも多い. (2) 全体や予想値よりも相対的に少数を意味する a few と違い, 「少ない」の語感がなく, only several とは普通いわない: for ~ days 数日間 / ~ times 一再ならず, 何度も / myself and ~ others 自分と他に数人 / speak ~ languages 数か国語をしゃべる. **b** 二つ以上の. **c**《主に方言》多くの (many). **2** [限定的] それぞれの (respective), おのおのの, めいめいの (individual): the ~ members of the Board 委員会の各人 / We are all busy at our ~ tasks. 皆おのおのの仕事で忙しい / They went their ~ ways. 各自[別々]の方向に進んだ / *Several* men, ~ minds.《諺》十人十色. **3** [限定的]《古》別々の (separate), 異なった (different); 種々の, いろいろの (diverse, various): three ~ items 三つの異なった事項. **4**〖法律〗分かちうる, 可分の, 別々に分かれる (severable); 個人の (exclusive): a joint ~ liability [responsibility, bond] 連帯債務[責任, 債務証書] / The promissory note is joint and ~. その約束手形は連帯責任だ. ― *pron.* [複数扱い] **1** (1, 2 でなく)数人, 数個, 幾つか, 幾人[匹]か (some, a few): *Several* of you have seen him. 君らの中で数人が彼を見ている / In the struggle ~ received injuries. 闘争で数人が負傷した. **2**《方言》多数, 大勢 (many). ― *n.* **1** [*pl.*]《方言》数人, 数個. **2**《古》個人所有の土地; 私有財産. **3** [*pl.*]《廃》**a** 特定のもの, 個々 (particular). **b** 個人; 個々のもの. ***in séveral***《古》別々に, 個別的に (severally).《1586》〖《1377》□ AF ~ □ ML *sēparālis* ← L *sēpar* separate ← *sēparāre* 'to SEPARATE': ⇨ -al¹: cf. sever〗

séveral·fòld *adj., adv.* 数重の[に], 数倍の[に].〖1738〗

sev·er·al·ly /sévrəli, -vər-/ *adv.* **1** 別々に, 個別的に (separately): The prisoners were tried ~. 犯人は別々に公判[分離公判]に付せられた / exeunt ~〖演劇〗別々に退場. **2** 各自に, めいめい (individually). **3**〖法律〗単独に (cf. jointly): jointly [conjunctly] and ~ 連帯責任で / The bond was signed jointly and ~. 債務証書は連署してあった.〖1399〗

sev·er·al·ty /sév(ə)rəlti/ *n.* **1** 個々別々; 個別性, 独自性. **2 a** [通例 in ~ として] (土地などの)単独所有, 単独借用: *in* ~ 単独所有[借用]の[で]. **b** 単独所有地.〖《1442》□ AF *severalte*: ⇨ several, -ty²〗

sev·er·ance /sév(ə)rəns/ *n.* **1** 切断, 分割 (partition), 断絶, 絶つ[絶たれる]こと; 分離, 隔離: ~ of diplomatic relations 国交の断絶. **2** 区別, 差別 (difference)〔*between*〕: a line of ~ *between* good and bad 善悪を区別する線. **3**〖法律〗(合有・共有・訴訟)分離, 土地の生産物の土地からの分離.〖《1422》□ AF *severance*=OF *sevrance*: ⇨ sever, -ance〗

séverance pày *n.* (退職時に, 勤務年数に基づいて雇人に支払う)退職[解職]手当, 退職金.〖1953〗

séverance tàx *n.*《米》資源分離税《他州で消費される石油・ガス・鉱物などの採取者に課す州税》.

se·vere /sɪ̀víə | -víə(r)/ *adj.* (**more ~, most ~; -ver·er, -ver·est**) **1 a**〈天候など〉激しい, 過酷な, 激烈な, 猛烈な (intense): ~ rain 豪雨 / a ~ wind 暴風 / a ~ frost 大霜 / a ~ winter 厳冬 / ~ cold [heat] 酷寒[暑] / a ~ famine 大飢饉. **b**〈病気など〉苦痛を与える, 重い: a ~ pain 激痛 / a ~ (attack of) illness [disease] 重い病気 / Divorce can be a ~ blow. 離婚はひどい打撃となりうる. **2 a**〈罰・要求など〉ひどい, 容赦のない, 苛酷な (harsh): a ~ punishment [sentence] 厳罰[刑] / ~ laws 苛酷な法律. **b**〈批評が〉強く批判的な, 酷評する (censorious): a ~ critic 酷評家 / ~ criticism 酷評 / be ~ *about* his novel 彼の小説に手厳しい. **3 a**〈判断・規律など〉厳しい, 厳重な, 厳格な (strict SYN): ~ discipline [self-control] 厳格な規律[自制] / be ~ *on* ...につらく当たる; ...に対して手厳しい, 厳罰に処する / He is ~ *with* [*on, toward*] his children. 子供に厳しい. **b**〈容貌など〉いかめしい, 近づきがたい (stern): a ~ look 怖い顔つき. **4 a** 道徳的に厳しい基準を立てる, 几帳面な: a ~ moralist. **b** 厳密な, 厳正な. **5**〈文体・服装・建築など〉簡素な (plain), 地味な (restrained), 渋い, 厳粛な: ~ architecture 簡素な建築 / a ~ hairstyle 地味な髪の結い方 / a ~ style 渋みのある文体. **6**〈仕事・試験など〉骨の折れる, 難儀な (arduous); 困難な, 難しい (difficult): a ~ test つらい試験 / a ~ competition 激烈な競争. **7**《口語》目立った, 著しい (marked), 重大な: a ~ economic depression ひどい不況 / ~ perspiration たいへんな発汗.

~·ness *n.*〖《1548》□ (O)F *sévère* // L *sevērus* ← ? *sē* 'SE-'+IE **wer-* true (OE *wǣr* / L *vērus* 'true, VERY')〗

sevére combíned ìmmunodefíciency [immúne defíciency] *n.*〖病理〗重症複合免疫不全症《細胞性免疫および液性免疫両者の欠如する先天性免疫不全症; 放置すると 1–2 年で死亡; 血液幹細胞移植治療を行う; 略 SCID》.〖1976〗

se·vere·ly /sɪ̀víəli | -víə-/ *adv.* **1** 猛烈に, 激しく, 強烈に (intensely); 重く (gravely): He is ~ suffering from [afflicted with] a cold. かぜでひどく苦しんでいる / be ~ ill [wounded] 重病だ[重傷を負う]. **2** 厳格に, 厳重

に, 容赦なく, 厳しく: He was ~ punished. 厳罰に処せられた / Discipline is ~ enforced. 規律が厳重に励行される. ***léave [lét] sevérely alóne*** 〈嫌いな人・物事を〉避ける, 相手にしない; 《戯言》〈厄介[困難]なものを〉敬遠する. 《1880》 〖《1548》: ⇨ ↑, -ly¹〗

se·ver·i·ty /sɪvérəṭi | -rɪ̀ti/ *n.* **1 a** (寒さ・痛さなどの)激烈, 酷烈 (vehemence): the ~ of the winter 冬の厳しい寒さ. **b** 厳格, 厳酷 (sternness): He spoke with the utmost ~. 極度に手厳しい言葉を使った. **c** 厳正. **d** 苦しさ, つらさ. **e** (文体などの)厳粛 (austerity), 簡素, 地味, 渋さ. **2** (罰のような)厳格な[厳しい]事柄. 〖《1481》□ (O)F *sévérité* ∥ L *sevēritās*: ⇨ severe, -ity〗

Sev·ern /sévən | -vən/ *n.* [the ~] セバーン(川): **1** ウェールズ中部に発し Bristol Channel に注ぐ川 (290 km); 古名 Sabrina; Shakespeare の生地 Stratford-upon-Avon の Avon 川はこの一支流. **2** カナダの Ontario 州北西部に発し Hudson 湾に注ぐ川. 〖OE *Sæfern* □ Brit. *Sabrinā* ← ?〗

Se·ver·na·ya Zem·lya /sévənəjàːzèmliá: | -vənəjá:-; *Russ.* sʲévʲirnəjəzʲimlʲá/ *n.* セベルナヤ ゼムリャー(群島)《ロシア連邦北部, Taimyr 半島北方の群島; 面積 37,000 km²》. 〖□ Russ. ~ 《原義》 'northern land'〗

Se·ve·rus /sɪvíᵊrəs | -víər-/, **Lucius Sep·timi·us** /septímiəs/ *n.* セウェルス 《146–211; ローマの皇帝 (193–211); 遠征先の Britain で死去》.

sev·er·y /sévəri/ *n.* 〚建築〛 **1** 天蓋. **2** (ゴシック建築の)ヴォールト天井の一区画. 〖《1399》□ AF **civorie* = OF *civoire, ciboire* 'CIBORIUM'〗

se·vi·che /sɪvíːtʃeɪ, sɛ-, -tʃi; *Am.Sp.* seβítʃe/ *n.* 〚料理〛 セビーチェ《生の魚や貝をトウガラシ・トマト・香草などを加えたライム果汁に漬けてしめた中南米の冷製前菜》. 〖《1951》□ Am.-Sp. *seviche, cebiche* ← *cebo* feed < L *cibum* food〗

Sé·vi·gné /sèviːnjéɪ, ─⌣─; *F.* seviɲe/, **Marquise de** *n.* セビニェ(夫人) 《1626–96; フランスの書簡文筆者; 旧姓名 Marie de Rabutin-Chantal /ʀabytɛ̃ʃɑ̃tal/》.

Se·vi·lla /*Sp.* seβíʎa, -ja/ *n.* Seville のスペイン語名.

Se·vi·lla·no /sèviːljáːnoʊ, sèviːjáː- | -nəʊ; *Sp.* seβiʎáno, -jáno/ *n.* 〚園芸〛 セビラノ《スペインのオリーブの品種名; 大果で塩蔵用として用いられる; cf. queen olive》. 〖□ Sp. ~ 《原義》 of Seville〗

Se·ville /sɪvíl, -sɛ- | sɪvíl, sɛ-, sévɪl/ *n.* セビリヤ《スペイン南西部, Guadalquivir 河畔の港市; 昔のムーア人の宮殿・大聖堂・大学などがある; スペイン語名 Sevilla》.

Sevílle órange *n.* 〚植物〛 =sour orange. 〖《1593》 ↑〗

Sev·in /sévɪn | -vɪn/ *n.* 〚商標〛 セビン《カルバミン酸系の殺虫剤》.

Sè·vres /sévr(ə), séɪ- | séɪvr(ə), -və/; *F.* sɛːvʀ/ *n.* **1** セーブル《フランスの Paris 郊外 Seine 河畔の都市》. **2** セーブル焼き《Sèvres 市産の磁器・陶器・炻器(せっき)の総称; Sèvres ware ともいう》.

sev·ru·ga /səvrúːgə, sɛ-/ *n.* セヴルーガ《カスピ海産の, ごく小さな魚卵をもつ種類のチョウザメ (*Acipenser sevru*) の雌から採れる明灰色または暗灰色のキャビア; そのチョウザメ》. 〖《1591》□ Russ. *sevryuga*〗

sew¹ /sóʊ | sə́ʊ/ *v.* (**sewed**; **sewn** /sóʊn | sə́ʊn/, **sewed**) ― *vt.* **1** 縫う: ~ cloth *with* large stitches 布を粗目に縫う / ~ pieces *together* 布切れを縫い合わせる. **2** 縫って作る[直す]: ~ a garment, boot, etc. / ~ a buttonhole ボタンの穴かがりをする. **3 a** 縫い付ける; 縫い合わせる 〈*up*〉. **b** 縫い込む: ~ a button *on* ボタンを縫い付ける / ~ money *in(to)* one's belt バンドに金を縫い込む. **4** 〚製本〛〈折丁などを〉とじる, かがる (bind) (cf. stitch¹ *vt.*): ~ (sheets of) a book 本(の紙)をとじる. ― *vi.* 縫物をする; 針仕事をする; ミシンをかける: be taught to ~ 針仕事[縫物]を教わる.

séw úp (1) ⇨ 3 a. (2) 《口語》…の支配権を握る, 占有する (control); 〈俳優など〉と独占契約を結ぶ. (3) 確保する (secure). (4) 《口語》〈取決め・交渉などを〉うまくまとめる, 締結する, 決定する. (5) 《英口語》[通例受身で] どうにも動けなくする; 疲れ切らす, へとへとにする; (正体なく)酔わせる: be ~*ed up* へとへとに疲れている; ぐでんぐでんに酔っている. 《1829》

〖OE *sēow(i)an* < Gmc **siwjan* ← IE **sū-* to bind, sew (L *suere* / Skt *sīvyati* (he) sews)〗

sew² /súː | súː, sjúː/ 〚海事〛 *vt.* 低潮時に〈船を〉座礁させる. ― *vi.* 〈船が〉低潮時に座礁する. ― *n.* 座礁船を離礁浮上させるためにさらに必要な水位. 〖《*a*1513》□ OF **sewer* 《頭音消失》 ← *essewer* < VL **exaquāre* ← L *ex-* 'EX-¹' + *aqua* 'water, AQUA': cf. sewer¹〗

sew·age /súːɪdʒ | súːɪdʒ, sjúː-/ *n.* (下水管 (sewer) で運ばれる)下水汚物, 下水; 汚水. 〖《1834》 ← SEW(ER)¹ + -AGE〗

séwage dispòsal *n.* 下水処理: a ~ plant 下水処理場. 〖1873〗

séwage fàrm *n.* 下水処理場 (sewage plant ともいう); 下水畑《下水を灌漑(かんがい)に利用する畑》. 〖1870〗

séwage flỳ *n.* 〚昆虫〛 チョウバエ《汚水に生息するチョウバエ属 (*Psychoda*) のハエの総称》.

séwàge gàs *n.* 下水ガス《メタン・二酸化炭素を含む》.

séwage wòrks *n. pl.* [しばしば単数扱い] 下水処理場. 〖1884〗

Sew·all /súːəl | sjúːəl, sjúəl/, **Samuel** *n.* スーアル《1652–1730; 英国生まれのアメリカ植民地の法律家; Salem の魔女裁判の判事》.

se·wan /síːwən, -wɑ(ː)n | -wən/ *n.* =wampum 1. 〖□ Du. ~ □ N-Am.-Ind. (Algonquian) *siwān* scattered〗

Sew·ard /súːəd, síːwəd | sjúːəd, súː-, síːwəd/, **William Henry** *n.* スアード《1801–72; 米国の政治家; 国務長官 (1861–69); 国務長官時代にロシアから Alaska を買収した (1867)》.

Séward Península /súːəd- | sjúːəd-, súː-/ *n.* [the ~] スアード半島《米国 Alaska 州西部, Bering 海峡に臨む半島; ここの Prince of Wales 岬は北米大陸の最西端》. 〖← W. H. *Seward*〗

Sew·ell /súːəl | sjúːəl, súː-/, **Anna** *n.* スーエル《1820–78; 英国の女流作家; *Black Beauty, the Autobiography of a Horse* 「黒馬物語」 (1877) が唯一の作品》.

Sewell, Henry *n.* スーエル《1807–79; 英国生まれのニュージーランドの政治家; 初代の首相 (1856)》.

se·wel·lel /sɪwéləl/ *n.* 〚動物〛 =mountain beaver. 〖《1814》□ N-Am.-Ind. (Chinook) *šťʔulal* blanket of sewellel skins (dual.) ← *ugwulal* sewellel〗

sew·en /súːɪn | súːɪn, sjúː-, súɪn/ *n.* 〚魚類〛 ウェールズの河川にすむサケ科ブラウントラウト (brown trout) 種 (*Salmo trutta*) の一地方型《かつては *Salmo cambricus* の種名が用いられていた》. 〖《1532》□ ? Welsh *sewyn* grayling〗

sew·er¹ /súːə, súə | súːə^(r), sjúːə^(r), súə^(r), sjúə^(r)/ *n.* (通例地下の)下水道, 下水渠, 下水本管, 下水溝: the trunk ~ 下水本管. ★ ラテン語系形容詞: cloacal. ― *vt.* 〈町などに〉下水(道)をつける, 下水設備を施す. ― *vi.* 下水管の掃除[手入れ]をする. 〖《1402–03》□ AF *sever(e)* = ONF *se(u)wiere* < VL **exaquāriam* ← L *ex-* 'EX-¹' + *aqua* water: cf. sew²〗

sew·er² /sóʊə | sə́ʊə^(r)/ *n.* 縫う人, 裁縫師, お針子. 〖《1399》: ⇨ sew¹, -er¹〗

sew·er³ /súːə | súːə^(r), sjúːə^(r), súə^(r), sjúə^(r)/ *n.* (中世の王や貴族の邸宅で食事を取り仕切った高位の)給仕人頭 (head waiter), 大膳職. 〖《?c1380》□ AF *asseour* ← (O)F *asseoir* to seat < L *assidēre*: ⇨ assize〗

sew·er·age /súːərɪdʒ | súːər-, sjúːr-, súər-, sjúər-/ *n.* **1** 下水. **2** 下水道; 下水設備 (sewerage system ともいう). **3** 下水処理. **4** 下劣な考え[言葉]. 〖《1834》 ← SEWER¹ + -AGE〗

séwer-gàs *n.* 下水ガス (sewage gas ともいう): ~ poisoning 下水ガス中毒. 〖1849〗

séwer pìpe *n.* (地下)下水管.

séwer ràt *n.* 〚動物〛 ドブネズミ (brown rat). 〖1851〗

sew·in /súːɪn | súːɪn, sjúː-/ *n.* 〚魚類〛 =sewen.

sew·ing /sóʊɪŋ | sə́ʊ-/ *n.* **1 a** 裁縫, 針仕事 (needlework); 縫製(業): plain ~ 平縫い. **b** 縫った物, 縫い物. **2** 〚製本〛 かがり, とじ. **3** [形容詞的に] 裁縫用の: a ~ class (学校の)裁縫科, 裁縫教室[学校]. 〖*c*1300〗

séwing bènch [fràme] *n.* 〚製本〛 =sewing press.

séwing cìrcle *n.* 《米》(定期的に女性が集まって催す)慈善裁縫会 (cf. husking bee). 〖1846〗

séwing còtton *n.* カタン糸, (木綿の)縫糸. 〖1826〗

séwing kìt *n.* 裁縫道具.

séwing machìne *n.* **1** ミシン: a hand [an electric] ~ 手[電気]ミシン. 日英比較 日本語の「ミシン」はこの machine がなまったもの. **2** 製本ミシン. 〖1847〗

séwing nèedle *n.* 縫い針.

séwing prèss *n.* 〚製本〛 (手とじをするときの)かがり台 (sewing bench, sewing frame ともいう). 〖1728〗

séwing sìlk *n.* (シルク・ウールなどの)縫製用絹糸; 刺繍(しゅう)用絹糸. 〖1480〗

séwing tàble *n.* 縫製台《通例布製の袋がある》. 〖1863〗

sewn /sóʊn | sə́ʊn/ *v.* sew¹ の過去分詞. 〖《1866》《変形》 ← 《14C》 *sowen*〗

sex /séks/ *n.* **1 a** 性交, セックス (coitus, sex act): have sex 〔…と〕性交する, セックスする 〔*with*〕 / think about ~ / be against ~ outside marriage 婚外セックスに反対する / teenage ~ 10 代のセックス. **b** 性現象; 性欲. **2** 性, 性別, 男女[雌雄]の別 (cf. gender): persons of both [different] ~*es* 両性, 男女 / the two ~*es* 男女, 雌雄 / the opposite ~ 異性 / without ~ 無性の / without distinction of age or ~ 老若男女を問わず. **3** [集合的] 男性, 雄 (males); 女性, 雌 (females); [the ~] 《古・戯言》 婦人 (women): the fair [gentle, gentler, second, softer, weaker] ~ 女性, 女 / the male [sterner, stronger] ~ 男性, 男. **4** 外陰部, 性器 (genitalia). ― *adj.* [限定的] 性の, 性に関する: ~ control [limitation] 性の抑制 / the ~ impulse [instinct] 性衝動[本能] / the ~ urge 性欲 / ~ reversal [change] 性転換 / a ~ problem [question] 性の問題 / a ~ novel / ⇨ sex life / a ~ maniac 性欲異常者 / ⇨ sex crime / ~ offender 性犯罪者.
― *vt.* 〈ひよこなどの〉雌雄を鑑別する, 性別する. ***séx it úp*** 《俗》 激しく愛撫する, いちゃつく. 《1942》 ***séx úp*** 《口語》 (1) …の性欲を刺激する, 燃え立たせる. (2) …の性的魅力 (sex appeal) を高める. 《1942》
〖《*c*1380》□ (O)F *sexe* ∥ L *sexus* 《原義》? division: cf. *secāre* to cut: ⇨ section〗

sex- /séks/ 「6 (six)」の意の連結形: *sex*centenary. ★ 時に sexi- となる. 〖← L *sex* 'SIX'〗

séx abùse *n.* (子供などに対する)性的虐待.

séx àct *n.* 性行為, 性交, 交接 (sexual intercourse). 〖1918〗

sex·a·ge·nar·i·an /sèksədʒɪnéᵊriən | -néər-⁻/ *n.* 60 歳(代)の人. ― *adj.* **1** 60 歳(代)の. **2** 60 歳(代)の人の. 〖《n.: 1738; adj.: 1862》 ← L *sexāgēnārius* (↓) + -AN¹〗

sex·ag·e·nar·y /sɛksǽdʒənèri | -dʒɪ̀nəri/ *adj.* **1** 60 の, 60 ずつで数える: the ~ cycle 60 年の周期, 干支(えと). **2** =sexagenarian. ― *n.* **1** 〚数学〛 =sexagesimal. **2** =sexagenarian. 〖《adj.: 1594; n.: 1668》□ L *sexāgēnārius* ← *sexāgēnī* sixty each ← *sexāginta* sixty ← *sex* 'SIX' + *-ginta* decade〗

Sex·a·ges·i·ma /sèksədʒésəmə, -dʒéɪzə- | -dʒésɪ̀-/ *n.* 〚カトリック〛 六旬節(の主日), 〚聖公会〛 大斎前第二主日《四旬節 (Lent) 前の第 2 日曜日; cf. Septuagesima, Quinquagesima》. 〖《c1380》□ LL *sexāgēsima* (fem.) ← L *sexāgēsimus* sixtieth ← *sexāginta* (↑)〗

sex·a·ges·i·mal /sèksədʒésəməl, -mḷ | -dʒésɪ̀-⁻/ *adj.* 60 ずつで数える; 60 分の, 60 進法の. ― *n.* 〚数学〛 60 分(ぷん)数《60 ないしはその累乗を分母とする分数》. **~·ly** *adv.* 〖《1685》 ← L *sexāgēsimus* sixtieth + -AL¹〗

sexagésimal aríthmetic *n.* 〚数学〛 60 分算. 〖1728〗

séxagesimal fráction [númber] *n.* 〚数学〛 60 分(ぷん)数. 〖1685〗

Séxagesima Súnday *n.* =Sexagesima. 〖*c*1380〗

séx·a·ges·i·mo-quárto /séksədʒèsəmoʊ- | -sɪ̀məʊ-/ *n.* (*pl.* ~**s**), *adj.* =sixty-fourmo. 〖□ L *sexāgēsimō quartō* (abl.) ← *sexāgēsimus quartus* sixty-fourth: ⇨ sexagesimal, quarto〗

sex·an·gle /séksæŋgḷ/ *n.* 六角形 (hexagon). 〖《1651》□ L *sexangulus*: ⇨ sex-, angle¹〗

sex·an·gu·lar /sɛksǽŋgjʊlə | -lə^(r)/ *adj.* 六角形の (hexagonal). 〖《1608》□ LL *sexangulāris*: ⇨, -ar¹〗

séx appèal *n.* **1** 性的魅力, セックスアピール. **2** 魅力. 〖1924〗

sex·a·va·lent /sèksəvéɪlənt⁻/ *adj.* 〚化学〛 六価の (hexavalent). 〖← SEXA(GESIMAL) + VALENT〗

séx blìnd *adj.* 性のことに関知しない, 性別に頓着しない. 〖《1974》: cf. color-blind〗

séx bòmb *n.* 《米俗》 =sexpot.

sex·ca·pade /sékskəpèɪd/ *n.* 《米俗》 とっぴな性的行為, 性的冒険. 〖《1965》《混成》 ← SEX + (ES)CAPADE〗

séx cèll *n.* 〚生物〛 =gamete. 〖1889〗

sex·cen·ten·ar·y /sèksɛnténəri, sɛksénṭənèri, -tṇ- | sèksɛntíːnəri⁻/ *adj.* 600 年(祭)の. ― *n.* 600 年祭. 〖《adj.: 1779; n.: 1885》 ← L *sexcentēnī* six hundred each: ⇨ sex-, centenary〗

séx chànge *n.* (手術による)性転換: ~ operation.

séx chròmatin bòdy *n.* 〚生物〛 性染色質体 (⇨ Barr body). 〖*c*1952〗

séx chròmosome *n.* 〚生物〛 性染色体《雌雄によって数や形が異なり, 性の決定に関係する染色体; cf. X chromosome, Y chromosome, accessory chromosome》. 〖1906〗

séx clìnic *n.* セックスクリニック《性の問題の相談と治療にあたる診療所》. 〖1951〗

séx crìme *n.* 性犯罪. 〖1925〗

sex·de·cil·lion /sèksdɪsíljən | -ljən, -liən⁻/ *n.* 10^{51}; 《英古》 10^{96} (⇨ million 表). ― *adj.* sexdecillion の. 〖《c1939》 ← L *sexdeci(m)*, *sēdecim* sixteen (← *sex* 'SIX' + *decem* 'TEN' + (M)ILLION)〗

séx determinàtion *n.* 〚生物〛 性決定. 〖1889〗

sex·dig·i·tal /sɛksdídʒətḷ | -tl/ *adj.* 6 本指の. 〖← SEX- + DIGITAL〗

sex·dig·i·tate /sɛksdídʒətèɪt | -dʒɪ̀-/ *adj.* =sexdigital.

sex·dig·i·tat·ed /sɛksdídʒətèɪṭɪd | -dʒɪ̀tèɪt-/ *adj.* = sexdigital.

séx discriminàtion *n.* =sexual discrimination.

Séx Discriminátion Àct *n.* [the ~] 《英》 性差別法《1975 年に制定された職業・教育などにおける性差別の排除を目的とする法律》.

séx drìve *n.* [単数形で] 性的衝動, 性欲, 性的欲求. 〖1918〗

sexed /sékst/ *adj.* **1 a** 性欲のある: a highly ~ woman 性欲の強い女性. **b** 性欲を刺激する, 性的魅力を有する: The show is highly ~. そのショーは実に挑発的だ. **2** 性を有する, 有性の. 〖《1598》 ← SEX (n.) + -ED 2〗

séx educàtion *n.* 性教育. 〖1920〗

séxed-úp *adj.* 《口語》 **1** 性的に興奮した. **2** (脚色の際などに原作よりも)性的魅力が増した, 色気たっぷりの, 刺激的にされた, 欲情をそそる. **3** (装飾的要素を加えて)一層魅力的になった, より面白くなった: a ~ car. 〖1942〗

sex·e·nar·y /séksənèri | -sɪ̀nəri/ *adj.* **1** (数の)6 の. **2** 6 部分から成る. **3** 6 進法の. 〖1815〗

sex·en·ni·al /sɛkséniəl/ *adj.* **1** 6 年に 1 回の, 6 年ごとの. **2** 6 年間続く. ― *n.* 6 年祭. **~·ly** *adv.* 〖《1646》 ← L *sexennium* six years (← *sex* 'SEX' + *annus* year) + -AL¹〗

sex·en·ni·um /sɛkséniəm/ *n.* (*pl.* ~**s**, **-ni·a** /-niə/) 6 年間. 〖《1959》□ L ~ ← *sex* 'SIX' + *annus* year〗

séx·er *n.* (ひよこなどの)雌雄鑑別家.

sex·fid /séksfɪd | -fɪd/ *adj.* 〚植物〛 六出(しゅつ)裂の. 〖□ F *sexfide* ← SEX- + L *findere* to cleave〗

sex·foil /séksfɔɪl/ *n.* **1** 〚建築〛 六葉装飾. **2** 〚植物〛 六葉の植物[花]. **3** 〚紋章〛 六つ葉 (cf. cinquefoil 3). 〖《1688》 ← SEX- + FOIL¹〗

séx glànd *n.* 〚解剖〛 生殖腺 (gonad).

séx hòrmone *n.* 〚生化学〛 性ホルモン《生殖腺(睾丸 (testicles) または卵巣 (ovary)) で作られるホルモンで, 生殖機能の調節, 第二次性徴の発現に関与する; 男性ホルモンと女性ホルモンとに大別される; cf. androgen, estrogen》. 〖1917〗

séx hỳgiene *n.* 性衛生(学). 〖1912〗

sex·i- /séksɪ, -si/ sex- の異形 (⇨ -i-).

sex·i·dec·i·mal /sèksədésəməl, -mḷ | -sə̀ˈdésə̀-/ *adj.* 〘電算〙16 進法の (⇨ hexadecimal).

sex·il·lion /sɛksíljən | -ljən, -liən/ *n.* ＝sextillion.

séx industry *n.* [the ～] セックス産業《性を売り物にする仕事, 特に売春》.

sex·ism /séksɪzm/ *n.* 性差別, 性的偏見; (特に, 商業・政治・芸術などにおける)女性差別 (cf. male chauvinism): ～ in language 言葉の性差別《性差別に反対する立場をとる者の間の用法で, 言語までが男性優越思想の所産だと見なす; 従って chairman は chairperson に, Mrs. は Ms. に変えられるべきだとする》. 〚《1968》← SEX＋(RAC)ISM〛

sex·ist /séksɪst | -sɪst/ *n.* 性差別論者; 女性蔑視者. — *adj.* 差別的な; 女性を差別する: a ～ attitude 性差別的な態度. 〚1965〛

sex·i·syl·la·ble /séksəsìləbḷ | -sə̀-/ *n.* 六音節語 (hexasyllable). **sex·i·syl·lab·ic** /sèksəsɪ̀lǽbɪk | -sə̀sə̀l-ˈ-/ *adj.* 〚《1855》← SEX-＋SYLLABLE〛

sex·i·va·lent /sèksəvéɪlənt | -sə̀-ˈ-/ *adj.* 〘化学〙六価の (hexavalent). 〚← SEX-＋-VALENT〛

séx jòb *n.* 性的魅力のある人[女性]. 〚*c*1930〛

séx kìtten *n.* 《口語》性的魅力のある女性. 〚1958〛

séx·less *adj.* **1** 性的魅力のない, 性的につまらない. **2** 性の感情のない, 性欲のない, セックスのない. **3** 無性の, 性的区別のない; 中性の (neuter). **～·ly** *adv.* **～·ness** *n.* 〚1598〛

séx lìfe *n.* 性生活. 〚1898〛

séx-lìmited *adj.* 〘生物〙限性の《遺伝形質が雌雄一方の性のみに現れることをいう; cf. sex-linked》. 〚1905〛

séx-lìnkage *n.* 〘生物〙性リンケージ, 伴性(遺伝). 〚1912〛

séx-lìnked *adj.* 〘生物〙**1** 伴性の《遺伝子が性染色体の上にあることをいう》. **2** 伴性の《遺伝形質が雌雄いずれの性にも現れることをいう; cf. sex-limited》. 〚1912〛

séx màniac *n.* 《俗》色情狂, セックスマニア, 好き者, やりたがり屋, 色気違い. 〚1895〛

séx néutral *adj.* 〈語など〉性に関して中立的な.

séx òbject *n.* 性的関心の対象(にされる人), 性的対象.

séx offènder *n.* (子供などに対する)性犯罪者. 〚1939〛

sex·ól·o·gist /-dʒɪ̀st | -dʒɪst/ *n.* 性科学者. 〚1914〛

sex·ol·o·gy /sɛksɑ́(ː)lədʒi | -sɔ́l-/ *n.* 性科学, 性医学. **sex·o·log·i·cal** /sèksəlɑ́(ː)dʒɪ̀kəl, -kḷ | -lɔ́dʒɪ-ˈ-/ *adj.* 〚《1902》← SEX＋-(O)LOGY〛

séx órgan *n.* 性器.

sex·par·tite /sɛkspɑ́ətaɪt | -pɑ́ː-/ *adj.* **1** 6 部分から成る. **2** 〘建築〙六分(ろくぶん)の, 6 分割の: ⇨ sexpartite vault. 〚《1760》← SEX-＋PARTITE〛

sexpártite váult *n.* 〘建築〙六分(ろくぶん)ボールト《ゴシック建築の 4 本の柱で区切られた 1 区画の天井がボールトによって 6 分割されているもの; ゴシック様式成立期の技法》.

sex·pert /sékspəːt | -pəːt/ *n.* 性問題専門家, セックスドクター. 〚《1924》← SEX＋EXPERT〛

Séx Pístols *n. pl.* [the ～] セックスピストルズ《英国のパンクロックグループ (1975–78); 虚無主義的な傾向で注目された; *God Save the Queen* (1977)》.

sèx·ploi·tá·tion /-plɔɪtéɪʃən/ *n.* 《口語》(芸術・映画などで)性を売り物にすること. 〚《1942》← SEX＋(EX)PLOITATION〛

séx·plòit·er /-plɔɪtə | -tə/ *n.* 性を売り物にする映画, ポルノ映画.

séx·pòt *n.* 《口語》ひどくセクシーな女. 〚1948〛

séx ràtio *n.* 性比《女性の数を 100 とした時の男性の数》. 〚1906〛

séx ròle *n.* 〘社会学〙性別役割《一方の性に適し, 他の性に不向きな活動・役割》. 〚1927〛

séx shòp *n.* ポルノショップ《ポルノ雑誌・エロ写真など性欲をそそるものや性具などを売る店》. 〚1970〛

séx specífic *adj.* 〈語など〉性に関して特定的な.

séx-stárved *adj.* 性に飢えた. 〚1927〛

séx sỳmbol *n.* 性的魅力で有名な人, セックスシンボル. 〚*a*1911〛

sext /sékst/ *n.* **1** [しばしば S-] 〘カトリック〙(聖務日課の) 6 時課《古代ローマの計時法で日出後第 6 時, 今は正午に行う; cf. canonical hour 1》. **2** [S-] 〘カトリック〙第六書《1298 年 Boniface VIII が公布した教会法典; Liber Sextus》. **3** 〘音楽〙六度音程 (sixth). 〚1: 《?*c*1425》□ LL *sexta* (*hōra*) sixth (hour) (fem.) ← L *sextus* sixth. 2: 《1876》□ L *sexta* (*pars*) sixth part〛

sex·tain /sékstein/ *n.* 〘詩学〙**1** 六行連(句). **2** ＝sestina. 〚《1639》《変形》← F 《廃》*sestine* □ It. *sestina*: SEX- および QUATRAIN の影響をうけた: ⇨ sestina〛

sex·tan /sékstən/ 〘病理〙*adj.* 〈熱など〉6 日ごとに起こる: a ～ fever. — *n.* 六日熱 (sextan fever) (cf. quotidian). 〚《1657》← NL *sextāna* (*febris*) sextan (fever) ← L *sextus* sixth: ⇨ -an[1]〛

Sex·tans /sékstænz/ *n.* **1** 〘天文〙ろくぶんぎ(六分儀)座《うみへび座 (Hydra) としし座 (Leo) との間にある南天の星座; the Sextant ともいう》. **2** [s-] (*pl.* ～) セクスタンス《ローマ共和国時代の青銅貨 (＝$^1/_6$ as)》. 〚《1795》□ L *Sextāns* (↓)〛

sex·tant /sékstənt/ *n.* **1** 〘海事〙六分儀《船上で光学的に太陽の水平線からの高度など, すべての角度を測るために用いる航海計器; cf. octant 1》. **2** 円の 6 分の 1. **3** [the S-] 〘天文〙ろくぶんぎ座 (⇨ Sextans 1). 〚《1596》□ L *sextant-*, *sextāns* a sixth part ← *sextus* sixth: ⇨ -ant〛

sex·tern /sékstən | -tən/ *n.* 〘製本〙(全紙) 6 枚とじ《12 紙葉 1 折丁》. 〚《1885》□ ML *sexternum* ← L *sex* 'SIX'〛

sex·tet /sɛkstét/ *n.* (*also* **sex·tette** /～/) **1** 六人組, 六つ組 (set of six); (ホッケーなど) 6 人チーム. **2** 〘音楽〙六重奏[唱]曲; 六重奏[唱](団) (cf. solo). **3** 〘詩学〙＝sestet 1. 〚《1841》《変形》← L *sex* 'SIX'＋(SES)TET〛

séx thèrapy *n.* 〘精神医学〙性治療, セックス療法《カウンセリングなどによって不感症・性的不能などを治療する》.

séx thèrapist *n.* 〚1961〛

sex·tic /sékstɪk/ 〘数学〙*adj.* 六次の. — *n.* 六次の数量. 〚《1853》← L *sextus* sixth＋-IC[1]〛

sex·tile /sékstḷ, -tḷ | -taɪl/ *adj.* 〘天文〙互いに 60 度離れた. — *n.* **1** 〘天文〙互いに 60 度離れた 2 惑星の位置[相]. **2** 〘統計〙六分位数《データを六つの等しい度数の集団に分けたときの境界の値》. 〚《1557》□ L *sextīlis* one sixth ← *sextus* sixth: ⇨ -ile[2]〛

sex·til·lion /sɛkstíljən | -ljən, -liən/ *n.* 10^{21}; 《英古》10^{36} (⇨ million 表). — *adj.* sextillion の. **sex·tíl·lionth** /-ljənθ | -ljənθ, -liənθ/ *adj.*, *n.* 〚《1690》□ F ～: ⇨ sex-, million: SEPTILLION, OCTILLION の影響を受けた〛

sex·to /sékstou | -təu/ *n.* (*pl.* ～**s**) ＝sixmo. — *adj.* ＝sixmo. 〚《1847》□ L (*in*) *sextō* (in) a sixth (abl.) ← *sextus* sixth: cf. quarto〛

sex·to·dec·i·mo /sèkstədésəmòu | -tə(u)dés-ə̀-məu-ˈ/ *n.* (*pl.* ～**s**) ＝sixteenmo. — *adj.* ＝sixteenmo. 〚《1688》□ L *sextōdecimō* (abl.) ← *sextusdecimi* sixteenth: ⇨ ↑, decimate〛

sex·tole /sékstoul | -təul/ *n.* 〘音楽〙＝sextolet. 〚《1854》□ G *Sextole* ← L *sextus* 'SIXTH'〛

sex·to·let /sékstəlèt/ *n.* 〘音楽〙＝sextuplet 3. 〚《1876》: ⇨ ↑, -et〛

sex·ton /sékstṇ/ *n.* **1** 寺男《教会の用務をつとめる人; 鐘を鳴らしたり墓を掘ったりする》. **2** 〘ユダヤ教〙日常業務を扱う庶務係. **3** ＝burying beetle. 〚《*c*1303》*segerstone, secristeyn, sekesteyn, sexteyn* □ AF *segerstaine*＝OF *segerstein, secrestein* □ ML *sacristānus* 'SACRISTAN'〛

séxton bèetle *n.* 〘昆虫〙＝burying beetle. 〚1840〛

séx tòurism *n.* セックスツーリズム, 買春ツアー《一部の国のゆるい売春規制に乗じたパッケージツアー(の企画)》.

sex·tu·ple /sɛkstúːpḷ, -tjúː-, -tʌ́pḷ, sékstəpḷ | sékstjupḷ, sɛkstjúː-/ *adj.* **1** 六重の, 6 倍の (sixfold). **2** 6 部分から成る, 六つに分かれた (sexpartite). **3** 〘音楽〙6 拍子の. — *vt.* 6 倍[六重]する. — *vi.* 6 倍になる. — *n.* 6 倍(の数). 〚《1626》□ ? ML *sextuplus* ← L *sextus* sixth＋-*plus* (cf. *duplus* 'DOUBLE')〛

sex·tup·let /sɛkstʌ́plɪ̀t, -túːp-, -tjúː-, sékstəp-, sékstu- | sékstju-, sɛkstjúː-/ *n.* **1 a** 六つ子の一人 (cf. twin). **b** [*pl.*] 六つ子. **2** 6 個から成る一団, 六つ組. **3** 〘音楽〙六連(音)符 (sextole, sextolet ともいう). 〚《1852》: ⇨ ↑, -et〛

sextúple tìme *n.* 〘音楽〙6 拍子 (compound duple).

sex·tu·pli·cate /sɛkstúːplɪ̀kɪ̀t, -tjúːp- | -tjúːp-/ *n.* (同じ物の)六つ組; 〈文書などの〉6 通の写し. — *adj.* **1** 〈文書など〉6 通作成した; 〈複写など〉6 通目の; 6 倍[六重]の. **2** 〘数学〙6 乗の. — /sɛkstúːpləkèɪt, -tjúː- | -tjúːplɪ̀-/ *vt.* **1** 〈文書などを〉6 通作成する. **2** 6 倍[六重]にする. 〚《1657》《1934》《混成》← SEXTUPLE＋DUPLICATE〛

sex·tus /sékstəs/ *adj.*, *n.* 《英》第 6 の (⇨ primus[1] 2): Smith ～. 〚□ L ～ 'sixth'〛

séx-tỳping *n.* **1** 性別分業(化). **2** 〘生物〙性別の決定. **séx-tỳped** *adj.* 〚1941〛

sex·u·al /sékʃuəl, -ʃəl | -ʃuəl, -ʃʊl, -sjuəl, -sjʊl/ *adj.* **1** 性欲の, 性行為の, 性交の: ～ appetite 性欲 / ～ excess 性交[房事]過度 / ～ indulgence 色情耽溺(たんでき) / ～ orientation [preference] 性的志向[嗜好(しこう)]《同性愛志向・異性愛志向などの》. **2** 性の, 性に関する; 性的な; 両性間の, 男女間の, 両性関係の: ～ affinity (異性間の)性的親和力 / ～ morality 性道徳 / ⇨ sexual discrimination. **3** 生殖(器)の (genital): ～ diseases 性病. **4** 〘生物〙有性の; 有性生殖の. — *n.* 性交渉, 性交 (intercourse): have ～ with …と性交する. **～·ly** *adv.* 〚《1651》□ LL *sexuālis*: ⇨ sex, -al[1]〛

séxual abúse *n.* 性的虐待.

séxual céll *n.* 〘生物〙性細胞《卵子 (egg cell) と精子 (sperm cell) のこと》. 〚1868〛

séxual déviate *n.* ＝sexual pervert.

séxual dimórphism *n.* 〘動物〙性的二形, 雌雄二形《雌雄によって外部形質が異なること》. 〚1902〛

séxual discriminátion *n.* 性(的)差別《特に女性に対する》. 〚1916〛

séxual generàtion *n.* 〘生物〙有性世代, 両性世代. 〚1880〛

séxual harássment *n.* 性的いやがらせ, セクシュアルハラスメント, セクハラ. 〚1975〛

séxual íntercourse *n.* 性交渉, 性交 (intercourse): have ～ with …と性交する.

séxual invérsion *n.* 〘医学〙性(的)倒錯《同性愛》. 〚1897〛

sex·u·al·i·ty /sèkʃuǽləti | -ʃuǽlɪ̀ti, -sju-/ *n.* **1** 性的先入主, 性強調; 性的関心(の表現); 性行為への没頭. **2** 性的能力, 性感. **3** 性的志向 (sexual orientation). **4** 性別, 男女別, 雌雄別; 雌雄性, 有性. 〚1800〛

sex·u·al·ize /sékʃuəlàɪz, -ʃʊl- | -ʃʊl-, -sjuəl-, sjʊl-/ *vt.* **1** …に男女[雌雄]の別をつける, 性別する. **2** …に性的特徴を与える. **sex·u·al·i·za·tion** /sèkʃuəlɪ̀zéɪʃən, -ʃʊl- | -ʃʊlaɪ-, -sjuəl-, -sjʊl-, -lɪ-/ *n.* 〚1839〛

séxually transmítted diséase *n.* 性行為感染症《従来の性病のほかエイズなど; 略 STD》. 〚1972〛

séxual órgan *n.* [しばしば *pl.*] 性器, 生殖器; (特に)外陰部 (genitalia). 〚1828〛

séxual pervérsion *n.* 性倒錯.

séxual pérvert *n.* 変態性欲者, 性倒錯者.

séxual pólitics *n.* 性の政治学《男女両性間の秩序・支配関係》. 〚1970〛

séxual relátions *n. pl.* 性交, 交接 (coitus).

séxual reprodúction *n.* 〘生物〙有性生殖.

séxual revolútion *n.* 性革命《1960 年代中ごろから 1970 年代後半にかけて米国で広まった性解放の動き》. 〚1945〛

séxual seléction *n.* 〘生物〙雌雄選択, 雌雄淘汰(とうた).

séxual spóre *n.* 〘植物〙有性胞子.

séxual sỳstem *n.* 〘植物〙(リンネの)植物雌雄分類法 (Linnaean system). 〚1760〛

séx wòrker *n.* 《婉曲》性を売り物にする人, 売春婦, ストリッパー.

sex·y /séksi/ *adj.* (**sex·i·er, -i·est; more ～, most ～**) 《口語》性的興奮をそそる, 性的な(魅力のある); きわどい, 猥褻(わいせつ)な (erotic): a ～ novel エロ小説. **séx·i·ly** /-sə̀li/ *adv.* **séx·i·ness** *n.* 〚《1925》← SEX＋-Y[4]〛

Sey·chelles /seɪʃélz, -ʃél | seɪʃélz, ˈ-ˈ-/ *n.* **1** セイシェル《Malagasy 島の北東方, インド洋中の 92 の諸島から成る英連邦内の共和国; もと英国植民地であったが, 1976 年に独立; 面積 277 km², 首都 Victoria; 公式名 the Republic of Seychelles セイシェル共和国》. **2** [the ～; 複数扱い] セイシェル諸島《上記 1 を構成する諸島》.

Sey·chel·lois /sèɪʃɛlwɑ́ː-ˈ/ *n.*, *adj.* (*pl.* ～) セイシェル(諸島)人; セイシェル(諸島)の.

Seyess-In·quart /záɪsɪ̀ŋkvaət | -vaːt; *G.* záɪsɪnkvaʁt/, **Arthur** *n.* ザイスインクバルト (1892–1946; オーストリアナチ党の指導者で, 1938 年のドイツによるオーストリア併合の際の首相; 戦犯として死刑).

Séy·fert gàlaxy /sáɪfət-, síː- | -fət-/ *n.* 〘天文〙セイファート銀河《銀河系外星雲の一種で中心核が凝集して強い輝線を発するものをいう; 単に Seyfert ともいう》. 〚《1959》← *Carl K. Seyfert* (1911–60: 米国の天文学者)〛

Sey·han /seɪhɑ́ːn | ˈ-ˈ-; *Turk.* seihan/ *n.* セイハン (Adana の別名).

Seym, Seim /séɪm; *Ukr.* séjm, *Russ.* sʲéjm/ *n.* [the ～] セイム川《ロシア西部とウクライナ西部を西に流れて Desna 川に合流する》.

Sey·mour /síːmɔə | síːmɔː(r), séɪm-, -mə(r)/ *n.* シーモア(男性名). 〚ME (*de*) *Seimor* ← *Saint-Maur-des Fossés* (Seine の地名) ← L *Maurus* 'MOOR': もと家族名〛

Sey·mour /síːmɔə | síːmɔː(r), séɪm-, -mə(r)/, **Edward** *n.* シーモア (1506?–52; Edward 六世の伯父で摂政として権力をふるったが死刑; Jane Seymour, Thomas Seymour の兄; 称号 1st Duke of Somerset).

Seymour, Jane *n.* シーモア (1509?–37; 英国王 Henry 八世の第 3 王妃; Edward 六世の母).

Seymour, Thomas *n.* シーモア (1508?–49; 英国王 Henry 八世の未亡人 Catherine Parr と結婚; 兄 Edward への反逆罪で処刑).

sez /séz, səz/ *v.* 《俗》＝says.

Sez you! /sèzuː, sə̀z-/ ＝Says you! (⇨ say[1] *v.* 成句).

Se·zes·sion /*G.* zetsɛsjóːn/ *n.* ゼツェッシオン (Secession のドイツ語つづり). 〚《1905》□ G ～ □ L *sēcessiō(n-)* 'SECESSION'〛

SF 《略》〘自動車国籍表示〙Finland; San Francisco; science fiction; Senior Fellow; Shipping Federation; signal frequency; sinking fund; Sinn Fein; Society of Friends.

SF, sf 《略》〘野球〙sacrifice fly.

sf. 《略》〘音楽〙sforzando.

s.f. 《略》〘商業〙*F.* sans frais (＝no expenses), *L.* sub fīnem (＝toward the end) (参照の章・節などの)末部の; surface foot [feet].

SFA 《略》Scottish Football Association; Sweet Fanny Adams. 〚1882〛

Sfax /sfǽks, sfɑ́ːks | sfǽks; *F.* sfaks/ *n.* スファクス《アフリカ北部, チュニジア東部の海港; リン鉱石産業の中心地》.

Sfc, SFC 《略》sergeant first class.

SFC 《略》specific fuel consumption (of jet engines) (ジェットエンジンの)燃料消費率.

sfer·ics /sfí(ə)rɪks, sfér- | sfér-/ *n. pl.* **1** 〘通信〙空電 (⇨ atmospherics). **2** 〘気象〙スフェリックス《大気の空電の観測による雷雨活動[方向]探知機》. 〚《1945》《短縮》← ATMOSPHERICS〛

sfgd 《略》safeguard.

SFO 《略》Serious Fraud Office.

'sfoot /sfʊ́t/ *int.* 《廃》ちぇっ, ちくしょう. 〚《1602》《短縮》← God's foot〛

Sfor·za /sfɔ́ətsə | sfɔ́ː-; *It.* sfɔ́rtsa/, Count **Car·lo** *n.* スフォルツァ (1873–1952; イタリアの反ファシスト派政治家).

Sforza, Francesco *n.* スフォルツァ (1401–66; イタリアの傭兵隊長 (condottiere); Milan 公 (1450–66)).

Sforza, Gia·co·muz·zo /dʒakomúttso/ (*or* **Mu·zio** /múːtsjo/) **At·ten·do·lo** /atténdolo/ *n.* スフォルツァ (1369–1424; イタリアの傭兵隊長; F. Sforza の父).

Sforza, Lo·do·vi·co /lodovíːko/ *n.* スフォルツァ (1451–1508; Milan 公 (1494–1500), F. Sforza の子; Leonard da Vinci の後援者; the Moor とも呼ばれる).

sfor·zan·do /sfɔətsɑ́ːndou | sfɔːtsǽndəu; *It.* sfortsándo/ 〘音楽〙*adv.* スフォルツァンド, 1 音(または 1 和音)を急に強めて《略 sf, sfz; 記号 >》. — *n.* (*pl.* ～**s**, **-zan·di** /-diː; *It.* -di/) スフォルツァンドで奏される音[和音]. 〚《1801》□ It. ～ (ger.) ← *sforzare* to force ← *s*- (< L *ex*- 'EX-[1]'＋*forzare* to force (< VL **fortiāre* ← **fortia* 'FORCE[1]'〛

sfor·za·to /sfɔətsɑ́ːtou | sfɔːtsɑ́ːtəu; *It.* sfortsáːto/

adv. 〖音楽〗 =sforzando. 〖《1801》◻ It. ～ (p.p.) ← *sforzare* (↑)〗

SFr 《記号》〖貨幣〗 Swiss franc(s).

sfu·ma·to /sfuːmáːtou | -təu; *It.* sfumáːto/ 〖絵画〗 *n.* (*pl.* **～s**) スフマート, ぼかし法 《明暗の調子で丸みや奥行きを表した, ぼかした筆法; Leonardo da Vinci の創始した技法についていう》. — *adj.* スフマートの, ぼかし法の. 〖《1847》◻ It. ～ (p.p.) ← *sfumare* 《原義》 to evaporate ← *s-* (< L *ex-* 'ex-¹')＋*fumare* to smoke (< L *fūmāre*: ⇨ fume)〗

SFX 〖放送〗 sound effects; 〖テレビ・映画〗 special effects.

sfz 《略》〖音楽〗 sforzando.

sg 《略》 specific gravity.

sg 《記号》 Singapore 《URL ドメイン名》.

Sg 《記号》〖化学〗 seaborgium 《106 番目の元素》.

Sg 《略》〖聖書〗 Song of Songs [Solomon].

SG 《略》〖称号〗 *F.* Sa Grace (=His Grace); *F.* Sa Grandeur (=His [Her] Highness); *L.* Salutis Gratia (=for the sake of safety); Scots Guards; Solicitor General; Surgeon General.

sg. 〖文法〗 singular.

SGA 《略》〖医学〗 small for gestational age; (Member of) Society of Graphic Art.

sga·bel·lo /skɑːbélou, zgɑː- | -ləu; *It.* zgabéllo/ *n.* (*pl.* **～s**) ズガベロ 《イタリアルネサンス時代の木製背付きの小椅子》. 〖◻ It. ～ < L *scabellum* low stool: ⇨ shamble〗

Ś gàuge /ɛ́s-/ *n.* S ゲージ 《鉄道模型の軌間; ⁷/₈ インチ; cf. O gauge》.

sgd 《略》 signed.

s.g.d.g. 《略》 *F.* sans garantie du gouvernement (=without Government guarantee).

SGHWR 《略》〖原子力〗 steam-generating heavy-water reactor 蒸気発生重水原子炉.

sgi·an-dhu /skìːəndúː, skìːn-/ *n.* 《スコット》 スコットランドの高地人がストッキングの中に携帯する短刀. 〖《1811》 *skene-dhu* ◻ Ir.-Gael. *scian dubh* & Sc.-Gael. *sgian dubh* black(-handled) knife ← *scian, sgian* knife＋*dubh* black〗

sgl. single.

S. Glam 《略》 South Glamorgan.

SGM 《略》 Sea Gallantry Medal; Sergeant Major.

SGML 《略》〖情報〗 Standard Generalized Markup Language 汎用マークアップ言語規約 《機械処理する文書の構造を記述するための ISO の規準規約 (1986); 組版・印刷に応用され, 技術マニュアルの記述に広く用いられている》.

SGP 《略》〖自動車国籍表示〗 Singapore.

sgraf·fi·to /skrɑːfíːtou, zgrɑː- | -təu; *It.* zgraffíːto/ *n.* (*pl.* **-fi·ti** /-tiː/) 〖窯業〗 **1 a** スグラフィート 《顔料を加えた化粧土を乾燥素地にかけ, 化粧土を引っかいて紋様をつける方法; scratch work ともいう; cf. graffito》. **b** その模様. **2** スグラフィートで飾りをつけた陶器. 〖《1730》◻ It. ～: ⇨ sfumato, graffito〗

's Gra·ven·ha·ge /*Du.* sxrɑːvənháːxə/ *n.* スフラーベンハーフェ 《The Hague のオランダ語名》.

Sgt 《略》 Sergeant.

Sgt Maj. 《略》 Sergeant Major.

sh /ʃː/ *int.* しっ 《沈黙を求める発声; cf. hush》. 〖1847〗

sh 《略》〖野球〗 sacrifice hit(s).

Sh 《記号》〖貨幣〗 shilingi; shilling(s).

SH 《略》 School House; 〖野球〗 sacrifice hit(s).

sh. 《略》 shall; share; 〖製本〗 sheep(skin); 〖製本〗 sheet; shilling(s); shower; 〖証券〗 share(s).

s.h. second-hand.

SHA 《略》〖天文〗 sidereal hour angle.

Shaan·xi /ʃɑ̀ːnʃíː/ *n.* =Shanxi².

Sha·ba /ʃáːbə/ *n.* シャーバ 《アフリカ中部コンゴ民主共和国南東部の州, 重要な鉱業地帯; 面積 496,965 km², 州都 Lubumbashi; 旧名 Katanga (1972 年まで)》.

Shab·a·ka /ʃǽbəkə/ *n.* シャバカ, シャバコ 《?–698 B.C.; エジプト第 25 王朝を開いた王; Sabacon ともいう; 在位 712–698 B.C.; Memphis を都に定め, Amen 神の信仰を奨励; またピラミッド葬を復活させた》.

Sha'·ban /ʃəbáːn, ʃɑː-, ʃɔː-/ *n.* (*also* **Shaa·ban** /～/) (イスラム暦の) 8 月 (⇨ Islamic calendar). 〖《c1769》◻ Arab. *ša'bān* 《原義》 interval〗

Shab·bat /ʃəbǽt, ʃəbáːt, ʃáːbəs/ *n.* (*also* **Shab·bat·ot** /ʃɑːbɑːtáː(ː)t | -tɔ́t/) (*pl.* **～·im** /ʃəbáːtɪ̆m, -bɔ́ːsɪ̆m | -tɪm, -sɪm/) 〖ユダヤ教〗 安息日 (Sabbath) 《土曜日; Shabbos ともいう》. 〖《1934》◻ Heb. *šabbāth*〗

Shab·bath /ʃəbáːt, ʃáːbəs/ *n.* (*pl.* **Shab·ba·thim** /ʃəbáːtɪ̆m | -tɪm/) 〖ユダヤ教〗 =Shabbat.

Shab·bes /ʃáːbəs/ *n.* 〖ユダヤ教〗 =Shabbat.

shab·by /ʃǽbi/ *adj.* (**shab·bi·er; -bi·est**) **1** 〈衣服などが〉すり切れた (threadbare); 着[使い]古した, 傷んだ (well-worn): ～ clothes. **2** むさ苦しい, 汚い (squalid): a ～ house, neighborhood, street, etc. **3** 〈人が〉みすぼらしい, ぼろ姿の: a ～ hobo. **4 a** 卑しい, さもしい; 卑劣な (ignoble): a ～ fellow 卑劣な男. **b** けちな, つまらない (stingy): a ～ present. **c** 下等な, 劣る; つたない: a ～ singing group へぼ合唱団. **shab·bi·ly** /-bɪ̆li/ *adv.* **shab·bi·ness** *n.* 〖《1669》← 《廃》 *shab* 'SCAB, low fellow' < OE *sċeabb* ← IE **skep-* to, cut＋-Y⁴〗

shábby-gentéel *adj.* 落ちぶれながら昔の体面をとどめようとする; 無理な体裁をつくろう, 見えを張る.

shábby-gentílity *n.* 〖1754〗

shab·rack /ʃǽbræk/ *n.* (ヨーロッパの軽騎兵がもと用いた山羊皮の)鞍覆い(くらおおい), 鞍おおい. 〖《c1808》◻ F *schabraque* ∥ G *Schabracke* ◻ Hung. *csáprág* ◻ Turk. *çaprak*〗

shab·ti /ʃǽbti/ *n.* =ushabti.

Sha·bu·ot /ʃəvúːout | -əut/ *n.* 〖ユダヤ教〗 =Shabuoth.

Sha·bu·oth /ʃɑ̀ːvuːáː(ː)t, -óut, ʃəvúːout | ʃæbuə̀t/ *n.* 〖ユダヤ教〗 七週の祭り, 五旬節 《Feast of Weeks ともいう; ⇨ Pentecost 1; cf. Jewish holidays》. 〖《c1903》◻ Heb. *šābhūʻōth* (pl.) ← *šābhūaʻ* week〗

Sha·cha·ris /ʃáːkərɪs, ʃáːxə-/ *n.* 〖ユダヤ教〗 シャハリート 《ユダヤ教の朝の礼拝》. 〖◻ ModHeb. *šaḥarít* < Heb. *šaḥᵃrîth* 《原義》 morning ← *šáḥar* dawn〗

Sha·che /ʃɑ̀ːtʃéɪ | ʃæ-; *Chin.* ʂātʂʰā/ *n.* 莎車(シャチョー) 《中国新疆(シンチャン)ウイグル自治区西南部の都市; 中央アジア隊商貿易の基地; トルコ語名 Yarkand》.

shack¹ /ʃǽk/ *n.* **1** 丸太小屋, 掘っ立て小屋 (⇨ barracks 日英比較). **2** (特別な人[物]用の)部屋, …室: a cook's ～ 料理人室 / a radio ～ 無線通信室. **3** 《俗》〖鉄道〗 (貨車の)制動手. — *vi.* **1** 《俗》 =SHACK¹ *up*. **2** 住む, 宿る. ***sháck úp*** 《俗》 (1) 〔異性と〕同棲する (cohabit) 〔*with*〕. (2) 〔異性と〕内縁関係をもつ, (不倫の)性的関係を結ぶ 〔*with*〕. (3) 〔ある場所に〕泊まる, しけこむ 〔*in*〕. 〖《1878》《逆成》? ← 《方言》 *shackly* shaky ← *shackle* to shake (freq.) ← *shack* 'to SHAKE': cf. Mex. *jacal* wooden hut〗

shack² /ʃǽk/ *vt.* 《米口語》 …の後を追う (chase), 取り戻す (retrieve): ～ a ball. 〖《1891》《転訛》 ? ← SHAG²〗

shack·land /ʃǽklænd/ *n.* 《南ア》 シャックランド 《急造の小屋の建ち並ぶ都市部の地域; 正式には住居用地域とは認められていない》.

shack·le /ʃǽkl̩/ *n.* **1 a** [通例 *pl.*] 手かせ, 手錠 (manacle); 足かせ, 足鎖 (fetter). **b** 馬の足かせ (hobble). **2** (南京(ナンキン)錠の U 字形の)掛金; 繋環(けいかん), つかみ; (鉄道の)連環, シャックル. **3** 〖電気〗 茶台碍子(がいし) (shackle insulator). **4** [*pl.*] 束縛, 拘束 (restraint), 邪魔 (clog), 係累 (encumbrance): the ～s of debt 借金の束縛 / break through the ～s of habit [convention] 習慣[因襲]の束縛を打破する. — *vt.* **1** 〈人〉に手かせをかける (manacle), 手錠をかける; 〈人〉に足かせをかける (fetter). **2** 鎖で縛る (chain). **3** 拘束する, 束縛する (restrain); 妨げる, 妨害する (impede) (⇨ hamper¹ SYN).

shack·ler /ʃǽklə | -klə(r)/ *n.* 〖n.: lateOE *sċeacul* ← Gmc **skakulo-* (Du. *schakel* link of a chain): ⇨ -le¹. — v.: 《1440》 ← (n.)〗

sháckle bòlt *n.* 〖機械〗 シャックルボルト 《shackle を掛けるボルト》. 〖1688〗

sháckle·bòne *n.* 《スコット》 手首 (wrist). 〖1571〗

sháckle lòck *n.* =D-lock.

Shack·le·ton /ʃǽkl̩tən/, Sir **Ernest Henry** *n.* シャクルトン 《1874–1922; アイルランド生まれの英国の南極探検家》.

shack·o /ʃǽkou | -kəu/ *n.* (*pl.* **～s, ～es**) =shako.

sháck·ùp *n.* 《俗》 同棲 (cohabitation). 〖1935〗

shack·y /ʃǽki/ *adj.* 《米口語》 〈建物など〉おんぼろの, お粗末な. 〖《1567》: ⇨ shack¹, -y¹〗

shad /ʃǽd/ *n.* (*pl.* ～, ～s) 〖魚類〗 北米大西洋岸に多いニシン科ニシンダマシ属 (*Alosa*) の魚類の総称; (特に)シャド (*A. sapidissima*) 《ヨーロッパおよび北米の重要な食用魚; 産卵のため遡河性がある》. 〖《lateOE》 *sċeadd* 《原義》? the leaping one〗

shad·ber·ry /ʃǽdbèri, -b(ə)ri | -b(ə)ri/ *n.* 〖植物〗 = Juneberry. 〖《1861》 shad が川で捕れるころに実がなることから〗

shád·blòw *n.* 〖植物〗 =Juneberry 1. 〖1846〗

shád·bùsh *n.* 〖植物〗 =shadblow. 〖1818〗

shad·chan /ʃáːtxən, ʃáːd-, ―⌐/ *n.* (*pl.* **～s, shad-cha·nim** /ʃɑːtkɔ́(ː)nɪ̆m, ʃɑːd- | -nɪm/) (ユダヤ人の間の) 結婚周旋屋, 結婚ブローカー (marriage broker). 〖《a1890》◻ Yid. *šadkhn* ◻ MHeb. *šadhkhān*〗

Shad·dai /ʃɑːdáɪ/ *n.* 《ヘブライ》 全能なる者, 神 (God). 〖《1620》◻ Heb. *šaddáy*: cf. Akkad. *šadū* mountain〗

shad·dock /ʃǽdək | -dɔk/ *n.* **1** 〖植物〗 ザボン, ブンタン (文旦) (*Citrus grandis*) 《大形の柑橘類; shaddock tree ともいう》. **2** ザボン[ブンタン]の果実 《pomelo ともいう》. 〖《1696》← 《廃》 *Captain Shaddock* 《1696 年に東インドから Barbados 島へこれをもたらした英国の船長》〗

shad·dup /ʃʌdʌ́p/ *int.* 《口語》 黙れ! (Shut up!). 〖《1959》: *shut up* の発音つづり〗

shade /ʃéɪd/ *n.* **1** [通例 the ～] 陰, 物陰 (shady place) (cf. shadow); 日陰; 木陰: under *the* ～ of a tree 木陰で / ⇨ *in the* SHADE. ★ 一般に形容詞で修飾される場合以外は不定冠詞を付けない: There isn't any ～ here. ここには日陰はない / What (a) pleasant ～ these trees give (us)! この木陰は何と涼しいんだろう. **2 a** 光を遮る物. **b** [*pl.*] 《口語》 サングラス (sunglasses). **c** ランプの笠[シェード] (lamp shade). **d** 《米》 窓かけ (window shade, 《英》 blind). **e** 日よけ (blind), 日おい (awning). **f** 日傘 (parasol). **g** 目に用いる遮光器, まびさし (cf. eyeshade, sunshade): ～s for the eyes 目覆い. **3 a** 明暗[濃淡]の度, 色合い 《黒を加えてできる濃淡; cf. tint¹ 3; ⇨ color SYN》; 種々の色合いの物: people of all ～s of opinion いろいろな(意見をはく)人々 / in all ～s of blue 青のあらゆる色合いで / several ～s lighter [darker] than that それよりいくらか明るい[暗い] / I want the same color in a lighter ～. 同じ色で少し淡いのがほしい. **b** (絵画・写真などの)陰, 陰影, 陰の部分 (↔ light) (cf. chiaroscuro): This picture shows fine effects of light and ～. この絵は明暗の具合をうまく出している / without light and ～ (絵に)明暗のない; (文章などに)めりはりがない, 単調な. **4** 目立たない[映えない]こと (obscurity); 日陰の地位: fail into *the* ～ 光を消される; 蹴落とされる / put [cast, throw, leave] a person [thing] *into* [*in*] the ～ 人を顔色なからしめる[物を映えなくさせる], 人[物]を負かす. **5 a** (意味などの)少しの違い, わずかな差異, あや, ニュアンス (nuance): Many English words have delicate ～s of meaning. 英語の単語の多くには微細な意味の相違がある. **b** [a ～; 副詞的にも用いて] ごくわずか, 気味, 少し (touch, trace): *a* (slight) ～ of disapproval [impatience] 非難[いらだち]気味 / There was not *a* ～ of doubt [hesitation]. ほんの少しの疑い[躊躇(ちゅうちょ)]もなかった / I feel *a* ～ better today. きょうは少し気分がよい / You seem to be *a*～ suspicious of me. 私のことをちょっぴり疑っているみたいだね. **6** (悲しみ・失望などの顔の表情の)かげり, 曇り (cloud): A ～ of displeasure crossed her face. 不満の色が彼女の顔をかすめた. **7** 《文語》 **a** 亡霊, 幽霊: speak with the ～ of Homer. **b** 黄泉(よみ)の国の住人; [*pl.*; 集合的] 死人の霊. **c** [the ～s] 死者の世界[住居], 黄泉の国 (Hades): the realm of *the* ～*s*=Hades / go (down) to *the* ～*s* 黄泉の国に行く, 死ぬ. **8** [*pl.*] 夕闇, 薄暗がり, 闇: the ～*s* of night, evening, etc. **9 a** [しばしば *pl.*] 《古・詩》 引っ込んだ場所, 人目につかない所. **b** [the ～s] 地下ぶどう酒貯蔵室. **c** 《古》 影 (shadow). **d** 《古》 シルエット (silhouette). **10** 〖音楽〗 (パイプオルガンの)スウェルボックス (swell box) の扉.

hàve it máde in the sháde 《米口語》 成功を確実にしている; 大金持ちである. ***in the sháde*** (1) 日陰[物陰, 木陰]に[で] (cf. *in the* SUN (1)): It was at least 80°F (even) *in the* ～. 日陰で(さえ)少なくとも華氏 80 度だった. (2) 隠遁して; 人に知られないで, 目立たないで. (3) うだつが上がらない. 《1621》 ***Shádes of ...!*** 《口語》 (ある人・事が)…を思うふつさせる, …みたいだ (cf. 7 a): *Shades of* my old teacher! (様子・言動などが)まるで私の恩師だ / *Shades of* the old order! 旧体制も同然だ.

— *vt.* **1 a** 〈物〉に光[熱]が当たらないようにする (shelter): ～ one's eyes *with* one's hand 小手をかざす. **b** 〈光・熱などを〉遮る, 覆う; …にかさをつける: ～ a light [candle] 明かり[ろうそく]を覆う[にかさをかける]. **2** 〈絵画・写真など〉に陰をつける, 明暗[濃淡]をつける, くま取りをする; 徐々に濃淡をぼかし色づけする: ～ (*in*) the outline of a leaf 葉の輪郭に陰をつける / ～ a leaf green 葉を緑色に色づけする / ～ (*off*) each part of the drawing 絵の各部分をぼかす. **3** …に影を投げかける, 陰にする: The trees ～ the house nicely. 樹木が家に気持ちよい陰を与えてくれる. **4** (陰などで)見えないようにする, 隠す. **5** 暗くする, 陰らせる (darken): A sullen look ～*d* his face. 不機嫌の色が彼の顔を曇らせた. **6** 〈意見・方法などを〉次第に変化させる. **7** 〈物の値段を〉少し下げる, …に色をつける. **8** 〖音楽〗 (オルガンの音管の上方に詰め物をして)音高を調節する. **9** 《俗》 〈コンテストなどに〉辛勝する.

— *vi.* 〈光・色・意見・意味などが〉次第に変化する 〔*into*〕: ～ (*off*) *into* green 次第に緑色になっていく. ***shàde awáy*** [***óff***] 次第に変化する[消えてなくなる]. 《1818》

shád·er /-də | -də(r)/ *n.* 〖n.: OE *sċead*(*u*) darkness < Gmc **skadwaz, *skadwō* (G *Schatten*) ← IE **skot-* darkness, shade (Gk *skótos* darkness): cf. shadow. — n.: 《?c1380》 ← (n.)〗

1 shade 1

2 shadow 1

1 2

sháde clòth *n.* 〖園芸〗 遮光(しゃこう)布[クロス] 《植物に当たる日光の量を調節するための日除けの布またはプラスチック》.

shad·ed /ʃéɪdɪ̆d | -dɪd/ *adj.* **1** 陰になった, 日陰の. **2** 〈ランプ・帽子など〉かさの付いた, シェード付きの. **3** 暗くなった, たそがれた. **4** 〖絵画〗 (特定の)色でぼかした, (地図などで)陰影をつけた. **5** 〖印刷〗 〈活字が〉影付きの: a ～ face rule 子持ち罫. 〖1634〗

sháde dèck *n.* 〖海事〗 遮陽甲板, 日よけ甲板 《上甲板の上へ日よけの形で設けた軽構造の甲板》. 〖1894〗

sháde-gròwn *adj.* 日陰で[おおいをかけて]育てた.

sháde·less *adj.* (日)陰のない. 〖1814〗

shade plànt *n.* 〖植物〗 陰生植物, 陰地植物 (cf. sun plant 2). 〖1926〗

sháde-tòlerant *adj.* 〖植物〗 耐陰性の: a ～ plant. 〖1952〗

sháde trèe *n.* 日よけ用の木, 日陰樹, 緑影樹 《ニレ・カエデなど》. 〖1806〗

shád flỳ *n.* 〖昆虫〗 ニシンダマシ[アローサ] (shad) が川をのぼる時期に羽化して飛び回る昆虫, (特に)カゲロウ (mayfly).

shad·ing /ʃéɪdɪŋ | -dɪŋ/ *n.* **1** 陰[日陰]にすること, 日よけ, 遮光. **2** 〖絵画〗 陰影, 描影法; 明暗, 濃淡. **3** (色彩・音色・音量・性質などの)わずかな[漸次的]変化. **4** 〖テレビ〗 シェーディング 《画面に現れる暗影[明るさ]のひずみ; それを補正すること》. **5** 〖電算〗 **a** (ワープロなどで)網掛け. **b** (CG で)陰影付け, シェーディング. 〖1611〗

shád·ing còil *n.* 〖電気〗 くま取りコイル 《磁極の一部に置く短絡コイルで, これによって移動磁界を作る》.

shad·khan /ʃáːdxən/ *n.* =shadchan.

sha·doof /ʃədúːf, ʃɑː- | ʃæ-, ʃə-/ *n.* (エジプト方面で広く用いる灌漑(かんがい)用の)はねつるべ. 〖《1836》◻ Arab. *šādūf*〗

shad·ow /ʃǽdou | -dəu/ *n.* **1** (光が遮られてできる物の)影, 物影, 影法師 (⇨ shade 挿絵): the ～ of a person= a person's ～ 人影 / the ～ of the tree [a horse] 木[馬]の影 / in the ～ of a hill 丘の影に / be afraid [frightened, scared] of one's own ~ 自分の影さえ恐れる, ひどく臆病だ / catch [clutch] at ~s 影をつかもうとする, むだ骨を折る / grasp at the ~ and lose the substance 影をつかもうとして実を失う / The tree cast a ~ on [over] the ground. 木は地上に影を落としていた / The ~s of evening are lengthening [getting longer]. 夕方の影が長く伸びている (cf. 3). **2** [通例 the ~] 光の当たっていない所[部分], 暗がり (shade, gloom): in (*the*) ~ 陰になって / Her face was in deep ~. 彼女の顔は(帽子などの)すっかり陰になっていた / She stood in *the* ~ of the curtains. カーテンの陰の所に立った. **3** [*pl.*] (日没後の)夕闇, 暮色 (shades): The ~s of evening [Evening ~s] are falling. 夕闇が迫りつつある. **4 a** (絵・写真などの)陰影; (明暗の)暗. **b** 〘医学〙(レントゲン写真での)陰影, 影. **5** (ごく短いひげなどの)黒くなった部分, (目の下の)くま: daub ~s under one's eyes 目の下のくまに化粧する. **6 a** 尾行者, 密偵 (spy), 探偵 (detective). **b** 影法師のように付きまとう人; 腰ぎんちゃく (hanger-on). **7 a** 幻, 幻影, 影, 実のないもの: What ~s we are! 我々は何とはかないものなのだろう (cf. E. Burke, *Speech at Bristol on Declining the Poll*). **b** 幽霊, 亡霊 (specter, ghost): be pursued by a ~ 幽霊に付きまとわれる. **8** 似て非なるもの, かすかな面影 (mere semblance); (衰弱して)骨と皮ばかりの人: the ~ of power [freedom] 名ばかりの権力[自由] / He is only the ~ of his former self. 彼は見る影もなく衰えている / She was worn [had worn herself] to a ~. 骨と皮ばかりにやせ衰える. **9** 痕跡, 名残 (trace), ごくわずか, 気味, 気配 (slight suggestion) 〔*of*〕: not [without] a [any] ~ *of* (a) doubt 露ほどの疑いもない[なく] / with a ~ *of* a smile (playing) on one's lips 口もとにうっすら笑いを浮かべて / beyond [without] the [a] ~ *of* a doubt 一点の疑惑もなく. **10** (水面・鏡などの)映像. **11** (友情・名声・幸福などに投げかける)暗い影, かげり, 曇り (cloud); 心の曇り: cast [throw] a ~ on [over] a person's friendship [reputation, future] 人の友情[名声, 将来]に暗い陰を投げる / the ~s of old age 老いぼれ / A ~ fell on his joy. 彼の喜びに陰がさした. **12** 前兆, 前触れ (foreshadowing): ~s of things to come 起ころうとする事柄の影[前兆] / Coming events cast their ~s before them. 事が起ころうとする時は前兆がある. **13** 人目につかぬこと (obscurity): be content to live in the ~s 日陰の生活に甘んじている, 世に知られずに暮す. **14** 庇護, 保護 (shelter, protection): under the ~ of the Almighty 神の加護のもとに. **15** 影響力, 支配, 脅威. **16** 〘海事〙ガフ付きスピネーカー《ヨットで追風の時だけ縦首にあげる大型の帆のうち, ガフの付いている四角形のもの》.

cást a lóng [*dárk*] *shádow* 《比喩》重要である, 偉い, 大いに影響する. *in the shádow of* (1) …のすぐ近く[そば]に, …に寄り添って (close up against) (cf. 2): He lives *in the* ~ *of* a skyscraper. 摩天楼と隣り合わせに住んでいる. (2) …の陰に隠れて, …より目立たぬ形で: He lived *in the* ~ *of* his more famous sister. もっと有名な妹の陰で目立たなかった. (3) …の影響[支配]下に. (1853) *May your shádow néver grów* [*be*] *léss!* 御久しくご健康を祈る, ますますのご繁栄を祈る. (1824) *the shádow of a sháde* 《文語》空の空, 幻影: It is *the* ~ *of a shade*. (1815) *the shádow of déath* 死の影; 災難[破滅]の兆し (cf. *Job* 10:22 etc.; *under the* SHADOW of (2), *the* VALLEY *of the shadow of death*). 〘(lateOE) (c1340) 《なぞり》← LL *umbra mortis* 《なぞり》← Heb. *ṣēl* shadow + *māweth* death 《通俗語源》← *ṣalmāweth* deep darkness〙 *únder the shádow of* (1) = *in the* SHADOW *of*. (2) …の危険があって (in danger of): We live *under the* ~ *of* death. 死の影のもとに生きている. (3) ⇨ 14. (cf. F *sous* (*l'*) *ombre de*) (1523) *wálk in a person's shadow* 人のすぐそばにいる; 人の影響のもとにある, 人に追従する.

— *adj.* [限定的] **1** 陰の, 影の; 影絵の. **2** 《英》影の内閣の: the ~ Chancellor of the Exchequer 影の内閣の大蔵大臣. **3** 実質のない形だけの; 名ばかりの. **4** はっきりした模様のない; 暗い部分のあるデザインの. **5** (有事の際に備えて)急造できるように荒造りされた; いざというときに活動する[実体を現す].

— *vt.* **1** …に影を投じる, 影で覆う (shade). **2** 暗くする, 陰気にする, 曇らせる. **3** …に影のようにつきまとう, 尾行する, つけ回す: He was ~*ed* by the police. 警察につけられていた. **4** …の前兆を示す, ほのかに示す, …の大体を表す; 象徴する; 予示する 〈*forth, out*〉: ~ *forth* the future 将来を予示する. **5** 《英》〈野党議員が〉〈与党閣僚〉の影の閣僚 (shadow minister) を務める. **6** 《古》**a** 光や熱などに当てないようにする. **b** 保護する. **7** 《まれ》〈絵〉に陰影をつける, ぼかす. **8** 《廃》隠す (conceal). — *vi.* **1** 次第に変わる. **2** 〈顔などが〉〈疑い・悲しみなどで〉暗くなる, かげる 〔*with*〕: His face ~*ed with* doubts. 彼の顔は疑惑で曇った. **3** 《古》影を投じる.

~·er *n.* **~·lìke** *adj.* 〘n.: lateOE *sċead(u)we* (gen. & dat.) ← *sċeadu* 'SHADE'. — v.: (lateOE) ← (n.)〙

shádow bànd *n.* 〘天文〙(皆既食の前後に見える)影帯. 〘1891〙

shádow·bòx *vi.* **1** シャドーボクシングをする. **2** (積極的[決定的]行動を避けるために)敵を慎重に扱う. 〘1919〙

shádow bòx *n.* シャドーボックス《絵・硬貨・宝石などを展示・保護するため前面にガラス板がはめてある浅い長方形の枠組み; shadow box frame ともいう》. 〘1909〙

shádow-bòxing *n.* シャドーボクシング《仮想の相手に向かって一人でするボクシングの練習方法》. 〘1924〙

shádow càbinet *n.* 〘英政治〙影の内閣《野党が政権に備えてつくる在野の内閣; cf. shadow minister》. 〘1906〙

shádow dànce *n.* シャドーダンス《スクリーンに踊り手の影が投映される》.

shád·owed *adj.* 〘印刷〙(活字書体に立体感を出すような)影付きの, シャドー(付き)の. 〘1400〙

shádow fìgure *n.* シルエット (silhouette). 〘1851〙

shad·ow·gram /ʃǽdougræ̀m | -dəʊ-/ *n.* 《米》影写真《被写体の影を生かして撮影する特殊写真》. 〘1896〙

shad·ow·graph /ʃǽdougræ̀f | -dəʊgrɑ̀:f, -græ̀f/ *n.* **1** 影絵《手をさまざまに動かして壁などに写すもの》. **2** = shadow play. **3** 〘写真〙逆光線写真, シルエット写真; (特に) X 線写真 (radiograph). 〘1886〙

shád·ow·ing *n.* **1** 影つけ, くま取り. **2** 影, 明暗, 濃淡. **3** 前兆, 予示 (prefiguring). **4** 尾行 (dogging). 〘lateOE *sċead(e)wung*〙

shádow·lànd *n.* **1** 幽冥界, 霊界. **2** 無意識界. **3** あいまい. 〘1821〙

shádow·less *adj.* 影のない. 〘1638〙

shádow màsk *n.* 〘テレビ〙シャドーマスク《カラーテレビのブラウン管の蛍光面の前に置かれる多孔金属板; 3 本の電子ビームがこの穴を通過して原色蛍光点に当たる》. 〘1951〙

shádow mìnister *n.* 〘英政治〙影の閣僚[大臣] (cf. shadow cabinet). 〘1925〙

shádow pàntomime *n.* = shadow play.

shádow pìn *n.* 〘海事〙シャドーピン《コンパスの表面ガラスの中央に立てる細いピンで, これと目標物を重ねてのぞき, コンパスの目盛りを読んで方位を測る》. 〘1891〙

shádow plày *n.* 影絵芝居 (cf. galanty show). 〘1890〙

shádow prìce *n.* 〘経済〙影の価格, 潜在価格, シャドープライス《市場価格の存在しない財・サービスに, 正常な市場があればつくと考えられる価格》. 〘1965〙

shádow pùppet *n.* 影絵《芝居用の人形》. 〘1923〙

shádow ròll *n.* (馬の目と鼻との間につける)毛付鼻勒, 毛鼻革《自分の動きでできる影におびえないようにつける羊毛製の円筒形のもの; 遮眼革 (blinkers) を付したものもある》.

shádow shòw *n.* = shadow play. 〘1859〙

shádow tèst *n.* 〘眼科〙= retinoscopy.

shádow thèater *n.* = shadow play.

shádow wòrk *n.* シャドーワーク《シャドーステッチ (shadow stitch) で刺した刺繍》. 〘1919〙

shad·ow·y /ʃǽdoui | -dəʊi/ *adj.* (**-ow·i·er; -i·est**) **1** 陰を成す; 陰になった; 影の多い: a ~ tree, path, etc. **2 a** 影のような, かすかな (faint); はかない (fleeing): a ~ fear. **b** はっきりしない, ぼんやりした: ~ outlines ぼんやりした輪郭 / the ~ past はっきりしない思い出せない過去. **c** 実体のない, 空虚な, はかない (unsubstantial): a ~ hope. **d** まぼろしの, 幽霊の(ような). **shád·ow·i·ly** /-ḷli/ *adv.* **shá·dow·i·ness** *n.* 〘(c1380): ⇨ shadow, -y^4〙

Shad·rach /ʃǽdræk, ʃéɪdræk/ *n.* 〘聖書〙シャデラク《Nebuchadnezzar の造った金の像を礼拝することを拒んだため, Meshach, Abednego と共に燃える炉に投げ込まれたが, 神の助けで無事難を逃れたユダヤ人; cf. *Dan.* 3:12–30》. 〘◻ Heb. *Šadhrákh* ← ? Babylonian〙

sha·duf /ʃədú:f, ʃɑ:- | ʃæ-, ʃə-/ *n.* = shadoof.

Shad·well /ʃǽdwɛl, -wəl/, **Thomas** *n.* シャドウェル (1642?–92; 英国の劇作家・詩人; 桂冠詩人 (1688–92); *Burry Fair* (1689)).

shad·y /ʃéɪḍi | -di/ *adj.* (**shad·i·er; -i·est**) **1** 陰の多い, 陰になった (shaded): a ~ path 木陰の小道 / the ~ side (of the street) (街路の)陰になっている側. **2** 陰を成す: a ~ tree. **3 a** 薄暗い, はっきりしない, ぼんやりした. **b** 黒い, 暗い (dark): one's ~ hair. **4** 《口語》いかがわしい, うさんくさい, あやしい (questionable): a ~ person, character, etc. / a ~ transaction 後ろ暗い[闇]取引き. *kèep shády* 《俗》人目を避ける, 目立たないようにする, 秘密にしておく. *on the shády side of* ⇨ side 成句. **shád·i·ly** /-ḍəli, -dḷi | -dḷi, -dli/ *adv.* **shád·i·ness** *n.* 〘(1579): ⇨ shade, -y^4〙

SHAEF /ʃéɪf/ *n.* 連合国派遣軍最高司令部. 〘(頭字語) ← *S(upreme) H(eadquaters) A(llied) E(xpeditionary) F(orces)*〙

Shaf·fer /ʃéɪfə, ʃǽfə | ʃǽfə(r)/, **Peter (Levin)** *n.* シャファー (1926– ; 英国の劇作家; *The Royal Hunt of the Sun* (1964), *Equus* (1973), *Amadeus* (1979)).

shaft^1 /ʃǽft | ʃɑ:ft/ *n.* **1** (エレベーターの)シャフト; 〘鉱山〙立坑《垂直に掘り下げた坑道》. **2** 〘機械〙軸, 心棒 (axle, mandrel), シャフト. **3 a** (投げ槍 (spear), 槍 (lance), 銛 (harpoon) などの)柄; 《古》投げ槍, 槍. **b** 矢柄; (大弓の)矢 (arrow). **4** (窓・雲の割れ目から鋭く射してくる)一条の光線 (ray, beam); 電光, 稲妻 (bolt): ~s of sunlight, lightning, etc. **5 a** (皮肉的な)鋭い言葉[攻撃], ほこ先: ~s of sarcasm [wit] 寸鉄人を刺すような皮肉[機知]. **b** 厳しい[不当な]扱い. **6** (馬車・荷馬車の連結用の)長柄, かじ棒 (pole, thill)《車の前に 2 本突き出た棒の 1 本で, それに馬をつなぐ》. **7 a** 矢柄・槍の柄を思わせるもの. **b** (ハンマーなどの)柄, 取っ手; (ゴルフクラブの)柄, シャフト. **c** 旗ざお (flagpole). **d** 十字架の縦の棒《特に, 腕下の部分をいう》. **e** 枝状燭台の台の部分. **f** (円柱の)柱身. **g** (戸口などの両側に立っている)小さな柱. **h** 煙突の屋上に出た部分. **i** 記念柱[塔], 方尖塔 (obelisk). **j** 〘解剖〙骨幹《大腿骨など長い骨の中間部分》. **k** 〘鳥類〙羽幹 (scape)《羽の中軸》. **l** 《まれ》樹幹 (trunk). **8** [織物組織の経糸変化数を示すものとして用いて] 〘紡織〙綜絖, シャフト《織機の開口装置に用いる器具; leaf ともいう》: a 4-*shaft* twill 4 枚綾. **9 a** 《卑》ペニス, さお. **b** 《英卑》性交.

gét the sháft 《米俗》だまされる, 一杯食わされる; ひどい目に遭う. (1959) *gíve a person the sháft* 《米俗》人をだます, ぺてんにかける, …をひどい目に遭わせる. (1964)

— *vt.* **1** さおで押す, さおでついて進める. **2** 《米俗》欺く, 食いものにする. **3** 《俗》不当に扱う. **4** 《英卑》…と性交する.

〘lateOE *sċeaft* < Gmc *skaftaz (Du. *schaft* / G *Schaft*) ← IE *(s)kep- to cut, scrape, hack (L *scāpus* shaft / Gk *skêptron* 'staff, SCEPTER'): cf. shape. — v.: (1611) ← (n.)〙

shaft^2 /ʃǽft | ʃɑ́:ft/ *n.* **1** (エレベーターの通路などビルディング内の)上下に貫通した空間: ⇨ elevator shaft. **2 a** 〘鉱山〙立坑; 換気坑, シャフト (ventilating shaft): sink [put down] a ~ 立坑を掘る / ⇨ air shaft. **b** (自然の洞窟内の)縦穴. 〘(1433–34) ◻ LG *schacht* (Du. *schacht*) = *schaft* (↑)〙

sháft àlley *n.* 〘海事〙シャフトトンネル, 軸路《プロペラ軸の通路でトンネル状になっていて作業員が通行できる》. 〘1884〙

sháft bèaring *n.* 〘機械〙軸受け. 〘1875〙

sháft drìve *n.* 〘機械〙シャフトドライブ(機構)《動力がエンジンから駆動軸によって車輪やプロペラに伝達される機構》. 〘1906〙

sháft·ed *adj.* 〈矢・槍など〉矢じり・槍先が矢柄・柄の色と異なる. 〘(1586) ← SHAFT^1 (n.) + -ED 2〙

Shaftes·bury /ʃǽftsbəri | ʃɑ́:ftsb(ə)ri/, 1st Earl of *n.* シャフツベリー (1621–83; 英国の政治家・大法官 (1672–73); 本名 Anthony Ashley Cooper).

Shaftesbury, 3rd Earl of *n.* シャフツベリー (1671–1713; 英国の思想家; *Characteristics of Men, Manners, Opinions, Times* (1711); 本名 Anthony Ashley Cooper).

Shaftesbury, 7th Earl of *n.* シャフツベリー (1801–85; 英国の政治家・慈善家; 本名 Anthony Ashley Cooper).

sháft fèather *n.* 〘アーチェリー〙矢羽根《矢柄に付けた 2 枚の羽根の一つ》.

sháft fùrnace *n.* 〘冶金〙竪炉, 高炉 (cf. blast furnace). 〘1874〙

sháft gràve *n.* 〘考古〙= pit tomb. 〘1910〙

sháft-hòrse *n.* 長柄につけた引き馬. 〘1769〙

sháft hórsepower *n.* 〘機械〙軸馬力《エンジンの駆動軸で計った馬力; 略 shp, SHP》. 〘1908〙

sháft hòuse *n.* 〘鉱山〙(立坑の)巻上げ機械小屋. 〘1872〙

sháft·ing *n.* **1** 〘機械〙軸系; 軸材. **2** 〘建築〙(中世建築の)小さな抱き柱を寄せ合わせた柱の構成. 〘1825 ← shaft^1 (n.) + -ing^1〙

sháft tòmb *n.* 〘考古〙= pit tomb. 〘1895〙

sháft tùnnel *n.* 〘海事〙= shaft alley.

sháft·wày *n.* 《英》= hoistway.

shag^1 /ʃǽg/ *n.* **1** 〘2 の転用?: そのとさかの外観から〙〘鳥類〙ウ (cormorant); (特に)ヨーロッパヒメウ (*Phalacrocorax aristotelis*)《英国に生息するヨーロッパ産のウ》. **2** 粗毛, むく毛, もつれ毛, むしゃくしゃ毛; 粗毛などの固まり. **3** (織物の)けば (nap); けば織り. **4** 強い粗雑な刻みたばこ. — *adj.* = shaggy. — *v.* (**shagged; shag·ging**) — *vt.* **1** 毛むくじゃらにする. **2** ぎざぎざにする. — *vi.* もじゃもじゃの固まりで落ちる[ぶら下がる]. 〘n.: lateOE *sċeacga*: cf. OE *sċ(e)aga* 'SHAW^1' / ON *skegg* beard〙

shag^2 /ʃǽg/ *v.* (**shagged; shag·ging**) — *vt.* **1** 〘野球〙(試合前に)〈フライを〉捕球練習する. **2** 追いかけて連れ戻す. **3** …の後を追う. **4** 《英卑》…と性交する. **5** [通例 out を伴って] 《英俗》へとへとに疲れさせる, くたくたにする. — *vi.* **1** 〘野球〙フライの捕球練習をする. **2** 《卑》自慰する (masturbate). — *n.* 《卑》**1** 性交; (特に)桃色遊戯. **2** 桃色グループ. 〘(1851) 《変形》← ? SHAKE: cf. shack^2〙

shag^3 /ʃǽg/ *n.* 無頼漢 (rascal, blackguard). 〘(1620) 《略》? ← 《廃》*shakerag* ← SHAKE (v.) + RAG^1〙

shag^4 /ʃǽg/ 《米》*n.* シャグ《交互に片足で跳ぶダンスのステップ》. — *vi.* (**shagged; shag·ging**) シャグを踊る. 〘v.: (1914) ← 《方言》? *shag* to lope〙

shag·a·nap·pi /ʃǽgənæ̀pi, ←←←/ *n.* **1** 生皮のひも. **2** 生皮 (rawhide). **3** (アメリカインディアンの使う)子馬 (cayuse). 〘(1743) ← N.-Am.-Ind. (Algonquian)〙

shág·bàrk *n.* **1** 〘植物〙= shagbark hickory. **2** shagbark hickory の果実《長楕円・広卵形でやや平たい堅果は食用; shellbark ともいう》. 〘(1777) ← SHAG^1 + BARK^2: その樹皮の外観から〙

shágbark hìckory *n.* **1** 〘植物〙北米産クルミ科ペカン属でヒッコリーの一種 (*Carya ovata*). **2** その材. 〘1751〙

shagged /ʃǽgd/ *adj.* [しばしば ~ out として] 《英俗》疲れ果てた (tired out). 〘(lateOE): ⇨ shag^1, -ed 2〙

shag·gy /ʃǽgi/ *adj.* (**shag·gi·er; -gi·est**) **1 a** 粗毛を生やした; 毛深い (hairy) (cf. smooth, sleek); 毛むくじゃらの; 粗毛[長軟毛]の[に覆われた]. **b** 〈ラシャなど〉けばの立った, シャギーな: a ~ carpet. **c** 〈土地が〉やぶだらけの (bushy), 小木だらけの (scrubby). **2 a** 〈髪・毛が〉くしを入れていない, くしゃくしゃの (unkempt), ぼうぼうとした: ~ hair. **b** 不作法な, 洗練されていない. **3** 〈思考など〉乱れた, 明晰でない. **shág·gi·ly** /-gḷi/ *adv.* **shág·gi·ness** *n.* 〘(c1590) ← SHAG^1 + -Y^4〙

shággy càp *n.* 〘植物〙= shaggymane. 〘1894〙

shággy-dóg stòry *n.* 《口語》**1** 《話し手の方ではおもしろがって話すが実は退屈でくだらない, 最後にとぼけた落ちがつく》とぼけた長話《単に shaggy dog ともいう》. **2** 言葉を話す動物が出てくる滑稽話. 〘1940 年代に流行したこの種の滑稽話に毛むくじゃらの犬がしばしば登場したことから〙

shággy ínk càp *n.* = shaggymane. 〘1953〙

shággy·màne *n.* 〘植物〙ササクレヒトヨタケ (*Coprinus*

S

comatus)《かさの表面がささくれ状になっている食用キノコ; shaggy cap, shaggymane mushroom ともいう》. 〚1895〛

sha·green /ʃægríːn, ʃə-/ *n.* **1** シャグリーン, 粒起なめし革《ロシア・イランなどで馬・ろば・らくだの皮の表面をつぶつぶになめした革, 普通緑色に染める》. **2** さめ皮《研磨用》. — *adj.* シャグリーン革で作った[で覆った, に似ている]. 〚(1677) □ F *chagrin* □ Turk. *çagri*: SHAG[1] と GREEN の影響を受けた〛

sha·gréened *adj.* =shagreen. 〚(1721): ⇨ -ed 2〛

Sha·groon /ʃægrúːn/ *n.* 《NZ》19 世紀にニュージーランドの Canterbury に定住した移民《特にオーストラリアからの牧畜業者》. 〚(1849) □ ? Ir.-Geal. *seachrān* wandering〛

shah[1] /ʃáː; *Pers.* ʃáːh/ *n.* 王 (king) を意味するペルシャ語; [しばしば S-] イラン皇帝の尊称 (cf. padishah): the *Shah* in ~ 王中の王《もとイラン国王の尊称》. 〚(1564) □ Pers. *shāh*: cf. check[1]〛

shah[2] /ʃáː/ *int.* しー, しっ(静かに).

sha·ha·da /ʃəháːdə- | -də/ *n.* (*also* **sha·ha·dah** /~/)《イスラム教》シャハーダ《証しを意味するアラビア語で, アッラーのほかに神なし, ムハンマドはその使いである という信仰告白; イスラムの信仰の五柱 (Pillars of Islam) の第 1》. 〚(1885) □ Arab. *šahāda* testimony ← *šáhida* to testify〛

Sha·hap·ti·an /ʃəhǽptiən/ *n.* (*pl.* ~, ~s) **1 a** [the ~(s)] シャハプティアン族《北米 Columbia 川上流の広大な地域に住むインディアン; ⇨ Nez Percé; cf. Yakima》. **b** シャハプティアン族の人. **2** シャハプティアン語. 〚(1845) □ N-Am.-Ind. (Mosan) *Sahāptini* (pl.)〛

sha·heed /ʃəhíːd/ *n.* =shahid.

sha·hid /ʃəhíːd/ *n.* (イスラム教の)殉教者. 〚(1881) □ Arab. *šahīd* witness, martyr ← *šáhida* to witness〛

Shah Ja·han /ʃáːdʒəháːn/; *Hindi* ʃáːhdʒəháːn/ *n.* シャージャハーン《1592?–1666; インドの Mogul 帝国第 5 代の皇帝(1628?–58); ⇨ Taj Mahal; Shah Jehan ともいう》.

Shah·ja·han·pur /ʃàːdʒəhaːnpúə | -púə[r]; *Hindi* ʃaːhdʒəhaːnpúːr/ *n.* シャージャハンプール《インド北部 Uttar Pradesh の都市》.

Shahn /ʃáːn/, **Ben (Benjamin)** *n.* シャーン《1898–1969; リトアニア生まれの米国の画家》.

shah·toosh /ʃaːtúːʃ/ *n.* シャートゥーシュ: **1** ヒマラヤ地方産の野生ヤギの首の毛から採る高級ウール. **2** これで織った織り物.

Shaikh al-Is·lam /ʃéɪkælɪsláːm, ʃáɪk-/ *n.* (*also* **Sheikh ul Islam** /-ʊl-/) イスラム都市の長; (特に) = Grand Mufti. 〚(1686) □ Arab. *Šaykh-al-islām* the chief of Islam〛

Shai·tan /ʃeɪtáːn, ʃaɪ-/ *n.* **1**《イスラム教》悪魔. **2** [s-] 悪人, 悪党. 〚(1638) □ Arab. *šayṭān* □ Heb. *śāṭān* 'SATAN'〛

Shai·va /ʃáɪvə/ *n.*《ヒンズー教》=Saiva.

Shak. (略) Shakespeare.

Sha·ka /ʃáːkə, -gə; *Zulu* ʃaːkɑ/ *n.* シャカ《?–1828; Zulu 族の軍の指導者; アフリカ南部に Zulu 帝国をつくった; Chaka ともいう》.

shak·a·ble /ʃéɪkəbl/ *adj.* **1** 震動できる, 震わすことのできる. **2** 振起できる. 〚1869〛

S **shake** /ʃéɪk/ *v.* (**shook** /ʃʊ́k/; **shak·en** /ʃéɪkən/, 《古・口語》**shook**) — *vt.* **1 a** 振る, 振り動かす; 揺する, 揺すぶる: ~ a bottle of medicine 薬の瓶を振る / To be ~*n* before taking. 振ってから服用のこと《薬瓶の注意書》 / ~ the dice (投げる前に)さいころをよく振り混ぜる / ~ a tree for chestnuts 栗を落とそうと木を揺すぶる / ~ a person *by* the shoulder 人の肩をつかんで揺すぶる / ~ a person's hand =~ a person *by* the hand=~ hands *with* a person 人と握手する / ~ oneself 全身を揺すぶる / ~ one's sides (with) laughing [with laughter] 腹をかかえて笑う / He *shook* his head *at* the idea [in disbelief, in disappointment, (to say) "No"]. 彼はその案に対して[信じられなくて, 落胆して,「だめだ」と]首を横に振った《不承知・不賛成・非難・失望などの身振り; cf. nod 1 a》/ ~ one's finger at a person ⇨ finger 1 a. 日英比較 *shake* a person's hand で「握手する」意になるのは, 単に相手の手を握るだけでなく握って上下に振り動かすからである. 日本人は「握手」の訳語に影響されて単に手を握るだけと思っていたり, 相手の手を握っておじぎをしたりする人が多いが, 英語の意味は力強く相手の手を握って 1, 2 度上下に軽く振る意である. **b** [目的語+副詞または前置詞付きの句を伴って] 振り払う[落とす], 振り出す[かける]: ~ the snow *off* (one's coat) (外套(がいとう)の)雪を払い落とす / ~ apples (*down*) *from* a tree 木からりんごを揺すぶり落とす / ~ some pills *into* one's hand 振って手のひらに丸薬を出す / ~ the contents *out* (*of* a container) (容器から)中身を振り出す / ~ a cigarette *out* (*of* one's pack) 揺すって(箱から)たばこを出す / ~ a person *out of* his reserve 人に慎みを忘れさせる / ~ salt *over* [*onto*] vegetables 野菜に塩を振りかける. **2** 打ち振る, 振り回す (brandish, wave): ~ one's fist [stick] *at* a person [*in* a person's face] 人の顔をめがけてげんこ[ステッキ]を振り回す《脅迫・威嚇のため》. **3** 震動させる, 震わせる, 揺るがせる (rock): His heavy steps *shook* the whole room. 彼の重い足取りで部屋中が震動した / A peal of thunder *shook* the air. 雷鳴が空を揺るがせた / The earthquake *shook* the island. その地震は島を揺るがした. **4 a** [目的補語を伴って] 振って[揺すって]〈ある状態に〉する: ~ oneself awake 体を揺すって目を覚ます / ~ one's head free from a bad dream 頭を振って悪夢をさます / She *shook* herself [her arm] loose from my detaining hand. 引き止めようとする私の手から体[腕]を振り放した. **b** 振って[揺すって]〈ある状態に〉する 〔*to, into*〕: ~ a thing *to* pieces 揺すって物をばらばらにする. **5 a** 動揺させる, ぐらつかせる (disturb), 弱める: ~ a person's faith [confidence, composure] 人の信念[自信, 落着き]をぐらつかせる / ~ a person's courage [resolution] 人の勇気[決意]をくじく / an event that *shook* the very foundations of society [society to its very foundations] 社会の根底を揺るがせた事件 / His theory was ~*n* by a new fact. 彼の説は新事実の出現で揺らいだ. **b** 〈人〉を狼狽(ろうばい)させる (agitate), ぎくりとさせる (jar), …の心を混乱させる (upset) 〈*up*〉: His death *shook* her *up* considerably. 彼の死は彼女の心をひどくかき乱した / The plane crash *shook* us *up* badly. 飛行機の墜落にみんなひどくショックを受けた / He was very [badly] ~*n by* [*at*] the news. その知らせで彼は気が動転した. **6** 〔ある状態から〕覚醒させる (arouse), 奮起させる (stir up) 〔*out of*〕: ~ a person *out of* his apathy [complacency] 人の無関心[自己満足]を覚ます. **7** [通例 ~ *off* として]《口語》**a** 〈心配・病気・悪習などを〉払いのける (cast off): ~ *off* [《米》~] a bad habit / ~ *off* a fit of depression ふさぎの虫を振り払う / I can't ~ *off* [《米》~] my cold. かぜがなかなか抜けない / ~ *off* the imperialist yoke 帝国主義の束縛を脱する. **b** 〈追跡者・悪友などを〉振り放す: ~ *off* reporters 新聞記者連中を追い払う / ~ *off* [《米》~] one's pursuer 追っ手をまく. **8**《豪俗》〈物を〉盗む, がめる (steal); 〈人〉から盗む. **9**《音楽》〈声・楽音を〉震わせる, 震え声で歌う.

— *vi.* **1 a** (寒さ・激情などで)ぶるぶる震える, 〈手・声などが〉震える (tremble, shiver): ~ all over [in every limb] 体中が[手足の先まで]ぶるぶる震える / ~ like an aspen leaf [《英》a jelly] ぶるぶる[わなわな]震える / ~ in one's shoes [boots] 胴震いする, びっくり仰天する / He *shook with* cold [fever, fright]. 寒くて[高熱で, 恐ろしくて]がたがた震えた / His voice was *shaking with* excitement [emotion]. 彼の声は興奮[感動]で震えていた. **b** 腹をかかえて笑う; (おかしくて)〈腹の皮・体が〉よじれる: He [His sides] *shook with* laughter. 身をよじって[腹をかかえて]笑った. **2** 揺れる, 震動する, 震える (vibrate, quake): The earth *shook* violently (*with* [*at*] the explosion). (その爆発で)大地が激しく揺れた / The trees were *shaking* in the wind. 樹木が風に揺れていた. **3** 〈経済などが〉ぐらつく (totter); 〈勇気などが〉くじける. **4** (混ざるように)振る, 振り動かす: *Shake* well before using. よく振ってから使用のこと《注意書》. **5** [通例 ~ *down*, ~ *off* として] 〈砂などが〉振ると落ちる: Sand ~*s down* [*off*] readily. 砂は振ればすぐ落ちる. **6**《口語》握手する: Well satisfied, they *shook* on it. 十分納得がいったのでその件について握手をかわした. **7**《英方言》〈果物・穀物などが〉(ばらばら)落ちる (fall). **8**《音楽》震え声で歌う (trill).

sháke a lég ⇨ leg 成句. ***sháke a stíck at*** ⇨ stick[1] 成句. ***sháke dówn*** (*vi.*) (1) ⇨ *vi.* 5. (2) 〔毛布・わらなどで〕仮の寝床を作る[作って寝る]〔*with*〕: ~ *down* for the night on the floor 夜床の上でごろ寝する. (3) 仮の宿を取る, 一時滞在する: ~ *down* in London. (1858–59) (4) 〈人・事態などが〉落ち着く; (仲間・周囲などに)なじむ: Things are *shaking down* quickly. 事態は急速に平穏に帰しつつある / The new staff *shook down* nicely. 新しい職員たちもうまく(互いや環境に)なじんだ. (1864) (*vt.*) (1) ⇨ *vt.* 1 b. (2) 〈穀物などを〉振ってぎっしり詰める, 揺すり込む. (3)《米口語》(権限にかこつけたり保護してやると偽って)…から金を巻き上げる (cf. shakedown): ~ *down* a bar [storekeeper] (*for* five hundred dollars) バー[店主]から(500 ドルの)金をゆする[おどし取る]. (1872) (4)《米口語》(武器などを隠し持っていないかと)〈人〉の体を(服の上からなでて)厳しく検査する (frisk, search). (1915) (5) 削減する, 縮小する. (6)《米口語》〈艦船・機械などの性能テストをする, ならし運転をする (cf. shakedown): ~ *down* a vessel on its maiden voyage 処女航海に出て船を整調する. ***sháke hánds*** ⇨ *vt.* 1 a, hand 成句. ***sháke óff*** (*vt.*) (1) ⇨ *vt.* 1 b. (2) ⇨ *vt.* 7. (3) 〈提案・要求などを〉拒否する, はねつける (refuse). (4)《野球》(動作で示して)投手が〈捕手のサインに〉首を振る. (*vi.*) ⇨ *vi.* 5. (?*a* 1387) ***sháke onesèlf out of it*** しゃんとする, 奮いたつ. ***sháke óut*** (*vt.*) (1) 〈帆・旗・ハンカチなどを〉振って広げる; 〈毛布・上着などを〉(ほこりなどを落とすために)広げて振る. (2) 〈ほこりなどを〉振って落とす; 〈中身を〉振って出す (cf. *vt.* 1 b); 〈容器を〉振って空にする. (3) 〈マッチなどを〉振って消す. (*vi.*)《軍事》(敵の目標をそらすために)〈軍隊が〉散開した隊形をとる. (?*a* 1200) ***sháke the dúst òff one's féet*** = ***sháke óff the dúst of* [*from*] *one's féet*** ⇨ dust 成句. ***sháke úp*** (1) 〈液・びんなどを〉振って混ぜる: ~ *up* (the contents of) a bottle びんを振って(内容物を)混ぜる. (2) 〈まくら・クッションなどを〉振って形を直す. (3) 揺らせて…の気分を悪くさせる. (4) ⇨ *vt.* 5 b. (5) 揺り起こす, 目覚めさせる (rouse); 覚醒[奮起]させる: He needs *shaking up*. やつは目を覚ましてやる必要がある. (6)《口語》〈組織・人事・思想を〉大刷新[改造]する (cf. shake-up): The firm needs *shaking up*. 会社は大刷新[変革]の必要がある. (*c* 1430)

— *n.* **1 a** 振ること, 一振り; 振動: a ~ of the hand 握手 / with a ~ of the [one's] head 頭を横に振って ('No' という身振り) / give a tree a ~ 木を揺する. **b**《口語》(さいころの)一振り. **c** (液体・粉末などの)一振りの量. **d**《口語》握手 (handshake): He welcomed me with a hearty ~. 心のこもった握手で私を歓迎してくれた / We had a ~ *on* the deal. 取引がまとまって握手をした. **e**《米》ミルクセーキ (milk shake). **2 a** 震動, 動揺; (馬車などの)揺れ (jolt): give oneself a ~ 体をぶるぶるっと震わせる. **b**《米口語》地震 (earthquake). **3** 震え, (ぶるぶる)震い (tremor): with a ~ in one's voice [writing] 声[筆跡]が震えて / He was all of a ~. 彼はぶるぶる震えていた. **4** [the ~s; 単数扱い]《口語》**a** 悪寒(おかん) (chill), おこり (ague); (特に)=delirium tremens: have *the* ~*s* (from drink [fever, nerves]) (酒[熱, 神経過敏]で)ひどく震える. **b** (恐怖のための)震え. **5** 打撃, 衝動; (心の)動揺, ぐらつき. **6 a** (地層・岩石の)割れ目, 裂け目, ひび. **b** (風・温度などの影響で生じた木材の年輪に沿った)裂け目, ひび; (立木の)割れ目 (cf. check[1] 11 b). **7**《米》屋根ぶき板, 柿(こけら)板 (shingle). **8**《口語》瞬間 (moment): in (half) a ~=in two [a couple of] ~*s* (of a lamb's [duck's] tail)=in a brace of ~*s* たちまち. **9**《米俗》取り引き, 仕打ち (deal): ⇨ get a fair SHAKE. **10** [the ~]《米俗》追い払うこと; 解雇 (dismissal): give a person *the* ~ 人を避ける[追い払う]; 人を解雇する. **11**《音楽》トリル, 顫音(せんおん) (trill). **12**《時計》あがき《ほぞとほぞ穴のすき間などのように, 部品の自由な運動を確保するために設けられるすき間; cf. sideshake》. **13** シェーク《ツイスト (twist) に似たダンス》.

gét* [*gíve*] *a fàir sháke 《米俗》公平に扱われる[扱う]. ***nó grèat shákes*** 《口語》これといったところのない, ぱっとしない, 平凡で: He is *no great* ~*s as* a journalist [*at* writing]. ジャーナリストとしては[物書きでは]大したものでない. (1819)

〚v.: OE *sċ(e)acan* < Gmc **skakan* (ON *skaka*) ← ? IE **skeg-*, *(*s*)*kek-* to move quickly (Skt *khajati* he agitates). — n. (?*a* 1300) ← (v.)〛

SYN 震える: **shake** 急激に小刻みに上下・前後に動く: The earth was *shaking*. 地面が揺れていた. **tremble** 寒さ・恐怖・怒りなどのために小刻みに震える: She *trembled* with cold. 寒さに震えた. **quake** 《しばしば戯言》特に恐怖のために震える: He was *quaking* with fear. 怖さのために震えていた. **quiver** 少し震える: Her lips *quivered* with rage. 怒りのために唇が震えた. **shiver** 特に寒さのためにぞくっと震える: *shiver* with cold 寒さにぶるっと震える. **shudder** 恐怖や嫌悪のために激しくけいれん的に震える: *shudder* with horror ぞっとして震える.

shake·a·ble /ʃéɪkəbl/ *adj.* =shakable.

sháke·dòwn *n.* **1**《米口語》(恐喝・暴力による)金の強奪, たかり, ゆすり. **2**《米口語》徹底的捜索, 身体検査. **3**《米口語》調整(期間); 試運転, ならし運転. **4** (床の上でわらなどで作る)間に合わせの寝床, 仮寝台. **5** 振り落とし; 振り入れ. **6** 荒っぽいダンスの一種. — *adj.*《米口語》〈航海・飛行など〉試運転の, 性能試験の: a ~ cruise テスト[試験]航海. 〚(*c* 1730) ← *shake down* (⇨ shake (v.) 成句)〛

sháke·fòrk *n.* **1**《方言》干し草・わらを振って落とすくまで. **2**《紋章》シェークフォーク《Y 形図形の盾の縁から離れた図形; cf. pall[2] 5》. 〚1313〛

sháke-hànd grìp *n.* (卓球・バドミントンなどで)シェークハンド(グリップ)《握手する時のようなラケットの握り方; cf. penholder grip》.

sháke-hànds *n. pl.* [単数扱い] 握手 (handshake).

sháke hòle *n.* (特に Pennines 山脈の) 吸込み穴, ポノール (ponor). 〚1823〛

shak·en /ʃéɪkən/ *v.* shake の過去分詞. — *adj.* **1** ぐらついた, 動揺した; 衝撃を受けた; くじけた, 弱った. **2** 〈木材など〉ひびの入った, 割れた. 〚v.: OE *sċeacen*. — adj.: (1523–34)〛

sháke-òut *n.* **1**《経済》**a** (激しい競争の結果の, 企業または製品の)淘汰; 沈静《景気漸次後退してインフレが正常に復すること》. **b** (人員の配置換え・首切りなどによる)合理化, 組織替え, 刷新. **2**《証券》証拠金で買った株式を追い込まれて売ること, 投げ; 暴落. **3**《冶金》型ばらし《鋳型から鋳物を取り出し; 付着した砂を取り除くこと》. 〚1895〛

shak·er /ʃéɪkə | -kə[r]/ *n.* **1 a** 振る物[道具]. **b** 震盪(しんとう)器, 攪拌(かくはん)器. **c** 加震機, 起震機. **d** 上ぶたに小穴のあいた塩・砂糖・こしょうなどの)振り出しびん, 薬味入れ: ⇨ saltshaker. **e** (カクテル用の)シェーカー (cocktail shaker). **2** 振る人. **3 a** [the Shakers] シェーカー派《18 世紀の中ごろ英国の Quaker の信仰覚醒運動中に起こった共産主義的・平和主義的なキリスト教徒の一派で, 後米国に渡った; 礼拝中に体を振って踊るところからつけられた名; cf. Ann LEE》. **b** [S-] シェーカー教徒. — *adj.* [時に S-] 〈セーターなどの作り〉がシェーカー様式の. 〚1440〛

Shak·er·ess /ʃéɪkərɪs | -rɪs, -rès/ *n.* 女性のシェーカー教徒. 〚⇨ ↑, -ess[1]〛

Shák·er·ìsm /-kərɪzm/ *n.* シェーカー派 (Shakers) の教義[主義].

Shake·speare /ʃéɪkspɪə | -spɪə[r]/, **William** *n.* シェークスピア《1564–1616; 英国の世界的劇作家・詩人; 戯曲 38 編(合作を含む), 長詩 2 編, (154 編より成る) Sonnets 集などを書いた. ★ 本辞典所収の作品名の年代は, おおよその執筆年代(劇の場合はほぼ初演時期と一致)を示すもの》.

Shake·spear·e·an /ʃeɪkspíəriən | -spíəri-/ *adj.* シェークスピア(の作品)の: a ~ actor, scholar, etc. — *n.* シェークスピア学者[研究家]. 〚1755〛

Shake·spear·e·a·na /ʃeɪkspìəriáːnə, -éɪnə | ʃeɪkspìəriáːnə/ *n.* シェークスピア文献[文学]. 〚(1718): ⇨ -ana〛

Shake·spéar·e·an·ìsm /-nìzm/ *n.* シェークスピアの語法, シェークスピア流(の書き方[構成など]). 〚1823〛

Shakespéarean sónnet *n.* =English sonnet.

Shákespeare-Bácon cóntroversy *n.* [the ~] シェークスピア ベーコン論争《Delia Bacon (1811–59) という米国の女流作家が Shakespeare の作品は実は Francis Bacon が書いたものであるという旧説を唱道したことに発した論争》.

Shake·spear·i·an /ʃeɪkspíəriən | -spíəri-/ *adj., n.* =Shakespearean.

Shake·spear·i·an·a /ʃeɪkspìᵊriǽnə, -ɑ́ːnə | -spɪəriɑ́ːnə/ *n.* ＝Shakespeareana.

Shake·spéar·i·an·ìsm /-nìzm/ *n.* ＝Shakespeareanism.

Shake·spere /ʃéɪkspɪə | -spɪə^(r)/, **William** *n.* ＝William SHAKESPEARE.

shake-up /ʃéɪkʌ̀p/ *n.* **1** (解雇・左遷などによる)大整理; 大改組, 大改造; (政策などの)刷新: a personnel ～ (大)人事異動 / the cabinet ～*s* 内閣改造. **2 a** 振って混ぜること; 振って形を直すこと. **b** (乗物の)揺れ, 激動. **3** 急造[間に合わせ]の品[建物]. **4** 激動的な経験. **5** 《米俗》シェイクアップ《2 種以上のウイスキーなどを混ぜて振った飲み物》. 〖《1847》← *shake up* (⇨ shake (v.) 成句)〗

Sha·key's /ʃéɪkiz/ *n.* 〖商標〗シェーキーズ《米国 Shakey's 社系列のピザハウスチェーン店》. 〖《1954》: 開業者 Sherwood Johnson (d.1998) のあだ名 Shakey から〗

Shakh·ty /ʃɑ́ːkti/ *Russ.* ʃáxtʲi/ *n.* シャフティ《ロシア連邦南部, Don 川下流の Donets 盆地の都市》.

shak·ing /ʃéɪkɪŋ/ *n.* **1** 振ること, 一振り, 振り動かす[動かされる]こと, 揺すぶる[揺すぶられる]こと: the ～ of the trees 木の揺れ / the ～ of the head 首を横に振ること《'No' という身振り》/ give a carpet a good ～ (ほこりを落とすために)カーペットをばたばたとよく振る. **2 a** 動揺; 震動 (vibration). **b** 身震い: get a ～ ぶるぶる(っと)震える. **3** [*pl.*]〖海事〗綱くず, 帆のたくず《まいはだ (oakum) に使う》. **—** *adj.* 震える, ぶるぶる震える: in a ～ voice. 〖adj.: 《?*a*1200》; n.: 《*c*1380》: ⇨ shake (v.), -ing^(1, 2)〗

sháking gràte *n.* 〖機械〗揺り火格子.

sháking pálsy *n.* ＝Parkinson's (disease). 〖1615〗

sháking táble *n.* 〖鉱山〗振動テーブル《細粉鉱・粉の比重選鉱機の一種》.

shak·o /ʃǽkoʊ, ʃéɪk-, ʃɑ́ːk- | -kəʊ/ *n.* (*pl.* **～s, ～es**) シャコー《円筒形クラウンの先に細長い毛の房が付いた軍帽》. 〖《1815》□ F *schako* □ Hung. *csákó* peaked (cap) ← G *Zacken* peak, point〗

Shaks. 《略》Shakespeare.

Shak·speare /ʃéɪkspɪə | -spɪə^(r)/, **William** *n.* ＝William SHAKESPEARE.

Shak·sper·i·an /ʃeɪkspíᵊriən | -spíəri-/ *adj., n.* ＝Shakespearean.

Shak·ta /ʃɑ́ːktə/ *n.* 〖ヒンズー教〗(シバ教 (Sivaism) の一分派である)シャクティズム (Shaktism) [性力(しょうりき)派]の信者. **—** *adj.* シャクティズムの. 〖□ Skt *śākta*〗

Shak·ti /ʃɑ́ːkti/ *n.* 〖ヒンズー教〗シャクティ《神的な力, 女性エネルギー; 特にシバ教では Siva の配偶神として人格化され, Durga, Kali と同一視される; cf. Parvati》. 〖《*c*1895》□ Skt *Śakti* divine energy ← *śak* to be strong〗

Shak·tism /ʃɑ́ːktɪzm/ *n.* 〖ヒンズー教〗シャクティズム, シャークタ, 性力派《Siva が永遠の最高実在として非活動であるのに対して, 彼の神妃 (Durga, Kali) は活動そのものとされる; その活動力すなわちシバの性力 (Shakti) を重視し, それに基づく救済を盛典 Tantra によって説くシバ教の一分派》.

Shák·tist *n.* 〖《1901》← *śāktā* energy＋-ISM〗

sha·ku·do /ʃɑ̀ːkuːdóʊ | ʃǽkuːdəʊ/ *n.* 赤銅《銅に少量の金・銀を加えた合金》. 〖《1860》□ Jpn〗

sha·ku·ha·chi /ʃɑ̀ːkuhɑ́ːtʃi/ *n.* (*pl.* ～) 尺八. 〖《1893》□ Jpn.〗

Sha·kun·ta·la /ʃəkúntəlɑ̀ː | -tə-/ *n.* ＝Sakuntala.

shak·y /ʃéɪki/ *adj.* (**shak·i·er; -i·est**) **1** 不安定な, 不確実な, 足見のない; いかがわしい, 怪しい (questionable); 当てにならない: ～ evidence いかがわしい証拠 / a ～ regime 不安定な政権 / His position was ～. 彼の地位は不安定であった / His Latin has got rather ～. 彼のラテン語はあやしくなってきた / be ～ *in* belief 信念がふらふらしている. **2 a** 〈身体がぶるぶる震える (tremulous), よろめく, よろよろする (tottering): a ～ walk [gait] よろよろ歩き[よろよろした足取り] / be ～ on one's legs 足がよろめく / a ～ hand [handwriting] 震える手[筆跡] / a ～ voice 震え声. **b** 弱い, 病身の, 虚弱な (feeble): a ～ old man / feel [look] ～ 気分[顔色]がすぐれない. **3** 振れる, 震える (shaking), ぐらつく, がたつく (rickety, cranky): a ～ chair, table, etc. **4** 〈車がかたびし揺れる: a ～ ride. **5** 〈材木がひびの入った, 割れ目のある: ～ timber.

shák·i·ly /-kɪ̀li/ *adv.* **shák·i·ness** *n.* 〖《1703》: ⇨ shake, -y^(4)〗

shale^(1) /ʃéɪl/ *n.* 〖岩石〗頁岩(けつがん), 泥(でい)板岩, シェール (cf. argillite, slate^(1) 1 a, mudstone). 〖《1747》□ ? G *Schale* (↓)〗

shale^(2) *n.* 《廃》殻, さや (shell, husk). 〖OE *scealu*: cf. scale^(3)〗

shále gréen *n.* 黄緑色 (malachite green).

shále òil *n.* 〖地質〗頁岩(けつがん)油, シェール油《油頁岩 (oil shale) を乾留して採る一種の石油》. 〖1857〗

shall /(弱) ʃəl, ʃl; (強) ʃǽl/ *auxil. v.* (否定形 **shall not,** 《口語》**shan't** /ʃǽnt | ʃɑ́ːnt/; 過去形 **should** /(弱) ʃəd; (強) ʃʊ́d/, 否定形 **should not,** 《口語》**shouldn't** /ʃʊ́dnt/). ★ Infinitive, Participle, Gerund の形がなく, 古形の直説法第二人称単数形 **shalt, should(e)st** 以外には語尾変化をせず, 常に to なしの不定詞を伴う; 特に《米》では, あらゆる意義用法を通じて shall は will, 'll に統一されようとする傾向がある. **1** [疑問文に用いて意向を表して] ★ 主語が第一人称の場合は相手の意向を問う, または勧誘を表す; 主語が第三人称の場合には相手の意向を聞く: *Shall* I remain here till three? 3 時までここにおりましょうか / I'll stay here till three, ～ I? 3 時までここにおりましょうか / *Shall* I open the window? / Have another cigar.—*Shall* I? もう一服やりなさい—よろしいですか / *Shall* we go out for a walk? 散歩に出ませんか / *Shall* we dance?—Yes, let's. 踊ろうか—ええ, 踊りましょう / Let's start tomorrow, ～ we? あす出発しようよ / When ～ we meet again? いつまた会うことにしますか / *Shall* John go first?—Yes, he ～ [Yes, let him]. ジョンをまず先にやりますか—うん, そうさせよう / *Shall* my daughter do your shopping for you? 娘に買物をさせましょうか. ★ 次の構文では話者の困惑を示す: What ～ /ʃǽl/ I [we] do? どうしたらいいでしょうか.

2 [話者の意志とは無関係に起こる未来の出来事を表して] **a** [平叙文の場合] ★ 第一人称に用いる(第二・第三人称では will): One day we ～ die. いつか私たちは死ぬ / I ～ be very happy to see you. 喜んでお会いしましょう / I ～ be able to read it next year. 来年はそれを読むことができるようになるだろう / I hope I ～ succeed this time. 今度はうまく行けばいいのだが / If I work too hard, I ～ kill myself. あまり仕事をしすぎると命を縮めることになるだろう. ★ この用法の shall は多少とも運命的必然 (fatal necessity) の意味が含まれるので will とはニュアンスを異にする; ただし《米》では形式ばった文体に限られる. **b** [疑問文の場合] ★ 第一人称, ごくまれに第二人称に用いる(第三人称には will): *Shall* I die if I drink this? これを飲んだら死ぬでしょうか / *Shall* I be in time for the train? 列車に間に合いましょうか / *Shall* you be at home if I call this evening? 今晩お訪ねしてもご在宅でしょうか. ★ 第二人称の用法は「I shall ... という答えを期待するものであるが, 《口語》ではこの場合にも一般に Will you...? を用い, 否定ではすべて Won't you [I]...? が普通: Will you be at home? / Won't I be in time?

3 /ʃǽl/ [主語の決意を表して]: I ～ come home every week. 毎週帰宅します / I ～ return. 私は必ず戻ってくる《第二次大戦中 (1942), D. MacArthur が日本軍の攻撃を受けてフィリピンから退却するときに言った》/ We ～ never surrender. 我々は決して降伏しない《第二次大戦中 (1940) の Sir Winston Churchill の言葉》.

4 [平叙文に用いて話者の意志(約束・脅し)を表して] ★ 第二・第三人称に用いる; ただし, この用法は横柄な感じを伴うので通例子供またはペットにしか使われない: You ～ hear from me before long. 間もなく便りをしますよ / Good dog, you ～ have a bone. よしよし, 骨をやるぞ / You ～ repent it before long. 今に後悔させてみせるぞ / You ～ not have your own way in everything. 何でもかんでも好き勝手ばかりはさせないぞ / If you are a good boy, you ～ have a nice book. おとなしくしていればすてきな本を上げよう / He *shan't* have any; he has been very rude. 彼には何もやらない, ひどく無礼だったから / He said he didn't want to come with me, but I say that he ～ (《英》do). 彼は私とは来たくないと言ったが, 私はぜひ来なければと言うのだ. ★ この用法は決意を示す表現に続く従節にもみられる: He is determined that you ～ obey him. 君に言う通りにさせようと彼は決心している.

5 /ʃǽl/ [話者の主張・強情を表して]: No one ～ stop me. だれにも邪魔させないぞ / You ～ marry him! お前は彼と結婚するのだ / I was told not to smoke at all, but I certainly ～ (《英》do). たばこを決して吸うなと言われたが私はどうしても吸うつもりだ / You must do this.—I *shan't*. 君はこれをしなければならない—いやだよ. ★ shall [shan't] は常に強勢を帯びる.

6 [第二・第三人称に用いて予言の意を表して]《文語》: For nation ～ rise against nation, and kingdom against kingdom: and there ～ be famines, and pestilences, and earthquakes in divers places. 民は民に, 国は国に逆らいてたたん, また処々に飢饉と疫病と地震とあらん (*Matt.* 24:7) / Oh, East is East and West is West, and never the twain ～ meet. 東は東, 西は西, 両者相会うことなかるべし (R. Kipling, *The Ballad of East and West* 1).

7 [時・条件の副詞節や関係節において仮定法代用として各人称に用いて]《文語》: Farewell till we ～ meet again. 今度お会いするまでごきげんよう / Whoever ～ commit a public nuisance ～ be fined. 公衆の迷惑になる行為をする者はだれであろうとも罰金を科す.

8 [命令・指示を表して]《古》…すべし: **a** [第二人称]: Thou *shalt* (＝must) love thy neighbour as thyself. おのれのごとくなんじの隣人を愛すべし (*Lev.* 19:18) / Thou *shalt* (＝must) not commit adultery. なんじ姦淫(かんいん)するなかれ (*Exod.* 20:14). **b** [第三人称] ★ 主に法律文で: The hood ～ be of scarlet, with a silk lining of the color of the faculty. (ガウンの)フードは緋色で, それに学部を表す色の絹の裏地を付けるべし.

9 [間接話法の場合] **a** [原則として直接話法の shall をそのまま引き継ぐ]: He himself thinks that he ～ recover (< "I shall recover"), but the doctor says he will soon die. 自分では治るつもりでいるが医者は長くないと言う / Do you think you ～ recover (<"I shall recover")? 君は治ると思うか / I said [thought, supposed] that we *should* do it the next day. (< "We shall ... tomorrow") 翌日しようと言った[思った]. **b** [直接話法の話者の予言を表す you [he] will は I [we] shall となる]: Does the doctor say I ～ recover (< "he will recover")? 医者は私が治ると言っているか. ★ この場合でも《米》では will を用いるのが普通: Does the doctor say I *will* recover?

10 [完了形・進行形を伴って]: I ～ have completed the task by evening. 夕方までには仕事を済ませてしまっているだろう / Next June I ～ have been living here for three years. 来年の 6 月でここに 3 年住んでいることになる / I ～ be eating my supper at seven. 7 時には夕食を食べていることでしょう. ★ 最後の例は客観的な予定を表す. I ～ eat ... ならば意志の意味が強くなる.

〖OE *sceal* owe(s), ought to, must < Gmc **skal-, *skul-* (G *sollen*) < IE **(s)kel-* to be under an obligation (L *scelus* guilt / Lith. *skolà* debt)〗

shal·lon /ʃǽlən/ *n.* 〖植物〗＝salal. 〖《1825》← N-Am.-Ind.〗

shal·loon /ʃəlúːn, ʃæ-/ *n.* シャルーン織《薄いあや織ラシャ; コートの裏地に使用》. 〖《1270–71》《1678》□ F *chalon* ← *Châlons-sur-Marne* (フランス北東の原産地)〗

shal·lop /ʃǽləp/ *n.* 〖海事〗**1** (もと浅瀬で用いられた櫂(かい)または帆で動く)小型ボート. **2** lugsail 付きの 2 本マストの舟. 〖《*a*1578》□ F *chaloupe* □ Du. *sloep*: SLOOP と二重語〗

shal·lot /ʃəlɑ́(ː)t, ʃǽlət | ʃəlɔ́t/ *n.* 〖植物〗**1 a** エシャロット (*Allium ascalonicum*)《ワケギに似たネギの一種; 鱗茎を分球して繁殖する; scallion ともいう》. **b** エシャロットの球茎. **2** ＝spring onion. 〖《1664》《頭音消失》← 《廃》*eschalot* □ MF *eschalotte* (F *échalotte*)《変形》← OF *eschaloigne* < VL **escalōniam*: ⇨ scallion〗

shal·low /ʃǽloʊ | -ləʊ/ *adj.* (**～·er; ～·est**) **1** 〈水・くぼみ・器物などが浅い (↔ deep); 奥行きのない; 深くえぐれていない: a ～ stream, lake, etc. / a ～ dish, pan, vessel, etc. **2** 思慮の足りない, 浅薄な, あさはかな, 薄っぺらな, 皮相の (⇨ superficial **SYN**): a ～ mind, observer, argument, etc. **3** 〈呼吸が浅い: ～ breathing. **4** 〖野球〗(守備位置が)比較的ホームプレート寄りの, 浅い. **—** *n.* [the ～s; しばしば単数扱い] 浅瀬, 洲(す) (shoal). **—** *vt.* 浅くする. **—** *vi.* 浅くなる. **—** *adv.* 〖野球〗(守備位置が)浅い位置で. **～·ly** *adv.* **～·ness** *n.* 〖《1373》 *schalowe* ← ?: cf. OE *sċeald* 'shallows, SHOAL^(1)' / LG *schal*〗

SYN 浅瀬: **shallow** [the ～s として] 海・川などの浅瀬で水遊びなども可能な場所. **shoal** 浅瀬: 海・川などの浅くて航行しにくい場所. **bank** 堆(たい): 海・湖などで特に砂などが堆積して浅くなっていて上まで, 小型船が航行できる場所. **reef** 暗礁: 海面のすぐ上または下に横たわる岩石・珊瑚などの狭いうね. **ford** 川の浅瀬で歩いて渡れる場所.

shállow-bráined *adj.* 浅はかな, ばかな (foolish). 〖1592〗

shállow-héarted *adj.* 薄情な. 〖1593–94〗

shállow-mínded *adj.* ＝shallow-brained. 〖1817〗

Shal·ma·ne·ser III /ʃæ̀lmənìːzə- | -zə-/ *n.* シャルマネセル三世《紀元前 9 世紀のアッシリアの王 (858–824 B.C.); 特に北シリア方面の征服をねらい, ついに Tyre や Sidon などを従えた》.

sha·lom /ʃɑːlóʊm, ʃæ- | ʃælɔ́m, ʃə-, -lə́ʊm/ *Heb. int.* シャローム《平安の意; ユダヤ人の伝統的な挨拶・別れの言葉》. 〖《1881》□ Heb. *šālôm* peace, welfare〗

shalóm a·léi·chem /-əléɪxəm/ *Heb. int.* シャロームアレイヘム《「あなたに平安を」の意の伝統的なユダヤの挨拶言葉; これに対しては aleichem shalom と答える; しばしば単に shalom という》. 〖《1881》□ Heb. *šālôm 'ălēkhem* peace to you〗

shalt /(弱) ʃəlt, ʃlt; (強) ʃǽlt/ *auxil. v.* 《古》shall の直説法第二人称単数現在形: Thou ～ ... ＝You shall .... 〖OE *sċealt*〗

shal·war /ʃʌ́lwɑə | -wɑː^(r)/ *n.* [複数扱い] シャルワール《インドや東南アジアの男女が着るゆるいパジャマ風のズボン》. 〖《1824》□ Hindi ～ □ Pers. *shalwār*〗

shal·y /ʃéɪli/ *adj.* (**shal·i·er; -i·est**) 頁岩(けつがん)の. 〖《1681》← SHALE＋-Y^(4)〗

sham /ʃǽm/ *n.* **1 a** まがい物 (imitation), にせ物 (counterfeit): These are all ～*s*. これは全部まがい物だ. **b** ごまかし (pretense), いんちき, 見せかけ; 偽善的な行為: His illness is only a ～. 彼の病気は仮病だ / That [His religion] is all ～. それ[彼の信心]は全くいんちきだ. **2** 見かけ倒しの人, ほら吹き (charlatan), ぺてん師, 詐欺師 (fraud); 仮病使い. **3 a** 《米》(装飾的な)まくらカバー (pillow sham). **b** 《古》ベッドの掛け布 (sheet sham)《昼間ベッドの上に掛けておく》. **4** 《古》人をかつぐこと (hoax). **—** *adj.* ごまかし[いかさま]の (bogus), 見せかけの (pretended) (⇨ false **SYN**); にせ[まがい]の (spurious), 粗悪な (adulterated): a ～ battle [fight] 模擬戦, 軍事演習 / ～ piety 見せかけの信仰 / a ～ plea (単に時間を延ばすための)虚偽の抗弁 / a ～ gentleman [doctor, diamond] いんちき紳士[にせ医者, 模造ダイヤ] / ～ Tudor architecture チューダーまがいの建築様式.

— *v.* (**shammed; sham·ming**) **—** *vt.* **1** …の振りをする (simulate, feign), 装う (pretend): ～ fear [madness, a faint] 恐怖[狂人, 気絶]を装う / ～ illness 仮病を使う / ～ sleep たぬき寝入りをする / ～ stupidity ばかを装う. **2** 《古》だます, 偽る (deceive). **—** *vi.* **1** 見せかけをする, 装う: He is only ～*ming*. ただ(その)振りをしているだけだ. **2** [形容詞を補語として] …であるような振りをする: ～ ill [dead, asleep] 病気の[死んだ, 眠った]振りをする.

〖《1677》《方言》← ? SHAME〗

sha·ma /ʃɑ́ːmə/ *n.* 〖鳥類〗アカハラシキチョウ (*Copsychus malabaricus*)《インド産のヒタキ科の鳴鳥》. 〖《1839》□ Hindi *śyāmā*〗

sha·mal /ʃəmɑ́ːl/ *n.* 〖気象〗シャマール《ペルシャ湾周辺の北西の風; shimal ともいう》. 〖《1698》□ Arab. *šamāl* north, north wind〗

sha·man /ʃɑ́ːmən, ʃéɪm-, ʃǽmən | ʃǽmən, ʃéɪm-, ʃɑ́ːm-/ *n.* シャーマン教 (shamanism)の道士, シャーマン, 魔術士, 魔法使い, まじない師. **sha·man·ic** /ʃɑːmǽnɪk, ʃeɪ-, ʃæ- | ʃæ-, ʃeɪ-, ʃɑː-/ *adj.* 〖《1698》□ G *Schamane* □ Russ. *shaman* □ Tungus *šaman* □ Pali *samaṇa-* Buddhist monk □ Skt *śramaṇa-*《原義》ascetic〗

shá·man·ìsm /-nìzm/ *n.* シャーマン教, シャーマニズム

S

《主にシベリア北部の諸種族やアメリカインディアンなどの間に行われる原始宗教の一派で, シャーマンの道士を通じて心願をかければ何事も成就し, 善悪両神を自由にできるとする》. 〖1780〗

shá·man·ist /-nɪ̀st | -nɪst/ *n.* シャーマン教徒. — *adj.* =shamanistic. 〖1842〗

sha·man·is·tic /ʃɑ̀ːmənístɪk, ʃèɪm- | ʃæ̀m-, ʃèɪm-, ʃɑ̀ːm-⁻/ *adj.* シャーマン教(徒)の. 〖1854〗

sha·mas /ʃɑ́ːməs/ *n.* (*pl.* **sha·mo·sim** /ʃɑːmóːsɪ̀m, -mɑ́ː- | -mɔ́ː-/) =shammash.

sha·mash /ʃɑ́ːməʃ, ʃɑːmɑ́ːʃ/ *Yid. n.* =shammash.

Sha·mash /ʃɑ́ːmɑːʃ/ *n.* シャマシュ《古代 Assyria および Babylonia の太陽神で正義と豊穣(ほうじょう)の神として崇拝された》. 〖□ Akkad. *Šamaš, Šamšu* (the god of) the sun〗

sham·a·teur /ʃǽmətʃə, -tjʊ̀ə, -tə, -tə̀ː | ʃǽmətə(r, -tə̀ː(r, -tjʊ̀ə(r, -tʃə(r, ʃæ̀mətə́ː(r/ *n.* (運動競技などの)にせアマチュア, いかさまのノンプロ運動家. 〖(1896) ← SHAM+(AMA)TEUR〗

sham·a·teur·ism /ʃǽmətʃərɪzm, -tʃʊ̀ərɪzm, -tərɪzm, -tə̀ːrɪzm | ʃǽmətərɪzm, -tə̀ːrɪzm, -tjʊ̀ər-, -tʃərɪzm/ *n.* にせアマチュアリズム. 〖1928〗

sham·ba /ʃǽmbə/ *n.* 《アフリカ東部》 **1** 庭, 耕作地, 畑. **2** 農園 (plantation). 〖□ Swahili ~ 'plantation'〗

sham·ble /ʃǽmbḷ/ *vi.* よろよろ[ひょろひょろ]歩く; 足を引きずって歩く (shuffle). — *n.* よろよろ歩き, ぶかっこうな足取り. **shám·bling** /-bḷɪŋ, -bl-/ *adj.*, *n.*

shám·bly /-bḷi, -bli/ *adj.* 〖v.: (1681) ← ? *shamble* ungainly ← ? *shamble legs*: ↓ (3): 台の足のように両足が開いていることにちなむ: cf. scamble〗

sham·bles /ʃǽmbḷz/ *n. pl.* [通例単数扱い] **1** 殺牛場, 畜殺場 (slaughterhouse). **2 a** 流血[殺戮(さつりく)]の場面. **b** 修羅場, 大混乱(の場) (mess): turn cities into ~ 都市を修羅場に化する / become [be turned, be reduced] into a ~ 修羅の巷(ちまた)になる / make a ~ of ... をめちゃめちゃにする, 台なしにする. **3** 《古・英方言》肉屋[売台]; 肉市場. 〖OE *sċ(e)amel* stool, table < (WGmc) **skamel* □ L *scamellum* (dim.) ← *scamnum* bench ← IE **skabh-* to support (Skt *skabhnāti* he supports): ⇨ -s¹〗

sham·bol·ic /ʃæmbɑ́(ː)lɪk | -bɔ́l-/ *adj.* 《英口語》乱雑な, 雑然とした. 〖(1970) (混成) ← SHAM(BLES)+(SYM)BOLIC〗

shame /ʃéɪm/ *n.* **1 a** (罪意識・不品行などによって生ずる)恥ずかしい思い, 恥ずかしさ: out of ~=for ~=from ~ 恥ずかしさのあまり, 恥ずかしくて / feel ~ at ...を恥ずかしく思う / flush with ~ 恥ずかしくて顔を赤くする / hang one's head in ~ 恥じてうなだれる / bring a blush of ~ to a person's cheek 人を赤面させる. **b** 羞恥心, 恥を知る心: have no [lack all] (sense of) ~=be without [dead to, lost to, past] ~ 恥知らずだ. **2** 恥, 恥辱, 不名誉, 不面目 (⇨ disgrace SYN): bring ~ on [to] one's family 家名を汚す / to the ~ of ...の面目をつぶして / a burning [crying] ~ 大恥辱 / To my (eternal [everlasting]) ~, I must confess that I never wrote to him. (ひどく)恥ずかしいことだが実は彼に一度も手紙を書かなかった / To get beaten by an amateur! The ~ of it! アマチュアに負けるとは. 恥ずかしい限りだ / The ~ of our defeat will live in our memory! 我々が負けた不名誉は忘れることはあるまいよ. 日英比較 英語の "shame" と日本語の「恥」とは一致している部分も多いが, 国民性や習慣の違いにより食い違っている部分もある. 例えば, 日本語では人に褒められた場合などに「恥ずかしい」ということがあるが, 英語では謝辞を述べるのが普通である. 子供などが人前で「恥ずかしがる」のは英語では "be shy" または "be bashful" という. また「質問に答えられなくて恥をかいた」とも言うが, 答えにくい質問などの場合は英語では "be embarrassed" を用いる. 一般に英語の "shame" は倫理・道徳上不名誉なことに限られる. **3** 恥のもと[になるもの], 不面目(なこと), 面汚し: He is [His poverty is, They are] the ~ of the family [town]. 彼[彼の貧乏, 彼ら]は家[町]の面汚しだ. **4** ひどいこと, 残念なこと; ひどい仕打ち: It's an awful [a dreadful] ~ not to give children enough to eat [when children aren't given enough to eat]. 子供たちに十分食べさせないとは随分ひどい話だ / It's a ~ (that) you cannot go there. そちらへ行けなくて残念 / It would be a ~ if you did not go there. もしそちらへ行かないなら残念なことになろう. **5** 《古》(婦女の)不品行: a life of ~ 醜業.

crý sháme upòn (これはひどい, 恥さらしだと言って)...を非難する. (1598–99) ***in sháme of*** 《廃》...を辱めるために: The gods do this *in* ~ *of* cowardice. 神々は臆病を辱めるためにこうなさるのだ (Shak., *Caesar* 2. 2. 41). (1596) ***pùt ... to sháme*** (1) ...顔負けのことをする, ...をしのぐ: Her wonderful cakes *put* mine *to* ~. 彼女のすばらしいケーキには私のもかなわない. (2) ...に恥をかかせる, ...の面目をつぶす. (*c*1290) ***Sháme on you!***=《古》***Fíe for sháme!***=《古》***For sháme!*** 恥を知れ, みっともない, けしからん: What an awful thing to do! *Shame on you!* 何てひどいこと! 恥を知れ. (*c*1390) ***thìnk [féel] sháme to dó*** ...するのを恥とする. (?*a*1200) ***Whát a sháme!*** (1) 何てひどいことだ, けしからん (How unjust!): *What a* ~ for him to treat you like that! 彼が君をそのように扱うとはあんまりひどい. (2) 全く気の毒だ[残念だ] (What a pity!): *What a* ~ (that) you didn't succeed!

— *vt.* **1** 恥ずかしく思わせる, 恥じさせる, ...の面目をつぶす (make ashamed): His industry and success ~*d* all his detractors. 彼の勤勉と成功には悪口を言った連中は皆大恥をかいた. **2** ...に恥をかかせる, 辱める, 侮辱する (disgrace). **3** [主に受身に用いて] 恥じさせて...させる 〔*into*, *out of*〕: He was ~*d into* working [*out of* his bad habits]. 彼は辱められて働くようになった[悪習をやめた].

〖n.: OE *sċ(e)amu* < Gmc **skamō* (G *Scham*) ← ? IE **kem-* to hide. — v.: OE *sċamian* ← (n.)〗

sháme cùlture *n.* 〖文化人類学〗恥の文化《恥を恐れることが個人の行動を強く支配する文化》.

shámed-ùp *adj.* 《英俗》恥じ入って.

shame·faced /ʃéɪmféɪst⁻/ *adj.* **1** 恥ずかしがる (bashful); 内気な, つつましやかな, 目立たない. **2** 恥じている, 恥じ入った: ~ apologies. **~·ly** /-féɪsɪ̀dli, -féɪstli/ *adv.* **~·ness** /-féɪsɪ̀d-, -féɪst-/ *n.* 〖(1555) ← SHAME (n.)+*-faced* (⇨ face, -ed 2) ∽ *shamefast* (↓)〗

shame·fast /ʃéɪmfæ̀st | -fɑ̀ːst/ *adj.* 《古》=shamefaced. **~·ly** *adv.* **~·ness** *n.* 〖OE *sċ(e)amfæst*: ⇨ shame, fast¹〗

shame·ful /ʃéɪmfəl, -fl/ *adj.* **1** 恥ずべき, 恥ずかしい, 不面目な, あさましい (disgraceful): a ~ defeat 不面目な敗北 / ~ behavior [conduct] 恥ずべき行状[行為]. **2** けしからぬ, 不届きな (scandalous) (⇨ outrageous SYN); いかがわしい, いやらしい, みだらな (indecent): a ~ book [sight] みだらな本[光景]. **~·ly** *adv.* **~·ness** *n.* 〖OE *sċ(e)amful* modest: ⇨ shame, -full¹〗

sháme·less /ʃéɪmlɪ̀s/ *adj.* **1** 恥知らずな, 破廉恥な, 厚かましい, ずうずうしい: a ~ liar ずうずうしいうそつき. **2** 慎みのない, 風俗を乱す, 猥褻(わいせつ)な: ~ conduct 慎みのない行為 / a ~ picture 猥褻画. **~·ly** *adv.* **~·ness** *n.* 〖OE *sċ(e)amlēas*: ⇨ -less〗

sha·mes /ʃɑ́ːməs/ *n.* =shammash.

sha·mi·a·na /ʃɑːmiɑ́ːnə/ *n.* (*also* **sha·mi·a·nah** /~/) 《インド》(側壁のない) 天幕, 日除け. 〖(1609) □ Hindi *śāmiyānā* □ Pers. *shāmyāna*〗

sham·ing /ʃéɪmɪŋ/ *adj.* 恥ずかしい, 屈辱的な. 〖1741〗

Sha·mir /ʃəmíə, ʃæ- | ʃæmíə(r, ʃə-/, **Yitz·hak** /jɪtshɑ́ːk/ *n.* シャミル (1915–2012; ポーランド生まれのイスラエルの政治家; 首相 (1983–84, 1986–92)).

Sham·mai /ʃɑ́ːmaɪ/ *n.* シャンマイ《紀元前 1 世紀ごろのユダヤの律法学者, シャンマイ派 (Beth Shammai) の創立者》.

sham·mas /ʃɑ́ːməs/ *Yid. n. pl.* =shammash.

sham·mash /ʃɑ́ːməʃ, ʃɑːmɑ́ːʃ/ *Yid. n.* (*pl.* **sham·ma·shim** /ʃɑːmɑ́ːʃɪ̀m, -mɔ́ːʃɪ̀m/) 〖ユダヤ教〗 **1** ユダヤ教会の役員《建物設備を管理しモーセ五書を読み祭日に礼拝式の助手をする》. **2** (ハヌカー祭 (Hanukkah) の九本枝の飾り燭台 (menorah) で他のろうそくをつけるのに用いる)ろうそく. 〖(1650) □ Yid. *šames* □ Mish. Heb. *šammāš* □ Aram. *šimmēš* to serve〗

shám·mer *n.* ぺてん師, 詐欺師. 〖(1677) ← SHAM (v.)+-ER¹〗

sham·mes /ʃɑ́ːməs/ *n.* (*pl.* **sham·mo·sim** /ʃɑːmóːsɪ̀m | -sɪm/) =shammash.

sham·my /ʃǽmi/ *n.* =chamois 2. — *vt.* =chamois 2. 〖(1651) (変形) ← CHAMOIS〗

shámmy lèather *n.* =chamois 2. 〖1823〗

Sha·mo /*Chin.* ʂāmò/ *n.* 砂漠《砂漠一般を指すが特に Gobi 砂漠》. 〖□ Chin. ~ (砂漠)〗

sha·mos /ʃɑ́ːməs/ *n.* =shammash.

sham·oy /ʃǽmi/ *n.* =chamois 2. 〖1837〗

sham·poo /ʃæmpúː/ *n.* (*pl.* ~**s**) **1** 洗髪剤, シャンプー: dry ~ ドライシャンプー《澱粉・工業用アルコールなどで製した髪洗い液》. **2** 髪洗い, 洗髪, シャンプー: give a person [oneself] a ~ 人[自分]の髪を洗う. **3** 《英口語》シャンパン (champagne). — *vt.* **1 a** 〈頭髪を〉シャンプーで洗う. **b** 〈人の頭髪をシャンプーで洗う. **c** シャンプーで頭髪から洗い落とす 〔*out*〕. **2** 〈じゅうたん・カーテンなどを〉特殊洗剤で洗う, ドライクリーニングする. **3** 《古》〈身体などを〉入浴後マッサージする. **~·er** *n.* 〖(1762) □ Hindi *cā̃mpo* (impel.) ← *cā̃mpnā* to press, shampoo〗

sham·rock /ʃǽmrɑ(ː)k | -rɔk/ *n.* **1** 〖植物〗 **a** シャムロック《クローバー (white clover) の類の三つ葉の植物で, Saint Patrick が三位一体説および badge を説明するために用いたという; アイルランドの国花; cf. rose² 7, thistle 1, leek badge 3》. ★ 本来の shamrock は hop clover, white clover または black medic であったと考えられている. **b** カタバミ属の植物 (*Oxalis acetosella*) 《クローバーに似た三小葉の葉をもつ》. **2** 濃い黄緑色 (shamrock green). **3** シャムロック《スタウトとウイスキーの混合飲料》. 〖(1571) □ Ir.-Gael. *seamrōg* (dim.) ← *seamar* trefoil, clover, honeysuckle〗

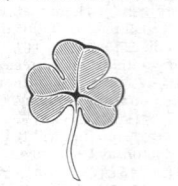

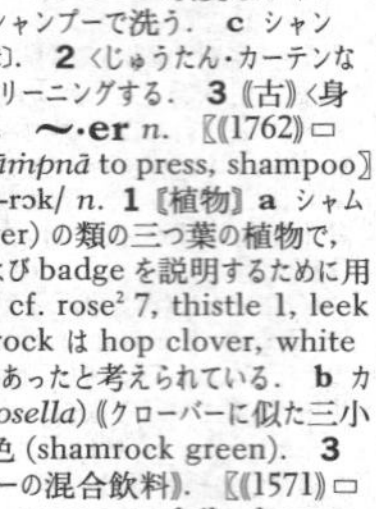

shamrock 1 a
(badge of Ireland)

shámrock-pèa *n.* 〖植物〗アジアおよびアフリカ産の薄紫の花をつけるマメ科の多年生つる植物 (*Parochetus communis*). 〖1884〗

sha·mus¹ /ʃɑ́ːməs/ *n.* (*pl.* ~·**es**) =shammash. 〖(変形) ← SHAMMASH〗

sha·mus² /ʃɑ́ːməs, ʃéɪ-/ *n.* 《米俗》 **1** 警官 (cop). **2** 私立探偵 (private detective). 〖(1925) (転用)? ↑〗

Shan /ʃɑ́ːn, ʃǽn/ *n.* (*pl.* ~, ~**s**) **1 a** [the ~(s)] シャン族《ミャンマーの山岳地方に住む一種族》. **b** シャン族の人. **2** シャン語《タイ語系に属する》. 〖1795〗

Shan·dong /ʃɑ̀ːndɔ́(ː)ŋ | ʃæ̀ndɔ́ŋ; *Chin.* ʂāntʊ̄ŋ/ *n.* 山東(シャントン)省《中国北部の省; 面積 150,000 km², 省都済南 (Jinan)》.

Shandóng Península *n.* [the ~] 山東(半島)《黄海に臨む半島で山東省の東部を占める》.

shan·dry·dan /ʃǽndrɪdæ̀n/ *n.* (*also* **shan·dra·dan** /-drə-/) **1** がたがた馬車, おんぼろ馬車. **2** ほろ付き軽二輪馬車. 〖(1820?)〗

shan·dy /ʃǽndi/ *n.* **1** 《米》=shandygaff. **2** シャンディー《レモネードとアルコール分の薄いエールの混合飲料》. 〖(1888) (略) ↓〗

shan·dy·gaff /ʃǽndigæ̀f/ *n.* シャンディーガフ《ビールとジンジャービールまたはジンジャーエールとの混合飲料》. 〖(1853) ← ?〗

Shang /ʃɑ́ːŋ | ʃǽŋ; *Chin.* ʂāŋ/ *n.* 商(シャン)《中国古代の王朝(紀元前 16 世紀–1066? B.C.); 殷(イン) (Yin) ともいう》. 〖(1669) □ Chin. ~ (商)(遷都後殷と改めた)〗

Shan·gaan /ʃǽŋgɑːn/ *n.* シャンガーン族《モザンビークと Transvaal 北西部に住む Tsonga 語を話す Bantu 族; 主に金鉱採掘に従事》.

shang·hai /ʃæ̀ŋhaɪ, ⁻⁻ | ⁻⁻/ *vt.* **1** 〖海事〗麻薬を使って[酒で酔いつぶして, 暴力をもって]船へ連れ込んで出帆し水夫にする; 誘拐(ゆうかい)する (kidnap). **2** 《俗》暴力・不公正な手段を使って〈人に〉...させる 〔*into*〕. **3** 《豪》パチンコで打つ. — *n.* 《豪》パチンコ (catapult). **~·er** *n.* 〖(1871) ↓: もと東洋航路の船員を集めるためにとられた強引なやり方から〗

Shang·hai¹ /ʃæ̀ŋháɪ, ʃɑ̀ːŋ- | ʃæ̀ŋháɪ⁻; *Chin.* ʂàŋxàɪ/ *n.* 上海(シャンハイ)《中国東部, 長江 (Changjiang) 河口付近の港湾都市; 中央直轄市》.

Shang·hai² /ʃæŋháɪ/ *n.* シャンハイ《足の長い品種の鶏; 現在はコーチン (cochin) とよばれる》. 〖(1853) ↑: もと, ここから輸出されたため〗

Shan·go /ʃǽŋgoʊ | -gəʊ/ *n.* シャンゴー《カリブ海地方に存続する西アフリカ発祥の宗教儀式》. 〖(1948) □ Yoruba ~ (雷神の名)〗

Shan·gri-La /ʃæ̀ŋgrəlɑ́ː, ⁻⁻⁻ | ʃæ̀ŋgrilɑ́ː/ *n.* (*also* **Shan·gri-la** /~/) シャングリラ: **1** (遠く離れた美しい架空の)ユートピア (utopia). **2 a** 地上の楽園. **b** 人里離れた隠れ場所; 秘密の場所. 〖(1933) James Hilton 作の小説 *Lost Horizon* (1933) 中の架空楽園の名〗

Shan·hai·guan /ʃɑ́ːnhàɪkwɑ́ːn; *Chin.* ʂānxǎɪkuān/ *n.* 山海関(シャンハイコワン)《万里の長城の起点; 中国河北省 (Hebei) 秦皇島市に属する》.

Shan·hai·kwan /ʃɑ́ːnhàɪkwɑ́ːn/ *n.* =Shanhaiguan.

shank /ʃǽŋk/ *n.* **1 a** [通例 *pl.*] 《古・戯言》すね《ひざ (knee) と足首 (ankle) の間》: long [thin, lean] ~*s*. **b** (四足獣の)すね《fetlock と joint の間》. **c** (牛・羊などの)すね肉《foreshank と hind shank に分ける; ⇨ beef, mutton¹ 挿絵》. **d** (鳥の)足の上の部分. **e** 脚(あし) (leg): rest one's tired ~*s* 疲れた足を休ませる. **2 a** 器具・道具などのすねにあたる部分. **b** (くぎ・ピンの)頭と先の中間の部分. **c** (鉤(かぎ)・釣針の)軸, 胴 (⇨ fishhook 挿絵). **d** (スプーンの)柄. **e** (パイプの)軸. **f** (錨(いかり)の)幹, 錨幹. **g** (コップ・グラスの)足. **h** 《英》(靴下の)脚部; 《スコット》靴下. **i** (植物の)柄, 茎 (stalk). **j** =tang¹ 1. **k** 《俗》ナイフ (knife). **3 a** 靴底の土踏まずの部分《靴屋は「ふまず」という》. **b** シャンク, ふまず芯《靴底のふまず部分に入れる鉄芯》. **4 a** 他の物を付けるために突き出た部分. **b** ボタンの裏側の出っぱり《環・耳など》. **c** (などの)舌《柄にはめ込む部分》. **5** 《米》最初[最後]の時間帯: in the ~ of the evening 夕暮れ時に, たそがれ時に, 宵の口に. **6** 〖音楽〗(金管楽器に差し込み音の高さを調節する)調音管 (crook). **7** 〖印刷〗活字のボディー (body). **8** 〖建築〗 **a** シャンク《ドリス式建築のフリーズにあるトライグリフの溝と溝の間の平らな部分》. **b** 柄, 握り (shaft). **9** 〖ゴルフ〗シャンク《クラブのヒール》. **10** 〖冶金〗(溶解した金属をすくう)取瓶(とりべ), シャンク (ladle).

gó [ríde] on shánk's [shánks'] máre [póny] 《戯言》ひざ栗毛で行く, 歩く (walk), 「てくる」. (*a*1795)

— *vi.* **1** 《スコット》徒歩で行く, 歩く (walk). **2** 〖植物病理〗〈花・葉などが〉(軸が腐って)落ちる 〔*off*〕. — *vt.* 〖ゴルフ〗〈ボールを〉(誤って)クラブのヒールなどで打つ《打球は鋭く右に飛ぶ》.

〖OE *sċ(e)anca* < (WGmc) **skaŋkan* (G *Schenkel* leg, thigh) ← IE **(s)keng-* crooked (Gk *skázein* to limp)〗

Shan·kar /ʃɑ́ːŋkəə | -kɑː(r/, **Ra·vi** /rɑ́ːvi/ *n.* シャンカル (1920–2012; インドの sitar 奏者).

Shan·kar /ʃǽŋkə | -kə(r/, **Uday** *n.* シャンカル (1900–77; インドの舞踊家・振付師; Ravi の兄; 1920 年代にバレリーナ Anna Pavlov と共演, 彼女のために舞踊作品 *Hindu Wedding* と *Radha and Krishna* を創作; 西洋の演劇技法を取り入れることによってインド古来の舞踊を本国および欧米に広く紹介した).

Shan·ka·ra /ʃɑ́ŋkərə/ *n.* シャンカラ (788?–820?; インドの哲学者, 一元論に立つヒンズー教神学者; Shankaracharya /ʃɑ̀ŋkərɑ́tʃɑːrjə/ ともいう; cf. Vedanta).

shanked *adj.* **1** shank のある. **2** [通例複合語の第 2 構成素として]「すねのある」の意の形容詞連結形: long [lean]-*shanked* すねの長い[細い]. 〖(1593): ⇨ -ed 2〗

shank·ing /ʃǽŋkɪŋ/ *n.* **1** 〖ゴルフ〗シャンキング《ボールをヒールで打つこと》. **2** 〖植物病理〗茎萎凋病《植物・果実が茎[果柄]の基部から黒化して萎縮する各種の病気》. 〖1688〗

Shanks /ʃǽŋks/, **Edward Richard Buxton** *n.* シャンクス (1892–1953; 英国の詩人・批評家).

shan·non /ʃǽnən/ *n.* 〖電算〗=bit⁴ 1. 〖← C. E. *Shannon*〗

Shan·non /ʃǽnən/ *n.* シャノン《男性名・女性名》.〖↓: 河川名から〗

Shan·non /ʃǽnən/ *n.* **1** [the ～] シャノン(川)《アイルランド中部を南西に流れて大西洋に注ぐ英国諸島中で最長の川 (384 km)》. **2** シャノン《アイルランド Limerick 近郊の国際空港》.

Shan·non /ʃǽnən/, **Claude Elwood** *n.* シャノン《1916–2001; 米国の数学者; 情報理論を体系化し, また回路設計にブール代数を取り入れた》.

Shannon, Sir **James Jeb·u·sa** /dʒébjʊsə/ *n.* シャノン《1862–1923; 米国生まれの英国の肖像画家》.

Shánnon's (sámpling) thèorem *n.*〖電子工〗シャノンの(サンプリング)定理《最大周波数成分 ν の信号は時間間隔 $^1/_{2}\nu$ でのサンプリングによって完全に再現できるという定理; 単に sampling theorem ともいう》.〖(1963) ← *C. E. Shannon*〗

shan·ny /ʃǽni/ *n.*〖魚類〗ニシイソギンポ (*Blennius pholis*)《ヨーロッパ産イソギンポ属の魚; 腹びれで体を支えて水底で休む; cf. blenny》.〖1836?〗

Shan·si /ʃɑ̀ːnsíː/ *n.* ＝Shanxi[1].

Shán Státe /ʃɑ́ːn-/ *n. pl.* [the ～] シャン州《ミャンマー東部シャン高原を中心とする, 主に Shan 族の住む州; 州都 Taunggyi》.

shan't /ʃǽnt | ʃɑ́ːnt/《口語》shall not の縮約形. ★《米》ではまれ.〖1675〗

shant·ey /ʃǽnti | -ti/ *n.*〖海事〗＝chantey.〖《転訛》← CHANTEY〗

shántey·man /-mən, -mæ̀n/ *n.*〖海事〗＝chanteyman.

shan·ti /ʃɑ́ːnti | -ti/ *n.*〖ヒンズー教〗心の平和, 静穏; 寂, 滅, 息災, 安穏.〖⇨ Skt *śānti*〗

Shan·tou /ʃɑ̀ːntóʊ | ʃæ̀ntə́ʊ; *Chin.* ʂàntʰóu/ *n.* 汕頭(スワトウ), スワトウ《中国広東省 (*Guangdong*) の韓江 (*Hanjiang*) 河口の港湾都市》.

Shan·tung[1] /ʃæ̀ntʌ́ŋ/ *n.* ＝Shandong.

Shan·tung[2], **s-** /ʃæ̀ntʌ́ŋ/ *n.* **1** シャンタン, 山東絹, 絹紬(けんちゅう) (pongee). **2** 山東絹をまねたレーヨン[木綿]織物.〖(*c*1882) ↑〗

shan·ty[1] /ʃǽnti | -ti/ *n.* **1** 小屋, 掘っ立て小屋 (shack). **2**《豪》(もぐりの)酒場 (pub, bar). **3 a** 材木伐採地の丸太小屋. **b** 材木伐採地. — *adj.* **1** 掘っ立て小屋の[から成る], 掘っ立て小屋のような. **2** 掘っ立て小屋に住む, (社会的・経済的に)下層階級の. — *vi.* 掘っ立て小屋に住む.〖(1820) ⇨? Canad. –F *chantier* shack＝F 'lumberyard' (OF) 'gantry' < L *canthērium* framework // ⇨? Ir. *sean t(o)ig* old house〗

shan·ty[2] /ʃǽnti, ʃɑ́ːn- | ʃǽnti/ *n.*〖海事〗＝chantey.

shánty·man[1] /-mən, -mæ̀n/ *n.* (*pl.* **-men** /-mən, -mèn/)(カナダの森林で丸太小屋に住む)木こり.〖1824〗

shánty·man[2] /-mən, -mæ̀n/ *n.* (*pl.* **-men** /-mən, -mèn/)〖海事〗＝chanteyman.

shánty·tòwn *n.* **1** (都市の中にある)掘っ立て小屋ばかりの地区; 貧民街, スラム街; 《特に》南アフリカ共和国の黒人貧民街. (cf.) 貧民街の住民《貧乏人と老人》. **2** 掘っ立て小屋から成っている町; 《特に, 南アフリカ共和国の黒人貧民街.〖1876〗

Shan·xi[1] /ʃɑ̀ːnʃí | ʃæ̀n-; *Chin.* ʂāntɕí/ *n.* 山西(シャンシー)省《中国北部の省; 面積 156,420 km^2, 省都太原 (Taiyuan)》.

Shan·xi[2] /ʃɑ̀ːnʃíː; *Chin.* ʂǎntɕí/ *n.* 陝西(シャンシー)省《中国北部の省; 面積 190,000 km^2; 省都西安 (Xi'an)》.

Shao·xing /ʃàʊʃíŋ; *Chin.* ʂàuɕíŋ/ *n.* 紹興(シャオシン)《中国東部, 浙江省 (Zhejiang) の都市》.

shap·a·ble /ʃéɪpəbl̩/ *adj.* **1** ＝shapeable. **2** ＝shapely.

shape /ʃéɪp/ *n.* **1** 形, 格好, 形状 (⇨ form SYN); (装った)姿, なり (guise): the ～ of one's head [nose] 頭[鼻]の格好 / a fiend in human ～＝a fiend in the ～ of a human being＝a fiend like a human being in ～ 人間のなりをした悪魔 (cf.「人面獣」) / take the ～ of a bull 雄牛の格好をする (cf. take SHAPE) / clouds of all ～*s* and sizes＝clouds of every ～ and size いろいろな形と大きさの雲 / come in all [different] ～*s* and sizes＝come in every ～ and size さまざまな形や大きさがある / What ～ is it?＝What is the ～ of it?＝What is its ～ (like)? それはどんな形ですか / Those clouds are a funny ～. あの雲は変な形だ / It hasn't got much of a ～ (to it). 大した形じゃない / The trees were lopped into (proper) ～. 木は刈り込まれてきれいな形になった. **2 a** (顔と区別して)人の体つき, 肉体の輪郭. **b** (性的魅力のある女性の)体, 体つき, 姿態. **3** (おぼろげな・奇怪な)物の姿, 幻影, 幽霊 (phantom, ghost, apparition): a fearsome ～ 恐ろしい姿, 幽霊 / Strange ～*s* appeared from the shadows. 物陰から怪しい姿のものが現れた. **4** はっきりまとまったもの, 具体化された形, 整った形: give ～ to …に形をつける, …をまとめる, 整える / get … into ～ …を形づくる, まとめる / keep … in ～ …の形をくずさぬようにする / get out of ～ 形がくずれる / put [get] one's thought into ～ 考えを具体化させる[まとめる]. **5** 生活様式, 存在形態: the ～ of the future 将来のありよう / the ～ of things to come 来たるべき事態 (H. G. Wells の未来小説 (1933) の題から) / What ～ will NATO take in years to come? NATO は将来どんな形をとるだろうか. **6**《口語》**a** 状態, 調子 (state, condition): His affairs are in bad [poor] ～. 彼の財政は混乱している. **b** 健康状態, 体調; 体調のいいこと: be in splendid ～ 体調が申し分ない / get (oneself) into ～ 体調を整える / I'm not in good [any sort of] ～ for traveling [to travel]. 体の具合が思わしくなくて旅行は無理だ. **7 a** 模型, 木型 (model, mold): a hat ～ 帽子の型. **b** (ゼリー・ブラマンジェ (blancmange) などの)型物, ゼリー型, 菓子型. **8**〖建築〗形鋼, 形材《切断面が L 形, I 形, H 形などをした鋼材; section ともいう》. **9**〖海事〗形象《海上衝突予防法で定められている昼間信号法の一つで, 球や三角などに見える形の掲揚物;「本船は停泊中」などの意味をもつ》.

in ány* [*nó*] *shápe* (*or fórm*)** どんな形でも[でも…ない], どうしても[も…ない] (in any [no] manner); どのようなっても[でも…ない], 少しも[も…ない] ((not) at all): I don't touch alcohol *in any* ～ *or form.* 酒には一切手を触れない. (1751) ***in shápe (1) 形がくずれないで (cf. *n.* 4). (2) 良好な状態で (cf. *n.* 6). (1834) ***in the shápe of*** … の形で[の], …として(の): a reward *in the* ～ *of* $10,000 一万ドルの謝礼 / I had a birthday present *in the* ～ *of* a fountain pen. 誕生日のお祝いに万年筆をもらった / There was trouble *in the* ～ *of* strikes and riots. ストライキや暴動の形で騒動が起こった. (1750) ***lick* [*knóck, béat*] *into shápe*** ⇨ lick 成句. ***òut of shápe*** (1) 壊れて, 曲がって (cf. *n.* 4). (2) 良好な状態でなくて; 身体をこわして (cf. *n.* 6). (3)《米口語》怒って, かっかして. (1696) ***tàke shápe*** 形を成す, 具体化する, 実現する: The plan has begun to *take* ～. その計画も目鼻がつきだした. (1756) ***whíp into shápe*** ⇨ whip 成句.

— *vt.* **1** 形づける, 形づくる, 作る, こしらえる (fashion, form); …に形を与える: ～ a stone *into* an ax(e)＝～ an ax(e) *out of* a stone 石を削っておのにする / ～*d* like a pear 洋なしの形をした / ～ one's rough material *into* a book 素材を本にする / ～ one's ideas 構想する / His mouth ～*d* itself as if about to whistle. 彼の口は今にも口笛を吹きそうな形になった. **2** 具体化する (form); 言い表す, 表明する: ～ a question 質問する / ～ a statement 声明を出す. **3** 〔…に〕適合[適応]させる (adjust, adapt) 〔*to*〕: ～ a coat *to* a person's figure 人の体に服を合わせる. **4** 〈進路を〉向ける, 定める (direct, influence, determine): ～ (*up*) one's course to …へ進む / ～ one's (course in) life 人生の進路を決める / ～ (the course of) the future 将来を形づくる. **5** 〈計画・対策などを〉考案する, 工夫する (devise): ～ an underhand design 陰謀をたくらむ. **6**〖心理〗(望まれる反応に近づけば報酬を与えることによって)〈行動を〉反応形成する. **7**《廃》任命する (appoint), 命じる (decree). — *vi.* (cf. SHAPE *up*) **1** 形をとる, 形を成す; 〈計画などができ上がる, 具体化する: Our plan is *shaping* (*up*) well. 我々の計画はうまく具体化している. **2** 成り行く, なる (happen); 発展[発達]する (develop): if things ～ (*up*) right 事がうまく行くならば / The child is *shaping* (*up*) very satisfactorily (*in* [*at*] math). 子供は申し分なく(数学が)上達している.

shápe úp 《口語》(*vi.*) (1) (順調に)発展[進展]する (cf. *vi.* 2); ある傾向を示す: Everything is *shaping up* well. 万事うまく行っている. (2) 形をとる, 具体化する, 仕上がる (cf. *vi.* 1). (3)《米》整列する. (4) 期待通りのことをする; 行儀よくふるまう; 体調を整える. (*vt.*) はっきりした形に仕上げる; 具体化する. (1938) ***Shápe úp or shíp óut!*** 《米口語》しっかりしないやつは出て行け[仕事を辞めてしまえ].

〖v.: OE *sċ(i)eppan* < Gmc **skap(j)an* (G *schaffen*) ← ? IE **skep-* to cut, scrape (L *scabere* to scrape / Gk *skáptein* to dig): cf. shave. — n.: OE *(ġe)sċeap* ← Gmc **skap-*〗

SHAPE, Shape /ʃéɪp/《略》Supreme Headquarters Allied Powers Europe (NATO の)ヨーロッパ連合軍最高司令部.

shape·a·ble /ʃéɪpəbl̩/ *adj.* 形づくられる.〖1647〗

shaped /ʃéɪpt/ *adj.* **1** [しばしば複合語の第 2 構成素として] 形が…の, …の形をした: bell-*shaped* 鐘[鈴]形の / diamond-*shaped* ダイヤ形の, ひし形の / well-*shaped* よい形の / ill-*shaped* 形の悪い. **2** 〈家具が〉表面が平らでない, 模様のある. **3** 型に合わせて作った.〖(1540): ⇨ -ed 2〗

sháped chárge *n.*〖軍事〗指向性爆薬[炸薬(さくやく)], 成形爆薬《爆発力を一方向に集中させる方式のもの; 特に弾頭内部に円錐(えんすい)形の空所を成型し, 爆発力を前部に集中させ装甲貫徹力を大ならしめるもの》.〖1948〗

shápe·less /ʃéɪpləs/ *adj.* **1** (はっきりした)形のない, 定形のない. **2 a** 形の美しさ[優雅さ]の欠けた, 不格好な, 醜い (deformed): a ～ garment. **b** 形のくずれた; できそこないの (misshapen): a ～ hat. **3** 方向性[目的]のない: a ～ argument. **～·ly** *adv.* **～·ness** *n.*〖*a*1325〗

shápe·ly *adj.* (**shape·li·er; -li·est**) **1** 〈特に女性の姿・脚が〉格好のよい, 姿のいい, 均整[釣合い]のとれた (well-proportioned): a ～ woman / one's ～ legs. **2** はっきりした形のある; 整然とした. **shápe·li·ness** *n.*〖*c*1384〗

shápe-mèmory álloy *n.* 形状記憶合金.

shap·en /ʃéɪpən, -pn̩/ *adj.* [通例複合語の第 2 構成素として] 形が…の, …の形をした: an ill-*shapen* body 不格好な体.〖*a*1325〗

shápe nòte *n.*〖音楽〗シェープノート《音階を符頭の形で表す音符》.

sháp·er *n.* **1 a** 形づくる人, 作る人. **b** (旧作を改作する)詩人. **2 a** 形づくる物[機械]. **b**〖機械〗形削り盤, シェーパー.〖?*a*1200〗

shápe·shìfter *n.* 自分の姿を意のままに変えるもの (werewolf など).〖1887〗

shápe-ùp *n.*《米》シェープアップ《もと毎日仕事を求める港湾労働者を半円形に並ばせ, その中からその日の作業員を選んだ方法; cf. hiring hall》.〖(1940) ← *shape up* (⇨ shape (vi.) 成句)〗

sháping círcuit *n.*〖電気〗整形回路《波形がひずんだものをもとに戻す回路》.

Sha·pi·ro /ʃəpíᵊroʊ | -píərəʊ/, **Karl** (**Jay**) *n.* シャピロ《1913–2000; 米国の詩人・批評家》.

shap·ka /ʃɑ́ːpkə, ʃǽpkə/ *n.* シャプカ《特にロシア人がかぶる丸くて縁のない毛皮の帽子》.〖(1945) ⇨ Russ. ～ 'hat'〗

Shap·ley /ʃǽpli/, **Har·low** /hɑ́əloʊ | hɑ́ːləʊ/ *n.* シャプリー《1885–1972; 米国の天文学者; Harvard Observatory の所長 (1921–52)》.

sha·ra·ra /ʃʌrɑ́ːrə/ *n.*〖服飾〗シャラーラ《インドの女性が着用する, プリーツの入ったゆったりしたパンツ》.〖← Urdu〗

shard[1] /ʃɑ́əd | ʃɑ́ːd/ *n.* **1** (瀬戸物などの)破片, かけら《植木鉢の底の盤をふさぐのに用いる》: break into ～*s* 粉々にこわす. **2**〖動物〗うろこ, 殻; 《特に甲虫類の》翅鞘(ししょう), さやばね (elytron). **3**〖考古〗＝sherd 2.〖lateOE *sċeard* fragment < Gmc **skarðaz* cut, notched (Du. *schaard* / G *Scharte* notch): ⇨ shear〗

shard[2] *n.*《廃・方言》牛糞(のかけら).〖(1545) ← ?: cf.《方言》*sharn* dung〗

share[1] /ʃéə | ʃéə(r)/ *vt.* **1** 共有する, 共通に使う: ～ a taxi タクシーに相乗りする / ～ his umbrella 彼の傘に一緒に入る / ～ an apartment *with* a friend 友人とアパートを共有する / Would you mind *sharing* the table *with* this lady? (レストランで給仕が客に)このご婦人とご相席願えないでしょうか. **2** 分配する, 配分する, 分け合う (apportion, divide) 〈*out*〉: ～ food *between* two 食べ物を二人で分ける / ～ (*out*) the proceeds *among* ten 収益を 10 人で分配する / ～ one's money *with* a friend 自分の金を友人にも使わせる / ～ *out* clothes *to* the refugees 避難民に衣類を分けてやる. **3** 〈苦楽・責任・経験・意見・情報・出費・仕事・性質などを〉共にする, 分かつ: ～ losses [expenses] 損失[出費]を共同負担する / ～ the blame [responsibility] 共に責に任じる, 責任を分かつ / ～ his opinion [view(s), task] 彼と意見[見方, 仕事]を共にする / I would often ～ my joys and sorrows *with* him. 彼とは喜びも悲しみもよく共にしたものだ / X and y ～ certain characteristics.＝X ～*s* certain characteristics *with* y. x と y はある特性を共有している. **4** 〈考えなどを〉〈人〉に話す: I'd like to ～ (*with you*) *that* the atmosphere here is getting a lot friendlier now. ここの雰囲気は今ではずっと友好的になっていると申し上げたい. — *vi.* **1** 分配を受ける. **2** 〔…に〕あずかる, 参加する, あやかる〔*in*〕: ～ *in* profits 利益の配分にあずかる / ～ *with* a person *in* his distress [happiness, work] 人と難儀[喜び, 仕事]を共にする. **3**《米》〈人〉に話す.

sháre and sháre alíke 平等に分配する〔*in*〕(cf. *n.* 成句). (1821) ***sháre óut*** (*vt.*) ⇨ *vt.* 2. (*vi.*) 〈企業などが〉割当て分をかせぐ[作り出す]. (1644–52)

— *n.* **1 a** 分け前, 割り前, 取り分: a fair ～ 正当な[当然の]分け前 / ⇨ lion's share / a ～ in [of] the profits 利益の分け前 / get [come in for] a [one's] (full) ～ of (たっぷり)…の分け前にあずかる / do (more than) one's ～ (of the work) (仕事の)分担(以上のもの)をこなす / have [get] (more than) one's fair ～ of …の当然の[予想される]量(以上)のものを得る / This is my ～ of it [them]. これが私の取り分です / He had his (fair [full]) ～ of worries. 彼も人並みに苦労があった / She has some ～ of her mother's conceit. 母親の気位の高さを幾分受け継いでいる. **b** 出し分, 持ち分, 割り当て, 分担, 負担 (burden): pay one's ～ of the expenses 出費の出し分を払う / take a ～ *in* the fund 資金を分担する / bear [take] one's ～ of the cost [resposibility, blame] 費用[責任]を分担する / fall to a person's ～ 人の分担になる / He has more than his (fair) ～ of wit. 人一倍機知がある. **c** 役割, 参与, 関与, 寄与, 貢献 (contribution)〔*in*〕: I have no ～ *in* the matter. その件には関係がない / He had a (large) ～ *in* realizing the plan. その計画の実現にあずかって(大いに)力があった. **2**〖経済〗(市場)占有率, シェア. **3**〖商業・証券〗**a** (会社の)株, 株式; [*pl.*]《英》株式(資本) (cf. stock 1): ordinary ～*s*《英》普通株 / deferred ～*s* 後配株 / preferred [《英》preference] ～*s* 優先株 / 5,000 ～*s* of IBM common stock IBM 普通株 5,000 株 / per ～ 1 株当たり / buy [hold, sell] 10,000 ～*s in* a steel company 製鉄会社の株を 1 万株買う[持っている, 売る] / The company's stock rose 75¢ a ～, to $19.25. その会社の株式は 1 株につき 75 セント上がり 19 ドル 25 セントになった. **b** (会社などへの)出資(一口): have a ～ *in* the bank その銀行に出資している. **c** [形容詞的に] 株(式)の: ～ prices 株価 / a ～ market 株式市場 / ⇨ share certificate, share capital.

gò sháres 山分けにする, 共同でやる, 参与する, 負担する: go ～*s with* a person *in* …を人と山分けにする[分担する, 共同でやる]. (1821) ***on* [*upon*] *sháres*** (従業員も出資者と)利害を共にして. (1792) ***sháre and sháre alíke*** 平等の分配で (cf. *v.* 成句): go [pay] ～ *and* ～ *alike* 山分けにする[等分に支払う]. (*a*1566)

shar·a·ble, ～·a·ble /ʃéᵊrəbl̩ | ʃéər-/ *adj.*

〖n.: OE *sċearu* tonsure, public region (cf. *-sċearu-division*) ← Gmc **skar-*, **sker-* ← IE **(s)ker-* to cut. — v.: (*c*1586) ← (n.): ⇨ shear〗

SYN 共有する: **share** 自分の持っているものを人と一緒に分け合う: I *shared* my lunch with a friend. 弁当を友人と分け合った. **participate** ある活動・企てなどに参加する: *participate* in the demonstration デモに参加する. **partake** ある行動・感情などを共にする《格式ばった語》: *partake* in the festivities お祭りに参加する. **join** 前の 2 語よりくだけた語ですでに存在しているある活動に参加する: *join* the Repulbican Party 共和党員になる.

share[2] /ʃéə | ʃéə(r)/ *n.* すきべら (plowshare), (種まき機などの)刃.〖OE *sċear* (↑): cog. G *Schar*: ⇨ shear〗

sháre accóunt *n.*〖経済〗出資金勘定《信用組合 (credit union) の貯蓄預金; 会員の出資金に対して預金利

子に相当する配当金を払う》.

shàre bèam *n.* すき長柄, ビーム《すき先を結びつける横木》. 〘lateOE *scearbeam*〙

sháre·bròker *n.* 《英》=stockbroker. 〘1851〙

sháre càpital *n.* 〖経済〗株式資本《会社の資本のうち株式の発行によるもの》. 〘1848〙

sháre certìficate *n.* 《英》株券 (《米》 stock certificate). 〘1888〙

sháre·cròp *v.* (**share·cropped**; **-crop·ping**) 《米》 ― *vt.* 〈土地を〉小作人として耕作する; 〈穀物を〉小作で作る. ― *vi.* 小作する. 〘1907〙

sháre·cròpper *n.* 《米》分益小作人, シェアクロッパー《南北戦争後の深南部に生じたもので, 農園主より土地・種子・肥料などを借り小作料を収穫物(の一部)で納める小作農民; cf. cropper 2》. 〘1923〙

shárecròpper sỳstem *n.* 〖経済〗分益小作制 (métayage).

shared /ʃέəd | ʃέəd/ *adj.* 共有の, 共同の, 共通の. 〘1884〙

shàred cáre *n.* 〖社会福祉〗(社会福祉機関と家族による)共同介護[ケア]《緊急の場合などは福祉事務所が身障者を施設に収容する》.

shàred lógic *n.* 〖電算〗共用論理《一つのホストコンピューターに複数の I/O 装置がつながっているシステム》.

shàred ównership *n.* 《英》家屋共同所有方式の住宅購入制度《公共機関などから住宅を部分的に購入し残りを賃貸する制度》.

shàred résources *n.* 〖電算〗[単数扱い] 共有周辺装置.

sháre-fàrmer *n.* 《豪》分益農業者《農地を借り受け, 収益を地主と分け合う》.

sháre·hòlder *n.* 《英》=stockholder 1. 〘1828–32〙

sháre·hòlding *n.* 株所有.

sháre ìndex *n.* 株価指数.

sháre-lìst *n.* 《英》株式相場表. 〘1846〙

sháre-mìlker *n.* (NZ) 分益酪農夫《酪農場主に雇われているが, 搾乳による利益分配を受け, 独自の家畜も所有する》.

sháre-mìlking *n.* (NZ) 分益酪農 (cf. share-milker).

sháre òption *n.* 株式買受選択権《従業員が自社株を有利な価格で購入できる制度》.

sháre-òut *n.* (利益などの)配給, 分配. 〘1902〙

sháre prèmium *n.* 《英》資本剰余金 (《米》 capital surplus).

sháre·pùsher *n.* 《英口語》(しばしば不良株を押しつける)強引な外交員. 〘1914〙

shar·er /ʃέ(ə)rə | ʃέərə(r)/ *n.* **1** 物[事]を共にする人, 共有者, 参加者 (participator). **2** 分配者, 配給者 (divider). **3** 《廃》=shareholder. 〘1589〙

Sha·rett /ʃərέt/, **Mo·she** /móuʃə | máu-/ *n.* シャレット (1894–1965; ロシア生まれのイスラエルの政治家; 首相 (1953–55)).

sháre·wàre *n.* 〖電算〗シェアウェア《無料あるいは低価格で利用できるが, 継続使用のときは有料となるフリーソフトウェア》. 〘(1983) ← SHARE+(SOFT)WARE〙

Sha·ri /ʃάːri/ *n.* =Chari.

sha·ri·a /ʃəríːə, ʃɑː-; *Arab.* ʃaríːˤa/ *n.* (*also* **sha·ri·'ah** /~/) [しばしば S-] イスラム法, シャリーア《イスラム教徒の宗教的・世俗的生活を規制する聖法》. 〘(1855) ⊏ Arab. *šarīʿa^h* law〙

S

sha·rif /ʃəríːf, ʃɑː-, ʃæ-/ *n.* **1** シャリーフ (Muhammad の娘 Fatima の孫; イスラム教徒の貴族の祖先または宗教上高位の人を指し, 称号としても用いる). **2** メッカ (Mecca) の総督. **3** アラブの君主. 〘(1599) ⊏ Arab. *šarīf* 《原義》 noble〙

shar·ing /ʃέ(ə)rɪŋ | ʃέər-/ *n.* 分かち合い[合うこと]. 〘1625〙

Shar·jah /ʃάədʒə | ʃάːdʒɑː, -ʒɑː/ *n.* シャルジャ: **1** ペルシャ湾南岸および Oman 湾に臨む首長国; United Arab Emirates の一つ; 面積 2,590 km². **2** Sharjah の首都.

shark[1] /ʃάək | ʃάːk/ *n.* 〖魚類〗サメ(鮫)《板鰓(ばんさい)綱のうちエイ類を除いた魚類の総称; ヨシキリザメ (blue shark), ホオジロザメ (great white shark), シュモクザメ (hammerheaded shark) など; サメ類の中で大形・凶猛なものを俗に「ふか(鱶)」と呼ぶことがある》. 〘(1442) ← ?〙

shark[2] /ʃάək | ʃάːk/ *n.* **1** 高利貸 (usurer), 因業(いんごう)な地主[家主]; 人を食い物にするやつ, 強欲漢. **2** 《米俗》その道の名人, 名手; 玄人, 専門家 (expert); 勉強も運動もすごくよくできる学生. **3** 《俗》悪徳弁護士. **4** 《英俗》税関吏 (customs officer). **5** 《口語》企画乗っ取り屋.
― *vt.* 《古》 **1** (詐欺・不正な手段などで)集める, 搾取する; (だれかれかまわず)かき集める 〈*up*〉. **2** がつがつ食う, むさぼり飲む. ― *vi.* 《古》 **1** 詐欺を働く (swindle), 因業なことをする: He ~*s* for a living. 詐欺で食っている / a ~*ing* moneylender 因業な金貸し. **2** 詐欺[因業なやり方]で生きる. **3** こそどろをやる (sneak). 〘(*c*1596) ⊏ ? G *Schurke* scoundrel〙

shárk bàit, shárk bàiter *n.* 《豪口語》サメに襲われる危険のあるところで泳ぐ者[サーファー], サメ寄せ. 〘1912〙

shárk bèll *n.* 《主に豪》サメの接近を知らせる警告ベル. 〘1940〙

shárk·er *n.* 詐欺師, ぺてん師 (swindler, sharper). 〘1594〙

shárk·lìke *adj.* サメに似た, サメのような.

shárk-líver òil *n.* 鮫肝油《ビタミン A の原料; shark oil ともいう》. 〘1868〙

shárk nèt *n.* 《主に豪》サメ捕獲網; サメ防御ネット (shark mesh ともいう). 〘1962〙

shárk patròl *n.* 《主に豪》(ヘリコプターなどによる)サメ警戒パトロール. 〘1951〙

shárk pìlot *n.* 〖魚類〗しばしばサメと一緒に泳ぐ魚類の総称《ブリモドキ (pilot fish), banded mackerel など》.

shárk repèllents *n. pl.* =porcupine provisions.

shárk sìren *n.* 《主に豪》サメの接近を知らせるサイレン.

shárk·skìn *n.* **1** さめ皮《shagreen のように仕上げたり, または研磨用にする》. **2** 羊毛・木綿またはレーヨンの織物《表面はサメの皮のような外観の織物》. 〘1851〙

shárk's móuth *n.* 〖海事〗船の天幕 (awning) にあけた(帆柱や支索などを通す)穴. 〘1881〙

shárk's pílot *n.* 〖魚類〗=shark pilot.

shárk sùcker *n.* 〖魚類〗コバンザメ (⇨ remora 1). 〘1850〙

shárk wàtcher *n.* 《口語》企業乗っ取り防止のためのコンサルタント.

Shar·ma /ʃάəmə | ʃάː-/, **Shankar Dayal** *n.* シャルマ (1918–99; インドの政治家; 大統領 (1992–97)).

Shar·on /ʃέərən, ʃέr- | ʃέərən, ʃάːr-, ʃǽr-, -rɔn/ *n.* シャロン平野《古代 Palestine の地中海沿岸の地味の肥えた平野; 現在のイスラエル西部沿岸で, Tel Aviv から Mount CARMEL にかけて広がる; the Plain of Sharon ともいう》. [⊏ Heb. *Šārōn* 《原義》 plain]

Shar·on /ʃέərən, ʃέr- | ʃǽrən, ʃάːr-, ʃǽr-, -rɔn/ *n.* シャロン《女性名》.

Shar·on /ʃəróun | -rɔ́n, -ráun; *Heb.* ʃaʁón/, **Arlel** *n.* シャロン (1928–　; イスラエルの軍人・政治家; 首相 (2001–　)).

Sháron frùit /ʃέərən-, ʃέr- | ʃǽrən-, ʃάːr-, ʃǽr-/ *n.* シャロンフルーツ, カキ《(Sharon 平野で採れる)トマトのような形をした大柿 (persimmon)》.

sharp /ʃάəp | ʃάːp/ *adj.* (~·**er**; ~·**est**) **1 a** 鋭い, 鋭利な (keen), よく切れる (cutting); (先の)鋭い, よく突き刺さる (fine, piercing): a ~ knife, razor, pin, needle, edge, etc. / have ~ teeth=be *sharp*-toothed 鋭い歯をしている / (as) ~ as a razor (blade) きわめて鋭利な. **b** 先のとがった (acute, pointed), かど張った: a ~ peak, ridge, nose, etc. / ⇨ sharp sand / ~ features かど張った[鋭い]目鼻立ち / a ~ pencil 先のとがった鉛筆 (⇨ propelling pencil 日英比較). **c** 鋭いとげのある (prickly): ~ brambles とげだらけの野ばら. **2 a** 〈曲がり角など〉急な, 鋭い: a ~ bend in the road 道路の急カーブ / make a ~ turn 鋭くカーブする. **b** 〈坂など〉険しい, 急な (steep): a ~ ascent [descent, fall, incline] 急な上り[下り, 降下, 坂]. **c** 〈角度が〉鋭い, 鋭角の: a ~ angle. **3 a** 〈痛みなど〉鋭い, 激しい (keen, biting); 〈食欲など〉強烈な (intense): a ~ pain [pang, twinge] 激しい苦痛[痛み, うずき] / a ~ desire [appetite, hunger, thirst] 強烈な欲望[食欲, 飢え, 渇き] / *Sharp* stomachs make short graces. 《諺》空腹が激しければ祈りも短くなる, 「衣食足りて礼節を知る」. **b** 肌を刺すような, 身を切るような (piercing), 非常に寒い (keenly cold): a ~ wind / a ~ frost (霜を結ぶほどの)厳寒. **4** 痛烈な, 辛辣(しんらつ)な, きつい (poignant), 厳酷な (harsh, merciless), にくにくしげな (bitter): ~ words 激しい言葉 / a ~ temper 激しい気性 / a ~ answer とげとげしい返事 / a ~ rebuke 手厳しい非難 / give a person a short ~ shock 人に短いが厳しい罰を与える / be ~ *with* a person 人につらく当たる / He has a ~ tongue (=He is *sharp*-tongued.). 彼は毒舌家だ. **5 a** 〈目・耳・鼻など〉よくきく, 鋭敏な (keen, sensitive): ~ eyes, sight, ears, hearing, etc. / a ~ nose [sense of smell] よくきく鼻[鋭敏な嗅覚] / have a ~ eye [ear, nose] (*for*) (…に)目[耳, 鼻]がよくきく. **b** 〈注意・監視など〉厳重な, 油断のない (vigilant): ~ attention 油断のない注意 / keep a ~ watch [lookout] (*for*) (…の)厳重な見張り[監視]をする. **6 a** 敏感な, 鋭敏な, 鋭い (mentally acute), 聡明な, 利口な (smart, clever): a ~ child / ~ judgment 聡明な判断 / ~ wits [intelligence] 鋭い才知[知能] / (as) ~ as a needle [knife, steel trap, tack] きわめて鋭い, 非常に利口な, 目から鼻へ抜ける. **b** 小利口な, 抜け目のない (shrewd, astute); ずるい, 食えない: a ~ dealer 狡猾(こうかつ)な商人 / ⇨ sharp practice / He is too ~ for me. 彼はずるくて私の手には負えない. **7** くっきりした (distinct), 鮮明な (clearcut): a ~ outline [distinction, impression, focus] はっきりした輪郭[相違, 印象, 焦点] / in ~ contrast with …ときわめて対照的な[に] / The mountain stands out ~ against the sky. 山は空を背にくっきりそびえ立っている. **8 a** 〈動き・変化などが〉急激な; 〈行動の〉活発な, 敏活な (brisk), すばやい (rapid): short ~ movements 短く鋭い動き / ~ work 早わざ, 手早い仕事 / *Sharp* is [*Sharp*'s] the word! 急いで, 早く早く, もたもたするな. **b** 〈試合・議論など〉猛烈な, 激しい (vigorous, fierce): a ~ argument [game, contest, struggle] 激しい議論[勝負, 競争, 闘争] / a ~ gun battle 猛烈な銃撃戦. **c** 〈脈拍が〉どきんどきんと打つ, 激しい (jerky). **9 a** 〈音・声など〉鋭い, 金切り声の, かん高い (piercing, shrill): a ~ cry, voice, whistle, etc. / a ~ clap of thunder 耳をつんざく雷鳴. **b** 〈光が〉ぎらぎらした, 強烈な (brilliant, intense): a ~ flash 強烈な閃光. **10** 〈味・においなど〉刺激の強い (biting); (味など)強い, 苦い (bitter), 辛い (pungent), 酸っぱい (sour): a ~ smell [taste] 強いにおい[ぴりっとした味] / ~ cheese 味[におい]の強いチーズ / ~ sauce 辛いソース / ~ wine 酸っぱいぶどう酒. **11** 〈服装など〉当世風な, いきな (stylish); 〈人が〉スマートな, 派手な[凝った]服装の (dressy): a ~ suit / look ~ スマートに見える **12** 〖音楽〗 **a** 半音高い, 嬰(えい)音の, 嬰記号 (♯) の付いた(調の) (cf. flat[1] 11): a sonata in F~ [F♯] 嬰ヘ調奏鳴曲. **b** 正しい音高 (proper pitch) より高い, 高調子の. **13** 〖通信〗〈選択特性が〉急峻な (↔ broad).

at the shárp ènd ⇨ sharp end.

shárps and fláts 〖音楽〗(ピアノやオルガンの)黒鍵(こっけん); 臨時記号 (accidentals). 〘*a*1634〙

― *adv.* (~·**er**; ~·**est**) **1** (時間が)かっきり, 正… (exactly, punctually): at three (o'clock) ~ 3時ちょうどに. **2** 鋭く (keenly). **3 a** 突然, 急に (abruptly, sharply); 急角度に: pull up a car ~ 急に車を止める / turn ~ right 急に右に曲がる. **b** 敏速[俊敏]に, すばやく (briskly, quickly). **4** 警戒して, 油断なく (vigilantly): Look ~! 気をつけろ, 油断するな; 早くしろ, ぐずぐずするな. **5** 〖音楽〗高調子に: sing ~ / You played the note a bit ~. **6** 《米》(目立つように)いきに, 派手に, 凝って (stylishly, smartly): be dressed ~ いきな なりをしている.

― *n.* **1** 〖音楽〗嬰音, 嬰記号, シャープ (♯) 《音の高さを半音高める記号; cf. flat[1] 4》. **2** 〖音声〗嬰音調性《母音などの高次のフォルマントが上へ向くもの; 硬口蓋音化音の特性; cf. flat[1] *adj.* 14 b》. **3** 《口語》詐欺師, ぺてん師 (sharper): a regular ~ 全くのいかさま師. **4 a** 鋭利なもの. **b** 鋭い縫い針. **c** 薄く鋭いダイヤモンド片《宝石をカットしたり細工したりするのに用いる》. **d** 《古》鋭い武器. **5** 《米口語》玄人, 専門家 (expert). **6** [*pl.*] 《英》小麦の粗びき粉 (middlings).

― *vt.* **1** 《米》〖音楽〗〈音〉の高度を高める, (特に)半音だけ高くする. **2** 《方言》鋭くする, 研ぐ, 削る (sharpen). **3** 《古》詐取する, ごまかす (cheat). ― *vi.* **1** 《米》〖音楽〗高調子に演奏する[歌う]. **2** 《古》ごまかす, 詐欺をはたらく, だます.

~·ness *n.* 〘OE *scearp* < Gmc **skarpaz* (Du. *scherp* / G *scharf*) ← IE *(*s*)*ker*- to cut: ⇨ shear〙

SYN 感覚が鋭い: **sharp** 特に〈視力・聴覚が〉鋭い: have *sharp* eyes [ears] 目[耳]がよい. **keen** 特に〈視力・嗅覚が〉鋭い: *keen* eyesight 鋭い視力. **acute** 特に〈聴力が〉鋭い: She has *acute* hearing. 耳がよい.

Sharp /ʃάəp | ʃάːp/, **Becky** *n.* **1** ベッキー シャープ (Thackeray 作の小説 *Vanity Fair* 中の人物). **2** ベッキー シャープのような女性, 玉の輿(こし)に乗るためには手段を選ばない才女.

Sharp, Cecil James *n.* シャープ (1859–1924; 英国の民族音楽家; English Folk Dance Society (1911) の創立者).

Sharp, Phillip Allen *n.* シャープ (1944–　; 米国の生物学者; Nobel 生理学医学賞 (1993)).

Sharp, William *n.* シャープ (1855?–1905; スコットランドの詩人・小説家・批評家; ⇨ Fiona MACLEOD).

shárp·bìll *n.* 〖鳥類〗エイシチョウ (*Oxyruncus cristatus*) 《熱帯アメリカの森林にすむタイランチョウ科の鳥; 羽毛は緑色でくちばしがとがっている》. 〘1826〙

shárp-cút *adj.* **1** はっきりした, 輪郭のくっきりした, 鮮明な. **2** (先[刃先]が)鋭い: a ~ blade.

shárp cút-òff *adj.* 〖電気〗〈真空管など〉遮断特性が鋭い, シャープカットオフの (cf. remote cut-off).

shárp-éared *adj.* **1** 耳のとがった. **2** 聴覚の鋭い, 耳ざとい. 〘1890〙

shárp-édged *adj.* **1** 鋭い刃をした, 鋭利な. **2** 〈ことばなど〉辛辣(しんらつ)な (cutting, sharp): a ~ wit. 〘lateOE *scearpecged*〙

Shar-pei /ʃὰəpéɪ | ʃὰː-/ *n.* [しばしば Shar-Pei] シャーペイ《中国産の大形の犬; 茶色の毛をもち体には皺(しわ)がある》. 〘⊏ Chin. *shā pí* (砂皮)〙

sharp·en /ʃάəpən, -pn | ʃάːp-/ *vt.* **1** 〈刃物などを〉鋭利にする, 研ぐ (whet), とがらす (point), 削る 〈*up*〉: ~ a knife, a razor, a pencil, etc. **2 a** 〈知覚などを〉鋭敏[敏感]にする 〈*up*〉; 利口にする, 抜け目なくならせる: ~ one's wits 機知をよくはたらかせる. **b** 〈痛みを〉激しくする: ~ a pain. **c** 〈言葉などを〉辛辣(しんらつ)にする: ~ one's tongue ますます毒舌を弄(ろう)する. **d** 〈法律などを〉厳しくする. **e** 〈音を〉鋭くする, かん高くする. **f** 〈味・においを〉刺激の強いものにする, 辛くする. **3** 〈輪郭を〉くっきりさせる, 鮮明にする.
― *vi.* **1** 鋭敏になる, 敏感になる; 利口になる. **2** 激しくなる, ひどくなる, 激化する 〈*up*〉. **3** 鋭くなる, とがる. 〘(?*a*1400): ⇨ sharp (adj.), -en[1]〙

shárp ènd *n.* **1** 《口語》船首, へさき. **2** 《英口語》(仕事などの)活動[決定]の現場, 最前線, 第一線 (front line): be on [at] the ~ of …の第一線[最前線, 矢面]に立つ / Those of us *at the* ~ (of things) always get the blame when things go wrong. 事がうまくいかなくなると最前線にいる者がいつも責められる. 〘1948〙

shárp·en·er /-p(ə)nə, -pn- | -p(ə)nə(r), -pn-/ *n.* **1 a** 研ぎ[削り]具: a knife-*sharpener* ナイフ研ぎ(器). **b** 鉛筆削り (pencil sharpener). **2** 研ぐ[削る]人. 〘1640〙

shárp·en·ing stòne /-p(ə)nɪŋ-, -pn-/ *n.* =whetstone.

sharp·er /ʃάəpə | ʃάːpə(r)/ *n.* **1** 詐欺師, ぺてん師. **2** プロのばくち打ち; トランプぺてん師. 〘(1567) 'one who or something which sharpens': ⇨ sharp (v.), -er[1]〙

Sharpe·ville /ʃάəpvɪl | ʃάːp-/ *n.* シャープビル《南アフリカ共和国 Gauteng 州南部の町; 1960 年黒人のデモで 69 人が射殺されたシャープビルの虐殺 (Sharpeville massacre) の現場》.

shárp-éyed *adj.* 目のよく利く; 目の鋭い; 目ざとい; 観察力の鋭い: a ~ policeman / ~ criticism 洞察力の鋭い批評. 〘1594〙

shárp-fánged *adj.* **1** 鋭い歯[きば]をもった. **2** 痛烈な, 皮肉な (biting, sarcastic). 〘1598〙

shárp-féatured *adj.* 目鼻だちのはっきりした. 〘1824〙

shárp-fréeze *vt.* =quick-freeze. 〘1942〙

sharp·ie /ʃάəpi | ʃάːpi/ *n.* **1** シャーピー船《もと米国大

西洋岸で用いられた三角帆を付けた 1 [2] 本マストでセンターボード付きの長い平底帆船). **2** 《口語》=sharper 1. **3** 《米口語》非常に敏感な[用心深い, 抜け目ない]人. **4** 《豪》髪を短く刈り上げて独特の服装をした十代の若者, ちんぴら (cf. skinhead). 〖(1860) ← SHARP (adj.)+-IE〗

sharp·ish /ʃάɚpɪʃ | ʃά:p-/ *adj.* 幾分鋭い[厳しい]. — *adv.* 《英口語》ぐずぐずしないで, すばやく; きびきびと, てきぱきと. 〖adj.: (1589). — adv.: (1886)〗

shárp·ly /ʃάɚpli | ʃά:p-/ *adv.* **1** 鋭く: a ~ pointed knife 先の鋭いナイフ. **2** 急に, 突然; 急激に: turn ~ (right) 急に(右へ)曲がる / Prices [The road] rose ~. 物価[道路]が急激に上がった[登り坂になった]. **3** 激しく, 厳しく, つっけんどんに (peremptorily): criticize [rebuke] ~ / speak ~. **4** くっきりと, はっきりと: ~ focused [contrasted] 焦点[対照]のはっきりした. **5** 油断なく, 注意深く (vigilantly): look ~ at a person. **6** 敏速に, すばやく. **7** いきに, スマートに. **8** したたかに, ひどく (vigorously). **9** [しばしば強意語として] きっかりと, 厳密に. 〖OE *scearplīce*〗

shárp-nósed *adj.* **1** 細くとがった鼻をした. **2** 正面の鋭く突き出た. **3** 鼻[嗅覚(きゅうかく)]の鋭敏な, 鼻の利く. **shárp·nós·ed·ly** /-zɪ̀dli, -zd-/ *adv.* **shárp-nós·ed·ness** /-zɪ̀dnɪ̀s, -zd-/ *n.* 〖1675〗

shárp-póinted *adj.* 先のとがった, 先の鋭い. 〖1530〗

shárp práctice *n.* ずるい取引き, 抜け目のない商売, いんちき, 詐欺. 〖1847〗

shárp sánd *n.* (粘土やローム (loam) などの異物が混ざっていない)硬いかど張った粒だけから成る砂.

Sharps·burg /ʃάɚpsbɚ:g | ʃά:psbə:g/ *n.* シャープスバーグ《米国 Maryland 州北部, Frederick 市の西にある町; 近くに南北戦争時の激戦地 (1862) があり, Antietam 国定古戦場がある》.

shárp-sét *adj.* **1 a** 非常に空腹な, 飢えた. **b** 熱望する, 切望する (keen, eager)〔*upon, after*〕. **2** 先端が鋭角になる, 先端を鋭角にした. 〖1540〗

shárp·shìn *n.* 〖鳥類〗=sharp-shinned hawk. 〖1804〗

shárp-shìnned háwk *n.* 〖鳥類〗アシボソハイタカ (*Accipiter striatus*)《北米産のほっそりした脚をもつ小形のタカ; sharpshin ともいう》. 〖*c*1812〗

shárp-shód *adj.* 〈馬が〉蹄(ひづめ)にすべり止めくぎ (calks) を打った. 〖1889〗

shárp·shòoter *n.* **1 a** 射撃の名手. **b** 〖軍事〗一級射手《小火器射撃の技量を示す等級で expert (特級射手)と marksman (二級射手)との間》; 狙撃兵. **2** (バスケットボール・ホッケーなどで)シュートの正確な選手. **3** 《俗》(短期に大もうけをねらう)一発屋, 山師. **4** シャープシューター《Bahama 諸島付近の深竜骨の帆船》. 〖1802〗

shárp-síghted *adj.* **1** 目の鋭い; 目ざとい, すばしこい, 抜かりのない. **2** 頭脳明敏な. **~·ly** *adv.* **~·ness** *n.* 〖1571〗

shárp-tàiled fínch *n.* 〖鳥類〗=sharp-tailed sparrow. 〖1834〗

shárp-tailed gróuse *n.* 〖鳥類〗ホソオライチョウ (*Pedioecetes phasianellus*)《米国西部およびカナダの草原にすむ大形ライチョウ》. 〖1785〗

shárp-tailed spárrow *n.* 〖鳥類〗トゲオヒメドリ (*Ammospize caudacuta*)《北米の塩沢地にすむホオジロ科の小鳥; 細くとがった尾をもつ; sharp-tailed finch ともいう》.

shárp·tail móla *n.* 〖魚類〗ヤリマンボウ (*Masturus lanceolatus*)《暖海にすむ尾の突き出たマンボウの一種; headfish ともいう》.

shárp-tóngued *adj.* 言葉の辛辣(しんらつ)な. 〖1837〗

shárp túning *n.* 〖テレビ・ラジオ〗鋭同調 (cf. flat tuning).

shárp-wítted *adj.* 才知の鋭い, 頭のきれる, 頭脳明晰な. **~·ly** *adv.* **~·ness** *n.* 〖*a*1586〗

sharp·y /ʃάɚpi | ʃά:pi/ *n.* =sharpie.

Shar·ra /ʃά:rə; *Mong.* ʃάrə/ *n.* (*pl.* ~, ~s) **1 a** [the ~(s)] シャラ族《外モンゴルに住むモンゴル族の一部族》. **b** シャラ族の人. **2** シャラ語《Mongolian の方言の一つ》.

Sha·shi /ʃὰ:ʃí:; *Chin.* ʂāʂì/ *n.* 沙市(シャーシー)《中国湖北省 (Hubei) 長江北岸の港市》.

shash·lik /ʃά:ʃlɪk, ─ ⌐ | ʃǽʃlɪk, ʃά:ʃ-; *Russ.* ʃaʃlík/ *n.* (*also* **shas·lik** /ʃa:slík, ⌐ ─/) =kabob 1. 〖(1925) ▭ Russ. *shashlyk* ← Turk. *şişlik* spit, skewer〗

Shas·ta /ʃǽstə/, **Mount** *n.* シャスタ山《米国 California 州北部, Cascade 山脈中の死火山 (4,317 m)》. 〖アメリカインディアンの部族名にちなむ〗

Shásta dáisy *n.* 〖植物〗シャスタデージー (*Chrysanthemum burbankii*)《フランスギクとハマギクの雑種; マーガレットに似た白花をつける; 観賞用》. 〖(1901) ↑〗

shas·ter /ʃά:stə | -tə(r)/ *n.* =shastra.

shas·tra, S- /ʃά:strə/ *n.* 〖ヒンズー教〗学術的典籍, 聖典; 論, 聖教, 経論, 典籍. 〖(1630) ▭ Skt *śāstra* 《原義》instruction〗

shat /ʃǽt/ *v.* 《俗》shit の過去・過去分詞.

Shatt-al-A·rab /ʃǽtælǽrəb, -lɚ- | -lə:-/ *n.* [the ~] シャットアルアラブ(川)《イラク南東部, Tigris 川と Euphrates 川とが合流してできた川; ペルシャ湾に注ぐ (193 km)》.

shat·ter /ʃǽtɚ | -tə(r)/ *vt.* **1** 〈瀬戸物・ガラスなどを〉粉々に壊す, 粉砕する (⇨ break¹ SYN): ~ a window. **2** …に大損害を与える: a house [ship] ~*ed* by the storm そのあらしで破壊された家[船]. **3** 〈希望・国家などを〉くじく, 打破する; 〈計画・健康などを〉損なう, 害する (impair), だめにする; 《口語》〈人〉にショックを与える, 〈人〉をくたくたにする: ~ one's hopes 希望をくじく / ~ a country's power 国力を粉砕する / ~*ed* health すっかり損なわれた健康 / be ~*ed* in intellect 頭がばかになる. — *vi.* **1** 粉々になる, こっぱみじんになる. **2** 〈穀物・果実・花などが〉実[花びらなど]を落とす. — *n.* **1** [通例 in [into] ~*s* で] 破片, 砕片: *in* ~*s* ばらばらになって[壊れて] / break [rend] *into* ~*s* 粉砕する. **2** 粉々にすること, 破壊. **~·er** *n.* 〖(?*a*1300) *schatere(n)*: cf. MLG *schāteren* to be shattered〗

shátter còne *n.* 〖地質〗衝撃円錐, 粉砕円錐《火山活動・隕石の衝突などによって生じた円錐形の岩石片》.

shátter·còned *adj.* 〖1933〗

shat·tered /ʃǽtɚd | -təd/ *adj.* **1** 《口語》(精神的に)打ちのめされた, がっくりきた: He was ~ at the news. そのニュースを聞いて彼はがっくりきた. **2** 《英口語》ぐったりした. 〖1930〗

shat·ter·ing /ʃǽtərɪŋ, trɪŋ | -tərɪŋ, -trɪŋ/ *adj.* **1** 衝撃的な, 圧倒的な, すさまじい: ~ words. **2** 破壊的な; 〈暑さなど〉体がまいってしまうような. — *n.* 粉砕, 破壊. **~·ly** *adv.* 〖adj.: 1567; n.: 1658〗

shátter·pròof *adj.* 粉々にならない, 飛散防止(設計)の: ~ glass 飛散防止ガラス. 〖1930〗

shau·ri /ʃάuri:, -ri/ *n.* (pl. **~s, ~es**) 《アフリカ東部》議論, 論争, 問題. 〖(1925) ▭ Swahili ~ ▭ Arab. *šūrā*: ⇨ shura〗

shave /ʃéɪv/ *v.* (**shaved; shaved, shav·en** /ʃéɪvən/) — *vt.* **1 a** 〈顔・手・足など〉の毛をそる; 〈ひげを〉そり落とす 〈*off, away*〉: ~ one's face, chin, etc. / He has ~*d* (*off*) his beard [mustache]. 彼はあご[口]ひげをそり落とした / be *shaven* and shorn ひげをそって頭を刈る. **b** 〈人〉の顔をそる: ~ a customer 〈床屋が〉客の顔をそる / ~ oneself (自分の)顔[ひげ]をそる. **2 a** 〈物〉の薄い層を取る, 削る (pare), そぐ (whittle). **b** 〈木材〉にかんなをかける: ~ wood. **c** 薄く切る, 薄切りにする (slice): ~*d* beef. **d** 〈氷を〉かく: ~*d* ice かき氷. **3** 《口語》〈値段を〉(少し)割引きする (deduct); 〈時間などを〉短縮する, 削減する. **4** 〈芝生などを〉短く刈り込む (trim closely): ~ a lawn. **5** かする (graze), すれすれに通る (scrape): The car ~*d* a wall. 車は塀をすれすれに通った. **6** 《米口語》〈手形を〉不当な高利率で割り引いて買う. — *vi.* **1** 顔[ひげ]をそる (shave oneself): He ~*s* every morning. 彼は毎朝ひげをそる. **2** 〈かみそりなどが〉切れる, それる: ~ well. **3** [~ through で] すれすれに通る, かろうじて通る, 及第する. — *n.* **1** 顔(のひげ)をそること, ひげそり: have [get] a ~ ひげをそる[そってもらう] / He needs a ~ (badly). ひどくひげが伸びている / a clean ~ ひげをきれいにそること (cf. clean-shaven). **2** 薄片 (thin slice), 削りくず (shaving): take a ~ off …を一削りする. **3** [通例 close [narrow, near] ~ として]《口語》ごくわずかの差, すれすれ; 辛うじて[危うく]逃(のが)れること (narrow escape): I had a *narrow* ~ of being killed. 命拾いをした, 九死に一生を得た. **4** (各種の)削り道具 (cf. spokeshave). **5** 《古》ごまかし, ぺてん, 詐欺. 〖OE *sc(e)afan* < Gmc **skaƀan* (G *schaben*) ← IE **skep-* to cut, scrape: ⇨ shape〗

sháve gràss *n.* 〖植物〗トクサ (⇨ scouring rush). 〖*c*1450〗

sháve·hòok *n.* シェーブフック《配管工や金工が金属をきさげ仕上げするのに用いる工具》. 〖1432〗

shave·ling /ʃéɪvlɪŋ/ *n.* 《古》**1** [軽蔑的に] 頭をそった聖職者; 坊主, 僧 (priest). **2** 若者, 青二才, 小僧 (stripling). 〖(1529): ⇨ shave, -ling¹〗

shav·en /ʃéɪvən/ *v.* shave の過去分詞. — *adj.* **1** (ひげを)そった; (特に)〈修道僧(の頭)が〉剃髪(ていはつ)した (tonsured): ⇨ clean-shaven, smooth-shaven. **2** 〈木材など〉かんなをかけた. **3** 〈芝生など〉刈り込んだ. 〖OE *sceafen*〗

shav·er /ʃéɪvɚ | ʃéɪvə(r)/ *n.* **1** そる[削り]道具; 電気かみそり (electric razor). **2 a** (顔などを)そる人, そり手; 理髪師. **b** 削り手. **3** 《口語》子供, 若者 (lad), 小僧; 人, 男 (fellow): a young [little] ~ 小僧, 若者. **4 a** 《古》詐欺師: a cunning ~ 詐欺師, ぺてん師. **b** 高利で手形を割引きする人, 高利貸 (note shaver). 〖*a*1425〗

sháve rùsh *n.* 〖植物〗トクサ (⇨ scouring rush). 〖1821〗

sháve·tàil *n.* 《米》**1** (調練を始めたばかりの)軍隊用荷らば. **2** 《軍俗》《軽蔑的》(新任の)陸軍少尉. 〖← SHAVE (v.)+TAIL¹: 未調練のらばと区別するため調練中のらばの尾を短くする習慣から〗

Sha·vi·an /ʃéɪviən/ *adj.* G. B. Shaw (の作品)の; ショー流の: ~ humor. — *n.* ショー研究[崇拝]者. **~·ism** /-nìzm/ *n.* 〖(1903) ← *Shavius* (Shaw のラテン語化)+-AN¹〗

Sha·vi·an·a /ʃeɪviǽnə, -ά:nə | -ά:nə/ *n.* ショー (G. B. Shaw) 言行録. 〖(1927): ⇨ ↑, -ana〗

shav·ie /ʃéɪvi/ *n.* 《スコット》いたずら (trick), 悪ふざけ (prank). 〖(1767) ← SHAVE (n. 5)+-IE〗

shav·ing /ʃéɪvɪŋ/ *n.* **1** 顔をそること, ひげ[顔]そり. **2 a** [通例 *pl.*] 削りくず, かんなくず: wood ~*s*. **b** 削ること. **3** 《口語》割引 (reduction): price ~*s* 値引. **4** 《米口語》〖商業〗手形の高利割引. 〖*a*1387〗

sháving bàg *n.* 《米》(旅行用)洗面用具入れ.

sháving brùsh *n.* ひげそり用ブラシ[刷毛]. 〖1792〗

sháving crèam *n.* シェービング[ひげそり用]クリーム. 〖1851〗

sháving fòam *n.* シェービングフォーム《エアゾル容器から出すひげそり用クリームの泡》. 〖1974〗

sháving hòrse *n.* 削り台《樹皮などを削る際に馬乗りに座る台》. 〖1841〗

sháving sòap *n.* ひげそり用せっけん. 〖1790〗

sháving stìck *n.* 円筒形のひげそり用せっけん. 〖1886〗

Sha·vu·ot /ʃὰ:vu:ά(:)t, ʃəvú:out | ʃǽbuɔt/ *n.* =Shabuoth.

Sha·vu·oth /ʃəvú:out | -vú:əs/ *n.* =Shabuoth.

shaw¹ /ʃɔ:, ʃά: | ʃɔ:/ *n.* 《古・方言》(主に畑に沿った)やぶ (thicket), 森 (copse). 〖OE *sc(e)aga*: ⇨ shag¹〗

shaw² /ʃɔ:, ʃά: | ʃɔ:/ *n.* 《スコット》**1** (じゃがいも・かぶなど根菜の)地上の部分《葉と茎》. **2** =show. — *v.* =show. 〖(1801) ← ? SHOW 《原義》what shows above the ground〗

Shaw /ʃɔ:, ʃά: | ʃɔ:/, **Artie** *n.* ショー《1910–2004; 米国のジャズクラリネット奏者・バンドリーダー・作曲家; 本名 Arthur Arshawsky》.

Shaw, George Bernard *n.* ショー《1856–1950; アイルランド生まれの英国の劇作家・批評家 (略称 G. B. S., cf. Shavian, Shaviana); Fabian Society の発起人の一人; Nobel 文学賞 (1925); *Man and Superman* (1903), *Pygmalion* (1912), *Back to Methuselah* (1921), *Saint Joan* (1923)》.

Shaw, Henry Wheeler *n.* ショー《1818–85; 米国のユーモア小説家; 筆名 Josh Billings, Uncle Esek》.

Shaw, Irwin *n.* ショー《1913–84; 米国の劇作家・小説家; *The Young Lions* (小説, 1948)》.

Shaw, Richard Norman *n.* ショー《1831–1912; 英国の建築家; Scotland Yard (1887–90) などを設計》.

Shaw, Thomas Edward *n.* ⇨ T(homas) E(dward) LAWRENCE.

sha·wab·ti /ʃəwǽbti/ *n.* =ushabti.

shawl /ʃɔ:l, ʃά:l | ʃɔ:l/ *n.* ショール, 肩掛け; 肩掛け状の物. — *vt.* [通例 *p.p.* 形で]〈人〉に肩掛けをかける, ショールで覆う. 〖(1662) ▭ Pers. *shāl*〗

sháwl cóllar *n.* ショールカラー, へちまえり《ショール状に首からたれるえり》. 〖*c*1908〗

sháwl-dànce *n.* ショールを振って踊る踊り. 〖1813〗

shawl·ie /ʃɔ́:li, ʃά:- | ʃɔ́:-/ *n.* 《アイル》ショール女《労働者階級の女性に対する侮蔑語》. 〖(1914): ⇨ shawl, -ie〗

sháwl pàttern *n.* ショール模様《近東・中東のショールから模倣された葉や花びらなどの派手な模様》. 〖1838〗

shawm /ʃɔ:m, ʃά:m | ʃɔ:m/ *n.* ショーム《オーボエの前身で複簧(ふくこう)管式の古い木管楽器》. 〖(?*c*1350) *shalm(y)e*, *schallemele* ▭ OF *chalemie* 《変形》? ← *chalemel* (F *chalumeau*) < VL **calamellum* (dim.) ← L *calamus* reed ← Gk *kálamos*: ⇨ culm¹〗

Shawn /ʃɔ:n, ʃά:n | ʃɔ:n/ *n.* ショーン《男性名》.

Shawn /ʃɔ:n, ʃά:n | ʃɔ:n/, **Ted** *n.* ショーン《1891–1972; 米国のダンサー・振付師; 本名 Edwin Myers Shawn》.

Shaw·nee /ʃɔ:ní, ʃὰ:- | ʃɔ:-⌐/ *n.* (*pl.* ~, ~**s**) **1** [the ~(s)] **a** ショーニー族《もとは米国中東部の Tennessee 州や South Carolina 州に居住した Algonquin 族の一種族》. **b** ショーニー族の人. **2** ショーニー語. 〖(1693) 《逆成》← 《廃》*Shawnese* ← N-Am.-Ind. (Algonquin) *Shaawanwaaki* 《原義》southerners〗

Shaw·wal /ʃəwά:l/ *n.* (イスラム暦の) 10 月 (⇨ Islamic calendar). 〖(*c*1769) ▭ Arab. *šawwāl*〗

shay /ʃéɪ/ *n.* 《方言》=chaise 1. 〖(1717) 《逆成》← CHAISE: 複数形と誤り考えられた〗

shaykh /ʃi:k, ʃéɪk | ʃéɪk, ʃi:k, ʃέk/ *n.* =sheikh.

Shays /ʃéɪz/, **Daniel** *n.* シェイズ《1747–1825; 米国独立戦争の際の陸軍大尉; 戦後国民の窮乏に起因する Massachusetts 州の反乱 (Shays' Rebellion) (1786–87) の指導者》.

sha·zam /ʃəzǽm/ *int.* しゃじゃーん, えいっやー《物を消したり出したりするときの呪文》; じゃーん, やったー. 〖(1940): 漫画の主人公 Captain Marvel の呪文から〗

S

Sha·zar /ʃα:zά:ə, ʃæ- | -zά:(r)/, **Zalman** *n.* シャザール《1889–1974; ロシア生まれのイスラエルの政治家; 大統領 (1963–73)》.

Shche·glovsk /ʃεglɔ́(:)fsk | -lɔ́fsk; *Russ.* ʃʲʃʲɪglófsk/ *n.* シチェグロフスク《Kemerovo の旧名 (1925–32)》.

Shcher·ba·kov /ʃεəbəkɔ̀:f, -kὰ:f | ʃɪəbəkɔ́v; *Russ.* ʃʲʃʲɪrbakóf/ *n.* シチェルバコフ《Rybinsk の旧名 (1946–57)》.

shchi /ʃtʃi:; *Russ.* ʃʲtʃʲi/ *n.* 〖料理〗ロシアのキャベツスープ. 〖(1824) ▭ Russ. ~ kale〗

she¹ /(弱) ʃi:, ʃi; (強) ʃi:/ *pron.* **1** (人称代名詞, 第三人称女性単数主格; 所有格 **her**, 目的格 **her**; 複数 **they**) 彼女: *She* is taller than her mother. 彼女は母親よりも背が高い. 日英比較 英語の人称代名詞 *she* は既出の女性の名詞を受けるはたらきのみをもち, 日本語の「あの女性」という意味で使う「彼女」のような指示機能はない. したがって, 日本語で離れた位置にいる女性を指して「彼女はだれですか」と言う場合の英語は "Who's she?" ではなく, "Who's that woman?" としなくてはならない. ⇨ I, he, it, they 日英比較.

語法 (1) 特に米国では, 初等中等教育の教員に女性が多いことから, 一般に, 総称的に用いた teacher も she で受ける (cf. he¹ *pron.* 語法): When the teacher calls on *her* students to respond, ~ often has them look away from *her*. 先生が生徒に当てて答えさせようとすると, よく生徒に目をそらされてしまう. (2) 船や車を特に親愛の情をもって, また国を政治的・文化的な観点から見る場合などには, she で受ける. ただし国を地理的に見る場合は it で受ける: What a lovely ship! What is ~ called? 何ときれいな船だろう, 何という名の船ですか / That car (that [which]) you bought yesterday—how fast can ~ go? 君がきのう買ったあの車—どのくらい速度が出るの / France increased *her* exports by 10 per cent. フランスは輸出を 10 パーセント伸ばした. (3) ⇨ he/she. (4) ⇨ it¹ 1 語法.

2 《豪口語》万事, すべて (it): *She's* right. 大丈夫[オーケー]だ. 〖ME *s(c)he* <lateOE *scē* 《混成》? ← OE *sēo, sīo* (demonstrative pron.: ⇨ the)+*hēo* she〗

she² /ʃíː/ *n.* (*pl.* ~**s** /~z/) (↔ he) **1** 女性, 女の子 (woman, girl): The baby is a ~. 赤ん坊は女の子だ / the [that] not impossible ~ 好きになれそうな女性. **2** 《口語》雌, めす (female) (cf. she-): a litter of two ~*s* and a he 雌 2 匹と雄 1 匹の一腹子.
Whó's shé—the cát's móther? 《英口語》彼女ってだれのこと? 母猫のこと? 《(特に子供が)固有名詞の代わりに she を使って失礼になる場合にたしなめる表現》.

she- /ʃíː/「女性の; 女性的な; 雌の」の意の連結形 (↔ he-): *she*-ass, *she*-bear, *she*-goat, *she*-friend, etc. / a *she*-cat 雌猫; 意地悪女 / ⇨ she-devil. 〖ME: ↑〗

s/he /ʃíːəhíː, -əə- | -ə-, -əː-/ *pron.* =he or she, she or he 《女性または男性を中立的に指示するときに用いる》. 〖1973〗

SHE 《略》safety, health, and ergonomics.

shea /ʃíː, ʃéɪ | ʃíə, ʃíːə, ʃíː/ *n.* 〖植物〗=shea tree. 〖(1799) ◻ Mandingo *si*〗

shéa bùtter *n.* シアバター《shea tree の実から採る植物性バター; 食用またはせっけん製造用》. 〖1847〗

shéa bùtter trèe *n.* 〖植物〗=shea tree. 〖1846〗

shead·ing /ʃíːdɪŋ | -dɪŋ/ *n.* マン島 (Isle of Man) の 6 分された行政区画の一つ. 〖(?1577)《変形》← SHEDDING¹〗

sheaf /ʃíːf/ *n.* (*pl.* **sheaves** /ʃíːvz/, ~**s**) **1** (花・書類などの)束 (bundle), 一かたまり (collection): a ~ of roses バラの花束 / a ~ of papers [letters] 書類[手紙]の一束 / a ~ of arrows 一えびらの矢《通例 24 本》. **2** (穀物を刈った)束. **3** [sheaves で] たくさん, 大量. — *vt.* 束ねる, 束にする. **~·like** *adj.* 〖n.: OE *scēaf* < Gmc **skauƀaz* (G *Schaub*) ← **skauƀ-*: ⇨ shove〗

shéaf-bìnder *n.* 束にする機械[機具]. 〖1866〗

shéaf càtalog *n.* 〖図書館〗シーフ目録, 加除式書冊目録《ルーズリーフ式の目録》. 〖1902〗

Sheaf·fer /ʃéɪfə | -fə^(r)/ *n.* 〖商標〗シェーファー《米国の万年筆メーカー; そのブランド》. 〖← *Walter Sheaffer* (1867–1946: 創業者の米国人)〗

sheal·ing /ʃíːlɪŋ/ *n.* 《スコット》=shieling.

shéa nùt *n.* シアバターノキ (shea tree) の実.

shear /ʃíə | ʃíə^(r)/ *v.* (~**ed**, 《古》(時に豪) **shore** /ʃɔ́ə | ʃɔ́ː^(r)/; ~**ed**, **shorn** /ʃɔ́ən | ʃɔ́ːn/) — *vt.* **1** (大ばさみ (shears) などで)…を切る; 〈羊などの〉毛を刈る, 切る (cut), 剪定(せんてい)する (prune): ~ (wool from) a sheep 羊の毛を刈る / ~ cloth 織物のけばを刈る / ~ a hedge 生け垣を剪定する / closely *shorn* (頭髪・草・羊毛などを)短く刈った[刈り込んだ] / be shaven and *shorn* ⇨ shave 1 a. **2** …から(…を)はぎ取る, 奪い取る (strip, deprive) 〔*of*〕: ~ him *of* strength 彼から力を奪う / be *shorn of* …を奪われる. **3** …の中を切るように進む, 通り抜ける: ~ the sky 空を切るように進む. **4** 《スコット・方言》鎌(かま)で刈り取る. **5** 《古》剣[おの]で切る 〈*through*〉. **6** 〖機械〗…に剪断(せんだん)変形を受けさせる. **7** 〖鉱山〗〈岩塊などを〉動かす. — *vi.* **1** 大ばさみを入れる[使う]. **2** 羊毛を刈り込む: I shall be ~*ing* tomorrow. **3** (切り裂くようにして)進む. **4** 《スコット・方言》鎌で取入れをする, 取入れに鎌を使う. **5** 〖機械〗剪断される; 引きちぎれる 〈*off*〉. **6** 〖鉱山〗炭層を縦に切る. ***shéar óff*** はさみ[刈り]取る: ~ *off* a person's plume 人の高慢の鼻をへし折る. 〖c1320〗
— *n.* **1 a** [*pl.*] 大ばさみ, (大きな)植木ばさみ; (羊毛などを刈る)大ばさみ; 剪断機, シャー: ⇨ guillotine shears, lever shears / one's ~*s* / a pair of ~*s* / a garden ~*s* 園芸用大ばさみ (一丁). **b** 大ばさみ[植木ばさみなど]の片刃. **2** [しばしば複合語で羊の年齢を示すのに用いられて]《英》羊の刈り込み, 剪毛(回数) (cf. shearling): a sheep of two ~*s* 2 歳の羊. **3** 〖機械〗剪断力, 剪断応力, 剪断変形; 剪断, ずり, ずれ. **4** [*pl.*; 単数または複数扱い]〖海事〗さすまた[合掌]起重機, 二股クレーン (shear legs, hoisting shears ともいう). **5** 〖物理〗剪断力, 剪断ひずみ.
òff* (*the*) *shéars 《豪口語》〈羊が〉最近毛を刈った. (1888)
〖OE *sċ(i)eran* < Gmc **skeran* (G *scheren*) ← IE **(s)ker-* to cut (L *carō* flesh, *cernere* to separate / Gk *keírein* to cut)〗

shéar·bìll *n.* 〖鳥類〗=black skimmer. 〖(なぞり) ← F *becenciseaux*〗

sheared *adj.* 刈り込んだ; 長さを一様にして切った[刈った]: a ~ hedge. 〖1616〗

shear·er /ʃíᵊrə | ʃíərə^(r)/ *n.* **1** (羊などの)毛を刈る人; 大ばさみを使う人. **2** さすまた起重機の運転手. **3** 〖機械〗剪断(せんだん)機. 〖1318–19〗

Shear·er /ʃíᵊrə | ʃíərə^(r)/, **Moira Shearer** *n.* シアラー《(1926–2006; スコットランド生まれのバレリーナ・俳優; 本名 Moira Shearer King; 1942 年より Sadler's Wells 劇場バレエ団のバレリーナとして古典バレエの主役を演じた; 映画 The Red Shoes (赤い靴, 1948) で好評を博した》.

shéar·gràss *n.* 〖植物〗スゲ類 (saw grass). 〖1483〗

shéar·hòg *n.* 《英方言》初めて毛を刈った後の羊. 〖1523–34〗

shéar hùlk *n.* 〖海事〗さすまた[二股]起重機船《船の艤装を全部取りはずし, 円材を人字型に組んだ起重機のみを備えた老船で, 定量物作業に使う》. 〖1768〗

shear·ing /ʃíᵊrɪŋ | ʃíər-/ *n.* **1** (羊の)刈込み; 剪毛(せんもう). **2** 刈り込んだ毛, 刈り取った羊毛. 〖c1315〗

shéaring fòrce *n.* 〖機械〗剪断(せんだん)力, 剪断荷重.

shéaring·gàng *n.* 《NZ》羊毛刈り取りなどに従事する移動労働者の集団. 〖1936〗

shéaring machìne *n.* **1** シャー, 剪断(せんだん)機. **2** (羊の)毛刈機. 〖1834–36〗

shéaring shèd *n.* 《NZ》羊毛の刈り取り・梱包用の機械を備え付けた小屋 (woolshed). 〖1851〗

shéaring stràin *n.* 〖機械〗剪断(せんだん)ひずみ[ゆがみ], ずれ, ひずみ. 〖1850〗

shéaring strèss *n.* 〖機械〗剪断(せんだん)応力, ずれ応力. 〖1869〗

shéar làg *n.* 〖航空〗剪断(せんだん)遅れ《半張殻構造の一部に集中荷重が加えられたとき, その荷重が構造全体に散るのは薄板の剪断によるため, 集中荷重が構造全体に分布するまでに生じる空間的な遅れ》.

shéar lègs *n. pl.* [単数または複数扱い]〖海事〗=shear 4. 〖1860〗

shear·ling /ʃíəlɪŋ | ʃíə-/ *n.* **1** 《英》1 回刈り込んだ羊, 当歳の羊 (yearling). **2** 当歳の羊の毛皮. **3** [*pl.*] 当歳の羊から刈り取った短い羊毛. 〖(1303): ⇨ shear (v.), -ling¹〗

shéar·man /-mən/ *n.* 毛織物[けば刈り]職人《毛織物製造工程のうち染色を除く最終工程(織り上がった布地から余分なけばを刈り取る)に携わる職人》. 〖1207〗

shéar mòdulus *n.* 〖機械〗剪断(せんだん)弾性係数. 〖1937〗

shéar pìn *n.* 〖機械〗シヤーピン《荷が過重になると折れて機械の他の重要部を保護する》. 〖*c*1931〗

shéar stèel *n.* 〖冶金〗練刃鋼, 積鋼. 〖1815〗

shéar strèngth *n.* 〖機械〗剪断(せんだん)強さ, 剪断強度. 〖1931〗

shéar strèss *n.* 〖機械〗=shearing stress. 〖1937〗

shéar·tàil *n.* 〖鳥類〗二股の長い尾をしたハチドリ (humming bird) の総称. 〖1885〗

shéar transformàtion *n.* 〖数学〗横ずれ変換《一つの座標を固定し, 他の座標を伸ばしたり縮めたりする変換》.

shéar·wàter *n.* 〖鳥類〗ミズナギドリ《ミズナギドリ属 (*Puffinus*) の海鳥の総称; ズグロミズナギドリ (greater shearwater) など》. 〖(*c*1671) ← SHEAR (v.)+WATER: 波を切るように水面すれすれに飛ぶ習性から〗

shéar wàve *n.* =S wave. 〖1936〗

shéat·fìsh /ʃíːt-/ *n.* (*pl.* ~, ~·**es**) 〖魚類〗ヨーロッパナマズ (*Silurus glanis*) 《中部ヨーロッパ産の大型のナマズ科の魚; 長さ 3 m に及ぶものもある》. 〖(1589)《変形》← *sheathfish*: ⇨ ↓, -fish¹〗

sheath /ʃíːθ/ *n.* (*pl.* ~**s** /ʃíːðz, ʃíːθs/) **1** (刀剣の)さや (scabbard). **2 a** (道具の)覆い, 着せ (cover). **b** 《英》コンドーム (condom). **3** シース《ストレートで細身のドレス, スカートまたはコート》; (特に)シース型のドレス: a ~ dress. **4** 〖電気〗外装《ケーブルの保護被覆物の総称》; (電極を取り巻く)空間電荷層. **5** 〖植物〗**a** 葉鞘(ようしょう), 鞘状托葉 (ocrea). **b** =spathe. **6** 〖昆虫〗鞘翅(しょうし), 翅鞘, さやばね (elytron). **7** 〖解剖〗鞘. **8** (ペニスの)包皮. — *vt.* =sheathe 1. 〖OE *scēaþ*, *scǣþ* < Gmc **skaiþiz*, **skaiþjō* (G *Scheide*) ← **skaiþ-* to divide: ⇨ shed¹〗

shéath·bìll *n.* 〖鳥類〗サヤハシチドリ《南半球の寒地に生息するサヤハシチドリ科の大きな白色のチドリの類の鳥類の総称; サヤハシチドリ (*Chionis alba*), ヒメサヤハシチドリ (*C. minor*) など; sore-eyed pigeon ともいう》. 〖1781〗

sheathe /ʃíːð/ *vt.* **1** さやに納める: ⇨ *sheathe the* SWORD. **2** 〈剣などを〉ずぶりと突き刺す. **3** 〈動物が〉〈爪を〉引っ込める. **4** 覆う, 包む: ~ a roof *with* zinc 屋根をトタンで覆う. **5** (接地のために)金属に被覆する.

shéath·er *n.* 〖(?a1400) *schethe(n)* ← *schethe* 'SHEATH'〗

shéathed wíre *n.* 〖電気〗シーズ線《硬い金属管などの中に納められた電熱線などの電線》.

sheath·ing /ʃíːðɪŋ/ *n.* **1** さや (sheath) に納めること: the ~ of the sword 剣をさやに納めること; 和平. **2** (保護用・装飾用の)覆い, 被覆 (covering); (船体の底部を覆う)金属板: ~ copper 被覆用銅板 / Cordiality could be a ~ for contempt. 慇懃(いんぎん)は軽蔑の装いにもなる. **3** 〖建築〗野地(のじ)板, 木摺(きずり)《家の外壁または屋根がわらの下敷きに用いる被覆材料》. 〖1499〗

shéath knìfe *n.* さやナイフ (cf. clasp knife). 〖1837〗

shéath·less *adj.* さや[覆い]のない. 〖1717〗

shéath lòss *n.* 〖電気〗=lead loss.

sheath·y /ʃíːθi/ *adj.* (**sheath·i·er**; **sheath·i·est**) 鞘(しょう)状の: a ~ skirt. 〖(1646): ⇨ -y¹〗

shéa trèe *n.* 〖植物〗シアバターノキ (*Butyrospermum parkii*) 《丸いつるつるした実がなるアフリカ産アカテツ科の木; 中の種からシアバター (shea butter) を作る; shea, shea butter tree ともいう》. 〖1799〗

sheave¹ /ʃíːv/ *vt.* 〈穀物などを〉集めて束にする, 束ねる. 〖(1579) ← SHEAF (n.): GRIEF—GRIEVE¹ にならった造語〗

sheave² /ʃív, ʃíːv | ʃíːv/ *n.* **1** (滑車 (block) の中の)綱の掛かる溝のある心車, 綱車. **2** 溝のある車. 〖(1336) *schive*, *scheve* < OE *sċīfe* ← Gmc **skif-* (G *Scheibe* disk) ← IE **skei-* to cut: ⇨ shed²〗

sheaved¹ /ʃívd, ʃíːvd | ʃíːvd⁺/ *adj.* [複合語の第 2 構成素として] 綱車のある: a double-*sheaved* block (綱車の 2 個入った)複滑車. 〖(1800) ← SHEAVE²+-ED 2〗

sheaved² *adj.* 《廃》(麦)わらで作った. 〖(1609) (p.p.) ← SHEAVE¹〗

sheaves *n.* sheaf の複数形.

She·ba /ʃíːbə/ *n.* **1** 〖聖書〗**a** シバ《アラビア南西部の古国 (Saba), 今のイエメン; 香料・宝石などの交易で有名》. **b** [the Queen of ~] シバの女王《Solomon 王の偉業と知恵を聞き, その教えを受けるためにたくさんの宝物を持って彼を訪ねた; *1 Kings* 10:1–13》. **2** 魅力たっぷりの美女; (しばしば)はすっぱな女. 〖◻ Heb. *Šᵉbhā'*〗

she·bang /ʃɪbǽŋ/ *n.* 《口語》**1** (現今にかかわりある)物 (thing), 事 (affair), 出来事 (event). ★ 通例次の句で用いる: the whole ~ 全体, 何もかも, 一切. **2** 建物, 小屋, 店, 酒場, 劇場, 売春宿(など). 〖(1862)《変形》? ← SHEBEEN〗

She·bat /ʃəbáːt, -váːt/ *n.* セバテ《ユダヤ暦において民間暦の 5 月, 教会暦の 11 月; グレゴリオ暦の 1–2 月に相当; Shevat ともいう; ⇨ Jewish calendar》. 〖(*c*1769) ◻ Heb. *šᵉbhāṭ* ◻ Akkad. *šabāṭu* 《原義》? (month of) destroying (rain)〗

she·been /ʃɪ̀bíːn | ʃɪ̀-, ʃɛ-/ *n.* (*also* **she·bean** /~/) **1** 《アイル・スコット・南ア》居酒屋, (特に)もぐり酒屋. **2** 《南ア》(黒人が集まる)居酒屋. **3** 《アイル》密造酒; 《米・アイル》弱いビール. 〖(*c*1787) ◻ Ir.-Gael. *sibín* bad ale〗

she·béen·er *n.* 《アイル・スコット》shebeen の常連. 〖1870〗

She·boy·gan /ʃɪ̀bɔ́ɪgən | ʃɪ-/ *n.* シェボイガン《米国 Wisconsin 州東部, Michigan 湖に臨む港市》. 〖◻ (N-Am.-Ind.? Ojibwa) *jibaigan* perforated object〗

She·chem /ʃíːkəm, ʃékɛm/ *n.* シュケム (⇨ Nablus).

She·chi·nah /ʃɪ̀kíːnə, -káɪ- | ʃɛkáɪ-, ʃɪ̀-/ *n.* =Shekinah.

she·chi·tah /ʃəxíːtə | -tə/ *n.* (*also* **shechita** /~/) 〖ユダヤ教〗=shehitah.

shed¹ /ʃéd/ *n.* **1** (粗製の)小屋, 納屋, 物置き (outhouse, barn), 差掛け小屋 (penthouse): a cattle ~ 家畜小屋. **2** (正面や側面の壁のない)置場, 車庫, 格納庫 (hangar): a tool ~ 道具置場 / a bicycle [wagon] ~ 自転車[荷車]置場 / an engine [a locomotive] ~ 機関車庫. **3 a** 《豪》羊の毛刈り[乳搾り]小屋. **b** 《NZ》=freezing works. ***in the shéd*** 《NZ》仕事中で (at work). — *vt.* (**shed·ded**; **shed·ding**) 《NZ》小屋[納屋, 置場]に入れる. ***shéd úp*** 《NZ》〈干草を〉小屋に蓄える. 〖(1481) *shed(de)*, *shad(de)*《変形》← SHADE〗

shed² /ʃéd/ *v.* (**shed**; **shed·ding**) — *vt.* **1 a** 〈葉・角(つの)・皮などを〉(自然に)落とす, 脱ぎ[生え]替える (cast off, molt): The tree [stag, snake, bird] ~*s* its leaves [horns, skin, feathers]. **b** 〈衣服を〉脱ぐ, 脱ぎ捨てる (take off): ~ one's winter clothes 冬着を脱ぎ捨てる. **2 a** 〈血・涙などを〉流す, こぼす, 落とす, 降らせる: ~ tears 涙をこぼす[流す] / ~ blood 血を流す, 流血の惨事を起こす; 殺す / ~ one's blood (国のためなどで)わが身を犠牲にする. **b** 〈水・液体を〉流し出す (pour forth). **3** 〈光・熱・匂い・影響力などを〉発する, 放つ (send forth): ~ light on [upon] …を照らす; 明らかにする / ~ love [peace, happiness] (a)round 周囲に愛[平和, 幸福]を注ぐ / The sun was ~*ding* its warm light over us. 太陽は我々の上に暖かい光をふり注いでいた. **4** 〈布・羽などが〉〈水を〉はね返す, はじく: The cloth ~*s* water. その布は水をはじく. **5 a** 〈不要なものを〉除く, 〈体重・人員などを〉減らす (get rid of); 〈積荷を〉落とす. **b** 〈習慣・官位・知人などを〉捨てる, 放棄する (abandon). **6** 〖紡織〗…に杼道(ひみち)を作る. **7** 〖電気〗〈負荷を〉減らす, 制限する. **8** 《方言》〈髪を〉分ける. **9** 〈家畜を〉群れの中から分ける. — *vi.* **1** 〈木の葉・種子などが〉落ちる, こぼれる (fall off, drop out). **2** 毛[羽, 皮など]を自然に脱ぐ, 脱毛[脱皮, 換羽]する, 抜け替えをする (molt). ***shéd óut*** 《NZ》〈分娩した羊を〉選別してよい牧草地へ移す.
— *n.* **1** (ヘビなどの)脱け殻. **2** 〖紡織〗杼道(ひみち), 杼口《縦糸を上下に分けて杼 (shuttle) を通過させるようにした口》. **3** =watershed 1. **4** 《主にスコット》髪の分け目. **5** (犬が)家畜を群れから分ける行為.

shed·a·ble, shed·da·ble /ʃédəbl | -də-/ *adj.*
〖OE *sċēadan*, *sċ(e)ādan* to divide < Gmc **skaiðan* (G *scheiden*) ← IE **skei-* to cut (L *scindere* to cut / Gk *skhízein* to split)〗

shed³ /ʃéd/ *n.* 〖物理〗シェッド《原子反応の断面積の単位; 1 シェッドは 10^{-48} cm²》. 〖(1956) ← SHED¹: barn[1,2] との類推による〗

she'd /ʃíːd/ 《口語》**1** she would の縮約形. **2** she had の縮約形.

shéd·der /-də | -də^(r)/ *n.* **1** 流す[注ぐ, 脱ぐ, 発散する]人[もの]: a ~ of blood 流血者, 殺人者. **2 a** 脱皮している動物; (特に)脱皮[殻]期のカニ[エビ]. **b** 産卵後の雌のサケ. **3** 木から落ちた果実. **4** 《NZ》(乳搾り小屋で)牛乳を搾る人. 〖(*c*1390): ⇨ shed², -er¹〗

shéd·ding¹ /-dɪŋ | -dɪŋ/ *n.* **1** 流す[こぼす, 注ぐ, 放つ]こと, 脱落. **2 a** 脱ぐ[脱ぎ替える]こと, 脱落. **b** [通例 *pl.*] 抜け殻: ~*s* of a snake. **3** 分かつこと, 分界 (parting): the ~ of waters 分水 (cf. watershed). 〖?*c*1200〗

shed·ding² /ʃédɪŋ | -dɪŋ/ *n.* [集合的] 小屋, 置場, 車庫 (sheds). 〖(1883) ← SHED¹+-ING¹〗

shéd dòrmer *n.* 〖建築〗片流れドーマー《主屋根と同一方向に片流れで延びた屋根窓》.

shé-dèvil *n.* **1** 女の悪魔. **2** 悪魔のような女, 意地悪女, 毒婦. 〖1530〗

shéd hànd *n.* 《豪》羊毛刈り小屋で働く労働者. 〖1898〗

shéd·lìke *adj.* 小屋のような, 物置風の. 〖1835〗

shéd·lòad *n.* 《英口語》たくさん, 多数.

shéd ròof *n.* 〖建築〗=pent roof. 〖1736〗

shéd ròom *n.* 《米方言》貯蔵室.

shée·fìsh /ʃíː-/ *n.* 〖魚類〗=inconnu 2.

Shee·lah /ʃíːlə/ *n.* シーラ《女性名》. 〖(1828)《変形》← SHEILA〗

Shee·la-na-gig /ʃíːlənəgíg/ *n.* 〖美術〗シーラ ナ ギグ《(しゃがんで)脚を開き陰部を両手で広げた姿の, 中世の石彫りのグロテスクな女性裸像; アイルランド・ブリテン島の教会建築の一部に見られ, Hereford の近くにある Kilpeck の教会のシーラ像がよく知られている》. 〖◻ Ir.-Gael. *Síle na gcíoch* Julia of the breasts ← *síle* Julia+*na* (*g-*) (def. art., gen. pl.) of the+*cíoch* (old gen. pl.) of breasts〗

Shee·ler /ʃíːlə | -lə^(r)/, **Charles** *n.* シーラー《1883–1965; 米国の画家・写真家》.

sheen /ʃíːn/ *n.* **1** 光輝 (brightness); きらめき, 光彩 (radiance). **2** 光沢, つや (luster): ~ on satin. **3** きらきらした装い[布]. **4** 《俗》にせ金. — *adj.* 《古》**1** 輝

く, きらめく (shining). **2** 美しい. — *vi.* 《スコット・北英》光る, 輝く (shine). **~·ful** /-fəl, -fl/ *adj.* **~·less** *adj.* 〖OE *scēne, sċiene* < Gmc **skauniz, *skaunjaz* (G *schön*) ← IE **skeu-* to look at: ⇨ show〗

Sheene /ʃíːn/, **Berry** *n.* シーン《1950–2003; 英国のオートバイレーサー; 500 cc の世界チャンピオン (1976, 1977); 本名 Stephen Frank Sheene》.

shee·ney /ʃíːni/ *n.* (*also* **shee·nie** /~/) [軽蔑的に] =sheeny².

sheen·y¹ /ʃíːni/ *adj.* (**sheen·i·er**; **-i·est**) **1** 光る, 輝く (shining); ぴかぴか光る (glistening). **2** つやのある, 光沢のある (lustrous). 〖1625〗

shee·ny² /ʃíːni/ *n.* [軽蔑的に] ユダヤ人 (Jew). 〖1816?〗

sheep /ʃíːp/ *n.* (*pl.* ~) **1** ヒツジ《ウシ科ヒツジ属 (*Ovis*) の動物の総称; ビッグホン (*O. canadensis*) など; cf. ewe, lamb, ram 1, mutton¹; (特に)ヒツジ, メンヨウ (*O. aries*): keep [tend] ~ 羊を飼う[羊の番をする] / a lost [stray] ~ 迷える羊; 正道を踏みはずした人 (cf. *Jer.* 50:6, *Matt.* 15:24, *Luke* 15:3–7) / (as) ~ without [having no] shepherd 飼う者のない羊のように (*Num.* 27:17, *Mark* 6:34, etc.) / One may [might] as well be hanged for a ~ as a lamb. 《諺》「毒を食らわば皿まで」/ ⇨ black sheep, sheep's eye / ⇨ *a* WOLF *in sheep's clothing*. ★ ラテン語系形容詞: ovine. **2** 《その従順性から》**a** 温良[善良]な人; 気弱な人 (cf. sheepish). **b** [主に集合的; 戯言的に] 信者, 教徒, 教区民 (parishioner(s)) (cf. shepherd 2 a). **3** 羊皮 (sheepskin): bound in ~ 〈本が〉羊皮とじの, 羊皮装の. ***cóunt shéep*** (眠れない時に)羊を数える. ***fóllow lìke shéep*** おとなしく従う, 盲従する. ***like*** [***as***] ***a shéep*** (***lèd***) ***to the sláughter*** 屠所(と)に引かれる羊のように (cf. *Acts* 8:32) (cf. *a* LAMB *to the slaughter*). 〖1611〗 ***retúrn to one's shéep*** ⇨ return 成句. ***séparate*** [***divíde***] ***the shéep from the góats*** 善人[良いもの]と悪人[悪いもの]とを分ける[区別する] (cf. *Matt.* 25:32, *John* 10:1–16). 〖1611〗 〖OE *scē(a)p* < (WGmc) **skǣpan* (G *Schaf*) ← ?〗

shéep·bèr·ry /-bèri | -b(ə)ri/ *n.* 《植物》 **1** 北米産のスイカズラ科ガマズミ属の低木 (*Viburnum lentago*); その食用になる汁の多い黒色の小果 (nannyberry, sweet viburnum ともいう). **2** =black haw 1. 〖1814〗

shéep·bìter *n.* 《廃》 **1** 羊に咬みつく犬. **2** (ののしり言葉として)悪党. 〖1548〗

shéep·bìting *adj.* 《古》ずる賢い, こそ泥をはたらく. 〖1604〗

shéep bòt *n.* 《昆虫》ヒツジバエ (sheep botfly) の幼虫《羊の鼻孔中に寄生する》. 〖1819〗

shéep bòtfly *n.* 《昆虫》ヒツジバエ (*Oestrus ovis*) (sheep gadfly ともいう; cf. sheep bot).

shéep·còte *n.* (*also* **shéep·còt**) 《英》羊小屋, 羊舎 (sheepfold). 〖1322〗

shéep-dìp *n.* **1** =sheep wash 1. **2** 《獣医》羊を洗う薬液, 洗羊液《寄生虫駆除のためにこの溶液を入れた水槽に羊を浸す》. 〖1865〗

shéep·dòg *n.* 羊の番犬, 牧羊犬 (shepherd dog). 〖*a*1774〗

shéepdog trìal *n.* [しばしば *pl.*] 牧羊犬の能力選考会[競技会].

shéep-fàced *adj.* 非常に内気な (bashful, shy). 〖1848〗

shéep-fàrmer *n.* 《英》牧羊業者. 〖1809〗

shéep fèscue *n.* 《植物》ウシノケグサ (*Festuca ovina*) 《北半球の冷温帯や高山に生えるイネ科の多年草; 羊用の牧草, および芝生用になる; sheep's fescue ともいう》. 〖1945〗

shéep·fòld *n.* 羊小屋, 羊舎 (sheepcote), 囲い. 〖《lateOE》 (*a*1430)〗

shéep gàdfly *n.* 《昆虫》=sheep botfly.

shéep·hèad *n.* =sheepshead.

shéep·hèrder *n.* (囲いのない土地での)羊飼い, 牧羊者 (shepherd). 〖1872〗

shéep·hèrding *n.*, *adj.* 牧羊業(の). 〖1891〗

shéep·hòok *n.* 牧羊者のつえ (shepherd's crook). 〖1440〗

shéep·ish /ʃíːpɪʃ/ *adj.* **1** (失敗などをして)当惑した, ばつの悪そうな, 恥ずかしがる (bashful). **2** (羊のように)内気な, 気の弱い (shy); おどおどした, 小心な. **3** 《古》羊の[に関する]. **~·ly** *adv.* **~·ness** *n.* 〖?*a*1200〗

shéep kèd *n.* 《昆虫》ヒツジシラミバエ (*Melophagus ovinus*) 《ヒツジに外部寄生する》.

shéep làurel *n.* 《植物》カルミアの一種 (*Kalmia angustifolia*) 《北米産のツツジ科カルミア属の植物で羊その他の動物に有毒といわれる, lambkill ともいう》. 〖1810〗

shéep-lìke *adj.* 内気な, 気の弱い (sheepish).

shéep lòuse *n.* 《昆虫》 **1** ヒツジハジラミ (*Damalinia ovis*) 《ケモノハジラミ科のシラミ》. **2** =sheep ked. 〖*c*1440〗

shéep·man /-mən, -mæ̀n/ *n.* (*pl.* **-men** /-mən, -mèn/) **1** 《米》牧羊業者. **2** 《廃》羊飼い (shepherd). 〖1591〗

shéep·màster *n.* 《英》=sheepman 1. 〖(*a*1520): cf. G *Schafmeister*〗

shéep méasles *n.* [単数または複数扱い] 《獣医》(羊の)包虫症.

shéep mèat *n.* 《英》羊肉 (mutton), ラム (lamb).

sheep·o /ʃíːpou | -pəu/ *n.* 《NZ》羊毛刈り小屋の囲いの中に羊を追い込む仕事をする人. 〖(1878: ⇨ -o)〗

shéep-pèn *n.* =sheepfold. 〖1649〗

shéep·pòx *n.* 《獣医》羊痘《中部アジアおよびヨーロッパにのみ発見される羊の疱水丘疹性伝染性皮膚炎》. 〖1837〗

shéep·ràce *n.* 《NZ》洗羊場へ通じる羊用の通路. 〖(1956): cf. race¹ 5〗

shéep-rùn *n.* =sheep station.

shéep's-bìt *n.* 《植物》ヨーロッパ産キキョウ科の植物 (*Jasione montana*) 《マツムシソウ (scabious) に似た園芸植物》. 〖1796〗

shéep scàb *n.* 《獣医》ヒツジダニ症《ヒツジ疥癬虫 (*Psoroptes ovis*) により, 毛が落ち疥癬を生ずる伝染病》. 〖1894〗

shéep's èye *n.* [通例 *pl.*] 色目, 流し目: cast [make] ~s at …に色目を使う, …に秋波を送る. 〖(*a*1529): cf. G *Schafsauge*〗

shéep's féscue *n.* 《植物》=sheep fescue. 〖1759〗

shéep·shànk *n.* **1** 《海事》(長い綱を一時短く使うための)綱の縮め結び. **2** 《スコット》価値のないもの, つまらないもの. 〖1627〗

shéeps·hèad *n.* **1** (*pl.* ~, ~s) 《魚類》 **a** 米国大西洋沿海産のタイ科の食用魚 (*Archosargus probatocephalus*) 《歯がヒツジのそれに似ている》. **b** アメリカ太平洋岸産のベラ科の魚 (*Pimelometopon pulehrum*). **c** =freshwater drum. **2** (料理した)ヒツジの頭. **3** 《古》ばか, あほう. 〖1542〗

shéep·shèarer *n.* **1** 羊毛を刈る人. **2** 羊毛刈り機. 〖1539〗

shéep·shèaring *n.* **1** 羊毛刈り. **2** 羊毛刈りの時期; その祝い. 〖1586〗

shéep shèars *n. pl.* [単数または複数扱い] 羊毛刈りばさみ. 〖1688〗

shéep·skìn *n.* **1** (通例毛のついた)羊皮; 羊皮の外套[帽子, 敷物, ひざ掛けなど]. **2** 羊のなめし革. **3** 羊皮紙 (parchment); 羊皮紙文書. **4** 《米口語》卒業証書 (diploma). — *adj.* **1** 羊皮の. **2** 羊の毛皮を縫い付けた. 〖?*c*1200〗

shéep sòrrel *n.* 《植物》 **1** (*also* **shéep's sòrrel**) ヒメスイバ (*Rumex acetosella*) 《タデ科の植物; sleeping beauty ともいう》. **2** =sorrel¹ 1. 〖1806〗

shéep stàtion *n.* 《豪》大きな牧羊場 (sheep run, run). 〖1825〗

shéeps·wòol *n.* 羊毛海綿 (sheepswool sponge ともいう; ⇨ wool sponge). 〖1721〗

shéep tìck *n.* **1** 《昆虫》=sheep ked. **2** (羊・牛にたかる)吸血ダニ (*Ixodes ricinus*). 〖*c*1425〗

shéep·wàlk *n.* 《英》牧羊場. 〖1586〗

shéep wàsh *n.* **1** 洗羊場. **2** 《獣医》=sheep-dip 2. 〖1: OE; 2: 1858〗

shéep·yàrd *n.* 《豪》羊の囲い場. 〖1809〗

sheer¹ /ʃíə | ʃíə^r/ *adj.* (~·**er**; ~·**est**) **1 a** 全くの, 本当の, 絶対的な: ~ folly [waste] 全くの愚行[浪費] / a ~ impossibility 全くの不可能事 / by the ~ force of one's will ただ意志力だけで / through ~ industry 全く勤勉一つで / This means ~ ruin for me. これは私にとって本当の身の破滅だ. **b** 《口語》まさによく似た, そっくりの, ほうふつさせる. **2** 直立の, 切り立った, 険しい (⇨ steep¹ SYN): a ~ rock, cliff, descent, etc. **3** 〈織物など〉透き通って薄い, 透明の; 薄地の (diaphanous): ~ silk 薄絹 / a ~ dress. **4** 混ぜ物のない, 水を割らない (undiluted), 生(き)一本の: ~ brandy. **5** 《廃》光る, 輝く (bright, shining): a ~ fountain. — *adv.* **1** 絶対的に; 完全に, 全く: be torn ~ out by the roots 全く根こそぎにされる. **2** 垂直に, まっすぐに (straight down): The rock rises ~ from the water. 岩は水面から突っ立っている / He fell 3,000 feet ~. まっすぐに 3,000 フィート墜落した. — *n.* 透明な織物, 薄物; 薄織物製の服. **~·ness** *n.* 〖? ME *shir(e)* < OE *scīr* < Gmc **skīraz* (ON *skírr*) ← IE **skai-* 'to SHINE': cf. ON *skǽrr* bright, pure〗

sheer² /ʃíə | ʃíə^r/ *vi.* **1** 〈船が〉針路からそれる, それて行く; 急に向きを変える (swerve) 〈*off, away, up, in*〉. **2** 嫌いな人[仕事, 話題など]を避ける. — *vt.* **1** 〈船を〉針路からそれさせる[そらせる]; 〈車などの〉進行方向を変える. **2** 《造船》〈船体に舷弧(前後方向の反り)をつける. — *n.* **1** 〈船が〉針路からそれ出ること, (衝突などを避けるための)湾曲進行 (swerve). **2** 《造船》舷弧《側面から見た甲板の弧度, 前後の反り》: have little [a straight] ~ 甲板に弧度がない[一直線だ]. **3** 《海事》単錨(びょう)泊中に船首が錨の方に向いている船の位置: break ~ (単錨泊中の)船が錨鎖(さ)がもつれるような位置に漂流する. 〖(1626) 《変形》← SHEAR〗

shéer·hùlk *n.* 《海事》=shear hulk. 〖1768〗

shéer·lègs *n. pl.* [単数または複数扱い] 《海事》=shear 4. 〖1860〗

shéer·ly *adv.* **1** 全く, 完全に. **2** まっすぐ; 垂直に. 〖*c*1470〗

Sheer·ness /ʃíənɛs, -nɪ̀s | ʃɪənés⁻/ *n.* シアネス《イングランド南東部, Kent 州北部の Medway 川河口の Sheppey 島北西端にある港市; Thames 川の河口に臨む; もと海軍工廠(しょう)があった》. 〖ME *Shernesse* 《原義》bright headland: ⇨ sheer¹, ness〗

shéer plàn *n.* 《造船》側面線図《船体中央縦断面に平行な幾つかの縦断面を表す曲線で示した線図; cf. body plan, half-breadth plan》. 〖1797〗

shéer pòle *n.* 《海事》シアーポール《静索の下部において, 各索の間隔を保つために足掛索の代わりに入れた水平の鉄棒》.

sheers /ʃíəz | ʃíəz/ *n. pl.* [単数または複数扱い] 《海事》=shear 4. 〖(*a*1625) 《変形》← *shears*: ⇨ shear, -s¹〗

shéer stràke *n.* 《海事》舷側厚板《強力甲板に接する部分に当てる特に厚い外板》. 〖1805〗

sheet¹ /ʃíːt/ *n.* **1** 敷布, シーツ《ベッドでは通例, 体の上下に 2 枚対に用いる》: Change the (bed) ~s. ベッドのシーツを取り替えなさい / ⇨ *between the* SHEETS. **2 a** (長方形の) 1 枚の紙 (piece of paper): a ~ of notepaper 書簡紙 1 枚 / several ~s of MS 原稿数枚 / a ~ in folio [quarto] 二つ[四つ]折りの紙 / a 100-*sheet* roll of paper 100 シート巻きの紙 / Write your answers on a separate ~ (of paper). 答えは別の用紙に書くこと / a blank ~ 白紙; (善悪どちらにも染まる)白紙の状態の心 / a clean ~ (悪い記録が何も載っていない)白紙のような経歴(の持ち主), 操行のよい[善良な]人, 履歴に汚点のない人 (cf. *a clean* SLATE; tabula rasa). **b** 植物標本紙《標本を載せる重めの紙》. **3 a** 印刷物 (printed matter): ⇨ fly sheet. **b** パンフレット, 小冊子 (pamphlet). **c** 《口語》(しばしばいかがわしい)新聞: ⇨ news sheet / ~s hot from the press 刷りたての新聞 / a libelous [scurrilous] ~ 悪口新聞. **d** 《俗》ドル[ポンド]紙幣. **4 a** (金属・ガラスなどの)薄板, 延べ板《plate よりも薄いもの》: a ~ of glass [iron] 板ガラス[鉄板]一枚. **b** (パンなどを焼く)鉄板: ⇨ cookie sheet. **5 a** (氷などの)薄い広がり: a ~ of ice 一面の氷. **b** (水・雪・火炎・色などの)広がり (stretch, expanse), 一面(の…), (…の)原, (…の)海: a ~ of snow [water] 一面の雪[水] / a ~ of fire [flame] 火[炎]の海 / ~s of rain 車軸を流すような豪雨 / ⇨ *in* SHEETS. **6** 《詩》帆 (sail). **7** 《製本》 **a** 枚葉紙, 平版(抄)き出された紙をカッターで全判・半裁など所定の寸法に断裁したもの). **b** [*pl.*] 刷り本[紙], 全判, 全紙《本の形に折る前の大きな印刷紙》. **8** 《郵趣》 **a** シート《1 枚の紙に印刷して耳紙のついたままの個々に切り離していない切手》. **b** 切手帳 1 ページ分の切手. **9** 《地質》迸入(へいにゅう)岩床 (cf. sill 3). **10** 《数学》葉(よう)《面を構成する一枚一枚》. **11** 《結晶》(石墨・雲母のような)積層型結晶構造. **12 a** 経帷子(きょうかたびら) (winding-sheet). **b** (懺悔(ざんげ)者の着る)白衣, 懺悔服: put on [《古》stand in] a white ~ 公に前非を懺悔する, 悔い改める.

(as) white as a shéet (顔が)真っ青な, 血の気のない. ***between the shéets*** (1) 寝床に入って, 寝て (in bed): get *between the* ~s 寝る. (2) 《口語》性交中で[は]: He's not so hot *between the* ~s. 彼はセックスに淡白だ. 〖1598–99〗 ***in shéets*** (1) 〈雨・霧などが〉濃く, 激しく: Rain fell *in* ~s. 雨がどしゃ降りに降った. (2) 刷り紙[本]で[の]: a book *in* ~s. 〖1693〗

— *adj.* [限定的] **1** 薄板状の: ⇨ sheet copper, sheet iron. **2** 薄板製造の: a ~ roller / ⇨ sheet mill.

— *vt.* **1** …に敷布をつける: ~ a bed. **2** 敷布で包む; 経帷子(きょうかたびら)を着せる (shroud): ~ a corpse / the ~*ed* dead 経帷子を着せられた死者. **3** 薄板で包む; 薄い層[面]で覆う: be ~*ed with* ice 氷が張る. **4** 薄板にする, 広げる, 延べる (expand). **5** =slip-sheet. — *vi.* 〈雨などが〉激しく降る 〈*down*〉; 〈霧などが〉一面薄膜状に広がる[立ち込める]: The rain came ~*ing down*. 雨が激しく降ってきた.

~·less *adj.* **~·like** *adj.* 〖OE *scīete, scēte* < Gmc **skautjōn* ← IE **(s)keud-* 'to SHOOT'〗

sheet² /ʃíːt/ 《海事》 *n.* **1** シート, 帆脚索(ほあしづな): ⇨ flowing sheet / let out [haul in] the ~ 帆脚索をゆるめる[たぐる]. **2** [*pl.*] (船首・船尾などの)余地, 座: ⇨ foresheet 2, stern sheets. ***be*** [***hàve***] ***a shéet*** [***thrée shéets, bóth shéets***] ***in*** [***to***] ***the wínd*** 《俗》ほろ酔い加減である[ぐでんぐでんに酔っている]. 〖1821〗

— *vt.*, *vi.* ★ 次の成句のみに用いる. ***shéet hóme*** (帆を)帆脚索で引っ張る[を引いて開き切る]; 《米》…に対する責任を負わせる, 〈必要性などを〉痛感させる. 〖1797〗

〖OE *scēata* lower corner of a sail < Gmc **skautjōn* (↑)〗

shéet ànchor *n.* **1** 《海事》予備主錨(びょう), 非常用大いかり (waist anchor ともいう). **2** (危険な時の)最後のたより[手段], 頼みの綱. 〖(*a*1495) *shut(t)e* (*anker*) 《変形》← 《廃》*shoot* sheet of a sail ◻ (M)LG *schōte*, (M)Du. *schoot*: 17 世紀に SHEET² と同形になる〗

shéet bènd *n.* 《海事》シートベンド, はた結び《2 本のロープをつなぐときに用いる; becket bend, mesh knot, weaver's hitch ともいう》. 〖*c*1823〗

shéet còpper *n.* 板銅, 葉銅.

shéet·ed /-tɪ̀d | -tɪd/ *adj.* **1** シーツ[布]にくるまれた. **2** 《地質》〈岩石が〉薄板に区分された. 〖1604〗

shéet-fèd *adj.* 《印刷》〈印刷機が〉枚葉給紙の (cf. web-fed, reel-fed); 枚葉紙印刷機で印刷した. 〖1926〗

shéet fèeder *n.* 《電算》シートフィーダー, 帳票紙給紙装置《プリンターにカット紙を自動的に供給する装置; cut-sheet feederともいう》.

shéet fìlm *n.* 《写真》シートフィルム《シートに裁断されている大名刺判以上四つ切りや全紙まである大型カメラ用フィルム; cut film ともいう》.

shéet glàss *n.* 普通板ガラス (cf. plate glass). 〖1805〗

shéet·ing /-tɪŋ | -tɪŋ/ *n.* **1 a** 敷布で包む[覆う]こと. **b** 薄板(はくばん)状にすること. **2** 敷布地, 敷布; (敷布用などの)幅広モスリン. **3** 被覆[裏張り]用材《薄い金属やプラスチックなど》. **4** [集合的] 《土木》堰(せき)板, 土(ど)止め板. 〖(1711) ← SHEET¹ + -ING¹〗

shéet ìron *n.* 薄鋼板, 鉄板. 〖1816〗

shéet·let /-lɪ̀t/ *n.* 《郵趣》小型シート《記念切手を通常数枚収めたシート》. 〖1934〗

shéet lìghtning *n.* 幕電光《雲への反射による幕状の稲光》. 〖1794〗

shéet mètal *n.* 薄板(はくばん)金, (金属の)薄板. 〖*c*1909〗

shéet mìll *n.* 薄板(はくばん)圧延工場; 薄板圧延機 (cf. strip mill). 〖1884〗

shéet mùsic *n.* シートミュージック《とじてない (1 枚刷りの) 楽譜》; その曲. 〖1857〗

S

shéet pìle *n.* 土(ど)止め板, 矢板, 矢木, シートパイル《山止めなどのため連続して地盤に打ち込む板状の杭; cf. bearing pile》. 〚1842〛

Shéet·ròck *n.* 〘商標〙シートロック《石膏ボードの一種; 建築材料》. 〚1921〛

shéet-sìlicate *n.* 〘鉱物〙層状ケイ酸塩 (⇨ phyllosilicate).

shéet-wèb wèaver *n.* 〘動物〙サラグモ《水平に皿状の巣をはるサラグモ科のクモの総称》.

shéet·wìse *adj.* 〘印刷〙本掛けの, 全紙掛けの.

sheeve /ʃíːv/ *n.* =sheave².

Shef. 《略》Sheffield.

Shéf·fer's stróke /ʃéfəz- | -fəz-/ *n.* 〘論理〙シェファーの棒記号 (⇨ alternative denial, joint denial).

Shef·field /ʃéfiːld/ ★ 現地の発音は /ʃéfɪld/. *n.* シェフィールド《イングランド中部, Don 河畔の工業都市; 旧 South Yorkshire 州都; 鋼鉄工業の中心地》. 〚ME *Scheaffelda* 《原義》? 'shelter-FIELD'〛

Shéffield pláte *n.* (18 世紀に Sheffield で作り始めた)銀きせ銅板, 銀きせ. 〚1856〛

Shéffield Shíeld *n.* 《豪》シェフィールドシールド《年一回開かれる各州対抗クリケット大会の優勝盾》. 〚← *third Earl of Sheffield* (H. N. Holroyd: 1832–1909: 1902 年にその盾を授与)〛

she·getz /ʃéɪgɪ̥ts/ *n.* (*pl.* **shkotz·im** /ʃkóːtsɪm, ʃkáː- | ʃkɔ́ː-/) [しばしば軽蔑的に] **1** ユダヤ人でない男の子[男性]. **2** [ユダヤ人が用いて] ユダヤの戒律を守らないユダヤ人の男の子[男性] (cf. shiksa). 〚□ Yid. *šeygets* □ Heb. *šéqeṣ* detestation〛

shé-gòat *n.* 雌やぎ (cf. he-goat). 〚1587〛

she·hi·tah /ʃəxiːtə | -tə/ *n.* 〘ユダヤ教〙(有資格者がラビ律法にのっとって行う)食肉動物の屠畜 (cf. shohet). 〚(1875) □ Heb. *šᵉḥiṭā́ʰ* slaughtering〛

sheikh /ʃíːk, ʃéɪk | ʃéɪk, ʃíːk, ʃék/ *n.* (*also* **sheik** /∼/) **1** (イスラム圏, 特にアラブ諸国で)長老; 指導的学者; 村長; 族長; 首長, シャイフ, シェイク《称号, また敬語として用いる》. **2** 教主; 教団の指導者. **3** [英国の女流小説家 Edith M. Hull 作のベストセラー小説 *The Sheik* (1921) と R. Valentino 主演の同名の映画から] [通例 sheik /ʃíːk/] 《口語》魅力的男性, ハンサムな色男. 〚(1577) □ Arab. *šaykh* old man〛

shéikh·dom /-dəm/ *n.* (*also* **sheik·dom** /∼/) sheikh の管領地; 首長国. 〚1845〛

Sheikh ul Islam /ʃíːkʊlɪsláːm, ʃéɪk- | ʃéɪk-, ʃíːk-, ʃék-/ *n.* =Shaikh al-Islam.

shei·la /ʃíːlə/ *n.* 《豪口語》少女, 若い女性. 〚(1828) ↓〛

Shei·la /ʃíːlə/ *n.* シーラ《女性名; 異形 Sheelah, Shelagh》. 〚□ Ir. *Síle*: ⇨ Cecilia, Celia〛

shei·tel /ʃéɪtḷ | -tl/ *n.* 正統派のユダヤ既婚女性がかぶるかつら《夫以外の男性に頭髪を見られることを禁止するラビ教義にのっとったもの》. 〚(1892) □ Yid. ∼〛

shek·el /ʃékəl, -kl/ *n.* **1** (*pl.* ∼**s**, **she·ka·lim** /ʃəkáːlɪ̥m/) **a** シェケル《古代ヘブライの重さの単位; =14 g; cf. gerah》. **b** シェケル銀貨《目方が 1 シェケルあった》. **2** (*pl.* ∼**s**) **a** シェケル《イスラエルの通貨単位; 1980 年ポンドから変更; =100 agorot, 記号 IS》. **b** 1 シェケル貨. **3** [∼s]《口語》硬貨; 金銭 (money), 現金 (cash). 〚(1560) □ Heb. *šéqel* 《原義》weight〛

S **She·ki·nah** /ʃɪ̥kíːnə, -káɪ- | ʃekáɪ-, ʃɪ̥-/ *n.* (*also* **She·ki·na** /∼/) 〘ユダヤ教〙神の座 (mercy seat) に現れ出たヤハウェ(神)の姿, 後光《Shechina ともいう》. 〚(1663) □ Mish.Heb. *šᵉkhīnā́ʰ* dwelling place ← *šākhán* to dwell〛

She·lagh /ʃíːlə/ *n.* シーラ《女性名; 異形 Sheelah, Sheila, Sheilah》. 〚《変形》← SHEILA〛

Shel·burne /ʃélbəːn | -bə(ː)n/, 2nd Earl of *n.* 2 代目シェルバーン伯爵 (1737–1805; 英国の政治家; 首相 (1782–83); 1784 年以降は 1st Marquess of Lansdowne; 実名 William Petty Fitzmaurice).

Shel·don /ʃéldən, -dn/ *n.* シェルドン《男性名》. 〚← OE *sc̄ylf-denu* ← *sc̄ylf* rock, crag (⇨ shelf)+*denu* 'valley, DENE²': 地名に由来する家族名から〛

Shel·don /ʃéldən, -dn/, **William Herbert** *n.* シェルドン (1899–1977; 米国の心理学者; 体型から人の性格特性を類型化した (cf. endomorph 2)).

shel·drake /ʃéldrèɪk/ *n.* (*pl.* ∼**s**, ∼) 〘鳥類〙**1** =shelduck. **2** =merganser. 〚(c1325) *sheldedrake* ← *shelde-* variegated (cf. MDu. *schillede*)+DRAKE²〛

shel·duck /ʃéldʌ̀k/ *n.* (*pl.* ∼**s**, ∼) 〘鳥類〙ツクシガモ (*Tadorna tadorna*) 《アジア・北アフリカなどに生息するツクシガモ属のカモ; 雄はくびに黒い環がある; マガモ (mallard) よりやや大きい》. 〚(1707): ⇨ ↑, duck¹〛

shelf /ʃélf/ *n.* (*pl.* **shelves** /ʃélvz/) **1 a** 棚板. **b** 棚; 本棚, 書架: *on* a ∼. **c** 棚の上の物[書物など]. **2 a** 棚状のもの. **b** (がけの)棚, 岩棚 (ledge). **c** 暗礁(あんしょう) (reef), 砂洲(す) (sandbank), 浅瀬, 洲(す) (shoal). **3** 〘地質〙棚状地層《沖積土の下の床岩》. **4** 〘アーチェリー〙弓を引くとき矢の載る弓手(ゆんで)の拳. **5** 〘海事〙ビーム受材《木造船でビームを支える縦通材》. **6** 《豪俗》密告者 (informer). ***òff the shélf*** (特注でなく)在庫品で, 在庫があってすぐ手に入る. (1936) ***on the shélf*** (1) 棚に上げられて, 休止して; 無視されて, 役に立たないで: remain *on the* ∼ 店ざらしになる / put [lay, cast] *on the* ∼ 棚に載せる; 棚上げする, 握りつぶす; (役に立たなくなって)解雇[免職]する (cf. shelve *vt.* 4). (2) 〈女性が〉(年を取りすぎて)結婚の見込みがない, 婚期を過ぎた. (1815)

— *vt.* 《豪俗》密告する.

∼·like *adj.* 〚(c1390) □ MLG *schelf* split piece of wood ← Gmc **skelf-* split (OE *sc̄ylfe* deck of a ship, shelf, *sc̄ylf* rock, ledge) ← IE **(s)kel-* to cut: ⇨ shell〛

shélf àngle *n.* 梁受金物《大梁に取り付け, 小梁を支えるアングル材》.

shélf·bàck *n.* 〘製本〙=backbone 5. 〚1925〛

shelf·ful /ʃélffʊ̀l/ *n.* 一棚分; 棚[書架]一杯: a ∼ *of* books. 〚1876〛

shélf fùngus *n.* 〘植物〙=bracket fungus.

shélf ìce *n.* 棚氷(たなごおり)《氷河の, 特に大陸氷河の末端が海に面する部分, またはそこに生じた氷の懸崖(けんがい); ice shelf ともいう》. 〚1910〛

shélf lìfe *n.* 貯蔵寿命, 貯蔵期間《薬などの在庫有効期間; storage life ともいう》. 〚1927〛

shélf·lìst 〘図書館〙*n.* 書架目録, シェルフリスト.

— *vt.* 書架目録に記入する. 〚1910〛

shélf màrk *n.* 〘図書館〙書架記号《本の背の下部につけてその本の所在位置を示す記号》. 〚1842〛

shell /ʃél/ *n.* **1 a** 動植物の堅い外皮 (hard covering, crust). **b** (果実・種子・ピーナッツなどの堅い繊維質の)殻. **c** (鳥の卵の)殻. **d** 貝殻, (カタツムリの)「家」. **e** (カメ・エビ・カニなどの)甲羅. **f** (豆類の)さや. **g** (昆虫の)さやばね (wing case), さなぎの外皮 (pupa case). **2 a** (貝・カメなどの)殻[甲]の材料. **b** (特に, 貝細工となる)貝, べっ甲: (a) tortoise ∼ べっ甲. **3 a** 外皮[貝殻]状のもの, 中空で外側だけのもの. **b** (殻のような)入れ物, 覆い (enclosing cover); 貝殻形の容器. **c** (建物・乗物などの)外郭, 骨組み (framework). **d** 船体 (hull). **e** (ドーム形・アーチ形天井の)試合場, 競技場. **f** 外観, 外形, 見せかけ: a (thin) ∼ of morality 道徳の見せ掛け. **g** (ボイラーの熱交換器の)金属製の耐圧外殻. **h** 小型のビール用グラス. **i** 荒作りの棺桶. **4** 感情を隠す態度, 打ち解けない態度, 閉ざした心: come [crawl] *out of* one's ∼ 打ち解ける / bring a person *out of* his ∼ 人を打ち解けさせる / retire [go (back), crawl, withdraw] *into* one's ∼ 打ち解けない, 殻に閉じこもる / stay *in* one's ∼ 自分の殻に閉じこもっている, 引っ込み思案である. **5 a** 砲弾, 弾丸, 榴弾(りゅうだん), 充填(じゅうてん)弾, 破裂弾《中空の内部に炸薬(さくやく)または化学剤を詰めて破裂させる; cf. ball¹ 1 c》: ⇨ blind shell 1. **b** 薬筒, 実包《小火器用の金属製の, または猟銃用の金属製・紙製の》. **c** [集合的] 砲弾の破片. **d** 砲弾[破裂弾]式の花火仕掛け: an illuminating ∼ 照明弾 / a paper ∼ 薄紙弾薬包; 花火の一種 / ⇨ tear shell. **6 a** =shell jacket. **b** 婦人用の貝殻型帽子. **c** (女性用の)ノースリーブのブラウス[セーター]. **d** =shell stitch. **7** シェル (racing shell) 《スカル (scull) に似た一人または数人乗りの軽い競走用ボート》. **8 a** 貝殻をもつ軟体動物. **b** [*pl.*] = shellfish. **9** 《英》(public school で) 中間クラス (intermediate form). 《Westminster 校の第 5 年級と第 6 年級の中間の学級の形に由来する》 **10** 《詩》七弦琴, リラ (lyre). 《(なぞり) ← L *testūdō*: かめの甲に弦を張ったという伝説から》 **11** 〘建築〙シェル, 曲面板, 曲板《曲面の半径や幅に比べて厚さの小さな板; ⇨ shell construction》. **12** 〘料理〙(パイ生地などで作った, 詰め物をする)殻, ケース. **13** 〘物理〙(原子を構成する電子の, また原子核を構成する核子の)殻(かく) (electron shell): the K[L] ∼ 原子の K[L] 殻 / ⇨ shell structure. **14** 〘電算〙シェル《ユーザーとシステムの間にあって入力されたコマンドを解釈し, 実行するプログラム》. **15** 〘解剖〙外耳 (outer ear). **16** 〘海事〙**a** 外板《船体の外殻をなす板》. **b** 信号用榴弾. **17** 〘冶金〙シェル《金属の中間製品で殻状の形をしたものによく使われる; 例えば, 鋳物の表面についた鋳型・深絞りした中空の物, 中空の鋳造品など》. **18** 〘地質〙地球の殻層.

in the shéll (1) 殻がついたままで, まだ孵(かえ)っていない. (2) 未発達の段階で, 未熟で. (1599) ***stóp a shéll*** ⇨ stop *vt.* 8.

— *adj.* [限定的] **1** 殻[外皮]をもった. **2** 貝殻[べっ甲]で作った; 貝殻をちりばめた: a ∼ comb べっ甲のくし.

— *vt.* **1** 殻から取り出す, …の殻を取る, …のさやをはぐ[取る]: ∼ peas [an egg] 豆のさや[卵の殻]を取る / (as) easy as ∼*ing* peas 非常にたやすい, わけない. **2** 砲撃する, 爆撃する, 榴弾(りゅうだん)を浴びせる: ∼ a town. **3** 《俗》〘野球〙(相手の投手にヒットを浴びせ)大量得点を得る. **4** 殻で覆う, 殻を敷く. **5** 〈とうもろこしなど〉の粒を落とす, 実を取る, 脱穀する. — *vi.* **1** 殻[さや, 甲]から出る. **2** 殻[さや, 甲]が落ちる, 皮がむける; 〈金属片などが〉はげる 〈*off*〉. **3** 貝拾い[潮干狩り]をする.

shéll óut 《口語》〈請求されたもの, 特に金銭を〉支払う, 手渡す (disburse) 〔*for, on*〕; 残らず支払う, 皆済する (pay up): ∼ *out* ($500) *for* a second-hand car 中古車に (500 ドル)払う. (1801)

〚OE *sć(i)ell* < Gmc **skaljō* piece cut off (Du. *schel* / ON *skel*) ← IE **(s)kel-* to cut: ⇨ scale²˒³〛

Shell /ʃél/ *n.* 〘商標〙シェル《国際的な石油グループ Royal Dutch/Shell Group の通称; そのブランド》.

she'll /ʃiːl/ 《口語》she will の縮約形.

shel·lac /ʃəlǽk, ʃe-/ *n.* (*also* **shel·lack** /∼/) **1** セラック《lac を精製して薄板状に固めたものでワニス・絶縁材などの原料》. **2** =shellac varnish. **3** (セラック盤) SP レコード. — *vt.* (**shel·lacked**; **-lack·ing**) **1** …にセラックを塗る. **2** 《米口語》**a** 徹底的に打ち破る. **b** (棒などで)打つ, 殴打する (beat). **∼·er** *n.* 〚(1713) 《なぞり》← F *laque en écailles*: ⇨ shell, lac¹〛

shel·láck·ing *n.* 《米口語》**1** 大敗, 完敗. **2** 棒で打つこと, 殴打. 〚1884〛

shellác vàrnish *n.* セラックワニス《セラックをアルコールに溶かしたもので酒精ワニスの最も普通のもの》: ∼ finish セラック仕上げ. 〚1765〛

shéll·bàck *n.* 《口語》**1** 老練の水夫 (sea dog). **2** 船で赤道を横断して赤道祭を受けた(ことのある)人. 〚1853〛

shéll·bàrk *n.* 〘植物〙=shagbark hickory《shellbark hickory ともいう》. 〚1769〛

shéll bèan *n.* (さやから出して料理する)いんげん・えんどうなど(の豆) (cf. snap bean). 〚1868〛

shéll bìt *n.* シェルビット, さじ形錐《丸のみ型の穿孔錐の穂先》.

shéll càst *n.* 〘印刷〙台付きガラ版《台木の付いている鉛版》.

shéll còmpany *n.* (名義のみの)ペーパーカンパニー, ダミー会社, 幽霊会社《盛業中の会社のダミーに使われたり, 新会社設立のための費用や労力を削減するために安値で買われたりする》. 〚1958〛

shéll constrùction *n.* **1** 〘建築〙シェル構造《非常に薄い曲面板による構造で, 丸天井やタンクなどの円筒形の湾曲面に用いられる》. **2** 〘航空〙張殻構造《甲虫の体のように, 外皮が全荷重を受け持つ構造で, 大型の液体ロケットのタンクなどに用いる; monocoque construction ともいう》. 〚1946〛

shéll·cràcker *n.* 〘魚類〙=redear sunfish. 〚1889〛

shéll cùt *n.* 〘印刷〙台付きカット《台木の付いているカット類》.

shéll drìll *n.* 〘機械〙筒形きり.

shelled /ʃéld/ *adj.* **1** [複合語の第 2 構成素として] 外皮[甲, 殻など]のある[で覆われた], 殻[外皮]が…の: hard-[soft-]*shelled*. **2** 殻を取り去った (cf. shell *vt.* 1): ∼ nuts. **3** 〈トウモロコシなど〉穂から切り離された (cf. shell *vt.* 5). 〚(1577): ⇨ -ed 2〛

shéll ègg *n.* (脱水・粉化した卵と区別して)殻つき卵. 〚1943〛

Shel·le·ian /ʃéliən/ *adj.* =Shelleyan.

shéll·er /-lə | -lə⁽ʳ⁾/ *n.* **1** 殻をむく人. **2** 殻むき器: a nut ∼. 〚(1690) ← SHELL+-er¹〛

shéll expànsion *n.* 〘造船〙外板展開図《船の外板を平面的に展開して示す図》.

Shel·ley /ʃéli/ *n.* シェリー《男性名・女性名; 異形 Shellie, Shelly》. 〚← OE *sćelflēah* (dweller at the) ledge-hill: ⇨ Sheldon, lea¹〛

Shel·ley /ʃéli/, **Mary Woll·stone·craft** /wʊ́lstənkrǽft | -kràːft/ *n.* シェリー (1797–1851; 英国の作家; P. B. Shelley の妻; *Frankenstein* (1818); 旧姓 Godwin).

Shelley, Percy Bysshe /bíʃ/ *n.* シェリー (1792–1822; 英国のロマン派の詩人; *Prometheus Unbound* (1820), "Ode to the West Wind" (1819), *A Defence of Poetry* (1821)).

Shel·ley·an /ʃéliən/ *adj.* P. B. Shelley の, シェリー風の. — *n.* シェリーの追随者[賞賛者, 研究家]. 〚*a*1849〛

shéll·fìre *n.* 砲火, 砲撃; 砲弾の炸裂(さくれつ). 〚1770〛

shell·fish /ʃélfɪʃ/ *n.* (*pl.* ∼, ∼**·es**) **1** 〘動物〙**a** 貝殻を有する軟体動物 (mollusk) 《カキ (oyster), ハマグリ (clam) など; 食用になるものが多い》. **b** 甲殻類の動物《カニ・エビなど》. **2** 〘魚類〙ハコフグ (boxfish). 〚OE *sćilfisc*〛

shéll·flòwer *n.* 〘植物〙**1** カイガラサルビア (⇨ molucca balm). **2** ジャコウソウモドキ (turtlehead). 〚1845–50〛

shéll gàme *n.* 《米》**1** 豆隠し手品《3 個のくるみの殻またはくるみ状の杯を伏せて, その中に豆または小球を隠し, 杯を動かしていき観客に当てさせるいんちき賭博の一種; cf. thimblerig》. **2** いんちき, 詐欺. 〚1890〛

shéll glànd *n.* 〘動物〙卵殻腺《鳥類・爬虫類などの輸卵管にあり, 卵殻を分泌する腺》; 小顎腺《甲殻類の第 2 小顎付近に開口する排出器》. 〚1877〛

shéll hèap *n.* 〘考古〙=shell mound. 〚1882〛

shéll ìce *n.* =cat ice. 〚1875〛

Shel·lie /ʃéli/ *n.* シェリー《男性名・女性名; 異形 Shelley, Shelly》.

shell·ing /ʃélɪŋ/ *n.* **1** 殻[さや]から取り出すこと; 殻[さや]をむくこと. **2** 砲撃, 爆撃 (bombardment). 〚1705〛

shéll jàcket *n.* 〘軍事〙**1** シェルジャケット《熱帯地方でタキシードの代わりに用いる略式礼服; 体にぴったり合って後丈が短い》. **2** =mess jacket. 〚1840〛

shéll·less *adj.* 外皮[殻, 甲など]のない. 〚1777〛

shéll·lìke *adj.* 殻[貝殻]のような. — *n.* 《英口語》耳: a word in your ∼ ちょっとお耳を.

shéll·lìme *n.* 貝殻灰, かき灰. 〚1793〛

shéll mòund [mìdden] *n.* 〘考古〙貝塚《shell heap ともいう》. 〚1851〛

shéll nùmber *n.* 〘物理〙(原子の)殻数.

shéll òut *n.* 〘玉突〙シェルアウト《3 人またはそれ以上の人数で行う snooker pool の一種》. 〚1866〛

shéll pàrrakeet [pàrrot] *n.* 〘鳥類〙セキセイインコ (budgerigar). 〚1890〛

shéll pínk *n.* シェルピンク《淡いピンク》. 〚1887〛

shéll plàting *n.* 〘造船〙外板. 〚1894〛

shéll prògram *n.* 〘電算〙シェルプログラム《ユーザーが自分の好みに合うプログラムを作ることができる枠組みを備えている基本的なプログラム》.

shéll·pròof *adj.* 砲撃に耐える, 防弾の (bombproof). 〚*c*1864〛

shéll rèamer *n.* 〘機械〙シェルリーマー《軸に付けて用いる中空のリーマー》.

shéll shòck *n.* 〘精神医学〙砲弾ショック, 塹壕(ざんごう)ショック, 戦争神経症《近代戦が精神に及ぼす累加的緊張によって起こる自制力・記憶力・発話能力・視覚などの喪失症; 最初は身近で破裂した爆弾のために起こると思われていた; combat neurosis, war neurosis ともいう; cf. combat fatigue》. **shéll-shòcked** *adj.* 〚1915〛

shéll stàr *n.* 〘天文〙ガス殻星(かくせい)《ガスの殻に囲まれていると考えられている明るい輝線を示す型の星》.

shéll stèak *n.* ショートロイン (short loin) ステーキ《ポーターハウスステーキ (porterhouse steak) からヒレ肉を除いたもの》.

shéll stìtch *n.* シェルステッチ, 松編み《縁をスカラップ状 (scallap) に刺す刺繍のステッチまたは鉤針の編み方》. 〖1895〗

shéll strùcture *n.*〖物理〗(原子・原子核の)殻(㊀)構造. 〖1955〗

shéll sùit *n.* シェルスーツ《防水のナイロンの外層と綿の内層から成るトレーニングスーツ》.

shéll tòp *n.*〖服飾〗シェルトップ《短いノースリーブの上衣; 背中はボタンで下まで開くようになっていて, ハイネックが一般的》.

shéll-tỳpe *adj.*〖電気〗〈変圧器が〉外鉄型の (cf. core-type). 〖1888〗

shéll·wòrk *n.* 貝(殻)細工. 〖1611〗

shell·y /ʃéli/ *adj.* (**shell·i·er; -i·est**) **1** 貝殻の多い: a ~ beach. **2** 貝殻[殻]から成る[をもつ]. **3** 貝殻[殻]のような; 貝殻質の. 〖(1555): ⇨ -y¹〗

Shel·ly /ʃéli/ *n.* 男性名・女性名; 異形 Shelley, Shellie). 〖⇨ Shelley〗

Shel·ta /ʃéltə/ *n.* シェルタ語《アイルランドなどの漂泊民やジプシーなどの間で今も用いられている一種の隠語; アイルランド語やゲール語をもじったもので, 大部分は back slang》. 〖1875?〗

shel·ter /ʃéltə | -tə^(r)/ *n.* **1 a** 避難所 (refuge); 雨宿りの場所; (待避)小屋 (shed, hut); (バスなどの)待合所: a cabman's ~ 《英》辻馬車の客待ち小屋 / a sentry's ~ 歩哨小屋 / a ~ from the rain [wind] 雨[風]よけ / be a ~ from …の避難所となる, …よけとなる. **b** 待避壕(ごう) (dugout), 防空壕 (air-raid shelter): a bomb ~. **c** 住まい, 宿; (特に, 一時的な)住居: food, clothing, and ~ 衣食住. **d** 収容所. **2** 保護, 援護; 避難: find [take] ~ (from …) (…から)避難する, (…を)よける / fly to a person for ~ 人のもとへ逃げ込む / seek ~ at a person's house 人の家に避難する[逃げ込む] / give [provide, offer] ~ to …をかくまう / under [in] the ~ of …に保護されて, …にかくまわれて / get under ~ 退避する.
— *vi.* 避難する, 隠れる, 日・風・雨などを避ける (take shelter), 雨宿りする: ~ behind a hedge 生垣の陰に隠れる / ~ *from* the rain. — *vt.* **1** 宿らせる (lodge), かくまう (harbor), 隠す, 覆う (cover): ~ a person for the night 人に一夜の宿を貸す / ~ oneself under [beneath, behind] …のもとに身を隠す / ~ an escaped prisoner 逃亡犯人をかくまう. **2** 保護する, かばう (protect, guard) 〔*from*〕: ~ children *from* gunfire.
~·er *n.* **~·less** *adj.* 〖(1585) ←? : cf. (廃) *sheltron* phalanx < OE *sc(i)eldtruma* ← *sc(i)eld* 'SHIELD'+*truma* troop〗

SYN 隠れ家: **shelter** 風雨・敵などから一時的に守ってくれる場所または保護: Trees provide *shelter* from wind and rain. 樹木は風雨から守ってくれる. **refuge** 危険・追跡などから逃避するための安全な場所または保護: seek *refuge* at a church 教会に庇護を求める. **asylum** 政治的理由で祖国を離れた人に国家が与える保護: find *asylum* in the UK 英国に避難先を見つける. **sanctuary** 逮捕または攻撃しようとする人々から人を守ってくれる場所または保護; 鳥獣保護区域: offer *sanctuary* to political refugees 政治亡命者に保護を与える / a bird *sanctuary* 鳥類保護区.

shélter·bèlt *n.* 《米》(畑と土壌保全のための)防風林 (cf. windbreak). 〖1868〗

shélter dèck *n.*〖海事〗波よけ甲板《上甲板の上にある全通甲板で, 常設閉鎖装置のない開口部をもち, 税金を安くする目的の減トン空間を作るためのもの》. 〖1911〗

shélter-dèck véssel *n.*〖海事〗=open-shelter-deck vessel. 〖1911〗

shel·tered /ʃéltəd | -təd/ *adj.* **1** 〈場所が〉雨風から守られた. **2** (危険などから)守られている: tax-*sheltered* 税金のかからない / lead a ~ life (外部と交渉の少ない)ひっそりした生活を送る. **3** 身体障害者・老人などに就職・社会復帰の場を提供する. **4** 〈産業・企業など〉(国際競争から)保護された: a ~ industry 保護産業 / ~ trades 保護業種. 〖1592–93〗

shéltered hóusing *n.* 老人[身体障害者]用住宅[ホーム] (sheltered accomodation [homes] ともいう).

shéltered wórkshop *n.* 身体障害者のための作業場[トレーニングセンター].

shélter hálf *n.* (二人用)携帯小型テント (shelter tent) の半分. 〖1911〗

shél·ter·ing trùst /ʃéltərɪŋ-, -trɪŋ-/ *n.*〖法律〗= spendthrift trust.

shélter tènt *n.* (二人用)携帯小型テント《数枚のズックをボタンなどで留め合わせて組み立てる; 兵士などは各自の分を持ち運ぶ》. 〖1862〗

shélter trènch *n.*〖軍事〗掩壕(えんごう), 散兵壕《深くて幅の狭いもの》. 〖1870〗

shélter·wòod *n.* 防風林, 保安林 (shelterbelt). 〖1889〗

shel·ty /ʃélti/ *n.* (*also* **shel·tie** /~/)〖動物〗**1** = Shetland pony. **2** =Shetland sheepdog. 〖(1650) ←? Scand. (cf. ON *Hjalti* Shetlander)〗

shelve /ʃélv/ *vt.* **1** 棚上げする (put on the shelf), 握りつぶす, 無期延期する: ~ a question. **2** …に棚[書架]をつける: ~ a cupboard, library, etc. **3** 棚に載せる, 棚に置く: ~ books. **4** 解職[免職]する, 退職させる (dismiss): ~ an official. — *vi.* だらだら坂になる, 徐々に傾斜する, 勾配がゆるやかになる 〈*down, up*〉: The south side of the island ~*d* gently *down to* the sea. その島の南側はゆるやかに傾斜して海へ続いていた. **shélv·er** *n.* 〖(1587) ← *shelves* (n. pl.) ← SHELF〗

shelves /ʃélvz/ *n.* shelf の複数形.

shélv·ing *n.* **1 a** 棚付け; 棚に載せること. **b** 棚材料. **c** [集合的] (特に作り付けの)棚 (shelves). **2** 棚上げ, 握りつぶし, 無期延期. **3** 免職, 解職. **4** ゆるやかな勾配; だらだら坂. 〖(1632) ← SHELVE+-ING¹〗

Shem /ʃém/ *n.*〖聖書〗セム《Noah の 3 人の息子の長兄; セム族の祖と伝えられる (cf. Semite); cf. *Gen.* 5:32; 10:1, 21》. 〖□ Heb. *Šēm* (原義) name: cf. Sumeri. *Šumi*〗

She·ma /ʃəmɑ́ː/ *n.* [the ~]〖ユダヤ教〗("Hear, O Israel" で始まる) ユダヤ人の信仰告白《日々の礼拝に用いる; cf. *Deut.* 6:4–9》. 〖(1706) □ Heb. *šᵉmáʻ* (原義) hear (imper.) ← *šāmáʻ* to hear〗

shé-màle *n.* 《米口語・方言》(嫌な)女, メス (bitch); 《俗》おかま, 女装者, 女役のホモ. 〖← *she*+*female*〗

Shem·be /ʃémbeɪ/ *n.* 《南ア》シェンベ《キリスト教とバンツー族の宗教を結合しようとする宗派》. 〖(1941) ← *Isaiah Shembe* (*d.* 1935: 創設者のズールー人)〗

She·mi·ni A·tze·reth /ʃəmíːniɑːtséres/ *n.* (*also* **Shemini A·tse·res** /~/)〖ユダヤ教〗シェミニアツェレス《主に追悼礼拝と降雨祈願を行う祝祭; 仮庵(かりいお)の祭り (Sukkoth) の 8 日目に当たる》. 〖□ Heb. *Šᵉmīnī ʻaṣéreth* (原義) the eighth (day) of solemn assembly〗

Shem·ite /ʃémaɪt | ʃíːm-, ʃém-/ *n.* =Semite. 〖1659〗

She·mit·ic /ʃɪ̈mítɪk | ʃɪ̈mít-, ʃɛ-/ *adj.* =Semitic.

She·mit·ish /ʃɪ̈mítɪʃ | ʃɪ̈mít-, ʃɛ-/ *adj.* =Semitic.

She·mo·na Es·rei /ʃəmóunəésreɪ | -məu-/ *n.*〖ユダヤ教〗=Amidah.

she·mozzle /ʃɪ̈mɑ́(ː)zl | ʃɪmɔ́zl/ *n., vi.* 《口語》= schemozzle. 〖1899〗

shen /ʃén; *Chin.* ʂə́n/ *n.*〖中国哲学〗神 (god); 精神 (spirit). 〖(1847) □ Chin. *shén* (神)〗

She·na /ʃíːnə/ *n.* シーナ《女性名; 異形 Sheena》. 〖□ Gael. *Sìne* 'JANE'〗

Shen·an·do·ah /ʃènəndóuə | -dáuə⁻/ *n.* [the ~] シェナンドア(川)《米国 Virginia 州北部を北東に流れ West Virginia 州の Harpers Ferry で Potomac 川に合流する川 (240 km); 流域は南北戦争の戦跡として有名》. 〖□ N-Am.-Ind. (?Iroquois) ~ (原義) spruce stream?〗

Shénandoah Nátional Párk *n.* シェナンドア国立公園《米国 Virginia 州北部にあり, Blue Ridge 山脈にある自然公園; スカイラインドライブウェーで有名, 1935 年指定; 面積 783 km²》.

Shénandoah Válley *n.* [the ~] シェナンドア流域《米国 Virginia 州北部, Shenandoah 川の両側流域; 西部の辺境への入り口となった》.

she·nan·i·gan /ʃɪ̈nǽnɪgən/ *n.* 《口語》**1** ごまかし, 偽り (deceit). **2** [通例 *pl.*] いたずらっぽいたわごと[行為], いたずら, ふざけ, じゃれ. 〖1855?〗

shend /ʃénd/ *vt.* (**shent** /ʃént/) 《古》**1 a** 恥をかかせる. **b** 〈議論・戦争などに〉勝つ. **2** しかる (scold); ののしる (revile); 非難する (blame): I am *shent* for speaking to you. あんたにしゃべるとしかられます (Shak., *Twel N* 4. 2. 104). **3** 破壊する; 傷つける (injure). 〖OE *(ge)scendan* < (WGmc) **skandjan* (G *schänden*) ← **skamō* 'SHAME'〗

sheng /ʃʌ́ŋ; *Chin.* ʂə̀ŋ/ *n.* 笙(しょう)《楽器》. 〖(1795) □ Chin. *shēng* (笙)〗

Sheng Zu /ʃʌ̀ŋtúː; *Chin.* ʂə̀ŋtsǔ/ *n.* 聖祖(せいそ)《清の康熙帝 (Kangxi) の尊号》.

Shen·si /ʃénsíː/ *n.* =Shanxi².

Shen·stone /ʃénstən/, **William** *n.* シェンストン (1714–63; 英国の詩人; *The Schoolmistress* (1742)).

shent *v.* shend の過去形・過去分詞.

Shen·yang /ʃʌ̀njɑ́ːŋ; *Chin.* ʂə̀niɑ́ŋ/ *n.* 瀋陽(シェンヤン)《中国遼寧省 (Liaoning) 中部の都市で同省の省都》.

Shen·zhen /ʃèndʒə́n, ʃʌ̀ndʒʌ́n; *Chin.* ʂə̄ntʂə̄n/ *n.* 深圳(シェンチェン)《中国広東省 (Guangdong) 南部の市; 香港と川一本で隔てられ, 1979 年以来経済特区 (special economic zone) として発展を見せている》.

shé-òak *n.*〖植物〗オーストラリア産のモクマオウ属 (*Casuarina*) の植物の総称 (cf. forest oak). 〖1792〗

She·ol /ʃíːoul, —⁻ | ʃíːɔl, -əul/ *n.* **1** (ヘブライ人の)黄泉(よみ)の国, 冥土(めいど). **2** [s-] 地獄 (hell). 〖(1599) □ Heb. *šᵉʼōl* (原義) ? No-land ←? *šāʼáh* to be desolate〗

Shep·ard /ʃépəd | -pəd/, **Alan Bartlett, Jr.** *n.* シェパード (1923–98; 米国の宇宙飛行士; 米国人で最初の宇宙飛行 (1961) をした).

Shepard, Ernest H(oward) *n.* シェパード (1879–1976; 英国の挿絵画家, A. A. Milne の *Winnie-the-Pooh* の挿絵で有名).

Shepard, Sam *n.* シェパード (1943– ; 米国の劇作家; 本名 Samuel Shepard Rogers).

shep·herd /ʃépəd | -pəd/ *n.* **1** (牧畜の羊の世話をする)羊飼い, 牧羊者 (cf. cowherd). **2 a** (教会員を羊に見立てて)牧師 (pastor, clergyman) (cf. sheep 2 b): ⇨ Good Shepherd. **b** [the (Good) S-] イエスキリスト (cf. *John* 10:11). **c** 指導者. **3** 牧羊犬 (sheepdog). 日英比較 日本語の「シェパード」は特定の種類の犬をいうが, 英語の *shepherd* は牧羊犬一般を表す. 日本でいう「シェパード」は German shepherd dog. **4** =Shepherd King. — *vt.* **1** よく見張る; 〈群集などを〉導く: The police ~*ed* the crowd safely out of the park. 警察が群集を安全に公園から連れ出した. **2** 〈人〉に精神的指導を与える. **3** 〈羊を〉(牧羊者として)世話する, 〈羊〉の番をする, 見張る. **4** 《豪》(採掘しないが)〈鉱山の保有権〉を保持する. **5** 《豪》〖フットボール〗敵の進路をブロックして味方をタックルから守る. 〖late OE *scēaphierde*: ⇨ sheep, herd¹〗

Shep·herd /ʃépəd | -pəd/ *n.* シェパード《男性名》. 〖↑〗

shépherd chèck *n.* =shepherd's check. 〖1862〗

shépherd dòg *n.* 牧羊犬 (sheepdog). 〖*c*1425〗

shep·herd·ess /ʃépədɪ̈s | ʃèpədés, ⁻—⁻, ʃépədɪ̈s/ *n.* **1** 女性の羊飼い《牧歌中によく用いられる》. **2** いなか娘 (rural lass). 〖(*c*1385): ⇨ shepherd, -ess¹〗

Shépherd Kíng, S- k- *n.* ヒクソス王朝 (Hyksos) の王. 〖(1587) (なぞり) ← Gk *basileîs poiménes* (なぞり) ← Egypt.〗

shépherd mòon *n.*〖天文〗=shepherd satellite.

shépherd pláid *n.* =shepherd's check.

shépherd sátellite *n.*〖天文〗羊飼い衛星《その重力により惑星の環を構成する粒子を軌道に保っている小衛星》.

shépherd's cálendar *n.* 羊飼いの暦《その天気予報などは当てにならないもの》. 〖1506〗

shépherd's chéck *n.* シェパードチェック, 小弁慶《模様の大きさが全部等しい白黒チェック模様; その模様の布地; shepherd('s) plaid ともいう》. 〖1878〗

shépherd's cróok *n.* 牧羊者のつえ《先の曲がったもの》. 〖1440〗

shépherd's dòg *n.* =shepherd dog. 〖1440〗

shépherd's néedle *n.*〖植物〗=lady's-comb.

shépherd's píe *n.* シェパーズパイ《ひき肉とタマネギのみじん切りを合わせ, マッシュポテトをかぶせてオーブンで焼いた料理; cottage pie ともいう》. 〖1877〗

shépherd's pípe *n.* **1** =flageolet¹ 1. **2** (牧歌曲を奏する)小オーボエ (musette). 〖1440〗

shépherd's pláid *n.* =shepherd's check. 〖1834〗

shépherd's púrse *n.*〖植物〗ナズナ, ペンペングサ (*Capsella bursa-pastoris*) (アブラナ科ナズナ属の植物; shovelweed ともいう). 〖?*a*1425〗

shépherd's-scábious *n.*〖植物〗ヨーロッパ産の青い花が咲くキキョウ科ヤツオネ属の多年草 (*Jasione perennis*).

shépherd's wéatherglass *n.* 《英》〖植物〗= scarlet pimpernel.

shé-píne *n.*〖植物〗ナンヨウマキ (*Podocarpus elata*) 《オーストラリア産のマキ科の針葉樹; 黒色の木材は堅固で船のマストにする》.

Shep·pard /ʃépəd | -pəd/, **Jack** *n.* シェパード (1702–24; 英国の怪盗; 脱獄の名人でしばしばバラードや小説のヒーローとして登場する).

Shép·pard's adjústment [corréction] /ʃépədz- | -pədz-/ *n.*〖統計〗シェパードの補正《階級分けされた度数分布表から積率を計算する場合, データが各階級の真ん中の数に集中するとの仮定による影響の補正》. 〖← W. F. *Sheppard* (20 世紀の英国の統計学者)〗

Shep·par·ton /ʃépətən, -tn̩ | -pətn̩/ *n.* シェパートン《オーストラリア南東部にある都市; 乳製品の加工・果物の栽培で知られる》.

Shep·pey /ʃépi/, **the Isle of** *n.* シェピー島《イングランド南東部 Kent 州北部, Thames 河口の島, 面積 91 km²》. 〖OE *Scēpeig* (原義) 'ISLAND where SHEEP were kept'〗

sher·ard·ize /ʃérədàɪz | -rə-/ *vt.*〖冶金〗(亜鉛粉末を蒸気化して)〈鉄板などに〉亜鉛メッキする, シェラダイズする.

sher·ard·iza·tion /ʃèrədɪ̈zéɪʃən | -rədaɪ, -dɪ-/ *n.* 〖(1901) ← *Sherard O. Cowper-Coles* (*d.* 1936: 英国の発明家)+-IZE〗

Sher·a·ton /ʃérətn̩, -tən | -tn̩/ *adj.* (家具の意匠が)シェラトン(様)式の《1800 年ごろより英国で始まった, 好んで直線を用いた軽快優雅な家具意匠にいう; cf. Hepplewhite, Chippendale》: a ~ chair シェラトン風の椅子. — *n.* **1** シェラトン(様)式の家具. **2** [the ~] シェラトンホテル《米国の国際的な高級ホテルチェーン》. 〖(1883) ← *Thomas Sheraton*〗

Sher·a·ton /ʃérətn̩, -tən | -tn̩/, **Thomas** *n.* シェラトン (1751–1806; 英国の家具製作家・著述家: *The Cabinet-Maker and Upholsterer's Drawing Book* (1791), *The Cabinet Dictionary* (1803)).

sher·bet /ʃə́ːbɪ̈t | ʃə́ː-/ *n.* **1** 《米》シャーベット (《英》sorbet, water ice) 《果汁に牛乳・卵白またはゼラチンなどを加え, かき混ぜて凍らせたアイスクリームのような氷菓》. **2** 《英》シャーベット水《果汁を水で薄め甘味をつけた冷たい(本来はアラブ諸国の)飲み物》. **3** 《英》**a** ソーダ水の素, 粉末ソーダ《重炭酸ソーダと酒石酸に, 甘味料・香味料などを合わせたもので水に溶かすと即席にソーダ水ができる; 食べることもある; sherbet powder ともいう》. **b** ソーダ水. **4** シャーベットグラス《氷菓などのデザートを盛る; sherbet glass ともいう》. **5** 《豪俗》ビール. 〖(1603) □ Turk. *şerbet* // Pers. *sharbat* □ Arab. *šárbaʰ* drink ← *šáriba* to drink: cf. syrup〗

Sher·borne /ʃə́ːbɔən, -bən | ʃə́ːbən, -bɔːn/ *n.* シャーボン《イングランド南部 Dorset 州の町; 中世の僧院や城跡で有名》.

Sher·brooke /ʃə́ːbruk | ʃə́ː-/ *n.* シャーブルック《カナダ南東部, Quebec 州南部の都市》.

sherd /ʃə́ːd | ʃə́ːd/ *n.* **1** =shard 1, 2. **2**〖考古〗(出土遺物として)土器の破片《文化や年代の差異を示す最良の示標とみなされる》.

she·reef /ʃəríːf/ *n.* =sharif. 〖1599〗

she·ri·a /ʃəríːə/ *n.*〖イスラム教〗=sharia.

Sher·i·dan /ʃérədn̩ | -rɪ̈-/, **Philip Henry** *n.* シェリダン (1831–88; 米国南北戦争当時の北軍の将軍).

Sher·i·dan, Richard Brins·ley /brínzli/ *n.* シェリダン《1751–1816; アイルランド生まれの英国の劇作家・政治家; *The Rivals* (1775), *The School for Scandal* (1777)》.

she·rif /ʃəríːf, ʃɛ-/ *n.* =sharif.

sher·iff /ʃérɪ̀f/ *n.* **1**《米》保安長官, 保安官《郡民の選挙によって任命され通例司法権と警察権を握る郡 (county) の法律執行責任者》. **2**《スコット》州裁判所 (sheriff court) の判事. **3**《英》州シェリフ (county (すなわち shire) の執政長官; 昔は国王の代理として種々の権限をもった; 今は正式には High Sheriff と呼び, 任期 1 年の名誉職; 州長官代理 (undersheriff) のほか数名の(法の)執行吏 (bailiffs) を監督して諸種の行政・司法事務を司る; cf. gerefa, reeve[1] 3 a): a ~'s officer=bailiff 2. **4**《英》City of London の助役 (2 人). **5**《豪》最高裁判所の行政官. **6**《NZ》高等裁判所 (High Court) の役人. 〖lateOE *scīrgerēfa*: ⇨ shire, reeve[1]〗

sher·iff·al·ty /ʃérɪ̀fəlti/ *n.* =sheriffship. 〖《1518》《混成》← SHERIFF+(SHRIEV)ALTY〗

shériff clèrk *n.*《スコット》州裁判所 (sheriff's court) の事務官. 〖*c*1378〗

shériff cóurt *n.*《スコット》州裁判所 (county court). 〖1564〗

shériff-depúte *n.* (*pl.* **~s**)《スコット》州 (county) [州区 (district)] の首席裁判官. 〖1446〗

shériff·dom /-dəm/ *n.* =sheriffship. 〖《1385》: ⇨ -dom〗

shériff príncipal *n.* (*pl.* **sheriffs principal**)《スコット》首席裁判官. 〖1501〗

shériff·ship *n.* sheriff の職[職権, 任期] (shrievalty). 〖《1473–74》: ⇨ -ship〗

Sher·lock /ʃə́ːla(ː)k | ʃə́ːlɔk/ *n.* **1** シャーロック《男性名》. **2** [時に s-] =Sherlock Holmes 2, 3. 〖← OE *scīrlocc* ← *scīr* bright (← Gmc **ski-* 'to SHINE')+*locc* 'LOCK[2]'〗

Shérlock Hólmes /-hóumz | -háumz/ *n.* **1** シャーロック ホームズ《Sir Arthur Conan Doyle 作の *A Study in Scarlet* (1887) に始まる探偵小説の主人公》. **2** 探偵, (特に)名探偵. **3** (困難な問題を解くのに)非凡な推理力をもつ人.

Sher·lock·i·an /ʃəːlá(ː)kiən | ʃəːlɔ́k-/ *adj.* シャーロック ホームズの[に似た]; 名探偵の. 〖《1903》 ↑〗

Sher·man /ʃə́ːmən | ʃə́ː-/ *n.* **1** シャーマン《男性名》. **2**《米軍》=Sherman tank. 〖《原義》wool-cutter: ⇨ shear, -man〗

Sher·man /ʃə́ːmən | ʃə́ː-/, **John** *n.* シャーマン《1823–1900; 米国の政治家; W. T. Sherman の弟》.

Sherman, Roger *n.* シャーマン《1721–93; 米国の政治家; 独立宣言署名者の一人》.

Sherman, William Te·cum·seh /tɪ̀kʌ́msə, -si/ *n.* シャーマン《1820–91; 米国南北戦争当時の北軍の将軍》.

Shérman Antitrúst Àct *n.* [the ~]《経済》シャーマン反トラスト法《取引制限に関する契約や経済的独占を禁じた米国連邦法 (1890 年制定); cf. Clayton Antitrust Act》. 〖《1892》この立案者 *John Sherman* にちなむ〗

Shérman tánk *n.*《米軍》シャーマン戦車《第二次大戦で米陸軍が使用した中型戦車; 単に Sherman ともいう》. 〖← *W. T. Sherman*〗

Sher·pa /ʃə́ːpə, ʃéə- | ʃə́ː-/ *n.* (*pl.* ~, **~s**) **1 a** [the ~(s)] シェルパ族《ヒマラヤ山脈に住むチベット族系の高地族; 登山に熟達していて, 登山の案内人・人夫となる》. **b** シェルパ族の人. **2** [s-]《英俗》荷物運搬人, ポーター (porter). **3**《口語》(頂上会談で)首脳を補佐する外交官[役人]. **4** [s-] シェルパ《ウール・ポリエステル・綿混紡の織地; 冬服の裏地などに使われる》.

Sher·riff /ʃérɪ̀f/, **Robert Cedric** *n.* シェリフ《1896–1975; 英国の劇作家・小説家; *Journey's End* (1929)》.

Sher·ring·ton /ʃérɪŋtən/, Sir **Charles Scott** *n.* シェリントン《1857–1952; 英国の生理学者; E. D. Adrian と共に Nobel 医学生理学賞 (1932)》.

sher·ris /ʃérɪ̀s | -rɪs/ *n.*《古》=sherry. 〖《1540–41》↓〗

sher·ry /ʃéri/ *n.* シェリー《スペイン南西部産のアルコール分を強めた白ぶどう酒で, 独特の香りがある; 通例食前酒 (appetizer wine) に用いる; cf. amontillado, fino, oloroso》. 〖《1608》《逆成》← *sherris* ◻ Sp. (*vino de*) *Xeres* (スペインの原産地名, 現名 Jerez): *-s* を複数語尾と誤解〗

Sher·ry /ʃéri/ *n.* シェリー《女性名》. 〖(dim.) ← CHARLOTTE ∥ SHARON〗

shérry cóbbler *n.* シェリーコブラー《シェリー酒にレモンや氷を入れて作るカクテル; cf. cobbler[2] 1》.

's Her·to·gen·bosch /sèətougənbɔ̀(ː)ʃ, -bɑ̀(ː)ʃ | sɛ̀ətəugənbɔ̀ʃ; *Du.* shèrto:xənbɔ́s/ *n.* スヘルトーヘンボス《オランダ南部の都市, North Brabant 州の州都; Den Bosch ともいう; フランス語名 Bois-le-Duc》.

sher·wa·ni /ʃəːwɑ́ːni | ʃəː-/ *n.* シェルワニ《インドの男性用の詰襟の長い上着》. 〖《1911》◻ Urdu & Persian *shirwānī* 《原義》of Shirvan (Iran 北東部の町)〗

Sher·wood /ʃə́ːwud, ʃéə- | ʃə́ː-/ *n.* シャーウッド《男性名》. 〖⇨ Sherwood Forest〗

Sher·wood /ʃə́ːwud | ʃə́ː-/, **Robert E(m·met)** /émɪ̀t/ *n.* シャーウッド《1896–1955; 米国の劇作家; *Abe Lincoln in Illinois* (1938)》.

Shér·wood Fórest /ʃə́ːwud- | ʃə́ː-/ *n.* シャーウッドの森《イングランド中部 (主に Nottinghamshire) にあった昔の王室御料林; 18 世紀末の濫伐により一部を残して消滅; Robin Hood の伝説で有名》. 〖*Sherwood*: OE *Scīr-yuda* 《原義》'WOOD[1] belonging to the SHIRE'〗

she's /ʃiːz/《口語》**1** she is の縮約形. **2** she has の縮約形.

Shet·land /ʃétlənd/ *n.* **1** シェトランド《スコットランド北部の州; 州都 Lerwick; 旧名 Zetland (1974 年まで) (⇨ Shetland Islands)》. **2 a** =Shetland pony. **b** =Shetland sheepdog. **3** [しばしば s-] **a** =Shetland wool. **b** シェットランドウール製の織物[編物].

Shétland Íslands *n. pl.* [the ~] シェットランド諸島《スコットランド北方の Orkney 諸島の北東方にある諸島; 大小約 100 の島から成り, スコットランドの Shetland 州を成す; 面積 1,430 km²》. 〖◻ ON *Hjaltland* ← ? *hjalt* 'HILT'+*land* 'LAND[1]'〗

Shétland láce *n.* (ふち付け用の)シェットランドレース. 〖1882〗

Shétland póny *n.*《動物》シェットランドポニー《Shetland 諸島原産の高さが肩で 3 フィート内外の毛が粗く, 極めて頑丈な一品種の小馬; sheltie, shelty ともいう》. 〖1801〗

Shet·lands /ʃétləndz/ *n. pl.* [the ~] =Shetland Islands.

Shétland shéep *n.* シェトランド種の羊《Shetland wool を採る Shetland 諸島産の羊》. 〖1794〗

Shétland shéepdog *n.* シェットランドシープドッグ《Shetland 諸島原産のコリーに似た小形の作業犬; sheltie, shelty ともいう》. 〖1909〗

Shétland wóol *n.* シェットランドウール: **a** Shetland 諸島産の極細の羊毛. **b** それで作られる毛糸《肩掛け・メリヤスなどを作る》. 〖1790〗

sheugh /ʃúːx/ (*also* **sheuch** /~/)《スコット・北英》*n.* **1** 小峡谷 (gully). **2** 溝(みぞ) (ditch), 塹壕(ざんごう) (trench). — *vt.* …に溝を作る; 〈溝を〉掘る. 〖《1501》 *sough* ← ?〗

she·va /ʃəvɑ́ː/ *n.* =schwa.

She·va Bra·choth /ʃévaːbraːxóut | -xɔ́ut/ *n.*《ユダヤ教》シェバブラホト: **1** 婚礼式とその後のお祝いで唱える 7 つの祈り. **2** 結婚式後の 7 日間の祝いの食事《Sheva Brochos ともいう》. 〖◻ ModHeb. *ševa brahót* < Heb. *šebha berākhōth* 《原義》seven blessings〗

She·vard·na·dze /ʃɛ̀vədnɑ́ːdzeɪ, -dzi | -vəd-; *Russ.* ʃɪvarnádʒɪe/, **Eduard Amvrosiyevich** *n.* シュワルナゼ《1928– ; グルジアの政治家; ソ連外相 (1985–91); グルジア最高会議議長(国家元首 (1992–95), 大統領 (1995–2003))》.

She·vat /ʃəvɑ́ːt/ *n.* =Shebat.

She·vu·oth /ʃə̀ːvuɑ́(ː)θ, ʃəvúːout | ʃævuə̀t/ *n.* =Shabuoth.

shew /ʃóu | ʃə́u/ *v.* (**shewed; shewn**)《英古》=show. **shéw·er** *n.* 〖《異形》← SHOW〗

shew·bread /ʃóubrɛ̀d | ʃə́u-/ *n.*《ユダヤ教》供えのパン《昔ユダヤ人が安息日ごとにヤハウェに供えた 12 個のパンの一つ; cf. *Exod.* 25:30, *Lev.* 24:5–9》. 〖《1530》: ⇨ ↑, bread: Heb. *léḥem (hap-)pānīm* 《原義》the bread of the Divine presence を Luther の訳 *Schaubrot* にならい Tyndal が英訳したもの〗

shewn /ʃóun | ʃə́un/ *v.*《古》=shown.

SHF, shf《略》《通信》superhigh frequency.

shh /ʃː/ *int.* しー (hush!), 静かに (be still!).

Shi·'a /ʃíːə/ *n.* (*also* **Shi·ah** /~/)《イスラム教》**1** [the ~; 複数扱い] シーア派《イスラムの二大分派の中の一派で, Muhammad の婿 Ali をその正統の後継者とし, 初 3 代の Caliph を教主と認めず, また Sunna を正経と認めない; cf. Sunni》. **2** [単数扱い] =Shi'ite. 〖《1626》◻ Arab. *šī'aʰ* company, faction〗

shi·a·tsu /ʃiɑ́ːtsuː | -æts-/ *n.* 指圧. 〖《1967》◻ Jpn.〗

shi·bah /ʃívə/ *n.*《ユダヤ教》服喪期《ユダヤ人が死んだ親兄弟その他の近親のために行う葬式の日から 7 日間の喪に服する期間》: sit ~ 喪に服する. 〖◻ Heb. *šibh'āʰ* seven〗

shib·been /ʃɪ̀bíːn | ʃɪ-/ *n.*《アイル・スコット》=shebeen.

shib·bo·leth /ʃíbəlɛ̀θ, -lɪ̀θ/ *n.* **1** (ある階級や団体の)特別な慣習[服装・主義・言葉遣いなど]. **2** 試し言葉 (test word), 合い言葉, 標語. **3**《聖書》シボレテ ('sh' を発音できなかったエフライム人 (Ephraimites) をギレアデ人 (Gileadites) と区別するために用いた試し言葉; cf. *Judges* 12:4–6). 〖《*c*1384》 *sebolech* ◻ Heb. *šibbṓleth*, stream, ear of corn〗

Shi·be·li /ʃɪbéɪli/ *n.* シベリ(川)《アフリカ東部, エチオピア南東部に発し, ソマリアの Juba 川付近の湿地帯に注ぐ》.

shi·cer /ʃáɪsə | -sə(r)/《豪》*n.* **1**《俗》詐欺師 (swindler). **2** 生産のない鉱山. 〖《1846》◻ G *Scheisser* contemptible person, shithead ← *scheissen* to defecate: cf. shit〗

shick·er /ʃíkə | -kə(r)/《豪俗》*adj.* 酔っ払った. — *n.* **1** 酔っ払い. **2** 酒, アルコール飲料. 〖《1892》◻ Yid. *shiker* ◻ Heb. *šikkōr* drunken ← *šākhár* to be drunk〗

shíck·ered *adj.*《豪俗》酔っ払った. 〖1898〗

shid·duch /ʃídəx | -dəx/ *n.* (*pl.* **shid·du·chim** /ʃɪdúːxɪm/)《ユダヤ教》**1** 見合い結婚(の仲介). **2** (交渉の上での)合意. 〖《1892》◻ Heb. *šiddūkh* ← *šiddēkh* to negotiate a marriage〗

shied *v.* shy の過去形・過去分詞.

shiel /ʃiːl/ *n.*《スコット》=shieling.

shield /ʃiːld/ *n.* **1** 保護物, 防御物 (protection, defense); 保障 (bulwark); 保護者 (protector), 擁護者, 防御者, 後ろ盾 (defender): taking the ~ of faith 信仰の盾を取り (cf. *Eph.* 6:16) / He is our help and our ~. われらの助けわれらの盾なり (cf. *Ps.* 33:20). **2 a** 盾 (昔, 防身のため通例左腕にかけて持った, 槍・刀などに対する金属[木・皮]製の防御具; cf. buckler 1, targe): the other side of the ~ 盾の半面; 物事の裏, 問題の他の一面 / Return [Come back] with your ~ or upon it. (戦に勝って)盾を持って帰れ, さもなくば(戦死して)盾に乗って帰れ (昔, Sparta で出陣の息子に母親が与えた言葉であるという). **b**《米》盾形の記章[トロフィー]; 警官[クラブなど]のバッジ. **3 a** (衣服のわき下などに当てる布製の)汗よけ (dress shield). **b** 犂(すき)の土よけ. **c** (機械工を保護し, 機械にほこりがかからないようにする)遮蔽, 鎧装(がいそう). **4**《土木・鉱山》シールド, 構盾(こうじゅん)《トンネル・鉱坑を掘る時に用いられる枠》. **5**《砲術》防盾(ぼうじゅん)《砲手を保護する盾》. **6 a**《電気》シールド《磁力線・静電気・電磁波などからの遮蔽物》. **b**《物理》遮蔽, 遮蔽物 (shielding)《放射線に対し遮蔽作用を生じさせるもの》. **7**《動物》盾状の保護物《カメの甲など》. **8**《造船》覆面 (⇨ mask 12). **9**《地質》楯状地《主として先カンブリア紀岩類が広大な面積を占めて露出している楯状の地域; cf. Baltic [Canadian] Shield》. **10**《紋章》盾形 (escutcheon)《正しくは実用の盾を shield, 紋章図形の盾を escutcheon というが, escutcheon と同義に混用されている》. **11**《植物》菌類の裸子器 (apothecium). **12** [the S-]《天文》たて(盾)座 (⇨ scutum 4). **13** [the ~] **a**《豪》=Sheffield Shield. **b**《NZ》=Ranfurly Shield.

Shíeld for péace [the —]《紋章》Black Prince, Edward が平時に使用したダチョウの羽 3 本を立てた盾および紋章《英国皇太子の badge が PLUME of ostrich feather であるのはこれに由来する》.

Shíeld of Dávid [the —]《ユダヤ教》ダビデの星 (⇨ Magen David).

— *vt.* **1** 保護する (protect), かばう, かくまう, 覆う 〔*from*〕(⇨ defend SYN); 盾で守る: The hedge ~*s* the cattle *from* the wind. 生垣は牛が風にさらされないようにする / ~ a country *from* danger [invasion] 国の危険[侵略]を防ぐ / ~ a swindler *from* prosecution 詐欺師を告発されないようにかばう. **2** 見えなくする, (視界から)さえぎる, 隠す (hide). **3** [God [Heaven] ~ として]《廃》〈不幸などを〉避ける, よける (avert); 禁じる (forbid): *God* ~ *that* …! …なかれかし / *God* ~ I should disturb devotion! お勤めの邪魔はするつもりがありません (Shak., *Romeo* 4. 1. 41). — *vi.* 盾となる, 後ろ盾となる, 守護[保護]する (defend).

~·er *n.* **~·lìke** *adj.* 〖OE *sc(i)eld* < Gmc **skelðuz* (G *Schild*) ← IE **(s)kel-* to cut: ⇨ scale[2,3]. — v.: OE *sc(i)eldan* ← *sc(i)eld*〗

shíeld-bàcked búg *n.*《昆虫》=shield bug. 〖1895〗

shíeld bèarer *n.* 盾持ち《昔 knight の従者》. 〖1603〗

shíeld bùg *n.*《昆虫》カメムシ《カメムシ科の悪臭のある昆虫; 盾状の小盾板 (scutellum) がある》. 〖1882〗

shíeld crìcket *n.*《豪》クリケットのシェフィールドシールド (Sheffield Shield) 争奪戦.

shíeld·ed cáble *n.*《電気》遮蔽ケーブル, シールドケーブル《遮蔽された電線》.

shíeld fèrn *n.*《植物》オシダ属 (*Dryopteris*) とイノデ属 (*Polystichum*) のシダの総称 (buckler fern ともいう). 〖1814〗

shíeld-hànd *n.* [the ~] (盾を持つ)左手 (cf. spear hand). 〖1891〗

shíeld·ing *n.* **1** 遮蔽. **2**《物理》(放射線の)遮蔽. 〖《1581》: ⇨ -ing[1]〗

shíeld làw *n.*《米》取材源秘匿法《ジャーナリストに取材源の秘匿を認める法律》. 〖1972〗

shíeld·less *adj.* **1** 盾のない. **2** 無防備の, 保護のない (undefended, unprotected). 〖*a*1375〗

shíeld màtch *n.* **1**《豪》(Sheffield Shield 争奪の)クリケット試合. **2**《NZ》(Ranfurly Shield 争奪の) ラグビー試合.

shíeld·tàil *n.*《動物》シールドテイル《東洋産の小型で穴居性のミジカオヘビ科のヘビの総称; 尾の先は切断されたようになっている》. 〖1863〗

shíeld-tàiled snáke *n.*《動物》=shieldtail.

shíeld volcàno *n.*《地質》楯状火山.

shiel·ing /ʃíːlɪŋ/ *n.*《スコット》**1** 羊飼小屋《夏期宿泊用》. **2** (山岳地帯の)夏期放牧場. 〖《1568》← 《スコット》 *shiel* shed (cf. ON *skāli* hut, *skjōl* shelter): ⇨ -ing[1]〗

shi·er /ʃáɪə | ʃáɪə(r)/ *n.* ものに驚きやすい馬, 後ずさりする癖のある馬. 〖《1829》← SHY[1] (v.)+-ER[1]〗

shies /ʃáɪz/ *v.* shy[1,2] の三人称単数現在形. — *n.* shy[2] の複数形.

shift /ʃíft/ *vt.* **1 a** 移す, 転じる, 移し替える (transfer) (⇨ move SYN): ~ one's lodgings《英》下宿を変える / ~ furniture *from* one room *to* another 家具をある部屋から別の部屋へ移し替える / ~ a suitcase *over to* one's left hand スーツケースを左手に持ち替える / ~ the blame [responsibility] *onto* [*to*] another 責めを他人に転嫁する. **b**《米》(自動車で)〈ギアを〉入れ換える (change): ⇨ *shift* GEARS. **2 a** 変える, 変化させる; 取り替える (exchange); 別物にする (change): ~ the scene(s) [scenery] 場面[道具立て]を変える / ~ the course 針路を変える / ~ the helm ⇨ helm[1] 1 b / ⇨ *shift one's* GROUND[1] / ~ one's position (守備)位置を変える / ~ the furniture all around 家具をすっかり替える / We tried to ~ her (*from* her point of view), but she wouldn't budge. 彼女(の考え方)を変えようとしたが彼女は変えようとしなかった. **b**《古・方言》〈衣服を〉替える. **3**《英》**a** 除く, 取り払う (remove): ~ the rubbish *out of* the way がらくたを片付ける / I can't seem to ~ these stains [this cold]. このしみは取れ[この風邪は抜け]そうにない. **b** 〈店・会社などが〉〈物を〉売りさばく. **4**《口語》〈食べ物・飲み物を〉食い[飲み]尽くす, 平らげる (consume). **5**《音声》〈母音・子音を〉(体系的に)変化させる. **6**《電算》〈情報のビットを〉桁移動する (cf. *n.* 13). — *vi.* **1 a** 移る, 転じる; 位置[方向, 住居]を変える, 変わる: ~ *from* one position *to* another 位置を転じる / ~ *down* to the flat below《英

口語》下の階のアパートに移る / The cargo ~*ed* in the storm. 嵐にあって積み荷が動いた / He ~*ed* uncomfortably in his chair. 椅子についた彼は落ち着かぬ様子でもじもじした / His glance ~*ed* (*over*) *to* her. 彼の視線は彼女に向けられた / *Shift over* and give me some room! どいて場所をあけてよ / ~ *in* one's opinions (始終)意見が変わる / She won't ~ (*on* this issue). (この問題について)考えを変えないだろう / ~ (*around*) *from* job *to* job 転々と職を変える. **b** (タイプライターなどのシフトキー (shift key) を押して)小文字などから大文字などへ切り替える. **c** 《米》(自動車の)ギアを入れ替える ‹*down, up*›: ~ *into* [*out of*] second gear. **d** 〘音楽〙(バイオリンなどを弾く時)左手を移動させる. **2 a** ‹場面・状況などが›変化する, 変わる: The scene ~*s* (from Greece to Rome [between Greece and Rome]). 舞台の場面が(ギリシャからローマに)変わる. **b** 〘言語〙‹音韻が›推移する[変化する]. **c** 《古・方言》着替えをする. **3 a** いろいろとやってみる, やりくり算段する; 口すぎする: ~ *for* oneself 自分でやりくりする. **b** 《英古》《米》ごまかす, 逃げ口上を言う: ~ and prevaricate とやかくと言を左右にする. **4** 《英口語》**a** すばやく動く; 立ち去る; 消える: *Shift* out of here this instant! 即刻ここを出ろ / This stain [cold] just refuses to ~! このしみ[風邪]はどうしても抜けない. **b** 住居を変える: They keep ~*ing* around. 住居を転々と変えている.

shift óff ‹責任などを›回避する, 人に転嫁する. ⦅1577⦆

shift (*one's wéight*) ***from óne fóot to the óther*** 体の重みを一方の足から他方へ移す.

— *n.* **1 a** 移し替え, 移転, 転移 (transfer): (a) functional ~ 〘文法〙機能転換 (conversion, functional change) / a ~ of responsibility 責任の転嫁 / a ~ (*from* one department) *to* another department [*between* departments] (ある部門から)別の部門へ[部門の間で]変わること / a ~ of interest [emphasis] *from* history *to* literature 興味[重点]が歴史から文学へ移ること. **b** 取り替え (substitution): a ~ of scenery 場面の転換. **c** 《米》(自動車の)変速装置, 変速 (gearshift): an automatic [a manual] ~. **2** 変化, 変遷 (change); 盛衰, 移り変わり (vicissitude): a ~ *in* the wind 風向きの変化 / ~*s in* fashion 流行の変遷 / ~*s in* policy 政策の変換. **3** 交代(制), シフト; 交代勤務時間, (交代の)出番; [集合的] 交代で働く一組の勤務者, 交代組: ⇨ double shift / an eight-hour ~ 8 時間交代制 / ⇨ day shift, night shift / *on* the morning [evening] ~ 朝[夜]番の[で] / work ~*s* 交代で働く / They decided to work *in* ~*s* to get the job done. 仕事を終わらせるために交代でやることにした / do ~ work 交代制で働く / ~ workers 交代で働く人 / The next ~ arrived late. 次の交代組が遅れた / operate *on* triple ~*s* ‹工場が› 3 交代で操業する; ‹学校が› 3 部授業を行う. **4 a** シフトドレス《肩からまっすぐに下りたゆるやかなドレス; ウエストにベルトをすることもある》. **b** 《まれ》婦人のスリップ[シュミーズ]. **c** 《方言》シャツ; 着替え. **5** 《古》**a** 手段, 方法 (means): as a desperate ~ 窮余の一策として / try every ~ available 手を変え品を変えやってみる, 万策を講じる / ⇨ *make* SHIFT. **b** [通例 *pl.*] (困窮して取る)極端な手段 (extremity), 方便, やりくり算段: be put [reduced] to ~*s* 窮余の策に出る / for (a) ~ 《廃》間にあわせに. **c** ごまかし (dodge), 術策, 計略 (trick), 小細工 (artifice): full of ~*s* and devices 策略縦横の / resort to dubious ~*s* いかがわしい手を用いる. **6** (タイプライターを打つ時の)切り替え, シフト《大文字などを打つためにタイプバーを下げること》. **7** 〘音楽〙(バイオリンなどを弾く時の)左手の移動《指板上で手の位置を変えること》. **8** 〘言語〙音の推移《vowel shift (母音推移)と consonant shift (子音推移)とがある; 例: OE *nama* /náma/ < ME *name* /náːm(ə)/ > Mod. E *name* /néɪm, néɪm/ / Gk *pater*: L *pater*: E *father*; cf. Grimm's law, Great Vowel shift》. **9** 〘アメフト〙シフト《主審によりボールがスクリメージのためプレー開始準備完了後, 攻撃側チームの 2 名以上の選手が最初の位置から新しい位置に転換すること》. **10** 〘野球〙シフト《特定の打者に対して右[左]寄りまたは浅く[深く]敷く守備位置 (position) の変更》. **11** 〘トランプ〙=switch *n.* 8. **12** 〘物理〙(電波・光・音波などの)周波数のずれ, 偏移 (⇨ Doppler effect). **13** 〘電算〙シフト, 桁移動《2 進数を表す情報のビット位置をそのまま左右に移動する》. **14** 〘石工〙目地(めじ)のずれ. **15** 〘鉱山〙鉱脈のずれ, 断層 (fault); 断層の変位距離. **16** 〘農業〙(輪作の)一作物; 輪作農地.

gét a shift òn 《口語》(以前にもまして)馬力をかけて[てきぱき]働く, ピッチをあげる. ***màke shift*** (1) どうにかして…するし(manage) ‹*to do*›: *make* ~ *to* support a large family なんとか工面して大家族を養う. (2) やりくりする, どうにかやっていく: *make* ~ *with* [*on*] a small income [*without* a servant] わずかの収入で[使用人なしで]どうにかやっていく. ⦅*c*1460⦆

〚v.: OE *sċiftan* to arrange ← Gmc **skiftjan* (G *schichten*). — n.: ⦅*a*1325⦆ *schift* ? ← (v.)〛

shift·a·ble /ʃíftəbl/ *adj.* **1** 移すことができる. **2** 所有権の移転ができる: a ~ asset. ⦅1742⦆: ⇨ ↑, -able〛

shíft bìd *n.* 〘トランプ〙=switch *n.* 8.

shíft·er *n.* **1** 移す人[物]; 移動装置: a scene ~ 舞台方, 大道具方. **2** ごまかす人, 不正直者. **3** (鉱山などの)交替職工長. **4** 〘機械〙=belt shifter. **5** 《豪》= shifting spanner. ⦅*c*1562⦆: ⇨ -er¹〛

shíft·ing /ʃíftɪŋ/ *adj.* **1** 移動する; 変わる, ‹風向きなど›変わりやすい: ~ sand 流砂. **2** 術策を弄する, ごまかしの. — *n.* 移動, 移り変わり (moving); 取り替え, 更迭, 変化: the ~ of scenery 場面の転換. ⦅?*a*1200⦆: ⇨ -ing〛

shífting ágriculture *n.* =shifting cultivation.

shífting bòards *n. pl.* 〘海事〙仕切り板, 荷止め板《船舶設備規程に定められている法定設備で, バラ積み荷物の移動を防止するための中央仕切り板》. ⦅1833⦆

shífting cultivátion *n.* 移動農耕, 焼き畑農耕. ⦅1922⦆

shífting fìeld *n.* 〘電気〙移動磁界.

shífting spànner *n.* 《豪》自在スパナ (shifter).

shífting stréss *n.* 〘音声〙移動強勢《sèventéen の強勢が séventèen bóys のように移動するときなど》.

shíft kèy *n.* **1** (タイプライターの)シフトキー《キャリッジを上げたり, タイプバーを下げたりするキー》. **2** 〘電算〙シフトキー《他のキーと組み合わせて使用して, 当該のキーに通常とは異なる意味を与えるキー》. ⦅1893⦆

shíft·less *adj.* **1** いくじのない, 無能な, 働きのない (inefficient), 無策な, 無気力な. **2** やる気のない, だらしない, 怠惰な (lazy). **~·ly** *adv.* **~·ness** *n.* ⦅1562⦆

shíft lèver *n.* (自動車の)変速レバー, シフトレバー (gear lever). ⦅1920⦆

shíft lòck *n.* (タイプライターの)シフトロック《大文字などを打つためにシフトキーを固定させるキー》. ⦅1899⦆

shíft-on-the-flý *adj.* 《米》〘限定的〙‹自動車が›(運転しながら) 2 輪 [4 輪] 駆動に切り替えられる.

shíft règister *n.* 〘電算〙シフトレジスター《記憶された 2 進数字の位置を移動する機能をもつデータ記憶装置》. ⦅1950⦆

shíft stìck *n.* 《米》(自動車の)シフトレバー (gear lever).

shíft·wòrk *n.* 交替勤務(制度). ⦅1708⦆

shift·y /ʃífti/ *adj.* (**shift·i·er, -i·est; more ~, most ~**) **1** 方策[工夫]に富んだ (resourceful). **2 a** 策略好きの, 策士の, ごまかし上手な (tricky). **b** 逃げがちな (elusive): a ~ boxer 逃げのうまいボクサー. **3** 当てにならない (unreliable), いい加減な, 不正直な (dishonest): He is too ~ to be trusted. いい加減なことを言うので当てにならない. **4** 盗み見る, ずるそうな (furtive): a ~ glance 盗み見 / ~ eyes うさんくさい目つき. **shíft·i·ly** /-təli, -tḷi | -tɪ̣li, -tḷi/ *adv.* **shíft·i·ness** *n.* ⦅1570⦆: ⇨ shift, -y⁴〛

Shí·ga bacíllus /ʃíːgə-, -gɑː-/ *n.* 〘細菌〙志賀菌《赤痢菌の一つ; Shiga dysentery bacillus ともいう》. ⦅1900⦆

Shíga dýsentery bacìllus *n.* 〘細菌〙=Shiga bacillus. 〚その発見者志賀潔 (1870–1957) にちなむ〛

shi·gel·la /ʃɪgélə | ʃɪ-/ *n.* (*pl.* **-gel·lae** /-liː, -laɪ/, **~s**) 〘細菌〙赤痢菌, シゲラ《シゲラ属 (*Shigella*) の微生物》. ⦅1919⦆ ← NL ~ ← *Shiga* (↑) + -ELLA〛

shi·gel·lo·sis /ʃɪgəlóusɪ̣s | -lə́usɪs/ *n.* 〘病理〙シゲラ症《志賀菌による赤痢》. ⦅1944⦆ ← NL ~: ⇨ ↑, -osis〛

Shih·chia·chuang /ʃíːtʃiàːtʃwáːŋ/ *n.* =Shijiazhuang.

Shi Huang-di /ʃíːhwáːŋtíː; *Chin.* ʂɪ̀xuáŋtì/ *n.* 始皇帝(しこうてい) (259–210 B.C.; 中国秦(しん)朝の祖で自ら始皇帝と称する).

Shih Tzu /ʃíːtsúː, ʃítsúː, ʃíː-/ *n.* (*also* **shih-tzu** /~/) シーズー《鼻口部が方形で短く, 短脚で毛が長くて密の小型のイヌ》. ⦅1921⦆ ◻ Chin. shizi (獅子)〛

Shi·i /ʃíːiː/ *n.* =Shi'ite.

Shi'·ism /ʃíːɪzm/ *n.* (*also* **Shi·ism** /~/) 〘イスラム教〙シーア派 (Shi'a) の教義. ⦅1883⦆ ← SHI'A + -ISM〛

shii·ta·ke /ʃɪtáːkeɪ, ʃiː-, -ki/ *n.* シイタケ(椎茸) (*Lenticus edodes*). ⦅1877⦆ ◻ Jpn.〛

Shi'·ite /ʃíːaɪt/ *n.* (*also* **Shi·ite** /~/) シーア派 (Shi'a) の信徒. **Shi·it·ic** /ʃiːítɪk | -tɪk/ *adj.* ⦅1728⦆ ← SHI'A + -ITE¹〛

Shi·jia·zhuang /ʃíːdʒiàːdʒuáːŋ | -dʒuǽŋ; *Chin.* ʂɨ̀tɕiātʂuāŋ/ *n.* 石家荘(シーチャチョアン)《中国河北省 (Hebei) の省都》.

shi·kar /ʃɪ̣káə | ʃɪkáː(r); *Hindi* ʃɪkaːr/ 《インド》*n.* 狩猟 (hunting), 遊猟 (sport). — *vt., vi.* (**shi·karred; shi·kar·ring**) 狩猟する. ⦅*a*1613⦆ ◻ Hindi *śikār* ◻ Pers. *shikār*〛

shi·ka·ra /ʃíkərə/ *n.* シカーラ: **a** Kashmir 地方のゴンドラに似た小舟. **b** 〘建築〙インドの中世の寺院の本殿にそびえる高塔 (cf. gopura, vimana). ⦅1875⦆ ◻ Skt *śikhara*〛

shi·ka·ri /ʃɪ̣káːri, -kǽri/ *n.* (*also* **shi·ka·ree** /~/) 《インド》(狩猟隊の案内をする)猟師, 狩猟家 (hunter). ⦅1827⦆ ◻ Hindi *śikārī* ◻ Pers. *shikārī* ← *shikār* 'SHIKAR'〛

shik·ker /ʃíkə | -kə(r)/ *adj., n.* =shicker.

shik·ra /ʃíkrə/ *n.* 〘鳥類〙タカサゴダカ, シクラー (*Accipiter badius*)《インド周辺産のハイタカ属の小型のタカ; 時に鷹狩り用に使う》. ⦅1839⦆ ◻ Hindi *śikrā* ◻ Pers. *shikara*〛

shik·sa /ʃíksə/ *n.* (*also* **shik·se** /~/) **1** [しばしば軽蔑的に] ユダヤ人でない(若い)女性. **2** [ユダヤ人が用いて] ユダヤの戒律を守らないユダヤ人の(若い)女性 (cf. shegetz). ⦅1892⦆ ◻ Yid. *shikse* (fem.) ← *sheygets* 'SHEGETZ'〛

Shilh /ʃɪtx/ *n.* =Shluh.

shi·ling·i /ʃɪlíŋi; *Swahili* ʃiliŋgi/ *n.* (*pl.* ~) **1** シリンギー《タンザニアの通貨単位; =100 senti [cents]; 記号 Sh, Tsh; shilling ともいう》. **2** 1 シリンギー貨. ⦅1966⦆ ◻ Swahili ~ ◻ E SHILLING〛

shill /ʃíl/ 《米俗》*n.* (大道商人と組む)さくら. — *vi.* さくらをやる. ⦅*c*1914⦆ (略) ↓〛

shil·la·ber /ʃíləbə | -bə(r)/ *n.* =shill. ⦅1913?⦆

shil·le·lagh /ʃɪ̣léɪlə, -li | ʃɪ-/ *n.* (*also* **shil·la·lah** /~/) 《アイル》カシまたはリンボクの棍棒. ⦅1677⦆ ← *Shillelagh*: その原木の産地であるアイルランド Wicklow 州の町の名〛

shil·ling /ʃílɪŋ/ *n.* **1 a** シリング《Norman Conquest 以降 1971 年 2 月までの英国の通貨単位; =¹⁄₂₀ pound =12 pence; 略 *s.*; 記号は / (cf. shilling mark)》: 6 ~*s* 6 pence [6*s.* 6*d.*, 6/6] 6 シル 6 ペンス / eight ~*s* ten 8 シル 10 ペンス. **b** シリング貨幣《Henry 七世のとき初めて発行されて 1946 年まで続いた 1 シリング銀貨(それ以降 1971 年 2 月までは白銅貨)》. **2** シリング《もとオーストラリア・ガーナ・アイルランドなど英連邦内の各国で使用した通貨》. **3 a** シリング《ケニア・ウガンダの通貨単位; =100 cents; 記号 Sh》; 1 シリング貨. **b** シリング《ソマリアの通貨単位; =100 cents; 記号 Sh, Sosh》; 1 シリング貨. **c** =shilingi. **4** 《米》シリング硬貨《昔東部 13 州で用いられた通貨; 価値は州によって違っていた》. **5** =shilling mark.

cút a person óff with a shilling (申し訳に 1 シリングだけ与えて)‹人を›勘当する, 廃嫡する (disinherit); ‹人›に(ほんの名ばかりの金を与えて)遺産を与えない. ⦅1700⦆ ***nót the fúll shilling*** 《英口語》頭の鈍い. ***táke the King's*** [***Quéen's***] ***shilling*** ⇨ king's shilling.

〚OE *sċilling* < Gmc **skillingaz* (Du. *schelling* / G *Schilling*) ← ? IE **(s)kel-* to cut (cf. scale²³, shell, shield): ⇨ -ing³〛

shílling màrk *n.* (英国旧通貨制度で)シリング記号 (/)《*s* の古い書体を記号化したもの》. ★ 2/6 と書き two shillings and six pence または two and six と読んだ. ⦅1888⦆

shílling shòcker *n.* 《英》**1** 犯罪小説《ビクトリア朝後期にはやった犯罪・暴力小説; cf. penny dreadful》. **2** 煽情的な小説. ⦅1886⦆

shílling's·wòrth *n.* (*also* **shíllings·wòrth**) 1 シリングで買える物[分量]; 1 シリングの価値. ⦅*a*1325⦆ *s(h)illingworth*〛

Shil·long /ʃɪlɔ́(ː)ŋ, -lá(ː)ŋ | -lɔ́ŋ/ *n.* シロン《インド北東部, Meghalaya 州の州都; 保養地》.

Shil·luk /ʃɪlúːk | ʃɪlúk/ *n.* (*pl.* **~s**, ~) **1 a** [the ~(s)] シルック族《白ナイル西岸に住むスーダンの民族》. **b** シルック族の人. **2** シルック語. ⦅1790⦆

shil·ly-shal·ly /ʃíliʃæ̀li/ *n.* **1** 優柔不断, 不決断 (indecision); ぐずつき, ためらい (hesitation). **2** 優柔不断な人. — *adj.* 優柔不断な, ぐずぐずした (irresolute); ためらっている (vacillating). — *adv.* ためらって, ぐずぐずして. — *vi.* **1** ぐずつく, ためらう. **2** のらくら時間を過ごす. **shíl·ly-shàl·li·er** *n.* ⦅1700⦆ (加重) ← *shall I?*: cf. dillydally, wishy-washy〛

Shi·loh¹ /ʃáɪlou | -ləʊ/ *n.* シャイロー《米国 Tennessee 州南西部の国立軍事公園; 南北戦争中の激戦地 (1862); 面積 15 km²》.

Shi·loh² /ʃáɪlou | -ləʊ/ *n.* シロ《Palestine 中央部の古都; ここに Joshua が会見の幕屋 (tabernacle) を建てた; cf. *Josh.* 18:1》.

shil·pit /ʃílpɪ̣t | -pɪt/ *adj.* 《スコット》**1** ‹人が›病弱な (sickly), 弱々しい, かよわい (feeble). **2** ‹酒が›弱い, 気の抜けた (insipid). ⦅1813⦆ ← ?: cf. 《スコット》*shilp* a pale sickly girl〛

shi·ly /ʃáɪli/ *adv.* =shyly.

shim /ʃím/ *n.* (水平にしたり, 補足したりするための)詰め木[金], はさみ木[金], くさび. — *vt.* (**shimmed; shimming**) …に詰め木[はさみ金, くさび]を入れる. ⦅1723?⦆

shi·mal /ʃəmáːl/ *n.* 〘気象〙=shamal.

shim·i·ya·na /ʃɪmijáːnə/ *n.* 《南ア》シミヤナ《糖蜜または砂糖を水で薄めたものを日光に当てて発酵させて造る自家製醸造酒》. ⦅1870⦆ ◻ Bantu (Zulu) *isishimeyana*〛

shim·mer /ʃímə | -mə(r)/ *vi.* **1** ちらちら光る, かすかに光る, 微光を放つ (glimmer). **2** (熱・光のせいなどで)揺らめく; 揺れる像が映る. — *vt.* ちらちら光らせる, かすかに光らせる. — *n.* **1** ちらちらする光, 微光 (glimmer). **2** 揺らめくこと, 揺らめく像. 〚OE *sċym(e)rian* ← Gmc **skim-* (G *schimmern*) ← IE **skeəi-* 'to SHINE': ⇨ -er⁴〛

shím·mer·ing /-mərɪŋ/ *adj.* ちらちらする; 揺らめく. — *n.* =shimmer. **~·ly** *adv.* 〚lateOE *sċymriende*〛

shim·mer·y /ʃíməri/ *adj.* ちらちら光る (shimmering). ⦅1883⦆: ⇨ shimmer, -y⁴〛

shim·my¹ /ʃími/ *n.* 《口語・方言》=chemise. ⦅1837⦆ (短縮) ← CHEMISE: ⇨ -y²〛

shim·my² /ʃími/ 《米》*n.* **1** シミー《1920 年ごろ米国ではやった腰や肩を震わせながら踊るジャズダンス》: shake a ~ シミーを踊る. **2** (自動車などの前輪の)異常な振動, シミー. — *vi.* **1** シミーを踊る. **2** ‹自動車の前輪が›異常に振動する. ⦅1917⦆ (略) ← *shimmy-shake, shimmy shiver* to shake one's chemise: ↑〛

shin¹ /ʃín/ *n.* **1 a** 向こうずね《knee から ankle までの前面; ⇨ leg 挿絵》. **b** 〘解剖〙脛骨(けいこつ) (tibia). **2 a** 牛のすね肉《シチュー用の肉片; ⇨ beef 挿絵》. **b** 牛の前足の下の部分. — *v.* (**shinned; shin·ning**) — *vi.* **1** よじ登る ‹*up*›. **2** 《米》徒歩で行く, 歩く, 走り回る (walk, run) ‹(*a*)*round, about, along*›. — *vt.* **1** (手と足でつかまって)‹木など›に登る ‹*up*›: ~ *up* a tree. **2** …の向こうずねを蹴る, 蹴って傷つける (hack): ~ *oneself* against a rock 岩に向こうずねをぶつける. 〚lateOE *sċinu* ← Gmc **skinōn* (原義) piece cut off (G *Schien(bein)* shinbone, *Schiene* thin plate) ← IE **skei-* to cut: ⇨ shed²〛

shin² /ʃíːn, ʃín/ *n.* シン《ヘブライ語アルファベット 22 字中の第 21 字で [ʃ] の音を表す: ש (ローマ字の S に当たる); ⇨ alphabet 表》. ⦅1823⦆ ◻ Heb. *šīn*=*šēn* tooth: 歯の形を表す象形文字から〛

Shi·na /ʃíːnə/ *n.* シーナ語《Kashmir 北部で話される言語; ダルド (Dard) 語の一つ》.

Shi·nar /ʃáɪnə, -nɑə | -nə(r, -nɑː(r/ *n.* 〘聖書〙シナル《古代バビロニアの平野; Sumer と呼ばれたその南部地方 (Tigris, Euphrates 両河の下流)と考えられる; cf. *Gen.* 11:2》.

Shin Bet [Beth] /ʃínbét/ *n.* シン ベト《イスラエルの国家保安機関の一つで, 主に防諜活動を行う》. 〘⇨ Mod-Heb. *šin bet*《頭字の名称》← *šerút bitahón (klolí)* (general) security service ← *šerút* service＋*bitahón* security＋*klolí* general〙

shín·bòne *n.* すねの骨. 〘lateOE *scinbān*〙

shin·dig /ʃíndɪɡ/ *n.* 《口語》＝shindy 2. 〘《1871》《変形》↓: SHIN¹ と DIG の影響をうけた〙

shin·dy /ʃíndi/ *n.* (*pl.* **~s, shin·dies**)《口語》**1** 大騒ぎ, 騒動, いざこざ (row, noise): kick up a ~ 大騒ぎ[ごたごた]を始める. **2** 騒がしい舞踏会[宴会, パーティー]. 〘《1821》《転訛》? ← SHINNY¹〙

shine /ʃáɪn/ *v.* (**shone** /ʃóʊn, ʃɑ́(ː)n | ʃɔ́n/, **shined** (★ *vt.* 2 および成句以外では《古》); **shin·ing**) — *vi.* **1 a** (光を出して)(きらきら)輝く, きらめく, 照る: The sun ~s bright(ly). 太陽はさんさんと輝く / The sun *shone out* (through the clouds). (雲が切れて)太陽がさっと照り出した / The full moon *shone* (*down*) *upon* the road. 満月がこうこうと道を照らしていた / A light is *shining in* [*through*] the window. 窓に明かりが一つ輝いている. **b** (光を反射して)輝く, 光る (gleam): Jewels ~ in the sun. 宝石は日の光を受けてきらきら輝く. **c** 〈光が〉まぶしいほどぎらぎらする. **2 a** 〈目・顔などが〉(興奮・幸福などで)輝く, 明るい 〔*with*〕: His face [eyes] *shone with* happiness. 彼の顔[眼]は幸福で輝いていた. **b** 〈興奮・幸福感などが〉はっきり表れる, 輝き出る: Contentment *shone* from his face. 満足感が顔から輝きあふれていた / His love for his wife *shone* in his features. 妻への愛情が顔の表情にまで輝いていた. **3** 異彩を放つ, 際立つ, 目立つ, 秀でる, 優れる (excel): ~ in society 社交界で光る[異彩を放つ] / ~ *at* baseball [English] 野球[英語]がうまい / He does not ~ *in* conversation. 彼は話をしてもぱっとしない《話し下手である》/ He ~*s as* a manager. 支配人をやらせたら彼の右に出る者はない.

— *vt.* **1 a** 〈電灯などの光を向ける, 照らす: ~ a flashlight *down* [*up*, *into* a dark corner] 懐中電灯を下に[上に, 暗い隅に]向けて照らす. **b** 〈光を〉出す; 〈微笑などを〉輝かせる. **2** (**shined**) 〈靴・金具などに〉つやを出させる, 磨く (★《英》では polish のほうが普通) (⇨ polish SYN): ~ one's shoes 靴を磨く.

shine through (1) 〈光などが〉(物を通して)届く, 差し込む: Open the curtains and let the sun ~ *through*. カーテンを開けて光を入れなさい. (2) 〈事が〉見てとれる, はっきり分かる: Despite all adversity, her courage *shone through*. 困難にもかかわらず彼女の勇気はあふれ出ていた. ***shine úp to*** 《米俗》〈人〉に取り入ろうとする, (特に)〈異性〉に親切にする, 色目を使う (★ shine の変化は規則変化). 《1882》

— *n.* **1** 光, 輝き (brightness, luster): the ~ of the streetlights [polished brass] 街灯[磨いた真ちゅう]の光. **2** 光輝 (brilliance), 輝かしさ (splendor), はなやかさ (show). **3 a** (絹などの)光沢 (gloss), (靴などの)つや (polish). **b** (ズボンのしりなどの)てかてか《すり切れて起こる》. **c** 光沢[つや]を出すこと. **d** (靴を)磨くこと (polish) (cf. shoeshine): give one's shoes a (good) ~ 靴を(ぴかぴかに)磨く. **4** 日光, 照り, 晴れ: rain or ~ ⇨ rain 成句. **5** [通例 *pl.*]《米口語》ふざけ, 戯れ (caper), いたずら, ごまかし (prank): pull ~*s* いたずらをする. **6**《英俗》大騒ぎ (shindy, disturbance). **7**《口語》好き, 好み (liking, fancy): ⇨ *take a* SHINE *to*. **8**《米俗》[軽蔑的に] 黒人 (Negro). **9**《米俗》＝moonshiner. ***take a shine to*** …が好きになる, にほれる. ***táke the shine óff*** [***óut of***] (1) …の光沢を消す; …のてかてかを取る. (2) …をして顔色なからしめる, 見劣りさせる. 《1819》

〘v.: OE *scīnan* < Gmc **skīnan* (Du. *schijnen* // G *scheinen*) ← IE **skeəi-* to gleam (Gk *skiá* shadow / Skt *chāyā* shadow, reflection). — n.: 《*a*1529》← (v.)〙

shín·er *n.* **1 a** 光る[光らせる]人, 光る物. **b** ダイヤモンド. **c** 星. **2** 《俗》(打たれてできた)目のまわりの黒あざ (black eye). **3**《英俗》ぴかぴかのお金, (特に)ポンド金貨 (sovereign); 金[銀]貨 (1 個). **4** (織物の)輝線《フィラメント織物の欠点の一つ》. **5**《米俗》＝moonshiner. **6** 〘魚類〙 **a** 淡水産の数種の銀色の小魚類の総称. **b** サバ (mackerel) など数種の銀色の魚類の総称. **7** 《NZ 口語》浮浪者. 〘*a*1398〙

shin·gle¹ /ʃíŋɡl/ *n.* **1** [集合的にも用いて] 屋根板, こけら板, シングル《18×4 インチぐらいの大きさで家の外壁にも用いる》. **2** (女性の頭髪後部の)刈上げ, シングル《1920 年代に流行した; cf. bingle²》. **3**《米》(医者・弁護士などの)小看板. ***háng óut** one's **shíngle*** 〈弁護士・医師が〉開業する. 《1879》 — *vt.* **1** 屋根板[こけら板]でふく: ~ a roof. **2** 〈頭髪を〉刈り上げる; 〈人〉の頭髪を刈り上げる: ~*d* hair. **3** 重なるように置く. **shín·gler** /-ɡlə, -ɡlə | -ɡlə(r, -ɡl-/ *n.* 〘《*c*1200》 *scincle, shyngle* ⇨ L *scindula*《変形》← *scandula* ← ? IE **sked-* to split (⇨ shatter)〙

shin·gle² /ʃíŋɡl/ *n.* **1** [集合的] (河岸や海浜の)小石, 砂利. **2** 砂利の浜[場所]. 〘《1421》 *chyngill* ← ?: cf. Norw. *singl* coarse gravel / MLG *singele* gravely bank〙

shin·gle³ /ʃíŋɡl/ *vt.* 〘金属加工〙〈(パドル炉から取り出した)鉄片・鉄球を〉打ったり圧縮したりして不純物をしぼり出す. 〘《1674》⇨ F《方言》*chingler*《原義》to whip ← *chingle* belt ⇨ L *cingula*〙

shíngle·bàck *n.* 〘動物〙マツカサトカゲ (*Trachydosaurus rugosus*)《ずんぐりした体にマツカサ状のうろこをもつオーストラリアの乾燥地帯産のトカゲ; shingleback lizard ともいう》.

shíngle òak *n.* 〘植物〙インブリカリアガシ (*Quercus imbricaria*)《米国北東部産のカシの一種; 材は西部諸州で屋根板にする》. 〘1818〙

shin·gles /ʃíŋɡlz/ *n. pl.* [単数扱い]〘病理〙帯状疱疹(ほうしん), 帯状ヘルペス (herpes zoster). 〘《*a*1398》 *schingles* ⇨ ML *cingulus*＝L *cingulum* girdle《なぞり》← Gk *zṓnē* girdle, shingles: ⇨ cingulum〙

shíngle shòrt *n.* 《豪口語》頭の鈍いやつ, とんま, ばか. 〘《1852》: ⇨ shingle¹〙

shin·gly /ʃíŋɡli, -ɡli/ *adj.* 小石の多い, 砂利だらけの: a ~ beach 砂利浜. 〘《1775》: ⇨ shingle², -y⁴〙

Shin·gon /ʃíŋɡɑ(ː)n, ʃíːn- | -ɡɔn/ *n.* 真言宗. 〘《1727》⇨ Jpn.〙

shín guàrd *n.* (野球・フットボール用の)すね当て (cf. leg guard). 〘1884–85〙

shin·ing /ʃáɪnɪŋ/ *adj.* **1** 光る, 輝く (⇨ bright SYN); ぴかぴかする, きらきら光る (gleaming): a ~ light / ~ eyes きらきら輝く目. **2** 明るい (bright); 輝かしい: a ~ face / a ~ future 輝く前途. **3** 目立つ, 異彩を放つ; 卓越した: a ~ athlete / a ~ example 著しい[すばらしい]例, 世の手本. **4** 陽光あふれる: improve each [the] ~ hour ⇨ improve 2. **~·ly** *adv.* 〘OE *scȳnende*: ⇨ -ing²〙

Shíning Páth *n.* [the ~] ＝Sendero Luminoso.

shin·kin /ʃíŋkɪn | -kɪn/ *n.* 《南ウェールズ》つまらないやつ, くず. 〘← ? *Shinkin-ap-Morgan* Welshman, 《原義》 Jenkins son of Morgan: ウェールズ人に典型的とされる名から か〙

shín·lèaf *n.* (*pl.* **~s, -leaves**)《米》〘植物〙＝lesser wintergreen. 〘《1845–50》その葉を向こうずね (shin) の傷の治療に膏薬として用いたことからか〙

shin·ner·y /ʃínəri/ *n.* 《米南部・南西部》低木性のカシの密生した茂み. 〘《1901》⇨ Louisiana-F *chênière* ← F *chêne* oak〙

shin·ny¹ /ʃíni/ (*also* **shin·ney** /~/)〘スポーツ〙*n.* **1** シニー(競技)《ホッケー (hockey) を簡単にした遊戯》. **2** シニーに用いる打球棒[クラブ]. — *vi.* シニー競技をする; シニー競技でボールを打つ. 〘《1672》《転訛》← ? *shin ye* (＝you) (競技の際の掛け声) // ← SHIN¹＋-Y⁴: 向こうずねに傷を受けやすいことから〙

shin·ny² /ʃíni/ *vi.* 《米口語》(すねを使って)よじ登る (shin) 〈*up*〉: ~ *up* a tree. 〘《1888》← SHIN¹〙

Shi·no·la /ʃaɪnóʊlə | -náʊ-/ *n.* 〘商標〙シャイノーラ《米国製の靴墨; 現在は製造されていない》. ***dón't knów*** [***càn't téll***] ***shít from Shinóla*** 《米俗》何も知っちゃいねえ, ほんとにばかだ. ***Nó Shinóla!*** 《米俗》冗談でしょう, ばか言え. 〘《*c*1925》← SHINE＋-OLA〙

shín·pàd *n.* (フットボール・ホッケー用の)すね当て. 〘1895〙

shín·plàster *n.* **1** 向こうずね[脚]用膏薬. **2**《米・豪口語》**a** (1862–78 年に発行の 1 ドル以下の)小額紙幣. **b** (不況・経済の不安定による)下落貨幣. **c**《カナダ》25 セント紙幣. **d** いんちき紙幣. 〘1824〙

shín·plàster *n.* 〘植物〙北米中部産のラン科の植物 (*Orchis rotundifolia*)《葉は 1 枚で花は深紅色》.

shín splints *n. pl.* [単数扱い]〘病理〙主にトラック選手に起こる向こうずねの炎症. 〘1812〙

Shin·to /ʃíntoʊ | -təʊ/ *n.* (日本の)神道. — *adj.* 神道の (Shintoistic): a ~ priest 神主(かんぬし), 神職. 〘《1727》⇨ Jpn.〙

Shín·to·ìsm /-toʊìzm | -təʊ-/ *n.* ＝Shinto. 〘1857〙

Shín·to·ist /-ɪst | -ɪst/ *n.* 神道家, 神道信者. 〘1727〙

Shin·to·is·tic /ʃìntoʊístɪk | -təʊ-⁻/ *adj.* 神道の. 〘1893〙

shin·ty /ʃínti | -ti/ *n.*, *vi.* 《英》＝shinny¹. 〘《1771》変形〙

Shin·well /ʃínwəl, -wɛl/, **Emanuel** *n.* シンウェル《1884–1986; 英国の政治家; 軍事大臣 (1947–50), 国防大臣 (1950–51)》.

shin·y /ʃáɪni/ *adj.* (**shin·i·er; -i·est**) **1** 光る (bright), ぴかぴか光る (glistening). **2** 日の照る, 晴天の, 晴れた (sunshiny): a ~ day. **3 a** 磨いた (polished), 光沢のある (glossy), つやのある, ぴかぴかする: ~ shoes. **b** ごしごしこすってきれいになった, てらてらした, おしろいをつけていない: a ~ face. **4** 〈衣類など〉擦れたり手あかなどで光る: a ~ coat. **shín·i·ness** *n.* 〘《1590》: ⇨ shine, -y⁴〙

ship /ʃíp/ *n.* **1 a** 船, 艦《普通は帆・動力で動く航海・輸送用の大型船をいう》. ★ しばしば女性として扱われる; ⇨ she¹ 語法 (2): a sea-going ~ 航洋船 / His [Her] Majesty's *Ship* 《英》英国軍艦 / a sister ~ 姉妹船[艦] / a ~'s company 乗組員 / a ~'s doctor 船医 / fit out a ~ 船を艤装(ぎそう)する / launch a ~ 船を進水させる. **b** 3 本(以上の)マストの横帆(おうはん)船《bowsprit を備え foremast, mainmast および mizzenmast の 3 本のマストに横帆を有する》. **c** 《俗》ボート, (特に)競走用ボート. **2 a** 飛行船 (airship), 飛行機; 宇宙船 (spaceship). **b**《口語》乗物. **3** [集合的] 乗組員 (crew). **4** [one's ~ として] 幸運, 金 (fortune): when [if] *one's* ~ comes in [home] 金がはいってきたら, 金持ちになったら (cf. Shak., *Merch* V 5. 1. 76–77).

bréak ship 休暇明けに船に帰りそこなう. ***búrn** one's **ships*** (***behind** one*) ⇨ burn¹ 成句. ***by ship***＝***on*** [***in***] ***a ship*** 船で, 船便で, 海路で. ***dréss*** (***a***) ***ship*** (1) 船に船飾[軍艦に艦飾]を施す《米海軍では各マストに国旗を掲揚し旗竿に大国旗を飾る》. (2) 船[艦]に満船[艦]飾を施す (⇨ full dress ship). 《1769》 ***júmp ship*** (1) 〈船乗りが〉(契約切れ前に)船を[脱船]する. 《1939》 (2) 無断で突然離脱する. ***lóse*** [***spóil***] ***the ship for a háp'orth*** [***hálfpennywòrth***] ***of tár*** 《諺》一文惜しみの百失いをする《ship is sheep の方言形: 昔タールを羊の外傷に塗ってハエなどによる被害を防いだのにちなむ》. 《1869》 ***ships that páss in the night*** 行きずりの人々. ***spéak a ship*** 〘海事〙他船に呼び掛ける, 他船に信号[通信]する. ***táke ship*** 乗船する; 船出[出帆, 出航]する (embark). 《1530》

shíp of státe [the —] 国家《航海中の船にたとえていう; Machiavelli, *The Prince* 中の句》: steer *the* ~ *of state* 国事をつかさどる.

shíp of the désert [the —] 砂漠の船《らくだの異称》. 《1823》

shíp of the líne 《古》戦列艦《主力戦に参加可能の軍艦で通例 74 門艦以上のもの; 今の重巡洋艦以上のものに当たる》. 《1706》

shíp of wár 軍艦 (warship). 《1479》

— *v.* (**shipped; ship·ping**) — *vt.* **1 a** 船に積む, 船で送る, 船で運ぶ: ~ the cargo for San Francisco サンフランシスコに向けて貨物を船積みする. **b** 《米》(船・列車・トラックなどで)運送[輸送]する. ★《英》ではこの意味は商業に用いる: The barrels of apples were ~*ped* over the lorry. リンゴの樽はトラックで輸送された / ~ soldiers *out* to the border 国境へ兵隊を輸送する. **2 a** (船の所定の箇所に)〈オール・マスト・かじなどを〉取り付ける, はめる: ~ a mast. **b** 〈オールなどを〉はずしてボート[船]の上にしまう: *Ship* oars! オールを船に納めよ. **3** 〈水夫などを〉雇い入れる (engage): ~ a new crew at the next port. **4** 〈船が〉〈波を〉かぶる: ~ a sea [wave] 波をかぶる / ~ a good amount of water 多量の水をかぶる. **5**《口語》追いやる, 追っ払う (send away) 〈*off*, *out*〉. — *vi.* **1** 船に乗る, 乗り込む, 乗船する: ~ from Yokohama 横浜から乗船する. **2 a** 水兵になる, 船員として勤める: ~ *as* bo'sun. **b** 海軍に入る[再び入る] 〈*over*〉. **3** [副詞を伴って] 〈傷みやすい食品が〉輸送[船積み]に耐える: This fruit doesn't ~ *well*. この果物は輸送に耐えられない. ***ship óut*** (*vi.*) (1) (船で母国を)後にする, 発つ; 〘海事〙船員として航海に出る. (2)《口語》仕事を辞める, 辞職する; 首になる. — (*vt.*) 〈人を〉(船で母国から)旅立たせる, 送り届ける.

〘n.: OE *scip* < Gmc **skipam*《原義》? hollowed-out tree trunk (Du. *schip* / G *Schiff*) ← ? IE **skei-* to cut (⇨ shed²). — v.: OE *scipian* ← *scip* (n.)〙

SYN 船: **ship** 乗客や貨物を乗せて運ぶ大型の船: a cargo *ship* 貨物船. **boat** オールでこぐボート; 《口語》大小にかかわらず, 船: take a *boat* for New York ニューヨーク行きの船に乗る. **vessel** *ship* と同義だが, 格式ばった語.

-ship /ʃɪp/ *suf.* **1** 名詞に付いて次の意味を表す名詞を造る (cf. -hood, -cy): **a** 職, 地位, 在職期: governor*ship*, premier*ship*. **b** (…に伴う)性質, 状態: friend*ship*, scholar*ship*. **c** 技能, 手腕: horseman*ship*, penman*ship*. **d** [所有代名詞を伴って]「…の地位[呼称]をもつ人」: his Lord*ship*. **2** 形容詞に付いて抽象名詞を造る: hard*ship* / wor*ship* (← worth). 〘OE *-scipe* (cog. Du. *-scap* / G *-schaft*): cf. shape, -scape〙

shíp bìscuit *n.* 船用堅パン (hardtack, ship bread) (cf. captain's biscuit). 〘1799〙

shíp·bòard *n.* 船側; 船: a life of ~ 船上生活. ***on shipboard*** 船内に, 船上に: go *on* ~ 乗船する. 《*c*1470》 — *adj.* [限定的] 船での, 船上での: ~ life. 〘*c*1200〙

shíp·bòrne *adj.* 海上輸送(用)の. 〘1932〙

shíp·bòy *n.* (船客・船員の身の回りの世話をする)キャビンボーイ. 〘1552〙

shíp brèad *n.* ＝ship biscuit. 〘1598〙

shíp·brèaker *n.* 船舶解体業者. 〘1819〙

shíp bròker *n.* 船舶仲買人《船舶の売買, 船腹の周旋, 用船や海上保険の仲介などをする》. 〘1816〙

shíp·bùilder *n.* 造船家, 造船技師. 〘*a*1700〙

shíp·build·ing /ʃípbɪ̀ldɪŋ/ *n.* 造船業[術]: a ~ yard 造船所. 〘1717〙

shíp bùrial *n.* 〘考古〙舟[船]墓, 舟[船]葬墓, 舟[船]棺葬《舟[船]の中に死骸を入れる埋葬法; Scandinavia, Polynesia などにみられる》.

shíp canàl *n.* (大型船が通れる)船舶用運河. 〘1798〙

shíp càrpenter *n.* 船大工 (shipwright). 〘1495〙

shíp chàndler *n.* 船具商《ロープや滑車などの船具を売る商人》. 〘1642〙

shíp chàndlery *n.* **1** 船具商. **2** [集合的] 船具商の商品. 〘1663〙

Shíp Còmpass *n.* [the ~]〘天文〙羅針盤座 (Pyxis).

shíp fèver *n.* 発疹(はっしん)チフス (typhus). 〘1758〙

shíp·fìtter *n.* 〘造船〙**1** 取付工《船殻部材をリベット打ちや溶接のために取り付ける人》. **2** 登録板金工《海軍において登録されている工員で, 板金や鉛管工事を艦内で行う技能者》. 〘1941〙

shíp·làp 〘木工〙*n.* 合いじゃくり《板の側面を半分ずつ欠きとって合わせたつぎ方》. — *vt.* 〈板を〉合いじゃくりで合わせる. 〘1854〙

shíp lètter *n.* **1** 便船に託した手紙. **2** 船上の人に宛てた手紙. 〘*c*1675〙

Ship·ley /ʃípli/, **Jenny** *n.* シップリー《1952– ; ニュージーランドの政治家; 首相 (1997–99)》.

shíp·lòad *n.* **1** 船 1 隻分の積載量. **2** 船の積み荷. 〘1639〙

shíp·man /-mən/ *n.* (*pl.* **-men** /-mən, -mèn/) **1** 《古》船乗り, 船員 (seaman). **2** 船長. 〘OE *scip-man*〙

shíp·màster *n.* **1** 船長. **2** 《廃》舵手 (steersman). 〘*c*1375〙

shíp·màte *n.* (同じ船の)水夫[水兵, 海員]仲間 (fellow sailor). 〘1748〙

ship·ment /ʃípmənt/ *n.* **1** 船積み, 積込み, 積送り: goods awaiting ~ / a gold ~ 金現送(高) / a port of ~ 積込み港. **2** 積荷量. **3** 積荷, 積荷委託貨物, 積送

品 (⇨ burden¹ SYN). 〚((1802)): ⇨ ship, -ment〛
ship mòney n. 《英》船舶税, 造艦税《もと, 通商や漁業の保護, 海軍の強化を目的に海港や海岸都市に対し課した国防税; 後, 特に 1634–40 年に Charles 一世は内地諸都市にも課し, John Hampden の支払い拒否を招き, Great Rebellion の原因となった》. 〚1636〛
shíp·òwner n. 船主, 船舶所有者. 〚1530〛
ship·pa·ble /ʃípəbl/ adj. 《形・状態など》海運[船積み]に適した. 〚((1920)): ⇨ ship, -able〛
ship·pen /ʃípən, -pn/ n. 《英方言》《牛などの》家畜小屋. 〚OE *scypen*: ⇨ ship, -en⁶〛
ship·per n. **1 a** 船荷主. **b** 《米》運送者, 荷送り人 (cf. consignee). **c** 荷受人. **2** 船荷品, 積送品. **3** 船荷積込み機. **4** 船荷用コンテナ[箱]. 〚lateOE *scipere*〛
ship·ping /ʃípɪŋ/ n. **1** 船積み, 積送り, 積出し; 積荷: the ~ business 海運業. **2** 輸送料. **3** 海運[回漕(かいそう)]業: merchant ~ 海運 / ~ circles 海運界. **4** [集合的] 船舶 (ships); 船舶トン数. **5** 《廃》航海 (navigation); (一国・一港などの)総船舶; 船旅 (voyage).
shípping and hándling (1) 出荷・運送《包装・通関手続き・受渡しなどを含む》. (2) 出荷・運送料 (cf. POSTAGE and packing). 〚?a1300〛
shípping àgent n. 回漕(かいそう)業者. 〚1844〛
shípping àrticles n. pl. 《船長と乗員との間で結ぶ》船員雇用契約書. 〚1840〛
shípping-bìll n. 〘商業〙積荷[船積み]送り状. 〚1833〛
shíp bìscuit n. 堅パン (hardtack).
shípping clèrk n. 積荷[回漕(かいそう)]事務員, 運送店員; (会社などの)発送係. 〚1858〛
shípping fèver n. 〘獣医〙輸送熱《家畜 (domestic animal) の parainfluenza virus 感染による; shipping pneumonia ともいう》. 〚1932〛
shípping fòrecast n. 《英》海上天気予報.
shípping-màster n. 《英》海員監督官《船長と乗組員との間の雇用契約などに立ち会う官吏》. 〚1840〛
shípping-òffice n. 回漕(かいそう)業事務所; 回漕店, 運送店. 〚1840〛
shípping òrder n. 〘商業〙船積み指図書《船会社が船積貨物を船に仕向ける際に発行する船長宛の指図書; 略 s.o., S/O》. 〚1844〛
shípping pneumònia n. 〘獣医〙 =shipping fever.
shípping ròom n. (会社・工場などの)発送室[部].
shípping tòn n. 積載トン (⇨ ton¹ 5).
shíp·plàne n. 艦載(飛行)機 (carrier-borne aircraft). 〚1919〛
ship·pon /ʃípən, -pn/ n. 《英方言》 =shippen.
shíp ràilway n. **1** 《修理などのため船を台車に載せて陸上に揚げる》船用レール. **2** 船舶運搬用鉄道. 〚1881〛
shíp ràt n. (船にすむ)ネズミ, (特に)黒ネズミ (black rat).
shíp-rìgged adj. 〘海事〙シップ型帆装の (square-rigged) 《三檣(しょう)横帆装置のものにいう》. 〚1884〛
shíp's àrticles n. pl. =shipping articles. 〚1858〛
shíp's béll n. 〘海事〙 (30 分ごとに打ち鳴らす)船内時鐘 (⇨ bell¹ 5).
shíp's bìscuit n. 《英》=ship biscuit.
shíp's bóat n. (大型船舶載の)救命ボート (lifeboat), 作業用ボート (work boat).
shíp's bóy n. =shipboy.
shíp's cómpany n. 〘海事〙全乗組員.
shíp's córporal n. 〘英海軍〙衛兵曹(えいへいそう)《先任衛兵長 (master-at-arms) の下で警備任務に当たる》. 〚1834〛
shíp·shàpe adj. 整頓した, 整然とした, 小ぎれいな, きちんとした (trim) (cf. Bristol fashion). **— adv.** 小ぎれいに, きちんと: She keeps everything ~. すべて整頓している. **— n.** 整頓, 整然: in ~ 整頓されて, 整然として(いる). 〚((1644)) *shipshapen* ← SHIP＋*shapen* ((p.p.) ← SHAPE): 船上では整理が行き届いていることから〛
shíp's húsband n. 〘海事〙船舶管理人《船舶共有者の代理人》.
shíp·sìde n. 〘海事〙(ドックや桟橋などの)船側広場《船の舷側に面した桟橋側の広場で荷役・船客の乗船などに用いられる》. 〚?a1300〛
shíp's pápers n. pl. 〘海事〙船舶書類《船舶国籍証書・海員名簿・船具目録・航海日誌・旅客名簿など船内に必ず備えておくべき書類》. 〚1835〛
shíp's tíme n. 〘海事〙船舶時《船舶が用いる(自船の正午位置の)地方時》.
shíp-tìre n. 《廃》(エリザベス時代に流行した)船形ヘアスタイル[頭飾り]. 〚((1597)): ⇨ tire³〛
shíp-to-shóre adj. 船から陸への; 船と陸の間の. **— adv.** 船から陸へ. **— n. 1** 海陸間の無線機. **2** 《米俗》コードレス電話. 〚1923〛
shíp·wày n. **1 a** (船を造る時の)造船台. **b** 〘造船〙(乾ドックで修理する時の)船台. **2** =ship canal. 〚1834〛
shíp·wòrm n. 〘貝類〙フナクイムシ《波止場や木製の船に害を与えるフナクイムシ属 (*Teredo*) の二枚貝の総称; フナクイムシ (*T. navalis*) など》. 〚1778〛
ship·wreck /ʃíprèk/ n. **1 a** 難船, 難破. **b** 難破船, 破船 (wreckage). **2** 滅亡, 破滅 (ruin), 破壊 (destruction); 失敗: the ~ of faith [plans] 信仰の破滅[計画の失敗] / make ~ of …を破壊する, 破滅させる, ぶちこわす. **— vt.** 難船[難破]させる; 破滅させる: be ~*ed* 難船する; 破滅する / ~*ed* hopes 打ち砕かれた希望. **— vi.** 難破[難船]する; 破滅する. 〚lateOE *scipwræc*: WRECK の影響をうけた: ⇨ ship, wrack¹〛
shíp·wrìght n. 船大工, 造船工 (ship carpenter). 〚lateOE *scipwyrhta*: ⇨ ship, wright〛
ship·yard /ʃípjɑ̀ːəd | -jɑ̀ːd/ n. 造船所 (cf. boatyard, dockyard). 〚a1700〛
shi·ra·lee /ʃɪrəlíː, ←–←/ n. 《豪口語》(放浪者などの)身の回り品袋 (swag). 〚((1892)) ← ?〛
Shi·raz /ʃiːrɑ́ːz, ʃɪ- | ʃɪrǽz, ʃɪər-/ n. **1** シラズ《イラン南西部の都市; 14 世紀イスラム文化の一中心地; モスクが多く, 付近に Persepolis の遺跡がある》. **2** シラズ《同市周辺産のデザートワイン風のワイン》. **3** シラズじゅうたん.
shire¹ /ʃáɪə | ʃáɪə^(r)/ ★ 州名の語尾となったときの発音については ⇨ -shire. n. **1** 《英》**a** 州《Great Britain の最大の行政区; cf. county¹》: ⇨ KNIGHT of the shire. ★ 今はもっぱら州名でその語尾として用いる; 発音に注意: ⇨ -shire. **b** [the Shires] イングランド中部地方《草原が多くて狐狩で有名な Leicestershire, Northamptonshire など》: He comes from *the Shires*. 中部地方の出である. **2** [しばしば S-] 《英》シャイア《イングランド中部諸州 (特に Cambridgeshire, Lincolnshire) 産の大形で強力な荷馬車馬; shire horse ともいう》. **3** 《豪》独自の議会をもつ(田舎の)地域. 〚OE *scīr* official charge, district, shire < ? Gmc *skīzō (OHG *skīra* care) ← ?: cf. cure〛
shire² /ʃáɪə | ʃáɪə^(r)/ vt. 《アイル方言》頭をすっきりさせる; 気持ちを落ち着かせる[和らげる]. 〚((1892–1904)) 《原義》to purify a liquid by allowing it stand till the dregs subside ← ~ 'pure' < OE *scir*: cf. sheer, shine〛
Shi·ré /ʃíəreɪ | ʃíər-/ n. (*also* **Shi·re** /~/) [the ~] シーレ(川)《アフリカ南東部の川; Malawi 湖に発し南流して Zambezi 川に合流する (402 km)》.
-shire /ʃə, ʃɪə | ʃə^(r), ʃɪə^(r)/ 《英》州名の語尾: Berk*shire*, York*shire*, Lanca*shire*, etc. ★ ただし Essex, Kent のように -shire を付けない州もある. 〚⇨ shire〛
shíre cóunty n. 《英》(metropolitan county に対して) 非大都市圏州 (non-metropolitan county). 〚1972〛
Shiré Highlands /←–←–/ n. pl. シーレ高原《アフリカ南東部, マラウイ南部にある高原》.
shíre hòrse n. [しばしば S-] =shire¹ 2. 〚1875〛
shíre tòwn n. =county town.
shirk /ʃə́ːk | ʃə́ːk/ vt. **1** 〈義務・責任などを〉回避する (evade); (他に)転嫁する: ~ military service 徴兵を忌避する. **2** 〈嫌な仕事を〉(ずるけたり, 嫌がったりして)避ける, 逃れる (avoid): ~ one's homework 宿題を怠る. **— vi. 1** ずるける, なまける; 責任を回避する 〈*out*〉. **2** こっそり逃れる, ずらかる (sneak) 〈*away, out, off*〉. **— n. 1** 責任回避, 忌避. **2** =shirker. 〚((1633)) ← 《廃》~ 'rogue, parasite' ▭ G *Schurke* scoundrel: cf. shark²〛
shírk·er n. 避ける人, 忌避[回避]者; ずるける人, なまけ者, 横着者: a ~ of military service 徴兵忌避者. 〚1799〛
Shir·ley /ʃə́ːli | ʃə́ː-/ n. シャーリー: **1** 女性名. ★ 米国南部に特に多い. **2** 男性名. 〚(地名に由来する Yorkshire に多い家族名から): ⇨ shire¹, lea¹〛
Shir·ley /ʃə́ːli | ʃə́ː-/, **James** n. シャーリー《(1596–1666; 英国の劇作家; *The Gamester* (1633), *The Lady of Pleasure* (1635)》.
Shírley póppy n. 〘植物〙シャーリーポピー《英国産のヒナゲシ (corn poppy) の一変種で, 枝分かれして各茎の先端に赤・ピンク・ブルー・白などの美しい花をつける》. 〚((1886)) ← *Shirley vicarage* (英国 Croydon にあり, ここでこの花が初めて栽培された)〛
Shírley Témple n. 《米》シャーリーテンプル《ジンジャーエールとグレナディンを混ぜマラスキーノチェリーを添えた女性向けのノンアルコール飲料》. 〚((1966)): ⇨ Temple, Shirley〛
shirr /ʃə́ː | ʃə́ː^(r)/ vt. (**shirred**; **shirr·ing**) **1** 《米》〈卵を〉バターを塗った浅い皿に割り落として焼く. **2** 〘服飾〙(2 本以上のステッチの糸を引いて)〈布〉にギャザーを入れる, シャーリングする: a ~*ed* skirt. **— n.** 〘服飾〙=shirring. 〚1858?〛
shirr·ing /ʃə́ːrɪŋ | ʃə́ːr-/ n. 〘服飾〙**a** シャーリング《好みの間隔で 2 段以上いく段にもミシンをかけて下糸を引き, ギャザーを寄せること; ゴムひもを使用して伸縮のきくようにすることもある; cf. gathering 2》. **b** 飾りひだ, ギャザー. 〚1882〛
shirt /ʃə́ːt | ʃə́ːt/ n. **1 a** シャツ. **b** (男子用の)ワイシャツ《通例前開き, えり・そでつきで, 上着の下に着る》: ⇨ boiled shirt, dress shirt / Near [Close] is my ~, but nearer [closer] is my skin. 《諺》人のためよりおのがため, 「背に腹はかえられぬ」/ have not a ~ to one's back シャツも着ていない《非常に貧乏だ》/ be stripped to the ~ 《働く時など》シャツ 1 枚になる; 着る物をはがれてシャツだけになる. 日英比較 日本語のワイシャツは white *shirt* に由来するが, 英語では単に *shirt* でよい. 特に他のシャツ類と区別する場合は dress *shirt* という. **c** (女性用の)シャツブラウス (shirtblouse). **d** 肌着, 下着, シャツ (undershirt). **e** =polo shirt. **2 a** もも下までくるゆるやかな衣服. **b** =nightshirt. **3** 《色シャツを政党の記章としている》政党員: ⇨ Blackshirt.
bét one's shírt on ⇨ *put one's* SHIRT *on*. ***gét a person's shírt òff [òut]*** 《俗》〈人を〉怒らせる, 〈人〉にかんしゃくを起こさせる. ((1859)) ***give (awáy) the shírt off one's báck*** 《口語》持ち物を(全部)与えてしまう. ***háve one's shírt óut*** 《俗》怒る《けんかのときシャツを脱ぐことから》. ***háve the shírt off a person's báck*** 《口語》人から身ぐるみをはがすように貸したものを取り立てる. ***in one's shírt*** (1) (上着を着ずに)シャツ 1 枚で. (2) 《古》寝巻き (nightshirt) 姿で. ((c1385)) ***in one's shírt slèeves*** (上着を脱いで)シャツだけになって (cf. shirtsleeve). ***kéep one's shírt òn*** 《口語》怒らない, 冷静にしている. ((1854)) ***lóse one's shírt*** 《口語》無一物になる. ***pút [bét] one's shírt on*** 《口語》〈馬など〉にあり金を全部賭ける. ((1892))
〚OE *scyrte* ← Gmc *skurt- 'SHORT': cog. G *Schürze* apron: SKIRT と二重語〛
shírt·bànd n. シャツのえり[カラー]を付ける部分. 〚1532–33〛
shírt-blòuse n. =shirt 1 c. 〚1905〛
shírt·drèss n. シャツドレス (⇨ shirtwaist 2). 〚1943〛
shírt·frònt n. **1 a** (糊のきいた)ワイシャツの胸《上着[チョッキ]からのぞいている部分》. **b** いか胸《ドレスシャツで, プリーツやラッフルなどの装飾のある部分》. **2** = dickey¹ 2 a. 〚1838〛
shírtfront wícket n. 〘クリケット〙凸凹など全くない完全な状態のピッチ (⇨ pitch¹ n. 2 b). 〚1920〛
shirt·ing /ʃə́ːtɪŋ | ʃə́ːt-/ n. 《薄手コットン・シルクなどの》シャツ地; (婦人・子供の)ブラウス地 (cf. coating 2, suiting). 〚1604〛
shírt·jàcket n. シャツジャケット《シャツスタイルの開襟上着》. 〚1879〛
shírt·less adj. **1** シャツを着ていない. **2** 非常に貧しい. **~·ness** n. 〚a1613〛
shírt·lìfter n. 《豪俗・軽蔑》ホモ, おかま. 〚1966〛
shírt·màker n. **1** ワイシャツの仕立屋. **2** 《米》シャツドレス[ブラウス] (shirtwaist). 〚1926〛
shírt·slèeve n. ワイシャツの袖. ***in one's shírt-sleeves*** 上着なしで. **— adj. 1** 上着を着ない, シャツ姿の; 略装した: ~ weather 上着のいらない天気. **2** 非公式の (informal); 直接の (direct); (理論ではなく)実際に則した: ~ diplomacy 直接外交 / ~ English くだけた英語. **3** 粗雑な, 粗野な (unpolished): ~ philosophy 通俗哲学. 〚c1566〛
shírt-slèeved [-slèeves] adj. =shirtsleeve. 〚1869〛
shírt·tàil n. **1** シャツテール, シャツのすそ《ウエストラインから下部, 特に後ろの部分》. **2** 《口語》〘ジャーナリズム〙《新聞記事の末尾に付される短い》補足記事 (cf. sidebar 2). **— adj. 1** 《男の子がよくシャツのすそをズボンの外にたらしていることから》とても若い (immature): a ~ boy. **2** 遠い関係のある, 遠縁の: a ~ cousin. **3** 小さい, 短い: a ~ ranch. 〚1845〛
shírt·wàist n. 《米》**1** (女性用の)シャツブラウス (shirtblouse). **2** シャツドレス《身ごろにシャツのデザインを採り入れたワンピース; shirtwaist dress, shirtdress ともいう; ⇨ Gibson girl 挿絵》. 〚1879〛
shírt·wàister n. 《英》=shirtwaist 2. 〚1957〛
shirt·y /ʃə́ːti | ʃə́ːti/ adj. (**shirt·i·er**; **-i·est**) 《英俗》かんしゃくを起こした, むしゃくしゃした (vexed). **shírt·i·ly** /-təli, -tli | -tli, -tli/ adv. **shírt·i·ness** n. 〚((1846)) ← *have one's shirt out* (⇨ shirt 成句): ⇨ -y⁴〛
shi·sham /ʃíːʃəm/ n. 〘植物〙=sissoo. 〚((1849)) ▭ Hindi *śīśam* ← Skt *śiṁśapā*〛
shish ke·bab /ʃíʃkəbɑ̀ː(ː)b | ʃíːʃkəbæ̀b, ←–←/ n. (*also* **shish-ka·bob** /-bɑ̀(ː)b | -bɔ̀b/) シシカバブ《羊肉の小片を漬け汁につけ, これを焼き串に刺してあぶり焼きした中近東の料理; cf. kabob》. 〚((1914)) ▭ Armenian *shish kakab* ▭ Turk. *şiş kebabi* ← *şiş* skewer＋*kebap* roast meat〛
shist /ʃíst/ n. 〘岩石〙=schist.
shit /ʃít/ 《卑》n. **1 a** くそ (excrement): take [《英》have] a ~ くそをする. **b** [the ~s; 単数または複数扱い] 下痢 (diarrhea). **2** 排便行為. **3** たわごと; くだらぬこと; つまらぬ物, 一文の値打ちもないもの. **4** くだらぬ奴, くそったれ. **5** 麻薬《ヘロイン (heroin)・マリファナ (marijuana) など》.
béat [kíck] the shít òut of 〈人を〉ぶちのめす. ***éat shít*** どんな屈辱的なことでもやる. ***féel like shít*** ひどく気分が悪い. ***gét one's shít togéther*** 物事を整理する, 気分を引き締める. ***give a person shít*** 〈人を〉けなす. ***in the shít*** = ***in déep shít*** 困ったことになって. ***nót give [cáre] a shít*** 少しも構わない: I *don't give a* ~ about politics. 政治なんてくそくらえ. ((1922)) ***nót wórth a shít*** 少しの値打ちもない. ***Tóugh shít!*** それは気の毒に; そんなの我慢しろ (Too bad!). ***when the shít hìts the fán*** 危険が迫ると, 災難が降りかかると.
— v. (~; **shit·ting**) **— vi.** くそ[大便]をする (defecate) (cf. piss). **— vt. 1 a** …にくそをする: ~ one's trousers. **b** [~ one*self* で] ふと[思わず]大便を漏らす. **2 a** …にたわごとを言う. **b** からかう, だまそうとする. **3** [~ one*self* で] すごく恐れる. ***shít on*** 〈人〉に軽蔑的な態度をとる.
— int. くそっ, ちきしょう, ばか, 野郎《怒り・嫌悪・失望・不信などを表す》.
〚OE *scītan* < Gmc *skītan to defecate, separate (G *scheissen*) ← IE *skei- to cut: ⇨ shed²〛
shi·ta·ke /ʃɪtɑ́ːkeɪ, -ki/ n. =shiitake.
shít-áll adj. 《卑》ちっとも[ぜーんぜん]ない.
shít·bàg n. 《卑》**1** (人の)胴, 腹; [*pl.*] くそぶくろ, 大腸. **2** やな野郎; [間投詞的に] =shit. 〚1937〛
shite /ʃáɪt/ n., v. 《卑》=shit.
shít-èating adj. 《卑》見下げはてた, ひでえ; 満悦の, ひとりいい気になった.
shíte·pòke n. **1** 〘鳥類〙飛び立つときに糞をするサギ: **a** ササゴイ (green heron). **b** ゴイサギ (night heron). **2** 《俗》ごろつき, ならず者 (rascal).
shít fàce n. 《卑》ばかづら[まぬけづら]したやつ. 〚1937〛
shít-fàced adj. 《卑》ひどく酔った.
shít-for-bràins n. 《卑》大ばか者.
shít·hèad n. 《卑》ばか, とんま, まぬけ, くそったれ野郎.
shít hòle n. 《卑》くその出口, くそ穴, けつの穴; 《卑》屋外便所, 掘込み便所; 《卑》汚い[ひどい]ところ. 〚1937〛
shít-hót adj. 《卑》すごくいい.
shít·hòuse n. 《英卑》便所, トイレ; 汚らしくてむかつく所.

S

shít·kìcker *n.* 《米卑》田舎もん, どん百姓; カントリー演奏家[ファン]; [形容詞的に] カントリーの; 西部劇; [*pl.*] どた靴. 〖1966〗

shít·less *adj.* 《卑》ひどく怖がっている, くそも出ないほどの: scare a person ～.

shít lìst *n.* 《米卑》いけすかない連中のリスト. 〖1942〗

shít·lòad *n.* 《米卑》多量, 多数, どっさり: a ～ of ... ばかみたいにたくさんの.

shít-scàred *adj.* 《卑》まるきり怖がって, びびって. 〖1958〗

shít stìrrer *n.* 《英卑》やたら面倒を起こすやつ.

shit·tah /ʃítə | -tə/ *n.* (*pl.* **～s, shit·tim** /ʃítəm | -tɪm/) ユダヤ人の幕屋 (tabernacle) の中の契約の箱 (ark of the covenant) や祭壇などの器物が作られたという木《アカシアの一種と考えられる; shittah tree ともいう; cf. *Exod.* 25:10》. 〖(1611) □ Heb. *šiṭṭāh* ← Egypt. *šnd.t.*〗

shit·tim /ʃítəm | -tɪm/ *n.* **1** shittah の複数形. **2** 〖植物〗 =shittimwood. 〖(*c*1384) □ Heb. *šiṭṭīm* (pl.) ← *šiṭṭāh* (↑)〗

Shit·tim /ʃítəm | -tɪm/ *n.* 〖聖書〗シッテム《ヨルダン川の東, 死海の北東にある場所; イスラエル人が Jordan 川を渡る前に宿営した; cf. *Num.* 25:1–9》. 〖(*c*1384) □ Heb. *šiṭṭīm* (↑)〗

shíttim·wòod *n.* 〖植物〗 **1** アメリカアサガラ (⇨ silver bell). **2** =cascara buckthorn. **3** =buckthorn 2. **4** shittah から採れる木材. 〖(1588): ⇨ shittim, -wood[1]〗

shit·ty /ʃíti | -ti/ *adj.* (**shit·ti·er; -ti·est**) 《卑》 **1** 劣った, 軽蔑すべき, 嫌な, 不快な. **2** 取るに足らない. **3** くそまみれの. **shít·ti·ly** /-təli, -tḷi | -tḷi, -təli/ *adv.* **shít·ti·ness** *n.* 〖(1924) ← SHIT＋-Y[4]〗

shít·wòrk *n.* 《米卑》くだらない[うんざりする]仕事, 家事. 〖1968〗

shi·ur /ʃíːuə | -uə^(r)/ *n.* (*pl.* **shi·u·rim** /-uərɪm | -uər-/) 〖ユダヤ教〗シウル《タルムード (Talmud) 学習のための集まり》. 〖□ ModHeb. *šiʿúr* lesson < Heb. *šiʿúr* measure, portion〗

shiv /ʃív/ *n.* 《俗》 **1** ナイフ (knife), (特に)飛び出しナイフ. **2** かみそり (razor). 〖(1673) *chive* □ ? Romany *chiv* blade〗

Shi·va /ʃíːvə, ʃívə; *Hindi* ʃɪv/ *n.* 〖ヒンズー教〗 =Siva.

shi·vah /ʃívə/ *n.* =shibah.

Shi·va·ji /ʃɪváːdʒi/ *n.* =Sivaji.

shiv·a·ree /ʃɪvəríː, ⌐⌐⌐/ 《米・カナダ》 *n.* **1** どんちゃんセレナーデ (charivari). **2** 《口語》騒々しいお祝い. — *vt.* 〈新婚者に〉どんちゃんセレナーデを奏する. 〖(1805)《変形》← CHARIVARI〗

shive[1] /ʃáɪv/ *n.* **1** 《古》断片, かけら, 木片 (slice). **2** たるの口[瓶の口]などに詰める木[コルク]の薄い栓. **3** 一切れ(のパン) (slice). 〖(?*a*1200) □ ? MLG *schîve*〗

shive[2] /ʃív, ʃáɪv/ *n.* **1** 亜麻[大麻, 麻]の裂片[皮]. **2** =boon[3]. **3** 〖製紙〗結束繊維《まだ完全に解離していないパルプ中の繊維》. 〖(1483) □ ?WFlem. *schif* ← Gmc **skif-*: ⇨ shiver[2]〗

shiv·er[1] /ʃívə | -və^(r)/ *vi.* **1** (寒さ・恐怖・興奮などで)震える, おののく, ぶるぶる震える, 身震いする (⇨ shake SYN): ～ all *over* 胴震いする / ～ like a leaf 木の葉のようにおののく / ～ *with* fear 怖くて身震いする / ～ *with* disgust 愛想をつかせて体をぶるぶるっと震わせる / He ～*ed* not *from* cold but *from* anxiety. 寒さではなく不安でおののいた. **2** 〖海事〗(帆面が風向きと一致して風が帆の表に当たったり裏に当たったりして)〈帆が〉震える, ばたばたする. — *vt.* 〖海事〗(帆面を風向きに一致させるようにして)〈帆を〉震わせる, ばたばたさせる (cf. *vi.* 2). — *n.* **1** 震え, 身震い, おののき (tremble, tremor): A ～ passed over him. おののきが彼の体を通り抜けた / A shriek sent ～*s* (up and) down my spine. 悲鳴を聞いて身震いが背筋を走った. **2** [the ～s] **a** 《口語》寒け, 悪寒(おかん); 戦慄(せんりつ): have [get] *the* ～*s* ぞっとする / give a person *the* ～*s* 人をぞっとさせる. **b** 〖病理〗マラリア発作[熱], おこり (ague). 〖(15C) *shyuer* ← (?*a*1200) *chivere(n)*《原義》? to chatter one's teeth ← ? OE *ċeafl* 'jaw, JOWL[1]': ⇨ -er[4]〗

shiv·er[2] /ʃívə | -və^(r)/ *n.* [通例 *pl.*] 粉みじん, ばらばら, 破片 (fragment): in ～*s* 粉々[ばらばら]になって / break [burst] into ～*s* 粉々にする, 粉砕する. — *vt.* 粉砕する, 粉々にする, ばらばらにする. — *vi.* 粉々になる, ばらばらになる. **～·er** *n.* 〖(?*a*1200) *scifre, sciver(e)* ← Gmc **skīf-* to split (G *Schiefer* slate / MLG *schēver, schiver* fragment): ⇨ sheave[2], skewer〗

shív·er·ing[1] /-v(ə)rɪŋ/ *n.* 震え, わななき. — *adj.* 震え(ている); 震わせる, 身震いするような, 悪寒(おかん)を伴う: a ～ fit 悪寒. **～·ly** *adv.* 〖(*c*1200): ⇨ shiver[1]〗

shív·er·ing[2] /-v(ə)rɪŋ/ *n.* **1** 粉砕, 破砕. **2** 〖窯業〗シバリング, 剝裂《釉(ゆう)が素地から飛び散ること; peeling ともいう》. 〖(*c*1400): ⇨ shiver[2]〗

shiv·er·y[1] /ʃív(ə)ri/ *adj.* **1** 震える (shivering); 震えがちの. **2 a** 悪寒を起こさせる, ぞくぞくする, 寒い. **b** 恐ろしい, ぞっとさせる. 〖(1747): ⇨ shiver[1], -y[4]〗

shiv·er·y[2] /ʃív(ə)ri/ *adj.* すぐ粉々になる, 壊れやすい, もろい (brittle). 〖(1683): ⇨ shiver[2], -y[4]〗

shíve whèel /ʃáɪv-/ *n.* 〖鉱山〗巻き綱のかかる輪車, 滑車.

shi·voo /ʃɪvúː/ *n.* 《豪口語》パーティー, 祝宴, どんちゃん騒ぎ. 〖(1844)《変形》← *shiveau* ← ? F *chez vous* at your place〗

Shiv Se·na /ʃívséɪnə/ *n.* シブ セーナー《インド Maharashtra 州に中心をもつヒンズー教民族主義組織・政党》. 〖(1967) □ Hindi *śiv senā*《原義》Siva's army: ⇨ Siva, sena〗

Shko·dër /ʃkóʊdə | ʃkáʊdə^(r); *Alban.* ʃkódəɾ/ *n.* (*also* **Shko·dra** /-drə; *Alban.* -dɾa/) シュコデル《アルバニア北部 Scutari 湖畔の都市; イタリア語名 Scutari》.

shkotzim *n.* shegetz の複数形.

shle·miel /ʃləmíːl/ *n.* =schlemiel.

shlep /ʃlép/ *n.* (*also* **shlepp** /～/) =schlepp.

shlep·per /ʃlépə | -pə^(r)/ *n.* =schlepper.

shlock /ʃlá(ː)k | ʃlɔ́k/ *adj., n.* =schlock.

shlock·y /ʃlá(ː)ki | ʃlɔ́ki/ *adj.* =schlocky.

shlo·shim /ʃlʌ́ʃɪm, ʃláʊ-/ *n.* 〖ユダヤ教〗シュロシーム《死後 30 日間の服喪期間》. 〖□ ModHeb. *šlošim* < Heb. *šᵉlōšīm* thirty ← *šᵉlōšāʰ* three〗

shlub /ʃlʌ́b/ *n.* 《米俗》がさつ者, 田舎者. 〖(1964) □ Yid. ～ □ ? Pol. *żłób* blockhead〗

Shluh /ʃlúː/ *n.* (*pl.* **～, ～s**) **1 a** [the ～(s)] シュルー族《モロッコ山岳民族》. **b** シュルー族の人. **2** シュルー語《シュルー族の言語で Berber 語の一言語》.

shlump /ʃlʊ́mp/ *n., vi.* =schlump.

shm, SHM 《略》〖物理〗simple harmonic motion.

shmaltz /ʃmɔ́ːlts, ʃmáːlts | ʃmɔ́ːlts, ʃmɔ́lts, ʃmǽlts/ *n.* =schmaltz.

shmaltz·y /ʃmɔ́ːltsi, ʃmáːl- | ʃmɔ́ːl-, ʃmɔ́l-, ʃmǽl-/ *adj.* (**shmaltz·i·er, -i·est**) =schmaltzy.

shmat·te /ʃmáːtə | -tə/ *n.* 《米俗》 **1** ぼろ, みすぼらしい物. **2** 《戯言》衣服. 〖(1970) □ Yid. ～ □ Pol. *szmata* rag〗

shmo /ʃmóʊ | ʃmə́ʊ/ *n.* =schmo.

shmuck /ʃmʌ́k/ *n.* 《俗》 =schmuck.

shnook /ʃnʊ́k/ *n.* 《俗》 =schnook.

shnor·rer /ʃnɔ́ːrə | -rə^(r)/ *n.* 《米口語》 =schnorrer.

sho /ʃóː, ʃɑː | ʃɔː/ *adv.* sure の発音つづり《米国南部の発音を擬したもの》. 〖1893〗

SHO /éssèɪtʃóʊ | -ə́ʊ/ 《略》Senior House Officer; shut-out.

Sho·a /ʃóʊɑː | ʃə́ʊɑː/ *n.* ショア《エチオピア中部の州; 州都 Addis Ababa》.

Sho·ah /ʃóʊɑː | ʃə́ʊɑː/ *n.* 〖ユダヤ教〗 =holocaust. 〖(1967) □ ModHeb. *šoá* < Heb. *šōʾāʰ* devastation ← *šāʾāʰ* to become desolate〗

shoal[1] /ʃóʊl | ʃə́ʊl/ *adj.* (～·**er**; ～·**est**) **1** 〈水が〉浅い (⇨ shallow SYN): ～ water. **2** 〖海事〗 **a** 〈船体が〉排水量の少ない. **b** (船の)喫水が浅い. — *n.* **1** (海や川の)浅瀬 (shallow). **2** (引き潮のとき現れる)洲(す), 砂洲: strike on a ～ 浅瀬に乗り上げる. **3** [通例 *pl.*] 隠れた危険, 落とし穴. — *vi.* 浅くなる; 浅瀬になる. — *vt.* **1** 浅くする. **2** 〖海事〗〈船が〉〈海〉の浅い方に進む. 〖(16C)《変形》← OE *sċ(e)ald* < Gmc **skaldaz* ← ? IE **(s)kel-* to parch, dry out: cf. shallow〗

shoal[2] /ʃóʊl | ʃə́ʊl/ *n.* **1** 群れ, (特に)魚群 (school): a ～ of herring ニシンの群れ. **2** 多数, 多量; どっさり (plenty): ～*s* of people 大勢の人々 / ～*s* of time たっぷりした時間 / get letters in ～*s* どっさり手紙を受け取る. — *vi.* 〈魚が〉群れをなす, 群泳する, 群がる (crowd). 〖OE *sċolu* troop ← ? IE **skel-* to cut: SCHOOL[2] と二重語〗

shoal·y /ʃóʊli | ʃə́ʊli/ *adj.* (**shoal·i·er; -i·est**) 浅瀬の多い. **shóal·i·ness** *n.* 〖1612〗

shoat[1] /ʃóʊt | ʃə́ʊt/ *n.* (離乳した)子豚, (1 歳以下[当歳]の)若豚. 〖(1413) ← ? LG (cf. WFlem. *schote* shoat)〗

shoat[2] /ʃóʊt | ʃə́ʊt/ *n.* 雄羊と雌ヤギの交配種 (cf. geep). 〖《混成》← SH(EEP)＋(G)OAT〗

sho·chet /ʃóʊxɪt | ʃə́ʊ-/ *n.* 〖ユダヤ教〗 =shohet.

shock[1] /ʃá(ː)k | ʃɔ́k/ *n.* **1** 胸がどきっとすること, (精神的)衝撃, ショック, (心の)打撃, 動揺; 憤慨, 驚き, あきれること; (精神的)衝撃を与える出来事[事件]: in utter ～ 全くぎょっとして; 驚きあきれて / come *as* a ～ *to* a person 人にとって衝撃的なことである / react with ～ to the bad news 悪い知らせにショックを受ける / You gave me quite a ～, coming up behind me like that! あんな風に後ろから来たからぎょっとしたじゃない / His death was a great [severe] ～ *to* her. 彼の死は彼女にとって大きな[激しい]ショックだった. **2** (信用・安全などに対する)打撃; (社会的ショックを与える)大事件. **3** 〖病理〗 **a** (重傷・出血・火傷(やけど)などによって起こる)身体機能の著しい低下状態, ショック: in (a state of) ～ ショック症状で / die of ～ ショック死する. **b** 《口語》 =apoplexy 1. **4 a** (衝突・爆発・地震などによる)衝撃, 激動, 震動 (concussion). **b** 地震 (earthquake): Several ～*s* were felt last night. ゆうべは何度も地震があった. **5 a** (電流が体内に流れて起こる)電撃: get a ～ from a faulty socket 不良ソケットで感電する. **b** (治療の目的で与える)衝撃, ショック: ⇨ shock therapy [treatment]. **6** 《米口語》 =shock absorber. **7** (突撃・白兵戦・馬上槍試合 (joust) などの)衝突, 激突: ⇨ shock action, shock tactics, shock troops. ***a shórt shárp shóck* (*trèatment*)** 短時間の厳しい処罰.
— *vt.* **1** たまげさす, ぞっとさせる, ぎょっとさせる; 嫌がらす, 憤慨[あきれ]させる, これはひどいと思わせる: I was ～*ed at* [*by, to* hear] the news. その知らせを聞いてぎょっとした[憤慨した] / I'm not easily ～*ed* [easy to ～]—but there are limits! 容易に物に動じないほうだが限度というものがあるよ. **2 a** ぎょっとさせて〔ある状態に〕陥れる〔*into*〕: ～ a person *into* silence [*into* telling the truth] 人を脅かして沈黙させる[秘密を話させる]. **b** ぎょっとさせて〈ある状態から〉引っ張り出す〔*out of*〕: ～ a person *out of* his complacency 人をぎょっとさせて自己満足の気持ちを失わせる. **c** ぎょっとさせて〔人から〕引き出す〔*out of*〕: My sense of humor was ～*ed out of* me. あきれかえって冗談も言えなかった. **3** [通例 p.p. 形で] 〈電気が〉びりっとさせる, 感電させる: get ～*ed* 感電する. **4** 〖病理〗…にショックを起こさせる. **5** 《廃》武力で対抗する. — *vi.* **1** ぎょっとさせる, 嫌悪感を催させる, ショックを与える. **2** 《古・詩》激しく衝突する.
— *adj.* [限定的] 〖ジャーナリズム〗〈事件・発表など〉衝撃的な (shocking, surprise): a ～ defeat.
～·a·ble /-kəbl/ *adj.* 〖(1565) □ F *choc* ← *choquer* (v.) to shake violently ← ? Gmc (cf. MDu. *schocken* to shake, jolt)〗

shock[2] /ʃá(ː)k | ʃɔ́k/ *n.* **1** (毛髪の)もじゃもじゃ; 乱髪: a ～ of unkempt hair くしを入れないくしゃくしゃの頭髪. **2** もじゃもじゃの毛の犬《shock dog ともいう》. — *adj.* 《まれ》〈髪など〉くしゃくしゃの (shaggy): a ～ head 乱髪, ぼうぼう頭. 〖(1638) ↑ ?〗

shock[3] /ʃá(ː)k | ʃɔ́k/ *n.* **1** コムギ・ライムギなど穀物の刈り束の山《8–16 束, 通例 12 束を互いに寄りかからせて立てたもの》. **2** 《米》トウモロコシの刈り束の山. — *vt., vi.* 刈り束の山にする. 〖(*c*1325) *shokke* □ ? MLG & MDu. *schok* ← ? < Gmc **skukka-*〗

shóck absòrber *n.* **1 a** (機械・自動車の)緩衝器, ショックアブソーバー. **b** 〖航空〗(飛行機の着陸の際の衝撃等を吸収緩和するため脚に装備する)緩衝装置. **c** 〖時計〗耐震装置《ピボット (pivot) を振動や衝撃から守るために特別に工夫されたてんぷの軸受》. **2** (経済変動に対して)緩衝器に似たはたらきをするもの. 〖1906〗

shóck àction *n.* 〖軍事〗 **1** 衝撃行動, 衝撃作戦《戦車および機甲部隊が突然猛烈な攻撃を加えて敵に物的・心的な衝撃効果を与えること; cf. shock tactics 1》. **2** 格闘戦, 白兵戦. 〖1884〗

shóck-brigàde *n.* (旧ソ連で特に困難な仕事に対して選抜された[志願した])特別作業隊《shock workers ともいう》.

shóck còrd *n.* 〖航空〗 **1** (小型飛行機の着陸緩衝装置として使用する)緩衝ゴムひも (cf. bungee). **2** (パチンコの要領でグライダーを発進させる時に用いる)緩衝ゴムひも. 〖1930〗

shóck dòg *n.* =shock[2] 2. 〖1673〗

shóck·er *n.* 《口語》 **1** ぞっとさせる人[物], ぞっとするほどひどいもの. **2** (人をぞっとさせる)安価な煽情小説[劇, 映画] (cf. dreadful, dime novel). **3** 《口語》嫌な人, 不愉快な人. **4** 電気衝撃を起こす器具. 〖(1824) ← SHOCK[1]＋-ER[1]〗

shóck-hèad *n.* くしゃくしゃの毛の頭, 乱髪頭. 〖1818〗

shóck-hèaded *adj.* 頭がくしゃくしゃ毛の, 乱髪(頭)の. 〖1818〗

shóck-hórror *adj.* (新聞の見出しなどに用いて)センセーショナルな. 〖1977〗

shock·ing /ʃá(ː)kɪŋ | ʃɔ́k-/ *adj.* **1** 衝撃を与える, 気絶させるほどの: a ～ blow. **2** (不謹慎・非難すべきことで)びっくりさせる, ショックを与える, ショッキングな (⇨ outrageous SYN); けしからぬ, 不都合な; ぞっとする (horrifying): ～ conduct 不都合な行為 / ～ cruelty ぞっとするような残虐性 / ～ news ショッキングなニュース / How ～! なんとけしからぬ. **3** 話にならぬほど粗末な, へたな, 悪い, ひどい (inferior, very bad): a ～ dinner とてもまずい夕食 / a ～ sermon へたくそな説教 / a ～ coward ひどい臆病者 / a ～ cold in the head とてもひどい鼻かぜ / write a ～ hand ひどい字を書く. **4** 〈色が〉強烈な: a ～ color. **5** [副詞的に]《口語》ひどく, お話にならないほど: ～ bad [poor] とても悪い[貧しい]. **～·ness** *n.* 〖(1691): ⇨ shock[1], -ing[2]〗

shóck·ing·ly *adv.* **1** ぞっとする[驚く]ほど粗末に (very badly): play [write] ～. **2** お話にならないほど, ひどく (extremely): How ～ difficult [expensive]! なんとまあ難しい[高い]のだ. 〖(1741): ⇨ ↑, -ly[1]〗

shocking pínk *n.* 派手な[強烈な]ピンク(色), ショッキングピンク. 〖1938〗

shóck jòck *n.* ショックジョック《過激な発言やどぎつい言葉遣いを売り物とするラジオのディスクジョッキー》.

Shock·ley /ʃá(ː)kli | ʃɔ́k-/, **William Bradford** *n.* ショックリー《1910–89; 米国の物理学者; J. Bardeen, W. H. Brattain と共同で Nobel 物理学賞 (1956)》.

shóck probàtion *n.* (短期間の禁固を与えた後の)仮釈放, 保護観察処分《禁固というショックが犯罪防止に役立つとの考えから》.

shóck-pròof *adj.* 〈時計など〉耐衝撃性に作られた, 耐震性の: a ～ watch. — *vt.* 〈時計を〉衝撃に耐えるように作る. 〖1911〗

shóck-resistant *adj.* =shockproof.

shóck stàll *n.* 〖航空〗衝撃波失速《飛行機の速度が音速に近づいた時, 翼の上面に shock wave を発生し, それに伴って生じる気流の剝離のために起こる失速》. 〖1938〗

shóck tàctics *n.* **1** 〖軍事〗(白兵戦における騎兵の)急襲戦術 (cf. shock action 1). **2** 急激な行動[動作]. 〖1895〗

shóck thèrapy [trèatment] *n.* 〖医学〗衝撃[ショック]療法《インシュリン (insulin) の大量注射や 100–110 ボルトの電気の衝撃などを頭に与えて行う精神病の療法》. 〖1917〗

shóck tròops *n. pl.* 〖軍事〗格闘戦[白兵戦]部隊, 突撃専用部隊《特に突撃・格闘に任じるために訓練・装備された部隊》. 〖1917〗

shóck tùbe *n.* 〖物理〗衝撃波管《超音速の流れを研究する装置の一種》. 〖1949〗

shóck wàve *n.* **1** 〖物理〗衝撃波《物体の速度が音速以上になる時に生じるような圧縮波》. **2** (爆発の)衝撃波; 激しいショック: send ～*s* through ...に衝撃[激しいショック]を与える. 〖1907〗

shóck wòrkers *n. pl.* =shock-brigade.

shod *v.* shoe の過去形・過去分詞.

shodden *v.* 《古》shoe の過去分詞.

shod·dy /ʃɑ́(ː)di | ʃɔ́di/ *adj.* (**shod·di·er; -di·est**) **1 a** できの悪い, 質の劣った (inferior). **b** いかさまの, 見掛け倒しの, まやかし物の, ごまかしの (sham), 偽の, にせものの (counterfeit): a ~ character いかさま人物 / ~ stuff いかさまもの. **c** みすぼらしい (shabby). **2** 卑劣な, さげすむべき (contemptible): a ~ trick 奸計. **3** 再生羊毛の; 反毛製の: ~ clothes. **— *n.* 1 a** 再生羊毛, 反毛 《縮絨(しゅく)されていない毛織物や毛メリヤスなどから採ったもの; cf. mungo》. **b** 反毛製品. **2 a** いかさまもの, 安物, まやかしもの (sham). **b** 見せかけ, 見栄をはる卑俗さ.
shód·di·ly /-ḍəli, -ḍli | -dʒli, -dḷi/ *adv.* **shód·di·ness** *n.* 〖(1832) ← ?〗

shoe /ʃúː/ *n.* (*pl.* **~s**) **1** 〖通例 *pl.*〗靴; (boot と区別して)短靴 《米国では, 足首の上までくるものをもいう; cf. low shoe, boot¹ 1, overshoe, slipper》: a pair of ~*s* 靴 1 足 / running ~*s* ランニングシューズ / in one's [without] ~*s* 靴を履いて[脱いで] / cast aside like an old [a worn-out] ~ 古靴のように捨て去る / ⇨ *where the* SHOE *pinches.* 日英比較 欧米では *shoe* は衣服の一種と考えられ, 普通寝る時以外は家や部屋の中でも脱がない. **2** (馬の)蹄鉄(ていてつ) (horseshoe). **3 a** 靴状の物, 靴のような働きをする物. **b** (車輪の)輪止め (drag, skid). **c** そりの滑走部のすべり金. **d** (つえなどの)金たが, 石突き (ferrule). **e** (自動車の)空気入りタイヤの外被; タイヤ (tire). **f** (電車または電気機関車を第三レールに接触させる)すべり鉄, 集電靴(か). **4** (もと, 中国の)馬蹄(ばてい)銀, 沓(くつ)銀 (cf. sycee). **5** (穀物を製粉機などへ送る)落とし (chute). **6** 〖建築〗 **a** 水吐(はき). **b** 雑巾摺(ぞうきんずり) 《巾木と床の合わせ目に打つ四半円の繰形(くりがた)》. **c** 門扉止め 《地面に打ち込んだ戸当たりの石[鉄片]の当たり止め》. **7** 〖家具〗 **a** (脚の底部の保護と装飾のための)金属製カバー. **b** 渦巻足下部の台輪. **8** 〖印刷〗 **a** (減活字を入れる)滅箱. **b** (組版を置くための)下敷き紙. **9** 〖トランプ〗(バカラなどで)カード入れ. **10** 〖土木〗シュー 《橋の土台との接触部》. **11** 〖海事〗 **a** 張付キール, 仮竜骨 《false keel ともいう》. **b** シューピース (shoe piece) 《船尾骨材の一部で, 舵とプロペラ柱と間の下部水平部材》. **12** 〖機械〗ブレーキシュー (brake shoe) 《車輪などに押しつけてかけるブレーキ》. **13** 〖写真〗アクセサリーシュー (⇨ accessory shoe).

shoe 1
1 tip 2 toecap 3 vamp
4 eyelet 5 lacing
6 tongue 7 quarter
8 back strip 9 insole
10 heel 11 sole 12 welt
13 breasting 14 top lift

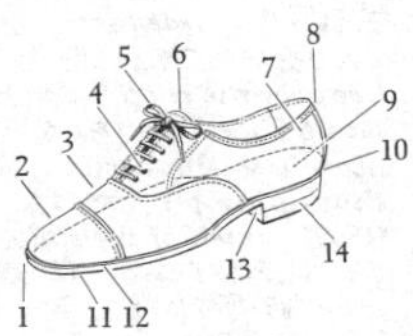

fill a person's shóes 人の後任となる[を果たす], 人の後釜(あとがま)に座る. ***If the shóe fits, wéar it.*** 《米》 =*If the* CAP *fits, wear it.* ***in a person's shóes*** 《口語》人の代わりになって, 人と同じ立場に立って. (1777) ***pùt onesèlf in a person's shóes*** 人の立場になってみる. ***pùt the shóe on the right fóot*** 責める[ほめる]べき人を責める[ほめる]. (20C) ***sháke [shíver, quáke] in one's shóes*** 身震いする, びくびくする. ***stánd in a person's shóes*** 人の地位に代わって立つ, 人のまねをする. (1767) ***stép into a person's shóes*** 人の後釜に座る. ***The shóe is on the óther fóot.*** 形勢が逆転してしまった. (1933) ***wáit for déad mén's shóes*** 人の遺産をねらう. (1546) ***wáit for the óther shóe to dróp*** 《米口語》きっとそうなる(と思える)結末を予期する; 気をもみながら待つ. ***where the shóe pínches*** (one) (自分の直面する)困難[障害など]のもと[ありか]: know *where the ~ pinches.* (1639) **shóes and stóckings** 〖植物〗ミヤコグサ (bird's-foot trefoil). (*a*1825)
— *adj.* [限定的] 靴(用)の: ~ polish / ~ repair [repairings].
— *vt.* (**shod** /ʃɑ́(ː)d | ʃɔ́d/, **shoed; shod, shoed,** 《古》**shod·den** /ʃɑ́(ː)dn̩ | ʃɔ́dn̩/; **shoe·ing**) **1 a** 〈人〉に靴を履かせる: well [badly] *shod* いい[悪い]靴を履いた. **b** 〈馬〉に蹄鉄を打つ, 装蹄する: a *shod* horse 蹄鉄を打った馬. **2** …に金たが[鉄輪]をはめる, …の先端に金具をつける 〔*with*〕: ~ an anchor 錨(いかり)に錨ざやをつける / a stick *shod with* iron 鉄の石突きをつけたステッキ. ***shóe the góose*** ⇨ goose 成句.
〖OE *scōh* < Gmc **skōχ(w)az* (G *Schuh*) ← ? IE **(s)keu-* to cover: cf. scum〗

shóe·bìll *n.* 〖鳥類〗ハシビロコウ (*Balaeniceps rex*) 《アフリカ産のくちばしが木靴のように大きいコウノトリの一種》. 〖1861〗

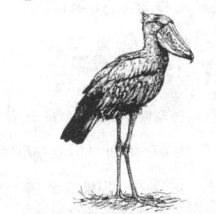

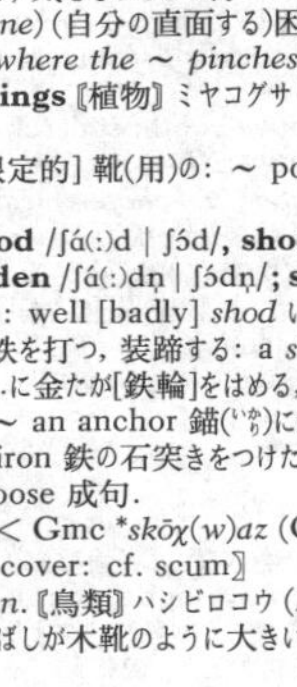

shoebill

shóe·bìrd *n.* 〖鳥類〗=shoebill. 〖1861〗
shóe·blàck *n.* 靴磨き(人). 〖(1778): ⇨ shoe, black (v.)〗
shóeblack plànt *n.* 〖植物〗ブッソウゲ(仏桑華) (⇨ China rose 2). 〖1837〗
shóe bòil *n.* 〖獣医〗馬蹄膿瘍 《馬や牛のひじの先端の粘液水腫; capped elbow ともいう》.
shóe·bòx *n.* (ボール紙の) 靴箱; 《口語》靴箱形のもの, (特に)ビル (building). 〖1860〗
shóe·brùsh *n.* 靴磨き用ブラシ. 〖1740〗
shóe·bùckle *n.* 靴の締め金. 〖(1482) *shobakilles*〗
shóe·flòwer *n.* 〖植物〗ブッソウゲ(仏桑華) (⇨ China rose 2). 〖1814〗
shóe·hòrn *n.* 靴べら. **— *vt.*** (狭い所へ)無理に押し込む[詰め込む]. 〖n.: 1589; v.: *c*1650〗
shóe·làce *n.* 靴ひも (《英》 bootlace). 〖1647〗
shóe·làtchet *n.* 《古》靴ひも (latchet). 〖1526〗
shóe lèather *n.* **1** 靴革. **2** [集合的] 靴 (shoes): save ~ (靴が傷まないように, バスなどに乗ったりしてなるべく)歩かないようにする / as honest a man as ever trod [stepped into] ~ だれにも劣らない正直者. 〖1576〗
shóe·less *adj.* **1** 靴のない[を履かない], はだしの. **2** 蹄鉄(ていてつ)のない; 輪止め[金具]のない. 〖1627〗
shóe·màker *n.* 靴屋; 靴直し 《守護聖人は St. Crispin》. 〖(1381) *sho makere*〗
Shoe·mak·er-Le·vy 9 /ʃúːmèɪkəlíːvinάɪn | -kə-/ *n.* 〖天文〗シューメーカー レヴィー第 9 彗星 《1993 年に発見された彗星; 1992 年の木星接近時にその重力によって破壊され, その破片が 94 年に木星に衝突した》. 〖Carolyn (1929–) and Eugene Shoemaker (1928–97), David Levy (1948–): 発見者の天文家〗
shóe·màking *n.* 靴作り(業). 〖1611〗
shoe·pac /ʃúːpæ̀k/ *n.* 《米》(革・ゴム・ズック製の)防水長靴 《防寒用》. 〖(1755) ← SHOE+PAC 〖通俗語源〗 ← N-Am.-Ind. (Delaware) (*macht*) *shipak* ← *machtshi* bad+*paku* shoe〗
shóe pìece *n.* 〖海事〗シューピース (⇨ shoe 11 b). 〖1867〗
shó·er *n.* 《まれ》馬蹄鉄(ていてつ)工, 装蹄師 (horseshoer). 〖OE *scōere*: ⇨ shoe (v.), -er¹〗
shóe·shìne *n.* **1** 靴磨き. **2** 磨いた靴の表面. 〖1911〗
shóe·shòp *n.* 靴屋.
shóe·strìng *n.* **1** =shoelace. **2** 〖行商人のお定まりの品であるところから〗少しの元手, 少額資本: start one's enterprise *on a* ~ わずかの元手で事業を始める. **— *adj.*** [限定的] **1** (靴ひものように)細長い: a ~ tie. **2 a** 少しの元手の, 少額資本の: a ~ budget. **b** 危なっかしい (precarious). 〖1616〗
shóestring càtch *n.* 〖野球〗(外野手などが球を追ってやる)地上すれすれの捕球. 〖1926〗
shóestring potàtoes *n. pl.* 細長く切ってあるフライドポテト. 〖1906〗
shóestring tàckle *n.* 〖アメフト〗ボールを持って走っている人の足首のあたりにするタックル.
shóe trèe *n.* 靴保存型, 靴用の木型 《形をくずさないために入れておく》. 〖1827〗
sho·far /ʃóʊfɑə, -fə | ʃə́ʊfɑː^r/ *n.* (*pl.* **~s, shof·roth** /ʃoʊfróʊt, -fróʊθ, -fróʊs | ʃəʊfrə́ʊt, -frə́ʊθ, -frə́ʊs/) ショーファール 《雄羊の角で作ったユダヤの古いらっぱ状の楽器; 今でもユダヤ教の儀式に用いられる》. 〖(1833) ▭ Heb. *šōphār* ram's horn〗
shog /ʃɑ́(ː)g | ʃɔ́g/ 《方言》 *v.* (**shogged; shog·ging**) **— *vt.*** 揺らす, ぐいぐい揺すぶる (shake). **— *vi.* 1** 揺れる; 揺すりながら進む[行く]. **2** 移動する, 立ち去る 〔*off*〕. **— *n.*** 揺れ (jog). 〖(?*c*1375) ← ?: cf. MHG *schocken* to swing〗
sho·gun, S- /ʃóʊgʌn, -gun, -guːn | ʃə́ʊgʌn, -guːn, -gən/ *n.* 将軍. **~·al** /-nḷ/ *adj.* 〖(1615) ▭ Jpn.〗
sho·gun·ate /ʃóʊgənə̀t, -gən-, -nèɪt | ʃə́ʊ-/ *n.* (日本の)将軍職; 将軍政治, 幕府. 〖(1871): ⇨ ↑, -ate¹〗
sho·het /ʃóʊxə̀t | ʃə́ʊ-/ *Heb. n.* (*pl.* **~s, sho·he·tim** /ʃoʊxətɪ̀m | ʃəʊxə̀tɪm/) 〖ユダヤ教〗食肉動物の屠畜有資格者 (cf. shehitah). 〖▭ Mish. Heb. *šōḥēṭ* ← *šāḥáṭ* to slaughter〗
sho·ji /ʃóʊdʒi | ʃə́ʊ-/ *n.* (*pl.* **~, ~s**) 障子 《shoji screen ともいう》. 〖(1880) ▭ Jpn.〗
Sho·la·pur /ʃòʊləpúə | ʃəʊləpúə^r; *Hindi* ʃoːlaːpuːr/ *n.* ショラプル 《インド Maharashtra 州南東部の都市》.
shole /ʃóʊl | ʃə́ʊl/ *n.* 〖海事〗支柱台 《支柱を立てる時に傾斜を変えるためや脚部保護のためにはさむ台板》. 〖1711?〗
Sho·lo·khov /ʃɔ́(ː)ləkɔ̀(ː)f, -kɑ̀(ː)f | ʃɔ́ləkɔ̀f; *Russ.* ʃóləxəf/, **Mikhail Aleksandrovich** *n.* ショーロホフ 《(1905–84; ロシアの小説家; Nobel 文学賞 (1965); *And Quiet Flows the Don* (1928–40)》.
sho·lom /ʃɑ(ː)lóʊm, ʃə- | -lə́ʊm/ *Heb. int.* =shalom.
Shólom Aléichem *n.* ⇨ Aleichem, Sholom.
Sho·na /ʃóʊnə, ʃɑ́(ː)nə | ʃɔ́nə, ʃə́ʊ-; *Shona* ʃona/ *n.* (*pl.* **~, ~s**) **1 a** [the ~(s)] ショナ族 《ジンバブエ・モザンビークに住む農耕民族》. **b** ショナ族の人. **2** ショナ語 (Bantu 語族の一つ). **3** 〖言語〗連合ショナ語 (⇨ Union Shona). 〖(1930) ← MASHONA〗
shone /ʃóʊn | ʃɔ́n/ *v.* shine の過去形・過去分詞. 〖(pret. 3 sg.): OE *scān*. — (p.p.): (16C) *shone* ∞ ME *sinen* < OE **scīnen*〗
sho·neen /ʃouníːn | ʃəʊ-/ *n.* 《アイル》《軽蔑》イングランドの上流階級をまねるアイルランド人. 〖(*c*1840) ▭ Ir.-Gael. *seoinín* ← *Seon, Seoin* John; Englishman+*-ín* (dim. suf.)〗
shon·ky /ʃɑ́(ː)ŋki | ʃɔ́ŋ-/ *adj.* (**shon·ki·er; -ki·est**) 《豪俗》信用できない, いんちきの. **— *n.*** いかがわしい商売をしている者. 〖(1970) ← ? *shonk* (ユダヤ人に対する蔑称) 《短縮》 ← Shonicker ← ?〗
shoo /ʃúː/ *int.* しーっ, しっ 《鳥などを驚かして追う時の発声》. **— *vi.*** しっしっと言う. **— *vt.*** 〈人・鳥などを〉しっと言って追い払う, しっと驚かして追う. 〖(1483) 〖擬音語〗: cf. G *schu* / F *shou*〗
shoo·fly /ʃúːflàɪ/ *n.* **1** 《米》(側板が動物の形をした)子供用揺り椅子. **2** 〖植物〗 **a** =indigo broom. **b** =APPLE of Peru (1). **3** シューフライ 《米国のフォークダンスの一つで, 特にダンスパーティーの初めに踊られる》. **4** =shoofly pie. **5** 〖印刷〗 **a** 弾き爪(づめ) 《2 回転印刷機の圧胴から紙を外すはたらきをする爪》. **b** 弾き爪装置 《shoofly finger ともいう》. **6 a** 〖鉄道〗(既設線が不通の場合それに平行して設ける)仮設線路. **b** (建設工事が終わるまでの)仮設道路. 〖(1867) ← *shoo, fly*(, *don't bother me*) (南北戦争当時の流行歌の一節)〗
shóofly fìnger *n.* 〖印刷〗=shoofly 5 b. 〖1908〗
shóofly pìe [càke] *n.* 《米》糖蜜入りパイ. 〖(1935) もと糖蜜にたかってくるハエを追い払うために作られたことから〗
shoo·gle /ʃúːgḷ/ 《主にスコット》 *n., vt.* 前後[左右]に揺さぶる(こと). 〖(1577) *shoggle* ← SHOG+-LE³〗
shoo·glie /ʃúːgli/ *adj.* (*also* **shoo·gly** /~/) 《スコット》ぐらぐらする, 不安定な. 〖(1822) ↑〗
shóo-ìn *n.* 《米口語》楽勝の予測される人[馬など]; 確実なもの (sure thing). 〖(1928) ← SHOO+IN (adv.)〗
shook¹ /ʃúk/ *v.* shake の過去形. **— *adj.*** =shook-up. ***shóok on*** 《豪口語》…に熱心な, 夢中で. 〖OE *scēōc*〗
shook² /ʃúk/ *n.* **1** たる・おけなどを組み立てる 1 個分の材料 《おけ側と鏡板》. **2** (箱類・家具類などの)組立部分品一そろい. **3** (トウモロコシ・ムギなどの)穀類の立て掛けた刈り束. **— *vt.*** 一組分に束ねる. 〖(1768) ↑ ?〗
Ś hòok /ɛ́s-/ *n.* S フック 《S 字形のつり金具》.
shóok-úp *adj.* 《口語》精神的に動揺している, 気が転倒した; 興奮した. 〖1897〗
shool /ʃúːl/ *n.* 《方言》シャベル. 〖(*a*1300) 〖変形〗 ← SHOVEL〗
shoon /ʃúːn/ *n.* 《古・方言》shoe の複数形. 〖(*c*1250) *schon, shoon*: cf. OE *sċ(e)ōs*〗
shoot¹ /ʃúːt/ *v.* (**shot** /ʃɑ́(ː)t | ʃɔ́t/) **— *vt.* 1 a** (弾丸・矢で)撃つ, 傷つける, 殺す; 射殺[銃殺]する: ~ a bird 鳥を射る[撃つ] / ~ oneself 鉄砲[ピストル]で自殺する / be *shot in* the chest 胸を撃たれる / be *shot through* [*in*] the head 頭部を貫通される[撃たれる] / ~ a person dead 人を撃ち殺す / be *shot* dead 射殺される / be *shot as* a spy [*for* desertion] スパイとして[脱走の罪で]銃殺される / You ought to be *shot* for saying that! そんなこと言って撃ち殺されてもおかしくないぞ. **b** 〈人が〉〈鉄砲を〉撃つ, 〈弓を〉射る, 〈弾丸を〉撃つ, 〈矢を〉射る; 〈鉄砲が〉〈弾丸を〉発射する: ~ a pistol [rifle] ピストル[ライフル]を撃つ / ~ (*away*) all one's ammunition 全ての弾薬を撃ち尽くす / ~ (*off*) a bullet [shell] from a gun [cannon] 銃[大砲]から弾丸[砲弾]を発射する / ~ (*off*) a cannon 大砲を発射する / ~ an arrow at a target 的に向けて矢を射る. **c** 撃ってちぎり取る[破壊する] 〈*away, off, out*〉: ~ *away* a church spire 教会の尖塔を撃ち落とす / He had his leg *shot off*. 彼は砲弾で片足を吹き飛ばされた. **d** [~ one's way として] 発砲しながら前進する; 戦争[武力]に訴えて目的を達する: He *shot his way out of* prison. 発砲しながら脱獄した.
2 a 突き出す (project, protrude) 〈*out*〉: ~ *out* the lip ⇨ lip 成句 / The snake *shot out* its tongue. ヘビがさっと舌を出した / He *shot out* his arm and hit the man. 彼は腕を突き出してその男をなぐった. **b** 〈草木が〉〈芽・若枝を〉出す 〈*out, forth*〉: ~ *out* [*forth*] buds, sprouts, etc.
3 a 投げる (cast), ほうる (hurl); ほうり出す, 投げ出す: ~ an anchor 錨(いかり)を入れる / ~ a fishing net 投網を打つ / ~ a fishing line (釣竿を振って)釣糸を繰り出す / He was *shot out* (*of* the car). 彼は(自動車から)ほうり出された. **b** (どっと)あける (empty), 投げ捨てる (dump): ~ rubbish. **c** 《米》〈好機などを〉打ち捨てる, 台なしにする (spoil): ~ one's last opportunity 最後の機会を棒に振る. **d** 《口語》〈時間・金などを〉捨てるように使う, 浪費する, 使い果たす (exhaust).
4 a 〈光を〉放射する, 〈視線を〉投げる, 〈炎・煙・溶岩などを〉噴き出す (emit): The sun *shot* its beams through the clouds. 太陽が雲間からさっと光線を放った / ~ a person a glance [smile] / ~ a glance [smile] *at* a person 人にいちべつ[ほほえみ]を投げかける / The geyser *shot* a stream of water *up* into the air. 間欠泉は空中に一条の湯を噴出させた. **b** (弾丸・矢のように)〈言葉を〉次々に発する, (矢継ぎ早に)浴びせる: ~ *out* a stream of witty remarks 機智に富んだ言葉を連発する / ~ *out* a retort *to* an insult 無礼な言葉をさっと切り返す / ~ questions *at* a person 人を矢のように質問攻めにする.
5 〖写真〗…の写真を撮る (photograph); 〖映画・テレビ〗撮影する (film): ~ scenes [a western] 種々の場面[西部劇]を撮影する.
6 《米》〖スポーツ〗 **a** (バスケットボール・サッカー・アイスホッケーなどで, ゴールに向かって)〈ボール・パック (puck) を〉シュートする: ~ a ball over a net ネット越しにボールをシュートする. **b** シュートして〈ゴールを〉陥れる, 〈点を〉入れる: ~ a basket [goal] ゴールに成功する, シュートをきめる. **c** 〈ビリヤードで玉を〉突く: ~ pool. **d** 《口語》《ゴルフで》プレーする (play), 〈何打数〉のスコアをあげる: ~ (a round of) golf ゴルフを (1 ラウンド)する / ~ one's age ⇨ age 成句 / ~ a birdie バーディーを出す / He *shot* an 80 today. 今日は 80 のスコアで回った.
7 a 《米口語》〈おはじき・クラップ賭博・賭け玉突きなどを〉する (play): ~ marbles, craps, pool, etc. **b** (特にクラップ賭博で)〈幾ら〉賭ける: ~ $10. **c** (遊戯で)〈はじき石などを〉はじく, (賭博で)〈さいを〉振る, (玉突きで)〈玉を〉突く: ~ a marble, dice, a ball, etc.
8 a 〈早瀬などを〉勢いよく乗り切る, 〈橋〉の下をすばやくくぐり抜ける: ~ the rapids [reef] 早瀬[岩礁]を乗り切る / ~

S

Niagara ⇨ Niagara 成句. **b** 《俗》〈信号を〉無視して突っ走る: The driver of a sportscar *shot* the (traffic) lights. スポーツカーのドライバーは信号を無視して疾走した. **c** 急いで送る[届ける] (dispatch): ～ a letter *off to* a person 人に手紙を急送する / The elevator *shot* us to the top floor. エレベーターはさっと我々を最上階まで運んでくれた. **d** 勢いよく動かす: ～ a car *onto* a highway [*into* the curb] 車をさっと高速道路に乗り入れる[道端に寄せる].
9 《猟で》〈獲物を〉撃つ (cf. hunt 1); 〈ある場所で〉銃猟する: ～ a woodcock [lion] ヤマシギ[ライオン]を撃つ / ～ a covert 隠れ場の獲物を撃つ / ～ the country 田舎を猟をして歩く.
10 〈ドア・錠前のボルトを〉差し込む[はずす], 引っ込ませる[飛び出させる]: ～ a bolt (cf. *shoot* one's BOLT[1]).
11 [通例 p.p. 形で; cf. shot[2] *adj.* 1] **a** 〔別色の糸で〕…に変化をつける〔*with*〕: *shot with* gold 金糸を織り交ぜた. **b** 〔別の色・物などで〕…に変化を与える, 筋を入れる, 斑点をつける〔*with*〕: eyes *shot with* blood (=blood*shot* eyes) 血走った目 / blue sky *shot* (*through*) *with* white clouds 白雲が点々と浮かぶ青空 / a novel *shot through with* pathos ペーソスに彩られた小説.
12 a …に予防注射をする. **b** 《俗》皮下注射で〈薬(?)を〉打つ: ～ (*up*) heroin.
13 〈発破薬を〉爆発させる (detonate); 爆発させて〈石炭・油井などを〉掘る: ～ a blast / ～ coal [an oil well].
14 〈大工・指物師が〉〈板の端〉にきちんとかんなをかける: ～ the edge of a board.
15 〈天体の〉高度を測る: ～ the sun 《海事》六分儀で太陽の高度を測る.
16 《紡織》〈織機で縦糸の間に横糸を入れるために〉杼(ʰ)を〉通す: ～ a shuttle.
17 《航空》〈操縦を〉反復練習する: ～ landings 着陸を繰り返し練習する.
— *vi.* **1 a** 射る, 撃つ, 発射する, 射撃する: ～ *at* a target 的をめがけて射る[撃つ] / The gunmen *shot* (*away*) *at* him, and he *shot back* (*at* them). ギャングは彼を狙って射撃し(続け)たが彼も撃ち返した / ～ wide of the mark 的から遠くはずれる / He ～*s well.* 彼は射撃がうまい. **b** 銃猟をする: go out ～*ing* 銃猟に出る / He neither rides nor ～*s.* 乗馬も銃猟もやらない.
2 a [通例方向を示す副詞語句を伴って] 勢いよく飛び出る, 速やかに進む, 素早く動く: ～ *ahead* 急に競走相手の先へ出る / ～ *away* 急いで立ち去る / I *shot back* home at once. 急いで帰宅した / A fountain [flame] *shot up.* 泉が噴出した[火炎が立ち昇った] / The elevator *shot down* (*ward*) [*up*(*ward*)]. エレベーターがさっと下りて[上がって]行った / A meteor *shot across* the sky. 流星がさっと空を飛んだ / He *shot from* [(*up*) *out of*] his chair. (驚いて)椅子から跳び上がった / A wild idea *shot into* her mind. 狂気じみた考えがふと彼女の心に兆(きざ)した / A car *shot past* us [*out of* Elm Street]. 1 台の車がさっと我々のそばを走り抜けた[エルム街から走り出た] / His eyes *shot* sideways *to* her. 彼の視線が横に走ってちらっと彼女を見た. **b** 〈血・涙などが〉噴き出る; 〈光が〉ぱっとさす; 〈まなざしが〉きらっと光る: An arrow of sunshine *shot through* the clouds. 日光が矢のように雲間から漏れた. **c** (急速に)流れ下る[落ちる]: The river ～*s over* the cliffs in a dazzling waterfall. 川は崖を越えると目もくらむ滝となって落ちる. **d** 〈帆船などが〉惰性で前進する.
3 〈銃砲が〉弾丸を発射する: This cannon ～*s* many miles. この大砲は何マイルも先を撃てる.
4 a 〈芽が〉出る, 〈草木が〉芽[枝]を出す, 発育する. **b** 〈子供などが〉ぐんぐん成長する, 急に大きくなる〈*up*〉: The child has (really) *shot up* since I saw her last. その子は前に会ったときから(本当に)ぐんと大きくなった / ～ to fame [stardom] あれよあれよという間に名声を得る[スターの座に昇りつめる]. **c** 〈価格・物価などが〉急騰する〈*up*〉: Prices have *shot* (*up*) *from* $5 to $10 [*by* $5, *by* 100%]. 価格が 5 ドルから 10 ドルへ[5 ドル, 100%] 跳ね上がった.
5 〈痛み・悪寒・快感などが〉走る; 〈体の一部が〉ずきずき[刺すように]痛む: Pain *shot through* my nerves. 痛みが突き刺すように全神経に伝わった.
6 そびえ立つ (rise) 〈*up*〉; 突き出る (jut) 〈*out*〉: The cliff ～*s up to* an amazing height. 崖がぐっと見上げるほどに突き立っている.
7 《スポーツ》 **a** (バスケットボール・サッカー・アイスホッケーなどで)ゴールに向かってボール[パック]をシュートする, (ゴルフで)グリーン[カップ]に向けてボールをショットする. ⇨ shot[1] 日英比較. **b** (クリケットで) 〈投げたボールが〉グラウンドに落ちたあとバウンドしないで地面をかすっていく.
8 a 《写真》写真を撮る. **b** 《映画・テレビ》撮影する; 撮影を開始する: *Shoot!* 撮影開始.
9 (賭博などで)さいを振る.
10 〈ドア・錠前のボルトが〉はまる, はずせる.
11 [通例命令形で] 《口語》(言いたいことを)さっさと言ってしまえ (Speak out!): Ok, ～! (cf. shoot[2])

I'll be shót if … 《口語》[強い否定・否認を示して] もし…だったら首をあげるよ, 決して…でない[しない]: *I'll be shot if* I give him the money. その金は彼に絶対にやらぬ. 《1761》 ***shóot at*** (1) ⇨ *vi.* 1. (2) 《口語》…を目指す; …を目指して努力する (strive for). 《*c*1407–10》 ***shóot one's cúffs*** ワイシャツのカフスを手首の方に引っ張る《尊大さまたは不安な気持ちを示すしぐさ》. 《1878》 ***shóot dówn*** (1) 〈航空機を〉撃墜する; 〈人・群衆を〉(冷酷に)撃ち殺す[倒す], 狙撃する: ～ *down* enemy planes [innocent civilians]. (2) 《口語》〈議論・論敵などを〉徹底的に論破する, やっつける. 《1845》 ***shóot for*** =SHOOT *at* (2). ***shóot it óut*** 《俗》決着をつける射撃戦をする. 《1912》 ***shóot from the híp*** ⇨ hip. ***shóot óff*** 空に向けて〈銃を〉発射する, 〈花火を〉打ち上げる. ***shóot óff one's fáce*** 《米俗》=SHOOT *off one's mouth.* ***shóot óff one's móuth*** 《米俗》(軽率に, 自慢して)べらべらしゃべる, へらず口をたたく〔*about*〕. 《1864》 ***shóot onesélf in the fóot*** 《口語》へまをする, どじを踏む. ***shóot óut*** (*vt.*) (1) ⇨ *vt.* 2. (2) ⇨ *vt.* 4. (3) [しばしば ～ it out として] (相手が傷つくか死ぬまで)撃ち合う, 撃ち合って[武力で]解決する[決着をつける]: The cornered terrorists *shot it out with* the police. 追い詰められたテロリストたちは警官隊と最後まで撃ち合った. —(*vi.*) ⇨ *vi.* 6. ***shóot squáre*** =SHOOT *straight* (2). ***shóot stráight*** (1) 〈銃が〉まっすぐに撃てる, 命中する. (2) 正直にしゃべりふるまう. 《1471》 ***shóot the bréeze*** ⇨ breeze[1] 成句. ***shóot the búll*** ⇨ bull 成句. ***shóot the cát*** ⇨ cat 成句. ***shóot the chútes*** (遊園地などで)ウォーターシュートをする (cf. shoot-the-chutes). 《1895》 ***shóot the móon*** ⇨ moon 成句. ***shóot the wórks*** ⇨ work 成句. ***shóot thróugh*** 《主に豪》出発する, 去る. ***shóot úp*** (*vi.*) (1) ⇨ *vi.* 4 b, c. (2) ⇨ *vi.* 6. (3) 〈気温・圧力・人気などが〉急上昇する; 〈人が〉どんどん昇進する: He *shot* (*right*) *up to* manager. たちまち支配人になった. (4) 《俗》(麻薬を)静脈に注射する. —(*vt.*) (1) 《口語》〈人・群衆を〉(無差別にまたは続けざまに)射殺する, 狙撃する; (特に)〈町などを〉馬に乗って撃ち回る, 発砲しておどし回る. (2) 《軍事》〈部隊などに〉甚大な損害を与える.

— *n.* **1 a** 新芽, 若枝 (⇨ branch SYN): a bamboo ～ たけのこ. **b** (植物の)発芽, 生長. **c** 若枝の伸長量. **2** 《写真・映画・テレビ》撮影(会): a modeling ～ モデル撮影(会) / do a ～ 撮影をする. **3 a** 《英》遊猟会[旅行]: go on a turkey ～. **b** 遊猟地, 猟場. **c** 銃猟[狩猟]権. **4 a** 射撃, 発射, 発砲: make a ～ 発射[発砲]する. **b** 射撃競技, 射的会; (射撃競技で) 1 回の試合. **c** 《廃》着弾距離. **5** (ロケット・ミサイルなどの)発射, 打上げ: a moon ～ 月へのロケット打上げ. **6** 支脈, 分脈, 支線, 支道 (offshoot). **7** 《(通俗語源) ? ← F *chute*》 **a** 急流, 早瀬 (rapid). **b** 射水路, 滑降斜面路, 斜溝(ﾄﾖ), 落とし樋(ﾋ), シュート. **8** ずきずきする[刺すような]痛み (twinge). **9** 《ボート》ストローク間の時間. **10** 《鉱山》 **a** 分岐した小坑道. **b** (鉱脈の)分岐脈. **c** 富鉱部.
the whóle* (*báng*) *shóot 《俗》何もかも, いっさい (everything): go *the whole* ～ すべてを賭(ﾄ)する. 《1884》
〖v.: OE *scēotan* < Gmc **skeutan* (G *schiessen* / ON *skjōta*) ← IE **(s)keud-* to shoot, chase, throw (Skt *skundate* he hurries): cf. sheet[1,2]. — n.: 《*a*1450》 ← (v.): 一部の意味は CHUTE[1] と混同〗

shoot[2] /ʃúːt/ *int.* 《米》ちぇっ, うるさい《不快・焦燥・驚きなどを表す; cf. SHOOT[1] *vi.* 11》. 〖《1876》《変形》← SHIT〗

shoot·a·ble /ʃúːtəbl | -tə-/ *adj.* 〈目標・獲物などが〉撃てる, 撃つのに適した. 〖1852〗

shóot àpex *n.* 《植物》生長点 (growing point).

shoot-'em-up /ʃúːtəmʌ̀p | -təm-/ *n.* 《口語》撃ち合いや流血場面の多い映画[テレビ]. 〖1947〗

shoot·er /ʃúːtə | -tə(r)/ *n.* **1 a** (ライフル・弓などの)射手, 射撃する人; 砲手. **b** (特に, 油田発掘の)発破工 (blaster). **2** [通例複合語の第 2 構成素として] (何連発)銃[ピストル]: ⇨ peashooter, six-shooter. **3 a** 生長の早い植物. **b** 流星 (shooting star). **4** (サッカー・バスケットボールなどで)シュートを決める人, シューター; シュートのうまい人. **5** 《クリケット》地面をかすっていく球. **6** 《遊戯》 **a** (手からはじき出された)はじき玉 (taw). **b** (クラップゲーム (craps) で)さいころを投げる人. **7** 《俗》(ひと息で飲む) 1 杯の酒. 〖《*c*1300》: ⇨ shoot[1], -er[1]〗

shoot·ing /ʃúːtɪŋ | -tɪŋ/ *n.* **1 a** 射殺(事件). **b** 射撃, 狙撃, 射的, 発射: rifle ～. **2 a** 銃猟, 遊猟 (⇨ hunting 1). **b** 遊猟地, 遊猟区域, 猟場 (shoot). **c** 《英》銃猟[遊猟]権. **3** 撮影. **4** (植物の)急速な生長; (一群(ﾑﾚ)の)新芽[若枝]. **5** ずきずきする痛み. **6** (発破の)爆破 (blasting). **— *adj.*** **1** 勢いよく飛び出る, 突進する (darting). **2** 芽生え出る, 生長しつつある. **3** 〈痛みが〉刺すような, ずきずきする, 急激な: a ～ pain. 〖lateOE *scotung* (n.) & *scēotende* (adj.): ⇨ -ing[1,2]〗

shóoting bòard *n.* 《木工》鉋かんな台, 削り台《かんながけするための, 一方に止めのついた台》. 〖1846〗

shóoting bòx *n.* 《英》狩小屋《狩猟季節中狩猟家たちが宿泊するために狩猟地方に設けられたもの; shooting lodge ともいう; cf. box[1] 8 b》. 〖1812〗

shóoting bràke [brèak] *n.* 《英》=station wagon. 〖1912〗

shóoting còat *n.* =shooting-jacket. 〖1840〗

shóoting gàllery *n.* **1** 射撃場, 屋内射撃練習場. **2** 《俗》麻薬注射液の密売場. 〖1836〗

shóoting guàrd *n.* 《バスケット》シューティングガード《スリーポイントシュートの能力がある第 2 ガード》.

shóoting ìron *n.* 《米口語》火器, 銃砲 (firearm); (特に)ピストル. 〖1775〗

shóoting-jàcket *n.* 狩猟服. 〖1796〗

shóoting lòdge *n.* 《英》=shooting box. 〖1859〗

shóoting màtch *n.* **1** 射撃競技会. **2** [通例 the whole ～ として] 《俗》一切合財, だれも彼も; 関連する一切の事: borrow *the whole* ～ 一切合財借りる. 〖1750〗

shóoting-rànge *n.* 射撃場. 〖1908〗

shóoting scrìpt *n.* 《映画・テレビ》撮影台本, シューティングスクリプト, コンティニュイティ台本 (continuity)《ショット単位に記述してある台本》. 〖1929〗

shóoting stàr *n.* **1** 流星 (falling star). **2** 《植物》シクラメンに似たサクラソウ科の植物の総称; (特に)カタクリモドキ (*Dodecatheon meadia*) (《American》 cowslip ともいう). 〖1595〗

shóoting stìck *n.* 狩猟ステッキ《下のとがった先を突き刺すと上部が開いて腰かけになる; 狩猟や競馬見物などに用いる》. 〖1683〗

shóoting wàr *n.* 兵器による[撃ち合い]戦争, 熱い戦争 (hot war)《軍事行動を主体とする武力紛争; cf. cold war 1, nerve war》. 〖1941〗

shoot-out /ʃúːtàut | ʃúːt-/ *n.* **1** (警察と犯人の)撃ち合い; (ガンマン同士の)決闘. **2** 《サッカー》シュートアウト《PK 戦; penalty shoot-out ともいう》. **3** 《口語》意見の対立. 〖1953〗

shóot-róot ràtio *n.* 《植物》枝根比《枝と根との乾燥量の比》.

shóot-the-chùtes *n. pl.* [通例単数扱い] (遊園地などにある)ウォーターシュート (cf. chute-the-chute). 〖《1923》← CHUTE-THE-CHUTE(S)〗

shóot-ùp *n.* 《俗》麻薬注射. 〖《1922》← *shoot up* (4) (⇨ shoot[1] (v.) 成句)〗

shop /ʃɑ́(ː)p | ʃɔ́p/ *n.* **1 a** 店, 商店, 小売店 (⇨ store SYN); (小売)商売: a corner ～ 町角の店 / a pet ～ ペットショップ / He bought some meat at the butcher's (～). 肉屋でいくらか肉を買った / keep a ～ 店を持っている[やっている] / open a ～ 開店する / go round to the ～*s* 《英口語》近くの店に買物に行く / *Shop!* 《英》(店先で)だれかいませんか. **b** 専門店; (デパートなどの)特定品売場: a sporting goods [sports, food, beauty] ～. **2 a** (手仕事の)仕事場: a carpenter's ～ 大工の仕事場 / a barber's [《米》barber] ～ 理髪店. **b** (製造・修理などの)工場, 仕事場 (workshop); 会社, 企業 (factory): an engineering [a machine] ～ 機械工場 / a repair ～ (自動車・自転車などの)修理工場. **3 a** 《労働》事業所: ⇨ agency shop, closed shop, open shop, union shop. **b** 仕事, 職業 (job). **c** 《俗》(まれ) 刑務所 (prison). **4** 自分の専門[職業]上の話, 仕事の事 (cf. shoppy 3): ⇨ *talk* SHOP. **5** 《口語》(日用品の)買物 (shopping): the weekly ～. **6** 《教育》 **a** 工芸・手工・工作などの教科, 工作《道具・材料の使い方を扱う》. **b** 工芸などを教える教室, 工作室.
àll óver the shòp 《英口語》(1) 方々, 至る所 (everywhere): I looked for him *all over the* ～. 彼を四方八方捜してみた. (2) 乱雑になって, 取り散らして (in confusion): My books are *all over the* ～. 本が散乱している. ***clóse úp shóp*** (1) 店じまいする. (2) 全活動を停止する. 《1874》 ***cóme to the ríght* [*wróng*] *shóp*** うってつけの人の所にやって来る[お門違いの所へ頼みにいく]. 《1837》 ***líve òver the shóp*** 店の階上に住む; 店[職場]に住み込む. ***sét úp shóp*** 店開きをする, 商売を始める, 開業する: *set up* ～ as a faith healer 信仰治療師の店を開く. 《*c*1570》 ***shút úp shóp*** 店じまいする, 商売[仕事・活動]をやめる. 《1599》 ***sméll of the shóp*** (1) 自分の店の品物を売りたがる, 商売熱心である. (2) 専門(家)くさい. 《1831》 ***tálk shóp*** (時・所をかまわず)自分の商売[職業, 専門]の話をする (cf. shoptalk). 《*a*1814》 ***the óther shòp*** 商売がたき(の店).
— *v.* (**shopped; shop·ping**) **— *vi.*** **1** 《口語》(店で)買物をする, 買物に行く (cf. window-shop): go [be out] ～*ping at* a supermarket スーパーマーケットへ買物に行く《★ go ～*ping* in town=go to town to ～ [for ～*ping*] という》 / I am ～*ping for* a new dress. 新しい服を 1 着買いに来ているのです. **2** [通例 ～ around として] **a** (いい買物をしようと)見て回る. **b** 〈物・職業・仕事などを〉探し回る, 物色する (hunt) 〔*for*〕; (決める前に)いろいろな可能性を探る, よく検討する: ～ *around* for a new PC 新しいパソコンを探して回る / ～ *around* before deciding [choosing a husband] 決定する[夫を選ぶ]前によく検討する. **— *vt.*** **1** 《英俗》 **a** 密告する: ～ a person *to* the police. **b** 刑務所に入れる (imprison). **2** 《米》 **a** 〈店〉の商品[在庫品]を見て回る. **b** 買う (buy). **3** 修理工場へ出す. ***shóp till one dróps*** 《米口語》くたくたになるまで買物をする.
〖《*c*1300》< OE *sċeoppa* booth, stall (cf. G *schopf* porch) ← Gmc **skuppan* (OE *sċypen* 'SHIPPEN'): cf. AF & OF *eschoppe* (F *échoppe*) lean-to booth, cobbler's stall ▭ MLG *schoppe*〗

shop·a·hol·ic /ʃɑ̀(ː)pəhɔ́(ː)lɪk, -hɑ́(ː)l- | ʃɔ̀pəhɔ́l-/ *n.* 買物せずにはいられない人, 買物中毒[依存症]の人. 〖《*c*1985》: ⇨ shop, -aholic〗

shóp assìstant *n.* 《英》(小売店の)店員 (clerk). 〖1880〗

shóp-bèll *n.* 店に客が入ってきたことを知らせる鈴. 〖1853〗

shóp-bòy *n.* (商店の)男の店員, 小僧. 〖1813〗

shóp·brèaker *n.* 商店荒らし《強盗》.

shóp chàirman *n.* =shop steward.

shóp clàss *n.* 《米》実業[実務]クラス《大工・技術など, 実践的な技能を教える授業》. 〖1948〗

shóp committèe *n.* (労働組合の)職場委員会. 〖1908〗

shóp dràwing *n.* (機械の)工作図, 製作図.

Shópe vírus /ʃóup- | ʃə́up-/ *n.* 《病理》ショープウイルス《ウサギにいぼや皮膚癌を作る》. 〖《1935》← *R. E. Shope* (1902–66: これを発見した米国の医師)〗

shóp·fitter *n.* 《英》店舗設備業[設計, 装飾業]者. 〖1885〗

shóp·fitting *n.* 《英》店舗設備業; [*pl.*] 店舗用備品《棚・カウンターなど》. 〖1858〗

shóp flòor *n.* 《英》 **1** (工場の)作業場. **2** [集合的] (経営者と区別して)工場労働者, 労務者. 〖1951〗

shóp·frònt *n.* 《英》店の正面 (《米》storefront). 〖1835〗

shop·ful /ʃɑ́(ː)pfʊ̀l | ʃɔ́p-/ *n.* **1** 店 1 軒分の品物. **2** 1 軒の店の品物全部. 〖1638〗

shóp-gìrl *n.* (商店の)女性の店員 (saleswoman). 〖1820〗

S

sho·phar /ʃóʊfɑɚ, -fɚ | ʃəʊfɑː(r)/ *n.* =shofar.

shóp·hòuse *n.* (東南アジアの) 1 階が商店で階上が住まいになっている建物. 〖1949〗

shop·keep·er /ʃɑ́(ː)pkìːpɚ | ʃɔ́pkìːpə(r)/ *n.* (小売店の)店主, 小売商人 (cf. merchant): a nation of ~*s* ⇨ nation 成句. 〖1530〗

shóp·kèeping *n.* 商店経営, 小売業 (retailing). 〖1631〗

shóp·lìft *vt.* 〈品物を〉店頭から盗む, 万引きする. — *vi.* 万引きする. 〖(1698)《逆成》↓〗

shóp·lifter *n.* 万引き《人; cf. lifter 2》. 〖(1680) ← SHOP+LIFTER〗

shóp·lifting *n.* 万引き(行為). 〖1698〗

shóp·man /-mən/ *n.* (*pl.* **-men** /-mən, -mèn/) **1** 《英》店員, 店の販売員. **2** 《米》工員, 職工, 労務者; 修理工. 〖1591〗

shóp·màte *n.* 店員[工場]仲間. 〖1851〗

shoppe /ʃɑ́(ː)p | ʃɔ́p/ *n.* (小規模な)専門店. ★ 特に看板などに古風な気取ったつづりとして用いられる. 〖1933〗

shóp·per *n.* **1** 買物する人, 買物客 (customer, purchaser). **2** かご付きの車輪の小さい自転車. **3** ショッパー《カート付きの買い物袋で押したり, 引いたりして使う》. **4** (個人や会社の)買物代理人. **5** 〖経営〗試買員, 偵察員 (cf. comparison shopper). **6** (通例無料の)地方の商店広告用ビラ, ちらし. 〖1860〗

shóp·ping /ʃɑ́(ː)pɪŋ | ʃɔ́p-/ *n.* **1** 買物, ショッピング: do one's [some] ~ 買物[少し買物]をする / go ~ (cf. shop *vi.* 1). **2 a** 購買施設; 購買の便: London has good ~. ロンドンは買物にはよい所だ. **b** [集合的] 買った品 (purchases), 商品: We helped her to carry her ~. 彼女の買物を運ぶ手伝いをした. **3** [形容詞的に] 買物の, 買物用の: a ~ basket 買物かご / ⇨ shopping list / a ~ street 商店街 / a ~ trip 買物のための外出. 〖1764〗

shópping bàg *n.* 《米》(紙・プラスチック製の)買物袋, ショッピングバッグ (《英》carrier bag). 〖1886〗

shópping-bàg làdy *n.* ショッピングバッグレディー (⇨ bag lady). 〖1976〗

shópping càrt *n.* 《米》(スーパーなどの)買物用カート (《英》shopping trolley). 〖1956〗

shópping cènter *n.* **1** ショッピングセンター《通例郊外にあり, 駐車場完備の小売店の総合施設; cf. shopping plaza, plaza 2 a》. **2** (繁華な)商店街. 〖1898〗

shópping chànnel *n.* (テレビの)ショッピングチャンネル.

shópping lìst *n.* **1** 買物リスト, 購入品目リスト. **2** 要求事項. 〖1913〗

shópping màll *n.* ショッピングモール, 歩行者用商店街《車の入れない広場や街路を中心にした商店街》. 〖1967〗

shópping plàza *n.* 《米》=plaza 2.

shópping prècinct *n.* (駐車場を備えた)歩行者専用の商店街. 〖1958〗

shópping tròlley *n.* 《英》=shopping cart.

shop·py /ʃɑ́(ː)pi | ʃɔ́pi/ *adj.* (**shop·pi·er; -pi·est**) 《英》 **1** 小売業の, 商人らしい: ~ manners. **2** 店[商店]の多い: a ~ neighborhood. **3** 自分の職業に関する, 商売上[専門]の (cf. shop *n.* 4): a ~ talk. 〖(1840): ⇨ -y¹〗

shóp rìght *n.* 〖法律〗会社の発明使用権《労働者が業務の過程において発明した場合に認められる権利》.

shóp rìvet *n.* 工場リベット, 工場鋲(びょう)《工場で打つリベット; cf. field rivet》.

shóp-sòiled *adj.* 《英》=shopworn. 〖1898〗

shóp stèward *n.* (職場の諸問題をとりあげ経営側と折衝する)組合の職場委員, 職場世話役. 〖1904〗

shóp·tàlk *n.* **1** 職業(用)語. **2** (職場外でする)仕事の話 (cf. *talk* SHOP). 〖1881〗

shóp·wàlker *n.* 《英》売場見回り人, 売場監督 (《米》floorwalker). 〖1825〗

shóp·wìndow *n.* **1** 商店の陳列窓, ショーウインドー (show window): dress a ~ 陳列窓を飾る[に商品を陳列する] / ⇨ *have* [*put*] *all one's* GOODS *in the shopwindow.* **2** 才能や技能を見せる機会. 〖1415〗

shóp·wòman *n.* 女性店員. 〖1753〗

shóp·wòrn *adj.* 《米》 **1** 〈商品など〉店(たな)ざらしの. **2** 新鮮みを失った, 陳腐な, 古臭い: ~ clichés. 〖1838〗

sho·ran /ʃɔ́ːræn/ *n.* 〖航空・海事〗 **1** ショラン, 自位置測定装置《航空機や船から送られた 2 種のパルス電波が地上局で受けられて再送信され, それが航空機や船と地上局間を往復する時間によって自機や船の位置を知る; cf. loran》. **2** ショラン航法. 〖(1946) ← *sho(rt) ra(nge) n(avigation)*〗

shore¹ /ʃɔ́ɚ | ʃɔ́ː(r)/ *n.* **1** (海・湖・川の)岸, (特に)海岸 (coast): a ~ fish 近海魚 / a ~ reef 岸礁脈 / in ~ 〖海事〗岸近くに / off (the) ~ 岸を離れて, 沖合いに (cf. offshore) / these ~*s* (自分のいる)この島. ★ ラテン語系形容詞: littoral. **2** (海と区別して)陸 (land): on ~ 陸に (cf. *at full* SEA) / marines serving on ~ 陸上勤務の海兵隊 / go [come] on ~ 上陸する / Once on ~, we pray no more. 《諺》「苦しい時の神頼み」, 「のどもと過ぎれば熱さ忘れる」. **3** [しばしば *pl.*] (ある特定の)地方: one's native ~*s* 故郷. **4** 〖法律〗(満潮線と干潮線との間の)海岸, 前浜 (foreshore). — *vt.* **1** 陸揚げする, 上陸させる (land); 〈船を〉座礁させる (run aground). **2** …に接する (border). — *adj.* 岸の, 岸近くにある. 〖(?c1380) ⊏ MDu. & MLG *schōre*: cf. OE **scor(a)* (← *sc(i)eran* to cut: ⇨ shear)〗

SYN 海岸: **shore** 海・湖・川などの岸《一般的な語》. **seaside** 《米》では一般に海岸を意味するが, 《英》では保養・遊覧地としての海岸. **coast** 海に隣接する大陸や大きな島の海岸. **beach** 砂や小石の多い, 海や湖の平坦な岸辺. **bank** 川べりに高く築かれた土手.

shore² /ʃɔ́ɚ | ʃɔ́ː(r)/ *n.* (建物・船体・塀・樹木などの)支柱, つっかい (supporting post). — *vt.* **1** 支柱で支える, つっかいをする (prop) 〈*up*〉. **2** 支える (brace) 〈*up*〉. 〖(*n.*: 1294; *v.*: 1340) ⊏ MLG & MDu. *shōre* (*n.*), *schōren* (*v.*)〗

shore³ /ʃɔ́ɚ | ʃɔ́ː(r)/ *v.* 《古》shear の過去形. 〖(?a1300) *schare*〗

shore⁴ /ʃɔ́ɚ | ʃɔ́ː(r)/ *vt.* 《スコット・北英》 **1** おどかす, おどす (threaten). **2** 申し出る, 提供する (offer). 〖(c1375) *schore(n)* ← ?〗

shore⁵ /ʃɔ́ɚ | ʃɔ́ː(r)/ *n.* 《アイル》排水溝 (drain). 〖(1598) ← ? SHORE¹ // 《変形》? ← SEWER¹〗

Shore /ʃɔ́ɚ | ʃɔ́ː(r)/, **Jane** *n.* ショーア (1445?–1527; 英国 Edward 四世の愛妾(あいしょう); 一時は権勢を得たが落ちぶれて死んだ).

shóre-bàsed *adj.* 海岸[陸上]基地所属[発進]の. 〖1927〗

shóre·bìrd *n.* 〖鳥類〗河口や海岸にすむ鳥の総称《シギ (sandpiper), チドリ (plover) など》. 〖a1672〗

shóre cràb *n.* 〖動物〗波打ち際にすむ各種のカニの総称《green crab など》. 〖1850〗

shóre dìnner *n.* 《米》魚介類料理, 浜[磯]料理《主に魚介類から構成されたフルコースの食事》. 〖1895〗

Shore·ditch /ʃɔ́ɚdɪtʃ | ʃɔ́ː-/ *n.* ショアディッチ《London 東部の旧自治区; 現在は Hackney の一部》. 〖ME *Soredich, Schore(s)dich* 《原義》'DITCH leading to the SHORE¹ (of the Thames)'〗

shóre·frònt *n.* 岸沿いの土地; (特に) =beachfront. 〖1919〗

Shóre hàrdness /ʃɔ́ɚ- | ʃɔ́ː-/ *n.* 〖金属〗ショアー硬さ[硬度]. 〖← A. F. *Shore* (20 世紀の米国の機械製作業者)〗

shóre làrk *n.* 〖鳥類〗ハマヒバリ (horned lark). 〖1771〗

shóre lèave *n.* **1** (海員・水兵などの)上陸許可. **2** 上陸許可による上陸時間. 〖1888〗

shóre·less *adj.* **1** 海岸のない; 上陸に適した海岸のない: a ~ island. **2** 《詩》果てしない (boundless). 〖(1628) ← SHORE¹+-LESS〗

shóre·lìne *n.* 陸地と水面との接触帯; 海岸線, 湖岸線. 〖1852〗

shóre pàrty *n.* 〖軍事〗海岸設定隊, 上陸設定隊《海・陸の部隊で編成され, 水陸両用作戦の初期に上陸部隊の支援にあたる》. 〖1841〗

shóre patròl *n.* **1** (米海軍・海兵隊・沿岸警備隊の)憲兵 (略 SP). **2** 〖米海軍〗巡邏(じゅんら)兵《入港中の軍艦から分遣される巡回取締り任務の下士官》. 〖1917〗

Shóre sclèroscope /ʃɔ́ɚ- | ʃɔ́ː-/ *n.* =scleroscope. 〖← *Albert F. Shore* (20 世紀の米国の機械製作業者)〗

shóre·sìde *adj.* 岸辺[海岸](近く)にある. 〖(1571) (1883)〗

shore·ward /ʃɔ́ɚwɚd | ʃɔ́ːwəd/ *adj.* 岸[陸]の方の (landward): a ~ set of the tide 陸へ向かう潮の流れ《上げ潮》. — *adv.* 岸[陸]の方へ[に]: row ~ / a few meters ~ *of* the rocks その岩から陸の方へ数メートル. 〖(1582) ← SHORE¹+-WARD〗

shóre·wards /-wɚdz | -wədz/ *adv.* =shoreward. 〖(1837): ⇨ -wards〗

shóre·wèed *n.* 〖植物〗リットレラ ユニフロラ (*Littorella uniflora*)《オオバコ科の水草》. 〖1796〗

shor·ing /ʃɔ́ːrɪŋ/ *n.* **1** 支柱で支えること. **2** [集合的] (建物・船などの)支柱, つっかい (shores, props). 〖(1496): ⇨ shore², -ing¹〗

shorn /ʃɔ́ɚn | ʃɔ́ːn/ *v.* shear の過去分詞. — *adj.* 〈頭髪・穀物など〉刈った; 〈羊など〉毛を刈った: God tempers the wind to the ~ lamb. ⇨ temper *vt.* 1. ***shórn of*** …をはぎ[奪い]取られて: come home ~ *of* all one's money 有り金を残らず巻き上げられて帰る / *Shorn of* verbiage, the facts are simple. くだくだしく言わなければ事実は簡単だ. 〖OE *scoren*〗

short /ʃɔ́ɚt | ʃɔ́ːt/ *adj.* (**~·er; ~·est**) **1** (長さ・距離・時間が)短い (↔ long) (⇨ brief SYN); 〈行動・出来事など〉長くかからない, すぐ終わる: a ~ piece of string 短い糸切れ / be too old to be still in ~ pants [trousers] 大きくなって半ズボンがはけない / a ~ journey [war] 短期旅行[戦] / a few ~ years またたく間に過ぎた数年 (cf. 4 b) / ⇨ short time / a ~ time ago しばらく前に / life's too ~ (そんなことを気に病むには[そんなことに時を費やすには])人生は短すぎる / a ~ way off 少し離れて / A straight line is the ~*est* distance between two points. 直線は 2 点の最短距離である / ~*er* working hours より少ない就業時間 / at ~ notice さっそく, すぐ, 急に / have a ~ memory 物忘れをしやすい / have one's hair cut ~ 髪を短く刈ってもらう / ⇨ short back and sides / have ~ arms [legs]= be ~ *in* the arm [leg] (両方の)腕[足]が短い / be *short-legged* 足が短い / This coat is ~ in the sleeves. この上着はそでが短い / ⇨ *make short* WORK *of* / The nights are getting ~*er*. 夜がだんだん短くなってきた / He [His joy] had but a ~ life. 彼は短命だった[彼の喜びもつかの間だった] / *Short* reckonings [accounts, debts] make long friends. 《諺》貸借の勘定の決済が早ければ交友が長続きする.

2 a 簡単な, 簡潔な (brief, concise): a ~ speech 簡潔な話 / to make [cut] a long story ~=《古》to be ~ かいつまんで話すと, 要するに / In speaking one should be ~ and to the point. 話すときは簡潔にして要を得ること / The ~ answer is "No". 手短に言うと答えは「ノー」だ (cf. 2 c). **b** […を]短縮した (abbreviated) [*for*]: 'Phone' is ~ *for* 'telephone'. / 'Beth' is ~ *for* 'Elizabeth'. **c** 短くてぞんざいな (rudely brief), そっけない, 無愛想な (curt, brusque); 短気な: a ~ answer そっけない返事 (cf. 2 a) / He was very ~ *with* me. 彼は私にすこぶる無愛想だった / He has a ~ temper. 彼は短気だ.

3 (身長などの)低い (low) (↔ tall): a ~ man / of ~ stature=~ *of* [*in*] stature 背の低い / a ~ chimney, tower, tree, etc. 日英比較 日本語では空中の高度も, 木やビルなどの高さも, 人の背丈もすべて「高い」に対しては「低い」の 1 語が用いられるが, 英語では空中の高度を意味するときは high に対して low を用い, 人の背丈については tall に対して *short* を用いる. *short* は基本的には長さが「短い」意であるが, 低い意については high に対する tall のような別語がないために, いわば「縦の長さが短い」という意味で *short* が tall の反意語として用いられる. ⇨ high 日英比較.

4 a […が]不足して [*of*, 《口語》*on*]: be ~ *on* experience [time, brains] 《口語》経験[時間, 知恵]が足りない / ~ *of* breath [《口語》puff] 息切れして / We are ~ *of* money [food, hands]. 金[食糧, 人手]が足りない / He's not ~ *of* a bob or two. 《英口語》彼は金に不自由していない[金持ちだ]. ★《米口語》ではしばしば of が省略される: The cash box is ~ a dollar. 金庫は 1 ドル不足だ (cf. 4 b, 5) / The staff is still ~ a clerk. スタッフとしてはまだ事務員が一人足りない. **b** (標準, 一定量に)達しない, 及ばない, 届かない, 不十分な (insufficient); (幾ら)不足して: ⇨ short change / ~ measure [weight] 量目[重量]不足 / give ~ measure 量目[はかり]をごまかす / a ~ hour 1 時間足らず, 小 1 時間 (cf. 1) / in ~ supply 〈必要物が〉不足して / on ~ rations 配給割当てが不十分で / ~ commons (⇨ common *n.* B 2 a) / The throw to first was ~. ファーストへの投球は届かなかった / The weight is 50 grams ~. 目方が 50 グラム足りない / The cash box is a dollar ~. 金庫は 1 ドル不足だ (cf. 4 a, 5) / The staff is still a [one] clerk ~. スタッフとしてはまだ事務員が一人足りない.

5 [叙述的] 金[所持金]が(幾ら)不足して: I am a bit ~ today. 今日はちょっと懐がさびしい / The cashier was ~ in his accounts. 会計係が勘定をしてみたら金が不足していた / He was 10 dollars ~. 彼の手持ちは 10 ドル足りなかった (cf. 4).

6 〈アルコール飲料が〉小さなグラスで出される; 〈ウイスキーなど〉水を割らない, ストレートの, 強い (cf. long¹ 10 b): a ~ drink (小さなグラスに注がれた)強い酒《ウイスキー・ラムなど》; (特に)食前のカクテル.

7 a 〈パイ・クッキーなど〉(バターなどの油脂類 (shortening) の配合が多いために)さくさくする, もろい, くずれやすい: ⇨ shortcrust pastry. **b** 〈粘土が〉可塑性がない, さくい. **c** 〖金属加工〗〈金属が〉もろい (brittle) (cf. cold-short, hot-short).

8 a 〈息づかい・脈など〉速い: (a) ~ wind 息切れ, 長く走れ[話せ, 書け]ないこと. **b** 〈海など〉波立ち騒ぐ, 逆巻く (choppy): ~ seas.

9 〈ワイヤロープが〉撚(よ)りが堅い (hard).

10 〖音声〗 **a** 〈音が〉短い, 短音の (↔ long): ~ vowels 短母音 (/ɪ/, /e/, /æ/, /ʌ/, /ʊ/ など). **b** 〈英語の母音字が〉短母音を示す (bat, bet, bit, hot, cut の a, e, i, o, u; しばしば ă, ĕ, ĭ, ŏ, ŭ のように表す; cf. breve *n.* 2; ↔ long).

11 〖詩学〗 **a** (音の長短をリズムとする詩において)短母音の, 短音節の. **b** (音の強弱をリズムとする詩において)弱音の, ストレスのない.

12 〖商業〗 **a** 〈手形など〉短期の: a ~ paper 短期手形 / ⇨ short bill / at ~ date 短期日の (cf. short-dated). **b** 持品なしの; (証券・商品などを)空(から)売りする: ~ *of* [*in*] wheat 小麦の在庫がない / a ~ contract 空売りの契約 / ⇨ short sale, short seller.

13 〖クリケット〗 **a** 〈野手(の位置)が〉比較的打者に近い, 浅い守備の. **b** 〈投球されたボールが〉打者から遠すぎるところにほうられた, 三柱門に届かない.

dráw the shórt stráw ⇨ straw 成句. ***gét*** [***háve***] ***a person by the shórt and cúrlies*** 《俗》=*get* [*have*] *a person by the short* HAIRS. ***gét the shórt énd of the stick*** [***it***] 損をする, ばかをみる. ***in shórt órder*** ⇨ short order 成句. ***nóthing*** [***líttle***] ***shórt of*** 全く[ほとんど]…で: *Nothing* ~ *of* force could get them out of the building. 全く力ずく同然で連中をその建物から追い出した / His recovery was *little* ~ *of* miraculous [a miracle]. 彼が回復したのはほとんど奇跡だった. ***shórt and swéet*** [通例皮肉に] 簡潔で要を得た. (1539) ***shórt of*** (cf. *adv.* 成句) (1) …が不足して (cf. 4 a); …がなくて (cf. 12 b). (2) …より以下の (less than): commit every crime ~ *of* murder 人殺しはしないまでも悪いことならなんでもやる / He is only one week ~ *of* (being) 80. あと 1 週間で 80 歳になる / He is ten pence ~ *of* a pound. 彼の手持ちは 1 ポンドに 10 ペンス足りない. (3) …から離れて (distant from): We were still some miles [well] ~ *of* our destination [where we wanted to go]. 目的地までまだ数マイル[相当]あった. (1560)

— *adv.* (**~·er; ~·est**) **1** (目標などの)問題で; […の]手前に [*of*]: jump ~ 跳びそこねる / fall [stop] just ~ *of* the point その地点のすぐ手前の所で倒れる[止まる] / park ~ *of* the gates 門の手前に車を止めておく. **2** 突然, 急に: bring [pull] up ~ 急に止まる[止める] / break [snap] off ~ ぷつりと切れる / take a person up ~ 人の言葉を急にさえぎる, 突然話の腰を折る. **3** 無愛想に, そっけなく (curtly). **4** 簡潔に, 短く. **5** [通例複合語の第 1 構成素として] 短時間の: ⇨ short-lived. **6** 〖商業〗持品なしに: ⇨ SELL¹ *short.* **7** 〖野球〗 **a** バットを短めに持って. **b** 浅い守備体制で.

be cáught shórt (1) 《口語》必要な時に足りない: He

S

was caught ~ *of* clothes. いざと言う時に着て行く物がなかった. (2) =*be taken* SHORT. ***be táken shórt*** (1) 《口語》急に(便[尿]意を催して)トイレへ行きたくなる. (2) 不意をつかれる. 《1553》 ***cóme [fáll] shórt (of)*** (1) (…まで)届かない, (…に)達しない: *come* ~ *of* perfection 完璧(かんぺき)の域には達しない / The arrow *fell* ~ (*of* the mark). 矢は(的に)届かなかった / The book *fell* ~ *of* my expectations. その本は私の期待に添わなかった. (2) (…に)不足する: He *fell* six votes ~ (*of* a majority [the target]). 彼は(過半数[目標]に) 6 票足りなかった. 《1569》 ***cút shórt*** (1) 切り詰める, 短縮する (curtail) (cf. *adj.* 2 a): *cut* ~ one's visit 訪問を途中で切り上げる. (2) 〈人〉の話を(急に)さえぎる. 《1590–1》 ***gó shórt (of)*** (…が)十分なくてやっていく, (…の)不自由を忍ぶ: I don't want you to *go* ~ (*of* money). 君に(金の)不自由をかけたくない. 《1895》 ***rún shórt (of)*** (1) 〈物が〉なくなる, 切れる; (…を)下回る: The oil *ran* ~. 石油がなくなった / Our stock is [We are] *running* ~ (*of* what we need). 仕入れ品が(必要量より)不足してきた. (2) 〈人が〉(…を)切らす, (…に)不足する: I *ran* ~ *of* sugar. 砂糖を切らした. 《1752》 ***shórt of*** (cf. *adj.* 成句) (1) ⇨ 1. (2) …を除いて, …は問題外として (except); …がなければ (except for): *Short of lying*, I will do what I can for you. うそだけは御免だが君のためなら何でもしよう / *Short of* a miracle you may as well order the coffin. 奇跡でも起こらない限り棺桶を注文しておいたほうがいい《脅し文句》. 《1697》 ***stóp shórt*** (1) 急に止まる[やめる]. (2) 思いとどまる: *stop* ~ *of* actual crime あやうく罪を犯すところを思いとどまる / He wouldn't *stop* ~ *at* murder [*of* murder(ing)]. 彼は人殺しもやりかねない. 《1818》

— *n.* **1 a** [*pl.*] (小児・男子用)半ズボン, ショートパンツ《スポーツ・レジャー用などに着用する》; 《米》(男子の)下着用パンツ. **b** (衣服の) S サイズ《男子の背の低い人のサイズ》; S サイズの衣服. **c** =smallclothes. **2 a** (新聞・雑誌などの)短い(特集)記事. **b** 〖映画〗=short subject. **3** 《英》(ウイスキー・ラムなど強い酒の)一杯 (cf. *adj.* 6). **4** 〖電気〗=short circuit. **5** 〖野球〗 **a** =shortstop 1. **b** =short field. **6** [the ~] (事の)本質, 要旨 (gist). **7** [*pl.*] **a** 不足分, 欠損 (deficiencies). **b** 〖印刷〗刷り足し紙, 補刷紙. **8** [*pl.*] **a** (小麦の製粉過程で出る)ふすま《胚芽・穀皮・粉などの混ざったもの》. **b** (様々な製造過程で出る)切り[裁ち]くず(など). **c** 標準より短い材木. **d** 〖鉱山〗網上(あみうえ)《ふるいの目を通らない, 粗い破砕鉱石》. **9** 規定より小さい魚[ロブスター]《法律で捕獲を禁じられている》. **10 a** 〖音声・詩学〗短音 (short sound), 短音節 (short syllable) (cf. *adj.* 10, 11) (↔ long). **b** 〖音楽〗短音符. **c** (モールス信号などの)短音, その信号. **11 a** 〖経済〗売越し. **b** (証券や商品などの)空(から)売り (short sale) (cf. margin buying); 空売りをする者. **c** [*pl.*] 空売りされた証券[商品]. **d** [*pl.*] 〖財政〗短期公債, 短期社債; 《英》(償還期限が 5 年未満の)金縁(きんぶち)証券. **12** 〖軍事〗 **a** 近弾《標的に届かない射弾》. **b** 「近し」《弾着判定用語》.

for shórt 《口語》略して: Benjamin is called 'Ben' *for* ~. Benjamin は略して Ben と呼ばれる. 《*a*1845》 ***in shórt*** 手短に言えば; 要約すれば: *In* ~, we need some money. 要するに私たちはお金が少々必要だ. 《*c*1395》 ***the shórt and the lóng (of it)***=*the* LONG *and (the) short (of it)*.

— *vt.* **1** 〖電気〗短絡[ショート]させる (short-circuit) 〈*out*〉. **2** 《口語》=shortchange. **3** …に不足させる.
— *vi.* 〖電気〗短絡[ショート]する 〈*out*〉.
〖OE *sc(e)ort* < Gmc **skurtaz* ← IE *(*s*)*ker-* to cut (L *curtus* short): cf. shear, shirt〗

shórt accóunt *n.* **1** (証券や商品の受託売買業者の帳簿上における)各顧客の空(から)売りの残高. **2** (株式市場における)空売りの総額. 〖*c*1902〗

shórt-ácting *adj.* 〈薬など〉短時間作用型の. 〖1951〗

short·age /ʃɔ́ətɪdʒ | ʃɔ́ːt-/ *n.* **1** 不足, 払底 (lack, deficit) (↔ overage): a ~ of food [labor, rain] 食物[労働力, 雨]不足 / a ~ of housing=a housing ~ 住宅不足 / owing to ~ of rain 雨不足のために. **2** 不足高 (amount deficient). 〖(1868): ⇨ -age〗

shórt ánd *n.* =ampersand.

shórt-árm *adj.* 〈殴打など〉十分腕を伸ばさないで殴る. 〖1902〗

shórt-áss[-árse] *n.*, *adj.* 《卑》寸足らず[ちんちくりん](なやつ), 寸詰まり. **~ed** *adj.* 〖1706〗

shórt báck and sídes *n.* [単数扱い] 耳と首の生え際を短く刈り上げた[そり上げた]ヘアスタイル.

shórt bíll *n.* 〖商業〗短期為替手形《30 日以内, 時に 10 日以内に満期となるもの; cf. long bill 2》. 〖1808〗

shórt·brèad *n.* ショートブレッド《バターをたっぷり入れて焼いたさくさくした厚めのクッキー》. 〖(1801) ↓〗

shórt·càke *n.* **1** ショートケーキ: **a** さくさくした甘くないクッキー, ビスケット類. **b** 甘いスポンジケーキ. **2** =shortbread. 〖(1594) ← SHORT (adj. 7 a)+CAKE〗

shórt·chánge *vt.* 《口語》 **1** 〈人〉に釣銭を少なく渡す. **2** ごまかす (cheat). **shórt·cháng·er** *n.* 〖1903〗

shórt chánge *n.* 少ない[不足の]釣銭. 〖1874〗

shórt-círcuit *vt.* **1** 〖電気〗短絡[ショート]させる. **2** 〈障害などを〉回避する, よけて通る. **3** 〈計画などを〉邪魔する (impede), 中断させる. — *vi.* 〖電気〗短絡[ショート]する, 漏電する. — *adj.* 短絡の: ~ impedance 短絡インピーダンス / ~ test 短絡試験. 〖1854〗

shórt círcuit *n.* 〖電気〗短絡; 漏電: cause a ~ 漏電を起こす. 〖1854〗

shórt·clòthes *n. pl.* =smallclothes 1. 〖1816〗

shórt·còat *vt.* 〈ベビー服を着なくなった幼児〉に初めて子供服を着せる. 〖1799〗

shórt còat *n.* [*pl.*] (ベビー服を着なくなった幼児の)子供服. 〖1649〗

short·com·ing /ʃɔ́ətkʌ̀mɪŋ, ⌐ ─ ─ | ʃɔ́ːtkʌ̀mɪŋ, ⌐ ─ ─/ *n.* 欠点, 短所 (defect, drawback), 不十分な点 (inadequacy) (⇨ fault SYN): despite all one's ~*s* あらゆる短所[欠点]にもかかわらず. 〖(*a*1470) ← *come short* (⇨ short (adv.) 成句)〗

shórt-cómmons *n. pl.* ⇨ common B 2 a. 〖cf. common B 2 a〗

shórt córner *n.* 〖ホッケー〗ショートコーナー《penalty corner の別名》. 〖1967〗

shórt-cóupled *adj.* 〖動物〗(前肢と後肢の間の)胴が短い.

shórt cóvering *n.* 〖商業〗短期見越し売り現物買い戻し. 〖1930〗

shórt-crúst pástry *n.* 練り込みパイ生地《小麦粉にバターを練り込んで作るもの; タルト (tart) などに用いる; short pastry ともいう; cf. puff paste》. 〖(1747) (1951)〗

short·cut /ʃɔ́ətkʌ̀t | ʃɔ́ːtkʌt, ⌐ ─/ *n.* **1** 近道 (shorter way): take a ~ 近道を通る. **2** 手っ取り早い方法, 簡単なやり方. — *adj.* 手っ取り早い, より簡便な. 〖(*a*1568): cf. cut (n.) 1 e〗

shórt-cùt *v.* (~; **-cut·ting**) — *vi.* 近道を通る. — *vt.* 切り詰める, 簡単にする. — *adj.* 短く切られた. 〖adj.: 1596; v.: 1915〗

shórt-cỳcle *adj.* (単位取得にはつながらない)短期高等教育講座の.

shórt dàte *n.* 〖商業〗短期の支払い[償還]期日.

shórt-dàted *adj.* 〈債券・手形など〉短期の: a ~ note 短期約束手形. 〖1815〗

shórt-dáy *adj.* 〖植物〗〈植物が〉短日性の《短い日照時間で開花する; cf. day neutral, long-day》. 〖1929〗

shórt divísion *n.* 〖数学〗短除法 (cf. long division). 〖*c*1897〗

shórt-èared ówl *n.* 〖鳥類〗コミミズク (*Asio flammeus*).

short·en /ʃɔ́ətn̩ | ʃɔ́ːtn̩/ *vt.* **1 a** 短くする, …の長さを詰める (curtail): ~ a rope / Please have this coat ~*ed*. この上着の丈を詰めて下さい / His life was ~*ed* by cares. 彼は心配事で寿命を縮めた. **b** 省略する, 削る, 少なくする (lessen). **c** 短く思わせる; (話・娯楽で)〈時間・旅を〉紛らす (beguile). **2** 〈バット・ラケットなどを〉短めに握る. **3** 〈子供〉に子供服 (shortclothes) を着せる. **4** もろくする; (バターなどで)〈ケーキなどを〉ぼろぼろ[さくさく]させる. **5** 〈賭け率を〉下げる. **6** 〖海事〗〈帆を〉減じる (take in): ~ sail ⇨ sail *n.* 成句. — *vi.* 短くなる, 縮む, 詰まる; 減少する, 縮小される (decrease); 〈賭け率が〉下がる: The days are rapidly ~*ing*. 日が急に短くなっている. ***shórten dówn*** 〖海事〗帆を短くする, 縮帆する. ***shórten ín*** 〖海事〗〈綱を〉縮(つ)める. 《1842》 ***shórten the árm [hánd] of*** …の力を制限する (cf. *Num.* 11:23). 《1535》 **~·er** *n.* 〖(*c*1384): ⇨ short, -en[1]〗

SYN 縮める: **shorten** 長さ・期間を短くする: *shorten* a skirt by two inches スカート丈を 2 インチ縮める. **abridge** 特に〈本を〉簡約化する: The book has been *abridged* for school use. この本は教科書用に簡約にしてある. **abbreviate** 〈語句などを〉短縮する: Mathematics is *abbreviated* to math. mathematics は math と短縮される. **curtail** 重要な部分の一部を削除して切り詰める《格式ばった語》: *curtail* expenditure 経費を切り詰める.
ANT lengthen, elongate, extend.

shórt énd *n.* 《俗》より悪いほう, 負ける側, 損な取引. 〖1560〗

shórt·en·ing /-tnɪŋ, -tn̩-/ *n.* **1** 短縮. **2** ショートニング《小麦粉の生地を用いた菓子類をさくさくさせるバター・ラード・植物油などの油脂類》. **3** 〖言語〗短縮, 省略(語). 〖(*a*1542): ⇨ ↑, -ing[1]〗

Shórt·er Cátechism /-tə- | -tə-/ *n.* 〖キリスト教〗小[短式]教理問答《1647 年 Westminster Assembly で制定された 2 種の教理問答の一つ; もと会衆[組合]教会で用いられ現在は長老教会で用いられている》.

short·fall /ʃɔ́ətfɔ̀ːl, -fɑ̀ːl | ʃɔ́ːtfɔ̀ːl/ *n.* 不足; 不足額 (deficit): a ~ of hands 人手不足 / ~*s* in the budget 予算の不足額. 〖(1895) ← *fall short* (⇨ short (adv.) 成句)〗

shórt fìeld *n.* 〖野球〗ショートフィールド《二, 三塁間の遊撃手の守備範囲》. 〖1856〗

shórt fúse *n.* 《口語》短気, かんしゃく (quick temper). 〖1968〗

shórt-fúsed *adj.* 《口語》短気な, すぐ切れる. 〖1979〗

shórt gàme *n.* **1** 〖ゴルフ〗ショートゲーム《グリーン周辺でのアプローチショットやパットで競う部分[場面]; cf. long game 1》. **2** 〖トランプ〗全部の札を配らないで始めるゲーム (cf. long game 2). 〖1858〗

shórt·hàir *n.* 〖動物〗ショートヘア, 被毛の短い家ネコ.

short·hand /ʃɔ́əthæ̀nd | ʃɔ́ːt-/ *n.* **1** 速記法, 速記 (stenography) (↔ longhand): write (in) ~ 速記する. **2** 簡略な伝達[表現](の方法), 即時伝達(システム). — *adj.* **1** [限定的] 速記法を用いた, 速記法を心得た; 速記で書かれた: a ~ writer 速記者. **2** 簡潔[簡略]な. 〖1636〗

shórt·hánded *adj.* **1** 人手の足りない, 人手不足な (undermanned). **2** 手の短い. **~·ness** *n.* 〖1622〗

shórt·hand týpist *n.* 《英》速記者[タイピスト] (《米》 stenographer). 〖1901〗

shórt-hàul *adj.* **1** 短距離輸送の. **2** 短時間の. 〖1895〗

shórt hául *n.* **1** (短距離の)貨物[人員]輸送. **2** [the ~] 短時間.

shórt·hèad[1] *n.* 〖人類学〗 **1** 短頭の人 (brachycephalic person). **2** 短頭《頭示数 81 以上の頭》. 〖1883〗

shórt·héad[2] *vt.* 《英俗》〖競馬〗僅差[鼻差]で…に勝つ. 〖1922〗

shórt héad *n.* 《英俗》〖競馬〗僅差, 頭半分差《頭差より短い差; 日本では鼻差》. 〖1898〗

shórt-hèaded *adj.* 〖人類学〗短頭の (brachycephalic) (↔ longheaded). **~·ly** *adv.* **~·ness** *n.* 〖1892〗

shórt·hòld *adj.* 《英》期限付き賃借の, 短期賃借の.

shórt·hòld ténancy *n.* 《英》短期住宅賃貸《不在地主の家を 1–5 年契約で賃貸する制度》.

shórt-hóp *vt.* 〖野球〗〈ボールを〉short hop で捕る.

shórt hóp *n.* 〖野球〗ハーフバウンド(のボール). 〖1898〗

Shórt·hòrn *n.* ショートホーン, 短角牛《イングランド原産の肉用の一品種の牛; Durham ともいう》. 〖1826〗

shórt-hòrned grásshopper *n.* 〖昆虫〗バッタ《触角の長いキリギリス類に対して触角の短いバッタ科の種類の総称; cf. long-horned grasshopper》. 〖*c*1890〗

shórt húndredweight *n.* =hundredweight a.

shor·ti·a /ʃɔ́əṭiə | ʃɔ́ːtiə/ *n.* 〖植物〗イワウチワ (*Shortia uniflora*)《イワカガミに似たイワウメ科の多年草; ピンクの花が咲く; 米国 Carolina 州にも同属の白花種 *S. galacifolia* がある》. 〖(1877) ← NL ~ ← C. W. *Short* (1794–1863; 米国の植物学者): ⇨ -ia[1]〗

short·ie /ʃɔ́əṭi | ʃɔ́ːti/ *n.*, *adj.* 《口語》=shorty.

shórt ínterest *n.* (証券や商品などの)空(から)売りの総残高 (short position) (cf. short sale). 〖1866〗

shórt ìron *n.* 〖ゴルフ〗 **1** ショートアイアン《アイアンクラブのうちグリーンに近くボールを打つためのクラブで, 通例 7, 8, 9 番アイアン; cf. long iron 1》. **2** ショートアイアンのショット.

shórt·ish /-ṭɪʃ | -tɪʃ/ *adj.* やや短い, 少し身長の低い (rather short). 〖(1800): ⇨ short, -ish[1]〗

shórt jénny *n.* 〖玉突〗クッション近くの的玉に当てて手玉をサイドポケットに入れる突き方 (cf. long jenny).

shórt·lèaf píne *n.* 〖植物〗短く軟らかい葉をもった米国南部産のマツ (*Pinus echinata*); その材木《堅く黄褐色; 家具・建築材》. 〖1796〗

shórt léet *n.* 《スコット》=short list 1.

shórt lég *n.* 〖クリケット〗ショートレグ《打者側の三柱門に近い on 側の守備位置(の野手); cf. long leg; ⇨ cricket[1] 挿絵》.

shórt lìne *n.* 〖鉄道〗最短経路; 距離が短い路線. 〖1917〗

shórt-lìst *vt.* 《英》〈人を〉選抜候補者名簿に載せる. 〖1955〗

shórt lìst *n.* 《英》 **1** (地位・職・賞などの)選抜候補者名簿《この名簿の候補者の中から最終の選出を行う》. **2** 《俗》人[物]の能力[特徴]一覧表. 〖1927〗

short-lived /ʃɔ́ətlάɪvd, -lívd | ʃɔ́ːtlívd⌐/ *adj.* **1** 短命の: a ~ family 短命の家(筋). **2** 一時的な, はかない (transient, ephemeral): a ~ triumph. 〖1594–95〗

shórt lóin *n.* ショートロイン《リブからサーロインまでの牛肉》.

short·ly /ʃɔ́ətli | ʃɔ́ːt-/ *adv.* **1** 間もなく (presently), じきに, すぐ (soon): ~ after [before] …後間もなく[のすぐ前に] / He will arrive ~. 間もなく到着するだろう. **2** 短く, 簡単に, 簡潔に: to put it ~ 簡単に言えば, つまり. **3** ぶっきらぼうに, そっけなく, 無愛想に: answer ~. **4** 近距離に, 近くに. 〖OE *sc(e)ortlīċe*〗

shórt màrk *n.* 〖音声〗短音記号 (breve). 〖1704〗

shórt méter [méasure] *n.* 〖詩学〗短韻律連《それぞれ 6, 6, 8, 6 の音節から成る 4 行の聖歌連 (hymn stanza) で abcb または abab と押韻する; cf. long meter; 略 SM》. 〖1718〗

shórt·ness *n.* **1 a** 短いこと (brevity): ~ of human life 人生の短いこと / ~ of breath 息切れ / ~ of memory 記憶の悪い[すぐ忘れる]こと. **b** 寸詰まり; (距離の)近いこと; (身長などの)低いこと. **2** 貧弱, 不足, 払底 (shortage): ~ of money 金の不足 / ~ of vision 短見. **3** そっけないこと, 無愛想, そんざい. **4** (菓子などの)さくさくすること, もろいこと. **5** 《廃》(言葉の)簡潔 (conciseness). **6** 〖冶金〗脆性(ぜいせい): cold ~ 冷間脆性. 〖OE *sċeortnysse*: ⇨ short, -ness〗

shórt nóvel *n.* 〖文学〗中編小説 (cf. short story).

shórt ódds *n.* ほぼ等しい賭け率.

shórt-òrder *adj.* **1** 《米》〈料理店など〉即席[一品]料理の[専門の]. **2** 速やかに行われる.

shórt òrder *n.* 《米》即席[一品]料理(の注文). ***in short order*** 《米》直ちに, 手っ取り早く: I dressed myself *in* ~. 手っ取り早く服を着た. 《1834》 〖1906〗

Shórt Párliament *n.* [the ~] 《英》短期議会《Long Parliament に先立って 1640 年の 4 月 13 日から 5 月 5 日まで開かれたもの》.

shórt pástry *n.* =shortcrust pastry.

shórt-pítched *adj.* 〖クリケット〗〈投手の投げたボールが〉比較的投手に近い所で地面に着下する《クリケットでは一般に投球は打手の手前で着下するように投げられる》.

shórt posítion *n.* **1** 空(から)売りポジション《手持ちしていない株・商品を取引所で空売りしている状態》. **2** 各人の空売りの残高; 空売りの総残高 (short interest). 〖1931〗

short-range /ʃɔ́ətréɪndʒ | ʃɔ́ːt-⌐/ *adj.* **1** 射程の短い, 遠くに届かない: a ~ shot. **2** 短期間の: a ~ policy. 〖1869〗

shórt ràte *n.* 〖保険〗短期料率《1 年未満の短期契約に適用される》.

shórt réam *n.* 〘製紙〙短連《480 枚の用紙; cf. ream¹ 1》.
shórt ríbs *n. pl.* ショートリブ《牛の屠体の前四半部の肋骨のある方の端》. 〘1912〙
shórt-rùn *adj.* [限定的] **1** (比較的)短期間の; 短期的に見た (short-range). **2** 〘冶金〙湯の回りの悪い《鋳造の際, 鋳型に金属が一部分入った状態》. 〘1: 1879; 2: 1830〙
shórt rùn *n.* **1** (比較的)短期間 (short term): in the ～ 短期的に(は), 目先だけのことを考えると. **2** /ˊ-ˊ-/ 〘クリケット〙ショートラン: **a** 余裕の少ないぎりぎりの得点. **b** 打者がルールの制約を満たさないため得点と認められないラン.
shórt sále *n.* (証券や商品などの)空(から)売り (cf. short *adj.* 12 b). 〘1870〙
shórt scóre *n.* 〘音楽〙ショートスコア《オーケストラで重要でない部分を省いて略記した総譜; compressed score ともいう》. 〘1876〙
shórt séa *n.* 〘海事〙短距離航海《距離があまり離れていない二つの港の間を船が航海すること》. 〘1952〙
shórt séller *n.* (証券や商品などを)空(から)売りする人; 空売筋.
shórt-shèet *vt.* (いたずら半分に)〈ベッドの〉シーツを二つ折にして上下のシーツのように見せかける (cf. apple-pie bed).
shórt-shòrt *n.* ショートショート, 掌編小説《ごく短い小説でショッキングなあるいは意外な効果を狙ったもの》. 〘(1946)《短縮》← short short story〙
shórt shríft *n.* **1** (刑の執行直前に死刑囚に与えられる)短い懺悔(ざんげ)と免罪の時間. **2** (あまり温情的でない)最後の短い猶予; さっと片付ける仕事. ***give* [*gèt*] *shórt shríft*** さっさと片付ける[片付けられる], 容赦なくやっつける[やっつけられる]. ***màke shórt shríft of*** …をさっさと片付ける. 〘1594〙
shórt síght *n.* 近眼, 近視 (myopia). 〘1822–29〙
short·sight·ed /ʃɔ̀ətsáɪtɪ̈d | ʃɔ̀ːtsáɪtɪ̈d-/ *adj.* **1** 近眼の, 近視の (nearsighted, myopic). **2** 短見の, 先見の明のない, 先が見えない, 見通しのきかない; 目先の利益のみにこだわる: a ～ policy / a ～ plan. **～·ly** *adv.* **～·ness** *n.* 〘1622〙
shórt-sléeved *adj.* 半そでの. 〘1839〙
shórt snórt *n.* 《米俗》ぐい飲み (quick drink)《酒を一息にぐっと早飲みすること》.
shórt snórter *n.* 《米》**1** ぐい飲み会会員《太平洋·大西洋などの大洋を飛行機で飛んだことのある人だけの会》. **2** ぐい飲み会会員証《他の会員の署名入りの 1 ドル紙幣》. 〘1944〙
shórt splíce *n.* ショートスプライス, 組みつなぎ《long splice より丈夫であるが, 継ぎ目の撚(よ)りが太くなる綱の組み継ぎ法》. 〘1769〙
shórt-spóken *adj.* 〈言葉が〉そっけない, ぶっきらぼうな, 無愛想な, つっけんどんな (curt).
shórt-stáffed *adj.* スタッフ[職員]不足の. 〘1953〙
shórt-stày *adj.* 短期間滞在の, ショートステイの. 〘1946〙
shórt·stòp *n.* **1** 〘野球〙**a** ショートストップ《二, 三塁間の遊撃手の守備位置》. **b** 遊撃手, ショート(ストップ). **2** 〘クリケット〙ショートストップ《三柱門守備者 (wicket keeper) のすぐ後方に位置してその逸球を捕らえる守備者; cf. long stop》. **3** 〘化学〙(重合反応の)停止剤. 〘(1: 1874; 2: *c*1837) ← *stop short*〙
shórt·stòp *n.* 〘写真〙現像停止液[浴]《stop bath, short-stop bath ともいう》. 〘1936〙
shórt stóry *n.* **1** 短編小説《通例 1 万語以下くらいの小説をいう; cf. novelette 1 a; ⇨ novel¹ SYN》. **2** 《米俗》偽造小切手. 〘1877〙
shórt stúff *n.* 《米口語》[子供に対する呼び掛け] おちびちゃん.
shórt sùbject *n.* 《米》〘映画〙短編もの《文化映画·記録映画·漫画など; 単に short ともいう》. 〘1944〙
shórt súit *n.* 〘トランプ〙(同種札 3 枚以下の)短いスーツ. 〘1876〙
shórt swéetening *n.* 《米南部·中部》砂糖 (sugar) (cf. long sweetening). 〘1850〙
shórt-tàiled vóle *n.* 〘動物〙= field vole.
shórt-témpered *adj.* 短気な, 怒りやすい, 癇癪(かんしゃく)もちの. 〘1900〙
shórt ténnis *n.* ショートテニス《幼児向けテニス; 小さなコート, 小さなラケット, スポンジボールでプレーする》.
short-term /ʃɔ̀əttə́ːm | ʃɔ̀ːttə́ːm-/ *adj.* **1** 短期間の: a ～ economic outlook 短期的な経済展望. **2** (通例 6 か月から 1 年未満の)短期満期の: a ～ loan 短期貸付け. 〘1901〙
shórt-térm·ism /-mɪzm/ *n.* (長期的展望を欠く)短期主義. **shórt-térm·ist** /-mɪ̈st | -mɪst/ *adj., n.*
shórt-tèrm mémory *n.* 〘心理〙短期記憶 (cf. long-term memory). 〘1970〙
shórt tíme *n.* 操業短縮, 操短《short-time working ともいう》: be put on ～ 操業短縮を言い渡される. 〘1848〙
shórt-tímer *n.* **1** 短期服役囚; 《軍事俗》除隊間近な兵. **2** 《俗》(ホテルの)'御休息' の客, ショートの客. 〘1863〙
shórt-tìme ràting *n.* 〘電気〙短時間定格.
shórt títle *n.* **1** 〘出版〙簡略書名《目録などで, 著者名·書名·出版地·出版社·出版年のみ記載のもの》. **2** (国会制定法の)簡略標題.
shórt tón *n.* 米トン, 小トン (⇨ ton¹ 1 c). 〘1881〙
shórt tróusers *n. pl.* 半ズボン.
shórt wàist *n.* 〘服飾〙ウエストの高いドレス, ハイウエスト; 短い上半身.
shórt-wáisted *adj.* **1** 胴の短い. **2** (衣服の)ウエストライン (waistline) を自然の位置より低くつけた (cf. long-waisted).
shórt·wàve *n.* **1** 〘通信〙短波《周波数 3–30 MHz, 波長 100–10 m の電波; cf. long wave 1, medium wave》: on ～. **2** 短波用送信機 (shortwave radio). — *adj.* [限定的] 短波の; 短波を使う: a ～ radio, walkie-talkie, etc. — *vt.* 短波で送信する, 短波放送する. 〘1839〙
shórtwave thèrapy *n.* 〘医学〙短波治療.
shórt wèight *n.* 量目不足. 〘1789〙
shórt whíst *n.* 〘トランプ〙5 点先取で 1 ゲームとなる方式のホイスト (cf. long whist).
shórt-wínd·ed /-wíndɪ̈d-/ *adj.* **1** 息切れのする, 息の続かない (cf. SHORT 8 a). **2 a** 〈話·書き物など〉短すぎる (cf. long-winded). **b** 〈文が〉息の短い, 途切れ途切れの. **～·ness** *n.* 〘?*c*1450〙
shórt·wìng *n.* 〘鳥類〙コバネヒタキ《ヒマラヤ·東南アジア産ヒタキ科コバネヒタキ属 (*Brachypteryx*) の各種鳴鳥; 脚は長く翼と尾は短く, 羽毛は褐色から青》. 〘1839〙
short·y /ʃɔ́əti | ʃɔ́ːti/ *n.* 《口語》**1** 平均より背の低い人, ちび. **2** 並の丈より短い衣服. — *adj.* 〈衣服が〉丈の短い. 〘(1888): ⇨ short, -y⁴〙
Sho·sho·ne¹ /ʃoʊʃóʊni, ʃə- | ʃə(ʊ)ʃə́ʊ-/ *n.* [the ～] ショショーニ(川)《米国 Wyoming 州北西部を流れる Bighorn 川の支流 (193 km)》. 〘↓〙
Sho·sho·ne² /ʃoʊʃóʊni, ʃə- | ʃə(ʊ)ʃə́ʊ-/ *n.* (*pl.* ～, ～s) =Shoshoni. 〘(1805)▭? Shoshonean *tsosoni* curly head: この種族に特有の髪型から〙
Sho·sho·ne·an /ʃoʊʃóʊniən, ʃə-, ʃòʊʃəníːən | ʃə(ʊ)ʃə́ʊniən, ʃə̀ʊʃəníːən-/ *n.* (*also* **Sho·sho·ni·an** /ʃoʊʃóʊniən, ʃə- | ʃə(ʊ)ʃə́ʊ-/) (*pl.* ～, ～s) **1** ショショーニ語群《北米インディアンの Uto-Aztecan 語族の最大支派で Shoshoni, Comanche, Ute, Paiute, Hopi などの諸現地語を含む》. **2 a** [the ～(s)] ショショーニ語群の北米インディアン. **b** (ショショーニ語群の)北米インディアンの人. — *adj.* ショショーニ語群の. 〘(1891): ⇨ ↑, -an¹〙
Shoshóne Fálls *n. pl.* ショショーニ滝《米国 Idaho 州南部の Snake 川の滝; 高さ 65 m》.
Sho·sho·ni /ʃoʊʃóʊni, ʃə- | ʃə(ʊ)ʃə́ʊ-/ *n.* (*pl.* ～, ～s) **1 a** [the ～(s)] ショショーニ族《もと Wyoming, Idaho, Nevada, Utah, California 地方に住み Shoshoni 語を話す北米インディアンの一族》. **b** ショショーニ族の人. **2** ショショーニ語《北米インディアンの Uto-Aztecan 語族に属する》.
Sho·sta·ko·vich /ʃɑ̀(ː)stəkóʊvɪtʃ | ʃɔ̀stəkə́ʊv-; *Russ.* ʃəstakóvʲɪtʲ/, **Dmi·tri (Dmi·tri·e·vich)** /dʲmʲítrʲij dʲmʲítrʲijʲvʲɪtʲ/ *n.* ショスタコービチ (1906–75; ロシアの作曲家).
shot¹ /ʃɑ́(ː)t | ʃɔ́t/ *n.* **1 a** (火器·弓などの)発砲, 発射, 射撃 (shooting); 銃声, 砲声; 狙撃 (aim): a warning ～ 威嚇射撃 / take [have, fire] a ～ at …を狙撃する / Good ～! いい当たり / ⇨ potshot / at a ～ 1 発で / He got the bird (with his) first ～. 鳥を(最初の) 1 発で仕留めた / a ～ between wind and water (船の)喫水線付近の命中弾《船には致命的; cf. *between* WIND¹ *and water*》/ Was it a ～ I heard? 聞こえたのは銃声[砲声]かしら / hear three ～*s in* succession たて続けに 3 発の銃声を聞く. **b** (ロケットなどの)発射 (launch): fire a rocket ～ at space 宇宙に向けてロケットを発射する. **c** さっと飛ぶ[過ぎる]こと, 突進 (rush). **d** (漁網などの)網打ち, 投網.
2 a (*pl.* ～, ～s) 弾; 弾丸 (bullet): 砲弾, 砲丸 (cannonball) (cf. shell 5): fire a ～ 砲弾を撃つ / a cannon ～ 砲弾 / solid ～ 実体弾《旧式で中まで鉄の丸い玉》/ ⇨ buckshot, case shot, chain shot, grapeshot, round shot. **b** [*pl.* ～; 集合的にも用いて] 散弾; 弾子《散弾銃の薬筒に入れる小さな鉛弾》: a cartridge filled with ～ 弾子のいっぱいはいった(弾)薬筒. **c** (砲丸投げの)砲丸《男子用 16 ポンド, 女子用 8 ポンド》; 砲丸投げ: put the ～ 砲丸を投げる / ⇨ shot put. **d** 《廃》矢 (arrow(s)): ⇨ PARTHIAN shot.
3 射手 (marksman); (…に)撃つ人: a good [poor, first-rate, crack] ～ / He is not much of a ～. 大して射撃はうまくない / a dead ～ 百発百中の名手.
4 〘スポーツ〙(テニス·ゴルフ·玉突きなどで, ねらった)突き, 投げ, 打ち, ショット (aim, stroke); (バスケット·サッカーなどのゴールへの)シュート, ショット: a fancy ～ 曲突き / Good ～! ナイスショット (⇨ *int.*) / a beautiful ～ at goal ゴールに向けてきれいなシュート. 日英比較 日本語では球技で「シュート」を名詞として用いるが, 英語の shoot にはその意味はなく, *shot* が用いられる.
5 a 〘写真〙一露光; (特に)スナップ (snapshot): take a ～ of the beautiful scene 美しい景色の写真を 1 枚写す. **b** 〘写真·映画·テレビ〙撮影; 写距離; (ひと続きの)画面 (scene): ⇨ long shot 1, close shot / a gorgeous long ～ 特別遠写し(場面) / a crane ～ クレーン撮影《カメラをクレーンに乗せて自由に移動しながらの撮影》/ a down ～ 俯瞰(ふかん)撮影 / a zoom ～ ズーム撮影 / a mid ～ 中写し / a model ～ 模型[セット]撮影.
6 《口語》**a** 当て推量, あてずっぽう (random guess): As [At] a ～, I should say she's about forty. 当て推量で, 40 くらいかなあ / make a ～ at …を当て推量する / make a bad [good] ～ at …を当て損なう[うまく当てる] / a random ～ 当て推量 / ⇨ *a* SHOT *in the dark*. **b** やってみること, 企て (attempt): have a ～ at …をやってみる, 試みる / have [make] a bosh ～ at… 《英口語》…をやりそこなう / ⇨ long shot 2 b. **c** 見込み, チャンス (opportunity): give a person [get] a ～ / a ～ *at* the title=a title ～ タイトルを狙う機会. **d** 《口語》(賭けの)勝ち目 (cf. long shot 2 a): a 10 to 1 ～ 10 対 1 の賭け.
7 当てこすり, 辛辣(しんらつ)な言葉: It's a ～ at me. それは私への当てこすりだ.
8 《口語》**a** (ワクチン·麻薬などの)(皮下)注射: a polio ～ / a ～ of heroin. **b** 《口語》(ウイスキーなどの)一口 (dram). **c** (麻薬の) 1 服, 1 回分 (dose): a ～ of cocaine.
9 射程, 弾着距離 (range); 範囲 (reach): a long ～ 長い射程 / out of [in, within] ～ (射程)範囲外[内]に / out of the ～ and danger of desire 愛欲の危ない矢面に立たないで (Shak., *Hamlet* 1. 3. 35).
10 《変形》? ← SCOT》《口語》(飲み屋で, 当人の負担分の)払い, 勘定 (bill): pay one's ～.
11 〘鉱山〙発破薬; 爆発 (explosion), 発破.
12 〘海事〙節(せつ), シャックル《錨鎖の長さ; 英国では 75 フィート, 米国では 90 フィート, 日本では 25 メートル; この長さごとにシャックルでつないである》.
13 〘鋳造〙ショット.
14 〘チェッカー〙攻め手に有利な一連の動き; はめ手.
15 〘チェス〙予期しない攻め手.
16 〘紡織〙**a** 杼(ひ)(シャットル)で緯糸(よこいと)を打ち込むこと. **b** 布面にある色とか糸の欠点. **c** (カーペットなどでパイルをくくるのに用いる)緯糸.
cáll one's shót 《米口語》(1) (球戯で)自分のシュートの結果を予言する[言い当てる]. (2) 自分の意図を明確に述べる. (1953) ***cáll the shóts*** 《口語》牛耳る, 采配(さいはい)を振る. ***give … one's bést shót*** …にベストを尽くす. ***have a shót at …*** 《口語》(1) ⇨ 6 b. (2) 《豪》…を怒らせる, あざける. ***like a shót*** (1) 鉄砲玉のように, すぐに, 即座に. (2) 躊躇(ちゅうちょ)せず, 喜んで, 快く. ***nót (…) by a lóng shòt*** 《米口語》全く見当はずれで, とんでもない; 到底[決して]…ない (not at all): He isn't a poet *by a long* ～. 彼は決して詩人なんかじゃない. (1848) ***a shót acróss the*** [*a person's*] ***bóws*** 《英》(…に[向けて])発せられた警告 (*of*). ***a shót in the árm*** 《口語》(1) (腕への)注射. (2) 活気を与えるもの, 刺激, 「カンフル注射」(stimulus). (1922) ***a shót in the dárk*** (1) 全くの当て推量, あてずっぽう (wild guess). (2) 成功の見込みのない企て, 無謀な企て. (1895) ***a shót in the*** [*one's*] ***lócker*** 《英口語》(1) 軍艦の弾薬庫に残された 1 発. (2) 所持金; 非常用の蓄え; まさかの時の頼み (last resource): have not *a* ～ *in one's locker* 懐中無一文である / There's hope while there's *a* ～ *in the locker.* 頼みになるもののある間は望みがある. ***fíre the ópening shót(s)*** [***fírst shót***] (戦闘·議論などで)口火を切る, 行動を起こす. ***Thát's the shót.*** 《豪口語》そうその通り, その調子だ.
— *int.* [しばしば Good ～! として] (ゴルフ·テニス·卓球などで)ナイスショット, ナイスボール.
— *vt.* (**shot·ted**; **shot·ting**) 《古》**1** 〈銃砲〉に装弾する. **2** 弾丸をおもりとして沈める.
〘OE *sċ(e)ot* < Gmc **skutam* (G *Schoss*) ← IE **(s)keud-* 'to SHOOT¹'. — v.: (?*c*1150) ← (n.)〙
shot² /ʃɑ́(ː)t | ʃɔ́t/ *v.* shoot¹ の過去形·過去分詞.
— *adj.* **1** 〈縦と横の糸が異なる織物など〉見ようによって色の変わる, 色が変わって見える, 玉虫色の (iridescent) (cf. shoot¹ *vt.* 11 a, b): ～ silk 玉虫色絹布. **2** (…が)しみ込んだ, 充満した (infused) 〈*with*〉: his remark ～ through *with* satire 諷刺がよくきいた彼の言葉. **3** 《口語》使い果たした, ぼろぼろになった (worn-out): be ～ to pieces ずたずたになる / His shoes are all ～. 彼の靴はすっかりぼろぼろだ / His nerves are ～. 彼の神経はくたくただ. **4** 《俗》酔った (intoxicated): half ～ だいぶ酔いがまわって. ***be*** [***gèt***] ***shót of …*** 《英俗》=*be* [*get*] SHUT *of* …. 〘(pret.): ME *schotte* (← OE *scuton* (pl.)) ∽ OE *sċēat* (sing.). — (p.p.): OE *sċoten*. — *adj.*: (1414)〙
-shot /ʃɑ̀(ː)t | ʃɔ̀t/ **1** 「…の届く[きく]範囲」の意の名詞連結形: earshot, rifleshot. **2** 「(血の)さした」の意の形容詞連結形: bloodshot. 〘← SHOT¹〙
shót bàg *n.* 散弾入れ[袋]. 〘1638〙
shót·blàst *n.* 〘金属加工〙ショットブラスト《鋳造品·鍛造品の表面に小さな鋼球を吹き付けて表面を清浄にする方法》. **～·ing** *n.* 〘1923〙
shót·clòck *n.* 〘バスケット〙ショットクロック《シュートするまでの制限時間を示す時計》.
shot·crete /ʃɑ́(ː)tkrìːt | ʃɔ́t-/ *n.* ショットクリート《gunite をミキシングしたもの》. 〘(*c*1955)《短縮》← SHOT²＋(CON)CRETE〙
shote /ʃóʊt | ʃə́ʊt/ *n.* =shoat¹.
shót efféct *n.* 〘電子工学〙(真空管における熱電子放射の)散粒(さんりゅう)効果, 散弾効果, ショット効果 (cf. thermal noise). 〘(1921)《部分訳》← G *Schroteffekt*〙
shót-fírer *n.* 〘鉱山〙(発破の)点火係. 〘1883〙
shót glàss *n.* (ストレート用の小型で重い)ウイスキーグラス. 〘1955〙
shot·gun /ʃɑ́(ː)tgʌ̀n | ʃɔ́t-/ *n.* **1** 散弾銃, 猟銃, ショットガン. **2** 〘トランプ〙ショットガン《draw poker の一種だが stud poker のように, 配る途中での賭けを認める方式》. **3** 〘アメフト〙=shotgun formation. ***ríde shótgun*** (1) 《米西部》(もと)武装護衛として駅馬車の御者に添乗する. (2) (車の助手席などに乗るなどして)保護するために同行する; 《米》車の助手席に乗る. ***Shótgun!*** 《米俗》(車の)助手席とった! (特に子供が言う).
— *adj.* **1** 散弾銃の, 散弾銃を使った. **2** 《米》(武力を使うような)強制的な: a ～ agreement. **3** 《米》**a** 無差別的に何もかも入っている, 手当たり次第の, 大ざっぱな. **b** 効きめのあると思われているものがたくさん入っている, 万能の: a ～ prescription. **4** 《米》〈家·建物など〉部屋が廊下をはさんで両側に長く並んだ. — *vt.* 《米》**1** 散弾銃で撃つ[おどす]. **2** 強制手段を用いる, 無理に…させる 〈*into*〉. 〘1776〙
shótgun formàtion *n.* 〘アメフト〙ショットガンフォー

メーション《クォーターバックがセンターの数ヤード後方に立ち，他のバックスはフランカーやソフトバックとして布陣するパスプレーを主眼とした攻撃隊形》.

shótgun márriage [wédding] *n.* 《口語》 **1** 強制的結婚(式)《未婚の女性が妊娠した時強制するもの》. **2** 強制的結合[合同]. 〖1927〗

shótgun mìcrophone [mìke] *n.* ショットガンマイク《微弱な音声用》; =gun microphone. 〖1968〗

shót hòle *n.* **1** (爆薬をしかけるための)掘削孔. **2** (樹木の)虫食い穴. **3** 〖植物病理〗穿孔(せんこう)病. 〖1745〗

shót-hóling *n.* 〖植物病理〗=shot hole 3.

shót·màking *n.* (バスケットボールなどの)シュート力, (ゴルフなどの)ショットの腕. 〖1969〗

shót nòise *n.* 〖電気〗散弾雑音《shot effect による電気的雑音》.

Sho·to·kan /ʃoʊtóʊkæn | ʃə(ʊ)tə́ʊ-/ *n.* 松濤館《船越義珍 (1870–1957) が創始した空手道の流派; 国際的な空手道の流派として諸外国に普及しており，英国では最も広まっている》. 〖◻ Jpn〗

shót·pèen /-pìːn/ *vt.* 〖金属加工〗〈鋼製品〉にショットピーニングを施す. 〖1944〗

shót pèening *n.* ショットピーニング《金属表面に小鋼片を打ちつけて酸化皮膜を除き，表面の仕上げと強化を行う加工方法》. 〖1944〗

shót·pròof *adj.* 矢玉の通らない，防弾の. 〖1599〗

shót pùt *n.* 〖競技〗 **1** [the ～] 砲丸投げ. **2** (砲丸投げの) 1 回の投擲(とうてき). 〖(1898) ← *put the shot* (⇨ shot[1] (n.) 2)〗

shót·pùtter *n.* 砲丸投げ選手. 〖1882〗

shót·pùtting *n.* =shot put 1. 〖1894〗

shott[1] /ʃɑ́(ː)t | ʃɔ́t/ *n.* =chott.

shott[2] /ʃɑ́(ː)t | ʃɔ́t/ *n.* =shoat[1].

shót·ted /-tɪ̀d | -tɪ̀d/ *adj.* **1** (儀礼砲・警告砲などで)装弾した. **2** 散弾をおもりにした. 〖(1796) ← SHOT[1]+-ed 2〗

shot·ten /ʃɑ́(ː)tn̩ | ʃɔ́tn̩/ *adj.* **1 a** 〈ニシンなど〉産卵したばかりの; やせて無価値の: a ～ herring 弱りきった人, 元気のない人 (cf. Shak., *1 Hen IV* 2. 4. 129). **b** 《古》役に立たない. **2** 《廃》〖医学〗脱臼(だっきゅう)した (dislocated). 〖(?c1200) (1451) (*ge*)*scoten* (p.p.) ← *scēotan*: ⇨ shoot[1]〗

shót·ting /-tɪŋ | -tɪŋ/ *n.* 散弾製造.

shót·tist /-tɪ̀st | -tɪst/ *n.* 《南ア》射手, (特に)射撃の名手.

shót tòwer *n.* 弾丸製造塔《塔の上部から下の水に溶けた鉛を落として造る》. 〖1835〗

Shot·weld /ʃɑ́(ː)twèld | ʃɔ́t-/ *n.* 〖金属加工〗一種の抵抗点溶接(法)《重ね合わせた金属板の両面に電極を押し付け電気抵抗による発熱で点状に溶接する方法》. 〖商標〗

shough /ʃɑ́(ː)g, ʃɑ́(ː)k, ʃʌ́f | ʃɔ́g, ʃɔ́k, ʃʌ́f/ *n.* 《廃》毛がふさふさした小形愛玩犬の一種 (cf. Shak., *Macbeth* 3. 1. 93). 〖(1599) ← ?: cf. shock[2]〗

should /(弱) ʃəd; (強) ʃʊ́d/ *auxil. v.* (shall の過去形). ★(1) should と would との用法上の異同については shall と will に準ずる. (2) 以下の例で would の使用も可能な場合を併記する.

1 [人称を問わず義務・当然を表す] **a** …すべきである, しなくてはならない, するのが当然だ; …したほうがよい. ★ ought to よりも意味が弱く, しばしば義務というよりは勧告 (recommendation) を表す: You ～ not speak so loud; it is bad manners. そんな大声で話すんじゃありません, 無作法です / Children ～ be taught to tell the truth. 子供にはうそを言わないように教えなければならない / *Shouldn't* we wait? 待ったほうがいいのじゃないか / You're so lovely you ～ be a model! あなたはとてもきれいだからモデルになれますよ / You are not behaving as you ～ (be [《英》do]). 君の行いはよくない[当を得ていない] / This is as it ～ be. これは当然こうあるべきだ. **b** [完了不定詞を伴って] …すべきであった(のにしなかった). ★ しばしば果たされなかった過去の義務または過去の行為に対する非難を表す: You ～ have obeyed. 言いつけに従うべきだった / You (really) ～ have seen it. 君は見ておくべきだった, 君に見せたかった / *Should* I have seen it?—Yes, you (really) ～ have (《英》done). 見たほうがよかったかな—そうだよ, 見るべきだったね / You ～*n't* have laughed at his mistakes. 彼の誤りを笑うべきではなかった / She (really) ～ have won that last game. あの最後のゲームには勝つべきだった / You're so lovely you ～ have been a model! きれいだからモデルになったほうがよかったのに.

2 /ʃʊ́d/ [蓋然性] きっと…だろう, …のはずだ (ought to): They ～ arrive by one o'clock, I think. 1 時までには着きましょう[着きそうなものだ] / That ～ be them now. きっと彼らだ / Two or three minutes ～ be enough. 2, 3 分で十分だろう / A work from so careful and competent a hand ～ be of considerable value. それほど注意深く有能な人の作品なら定めし相当価値のあるものだろう / If the farmers can get continuous sunshine, they ～ have a satisfactory harvest. 好天気が続けば満足な収穫がきっと得られよう / They left at ten, so they ～ have arrived by now, ～*n't* they? 10 時に発ったのだからもう到着しているはずだね.

3 [条件または譲歩の節に用いてその内容の現実性がきわめて乏しいことを示す] 万一…ならば; たとえ…しても[でも]: If I ～ go, he would [will] kill me. もし私が行こうものなら彼は私を殺すだろう / *Should* I (=If I ～) be there it would be talked about. もし私がその場にいようものならうわさになるだろう / If [Even if] I ～ fail, I would try again. 万一失敗しても[かりに失敗するとしても]またやってみるつもりだ.

4 [仮定的条件に対する帰結] **a** [話者の意志とは無関係に起こる未来の出来事]: If he were to do so, I ～ [《米》would] be angry. 彼がそんなことをしようものなら私は怒るだろう / If he had said so, I ～ [《米》would] have been angry. 彼がそんなことを言ったら私は怒ったことだろう / I ～*n't* [wouldn't] be surprised if she wins [won, were to win] the next game. 彼女が次のゲームに勝っても驚かない. **b** /ʃʊ́d/ [話し手の意志・約束]: If the book were in the library, it ～ [would] be at your service. その本が図書室にあったらお役に立てましょう. **c** [条件を省略した場合] ★「もし私が君なら」「もし聞かれたら」「もし勧められたら」などの意を言外に含み, 表現を婉曲・控え目にさせる: It is beautiful, I ～ [would] say. まず美しい / She is under thirty, I ～ [would] think. 彼女は 30 前だろうと思うよ / I ～ [would] like to go. 行ってみたいものだ / I ～*n't* [wouldn't] like that. それは欲しくない[嫌だ] / *Should* (=Would) you like tea? 《英古》お茶はいかがですか. ★ ただし, 次の表現では should は強い主張を表す: Is she over fifty?—O yes, I *shóuld* [would] think so. 彼女は 50 歳以上ですか—ええ, ええ, むろんそうだと思いますよ / Will she do it again?—I ～*n't* thínk so [I ～ hópe nòt]. 彼女はまたそれをするだろうか—そうは思わないね.

5 [仮定法代用] **a** [It is a pity, natural, surprising, odd, etc., I regret, wonder, etc. など主観的判断を示す主節に伴う名詞節中で]: *It is a pity that* he ～ miss such a golden opportunity. 彼がこういう絶好の機会を逸するのは惜しいことだ / *I regret* [*am sorry*] *that* he ～ be (=is) so weak. 彼があんなに弱いのは気の毒だ / *It is strange that* you ～ not (=don't) know it. 君がそれを知らないとは不思議だ / *I wonder that* such a man as he ～ commit an error. 《英》あんな男が失策をしたのかなあ / *It is natural that* he ～ have refused (=(has) refused) our request. 彼が我々の要求を拒んだのは当然だ / *It is not necessary that* I (～) be there. 私がそこへ行く必要はない / *It is surprising that* he ～ have been (=has been, was) so foolish. 彼があんなにまぬけであったとは驚きだ / *It seems odd that* we ～ meet here again. ここで再会するとは不思議なことだ. ★ 主節は ah, oh, to think などに短縮されたり全く省略される場合がある: *To think* (*that*) [*Ah* that, *Oh* that] it ～ come to that! それがそんな羽目になろうとは / *That* he ～ think me capable of it! 私がそんなことをやりかねないなんて彼が考えるとは. **b** [発議・意向・決定・命令などを示す主節に続く名詞節中で]: It was proposed *that* we ～ act (=we acted) at once. すぐ行動すべしと提案された / The king gave orders *that* the prisoner (～) be set free. 王は囚人を放免せよと命令した. ★《米》ではこの場合通例 should を用いないで仮定法現在の形にするが, 《英》でも should を省略する傾向が出てきた. **c** [lest に続く従節で]《文語》: I stayed in *lest* I (～) catch cold. 風邪を引かないように[引くといけないから]家にいた / You must work hard *lest* you (～) fail. 落第しないように大いに勉強しなさい. ★ 米語用法については ⇨ lest. **d** [as if, as though, rather than that に続く従節で]: This hat looks *as if* it ～ have (=had) something under it. この帽子の下には何かがあるみたいだ / *Rather than that* he ～ suffer, I will [shall] go myself. 彼が苦しむくらいなら私自身が行きます. **e** [時間の副詞節で, 主節が過去の場合]《文語》: She stayed there until the storm ～ cease. あらしがやむまでそこにいた.

6 [why, who, how などと共に用いて不可解・意外・驚きを表す]: *Why* in the world ～ I go [have gone]? 一体どうして私が行かなければならない[ならなかった]のか / *How* ～ I know? そんなことは知らないよ / *How* ～ you understand what is so unintelligible? そんなわからないことを君はどうして理解できるのか / *Who* ～ write [～ have written] it but himself? 当人以外だれがそれを書いたと思う《書いたのはもちろん彼だ》/ When I entered the room, *who* ～ be sitting there but Robin! 部屋へ入って行くと, そこに座っていたのはだれでもないロビンだった.

7 [間接話法において] **a** [原則として直説法の shall をそのまま引き継ぐ]: He thought that he ～ [would] soon recover. (<"I shall soon recover.") 彼はじき治ると思った / I said [thought, supposed] that we ～ [would] do it the next day. 翌日しようと言った[思った]. **b** [話者の予言を表す you [he] will は聞き手が話し手に代わるので I [we] should となる]: Did the doctor say I ～ [would] recover? (< "He will recover.") 医者は私が治ると言いましたか.

nò bétter than** one **shóuld be ⇨ better[1] *adj.* 成句.

〖OE *sc(e)olde*: ⇨ shall〗

should·a /ʃʊ́də | ʃʊ́də/ 《米俗》should have の縮約形.

shoul·der /ʃóʊldə | ʃə́ʊldə(r)/ *n.* **1 a** (人間の)肩; 肩甲関節: sloping [square] ～*s* なで肩[角張った肩] / a stiff ～ 肩凝り / dislocate [put out] one's ～ 肩の骨をはずす / open one's ～*s* 肩を張る; 〖クリケット〗〈打者が〉自由に打つ / Stand up straight and straighten your ～*s*! まっすぐに立って肩を張れ / look over one's ～ 肩越しに見る / with one's arm (a)round a person's ～ 腕を人の肩に回して / ⇨ SHRUG one's shoulders / clap [tap] a person on the ～ 人の肩をたたく《なれなれしい動作》/ pat a person on the ～=pat a person's ～ 〈人〉の肩をたたく《激励や慰めのしぐさ》/ hunch one's ～*s* 肩[背中]を丸める《脅威や寒さなどから身を守るしぐさ》. 日英比較 日本語の「肩」より範囲が広く鎖骨・肩甲骨のあたりまでが含まれる. **b** (動物の)肩《前足と胴の付け根の部分》. **c** (衣服の)肩(の部分): The jacket is wide across [in] the ～*s*. この上着は肩幅が広すぎる. **2** [*pl.*] **a** (荷を背負う両肩と上背部の)背(せ), 上背部: round ～*s* ねこ背. **b** (重荷を負う)体, 体力 (cf. back[1] 8); (責任を負う)肩, 双肩: have broad ～*s* 肩幅が広い; 重荷[重任, 重税など]に耐える / His ～*s* are broad enough to bear the responsibility [blame]. 彼は十分に責任[責め]が負える / shift the blame [responsibility] onto other ～*s* 他人に責め[責任]を移す[転嫁する] / lay [put] the blame on the right ～*s* 責めるべき人を責める / take [carry] something upon [on] one's (own) ～*s* 事を一身に引き受ける / fall on a person's ～*s* 人の双肩にかかる / The task rests [falls] on the ～*s* of (the) students. その仕事は学生の双肩にかかっている. **3 a** (羊や子牛の)肩肉《前脚または前身部; ⇨ mutton[1] 挿絵》: (a) ～ of mutton. **b** ショルダー《獣皮の肩部》. **4 a** 肩に似た部分. **b** (山・盛土などの)肩《頂上近くのスロープ》. **c** (瓶・弾丸・弦楽器などの)肩. **d** 〖宝石〗(リングの)肩《軸と台座が結合している部分》. **5** 〖軍事〗「になえ銃(つつ)」の姿勢: come to the ～ になえ銃をする. **6** 〖築城〗肩角《bastion の前面と側面との角》. **7** 〖印刷〗 **a** (活字の)肩 (cf. sidebearing). **b** (鉛版などの周囲の)斜面縁. **c** (線画凸版などで, 画線や画点の)側面, 側壁. **8** 〖製本〗=ridge 6. **9** 〖土木〗 **a** 路肩(ろかた)《道路の縁の部分; 車の走行・待避などのための余裕を目的とする》: ⇨ soft shoulder, hard shoulder. **b** 胴付き《ほぞの根元回りの平面》. **c** ショルダー《空港の滑走路・誘導路・エプロンの舗装に接続する部分》. **10** 〖海事〗肩《船体の中央部から船首に向かって船幅が一定の区間の終わりの場所; そこから船首に向かう間は先細りになる》. **11** 〖写真〗(特性曲線の)肩《感光材料の最大濃度付近で勾配がゼロに近づく曲線部》. **12** 《俗》〖サーフィン〗(波の)肩《浜辺でくだける波の静かな部分》. **13** ショルダーシーズン《旅行の最盛期と閑散期の間の時期》.

crý on a** person's **shóulder (同情を呼ぶために)自分の苦労を訴える. (1935) ***gèt the cóld shóulder*** ⇨ cold shoulder. ***gíve*** [***túrn***] ***the*** [***a***] ***cóld shóulder*** ⇨ cold shoulder. ***héad and shóulders*** ⇨ head 成句. ***lóok*** (***back***) ***over** one's **shóulders*** 戦々恐々としている. ***òver the léft shóulder*** =over the LEFT[2]. ***pút*** [***sét***] ***one's shóulder to the wheel*** 一肌ぬぐ, 力を尽くす, 精を出してする (work hard). (1678) ***rúb shóulders*** […と]肩と肩をすり合わせる; 接触する; 交際[協力]する〔*with*〕. (1834) ***a shóulder to crý òn*** 悩みを聞いてくれる人, 同情してくれる人. ***shóulder to shóulder*** (1) 肩と肩を触れ合って, 肩を並べて; 密集して: sit ～ *to* ～ 肩を並べて座る. (2) 互いに協力して: go ～ *to* ～ / stand [march, be] ～ *to* ～ (*with* you) in the struggle その戦いで(あなたと)協力してやる. (*a*1586) ***(stráight) from the shóulder*** (1) 〈打撃など〉嫌というほど, こたえるほど, 容赦なく, まっこうから. (2) 率直に, 包み隠さずことなく. (1856)

— *vt.* **1** かつぐ, 肩に負う: ～ one's rucksack / ⇨ *shoulder* ARMS. **2** 双肩にになう; 〈責任などを〉引き受ける, 〈負担などを〉受け持つ: ～ a task 仕事を引き受ける / ～ the burden 重荷を負う. **3** 肩で押す[突く]: ～ a person aside 人を肩で押しのける / ～ one's way *through* a crowd 群衆を肩で押し分けて進む. **4** …と肩を並べて立つ. — *vi.* **1** 肩で押す; 肩で押し分けて進む. **2** 肩を並べて進む.

〖OE *sculdor* ← (WGmc) **skuldr-* (G *Schulter*) ← ?〗

shóulder àrm *n.* =shoulder weapon.

shóulder bàg *n.* ショルダーバッグ《通例女性用》. 〖1912〗

shóulder bèlt *n.* **1** (自動車の)ショルダーベルト, 肩掛けベルト, 肩帯《安全のため肩から斜めにかけるシートベルト》. **2** =shoulder harness. 〖1968〗

shóulder blàde *n.* 〖解剖〗肩甲骨 (scapula). 〖*c*1300〗

shóulder bòard *n.* 〖軍事〗(軍人の階級を示す)肩章; (特に) =shoulder mark. 〖1949〗

shóulder bòne *n.* 〖解剖〗=shoulder blade. 〖*c*1320〗

shóulder-chàrge *vt.* …に肩から突撃する, 肩であたって[ぶつかって]いく. 〖1930〗

shóul·dered *adj.* **1** 肩に負った[担った]: stand ～ になえ銃(つつ)の姿勢を取る, になえ銃をする. **2** [複合語の第 2 構成素として] …の肩をもった: broad-*shouldered* 肩幅の広い. 〖(?*a*1300): ⇨ -ed 2〗

shóulder flàsh *n.* 〖英軍〗(識別のための)肩章. 〖1868〗

shóulder gìrdle *n.* 〖解剖〗肩帯 (⇨ pectoral girdle); (脊椎動物の)前肢帯.

shóulder gùn *n.* =shoulder weapon.

shóulder hàrness *n.* **1** (自動車の)三点式シートベルト《肩から腰部にかけて体の前で斜十文字に交差し, シートベルトと併用される; shoulder belt ともいう》. **2** (乳幼児を運ぶための)肩帯. 〖1968〗

shóulder hèad *n.* 〖印刷〗肩見出し《左欄外に字下げをしないで組んだ章節用の小見出し; cf. head 12 b》.

shóulder-hígh *adv., adj.* 肩の高さまで(ある). 〖1837〗

shóulder hòlster *n.* 拳銃装着肩帯, 肩掛け[ショルダー]ホルスター.

shóulder-ìn *n.* ショルダーイン《馬場馬術で馬の額を横に向けて前進する動作》.

shóulder-jòint *n.* 肩甲関節. 〖1726〗

shóulder knòt *n.* **1** 肩飾り《17–18 世紀に上流男性が用いたリボン・レースなどで作った飾り; また従僕や馬丁が定服に, 女性や子供が服の飾りに用いた》. **2** 〖軍事〗(金銀モールを組んだ将校の)正装用肩章. 〖1676〗

shóulder-lèngth *adj.* 〈髪が〉肩までの長さの.

shóulder lòop *n.* 〖米軍〗(陸軍・空軍・海兵隊将校および准尉の平常服の)肩台《肩の付け根に縫い付け, えりもとのボタンで留める布片で, その上に階級章をつける》: a ～ insignia (肩台)肩章.

shóulder màrk *n.* 〖米軍〗(海軍士官の)肩章《肩に取り付け内側の端を金ボタンで留める硬い布片で, その上に階級章をつける; shoulder board ともいう》.

shóulder nòte *n.* 〖印刷〗肩注.

shóulder-of-mútton sàil *n.* 〘海事〙 長三角帆 (leg-of-mutton sail) 《ヨットのスピンネーカー類似の帆》.

shóulder-pàd *n.* (衣服の肩のところに入れる)肩パッド. 〘1868〙

shóulder pàtch *n.* 〘米軍〙 =shoulder sleeve insignia.

shóulder·pìece *n.* **1** (昔の)肩当て, 肩ぎぬ. **2** (よろいの)肩当て, 肩札(㊟), じゃばら肩 (cf. *Exod.* 28:7). 〘1580〙

shóulder plàne *n.* 仕上げ用かんな.

shóulder sèason [pèriod] *n.* 旅行シーズンのピークの前後(特に春・秋)の料金が比較的安い時期, 通常期.

shóulder-shòtten *adj.* (動物が)肩を脱臼した, 肩を痛めた. 〘1593–94〙

shóulder slèeve insìgnia *n.* 〘米軍〙 **1** (陸軍の師団[軍団, 軍]や空軍の航空団または特に認可された部隊に所属することを示すため軍服の左肩の縫い目の下につける)袖章. **2** (実戦期間中の海外勤務を示すために右袖につける)袖章.

shóulder stànd *n.* 〘体操〙 肩倒立 《あおむけの姿勢から上体と脚を垂直に上げて肩と腕と頭で支える》. 〘1956〙

shóulder stràp *n.* **1** (ドレス・スカート・ズボンなどの)つりひも, 肩つり; (カメラなどを肩からつるすための)つりひも. **2** 〘軍事〙 **a** 《米》 肩章 《礼装の肩につけた金モールのふち付きの布片で, これに金色または銀色に刺繍(㊟)した階級章がつく; 現在では海軍はこれを shoulder mark に替え, 陸軍は青色の礼装上着にこれを使うだけ》. **b** =shoulder loop. 〘1688〙

shóulder wèapon *n.* (台尻を肩にあてて発射する)肩撃ち火器 《shoulder gun, shoulder arm ともいう》.

should·est /ʃúdɪ̀st | -dɪ̀st/ *auxil. v.* =shouldst.

should·na /ʃúdnə/ 《スコット》 should not の縮約形.

should·n't /ʃúdnt/ 《口語》 should not の縮約形.

shouldst /(弱) ʃədst, ʃətst; (強) ʃúdst/ *auxil. v.* 《古》 should の第二人称単数形: Thou ~ ….=You should ….

should've /ʃúdəv | ʃúd-/ 《口語》 should have の縮約形.

shouse /ʃáus/ 《豪俗》 *n.* 便所, トイレ. ― *adj.* 加減の悪い, 元気のない. 〘(1941) ← SH(ITH)OUSE〙

shout /ʃáut/ *vi.* **1 a** 叫ぶ, 大声で呼ぶ: ~ *out* 絶叫する / ~ *for* help [a waiter] 大声で助けを求める[給仕を呼ぶ] / ~ (*out*) *to* [*for*] a person *to* come 人に来いと叫ぶ (cf. 1 b). **b** 大声を出す, どなる, 大声でしゃべる: You have to ~ *to* make him hear. どならなければ彼には聞こえない / ~ *at* a person 人に向かって大声を出す, 人をどなりつける, 人を冷やかす / ~ (*out*) *at* a person *to* stop 人にどなってやめさせる[立ち止まらせる] (cf. 1 a). **c** (喜び・悲しみなどで)大声をあげる, はやしたてる, 喝采する: ~ with laughter 大声で笑う / ~ with pain 苦しくて悲鳴をあげる / ~ with [for] joy 歓呼する, 歓声をあげる. **2** 《口語》 (賞賛・抗議などのために)大声でふれる[喧伝する]: have plenty [nothing] to ~ *about* 喧伝すべき点が多々ある[何もない]. **3** 《豪口語》 酒[食事]をおごる (treat): He ~*ed for* us all. 我々皆におごってくれた. ― *vt.* **1 a** …を[と]叫んで言う, …を[と]どなって言う ⟨*out*⟩: ~ one's approval 賛成と叫ぶ / ~ (*out*) one's orders 大声で命令する / ~ insults *at* each other 互いに大声でののしりあう / "Help!" he ~*ed* (*out*). =He ~*ed* (*out*), "Help!" 「助けてくれ」と彼は絶叫した / I ~*ed* (*out*) (at [to] them) *that* it was dangerous. 危険だぞと私は(彼らに向かって)叫んだ. **b** 大声で言う; ⟨品物を⟩呼び売りする: The conductor ~*ed* the (name of the) station. 車掌が大声で駅名を言った. **2** 《豪口語》 酒[食事]を⟨人に⟩におごる; 人に⟨酒などを⟩おごる. ***shóut dówn*** どなって⟨人の言葉を⟩聞こえなくする, ⟨人を⟩言い負かす, (どなって)黙らせる: ~ *down* the opposition 反対派を言い負かす. ***shóut oneself hóarse*** 大声を出して声をからす: He ~*ed himself hoarse*. 彼は声をからして叫んだ. ― *n.* **1** 叫び 《喜び・悲しみ・苦痛・賛成・不賛成・挑戦または注意を促す》, 叫び声; 大声; 悲鳴; (群衆の)歓喜, 歓呼; 喝采: ~*s* of encouragement [derision] 激励[あざけり]の大声 / raise [set up] a ~ 叫ぶ, どなる; 喚声をあげる / give a ~ of warning [a warning ~] 大声で警告する, 危ないぞ(気をつけろ)と叫ぶ / If you need me, just give (me) a ~. 用事があれば大声で呼んでくれ / with a ~ 叫びながら. **2** 《英口語》 (叫んで)酒などを同席の人々に注文する番, おごる番 (round, treat); おごりの酒 (free drink): stand a person a ~ 人におごる / It's my ~. 私がおごる番だ, それは私のおごりだ. **3** 〘音楽〙 (ジャズで)声を張った歌い方; (トランペットなどの)叫ぶような演奏スタイル (shouting style). **~·er** /-tə | -tə(r/ *n.* 〘(?c1375) shoute(n) ← ?: cf. ON *skūta* 'to SCOUT[2]' & *skjōta* 'to SHOOT[1]'〙

SYN 叫ぶ: **shout** 相手の注意を引くために大声を発する: She *shouted* for help. 彼女は大声で助けを求めた. **scream** 恐怖・苦痛・興奮の長い甲高い叫びをあげる: She *screamed* with pain. 苦痛の叫びをあげた. **shriek** 恐怖などで大きな甲高い叫びを発する 《*scream* よりも激しい》: She *shrieked* for help. 金切り声で助けてと言った. **screech** 耳障りな金切り声を発する: The parrot suddenly *screeched* loudly. オウムが急にすさまじい金切り声をあげた. **squeal** 喜び・苦痛・笑いなどのきーきー声をあげる: The children *squealed* excitedly. 子供は興奮してきゃーきゃー言った. **yell** 恐怖・興奮・注意を引くため, あるいはスポーツの応援などのために非常に大きな声を発する: Stop *yelling* at me. 大声でどなるのはよしてくれ. **holler** 《特に米・略式》 大声をあげる: *holler* for help 大声で助けを求める.

shóut·er /-tə | -tə(r/ *n.* [S-] 〘宗教〙 西インド諸島の黒人の間にみられる宗教的一派の人 《アフリカの宗教儀式に似た儀式を行う》. 〘1950〙

shóut·ing /-tɪŋ | -tɪŋ/ *n.* 叫び(声), 歓呼, 喝采: within ~ distance 大声で呼べば聞こえる所に, ごく近くに. ***Àll óver bàr [bùt] the shóuting.*** 《口語》 勝負は見えた (後は喝采だけ) (★ It's [It was] all over …. または All is over …. ともいう). 〘1842〙

shóuting màtch *n.* 激しい口論, どなり合い. 〘1970〙

shove /ʃʌ́v/ *vt.* **1** (後から)押す, 押して動かす (⇨ push **SYN**): ~ a boat with a pole さおで舟を押す. **2 a** (乱暴に)押す, 突く; 押しやる, 押しのける, 突きのける: ~ everybody *aside* 皆を(横に)押しのける / ~ a person *over* a cliff 人を崖から突き落とす / ~ a book *across* the desk *to* him 机の上をすべらせて本を彼の方へやる / ~ a bill *through* the House ごり押しして法案を下院に通す / He ~*d* open the door. ドアを押し開けた. **b** [~ one's way [oneself] として] 強引に押し進む: ~ one's *way through* a crowd 人込みを押しのけながら進む / He ~*d himself into* society. 強引なやり方で社交界にのし上がった. **c** 《口語》 置く, 突っ込む; ⟨服を⟩着る. ★ put の代わりに用いられるが, ぞんざいな意味が加わる: *Shove* it *in* your pocket. ポケットに入れておきたまえ / ~ something *down on* paper 紙へ何か書きなぐる / ~ a book *back on* the shelf 本を無造作に本棚に戻す / ~ one's clothes *on* 服を引っかける. **3** ⟨嫌なことを⟩押しつける: ~ a job *off to* a person 仕事を人に押しつける. **4** 〘石工〙 (正しい目地で積まれるように)⟨れんがを⟩押しつける. ― *vi.* 押す, 突く, 押し進む: If you pull, I'll ~. 君が引っ張れば私が押す / ~ *past* a person 人を押しのけて進む / *Shove over* [*up*], please. 少し(席を)詰めて下さい. ★ しばしば push と対になって用いられる: commuters *pushing* and *shoving* in the train 電車[列車]の中で押し合い圧(へ)し合いする通勤客. ***shóve a person aróund*** 《口語》 人をあちこちへ使い立てる, こき使う (order about). ***shóve óff*** (1) (さおで岸を押して)船を出す. (2) 《口語》 [しばしば命令文で] 去る, 出かける (leave). ― *n.* 押し, 突き (push, thrust): give a person [project] a ~ 人を押してやる[計画を支援する]. ***when [if] púsh cómes to shóve*** いざというときには, いよいよとなれば.

shóv·er *n.* 〘OE *scūfan* < Gmc **skeuban* (G *schieben*) ← IE **skeubh-* to shove: cf. shovel〙

shóved jóint *n.* 〘石工〙 =push joint.

shóve-gròat *n.* 《廃》 =shovelboard. ― *adj.* シャッフルボード (shuffleboard) という銭当てゲーム用の (cf. Shak., *2 Hen IV* 2. 4. 192).

shóve-hálfpenny *n.* 《英》 銭(㊟)あて 《テーブルの上でコインか円盤を一方の端から親指か手のひらで押し出し, 向こうの端で点をとるゲーム; シャッフルボード (shuffleboard) の原型》. 〘1841〙

shóve-há'penny *n.* 《英》 =shove-halfpenny.

shóve jòint *n.* 〘石工〙 =push joint.

shov·el /ʃʌ́vəl, -vl/ *n.* **1** (雪・土・石炭などをすくう)シャベル, スコップ. 日英比較 日本語の「シャベル」は英語より意味が広く,「土砂をすくったり, 穴を掘ったりするために使う道具」を一般的に表す. 英語の shovel は土砂や雪をすくうのに用いられるものをいい, 足をかけて地面に穴を掘るのに用いるがっしり重いものは spade, 園芸用の小型のものは trowel という. **2** =power shovel: ⇨ steam shovel. **3** シャベル1杯(分) (shovelful). **4** 《口語》 =shovel hat. **5** 〘時計〙 (時計旋盤用の)ラップ仕上げ工具. ― *v.* (**shov·eled, -elled; -el·ing, -el·ling**) ― *vt.* **1** シャベルですくう, シャベルですくい取る: ~ *away* the snow. **2** シャベルで掘る[かく]: ~ a path シャベルで道をつける. **3** (シャベルですくうように)大量に投げ入れる[積む, 下ろす]: ~ food *into* one's mouth がつがつ食う, 食べ物をかき込む. ― *vi.* シャベルを使う. 〘(1440) OE *scofl* < Gmc **skuƀlo-* ((M)Du. *schoffel* / G *Schaufel*) ← **skeuban*: ⇨ shove〙

shóvel·bìll *n.* 〘鳥類〙 =shoveler 2.

shóvel·bòard *n.* **1** =shuffleboard 1. **2** 《古》 =shove-halfpenny. 〘(1532) 《変形》 ← 《廃》 *shoveboard*: ⇨ shove, board〙

shóv·el·er /-v(ə)lə, -vlə, -vlə | -v(ə)lə(r, -vlə(r, -vl-/ *n.* **1** シャベルですくう人; すくう道具[器械]. **2** 〘鳥類〙 ハシビロガモ (*Anas clypeata*) 《平たくて広いくちばしを有する淡水に生息するカモの一種; northern shoveler, shovelbill, shovelnose ともいう》. 〘1440〙

shóv·el·ful /-fùl/ *n.* (*pl.* **~s, shov·els·ful**) シャベル1杯(分). 〘1533〙

shóvel hàt *n.* (主に英国国教会の牧師が用いる)黒のフェルト帽. 〘1829〙

shóvel·hèad *n.* 〘魚類〙 **1** =bonnethead. **2** =flathead catfish.

shóvelhead càt *n.* 〘魚類〙 =shovelhead 2.

shóvelhead shàrk *n.* 〘魚類〙 =bonnethead.

shóv·el·ler /-v(ə)lə, -vlə | -v(ə)lə(r, -vl-/ *n.* =shoveler.

shóvel·man /-mən, -mæ̀n/ *n.* (*pl.* **-men** /-mən, -mèn/) (パワー)シャベルを使う作業員.

shóvel·nòse *n.* シャベル状の鼻または面をもった動物の総称: **a** 〘鳥類〙 =shoveler 2. **b** 〘魚類〙 =shovelnose shark; shovelnose sturgeon. 〘1709〙

shóvel-nòsed *adj.* 鼻[頭, くちばし]が広く平らな. 〘1707〙

shóvelnosed dúck *n.* 〘鳥類〙 =shoveler 2.

shóvelnose shárk *n.* 〘魚類〙 シャベル状の面をもったサメの総称: **a** カグラザメ属のサメの一種 (*Hexanchus corinus*). **b** シュモクザメ 《シュモクザメ科のサメの総称》. **c** サカタザメ (guitarfish).

shóvelnose stúrgeon *n.* 〘魚類〙 米国 Mississippi 川産の口先が幅広く扁平なチョウザメ科の魚 (*Scaphirhynchus platorhynchus*) 《hackleback ともいう》.

shóvel·wèed *n.* 〘植物〙 =shepherd's purse.

show /ʃóu | ʃə́u/ *v.* (**showed; shown** /ʃóun | ʃə́un/, **showed**) ― *vt.* **1 a** [しばしば間接目的語, 目的語＋*doing* を伴って] 見せる, 示す: ~ one's hand [cards] (トランプで)手の内を見せる; 自分の計画[意図]を示す / *Show* your tickets, please! 切符を拝見します / She ~*ed* me some pictures [some pictures *to* me]. 私に絵[写真]を何枚か見せてくれた / I was ~*n* a specimen.=A specimen was ~*n* (*to*) me. 私は見本を見せてもらった / Can I ~ you something in a larger size, sir? もう少し大きいサイズのものをお見せしましょうか / *Show* me where your arm hurts. 腕のどこが痛むのか見せてごらんなさい / The photograph ~*s* the children *playing*. 写真には子供たちが遊んでいるところが写っている. **b** ⟨布地・衣服・色などが⟩現す, 示す (reveal): ~ signs of wear (使い古されて)傷んでくる / This color will not ~ dirt. この色なら汚れが目立たないでしょう / That dress ~*s* your slip. そのドレスでは(短すぎて)スリップが見える / That style is beginning to ~ its age. あのスタイルは古くなり始めている. **c** [~ *oneself* で] 出席[臨席]する; 現れる: He did not [dared not] ~ *himself at* the party. 彼はパーティーに[あえて]出席しなかった / His fear ~*ed itself in* his speech. 話す言葉にも恐怖が表れていた.

2 a [*wh*-clause, 目的語＋*wh*-clause, 目的語＋*wh*-word＋*to* do, 二重目的語を伴って] (言葉で[実地に])説明する (explain), 教えて(見せ)る (demonstrate): I will ~ you. 教えてあげましょう; 今に思い知らせてやる / Don't just tell me *how*; ~ *me*. どうやるか口で言うだけでなく実地に示して下さい (cf. show-me) / *Show* me the way. やり方を教えて下さい (cf. 3 a, b) / The diagram ~*s how* it works. 図はそれがどのように動くかを示している (cf. show-how) / I ~*ed* him *why* he ought to go. なぜ行く必要があるのか彼に説明してやった / He ~*ed* me *how to* do it. それのやり方を私に教えてくれた. **b** [*that*-clause, *wh*-clause, 目的語＋*to* do, 目的語＋*that*-clause, 目的語＋*wh*-clause を伴って] 証明する, 明らかにする (prove): ~ its falsity=~ *that* it is false=~ it *to* be false それが偽りであることを証明する / It ~*s* (*just*) *how* little you know. それで君の無知のほどがわかる / I will ~ you *that* it is very foolish [(just) *how* foolish it is]. それが実にばかげたものであること[いかにばかげたことであるか]を君にはっきりと示してやろう.

3 a ⟨道・場所などを⟩(指して)教える (point out): I will ~ you the way. 道をお教えしましょう (cf. 3 b, 2 a) / ~ the sights (of a town) *to* a person=~ a person the sights (of a town) (地図などで)人に(町の)名所を教えてやる. **b** [しばしば前置詞付きの句または副詞を伴って] 案内する, …の供をする, 通す, 送って行く (guide, conduct): ~ (a person) the way (人に)同行して道案内をする (cf. 3 a, 2 a) / ~ a person *to* a seat [the door] 人を席へ案内する[玄関まで見送る] ⇨ door 成句 / ~ a person *into* a room [*out of* a house] 人を部屋に通す[家から送り出す] / ~ a person (*a*)*round* [*over*] (a city) 人に(町を)案内して[見せて]回る / ~ a person *in* [*out, up*] 人を中へ通す[外に送り出す].

4 (指し)示す, 表示する (indicate); 記録する (register): The signpost ~*s* the way to London. 道標はロンドンへ向かう道を指している / The thermometer ~*s* ten below zero. 温度計は零下 10 度を示している / The balance sheet ~*ed* a profit [loss]. 損益勘定は黒字[赤字]だった / The record ~*s* him *to* have worked hard. 記録によると彼は勤勉家であった[よく働いた]ことがわかる / All parts are affected, as (is) ~*n* in the accompanying diagram. すべての部分は添付の図が示すように影響を受けている.

5 a (外見・態度などに)⟨感情・性質などを⟩表す, 示す (evince): ~ one's feelings 感情を顔に表す / ~ a noble spirit 心の気高いことを示す / He [His behavior] ~*s* no sign of intelligence. 彼[彼の行動]には知性のかけらもない / His bearing ~*ed* a mind at ease. 態度から心がくつろいでいる様子がうかがえた / His face ~*ed* surprise. 彼の顔は驚きの表情を見せていた. **b** [~ *oneself* で; 目的補語を伴って] ⟨…が⟩⟨…の性質であることを⟩証明する (prove): He ~*ed himself* (*to* be) a reliable man.=He ~*ed himself* (*to* be) reliable. 身をもって頼もしい男だということを証明した[示した].

6 ⟨映画・芝居などを⟩上映[上演]する: ~ a movie [play] / ~ a Chaplin film チャップリンの映画を上映する / a film already [first] ~*n* on television すでに[最初に]テレビで放映された映画.

7 ⟨動物・草花などを⟩(展覧会などに)出品する (enter); ⟨絵画・彫刻などを⟩展示する (exhibit); ⟨品物を⟩陳列する (display); ⟨家・アパートなどを⟩売る[貸す]ために見せる (open): ~ dogs, roses, etc. / ~ paintings, sculpture, etc. / ~ a house [an apartment] 家[アパート]を公開する / The stores are ~*ing* new bathing suits. どの店も新しい水着を陳列している[売り出し中だ].

8 ⟨好意などを⟩与える, 示す (grant), ⟨親切などを⟩尽くす: ~ favor / ~ mercy *on* [*to*] a person=~ a person a mercy 人に慈悲を示す / ~ a person kindness=~ kindness *to* a person 人に親切にしてやる.

9 〘法律〙 申し立てる (allege, plead): ~ cause 理由を主張し証明する.

― *vi.* **1 a** 見える, 現れる; 目立つ, わかる: The scar hardly ~*s* now. 傷跡は今ではほとんどわからない / Anger ~*ed in* [*on*] his face. 怒りの色が彼の顔に現れた / The buds are just ~*ing*. 芽が出かけている / Your slip is ~*ing*. スリップが見えてますよ / He works hard and it ~*s*. 彼は勤勉だがそれがよくわかる. **b** [副詞語句・形容詞を

S

伴って〉(どう)見える: ～ to advantage 引き立って見える / The sky ～*ed* red. 空が赤く見えた. **2** 《口語》(期待通り)顔を見せる, 現れる, やってくる (appear, show up, turn up): He failed to ～. とうとう姿を見せなかった. **3** 《口語》**a** 〈映画などが〉上映[上演]される: What's ～*ing* there [at the Empire]? そこ[エンパイア]では何が上映[上演]されていますか. **b** 〈俳優が〉公演をする. **c** 商品[作品]を展示[出品]する; 展示会を開く. **4** 《米》(競馬などで)上位三着内に入る (cf. place¹ *vi.* 2).

ánd it shóws 《口語》〈悪いことが〉見え見えだ, 明らかだ: I copied his homework.—And it ～*s*. 彼の宿題を写したんだ—見え見えだよ. ***gó to shów*** 《口語》[しばしば it を主語として] (1) 論点の正しさを証明する: *It* all [just, only] *goes to* ～. つまりそれで証明された, それで決まった. (2) 〈…であることを〉証明することになる 〈*that*〉. ***hàve nóthing*** [***líttle***] ***to shów for*** 〈労力など〉に対する見るべき成果が何もない. ***shów aròund*** (1) ⇨ *vt.* 3 b. (2) 〈写真などを〉見せて回る. ***shów*** (*one's*) ***fáce*** [*one's* ***héad***, *one*sèlf, 《戯言》*one's* ***nóse***] (場違いの所に)顔を見せる, 顔出しする, 現れる. 〚1635〛 ***shów fórth*** 《古》明示[誇示]する; 公表[宣言]する. ***shów óff*** (*vi.*) 力量[技能, 富など]を見せびらかす (cf. show-off). (*vt.*) (1) (自慢して)見せる, (虚栄心から)見せびらかす: ～ *off* one's daughter 娘を自慢して見せる / ～ one's new car *off to* others 人に新車を見せびらかす. (2) 引き立てる, よく見せる: This dress will ～ *off* your figure admirably. このドレスであなたの姿は見事に引き立つでしょう. ***shów a person óver…*** 《英》…を調べるために〈人〉を案内する. ***shów ròund*** =show around. ***shów a person the dóor*** ⇨ door 成句. ***shów thróugh*** 〈感情などが〉(隠そうとしても)見えてしまう; すけて見える (cf. show-through): His German accent still ～*s through*. ドイツ語なまりがまだ消えない. ***shów thróugh …*** …の下からすけて見える: The scratches ～ *through* the paint. かすった跡がペンキの下からすけて見える. ***shów úp*** (*vi.*) (1) 《口語》(待っているところへ)姿を現す, 顔を出す (turn up): ～ *up* late for the party パーティーに遅れてやって来る. (2) 〈しわ・ひび・欠点・本性などが〉はっきり現れる, 目立つ, 映える (stand out): ～ *up* well against …を背景にして際立って見える / Her wrinkles ～ *up* (clearly) in the light. 明るい所ではしわが(はっきり)目立つ. — (*vt.*) (1) 〈不正・欠点・無能・ぺてん師などを〉暴く, 暴露する (expose); 正体を暴いて(…だと)証明する 〔*as, for*〕/ 〈*to be*〉 (cf. showup): ～ *up* a person's ignorance [an impostor] 人の無知[人が詐欺師であること]をあばく / ～ a person *up to be* [*as*] a blackguard 人の正体をあばいて悪党と決めつける / He was ～*n up as* a fake. いかさま師の化けの皮がはがされた. (2) 《口語》〈人〉に恥ずかしい思いをさせる (shame): Please don't ～ me *up* in public. 人前では私に恥をかかせないで下さいよ. (3) 《口語》〈人〉をしのぐ, にまさる (outdo): Work hard or he'll ～ you *up*. 一生懸命やらないと彼に負けてしまうぞ. ***shów willing*** 《英口語》やる気があるところを見せる: She did the first bit herself (just) to ～ *willing*. 彼女はやる気があるところを見せるために最初は自分でやった. ***to shów for*** …の成果[もうけ]として(示すに足る): He had only $10 *to* ～ *for* his work. 彼は働いたけどもうけは 10 ドルにすぎなかった.

— *n.* **1** [しばしば形容詞的に] **a** 《口語》ショー, 出し物, 映画, 芝居, 興行; (テレビ・ラジオの)番組; ショーの一座: a musical [radio, television] ～ / a traveling ～ 旅のサーカス(団) / ～ people ショーに携わる人々 / go to a ～ ショーを見に行く / When does the next ～ begin? 次のショーはいつ始まりますか? / ⇨ dumb show, leg show, road show, variety show, showboat, show business, show girl, showman. **b** 展覧会, 展示会, 品評会: a flower [cattle, dog, car, fashion, etc.] ～ / a one-man [one-woman] ～ of watercolors 水彩画の個展 / not up to ～ standards 展覧会(など)に出す標準には達しない / be on ～ 展覧[陳列]してある. **c** 見せ物, 野外劇 (pageant); 行列 (procession): the Lord Mayor's *Show* ロンドン市長就任披露行列. **2 a** 見せる[示す]こと, 顕示 (display): make a ～ of force [strength] 武力[力]を誇示する / He greeted me with a great ～ of cordiality. 非常な歓迎の意を表して私を迎えてくれた. **b** 見せびらかし (ostentation); 見栄, 虚飾 (vain pomp): make a ～ of one's learning 学問を見せびらかす / She is fond of ～. 派手好みだ, 見栄を張るのが好きだ. **3 a** 外見, 外観 (outward aspect); 様子, 風 (appearance): in outward ～ 外観は, うわべ(だけ)は / make a fine [sorry] ～ 見ばえがよい[悪い]. **b** 見せかけ, ふり, 装い (pretence); 〔…するらしい様子 (attempt)〔*of doing*〕: put on a ～ ふりをする, 芝居する / make a (great) ～ *of being* interested [*of* interest] in it (懸命に)それに関心があるようなふりをする / deceive a person under a ～ of friendship 友情を装って人をだます. **4 a** 注目の的になるもの[人]. **b** 見もの, 景観, 景色 (spectacle): a fine ～ of blossom 美しい花のながめ. **c** つまらぬやつ, 恥さらし, 笑い草: make a ～ of oneself いい恥をかく, 物笑いになる. **5 a** 痕跡, 徴候, 模様 (trace, indication): I don't see the slightest ～ of bud as yet. まだつぼみらしいものさえ見えない. **b** (鉱物・石油などの存在を示す)しるし, 徴候 (sign): a ～ of gold in a mine [oil in a well] 鉱山に金[油井に石油]が存在することを示すしるし. **6** 《口語》機会, (腕を試すまたは弁解の)好機 (chance): stand [have] a ～ (わずかに)可能性[見込み]がある / give a person a (fair) ～ 人に(よい)機会を与える / I've no ～ of trying. やってみる折がない. **7** 《口語》物, 事 (matter, affair); 企て, 事業 (undertaking, business); 団体, 機関 (organization): I'm sick of the whole ～. 万事が嫌になった / The party was a dull ～. パーティーはつまらなかった / The present Government is (making) rather a poor ～. 現内閣はちょっと貧弱だ. **8** 《口語》すること, 行うこと (performance); 出来ばえ: put up a good [poor] ～ 立派にやってのける[へたにしくじる] / (Jolly) Good ～! 《英》うまい, 素敵, 結構 / Bad [Poor] ～! 《英》まずいな, だめだ, いけないね. **9** 《米》**a** (競馬などで)三着 (third place) (cf. win¹ *n.* 3, place¹ *n.* 15 a ★). **b** 三着払いの複勝式勝馬投票. **10** 〚軍事〛戦闘, 交戦 (action); 戦闘部隊. **11** 〚医学〛前兆, (陣痛や月経の)前ぶれの出血.

bóss [***rún***] ***the shów*** 《口語》牛耳る, 采配(さいはい)を振る, 取り仕切る: Don't tell me what to do; I'm *running the* ～ (around here)! 私に指図しないでくれ. (ここで)取り仕切っているのは私だ. 〚1889〛 ***for shów*** (実用は抜きにして)見せるために[に]; 見せびらかしの[に], 見栄を張るための[に]. 〚*a*1700〛 ***gét*** [***pút***] ***the*** [***this***] ***shów on the ròad*** 《口語》仕事に取りかかる, 活動などを始める: Let's get our act together and *get the* ～ *on the road!* 力を合わせて仕事に取りかかろう. 〚1957〛 ***give the*** (***whóle***) ***shów awày*** 《口語》(1) 見せ物の種をあかす. (2) =*give the* GAME¹ *away*. ***stéal*** [***wálk óff with***] ***the shów*** 《口語》(1) 大当たりを取る, 一番注目を浴びる, 勝つ, まさる. (2) 〈脇役が芝居[ショーなど]の人気をさらう. 〚1934〛 ***stóp the shów*** (***cóld***) 《口語》(興行などで)大受けに受ける《何回もアンコールにこたえて後続の出し物がずっと遅れることから》. 〚1926〛 ***the gréatest shów on éarth*** 史上最大のショー《サーカス (circus) のこと》. ***The shów must gó ón.*** 今さら後には引けない. ***shów of hánds*** (賛否・意向などを示す)挙手.

〚v.: OE *scēawian* to look (at), see < (WGmc) **skauwōjan* (G *schauen*) ← IE **skeu-* 'to see, HEAR' (L *cavēre* to beware (⇨ caveat) / Gk *koein* to observe). — n.: (?*c*1200) ← (v.)〛

SYN 見せる: **show** よく見えるようにする《一般的な語》: *Show* me your hands. 手を見せなさい. **display** すぐ人目に付くような場所に置く: *display* a notice in the front window 正面の窓に掲示が出してある. **exhibit** 公衆の注目を引くために目立つように陳列する: *exhibit* goods in shopwindows ショーウインドーに商品を陳列する. **expose** 覆いを取ってむき出しにして見せる: Don't *expose* it to the sun. 日光にさらすな. **ANT** disguise.

---

shów-and-téll *n.* (生徒に珍しいものを持って来させて説明させる)発表会. 〚1950〛

shów bàg *n.* 展示会で配られる見本の入った袋.

shów·bànd *n.* ショーバンド: **1** ポピュラーソングのカバーヴァージョンを演奏するバンド. **2** 芝居がかったショーを交えて演奏する(ジャズ)バンド.

shów bill *n.* 広告びら, ポスター (show card). 〚1801〛

show·biz /ʃóʊbɪ̀z | ʃə́ʊ-/ *n.* 《口語》=show business.

shów·bòat *n.* **1** 演芸船, ショーボート《舞台設備のある河川用汽船で, 乗り組んでいる役者を使って停泊地で芝居興行をする; Mississippi 川のものが有名》. **2** 《米俗》見せびらかす人, 人目につきたがる人 (showoff). — *vi.* 《米俗》見せびらかす (show off). 〚1869〛

shów·brèad *n.* 〚ユダヤ教〛=shewbread.

shów bùsiness *n.* ショービジネス《演劇・映画・テレビなど》: be in ～. 〚1850〛

shów càrd *n.* 広告プラカード; 広告びら (show bill). 〚1848〛

show·case /ʃóʊkèɪs | ʃə́ʊ-/ *n.* **1** (ガラス張りの)陳列箱, 陳列棚, ショーケース. **2** (物を最上に見せるための)展示, 陳列 (display). **3** 物を試験的に見せるための場所[手段]: This theater is a ～ for rising talent. この劇場は新人タレントの試演の場である. — *vt.* 《米・カナダ》展示する (exhibit). — *adj.* 展示された, 展示に値する. 〚1835〛

shów-càuse *adj.* 〚法律〛理由開示の《裁判所が求める行動をとらない理由を示す》: a ～ order 理由開示命令.

shów còpy *n.* 〚映画〛(初公開など重要な場合に上映する)フィルム.

showd /ʃáʊd/ 《スコット方言》*vi.* 揺れ動く. — *vt.* 〈赤ん坊を〉(抱いたり乳母車の中などで)ゆする. — *n.* 揺れ動くこと, ゆすること. 〚(1768) ← ?; cf. MLG *schudden* to shake〛

shów·dòwn *n.* 《口語》**1** (事実・計画などの)暴露, 公表, 公開; 最後的段階, 土壇場; 対決: when it comes to a ～ いよいよということになると. **2** 〚トランプ〛(ポーカーで)公開勝負《持札を全部見せて勝負を決定すること》.

show·er¹ /ʃáʊə | ʃáʊə(r)/ *n.* **1 a** シャワー(浴): have [take] a ～ シャワーを浴びる / get under [into] a nice hot ～ 気持ちのよい熱いシャワーを浴びる. **b** シャワー装置[ルーム] (shower bath). **2 a** 驟雨(しゅうう), にわか雨《短時間で終わるもの, または強弱の変化する降雨をさす; 英国の雨にこれが多い》: be caught in a (heavy [thunder]) ～ (激しい)にわか雨[雷雨]に遭う / April ～*s* bring May flowers. 4 月のにわか雨は 5 月の花を咲かせる. 日英比較 一時的な降水を意味し, 雪についても snow *shower* として用いられる (cf. 2 b). 英語の *shower* は時間的に短いことをいうだけで夕立のような激しさは意味しない. **b** (みぞれ・あられ・雪などの)にわか降り. **c** 〚天文〛流星雨 (a meteor-shower). **d** 〚地球物理〛宇宙線の雨 (cosmic-ray shower). **3 a** (涙・火花・弾丸・花火などの雨を思わせる)多量の落下, 雨: a ～ of bullets [arrows, leaves] 弾丸[矢, 木の葉]の雨. **b** 〔…の〕洪水〔*of*〕: a ～ *of* questions [invitations, presents, insults] 質問[招待, 贈り物, 侮辱]の洪水. **4** 《米・豪》(特に, 花嫁への)祝い品贈呈会, 贈り物パーティー (shower party). **5** 《英口語》《軽蔑》だらしないやつ(ら): Pay no attention to that ～! あんなやつらにかまうな. **6** 《NZ》(食卓用の)はえ[ほこり]よけカバー. ***sénd to the shówers*** 〈選手[特に投手]を〉替える. — *vi.* **1** シャワーを浴びる: He shaved, ～*ed*, and dressed. 彼はひげをそり, シャワーを浴びて正装した. **2** にわか雨が降る: It ～*ed* all afternoon. 午後いっぱい, にわか雨が降った / Rain ～*ed* down. にわか雨が降った. **3** 雨のようにくる: Fan letters [gifts] ～*ed* (down) *on* him. ファンレターが[ファンの贈り物が]彼のところにどっとやって来た. — *vt.* **1** 〈弾丸などを〉にわか雨のように降らせる[注ぐ]; 〈贈り物などを〉惜しげなく与える: ～ gifts [affection, questions] *on* [*upon*] her 彼女に贈り物をたくさん贈る[愛情をあふれるほど注ぐ, 質問を浴びせる] / ～ her *with* kisses 彼女をキス攻めにする. **2** にわか雨でうるおす, …に水を注ぐ. 〚OE *scūr* < (WGmc) **skūraz*, **skūrō* (G *Schauer*) ← ? IE **kēwero-* north (wind) (L *caurus* northwest wind) // **(s)keu-* to cover (⇨ sky)〛

show·er² /ʃóʊə | ʃə́ʊə(r)/ *n.* 示す人[物]. 〚(OE) (?*a*1300) *scēawere* spectator: ⇨ show, -er¹〛

shówer bàth *n.* =shower¹ 1.

shówer bòx *n.* 《NZ》シャワー浴室.

shówer càp *n.* (髪をぬらさないためにかぶる)シャワーキャップ.

shówer cùrtain *n.* シャワーカーテン.

shówer gàte *n.* 〚金属加工〛雨堰(あめぜき), 雨湯口, 千本湯口《鋳造の時, 溶湯を一様に鋳型に注入するために小孔をたくさんつけた堰; pencil gate, pop gate ともいう》.

shówer gèl *n.* 《英》ボディーシャンプー.

shówer hèad *n.* シャワーヘッド《シャワー装置のノズル》.

shówer pàrty *n.* 《米・豪》=shower¹ 4.

shówer·pròof *adj.* 〈織物・衣服など〉(にわか雨程度の濡れを防ぐ)防水の (cf. rainproof, waterproof). — *vt.* (にわか雨に対応できる程度に)防水にする 〚1895〛

shówer trày *n.* シャワートレー《シャワーの下の水受けトレー》.

show·er·y /ʃáʊəri | ʃáʊəri/ *adj.* **1** にわか雨の(ような): ～ spray of waves 波しぶき. **2** にわか雨がちな, にわか雨の多い: a ～ season, region, etc. / ～ weather 驟雨(しゅうう)の来そうな天気. **3** にわか雨を降らせる: a ～ cloud.

shów·er·i·ness *n.* 〚1591〛

shów·fòlk *n.* [集合的] 興行人, 芸能人 〚1755〛

shów gerànium *n.* 〚植物〛=Martha Washington geranium.

shów gìrl *n.* ショーガール《ミュージカルやナイトショーの舞台で派手な衣装を着て, 演技より容姿本位のコーラスガール》. 〚1836〛

shów glàss *n.* 《英》=showcase.

shów·gròund, 《豪》**-gròunds** *n.* 農産物品評会場, 展覧会場.

shów hòuse [**hòme**] *n.* 《英》モデルハウス[ルーム], 展示住宅 (《米》model home [house]).

shów-hòw *n.* ショーハウ《技術上の方法[手順]の実証; cf. know-how》. 〚← SHOW (v.)+HOW¹〛

show·ing /ʃóʊɪŋ | ʃə́ʊ-/ *n.* **1 a** 展示(会), 展覧(会) (exhibition, show): a ～ of new fashions ニューファッション展示会. **b** (芝居・映画などの)上演, 上映, 公開: the first ～ of a film before the public 映画の封切り. **2** (事実・実状などを)見せる[示す]こと, 表示 (presentation): a bad financial ～ 悪い財政状態の現れ. **3** 見ばえ, 外観, 体裁 (appearance); 出来ばえ, 成績: make a good [bad] ～ 体裁[成績]がよい[悪い], 立派に[まずく]やる / on present ～=on a person's current ～ 現在の様子からすれば, 現状から推すと. **4 a** 主張, 申し立て: on [by] one's own ～ みずから主張[弁明]したところによれば[よって], 当人の言い分によれば[よって]. **b** 証拠 (evidence). **5** (鉱物・石油などの存在を示す)岩石標本《showpiece ともいう》. **6** 広告ポスター, びら; [*pl.*; 集合的に] (販路に十分行き渡るだけの)宣伝ポスター. 〚OE *scēawung*: ⇨ show, -ing¹〛

show·jump·ing /ʃóʊdʒʌ̀mpɪŋ | ʃə́ʊ-/ *n.* 〚馬術〛障害飛越(競技)《規定の順序に従い, 所定時間内に次々と障害を飛び越してその技とスピードを競う》.

shów·jùmp·er *n.* 〚1929〛

shów·man /-mən/ *n.* (*pl.* **-men** /-mən, -mèn/) **1** 見世物師, (サーカスなどの)興行人. **2** 興行的手腕[腕前, 才能]のある人; 物を効果的に見せることのできる人, 演出のうまい人; 派手に注目を集める人. 〚*a*1734〛

shówman·shìp *n.* **1** 興行術. **2** 興行的手腕; 売込みの手腕; 注目を集める腕前. 〚1859〛

shów-mè *adj.* 証拠を見せろと言い張る; 猜疑(さいぎ)的な, 疑い深い (skeptical): a ～ attitude. 〚1909〛

Shów Mè Stàte *n.* [the ～] 米国 Missouri 州の俗称.

shown /ʃóʊn | ʃə́ʊn/ *v.* show の過去分詞. 〚ME *schawenn*〛

show-off /ʃóʊɔ̀(:)f, -ɑ̀(:)f | ʃə́ʊɒf/ *n.* **1** 見せびらかし, 誇示 (pretension, display). **2** 《口語》見せびらかす人, 自慢屋. 〚1776〛

show·piece /ʃóʊpìːs | ʃə́ʊ-/ *n.* **1** 展示品, 出品物; (展覧用の)名作, 逸品, 白眉. **2** =showing 5. 〚1838〛

shów·plàce *n.* **1** 名所, 旧跡《見物人のために公開した美しい建造物・庭園など》. **2** ショー・展示などの行われる場所. 〚(1579–80) 1817〛

shów·rèel *n.* ショーリール《俳優[映画監督, 演出家]の作品のさわりを収めた, 売込み用の短いビデオ》.

shów·rìng *n.* 展示リング《品評会などの円形の展示場》.

show·room /ʃóʊrùːm, -rʊ̀m | ʃə́ʊ-/ *n.* 展示室, 陳列室, ショールーム. 〚1616〛

shów·stòpper *n.* 《口語》ショーストッパー《演技を一時中断するほどの熱狂的な拍手喝采をうける演技・せりふ・歌・役者など》. **shów·stòpping** *adj.* 〚1926〛

Shów Súnday *n.* 《英》**1** Oxford 大学創立記念祭 (Commemoration) 直前の日曜日《以前はその夜にパレードなどの催しがあった》. **2** (芸術家の)展覧会搬入日の前の日曜日. 〚1854〛

shów-thròugh *n.* **1** 透き通し《紙が薄いためか半透明のために印刷が裏に透けて見えること》. **2** (紙の)透き通し度, 不透明度.

shów·tìme *n.* 番組[映画, ショー]の開始時刻.

shów trìal *n.*〖法律〗世論に好印象を与えるために意図された裁判, 民衆裁判. 〘1937〙

shów·ùp *n.*《口語》暴露, すっぱ抜き; 摘発 (cf. SHOW *up* (*vt.*) (1)).

shów wìndow *n.* (店の)陳列窓, ショーウインドー. 〘1826〙

show·y /ʃóui | ʃə́ui/ *adj.* (**show·i·er**; **-i·est**) **1** 目立つ, 派手な, はなやかな, 華美な (striking): ～ flowers. **2** 大げさな, けばけばしい, 派手な (⇨ gaudy[1] SYN); 見えをはる: one's ～ dress. **show·i·ly** /ʃóuɪ̬li | ʃə́u-/ *adv.* **shów·i·ness** *n.* 〘(1712) ← SHOW, -Y[4]〙

shówy cráb àpple *n.*〖植物〗カイドウズミ (*Malus floribunda*)《ばら色の花が咲くバラ科のカイドウの一種; Japanese crab ともいう》.

shówy órchis *n.*〖植物〗北米産ラン科ハクサンチドリ属の一種 (*Orchis spectabilis*)《花が美しく観賞用》. 〘1890〙

sho·yu /ʃóuju: | ʃɔ́ɪju:, ʃə́u:/ *n.* ＝soy 1. 〘(1727) □ Jpn. ～〙

shp《略》〖機械〗shaft horsepower.

shpg《略》shipping.

shpt《略》shipment.

shr.《略》〖証券〗share(s).

shrank /ʃrǽŋk/ *v.* shrink の過去形. 〘OE *scranc*〙

shrap·nel /ʃrǽpnəl, -nḷ/ *n.* (*pl.* ～) **1** [集合的にも用いて] 榴(りゅう)散弾 (case shot): a piece of ～ 榴散弾片. **2** [集合的] 榴散弾片; (弾丸・爆弾・地雷の)破片. 〘(1806) ← *Henry Shrapnel* (1761–1842: 英国の陸軍将校でその発明者)〙

shréad·hèad /ʃréd-/ *n.*〖建築〗＝jerkinhead. 〘(1842) ← *shread* (《変形》↓)＋HEAD〙

shred /ʃréd/ *n.* **1** (板・布などの切り取られた)細長いきれ, 切れ端; 一片, 断片 (strip, fragment): tear into ～*s* 寸断する / without a ～ of clothing on 一糸もまとわずに / in ～*s* and tatters ぼろぼろになって, ぼろを着て / My nerves are in ～*s*. 神経はずたずたになっている《すっかり参っている》. **2** [通例 a ～ of として; 否定文で] わずか, ほんの少し (bit): There is *not a* ～ *of* evidence for it. それに対して少しの証拠もない / be left *without a* ～ *of* reputation 名声がまったく地に落ちる. ***téar to shréds*** (1) ずたずたに裂く. (2) 破壊する, やっつける (destroy): *tear* one's opponent's argument *to* ～*s* 相手の論拠を徹底的にたたく. 《1837》 ***kíng* [*thíng*] *of shréds and pátches*** 《ぼろをまとった》国王らしくない国王; 《まだら色の服を着た》哀れなやつ (cf. Shak., *Hamlet* 3. 4. 102; W. S. Gilbert, *The Mikado* 1). 《1600–1》
— *v.* (**shred·ded**, **shred**; **shred·ding**) — *vt.* **1** 細長い断片に裂く[切る], 寸断する. **2** (シュレッダーで)裁断する. **3** 《古》剪定(せんてい)する, 切る. — *vi.* ずたずたになる[裂ける].

shréd·da·ble /-dəbḷ | -də-/ *adj.* 〘n.: lateOE *scrēade* ← ＜ Gmc **skraudōn* (G *Schrot* chips) ← IE *(*s*)*ker*- to cut (⇨ shear): cf. shroud, scrutiny. — v.: lateOE *scrēadian* ← *scrēade*〙

shréd·ded whéat /ʃrédɪ̬d- | -dɪd-/ *n.* シュレッデッドフィート《小麦を切り刻み, ビスケット状に焼いたもの; 朝食用》.

shred·der /ʃrédə | -də(r)/ *n.* **1** (不用になった書類などを細く切る)シュレッダー, 文書裁断機: put papers in [through] a ～ 書類をシュレッダーにかける. **2** (野菜の)おろし金, おろし器. **3** スノーボードで滑る人. 〘1572〙

shréd·ding /-dɪŋ | -dɪŋ/ *n.* **1** 寸断すること; 寸断された切れ. **2**〖建築〗面戸(めんど)板《軒の垂木(たるき)の間のすき間をふさぐ板》. 〘OE *scrēadung*〙

Shreve·port /ʃríːvpɔət | -pɔːt/ *n.* シュリーブポート《米国 Louisiana 州北西部, Red River 河畔の都市》. 〘← *H. M. Shreve* (1785–1854: 米国の発明家)〙

shrew /ʃrúː/ *n.* **1**〖動物〗トガリネズミ《アフリカ・ヨーロッパ・アジア・南北アメリカに生息するトガリネズミ科の小型で口が長くとがり, ネズミに似た動物の総称; ミズトガリネズミ (common shrew) など; shrewmouse ともいう》. ★ ラテン語系形容詞: soricine. **2** 《古》がみがみ女, 口やかましい女, じゃじゃ馬 (termagant): The Taming of the *Shrew*. ⇨ tame. 〘OE *scrēawa* shrewmouse ← ? Gmc **skraw*- ← IE *(*s*)*ker*- to cut (⇨ shear)〙

shrewd /ʃrúːd/ *adj.* (～**·er**; ～**·est**) **1 a** 賢い (sagacious); 鋭い, 鋭敏な, 洞察力のある (astute, penetrating); 抜け目のない (keen-witted): a ～ observer 鋭敏な観察者 / make a ～ guess うがった推測をする / a ～ politician 抜け目のない政治家 / He is ～ in business matters. 商売のことには抜け目がない. **b** 《顔など》賢そうな: a ～ face. **2** 《殴打など》痛烈な; 《古》〈苦痛・寒気など〉鋭い (keen), 刺すような, 痛烈な (biting): a ～ knock [blow] 痛打[撃]. **3** 《古》意地悪な (malicious), がみがみ言う (shrewish); いたずらな (naughty): a ～ wench がみがみ言う娘っ子 / have a ～ tongue 意地の悪いことを言う. **4** 《廃》悪い, よくない (wicked, bad); 狡猾(こうかつ)な, ずるい (artful); 不吉な (ominous). ～**·ly** *adv.* ～**·ness** *n.* 〘(c1280): ⇨ ↑, -ed 2〙

SYN 明敏な: **shrewd** 実際的な鋭い判断を示す: a *shrewd* merchant 抜け目のない商人. **sagacious** 賢明で思慮分別がありしばしば先見の明がある《格式ばった語》: Dogs are *sagacious* animals. 犬は聡明な動物だ. **keen** 頭脳や感覚が鋭敏で問題解決能力が優れている: She has (a) *keen* intelligence. 彼女は頭の鋭い人だ. **astute** 利口で狡猾な: an *astute* lawyer 機敏な弁護士. **ANT** obtuse.

shrewd·y /ʃrúːdi | -di/ *n.* (*also*《豪》**shrewd·ie** /～/) 《俗》抜け目のない人, 利口者.

shrew·ish /ʃrúːɪʃ/ *adj.* 《古》〈特に女性が〉意地悪の (malicious); じゃじゃ馬の, 手に負えない (intractable). ～**·ly** *adv.* ～**·ness** *n.* 〘(c1375) ← SHREW, -ISH[1]〙

shréw mòle *n.*〖動物〗**1** ミミヒミズ《中国などに生息するモグラ科ミミヒミズ属 (*Uropsilus*) の動物の総称》. **2** アメリカヒミズ (*Neurotrichus gibbsii*)《米国・カナダの西岸に生息する灰色がかった黒色のモグラ》. **3** ヒミズモグラ (*Urotrichus talpoides*)《日本にすむ小型のモグラ》.

shréw·mòuse *n.* (*pl.* **shrew·mice**)〖動物〗＝shrew 1.

Shrews·bur·y /ʃróuzbèri, ʃrúːz-, -b(ə)ri | ʃrə́uz-b(ə)ri, ʃrúːz-/ *n.* シュローズベリー《イングランド Shropshire 州の州都; cf. Salopian》. 〘OE *Scrobbesbyrig*《原義》'*Scrobb's* BURG' ← *Scrobb*《原義》a gruff person: cf. Fris. *scrob* brushwood: ⇨ shrub[1]〙

Shréwsbury Schòol *n.* シュローズベリー校《イングランド Shropshire 州にある public school; 1552 年の設立; cf. Salopian》.

shri /ʃríː/ *n.* ＝sri.

shriek /ʃríːk/ *vi.* **1** きゃっと言う[叫ぶ, 笑う], 金切り声を上げる 〈*out*〉 (⇨ shout SYN): a ～*ing* heading わめきたてるような見出し / ～ *with* laughter [pain] きゃっきゃっと大声で笑う[苦しくて悲鳴をあげる]. **2** 〈楽器・笛などが〉高く鋭い音を出す, 〈風が〉ぴゅーぴゅー鋭い音をたてる. — *vt.* 金切り声で言う: ～ defiance 金切り声でいどむ / ～ curses at a person 人に金切り声で毒づく. — *n.* **1** きゃっという叫び声[笑い声], 金切り声: give [utter] a ～ きゃっと言う, 悲鳴を上げる. **2** きーきーいう音. ～**·er** *n.* 〘(?a1200) ← ME *s(c)hrike(n)*: cf. ON *skrækja*: SCREECH と二重語〙

shrie·val /ʃríːvəl, -vḷ/ *adj.* 保安官[州長官] (sheriff) の. 〘(1681) ← SHRIEVE＋-AL[1]〙

shrie·val·ty /ʃríːvəlti, -vḷ-/ *n.* 《英》**1** 州長官 (sheriff) の職[権限, 任期]. **2** sheriff の管轄区域. 〘(1502): ⇨ ↑, -ty[2]: cf. royalty〙

shrieve /ʃríːv/ *n.* 《廃》＝sheriff. 〘《異形》← SHERIFF〙

shrift /ʃríft/ *n.* 《古》(聖職者に対してする)懺悔(ざんげ), 告解; (懺悔に対して課する)苦行 (penance); 懺悔による赦罪 (absolution): ⇨ short shrift. 〘OE *scrift* ← *scrīfan* 'to SHRIVE': ⇨ -t[2]〙

shrike /ʃráɪk/ *n.*〖鳥類〗**1** モズ《モズ科の, 特にモズ属 (*Lanius*) の鳥類の総称《一般に速贄(はやにえ)を立てる習性がある; cf. butcher-bird 1, bush shrike》. **2** [限定詞を伴って] モズ科の鳥類に類似した鳥の総称《アリモズ (antshrike) など》. **3** ＝whistler 3 b. 〘OE *scrīc* thrush《擬音語》〙

shrill /ʃríl/ *adj.* (～**·er**; ～**·est**) **1 a** 金切り声の, きーきー言う, かん高い: a ～ cry, whistle, etc. **b** 金切り声をあげる(ような): ～ gaiety きゃっきゃいう陽気さ / a ～ scene きゃっきゃいう大騒ぎ. **2** 《古・詩》強烈な, 鋭い, つんざくような (keen, piercing): a ～ light. **3** 〈苦痛・感情などの表情が〉大げさな; 耳ざわりな, 辛辣(しんらつ)な, 意地悪な: ～ anger, criticism, etc. — *vi.* 鋭い音[金切り声]を出す, ひゅーひゅー鳴る. — *vt.* 金切り声で歌う[言う]. — *n.* 金切り声 (shrill sound). — *adv.* 《古》＝shrilly. ～**·ness** *n.* 〘(c1250) *shrille(n)*《擬音語》: cf. LG *schrell* / G *schrill* / OE *scrallettan* to shrill〙

shríll-górged *adj.* 《Shak》＝shrill-voiced. 〘1604–05〙

shríll-vóiced *adj.* 金切り声の. 〘1593〙

shril·ly /ʃríl(l)i/ *adv.* 金切り声で. 〘(a1470): ⇨ shrill, -ly[1]〙

shrimp /ʃrímp/ *n.* (*pl.* ～, ～**s**) **1**〖動物〗**a** 小エビ, シュリンプ《主にヨーロッパ産エビジャコ属 (*Crangon*) など食用小エビの総称; cf. prawn, lobster 1》. **b** [しばしば限定詞を伴って] アミ (mysid), オキアミ (euphausid) など shrimp に似た甲殻動物の総称: ⇨ brine shrimp. **2** 《口語》[軽蔑的に] いじけた小さい人[物]; ちび, こびと (dwarf), 子供; 取るに足らない人. — *vi.* 小エビを取る, 小エビ取りをする. — *adj.* [限定的] **1** 〈食べ物が〉小エビ入りの: ～ salad. **2** 小エビの[取引用の, 売買の]: a ～ girl 小エビ売り娘. **shrímp·y** /-pi/ *adj.* 〘(1327) *schrimpe* ← ? cf. MLG *schrempen* to shrink, wrinkle〙

shrímp bòat *n.* **1** 小エビ取り船. **2**〖航空〗シュリンプボート《航空管制官が個々の航空機の動きを追うためにレーダーのスクリーンに現れた影像の近くに置くプラスチックの小片》. 〘1872〙

shrímp cócktail *n.* 《米》シュリンプカクテル《チリソースを添えたエビの前菜》. 〘1937〙

shrímp·er *n.* **1** 小エビ取り(人). **2** 小エビ取り船. 〘1851〙

shrímp·fìsh *n.*〖魚類〗シュリンプフィッシュ《アフリカ東部からハワイにかけて浅い海にすむヘコアユ科の魚類の総称; 胴体は扁平で半ば透明》.

shrímp·ish /-pɪʃ/ *adj.* 小さい, つまらない (puny). 〘1549〙

shrímp plànt *n.*〖植物〗コエビソウ, ベロペロネ (*Beloperone guttata*)《熱帯アメリカ原産キツネノマゴ科の白い花が咲く低木; 観賞用で花序がエビの尾のようにみえる》. 〘1941〙

shrine /ʃráɪn/ *n.* **1 a**〖カトリック〗(キリスト, 聖母マリア, 聖人の像・絵などを祭った)聖堂, 聖壇. **b** (聖人などの遺物や遺骨を祭った)聖堂; 廟(びょう), 宮, 社(やしろ), (日本の)神社. **2** (特殊な歴史的事実や連想によって神聖視されている)聖地, 霊場, 霊地: the ～ of liberty [art] 自由[芸術]の聖地[発祥地]. **3** 箱形聖遺物入れ, 聖骨[聖遺物]入れ箱 (reliquary). **4** 《Shak》聖像 (image). — *vt.* **1** 聖物安置所[ほこら, 社]に奉納する[祭る] (enshrine). **2** 《古》…に聖物安置所[聖堂]を備える. ～**·lìke** *adj.* 〘lateOE *scrīn* □ L *scrinium* box, case: ⇨ scrinium〙

Shrin·er /ʃráɪnə | -nə(r)/ *n.* 友愛結社 (Ancient Arabic Order of Nobles of the Mystic Shrine, 1870 年設立) の一員《フリーメーソン団の外郭団体で友愛・健康・慈善事業に当たる》. 〘(1884) ⇨ ↑, -er[1]〙

shrink /ʃríŋk/ *v.* (**shrank** /ʃrǽŋk/, **shrunk** /ʃrʌ́ŋk/; **shrunk**, **shrunk·en** /ʃrʌ́ŋkən/) — *vi.* **1** (熱・湿気・洗濯などで)縮む, つまる (contract): Unseasoned wood is apt to ～. 乾いていないと木材は縮みやすい / Flannel ～*s* in the wash. フランネルは洗濯すると縮む. **2 a** (料理で)重さ[実質]が減る: Meat ～*s* in cooking. 料理すると肉が小さくなる. **b** 〈価値・資源などが〉少なくなる, 減る (lessen): Our resources are gradually ～*ing*. われらの資源はだんだん減っていく / His property *shrank* almost to nothing. 彼の資産はほとんどなくなってしまった. **3** (寒さ・恐怖などで)身を縮める, 縮み上がる (⇨ recoil SYN): ～ *in* horror 恐怖で縮み上がる / ～ *with* cold 寒さで身を縮める. **4** (本能的に)避ける (avoid); 〔…から〕しりごみする, 後ずさりする, ひるむ (draw back, flinch) 〔*from*〕: ～ *from* danger [responsibility] 危険[責任]からしりごみする / ～ back *from* the heat of the fire 炉の熱を避けて後ずさりする / ～ away *from* a person 人を避ける / I rather ～ *from* meeting him. 彼には何だか会いたくない. — *vt.* **1 a** 〈織物などを〉縮ませる, 収縮させる, つまらせる: Soap will ～ woolen goods. 石鹸で洗うと毛織物は縮む. **b** (水洗い・湯通しなどによって)〈布地を〉防縮する, 〈毛織物を〉縮充する. **2** 小さくさせる, 縮小させる; 減らす: Summer has *shrunk* the streams. 夏で川の水がかれた. **3** 《古》〈手などを〉引っ込める. **4** 《廃》〈肩をすくめる (shrug). **5**〖機械・金属加工〗熱いうちに[…に]取り付けて後急速に冷却する 〔*on to*〕 / 〈*on*〉. ***shrink into onesélf*** しりごみする, 遠慮する.
— *n.* **1** 《俗》精神科医 (cf. headshrinker). **2** しりごみ, 縮み上がり (recoil). **3** ＝shrinkage. **4** 〈女性が着る〉ベストの一種.
〘OE *scrincan* ＜ Gmc **skreŋkan* (MDu. *schrinken*) ← IE *(*s*)*ker*- to turn, bend: cf. shrimp〙

shrink·a·ble /ʃríŋkəbḷ/ *adj.* 縮みやすい; 収縮できる: a ～ fabric. 〘1891〙

shrink·age /ʃríŋkɪdʒ/ *n.* **1** 縮み, 目減り, 収縮 (contraction). **2** 小さくなること, 減少: a ～ in values [in the water supply] 価値の減少[水道の減水]. **3** (家畜の)原重量と加工製肉重量との差. **4** 収縮量; 減り高. 〘1800〙

shrínkage rùle *n.* ＝contraction rule.

shrínk·er *n.* **1** 縮ませるもの. **2** しり込み[遠慮]する人. **3** ＝shrink 1. 〘1554〙

shrínk·fìt *n.*〖金属加工〗焼きばめ《常温ではまり込まない穴と軸を加熱して膨張させ, はめ込んでから常温にして収縮させ固定する》.

shrínk·ing *adj.* しりごみする, いやがる (reluctant); 引っ込み思案の, 臆病な (timid). ～**·ly** *adv.* 〘?a1400〙

shrínking víolet *n.* 《口語》内気な人; 恥ずかしがり屋. 〘1915〙

shrínk-pròof, -resìstant *adj.* 〈布など〉収縮防止の, 防縮(加工)の. 〘1965〙

shrínk rùle *n.* ＝shrinkage rule.

shrínk-wràp *n.* (薄いプラスチックフィルムの)収縮包装. — *vt.* …に収縮包装をする. ～**·ping** *n.* 〘1961〙

shrive /ʃráɪv/ *v.* (**shrived**, **shrove** /ʃróuv | ʃrə́uv/; **shriv·en** /ʃrívən/, **shrived**) 《古》 — *vt.* **1 a** …の告解を聴く. **b** 告解を聴いて〈人〉に免罪を言い渡す; 〈人〉に罪滅ぼしの苦行を言いつける. **2** 赦罪する. — *vi.* **1** 〈司祭が〉告解を聴く. **2** 告解をする(ために行く), 司祭に罪を告白する. 〘OE *scrīfan* ＜ WGmc **skrīban* to write, prescribe (penance) (G *schreiben* to write) □ L *scribere* to write: ⇨ scribe〙

shriv·el /ʃrívəl, -vḷ/ *v.* (**shriv·eled**, **-elled**; **-el·ing**, **-el·ling**) — *vi.* **1** しわが寄る (wrinkle); しなびる, しぼむ (wither), 縮む, 小さくなる (contract) 〈*up*〉 (⇨ wither SYN). **2** 無力になる, だめになる. — *vt.* **1** …にしわを寄らせる (shrink), 縮ませる (contract); しなびさせる, しぼませる (wither). **2** 無力にする, だめにする. 〘(1565) ← ? ON: cf. Swed.《方言》*skryvla* to wrinkle〙

shrív·eled *adj.* しわの寄った; しなびた. 〘1565〙

shriven *v.* 《古》shrive の過去分詞. 〘OE *gescrifen*〙

shroff /ʃrɑ́(ː)f, ʃrɔ́(ː)f | ʃrɔ́f/ *n.* **1** (インドの)銀行家 (banker), 両替屋. **2** (東アジア, 特に中国の)貨幣鑑定人. — *vt.* 〈貨幣を〉検査する, 見分ける, 鑑定する. — *vi.* 貨幣鑑定をする. 〘(1618) □ Hindi *ṣarrāf* □ Arab. *ṣarrāf* money changer ← *ṣárafa* to exchange〙

Shrop·shire[1] /ʃrɑ́(ː)pʃə, -ʃɪə | ʃrɔ́pʃə(r), -ʃɪə(r)/ *n.* シュロップシャー《イングランド中西部のウェールズに接する州; 州都 Shrewsbury; 旧名 Salop (1974–80) 〘OE *Scrobbesbyrigscīr*《原義》'the SHIRE with SHREWSBURY as its head'〙

Shrop·shire[2] /ʃrɑ́(ː)pʃə, -ʃɪə | ʃrɔ́pʃə(r), -ʃɪə(r)/ *n.* シュロップシャー《イングランド原産無角の肉用品種の羊》. 〘↑〙

shroud /ʃráud/ *n.* **1** (埋葬用の)白布, 経帷子(きょうかたびら) (winding-sheet): wrap a dead body in a ～ 死体に(埋葬用)白布を着せる. **2 a** 覆う物, 覆い, 幕, とばり: a ～ of snow, rain, etc. / wrapped in a ～ of mystery [secrecy] 神秘[秘密]の幕に包まれて. **b** (宇宙船を発進の熱から守るための)グラスファイバーの覆い. **3** [通例 *pl.*] 《英》(London の St. Paul's Cathedral の)地下室. **4**

S

[通例 *pl.*]〘海事〙横静索; シュラウド《マストのいただきから両船側に張った支索》. **5**〘航空〙シュラウド《落下傘(らっかさん)の装具を傘体につるひも; shroud line ともいう》. **6**〘機械〙 **a** かこい板《水車の一対をなす輪形の一方の側板; shroud plate ともいう》. **b** (非金属歯車の歯などの)補強板. **7** (牛肉につけるモスリンの)白い布. **8**《廃》保護, 庇護 (protection). — *vt.* **1**〈死体〉に(埋葬用)白布[経帷子]を着せる. **2** 覆い隠す, 覆う, 見えなくする, 包む: be ~*ed in* mist 霧に包まれる / be ~*ed in* mystery 神秘に包まれている. **3**《英方言》〈木の枝を〉切る (trim): ~ off the lower boughs 下枝を切り落とす. **4**〘機械〙〈水車〉にかこい板をつける. **5**《古》隠す; 守る. **6**〈牛肉〉に白いモスリンの布をかける. — *vi.*《古》隠れる. 〘n.: (lateOE)《1458》 *scrūd* garment ← Gmc **skrūð-* ← IE **(s)ker-* to cut (⇨ shear): cf. shred. — v.: (*a*1325) ← (n.)〙

shróud·ing /-dɪŋ | -dɪŋ/ *n.*〘機械〙=shroud 6 a. 〘*a*1325〙

shróud knòt *n.*〘海事〙シュラウドノット《同じ太さの索を平行に結ぶ時や, シュラウド (shroud) を互いに結び合わせるときに使う結び方》.

shróud-làid *adj.*〘海事〙〈綱が〉右撚(よ)りの索 4 本を麻心の周りに左撚りにした: a ~ rope. 〘1800〙

shróud·less *adj.* **1** 埋葬用白布を着ていない. **2** 覆われない, 曇らない. 〘1758〙

shróud lìne *n.*〘航空〙=shroud 5.

shróud plàte *n.*〘機械〙=shroud 6 a.

shrove *v.*《古》shrive の過去形. 〘OE *scrāf*〙

Shróve Mónday *n.*〘キリスト教〙懺悔(ざんげ)月曜日《灰の水曜日 (Ash Wednesday) 直前の月曜日》. 〘*c*1450〙

Shróve Súnday *n.*〘キリスト教〙懺悔(ざんげ)日曜日 (Quinquagesima)《灰の水曜日 (Ash Wednesday) 直前の日曜日; カトリックでは「五旬節の主日」, 聖公会では「大斎前第一主日」》. 〘1463〙

Shrove·tide /ʃróʊvtàɪd | ʃrəʊv-/ *n.*〘キリスト教〙懺悔(ざんげ)季節《灰の水曜日 (Ash Wednesday) 直前の 3 日間; 昔は四旬節 (Lent) を迎えるために懺悔と赦罪が行われた; 南欧諸国では carnival の季節》. 〘(*a*1400) *schroftyde* ← *schrof-* (⇨ shrive)+TIDE¹〙

Shróve Túesday *n.*〘キリスト教〙懺悔(ざんげ)火曜日《灰の水曜日 (Ash Wednesday) 直前の火曜日; 翌日から四旬節 (Lent) にはいるので昔からこの日は遊び楽しむ日であった; この日に pancake を食べる風習から Pancake Day, Mardi Gras ともいう》. 〘*c*1460〙

shrow /ʃróʊ | ʃrəʊ/ *n.*《廃》=shrew.

shrub¹ /ʃrʌ́b/ *n.* 低木, 灌木(かんぼく)《俗に bush; cf. tree》. **~·lìke** *adj.* 〘OE *scrybb* brushwood ← ? Gmc **skrub-* rough plant ← IE **sker-* to cut〙

shrub² /ʃrʌ́b/ *n.* **1** シュラブ《レモンなどの果汁に砂糖やラムなどの酒を入れた飲料》: rum ~. **2**《米》(果汁などから造る)強壮剤. 〘(1747) ⊏ Arab. *šurb* drink, beverage: cf. sherbet〙

shrub·ber·y /ʃrʌ́bəri/ *n.* **1** (公園などの)低木[灌木(かんぼく)]の植込み[生け垣]. **2** [集合的] 低木[灌木]林. 〘(1748) ← SHRUB¹+-ERY〙

shrub·by /ʃrʌ́bi/ *adj.* (**shrub·bi·er**; **-bi·est**) **1** 低木[灌木(かんぼく)]の; 低木状の (scrubby). **2** 低木[灌木]の多い, 低木の茂った. **shrúb·bi·ness** *n.* 〘(1540): ⇨ shrub¹, -y⁴〙

shrúbby cínquefoil *n.*〘植物〙キンロバイ, キンロウバイ (*Potentilla fruticosa*)《黄色い花が咲くバラ科の低木; 北半球の代表的な高山植物; golden hardhack, hardhack ともいう》.

shrúb làyer *n.*〘生態〙低木層《植物群落の階層の一つ; ⇨ layer》.

shrúb róse *n.*〘園芸〙シュラブローズ《高さ 2 m 程度で, 叢性を示すバラの一群, 株バラとつるバラの中間的性状をもつ; cf. bush rose, climbing rose》. 〘1948〙

shrug /ʃrʌ́g/ *v.* (**shrugged**; **shrug·ging**) — *vi.* (不快・絶望・驚き・疑惑・冷淡などを表して)(両)肩をすくめる. — *vt.* **1**〈両肩をすくめる: ~ one's shoulders. **2** 両肩をすくめて…を表す: ~ one's aversion 両肩をすくめて嫌悪を示す. ***shrúg awáy*** 振り捨てる, 無視する (throw off). ***shrúg óff*** (1) 無視する (disregard), 見くびる (minimize): ~ *off* the problem. (2) 振り捨てる[払う] (shake off); …から抜ける[自由になる]: ~ *off* sleep. (3) やっとの思いで[身をくねらせて]〈衣服を〉脱ぐ. 《1904》 — *n.* **1** 肩をすくめること: give a ~ 肩をすくめる / with a ~ (of one's shoulders) 肩をすくめながら. **2** 短い婦人用上着《首元のワンボタンで留め, 脱ぎ着しやすいもの》. 〘(*c*1390) *shrugge(n)* to shiver, shrug ← ? ON (cf. Dan. *skrugge* to duck the head)〙

shrunk /ʃrʌ́ŋk/ *v.* shrink の過去形・過去分詞. 〘OE *scruncon* (pret.pl.): ↓〙

shrunk·en /ʃrʌ́ŋkən/ *v.* shrink の過去分詞. — *adj.* しなびた, 縮んだ (shriveled): a ~ face / ~ limbs しなびた手足. 〘OE (*ge*)*scruncen* (p.p.)〙

sht《略》sheet.

shtetl /ʃtétl, ʃtéɪtl | -tɪ; *Yiddish* ʃtétl/ *n.* (*pl.* **shtet·lach** /ʃtétlɑːx, -lax; *Yiddish* -tlax/, **~s**) (*also* **shtet·el** /~/) (東欧のもと)ユダヤ人村落共同体. 〘(1949) ⊏ Yid. *shtetle* (dim.) ← *stat* city ⊏ G *Stadt*〙

shtg.《略》shortage.

shtick /ʃtík; G. ʃtík/ *n.* (*also* **shtik** /~/)《米俗》**1** (ショーなどでの)滑稽な場面; お決まりの場面. **2** 注意をひく仕掛け. **3** 特徴, 異能, 異才. 〘(1959) ⊏ Yid. *shtik* prank, caprice〙

shtook /ʃtúk/ *n.*《英俗》=schtuck.

shtuck /ʃtúk/ *n.*《英俗》=schtuck.

shtum /ʃtúm/ *adj.*《英俗》だんまりの, 物を言わない. — *vi.* 黙っている〔*up*〕. 〘(1958) *shtoom* ⊏ Yid. ~ ⊏ G *stumm*〙

shtup /ʃtʊ́p/《卑》*vt.*, *vi.* (**shtupped**; **shtup·ping**) (〈女〉と)やる; 押す, 突く. — *n.* 性交, 一発; (亭主以外の男に)やらせる女, セックスするだけの相手. 〘(1968) ⊏ Yid. ~: cf. G《方言》*stupfen* to nudge〙

shu /ʃúː; *Chin.* ʂù/ *n.* 恕(じょ)《己れの欲せざるところを人に施さなかれという孔子の教え》. 〘⊏ Chin. ~ (恕)〙

Shu /ʃúː/ *n.*〘エジプト神話〙シュー《古代エジプトの大気の神; 時に大地神 Geb の上に立って双手を上げ蒼穹(天空神 Nut) を支える姿に表される》. 〘⊏ Egypt. *Šw* (原義) emptiness〙

shu·bun·kin /ʃʊbʌ́ŋkɪ̀n | -kɪn/ *n.*〘魚類〙朱文金《体表に赤黒などの斑紋が散在する長い鮒尾の金魚》. 〘(1917) ⊏ Jpn.〙

shuck /ʃʌ́k/ *n.* **1** (トウモロコシ・豆・クリ・クルミなどの)皮 (husk), さや (pod), 殻 (shell). **2**《米》(カキやハマグリの)殻; 幼虫の殻. **3** トウモロコシの皮に包んだたばこ. **4 a**《米口語》[*pl.*] 無価値なもの: I don't care ~*s*. ちっともかまわない, どうでもいい / It's not worth ~*s*. 三文の値打もない. **b** いんちき (fake), はったり(屋), こけおどし (bluff). **5** [*pl.*] [間投詞的] やっ, おやっ, まあ, ちぇっ《不快・後悔・じれったさなどを表す》. ***light a shúck*** ⇨ light¹ v. 成句. — *vt.* **1** …の皮[殻]を取る[むく]. **2**《米》〈カキ〉の貝殻を取る. **3**《米口語》〈上着などを〉脱ぐ, はぐ; 捨てる〈*off*〉. **4**《俗》〈人を〉かつぐ, 一杯食わせる. — *vi.* **1**《米口語》〔衣類を〕脱ぐ〔*out of*〕: ~ *out of* one's clothes. **2**《俗》(ふざけ半分に)人をかつぐ, だます. **~·er** *n.* 〘1674〙

shúck spràу *n.*〘農業〙=calyx spray.

shud·der /ʃʌ́də | -də(r)/ *vi.* **1** (恐怖・寒さなどで)震える, 身震いする, 震えおののく (⇨ shake SYN). **2** (嫌で)ぞっとする: ~ at the sight of [to see] …を見てぞっとする. **3**〈機械・車などが〉震動する, 激しく揺れる. — *n.* **1** (恐怖・寒さなどによる)身震い, おののき: give a person (the) ~*s* 人に身震いさせる[ぞっとさせる]. **2** [the ~s] 身震いの発作. 〘(?*c*1200) *shoddre(n)*, *shudere(n)* ⊏ MLG *schōderen* ← Gmc **skuð-* to shake (⇨ quash¹): ⇨ -er⁴〙

shúd·der·ing /-dərɪŋ, -drɪŋ | -dərɪŋ, -drɪŋ/ *adj.* **1** 震えて[身震いして]いる. **2** ぞっとさせる, ぞっとする(ような), 身震いさせる(ような): a ~ scene. **~·ly** *adv.* 〘1586〙

shud·der·y /ʃʌ́dəri | -dəri, -dri/ *adj.* ぞっとさせる, 身震いさせる. 〘(1863) ⇨ -y⁴〙

shuf·fle /ʃʌ́fl/ *vi.* **1 a** 足を引きずって[のろのろ, よろよろ]歩く〈*along*〉: ~ *along* rheumatically リューマチ患者のように足を引きずって歩く. **b** すり足で踊る. **2**〘トランプ〙切り混ぜる. **3 a** 服[靴など]を無器用[ぞんざい]に着る〔*into*〕/〈*on*〉: ~ *into* one's clothes. **b** 服[靴など]を無器用[ぞんざい]に脱ぐ〔*out of*〕/〈*off*〉: ~ *out of* one's clothes. **4** ずるく割り込む[避ける], どうにか切り抜ける〈*in*〉/〔*out of, through*〕: ~ *out of* responsibilities うまく責任をのがれる / ~ *through* difficulties うまく困難を切り抜ける. **5** ずるいやり方をする, 言い紛らす, ごまかす (equivocate). — *vt.* **1 a**〈足を〉引きずって歩く: ~ one's feet. **b** 小刻みのすり足で〈ダンスを〉踊る: ~ a waltz. **2 a** あちこちに動かす (shift)〈*about*〉. **b**〈衣服・靴などを〉引っかける〈*on*〉. **3 a**〘トランプ〙〈カードを〉切り混ぜる, 切る《カードを二分して左右の手で卓上に押さえ, 親指で端を持ち上げてパラパラと, 交互に落とす方法が一般的》. **b** めちゃくちゃに[無差別に]混ぜる〔*among, with*〕: ~ him *among* seniors 先輩たちの中に無差別に紛れ込ませる. **4** 巧みに[ごまかして, うまく]紛れ込ませる〈*in*〉/〔*into*〕; ごまかして取り出す〈*out (of)*〉: ~ the money *out* of sight その金をうまく隠してしまう.

shúffle óff (*vt.*) (1) 捨てる, うっちゃる; 除く, 〈衣服を〉脱ぐ. (2)〈責任などを〉〔他人に〕移す, 転嫁する〔*upon, onto*〕: ~ *off* responsibilities *upon* [*onto*] others 責任を他人に転嫁する. — (*vi.*) (1) 足を引きずって立ち去る. (2) ⇨ *vi.* 3 b. (3) 死ぬ《成句 *shuffle off this mortal coil* より》. ***shúffle óff this mórtal cóil*** 浮世の煩わしさを脱する, 死ぬ (cf. Shak., *Hamlet* 3. 1. 66). ***shúffle the cárds*** (1) トランプを切る. (2) 役割[政策]を変える. ***shúffle thróugh*** …に急いで目を通す.

— *n.* **1 a** 足を引きずり歩くこと, 引きずり歩き. **b** (ダンスの)すり足(の踊り方): double ~ 舞踏で片足を 2 度ずつ急に引きずる踊り方. **2 a**〘トランプ〙切り混ぜ; その番[権利]《bridge では親 (dealer) の向かい側の人》. **b** 混ぜ合わせ(ること). **3** (人事の)異動, 更迭. **4** ごまかし, やりくり, 回避; 言い抜け (equivocation). ***lóse in the shúffle*** (物事に取り紛れて)…をつい見落とす[失念する, 抜かす]. 〘(*a*1540) ME *shovele(n)* (freq.) ← *shove(n)* 'to SHOVE': cf. LG *schuffeln*: ⇨ shove, -le³〙

shúffle·bòard *n.* **1** シャッフルボード《長い棒で点数のついた盤上に円盤を突く遊戯》. **2** =shove-halfpenny. 〘(1577–86)《変形》← SHOVELBOARD〙

shúf·fler /-flə, -flə | -flə(r, -fl-/ *n.* **1** トランプを切る人. **2** 足を引きずって[よたよた]歩く人; すり足で踊る人. **3** ごまかす人, 小細工をする人. **4**〘鳥類〙=scaup duck. 〘1611〙

shúf·fling /-flɪŋ, -fl-/ *adj.* **1** 足を引きずる. **2** ごまかす, 言いつくろう. 〘1579〙

shuf·ty /ʃʊ́fti/ *n.* (*also* **shuf·ti** /~/)《英俗》一目, 一見 (glance): have a ~ ちらっと見る. 〘(1943) ← ? Arab.〙

Shu·fu /ʃùːfúː/ *n.* 疏附(そふ), シューフー《Kashi の旧名》.

shug·gy /ʃʊ́gi/ *n.* (*pl.* **shug·gies**)《北英方言》ぶらんこ (swing). 〘← ?: cf. shuggie-shue 'swing; see-saw'/ shog〙

shul /ʃʊ́l, ʃúːl; *Yiddish* ʃúːl/ *n.*〘ユダヤ教〙教会 (synagogue). 〘(1874) Yid. ~ ⊏ MHG '*schuol(e)* SCHOOL'〙

Shu·lam·ite /ʃúːləmàɪt/ *n.*〘聖書〙シュラム[シュラ]の女《雅歌 (*Song of Sol.* 6: 13) に出るシュラム村出身の女; または David 王の晩年を慰めた美少女 Abishag (*I Kings* 1: 3–4) を指すとされる》. 〘← *Shulam* (⊏ Heb. *šulām*: イスラエルの村の名?)+-ITE¹〙

Shul·han [Shul·chan] A·ruk /ʃuːlxáːnaːrúːx/ *n.*〘ユダヤ教〙シュルハン・アルーク《タルムード学者 Joseph Caro (1488–1575) によって編纂されたユダヤ教の法および慣習; cf. Mappah》. 〘(1901) ⊏ Heb. *šulḥān ārūkh* (原義) table set (in order) ← *šulḥān* table+*ārákh* to arrange〙

shul·war /ʃʌ́lwə | -wɑː(r)/ *n.* =shalwar.

shun /ʃʌ́n/ *vt.* (**shunned**; **shun·ning**) **1** (嫌悪・用心などのため)避ける, 忌避する (avoid), 遠ざける, …に近寄らない: ~ danger [evil company, vice] 危険[悪友, 悪徳]を避ける. **2**《古》…からのがれる. **3**《古》予防する, 起こらぬようにする (prevent). **shún·ner** *n.* 〘OE *scunian* ← ? IE **(s)keu-* to cover〙

Shun /ʃúːn; *Chin.* ʂùn/ *n.* 舜(しゅん)《中国の伝説上の帝王; 先帝の堯(ぎょう) (Yao) とともに善政の模範となった》.

'shun /ʃʌ́n/ *int.* [号令] 気をつけ (Attention !). 〘(1888)(略) ← ATTENTION〙

shún·less *adj.* 避け難い (unavoidable): with ~ destiny (cf. Shak., *Corio* 2. 2. 116). 〘1607–8〙

shún·pike《米口語》*n.* 高速道路や有料道路を避けて通る裏道. — *adj.* [限定的] 高速道路を避ける: a ~ tour. — *vi.* (田園風景を楽しむために)高速道路を避けてドライブする. **shún·pìk·er** *n.* **shún·pìk·ing** *n.* 〘1853〙

shunt¹ /ʃʌ́nt/ *vt.* **1** わきへ向ける, そらす (turn aside). **2** [しばしば受身で]〈人・物を〉別のところへ移す;〈人を〉のけ者にする, 左遷する. **3**〈問題〉の討議を回避する,〈計画などを〉延期する, 握りつぶす (sidetrack); 除く. **4**《外科》〈血流〉の短絡[シャント]を作る, 側路によって〈血流〉の方向を変える. **5**〘電気〙…に分路を作る[用いる], スイッチする. **6**〘鉄道〙〈車両を〉〔別の軌道に〕入れ換える (switch)〔*to*〕. — *vi.* **1** わきへ寄る. **2** 往復する (shuttle): ~ between the two cities. **3**〈列車などが〉転轍(てんてつ)する, 待避する; 貨車の入換えをする. — *n.* **1** わきへ向けること; 転換. **2**〘外科・解剖・病理〙(血流の)短絡, シャント; 吻合(ふんごう)《血管どうしの連絡》. **3**〘電子工学〙分路《電流回路の 2 点を導線で連結して作った別の電路; cf. bypass 3》. **4**〘鉄道〙転轍器 (railway switch). 〘(?*a*1200)《1706》 *schunte(n)* to flinch, shy, run away ← ? *shune(n)* 'to SHUN'〙

shunt² /ʃʌ́nt/ *n.*《英口語》車の追突[衝突]. — *vt.* (オートレースで)〈車を〉激突させる. 〘(1959) ← ?〙

shúnt dýnamo [génerator] *n.*〘電気〙分巻(ぶんまき)直流発電機.

shúnt·er /-tə | -tə(r)/ *n.*《英》**1 a** 転轍(てんてつ)手 (switchman). **b** 入換機関車. **2** さや取業者, 小相場師 (arbitrager). 〘(1852) ← SHUNT¹, -ER¹〙

shúnt·ing yàrd /-tɪŋ- | -tɪŋ-/ *n.* =marshaling yard.

shúnt mòtor *n.*〘電気〙分巻(ぶんまき)電動機. 〘1883〙

shúnt wínd·ing /-wàɪndɪŋ/ *n.*〘電気〙分巻(ぶんまき)巻線 (cf. series winding). 〘1895〙

shúnt-wóund /-wáʊnd/ *adj.*〘電気〙分路連結の, 分巻(ぶんまき)式の (cf. series-wound). 〘1883〙

shu·ra /ʃʊ́ᵊrə | ʃʊ́ərə/ *n.*〘イスラム〙合議, 評議会, シューラー. 〘⊏ Arab. *šūrā* consultation〙

shush /ʃʌ́ʃ, ʃʊ́ʃ | ʃʊ́ʃ, ʃʌ́ʃ/ *n.* **1** しっという音[合図]《特に子供に対して》. **2**《口語》平和な静けさ, 沈黙. — *int.* /ʃː/ しっ (hush!), 静粛に (be quiet!). — *vt.*《口語》…にしっと言う; 静かにさせる (hush). — *vi.* 黙る, 静かになる. 〘(1924) 擬音語〙

Shu·shan /ʃúːʃæn/ *n.* Susa の聖書語名.

shu·shu /ʃúːʃuː/ *n.* [集合的に] うわさ, うわさ話, ゴシップ. — *vi.* (うわさ話をするために)身を寄せて小声で話す. 〘← F *chu choter* to whisper〙

shut /ʃʌ́t/ *v.* (~; **shut·ting**) — *vt.* **1 a**〈戸・窓・ふた・引出しなどを〉閉める, 閉じる (↔ open) (⇨ close¹ SYN): ~ a door, a window, a gate, a drawer, etc. / ~ the lid of a box / ~ the stable door after the horse has bolted《英》馬が逃げてから馬小屋の戸を閉める, 後の祭り, 「泥棒を見て縄をなう」=《米》lock the barn door after the horse is stolen / ~ the door *against* [*on, to*] a person 人に締め出し[門前払い]を食わす / ~ the door *in* a person's face 人の面前で戸を閉める, 人を閉め出す. **b**〈部屋・家・店などの(戸)〉を閉める〈*up*〉;〈箱・入れ物・ピアノなど(のふた)を〉閉じる〈*up*〉: ~ a house 家の戸締まりをする / ~ *up* a shop for the night (営業が終わって)夜の間店を閉める[しまう] (cf. *vt.* 5) / ⇨ *shut up* SHOP / The store has been ~ until tomorrow [for a month, for inventory]. その店は明日まで[1 か月間, 棚卸しのため]閉まっている / ~ a box 箱にふたをする / ~ (*up*) a piano ピアノを閉じる. **c**〈目・口・耳などを〉閉じる;〈心などを〉閉ざす: ~ one's mouth 口を閉じる; 黙る, 口を割らない / ~ one's mind [heart] *to* …を受けつけない, 承知しない, …に心をかたくなにする / ⇨ *shut one's* EARS, *shut one's* EYES to. **d** (物を閉めたときに)〈指・衣服などを〉はさむ (catch, trap): ~ one's dress in the door. **e**《廃》戸・窓などに〈掛け金を〉かける (bolt). **2**〈本・手・傘・扇子・ナイフなどを〉閉じる, たたむ (fold up): ~ a book, a fan, a knife, an umbrella, etc. / ~ one's hand 開いた手を握る / ~ one's fist 手を握ってげんこつをつくる. **3 a**〈人・騒音などを〉閉じ込める (confine)〈*in, up*〉/〔*into*〕: ~ noise *in* 騒音を外に出さないようにする / ~ oneself *up in* 閉じこもる / ~ a bird *in* (*to*) a cage 鳥をかごに閉じ込める / He has been ~ *in* by illness. 病気で家に引きこもっている (cf. shut-in) / ~ a person *in* a locked room 密室に人を閉じ込める / ~ a criminal *up in* prison 犯人を刑務所にぶち込む. **b** 締め出す, 入らせない (bar, exclude) ⟨*out*⟩ 〔*from, out of*〕: ～ *out* rain [noise] 雨[騒音]が入らないようにする / ～ a person *out* (*of* one's house) 人を(家から)閉め出す / ～ *out* a person *from* one's circle 人を仲間外れにする / Please don't ～ me *out* (*of* your life)! (あなたの暮らしから)私との縁を切らないでください / ～ *out* idle thoughts *from* one's mind 雑念を去る. **4** (障害物などで)⟨出入口・通路などを⟩ふさぐ, 閉鎖する ⟨*off*⟩ (close off): ～ a road (*off*) *to* traffic 道路をふさいで交通を遮断する. **5** ⟨店・工場などを⟩(一時)閉鎖する, 閉店[休業]する ⟨*down*⟩ (cf. shutdown): ～ a business, a factory, a machine, a mine, a university, etc. / ～ *down* a store for the winter 冬の間店をたたむ[休業する] (cf. *vt.* 1 b). — *vi.* **1** 閉まる, 閉じる ⟨*down*⟩: The door won't ～ [～*s* by itself]. 戸が閉まらない[戸はひとりでに閉まる] / The lid ～*s* (*down*) automatically. ふたは自動的に閉まる / Some flowers ～ at night. 夜つぼむ花もある. **2** ⟨店・工場などが⟩(一時)仕事をやめる, 停業する ⟨*down*⟩: The store has ～ for inventory. その店は棚卸しのため閉まっている / The factory has ～ (*down*) from [because of] lack of orders. 注文が来ないので工場は操業を停止した. **3** ⟨夜などが⟩迫る (close in) ⟨*in*⟩.

be* [*gèt*] *shút of 《英口語・米方言》…と縁が切れる, 関係がない: *be* ～ *of* robbing 盗みをやめる / *get* [*be*] ～ *of* a person [one's debts] 人[借金]と縁を切る. ***shút awáy*** 隔離[分離]する (isolate), 閉じ込める: ～ oneself *away* in the country 田舎に引きこもる / He was ～ *away* in an asylum. 彼は施設に隔離されていた. ***shút dówn*** (*vt.*) (1) ⇨ *vt.* 5. (2) ⟨機械・エンジンなど⟩止める (stop). (3) 閉める: ～ *down* a window 引窓を下ろす. (4) 《口語》⟨活動を⟩やめさせる, 妨げる. — (*vi.*) (1) ⇨ *vi.* 2. (2) 《口語》〔…を〕やめさせる, 禁止する, 差し止める (suppress) 〔*on, upon*〕: ～ *down on* the press 新聞の発行を停止する. (3) ⇨ *vi.* 1. (4) ⟨霧・夜のとばりなどが⟩降りる, たれ込める. ***shút one's fáce*** [***héad, móuth, tráp***] 《俗》黙る: *Shut your face!* 黙れ / Well, ～ *my mouth!* 《米口語》おやおや, これは驚いた. 《1893》 ***shút ín*** (1) ⇨ *vt.* 3 a. (2) 囲む (enclose); さえぎる, 隠す, 見えなくする (cf. shut-in): ～ *in* the land ⟨霧・島などが⟩陸を隠す[さえぎる] / The house is ～ *in* by trees. 家は木に囲まれている[さえぎられて見えない] / She feels ～ *in* by family pressure. 彼女は家庭の重圧に閉じ込められたような気がしている. ***Shút it!*** 《英》黙れ. ***shút óff*** (*vt.*) (1) ⟨機械・モーターなどを⟩止める. (2) ⟨ガス・水道・電気などを⟩切る, 止める; ⟨流れ・供給などを⟩止める; ⟨蛇口・ホース(の水)などを⟩止める; ⟨道路を⟩遮断する (cf. shutoff). (3) 切り[引き]離す (separate): a village [villagers] ～ *off* by mountains *from* the world 山脈によって外界から隔絶された村[村人たち] / ～ oneself *off* 遠ざかる / It is nice to be ～ *off from* the pressure of work. 仕事の重圧から解放されるのはいいものだ. (4) ⇨ *vt.* 4. — (*vi.*) 止まる, 停止する. ***shút óut*** (1) ⇨ *vt.* 3 b. (2) 見えないようにする, さえぎる: ～ *out* a view / Clouds ～ the moon *out*. 雲が月をさえぎった. (3) 《米》《スポーツ》得点を妨げる, 零敗させる, 完封する, シャットアウトする (cf. shutout): We ～ them *out* 10–0. 相手を 10 対 0 で完封した. (4) 《トランプ》(bridge で) シャットアウトする, 黙らせる 《飛躍的に高いビッド (bid) をして相手(時にはパートナー)のビッドを封じる; cf. PREEMPTIVE bid, stop bid》. ***shút the dóor*** ⇨ door 成句. ***shút tó*** [to is *adv.*] (=close to) 《英》(*vt.*) 閉める: ～ a door [box] *to*. (*vi.*) 閉まる. ***shút úp*** (*vt.*) (1) 《口語》⟨人を⟩黙らせる, 沈黙させる. (2) ⇨ *vt.* 1 b. (3) ⇨ *vt.* 3 a. (4) ⟨物を⟩しまい込む: ～ *up* a diamond ring in a safe ダイヤの指輪を金庫に保管する. (5) 《古》終える, 終結する (conclude). — (*vi.*) (1) [しばしば命令形で] 《口語》話す[書く]のをやめる, 黙る: *Shut up!* 黙れ / *Shut up* about your troubles and get back to work! 悩むのはやめて仕事に戻りなさい. (2) 《競馬》⟨疾走馬が⟩(疲れて)走らなくなる.

— *adj.* 閉めた, 閉じた, 閉鎖した (closed) (↔ open): a ～ door / with ～ [half-*shut*] eyes 目を[半ば]閉じて / The door is ～. 戸は閉まっている.

— *n.* **1** 閉じること; 終止(時): at ～ of day 夕暮れに. **2** 鍛接線.

〖v.: lateOE *scyttan* < (WGmc) **skuttjan* ← IE **(s)keud-* 'to SHOOT¹'. — adj.: 《1474》 ← (*i*)*s*(*c*)*het* (p.p.)〗

shút·dòwn *n.* **1** (工場などの)(一時)休業, 操業停止. **2** 活動[機能]停止. 《1884》

Shute /ʃúːt/, **Nevil** *n.* シュート 《1899–1960; 英国の小説家; 第二次大戦後オーストラリアに住む; 航空技術者としての経歴を生かした作品を書く; *A Town like Alice* (1950), *On the Beach* (1957); 本名 Nevil Shute Norway》.

shút-èye *n.* 《俗》睡眠, 眠り (sleep). 〖《1899》 ← *shut* (adj.)〗

shut-in /ʃʌ́tìn | ʃʌ́t-/ *n.* **1** 《米》病弱で外出できぬ人, 寝たきりの人[患者]. **2** (谷の)狭い囲まれた部分. — *adj.* **1** 《米》(家・病院などに)引きこもった, こもりっきりの, 寝たきりの. **2** 取り囲まれた (enclosed): a narrow ～ valley. **3 a** 引っ込み思案の, 内気な (withdrawn). **b** 《精神医学》独居性の, 孤独癖の (cf. schizoid). 《1849》

shut·off /ʃʌ́tɔ̀(ː)f, -ɑ̀(ː)f | ʃʌ́tɔ̀f/ *n.* **1** 切ること, 切断, 遮断. **2 a** 切り止めるもの, 切止め器; 栓, 口 (valve, stopper). **b** (水の流れを調節する)消火ホースの筒口 《shutoff nozzle ともいう》. **3** 禁漁期. 《1869》

shut·out /ʃʌ́tàut | ʃʌ́t-/ *n.* **1** 《米》《スポーツ》(野球などの)シャットアウト(ゲーム), 完封; 零敗(戦): pitch a ～ ⟨投手が⟩完封する. **2** 締出し; 工場閉鎖 《lockout のほうが普通》. 《1853》

shút·òut bíd *n.* 《トランプ》=PREEMPTIVE bid.

shut·ter /ʃʌ́tə | -tə(r)/ *n.* **1** よろい戸, 雨戸, シャッター: take down the ～*s* シャッター[よろい戸, 雨戸]をあける / put up the ～*s* シャッター[よろい戸, 雨戸]を閉める; (営業時間外で, または永久に)店を閉じる. 《1837》 **2** 《写真》シャッター: ⇨ blind shutter, focal-plane shutter / release a ～ シャッターを切る. 日英比較 日本語では写真を撮るとき「シャッターを押す」というが, 英語では press the *shutter* とはいわず, 単に take a picture という. また,「シャッターチャンス」は和製英語で, 英語では a good opportunity to take a picture という. **3** 閉じる人[物]. **4** 《音楽》(パイプオルガンで音量調節のために音管の前面に付けられた)扉, シャッター. — *vt.* **1** …のシャッターを閉める. **2** ⟨窓⟩に戸[よろい戸, 雨戸]を付ける, ⟨オルガン・カメラ⟩にシャッターを付ける. **3 a** ⟨店を⟩閉じる. **b** ⟨眼を⟩閉じる. 〖《1542》: ⇨ shut, -er¹〗

shútter·bùg *n.* 《俗》(極めて熱心な)素人カメラマン[写真家], 写真狂. 〖《1940》: ⇨ ↑, bug¹ (n. 5)〗

shútter dàm *n.* 《土木》シャッター堰, 楯堰(たてぜき) 《shutter weir ともいう》. 《1884》

shút·tered *adj.* シャッター[よろい戸, 雨戸]の閉まっている; シャッター[よろい戸]の付いた. 《1845》

shút·ter·ing /-tərɪŋ, -trɪŋ | -tərɪŋ, -trɪŋ/ *n.* **1** シャッター[よろい戸]の材料. **2** [集合的] シャッター, よろい戸 (shutters). **3** 《英》《土木》型枠 (formwork). 《1868》

shútter prìority *n.* 《写真》シャッター優先 《シャッタースピードを決めれば, 後は自動的にカメラの開口が決まる自動露出システム; cf. aperture priority》. 《1974》

shútter relèase *n.* 《写真》シャッター(リリース)ボタン. 《1958》

shútter spèed *n.* 《写真》シャッター速度[スピード]. 《1889》

shútter wèir *n.* 《土木》=shutter dam.

shút·ting pòst /ʃʌ́tɪŋ- | -tɪŋ-/ *n.* 《建築》門柱 (⇨ gatepost b). 《1877》

shut·tle /ʃʌ́tl | -tl/ *n.* **1 a** (比較的短距離の路線を繰り返して往復する飛行機・列車・バスなどの)定期便, シャトルバス[列車]. **b** 連続往復便の航空機[列車, バスなど]: by ～ =on a ～ 往復便で. **2** 《宇宙》=space shuttle. **3 a** (織機の)杼(ひ). **b** シャトル 《ミシンの下糸入れやレース編み用の糸を巻きつけた器具など》. **4** 《外交》往復外交 (cf. shuttle diplomacy). **5** =shuttlecock 1. — *adj.* [限定的] 連続往復式の, 折返しの: (a) ～ bombing (raid) 連続往復爆撃 / a ～ bus [train] シャトルバス[列車], 短距離往復バス[列車] / a ～ trip 連続往復旅行 / ～ service 定期往復[折返し]便, 折返し運転[操縦] / ～ loading (トラックによる)連続往復式積載. — *vt.* **1** 折返し便[運転]で輸送する. **2** (杼のように)左右に動かす. — *vi.* **1** 折り返し輸送する, 往復する. **2** 左右に動く. 〖(OE) 《1338》 *scytel* dart, missile < Gmc **skutilaz* (ON *skutill* harpoon) ← IE **(s)keud-* 'to SHOOT¹'〗

shúttle ármature *n.* 《電気》移動電機子. 《1890》

shúttle bòx *n.* 《紡織》シャトル箱, 杼箱(ひばこ) 《力織機の両端にあって杼を入れるもの》. 《1688》

shut·tle·cock /ʃʌ́tlkɑ̀(ː)k | ʃʌ́tlkɔ̀k/ *n.* **1** (バドミントン・バトルドア用の)シャトル(コック), 羽根 《コルクの上に羽を植え付けたものでラケットや羽子板 (battledore) で打ち上げる羽子》. **2** 羽根突き(遊戯) (⇨ BATTLEDORE and shuttlecock). **3** 《鳥類》=gadwall. — *adj.* [限定的] あちこちに動く, 定まらない. — *vt.* 互いに打ち返す[交換する]; あちこちに動かす: ～ letters. — *vi.* 行ったり来たりする, あちこちに動く. 《1522》

shúttle diplomàcy *n.* 《外交》往復外交 《特使が関係諸国間を行き来して交渉に当たる》. 《1974》

s.h.v. 《略》*L.* sub hōc vōce [sub hōc verbō] (=under this word).

Shver·nik /ʃvéənɪk | ʃvéə-; *Russ.* ʃvʲérnʲik/, **Nikolai Mikhailovich** *n.* シュヴェルニク 《1888–1971; ソ連の政治家; 最高会議幹部会議長(国家元首) (1946–53)》.

shwa /ʃwɑ́ː/ *n.* 《音声》=schwa.

shy¹ /ʃáɪ/ *adj.* (**shi·er, shy·er; shi·est, shy·est**) **1 a** ⟨人が⟩恥ずかしがりの, 内気な (bashful), 引っ込みがちな (retiring), 人前に出たがらない, 自意識の強い: a ～ boy 内気な少年 / be ～ of [*with*] people [new situations] 人見知りする[新たな事態にしり込みする] / Don't be ～: I won't bite. しり込みしないで. かみつきはしませんよ. **b** ⟨態度・性質など⟩恥ずかしそうな, はにかんだ: a ～ glance [smile] 恥ずかしそうな一瞥(いちべつ)[微笑] / a man of (a) ～ disposition 内気者 / in a ～ voice 恥ずかしそうな声を出して. **2** 疑り深い (suspicious), 人を信じない (distrustful); しり込みする (reluctant), 用心深い, 慎重な (wary), 用心して…せぬ (chary) 〔*of*〕: He was ～ *of* that kind of theory. そのような学説には慎重だった / be ～ *of* committing oneself 用心して言質(げんち)を与えない / be ～ *about* disclosing the secret なかなか秘密を明かさない / This made him ～ *of trying* it again. これにこりて彼は 2 度とやる気にならなかった. **3 a** ⟨鳥・獣・魚など⟩物に驚きやすい (fearful), 臆病な (timid), 人を見ればすぐ逃げる (easily frightened): ⇨ gun-shy. **b** ⟨態度など⟩おずおずした, びくびくした. **4** 〔…が〕ない, 足りない, 欠けている (lacking, short) 〔*of*〕: He is (just) a few inches ～ of six feet tall. 彼は 6 フィートに(ほんの)数インチ足りない / We are ～ *of* funds. 資金が足りない / I'm ～ three quid [three quid ～]. 3 ポンド足りない (★ しばしば of が省略される). **5** [複合語の第 2 構成素として] 内気な, 恥ずかしい; びくびくする: ⇨ gun-*shy* / work-*shy* 仕事嫌いの / girl-*shy* 女の子を恥ずかしがる, 女嫌いの. **6** 《古》人目につかない, 隠れた (hidden, secluded): the ～ recesses of the wood 森の人目につかない奥まった場所. **7** 《古》いかがわしい (disreputable): a ～ saloon. **8** ⟨植物が⟩花や果実がよくつかない; ⟨動物が⟩子をあまり生まない. **9** 《口語》《トランプ》(ポーカーで)場に借りがある, 場代 (ante) を払っていない (short).

fight shý of …を嫌がる, 嫌う, 努めて避ける: He *fights* ～ *of* committ*ing* himself [publicity]. 彼は態度を明らかにする[評判になる]のを嫌がる. 《1821》

— *vi.* **1** ⟨馬が⟩(物音などに驚いて)飛びのく, 後ずさりする, 横っ飛びする (start aside, balk): This horse has never been known to ～ (*at* fences). この馬は(柵を恐れて)飛びのいたことがない. **2** (人・物を避けようとして)立ちのく, 身をかわす (dodge) ⟨*away, off*⟩. **3** 〔…に〕おじける (recoil), しりごみする, 躊躇(ちゅうちょ)する (shrink) 〔*at, from*〕: ～ *from* [*at*] the idea. — *vt.* よける, そらす, はずす (shun): ～ danger. ***shý cléar of*** [(***awáy***) ***from***] …を避ける (steer clear of): ～ *clear of* (inviting) publicity 人に知れることをいやがる.

— *n.* ⟨馬が⟩急に驚いて飛びのく[後ずさりする, 横っ飛びする]こと: He was thrown by his horse's ～. 馬が急に驚いて飛びのいたため投げ出された.

〖(lateOE) 《1600》 *scēoh* < Gmc **skeuχ(w)az* (Du. *schuw* / G *scheu*): cf. eschew: 現在の形は THIGH (< OE *pēoh*) と同じ変化を受けたもの〗

SYN 内気な: **shy** 性格的に, または未経験から人に接したがらなかったり, 他人の前で話をするのをいやがる: He is *shy* with girls. 女の子に対してはにかむ. **bashful** 内気でぎこちなく臆病な: She is *bashful* with strangers. 見知らぬ人に恥ずかしがる. **modest** 才能・学識がありながら態度が謙遜な: He is *modest* about his achievements. 自分の業績のことを自慢しない. **ANT** bold, confident.

---

shy² /ʃáɪ/ 《口語》*vt.* ⟨石・ボールなどを⟩すばやく投げる, 投げつける (fling, throw) 〔*at*〕: ～ a stone *at* a bird 鳥に石を投げつける. — *vi.* すばやく投げる: ～ straight まっすぐにさっと投げる. — *n.* **1** すばやく投げること, 投げ (toss, throw): ⇨ coconut shy. **2** 冷やかし, からかい (sneer, gibe). **3** 試み: make a ～ 試みる. **4** =cockshy. ***hàve*** [***tàke***] ***a shý at*** (1) …を冷やかす. (2) …を(得ようと)試みる. 《1840》

〖《1787》 ↑?: cf. 《廃》 *shy-cock* 《原義》 a cock that refuses to fight or to be caught: そのように訓練された鶏に棒や石を投げる昔の遊戯からか〗

shý·er *n.* =shier.

Shy·lock /ʃáɪlɑ(ː)k | -lɔk/ *n.* **1** シャイロック 《Shakespeare 作 *The Merchant of Venice* 中の冷酷なユダヤ人高利貸し》. **2** [s-] 《俗》因業[無慈悲]な高利貸し. — *vi.* [s-] 高利で金を貸す.

shý·ly *adv.* **1** 内気に, はにかんで. **2** びくびくして, 物おじして, 臆病に. 《1701》

shý·ness *n.* **1** 内気, はにかみ. **2** びくつき, 物おじ, 臆病. 《1651》

shy·poo /ʃaɪpúː/ 《豪口語》*n.* 安酒(を売る酒場). — *adj.* [限定的] 安酒を出す: a ～ shanty 大衆酒場[飲み屋]. 〖《1897》← ?〗

shy·ster /ʃáɪstə | -stə(r)/ *n.* 《米俗》**1** いかさま弁護士[政治家] (pettifogger). **2** いんちき専門家, いかさま師. 〖《1844》(混成) ? ← G *Scheisser* incompetent fellow + TRICKSTER ← ? *Scheuster* (19 世紀の New York のいかさま弁護士の名)〗

si /síː/ *n.* 《音楽》**1** (階名唱法の)「シ」《全音階的長音階の第 7 音; ⇨ do²》. **2** (固定ド唱法の)「シ」, ロ (B) 音 《ハ調長音階の第 7 音》. — *adv.* =yes. 〖《1728》 ◻ F *si* ◻ It. ～: ⇨ gamut〗

S

Si /ʃíː/ *n.* [the ～] =Si-kiang.

Si 《記号》《化学》silicon; Slovenia 《URL ドメイン名》.

SI /ésáɪ/ 《略》Sandwich Islands; 《医学》seriously ill; Smithsonian Institute; 《NZ》South Island (cf. NI); (Order of the) Star of India; Staten Island; Statutory Instrument; 《物理》*F.* Système International (d'Unités) SI 単位系, 国際単位系 (=International System of Units) 《基本的物理量として長さ, 時間, 質量, 電流, 温度, 照度, 物質の量などについて国際的に公認された単位系; cf. SI unit.》 《1961》

SIA /ésàɪéɪ/ 《略》Singapore Airlines シンガポール航空 (記号 SQ).

Si·á·chen Glácier /siáːtʃən-/ *n.* シアチェン氷河 《インド北西部カラコルム山脈にあり, 標高 5,500 m に位置する; 全長約 75 km で, 世界最長の氷河の一つ》.

si·al /sáɪæl/ *n.* 《地質》シアル(質)層 《無水ケイ酸およびアルミナを多く含む岩石から主にできている地球(大陸)の表層部; cf. sima¹》. **si·al·ic** /saɪǽlɪk/ *adj.* 〖《1922》 ◻ G *Sial* (混成) ← SI(LICON) + AL(UMINIUM)〗

si·al- /sáɪæl/ (母音の前にくるときの) sialo- の異形.

si·al·ad·e·ni·tis /sàɪəlæ̀dənáɪtɪs, -dṇ- | -dɪnáɪtɪs/ *n.* 《病理》唾液腺炎. 〖《1859》← SIALO- + ADENITIS〗

si·al·a·gog·ic /sàɪələgɑ́(ː)dʒɪk | -gɔ́dʒ-ˊ/ *n. adj.* 《医学》=sialagogue.

si·al·a·gogue /saɪǽləgɑ̀(ː)g | -gɔ̀g/ *adj.* 《医学》催唾液性の, 唾液の分泌を促進する. — *n.* 催唾液薬. 〖《1783》 ◻ F ～ ← NL *sialagogus*: ⇨ sialo-, -agogue〗

siálic ácid *n.* 《生化学》シアル酸 《ムコ多糖・糖タンパク質・糖脂質などの構成成分として広く生物界に分布している》. 《1952》

si·a·lid /sáɪəlɪ̀d | -lɪd/ *adj., n.* 《昆虫》センブリ科の(昆虫). 〖↓〗

si·al·i·dase /saɪǽlədèɪz | -lɪ-/ *n.* 《生化学》シアリダーゼ (neuraminidase). 〖《1956》: ⇨ sialic, -id³, -ase〗

Si·al·kot /siáːlkout | -ǽlkɔt/ *n.* シアルコート 《パキスタンの Punjab 地方の都市》.

si·al·o- /saɪǽlou | -ləu/「唾液 (saliva)」の意の連結形. ★ 母音の前では通例 sial- になる. 〖← NL ～ ← Gk *síalon* saliva: cf. L *spuere* to spit〗

si·a·lo·gog·ic /sàɪələgɑ́(ː)dʒɪk | -gɔ́dʒ-⁻/ *n.* 〖医学〗 = sialagogue.
si·al·o·gogue /saɪǽləgɑ̀(ː)g | -gɔ̀g/ *adj., n.* =sialagogue.
si·a·loid /sáɪəlɔ̀ɪd/ *adj.* 唾(だ) (saliva) のような, 唾液状の. 〖⇨ sialo-, -oid〗
Si·am /saɪǽm, ⁻⁻/ *n.* シャム《Thailand の旧名》.
Siam, the Gulf of *n.* シャム湾《タイの南, Malay 半島とインドシナの南端で囲まれた南シナ海の湾》.
Siam. 《略》 Siamese.
si·a·mang /síːəmæ̀ŋ, sáɪə-/ *n.* 〖動物〗 フクロテナガザル (*Symphalangus syndactylus*) 《Sumatra および Malay 半島に産する大型のテナガザル》. 〖(1822) □ Malay *si(y)āmang* ← *āmang* black〗
Si·a·mese /sàɪəmíːz, -míːs | -míːz⁻/ *adj.* **1** シャムの; シャム人[語]の. **2 a** 双生児の (twin) (cf. Siamese twins). **b** 密接な; 類似の (similar). **c** [s-] 〈消火栓の開口部が〉二股(以上)式の: ⇨ Siamese connection. 〖(1833) ← SIAMESE (TWINS)〗 — *n.* (*pl.* ~) **1** シャム人 (Thai); シャム語 (Thai). **2** =Siamese cat. **3** [s-] =Siamese connection. 〖(1693): ⇨ Siam, -ese〗
Siamese cát *n.* シャムネコ《毛皮が淡黄色》. 〖1871〗
Siamése connéction [cóupling] *n.* 送水口, サイアミーズコネクション《もとが一つで接続口が Y 字型(二股)に分かれている消火用の送水口; 消防ポンプから圧力水を建物内に送るための設備; cf. sillcock》. 〖1914〗
Siamese fíghting físh *n.* 〖魚類〗 ベタ (*Betta splendens*) 《タイ産のひれの長い強烈な色彩の闘魚; betta ともいう》. 〖1929〗
Siamese jóint *n.* =Siamese connection.
Siamese twíns *n. pl.* シャム双生児, 接着ふたご. 〖(1829) 太い靱帯で互いに接合していたタイ生まれの Chang と Eng (1811–74) と呼ばれる男子の中国人奇形双生児にちなむ〗
Si·an /ʃìːɑ́ːn/ *n.* =Xi'an.
Si·ang /ʃìːɑ́ːŋ/ *n.* =Xi'an.
Siang·tan /ʃìɑ̀ːŋtɑ́ːn/ *n.* =Xiangtan.
Šiau·liai /ʃìɑulìáɪ, ʃaʊljáɪ; *Lith.* ʃjauljǽi/ *n.* シャウリャイ《リトアニア北部, Vilnius の北西にある都市; 1919 年リトアニア人とラトビア人の連合軍がドイツ軍を撃破した戦場》.
sib /síb/ *adj.* 〔…と〕血縁関係のある, 血族の (related, akin) 〔*to*〕: a lady ~ *to* English squire. — *n.* **1 a** 血縁者 (kinsman), 親類 (relative). **b** [集合的] 親類縁者 (kindred). **2** 〖文化人類学〗 氏族《父系氏族と母系氏族との双方を含む》. **3** 〖生物〗 (片親または両親を同じくする)兄弟[姉妹]の一方 (cf. sibling). 〖OE *sibb* ← < Gmc **sebjō* kinfolk (原義) one's own (G *Sippe* sib) ← IE **se-* self (⇨ suicide): cf. gossip〗
SIB /ésàɪbíː/ 《略》 Securities and Investments Board; 《英》 Special Investigation Branch (陸軍憲兵隊の)特別捜査隊.
Síb·bald's rórqual /síbəldz-/ *n.* 〖動物〗 =sulphur-bottom. 〖← *Sir Robert Sibbald* (1641–1722: スコットランドの科学者)〗
Si·be·li·us /sɪ̀béɪliəs, -ljəs; *Finn.* sibéːlius/, **Jean (Julius Christian)** *n.* シベリウス (1865–1957; フィンランドの作曲家; *Finlandia* (1899)).
Ši·ben·ik /ʃíbenɪk; *Croat.* ʃîbeniːk/ *n.* シベニク《アドリア海に臨むクロアチアの工業都市・港町》.
Si·be·ri·a /saɪbí(ə)riə | -bíər-/ *n.* シベリア《アジア州北部, ロシア連邦のアジア地区; 面積約 12,950,000 km²》. 〖← *Sibir* (Tobol 川と Irtysh 川の分流点にあった古代タタールの城塞)〗
Si·be·ri·an /saɪbí(ə)riən | -bíər-/ *adj.* シベリアの; シベリア人の. — *n.* **1** シベリア人. **2** =Siberian husky. 〖(1719): ⇨ ↑, -an¹〗
Sibérian cráb *n.* 〖植物〗 エゾノコリンゴ (*Malus baccata*) 《アジア東部原産バラ科ズミ属の低木で, 直径 1cm ほどのリンゴに似た堅い小果をつける》; cherry apple, cherry crab, Siberian crab apple ともいう》. 〖1767〗
Sibérian dóg *n.* シベリア犬《雪の上でそりを引くのに用いられる》. 〖1800〗
Sibérian hígh *n.* 〖気象〗 シベリア高気圧《冬期にシベリア・モンゴル方面で発達する大陸高気圧》.
Sibérian húsky, S- H- *n.* 〖犬〗 シベリアンハスキー《シベリア北東部, Kolyma 川の地域のそり犬として使われた作業用イヌ》.
Sibérian lárkspur *n.* 〖植物〗 オオバナヒエンソウ (*Delphinium gandiflorum*) 《シベリア原産キンポウゲ科の多年草で, 青や白の美花が咲く; bouquet larkspur ともいう》. 〖1882〗
Sibérian rúby *n.* 〖鉱物〗 シベリアルビー《ウラル山脈産の紅電気石; 宝石に用いる》.
Sibérian squíll *n.* 〖植物〗 シベリアスキラ (*Scilla siberica*) (⇨ scilla).
Sibérian téa *n.* 〖植物〗 ナガバユキノシタ, アルタイユキノシタ (*Bergenia crassifolia*) 《アジア東部原産ユキノシタ科の多年草》.
Sibérian wállflower *n.* 〖植物〗 北米原産アブラナ科のオレンジ色の小花が咲く二年草 (*Erysimum allionii*) 《観賞用》. 〖1925〗
si·be·rite /saɪbí(ə)raɪt, sáɪbəràɪt | saɪbíəraɪt, sáɪbəràɪt/ *n.* 〖鉱物〗 シベライト《シベリア産の紫色または赤紫色の紅電気石; 宝石に用いる》. 〖(1802) □ F *sibérite*: ⇨ Siberia, -ite¹〗
sib·i·a /síbiə/ *n.* 〖鳥類〗 ウタイチメドリ, ワキフチメドリ《南アジア産チメドリ亜科ウタイチメドリ属 (*Heterophasia*) およびワキフチメドリ属 (*Crocias*) の数種の鳴鳥》. 〖□ Nepali *sibya*〗
sib·i·lance /síbələns | -bɪ̀-/ *n.* 〖音声〗 歯擦音であること, 歯擦音性; 歯擦音の発声. 〖(1823) ← SIBILANT, -ANCE〗
síb·i·lan·cy /-si/ *n.* 〖音声〗 =sibilance. 〖⇨ ↓, -ancy〗
sib·i·lant /síbələnt | -bɪ̀-/ *adj.* **1** しゅーしゅーいう (hissing). **2** 〖音声〗 歯擦音の: ~ sounds 歯擦音. — *n.* 〖音声〗 歯擦音 (すー音 (hissing sound) としゅー音 (hushing sound) の総称; [s] [z] [ʃ] [ʒ] など). **~·ly** *adv.* 〖(1669) □ L *sībilantem* (pres.p.) ← *sībilāre* to hiss (擬音語): ⇨ -ant〗
sib·i·late /síbəlèɪt | -bɪ̀-/ *vi.* **1** しゅーしゅーいう (hiss). **2** 〖音声〗 歯擦音を発する. — *vt.* **1** しゅーしゅーといって表す. **2** 〖音声〗 歯擦音で発音する. 〖(1656) ← L *sībilātus* (p.p.) ← *sībilāre* (↑)〗
sib·i·la·tion /sìbəléɪʃən | -bɪ̀-/ *n.* **1** しゅーしゅーいうこと[音]. **2** 〖音声〗 歯擦音を発すること. 〖(1626) □ LL *sībilātiō(n-)*: ⇨ ↑, -ation〗
sib·il·late /síbəlèɪt | -bɪ̀-/ *v.* =sibilate.
Si·biu /sɪbíːuː; *Rom* sibíu/ *n.* シビウ《ルーマニア共和国中西部にある産業都市; 12 世紀ドイツ植民者たちにより再建; ドイツ語名 Hermannstadt, ハンガリー語名 Nagyszeben》.
sib·ling /síblɪŋ/ *n.* **1** (片親または両親が同じ)兄弟, 姉妹, 同胞. **2** 血縁者, 親類の人. 〖((OE)) (1897) ← SIB (n.)+-LING¹〗
síbling spècies *n.* 〖生物〗 同胞種《形態的に酷似している 2 つ以上の種の一つ》. 〖(1940) (なぞり) ← G *Geschwisterarten*〗
síb·ship *n.* **1** 親類関係. **2** 〖人類学〗 氏族 (sib) であること, 氏族の一員であること. 〖(1950) ← SIB+-SHIP〗
sib·yl, S- /síbəl, -bɪ̀l | -bɪ̀l, -bɪ̀l/ *n.* **1** (バビロニア・エジプト・ギリシャ・ローマなど古代の国々の)シビラ, 巫女(ふ), 市子(いち)《ある神に仕えてその力で予言をしたり神託を伝えたりした 10 人の一人》: the Babylonian, Egyptian, Delphian ~*s* / ⇨ Cumaean sibyl. **2 a** 女予言者 (prophetess). **b** 占者, 易者 (fortune-teller). **3** 女の魔法使い, 魔女 (sorceress). 〖(?a1200) *sibil(l)e, Sybylle* □ OF *Sibylle, Sebille* (F *Sibylle*) □ L *Sibylla* □ Gk *Sibulla* ← ?〗
Sib·yl /síbəl, -bɪ̀l | -bɪ̀l, -bɪ̀l/ *n.* シビル《女性名; 愛称形 Sib, Sibbie; 異形 Sybil》. 〖↑〗
si·byl·lic /sɪ̀bílɪk/ *adj.* =sibylline.
sib·yl·line /síbəlàɪn, -lìːn, -lɪ̀n | síbɪ̀làɪn, sɪ̀bílaɪn/ *adj.* **1** [しばしば S-] シビラ (sibyl) の, シビラの書いた[語った]. **2 a** 予言的な, 神託的な (oracular), 神秘的な (mysterious). **b** あいまいな (ambiguous). 〖(1579) □ L *sibyllinus*: ⇨ sibyl, -ine¹〗
Síbylline Bóoks *n. pl.* [the ~] シビラの書《ギリシャ語で書かれた古代ローマの神託集; イタリア Cumae の sibyl がこの書 9 巻をローマ王 Tarquin the Proud (534–510 B.C.) に売ろうとして拒絶され, 3 巻を焼き捨て残り 6 巻を 1 年後同じ値で売ろうとしたが再び拒まれたので, さらに 3 巻を焼き捨て, 残り 3 巻を最初と同じ値で王に売ったという; この経過から「人が最初拒否しながら後には悪条件で受け入れるもの」の意に転用される》. 〖1776〗
sic¹ /sík, síːk/ *L. adv.* 原文のまま (疑わしいか, または明らかに間違った原文をそのまま引用する際にその引用語句の後に通例括弧に入れて付記する): Wensday (*sic*). 〖(1859) □ L *sic* thus ← *si* if, (原義) so〗
sic² /sík/ *vt.* (**sicced, sicked; sic·cing, sick·ing; sics, sicks**) **1** [通例犬に対する命令として] 攻撃する, 追う (attack): *Sic* him! かかれ. **2** 〈犬などを〉〔…に〕けしかける, そそのかす (incite) 〔*on, upon*〕: I'll ~ the dog *on* you. お前に犬をけしかけるぞ. 〖(1845) (方言・変形) ← SEEK〗
sic³ /sík/ *adj.* 《スコット》 そんな, このような, あのような (such). 〖(a1375) (略) ← (廃) *swik, swilk* 'SUCH'〗
Sic. 《略》 Sicilian; Sicily.
SIC /ésàɪsíː/ 《略》 〖電気〗 specific inductive capacity; standard industrial classification.
Si·ca·ni·an /sɪ̀kéɪniən/ *adj.* =Sicilian. 〖(1629) ← L *Sicanius* (← *Sicanī* □ Gk *Sikanoí* (Sicily の一部族)) +-AN¹〗
sic·car /síkə | -kɑː^r/ *adj.* 《スコット》 =sicker² *adj.* 2.
sic·ca·tive /síkətɪv | -tɪv/ *adj.* 乾燥させる (drying). — *n.* 乾燥させる物; (特に, ペンキに入れる)乾燥剤 (drier). 〖(1547) □ L *siccātīvus* ← *siccātus* (p.p.) ← *siccāre* to dry ← *siccus* dry: ⇨ -ative〗
sice¹ /sáɪs/ *n.* 《古》 (賽(さい)の)六の目. 〖(c1390) *sice, sys* □ OF *sis* (F *six*) < L *sex* 'SIX'〗
sice² /sáɪs/ *n.* 《インド》 =syce.
Sic·el /síkəl, -kɫ, -səl, -sɫ/ *n.* **1** シチリア人《古代においてギリシャ人以前に Sicily 島に移住した人々》. **2** (イタリア語の)シチリア方言. 〖(1838) □ L *Siculī* □ Gk *Sike-loí*〗
Si·cel·i·ot /sɪ̀séliɑ̀t, -sél-, -liɑ̀(ː)t | -liət, -liɔ̀t/ *n.* = Sicel. 〖(1836) □ Gk *Sikeliṓtēs* ← *Sikelía* Sicily: ⇨ -ote〗
sicht /síçt/ *n., v.* 《スコット》 =sight.
Si·chuan /sìtʃwɑ́ːn; *Chin.* sɪtʂʰuān/ *n.* 四川(スーチョワン)《中国南西部長江の上流にある省; 面積 569,800 km²; 省都 Chengdu (成都)》.
Si·ci·lia /*It.* sitʃíːlja/ *n.* シチリア《Sicily のイタリア語名・古名》. 〖□ L ~ □ Gk *Sikelía*〗
Si·cil·i·an /sɪ̀sílian, -ljən/ *adj.* シチリア島[人, 方言]の. — *n.* **1** シチリア(島)人. **2** (イタリア語の)シチリア方言. 〖(1513) ⇨ ↑, -an¹〗
si·cil·i·a·no /sɪ̀sìliɑ́ːnou, -tʃíl- | -nəu; *It.* sitʃiljáːno/ *n.* (*pl.* **~s**) (*also* **si·cil·i·a·na** /-nə; *It.* -na/) **1** シチリアノ[シチリアナ]舞曲《もとシチリア (Sicily) の舞踏曲で 6/8 または 12/8 拍子; 18 世紀には歌がつくようになった》. **2** シチリアナ舞踊. 〖(1883) □ It. ~ 'Sicilian'〗
Sicílian Véspers *n. pl.* [the ~] シチリアの晩鐘《1282 年の復活祭で月曜日の「夕べの祈りの鐘 (vesper bell)」を合図に Sicily 島民が同島在住のフランス人に対して行った虐殺》. 〖1611〗
Sic·i·ly /sísəli | -sɪ̀-/ *n.* シチリア(島), シシリー(島)《Messina 海峡を隔ててイタリア半島に対する地中海最大の島(イタリア領); 島全体が一州を成し, 近隣の諸島をあわせて自治区を形成; 面積 25,706 km², 州都 Palermo; イタリア語名・古名 Sicilia; cf. Two Sicilies, Sicilian》. 〖□ L *Sicilia* □ *Sikelia* ← *Sikelós* (原住民の名): ⇨ Sicel〗
sick¹ /sík/ *adj.* (**~·er; ~·est**) **1 a** [限定的] 病気の (ill, ailing), 加減の悪い (unwell) (cf. 2): a ~ man [animal] 病人, 病弱者[病気の動物] / a ~ child 病児 / He is ~ (=《英》 ill). 病気だ / look ~ (=《英》 ill) 顔色が悪い / get [become, take, be taken] ~ (=《英》 fall [be taken] ill) 病気になる / be ~ *with* a cold かぜをひいている / ~ *of* a fever 《古》 熱病を病んで (cf. *Mark* 1:30) / ~ *of* love= love*sick* 恋わずらいで. **b** [the ~; 名詞的に; 複数扱い] 病人たち. **2** 吐きそうな, 胸が悪い, むかつく (nauseated, nauseous, queasy); 吐いて (vomiting): feel [turn, get] ~ 胸が悪くなる / be [feel] ~ *at* the [*to* one's] stomach 《米》 吐き気を催す / make a person ~ 吐き気を催させる (cf. 4) / be ~ from a sea voyage [on a ship] 船旅で気分が悪くなる / I'm going to be ~. 吐きそうだ / ⇨ airsick, carsick, seasick. **3** 〔…に〕嫌けがさして (tired), 飽き飽きして (satiated) 〔*of*〕: be ~ *of* doing nothing 無為に飽きる / be ~ *of* life, love, the same old people 人生に倦(う)む, 恋愛, 同じ連中に飽き飽きする / be ~ *of* rain 雨にうんざりする / ⇨ *sick to* DEATH / I was ~ (of the sight) of him. 彼には[彼は見るのも]うんざりだ. **4** 《口語》 うんざりして (disgusted), しゃくにさわって, むしゃくしゃして, おこって (chagrined); がっかりして, みじめになって (unhappy) 〔*at, about*〕: It makes me ~ to think of that [him]. それ[彼のこと]を思うと嫌になる / I was ~ *at* even the sight [thought] of him. 彼を見た[思った]だけで嫌になった / He [That] makes me ~! やつの[その]ために気分が悪い / He was ~ *with* me for being so late. 私が遅れたので彼は怒っていた / He was ~ *at* missing the train. 列車に遅れてむしゃくしゃしていた / He was very ~ *at [about]* failing in his enterprise. 事業に失敗してひどくくさっていた. **5 a** 情緒[精神]的に不健全な (unhealthy): a ~ thought 不健全な思想. **b** 《口語》 気味の悪い, ぞっとするような, サディスト的な (macabre, morbid, sinister): a ~ joke 無気味な冗談. **c** 精神[道徳]的に病める, 心病める; 堕落した (corrupt). **6 a** 病気を思わせる, 病的な (sickly): the ~ smell of a hospital. **b** 《古》 月経[生理]中の (menstruating). **c** 《方言》 お産の床について. **7** 病人の(ための), 病人用の: a ~ ward 病棟 / ⇨ sick benefit, sickroom, sick leave, sick pay. **8** 〔恥辱・恐怖・嫉妬などに〕冒されて, 気がめいって 〔*with*〕: be ~ *with* envy 嫉妬に悩む. **9** 〔…を〕焦がれて, あこがれて (longing) 〔*for*〕: be ~ *for* (one's) home=be homesick 故郷をあこがれる / ~ *for* a sight of home 故郷を一目見たいと焦がれて. **10** 《英》 調子が狂って; 〈船が〉修理を要する: a ~ locomotive 故障の機関車 / a boat ~ of paint=a paint-*sick* boat 塗り替えを要する船. **11 a** 〈顔色・色調など〉青ざめた, 色あせた (sickly): a ~ skin / ~ yellow. **b** 元気のない, しょげた: in a ~ voice 元気のない声で / look ~. **c** 〈市場など〉不況の: a ~ market, economy, society, etc. **12** 〖ガラス製造〗 〈ガラスが〉(不純物のため)くもって見える. **13** 〖農業〗 〈土地が〉(有害微生物を含むため)収穫のあがらない, (…の)できない: tomato-*sick* トマトのできない / ~ soil 忌地(いや).
be óff sick 病気で〈勤めなどを〉休んでいる. ***cáll in síck*** 病欠を電話で伝える[届ける]. ***gó [repórt] síck*** 病気届けを出す, 病人名簿に載せてもらう. ***lóok síck*** 《米口語》 影が薄く見える, 劣勢である, 分(ぶ)が悪い: She *looked* ~ playing the champion. チャンピオンと対戦して彼女は劣勢だった. ***màke a person síck*** (1) 〈人に〉吐き気を催させる. (2) 《口語》 〈人を〉ひどく不快にさせる: His behavior *makes* me ~. 彼の言動は頭にくる. (3) 《戯言》 〈人を〉うらやましがらせる. ***sick and tired*** 《口語》 (1) 疲れ切って. (2) うんざりして, 飽き飽きして; ひどくいらいらして 〔*of*〕. ***sick at héart*** ⇨ heart 成句. ***sick ùnto déath***=*sick to* DEATH.
— *vt.* 《口語》 〈食べた物を〉吐く, 吐き出す (vomit) 〈*up*〉.
— *n.* 《英口語》 吐いた物.
〖OE *sēoc* < Gmc **seukaz* (Du. *ziek* / G *siech*) ← ? IE **seuə-* 'to SUCK': 悪魔に吸い込まれると病気になると古代ゲルマン民族が信じていたことから〗

SYN 病気の: **sick** 《米》 病気で健康がすぐれない, 《英》 気分が悪い, 吐き気がする. 《米》 でもこの意味でも用いる: He's *sick* in bed with flue. 流感で床についている. **ill** (主に英) 病気で, 《米》 でもこの意味で用いられることもある: He is seriously *ill*. 彼は重病だ. **sickly** 病気になりがちな: a *sickly* child 病弱な子供. **ailing** 長くわずらっている: She has been *ailing* ever since her operation. 手術以来健康がすぐれない. **indisposed** 一時的に病気で《格式ばった語》: I am *indisposed* with a headache. 頭痛がして気分がすぐれない. **ANT** well, healthy.

sick² /sík/ *vt.* =sic².
sick bàg *n.* 《英》 嘔吐(おうと)用袋.
sick bày *n.* (船内の)病室 (cf. bay² 1 b). 〖1813〗
sick·bèd *n.* 病床. 〖c1425〗
sick bènefit *n.* =sickness benefit. 〖1909〗
sick bèrth *n.* =sick bay.
sick bùilding sỳndrome *n.* シックビル症候群

《気密性が高く換気の少ないオフィスビルで働く人にみられる症状; 頭痛, かぜに似た症状, 無気力などを伴う; 略 SBS》. 〖1983〗

sick càll *n.* **1** 〘軍事〙 **a** 患者召集, 診断呼集《入院患者以外の傷病者を診断・診療のために集合させること》. **b** (患者召集を合図する)診断らっぱ[号音], 診断呼集時刻. **2** (医者・牧師の)病人訪問, 往診. 〖1836〗

sick dày *n.* 病気欠勤日《病気で欠勤しても給料の支払われる日》.

sick·en /síkən/ *vt.* **1** …に吐き気を催させる, …の胸を悪くさせる (nauseate): He was ~*ed* by the sight of the accident. 事故を見て胸が悪くなった. **2** 嫌にならせる; 飽き飽きさせる; …の胸くそを悪くさせる, うんざりさせる 〔*of*〕: This ~*ed* her of America. このことでアメリカが嫌になった / He was ~*ed of* studying. 勉強することが嫌になった. **3** 病気にする. — *vi.* **1 a** 病気になる. **b** 《英》〔病気に〕なりかけている, 〔病気の〕前駆症状[徴候]を示す 〔*for*〕: ~ *for* mumps おたふく風邪の兆候を示す / The child is ~*ing for* something. 子供はどこか変だ. **2** 胸が悪くなる, 吐き気を催す: ~ *at* the sight of blood 血を見ると気持ちが悪くなる. **3** 嫌になる, 飽き飽きする 〔*of*〕: He soon ~*ed of* his new wife. 新婚の妻がすぐに嫌になった. **4** しぼむ, 弱る (wither), だめになる (decay). 〖《?*c*1200》 *secne(n)*: ⇨ sick¹, -en¹〗

sick·en·er /-k(ə)nə | -nə^(r)/ *n.* **1** 吐き気を催[飽き飽き, うんざり]させるもの[経験]; 大量 (overdose): give a person a ~ of … 人に…をつくづく嫌に思わせる. **2** 〘植物〙 ベニタケ属 (*Russula*) のキノコ《特にドクベニタケを指す》. 〖《1809》: ⇨ ↑, -er¹〗

sick·en·ing /sík(ə)nɪŋ/ *adj.* **1** 吐き気を催させる(ような) (nauseating); 胸くそが悪くなるような, うんざりする: ~ cruelty [hypocrisy] 胸の悪くなるような残忍さ[偽善]. **2** 病気にする(ほどの). **~·ly** *adv.* 〖1725〗

sick·er¹ /síkə | -kə^(r)/ *n.* 《米軍俗》 入院患者.

sick·er² /síkə | -kə^(r)/ 《スコット・北英》 *adj.* **1** 安全な (safe). **2** 確実な, あてになる (dependable). — *adv.* **1** 安全に (safely). **2** 確かに, 疑いなく (certainly). 〖OE *sicor* ← (WGmc) (Du. *zeker* / G *sicher*) ◻ L *sēcūrus* 'SECURE'〗

Sick·ert /síkət | -kət; *G.* zíkɐt/, **Walter Richard** *n.* シッカート《1860–1942; ドイツ生まれの英国の印象派画家・エッチング師》.

sick flàg *n.* **1** 〘海事〙 検疫旗 (quarantine flag). **2** 「私は医療の援助がほしい」を意味する W 旗. 〖1867〗

sick héadache *n.* **1** 吐き気を伴う頭痛. **2** 〘病理〙 片頭痛 (migraine). 〖1778〗

sick·ie /síki/ *n.* **1** 《口語》 病人; (特に)精神病患者; サディスト (sicko). **2** 《豪口語》 病気欠勤; 《英口語》 (仮病による)病欠, ずる休み. 〖1: 《1967》. 2: 《1953》〗

sick·ish /síkɪʃ/ *adj.* **1** 少し胸がむかつく[吐き気がある]: feel ~. **2** 少し胸を悪くする, 少々吐き気を催す: a ~ smell, taste, etc. **3** 《古》 加減の悪い (sickly). **~·ly** *adv.* **~·ness** *n.* 〖《1581》 ← SICK¹, -ISH¹〗

sick·lae·mi·a /sɪklíːmiə, sìklíː-/ *n.* 〘病理〙 =sicklemia.

sick·le /síkl/ *n.* **1** 鎌, 小鎌 (⇨ scythe 挿絵). **2** = sickle feather. **3** 鎌状のもの, 三日月状のもの (crescent). **4** [the S-] 〘天文〙 (しし座 (Leo) の)鎌《6 個の星で作っている鎌形》. **sickle and hámmer** [the —] = HAMMER and sickle. — *adj.* 鎌状の, 三日月状の (crescent): the ~ moon. — *vt.* **1** 鎌で刈る. **2** 〘病理〙〈赤血球を〉鎌状にする. — *vi.* 〘病理〙〈赤血球が〉鎌状になる. 〖OE *sicol, sicel* ◻ VL **sicila*=L *secula*: ⇨ saw²〗

sick lèave *n.* **1** 病気休暇, 病気賜暇(期間): go home on ~ 病気休暇を取って帰郷する. **2** =sick pay. 〖1840〗

síckle bàr *n.* (刈取り機の)刃先の保護器.

síckle·bìll *n.* 〘鳥類〙 長く曲がったくちばしをもっている鳥の総称《ダイシャクシギ (curlew), カマハシハチドリ (*Eutoxeres aquila*) など》. 〖1872〗

síckle cèll *n.* 〘病理〙 鎌状赤血球《主として黒人にみられる鎌状の異常赤血球》. 〖1923〗

síckle cèll anemìa [**anèmia**] *n.* 〘病理〙 鎌状赤血球貧血《異常血色素のため赤血球が鎌状を呈する貧血; 熱帯アフリカ西岸地方に多発する》. 〖1922〗

síckle cèll tràit *n.* 〘病理〙 鎌状赤血球形質《通常貧血は起こさない》. 〖1928〗

síckle fèather *n.* (雄鶏の尾の中央部にある)鎌羽(かまば). 〖1688〗

síckle-hòcked *adj.* 〘獣医〙〈馬が〉(腱と靭帯の緊張のため)後脚が体の下側に屈曲した状態の.

síckle mèdick *n.* 〘植物〙 メディカゴファルカータ (*Medicago falcata*)《ユーラシア産マメ科ウマゴヤシ属の黄花をつける草本; 飼料; yellow medick ともいう》.

sick·le·mi·a /sɪklíːmiə, sìklíː-/ *n.* 〘病理〙 =sickle cell anemia. **sick·le·mic** /sɪklíːmɪk, sìklíː-/ *adj.* 〖《1932》 ← NL ~: ⇨ sickle, -emia〗

síckle thòrn *n.* 〘植物〙 ヤナギバテンモンドウ, マキバアスパラガス (*Asparagus falcatus*)《アフリカ南部原産ユリ科の常緑観葉植物; 枝は鎌状に曲がっている》.

síckle·wèed *n.* 〘植物〙 ヨーロッパ原産セリ科の草本 (*Falcaria vulgaris*)《北米に帰化して雑草化している》. 〖← SICKLE+WEED¹〗

sick lìst *n.* (軍隊や艦船の)患者名簿, 患者表: be [go] on the ~ 病気で働けない, 病欠中である. 〖1748〗

sick·ly /síkli/ *adj.* (**sick·li·er**; **-li·est**) **1** 病身の, 病弱な (unhealthy) (⇨ sick¹ SYN): a ~ child 病身の子供 / a ~ family 病弱な一家. **2** 吐き気を催させる, 嫌な (nauseating): a ~ smell. **3 a** 病弱からくる, 病弱らしい, 青ざめた; 弱々しい, 陰気な: a ~ look [complexion] 青ざめた顔[顔色] / a ~ smile 陰気な微笑. **b** 〈色・光など〉あせた, 薄い, 弱い (pale, feeble). **4** 病気[病人]の多い; 病気を起こしやすい, 健康に悪い (unhealthy): a ~ season 病人の多い(不順な)季節 / a ~ region [climate] 病気にかかりやすい地方[風土]. **5 a** 愛想の尽きる, うんざりする (disgusting), 嫌になる, 飽き飽きする (weary). **b** いやに感傷的な (mawkish): a ~ play お涙頂戴的な劇 / ~ sentimentality. — *adv.* 病気で, 病身で, 病弱で, 弱々しく. — *vt.* 《古》 青白くする 〈*over, o'er*〉〔*with*〕 (cf. Shak., *Hamlet* 3. 1. 85). **síck·li·ly** /-ləli/ *adv.* **síck·li·ness** *n.* 〖《*a*1375》 ← SICK¹, -LY²: cf. ON *sjúkligr*〗

síck-màking *adj.* 《口語》 =sickening.

sick·ness /síknəs/ *n.* **1 a** 病気 (malady) (⇨ disease SYN). **b** 病気状態 (illness): in ~ and in health 病めるときも健やかなるときも. **2 a** 吐き気, 嘔吐(おうと), むかつき (nausea). **b** 吐物 (vomit). **3** 月経 (menses). 〖OE *sēocnesse*〗

síckness bènefit *n.* **1** 《英》 (国民保険の)疾病(しっぺい)手当. **2** 《NZ》 傷病手当《社会福祉省から傷病のため働けない人に支払われる》.

síckness insùrance *n.* 〘保険〙 疾病保険, 健康保険. 〖1911〗

sick nòte *n.* 《英口語》 病欠届.

sick nùrse *n.* 看護婦《乳母と区別するための語; 単に nurse ともいう》. 〖1816〗

sick·o /síkou | -kəu/ 《口語》 *n.* (*pl.* **~s**) 変質者, 変態, サディスト (sickie). — *adj.* 気違いの, 変態の; ぞっとさせる, 病的な.

síck-òut *n.* 病気を理由にする非公式ストライキ. — *vi.* 病気を理由にする非公式ストライキに参加する. 〖1951〗

sick paràde *n.* 〘軍事〙 患者整列《診療を要する隊員の特別の整列》. 〖1915〗

sick pày *n.* 疾病手当《病気中雇用者が支払う手当》. 〖1887〗

síck·ròom *n.* 病室. 〖1749〗

sicle /síkl/ *n.* 《廃》 =shekel.

sic pas·sim /síkpǽsɪm, siːkpɑ́ːsɪm/ *L.* (本書・本文・注解を通じて)すべてこの通り, 各所同様. 〖《1921》 ◻ L *sic passim* so throughout〗

Si·cu·li·an /sɪkjúːliən/ *n.*, *adj.* =Sicel. 〖← L *Siculi*+-AN¹: ⇨ Sicel〗

Si·cy·on /síʃiɑ̀(ː)n, -si- | -ɔ̀n/ *n.* シキオン《ギリシャ南部, Corinth 付近の古都》.

Sid /síd/ *n.* シッド《男性名; 女性名》. 〖← SIDNEY〗

si·da /sáɪdə | -də/ *n.* 〘植物〙 アオイ科キンゴジカ属 (*S-*) の草本[低木]《温暖な地方にみられ, 通例 黄または白の小花をつける》. 〖《1753》 ← NL *Sida* (属名) ← Gk *sídē* some water plant〗

si·dal·ce·a /sɪdǽlsiə/ *n.* 〘植物〙 北米西部産アオイ科キンゴジカモドキ[シダルケア]属 (*S-*) の草本, (特に) シダルケアマルウェフローラ (*S. malvaeflora*). 〖《1882》 ← NL *Sidalcea* (属名) ← *Sida* (↑)+*Alcea* (属名) (← L *alcea* mallow ◻ Gk *alkaía*)〗

Sid·dha /sídə | -də/ *n.* 〘ヒンズー教・ジャイナ教〙 成就者, シッダ. 〖《1846》 ◻ Skt ~ (原義) accomplished ← *sidhyati* he accomplishes〗

Sid·dhart·ha /sɪdɑ́ːtə | sɪdɑ́ːtə/ *n.* 〘仏教〙 **1** シッダールタ(悉達多)《釈尊が太子であった時の名》: ~ Gautama. **2** =Buddha 1 a. 〖◻ Skt *siddhārtha* ← *siddha* accomplished (↑)〗

sid·dhi /sídi | -di/ *n.* 〘仏教〙 悉地(しっじ)《成就・完成の意》; 不思議力. 〖《1921》 ◻ Skt ~ (原義) accomplishment: ⇨ Siddha〗

Sid·dons /sídnz/, Mrs. **Sarah** *n.* シッドンズ《1755–1831; 英国の悲劇女優; 旧姓 Kemble; John Philip Kemble の姉, Frances Anne Kemble の伯母》.

sid·dur /sídʊə, -də | -dʊə^(r), -də^(r)/ *n.* (*pl.* **sid·du·rim** /sɪdʊ́ərɪm | sɪdʊ́ə-/, **~s**) 〘ユダヤ教〙 (安息日および平日の礼拝式に用いる)祈禱(きとう)書 (cf. mahzor). 〖《1864》 ◻ MHeb. *siddūr* (原義) order〗

side /sáɪd/ *n.* **1** (左右・上下・前後・東西・南北などの)側, 方; (内面・外面・表面・裏面などの)面; (前後・上下以外の)側面: the right [left] ~ 右[左]側 / near [far] ~ こちら[向こう]側 / the upper [lower] ~ 上[下]側 / the front [back, rear] ~ of a house 家の前[後ろ]側 / on the north ~ of a house 家の北側に / the other ~ of the room [street, road, river] 部屋[街路, 道路, 川]の向こう側 / this [that] ~ (of) the Pacific 太平洋のこちら[向こう]側 / ⇨ *this* SIDE *(of)* / the right [wrong] ~ of the cloth 織物の表[裏] / both ~s of the paper [a record] 紙[レコード]の両面 / the ~s of a vase 花びんの胴 / a vase lying on its ~ 倒れている花びん / the ~s of a cave 洞窟(どうくつ)の壁面 / the flat ~ (of a sword) (刀剣の)ひら, 鎬地(しのぎじ) / the landward ~ 陸の方 / ⇨ epistle side, gospel side, prompt side / look on all ~s [every ~] 四方八方を[あたりをぐるりと]見る / go around the ~ of it 遠回しに言う / put one's socks on (the) wrong ~ out 靴下を裏返しに履く《★ inside out のほうが普通》/ turn the best ~ outward (物事を)できるだけよく見せる / Everything has its two ~s. ものにはすべて裏表がある / It has a glass front, but the ~s and back are made of wood. 前面はガラスだが側面と裏面は木でできている / The box says "This Side Up". 箱には「天地無用」と書いてある / built like the ~ of a bus [house, barn] バス[家, 納屋]の側面のような造りになっている.
★ しばしば複合語の第 2 構成素としても用いられる: be*side*, back*side*, fore*side*, in*side*, near*side*, off*side*, out*side*, top*side*, up*side*, etc.

2 a 端, へり, ふち (edge, margin); (川などの)岸 (shore): the ~ of a mouth [table, cup] 口[テーブル, カップ]の端 / by the ~ of the road [river] 道端[川岸]に[の]. ★ しばしば複合語の第 2 構成素としても用いられる: road*side*, lake*side*, river*side*, sea*side*, etc. **b** (物の)かたわら, そば, わき (cf. 3 b): a garage at the ~ of a house 家の横(手)にあるガレージ.

3 a (体・頭などの)側面, 横腹, わき腹: lie on one's ~ 横向きになって寝る / burst [hold, shake, split] one's ~s (laughing [with laughter]) 抱腹絶倒する, 腹の皮がよじれるほど笑う (cf. sidesplitting) / I feel a pain in my ~. 横腹が痛い / How about taking a little more off the ~s? (耳の)両わきをもう少々刈り上げましょうか. **b** (人の)かたわら, そば, わき (cf. 2 b): ⇨ *by the* SIDE *of* / ⇨ *on* [*to*] *one* SIDE / with one's wife at [by] one's ~ 妻をかたわらにして / He never left her ~. 彼女のそばを片時も離れなかった. **c** (食用に用いる動物の)右[左]半身; (豚や牛の)わき腹肉, 肋(ろく)肉: a ~ of bacon [beef] 豚[牛]の肋肉ベーコン. **d** 半裁革.

4 a (印刷・書写物の)ページ (page): six ~s of argument 6 ページにわたる議論. **b** 《英口語》 (テレビの)チャンネル: Perhaps there is something better on the other ~ (=channel). ひょっとするとよそではもっといいのがあるかもしれない.

5 a (敵方・味方の)方, 側, 党 (party), 党派 (faction); (試合の)側, チーム: be on the winning [losing] ~ 勝[負]組に入っている / Let's choose [pick] (up) ~s. 組を分けてやろうよ / on the ~ of a person [a person's ~] 人に味方して, 人にくみして / ⇨ *on the* SIDE *of the angels* / Whose ~ are you on? 君はどちら側についているか / Time is on our ~. 時は私たちの味方だ / support from [on] both ~s of the House 両院からの支持 / There is much to be said on [for] both ~s. 言い分は双方五分五分. **b** 《英》 (スポーツの)チーム (team): a strong ~ / be on a cricket ~ クリケットのチームに入っている. **c** 〘簿記〙 (貸方・借方の)方: the credit [debit] ~ 貸方[借方]《帳簿の右[左]側》.

6 (問題などの)面 (aspect), 様相 (phase), 観点 (viewpoint): the educational ~ of a film 映画の教育面 / study all ~s of a question 問題のあらゆる面を研究する / look on the bright [dark] ~ (of life) (人生の)明るい[暗い]面を見る / Not much is known about this ~ of his character [him]. 彼の性格のこの面はあまり知られてない / Try looking at the other ~ of the picture. 事態の別の側面を見るようにしなさい / Try looking at it from the other fellow's ~. 物事を相手の立場から見るよう心がけなさい / There's more than one ~ to him [his character]. 彼[の性格]には多様な面がある.

7 山腹, 斜面, 坂 (slope): on the ~ of a hill [mountain] 山腹に[の]. ★ しばしば複合語の第 2 構成素としても用いられる: hill*side*, mountain*side*, etc.

8 (血統の)系, (父方・母方の)方 (lineage): on the father's [paternal] ~ 父方に[の] / be Scottish on one's mother's [maternal] ~ 母方はスコットランド系である / ⇨ spear side, distaff side, spindle side.

9 《英俗》 もったいぶり, 威張りちらし (swagger), 尊大, 傲慢(ごうまん) (arrogance): have [put on] ~ えらそうな態度をとる, でかい面(つら)をする / have no [be totally without] ~ ちっとも威張らない / She's very important, but there is no ~ about [to] her at all. 彼女は大変な重要人物だが, 少しももったいぶったところがない.

10 〘数学〙 **a** (三角形などの)辺, (立体の)面: a ~ of a triangle 三角形の一辺 / A cube has six ~s. 立方体には六面ある / the opposite ~s of a parallelogram 平行四辺形の相対する 2 辺. **b** (等式などの)辺: the right [left] ~ 右辺[左辺].

11 《英》〘教育〙 (中等学校で, 特別の教科に重点を置く)部門: ⇨ modern side / the science [arts] ~ 科学[芸術]部門.

12 〘海事〙 船側, 舷側, 船ばた (ship's side): over the ~ 船べり越しに.

13 [通例 *pl.*] 〘演劇〙 **a** 書抜き《一つの役の台詞(せりふ)だけを抜粋したもの》. **b** 台詞.

14 《英》〘玉突〙 ひねり (《米》 English): put on ~ ひねる / put ~ on the ball 玉の側面にひねりを与える.

15 〘トランプ〙 (パートナーを組んで競技するゲームで, それぞれの)組, 側, 陣 (cf. corner 14).

a bít on the síde ⇨ *a* BIT *on the side*. ***bórn on the wróng síde of the blánket*** 庶子として生まれた, 私生児で. 《1771》 ***by*** [***at***] ***the síde of …***=***by a person's síde*** …のそばに, 近くに (near) (cf. 2 a): Come and sit *by my* ~. / stand *by a person's* ~ 人のわきに立つ; 人に加担[を支持]する. ***chánge sídes*** (1) 党派を変える, 他党に移る. (2) (テニスなどで)コートチェンジする. ***from évery síde*** [***áll sídes***] あらゆる方面[四方八方]から; 周到に. ***from síde to síde*** 端から端に, 左右に: He turned *from* ~ *to* ~. 彼は(てんてんと)寝返りをうった. ***gèt óut of béd*** (***on***) ***the wróng síde*** ⇨ bed 成句. ***give the róugh síde of one's tóngue*** ⇨ tongue 成句. ***láugh on*** [《米》 ***òut of***] ***the óther*** [《米》 ***wróng***] ***síde of*** one's ***móuth*** [《英》 ***fáce***] 《口語》 (得意の後で)急に失意に陥る, 後悔する, ほえづらをかく, がっかりする. 《1809》 ***lèt the síde dówn*** 味方[友, 同僚, 身内]を裏切る(ようなことをする). 《1952》 ***Nó síde!*** 〘ラグビー〙 ノーサイド《試合終了時のコール》. ***off síde*** ⇨ offside. ***on évery síde*** [***áll sídes***] 四方八方に, 至る所に; いろいろな方面で. 《1390》 ***on*** [***to***] ***óne síde*** かたわらに, わきへ (aside); (当面は)保留にして; (内密の話のために)他人から離して: He moved [stepped] *to one* ~ to let her pass. 彼はわきに寄って彼女に道を譲った / take a person *on one* ~ 人をわきへ呼ぶ《内緒で話を

S

するような時に) / ⇨ *put* [*leave, set*] *on* [*to*] *one* SIDE.
on side ⇨ onside. ***on the right side of*** (1) 〈ある年齢〉より若く,〈…歳〉前で (younger than): He is still *on the right* ～ *of* fifty. 彼はまだ 50 歳前だ. ★ この意味では right の代わりに sunny, bright などの形容詞も用いられる. (2) 《口語》〈人〉の気に入られて, に好感をもたれて (in favor with): She got *on the right* ～ *of* her teacher. 先生にかわいがられた. 《1777》 ***on the right side of the tracks*** 《米》(町で)裕福な人の住む側[地域]に; 裕福に生まれて: live [be born] *on the right* ～ *of the tracks* 《しばしば鉄道線路 (*tracks*) を境にして裕福な人と貧しい人の住居が分かれていることから》. ***on the safe side*** ⇨ safe *adj.* 成句. ***on the shady side of*** ⇨ *on the wrong* SIDE *of* (1). ***on the side*** (1) 内職に, アルバイトに, 副業として (as a sideline). 《1898》 (2) (決まった事の)ほかに, 余分に. (3) 《口語》ひそかに, 内緒で: see one's mistress *on the* ～ (妻があるのに)愛人と密会する / He likes to have a bit *on the* ～. 《英》彼はゆきずりの関係を持つのが好きだ / She's his bit *on the* ～. 《英》彼女は彼の不倫相手[愛人]だ. 《1893》 (4) 《米》(別注文の)添え料理 (side dish) として: order a hamburger with French fries *on the* ～ ハンバーガーとさらにフレンチフライを注文する. 《1884》 ***on the … side*** 幾分[どちらかといえば]…気味で (rather …): on the large ～ どちらかといえば大きい方(の) / Prices are *on the* high ～. 物価は上がり気味だ / This hat is *on the* large ～. この帽子は幾分大きい / She is *on the* talkative ～. 彼女はおしゃべりの方だ. 《1713》 ***on the side of the angels*** (問題点などについて)精神的な[正統な]見方をして; 大勢に従って (B. Disraeli の演説 (1864) 中の文句から). 《1864》 ***on the sunny side of*** ＝*on the right* SIDE *of* (1). ***on the wrong side*** 負債になって: The balance is *on the wrong* ～ to the extent of …. 勘定は…だけ負債になっている. ***on the wrong side of*** (1) 〈ある年齢を〉過ぎて, 越して (older than): She was *on the wrong* ～ *of* forty. 彼女は 40 歳の坂を越えていた. ★ この意味では wrong の代わりに shady などの形容詞も用いられる. (2) 〈人〉の不興をかう, 反発をくう: He got *on the wrong* ～ *of* his boss. 上司の不興をかった / live *on the wrong* ～ *of* law 法に背いて生きる. 《*a*1663》 ***on the wrong side of the tracks*** 《米》(町で)貧しい人の住む側[地域]に; 貧しい生まれで (⇨ *on the right side of the tracks*). ***put*** [***leave, set***] ***on*** [***to***] ***one side*** (1) 〈問題などを〉(当座の間)無視する: *put* a question *on one* ～ 問題を棚上げする. (2) 〈物を〉(あとで使うために)のけておく, とっておく. ***side by side*** 並んで, 並行して, 一緒に (together); 結託して〔*with*〕: I walked ～ *by* ～ *with* him. 彼と並んで[一緒に]歩いた. ***split one's sides*** 腹をよじって笑う. ***take sides*** 味方する: He *took* ～*s with* me *against* them in the argument. その議論では彼は私を支持して彼らに反論してくれた / I don't want to *take* ～*s in* the quarrel. その論争に関してはどちらにも味方したくない. 《1700》 ***take the side of*** …の味方をする: He *takes the* ～ *of* the weaker. 彼は弱者の味方をする. ***the other side of the coin*** 逆の見方[観点], 反対側の立場. ***this side*** (***of***) …の一歩手前, ほとんど… (short of): *this* ～ *of* idolatry 偶像視せんばかりに / *this* ～ *of* madness 気違いじみた / an idea just *this* ～ *of* crazy 狂気一歩手前の考え. ***two sides of the same coin*** 見かけは違うが同じこと, 表裏一体の問題[情況].

— *adj.* **1** わきの, そばの, かたわらの, 横の; 側面の: a ～ entrance (建物などの)側面の入口. 日英比較 「サイドブレーキ」「サイドスロー」「サイドビジネス」はいずれも和製英語. 英語ではそれぞれ parking [hand] brake, sidearm throw, side job [line] という. **2** 片方から[へ]の: a ～ glance 横目 (cf. side-glance). **3 a** 従の, 副の, 枝葉の, つけたりの (subordinate): a ～ remark [view] 付帯的な発言[観測] / a ～ salad 添え物のサラダ / ⇨ side effect, side issue / ～ money 内職で得た金, へそくり. **b** 《米》(主料理とは)別途の: a ～ order of potato salad 別に注文したポテトサラダ.

— *vi.* くみする, 味方する (take sides), 加担する (take part); 賛成する, 支持する〔*with*〕, 反対する〔*against*〕: ～ *with* the stronger party 強い方に味方する. — *vt.* **1** 支持[味方]する (support), 賛成する. **2** …と並ぶ. **3** 《北英方言》わきへ置く (put aside), 片付ける (clear away) 〈*away, up*〉: ～ dishes [a table]. **4** …に側面[横]を付ける: ～ a barn 納屋に壁板を張る.

〖n.: OE *side* < Gmc **sīðōn* (G *Seite*) ← IE **sē(i)-* long, late. — v.: (*c*1470) ← (n.)〗

S

side·arm *adj.* 横手投げの, サイドスローの: ～ delivery 〖野球〗横手投げ. — *adv.* 横手投げで, サイドスローで: pitch ～. — *vi., vt.* サイドスローで投げる. 《1908》

side arms *n. pl.* 着装武器, 携帯武器《使用しないとき身体の側部とか帯革に付ける銃剣·ピストルなど》. 《1689》

side band *n.* 〖通信〗側波帯《信号波のもつ周波数成分のうち, 搬送波周波数の上下にある成分》. 《1922》

side·bar *n.* **1** 横木 (sidepiece). **2** 〖ジャーナリズム〗(大記事を補足する)側面記事 (cf. shirttail 2). **3** 〖法律〗サイドバー《裁判官と弁護士による, 陪審のいないところでの協議》. 《1708》

sidebar conference *n.* 〖法律〗＝sidebar 3.

side-bar keel *n.* 〖海事〗側板キール《方形キール (bar keel) に沿わせてその両側からこれをはさむ形に取り付けた補助材》. 《1869》

side·bearing *n.* 〖活字〗サイドベアリング《字面の左右の肩; cf. shoulder 7 a》. 《1894》

side bet *n.* (主要な賭け以外にやる)補足的[二次的]な賭け. 《1894》

side·board /sáɪdbɔ̀ːd | -bɔ̀ːd/ *n.* **1** (食堂の壁ぎわに置く)食器棚[台], サイドボード. **2** 側面板, 側面部. **3** 《英》[通例 *pl.*] ＝side-whiskers. **4** [*pl.*] 〖ホッケー〗リンクの周囲の板壁. 《?*c*1378》

side·bone *n.* **1** 〖解剖〗寛骨, 無名骨 (hipbone). **2** 〖獣医〗＝sidebones. 《1819》

side·bones *n. pl.* [単数扱い] 〖獣医〗趾骨瘤, 管骨瘤.

side boy *n.* 〖海事〗舷門衛兵, 舷門当番《高級船員·貴賓の上船·下船時に敬意を表するために舷門に立つ 2–8 人の乗組員》.

side·burns *n. pl.* **1** ＝burnsides. **2** もみあげ.

side·burned *adj.* 〖《1887》《つづり換え》← BURNSIDES〗

side-by-side *adj.* 並んで(立って)いる, 共存する. 〖《1908》: ⇨ SIDE by side〗

side·car *n.* **1** (オートバイの)サイドカー, 側車. **2** 《英》(アイルランドの)軽快な二輪馬車 (jaunting car). **3** サイドカー《ブランデー·オレンジリキュール·レモンジュースのカクテル》. 《1881》

side card *n.* 〖トランプ〗(poker で)脇札《役を作っていない遊離札のうち最高位のもの; 出来役が同位の場合, 勝負の決定権をもつ》.

side chain *n.* **1** 〖化学〗(炭素鎖の)側鎖. **2** 〖自動車〗サイドチェーン《チェーン式終駆動機において, カウンターシャフトの小歯車と駆動輪の歯車を結ぶチェーン》. 《1849–50》

side-chain theory *n.* 〖免疫〗側鎖説. 《1900》

side chair *n.* (食堂用の)ひじ掛けのない椅子. 《1905》

side chapel *n.* 付属礼拝堂《教会堂の内陣または聖歌隊席の側[背]面にある; cf. Lady Chapel》.

side·check *n.* 〖馬具〗引きつけ手綱, 止め手綱《馬の頭を下げさせないために銜(はみ)から馬の顔の横を通し鞍に通してある補助手綱》.

side circuit *n.* 〖電気〗側回線, 実回線《phantom circuit に対してもとからある回線をいう; physical circuit ともいう》. 《1916》

side·cut *n.* サイドカット《スキー板·スノーボードの側面のカーブ》.

side cut *n.* 〖木工〗＝cheek cut.

sid·ed /-dɪ̣d | -dɪ̣d/ *adj.* **1** 面[辺, 側]をもった. **2** [複合語の第 2 構成素として] …面[辺, 側]の: many-*sided*, one-*sided*. **3** 〖造船〗(木船の船首材で)明細書通りの縦幅(船首尾方向に測った)をもった. **～·ness** *n.* 《*a*1425》

side dish *n.* **1** (メーンディッシュの)添え料理, 二の膳, サイドディッシュ. 日英比較 英米の食事では日本語の「おかず」という概念がないので, それに当たる正確な訳語はない. **2** (添え料理用の)小皿. 《1725》

side door *n.* **1** (建物の)側面[横]の入口; 横手の通用口. **2** 間接的な(接近の)方法. 《1535》

side·dress *n.* 〖農業〗**1** 根際(ねぎわ)施肥《作物の根の近くに施肥すること》, 株際(かぶぎわ)施肥. **2** ＝side-dressing. 《1966》

side-dress 〖農業〗*vi.* 主に中耕機 (cultivator) を用いて)株際(かぶぎわ)に肥料をやる. — *vt.* 〈作物〉に株際肥料をやる: ～ a crop. 《1935》

side-dressing *n.* 〖農業〗根際(ねぎわ)肥料, 株際(かぶぎわ)肥料.

side drum *n.* ＝snare drum.

side effect *n.* **1** (薬や化学薬品などの)副作用《side reaction ともいう; cf. aftereffect》. **2** (好ましくない)副(次的)作用. 《1884》

side·foot *vt., vi.* 〖サッカー〗足の内側でキックする. 《1950》

side-glance *n.* **1** 横目, 流し目. **2** ふと[それとなく]言及すること, 軽い言及. 《1611》

side·head *n.* 脇見出し (cf. head 14 b). 《1889》

side·hill *n.* 《米》山腹, 丘の斜面 (hillside). — *adj.* [限定的] 山腹にある; 山腹用の.

side horse *n.* 〖体操〗**1** 鞍馬(あんば)《単に horse ともいう; cf. long horse 1》. **2** [the ～] 鞍馬競技. 《1934》

side impact *n.* (自転車などの)横からの衝突.

side-impact *adj.*

side issue *n.* 枝葉末節の[派生的な]問題: ride off on a ～ (枝葉の問題を持ち出して)要点を避ける. 《1873》

side keelson *n.* 〖海事〗サイドキールソン, 側内竜骨《主キールソンの両側に取り付けられる補強用の縦材; sister keelson ともいう》.

side·kick *n.* 《口語》仲間 (companion); 親友 (close friend); 相棒, 同類 (partner, confederate). 《1903》

side·kicker *n.* ＝sidekick.

side lamp *n.* 《英》(自動車の)側灯.

side·less *adj.* 脇のない, 脇のあいた.

side-lever engine *n.* 〖機械〗サイドレバーエンジン《ピストンの運動を側方に突出したレバーにより取り出す蒸気機関》. 《1882》

side lift jack *n.* 〖機械〗側受けジャッキ.

side·light *n.* **1** 間接に明らかにすること, 側面からの説明, 側光: let in [throw] a ～ on [upon] …に側光を投じる, …を間接[偶然]に明らかにする. **2 a** 《英》(自動車の)側灯, 車幅灯《夜間に点じて, 車の居場所を示すもの》. **b** (船の)舷灯(げんとう)《右舷は緑色, 左舷は赤色》. **c** (軍艦の)舷門灯. **3** 側光, 側面光, 横明かり (sidelighting ともいう). **4** (大窓·戸の横に(ついている)枠組された嵌殺(はめごろ)しの横窓 (cf. skylight 1). 《1610》

sidelight castle [**tower**] *n.* (船舶の)舷灯塔 (⇨ lighthouse 2).

side·lighting *n.* ＝sidelight 3.

side·line /sáɪdlàɪn/ *n.* **1 a** 内職, 副業, アルバイト, サイドビジネス (job work): as a ～. **b** (商店の)専門以外に取り扱う商品. **2** 〖スポーツ〗**a** サイドライン《フットボール場·テニスコートなどの横幅の限界を示す線; ⇨ lawn tennis 挿絵》. **b** [*pl.*] サイドラインの外側《控え選手のいる所》. **3** 側線, 横線. **4** 傍観者の立場. **5** [*pl.*] (地域·組織などの)周辺部. ***on the sidelines*** (1) 試合に出場しないで; 傍観(者と)して; 出番を待って: stand *on the* ～ 傍観する. 《1939》 (2) 側線に沿った所で. — *vt.* **1** 〈負傷·病気などが〉〈選手を〉試合に出場できなくする: He was ～*d* with an injury. 彼は負傷のため試合に出場できなくなった. **2** 〈人を〉(活動[作業, 仕事]から)はずす, 干す. 《1768》

side·ling /sáɪdlɪŋ/ *adj.* **1** 一方に進む[向いた], 斜めの (oblique): a ～ motion. **2** 傾斜のある, 急な: a ～ hill. — *adv.* 横に, 斜めに. 〖《*a*1338》← SIDE, -LING[2]〗

side·long *adj.* **1** 横の, わきの, 斜めの (oblique): cast a ～ look [glance] upon [at] …を横目でちらっと見る. **2** 一方に傾いた, 傾斜した. **3** 間接的な, まわりくどい (roundabout). — *adv.* わきに, 横へ (sideways), 斜めに, はすに (obliquely): glance ～ at her 彼女を斜めに見る. 〖《1392》← SIDE (n.)＋-LONG〗

side·man /-mæ̀n/ *n.* (*pl.* **-men** /-mɛ̀n/) **1** (オーケストラ·ジャズバンドの独奏者以外の)サイドマン; 器楽奏者. **2** 独奏者[主演奏者]を助ける伴奏者. 《1936》

side meat *n.* 《米口語》(豚のわき腹肉からとった)塩漬け豚肉[ベーコン]. 《1868》

side milling cutter *n.* 〖機械〗側フライス《外周と両端に切刃を備えた円筒形のフライス》. 《1910》

side mirror *n.* 《米》(自動車の)サイドミラー, ドアミラー.

side-necked turtle *n.* 〖動物〗曲頸類のカメ《カメ目曲頸亜目 (*Pleurodira*) の淡水ガメの総称; 頭と首が比較的長く, 首を水平に曲げて頭部を甲の縁の間に隠す; ヘビクビガメ科·ヨコクビガメ科を含む》.

side·note *n.* (ページの左または右側に小活字で組んだ)傍注, 側注. 《1776》

side-on /sáɪdɑ́(ː)n, -ɔ́(ː)n | -ɔ́n⁻/ *adv.* 側面から, 側面を向けて. — *adj.* 横からの, 横への; 側面の. 《1909》

side order *n.* 《米》(コース以外の料理の)追加注文.

side·out *n.* (バレーボール·バドミントンなどで)サイドアウト《サーブ側が得点せず, その結果サーブ権を失うこと》.

side·piece *n.* **1** 側面部; (側面の)添え物. **2** (眼鏡の)つる (《米》bow, temple). 《1802》

side plate *n.* 〖料理〗サイドプレート, わき皿《ディナー用平皿より小さく, 直径 15–20 cm くらいで, パンや料理の添え物などに用いる》. 《1680》

side pocket *n.* (上着などの)わきポケット, サイドポケット.

side pond *n.* (運河の)水門わきの貯水池《上流の水門を開けるとき流れ込む水の一部をためておく側池》.

side port *n.* 〖海事〗載貨門《船側にある貨物積み卸しのための開口部》.

-sid·er /sàɪdə | -də(r)/ *n.* [通例複合語の第 2 構成素として] (都市·場所の)特定の側に住んでいる人: a west-*sider*. 〖《1841》: ⇨ side, -er[1]〗

sid·er- /sɪ́dər | sáɪdər, sɪ́d-/ (母音の前にくるときの) sidero-[1,2] の異形.

side rake *n.* 〖機械〗横すくい角《金属を削る刃の先端につけた角度の一つ》.

side reaction *n.* **1** 〖化学〗副反応《同時に起こる 2 つ以上の化学反応のうち重要でない方; cf. simultaneous reaction》. **2** ＝side effect. 《1934》

si·de·re·al /saɪdɪ́əriəl, sə- | saɪdɪ́ər-, sɪ-/ *adj.* 〖天文〗**1** 星の, 星座の (astral); 恒星の[に関する]: ～ light 星光. **2** 恒星で測定する[された]; 恒星時を示す: ⇨ sidereal time. **～·ly** *adv.* 〖《1634》← L *sidereus* sidereal (← *sīder-*, *sīdus* star, constellation)＋-AL[1]〗

sidereal clock *n.* 恒星時時計.

sidereal day *n.* 〖天文〗恒星日(じつ)《春分点 (vernal equinox) が子午線上を通過し, 次に再び同じ子午線を通過するまでの時間, 23 時間 56 分 4.09 秒》. 《1794》

sidereal hour *n.* 〖天文〗恒星時《恒星日の 1/24》.

sidereal hour angle *n.* 〖天文〗恒星時角. 《1891》

sidereal minute *n.* 〖天文〗恒星分《恒星時の 1/60》. 《1909》

sidereal month *n.* 〖天文〗恒星月(げつ)《月がある恒星から出発して, 次に再びその恒星に戻るまでの時間, すなわち月が空間に対して地球を一周する周期, 27 日 7 時間 43 分 11.5 秒》. 《1868》

sidereal period [**revolution**] *n.* 〖天文〗対恒星周期. 《1833》

sidereal second *n.* 〖天文〗恒星秒《恒星分の 1/60》. 《1909》

sidereal time *n.* 〖天文〗恒星時《すなわち春分点 (vernal equinox) の時角》. 《1812》

sidereal year *n.* 〖天文〗恒星年《約 365 日 6 時間 9 分 10 秒》. 《1681》

sid·er·ite /sɪ́dəràɪt | sáɪd-, sɪ́d-/ *n.* 〖鉱物〗**1** 菱(りょう)鉄鉱 ($FeCO_3$) (chalybite, sparry iron, spathic iron ともいう). **2** 隕鉄(いんてつ), 鉄質隕石《ニッケル鉄合金を主成分とする》. **sid·er·it·ic** /sɪ̀dərɪ́tɪk | sàɪdərɪ́tɪk, sɪ̀d-⁻/ *adj.* 〖《1579》▭ F *sidérite* ∥ L *sīderītes* ▭ Gk *sidērítēs*: ⇨ ↓, -ite[1]〗

sid·er·o-[1] /sɪ́dəroʊ | sáɪdərəʊ, sɪ́d-/「鉄 (iron)」の意の連結形. ★ 母音の前では通例 sider- になる. 〖《1794》▭ MF ～ ▭ L *sidēr(o)-* ▭ Gk ← *sídēros* iron ← ?.〗

sid·er·o-[2] /sɪ́dəroʊ | sáɪdərəʊ, sɪ́d-/「星 (star); 星の (sidereal)」の意の連結形. ★ 母音の前では通例 sider- になる. 〖← L *sīder-*, *sīdus* star, constellation: ⇨ -o-〗

side road *n.* **1** (本道からそれた)わき道, 支線道路. **2** 《カナダ》(Ontario 市の)サイドロード《東西に走る道路と直角に交わる南北方向の道路》. 《1854》

sid·er·o·cyte /sɪ́dərəsàɪt | sáɪd-, sɪ́d-/ *n.* 〖解剖〗シデロサイト, 担鉄赤血球《血色素以外に血鉄素を含む赤血球》. 〖← SIDERO-[1]＋-CYTE〗

side rod *n.* 〖鉄道〗動輪連結棒.

sid·er·og·ra·phy /sìdərɑ́(ː)grəfi | sàɪdərɔ́g-, sìd-/ *n.* **1** 鋼凹版彫刻法. **2** 彫凹版 《版材に鋼板を使用する凹版印刷法》. 〖(1820) ← SIDERO-¹+-GRAPHY〗

sid·er·o·lite /sídərəlàɪt | sáɪd-, síd-/ *n.* 〘岩石〙 シデロライト 《ニッケル・鉄・合金と珪酸塩鉱物が等分に含まれている石鉄隕石》. 〖(1863) ← SIDERO-¹+-LITE〗

sid·er·o·phile /sídərəfàɪl | sáɪd-, síd-/ *adj.* **1** 〘化学〙 親鉄の: ～ elements 親鉄元素. **2** 〘地質〙 〈地中の化学的成分が〉親鉄性の 《鉄と結合しやすい; cf. chalcophile》. — *n.* 好鉄性組織[細胞]; 親鉄元素. 〖(1923) ← SIDERO-¹+-PHILE〗

sid·er·oph·i·lin /sìdərɑ́(ː)fəlɪn | sàɪdərɔ́fəlɪn, sìd-/ *n.* 〘生化学〙 =transferrin.

sid·er·o·phore /sídərəfɔ̀ə | sáɪdərə(ʊ)fɔ̀ː^r, síd-/ *n.* 〘生化学〙 シデロフォア 《微生物中で鉄と結合してこれを輸送する分子》.

sid·er·o·sis /sìdəróusɪs | sàɪdəróusɪs, sìd-/ *n.* 〘病理〙 シデローシス, 鉄沈着症. **sid·er·ot·ic** /sìdərɑ́(ː)tɪk | sàɪdərɔ́t-, sìd-/ *adj.* 〖(1880) ← SIDERO-¹+-OSIS〗

sid·er·o·stat /sídərəstæ̀t | sáɪd-, síd-/ *n.* 〘天文〙 シデロスタット, 太陽鏡 《一枚の平面鏡から成り, これを日周運動に合わせて, 太陽光が常に一定の方向に反射されるようにした天体観測装置の一種; cf. coelostat, heliostat》. **sid·er·o·stat·ic** /sìdərəstǽtɪk | sàɪdərəstǽt-, sìd-/ *adj.* 〖(1877) ← SIDERO-²+-STAT〗

síde·sàddle *n.* **1** (女性用)片鞍(くら), 横乗り鞍 《両足を左側に垂れる》. **2** 〘植物〙 =sidesaddle flower. — *adv.* 横乗りになって, 片鞍乗りで: ride ～. 〖1493〗

sídesaddle flòwer *n.* 〘植物〙 サラセニア, ヘイシソウ 《北米産ヘイシソウ科の食虫植物 (*Sarracenia*) の総称; (特に)ムラサキヘイシソウ (Indian pitcher)); サラセニアの花 《sidesaddle ともいう》. 〖1738〗

síde sàlad *n.* 付け合わせ料理としてのサラダ. 〖1972〗

síde scène *n.* **1** (芝居の)わき道具; 劇場の舞台わき (wing). **2** わき舞台で演じられる場面. 〖1711〗

síde·sèat *n.* (バスなどの)側席, サイドシート.

síde·shàke *n.* 〘時計〙 横あがき 《ほぞとほぞ穴の経方向のすき間; cf. shake 12》.

síde shòot *n.* 〘植物〙 副梢 《植物の茎の側から生長する枝》.

síde·shòw *n.* **1** (主要な出し物に対して)つけたりの出し物 (minor show); 余興. **2** 枝葉末節の問題[事件], 二次的問題[事件] (subordinate matter). 〖1846〗

síde·slìp *vi.* (**side·slipped**; **-slip·ping**) **1** 〈自転車・自動車などが〉横滑りする. **2** 〈飛行機が〉(飛行中)横滑りする. **3** (スキーで)横滑りする. — *n.* 横滑り. 〖1887〗

sides·man /sáɪdzmən/ *n.* (*pl.* **-men** /-mən, -mèn/) 〘英国国教会〙 教会委員補; 教会世話役. 〖(1632) (変形) ← (廃) *sideman* (原義) man who stands at the side of a churchwarden〗

síde·spìn *n.* 〘球技〙 サイドスピン 《ボールの水平回転運動》. 〖1926〗

síde splìt *n.* 《カナダ》〘建築〙 側面スキップフロアの住宅 《片側が半階分高くなった床をもつ乱平面の住宅; 一方の階数が少ない》. 〖1968〗

síde·splìtter *n.* 腹をかかえて笑うような話[ジョーク]. 〖1856〗

síde·splìtting *adj.* 抱腹絶倒の, 腹の皮をよじるような (cf. split one's sides ⇨ side n. 3 a): a ～ farce, joke, story, film, etc.

side·step /sáɪdstèp/ *v.* (**side·stepped**; **-step·ping**) *vt.* **1** 〈決定・問題・責任などを〉避ける, 回避する (avoid): ～ the problem その問題をはぐらかす. **2** サイドステップして〈殴打を〉避ける. — *vi.* **1** (何かを避けるために)横へ一歩寄る[のける]. **2** 回避する, 責任回避する. **～·per** *n.* 〖1867〗

síde stèp *n.* **1 a** (スキー・ダンスなどの)横へ一歩寄ること, 横歩(よこ). **b** (ボクシングなどのブロー (blow) を避ける)サイドステップ. **2** (馬車などの出入口の)わき踏段. 〖1789〗

síde·stìck *n.* 〘印刷〙 サイドスティック, 締木(しめぎ) 《小口あきに相当する部分に使用するフォルマート (furniture) の一つ》. 〖1683〗

síde stìtch *n.* 〘製本〙 平綴(と)じ 《本ののどの背に近い部分を平 (side) から平まで綴じる方法; side-thread stitch, side-wire stitch ともいう; cf. double stitch, saddle stitch 2》. 〖1611〗

síde-stràddle hòp *n.* 〘スポーツ〙 =jumping jack 2. 〖1952〗

síde strèam *n.* 支川, 支流. 〖1900〗

síde·strèam smòke *n.* 副流煙 《たばこの先から出る煙》.

síde strèet *n.* 横町, 横通り. 〖1617〗

síde strìnger *n.* 〘海事〙 船側縦材.

síde·stròke *n.* **1** 〘水泳〙 サイドストローク, 横泳ぎ. **2** (玉突などでの)横打ち, 横突き. — *vi.* 〘水泳〙 サイドストローク[横泳ぎ]で泳ぐ. — *adv.* 横泳ぎで.

síde sùit *n.* 〘トランプ〙 (bridge などで)サイドスーツ: **a** 同じ人が 2 度目にビッド (bid) した同種札 4 枚以上のそろい. **b** デクレアラー (declarer) またはダミー (dummy) の手にある切札以外のスーツ. 〖1952〗

síde·swìpe *vt.* **1** (かするように)横なぐりする; かするように…と衝突する. **2** 〘アメフト〙 (ボールを保持しない)〈味方のプレーヤーが〉身体を投げ出して〈相手方を〉ブロックする. — *n.* **1** (かするような)横なぐり; かするようにして当たること. **2** ついでの批評, 偶然の意見[言及]. **síde·swìp·er** *n.* 〖1904〗

síde tàble *n.* サイドテーブル 《壁際に置くかまたは主テーブルの横に置く机》. 〖*c*1378〗

síde-thrèad stìtch *n.* 〘製本〙 =side stitch.

síde·tòne *n.* 〘通信〙 側音 《電話機で話し手の声が自己の受話器に分流して聞こえる音; cf. antiside tone》. 〖1917〗

síde tòol *n.* 〘機械〙 片刃バイト.

síde·tràck *vt.* **1** 《米》 〈列車などを〉側線に入れる (shunt). **2** 〈主題・本筋〉から脱線させる (switch off); 〈人を〉のける, よける: ～ an issue. — *vi.* 本論から離れる, 脱線する: ～ *on* the current topic 脱線して時事問題に入る. — *n.* **1** 《米》 (鉄道の)側線, 待避線 (siding). **2** 主題からそれること, 脱線. 〖1835〗

síde trìp *n.* (旅行中の) 寄り道, 回り道. 〖*a*1911〗

síde vàlve *n.* 〘自動車〙 サイドバルブ, 側弁 《シリンダーの側方に取り付けたエンジンのバルブ; 略 s.v.》. 〖1928〗

síde-valve èngine *n.* 〘機械〙 側弁式機関 (cf. overhead-valve engine).

síde vìew *n.* **1** 側景, 側面図. **2** 側面観, 横顔 (profile). 〖1715〗

síde-vìew mìrror *n.* =side mirror.

side·walk /sáɪdwɔ̀ːk, -wɑ̀ːk | -wɔ̀ːk/ *n.* 《米》 (舗装した)人道, 歩道 (《英》 pavement) (cf. roadway, street 1 b). 〖1667〗

sídewalk àrtist *n.* 《米》 **1** 街頭画家 (《英》 pavement artist) 《歩道に色チョークで絵を描いて通行人から金を求める画家; cf. screeve 2》. **2** 街頭似顔絵画家 《通りで通行人の似顔絵を木炭やパステルですばやくスケッチする画家》.

sídewalk bìke *n.* (子供用)補助輪付き自転車.

sídewalk superintèndent *n.* 《戯言》 《建築現場で建築・破壊・修理などの工事を眺めている》歩道監督者, 作業見物人. 〖1940〗

síde·wàll *n.* **1** 側壁. **2** 〘自動車〙 (空気入りタイヤの)サイドウォール 《接地面と外輪との間の部分》. 〖1381〗

side·ward /sáɪdwəd | -wəd/ *adj.* 側部[側面]の, わきの, 横からの, 斜めの (sideways): a ～ glance. — *adv.* 横[わき]へ, 斜めに, はすに. 〖*c*1430〗

síde·wards /-wədz | -wədz/ *adv., adj.* 《米》 =sideward.

side·way /sáɪdwèɪ/ *n.* **1** 横道, わき道 (byway). **2** 人道, 歩道 (sidewalk). — *adv., adj.* =sideways. 〖*a*1387〗

side·ways /sáɪdwèɪz/ *adv.* **1** 横に[から], 横側に; 横向きに, 斜めに: viewed ～ 横から見た / look ～ at …を横目で見る. **2** けげんそうで, 伏目使いで: look ～ at him けげんそうな[恥ずかしそうな]顔で見る. **3** (同等の地位・職に)横すべりして: He was moved ～. 彼は同等の地位の職場に移された. ***knóck*** [***thrów***] ***a person sideways*** 《口語》 〈人に〉ショックを与える, 〈人を〉当惑させる; 〈物事に〉悪影響を与える: The unexpected events of the last few weeks have *knocked* us all ～. 最近数週間の思いがけない出来事は我々一同にショックだった. — *adj.* **1** 横の, 横側の; 横向きの, 斜めの: a ～ glance [look] 横目. **2** 間接的な, 回避的な (evasive). 〖(1577): ⇨ -ways〗

sídeways wàtermark *n.* 〘郵趣〙 横(向き)すかし.

síde·whèel *n.* 〘海事〙 側外車 《外輪船 (paddle steamer) の両側にある一対の外輪の一つ; cf. stern wheel》.

síde-whèel *adj.* 〘海事〙 〈蒸気船など〉側外車[外輪]を備えた. 〖1857〗

síde-whèeler *n.* **1** 〘海事〙 側外車(汽)船, 外輪船. **2** 〘野球〙 左腕投手, サウスポー (southpaw). 〖1884〗

síde-whiskered *adj.* (あごをそって)長いほおひげをはやした: a ～ man. 〖1888〗

síde-whiskers *n. pl.* (あごはそった)長いほおひげ.

síde·wìnd /-wàɪnd/ *vi.* サイドワインダー (sidewinder) のように動く, 斜め前方に進む. 〖逆成〗

síde·wìnd /-wìnd/ *adj.* **1** 間接の. **2** 不正な. 〖1680〗

síde wìnd /-wìnd/ *n.* **1** 横風, 側風. **2** 間接の攻撃[手段, 方法, 影響]: learn by a ～ 間接的に聞く[知る]. 〖*a*1398〗

síde·wìnd·er /-wàɪndə | -də^r/ *n.* **1** 《米口語》〘ボクシング〙 わきからのひどい一撃, 横合いからくるぎゃふんという強打. **2** [S-] 《米》 サイドワインダー 《赤外線受動追尾式超音速空対空ミサイル》. **3** 〘動物〙 サイドワインダー (*Crotalus cerastes*) 《北米西南部の砂漠に生息する小型のガラガラヘビの一種; 眼の上に突起があり, 体を斜め前方に移動させる》. 〖(1840) ← SIDE+WINDER¹〗

síde-wìre *vt.* 〘製本〙 平綴(と)じにする, 平綴じで綴じる.

síde-wìre stìtch *n.* 〘製本〙 =side stitch.

síde·wìse *adv., adj.* =sideways.

síde yàrd *n.* 側庭 《家・建物の横側にある庭》. 〖1879〗

Sidhe, s- /ʃíː/ *n. pl.* (アイルランドの)妖精の国; (そこの)妖精. 〖(1793) ◻ Ir. (*aos*) *sídhe* (people) of the fairy hill〗

Si·di-bel-Ab·bes /síːdìbɛ̀ləbés | -di-; *F.* sidibɛlabɛs/ *n.* シーディベルアッベス 《アルジェリア北西部, Oran の南にある都市; 農産物市場の中心地》.

sid·ing /sáɪdɪŋ | -dɪŋ/ *n.* **1** 〘鉄道〙 側線, 待避線 (sidetrack) 《siding track ともいう》. **2** 《米》〘建築〙 (建物の外壁の)下見張り, 壁板 (weatherboarding). **3** 〘造船〙 サイディング 《船体の肋材や船首材などの前後方向に測った幅; ↔ molding》. **4** 《古》 味方すること, 加担, 支持. 〖(1603) ← SIDE+-ING¹〗

si·dle /sáɪdl | -dl/ *vi.* **1** 体を横にして歩く, 斜行する: ～ through a crowd 人込みの中を体を横にして進む. **2** 斜めににじり寄る; こそこそ歩く 〈*up, away*〉 / 〔*to, toward, along*〕: ～ *up to* a person 人ににじり寄る. — *vt.* 斜めに歩かせる; 横歩きさせる. — *n.* 横歩き; にじり寄り. — **sí·dler** *n.* 〖(1697) (逆成) ← SIDELING〗

Sid·ney /sídni/ *n.* シドニー: **1** 女性名. **2** 男性名 《愛称形 Sid, Syd; 異形 Sydney》. 〖1: (変形) ← SIDONY. 2: (転訛)? ← *Saint Denis*〗

Sid·ney /sídni/, Sir **Philip** *n.* シドニー 《(1554–86; 英国の詩人・作家・政治家・軍人; *Arcadia* (1590)》.

Si·don /sáɪdn/ *n.* シドン 《古代フェニキア (Phoenicia) の都市; Tyre と共に地中海沿岸最大の海港であった(聖書では富と悪徳の都市として有名); 現在は レバノンの Saida》. 〖↓〗

Si·do·ni·an /saɪdóuniən | -dóu-/ *adj., n.* (古代フェニキアの) Sidon の(人). 〖(1535) ← LL *Sīdōni(i)* Sidonians ◻ Gk *Sidṓnioi* ← *Sidṓn* Sidon ◻ Phoen. *Tzīdhōn* (原義) fishing place ← *tzūd* to hunt: ⇨ -an¹〗

Si·do·ny /sáɪdəni, -dni | -dəni, -dni/ *n.* サイドニー 《女性名; 愛称形 Sid, Syd; 異形 Sidney, Sydney》. 〖← (*the Sacred*) *Sendon, Sindon* ← L *sindon* fine cloth, linen ◻ Gk *sindṓn*: ⇨ -y²〗

Sid·ra /sídrə/ *Heb. n.* (*pl.* **～s, Sid·roth** /sídrouθ, -drout | -drəuθ, -drəut/) 〘ユダヤ教〙 シドラ 《安息日 (Sabbath) に唱えられる律法 (Torah) の一部である Parashah》. 〖(1907) ◻ Mish.Heb. *sidrā́h* order〗

Sid·ra /sídrə/, **the Gulf of** *n.* シドラ[スルト]湾 《リビア北岸の湾》.

Sidroth *n.* Sidra の複数形.

SIDS /ésàɪdìːés/ 《略》 sudden infant death syndrome.

Sie·ben·ge·bir·ge /zíːbəŋgəbìəgə, -bŋ- | -bìə-; *G.* zíːbŋgəbɪrgə/ *n.* [the ～] ジーベンゲビルゲ 《ドイツ西部, Bonn の南南東, Rhine 川右岸の Westerwald の一部をなす「七つの丘」; Drachenfels 丘には 12 世紀の古城跡がある; 赤ワインの産地として知られる》.

Sie·bold /zíːbould | -bəult; *G.* zíːbɔlt/, **Philipp Franz von** *n.* ジーボルト, シーボルト 《(1796–1866; ドイツの博物学者・医師; 文政 6 年 (1823) および安政 6 年 (1859) の 2 回来朝, 日本に関する著書が多い》.

siè·cle /sjékḷ; *F.* sjɛkl/ *F. n.* (*pl.* **～s** /～/) 世紀 (century); 時代 (age); 世代: ⇨ fin de siècle. 〖(*c*1400) ◻ F ～ < OF *secle* ◻ L *saeculum* generation: ⇨ secular〗

siècle d'or /sjékḷdɔ́ə | -dɔ́ː^r; *F.* sjɛkləd̪ɔːʁ/ *F. n.* 黄金時代 《フランスのルイ 14 世治世による時代》. 〖◻ F ～: ⇨ ↑, or³〗

Sieg·bahn /síːgbɑːn; *Swed.* síːgbɑ̀ːn/, **Kai Manne Bör·je** /káj:mǎnːebœ̌rje/ *n.* シーグバーン 《(1918–2007; スウェーデンの物理学者; Nobel 物理学賞 (1981); Karl の子》.

Siegbahn, Karl Manne Georg *n.* シーグバーン 《(1886–1978; スウェーデンの物理学者; Nobel 物理学賞 (1924)》.

siege /síːdʒ/ *n.* **1** (軍・警察による)攻囲, 包囲攻撃, 攻城; 攻囲[包囲]期間: a regular ～ 正攻法 / ～ warfare 攻囲[攻城]戦 / push [press] a ～ 激しく攻囲する / stand a ～ 包囲攻撃をもちこたえる / undergo a ～ 包囲される. ★ ラテン語系形容詞: obsidional. **2** (セールス・勧誘の)口説き立て, 攻め立てること, 説得 (persuasion). **3** (病気・不幸などの)長い期間: a ～ of illness 長(なが)の煩(わずら)い / a ～ in the hospital 長い入院期間. **4** 多量 (quantity): a ～ of work たくさんの仕事. **5** 《廃》 **a** (高位の人の)座; 王座 (throne). **b** 権威の座 (seat); 地位 (rank). **6** 《廃》 **a** 便所. **b** 排泄物. **7** 〘鳥類〙 (サギなどの)群れ; (サギなどの採餌用の)見張所 《sedge ともいう》. ***láy síege to*** (1) …を囲む, 包囲[攻囲]する: *lay* ～ *to* the town. (2) …にしつこくねだる (importune): *lay* ～ *to* a lady's heart 女性をしきりに口説く. ***ráise*** [***líft***] ***the siege of*** … 〈包囲軍が〉…の攻囲を中止する; 〈援軍が〉…の包囲を解く. ***ùnder síege*** (1) 包囲されて. (2) 厳しく批判されて, (質問などを)執拗に浴びせられて.

— *vt.* 包囲する, 攻囲する.

〖(?*a*1200) *sege* seat ◻ OF (F *siège*) < VL **sedicum* ← **sedicāre*=L *sedēre* 'to SIT': cf. besiege〗

síege còin *n.* 緊急貨幣 (obsidional coin) 《包囲を受けた地域で暫定的な法定通貨である旨を打刻した緊急貨幣》.

síege ecònomy *n.* 〘経済〙 籠城経済 《戦争・経済制裁などの結果, 国外との関係が完全に絶たれた経済》. 〖1962〗

síege-gùn *n.* (昔の)攻城砲. 〖1858〗

síege mentàlity *n.* 〘心理〙 被包囲心理 《外部から攻撃を受けるというような誇大妄想的な心理》. 〖1969〗

Síege Périlous *n.* 〘アーサー王伝説〙 命取りの座 《Holy Grail を捜し出す運命を担った有徳の騎士のために予定された,「円卓 (the Round Table)」の空席で, それ以外の者が掛ければ命を失ったという》. 〖1969〗

síege pìece *n.* **1** (昔の)攻城砲 (siege-gun). **2** =siege coin. 〖1736〗

síege tràin *n.* (昔の)攻城砲列, 攻城砲兵縦列. 〖1859〗

síege-wòrks *n. pl.* 〘軍事〙 攻城堡塁(ほるい). 〖1888〗

Sieg·fried /sígfriːd, síːg- | síːg-; *G.* zíːkfriːt/ *n.* **1** 男性名. **2** 〘ゲルマン伝説〙 ジークフリート 《*Nibelungenlied* 中の英雄で Rhine 川下流地方の王子; Nibelung 族の宝を手に入れて大竜を殺す; Gunther 王を助けて女傑 Brunhild を彼の妻に迎えさせ, 自らは Gunther の妹 Kriemhild と結婚するが, Brunhild は彼を Hagen に謀殺させる; Wagner の楽劇では Brunhild を魔法の眠りから救い出す; 西スカンジナビア語 Sigurd》. 〖◻ G ～ < OHG *Sigifrith* ← *sigu* victory+*fridu* peace〗

Síegfried lìne *n.* **1** [the ～] ジークフリート線 《フランス側の Maginot Line に対抗したドイツ西部の要塞線 Westwall に英国が付けた名称; 1936 年より, Kehl /kéːl/ と Aachen 間約 400 km に構築された》. **2** =Hindenburg line. 〖1918〗

Sieg Heil /síːgháɪl; *G.* zíːkháɪl/ *int.* 勝利万歳!

S

《Nazi が使用した用語; 右手を挙げて叫ぶ》. 〘《1940》▭ G ~ ← *Sieg* victory＋*Heil* hail〙

Sieg·lin·de /siɡlíndə; G. ziːklíndə/ *n.* 〘ゲルマン伝説〙ジークリンデ《Wagner の楽劇 *Ring of the Nibelung* で, Siegmund の妻, Siegfried の母親》.

Sieg·mund /síɡmʊnd, síːɡ-; G. zíːkmʊnt/ *n.* ジークムント: **1** 男性名. **2** 〘ゲルマン伝説〙 Wagner の楽劇 *Ring of the Nibelung* で, Sieglinde の夫で Siegfried の父親. 〘▭ G ~ < OHG *Sigumunt* ← *sigu* victory＋*munt* protection〙

sie·mens /síːmənz; G. zíːməns/ *n.* 〘電気〙ジーメンス《コンダクタンス (conductance) の単位; 1 オーム (ohm) の逆数; 記号 S》. 〘《1866》← *E. W. von & W. Siemens*〙

Sie·mens /síːmənz; G. zíːməns/ *n.* シーメンス《ドイツ最大の総合電気器具メーカー; 1847 年創立》.

Sie·mens /síːmənz; G. zíːməns/, **Sir William** *n.* ジーメンス《1823–83; ドイツ生まれの英国の電気技師・発明家; Ernst Werner von Siemens の弟; ドイツ語名 Karl Wilhelm Siemens》.

Siemens, Ernst Werner von *n.* ジーメンス《1816–92; ドイツの電気技師・発明家》.

Si·e·na /siénə; It. sjéːna/ *n.* シエナ《イタリア中部, Tuscany の都市》.

Si·en·ese /sìːəníːz, -níːs | sìːɛníːz, sìːə-⁻/ *adj.* **1** シエナ (Siena) の. **2** シエナ画派の (cf. Florentine 2). — *n.* (*pl.* ~) シエナ人. 〘1756–57〙

Sienése schòol *n.* [the ~] シエナ画派《金彩を用いた装飾的画風の宗教画を特色とする; 13–14 世紀にイタリアで栄えた》.

Sien·kie·wicz /ʃɛnkjévɪtʃ; Pol. ɕɛŋkʲévʲitʃ/, **Henryk** *n.* シェンキェヴィチ《1846–1916; ポーランドの小説家; Nobel 文学賞 (1905); *Quo Vadis?*「クオ ヴァディス」(1896)》.

si·en·na /siénə; It. sjéːna/ *n.* **1** シエナ土《酸化鉄・粘土・砂などの混合した黄土の一種; 黄褐色の顔料に用いる》: ⇨ burnt sienna, raw sienna. **2** シエナ色, 黄褐色. 〘《1760》《1787》《略》←《廃》*terra-sienna* ▭ It. *terra di Siena* earth of Siena〙

Si·en·nese /sìːəníːz, -níːs | -níːz⁻/ *adj., n.* ＝Sienese.

si·er·o·zem /siérəzèm; Russ. sʲirazʲóm/ *n.* 〘土壌〙シーロゼム, 灰色土. 〘《1934》▭ Russ. *serozem* ← *seryĭ* gray＋*zemlya* earth〙

Sier·pin·ski gasket /ʃɪəpínski- | ʃɪə-/ *n.* 〘数学〙シェルピンスキーのガスケット《正三角形を合同な 4 つの正三角形に分割してその中央のものを除き, 残った 3 つの正三角形に同じことを繰り返して得られる極限の図形; フラクタル図形の一つで, フラクタル次元は log 3/log 2≒1.58》. 〘《c1975》← *Wacław Sierpiński* (1882–1969: ポーランドの数学者)〙

Sierpínski tríangle *n.* 〘数学〙＝Sierpinski gasket.

si·er·ra /siérə | siérə, -éərə; Sp. sjéra/ *n.* (*pl.* ~**s**) **1** 〘地理〙 **a** 〔しばしば *pl.*〕《峰がのこぎり歯状の》山脈, 連山. **b** 山岳地帯. **2** 〘魚類〙 **a** ＝cero. **b** ＝Spanish mackerel. **si·ér·ran** /-rən/ *adj.* 〘《1600》▭ Sp. ~ 'saw' < L *serram*: ⇨ serra〙

Si·er·ra /siérə/ *n.* 〘通信〙シエラ《文字 s を表す通信コード》.

Si·ér·ra Clùb /siérə-/ *n.* [the ~] シエラクラブ《米国の環境保護団体; 本部 San Francisco》.

Si·er·ra Le·one /siérəlióun | siérəliəʊn, -èərə-, -ni/ *n.* シエラレオネ《アフリカ西岸にある英連邦内の共和国; もと英国の植民地であったが, 1961 年独立; 面積 72,325 km²; 首都 Freetown; 公式名 the Repulic of Sierra Leone シエラレオネ共和国》. **Siérra Le·ó·ne·an** /-lióuniən | -əʊ-⁻/ *adj., n.*

Siérra líly *n.* 〘植物〙北米北西部の山地に生じるオレンジ色のユリ (*Lilium parvum*) (small tiger lily ともいう).

Si·er·ra Ma·dre /siérəmáːdreɪ | siérə-, -éərə-; Am.Sp. sjéramáðre/ *n.* [the ~] シエラマドレ(山脈)《メキシコの北の国境から南東へ延びて, 東側に Sierra Madre Oriental, 西側に Sierra Madre Occidental, そして南側に Sierra Madre del Sur の 3 つの山脈がある; 全長 2,500 km; 最高峰 Citlaltépetl (5,700 m)》.

Siérra Mo·ré·na /-mərénə; Sp. sjeramoréna/ *n.* [the ~] シエラモレナ(山脈)《スペイン南西部の山脈; Guadiana 川と Guadalquivir 川との間にある; 最高峰 Mt. Estrella (1,299 m)》.

Siérra Ne·vá·da /-nəvǽdə, -váːdə | -nɪ̀vάːdə, -nɛ-; Am.Sp. sjéraneβáða/ *n.* [the ~] シエラネバダ(山脈): **1** 米国 California 州東部の山脈; 最高峰 Mt. Whitney (4,418 m). **2** スペイン南部の山脈; 最高峰 Mulhacén (3,478 m). 〘▭ Sp. ~ 'snowy range'〙

Siérra Pa·ca·rái·ma /Sp. pakaráima/ *n.* Serra Pacaraima のスペイン語名.

Siérra shóoting stár *n.* 〘植物〙北米西部の高山に生じるサクラソウ科の濃い赤紫の花が咲く多年草 (*Dodecatheon subalpinum*).

si·es·ta /siéstə/ *n.* (*pl.* ~**s**) (スペイン・イタリアなどで)午睡, 昼寝, シエスタ (afternoon nap)《仕事を一時中止するほど習慣になっている》; 仮眠: the hour of ~ / take a ~ for an hour 一時間昼寝する. 〘《1655》▭ Sp. ~ < L *sextam* (*hōram*) sixth (hour), noon: ⇨ sext, hour〙

sieur /sjɚ́ː | sjɜ́ː(r; F. sjœːʁ/ *n.* 男子に対するフランス語の古い敬称. 〘《1772》▭ (O)F ~ < VL **seiōrem*＝L *seniōrem*: ⇨ senior〙

sié·va bèan /síːvə-/ *n.* 〘植物〙小粒性のライマメ《ライマメ (*Phaseolus lunata*) の小粒の品種群: cf. lima bean, butter bean》. 〘《1888》← ?〙

sieve /sív/ *n.* **1** (目の細かい)篩(ふるい), (金属の)ざる: pass flour through a ~ 小麦粉を篩にかける / have a head [memory, mind, brain] like a ~ 物覚えの悪い, 非常に忘れっぽい / draw water with a ~＝pour water into a ~ むだ骨を折る / leak like a ~ ひどく漏れる / He is (as) leaky as a ~. 彼は何でもしゃべってしまう. **2** 《口語》口の軽い人, 秘密を守れぬ人. — *vt.* **1** ふるう; ふるい分ける 〈*out*〉. **2** 細かく調べる (screen); 選別する, 篩にかける 〈*out*〉. — *vi.* 篩を用いる; 篩を通す. **~·like** *adj.* 〘ME *sive, seve* < OE *sife* < Gmc **sibi* (G *Sieb*) ← ? IE **seip-* to pour out〙

síeve anàlysis *n.* ふるい分け. 〘1928〙

síeve cèll *n.* 〘植物〙篩管(しかん)細胞. 〘1875〙

síeve dìsk *n.* 〘植物〙＝sieve plate.

síeve èlement *n.* 〘植物〙篩(し)要素《篩部の通導に関与する部分で, 篩細胞と篩管から成る》.

síeve plàte *n.* 〘植物〙篩板(しばん)《篩孔を塞ぐ冬期に生じる隔壁》. 〘1875〙

síeve pòre *n.* 〘植物〙篩孔(しこう)《蛋白質などの養分が通過する篩管の隔壁を貫く穴》. 〘1875〙

Sie·vers /síːvəz, zíːfəs, -vəs | -vəz, -fəs; G. zíːvɐs, -fɐs/, **Eduard** *n.* ジーフェルス《1850–1932; ドイツの言語学者》.

sie·vert /síːvət | -vət/ *n.* 〘物理〙シーベルト《電離放射線の線量当量の SI 単位; 記号 Sv; 1 Sv＝1 J/kg, 1 rem＝10^{-2} Sv》. 〘《1945》《1977》← *R. M. Sievert* (1896–1966: スウェーデンの物理学者): 国際単位系への採用は 1979 年〙

síeve tùbe *n.* 〘植物〙 **1** 篩管(しかん)《導管の一種》. **2** (1 個の)篩管細胞. 〘1875〙

síeve tùbe èlement [**mèmber**] *n.* 〘植物〙篩管要素《被子植物に存在する篩要素の一つで, 端と端が篩板によってつながって配列されて篩管を形成する》.

Sie·yès /siéɪjɛs; F. sjejɛs/, **Emmanuel-Joseph** *n.* シェース《1748–1836; フランスの政治家・政治理論家・聖職者; フランス革命の理論的指導者》.

Sif /síːf/ *n.* 〘北欧神話〙シフ, シヴ《小作農で, Thor の妻》. 〘▭ ON ~: cf. sib〙

si·fa·ka /sɪ̀fǽkə | sɪfάː-/ *n.* 〘動物〙シファカ《霊長目インドリ科 (*Indriidae*) のキツネザル; ベローシファカザル (*Propithecus diadema*), カンムリシファカザル (*P. verreauxi*) などがいる; Madagaskar 島に生息する》. 〘《c1845》← Malagasy〙

sif·fle /sífl/ *vi.* 〈風などがひゅーひゅー音をたてる (whistle). 〘?c1380〙

sif·fleur /siːflɚ́ː | -flɜ́ː(r; F. siflœːʁ/ *n.* **1** 口笛吹き(芸人). **2** ぴーと鳴く動物《ロッキーマーモット (whistling marmot) など》. 〘《1703》▭ F ~ ← *siffler* to whistle < VL **sīfilāre*＝L *sibilāre*: ⇨ sibilant〙

sift /síft/ *vt.* **1 a** 篩(ふるい)にかける, ふるう (sieve): ~ cinders [flour] 燃えがら[小麦粉]を篩にかける. **b** ふるい分ける, えり分ける, 取捨する 〈*out*〉〔*from*〕: ~ *out* gravel *from* gold dust じゃりと砂金をふるい分ける / ~ the flour *from* the bran 小麦粉をふすまとふるい分ける. **2 a** 〈情報・文書・記録などを〉鑑別する, 厳密に調べる, 精査する, 詳しく検討する (scrutinize) 〈*through*〉: ~ the evidence 証拠を鑑別する / ~ the matter to the bottom その問題を徹底的に調べる. **b** 選別する, ふるいにかける; 調べ出す 〈*out*〉. **3** 〈砂糖・こしょうなどを〉〔…に〕(篩にかけるように)振りかける (sprinkle)〔*over, on, upon, on to*〕: ~ sugar *on* a cake. — *vi.* **1** 篩を通る, 篩を通って落ちる. **2** 精査する; 選別する. **3** 〈雪・砂・光などが〉(篩を通るように)入り込む, 降り込む〔*through, into*〕: Snow ~*s through* a chink in the window. 雪が窓のすき間から入り込む / Sand ~*s into* one's shoes. 砂が靴の中に入り込む. 〘OE *siftan* ← Gmc **sib-*: ⇨ sieve〙

síft·er *n.* **1** ふるい手; 精査人. **2** 篩(ふるい) (sieve); 振りかけ器. 〘《1579》: ⇨ ↑, -er¹〙

síft·ing *n.* **1** ふるうこと, ふるい分け, 鑑別, 精査. **2** [*pl.*] ふるいかす, ふるい残り (riddlings): ~*s* of snow on a road 路上のばらばら雪. 〘*a*1425〙

sig /síɡ/ *n.* 《口語》〘電算〙＝signature《UNIX で .sig というファイルに格納されたことからしばしば .sig (dot sig と読む) という》. 〘《c1995》《略》〙

SIG /ésàɪdʒíː, síɡ/ *n.* 〘電算〙SIG《電子掲示板などを通じて特定のテーマについて情報や意見を交換する人々の集まり》. 〘《頭字語》← *s*(*pecial*) *i*(*nterest*) *g*(*roup*)〙

Sig., sig. 《略》〘処方〙*L.* signa (＝write, mark, label); signal; 〘処方〙signature; *L.* signetur (＝let it be written); signor; signore.

si·gan·id /sɪ̀ɡǽnɪ̀d, -ɡéɪn- | sɪɡǽnɪd, -ɡéɪn-/ *adj., n.* 〘魚類〙アイゴ科の(魚). 〘↓〙

Si·gan·i·dae /sɪ̀ɡǽnədiː | sɪɡǽnɪ-/ *n. pl.* 〘魚類〙アイゴ科. 〘← NL ~ ← *Siganus* (属名: ← Arab. *sijān* rabbitfish)＋-IDAE〙

sig·a·to·ka /sìɡətóukə | -təʊ-/ *n.* 〘植物病理〙バナナの斑点病. 〘《1925》← *Sigatoka* (Fiji 諸島の川の名)〙

sigh /sáɪ/ *vi.* **1** 《疲労・悲嘆・後悔・憧憬などの無意識の表現として》ため息をつく, 吐息をつく: ~ *with* fatigue 疲れてため息をつく / ~ *with* relief ほっとしてため息をつく / ~ *for* grief 嘆息する. **2** 〈風などが〉ため息のような音をたてる. **3 a** 〔…を〕惜しく思う, 嘆く〔*for, over*〕: ~ *for* misspent youth 無為(むい)に過ごした青春を嘆く / ~ *over* one's unhappy fate 不運を嘆く. **b** 〔…を〕慕う, 〔…に〕あこがれる, 焦がれる〔*for*〕: ~ *for* one's home 故郷を慕う. — *vt.* **1** ため息をつきながら言う, 嘆じて語る, 嘆く 〈*out*〉. **2** 〈時を〉ため息をつきながら過ごす: ~ *away* one's days. **3** 《古》悲しむ, 悲しみ嘆く. — *n.* **1** ため息, 吐息, 嘆息: a ~ of relief ほっとしたため息 / draw [fetch, give, heave] a ~ ため息をつく, ほっと一息つく / with a ~ of disappointment 失望のため息をついて. **2** (風など)ため息のような音. **~·er** *n.* 〘《c1250》*si*(*g*)*he*(*n*)《逆成》? ← *si*(*g*)*hte* (pret.) ← *si*(*c*)*he*(*n*) < OE *sīcan* ← ? Gmc **sik-* (G *seufzen*)《擬音語》〙

sigh·ful /sáɪfəl, -fl/ *adj.* ため息いっぱいの, 悲しみに満ちた (mournful). 〘1606〙

sigh·ing *adj.* ため息をついている. **~·ly** *adv.* 〘*c*1425〙

sight /sáɪt/ *n.* **1 a** 視力, 視覚 (vision): be lost to ~ 見えなくなる / loss of ~ 失明 / short [《米》near] ~ 近視 / fix one's ~ upon …をじっと見詰める / have dim [poor] ~ 目がかすむ / His ~ is not very good. 目[視力]があまりよくない / He is slowly losing his ~. 段々視力が弱っている / He has long [《米》far] ~. 彼は遠目がきく; 彼には先見の明がある (cf. 1 b). **b** 精神的視覚, 先見: ⇨ second sight.

2 a 見る[見える]こと; 目による知覚; 一見, 一覧; 観察, 目撃: ⇨ *at first* SIGHT / at the ~ of …を見て[見るや] / He fainted at the ~ of the accident. 事故を見て卒倒した / have ~ of …を見る, 見つける / catch ~ of …を見つける, 認める / lose sight of …を見失う; 見落とす; …が消息不明になる / in my ~ 私の目の前で / be sick of the ~ of … にうんざりしている, ひどく嫌う / I cannot bear [stand] the ~ of him.＝I hate [loathe] the very ~ of him. 彼の顔は見るのもいやだ / The first ~ of France is unforgettable. 初めて見たフランスは忘れがたい. **b** (航海者による方向[位置]決定の)観測, 天測(など).

3 a 光景 (scene, spectacle), 景色, 眺め (view): a pleasant [horrid, sad] ~ (to see) (見るからに)楽しい[恐ろしい, 悲しい]光景. **b** [the ~s] 名所: see [do, take in] *the* ~*s* of London ロンドン見物をする. **c** 《口語》(おかしくて, ひどくて)人目につく物[人], 物笑い(の種): make a ~ of oneself 人に笑われるような[奇妙な]なりをする / His shoes were (quite) a ~. 彼の靴はまったく見ものだった / That hat makes me look a (perfect) ~. 私があの帽子をかぶるとまるで滑稽に見える / What a ~ you are! なんてかっこうだ.

4 視界, 視域, 眼界, 見えるところ: in a person's line of ~ 人の視野[視軸]のうちに / in ~ 視界にはいって, 見えて, 近づいて / within ~ (of) 見える所で[に] / The land came in(to) [was in] ~. 陸が見えてきた / We came in ~ of land. 陸が見えてきた, 陸に近づいた / The end is in ~. 先は見えている / Peace is now in ~.＝We are within ~ of peace. 平和が近づいた / keep something in ~＝keep ~ of something＝not let something out of one's ~ ある物を見失わないようにする / out *of* ~ 見えないところに; 遠く離れて / The land went out of ~. 陸が見えなくなった / We went out of ~ of land. 陸から遠く離れた / put [get, keep] something out of ~ ある物を隠す / Get out [Out] of my ~! うせろ / Out of ~, out of mind. 《諺》「去る者は日々にうとし」(cf. SELDOM seen, soon forgotten.).

5 (銃などの)照準具, (front sight (前部照準具)としての)照星, (rear sight (後部照準具)としての)照門, 照尺; 狙い, 照準 (aim): a telescopic ~ (ライフルなどの)望遠照準器 / take (a careful) ~ (よく)狙う / set one's ~ too low [high] 照準が低[高]すぎる / lower [raise] one's ~*s* (当初よりも)狙い[目標]を下げる[上げる] / have something in one's ~*s* 何かに狙いをつける / set one's ~*s* on success 成功に狙いを定める / the line of ~ 照準線.

6 [a ~] 《口語》 **a** [副詞的に] はるか(に), 多分(に) (a good deal): It is *a* darn [damn] ~ better. それはずっとすぐれている / It is worth *a* (darn [damn]) ~ more than that. それはあれよりもはるかに価値がある. **b** 多数, たくさん, どっさり (a great deal)〔*of*〕: It must have cost *a* (fine) ~ *of* money. それは随分お金がかかったでしょう.

7 見地, 見解, 見るところ (viewpoint), 判断 (judgment): Do what is right in your ~. 自分が見て正しいと思うことをやれ / That which is highly esteemed among men is abomination in the ~ of God. 人の中に尊ばるる者は神の前に憎まるる者なり (*Luke* 16:15) / In the ~ of God all men are equal. 神の目から見れば人はすべて平等だ / lose [find, gain] favor in a person's ~ 人にうとんぜられる[よく思われる].

8 〘金融〙(手形・小切手の債務者への)提示 (demand): after ~ 一覧後 / ⇨ *at* SIGHT (2).

9 《方言》 **a** 目 (eye). **b** ひとみ. **c** [*pl.*] めがね.

10 《廃》洞察力, 眼識 (insight).

11 《廃》 **a** (かぶとの)面頬(めんぼお) (visor). **b** (面頬の)のぞき孔.

a sight for sóre éyes 《口語》見るもうれしいもの, 目の保養(珍客・珍品など). ***at first sight*** 一目で, 一見したところでは: (fall in) love *at first* ~ 一目ぼれ(する) / *At first* ~ the problem seems easy. 一見したところでは問題は簡単にみえる. 《*a*1593》 ***at sight*** (1) 見てすぐ: read a Latin passage *at* ~ ラテン文をすらすら読む / play music *at* ~ 楽譜を見てすらすら[初見(しょけん)で]奏する / shoot a person *at* [*on*] ~ 人を見てすぐ撃つ. (2) 〘金融〙提示して (on presentation): a draft (payable) *at* ~ 一覧払為替(かわせ)手形 / a bill (payable) *at* long [short] ~ 一覧後長[短]期払手形 / a bill *at* 10 days' ~ 一覧後十日払い手形. ***by sight*** (1) (名は知らないが)顔は (cf. *by* NAME): I know him *by* ~. 彼は顔見知りの間柄だ. (2) 目に頼って, 目を使って (2 *Cor.* 5:7). 《1297》 ***héave in*** [***into***] ***sight*** (1) 〘海事〙〈船などが〉(水平線上に)見えてくる. (2) 〈人・物が〉現れる: At long last a bus *hove into* ~. やっとバスがやってきた. ***in sight*** ⇨ 4. ***nót … by a lóng sight*** (1) 《口語》まったく…でない (not at all). (2) 恐らく…ではない (probably not). ***on sight***＝*at* SIGHT (1). ***out of***

sight (1) ⇨ 4. (2)《口語》比べものにならない(ほど), はるかに: That music is out of ~, man! その音楽はまったくすばらしいぜ. (3)〈値段など〉法外で[に], ばか高で: Oil has gone (right) *out of* ~. ***sight unséen***〈現物を〉あらかじめ調べてみもしないで, 見ずに: buy a thing ~ *unseen*.
— *vt.* **1 a** 見つける, 認める: ~ a ship, land, etc. / "*Sighted* Sub, sank same."「敵潜水艦発見, 撃沈せり」《第二次大戦中, 米軍で使われた電文》. **b** (器械を使って)見る, 〈天体などを〉観測する. **2** 狙う; 〈銃〉の照準を定める: ~ a target [an objective] 的[標的]を狙う / ~ a rifle ライフルの照準を合わせる. **3** 〈象限(しょうげん)儀・銃などに照星をつける; …に照準機を整える. **4**《金融》〈手形などを〉(その名当て人に)提示する, 一覧させる (present). — *vi.* **1** 狙いをつける, 照準する. **2** (ある方向を)じっと見る.
— *adj.* [限定的] **1** 初めて見た, 〈課題など〉予習なしの, 初見(しょけん)の (cf. unseen 2): a ~ translation 即席翻訳(課題) / a ~ passage in Latin 即席翻訳のラテン文課題. **2**《金融》〈手形など〉一覧払いの: ⇨ sight draft.
sight ín (狙いをつけて)〈銃〉の照準を合わせる.
~·a·ble /-ṭəbl | -tə-/ *adj.* 〖OE *sihþ*, *ġesiht* (cog. G *Gesicht*) ← (WGmc) *se χ(w)an 'to SEE¹': ⇨ -t³〗

SYN 景色: **sight** 目に入る景色: a touching *sight* 感動的な眺め. **view** 特定の場所からの眺め: a distant *view* of a castle 城の遠景. **scene** 特定の場所からの限られた範囲の景色で特に美しい眺め: The boats on the lake make a beautiful *scene*. 湖に舟が浮かんでいるのは美しい風景だ. **scenery** 一地方の自然の風景全体: the *scenery* of the Lake District 湖水地方の景色. **spectacle** 壮大な眺め: a magnificent *spectacle* すばらしい光景.

sight bìll *n.*《英》《金融》=sight draft.
sight depòsit *n.*《英》《金融》要求払い預金《当座預金 (current account) など》.
sight dràft *n.*《米》《商業》一覧払為替手形. 〖1850〗
sight·ed /sáɪṭɪd | -tɪd/ *adj.* **1** [複合語の第 2 構成素として] 視力が…の, …目の: near[short, long, far, quick]-*sighted*. **2** 視力のある. 〖(1552): ⇨ -ed 2〗
sight èdge *n.*《造船》外縁《鋼板の端を次の鋼板の端と重ねて継ぎ合わせるとき, 外から見える方の側の鋼板の端》. 〖1911〗
síght·er /-ṭə | -tə(r)/ *n.*《射撃・アーチェリー》(競技会における) 6 本[発]の試射. 〖(1708) 1897〗
sight gàg *n.*《演劇》(台詞(せりふ)よりも身振りなどによる)視覚に訴えるおかしさ[ギャグ]. 〖1949〗
sight glàss *n.* (容器内部を見るための透明の)のぞき. 〖1605〗
síght·hòle *n.* (象限(しょうげん)儀などの)のぞき穴. 〖1559〗
sight·ing /-ṭɪŋ | -tɪŋ/ *n.* **1** 観測すること; 照準を合わせること. **2** (UFO や航空機などの)観察[目撃]例. 〖1853〗
sighting shòt *n.* 点検弾, 試射弾, 照準練習射撃, 浅射《照準の適否を点検するためのもの》. 〖1872〗
sight·less *adj.* **1** 目の見えない, 目の不自由な (blind). **2** 目に見えない (invisible). **3**《廃》醜い (unsightly).
~·ly *adv.* **~·ness** *n.* 〖(c1250): ⇨ -less〗
sight lìne *n.* 視線《劇場, 車などで, 人の目とその見る対象とを結んだ線; cf. LINE of sight (2)》. 〖1859〗
síght·ly *adj.* (**sight·li·er; -li·est**) **1** みめのよい (comely), 美しい (beautiful). **2**《米》景色のよい, 展望のきく: a ~ eminence 眺望のきく高台. **síght·li·ness** *n.* 〖(1450): ⇨ -ly²〗
síght-rèad *vt.* 〈外国語などを〉即読する; 〈楽譜などを〉初見(しょけん)で読む[演奏する, 歌う]. — *vi.* 即読する, 初見で読む[演奏する, 歌う]. 〖1903〗
síght-rèader *n.* 視奏[唱]者《楽譜を見てすらすら奏する[歌う]人》. 〖1866〗
síght-rèading *n.* 視奏[唱], 初見(演奏)《初めて見る楽譜を練習なしに演奏すること》. 〖1864〗
sight rhỳme *n.*《詩学》=eye rhyme.
sight rùle *n.*《測量》アリダード (alidade), 指方規《測量の平板上に取り付け方向を指示する器具》.
sight scrèen *n.*《クリケット》サイトスクリーン《打者が投手 (bowler) の投げた球をよく見えるようにするためフィールドの両端に設置した白いスクリーン》. 〖1956〗
síght·sèe *vi.* 見物する, 遊覧する: go ~*ing* in London ロンドンへ見物に出かける. 〖(1824)《逆成》↓〗
sight·see·ing /sáɪtsìːɪŋ/ *n.* **1** 見物, 観光, 遊覧: do [go] ~ and shopping 観光と買物をする. **2** [形容詞的に] 見物する, 観光の, 遊覧の: a ~ car [bus] 遊覧[観光]自動車[バス] / a ~ party 観光団 / a ~ trip [tour] 観光旅行. 〖(1824) ← *see the sights* (⇨ sight (n.) 3 b)〗
síght·sèer *n.* 見物人, 観光客, 遊覧客 (tourist). 〖1834〗
síght-sìng *vt.*《音楽》〈楽譜を〉初見で歌う.
síght·sìnging *n.*《音楽》視唱《初めて見る曲をドレミ唱法などの助けを借りて歌うこと》.
síght·wòrthy *adj.* 見がいのある, 見る価値のある.
síght·wòrth·i·ness *n.* 〖(1605)〗
sig·il /síʤɪl/ *n.* **1** 印形(いんぎょう), 印, 認印 (seal, signet). **2** 占星術・魔術で秘術的な力があるとされている記号[言葉など]. **sig·il·lar·y** /síʤəlèri | -ʤələri/ *adj.* 〖(a1610) ⊏ L *sigillum*: ⇨ seal¹〗
sigill. 《略》*L.* sigillum (=seal).
sig·il·late /síʤəlèɪt, -lɪt | -ʤɪ-/ *adj.* **1** 〈古代ローマ陶器が〉印刻した模様のある. **2**《植物》〈根茎が〉印章模様のついた. 〖(1858) ← L *sigillātus* ← *sigillum*: ⇨ sigil, -ate²〗
sig·il·log·ra·phy /sìʤəlá(ː)grəfi | -ʤɪlɔ́g-/ *n.* 印章学《印章を研究する学問, 古文書学の一分野》. 〖(1879) ⊏ F *sigillographie* ← L *sigillum*: ⇨ sigil, -o-, -graphy〗
sig·int, SIGINT /sígɪnt/ *n.* (電子信号の傍受による)信号情報収集, シギント (cf. comint, elint, humint); (それによる)信号情報. 〖(1969)《略》← *sig(nals) int(elligence)*〗
Sig·is·mund /síʤɪsmənd | -gɪs-; G. zíːgɪsmʊnt/ *n.* **1** シーギスムンド《男性名》. **2** ジーギスムント (1368–1437; 神聖ローマ帝国皇帝 (1410–37)). 〖⊏ G ← 《原義》protection through victory ← OHG *sigu* (G *Sieg*) victory+*munt* hand, protection: ⇨ Sigmund〗
sig·los /síglɑ(ː)s | -lɔs/ *n.* (*pl.* **sig·loi** /-lɔɪ/) シグロス《古代ペルシャの銀貨; =¹/₂₀ daric》. 〖(1911) ⊏ Gk *síglos* ⊏ Heb. *šéqel* 'SHEKEL'〗
sig·lum /sígləm/ *n.* (*pl.* **sig·la** /-lə/) (書物の)記号(表). 〖(1706) *sigla* ⊏ LL ~《短縮》← L *sigilla* (pl.) ← *sigillum*: ⇨ sigil〗
sig·ma /sígmə/ *n.* **1** シグマ《ギリシャ語アルファベット 24 字中の第 18 字: Σ σ, (語尾では) ς (ローマ字の S, s に当たる); ⇨ alphabet 表》. **2** 1 秒の 1000 分の 1 (millisecond). **3**《物理》=Sigma particle. **4**《生化学》=sigma factor. **5**《数学》Σ 記号. 〖(1607) ⊏ L ~ ⊏ Gk *sígma* < Sem. (Heb. *sāmekh*)〗
sígma fàctor *n.*《生化学》シグマ因子《RNA ポリメラーゼの一分画で DNA の指定の位置から正常に転写されるようにする蛋白質》. 〖1969〗
sígma fínite sét *n.*《数学》シグマ有限集合《可算個の測度有限な集合で覆われるような可測集合》.
Sígma hýperon *n.*《物理》シグマハイペロン (⇨ Sigma particle). 〖1954〗
Sígma pàrticle *n.*《物理》シグマ粒子《記号 Σ; Sigma hyperon ともいう》. 〖1963〗
sígma-rìng *n.*《数学》シグマ加法族, 完全加法的集合族, ボレル族《ある集合の部分集合から成る空でない集合族で, その要素の補集合も, その可算個の要素の和集合もまたその要素となるようなもの》.
sig·mate /sígmeɪt/ *adj.* S [Σ] 字形をした, シグマ形の. — *vt.*《文法》(時制・複数形成に)〈原形〉の語尾に s を添える. **sig·ma·tion** /sɪgméɪʃən/ *n.* 〖(1887) ← SIGMA, -ATE²〗
sig·mat·ic /sɪgmǽṭɪk | -tɪk/ *adj.*《文法》〈時制が原形に s を添えた《ギリシャ語などで不定過去や未来時制の形成に用いられる》. 〖(1888) ← SIGMA, -IC¹〗
sig·ma·tism /sígmətìzm/ *n.*《音声》歯擦音 (sibilant) の不正確な発音. 〖1888〗
sig·moid /sígmɔɪd/ *adj.* **1** C 字形の. **2** S 字状の. **3**《解剖》S 状結腸の. — *n.*《解剖》**1** =sigmoid flexure 2. **2** S 状結腸. 〖(1670) ⊏ Gk *sigmoeidḗs*: ⇨ sigma, -oid〗
sig·moi·dal /sɪgmɔ́ɪdḷ | -dḷ/ *adj.* =sigmoid.
~·ly *adv.*
sígmoid còlon *n.* =sigmoid flexure.
sígmoid flèxure *n.* **1**《動物》(鳥の首などの) S 状曲部. **2**《解剖》(大腸の) S 字状湾曲. 〖1786〗
sig·moid·o·scope /sɪgmɔ́ɪdəskòʊp | -dəskəʊp/ *n.*《医学》S 状結腸[直腸]鏡. **sig·moid·o·scop·ic** /sɪgmɔ̀ɪdəská(ː)pɪk | -dəskɔ́p-ˊ/ *adj.* **sig·moid·os·co·py** /sìgmɔɪdá(ː)skəpi | -dɔ́s-/ *n.* 〖1904〗
Sig·mund /sígmənd, zíg-; G. zíːkmʊnt/ *n.* **1** シグムンド《男性名》. **2**《北欧伝説》シグムンド《*Volsunga Saga* で Volsung と Liod の息子, Sinfiotli の父親, Borghild の次に Hiordis と結婚, Sigurd の父親》. **3**《ゲルマン伝説》(*Nibelungenlied* で) ジゲムント《オランダの王で Siegfried の父親; Wagner の楽劇 *Ring of the Nibelung* の Siegmund に当たる》. 〖⊏ ON *Sigmundr*《原義》protection through victory ← *sigr* victory+*mund* protection, hand: ⇨ Sigismund〗
sign /sáɪn/ *n.* **1 a** (数学・音楽などの)しるし, 符号, 記号 (⇨ signature 日英比較): mathematical ~*s* 数学記号 / musical ~*s* 音楽記号 / the ~ ♭ /flǽt/《音楽》変記号 / ⇨ minus sign, plus sign / a ~ of equality=the equal(s) ~《数学》等号 / a ~ of aggregation《数学》総括記号《大・中・小括弧, 括線など, 幾つかのものをひとまとめにする記号》/ a ~ of summation《数学》総和記号 (=Σ). **b** (思考などの象徴としての)言語記号[符号]: Words are the ~*s* (=symbols) of ideas. ことばは思想を表す記号である.
2 a 信号, 合図 (signal): ⇨ call sign / a red flag placed as a ~ of danger 危険の信号として出されている赤旗 / put one's finger to one's lips as a ~ *to* be quiet 口に指を当てて静かにするようにと合図する / I made a ~ *to* [*for*] them *to* advance. 彼らに進めと合図した. **b** 合い言葉 (password), 暗号: a ~ and countersign 合い言葉《「山」と言えば「川」, などの「山」と「川」》.
3 a 手まね, 身振り (gesture); (手まね言語 (sign language) 用の)手振り, 身振り: the ~*s* of ~ language 手話の手振り / talk in [by] ~*s* 手まねで話す / make the ~ of the cross (cf. cross¹ 5) / They made no ~ of resistance. 何ら抵抗の素振りも示さなかった / a rude ~ 無礼な素振り. **b**《米》手話: communicate in ~ 手話で意思を伝える.
4 a 看板 (signboard): a shop ~ 店の看板 / an inn ~ 宿屋の看板《★ 絵を用いる場合が多い, 例えば日本でだるまの絵で「だるまや」を示すように猪(いのしし)の頭で "Boar's Head" という屋号を示すなど》/ at the ~ of …の看板の宿屋[居酒屋]で / a pawnbroker's ~ 質屋の看板《金の三つ玉; ⇨ ball¹ 1 b》/ Good wine needs no ~.《諺》良酒には看板はいらない. **b** 標識, 標示, 掲示: a road [traffic] ~ 道路[交通]標識 / The ~ says "No Smoking." 掲示には「禁煙」と書いてある / The ~ means "Danger." その標識は「危険」を表す.
5 a (徴証となるような)表れ, しるし (indication, token); 兆候 (symptom), 前兆 (omen) (cf. 6 a): the ~*s* of the times 時のしるし, (好ましくない)時代の兆候, 時勢 (cf. *Matt.* 16:3) / a good [bad, sure] ~ (of …) (…の)良い[悪い, 確かな]兆候 / The robin is a ~ of spring in America but a symbol of winter in Britain. こまどりはアメリカでは春の先駆け[前触れ]だが, イギリスでは冬の象徴だ / There were ~*s of suffering* on her face.=There were ~*s* that she had suffered. 彼女の顔に苦痛のようすが見えた / The weather shows no ~*(s) of getting* better [*that* it will get better]. 天気はよくなる兆しがない / He disappears at the first [slightest] ~ of trouble. 彼は少しでも面倒なことになりそうだと姿を消す / The project gives [shows] every [no] ~ of success. その計画はどこから見ても成功しそうだ[しそうにない] / Fainting can be a ~ of illness. めまいは病気の兆候だ. **b**《聖書》(神力・神威の)しるし, 神業 (prodigy): pray for a ~ おしるし(の出現)を祈る / seek a ~ 奇跡を求める (cf. *Matt.* 12:39) / ~*s* and wonders しるしと奇跡, 世にも珍しい出来事 (cf. *Acts* 2:43). **6 a** [主に否定構文で] あと, 痕跡(こんせき) (trace), 形跡 (vestige) 〔*of*〕 (cf. 5 a): with *no* ~ *of* anger 少しも怒ったような気配も見せずに / There is *not* a ~ *of* life. 生き物が生存している形跡がない. **b** [通例 *pl.*; ~]《米》(野獣などの通った)跡 (trace)《足跡・糞など》: find plenty of deer ~*s* 鹿の通った跡をたくさん見つける. **7**《医学》[通例限定詞を伴って] (医者にわかる病気の)症候, 徴候 (cf. symptom 1): ⇨ Babinski sign. **8**《天文・占星》宮《黄道の 12 区分の一つ》: What's your star ~? 何座の生まれですか / born under the ~ of Taurus おうし座のもとに生まれる / ⇨ signs of the ZODIAC. **9**《神学》(霊的な本質を徴証する)可視的[物質的]なもの[しるし]: an outward and visible ~ *of* an inward and spiritual grace 内なる霊の恵みの目に見える外のしるし《秘跡 (sacrament) のこと; cf. *Prayer Book*, "A Catechism"》.
in sign of [*that* …] …の[…という]しるしとして. ***máke nò sign*** (気絶して)身動きもしない; (異議がなくて)何の合図もしない.
— *vt.* **1 a** 〈名前を〉記す; 〈手紙・書類などに〉署名する, サインをする; …に署名して承認[保証]する, 記名調印する: ~ one's initials / ~ one's name *to* [*on*] a letter [check] 手紙[小切手]に名前を記す / ~ a receipt [petition, will] 受取[嘆願書, 遺言]に署名する / a ~*ed* masterpiece by Picasso ピカソの署名入りの傑作 / a book ~*ed* by the author 執筆者の署名が入った書物 / ~*ed* and sealed 記名調印した / ~ a treaty 条約に調印する / ~ a bill *into* law 法案に署名して正式な法とする. 日英比較 日本語の「サイン」(署名)に当たる名詞の用法はない. この意味では signature を用いる. また有名人などのサインは autograph という. **b** 手話で話す[伝える, 言う], 手まね[身振り]で知らせる[合図する]: ~ "I love you."「愛してます」と手話でいう / ~ *that* one is ready to start 出発の用意ができていると手話[手まね]で伝える. **2**〈権利・財産などを〉署名して処分する[譲り渡す], (証文を書いて)売り渡す[売り払う]〈*away, over*〉: ~ *away* one's property [rights] 財産[権利]を署名して譲り渡す / ~ *away* one's freedom [independence] 自分の自由を他人に任せる / ~ *over* the delivery of a tanker 署名してタンカーを引き渡す / ~ a building *over to* a person (for use as offices) (事務所として使用するという)契約の上でビルを人に譲渡する. **3 a** 〈船員・プロスポーツ選手などを〉契約書に署名の上で雇う〈*on, up*〉: ~ *(up)* a fresh crew [a new player] 新手の乗組員[新しい選手]を雇い入れる / ~ oneself [a person] *on as* a deckhand 甲板員として雇われる[人を雇う] / The school has ~*ed up* five new teachers for next year. 学校は来年度に備えて新しい先生を 5 名契約の上雇った. **b** 〈…することを〉契約署名する〈*to do*〉: ~ *to* direct a new film 新しい映画の監督を契約し署名する. **4** 〈洗礼を受ける子供などに〉十字のしるしをつける, …に十字を切って清める〔*with*〕: ~ an infant *with* the sign of the cross 幼児(の額)に十字架の形をしるす《洗礼式の文句》. **5** 〈道などに〉標識を出す: ~ a street.
— *vi.* **1** 署名する, 記名調印する: refuse to ~ 署名を拒む / ~ *for* a parcel 署名して小包を受け取る / Sign here, please. ここに署名をお願いします / Sign where it says "Your Signature."「(ご)署名」と書いてあるところに名前を書きなさい. **2** 署名の上雇われる, 就業契約をする〈*on, up*〉: ~ for three years 3 年間の契約で雇われる / ~ *on for* a voyage [course] 航海に従事することを契約する / ~ *on as* a cook コックとして就業契約をする / ~ *on at* a factory [*with* the Army] 工場に雇われる[陸軍に入隊する] / ~ *up to* be a model モデルになる契約をする / She ~*ed up for* a new film. 新しい映画に出演の契約を結んだ / ~ *(up) for* [*with*] the Yankees ヤンキーズ球団と契約する. **3** 手まね[合図, 目くばせ]をする: He ~*ed to* [*for*] me to stop [*to* me *that* I should stop]. 私に止まれと合図をした. **4** 標識を出す: ~ along a street. **5** 手話を用いる, 手まね[身振り]で伝える: get very good at ~*ing* 手話がとても上手になる.
signed, sealed, and delivered (1)《法律》署名捺(なつ)印交付済み《捺印証書が正式に作成交付されたことを示す文句》. (2)《戯言》万事円満に解決して. ***sign in*** (*vi.*) 署名して到着したこと[タイムレコーダーで出勤時]を記録する (cf. CLOCK¹ *in*): ~ *in* late 遅刻する / ~ *in at* a hotel 記帳してホテルに入館する. — (*vt.*) (1) 署名して〈人〉の到着[〈物〉の受領]を記録する. (2)〈会員が署名して〈非会員を〉中に入れてやる: ~ a friend *in* [*into* a club] 友人を中に入れてやる[クラブの中に入れてやる]. ***sign off*** (1) 契約などを破棄する; 関係[交わり]を絶つ. (2)《ラジオ・テレビ》放送[番組]終了の合図[アナウンス]をする; 放送を終える: ~ *off*

S

with the signature tune テーマ音楽をかけて放送[番組]を終了する / This is Mary Smith ~*ing off* (for WBAI-FM) (until tomorrow). (WBAI-FMのメリー スミスがお伝えしました(明日までごきげんよう)). (3) 《英》(職を見つけて)失業保険の受取りをやめる. (4) (署名して)手紙を終える. (5) 《俗》話を止める, 黙る. (6) 〘トランプ〙(ブリッジで)打切りビッドをする (cf. sign-off 2). (7) 〈医師が〉〈患者を〉病気のため勤務不適と証明する. ***sign óff on*** …に賛成の意を示す. ***sign ón*** (*vt.*) ⇨ *vt.* 3 a. (*vi.*) (1) ⇨ *vi.* 2. (2) 〘ラジオ・テレビ〙放送[番組]開始を告げる (cf. sign-on): ~ *on* by saluting 挨拶をして放送を始める. (3) 《英口語》失業時に[職業安定所に]名前を登録する 〔*at*〕: ~ *on at* the DSS office 社会保障事務所に登録する. ***sign on the dótted líne*** ⇨ dotted line 成句. ***sign óut*** (*vi.*) 署名して外出したこと[タイムレコーダーで退出時]を記録する (cf. CLOCK[1] *out*): ~ *out* (*of* one's dormitory) 署名して(寮から)外出する. —(*vt.*) 署名して〈本などを〉帯出する; 署名させて〈人〉に外出を許す: ~ a book *out* (*of* a library). ***sign oneself*** (1) ⇨ *vt.* 3 a. (2) 自署する: She ~*ed herself* as "Jane Doe". 彼女は Jane Doe と自署した. ***sign úp*** (*vi.*) (1) ⇨ *vi.* 2. (2) 署名して加わる, 参加する: ~ *up for* a contest コンテストに出る / ~ *up to* take [for] a summer course 夏期講習に参加する. (3) 〔…の〕購入を契約する 〔*for*〕. —(*vt.*) (1) ⇨ *vt.* 3 a. (2) 〈人〉に〔…の〕購入を契約させる 〔*for*〕: ~ a person *up for* a new car [a donation] 人に新車購入[寄付]の契約をさせる.

〘n.: 《?*a*1200》 *sygne* □ (O)F *signe* □ L *signum* 《原義》 object which one follows ← IE **sekw-* to follow (⇨ sequel). — v.: 《?lateOE *seinian* □ OF *seignier* (F *signer*) □ L *signāre* ← *signum*》〙

SYN しるし: **sign** あることを意味するしるし《最も一般的な語》: He fled at the first *sign* of danger. 危険と見るや逃げてしまった. **mark** 人や物の内在的特徴を示すしるし: Politeness is a *mark* of good breeding. 礼儀正しさは育ちのよいしるしである. **token** 抽象的なものを具体的に表したしるし: a kiss as a *token* of love 愛のしるしとしてのキス. **symptom** 病気や混乱の存在が外面に認識できるしるし: *symptoms* of cancer がんの症状. **indication** あることを示すしるし・言葉・身振り: Did he give you *indication* of his feelings? 何か感情を示しましたか.

sig·na /sígnə/ *v.* [命令形で] 〘処方〙記せ, 印をつけよ, レーベルを貼付(ちょう)せよ (略 S). 〘□ L ~〙

signa 《略》 signorina.

sign·a·ble /sáɪnəbl/ *adj.* 署名できる, 署名すべき. 〘1802〙

Si·gnac /siːnjǽk; *F.* siɲak/, **Paul** *n.* シニャック 《1863–1935; フランスの風景・海景画家; Seurat とともに新印象派の祖; cf. Pointillism》.

sign·age /sáɪnɪdʒ/ *n.* 《米》[集合的] 信号 (signs), 看板, 標識; 信号系. 〘《1976》: ⇨ sign, -age〙

sig·nal /sígnəl, -nl/ *n.* **1** 《警告・指示を伝達する》信号, 合図, サイン; 信号機, シグナル, (信号・合図の)灯火, 赤旗: a danger ~ 危険信号 / a ~ of distress =a distress ~ 遭難[難船]信号 / an alarm [a warning] ~ 警報 / give a hand ~ 手信号を送る / ⇨ storm signal, traffic signal, turn signal, weather signal / an international code of ~*s* 国際通信書(信号編) / make a ~ (信号の)サインをする / The ~*s* are up [down]. 信号が上がって[降りて]いる. **2 a** (あらかじめ定めてある)〔…の〕合図, 合い言葉, ジェスチャー 〔*for*〕: give the ~ *for* [*to*] retreat 退却の合図を出す. **b** きっかけ, 導火線, 動機 〔*for*〕: the ~ *for* revolt 暴動の導火線 / His remark was the ~ *for* the fight. 彼の言葉がけんかのきっかけとなった. **3** しるし, 前兆, 徴候 (token, sign): His rising was a ~ *that* the meeting was over. 彼が立ち上がったのは会の終わったしるしだった. **4** 〘通信〙信号(波) (送信[受信]されるインパルス・波動・音響など); 変調波: a strong [weak] ~ 強い[弱い]電波. **5** (カードなどにつける検索用の)ラベル; (本の)つめかけ (thumb index) (など). **6** 〘トランプ〙(ブリッジなどで)シグナル《プレー中カードの出し方によりパートナーに自分の手や意向を伝える方法》: ⇨ high-low signal. **7** 〘測量〙対空標識. **8** 〘言語〙信号, 合図《ある意味を伝達する言語音または言語形式》.

— *v.* (**sig·naled, -nalled; -nal·ing, -nal·ling**) — *vt.* **1 a** 信号[合図]で知らせる[通信する]: ~ an order [a message] 命令[通信]を信号で送る / The ship ~*ed* its distress [an SOS]. 船は遭難信号を発した. **b** [しばしば目的語(または to ~)+*to* do, *that*-clause を伴って] …に信号を送る, 合図する (cf. *vi.*): She ~*ed* a taxi and asked to be taken to the station. タクシーに合図して駅まで乗せてくれと言った / The maid ~*ed me to* enter. メードは私に入るように合図した (cf. *vi.*) / He ~*ed* ((*to*) them) *that* the teacher was coming. 仲間に先生が来ることを合図した / The driver ~*ed that* he was going to turn right. 運転手は右折するサインを出した. **c** 〘野球〙〈選手〉にサインを出す. **2** 特徴づける, 示す (mark): The defeat of 1066 ~*s* the beginning of Norman rule in England. 1066 年の敗北は英国におけるノルマン支配が始まったことを表している. **3** 〘言語〙〈言語形式〉の特徴を選定する. — *vi.* 〔…に〕信号を出す, 合図する 〔*to*〕: *Signal* before you turn. 曲がる前に合図を出しなさい / ~ *to* a person 人に信号を発する / ~ *for* a person *to* approach 近付くように人に合図する / He ~*ed to* the bartender *for* a drink [*to* the waiter *to* come]. バーテンに一杯くれ[ウェーターに来るように]と合図した (cf. *vt.* 1 b).

— *adj.* [限定的] **1** 〘□ F *signalé* □ It. *segnalato* (p.p.) ← *segnalare* to make illustrious ← *segnale* signal〙 著しい, 顕著な, めざましい, すばらしい (noteworthy) (⇨ noticeable SYN): a ~ honor / a man of ~ virtue 高徳の士 / a ~ victory [achievement, exploit] 大勝利[成功, 手柄] / a book of ~ importance 非常に重要な本. **2** 信号[合図]の役をする, 信号用の: a ~ flag [lamp, bell] 信号旗[灯, 鐘] / a ~ fire のろし. **3** 意味を表す (significative).

〘《*c*1380》 《1589–90》 □ (O)F ~ 《変形》 ← OF *seignal* < ML *signāle* ← L *signālis* of a sign: ⇨ sign, -al[1]〙

signal bòard *n.* 〘鉄道〙信号[シグナル]盤 《信号扱所の集中監視制御盤》.

signal bòx [càbin] *n.* 《英》 =signal tower.

signal càller *n.* 〘アメフト〙シグナルコーラー 《クォーターバックのこと》. 〘1971〙

signal convèrter *n.* 〘電気〙符号変換器.

signal còrps, S- C- *n.* 〘米陸軍〙通信隊 《通信・気象観測などの任務に当たる; 略 SC》.

sig·nal·er /-nələ, -nlə | -nələ[(r)], -nl-/ *n.* 《米》 **1** 信号手. **2** 信号機.

sig·nal·ize /sígnəlàɪz, -nl-/ *vt.* **1 a** [通例 ~ one-*self* または受身で] 有名[著名]にする; 目立たせる (distinguish): ~ *oneself* by …で名を表す, で目立つ[異彩を放つ]; 頭角を現す / The product *was* ~*d* by its distinctive name. その製品はその特色ある名称によって目立ってきた. **b** 祝う, 記念する (celebrate): ~ a victory by public rejoicing 派手に公然と戦勝を祝う. **2** はっきり示す, 表明する: ~ one's talents 自分の才能を見せびらかす. **3** …に信号[合図]する; 信号[合図]で知らせる: ~ a ship's arrival. — *vi.* 合図する. **sig·nal·i·za·tion** /sìgnəlɪzéɪʃən, -nl- | -nəlaɪ-, -lɪ-, -nl-/ *n.* 〘《1652》 ← *signal* (adj.)+-IZE〙

sig·nal·ler /-nələ, -nlə | -nələ[(r)], -nl-/ *n.* 《英》 = signaler.

signal lìght *n.* 信号灯 (light).

sig·nal·ly /-nəli, -nli/ *adv.* **1** 際立って (conspicuously), 著しく, 目立って, 大いに: fail ~ 大失敗をする. **2** 信号で[によって]. 〘1641〙

sígnal·man /-mən | -mən, -mæ̀n/ *n.* (*pl.* **-men** /-mən, -mèn/) 信号手, 信号係. 〘1737〙

sig·nal·ment /sígnəlmənt, -nl-/ *n.* 《米》(警察用の)人相書. 〘《1778》 □ F *signalement* ← *signaler* to mark out: ⇨ -ment〙

signal réd *n.* =Chinese vermilion 2.

signals grámmar *n.* 〘言語〙合図文法 《テキストの中にその文法構造を知る手掛かりになるすべての signal が含まれているとする立場をとる一部の米国の言語学者の用語》.

signal strèngth *n.* 〘通信〙信号強度 《電波または電気信号の強さ; R に 0–10 を添えた記号で表される》. 〘1912〙

sígnal-to-nóise ràtio *n.* 〘電気〙SN 比, 信号対雑音比 《信号と雑音との強さの比で通信の品質を示す量》. 〘1935〙

signal tòwer *n.* 《米》〘鉄道〙信号塔 (《英》 signal box). 〘1766〙

signal wòrd *n.* 〘言語〙合図語 《発話の特定の位置に現れ, 後続の言語構造の性格を示したり合図したりする語; 例えば accordingly, consequently, however, thus, yet など》. 〘1814〙

sig·na·ry /sígnəri/ *n.* (古代文字などの)文字記号表, 音節記号表. 〘《1902》 ← L *signum*+-ARY〙

sig·na·to·ry /sígnətɔ̀ːri | -təri, -tri/ *n.* 署名[調印]者; 条約加盟国. — *adj.* 署名した, 記名調印した: the ~ powers to a treaty 条約加盟国. 〘《1647》 《1870》 □ L *signātōrius* of seals ← *signātus* (p.p.) ← *signāre*: ⇨ sign, -atory〙

sig·na·ture /sígnətʃə, -tʃʊ̀ə | -nətʃə[(r)]/ *n.* **1** 署名すること; 署名, 自署, サイン. 日英比較 日本語の「サイン」は署名の意では signature, 合図の意では signal; その動詞「サインする」は署名するの意では sign,「合図する」の意では signal である: ~*s* of great men 大家連の署名 / under the joint ~ of our names 我々の連署のもとに / put one's ~ to …に署名する. **2** 特徴, 特色 (peculiarity). **3** 〘音楽〙 **a** =key signature. **b** =time signature. **4** 〘ラジオ・テレビ〙 =signature tune. **5** 〘処方〙(薬の容器に書かれた)用法注意 《略 s., sig.》. **6** 〘製本〙折り, 折丁(おりちょう) (gathering, quire) 《折りたたんだ 1 枚の印刷紙; それを重ねて 1 冊の本にする》. **7** 〘製本・印刷〙 **a** 折記号 《製本の便宜上折丁の一番上のページなどの欄下に A, B, C, …または 1, 2, 3, …などと付ける記号; アメリカ本には普通この記号が見られない》. **b** 背丁 《折丁の背に印刷する A, B, C などの記号; cf. collating mark》. **c** 折記号付刷紙. — *adj.* (衣服などに)デザイナー名入りの, ロゴマーク入りの. 〘《1534》 □ F ~ // ML *signātūra* sign ← L *signātus* (↑): ⇨ -ure〙

SYN 署名: **signature** 手紙や書類にする署名で, 本人が書いたり, 機械で大量に複写することもできる. **autograph** 手書きの署名で, 特に有名人の署名を指す.

sígnature lòan *n.* 〘金融〙無担保貸付け.

signature tùne *n.* 〘ラジオ・テレビ〙テーマ音楽, テーマソング, 主題曲[歌]. 〘1932〙

sígn·bòard *n.* **1** 看板 (sign). **2** 掲示板; 注意板. 〘1632〙

Sígned Énglish *n.* 手話英語 《ASL の統語法の代わりに英語の文法を使用する手話》.

sígned-rànks tést *n.* 〘統計〙 =Wilcoxon test.

sign·ee /saɪníː, ⌐⌐/ *n.* 署名者, 調印者 《特に契約書や申請書などの》. 〘《1953》: ⇨ sign, -ee[1] 2〙

sign·er *n.* **1** 署名者. **2** 手まね言語[手話] (sign language) を用いる人. 〘1611〙

sig·net /sígnɪt | -nɪt/ *n.* **1 a** 印形(いんぎょう) (seal), 印, 認印 《指輪などに彫った》. **b** =signet ring. **2** [the ~] 玉璽(ぎょくじ) (privy seal). **3** 押した印, 捺印. — *vt.* …に印[認印]を押す. 〘《?*c*1380》 □ (O)F ~ (dim.) ← *signe* 'SIGN': ⇨ -et〙

sígnet rìng *n.* 認印つき指輪 (seal ring). 〘1681〙

si·gni·fi·ant /sìːnifiɑ́ː(ŋ), -ɑ́ːŋ; *F.* siɲifjɑ̃/ *n.* 〘言語〙シニフィアン, 記号表現, 能記 (signifier) 《対象を指示する記号》. 〘《1939》 □ F ~ (pres.p.) ← *signifier* to signify〙

sig·nif·i·cance /sɪgnífɪkəns, -kənts/ *n.* **1** 重要性, 大切さ, 重大さ (⇨ importance SYN): a matter *of* great ~ 非常に重要な問題 / a person [matter] *of* no [little] ~ まったく[ほとんど]重要でない人[事]. **2** 意味のあること; 意味[いわく]ありげなこと, 意味深長 (expressiveness, meaningfulness, suggestiveness): a look [words] of great [deep, profound] ~ 非常に意味ありげな顔つき[言葉]. **3** 意味, 意義 (meaning), 趣旨 (import) (⇨ meaning SYN): The real ~ of his gesture [this event] was not grasped. 彼の身振り[この事件]の真意は見抜けなかった. **4** 〘統計〙有意性. 〘《*a*1400》 □ OF ~ // L *significantia* (⇨ significant, -ance) ∽ ME *signifiance* □ (O)F (⇨ signify, -ance)〙

signíficance lèvel *n.* 〘統計〙有意水準 《統計的仮説検定の手順における第一種の誤りの確率; level of significance ともいう; cf. confidence level》.

signíficance tèst *n.* 〘統計・社会学〙有意(性)検定. 〘1907〙

sig·níf·i·can·cy /-kənsi/ *n.* 意味のあること, 意味深長. 〘《*c*1595》: ⇨ significance, -ancy〙

sig·nif·i·cant /sɪgnífɪkənt/ *adj.* **1** 重要な, 重大な, 大切な (important): Your success today may be ~ for your future life. 君の今日の成功は将来に重大な意義をもつだろう / a ~ contribution [improvement] 重要な貢献[改良] / It is highly ~ that he didn't look at me even once. 彼が一度も私を見なかったということは非常に暗示的だ. **2** かなりの, 目立って大きい: A ~ number of people attended the meeting. かなり多くの人がその会に出席した. **3** 意味[意義]のある; 〔…を〕意味する, 表す (indicative) 〔*of*〕: a ~ detail 意義のある細部 / a gesture ~ *of* consent 承諾を表す身振り. **4** 意味深長な, 意味[いわく]ありげな, 暗示的な (suggestive, expressive, meaningful): a ~ glance [look] 意味ありげな目つき[顔つき]. **5** (単なる偶然とは言えない)ある関係のある, 有意な: a ~ relation between moral debasement and economic instability 道徳低下と経済不安定との有意な関係 / a statistically ~ correlation 統計的に有意な相関関係. **6** 〘言語〙意味の区別を表す, 示差的な (distinctive). — *n.* 《古》意味のある印, 記号, 象徴. 〘《1579》 □ L *significantem* (pres.p.) ← *significāre* 'to SIGNIFY': ⇨ -ant〙

signíficant dígits [《英》 **figures**] *n. pl.* 〘数学〙有効数字 《意味のある数字; 952 を約 1000 というとき, 最初の 1 と 0 は有効数字であるが, あとの 2 つの 0 はそうではない; cf. digit 1, decimal place》. 〘1690〙

sig·nif·i·cant·ly /sɪgnífɪkəntli/ *adv.* **1** 重要なほどに, 著しく: Things have improved ~ [~ improved] since then. それ以来事態は著しく改善した. **2** [文修飾語として] 意味深い[重要な]ことには: *Significantly*, he didn't look at me even once. 重要なことに, 彼はただの一度も私を見なかった. **3** 意味深長[ありげ]に: He looked at me ~. 彼は私を意味ありげに見た. 〘1577〙

significant óther *n.* 重要な他者: **1** 親・友人・同僚などその人の行動や自尊心に大きな影響を与える人物: Life can be drab without a ~ in it. 重要な他者がいなければ人生は退屈なこともある. **2** 大切な人; 配偶者・愛人・同棲相手.

sig·nif·i·cate /sɪgnífɪkɪt, -kèɪt/ *n.* **1** 意味されるもの. **2** ある語の意味されるものの一つ. 〘《*c*1449》 ← L *significātum* (p.p.) ← *significāre* 'to SIGNIFY': ⇨ -ate[2]〙

sig·ni·fi·ca·tion /sìgnəfɪkéɪʃən | -nɪ̀fɪ-/ *n.* **1** 意味, 意義 (⇨ meaning SYN); 語義, 含意: the ~ of a word 語義 / a primary ~ 原義. **2** 表明, 表示 (indication); (正式の)通知. **3** 《方言》重要さ. 〘《*a*1325》 □ (O)F ~ // L *significātiō(n-)*: ⇨ signify, -ation〙

sig·nif·i·ca·tive /sɪgnífəkèɪtɪv, -kət- | -nífɪkət-, -fəkèɪt-/ *adj.* **1** 〔…を〕示す, 表示する, 表象する (indicative) 〔*of*〕: This letter is ~ *of* her affection. 手紙は彼女の愛情を示している. **2** 意味のある, 意義を表す; 意味深長な, 意味ありげな (suggestive). **~·ly** *adv.* **~·ness** *n.* 〘《?*a*1400 □ (O)F *significatif* // LL *significātīvus*: ⇨ signify, -ative〙

sig·nif·ics /sɪgnífɪks/ *n.* 記号論 (semiotics), 意味論 (semantics). 〘《1896》 ← SIGNIF(Y)+-ICS〙

si·gni·fié /sìːnjifjéɪ; *F.* siɲifje/ *n.* 〘言語〙シニフィエ, 記号内容, 所記 (signified) 《記号によって指示される意味内容》. 〘《1939》 □ F ~ (p.p.) ← *signifier* to signify〙

síg·ni·fìed *n.* 〘言語〙 =signifié.

sig·ni·fy /sígnəfàɪ | -nɪ̀-/ *vt.* **1** 意味する (mean), …の意味を有する; 表す, 物語る (denote): What does P.R. ~? P.R. とは何の意味か / What does it ~? それはどういう意味か (なんでもないじゃないか; cf. *vi.*) / His high forehead *signifies that* he is intelligent. 彼の広い額は彼が聡明であることを物語っている / ~*ing* nothing 何の意味[重要性]もない (Shak., *Macbeth* 5. 5. 28). **2** (言葉・行為・合図などで)〈考え・意向などを〉示す, 表明する (make known): ~ one's satisfaction (with a nod) (うなずいて)満足の意を表す / He *signified* his agreement [*that* he agreed] by raising his hand. 手を挙げて同意を示した. **3** …の前兆となる (portend), 前触れとなる: A red sunset *signifies* fine weather. / A lunar halo *signifies* rain. 月にかさがかかると雨になる. — *vi.* **1** 《口語》[通例否定構

文で] 関係[影響]するところがある, 重大なことである (matter): It [He] does *not* ～. 大した事[人物]じゃない / ～ much [*little*] 重大なことだ[でない]. **2** 《米俗》(ふざけて)冷やかす, 侮辱する, おどす. **síg·ni·fì·a·ble** /-fàɪəbl/ *adj.* **síg·ni·fì·er** *n.* 〖《*c*1275》 *signifie(n)* ☐ (O)F *signifier* ☐ L *significāre* ← *signum* 'SIGN'+*-ficāre* (⇨ -IFY): ⇨ -fy〗

síɡn-ìn *n.* (請願・要求などが目的の)署名運動. 〖《(1968)》← SIGN+-IN〗

sign·ing /sáɪnɪŋ/ *n.* **1 a** 署名, 契約. **b** (スポーツの)契約選手, (音楽の)契約アーティスト **2** 手話(使用).

si·gnior /siːnjɔ́ə, ⌐─ | síːnjɔː(r/ *n.* (*pl.* **～s, si·gnio·ri** /siːnjɔ́ːriː/) =signor. 〖《変形》← SIGNOR〗

sign lànguage *n.* **1** (聾唖(ろうあ)者・異種族人間で用いる)手まね[身振り]言語. **2** 手話(法) (dactylology). 〖1847〗

sign mánual *n.* (*pl.* **signs m-**) 自署, (特に, 国王が公文書にする)親署 (autograph, signature). 〖1428〗

sígn-òff *n.* **1** 〘ラジオ・テレビ〙放送[番組]終了. **2** 〘トランプ〙(ブリッジで)サインオフ, 打切りビッド《弱い手の場合, パートナーがゲームビッド (cf. game *adj.* 4) まで進まないように同じスーツ (suit) を繰り返してビッド (bid) する戦術; cf. stop bid》. 〖1942〗

sígn-òn *n.* 〘ラジオ・テレビ〙放送[番組]開始. 〖1949〗

si·gnor /siːnjɔ́ə, ⌐─ | síːnjɔː(r; *It.* siɲɲóːr/ *n.* (*pl.* **～s, si·gno·ri** /siːnjɔ́ːriː; *It.* siɲɲóːri/) **1** (特に)イタリアの貴族 (lord), 紳士 (gentleman): the Grand *Signor* 旧トルコ皇帝の称. **2** [S-] Mr., Sir に当たるイタリアの敬称. 〖《*a*1577》☐ It. ～: ⇨ signore〗

si·gno·ra /siːnjɔ́ːrə; *It.* siɲɲóːra/ *n.* (*pl.* **～s, si·gno·re** /-reɪ; *It.* -re/) **1** (特に)イタリアの既婚貴婦人, 奥様. **2** [S-] Madam, Mrs. に当たるイタリアの敬称. 〖《1636》☐ It. ～ (fem.): ↓〗

si·gno·re /siːnjɔ́ːreɪ; *It.* siɲɲóːre/ *n.* (*pl.* **si·gno·ri** /-riː; *It.* -ri/) =signor 1. ★ 呼び掛けとして人名の前に添える時は Signor の形を用いる. 〖《1594》☐ It. ～ < ML *senior* superior, lord ← L (adj.) 'elder': ⇨ senior〗

Si·gno·rel·li /siːnjɔːréli; *It.* siɲɲorélli/, **Luca** *n.* シニョレリ《1441?–1523; イタリアルネサンス期のフレスコ画家》.

si·gno·ri·a /sìːnjəríːə | -njɔː-, -njə-; *It.* siɲɲoríːa/ *n.* =signory.

si·gno·ri·na /sìːnjəríːnə | -njɔː-, -njə-; *It.* siɲɲoríːna/ *n.* (*pl.* **～s, -ri·ne** /-neɪ; *It.* -ne/) **1** イタリアの未婚女性. **2** [S-] Miss に当たるイタリアの敬称. 〖《1820》☐ It. ～ (dim.) ← *signora*: ⇨ signora〗

si·gno·ri·no /sìːnjəríːnoʊ | -njɔːríːnəʊ, -njə-; *It.* siɲɲoríːno/ *n.* (*pl.* **～s, -ri·ni** /-niː; *It.* -ni/) **1** イタリアの若い男性. **2** [S-] 若い男性に対するイタリアの敬称. 〖☐ It. ～ (dim.) ← *signore*: signore〗

sig·no·ry /síːnjəri/ *n.* =seigniory. 〖1555〗

sígn pàinter *n.* 看板書き, 看板屋. 〖1725〗

sígn·pòst *n.* **1** 案内標識; (十字路などの)道標, 道しるべ, 道路標識. **2** 明白な手掛かり[しるし]. **— *vt.*** …に道標をつける, 道路標識を立てる. 〖1620〗

sígn tèst *n.* 〘統計〙符号検定《ある量の大きさによるのではなく, その符号に依存する有意性検定》.

sígn-ùp *n.* 署名による登録; (団体などへの)加入. 〖1940〗

sígn wrìter *n.* =sign painter.

Sig·ny /sígni/ *n.* 〘北欧伝説〙シグニュー《*Volsunga Saga* で Volsung の娘; 兄 Sigmund との間に Sinfiotli を生む》.

Sigra 《略》Signora.

Sigr·dri·fa /sígədrìːvə | -gə-/ *n.* 〘北欧伝説〙シグルドリーヴァ《「古エッダ」(*Elder Edda*) の中のバルキューレの一人; Odin により魔術で火の輪の中に眠らされ Sigurd に眠りからさまされる; cf. Brynhild》. 〖☐ ON ～〗

sig·ri /síːgri/ *n.* 《インド》こんろ. 〖《1949》☐ Panjabi *sagṛī*〗

Si·grid /sígrɪd, síːg- | -rɪd; *G.* zíːgʁɪt, -ʁiːt/ *n.* シグリッド, ジーグリット《女性名》. 〖☐ ON *Sigríðr* ← *sigr* victory+*ríðr* (人名語尾: ←?)〗

Sig·urd /sígʊəd, -gəd | -gʊəd, -gəːd; *G.* zíːgʊʁt/ *n.* 〘北欧伝説〙シグルド《*Volsunga Saga* の主人公; 父 Sigmund の死後生まれ, Regin に育てられ, 大蛇 Fafnir を退治し財宝を手に入れる; Giuki 族の友となり, Gudrun と結婚し, Brynhild を裏切ることになって殺害される; *Nibelungenlied* の Siegfried に当たる》.

Sig·yn /ségɪn, síːg- | -gɪn/ *n.* 〘北欧神話〙シギュン《Loki の妻》.

Si·ha·nouk /sìːənúːk | síːənùːk, síənʊk/, **Prince No·ro·dom** /nɔ̀ːrədɑ́(ː)m | -dɔ́m/ *n.* シアヌーク《1922–2012; カンボジアの政治家; 国王 (1941–55, 93–2004), 首相 (1955–60), 国家元首 (1960–70), 民主カンボジア連合大統領 (1982–91)》.

si·ka /síːkə/ *n.* 〘動物〙 **1** ニホンジカ (Japanese deer). **2** 東アジアに生息するニホンジカに近縁のシカの総称. 〖《1891》☐ Jpn.〗

síka dèer *n.* 〘動物〙=sika.

Si·kang /ʃíːkɑ́ːŋ/ *n.* =Xikang.

sike /sáɪk/ *n.* 《スコット・北英》 **1** 小川; (特に, 夏季に干上がる)細流. **2** (特に, 豪雨の後に水がたまる)溝, 下水 (ditch, drain). 〖《1228》*syke*: cf. ON *sík*〗

Sik·el /síkəl, -kl/ *n.* =Sicel.

Si·kel·i·ot /sɪkéliət, -liɑ̀(ː)t | -liət, -liɒ̀t/ *n., adj.* =Siceliot.

sik·er /síkə | -kə(r/ *adj., adv.* 《スコット・北英》=sicker².

Sikh /síːk, sík; *Hindi* sɪkh/ *n.* シ(ー)ク教徒 (cf. Sikhism). **— *adj.*** シ(ー)ク教[教徒]の. 〖《1756》☐ Hindi ～《原義》disciple〗

si·kha·ra /ʃíkərə/ *n.* 〘建築〙=shikara.

Sikh·ism /síːkɪzm, sík-/ *n.* シ(ー)ク教《ヒンズー教とイスラム教の調和を目指して 16 世紀にインドの Punjab に起こった宗教; 後には強力な軍隊組織に発展した》. 〖1849〗

Síkh Wárs *n.* 〘インド史〙シーク戦争《(1845–46, 1848–49 年の 2 度にわたるシーク教徒と英国の戦争; パンジャブ地方を英国が併合)》.

Si-kiang /ʃíːkiɑ́ːŋ/ *n.* =Xi Jiang.

Sik·kim /síkɪm | síkɪm, ─⌐/ *n.* シッキム《インド北東方, ネパールとブータンとの間にあるインドの一州 (1975 年併合); 面積 7,110 km²; 州都 Gangtok》.

Sik·kim·ese /sìkɪmíːz, -míːs | -kɪmíːz⁻/ *n.* シッキム人. 〖1938〗

Si·kor·ski /sɪkɔ́əski | sɪkɔ́ː-; *Pol.* ɕikɔ́rskʲi/, **Wła·dys·ław** /vwadɨ́swaf/ *n.* シコルスキー《1881–1943; ポーランドの軍人・政治家; 第一次大戦後復活したポーランド国首相 (1922); 第二次大戦中はポーランドの亡命首相; 飛行機事故で死亡》.

Si·kor·sky /sɪkɔ́əski | sɪkɔ́ː-; *Russ.* sʲikórskʲij/, **Igor Ivanovich** *n.* シコルスキー《1889–1972; ロシア生まれの米国の航空技師; ヘリコプターの開発[製造]者》.

Sik·si·ka /síksɪkə/ *n. pl.* シクシカ族《アメリカインディアンのブラックフット族 (the Blackfeet) の 3 部族中最も北の部族》. 〖《1843》☐ Blackfoot ～ ← *siksi-* black+*-ka* foot〗

sil- /sɪl/ 〘化学〙「ケイ素 (silicon) を含んだ, ケイ素から誘導された; (炭素の代わりに)ケイ素 (silicon) を含んだ」の意の連結形. 〖← SILICON〗

sil·a- /sílə/ sil- の異形.

si·lage /sáɪlɪdʒ/ *n.* (silo や pit に入れ保蔵された)貯蔵生牧草, サイレージ (ensilage). **— *vt.*** =ensile. 〖《1884》《略》← ENSILAGE〗

sil·ane /síleɪn, sáɪl-/ *n.* 〘化学〙シラン《一般式 Si_nH_{2n+2} をもつ水素化ケイ素の総称》; (特に) =monosilane. 〖《1916》← SIL-+(METH)ANE〗

Si·las /sáɪləs | -ləs, -læs/ *n.* サイラス《男性名》. 〖☐ LL ～ ☐ Gk *Sílas*《短縮》← *Silouanós* ☐ L *Silvānus*《原義》living in woods ← *silva* wood: cf. sylvan〗

Si·las·tic /sɪlǽstɪk | sɪ-/ *n.* 〘商標〙シラスティック《シリコンゴム (silicone rubber) の商品名》. 〖《1946》《混成》← SIL(ICONE)+(P)LASTIC〗

Si·lat /sɪlǽt/ *n.* シラット《日本の空手に似たインドネシアの伝統武道; 民族音楽に合わせて型を演ずる演舞もある》. 〖《1910》← Malay〗

Síl·bury Híll /sílbèri- | -b(ə)ri-/ *n.* シルベリーヒル《南イングランドの Avebury 近郊の後期新石器時代の小丘; 長さ 40 m; 面積約 2 ヘクタール; 何らかの儀式用に用いられた》.

Sil·ches·ter /síltʃɪstə | -tə(r/ *n.* シルチェスター《イングランド南部 Hampshire 州北部の村; Reading の南西郊外に位置する; ローマ以前またローマ支配時代の重要な町の遺跡で, ローマ人にはカレワ・アトレバトゥム (Calleva Atrebatum) として知られた》.

sild /sɪlt, sɪld/ *n.* (*pl.* **～, ～s**) ノルウェー産のニシンの若魚. 〖《1921》☐ Norw. 'herring'〗

sile /sáɪl/ *vi.* 《北英方言》《雨がどしゃ降りになる. 〖《(*c*1380)》《1703》← ? ON〗

si·le·na·ceous /sàɪlənéɪʃəs⁻/ *adj.* 〘植物〙ナデシコ科の (caryophyllaceous). 〖《1836》← NL *Silene* (属名: ← *Silēnus* 'SILENUS')+-ACEOUS〗

si·lence /sáɪləns, -lənts/ *n.* **1** 黙っていること, 口をきかぬこと, 沈黙, 無言 (muteness); 無口 (taciturnity): break [shatter] the [one's] ～ 沈黙を破る / in (dead) ～ (まったく)黙って / put [reduce] a person to ～ (言い込めて)人を沈黙させる / When he had finished speaking, there was (a) ～ [～ reigned] throughout the auditorium. 彼が語り終わると講堂全体がしーんとなった / Speech is silvern [silver], ～ is golden. ⇨ speech 2 a / Can I take your ～ as (tacit) consent [agreement]? 沈黙は(暗黙の)同意と取ってよろしいですか / There was complete ～ from the government about [on] the devaluation. 平価切り下げに関して政府はまったく沈黙していた. **2** 無音, 静寂, 静けさ (stillness): the ～ of the night [desert] 夜[砂漠]の静けさ / the ～ of death [the grave, the tomb] 死の沈黙 / The ～ of the engine shows its efficiency. そのエンジンの静けさは効率の良さを示している. **3 a** 何も触れて[書いて, 言及して]ないこと, 黙殺: the ～ of history as to [about] Shakespeare's real life シェークスピアの実生活について歴史が何も触れてないこと / pass over a matter *in* ～ ある事を黙殺する. **b** 無音(ぶいん), ぶさた, 音信不通: after ten years' ～ 10 年間無音のあとで / Forgive (me *for*) my long ～. ごぶさたをおわびいたします. **c** 忘却 (oblivion): pass into ～ 忘れられる. **4** 沈黙を守ること, 口止め, 秘密(厳守) (secrecy): buy a person's ～ 金で人の口止めをする / classified research carried out in ～ 秘密裏に行われた極秘研究. **5 a** (記念式典などで行う)黙禱(もくとう); (英) (戦没者追悼記念日曜日 (Remembrance Sunday) の午前 11 時に行われる) 2 分間の黙禱 (two minutes' silence ともいう): observe one minute's [a one-minute] ～ in honor of …のために 1 分間黙禱する. **b** 休息 (rest). **c** 死 (death). **6** (蒸留酒の)味のないこと.

— *vt.* **1** 沈黙させる, 黙らせる (still, quiet); 言い伏せる, 口をきけなくする, 抑える (suppress): ～ a crying child 泣く子を黙らせる / ～ a person's protests [the opposition, criticism] 抗議[反対, 批判]を抑える / ～ the voice of conscience 良心の声[気のとがめ]を抑える. **2** …の音をなくする[消す], の騒音を防止する: ～ the roar of machinery. **3** 〈疑念などを〉静まらせる, 落ち着かせる (quiet). **4** 〘軍事〙(対抗砲火で)〈敵の砲火を〉沈黙させる: ～ the enemy's guns 敵の砲火を沈黙させる.

— *vi.* 沈黙する, 静かになる. **— *int.*** 黙れ (Be silent!, (Be) quiet!), しっ (Hush!, Shh!). 〖《?*a*1200》☐ (O)F ～ < L *silentium* ← *silent-*, *silēns*: ⇨ silent, -ence〗

sílence clòth *n.* (テーブルクロスの下に敷くネルまたはフェルト製の)敷物.

si·lenced /sáɪlənst/ *adj.* 沈黙させられた; 〈聖職者が〉説教または活動を禁じられた; 〈銃が〉消音装置をつけた. 〖1606〗

sí·lenc·er *n.* **1** 沈黙させる人[もの]. **2 a** (火砲・ドアなどの)消音[防音]装置. **b** 《英》(内燃機関の)消音器 (《米》muffler). **3** 相手をぎゃふんと参らせる議論[反駁]. 〖《1600》← SILENCE, -ER¹〗

si·le·ne /saɪlíːni/ *n.* 〘植物〙マンテマ《ナデシコ科マンテマ属 (*Silene*) の一年草・多年草; 赤ないし桃色の花をつける園芸植物; cf. campion》 〖《1785》← NL *Silēne*《属名》← L *Silēnus*: ⇨ Silenus〗

sileni *n.* silenus の複数形.

si·lent /sáɪlənt/ *adj.* **1 a** 黙っている, 口をきかない (mute): He was ～ the whole day. 彼は一日中黙っていた / He fell [became, went (all)] ～. 黙り込んだ / He went all ～ on us. 《口語》彼は我々の代弁をしてくれなかった / You had better be [keep] ～. 君は黙っていた方がよい / Be ～! 静かに(「物を言うな」の意) / You have the right to remain ～, but anything you say may be taken down and used in evidence against you. あなたには黙否する権利がありますが, 言ったことは記録され不利な証言として用いられるかもしれません. **b** おしゃべりでない, 口数の少ない, 無口な, だんまりやの (taciturn): a ～ person. **2** 暗黙の, 黙ってやる (tacit); 口で言えない, 無言の: a ～ assent 暗黙の同意, 黙諾 / a ～ prayer 黙禱(もくとう) / ～ reading 黙読 / pay one minute's ～ tribute to …に 1 分間の黙禱をする / in [with] ～ grief 無言の悲しみのうちに / She looked at me in [with] ～ reproach. 彼女は無言の非難を込めて私を見た. **3** 音のしない, しんとした, 静かな, 静寂の (⇨ still¹ SYN): with ～ steps 足音を忍ばせて / a ～ forest / The birds are ～ in the trees. 木で鳥の声がしない / as ～ as the grave [tomb] 水を打ったように静まり返って / an efficient ～ engine 効率のよい静かなエンジン / *"Silent* night, holy night"「きよしこの夜」《Christmas carol》/ *Silent* waters run deep. 《諺》音なし川は水が深い,「浅き瀬にこそ徒浪(あだなみ)は立て」(cf. still¹ *adj.* 2). **4 a** 〔…に関して〕沈黙を守っている, 何も言って[記述して]ない, 言及してない, 知らせない, 黙殺している 〔*of, about, on, as to*〕: *On* these things history is ～. これらの事に関しては歴史に何も記してない / ⇨ *give the silent* TREATMENT. **b** 音信不通の, ぶさたしている. **c** 広く知られていない: render (a) ～ service 世に知られない奉仕をする. **d** 業務を担当しない: ⇨ silent partner. **5** 発音されない, 黙音の《knife の k や e など》★ 音声学の用語としては mute を用いる: a ～ letter 黙字 / B is ～ in 'debt.' 'debt' の b は発音しない. **6** 〘映画・演劇〙無声の; 無言の: a ～ film [picture, movie] 無声映画 (cf. sound film) / a ～ drama 無言劇. **7** 〈火山が〉活動しない (inactive), 休止した (quiescent). **8** 〈蒸留酒が〉味[こく]のない (flat). **9** 〘医学〙無症状の: ～ stone 無症状[潜伏性]結石 (胆石, 腎結石など).

— *n.* **1** [通例 *pl.*] 無声映画. **2** 《廃》沈黙, 静寂.

～·ness *n.* 〖《*a*1500》☐ L *silentem* (pres.p.) ← *silēre* to be silent: ⇨ -ent〗

SYN 寡黙な: **silent** 〈人が〉一時的に沈黙している; めったに口をきかない: He remained *silent*. いつまでも黙っていた. **quiet** 騒音やじゃまな動きがないことを強調する語で, 〈人が〉もの静かで口数が少ない: a *quiet* person 口数の少ない人. **taciturn** 生まれつき無口な: By nature he is *taciturn*. 生来無口だ. **reserved** 自分の感情や考えをあまり示さない: *reserved* in speech 言葉数が少ない. **reticent** いつも(時に一時的に)あまり話したがらない: He was *reticent* on what happened. 出来事については黙っていた. **secretive** 《通例悪い意味で》自分の行動や考えを隠しがちな: a *secretive* nature 秘密主義の性格.
ANT talkative, voluble.

sílent áuction *n.* 《米》(発声によらない)入札式競売.

sílent bárter *n.* =dumb barter.

sílent bútler *n.* 小型携帯ごみ入れ《フライパンを小さくしたような形のごみ集め器で, 親指でふちを押すとふたが開くようになっており, テーブルのパンくずや灰皿の灰などをこれに移す》. 〖1937〗

sílent cháin *n.* 〘機械〙サイレントチェーン《薄い鋼板製リンクを多数並べてピンで連結し, 無端環状に騒音の減少を目的とした動力伝達用の鎖》.

sílent cóp *n.* 《豪口語》交通標識《道路の交差点に設置される小さい半球状の標識》. 〖1934〗

sílent díscharge *n.* 〘電気〙無声放電.

sílent kéyboard *n.* =dumb piano.

sí·lent·ly *adv.* **1** 沈黙を守って, 黙って, 無言で; 言及せずに. **2** しんとして, 音もなく, 静かに. 〖1570–76〗

sílent majórity *n.* [the ～] [単数または複数扱い] **1** 声なき大多数《現体制を支持していて, あえて政治的発言をしない大多数の民衆》. **2** 一般大衆. 〖《1874》最初は「反戦運動に参加しない米国の大衆」を指したが, Nixon 大統領のテレビジョン演説 (1969) 以後今の意味で一般化した〗

Sílent Níght *n.*「きよしこの夜」《クリスマスの賛美歌 (Christmas carol); もとはドイツ語; Joseph Mohr (1792–1848) 作詞, Franz Gruber (1787–1863) 作曲 (1818)》. 〖《なぞり》← G *Stille Nacht*〗

sílent pártner *n.* 《米》 **1** (事業に出資し利益配当を受けるが)業務に関与しない社員 (《英》sleeping partner).

2 =secret partner. 〖1828–32〗

Sílent Sérvice, s- s- *n.* [the ～] **1** 海軍《その無口なことを伝統的特徴とするところから》. **2** 潜水艦隊. 〖1929〗

sílent spríng *n.*「沈黙の春」《有害化学薬品などの公害による自然破壊から生じた春の破滅をいう》. 〖(1962) 米国の作家 Rachel Carson (1907–1964) の *The Silent Spring* (1962) (鳥の鳴き声も聞こえないある春の朝の描写から始まる)から〗

sílent sỳstem *n.* (刑務所内での)沈黙制度《囚人にしゃべらせない》. 〖1836–37〗

sílent tráde *n.* =dumb barter.

sílent trèatment *n.* [通例 the ～] (軽蔑や不同意から)完全に無視すること: give *the* ～ 黙殺する.

sílent vòte *n.* 浮動票《支持・不支持, 賛否を表明したことのない人やグループの票》. 〖1936〗

Si·le·nus /saɪlíːnəs | saɪlíː-, sɪ-, -léɪ-/ *n.* **1** 〘ギリシャ神話〙シーレーノス《酒神 Bacchus の養父で森の神 (satyrs) の指導者》. **2** [しばしば s-] (*pl.* **-le·ni** /-naɪ/) (satyr に似た)森の精. 〖(1603) ◻ L *Silēnus* ◻ Gk *Seilēnós* (原義) ? inflated with wine〗

si·le·sia /saɪlíːʒə, sɪ̀-, -ʃə | saɪlíːziə, sɪ-, -ʒiə, -ʒə/ *n.* シレジア織り《窓掛け・婦人服裏地などに用いる綿織物; オーストリアのメリノ種羊毛の名称》. 〖(1674) ↓〗

Si·le·sia /saɪlíːʒə, sɪ̀-, -ʃə | saɪlíːziə, sɪ-, -ʒiə, -ʒə/ *n.* シレジア, シュレージエン《ヨーロッパ中部の Oder 川上流地方; もとドイツ・ポーランド・チェコスロバキアの 3 国に分属したが, Potsdam 協定 (1945) により現在はチェコ東部とポーランド南西部に属する; 石炭・鉄鉱などに富む; ドイツ語名 Schlesien; ポーランド語名 Śląsk; チェコ語名 Slezsko》. 〖← ? Pol. *Ślęza* (川の名)〗

Si·le·sian /saɪlíːʒən, sɪ̀-, -ʃiən | saɪlíːziən, -sɪ-, -ziən, -ʒiən, -ʒən/ *adj.* シレジアの; シレジア人の. — *n.* シレジア人, (特に)ドイツ系シレジア人. 〖*c*1645〗

si·lex /sáɪlɛks/ *n.* **1** =silica. **2** (無水ケイ酸で作った)耐熱ガラス. 〖(*a*1592) ◻ L ～ 'flint, hard stone'〗

Si·lex /sáɪlɛks/ *n.* 〘商標〙サイレックス《耐熱ガラス製の真空式コーヒーメーカー》. 〖(1914) ↑〗

sil·hou·ette /sìluét | ˌ-ˈ-, ˌ-ˈ-/ *n.* **1** (通例黒色の)半面影像, 横顔, 影絵, シルエット (⇨ outline SYN); 影法師 (shadow): in ～ シルエットで, 影絵で[のように]; 輪郭だけになって. **2** 輪郭, おおよその形, アウトライン; (流行服などの)シルエット, 輪郭線: the ～ of an airplane. **3** 〘ダンス〙シルエット《ダンスの瞬間の動きの中で, 明らかに目に見える身体の輪郭》. **4** 〘印刷〙切抜版, 抜版. — *vt.* **1** [通例受身] …のシルエット[輪郭]だけを見せる; シルエットに描く; …の影法師を映す: a figure ～*d* against the evening sky 夕空を背景に黒く現れた人の姿. **2** 〘印刷〙(網版などで)〈絵〉の背景などを切り抜く, 抜く. 〖(1783) ◻ F ～ ← *Étienne de Silhouette* (1709–67: フランスの政治家): 彼が蔵相の際の極端な倹約政策を嘲笑して「安物」「不完全なもの」の意を経た転義か. また一説では彼がシルエットを描くことを趣味としたためともいわれる〗

silhouette

S

sil·ic- /sílɪ̀k | -lɪk/ (母音の前にくるときの) silico- の異形.

sil·i·ca /sílɪ̀kə | -lɪ-/ *n.* **1** 〘化学・鉱物〙シリカ, ケイ土(ど), 二酸化ケイ素, (無水)ケイ酸 (SiO_2)《石英・水晶・火打ち石・めのう (jade) などとして産する》. **2** =silica glass. 〖(1801) ← NL ～ ← L *silic-*, *silex* flint, quarts ←?.〗

sílica brìck *n.* 〘窯業〙ケイ石れんが《無水ケイ酸を主成分とする耐火れんが》.

sílica cemènt *n.* 〘土木〙シリカセメント, ケイ酸セメント.

sílica gèl *n.* 〘化学〙シリカゲル, ケイ酸ゲル《ケイ酸を部分脱水したガラス状の固体; 乾燥剤などに用いる》. 〖1919〗

sílica glàss *n.* =vitreous silica.

sil·i·cate /sílɪ̀kèɪt, -kɪ̀t/ *n.* 〘化学〙ケイ酸塩[エステル]《二酸化ケイ素と金属酸化物とから成る塩; 地殻の主成分》. 〖(1811) ← SILICA＋-ATE[1]〗

sílicate cótton *n.* 〘化学〙=mineral wool.

si·li·ceous /sɪ̀líʃəs/ *adj.* **1** 〘地質〙石英を含有する; 石英質の. **2** 〘植物〙=silicicolous. 〖(1656) ◻ L *siliceus* of flint: ⇨ silica, -eous〗

sil·i·ci- /sílɪ̀sɪ̀, -si | -lɪ̀-/ **1** 〘化学〙「シリカ (silica), ケイ素 (silicon)」の意の連結形. **2** 〘地質〙「石英質と…との (siliceous and …)」の意の連結形. 〖← SILICA〗

si·lic·ic /sɪ̀lísɪk/ *adj.* 〘化学〙**1** ケイ素を含有する. **2** シリカの, ケイ酸の. 〖(1817) ← SILIC(A)＋-IC[1]〗

silícic ácid *n.* 〘化学〙ケイ酸. 〖1817〗

si·lic·i·clas·tic /sɪ̀lɪ̀sɪ̀klǽstɪk | -lɪ̀-ˈ-/ *adj.* 〘地質〙ケイ砕屑(さいせつ)性の《ケイ酸塩鉱物を主体とする砕屑岩から成る》. 〖1961〗

sil·i·cic·o·lous /sìləsíkələs | -lɪ̀-ˈ-/ *adj.* 〘植物〙〈植物が〉ケイ酸質土壌に生じる. 〖(1901) ← SILICIC＋-COLOUS〗

sil·i·cide /síləsàɪd, -sɪ̀d | -lɪ̀sàɪd, -sɪd/ *n.* 〘化学〙ケイ素化合物, ケイ化物. 〖(1868) ← SILICO-＋-IDE[2]〗

sil·i·cif·er·ous /sìləsíf(ə)rəs | -lɪ̀-ˈ-/ *adj.* 〘化学〙ケイ酸を含む, ケイ酸を生じる; ケイ酸と結合した. 〖(1796) ← SILIC(A)＋-IFEROUS〗

si·lic·i·fi·ca·tion /sɪ̀lɪ̀səfɪ̀kéɪʃən | -lɪ̀sɪ̀fɪ-/ *n.* 〘化学〙ケイ化(作用)《ケイ酸に富む熱水の作用でケイ質岩のできる作用》. 〖(1830) ← SILIC(A)＋-IFICATION〗

si·líc·i·fied wóod *n.* 〘植物〙ケイ化木《地中に埋没した木が地下ケイ酸水のためにケイ化したもの》.

si·lic·i·fy /sɪ̀lísəfàɪ | -lísɪ̀-/ *vt.*, *vi.* ケイ酸化する, ケイ化する. 〖(1828) ← SILICA＋-IFY〗

si·li·cious /sɪ̀líʃəs/ *adj.* =siliceous.

si·li·ci·um /sɪ̀líʃiəm, -siəm/ *n.* 〘化学〙=silicon. 〖(1808) ← NL ～: ⇨ silica, -ium〗

sil·i·cle /sílɪ̀kl̩ | -lɪ-/ *n.* 〘植物〙短角果《2 枚の心皮が裂開する蒴(さく)で, ナズナのような短いもの; cf. silique》. 〖(1785) ◻ L *silicula* (dim.) ← *siliqua* pod〗

sil·i·co- /sílɪ̀kou | -kəu/ **1** 〘化学〙「ケイ素 (silicon) の; シリカと…との (silicic and …)」の意の連結形. **2** 〘病理〙「珪肺(けいはい)症と…との (silicotic and …)」の意の連結形. ★ 母音の前では通例 silic- になる. 〖← SILICON ∥ SILICIUM〗

sìlico·chlóroform *n.* 〘化学〙シリコクロロホルム (⇨ trichlorosilane). 〖⇨ ↑, chloroform〗

sìlico·flúoride *n.* 〘化学〙=fluosilicate.

sil·i·con /sílɪ̀kən, -kɑ̀(ː)n | -lɪ̀kən, -kɔ̀n/ *n.* **1** 〘化学〙ケイ素《非金属元素の一つ; 記号 Si, 原子番号 14, 原子量 28.0855》. **2** 〘電算俗〙ハードウェア, IC: a ～ brain 処理装置. 〖(1817) ← SILIC(A)＋-*on* (cf. carbon)〗

sílicon brónze *n.* 〘冶金〙ケイ素青銅《銅に 4%以下のケイ素を添加した合金; 機械的性質, 耐熱・耐食性が改善される》.

sílicon cárbide *n.* 〘化学・鉱物〙炭化ケイ素, カーボランダム (SiC)《無色の結晶; 研削[研磨]材・耐火物として用いる》. 〖1893〗

sílicon chìp *n.* 〘電子工学〙=chip[1] 2. 〖1965〗

sílicon contrólled réctifier *n.* 〘電気〙シリコン制御整流電子《代表的なサイリスター (thyristor); 略 SCR》.

sílicon díode *n.* 〘電気〙シリコン整流器, シリコンダイオード.

sílicon dióxide *n.* 〘化学〙二酸化ケイ素 (SiO_2) (silica).

sil·i·cone /síləkòun | -lɪ̀kəun/ *n.* 〘化学〙シリコン, ケイ素樹脂《オルガノポリシロキサン ($(R_2SiO)n$) 類の総称; 耐熱・耐水・電気絶縁性がよく樹脂状・油状・ゴム状などのものがある》. — *vt.* [通例受身で] シリコンで接合する[処理する]. 〖(1863) ← SILIC-＋-ONE〗

Sílicone Glén *n.* シリコングレン《スコットランドの半導体メーカーが集中している地域》.

sílicone ímplant *n.* (豊胸術で用いる)注入シリコン.

sílicone rúbber *n.* シリコンゴム, ケイ素ゴム《オルガノポリシロキサンの高重合体を主成分とする耐熱・耐低温・耐薬品性・絶縁性のゴム状物質; パッキング・絶縁用にジェットエンジンなどに用いられる》. 〖1944〗

sil·i·con·ize /síləkənàɪz | -lɪ̀-/ *vt.* シリコン (silicone) 処理をする. **síl·i·con·ìzed** *adj.* 〖1957〗

sílicon rèctifier *n.* 〘電子工学〙シリコン整流器.

sílicon stéel *n.* 〘電気〙ケイ素鋼《変圧器鉄心に用いるケイ素を含む鋼》. 〖1882〗

sílicon tetrachlóride *n.* 〘化学〙四塩化ケイ素 ($SiCl_4$)《空気中で発煙する液体》.

sílicon tetraflúoride *n.* 〘化学〙四フッ化ケイ素 (SiF_4)《刺激臭ある無色気体; 空気・水と反応する; 有機ケイ素化合物の原料》.

Sílicon Válley *n.* シリコンバレー《米国 California 州西部, San Francisco の南東にある広大な盆地の俗称; マイクロエレクトロニクスなどハイテク情報産業の集中地域》.

sílicon wáfer *n.* シリコンウエーハー《IC の基板となる》.

sil·i·co·sis /sìləkóusɪ̀s | -lɪ̀kóusɪs/ *n.* 〘病理〙珪肺(けいはい)(症), 珪粉症《石英の粉末を吸う石工などに起こる; cf. pneumoconiosis》. 〖(1881) ← NL ～: ⇨ silico-, -osis〗

sil·i·cot·ic /sìləkɑ́(ː)tɪk | -lɪ̀kɔ́t-ˈ-/ 〘病理〙*adj.* 珪肺(けいはい)(症) (silicosis) にかかっている. — *n.* 珪肺症患者. 〖(1913): ⇨ ↑, -otic[1]〗

sìlico·tùngstic ácid *n.* 〘化学〙ケイタングステン酸 ($H_4[SiO_4W_{12}O_{36}]$, $H_4[SiO_4W_{10}O_{30}]$)《淡黄色の結晶; アルカロイド沈澱試薬として用いる; tungstosilicic acid ともいう》. 〖← SILICO-＋TUNGSTIC〗

sil·i·cule /síləkjùːl | -lɪ̀-/, **si·lic·u·la** /sɪ̀líkjulə | sɪ-/ *n.* 〘植物〙=silicle. 〖← NL *silicula*: ⇨ silicle〗

si·lic·u·lose /sɪ̀líkjulòus | sɪlíkjuləus/ *adj.* 〘植物〙**1** 短角果 (silicles) をもった. **2** 短角果状の. 〖(1731) ← NL *siliculosus*: ⇨ silicle, -ose[1]〗

sil·i·qua /síləkwə | sɪlí:kwə, sílɪ-/ *n.* (*pl.* **-i·quae** /síləkwìː | sɪlí:k-/) **1** 〘植物〙=silique. **2** (古代ローマの)シリク銀貨《Constantine 大帝のとき発行され 17 世紀中ごろまで通用した銀貨; =$^1/_{24}$ solidus》. 〖(1704) ◻ L ～ (原義) pod〗

si·lique /sɪ̀líːk/ *n.* 〘植物〙長角果《ダイコンなどのような短角 (silicle) よりも長い裂果》. **sil·i·qua·ceous** /sìlɪ̀kwéɪʃəs | -lɪ-ˈ-/ *adj.* 〖(1785) ◻ F ～ ◻ L *siliqua* pod〗

sil·i·qui- /síləkwɪ̀, -kwi | -lɪ̀-/ 〘植物〙「長角果」の意の連結形. 〖← L *siliqua* (↑)〗

sil·i·quose /síləkwòus | -lɪ̀kwəus/ *adj.* (*also* **sil·i·quous** /síləkwəs | -lɪ̀-/) 〘植物〙長角果 (siliques) のある; 長角果状の. 〖(1693) ← NL *siliquosus*: ⇨ ↑, -ose[1]〗

silk /sílk/ *n.* **1** 蚕糸, 絹糸, 絹 (cf. raw fibers): (as) soft as ～ 絹のように柔らかい / raw ～ 生糸 / artificial ～ 人絹 / refuse ～ (生糸の)くず糸 / waste ～ 副蚕糸 / thrown [twisted] ～ 絹より糸. **2** 絹織物, 絹布: changeable [shot] ～ 玉虫色絹布. **3 a** [しばしば *pl.*] 絹物, 絹衣: wear ～ 絹物を着る / a lady *in* ～ 絹物を着た女性 / be dressed *in* ～*s* and satins ぜいたくな絹物を着ている, お蚕ぐるみである / *Silks* and satins put out the fire in the kitchen. 《諺》着道楽はかまどの火を消す. **b** [*pl.*] 〘競馬〙騎手服, 勝負服(色), 登録服色 (racing colors). **c** 《英口語》勅撰バリスターの正服 (silk gown); 勅撰バリスター (King's [Queen's] Counsel); 上級弁護士 (cf. robe 1 b). **d** パラシュート (parachute): pack the ～. **4** (宝石などの)絹糸光沢. **5 a** 絹糸状の物. **b** 〈クモの吐く〉糸. **c** 〈イガイなどの吐く〉糸足. **6** 《米》トウモロコシの毛 (corn silk). ***hit the silk*** 《米俗》パラシュートで飛び降りる. (1943) ***take silk*** (1) 《英》勅撰バリスターになる. (2) 《米》〈トウモロコシが〉糸状の柱頭を出す.

— *adj.* [限定的] **1** 絹の, 絹製の (silken): ～ stockings / ～ finish 絹仕上げ, 絹張り / You cannot make a ～ purse out of a sow's ear. 《諺》⇨ purse 2. **2** 絹のような, 絹状の (silky).

— *vi.* **1** 《米》〈トウモロコシが〉開花する. **2** 〈ワニスが〉絹状光沢を呈する.

～·like *adj.* 〖OE *sioloc*, *seol(e)c* ← ? Balt. or Slav. (cf. OPrus. *silkas* / ORuss. *šelkŭ*) ← East-Asiatic (cf. Mongolian *sirkek*): cf. L *Sērēs* (⇨ serge) / Gk *Sêres* the Chinese / Chin. *ssŭ* (絲)〗

silk·a·line /sìlkəlíːn/ *n.* (*also* **silk·o·lene**) (柔らかい)薄木綿布《カーテンなどに用いる》. 〖(1896) ← SILK＋-*aline* ((変形)) ← (CRIN)OLINE)〗

sílk còtton *n.* パンヤ, キワタ (⇨ kapok). 〖1697〗

sílk-còtton trèe *n.* 〘植物〙パンヤ (silk cotton) のとれるパンヤ科の木の総称; (特に)パンヤ (ceiba) (kapok tree ともいう). 〖1712〗

Sílk Cút *n.* 〘商標〙シルクカット《英国 Gallaher 社製のフィルター付きキングサイズの紙巻きたばこ》.

sílk dúpion *n.* =dupion.

silk·en /sílkən/ *adj.* **1 a** 絹(糸)のような (silky). **b** (絹のように)柔らかくて手触りのよい, すべすべした (smooth, soft): ～ hair. **c** 光沢のある: ～ locks 絹のような髪の毛. **d** 柔和な (gentle), 甘ったるい (sweet): a ～ voice 耳に快い声. **e** 上品な, 優雅な (elegant): a ～ manner 人当たりのよい態度. **2** 絹の, 絹製の: ～ rustling 絹ずれの音 / a ～ dress 絹の着物. **3 a** 絹を着た; 絹布ずくめの. **b** ぜいたくな (luxurious). **4** 絹を産する. 〖OE *seol(o)cen*: ⇨ silk, -en[2]〗

sílk glánd *n.* 〘動物〙絹糸腺《昆虫の幼虫にある絹糸状の物質を分泌する腺》. 〖1870〗

sílk gówn *n.* 《英》勅撰バリスター (King's [Queen's] Counsel) の正服 (cf. silk n. 3 c). 〖1836–37〗

sílk gút *n.* てぐす, 天蚕糸《釣り用の白色透明糸; silkworm gut ともいう》. 〖1839〗

sílk hát *n.* シルクハット (top hat)《男性の正装の時の円筒状の帽子; 女性の乗馬帽にも用いる; 毛足のあるシルク地で作る》. 〖1834–36〗

silk·ie /sílki/ *n.* 《スコット》=seal[2].

sílk mòth *n.* 〘昆虫〙=silkworm moth.

sílk òak *n.* 〘植物〙シノブノキ, ハゴロモノキ (*Grevillea robusta*)《オーストラリア産の高木で, オレンジ色の花をつける; 街路樹にする; silky oak ともいう》. 〖1866〗

silk·o·line /sìlkəlíːn/ *n.* =silkaline.

sílk pàper *n.* 〘製本〙絹紙《花崗岩模様紙 (granite paper) に似ているがそれよりも絹糸の混合が少ない紙》. 〖1796〗

Sílk Ròad [Ròute] *n.* [the ～] シルクロード, 絹の道《中央アジアを通って中国とシリアを結ぶ古代の交通路; 中国の絹がヨーロッパまで運ばれた交易路》. 〖(1931) (なぞり) ← G *Seidenstrasse*〗

sílk-scrèen 〘紡織〙*vt.* 絹紗(しゃ)スクリーン捺染(なっせん)法 (silk-screen process) で作る[複製する]. — *adj.* 絹紗スクリーン捺染法の[で捺染された]. 〖1961〗

sílk scrèen *n.* 〘紡織〙**1** 絹紗(しゃ)スクリーン. **2** =silk-screen process. 〖1930〗

sílk-scrèen prìnt *n.* 〘印刷〙シルクスクリーン印刷物.

sílk-scrèen prínting *n.* 〘印刷〙シルクスクリーン印刷《絹や化繊の布をわくに張ってスクーリンとする孔版印刷の一種》. 〖1967〗

sílk-scrèen pròcess *n.* 絹紗(しゃ)スクリーン捺染法《絹のスクリーンの上に型紙を置き染糊(のり)を塗付して染める方式; cf. serigraphy》. 〖1930〗

sílk-stócking *adj.* 《米》**1** ぜいたく[上品]な服装をした: a ～ audience. **2 a** 富裕な; 貴族的な. **b** 上流階級の. **3** 《米》フェデラリスト党 (Federalist Party) の. 〖1798〗

sílk stócking *n.* 《米》**1** [通例 *pl.*] 絹の靴下. **2** ぜいたくな服装の人. **3** 富裕な人; 貴族 (aristocrat). **4** =federalist 2. 〖1597〗

sílk trèe *n.* 〘植物〙ネムノキ (*Albizzia julibrissin*). 〖1852〗

sílk·wèed *n.* 〘植物〙トウワタ《ガガイモ科トウワタ属 (*Asclepias*) の植物の総称; ⇨ milkweed》. 〖1784〗

sílk·wòrm *n.* 〘昆虫〙カイコ, 家蚕《まゆから絹糸をとるガの幼虫の総称; カイコ, ヤママユ(天蚕)など》. 〖OE *seolcwyrm*〗

sílkworm gùt *n.* =silk gut.

sílkworm jáundice *n.* 〘養蚕〙蚕の核多角体病 (polyhedrosis) 《膿病》.

sílkworm mòth *n.* 〘昆虫〙カイコガ《カイコガ科・ヤママユガ科のガの総称; その幼虫が silkworm》. 〖1815〗

sílkworm sèed *n.* 〘昆虫〙蚕卵(さんらん).

silk·y /sílki/ *adj.* (**silk·i·er, -i·est; more ～, most ～**) **1 a** 絹の(ような), 絹状の; 絹製の. **b** (絹のように)柔らかい (soft), 光沢のある (lustrous), すべすべした (smooth). **c** 〈声・態度など〉物柔らかな, 取り入るような (suave, ingratiating). **2** 〘植物〙〈葉など〉細い絹糸状の毛が密生した.

sílk·i·ly /-kɪ̀li/ *adv.* **sílk·i·ness** /-kinɪ̀s/ *n.* 〖(1611) ← SILK, -Y¹〗

sílky ánteater *n.* 〘動物〙 ヒメアリクイ (*Cyclopes didactylus*) 《熱帯アメリカ産のアリクイの一種で, 毛並みが柔らかい; two-toed anteater ともいう》.

sílky camḗllia *n.* 〘植物〙 ナツツバキ (*Stewartia malachodendron*) 《米国南東部産ツバキ科の低木または小高木; 白い花が咲き葉や小枝に繊毛がある》.

sílky córnel [dógwood] *n.* 〘植物〙 アメリカミズキ (*Cornus obliqua*) 《米国東部産のミズキ属の植物; 葉の裏は淡緑色で脈上に褐毛がある》. 〖1848〗

sílky flýcatcher *n.* 〘鳥類〙 レンジャクモドキ 《米国南西部産レンジャクモドキ亜科の鳥の総称》.

sílky óak *n.* 〘植物〙 =silk oak.

sílky támarin *n.* 〘動物〙 ゴールデンライオンタマリン (*Leontocebus rosalia*) 《南米産キヌザル科に属し, 黄金色の長い柔らかな毛のあるサル》.

sílky térrier *n.* 〘犬〙 シルキーテリア 《オーストラリアンテリアとヨークシャーテリアを交配して作出した小型の犬》. 〖1959〗

sill /síl/ *n.* **1** 敷居 (threshold): ⇨ doorsill, windowsill. **2** (車両などの)下枠; (へい・家などの)土台. **3** 〘地質〙 迸入(へいにゅう)岩床 (cf. sheet¹ 9). **4** 〘鉱山〙 坑道の床. 〖OE *syll(e)* < Gmc **suljō* (G *Schwelle*) ← IE **s(w)el-* board〗

sil·la·bub /síləbʌ̀b/ *n.* =syllabub.

Sil·lan·pää /sílənpæ̀; *Finn.* síllɑnpæː/, **Frans Eemil** /éːmil/ *n.* シランパー 《1888–1964; フィンランドの小説家; Nobel 文学賞 (1939)》.

síll·còck *n.* (建物の外側で窓枠の高さに設けられることの多い)散水栓 《蛇口の先にホースをつけるねじ山がある; hose cock ともいう; cf. Siamese connection》.

sil·ler /sílə | -lə(r)/ *n.* 《スコット》 **1** 銀. **2** 金銭. — *adj.* =silver *adj.* 5, 7. 〖(*c*1720) 《転訛》 ← SILVER〗

sil·li·man·ite /síləmənàɪt | -lɪ̀-/ *n.* 〘鉱物〙 シリマナイト, 珪線石 (Al_2SiO_5) 《長く細い繊維状の結晶; fibrolite ともいう》. 〖(1830) ← *Benjamin Silliman* (19 世紀米国の化学者・地質学者)+-ITE¹〗

Sil·li·toe /sílətòu | -lɪ̀təu/, **Alan** *n.* シリトー 《1928–2010; 英国の小説家; *The Loneliness of the Long-Distance Runner* (1959)》.

sil·ly /síli/ *adj.* (**sil·li·er; -li·est**) **1** ばかな, 愚かな, おめでたい (stupid); ばかばかしい, ばかげた (absurd): a ～ fellow ばか者 / a ～ joke [question] ばかばかしい冗談[質問] / a ～ laugh ばか笑い / go ～ ばかになる / Don't be ～! ばかなことを言うな[するな] / Don't do anything ～, will you! ばかげたことはしないでくれよ / I felt ～ having to say that. あんなことを言わなきゃならないなんてばかみたいだった / You've ruined everything, you ～ fool! このばかめ何もかもぶちこわした / He's ruined everything, the ～ fool! すべて駄目にしやがった, あのばかめ. / You were very ～ *to* trust him. 彼を信頼するなんて君はよほどばかだったね / *It's* ～ *of you to* do that. そんなことをするなんて君も愚かだね / That was a ～ thing *to* do. ばかなことをしたもんだ. **2** 《口語》 目を回した, ふらふらになった (senseless, dazed). ★ 次の成句で: bore [knock, slap] a person ～ 気が遠くなるほど人を退屈させる[殴って人を気絶させる]. **3** 取るに足らない, ささいな (trivial): a ～ price ひどく安い値段. **4** 《古》 低能な (imbecile), もうろくした (senile): He is getting quite ～ in his old age. 彼は年をとってすっかりもうろくしてきた. **5** 《古》 **a** 〈羊が〉無力な (helpless): ～ sheep. **b** 体の弱い. **c** 《廃》 〈女子などが〉無力な, 無防備な (helpless). **6** **a** 《古》 単純な (simple-minded), うぶな (innocent) (cf. 2 *Tim.* 3:6). **b** 《廃》 質素な (homely). **c** 身分の低い (humble). **7** 〘クリケット〙 三柱門 (wicket) に非常に接近した: the ～ point 三柱門にすぐ接近した防備手の位置. — *n.* 《口語》 ばか (silly billy): Don't be a ～! ばかなことをする[言う]な / I was only teasing, ～! からかっただけだよ, ばかだなぁ.

síl·li·ly /-lɪ̀li/ *adv.* **síl·li·ness** *n.* 〖(*a*1450) 《廃義》 pitiable 《変形》 ← ME *sēli* happy, blessed < OE *ġesǣliġ* < (WGmc) **sǣliʒa* (G *selig*) ← **sǣli* luck (OE *sǣl*) ← IE **sel-* to favor (L *sōlāri* to comfort)〗

sílly bìlly *n.* 《口語》 《戯言》 ばかな人 《子供の用語》. 〖(1834) ← SILLY, BILLY: 英国王 William 四世にちなむとされる〗

Sílly Pùtty *n.* 〘商標〙 シリーパテ 《米国 Binney & Smith 社製の合成ゴム粘土で, 卵形容器入りの不定形ゴムの玩具》.

sílly sèason *n.* [the ～] 《英口語》 《新聞》 ねた枯れ時 《夏とか休暇の間で重要ニュースがなく小記事が多く掲載される季節》. 〖1861〗

si·lo /sáɪlou | -ləu/ *n.* (*pl.* ～**s**) **1** サイロ 《通例円形塔状の気密の建物; この中に牧草・穀物などを貯蔵し適度に発酵させて家畜の飼料にする; cf. silage, ensilage》. **2** 《英》 (背の高い)大穀物倉庫. **3** **a** サイロ 《地下または地上に設備された深い円筒状のセメントや石炭用貯蔵庫》. **b** 〘軍事〙 (発射設備の整った堅固な)地下ミサイル格納庫, サイロ. — *vt.* 〈牧草などをサイロに入れる. 〖(1835) ▭ Sp. ～ < ? L *sīrum* ▭ Gk *sirós* pit to keep grain in〗

Si·lo·am /saɪlóuəm, sɪ-, -æm | -láu-/ *n.* 〘聖書〙 シロアムの池 《エルサレム付近の池; キリストの奇跡によってこの池の水で盲人が目を開いた; cf. *John* 9:7》. 〖▭ LL ～ ▭ Heb. *Shilōaḥ* 《原義》 sending forth〗

Si·lo·ne /sɪlóuni | -láu-; *It.* siló:ne/, **Ig·na·zio** /iɲɲátsjo/ *n.* シローネ 《1900–78; イタリアの小説家; *Pane e vino* 「パンと葡萄酒」 (1937); 本名 Secondo Tranquilli /sekóndo traŋkwílli/》.

si·lox·ane /sɪ̀lɑ́(:)ksein, saɪ- | -lɔ́k-/ *n.* 〘化学〙 シロキサン 《ケイ素・酸素・水素から成る化合物で, SiO 結合をもつものの総称; シリコンはシロキサンの誘導体》. 〖(1917) ← SIL-(ICON)+OX(YGEN)+-ANE²〗

sil·phid /sílfɪ̀d | -fɪd/ *adj.*, *n.* 〘昆虫〙 シデムシ科 (Silphidae) の(甲虫). 〖↓〗

silt /sílt/ *n.* **1** (川などの)へどろ, 沈澱物. **2** 〘地質〙 シルト, 沈泥 《砂より小さく粘土より粗い質の沈積土; cf. sand 1》. — *vi.* **1** (沈泥で)ふさがる 〈*up*〉. **2** (沈泥のように)流れ込む (drift) 〈*in*〉; しみ通る 〈*away*〉. — *vt.* (沈泥で)ふさぐ 〈*up*〉. 〖(1440) *cylte* ← ? ON (cf. Dan. & Norw. *sylt* salt marsh) ← Gmc **sult-* /'SALT'/ (OE *un(ġe)sylt* unsalted / Du. *zilt* salty)〗

sil·ta·tion /sɪltéɪʃən/ *n.* 〘地質〙 シルト[沈泥] (silt) がたまること. 〖(1932): ⇨ ↑, -ation〗

sílt·stòne *n.* 〘岩石〙 シルト岩. 〖1920〗

silt·y /sílti/ *adj.* (**silt·i·er; -i·est**) シルト[沈泥](状)の; 沈泥だらけの. 〖(1658) ← SILT, -Y¹〗

sílty cláy *n.* 〘地質〙 シルト[沈泥]質粘土 《シルト (silt) を 50–70% 含んだ粘土》.

sílty cláy lòam *n.* 〘地質〙 シルト[沈泥]質粘土ローム 《シルト (silt) を 50–80% 含んだ土壌》.

si·lun·dum /sɪ̀lʌ́ndəm | sɪ-/ *n.* 〘鉱物〙 炭化ケイ素 (SiC) (corundum の一種). 〖← SIL(ICON)+(CARBO-R)UNDUM〗

Sil·u·res /síljurì:z | saɪlúəri:z, sɪ-, ljúər-, ljɔ́:r-/ *n. pl.* シルリア人 《ローマ人が英国征服当時にウェールズ南東部に居住してローマ政権に反抗した古代ブリテン族》. 〖▭ L *Silures*〗

Si·lu·ri·an /sɪ̀lúəriən, saɪ- | saɪlúər-, sɪ-, -ljúər-, -ljɔ́:r-/ *adj.* **1** (古代英国の)シルリア人 (Silures) の; シルリア人の住んでいた地方の. **2** 〘地質〙 シルル紀[系]の: the ～ period [system] シルル紀[系] 《古生代のデボン紀[系]とオルドビス紀[系]の中間紀[系]》. — *n.* **1** [the ～] 〘地質〙 シルル紀[系]. **2** シルリア人の一人. 〖(1708) ← L *Silures* (↑)+-IAN〗

si·lu·rid /sɪ̀lúərɪ̀d, saɪ- | saɪlúərɪd, sɪ-, -ljúər-, -ljɔ́:r-/ *adj.*, *n.* 〘魚類〙 ナマズ科の(魚). 〖↓〗

Si·lu·ri·dae /sɪ̀lúərədì:, saɪ- | saɪlúər-, sɪ-, -ljúər-, -ljɔ́:r-/ *n. pl.* 〘魚類〙 ナマズ科. 〖← NL ～ ← *Silūrus* (属名: ← L *silūrus* a large river fish ← Gk *sílouros*)+-IDAE〗

si·lu·roid /sɪ̀lúərɔɪd, saɪ- | saɪlúər-, sɪ-, -ljúər-, -ljɔ́:r-/ *adj.*, *n.* =silurid.

sil·va /sílvə/ *n.* (*pl.* ～**s, sil·vae** /-vi:/) **1** (特定地域の)樹林, 樹木. **2** 樹林誌 《ある森林中の樹木に関する記述; cf. flora》. 〖(1848) ← NL ～ ← L ～ 'wood, forest'〗

sil·van /sílvən/ *adj.*, *n.* =sylvan.

Sil·va·ner /sɪ̀lvá:nə | -nə(r); *G.* zɪlvá:nɐ/ *n.* **1** シルバーナぶどう 《ドイツの中辛白ワイン製造用》. **2** シルバーナ白ワイン.

Sil·va·nus /sɪ̀lvéɪnəs/ *n.* 〘ローマ神話〙 **1** シルウァーヌス 《森林の神; 後にギリシャ神話の Pan と同一視された》. **2** [s-] 牧野の神; 牧神 《faun と同一視された》. 〖▭ L *Silvānus* ← *silva* forest: ⇨ sylvan〗

sil·ver /sílvə | -və(r)/ *n.* **1** 〘化学〙 銀 《金属元素の一つ; 記号 Ag, 原子番号 47, 原子量 107.868》: naive ～ 天然銀 / fine [pure, refined] ～ 純銀 / beaten ～ 銀箔 / old ～ 時代をつけた銀 / ⇨ nickel silver. **2** [集合的] 銀器, 銀食器 (silver plate); 銀細工品 (silverware): clean the ～ 銀器を磨く. **3** 銀貨 (silver coin); 《スコット》 貨幣, 金銭 (money): change a note into ～ 紙幣を銀貨に両替する / loose ～ ばらの銀貨 / Everything may be converted into ～. あらゆる物は金(かね)に換えられる. **4** **a** 銀のような光沢, 銀色: the ～ of the moon's reflection in water 水に映る銀色の月影. **b** (色・光沢など)銀に類似したもの: Speech is ～, silence is golden. ⇨ speech 2 a. **5** **a** 《米》 〘写真〙 銀塩類 (silver salts), (特に)硝酸銀 (silver nitrate). **b** =silver medal.

— *adj.* [限定的] **1** 銀の; 銀製の: ～ cups [coins] 銀杯[貨] / ～ galloon=silver lace. **2** 銀色の, 銀色に光る, 銀白の: ～ sand 白砂 / the ～ waves 銀波 / the ～ rays of the moon 銀色の月光 / ～ hair 銀髪 / ⇨ silver lining. **3** **a** 銀と化合した; 銀を含む. **b** 銀を産出する. **4** 〈音声が〉銀鈴のような, さえた: ～ sounds. **5** 雄弁な (eloquent), 説得力のある: a ～ tongue 能弁. **6** 銀本位制を主張する: the ～ party. **7** 〈結婚記念日など〉25 周年目に当たる: ⇨ silver wedding. 日英比較 日本語ではシルバーは「高齢者の」の意に用いられるが, 英語の silver にはその意味はない. 英語でたとえば「シルバーシート」は priority seat ((老人などの)優先席), 「シルバーパワー」は aged power のようにいう. ***be bórn with a sílver spóon in one's móuth*** ⇨ spoon¹ *n.* 成句.

— *vt.* **1** …に銀をきせる, 銀張りにする, 銀めっきする: ～ copper articles 銅器を銀めっきする, 銅器に銀をきせる. **2** 〈鏡〉にすずと水銀との合金を塗る; 〈乾板・フィルム〉に硝酸銀を塗る. **3** 銀色にする; 〈髪を〉白髪にする. — *vi.* **1** 銀色になる; 〈髪などが〉白髪になる: Her locks have ～*ed with* age. 彼女の頭髪は寄る年波に白くなった. **2** 銀色に光る.

sil·ver·er /-vərə | -rə(r)/ *n.* 〖OE *siolfor, seolfor* < Gmc **silubram* (Du. *zilver* / G *Silber*) ← ? Asiatic (cf. Akkad. *ṣarpu* refined silver)〗

sílver áge *n.* [the ～] **1** [しばしば S- A-] 〘ギリシャ神話〙 (白)銀時代 《神話時代の第 2 期で逸楽と不信仰の時代; cf. golden age, Iron Age, Bronze Age》. **2** (黄金時代ほどではないが)かなりの隆盛を見た時代; (文芸上の)(白)銀時代 《黄金時代に次ぐ時代; ラテン文学では Augustus 帝の死から Hadrian 帝の死までの隆盛期 (14–138)》. 〖1565〗

sílver annivérsary *n.* **1** 25 周年記念日, 25 周年祝典. **2** =silver wedding.

sílver·bàck *n.* 〘動物〙 シルバーバック 《高齢のために背中の毛が灰色になった雄のマウンテンゴリラ; 通例 群れのリーダー格》. 〖1963〗

sílver bánd *n.* 〘音楽〙 銀めっきした金管楽器で編成されたブラスバンド. 〖1933〗

sílver báss /-bǽs/ *n.* 〘魚類〙 **1** =white perch 1. **2** =freshwater drum. **3** =white crappie.

sílver báth *n.* 〘写真〙 硝酸銀溶液, 湿板用の銀浴. 〖1878〗

sílver béet *n.* 〘植物〙 フダンソウ (*Beta vulgaris* var. *cicla*) 《アカザ科の植物で, ビートの一変種; オーストラリア・ニュージーランドの主要青物で煮て食べる》.

sílver béll *n.* 〘植物〙 アメリカアサガラ (*Halesia carolina*) 《米国南東部産のエゴノキ科の落葉高木で, 鐘形の白い花が咲く; opossum wood, silver-bell tree, snowdrop tree ともいう》. 〖1785〗

sílver·bèr·ry /-bèri | -b(ə)ri/ *n.* 〘植物〙 ギンヨウグミ (*Elaeagnus commutata*) 《北米産のグミの一種で葉・花など銀白色で実は食用になる; cf. goumi》. 〖1856〗

sílver·bìll *n.* 〘鳥類〙 カエデチョウ科キンパラ属 (*Lonchura*) のくちばしが銀灰色の小鳥 《アフリカ・アジア産; ギンパシ (*L. malabarica*), オキナチョウ (*L. griseicapilla*) など》.

sílver bírch *n.* 〘植物〙 白い樹皮のカバノキ類の総称: **a** =paper birch. **b** =yellow birch. 〖1884〗

sílver blíght *n.* 〘植物病理〙 =silverleaf 2.

sílver bréam *n.* 〘魚類〙 **1** ヘダイ (*Sparus sarba*) 《タイ科の魚》. **2** ブリッカ (*Blicca bjoerkna*) 《コイ科の魚》.

sílver brómide *n.* 〘化学〙 臭化銀 (AgBr). 〖1885〗

sílver búllet *n.* 《口語》 (問題解決の)特効薬, 魔法の解決策 《狼男などの魔物を倒すには銀の弾丸に限るとの言い伝えから》.

sílver cárp *n.* 《米》 〘魚類〙 **1** シルバーカープ 《Mississippi 川流域産のサッカー科の小魚 (*Carpiodes carpio*)》. **2** ハクレン (*Hypophthalmichthys molitrix*) 《アジア大陸産のコイ科の大型淡水魚》.

sílver certíficate *n.* 《米》 〘経済〙 銀証券 《1934 年以降米国で国庫に預託された一定量の銀に対して政府が発行する証券で, $1, $2, $5, $10 などの額面を有し, 通貨同様の流通性をもつ; cf. gold certificate》. 〖1882〗

sílver chlóride *n.* 〘化学〙 塩化銀 (AgCl) 《写真用剤》. 〖1885〗

sílver córd *n.* **1** へその緒, 臍帯(さいたい) (umbilical cord). **2** 母子の絆. **3** 〘聖書〙 しろがね(白銀)のひも; 生命 (life) (cf. *Eccl.* 12:6). 〖1911〗

sílver cýanide *n.* 〘化学〙 シアン化銀, 青化銀 (AgCN) 《猛毒の白色粉末; 銀めっきに用いる》.

sílver dísc *n.* 〘音楽〙 シルバーディスク (gold disc に準ずる特定枚数のシングル盤・アルバムが売れたアーティスト(グループ)に贈られる, フレームに入った銀色のレコード).

sílver dóctor *n.* 〘釣〙 (サケ・マス用の)毛針.

sílver dóllar *n.* 《米》 1 ドル銀貨.

sílver drúmmer *n.* 〘魚類〙 =drummer 4.

sílver-èared mé·si·a /-mí:ʃ(i)ə/ *n.* 〘鳥類〙 ゴシキソウシチョウ (⇨ mesia).

síl·vered *adj.* **1** 銀をかぶせた, 銀張りの, 銀で飾った. **2** (鏡の背面に)水銀を塗り錫箔(すずはく)をはりつけた. **3** 銀髪の, 銀色に光る: ～ hair. 〖*a*1400〗

sílver·èye *n.* 〘鳥類〙 メジロ 《特に, オーストラリア・ニュージーランド産の *Zosterops lateralis* など白眼輪のある鳥の総称; white-eye ともいう》. 〖1875〗

sílver férn *n.* 〘植物〙 葉裏が白粉[銀白粉]に覆われた各種のシダ 《ギンシダ (*Pityrogramma argentea*) など; cf. ponga》.

sílver fígure *n.* 〘林業〙 =silver grain.

sílver fír *n.* 〘植物〙 モミ 《ヨーロッパ産のモミ属 (*Abies*) の植物の総称; (特に)ヨーロッパモミ (*A. alba*)》. 〖1707〗

sílver·fish *n.* **1** (*pl.* ～, ～·**es**) 〘魚類〙 銀色の魚類の総称 《ターポン (tarpon), キンギョ (*Carassius auratus*), silversides, golden shiner など》. **2** (*pl.* ～) 〘昆虫〙 シミ (*Lepisma saccharina*) 《シミ科の銀灰色の書物・衣類などの糊を食う昆虫》. 〖1703〗

sílver fízz *n.* シルバーフィズ 《ジン・レモン汁・砂糖・卵白で作るカクテル; cf. fizz 2》. 〖1901〗

sílver flúoride *n.* 〘化学〙 フッ化銀 《Ag_2F, AgF, AgF_2 の総称, 普通は AgF; フッ素化剤としてはたらく; tachiol ともいう》.

sílver fóil *n.* 銀箔; 銀色の金属箔 (cf. silver leaf). 〖1439–40〗

sílver fóx *n.* 〘動物〙 ギンギツネ 《アカギツネ (red fox) の 1 色相で, 黒色の毛と銀白色の毛が混じり, 霜降り状を呈する; 毛皮として高級; black fox ともいう》. 〖1770〗

sílver fróst *n.* 〘気象〙 =glaze¹ 7.

sílver-gílt *n.* **1** 銀製鍍金(ときん), 金張りの銀(器), 金めっきを被(き)せた銀(器). **2** (装飾用の)銀箔. 〖1422〗

sílver glánce *n.* 〘鉱物〙 輝銀鉱 (⇨ argentite). 〖1805〗

sílver gráin *n.* 〘林業〙 銀杢(ぎんもく) 《比較的大きい放射組織がやや追柾目にまだらに現れたもので, 光沢の著しい木斑; silver figure ともいう》. 〖1801〗

sílver gráy *n.* 銀灰色, うすい灰褐色, シルバーグレー.

sílver-gráy *adj.* 〖1607〗

sílver-háired *adj.* 銀髪の.

sílver háke *n.* 〘魚類〙 米国 New England 北部に生息するメルルーサの一種 (*Merluccius bilinearis*) 《食料源として重要》. 〖1884〗

sílver hálide *n.* 〘化学〙 ハロゲン化銀 《銀のハロゲン化物の総称》.

sílver·hòrn *n.* 〘昆虫〙 ヒゲナガトビケラ科 (*Leptoceridae*) の昆虫 《トビケラ (caddis fly) の一種; 色が薄く, 触角の長いのが特徴; 幼虫はマスの好餌》.

S

síl·ver·ing /-v(ə)rɪŋ/ *n.* 銀ぎせ, 銀めっき(したもの); 銀色のつや. 〘1710〙
sílver íodate *n.* 〘化学〙ヨウ素酸銀 ($AgIO_3$)《白色粉末; 防腐剤など薬品に用いる》.
sílver íodide *n.* 〘化学〙ヨウ化銀 (AgI)《感光性のある黄色粉末; 写真乳剤の原料, 人工降雨に用いられる》. 〘1885〙
sil·ver·ize /sílvəràɪz/ *vt.* …に銀を被せる, 銀仕上げする. 〘*a*1618〙
sílver jénny *n.* 〘魚類〙米国からブラジルにかけての大西洋岸に生息するクロサギ科の小魚 (*Eucinostomus gula*).
sílver júbilee *n.* =silver anniversary 1.
sílver kíng *n.* 〘魚類〙=tarpon.
sílver láce *n.* 銀モール.
sílver-làce vìne *n.* 〘植物〙中国原産タデ科の蔓性の多年草 (*Polygonum aubertii*)《芳香ある緑白色の花が咲く》.
sílver Látin *n.* (白)銀時代 (silver age) のラテン語. 〘1896〙
sílver·lèaf *n.* **1** 〘植物〙銀色の葉をした植物の総称《buffalo berry など》. **2** 〘植物病理〙銀皮病《担子菌などにより木の葉が銀白色になる病気; silver leaf disease, silver blight ともいう》. 〘1728〙
sílver lèaf *n.* 銀箔 (silver foil より薄い).
sílver-lìne *n.* 〘昆虫〙前翅に 2 本または 3 本の白い筋があるヨーロッパ産のガ《シャクガ科の薄茶色の一種 (*Petrophora chlorosata*) (brown silver-line ともいう) またはヤガ科 *Pseudoips* 属および *Bena* 属の前翅が緑色のガ》. 〘1832〙
sílver líning *n.* **1** 雲の明るい縁. **2** 絶望·不幸などのさなかの明るい兆候[希望]: Every cloud has a ~. 《諺》どんな黒雲も裏は銀色に輝いている《どんな悲観的な事にも楽観できる半面がある,「苦は楽の種」》. 〘1871〙
síl·ver·ly *adv.* **1** 銀のように(輝いて). **2** 銀鈴のような音をたてて. 〘1594–96〙
sílver máple *n.* **1** 〘植物〙ウラジロサトウカエデ (*Acer dasycarpum*)《北米東部産で, 葉の表面は鮮緑色で裏は粉白色の樹高 40 m にも達するカエデの一種》. **2** ウラジロサトウカエデの材木《きめ細く家具用材》. 〘1765〙
sílver médal *n.* 銀メダル, 銀賞《通例 2 等賞》.
sílver médalist *n.* 銀メダル獲得者. 〘1908〙
sílver mórning-glòry *n.* 〘植物〙インド産のアサガオの一種 (*Argyreia splendens*)《園芸植物; 葉裏は銀白色の織毛がある》.
sil·vern /sílvən | -vən/ *adj.* 《古·詩》銀の, 銀製の; 銀のような; 銀白色の: Speech is ~, silence is golden. ⇨ speech 2 a. 〘OE *seolfren, silfren*: ⇨ silver, -en²〙
sílver nítrate *n.* 〘化学〙硝酸銀 ($AgNO_3$)《無色透明板状結晶; 写真用の臭化銀原料, 銀めっき·医薬品(劇薬)に用いる; lunar caustic ともいう》. 〘1885〙
sílver óxide *n.* 〘化学〙酸化銀 (Ag_2O)《黒褐色粉末》.
sílver páper *n.* **1** 《英》銀紙, すず箔(はく) (tinfoil ともいう). **2** 《古》銀器などを包む薄葉紙(うすようし) (silver tissue ともいう). 〘1800〙
sílver pérch *n.* 〘魚類〙 **1** 銀茶色の斑点のあるオーストラリアの淡水に生息するイサキの類の魚 (*Therapon bidyana*). **2** 米国南部産ニベ科の魚 (*Bairdiella chrysura*). **3** =white perch 1. 〘1820〙

sílver-pláte *vt.* …に銀めっきする.
sílver pláte *n.* [集合的]《食卓または装飾用の》銀器類; 銀めっき品. 〘1526〙
sílver-pláted *adj.* 銀めっき[銀被(き)せ]の.
sílver·pòint *n.* **1** 銀筆, 銀尖(せん)筆《鉛筆以前からあった素描具で, 主として羊皮紙に描く》. **2** 銀筆画. 〘1882〙
sílver pòint *n.* 銀点《銀の融解点 (960.8°C); 国際温度目盛りの定点》. 〘1928〙
sílver póplar *n.* 〘植物〙=white poplar 1.
sílver prínt *n.* 〘写真〙硝酸銀写真. 〘1878〙
sílver-prìnt dráwing *n.* 〘写真〙漂白写真画法《写真の影像を鉛筆·ペン·インクなどでなぞり, 影像を漂白して白地に絵を残す方法; 主に新聞のカットや線画に用いる》.
sílver prótein *n.* 〘化学〙プロテイン銀《蛋白質溶液に硝酸銀溶液を加えたもの; 消毒用》.
sílver-ràg *n.* 〘魚類〙大西洋産エボシダイ科の魚 (*Cubiceps nigriargenteus*).
sílver-ròd *n.* 〘植物〙 **1** ヨーロッパ産ツルボラン属の花穂花序の花をつける植物 (*Asphodelus ramosus*). **2** 北米東部産アキノキリンソウ属の植物 (*Solidago bicolor*)《頭花の台状花弁が犬釘状に曲がっている; white goldenrod ともいう》.
sílver ságe *n.* 〘植物〙=purple sage.
sílver sálmon *n.* 〘魚類〙 **1** ギンマス, ギンザケ (*Oncorhynchus kisutch*)《北太平洋に広く分布するサケの一種》. **2** =king salmon. 〘1878〙
sílver sált *n.* 〘化学〙シルバーソルト, 銀塩 ($C_{14}H_7O_2SO_3Na$)《染料製造用の結晶性化合物》.
sílver sánd *n.* 白砂《造園·園芸用の細かい砂》. 〘1851〙
sílver scréen *n.* **1** 銀幕, 映写幕, スクリーン. **2** [the ~; 集合的] 映画 (motion pictures); 映画産業. 〘1918〙
sílver sérvice *n.* スプーンとフォークを片手で扱い食事をする人の皿に料理を盛りつける給仕法. 〘1970〙
sílver·sìde *n.* **1** 《英·NZ》牛のもも肉の上の部分. **2** =silversides. 〘1861〙
sílver·sìdes *n.* (*pl.* ~)〘魚類〙トウゴロウイワシ《トウゴロウイワシ科の小魚の総称; 体側に一条の銀色の線が走る; (特に)アメリカ大西洋岸にいる魚 (*Menidia notata*); silverside ともいう》. 〘1820〙
sílver·smìth *n.* 銀細工屋, 銀器製造人. **~·ing** *n.* 〘lateOE *seolforsmiþ*〙
sílver sólder *n.* 銀鑞(ろう)《銀器をつぐ白鑞》. 〘1682〙
sílver-spóon *adj.* 富裕な; 裕福な生まれの: a ~ man. 〘1801〙
sílver spóon *n.* 富, 財産; (特に)相続財産 (⇨ spoon¹ *n.* 成句).
sílver sprúce *n.* 〘植物〙=Colorado spruce.
sílver stàndard *n.* [the ~]〘経済〙銀(貨)本位(制) (cf. gold standard, paper standard). 〘1860〙
Sílver Stár *n.* 〘米軍〙銀星章《CONGRESSIONAL Medal of Honor および Distinguished Service Cross より下位で, 会戦に勲功のあった者に与える》. 〘1932〙
Sílver Stár Mèdal *n.* 〘米軍〙=Silver Star.
Sílver Stàte *n.* [the ~] 米国 Nevada 州の俗称. 〘(1866) 銀鉱があることから〙
Sílver Stíck *n.* 《英》近衛騎兵 (Life Guards) の佐官《銀造りの杖(権標)を授けられ, 式典などに携行する》. 〘1882〙
Sílver·stòne *n.* シルバーストーン《英国の主要な自動車レースサーキット; イングランド中南部 Northamptonshire 近くにある》.
Sílver·Stòne *n.* 〘商標〙シルバーストーン《米国の E. I. du Pont de Nemours 社が開発した 3 層フッ素樹脂による金属表面こげつき防止加工; フライパンなどに用いる》.
sílver stòrm *n.* 〘気象〙=silver thaw.
sílver stràin *n.* 銀汚染《写真の現像の際に銀が析出して膜面·容器などを汚染すること》.
sílver stréak *n.* [the ~]《英口語》イギリス海峡 (English Channel). 〘1879〙
sílver·swòrd *n.* 〘植物〙ギンケンソウ《ハワイ特産キク科ギンケンソウ属 (*Argyroxiphium*) の植物; 葉は剣状で銀色の軟毛におおわれ, 巨大な花茎を伸ばして赤紫色の花をつける》.
sílver·tàil *n.* **1** 〘昆虫〙シミ (silverfish). **2** 《豪口語》金持ちの実力者[有力者]. 〘(1887) 1891〙
sílver thàw *n.* 〘気象〙雨氷(嵐) (cf. glaze 7; glitter). 〘1770〙
sílver tíssue *n.* 《古》=silver paper 2.
sílver-tóngue *n.* **1 a** 弁舌のさわやかさ, 雄弁 (eloquence). **b** 弁舌さわやかな者, 説得力のある人. **2** 〘鳥類〙=song sparrow. 〘1884〙
sílver-tóngued *adj.* 弁舌のさわやかな, 説得力のある (persuasive), 雄弁な (eloquent). 〘1592〙
sílver trèe *n.* 〘植物〙ギンヨウジュ《披針形の葉の表面が絹毛におおわれ, 銀色に輝いて見える; 南アフリカ原産》. 〘1731〙
sílver tróut *n.* 〘魚類〙 **1** =rainbow trout. **2** = kokanee.
sílver-trúmpet trèe *n.* 〘植物〙パラグアイ産ノウゼンカズラ科の黄色い花が咲く常緑高木 (*Tabebuia argentea*)《材は有用》.
sílver·vìne *n.* 〘植物〙マタタビ (*Actinidia polygama*)《マタタビ科のつる植物; ネコの好物》.
sílver·wàre *n.* [集合的] 銀器, 銀製品, (特に)銀食器具. 〘1578〙
sílver wáttle *n.* 〘植物〙フサアカシア, ハナアカシア (*Acacia dealbata*)《マメ科の低木でアカシアの一種; 樹皮は白または銀白; cf. balck wattle》. 〘1859〙
sílver wédding *n.* 銀婚式《結婚 25 周年の記念式[日]; ⇨ wedding 4》. 〘1845〙
sílver·wèed *n.* 〘植物〙 **1 a** ヨウシュノツルキンバイ(洋種野蔓金梅) (*Potentilla anserina*)《バラ科キジムシロ属の植物, 葉の裏は白色で光沢のある絹状毛が密布; 月経困難症の鎮痛薬に用いられる》. **b** ウラジロロウゲ (*Potentilla argentea*)《葉の裏面が白毛で覆われているバラ科キジムシロ属の草本》. **2 a** =jewelweed. **b** =tall meadow rue. **c** =hardhack 1. **3** =meadow rue. 〘1578〙
sílver·wòrk *n.* 銀器, 銀細工品. 〘1535〙
sil·ver·y /sílv(ə)ri/ *adj.* **1** 銀のような, 銀に似た, 銀白の: a ~ light / ~ hair 銀髪. **2** 〈声·音など〉銀鈴を鳴らすような, 玉を転がすような (ringing), 朗々とした, よく通る, 冴(さ)えた: a ~ tone, note, voice, etc. **3** 銀を含んだ[で覆われた]: ~ deposits 銀の鉱床. **síl·ver·i·ness** *n.* 〘(*a*1398) ← SILVER, -Y⁴〙
sílver Ý *n.* 〘昆虫〙ヤガ科のガ (*Plusia gamma*)《褐色がかり両前翅に Y 型マークがある; silver-Y moth ともいう》.
sílvery spléenwort *n.* 〘植物〙北米東部産オシダ科メシダ属のシダ (*Athyrium thelypterioides*).
Sil·ves·ter /sɪlvéstə | -tə(r/ *n.* シルヴェスター《男性名; 愛称形 Sil; 異形 Sylvester》. 〘◻L ~《原義》of the woodland ← *silva* forest〙
Sil·ves·tre /sɪlvéstr(ə); *F.* silvɛstʁ/ *n.* シルヴェストル《男性名》. 〘◻F ~: ↑〙
sil·vex /sílvɛks/ *n.* 〘化学〙シルベックス《除草剤の一種》. 〘1954〙
Sil·vi·a /sílviə/ *n.* シルビア《女性名; 愛称形 Silvie; 異形 Sylvia》. 〘◻L ~《原義》living in a wood (fem.) ← *silvius* ← *silva* forest〙
sil·vi·cal /sílvɪkəl, -kl | -vɪ-/ *adj.* 森林の, 林学の. 〘(1909) ← SILVICS, -AL¹〙
sil·vi·chem·i·cal /sìlvəkémɪkəl, -kl | -vɪkémɪ-/ *n.* 〘化学〙木から抽出する化学物質《アルコール·リグニン·バニリン·トール油などの総称》. 〘1963〙
sil·vic·o·lous /sɪlvíkələs/ *adj.* 森林(地)に生育する[住む]. 〘← L *silvicola* wood-dweller ← *silva* wood+-I-+*colere* to live: ⇨ -ous〙
sil·vics /sílvɪks/ *n.* 森林学, 森林生態学. 〘(1907) ← L *silva* (↓)+-ICS〙
sil·vi·cul·ture /sílvəkʌ̀ltʃə | -vɪkʌ̀ltʃə(r/ *n.* 育林, 植林; 造林; 林学 (cf. arboriculture). **sil·vi·cul·tur·al** /sìlvəkʌ́ltʃ(ə)rəl | -vɪ-/ *adj.* 〘◻F ~ ← L *silva* forest: ⇨ -i-, culture〙
sil·vi·cul·tur·ist /sìlvəkʌ́ltʃ(ə)rɪst | -vɪkʌ́ltʃ(ə)rɪst/ *n.* 育林学研究者, 造林学者.
s'il vous plaît /si:lvu:pléɪ; *F.* si(l)vuplɛ/ *F.* どうぞ (please). 〘◻F ~ 'if it pleases you'〙
sil·y /síli/ *n.* (*pl.* ~, ~**s**) **1** シリー《ギニアの通貨単位; = 100 cory [cauris]; 記号 GS》. **2** 1 シリー貨. 〘← Afr.《現地語》〙
sim /sím/ *n.* 《口語》シミュレーションゲーム《航空機のフライトやスポーツのプレーなどをシミュレートするビデオゲーム》. 〘(*c*1975)《略》← SIMULATION〙
si·ma¹ /sáɪmə/ *n.* 〘地質〙シマ(質)層《ケイ素とマグネシウムに富む岩石から成ると考えられる地球の殻層; cf. sial》. **si·mat·ic** /saɪmǽtɪk | -tɪk/ *adj.* 〘(1909) ◻G *Sima* ← SI(LICON)+MA(GNESIUM)〙
si·ma² /sáɪmə/ *n.* 〘建築〙=cyma 1.
Si·ma Guang /sí:mà:kwá:ŋ, -gwá:ŋ; *Chin.* sīmǎkuān/ *n.* 司馬光(しばこう) (1019–86; 中国宋代の歴史家·政治家;「資治通鑑」の著者).
Sima Qi·an /sí:mà:tʃián, -á:n; *Chin.* sīmǎtɕʰiɛ̄n/ *n.* 司馬遷(しばせん) (145 B.C. ?–?; 中国前漢の歴史家;「史記」(130 巻)の著者).
si·mar /sɪ̀mɑ́ə | sɪmɑ́:(r/ *n.* **1** 《古》**a** シマール《ルネサンス時代の女性のもすそのついたコートドレス》. **b** 軽い下着 (shift). **2** =zimarra. 〘(1641) ◻F *simarre* ◻It.《廃》*cimarra* ◻Sp. *zamarra* ◻? Basque *zamar* sheepskin〙
sim·a·rou·ba /sìmərú:bə/ *n.* 〘植物〙 **1** 熱帯アメリカ産のニシガキ科シマルバ属 (*Simaruba*) の植物の総称《特に *S. officinalis*》. **2** シマルバ(根)皮《強壮剤·収斂剤》. 〘(1753) ← NL ~ ← F ~ ← Carib.《現地語》*simaruba*〙
Sim·a·rou·ba·ce·ae /sìməru:béɪsiì:/ *n. pl.* 〘植物〙(双子葉植物フウロウ目)ニガキ科. **sim·a·rou·bá·ceous** /-béɪʃəs⁻/ *adj.* 〘← NL ~: ⇨ ↑, -aceae〙
si·marre /sɪ̀mɑ́ə | sɪmɑ́:(r/ *n.* 《古》=simar 1 a.
sim·a·ru·ba /sìmərú:bə/ *n.* 〘植物〙=simarouba.
si·ma·zine /sáɪməzì:n/ *n.* (*also* **si·ma·zin** /-zɪ̀n | -zɪn/)〘化学〙シマジン《除草剤》. 〘(1956) ← *sim-*《変形》? ← SYM(METRICAL))+(TRI)AZINE〙
sim·ba /símbə; *Swahili* símba/ *n.* 《アフリカ東部》〘動物〙ライオン. 〘(1918) ◻Swahili ~〙
Sim·birsk /sɪmbíəsk | -bíəsk; *Russ.* sʲimbʲírsk/ *n.* シンビルスク《ロシア連邦西部, Volga 河畔の都市; Lenin の生地; 旧名 Ulyanovsk (1924–91)》.
Sim·ca /símkə; *F.* simka/ *n.* 〘商標〙シムカ《フランスの自動車メーカー, その製品; 1934 年創業; 同社は現在, 米国の Chrysler 社の子会社》.
Sím·chas Tórah /símxəz-, -xɑ:s-/ *n.* 〘ユダヤ教〙= Simhath Torah.
Sím·chath Tórah /símxəs-, -xɑ:s-/ *n.* 〘ユダヤ教〙=Simhath Torah.
Si·me·non /sì:mənɔ̃:(ŋ), -nɔ́:ŋ, ⁻,⁻; *F.* simnɔ̃/, **Georges** *n.* シムノン (1903–89; ベルギー生まれのフランスの推理小説家; Maigret /mɛgʁɛ/ 警部物で知られる; 本名 Georges Sim /sím/).
Sim·e·on /símiən/ *n.* **1** シメオン《男性名》. **2** 〘聖書〙 **a** シメオン《エルサレムの信仰家; 幼いイエスを見て「主よ今こそみ言葉に従いてしもべを安らかに逝(ゆ)かしめたもうなれ…」(cf. Nunc Dimittis) と言った言葉は有名; cf. *Luke* 2:25–35》. **b** シメオン《Jacob の第 2 子, 母は Leah; cf. *Gen.* 29:33》. **3** 〘聖書〙シメオン族《シメオンを祖とするイスラエル 12 支族の一つ》. 〘◻LL ~ ◻Gk *Sumeṓn* ◻Heb. *Šim'ōn*《通俗語源》hearing (cf. *Gen.* 29:33)〙
Símeon Sty·lí·tes /-staɪláɪti:z, -stɪ̀-| -staɪ-/, **Saint** *n.* 柱上の聖者シメオン, 柱上行者シメオン (390?–459; シリアの行者; 30 年間柱の上に住み説教した).
Sim·fe·ro·pol /sìmfərɔ́(:)pəl, -róʊ-, -pl | -róʊpɔl; *Ukr.* sʲimferópolʲ, *Russ.* sʲimfʲirópəlʲ/ *n.* シンフェロポリ《ウクライナ共和国南部クリミア半島の観光都市》.
Sim·hath To·rah /símxəstɔ́:rə, -xɑ:s-, -rɑ:/ *n.* 〘ユダヤ教〙律法感謝祭《Moses の五書 (Torah) を 54 に区分し, 安息日ごとに 1 区分を読み, 1 年かけて仮庵(かりいお)の祭り (Sukkoth) の 8 日目 (Tishri 月 23 日)に読み終わることを祝す祭り. そして直ちに巻物を巻き返して第 1 区の分を読み, 祝いの行進をする; Rejoicing over the Law ともいう; cf. Jewish holidays》. 〘(1891) ◻Heb. *śimḥáth Tōrā́h* rejoicing in the Law: ⇨ Torah〙
sim·i·an /símiən/ *adj.* **1** 類人猿(えん) (ape) の, サル (monkey) の. **2** サルのような, サルらしい. — *n.* 類人猿; サル. 〘(1607) ← L *sīmia* ape (← ? *simus* snub-nosed ◻Gk *sīmós* ← IE **swei-* to bend, turn: ⇨ -AN¹)〙
símian shélf *n.* 〘人類学〙サルの棚《下顎骨内側前部にある凹みで, 類人猿の特徴》.
Sím·i·en jáckal [fóx] /símiən-/ *n.* 〘動物〙アビシニアジャッカル (*Canis simensis*)《エチオピアの高山地帯の草原にすむ明るい赤茶色の, 胸·腹が白いジャッカル; 絶滅の危険がある》. 〘生息地であるエチオピアの Simien Mountains より〙
Sim·i·lac /símələ̀k | -mɪ̀-/ *n.* 〘商標〙シミラック《米国 Ross Laboratorie 製の離乳食》.
sim·i·lar /símələ, -mɪ̀ə | -mɪ̀lə(r, -mɪ-/ *adj.* **1** (大体において)似かよっている, 類似した, 同種の, 同様の (⇨ like¹ SYN): ~ instances 類例 / on ~ occasions 同じような場合に / This is very ~ *to* mine. これは私のとよく似ている /

These two are very ～ (in size [price]) (*to* each other). この二つは(互いに)(大きさ[値段]が)よく似ている 《★ 時に《英》に見られる a ～ book *as* mine は誤りとされる》. **2** 〘数学〙相似の: ～ figures 相似形 / ～ matrices 相似行列. **3** 〘音楽〙並進行の 《2つ以上の声部が同方向に進む》: ～ motion. **—** *n.* 似たもの, 類似物, 相似物 (counterpart). 〖《1611》◻F *similaire* ∥ ML *similāris* ← L *similis* like, similar < *semilis ← IE *semone (L *simu*) together / Gk *homalós* even, level); ⇨ SAME〗

sim·i·lar·i·ty /sìmələ́rəṭi, -lɛ́r- | sìmɪ̀lǽrɪ̀ti/ *n.* **1** 類似, 相似 (likeness). **2** 類似点, 相似点. 〖《1664》: ⇨ ↑, -ity〗

similárity transformàtion *n.* 〘数学〙相似変換 《平面または空間の変換で, 長さがすべて一定比に拡大または縮小されるようなもの; homothetic transformation ともいう》. 〖1961〗

sim·i·lar·ly /símələli, -mḷ- | -mɪ̀lə-/ *adv.* 相似[類似]して, 相似的に; 同様に, 同じく (likewise): be ～ situated 互いに似た位置[境遇]に置かれている; 事情が同じである. 〖1764〗

sim·i·le /síməli | -mɪ̀-/ *n.* 〘修辞〙直喩, 明喩 《比喩 (comparison) の一種で like, as, than のような比較を示す語を用いて, あるものを直接に他のものに比較する修辞法; 例: quick like lightning, (as) brave as a lion, weaker than a woman's tear; cf. metaphor》. 〖《?*a*1387》◻L ～ (neut.) ← *similis*: ⇨ similar〗

si·mil·i·tude /sɪ̀mílətù:d, -tjù:d | -lɪ̀tjù:d/ *n.* **1 a** 相似 (likeness), 類似 (resemblance). **b** 似た物[人], 類似[相似]物, 相対物, そっくりの物[人] (counterpart), 対(match). **2** 姿 (semblance), 像 (image): in the ～ of …の姿で / assume the ～ of …の姿を取る[外形を装う]. **3** 《古》**a** たとえ (parable, allegory): talk [speak] in ～*s* たとえで話す. **b** 直喩 (simile). **4** 〘数学〙相似. 〖《*c*1380》∥ (O)F ～ ◻L *similitūdo* ← *similis*: ⇨ similar, -tude〗

sim·i·lize /síməlàɪz | -mɪ̀-/ 《まれ》*vt.* なぞらえる (liken); (特に)直喩 (simile) で表現する. **—** *vi.* 直喩を用いる. 〖《1605》← SIMIL(E)+-IZE〗

Si·mio·na·to /sɪ̀:miounɑ́:tou | -ə(ʊ)nɑ́:təʊ; *It.* simjonáːto/, **Giu·li·et·ta** /dʒuljétta/ *n.* シミオナート 《1910–2010; イタリアのメゾソプラノ歌手》.

sim·i·ous /símiəs/ *adj.* =simian. 〖《1804–06》← L *simia*+-OUS: ⇨ simian〗

sim·i·tar /símətə, -tɑ̀ə | -mɪ̀tə(r, -tɑ̀:(r/ *n.* =scimitar.

Sí·mi Válley /sɪmí:-, si:mi-/ *n.* シミバリー 《米国 California 州南西部, Los Angeles の北西にある都市》.

Sim·la /símlə/ *n.* シムラ 《インド北部 Himachal Pradesh 州の州都; 避暑地(海抜 2,200 m), 英領インド時代の夏季の主都》.

SIMM /sím/ *n.* 〘電子工学〙SIMM 《いくつかのメモリー[RAM] チップを搭載した小回路板で, コンピューターなどのメモリーの増設用スロットに挿入できるように片側がエッジコネクター (edge connector) になったもの》. 〖《頭字語》← *s*(*ingle*) *i*(*n-line*) *m*(*emory*) *m*(*odule*)〗

Sim·men·tal /zímənta:l; *G.* zímənta:l/ *n.* シメンタール種 《顔が白く, 白斑があり赤みがかった胴をもつ肉乳兼用牛; スイス原産》. 〖《1959》◻G (スイス東部の谷)〗

sim·mer /símə | -mə(r/ *vi.* **1 a** 〈液体が〉(沸騰点近くで)くつくつ[ちんちん]音を立てる. **b** (沸騰点近くでゆっくり)ぶつぶつ煮える, ぐつぐつ煮立つ (⇨ boil¹ SYN). **2** 〔怒りなどで〕じりじりしている 〔*with*〕; 〈争い・反逆などが〉今にも沸騰[爆発]しようとしている: He is ～*ing with* anger. 今にも怒り出そうとしている / ～*ing* rebellion 勃発寸前の反乱. **—** *vt.* じりじり沸騰させる[煮る], ぐつぐつ煮る, とろ火で煮る. ***símmer dówn*** (1) 《口語》〈腹の虫・興奮などが〉収まる, 静まる. (2) 煮詰まる; 煮つめる.
— *n.* **1** じりじり煮える[沸騰する]状態: bring water to a ～ 水をぐらぐら煮立たせる / keep water at a ～ 水をぐらぐら煮立たせておく. **2** (抑えている怒り・笑いなどが)今にも沸騰[爆発]しようとする状態: at a ～=on the ～ 今にも沸騰[爆発]しようとして.
〖《1653》《変形》← (ME) *simpere*(*n*) 《擬音語》: ⇨ -er⁴〗

Símmonds' dìsèase /símǝndz-/ *n.* 〘病理〙シモンズ病, 下垂体性悪液質 《下垂体の機能が全般的に低下した状態》. 〖《1928》← *Morris Simmonds* (1855–1925: ドイツの医師)〗

sim·nel /símnəl, -nḷ/ *n.* **1** シムネルパン 《上質の小麦粉で作ったパン; simnel bread ともいう》. **2** 《英》シムネルケーキ 《クリスマス・復活祭・大斎第四主日などに用いるフルーツケーキ; simnel cake ともいう》. 〖《*a*1300》 *simenel* ◻OF (F 《方言》 *simnel*) ← L *simila* fine flour ← ? Sem. (Akkad. *samidu*)〗

Sim·nel /símnəl, -nḷ/, **Lambert** *n.* シムネル 《1475?–?1534; 英国の王位要求者; Dublin で Edward 六世となり (1487), イングランドへ進攻したが Henry 七世との戦いで敗れ捕虜となる》.

si·mo·le·on /sɪ̀móuliən | sɪmə́ʊ-/ *n.* 《米俗》=dollar. 〖《1890》《混成》← 《廃》? *simon* dollar+(NAP)OLEON〗

Si·mon¹ /sáɪmən; *G.* zí:mɔn/ *n.* サイモン 《男性名》.

Si·mon² /sáɪmən/ *n.* 〘聖書〙**1** シモン (⇨ Peter 2). **2** シモン 《イエスの兄弟または縁者; cf. *Mark* 6:3》. **3** [(Saint) ～] シモン 《十二使徒の一人; 祝日 10 月 28 日; Simon Zelotes, Simon the Canaanite ともいう; cf. *Matt.* 10:4》. **4** シモン 《聖霊を与える力を買い取ろうと試みた Samaria の魔術師; Simon Magus ともいう; cf. *Acts* 8:9–24》. **5** シモン 《ペテロ (St. Peter) が Joppa の町で同居していた家の主人でなめし革屋; Simon the Tanner ともいう; cf. *Acts* 10:6》. 〖◻L *Simōn* ◻Gk *Símōn*= *Sumeṓn* 'SIMEON' (ただし *Símōn* (← *simós* snub-nosed) と混同)〗

Si·mon /sáɪmən/, **Herbert Alexander** *n.* サイモン 《1916–2001; 米国の社会学者・経済学者; Nobel 経済学賞 (1978)》.

Simon, Sir **John Allse·brook** /ɔ́:lzbrʊk/ *n.* サイモン 《1873–1954; 英国の政治家・法律家》.

Simon, (Marvin) Neil *n.* サイモン 《1927–　; 米国の劇作家; 中産階級を扱う喜劇で成功: *Barefoot in the Park* (1963), *The Odd Couple* (1965)》.

Simon, Paul *n.* サイモン 《1941–　; 米国のシンガーソングライター; cf. Simon & Garfunkel》.

Si·mo·na /sɪ̀móunə | sɪmə́ʊ-/ *n.* シモーナ 《女性名; 異形 Simone》. 〖(fem.) ← SIMON〗

Símon & Gár·fun·kel /-əndgɑ́əfʌŋkəl, -kḷ | -gɑ́:-/ *n.* サイモンとガーファンクル 《Paul Simon (1941–　)と Art Garfunkel (1941–　); 米国のポップシンガーのデュオ; 1965 年に結成されたが 1970 年に解散して独立; *Bridge Over Troubled Water* (1970)》.

Si·mone /sɪ̀móun | -mə́ʊn; *F.* simo:n/ *n.* シモーン 《女性名》. 〖◻F ～: ↑〗

Si·mone /sɪ̀móun | -mə́ʊn/, **Ni·na** *n.* シモーン 《1933–2003; 米国の黒人ジャズシンガー; 本名 Eunice Waymon; 1960 年代の公民権運動に参加》.

si·mo·ni·ac /saɪmóuniæ̀k, sɪ̀- | sɪmə́ʊniæ̀k, saɪ-/ *n.* 聖職売買者. **—** *adj.* =simoniacal. 〖《1340》◻(O)F *simoniaque* ∥ ML *simōniacus* ← LL *simōnia* 'SIMONY': ⇨ -ac〗

si·mo·ni·a·cal /sàɪmənáɪəkəl, sìm-, -kḷ | sàɪmə(ʊ)-ˈ-/ *adj.* 聖職売買の. **～·ly** *adv.* 〖《1567》: ⇨ ↑, -al¹〗

Si·mon·i·des /saɪmɑ́(:)nədi:z | -mɔ́nɪ̀-/ *n.* シモニデス 《556?–468 B.C.; ギリシャの叙情詩人; Simonides of Keos ともいう》.

si·mo·nist /sáɪmənɪ̀st, sím- | -nɪst/ *n.* =simoniac. 〖《1567》← SIMONY, -IST〗

si·mon·ize /sáɪmənàɪz/ *vt.* 〈自動車の車体などを〉ワックスで磨く. 〖《1934》← *Simoniz* an automobile wax (商標): ⇨ -ize〗

Símon Le·grée /-ləgrí: | -lɪ̀-/ *n.* 冷酷無慈悲な主人[雇い主]. 〖Mrs. Stowe 作 *Uncle Tom's Cabin* 中の残忍な奴隷商人の名から〗

Símon Má·gus /-méɪgəs/ *n.* 〘聖書〙=Simon² 4.

Si·mo·nov /sí:mənɔ̀:f, -nɔ̀(:)f | -nɔf; *Russ.* sʲímənəf/, **Konstantin Mikhailovich** *n.* シーモノフ 《1915–79; ソ連の小説家・詩人・劇作家》.

Símon Péter *n.* 〘聖書〙=Simon² 1.

Símon Púre *n.* [通例 the real ～] まぎれもない本人[本物] (cf. McCoy). 〖《1795》英国の女優で劇作家の Susannah Centlivre (1667?–1723) 作の喜劇 *A Bold Stroke for a Wife* (1718) 中の Quaker 教徒 (Colonel Fainall Feignwell なる人物に氏名を詐称されて本人の自分は偽者扱いにされた)の名から〗

símon-púre *adj.* 本物の, 正直正銘の (real, genuine). 〖《1840》↑〗

Símon sáys *n.* 「サイモンが言う」《子供の遊びの一種; リーダーが "Simon says" と言っていろいろな命令を出し, 皆が言われたとおりの動作をするジェスチャーゲーム》.

si·mo·ny /sáɪməni, sím-/ *n.* **1** 聖物売買による利得. **2** 聖職[僧職]売買(罪); 聖物売買(罪) 《教会における地位や権力の授受のために, 贈収賄をすること》. 〖《?*a*1200》◻(O)F *simonie* ◻LL *simōnia* ← *Simon Magus*: ⇨ Simon Magus, -y¹〗

si·moom /sɪ̀mú:m, saɪ- | sɪ-/ *n.* (*also* **si·moon** /sɪ̀mú:n, saɪ- | sɪ-/) 〘気象〙シムーム, シムーン, 砂あらし, 毒風 《アラビアや北アフリカの砂漠地方で砂を巻いて吹く息のつまるような熱風; cf. khamsin》. 〖《1790》◻Arab. *samūm* 《原義》poisonous ← *sámma* to poison〗

simp /símp/ *n.* 《俗》ばか (fool). 〖《1903》《略》← SIMPLETON〗

sim·pa·ti·co /sɪmpɑ́:tɪ̀kòu, -pǽt- | -pǽtɪkəʊ, -pɑ́:-; *It.* simpáːtiko/ *adj.* **1** 気性の合った (congenial), 気心の合った, 気に入った. **2** 魅力のある, 好かれる (appealing). 〖《1864》◻It. ～ 'sympathetic'〗

sim·per /símpə | -pə(r/ *vi.* にやにや笑う, にたにた笑う, 間の抜けた笑い方をする. **—** *vt.* にたにた笑って言う. **—** *n.* 間の抜けたにたにた笑い (⇨ smile SYN). **～·er** *n.* 〖《*c*1563》← ? Scand. (cf. Dan. 《方言》*semper* affected): ⇨ -er¹〗

sim·per·ing /-p(ə)rɪŋ/ *adj.* 作り笑い[えせ笑い]している, にやにや笑っている; はにかむ, 臆病な (coy). **～·ly** *adv.* 〖1586〗

sim·ple /símpḷ/ *adj.* (**sim·pler; -plest**) **1** 容易な, 簡単な (uncomplicated), わかり[扱い]やすい (⇨ easy SYN); 単純な, 込み入ってない: a ～ design [explanation] 簡単なデザイン[説明] / ～ tools 簡単な道具 / ⇨ simple machine / ～ forms of life 単純な[未発達の]生命体 《バクテリアなど》/ in ～ language [terms] やさしいことばで / (as) ～ as ABC ABC のように[きわめて]簡単な / a ～ matter [task] 簡単な事柄[仕事] / It's a ～ matter to ask.=To ask [Asking] is a ～ matter. 尋ねるのは簡単なことだ / It's a ～ matter of asking. 尋ねるだけの簡単な問題だ / The device is ～ *to* operate. その仕掛けは操作が簡単だ. **2** 簡素な (plain); 地味な, 質素な: a ～ diet 粗食 / ～ clothes 地味な衣服 / a (classically) ～ frock (古風で)簡素なフロックコート / ～ cooking 簡単な料理 / a ～ style 簡素な文体[様式] / a ～ life 質素な生活 / the ～ life 簡易生活 / The food was ～ but well-prepared. 食べ物は質素ではあったが心を込めて料理されていた. **3** [限定的] 純然たる (sheer, absolute), 全くの (mere, bare); 単なる; 純粋な, 混じりけのない (unmixed). ★ この意味では比較変化はしない: the ～ truth 全くの真実 / ～ madness 全くの狂気 / the ～ facts 純然たる事実 / pure and ～ ⇨ pure 成句 / His ～ word is enough. 彼のことばだけで十分だ. **4** 気取らない (unaffected), てらわない (⇨ naive SYN); 誠実な, 率直な (sincere); 純真な, 無邪気な (innocent): (as) ～ as a child 子供のように純真な, 実に天真爛漫な / in a pleasant and ～ way 愛想よく気取らずに / ～ people [souls] 飾らない[純朴な]人々. **5** (素姓の)卑しい, (身分の)低い (humble, lowly), 平民の出の (↔ gentle); ただの, 取るに足らない (insignificant): ～ but honest folk 身分は低いが正直な人々 / a ～ peasant 一介の農夫 / a ～ soldier 一兵卒 / gentle and ～ ⇨ gentle *adj.* 1. **6** 無学な, 無知な (ignorant); ばかな, 愚かな (foolish); 無考えな, 欺かれやすい, 人のよい (cf. simpleton): a ～ soul お人よし / be ～ about [in] money matters [where money is concerned] 金銭問題に関しては無知である / You must be very ～ *to* have been taken in by such a story. そんな話でだまされるなんて君も随分お人よしだよ. **7** 〘化学〙単…, 単一の (↔ compound): a ～ substance 単体 《1 元素から成る物質》. **8** 〘光学〙〈レンズが〉二つの球面の屈折面をもつ. **9** 〘数学〙一次の, 単一の, 単純な: a ～ proportion 単比例. **10** 〘統計〙〈仮説が〉単純な. **11** 〘動物〙単一の, 単独の: ⇨ simple eye / a ～ ascidian 単独ほや. **12** 〘植物〙**a** 単一の, 単独の: ⇨ simple leaf. **b** 枝を出さない: a ～ stem 単幹. **c** 単体の 《単一の雌蕊または雌蕊葉から発育する》: a ～ style [pistil] 単体花柱[単雌蕊]. **13** 〘音楽〙単純な, 単一の, 簡単な: ⇨ simple time. **14** 〘文法〙単一の, 単純な: a ～ adverb 単純副詞 / ⇨ simple sentence. **15** 〘法律〙単純な 《口頭の, 捺印証書 (deed) によらない契約などに用いられる》.
— *n.* **1** 単純な物, 単一物, 単体. **2 a** 《古》無知な人, だまされやすい人, ばか者 (simpleton). **b** [*pl.*] 《英方言》愚かな行為, 愚行. **3** (合成物・混合物中の) 成分 (ingredient). **4** 《古》薬草, 薬用植物; 薬草製剤. **5** 《古》卑しい身分の人, 平民. **6** [*pl.*] 〘紡織〙経(たて)通しに用いるコード.
〖《?*a*1200》◻(O)F ～ ◻L *simplus* ← IE *sem- one (⇨ same)+*plo- '-PLE'〗

símple algebráic exténsion *n.* 〘数学〙単純代数拡大 《体に代数的な元を一つ添加して拡大体を作ること》. 〖1965〗

símple árc *n.* 〘数学〙単純弧 (⇨ Jordan arc).

símple béam *n.* 〘建築〙単純梁.

símple búd *n.* 〘植物〙単芽 《葉芽か花芽かいずれか一方を含むもの; cf. mixed bud》.

símple cátenary *n.* 〘鉄道〙単式架線, シンプルカテナリー 《吊架線から直接トロリー線をつり下げる架線; cf. compound catenary》.

símple cháncre *n.* 〘病理〙=chancroid.

símple chúck *n.* 〘機械〙並チャック.

símple clósed cúrve *n.* 〘数学〙単一閉曲線 (⇨ Jordan curve). 〖1919〗

símple cóntract *n.* 〘法律〙=parol contract.

símple cúrve *n.* 〘鉄道〙単心曲線, 単曲線 (cf. compound curve).

símple éngine *n.* 〘機械〙単式機関, 一段膨張機関 (cf. compound engine).

símple enumerátion *n.* 〘論理・哲学〙単純枚挙 《明確な原理・基準によらず, 手当たり次第に事例を枚挙・収集してある目的や普遍的成果に到達する方法》.

símple equátion *n.* 〘数学〙一次方程式. 〖1798〗

símple exténsion *n.* 〘数学〙単純拡大 《体に一つの元を添加して拡大体を作ること; cf. simple algebraic extension, simple transcendental extension》.

símple éye *n.* 〘動物〙(節足動物, 特に昆虫の) 単眼 (cf. compound eye) (=ocellus).

símple-fáced *adj.* **1** 普通の[ありふれた]顔付の. **2** 朴訥(ぼくとつ)な顔つきの, ばか面の. **3** 〘動物〙〈ヒナコウモリ科のコウモリが〉鼻葉をもたない.

símple fráction *n.* 〘数学〙単分数 《通常の分数を繁分数に対していう; cf. fraction 2》. 〖1910〗

símple frácture *n.* 〘医学〙単純骨折 (cf. compound fracture). 〖1580〗

símple frúit *n.* 〘植物〙単果 《一つの雌しべから生じた果実》.

símple harmónic mótion *n.* 〘物理〙単振動.

símple·héarted *adj.* 純真な, 純な, 誠実な (sincere); さっぱりとした (frank); 無邪気な. 〖《*c*1400》 *symple herted*〗

símple hónors *n. pl.* 〘トランプ〙(auction bridge で) パートナー同士の手にある切札のオナーカード (honor card) 3 枚または(ノートランプの場合)エース 3 枚 《手役として 30 点のボーナスがつく》.

símple ínterest *n.* 〘金融〙単利 (cf. compound interest).

símple ínterval *n.* 〘音楽〙単音程, 単純音程 《1 オクターブ以内の音程; cf. compound interval》.

símple léaf *n.* 〘植物〙単葉 (cf. compound leaf).

símple machíne *n.* 〘機械〙単純機械 《てこ (lever), 輪軸 (wheel and axle), 滑車 (pulley), ねじ (screw), 斜面 (inclined plane), くさび (wedge) の 6 種をいう》. 〖1704〗

símple majórity *n.* 〘政治〙単純多数 《投票総数の過半数未満の票だが, 当選に必要な最低限の得票; cf. absolute majority》.

símple méasure *n.* 〘音楽〙=simple time.

símple mèter *n.* 〘音楽〙=simple time.

símple mícroscope *n.* 〘光学〙単レンズ拡大鏡.

(cf. compound microscope). 〖1728〗

sím·ple-mínded *adj.* **1 a** 頭[勘]のにぶい, 単純な(ことしかわからない); 精神薄弱の, 低能の (feebleminded). **b** 愚かな. **2** 無邪気な, 純真な, あどけない (unsophisticated, artless). **~·ly** *adv.* **~·ness** *n.* 〖1744〗

sím·ple·ness *n.* **1** 《古》=simplicity. **2** 《廃》愚かさ, 愚行. 〖*c*1384〗

símple péndulum *n.* 〖物理〗単振り子《重さのない糸で質点をつり下げた理想的な振り子; cf. physical pendulum》.

símple pít *n.* 〖植物〗単膜孔, 単純孔紋《入口と奥がほぼ同形の膜孔; cf. bordered pit》.

símple póle *n.* 〖数学〗1 位の極《複素関数のローラン展開が −1 次の項からはじまる点》.

símple propórtion *n.* 〖数学〗単比例《比例すること; 複比例 (compound proportion) に対していう》.

símple prótein *n.* 〖生化学〗単純蛋白質《アミノ酸のみから成る蛋白質; cf. conjugated protein》. 〖1909〗

símple rátio *n.* 〖数学〗単比《比のこと; 複比 (compound ratio) に対していう》.

símple séntence *n.* 〖文法〗単文《一つの主語と一つの述語から成る文; 例: She stood there, arms akimbo and head back.; cf. complex sentence, compound sentence》.

Símple Símon *n.* **1** シンプルサイモン《英国の伝承童謡の主人公で間抜けな人物》. **2** ばか (simpleton). 〖(1785) ← ? *Simon Peter* (⇨ Simon² 1)〗

símple stréss *n.* 〖物理〗単純応力《張力または圧力のみから成る応力》.

símple súgar *n.* 単糖《glucose, fructose など》.

símple sýrup *n.* **1** 砂糖と水から作るシロップ《主に清涼飲料水の甘味付けに用いる》. **2** (医薬用の)単シロップ《合剤の味つけ・糖衣用》.

símple ténse *n.* 〖文法〗(助動詞を伴わない)単純時制.

símple tìme *n.* 〖音楽〗単純拍子《強拍・弱拍の位置が最も単純な 2·3 拍子を指し, 基本的な拍子として 4 拍子もこれに属する; simple measure ともいう; cf. compound time》.

sim·ple·ton /símpḷtən, -tn̩/ *n.* ばか, あほう (fool). 〖(1650) ← SIMPLE＋*-ton* (《方言》← *tone* 《変形》← ONE)〗

símple tóne *n.* 〖音響〗=pure tone. 〖1875〗

símple transcendéntal exténsion *n.* 〖数学〗単純超越拡大《体に超越的な元を一つ添加して拡大体を作ること》.

símple vóws *n. pl.* 〖カトリック〗単式誓願 (cf. solemn vows). 〖1759〗

sim·plex /símplɛks/ *adj.* **1** 単純な, 単一の (simple). **2** 〖通信〗単信式の (cf. duplex 3, multiplex 2). — *n.* **1** 〖文法〗単一語, 単純語 (simple word) (cf. complex 5). **2** 〖通信〗単信システム. **3** 〖数学〗単体《*n* 次元以上のユークリッド空間で, *n*＋1 個の点によって決定される図形; 1 次元以上の空間における線分, 2 次元以上の空間における三角形, 3 次元以上の空間における四面体など》. 〖(1594) ▭ L ~ 'single, 《原義》 of one fold' ← **sem-* (← IE **sem-*)＋*-plex* '-FOLD': ⇨ simple〗

símplex mèthod *n.* 〖数学〗単体法, シンプレックス法《線形計画法の問題を数値的に解くのに用いられる方法の一つ》. 〖1951〗

símplex telégraphy *n.* 〖通信〗単信式電信(法)《1 条の通信路で送信受信を交互に行う電信法》.

símplex wìnd·ing /-wàɪndɪŋ/ *n.* 〖電気〗単重巻《電機子巻線法の一種で, 正負ブラシ間の導体経路が 2 つしかないもの》.

sim·pli·cial /sɪmplíʃəl, -ʃl/ *adj.* 〖数学〗単体の. 〖(1926) ← L *simplic-*, *simplex*: ⇨ simplex 3, -ial〗

Sim·plic·i·den·ta·ta /sɪmplìsədɛntáːṭə, -téɪ- | -sɪdɛntáːtə, -téɪ-/ *n. pl.* 〖動物〗単歯亜目 (Rodentia (齧歯(げっし)目) ともいう). **sim·plic·i·den·tate** /sɪmplɪsədɛ́nteɪt | -sɪ-⁻/ *adj.* 〖← NL ~ ← L *simplic-*, *simplex* 'SIMPLEX'＋-I-＋*dentāta* ((neut.pl.) ← *dentātus* 'DENTATE')〗

sim·pli·ci·ter /sɪmplísəṭə | -sɪtə⁽ʳ⁾/ *adv.* 〖スコット法〗絶対的に, 無条件に (absolutely), 無制限に (unqualifiedly), 全面的に, 全く (wholly), 指定されているもの以外を含まずに. 〖(1545) ▭ L ~ 'simply' ← *simplic-*, *simplex* 'SIMPLEX'〗

sim·plic·i·ty /sɪmplísəṭi, -sti | -sɪ̀ti/ *n.* **1** 簡単, 簡易; わかりやすさ, 平易 (clarity): the ~ of a machine [problem, task] (ある)機械[問題, 仕事]の簡単さ / It is ~ itself. きわめてやさしい, 実に簡単である. **2** 飾りのないこと, 簡素, 地味, 質素, 淡泊: ~ in [of] dress [style, way of living] 服装[文体, 生活]の簡素. **3** 純真, 純なこと, 単純; 無邪気, あどけなさ (innocence); 質朴, 実直, 誠実 (sincerity): the sweet ~ of a child 子供のかわいい無邪気さ / soldiery ~ 軍人らしい実直. **4** 無知; 愚鈍. **5** 単一, 単純. 〖(*c*1380) *symplicite* ▭ (O)F *simplicité* ∥ L *simplicitātem* ← *simplic-*, *simplex*: ⇨ simplex, -ity〗

sim·pli·fi·ca·tion /sɪ̀mpləfɪkéɪʃən | -plɪ̀fɪ-/ *n.* **1** 簡単[簡素]化, 平易[簡易]化, 単純[単一]化. **2** 簡単にしたもの. 〖(1688) ▭ F ~: ⇨ simplify, -fication〗

sím·pli·fìed *adj.* 簡易化した: a ~ reader, text, etc. 〖*a*1681〗

simplified spélling *n.* =reformed spelling.

sim·pli·fy /símpləfàɪ | -plɪ̀-/ *vt.* **1** 簡単[単純]にする; 平易[簡易]にする: ~ a delivering process 配達過程を簡易化する. **2** 単一にする. — *vi.* 単純[簡易, 平易]になる. **sím·pli·fì·er** *n.* **sím·pli·fi·cà·tive** /-pləfɪ̀kèɪṭɪv | -plɪ̀fɪkèɪt-/ *adj.* 〖(1642) ▭ F *simplifier* ▭ ML *simplificāre*: ⇨ simple, -fy〗

sím·plism /-plɪzm/ *n.* 過度[極度]の単純化, 誇張した簡素さ《不当に単純化して問題のある面だけを強調し他の複雑な面は無視する方法・態度・立場》. 〖*a*1882〗

sím·plist /-plɪ̀st | -plɪst/ *n.* 単純な説明や理論をふりまわす人. — *adj.* =simplistic. 〖1597〗

sim·plis·tic /sɪmplístɪk/ *adj.* 極端に単純[平易, 簡易]化した. **sim·plís·ti·cal·ly** *adv.* 〖1860〗

Sim·plon /sǽmplɑ(ː)n | sǽː(m)plɔ̃ː(ŋ), sǽm-, sím-, -plɔːŋ, -plɔn; *F.* sɛ̃plɔ̃/ *n.* [the ~] **1** シンプロン(峠)《スイス南部とイタリアとの国境をなす Lepontine Alps の山道; Napoleon の建設した路が通じている; 高さ 2,008 m; Simplon Pass ともいう》. **2** シンプロントンネル《スイスとイタリアとの間にある Alps のトンネル中最長の鉄道トンネル; 長さ 19.9 km; Simplon Tunnel ともいう》.

sim·ply /símpli/ *adv.* **1 a** 単に, ただ(…のみで) (merely): believe a person ~ on the basis of his word ことばだけで人を信用する / That is ~ a question of time [money]. それは単に時間[金]の問題だ / ~ and solely=purely and ~ ⇨ purely³ / You could (just) ~ leave. 出て行きさえすればいいのです / I ~ said I wanted some time to think about it. 考える時間がほしいと言っただけだ. **b** [強調語として] 全く (absolutely); 非常に; 実際: ~ awful とてもひどい / His grammar is ~ terrible. 彼の文法は全くひどい / You ~ must come! 実際君には来てもらわないと困る / I ~ don't believe it. とても信じられない / It's ~ unbelievable. 全く信じられない. **2 a** 平易に, わかりやすく (plainly, clearly): arguments very ~ stated 非常に平易に述べられた議論 / to put it ~=put ~ わかりやすく言えば. **b** 率直に(言って) (frankly); 要するに: You are, quite ~, mistaken about him. 腹蔵なく言わせてもらえば君は彼を誤解している. **3** 簡単に, 簡便に; わけなく, ぞうさなく (easily): a machine ~ constructed 簡便に組み立ててある機械. **4** 飾りなく, 地味に, 簡素に, 質素に (plainly); 気取らずに (unaffectedly): live ~ 質素な生活をする / be ~ dressed 質素な身なりをしている. **5 a** 無邪気に, ありのままに, 実直に, 純真に, あどけなく (artlessly). **b** 考えなく, 愚かしく. 〖(*c*1300): ⇨ -ly¹〗

símply-connècted *adj.* 〖数学〗 **1** 単(一)連結の《単一閉曲線がその集合の中で一点に連続変形できることにいう》. **2** 単連結の《補集合が連結であることにいう》. 〖1893〗

símply órdered sét *n.* =totally ordered set.

Simp·son /sím(p)sən, -sn̩/ *n.* シンプソン砂漠《オーストラリア中央部, 主に Northern Territory に広がる無人の乾燥地帯; 面積約 145,000 km²》. 〖← A. A. *Simpson* (d. 1939: オーストラリア地理協会のサウスオーストラリア支部会長)〗

Simp·son /sím(p)sən, -sn̩/, Sir **James Young** *n.* シンプソン (1811–70; スコットランドの産科医; 麻酔薬にクロロホルムを初めて使用; Queen Victoria の Leopold 王子出産に適用 (1847)).

Simpson, O(renthal) J(ames) *n.* シンプソン (1947– ; 米国のフットボール選手; 後にテレビのスポーツキャスター; 1994 年前妻とその男友だちを殺害した疑いで逮捕されたが無罪となる (1995)).

Simpson, Wallis *n.* シンプソン (1896–1986; 元英国国王 Edward 八世と結婚した米国の婦人; Mrs. Simpson として知られる).

Símp·son's rúle /sím(p)sənz-, -snz-/ *n.* 〖数学〗シンプソンの法則《関数のグラフを局所的に放物線弧でおきかえて定積分の近似値を求める方法》. 〖(1875) ← Thomas Simpson (1710–61: 英国の数学者)〗

Sims /símz/, **William Sow·den** /sáʊdn̩/ *n.* シムズ (1858–1936; カナダ生まれの米国の海将; 第一次大戦で活躍 (1917–18)).

sim·sim /símsìm/ *n.* 《アフリカ東部》=sesame.

sim·ul /síməl, -mḷ/ *n.* 〖チェス〗=simultaneous *n.*

simulacra *n.* simulacrum の複数形.

sim·u·la·cre /símjʊlèɪkə | -kə⁽ʳ⁾/ *n.* 《古》=simulacrum. 〖(*c*1375) ▭ (O) F ~ ▭ L *simulācrum* (↓)〗

sim·u·la·crum /sìmjʊléɪkrəm, -lǽk-/ *n.* (*pl.* **-la·cra** /-krə/, **~s**) 《古》 **1** (ある人[物]に似せて作った)像, 姿 (image). **2 a** 面影, 幻影 (semblance). **b** にせもの, まがい(もの) (sham), 見せかけ (pretense). 〖(1599) ▭ L *simulācrum* ← *simulāre* to imitate: ⇨ simulate〗

sim·u·lant /símjʊlənt/ *adj.* **1** まねる (imitating). **2** 見せかけの, 偽りの, まことしやかな (pretended). **3** 〖生物〗(…の)ように見える, 擬態の, 擬色の ⦅*of*⦆: coloration ~ *of* surroundings 擬色, 保護色 / stamens ~ *of* petals 花弁にまがう雄蕊(ずい). — *n.* まねる人[物]; うわべを偽る人. 〖(1826) ▭ L *simulantem* (pres.p.) ← *simulāre*: ⇨ simulate, -ant〗

sim·u·lar /símjʊlə, -lɑ̀ə | -lə⁽ʳ⁾, -lɑ̀ː⁽ʳ⁾/ *n.*, *adj.* 《古》=simulant. 〖(1526) ← L *simulāre* (↓)＋-AR¹〗

sim·u·late /símjʊlèɪt/ *vt.* **1** まねる (imitate), 仮装する; 〈俳優が〉…の役をする: ~ the manners of the rich 金持ちの態度をまねる / ~ Hamlet (on the stage) (舞台で)ハムレットをやる. **2** 装う, …のふりをする, …に見せかける, 偽る (feign) (⇨ assume SYN): ~ affection [madness, virtue, death] 愛情[狂態, 徳行, 死]を装う / Pride may ~ humility. 自尊心は時に卑下を装うことがある. **3** …のシミュレーション[模擬実験]をする. **4** 〖生物〗擬態する, 擬色する (mimic): Some moths ~ dead leaves. 蛾の中には枯葉に擬態するものがある. **5** 〖言語〗〈ある語形を〉(誤って源と考えられた形に)似せて変える. — /-lɪ̀t, -lèɪt/ *adj.* 《古》=simulated. **sím·u·là·tive** /símjʊlèɪṭɪv | -tɪv/ *adj.* **~·ly** *adv.* 〖v.: (1652) ← L *simulātus* (p.p.) ← *simulāre* to imitate ← *similis* 'like, SIMILAR': ⇨ -ate³. — adj.: (*c*1425): ⇨ -ate²〗

sím·u·làt·ed /-tɪ̀d | -tɪ̀d/ *adj.* まねた, 似せた, 装った, 擬態の: ~ pearls 模造真珠. 〖1622〗

sim·u·la·tion /sìmjʊléɪʃən/ *n.* **1 a** (訓練や実験用の)模擬実験, シミュレーション. **b** 〖経済〗シミュレーション《モデルによる経済または経営実験手法》. **c** 〖生物〗擬態, 擬色 (mimicry). **d** 〖精神医学〗詐病(さびょう), 佯狂(ようきょう)《罪を免れようとしてまたはその他の目的のために精神病者を装うこと; cf. dissimulation 2》. **e** 〖社会学〗シミュレーション《現実の複雑な事象の解明のために, 数理モデルなどを用いて模擬実験すること》. **f** 〖数学・統計・電算〗シミュレーション. **2 a** まねること, ふりをすること, 偽ること; 仮装, 見せかけ (pretense): a ~ of sleep たぬき寝入り. **b** にせ物, 模造品. 〖(1340) ▭ (O)F ~ ∥ L *simulātiō(n-)*: ⇨ simulate, -ation〗

sím·u·là·tor /-ṭə | -tə⁽ʳ⁾/ *n.* **1 a** (訓練や実験用の)模擬実験[操縦]装置, シミュレーター: ⇨ flight simulator. **b** シミュレーター《simulation のためのプログラム》. **2** まねる人[物]. 〖(1835) ▭ L *simulātor*: ⇨ simulate, -or²〗

si·mul·cast /sáɪməlkæ̀st, sím- | síməlkɑ̀ːst/ *n.* 〖ラジオ・テレビ〗同時放送《テレビ放送と同時に同じプログラムをラジオにも流す放送, または AM と FM の同時放送》; 同時放送番組. — *vt.*, *vi.* (~) 同時放送する. 〖(1948) ← SIMUL(TANEOUS)＋(BROAD)CAST〗

si·mul·ta·ne·i·ty /sàɪməltəníːəṭi, sìm-, -mḷ- | sìməltəníːɪ̀ti, sàɪm-, -mḷ-, -néɪɪ̀ti/ *n.* 同時に起こる[存する, 作用する]こと, 同時性. 〖(1652) ▭ ML *simultaneitātem*: ⇨ ↓, -ity〗

si·mul·ta·ne·ous /sàɪməltéɪniəs, sìm-, -mḷ-, -njəs | sìm-, sàɪm-⁻/ *adj.* **1** 同時に起こる, 同時になされる, 同時に存する (⇨ contemporary SYN); (…と)同時の ⦅*with*⦆: ~ events [actions, movements] 同時の出来事[行動, 動作] / a ~ broadcast (同一番組の)ラジオ・テレビ同時放送 / ~ translation [interpretation] 同時通訳 / a ~ interpreter 同時通訳(者) / The explosion was almost ~ *with* the announcement. 爆発は通告とほとんど同時だった. **2** 〖数学〗連立させられた. — *n.* 〖チェス〗同時対局《一人の差し手が同時に複数の相手と盤を移りながら差すこと》. **~·ness** *n.* 〖(*a*1660) ← L *simul* at the same time＋*-taneous* (cf. instantaneous)〗

simultáneous displáy *n.* 〖チェス〗同時対局. 〖1938〗

simultáneous equátions *n. pl.* 〖数学〗連立方程式. 〖1842〗

si·mul·tá·ne·ous·ly *adv.* (…と)同時に ⦅*with*⦆: He holds another office ~ *with* the presidency. 彼は総裁の職にもう一つの職を兼任している / Children move their jaws ~ *with* the blades of the scissors. 子供たちははさみの刃と同時にあごを動かす. 〖1675〗

simultáneous reáction *n.* 〖化学〗並発反応, 同時反応《一つの化学系で同時に起こる 2 つ以上の化学反応; cf. side reaction 1》.

si·murgh /siːmúəg | -múəg/ *n.* (*also* **si·murg** /~/) 〖ペルシャ神話〗シムルグ《非常な知恵をもつといわれる巨大怪鳥; cf. roc 1》. 〖(1786) ▭ Pers. *simurgh*〗

sin¹ /sín/ *n.* **1** 〖神学〗神の掟に背くこと; (道徳・宗教上の)罪, 罪悪, 罪業, 罪障; 悪事 (cf. crime, vice¹): ⇨ actual sin, mortal sin, original sin, venial sin, deadly sins / commit [forgive] a ~ 罪を犯す[許す] / a person's besetting ~*s* 常に陥りやすい罪悪 / (as) guilty as ~ ひどく罪深い / ~*s* of omission and commission 不作為と作為の罪《すべきことをせず, すべきでないことをする罪》/ the unpardonable ~ =*the* SIN *against the Holy Ghost* / ⇨ MAN¹ of sin. **2 a** (礼儀上などの)過失 (impropriety); 違反 (offense) ⦅*against*⦆: a social ~ 社交上の過ち / a ~ *against* good manners 無作法. **b** (大きな)欠点 (fault): a literary ~. **3** 罰が当たりそうな事柄; やぼな[気のきかない]事: It is a ~ to waste money. 金を無駄遣いしては罰が当たる / It's a ~ to work on such a fine day. こんな天気のいい日に働くのはやぼだ.

(as) … as sín 《口語》ひどく, とても: be ugly *as* ~. ***for my sins*** 《英戯言》何かの罰で, 何の因果か. (1808) ***láy one's síns at another's thréshold*** 罪を他人に着せる. ***like sín*** 《英俗》本気に[むきに]なって (in earnest); 激しく, ひどく (vehemently) (cf. *like* MAD, *like* SIXTY). ***líve in sín*** 《口語》《婉曲・戯言》(結婚せずに)同棲する, 内縁関係にある ⦅*with*⦆. (1838) ***the sín agàinst the Hóly Ghóst*** 聖霊を汚す[に言い逆らう]罪; 絶対に許せない[救えない]罪 (the unpardonable sin).

— *v.* (**sinned**; **sin·ning**) — *vi.* **1** 神のおきてに背く; (宗教・道徳上の)罪を犯す《多くは故意に》, 罪をつくる, 罪障を重ねる: Man's nature is to ~. 人間の本性は罪をつくることだ / ~ in company with …と同じ罪を犯す[悪いことをする] / ~ in good company ⇨ company *n.* 3 a. **2** (礼儀などに)そむく ⦅*against*⦆: ~ *against* propriety 礼儀作法にそむく. — *vt.* 《古》〈罪を〉犯す: Repent of the *sins* ye have ~*ned*. なんじらが犯せる罪を悔いよ.

be móre sínned agáinst than sínning 犯した罪以上に非難される; 悪事をしたというよりむしろ自分がひどい目に遭う (cf. Shak., *Lear* 3. 2. 60).

〖n.: OE *syn(n)* < Gmc **sun(đ)jō* (G *Sünde*) ← ? IE **es-* to be (L *sōns* guilty): cf. sooth. — v.: OE *syngian*〗

sin² /sín/ *adv.*, *prep.*, *conj.* 《スコット・北英》=since. 〖?*a*1300〗

sin³ /sín/ *n.* 《スコット》=sun¹.

sin⁴ /síːn, sín/ *n.* スィン《ヘブライ語アルファベット 22 字中の第 21 字 shin の変形 (שׂ) で [s] に近い音を表し, 別文字として数えることもある; ⇨ alphabet 表》. 〖▭ Heb. *śīn* 《変形》← *šīn* 《原義》tooth: ⇨ shin²〗

sin 《略》〖数学〗sine.

SIN 《略》 social insurance number.

Si·nai /sáɪnaɪ, -niàɪ | sáɪnaɪ, -niàɪ, -neɪàɪ/ *n.* [the ~] シナイ(半島)《エジプト北東部紅海北端, Suez 湾と Aquaba 湾との間の半島; 長径 370 km; the Sinai Peninsula ともいう》. **Si·na·ic** /sɪnéɪɪk/ *adj.* 〘◻Heb. *Sînáy*〙

Sinai, Mount *n.* 〖聖書〗 シナイ山《モーセ (Moses) がここで十戒を授けられたが, 今の何山であるかは不明; cf. *Exod.* 19–20》.

Sínai Península *n.* [the ~] =Sinai.

Si·na·it·ic /sàɪniíṭɪk | -niít-, -neɪ-ˈ-/ *adj.* **1** シナイ山の. **2** シナイ半島の. 〘《1786》← NL *Sinaiticus*: ⇨ -itic〙

Si·nai·ti·cus /saɪnáɪṭəkəs, sàɪniíṭ- | -tə-/ *n.* 〖聖書〗 シナイ写本《19 世紀の中ごろドイツの聖書学者 Tischendorf によって, シナイ山麓の修道院で発見されたギリシャ語の写本; 4 世紀末のもので uncial で書かれている; cf. codex 1》. 〘↑〙

si·nal /sáɪnḷ/ *adj.* sinus の[から出る]. 〘← SIN(US)+-AL[1]〙

sin·al·bin /sɪ̀nǽlbɪn | sɪnǽlbɪn/ *n.* 〖化学〗 シナルビン ($C_{30}H_{42}N_2O_{15}S_2$)《シロガラシの実に含まれる刺激性のある配糖体結晶》. 〘《1875》← L *sināpis* mustard+*alba* white (⇨ alb)+-IN[2]〙

Si·na·lo·a /sìːnəlóuə, sɪn- | -lə́uə; *Am. Sp.* sinalóa/ *n.* シナロア《メキシコ西部, California 湾沿岸の一州; 面積 58,487 km²; 州都 Culiacán /kùljakán/》.

Sin·an·thro·pus /sɪ̀nǽnθrəpəs, sɪnænθróup- | sɪnǽnθrəp-, sɪnænθrə́up-/ *n.* 〖人類学〗 シナントロプス属《北京原人 (Peking man) に命名された旧属名; 今は *Homo* 属とされる; cf. Java man, Peking man》. 〘《1928》← NL ~《原義》 the Chinese man ← LL *Sinae* (pl.) Chinese: ⇨ anthropo-〙

sin·a·pine /sínəpìːn, -pɪ̀n | -pàɪn, -pɪn/ *n.* 〖化学〗 シナピン ($C_{16}H_{25}NO_6$)《クロガラシの実に含まれるアルカロイド》. 〘《1838》◻G *Sinapin* ← L *sināpis* mustard: ⇨ -in[2]〙

sin·a·pism /sínəpɪzm/ *n.* 〖医学〗 芥子(からし)泥(でい). 〘《1601》◻F *sinapisme* ∥ LL *sināpismus* ◻Gk *sinapismós* use of a mustard plaster ← *sínāpi* mustard: ⇨ -ism〙

Sin·ar·chism /sínɑəkɪzm | -nɑː-/ *n.* =Sinarquism.

Sin·ar·chis·tic /sìnɑəkístɪk | -nɑː-ˈ-/ *adj.* =Sinarquistic.

Sin·ar·quism /sínɑəkɪzm | -nɑː-/ *n.* シナルキズム《メキシコの国粋的全体主義》. 〘《1943》◻Mex.-Sp. *sinanarquismo* ← Sp. *sin* without (< L *sine*)+*anarquismo* anarchism (← *anarquía* anarchy): ⇨ -ism〙

Sin·ar·quis·ta /sìnɑəkíːstə | -nɑː-; *Am. Sp.* sinarkísta/ *n.* (*also* **Sin·ar·quist** /sínɑəkɪ̀st | -nɑːkɪst/) シナルキスタ《1937 年頃メキシコに起こった反動的ファシスト運動の参加者または支持者の国粋党員》. — *adj.* シナルキズムの[に関する]. 〘《1941》◻Mex.-Sp. *sinarquista*〙

Sin·ar·quist·ic /sìnɑəkístɪk | -nɑː-ˈ-/ *adj.* メキシコ国粋主義[党員]の.

Si·na·tra /sɪ̀nɑ́ːtrə/, **Frank** *n.* シナトラ (1915–98; 米国の人気歌手・映画俳優; 本名 Francis Albert Sinatra).

Sin·bad /sínbæd/ *n.* =Sindbad the Sailor.

sín-bìn *vt.* 《口語》〖アイスホッケー〗〈プレーヤーを〉ペナルティーボックスに送る.

sín bìn *n.* **1** 《口語》〖アイスホッケー〗 ペナルティボックス. **2** 《英口語》 絶えず暴力を振るう生徒を隔離する場所, 少年院, 感化院. **3** 《米俗》 ベッド付きのヴァン (van); 《婉曲》 売春宿 (brothel). 〘1950〙

since /(弱) sɪ̀ns, sɪ̀nts | sɪns, sɪnts; (強) síns, sínts/ *prep.* …以来, 以後, からこのかた(ずっと) (cf. till[1] 1, by[1] 7): ~ then [seeing you] その時[お会いして]以来 / I have not heard from him ~ my last letter. この前手紙をやってからまだ何の音さたもない / Until last month I had not seen him ~ 1995. 1995 年以来先月まで彼に会う機会がなかった / *Since* [*Ever* ~] 1971, Britain has had decimal currency. 1971 年から英国は十進法通貨制度になっている / *Since* when have you been here? いつからここにおいでですか / *Since* when are you [have you been] an expert on Shakespeare? いつからシェークスピアの専門家になったんだ《皮肉にも用いる》 / It is [has been] a long time ~ breakfast. 朝食からだいぶ時間がたった《★ 現在完了形については ⇨ *conj.* 1 a ★》.

— *conj.* **1 a** …以来, 以後: The city has changed a lot ~ we lived here. ここに住むようになってから町はずいぶん変わった / It is [has been] years ~ I left school. 学校を出てからもう何年にもなる《★ 主節中の現在完了形は《米》に多い》 / How long is it ~ you came here? ここへいらしてからどのくらいになりますか. **b** [しばしば ever ~ として] …の時から(ずっと): I have known him *ever* ~ he was a child. 彼が子供のころから彼のことを知っている / I have had trouble with my car *ever* ~ I bought it. 車を買ってからずっと故障の起こりづめだ / What have you been doing ~ I last saw you? この前会って以来何をしていたのですか. **2 a** …の故に, だから, …の上は (seeing that, because, as): *Since* we live near the sea, we enjoy a healthy climate. 海の近くに住んでいるので健康的な気候に恵まれている. ★ 省略構文でも用いられる: That is a useless, ~ impossible, proposal. それは不可能だから無益な提案である. **b** [発言の根拠を示して] …なので言う[尋ねる]が: *S*~ you want to know, I saw Bill with your sister. 君が知りたがっているから言うけれど, ビルがお姉さんと一緒のところを見たよ.

— /síns, sínts/ *adv.* **1 a** 以後, 以来, その後: The town burned down five years ago and has ~ been rebuilt. その町は 5 年前に火災に遭ったがそれ以後再建された / I don't know what has become of him ~. その後彼がどうなったか私は知らない. **b** [しばしば ever ~ として] あれからずっと(今まで), 以後[以来]ずっと: He went to America in 1970 and has lived there *ever* ~. 彼は 1970 年に米国へ行きそれ以来ずっとそこに住んでいる / He was in a traffic accident a week ago and has been in bed (*ever*) ~. 彼は 1 週間前に交通事故に遭いそれ以来ずっと床についている. **2** [しばしば long ~ として] (今から, その時から)…前, 以前に: His name has [had] *long* ~ been forgotten. 彼の名前はとっくの昔に忘れられている[いた]. ★ 次の文では ago を用いる方がよい: I saw him not *long* ~. つい最近彼に会った. 〘《*a*1425》 *syn(ne)s* (短縮) ← *siþen(es)* ← OE *siþan* ← *sīþ* after, since+*þon* ((instr.) ← *þæt* 'THAT'): ⇨ -s[2] 1〙

sin·cere /sɪ̀nsíə | -síə(r/ *adj.* (**sin·cer·er, -cer·est; more ~, most ~**) **1** 真実の, 心からの, 真心込めた (true); 実意のある, 誠実な, 表裏のない (honest): a ~ friend 真実の友 / ~ devotion 表裏のない忠勤 / a ~ desire for knowledge 本心からの知識欲 / Is his grief ~? 彼の悲しみは本当のものなのか / He is ~ *in* his promises [what he says]. 約束[自分のことば]に誠実だ. **2** 《古》 純粋な (pure); 混じり気のない (unmixed) (cf. *1 Pet.* 2: 2): ~ wine. **3** 《廃》 完全な (sound), 無傷の (uninjured). **~·ness** *n.* 〘《1533》◻F *sincère* ∥ L *sincērus* pure, genuine, honest, 《原義》 of one growth ← ? IE **sem-* one+**ker-* to grow〙

SYN 心からの: **sincere** 見せかけ・偽善がなく, 友好的でありのままの真実を述べる: *sincere* apology 心からの謝罪. **honest** つつみ隠さずありのままの《*sincere* よりは弱い語》: an *honest* opinion 率直な意見. **unfeigned** 飾り気がなく, ありのままで自然な《格式ばった語》: *unfeigned* joy 心からの喜び. **wholehearted** 《よい意味で》 心からの熱心な: *wholehearted* support 満腔の支持. **heartfelt** 深く感じた, 心からの: *heartfelt* sympathy 心からの同情. **hearty** 温かい友好的な感情を示す: He received a *hearty* welcome. 心のこもった歓迎を受けた.
ANT false.

sin·cere·ly /sɪnsíəli | -síə-/ *adv.* 心から, 真心こめて, 誠意をもって: I am ~ grateful. 私は心から感謝しています. *Sincérely* (*yóurs*) =《英》 *Yóurs sincérely* 敬具《手紙の結辞; cf. yours 3》. 〘《1535》: ⇨ ↑, -ly[1]〙

sin·cer·i·ty /sɪ̀nsérəṭi, -síə·r- | -sérɪ̀ti/ *n.* **1** 誠実, 誠意, 正直 (honesty), 表裏のないこと (genuineness): a man of ~ 堅い人, 誠意の人 / the ~ of one's grief 誠の悲しみ / doubt a person's ~ 人の誠意を疑う / in all ~ 誠実に, うそ偽りなく. **2** 誠意のある言葉, 誠実な行動; 純粋な気持ち. 〘《?*a*1425》◻F *sincérité* ∥ L *sincēritātem*: ⇨ sincere, -ity〙

sincipita *n.* sinciput の複数形.

sin·cip·i·tal /sɪnsípəṭḷ | -pɪtḷ/ *adj.* 〖解剖〗 前頭部[頭頂部]の. 〘《1653》← L *sincipit-, sinciput* (↓)+-AL[1]〙

sin·ci·put /sínsəpʌ̀t, -pət | -sɪ-/ *n.* (*pl.* **~s, sin·cip·i·ta** /sɪnsípəṭə | -pɪtə/) 〖解剖〗 **1** 前頭, 前頭部 (cf. occiput). **2** 頭頂部. 〘《1578》◻L ~ ← *sēmi-* (⇨ semi-)+*caput* 'HEAD'〙

Sin·clair /sɪŋkléə, sɪn-, ˌ-ˈ- | síŋkleə(r, sín-, ˌ-ˈ-/ *n.* シンクレア《男性名》. 〘← *St. Clair* (ノルマンディーの地名): スコットランドに多い家族名〙

Sin·clair /sɪŋkléə, sɪn-, ˌ-ˈ- | síŋkleə(r, sín-, ˌ-ˈ-/, **May** *n.* シンクレア (1870–1946; 英国の小説家).

Sin·clair, Up·ton /ʌ́ptən/ (**Beall** /béɪl/) *n.* シンクレア (1878–1968; 米国の小説家・社会批評家; *The Jungle* (1906), *Dragon's Teeth* (1942)).

Sind /sínd/ *n.* シンド《パキスタン南東部の州; 州都 Karachi》.

Sínd·bad the Sáilor /sín(d)bæd-/ *n.* シン(ド)バッド《「アラビア夜話」中の *Sindbad the Sailor* の主人公; Baghdad の金持ちの青年で 7 回の航海をして不思議な経験をする》.

Sin·de·be·le /sɪndéɪbəli, sɪndəbéɪli/ *n.* =Ndebele.

Sin·dhi /síndi | -di, -diː; *Hindi* sɪndʰi/ *n.* (*pl.* ~, ~s) **1 a** [the ~(s)] シンド族《パキスタン, Indus 河流域シンド (Sind) 地方の住民の総称》. **b** シンド族の人. **2** シンド語《シンド地方の言語で印欧語族のインド語派に属す》. **3** [s-] シンド《印度原産の暗赤色・短角でこぶのある一品種の牛, 交配用として温帯地方で広く飼われる》. 〘《1815》◻Arab. *sindī* of Sind〙

Sin·dy /síndi/ *n.* 〖商標〗 シンディー《英国 Pedigree Dolls & Toys 製の着せ替え人形; Sindy doll ともいう; cf. Barbie doll》.

sine[1] /sáɪn/ *n.* 〖数学〗 サイン, 正弦《sine of arc ともいう; 略 sin; cf. cosine, tangent 1》: the ~ of an angle 正弦 / ⇨ versed sine. 〘《1591》◻ML *sinus* fold of a garment ← L *sine* 'curve, fold, holow, SINUS': Arab. *jayb* chord of an arc, sine を *jayb* fold of a garment と混同した訳語〙

si·ne[2] /sáɪni, síni, -neɪ/ *L. pref.* …なしに, …なく (without): ⇨ sine die, sine qua non. 〘《1602》◻L ~ ← *sēd, sē* without〙

sín-èater *n.* 罪食い人《昔英国で死人の罪をわが身に引き受けると称して謝礼を受け, 死人に供えた食物を食った人》. 〘1686–87〙

sín-èating *n.* 罪食いの習慣. 〘1832〙

síne bàr *n.* 〖機械〗 サインバー《角度の精密な設定および測定に用いる器具》.

si·ne·cure /sínɪ̀kjùə, sáɪn- | -nɪkjùə(r, -kjɔ̀ː(r/ *n.* **1** 名目だけで実務のない官職, 冗職, 閑職: His is hardly a [not a, no] ~. 彼の地位は閑職どころではない《多忙だ》. **2** 実際の任務をもたない聖職禄[牧師給], 無任有給聖職. 〘《1662》◻ML (*beneficium*) *sine cūrā* '(benefice) without CURE (of souls)': ⇨ sine〙

sí·ne·cùr·ism /-kjùə·rɪzm | -kjùər-, -kjɔ̀ːr-/ *n.* 閑職にあること. 〘1817〙

sí·ne·cùr·ist /-kjùə·rɪ̀st | -kjùərɪst, -kjɔ̀ːr-/ *n.* 閑職にある人; (特に)閑職にある牧師. 〘1817〙

síne cùrve *n.* 〖数学〗 サインカーブ, 正弦曲線《座標平面上で y=sin x によって表される曲線》. 〘1902〙

si·ne di·e /sáɪnidáɪi, sínerdíːeɪ | sàɪnidáɪiː, -dáɪi, sínidíːeɪ/ *L. adv.* 無期限に (without date): adjourn the inquiry ~ 調査を無期限に延期する. 〘《1607》◻L *sine diē* ← *diēs* day: ⇨ sine〙

si·ne pro·le /sáɪniprόuli, síni-, sínei- | -prə́uleɪ/ *L. adj., adv.* 〖法律〗 直系卑属なく(のない), 無子孫(の)で (without issue) (略 s.p.). ★ demisit sine prole (= died without issue) の句で用いる. 〘◻L *sine prōle* ← *prōlēs* descendant (cf. proletarian): ⇨ sine〙

si·ne qua non /sìnerkwɑːnóun, sàɪnikwemɑ́(ː)n | sínikwɑːnə́un, sàɪnikweɪnɔ́n/ *L. n.* (*pl.* **~s**) 必要条件; 不可欠のもの (necessity) 〔*of, for*〕. — *adj.* 必須の. 〘《1602》◻LL *sine quā nōn* without which not: ⇨ sine〙

Si·net·ic /sɪ̀nétɪk, saɪ- | sɪnétɪk, saɪ-/ *n., adj.* = Sinitic.

sin·ew /sínjuː/ *n.* **1** 腱(けん) (tendon). **2** 筋骨, 体力, 腕力: a man of mighty ~*s* 大腕力[精力]家. **3** [通例 *pl.*] **a** 支え, 大黒柱 (mainstay). **b** 資力 (resources). ★ 主に次の句に用いられる: the ~*s* of war 軍資金; 運用資金. — *vt.* **1** 腱で結ぶ, …に筋[筋力]をつける. **2** …に力[元気]をつける. **3** 《詩》 支える (sustain). 〘OE *sin(e)we, seonew-* (obl.) ← *sinu, seonu* < Gmc **senawō* (G *Sehne*) ← IE **sē(i)-* to bind〙

síne wàve *n.* 〖物理〗 正弦波《正弦波形をもつ波》. 〘1893〙

sín·ewed *adj.* 筋肉を有する, 筋肉が…の: iron-*sinewed* 筋骨鉄のような. 〘《1588》← SINEW (n.), -ED 2〙

sínew·less *adj.* **1** 筋力のない, 力のない, 弱い (powerless, weak). **2** 腱(けん) (sinew) のない, 筋のない. 〘1552〙

sin·ew·y /sínjuːi/ *adj.* **1** 腱(けん)質の, 筋っぽい (stringy), 硬い (tendinous): a ~ piece of beef 筋の多い牛肉. **2** 筋骨たくましい, 丈夫な (tough): ~ arms / a strong, ~ frame 頑丈な体格. **3** 〈文体など〉力のこもった, 勢いのある (vigorous). **sín·ew·i·ness** *n.* 〘《*c*1384》← -y[4]〙

Sin·fjot·li /sínfjɔ(ː)tli | -fjɔt-/ *n.* 〖北欧伝説〗 シンフィヨトリ《*Volsunga Saga* で Signy と兄 Sigmund との間に生まれた息子》. 〘◻ON *Sinfjǫtli*〙

sin·fo·ni·a /sìnfəníːə | -níə; *It.* simfoníːa/ *n.* (*pl.* **-ni·e** /-níːeɪ; *It.* -níːe/, **~s**) 〖音楽〗 **1** シンフォニア《初期バロック時代の声楽作品中にある器楽曲からマンハイム楽派の交響曲に至るまでのさまざまな器楽曲》. **2** (18 世紀マンハイム楽派などの)交響曲 (symphony). **3** [名称を伴うとき S-] 交響楽団. 〘《1773》◻It. ~ < L *symphōniam* 'SYMPHONY'〙

sinfonía concertánte *n.* 〖音楽〗 協奏交響曲《複数の独奏楽器のための協奏曲; 18 世紀マンハイム楽派が起源》. 〘1903〙

sinfonie *n.* sinfonia の複数形.

sin·fo·niet·ta /sìnfənjéṭə, -fou- | -fə(u)njétə, -fɔ-; *It.* simfonjétta/ *n.* 〖音楽〗 **1** シンフォニエッタ《内容的にも形式的にも小規模なシンフォニー》. **2** 小交響楽団《特に, 弦楽器だけのオーケストラをいう》. 〘《1907》◻It. ~ (dim.) ← SINFONIA〙

sin·ful /sínfəl, -fl/ *adj.* **1** 〈人が〉罪のある, 罪深い: ~ mortals 罪深い人間. **2** 〈行為など〉罪に汚れた, 罪な; 非常に悪い, ばちあたりな (unholy) (⇨ vicious **SYN**): a ~ act, thought, etc. **~·ly** /-fəli/ *adv.* **~·ness** *n.* 〘OE *syn(n)full*: ⇨ sin, -ful〙

sing /síŋ/ *v.* (**sang** /sǽŋ/; **sung** /sʌ́ŋ/) — *vi.* **1 a** (歌を)歌う, 吟じる; (職業歌手として)歌う: ~ well 歌がうまい / ~ like a lark [nightingale] ヒバリのように楽しげに[ナイチンゲールのように美しい声で]歌う / ~ loud 声高に歌う / ~ flat [sharp] 低い[高い]調子で歌う / ~ in [out of] tune 調子正しく[はずれに]歌う / ~ in a choir (教会の)聖歌隊に加わって歌う / ~ to the accompaniment of a piano ピアノに合わせて歌う / Come and ~ to us. さあひとつ私たちに歌を歌って聞かせて下さい. **b** 《廃》 祈禱(きとう)を詠唱する. **2 a** 〈鳥がさえずる, 鳴く; 〈こおろぎ・かえるなどが〉鳴く, 歌う. **b** 〈風・小川などが〉ぴゅーぴゅー[さらさら]いう. **c** 〈湯沸かし・弾丸などが〉ちんちん[ぴゅんと]音を立てる: The kettle was ~*ing* (*away*) on the fire. やかんが火にかかってちんちん沸いていた / A bullet *sang* past his ear. 弾丸が彼の耳のそばをぴゅんと通り過ぎた. **d** 〈耳が〉がんがん[じーんと]鳴る (ring): A bad cold makes my ears ~. 悪い風邪をひいて耳鳴りがする. **e** 〈言葉・声などが〉いつまでも残る, 反響する (echo): Her song *sang* in my ears. 彼女の歌は私の耳に繰り返しこだました. **3** 喜ぶ, 歓喜する (rejoice): Her heart *sang* for [with] joy. 彼女の心は喜びでわくわくした. **4** 《文語》 **a** 詩[歌]を作る, 詩作する: ~ in blank verse 無韻詩で詩に歌う. **b** 〔…を〕詩[歌]に作る, 賛美する, 礼賛する 〔*of*〕: Poets will ~ *of* their glory. 詩人は彼らの光栄を詩に歌うだろう. **5 a** 〈歌詞などが〉歌える: make the words ~ well 歌詞を歌をうまく歌えるようにする / Songs ~ best in the original (language). 歌は原語で歌うのが一番歌いやすい. **b** 〈言葉などが〉歌[詩]のような響きをもつ: a prose [style] that ~*s* 歌のような散文[文体]. **6** 《米俗》 (他人を巻き込むために)犯罪を自白する, 密告する (inform, confess, grass): The police will make him ~. 警察は彼を自供に追い込むだろう. **7** 《豪》 (先住民の魔術で)人を殺す《時によい意味で用いられることもある》.
— *vt.* **1 a** 歌う, 吟じる: ~ soprano [tenor] / ~ the soprano [tenor] part / ~ the part of Carmen カルメン役を歌う / She can't ~ a note. ちっとも歌えない / *Sing* us an old song [an old song for [to] us]. 皆のために昔の歌を歌って下さい / The song has been *sung* to death. この歌は聞きあきるほど聞いた. **b** 歌うように言う. **c** 詠じる, 唱える (chant): ~ Mass ミサ(曲の典礼の文式)を詠唱する / The Psalms may be said or *sung*. 詩編は朗読しても歌ってもよい. **2** 〈鳥がさえずる, 〈こおろぎなどが〉鳴く: The birds are ~*ing* their merry notes. 鳥は陽気にさえずっている. **3** [副詞または前置詞付きの句を伴って] 歌って〈ある場所・状態に送る[迎える], 至らせる: ~ the harvest *home* 歌いながら収穫を家に運ぶ (cf. harvest home 3 a) / ~ one's life *away* 一生を(のんきに)歌って過ごす / ~ *away* one's troubles 歌を歌って憂さを晴らす / ~ the old year *out* and the new year *in* 歌って旧年を送り新年を迎える / ~ a child *to* sleep 歌を歌って子供を寝つかせる / ~ a person *into* a good mood 歌を歌って人の機嫌を直す. **4** [~ *itself* で] 〈詩などが〉歌になる, 歌える: The poet's lyrics (virtually) ~ *themselves*. その詩人の叙情詩は(ほとんど)そのまま歌になる. **5** 《文語》礼賛する, 称賛する (praise); 詩に歌う, 詩歌に歌って称賛する: ~ a person's praises [the praises of a person] 人を礼賛する[ほめちぎる] / ~ the creation of the world 天地の創造を詩に歌い祝う. ***sing alóng*** みんなと一緒になって歌う. ***sing anóther* [*a different*] *sóng* [*túne*]** =change one's TUNE. (*a*1393) ***sing óut*** 《口語》(*vi.*) 叫ぶ, 大声で呼ぶ (shout): *Sing out* if you want anything. ご用があったら大声で呼んで下さい. ―(*vt.*) (1) 大声で言う: ~ *out* an order 大声で命令を下す[注文を通す] / ~ *out that* the land is in sight 陸が見えたぞと大声で叫ぶ. (2) ⇨ *vt.* 3. ***sing smáll*** (1) 低い声で歌う. (2) しょげる, へこたれる; 謙遜する. (1753–54) ***sing the sáme* [*óld*] *sóng* [*túne*]** 同じ事ばかり言う, 繰り言を言う. (1550) ***sing úp*** [通例命令形で] (もっと)大きな声で歌う.
— *n.* **1 a** 《米》合唱, 合唱会 (《英》singsong): a community ~ 地域社会の合唱団. **b** 《口語》歌うこと, 唱歌. **2** (物の)鳴る音; (弾丸などのびゅーんという)うなり. 〖OE *singan* < Gmc **seŋʒwan* (G *singen*) ← IE **sengʷh-* (Gk *omphḗ* voice): cf. song〗

sing. 《略》single; singular.

sing·a·ble /síŋəbl/ *adj.* 歌える, 歌われる, 歌になる, 歌いやすい. 〖《*c*1340》*syngabil*: ⇨ sing, -able: cf. L *cantābilis*〗

síng-alòng *n.* 《口語》歌の集い (songfest). 〖1959〗

Sin·gan /ʃíːáːn/ *n.* =Xi'an.

Sin·ga·pore /síŋ(g)əpɔ̀ə | sìŋ(g)əpɔ́ː(r, ←―/ *n.* シンガポール: **1** Malay 半島南端にある島. **2** 同島および付近の島々を含む英連邦内の共和国; もと英国の植民地, マレーシア連邦の一部 (1963–65) を経て 1965 年独立; 面積 583 km², 首都 Singapore; 公式名 the Republic of Singapore シンガポール共和国. **3** シンガポール島の南部にある海港で同国の首都. 〖← Skt *siṁha* lion＋*pura* city〗

Sin·ga·po·re·an /sìŋ(g)əpɔ́ːriən←/ *adj.* シンガポール(人)の. **—** *n.* シンガポールの住民. 〖1880〗

Síngapore slíng *n.* シンガポールスリング《ジン・チェリーブランデー・レモン果汁で作るカクテル》. 〖1930〗

S **Síngapore Stráit** *n.* [the ~] シンガポール海峡《シンガポールとインドネシア諸島の間の海峡; 長さ 104 km; the Strait of Singapore ともいう》.

singe /síndʒ/ *v.* (**singed; singe·ing**) **—** *vt.* **1** 焦がす, 焼く, 焼き焦がす (⇨ burn¹ SYN): The hot iron has lightly ~*d* the cloth. アイロンがちょっと布切れを焦がした / ~ one's hair 頭髪を焼き焦がす; 髪にこてを当てる. **2** 〈鳥などを〉毛焼きする; 〈布〉のけばを焼く: ~ a pig [fowl] 殺した後で豚[鳥]の毛焼きをする / ~ hair 毛の先端を焼き取る.
— *vi.* 〈着物などが〉焦げる, 焼ける, (表面が)焼ける: I can smell something ~*ing*. 何か焦げ臭いぞ. ***sínge one's féathers* [*wíngs*]** (1) 名声を傷つける[落とす], 評判を悪くする. (2) (事業で)手を焼く, 失敗する, 損をする (suffer loss). **—** *n.* **1** 焼け, 焦げ (scorch); 焦げ跡. **2** 毛焼き, けば焼き. 〖lateOE *senċġan* < (WGmc) **saŋgjan* (G *sengen*) ← IE **senk-* to burn: 母音の変化については cf. wing〗

singe·ing /síndʒɪŋ/ *n.* 焦がす[焼く]こと; 毛焼き, けば焼き; (頭髪の)こて焼き. **—** *adj.* 焦げる, 焼ける. **~·ly** *adv.* 〖1440〗

sing·er¹ /síŋə | -ŋə(r/ *n.* **1** 歌う人, 歌い手, 歌手; 声楽家: I fear I'm not a ~. 私は歌はできません. **2** 歌人, 詩人. **3** 鳴き鳥. 〖(*a*1338) ← SING, -ER¹〗

sing·er² /síndʒə | -dʒə(r/ *n.* 焦がす人[物], 毛焼きする人[物], 頭髪を焼く器械. 〖(1875) ← SINGE, -ER¹〗

Sin·ger /síŋ(g)ə | -ŋ(g)ə(r/ *n.* 〖商標〗(裁縫用)ミシン. 〖← *I. M. Singer* (1811–75: 製造・販売元 Singer 社の創業者)〗

Sin·ger /síŋ(g)ə | -ŋ(g)ə(r/, **Isaac Ba·shev·is** /bɑːʃév-ɪs | -vɪs/ *n.* シンガー《1904–91; ポーランド生まれの米国のユダヤ系小説家; Yiddish 語で作品発表; Nobel 文学賞 (1978)》.

Singer, Isaac Mer·ritt /mérɪt | -rɪt/ *n.* シンガー《1811–75; 米国の発明家; 改良式ミシンの発明者 (1851), ミシン会社を設立 (1851)》.

sing·er-song·writ·er /síŋəsɔ́(ː)ŋràɪtə, -sɑ́(ː)ŋ- | síŋəsɔ́ŋràɪtə(r/ *n.* シンガーソングライター《歌手兼作詞・作曲家》.

singh /síŋ/ *n.* **1** (インド北部の)大武人; 武人階級の称号. **2** 帰依(きえ)したシ(ー)ク (Sikh) 教徒. 〖(1623) ◻ Hindi *siṅgh* 《原義》lion〗

Singh /síŋ/ *n.* シン《シーク教徒の男子に多い名》.

Singh /síŋ/, **Vishwanath Pratap** *n.* シン《1931– ; インドの政治家; 1989 年新党 Janata Dal を結成, 最大野党の総裁として首相 (1989–90)》.

Singh. 《略》Singhalese.

Sin·gha·lese /sìŋgəlíːz, -líːs | sìŋ(h)əlíːz, sìŋgə-←/ *adj.*, *n.* =Sinhalese.

síng-in *n.* 《米》(聴衆が加わる)歌声(うた)集会. 〖(1968) ← SING＋-IN³〗

sing·ing /síŋɪŋ/ *n.* **1 a** 歌うこと, 唱歌; 声楽, 独唱: ~ lessons 歌[声楽]のレッスン / be fond of ~ 歌が好きだ / teach ~ at school 学校で唱歌[声楽]を教える. **b** [しばしば *pl.* で] 《米》合唱会 (sing). **2** (鳥の)鳴き声, さえずり; (物の)しゅしゅっ(ぶーんぶーんなど)と鳴る音. **3** 耳鳴り: have a ~ in one's ears 耳鳴りがする. **—** *adj.* 歌う; 鳴く. 〖*a*1300〗

sínging àrc *n.* 〖電気・物理〗楽音アーク《共振回路を並列に接続して楽音を発生させるアーク; cf. Poulsen arc》. 〖1903〗

singing bìrd *n.* **1** 鳴き鳥, 鳴鳥(めいちょう) (songbird). **2** 燕雀類の鳥. 〖1565〗

singing físh *n.* 〖魚類〗浮袋を震動させて音を出すバトラコイデス科の魚 (*Porichthys notatus*) (⇨ midshipman 3).

singing gàme *n.* 〖遊戯〗(わらべ)うた遊び《「かごめかごめ」や "London Bridge" のように, 歌いながらする遊戯》.

singing hínny [hínnie] *n.* 《スコット》フライパンで焼いたレーズン入りケーキ. 〖1825〗

síng·ing·ly *adv.* 歌うような調子で. 〖1575〗

singing-màn *n.* 《英》(職業)歌手. 〖1527–28〗

singing-màster *n.* 唱歌の先生, 声楽教師.

singing sáw *n.* =musical saw.

singing-vòice *n.* 調子のある音声, 歌声.

sin·gle /síŋgl/ *adj.* **1 a** たった一つの, ただ 1 個の, 単一の, 一つきりの (one only) (↔ double); 唯一の (sole): a [one] ~ word ただ 1 語 / a ~ piece of paper ただ 1 枚の紙 / the ~ piece of evidence 唯一つの証拠 / a ~ ideal ただ一つの理想. **b** [否定語を伴って] ただの一つも: *not* [*hardly*] a ~ day ... ただの 1 日も…ない / I don't have a [one] ~ penny. 一文もない / Not a ~ voice was heard. 人声ひとつ聞こえなかった / a *single*-engine(d) plane 単発機 / a *single*-sex school 男女共学でない学校. **2** 独身の, 未婚の (unmarried); 恋人のいない: the ~ life 独身生活 / a ~ person [man, woman] 独身者[男性, 女性] (cf. bachelor 1, spinster 1) / live and die ~ 一生独身を通す / remain ~ 結婚しない / ~ blessedness 《戯言》独身(状態) (cf. Shak., *Mids N D* 1. 1. 78) / ⇨ single parent. **3** 一人[一家族]向きの, 一人用[一人乗り]の (cf. double 2): a ~ room 一人用の部屋 / a ~ bed シングルベッド. **4 a** 一部品[部分]から成る, 単式の (cf. complex 1 b): a ~ valve 単弁 / ⇨ single lens. **b** 普通の大きさの, 小型の (↔ double). **5** 一様の, 画一的な, すべてに共通の (uniform): a ~ standard for men and women 男女に共通な基準. **6** 個々の, 別々の, それぞれの (separate, individual): every ~ person 各個人. **7** 一対一の; シングルス(用)の, 一騎打ちの: ~ combat 一騎打ち. **8** 単独の, ひとりの, 孤独の (solitary): He came to the party ~. 彼はパーティーにひとりで来た. **9** 一致した, 結束した, 団結した (united); 破れることのない, 完全な: work with a ~ purpose 心を一つにして働く. **10 a** 《まれ》純真な, 純一な (simple), 私心のない, 誠実な (sincere): ~ devotion 献身 / a ~ heart [mind] 誠心. **b** 〈目が〉物をまともに見る, 正しく見る: a ~ eye 〖聖書〗(物事をまともに見る)正しい目 (cf. *Matt.* 6: 22); 一意専心, 誠実 / with a ~ eye 誠心誠意. **c** 〔…に〕心を傾倒して〔*to*〕. **11** 《英》片道の (《米》one-way): a ~ ticket 片道切符. **12** 《古》〈ビールなど〉品質の劣った, 弱い (weak): ~ ale 薄いビール. **13** 《まれ》比類のない (unique), 非凡な (singular). **14** 〖植物〗〈花など〉単弁の, 一重(ひとえ)の (cf. double 7): a ~ flower 単弁花. **15** 〖音楽〗単純対位法の《二声対位法で定旋律 (cantus firmus) に簡単な (1 音符対 1 音符の)対旋律がつけられている》. **16** 《廃》単純な (simple), とるにたりない (trivial).
— *n.* **1** 一人, 単一, 1 個: one 1 ドル紙幣 ... come in ~*s* and in pairs. 一人でやってきたり二人でやってきたりする **2** (レコードの)シングル盤《片面に 5 分以内の曲が 1 曲入っている; cf. EP》. **3** [通例 *pl.*] 《口語》**a** 《米》1 ドル紙幣. **b** 《英》1 ポンド紙幣. **4 a** 一人用の設備[部屋, ベッドなど]. **b** 一人こぎの船. **5** [通例 *pl.*] 独身者(たち); 恋人のいない人(たち). **6** 《英》片道切符 (《米》one-way ticket) (cf. return 2). **7** [*pl.*; 単数または複数扱い] (テニスなどの)シングルス, 単試合 (cf. double 4): a ~*s* match / a ~*s* court シングルス(用)コート / the men's [women's, ladies'] ~*s* champion 男子[女子]シングルス チャンピオン. **8** 〖野球〗単打, シングルヒット (one-base hit). **9** 〖クリケット〗1 点を得る打球. **10** 〖ゴルフ〗シングル, 二人勝負 (twosome ともいう; cf. foursome 2). 日英比較 日本語ではハンディ 9 以下の人を「シングルプレーヤー」というが, これは和製英語. 英語では low handicapper という. **11** 〖トランプ〗5 点勝負のホイスト (short whist) で 5 対 4 または 3 のスコアによる勝《1 ポイント加算される》. **12** [しばしば *pl.*] 〖紡織〗**a** 撚(よ)ったり, 撚ってない束の生絹糸. **b** (撚り糸を構成する)単糸. **13** 〖植物〗単弁花 (single flower). **14** 一人でやる寄席(よせ)演芸(など); その芸人.
— *vt.* **1** えり抜く, 選抜する 〈*out*〉 (⇨ choose SYN): His abilities soon ~*d* him *out* for promotion. その才能のため彼はすぐ引き抜かれて昇進した / Without *singling* anyone *out* (*for* criticism), I think some serious mistakes have been made. だれも(批判に)取り上げるわけではないが重大な間違いがいくつかあると思う. **2** 〖野球〗**a** 〈ランナーを〉単打[シングルヒット]で進塁させる: ~ the runner to second base. **b** 〈得点を〉単打[シングルヒット]であげる. 日英比較 「シングルヒット」は和製英語. **3** 《英》〈苗を〉間引きする. **4** 《古》引き離す. **—** *vi.* **1** 〖野球〗シングルヒットを打つ, 単打を放つ. **2** 間引きする. **3** 《古》分離する. **4** 〖馬術〗=rack⁵ 1.
— *adv.* 一つ[一人]ずつ; 一つ[一人]だけで (singly).
〖《?*a*1300》*sengle* ◻ OF < ◻ LL *singulus* one, individual, separate ← IE **sem-* one (⇨ same): cf. simple〗

SYN 唯一の: **single** ただ一つの: a *single* example ただ一つの例. **sole** *single* と同義であるが, 格式ばった語: my *sole* helper 私のたった一人の援助者. **unique** 同種のものの中で唯一の: This vase is *unique*. この花瓶はほかに類がない. **solitary** ただ一つ孤立している: a *solitary* house in the field 野中の一軒家. **individual** 一群中の個々の: each *individual* person 各個人. **particular** 一群中の特定の一つの: on this *particular* day この日に限って.

---

single-ácting *adj.* 〈往復運動をする機械が〉一方向にだけ運動する, 単動の, 単作用の (cf. double-acting 1): a ~ engine 単動機関. 〖1825〗

single-áction *adj.* **1** =single-acting. **2** 〈銃が〉発射ごとに撃鉄を起こす必要のある (cf. double-action 2). **—** *n.* 一段作用[操作], 単動. 〖1852〗

single-bánk *vt.* 〖海事〗(こぎ方の練習などのため)一人ずつこがせる.

single-bánked *adj.* 〖海事〗(ボートで)一人こぎの (cf. double-banked 1): **a** (訓練などのために)一人ずつ交代にこがせている. **b** 各 1 本のオールごとに一人ずつのこぎ手をつけている. 〖1861〗

single-bár *n.* 〖音楽〗単縦線, 小節線. 〖1964〗

single-bárrel *n.* 単銃身の銃.

single-bárreled *adj.* 〈銃が〉単銃身の, 銃身が 1 本の (cf. double-barreled 1 a). 〖1821〗

single-blínd *adj.* 〖医学〗単純盲検の (⇨ single-blind test; cf. double-blind).

single-blìnd tèst *n.* 〖医学〗単純盲験法《薬効などを調べる実験で, 薬や治療法の内容を研究者は知っているが, 被実験者には知らせずに行う方法; cf. double-blind test》. 〖1976〗

single blóck *n.* 〖機械〗単滑車.

single bónd *n.* 〖化学〗単結合, 一重結合. 〖1903〗

single-bréasted *adj.* 〈上着・チョッキなど〉(打ち合わせが)シングルの, 片前の (cf. double-breasted). 〖1796〗

single cárriageway *n.* (上り下り)一車線ずつの車道.

single cárrick bènd *n.* 〖海事〗シングルキャリックベンド, 一重小綱つなぎ《結索法の一種》.

single-céll prótein *n.* 〖生化学〗単細胞蛋白質《石油から酵母や微生物で作られた蛋白質; 略 SCP》. 〖1968〗

single-chámber *adj.* 一院制の (unicameral).

single chíld *n.* 《米口語》私生児.

single cómbat *n.* 一騎討ち, 果たし合い, 決闘.

single-cópy *adj.* 〖遺伝〗〈遺伝子・遺伝子配列が〉単一コピーの《1 つのゲノムにコピー 1 個だけで存在する》.

single créam *n.* 《英》=light cream.

single cróss *n.* 〖生物〗単交雑《育種のための交雑の一形式》. 〖1940〗

single cúrrency *n.* (数か国共通の)単一通貨.

single cùt *n.* 〖宝石〗シングルカット, 一段切り子《宝石のブリリアントカットの一つで, テーブル (table) とガードル (girdle) の上下に 8 面をもつ》. 〖1831〗

single-cùt fíle *n.* 単目やすり, 筋目やすり, 片切やすり《一方向に平行斜線の目を刻んだやすり》. 〖1846〗

single-décker *n.* 《英口語》二階なしのバス[車]; 単一甲板船 (cf. double-decker). 〖1896〗

single-dénsity dìsk *n.* 〖電算〗単密度(フロッピー)ディスク《記憶容量が 180 キロバイト(片面), または 360 キロバイト(両面)のもの; cf. double density disk》.

single dígging *n.* 〖園芸〗一度掘り《鋤(すき)の刃分の深さまで, 表土だけを一回掘り返す》.

single-dígit *adj.* 《米》一桁(率)の.

single-énd *n.* 《スコット》一人用宿泊設備. 〖1897〗

single-énded *adj.* **1** 〈ボイラーが〉一方からのみ点火される. **2** 〖電気〗片端接地の, 不平衡の.

single-ènded wrénch *n.* 〖機械〗=single-head wrench.

single éntry *n.* 〖簿記〗単式記帳[記入]法, 単式簿記 (cf. double entry). **síngle-éntry** *adj.* 〖1826〗

Síngle Européan Áct *n.* [the ~] 単一欧州議定書《欧州共同体 (EC) 設立を規定したローマ条約 (1957) を大きく改正した条約 (1986); 1992 年末までに「国境なき欧州」を実現しようとした; 略 SEA》.

Síngle Èuropean Márket *n.* 欧州単一市場《商品・サービス・資本・人の自由移動を保証した欧州共同体域内の統合市場; 1992 年末にほぼ完成; cf. single market; 略 SEM》.

single-éyed *adj.* **1** 単眼の (one-eyed). **2** 二心のない, 献身的な, 純真な, 誠実な (single-minded) (cf. single *adj.* 10 b). 〖1705〗

single fígures *n. pl.* 一桁の数字《0–9 までの数字》.

single fíle *n.*, *adv.* 〖軍事〗一列(側面)縦隊(で), 縦列(で) 《Indian file ともいう》. 〖1670〗

single-fòot *n.* (*pl.* ~**s**) =rack⁵ 1. **—** *vi.* =rack⁵ 1. 〖1867〗

single-hánd *adj.* =single-handed.

single-hánd·ed *adv.* 一人で, 独力で, 片手で: do a job ~ 仕事を独力でやる. **—** *adj.* **1** 独力の, 一本立ち

の, 単独の, 独立の: ～ efforts 単独の努力. **2** 一人でやる; 一人手の: a ～ combat [fight] 一騎打ち. **3** 片手の (one-handed); 片手でやれる. **～·ly** *adv.* **～·ness** *n.* 〖1709〗

síngle-hánd·er *n.* 単独航海をする人[船, ヨット], 一人乗りヨット.

single-hèad wrénch *n.* 〘機械〙 片口スパナ.

síngle-héarted *adj.* 純真な, 真心からの, 一筋の, 誠実な (sincere), 二心のない, 献身的な, ひたむきな. **～·ly** *adv.* **～·ness** *n.* 〖1577〗

single hónours *n. pl.* [単数または複数扱い] 《英》〘教育〙 主要科目一つのみを取得する大学の学位課程 (cf. joint honours).

síngle-húng *adj.* 〈窓が〉片側はめ殺しの《二つの窓枠があって一方だけが動く窓をいう》.

síngle-íssue *adj.* (特に政治で)特定の単一問題に関する[にしぼった].

single knòt *n.* =overhand knot.

single léns *n.* 単レンズ《二つの屈折面をもつレンズ》. 〖1936〗

síngle-lèns réflex càmera *n.* 〘写真〙 一眼レフカメラ《略 SLR》. 〖1940〗

single lífe insùrance *n.* 〘生命保険〙 単生保険.

síngle-líne *adj.* **1** 〈交通が〉一時一方通行の. **2** 〘商業〙 一品目の[に限定した]. 〖1868〗

síngle-lóader *n.* 単発手動装塡(そうてん)火器, 単発銃《1 発ごとに弾を手で込める火器》.

síngle-màlt *adj.* 〈ウイスキーが〉一つの蒸留所で蒸留されたブレンドされていないモルトウイスキーで造られた. ― *n.* シングルモルトウイスキー《特にスコッチ》.

single màn *n.* 〘チェッカー〙 (なりごま (king) とは異なり)前進しかできない通常のこま.

single márket *n.* (欧州)単一市場《商品・サービス・金(かね)・人の自由移動を保証した欧州共同体域内の統合市場; cf. Single European Market》.

síngle-mínded *adj.* **1** 一意専心の, 一心不乱な. **2** 二心のない, 誠実な (single-hearted). **～·ly** *adv.* **～·ness** *n.* 〖1577〗

síngle-nàme pàper *n.* 〘商業〙 単名手形《手形上の支払責任者が一人の手形; cf. double-name paper》.

sín·gle·ness *n.* **1** ただ一つであること, 単一. **2** 独身, 未婚 (celibacy). **3** 二心[表裏]のないこと, 誠実: ～ of heart 二心のないこと, 誠実, 真心, 専心 (*Acts* 2:46, *Col* 3:22) / ～ of purpose 一つの目的にひたむきであること, 専心. 〖(1526) ← SINGLE, -NESS〗

single níckel sált *n.* 〘化学〙 =nickel sulfate.

single óver *n.* 〘料理〙 シングルオーバー《卵 1 個を両面焼きにした一種の目玉焼き; cf. two over》.

single párent *n.* 子育てをする片親. 〖1969〗

single-pàrent fámily *n.* 片親の家庭《one-parent family ともいう》.

síngle-phàse *adj.* 〘電気〙 単相の: a ～ current 単相電流 / a ～ motor 単相電動機. 〖1900〗

single pneumónia *n.* 〘病理〙 片側肺炎 (cf. double pneumonia).

síngle-pòle switch *n.* 〘電気〙 単極スイッチ.

single prémium *n.* 〘保険〙 一時払い保険料. 〖1877〗

single púrchase *n.* 〘機械・海事〙 シングルパーチェス, 単一テークル《単一の動滑車を使用した滑車装置》.

single quotátion màrks *n. pl.* 〘印刷〙 =single quotes.

single quótes *n. pl.* 〘印刷〙 シングルクォーツ (' ') 《特に, 引用語句中で別の引用語句を示すための記号; cf. double quotes》.

síngle-ràil cráne *n.* 〘機械〙 単軌クレーン.

síngle-ràil tráck cìrcuit *n.* 〘電気〙 単レール軌道回路, 単軌条回路.

single réed *n.* 〘音楽〙 シングルリード, 単簧(たんこう)《クラリネットやサクソホーンのように 1 枚のリードが振動するもの; cf. double reed》. 〖1883〗

single rhýme *n.* 〘詩学〙 単音節韻《強勢のある単音節による押韻》.

singles bàr *n.* シングルズバー《相手を求める独身者向きバー; dating bar ともいう》.

single scúlls *n. pl.* 〘ボート〙 シングルスカル《一人乗りボートのレース; cf. double sculls》.

síngle-séater *n.* 一人乗り(の乗物); 単座飛行機[自動車]. 〖1916〗

síngle-sèx *adj.* 〈学校・教育など〉男子・女子どちらかだけを対象とした, 共学ではない. 〖1939〗

single shéar *n.* 〘機械〙 一面剪断(せんだん), 単剪断, 単剪《リベット・ボルトなどの剪断されようとする面が一面のもの; cf. double shear》.

single shéll *n.* 〘ボート〙 =racing skiff.

síngle-shót *adj.* **1** 〈銃が〉単発手動装塡(そうてん)の, 単発式の: a ～ weapon=a single loader. **2** 〈自動火器が〉半自動の《1 発の射撃ごとに引金を引かなければならない》. 〖1942〗

single síde bànd *n.* 〘通信〙 単側波帯《側波帯 (side band) のどちらか一方を除去して使用する電波の周波数帯域を減らす通信の変調方式; cf. vestigial side band》: a *single-side-band* modulation 単側波帯変調, SSB 変調 / *single-side-band* transmission 単側波帯伝送[送信]. 〖1923〗

síngle-sóurce *vt.* 〘商業〙 〈特定の製品〉の一手納入[製造]権を単一の業者に与える.

single sóurc·ing *n.* 〘商業〙 仕入先の単一化, 一元仕入れ.

síngle-spáce *vt., vi.* 行間を詰めてタイプ[印刷]する, シングルスペースでタイプ[印刷]をする (cf. double-space). 〖1928〗

síngle-stáge *adj.* 単段の, 一段式の (cf. multistage): a ～ rocket, turbine, etc. 〖1922〗

single stándard *n.* **1** 〘経済〙 単本位制《金または銀など 1 種類だけの貴金属を本位貨とする制度; cf. double standard》. **2** 単一基準《男女共通の[平等な]原則; 特に, 性道徳律にいう》.

single stém *n.* 〘スキー〙 半制動《滑降の際スピードを落とすため片方のスキーを開いて制動を掛けること; cf. double stem》.

síngle-stép *vt.* 〘電算〙 〈プログラム〉に一つの操作で一つの命令を入力する, ステップ実行する.

síngle·stick *n.* **1** (片手で持つ)木刀; (片手に木刀を持ってする)一種の剣術, 棒試合. **2** 短い重い棒. 〖1771〗

síngle·stìcker *n.* 《口語》〘海事〙 1 本マストの船《主に帆走用スループやカッターにいう》. 〖1887〗

single stréss *n.* 〘音声〙 単一強勢《合成語などで第一強勢が一つしか存在しないこと; 例: súgarcàne, knóckòut; cf. double stress》. 〖1964〗

sin·glet /síŋɡlɨt | -ɡlɪt/ *n.* **1** 《英》 **a** ランニングシャツ. **b** シングレット《一重仕立てのウエストコートまたはウールやコットンジャージーの下着; cf. doublet 1 a》. **2** 《豪》 T シャツ型袖なし[半袖], タンクトップ; ベスト (vest). **3** 《NZ》 (奥地の人が着る)ウールの外衣. **4** 〘物理〙 一重項《電磁場をかけても分離しない線スペクトル》. **5** 〘物理〙 一量状態 (singlet state)《原子・分子・原子核などのスピン 0 の状態》. 〖(*c*1746) ← SINGLE (adj.)+-ET〗

single táckle *n.* **1** 〘機械〙 単滑車綱具. **2** 〘海事〙 単一テークル《動滑車を 1 個だけ使った滑車装置[テークル]》.

single tápe *n.* 〘電気〙 一方向用の磁気テープ (⇨ magnetic tape).

single tàx *n.* 《米》〘経済〙 単税《一種類の財(特に土地)だけに課税する制度; cf. TAXATION of land values》.

síngle-tàx *adj.* 〖1853〗

single thréad *n.* 〘電算〙 単一スレッド《割り込んで中断されることなくタスクが実行されること》.

síngle-thròw switch *n.* 〘電気〙 単投スイッチ《1 極が 1 組の接触を行うような開閉器》.

sin·gle·ton /síŋɡltən, -tn/ *n.* **1** (対や集団ではなく)一つずつ起こるもの, 単独個体; 単一児 (cf. twin 1 b). **2** 〘トランプ〙 一枚札《配られた時, 手札にどれかのスーツ (suit) の札が 1 枚しかない場合にいう; cf. doubleton》. **3** 〘数学〙 単集合《ただ一つの要素だけから成る集合》. 〖(1876) ← SINGLE+-*ton* (⇨ simpleton)〗

síngle-tóngue *vt.* 〘音楽〙 (吹奏楽器で)〈速いテンポの楽節を〉単切法で演奏する (cf. double-tongue, triple-tongue).

síngle-tráck *adj.* **1** =one-track 1, 2. **2** 〈道路が〉車一台しか通れない幅の. 〖1832〗

Single Transférable Vóte *n.* 単式移譲投票《有権者が好ましいと思う順に候補者を列挙し, 1 位としての票が規定数に達した者がまず当選する; 規定数を上回る票および最下位者への票は, 選好順位に応じて再度配分される; 略 STV》.

síngle·trèe *n.* =whippletree.

síngle-úse *adj.* 1 回しか使えない, 使い捨ての: a ～ camera.

síngle-válued *adj.* 〘数学〙 一価の《定義・域の各要素に対して値域のただ一つの要素が対応するような関数についていう; cf. many-valued 1, two-valued 1》: a ～ function 一価関数. 〖1879〗

síngle-vísion *adj.* 〈眼鏡が〉単焦点(レンズ)の. 〖1962〗

single whíp *n.* 単滑車(装置) (⇨ whip *n.* 6 a).

single wícket *n.* 〘クリケット〙 シングルウィケット《三柱門を一つだけ使う旧式なクリケットの様式; 現在は練習以外にはみられない》. 〖1736〗

single wíng *n.* 〘アメフト〙 =single wingback formation. 〖1945〗

single wíngback formàtion *n.* 〘アメフト〙 シングルウイングバックフォーメーション《バックスが鳥の翼型に並ぶ攻撃フォーメーション; single wing ともいう》.

single yéllow líne *n.* 《英》 黄色の一本線《路上の駐車規制区域を示す; 週末の夕方のみ駐車可能; cf. double yellow line》.

sín·gling /-ɡlɪŋ, -ɡl-/ *n.* 精錬《パッドル炉から取り出したのり状の鉄を鍛錬すること》.

Sing·lish /síŋɡlɪʃ/ *n.* シングリッシュ《シンガポール英語; マレー語・中国語の表現を多く含む; 複数名詞の s を省略するなど文法的な例外が多い》.

sin·gly /síŋli/ *adv.* **1** 単独に (alone), ひとりで (by oneself): live ～ 独身で暮す. **2** 独力で, 一人で, 他の助けを借りないで: attack the enemy ～ 敵を単独攻撃する. **3** 一つずつ, 一人ずつ (one by one); 一つ[一人]だけで: deal with the questions ～ 個別的に問題を扱う. **4** 誠実に, 正直に (honestly). **5** 《古》 もっぱら, …だけ (only, solely). 〖(*a*1338) *senglely*: ⇨ single, -ly¹〗

sing·sing /síŋsɪŋ/ *n.* シングシング《パプアニューギニアの伝統的な歌と踊りの祭り》. 〖1899〗

Sing Sing /síŋsɪŋ/ *n.* **1** シンシン刑務所《米国 New York 州の Ossining にある州立刑務所》. **2** Ossining の旧名. 〖□ Du. *Sintsing* □ N-Am.-Ind. (Algonquian) *assin-is-ing* stone(s)-little-at〗

síng·sòng *n.* **1** 読経(どきょう)口調の詩歌. **2** 読経口調, 抑揚のない単調な話し振り. **3** 《英》 (即興)合唱会 (《米》 sing). ― *adj.* 読経口調の; 単調な, 抑揚のない. ― *vt., vi.* 抑揚のない声で話す[歌う]. **síng·sòng·y** /-ŋi/ *adj.* 〖(1609) ← SING (v.)+SONG〗

síngsong gìrl *n.* (中国の)芸者. 〖1934〗

sing·spiel, S- /síŋspìːl, zíŋʃpìːl; G. zíŋʃpiːl/ *n.* 〘音楽〙 ジングシュピール《18 世紀後半に ballad opera の影響を受けて流行したドイツ・オーストリアの民族的な音楽劇》. 〖(1876) □ G ～ ← *singen* 'to SING'+*Spiel* play〗

sin·gu·lar /síŋɡjʊlə | -lə⁽ʳ⁾/ *adj.* **1** 〘文法〙 単数の (cf. plural 1): the ～ number 単数. **2** すぐれた, 卓絶した, 非凡な (eminent), すばらしい (remarkable): a man of ～ attainments 学識非凡の人. **3** まれな, 珍しい (rare); 不思議な, 奇妙な, 変わった, 風変わりな (unusual), 異常な (extraordinary) (⇨ strange SYN): a most ～ story [phenomenon] きわめて奇異な物語[現象] / ～ habits 奇癖 / be dressed in ～ fashion 風変わりな服装をしている. **4** たった一つの, 一つだけの, 一例だけの; 単一の, 単独の, 一人の, 一つの: an event ～ in history 歴史上他に類のない事件. **5** 〘論理〙 単称の: a ～ term 単称名辞. **6** 〘数学〙 **a** 〈行列が〉特異な《行列が 0 に等しい行列式をもつことについていう》. **b** 〈一次変換が〉特異な《一次変換が単射でないことについていう》. **7** 〘法律〙 各自の, 別々の, 各個の (separate, individual): all and ～ interests 各人すべての利益. **8** 《廃》 個人に関する, 個人所属の; 私的な (private). ― *n.* **1** 〘文法〙 単数(形): in the ～ 単数で. **2** 〘論理〙 =singular proposition. **3** 《古》 個人. **～·ness** *n.* 〖(*c*1340) *singuler* □ OF (F *singulier*) □ L *singulāris* ← *singulus* 'SINGLE': ⇨ -ar¹〗

singular fòrm *n.* 〘文法〙 単数形 (singular).

sín·gu·lar·ism /-lərɪzm/ *n.* 〘哲学〙 一元論, 単元論 (monism) (cf. pluralism 5). 〖1897〗

sin·gu·lar·i·ty /sìŋɡjʊlǽrəti, -lér- | -lǽrɪ̈ti/ *n.* **1** 単独, 単一. **2** まれな[珍しい]こと, 稀有(けう), 不思議. **3** 特異性, 特性. **4** 風変わり, 偏屈; 風変わりな行為[もの]. **5** 〘天文〙 (密度無限大となるブラックホール中央の)特異点 (cf. black hole). **6** 〘数学〙 **a** =singular point. **b** =discontinuity *n.* 3. **7** 〘文法〙 単数性. 〖(*c*1230) *singularite* □ (O)F *singularité* □ LL *singulāritās*, *-itātem*: ⇨ singular, -ity〗

sin·gu·lar·ize /síŋɡjʊləràɪz/ *vt.* **1** 目立たせる, 特異にする. **2** 〘文法〙 単数化する, 単数形にする. **sin·gu·lar·i·za·tion** /sìŋɡjʊlərɨzéɪʃən | -raɪ-, -rɪ-/ *n.* 〖1589〗

sín·gu·lar·ly *adv.* **1** 珍しく, 不思議に; 異常に; 目立って. **2** 《まれ》 単一に, 単独に; 個々に, 別々に (individually). **3** 《まれ》 風変わりに, 奇妙に, 異様に. **4** 〘文法〙 単数で. 〖(*c*1340) ← SINGULAR, -LY¹〗

singular pòint *n.* 〘数学〙 特異点《複素関数の正則性が失われる点; 平面曲線 $f(x, y)=0$ 上の偏導関数が共に 0 になる点》. 〖1856〗

singular proposítion *n.* 〘論理〙 単称命題.

sin·gu·lar·y /síŋɡjʊlèri | -ləri/ *adj.* 〘論理・数学〙 単項の.

sin·gule /síŋɡjuːl/ *vt.* 《Shak》 隔離する, 区別する (separate). 〖(1594–95): cf. single(v.)〗

sin·gul·tus /sɪŋɡʌ́ltəs/ *n.* 〘医学〙 しゃっくり (hiccup). **sin·gúl·tous** /-təs/ *adj.* 〖(1754–64) □ L ～ 'sob'〗

sinh 《記号》〘数学〙 hyperbolic sine.

Sinh. 《略》 Sinhalese.

Sin·hai·lien /sínhàɪljén/ *n.* ⇨ Lianyungang.

Sin·ha·la /sɪnháːlə, sɪŋ-/ *n., adj.* =Sinhalese.

Sin·ha·lese /sìn(h)əlíːz, -líːs | -líːz⁻/ *n.* (*pl.* ～) **1** **a** [the ～] シンハラ族《スリランカ (Sri Lanka) の主要民族》. **b** シンハラ族の人. **2** シンハラ語《スリランカの公用語》. ― *adj.* **1** シンハラ族の. **2** シンハラ語の. 〖(1797) ← Skt *Siṁhala* Ceylon (← *siṁha* lion)+-ESE〗

sin·ha·lite /sín(h)əlàɪt | síŋ(h)ə-, sín-/ *n.* 〘鉱物〙 シンハライト《マグネシウムとアルミニウムの硼酸塩》. 〖(1952) ⇨ ↑, -ite³〗

Sin·i·cism /sínɨsɪzm | -nɪ-/ *n.* 中国風, 中国的風習; 中国慣用. 〖(1891) ← ML *Sinicus* Chinese (← LL *Sinae* (pl.) the Chinese)+-ISM〗

Sin·i·cize /sínɨsàɪz | -nɪ-/ *vt.* 中国化する, 中国風にする. **Si·ni·ci·za·tion** /sɪ̀nɨsɨzéɪʃən | -nɪsaɪ-, -sɪ-/ *n.* 〖1889〗

sin·i·grin /sínɨɡrɨn | -nɪɡrɪn/ *n.* 〘化学〙 シニグリン, ミロン酸カリウム ($CH_2{=}CHCH_2N{=}C(SC_6H_{11}O_5)(OSO_3K)$) 《からし・わさびに含まれる配糖体の一種; 特有の苦みがある; potassium myronate ともいう》. 〖(1876) ← L *sināpis* mustard+*nigra* balck+-IN²〗

Si·ning /ʃìːníŋ/ *n.* =Xining.

sin·is·ter /sínɨstə | -nɪstə⁽ʳ⁾/ *adj.* **1** **a** 悪意の(ありそうな); 陰険な, 卑劣な: a ～ rumor 悪意のある噂 / a ～ face [glance] 気味の悪い顔[一瞥(いちべつ)] / a ～ design 悪巧み. **b** 災い[危険など]をはらむ, 不気味な (ominous): ～ clouds, crevasse, etc. **2** **a** 不吉な, 縁起の悪い (ominous): ～ symptoms 不吉な徴候 / a ～ beginning 縁起の悪い発端[発足]. **b** 《古》 都合の悪い, 不利な (unfavorable) 〔*to*〕; 運の悪い (unfortunate): a ～ fate 不運. **c** 不正な, 不当な (unjust). **3** 《古》 左(側)の (left). **4** 〘紋章〙 [通例後置して] (盾の紋地の)左側の《盾の持ち手の方から見て左側, 盾に向かって見る人からは右側; cf. dexter, bend sinister, bar sinister》: the ～ side 盾の向かって右側《盾の ¹/₆ 幅》. **～·ly** *adv.* **～·ness** *n.* 〖(1411) □ (O)F *sinistre* ∥ L *sinister* left, on the left ← ?; (南面して占うローマの習慣から) favorable, (北面して占うギリシアの習慣から) unfavorable: cf. dexter〗

S

SYN 不吉な: **sinister** 差し迫った危険・災いを予示して不吉な《一般的な語》: a *sinister* place 不吉な場所. **baleful** 不吉・災いの恐れのある《*sinister* よりも意味が強い》: *baleful* looks 悪意ある顔つき. **malign** 本質的に有害な《人よりも物について用いることが多い; 格式ばった語》:

a *malign* influence 有害な影響. **malicious** 人を傷つけようとする悪意のある: a *malicious* remark 悪意のある言葉.

sínister báse *n.* 〘紋章〙(盾の側から見て)盾の左下部. 〚1797〛
sínister chíef *n.* 〘紋章〙(盾の側から見て)盾の左上部. 〚1730〛
sínister flánk *n.* 〘紋章〙(盾の側から見て)盾の中央部左側.
sinistr- /sínɪ̀str, sɪ̀nís- | sɪnɪs-/ (母音の前にくるときの) sinistro- の異形.
sin·is·trad /sínɪ̀stræ̀d, sɪ̀nístræd | sɪnɪstræ̀d/ *adv.* 左に, 左向に. — *adj.* 右から左へ進む[動く, 読む]: ~ writing. 〚(1803) ← SINISTRO- -AD³〛
sin·is·tral /sínɪ̀strəl, sɪ̀nís- | sínɪs-/ *adj.* (↔ dextral) **1** 左側にある, 左向きの. **2** 〈手が〉左利きの (left-handed). **3** 〘動物〙 **a** 〈巻貝など〉左巻きの, 左向きの, 左の (left). **b** 〈ヒラメなど〉身体の左側が上向きの. — *n.* 左利きの人. **~·ly** *adv.* 〚(?a1425) (1803) ◻ ML *sinistrālis*: ⇨ sinistro-, -al¹〛
sin·is·tral·i·ty /sìnɪ̀strǽləṭi | -nɪstrǽlɪ̀ti/ *n.* **1** 左側にあること. **2** (手などの)左利き. **3** 〘動物〙(巻貝などの)左巻き. 〚1852〛
sin·is·tro- /sínɪ̀strou, sɪ̀nís- | sínɪstrəu/「左の; 左方へ向かう; 左旋回の」の意の連結形. ★ 母音の前では通例 sinistr- になる. 〚(1803) ◻ ML ~ ← L *sinister* left: ⇨ sinister〛
sin·is·troc·u·lar /sìnɪ̀strá(ː)kjulə | -nɪstrɔ́kjulə^(r)/ *adj.* 〘眼科〙左眼を使う, 左目利きの. 〚⇨ ↑, ocular〛
sinistro·déxtral *adj.* 左から右へ動く[広がる].
sin·is·tror·sal /sìnɪ̀strɔ́əsəl, -sɪ̀ | -nɪstrɔ́ː-/ *adj.* 〘植物·動物〙=sinistrorse.
sin·is·trorse /sínɪ̀strɔ̀əs, ⸗⸗⸗ | sínɪstrɔ̀ːs, ⸗⸗⸗/ *adj.* **1** 〘植物〙〈つるなど〉時計の針と反対の方向に巻き上がる (↔ dextrorse). **2** 〘動物〙=sinistral 3 a. **~·ly** *adv.* 〚(1856) ← NL *sinistrorsus* ← L 'toward the left side' ← SINISTRO-+*versus* ((p.p.) ← *vertere* to turn)〛
sin·is·trous /sínɪ̀strəs, sɪ̀nís- | sínɪs-/ *adj.* **1** 縁起の悪い, 不吉な; 不幸な. **2** =sinistral. **~·ly** *adv.* 〚(1540) ← L *sinistr-*, *sinister* left, unlucky+-OUS〛
Si·nit·ic /saɪnítɪk, sɪ̀- | saɪnít-, sɪ-/ *n.* 中国語, 漢語 《文語体中国語を標準語として用いているシナ-チベット語族の一分派でいろいろな地方言や方言から成る》. — *adj.* 中国人[中国語, 中国文化]の. (cf. Tibeto-Burman). 〚(1895) ← LL *Sīnae* the Chinese (◻ LGk *Sînai*: ⇨ Sino-)+-ITIC〛
sink /síŋk/ *v.* (**sank** /sǽŋk/, **sunk** /sʌ́ŋk/; **sunk, sunk·en** /sʌ́ŋkən/) ★ sunken は今は通例形容詞としてのみ用いる. — *vi.* **1 a** 〈重い物が〉沈む, 沈没する: The ship *sank* with all her crew. 船は乗組員もろとも沈没した / He ~*s* like a stone. 彼は(泳げなくて)石のように沈む. **b** 〈ぬかるみ·雪などに〉はまる, 埋まる〔*in, into*〕: ~ up to one's knees *in* mud 泥に膝まで潜る / ~ *into* the grave 墓に埋まる, 死ぬ (die).
2 〈日·月などが〉沈む, 没する (go down); 見えなくなる (disappear): The sun was ~*ing* in the west [below the horizon] 太陽は西[地平線下]に沈んで行くところだった. / The land *sank* slowly out of sight as we sailed away. 沖へ出るにしたがって陸地がゆっくりと視界から消えていった.
3 a 〈土地·建物などが〉落ち込む, 沈下する, 陥没する (dip); 傾斜する: The building has *sunk* a little. 建物(の土台)が少し沈下している / The land ~*s* gradually *to* [*toward*] the sea. 土地は海の方へゆるやかに傾斜している. **b** 〈暗闇などが〉(次第に)降りる, 垂れこめる: Darkness *sank* upon the scene. 場面が暗くなった.
4 〈目·ほおなどが〉落ち込む, へこむ (fall in), くぼむ: a man whose eyes [cheeks] have *sunk* (*in*) 目のくぼんだ[ほおのこけた]人.
5 a 減水する, 〈水などが〉退(ひ)く, 減る (subside): The reservoir has *sunk* far below its usual level. 貯水池(の水)が水準よりもはるかに減水した. **b** 〈火勢·暴風などが〉弱まる, 静まる (abate), やむ (die down). **c** 〈音声など〉弱くなる, 低くなる: His voice *sank to* a whisper. 彼の声は低くなってささやき声となった.
6 a 〈価値·価格·評価·水準などが〉下がる, 下落する (fall, diminish): The dollar has now *sunk* very low. ドルの価値がこのところ非常に下がっている / Her opinion of him is ~*ing*. 彼女の彼に対する評価は下がり始めている / Has the level of service at the restaurant *sunk*? あのレストランのサービス(の程度)は落ちてましたか. **b** 〈...(数)が〉減る, 少なくなる (grow less, decline, fall): The unemployment figures have *sunk* since last year. 失業者数は昨年以来減っている / The population *sank from* 20,000 *to* 18,000. 人口は2万人から1万8千人に減った. **c** 〔評価·評判を〕失う, 落とす〔*in*〕: ~ *in* a person's estimation 人の信用を失う / He *sank in* the opinion of his girl friends. 女友だちの評判を失った《男を下げた》.
7 (力が尽きて)倒れる (fall), 身を投げかける; (ぐったりと)腰を下ろす: ~ *to* one's knees がくっと膝をつく / Wounded, he *sank to* the ground. 負傷してどっと地上に倒れた / She *sank into* his arms. 彼女は彼の腕に身を投げかけた / ~ *back onto* [*into*] the pillows まくらの上にどさりとあお向けになる / ~ *back into* a chair (疲れて)身を投げかけるように椅子(いす)に座る; (贅沢(ぜいたく)に)深々と椅子に腰掛ける / ~ *down on* a bench ベンチに(ぐったりと)腰を下ろす.
8 a (疲労·病気などのために)体力が衰える, 弱まる, 衰弱する, 元気がなくなる: ~ *into* decrepitude 衰弱に陥る, 気力がなくなる / He is ~*ing* fast. 急速に衰弱している, 臨終が近づいている. **b** 〔不幸·苦痛に〕くずおれる, へこたれる (give way)〔*from, under*〕: ~ *from* [*with*] exhaustion [*under* misfortune] 疲労困憊(こんぱい)から[不幸に耐えかねて]くずおれる. **c** 〈気分·意気などが〉滅(め)入る, 沈む, 消沈する (droop): My heart *sank* (within me) at the news. その知らせに私は気が滅入った[がっかりした] / His heart [spirits, courage] *sank into* [*to*] his boots. 《口語》彼はがっかりした[意気消沈した].
9 〈首·腕などが〉垂れ下がる (droop); 〈目が〉下を向く: His head [chin] *sank forward* on his chest. 彼はがくりとうなだれた / His eyes *sank* before her stern gaze. 彼は彼女の厳しい凝視の前に目を伏せた.
10 a 〔眠り·忘却·絶望などに〕陥る〔*into*〕; 〔思い·夢想などに〕ふける, 沈む〔*into*〕: ~ *into* slumber [a coma, silence] 眠り[昏睡]に落ちる[静かになっていく] / ~ *into* oblivion 忘れられていく / ~ *into* a black mood 暗澹(あんたん)とした気分になる / ~ *into* reverie [deep thought] 夢想にふける[思いに沈む]. **b** 〔貧困·悪徳·愚行などに〕落ち込む, 零落する, 落ちぶれる, 堕落する〔*into, to*〕: ~ *into* poverty [degradation] 落ちぶれる[堕落する] / ~ *into* absurdity [depravity, vice] ばかげたことをする[堕落する, 悪習に陥る] / ~ deeper *into* the red ますます赤字になる / He has *sunk to* the lowest depths of baseness. 見下げ果てた根性になってしまった.
11 a 〈鋭利なものが〉突き通る, 食い込む (penetrate); 〈水などが〉しみ込む, 浸透する (permeate): ~ *in* (up) to the hilt 柄元までぐさりと突き刺さる / Water ~*s through* sand [*into* soil] 水が砂[地面]にしみ込む / The ink quickly *sank in* [*into* the blotting paper]. インクがさっと[吸取紙に]しみ込んだ / The dog's teeth *sank into* her arm. 犬の歯が彼女の腕に食い込んだ. **b** 《口語》〔心に〕しみ込む, 銘じる〔*into*〕: Let this warning ~ *into* your mind. この戒めは肝に銘じておきなさい.
— *vt.* **1 a** 沈める, 沈没させる (submerge): ~ a caisson 潜函(せんかん)を沈める / ~ the enemy's ships 敵艦を撃沈する. **b** 〈管·暗渠(あんきょ)などを〉埋め込む (bury), 敷設する (lay): ~ a pipe, conduit, etc. (six feet deep [six feet down])
2 a 〈杭などを〉打ち込む (put down), 埋める: ~ a post (five feet) *into* the ground 杭を地中に(5フィート)打ち込む. **b** 〈短剣などを〉突き刺す: ~ a dagger *into* his back 彼の背中へ短剣をぶすりと突き刺す. / The dog *sank* its teeth *into* her arm. その犬は彼女の腕にがぶりと噛みついた / I *sank* my teeth *into* the steak.
3 a 〈土地などを〉掘って低くする, 掘り下げる: ~ a roadbed (掘って)車道を低くする. **b** 〈井戸などを〉掘る, 掘り抜く (hollow out): ~ a well [shaft, mine] 井戸[たて穴, 鉱坑]を掘る. **c** 〈極印·言葉などを〉刻み込む, 刻む, 彫る (engrave): ~ a die.
4 〈心を〉〔...に〕沈める; [~ *oneself* または p.p. 形で]〔...に〕没頭[熱中]する〔*in, into*〕: He *sank himself* [*was sunk*] *in* deep thought. 深い思索に沈潜した / be *sunk* in despair [humiliation, poverty] 絶望[屈辱, 貧困]に沈む.
5 下げる, 落とす, うつむける: ~ one's chin *on* one's hands 頬杖(ほおづえ)をつく / ~ one's head *on* one's chest 頭をたれる, うなだれる / ~ one's knee ひざまずかせる (cf. Shak., *Cymb* 5. 5. 413) / He went away, his face *sunk* upon his breast. 彼はうなだれて出て行った.
6 a ...の水を減らす, 退(ひ)かせる. **b** 《英口語》(すばやく)飲む, ぐいっと一杯やる: I *sank* a couple of whiskeys and left. ウイスキーを2, 3杯ぐいっとやって出た.
7 a 〈音声などの〉調子を下げる[低くする]: ~ one's voice *to* a whisper 声を低くしてささやき声にする. **b** 《古》〈力·量·価格などを〉下げる, 低くする (lower).
8 〈評判などを〉落とす, 〈人〉の評価を下げさせる (abase).
9 a 〈人を〉圧迫する, 弱らせる (overwhelm, defeat); ...の身を滅ぼす, 破滅させる: We're *sunk*. もうだめだ, お手上げだ, 万事休す. **b** 〈計画などを〉台無しにする, 挫折させる (spoil): ~ a plan.
10 〈資本·労力を〉投入する, 投資する (invest); 〔特に回収の難かしい事業に〕投資する, 投資して失う〔*in, into*〕: ~ capital *in* land 土地に資本を投下する / ~ a lot of money *in* a business venture 多額の金額を冒険的事業に投資する[して失う].
11 隠す, 不問に付する (suppress), 無視する (ignore), 省く (omit), 抑える (suppress): ~ one's differences 意見の相違を度外視する.
12 〘証券〙減債する, 減債基金 (sinking fund) で債券を償還する.
13 〘海事〙...から遠ざかって次第に水平線下に見失う: ~ the land [coast] 《船が陸岸から離れて(もはやそれが水平線下に没して見えないほど)沖に出る.
14 〘金属加工〙〈管を〉空引(からびき)する (cf. sinking 4).
15 〘印刷〙〈章題などを〉本文の上端より下げて組む.
16 〘スポーツ〙 **a** 〈ボールをバスケット[穴, ポケットなど]に入るように投げる[打つ, 進ませる]: ~ a putt [ball] (ゴルフで)パットしてボールをホールに入れる / ~ a free throw (バスケットボールで)フリースローで球をバスケットに入れる. **b** 《口語》〈相手を〉負かす. **17** 〈負債を〉返済する.
sink in 〈心〉にしみ込む, 十分に理解される: *The lesson has not sunk in.* その教訓は十分に理解されていない.
sink or swim 失敗しようと成功しようと, のるかそるか, 一か八(ばち)か《魔女の嫌疑者に課した試罪法 (ordeal) に由来する; cf. KILL¹ *or cure*, MAKE¹ *or mar*, NECK¹ *or nothing*, STAND *or fall*》: I am determined to do it, ~ *or swim*. のるかそるか, とにかくやってみることに決めた / He was left to ~ *or swim* by himself. 自分の浮沈は自分で決めるように任された / [名詞的に] I wish I could help, but I'm afraid it's a case of ~ *or swim*. 助けてあげたいが, 自分ですべき問題だと思う. 《1538》
— *n.* **1** (台所の)流し (kitchen sink); 《米》洗面器[台] (《英》washbasin, wash-handbasin): a bathroom ~ 《米》バスルームの洗面台 / a double ~ 2連の洗面台. **2 a** 下水だめ, 汚水溝. **b** (工場などの)汚水だめ, 廃棄物投棄坑. **3** (水のたまる)低地, 湿地, 沼地. **4** 掃きだめ, (...の)巣: a ~ of iniquity 悪の巣窟. **5** 吸込み, シンク《熱·流れなどが吸収される場所》. **6** 〘地質〙 **a** 陥落孔, 落込み穴, すりばち穴《石灰岩地方の地表に見られるすりばち形のくぼ地; doline ともいう》. **b** ポノール (ponor), 吸込み穴《石灰岩地域の地表から地下に通じる穴; sinkhole ともいう》. **7** 〘物理〙消滅点《大気中の粒子の自然消滅する場所またその過程》. **8 a** =heat sink. **b** (ある物質との)反応物質; (ある物質の)吸収物質.
〚v.: OE *sincan* < Gmc **seŋkwan* (G *sinken*) ← IE **sengw-* to sink (Gk *heáphthē* he sank). — n.: (1346) ← (v.)〛
sink·a·ble /síŋkəbl/ *adj.* 沈められる, 沈没させられる; 沈没する恐れのある. 〚1865〛
sink·age /síŋkɪdʒ/ *n.* **1** 装飾用の表面の埋めこみ[へこみ]. **2** 《まれ》沈下; 沈み方の程度, 沈下量. **3** = shrinkage. **4** 〘印刷〙 **a** 行取り《章や節などが新ページで始まる時, 上部数行を空白にすること》. **b** 行取りした空白(部分). 〚(1883) ← SINK+-AGE〛
sínk·bòat *n.* =sinkbox.
sínk·bòx *n.* (野鳥狩りの際に用いる)いかだ形の平船《中央に寝棺形の凹部(くぼみ)があり, 狩人はこの中に身を隠す; sinkboat ともいう》. 〚1874〛
sink·er /síŋkə | -kə^(r)/ *n.* **1** (釣糸·漁網などの)おもり (weight). **2** 〘野球〙シンカー《プレート近くで右にも左にも曲がらず鋭く沈む投球; sinker ball ともいう》. **3 a** 沈める物[人]. **b** 〘機械〙=sinking pump. **4** 井戸掘り(人) (well sinker). **5** 彫る人, 印刻師: a die ~. **6** 《米口語》ドーナツ (doughnut), (時に)マフィン (muffin).
hóok, líne, and sínker ⇨ hook *n.* 成句.
〚(1526) ← SINK, -ER¹〛
sínk hèad *n.* 〘金属加工〙(鋳造の)押し湯 (deadhead).
sínk·hòle *n.* **1 a** (台所の)流し台の穴. **b** 汚水の通路. **c** 下水孔. **2** 悪のたまり場, 掃きだめ. **3** 《米口語》(長期にわたって)金[時間]のかかるもの; 蕩尽(とうじん)企業《資金をつぎ込んでも利益のあがらぬ企業》. **4** 〘地質〙= sink 6 b. 〚1456〛
Sin·kiang Úighur /ʃìndʒiáːŋ-/ *n.* =Xinjiang Uygur.
sink·ing /síŋkɪŋ/ *n.* **1** 衰弱, 衰弱感, 元気のないこと, 意気消沈: a ~ at the heart 気の滅(め)入り / a ~ in the stomach (空腹による)胃の虚脱感 / a ~ feeling (恐れ·空腹などのための)気の滅入るような感じ, 虚脱感. **2** 沈没; 陥没, めりこみ. **3** 掘削, 掘下げ. **4** 〘金属加工〙空引(からびき)加工《心金を使わずに引抜き加工する方法; tube sinking ともいう》. 〚1440〛
sínking fùnd *n.* 〘証券〙減債基金《債券を償還するための基金》. 〚1724〛
sínking pùmp *n.* 〘機械〙掘下げポンプ《sinker ともいう》.
sínking spèll *n.* 〘証券〙株価の短期的[一時的]低落.
sínk·less *adj.* 沈まない, 不沈の: a ~ ship.
sínk màrk *n.* 〘金属加工〙ひけ跡, ひけマーク《鋳物やプラスチックモールド品の表面にできるくぼみ》.
sínk ùnit *n.* 台所設備一式. 〚1939〛
sín·less *adj.* 罪のない, 潔白な (innocent). **~·ly** *adv.* **~·ness** *n.* 〚OE *synlēas*: ⇨ sin, -less〛
sín·ner *n.* **1** (宗教·道徳上の)罪人(つみびと), 罪ある人: as I am a ~ (断言する場合に)私が罪深い者であるように, 確かに / Young saint(s), old ~(s). ⇨ saint 2 / a Sunday saint and everyday ~ =Sunday saint. **2** (軽い意味で)悪者, いたずら者: a young ~ 若い者, 若造. 〚1340〛
sin·net /sínɪ̀t | -nɪt/ *n.* =sennit.
Sinn Fein /ʃìnféɪn; *Ir.* ʃiːn̪ʲhéːn̪ʲ/ *n.* **1** (アイルランドの完全独立を期して1905年ごろ結成された)シンフェーン党. **2** =Sinn Feiner. 〚(1905) ◻ Ir. *sinn féin* we ourselves〛
Sínn Féin·er /-féɪnə | -nə^(r)/ *n.* シンフェーン党員.
Sínn Féin·ism /-nɪzm/ *n.* シンフェーン主義[運動]. 〚1907〛
si·no- /sáɪnou | -nəu/ 〘解剖〙 **1**「洞と...との (sinus and ...)」の意の連結形. **2**「静脈洞と...との (sinus venosus and...)」の意の連結形. ★ 時に sinu- になる. 〚← SINUS〛
Sin·o- /sáɪnou, sín- | -nəu/「中国の (Chinese); 中国と...との (Chinese and ...)」の意の連結形: *Sino*-Japanese (cf. Chino-). 〚◻ F ~ ← LL *Sinae* (pl.) the Chinese ◻ LGk *Sînai* ◻ Arab. *Ṣīn* ◻ Chin. *Ch'in* (秦)〛
Sìno-Américan *adj.* 米国·中国間の, 米中の. 〚1931〛
sìno-átrial *adj.* 〘解剖〙洞房結節の[に関する]. 〚1913〛
síno-àtrial nóde *n.* 〘解剖〙洞房結節《上大静脈が右心房に開口するところの右肩にあって, 刺激がここからスタートして心臓各部に伝えられる細長い組織塊; sinus node ともいう》.
sín òffering *n.* **1** 罪のあがないの供物(くもつ). **2** (古代ユダヤ教の儀式における)動物のいけにえ. 〚1535〛
Sìno-Japanése *adj.* 中国·日本間の, 日中の: the ~ relations [trade] 日中関係[貿易] / the ~ War 日清戦争 (1894–95). — *n.* 中国語に強い影響を受けた日本語. 〚1903〛
Si·nól·o·gist, s- /-dʒɪ̀st | -dʒɪst/ *n.* =Sinologue.
Si·no·logue, s- /sáɪnəlɔ̀(ː)g, sín-, -lɑ̀(ː)g | -lɔ̀g/ *n.* (*also* **Si·no·log** /~/) 中国学者. 〚(1853) ◻ F ~: ⇨ Sino-, -logue〛

Si·nol·o·gy, s- /saɪnɑ́(ː)lədʒi, sɪ-| -nɔ́l-/ *n.* 中国学《中国の言語・文学・歴史または文化・風習などを研究する学問》. 〖(1882) ◻ ? F *sinologie*: ⇨ Sino-, -logy〗 **Si·no·log·i·cal, s-** /sàɪnəlɑ́(ː)dʒɪkəl, sɪn-, -nl-, -kɫ | -lɔ́dʒɪ-, -nl-⁻/ *adj.*

Si·no·ma·ni·a /sàɪnoʊméɪniə, sɪn-, -njə | -nə(ʊ)-/ *n.* 中国心酔, 中国狂. 〖← SINO-＋-MANIA〗

Si·no·phile, s- /sáɪnəfàɪl, sín-/ *n., adj.* 中国人びいきの(人), 親中国主義者(の); 中国政策支持者(の). 〖(1894) ← -PHILE〗

Si·no·phobe, s- /sáɪnəfòʊb, sín- | -fəʊb/ *n., adj.* 中国恐怖症の(人), 中国(人)ぎらいの(人). 〖(1920): ⇨ ↓, -phobe〗

Si·no·pho·bi·a, s- /sàɪnəfóʊbiə, sɪn- | -fə́ʊ-/ *n.* 中国恐怖症, 中国ぎらい, 中国アレルギー. 〖(1966) ← SINO-＋-PHOBIA〗

Sìno-Tibétan *n.* シナ-チベット語族《チベット・ミャンマー・中国の諸言語を含む》. **—** *adj.* シナ-チベット語族の. 〖1920〗

SINS /sínz/ *n.* 〖海事〗船舶慣性航行装置. 〖(1958)《頭字語》← *s(hip's) i(nertial) n(avigation) s(ystem)*〗

sin·se·mil·la /sìnsəmílə | -míːjə; *Am.Sp.* sinsemíja/ *n.* シンセミーラ《大麻の雌株から採る種なしの高純度のマリファナ》. 〖(1975) ◻ Mex.-Sp. ~《原義》seedless ← *sin* without＋*semilla* seed〗

sin·syne /sínsàɪn/ *adv.* 《スコット・北英》それ以来 (since then). 〖(*a*1657) ←《英方言》*sin* from, since (< OE *siþþan*)＋SYNE (⇨ since)〗

sín tàx *n.* 《口語》罪悪税《酒・たばこ・賭博などの税》.

sin·ter /síntə | -tə^(r)/ *n.* **1** 〖地質〗(鉱泉にできるケイ酸・石灰などの)沈澱物; (特に)シンター, 珪華(けいか)《火山地方の温泉に沈澱して生成する含水ケイ酸で外観は石灰華 (calcareous sinter) に酷似する; 俗に「湯の華」といわれる; cf. travertine, tufa 1》. **2** 〖冶金〗焼結物. **—** *vt.* 〖冶金〗焼結させる. **—** *vi.* 〖冶金〗焼結する. **sin·ter·a·bil·i·ty** /sìntərəbílәti | -tərəbílɪti/ *n.* 〖(1757) ◻ G *Sinter* iron dross: ⇨ cinder〗

sín·ter·ing /-tərɪŋ | -tə-/ *n.* 〖冶金〗＝powder metallurgy.

Sint Maar·ten /*Du.* sɪntmáːrtən/ *n.* Saint Martin のオランダ語名.

Sin·tra /síːntrə; *Port.* sĩtrɐ/ *n.* シントラ《ポルトガル西部, Lisbon の北西にある都市》.

Sin·tu /síntuː/ *adj., n.* 《南ア》シンツー語(の)《Bantu 語の euphemism として用いる》. 〖(*c*1975) ← Bantu (*i*)*si-* language, culture＋*-ntu* (African) person〗

sin·u·ate /sínjuɪt, -njuèɪt/ *adj.* **1** 曲がりくねった (winding). **2** 〖植物〗〈葉の縁が〉波状の. **—** *vi.* 曲がりくねる, 曲がりくねって進む (wind). **~·ly** *adv.* 〖(1688) ← L *sinuātus* (p.p.) ← *sinuāre* to bend ← *sinus* 'bend, curve, SINUS': ⇨ -ate²〗

sin·u·at·ed /sínjuèɪtɪd | -tɪd/ *adj.* ＝sinuate.

sin·u·a·tion /sìnjuéɪʃən/ *n.* 曲がりくねり; 波状. 〖(1653) ◻ LL *sinuātiō(n-)*: ⇨ sinuate, -ation〗

si·nu·a·tri·al /sàɪnjuéɪtriəl, sìn-⁻/ *adj.* ＝sino-atrial.

Sin·ŭi·ju /sín(w)iːdʒùː, ⁻⁻⁻; *Korean* ʃinidʒu/ *n.* 新義州(シニジュ)《朝鮮民主主義人民共和国北西部, 鴨緑江(河口より約 40 km 上流)に面する工業都市; 対岸の中国の丹東市とは鉄橋で結ばれている》.

sin·u·os·i·ty /sìnjuɑ́(ː)səti | -ɔ́sɪti/ *n.* **1** 曲がりくねり, 湾曲. **2** [しばしば *pl.*] (川・路の)曲がり目, 曲がり角, 湾曲部. 〖(1598) ◻ F *sinuosité* // ML *sinuōsitatem*: ⇨ ↓, -ity〗

sin·u·ous /sínjuəs/ *adj.* **1 a** 屈折[屈曲]の多い, 曲がりくねった, 波状に続く (winding, serpentine). **b** しなやかな動きの, しなやかな (lithe). **2** 回りくどい, 間接の (indirect). **3** ひねくれた (morally crooked). **4** 〖植物〗＝sinuate 2. **~·ly** *adv.* **~·ness** *n.* 〖(1578) ◻ L *sinuōsus* ← *sinus* (↓): ⇨ -ous〗

si·nus /sáɪnəs/ *n.* **1** 曲がり (curve), 湾曲 (bend); 曲がったところ, 湾曲部; 入江 (creek), 湾 (bay). **2** 〖解剖〗洞(どう), 竇(とう) (cavity), 腔(こう). **3** 〖病理〗瘻(ろう) (fistula). **4** 〖植物〗裂欠《分裂片と分裂片の中間部のくぼみ》.

sínus of Val·sál·va /-vɑːlsɑ́ːlvə; *It.* -valsálva/ 〖解剖〗バルサルバ洞《大動脈と肺動脈の半月弁の舌の後にある洞》. 《イタリアの解剖学者 Antonio M. Valsalva (1666–1723) にちなむ》

〖(?*a*1425) ◻ L ~ 'bend, hollow, bosom'〗

si·nus·i·tis /sàɪnəsáɪtɪs | -tɪs/ *n.* 〖病理〗静脈洞炎, 副鼻腔炎《俗にいう「蓄膿(症)」》. 〖(1896) ← NL ~: ⇨ ↑, -itis〗

sínus nòde *n.* 〖解剖〗＝sinoatrial node.

si·nus·oid /sáɪnəsɔ̀ɪd/ *n.* **1** 〖数学〗シヌソイド, 正弦曲線 (sine curve)《平面上で 0<|x|≦1 の時には, y＝sin 1/x で, x＝0 の時には, 線分 −1≦y≦1 で定義された点集合のこと》. **2** 〖解剖〗類洞(部), ジヌソイド《末梢毛細血管領域で内腔の広くなった終末部で, いろいろな臓器に存在する》. 〖(1823) ← SINUS＋-OID〗

si·nus·oi·dal /sàɪnəsɔ́ɪdl | -dl⁻/ *adj.* **1** 〖数学〗シヌソイドの. **2** 〖数学〗正弦[サイン]曲線を描く. **3** 〖解剖〗洞様の. **4** 〖物理〗正弦関数で表される. **~·ly** *adv.* 〖1878〗

sinusóidal projèction *n.* 〖地図〗シヌソイド図法, サンソン図法《1650 年, N. Sanson /sénsən, -sn/ が考案による擬円筒図法; Sanson-Flamsteed projection ともいう》. 〖1944〗

sínus ve·nó·sus /-viːnóʊsəs | -vɪnə́ʊ-/ *n.* 〖解剖〗静脈洞. 〖(1836–39) ← NL ~: ⇨ sinus, venous〗

Si·on /sáɪən | sáɪ-, záɪ-/ *n.* ＝Zion 4.

-sion /ʃən, ʒən/ *suf.* ★ 母音の後では /-ʒən/, ただし /əː | əː/ の後では /-ʒən | -ʃən/. 子音の後では /-ʃən/ が原則. -tion と同じく動作・状態を表す抽象名詞語尾: ascension, delusion, tension, version. 〖ME ◻ (O)F ~ // L *-siō(n-)* (p.p. 語幹の *-s-* と名詞語尾 *-iō* から): cf. -tion〗

Siou·an /súːən/ *n.* (*pl.* ~, ~s) **1** スー (Sioux) 語族《Mississippi 川西岸から Rocky 山脈に及ぶアメリカインディアン中の大語族; Sioux 族のほか Omaha, Osage, Iowa, Missouri, Oto, Winnebago, Mandan, Crow, Catawba などの諸族を含む》. **2 a** [the ~(s)] スー族《スー語族に属する言語を用いる種族》. **b** スー族の人. **—** *adj.* **1** スー語族の. **2** スー族の. 〖(1885) ⇨ ↓, -an¹〗

Sioux /súː/ *n.* (*pl.* ~ /~(z) | ~z/) スー族 (Siouan), (特に)ダコタ族 (Dakota). **—** *adj.* スー族の, (特に)ダコタ族の. 〖(1712) ◻ F ~《略》← *Nadowessioux* ◻ N-Am.-Ind. (Ojibway) *nadowe-is-iw* (dim.) ← *nadowe* adder, enemy〗

Sìoux Cíty *n.* スーシティ《米国 Iowa 州西部 Missouri 河畔の港市》.

Sìoux Fálls *n.* スーフォールズ《米国 South Dakota 州南東部の都市》.

Sìoux Stàte *n.* [the ~] スー州《米国 North Dakota 州の俗称》. 《もと Sioux 族が住んでいたことから》

Sìoux Wárs *n. pl.* [the ~]《米》スー戦争《1854–90 年間 Wyoming 州から Minnesota 州にかけて繰り返し戦われたスー族インディアンと白人との戦い》.

sip /síp/ *v.* (**sipped; sip·ping**) **—** *vt.* **1 a** 〈液体を〉ちびちび飲む; すする, 吸う (cf. sup¹) (⇨ drink SYN): He sat *~ping* his wine for hours. 何時間も座ってワインをちびちび飲んでいた / She was *~ping* soda water through a straw. ソーダ水をストローで吸っていた. **b** ちびちび飲んで…する: ~ one's glass dry ちびちび飲んでコップを空にする. **2** 味わう. **3** 〈知識などを〉吸収する (take in). **—** *vi.* ちびちび飲む; 〔液体を〕すする, 吸う 〔*at*〕: ~ *at* the tea. **—** *n.* ちびちび飲むこと, 一すすり; 一口, 一なめ: take [have] a ~ of brandy ブランデーをちびりちびり飲む[一なめする] / drink a cup of coffee in ~*s* ちびちびコーヒーを飲む. 〖(*c*1395) *sippe(n)* ← ?: cf. MLG (LG *sippen* to sip)〗

sipe¹ /sáɪp/ *vi.* 《スコット・北英》〈液体が〉したたり落ちる; しみ出る. **síp·er** *n.* 〖lateOE *sipian* ← ?: cog. Fris. *sypje* / MLG *sipen*〗

sipe² /sáɪp/ *n.* (車輪・タイヤの)踏み面の溝. 〖(*c*1955) ←《方言》*sipe* oozing〗

si·phon /sáɪfən/ *n.* **1** サイフォン《液体を低所へ移すための曲管》. **2** ＝siphon bottle. **3** 〖動物〗水管, 吸管. **—** *vt.* **1** サイフォンで移す[吸う, 空にする]〈*off, out*〉. **2** 〈収入・利益などを〉吸い上げる, 吸収する〈*off*〉. **3 a** 〈物〉の流れを移す[そらせる]. **b** 〈資金などを〉流用する〈*off*〉. **—** *vi.* サイフォンを通る, サイフォンから(のように)流れる. 〖(*a*1398) ◻ L *sīphō(n-)* ◻ Gk *síphōn* tube ← ?: cf. F *siphon*〗

si·phon- /sáɪfən/ (母音の前にくるときの) siphono- の異形.

si·phon·age /sáɪfənɪdʒ/ *n.* 〖物理〗サイフォン作用. 〖1855〗

si·phon·al /sáɪfənl/ *adj.* サイフォンの[に関する, に似た]. 〖(1826) ← SIPHON, -AL¹〗

Si·phon·ap·ter·a /sàɪfənǽptərə/ *n. pl.* 〖昆虫〗隠翅目, ノミ目. 〖← NL ~: ⇨ sipho-, Aptera〗

síphon barómeter *n.* 〖気象〗サイフォン式気圧計《U 型の管をもつ水銀気圧計》. 〖1835〗

síphon bòttle *n.* 《米》(炭酸水を入れる)サイフォンびん (《英》soda siphon). 〖1856〗

síphon-cùp *n.* 〖機械〗注油サイホン, サイホン式注油器.

si·phon·et /sàɪfənét, ⁻⁻⁻/ *n.* 〖昆虫〗(アブラムシ (aphid) などの)吸蜜(きゅうみつ)管. 〖(1826) ← SIPHONO-＋-ET〗

síphon gàuge *n.* 〖機械〗曲管圧力計《水銀を半ばまで満たし一端が閉じられているガラス管から成る》. 〖*c*1820〗

si·pho·ni- /sáɪfəni, -ni/ siphono- の異形 (⇨ -i-).

si·phon·ic /saɪfɑ́(ː)nɪk | -fɔ́n-/ *adj.* サイフォンの; サイフォン作用の.

si·pho·no- /sáɪfənoʊ | -nəʊ/ 次の意味を表す連結形: **1**「サイフォン (siphon); 管 (tube)」. **2**「クダクラゲ目 (Siphonophora)」. ★ 時に siphoni- また母音の前では通例 siphon- になる. 〖← NL ~ ← Gk *síphōn* tube〗

Si·pho·noph·o·ra /sàɪfənɑ́(ː)fərə | -nɔ́f-/ *n. pl.* 〖動物〗(腔腸動物門)クダクラゲ目. 〖← NL ~: ⇨ siphono-, -phora〗

si·pho·no·phore /saɪfɑ́(ː)nəfɔ̀ə | sáɪfənəfɔ̀ː^(r)/ *n.* 〖動物〗(腔腸動物)クダクラゲ目の動物. **si·pho·noph·o·rous** /sàɪfənɑ́(ː)fərəs | -nɔ́f-⁻/ *adj.* 〖(1883) ↑〗

si·pho·no·stele /saɪfɑ́(ː)nəstìːl, sàɪfənoʊstíːli | saɪfɔ́nəstìːl, sàɪfənə(ʊ)stíːli/ *n.* 〖植物〗管状中心柱《髄を中心に, それを囲んで内外両側に師部を有する木部のある中心柱; cf. protostele》. **si·pho·no·ste·lic** /sàɪfənoʊstíːlɪk, saɪfɑ̀(ː)n- | sàɪfənə(ʊ)-, saɪfɔ̀n-⁻/ *adj.* **si·pho·no·ste·ly** /sáɪfənoʊstìːli, saɪfɑ́(ː)nə- | sáɪfənəʊ-, saɪfɔ́n-/ *adv.* 〖(1902) ← SIPHONO-＋STELE¹〗

síphon recòrder *n.* 〖通信〗サイフォンレコーダー《電信受信装置の一種で, 記録用インクがサイフォンを通して送られる》. 〖1873〗

síphon spìllway *n.* 〖土木〗サイフォン余水吐き《ヘッドタンクの余水吐きにサイホンの原理を利用した形式のもの》.

si·phun·cle /sáɪfʌŋkl/ *n.* 〖動物〗連室細管《オウムガイの貝殻内の各室間を連絡する細管など》. 〖(1822) ← NL *siphunculus* ← L *sīp(h)unculus* little pipe (dim.) ← *sīphō(n-)* tube〗

Si·phun·cu·la·ta /saɪfʌŋkjəléɪtə | -tə/ *n. pl.* 〖昆虫〗シラミ目 (＝Anoplura). 〖← NL ~ ← *siphunculus* (↑)〗

sip·id /sípɪd | -pɪd/ *adj.* ＝sapid. 〖(1623)《逆成》← INSIPID〗

Si·ple /sáɪpl/, **Mount** *n.* サイプル山《南極大陸 Marie Byrd Land の山 (3,100 m)》.

síp·per *n.* **1** ちびちび飲む人, すする人. **2** 大酒飲み (bibber). **3** 《米》(炭酸水などを飲む時に用いる)紙製ストロー (straw). 〖1611〗

sip·pet /sípɪt | -pɪt/ *n.* **1** 小片 (small bit), 切端 (fragment). **2 a** (肉汁・ミルクなどに浸した)パン切れ. **b** クルトン (crouton). 〖(1530) ← *sip* (《変形》← SOP)＋-ET〗

Síp·py dìet [règimen] /sípi-/ *n.* 〖医学〗シッピー食餌療法《重炭酸ソーダを用いて胃酸を中和させる胃潰瘍の治療法》. 〖← *Bertram W. Sippy* (1866–1924: 米国の医師)〗

Si·pun·cu·la /saɪpʌ́ŋkjulə/ *n. pl.* 〖動物〗星口(ほしぐち)動物門《海産のホシムシ類 (peanut worms) から成る蠕虫(ぜんちゅう)型無脊椎動物の一門》. 〖← NL ~ (fem.) ← *Sipunculus* (⇨ Sipunculoidea)〗

si·pun·cu·lid /saɪpʌ́ŋkjulɪd | -lɪd/ *adj., n.* 〖動物〗星口動物門の(動物). 〖(1888) ↓〗

Si·pun·cu·li·da /sàɪpʌŋkjúːlədə | -lɪdə/ *n. pl.* 〖動物〗＝Sipuncula.

Si·pun·cu·loi·de·a /saɪpʌ̀ŋkjulɔ́ɪdiə | -diə/ *n. pl.* 〖動物〗星口動物門. 〖← NL ~ ← *Sipunculus* (属名: ⇨ siphuncle)＋-OIDEA〗

Si·que·i·ros /sɪkéɪrous | -rəʊs; *Am. Sp.* sikéiros/, **David Al·fa·ro** /alfáro/ *n.* シケイロス (1896–1974; メキシコの壁画家).

si quis /sáɪkwɪs/ *L.* 聖職[牧師]任命予告《「異議ある者は申し出でよ」と教会内に掲示するもの》. 〖(1597) ◻ L *si quis* if anyone (knows an impediment): ラテン語によるその告示文の冒頭の語〗

sir /sə́ː | sə́ː^(r)/ *n.* **1 a** [男に対する尊称的または形式的呼掛け] ★ 見知らぬ人に, 目下の人から目上の人に, 召使から主人, 《英》生徒から教師に, または議会で議長に対して用いる; cf. ma'am: Good morning, ~. お早うございます. **b** [意見をする時または皮肉に用いる場合]: Get out, ~! 出て行ってくれ / Will you be quiet, ~! 静かにしてくれんか / What do you say, ~? 何を言うんだい. **c** [通例商用文の書出しまたは古くは結尾の挨拶; 会社の場合は複数形]: Dear *Sir* 拝啓 / *Sirs* (会社宛に)拝啓《今は Gentlemen を用いることが多い》/ I am, ~, yours truly. 《古》敬具. **d** /sə́ː/ [性に関係なく肯定・否定の強調語として (cf. sirree)]《米口語》: Yes, ~. そうですとも / No, ~. 違います. **2** /sə | sə^(r)/ [S-]《英》サー《準男爵 (baronet) またはナイト爵 (knight) に対する尊称; cf. dame 2》: *Sir* Walter [W.] Scott. ★ full name または given name の前につける; 日常の呼掛け用法としては Sir Walter と言い, Sir Scott とは言わない. **3** 《古》/sə | sə^(r)/ [歴史上の人名に用いる尊称]: *Sir* Pandarus of Troy. **4 a** /sə | sə^(r)/《古》[職業・地位などを示す名詞に添えて用いる尊称]: ~ judge 裁判官殿 / ~ priest 牧師様. **b** 《廃》[皮肉的なまたはふざけた敬称]: ~ critic 論評氏 / *Sir* Oracle オラクル様(賢いお方) (cf. Shak., *Merch* V 1. 1. 93). **5** /sə́ː | sə́ː^(r)/ Sir の称号または sir で呼び掛ける人, 紳士, 貴族. **—** /sə́ː | sə́ː^(r)/ *vt.* (**sirred; sir·ring**) …に sir と呼び掛ける: Don't ~ me quite so much. 私をそうそう sir と呼ばないでくれ, 先生呼ばわりは御免だ. 〖(*c*1300)《弱形》← SIRE〗

Sir. 《略》〖聖書〗Sirach.

Si·rach /sáɪræk | sɪ́ər-/, **Son of** *n.* 〖聖書〗シラクの子イエス《聖書外典の Ecclesiasticus の著者とされている; ⇨ Jesus 4》.

Si·ra·cu·sa /*It.* sirakúːza/ *n.* シラクサ《Syracuse 2 のイタリア語名》.

Si·raj-ud-Dau·la /sɪrɑ́ːdʒuddáulə | sɪ-/ *n.* (*also* **Surajah Dowlah**) シラージュッダウラ (1728?–57; インド Bengal の太守 (nabab); 英国のインド植民地化に反抗して多数の英人を Calcutta の Black Hole に投獄したが, 結局 Clive 軍に Plassey で敗れて捕えられた後, 部下に暗殺された (1757); cf. Black Hole 1》.

sir·car /sə́ːkɑə, ⁻⁻ | sə́ːkɑː^(r)/ *n.* **1** ムガール (Mogul) 帝国支配下のインド行政区. **2** 《インド》**a** 政府, 政庁. **b** [尊称として] だんな (master). 〖(1627) ◻ Hindi & Pers. *sarkār* chief ← Pers. *sar* head＋*-kār* worker〗

sir·dar /sə́ːdɑə, ⁻⁻ | sə́ːdɑː^(r), ⁻⁻; *Hindi* sərdaːr/ *n.* **1 a** (インドなどで昔の)地方族長 (chief). **b** (トルコ・エジプトの昔の)最高司令官. **c** (英国支配下のエジプトで)英人のエジプト軍司令官. **2** (インドで)責任ある地位に居る人. 〖(1595) ◻ Hindi & Pers. *sardār* commander,《原義》head-possessor ← Pers. *sar* head＋*dār* holding〗

sire /sáɪə | sáɪə^(r)/ *n.* **1 a** (家畜の)雄親, 父獣 (male parent) (cf. dam² 1); (特に)種馬 (stallion). **b** 《詩》父親 (father). **c** 《古・詩》祖先 (forefather): be buried with one's ~*s* 父祖のもとに葬られる, 死ぬ. **2 a** [元首に対する呼び掛け] 陛下 (Your Majesty). **b** 《古》主君 (lord), 要人. **3** 著者 (author). **—** *vt.* **1** 〈家畜の雄が〉〈子を〉つくる, こしらえる (beget), …の親である: ~*d* by …種の / Base things ~ base. 《諺》「かえるの子はかえる」, 「うりのつるになすびはならぬ」. **2** 生み出す, …の著者になる. 〖(?*a*1200) ◻ (O)F ~ < VL **seior*＝L *senior* older: ⇨ senior〗

sir·ee /sə(ː)ríː | sə(ː)ríː/ *n.* ＝sirree.

si·ren /sáɪrən | sáɪə-/ *n.* **1** (号笛・警報器・濃霧警報などの)サイレン; 空襲警報(器): an ambulance ~ 救急車のサイレン / blow [sound] a ~ / The noon ~ blew [sounded]. 正午のサイレンが鳴った. (◻ F *sirène*《原義》

S

siren (n. 2): 水中で音を出すところから》 **2** [しばしば S-]〘ギリシャ神話〙セイレン《Sicily 島近くの小島に住んでいたとされる半人半鳥の海の精; 彼女らの歌を聞いた船人はその美声に魅せられて海に飛び込んで死んだという》. **3 a** 美声の女歌手 (sweet singer). **b** 怪美人, 魔女; (特に)男たらし, 妖婦 (temptress). **4 a**〘動物〙サイレン科サイレン属 (*Siren*) のサンショウウオ類の総称《米国南部の沼に住む短い 2 本の前肢をもつウナギに似た両生類; 後肢は退化》. 《← NL *siren* ← L *sīrēn*》 **b** =sea cow 1. **5**〘紋章〙人魚 (seiren). **— adj.** [限定的] セイレンの歌のような; 魅惑的な (tempting): a ～ voice / ⇨ siren song.
— vi. 〈消防車などが〉サイレンを鳴らして進む.
〘(1340) *sereyn, sirene* □ OF *sereine, sirene* (F *sirène*) □ LL *Sīrēna* (fem.) ← L *Sīrēn* □ Gk *Seirḗn*《原義》? the Binder ← *seirā́* cord, rope〙

Si·re·ni·a /saɪríːniə/ *n. pl.*〘動物〙海牛目. 〘← NL ～: ⇨ ↑, -ia²〙

si·re·ni·an /saɪríːniən/ *adj., n.* 海牛目の(動物). 〘(1883) ⇨ ↑, -AN¹〙

si·ren·ic /saɪrénɪk/ *adj.* セイレン (siren) の; 旋律の美しい; 魅惑的な, 人を欺く (deceptive). 〘1704〙

si·rén·i·cal /-nɪ̀kəl, -kl̩ | -nɪ-/ *adj.* =sirenic. **～·ly** *adv.*

síren sòng *n.* 誘惑[欺瞞]の言葉[歌]. 〘*a*1568〙

síren sùit *n.*《英》**1** (第二次大戦中, 空襲警報が鳴ると着用した)空襲警備服. **2** (体にぴったりした)仕事[胸当て]ズボン; それに似たベビースーツ. 〘1939〙

Si·ret /sɪrét; *Rom.* sirét/ *n.* [the ～] シレト(川)《ウクライナ西部 Carpathian 山脈に源を発しルーマニア東部を貫流し Danube 川に注ぐ川 (726 km)》.

sir·gang /sə́ːgæŋ | sɜː-/ *n.*〘鳥類〙ヘキサン (*Cissa chinensis*)《ヒマラヤから熱帯アジア産カケスの一種; 全体が緑色, 顔には目を横切る黒い帯があり, 翼はえび茶色》. 〘現地語?〙

Sir·i·an /sírɪən/ *adj.*〘天文〙シリウス (Sirius) の, 天狼星の. 〘(1591) ← SIRIUS, -AN¹〙

si·ri·a·sis /sɪ̀ráɪəsɪ̀s | sɪráɪəsɪs/ *n.* (*pl.* **-a·ses** /-siːz/)〘病理〙日射病 (sunstroke). 〘□ L *sīriāsis* ← Gk *seiríāsis* ← *seiriân* to be hot: ⇨ -asis〙

si·ris /sɪ̀rɪs | sɪ-/ *n.*〘植物〙ネムノキ属 (*Albizzia*) の高木の総称: **a** ビルマネムノキ (⇨ lebbek 1). **b** ネムノキ (silk tree). 〘(1874) □ Hindi *siris* ← Skt *śirīṣa*〙

Sir·i·us /sírɪəs/ *n.*〘天文〙シリウス, 天狼(てんろう)星, 狼星《おおいぬ座 (Canis Major) の α 星で全恒星中最大光輝を発する −1.5 等星; the Dog Star ともいう; cf. Canopus²》. 〘(*c*1380) ← L *Sīrius* □ Gk *Seírios* glowing, burning〙

sir·kar /sə́ːkɑə, ─⊿ | sə́ːkɑː(r/ *n.* =sircar.

sir·loin /sə́ːlɔɪn | sɜ́ː-/ *n.* **1** サーロイン《牛の腰肉の上部の肉で上肉; ⇨ beef 挿絵》. 日英比較 牛肉の「ロース」は和製英語. ローストに適することから. **2** =sirloin steak. 〘(*a*1425) □ (O)F *surlonge*, OF **surloigne*: ⇨ sur-², loin〙

sírloin stéak *n.* サーロインステーキ《サーロインの切り身; cf. rump steak》. 〘1885〙

si·roc·co /sɪ̀rɑ́(ː)kou | sɪrɔ́kəu/ *n.* (*pl.* **～s**) **1 a** シロッコ《北アフリカから南ヨーロッパに吹きつける砂まじりの熱風; cf. ghibli》. **b** (同地方に吹く)雨まじりの蒸し暑い南(東)の風. **2** 旋風性の熱風《エジプトの khamsin, アフリカ西海岸の harmattan, また Texas 州や Kansas 州に吹くもの》. 〘(1617) □ It. ～ □ Arab. *šarqī* east (wind) ← *šaraqa* to rise (of the sun)〙

S

si·ro·nize /sáɪrənàɪz/ *vt.*《豪》〈毛織物〉に防皺加工する《洗濯後しわになるのを防ぐため》. 〘← (C)SIRO+-IZE〙

si·ro·set /sáɪrousèt | sáɪ(ə)rə(υ)-/ *adj., n.*《豪》毛織物に防縮[パーマネントプレス]効果を与えるための化学的処理(の). 〘← (C)SIRO+SET〙

sir·rah /sírə/ *n.* (*also* **sir·ra** /～/)《古・方言》[呼び掛けに用いて] おい, こら. ★ 軽蔑・じれったさなどを表し目下の者に対して用いる. 〘(1526) *syr(r)a, sirah*《変形》? ← ME *sire* 'SIRE'〙

sir·ree /sə(ː)ríː | sə(ː)ríː/ *n.*《米口語》[yes, no の後に用いて] sir の強意形: Yes, ～. その通りですとも / No, ～. (とんでもない)違います. 〘(1823)《転訛》← SIR〙

Sir Róger de Cóverley *n.* サーロジャードカヴァリー《英国のカントリーダンスの一種; Roger de Coverly, Sir Roger ともいう; cf. Virginia reel》. 〘(1804) *Spectator* に登場する架空の田舎紳士の名から〙

sir·ta·ki /sɪətáːki | sɪə-/ *n.* (*also* **syr·ta·ki** /～/) シルターキー《ギリシャの民族舞踊の一つ》. 〘□ ModGk *surtáki*〙

Sir·te /síəṭə | sə́ːti/ *n.* [the Gulf of ～] シルテ湾《Sidra 湾の別称》.

sir·up /sírəp, sə́ːr- | sír-/ *n., vt.* =syrup.

sir·up·y /sírəpi, sə́ːr- | sír-/ *adj.* =syrupy.

sir·vente /sə(ː)vént | sə(ː)-; *F.* siʀvɑ̃ːt/ *n.* (*pl.* **～s** /-vents; *F.* ～/) (*also* **sir·vent** /～/; *F.* siʀvɑ̃/) (フランス中世プロバンスの叙情詩人 (troubadours) の手になる)諷刺・論難の詩. 〘(1819) □ F ～ □ Prov. *sirventes*《原義》servant's song ← *sirvent, servent* 'SERVANT'〙

sir·ven·tes /sə(ː)vɛ́ntɪ̀s | sə(ː)véntɪs/ *n.* (*pl.* ～ /～ɪ̀z, ～/) =sirvente.

sis¹ /sís/ *n.* **1**《米口語》**a** 姉, 妹 (sister). **b** [呼び掛けに用いて] お嬢さん. **2**《俗》=sissy. 〘(1656)《略》← SISTER: cf. bub¹〙

sis² /sɪs, səs/ *int.*《南ア口語》うへー, げーっ《失望・不快・軽蔑を表す》. 〘(1862) □ Afrik. *sies*〙

Sis /sís/ *n.* シス《女性名》. 〘(dim.) ← CECILIA〙

SIS /èsàɪés/ 《略》《英》Secret Intelligence Service, 《NZ》Security Intelligence Service. 〘1939〙

sis. 《略》《口語》sister.

-sis /sɪ̀s | sɪs/ *suf.* (*pl.* **-ses** /⊿ siːz, ⊿⊿ sìːz/) 次の意味を表すギリシャ語系名詞語尾 (cf. -asis, -osis). **1**「過程, 活動」: analy*sis*, metathe*sis*. **2**「病的状態; …による病気」: psoria*sis*. 〘□ L ～ □ Gk ～ (行為・活動を表す女性語尾)〙

si·sal /sáɪsəl, sɪ̀, -zəl, -zl̩/ *n.* **1**〘植物〙サイザルアサ (*Agave sisalana*)《メキシコ・中米産のリュウゼツランの一種》. **2** サイザル[シサル]麻《同上の繊維を精製したもので各種のロープ用; sisal hemp ともいう; cf. henequen》. 〘(1843) □ Mex.-Sp. ～ ← *Sisal* (Yucatan 半島の港市の名)〙

sísal hèmp *n.* =sisal 2.

sis-boom-bah /sísbùːmbáː/ *n.*《米俗》見るスポーツ, (特に)アメリカンフットボール. 〘(1924) 応援の掛け声から〙

Sis·er·a /sísərə/ *n.*〘聖書〙シセラ《カナン人の指導者; Jael に殺された; *Judges* 4:17–22》. 〘□ Heb. *sīsᵉrā́ʰ*〙

sis·kin /sískɪ̀n | -kɪn/ *n.*〘鳥類〙**1** マヒワ (*Spinus spinus*)《ヨーロッパやアジアに生息する》. **2** マヒワに似た小鳥の総称《シママヒワ (pine siskin), ショウジョウヒワ (red siskin) など》. 〘(1562)《古形》*syskin* □ Flem. *sijsken* ← Slav. (cf. Pol. *czyżik*)〙

Sis·ley /sízli, sís-; *F.* sislɛ/, **Alfred** *n.* シスレー《1839–99; 英国人を両親として Paris に生まれたフランスの印象派の風景画家; cf. impressionism 1 a》.

Sis·mon·di /sɪsmɑ́(ː)ndi | -mɔ́n-; *F.* sismɔ̃di/, **Jean Charles Lé·onard Si·monde de** /leɔnaːrsimɔ̃ːd-də/ *n.* シスモンディ《1773–1842; スイスの歴史家・経済学者, 古典派経済学の批評者》.

Sis·sie /sísi/ *n.* シシー《女性名》. 〘(dim.) ← CECILIA: cf. Sis〙

sis·si·fied /sísəfàɪd | -sɪ̀-/ *adj.*《口語》女々しい, 柔弱な (sissy). 〘(1903) ← SISSY+-FY+-ED〙

sis·sonne /sɪsɑ́(ː)n, -sóun, -sɔ́(ː)n | -sɔ́n; *F.* sisɔn/ *n.*〘バレエ〙シソンヌ《バレエの基本動作の一つ; 両足で踏み切り, 片足で着地する跳躍》. 〘(1706) ← *Comte de Sissonne* (その考案者の 17 世紀のフランスの貴族)〙

sis·soo /sísuː/ *n.* (*also* **sis·su** /～/) **1**〘植物〙シッソノキ (*Dalbergia sissoo*)《インド産のマメ科ツルサイカチ属の 24 m にも達する高木》. **2** シッソノキの材《シタンに似て堅く美しい; 船材や鉄道枕木用などに重要》. 〘(1810) □ Hindi *sisō* ← Skt *śiṁśapā*〙

sis·sy /sísi/ *n.* **1**《口語》女々しい少年[男子]; いくじなし, 弱虫. **2** 姉, 妹 (sister); 少女 (little girl). **3**《俗》同性愛の男, 女役のホモ. **— adj.** (**sis·si·er; -si·est**)《口語》少女らしい; 〈少年が〉女々しい. 〘(1846) ← SIS+-Y²〙

síssy bàr *n.*《俗》シシーバー《オートバイ・自転車の背もたれとしてサドルの後ろにつける逆 U 字形の金具》. 〘1969〙

síss·y·ish /-siɪʃ/ *adj.*《口語》=sissy.

sis·ter /sístə | -tə(r/ *n.* **1 a** 姉または妹, 姉妹 (cf. brother); 異父[母]姉[妹], 義姉[妹] (sister-in-law): brothers and ～*s* / one's older [elder,《口語》big] ～ 姉 / one's younger [《口語》little, kid] ～ 妹 / a full [whole] ～ 同父母姉[妹] / a half ～ 異父[母]姉[妹] (cf. sister-german) / the ～*s* Brontë ブロンテ(三)姉妹. 日英比較 日本語の「姉, 妹」のような長幼の序を表す 1 語はないので文脈などで姉か妹かを判断する. また, 呼び掛ける時, 日本語の「姉さん」に相当するものはなく名前で呼ぶ. **b** 姉妹のような人, 女の親友 (female friend). **2 a** 女性同士, 同胞姉妹; 同級の女生徒; 同宗教[教会]の女性会員: our ～*s* of other lands and races 他国他民族のわが同胞姉妹. **b** 姉妹関係にあるもの, 同種のもの: waste and its ～ want 浪費とその姉妹である欠乏. **3**《英》(病院・病棟の)看護婦長, 婦長 (senior nurse); 看護婦. **4** [しばしば S-] **a**〘カトリック〙修道女, 童貞, シスター (cf. brother 5 a, lay sister, nun¹ 1); [呼び掛け・敬称として] *Sister* Jane. **b** キリスト教会の女の人. **5 a** 女性, 娘 (girl, woman). **b** [女性・少女に対する呼び掛けとして] おねえちゃん. **c** 人 (person): ⇨ weak sister 1. **6** [the ～s]〘ギリシャ・ローマ神話〙運命の三女神 (the FATAL sisters, the THREE Sisters ともいう; ⇨ fate 4).
Líttle Sísters of the Póor [the —] ⇨ little *adj.*
Síster of Chárity〘カトリック〙慈悲童貞会の会員《St. Vincent de Paul によって 1634 年フランスに創立された病人の看護に当たる修道女会の会員》.
Síster of Lo·rét·to /lərétou | -təu/〘カトリック〙1812 年米国 Kentucky 州 Loretto に創立された修道女会の会員.
Síster of Mércy〘カトリック〙Catherine McAuley /məkɔ́ːli/ によって 1827 年 Dublin に創立された慈善・教育事業などに従事する修道女会の会員.
Síster of Próvidence〘カトリック〙(1) 1806 年フランスに創立された修道女会の会員. (2) 1843 年 Montreal に創立された教育・慈善事業などに従事する修道女会の会員. 《《部分訳》← F *sœur de providence*》
— adj. 姉妹のような関係にある; 姉妹…, 対(つい)の: ～ arts 姉妹芸術 / ～ ships 姉妹艦[船] / ～ languages 姉妹語 / ～ states 姉妹国. / ⇨ sister city.
— vt. **1** …と姉妹の関係にある; 姉妹として扱う. **2** sister の名で呼ぶ. **3**〘海事〙〈折れた[弱った]材〉に当て材を当てて縛りつけ補強する.
〘ME ～ □ ON *systir* ∞ ME *suster, soster* < OE *sweostor* < Gmc **swestr* (Du. *zuster* / G *Schwester*) < IE **swesor* sister (L *soror*)〙

síster blòck *n.*〘海事〙シスターブロック, 姉妹滑車, ひょうたん形滑車. 〘1794〙

síster cíty *n.*《米》姉妹都市 (《英》twin town).

síster-gérman *n.* (*pl.* **sisters-**) 同父母姉妹 (full sister) (cf. half sister). 〘(1384) *sister germayn*《部分訳》← OF *sœur germaine*: ⇨ sister, german〙

síster·hòod *n.* **1 a** (考え・目的などを同じくする)女性同士の連帯感[きずな]. **b** 姉妹であること; 姉妹関係[の間柄]: live in loving ～ 姉妹仲よく暮らす. **2** (伝道・教育・慈善などを目的とした, カトリック教会の)修道女会. **3** 婦人団体. 〘(*a*1393): ⇨ -hood〙

síster hòok *n.* シスターフック, 姉妹鉤(かぎ)《はさみのように組み合わせた二重フック; clip hook, clove hook ともいう》.

sister-in-law /sístə(r)ɪ̀nlɔ̀ː, -lɑ̀ː | -tə(r)ɪnlɔ̀ː/ *n.* (*pl.* **sisters-**) 義理の姉妹, 義姉[妹] (cf. brother-in-law): **a** 配偶者の姉妹, 小姑(こじゅうと). **b** 兄[弟]の妻. **c** 配偶者の兄弟の妻. 〘1440: ⇨ -in-law〙

síster kéelson *n.*〘海事〙副キールソン, 副内竜骨 (⇨ side keelson). 〘1846〙

síster·less *adj.* 姉妹のない. 〘1856〙

sís·ter·ly *adj.* **1** 姉[妹]の, 姉[妹]のような; 姉妹のように親しい. **2** 親切な, 愛情にみちた, 親身の (affectionate): ～ love. **— adv.** 姉[妹]のように. **sís·ter·li·ness** *n.* 〘(1570): ⇨ -ly¹·²〙

síster·shìp *n.* =sisterhood.

síster shíp clàuse *n.*〘保険〙姉妹船約款《同一船主に属する船舶が衝突したような場合に, 保険では別別の船主に属するものとみなして処理することを定めた約款》. 〘1974〙

síster-úterine *n.* (*pl.* **sisters-**) 同母姉[妹].

Sis·tine /sístiːn, ─⊿ | sístiːn, -taɪn/ *adj.* ローマ教皇シクストゥス (Sixtus) の; (特に) Sixtus 四世または五世の. 〘(1771) □ It. *Sistino* ← NL *sixtinus* ← L *Sextus*《原義》sixth〙

Sístine Chápel *n.* [the ～] システィナ礼拝堂《ローマの Vatican 宮殿にある教皇の礼拝堂; Sixtus 四世の建立で, Michelangelo の天井画があるので有名》. 〘1771〙

sis·trum /sístrəm/ *n.* (*pl.* **～s**, **sis·tra** /-trə/) **1** シストルム《古代エジプトで女神イシス (Isis) の祭に使用した「がらがら」に似た楽器》. **2**「がらがら」のように奏する楽器一般》. 〘(*a*1398) □ L *sīstrum* □ Gk *seîstron* ← *seíein* to shake〙

Si·swa·ti /sɪswáːti | -ti/ *n.* シスワティ語 (⇨ Swazi).

Sis·y·phe·an /sɪ̀səfíːən | -sɪ̀-⊿/ *adj.* (*also* **Si·syph·i·an** /sɪ̀sɪ́fiən | sɪ-/) **1** (ギリシャの)シーシュポス (Sisyphus) 王の. **2** 果てしない, むだ骨折りの: ～ labor [task, toil] 何度繰り返しても徒労に終わる仕事, むだ骨折り. 〘(1635) ⇨ ↓, -an¹〙

Sis·y·phus /sísəfəs | -sɪ̀-/ *n.*〘ギリシャ神話〙シーシュポス《Corinth の邪悪な王; 死後地獄に落とされ, 刑罰として大きな石を山頂まで押し上げることを命じられたが, 石は頂上に近づくと必ずまた下に転がり落ちたという》. **the stóne of Sísyphus** シーシュポスの石, むだ骨折り (cf. *the rope [code] of* OCNUS). 〘□ L *Sisyphus* □ Gk *Sísuphos* ← ?: cf. Gk *suphós* wise〙

sit /sít/ *v.* (**sat** /sǽt/, 《古》**sate** /séɪt, sǽt/; **sat,** 《古》**sit·ten** /sítn̩/; **sit·ting**) *vi.* **1** 座る, 腰をかける, 着席する; 座っている, 腰を下ろしている: ～ (*down*) *at* (《米》the) table 食卓につく / ～ *in* an armchair 肘掛け椅子に座る / ～ *in* [*on*] a chair 椅子に座る / ～ *on* a bench [sofa] ベンチ[ソファー]に座る / ～ *on* the floor [ground] 床[地面]に腰を下ろす / ～ *at* a desk working 机に座って仕事をしている / ～ near [by] a person [the fire] 人[火]のそばに座る / ～ *on* the throne 王座[王位]につく / ⇨ *sit on the* FENCE / ～ *on* one's heels ひざまずく / ～ *on* thorns いばらの上に座る, 不安な心地がする / ～ *on* a volcano 危険[不安]な状態にいる / ～ still じっと座る / ～ (up) straight 正座[端座]する (cf. SIT up (*vi*) (2) / ～ crosslegged 足を組んで座る, あぐらをかく / ⇨ SIT *back*, SIT TIGHT / I'd rather stand than ～. 腰を掛けるより立っていた方がよい / Please ～ down. お座りください / I've spent the whole day just ～*ting* here! ここにただ座っているだけでまる一日過ぎてしまった / Are you ～*ing* comfortably? Then I'll begin. お楽になさってますか. では始めましょう.
2 〈人が〉座ったままでいる, じっとして動かない; 〈物・事が〉そのままである, 放置されている: Don't just ～ there doing [～ back and do] nothing! ぼうっとして何もしないでいるんじゃない / ～ at home 何もしないで(家に)いる / leave the dishes ～*ting* 食器を出しっ放しにしておく / leave the matter ～*ting* 問題を放置しておく / His car just *sat* in the garage. 車は(使わないで)ガレージに入れたままになっていた (cf. *vi.* 3 a) / The money has just *sat* in the bank. 金は銀行で眠っている《預けっ放しだ》.
3 a 位置する, 横たわる (lie): The town ～*s on* a hill. 町は山の上にある / The house ～*s back from* the road. 家は通りから引っ込んだ所にある / The clock *sat on* that shelf for years. 時計はその棚に幾年も置いたままだった (cf. *vi.* 2). **b** 〈風位が〉〔…に〕ある〔*in*〕: *Sits* the wind there? そんな風の吹き回しか; それが実情か (cf. Shak., *Much Ado* 2. 3. 98). **c**《古》住む, 居住する (cf. SITTING tenant).
4 a 〔肖像を描かせる[写真を撮らせる]ために〕姿勢を正して着座する〔*for*〕: ～ *for* one's portrait 肖像画を描かせる[描いてもらう]. **b** 〔…に〕肖像を描かせる, 写真を撮らせる; 〔…の〕モデルになる〔*for*, 《古》*to*〕: ～ *for* an artist [a photographer] 肖像画を描いて[写真を撮って]もらう / ～ *for* a painter 画家のモデルになる.
5 a 〔委員会・議会などの〕席につく, 一員である〔*on, in*〕; 〔…の一員として〕席につく, 役職につく〔*as*〕: ～ *on* a jury [committee] 陪審員[委員]である / ～ *on* the bench [board of directors] 裁判官[重役]である / ～ *in* Parliament [Congress] 国会議員である / ⇨ *sit in* JUDGMENT / ～ *as* a member of the committee 委員(会の一員)になる. **b**《英》〔選挙区を〕議会で代表する〔*for*〕(cf. SITTING member): ～ *for* a constituency [《古》*for* borough] 選挙区を代表する議員である[から議員に選出される]. **c** 〈委員会・議会・裁判所が〉開会[開廷]する, 議事を行う: ～ *on* the question of …の問題で開会する[議事を

行う] / Parliament [The court] will not ~ [be ~*ting*] today. 本日は議会は開会[法廷は開廷]されない.
6 《英》〈試験などを〉受ける, 〔…のために〕受験する 〔*for*〕: ~ *for* an examination [a degree] 受験する[学位試験を受ける] / ~ *for* a place at university [a scholarship] 大学に入る[奨学金を得る]ために試験を受ける.
7 a 〈損失・責任・苦労・年齢などが〉〔…の〕負担になる (weigh), 苦になる (press) 〔*on, upon*〕: His losses [cares, years] ~ lightly [heavily, heavy] (*up*)*on* him. 損失[苦労, 年]は彼には苦にならない[重くのしかかる] / His principles *sat* loosely *on* him. 彼はあまり主義に拘泥しなかった. **b** 〈食物が〉(胃に)もたれる: This food ~*s* heavily [heavy] *on* the stomach. この食物は胃にもたれる.
8 a 〈衣服が〉合う, 似合う (fit): The dress ~*s* well *on* you. そのドレスは君によく似合う / This jacket ~*s* badly *across* the shoulders. この上着は肩の所がうまく合わない. **b** 〈地位などが〉〔…に〕似合う, 調和する (be befitting) 〔*on, upon*〕: The title ~*s* comfortably [awkwardly] *upon* him. あの肩書は彼にはしっくりだ[ぴったりしない].
9 [通例否定・疑問文で] 《口語》〔人の〕気に入る, 〔人に〕合う, 受け入れられる 〔*with*〕: The strategy will *not* ~ well [right] *with* him. その戦術は彼の気に入らないだろう / How did his story ~ *with* his father? 彼の話はどういう風におやじに受け取られたかな.
10 (留守中に) 〔赤ん坊・子供・ペットの〕お守り[世話]をする (baby-sit) 〔*with*〕; 〔病人を〕看病する 〔*with*〕: ~ *with* a friend's children [an invalid].
11 a 〈犬などが〉腰をつく, うずくまる: The dog was ~*ting on* its hind legs. 犬がうしろ足で座っていた / *Sit!* Good dog! お座り. よし. **b** 〈鳥が〉とまる (perch): ~ *in* a tree 木にとまる / ~ (*down*) *on* a branch [bough] 枝にとまる.
12 〈雌鳥が〉巣につく, 卵を抱く (brood) (cf. sitter 2) / The hens are ~*ting* (*on* eggs) now. 雌鳥は抱卵中だ.
— *vt.* **1 a** 座らせる, 腰をかけさせる, 着座させる 〈*down*〉: ~ one's guests at (the) table 客人たちを食卓につかせる / He *sat* himself [《古・口語》him] (*down*) at my side. 彼は私の横に座った. **b** …人分の座席がある (seat): The car [table] ~*s* six people. 車には 6 人乗れる[テーブルには 6 人が座れる]. **2** 〈馬などに〉乗る (ride), 乗りこなす, 御する: ~ a horse well うまく馬に乗る, 乗馬がうまい. **3** 《英》〈筆記試験を〉受ける (take): ~ an exam.
sit abóut [***aróund***] 何もしないでいる, のらくらしている (cf. *vi.* 2). ***sit báck*** (1) (必要な時に)何もしない, 手を拱(こまぬ)いている. (2) (椅子に)深く腰を掛ける; 背をもたせて座る: ~ *back* in one's chair. (3) (一仕事したあとで)くつろぐ. (4) ⇨ *vi.* 3 a. ***sit bý*** (1) 無関心[消極的, 控えめ]な態度をとる; 傍観する. (2) 横[傍]に座る. ***sit dówn*** (*vi.*) (1) 〈食卓・食事などの〉席につく (cf. *vi.* 1) 〔*to*〕: ~ *down to* lunch / ~ *down to* bacon and eggs 朝食のテーブルについてベーコンエッグを食べる. (2) 〈仕事を始める, 熱心にやり出す〔*to*〕: ~ *down to* one's work. (3) ⇨ *vi.* 11 b. (4) (疲れてまたは満足して)休む, 手を休める. (5) 居を定める. (6) 尻餅(しりもち)をつく: ~ *down on* the ice. (7) 着陸する. (8) 陣取る, 包囲する (lay siege): ~ *down before* a town, fortress, etc. (9) 協議[交渉など]を始める: ~ *down together* 共に交渉の席につく. (10) 〈侮辱・待遇などを〉素直に[甘んじて]受ける (take meekly, lie down) 〔*under*〕: ~ *down under* defeat [an insult] 負けて[侮辱されて]黙っている / take an insult ~*ting down* 侮辱を甘受する. (11) 〔…を〕こらえる, あきらめる, 〔…に〕満足している 〔*with*〕. — (*vt.*) ⇨ *vt.* 1. ***sit dówn and do*** 腰をすえて[じっくりと]…する. ***sit dówn*** (***hárd***) ***on*** [***upòn***] 《口語》(1) 〈計画などに〉強硬に反対する (repress). (2) ＝SIT *on* (3). ***sit ín*** (1) (会議・仕事などで)代行する: ~ *in for* a person *as* chairman 議長として人の代行をする. (2) 座り込みスト[デモ]をする (cf. sit-in): ~ *in at* a factory 工場で座り込みストをやる. (3) トランプに加わる. (4) 〔…に〕(通例参観人・オブザーバーなどとして)参加する, 出席する 〔*on, with, at*〕: ~ *in on* classes [a debate, a meeting] 授業を参観する[討議に立ち会う, 会議を傍聴する] / ~ *in with* a jazz band ジャズバンドに加わる. (5) 《英》＝baby-sit. (6) 〈ゲーム・会議などに〉参加する (cf. *vi.* 5 a): ~ *in on* [*at*] a poker game. ***sit lóose*** ⇨ loose *adj.* 成句. ***sit on*** (1) 《口語》〈報道・苦情・調査などを〉押さえる, 伏せておく, 棚上げする (neglect), 握りつぶす, もみ消す (suppress): The committee has been ~*ting on* the report. 委員会はその報告に対して腰を上げないでいる. (2) (委員などの資格で)…を調べる, 調査する (investigate) (cf. *vi.* 5 a, c): ~ *on* a case 委員として事件を調べる. (3) 《口語》〈人を〉押さえつける (suppress), 黙らせる, しかり飛ばす (rebuke), やり込める (snub): He needs ~*ting on.* 奴はへこましてやる必要がある. ***sit on one's hánds*** ⇨ hand 成句. ***sit óut*** (*vi.*) (1) 戸外(のひなた)へ出て座る. (2) ダンスに加わらない. (3) 《英》(ヨットで)風上側の舷外に身を乗り出す (hike out). — (*vt.*) (1) (退屈でも)終わりまで見る[聞く], …が終わるまでいる: ~ *out* a boring lecture [a play, a concert] 退屈な講義[劇, 音楽会]を最後まで聞く[見る]. (2) …に参加しない, …から超然としている: ~ *out* any future war 将来のいかなる戦争にも参戦しない. (3) 〈ダンスに〉加わらない: ~ *out* a rumba [waltz] ルンバ[ワルツ]は踊らないで抜かす. (4) 〈他の訪問者〉よりも長居する (outstay): ~ one's rival *out* ライバルよりも長く居残る. ***sit óver*** (1) 席を詰める. (2) 《トランプ》(ブリッジで)…の左隣り[しもて]にいて有利である. ***sit thróugh*** …の終わりまでいる: ~ *through* a long sermon 長説教を終わりまで聞く. ***sit tight*** ⇨ tight 成句. ***sitting prétty*** ⇨ pretty 成句. ***sit ùnder*** (1) 《古》〈牧師〉の説教を聴聞する; 〈教師〉の講義を聴講する: ~ *under* a famous preacher [teacher]. (2) 《トランプ》(ブリッジで)…の右隣りにいて不利である. ***sít úp*** (*vi.*) (1) 起き直る, 起き上がる《寝た姿勢から起き上がって座った姿勢になる: cf. sit-up》: ~ *up* in bed 〈病人などが〉ベッドに起き上がる. (2) 正座する, きちんと座る: ~ *up* straight まっすぐに座り直す, 居住まいを正す. (3) 寝ずにいる, 起きている: ~ *up* late (at night) [all night] 夜ふかしする, 夜明かしする / ~ *up for* a person 寝ずに人を待つ / ~ *up with* a patient [an invalid] 寝ずに病人を看護する / ~ *up with* a dead body 死者の通夜をする. (4) 食卓につく: Come and ~ *up* (*at* [*to*] the table). (食事の用意ができた時など)さあテーブルについて下さい. (5) 《口語》びっくりする, ぎょっとする; しゃんとする: make a person ~ *up* 人をびっくりさせる; (無気力な)人を元気づける; 人に活を入れる. (6) 〈犬が〉ちんちんをする: ~ *up* and beg ちんちんして物をねだる. — (*vt.*) 起き上がらせる: ~ a baby *up* 赤ん坊を起き上がらせる. ***sit úp and tàke nótice*** (1) 《口語》(急に)興味をいだく, 認識を新たにする; (やっと)事情がのみ込める. (2) 〈病人が〉元気になってくる, 快方に向かう. 《1909》 ***sit wéll with*** …に向く[似合う].
— *n.* 《口語》**1** 座ること, 着席; 座って(待って)いる時間. (cf. sit-down) **2** (衣服の体に対する)合い方, なじみ方, 着心地.
〖OE *sittan* < Gmc **sitjan, *setjan* (Du. *zitten* / G *sitzen*) ← IE **sed-* to sit (L *sedēre* (⇨ sedentary) / Gk *hézesthai*): cf. set, seat, settle〗

Si·ta /síːtɑː | sítə, síːtə/ *n.* **1** シーター《女性名》. **2** 《インド神話》シーター《古代インドの農耕の女神; 叙事詩 *Ramayana* の主人公 Ramachandra の妃》. 〖▭ Skt *Sītā* 《原義》furrow〗
si·tar /sɪ̣tɑ́ə | sɪtɑ́ː^(r), ⌣⌣/; *Hindi* siṭaːr/ *n.* シタール《柄が長く胴の小さいインドの撥弦楽器; 柄の上に移動可能な多くのフレットが付いている》. 〖《1845》▭ Hindi *sitār* 《原義》three-stringed〗
si·tár·ist /-tɑ́ːrɪst | -rɪst/ *n.* シタール奏者. 〖1966〗
sit·a·tun·ga /sɪ̀tətúŋgə | -tə-/ *n.* (*pl.* ~, ~**s**) 《動物》シタツンガ (*Tragelaphus spekei*)《アフリカ中央部の沼沢地にすむレイヨウ; marshbuck ともいう》. 〖《1881》現地語〗
sit·com /sítkɑ̀(ː)m | -kɒ̀m/ *n.* 《口語》＝situation comedy. 〖《1964》《略》← SIT(UATION) COM(EDY)〗
sít-dòwn *n.* **1** 《英口語》座談, 談笑の一時: have a pleasant ~. **2** ＝sit-down strike: organize a ~. **3** ＝sit-in 2. **4** 座ってとる食事 (cf. buffet¹ 1). **5** 座ること. — *adj.* 座ったままの, 座った姿勢でする: a ~ meal, dance, etc. 〖adj.: 《1836》; n.: 《1861》〗
sít·dòwn·er *n.* 座り込みストライキ参加労働者. 〖《1936》← ↑＋*-er*¹〗
sít-down móney *n.* 《豪口語》失業手当, 福祉手当. 〖1978〗
sít-down pròtest *n.* (抗議の)座り込み. 〖1936〗
sít-down strìke *n.* 座り込み(ストライキ)《単に sit-down ともいう》. 〖1936〗
site /sáɪt/ *n.* **1** (都市・建築などの現在または予定の)敷地, 用地 (ground): a good ~ for a house / buy a ~ for a building 建築用地を買う. **2** (町・建物などのあった)跡, 遺跡; (事件などの)あった所 (scene): historic ~*s* 史跡 / the ~ of recent fire 最近火事のあった場所. **3** 《インターネット》サイト《Web site の略》. — *vt.* **1** …の土地を選定する, 位置させる (locate). **2** 〈砲を〉(使えるように)据えつける: ~ a gun. 〖《c1380》▭ AF ~ // L *situs* position, site (p.p.) ← *sinere* to leave, lay, put ←?: cf. situate〗
síte lìcense *n.* 《電算》サイトライセンス《購入したソフトウェアを施設内の複数端末で利用することを許可する契約》.
si·tel·la /sɪtélə/ *n.* 《豪》《鳥類》ゴウシュウゴジュウカラ属 (*Neositta*) の小鳥の総称 (tree runner ともいう). 〖《1848》← NL *Sittella* (旧属名) (dim.) ← *sitta* nuthatch ← Gk *sittē*〗
sít·fàst *n.* 《獣医》鞍擦(くらずれ)《馬の背部の擦傷または水泡; 鞍または腹帯の不規則な圧迫によって生じる》. 〖1611〗
sith /sɪθ, sɪθ, síθ/ *adv., conj., prep.* 《古》＝since. 〖OE *siþþa* ←*siþþan* 'SINCE'〗
sith·ence /síθəns/ 《古》*adv., conj., prep.* ＝sith.
Si·tho·le /sɪtóuli | -tə́u-; *Shona* sithole/, **Nda·ba·nin·gi** *n.* シトレ《1920–2000; ジンバブエの聖職者・政治家; ジンバブエアフリカ人民同盟の指導者》.
sit-in /sítìn | sít-/ *n.* **1** 座り込みストライキ (sit-down strike). **2** 座り込み(デモ)《公共の場所に座り込み, 人種差別待遇などに反対する組織的な無抵抗抗議行動; cf. sleep-in 2》: stage a ~. 〖1937〗
si·ti·o- /sáɪṭiou | -tiəu/ ＝sito-.
Sit·ka /sítkə/ *n.* シトカ《米国 Alaska 州南東部 Alexander 群島中の Baranof 島にある港町; ロシア領時代の主都》. 〖《1829》▭ Tlingit ~ (種族名) ←? *Shi* (Baranof 島の現地語名)＋*-ka* (suf. of place)〗
Sítka cýpress *n.* 《植物》アラスカヒノキ (yellow cedar). 〖1884〗
sit·kam·er /sítkæmə | -mə^(r)/ *n.* 《南ア》居間. 〖《1902》← Afrik. ~, *zitkamer* ← Du. *zit* sit＋*kamer* chamber〗
Sítka sprúce *n.* 《植物》アラスカトウヒ (*Picea sitchensis*)《北米太平洋岸に産するマツ科の針葉樹》; その材木《家具・建築用材》. 〖1895〗
si·to- /sáɪtou | -təu/「穀物 (grain); 食物」の意の連結形. 〖▭ Gk ~ ← *sîtos* food, grain ←?〗
si·tol·o·gy /saɪtɑ́(ː)lədʒi | -tɔ́l-/ *n.* 《医学》栄養学. 〖《1864》: ⇨ ↑, -logy〗
si·to·ma·ni·a /sàɪṭəméɪniə, -njə | -tə-/ *n.* 《精神医学》暴食症, 病的飢餓. 〖《1882》: ⇨ -mania〗
si·to·pho·bi·a /sàɪṭəfóubiə | -təfə́u-/ *n.* 《精神医学》恐食症, 嫌食症, 拒食症. 〖《1882》← SITO-＋-PHOBIA〗
si·tos·ter·ol /saɪtɑ́(ː)stərɔ̀(ː)l | -tɔ́stərɔ̀l/ *n.* 《化学》シトステロール, シトステリン ($C_{29}H_{49}OH$)《小麦・トウモロコシなどから採ったステロール (sterol) の一種》. 〖《1898》← SITO-＋STEROL〗
sít·òut *n.* 《インド》テラス.
sit·rep /sítrɛp/ *n.* 《軍事》状況報告《ある部隊がその所在する地域の軍事情勢について行う定期的報告》. 〖《1943》← *sit(uation) rep(ort)*〗
sit spìn *n.* 《スケート》シットスピン《片脚でゆっくり腰を落とし, 他方の足は伸ばして行うスピン》.
sits vac. 《略》situations vacant. 〖c1965〗
Sit·tang /sítɑːŋ/ *n.* [the ~] シッタン川《ミャンマー中東部を南流して Martaban 湾に注ぐ; 第二次大戦の激戦地 (1942, 45)》.
sit·tar /sɪ̣tɑ́ə | sɪtɑ́ː^(r), ⌣⌣/ *n.* ＝sitar.
sit·tel·la /sɪtélə/ *n.* ＝sitella.
sitten *v.* 《古》sit の過去分詞.
sit·ter /síṭə | -tə^(r)/ *n.* **1 a** 《口語》＝baby-sitter. **b** 座る人, 着席者. **c** (半身肖像画[写真]用の座っているモデル, 写生させる人. **d** ＝B-girl. **2** 巣鳥, かえし鳥, 抱き鳥 (brooding bird) (cf. sit *vi.* 12): a good [bad] ~ 上手[下手]なかえし鶏. **3** 《口語》**a** 楽々とやれる事柄[仕事]. **b** 確実な事柄. **c** ＝sitting duck 1. **4** 《英》＝sitting room. **5** 《米俗》尻, 臀部 (buttocks). 〖*?a*1300〗
Sit·ter /síṭə | -tə^(r); *Du.* sítər/, **Willem de** *n.* シッテル《1872–1934; オランダの天文学者・数学者》.
sítter-ín *n.* (*pl.* sitters-) ＝baby-sitter. 〖1947〗
sit·ting /síṭɪŋ | -tɪŋ/ *n.* **1** 着席, 着座: This chair is hard for ~. このいすは硬くて座り心地がよくない. **2** 肖像画や写真のモデルになること: give five ~*s* to a painter 画家のモデルとして 5 回座る. **3** 座って(仕事などを続けて)いる時間, 一仕事, 一気, 一度: finish a job *at a* [*one*] ~ 一気に仕事を終える / win three thousand dollars *in a* ~ (トランプなどで)一度に 3 千ドルも勝つ. **4 a** (議会の)開会(していること): all-night ~ of the diet 徹夜の国会審議. **b** 《米》(法廷の)開廷(していること): a ~ of a court 《米》開廷. **c** [しばしば *pl.*] 開会期間, 会期 (session) (cf. term *n.* 2 b). **5** (教会・劇場などでの)1 人分の座席; (教会・礼拝所などでの)定めの席. **6** (一団の人々に割りふられた)食事時間[場所]: dinner with ~*s* at 7 and 8 7 時と 8 時の 2 回に割り振られた夕食. **7** 巣ごもり (brooding), 抱卵 (incubation); 抱卵の時間, 抱卵期; 1 回の抱卵数 (clutch). — *adj.* **1** 座っている (seated). **2** 役職についている; 現職[現役]の: a ~ politician 現役の政治家 / the ~ member 現職議員; (総選挙時に, 前議員であった)候補者. **3** 《英》(借家・アパートなどに)居住中の: ⇨ sitting tenant. **4** 〈鳥が〉抱卵中の. 〖*?a*1200〗
Sít·ting Búll *n.* シッティングブル《1831–90; アメリカインディアン Sioux 族の酋長; 勇者として有名; Little Bighorn で Custer 将軍の騎兵隊を全滅させた (1876)》.
sitting dúck *n.* 《口語》**1** 楽な射撃[攻撃]の的. **2** (人の)思うつぼにはまる人, いいカモ 〔*for*〕. 〖1942〗
sitting héight *n.* 座高. 〖1665〗
sitting ròom *n.* **1** 《英》居間 (living room), 茶の間. **2** (ホテルなどのスウィート (suite) の一部分になっている)居室. 〖1771〗
sitting tárget *n.* ＝sitting duck. 〖1977〗
sitting ténant *n.* (現在占用中の)現借家[借地]人.
sitting tròt *n.* 鞍に座ったままの速足[トロット] (cf. rising trot).
Sit·twe /sítweɪ/ *n.* シトウェ《ミャンマー西部の港市》.
situ ⇨ in situ.
sit·u·ate /sítʃuèɪt | -tʃu-, -tju-/ *vt.* 〔ある場所に〕置く (place), 位置させる (locate) 〔*at, in, on*〕: Where do you ~ a new factory? 新工場をどこに建てるのか.
— /sítʃuɪ̣t, -tʃuèɪt | -tʃu-, -tju-/ *adj.* 《古》＝situated: a parish ~ about halfway between the two towns その二つの町の中間あたりにある教区.
〖《?a1425》← ML *situātus* (p.p.) ← *situāre* to place ← L *situs* 'SITE': ⇨ -ate²〗
sit·u·at·ed /sítʃuèɪṭɪ̣d | -tʃuèɪt-, -tju-/ *adj.* **1** 位置している (located), ある (placed); 敷地が…の: a town ~ on a hill 丘の上にある町 / His house is ~ at the back of the town hall. 彼の家は公会堂の裏にある. **2** (…の)立場[境遇, 状態]にある (circumstanced): be awkwardly ~ 困った立場[困難な地位]にある / thus ~ このような状態で / His family were well ~. 彼の家族の人たちは裕福だった. 〖1560〗
sit·u·a·tion /sìtʃuéɪʃən | -tʃu-, -tju-/ *n.* **1 a** (ある時に置かれた)境遇 (circumstances), 立場, 状態 (condition) (⇨ state SYN): I am in a dangerous ~. 危険な状態にある / He found himself in an embarrassing ~. 彼は困った立場に立つことになった / come out of a difficult ~ with credit 難局をみごとに切り抜ける / What would you do in a critical [《口語》crisis] ~? 危機的状況においては何をしますか. **b** 形勢, 時局, 状況, 事態 (state of affairs): the political ~ 政局 / the international ~ 国際情勢 / the Russo-Japanese ~ 日ロ関係 / the housing ~ 住宅事情. **c** 難局, 危機 (crisis): That saved the ~. それで急場が救えた, 危いところを助かった. **d** (脚本・小説などの)急場, きわどい場面, 大詰, クライマックス (climax): a thrilling [an intense] ~ はらはらする[息づまる]場面. **2** (周囲との関連での建物などの)位置, 場所, 立地条件; 敷地, 用地 (site): a delightful ~ for a house 家を建てるによい場所. **3 a** 勤め口, 奉公口, 就職口 (employment, job). ★ 英国では, 特に召使い・家庭教師など家庭内の仕事にいう: a ~ as gardener [a housemaid] 庭師[お手伝い]の勤め口 / be in [out of] a ~ 就職[失業]している / find a ~ in a shop 店員の口を見つける /

Situations Vacant. 人を求む《(米)Help Wanted》《求人欄の見出し》/ *Situations* Wanted. 職を求む《求職欄の見出し》. **b** 地位 (status): improve one's ～. **4** 〘心理・社会学〙状況, 事態. 〘((?a1425))◻(O)F ～ // ML *situātiō(n-)*: situate, -ation〙

sit·u·a·tion·al /sìtʃuéɪʃnəl, -ʃənl | -tʃu-, -tju-/ *adj.* **1** 境遇の, 境遇のせいで生じた. **2** 事情次第で変わる, ご都合主義の. **3** 〘心理・社会学〙状況の, 状況に規定された[条件づけられた]. **～·ly** *adv.* 〘1903〙

situátion cómedy *n.* (ラジオ・テレビの)連続コメディー《登場人物は決まっており, 通例一話完結のストーリーや状況設定で笑わせるドラマ, ホームコメディーなど; 《口語》では sitcom という》. 〘1946〙

situátion éthics *n.* 状況倫理《各状況での倫理的決断は個別的であり, 普遍的原則は不要だとする説》. 〘1955〙

sit·u·á·tion·ìsm /-ʃənìzm/ *n.* 〘心理〙状況主義《行動決定に対する状況の影響を重視する立場》; =situation ethics. **sit·u·á·tion·ist** /-ʃ(ə)nɪst | -nɪst/ *n., adj.* 〘1964〙

situátion ròom *n.* 〘軍事〙状況室《通例, 軍司令部内にあって, あらゆる戦闘・作戦行動などの状況報告が集められる部屋》. 〘1967〙

sit·u·la /sítʃulə | -tju-, -tʃu-/ *n.* (*pl.* **-lae** /-lìː/) 〘考古〙シトラ《鉄器時代イタリアのバケツ形をした鉄[陶]製の容器》. **— *adj.*** シトラ(形)の. 〘((1897))◻L ～ 'vessel for holding water'〙

sit-up /sítʌ̀p | sít-/ *n.* シットアップ《あお向けの姿勢から脚を床につけたまま上体を起こす腹筋運動》. 〘1938〙

sít-upòn *n.* 《英口語》尻, 臀部 (buttocks). 〘1920〙

si·tus /sáɪtəs, síː- | -təs/ *n.* (*pl.* ～) **1** 〘法律〙(課税・裁判管轄のための, 人または物の所在する)場所, 位置. **2** (器官部などの)位置. 〘((1701))◻L ～: ⇨ site〙

sítus in·vér·sus /-ɪnvɔ́ːsəs | -vɔ́ː-/ *n.* 〘医学〙逆位《心臓・肝臓などの内臓が正常の位置とは異なった位置にあること》. 〘1896〙

sit·u·tun·ga /sìtətúŋgə | -tə-/ *n.* 〘動物〙=sitatunga.

Sit·well /sítwəl, -wel/, Dame **Edith** *n.* シットウェル《1887–1964; 英国の詩人・批評家; O. Sitwell および S. Sitwell の姉; *Collected Poems* (1930)》.

Sitwell, Sir **Osbert** *n.* シットウェル《1892–1969; 英国の詩人・小説家; E. Sitwell の弟; *England Reclaimed* (1927)》.

Sitwell, Sa·chev·er·ell /səʃévərəl/ *n.* シットウェル《1897–1988; 英国の詩人・美術批評家; E. Sitwell および O. Sitwell の弟; *Sacred and Profane Love* (1940)》.

sítz bàth /síts-/ *n.* **1** 座浴, 腰湯 (hip bath). **2** 座浴[腰湯]の浴槽. 〘((1849))《部分訳》← G *Sitzbad* ← *Sitz* a sitting+*Bad* 'BATH'〙

sitz·fleisch /sítsflaɪʃ, zíts-; G zítsflaɪʃ/ *n.* 《俗》忍耐. 〘((a1930))◻G *Sitzfleisch* ← *sitzen* to sit+*Fleisch* flesh〙

sitz·krieg /sítskrìːg, zíts-; G. zítskriːk/ *n.* 〘軍事〙膠着(こうちゃく)戦(期間)《第二次大戦中, 西部戦線において比較的不活発であった戦闘(期間など); cf. blitzkrieg》. 〘((1939))◻G *Sitzkrieg* ← *Sitz* (↑)+*Krieg* war〙

sitz·mark /sítsmɑ̀ək, zíts- | -mɑ̀ːk; G. zítsmaʁk/ *n.* 〘スキー〙シットマーク《スキーヤーが後ろに倒れて雪中に残したくぼみ》. 〘((1935))《部分訳》← G *Sitzmarke* ← *Sitz* (↑)+*Marke* 'MARK¹'〙

S

SI únit /èsáɪ-/ *n.* SI [国際]単位系の各単位 (⇨ SI). 〘*SI*: 《略》← F *Système International (d'Unités)*〙

Si·va /ʃíːvə, ʃívə, síːvə, sívə; *Hindi* ʃɪʋ/ *n.* 〘ヒンズー教〙シバ, 湿婆(しば)《三大神格の一つで破壊と創造を象徴し, また人間の運命を支配する; cf. Brahma¹ 2, Vishnu》. 〘((1788))◻Skt *Śiva*《原義》propitious one: cog. L *cīvis* (cf. civil)〙

Siva

Sí·va·ìsm /-vəɪzm/ *n.* 〘ヒンズー教〙シバ教. 〘1901〙

Sí·va·ist /-ɪst | -ɪst/ *n.* シバ教徒. 〘1937〙

Si·va·is·tic /sìvəístɪk, ʃìvə-, sìːvə-, ʃìːvə- | sìːvə-, ʃìːvə-, sìvə-, ʃìvə-/ *adj.* シバのような; シバ信仰[教]の. 〘1891〙

Si·va·ite /sívəàɪt, ʃívə-, síːvə-, ʃíːvə- | ʃívə-, sívə-, síːvə-, ʃíːvə-/ *n.* 〘ヒンズー教〙=Saiva. 〘1880〙

Si·va·ji /sɪváːʒi/ *n.* シバージー (1627/30–80)《インドの Maratha 王国の王 (1674–80)》.

Si·van /sívən/ *n.* (ユダヤ暦の)3月《グレゴリオ暦の5–6月に当たる; ⇨ Jewish calendar》. 〘((1384))◻Heb. *Siwān* ◻Akkad. *Simānu*《原義》? (right) time〙

Si·vas /sɪváːs, síːvɑs; *Turk.* sívas/ *n.* シワス《トルコ東部の標高 1347 m にある都市》.

si·va·the·ri·um /sìvəθí(ə)riəm | -θíər-/ *n.* 〘古生物〙シバテリウム《洪積世アジアに生息していたキリンの祖先》. 〘((1835))← NL ～: ⇨ Siva, -therium〙

Si·wa /síːwə/ *n.* シワ《エジプト北西部のオアシス町; 古代エジプトの太陽神 Ammon 信仰の中心地; 古称 Ammonium》.

Si·wa·lik /sɪwáːlɪk/ *n.* シワリク《インド北部, Himalaya 山脈に沿う低い山脈; Punjab 北部から南東へ Uttar Pradesh まで延びる》.

Si·wan /sívən/ *n.* =Sivan.

Si·wash /sáɪwɔ(ː)ʃ, -wɑ(ː)ʃ | -wɔʃ/ *n.* **1** [軽蔑的] (太平洋北西岸の)北米インディアン. **2** 《米俗》[しばしば old ～; 集合的にも用いて] 田舎[駅弁]大学: students at a ～ / dear *old* ～. **3** [s-] =Cowichan sweater. **— *adj.*** **1** インディアン(特有)の[らしい]. **2** 無価値な, つまらない, 劣った. **— *vi.*** [s-] (太平洋北西岸で装備なしに)野営[野宿]する. 〘((1936))◻Chinook Jargon ～ ◻(Canada-)F *sauvage* savage〙

síwash swéater *n.* =Cowichan sweater. 〘((1967)) ↑〙

six /síks/ *n.* **1** 6; 6個, 6人, 6歳, 6時: at half past [after] ～ 6時半に / a child of ～ 6歳の子供 / a party of ～ 6人組, 6人の一行. **2** 6 [VI] の記号[数字]. **3** 〘クリケット〙6点(打)《ノーバウンドで場外に打たれた時》. **4** (英国の貨幣制度での) 6ペンス (sixpence); (英国の旧貨幣制度での) 6シリング (six shillings); 6ペンス: ～ and ～ 6シリング6ペンス / two and ～ 2シリング6ペンス / ～ and eight (pence) 6シリング8ペンス《18世紀頃のバリスターに対する(固定的な)報酬》. **5** (トランプの) 6の札, (さいの) 6の目; 半面に6個の点のあるドミノの牌: the ～ of hearts ハートの6 / throw a ～ さいを振って6の目を出す. **6** 6人[個]一組. **7** サイズ6の衣料品: wear a ～. **8** 6人1組のチーム; アイスホッケーチーム. **9** 6本オールのボート; そのボートの乗員; [*pl.*] 6本オールのボートレース. **10** 6気筒エンジン; 6気筒自動車.

at sixes and sévens ((1670)) =***at six and séven*** ((1583)) (1) 混乱して, 乱雑に. (2) 不一致で.《さいころ賭博からか (6, 7は高位点数); または 6+7=13 で不吉な数を表すことからか》 ***hít for síx*** 《英》(クリケットで) 6点打ちする. ***hít*** [***knóck***] ***a person for síx*** 《議論などで》〈人を〉打ち負かす; びっくりさせる. ((1937)) ***It is*** [***It's***] ***six of óne and hàlf-a-dózen of the óther.*** [***It is six and twó thrées***]. いずれも似たり寄ったりだ, 実際上何の差もない, 五十歩百歩. ((1836)) ***six of the bést*** 《英》むち打ち6回《むち[ステッキ]でたたく罰》. ***six to óne*** 6対1; はなはだしい差 (long odds).
— *adj.* 6の, 6個の, 6人の; [叙述的に用いて] 6歳で.
〘OE *six, s(i)ex* < Gmc **seks* (Du. *zes* / G *sechs*) < IE **sweks* (L *sex* / Gk *héx* / Skt *ṣaṣ*)〙

Six /síːs; F sis/, **Les** *n.* 〘音楽〙六人組《1920年代フランスの若い作曲家のグループ; Milhaud, Honegger を中心とする》. 〘1927〙

six·ain /sɪzéɪn, sɪkséɪn | síkseɪn; F sizɛ̃/ *n.* 〘詩学〙=sextain. 〘◻F ～ < OF *sisain* ← *sis* < L *sex* (↑)〙

síx-bìd sólo *n.* 〘トランプ〙6種ビッドソロ《3人が36枚のカードを1枚ずつ手札とし, 高低6種のビッドにより契約した得点を達成する米国起源のゲーム; 単に solo ともいう; cf. frog⁴》.

six-bỳ *n.* 《俗》大型トラック.

Síx Cóunties *n. pl.* [the ～] (北アイルランドの) 6州《Antrim, Armagh, Down, Fermanagh, Londonderry および Tyrone》.

Síx-Dày Wár *n.* [the ～] 6日戦争, 第3次中東戦争《1967年6月イスラエルはエジプト, ヨルダン, シリアを破り, Gaza Strip, Sinai 半島, Jerusalem, Jordan 川西岸地区, Golan 高原を占領》.

six-èight tíme *n.* 〘音楽〙8分の6拍子《単に six-eight ともいう》.

six·er /síksə | -sə^r/ *n.* **1** 六人隊長《英国・カナダのボーイ[ガール]スカウトで, 年少団員 (Brownies, Cub Scouts) の六人隊のリーダー》. **2** 〘クリケット〙6点打. 〘1870〙

six·fígure *adj.* 〈数字が〉6けたの.

six·fòld *adj.* **1** 6部分[部門, 要素]のある, 六重の. **2** 6倍の. **— *adv.*** 六重に; 6倍に. 〘OE *sixfeald*: ⇨ six, -fold〙

six-fòot *adj.* 6フィートの: a ～ plank 6フィート板 / the ～ way 〘鉄道〙軌間6フィートの鉄道. 〘1861〙

six-fóoter *n.* 《口語》おおよそ6フィートある人[もの]. 〘1844〙

six-fòur chórd *n.* 〘音楽〙四六の和音《第5音が最低音となる三和音の第2転回形》.

six-gìlled shárk *n.* 〘魚類〙=cow shark.

six-gùn *n.* 《口語》=six-shooter. 〘1912〙

six·mo /síksmoʊ | -məʊ/ *n.* 六折(版); 六折本《sexto ともいう》. **— *adj.*** 六折(版)の; 六折本の. 〘((1924)) ← SIX+-MO〙

Síx Nátions *n. pl.* [the ～] 《米》(アメリカインディアン Iroquois 族の昔の)六族連合 (Five Nations に Tuscarora 族を加えたもの). 〘1710〙

six o'clòck swíll *n.* 《豪口語》(閉店前の)がぶ飲み《午後6時に酒場が閉店された時代のこと》. 〘1955〙

six-pàck *n.* **1** 6本詰めパック, 半ダースカートン[紙箱]《特に, ビールのびん[かん]などが6本入る下げ手のついた厚紙箱》. **2** 《口語》よく発達した腹筋. 〘1952〙

six·pence /síkspəns | -pəns/ ★ 発音・用法その他については ⇨ penny 1. *n.* (*pl.* ～, **-penc·es**) **1** (英国の) 6ペンス(の価). **2** 6ペンスの硬貨《1946年までは銀貨, 1947年以降は白銅貨; 1980年7月1日廃止》. **3** 《口語》わずかの価; つまらないこと[人]: I don't care (a) ～ about it. そんなことは少しもかまわない / It doesn't matter ～. それは何でもないことだ, 少しもかまわない / the same old ～ 相も変わらぬでくの棒 / spit ～*s*=*spit* COTTON. 〘1389〙

six·pen·ny /síkspəni | -p(ə)ni, -pṇi/ ★ 用法その他については ⇨ penny 1. *adj.* **1** 6ペンスの: a ～ bit [piece] 6ペンス貨. **2** 《英》安物の (cheap), 無価値な (worthless), つまらない (paltry). **3** 〈釘が〉2インチ(の長さ)の《100本につき6ペンスしたことから》. 〘1423〙

sixpenny·wòrth *n.* 6ペンス相当分の物[量]. 〘*a*1475〙

six-póunder *n.* 〘軍事〙6ポンド砲《6ポンドの重さの砲弾を発射する砲》.

six-ròwed bárley *n.* 〘植物〙六条大麦《普通のオオムギ; 穂の各節に3個の小穂がつき, その全部が実るため, 粒が6列となり, 上から見ると穂が六角形に見える; cf. four-rowed barley》.

six-scóre *adj.* 《古》120の (cf. score *n.* 5). 〘?*a*1300〙

six-shóoter *n.* 《口語》6連発拳銃[ピストル] (six-gun). 〘1844〙

six-spòt *n.* =six 5.

sixte /síkst/ *n.* 〘フェンシング〙シクスト, 第六の構え《8種の受けの構えの一つ; cf. guard 6》. 〘((1885))◻F ～《原義》sixth < L *sextum*: cf. sext〙

six·teen /sìkstíːn/ *n.* **1** 16; 16個, 16人, 16歳: sweet ～ 花の16歳, 娘盛り. **2** 16 [XVI] の記号[数字]. **3** 16人[個]一組. **4** 16番サイズの衣服. **5** [*pl.*] 十六折(判) (sixteenmo): in ～*s* 十六折で.
— *adj.* 16の, 16個の, 16人の; [叙述的に用いて] 16歳で. 〘OE *sixtȳne* (cog. Du. *zestien* / G *sechzehn*): ⇨ six, -teen〙

six·teen·mo /sìkstíːnmoʊ | -məʊ/ *n.* (*pl.* ～**s**) 十六折(判); 十六折本 (sextodecimo, decimosexto ともいう; 16 mo, 16° とも書かれる). **— *adj.*** 十六折(判)の; 十六折本の. 〘((1847)): ⇨ -mo〙

six·teenth /sìkstíːnθ/ *adj.* **1** 第16の, 16番目の (16th). **2** 16分の1の: a ～ part 16分の1. **— *n.*** **1** [the ～] 第16, 16番目, 第16位; (月の)(第)16日: *the* ～ [16th] of April 4月16日. **2** 16分の1: a ～ 16分の1 / three-*sixteenths* 16分の3. **3** 〘音楽〙=sixteenth note. 〘ME *sixtenþe*《変形》← *sixteþe* < OE *sixtēoþa*: -n- は SIXTEEN の影響を受けた: ⇨ -th¹〙

sixtéenth nòte *n.* 〘音楽〙十六分音符 (semiquaver ともいう). 〘1861〙

sixtéenth rèst *n.* 〘音楽〙十六分休止符. 〘*c*1890〙

sixth /síksθ, síkstθ/ *adj.* **1** 第6の, 6番目の (6th). **2** 6分の1の: a ～ part 6分の1. **— *adv.*** 第6に, 6番目に. **— *n.*** **1** [the ～] 第6, 6番目, 第6位; (月の)(第)6日: *the* ～ [6th] of June 6月6日. **2** 6分の1: a ～ 6分の1 / two-*sixths* 6分の2. **3** 〘音楽〙第六音, 六度音程. 〘ME *sixte, sexte* < OE *sixta, siexta*: -*th* は16Cから〙

síxth chòrd *n.* 〘音楽〙六の和音《第3音が最低音となる三和音の第1転回形》. 〘1873〙

síxth cólumn *n.* 〘軍事〙第六部隊, 第六列《自国に不利な流言を行ったりして fifth column (第五部隊)を意識的または無意識的に助け, 利敵行為をする人々; または第五部隊に対抗するために団結した人々》.

Síxth Commándment *n.* [the ～] (十戒の)第六戒 (⇨ Ten Commandments).

Síxth dáy *n.* (クエーカー派 (Quakers) の間で)金曜日. 〘1655〙

síxth fórm *n.* [通例 the ～; 時に複数扱い]《英》〘教育〙シックスフォーム《義務教育後の中等教育で, 主として16–18歳の生徒が A level などの受験準備をする2年間の課程; しばしば lower sixth と upper sixth から成る》: a ～ student [pupil] / She is still in *the* ～. まだシックスフォームの学生です. **～·er** *n.* 〘1938〙

síxth fòrm cóllege *n.* 《英》〘教育〙シックスフォームカレッジ《特に sixth form がない学校出身の16歳以上の生徒に A level などの受験コースを提供する有料公立学校》.

sixth·ly *adv.* 第6に, 6番目に.

six-thrèe-thrée *adj.* 《米》6-3-3制の《小学校6年, junior [senior] high school 各3年の教育制度をいう; cf. eight-four》.

sixth sénse *n.* [単数形で] 第六感, 直感 (intuition) (cf. sense A 2 a): have a ～ of danger. 〘1761〙

sixth yéar *n.* 《スコット》〘教育〙第6学年《中学校の最上級クラス; 通例卒業年齢以上の生徒が第6学年の教育や上級教育を受ける》.

six·ti·eth /síkstiɪθ | -ti-/ *adj.* **1** 第60の, 60番目の (60th). **2** 60分の1の: a ～ part 60分の1. **— *n.*** **1** [the ～] 第60, 60番目. **2** 60分の1: a [one] ～ 60分の1 / two ～*s* 60分の2. **— *adv.*** 60番目に. 〘OE *sixteogoðþa*: ⇨ sixty, -th¹〙

Six·tine /síkstiːn, -taɪn/ *adj.* =Sistine.

Six·tus IV /síkstəs-/ *n.* シクストス[シクスト]四世《1414–84; イタリアの聖職者; 教皇 (1471–84); 学芸の奨励者; 本名 Francesco della Rovere /róːvere/; ⇨ Sistine Chapel》.

Sixtus V *n.* シクストス[シクスト]五世《1521–90; イタリアの聖職者; 教皇 (1585–90); 近代ローマの都市建設に貢献; 本名 Felice Peretti /felíːtʃe perétti/》.

six·ty /síksti/ *n.* **1** 60; 60個, 60人, 60歳; 60年: be under ～ 60歳以下である. **2** 60 [LX] の記号[数字]. **3** [*pl.*] 60台, 60年代[歳台]: a man in his *sixties* 60代の人 / It happened in the nineteen *sixties*. 1960年代に起こった / be in the *sixties* 〈点数・温度などが〉60点台 [60度台]である. **4** 60人[個]一組. **5** サイズ60の衣服.
like sixty 《米口語》盛んに, 元気よく (briskly): It was raining *like* ～. すごく雨が降っていた. **— *adj.*** 60の, 60個の, 60名の; [叙述的に用いて] 60歳で. 〘OE *sixtiġ* (cog. Du. *zestig* / G *sechzig*): ⇨ six, -ty〙

síxty·fòld *adj., adv.* 60倍の[に]. 〘lateOE *sixtiġfeald*: ⇨ -fold〙

síxty-fòur-dóllar quéstion *n.* 《口語》(決定的で)最も重要な[手ごわい]問題, 難問題 (crucial question). 〘((1942)) 米国のラジオで賞金が16ドル・32ドル・64ドルとせり上がるクイズ番組の最後の質問の意から〙

six·ty-four·mo /sìkstifɔ́ːəmoʊ | -fɔ́ːməʊ/ *n.* (*pl.* **~s**) 六十四折(判); 六十四折本《sexagesimo-quarto ともいう; 64 mo, 64° とも書かれる》. **—** *adj.* 六十四折(判)の; 六十四折本の. 〖(1888): ⇨ -mo〗

síxty-fóurth nòte *n.* 〘音楽〙 六十四分音符 《hemidemisemiquaver ともいう》. 〖*c*1890〗

síxty-fòur-thóusand-dòllar quéstion *n.* 《口語》 =sixty-four-dollar question. 〖1957〗

síxty-fóurth rèst *n.* 〘音楽〙 六十四分休止符. 〖1924〗

síxty-níne *n.* =soixante-neuf. 〖1924〗

síxty-síx *n.* 〘トランプ〙 六十六《2 人が 24 枚のカードで行う pinochle 系のゲームの一種; 66 点を先取した方が勝つ》.

síx-yàrd líne *n.* 〘サッカー〙 6 ヤードライン《ゴールエリアの限界線》.

siz·a·ble /sáɪzəbl̩/ *adj.* **1** 相当の大きさの, かなり大きい (fairly large); 大きい (large): a ~ man, majority, etc. **2** 《廃》ころ合い[手ごろ]の大きさの. **~·ness** *n.* **síz·a·bly** *adv.* 〖(1613) ← SIZE¹ (v.)+-ABLE〗

siz·ar /sáɪzə | -zə(r)/ *n.* 《英》 (Cambridge 大学・Dublin の Trinity College での)特待免費生《かつては他の大学生に奉仕する義務があった; cf. servitor 2》. 〖(1588)《変形》← *sizer* ← SIZE¹ (n. 5)+-ER¹〗

sízar·shìp *n.* 《英》特待免費生 (sizar) であること, sizar の身分[地位]. 〖1782〗

size¹ /sáɪz/ *n.* **1** (物の)大きさ, 規模, (人の)背格好 (bigness); 寸法 (measurement), 大小 (magnitude), かさ (bulk); 大きいこと: What ~ is it? 大きさはどのくらいですか / the ~ of a city [country] / This book is the same ~ as that. この本はそれと同じ大きさです (=These books are the same ~). / They are about that [this, your] ~. それらは大体その[この, 君の]大きさだ. / The (sheer) ~ of it! 何て大きいんだ / the ~ of an enterprise 企業の大きさ / What's the ~ of the enemy? 敵軍はどれぐらいだろうか / full [natural] ~ 実物大 / life ~ 等身大 / The small [medium, large, giant, economy] ~ is best. 小さい[中位の, 大型の, 特大の, 徳用の]サイズがいちばんだ / *Size* matters less than quality. 大きさよりも質が大切だ / take the ~ of …の寸法をとる / be (half, twice) the ~ of …の(半分の, 2 倍の)大きさだ / of some ~ かなり大きい. **2** (帽子・手袋・靴などの)番, 型, サイズ; (衣服の)サイズ, 号数; (ヒップ・バストなどの)サイズ; (紙などの)判; サイズ…の品物: ~ 5 shoes サイズ 5 の靴 / a hat two ~*s* larger 2 サイズだけ大きい帽子 / be made in several ~*s* 数種類のサイズで作られている / They come in all shapes and ~*s*. あらゆる形とサイズのものがある / One ~ fits everybody. ひとつのサイズがだれにでも合う / They are sorted by [according to] ~. 大きさによって分類されている / What ~ do you take [want] in gloves?=What ~ (of) gloves do you take? 手袋のご寸法は? / take (a) ~ 7 in gloves 手袋は 7 をはめる / Type of such small ~ is difficult to read. こんな小型の活字は読みにくい / What is your ~?=What ~ are you? サイズはいくつですか. / What ~ collar are you? カラーの大きさはどのくらいですか. **3** 力量, 手腕: a man of a considerable ~ 相当な敏腕家. **4** [the ~]《口語》実状, 真相: ⇨ *That's about the* SIZE *of it.* **5 a** 《廃》(飲食物の)定量, 定額. **b** 《古》(Cambridge 大学などで, 賄い方から学生に供給する飲食物の)定量, 定食 (sizing). **c** 《Shak》割当量, 手当 (allowance): 'Tis not in thee … to scanting ~*s* お前にはわしの扶持を削ったりはできぬはずだ (*Lear* 2.4.173–5).

cút dówn to síze 〈過大視されているもの[人]を〉実状[実際]にまで下げる, …に身のほどを思い知らせる. (1821) ***cút to síze*** 適当な大きさに切断する. ***for síze*** (1) [try for ~ として] ぴったりか[適切か]どうか試しに: *try* on [out] a hat *for* ~ ぴったりか帽子をかぶってみる / *Try* this (one) *for* ~; she's in love with you! これをお試しください. お客様にぴったりですよ. (1956) (2) さまざまな大きさ[寸法]に従って. ***of a*** [***óne***] ***síze*** 同じ大きさの: children all *of a* ~ 同じ背格好の子供たち / They are much *of a* ~. ほぼ同じ大きさだ. ***Thát's abòut the síze of it.*** まあそんなところだ, 大体それが真相だ.

— *vt.* **1** 寸法[大きさ]で分類する, 大小順に並べる. **2** ある大きさ[寸法]に作る. **3** 《古》標準に合わせる, 標準によって加減する. **4** 〘金属加工〙〈鍛造物を〉仕上げ打ちする. **5** 〘冶金〙〈焼結した成形体 (compact)〉の寸法を合わせる《粉末冶金におけるプレス工程の一種》.

— *vi.* 《英古》(Cambridge 大学などで)定食[定量の飲物]を注文する (order size). ***size dówn*** 大きいほうから順々に並べていく, 次第に小さくする (cf. down-size). ***size úp*** (1) 《口語》…の大きさを測る; 〈人物・事情などを〉評価する, 判断する (estimate): ~ *up* the situation [a person]. (2) 〔…の〕標準に達する, 型に合う〔*to, with*〕: ~ *up to* one's requirements 要求に応える.

— *adj.* [通例複合語の第 2 構成素として] =sized 1. 〖(*c*1300) □ OF *sise* (異分析) ← *assise* 'ASSIZE'〗

size² /sáɪz/ *n.* サイズ, 陶砂(どうさ) (cf. gold size, engine size): **a** 〘製紙〙紙のにじみ止めに使うロジン・ゼラチンなど. **b** 〘紡織〙織物に付ける糊で, にかわ液にみょうばんを加えたもの (主に澱粉を用いる). **—** *vt.* …にサイズ[陶砂]を塗る. 〖((*c*1325)) (1530) *sise* □ ? OF 'setting, fixing' ← OF *assise* (↑)〗

size·a·ble /sáɪzəbl̩/ *adj.* =sizable.

sized *adj.* **1** [複合語の第 2 構成素として] …の大きさの: large-*sized* 大型[判]の / medium-[middle-]*sized* 中型[判]の. **2** 大きさのある; 大きさの順に並べた. **3** 同じサイズの; 標準サイズの. 〖(1582): ⇨ -ed 2〗

síz·er¹ /sáɪzə | -zə(r)/ *n.* **1** (大きさ[サイズ]に従って分類する)整粒器, 分粒器. **2** 寸法測定器. **3** 大きさで物を選別する人. 〖1677〗

siz·er² /sáɪzə | -zə(r)/ *n.* =sizar.

size stìck *n.* (靴店で客の足の寸法を測るのに用いる)物差し. 〖1875〗

síze-ùp *n.* **1** 評価[判断]すること. **2** (人・ものに対する)評価: give a ~ of the students 学生の評価をする.

síze-wèight illúsion *n.* 〘心理〙大きさ重さの錯覚《一般に小さな物体のほうが同じ重さの大きな物体より重いと感じられる錯覚》.

Size·well /sáɪzwət, -wel/ *n.* サイズウェル《イングランド南東部 Suffolk 州にある町; 原子力発電所がある》.

síz·ing¹ *n.* **1** 大きさ[身長]順に並べること; 整粒; (樹木の)間引き. **2** =size¹ *n.* 5 b. 〖(1596): ⇨ size¹ v〗

síz·ing² *n.* **1 a** 〘製紙〙サイズ[陶砂(どうさ)]を塗ること; サイジング《製紙の際サイズを入れる工程》. **b** 〘紡織〙サイジング《布地や糸に糊・樹脂・パラフィンなどで張り・光沢・なめらかさを加える加工》. **c** サイズ剤. **2** 〘金属加工〙(鍛造の)仕上げ打ち, 型打ち矯正. 〖(1635): ⇨ size² v〗

siz·y /sáɪzi/ *adj.* (**siz·i·er; -i·est**)《古》サイズ[陶砂(どうさ)]の(ような); どろっとした, 粘る, 粘性の (thick, viscous). 〖(1687): ⇨ size², -y⁴〗

sizz /síz/ 《米》*vi.* しゅーしゅーいう; しゅーしゅーと音をたてて動く. **—** *n.* しゅーしゅーいう音. 〖(*a*1700)《擬音語》: cf. sizzle〗

siz·zle /sízl̩/ *vi.* **1** 〈フライの油などが〉しゅーしゅー[じゅーじゅー]いう. **2** しゅーしゅーと音をたてて動く[通る]: Cars ~*d* past. 自動車がびゅーんと通過していった. **3** 《口語》煮えるほど暑い. **4** 《口語》(怒り・憤りで)煮えたぎる; 非常に怒る; 深い恨み[怒り]をいだく. **—** *vt.* しゅーしゅー[じゅーじゅー]音をたてるほど熱くする[焼く]. **—** *n.* **1** しゅーしゅー[じゅーじゅー]いう音. **2** 《口語》(怒り・憤りで)煮えくりかえった状態. 〖(1603) 擬音語〗

síz·zler /-zlə, -zlə | -zlə(r), -zl-/ *n.* 《口語》 **1** しゅーしゅー音をたてるもの; 非常に熱いもの. **2** 非常に暑い日. 〖1848〗

síz·zling /-zlɪŋ, -zl-/ *adj.* **1** しゅーしゅー[じゅーじゅー]いう: ~ steaks. **2** 《口語》非常に暑い (very hot). **3** [副詞的に] じゅーじゅーいうほどに, 焼けるほど: ~ hot うだるほど暑い. **4** 《口語》刺激的な, 身を焦がすような. **~·ly** *adv.* 〖1845〗

s.j. 《略》〘法律〙 *L.* sub judice.

SJ 《略》Society of Jesus. 〖1822〗

SJA 《略》Saint John Ambulance (Brigade [Association]).

Sjæl·land /*Dan.* ʃélan/ *n.* シェラン(島)《Zealand のデンマーク語名》.

sjam·bok /ʃæmbáː(ː)k, -bák | ʃǽmbɒk/ *n.*, *vt.* 《南アフリカ》サイ[カバ]の皮のむち(で打つ). 〖□ Afrik. *sambok* □ Malay *cambok* large whip □ Hindi *cābuk*〗

SJC 《略》Standing Joint Committee; 《米》Supreme Judicial Court.

SJD 《略》*L.* Scientiae Juridicae Doctor (=Doctor of Juridical Science).

Sjö·gren's sỳndrome /ʃóːgrən(z)-; *Swed.* ɧǿːgrèn(s)/ *n.* 〘医学〙シェーグレン症候群《中高年の女性にみられる, 乾性角結膜炎に粘膜の乾燥・耳下腺腫脹・リューマチ様関節炎などが合併する疾患》. 〖(1938) ← *H. C. S. Sjögren* (1899–1986: スウェーデンの眼科医)〗

sk 《略》snack; sick.

sk 《記号》〘貨幣〙krona; Slovakia (URL ドメイン名).

SK 《記号》⇨ SAS.

SK 《略》Saskatchewan; 〘ISO コード〙Slovakia.

sk. 《略》sketch.

ska /skáː/ *n.* スカ《rhythm and blues の影響を受けて 1960 年代のジャマイカに生まれたポピュラー音楽; 4 拍子の第 2・4 拍を強めるリズムが特徴; レゲエ (reggae) の土台となった》. 〖(1964) ← ?〗

skaap·ste·ker /skáːpstɪkə, -stiː- | -kə(r)/ *n.* 〘動物〙 = schaapsteker.

Ska·di /skáːdi | -di/ *n.* 〘北欧神話〙スカジ (Niord の妻). 〖□ ON *Skaði*〗

skag¹ /skǽg/ *n.* 〘造船〙 =skeg.

skag² /skǽg/ *n.*, *vi.* =scag¹.

Ska·gen /skáːgən; *Dan.* sgǽːˀjən/, **Cape** *n.* スカーイェン岬, スコー岬《デンマーク Jutland 半島北端の岬; The Skaw ともいう》.

Skag·er·rak /skǽgəræk; *Dan.* sgǽːjaʁɑg/ *n.* [the ~] スカーイェラク(海峡)《デンマークとノルウェーとの間の北海の湾入部; 長さ 240 km, 幅 136 km》.

Skag·way /skǽgweɪ/ *n.* スカグウェイ《米国 Alaska 州南東部の町で, 鉄道終点》. 〖(*a*1790)《変形》← Tlingit *schkagué*《原義》place exposed to the north wind〗

skail /skéɪl/ *vt.* 《スコット》まき散らす, 分散する. 〖(*a*1325) *scaile(n)* ← ?〗

skald /skɔ́ːld, skáːld | skɔ́ːld/ *n.* (古代スカンジナビアの)吟唱詩人, スカルド(詩人)《叙事詩 Edda に対して技巧的抒情詩の詩人》. 〖(1763) □ ON *skáld*〗

skald·ic /skɔ́ːldɪk, skáːld- | skɔ́ːld-/ *adj.* (古代スカンジナビアの)吟唱詩人 (skald) の, スカルド詩人による詩の. 〖(1775): ⇨ ↑, -ic¹〗

skam /skǽm/ *n.*, *vt.* =scam.

Skan·da /skǽndə, skán-/ *n.* 〘ヒンドゥー神話〙スカンダ (=Karttikeya)《戦争の神で, Siva の息子; 6 つの顔と 12 本の腕をもち, 孔雀の上に乗った姿で表される》; 〘仏教〙韋駄天. 〖□ Skt ~〗

Skan·der·beg /skǽndəbèg | -də-/ *n.* =Scanderbeg.

skank /skǽŋk/ *n.* スカンク《レゲエ (reggae) に合わせて踊るダンス》. **—** *vi.* スカンクを踊る. 〖(1976) ← ?〗

skank·y /skǽŋki/ *adj.* 《米俗》〈女が〉不快な, いやな.

Ska·ra Brae /skǽrəbréɪ, skǽrə- | skǽrə-/ *n.* スカラブレイ《スコットランド北東部 Orkney 諸島の町; 新石器時代の集落遺跡がある》.

skarn /skáən | skáːn/ *n.* 〘地学〙スカルン《鉄に富む接触交代鉱床の脈石》. 〖(1901) □ Swed. ~ 'dung, fieth'〗

skat¹ /skáːt, skǽt | skǽt; *G.* skáːt/ *n.* 〘トランプ〙 **1** スカート《ドイツで最も人気のある pinochle 系のゲーム; 3 人が 6 以下を除く 32 枚の札を 10 枚ずつ手持ちとし, 残り 2 枚を後家札 (widow) として, せり (bid) で切札・出来役の種類などを決め, プレーにより最低 61 点取ることが要求される; cf. matador 2, schneider 2》. **2** =widow 3. 〖(1864) □ G *Skat* □ It. *scarto* discard ← *scartare* to discard ← *s-* (< L *ex-* 'EX-¹')+*carta* 'CARD¹'〗

skat² /skǽt/ *n.* =scat³.

skate¹ /skéɪt/ *n.* **1** [通例 *pl.*] **a** (アイス)スケート(靴) (ice skate). 日英比較 日本語の「スケート」は普通は氷上を滑るスポーツを指すが, 英語の *skate* はスケート靴を指し, 氷上を滑るスポーツは skating という. **b** ローラースケート(靴) (roller skate). **c** 二枚刃付き子供用スケート (double-runner). **d** スケート靴のエッジ. **2** スケートで滑ること; (スケート(靴)をつけての)一滑り: go for a ~. **3** (救命ボートの)垂直滑りバンド《船が傾いてもボートを楽に降ろせるようにボートの外部に垂直に付けた滑りバンド》. **4** 〘電気〙(電車の電流をとる)接点 (cf. bow collector). ***gét*** [***pút***] ***one's skátes òn*** 《俗》急ぐ (1895).

— *vi.* **1** 氷の上をスケートで滑る, 氷滑りをする, スケート競走をやる: I went *skating* on the lake. 私は湖にスケートに行った. **2** 滑るように[速く]走る (glide along). **3** 〔問題などに〕ちょっと触れる, 避ける〔*over, round*〕. **—** *vt.* (スケートで)滑って〈池などを〉渡る. ***skáte on thin íce*** 危険な状況に身をさらす. ***skáte thróugh*** 難なくやり遂げる. 〖(1648) *skates* □ Du. *schaats* □ ONF *escache* (F *échasse*) stilt ← Gmc: *-s* を pl. 語尾と誤解した逆成 (cf. pea¹)〗

skate² /skéɪt/ *n.* (*pl.* **~, ~s**) 〘魚類〙ガンギエイ《ガンギエイ科の魚類の総称; 体はほぼ菱型で吻が長く, 細長い尾部には放電組織がある; gray skate など; cf. ray²》. 〖(*c*1340) *scate* □ ON *skata* ← ?〗

skate³ /skéɪt/ *n.* 《俗》 **1 a** おいぼれ馬. **b** 軽蔑すべき人, 取るに足らない人. **2** [通例 good ~ で] 人, やつ (fellow): a *good* ~ 気の合った好人物, いいやつ. 〖(1894)《転訛》? ← 《方言》*skite* contemptible person ← ME *skyte(n)* to void excrement □ ON *skita*: cf. shit〗

skáte·bòard *n.* スケートボード《ローラースケートの車輪のついている長さ約 60 cm の長楕円形の板》. **—** *vi.* スケートボードに乗る. **~·er** /-də | -də(r)/ *n.* 〖1964〗

skáte·bòarding *n.* スケートボード遊び. 〖1976〗

skate·mo·bile /skéɪtmoʊbìːl | -mə(ʊ)-/ *n.* ローラースケートの上に板や箱などを取り付けた子供用乗物.

skáte·pàrk *n.* スケートボーディング場. 〖1979〗

skát·er /-tə | -tə(r)/ *n.* **1** 氷滑り[氷上スケート]をする人 (特に, 上手な人). **2** 〘昆虫〙 =water strider. 〖1700〗

skáter hóckey *n.* =street hockey.

skát·ing /-tɪŋ | -tɪŋ/ *n.* 氷滑り, スケート. 〖1723〗

skáting rìnk *n.* スケートリンク. 日英比較 「スケートリンク」は和製英語. 〖1867〗

skat·ole /skǽtoʊl, -tɔ(ː)l | -tɒl/ *n.* (*also* **skat·ol** /~/) 〘化学〙スカトール, β-メチルインドール (C_9H_9N)《白い結晶質水溶性固体; 排泄物の臭いがある; 微量を香料に用いる》. 〖(1879) ← Gk *skat-* 'SCATO-'+-OLE〗

ska·tos·co·py /skətáː(ː)skəpi | -tɒ́s-/ *n.* 〘医学〙 = scatoscopy.

Skaw /skɔ́ː, skáː | skɔ́ː/, **The** *n.* =Cape SKAGEN.

skean¹ /skíːn, skíːən/ *n.* **1** 両刃の短刀《古くアイルランドやスコットランド高地で用いられた柄が銀製のもの》. **2** = skean dhu. 〖(1393) □ Ir. *scian, sgian* knife < OIr. *scian* ← IE **skei* -to cut, split〗

skean² /skéɪn/ *n.* =skein 1.

skéan dhú /-ðúː | -dúː/ *n.* (昔, スコットランド高地人の用いた)小刀[短刀]の一種. 〖(1819) □ Sc.-Gael. *sgian dubh* 《原義》black knife〗

Skeat /skíːt/, **Walter William** *n.* スキート (1835–1912; 英国の言語学者・語源学者; *An Etymological Dictionary of the English Language* (1879–82)).

ske·ben·ga /skəbéŋgə/ *n.* 《南ア》ギャング, どろぼう, 強盗. 〖(1953) □ Bantu (Zulu) *isigebengu* bandit〗

sked /skéd/ *n.*, *vt.* (**sked·ded; sked·ding**)《口語》 = schedule.

ske·dad·dle /skɪdǽdl̩ | skɪdǽdl̩/ 《口語》*vi.* 逃走する (run away), 一目散に逃げ出す (scamper off). **—** *n.* 一目散に逃げること (flight), 逃走, 疾走. **ske·dád·dler** /-dlə, -dlə | -dlə(r), -dl-/ *n.* 〖(1861) ?〗

ske·donk /skədáː(ː)ŋk | -dɒ́ŋk/ *n.* 《南ア口語》ポンコツ車. 〖(1970) ← ?〗

skee /skíː/ *n.* (*pl.* **~s, ~**) =ski. **—** *vi.* (**~d; ~·ing**) =ski. 〖(1861) ← ?〗

Skee-Ball /skíːbɔ̀ːl, -bàːl | -bɔ̀ːl/ *n.* 〘商標〙スキーボール《傾斜した卓にゴム球を転がして所定の穴に入れて点を取る室内ゲーム》.

skee·sicks /skíːzɪks/ *n.* 《米》(*also* **skee·zicks, skee·zix** /~/) ろくでなし, 悪党, 悪れ (rascal). 〖?〗

skeet¹ /skíːt/ *n.* 〘射撃〙スキート射撃《トラップ射撃 (trapshooting) の一種; skeet shooting ともいう》. 〖(1926) ← ? ON *skjóta* 'to SHOOT¹'〗

skeet² /skíːt/ *n.* 〘トランプ〙(ポーカーで)スキート《5 枚のカードが 9, 5, 2 およびその中間の数の札を含む手; ストレートとスリーカードとの間に位する; 全部が同種札の場合は skeet flush といい, royal flush より強い》. 〖?〗

skee·ter¹ /skíːtə | -tə(r)/ *n.* **1** 《豪・米》蚊 (mosquito). **2** 1 枚帆の氷上ヨット《長さ約 16 フィート》. 〖(1839)《短縮・変形》← MOSQUITO〗

S

skeet·er[2] /skíːṭə | -tə(r)/ *n.* スキート射撃選手[競技者]《skeet shooter ともいう》.

skée·ter[3] /skíːṭə | -tə(r)/ *vi., vt.* =skitter.

skeg /skég/ *n.* 〘造船〙 **1** かかと《船の竜骨 (keel) の後端突出部; 鋼船では舵の下部を支えている》. **2** 平底ボートで竜骨後端に続く三角形垂直材. **3** 船外機のプロペラの下部に突き出ている防護材. **4** 〘豪〙 サーフボードの底のひれ, スケグ. 〖《1294–95》□ ON *skegg* beard, projection〗

skeigh /skíːk, skíːç/ 《スコット》 *adj.* **1** 〈馬が〉元気な; 驚きやすい. **2** 〈女性が〉気位の高い, 高慢な (proud). ― *adv.* 高慢に (proudly). 〖《1508》← ? Scand. (cf. Swed. *skygg* shy): cf. OE *scēoh* 'shy'〗

skein /skéɪn/ *n.* **1** (糸の)かせ (⇨ hank). **2** かせ状のもの: a ~ of hair. **3** もつれ (tangle), 混乱 (confusion): a complicated [tangled] ~ of thought 混乱した考え. **4** (飛んでいるガンなど野鳥の)群れ (flight). **5** 〘生物〙 = spireme. ― *vt.* 〈糸を〉かせに巻く. 〖《1373》□ OF *escaigne* (F *écagne*) ← ?〗

skel·e·tal /skéləṭḷ | skélɪtḷ, skəlíː-/ *adj.* **1** 骨格の, 骸(ﾑｸﾛ)骨の: a ~ structure 骨格. **2** 骸骨に似た; 骨と皮の, やせ衰えた: a ~ boy. **~·ly** *adv.* 〖《1854》: ⇨ skeleton, -al[1]〗

skéletal múscle *n.* 〘解剖〙 骨格筋《骨に直接付いており随意に動かせる横紋筋》. 〖1877〗

skel·e·ton /skélətn̩ | -lɪ-/ *n.* **1 a** (人間・動物の)骨格, (俗に)骸骨. **b** [集合的] 骨格を構成している骨 (bones). **c** (葉の)条(ｽｼﾞ), 組織. **2** やせこけた人[動物], 骨と皮ばかりの人: a mere [walking] ~ 骨と皮ばかりの人 / be reduced [worn] to a ~ (病気・苦労・窮乏などで)骨と皮ばかりになる. **3** 無味乾燥な残骸, もぬけの殻. **4** (家・船などの)骨組, 軸組 (framework); (火災後などの建物の)外郭, 焼け残り: the steel ~ of a building. **5** 本質的な部分. **6** (文芸作品などの)あら筋, 概要 (outline). **7** 〘測量〙 骨組測量《細部測量の基準となり一般に三角測量やトラバース測量が用いられる》. **8** 〘化学〙 分子の骨格構造, (有機化合物では)炭素原子の骨格構造. **9** スケルトン《滑走部と車台だけの簡素なそり; うつぶせになって乗る》.
***a skéleton at the féast* [*bánquet*]** 興をさますもの, 一座を白けさすもの《宴会で目立つ場所に骸骨を置いた古代エジプト人の習慣にちなむ》. 《1857》 ***a skéleton in the clóset* [*cúpboard, etc.*]** 外聞をはばかる一家内の[個人的な]秘密, 内輪の恥 (cf. family skeleton). ★《英》では今は cupboard の方を用いる《何一つ苦労の種がないと考えられた婦人が, 実は毎夜戸棚の中の骸骨にキスをするように夫から強いられていたという話から》.
― *adj.* [限定的] **1** 骨格の, 骸骨の. **2** 骨と皮ばかりの, やせこけた. **3** 骨組だけの, 概要の, 輪郭の: a ~ sermon, plan, etc. **4** 〈部員・幹部など〉最小限度の, 基幹だけの: a ~ staff 最小限度の人手. **5** 内部構造が透けて見える: a ~ clock. **6** 〘服飾〙 部分的な: a ~ lining 半裏.

skel·e·ton·ic /skèlətɑ́(ː)nɪk | -lɪtɔ́n-/ *adj.* **~·less** *adj.* **~·lìke** *adj.* 〖《1578》← NL ~ ← Gk *skeletón* (neut.) ← *skeletós* withered ← *skéllein* to dry up〗

skeleton
1 skull
2 vertebrae
3 collarbone *or* clavicle
4 shoulder blade *or* scapula
5 breastbone *or* sterum
6 rib
7 humerus
8 spine
9 ulna
10 radius
11 pelvis
12 coccyx
13 thigh bone *or* femur
14 kneecap *or* patella
15 shinbone *or* tiba
16 fibra

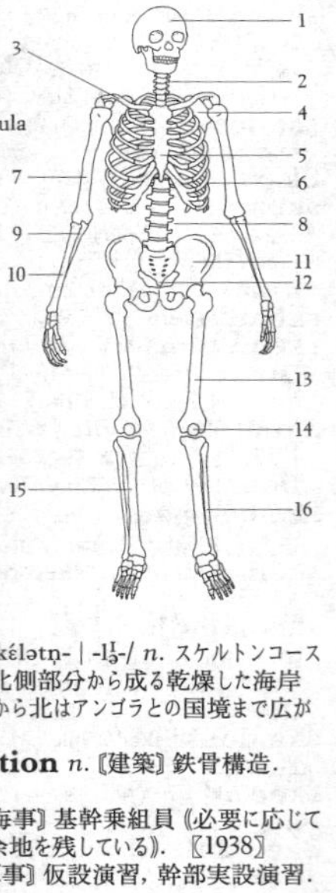

Skél·e·ton Cóast /skélətn̩- | -lɪ-/ *n.* スケルトンコースト《ナミビアのナミブ砂漠の北側部分から成る乾燥した海岸地域; 南は Walvis Bay から北はアンゴラとの国境まで広がる》.

skéleton constrùction *n.* 〘建築〙 鉄骨構造. 〖1891〗

skéleton crèw *n.* 〘海事〙 基幹乗組員《必要に応じていつでも定員を補充できる余地を残している》. 〖1938〗

skéleton drìll *n.* 〘軍事〙 仮設演習, 幹部実設演習. 〖1876〗

skel·e·ton·ize /skélətənàɪz, -tn̩- | -lɪtən-, -tn̩-/ *vt.* **1 a** 骸骨にする, …の肉を取り去る. **b** 〈葉〉の葉脈を残す. **2** …の骨組を作る, …の概略[概要]を記す; 要約する, 大要に縮める: ~ a news story. **3** 〘軍事〙 (部隊などで)〈将校以下の兵員を〉(兵力定数よりも)大幅に削減する, 基幹隊にする: ~ a regiment. 〖1644〗

skél·e·ton·ìz·er /-zə | -zə(r)/ *n.* (葉脈を残して)葉を食い荒らす鱗翅類の幼虫. 〖1891〗

skéleton kèy *n.* 万能鍵《かかりの部分を削り落とし多くの錠に合うように作った鍵; passkey ともいう; cf. master key》. 〖1810〗

skéleton règiment *n.* 〘軍事〙 **1** 基幹連隊《兵力定数を大幅に下まわって必要最少限の兵員しかいないもの》. **2** (戦死などで人員激減した)骸骨部隊. 〖1829〗

skéleton shrìmp *n.* 〘動物〙 ワレカラ《端脚目ワレカラ亜目 (*Caprellidae*) の甲殻類の総称》. 〖1882〗

skéleton sùit *n.* スケルトンスーツ《男児のぴったりしたスーツで, 上着がズボンにボタン留めされる》. 〖1836–37〗

skelf /skélf/ *n.* 《スコット・北英》 **1** こっぱ (splinter) **2** やせて背の低い人. **3** 《口語》 うるさいやつ. **4** 棚 (shelf). 〖《1396–7》□ ?Du. 《廃》 *schelf* flake [splinter] of wood〗

skél·ic índex /skélɪk-/ *n.* 〘人類学〙 下肢胴長示数《下肢長の胴長に対する比; 百分率で表す》. 〖← Gk *skélos* leg＋-ɪᴄ[1]〗

skel·lum /skéləm/ *n.* 《古・スコット》 悪党, 無頼漢. 〖《1611》□ Du. *schelm* □ G *Schelm* < OHG *scalmo* corpse〗

skel·ly[1] /skéli/ *n.* 〘魚類〙 =schelly. 〖《1740》← ME *skel(le)* □ ON *skel* 'sʜᴇʟʟ': ⇨ -y[4]〗

skel·ly[2] /skéli/ *vt.* 《スコット・北英》 やぶにらみをする, ちらっと見る. ― *n.* 横目で見ること. 〖《1776》← ON (cf. *skelgja* to make squint)〗

skelm /skélm/ *n.* 《南ア》 ごろつき, ならず者. ― *adj.* 狡猾な. 〖《1611》□ Du. *schelm* < MDu *schelme* □ MHG ~〗

Skel·mers·dale /skélməzdèɪl | -məz-/ *n.* スケルマズデール《イングランド北西部, Lancashire の都市; 1962 年計画のニュータウン》.

skelp[1] /skélp/ *v.* (**skelped, skel·pit** /skélpɪ̀t | -pɪt/) 《スコット・北英》 ― *vt.* ぴしゃりと打つ (slap, smack). ― *vi.* 急いで行く. ― *n.* ぴしゃりと打つこと[音]. 〖《?a1400》 *skelpe* 《擬音語》?〗

skelp[2] /skélp/ *n.* スケルプ《円筒状にして管を作るのに使われる板金》. 〖《1804》← ? sᴋᴇʟᴘ[1]〗

Skel·ton /skéltn̩, -tən/, **John** *n.* スケルトン《1460?–1529; 英国の詩人; *Colyn Cloute* (1522)》.

Skel·ton·ic /skeltɑ́(ː)nɪk | -tɔ́n-/ *adj.* スケルトン風の《英国の詩人 J. Skelton の野性的で諷刺的な詩風, または Skelton の用いた詩形を指す; cf. Skeltonics》. 〖1843〗

Skel·tón·i·cal /-nɪkəl, -kḷ | -nɪ-/ *adj.* =Skeltonic. 〖1589〗

Skel·ton·ics /skeltɑ́(ː)nɪks | -tɔ́n-/ *n.* 〘詩学〙 スケルトン風詩行《J. Skelton の用いた技巧的な詩形; 押韻した不規則な短行から成る》. 〖《1908》: ⇨ -ics〗

sken /skén/ *vi.* 《北英》 横目で見る, じっと見る. 〖《1611》← ?: cf. askance〗

skenai *n.* skene[2] の複数形.

skene[1] /skíːn/ *n.* =skean[1].

ske·ne[2] /skíːni/ *n.* (*pl.* **ske·nai** /-naɪ/) 〘演劇〙 スケーネ《古代のギリシャ劇場で観客に面し舞台の背景を成すしばしば2階建式石造りの建物》. 〖□ Gk *skēnḗ*: ⇨ scene〗

skep /skép/ *n.* **1** (わらで作った)蜜蜂の巣 (cf. beeskep). **2** 《方言》 (農家で使う)目の粗い円いかご. **3** =skepful. 〖lateOE *sceppe* skepful □ ON *skeppa* basket, bushel ← ?〗

skep·ful /sképfʊ̀l/ *n.* かご一杯分. 〖1570〗

skep·sis /sképsɪ̀s | -sɪs/ *n.* 懐疑, 懐疑哲学 (scepticism); 懐疑的態度. 〖《1864》□ Gk *sképsis*: ↓〗

skep·tic /sképtɪk/ *n.* **1** 懐疑論者[主義者], 疑い深い人. **2** キリスト教不信仰者; 無神論者 (atheist). **3 a** [S-] 〘哲学〙 (古代ギリシャの哲学者 Pyrrho などのような)懐疑哲学派の人. **b** 懐疑哲学者 (skeptic philosopher). ― *adj.* **1** 懐疑論者の. **2** [S-] 〘哲学〙 懐疑哲学派の. 〖《c1575》□ F *sceptique* ∥ L *scepticus* □ Gk *skeptikós* thoughtful, reflective ← *sképtesthai* to consider, observe〗

skep·ti·cal /sképtɪ̀kəl, -kḷ | -tɪ-/ *adj.* **1** 懐疑的な, 疑いをもった, 疑い深い (doubtful): a ~ thought, smile, etc. / I am rather ~ *of* [*about*] your prospects of success. 君の成功の見込みについては私は多少疑問をもっている. **2** 宗教的教義を疑う; 無神論的な. **3** [S-] 〘哲学〙 **a** (古代ギリシャの)懐疑哲学派 (Skeptics) の. **b** 懐疑論 (Skepticism) の. **~·ly** *adv.* **~·ness** *n.* 〖《1639》 ↑, -al[1]〗

skep·ti·cism /sképtəsìzm | -tɪ-/ *n.* **1** 懐疑; 疑い (doubt). **2** キリスト懐疑論; 無神論, 不信仰. **3** [S-] 〘哲学〙 懐疑論[説, 主義]: absolute [Pyrrhonic] *Skepticism* 絶対[ピュロン的]懐疑論. 〖《1646》← NL *scepticismus*: ⇨ sceptic, -ism〗

skep·to·phy·lax·is /skèptoʊfɪ̀lǽksɪ̀s, -tə- | -tə(ʊ)fɪlǽksɪs/ *n.* 〘医学〙 =tachyphylaxis. 〖← NL ~ ← Gk *sképtein* to support＋-o-＋*phulássein* to watch: ⇨ -sis〗

skerm /skéːəm | skéəm/ *n.* 《南ア》 野生の動物の侵入を防ぐこんもり茂った生垣. 〖《1835》□ Afrik. ~ □ Du. *scherm* screen, protection〗

sker·rick /skérɪk/ *n.* 《豪・米口語》 [通例否定構文で] 少量, わずか (a small amount): Not a ~ was left. 少しも残っていなかった. 〖《1825》 《変形》 ? ← sᴄᴀʀ[2]〗

sker·ry /skéri/ *n.* 《スコット》 **1** 岩の多い小島. **2** 暗礁, 岩礁 (reef). 〖《1612》□ ON *sker* skerry: cf. ON *ey* 'ɪsʟᴀɴᴅ': ⇨ scar[2]〗

sket /skét/ *vt.* 《南ウェールズ》 〈水を〉かける; 〈人〉に水を(ぶっ)かける.

sketch /skétʃ/ *n.* **1** スケッチ, 写生画[図], 下絵; 見取り図, 略図: make [draw] a ~ スケッチする, 見取り図をかく / a ~(ing) pad スケッチ帳. **2** 下書き, 草案. **3** (事件・伝記などの)概要, 大要, あらまし (outline); (人物などの)点描, 素描: He gave me a (rough) ~ of his proposed course of action. 提案する行動予定(のあらまし)を説明してくれた. **4 a** 小品, 写生文. **b** (ボードビルなどの一部となる)小劇, 寸劇: perform a (comic) ~. **5** 《口語》 滑稽な[面白い]人. **6** 〘音楽〙 **a** スケッチ《本格的な作曲の前に楽想を書きとめること》. **b** 素描曲《描写的な性質をもつ通例ピアノ用の短い曲》. ― *vt.* **1** スケッチ[写生]する, …の略図[見取り図]をかく: ~ (*in*) a few trees to form a background 背景用に木を数本描く. **2** …の概要を述べる[記述する]; 略記する, 描写する 〈*out, in*〉: ~ (*out*) a plan [scheme] 計画のあらましを述べる / ~ *in* a few details 細部をいくつか加える. **3** …のまねごと[しぐさ]をする. **4** 〘金属加工〙 〈圧延板の切断箇所〉にマークをつける. ― *vi.* **1** スケッチする, 写生する; 略記する: ~ from nature [life] 写生する / go ~*ing* 写生に行く. **2** 寸劇をやる. **~·er** *n.* 〖《1668》 *schitz* □ Du. *schets* ∥ G *Skizze* □ It. *schizzo* ← *schizzare* to sketch ← L *schedius* hastily put together ← Gk *skhédios* off-hand〗

sketch·a·ble /skétʃəbḷ/ *adj.* 写生[スケッチ]に適する. 〖1862〗

skétch·blòck *n.* はぎ取り画用紙《写生帳》. 〖1893〗

skétch·bòok *n.* **1** スケッチブック, 写生帳. **2** (文学作品の)小品集. 〖1820〗

skétch màp *n.* 見取り図, 略図. 〖1872〗

skétch·pàd *n.* スケッチブック (sketchbook). 〖1961〗

skétch plàte *n.* 〘造船〙 スケッチプレート《簡単な見取り図をもとにして作った不規則な多角形の金属板》.

sketch·y /skétʃi/ *adj.* (**sketch·i·er; -i·est**) **1** スケッチの, スケッチ[写生画]風の. **2** 〈文体が〉素描的な, 小品風の. **3** ざっとした, 未完成の, 不完全な (incomplete), 貧弱な; うわべだけの (superficial): a ~ meal 貧弱な食事 / only a ~ knowledge of philology 文献学の上っ面だけの知識. **skétch·i·ly** /-tʃɪli/ *adv.* **skétch·i·ness** *n.* 〖《1805》← sᴋᴇᴛᴄʜ＋-ʏ[4]〗

ske·te /skíːṭi, skíːt | skíːti; *Mod.Gk.* scití/ *n.* 〘東方正教会〙 小修道院《修道士・苦行者などの小規模な共同生活体》. 〖《1869》□ Gk *Skḗtē* ← *Skḗtis* (北エジプトの砂漠の名, 修道士や隠者が多数居住していた)〗

skeu·o·morph /skjúːəmɔ̀əf | -mɔ̀ːf/ *n.* (先史時代の陶器にみられるような) 器物形, スケウオモルフ《器物用具を表現した装飾[デザイン]》. **skèu·o·mórph·ic** /-mɔ́əfɪk | -mɔ́ː-/ *adj.* 〖《1889》← Gk *skeûos* vessel＋*morphḗ* form〗

skew[1] /skjúː/ *vt.* **1** 斜めに向ける, 斜めにする. **2** 曲げる (distort); 曲げて[ゆがめて, 不公平に]記す[描く]. ― *vi.* **1** はずれる, それる; 斜めに進む. **2** 横目で見る (squint). ― *adj.* **1** 斜めの (oblique), はすかいの (slanting), 曲がった, ゆがんだ. **2** 〘数学〙 斜交の; 交代の; 歪(ﾜｲ)《環や体が非可換であることについていう》. **3** 〘統計〙 〈統計の分布が〉非対称な (asymmetric). **4** 〘土木〙 〈橋・アーチが〉桁の方向に対して(直角でなく)斜め方向にかけられた: ⇨ skew arch, skew bridge. ― *n.* わきそれ, ゆがみ, 斜め.
on the* [*a*] *skéw 斜めに, はすかいに, 曲がって.
〖《?a1400》 *skewe(n)* to turn one's side □ ONF *eskiuer* =OF *eschuer, eschiver* 'to ᴇsᴄʜᴇᴡ'〗

skew[2] /skjúː/ *n.* 〘建築〙 はす切り石, (へいの)斜め屋根石, 踏止め石 (kneeler). 〖《1278》 《1789》 *sc(u)we* □ OF *escu* (F *écu*) < L *scūtum* shield〗

skéw àrch *n.* 〘土木〙 斜めアーチ. 〖1845〗

skéw·bàck *n.* 〘土木〙 **1** 合端(ｱｲﾊﾞ), 迫元(ｾﾘﾓﾄ)上面《アーチの端を受けとめる斜めの迫元石の面》. **2** 起拱(ｷｷｮｳ)石, 迫元石《迫元上面にある元石》. 〖《1703》← sᴋᴇᴡ[1] (n.)〗

skéw·bàld *adj.* 〈馬・牛など〉黒以外の色と白でまだらになった, 白と茶のぶちの (cf. piebald). ― *n.* 白と茶のぶちの馬. 〖《1654》← 《廃》 *skew(ed)* skewbald (□ ? OF *escu*: ⇨ skew[2])＋ʙᴀʟᴅ〗

skéw bével gèar *n.* 〘機械〙 はすばかさ歯車.

skéw brìdge *n.* 〘土木〙 (両岸に対して直角でない)斜橋(ｼｬｷｮｳ), すじかい橋. 〖1838〗

skéw chìsel *n.* 斜め(入れ)のみ.

skéw còrbel *n.* 〘建築〙 (切妻壁の下端で)軒蛇腹などを作るために突出した石. 〖1850〗

skéw cùrve *n.* 〘数学〙 空間曲線, 三次元曲線.

skewed /skjúːd/ *adj.* **1** 傾いた, 曲がった. **2** 〈意見・情報など〉偏った, ゆがんだ 〔*to, toward*〕. 〖1611〗

skéwed slót *n.* 〘電気〙 斜めスロット《電気機械の回転子鉄心やコイルを振動や騒音を減らすために少しねじった形にすること》.

skew·er /skjúːə | skúːə(r), skjʊ́ə(r)/ *n.* **1** (肉などを刺す金属製・木製の料理用の)串, 焼き串 (spit). **2 a** 串状のもの. **b** 《戯言》 剣, 刀 (sword). **3** 〘チェス〙 スキュアー《相手のコマを逃げさせて別のコマを取る戦法》. ― *vt.* **1** 串に刺す, 串刺しにする; 串で刺し留める. **2** 《口語》 きびしく非難する. 〖《1411》 《変形》 ← 《方言》 *skiver* ← *skive* to split or cut into slices □ ? ON *skífa*〗

skéwer·wòod *n.* 《英方言》 〘植物〙 **1** オウシュウニシキギ (*Euonymus europaeus*). **2** =red dogwood 1. 〖1782〗

skéw-èyed *adj.* 斜視の, やぶにらみの (squinting). 〖1658〗

skéw fìeld *n.* 〘数学〙 歪(ﾜｲ)体, 非可換体《非可換な体, すなわち四則は可能であるが, 乗法が可換ではないような範囲》. 〖1848〗

skéw gèar *n.* 〘機械〙 食い違い軸歯車. 〖1908〗

skéw·ing *n.* **1** (箔押しで)はみ出した金箔を取り除くこと. **2** [*pl.*] 取り除いた金箔. 〖1851–54〗

skéw lìnes *n. pl.* 〘数学〙 ねじれの位置にある直線《空間内の平行でもなく交わりもしない複数の直線》. 〖1952〗

skéw·ness *n.* 〘統計〙 ひずみ, 歪度(ﾜｲﾄﾞ), 非対称度《非対称の度合いを示す数値; asymmetry ともいう》. 〖《1894》: ⇨ skew[1]〗

skéw pólygon *n.* 〘数学〙 ねじれ多角形《必ずしも同一平面上にない(4 個以上の)点を順次線分で結んで得られる多角形》.

skéw ráy *n.* 〔光学〕スキュー光線《軸対称光学系において,光軸を含む平面上にない光線》.
skéw-symmétric *adj.* 〔数学〕歪(ᵂ)対称の,交代の《転置すると符号が変わる行列についていう》. **skéw sýmmetry** *n.* 〘1911〙
skéw·whíff *adv., adj.* 《英口語》斜めに[の],曲がって (askew). 〘1754〙
skhi·an /skíːən, skíːn/ *n.* =skean¹.
ski /skíː/ *n.* (*pl.* **~s, ~**) **1** スキー: a pair of ~*s* スキー 1 台 / on ~*s* スキーで. 日英比較 日本語の「スキー」は「スキー用の板」のほかに雪の上を滑るスポーツもいうが,英語の *ski* はつねに板を指し,雪上を滑るスポーツは *skiing* という. **2** 水上スキー (water ski). **—** *vi.* (**~ed, ~'d; ~·ing**) スキーで滑走する,スキーをする: go ~*ing in* Chamonix シャモニーへスキーに行く. **—** *vt.* スキーで〈峠・山などを〉行く[渡る,越える]: ~ a pass スキーで峠を越える. **—** *adj.* 〔限定的〕スキーの;スキー用の: a ~ trip スキー旅行 / a ~ jumping contest スキージャンプ競争 / ~ wax スキー用ワックス / a ~ stick [pole] スキーストック / ⇨ ski pants. **~·a·ble** /~əbl/ *adj.* 〘(1755)◻ Norw. ~ < ON *skíð* ski, stick of wood: cog. OE *scīd* stick of wood: cf. shed²〙
ski·a- /skáɪə/「影 (shadow)」の意の連結形. ★ 時に scio-, また母音の前では通例 sci- になる. 〘← Gk *skiá* shadow ← IE **skeəi-* to gleam (⇨ shine)〙
ski·a·gram /skáɪəgræ̀m/ *n.* **1** 透視図. **2** X 線[レントゲン]写真. 〘(1801): ⇨ ↑, -gram〙
ski·a·graph /skáɪəgræ̀f, -grɑ̀ːf, -græ̀f/ *n.* =skiagram 2. **—** *vt.* …のレントゲン写真をとる. **ski·a·graph·ic** /skàɪəgrǽfɪk⁻/ *adj.* **skì·a·gráph·i·cal** /-f̬ɪkəl, -kl̩ | -fɪ-⁻/ *adj.* **skì·a·gráph·i·cal·ly** /-k(ə)li, -kli/ *adv.* 〘(1896) ← SKIA-+-GRAPH〙
ski·ag·ra·pher /skaɪǽgrəfə | -fə^(r)/ *n.* =radiographer. 〘1957〙
ski·ag·ra·phy /skaɪǽgrəfi/ *n.* 透視術;(特に) X 線透視(術). 〘(1858) ← SKIA-+-GRAPHY〙
ski·am·a·chy /skaɪǽməki/ *n.* =sciamachy.
ski·am·e·try /skaɪǽmətri | -m̬ɪ-/ *n.* **1** 《古》日月食の理論,日月食論. **2** 〔眼科〕検影法 (retinoscopy). 〘← SKIA-+-METRY〙
ski·a·pod /skáɪəpɑ̀(ː)d | -pɔ̀d/ *n.* =monopode 1.
ski·a·scope /skáɪəskòʊp | -skə̀ʊp/ *n.* 〔眼科〕検影器 (retinoscope). 〘(1892) ← SKIA-+-SCOPE〙
ski·as·co·py /skaɪǽskəpi/ *n.* **1** 〔眼科〕検影法 (retinoscopy). **2** (X 線)透視(検査) (fluoroscopy). 〘1886〙
Ski·a·thos /skiːǽθɑ(ː)s | -θɔs/ *n.* スキアトス島《エーゲ海にあるギリシャ領の島; 北スポラデス諸島の西端に位置する》.
ski·a·tron /skáɪətrɑ̀(ː)n | -trɔ̀n/ *n.* 〔電子工学〕スカイアトロン (⇨ dark-trace tube). 〘(1940) ← SKIA-+-TRON〙
skí bìnding *n.* 〔スキー〕=binding 5.
skí bòat *n.* (水上スキー用の) 小型モーターボート,曳航艇. 〘1964〙
ski·bob /skíːbɑ̀(ː)b | -bɔ̀b/ *n.* スキーボブ《前部はハンドル付きのスキー,後部は低い座席付きのスキーから成る自転車に似た乗物で,乗り手はバランスをとりながらミニスキーをはいて滑降する》. **—** *vi.* スキーボブに乗る. **~·ber** *n.* **~·bing** *n.* 〘(1966) ← SKI+BOB⁵〙
skí bòot *n.* スキー靴.
skí bùm *n.* 《米俗》スキー狂.
skí chàin *n.* =tire chain.
skid /skíd/ *n.* **1** (自動車・自転車などの)横滑り,滑り,スキッド: go into a ~ 横滑りする / get out of [correct] a ~ 横滑りを食い止める. **2** (重い物の滑り道を作る)滑材《トラックから道路などへ渡す材木など》. **3** (飛行機・ヘリコプターの)そり《着陸時に滑走できるように下部についている》; cf. tail skid, wing skid》. **4** 滑り板[枕木]. **5** (下り坂などに用いる車輪の)輪止め (shoe, brake). **6** 〔海事〕 **a** スキッド(ビーム)《ボートを支えるために甲板よりも高く渡された何本もの平行な梁》. **b** [*pl.*] 防舷(ᵂ)材 (wooden fender)《船荷の揚げ降ろしの際に船側の損傷を防ぐ板》. **c** [通例 *pl.*] (甲板上にある)ボートの受台. **d** 貨物を滑り動かすために使われる敷板[滑り板]. **e** 船の横移動;風圧差 (leeway). ***hit the skíds*** 《口語》破滅[堕落]する,激減する. ***on the skíds*** 《口語》〈人が〉落ち目で,下り坂で. ***pút the skíds on*** [***ùnder***] 《口語》(1) 〈人〉を急がせる. (2) 〈人〉を破滅させる,〈事〉を失敗させる: *put the ~s under* the plan 計画を挫折[失敗]させる.
— *v.* (**skid·ded; skid·ding**) *vi.* **1** 〈車輪が〉(歯止めされて)から滑りする. **2** 〈自転車・自動車・飛行機などが〉横滑りする (⇨ slide SYN, slip 日英比較). **3** 〈ブレーキをかけた車輪が〉(はずみで)前に滑る,スキッドする (slip). **4** 〈飛行機などが〉外滑りする. **5** 〈売上げなどが〉急落する. **—** *vt.* **1** 滑材の上に置く,滑材の上を引く[滑らせる]. **2** 制輪する,〈車輪〉の輪止めをする. **3** 〈材木などを〉引きずって行く.
skíd·der /-də | -də^(r)/ *n.* 〘(1609–10) ← ? Scand. (cf. ON *skíð*): ski〙
skíd chàin *n.* =tire chain.
Skid·daw /skídɔː, -dɑː | -dɔː/ *n.* スキドー(山)《イングランド Cumbria 州にある Bassenthwaite 湖東部の山 (930 m)》.
skid·doo /skɪdúː/ *vi.* 《俗》出て行く,行く (depart, go away). 〘(1903) 《転訛》? ← SKEDADDLE〙
skid·dy /skídi | -di/ *adj.* (**skid·di·er; -di·est**) (表面が)滑りやすい: a ~ road. 〘1902〙
skíd·lìd *n.* 《口語》(オートバイ乗りの)ヘルメット. 〘1958〙
ski-doo /skɪdúː/ *n.* (動力つきの)雪上そり,スキースクーター (《英》ski-scooter).
skíd·pàd *n.* 《米》=skidpan.
skíd·pàn *n.* 《英》スキッド運転練習場《スリップしやすい場所での自動車運転の練習のために作ったつるつるの滑りやすい道路》. 〘1838〙
skíd·pròof *adj.* 〈自動車のタイヤ・道路の表面など〉スキッド[滑り]止めをしてある. 〘1937〙
skíd róad *n.* 《米》 **1** (丸太が敷いてある)丸太を引き出す滑り道. **2** 《西部》(町の)きこりが集まる区域《酒場・宿屋がある》. **3** =skid row. 〘1880〙
skíd rów /-róʊ | -rə́ʊ/ *n.* 《米》(浮浪者などの集まる)下層社会の盛り場,どや街. 〘1931〙
skíd·steer lóader /skídstɪə- | -stɪə-/ *n.* スキッドステアローダー《前面に大きなバスケットまたはフォークの付いた農業機械》.
skíd·wày *n.* **1** (重い物を滑らせるために丸太・板材で作った)滑り道. **2** (丸太の積込み・積下ろしのために) 2 本[数本]の(半)丸太を平行に並べた傾斜した台. 〘1878〙
Ski·en /ʃéɪən, ʃíːən; *Norw.* ʃéːən/ *n.* シーエン,シェーエン《ノルウェー南部, Oslo の南西方の都市; Ibsen の生誕地》.
skí·er¹ /skíːə | -ə^(r)/ *n.* スキーをする人,スキーヤー. 〘1895〙
ski·er² /skáɪə | -ə^(r)/ *n.* =skyer.
ski·ey /skáɪi/ *adj.* =skyey.
skiff /skíf/ *n.* **1** スキフ,軽舟《娯楽用,一人こぎのレース用 (scull),艦船付属の雑用艇などいろいろある》. **2** 垂下竜骨 (centerboard) 付き軽ボート《小型縦帆[オール]で進む; St. Lawrence skiff ともいう》. 〘(*a*1500) ◻ (O)F *esquif* ◻ It. *schifo* ◻ OHG *skif* 'SHIP'〙

skiff 1

skif·fle¹ /skífl/ *n.* 〔音楽〕スキッフル《(1) 1920 年代米国で流行したジャズの一形式; ラグタイム・民謡・ブルースの要素を含む (2) (1) から派生し 1950 年代に英国で流行したフォークミュージックの一種; ウォッシュボードなど手製楽器やギター・バンジョーを用い,小人数で演奏し歌う》. 〘(1921): 《擬音語》?〙
skif·fle² /skífl/ *n.* 《北アイル》霧雨,こぬか雨. 〘(1921) ← *skiff* a slight shower of rain ← ?〙
ski·ing /skíːɪŋ/ *n.* スキー,スキー術 (ski running). 〘1893〙
skí instrùctor *n.* スキー指導員.
ski·jor·ing /skíːdʒɔ̀ːrɪŋ, ⌐⌐⌐/ *n.* スキーをはいた人を馬や乗物に引かせて行う冬期スポーツ. **skí·jòr·er** *n.* 〘(1910) ◻ Norw. *skikjøring* ← *ski* 'SKI'+*kjøring* driving〙
skí jùmp *n.* **1** スキーのジャンプ競技; その跳躍[ジャンプ]. **2** スキーのジャンプ台,シャンツェ. **—** *vi.* (シャンツェなどで)跳躍[ジャンプ]する. 〘1907〙
Skik·da /skíkdɑː; *F.* skikda/ *n.* スキクダ《アルジェリア北東部の地中海岸の港市; 旧名 Philippeville》.
skíl·fìsh /skíl-/ *n.* 〔魚類〕 **1** =sablefish. **2** アブラボウズ (*Erilepis zonifer*)《北太平洋に生息するギンダラ科の食用魚》. 〘(1923) ← (1886) *skill* ◻ Haida *sqil*〙
skil·ful /skílfəl, -fl/ *adj.* =skillful. 〘*a*1325〙
skí lìft *n.* (スキー場の)リフト,スキーリフト. 〘1939〙
skill¹ /skíl/ *n.* **1** 手腕,腕前 (⇨ technique SYN); 熟練,老練,上手: ~ *in* fencing [teaching, diplomacy] フェンシング[教授法,外交]の手腕 / the ~ of a surgeon 外科医の腕前 / have no ~ *to* manage 管理ができない[下手だ] / a game of ~ ⇨ game¹ 3 a. **2** (特殊)技術,技能: language ~*s* 語学の才能. **3** 《廃》理解(力) (understanding),識別(力) (discernment). **4** 《廃》原因 (cause),理由 (reason). **—** *vt.* **1** [通例 ~ing で名詞として]〈労働者〉に技能訓練をする. **2** 《英方言》理解する. 〘lateOE *scile* ◻ ON ~ discernment, knowledge ← Gmc *skeljan* 《原義》 incisiveness (ON *skilja* to separate / OE *scȳlian* to part) ← IE **(s)kel-* to cut (⇨ shell)〙
skill² /skíl/ *vi.* [非人称動詞として否定文・疑問文に用いて]《古》関係がある,問題となる (matter); 助けになる,役に立つ (help): What ~*s* talking? しゃべったところで何の役に立つか / It ~*s not.* 問題にならない,何の役にも立たない. 〘((?*a*1200)) (1460) *skile(n)* ◻ ON *skilja* to separate, divide (↑)〙
Skíll·cèntre *n.* 《英》(国立職業訓練所付属の)技術センター.
skilled /skíld/ *adj.* **1 a** 巧妙な,巧みな,老練な: a ~ debater [rider] 討論[乗馬]の名手 / a ~ politician 老練な政治家. **b** 〔…の〕上手な〔*in*〕: be ~ *in* drawing 図画がうまい. **2 a** 〈仕事が〉熟練を要する,特殊技能を要する: ~ trades / ~ labor 熟練労働 (cf. 2 b). **b** 〈技術者など〉特殊技術[熟練]を要する (cf. semiskilled, unskilled) (⇨ expert SYN): ~ hands [workmen] 熟練工 / ~ labor [集合的] 熟練工 (cf. 2 a). 〘(1552): ⇨ -ed 2〙
skíl·less *adj.* =skill-less.
skil·let /skílɪt/ *n.* **1** 《米》フライパン (frying pan). **2** 《英》(長い柄の付いた通例 3 [4] 本の足つき)料理なべ. 〘(1404) *skellet* ◻ OF *escuelete* (dim.) ← *escuele* (F *écuelle*) < L *scutellam* 'SCUTTLE³': ⇨ -et〙
skíllet·fìsh *n.* 〔魚類〕米国東部産ウバウオ科の魚 (*Gobiesox strumosis*).
skill·ey /skíli/ *n.* =skilly.
skill·ful /skílfəl, -fl/ *adj.* **1** 〈人が〉熟練した (skilled),上手な (⇨ expert SYN): a ~ surgeon 熟練した[腕のいい]外科医 / ~ *with* one's fingers 手先が器用な / be ~ *at* [*in*] dancing ダンスが上手だ. **2** 熟練の技で作られた,巧みな,巧妙な: a ~ production 巧妙な製品. **3** 《廃》理屈にかなった,合理的な. **~·ly** *adv.* **~·ness** *n.* 〘*a*1325〙
skil·ling /skílɪŋ, ʃíl-/ *n.* スキリング《北欧諸国で以前用いられた低額の通貨単位》; 1 スキリング銅貨. 〘(1700) ◻ Dan., Swed. & Norw. ~: cf. shilling〙
skil·li·on /skíliən/ *n.* 《豪》差し掛け小屋,離れ家: a ~ roof 差し掛け屋根. 〘(1808) 《変形》← *skilling* ← ?〙
skíll-less *adj.* **1** 未熟な,下手な (untrained). **2** 《古》無知な. **~·ness** *n.* 〘?*c*1200〙
skil·ly /skíli/ *n.* 《英》オートミール (oatmeal) から作る薄いスープまたはかゆ《昔,監獄や養老院などで出した》. 〘(1839) 《短縮》← skilligalee〙
Skíl·sàw /skílsɔ̀ː, -sɑ̀ː | -sɔ̀ː/ *n.* 〔商標〕スキルソー《携帯電動のこぎり》.
skim /skím/ *v.* (**skimmed; skim·ming**) **—** *vt.* **1 a** (スプーンなどで)〈液体〉の上皮[薄膜,クリーム]をすくう: ~ milk 牛乳の上皮(クリーム)をすくい取る. **b** 〈浮きかす・薄膜・クリームなどを〉すくい取る〔*off, from*〕: ~ the cream *off* [*from*] milk 牛乳のクリームをすくい取る. **c** 〈物〉の最上の[最も取りやすい]部分を取る; 〈最上の部分を〉取る: ~ the cream *off* the text テキストの一番いいところを取る. **2** …の水面などをすれすれに飛んで行く,…にかすするように飛んで[通って]行く: A skater ~*s* the ice. スケーターが氷の上を滑っていく. **3** (地表や滑り道の上にかすするように)転がす[投げる,飛ばす]: ~ a flat stone over the water 平たい石を水面をかすするように投げる. **4** ざっと読む,大急ぎで読む: ~ one's report. **5 a** 〈液体を〉薄い表皮で覆う: The pond was ~*med with* ice. 池に氷が張った. **b** …に仕上げの上塗りをする. **6** 《米俗》〈所得・賭けのもうけなどを〉(税金逃れに)隠す,不正申告する. **7** 〔冶金〕溶融した金属の表面から〈浮き滓(ˢ)を〉取る. **—** *vi.* **1** かすって行く,すれすれに通る[飛んで行く]〔*over, along, by, through*〕: watch the birds ~*ming over* the fields 鳥が野原をかすするように飛んで行くのを見つめる. **2** ざっと見る[読む],大急ぎで読む〔*over, through*〕: ~ *through* a book 本をざっと読む. **3** 上皮を生じる,上澄み[浮き滓(ˢ)]ができる〔*over*〕. **—** *adj.* **1** スキム[上澄み取り]用の: a ~ net. **2 a** クリームを(すくい)取った. **b** スキムミルクから作った: ~ cheese. **3** しっくい塗り仕上げの: a ~ coat 仕上げ塗り,上塗り. **—** *n.* **1** (液体の)上澄みをすくう[すくい取る]こと. **2 a** (すくい取られた)上澄み,薄膜. **b** (沸騰した牛乳の蛋白凝固物など)表面にできた薄皮. **c** (モルタルなどの)薄い層. **3** =skim milk. **4** 《廃》浮き滓(ˢ) (scum). 〘(1373) *skyme(n), skeme(n)* ◻ ? OF *escumer* ← *escume* foam ◻ OHG *scūm*: cf. scum〙
skí màsk *n.* スキーマスク《顔まで覆うスキー帽》.
skim·ble-skam·ble [**-scam·ble**] /skímb(ə)lskæ̀m(b)l/ 《古》*adj.* とりとめのない,めちゃくちゃな,ばかげた. **—** *n.* たわごと,ばかげた話. 〘(1596–97) 《加重》← SCAMBLE〙
skím·bòard *n.* スキムボード《波打ち際などで使う波乗り板》. 〘1965〙
skímmed mílk *n.* =skim milk.
skim·mer /skímə | -mə^(r)/ *n.* **1 a** (液体の)上皮をすくう道具; 網じゃくし; スキマー《水面に流出した石油などをすくい取る器具》. **b** 上澄みをすくう人. **2** 《米口語》麦わら帽,かんかん帽 (straw skimmer). **3** 上すべりする人,ざっと読む人. **4** 《米》スキマードレス《直線的で簡単な裁断のドレス; 袖がなくて丸首の場合が多い》. **5** 〔鳥類〕アジサシモドキ《ハサミアジサシ属 (*Rhynchops*) の類の水鳥の総称; 長く鋭い翼と二股の尾があり,上くちばしよりはるかに長い下くちばしで水面を切って飛ぶ》. **6** 〔昆虫〕 **a** =water strider. **b** トンボ科 *Libellula* 属の大形のトンボの総称《ヨーロッパハラビロトンボ (*L. depressa*) など》. **7** 水中翼船,ホバークラフト. 〘(1351–52) *skemour* ◻ OF *escumoir*: ⇨ skim, -er¹〙
Skim·mer /skímə | -mə^(r)/ *n.* 〔商標〕投げあって遊ぶプラスチック製の円盤.
skímmer gàte *n.* 〔金属加工〕垢(ᵃ)取り湯口,除滓(ˢ)板,鉱滓堰(ˢ)《溶湯を鋳型に注入する湯口で,溶滓をせき止めるため前火板》; cf. strainer gate》.
skim·mi·a /skímiə/ *n.* 〔植物〕日本や東アジアに生じるミカン科ミヤマシキミ属 (*Skimmia*) の常緑低木の総称. 〘(1853) ← NL ~ ← Jpn.〙
skím mílk *n.* スキムミルク,脱脂乳《牛乳から生クリームを分離し取り除いたあとのもの; skimmed milk, separated milk ともいう; cf. whole milk》. 〘1596–97〙
skím·ming *n.* **1** 上皮[クリーム]をすくい取ること. **2** [通例 *pl.*] すくい取ったクリーム[上皮,浮き滓(ˢ)]. **3** 《米俗》所得・賭けのもうけなどを税金のがれに隠すこと,不正申告すること. **4** [*pl.*] 〔冶金〕浮き滓 (dross). 〘?*a*1425〙
skímming dìsh *n.* 上皮をすくう皿《特に,牛乳のクリームすくい・チーズ製造などに用いるもの》. 〘1688〙
skim·ming·ton /skímɪŋtən/ *n.* **1** スキミントン: **a** 昔のイングランドの田舎で行われた風習; 女房を寝取られた夫,女房の尻に敷かれた夫,不貞の妻,夫を虐待する妻,妻を虐待する夫など社会道徳の違反者を,その'罪人'の仮装者を仕立てて大勢ではやしたてる嘲笑行列. **b** その行列で'罪人'に扮する扮装者[人形]. **2** 《方》新婚の人のために演じるふざけたセレナーデ (shivaree). 〘(1609): skimming ladle で男をぶったことから; -ton は Washington などの語尾〙
Ski·mo /skíːmoʊ | -məʊ/ *n.* (*pl.* **~s**) 《カナダ俗》= Eskimo. 〘《略》← ESKIMO〙
skí·mobìle *n.* =snowmobile.
skimp /skímp/ *vt.* **1** 〈食物・金銭などを〉けちけちする,ちびちび[けちけちして]与える. **2** 〈仕事などを〉いい加減にする. **—** *vi.* 〔…を〕けちけちする,節約する〔*on*〕: ~ and screw けちけちする. **—** *adj.* 乏しい,不十分な. **—** *n.* 《口語》

S

短い[露出度の高い]しゃれた服. **~·ing·ly** *adv.* 〖(1775)? (混成) ← SCAMP+SCRIMP〗

skimp·y /skímpi/ *adj.* (**skimp·i·er; -i·est**) **1** 不十分な (insufficient), 貧弱な (⇨ meager SYN); 〈服など〉短くて露出度が高い: a ~ skirt. **2** けちけちした (tight), けちん坊の (stingy): a ~ meal. **skímpi·ly** /-pə̀li/ *adv.* **skímp·i·ness** *n.* 〖(1842): ⇨ ↑, -y[1]〗

skin /skín/ *n.* **1** (人間・動物の)皮膚, 肌: have a fair [dark] ~ 肌が白い[黒い] / have a clear [good, bad] ~ 色つやのきれいな[よい, 悪い]肌をしている / the inner [true] ~ 真皮 / the outer ~ 表皮 / a ~ disease [condition] 皮膚病[の状態] / a ~ specialist 皮膚病専門医 / abrade the ~ 皮膚をすりむく / A snake sheds [casts] its ~. ヘビは脱皮する / be wet to the ~ ずぶぬれになる / wear close [next] to one's ~ 肌にじかに着る / Near is my shirt, but nearer is my ~. 《諺》 背に腹はかえられぬ, 身よりかわいいものなし. ★ ギリシャ語系形容詞: dermal. **2 a** (家畜・小動物の)皮, 皮革 (cf. leather 1): a green [a raw, an undressed] ~ 生皮. **b** 皮製品; (敷物などにする)獣皮 (hide, pelt): a tiger [rabbit] ~ (敷物の)虎[兎]の皮 / a leopard-*skin* coat ヒョウ皮のコート. **c** (酒などを入れる)皮製の器, 皮袋. **3 a** (種子を包む)殻, (果物の)皮 (rind): the ~ of an apple [a potato] リンゴ[ジャガイモ]の皮 / ⇨ banana skin. **b** (液体の表面に生じる)薄皮 (pellicle). **c** (ソーセージ・ハムなどの)皮: sausage ~ ソーセージの皮. **4** 《口語》 人の命 (life): ⇨ *save one's (own)* SKIN. **5 a** 詐欺師, ぺてん師. **b** 人, やつ. **6** 《米俗》 1 ドル紙幣 〖《略》 ← 《俗》 *frogskin* (⇨ frog[1]): 紙幣の裏が緑色をしているところから〗. **7** [*pl.*] 《俗》 (ジャズバンドの)ドラム. **8** 《卑》 スキン (condom). **9 a** 〖海事〗 たたんだ帆の外表面. **b** (船体外の)外板 (planking), 船の外殻 (shell). **10** 〖宇宙〗 (ミサイル・ロケットなどの)外板. **11** 〖宝石〗 a はだ (真珠の外皮). **b** 皮膚 《ダイヤモンドの表皮; 宝石研磨師の用語》. **12** 〖冶金〗 表皮, 黒皮 《金属の内部と構造・組成その他の性質が異なる薄い表面層》. **13** 〖金属加工〗 (鋳造用砂型の)表面. **14** 《英俗》 =skin-head. **15** 《俗》 大麻たばこの巻き紙.

by* [*with*] *the skín of* one's *téeth 辛うじて (barely), 命からがら: escape *by the* ~ *of one's teeth* 命からがら逃げる / We made the deadline *by the* ~ *of our teeth.* 辛うじて締め切りに間に合った 《*Job* 19: 20 の A.V. 訳から; ただし原語の意味は不詳》. (1896) ***chánge* one's *skín*** = *change one's* SPOTS. ***gèt únder* a person's *skín*** 《口語》 (1) 人をいらだたせる (irritate), 怒らせる (annoy). (2) 人の心に食い入る, 人をとりこにする. (1927) ***hàve a thín* [*thíck*] *skín*** 敏感[鈍感]である (cf. thin-[thick-] skinned). ***hàve* (*gòt*) *a* person *ùnder* one's *skín*** 絶えず〈人〉のことを考えている, 〈人〉に夢中である: I've got her *under* my ~. 彼女に夢中だ. ***in* one's *skín*** 着ないで, 裸で (naked). ***nó skín off* one's *nóse* [*báck, téeth*]** 《口語》 自分の知った[関心のある]ことでない: That's *no* ~ *off my nose.* 私の知ったことではない. ***òut of* one's *skín*** 興奮して (excitedly): fly [jump, leap] *out of one's* ~ (喜び・驚きなどで)跳び上がる. ***sáve* one's (*ówn*) *skín*** 《口語》 無事に逃れる, けがなしに済む. ***skín and bóne*(*s*)** 骨と皮ばかり(の人): be only [mere] ~ *and bone(s)* やせて骨と皮ばかりだ / be reduced to ~ *and bones* やせこける, 骨と皮のようになる. (c1430) ***ùnder the skín*** 一皮むけば (below the surface, basically); 腹の中で, 本心は, 内実は (at heart). ***with a whóle skín*** 《口語》 けがなしに, 無事に (safe and sound): escape *with a whole* ~.

— *v.* (**skinned; skin·ning**) — *vt.* **1 a** 〈獣などの皮をはぐ (flay) 〈*off*〉: ~ a bear. **b** 〈果物など〉の皮をむく (peel) 〈*off*〉: ~ a banana. **c** 〈表面・外被・薄膜などを〉はぎ取る (peel); …の表面[外被・薄膜(など)]をはぎ取る 〈*off*〉. **2** 〈手・ひざなどを〉すりむく, すり傷をつける (abrade, graze): ~ one's knee. **3 a** 〈傷口などを〉皮で覆う 〈*over*〉: The wound [His leg] is ~*ned* (*over*). 傷[彼の脚]は皮ができて直っている. **b** 〔皮・皮状のもので〕覆う 〔*with*〕: be ~*ned with* steel 鋼鉄張りである. **4 a** 《口語》 〈人〉から〔…を〕巻き上げる (fleece), だまし取る (swindle) 〔*out of, of*〕: ~ a person of every penny 人からあり金全部を巻き上げる. **b** 《米口語》 徹底的に打ち負かす, 散々にやっつける: have [get] a person ~*ned* 人を徹底的にやっつける. **c** 《米俗》 頭からしかり飛ばす, きびしく非難する (criticize). **5** 《米口語》 〈ろば・馬などを〉追って行く, むちで打つ. **6** 《俗》 〖トランプ〗 〈カードを〉山から一枚一枚すべらせて配る.

— *vi.* **1** (傷口などに)皮ができる 〈*over*〉: The wound has ~*ned* (*over*) too quickly. 傷口に皮が非常に早くできた. **2** [~ up として] 《米口語》 (急いで)よじ登る (shin); [~ down として] (手足を使って急いで)降りる: ~ *up* [*down*] (a tree). **3** [通例 ~ through [by] として] 《米口語》 (…を)辛うじて通る; (…に)すれすれで合格する. **4** 《米俗》 さっと抜け出す; 急いで逃げ出す 〈*out*〉. **5** 《米俗》 (麻薬などの)皮下注射をする.

skín alíve (1) 生皮をはぐ. (2) 《口語》 ひどい目に遭わせる, 打ちのめす; しかり飛ばす (scold severely). (3) 《米口語》 散々に打ち負かす. ***skín úp*** 《英俗》 マリファナたばこを巻く[作る].

— *adj.* [限定的] 《俗》 **1** 肌の, 皮膚(用)の: ~ cream スキンクリーム. **2 a** ヌード専門の, ヌードを見せる[売り物にする]; ポルノの: a ~ magazine ポルノ雑誌. **b** ヌード映画[劇場]の.

〖(?c1200) *skin(n)e* < lateOE *scin(n)* ◻ ON *skinn* ← Gmc **skinþ-* (原義) that which one peels off (G 《方言》 *Schind(e)* skin of fruit) ← IE **sken-(d)-* to cut〗

SYN 皮: **skin** 人や動物の皮膚をいうことが多いが, りんごなどの果物の皮をいうこともある 《一般的な語》: a *skin* disease 皮膚病. **hide** 馬・牛・象などの丈夫な生の皮: a buffalo *hide* 野牛の皮. **leather** 靴・手袋などを作るための動物のなめし革: a *leather* jacket 革のジャケット. **fur** 柔らかい短い毛のついた動物の毛皮: a *fur* coat 毛皮のコート. **pelt** 貂(テン)・キツネ・羊など短い毛をもつ動物のなめしていない毛皮: beaver *pelts* ビーバーの毛皮. **rind** オレンジやスイカなどの果物や, チーズ・ベーコンなどの丈夫な皮: bacon *rind* ベーコンの皮. **peel** オレンジ・レモン・バナナなどのむいた皮: a banana *peel* バナナの皮. **bark** 木の皮: the rough *bark* of a tree でこぼこした木の皮.

---

skín bèetle *n.* 《米》 〖昆虫〗 コブスジコガネ 《コブスジコガネ科の数種の甲虫; 動物の死骸や皮を食べる》; カツオブシムシ 《カツオブシムシ科の数種の甲虫; 保存食品の害虫を含む》. 〖1842〗

skín-bòund *adj.* (強皮症 (scleroderma) のように)皮膚の硬くなった, 強皮の. 〖1799〗

skín·càre *n.* 肌の手入れ, スキンケア. — *adj.* スキンケア用の: ~ products スキンケア用品.

skín-déep *adj.* **1** 皮一重の(深さの): a ~ wound すり傷. **2** 上っ面の, 皮相の (superficial): Beauty is but ~ 《諺》 美貌(びぼう)も皮一重. — *adv.* 皮一重だけ; 皮相的に, ちょっとだけ (slightly). 〖*a*1613〗

skín·der /skíndə | -dəʳ/ 《南ア口語》 *n.* (人の)うわさ話, 陰口, 悪口. — *vi.* うわさ話をする, 陰口をきく. 〖◻ Afrik. ~ to slander, gossip〗

skín-dìve *vi.* **1** スキンダイビングをする. **2** 潜水してやすで魚を突く (goggle). 〖(1925) 《逆成》〗

skín dìver *n.* スキンダイバー, ダイバー (free diver). 〖1932〗

skín dìving *n.* スキンダイビング 《元来は素もぐりのこと; 現在では scuba diving のこともいう》. 〖1938〗

skín effèct *n.* 〖電気〗 (高周波伝導体の)表皮効果. 〖1891〗

skín flìck *n.* 《俗》 ポルノ映画. 〖1968–70〗

skín·flìnt *n.* 非常なけちん坊 (niggard, miser). **~·y** *adj.* 〖(*a*1700) ← *skin a flint* (⇨ flint (n.) 成句)〗

skín·fòld *n.* 皮膚のひだ 《皮膚をつまみあげてできるひだで, 体脂肪の量を測定する》: ~ thickness 皮下脂肪厚(こう), 皮脂厚.

skín-fòod *n.* 肌の調子を整える化粧品, スキンクリーム. 〖1898〗

skín frìction *n.* 〖物理〗 表面摩擦 《流体とその中を動く固体との間の摩擦》. 〖1881〗

skín frìction dràg *n.* 〖航空〗 =surface friction drag.

skin·ful /skínfʊ̀l/ *n.* **1** 皮袋一杯(分). **2** 《口語》 **a** (食物の)腹一杯: a ~ *of* food. **b** 酔うだけの酒量: a ~ *of* drink 腹一杯の酒 / have a [one's] ~ 酔っている. 〖1650〗

skín gàme *n.* 《口語》 **1** いかさまばくち. **2** 詐欺, ぺてん (swindle). 〖1868〗

skín gràft 〖外科〗 *vt.* …に皮膚を移植する. — *n.* 植皮(術); 移植した皮膚片. 〖1871〗

skín gràfting *n.* 〖外科〗 植皮術, 皮膚移植術. 〖1876〗

skín·hèad *n.* **1** スキンヘッド 《1970 年代初頭から英国に現れた, 頭を丸刈りにして革ジャン・革ブーツなどを身に着けた (通例) 白人の若者; しばしば威嚇的・暴力的な行動をとり, 白人優越主義に傾倒》. **2 a** 丸刈り頭の少年[男]. **b** 禿頭の男. **3** 《米俗》 (海軍・海兵隊の)新兵, 新米. 〖1953〗

skink[1] /skíŋk/ *n.* トカゲ 《トカゲ科の各種の動物の総称》. 〖(1590) ◻ F (廃) *scinc* (F *scinque*) ∥ L *scincus* ◻ Gk *skíŋkos*〗

skink[2] /skíŋk/ *vt.* 《方言》 〈飲物を〉注ぐ, 供する. 〖(1400) *skynke(n)* ◻ MDu. *schenken*: cf. OE *scencan* to pour out〗

skínk·er *n.* **1** 酒を注ぐ人, 酌をする人 (tapster). **2** 《廃》 盃, 酒杯. 〖1586〗

skín·less *adj.* **1 a** 皮のない, 無皮の. **b** 〈ソーセージなど〉皮なしの. **2** 敏感な, 感じやすい. 〖*a*1349〗

skinned /skínd/ *adj.* [通例複合語の第 2 構成素として] 皮が…の; 皮膚が…の; …の皮をもった: thin-[thick-] *skinned*, clear-*skinned*, light-*skinned*. 〖*c*1400〗

skin·ner /skínə | -nəʳ/ *n.* **1** 皮をはぐ人 (flayer). **2** 皮革商 (furrier). **3** 《米口語》 **a** らば・牛など荷車用家畜の御者 (teamster). **b** (ブルドーザー・トラクターなど)建設用機械の運転者. **4** 《俗》 詐欺師, ぺてん師 (swindler); (賭けなどで)金を巻き上げる人 (fleecer), 強奪者 (plunderer). **5** 《米》 (独立戦争当時, 米国または英国側の者だと称して英米戦線の中間地区である New York 州 Westchester county を荒らし回った)略奪隊員 (cf. cowboy 3). 〖?*a*1325〗

Skin·ner /skínə | -nəʳ/, **B**(**ur·rhus**) /bə́ːrəs | bʌ́r-/ **F**(**rederic**) *n.* スキナー 《1904–90; 米国の行動主義心理学者》.

Skínner bòx *n.* 〖心理〗 スキナー箱 《レバーを取り付けた箱の中に動物をとじ込めて動物がレバーを動かすと自動的に報酬が得られたり, 罰から逃れたりするような構造の箱》. 〖(1940) ↑〗

Skin·ne·ri·an /skɪ̀nɪ́əriən | skɪníər-/ *adj.* (心理学者) Skinner の理論の[に関する]. — *n.* Skinner (理論)の支持者. 〖1958〗

skin·ner·y /skínəri/ *n.* 皮革工場, 皮革製造所. 〖(*a*1475) ← SKIN (n.)+-ERY〗

skin·ny /skíni/ *adj.* (**skin·ni·er; -ni·est**) **1** 皮の, 皮状の, 皮膚の, 皮でできた. **2 a** 骨と皮ばかりの, やせこけた (emaciated) (⇨ lean[2] SYN). **b** 〈量・質など〉不足した, 足りない. **3** けちん坊な (stingy). — *n.* 《米》 [the ~] 内部[極秘]情報, 真相, 事実. **skín·ni·ness** *n.* 〖(*c*1400) ← SKIN+-Y[1]〗

skínny-dìp 《口語》 *vi.* 全裸[すっ裸]で泳ぐ. — *n.* 全裸で泳ぐこと. **skínny-dip·ping** *n.* 〖1964〗

skínny-dìpper *n.* 全裸で泳ぐ人. 〖1971〗

skínny·ma·lìnks /-məlìŋk(s)/ *n.* 《スコット》 やせこけた人, やせっぽち. 〖1959〗

skínny-rìb *n.* スキニーリブ 《体にぴったりフィットしたセーター[カーディガン]》. 〖1973〗

skín-póp 《米俗》 *vt.* 〈麻薬を〉皮下注射する. — *vi.* 麻薬を皮下注射する. — *n.* 麻薬の皮下注射. **skín-póp·per** *n.* **skín-póp·ping** *n.* 〖1952〗

skín reàction *n.* 〖医学〗 皮膚反応.

skín resìstance *n.* 〖海事〗 (船舶の外殻と水との間の)摩擦抵抗. 〖1875〗

skín sànd *n.* 〖金属加工〗 =facing sand.

skín sèarch *n.* 《俗》 =strip-search. **skín-sèarch** *vt.*

skint /skínt/ *adj.* 《英俗》 無一文の (penniless). 〖(1925) 《変形》 ← SKINNED〗

skín tèst *n.* 〖医学〗 皮膚テスト[試験] 《皮膚に塗ったり注射したりするアレルギー検査法》. 〖1925〗

skín·tìght *adj.* 〈衣服など〉ぴったり体に合った: ~ pants. — *n.* ぴったり体に合った衣服. 〖1885〗

skín tònic *n.* スキントニック 《顔の肌をリフレッシュし, 引き締めるのに用いられる収斂化粧水》. 〖1906〗

skín wòrker *n.* 《米俗》 万引き.

ski·o·gram /skáɪəgræ̀m/ *n.* =skiagram.

ski·o·graph /skáɪəgræ̀f | -grɑ̀ːf, -græ̀f/ *n.*, *vt.* = skiagraph.

skip[1] /skíp/ *v.* (**skipped; skip·ping**) — *vi.* **1 a** スキップする, スキップして行く 《片足で 2 歩ずつ交互にホップして行く; ⇨ jump SYN》. **b** 〈子羊・子やぎ・子供などが〉ぴょんぴょん跳ねる, 軽く飛び回る, 跳ね回る (gambol, caper), 踊り戯れる, じゃれる (frisk) 〈*about*〉: ~ *about* for joy 喜んで小躍りする. **c** 表面をかすめて飛ぶ (ricochet): ~ across the surface of the lake 湖の水面をかすめて飛ぶ. **2** 《米》 縄跳びをする (jump rope). **3 a** 《口語》 とびとびに読む, 拾い読みする, さっと論ずる: He ~*s* as he reads. 飛ばし読みをする. **b** 飛ばす, 抜く: ~ *over* certain items ある項目を抜かす / ~ (around) [*from* item *to* item] 項目から項目へ飛ばす. **4 a** 軽く跳ねる, 跳躍する (leap lightly): ~ over [across] a brook [gutter] 小川[下水]を飛び越える / ~ out of the way 道から飛び出る[飛びのく]. **b** さっと[素早く]動く; 急いで旅行する, 小旅行をする (travel rapidly): ~ to the office / ~ over [across] to America for a week 米国へ 1 週間ばかり行って来る. **c** (職業・話題などを)転々と変える; 散漫である. **5** 《口語》 急いで去る (leave hurriedly), 逃亡する (abscond) 〈*out, up, off*〉. **6** 《米》 〖教育〗 飛び級する 《能力のすぐれた生徒がある学年からその上の学年を越して進級する》.

— *vt.* **1 a** 〈本を〉飛ばし読み[抜かし読み]する, 抜かす (pass over): ~ a page in a book / ~ the dull parts of a book 本のつまらないところを飛ばす. **b** 〈食事などを〉抜かす: ~ breakfast, lunch, etc. **2** 〈授業・教会〉に欠席する, さぼる: ~ school [a meeting]. **3** 言わないでおく, 省略する (leave out): I shall ~ the events [details] of the next few days. 次の 2, 3 日間の出来事[詳細]は省きましょう. **4 a** 〈石などを〉水面ではずませる: ~ stones on a lake 湖面で水切りをする. **b** 〈弾丸を〉(標的に向かって)跳飛させる, (跳飛爆撃で)〈弾丸を〉投下する. **5** 〈学生が〉飛び級する; 〈学生を〉飛び級させる. **6** 軽く跳ねる, 跳ぶ, 跳び越す: ~ a brook, gutter, etc. ★ この意味では自動詞としての用法の方が普通 (⇨ *vi.* 4 a). **7** 《米口語》 (嫌疑を受けたり, 不品行のあと)〈町などを〉こっそり去る; 〈ある場所〉から逃亡する (flee): ~ the country.

Skip it! 《口語》 やめろ, よせ; 気にするな. ***skip óff*** 《英口語》 (無断で)早引きする; サボる, すっぽかす. ***skip óut on*** …を見捨てる.

— *n.* **1 a** スキップ(すること); スキップダンス[ステップ]. **b** 跳ぶこと, 跳ねること, 跳躍 (light jump); 跳びはねる歩き方: give a ~ 跳ねる, 小躍りする. **2** 飛ばす[抜かす]こと; 省略 (omission); 飛ばし読み(の部分). **3** (板の表面の)削り残したくぼみ. **4** 《口語》 行方をくらました債務不履行者 (cf. skip tracer). **5** 〖音楽〗 (一全音以上の音程を超えての)跳躍進行. **6** 〖トランプ〗 =skip straight.

hóp, skíp, and júmp ⇨ hop[1].

〖(*a*1300) *skippe(n)* ← ? ON (cf. ON *skopa* to take a run / Swed. *skoppa* 《方言》 to skip)〗

skip[2] /skíp/ *n.* (Dublin の Trinity College で学生の世話をする)用務員 (cf. gyp[1], scout[1] *n.* 6). 〖(1698–1700) 《略》 ? ← (廃) *skip-kennel* lackey: ⇨ ↑, kennel[2]〗

skip[3] /skíp/ *n.* **1** (カーリング (curling) やローンボウリング (lawn bowling) などで)チームの主将 (captain). **2** 《口語》 =skipper[2]. — *vt.* **1** (カーリング・ローンボウリングで) 〈チーム〉の主将を務める. **2** 《口語》 =skipper[2]. 〖(1830) 《略》 ← SKIPPER[2]〗

skip[4] /skíp/ *n.* **1 a** (工場などで工具や資材・製品などを入れて滑車で上下に, またはレールの上などを運搬する)かご, バケツ, トロッコ (truck). **b** 〖鉱山〗 スキップ 《立坑および斜坑の鉱石・資材を運搬するかご; gunboat ともいう》. **2** = skep. 〖(1815) 《変形》 ← SKEP〗

skí pànts *n. pl.* スキーパンツ, スキーズボン; (女性用の)スキーパンツ型スラックス 《足首にかけて細くなった, (足裏に通す) 足かけのついたパンツ》. 〖1937〗

skí patròl *n.* スキーパトロール隊.

skíp bìd *n.* 〖トランプ〗 スキップビッド (jump bid): ~ warning (ブリッジで)スキップビッド予告 《予告をしてスキップビッドをすると, 次のビッダー (bidder) は約 10 秒の間(ま)をおかねばならないという規則》.

skíp bòmb *vt.* 〖軍事〗〈目標〉に向けて跳飛爆撃 (skip bombing) をする.

skíp bòmbing *n.* 〖軍事〗跳飛爆撃《超低空で投下した爆弾が水面[地面]を滑りまたは跳飛し, 水面[地面]の高さまたはそれより上方の目標(艦船など)に当たるようにする爆撃法》. 〚1943〛

skíp dìstance *n.* 〖通信〗跳躍距離《電離層利用の短波通信などで受信が可能となる地表上の距離; この距離を越えないと電波が下降して来ない》. 〚1926〛

skíp èlevator [hòist] *n.* 〖鉱山〗=skip[4] 1 b.

skíp·jàck *n.* (*pl.* ~**s**, 3 ではまた ~) **1** 《古·方言》うぬぼれの強いにやけた若い男. **2** (鳥の暢思(ちょうし)骨 (wishbone) で作った)跳ね上がり玩具. **3** 〖魚類〗**a** 水面に飛び上がったり戯れたりする魚の総称; (特に)カツオ (*Katsuwonus pelamis*) (skipjack tuna, oceanic bonito ともいう). **b** インド·太平洋の小さな斑点のあるカツオ (*Euthynnus yaito*) (black skipjack ともいう). **4** 〖昆虫〗コメツキムシ (click beetle). **5** 〖海事〗スキップジャック《船底がV型の小型帆船の一種》. 〚(1554) ← SKIP[1]+JACK〛

skí-plàne *n.* 〖航空〗雪上機《車輪の代わりにスキーをつけた飛行機》. 〚1930〛

skí pòle *n.* (スキーの)ストック (ski stick). 〚1920〛

skip·pa·ble /skípəbl/ *adj.* **1** 飛ばす[省略する]ことのできる, 飛ばし読みのできる. **2** 飛ばし読みされがちな: a ~ novel. 〚1820〛

skip·per[1] /skípə | -pə(r)/ *n.* **1** 跳ぶ人[もの], 跳ねる人[もの]. **2** 《まれ》《軽蔑的》(若者の)おっちょこちょい (cf. Shak., *Shrew* 2.1.339). **3** 〖昆虫〗**a** ぴょんぴょん跳ねる各種の昆虫の総称《チーズバエの幼虫 (cheese skipper), コメツキムシ (click beetle) など》. **b** セセリチョウ《高速度で飛行し, 跳び跳ねるような飛び方に由来する名称; 前翅を鉛直に, 後翅を水平にして静止する》. **4** 〖魚類〗ハシナガサンマ (*Scomberesox saurus*) 《大西洋にいる水面をジャンプするサンマの一種》. **5** 〖トランプ〗=skip straight. 〚*c*1250〛

skip·per[2] /skípə | -pə(r)/ *n.* **1** (小型商船·漁船·遊覧船の)船長 (captain). **2** (航空機の)機長; 第一操縦士. **3** (運動チームなどの)主将; (野球の)監督 (manager), コーチ (coach). **4** **a** 〖米軍〗隊長, 艦長. **b** 〖米空軍〗機長. — *vt.* **1** 〈船の〉船長を務める: ~ the boat. **2** 〈チーム〉の主将[コーチ]を務める. 〚(1391) ◻ MDu. *schipper* ← *schip* 'SHIP': ⇨ -er[1]〛

skíp·per[3] *n.* 《英俗》**1** (野外の)寝場所. **2** 野宿する人, 浮浪者; 野宿. 〚((1567)) (1925) ← ?: cf. Cornish *skyber* barn〛

skíp·per[4] *n.* 《南ア》長袖のスウェットシャツ [T シャツ]. 〚← ?〛

skípper's dáughters *n. pl.* 白い波頭を立てる大波. 〚1888〛

skip·pet /skípɪt/ *n.* スキペット《文書につけた印章をしまい保護するための円形の小箱》. 〚(*a*1398) ← ? *skeppette*〛

skíp·ping *adj.* 跳ね回っている; 跳躍的な. 〚1560〛

skíp·ping·ly *adv.* 躍りながら; 飛ばし読みして, 飛ばして. 〚1572〛

skípping ròpe *n.* 縄跳びの縄 (jump rope). 〚1802〛

Skip·py /skípi/ *n.* 〖商標〗スキッピー《米国 CPC International 社製のピーナッツバター》.

skíp ròpe *n.* =skipping rope.

skíp-stòp *n.* (バスやエレベーターなどの運行上や緊急時の)途中[一時]通過.

skíp stràight *n.* 〖トランプ〗(ポーカーで)スキップストレート《カード 5 枚が 2, 4, 6, 8, 10 のように一つ置きに続くストレート; 強さはスリーカードとツーペアの中間; alternate straight, Dutch straight, skip, skipper ともいう》. 〚1887〛

Skip·ton /skíptən, -tn/ *n.* スキプトン《イングランド北部, North Yorkshire 州の都市; 11 世紀の城がある》.

skíp tràcer *n.* 《口語》行方をくらました債務不履行者の追跡人 (cf. skip[1] *n.* 4).

skíp zòne *n.* 〖通信〗跳躍帯, 不感地帯 (cf. skip distance).

skirl /skə́ːl | skə́ːl/ 《スコット·北英》*vi.* **1** 〈バグパイプ (bagpipe) が〉ぴーぴーいう. **2** 金切り声で叫ぶ (shriek). — *vt.* **1** 〈バグパイプを〉奏する. **2** 〈金切り声を〉発する. — *n.* **1** バグパイプの音[吹奏]. **2** 金切り声. 〚(*c*1450) *skyrle(n)*, *skrille(n)* ← ? ON (cf. Norw. 《方言》*skrylla*): cf. shrill〛

skir·mish /skə́ːmɪʃ | skə́ː-/ *n.* **1** 〖軍事〗(通例, 付随的に起こる小部隊間の)軽戦, 小戦 (cf. pitched battle) (⇨ battle[1] SYN). **2** 小競り合い, 衝突; 小論争. — *vi.* **1** 〔…と〕軽戦[小戦]を交える, 小競り合いをする, 衝突を起こす 〔*with*〕: ~ *with* police. **2** 〔…を〕捜し回る, 方々をあさり歩く 〔*after*〕. 〚n.: (?*c*1380) *skirmisshe*, *skarmuch* ◻ OF *escar(a)muche* ◻ OIt. *scaramuccia* ← Gmc. — v.: (*c*1300) ◻ OF *escarmuchier* to fence ◻ OIt. *scaramucciare* ← *scaramuccia* (n.): ⇨ -ish[2]〛

skír·mish·er *n.* 小競り合いする人; (前衛隊·別働隊·本隊の援護隊などとして散開している)散兵. 〚1565〛

skír·mish·ing *n.* 小競り合い; 小論争. 〚1385〛

skírmish lìne *n.* 〖軍事〗散兵線, 散開線. 〚1876〛

Skí·ros /*Mod.Gk.* skíros/ *n.* スキロス(島) 《Skyros のギリシャ語名》.

skirr /skə́ː | skə́ː(r)/ *vi.* 急いで行く[去る]; 飛んで行く, 疾走する (fly, scurry). — *vt.* 《古·文》**1** …の中を捜し回る. **2** …の上をさっとかすめる, 急いで通って[越えて]行く. — *n.* きーきー[ぎしぎし, ひゅーひゅー]いう音. 〚(*a*1548) 《変形》? ← SCOUR[1]〛

skir·ret /skírɪt/ *n.* 〖植物〗ムカゴニンジン (*Sium sisarum*) 《西アジア産のセリ科目の多年草; 根は食用; かつてヨーロッパで栽培された》. 〚(1338) *skirwhit* (← *skire* clear, bright (◻ ON *skírr* 'SHEER[1]')+*whit* 'WHITE') 《通俗語源》← OF *eschervis* (F *chervis*) ◻ Arab. *karáwyā* :⇨ caraway〛

skirt /skə́ːt | skə́ːt/ *n.* **1** **a** (上着·ドレス·ガウンなどの)ウエストより下の部分, すそ. **b** (女性用の)スカート; ペティコート: a tight ~ / a girl in ~ and blouse / ⇨ dirndl skirt, divided skirt, miniskirt. **2** (馬の)小鞍(こあおり) (jockey). **3** (ものの)端, 界 (border), へり (edge). **4** [*pl.*] 郊外, はずれ (outskirts): on the ~*s* of a city, forest, etc. **5** **a** スカート状のもの. **b** (機械·機関車·車両などの)鉄板の覆い. **c** (鐘の)外に広がっている縁 (lip). **6** **a** (牛などの)横隔膜 (midriff). **b** 《英》牛のわき腹肉 (flank). **7** 《俗·卑》女, 娘: a bit [piece] of ~ (いい)女, 女の子 / He was always after a ~. いつも女の尻ばかり追っかけていた. **8** **a** (いす·たんすなどの脚に付ける水平の)補強材. **b** (家具の正面すそ部に付ける)装飾用の幕板(まくいた). **9** 〖木工〗巾木(はばき). **10** 〖海事〗(横帆の)縦ふち (leech). **11** 《NZ》(羊毛の)すそ毛. ***cléar one's skírts*** 罪の告発を免れる; 汚名を免れる.
— *vt.* **1** **a** …に接する, 囲む, めぐる. **b** …のへりを通る: The ship ~*ed* the coast. 船は沿岸を通った. **2** **a** (危険·困難·論争になるため)〈問題·話題を〉避ける, 回避する: ~ the issue. **b** 〈危険·死などを〉辛うじて逃れる. **3** **a** …にスカート[すそ]をつける. **b** …に縁をつける. **4** 《豪》〈羊毛の先端部から低品質のものを取り除く (cf. skirting 4). — *vi.* **1** 〈川·道路などが〉境にある. **2** へり[外側]に沿って行く: ~ *along* the edge of a cliff がけのへりを行く. **3** 〈問題などを〉避ける, 回避する 〔*around, round*〕. 〚(*a*1325) ◻ ON *skyrta* 'SHIRT'〛

skírt chàser *n.* 《俗》女の尻を追いかける男, ドンファン, 女たらし. **skírt-chàse** *vi.* 〚1942〛

skírt-dànce *vi.* スカートダンスを踊る. **skírt·dàncer** *n.* 〚1894〛

skírt dànce *n.* **1** スカートダンス《19 世紀に流行した長いすそを優美にさばいて踊る一種の踊り》. **2** 全円のスカートやひだスカートを巧みにさばいて踊るフォークダンス. 〚1895〛

skírt·ed /-tɪd | -tɪd/ *adj.* [しばしば複合語の第 2 構成素として] (…の)スカート[すそ]の: long-[short-]*skirted*. 〚(*c*1600) ⇨ -ed 2〛

skírt·er /-tə | -tə(r)/ *n.* 《豪》羊毛からすそ毛や異物を除去する人. 〚1883〛

skirt·ing /skə́ːtɪŋ | skə́ːt-/ *n.* **1** スカート地. **2** へり, 縁 (border). **3** =skirting board. **4** [*pl.*] フリースのすそ毛部分の低品質の羊毛. 〚1764〛

skírting bòard *n.* 《英》=baseboard. 〚1759〛

skírt-ròof *n.* 〖建築〗(家の階と階との間に出た)庇(ひさし)屋根.

skí rùn *n.* スキーに適したスロープ[コース]. 〚1924〛

skí-scòoter *n.* 《英》=skidoo.

skí stìck *n.* =ski pole. 〚1907〛

skí sùit *n.* スキースーツ《防水加工したジャケットとスキーズボン (ski pants) の一そろい, またはこの二つがワンピースになったもの》. 〚1956〛

skit[1] /skít/ *n.* **1** **a** 軽い諷刺, 戯文. **b** 寸劇, スキット. **2** **a** もじり 〔*on, upon*〕. **b** 《スコット·方言》悪意のない冗談, しゃれ (jest, joke) 〔*at*〕. **3** 《まれ》あざけり(の言葉), 嘲笑 (の文句). 〚((1572)) (1727) ← ? 《廃》*skit* to shoot, jibe at ◻ ON *skjóta* 'to SHOOT[1], dart'〛

skit[2] /skít/ *n.* 多数, 大勢. 〚(1913) ← ?: cf. scad〛

skitch /skítʃ/ *vt.* 《NZ》〈犬が〉攻撃する, 捕獲する.

skite[1] /skáɪt/ 《スコット》*vi.* 斜めに滑る; スリップする. — *vt.* (鋭い一撃で)なぐる. — *n.* **1** 滑ること. **2** 鋭い一撃, 殴打. ***on the* [*a*] *skíte*** 《スコット·アイル》飲み騒いで. 〚(1721) ← ? ON *skýt-* (stem) ← *skjóta* to shoot〛

skite[2] /skáɪt/ 《豪口語》*vi.* 自慢する (boast). — *n.* 自慢; 自慢家, ほら吹き (boaster). **skít·er** /-tə | -tə(r)/ *n.* 〚(1857) ? ← 《方言》~ 'to defecate'〛

skí tòuring *n.* スキーツアー《雪山の自然のコースを自由に滑り歩くこと》. 〚1935〛

skí tòw *n.* **1** ロープトウ《スキーヤーがスキーをはいたままロープにつかまってスロープを引き上げられて行く仕掛け; rope tow ともいう》. **2** =ski lift. 〚1935〛

skí tròops *n. pl.* 〖軍事〗スキー部隊. 〚1934〛

skit·ter /skítə | -tə(r)/ *vi.* **1** **a** 〈海鳥などが〉水面をかすめて飛ぶ, 表面をすれすれに飛ぶ. **b** 速やかに進む[走る], さっと行く 〈*about, along, across, off*〉. **2** 〖釣〗水面にすれすれに釣針を引いて釣る. — *vt.* **1** 水面をかすめて飛ばせる. **2** 〖釣〗〈毛ばりを水面すれすれにぴくぴく動かす. 〚(1845) (freq.) ← 《スコット·北英方言》*skite* to move quickly ◻ ? ON *skjóta* 'to SHOOT[1], dart'〛

skit·ter·y /skítəri | -təri/ *adj.* (-**ter·i·er**; -**i·est**) = skittish. 〚1905〛

skit·tish /skítɪʃ | -tɪʃ/ *adj.* **1** 〈馬が〉ものに驚きやすい, 物おじする (shy); 跳ね回る, 暴れる (frisky). **2** 軽薄な, 気まぐれな, 移り気な, おっちょこちょいの, はしゃぐ. **3** はにかみ屋の, 内気な; 用心深い. **4** 変わりやすい, 予測しがたい. ~**·ly** *adv.* ~**·ness** *n.* 〚(*c*1412) ← *skit-* (← ? ON *skjóta* 'to SHOOT[1]')+-ISH[1]〛

skit·tle /skítl | -tl/ *n.* **1** [*pl.*; 単数扱い] 《英》九柱戯 (ninepins) (cf. four corners 3). **2** 《英》(九柱戯用の)木柱, ピン (ninepin). **3** [*pl.*] 遊び, 楽しみ (play). ★主に次の成句で: beer and ~*s* ⇨ beer 成句. **4** 《口語》遊び半分にやるチェス(の勝負). — *int.* [~s] 《英口語》ばか(言うな), くだらない (Nonsense!). — *vi.* 九柱戯をやる. — *vt.* 〖クリケット〗〈打者を〉次々にアウトにする 〈*out*〉. 〚(1634) ← Scand. (cf. Dan. *skyttel* shuttle)〛

skíttle-àlley *n.* 《英》九柱戯遊戯場. 〚1755〛

skíttle bàll *n.* 《英》九柱戯 (skittles) でピンを倒すのに用いる円盤[球] (cheese ともいう). 〚1822-27〛

skíttle-gròund *n.* 《英》=skittle-alley. 〚1737〛

skive[1] /skáɪv/ *vt.* 〈革·ゴムなどを〉削る (shave), 薄く裂く, 裂いて薄片にする. — *n.* 革その他の材料の縁の厚みを一定の角度にそぐこと. 〚(*a*1825) ← Scand. (cf. ON *skifa* to slice / Norw. *skiva*): cf. sheave[2] / G *Scheibe* disk〛

skive[2] /skáɪv/ 《英俗》*vi.* 仕事をさぼる. — *vt.* 〈仕事を〉さぼる. ***skíve óff*** 《英俗》回避して去る, うまくずらかる. — *n.* (仕事などの)さぼり, ずる. 〚(1919) ← 《英方言》~ 'to turn up the whites of the eyes'〛

skív·er[1] *n.* **1** 革をそぐ人[道具]. **2** スカイバー皮《製本用または帽子の内べりに用いる薄くすき落とした羊の銀付き革》. 〚1800〛

skív·er[2] *n.* 《英口語》さぼり屋, 怠け者.

skiv·vy[1] /skívi/ *n.* **1** 《米俗》**a** 男子用木綿 T シャツ《半そでの丸首シャツ; skivvy shirt ともいう》. **b** [通例 *pl.*] (パンツ (shorts) と T シャツから成る)下着 (underwear). **2** 《豪》長そでのタートルネックのセーター《男女兼用で綿とポリエステル製》. 〚(1902) ← ? : cf. 《英方言》*skivie*, *skaivie* askew, silly〛

skiv·vy[2] /skívi/ 《英口語》*n.* 下女, 女中 (maidservant); 下働き(人). — *vi.* 女中の(ような)仕事をする. 〚(1927) ← ? : cf. navvy, slavey〛

skiv·y[1] /skívi/ *n.* =skivvy[2].

ski·vy[2] /skáɪvi/ *adj.* 《英俗》不正直な (dishonest), ずるをする (shirking). 〚← SKIVE[2]+-Y[4]〛

skí·wèar *n.* スキーウェア, スキー服. 〚1961〛

sklent /sklɛ́nt/ 《スコット·北英》*n.* **1** 傾斜面. **2** 斜め方向への動き. **3** 横目で見ること, 流し目. — *vi.* **1** 斜めに動く. **2** 道からそれる, 遠回りをする. **3** 嘘をつく. **4** 横目で見る, 流し目で見る. — *vt.* 斜めに向ける, 傾ける. 〚(1513) 《変形》← SLANT[1]〛

skoal /skóʊl | skɔ́ʊl/ *int.* 乾杯《人の健康を祝して乾杯する時の言葉》. — *vi.* 乾杯する. 〚(*a*1598) ◻ Dan. & Norw. *skaal*, Swed. *skål* bowl, toast: cf. scale[2], skull〛

Skoal /skóʊl | skɔ́ʊl/ *n.* 〖商標〗スコール《米国 UST 社製のかぎたばこ》.

Sko·da /skóʊdə | skɔ́ʊdə/ *n.* 〖商標〗シュコダ, スコーダ《チェコのオートバイ·自動車のメーカー; その製品; チェコ語名 Škoda /*Czech* ʃkɔda/》.

sko·ki·aan /skɑ́(ː)kiɑːn | skɔ́k-/ *n.* 《南ア》(家庭で造る)密造酒. 〚(1908) ← ?: cf. Zulu *iskokeyna* small enclosure〛

skol /skóʊl | skɔ́ʊl/ *n., vi.* =skoal.

Skol /skóʊl, skɑ́(ː)l | skɔ́l, skɔ́ʊl/ *n.* 〖商標〗スコール《英国 Allied-Lyons 社製のラガービール》.

skol·ly /skɑ́(ː)li | skɔ́li/ *n.* 《南ア》(黒人·混血の)ならず者, 悪党. 〚(1934) ◻ Afrik. ~ ◻ ? Du *schoelje* rascal〛

skoo·kum /skúːkəm/ *adj.* 《米北西部·カナダ》**1** 大きい, 強力な; 印象的な (impressive). **2** 優秀な, 一流の. 〚(1838) ◻ N-Am.-Ind. (Chinook) ~ 'evil spirit'〛

skóokum hòuse *n.* 《米口語》刑務所, ホテル. 〚(1873): *skookum*: ◻ Chinook Jargon ~〛

Sko·pje /skɑ́(ː)pjeɪ, skɔ́ːp- | skɔ́pji, -pjeɪ; *Maced.* skɔ́pje/ *n.* スコピエ《マケドニア共和国の首都; 1963 年に大地震があった; Skoplje ともいう; トルコ語名 Üsküb》.

Skop·lje /skɑ́(ː)pljeɪ, skóʊp- | skɔ́ʊpljə; *Serb./Croat.* skôplje/ *n.* スコプリェ (⇨ Skopje).

skorts /skɔ́əts | skɔ́ːts/ *n. pl.* スコート《短い女性用キュロットの一種》.

skosh /skóʊʃ | skɔ́ʊʃ/ *n.* [a ~, しばしば副詞的に用いて] 《俗》少し, ちょっと (bit). 〚(*c*1955) ◻ Jpn.〛

skr 《記号》〖貨幣〗krona.

Skr 《記号》〖貨幣〗Swedish krona [kronor].

Skr. 《略》Sanskrit.

Skrae·ling /skréɪlɪŋ/ *n.* スクレーリング人《中世のスカンジナビア人がグリーンランド·北米北東部に定住したときの先住民の呼称》. 〚(1767) ◻ ON *Skrǽling(j)ar*〛

skreegh /skríːç/ *v., n.* 《スコット》=screech.

Skrt 《略》Sanskrit.

Skrya·bin /skriɑ́ːbɪn | skríəbɪn, skriǽbɪn; *Russ.* skrʲábʲin/ *n.* =Scriabin.

Skry·mir /skríːmɪə | -mɪə(r)/ *n.* 〖北欧神話〗スクリューミル (Utgard を支配する巨人; ⇨ Utgard-Loki).

Skt 《略》Sanskrit.

sku·a /skjúːə/ *n.* 〖鳥類〗トウゾクカモメ (⇨ jaeger 3); (特に)トウゾクカモメ科 *Catharacta* 属のカモメ《オオトウゾクカモメ (great skua) など; skua gull ともいう》. 〚(1678) ← NL ~ ← Faeroese *skūgvur* < ON *skúfr* skua, tassel〛

Skuld /skʌ́ld/ *n.* 〖北欧神話〗スクルド《運命の三女神の一人で未来を司る小人; ⇨ Norn》. 〚◻ ON ~〛

skul·dug·ger·y /skʌldʌ́g(ə)ri, ⌐⌐(⌐)⌐/ *n.* **1** 《米口語》ぺてん, いんちき, ごまかし, 不正. **2** 《スコット》私通, 姦通 (adultery); 猥褻(わいせつ). 〚?〛

skulk /skʌ́lk/ *vi.* **1** (臆病·恐怖·悪巧みなどで)こそこそ隠れる[隠れている], 隠れ回る, 忍ぶ (lurk): ~ behind a hedge 生垣の後ろに隠れる. **2** こそこそ忍び歩く, こそこそする (sneak) 〈*about*〉 (⇨ prowl SYN); こそこそ逃げる: ~ behind others. **3** 《英》ずるける, 仕事[義務]を避ける; 仮病を使う (malinger). — *n.* **1** =skulker. **2** 《まれ》こそこそ隠れること, 忍び歩き; ずるけ. **3** 《廃》(キツネの)群れ (pack). 〚(?*a*1200) ← ON (cf. Norw. *skulka* to shirk / Dan. *skulke* to shirk)〛

skúlk·er *n.* **1** こっそり隠れる人; こそこそする人. **2** 《英》ずるける人. 〚?*a*1300: ⇨ ↑, -er[1]〛

skúlk·ing·ly *adv.* **1** こそこそ隠れて. **2** 《英》ずるけて, 義務を回避して. 〚1847〛

skull[1] /skʌ́l/ *n.* **1** **a** 頭骨, 頭蓋, 頭蓋骨 (cranium); されこうべ. **b** (図案になった)頭蓋骨 (death's-head). **2** [軽蔑的に] (理解力·知性を宿す場としての)頭 (head), 脳 (brain): have a thick ~ 頭が悪い, 愚鈍[鈍感]だ / have an empty ~ 頭が空っぽだ / He can't get it into his ~

that …ということが理解できない. **3 a** 脳天. **b** = skullcap 2. **4** 〘甲冑〙(兜(かぶと)の)鉢(はち) (⇨ armor 挿絵). **5** [しばしば *pl.*]〘冶金〙スカル, なべ屑《金属を鋳込んだ後, 炉や取鍋(とりべ)などの壁面・底に残る帽子状の金属の薄層》. — *vt.* …の頭をなぐる. ***out of one's skúll*** 《俗》ばかげた, 愚かな.

skúll and cróssbones どくろ印《大腿(だい)骨を十字に組みその上に頭蓋骨を置いた図形で死の象徴; 昔は海賊の旗じるしに, 今は毒薬びんなどの目印として使用; cf. black flag, Jolly Roger, RAWHEAD *and bloodybones*》.
〘《?a1200》← ON (cf. Norw. *skolt* / Swed. 《方言》*skulle* skull)〙

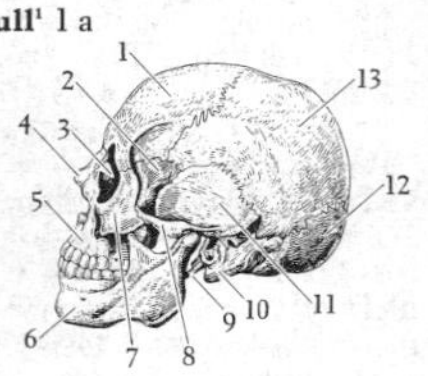

skull[1] 1 a

1 frontal bone 2 sphenoid bone 3 eye socket 4 nasal bone 5 maxilla 6 mandible 7 zygomatic bone 8 zygomatic arch 9 styloid process 10 mastoid process 11 temporal bone 12 occipital bone 13 parietal bone

skull[2] /skʌ́l/ *n.*, *v.* =scull.

skúll·càp *n.* **1** スカルキャップ《頭蓋のみを覆う小さな帽子の総称》. **2** (昔の)鉄かぶと. **3** 頭蓋冠, 脳天. **4** 〘植物〙タツナミソウ《シソ科タツナミソウ属 (*Scutellaria*) の植物の総称; 萼(がく)がヘルメット状》. 〘1682〙

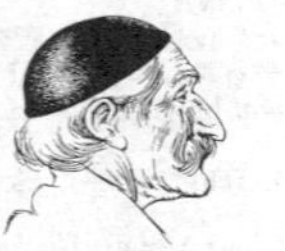

skullcap 1

skull·dug·ger·y /skʌldʌ́g(ə)ri, ˌ-ˌ-(-)-/ *n.* = skulduggery. 〘1867〙

skulled /skʌ́ld/ *adj.* [通例複合語の第 2 構成素として] (…の)頭蓋骨を有する: broad-[thick-]*skulled*. 〘⇨ -ed 2〙

skúll pràctice [sèssion] *n.* 《米俗》**1 a** 重役会議, 局長[部長]会議. **b** (特に, 学者の)研究集会. **2** (コーチがチームの選手に行う)戦術研究, 新戦法の訓練. 〘1937〙

skunk /skʌ́ŋk/ *n.* (*pl.* ~, ~s) **1** 〘動物〙**a** シマスカンク (*Mephitis mephitis*)《自衛のため強烈な悪臭を放つ北米産のイタチ科シマスカンク属の動物; striped skunk ともいう》. **b** スカンク《シマスカンク属の動物と似た動物の総称》. **2** スカンクの毛皮. **3** 《口語》鼻持ちならぬやつ, 卑劣漢: (as) drunk as a ~ 《口語》ぐでんぐでんに酔っ払って. **4** 《米俗》零敗, 完敗, スコンク (shutout). **5** 《俗》**a** 〘米海軍〙(レーダーまたは肉眼でとらえた)未確認物体. **b** 〘米陸軍〙彼我不明の車両(など) (cf. bogey[1] 5). — *vt.* 《米俗》**1** (競技で)零敗させる, 得点させない, スコンクを食わせる (shut out): be [get] ~*ed* 零敗する, スコンクを食う. **2 a** …の支払いを怠る. **b** だまして取る, かたる (cheat). 〘《1634》□ N-Am.-Ind. (Algonquian) *segonku* ← **shek-* to urinate + **-ākw-* small mammal〙

S

skúnk bèar *n.* 《米》〘動物〙=wolverine 1. 〘1876〙

skúnk càbbage *n.* 〘植物〙**1** ザゼンソウ(座禅草) (*Symplocarpus foetidus*)《北米東部の湿地に生えるサトイモ科の多年草; 全草にスカンクのような悪臭がある》. **2** アメリカミズバショウ (*Lysichiton americanum*)《北米北部の太平洋岸の湿地に生えるサトイモ科の多年草; ミズバショウ (*L. camtschatcense*) の近縁種だが, 仏炎苞が黄色い》. 〘1751〙

skúnk·wèed *n.* 〘植物〙**1** クロトンの一種 (*Croton texensis*)《北米南西部の乾燥地に生えるトウダイグサ科の落葉低木》. **2** 米西部に産する悪臭あるハナシノブ属の多年草の一種 (*Polemonium confertum*). **3** イガザクラ (*Gilia squarrosa*)《ハナシノブ科の多年草; 猛烈な臭気を放つのでスカンクソウの名がある》. **4** =joe-pye weed. **5** =skunk cabbage 1. 〘1738〙

skúnk wòrks *n.* [単数・複数扱い]《口語》(コンピューター航空機などの)(秘密)研究開発部門.

skurf·ing /skə́ːfɪŋ | skə́ːf-/ *n.* =skateboarding. 〘《混成》← SK(ATING)+(S)URFING〙

Sku·ta·ri /skúːtəri | skúːtəri, skuːtáː-, skʊ-/ *n.* = Scutari 1.

skut·te·rud·ite /skʌ́tərʌdaɪt | -tə-/ *n.* 〘鉱物〙方コバルト鉱 ($(Co, Ni)As_3$)《コバルトとニッケルの砒化物》. 〘《1850》□ G *Skutterudit* ← *Skutterud* (ノルウェー南部の町, その発見地): ⇨ -ite[1]〙

sky /skáɪ/ *n.* **1 a** [通例 the ~] 上空, 雲のある場所. ★《詩・文語》では広がりを示して複数形を用いることがある: in *the* ~ / reach to *the skies* 天まで届く. **b** (地上より丸天井 (vault) に見える)空, 天: a blue [clear] ~ 青空[晴れた空] / a cloudy [cloudless] ~ 曇った[晴れわたった]空 / under the open ~ 野天で, 戸外で / where ~ meets sea 空と海の会うところ / We did not see the ~ (overhead) for weeks. 幾週間も青空を見なかった / If the ~ falls, we shall catch larks. 《諺》空が落ちたらひばりでも捕えよう《先々の心配はばかげている》. **2** [しばしば *pl.*] (気象上の)空模様, 天気 (weather); 気候, 風土 (climate): from [judging by] the look of the ~ 空模様からすると / under brighter *skies* than ours 我々の国よりもっと明るい[気候のよい]国で / under a foreign ~ 異郷の空で, 外国で. **3** [しばしば *pl.*]《詩・文語》天, 天界, 天国 (heaven): He is in the ~ [*skies*]. 彼は天にいる, 死んでいる / be raised to the *skies* 昇天する, 死ぬ. **4** 空色 (sky blue). **5** 《英口語》(絵画陳列所内の)最上列《天井に近い位置で最も軽視される場所》. **6** 《廃》雲 (cloud).
in the skíes 得意[有頂天]になって (exalted). ***dróp from the ský*** =*drop from the* CLOUDS. ***óut of a cléar (blúe) ský*** 青天の霹靂(へきれき)のように, 突然 (suddenly), 思いがけなく (unexpectedly) (cf. (*like*) *a* BOLT[1] *from the blue*). ***The ský's the límit.*** ⇨ limit 2. ***to the skíes*** (1) 天まで, 非常に高く. (2) 大いに, はなはだしく (extravagantly): praise a person *to the skies* 口をきわめて人を称賛する, 褒めちぎる. 〘1650〙
— *v.* (**skied, skyed**)《口語》— *vt.* **1** 《英》〈硬貨を〉高く上げる (toss up). **2** 〈絵画などを〉高い所に掲げる, 天井間近に陳列する; 〈画家〉の絵を高い所に掲げる (cf. *n.* 5). **3** 〈球を〉高く飛ばす. **4** 〘ボート〙ストロークの前に〈オールを〉水面から高く持ち上げすぎる. — *vi.* **1** 空高く球を打つ. **2** 急上昇する.
~·like *adj.* 〘《a1250》□ ON *ský* cloud < Gmc **skuwwon* (OE *scēo* cloud) ← ? IE **(s)keu-* to cover (L *cutis* 'CUTIS': cf. hide[1,2])〙

ský-blúe *adj.* 空色の (azure). 〘1728〙

ský blúe *n.* 空色, スカイブルー (celestial, azure). 〘1738〙

ský-blùe pínk *n.*, *adj.* 《戯言》空色のピンク(の)《存在しない[未知の, 重要でない]こと》.

ský·bòrne *adj.* =airborne 1. 〘1589〙

ský·bòx 《米》*n.* スカイボックス《スタジアムなどの高い位置に仕切られた屋根付きの豪華な特別観覧席; 通例 シーズンを通して貸し出される》; ゴンドラ放送席.

ský·brìdge *n.* =skywalk.

ský bùrial *n.* (チベットやインドの一部で行われる)鳥葬.

ský·càp *n.* 空港の手荷物運搬係, スカイキャップ (cf. redcap 1). 〘1941〙

ský·clàd *adj.* 蒼穹を着たる, 服を着けない〈魔女〉. 〘1909〙

ský clòth *n.* 〘演劇〙空色の背景幕. 〘1933〙

ský·còach *n.* 〘航空〙スカイコーチ《サービスと低運賃で飛ぶ航空機》.

ský còmpass *n.* 〘海事〙スカイコンパス《太陽が水平線下にある時その偏光を利用して太陽の方位を測る計器》.

ský còver *n.* 〘気象〙スカイカバー《雲が空を覆う量; 通例 雲のない状態を 0 とし, 全空を覆った状態を 10 とする》. 〘1955–60〙

ský·dìve *vi.* スカイダイビングをする. **ský·dìver** *n.* 〘1965〙

ský·dìving *n.* スカイダイビング《パラシュート降下競技; 低空までパラシュートを開かずに自由降下および各種の動作を行う》. 〘1957〙

ský·dòme *n.* 〘劇場〙スカイドーム《舞台上で空を表す背景の幕; cf. cyclorama 2》.

Skye /skáɪ/ *n.* スカイ《スコットランド北西部, Inner Hebrides 諸島中最大の島; 面積 1,735 km²; the Isle of Skye ともいう》. 〘《1847》□ ? Ir. *sciath* & Gael. *sgiath* wing: その形の形容〙

sky·er /skáɪə | skáɪə(r)/ *n.* 〘クリケット〙高打. 〘1853〙

Skýe térrier, S- T- *n.* スカイテリア《流れるような被毛の, Skye 島原産のテリア; 単に Skye ともいう》. 〘《1847》← SKYE〙

sky·ey /skáɪi/ *adj.* **1** 空[天]の, 空[天]からの; 空のような; 空色の. **2** 高い, そびえ立つ. 〘《1604》← SKY + -EY〙

ský·flòwer *n.* 〘植物〙=golden dewdrop. 〘1938〙

ský·gàzer *n.* 〘海事〙(クリッパー船の最上部に用いる)三角スカイスル (skysail). 〘1867〙

ský-hígh *adv.* **1** 空まで高く, 非常に高く. **2** すごく, ひどく, 非常に. **3** 粉々に, 木っ端みじんに (apart): blow the thesis ~ 論文を論破する. — *adj.* 非常に高い; 法外な: ~ inflation 天井知らずのインフレ. 〘1818〙

ský·hòok *n.* **1** 天空にぶら下っていると考えられている鉤. **2** 木材搬出用のケーブル[集材機]. **3** =skyhook balloon. **4** 〘航空〙航空機から投下する物資を(降下速度を遅くするために)つり下げる竹とんぼ様の回転翼. **5** 〘バスケット〙スカイフックシュート《片手をのばしてボールを高く上げるシュート》. 〘1915〙

skýhook ballóon *n.* 高空での科学観測(気象・宇宙線など)のために計器などをつり下げるプラスチック製気球.

sky·ish /skáɪɪʃ/ *adj.* =skyey. 〘1600–01〙

sky·jack /skáɪdʒæ̀k/ *vt.* 〈飛行機を〉乗っ取る, ハイ[スカイ]ジャックする. — *n.* **1** 飛行機の乗っ取り. **2** =skyjacker. **~·ing** *n.* 〘《1961》← SKY + (HI)JACK〙

ský·jàck·er *n.* (飛行機)乗っ取り犯人, ハイ[スカイ]ジャッカー. 〘1961〙

Sky·lab /skáɪlæ̀b/ *n.* 宇宙実験室《アポロ計画に続いての米国の有人宇宙船計画; 1973 年に打ち上げられ '79 年地球に落下した》. 〘《1966》← SKY + LAB(ORATORY)〙

sky·lark /skáɪlɑ̀ːk | -lɑ̀ːk/ *n.* **1** 〘鳥類〙ヒバリ (*Alauda arvensis*). ★「ヒバリ」は英国では lark でも skylark でも同義であるが, 米国では lark はしばしば meadowlark の意にも用いられるので skylark と言った方がはっきりする. **2** 《口語》ふざけ騒ぎ, ばか騒ぎ. — *vi.* 《口語》ふざける; ばか騒ぎする. **~·er** *n.* 〘1686〙

ský·less *adj.* 青空のない, 曇った (cloudy). 〘1848〙

ský·lìght *n.* **1** 天窓, (屋根の)明かり取り (cf. sidelight 4)《fanlight ともいう》. **2** 〘気象〙天空光《大気中の日光の散乱によって生じた天空の光》. 〘1679〙

ský·lìght·ed, -lìt *adj.* 天窓のある, 上から採光のある. 〘1849〙

skýlight fìlter *n.* 〘写真〙スカイライトフィルター《ごくわずかにピンク色がかったフィルター; 紫外線を吸収するシャープカットフィルター; カラー撮影に用いられる》.

sky·line /skáɪlàɪn/ *n.* **1** スカイライン《山・建物などが空に描く輪郭》. **2** 地平線 (horizon). 日英比較 高山地帯の観光道路を「スカイライン」というのは和製英語. 英語では (scenic) mountain highway という. — *vt.* …のスカイラインを描く. 〘1824〙

ský·lìner *n.* =airliner.

ský·lòunge *n.* スカイラウンジ《市内を回って乗客を乗せそのままヘリコプターで空港まで運ぶ乗物》. 〘1966〙

ský·man /-mən/ *n.* (*pl.* **-men** /-mən, -mèn/) **1** 《口語》飛行家 (aviator). **2** 《俗》落下傘部隊員. 〘1952〙

ský màrker *n.* 〘軍事〙落下傘付照明弾. 〘1943〙

ský màrshal *n.* 《米》航空警官《ハイジャック防止などを任務とする連邦政府の武器携帯の私服の警官》.

ský pìlot *n.* 《俗》**1** 聖職者, 牧師 (clergyman); (特に)従軍牧師[司祭] (chaplain). **2** 飛行家, 航空士 (aviator). 〘1883〙

ský·pìpe *n.* 〘海事〙何個かの安全弁から吹き出す蒸気を上甲板よりも上へ導くためのパイプ.

ský·pòrt *n.* =heliport.

skyr /skíə | skíə(r)/ *n.* スキアー, スキュル《アイスランドのデザート; ヨーグルトに似ていて, ふつう砂糖・クリームを添える》. 〘《1857》□ Icel.〙

ský·ròcket *n.* **1** ロケット花火, 打上げ花火, のろし. **2** (スポーツ試合でチアリーダーが音頭をとる)集団応援. **3** 〘植物〙北米産ヒメハナシノブ属の二年草または多年草 (*Gilia aggregata*)《観賞用に栽培》. — *vi.* **1** ロケット花火のように動く; 突然現れる; 衝動的に行動する. **2** 〈値段などが〉急騰する. — *vt.* **1** 〈値段を〉急騰させる. **2** 突然有名にする, …の名声を急にもたらす. 〘1688〙

Sky·ros /skáɪrəs, -rɑ(ː)s | skáɪ(ə)rəs, -rɒs/ *n.* スキロス(島)《ギリシャ東部, Northern Sporades 諸島の一島; 面積 210 km²; ギリシャ語名 Skíros》.

ský·sail /-sèɪl, -səl, -sl/ *n.* 〘海事〙スカイスル《快速帆船に張るローヤル帆の直上の横帆》: the fore ~ 前檣(しょう)のスカイスル / ⇨ main skysail. 〘1829〙

skýsail pòle *n.* 〘海事〙スカイスルポール《スカイスルを掲げるローヤルマストの上端部》. 〘1846〙

sky·scape /skáɪskèɪp/ *n.* **1** (絵画などに描かれた)空の景色 (cf. landscape). **2** 空の眺め. 〘《1817》← SKY + -SCAPE〙

sky·scrap·er /skáɪskrèɪpə | -pə(r)/ *n.* **1** 超高層建築, 摩天楼, スカイスクレーパー. **2** 〘海事〙スカイスル (skysail) の直上に張った三角形の帆. 〘1794〙

ský·scràping *adj.* 天に達するほどの, 非常に高い. 〘1840〙

ský scrèen *n.* 〘宇宙〙スカイスクリーン《ロケットの飛翔経路を予測値と比較して描き出すスクリーン》. 〘1945〙

ský sìgn *n.* 屋上広告, スカイサイン.

ský·stòne *n.* 〘地質〙=meteorite 1. 〘1797〙

ský sùrfer *n.* =hang glider; スカイサーファー. 〘1972〙

ský sùrfing *n.* =hang gliding; スカイサーフィン《スカイダイビングの一種で, スノーボードのような板をはいて飛行機から飛び降り, 空中をサーフィンしながら降下する》. 〘1972〙

ský·swèeper *n.* 〘米軍〙レーダー対空掃射砲《レーダーを利用して, 自動的に敵機を探知・照準し毎分 45 発までの発射性能をもつ口径 75 ミリ高射砲》.

Ský Tràil *n.* 〘商標〙スカイトレイル《米国 Shulton 社製の男性用化粧品》.

ský tràin *n.* 空中列車《一機またはそれ以上のグライダーを曳航した飛行機; air train ともいう》. 〘1934〙

ský·tròoper *n.* 落下傘部隊員, (空挺)降下隊員 (paratrooper).

ský·tròops *n. pl.* 落下傘[空挺]部隊 (paratroops).

ský trùck *n.* 〘航空〙空(そら)のトラック《大きくかつ重量のある物を運搬できる貨物機》.

ský·wàlk *n.* スカイウォーク《2つのビル間の空中連絡通路; skybridge ともいう》. 〘1953〙

sky·ward /skáɪwəd | -wəd/ *adv.* **1** 空へ, 空の方へ. **2** 上方に (upward). — *adj.* 空の方に向けた: a ~ gaze. 〘1582〙

ský·wards /-wədz | -wədz/ *adv.* =skyward. 〘1811〙

ský·wàtch *n.* (航空機などを捜して)空を見張ること. 〘1952〙

sky wàve *n.* 〘通信〙上空波, 空間波 (cf. ground wave).

ský·wày *n.* **1** 航空路 (air route). **2** (沼地・都会などの上を越えていく)高架式高速道路. 〘1919〙

ský·wrìte *v.* (**sky·wrote**; **-writ·ten**) — *vi.* 〈飛行機が〉空中に(広告の)文字を描く. — *vt.* **1** 空中文字で知らせる, 空中広告する. **2** 広く知らせる. 〘1922〙

ský·wrìt·er *n.* 空中文字を描く飛行士. 〘1927〙

ský·wrìt·ing *n.* 空中広告, スカイライティング《飛行機の後部から煙を連続的に吐き出し, 広告文字を空中に描き出すこと》. 〘1922〙

sl 《記号》Sierra Leone (URL ドメイン名).

sl. 《略》slightly; slip; slow.

s.l. 《略》*L.* secundum legem (=according to the law); *L.* sine locō (=without place of publication).

SL 《略》salvage loss; sea level; second lieutenant; sergeant-at-law; solicitor-at-law ソリシター; south latitude; 〘英空軍〙squadron leader; 〘英海軍〙sublieutenant.

slab[1] /slǽb/ *n.* **1 a** (石・板・金属などの)幅の広い厚板. **b** (材木の板をとった外側の)背板(せいた), 平板(ひらいた). **c** 石板: a ~ of marble 大理石板. **d** (金属の)スラブ《板材を作るための長方形の断面をもつ中間製品》. **e** (パン・菓子などの)厚切り: a ~ of bread / ~ chocolate=a ~ of chocolate 板チョコ(レート). **2** 《米俗》〘野球〙投手板 (pitcher's plate). **3** 〘土木・建築〙スラブ, 床版, 床板

《舗装路用コンクリートの一区切り》. **4** 〖印刷〗=table 15. **5** 〖登山〗傾斜した岩《傾斜が 30–60 度ある》. **6** 《英口語》手術台, 死体仮置台. ― *vt.* (**slabbed; slab·bing**) **1 a** 厚板にする. **b** 〈木材〉から背板を取る. **2** 〈屋根などを〉厚板[石板, スラブ]で覆う. **3** 厚く載せる: ～ butter on the bread パンにバターを厚く塗る. 〖(*c*1300) *s*(*c*)*labbe* ← ? Celt.〗

slab[2] /slǽb/ *adj.* 《古・英方言》どろどろして粘る, 粘着する, ねばねばする (viscous): make the gruel thick and ～ かゆを濃くどろどろにする (Shak., *Macbeth* 4. 1. 32). 〖(1606) ← ? Scand. (cf. Dan. 《廃》 *slab* slippery)〗

sláb ávalanche *n.* 雪板(せっぱん)なだれ《雪面が縦横に割れて一定の厚さの雪塊となって落下するなだれ》. 〖1953〗

slabbed /slǽbd/ *adj.* 石板を敷いた, 石敷の. 〖1818〗

slab·ber /slǽbə | -bə(r)/ *v., n.* =slobber.

sláb·bing cùtter *n.* 〖機械〗平削りフライス.

slábbing machìne *n.* 〖機械〗=planomiller.

sláb mìll *n.* 〖機械〗=slabbing cutter.

sláb-sìd·ed *adj.* 《口語》 **1** 側面が平らで長い. **2** ひょろ長い. 〖1817〗

sláb-stòne *n.* (敷石用)板石 (flagstone). 〖1851〗

sláb tóp *n.* テーブルなどの厚板[石板]の天板.

SLAC /slǽk/ 《略》Stanford Linear Accelerator Center.

slack[1] /slǽk/ *adj.* (～·**er**; ～·**est**) **1** 締まってない, 緩い (loose); 弱い (weak), 軟弱な (soft): a ～ wire 緩い針金 / a ～ rein [grasp] 緩い手綱[握り]. **2 a** 〈商業・市場などが〉不振な, 不景気な, 活気のない, 閑散とした (dull): a ～ time [season] 不景気時, 霜枯れ時 / ～ trade 不振の貿易 / Business is ～ at this season. この季節には商売は不景気だ. **b** 〈天候など〉ぐずついてけだるい. **3** いい加減な, 不注意な (careless), 怠慢な (indolent), ずさんな, だらけた, 締まりのない (inattentive) (⇨ negligent SYN): ～ discipline だらけた規律 / be ～ in one's work [duties] 仕事に締まりがない. **4 a** のろい, 遅い, のろくさい (slow, sluggish): at a ～ pace のろい足どりで, のろのろと, ゆっくり / be ～ in stays ⇨ stay[3] 成句. **b** 〈水流・潮流・風力など〉ゆっくり動く[吹く], よどんだ: ⇨ slack water. **c** 元気のない, だるい; 不活発な: a ～ performance / I feel ～. だるい. **d** ほどほどの熱さの (moderate). **5** 焼きが十分でない; 乾燥不十分の: ～ bread [hops] 生焼け[生干し]のパン[ホップ]. **6** 〖音声〗弛緩音の (lax).

kéep a slàck hánd [***réin***] ***on*** (1) 手綱を緩めておく. (2) …を寛大に支配する.

― *adv.* **1** 緩く, だれて; のろく; 活気なく. **2** 不十分に: ～ dried hops 生干しのホップ.

― *n.* **1** (綱・帯・帆などの)緩み, たるみ (slackness); たるんだ部分: the ～ of a rope 綱のたるみ. **2** (商業などの)不振[不景気](の時期), 閑散期: a ～ in business. **3 a** 憩潮(けいちょう)《満干の変わり目に起こる潮流の静止状態》; 憩潮時. **b** 風の落ち, なぎ. **4** [*pl.*; 時に単数扱い] スラックス《上着と対でないゆったりしたスポーティーなズボン; 男女共に用いる》. **5** 〖詩学〗(詩脚の)無強勢音節, 弱音節[部].

cút [***gíve***] ***a person sòme sláck*** 《米口語》人に対してきつく当たらない, 理解を示す, 機会を与える. ***tàke*** [***pìck***] ***úp the sláck*** (1) (ロープなどの)たるみを引き締める (cf. TAKE *up* (*vt.*) (5)). (2) 欠を補う, たぶつきをなくす.

― *vt.* **1** 〈綱などを〉緩める, たるませる (slacken): ～ (off, away) a rope 綱を緩める. **2** 〈義務などを〉しないでおく, 怠る, ずるける (shirk). **3** 〈力・速力・努力などを〉緩める, 緩慢にする, 緩和する (relax, retard) 〈*off, up*〉: ～ one's pace 歩を緩める. **4** 〈石灰を〉消和する, 消化する (slake).

― *vi.* **1** 〈綱などが〉緩む, たるむ (slacken). **2** 怠る, なまける, いい加減にする, ぞんざいにする; 休む, 休憩する: ～ at one's job 仕事をなまける[ぞんざいにする] / ～ off 努力を緩める. **3** 〈速力などが〉のろくなる, 遅くなる; 〈風力などが〉弱る, 衰える (abate); 〈景気などが〉不活発になる (flag) 〈*off, up*〉. **4** 〈石灰が〉消和する, 消化する (slake). ***sláck báck*** 〖機械〗〈ジャッキ (jack) が〉緩む.

～·ly *adv.* **～·ness** *n.* 〖adj.: OE *slæc, slǣc* < Gmc **slakaz* (Du. *slak*) ← IE ***(*s*)*lēg-* to be slack (L *laxus* loose). ― v.: (1520) ← (adj.): cf. lax[1], languish〗

slack[2] /slǽk/ *n.* 粉炭 (coal dust). 〖(?*c*1200) *sleck* □ ? MDu. *slecke, slacke* slag, slack〗

slack[3] /slǽk/ *n.* 《スコット・英方言》 **1** (山と山の間の)谷, (地表の)くぼみ (depression). **2** じめじめした沼地 (morass). 〖(*a*1350) □ ON *slakki*〗

sláck-báked *adj.* **1** 生[半]焼けの (half-baked). **2** 未熟な, 未完成の. 〖1822〗

sláck cóal *n.* =slack[2].

slack·en /slǽkən/ *vt.* **1** 緩める: ～ the rope. **2** 緩慢にする; 緩和する, 〈力・速力などを〉減じる (abate), 弱くする 〈*off*〉; 〈仕事などを〉怠る. ― *vi.* **1** 緩む. **2** 緩慢になる, 弱くなる; だれ気味になる. **～·er** /-k(ə)nə | -nə(r)/ *n.* 〖(1580) ← SLACK[1]+-EN[1]〗

sláck·er *n.* **1** 仕事を怠る[ぞんざいにする]人, なまけ者 (idler). **2** 責任を回避する人 (shirker); (特に)兵役忌避者. 〖1898〗

sláck jáw *n.* へらず口. 〖(1797) ← SLACK[1]〗

sláck-jáwed *adj.* (驚き・当惑または愚鈍のために)口をぽかんと開けた, 唖然(あぜん)とした. 〖1901〗

sláck líme *n.* 〖化学〗=slaked lime. 〖1840〗

sláck rópe *n.* (綱渡りなどの)緩く張った綱 (cf. tightrope). 〖1740〗

sláck sùit *n.* 《米》スラックスーツ《スラックス (slacks) と共布のブラウスまたはジャケットを組み合わせたカジュアルなスーツ; 男女共に用いる》.

sláck tíde *n.* =slack water 1.

sláck wáter *n.* **1** 潮だるみ《高潮あるいは低潮の際, 一時的に潮の静止している時期; slack tide ともいう》. **2** 憩潮《静止している潮》. **3** (河水などの)淀(よど)み. 〖1769〗

sláck wáx *n.* 〖化学〗スラックワックス, 軟蠟(なんろう)《融点が低く軟らかい粗蠟; パラフィン蠟の原料》.

SLADE /sléɪd/ 《略》《英》Society of Lithographic Artists, Designers and Etchers.

s.l.a. et typ. 《略》*L.* sine locō, annō et typographī nōmine (=without place of publication, year and printer's name).

slag /slǽg/ *n.* **1** 鉱滓(こうさい), のろ, かなくそ, からみ, スラグ. **2** 火山岩滓(し) (scoria). **3** (再選鉱後に残った)石炭くず. **4** くず, がらくた. **5** 《英俗》ふしだら女; くだらないやつ, (人間の)くず. ― *v.* (**slag·ged; slag·ging**) ― *vt.* **1** スラグにする, 溶滓状にする. **2** 〖冶金〗…からスラグを取り除く. **3** 《英口語》ののしる, けなす 〈*off*〉; 《刑務所俗》ののしる, 毒づく 〈*down*〉. ― *vi.* **1** スラグになる, 溶滓状になる. **2** 《豪俗》つばを吐く. 〖(1552) □ MLG *slagge* ← ? *slagen* 'to strike, SLAY[1]'〗

slág cemènt *n.* スラグセメント, 鉱滓セメント. 〖1884〗

slag·gy /slǽgi/ *adj.* (**slag·gi·er; -gi·est**) **1** スラグの, かなくそ状の. **2** 火山岩滓(し)(状)の. 〖1688〗

slág·hèap *n.* 《英》ぼた山. 〖1917〗

slág wóol *n.* 〖化学〗スラグウール, 鉱滓綿《溶けたスラグを圧縮空気などで吹き出して繊維状にしたもの; 断熱材・吸音材になる》. 〖1878〗

slain *v.* slay[1] の過去分詞. 〖OE (*ge*)*slæ̅gen*〗

slain·te /slɑ́:ntʃə, -dʒə, -tjə; *Gael.* slá:ɲə/ *int.* 《アイル》健康を祝す, 乾杯. 〖(1824) □ Ir. *slāinte* health〗

slais·ter /sléɪstə | -tə(r)/ 《スコット・北英》 *vi.* **1** 取り散らかす, ぐちゃぐちゃにする. **2** きたならしく食べる, だらしなく働く. ― *vt.* 泥や汚水でよごす. ― *n.* 大混乱. 〖(1756) ← ?〗

slake /sléɪk/ *vt.* **1** 《文語》〈渇(かわ)き・飢え・欲望などを〉満足させる, いやす (satisfy); 〈怒りを〉和らげる (appease): ～ one's thirst 渇をいやす, のどをうるおす. **2** 〈石灰を〉消和する, 消化する. **3** 〈火などを〉弱める, 消す (extinguish); 不活発にする, 鈍らせる. **4** 冷やす, さます. **5** 《廃》緩める (slacken). ― *vi.* **1** 〈石灰が〉消和する, 消化する. **2** 《古》弱まる, 消える; 緩む, たるむ, 不活発になる. **slak·a·ble, slake·a·ble** /sléɪkəbl/ *adj.* 〖((lateOE)) (*a*1300) *slacian, sleacian* ← *slæc* 'SLACK[1]'〗

sláked líme *n.* 〖化学〗消石灰 (calcium hydroxide). 〖1611〗

sláke·less *adj.* いやし難い; 消し難い, 止め難い (unquenchable); 飽くことを知らない (insatiable). 〖1596〗

slák·er *n.* **1** 消石灰製造者. **2** 〖製紙〗石灰消和装置. 〖1514〗

sla·lom /slɑ́:ləm/ *n.* **1** 〖スキー〗スラローム, 回転滑降, 回転競技《斜面に設けた多くの双旗の門を回転して通るスピードレース》. **2** スラローム: **a** 激流で行うカヌー競技. **b** ジグザグコースを走るオートレース. ― *vi.* スラロームをする. 〖(1921) □ Norw. *slalåm* 'sloping path'〗

slálom canóe *n.* (通例デッキ状のものが付いている)カヌースラローム用のカヌー. 〖1970〗

slam[1] /slǽm/ *v.* (**slammed; slam·ming**) ― *vt.* **1** 〈戸などを〉ぴしゃりと締める, ばたん[がたぴし]と締める (bang); 〈ふたなどを〉ばたんと締める: ～ a door [window] (shut) 戸[窓]をばたんと閉める / ～ down the lid of a trunk トランクの蓋をばたんと締める / ～ the window down 窓をばたんと引き降ろす / ～ the box shut 箱をばたんと閉める. **2** 激しく[荒っぽく]たたく[動かす, 押す, 投げる, 置く]: ～ the book down on the table 机の上に本をどさりと置く / ～ the brakes on ブレーキを激しくかける / He ～*med* the purses into the box. 箱の中に財布をほうり投げた. **3** 《口語》酷評する, けなす. **4** 打つ, ぶつ (hit, beat): ～ a ball 球を打ち飛ばす / He got badly ～*med* about the head. 頭のあたりをひどくぶっつけた. **5** 《口語》…に楽勝する. ― *vi.* **1** 〈戸・ふたなどが〉がたん[ばたん]と閉まる: hear a door ～ 戸がばたんと閉まる音を聞く. **2** 激しく[荒っぽく]ぶつかる 〔*into, against*〕. **3** 酷評する, けなす. **4** 《口語》勢いよく[怒って]〈部屋を〉出入りする 〔*into, out of*〕 ― *n.* **1** どん, ぴしゃり, ばたん, がたぴし (bang): with a ～ ばたんと, どんと, ぴしゃりと, 手荒く. **2** 強打. **3** 《口語》酷評. **4** 《俗》ブタ箱 (slammer). ― *adv.* ばたんと, どんと, 手荒く. 〖(1672) ← Scand. (cf. Swed. 《方言》 *slämma* to bang)〗

slam[2] /slǽm/ *n.* 〖トランプ〗(ブリッジで)スラム, 総取り, 完勝《13 組(52 枚)全部または 12 組まで取ること; 契約 (contract) して達成すれば特別のボーナスが与えられる》: ⇨ grand slam, small slam. 〖(1621) 《略》 ← 《廃》 (*give the*) *slampant* ← ?〗

slám-báng 《口語》 *adj.* **1** 荒々しい音の, うるさくて乱暴な. **2** 力のこもった, 力強い (forceful). **3** すばらしい, 際立った (outstanding). **4** がむしゃらな. ― *adv.* **1** ばたんと, どたんと, 手荒く. **2** 向こう見ずに (slapdash). ― *vi.* 音を立ててふるまう. ― *vt.* 荒々しく打つ (belabor). 〖1823〗

slám dáncing *n.* スラムダンシング《ヘビーメタルのファンがコンサートで踊るダンス; 熱狂的に飛び跳ね激しくぶつかり合い, 壁やステージなどに体当たりする》. **slám dànce** *vi., n.*

slám-dùnk *vt.* 〖バスケットボール〗スラムダンクする.

slám-dùnk·er *n.*

slám dùnk *n.* スラムダンク: **1** 〖バスケットボール〗=dunk shot. **2** 〖ボートレース〗他の船のごく近くでの方向転換. 〖1972〗

slam·mer /slǽmə | -mə(r)/ *n.* 《俗》ブタ箱, ムショ (prison). 〖1952〗

s.l.a.n. 《略》*L.* sine locō, annō, vel nōmine (=without place, year or name).

s.l. & a. 《略》*L.* sine locō et annō (=without place and year).

s.l. & c. 《略》〖海運〗shipper's load and count 荷送人の積荷と勘定.

slan·der /slǽndə | slɑ́:ndə(r)/ *n.* **1** 中傷, 悪口, 誹謗(ひぼう) (calumny); 偽虚宣伝; 名誉毀損(きそん) (defamation): be given to ～ よく人を中傷したがる. **2** 《廃》不名誉, 恥 (shame); 悪い評判 (ill repute); 非難 (reproach). **3** 〖法律〗(口頭による)名誉毀損, 口頭名誉毀損 (cf. libel 1).

slánder of góods 〖法律〗商品誹謗《他人が製造または売却中の商品の価値信用などを傷つけて損害を与えること》.

slánder of títle 〖法律〗権利誹謗《悪意で他人の財産権に対し第三者に偽りの陳述をして損害を与えること》.

― *vt.* **1** 中傷する, …の名誉を毀損する; …の虚偽宣伝をする. **2** 《廃》辱しめる (disgrace); 非難する (blame).

― *vi.* 中傷する.

～·er /-dərə | -rə(r)/ *n.* 〖(*c*1375) *slaundre* 《変形》 ← (*c*1280) *sclaundre* □ AF *esclaundre* =OF *esclandre* 《変形》 ← *escandle* □ LL *scandalum* stumbling block: SCANDAL と二重語〗

slan·der·ous /slǽndərəs, -drəs | slɑ́:n-/ *adj.* **1** 中傷的な, 名誉を毀損(きそん)する; 口の悪い: a ～ tongue 毒舌 / ～ rumors 中傷的風評. **2** 《廃》不名誉な, 恥となる (disgraceful). **～·ly** *adv.* **～·ness** *n.* 〖(1397) *s*(*c*)*laundrous*: ⇨ ↑, -ous〗

slane /sléɪn/ *n.* 《アイル》(ピートを掘る)すき. 〖(1750) □ Ir.-Gael. *sleaghān, -āin*〗

slang[1] /slǽŋ/ *n.* **1** 俗語, スラング《くだけた談話には用いるが品位ある正統語(法)と認められないもの》: American ～ 米俗語 / 'Cop' is ～ for 'policeman.' cop は policeman の俗語である. **2** (ある社会・職業内の)用語, 通語 (jargon); (盗賊などの)隠語, 合い言葉 (argot): theatrical ～ 俳優社会の通語 / thieves' ～ 盗賊隠語 / doctors' ～ 医者用語[言葉] / art ～ 芸術界の通語 / college [schoolboy, students'] ～ 学生語 / commercial [stock exchange] ～ 商人[株式取引所]用語 / racing ～ 競馬社会の通語.

― *adj.* [限定的] **1** 俗語の, 俗語めいた: a ～ expression, phrase, word, etc. **2** 卑俗な (vulgar). ― *vi.* スラング[俗語, 下品な言葉]を使う 〔*to*〕. ― *vt.* 《英》口ぎたなくののしる. 〖(1756) ← ? Scand.: cf. Norw. 《方言》 *slengeord* new slang word & *slengje kjæften* to abuse with words〗

slang[2] *vt.* 《方言・古》sling の過去形.

sláng·ing màtch *n.* 《英》悪口の言い合い, 口論. 〖1896〗

slang·y /slǽŋi/ *adj.* (**slang·i·er; -i·est**) **1** スラングの, 俗語の, スラングめいた (cf. colloquial 2) **2** スラング[俗語, 下品な言葉]を使う[使いたがる]. **3** 〈態度・服装など〉けばけばしい (flashy), 卑俗な, 俗っぽい (vulgar). **sláng·i·ly** /-ŋəli/ *adv.* **sláng·i·ness** *n.* 〖(1842): ⇨ slang[1], -y[4]〗

slank *v.* 《古》slink の過去形.

slant[1] /slǽnt | slɑ́:nt/ *vt.* **1** 斜めにする; 傾ける, 傾斜させる (slope). **2** 斜めに切る[打つ], 斜めに横切る. **3** 〖ジャーナリズム〗 **a** 特定の(読者・聴衆の)層に向くようにする, 特定の見方に向ける (angle): a magazine ～*ed* for young readers 若い読者層向きに編集した雑誌. **b** 〈ニュースなどを〉特殊な好みに合うようにゆがめる; 曲げる, 歪曲する: ～ the news. ― *vi.* **1** 斜めになる, 傾斜する: a garden ～*ing* to a river 川岸までだらだらと傾斜した庭 / The road ～*s* to the left. 道路は左に傾斜している. **2** 傾く, 傾向がある 〈*toward*〉: ～ *toward* favoring girls 女の子をひいきにする傾向がある. **3** 斜め[はすかい]に行く[進む]: ～ across the field. ― *n.* **1** 傾斜, 勾配; 坂 (slope): the ～ of a roof 屋根の傾斜[勾配] / on the [a] ～ 傾斜して, はすかいに. **2 a** 傾斜面, 斜面. **b** 斜線《slant line ともいう; ⇨ diagonal 3》. **3** (心などの)傾向 (tendency), 偏向 (bias). **4** 《口語》一目, 横目 (slanting glance): give [take] a ～ at a person 人を横目で見る. **5** 《口語》(ある特殊な)観点, 見地 (angle), 見解 (opinion): the British ～ on things 英国流の物の見方 / a new ～ on the situation 時局に対する新しい見解. **6** 《方言》あてこすり, 皮肉 (taunt). **7** 〖アメフト〗スラント《スクリメージラインをボールキャリアーが角度をつけ斜めに前進すること》. **8** 〖細菌〗 **a** 斜面培養基《培養面積を大きくするために試験管を傾斜させて固定した培養基》. **b** =slant culture.

a slánt of wínd 〖海事〗定方向からずれて吹く一しきりの変化風《特に, 一時的順風をいう》. 〖(1521) 《変形》 ← ME *slente*(*n*) □ ON **slenta* (cf. Norw. *slenta* to slant)〗

slant[2] /slǽnt | slɑ́:nt/ *adj.* **1** 斜めの (oblique), 傾斜した, 坂になった, 傾いた (sloping, inclined). **2** 偏向のある (biased). ― *adv.* 斜めに (obliquely). **～·ly** *adv.* 〖(1495) 《頭音消失》 ← ASLANT〗

slánt cúlture *n.* 〖細菌〗(微生物の)斜面培養 (cf. slant[1] 8 a).

slant·en·dic·u·lar /slæ̀ntṇdíkjulə | slɑ̀:ntən-díkjulə(r)/ *adj.* =slantindicular.

slánt-èye *n.* 《米俗》[軽蔑的に] つり目野郎, 東洋人.

slánt-èyed *adj.* **1** (蒙古ひだ (Mongolian fold) のように)目じりの上がった, つり目の. **2** 〖病理〗=Mongoloid 3. **3** [軽蔑的に] (中国人や日本人のような)アジア(系)人の. 〖1865〗

slánt-frónt *adj.* =slant-top.

slánt hèight *n.* 〖数学〗斜高《直円錐や直角錐の斜面にそって測った高さ》. 〖1798〗

slant·in·dic·u·lar /slæ̀ntṇdíkjulə | slɑ̀:ntɪndíkjulə(r)/ *adj.* 《戯言》やや傾斜した[はすかいの]. 〖(1832) 《混成》 ← SLANTIN(G)+(PERPEN)DICULAR〗

slánt·ing /-tɪŋ | -tɪŋ/ *adj.* 傾いた, 斜めの, 傾斜した.

~·ly *adv.* 斜めに. 〖(a1625) 1688〗

slánt lìne *n.* =slant¹ 2 b. 〖1954〗

slánt rhýme *n.* 〖詩学〗傾斜韻 (強勢のある音節の母音または子音のいずれかが同一である韻; 例: eyes, light; years, yours; near rhyme, half rhyme ともいう). 〖1944〗

slánt-tóp *adj.* (机を閉じると)斜めになる垂れ板の付いた: a ~ desk.

slánt·wàys *adv.* =slantwise. 〖1826〗

slánt·wìse *adv.* 斜めに, はすに (aslant, obliquely). — *adj.* 斜めの, はすの (slanting, oblique). 〖1573〗

slap¹ /slǽp/ *n.* **1** (平手または平たいもので)ぴしゃりと打つこと (⇨ blow² SYN): give a ~ on the cheek ほおを平手打ちする. **2** ぴしゃり(という音). **3** 皮肉, 非難, そしり (slur); 侮辱 (insult) 〔*at*〕. **4** (さっと)やること, 試み (attempt) 〔*at*〕: have a ~ *at* …をやってみる. ***sláp and tíckle*** 〖英口語〗(男女の)いちゃつき: have a bit of ~ *and tickle*. ***a sláp in the fáce*** [*éye*] (1) 顔[目]をぴしゃりと打つこと. (2) 侮辱, ひじ鉄砲, 無視; 失望. (1932) ***a sláp on the báck*** 〖口語〗賞賛. ***a sláp on the wríst*** 〖口語〗軽い処罰[叱責, 警告].

— *v.* (**slapped; slap·ping**) — *vt.* **1 a** (平手で)ぴしゃりと打つ (⇨ strike SYN): ~ a naughty child わんぱく小僧にびんたを食わす / ~ a person on the cheek 人のほおを平手で打つ / ⇨ SLAP *a person in the face* [*eye*], *slap a person on the* BACK¹. **b** 〈平手・平たいものを〉ぴしゃりと打つ: He ~*ped* his hand on the table. 机を(平)手でぴしゃりとたたいた. **2** 強く[ばんと, どんと]投げる[置く, 打つ]: ~ a ball 球を強く打つ / ~ a hat *on* one's head 勢いよく[ぱっと]帽子をかぶる / ~ *down* a book *on* the desk 本を机の上にどんと置く. **3** 〖口語〗素早く[無造作に]置く[つける] 〔*on*〕: ~ butter *on* bread パンにバターをこってり塗る. **4** 〖口語〗〈税・罰金などを〉課す. **5** 〖口語〗非難する, しかる. **6** 〈ダブルベースを〉スラップ奏法で弾く (弦が指板に当たるようはじいてジャズ式に弓を使わずに弾く). — *vi.* ぴしゃりと音をたてる: Waves ~*ped* against the hull. 波が船体にぴしゃぴしゃと打ち寄せた.

sláp aróund 〖口語〗(1) 〈人を〉手荒く扱う. (2) 〈作品などを〉手厳しく批評する. ***sláp dówn*** (1) ⇨ *vt.* 2. (2) 〖口語〗〈人を〉厳しく押える, へこませる, しかりつける, 〈行為を〉やめさせる. ***sláp in*** 無造作に差しはさむ: ~ *in* a song. ***sláp a person in the fáce*** [*éye*] 〈人を〉非難する, 侮辱する (insult). ***sláp on*** 〖口語〗急に[突然]実施する: ~ *on* a policy. ***sláp togéther*** 〖口語〗〈物を〉急いでぞんざいに作り上げる.

— *adv.* **1** ぴしゃりと, 勢いよく (smack): hit a person ~ in the eye ぴしゃりと人の目を打つ. **2** 〖口語〗まっすぐに (directly), まともに (straight): run ~ into …と正面からぶつかる. **3** 〖英口語〗突然, だしぬけに (suddenly): The handle came ~ off. 柄が急に取れた.

~·per *n.* 〖(c1450) □ LG *slapp(e)* (擬音語) ?〗

slap² /slǽp/ 〖英方言〗 *n.* **1** 割れ目, すき間, ひび. **2** 山道, 峠. — *vt.* (**slapped; slap·ping**) …にすき間をあける, 割れ目をつける. 〖(1375) *slop* □ MDu. & MLG ← ?: cf. slip²〗

slap³ /slǽp/ *adj.* 〖南ア〗だるい, 元気がない, だれた. 〖□ Afrik. ~ 'dangling, flabby'〗

sláp-báng 〖口語〗*adv.* **1** 激しく (violently), 騒々しく (noisily). **2** 急に, 不意に. **3** まっしぐらに, 無鉄砲に (recklessly). — *adj.* =slapdash. 〖1785〗

sláp báss *n.* 〖音楽〗スラップベース(奏法).

sláp·dásh *adv.* **1** ぞんざいに, ずさんに, いいかげんに. **2** まっすぐに, まともに, ぴしゃりと. — *adj.* ぞんざいな, ずさんな, やっつけ仕事の, 行き当たりばったりの, だらしない. — *n.* **1** やっつけ仕事, ぞんざい(なやり方), やりっぱなし. **2** あら塗り (roughcast). **~·ness** *n.* 〖1679〗

slape /sléɪp/ *adj.* 〖北英〗=slippery.

sláp·hàppy *adj.* (**-happier; -piest**) **1** 〖口語〗〈ボクサーなど〉ふらふらになった (punch-drunk) (cf. happy 5 a). **2** (酔っ払って)上機嫌な, 足元がふらつく. **3** 陽気で無責任な. 〖1936〗

sláp·hèad *n.* 〖俗〗頭のはげた[頭を剃っている]やつ, はげ頭.

sláp·jàck *n.* **1** 〖米〗=griddle cake. **2** 〖トランプ〗スラップジャック (stop 系のゲームの一種; 数人が各自の山からカードを1枚ずつ表向きに中央に出し, ジャックが出たら早い者勝ちに手をのせて全部取る). 〖1796〗

slap·per /slǽpə | -pə(r)/ *n.* 〖英俗〗売春婦, 淫売, ふしだら女, 苦境にもめげない女, すれっからし; 〖口語〗=slap shot.

sláp·ping *adj.* 〖俗〗**1** 非常に速い, 飛ぶような (extremely fast): a ~ pace 速い歩調. **2** 〈馬・人など〉大きい, 大型の, でっかい (big): a ~ horse. 〖1812〗

sláp shòt *n.* 〖アイスホッケー〗スラップショット (パックを勢いよくたたいてするシュート). 〖1942〗

sláp·stìck *n.* **1** (道化芝居で相手役を打つのに用いる)先の割れた打棒 (音の大きいわりに打たれて痛くない). **2** どたばた喜劇, スラップスティック (knockabout). — *adj.* [限定的] どたばた喜劇の, どたばたの: ~ comedy どたばた喜劇 / a ~ motion picture どたばた映画. 〖1896〗

sláp-ùp *adj.* 〖英口語〗**1** 最新流行の, 〈特に食事が〉一流の, すばらしい, すてきな: a ~ dinner, establishment, etc. **2** 費用を考慮せずになされた. 〖(1823) ← SLAP¹ (adv.)〗

slash¹ /slǽʃ/ *vt.* **1** さっと切る, 深く切る, 切り下ろす, 切りつける; めった切りにする. **2 a** 〈人などを〉むち打つ (lash). **b** 〈むち・刀剣などを〉さっと振り回す, びゅっと打ちつける (crack). **c** 〈球を〉激しく打つ (drive): ~ a ball. **3 a** (樹木・低木を切り払って)〈土地を〉開く (clear). **b** [~ *one's way* として] (樹木などを切り払って)進む: ~ *one's way* through the jungle 木を切り払ってジャングルを行く. **4 a** 〈俸給・費用などを〉ひどく切り下げる, 大幅に減俸する, 削減する (reduce severely): ~ budgets. **b** 〈書物・映画などを〉(大幅に)削る, カットする, 切りつめる. **5** 酷評する, こき下ろす. **6** [通例 p.p. 形で] 〈衣服に〉スリットをつけて別の色布を見せる, スリットをつける: a ~*ed* sleeve スラッシュドスリーブ, 袖口にスリットのある袖. — *vi.* **1** (刃・ナイフ・かみそりなどで)切りつける, 切りまくる, めった切りに切る. **2** さっと走る. **3** 〈雨が〉横なぐりに激しく降りつける.

slásh at (1) …に切りつける[打ちかかる]; …をさっと攻撃する (2) …を酷評[非難]する, やっつける.

— *n.* **1** さっと切りつけること, 一撃, 一むち. **2** 深い切り口, 深傷(ふかで) (gash). **3** 斜線, スラッシュ (virgule) (slash mark ともいう; ⇨ diagonal 3 ★). **4** 〖米〗**a** (樹木伐採・風・火などのために)切り枝の散乱した森林内の空き地. **b** (森林のあき地に)散乱した切り枝. **5** 縮小; 削減 (reduction). **6** 〖英俗・卑〗小便すること: have a ~ 小便をする / go for a ~ トイレに行く. **7** 〖服飾〗(衣服の)スリット (袖や脇などにつけた開口部; 別の色布を見せることが多い). 〖(1548) *slasche(n)* □ ? OF **esclaschier*=*esclachier* to break (擬音語)〗

slash² /slǽʃ/ *n.* (低木の生い茂った)低湿地. 〖(1652) (混成) ? ← SLUSH+PLASH¹〗

slásh-and-búrn *adj.* [限定的] **1** 焼き畑式の (木を伐採して焼き払い一時的に耕地にする方式についていう): ~ agriculture 焼き畑農耕 (cf. shifting cultivation). **2** 〈やり方・批判など〉容赦しない, 破壊的な. 〖1939〗

slashed /slǽʃt/ *adj.* 〖服飾〗〈衣服が〉スラッシュ[切り込み]のある, スリットのある. 〖1633〗

slásh·er /-ʃə | -ʃə(r)/ *n.* **1** slash する人[物] (物の場合, 特に, なたがま (billhook) を指す). **2** 〖NZ〗やぶや茂みの下草を刈る木製ハンドル付きの道具. **3** =slasher movie [film]. 〖1559〗

slásher mòvie [fìlm] *n.* 〖俗〗スラッシャー映画 (人間が刃物で切り刻まれるような猟奇的映画). 〖1975〗

slash·ing /slǽʃɪŋ/ *n.* **1** さっと切りつけること; むちをふるうこと. **2** 〖米〗=slash¹ 4. **3** 〖服飾〗スラッシュ: **a** 違った色彩の裏地や下着を見せるため衣服に切り込んだ開口部[スリット]. **b** スリットから見える裏地[下着]. **4** 〖アイスホッケー〗スラッシング (スティックを使って相手の動きを止める反則). — *adj.* **1** 切る, 切りまくる; たたきつけるような, 激しい: a ~ wind. **2** しんらつな, 痛烈な (severe): ~ criticism しんらつな批評. **3** まっしぐらの (dashing), 元気[威勢]のよい, 向こう見ずの (vigorous): a ~ fellow. **4** 〖口語〗巨大な (immense); 大した, すばらしい (fine): a ~ fortune, dinner, etc. **~·ly** *adv.* 〖1596〗

slásh pìne *n.* 〖植物〗**1 a** 米国南部の湿地に生えるマツの一種 (*Pinus caribaea*). **b** その木材. **2** タエダマツ (⇨ loblolly pine 1). 〖(1882) ← SLASH²〗

slásh pócket *n.* スラッシュポケット (垂直あるいは斜めの切り口のポケット). 〖1799〗

Śląsk /*Pol.* ɕlɔ̃sk/ *n.* シロンスク (Silesia のポーランド語名).

slas·to /slǽstoʊ | -təʊ/ *n.* 〖南ア〗〖商標〗スラストー (フローリングや花壇張りに用いられるスレート状の頁岩). 〖(混成) ← SLA(TE)+STO(NE)〗

slat¹ /slǽt/ *n.* **1 a** (木・金属などの)細長い薄板. **b** 小割り板, 木ずり板; (窓のブラインドなどの)小板. **c** 薄い板石; (屋根ふき用)スレート. **d** [通例 *pl.*] 〖米・カナダ口語〗スキー板 (skis). **2** [*pl.*] 〖俗〗**a** 尻, 臀部 (buttocks). **b** 肋骨(ろっこつ) (ribs). **3** 〖航空〗スラット (翼の前縁に固定または可動的に置かれる小翼片; それと下流の翼面との間にすき間を作り, 大きい迎角まで翼の失速を遅らせるはたらきをする; cf. slot¹ 4). — *vt.* (**slat·ted; slat·ting**) …に slat をつける, slat で作る. 〖(1302–03) *s(c)lat* □ OF *esclat* splinter ← *esclater* to splinter < VL **exclatāre* ← EX-¹+**clat-* (擬音語): cf. éclat〗

slat² /slǽt/ *v.* (**slat·ted; slat·ting**) — *vi.* 〈帆・索などが〉ぱたぱたとぶつかる, ぱたぱたと打ち当たる[はためく]. — *vt.* 〖英方言〗**1** 強く投げる. **2** たたく, 打つ (beat). — *n.* 〖英方言〗ぴしゃり(と打つこと) (slap); 強打. 〖(?a1200) ← ? Scand. (cf. ON *sletta* to slap)〗

slat³ /slǽt/ *n.* 〖アイル〗産卵を終えたサケ, ほっつぁれ. 〖(1870) ← ? Ir.-Gael.〗

S. Lat. 〖略〗south latitude.

slatch /slǽtʃ/ *n.* **1** 一時の好天. **2** 〖海事〗海が荒れた合間の穏やかな時, 荒波の合間. 〖(1625) (変形) ← SLACK¹〗

slate¹ /sléɪt/ *n.* **1 a** 粘板岩 (粘土が固結してできた岩石; 薄くはげる; cf. argillite, shale). **b** 粘板岩スレート (特に, 屋根ふき用). roofing ~ 屋根ふきスレート. **2 a** 石板. **b** (特に, 個人に関する)記録 (record). ★ 主に次の句で用いる: ⇨ *a clean* SLATE. **3** 〖米〗**a** (指名・選挙などの)候補者名簿; [集合的] 全候補者 (ticket). **b** (試合などの)予定表. **4** 点字器 (点字用の筆記具; braille slate ともいう). **5** 石板色 (石板のような青灰色; slate blue ともいう). **6** 〖映画〗**a** 〖口語〗カチンコ (clapstick). **b** カチンコに書かれた指示. ***a cléan sláte*** 前科のないこと, きれいな経歴: start with a *clean* ~ (過去を清算して)新規まき直しで出直す, 更生する. (1963) ***cléan the sláte*** (1) 貸し借りをなくする. (2) =*wipe the* SLATE *clean*. ***hàve a sláte lóose*** [*óff*] 〖英俗〗少し気[頭]が変だ (cf. *have a* TILE *loose*). ***on the sláte*** (1) 〖俗〗掛けで (on credit): put it *on the* ~ 掛けにする, つけておく (昔, 商店などで石板の上にチョークで貸し金を記したことから). (1909) (2) 〖英〗〖印刷〗〈植字工が〉植字用の原稿のない. ***wípe the sláte cléan*** 〖口語〗過去を清算する, 行きがかりを捨てる.

— *adj.* **1** 石板質の, 石板のような, スレートでふいた: a ~ roof. **2** 石板色の, ねずみ色の.

— *vt.* **1** 〈屋根を〉スレートでふく. **2** [通例 p.p. 形で] 〖米〗**a** 候補者名簿に記入する, 候補に立てる: He is ~*d for* the office of president. 会長候補になっている. **b** 予定する (schedule): The election is ~*d* for June 10. 選挙は6月10日に予定されている / He is ~*d to* arrive tomorrow. 明日到着する予定である. 〖(a1340) *s(c)late* □ OF *esclate* (fem.) ← *esclat*: ⇨ slat¹〗

slate² /sléɪt/ *vt.* **1** 〖英口語〗**a** 酷評する, こきおろす: ~ a book. **b** ひどく非難する, ののしる (rate), しかる (scold): ~ a person. **2** 〖古〗ひどくなぐりつける. 〖(1825) ↑ ?〗

sláte clùb *n.* 〖英〗(クリスマスなどに役立つように毎週少額を積み立てる)共済会. 〖1888〗

sláte còlor *n.* スレート色 (暗い青味[緑]がかった灰色). **sláte-còlored** *adj.*

sláte-colored júnco *n.* 〖鳥類〗ユキヒメドリ (*Junco hiemalis*) (北米産のヒワの類で灰色と白色の配色がある; slate-colored snowbird ともいう; cf. junco).

sláte-colored snówbird *n.* =slate-colored junco.

sláte gráy *n.* スレートグレー (青灰色). 〖1839〗

sláte péncil *n.* 石筆 (石板の筆記用に軟らかい凍石(とうせき)[石鹸石]を筆の形にしたもの). 〖1759〗

slát·er¹ /sléɪtə | -tə(r)/ *n.* **1** スレート職人, スレート工. **2** 皮を平らにするためのすき道具 (スレートを刃にしたもの). **3** 〖動物〗**a** 〖方言・豪〗=wood louse 1. **b** 海産の等脚類の動物 (isopod) の総称. 〖1408〗

slát·er² /sléɪtə | -tə(r)/ *n.* 〖英口語〗酷評者 (severe critic).

Sla·ter /sléɪtə | -tə(r)/, **Samuel** *n.* スレーター (1768–1835; 英国生まれの米国の実業家; 米国最初の綿織物工場を設立 (1793)).

slath·er /slǽðə | -ðə(r)/ 〖米口語〗*n.* [通例 *pl.*] 大量 (a large quantity): ~*s* of people. ***ópen sláther*** 〖豪俗〗勝手気まま. — *vt.* **1** 〔…に〕こってりと塗る 〔*on*〕, 〔…を〕…にこってり塗る 〔*with*〕: ~ butter *on* the bread=~ the bread *with* butter パンにバターをこってり塗る / ~ the wall *with* paint 壁にペンキを厚く塗る. **2** 〔…に〕浪費する, たっぷり使う (squander) 〔*on*〕: ~ money *on* magazines 雑誌に金をうんと使う. 〖(1818) ?〗

slát·ing¹ /-tɪŋ | -tɪŋ/ *n.* **1** スレートで屋根をふくこと; スレートぶき. **2** [集合的] スレート (slates); 屋根ぶき用スレート材. 〖1579〗

slát·ing² /-tɪŋ | -tɪŋ/ *n.* 非難 (rebuke), 酷評 (severe criticism): give [get] a severe ~ 酷評する[される]. 〖1860〗

slat·ted /slǽtɪd | -tɪd/ *adj.* 小割板[細長い薄板]をわたした: a ~ bench.

slat·tern /slǽtən | -tə(ː)n/ *n.* **1** だらしのない女. **2** 自堕落女 (slut), 売春婦 (prostitute). 〖(1639) ← ? (方言) *slattering* (pres.p.) ← *slatter* to spill awkwardly ← ? // (変形) ← G *schlottern* to hang loosely〗

slát·tern·ly *adj.* **1** 自堕落女の, 売春婦の. **2** だらしない, 自堕落な, 無精な (slovenly). — *adv.* だらしなく, 無精に. **slát·tern·li·ness** *n.* 〖c1680〗

slát·ting /-tɪŋ | -tɪŋ/ *n.* **1** [集合的] 小板 (slats). **2** 小板材料. **3** 小板で作ること. 〖1532〗

slat·y /sléɪti | -ti/ *adj.* (**slat·i·er; -i·est**) **1** スレートの, 石板状[質]の; スレートの多い. **2** スレート色の, ねずみ色の (slate-colored). **slát·i·ness** *n.* 〖1529〗

slaugh·ter /slɔ́ːtə, slɑ́ː- | slɔ́ːtə(r)/ *n.* **1 a** (血なまぐさい残忍な)虐殺, 殺人 (massacre). **b** (戦争や残虐行為による)大量殺人, 大量殺戮(さつりく) (carnage). **2** (特に, 食肉用の)畜殺 (butchering). **3** 〖口語〗完敗. — *vt.* **1 a** 〈人を〉虐殺する. **b** (暴虐に)大量殺戮 (massacre). **2** (食肉用に)〈動物を〉畜殺する (⇨ kill¹ SYN). **3** 〖口語〗やっつける, 負かす (beat). 〖(?a1300) □ ON **slahtr* (cf. ON *slātr* butcher's meat) ← Gmc **slax-* 'to SLAY¹' ∞ ME *slaȝt* < OE *sleaht*〗

SYN 虐殺: **slaughter** 本来は家畜を食用に殺すことで, 一度に多くの人々を残酷に不必要に殺すこと. **massacre** 無抵抗な人々を残酷で無差別に大量に殺すこと. **butchery** 本来は〈家畜を〉殺す意で, *slaughter* よりさらに残忍な方法で多数の人を虐殺すること. **carnage** 通例戦場での大虐殺 (累々たる死体を暗示する; 格式ばった語). **holocaust** 戦争などによる大量殺戮. 特に (the ~) 第二次大戦中のナチスによるユダヤ人の大虐殺.

---

slaugh·ter·er /-tərə | -tərə(r)/ *n.* **1** 食肉処理業者. **2** 殺戮(さつりく)者. 〖1590–91〗

sláughter·hòuse *n.* 食肉処理場 (abattoir). 〖*c*1374〗

sláughter·màn *n.* 食肉処理業者. 〖(?*c*1375) 1389〗

slaugh·ter·ous /slɔ́ːtərəs | -tər-/ *adj.* 殺戮(さつりく)を好む, 殺生(せっしょう)な, 殺伐な (murderous), 残忍な (cruel); 破壊的な (destructive). **~·ly** *adv.* 〖1582〗

Slav /slɑ́ːv, slǽv/ *n.* **1** [the ~s] スラブ民族 (Russians, Ruthenians を含む東スラブ族 (Eastern Slavs), Bulgarians, Serbs, Croatians, Slavonians, Slovenes などを含む南スラブ族 (Southern Slavs), Poles, Czechs, Moravians, Slovaks を含む西スラブ族 (Western Slavs) に三大別される). **2** スラブ人. — *adj.* **1** スラブ民族[人]の. **2** スラブ語の (Slavic). 〖(1788) □ ML *Slāvus* ∞ (a1387) *Sclave* □ ML *Sclavus, Slavus* □ MGk *Sklábos* 'SLAVE'〗

Slav. 〖略〗Slavic; Slavonian; Slavonic.

slave /sléɪv/ *n.* **1 a** 奴隷 (bondman, serf): work like a ~ あくせく働く / trade [traffic] in ~*s* 奴隷売買. **b** (奴隷のように)あくせく働く人 (drudge). **2** 〔…の〕奴隷, とりこ, 捕われた人; 〔…に〕滅私的に献身する人 〔*of, to*〕: a ~ *of* [*to*] drink [*to the bottle*] 酒の奴隷 / a ~ *to* one's passions 情欲の奴隷 / a ～ *of* fashion 流行に浮身をやつす人 / the ～ *of* his wife's caprices 細君の気まぐれのままになる夫 / a ～ *to* duty 義務のために献身的に働く人. **3** 〘原子力〙(放射性物質を扱う時に用いる)遠隔操縦装置の放射性物質側《遮蔽体をはさんで内側部分; cf. master-slave manipulator》. **4** 〘昆虫〙＝slave ant. **5** 〘写真〙増灯用フラッシュ《主フラッシュの光を受けて増灯フラッシュを発光させるリレー》. **6** 〘機械〙従属自動制御装置, 子装置 (cf. master[1] 9 a). **7** 〘通信〙＝slave station. **8 a** 《古》卑劣なやつ. **b** 《廃》つまらぬ人, やつ (fellow). ― *adj.* [限定的] **1** 奴隷にされた (enslaved). **2** 奴隷の; 奴隷のための; 奴隷を扱う: ⇨ slave ship, slave-trader. **3 a** 奴隷制度を認める[賛成の], 奴隷制の: ⇨ slave state 1. **b** 奴隷制度に基づいた: ～ [*slave*-based] economy. **4** 遠隔操作の, リモートコントロールの. ― *vi.* **1** 奴隷のように[あくせく]働く (drudge): ～ for one's family / I've been *slaving* away over a hot stove for hours. 私は何時間もあくせく家事に追われていた. **2** 奴隷商人である, 奴隷売買をする. ― *vt.* **1** 〘機械〙(親装置 (master) に)〈機械を〉子装置として連結する. **2** 《古》奴隷のように働かせる, こき使う; 奴隷にする (enslave). 〖《*c*1300》 *sclave* ◻ (O)F *esclave* ◻ ML *sclavus* ← *S(c)lavus* Slav ◻ LGk *Sklábos*: 多くのスラブ人が征服され奴隷にされたことから〗

sláve ànt *n.* 〘昆虫〙奴隷アリ《他種のアリ社会の中で奴隷となって働くアリの総称; クロヤマアリ (*Formica fusca*) など; cf. slave-making ant》. 〖1862〗

sláve bàngle *n.* (ひじより上につける婦人用の)腕輪. 〖1923〗

sláve bèll *n.* 《南ア》奴隷鐘《のろを塗った 2 本の高い柱の間にさげた大きな鐘で, 以前奴隷を呼び集めるためなどに用いた》.

sláve-bòrn *adj.* 奴隷生まれの, 生まれながら奴隷の. 〖1586〗

sláve bràcelet *n.* スレーブブレスレット《足首につける飾りチェーンまたは金属の幅の広い輪; 奴隷の足首につけたものに由来する》. 〖1975〗

sláve clòck *n.* (離れたところにある親時計によって針の動きを制御される)子時計 (cf. master clock).

Sláve Còast *n.* [the ～] 奴隷海岸《アフリカ西部の, Guinea 湾北岸 Niger 河口から Volta 河口に至るまでの海岸地帯; 16–19 世紀における奴隷売買の中心地》. 〖1778〗

sláve cýlinder *n.* 〘機械〙追従シリンダー《油圧ブレーキのブレーキシューなどを作動させるピストンを含む小型のシリンダー; cf. master cylinder》.

sláve drìver *n.* **1** 奴隷監督. **2** 人をこき使う人. **sláve-drìve** *vt.* 〖1807〗

sláve-gròwn *adj.* 〈商品など〉奴隷を使って作られた. 〖1848〗

sláve·hòlder *n.* 奴隷所有者. 〖1776〗

sláve·hòlding *n.* 奴隷所有. ― *adj.* 奴隷所有を許す, 奴隷所有者の住む: ～ states. 〖1841〗

sláve-hùnter *n.* (奴隷として売るために)黒人を捕える人, 奴隷狩り屋. 〖1889〗

sláve hùnting *n.* 奴隷狩り. 〖1863〗

sláve lábor *n.* **1 a** 奴隷の仕事, 奴隷労働. **b** 奴隷的労働, 強制労働《強制的で報酬の少ない苛酷な労働》. **2 a** [集合的] (政治犯・捕虜収容所の囚人など)強制労働者. **b** 強制労働者[奴隷]の労働力. 〖1820〗

sláve lábor càmp *n.* (囚人の)強制収容所, 強制労働作業所.

sláve màker *n.* 〘昆虫〙＝slave-making ant. 〖1859〗

sláve-màking ànt *n.* 〘昆虫〙奴隷使役アリ《他種のアリの巣からさなぎを盗んで来てこれを育てて奴隷にする習性のあるアリの総称; アカヤマアリ (*Formica sanguinea*), アマゾンアリ (*Polyergus rufescens*), サムライアリ (*P. samurai*) など; slave maker ともいう; cf. slave ant》. 〖1817〗

sláve màrket *n.* **1** 奴隷市場. **2** 奴隷市場に似たもの; 職業紹介所 (employment agency). 〖1835〗

slave·oc·ra·cy /sleɪvɑ́(ː)krəsi | -vɔ́k-/ *n.* ＝slavocracy.

slav·er[1] /sléɪvə | -və[(r)]/ *n.* **1** 奴隷売買者, 奴隷商人. **2** 奴隷(貿易)船. **3** ＝white slaver. 〖1827〗

slav·er[2] /slǽvə, sléɪvə, slɑ́ːvə | slǽvə[(r)]/ *vi.* **1** よだれをたらす (slobber). **2** 垂涎(すいぜん)する, 切望する, 懇願する 〔*after*〕. **3** おべっかを使う (fawn). ― *vt.* 《古》 **1** よだれで汚す. **2** …におべっかを使う (flatter). ― *n.* **1** よだれ. **2** 《口語》たわごと. **3** 《古》卑屈な見えすいたおべっか. **～·er** /-v(ə)rə | -vərə[(r)]/ *n.* 〖《*a*1325》← ? ON (cf. *slafra*) // LDu.: cf. slobber〗

Sláve Ríver /sléɪv-/ *n.* [the ～] スレーブ川《カナダ Alberta 州の Lake Athabasca から北流して Northwest Territories の Great Slave Lake に流れる川; 415 km; Great Slave River ともいう》.

slav·er·y[1] /sléɪvəri, -vri/ *n.* **1 a** 奴隷制度; 奴隷所有 (slaveholding). **b** 隷属, 屈従 (subjection). **2** 奴隷であること, 奴隷の身分[境遇] (bondage) (⇨ servitude **SYN**). **3** 〔色欲・食欲などの〕奴隷[とりこ]であること, 心酔 (subservience) 〔*to*〕. **4** 卑しい仕事 (drudgery), 骨の折れる[精根の尽きる]仕事. 〖《1551》← SLAVE (n.)＋-ERY〗

slav·er·y[2] /slǽv(ə)ri, sléɪv-, slɑ́ːv- | slǽv-/ *adj.* 《古》よだれをたらす; よだれで汚れた. 〖《*c*1450》← SLAVER[2] (n.)＋-Y[4]〗

sláve shìp *n.* 奴隷(貿易)船 (slaver). 〖1796〗

sláve stàte *n.* **1** [しばしば S- S-] 〘米史〙奴隷州《南北戦争当時まで奴隷制度が合法であった南部州; Alabama, Arkansas, Delaware, Florida, Georgia, Kentucky, Louisiana, Maryland, Mississippi, Missouri, North Carolina, South Carolina, Tennessee, Texas, Virginia; cf. Free State 1》. **2** 全体主義体制下の国家. 〖1809〗

sláve stàtion *n.* 〘通信〙従局《双曲線航法において発射電波が主局によって制御される局; cf. master station》.

sláve tràde *n.* 奴隷売買; [通例 the ～] (特に, 米国南北戦争以前の)黒人奴隷売買. **sláve-tràding** *n.* 〖1734〗

sláve-tràder *n.* ＝slaver[1]. 〖1813〗

slav·ey /sléɪvi | sléɪvi, slǽvi/ *n.* 《英口語》 **1** (特に, 重労働の)雑働き女中. **2** (男の)召使い, 下男. 〖《1812》: ⇨ -y[2]〗

Slav·ic /slɑ́ːvɪk, slǽv-/ *n.* スラブ語(派)《印欧語族の一語派; Polish, Czech, Slovak, Sorbian を含む西スラブ語 (West Slavic), Russian, Ukrainian, White Russian を含む東スラブ語 (East Slavic), Bulgarian, Serbo-Croatian, Slovenian を含む南スラブ語 (South Slavic) の 3 群に分かれる》. ― *adj.* **1** スラブ民族[人]の. **2** スラブ語の. 〖《1812》← SLAV＋-IC[1]〗

Slav·i·cism /slǽvəsɪzm, slɑ́ːv- | -vɪ̀-/ *n.* ＝Slavism.

Sláv·i·cist /-sɪ̀st | -sɪst/ *n.* スラブ言語研究者, スラブ文学研究家 (Slavist ともいう). 〖1930〗

Slávic lánguages *n. pl.* スラブ諸語.

slav·ing /sléɪvɪŋ/ *n.* [通例形容詞的に] 奴隷獲得[入手]の. 〖1862〗

slav·ish /sléɪvɪʃ/ *adj.* **1** 奴隷の; 奴隷のような; (特に)奴隷根性の, 卑しい, 卑屈な (base, mean): ～ submission 屈従 / a ～ flatterer 卑屈なおべっか使い. **2** すっかり模倣する, 独創性を欠いた (⇨ servile **SYN**): a ～ imitation 盲従的模倣. **3** 重労働の, 苦役の. **4** 《古》 **a** さげすむべき, 卑劣な (despicable). **b** 圧政的な, 圧迫する. **～·ly** *adv.* **～·ness** *n.* 〖《1565》← SLAVE＋-ISH[1]〗

Slav·ism /slɑ́ːvɪzm, slǽv-/ *n.* **1 a** スラブ人気風, スラブ的特性. **b** ＝Slavophilism. **2** スラブ語的表現. 〖1880〗

Sláv·ist /-vɪ̀st | -vɪst/ *n.* ＝Slavicist. 〖1863〗

Slav·kov /*Czech* sláfkɔf/ *n.* スラフコフ《Austerlitz のチェコ語名》.

Slav·o- /slɑ́ːvou, slǽv- | -vəu/「スラブ民族(の) (Slav)」の意の連結形: *Slavo*-Germanic スラブゲルマンの / *Slavo*phobe. 〖← ML *Slavus*: ⇨ Slav〗

slav·oc·ra·cy /sleɪvɑ́(ː)krəsi | -vɔ́k-/ *n.* 《米》(南北戦争以前の米国南部の)奴隷所有者たちのもつ支配力; その支配力をもつ奴隷所有者団体. 〖《1840》← SLAV(E)＋-O-＋-CRACY〗

Sla·vo·ni·a /sləvóunɪə, slæ- | -vəu-/ *n.* スラボニア《クロアチアの Danube 川と Sava 川の中間地方》. 〖◻ ML *Slavōnia*: ⇨ Slav, -ia[1]〗

Sla·vo·ni·an /sləvóunɪən, slæ- | -vəu-/ *n.* ＝Slovene 1 b. ― *adj.* **1** ＝Slovene 2. **2** 《古》＝Slavic 2. 〖《1577》: ⇨ ↑, -an[1]〗

Slavónian grébe *n.* 〘鳥類〙ミミカイツブリ (*Podiceps auritus*)《繁殖期には下面が赤くなり, 冠羽が黒と金色になる北方のカイツブリ》. 〖1843〗

Sla·von·ic /sləvɑ́(ː)nɪk, slæ- | -vɔ́n-/ *adj.* スラブ語[人]の (Slavic). ― *n.* **1** スラブ語 (Slavic). **2** 古代教会スラブ語 (Old Church Slavonic). 〖《1614》← NL *slavonicus* ← ML *Slavōnia*: ⇨ -ic[1]〗

Sla·vo·phile /slɑ́ːvəfàɪl, slǽv-/ (*also* **Sláv·o·phil** /-fɪ̀l/) *n., adj.* 親スラブ主義者(の), スラブびいきの(人). 〖《1877》← SLAVO-＋-PHILE〗

Sla·voph·i·lism /sləvɑ́(ː)fəlɪzm, slɑ́ːvəfɪlɪzm, slǽv- | sləvɔ́fɪlɪzm, slɑ́ːvəfɪlɪzm, slǽv-/ *n.* **1** スラブびいき, 親スラブ主義. **2** スラブ主義 (19 世紀ロシアの国粋思想). 〖1877〗

Sla·vo·phobe /slɑ́ːvəfòub, slǽv- | -fəub/ *adj., n.* スラブ恐怖症の(人), スラブ(人)ぎらいの(人). 〖《1887》← SLAVO-＋-PHOBE〗

Sla·vo·pho·bi·a /slɑ̀ːvəfóubɪə, slæ̀v- | -fəu-/ *n.* スラブ恐怖症, スラブ(人)ぎらい, スラブアレルギー. 〖⇨ -phobia〗

slaw /slɔ́ː, slɑ́ː | slɔ́ː/ *n.* 《米》＝coleslaw. 〖《1861》《略》← COLESLAW〗

slay[1] /sléɪ/ *vt.* (**slew** /slúː/, **slain** /sléɪn/) **1** 《文語・戯言》 **a** (暴力的手段で)殺害する, 惨殺する, 虐殺する (⇨ kill[1] **SYN**). **b** 殺す (kill). **2** 《米》破壊する, 絶滅する. **3** 《口語》心を強く揺さぶる; (特に, 笑いこけさせて)圧倒する, 参らせる (overwhelm). **4** 《廃》打つ, なぐる (strike). **～·er** *n.* 〖OE *slēan* < Gmc **slaχan* (G *schlagen*) ← IE **slak-* to hit〗

slay[2] /sléɪ/ *n.* 〘紡織〙＝sley. 〖1745〗

Slaz·en·ger /slǽzɪ̀ndʒə, -zn- | -dʒə[(r)]/ *n.* 〘商標〙スラゼンジャー《英国 Dunlop Slazenger International 製のスポーツ用品; テニス・ゴルフ・サッカー・クリケット用品など》.

SLBM 《略》submarine-launched ballistic missile 潜水艦発射ミサイル. 〖1967〗

sld 《略》sailed; sealed; sold; solid.

SLD 《略》Social and Liberal Democrats.

SLE 《略》Saint Louis encephalitis; 〘医学〙systemic lupus erythematosus.

slean /slíːn, slɔ́ːn/ *n.* 《アイル》＝slane.

sleave /slíːv/ *vt.* 《廃》〈絹のより糸などを〉ほぐして織糸にする: ～d silk 真綿. ― *vi.* ほぐれて織条になる. ― *n.* **1** (絹の)糸くず, 織条. **2** 綛(かせ) (skein). **3** 《詩・文語》もつれたもの. **4** 《廃》(繭(まゆ)の)けば, 絹綿 (floss). 〖《*a*1628》← OE *tō slǣfan* to cut ← *slīfan* to split〗

sleaze /slíːz/ 《俗》 *n.* 低俗さ, 安っぽさ; 低俗なもの[人], 安っぽいもの. ― *vi.* だらしなくする, 自堕落にふるまう. 〖《1954》(逆成) ← SLEAZY〗

sléaze·bàg *n.* 《俗》いやなやつ, うすぎたない[不愉快な]やつ (sleaze), 低俗な[卑しい]やつ, いやな場所.

sléaze·bàll *n.* 《俗》卑劣な[だらしない, 粗野な]やつ. 〖1981〗

slea·zo /slíːzou | -zəu/ *adj., n.* 《米俗》低俗な[うすぎたない, くだらない] (sleazy) (もの[人]), ポルノ(の). 〖《1972》: ⇨ sleazy, -o〗

sleaz·oid /slíːzɔɪd/ 《俗》 *adj.* ＝sleazy. ― *n.* くだらんやつ, 低俗な人間, しょうのないやつ.

slea·zy /slíːzi/ *adj.* (**slea·zi·er**; **-zi·est**) **1** 《口語》低俗な; うすぎたない. **2** 〈織物が〉薄っぺらな, ぺらぺらの (flimsy) (⇨ limp[2] **SYN**); 質の劣った, 安っぽい. **sléa·zi·ly** /-zəli/ *adv.* **sléa·zi·ness** *n.* 〖《1644》?〗

sled /sléd/ *n.* **1 a** (雪・氷上を滑る)そり (sledge). **b** (雪滑り遊びに使う)小型そり. **c** 荷物運送用そり. **d** 《古》＝sleigh. **2** 《米》(綿作地帯で使用する)綿摘み機械《箱形で口が V 字形になっておりワタノキの上を引く》. ― *v.* (**sled·ded**; **sled·ding**) ― *vt.* **1** そりで運ぶ. **2** 《米》〈綿を〉綿摘み機械で摘む. ― *vi.* そり滑りをする[して遊ぶ]: *go* ～*ding* そり滑りに行く. 〖《?*a*1325》 *sledde* ◻ MDu. *slēde*: cf. slide, sledge[1], sleigh〗

sléd·ded /-dɪ̀d | -dɪd/ *adj.* 《まれ》そりに乗った (cf. Shak., *Hamlet* 1.1.63). 〖1600–01〗

sléd·der /-də | -də[(r)]/ *n.* **1** そりに乗る人, そり滑りをする人. **2** そり引き馬[犬]. 〖1649〗

sléd·ding /-dɪŋ | -dɪŋ/ *n.* **1** そり滑り; そりで運ぶ[そりに乗る]こと. **2** そりの使用に適した雪[地面]の状態 (cf. sleighing 2). **3 a** (そりの)進み具合: rough [smooth] ～ 困難[容易]なそりの進み(具合). **b** (仕事などの)進行情況 (going): easy [hard, tough, etc.] ～. **4** (綿摘み機械による)綿摘み. 〖*c*1400〗

sléd dòg *n.* (北極地帯で犬ぞり用に訓練された)そり犬. 〖1692〗

sledge[1] /slédʒ/ *n.* **1** 荷物運送用そり《通例低い頑丈なもので, 滑り (runners) には木を削ったものや板をそらせたものを用いる》. **2** 《英》＝sleigh. **3** 《NZ》農場用そり. ― *vi.* **1** 《英》そりに乗る. **2** 荷物を積んだそりに乗って行く. ― *vt.* そりで運ぶ. **～·er** *n.* 〖《1617》◻ Du. (方言) *sleedse*: cf. sled〗

sledge[2] /slédʒ/ *n., v.* ＝sledgehammer. 〖OE *sleċġ* < Gmc **slagjō* ← IE **slak-* to strike: cf. slay[1]〗

sledge[3] /slédʒ/ *vt.* 《豪》(クリケットで相手の打者を)野次る. **slédg·ing** *n.* 〖《1975》← SLEDGE[2] *v*〗

slédge·hàmmer *n.* **1** (かじ屋が両手で使う)大ハンマー, げんのう. **2** 強力な打撃[道具], 決定的[徹底的]な打撃[手段]. ― *adj.* [限定的] (大ハンマーのように)強力な, 力ずくの (powerful); 容赦しない (ruthless): a ～ blow 大打撃, 致命的打撃. ― *vt., vi.* 大ハンマーで打つ. 〖《1495》: ⇨ sledge[2], hammer〗

slédge hòckey *n.* スレッジホッケー《身障者がそりにのって行うホッケー》.

sleek /slíːk/ *adj.* (**～·er**; **～·est**) **1 a** 〈毛皮・毛髪など〉(健康・手入れのよさから)滑らかな, すべすべした (smooth), 光沢のある, つやつやした (glossy): ～ hair, hides, satin, cat, etc. **b** 栄養のいい, よく太った; 〈動物など〉手入れのいい. **2 a** 〈身なりなど〉きちんとした, めかした. **b** ほっそりした, すらっとした (slender). **c** 〈動作など〉優雅な, 洗練された. **d** 流行の先端をゆく; ぜいたくな: a ～ car. **3** 口先のうまい, おべんちゃらをいう (oily, flattering), うまく人に取り入る (insinuating). ― *vt.* **1 a** 滑らかにする; つやを出す. **b** めかす. **2** うまく隠す. ― *vi.* **1** 身なりを整える, めかす. **2** 滑るように動く[過ぎて行く]. **～·ly** *adv.* **～·ness** *n.* 〖《1440》(変形) ← SLICK〗

sleek·en /slíːkən/ *vt.* 滑らかにする, こぎれいにする. 〖《1621》: ⇨ ↑, -en[1]〗

sléek·er *n.* ＝slicker.

sleek·it /slíːkɪ̀t | -kɪt/ *adj.* 《スコット》 **1** ＝sleeky. **2** ＝crafty. 〖《1513》《スコット》(変形) ← (p.p.) ← SLEEK〗

sleek·y /slíːki/ *adj.* (**sleek·i·er**; **-i·est**) **1** 滑らかな, つやのある, てらてらした (sleek, smooth). **2** 《スコット》口先のうまい, 人をそらさない, 狡猾(こうかつ)な, ずるい (sly). 〖《*c*1725》← SLEEK (adj.)＋-Y[4]〗

sleep /slíːp/ *v.* (**slept** /slépt/) ― *vi.* **1** 眠る, 睡眠をとる: ～ well [badly, lightly, soundly] よく眠れる[眠れない, 眠りが浅い, ぐっすり眠る] / ～ on 眠り続ける / ～ *in* a bed [*on* a mat] / Good night! *Sleep* tight! では, ぐっすりお休み / ～ late 朝寝する / ～ (*for*) over eight hours 8 時間以上も眠る / ～ *through* a noise [an alarm clock, a lecture] 物音がしても[目覚し時計が鳴っても, 講義中]眠り続ける / ～ *with* one eye open (警戒・待人などで)ろくろく眠らない, 寝ながらも警戒している / I can't ～ *for* thinking of it. そのことを考えると眠れない.
2 寝る, 泊まる, 夜を明かす: ～ out of doors 野宿する / I *slept at* a hotel [*in* his house, *in* London] last night. 昨夜はホテル[彼の家, ロンドン]に泊まった.
3 《口語》同衾(どうきん)する, 寝る: ～ *together* 〈男女が〉ベッドを共にする, 肉体関係を結ぶ / ～ *with* one's boyfriend [girlfriend] ボーイフレンド[ガールフレンド]と寝る.
4 〔問題などを〕一晩寝て考える, 〔…の〕決定を翌日まで延ばす 〔*on*〕: ～ *on* a proposition [question] 提案[問題]について一晩寝て考える / ～ *on* an invitation 招待の返事を翌日まで延ばす / I would like (time) to ～ *on* it. その事に関しては一晩考えさせてもらいたい.
5 a 眠っている, 活動しない; 静まっている, おさまっている: The sword ～*s in* the sheath. 剣はさやにおさまっている / His hatred never *slept*. 彼の憎しみはおさまることがなかった / A mist lay ～*ing* on the river. 霧が川面に垂れこめていた. **b** ぼんやり[うっかり]している: ～ *over* one's happiness 幸福に酔ってぼんやりしている. **c** 《古》〈手・足が〉まひする, 無感覚になる, しびれる. **6** 《詩・婉曲》永眠する, 死んで(葬られて)いる: ～ *in* the grave / ～ *with* one's fathers

父祖の墓に葬られる, 死ぬ (*Deut.* 31. 16). **7** 〈植物が〉睡眠する, 眠る (cf. *n.* 5 a). **8** 〈こま (top) が〉澄む《よく回って動いていないように見える》; 〈ヨーヨー (yo-yo) が〉(ひもの端で)回り続ける. **9** 〈ベッドや寝具が〉寝場所を提供する: this bed ~*s* all right. このベッドはまあまあ寝心地がいい.

— *vt.* **1** [同族目的語を伴って]: ~ a sound sleep 熟睡する / ~ the sleep of the just 熟睡[安眠]する / ~ one's last (sleep) 永眠する / I didn't ~ a wink last night. ゆうべは一睡もしなかった. **2 a** 眠って過ごす 〈*away, out*〉: ~ the hours [day] *away* 眠って時間[一日]を過ごす. **b** 眠って直す[除く] 〈*off, away*〉: ~ *off* one's hangover [headache, vexation] 眠って二日酔いをさます[頭痛を治す, 心痛を忘れる] / ~ one's beer *off* 眠ってビールの酔いをさます / ~ a lunch [party] *off* 寝て午餐(ごさん)会で食べたごちそうを消化させる[パーティーの疲れをいやす] / ~ it *off* 《口語》眠って酔いをさます / ~ *away* business cares 寝て仕事の苦労を忘れる. **c** [~ *oneself* で] 眠って〈ある状態に〉至らせる: He *slept himself* sober. 眠って酔いをさました. **3** …だけの寝室がある, 宿泊させる: This hotel ~*s* 500 guests. このホテルは 500 人泊まれる / My new trailer can ~ four people. 今度買ったトレーラーには 4 人寝られる.

sléep aróund 《口語》だれとでも寝る, いろんな相手と関係する. ***sléep ín*** (1) 〈雇い人が〉雇われ先で寝泊りする, 住み込む (cf. sleep-in) (↔ sleep out). (2) 《英》朝寝する, 寝過ごす. (3) [通例受身で] 〈ベッド〉に入って寝る: His bed was not *slept in* last night. 昨夜彼のベッドは使われなかった. ***sléep óut*** (*vi.*) (1) 外泊する. (2) 〈雇い人が〉(住込みでなく)通勤する (cf. sleep-out). (3) 野外で寝る, 野宿する. — (*vt.*) ⇨ *vt.* 2 a. ***sléep óver*** 《米》人の家に一泊する, 外泊する 〔*at*〕. ***sléep róugh*** ⇨ rough 成句.

— *n.* **1 a** 眠り, 睡眠(状態) (slumber): a broken ~ うとうと眠り, 目覚めがちの眠り / a deep [light] ~ 熟睡[浅い眠り] / ⇨ beauty sleep / drop off to ~ 寝入る / fall into a deep ~ 深く寝入る / fall on ~ 《古》寝つく; 死ぬ / have [get] a good night's [a sound] ~ 一晩ぐっすり眠る / be overcome by ~ 睡魔に襲われる / 8 hours' [enough] ~ 8 時間の[十分な]睡眠 / startle a person out of his ~ びっくりさせて人の眠りをさます / walk [talk] in one's ~ 夢中歩行する[寝言を言う] / I can do it in my ~. そんなことをするのは朝飯前だ / read oneself to ~ 本を読んでいるうちに寝つく / He did not get a wink of ~ all night. 一晩中一睡もしなかった / Why don't you have [get] some ~? 少し眠ったらどうだ / the ~ of the just 安眠, 熟睡《やましいところがなくて心安らかに眠れること》. **b** 眠気 (sleepiness): eyes heavy with ~ 眠くてたまらない目 / be ready to drop [feel stupid] with ~ 眠くて倒れそうである[頭がぼーっとする] / rub the ~ from one's eyes 目をこすって眠気をさます. **2 a** [a ~] 一眠り(の時間), 睡眠時間: *a* brief ~ しばらくの眠り(の時間) / get [have] *a* ~ 一眠りする. **b** (時間の単位としての)一晩, 一夜 (night). **c** 一日の行程[旅程]. **3** [通例限定修飾語句を伴って] 永眠, 死 (death): the big ~ = one's last [long, eternal] ~ 最後の眠り, 永眠 / the ~ that knows not breaking [no waking] 目覚めることのない眠り, 死. **4** 休止, 静止 (dormancy), 不活動 (inactivity); 静寂: rouse a person from his ~ 人を眠りからさます; 人を奮い立たせる, 人に活を入れる / put one's doubts to ~ 疑念を胸におさめる / the deep ~ of the landscape 深い静寂に包まれた風景. **5 a** 《植物》睡眠《特に夜, 花びら・葉を閉じること》. **b** 《動物》冬眠 (hibernation). **6** 《口語》目やに.

gèt óff to sléep (1) 寝つく, 寝入る. (2) 〈子供を〉寝つかせる: At last she *got* her baby *off to* ~. やっと赤ん坊を寝つかせた. ***gèt (óff) to sléep*** [通例否定・疑問構文で] (やっと)寝つく: I could *not get to* ~ till three. 3 時までどうしても寝つけなかった. ***gò to sléep*** (1) 寝入る. (2) 〈手・足が〉まひする, しびれる: My leg has *gone to* ~. 足がしびれてしまった. ***hàve one's sléep óut*** 自然に目が覚めるまで眠る. ***lóse sléep òver*** [通例否定構文で] 《口語》…のことで非常に心配する[気をもむ]: I *haven't lost* any ~ *over* it. そんなことは全然気にしてない. 《1942》 ***pút to sléep*** (1) 〈人を〉眠らせる, 寝つかせる (★ 通例子供に対して言ったり, 子供が用いる表現): *put* a child *to* ~. (2) 〈人〉に麻酔をかける. (3) 〈動物, 通例ペットの犬・猫などを〉苦痛を与えずに殺す: *put* a dog *to* ~. ***sénd to sléep*** = *put to* SLEEP (1).

〖OE *slēp*, *slǣp* (n.) & *slǣpan* (v.) < Gmc **slǣpaz* & **slǣpan* (G *Schlaf, schlafen*) ← IE **(s)leb-* hanging loosely (L *lābī* to slip)〗

sléep·còat *n.* (男性用の)寝巻き, 部屋着《ひざ丈でパジャマの上衣に似ている》. 《1948》

sleep·er /slíːpə | -pə(r)/ *n.* **1** 眠っている[眠る]人: a good [sound] ~ よく眠る人, 熟睡者 / a light ~ 眠りの浅い人 / a heavy ~ 眠ったらなかなか起きない人. **2** (列車の)寝台車 (sleeping car); 寝台車の寝台; 寝台列車. **3** 《英》(鉄道などの)枕木 (《米》tie) (cf. crosstie). **4** 《米》**a** [通例 *pl.*] (足先までおおった子供用の)寝巻き, パジャマ. **b** (乳児用)おくるみ (bunting) (cf. sleeping bag 2). **5** 《米》**a** 目立たないが急に価値を発揮するもの[人]. **b** 予想外に値の出る商品. **c** 広告をしなくても毎年よく売れる本. **d** 予想外にヒットした[当たった]音楽[映画]. **e** (当然の目的・効果が気づかれないうちに成立することを意図して)こっそりと立法の中に盛り込まれた規定[条項, 修正案など]. **f** 《競馬》予想外の勝ち馬, ダークホース, 穴馬. **6** 《米俗》鎮静剤 (sedative); 催眠剤. **7** 《建築》ころばし根太, 大引(おおびき)《地面・コンクリート床などに直接置いた根太》. **8** 《魚類》カワアナゴ科の魚類の総称《熱帯の海にすみ, 海底に静かに休む習性がある》. **9** 《俗》《ボウリング》スリーパー《他のピンに隠れて見えないピン》. **10** 《英》ファーストピアス《ピアス用に開けた穴が閉じないようにしておくための小さな環または棒》. **11** 《レスリング》スリーパー《相手の首の両側を押し, 意識を失わせる技》. **12** 焼き印を押されていない子牛. **13** (相手国に潜入しているが特命があるまで活動していない)スパイ. 〖lateOE〗

sléeper sèat *n.* (飛行機のファーストクラスの)ゆったりした座席《リクライニングして寝られる》.

sléep·i·ly /-pɪ̀li/ *adv.* 眠そうに, 眠たくて, 寝ぼけて. 《1607》

sléep-ìn *adj.* 〈雇い人など〉住込みの. — *n.* **1** 住込みの雇い人[乳母] (cf. sleep-out). **2** スリープイン(デモ)《抗議示威運動として公共の場所を占拠して夜を明かすこと; cf. sit-in 2》. — *vi.* スリープイン(デモ)に参加する. 《1951》

sleep·ing /slíːpɪŋ/ *n.* **1** 眠り, 睡眠. **2** 不活動, 不活発 (inactivity); 休止 (dormancy). **3** [形容詞的に] 睡眠(用)の. — *adj.* **1** 眠る, 眠っている. **2** 休止の, 活動しない; おさまっている, 静まっている: a ~ village 静まりかえった村. **3** しびれた, 麻痺した. 〖*c*1250〗

sléeping bàg *n.* **1** 寝袋, スリーピングバッグ; シュラーフザック《羽毛・化学繊維綿の保温材の入った袋で, 登山用などに用いる》. ★「シュラーフザック」「シュラフ」はドイツ語から. **2** (乳児用)おくるみに似た寝袋 (cf. sleeper 4 b). 《1821》

sléeping béauty *n.* 《植物》**1** = wood sorrel. **2** sheep sorrel 1.

Sléeping Béauty *n.* [The ~]「眠れる森の美女」《おとぎ話の主人公; 誕生祝いに招かれなかった fairy の呪いで眠らされていた王女が百年後に城を訪れた王子により眠りから覚める話; フランスの作家 Perrault の作およびグリム童話の「いばら姫」などで知られる》. 《1729》

sléeping càr *n.* 寝台車 (sleeper). 《1839》

sléeping càrriage *n.* 《英》= sleeping car.

sléeping clóver *n.* 《植物》= wood sorrel.

sléeping disèase *n.* 《植物病理》= sleepy disease. 《1586》

sléeping dràught *n.* 《英》(飲み薬の)睡眠剤, 眠り薬. 《1838》

sléeping gíant *n.* 眠れる巨人《真の実力を発揮していない人など》.

sléeping pártner *n.* 《英》= silent partner 1. 《1785》

sléeping pìll *n.* 睡眠剤, 眠り薬. 《1644》

sléeping polícеman *n.* スピード防止帯《住宅地などの道路上に設けられた隆起》. 《1973》

sléeping pòrch *n.* 《米》ベランダ(など)に設けた寝室《大きな窓があり, または開け放しで外気に浴することができる》. 《*c*1881》

sléeping sìckness *n.* **1** 《病理》**a** (熱帯アフリカの)眠り病《多くはツェツェバエ (tsetse) の媒介による原虫性の伝染病; African sleeping sickness, African trypanosomiasis ともいう》. **b** 嗜(し)眠性脳炎 (encephalitis lethargica)《ウイルス性の病気》. **2** 《獣医》《ナガナ病 (nagana) などのトリパノソーマ病 (trypanosomiasis). **3** 《植物病理》= sleepy disease. 《1551》

sléeping sùit *n.* = sleeper 4 a. 《1897》

sléeping tàblet *n.* = sleeping pill. 《1977》

sléep-lèarning *n.* 睡眠学習《睡眠中も知識を吸収できるとの理論から, 録音を用いて学習すること; hypnopedia ともいう》. 《1953》

sleep·less /slíːpləs/ *adj.* **1 a** 眠れない (wakeful): spend a ~ night まんじりともせずに一夜を明かす. **b** 不眠症の (insomniac). **2** 目を見開いている, 油断のない (alert): ~ care. **3** 《詩》休むことのない, 常に活動している: the ~ ocean. **~·ly** *adv.* **~·ness** *n.* 《?*a*1400》

sléep mòde *n.* 《電算》スリープモード《一定時間以上使用されなかったディスクなどの機器が動作を止めた状態》.

sléep mòvements *n. pl.* 《植物》睡眠運動, 就眠[昼夜]運動《マメ科植物などの葉に起こる日周期的変化で, 傾光性膨圧運動の一種》. 《1880》

sléep-òut *adj.* 〈雇い人など〉通いの. — *n.* **1** 通いの雇い人[乳母] (cf. sleep-in). **2** 《豪》寝室として使えるガラス張りまたは仕切られたベランダ. 《1958》

sléep·òver *n.* 《米》友人(など)の家に泊まること, 外泊; (子供たちが, 友だちの家に一泊する)お泊まりパーティー. 《1935》

sléep·shìrt *n.* すその長いパジャマ用の T シャツ.

sléep·sùit *n.* 《英》(幼児用の)上下ひと続きのパジャマ.

sléep-tèaching *n.* = sleep-learning. 《1932》

sléep·wàlk *vi.* 夢中歩行する. — *n.* 夢中歩行. 《(1923)《逆成》↓》

sléep·wàlker *n.* 夢遊病者 (somnambulist). 《1747》

sléep·wàlking *n.* **1** 夢遊病 (somnambulism). **2** [形容詞的に] 夢遊病の. 《1797》

sléep·wèar *n.* [集合的] 寝巻き類. 《1935》

sleep·y /slíːpi/ *adj.* (**sleep·i·er; -i·est**) **1 a** 眠い, 眠たがる (somnolent): I feel very ~. とても眠い. **b** 眠そうな (drowsy): a ~ look / with ~ eyes 眠そうな眼で. **2 a** ねぼけた, 活気のない (languid). **b** ぼんやりした (dull), だらけた (sluggish); 動き[流れ]の鈍い: a ~ river. **c** 静かな (quiet), 眠ったような: a ~ village. **3** 眠りを催す, 眠くなるような (soporific); 睡眠の, 嗜眠(しみん)性の: ~ drinks. **4** 《梨など》内部の腐りかけた. **sléep·i·ness** *n.* 《(?*a*1200) *slepi*: ⇨ sleep, -y¹》

SYN 眠い: **sleepy** 〈人が〉眠りたい欲望に駆られている; 〈場所など〉眠ったような, 活気のない《一般的な語》: I am *sleepy*. 眠い / a *sleepy* village 眠ったような村. **drowsy** 眠気を催している; 眠気を誘う: *drowsy* children うとうとしている子供たち / a *drowsy* afternoon 眠気を誘う午後. **somnolent** *drowsy* と同義であるが, 格式ばった語: a *somnolent* village 静かに眠る村.

---

sléepy disèase *n.* 《植物病理》(菌による)たばこのしおれ病.

sléepy·hèad *n.* 眠たがり屋, 寝坊, おねむさん《しばしば呼びかけ》; ぼんやり. **~·ed** *adj.* 《1577》

Sléepy Hóllow chàir *n.* (湾曲した背もたれ, 低い肘掛け, 深いシートを備え全体を張り包みにした 19 世紀中期の)安楽いす. 《1834》

sléepy sìckness *n.* 《英》《病理》**1** = sleeping sickness 1. **2** = encephalitis lethargica. 《1873》

sleet /slíːt/ *n.* **1** みぞれ《半氷の雨または雪まじりの雨》. **2** 《気象》雨氷 (⇨ glaze 7). **3** 《米》薄い氷の面. — *vi.* **1** [it を主語にして] みぞれが降る: *It* ~*ed* last night. 昨晩みぞれが降った. **2** みぞれのように降る. 《(*a*1300) *slete* < OE **slēte* ← Gmc **slautjan* ← IE **(s)leu-* loose, lax: cf. slug¹: cf. G *Schlosse* hailstone (← Gmc **slautan*)》

sleet·y /slíːti | -ti/ *adj.* (**sleet·i·er; -i·est**) みぞれの(ような), みぞれの降る, みぞれ模様の.

sléet·i·ness *n.* 《(1725): ⇨ ↑, -y¹》

sleeve /slíːv/ *n.* **1** (衣服の)袖, (和服の)たもと: ⇨ raglan sleeve, dolman sleeve, kimono sleeve / a mandarin ~ ひじから先が広くなった袖 / Everyone has a fool in his ~. 《諺》人はだれでも弱点がある / pull a person by the ~ 人の袖を引く / turn [roll] up one's ~*s* 袖をまくり上げる; 仕事[けんか]の準備をする. **2** (レコードの)カバー, ジャケット (jacket). **3** = mantle 4 a. **4** (電球入れの紙製の)さや, スリーブ (sheath). **5** 《軍事》= sleeve target.

háng on a person's sléeve 人任せになる[なっている], 人の言いなりになる. ***láugh in [úp] one's sléeve*** ⇨ laugh 成句. ***pín [háng] one's júdgment [opínion] on [upòn] a person's sléeve*** 人の意見に従って自分の考えを決める. ***róll úp one's sléeves*** 腕まくりする; 仕事にかかる準備をする. ***ùp one's sléeve*** こっそり[ひそかに]用意して: have [keep] a plan [a card, an ace] *up one's* ~ いざという時の策[切り札, 奥の手]を(こっそり)用意している. ***wéar one's héart on one's sléeve*** ⇨ heart 成句.

— *vt.* **1** 〈着物〉に袖[たもと]をつける. **2** 袖でふく: ~ the sweat *off* one's face 袖で顔の汗をふく. **3** 《機械》〈機械〉にさやをはめる, …にスリーブ継手を付ける.

~·lìke *adj.* 〖OE (Anglian) *slēfe*, (WS) *slīef(e)*, *slȳf* < Gmc **slaubjōn* ← IE **sleub(h)-* to slip, slide (L *lūbricus* 'slippery, LUBRICOUS'): cf. slop², slope〗

sléeve·bòard *n.* 袖うま《服の袖にアイロンをかけるための台》. 《1826》

sléeve bùtton *n.* [通例 *pl.*] = cuff link. 《1686》

sléeve còupling *n.* 《機械》スリーブ継手《細長い筒形の部品 (sleeve) で 2 軸を結合する軸継手》.

sleeved *adj.* **1** 袖のある, 袖の付いている: a ~ waistcoat 袖付きチョッキ《馬丁・靴みがき・人足などが着る》. **2** [通例複合語の第 2 構成素として] (…の)袖付きの, 袖が…の: short-[long-]*sleeved*. 《*a*1500》

slee·veen /slíːviːn/ *n.* 《アイル》悪賢い人, 口のうまいずるいやつ. 《(1834) ◻ Ir.-Gael. *slíbín*》

sléeve gàrter *n.* = garter 2.

sléeve-hànd *n.* 《廃》そで口, カフス. 《1550》

sléeve·less *adj.* **1** 袖なしの, ノースリーブの: a ~ sweater. 日英比較「ノースリーブ」は和製英語. **2** (まれ) 何にもならぬ, 無益な; つまらない, けちな: a ~ errand 無駄足. 〖OE *sliefleās*〗

sleeve·let /slíːvlɪ̀t/ *n.* スリーブレット, 袖カバー《保温またはシャツの袖を保護するために前腕部につけるもの》. 《(1889): ⇨ -let》

sléeve lìnk *n.* [通例 *pl.*] 《英》= cuff link. 《1886》

sléeve nòtes *n. pl.* 《英》liner notes. 《1956》

sléeve nùt *n.* 《機械》スリーブナット, 締寄せナット.

sléeve tàrget *n.* 《軍事》(飛行中の飛行機につけた対空射撃練習用の)吹流し的, 吹流し標的. 《1932》

sléeve vàlve *n.* 《機械》スリーブ弁《内燃機関の円筒形吸排弁》. 《1910》

sleev·ing /slíːvɪŋ/ *n.* 《英》《電気》スリービング《裸線用の絶縁管; 《米》では spaghetti》. 《1923》

slee·zy /slíːzi/ *adj.* (**slee·zi·er; -zi·est**) = sleazy.

sleid /sléɪd/, **sleid·ed** /-dɪ̀d | -dɪd/ *adj.* 《Shak》= sleaved. 《(1607–08) ← ?》

sleigh /sléɪ/ *n.* **1** そり (sledge)《鉄の滑り (runners) が付き屋根のない軽装のもの; 通例馬や犬が引く》. **2** = toboggan 1. — *vi.* そりに乗る[で行く]. — *vt.* そりで運ぶ. **~·er** *n.* 《(1703) ◻ Du. *slee*《異形》← *slede*: ⇨ sled》

sléigh bèd *n.* (19 世紀前半に用いられた)頭板と足板が外へ湾曲したベッド. 《1902》

sléigh bèll *n.* そりの鈴《馬具またはそりに数個取り付ける》. 《1772》

sléigh·ing *n.* **1** そりに乗ること, そりを走らせること; そり運搬. **2** そりの走り具合, そりを走らす雪の状態 (cf. sledding 2): good [bad] ~. 《1780》

sleight /sláɪt/ *n.* 《古》**1** 手練, 手腕; 早わざ, 巧妙 (dexterity). **2** 術策, 策略. **3** 《廃》悪知恵 (cunning).

sléight of hánd (1) (手品・フェンシングなどの)手先の早わざ. (2) 手品, 奇術 (jugglery). (3) 巧妙なごまかし. 《(?*a*1200) *sle(i)ght* ◻ ON *slœgð* ← *slœgr* 'SLY': ⇨ -th²》

slen·der /sléndə | -də(r)/ *adj.* (~·**er**, ~·**est**; **more** ~, **most** ~) **1 a** 太っていない, ほっそりの (slim); ほっそりした, すんなりした, すらりとした (⇨ thin SYN): a ~ girl, figure, etc. / a ~ waist 細腰, 柳腰 / a man of ~ build やせ形の男. **b** (長さ・高さに比べて幅・周囲の)細い, 細長

S

い: a ～ stem, post, etc. **2** 〈量・大きさ・能力・価値など〉乏しい, わずかな (slight); 弱い, 薄弱な (feeble); 細々とした, 貧弱な (meager); 根拠の薄弱な: a ～ income [means] 細々とした収入[資力] / ～ hopes [prospects] of success 心細い成功の見込み[前途] / ～ foundations for belief 信仰の薄弱な基礎 / a ～ meal 貧弱な食事 / a ～ hope かすかな希望. **3** 〈音など〉細い, 弱い (thin, weak). **4** 〘音声〙 狭音の. **～·ly** *adv.* **～·ness** *n.* 〖(?a 1300) *s(c)lendre* ← ? OF *esclendre* ▭ MDu. *slinder*: cf. ME *slende(n)* to split〗

slénder blínd snàke *n.* 〘動物〙 ホソメクラヘビ《中央アメリカ・アフリカ産メクラヘビ科のヘビの総称; 外見がミミズに似ており眼がうろこで覆われている; テキサスホソメクラヘビ (*Leptotyphlops dulcis*) など》.

slénder blúe flàg *n.* 〘植物〙 北米東部産のアヤメの一種 (*Iris prismatica*) 《青い花をつける》.

slen·der·ize /sléndəràɪz/ *vt.* **1** 細くする, 細長くする, すんなりさせる. **2** 細く[すんなり]見えるようにする (slim). **—** *vi.* すんなりなる, やせる. 〖1923〗

slénder lóris *n.* 〘動物〙 ホソロリス (⇨ loris a). 〖1834〗

slén·der·ness ràtio *n.* **1** 〘機械〙 細長(ほそなが)比《材料の長さと断面二次半径との比》. **2** 〘航空・宇宙〙 =aspect ratio 4 a. 〖1905〗

slept /slépt/ *v.* sleep の過去形・過去分詞. 〖OE *slǣpte* (pret.)〗

Sles·vig /*Dan.* slé:ˀsvi/ *n.* Schleswig のデンマーク語名.

sleuth /slúːθ | slúːθ, sljúːθ/ *n.* **1** 《口語》 探偵 (detective). **2** 《まれ》 捜索犬; (特に)ブラッドハウンド (bloodhound). **—** *vi.* 《口語》〈探偵が〉追跡する, 探偵する. **—** *vt.* 《口語》〈人〉の跡を追う, 追跡する. 〖((?c1200)) ((1872)) *sloth* ▭ ON *slōð* track, trail: cf. slot²〗

sléuth·hòund *n.* **1** =sleuth 2. **2** 《口語》 =sleuth 1. 〖1375〗

S lèvel /és-/ *n.* 《英》〘教育〙 S レベル, 特別試験 (⇨ General Certificate of Education (1)). 〖1951〗

slew¹ *v.* slay の過去形. 〖ME *slugh(e)*〗

slew² /slúː/ *v., n.* =slue¹. 〖((異形)) ← SLUE¹〗

slew³ /slúː/ *n.* =slough² 2. 〖((異形)) ← SLOUGH¹〗

slew⁴ /slúː/ *n.* [しばしば *pl.*] 《口語》 たくさん, どっさり (lot): a ～ of people 大勢の人 / ～*s* of money たくさんの金. 〖(1839) ▭ Ir.-Gael. *sluagh*〗

slewed /slúːd/ *adj.* 《英俗》 酔った (drunk). 〖⇨ slew² (vt.)〗

sléw·ing *n.* 〘電子工〙 転回《アンテナやマイクなどを急激に水平, 垂直に動かすこと》; 〘ラジオ〙 スルーイング《全周波数を走査するためにラジオのチューニングを変えること》. 〖(1875): ⇨ slew², -ing¹〗

sléw ràte *n.* 〘電子工学〙 スルーレート《増幅器の大振幅動作の速さを表す量; 立上り速度 V/μs で表す》.

sley /sléɪ/ *n.* 〘紡織〙 **1** スレー, 筬框(おさがまち). **2** 布の 1 インチ当たりの経糸(たていと)の数. **3** メリヤス機のガイド. **—** *vt.* 〈経糸を〉筬(おさ)に通す. 〖lateOE *slege* stroke ← *slēan* 'to SLAY¹'〗

Slez·sko /*Czech* slɛ́skɔ/ *n.* Silesia のチェコ語名.

slice /sláɪs/ *n.* **1** (ある物から切った)薄片, 一片, (一)切れ, 一枚: a ～ of cake, meat, bread, etc. / a ～ of rock for microscopic examination 顕微鏡検査用の岩石の薄片. **2** (全体からの)一部分 (portion), 一部 (part), 分け前 (share): a ～ of territory [profits] 領土の一部分[利益の分け前] / a ～ of luck 幸運 / a ～ of life 人生の一断片 (cf. slice-of-life). **3 a** へら状の器具: ⇨ egg slice, fish slice. **b** =slice bar. **4** 〘スポーツ〙 **a** スライス《ゴルフ・野球・テニスなどで打球が途中から利き腕の方向に曲がること; cf. hook 9 a》. **b** スライスボール. ***a slice of the cake*** 利益にあずかること: get [have, want] *a ～ of the cake* (利益の)分け前を得[得ている, 欲しがる].
— *vt.* **1** 薄く切る, 薄切りにする, 薄片に切り分ける 〈*up*〉: ～ (*up*) bread. **2** 薄く切り取る 〈*away, off*〉 / 〔*from*〕: ～ *off* a piece of meat. **3** 〈空・水などを〉切るように進む, 切り進む. **4** (へらで)削り[かき]取る 〈*off*〉. **5** 〘スポーツ〙〈ボールを〉スライスさせて打つ. **6** 〘ボートレース〙 (オールを引きそこなって)〈水を〉切る: ～ the water. **—** *vi.* **1** 薄切りできる. **2** 〘スポーツ〙 **a** 〈プレーヤーが〉ボールをスライスさせて打つ. **b** 〈ボールが〉スライスして飛ぶ. **3** 〘ボートレース〙 水を切る. ***ány wày you slíce it*** 《米口語》 どう考えようとも.
～·a·ble /-səbl̩/ *adj.* 〖(?a1300) *s(c)lice* ▭ OF *esclice* (F *éclisse*) splinter (逆成) ← *esclicier* to splinter ▭ Frank. *slizzan* 'to SLIT'〗

slíce bàr *n.* 火かき棒《炉の中の火をかき起こし, そこにできるクリンカー (clinkers) を取りのけるために使う長柄付きのへら》. 〖1846〗

slíced bréad *n.* スライスしてある食パン: the best [greatest] thing since ～ 《口語》 新しくて非常に役に立つもの.

slíced venéer *n.* 〘建築〙 平剝(は)ぎ単板, 薄剝ぎ単板.

slíce-of-lífe *adj.* (戯曲・映画などにおいて)実生活の断片を写実的に表現した[写しとった]. 〖(1895) ((なぞり)) ← F *tranche de vie*〗

slíc·er *n.* **1** 薄く切る人. **2** (ベーコンなどを薄く切る)薄切器, スライサー. **3** 〘電気〙 スライサー《波形の上下一定振幅以上の部分を切り落とす電子回路》. 〖1530〗

slick /slík/ *adj.* (**～·er; ～·est**) **1 a** 滑らかな, つやつやした, てかてかした (glossy). **b** (油・氷などで)表面がすべすべした (slippery). **2** 《口語》 **a** うまく考案された, 巧みな, 上手な. **b** 賢い (clever), 人をそらさない, 如才のない; ずるい (sly). **3 a** 口先のうまい, 調子のいい (glib). **b** 紋切り型の, ありふれた, 陳腐な (trite). **4** 《俗》 しゃれた (smart); 一流の (first-rate); 魅力のある. **5** 《米口語》 = slick-paper. **—** *adv.* **1** 滑らかに (smoothly): go ～ 滑らかに運転する. **2** 巧みに, 器用に (cleverly). **3** じかに (directly); まともに (straight), 完全に (completely): hit a person ～ in the eye 人の目をまともに打つ / run ～ into …と正面衝突する. **—** *n.* **1 a** 海面に浮く油の薄膜. **b** (海面に油を流したように)滑らかな場所[部分]. **2 a** 表面を滑らかにする道具. **b** 〘金属加工〙 さじべら《鋳型面を平らにする小さなこて; slicker ともいう》. **3** 《米口語》 (つや出しの上質紙を用いた, 内容が割合に平凡な)高級大衆雑誌 (slickpaper ともいう; cf. pulp 5). **4** 〘自動車〙 [通例 *pl.*] スリックタイヤ《最大牽引力を得るためトレッドパターンを設けていない自動車用タイヤ; ドラッグレーシング用など》.
— *vt.* **1** 滑らか[すべすべ]にする, みがく (polish). **2** 《米口語》 おしゃれにする, かっこよくさせる (smarten) 〈*up*〉: be ～*ed up* 身なりが立派だ, めかしこんでいる. **—** *vi.* **1** 滑らかに滑る. **2** おしゃれする, 身なりを整える. ***slick dówn*** 〈髪などを〉きれいになでつける, てかてかにする. **～·ly** *adv.* **～·ness** *n.* 〖adj.: (a1325) *slike* < ? OE *slice* < Gmc *slīkaz* (ON *slíkr* smooth) ← IE *lei-* slimy. — v.: ((OE)) (?a1200) *slician*: cf. sleek, slim〗

slick·en·side /slíkənsàɪd/ *n.* [通例 *pl.*] 〘地質〙 鏡はだ, 滑面, 鏡岩《断層による摩擦のため滑らかになった岩石の面》. 〖(1768) ← (方言) *slicken* (異形) ↑〗

slick·er /slíkə | -kə(r)/ *n.* 《米》 **1** (長いゆるやかな)防水衣, レーンコート. **2** 《口語》 **a** (世慣れた)都会者 (city slicker), 気取り屋. **b** 詐欺師, いかさま師 (swindler). **3** スリッカー《皮革を平らに伸ばすための金属・ガラス・合成樹脂の板状道具》. **4** 〘金属加工〙 =slick 2 b. **～ed** *adj.* 〖1881〗

slíck-pàper *adj.* 《米口語》 (つや出し上質紙を使った)高級大衆雑誌の (⇨ slick *n.* 3). 〖1930〗

slid /slíd/ *v.* slide の過去形・過去分詞. 〖(15C) *slydde* (pret.)〗

'slid /slíd/ *int.* 《廃》 ちくしょう; きっと. 〖(1597) ← *God's lid* (=eyelid)〗

slidden *v.* 《古》 slide の過去分詞. 〖ME *sliden*〗

slide /sláɪd/ *v.* (**slid; slid** /slíd/, 《古》 **slid·den** /slídn̩/) **—** *vi.* **1** 滑る, 滑走する (glide); 滑り落ちる: ～ along [down, off] 滑って行く[滑り降りる, 滑り落ちる] / ～ on the ice 氷の上を滑る, 氷滑りをする / The book *slid* off [from] my knee. 本が私のひざから滑り落ちた / A drawer ought to ～ in and out easily. 引き出しは楽に出し入れできなければならない. **2** そっと抜け出す[入り込む], 足を忍ばせて抜け出る[入り込む] (sneak, steal); こっそり逃げ出す (decamp) 〈*away, off*〉: ～ *in through* a window [*into* a house] 窓から[家に]忍び込む. **3 a** (知らず知らずに)〔…に〕陥る, いつの間にか〔…に〕移る[なる] 〔*into, to*〕: ～ *into* sin [bad habits] 知らず知らず罪を犯す[悪い習慣がつく] / ～ from grave *to* gay 厳粛から次第に陽気に変わる. **b** 堕落する (backslide); 後退する; 〈価値などが〉下落する. **4** (足を踏みはずして)滑る, 〈自動車などが〉脇に滑る, 横滑りする (slip): ～ down a cliff 足を踏みはずして崖から落ちる. **5 a** 〈時が〉滑る[流れる]ように過ぎる, 知らぬ間に過ぎる: The years ～ past. 年月が流れ過ぎる / Time *slid* by. 時はいつの間にか過ぎた. **b** 自然のままにする (drift): let things ～ 物事を打っちゃっておく, 成り行きに任す. **c** 消える (vanish): ～ *out of* one's mind 忘れられる. **6 a** はって行く, 腹ばいで進む. **b** 〈川が〉流れる (flow). **c** あやまちを犯す. **7** 〘野球〙 〔…に〕滑り込む, スライディングする 〔*into*〕: ～ *into* second base 二塁に滑り込む. **8** 〘音楽〙 ポルタメント (portamento) をかける. **—** *vt.* **1** 滑らす, 滑走させる: ～ a decanter *along* a table 酒つぎびんを卓上に滑らせる. **2** 〔…に〕するりと入れる, (こっそり)滑り込ませる 〔*in, into*〕: He *slid* his hand [wallet] *into* his pocket. 彼は手[財布]をポケットに滑り込ませた / ～ the drawer [the lid] *into* its place 引出し[ふた]を元通りに差し込む.
lèt slíde 事の成り行きにまかせる. ***slíde óver*** (1) 〈難問など〉をさっと片付ける. (2) ⇨ *vi.* 1.
— *n.* **1** 滑ること, 滑り落ちること, 滑走; ひと滑り, 滑り遊び, 滑走: have a ～ on the ice 氷滑りする / a ～ *toward* economic stagnation 経済不況へ向かっての下降 / a ～ *in* prices 物価の下落. **2 a** 滑り道, 滑り坂. **b** (スキー・トボガン (toboggan) などの)滑走場. **c** (子供の遊び)滑り台 (children's chute): play *on* the ～. **d** (物を滑り落とすための)滑路, 斜溝 (chute). **e** (自動火器の尾筒の)滑動部. **3** (平らな面の上で重い荷を動かす)大そり, そり状の運搬器具. **4 a** [通例複合語の第 2 構成素として] (山・地・雪などの)崩れ, 滑り: ⇨ landslide, snowslide. **b** 崩れる土塊, なだれ雪塊. **5** (幻灯用の)スライド, 透明陽画 (lantern slide, transparency ともいう). **6** (顕微鏡の)載物ガラス, スライド, オブジェクト (microscope slide ともいう). **7** (机・書棚・サービステーブルなどの引き出し式)棚板. **8** 《英》 =hair-slide. **9** 〘ダンス〙 =chassé. **10** 〘音楽〙 **a** 滑(奏)音《特に, バイオリンなどで, ある音から(3, 4 度離れた)他の音へ途切れることなく移行すること》. **b** (トロンボーンで音高を変えるために伸縮させる)滑走管. **c** 二重長前打音 (appoggiatura)《主音符に向かってせり上が[下が]るように演奏される前打音》. **11** 〘野球〙 滑り込み (sliding). **12** 〘機械〙 (ピストンなどの)スライダー, 滑り子: ⇨ slide valve. **13** 〘時計〙 《レバー脱進機 (lever escapement) でがんぎ車の歯がアンクルのつめの停止面に当たってからアンクルがどてピンに触れて止まるまで, 歯が停止面を滑ること; cf. draw 12》. **14** 〘地質〙 =fault 8. **15** 〘ボート〙 =sliding seat.

slíd·a·ble /-dəbl̩ | -də-/ *adj.* 〖OE *slīdan* < Gmc *slīðan* ← IE *(s)leidh-* slippery (Gk *ólisthos* slipperiness): cf. sled〗

SYN 滑る: **slide** 表面と常に接触して滑らかに滑る: *slide* on the ice 氷の上を滑る. **glide** 流れるように滑らかに楽々と動く. 必ずしも表面との接触は意味しない: A swallow *glided* through the air. つばめが空中を滑るように飛んだ. **slip** つるりと滑る《事故・失策などを暗示する》: He *slipped* and fell on the ice. 氷の上で滑って転んだ. **skid** 〈車が濡れた道や凍った道で急停車しようとして横滑りする: The car *skidded* on the icy road. 車が凍った道で横滑りした.

slíde-àction *adj.* =pump-action.

slíde bàr *n.* 〘機械〙 (蒸気機関の)滑り棒 (guide bar). 〖1886〗

slíde càliper *n.* 〘機械〙 =caliper square.

slíde dùplicator [còpier] *n.* 〘写真〙 スライド複写装置.

slíde fàstener *n.* 《米》 チャック, ファスナー (zipper). 〖1934〗

slíde·fìlm *n.* =filmstrip.

slíde guitàr *n.* =bottleneck n. 3

slíde knòt *n.* =slipknot.

Slíde Móuntain /sláɪd-/ *n.* スライド山《米国 New York 州南東部の山; Catskill 山脈中の最高峰 (1,281 m)》. 〖地滑りが起きやすいことから〗

slíde projèctor *n.* スライド映写機.

slíd·er /-də | -də(r)/ *n.* **1** 滑る物[人]. **2** 〘機械〙 スライダー, 滑り子, 滑動部. **3** 〘野球〙 スライダー《打者の近くで外角へ滑るように曲がる速球》. **4** 〘動物〙 北米産の淡水にすむアメリカヌマガメ属 (*Pseudemys*) のカメの総称《Mississippi 川に多いキバラガメ (*P. scripta*) など》. 〖1530〗

slíde ràil *n.* 〘機械〙 可動軌条; 遷車台.

slíde rèst *n.* 〘機械〙 工具送り台. 〖1839〗

slíde rùle *n.* 滑尺, 計算尺. 〖1663〗

slíde trombóne *n.* スライドトロンボーン《現在一般に使われているスライド式U字管の付いたトロンボーン; cf. valve trombone》. 〖1891〗

slíde vàlve *n.* **1** 〘機械〙 滑り弁: a *slide-valve* engine 滑り弁付きエンジン. **2** 〘音楽〙 スライド弁《パイプへの空気を遮断する穴のあいたオルガンの弁》. 〖1802〗

slíde·wày *n.* 滑り路, 滑り台, 滑斜路. 〖1856〗

slíde wìre *n.* 〘電気〙 滑り線《滑り接触子を用いて可変抵抗を得るための抵抗線》. 〖1885〗

slíd·ing /-dɪŋ | -dɪŋ/ *n.* **1** 滑り, 滑走, 滑動 (cf. rolling). **2** 〘野球〙 滑り込み, スライディング. **—** *adj.* **1 a** 滑る, 滑動する. **b** 滑らせて動かす[操作する]: a ～ lid / a ～ door 引き戸; (日本の)障子, ふすま. **2** 事情に応じて変わる (varying); 不確かな, 不安定な, 変わりやすい. 〖n.: (a1325) *slydynge*. — adj.: OE *slidende*〗

slíding attáchment *n.* 〘時計〙 =brake spring.

slíding dóor *n.* 〘建築〙 引戸, 引込み戸, スライディングドア. 〖1829〗

slíding fìt *n.* 〘機械〙 滑りばめ《わずかのすき間ではまり合うはめあい》.

slíding fríction *n.* 〘物理〙 滑り摩擦《ある物体が他の物体に沿って滑っている場合の摩擦; kinetic friction ともいう; cf. rolling friction》.

slíding grówth *n.* 〘植物〙 =gliding growth.

slíding kéel *n.* 〘海事〙 =centerboard. 〖1797〗

slíding rúle *n.* 《古》 =slide rule. 〖1663〗

slíding scále *n.* **1** 〘経済〙 スライド制《賃金・税・料金などを物価に応じて上下する仕組み》. **2** =slide rule. 〖1706〗

slíding séat *n.* 〘ボート〙 (競漕用ボートの)滑り座 (slide ともいう). 〖1874〗

slíding véctor *n.* 〘数学〙 スライディングベクトル《一定の大きさをもち, 始点が一直線上を自由に動きうるベクトル; line vector ともいう》.

slíding wàys *n. pl.* 〘造船〙 (進水台の)滑り台, 滑走台. 〖1875〗

slight /sláɪt/ *adj.* (**～·er; ～·est**) **1 a** (数・量・程度など)わずかな, 少しの, ちょっとした: a ～ increase [difference] わずかな増加[差違] / a ～ acquaintance ちょっとした知人 / pay a person ～ attention 人に注意しない / Things have improved to a ～ extent. 事態はわずかな程度改善された. **b** [最上級で否定構文に用いて] 全然…ない, 少しも…ない (least): There is *not the* ～*est* doubt about it. それには微塵(みじん)の疑いもない / I don't have the ～*est* idea what you mean. あなたのいう意味がどういうことかさっぱり分からない. **2 a** 取るに足らない, くだらない, つまらない (trivial): a ～ excuse. **b** 《廃》 (身分の)卑しい (humble). **3** 実質のない, 軽い; 軽微な (mild, light): a ～ cold, wound, ache, etc. / a ～ attack of gout 軽い通風発作 / take a ～ meal 軽い食事をする / The damage was (only) very ～. 被害はごく軽微だった / a ～ foreign accent ほんのわずかな外国なまり. **4** 〈人が〉細い, ほっそりした, やせ形の (slender, slim) (⇨ thin **SYN**): a ～ figure, person, etc. **5** もろい, 弱い, 薄弱な (fragile): a building on ～ foundations 土台が弱い建物. ***màke slíght of*** 《古》 …を軽んじる, 軽視する (make light of). ***nót in the slíghtest*** 少しも…ない: Are you anxious about it? —Not in the ～*est*. そのことが心配ですか—いや, ちっとも / I'm *not in the* ～*est* anxious about it. そのことはちっとも心配していない.
— *vt.* **1** 軽んじる, ばかにする (⇨ neglect **SYN**); 無視する (ignore, offend) 〈*over*〉: feel ～*ed* (*over*) 無視された[ばかにされた]と感じる / ～ a guest 客を冷たく扱う. **2** 〈仕事などを〉いい加減にする (scamp).
— *n.* 軽んじる[ばかにする]こと, 軽蔑, 無礼; 侮辱, さげすみ (affront): Those words are a ～ on my good name! そういうことばは私の名を汚す侮辱だ / put a ～ upon …を軽んじる, 侮辱する.
～·ness *n.* 〖(a1325) *sleght, slyght* smooth, slight

▭ ON slēttr smooth: cf. OE *eorþslihtes* close to the ground〗

'slight /sláɪt/ *int.* 〘廃〙 誓って (cf. Shak., *Twel N* 1. 5. 33). 〖(1598) ← *God's light*〗

slight·ing /-tɪŋ | -tɪŋ/ *adj.* 軽蔑する, 侮辱する, 鼻であしらう, 無視する: a ~ remark. **~·ly** *adv.* 〖1632〗

slight·ly /sláɪtli/ *adv.* **1** 少しばかり, わずかに, かすかに, 幾分, 多少; 軽く, 軽微に: be ~ wounded 軽傷を負う. **2** もろく, 弱く: be ~ built きゃしゃな体つきをしている. 〖1521〗

Sli·go /sláɪgoʊ | -gəʊ/ *n.* スライゴー: **1** アイルランド北西部, Connacht 地方の一州; 面積 1,796 km². **2** Sligo の州都, 海港.

slí·ly *adv.* =slyly.

slim /slím/ *adj.* (**slim·mer; -mest**) **1** (高さ・長さに比べて幅・厚さの)細い, ほっそりした, きゃしゃな (slender) (⇨ thin **SYN**): a ~ figure, tree, leg, waist, etc. **2** わずかの, 少しの (slight); 不十分な (insufficient): have a ~ chance of success 成功の見込みが少ない / a ~ income わずかな収入 / by a ~ margin わずかの得票差で. **3** 〈議論など〉取るに足らない, 薄弱な, 貧弱な (poor): a ~ excuse. **4** 〘英口語〙 横着な, 食えない, こすい, ずるい (crafty, cunning). **— *vi.* (減食・運動などをして)体重を減らす (slenderize). — *vt.* やせさせる, 細くする: ~ *off* several kilos in weight 体重を数キロ減らす. ***slím dówn*** 〈規模などを〉縮小する. — *n.* 〘アフリカ東部〙 エイズ (この病気にかかるとやせることから; slim disease ともいう). **~·ly** *adv.* **~·ness** *n.* 〖(1657) ▭ Du. ~ 'bad, inferior' (cog. G *schlimm* bad): cf. lime¹〗

Slim /slím/, **William Joseph** *n.* スリム (1891–1970; 英国の陸軍元帥 (1943–45); オーストラリア総督 (1953–60)).

slime /sláɪm/ *n.* **1** どろどろした[ねばねばした]物; 粘土 (ねばつち), 軟泥, へどろ. **2** (特に, 汚い悪臭のある)粘着物: **a** (魚・カタツムリ・牛・ある種の植物などが分泌する)粘液, ぬめり. **b** [しばしば *pl.*] 泥鉱, スライム (泥状に粉砕した鉱石). **c** 〘古〙 瀝青(れきせい) (bitumen). **3** 〘英〙 卑屈 (servility), 追従 (obsequiousness). **— *vt.* 1** 粘土[軟泥(など)]で覆う[塗る]; 〈ヘビなどが〉粘液でねばねばさせる. **2** (缶詰用に)〈魚〉のぬめりを取り去る. **— *vi.* 1** 泥だらけになる. **2** ぬるぬるになる, ぬめる. 〖OE *slīm* < Gmc **slīmaz* (G *Schleim*) ← IE **(s)lei-* slimy (L *līmus* slime): cf. lime¹, slick〗

slíme bactèrium *n.* 〘細菌〙 粘液菌 (粘液発酵を行う細菌類).

slíme·bàll *n.* 〘俗〙 いやなやつ, 不愉快なやつ, げす.

slíme mòld [fùngus] *n.* 〘植物〙 変形菌類, 粘菌類 (変形菌綱 (Myxomycetes) に属する菌類; cf. mycetozoan). 〖1880〗

slíme tàble *n.* 〘採鉱〙 スライムテーブル (shaking table の一種で, 振動する盤上にスライムを流し比重の差を利用して選別する機械; cf. sand table 3).

Slím Fàst *n.* 〘商標〙 スリムファスト (水や牛乳に溶かして飲むダイエット食品).

slím-jím *n., adj.* 〘米口語〙 ひょろ長い(人[もの]). 〖(1916): 語呂合わせによる造語〗

slím jím *n.* 車内に鍵を忘れてロックしてしまった際に窓のすき間から差し込んでロックをはずすための長い棒.

S **slím·lìne** *adj.* **1** 〈姿が〉ほっそりした. **2** 〈蛍光管が〉細い, スリムラインの.

slím·mer *n.* 〘英〙 やせるための食餌療法[減量運動] (slimming) をしている人. 〖1967〗

slím·ming *n.* スリミング (減食・食餌療法や運動などで体重を減らし容姿をよくするための養生法). **— *adj.* 1** ほっそり見せる. **2** 体重を減らす(ための): a ~ diet 体重を減らす食事, 美容食 / a ~ club スリミングクラブ. 〖1927〗

slím·mish /-mɪʃ/ *adj.* ややほっそりした (rather slim). 〖1841〗

Slím Plán *n.* 〘商標〙 スリムプラン (米国 Shaklee Corp. 製のダイエット食品; 食事の代わりにとる粉末飲料など).

slimp·sy /slímpsi/ *adj.* 〘米口語〙 **1** =slimsy. **2** 弱々しい, かよわい. 〖(1895) 〘混成〙 ← SL(IM)SY + (L)IMP²〗

slim·sy /slímzi/ *adj.* 〘米口語〙 〈布が〉繊弱な, 弱い. 〖(1845) 〘混成〙 ← SL(IM) + (FL)IMSY〗

slím vólume *n.* 小冊, 小著 (無名の著者による詩集など). 〖1920〗

slim·y /sláɪmi/ *adj.* (**slim·i·er; -i·est**) **1** 泥のような, どろどろした, ぬるぬるした; ねばねばする: a ~ liquid 粘液. **2** 泥だらけの: a ~ road ぬかるんだ道. **3** 不快な, 反感をいだかせる. **4** 〘英口語〙 いやにぺこぺこする, 卑屈な, さもしい (mean); 下劣な, 不正な (vile). **slím·i·ly** /-məli/ *adv.* **slím·i·ness** *n.* 〖(c1378): ⇨ slime, -y⁴〗

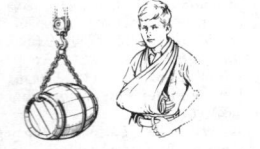

slings 1

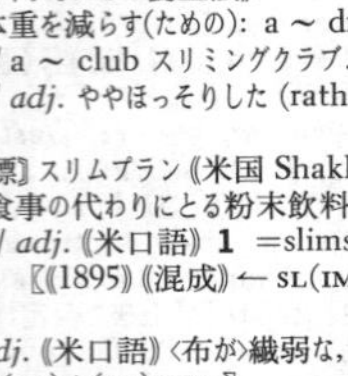

sling¹ /slíŋ/ *n.* **1 a** (重い物を持ち上げる時に用いる)つり索 (rope sling), つり鎖 (chain sling), つり綱. **b** つり包帯, 三角巾(きん): have [carry] one's arm in a ~ 腕をつり包帯でつっている. **c** (赤ちゃん用の)おぶいひも (cf. strap). **d** (銃の)負い革, つり帯. **e** スリング (かかとを固定する婦人靴のバックベルト; slingback ともいう; cf. sling pump). **2** 〘海事〙 **a** スリング, つり鎖 (巻上げ帆桁を支える鎖). **b** [*pl.*] 巻上げ帆桁のつり鎖をつける部分; 巻上げ帆桁の中央部. **c** ボートを本船から上げ下げする時に, 引っかけてつるすための爪と鎖. **3 a** 投石器, 石投器 (両端にひものついている革などで作った道具; その中に石をはさみひもを持って振り回しながら片方のひもを放して石を飛ばせる一種の狩猟具・武器; cf. catapult). **b** =slingshot 1. **4** 投石器での投石, 振り投げ (slinging); 打撃, 一撃 (blow, attack). **5** 〘バドミントン〙 スリング (ラケットにシャトルコックが接する際スライドさせて打つこと; フォールトになる; throw ともいう). **6** 〘登山〙 スリング (岩場を確保する際に用いる輪状ザイル). ***slíngs and árrows*** 激しい攻撃, 迫害, 逆境 (Shak., *Hamlet* 3. 1. 58 の "the slings and arrows of outrageous fortune" より).

— *adj.* [限定的] **1** つり帯[つり革]のついた[で下げる]: a lizard ~ bag (肩に下げる)つり革付きとかげ皮バッグ. **2** 肩にゆるやかに掛けて着る: a ~ shawl.

— *v.* (slung /slʌ́ŋ/) **— *vt.* 1** 〘口語〙 投げる, ほうり投げる (throw, hurl), 投げ飛ばす (fling): ~ a thing *out* (*of* the room) 物を(部屋から)ほうり出す[投げ出す] / ~ stones *at* a dog 犬に石を投げる / ~ a coat *over* one's shoulder 上衣を肩に引っ掛ける. **2 a** つるす, さげる, (つり革・負い革などで)負う: with his camera *slung over* his shoulder カメラを肩にぶら下げて / ~ a hammock *between* two trees 木の間にハンモックをつるす / ~ a sword *from* a belt 帯に剣をつる[下げる] / A basket was *slung* upon her arm. バスケットを腕にぶら下げていた. **b** つり包帯でつる. **c** (索やろくろなどで)つり上げる: ~ (*up*) a cask. **3** 投石器で投げる. **— *vi.* 1** (投げられたように)勢いよく動く[行く]; 闊歩(かっぽ)する (swing): ~ *out of* the room 部屋から飛び出す. **2** 投石器で石を飛ばす. **3** 〘豪口語〙 〈自分の賃金や利益の一部を〉賄賂やチップとして払う. ***slíng óff*** *vi.* 〘豪口語〙 からかう, ばかにする 〈*at*〉.

〖*n.*: (?a1300) *slynge* ▭ ?MLG *slinge*. — *v.*: (?c1200) *slynge(n)* ← ?*slinge* (n.) // ▭ ? ON *slyngva*: cog. OE & OHG *slingan* to creep, wind: cf. slink〗

sling² /slíŋ/ *n.* スリング (ジンまたはブランデー・ウイスキーなどに果汁・砂糖水・香料などを加えて冷やした飲料). **— *vi.*** スリングを飲む. 〖(1792) ?〗

slíng·bàck *n.* =sling¹ 1 e.

slíng-bàck púmp *n.* =sling pump.

slíng·bàg *n.* 〘英〙 肩ひもの長い(布製)かばん. 〖1965〗

slíng càrt *n.* つり下げ運搬車 (車軸から鎖で大砲・材木などをつるして運ぶ車). 〖1802〗

slíng chàir *n.* スリングチェア (折り畳み式の金属または木製フレームに 1 枚のカンバスや革がゆるやかに張ってある椅子). 〖1957〗

slíng dòg *n.* [通例 *pl.*] (つかみつり索端の, 先のとがった)掛けかぎ. 〖1863〗

slíng·er /slíŋə | -ŋə(r)/ *n.* **1** 投石器を使う人. **2** つり索[鎖]を用いる人. **3** 〘機械〙 =flinger 4. **4** 〘米俗〙 ウェーター, ウェートレス. **5** 荷役(監督). 〖a1325〗

slínger rìng *n.* 〘航空〙 (プロペラの)結氷防止輪管 (飛行機のプロペラの中心部に取り付けられ, 遠心力によって不凍液がプロペラに吹き掛けられるようにしてある輪管).

slíng psychrómeter *n.* 振り回し湿度計 (急速に回転できるようになっている乾湿計).

slíng pùmp *n.* スリングパンプス (バックベルトでかかとを固定する後ろあきの婦人靴; sling-back pump ともいう; cf. sling¹ *n.* 1 e, pump²). 〖1941〗

slíng·shòt *n.* 〘米〙 **1** ぱちんこ, ゴム銃 (〘英〙 catapult) (Y 形の棒にゴムひもを付けて小石などを飛ばす子供用玩具または狩猟用具). **2** =sling¹ 3 a. **3** 〘宇宙〙 スリングショット, 重力加速 (天体の重力の作用によって宇宙船などが急激に加速したりコースを変えたりすること). **4** 〘自動車レース〙 スリングショット (先行車のすぐ後ろについた状態から余力をかって一気に加速して抜き去る走行法). **— *vi., vt.*** (**-shot, -shotted; -shotting**) 急激に[はじかれたように]加速する. 〖1849〗

slíng stày *n.* 〘機械〙 つり控え (ボイラーで使用する補強棒の一種; 他の板や棒がこのステーによってつり下げられる).

slink /slíŋk/ *v.* (**slunk** /slʌ́ŋk/, 〘古〙 **slank** /slǽŋk/; **slunk**) **— *vi.* 1** こそこそ歩く (sneak), そっと歩く, こそこそする, こっそり逃げる (⇨ prowl **SYN**). **2** 〘米口語〙 〈女性が〉挑発的に腰をくねらせて歩く, しゃなりしゃなりと歩く. **— *vt.*** 〈雌牛などが〉流産[早産]する: ~ a calf. 〖(1607) 〘転用〙 ← (v.)〗 *n.* (牛などの)早産子 (aborted calf); 早産の子牛の皮[肉]. **— *adj.*** 〈子牛など〉月足らずの, 早産の (aborted). 〖OE *slincan* < Gmc **sleŋkan* ← IE **slenk-* to wind, turn: cf. sling¹〗

slínk·ing·ly *adv.* こそこそ(逃げて), こっそりと. 〖1830〗

slink·y /slíŋki/ *adj.* (**shink·i·er; -i·est**) **1** 人目を忍ぶ, 内緒の, 秘密の, こそこそした (stealthy, furtive). **2** 〘口語〙 〈動き・姿など〉しなやかな曲線を描く, しなやかで優雅な; (特に) 〈婦人服など〉優雅に流れるように体の線にあった[を生かした]: a ~ evening dress. **slínk·i·ly** *adv.* **slínk·i·ness** *n.* 〖(1918) ← SLINK, -Y⁴〗

slin·ter /slíntə | -tə(r)/ *n.* 〘豪口語〙 ごまかし, ぺてん, 策略, たくらみ (slanter ともいう). 〖(1864) (▭ ? Afrik. ~) ← ? Du. *slenter* trick〗

sliot·ar /ʃlítə | -tə(r)/ *n.* ハーリング (hurling) 用のボール. 〖▭ Ir.-Gael. ~〗

slip¹ /slíp/ *v.* (**slipped**, 〘古〙 **slipt** /slípt/; **slipping**) **— *vi.* 1** (つるつるした所などで)滑り転ぶ, 踏みはずす (⇨ slide **SYN**); よろける (trip): ~ *on* the ice 氷の上で滑って転ぶ / ~ *on* an orange peel みかんの皮を踏んで滑る / My foot ~ *ped on* the stairs. 階段で足を踏みはずした[足が滑った] / Be careful (that) you don't ~. 滑って転ばぬようにご用心.

2 滑る, スリップする (glide, slide); 手が滑る; はずれる: The newspaper ~*ped off* my knees [*out of* my fingers]. 新聞がひざ[手]から滑り落ちた / The fish ~*ped off* the hook. 魚が釣針からはずれた / A letter ~*ped from* her hands *to* the floor. 手紙が彼女の手から床に滑り落ちた / Some stones ~*ped down* the face of a cliff. 石ころががけの面を滑り落ちた / let the rein ~ *out of* one's hands 手綱を手から滑らす; 制御を失う / The tool ~*ped* and cut my hand. 刃物が滑って手を切った / ~ *out of* joint 脱臼する / ~ *off* the track 脱線する / ~ *into* a seat すっと座る[腰かける] / Everything finally ~*ped into* place. すべての物はついに正しい場所に収った. 日英比較 日本語のスリップは「滑ること. 特に, 自動車が路面で滑ること」をいうが, 英語の *slip* は自動車には用いない. 英語ではこの意味では skid を用いる.

3 a 滑るように走る, すいすいと走る (move smoothly): The boat ~*s through* the water. ボートが水を分けて走る. **b** 〈流れが〉滑るように流れる.

4 そっと行く, そっと出る[入る], 忍び出る[入る] (steal, go): ~ *out into* the garden そっと庭へ出る / He ~*ped away* [*off*] without being seen. 彼は見つからずにこっそり出て行った / He ~*ped past* [*back*] without a sound. 音も立てずに通り過ぎた[そっと戻った] / I'll just ~ *in* and get my umbrella. ちょっと入って傘を取ってきます / A mistake has ~*ped in*. いつの間にか誤りが一つまぎれ込んでいた / The mistake ~*ped through* (*into* the book). 誤りが(本の中に)知らないうちに入り込んでいた.

5 〈衣服などを〉無造作に着る, 引っ掛ける 〔*into*〕; 〈衣服などを〉無造作に脱ぐ, するりと脱ぐ 〔*out of*〕: ~ *on* one's coat [*off* one's shoes] / ~ *into* a dress さっと服を着る / Let me ~ *into* something more comfortable. 何かもう少し着心地のいいものを着させてくれ. **6 a** (いつとはなしに) 〔…に〕陥る 〔*into*〕: ~ *into* conversation with him いつの間にか彼と話し込む / ~ *into* sleep いつの間にか寝てしまう / ~ *into* bad habits easily いとはなしにたやすく悪い習慣に染まる. / ~ easily *out of* one role and *into* another 一つの役から別の役に簡単に移る. **b** 〈言葉などが〉口が滑って出てしまう, うっかり漏れる: The secret ~*ped out from* my lips. その秘密をうっかり漏らしてしまった. **c** 〔頭から〕抜ける, 〔記憶から〕去る 〔*from, out of*〕: All these points had entirely ~*ped from* my mind. これらの点はすっかり忘れてしまっていた / ~ *out of* one's memory 度忘れする. **7** 〈時が〉知らない間に[速く]経つ, 経過する, 過ぎる (pass) 〈*away, past, by*〉: Time is ~*ping away* [*by*]. 時間がどんどん経っていく / The patient's life was ~*ing away*. 患者の生命は縮まっていった / The years ~*ped past*. 年月がいつの間にか過ぎ去った. **8 a** うっかりする, 気づかずに済ます: ~ *over* a matter. **b** さっと消える, 逃げる, 見失われる (cf. LET¹ slip): let an opportunity ~ 機会を逸する. **9** 誤る, 間違う 〈*up*〉: He often ~*s* (*up*) in his grammar. 彼はよく文法上の誤りをする / You're starting to ~ (*up*). You must be getting old. 間違いをするようになったね. 君も年をとったものだ. **10 a** 〈質・量が〉幾分下がる, 低下する, 下落する: Prices have ~*ped* during the past year. 物価はこの 1 年の間に下落した. **b** 〈健康が〉衰える, 弱まる. **11** ゆるむ, はずれる, ほぐれる, ほどける: The knot will not ~. 結び目はほどけない. **12** 〘航空〙 横滑りする (sideslip). **13** 〈自動車のクラッチが〉(摩耗して)滑る. **14** 〘ボクシング〙 パンチを避けるため頭[上体]を横にすばやく動かす.

— *vt.* 1 a そっと入れる 〔*into*〕; そっと出す 〔*out of*〕: ~ one's hand [a letter] *into* [*out of*] a pocket 手[手紙]をそっとポケットに入れる[から出す] / ~ a dollar *into* the bellboy's hand ボーイに 1 ドル握らせる / ~ a quotation *into* a speech 演説の中に引用句をそっと入れる. **b** こっそり[内緒で]与える[払う]: ~ a bribe *to* the police officer = ~ the police officer a bribe 警官に賄賂(わいろ)をつかませる / ~ a person a note こっそりメモを渡す. **2** 滑らす, スリップさせる; するするはめる[はずす] 〈*on, off*〉: ~ a ring *onto* a finger 指輪を指にはめる / ~ a ring *back on* 指輪をもとのところにはめる. **3 a** 〈記憶・注意などから〉去る: That ~*ped* my memory. そのことが思い出せなかった / It ~*ped* my attention completely that everyone had left. みんなが行ってしまったことにまったく気づかなかった. **b** 〘まれ〙 (うっかり)気づかずに過ごす, 見逃す, 看過する (neglect); 言い[書き]漏らす, 省略する (omit). **4 a** 放つ (let go), 離す, 出す (release); 〈犬・鷹などを〉放つ, 放してやる (cf. slipper *n.* 3). **b** 振り放す, はずす: The dog ~*ped* his chain. 犬が鎖を切って逃げた. **c** 〈結び目を〉解く, ほどく (untie): I ~*ped* the dog's chain. 犬の鎖をほどいた. **d** 〘英〙 〈貨車を〉切り離す (detach). **5** 〈追跡者・監視者などから〉逃げる, まく (escape from). **6** 〈衣服などを〉無造作に[急いで]着る 〈*on*〉; 無造作に[急いで]脱ぐ 〈*off*〉: ~ one's clothes [shoes] *on* [*off*]. **7** 〈ヘビなどが〉脱皮する: The snake ~*s* its skin. ヘビが脱皮する. **8** 〈雌牛などが〉流産する (slink, abort): A cow ~*s* its calf. 雌牛が子牛を流産する. **9** 脱臼させる (dislocate), …の関節をはずす: ~ a disk in one's back 急にぎっくり腰になる / ~ one's shoulder. **10** 〘服飾〙 **a** 〈編み目を〉抜かす, ふせる: ~ a stitch 一目抜かす. **b** =slip-stitch. **11** 〘海事〙 〈錨・錨鎖(びょうさ)・曳索(えいさく)などを〉出し放しにする, 放つ; 〈錨・引いている船などを〉やり放つ. **12** 〘航空〙 (つり綱を所望の方向に引いて) 〈降下中のパラシュートを〉横滑りさせる. **13** (車の運転で)半クラッチにする: ~ the clutch [brakes] 半クラッチ[ブレーキ]にする. **14** 〘ボクシング〙 〈パンチを〉頭[上体]を横に素早く動かしてかわす.

lèt slíp ⇨ let¹ 成句. ***slíp óver*** 〈問題などを〉うっかり見落とす. ***slíp sòmething* [*one*] *óver on*** 〘俗語〙 〈人を〉だます, ぺてんにかける, 出し抜く (outwit): ~ *something* [*one*] *over on* a guest 客をだます. ***slíp thróugh one's fíngers*** ⇨ finger 成句. ***slíp úp*** 〘口語〙 誤る, 間違う (err), 失敗する (fail) (cf. *vi.* 9). 転ぶ. 〖1855〗

— *n.* **1** 滑り, スリップ; (つるつるした所で)滑り転ぶこと; 滑り転び, 踏みはずし (trip): (have) a ～ on the ice, road, etc. **2 a** (ふとした)過ち, 間違い (mistake); 言い[書き]誤り, 言い[書き]そこない (⇨ error SYN): a ～ of the pen [tongue] 書き[言い]間違い / a ～ of the press 印刷の誤り / make ～*s* in grammar 文法上の間違いをする / I made a bad ～ when I was talking to him. 彼に話しているうちについ余計なことを言ってしまった / There's many a ～'twixt [between] (the) cup and (the) lip. 《諺》何事も成就する[手に入れる]まで油断できない, 「百里を行く者は九十里を半ばとす」. ⇨ Freudian slip **b** (品行上の)過ち, 非行, 不行跡 (indiscretion): A few ～*s* in youth are inevitable. 若いころには多少の過ちは避け難い. **3** (量・質・程度の)低下, 下落 (decline): a ～ in prices [output, standards] 物価[生産高, 水準]の低下. **4 a** (女性用)スリップ; ペチコート, ハーフスリップ. **b** 《英方言》(子供の)前掛け (pinafore). **c** 《英》水着, 水泳着 (bathing suit). **d** 枕カバー (pillowcase). **5** (追跡者・監視者などから)逃れること, 脱走, 逃亡: give a person the ～ 人の目をくらまして逃げる, 人をうまくまいて逃げる. **6** [通例 *pl.*] (はめはずしの簡単な)犬鎖, 犬索 (dog leash). **7** 《米》**a** (船着き場の荷揚げ用の)斜面. **b** 〖造船〗(傾斜した)造船台, (船の修理用)引揚げ斜面. **c** 波止場の突堤間の船が停泊する水面. **8** 狭路; 山道 (defile). **9** 〖劇場〗**a** 《英》最上階さじきの両端. **b** [*pl.*] 《古》舞台の脇口. **10** 〖海事〗失脚, スリップ 《推進器のピッチと, その回転によって実際に進む距離との差; ピッチに対する百分比で示す》. **11** 〖航空〗**a** 横滑り (sideslip) (cf. glide 7); (つり綱を所望の方向に引いてパラシュートを)横滑りさせること. **b** プロペラのスリップ 《プロペラをねじと考えて, 1 回転によって進む距離と飛行機が実際に進む距離との差》. **12** 〖機械〗滑り, スリップ, ずれ: **a** クラッチの摩擦面間, ベルトとプーリーとの間などで発生する滑り. **b** (ポンプの)理論的排水量と実際的排水量の差. **13** 〖クリケット〗**a** [*pl.*; 単数扱い] スリップス 《三柱門 (wicket) から数ヤード後ろに当たる, 打手から見て右後方の場所; ⇨ cricket¹ 挿絵》: 1st ～*s* ファーストスリップス 《捕手の斜め後方の off 側の守備位置》/ 2nd ～*s* セカンドスリップス 《1st slips の斜め後方のやや深い守備位置》/ 3rd ～*s* サードスリップス 《捕手と third man の中間の守備位置》. **b** スリップスに立つ外野手: a long [short] ～ (三柱門から見て)長[短](距離)スリップ / be caught in the ～*s* [at ～] スリップでやられる. **14** 〖地質〗**a** 地層のずれ, スリップ. **b** 小断層 (small fault). **15** 〖電気〗滑り 《誘導電動機の同期速度と実際の速度との差》. **16** 〖冶金〗滑り 《剪断(せん)作用によって起こる金属結晶内の塑性変形の一種; glide ともいう》. **17** (測定用に使用する)超硬合金のブロック 《一定の厚みをもち, 普通, セットになっている》.
— *adj.* [限定的] **1** 滑りで動く: a ～ bar. **2** 取りはずしのできる: a ～ compartment. **3** 引き解け結び (slip-knot) のある: a ～ cord. **4** すぐはずせる: a ～ bolt.
～·less *adj.* 〖《*a*1325》 *slippe(n)* ◻ MLG & MDu.: cf. slime〗

slip² /slíp/ *n.* **1 a** (木・土地・紙などの)細長い一片: cut paper into ～*s* 紙を細長く切り分ける / a ～ of paper 細長い紙片. **b** 短い手控え, メモ (memorandum). **c** (書物や雑誌などに挿入されている)スリップ, (売上)伝票: a withdrawal [deposit] ～ 引出し[預け入れ]伝票. **d** (正誤表などの)紙片, スリップ. **2 a** (植物を繁殖させるための)接ぎ穂, さし枝 (scion, cutting). **b** 子孫 (descendant). **3** 《戯言》ほっそりした若者, やせた青年(男女); 若者 (stripling) 〔*of*〕: a (mere) ～ *of* a boy [girl] ひょろ長い男の子[女の子]. **4** 切断面がくさび形になった一種の砥石(といし). **5** 《米》(教会の)細長い座席, 仕切り座 (narrow pew). **6** 〖印刷〗棒ゲラ 《棒組の校正刷》, ゲラ刷 (galley proof). **7** 〖製本〗スリップ 《図書をとじた後にあまるとじ緒・テープ》. **8** 《方言》子豚 **9** 小型砥石 《断面がくさび形のもの》.
— *vt.* (**slipped; slip·ping**) **1** 〈木〉から接ぎ穂[さし木]を取る. **2** (接ぎ穂[さし木]として)〈木〉の一部分を取る.
〖《?*c*1380》 *slippe* ◻ ?MLG & MDu. 'split, slit'〗

slip³ /slíp/ *n.* **1** 〖窯業〗泥漿(でいしょう) 《粘土あるいは他のセラミック物質の水中懸濁液》. **2** スリップ 《ほうろうを作るフリット (frit) 粉の懸濁液》. 〖《(OE)》 《*a*1450》 *slypa, slyppe* slime ← Gmc **slup-* (Norw. *slip(a)* slime on fish) ← IE **sleub(h)-* to slide: cf. slop¹·²〗

slip⁴ /slíp/ *n.* 《廃》にせの貨幣. 〖《1592》 ← ?: cf. slip³〗

slip bànd *n.* 〖機械〗滑り線, 滑り帯 《軟鋼材に大きい力が加わったとき, 塑性変形が発生した結晶群にそってあらわれる線》. 〖1899〗

slíp-càrriage *n.* 《英》〖鉄道〗切離し車両 《列車が通過駅に切り離して行く車両》. 〖1869〗

slíp·càse *n.* 〖製本〗スリップケース 《本を入れる差し込み式の外箱; forel ともいう》. 〖1925〗

slip càsting *n.* 〖窯業〗(石膏製鋳型に泥漿(でいしょう)を流し込んで陶器を製する)スリップ鋳造(法).

slip clùtch *n.* 〖機械〗摩擦クラッチ.

slíp-còach *n.* 《英》〖鉄道〗=slip-carriage.

slíp·còver *n.* 《米》**1** ソファー[椅子]用カバー, 覆い, スリップカバー. **2** 〖製本〗**a** (本の紙製または布製の)上包み, カバー, ジャケット (jacket). **b** =slipcase. **—** *vt.* 〈家具などを〉スリップカバーで覆う. 〖1886〗

slipe¹ /sláɪp/ *n.* 《スコット・北英》大型そり (sledge), そり (sleigh). 〖《*c*1470》 *slype* ◻ LG *slipe, slepe*〗

slipe² /sláɪp/ *vt.* **1** 〈木・小枝〉の樹皮をはぐ. **2** 薄く切る, 切り取る (slice). 〖《*a*1399》 *slype(n)* ← ?〗

slipe³ /sláɪp/ *n.* 《豪》(屠殺した羊の生皮から取った)羊毛. 〖《(1856)》 《1909》 ← SLIPE²〗

slíp·fòrm *vt.* スリップフォーム工法で建設[工事]する.

slip fòrm *n.* スリップフォーム 《徐々に流動状態のコンクリートを連続して流し込む型枠; 打ち継目なしのコンクリート面がつくれ, サイロや煙突・舗装道路などに用いる》. 〖1949〗

slip gàuge *n.* スリップゲージ 《厚み測定用の超硬合金のブロック; 道具製作や検査に用いる》.

slip hòok *n.* 滑り鍵 《船で引き索の止め・放しに用いる》. 〖1863〗

slip jòint *n.* **1** 〖建築〗滑り継手(つぎて) 《配管工事で, 一つの管が他方の管の中で滑り得る接ぎ方》. **2** 〖石工〗(既存の組積造の壁に新しい壁を付加した際の)垂直の継手. 〖1876〗

slíp-jòint plìers *n. pl.* 自在プライヤー 《継ぎ目が可動式になっていてあご部の径が調節できるやっとこ》.

slíp·knòt *n.* 引き解け結び: **a** 引けばすぐ解ける結び. **b** =running knot. 〖1659〗

slip lìne *n.* 〖機械〗=slip band.

slip mòrtise *n.* 〖木工〗材木の端にあけたほぞ穴, 通し穴.

slip nòose *n.* =running noose.

slíp-òff slópe *n.* (川が曲がりくねる内側の部分の川床や堤防の)ゆるやかな傾斜.

slíp-òn *n.* **1** [通例 *pl.*] スリッポン: **a** ひも・ボタンなどの付いていない容易にはける靴. **b** 留め金具の付いていない手袋. **2** スリッポン: **a** (ホックなどなく)着脱容易なガードル(など). **b** 首を通して着るセーター, プルオーバー (pullover).
— *adj.* [限定的] 〈衣服・靴・手袋などが〉スリッポン式の, 差し込み式の; 〈セーターなど〉プルオーバーの. 〖1815〗

slíp·òver *n.* スリップオーバーセーター. **—** *adj.* [限定的] 〈セーター・シャツなど〉頭からかぶって[首を通して]着る(ようにできた), プルオーバーの. 〖1917〗

slip·page /slípɪdʒ/ *n.* **1** 滑ること (slipping). **2** 滑り[ずれ]の量; ずれ, 差. **3** 下落, 低下. **4** 〖機械〗滑り; (滑り・むだな動きなどによる)仕事損失. 〖《1850》 ← SLIP¹ + -AGE〗

slipped /slípt/ *adj.* 〖紋章〗〈花・実など〉茎 (stalk) つきで描かれた. 〖1610〗

slípped dísk *n.* 〖病理〗椎(つい)間板ヘルニア. 〖1942〗

slípped téndon *n.* 〖獣医〗=perosis.

slip·per¹ /slípə | -pə(r)/ *n.* **1** [通例 *pl.*] (室内用の)軽い上靴, スリッパ 《ひものない足先につっかけて履くかかとの低い室内履きの総称》: a pair of ～*s* スリッパ 1 足. 日英比較 日本語のスリッパよりも意味が広く, 低いかかとのある室内履きの靴も含む. 日本語のスリッパに相当するのは mule, 《米》ではまた scuff という. **2** (女性の)ダンス用靴 **3** (狩猟で)猟犬を放つ人 (cf. slip *vt.* 4 a). **4** (馬車の)歯止め (shoe). **5** 〖鉱山〗滑り金. **—** *vt.* **1** 《口語》(罰として)〈人を〉スリッパでぶつ[殴る]. **2** 〈足〉にスリッパを履く. **—** *vi.* スリッパをはいて歩く; 引きずって歩く. **～·lìke** *adj.* 〖*a*1399〗

slip·per² /slípə | -pə(r)/ *adj.* 《廃》=slippery. 〖lateOE *slipor*〗

slípper-bàth *n.* **1** スリッパ型風呂 《一方に覆いの付いているスリッパ状の風呂》. **2** [通例 *pl.*] (公共用)有料浴場. 〖1829〗

slípper chàir *n.* (寝室用の)脚の短い椅子. 〖1938〗

slíp·pered *adj.* **1** スリッパを履いた. **2** 気楽な, くつろいだ (comfortable). 〖1599〗

slip·per·ette /slìpərét/ *n.* 使い捨てスリッパ.

slípper flòwer *n.* 〖植物〗キンチャクソウ (=calceolaria).

slípper fòot *n.* スリッパーフット 《英国 Ann 女王時代の家具の足型として流行した club foot の一種; snake foot ともいう》.

slípper lìmpet *n.* 〖貝類〗カリバガサガイ科 (*Crepidula*) の巻貝, フナガイ(の類) 《カキの養殖に害を与える》.

slípper òrchid *n.* 〖植物〗=lady's slipper.

slípper sàtin *n.* スリッパサテン 《光沢のある上質の繻子(しゅす)》.

slípper·wòrt *n.* 〖植物〗=calceolaria 2.

slip·per·y /slípəri, -pri/ *adj.* **1** (表面が)つるつるの, よく滑る: a ～ slope, path, deck, etc. **2 a** 握り[つかまえ]にくい: a ～ fish / (as) ～ as an eel ウナギのように捕えにくい, のらりくらりした. **b** 滑りぬけそうな, 逃げそうな. **c** 手際のよい処理を必要とする, 注意を要する: be on ～ ground 注意を必要とする状況にある. **3** とらえどころのない, 当てにならない (fickle); ごまかしの, ずるい (tricky): a ～ customer 当てにならない客. **4** 不安定な (unstable), 変わりやすい: a ～ condition. **5** 意味のはっきりしない, あいまいな. **6** 《まれ》不実な (unchaste), 不道徳な, みだらな (immoral). ***the* [*a*] *slíppery slópe*** 知らず知らずにはまりそうな危険な状態. **slíp·per·i·ly** /-rəli | -rɨli/ *adv.*

slíp·per·i·ness *n.* 〖《?*a*1500》 《変形》 ← ME *slip(p)er* slippery < OE *slipor* ← Gmc **(s)li-*: ⇨ slip¹, -y⁴〗

slíppery dìck *n.* 〖魚類〗西大西洋の暖海にすむベラ科キュウセンベラ属の美しい小魚 (*Halichoeres bivittatus*).

slíppery dìp *n.* 《豪口語》(遊園地の)長い滑り台.

slíppery élm *n.* **1** 〖植物〗北米東部産のニレの一種 (*Ulmus rubra*) (red elm ともいう); その木材. **2** 1 の樹皮の内側の粘液性の部分 《鎮痛薬》. 〖1748〗

slíppery hìtch *n.* 帆索止め 《索端を引っぱれば解ける》. 〖1832〗

slip plàne *n.* 〖結晶・冶金・金属加工〗滑り面 《結晶性物質が変形して滑りを生じる格子面; glide plane ともいう》. 〖1925〗

slip pròof *n.* 〖印刷〗ゲラ刷 (galley proof); 棒ゲラ 《棒組の校正刷》.

slip·py /slípi/ *adj.* (**slip·pier; -pi·est**) **1** 《口語・方言》つるつるの, よく滑る. **2** 《英口語》早い, 手早い (quick), すばしこい (nimble), 抜け目のない (sharp): be ～ about it すばしこくやる, ぐずぐずしないでする / Look ～. しっかりしろ; ぐずぐずするな. **slíp·pi·ness** *n.* 〖《1548》 ← SLIP¹ + -Y⁴〗

slíp·ràil *n.* 《豪》入口にするために取りはずしのできる柵の横棒. 〖1828〗

slip règulator *n.* 〖電気〗滑り調整器.

slip rìng *n.* 〖電気工学〗スリップリング, 滑動環 (⇨ collector ring). 〖1896〗

slíp·ròad *n.* 《英》高速道路の進入[退出]路. (《米》access road). 〖1953〗

slip ròpe *n.* 〖海事〗スリップロープ: **1** 必要なときにはいつでもほどけるように, またほうった後それを回収しうるようにしてある綱. **2** 錨鎖のからみを解くときに, 力のかかっていない方の錨鎖を一時的につる綱. 〖1750〗

slip sèat *n.* スリップシート 《座枠に布地・皮・籐を直接張り包みにしたいすの座; 張り替えも容易》.

slíp-shèet 〖印刷〗*vt.* 〈刷り本の間〉に間紙(あいし)を挿入する[はさむ]; 〈本を〉間紙で保護する. **—** *vi.* 間紙をはさむ. 〖1909〗

slip shèet *n.* 〖印刷〗間紙(あいし) 《裏写りや汚れを防ぐために刷り本や図書の間にはさむ白紙》. 〖1903〗

slíp·shòd *adj.* **1** 正確さを欠いた, ずさんな, いい加減な, ぞんざいな (⇨ slovenly SYN): ～ work ずさんな仕事. **2** だらしのない; おひきずりの (slovenly). **3 a** スリッパ (slipper¹) をはいた; かかとのつぶれた靴[上靴]をはいた. **b** 〈靴が〉かかとのつぶれた: ～ shoes. **slíp·shòd·di·ness, ～·ness** *n.*

slip sìll *n.* 〖石工〗(窓幅と同じ幅で)両側の抱きの内側に収まる窓台 (cf. lug sill). 〖《1580》 ← SLIP¹ (v.) + SHOD〗

slip·slop /slípslɑ̀(ː)p | -slɔ̀p/ *n.* **1** 《口語》涙っぽい話; むだ話, 駄作. **2** 《古》水っぽい食物 (sloppy food), 水っぽい酒 (sloppy drink). **3** 《古》**a** 言葉の誤用 (malapropism). **b** 言葉の誤用をおかす人. **4** 《南ア》ゴムぞうり (flipflop). **—** *adj.* **1** 〈酒など〉水っぽい, 弱い, 薄い (washy, weak). **2** だらしのない, くだらない; 感傷的な.
— *vi.* (**slip·slopped; -slop·ping**) スリッパをぱたぱたさせて歩き回る; だらしなく[ぱたぱた]歩き[動き]回る. 〖《1675》 《加重》 ← SLOP²〗

slíp·sòle *n.* 合底(あいぞこ) 《靴の細革と表底の間に入れて底を厚くする底材》.

slip sprìng *n.* 〖時計〗=brake spring.

slip stèp *n.* スリップステップ 《左足を一歩横に動かし右足を左足に寄せるステップ; スコットランドのリール (reel) やジグ (jig) で用いられる》.

slíp·stìck *n.* 《米俗》計算尺 (slide rule).

slíp-stìtch 〖服飾〗*vi., vt.* スリップステッチをする, まつり縫いをする. 〖1882〗

slip stìtch *n.* 〖服飾〗スリップステッチ, まつり縫い 《表に針目がでないようにまつるステッチの一種; 厚手布地の場合に用いる; 布地の織糸とヘムの裏側をすくってとじる方法》.

slíp·stòne *n.* (丸のみを研ぐための)油砥石(といし). 〖《1927》: ⇨ slip², stone〗

slíp·strèam *n.* **1** 〖航空〗プロペラ後流 《飛行機のプロペラで後方に押しやられる空気の流れ; airstream, race ともいう》. **2** 〖自動車〗スリップストリーム 《レーシングカーなど高速走行中の車の直後にできる空気圧が低くなった領域; 後続の車はこの中に吸引される力がはたらくので, 追い抜きに優利》. **3** 流れに巻き込むもの. **—** *vi.* (カーレースで前者の)スリップストリーム領域に入って運転する. 〖1913〗

slipt *v.* 《古》slip¹ の過去形.

slip tànk *n.* 〖航空〗落下タンク[増槽] 《補助燃料タンク; jettisonable tank, drop tank ともいう》.

slip tàp *n.* 合半底(あいはんぞこ) 《靴の前部の細革と表底の間に入れて底を厚くする底材》.

slip tràcing *n.* 〖窯業〗泥漿(でいしょう) (slip) のついた刷毛や道具でなぞって装飾をつけること.

slip tràiling *n.* 〖窯業〗いっちん盛り, いっちん掛け, いっちん細工 《濃厚な泥漿(でいしょう)を小さな孔からしぼり出して色物の上に盛り上げる装飾の手法》. 〖1940〗

slíp·ùp *n.* 《口語》**1** 誤り, 間違い, 手違い, 見落とし (mistake, error). **2** 不運の出来事. 〖《1909》 ← *slip up* (⇨ slip (v.) 成句)〗

slíp·wàre *n.* 〖窯業〗スリップウェア, 化粧かけ器 《泥漿(でいしょう) (slip) で装飾した陶器》. 〖1883〗

slíp·wày *n.* 〖海事〗**1 a** (傾斜した)造船台, (船の修理用の)引揚げ斜面. **b** 引揚げ台, 船架 《小型船の修理などにおいて, コンクリート傾斜面にレールを付け, 船を水中から車で引き揚げたり, 滑り下ろしたりするための設備》. **2** (捕鯨母船船尾の)鯨引揚げ用の傾斜甲板. 〖1840〗

slit /slít/ *vt.* (**slit; slit·ting**) **1** (線に沿って)切り開く; 細長く切り開く: ～ an envelope open 封筒を切り開く / ～ a person's throat 人ののどを切り裂く. **2** (縦に)細長く切[裂く, 破る] (split): ～ a hide *into* thongs 獣皮を裂いて皮ひもにする. **3** 切り取る, 切断する. **—** *n.* **1** 細長い切り口[裂け目]; (衣服の脇などにつけた)スリット: a ～ in one's coat. **2** (細長い)穴, 口, すき間; (自動販売機・公衆電話などの)硬貨差入れ口: A ～ is provided for the coin to drop through. 硬貨が通って落ちるように穴が設けてある / The window is a mere ～. その窓は名ばかりで細長いすき間に過ぎない / He appears to have two ～*s* for eyes. 彼の目は糸を引いたようだ[非常に細い]. **3** 《卑》割れ目 《女性性器》. **—** *adj.* [限定的] **1** 長い切り口の形をした; 細長い: ～ eyes. **2** 〈衣服など〉スリットの入った: a ～ skirt. **3** 〖音声〗〈狭(せま)めが〉裂け目型の 《左右に広く上下に狭い》: ～ fricatives [spirants] 裂け目型摩擦音 ([ɸ], [β], [f], [v], [θ], [ð] など; cf. groove). 〖《?*a*1200》 *slitte(n)* < late OE **slittan*: cf. OE *slītan* to tear apart & *ġeslit* a tearing〗

slít-drùm *n.* スリットドラム 《大木の幹内部をくりぬき細長いすき間をあけた原始的な太鼓; 棒でたたくか足で踏んで奏する》. 〖1933〗

slít-èyed *adj.* 細長い目をした, 切れ長の目の.

slíth·er /slíðə | -ðə(r)/ *vi.* **1** (砂利の坂を下りるときのよう

S

に)ずるずる(音を立てて)滑る. **2** (ヘビのようにするする)滑って行く, 滑るように進む. **— *vt.* 1** ずるずる[するする]滑らせる. **2** 〈頭髪を〉削(そ)ぐ. **— *n.* 1** ずるずる[するする]滑ること; 滑走 (slide). **2** ずるずる[するする]滑る音. **3** 荒石 (rubble). 〘(?a1200) *slethre(n)* (異形) ← *slipere(n)* < OE *slid(e)rian* (freq.) ← *slīdan* 'to SLIDE'〙

slith·er·y /slíðəri/ *adj.* 滑る; つるつるした (slippery). 〘(1825): ⇨ ↑, -y⁴〙

slít làmp *n.* 〖眼科〗細隙(さいげき)灯《目の検査用》. 〘1922〙

slít lìmpet *n.* 〖貝類〗スソキレガイ《スソキレガイ科 *Emarginula* 属の殻の縁に切れ込みがあるカサガイ》. 〘1901〙

slít pòcket *n.* スリットポケット, 切りポケット《布を切り込んで作る; welt pocket ともいう》. 〘1933〙

slít·ter /-tə | -tə^(r)/ *n.* **1** 細長く切る人. **2** (ナイフに似た)切り具, 裂き具. 〘1611〙

slít trènch *n.* 《英》〖軍事〗たこつぼ壕, 各個掩(えん)体《敵の爆撃弾や砲弾の破片を防ぐ一人用の狭い壕; cf. foxhole 1》. 〘1942〙

slit·ty /slíti | -ti/ *adj.* [通例軽蔑的]〈目が〉細長い. 〘(1908): ⇨ slit, -y⁴〙

sliv·er /slívə | -və^(r)/ *n.* **1** (通例木目にそって裂いた木などの)細長い片, 縦きれ; (ガラスなどの) 破片 (splinter); 小枝 (cf. Shak., *Hamlet* 4.7.173). **2** 《米》小魚の片身《釣りの餌》. **3** /sláɪvə | -və^(r)/ スライバー, 篠(しの)《紡績の準備工程中, 大体の繊維をそろえるため梳綿(そめん)機 (card) を通して太いひも状にした綿または羊毛》. **— *vt.* 1** 縦に細長く切る[裂く]; (枝を)切り落とす, 手折る. **2** 《米》〈魚〉から片身を切り取る. **— *vi.*** 縦に細長く裂ける[割れる] (split). **~·like** *adj.* 〘(c1385) *slivere* ← *slive(n)* to split < OE **slīfan*: cf. sleave〙

sliv·o·vitz /slívəvɪts | slív-, slíːv-/ *n.* (*also* **sliv·o·witz** /~/, **sliv·o·vic** /~/) スリボビッツ《ハンガリー・ルーマニア・ユーゴスラビア産の辛口で無色のセイヨウスモモ (plum) のブランデー》. 〘(1885) □ Serbo-Croatian *sljivovica* ← *sljiva* plum〙

SLM 《略》〖軍事〗sea-launched missile.

s.l.n.d. 《略》L. sine lōcō nec data (=without indication of place or date of printing).

Slo. 《略》Sligo.

Sloan /slóun | slə́un/, **John** *n.* スローン《1871–1951; 米国の画家・挿絵画家》.

Sloane /slóun | slə́un/, **Sir Hans** *n.* スローン《1660–1753; 英国の医師・博物学者; 独力で大英博物館の基礎を築き遺贈した》.

Slóane Ránger *n.* 《英口語》スローン レンジャー《ロンドンに住むおしゃれで保守的な上流階級の若者, 特に女性; ロンドンの流行の中心 Sloane Square とカウボーイ映画の主人公 Lone Ranger の混成》.

Slóane Squáre *n.* スローンスクエア《ロンドンの Chelsea にある公園広場; Peter Jones デパートや戦没者記念碑などがある》.

sloat /slóut | slə́ut/ *n.* 〖劇場〗=slote.

slob /slɑ́(ː)b | slɔ́b/ *n.* **1** 《口語》怠け者, だらしない人. **2** 《アイル》泥 (mud), (川底や泥沼の)軟泥 (ooze); (特に)軟泥の海岸. **3** (海の)浮氷, 流氷 (sludge). **— *vi.*** [次の句で] ***slób aróund*** 《英俗》なまけている, ぶらぶらしている. **~·bish** /-bɪʃ/ *adj.* 〘(1780) □ Ir. *slab* mud ← ? Scand. (cf. Swed. 《方言》*slabb* mud)〙

S

slob·ber /slɑ́(ː)bə | slɔ́bə^(r)/ *vi.* **1 a** (だらだら)よだれを垂らす (slaver, drool). **b** (食べたり, 飲んだりするとき)〈赤ん坊などが〉液体を口からこぼす. **2** だらしなく感傷的になる; めそめそする: ~ *over* a person 人をめちゃめちゃにかわいがる; 人に[のことを]感傷的に[情におぼれて]話す. **— *vt.* 1** 〈衣服などを〉よだれや口からこぼれる液体などで汚す[ぬらす] (slaver). **2** べたべたキスする. **3** めそめそしながら[感傷的に]言う. **4** 〈仕事を〉いいかげんにやる, 失敗する. **— *n.*** **1** よだれ (slaver): all of a ~ よだれだらけで. **2** べたべたしたキス. **3** めそめそ(した言葉[動作]), 泣き言, 繰り言. **4** [*pl.*; 通例単数扱い]〖病理〗流涎(りゅうぜん)(症). **~·er** /-bərə | -rə^(r)/ *n.* 〘(?c1380) *slobere(n)* ← ? MLG (cf. LG *slubberen* to sip, lap): 《擬音語》?〙

slob·ber·y /slɑ́(ː)bəri | slɔ́b-/ *adj.* **1** よだれを垂らす; よだれでぬれた; 湿った, べたべたした. **2** 泥んこの, ぬかるみの, ぐしゃぐしゃした (muddy). **3** 泣き言を言う, いやに感傷的な, 愚痴をこぼす (maudlin). **4** だらしのない, 無造作な. **slób·ber·i·ness** *n.* 〘(a1398): ⇨ ↑, -y⁴〙

slób ìce *n.* 《カナダ》流氷塊. 〘1835〙

sloe /slóu | slə́u/ *n.* 〖植物〗**1 a** リンボク(橉木)の類 (blackthorn) の青黒い実《sloe gin を作る》. **b** =blackthorn 1. **2** 米国産の野生のスモモの総称 (*Prunus alleghaniensis* など). **3** =black haw 1. 〘OE *slā(h)* < Gmc **slaixwōn* (原義) bluish fruit (G *Schlehe*) ← IE **(s)lī-* bluish (L *lividus*): cf. livid〙

slóe-èyed *adj.* リンボクの実のような目をした: **a** 黒目がちの (dark-eyed): a ~ girl. **b** 目じりの上がった. 〘1867〙

slóe gín *n.* スロージン《ジンにリンボクの実で香味をつけたリキュール》. 〘1895〙

slog /slɑ́(ː)g, slɔ́(ː)g | slɔ́g/ *v.* (**slogged; slog·ging**) **— *vi.* 1 a** 重い足どりで進む, とぼとぼ歩く: ~ up the mountain 努力して山を登る. **b** 苦労して進む: ~ one's way through a muddy road 泥んこ道を苦労して進む. **2** 強く殴る, 強打する. **— *vt.*** (ボクシング・クリケットなどで)強打する, 殴る (⇨ strike SYN) ***slóg it óut*** 決着がつくまで戦う. **— *n.* 1** 重い足どりの歩き, 強行軍. **2** こつこつやる仕事, つらい仕事. **3** 強打. 〘(1824) ← ?: cf. slug²〙

slo·gan /slóugən | slə́u-/ *n.* **1** (ある団体・政党・商店・製造元などの)スローガン, 標語, モットー (watchword, motto). ⇨ catchphrase 日英比較. **2** (もとはスコットランド高地の氏族が危急の場合に用いた)集合の叫び (rallying call), 鬨(とき)の声 (war cry). **slo·gan·is·tic** /slòugənístɪk | slə̀u-~/ *adj.* 〘(1513) (古形) *slogorn* □ Gael. *sluagh-ghairm* army cry ← *sluagh* army + *gairm* cry, call〙

SYN スローガン: **slogan** 団体や政党などの呼び掛けの言葉, またはその目的を宣伝するために使う言葉. **motto** 個人や諸団体などの日常活動の指針となることがら, 行動や活動の信条. **catchword** 団体や政党などが効果をあげるために繰り返し使う標語. **watchword** 同じ志をもった人たちが目的を遂げるためにかかげる合い言葉.

slo·gan·eer /slòugəníə | -níə^(r)/ *n.* 《米》(特に, 政治・商業用の)スローガン考案者[使用者]. **— *vi.*** スローガンを考案する[用いる, 広める]. 〘(1922): ⇨ ↑, -eer〙

slo·gan·ize /slóugənàɪz | slə́u-/ *vt.* スローガンにする, スローガンで表現する, 標語化する. **~·er** *n.* 〘1926〙

slog·ger /slɑ́(ː)gə, slɔ́(ː)gə | slɔ́gə^(r)/ *n.* **1** (ボクシング・野球・クリケットなどでの)強打者 (slugger). **2** よく働く人, 勤勉家, 勉強家 (plodder). 〘1829〙

slojd /slɔ́ɪd/ *n.* (*also* **sloid** /~/) =sloyd.

slo·ka /ʃlóukə | ʃlə́u-/ *n.* (サンスクリット詩の) 二行連句, 対句《1 行 16 音節から成る》. 〘(1800) □ Skt *śloka* sound, stanza〙

sloke /slóuk | slə́uk/ 《スコット》*vt.* =slake. **— *n.*** (水面の)浮き泡; へどろ. 〘1777〙

slom·mack /slɑ́mək, slɑ́(ː)m-, -mɪk | slɑ́mək, slɔ́m-/ *n.* 《方言》だめなやつ, 薄汚いやつ, だらしないやつ. **— *vi.*** ぶざまである, 見苦しい. 〘cf. *slammakin* slovenly (← ?)〙

slo-mo /slóumóu | slə́umə́u/ *n.* 《口語》=slow motion.

Slo·nim·sky /slounímski | sləu-/, **Nicolas** *n.* スロニムスキー《1894–1995; ロシア生まれの米国の指揮者・作曲家・音楽学者》.

sloop

sloop /slúːp/ *n.* スループ《1 本マストの縦帆船の一種; cf. cutter 3 b》.

slóop of wár 《英》スループ型軍艦《昔は砲 10–32 門を載せたシップ型帆船; 現在では大型砲艦》. 〘(1629) □ Du. *sloep* (原義) that which glides: cog. G *Schlupf* a sliding: SHALLOP と二重語〙

slóop-rigged *adj.* 〖海事〗〈帆船が〉スループ式帆装の. 〘1894〙

sloosh /slúːʃ/ *n.* 《口語》洗う[どっと注ぐ]こと; 洗う[注ぐ, 浴びせる]音, バシャバシャ, ザブザブ, ザブン, バシャーッ; 《方言》ひき割りトウモロコシを水で練ってベーコンの油で揚げたもの. **— *vi., vt.*** 勢いよく流れる; バシャバシャ音をたてる; バシャーッと浴びせる. 〘(1919) (変形) ? ← SLUSH〙

sloot /slúːt/ *n.* 《南ア》=sluit.

slop¹ /slɑ́(ː)p | slɔ́p/ *n.* **1** [通例 *pl.*] (豚などに与える, 食べ残しなどのはいった台所の)捨て汁. **2** (食卓や床の上などの流動物の)こぼれ, こぼれ水. **3** [通例 *pl.*] 《英》水っぽい食べ物《かゆ・シチューなど》; 半流動食 (semiliquid food) (cf. catlap): live on ~s (幼児・病人のように)流動食を食べている. **4 a** (寝室で洗面後の)汚水 (cf. slop pail): empty the ~s 汚水をあける. **b** 糞尿. **5** ぬかるみ. **6** [*pl.*] **a** (ビールの)醸造残滓(さ)[かす], 残ったもやし汁 (cf. vinasse). **b** [*pl.*] (たるから注ぐ際に)こぼれたビール, リンゴ酒. **7** [しばしば *pl.*] 《口語》過度の安っぽい感傷 (weak sentiment). **— *v.*** (**slopped; slop·ping**) **— *vt.*** **1 a** 〈液体を〉こぼす (spill), こぼして汚す: ~ water from a bucket バケツから水をこぼす. **b** …の上にこぼす: ~ a floor 床にこぼして汚す. **2** 〈豚などに〉(台所の)捨て汁をやる. **3** がつがつ食う; がぶがぶ飲む. **4** 〈食物を〉こぼしながら給仕する[よそう]: ~ oatmeal into a plate. **— *vi.* 1** 水(など)がこぼれる 〈*about*〉; 水などがこぼれる 〈*over, out*〉. **2** 泥[ぬかるみ, 水]の中を歩く: ~ *along* muddy roads. **3** 《米口語》しゃべり立てる, べらべらしゃべる (gush); いやに感傷的になる 〈*over*〉. **4** 《米》極端に走る 〈*over*〉. ***slóp aróund* [*abóut*]** ぶらぶらと歩き回る. ***slóp óut*** 〈囚人が〉便器を空にする, 汚水[汚物]を捨てる. 〘((?a1400)) (1657) *sloppe* < ? OE **sloppe* dung (cf. *cūsloppe* 'COWSLIP'): cf. slip³, slop²〙

slop² /slɑ́(ː)p | slɔ́p/ *n.* **1** (水夫に支給する)寝具(など). **2** ゆるい仕事着[上っ張り, 前掛け] (smock, apron, overall など). **3** [*pl.*] **a** (16 世紀後半に流行した)太い半ズボン. **b** 《方言・古》太いズボン. **4** [*pl.*] **a** 水兵[水夫]用の衣類および小物. **b** 安物の既製服. 〘(c1303) *sloppe* < ? OE *-slop* (cf. *oferslop* surplice, (原義) that which is slipped into) ← Gmc **slupaz* (MDu. *slop*) ← IE **sleub(h)-* to glide: cf. slur〙

slop³ /slɑ́(ː)p | slɔ́p/ *n.* 《英俗》巡査, 警官 (police officer). 〘(1859) (変形) ← *ecilop* (逆つづり) ← POLICE〙

slóp bòwl [《英》**bàsin**] *n.* 茶こぼし. 〘1731〙

slóp bùcket *n.* 台所用ごみ入れ, 生ごみバケツ. 〘1856〙

slóp chèst *n.* 〖海事〗**1** 航海中船員に支給する服・たばこ(など). **2** (もと)船員の身のまわりの品を入れた箱 (cf. sea chest 1, small stores). 〘1840〙

slope /slóup | slə́up/ *n.* **1 a** [通例 *pl.*] 坂, 斜面 (incline), 傾斜地 (sloping ground): grassy ~s. **b** 〖スキー〗スロープ《trail ともいう》. **2** (上方・下方の)傾斜(度), 勾配(こうばい): a gentle ~ 緩傾斜, なだらかな勾配 / The road rises at a ~ of 1 in 20. 道路は 1/20 の傾斜をなしている / at a ~ 傾斜して / on the ~ 傾斜して, 斜めに / give a ~ to …に傾斜[勾配]をつける, 傾斜させる. **3** 景気の後退. **4** 〖地理〗**a** 斜面, 緩斜面. **b** (ある海についての)流域《日本海斜面・太平洋斜面など》. **5** 〖軍事〗になえ銃(つつ)の姿勢: at [come to] the ~ になえ銃の姿勢で[をとる]. **6** 〖数学〗**a** 傾き, 傾斜《直線が x 軸の正の方向となす角を X とするとき, m=tan X をその傾きという》. **b** (曲線の与えられた点における)接線の勾配. **— *adj.*** [限定的] 斜めの, はすの (slanting). **— *vi.* 1** 傾斜する, 坂になる: The ground ~*d into* a small swale. 土地は傾斜して小さな湿地へとつながっていた. **2** 斜めに行く[登る, 下る]: The sun is *sloping* to the west. 太陽は西に傾いている. **3** 《口語》**a** 逃げる, 去る (go away) 〈*off, away*〉. **b** 行く, ぶらつく (walk, go) 〈*about*〉. **— *vt.* 1** 傾斜させる, …に勾配をつける (incline); はすにする 〈*up, down, off, away*〉: ~ the ground [a roof] 土地[屋根]に傾斜をつける / ~ the standard 軍旗を斜めにする[下げる]《敬礼の一形式》. **2** 〖軍事〗〈銃などを〉斜めににになう: ~ arms ⇨ arm² 成句. 〘(a1470) (頭音消失) ← ASLOPIE〙 'ASLOPE'〙

slóp·er /-pə | -pə^(r)/ *n.* **1** 傾斜させるもの; 傾ける人. **2** 〖服飾〗スローパー《既製服業者間で用いられる原型; 各サイズの寸法は示してあるが, デザインは含まない》.

slóp·ing /-pɪŋ/ *adj.* 傾斜している (inclined), 坂になった, 斜めの, はすの: ~ shoulders なで肩. **~·ly** *adv.* **~·ness** *n.* 〘1610〙

slo-pitch /slóupítʃ, ⌐⌐ | slə́u-/ *n.* スローピッチ(ソフトボール)《1 チーム 10 人で行うソフトボール; 3–10 フィートの弧の高さの投球でなければならず, また盗塁は認められない; slow-pitch ともつづる》. 〘1967〙

slóp pàil *n.* (寝室用)汚物入れ, (台所用)生ごみ[汚物]入れ (cf. slop¹ 4 a, washstand 1 a). 〘1854〙

slóp·ping-òut /slɑ́(ː)pɪŋ- | slɔ́p-/ *n.* (刑務所で)〈囚人が〉便器を空にすること, 汚物を捨てること. 〘1955〙

slop·py /slɑ́(ː)pi | slɔ́pi/ *adj.* (**slop·pi·er; -pi·est**) **1** 《口語》**a** だらしのない, いい加減な, 締まりのない (⇨ slovenly SYN): ~ reports, letters, work, etc. **b** 〈服が〉合っていない, だらしのない, きちんと着ていない (ill-fitting). **2** 《口語》感傷的な, めそめそした, 愚痴っぽい (maudlin): ~ sentiment 感傷的な気分 / ~ talk 愚痴. **3** 薄くて水っぽい: ~ food. **4 a** 〈天候が〉雨がちの (wet). **b** 〈道路など〉水たまりの多い, ぐしゃぐしゃの, どろどろの, 泥んこの (muddy): ~ roads. **c** 〈食卓など〉(流動物で)よごれた. **d** 〈競技用コースが〉(雨で比較的)軟弱な, 重い (cf. slow 8): a ~ racetrack 重馬場. **e** 〈海など〉荒波のたつ: a ~ sea. **5** 《俗》酔っ払った (drunk): get ~ 酔っ払う. **slóp·pi·ly** /-pəli/ *adv.* **slóp·pi·ness** *n.* 〘(1727) ← SLOP¹ (n.)+-Y¹〙

slóppy jóe *n.* **1** 《口語》(ボックスシルエットで)ゆったりしたプルオーバー《若い女性用》. **2** 《米》スロッピージョー《トマトソースやスパイスで味つけしたひき肉; 通例円形パンに載せて食べる》. **3** [通例 s- J-] 《米俗》だらしない身なりの男性; 身なりにかまわない男性. 〘(1942): cf. good Joe〙

slóp·sèller *n.* (安物)既製服商(人). 〘1665〙

slóp·shòp *n.* (安物)既製服店, 安服販売店. 〘1723〙

slóp sìnk *n.* (病院などに設備されている)汚水用の流し. 〘1884〙

slóp·wòrk *n.* **1 a** (安物)既製服仕立て. **b** [集合的] (安物)既製服. **2** そんざいな仕事. 〘1849〙

slóp·wòrker *n.* (安物)既製服仕立て屋. 〘1850〙

slosh /slɑ́(ː)ʃ | slɔ́ʃ/ *vt.* **1** 《口語》**a** (液体の中で)〈物を〉ばちゃばちゃかき回す[動かす]. **b** 〈液体を〉下手につぐ, ばちゃばちゃはねかす. **2** 〈液体を〉ごくごく飲む, 鯨飲する (guzzle). **3** 《英俗》ずしんと[激しく]打つ (punch). **— *n.*** **1** =slush 1. **2** 《口語》水っぽい飲物[酒]: a ~ of tea. **3** (波など)液体が物をはねかえす音. **4** 少量の液体: a ~ of alcohol. **5** 《英口語》ずしんと響く打撃, 強い打撃 (heavy blow). **— *vi.* 1** 泥[ぬかるみ]の中をはね回る; ばちゃばちゃやる. **2** 〈液体が〉ばちゃばちゃ音をたてて動く. **3** 《米俗》当てもなくうろつき回る (loaf). **slósh·y** *adj.* **~·ly** *adv.* 〘(1814) (変形) ← SLUSH〙

slóshed *adj.* 《俗》酔っ払った. 〘1946〙

slósh·ing *n.* 〖航空・宇宙〗スロッシング《航空機やロケットに積まれた液体がタンクの中で動揺すること》. 〘1888〙

slosh·y /slɑ́(ː)ʃi | slɔ́ʃi/ *adj.* =slushy.

slot¹ /slɑ́(ː)t | slɔ́t/ *n.* **1 a** 細長い小さな穴, 細孔 (slit). **b** (自動販売機・郵便受箱などの硬貨や手紙の)投入口 (slit) (cf. slot machine): put a coin in a ~. **2** 《口語》(組織・放送番組・計画・予定表などの中で占める)位置, 場所 (place); (番組の)枠, 時間帯. **3** 《俗》=slot machine. **4** 〖航空〗スロット《主翼の前縁につけたすき間; 下面の気流の一部を上面に流し失速を遅らせ大迎角で高揚力を得る; cf. slat¹ 3》. **5** 〖海事〗帆船フォースル (foresail) の縦ふちとマストの間の縦の切れ目《風が入りこむようにして船を前進させる》. **6** 〖ジャーナリズム〗(新聞・雑誌などの)整理[編集]部長の席[職, ポスト] (cf. copydesk, rim¹ 7)《普通 U 字形または馬蹄形をした編集デスクの内側のすき間にこの席があることから》. **7** 〖鳥類〗翼裂(よくれつ)《飛行において飛行機のスロットと同じ働きをする》. **8** 〖言語〗スロット, 枠 (cf. tagmeme 2). **— *vt.*** (**slot·ted; slot·ting**) **1** 《口語》はめ込む, (一連のものの中へ)入れる, 置く. **2** 細長い穴を掘る[つける]. **— *vi.*** (細長い溝に)入る, 入り込む; 細長い穴に合う[適合する]. **~·ter** /-tə | -tə^(r)/ *n.* 〘(?c1390) 《廃》the hollow of the breast bone □ OF *esclot* ← ?〙

slot² /slά(:)t | slɔ́t/ *n.* (*pl.* ～) **1 a** (鹿などの)足跡 (track). **b** (物の通った)跡. **2** 鹿の足. ― *vt.* (**slot·ted**; **slot·ting**) …の跡をつける, 追跡する. 〘(1575) ◻ OF *esclot* horse's hoofprint ◻ ? ON *slōð* track: ⇨ sleuth〙

slót anténna [áerial] *n.* 〘通信〙スロットアンテナ《導体の表面に 1 個から数個の細孔をあけ, これに同軸線などにより給電するアンテナ》. 〘1946〙

slót·bàck *n.* 〘アメフト〙スロットバック《攻撃隊形でバックがラインのエンドとタックルの後間に位置すること》. 〘1959〙

slót càr *n.* 《米・カナダ》スロット(レーシング)カー《遠隔操作により溝のある専用のコースを走らせて競争するプラスチック製の小型模型電気自動車》. 〘1966〙

slote /slóʊt | slə́ʊt/ *n.* 〘劇場〙せり上げ《人物・背景などを舞台から上下させるのにかつて使用された装置》. 〘(15C) 《変形》← ME *slot(te)* bar, bolt ◻ MDu. *slot*〙

sloth /slɔ́:θ, slά:θ, slóʊθ | slə́ʊθ/ *n.* **1** 〘動物〙ナマケモノ《熱帯中南米にすむナマケモノ科の動物の総称; 動作が緩慢で, 強い爪をもち, 木の枝にさかさまにぶらさがって生活している; オオナマケモノ (giant sloth), ミツユビナマケモノ (three-toed sloth), フタツユビナマケモノ (two-toed sloth) など》. **2** =sloth bear. **3 a** 怠惰, なまけ (indolence), 物ぐさ, 無精 (laziness): *Sloth* is the mother of poverty. 《諺》怠惰は貧乏の母. **b** 《古》遅いこと (slowness). 〘(?late OE) *slǣwþ* (⇨ slow, -th²) ∞ OE *slǣwð*〙

sloth 1
(*Bradypus tridactylus*)

slóth bèar *n.* 〘動物〙ナマケグマ (*Melursus labiatus*) 《インド・スリランカ産の毛があらくて鼻が長いクマ》. 〘1835〙

sloth·ful /slɔ́(:)θfəl, slά:θ-, slóʊθ-, -fl | slə́ʊθ-/ *adj.* 怠け者の, 怠惰な (sluggardly), 無精な, 物ぐさな (lazy); のろくさい (sluggish): be ～ *in* business 仕事をなまける. **～·ly** *adv.* **～·ness** *n.* 〘(*c*1400): ⇨ sloth, -ful〙

slóth mònkey *n.* 〘動物〙ノロマザル (loris). 〘1891〙

slót machìne *n.* **1** スロットマシーン《硬貨を入れてハンドルを引くと絵の付いた複数のドラムが回転し, その停止したときの絵の組合わせに応じた枚数の硬貨が出る仕掛けの賭博機械 (one-armed bandit, 《英》fruit machine), 《豪》poker machine》. **2** 切符・菓子などの自動販売機 (vending machine). 〘1891〙

slót màn *n.* 〘ジャーナリズム〙整理(編集)部長 (cf. slot¹ 6, rim man). 〘1928〙

slót ràcer *n.* 《米・カナダ》=slot car.

slót ràcing *n.* 《米・カナダ》スロットレース《スロット(レーシング)カー (slot cars) で行うレース》. 〘1965〙

slót séam *n.* =channel seam.

slót·ted /-tɪ̥d | -tɪd/ *adj.* 細長い穴[溝]のついた.

slótted spátula *n.* 《米》フライ返し (《英》fish slice) 《料理用の細孔のあいたへら》.

slótted spóon *n.* 穴あきの大型スプーン[おたま]《食物の水気を切る》.

slót·ting machìne /-tɪŋ- | -tɪŋ-/ *n.* 〘機械〙立て削り盤. 〘1841〙

slouch /sláʊtʃ/ *n.* **1** 前のめり, 前かがみ(の姿勢); うつむいて歩くこと, ぶざまな歩き方. **2** =slouch hat. **3 a** だらしない人, 無精者; 無能な人. **b** 無骨者, 田舎者 (lout). **4** [通例否定構文で] 《口語》だめ[下手]な人 〔*at*〕: He is *no* ～ *at* the business. 彼はその商売にかけては腕ききだ / He is *no* ～ *at* jokes. 冗談がうまい. **5** 怠惰 (laziness). ― *vi.* **1** 前かがみに立つ[座る, 歩く]. **2** 〈帽子のへりが〉前に垂れる. ― *vt.* **1** 〈肩などを〉前に曲げる: He ～*ed* his shoulders down. だらしなく肩を前にかがめた. **2** 〈帽子のへりを〉垂らす (cf. cock¹ 2): with one's hat ～*ed* over the eyes 帽子を目深にかぶって. **～·er** *n.* 〘(1515) ← ? : cf. 《古・方言》*slouk* idle fellow / ON *slōkr* slouching fellow〙

slóuch hát *n.* スラウチハット《自由に曲げられ縁の広い, 通例フェルト製のソフト帽》. 〘1837〙

slóuch·ing *adj.* 前のめりの, 前かがみの, うつむいている. **～·ly** *adv.* 〘1611〙

slouch·y /sláʊtʃi/ *adj.* (**slouch·i·er**; **-i·est**) **1** 〈体が〉前かがみになった. **2** だらしのない, 無精な. **slóuch·i·ly** /-tʃɪ̥li/ *adv.* **slóuch·i·ness** *n.* 〘(*a*1693) ← SLOUCH, -Y⁴〙

slough¹ /slʌ́f/ ― *vt.* **1** 脱ぎ落とす, 捨てる, 脱皮する (cast): A snake ～*s* its skin. 蛇は脱皮する. **2** 〈偏見などを〉捨てる, 脱却する (cast away) 〈*off*〉: ～ *off* old prejudices [habits] 古い偏見[習慣]を捨てる. **3** 〘トランプ〙= discard 1. ***slóugh óver*** つまらないものとして扱う, 軽視する. ― *vi.* **1** 抜け落ちる, 抜け変わる 〈*off, away*〉; 脱皮する. **2** 〘病理〙かさぶた[腐肉]を生じる. **3** 〘トランプ〙手札を捨てる. ― *n.* **1** (蛇などの)抜けがら, 脱皮 (cast skin). **2** 捨てたもの[習慣, 偏見(など)]; 脱ぎ捨てた衣服. **3** 〘病理〙腐肉, かさぶた (scab). **4** 〘トランプ〙(手札の)投げ出し; 捨て札. **～·y** *adj.* 〘(*a*1325) *slughe, slouh* ← ? : cf. LG *slu(we)* husk〙

slough² /slú:, sláʊ | sláʊ/ ★《米》では 1, 2 の意味では /slú:/, 3 の意味では /sláʊ/ と発音して区別する人がある. *n.* **1** 泥深い場所, 泥穴, ぬかるみ (muddy place). **2** 《米・カナダ》(戻り水または泥んこでアシの茂った)じめじめした浅い沼[池, 入江(など)]. **3** (抜け出せない)失意, 堕落(のふち[泥沼]).

Slóugh of Despónd [the ―] (1) (John Bunyan 作 *The Pilgrim's Progress* 中にある)絶望のふち. (2) 絶望の泥沼 (hopeless state), 堕落 (degradation). 〘OE *slōh, sloc(g)*: cf. MHG *slouche* ditch〙

Slough /sláʊ/ *n.* スラウ《イングランド南部旧 Berkshire 州東部の都市》. 〘ME *Slo* 《原義》'SLOUGH², mire'〙

slough·y¹ /slú:i, sláʊi | sláʊi/ *adj.* (**slough·i·er**; **-i·est**) ぬかるみの, 泥の深い, 泥沼のような. 〘(1724) ← SLOUGH², -Y⁴〙

slough·y² /slʌ́fi/ *adj.* **1** かさぶたの, 腐肉の(ような). **2** 抜けがらの(ような). 〘(1483) ← SLOUGH¹, -Y⁴〙

Slo·vak /slóʊvɑ:k, -væk | slə́ʊvæk/ *n.* **1** スロバキア人. **2** スロバキア語 (Slovakian) 《チェック語 (Czech) に似たスラブ語の一つ》. ― *adj.* スロバキアの; スロバキア人[語]の. 〘(1829) ◻ Slovak *Slovák* 《原義》Slav〙

Slo·vak·i·a /sloʊvά:kiə, -vǽk- | slə(ʊ)vǽk-, -vά:k-/ *n.* スロバキア《ヨーロッパ中部の共和国; 1993 年チェコから分離独立; 面積 48,950 km², 首都 Bratislava; スロバキア語名 Slovensko, 公式名 the Slovak Republic》.

Slo·vak·i·an /sloʊvά:kiən, -vǽk- | slə(ʊ)vǽk-, -vά:k-, -kjən/ *n., adj.* =Slovak. 〘(1881) ← SLOVAK, -IAN〙

slov·en /slʌ́vən/ *n.* **1** 身なりのだらしのない男, のらくら者, 不精者 (cf. slattern, slut 1 a). **2** ぞんざいな(仕事をする)人; ずさんなものを書く人. 〘(?*a*1475) *sloveyn* ← ? MFlem. *sloovin* dirty // MDu. *slof* negligent〙

Slo·vene /slóʊvi:n | slə(ʊ)ví:n, sləʊvi:n/ *n.* **1 a** [the ～s] スロベニア族. **b** スロベニア人《Slovenian ともいう》. **2** スロベニア語. ― *adj.* **1** スロベニア (Slovenia) の. **2** スロベニア族[人]の. **3** スロベニア語の (Slovenian). 〘(1883) ◻ G *Slovene, Slowene* ◻ Slovene *Sloven* ← OSlav. *Slověne*: cf. Slovak〙

Slo·ve·ni·a /sloʊví:niə, -njə | slə(ʊ)ví:-/ *n.* スロベニア《ヨーロッパ南東部の共和国 (the Republic of Solvenia); もとユーゴスラビア連邦の一部; 1991 年独立; 面積 20,450 km², 首都 Ljubljana》. 〘↑, -ia¹〙

Slo·ve·ni·an /sloʊví:niən, -njən | slə(ʊ)ví:-/ *n., adj.* =Slovene. 〘(1844) ← G *Slovene*＋-IAN〙

slov·en·ly /slʌ́vənli/ *adj.* (**slov·en·li·er**; **-li·est**) **1** だらしのない, 自堕落な, 締まりのない; 薄汚ない (untidy), 見苦しい (nasty). **2** ぞんざいな, いい加減な, ずさんな (slipshod): ～ grammar. ― *adv.* 薄ぎたなく, だらしなく, ぞんざいに. **slóven·li·ness** *n.* 〘(*a*1515) ← SLOVEN ＋-LY²〙

SYN だらしない: **slovenly** 清潔・整頓に怠惰でだらしない: a *slovenly* man だらしない男. **slipshod** 〈仕事が〉いい加減な: *slipshod* work いい加減な仕事. **untidy** 〈部屋など〉取り散らかした; 〈人や身なりが〉だらしない: an *untidy* room 取り散らかした部屋 / an *untidy* man だらしない男. **unkempt** 《特に髪や衣服が》怠慢により乱れている: *unkempt* hair とかしてない髪. **sloppy** 《口語》きちんとせずいいかげんな: *sloppy* wording ぞんざいな言葉遣い.
ANT neat, tidy.

Slo·ven·sko /*Slovak* slóvensko/ *n.* スロベンスコ《Slovakia のスロバキア語名》.

slow /slóʊ | slə́ʊ/ *adj.* (～·**er**; ～·**est**) **1 a** (速度の)遅い, のろい (↔ fast, quick, rapid, swift): a ～ ball 〘野球・クリケット〙スローボール, 緩球 / a ～ walker [horse] 歩くののろい人[速く走らない馬] / ～ progress [work] 遅い進歩[仕事] / a ～ pulse [tempo] 遅い脈拍[拍子] / a ～ march 緩やかな行進, 緩徐行進(曲); (軍隊の)葬送行進 / a ～ train 普通[鈍行]列車 (cf. express train, FAST² train) / (as) ～ as a swamp turtle とても遅い[のろい] / Why are you so ～? どうしてそんなにのろいのか / *Slow* and sure. 《諺》せいては事を仕損ずる / *Slow* but sure. =*Slow* and steady sure [but steady] wins the race. 《諺》ゆっくり着実なのが勝つ,「急がば回れ」/ The going is ～. =It's ～ going. 進行が遅い. **b** 時間がかかる, 手間どる, ゆっくりした; (…するのに)暇がかかる 〈*to do*〉〔*in doing*〕: a ～ audience 反応の遅い観衆 / a ～ journey 暇のかかる旅行 / ～ growth のろい発育 / a ～ reader [speaker] 読む[話す]のが遅い人 / a ～ recovery 時間のかかる回復 / a ～ disease 進行の遅い病気 / a ～ poison 回りの遅い毒薬 / ～ *at* accounts 計算が遅い / He is ～ *to* pay [*in* paying]. 彼は金払いがよくない (cf. 2 a) / I was not ～ *to* take advantage of it. さっそくそれを利用した. **c** 売れ行きの遅い (slow-moving): goods of ～ sale 売れ行きの遅い商品. **2 a** 〈性質などの〉のろい, 鈍い, 遅鈍な (⇨ foolish **SYN**): a ～ pupil [learner] 覚えの悪い生徒[学習者] / ～ *in* one's movements 動作が鈍い / ～ *of* comprehension [wit] 《古》理解が遅い[気転がきかない] (cf. slow-witted) / (as) ～ as a snail (カタツムリのように)のろまな / He is ～ *to* learn [*in* learning, *at* learning]. 彼は覚えが悪い[勉強ができない] (cf. 1 b). **b** おっとりした; 容易に(怒ったり)しない (cf. 1 b): a ～ but capable worker 機敏ではないが有能な働き手 / ～ *in* one's speech =～ *of* speech [tongue] 口が重い (cf. slow-spoken) / ～ *to* enthusiasm すぐには熱狂しない / ～ *to* wrath [anger] =～ *to* take offense なかなか怒らない / ～ *to* take up arms 容易に武器をとって立ち上がらない / ～ *to* act [*in* acting] 行動が遅い. **3** 活気のない (spiritless), 不活発な (inactive); 不振な, 不景気な (slack): a ～ month [season] 不景気な月[時期] / ～ trading 貿易不振 / Business is ～ in February. 2 月は商売が振るわない[景気が悪い]. **4** 進歩的でない (unprogressive), 時勢に遅れた, 沈滞した: a ～ town 沈滞した町 / ～ developing countries 時代に取り残された発展途上国. **5** (面白くなくて)時の経つのが遅い; 興味のない, つまらない, 退屈な (dull): spend a very ～ evening 退屈な一晩を過ごす / a ～ game [party] 面白くない勝負[パーティー] / I found the book rather ～ (going). その本はかなり退屈だった. **6 a** 〈時計など〉遅れて(いる): a ～ clock 遅れている時計 / My watch is (five minutes) ～. 私の時計は (5 分)遅れている. **b** (時間が)〔…に比べて〕遅れている, 遅い 〔*on*〕: Washington, D. C. is several hours ～ *on* San Francisco. ワシントン(の時間)はサンフランシスコに比べると数時間遅れている. **c** 〈人が〉(時間に)遅れて: He is ～ *in* arriving. 彼の到着が遅い. **7** 〈高速道路の車線が〉低速の; スピードが出せない: ⇨ slow lane. **8** 《スポーツ》〈テニスコートなど〉球が速く進まない, 球をのろくさせる; 〈競技用コースが〉雨上りでぬかっている (cf. sloppy 4 d): a ～ track (足をとられて)速く走れない走路 / a ～ tennis court [wicket] 球のはずみが悪いテニスコート[投球場] / a ～ putting green [billiard table] 球がうまく転がらないグリーン[玉突き台]. **9** 燃え方が弱い, 火力の弱い (cf. low): a ～ fire とろ火 / a ～ oven 火力の弱いオーブン. **10** 〘写真〙 **a** 〈フィルム・乾板など〉感光度の低い. **b** 〈レンズが〉口径の狭い. ***slów off the márk*** ⇨ mark¹ *n.* 成句.
― *adv.* (～·**er**; ～·**est**) 遅く, のろく, 緩慢に; ゆっくり.

語法 (1) 感嘆文で how の次に置かれる時以外は, 常に動詞のあとに置かれる (2) slow は slowly よりも力強く, 主に動詞よりも副詞に重きを置く場合に用いられ口語的である: Drive ～. [標識] 徐行 / This watch goes ～. この時計は遅れる / Trains are running ～. 列車は軒並み遅れている / Speak ～ on the telephone. 電話はゆっくり話しなさい / Take it ～. あわてないで[気をつけて]ゆっくりやれ / Read ～*er*. もっとゆっくり読みなさい / How ～ the time passes! 時間の経つのがまだるっこしいなあ.

gò slów (1) ゆっくり行く, のんびりやる. (2) あわてずにやる; 警戒する, 気をつける. (3) 《英》〈労働者が〉(抗議などのために)怠業する (cf. go-slow, slowdown).
― *vt.* 遅くする, 遅らせる; 〈列車・船など〉の速力を減じる (retard); 〈人を〉のんびりさせる 〈*down, up*〉: ～ one's pace 歩調を緩める / ～ the economic recovery 経済復興を遅らせる / ～ *down* [*up*] a car 車のスピードを落とす / You had better ～ him *down*. (大分疲れているようだから)彼にのんびりやるように忠告したほうがいい. ― *vi.* 遅くなる, 遅れる; 速力が減じる; 〈人が〉のんびりする; (高齢・病気などで)活力[元気]が衰える 〈*down, up*〉: Inflation has ～*ed* (*down*). インフレ(の速度)が弱まった / The train ～*ed down* and stopped [～*ed* to a stop]. 列車は速度を落として止まった / You ought to ～ *down*. (体のことを考えて)もっとのんびりやりたまえ / He is beginning to ～ *up*. 彼も少々衰え始めた.
～·ness *n.* 〘OE *slāw* < **slēwaz* (Du. *slee(uw)* sour, blunt) ← ?〙

slów-búrning *adj.* 燃えの遅い; 〈建築物など〉不燃性物質で造られた: ～ construction 準耐火構造. 〘*a*1716〙

slów·còach *n.* 《英口語》=slowpoke. 〘1837〙

slów cóoker *n.* 緩速調理鍋, スロークッカー《肉などを比較的低い温度で数時間調理するための電気鍋》.

slow·down /slóʊdàʊn | slə́ʊ-/ *n.* **1** [比喩的にも用いて] 速力を落とす[緩める]こと, 減速: a business ～ 景気の減退. **2** 《米》〘労働〙スローダウン(ストライキ) (《英》go-slow) 《抗議行動として操業ペースを落とすこと; cf. sit-down 2》. 〘1897〙

slów dràg *n.* **1** 〘音楽〙ゆっくりしたブルースのリズム(の曲), スローな曲. **2** 《米学生俗》正式な[退屈な]ダンスパーティー. 〘1911〙

slów-drág *vi.* 〘音楽〙slow drag に合わせて踊る. 〘1935〙

slów-fóoted *adj.* 足の遅い, のろい (slowgoing), ゆっくり進展する: a ～ ship. **～·ness** *n.* 〘1642〙

slów gàit *n.* 〘馬術〙スローゲイト, 緩歩(ﾅﾐｱｼ)歩様《American saddle horse の 5 歩様の一つ; ゆっくりとした足どりで脚を上げたのち一瞬停止させてから下ろす踊るような歩法》. 〘1940〙

slów·góing *adj.* **1** のんびり歩く. **2** ゆっくりした, 悠長な, のんきな. 〘1798〙

slów hándclap *n.* 《英》ゆっくりしたリズミカルな手拍子《特に観客などが不満やいらだちを表すためにする》.

slów láne *n.* (高速道路の)低速車線 (cf. fast lane).

slów lóris *n.* 〘動物〙スローロリス (⇨ loris b). 〘1882〙

slów·ly /slóʊli | slə́ʊ-/ *adv.* 遅く, のろく, ゆっくり (⇨ slow *adv.* 語法 (2)): He ～ walked [walked ～] down the road. ゆっくりと道を歩いて行った. ***slówly but súrely*** ゆっくりだが確実に(進んで). 〘((OE)) (*c*1350) *slāwlīce*〙

slów márch *n.* 〘軍事〙ゆっくりした行進 (cf. slow time 2).

slów mátch *n.* (爆発用などの)火縄, 導火線[索]. 〘1802〙

slów-mótion *adj.* 〘映画・テレビ〙(高速度撮影による)スローモーションの: a ～ picture スローモーション映画. 〘1923〙

slów mótion *n.* 〘映画・テレビ〙 **1** スローモーション. **2** スローモーションのような動き: in ～ のろのろした動き方で. 〘1924〙

slów-móving *n.* **1** 足[歩行]の遅い, のろい: ～ traffic. **2** 売れ行きの遅い. 〘1644〙

slów néutron *n.* 〘物理〙低速中性子. 〘1934〙

slów óven *n.* (時間をかけて調理するよう)比較的低温にセットしたオーブン.

slów-pítch *n.* =slo-pitch.

slów·pòke *n.* 《米口語》(動作の)鈍い人, のろま, のみ込みの遅い[悪い]人; 時代遅れの人 (《英》slowcoach). 〘1848〙

S

slów púncture *n.* 徐々に空気が抜けていくパンク.

slów reáctor *n.* 〘原子力〙低速(中性子)炉《低速中性子 (slow neutron) を用いる原子炉》. 〖1949〗

slów-reléase *adj.* 〘化学・薬学〙緩効性の.

slów róll *n.* 〘航空〙=aileron roll.

slów-scàn *adj.* 〘通信〙低速走査の, スロースキャンの《通常より低速で走査することにより狭帯域の信号を得る》. 〖1955〗

slów-spóken *adj.* ゆっくりしゃべる; 口の重い. 〖1821〗

slów time *n.* **1** 《口語》(夏時間 (summer time) に対して)標準時 (standard time). **2** 〘軍事〙ゆっくりした歩調《普通一分間 65–75 歩で葬送の行進などの歩調》. 〖1802〗

slów-twìtch *adj.* 〘生理〙(特に持久力を必要とする運動で)〈筋繊維が〉ゆっくり収縮する, 遅い収縮の (cf. fast-twitch).

slów-ùp *n.* (行動・進歩などの)遅れ, 遅滞; 低下.

slów vìrus *n.* 〘細菌〙遅発(型)ウイルス《感染した人体にほとんどその人が死ぬまで残っていて多くの慢性の病気の原因になると信じられている》. 〖1954〗

slów wàve *n.* **1** 〘電気〙低速波. **2** 〘生理〙除波, デルタ波 (delta wave).

slów-wítted *adj.* のみ込みの遅い[悪い], 血の巡りの遅い[悪い], 頭の悪い, 愚鈍な (dull-witted). **～·ly** *adv.* **～·ness** *n.* 〖1517〗

slów·wòrm *n.* 〘動物〙=blindworm 1. 〖OE *slāwyrm* ← *slā* ? slime＋WORM〗

sloyd /slɔ́ɪd/ *n.* スウェーデン式手工教育練習《もと Sweden で始められた木彫を主とする工作訓練教育》. 〖(1884) ▭ Swed. *slöjd* skill, skilled labor: cog. ON *slœgð* (⇨ sleight)〗

slp. 《略》slip.

s.l.p. 《略》〘法律〙*L.* sine lēgitimā prōlē (=without legitimate offspring).

SLP 《略》《米》Socialist Labor Party.

SLR 《略》〘写真〙single-lens reflex.

slub /slʌ́b/ *vt.* (**slubbed**; **slub·bing**) 〈細く仕上がった羊毛・綿の篠(しの)〉にゆるいよりをかける, 始紡する. ── *n.* (ゆるいよりをかけた)粗紡糸, 始紡糸, より綿, 篠の部分のある糸; スラブ《糸中の柔かくふくらんだ太い斑の部分》. ── *adj.* 〈糸が〉不均斉な, でこぼこの. 〖(1774) ← ?〗

slub·ber¹ /slʌ́bə | -bə(r)/ *vt.* **1** そんざい[軽率, 不注意]に行う 〈*over*〉: ～ *over* the work. **2** 《英方言》汚す (stain). 〖(1530) (変形) ? ← SLOBBER〗

slúb·ber² *n.* 始紡機, スラッバー《綿紡績の粗紡工程中第一番目に用いる機械》.

slub·ber·de·gul·li·on /slʌ̀bədʒ̀gʌ̀liən, ←–––/ | slʌ̀bədɪɡʌ́liən/ *n.* 《古・方言》くだらない人, ろくでなし. 〖(*a*1616) ← ? SLUBBER¹＋《方言》*gullion* wretch (《転訛》← CULLION)〗

slúb·bing *n.* スラッビング《綿・羊毛などの篠(しの) (sliver) を引き伸ばし, 軽い撚(よ)りをかけること; cf. roving¹》. 〖1779〗

sludge /slʌ́dʒ/ *n.* **1** (ぬるぬるの)泥 (mud, mire); ぬかるみ, 雪解けのぬかるみ. **2 a** (川底の)軟泥, へどろ (ooze), (下水の)汚泥. **b** (ボイラー・タンクなどの中の)沈澱物, おり, スラッジ (sediment). **c** (ボーリングの際に出る)泥水. **3** (海上の)軟氷《氷晶が密集したもの》. **4** (木・金属などの)切りくず, 削りくず (swarf). **5** 〘鉱山〙泥滓(でいし), (試錘(しすい)の)切粉(きりこ). **6** 〘医学〙赤血球の血管内凝集物. **7** 〘化学〙=activated sludge. ── *vt.* **1 a** 泥にする. **b** 泥で満たす. **2** 泥をさらう. **3** 〘医学〙(血管内で)〈赤血球〉の凝集沈殿を起こさせる. 〖(1649) 《転訛》? ← SLUSH: cf. 《方言》*slutch* mud, mire ← ?〗

slúdged blóod *n.* 〘医学〙泥血 (⇨ sludge 6).

slúdge·wòrm *n.* 〘動物〙(堀・池・沼などの泥質の水底に無数に生息する貧毛類の)イトミミズの一種 (*Tubifex tubifex*)《小魚の生餌になる》.

sludg·y /slʌ́dʒi/ *adj.* (**sludg·i·er**; **-i·est**) どろどろの, 泥だらけの, ぬかるみの (muddy). 〖1782〗

slue¹ /slúː/ *vt.* **1** 〈帆柱などを〉(その場で)旋回させる, 回転させる. **2** 〈物を〉回転させる 〈*around, round*〉. ── *vi.* 回転する, 旋回する 〈*around*〉. ── *n.* **1** 旋回. **2** 旋回位置. 〖(1769) ← ?〗

slue² /slúː/ *n.* 《米口語》=slew⁴.

slue³ /slúː/ *n.* =slough¹ 2. 〖《異形》← SLOUGH²〗

sluff /slʌ́f/ *n.* **1** 〘トランプ〙=slough¹ 4. **2** =discard 1. ── *vt., vi.* =discard 1.

slug¹ /slʌ́g/ *n.* **1** 〘動物〙ナメクジ《コウラナメクジ科の軟体動物の総称; チャイロコウラナメクジ (*Limax maximus*), コウラナメクジ (*L. flavus*) など》. **2 a** 怠け者, のらくら者. **b** 《米口語》のろい船[車, 人など]. **3 a** 〘動物〙=sea slug 2. **b** 〘昆虫〙ナメクジ型をしたハバチやチョウやガの幼虫 (pear slug, rose slug など). ── *v.* (**slugged**; **slug·ging**) ── *vi.* **1** 怠ける, ぐずぐずする, のらくらする: ～ in bed, indoors, etc. **2** のろのろ行く. **3** 《英》(庭園などで)ナメクジを集める[殺す]. ── *vt.* 〈時を〉のらくら過ごす. 〖(*c*1390) *slugge* ← ? Scand. (cf. Norw. 《方言》*slugg*)〗

slug² /slʌ́g/ 《米口語》*v.* (**slugged**; **slug·ging**) ── *vt.* **1** 強打する (hit hard); (げんこつで)殴る (⇨ strike SYN). **2** (野球などで)〈球を〉遠くまで飛ばす. **3** 《豪口語》高値をふっかける. ***slúg it óut*** 《米》最後まで戦い抜く. ── *n.* **1** 《口語》強打 (slog). **2** 《豪口語》法外な値段. 〖(1862) ↑?; slog〗

slug³ /slʌ́g/ *n.* **1** 〘冶金〙塊状の重いあら金. **2** (昔用いた銃の)ざら弾(だま), (空気銃などの)ばら弾, 散弾; (ピストルの)弾. **3** 《米口語》(ストレートで飲む)ウイスキーなどの一口[杯] (shot): take a ～ of whiskey ウイスキーを一口[杯]飲む. **4 a** 50 ドル私鋳金貨《1851–55 年米国 California 州でいろいろ私的な事情で発行された; 円形と八角形がある》. **b** 《米》(一定のコイン販売機用の)代用硬貨. **c** 50 ドル金貨の形をした記念メダル. **5** 〘印刷〙スラッグ: **a** 6 ポイント以上のインテル. **b** ライノタイプの 1 行分の活字塊. **6** 〘物理〙スラッグ《質量の単位; 約 32.2 ポンドに相当; 1 ポンドの力が 1 スラッグの質量をもった物体に作用すると, 1 フィート毎秒毎秒の加速度を生じる》. **7** 〘ジャーナリズム〙(新聞・雑誌の)見出し. **8** 〘紡織〙節《絹・毛糸にできたむらのある太い部分・こぶ》. ── *v.* (**slugged**; **slug·ging**) ── *vt.* **1 a** 〈銃〉に弾を込める, 装填する. **b** 《米》…に代用貨幣を投入する. **2** 《口語》〘印刷〙**a** スラッグ替えをする. **b** 〈校正刷〉の行頭をチェックする. **3** 〘金属加工〙〈溶接の継ぎ目〉に金属片を挿入する. 〖(1622) (特殊用法) ? ← SLUG¹ (↑)〗

slúg·abèd *n.* 寝坊, なまけ者. 〖(1595–96) ← SLUG¹ (n.)＋ABED〗

slúg·càsting *n.* 〘印刷〙行鋳植 (⇨ linecasting).

slúg·fèst *n.* 《米口語》**1** (ボクシングなどの)激しい打合い; 激しい争い. **2** (野球の)乱打戦, 激しい打撃戦. 〖(1916) ← SLUG²＋-FEST〗

slug·gard /slʌ́gəd | -gəd/ *n.* 怠け者 (idler), のらくら者 (lounger), 無精者, 物ぐさな人. ── *adj.* 怠ける, 怠慢な. **～·ness** *n.* 〖(*a*1398) *sluggart, slogard* ← ? *sluggi* lazy ← ? ON: cf. Norw. *sluggjen* slow, backward): ⇨ -ard: cf. slug¹〗

slúg·gard·ly *adj.* 怠け者[のらくら者]の, ものぐさな (slothful, lazy). **-li·ness** *n.* 〖1865〗

slug·ger /slʌ́gə | -gə(r)/ *n.* 《米口語》**1** 〘野球〙スラッガー, 強打者. **2** (通例ディフェンスに難があるが)強打の持ち主のプロボクサー. 〖(1877) ← SLUG²〗

slúg·ging àverage [**percèntage**] *n.* 〘野球〙長打率《総塁打数を打席数で割って出す比率; cf. batting average》.

slúgging màtch *n.* =slugfest.

slug·gish /slʌ́gɪʃ/ *adj.* **1** ぐずぐず[のろのろ]した, 無精な (inactive), ものぐさな (lazy): a ～ idler, temperament, etc. **2** 動きののろい, 反応[機能]の鈍い (⇨ inactive SYN): a ～ liver. **3** のろい (slow), 緩慢な, 緩やかな: a ～ stream, current, etc. / a ～ tale 退屈な物語. **4** 不振な, 不景気な, 不活発な (stagnant, dull): a ～ market. **～·ly** *adv.* **～·ness** *n.* 〖(*c*1450) ← SLUG¹, -ISH¹〗

slúg pèllet *n.* ナメクジ駆除用粒剤. 〖1960〗

sluice /slúːs/ *n.* **1 a** (水の流れを止めたり調整したりする水門のついている)堰(せき). **b** (水門でせきとめられている)堰水. **2** (堰・ドックの)水門, 樋(ひ)門 (floodgate)《水門の上げ下げ扉; sluice gate ともいう》: open [let, loose, free] the ～*s* 水門を開く, どっと水を流す. **3 a** 堰水[水門]を思わせるもの. **b** 洪水, 奔流, 大雨: great ～*s* of rain 洪水のような大雨. **c** こらえた感情の奔流: open the ～*s* of rebellion 造反の感情をほとばしらせる. **4 a** =sluiceway 1. **b** 水門から流れ出る水; 排水溝. **5** (木材を流す)樋(とい), 人工水路: a lumbering ～. **6** 〘鉱山〙(砂金採取場の)流し樋, 洗鉱おけ. **7** 《口語》水を流したまま簡単に洗うこと. ── *vt.* **1** (水門を開いて)〈貯水池・湖など〉の水を流す, 放水する 〈*out, down*〉. **2** どっと流す, ほとばしらせる. **3** 水門を開いて〈水を〉引く: ～ water *into* [*from, out of*] the pond 池へ[から]水を引く. **4** 水を流して洗う[掃除する]. **5** 〈丸太などを〉人工水路に流し落とす. **6** 《米・豪》〘鉱山〙流し樋で〈含金鉱〉から砂金を採る 〈*out*〉. ── *vi.* 〈水が〉水門を流れ出る, 奔流する. **～·like** *adj.* 〖(1340) *scluse* ▭ OF *escluse* (F *écluse*) < VL **exclūsam* (fem. p.p.) ← L *exclūdere* 'to EXCLUDE'〗

slúice gàte *n.* =sluice 2. 〖1781〗

slúice vàlve *n.* **1** =sluice 2. **2** 仕切り弁, 制水弁 (gate valve). 〖1889〗

slúice·wày *n.* **1** (水門のある)人工水路, 放水路. **2** =sluice 5. **3** 〘鉱山〙=sluice 6. 〖1779〗

sluit /slúːt, slúːɪt/; *Afrik.* slœ̀t/ *n.* 《アフリカ》(豪雨によってできた通例水のない)溝, 谷 (dry ditch). 〖(1818) ▭ Afrik. ～ ▭ Du. *sloot*〗

slum¹ /slʌ́m/ *n.* **1** [しばしば *pl.*] 貧民窟(くつ), 細民街, スラム(街): the ～*s* (of a city) / live in the ～*s*. **2** [形容詞的に]スラムの, スラムに関する, スラムに特徴的な: a ～ area スラム地域. ── *v.* (**slummed**; **slum·ming**) ── *vi.* **1** (好奇心または慈善心から)スラム街を訪れる: go ～*ming* (特に, 好奇心から)スラム街を訪れる. **2** ひどく安上りな生活をする; 《口語》ひどくむさ苦しい生活をする. ── *vt.* [～ it として] =*vi.* 2. **～·mer** *n.* 〖(1812) ← ? : 《原義》room〗

slum² /slʌ́m/ *n.* **1** 泥鉱 (slime). **2** (潤滑油の使用中に生じる)残りかす, おり. 〖(1874) ▭ ? G *Schlamm*〗

slum·ber /slʌ́mbə | -bə(r)/ 《文語》*vi.* **1 a** 眠る (sleep): ～ deeply [lightly, peacefully] 深く[浅く, すやすやと]眠る. **b** (特に)静かに[すやすやと]眠る; まどろむ (doze). **2** 活動しない, 休止する (stagnate): The volcano had ～*ed* for years. その火山は長年の間活動していなかった. ── *vt.* **1** 〈時を〉眠って[無為に]過ごす 〈*away, out*〉: ～ one's life *away* 無為に一生を過ごす. **2** 眠って…を払いのける[忘れる] 〈*away*〉: ～ one's trouble *away* 眠って心の憂さを晴らす[忘れる]. ── *n.* **1 a** [しばしば *pl.*] 眠り, 睡眠 (sleep): a deep [fitful, light] ～ / fall into (a) ～ 眠りに落ちる / awake from one's ～(*s*) 眠りから目を覚ます. **b** (特に静かな眠り; 浅い眠り, まどろみ; 仮眠. **2** 無活動状態, 沈滞 (lethargy). **～·er** *n.* **～·ness** *n.* 〖(*a*1250) *slum(b)ere(n)* (freq.) ← *slume(n)* to doze ← ? *slume* sleep < OE *slūma* ← Gmc **slūm-* ← ? IE **(s)leu-* to hang loosely〗

slúmber·lànd *n.* 眠りの国《子供が睡眠中に入り込むという想像上の国》. 〖1882〗

slum·ber·ous /slʌ́mb(ə)rəs/ *adj.* 《主に詩》**1** 眠い, 眠たがる, うとうとしている (drowsy): ～ eyeylids 眠そうなまぶた. **2** 眠気を催す, 眠くなる, 睡眠の: a ～ sound 眠くなるような音 / a ～ potion 睡眠剤. **3 a** 睡眠の, 睡眠を思わせるような, 眠っているような. **b** 無活動の (inactive), 怠惰な (sluggish). **c** 静かな (quiet). **～·ly** *adv.* 〖(*a*1398): ⇨ -ous〗

slúmber pàrty *n.* 《米》パジャマパーティー (pajama party)《子供たち(特に 10 代の少女たち)がパジャマ姿で同性の友人宅で一夜を語り明かすパーティー》. 〖1925〗

slúmber·wèar *n.* 夜着 (nightclothes). 〖1909〗

slum·ber·y /slʌ́mb(ə)ri/ *adj.* =slumberous. 〖*c*1390〗

slum·brous /slʌ́mbrəs/ *adj.* =slumberous.

slúm clèarance *n.* スラム街撤去(政策).

slúm·dwèller *n.* (都市の)スラム街居住者. 〖1977〗

slum·gul·lion /slʌ́mgʌ̀ljən, ←–/ *n.* 《米》**1** 《方言》スラングリアン(シチュー)《水っぽい肉のシチュー》. **2** 薄めた飲物《水っぽい茶・コーヒーなど》. **3** 鯨の死体を処理した残りのくず. **4** 〘鉱山〙洗鉱用樋(とい)の赤みがかって濁った沈澱物. 〖(1872) ← SLUM²＋《方言》*gullion* (⇨ slubberdegullion)〗

slúm·ism /-mɪzm/ *n.* 《米》スラム街の存在[激増].

slúm·lòrd *n.* 《米口語》(法外な家賃を課する)スラム街住宅の悪徳家主. **～·ship** *n.* 〖1893〗

slum·mock /slʌ́mək, -mɪk | -mək/ *n., vi.* 《方》=slommack.

slum·my /slʌ́mi/ *adj.* (**slum·mi·er**; **-mi·est**) 貧民窟(くつ)の, スラム(街)の. 〖*a*1860〗

slump /slʌ́mp/ *vi.* **1 a** 〈物価などが〉暴落する, がた落ちになる. **b** 〈事業・人気などが〉急に落ちる, 不振に陥る. **c** 〈元気などが〉急になくなる, 意気消沈する. **2 a** どすんと落ちる. **b** どさっと倒れる[くずれ落ちる] (collapse); どっかり腰をかける: ～ to the floor 床にくずれ落ちる / ～ in one's chair どっかと椅子に腰をかける. **3** (沼地・雪・氷を踏んで)〔…に〕落ち込む, はまり込む 〔*into*〕: ～ *into* the cleft 裂け目に落ち込む. **4** 前かがみになる, 腰[背中]を曲げる; 〈土砂や岩石などが〉斜面を転がり落ちる. ── *n.* **1 a** (経済全般の)不況, 不景気. **b** (物価などの)暴落, がた落ち, 投げ相場 (sudden fall) (cf. boom¹ 1). **c** (事業の)不振, 不調. **d** 不人気, 不評, 人気がた落ち. **e** [the S-] =Great Depression. **2** 《米》意気消沈; スランプ, 不調[振]期: be in a ～ スランプに陥る / be in a batting ～ 打撃スランプに陥る. **3** どさりと落ちる[落ち込む]こと. **4** 前かがみになること, 前かがみの姿勢. **5** 地滑り (landslide). **6** 〘土木〙スランプ(値), さがり《スランプ試験 (slump test) による検査値》. 〖(*a*1677) ← ? Scand. (cf. Norw. *slumpa* to fall (upon))〗

slumped /slʌ́mpt/ *adj.* 〔…にもたれかかって〕ぐたっとなって 〔*against, over, in*〕.

slump·fla·tion /slʌ̀mpfléɪʃən/ *n.* スランプフレーション《不況時のインフレ》. 〖(1974) 《混成》← SLUMP＋(IN)FLATION〗

slúmp tèst *n.* 《英》〘土木〙スランプ試験《未硬化コンクリートの品質を調べるための簡便な試験》. 〖1920〗

slung /slʌ́ŋ/ *v.* sling の過去形・過去分詞. 〖ME (pret.) *slong* & (p.p.) *slongyn*〗

slúng·shòt *n.* 《米》スラングショット《鎖・革ひもの先に重い金属(分銅)・石などを付けた武器》. 〖1842〗

slunk¹ /slʌ́ŋk/ *v.* slink の過去形・過去分詞. 〖(1600): cf. OE *sluncon* (pret. pl.)〗

slunk² /slʌ́ŋk/ *n.* =slink. 〖← SLUNK (p.p.)〗

slur /slə́ː | slə́ː(r)/ *v.* (**slurred**; **slur·ring**) ── *vt.* **1** 〈言葉を〉不明瞭に続けて発音する, (言葉の区切りをはっきりさせないで)早口にしゃべる. **2** 文字を続けて書く, 続け字で書く. **3 a** (軽く, または適切な言及・考慮をしないで)〈事実・過失などを〉簡単に処理する, 見逃す, 見ないふりをする, 看過する 〈*over*〉: ～ (*over*) a person's faults, crimes, etc. **b** 〈仕事・義務などを〉急いでやる, ぞんざいにやる: ～ one's lesson. **4** 〘音楽〙〈音符を〉切れ目なく演奏する[歌う]; 〈音符〉にスラーをつける. **5** 引っぱる, 引きずる. **6** 《米》《英古》けなす (disparage), くさす, 悪く言う (depreciate), 中傷する (calumniate). **7** 《英方言・古》汚す (stain). ── *vi.* **1** 早口で不明瞭に発音する[書く]. **2** 急いで[ぞんざいに]やる. **3** 切れ目なく歌う[演奏する]. **4** 〘印刷〙(印刷面が)ぶれる. ── *n.* **1** そしり, 軽蔑 (slight). **2** 恥辱, 汚名, 名折れ (blot, stain): put [throw, cast] a ～ (up)on [cast ～*s* at] a person's good name 人の名に泥を塗る, 人の名声に傷をつける. **3** 不鮮明に続けて発音すること; 書き方[発音, 歌い方]の不鮮明な部分. **4** 〘音楽〙スラー《2 つ以上の音符につける弧線 (⌒); これらの音符は切れ目なく演奏される; cf. tie 7》. **5** 〘印刷〙(紙面の)ぶれ. 〖(1602) ← 《方言》*slur* mud (変形) ← ?: cf. MDu. *slore* sluttish woman〗

slurbs /slə́ːbz | slə́ːbz/ *n. pl.* 《米俗》スラム街同然の郊外. 〖(1962) 《混成》← SL(UM¹)＋(SUB)URB: ⇨ -s¹〗

slurp /slə́ːp | slə́ːp/ 《口語》*vt.* 〈飲み物・流動食を〉音を立てながら口に吸い込む. ── *vi.* 音を立てて飲食する. ── *n.* 音を立てながら口に吸い込むこと. 〖(1648) ▭ Du. *slurpen* to sip〗

slurred /slə́ːd | slə́ːd/ *adj.* 〈発音が〉不明瞭な.

slur·ry /slə́ːri | slʌ́ri/ *n.* **1** スラリー, 懸濁液《泥・粘土・セメントなどと水の混合物》. **2** 〘窯業〙濃度の薄い泥漿(でいしょう) (thin slip). ── *vt.* スラリーにする, 懸濁液にする. ── *adj.* 懸濁液の, スラリーの. 〖(*a*1438) *slory* ← ? *sloor*: ⇨ slur〗

slush /slʌ́ʃ/ *n.* **1 a** 半解けの雪; 湿った雪. **b** (北氷洋などでの)軟氷 (sludge). **2** 軟泥 (soft mud), ぬかるみ, どろどろのもの (mire). **3** 《口語》くだらない安っぽい感傷; 愚痴, 泣き言; ばかげてくだらないこと (trash); センチメンタルな読み物[話]. **4** (シロップをかけた)かき氷. **5** 機械油, 潤

滑油 (lubricating oil). **6** 白鉛石灰混剤《機械の光る部分のさび止め用》. **7**【海事】(調理中に廃物として出る)脂肪《船では昔これをいろいろに利用した》. — *vt.* **1** …に雪水[どろどろの雪, 泥]をはね飛ばす, 雪水[どろどろの雪, 泥]で汚す, ぬらす. **2** …に油[潤滑油, さび止め]を塗る. **3** 〈壁・ブロックの継ぎ目〉にしっくい[セメント]を詰める〈*in, up*〉. **4** 〈甲板などを〉ざーっと水を流して洗う. — *vi.* **1** 雪解け道[ぬかるみの中]を歩く. **2** (ぬかるみで)水をはねる音を立てる. 〘(1641) ← ? Scand. (cf. Norw. *slusk* slop, slush): cf. sludge〙

slúsh càsting *n.*【金属加工】殻(から)鋳物, 半融鋳造法《半溶融状態の金属を鋳型面に流して中空状の鋳造品を作る方法; slush molding ともいう》. 〘1930〙

slúsh fùnd *n.*《米》**1** (買収など政治運動に用いられる)不正資金, 賄賂(わいろ)用の資金. **2** (船の)調理残りの油を売却して作った資金. 〘1839〙

slúsh mòlding *n.*【金属加工】=slush casting.

slush·y /slʌ́ʃi/ *adj.* (**slush·i·er**; **-i·est**) **1** 雪解けの, 雪水の; 泥だらけの, ぬかるみの: a ~ road. **2**《口語》安っぽくて感傷的な; くだらない, 愚にもつかぬ (rubbishy, trashy). — *n.*《豪俗》未熟な台所手伝い. **slúsh·i·ly** /-ʃɨli/ *adv.* **slúsh·i·ness** *n.* 〘(1791) ← SLUSH, -Y[1]〙

slut /slʌ́t/ *n.*《軽蔑》**1 a** だらしのない女 (slattern) (cf. sloven 1). **b** ふしだらな女, 身持ちの悪い女; (特に)売春婦 (prostitute). **c** おてんば娘, あばずれ女, はすっぱ女, あま (hussy). **d**《古・戯言》女 (girl). **2**《古》雌犬 (bitch). 〘(1402) *slutte* ← ? : cf. G《方言》*Schlutt*〙

slút·tish /-tɪʃ | -tɪʃ/ *adj.* ふしだらな; だらしのない. **~·ly** *adv.* **~·ness** *n.* 〘(*c*1395): ⇨ ↑, -ish[1]〙

SLV《略》【宇宙】satellite launching vehicle 衛星打上げ用ロケット.

sly /sláɪ/ *adj.* (**sli·er**; **~·er**; **sli·est**, **~·est**) **1** 〈人・動物・その態度などが〉ずるい, こすい, 悪賢い, 陰険な, 何食わぬ顔をした: (as) ~ as a fox とてもずるい / He is a ~ dog. あいつはずるいやつだ / a ~ smile 何食わぬ笑い / ask ~ questions 人の悪い質問をする. **2** ひそかな, こっそりの (secret): a ~ glance ひそかないちべつ. **3** いたずらな, 茶目な (arch), ふざけた, ひょうきんな: ~ jests 冗談, ひやかし. **4**《豪俗》不法の, 密輸の (illicit): ~ grog. ***on the slý***《口語》こそこそと, 内証で, 秘密に (secretly). **~·ness** *n.* 〘(?*c*1200) *sleh, sley, sli(ğ)* ◻ ON *slǣgr* clever, cunning,《原義》able to strike ← *slōg-* (stem) ← *slā* to strike: cf. slay[1], sleight〙

SYN ずるい: **sly** 言い抜けしたり, ごまかしたり, あるいはこっそり人をだまして目的を達しようとする: a *sly* look 何食わぬ顔. **cunning** 悪知恵をはたらかせてうまく立ち回る: a *cunning* thief ずる賢い泥棒. **crafty** 巧妙に人を欺いて目的を達する《*cunning* よりもさらに高度の策を弄する巧妙さを暗示する》: a *crafty* politician 狡猾(こうかつ)な政治家. **foxy**《略式》人を抜け目なく欺く《若者や初心者には用いない》: a *foxy* old man 悪賢い老人. **wily** 人をだましたり, 裏切ったりしても自分のほしいものを手に入れるのがうまい: *wily* schemes 陰険な策略. **tricky** 平気で人をだまして当てにならない: a mean and *tricky* person 卑劣で油断のならぬ人.

---

slý·bòots *n. pl.* [単数扱い]《口語》いたずら者《★ 特に, 子供・動物などについていう》; こすい[ずるい]やつ. 〘(*a*1700): ⇨ ↑, boots〙

slý gròg *n.*《豪》密売酒.

slý·ly *adv.* **1** ずるく, こすく (shrewdly). **2** こっそりと, 内証で (secretly). **3** いたずらっぽく. 〘?*a*1200〙

slype /sláɪp/ *n.*《英》渡り廊下《特に, 大聖堂 (cathedral) の袖廊 (transept) から聖堂参事会堂 (chapter house) へ通じる》. 〘(1860) ← ? (方言) *slipe* long narrow piece ← ? SLIP[2]: cf. Flem. *slijpe* place for slipping in and out〙

sm《記号》San Marino《URL ドメイン名》.

Sm《記号》【化学】samarium.

SM《略》L. Scientiae Magister (=Master of Science); Sergeant Major;【宇宙】service module;【詩学】short meter [measure]; Society of Mary マリア会; Soldier's Medal; stage manager; State Militia 州兵; stationmaster.

sm.《略》small.

s/m, S-M, SM《略》sadomasochism, sadism/masochism.

SMA《略》【軍事】sergeant major of the army.

smack[1] /smǽk/ *vt.* **1 a** (平手などで)ぴしゃりと打つ (⇨ blow[2] SYN): ~ a table, a naughty child, etc. / ~ a person's face [cheek] *with* one's hand 人の顔[ほお]をぴしゃりと打つ. **b** 〈物を〉ぺたん[ばたん]と置く. **c** 〈ボールなどを〉はし[ぱかーん]と打つ. **2** 音を立てて[ちゅっと]…にキスをする: ~ a person *on* the cheek 人のほおにちゅっとキスをする. **3 a** (おいしい物を食べるときなどに)〈両唇を〉開けたり閉じたりしてぴちゃぴちゃ音を立てる, 舌鼓を打つ: ~ one's lips *over* a favorite dish 好物に舌鼓を打つ. **b** 舌鼓を打って〈飲食物を〉食べる. **4** 〈むちなどを〉ぴしぴしいわす, ぱちぱち鳴らす. — *vi.* **1** ぴしゃり[ぴしっ]と打つ, ぴしゃりと当たる〔*against*〕. **2** 音を立ててちゅっとキスをする. **3** 舌鼓を打つ: ~ *at* …に舌鼓を打つ, 舌を鳴らす.

smáck dówn《俗》〈出過ぎた人を〉しかる, 卑しめる. (1801)

— *n.* **1** 平手打ち, ぴしゃり; ぽかーんと打つこと. **2** ちゅっというキス (loud kiss): He gave her a hearty ~. 彼女にちゅっとキスをした. **3** 舌鼓 (cf. *vt.* 3 a, *vi.* 3): a ~ of the lips. **4** (むちなどの)ぱちぱちいう音; ぴゅーぴゅーいう音: a ~ of the whip. ***gèt a smáck in the éye [fáce]***《英口語》(1) 出鼻をくじかれる, ひじ鉄を食らう, 拒絶される. (2) 挫折[絶望]する. (1827) ***hàve a smáck at***《英口語》…をやってみる (attempt).

— *adv.*《口語》**1** ぴしゃりと (cf. bang[1], bump[1], plump[2], snap, etc.); いきなり激しく: He hit me ~ in the face. 彼は私の顔をぴしゃりと打った / go ~ into the ditch いきなり溝の中に落ちる. **2** ちょうど, まともに (exactly); 真正面に (directly): run ~ into …と正面衝突する.

〘(1557) ◻ ? MLG & MDu. *smacken*《擬音語》?〙

smack[2] /smǽk/ *n.* **1** 味, 風味, 香り (taste), 持ち味; 独特の風味: a tea with a smoky ~ いぶしたような香りのする紅茶 / a ~ of the cask in wine ワインにあるたるの移り香. **2** 気味, 風味 (dash), …じみたところ[点], …くさいところ[点] (savor)〔*of*〕: a ~ *of* bravado 威張り気味 / a ~ *of* the pedant [the sea] 学者ぶった[船乗りらしい]ところ. **3** 少々, 少し [trace]〔*of*〕: add a ~ *of* pepper to a dish 料理にこしょうを少々加える.

— *vi.* **1**〔…の〕味がする, 風味がある, 香りがある〔*of*〕: Southern cookery ~*s of* oil. 南国料理はオイルの味がする / It ~*s* well [like pepper]. 味がよい[こしょうのような味がする]. **2**〔…の〕気味がある, …らしいところがある, …くさい〔*of*〕: She ~*s of* pride. 少々鼻にかける.

〘OE *smæc* ← Gmc **smak-* (Du. *smaak* / G *Geschmack*) ← IE **smeg(h)-* to taste〙

smack[3] /smǽk/ *n.* **1**《英》スマック《縦帆式 (fore-and-aft) 帆装の沿岸貿易または漁業用の小型帆船》. **2**《米》スマック《船内生簀(いけす)の設備のある小型の漁船; smack boat, well smack ともいう》. 〘(1611) ◻ Du. *smak* & LG *smacke* ← ?〙

smack[4] /smǽk/ *n.*《俗》ヘロイン (heroin). 〘(1942) ?〙

smáck-báng *adv.*《英》=smack-dab.

smáck-dáb *adv.*《米口語》直接に (directly), まっこうから, 真正面に, まともに (squarely), 正に (right). 〘(1892) ← SMACK[1] (adv.)〙

smáck·er *n.* **1**《俗》**a**《米》1 ドル (dollar): a hundred ~*s* 100 ドル. **b**《英》1 ポンド (pound). **2**《俗》ちゅっというキス. **3** ぴしゃりと打つ人. **4** ぴしゃりと音のする打撃. **5** 舌鼓を打つ人. 〘1661〙

smack·er·oo /smæ̀kərúː/ *n.* (*pl.* **~s**)《米俗》**1** 強い一打[一撃]. **2** 1 ドル (dollar). 〘(1942)《変形》↑〙

smáck·ing *n.* **1** ぴしゃりと打つこと: The child wants a good ~. この子はうんと折檻(せっかん)しなくてはいけない. **2** 舌鼓 (cf. smack[1]). — *adj.* **1** 〈キスなど〉大きい音を立てる, ちゅっという. **2** 舌鼓を打つ. **3** 〈風が〉きつい, 強い: a ~ breeze. **4**《英口語》並はずれて大きい; すばらしい (fine). **~·ly** *adv.* 〘1592〙

smacks·man /smǽksmən/ *n.* (*pl.* **-men** /-mən, -mɛ̀n/) スマック (smack) に乗っている漁夫; スマックの船主[船員]. 〘(1883) ← SMACK[3] + -S[2] + -MAN〙

small /smɔ́ːɫ, smáːɫ | smɔ́ːɫ/ *adj.* (**~·er**; **~·est**) **1 a** (形状など)小さい, 小形の: a ~ box, boy, dog, egg, town, etc. / a ~ (bottle of) whiskey ウイスキーの小びん / Isn't it a ~ world? 世界は小さい[世間は狭い]ものですね / The world is getting ~*er* (and ~*er*) all the time. 世界はだんだん狭くなっている / the day of ~ things ⇨ day 成句. [日英比較] 日本語の「小さい」は客観的な大きさと小さいが故のかわいらしさなどの両方の意味をもつが, *small* は基本的には客観的な大きさを表し,「かわいい」という感情を伴う場合は little を用いる. ⇨ SYN. **b** 〈家・部屋・庭・屋敷などが〉狭い, 小さい: a ~ house, room, field, garden, estate, etc. / the ~*est* room《英口語》(家の)手洗い, トイレ, 便所. (⇨ narrow [日英比較]) **c** (年齢的に)小さい, 幼少の (young); 成熟してない (immature): a magazine for ~ children 児童向けの雑誌 / ~ plants 若苗, 早苗. **d** 〈文字が〉小文字の (lower-case): a ~ letter 小文字 (lowercase) / ⇨ small capital. **e** 小文字の意味での《単語を特定的な意味のときに大文字で始める場合と区別して, 一般的な意味で用いていることを示す》: I'm a liberal with a ~ l. 私は自由主義者だが自由党員ではない. **f** 縮尺[縮小]した, 小さくした (cf. small-scale): a ~ model. **g** ほっそりした, 細い (slender, thin): a ~ waist 細い腰. **h** 細かな, 細かい粒子の (fine): ~ gravel 細かい砂利 / ⇨ small grain / ~ rain《英方言》小ぬか雨. **2** 少ない, わずかな, 少しばかりの, 少数の, 小人数の: a ~ income [salary] わずかな収入[給料] / a ~ sum [quantity, amount] of money 小額の金 / a ~ audience 少数の聴衆 / a ~ dinner party 小人数の晩餐会 / a ~ number of people [trees] 少数の人々[樹木] / in ~ numbers = ~ in number(s) 少数で, 少なく / a ~ gross (⇨ gross *n.* 2) / ~ profits and quick returns ⇨ return *n.* 5 / won by a ~ majority 僅差で勝つ. **3 a** 偉くない, 重要でない, 大したものでない (unimportant): ~ people 普通の人たち, つまらない人たち; 妖精 / a ~ poet 二流詩人 / a ~ criminal 軽犯罪者. **b** つましい, 地味な (humble, modest): ~ circumstances つましい暮し向き. **c** つまらない, くだらない, 取るに足らない: a ~ role 端役, ちょい役 / a ~ card 点数の少ないトランプ札 / ~ errors 小さな過ち / even the ~*est* details 最も些細な点さえも / ~ cares and worries くだらない心労 / grow from ~ beginnings 卑賤(ひせん)から身を起こす / It is only a ~ matter. ほんの取るに足らない問題だ. **4 a** 小規模の, ささやかな: a ~ shop 小さな店 / ~ businesses 小企業 / a ~ shopkeeper [storekeeper] 小店主, 小商人 / on a ~ scale 小規模に[の] (cf. small-scale) / start a ~ business 小商売[小さな事業]を始める. **b** 少ししか食べない: a ~ eater 小食家. **5** 〈声など〉低い, 小さい, 弱い, 細い (gentle, soft): a ~ voice [sound] / a [the] still ~ voice ⇨ voice 成句. **6** 大してない; ほんの少しの, ほとんどない (but little): a man of ~ education 大して教育のない人 / have ~ cause for complaint 不平を言うべき理由はほとんどない / pay ~ attention to what is said 人の言葉にいっこうに注意を払わない / … and ~ blame to him それで彼はよかったのだ《責めるべきところはない》/ … and ~ wonder それも驚くに当たらない (cf. wonder 2) / He has ~ Latin and less Greek. ラテン語はあまり知らないしギリシャ語はなおさらだ (cf. Ben Jonson, *To the Memory of Shakespeare* 31). ★ no ~ の形式でしばしば控え目表現として用いられる: *no* ~ skill 並々ならぬ力量 / It is *no* ~ trouble. なかなかめんどうだ / It is of *no* ~ matter [importance]. どうしてなかなか重要だ. **7** 〈時間・距離など〉短い (short): at a ~ distance from …から少し離れたところに / wait a ~ space of time しばらくの間待つ. **8** 狭量な, けちな, 卑劣な: a ~ nature けちな性質 / a person of ~ mind 心の狭い人, 小人(しょうじん) / *It is* ~ *of* you *to* say so. そんなことを言うとは君も器量が小さい. **9** 恥ずかしい (ashamed), くやしい (mortified): feel ~ 肩身の狭い思いをする, 恥ずかしがる, 気が引ける, しょげる / look ~ 小さくなる, 恥ずかしがる. **10**《廃》〈アルコール飲料が〉弱い (weak), 水っぽい (diluted): ~ ale (麦芽もホップも非常に少ない)弱いビール / ⇨ small beer / This wine is very ~. このワインはとても水っぽい.

in a smáll wáy ⇨ way[1] 成句.

— *adv.* (**~·er**; **~·est**) **1** 小さく; 小規模に, こぢんまりと. **2** 細かく, 小片に, 小さく: chop it (up) ~. **3** (声など)低く, 弱く (softly): speak ~. **4** 軽蔑して, ばかにして: think ~ of …を軽蔑する[見下げる].

síng smáll ⇨ sing 成句.

— *n.* **1** [*pl.* 通例 the ~; 集合的] 身分の低い[卑しい]人々: (The) great and (*the*) ~ (are all here.) 身分の高い人々と低い人々 [上下貴賤(きせん)](が皆ここにいる). **2** [the ~] 小さな部分, 細い部分: *the* ~ of the butt 銃床の握り / *the* ~ of the back 腰のくびれた部分. **3** [*pl.*] 小型の商品《小間物・小型の菓子パンなど》. **4** [*pl.*]《英》**a**《口語》(自分のところで洗濯するような)小物衣類《ハンカチ・ナプキン, 特に下着類など; cf. smallclothes 2》: wash one's ~*s* 細かい物を洗濯する. **b** =smallclothes 1. **c** 一定の重量(例えば 200 ポンド)以下の小型の荷物《特別料金を必要とする》. **5** [*pl.*]《英俗》=responsion 1.

by smáll and smáll ゆっくりと, 少しずつ, 徐々に (bit by bit). (1558)

small and éarly 少人数で早く切り上げる夜会《形式ばらない歓迎会やダンスパーティーなど》. (1865)

~·ness *n.* 〘OE *smæl* < Gmc **smalaz* (Du. *smal* / G *schmal* narrow) ← IE **(s)mēlo-* small animal (Gk *mêlon* sheep, goat,《原義》small cattle)〙

SYN 小さい: **small** 大きさ・程度・重要性などが普通よりも小さい (↔ large): a *small* animal 小動物 / a *small* problem 取るに足らない問題. **little** 小さくてかわいらしい[つまらない]などの感情的含みをもつ (↔ big, great): a pretty *little* baby かわいい赤ちゃん. **diminutive** ごく小さく普通と違って見えることを暗示; 格式ばった語: a *diminutive* room ひどく小さい部屋. **minute** 微視的に小さい: *minute* particles of dust 微細なゴミ. **tiny** きわめて小さい《模型や小さな生物などについて用いられる》: a *tiny* insect 小さな昆虫. **petite** 〈特に女性が〉小さく魅力的な姿態をもつ: a *petite* woman 小柄でいきな女.

ANT large.

---

smáll ád *n.*《英》=classified ad.

small·age /smɔ́ːlɪdʒ, smáː- | smɔ́ː-/ *n.*【植物】**1** セリ科の野生のセロリ (*Apium graveolens*). **2** =tape grass. 〘(*c*1300) *smalege, smalache* ← *smal* 'SMALL' + *ache* wild celery, parsley (◻ (O)F < L *apium*《原義》the plant preferred by bees ← *apis* bee)〙

smáll árm *n.* [通例 *pl.*; 集合的]【軍事】小火器, 小口径火器, 個人携帯火器《特に, 小銃・ピストル; cf. artillery 1》. 〘1689〙

smáll-béer *adj.* ささいな, つまらない (trivial). 〘1648〙

smáll béer *n.* **1**《英口語》つまらないもの(ども)[人(々)] (cf. Shak., *Othello* 2. 1. 160): He is very ~. 全くつまらない人間だ. **2**《まれ》弱いビール. ***thínk nò smáll béer of onesèlf*** ひどくうぬぼれが強い. (1825) 〘1568〙

smáll bónd *n.*【証券】=baby bond.

smáll-bòre *adj.* **1** 〈火器が〉小口径の, (特に) 0.22 (インチ)口径の (cf. big-bore). **2** 《見解が》偏狭な: a ~ politician. 〘1898〙

smáll bòw·er /-bàuə | -bàuə[r]/ *n.*【海事】左舷大錨, 左舷主錨 (cf. best bower).

smáll·bòy *n.*《アフリカ西部》(ヨーロッパ人家庭の)副執事, 執事手伝い.

Small Búsiness Administràtion *n.* [the ~] (米国の)中小企業庁《1953 年に創設された独立行政機関; 略 SBA》.

smáll cálorie *n.*【物理化学】小カロリー (⇨ calorie 1 a). 〘1889〙

smáll-càp *adj.* [限定的]【経済】小資本の(会社の): ~ stock【株式】小型株.

smáll cáp *n.*【印刷】=small capital.

smáll cápital *n.*【印刷】スモールキャピタル, 小頭文字《小文字の大きさの頭文字; 例: SMALL CAPITAL; 略 sc, sm. cap.; small cap ともいう》. 〘1770〙

smáll cháir *n.* ひじ掛けのないいす.

smáll chánge *n.* **1** 小銭 (cf. folding money). **2** つまらない物[人], くだらない話. 〘1819〙

smáll chóp *n.*《アフリカ西部》カクテルスナック《朝食》.

smáll círcle *n.* 小円《球がその中心を通らない平面で切られた時にできる円; cf. great circle 1》. 〘1873〙

smáll cláim *n.*《英》【法律】少額債権[債務]《少額裁判所 (small claims court) での略式裁判で処理される》. 〘1961〙

smáll cláims còurt *n.* 〘法律〙少額裁判所《一定額以下の少額訴訟に対して通常の手続きよりも安く短期間でしかも簡易な手続きで救済を与えるための裁判所; 英国では small-debts court とよばれる》. 〖1925〗

smáll cláuse *n.* 〘英語学〙小節《定形動詞も不定詞標識の to も共にもたない節》.

smáll·clòthes *n. pl.* **1** (18–19 世紀初期に用いられた)ぴったり合う半ズボン (knee breeches). **2** 《英》(下着・ハンカチ・子供服などの)小物衣類. 〖1796〗

smáll cóal *n.* 粉炭 (broken coal). 〖1638〗

smáll crábgrass *n.* 〘植物〙ユーラシア大陸に分布するイネ科メヒシバ属の雑草 (*Digitaria ischaemum*)《芝生に害となる》.

smáll cráft *n.* [集合的] (小型)ボート (boat). 〖1671–72〗

smáll cránberry *n.* 〘植物〙=European cranberry.

smáll débt *n.* 《英》〘法律〙=small claim.

smáll débts còurt *n.* 《英》〘法律〙=small claims court.

smáll ènd *n.* 〘機械〙スモールエンド, 小端部《エンジンの連接棒のピストン側の端部》. 〖1850〗

Smáller Béar *n.* [the ～] 〘天文〙=Ursa Minor.

Smáller Líon *n.* [the ～] 〘天文〙こじし(小獅子)座 (⇨ Leo Minor).

smáll fórtune *n.* [a ～] 《口語》ひと財産, かなりの[少なからぬ]金額.

smáll fórward *n.* 〘バスケット〙スモールフォワード《2 人いるフォワード中, 主な役目がシュートすることにあるプレーヤー》.

smáll frúit *n.* **1** 小果樹《イチゴ (strawberry), フサスグリ (currant), キイチゴ (raspberry) 類など背丈の低い果樹; ブドウ (grape) を含むこともある》. **2** 小果樹の実. 〖1822〗

smáll-frỳ *adj.* **1** 取るに足らない, くだらない. **2** 子供の, 子供向き[用]の; 子供っぽい; 児戯に等しい: ～ sports. 〖1817〗

smáll frỳ *n.* [集合的] **1** 小魚, 雑魚. **2** 子供たち, 小わっぱ[がき]ども. **3** 取るに足らない人[物]たち, ちんぴらたち, 雑魚ども. 〖1697〗

smáll gáme *n.* [集合的] 《英》小さい獲物, 小猟獣[鳥]《ウサギ・ハトなど; cf. big game》; 《俗》控えめな目標.

smáll góods *n. pl.* **1** =small *n.* 3. **2** 《豪》調整肉食品《ソーセージなど》. 〖1969〗

smáll gráin *n.* (米・麦など, 粒の小さい)小穀物. 〖1840〗

smáll gróup *n.* 〘社会学〙小集団《家族・サークル・職場集団のように対面的接触を通じて気心の知れ合っている小規模な集団》. 〖1951〗

smáll hèath *n.* 〘昆虫〙ヒースの生える荒野に生息するジャノメチョウ科の小型のチョウ (*Coenonympha pamphylus*).

smáll·hòlder *n.* 《英》小地作農, 小農 (small holding の耕作者). 〖1837〗

smáll hòlding *n.* 〘英法〙小区分農地《小農の生活補助のために州で貸与または払い下げる 1–50 エーカーの耕地; cf. allotment 4 a》. 〖1892〗

smáll hóneysuckle *n.* 〘植物〙北米原産のスイカズラの類の低木 (*Lonicera dioica*)《黄色の花が咲く》.

smáll hóurs *n. pl.* [the ～] (午前 1 時から 4 時ごろまでの)深夜, 早朝 (wee hours) (cf. long hours): in *the* ～. 〖1837〗

smáll intéstine *n.* 〘解剖〙小腸 (⇨ digestive 挿絵; cf. large intestine). 〖1767〗

smáll·ish /-lɪʃ/ *adj.* 小さめの, 小ぶりの. 〘《*a*1400》: ⇨ -ish¹〙

smáll létter *n.* 小文字 (lowercase).

smáll-mínded *adj.* 心の小さい, 狭量な (narrow-minded); けちな, けちくさい, 卑劣な. **～·ly** *adv.* **～·ness** *n.* 〖1847〗

smáll móney *n.* =small change 1.

smáll·mòuth báss /-bǽs/ *n.* 〘魚類〙コクチバス (*Micropterus dolomieui*)《澄んだ水の冷たい川や湖に生息し, 下顎が目の近くまでのびている魚; 単に smallmouth, また smallmouth black bass ともいう; cf. largemouth bass》. 〖1884〗

smallmouth bláck báss *n.* 〘魚類〙=smallmouth bass.

smallmouth búffalo *n.* 〘魚類〙北米産サッカー科の魚の一種 (*Ictiobus bubalus*).

smáll óctave *n.* 〘音楽〙小字オクターブ, 片仮名オクターブ《1 点音よりオクターブ低い各音; cf. great octave》. 〖1890〗

smáll píca *n.* 〘活字〙スモールパイカ《11 ポイント; cf. type¹ 3 ★》.

smáll potátoes *n. pl.* [しばしば単数扱い] 《米口語》つまらない人[物]. 〖1831〗

smáll·pòx *n.* 〘病理〙痘瘡, 天然痘, 疱瘡(ほうそう) (variola). 〖1518〗

smáll prínt *n.* (契約書などの)細字部分 (⇨ fine print).

smáll rèed *n.* 〘植物〙湿気の多い森に生息する *Calamagrostis* 属のアシに似た植物《ノガリヤス・ヤマアワなど》.

smáll-scale /smɔ́ːlskéɪl, smáːl- | smɔ́ːl-⁻/ *adj.* **1** 小規模の (cf. large-scale 1). **2** 〈地図が〉比率の小さい, 縮尺が小さい. 〖1852〗

smáll-scréen *adj.* 《英口語》テレビの[用の, 向けの]. 〖1966〗

smáll scréen *n.* [the ～] 《英口語》テレビ.

smáll slám *n.* 〘トランプ〙(ブリッジで)スモールスラム《13 組中 12 組まで取ること; little slam ともいう; cf. grand slam 1》.

smáll stòres *n. pl.* 〘米海軍〙《艦船または軍港で販売されるたばこ・石鹸・被服などの》小物用品, 雑品. (cf. slop chest). 〖1814〗

smáll stùff *n.* 〘海事〙細索, スモールスタッフ《撚(よ)り縄 (spun yarn, 紙撚(こ)り 2 本の細綱 (marline) などのような船内雑用小索》. 〖1857〗

smáll·swòrd *n.* 突き剣《特に, 18 世紀に決闘やフェンシングで突きに用いた軽い先細の剣; cf. rapier》. 〖1687〗

smáll-tàlk *vi.* 世間話をする, おしゃべりする. 〖1848〗

smáll tàlk *n.* 世間話, おしゃべり (chitchat). 〖1751〗

smáll tíger lìly *n.* 〘植物〙=Sierra lily.

smáll-tíme *adj.* 《口語》取るに足らない, 三流の, 下等な (inferior): a ～ politician. **smáll-tím·er** *n.* 〖1910〗

smáll tíme *n.* 《米俗》(安い料金で一日 3 回以上演じる)安寄席(よせ)演芸 (cf. big time 3). 〖1910〗

smáll-tówn *adj.* **1** 小都市の; 町の, 田舎町の (cf. urban, metropolitan). **2** 素朴な; やぼったい, 世慣れていない (unsophisticated). **～·er** *n.* 〖1824〗

smáll-tòwn válues *n. pl.* 《米》小さな町の価値観《正直・勤勉・愛国心など; 時に田舎町らしい偏狭さをも表す》.

smáll·wàres *n. pl.* 《英》小さな商品; (特に)雑貨用品 (notions). 〖1617〗

smáll whíte *n.* **1** 〘昆虫〙モンシロチョウ (⇨ cabbage butterfly 1). **2** [S- W-] スモールホワイト《英国産の一品種のブタ; cf. large white 2》.

smalt /smɔ́ːlt, smáːlt | smɔ́ːlt, smɔ́lt/ *n.* **1** [*pl.*; 単数または複数扱い] スマルト《主としてコバルトとカリウムとのケイ酸塩ガラス; 青色顔料》. **2** 花紺青(はなこんじょう)《藤紫色の絵の具》. 〘《1558》□ (O)F ～ □ It. *smalto* ← Gmc (cf. G *Schmalz* melted fat): cf. smelt²〙

smalti *n.* smalto の複数形.

smalt·ine /smɔ́ːltɪ̀n, smáːl-, -tiːn | smɔ́ːltaɪn, smɔ́l-/ *n.* =smaltite. 〘《1837》← SMALT, -INE³〙

smalt·ite /smɔ́ːltaɪt, smáːl- | smɔ́ːl-, smɔ́l-/ *n.* 〘鉱物〙スマルト鉱, 砒(ひ)コバルト鉱《現在は方コバルト鉱 (skutterudite) と同じものと考えられている》. 〘《1868》← SMALT, -ITE¹〙

smal·to /smáːltoʊ, smɔ́ːl- | -təʊ; *It.* zmálto/ *n.* (*pl.* **～s, smal·ti** /-tiː; *It.* -ti/) **1** (mosaic に用いる)色ガラス. **2** =smalt 1. 〘《1705》□ It. ～ 'SMALT, smalto'〙

smar·agd /smǽrægd/ *n.* 《古》〘鉱物〙=emerald. 〘《*a*1300》□ OF *smaragde* ∥ L *smaragdus* □ Gk *smáragdos* (変形) ← *máragdos*: ⇨ emerald〙

sma·rag·dine /smərǽgdɪ̀n | -dɪn/ *adj.* **1** エメラルドの. **2** エメラルド色をした. 〘《1591》□ L *smaragdinus* □ Gk *smarágdinos*: ⇨ ↑, -ine¹〙

sma·rag·dite /smərǽgdaɪt/ *n.* 〘鉱物〙緑閃石《輝石から変質した片状緑閃石の集合体》. 〘《1804》□ F ～: ⇨ smaragd, -ite¹〙

smarm /smáəm | smáːm/ 《口語》*vt.* **1** (油で)〈髪の毛など〉なでつける, 塗りつける 〈*down*〉. **2** …にお世辞を言う, へつらう (flatter). — *vi.* へつらう, おべんちゃらを言う 〔*up to, over*〕. — *n.* お世辞, おべんちゃら. 〖《1847》?〗

smarm·y /smáəmi | smáː-/ *adj.* (**smarm·i·er; -i·est**) **1** 《口語》お世辞たらたらの, おべんちゃらを言う. **2** 〈髪の毛など〉油[ポマード]をこってり塗った, すべすべの (sleek). **smárm·i·ly** /-məli/ *adv.* **smárm·i·ness** *n.* 〘《1909》: ⇨ ↑, -y⁴〙

smart /smáət | smáːt/ *adj.* (**～·er; ～·est**) **1 a** 利口な, 頭のよい, 賢い (bright, clever), 気のきいた (quick-witted): (as) ～ as a steel trap [a whip] 《米口語》目から鼻へ抜けるような / That was pretty ～ of you. あれは実に賢明だったね. **b** 小利口な, 抜け目のない, こすい, そつのない (shrewd, sharp) (⇨ intelligent SYN): He is ～ in his dealings. 彼はそつなく取引する / Don't get ～ with me! 僕にこすいことはしないでくれ. **2 a** 才気のある, 機知に富んだ (witty): a ～ riposte, speech, etc. **b** 《口語》生意気な, ぶしつけな (saucy, fresh): a ～ attitude 生意気な態度 / She is given to saying ～ things. 小生意気なことを言う癖がある. **3 a** 身なりの整った (neat and trim), りゅうとした, スマートな: a ～ appearance スマートなふうさい / a ～ garden 小ぎれい[小粋]な庭 / a ～ dresser 着こなしが上手な人 / make oneself ～ 身なりを整える / He is [looks] very ～ in his uniform. 制服を着てなかなかスマートだ / a ～ outfit きちんとした服装. 日英比較 日本語の「スマート」に当たる英語は「しゃれて格好がいい」という意味では nice-looking, good-looking が, また体形が「すらりとした」意では slender, slim が使われることが多い. **b** ハイカラな (stylish), 当世風の, 流行の (fashionable); 高度に洗練された, あかぬけした (sophisticated); 上流階級の: ⇨ smart set. **4** 〈痛みなど〉ひりひり[きりきり]する, 刺すような (sharp, stinging): a ～ pain ひりひりする痛み / a ～ wound ずきずき痛む傷. **5 a** 〈打撃など〉きつい, ひどい, 激しい (sharply severe); 強烈な (intense): a ～ blow [stroke] 強打 / a ～ punishment 厳罰 / a ～ attack 強襲 / a ～ pull of [on] a cord 綱を強く引っぱること. **b** 〈酒など〉強い, ぴりっとする: a ～ wine. **6 a** きびきびした, 活発な, 元気のいい (spirited, brisk), 猛烈な (vigorous): a ～ walk [gallop] 速い歩き方[駆け足] / at a ～ pace きびきびした足どりで, 足早に / Look ～ (about it)! 《英口語》(それを)手早くやれ. **b** 弱くない, 丈夫な: a ～ physique. **7** 動作のすばやい, 手早く上手な, 機敏な (quick and clever): a ～ carpenter 腕利きの大工 / be ～ *at* [*in*] one's work 仕事を手早くやる / make a ～ job of it 手際よくやってのける. **8** 《方言》かなりの (fairly large), 相当(数)の (considerable); かなり激しい[強い] (fairly intense): a ～ number of people かなり多数の人々 / a ～ frost かなりひどい霜 / a ～ few かなりたくさん(の). **9** 最新技術の[を備えた]《特に攻撃目標に向かって自らを精密誘導する装置を備えたミサイルや爆弾についていう; ⇨ smart bomb》.

— *adv.* (**～·er; ～·est**) =smartly.

— *vi.* **1 a** (通例, 局部的に鋭く)うずく, ずきずき[ひりひり]痛む, ずきずき痛む: The wound ～*s*. 傷が痛む / The eyes ～ from the smoke. 煙で目がひりひりする / My finger is ～*ing* from the sting of a bee. ハチに刺されて指がずきずき痛む. **b** 〈塗布薬・打撃などが〉痛みを生む. **2** 感情を害する, 憤慨する; 苦悩する, 心がうずく 〔*under, from, at*〕: ～ *at* an insult 侮辱されたことを憤慨する / ～ *under* an injustice 不当な扱いを受けて心がうずく. **3** 罰を受ける 〔*for*〕: ～ *for* one's impudence 生意気な態度をとったために罰せられる[ひどい目に遭う] / You shall ～ *for* this. このお礼にひどい目に遭わせてやるぞ. **4** 良心が咎(とが)める, 自責の念に駆られる, 後悔する: ～ with mortification 悪かったと後悔する.

— *vt.* **1** 痛ませる, うずかせる, ずきずきさせる. **2** 《米口語》おめかしをさせる (smarten) 〈*up*〉: get [be] ～*ed up* めかしこむ, めかしている (cf. (adj.) 3 a). ***smárt óff*** 《俗》小生意気な口をきく; でしゃばる, 軽率である.

— *n.* **1** (特に, 傷・打撲など局部的な鋭い)痛み, うずき, ずきずき[ひりひり]痛むこと, ずきんずきんすること: the ～ of the wounds 傷の痛み / the ～ of a broken blister 水ぶくれがつぶれてひりひり痛むこと. **2** (悲しみ・悩み・後悔などによる)苦悩, 傷心, 悲痛 (mental distress, grief); 悲しみ, 怒り, 憤慨: feel the ～ of one's folly 自分の愚行を悲しむ[悔しがる]. **3** 《古》しゃれ者, ハイカラ[スマート]な人: a young ～. **4** [*pl.*] 《米口語》利口; 知性 (intelligence), 知恵: No education, but plenty of street ～*s*. 教育はなくても, 生き抜く知恵がある.

〘v.: OE *smeortan* < (WGmc) **smertan* (G *schmerzen*) ← IE **(s)merd-* (L *mordēre* to bite / Gk *smerdnós* terrible). — adj.: late OE *smeart*〙

Smart /smáət | smáːt/, **Christopher** *n.* スマート (1722–71; 英国の詩人, 幻想的な宗教的作品の作者; *Song of David* (1763)).

smárt àl·eck /-ǽlɪk, -ǽlɛk/ (*also* **smart·al·ec** /～/) *n.* 《口語・軽蔑》いやにうぬぼれの強い[生意気な]人, 思い上がった[こざかしい]野郎, 利口ぶる[知ったふうな口をきく]やつ, 自信家. — *adj.* =smart-alecky. 〘《1865》: ⇨ smart, aleck〙

smárt-àl·eck·ìsm /-kìzm/ *n.* 《米口語》うぬぼれの強いこと[行為, 言葉]. 〖1934〗

smárt-àl·eck·y /-ǽlɪki, -ǽlɛki/ *adj.* 《口語》うぬぼれの強い, 利口ぶる. 〖1976〗

smárt-àrse *n.* 《米》=smart aleck.

smárt-àss *n.* =smart aleck.

smárt bómb *n.* スマート爆弾《熱線・レーザー光線・ミリ波探知システムなどを利用した自己誘導によって高い精度で目標に命中する》. 〖1972〗

smárt càrd *n.* IC カード《マイクロプロセッサーやメモリーを組み込んだプラスチックカード; クレジットカード・デビットカードなどとして利用; laser card, intelligent card ともいう》.

smárt còokie *n.* 《米口語》かしこい[抜けめのない]人.

smárt drùg *n.* 頭がよくなる(と称する)薬.

smart·en /smáətn̩ | smáː tn̩/ *vt.* **1** きれいにする, ハイカラにする 〈*up*〉: ～ *up* one's house, clothes, etc. / ～ oneself *up* (小ぎれいに)身仕度する. **2** 活発にする, 手早くする, 〈歩調などを〉早める 〈*up*〉: ～ one's pace. **3** より利口にする, …に知恵をつける 〈*up*〉. — *vi.* **1** おしゃれする, 小ぎれいになる 〈*up*〉. **2** 活発になる. 〘《1815》← SMART (adj.)＋-EN¹〙

smart·ie /smáəṭi | smáː ti/ *n.* =smarty.

smart·ish /smáəṭɪʃ | smáː t-/ *adj.* **1 a** なかなかスマートな, こざっぱりした. **b** 小生意気な, なかなか抜け目のない. **2** 《口語》かなりの: a ～ few かなりの数. 〘《1740》← SMART (adj.)＋-ISH¹〙

smart·ly /smáətli | smáː t-/ *adv.* **1** きちんとして, 小ぎれいに; 派手に: ～, but not fashionably dressed 当世風ではないがきちんとした服装で. **2** 粋(いき)に, 流行に従って: dress ～ 流行の衣服を着る. **3** 手早く, さっさと; 活発に (briskly): bring the hands ～ to the sides 両手をさっと腰にあてる. **4** 猛烈に, きびしく; 手ひどく (sharply, severely); かなりに (considerably): The wind blows ～. 風が激しく吹く / be ～ censured [punished] 手ひどく非難される[やっつけられる] / The temperature rose ～. 温度はかなり上がった. **5** 気を利かして, 賢く (cleverly); はきはきと (readily), 抜け目なく (alertly): answer ～. 〖?*c*1200〗

smárt móney¹ *n.* **1** (経験ある投資家[先輩]の)投資金. **2** 賭け事に抜け目のない人, 情報通の投資家. 〘《1693》: ⇨ smart (adj.)〙

smárt móney² *n.* **1** 〘米法〙懲罰的損害賠償金 (⇨ punitive damages). **2 a** (雇い主が公傷に対して支払う)治療代. **b** 〘英軍〙負傷手当. **3** 〘英軍〙兵役免除金. 〘《1926》: ⇨ smart (n.)〙

smárt·mòuth *n.* 《米俗》こうるさくて生意気なやつ; 生意気な口きき. 〖1968〗

smárt-mòuth *vt.* 《米俗》〈人〉に生意気な口をきく, こざかしい口答えをする.

smárt·ness *n.* **1** ハイカラ, 粋(いき). **2** 機敏, 鋭敏, 抜け目[そつ]のなさ. **3** 《廃》激痛. 〖*c*1303〗

smárt quótes *n. pl.* 〘電算〙きれいな引用符, スマートクウォート (curly quotes, typographer's quotes)《開き側と閉じ側がそれぞれ内向きに反った形の引用符; 伝統的な印刷に用いられてきた形で, ワードプロセッサーでも同じコードを場所によって開き側または閉じ側に自動変換できるものもある》.

smárt sèt *n.* [通例 the 〜; 単数または複数扱い] 超上流社会, 社交界の名士たち; ハイカラ連中.
smárt·wèed *n.* 〘植物〙タデ科タデ属 (*Polygonum*) の植物の総称《ヤナギタデ (water pepper), ハルタデ (lady's thumb) など》. 〖1787〗
smart·y /smáəṭi | smá:ti/《米口語》*n.* =smart aleck. — *adj.* =smart-alecky.
smárty-bòots *n. pl.* [単数扱い] =smarty.
smárty-pànts *n. pl.* [単数扱い] =smarty.
smash[1] /smǽʃ/ *vt.* **1 a** (強い力で粉々に)たたき割る, 打ち壊す, 粉砕する, 粉々にする (⇨ break[1] SYN): 〜 a window 窓ガラスをたたき割る / 〜 a plate to pieces [atoms] 皿を粉々に割る / 〜 one's way through [into, out] …をたたき割って進む[入る, 出る]. / 〜 *up* furniture 家具をたたき壊す. **b** 〈車などを〉激突させる, 衝突させる, ぶつける. **2 a** 撃破する, 粉砕する, 大敗させる (defeat utterly): 〜 an argument 議論を打ち破る / 〜 an enemy 敵軍を撃破する. **b** 破産させる (bankrupt). **3 a** 強く投げつける (fling): 〜 a stone through the windowpane 石を投げつけて窓ガラスを突き破る. **b** 〈荷物などを〉荒っぽく投げる. **4**《口語》強打する, 思いきり殴る (hit hard): 〜 a person with the fist 人を拳骨で殴る / 〜 a person on the nose [in the ribs] 人の鼻[あばら骨]を殴る. **5** (テニス・バドミントンなどで)スマッシュする (cf. kill[1] 11 a). **6**〘物理・化学〙〈原子や原子核を〉破壊させる (cf. split 8, 9). **7**〘製本〙〈とじた背を〉ならす. — *vi.* **1 a** 壊れる, 砕ける, 割れる, 粉砕する, 粉々になる: The cup fell and 〜*ed* to pieces. コップが落ちて粉々になった. **b** 破産する (go bankrupt) 〈*up*〉. **2 a** 〔…に〕激しくぶつかる, 激突する (crash) 〔*against, on to* [*onto*], *into*〕: The car 〜*ed into* the wall. 車が塀に激突した / 〜 *on to* the rocks 暗礁(あんしょう)に乗り上げる. **b** 〔…を〕激しく突進する〔*through*〕: 〜 through a thicket 茂みの中を突っ走る. **3** (テニス・バドミントンなどで)スマッシュする. **4**〘製本〙(折丁の折り目に)背ならしをする. ***smásh a person's fáce in*** 《口語》〈人を〉強打する.
— *n.* **1** (車同士などの)大衝突, 激突; 激しい倒壊, 墜落: a railway 〜 列車の衝突. **2** 粉砕, 破砕 (smashing), 粉みじん; 壊れる音, 粉砕する音 (clatter): all to 〜 すっかりめちゃめちゃに / The dishes fell with a 〜. 皿が落ちてがちゃんと音をたてて割れた / hear the 〜 of broken glass ガラスの割れる音を聞く. **3** 失敗 (failure), 破壊; 破産: the 〜 of a great business 大事業の破産. **4**《口語》大成功, 大当たり. **5** スマッシュ《ブランデーなどに砂糖・水・はっか・氷を加えて作った飲料》. **6** 強打 (heavy blow), 平手打ち (slap). **7** (テニス・バドミントンなどで)スマッシュ《lob されたボールをオーバーハンドで強く打ち込むこと》. ***cóme* [*gó*] *to smásh*** 《口語》(1) (ぺちゃんこに)つぶれる; 〈健康などが〉だめになる. (2) 破産する; 失敗する. 〖1807–08〗
— *adj.* [限定的]《米》〈映画・ショー・本など〉大当たりの: a 〜 hit 大当たり, 大ヒット, 大成功, すばらしいもの.
— *adv.* **1** ぴしゃっと, がちゃんと: The ball went 〜 through the windowpane. ボールはがちゃんと窓ガラスを突き破った. **2** まともに, どんと (cf. bang[1], slap, crash[1]): run [go] 〜 into …と正面衝突する, まともにぶつかる.
〜·a·ble /-ʃəbl/ *adj.* 〖(*a*1700) (混成)? ← s(MACK[2]) + -MASH[1]〗
smash[2] *n.* **1** にせ金. **2**《俗》お金. — *vt.* 〈にせ金を〉使う. 〖(1795)?〗
smásh-and-gráb 《英口語》*adj.* ショーウインドーを打ち破り貴重品をかっさらう: a 〜 robbery, raid, etc. — *n.* ショーウインドー強盗. 〖1927〗
smáshed *adj.* 《俗》**1** 酔っ払った (drunk). **2** 麻薬が効いている. 〖1959〗
smash·er[1] /smǽʃə | -ʃə(r)/ *n.* **1 a** 粉砕者, 破砕者. **b** 粉砕[破砕]するもの; 粉砕機. **2**《口語》強打, 大打撃 (smashing blow); ひどい倒壊[墜落] (bad fall). **3**《口語》止(とど)めを刺す[けりをつける]議論[応答]. **4**《英口語》すばらしい人[物], すてきに魅力的な人[物]; すごく大きい物: That car is a 〜. あの自動車はすばらしい / What a 〜! まあすてき, すごいぞ. **5** (テニス・バドミントンなどで)スマッシュをする人, スマッシュが得意な人. **6**〘製本〙**a** (折丁の)ならし機 (smashing machine ともいう). **b** ならし工. 〖1794〗
smásh·er[2] *n.* **1** 盗品の受取り人. **2** にせ金使い (counterfeiter). 〖1795〗
smash·ing /smǽʃɪŋ/ *adj.* **1** 粉砕する, 破壊的な (crushing), 猛烈な: a 〜 argument 止(とど)めを刺す議論 / a 〜 blow 大打撃 / a 〜 victory 大勝利. **2**《口語》すばらしくいい, 極上の (excellent): a 〜 dinner, tobacco, etc. / We had a 〜 time. 実に面白かった. **〜·ly** *adv.* 〖1833〗
smáshing machìne *n.* 〘製本〙=smasher[1] 6 a.
smásh·mòuth *adj.* 〘アメフト〙けんか腰の, 荒っぽい.
smásh·ùp *n.* 《口語》**1** (車・列車などの)大衝突, 転覆: a head-on 〜 正面衝突. **2** 失敗 (failure); 破産 (bankruptcy); 破滅 (catastrophe). 〖1856〗
smatch /smǽtʃ/ *n.* =smack[2]. 〖(?c1200) *smech, smach* (変形)? ← OE *smæc* 'SMACK[2]': 《廃》*smatch* to smack (< OE *smæccan*) の影響による〗
Ś màtrix /és-/ *n.* 〘物理・数学〙S 行列《粒子や粒子群の衝突過程を記述するために用いられる行列; scattering matrix ともいう》. 〖1945〗
smat·ter /smǽṭə | -tə(r)/ *vt.* **1** 〈学問などを〉生かじりする, 少々かじる; 道楽半分にする. **2** 生かじり[うろ覚え]で話す: 〜 French. — *vi.* **1** 生かじりする, 少しばかり知っている〔*in*〕: 〜 *in* Latin ラテン語をかじっている. **2**《まれ》片言を言う. **3**《古》(道楽に)ちょっとやってみる, かじってみる. **4**《廃》おしゃべりをする. (chatter) (cf. Shak., *Romeo* 3.5.171). — *n.* 生かじり, 半可通, うろ覚え.
〜·er /-ṭərə | -tərə(r)/ *n.* 〖(*c*1390) *smatere*(*n*) to make a noise, chatter: 《擬音語》?〗
smát·ter·ing /-ṭərɪŋ, -trɪŋ | -tərɪŋ, -trɪŋ/ *n.* **1** 生かじり; 浅薄な知識: have a 〜 of physics 物理学を生かじりしている. **2** 少数, 少量: a 〜 of girls among them 彼らの中に女の子がぱらぱら. — *adj.* 生かじりの, ごく浅薄な. 〖1538〗
smát·ter·ing·ly *adv.* 生かじりで, うろ覚えで.
SMATV 《略》satellite [small] master antenna television, SMA テレビ, スマットヴィー《親アンテナで受信した衛星放送番組の電波を集合住宅などの各戸へケーブルで流すシステム》.
smaze /sméɪz/ *n.* 煙靄(えんあい)スメイズ《煙と煙霧が混じったもので, smog より湿気が少ない; cf. smog》. 〖(1953) (混成) ← SM(OKE) + (H)AZE[1]〗
sm. cap. 《略》〘印刷〙small capital.
SMD 《略》〘電子工学〙surface-mounted device プリント配線回路上の装置《抵抗器・コンデンサー・集積回路などをいう》.
SME 《略》〘自動車国籍表示〙Suriname.
smear /smíə | smíə(r)/ *vt.* **1** 〈表面を〉〔油・ペンキなどで〕塗りつける, …の表面を塗る〔*with*〕; 〈油・ペンキ・汚物などを〉〔…に〕塗りつける, なすりつける (daub)〔*on, over*〕: 〜 one's face *with* paint 塗料で顔を汚す / 〜 butter *on* [*onto*] bread = 〜 bread *with* butter パンに一面にバターを塗る. **2** 〈名声などを〉汚す, 傷つける (sully, soil): 〜 a person, one's reputation, etc. **3** こすってわからなく[読めなく]する: 〜 the address on a letter 手紙のあて名をこすって読めなくする. **4**《米俗》徹底的に参らせる, 完敗させる (defeat decisively). — *vi.* 〈油・生乾きのインクなどが〉汚れる, 不鮮明になる, 読めなくなる: Anything written with a soft pencil 〜*s* easily. 柔らかい鉛筆で書いた物はすぐすれてわからなくなる. — *n.* **1** (油性の物質による)汚れ, 汚点, しみ (stain, blotch). **2** 塗りつけるもの; 塗抹(とまつ)標本《血液・痰などをスライドグラスに塗りつけて作った顕微鏡用の標本》. **3** ガラス瓶の首にできる表面亀裂. **4 a** 中傷, 名誉棄損, 誹謗(ひぼう) (slandering). **b** =smear word. **5**《俗》〘トランプ〙(ピノクル (pinochle) で)つけ, おみやげ《自分の得点札を出してパートナーに取らせること; cf. fatten *vt.* 3 b》.
〜·er /smíᵊrə | smíərə(r)/ *n.* 〖OE *smierwan, smierian* to anoint & *smeoru* fat, grease < Gmc **smerwjan* & **smerwaz* (G *schmieren* & *Schmer*) ← IE **(s)mer-* grease, fat (Gk *múron* unguent)〗
sméar campàign *n.* (新聞やテレビを通して行う)組織的中傷, こきおろしキャンペーン.
sméar·càse *n.* 《米中部》=cottage cheese. 〖(1829) □ G *Schmierkäse* ← *schmieren* 'to SMEAR' + *Käse* 'CHEESE[1]'〗
smeared /smíəd | smíəd/ *adj.* **1** 〔…で〕汚れた〔*with*〕: His face was 〜 *with* dirt. 彼の顔は泥で汚れていた. **2** (油などの)しみがある.
sméar-shèet *n.* 低俗新聞[雑誌]《ゴシップ・スキャンダル・中傷記事などを詳しく掲載する》. 〖1951〗
sméar tèst *n.* 〘医学〙=Papanicolaou test.
sméar wòrd *n.* 名誉を傷つける言葉, 誹謗(ひぼう), 中傷. 〖1938〗
smear·y /smíᵊri | smíəri/ *adj.* (**smear·i·er; -i·est**) **1** 汚れた, 油を塗りたての, しみだらけの (smeared). **2** べとべとする, ねとねとする (sticky), 油じみた (greasy). **sméar·i·ness** *n.* **sméar·i·ly** /-rəli | -rɪli/ *adv.* 〖(*a*1529) ← SMEAR + -Y[4]〗
Smea·ton /smí:tn/, **John** *n.* スミートン (1724–1792; 英国の土木工学技士; Eddystone 灯台の再建で有名).
smec·tic /sméktɪk/ *adj.* 〘物理・結晶〙スメクチック状態の《液晶の細長い分子が, 方向をそろえた上に, 重心の分布が層状をなした状態をいう; cf. nematic, cholesteric, liquid crystal》. 〖((1675)) (1923) □ L *smēcticus* □ Gk *smēktikós* ← *smḗkhein* to cleanse: ⇨ -ic[1]〗
smec·tite /sméktaɪt/ *n.* 〘地質〙緑粘土, スメクタイト《(fuller's earth の一種)》. 〖(1811) ← Gk *smēktís* a kind of fuller's earth + -ITE[1]〗
Smec·tym·nu·us /smɛktímnjuəs/ *n.* 英国の主教[監督]制度 (episcopacy) を攻撃した 17 世紀当時の長老派教会 (Presbyterian) の人たちの代表名. 〖次の 5 人の名の頭文字を組み合わせたもの: Stephen Marshall, Edmund Calamy, Thomas Young, Matthew Newcomen, William Spurstow (w=u+u)〗
smed·dum /smédəm | -dəm/ *n.* 《スコット》**1** 元気, 土性骨, 不屈の信念. **2** (小麦粉などの)粉, 粉末.
smeech /smí:tʃ/ *n.* 《英方言》濃い煙. — *vi.* 《英》煙[蒸気]を吐く. 〖OE *smēc, smȳc, smīc*: cf. smoke〗
smeek /smí:k/ 《スコット・北英》*n.* 濃い[黒い]煙. — *vi.* 煙を出す. — *vt.* 煙[煙霧]を出して消毒する[乾燥する, しめ出す]. 〖OE *smēocan*: cf. OE *smocian* 'to SMOKE'〗
smeg·ma /smégmə/ *n.* 〘生理〙皮脂; (特に)恥垢(ちこう), スメグマ《亀頭・陰核などの垢脂》. **smeg·mat·ic** /smɛgmǽṭɪk | -tɪk/ *adj.* 〖(1819) ← NL *smēgma* smegma, (L) detergent, soap ← Gk *smēgma* ← *smḗkhein* to wash off, clean〗
smell /smél/ *n.* **1 a** [通例修飾語句を伴って] におい: a pleasant [disgusting, nasty, fragrant, sweet] 〜 / a 〜 of fish, meat, cooking, burning, etc. / Pure water has no 〜. きれいな水はにおいがしない / the sweet 〜 of success 成功の甘い香り《人々を成功に引きつけるもの》. **b** 悪臭, いやなにおい (stink): What a 〜! わーすごい悪臭だ. **2** 嗅覚: have a fine [keen] sense of 〜 鼻がいい[利く]. ★ ラテン語系形容詞: olfactory. **3** かぐこと; ひとかぎ (sniff): take a 〜 at [of] =have a 〜 of …をかいでみる. **4 a** 気味, 風, 疑い (trace): There is a 〜 of trickery about it. それはどうもぺてんのにおいがする. **b** (独特の)雰囲気, 感じ (aura). — *v.* (**smelled, smelt** /smélt/) ★《米》では smelled, 《英》では smelt が多く用いられる.
— *vt.* **1** におい[香り]で知る[悟る]: I (can) 〜 gas. ガスのにおいがする / I 〜*ed* brandy *on* his breath. 彼の息はブランデーのにおいがした (cf. *vi.* 1 b) / Do [Can] you 〜 something burning? 何か焦げくさくないか / She could 〜 *that* the fish was not fresh. 魚が新鮮でないことがにおいでわかった. **2** (楽しんだり試したりするために)かぐ, …のにおいをかいでみる (sniff): 〜 each perfume 香水を一つ一つかいでみる / 〜 the milk to see if it is sour すっぱくなっていないか牛乳をかいでみる / Just 〜 this rose. このバラをちょっとかいでごらん. **3 a** 〈陰謀などに〉感づく, かぎつける (detect): 〜 danger 危険を感じ取る / 〜 treason 謀叛(むほん)に感づく / 〜 trouble brewing 事件が起こりそうなのをかぎつける / ⇨ SMELL *the bottom* [*ground*]. **b** 〈犬などが〉〈獲物を〉において見つけ出す, かぎ出す: The dog 〜*ed* the bone. 犬は骨をかぎ出した. **c** 〈考えなどを〉思いつく: 〜 a good idea. **4** …のにおいを放つ: You 〜 whiskey. 君はウイスキーのにおいがする. ★ この意味では *vt.* 用法よりも, of を用いる *vi.* 用法 (⇨ *vi.* 1 b) のほうが普通.
— *vi.* **1 a** [形容詞(句)を補語として] 〈よく・悪く〉におう, 〈どんな〉においがする: The meal 〜*s* good. 食事はおいしそうなにおいがする / The room 〜*ed* damp and musty. 部屋には湿っぽいにおいとかび臭さが充満していた / It 〜*s* disgusting. それは胸が悪くなるようなにおいがする (cf. *vi.* 2) / This 〜*s* like roses. これはバラのようなにおいがする. **b** 〔…の〕においがする (cf. *vt.* 4 ★); 〔…の〕気味[風]がある (suggest) 〔*of*〕: The whole room still 〜*s of* roses. 部屋全体はまだバラの香りがする / the dead leaves 〜*ing of* autumn 秋のにおいがする枯葉 / His shirt was still 〜*ing of* starch and ironing. 彼のワイシャツはまだ糊とアイロンのにおいがしていた / His breath 〜*s* (suspiciously) *of* drink. 彼の息は(どうも)酒臭い (cf. *vt.* 1) / His offer 〜*s of* shady dealing. 彼の申し出は何となくいかがわしい取引のにおいがする / Frankly, the idea just doesn't 〜 right to me. 率直に言って, その考えはちょっと正しくないように思われる / 〜 *of* intrigue 陰謀の気配がある / 〜 *of* the inkhorn 学者ぶる / ⇨ *smell of the* SHOP. **2** 悪臭がある, 非常に臭い (stink): The meat began to 〜. 肉が臭くなってきた / This canal 〜*s* (disgusting(ly)). この運河は(胸が悪くなるほど)悪臭がする (cf. *vi.* 1 a). **3** においがわかる, 嗅覚(きゅうかく)がある: We cannot 〜 when we have a cold. かぜを引くとにおいがわからない. **4** においをかぐ[かいでみる]〔*at*〕: 〜 *at* [《米口語》*of*] a flower 花のにおいをかいでみる / Here, 〜. (物を差し出して)さあにおいをかいでごらん. **5**《口語》値打ちがない, 貧弱である, さえない; あやしい, いかがわしい, 下劣である.
sméll abóut [***aróund***] (1) 〈犬などが〉かぎ回る. (2) 〈人が〉詮索する. ***sméll of the lámp*** (1625) =***sméll of (the mídnight) óil*** (1650) 夜遅くまで勉強した跡が見える; (文体・著作などに)苦心の跡が見える (cf. *burn the midnight* OIL). ***sméll óut*** (1) 〈犬などが〉かぎ出す; 〈人が〉探り出す, 感づく: 〜 *out* a fox 狐をかぎ出す / 〜 *out* a plot [secret] 陰謀[秘密]を探り出す. (2)《英》=SMELL *up*. ***sméll the bóttom*** [***gróund***] 〘海事〙〈船が〉浅瀬へ来たため船脚が重くなる. (1875) ***sméll úp*** 《米》悪臭で満たす: The garlic 〜*ed up* the whole house. 家中ニンニクの嫌なにおいが立ち込めた.
〖(?late OE) *smelle*(*n*), *smulle*(*n*) < ? OE **smi(e)llan*: cf. MDu. *smölen* to smolder, scorch / LG *smelen, smölen*〗

SYN におい: **smell** 快・不快を問わず一般的ににおい: a pleasant [nasty] *smell* よい[嫌な]におい. **scent** 通例快いかすかなにおい: Roses have a delightful *scent*. バラはいいにおいがする. **odor** 化学物質などのにおいで, 嫌なにおいをいうことが多い: an *odor* of medicine 薬のにおい. **aroma** あたりにただよう気持ちのよいにおい: the *aroma* of fresh coffee 入れたてのコーヒーの香り. **perfume** 香水, 花などのよい香り: the *perfume* of flowers 花の芳香. **fragrance** 繊細で女性的な感じのよい香り《*perfume* ほど強くない》: the *fragrance* of lavender ラベンダーのよいにおい. **redolence** 《文語》芳香, 香気: the *redolence* of the incense 香のにおい.

smell·a·ble /sméləbl/ *adj.* においをかぐことのできる. 〖*c*1449〗
sméll·er /-lə | -lə(r)/ *n.* **1** においをかぐ人; かぎ分け(て検査する)人. **2** (猫などの)ひげ, 触手 (tactile hair). **3**《俗》鼻 (nose). **4**《俗》鼻への強打; 強打. 〖1519〗
-sméll·ing /-lɪŋ/「…のにおい[香り]がする」の意の複合語の第 2 要素: sweet-*smelling* roses 甘い香りのバラ; foul-*smelling* bugs 嫌なにおいのする虫.
smélling bòttle /-lɪŋ-/ *n.* 気付けびん, かぎびん《smelling salts または香料を入れた小びん》. 〖1722〗
smélling sàlts *n. pl.* 気つけ薬, かぎ塩《炭酸アンモニウム (ammonium carbonate) 主剤の気つけ薬; 昔, 頭痛や脳貧血に用いた; cf. smelling bottle》. 〖1840〗
sméll-less *adj.* **1** においのない, 無臭の. **2** 嗅覚(きゅうかく)のない. 〖1613〗
smell·y /sméli/ *adj.* (**smell·i·er; -i·est**) 《口語》嫌なにおいのする, 悪臭を放つ (ill-smelling) (⇨ stinking SYN): 〜 fish [cheese] 嫌なにおいのする魚[チーズ]. **sméll·i·ness** *n.* 〖(1862): ⇨ -y[4]〗
smelt[1] /smélt/ *v.* 《英》smell の過去形・過去分詞.
smelt[2] /smélt/ *vt.* 〘冶金〙〈鉱石を〉(溶融して)製錬する, 吹き分ける; 〈金属を〉溶融する (fuse, melt): 〜 copper 銅を製錬する. 〖(1543) □ Du. & LG *smelten*: cog. OE *meltan* 'to MELT[1]'〗

smelt[3] /smélt/ n. (pl. ~, ~s) 〖魚類〗 **1** キュウリウオ《キュウリウオ科の食用魚の総称; 北半球の温帯・亜寒帯の浅海に分布し, 淡水域に入る種類もある; ヨーロッパ産のニシキュウリウオ (*Osmerus eperlanus*), アメリカ産の *O. mordax* など》. **2** トウゴロウイワシ科の魚類の総称. 〖OE ~, *smylt* ← Gmc *smelt- (Norw. *smelte* whiting) ← IE *mel- (↑) soft〗

smélt·er n. **1** 製錬者. **2** 製錬所経営者. **3** = smeltery. 〖1455〗

smelt·er·y /sméltəri/ n. 製錬所, 溶鉱所. 〖(1814) ← SMELT[2]＋-ERY〗

smélt·ing n. 製錬, 溶鉱. 〖1531–32〗

smélting-fùrnace n. 溶鉱炉. 〖1706〗

SMERSH /smə́ːʃ | smə́ːʃ; *Russ.* smʲérʃ/ n. スメルシュ《ソ連軍内の防諜対策の特殊機関;「スパイに死を」(Smert Shpionam) の略》. 〖(1953)《略》← Russ. *smert shpionam* death to spies ← *smert*[1] death＋*shpion* spy〗

sme·ta·na /smétənə, -tnə | -tənə, -tnə; *Russ.* smʲɪtánə/ n. サワークリーム. 〖(1909) □ Russ. *smetana* sour cream〗

Sme·ta·na /smétənə, -tnə | -tənə, -tnə; *Czech* smétana/, **Be·dřich** /bédr̝ix/ n. スメタナ (1824–84; チェコの作曲家; 連作交響詩 *Má Vlast* (My Country) (1874–79)).

Smeth·wick /sméðɪk/ n. スメジック《イングランド中央部 Birmingham 西方の工業都市》. 〖OE *Smedeuuich* 《原義》the smiths' dwelling: ⇨ smith, -wick〗

smew /smjúː/ n. 〖鳥類〗ミコアイサ (*Mergus albellus*)《北ヨーロッパやアジアに生息するカモの一種》. 〖(1674) ← ? : cf. Fris. *smjunt* smew / Du. *smient*〗

smid·gen /smídʒən/ n. (also **smid·geon** /~/, **smid·gin** /~/, **smidge** /smídʒ/) [a ~]《米・カナダ口語》ごくわずかの量 (small amount), 微量, 少々, ほんの少し〔*of*〕: *a ~ of* salt 少量の塩 / *a ~* below 7% 7 パーセントを少々下回る. 〖(1845)《異形》? ←《英方言》*smith* ←《異形》? SMUTCH〗

Smi·la·ca·ce·ae /smàɪləkéɪsiìː/ n. pl. 〖植物〗《ユリ目》サルトリイバラ科《ユリ科に含めることもある》. **smì·la·cá·ceous** /-ʃəs⁻/ adj. 〖← NL ~ : ⇨ ↓, -aceae〗

smi·lax /smáɪlæks/ n. 〖植物〗 **1** サルトリイバラ《ユリ科サルトリイバラ属 (*Smilax*) の植物の総称》; (特に) トルサ (sarsaparilla). **2** クサナギカズラ, アスパラガス (*Asparagus medeoloides*)《アフリカ南部産ユリ科の観葉植物; 葉は光沢がある》. 〖(1601) ← NL *smilax* ← L 'a kind of oak, bindweed' □ Gk *smîlax*〗

smile /smáɪl/ vi. **1** 微笑する, ほほえむ, にっこり笑う (cf. grin, laugh): ~ sweetly [bitterly, cynically] にこやかに[苦々しげに, 皮肉っぽく]笑う / He rarely ~s. 彼はめったに笑わない / What are you *smiling at*? 何を笑っているのか / He ~*d at* her. 彼女ににっこりした / He ~*d to* himself. 彼はひとりほほえんだ / She ~*d to* see the children's frolics. 子供らの遊びたわむれるのを見て彼女はにっこりほほえんだ / He ~*d at* what he saw. 彼は見たものにほほえんだ / Whatever happens, I try to keep *smiling*. 何が起ころうと笑顔を絶やすまい. [日英比較] 日本語では「笑う」という動詞に「にっこり」「くすくす」「きゃっきゃっと」などの擬態語の副詞的修飾語句を付けて笑い方を区別する. 英語では「声を立てて笑う」のが laugh,「にっこり笑う」のが smile,「くすくす笑う」のが giggle,「くっくっ」と声を立てずに笑うのが chuckle のように動詞そのものを変えて笑い方の違いを表す. **2** 〈運・機会などが〉〔…に〕ほほえむ, 向く, 都合がよい, 幸いする〔*on, upon*〕: Fortune [The weather] ~*d on* us. 運がわれわれに向いてきた[天候がわれわれに幸いした]. **3** 〈風景などが〉晴れやかである, 朗らかである: All nature ~*d*. 天地は喜色に満ちていた. — *vt.* **1** 微笑して示す, ほほえんで表す (cf. grin): ~ one's thanks [forgiveness, approval] 微笑して謝意を示す[容赦, 賛成する] / She ~*d* a pleased welcome. ほほえんでうれしそうに歓迎してくれた. **2** [同族目的語を伴って]〈…な〉笑い方をする (cf. laugh 1 a): ~ a hearty [sad, modest, sweet] ~ 心から[悲しそうに, つつましやかに, にこやかに]微笑する. **3** ほほえんで追いやる〈*away*〉;〈人に〉笑いかけて(ある状態に)陥らせる〔*into*〕; …にほほえんで(ある状態から)抜け出させる〔*out of*〕: ~ one's tears [grief] *away* 笑って涙を押し隠す[悲しみを忘れる] / ~ a person *into* a good humor 笑って人をいい気分にさせる / ~ a person *out of* his [her] vexation ほほえみかけて人のいらだちを治めてやる.

cóme ùp smíling (1)〈ボクサーが〉元気よく次のラウンドに立ち上がる. (2)《口語》(逆境に屈せずに立ち直り)新たな事態に元気よく立ち向かう. (1886) ***I should smíle.*** 《米口語》(1) いいでしょう(承知しました). (2)《反語》(相手の言葉を軽蔑して)なるほどね, 笑わせるね. (1883) ***smíle at*** (1) ⇨ *vi.* 1. (2) …を一笑に付す, 冷笑する: ~ *at* the claims of …の要求を笑って問題にしない. (3) …を耐え忍ぶ: ~ *at* one's misfortune 不幸にめげず晴れやかにしている.

— *n.* **1** 微笑, ほほえみ (cf. grin, laugh 1, laughter 1); 喜色, 笑顔: a bitter [cruel] ~ 苦笑[残忍な笑い] / flash a ~ of contempt ちらっと軽蔑の笑いを浮かべる / wear a (broad) ~ (下品な)笑いを浮かべる / greet a person with a ~ にっこりして人を迎える / give (a person) faint ~ (人に)わずかにほほえむ / His lips curled in a ~. 口元がほころんで笑顔になった / a face wreathed in ~s 満面笑みをたたえた顔 / have a happy ~ on one's face 顔にうれしそうなほほえみを浮かべる. **2** (風景などの)晴れやかな様子; (運命などの)恩恵, 恵み: the ~ of spring 春の笑顔 / the ~*s of* fortune 運命のほほえみ. ***be all smiles*** 《口語》満面に笑みをたたえている, にこにこ顔である. ***cráck a smíle*** 《口語》破顔一笑する, にっこり笑う. ***wipe*** [***táke***] ***the smíle òff one's*** [***a pérson's***] ***fáce*** 《口語》(自己満足気の)にやにや笑いをやめる[人にやめさせる], (急に)真面目になる[させる].

~·less adj. **smíl·er** /-lə | -lə(r)/ n. 〖(c1303) *smile(n)* ← ? ON (cf. Swed. *smila* / Dan. *smile*) Gmc *smīl- ← IE *(s)mei- to laugh, be astonished (L *mirus* wonderful: ⇨ miracle): cf. smirk〗

SYN 微笑: **smile** 喜び・興味を示す, 声を出さずに表情をゆるめたにこやかな笑い: an attractive *smile* 魅力的な微笑. **grin** 歯を見せてにこっとする[にやっとした, にたりとした]笑い《茶目っ気・快活さ・愚かさなどを暗示する》: a happy *grin* 幸せそうなにこにこ笑い. **smirk** 自己満足の, または優越感にひたったにやにや笑い: a self-satisfied *smirk* 独りよがりのにやにや笑い. **simper** 間が抜けたにたにた笑い: with an idiotic *simper* on his face 顔に白痴めいたにたにた笑いを浮かべて. **sneer** 口を少しゆがめたあざけりの気持ちでの笑い: a contemptuous *sneer* 人をばかにしたような笑い. (⇨ laugh SYN). **ANT** frown.

Smiles /smáɪlz/, **Samuel** n. スマイルズ (1812–1904; スコットランド生まれの英国の新聞記者・伝記作家・社会改革家; *Self-Help* (1859)).

smil·ey, -ie /smáɪli/ adj. ほほえんだ, にこにこした, にこやかな. — n. **1** スマイリー: **a** ふつう黄色の地に黒で目と口だけ簡単に描いた丸いにこにこ顔; 特に acid house との関連で若者文化のシンボルとして使われた. **b** ASCII 文字でこれをまねて作った図: :-) (右側を下にして見る); emoticon の一種. **2** 《口語》酒(の一杯) (smile).

smil·ing /smáɪlɪŋ/ adj. **1** 微笑する, ほほえむ: a ~ face にこにこ顔. **2** 〈風景など〉朗らかな, 晴れ晴れした: the ~ countryside 晴れ晴れした田舎風景. **~·ness** n. 〖a1325〗

smíl·ing·ly adv. ほほえんで, にこにこして; 朗らかに, 晴れやかに. 〖?a1400〗

smir /smə́ː | smə́ː(r)/ n., vi. =smirr.

smirch /smə́ːtʃ | smə́ːtʃ/ vt. **1** 汚す (stain), 傷つける (defame). **2** 〈名声などを〉傷つける, 中傷する: ~ one's fame [fair name, reputation] 名声を汚す. — n. **1** 汚れ, 汚点 (stain, blot). **2** (名声などの)きず, 汚点. **3** 汚すこと, 汚れていること. **~·er** n. 〖(a1398) *smorche(n)* ← ?〗

smirk /smə́ːk | smə́ːk/ vi. にやにや笑う, 気取った[すました]笑い方をする, 作り笑いをする〔*at, on, upon*〕: He ~*s at* me whenever he sees me. 彼は私を見るといつもにやにやする. — vt. にやにや笑って示す. — n. (気取った)にやにや笑い, 作り笑い. (⇨ smile SYN) **~·er** n. **~·ing** adj. **~·ing·ly** adv. 〖OE *smearcian* to smile ← Gmc *smer-, *smar- ← IE *(s)mei- to laugh: ⇨ smile〗

Smir·noff /smə́ːnɔ(ː)f, smíə-, -nɑ(ː)f | smə́ːnɔf/ n. 〖商標〗スミルノフ, スミノフ《米国 Heublein 社傘下の Ste. Pierre Smirnoff 社製のウオツカ》.

smirr /smə́ː | smə́ː(r)/ n. 霧雨, こぬか雨 (smir, smur ともいう). — vi. 霧雨が降る. 〖(n.: 1808; v.: 1790) ← ?〗

smit[1] /smít/ n. 《北英・スコット方言》感染, 伝染, はやり病. 〖(1829)《原義》spot, stain < OE *smitte*〗

smit[2] v. 《古》smite の過去形・過去分詞. 〖OE *smite* (pret.) & ME *smit* (p.p.)〗

smitch /smítʃ/ n. 《口語》=smidgen.

smite /smáɪt/ v. (**smote** /smóut | smə́ut/, 《古》**smit** /smít/; **smit·ten** /smítn̩/, **smit, smote**) — vt. **1** 《文語・戯言》 **a** 強く打つ: ~ a person with a stick 棒で人を激しく打つ / Whosoever shall ~ thee *on* thy right cheek, turn to him the other also. 人もしなんじの右のほおを打たば左をも向けよ (*Matt.* 5:39) / ~ a person's head *off* 人の首を打ち落とす / ~ a person dead 人を打ち殺す. **b** 打ちつける, 打ち当てる: ~ one's hands *together* 手をたたく. **c** 〈一撃を〉加える, 与える (deliver): ~ a blow. **2** 《文語》 **a** 殺す (slay), 滅ぼす (destroy), 破る, 大敗させる. **b** 〈神が〉懲罰する (chastise). **3** **a** 〈におい・音などが〉(急に)〈感覚器官を〉襲う (strike): A glaring light *smote* our eyes. まばゆい光が目を襲った. **b** 〈考えなどが〉(ふと)…の心に浮かぶ: An idea *smote* me. ある考えがふと私の頭に浮かんだ. **4** 〈良心などが〉…の心を悩ます, 苦しめる (distress, trouble): be *smitten with* remorse 悔恨の念に苦しむ / His heart *smote* him. 彼は良心の呵責(かしゃく)を受けた (cf. 2 *Sam.* 24:10). **5** [特に p.p. 形 smitten で] **a** 〈病気・災難・恐怖などが〉襲う (attack), 悩ませる (afflict): a city *smitten with* plague 疫病に襲われた町 / be *smitten with* fear [palsy] 恐怖に襲われる[中風にかかる]. **b** 〈人・魅力・風景などが〉…の心を打つ[奪う], 魅する (charm): He is *smitten by* [*with*] her (charms). 彼女(の魅力)にすっかり参っている. **c** 〈欲望などが〉駆り立てる: He was *smitten with* a desire for a pipe. 一服したくなった. **6** 《古》〈竪琴などを〉弾じる, 打ち奏でる: ~ a harp.

— vi. 《文語・戯言》強く打つ, たたく, 当たる (hit): ~ *at* a person 人を殴る / ~ *on* the door. 戸をどんどんたたく / waves *smiting upon* the cliff 断崖をかむ波 / The clamor of the bells *smote on* his ears. 鐘のすさまじい響きが耳を打った / His knees *smote together*. (恐ろしさなどで)両ひざがわなわな震えた.

— n. 《口語》 **1** 打撃, 強打 (heavy blow). **2** 試み, 企て (attempt): have a ~ *at* it そいつをやってみる.

smít·er /-tə | -tə(r)/ n. 〖OE *smītan* < Gmc *smītan (Du. *smijten* / G *schmeissen* to throw) ← IE *smē- to smear, rub (Gk *smân* to anoint, rub, cleanse)〗

smith /smíθ/ n. [しばしば複合語の第 2 構成要素として] **1** 金属細工人, 飾り屋 (metalworker); かじ屋, かじ工 (blacksmith): a ~'s forge [hearth] かじ屋の炉 / a ~'s hammer [shop] かじ屋の金づち[仕事場] / ⇨ blacksmith, goldsmith, silversmith, tinsmith, whitesmith. **2** 細工人, 製造人 (maker): skismith / ⇨ gunsmith, tunesmith. 〖OE *smiþ* < Gmc *smiþaz 《原義》craftsman (Du. *smid* / G *Schmied*) ← IE *smēi- to carve (Gk *smīlē* knife, chisel)〗

Smith /smíθ/ n. スミス《男性名; 愛称形 Smitty》. 〖↑〗

Smith, Adam n. スミス (1723–90; スコットランドの古典派経済学の祖: *The Wealth of Nations* (1776)).

Smith, Alfred E(manuel) n. スミス (1873–1944; 米国の政治家; 通称 Al Smith).

Smith, Bessie n. スミス (1894–1937; 米国のブルース歌手, 1920 年代のジャズ界で人気を博した「ブルースの女王」(the Empress of the Blues)).

Smith, David n. スミス (1906–65; 米国の画家・彫刻家; 金属彫刻の草分け).

Smith, Edmund Kirby n. スミス (1824–93; 米国の南北戦争当時の南軍の将軍).

Smith, Francis Hopkinson n. スミス (1838–1915; 米国の小説家・画家・技師).

Smith, Ian Douglas n. スミス (1919–2007; ローデシア(現ジンバブエ)の政治家, 首相 (1964–78); 1965 年に英国との交渉決裂で独立を宣言; 白人至上主義者).

Smith, John n. スミス (1580–1631; 英国の冒険家, Virginia 州植民地開拓者; しばしば Captain John Smith と呼ばれる; cf. Pocahontas).

Smith, Joseph n. スミス (1805–44; 米国の宗教家, モルモン教会 (Mormon Church) の創始者; 投獄中に暴徒に殺された).

Smith, Lo·gan Pear·sall /lóugənpíəsɔːl, -sɑːl | lə́ugənpíəsɔːl/ n. スミス (1865–1946; 英国に帰化した米国の随筆家・英語学者; *All Trivia* (1902), *The English Language* (1912)).

Smith, Dame **Maggie** n. スミス (1934–　; 英国の女優; アカデミー賞を 2 度受賞).

Smith, Stev·ie /stíːvi/ n. スミス (1902–71; 筆名 Florence Margaret Smith; 英国の詩人, 小説家; *Novel on Yellow Paper* (1936)).

Smith, Sydney n. スミス (1771–1845; 英国国教会の聖職者・神学者・エッセイスト; *Edinburgh Review* の創刊者の一人; *Wit and Wisdom* (1856)).

Smith, William n. スミス (1769–1839; 英国の地質学者; 層序学の父).

Smith, William Henry n. スミス (1825–91; 英国の新聞雑誌販売業者・政治家・下院議員 (1868–91)).

Smith, William Robertson n. スミス (1846–94; スコットランドの聖書学者・ヘブライ語学者; *Encyclopaedia Britannica* の共同編集者).

Smith and Wés·son /-wésn̩/ n. 〖商標〗スミスアンドウエッソン《米国製の輪胴式ピストル》.

Smíth Bròthers' Cóugh Dròps n. pl. 〖商標〗スミスブラザーズコフドロップス《米国製のせき止めドロップ》.

Smíth chárt n. 〖電気〗スミスチャート《分布定数回路特性計算用チャート》.

Smith-Co·ró·na /-kəróunə | -rə́u-/ n. 〖商標〗スミスコロナ《米国 Smith-Corona 社製のタイプライター》.

smith·er·eens /smìðəríːnz/ n. pl. 《口語》粉みじん (small fragments): break [smash] into [to] ~ 粉みじんに砕く, こっぱみじんにする. 〖(1829) □ Ir.-Gael. *smidirin* (dim.) ← *smiodar* fragment〗

smith·ers /smíðəz | -ðəz/ n. pl. =smithereens.

smith·er·y /smíθəri/ n. **1** かじ, かじ職, かじの仕事. **2** かじ屋の仕事場 (smithy), かじ工場, 鉄工場. 〖(1625) ← SMITH＋-ERY〗

Smith·field /smíθfiːld/ n. **1** 〖商標〗スミスフィールド《米国の食肉加工会社 Smithfield Ham & Products 社の略; Virginia ham の製造で知られる》. **2** =West Smithfield.

Smithfield hám n. スミスフィールドハム《ヴァージニアハム (Virginia ham) の一種》. 〖← *Smithfield*: 米国 Virginia 州の町名〗

Smith·son /smíθsən, -sn̩/, **James** n. スミッソン (1765–1829; 英国の化学者・鉱物学者 (cf. smithsonite); Smithsonian Institution の創立者; 旧名 James Lewis Macie /méɪsi/).

Smith·só·ni·an Institútion /smɪθsóuniən- | -sə́u-/ n. [the ~] スミソニアン協会 (James Smithson の寄付で学問の普及を目的として 1846 年米国の Washington, D.C. に創立された国立の機関; 俗に Smithsonian Institute ともいう; 略 SI).

smith·son·ite /smíθsənàɪt/ n. 〖鉱物〗 **1** 菱(りょう)亜鉛鉱 ($ZnCO_3$)《炭酸亜鉛を主成分とする亜鉛の重要鉱石》. **2** 異極鉱 (⇨ hemimorphite 1). 〖(c1835) ← *James Smithson* (これを calamine と区別した): ⇨ -ite[1]〗

Smith Squáre n. スミススクエア《London の Westminster にある広場; 英国の 3 大政党本部がこの周辺に集まっている》.

smith·y /smíθi, smíði | smíði, smíθi/ n. **1** かじ屋の仕事場, かじ場. **2** かじ屋 (blacksmith). 〖(a1250) □ ON *smiðja* (cog. OE *smiþþe* / G *Schmiede*): ⇨ smith, -y[1]〗

smít·ing lìne /smáɪtɪŋ- | -tɪŋ-/ n. 〖海事〗巻いたまま揚げた軽帆を上で開くための細綱.

smitten v. smite の過去分詞. 〖ME〗

smit·tle /smítl̩ | -tl/ adj. 《北英・スコット方言》伝染力をもつ, 伝染性の, はやり病の. 〖((1583)) (1720): cf. smit[1]〗

Smit·ty /smíti | -ti/ n. スミッティ《男性名》. 〖(dim.) ← SMITH〗

SMM 《略》L. Sancta Māter Maria (=Holy Mother Mary).

smock /smɑ́(:)k | smɔ́k/ *n.* **1** スモック《肩にギャザーを入れたりスモッキングをしたゆったりした上っ張り; 画家・女性・子供などが衣服を保護するために着る》: an artist's ~. **2** = smock frock. **3**《古》女性用肌着[下着]; (特に)シュミーズ (chemise). **4**《廃》(暗示的に)女, 女性 (cf. Shak., *Romeo* 2.4.103). **— *vt.* 1** …にスモックを着せる. **2**【服飾】…にスモッキングをする, 亀甲型のひだ飾りに刺す. **— *vi.***【服飾】スモッキングに刺す. **~·like** *adj.* 〖OE *smoc* woman's shift ＜Gmc **smukkaz* ← IE **meug-* slippery: cf. OE *smūgan* to creep〗

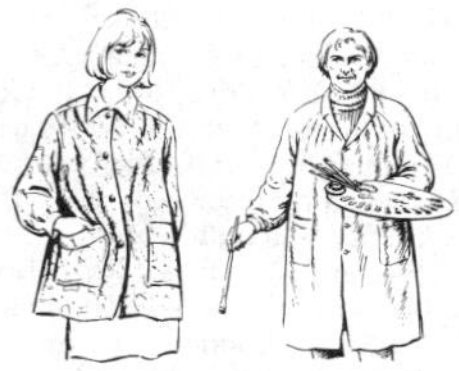

smocks 1

smóck fròck *n.* (ヨーロッパの農夫が上っ張りとして着るシャツ型のゆったりした綿や麻の)仕事着, 野良着. 〖*a*1800〗

smóck·ing *n.*【服飾】スモッキング《規制正しい幾何学的模様に沿ってギャザーを寄せてゆるみをつける亀甲型[ダイヤモンド型など]のひだ飾り》. 〖1888〗

smóck mìll *n.* 主柱式風車《八角形のやぐらの上で風車のみが回る》.

smog /smɑ́(:)g, smɔ́(:)g | smɔ́g/ *n.* スモッグ, 煙霧 (smoky fog)《都会の上空などの煙の混じった霧; ⇨ mist SYN》. 〖(1905)《混成》← SM(OKE)＋(F)OG[1]〗

smóg·bòund *adj.* スモッグにおおわれた. 〖1970〗

smog·gy /smɑ́(:)gi, smɔ́(:)gi | smɔ́gi/ *adj.* (**smog·gi·er; -gi·est**) スモッグ[煙霧]の多い[がかかった]. 〖1905〗

smóg·less *adj.* スモッグのない. 〖1948〗

smóg·òut *n.* スモッグに完全に包まれた状態.

smok·a·ble /smóʊkəbḷ | smə́ʊk-/ *adj.* 喫煙に適する. **—** *n.* [*pl.*; 集合的]《米》喫煙物《葉巻・巻たばこなど》. 〖1818〗

smoke /smóʊk | smə́ʊk/ *n.* **1** 煙: There's no ~ [No ~] without fire.《諺》火のないところに煙は立たぬ / There is no fire without ~. ⇨ fire *n.* 1 a / dry [hang] fish in (the) ~ 魚を燻製にする / a cloud [puff, plume] of ~ ひと塊の[一吹きの, もくもく上る]煙. **2 a** 煙の塊[柱], (火山などの)噴煙: the ~ of a volcano 火山の噴煙. **b** (殺虫・除虫用の)いぶし火, 蚊やり火 (smudge): make a ~ to drive away mosquitoes 蚊いぶしをする, 蚊やり火をたく. **3 a** 煙に似たもの. **b** (日光・熱で出てくる)湯気, 蒸気, 湯煙 (steam, vapor). **c** 霧 (mist), 霞(かすみ). **d** しぶき (spray): the ~of a waterfall 滝のしぶき. **e** 砂煙. **4** (煙のように)実体[価値]のないもの, 消えやすいもの, 空(くう) (emptiness): vanish in a puff of ~ 煙と消える, 無に帰する. **5** 曖昧(あいまい)なもの; 不明確な状態: The ~ has cleared. 問題の曖昧な点がはっきりした. **6 a** 喫煙, 一服: have [take, do] a ~ 一服する / long for a ~ 一服したくなる. **b** (勤務時間中の)喫煙を許される休憩, 喫煙時間《オーストラリア・ニュージーランドでは smoke-oh という》. **c** [しばしば *pl.*]《口語》たばこ;《俗》マリファナ: a box of good ~*s* 上等なたばこ一箱. **7** 暗灰色; 暗青色. **8 a** 安酒. **b** アルコールと水で作る酒. **9**【動物】＝smoke cat. **10**【野球】スピードボール[豪速球]の投球. **11** [S-] ＝Big Smoke.

énd* [*gó úp*] *in smóke 煙と消える, 無に帰する; 怒りが爆発する. ***from* (*the*) *smóke into* (*the*) *smóther*** 小難から大難へ; 一難去ってまた一難 (cf. *jump out of the* FRYING PAN *into the fire*). ***like smóke*** すらすらと, わけなく (readily); すぐ, すぐさま (quickly).

— *vi.* 1 a たばこを吸う[のむ], 喫煙する: ~ like a chimney たばこを立て続けに吸う / You must not ~ too much. たばこを吸い過ぎないように / Do you mind if I ~? たばこを吸ってもかまいませんか. **b**《俗》マリファナを吸う. **2** 煙を出す, 煙を吐く. **3** 〈ストーブなどが〉煙る, いぶる, くすぶる (smolder): The fire [lamp, stove] is smoking. 火[ランプ, ストーブ]がくすぶっている. **4** 煙状に広がる, たなびく; 煙状に立ちのぼる: A mist ~*d* over the valley. 霞が谷間にたなびいていた. **5** 湯気が立つ, 蒸発する (steam); 汗の湯気を立てる; 血煙を立てる, 血しぶきをあげる (reek): The horse's flanks ~*d*. 馬の横腹から汗の湯気が立っていた / Their swords ~*d* with blood. 彼らの剣は血煙を立てていた. **6**《まれ・俗》(ほこりをたてて)大急ぎで走る, 疾走する 〈*along*〉. **7**《豪》逃亡する, 失踪(しっそう)する (abscond). **8**《古》罰を受ける, 苦しむ (suffer). **9**【射撃】〈クレー (clay pigeon) が〉粉々に割れる. **— *vt.* 1 a** 〈たばこ・マリファナなどを〉吸う, のむ: ~ tobacco, a cigarette, opium, etc. / ~ 20 [a pack] a day 一日に 20 本[一箱]のたばこを吸う / Put that in your pipe and ~ it. ⇨ pipe *n.* 成句. **b** 喫煙で…にする: ~ oneself stupid [ill] たばこを吸い過ぎて頭がぼんやりする[気分が悪くなる] / ~ one's bad temper down たばこを吸って怒りを抑える / ~ away the afternoon たばこを吸って午後を過ごす. **2** 〈パイプを〉喫煙に用いる, 〈葉巻などを〉くゆらす. **3 a** 〈肉・魚などを〉燻製にする: ~ ham [salmon] ハム[鮭]を燻製にする / ~*d* ham, herring, salmon, turkey, etc. **b** 煙らす, いぶす; 煙で黒くする; 〈料理を〉煙臭くする: a ~ *d* ceiling 黒くくすぶった天井 / ~*d* glass すすけたガラス. **c** 煙で消毒する, 燻蒸する (fumigate): ~ plants. **d** 〈部屋などの空気を〉浄化する. **e** 〈害虫などを〉いぶす (cf. SMOKE *out* (1)): ~ mosquitoes. **4** (敵に見られないように)煙でおおう, …に煙幕を張る. **5**《古》感づく, かぎ出す (suspect, smell out): ~ a plot 陰謀をかぎ出す. **6**《廃》いじめる (tease), からかう (ridicule). **7**【射撃】〈クレー (clay pigeon) を〉粉々に割る.

smóke óut (1) 〈害虫・ねずみ・潜伏者などを〉いぶり出す, 追い[狩り]出す 〈*of*〉. (2) 燻蒸する (cf. *vt.* 3 c): ~ *out* a sickroom. (3) 探り[かぎ]出す; 暴く; 〈人〉に秘密を白状させる: ~ a person *out* 人に泥を吐かせる. (4) 〈たばこなどを〉最後まで吸う.

~·lìke *adj.* 〖late OE *smoca* (n.) & OE *smēocan* (v.) ← Gmc **smuk-* (G *Schmauch, schmauchen*) ← IE **(s)meukh-, *(s)meug(h)-* (Gk *smūkhein* to smolder)〗

smoke·a·ble /smóʊkəbḷ | smə́ʊ-/ *adj.*, *n.* = smokable.

smóke alàrm *n.* 煙警報器, 煙感知器 (smoke detector).

smóke and mírrors *n.* 錯覚を起こさせるもの, 惑わせるもの《奇術師の使う小道具から》.

smóke bàll *n.* **1** 発煙筒[弾]. **2**【植物】ホコリタケ (puffball)《触れると胞子を煙状に噴出する》. **3**【野球】豪速球, スモークボール. 〖1753〗

smóke blàck *n.* (顔料としての)カーボンブラック.

smóke bòmb *n.*【軍事】発煙弾(筒), 煙弾《爆撃目標の目印, 味方の目標を隠す煙幕, 風向きの標示などの役を果たす》. 〖1917〗

smóke·bòx *n.* **1** 燻製を造る煙を発生させる炉, 燻煙炉. **2**【鉄道】煙室《機関車のボイラーで炎管と煙突の間にあるガスが集まる室》. **3** (ミツバチに使う)燻煙器 (smoker). 〖1614〗

smóke bùsh *n.*【植物】＝smoke tree.

smóke càt *n.*【動物】スモークキャット《下毛・首毛・耳毛がいぶし銀で, 上毛と斑点の黒い長毛または短毛の飼いネコ》.

smóke chàmber *n.* (暖炉の)煙室.

smóke·chàser *n.* 森林火災探索消防隊員.

smóke-consùmer *n.* 完全燃焼装置, 無煙装置. 〖1838〗

smoked /smóʊkt | smə́ʊkt/ *adj.* いぶした, 燻製にした: ~ glass すすで曇りをつけたガラス《太陽観察用》.

smóke detèctor *n.* 煙探知器, 煙報知器.

smóke-drìed *adj.* 燻製にした: ~ meat 燻製肉. 〖1653〗

smóked rúbber *n.* スモークラバード《カビ発生防止のため天然のゴムを燻製にしたもの; ribbed and smoked sheet ともいう; cf. crepe rubber》.

smóke-drỳ *vt.* 〈肉などを〉燻製にする. **— *vi.*** 燻製になる. 〖1704〗

smóked shéet *n.* スモークドシート《カビ防止のため燻煙した生ゴムのシート; ⇨ smoked rubber》. 〖1909〗

smóke èater *n.*《俗》消防士 (fire fighter).

smóke-fìlled róom *n.* (ホテルなどで少人数の政治家が使う)秘密交渉室. 〖1920〗

smóke-frée *adj.* 禁煙の: a ~ area [zone] 禁煙区域.

smóke hèlmet *n.* (消防士のつける)防煙ヘルメット, 消防帽; 消防用ガスマスク, 防毒面. 〖1900〗

smoke·ho /smóʊkoʊ | smə́ʊkəʊ/ *n.* ＝smoke-oh.

smóke hòod *n.* 防毒ガスマスク《透明で不燃性のプラスチック製; 航空機事故の際, 有毒ガスを吸わないようにするため着装する》.

smóke·hòuse *n.* (肉・魚などの)燻製所[室]. 〖1746〗

smóke-in *n.* スモークイン《野外でマリファナなどを吸飲する集まり; マリファナ合法化運動の一環でもある》. 〖(1968) ← SMOKE＋-IN[3]〗

smóke·jàck *n.* 焼きぐし回し《台所の煙突内に取り付けてその上昇気流によって風車が回転し下の焼きぐしを回す装置》. 〖1675〗

smóke jùmper *n.*《米》スモークジャンパー《地上からの接近が困難な火災現場にパラシュートで降下する森林消防団員》. 〖1927〗

smóke·less *adj.* 無煙の: **a** 煙の出ない: ~ coal 無煙炭 / a ~ furnace 完全燃焼炉, 無煙炉. **b** 煙のない: a ~ city 無煙都市. **~·ly** *adv.* **~·ness** *n.* 〖1582〗

smókeless pówder *n.* 無煙火薬《ニトロセルロース (nitrocellulose), ニトログリセリン (nitroglycerin) などを基剤とする煙の発生量の少ない火薬》. 〖1890〗

smókeless tobácco *n.* スモークレスたばこ, かみたばこ《口にくわえるが, 吸ったりくゆらせたりしないたばこ》.

smókeless zóne *n.* 煤煙禁止地域《無煙燃料以外の使用を禁止する地域》.

Smók·ènd·ers *n.* スモークエンダーズ《禁煙講習団体》.

smoke-oh /smóʊkoʊ | smə́ʊkəʊ/ *n.*《豪口語》＝ smoke *n.* 6 b. 〖(1874) ← SMOKE (n.) 6＋OH〗

smóke pìpe *n.* 煙導管《煙の発生源と煙突を結ぶ金属製の管》.

smóke pollùtion *n.* (たばこの)煙害.

smóke pòt *n.* 煙缶, 発煙筒《点火すると多量の煙を出す化学混合物が入った缶》. 〖1950〗

smóke·pròof *adj.* 〈戸・部屋など〉防煙[遮煙]造りの. 〖1901〗

smok·er /smóʊkə | smə́ʊkə[(r)]/ *n.* **1** 喫煙家, 愛煙家, たばこを吸う人: a heavy ~ ヘビースモーカー / a ~'s set 喫煙具一そろい. **2** 燻製製造者. **3 a** 煙を出すもの. **b** 煙突 (chimney). **c** (ミツバチの)燻煙器. **d** 煙幕を張る船[飛行機]. **e**《俗》機関車 (steam locomotive); ＝ hotbox. **4 a** 喫煙車 (smoking car). **b** (客車内の)喫煙室. **5**《米古》喫煙社交会, 男性だけの会合. **6**《英》喫煙自由の音楽会 (smoking concert). **7** ＝ smoking stand. 〖1599〗

smóke rìng *n.* (たばこの)煙の輪. 〖1890〗

smóke ròcket *n.* スモークロケット《配管の漏れを発見するために発煙させる装置》. 〖1891〗

smóke ròom *n.*《英》喫煙室 (smoking room). 〖1883〗

smóker's cáncer *n.*【病理】喫煙者癌(がん).

smóker's cóugh *n.*【病理】喫煙者咳. 〖1907〗

smóker's héart *n.*【病理】喫煙者心臓病 (tobacco heart). 〖1906〗

smóker's thróat *n.*【病理】喫煙者咽喉(いんこう)《喫煙者の慢性咽喉炎》. 〖1889〗

smoke scrèen *n.* **1**【軍事】(部隊・艦船・航空機・地域などを敵から隠す)煙幕: They threw a ~ around themselves. 彼らは自らの回りに煙幕を張った. **2** (意図・活動を隠すための)偽装, カムフラージュ. 〖1915〗

smóke·shàde *n.* **1** スモークシェード《大気中の粒子状汚染物質の相対量の単位》. **2** 粒子状の汚染物質.

smóke shèlf *n.* 煙棚《煙の逆流下降を避けるため暖炉の煙突下部に設ける棚状部》.

smóke shèll *n.* 煙弾, 発煙砲弾《弾着とともに煙を発生する》. 〖1919〗

smóke shòp *n.* たばこ屋;《俗》麻薬[マリファナ]の密売所;《俗》＝head shop. 〖1798〗

smóke sìgnal *n.* [通例複数形で] のろし, 煙信号, 烽煙(ほうえん).

smóke·stàck *n.* (汽船・機関車・工場などの)煙突 (stack) (⇨ locomotive 挿絵). **— *adj.*** 製造業の, 重工業の (heavy[1] 13): ~ industries 重工業, (在来型の)製造業. 〖1859〗

smóke stìck *n.*《俗》銃, 小火器.

smóke·stòne *n.*【鉱物】＝cairngorm.

smóke trèe *n.*【植物】**1** ハグマノキ (*Cotinus coggygria*)《ヨーロッパ南部・小アジア産ウルシ科の木; 花序が煙のようにみえる; Venetian sumac ともいう》. **2** アメリカ産でハグマノキに近縁の植物の一種 (*Cotinus americanus*). 〖1846〗

smóke tùnnel *n.*【航空】煙風胴《煙の流線によって気流の流れ方を調べる風胴》. 〖1931〗

Smok·ey /smóʊki | smə́ʊki/ *n.* **1** ＝Smokey the Bear. **2**《米俗》(州の)ハイウェーパトロール隊員; (州警察の)パトカー.

Smókey the Béar *n.* 熊のスモーキー《米国の forest ranger の服装をした漫画の熊; 森林火災防止・環境保護のシンボルマーク; モットーは "Only you can prevent forest fires."》.

smok·ie /smóʊki | smə́ʊk-/ *n.*《スコット》燻製のハドック (haddock).

Smok·ies /smóʊkiz | smə́ʊk-/ *n. pl.* [the ~] ＝ Great Smoky Mountains.

smok·ing /smóʊkɪŋ | smə́ʊk-/ *n.* **1** 喫煙: No ~. [掲示] 禁煙. **2** [形容詞的に] 喫煙の(ための). **3** 煙る[いぶる]こと. **4** 発煙; 蒸気を立てること; 発汗. **— *adj.* 1** たばこを吸う. **2** 煙る, いぶる. **3** 湯気の立つ, もうもうとした, 汗の出る: a ~ steed 汗馬. **4** 血煙の立った: a ~ blade 血刀. **5** [副詞的に] 湯気の出るほど: ~ hot food. **~·ly** *adv.* 〖*c*1380〗

smóking càr [càrriage] *n.* 喫煙車 (smoker). 〖1846〗

smóking compàrtment *n.* (列車の客車内で特に仕切った)喫煙室. 〖1888〗

smóking cóncert *n.*《英》喫煙自由の音楽会. 〖1886〗

smóking gún [pístol] *n.* 決定的罪証, (犯罪の)動かぬ証拠. 〖1974〗

smóking jàcket *n.* スモーキングジャケット《家でくつろぐときに着るゆったりとした男性用上着; もと食後たばこを吸うときに着た上着で, ベルベットやブロケードなどで作られたドレッシーなもの》. 〖1878〗

smóking làmp *n.*【海事】喫煙灯《昔船内で喫煙を許可している時間を通じて点火しておいたランプ》. 〖1881〗

smóking mixture *n.* パイプたばこのブレンド.

smóking-ròom *adj.* 喫煙室(用)の; 猥褻(わいせつ)な, 下卑た (dirty): a ~ talk [story] 喫煙室の話《男同士の猥談》. 〖1886〗

smóking ròom *n.* 喫煙室. 〖1689〗

smóking stànd *n.* スモーキングスタンド《長いスタンド付きの灰皿》.

smok·o /smóʊkoʊ | smə́ʊkəʊ/ *n.* (*pl.* ~**s**) ＝smoke-oh.

smok·y /smóʊki | smə́ʊki/ *adj.* (**smok·i·er; -i·est**) **1 a** 黒煙だらけの, 煙の多い: a ~ town, room, etc. **b** 煙で黒くなった, すすけた (sooty). **2** 煙る, いぶる; 煙い; 黒煙を出す: a ~ fire, torch, chimney, etc. **3** 煙色の; 曇った (cloudy). **4 a** 煙のような, 煙状の; かすんだ (hazy): ~ haze 煙霧. **b** 煙のにおいがする: a ~ taste of Scotch whiskey スコッチウイスキーの煙臭い味. **5** たばこをよく吸う, 愛煙癖の: a ~ man. **6** 〈声が〉(トーチソング歌手を思わせるような)低い喉音の (⇨ torch song). **— *n.*** (はらわたを取って丸ごと燻製にした)小ハドック (haddock). **smók·i·ly** /-kḷi/ *adv.* **smók·i·ness** *n.* 〖(*c*1300): ⇨ -y[4]〗

Smóky Hìll *n.* [the ~] スモーキーヒル(川)《米国 Colorado 州東部より Kansas 州中部の Republican 川に注ぐ川 (900 km)》.

Smóky Mountains *n. pl.* [the ~] ＝Great Smoky Mountains.

smóky quártz *n.*【鉱物】煙水晶 (⇨ cairngorm). 〖1837〗

smóky tópaz *n.*【鉱物】煙黄玉《宝石に用いる》. 〖1797〗

smol·der, 《英》 **smould·er** /smóʊldɚ | sməʊl-dəʳ/ *vi.* **1** (火炎が出ないで)いぶる，くすぶる． **2** 〈感情などが〉(外に現れないで)心の中で抑えられている，鬱積(ウッセキ)する，内攻する: ～ *ing* discontent [hatred] 鬱積している不満[憎悪]． **3** 鬱積した感情[憎悪，嫌悪，嫉妬など]を表す: His eyes ～*ed with* indignation. 彼の目は憤りを心の中で抑えているような表情をしていた． **—** *n.* いぶり，くすぶり; いぶり火． 〖n.: 《*c*1378》(異化) ? ← ME *smorther* smother〗

Smo·lensk /smoʊlénsk | smɔ-, smə-; *Russ.* sma-lʲénsk/ *n.* スモレンスク《ロシア連邦西部，Dnieper 河畔の都市》．

Smol·lett /smá(ː)lɪt | smɔ́l-/, **Tobias George** *n.* スモレット《1721–71; 英国の小説家; *Roderick Random* (1748), *Humphry Clinker* (1771)》．

smolt /smóʊlt | sməʊlt/ *n.* 〖魚類〗 **1** 生後 2 年前後の降海期のタイセイヨウサケ (Atlantic salmon)《体は細長く，鱗は銀白色; cf. parr, grilse》． **2** サケ科魚類の降海期の幼魚． 〖《1420–21》 ← ? : cf. smelt³〗

SMON /smá(ː)n, smɔ́(ː)n | smɔ́n/ *n.* 〖病理〗スモン(病)，亜急性脊髄視神経障害《キノホルム (Chinoform) 連用による薬害として日本で 1964 年ごろ命名された; SMON disease ともいう》． 〖《1971》《頭字語》 ← *s(ubacute) m(yelo-)o(ptico-)n(europathy)*〗

smooch¹ /smúːtʃ/ 《口語》 *vi.* **1** キスする (kiss); 抱擁する (embrace); 愛撫する，いちゃつく (pet). **2** 《英》(相手の身体に腕を回して)ゆっくり官能的に踊る． **—** *n.* **1** キス (kiss). **2** 《英》ゆっくりとした官能的な踊りのための音楽． 〖《1578》擬音語?〗

smooch² /smúːtʃ/ *vt.* しみをつける，汚す． **—** *n.* 汚れ，しみ，汚点 (smudge, smear). **smóoch·y** /smúːtʃi/ *adj.* 〖《変形》《1631》 ← ? SMUTCH〗

smoodge /smúːdʒ/ *vi.* 《豪口》(*also* **smooge** /～/) **1** ご機嫌をとる，おべっかを使う． **2** ＝smooch². **smóodg·er** *n.* 〖《1906》《変形》 ↑ ?〗

smoor /smúɚ | smɔ́ː, smúəʳ/ *n.* 《南ア》シチューの一種． **—** *vt* 〈肉・魚を〉煮込む，シチューにする．

smooth /smúːð/ *adj.* (～·er; ～·est) **1 a** 〈物体の表面が〉滑らかな，すべすべした (↔rough): a ～ floor [skin, stone, surface] すべすべした床[皮膚，石，表面] / (as) ～ as marble 大理石のように滑らかな / (as) ～ as silk [velvet, a baby's bottom] 絹[ビロード，赤ちゃんのお尻]のようにとても滑らかな，すべすべした． / ～ as monumental alabaster (Shak., *Othello*, 5. 2. 5) 記念碑の縞大理石のように滑らかな． **b** 〈土地が〉平らな，平坦(ヘイタン)な，でこぼこのない (level, even) (⇨ level SYN): a ～ road [lawn] 平らな道路[芝生] / The way is now ～. 道は平らになった; 困難は除去された． **c** 〈端が〉でこぼこのない，ぎざぎざしてない: the ～ edge of a table [razor] 平らなテーブルのへり[かみそりの刃]． **d** 〈身体が〉毛のない (hairless)，ひげのない (beardless): a ～ face [chin] ひげのない顔[あご]． **e** 〈植物など〉すべすべした，無毛の． **f** 〈毛髪が〉すべすべした，光沢のある (glossy); 手入れの行き届いた (well-brushed). **g** 〖数学〗〈曲線などが〉滑らかな． **h** 〖物理〗〈面が〉摩擦のない． **2** 〈物質が〉(むらがなく)よく練れた，(むらなく)よく混ざった (evenly mixed): a ～ paste むらのない糊(ノリ)． **3 a** 〈飲物など〉口当たりのよい，柔らかい (not bitter): a ～ cocktail [taste]. **b** 〈音など〉耳に快い，聞き苦しくない: ～ music. **4** (水面などが)静かな，穏やかな (calm, undisturbed); 〈渡航が〉平穏な: a ～ sea, stream, etc. / a ～ passage [crossing] 平穏な航海 / a ～ flight [landing] 順調で静かな飛行[着陸] / reach [get to] ～ water 平穏な水面に来る; 困難を切り抜ける / Bipartisan support ensured the bill a ～ passage through Congress. 超党派的支持によってその法案は国会をすんなり通過することが確実となった． **5 a** 円滑に動く，故障[引っかかり]がない，きしらない; 〈物事が〉都合よくいく，すらすらいく，楽に進める[旅行できる] (⇨ easy SYN): the ～ running of an engine 機関の円滑な運転 / ～ motion なだらかな運動 / make things ～ for …への困難を除く，…のために事を容易にする． **b** 《口語》踊りのうまい: a ～ dancer. **6** 〈感情・気質など〉穏やかな，なごやかな (tranquil)，平静な (equable): a ～ disposition [temperament] 穏やかな気質[気分]． **7** 〈言葉・音調・文体など〉流暢(リュウチョウ)な，よどみのない，すらすらした (fluent, flowing); 口先のうまい，お世辞のうまい (flattering)，人をそらさない，人当たりのよい (suave) (⇨ soft SYN): ～ speech 流暢な弁舌 / a ～ manner 人をそらさない態度 / ～ things お世辞 / a ～ tongue 口先上手 / speak ～ words お上手を言う，うまくごまかす / ～ verses 口調がよい詩． **8** 〈金やすりが〉目がごく細かい． **9** 《俗》魅力的な，すてきな (attractive). **10** 〖音声〗(ギリシャ語の語頭母音が)無気音の (unaspirate) (cf. rough 11): ⇨ smooth breathing. **11** 〖トランプ〗(ポーカー，特に lowball で)(手作りの)比較的楽な (cf. rough 12).

— *adv.* 平らに，なだらかに; すらすらと: Things have gone ～ with me. 事がうまく運んだ / The course of true love never did run ～. 真の恋路は昔から平らだったためしがない (Shak., *Mids N D* 1. 1. 134) / a *smooth*-running car すいすい走る車．

— *vt.* **1 a** 滑らかにする，平らにする，…のでこぼこを取る: ～ rough ground でこぼこの地面を平らにする． **b** 〈布など〉のしわを伸ばす，のす，ならす; 〈しわなどを〉のして[なでて]伸ばす (press flat) 〈*away, out*〉: ～ a rumpled sheet しわになったシーツを伸ばす / ～ wrinkles *out of* a shirt ワイシャツのしわを伸ばす． **c** 〈髪を〉なでつける 〈*down*〉: ～ *down* one's hair 髪の毛をなでつける． **2** 〈クリームなどを〉塗る，のばす 〈*into, over*〉: ～ cream gently *into* one's skin クリームを肌にやさしく塗る． **3** 〈邪魔物・困難などを〉取り除く (remove)，容易にする (make easy): ～ difficulties away 困難を除去する / ～ *out* obstacles 障害を除去する / ～ the way [path] (*for* [*to*] …) (…への)行く手の障害を除く． **4 a** …の粗雑[不快，見苦しさ]を取り除く; 〈態度などを〉洗練する，…に磨きをかける． **b** 〈言葉遣いを〉流暢(リュウチョウ)にする; なだらかにする，円滑にする． **5 a** 落ち着かせる，なだめる，静める (calm, soothe) 〈*down*〉: ～ *down* quarrels [one's temper] けんか[気分]を静める． **b** 〈顔〉の表情を和らげる． **6** 〈不快なことを〉うまくごまかす，言い繕う (palliate); 〈過失などを〉取り繕う，かばう，まるく治める (cloak) 〈*over*〉: ～ *over* faults. **7** 〖数学〗(いくつかの変数に適当な値を代入して)〈式を〉簡単にする． **8** 〖電気〗平滑化する《直流電源の出力側に含まれるリプルを除く》． **9** 〖統計〗滑らかにする《偶然的な小変動を除去する》． **10** 《廃》おもねる (flatter).

— *vi.* **1** 滑らかになる，平ら[穏やか]になる 〈*down*〉: The sea gradually ～*ed down.* 海はほどなく静かになった． **2** 安らかになる，収まる，円滑にいく 〈*down*〉: Affairs are ～*ing down.* 事態は収まりつつある．

— *n.* **1** 平滑にすること，ならし; のし; なでつけ: give a ～ *to* one's hair＝give one's hair a ～ 髪をなでつける． **2 a** 滑らかな物[部分，所]: the ～ of one's shoulder 肩の平らな部分． **b** 平地． **c** 《米》草原． **d** 広い静かな海[水面]． **3** 〖テニス〗スムース《ラケットの飾りガットが滑らかな方の面; ↔ rough》． ***táke the róugh with the smóoth*** ⇨ rough 成句．

～·a·ble /-ðəbl/ *adj.* **～·er** *n.* **～·ness** *n.* 〖ME *smothe* < late OE *smōþ* ← ? IE **somos* fitting together, even ← **sem-* 'together, SAME': ME *smethe* & OE *smēþe* が一般的な語形〗

smóoth·bòre *adj.* (*also* **smóoth·bòred**) 〈砲腔・銃腔など〉滑腔(カックウ)の，腔線のない，旋条(センジョウ)のない． **—** *n.* 滑腔銃，滑腔砲 (cf. rifle¹ 1). 〖1799〗

smóoth bréathing *n.* **1** 無気音符 (ʼ)《ギリシャ語で語頭の母音または r が帯気音を伴わないことを示し，ローマ字化するときは表記しない; spiritus lenis ともいう; cf. rough breathing》． **2** (ʼ) の表す無気音． 〖《1746》《なぞり》 ← LL *spiritus lēnis*〗

smóoth cólony *n.* 〖細菌〗スムーズ集落[コロニー]，S 集落《寒天平板上に腸内細菌によって作られる表面が平滑な正円形の集まり》．

smóoth dógfish *n.* 〖魚類〗ホシザメ《背びれの前にとげのないドチザメ科ホシザメ属 (*Mustelus*) のサメの総称; 日本各地から西太平洋などにいるホシザメ (*M.manazo*) など，特に *M. canis*; smooth dog ともいう》．

smoothe /smúːð/ *vt., vi.* ＝smooth.

smooth·en /smúːðən/ *vt.* 滑らかにする． **—** *vi.* 滑らかになる． 〖《1635》 ← SMOOTH＋-EN¹〗

smóoth-fáced *adj.* **1** 〈布など〉滑らかな表面の，平滑面の． **2** つるつる顔の，ひげのない，ひげをすっかりそった． **3** 人当たりのよい，愛想のよい (suave); うわべは親しげな，猫をかぶった． 〖《?*c*1580》〗

smóoth flóunder *n.* 〖魚類〗北米北東部沿岸のカレイ科クロガレイ属の魚 (*Liopsetta putnami*). 〖1884〗

smóoth fóx térrier *n.* ＝fox terrier.

smóoth hòund *n.* 〖魚類〗ヨーロッパ南部の海域にすむドチザメ科の魚 (*Mustelus mustelus*) (cf. dogfish).

smooth·ie /smúːði/ *n.* **1** 《米》スムージー《果物や野菜にクラッシュアイスを加えてシェークのようにした，とろりとした飲み物》． **2** 《口語》＝smoothy. 〖⇨ -ie〗

smóoth·ing círcuit *n.* 〖電気〗平滑回路《整流器出力側などの脈動を減らす回路》． 〖1940〗

smóothing ìron *n.* アイロン，火のし，こて．

smóothing jóint *n.* 〖製本〗＝tight joint.

smóothing plàne *n.* 仕上げかんな．

smooth·ly *adv.* **1** 滑らかに，平らに． **2** すらすらと，すんなりと，円滑に: go on ～ すらすらと進行する． **3** 流暢(リュウチョウ)に，よどみなく; 口先がうまく． **4** 穏やかに． 〖《?*c*1380》〗

smóoth múscle *n.* 〖解剖〗平滑筋 (cf. striated muscle, striped muscle). 〖1890〗

smóoth néwt *n.* 〖動物〗オビイモリ (*Triturus vulgaris*)《ヨーロッパ・西アジアに広く分布する，黄褐色のなめらかな皮膚をもつ小型のイモリ》．

smóoth pláne *n.* ＝smoothing plane.

smóoth sáiling *n.* ＝plain sailing.

smóoth-sháven *adj.* 口ひげ[あごひげ]をつけてない，ひげをきれいにそった (cf. clean-shaven). 〖1632〗

smóoth snáke *n.* ヨーロッパナメラ (*Coronella austriaca*)《ヨーロッパ産の赤茶色の無毒ヘビ》．

smóoth-spóken *adj.* 口先のうまい，口の上手な; すらすらしゃべる，なめらかな話しぶりの． 〖1821〗

smóoth súmac *n.* 〖植物〗北米産ウルシ科の落葉低木 (*Rhus glabra*)《材がオレンジ色で美しい》． 〖1882〗

smóoth-tàlk *vt.* 口達者に丸め込む，お世辞を使って言いくるめる． 〖1950〗

smóoth tàlk *n.* 《口語》口達者，うまい話しぶり．

smóoth-tàlking *adj.* ＝smooth-spoken.

smóoth-tóngued *adj.* **1** 口先のうまい (flattering). **2** 〈話しぶりが〉流暢(リュウチョウ)な，口の達者な (glib). 〖1592〗

smóoth wínterberry *n.* 〖植物〗北米産モチノキ科モチノキ属の葉に光沢のない低木 (*Ilex laevigate*).

smooth·y /smúːði/ *n.* 《口語・軽蔑》 **1 a** 上品な人． **b** ことをすらすらやる人; (特に)女性の機嫌をとる人． **2** 口先のうまい人; 如才のない人． **3** (つや出しの上質紙を使った)高級雑誌 (slick). 〖《1904》 ← SMOOTH＋-Y²〗

s'mores /smɔ́ɚz | smɔ́ːz/ *n.* 〖商標〗スモアーズ《マシュマロをクラッカーではさんだ米国製の菓子》．

smor·gas·bord /smɔ́ɚgəsbɔ̀ɚd | smɔ́ːgəsbɔ̀ːd; *Swed.* smœ̀rgɔsbuːd/ *n.* (*also* **smör·gås·bord** /～/) **1 a** バイキング料理，スモーガスボード《セルフサービス方式のスカンジナビア料理; 前菜や種々の冷・温製料理を並べたもの》． **b** スモーガスボードのレストラン． **2** 混合物，多種多様，ごたまぜ． 〖《1893》□ Swed. *smörgåsbord* ← *smör* butter＋*gås* lump of butter＋*bord* table〗

smør·re·brød /smə́ːrəbrɔ̀ːd | smə́ːr-; *Dan.* smœ́ʌbʁœð/ *n.* スメアブレズ《デンマークのオープンサンドイッチ》．

smor·zan·do /smɔɚtsáːndoʊ | smɔːtsǽndəʊ; *It.* zmortsándo/ *adv.* 〖音楽〗徐々に遅く音を弱めて． 〖《1800》□ It. ～ (pres. p.) ← *smorzare* to extinguish〗

smote *v.* smite の過去形・過去分詞． 〖OE *smāt*〗

smoth·er /smʌ́ðɚ | -ðəʳ/ *vt.* **1 a** 窒息死させる，息を止めて殺す: ～ a baby *with* a pillow 枕で赤ん坊を窒息死させる． **b** (煙などで)息苦しくする，息がつけないようにする，窒息させる (suffocate, choke): be ～*ed* by thick smoke 濃い煙でむせる． **2 a** 〈火を〉いけてくすぶらせる; いける; 〈灯火を〉覆う (cover up). **b** 〈火を〉(覆って)消す: ～ a fire *with* a blanket 毛布をかぶせて火を消す． **3 a** (あたりが込みすぎて)…の発育を阻止する; 〈成長を〉抑える: vegetables ～*ed* by the weeds 雑草がはびこりすぎて伸びなくなった野菜 / ～ a child *with* too much care 過保護で子供の発育を妨げる． **b** 厚く覆う; 〔煙・霧・布などに〕…を包む，くるむ 〔*in*〕: Snow ～*ed* the road. 雪が道路をすっかり隠してしまった / London ～*ed in* fog 霧に包まれたロンドン / ～ the patient *in* blankets 病人を毛布にくるむ． **c** 〔キス・贈り物・親切などで〕息もつけないほどにする (cover); 圧倒する 〔*with*〕: She ～*ed* the child *with* kisses. 彼女は子供に息もつけないほどにキスした． **4 a** (少量の液体で，とろ火で)蒸し煮にする: ～*ed* chicken 蒸し煮の鶏肉． **b** 〈食物を〉〔他の食物やソースで〕一面にかける，…にこってりかける 〔*with, in*〕: a steak ～*ed with* mushrooms マッシュルームをかけたステーキ． **5 a** 〈あくびなどを〉かみ殺す，〈感情・衝動・悲しみなどを〉押える (suppress); 〈罪悪を〉隠蔽(インペイ)する (conceal)，もみ消す，うやむやにする，闇に葬る (stifle) 〈*up*〉: ～ a yawn あくびをかみ殺す / ～ one's boredom 退屈なのを我慢する / ～ one's grief [rage] 悲しみ[怒り]を抑える / with ～*ed* curses 口の中で呪って / ～ (*up*) a scandal 醜聞をもみ消す． **b** (活動などを)抑圧する． **c** 《米》徹底的に[こっぴどく]打ち負かす (vanquish). **6** 〖ゴルフ〗(高く打ち上げようとして失敗し)地面をはうように〈ボールを〉低く打つ．

— *vi.* **1** 息がつけなくなる，窒息する; 窒息して死ぬ: I shall ～ if I stay in this hot room. こんな暑い部屋にいたら息がつまりそうだ． **2 a** 〈怒りなどが〉内に抑えられている，鬱積(ウッセキ)する． **b** 〈事実などが〉握りつぶされる，隠蔽される． **3** 《英方言》くすぶる (smolder).

— *n.* **1** (窒素させるような)濃煙． **2** 煙霧，濃霧; ひどいしぶき; ひどいほこり． **3** (一面に広がる)混乱，散乱 (welter). **4** 《古》 **a** いぶる物[灰]; いぶり火． **b** くすぶり，いぶり (smoldering). ***from* (*the*) *smóke into* (*the*) *smóther*** ⇨ smoke 成句．

〖n.: 《(13C) *smoþer* 《変形》) ← (? lateOE) *smorþer* ← OE *smorian* to smother ← ?〗

smóth·ered máte *n.* 〖チェス〗キングが自分の駒で動けない時のナイトによる詰み[チェックメイト]． 〖1804〗

smoth·er·y /smʌ́ðəri/ *adj.* 窒息させる，息づまるような; 煙[ごみ]の多い． 〖《1603》 ← SMOTHER＋-Y⁴〗

smoul·der /smóʊldɚ | sməʊldəʳ/ *vi., n.* ＝smolder.

smout /smáʊt/ *n.* 《スコット》 **1** ＝smolt. **2** 子供，小柄な人． 〖《変形》 ← SMOLT〗

smowt /smáʊt/ *n.* ＝smout.

s.m.p. 《略》 *L.* sine masculā prōle (＝without male issue).

SMP 《略》statutory maternity pay 法定出産手当．

SMPTE 《略》《米》Society of Motion Picture and Television Engineers 映画テレビ技術者協会．

smrit·i /smríṭi | -ti/ *n.* 〖ヒンズー教〗スムリティ，聖伝書《ヴェーダ (Vedas) に由来する聖典; 社会・家庭・宗教などの教えを含む》． 〖□ Skt *smṛti* 《原義》 memory, remembrance〗

SMSA 《略》《米》Standard Metropolitan Statistical Area 標準大都市統計圏《人口・生活状況などの統計をとるために選ばれた都市地域》．

SMSgt 《略》senior master sergeant.

SMT 《略》〖電子工学〗surface-mount technology (⇨ surface-mount).

SMTP 〖電算〗Simple Mail Transfer Protocol《インターネット上でメールを送信する際のプロトコル》: an ～ server《SMTP 利用のメールサーバー》．

smudge /smʌ́dʒ/ *n.* **1** (紙・顔などの)汚れ，しみ (smear, stain); 汚れた状態． **2** 濃い煙 (smother). **3** 《米》(害虫駆除・霜よけにたく)いぶし火，たき火，蚊やり火《smudge fire ともいう》． **4** 〖トランプ〗 **a** (オークションピッチ (auction pitch) で)4 点取るという宣言 (bid)《マイナス点を取っていない宣言者がこれを達成すればゲームに勝つか，または得点が倍加する》． **b** この方式をとる auction pitch. **—** *vt.* **1** …にしみをつける; 汚す: ～ writing 書きものを汚す / ～ one's fame 名声を汚す / a face ～*d with* soot すすで汚れた顔． **2** ぼやけさせる (blur). **3** 《米・カナダ》いぶす; 〈テント・果樹園などを〉いぶし火で害虫駆除[霜よけ]をする，蚊いぶしにする． **—** *vi.* **1** 汚れる，にじむ: paper which ～*s* easily にじみやすい紙． **2** ぼやける． **3** いぶる．

～·less *adj.* **smúdg·ed·ly** /-dʒɪdli/ *adv.* 〖v.: 《?*a*1425》 *smoge(n)* ← ?〗

smúdge fire *n.* ＝smudge 3.

smúdge pòt *n.* 《米》(果樹園などで霜を防ぐために油などを燃やす)いぶしつぼ． 〖1965〗

smudg·y /smʌ́dʒi/ *adj.* (**smudg·i·er**; **-i·est**) **1** 汚れた，しみだらけの． **2** 不鮮明な，かすんだ，にじんだ． **3** いぶる，煙る (smoky). **4** 《方言》〈天候が〉むっとする，蒸し暑い (sultry). **smúdg·i·ly** /-dʒɪli/ *adv.* **smúdg·i·ness** *n.* 〖《1859》: ⇨ -y⁴〗

smug /smʌ́g/ *adj.* (**smug·ger**; **smug·gest**) **1** きざな，いやに気取った，ひとりよがりの (self-satisfied). **2** 《古》

S

小ぎれいな，さっぱりした (neat, trim). — *n.* **1** 《まれ》きざな人，いやに気取った人 (prig). **2** 《英学生語》(社交やスポーツをせずに)勉強一点張りの学生，がり勉 (dig, grind). **~·ly** *adv.* **~·ness** *n.* 〖(1551) □ ? LG *smuck* neat: cf. smock〗

smug·gle /smʌ́gl/ *vt.* **1** 密輸(入[出])する; 密入[出]国させる ‹*in, out, over*›: ~ (over) [in, out] heroin ヘロインを密輸[密輸入，密輸出]する / a *smuggling* ring [gang] 密輸団 / ~ a person *into* [*out of*] a country 密入[出]国させる. **2** こっそり持ち込む[出す，出る] 〔*into, out of*〕 ‹*away*›: ~ a clause *into* the bill 法案にひそかに一項目差し込む / ~ a letter *into* [*out of*] a prison 刑務所へそっと手紙を持ち込む[刑務所から持ち出す]. — *vi.* 密輸する. **smúg·gling** /-glɪŋ, -gl-/ *n.* 〖(*a*1687) □ LG *smuggeln, smukkeln* & Du. *smokkelen* ← ? : cf. smock〗

smug·gler /smʌ́glə, -glə | -glə(r, -gl-/ *n.* **1** 密輸入[出]者，密輸業者: curb the activities of drug ~*s* 麻薬密輸業者の動きを抑制する / a ~ of guns 銃の密輸入. **2** 密輸船. 〖1661〗

smur /smə́ː | smə́ː(r/ *n.* =smirr.

smush /smʌ́ʃ, smʊ́ʃ/ *n.* 《俗》口. — *vt.* 《口語》砕く. 〖(*c*1825) 《変形》← MUSH[1]〗

smut /smʌ́t/ *n.* **1** みだらな言葉[話，絵]，わい談; みだら，わいせつ (obscenity): talk ~ みだらな話[わい談]をする. **2 a** (黒い)汚れ，しみ (smudge). **b** すす状の物質; (特に)すすの一片. **3** 《植物病理》**a** (麦の)黒穂病 《クロボキン目の菌(例えばナマグサクロボキン科のアミナマグサクロボビョウキン (*Tilletia tritici*) など)による》. **b** 黒穂病菌. **4** 《釣》(マスが好む)昆虫のえさ. — *v.* (**smut·ted; smut·ting**) — *vt.* **1** (すすなどで)汚す，黒くする (smudge): ~ a white sheet. **2** 《穀物を》黒穂病にかからせる. **3** 《穀物から》黒穂を除く. **4** みだらにする. — *vi.* **1** 汚れる，黒くなる. **2** 《穀物が》黒穂病にかかる，黒穂ができる. **3** すすが出る，汚れがつく. **4** 《釣》(マスの)食いがよい. 〖v.: (?*a* 1425) 《変形》? ← *smot* to stain < ME *smotte(n)*: cog. G *schmutzen*〗

smút bàll *n.* 《植物》**1** 黒穂菌の焦胞子. **2** ホコリタケ (puffball). 〖1750〗

smutch /smʌ́tʃ/ *vt.* **1** (すすなどで)黒くする (smudge). **2** 汚す，きたなくする. — *n.* **1** 汚れ; すす，あか. **2** 汚点，汚名. 〖(1530) ← ? : cf. smudge〗

smutch·y /smʌ́tʃi/ (**smutch·i·er; -i·est**) *adj.* 汚れた，汚い (dirty). 〖(1579): ⇨ ↑, -y[4]〗

smút mìll *n.* 黒穂病の穀粒をきれいにする機械.

Smuts /smʌ́ts; *Afrik.* smœ́ts/, **Jan Chris·ti·aan**/jáŋ krɔ́stja:n/ *n.* スマッツ (1870–1950; 南アフリカ共和国の政治家・将軍; 首相 (1919–24; 1939–48); cf. holism).

smut·ty /smʌ́ti | -ti/ *adj.* (**smut·ti·er; -ti·est**) **1** みだらな，わいせつな (indecent, obscene); 下卑た，野卑な: a ~ novel, talk, etc. / ~ language. **2** 汚れた，すすだらけの，黒くなった，汚い (dirty). **3** 黒穂病にかかった.

smút·ti·ly /-təli, -tli | -tʒli, -tli/ *adv.* **smút·ti·ness** *n.* 〖(1597) ← SMUT+-Y[4]〗

SMV 《略》slow-moving vehicle.

Smyr·na /smə́ːnə | smə́ː-/ *n.* スミルナ (Izmir の旧名). 〖(1735) □ L *Smyrna* □ Gk *Smúrna*〗

Smyrna, the Gulf of *n.* スミルナ湾 (the Gulf of Izmir の旧名).

Smyr·nae·an /smə́ːniən | smə́ː-/ *adj.* スミルナ (Smyrna) の.

Smýrna fìg *n.* 《園芸》スミルナ系イチジク (*Ficus carica* var. *smyrniaca*) 《小アジアの Smyrna 地方に原産し，結実にはカプリフィケーション (caprification) が必要; 乾果用として最高の品質を有する》. 〖1897〗

Smyr·ni·ote /smə́ːniòut | smə́ːniəʊt/ *adj., n.* スミルナ (Smyrna) の(人). 〖(1670) □ NGk *Smurniṓtēs*: ⇨ Smyrna, -ite[1]〗

Smyth /smíθ, smáɪθ, smáɪð/, Dame **Ethel Mary** *n.* スマイス (1858–1944; 英国の作曲家・女性参政権論者; *The March of the Women* (1911) (女権運動団体女性政治同盟 (WSPU) の闘いの歌)).

Smyth, Lord **Robert Stephenson** *n.* ⇨ Baden-Powell.

Smyth, William Henry *n.* スマイス (1788–1865; 英国の海将・水路測量家; *The Sailor's Word-book* (1867)).

smy·trie /smáɪtri, smítri/ *n.* 《スコット》(物・生物の)小さな集まり，小さな塊 (bunch). 〖(1786) ← ? : cf. Fris. *smite*〗

sn 《記号》Senegal (URL ドメイン名).

Sn 《記号》《化学》tin (← *L.* stannum).

SN 《略》《米》《海軍》=seaman; Secretary of the Navy; sergeant navigator; 《自動車国籍表示》Senegal.

S/N 《略》《電気》signal-to-noise ratio.

s.n. 《略》《処方》*L.* secundum nātūram (=according to nature); serial number; series number; 《陸軍》service number 認識番号，個人番号; *L.* sine nōmine (=without name).

snack /snǽk/ *n.* **1 a** (大急ぎの)簡単な食事，軽食，スナック，間食，おやつ: take a ~ 大急ぎで食事する / eat [have] a midnight ~ 夜食を食べる. 日英比較 日本語の「スナック」は軽食と酒類を出す店も指すが，英語の snack は「軽食」の意で食物のことである. 日本語の「スナック」に当たる英語は bar である. **b** (食べ物・飲物の)一口，少量. **2** 《まれ》分け前，割り前 (share): go ~*s* 《古》山分けする / *Snacks!* 分け前をくれ. **3** 《豪口語》何でもない仕事. — *vi.* (食事の間に)軽食をとる，間食する. 〖(?*a*1200) *snake* a snatch with the teeth ← ME *snake(n)* to bite □ MDu. *snacken* to snap at, bite: cf. snatch〗

snáck bàr *n.* **1** 軽食堂 《駅などにあり，普通セルフサービスでテイクアウトもできる》 日英比較 日本語の「スナック(バー)」とは異なり，酒類は出さない. ⇨ snack 日英比較. **2** (家庭の)軽食用カウンター. 〖1930〗

snáck còunter *n.* 《英》=snack bar 1.

snack·ette /snækɛ́t, ーー/ *n.* 《カリブ》スナックバー (snack bar).

snáck tàble *n.* (折り畳み式で持ち運びのできる)一人用小型食卓 (TV table ともいう).

snaf·fle /snǽfl/ *n.* **1** (馬の)小勒(しょうろく); (小勒の)はみ (snaffle bit ともいう): a ~ rein 小勒に結んだ手綱. **2** 軽い制御. ***ride a person in*** [***on, with***] ***the snáffle*** ‹人を›楽々と制御する，やすやすと御する. — *vt.* **1 a** ‹馬などに›小さなはみをはませる. **b** ‹馬を›小勒で制する; 制御する (bridle). **2** 《英口語》盗む (steal)，かっぱらう; 不正な手段で得る. 〖(1533) ← ? : cf. (M)LG & (M)Du. *snavel*〗

snáffle brìdle *n.* 《馬術》手綱が一本の小勒(しょうろく). 〖1668〗

sna·fu /snæfúː, ーー | ーー/ 《米俗》《軍事》*adj.* 乱れた，混乱した，混沌とした (chaotic). — *n.* 混乱状態 (confusion). — *vt.* ごたごたにする，混乱させる (muddle). 〖(1941) 《頭字語》← *s(ituation) n(ormal) a(ll) f(ucked) u(p)*〗

snag /snǽg/ *n.* **1** 思わぬ[ちょっとした]障害[故障など]: strike [run against] a ~ 思わぬ障害にぶつかる[暗礁に乗り上げる]. **2** (ストッキング・衣服などの)かぎ裂き: a ~ in one's stocking. **3 a** (切り取った後に残る)枝の切り株，枝株. **b** 《米》(水中に沈んでいて船の運行を妨げる)倒木，沈み木，隠れ木. **c** (高さ 6m 以上もある)立枯れの大木. **4 a** (ごつごつした[とがった])突起物，出っ張り (protuberance). **b** (滑動または回転している物を停止させる)突起. **c** (折れた)歯の根; 出歯，そっ歯 (snaggletooth). **d** (鹿の)短い枝角. **5** [*pl.*] 《豪》ソーセージ.
— *v.* (**snagged; snag·ging**) — *vt.* **1** ‹衣服などに›かぎ裂きを作る: ~ one's stocking on the fence 垣根でストッキングにかぎ裂きを作る，引っかける. **2** 邪魔する; 妨害する (impede). **3** ‹好機・利益などを›さっと捕える[つかむ]: ~ a ball, taxi, etc. **4** 《米》‹船が›沈み木に引っかける，倒木に乗りかける，沈み木に当てて破損する: The boat was ~*ged* near the bank. 船が岸の近くで沈み木に引っかかった. **5** (切株を残して)‹枝を›切る. **6** 《米》‹川などから›沈み木を取り払う. — *vi.* **1** ‹衣服などが›引っかかる. **2 a** ‹船が›沈み木に引っかかる. **b** (水中の障害物で)もつれる，動きがとれなくなる. **3** 出っ張り[こぶ]になる.

~·like *adj.* 〖(1577–87) ← ? Scand. (cf. Norw. 《方言》*snag* spike / Icel. *snagi* peg)〗

snág bòat *n.* 《米》(内水面で使う)沈み木引揚げ装置付きの船.

snag·ged /snǽgɪd/ *adj.* **1** =snaggy. **2** 《紋章》‹木が›切断面を見せた. 〖1658〗

snag·gle /snǽgl/ *n.* もつれた塊. — *vi.* もつれる，からまる. 〖(1823) ← ? SNAG〗

snág·gle·tòoth *n.* (*pl.* **-teeth**) 乱杭(らんぐい)歯，そっ歯.

snág·gle·tóothed /-tú:θt⁻/ *adj.* 〖(1655) ← 《英方言》*snaggled* snaggletoothed (⇨ snag (v.), -le[3], -ed) +TOOTH〗

snag·gy /snǽgi/ *adj.* (**snag·gi·er; -gi·est**) **1** ‹木が›枝の切り株だらけの; ぎざぎざの，こぶだらけの. **2** ‹川などが›沈み木が多い. 〖(1566) ← SNAG+-Y[4]〗

snail /snéɪl/ *n.* **1** 《動物》カタツムリ，デンデンムシ，マイマイ 《水中や陸上に生息する腹足綱の軟体動物の総称; 特に，らせん状に巻いた殻をもち，ゆっくりはうものをいう; cf. edible snail, garden snail》: (as) slow as a ~ のろくさい / at a ~'s pace 非常にゆっくりと，蝸牛の歩みで. **2** (カタツムリのように)のろくさい人，無精者，のろま. **3** 《機械》=snail cam. **4** [*pl.*] 《植物》=snail clover. — *vi.* ゆっくりと動く[行動する]. — *vt.* **1** のらくら‹時を›過ごす. **2** 《時計》…に渦形を形造る，渦形の模様をつける. 〖OE *snæg(e)l, sneg(e)l* ← Gmc **snaȝilaz* ← ? IE **sneig-* to creep〗

snáil càm *n.* 《機械》渦(形)カム 《渦巻き曲線を利用しているカム; 時計の鳴る数を定める輪》.

snáil clòver *n.* 《植物》カギュウソウ (*Medicago scutellata*) 《ヨーロッパ産マメ科の牧草》. 〖1597〗

snáil dárter *n.* 《魚類》スズキ目パーチ科の小さな矢魚 (*Percina tanasi*) 《1973 年に米国 Little Tennessee 川で発見された淡水魚》. 〖1975〗

snail·er·y /snéɪləri/ *n.* 食用カタツムリ (edible snail) の養殖場. 〖(1725): ⇨ -ery〗

snáil·fìsh *n.* 《魚類》=sea snail 2.

snáil·flòwer *n.* 《植物》熱帯アメリカ産マメ科インゲン属の多年生つる植物 (*Phaseolus caracalla*) 《紫または黄色の花が咲き，花冠がカタツムリの殻状に巻いている》. 〖1688〗

snáil·ing /-lɪŋ/ *n.* 《時計》時計部品表面に施す放射状曲線模様.

snáil·lìke *adj.* カタツムリのような; のろのろした，遅い. 〖1607〗

snáil màil *n.* 《口語》スネールメール (E メールに対して着くまでに時間がかかる普通の郵便をいう).

snáil-pàced *adj.* (カタツムリのように)のろい，動作が緩慢な，歩みがゆっくりした (sluggish). 〖1592–93〗

snáil's gállop *n.* 《古》=snail's pace.

snáil-slów *adj.* =snail-paced. 〖1596–97〗

snáil's pàce *n.* 非常にのろい歩調[ペース]，ゆるいスピード: walk [proceed] at a ~ のろのろ歩く[進む]. 〖(*a*1400–50) *snayles pas*〗

snáil-whèel *n.* 《機械》=snail cam.

snake /snéɪk/ *n.* **1 a** 《動物》ヘビ 《ヘビ亜目の爬虫類の総称》. **b** 《俗用》ヘビに似た細長いトカゲ[両生類]の総称. **2** (ヘビのような)冷酷陰険な人，油断のならぬ相手，ずるい[狡猾(こうかつ)な]人 (cf. *a* SNAKE *in the grass*). **3** [*pl.*] 《口語》アルコール中毒 (delirium tremens). **4** 《建築》**a** リード線 《電線を配管の中に通すために用いる鋼製のワイヤー》. **b** へび 《下水管などのつまりを掃除するためのワイヤー》. **5** [the ~] スネーク 《EC で通貨の交換レートの変動幅を一定範囲内におさえる制度》.
sée snákes=《米》***have snákes in*** one's ***bóots*** 《口語》アルコール中毒にかかっている，アル中になっている (cf. get rats ⇨ rat[1] 成句). 〖1877〗 ***a snáke in the gráss*** 目に見えない危険; 信用できない人; 隠れた敵. 〖(1696) 《なぞり》← L *anguis in herba*: cf. Virgil, *Eclogues* 3:93〗 ***wárm*** [***chérish, nóurish***] ***a snáke in*** one's ***bósom*** 恩をあだで返すような人間に親切を尽くす.
snákes and ládders 《遊戯》ヘビとはしご 《すごろくの一種; さいころの数で駒を進め，ヘビの頭の絵までくると尾まで戻り，はしごの下部にくると上部へ進む》. 〖1907〗
— *vi.* (ヘビのように)くねる，くねって歩く[動く，飛ぶ]: The river ~*s* in the valley. 川が谷間をうねって続いている.
— *vt.* **1** (ヘビのように)くねらす (wind); ねじる (twist): ~ one's body. **2** ‹コース・道などを›ヘビのようにうねって行く，曲がりくねって進む: ~ one's way [course] in the field 野原を蛇行する. **3** 《米》‹丸太を›(一端にチェーンやロープをつけて)引きずる. **4** 《米口語》ぐいと引く ‹*out*›: ~ *out* a tooth 歯をぐいと引き抜く. **5** 《英方言》‹人›から〔…を〕だまし取る (cheat) 〔*out of*〕: ~ a person *out of* something. 〖OE *snaca* < Gmc **snakōn* (ON *snākr*) ← ? IE **sneg-*: ⇨ snail: cf. sneak〗

SYN ヘビ: **snake** ヘビを表す一般語 《陰険で，冷たく，卑しい含みがある》. **serpent** 《文語》特に大きい *snake* 《恐ろしく，猛毒をもち，強力で，美しい含みがある》.

Snake /snéɪk/ *n.* [the ~] =Snake River.

snáke·bàrk máple *n.* 《植物》幹の上下方向に白っぽい縞の入る数種のカエデ 《特に，シナカエデ (*Acer davidii*) および striped maple》.

snáke·bìrd *n.* 《鳥類》ヘビウ 《長頸で嘴(くちばし)が大きくまっすぐのびている淡水にすむヘビウ属 (*Anhinga*) の鳥類の総称; 雌雄の羽色は違う; アメリカヘビウ (*A. anhinga*) など》. 〖1791〗

snáke·bìt, snáke·bìtten *adj.* (毒)ヘビにかまれた; 《米俗》不幸な，不遇な; すっかり参った. 〖1807〗

snáke·bìte *n.* **1** (毒)ヘビによる咬傷(こうしょう); それによる炎症[痛み，苦痛]. **2** 《植物》=bloodroot 1. **3** 《米》メキシコ産のテキーラ酒を混ぜたアルコール飲料. **4** 《方言》アルコール飲料; (特に)ウイスキー (whiskey) (snakebite remedy ともいう). 〖1839〗

snákebite rèmedy *n.* 《方言》=snakebite 3.

snáke chàrmer *n.* ヘビ使い 《笛などを吹いて毒ヘビを踊らせる芸人》. **snáke-chàrming** *n.* 〖1836〗

snáke-dànce *vi.* ジグザグ行進をする; ヘビ踊りを踊る. 〖1922〗

snáke dànce *n.* **1** ジグザグ行進 《優勝祝い・デモなどのとき前の人の肩に手をかけてヘビのようにくねくねと練り歩く蛇行行進》. **2 a** ヘビ踊り (Hopi の宗教儀式の一部をなす踊り; ガラガラヘビを使う). **b** (ヘビの動きをまねた)ヒンズー教徒の踊り. 〖1772〗

snáke dòctor *n.* 《昆虫》**1** ヘビトンボの類の幼虫 (hellgrammite). **2** =dragonfly. 〖1862〗

snáke-èater *n.* 《鳥類》ヘビクイワシ (⇨ secretary bird). 〖1668〗

snáke èyes *n. pl.* **1** (クラップス (craps) で) 1 のさいの目が 2 つ出ること，「ピンゾロ」(two aces). **2** 不運，ついてないこと: come up ~ うまくいかない. 〖1918〗

snáke fèeder *n.* 《米中部》《昆虫》=dragonfly. 〖1861〗

snáke fènce *n.* 《米》=worm fence.

snáke·fìsh *n.* 《魚類》ヘビ状の魚類の総称: **a** タウエガジ科ウナギガジの類の魚 (*Lumpenus lumpretaeformis*). **b** オキエソ (*Trachinocephalus myops*). 〖1796〗

snáke flỳ *n.* 《昆虫》ラクダムシ類のように前胸部がヘビの首のように長い数種の昆虫の総称. 〖1668〗

snáke fòot *n.* ヘビ型足 (18 世紀英米の三脚式テーブルのヘビの類に似た脚先).

snáke·hèad *n.* **1** 《植物》**a** =turtlehead. **b** =guinea-hen flower. **2** 《魚類》タイワンドジョウ，(俗に)雷魚 《タイワンドジョウ科の魚類の総称; 日本にいるタイワンドジョウ (*Channa maculata*) など; snakehead mullet, snakeheaded fish ともいう》. 〖1845〗

snáke-hìpped *adj.* 細くしなやかな腰をした. 〖1976〗

snáke hips *n. pl.* [単数扱い] **1** 非常に細いヒップ，細くしなやかな腰. **2** スネークヒップス 《腰をくねらすスイングダンスの一種》.

snáke jùice *n.* 《豪俗》強いアルコール飲料 《特に自家製のものをいう》.

snáke·lìke *adj.* ヘビのような. 〖1612〗

snáke lìly *n.* 《植物》米国 California 州原産のユリ科ハナニラ属の球根植物 (*Brodiaea volubilis*) 《花は星形でばら色; 観賞用》.

snáke lìzard *n.* 《動物》ヒレアシトカゲ 《オーストラリア・ニューギニア原産の四肢が退化した夜行性のトカゲ; ヒレアシトカゲ科のバートンヒレアシトカゲ (*Lialis burtonis*) など》.

snáke·lòcks anémone *n.* 《動物》水温の低い海域に分布するウメボシイソギンチャク科のイソギンチャク (*Anemonia viridis*).

snáke màckerel *n.* 《魚類》クロタチカマス (*Gempylus serpens*) 《熱帯地方産クロタチカマス科の深海魚; 体は細長く銀色をしている》.

S

snáke·mòuth *n.* 〘植物〙 米国東部の湿地に生じるトキソウ属のラン (*Pogonia ophioglossoides*) 《花はヘビが口を開いたのに似る》.

snáke mùishond *n.* 〘動物〙 シロクビゾリラ (*Poecilogale albinucha*) 《サハラ砂漠の南部に生息するイタチ科ゾリラ (striped muishond) に近似の動物》.

snáke òil *n.* **1** 《俗》(万能薬と称して行商人の売る)いんちき薬 (「がまの膏(あぶら)」の類). **2** 気安めのほら[たわごと]. 〘1927〙

snáke pàlm *n.* 〘植物〙 ヘビイモ (⇨ devil's-tongue).

snáke pìt *n.* **1** (ヘビを飼ってある)ヘビ穴. **2** 《口語》(不潔で患者扱いが悪い)精神病院. **3** 乱雑きわまりない場所, 手のつけられないほどの混乱[混雑](状態). 〘1883〙

snáke-ràil fénce *n.* =snake fence.

Snáke Ríver /snéɪk-/ *n.* [the ~] スネーク川 《米国 Wyoming 州北西部に発し Idaho 州南部を北西に流れて Washington 州南東部で Columbia 川に注ぐ川 (1,670 km)》.

snáke·ròot *n.* 〘植物〙 **1** 根がヘビによる咬傷(こうしょう)によく効くといわれる数種の植物の総称 (Virginia snakeroot, black snakeroot, senega root, カナダサイシン (wild ginger), インドジャボク (snakewood) など). **2** snakeroot の根. **3** =bistort. 〘1635〙

snáke's-hèad *n.* 〘植物〙 =snakehead 1.

snáke·skìn *n.* ヘビの皮; ヘビ革. 〘1825〙

snáke·stòne *n.* **1** 《方言》〘古生物〙 =ammonite[1] 《ヘビがとぐろを巻いた形に似ていることから》. **2** ヘビによる咬傷(こうしょう)の解毒に効くという石. **3** =ayr stone. 〘1661〙

snáke·wèed *n.* ヘビを連想させるものやヘビによる咬傷(こうしょう)の解毒に効くと信じられている数種の植物の総称 《bistort, snakeroot, poison hemlock など》. 〘1597〙

snáke·wòod *n.* 〘植物〙 **1** =nux vomica 1 b. **2** インドジャボク (*Rauwolfia serpentina*) 《キョウチクトウ科の常緑低木; インドではヘビや昆虫による咬傷(こうしょう)の解毒に, また血圧降下剤, 精神安定剤などに使用された》. **3** =trumpetwood. **4** インドソケイ (frangipani). 〘1598〙

snak·y /snéɪki/ *adj.* (**snak·i·er**; **-i·est**) (*also* **snak·ey** /~/) **1** ヘビのような, ヘビ状の; うねうねした (serpentine), 曲がりくねった (winding, sinuous): a ~ eel, river, etc. **2** ヘビの; ヘビのからまった: a ~ rod [wand] (Mercury の持つ)ヘビづえ / ~ locks [hair] ヘビの髪 (その髪の毛がヘビであったといわれる復讐(ふくしゅう)の女神 the Furies の頭髪). **3** ヘビの多い: a ~ place, forest, etc. **4** (ヘビのように)陰険な (insidious), 悪賢い (cunning); 冷酷な, 残忍な (cruel). **5** 〈指輪など〉ヘビをかたどった. **6** 《豪口語》怒った, 機嫌の悪い, 短気な (angry). **snák·i·ly** /-kəli/ *adv.* **snák·i·ness** *n.* 〘(1567): ← SNAKE, -Y[1]〙

snap /snǽp/ *v.* (**snapped**; **snap·ping**) — *vi.* **1** **a** ぷっつり切れる, ぽきり[ぽきん]と折れる: ~ short ぽきっと折れる, ぷつんと切れる / The chain [rope] ~*ped* at its weakest point. 鎖[綱]が最も弱い点でぷっつり切れた / The mast ~*ped off*. 帆柱がぽきんと折れた / ~ in(to) pieces ばらばらに[ぽきぽき]切れる[折れる]. **b** 〈神経などが突然耐えきれなくなる, 参る; 緊張の糸がぷつりと切れる: His nerves ~*ped* after a whole day of hard work. 重労働の一日で神経が参ってしまった / Something ~*ped* in his head. 頭の中で何かがぷつりと切れた 《ついに自制心を失ってしまった》. **2** **a** 〈戸・ふた・かぎなどが〉かちっ[ぱちん, ぱたん]と閉まる: The bolt ~*ped* (back) into place. かんぬきがかちんと閉まった / The door ~*ped* to. 《英》戸がぱちんと閉まった / The pocketbook ~*ped* shut. 財布がぱちんと閉まった. **b** 〈むちなどが〉ぱちん[ぴしっ]と鳴る (crack), ぱちぱち[ぴしぴし]いう (crackle); 〈ピストルなどが〉不発に終わる; かちっと[かちかち]いう (click). **3** がみがみ言う 〔*at*〕: He is always ~*ping at* her. いつでも彼女にがみがみ小言を言っている / ~ and snarl がみがみ言う, 口ぎたなくののしる. **4** **a** さっとかむ, ぱくっとかみ[食い]つく, かみ[食い]つこうとする 〔*at*〕 (cf. bite): I hate a dog that ~*s*. かみつく犬は大きらいだ / A fish ~*s at* bait. 魚が餌(え)に食いつく. **b** (待ってましたとばかりに)応じる, 飛びつく (grasp) 〔*at*〕: ~ *at* a chance [a bargain, an offer, an invitation] 機会[契約, 申し出, 招待]に飛びつく 《二つ返事で応じる》. **5** 〘写真〙 スナップ写真を撮る. **6** きびきび動く[ふるまう]: ~ to attention 気をつけの号令にきちんと動く. **7** 〈目などが〉(機知・皮肉などを見せて)きらっと光る (flash): His eyes ~*ped* with indignation. 憤りで目がきらりと光った.

— *vt.* **1** ぽきっと折る, ぷつっと切る; ぽきっと折り取る, ぷつっと切り取る 〈*off*〉: ~ a stick [a piece of thread] in two 棒をぽきっと折る[糸をぷつっと切る] / ~ *off* a branch 枝を折り取る / The ties of affection were ~*ped*. 愛情の絆は断たれた. **2** **a** ぱちん[ぴしゃり]と音を立てて閉める[開く, 掛ける]: ~ down the lid of a box 箱のふたをぱたっと閉める / ~ a watch open [shut] 時計のふたをぱちんと開く[閉める]. **b** 〈むちを〉ぴしっ[ぴしゃり]と鳴らす (crack); ぱちん[ぱたっ, かちん]といわせる; 〈ピストルなどを〉ぱんと撃つ, …の引金を引く: ~ a whip むちをぴしっと鳴らす / ~ a pistol ピストルを撃つ / ~ off a radio ラジオをぷつんと消す / 《口語》 ~ one's fingers 指をぱちんとはじく[鳴らす] (cf. finger 成句) / ~ one's teeth (together) 歯をかちっとかみ合わす / ~ handcuffs on a person's wrists 人の手首に手錠をぱちんと掛ける. **3** **a** 〈人〉にがみがみ言う; 急に〈人〉の言葉をさえぎる: "I'll show you who's boss!" She ~*ped* (back [out]) (at him). 「だれがボスか教えてやるわ」彼女は(彼に)言葉を返した / ~ him a sharp reply 彼に鋭く言葉を返す / ~ a person up [short] 意地悪く[出し抜けに]人の言葉をさえぎる. **b** 意地悪く[そっけなく]言う 〈*out*〉: ~ *out* one's criticisms [questions] 意地悪く非難[質問]する. **4** **a** すばやくかむ, ぱくっとかみつく (bite) 〈*off*〉: The shark ~*ped* his leg *off*. 鮫が彼の脚を食いちぎった. **b** すばやくつかむ; 引ったくる; 先を争って[われ勝ちに]取る 〈*up*〉 (cf. snapper-up): ~ a piece of meat from [off] the table 一切れの肉を食卓から素早く取る / ~ *up* an offer 申し出にわれ勝ちに応じる / All the cheap goods were ~*ped up*. 安い品は皆引ったくり合いだった / ~ *up* a bargain バーゲンに飛びつく. **5** 〘写真〙 スナップ写真で撮る; …のスナップ写真を撮る (cf. snapshot): ~ the scenery / He was ~*ped* falling off his horse. 落馬するところをぱちりと写された. **6** 〈判決・立法などを〉審議せずに[手早く, そそくさと]決める: ~ a bill. **7** **a** すばやく投げる: ~ the ball (back) to the quarterback クォーターバックにボールを素速く投げる. **b** 〈役・演技などを〉すばやくやってのける. **8** 〘アメフト〙 (スクリメージで)〈センターが〉バックスへ〈ボールを〉スナップする (cf. *n.* 13 a). **9** 〘クリケット〙 (三柱門 (wicket) の所で)〈打者を〉アウトにする 〈*up*〉. **10** 〘建築〙 墨出しする 《部材の表面に寸法線などを付けること》.

snáp báck (1) 〔人に〕ぴしゃっと言い返す 〔*at*〕 (cf. *vt.* 3 a). (2) 急速に回復する (cf. snapback). 《1945》 ***snáp a person's héad* [*nóse*] *òff*** =bite a person's HEAD *off*. 《1709》 ***snáp it úp*** 《米》 急ぐ (snap to it). 《1928》 ***snáp ón*** (*vi.*) ぱちんと閉まる. (*vt.*) 〈明かりを〉ぱちんとつける. ***snáp óut*** (1) 〈明かりを〉ぱちんと消す. (2) ⇨ *vt.* 3 b. ***snáp óut of it*** 《口語》(意志の力で)〈ある気分・習慣・病気〉からさっさと抜け出す, さらりと忘れて立ち直る. ***snáp tó it*** 《口語》 きびきび動く (move quickly); さっさと[元気よく]始める, 急ぐ (hurry). ***snáp úp*** (1) 先を争って〈物を〉買う[つかむ] (cf. *vt.* 4 b); …に飛びつく. (2) ⇨ *vt.* 3 a.

— *n.* **1** ぽきんと折る[折れる]こと[音], ぱちんと割れること[音]: break with a ~ ぽきっと折れる. **2** **a** ぱちっ[ぱたっ, ぴしゃ, ぴしっ](といわすこと[という音]): a ~ of a whip むちのぴしゃりという音 / with a ~ of one's fingers 指をぱちんと鳴らして. **b** (かんぬきなどが)ぱちん[ぱたん]と閉まること[音]: shut with a ~ ぱたんと閉まる. **c** 締め金, 留め金, 尾錠金(びじょうがね), スナップ (catch, clasp, fastener): the ~ of a bracelet [pocketbook] 腕輪[財布]の留め金. **3** **a** すばやくかむこと, ぱくっとかみつく[食いつく]こと: a ~ of the jaws ぱくっとかむこと / make [take, have] a ~ *at* bait 餌をぱくつく. **b** 素早くつかむこと, 引ったくること. **4** がみがみ言うこと, 小言, 口争い (angry dispute): train children with a ~ がみがみ言って子供をしつける. **5** 《米口語》 楽な[ぼろい]仕事[職] (cinch): a soft ~ 楽な仕事[職, 課程など] / It's a ~ to defeat him. やつをやっつけるのはおちゃのこさいさいだ. **6** 《口語》〘写真〙 早撮り(写真), スナップ写真, スナップ撮影 (snapshot). **7** **a** 《口語》 精力, 元気, 活気 (energy, vigor): There is no ~ left in him. 彼は全く弱り切っている / move with ~ and energy きびきび動く / put more ~ into one's work 仕事に一層のはずみをつける. **b** (文体・言い方など)きびきびしていること: a style without much ~ 余りきびきびしていない文体. **8** 急に来る一時の天候; (特に)急なひどい寒さ: a cold ~ 急な寒さ. **9** 薄くもろいクッキー (cf. gingersnap, brandy snap). **10** 《米俗》 容易に動かされる人, お人よし. **11** 《英方言》 軽食, スナック; (特に, 労働者・旅行者の)パック入り弁当. **12** 〘トランプ〙 スナップ 《子供向きの単純なゲーム; 別々の山から 1 枚ずつ同位[種]のものが 2 枚出るまでめくり, 最初に Snap! と言った者がその山を取る》. **13** **a** 〘アメフト〙 スナップ 《スクリメージでセンターがボールを股を通してバックスへすばやく渡すこと; hike ともいう; cf. *vt.* 8》. **b** 〘カナディアンフットボール〙 センター (center). ***in a snáp*** すぐに. 《1768》 ***nót càre* [*wòrth*] *a snáp* (*of one's fíngers*)** 何とも思わない, 一文の値打ちもない.

— *adj.* [限定的] **1** 急の, 即座の (offhand), 不意打ちの, 爆弾的な (sudden): a ~ debate 不意の討議 / a ~ decision 不意の採決[票決] / a ~ judgment 速断; 略式裁判 / take a ~ vote 抜打ちの票決[投票]を行う. **2** 〈錠・締め金・留め金など〉ぱちんと締まる, ばね仕掛けの: a ~ lock, bracelet, etc. **3** 《米口語》 やさしい, 容易な, 簡単な (easy): a ~ course at college 大学の楽な課程.

— *adv.* 《口語》 ぽきん[ぷっつり, ぱちん]と (cf. smack[1] 1): It broke ~ off. ぷっつり切れた / *Snap!* went the oar. オールがぽっきり折れた.

— *int.* **1** 《英》 それだ, これこれ 《思いがけず同じようなものに出会った時に発する言葉》. **2** 〘トランプ〙 スナップ! 《スナップで同種カードが出たとき発する掛け声》.

~·less *adj.* **~·pa·ble** /-pəbl/ *adj.* 〘v.: (1530) ☐ ? (M)LG & (M)Du. *snappen* to seize, speak hastily. — n.: (1495) ☐ (M) Du.& (M)LG *snap*: cf. snack, sniff〙

SNAP /snǽp/ 《略》〘宇宙〙 補助原子力システム, スナップ 《米国で開発された宇宙開発用の小型原子力電源》. 〘《頭字語》 ← *S*(*ystems for*) *N*(*uclear*) *A*(*uxiliary*) *P*(*ower*)〙

snáp-àction *n.* スナップアクション: **1** ぱちんぱちんという感じで接触・解除を行なうスイッチリレーについていう. **2** 銃身がばねじかけの留め金で定位置に固定される二つ折り式の銃についていう.

snáp·bàck *n.* **1** 突然の反動[はね返り]; 急速な回復: a ~ of the market from the lows 市況低迷からの突然の回復. **2** 〘アメフト〙 スナップバック 《センター (center) がクォーター (quarter) の股の間からボールを送り出すファーストダウンが始まるプレー》. 〘1887〙

snáp bèan *n.* 《米》〘植物〙 さやごと食用にするマメ科インゲン属 (*Phaseolus*) の各種の植物の総称 《インゲンマメ (kidney bean) など; cf. shell bean, string bean》; インゲンマメのさや. 〘1770〙

snáp bèetle *n.* 〘昆虫〙 =click beetle.

snáp bòlt *n.* 自動かんぬき 《扉が閉まると自動的にかかる》.

snáp-brìm *n.* スナップブリム(ハット) 《フェルトの男性用中折れ帽; つばの後部が上に折れ曲がり, 前部が下に曲がっている; snap-brim hat ともいう》. 〘1928〙

snáp bùg *n.* 〘昆虫〙 =click beetle.

snáp·dràgon *n.* **1** 〘植物〙 **a** キンギョソウ (*Antirrhinum majus*) 《南ヨーロッパや北アフリカの地中海地方産ゴマノハグサ科の園芸植物》. **b** ホソバウンラン (toadflax). **c** =jewelweed. **2** 〘遊戯〙 干しぶどうつまみ 《燃えるブランデーの中の干しぶどうを取って食べる遊び; flapdragon ともいう》; その遊戯に用いる干しぶどう. 〘(1573) 穂をなして咲く袋状の花を竜 (dragon) の口に見立てたことから〙

snáp fàstener *n.* スナップ, ホック (《英》 press-stud) 《凹凸型のぱちんと締まる一対の留め具 (clasp, catch)》. 〘1895〙

snáp gàge *n.* 〘機械〙 はさみゲージ. 〘1918〙

snap·hance /snǽphæns | -hɑ:ns/ *n.* 〘銃砲〙 (火打ち石銃の)発射装置 (flintlock より初期のもの). 〘(1538) ☐ Du. *snaphaan* 《原義》 snapping cock: ⇨ snap, hen〙

snáp·hèad rívet *n.* 〘機械〙 丸頭リベット. 〘1874〙

snáp hòok *n.* =spring hook. 〘(1688) 1875〙

snáp-ìn *adj.* スナップで取り付ける[留める].

snáp·lìne *n.* 〘建築〙 =chalk line 1.

snáp lìnk *n.* スナップリンク 《スナップばねのついた鎖の環; 他の環をつなぐことができる》. 〘1875〙

snáp lòck *n.* ばね錠 (spring lock). 〘1913〙

snáp-lòck *adj.* 所定の位置に押し込むと締まる[固定する], スナップロック式の.

snáp-òn *adj.* **1** スナップで留められる, スナップ[ホック]式の: a ~ collar. **2** 〈ふたなどが〉ぱちんとはまる[はめられる].

snáp pèa *n.* 〘園芸〙 スナップエンドウ (*Pisum sativum macrocarpon*) 《丸くぱりっとしたさやのついたエンドウ; sugar snap (pea) ともいう》. 〘1980〙

snap·per /snǽpə | -pə(r)/ *n.* **1** 〘魚類〙 **a** フエダイ 《フエダイ科の熱帯産食用魚の総称; gray snapper など》; (特に) =red snapper 1. **b** フエダイに似た bluefish, red grouper などの幼魚. **c** ゴウシュウマダイ (*Pagrus auratus*) 《オーストラリア・ニュージーランド産の食用魚; 成魚は明るい赤色》. **2** **a** ぱちっと[ぱちぱち]鳴るもの. **b** (ぱちぱち鳴る)むち先 (cracker). **c** [*pl.*] カスタネット (castanets). **3** がみがみ言う人, ぶっきらぼうな口をきく人. **4** 《口語》 スナップ写真を撮る人. **5** 〘動物〙 =snapping turtle. **6** 〘昆虫〙 =click beetle. 〘1532〙

snápper-bàck *n.* 〘アメフト〙 センター (center). 〘(1887) ボールを送り返す人の意から〙

snápper-úp *n.* (*pl.* **snappers-up**) (特価品などに)飛びつく人 (cf. snap *vt.* 4 b): a ~ of bargains. 〘1610〙

snáp·ping bèetle [**bùg**] *n.* 〘昆虫〙 =click beetle.

snápping shrìmp *n.* 〘動物〙 テッポウエビ 《テッポウエビ科の節足動物の総称; はさみで鋭い音を出す; 日本にいるテッポウエビ (*Alpheus brevicristatus*) など; pistol shrimp ともいう》. 〘1941〙

snápping tùrtle [**tèrrapin**] *n.* 〘動物〙 **1** カミツキガメ (*Chelydra serpentina*) 《北米 Rocky 山脈付近の川の泥の中に生息するカミツキガメ科のカメ; 60–90 cm に達し攻撃的な性質があり, 食用となる; alligator snapper ともいう》. **2** =soft-shelled turtle. 〘1784〙

snap·pish /snǽpɪʃ/ *adj.* **1** **a** がみがみ言う, 癇癪(かんしゃく)の, 怒りっぽい: a ~ old man. **b** 鋭い口調の (cutting), ぶっきらぼうな (curt): a ~ answer. **2** 〈犬など〉かみつく(癖のある): a ~ dog. **~·ly** *adv.* **~·ness** *n.* 〘(1542) ← SNAP (v.)+-ISH[1]〙

snap·py /snǽpi/ *adj.* (**snap·pi·er**; **-pi·est**) **1** 《口語》 **a** てきぱきした, きびきびした (crisp); 威勢のいい, 元気のいい (brisk, lively): a ~ game, talk, article, paragraph, etc. **b** しゃれた, いきな, スマートな (smart): ~ clothes / a ~ dresser. **c** 〈人を〉いらいらさせるような口調の (snappish). **d** すばやい, 急な (quick): a ~ judgment 速断. **2** ぱちぱちいう: a ~ fire, sound, etc. **3** 《口語》〈天候・風など〉身を切るような[に寒い]: ~ cold weather. **4** 〈犬など〉かみつく(癖のある) (snappish). **5** 〈人が〉いらいらした. **6** 〘写真〙 〈ネガ・ポジが〉コントラストの強い. ***màke it snáppy*** 《口語》 =《英口語》 ***lòok snáppy*** 急げ (hurry); てきぱきやれ. **snáp·pi·ly** /-pəli/ *adv.* **snáp·pi·ness** *n.* 〘(1746) ← SNAP+-Y[1]〙

snáp rìng *n.* **1** 〘機械〙 止め輪 《軸端の溝にはめて車の抜け止めに使用する輪》. **2** 〘登山〙 カラビナ 《ピトンとザイルをつなぐ卵形鋼鉄製の輪》. 〘1903〙

snáp-ròll 〘航空〙 *vt.* 〈飛行機を〉急横転させる. — *vi.* 急横転する.

snáp ròll *n.* 〘航空〙 急横転 《飛行機がほぼ水平に進行しながら一回転すること》. 〘1934〙

snáp·shòot *vt.* (**snap·shot**) …のスナップ写真を撮る.

snap·shot /snǽpʃɑ̀(:)t | -ʃɒt/ *n.* **1** スナップ(写真), スナップ撮影, 瞬間撮影, 早撮り(写真) (cf. snap *vt.* 5): take a ~ of …のスナップ(写真)を撮る. **2** 寸見, 一瞥(いちべつ); 一面, 断片, 片鱗. **3** 〘サッカー・ホッケー〙 スナップショット 《バックスイングの小さい一打・シュート》. — *vt.* (**-shot·ted**; **-shot·ting**) =snapshoot. 〘1860〙

snáp shòt *n.* 速射, 急射, 即座撃ち 《ねらいをよく定めずにとっさに撃つこと》. 〘1808〙

snáp swìtch *n.* 〘電気〙 スナップスイッチ. 〘1926〙

snare[1] /snéə | snéə(r)/ *n.* **1** わな (通例輪なわ (running noose) で作ったもので, 鳥や動物をつかまえる; ⇨ trap[1] SYN). **2** 誘惑 (temptation), 落し穴. **3** 〘外科〙 シュリンゲ, 係蹄 《針金を輪にした道具でこれを引き締めて腫瘍などを取り去る》. — *vt.* **1** 〈鳥などを〉わなで捕える, わなにかける (⇨ catch SYN). **2** 〈人を〉…に陥れる, 引っかける, 誘惑する, 釣り込む (entrap): be ~*d* by a lie うそに引っかかる / be ~*d* by the wiles of …の策略に引っかかる. **snár·er** /snéərə | snéərə(r)/ *n.* **~·less** *adj.* 〘lateOE *sneara* ☐ ON *snara* ← Gmc **snarʒ-* (OE *snearh* cord, string / Du. *snaar* / G *Schnur*) ← IE **(s)ner-* to wind, twist: cf. narrow〙

snare[2] /snéə | snéə(r)/ *n.* **1** [*pl.*] 響線 (snare drum の下

側に張った腸線)． **2** ＝snare drum. 〖(1688) □ ? Du. *snaar* string (↑)〗

snáre drùm *n.* 小太鼓, スネアドラム《響きを増すために裏面に響線 (snares) が張ってある; side drum ともいう》. 〖1859〗

snarf /snáəf | snáːf/ *vt., vi.* 《米口語》がつがつ食う, がぶがぶと飲む, 平らげる, がっつく ⟨*up, down*⟩. 〖(*c*1955) ?擬音語〗

snark /snáək | snáːk/ *n.* 神秘的な想像上の怪動物《Lewis Carroll 作の *The Hunting of the Snark* (1876) 中に現れる不思議な動物》. 〖(1879) 《混成》← SN(AKE)＋(SH)ARK: Lewis Carroll の造語〗

snark·y /snáəki | snáː-/ *adj.* (**snark·i·er**; **-k·i·est**) 《口語》不機嫌な, いらいらした; 《米方言》上品な, しゃれた. 〖(1906): ⇨ ↑, -y[4]〗

snarl[1] /snáəl | snáːl/ *vi.* **1** 〈怒った犬などが〉(歯をむいて)うなる, いがむ (growl harshly) (cf. bark[1], yelp). **2** (怒り, またはいらだちから)がみがみ言う (snap); どなる. — *vt.* **1** うなって言う, つっけんどんに言う; どなりつける ⟨*out*⟩. **2** どなって…にならせる: ～ oneself hoarse どなって声がかすれる. — *n.* **1** うなり, いがみ (harsh growl); いがみ合い. **2** ののしり声. 〖(1589) (freq.) ← 《廃》*snar* to snarl □ (M)LG *snarren*: cf. MDu. *snarren* to hum: ⇨ -le[3]: cf. snore〗

snarl[2] /snáəl | snáːl/ *n.* **1** 紛糾, 混乱 (entanglement): a ～ of traffic 交通混乱[麻痺] / It's all in a ～. 事態は[完全に]紛糾[混乱]している. **2** (糸・髪などの)もつれ (tangle): comb the ～s out of one's hair 髪のもつれをとかす. **3** (ぴんと張った針金に残る)よじれ, よれ. **4** (木の)節. **5** 〘金属加工〙(金属容器の外側への)模様の浮き出し. — *vt.* **1** 混乱させる, 紛糾させる (complicate) ⟨*up*⟩. **2** もつれさせる (tangle): a ～*ed* skein もつれた糸. **3** 〘金属加工〙(金属細工で)〈模様などを〉打ち出す (emboss). — *vi.* もつれる. 〖(*c*1380) *snarle* ← ? SNARE[1]＋-LE[1] 1〗

snárl·er[1] /-lə | -lə(r)/ *n.* **1** (歯をむき出して)うなる[いがむ]犬[動物]. **2** がみがみ言う[どなる]人. **3** 《豪口語》ソーセージ. 〖1634〗

snárl·er[2] /-lə | -lə(r)/ *n.* 混乱[もつれ]させるもの.

snar·ler[3] /snáələ | snáːlə(r)/ *n.* 《豪俗》(不適格による)除隊者, 本国送還兵.

snárl·ing /-lɪŋ/ *adj.* **1** うなって[いがんで]いる. **2** がみがみ言う, 口ぎたなくののしる, どなる. **～·ly** *adv.* 〖1593〗

snárling ìron *n.* 〘金属加工〙打出したがね《容器の内側に入れて, 外側に突起模様を打ち出す工具》.

snárl-ùp *n.* 《英口語》混乱, 混雑 (confusion); 交通渋滞. 〖1960〗

snarl·y[1] /snáəli | snáː-/ *adj.* (**snarl·i·er**; **-i·est**) **1** うなる, いがむ. **2** がみがみ言う, どなる, 怒りっぽい, 意地悪い (peevish, cross). 〖(1798) ← SNARL[1]＋-Y[4]〗

snarl·y[2] /snáəli | snáː-/ *adj.* (**snarl·i·er**; **-i·est**) 《米》もつれた: ～ yarn. 〖(1647) ← SNARL[2]＋-Y[4]〗

snash /snǽʃ/ 《スコット》 *n.* 傲慢, 無礼, 生意気, ぶしつけ. — *vi.* 悪罵する, 悪態をつく. 〖1786?〗

snatch /snǽtʃ/ *vt.* **1** 引ったくる, かっ払う, 引っつかむ, 強奪する, 奪う ⟨*up, down, away, off*⟩〔*from, out of*〕(⇨ take SYN): He ～*ed* a book *from* my hand. 彼は私の手から本を引ったくった / He ～*ed* my gun *up*. やにわに銃を取り上げた / ～ a kiss *from* a girl (奪い取るように)不意に少女にキスする / ～ a knife *away from* a burglar 強盗からナイフをもぎ取る / All hope of happiness has been ～*ed away*. 幸福の望みはすべて奪い去られた. **2 a** 急いで取る[食べる, 得る]; 不意に得る: ～ a hurried [hasty] meal 急いで食事する / ～ a few hours of sleep [repose] ちょっと数時間の睡眠[休息]を取る. **b** 〈勝利などを〉ぎりぎりのところで得る: ～ victory. **3** 危うく〔…から〕引ったくるようにして救い出す; 救い出す (rescue narrowly)〔*from*〕: ～ a child *from* the fire 火の中から子供を危うく救い出す / He was ～*ed from* the jaws of death. 死地から辛くも救われた. **4** (現世などから)急に運び去る; 姿を消えさす, 殺す ⟨*away*⟩〔*from*〕: He was ～*ed away* (*from* us) by premature death. 彼は突然若死にした. **5** 《米俗》〈子供を〉かどわかす, 誘拐する (kidnap). **6** 〘海事〙〈ロープを〉開閉滑車にかける. **7** 〘釣〙〈魚を〉引っ掛けて釣る. **8** 〘重量挙げ〙スナッチで挙げる. ***snátch one's tíme*** 《豪口語》金だけもらってさっさと仕事を辞める.

— *vi.* 〔物を〕引ったくろうとする, 奪おうとする, つかもうとする; 〔申し出などに〕飛びつく (grab)〔*at*〕: ～ *at* the purse 財布を引ったくろうとする / ～ *at* an offer 申し出に飛びつく / ～ *at* the chance of …の好機に飛びつく, …の機に乗じる.

— *n.* **1** [通例 *pl.*] 断片 (fragment), 一片 (bit): overhear one's ～*es* of conversation 話をところどころ立ち聞きする / short ～*es* of a song 歌の切れ切れの文句, とぎれとぎれの歌. **2** [しばしば *pl.*] (仕事・眠りなどの)短い時間, ひと時, ひとしきり: work in [by] ～*es* (思い出したように)時々働く / by (fits and) ～*es* 時々(思い出したように) / sleep in ～*es* とぎれとぎれに眠る / get a ～ of sleep ひと眠りする. **3 a** 引ったくり; 飛びつき, 引ったくろうとすること: make a ～ at …を引ったくろうとする, …につかみかかる[飛びかかる]. **b** 《口語》かっぱらい, 強奪 (snatching). **4** 《米俗》幼児誘拐 (kidnapping). **5** 《英俗》強奪. **6** 《卑》 **a** 女性性器 (vagina). **b** 女 (female). **c** 性交. **7** 〘重量挙げ〙スナッチ《バーベルをしゃがみ込むようにして握り, いっきに頭上に差し上げること; cf. CLEAN and jerk, press[1] 11》. **8** 〘海事〙＝snatch block. ***pùt the snátch on*** 〈人〉に要求する: *put the* ～ *on* a person *for* a share of the prize 人に賞金の分け前を要求する.

〖(?*a*1200) *snacche(n)* □ ? MDu. *snakken* to snap at, bite, chatter ← Gmc **snak-* (MLG *snacken* to chatter): cf. snack〗

snátch blòck *n.* 〘海事〙開閉滑車, 切欠き滑車《フレームの一部が開閉でき, ロープの途中の部分でかけはずしができるもの》. 〖*a*1625〗

snátch·er *n.* **1** かっぱらい, 強奪者 (thief). **2** 死体泥棒 (body snatcher). **3** 幼児誘拐者 (kidnapper). **4** (屠畜場の)臓物剔出(てきしゅつ)係. 〖1575〗

snátch squàd *n.* 《英》首謀者引き抜き班《めぼしい活動家を逮捕して暴動を鎮圧する特別分遣隊》.

snatch·y /snǽtʃi/ *adj.* (more ～, most ～; **snatch·i·er**, **-i·est**) 時々の, 折々の, 断続的な, 不規則な: ～ reading 時たま思い出したようにする読書 / a ～ sleep とぎれとぎれの睡眠. **snátch·i·ly** /-tʃɪli/ *adv.* 〖(1861) ← SNATCH＋-Y[4]〗

snath /snǽθ/ *n.* (*also* **snathe** /snéɪð, snéɪθ/) 大鎌 (scythe) の柄. 〖(1574) 《変形》← SNEAD〗

snav·el, snav·vel /snǽvəl, -vl/ *vt.* 《豪口》盗む, 盗る, かっさらう.

snaz·zy /snǽzi/ *adj.* (**snaz·zi·er**; **-zi·est**) 《俗》 **1** (服装など)粋(いき)な, しゃれた. **2** 快適な, 心地[気持ち]よい. **snáz·zi·ly** /-zɪli/ *adv.* **snáz·zi·ness** *n.* 〖(1932) 《混成》? ← SN(APPY)＋(J)AZZY〗

SNCC 《米》《略》Student National Coordinating Committee 学生全国調整委員会《以前は Student Nonviolent Coordinating Committee (学生非暴力調整委員会)と称した》.

SNCF 《略》*F.* Société Nationale des Chemins de Fer Français (＝French National Railways).

snead /sníːd, snéɪd/ *n.* 《方言》＝snath. 〖OE *snǣd* ← ?: cf. OE *snīþan* to cut〗

sneak /sníːk/ *v.* (～**ed**; 《米》 **snuck** /snʌ́k/) — *vi.* **1** (人目につかないように)こそこそと入る[出る], こそこそ[こっそり]逃げる, うろうろする (⇨ prowl SYN): ～ *into* [*out of*] a room こっそり部屋に入る[から出て行く] / He ～*ed off* round the corner. 彼はこっそり角を曲がって行った / He was found ～*ing* about [up and down] the place. あたりを[あちこち]うろついているところを見つかった. **2** 〔危険・責任などから〕こっそり逃れる, ずらかる〔*out of*〕: ～ out of danger [responsibility, difficulty] 危険[責任, 困難]からこっそり逃れる. **3** こそこそする, 卑劣なことをする, ぺこぺこする (cringe). **4** 《英俗》告げ口する (peach). **5** 〘アメフト〙スニークする《クォーターバックがスナップを受けそのまま前進する》〔*over*〕. — *vt.* **1** こっそりやる[動かす, 置く, 通す, 得る]: ～ a smoke こっそりたばこを吸う. **2** 《口語》盗む, くすねる (steal). **3** 〘ラジオ・テレビ〙 **a** 〈音を〉静かに入れる, 〈絵を〉ゆっくり入れる ⟨*in*⟩. **b** 〈音を〉静かに消す, 〈絵を〉ゆっくり消す ⟨*out*⟩. ***snéak úp on*** 〈…に〉こっそり忍び寄る, こそこそふるまう.

— *n.* **1 a** こそこそやる人, 卑劣な人. **b** ＝sneak thief. **2** 《英口語》こっそり立ち去る[逃げる]こと. **3** [通例 *pl.*] 《口語》＝sneaker 1. **4** 《英俗》告げ口する人 (telltale). **5** 《口語》＝sneak preview. **6** 〘クリケット〙地面を転がっていくボール, ゴロ. **7** 《俗》〘トランプ〙(ホイスト・ブリッジで)切札でないスーツの一枚札 (singleton) を打ち出すこと. ***on the snéak*** こっそりと, 内密に.

— *adj.* [限定的] **1** こっそりやる, 内密の: ⇨ sneak thief. **2** 前ぶれ[予告]なしの, 不意打ち[抜打ち]の: ⇨ sneak attack.

〖(1596) ← 《方言》(? ＜ ME *snike* ＜ OE *snīcan* to creep): cf. snake / ON *snīkja*〗

snéak attàck *n.* 〘軍事〙(宣戦布告前または交戦状態以前の)奇襲. 〖1943〗

snéak bòat [bòx] *n.* 《米》忍猟(しのびりょう)船《小木・雑草などで偽装した水鳥[カモ]猟用の平底の小船》. 〖1853〗

sneak·er /sníːkə | -kə(r)/ *n.* **1** [通例 *pl.*] 《米》スニーカー《ゴム底運動靴; 《英》plimsol》. **2** 忍び歩く人; 卑劣漢. 〖1598〗

snéak·ered *adj.* スニーカーをはいた.

snéak·ing *adj.* **1** 口には出せない, 内証の; 心ひそかに抱いている: a ～ ambition [regard, sympathy, suspicion] 心ひそかに抱いている野心[尊敬, 同情, 疑惑]. **2** こそこそした, 忍び歩く, こっそりやる (furtive). **3** 卑劣な, 卑しい (mean): ～ excuses. **～·ly** *adv.* **～·ness** *n.* 〖1582〗

snéak préview *n.* 《米》〘映画〙(観客の反応をみるための)題名を知らせない試写会. 〖1937〗

snéak-ràid *n.* 〘軍事〙奇襲爆撃《夜陰に乗じてまたは敵の防備の虚をついて行う爆撃》. 〖1944〗

snéak-ràider *n.* 〘軍事〙奇襲爆撃機. 〖1976〗

snéak-ràiding *n.* 〘軍事〙＝sneak-raid.

snéak thìef *n.* あき巣ねらい, こそ泥. 〖1859〗

sneak·y /sníːki/ *adj.* (**sneak·i·er**; **-i·est**) こそこそする; 卑劣な (sneaking). **snéak·i·ly** /-kɪli/ *adv.* **snéak·i·ness** *n.* 〖(1833) ← SNEAK＋-Y[4]〗

snéaky péte, s- P- *n.* 《米俗》自家製の(まずい)酒[ぶどう酒]. 〖1949〗

sneap /sníːp/ — *n.* 《古・方言》侮辱, 叱責, 非難 (rebuke). — *vt.* かじかませる, 凍えさす. 〖(1593–94) 《変形》← 《廃》*snape* □ ON *sneypa* to outrage〗

sneck[1] /snék/ 《スコット・北英》 *n.* ドアの掛け金 (latch); 掛け金の音. — *vt.* 〈門・ドアなどに〉掛け金をかける. — *vi.* **1** 掛け金で閉まる (latch). **2** [～ up で] 《Shak》くたばれ (go hang) (cf. *Twel N* 2. 3. 94). 〖(1440) *snekk(e)* ← ?: cf. ME *snecche(n)* 'to SNATCH'〗

sneck[2] /snék/ 〘石工〙 *n.* 飼石(かいいし)《乱積の石壁で, 大きな石の隙間につめる小さな石》. — *vt.* …に飼石をする. 〖1324?〗

sneck[3] /snék/ *n., v.* 《スコット》＝snick[1].

sned /snéd/ *vt.* 《スコット・北英》〈枝を〉払う (cut off), 〈木を〉刈り込む (prune). 〖OE *snǣdan* to cut: cf. OE *snīðan* to cut / G *schneiden*〗

sneer /sníə | sníə(r)/ *vi.* **1** (顔をゆがめ軽蔑・愚弄を表して)あざ笑う, せせら笑う, 冷笑する, 鼻であしらう〔*at*〕(⇨ scoff[1] SYN): ～ *at* religion. **2** あざ笑うように言う[書く]. — *vt.* **1** あざ笑って[冷笑して]言う[表す]: ～ one's contempt for …をくさす, 軽蔑する. **2** あざ笑って…させる: ～ a person's reputation *away* 人の名声を一笑に付す / ～ a person *down* 人に冷笑を浴びせかける / ～ a person to silence 人を冷笑して黙らせる / ～ a person *out of* countenance 人を冷笑して面目を失わせる. **3** 《古》あざ笑う, 軽蔑する (despise). — *n.* **1** あざ笑い, 冷笑 (jeer) (⇨ smile SYN). **2** あざけり, 軽蔑 (contempt). **3** 嘲笑の言葉; 冷笑的態度. **sneer·er** /sníᵊrə | sníərə(r)/ *n.* **snéer·ful** /-fəl, -fl/ *adj.* **sneer·ing** /sníᵊrɪŋ | sníər-/ *adj., n.* 〖(1553) □ ? NFris. *sneere* to scorn ← Gmc **sner-*: cf. snarl[2], snore〗

snéer·ing·ly *adv.* あざけって, 冷笑的に, 軽蔑して.

sneeze /sníːz/ *vi.* くしゃみをする; くしゃみのような音を出す. 日英比較 日本でも古くは, くしゃみは短命の前兆という迷信があってくしゃみをすると呪文をとなえる風習があったが, 欧米では, くしゃみをすると体から魂が抜け出してしまうと考えられていた. 今でもくしゃみをすると, 周りのだれかが神の加護を祈り "(God) bless you!" あるいは "Gesundheit!" と声をかける習慣があり, 言われた人は "Thank you!" と答える. ***nót to be snéezed àt*** 《口語》ばかにできない, 相当なものだ: the amount of money *not to be* ～*d at* ばかにできない金額. 《1813》 — *n.* くしゃみ. **～·less** *adj.* **snéez·er** *n.* 〖(1493) *snese(n)* 《誤読による変形》← ME *fnese(n)* ＜ OE *fnēosan* ← Gmc **fniu-* ← IE **pneu-* to breathe (Gk *pneûma* breath): cf. pneuma〗

snéeze gàs *n.* ＝sneezing gas.

snéeze·wèed *n.* 〘植物〙 **1 a** ダンゴギク (*Helenium autumnale*) 《北米産のキク科の植物; そのにおいはくしゃみを起こさせるといわれる; sneezewort, swamp sunflower ともいう》. **b** 北米 Rocky 山脈原産の植物 (*H. hoopesii*) 《羊に嘔吐を起こさせる》. **2** ＝sneezewort 1. 〖1837〗

snéeze·wòrt *n.* 〘植物〙 **1** オオバナノコギリソウ (*Achillea ptarmica*) 《北米原産キク科の植物; その葉の粉末はくしゃみを起こさせる; cf. yarrow》. **2** ＝sneezeweed 1. 〖1597〗

snéez·ing gàs *n.* くしゃみガス《sneeze gas ともいう》. 〖1918〗

sneez·y /sníːzi/ *adj.* (**sneez·i·er**; **-i·est**) くしゃみの出る[を起こさせる]. 〖(1839): ⇨ -y[4]〗

snell[1] /snél/ *adj.* 《方言》 **1** 〈動作が〉敏捷(びんしょう)な. **2** 才気の鋭い, 切れ者の. **3** 〈寒さなど〉身を刺すような. — *adv.* 《英方言》すばやく, 迅速に (quickly). 〖OE *snel(l)*: cog. G *schnell* swift〗

snell[2] /snél/ *n.* 〘釣〙鉤素(はりす)《錘の下から釣針までの間に使用する天蚕糸(てぐす)・馬尾毛(ばす)の類の糸》. — *vt.* 〈釣針を〉鉤素につける. 〖1846?〗

Snél·len's chárt /snélənz-; *Du.* snélə-/ *n.* 〘眼科〙スネレン視力表《英語圏で広く用いられる分数表現による視力表; 日本の 1.0 に当たるのは 20/20 (twenty-twenty と読む)》. 〖(1934) ← *Hermann Snellen* (1834–1908: オランダの眼科医)〗

Snéllen tést *n.* Snellen's chart による視力検査《視力表示は 20/20, 20/40 のように分数で表す》. 〖↑〗

Snéll's láw /snélz-/ *n.* 〘光学〙スネルの法則《光の屈折の法則; 光が等方性の媒質から他の等方性の媒質へ入射するとき, 入射角と屈折角のおのおのの正弦の比は入射角に関係なく一定であるとする; law of refraction ともいう》. 〖(1873) ← *Willebrord Snell van Royan* (1591–1626: オランダの数学者)〗

snel·skrif /snélskrɪf; *Afrik.* snélskrəf/ *n.* アフリカーンス語 (Afrikaans) 用速記法. 〖(1949) □ Afrik. ～ ← *snel* quick＋*skrif* writing〗

SNG 《略》substitute natural gas 代替天然ガス; synthetic natural gas 合成天然ガス.

snib /sníb/ 《スコット》 *n.* 掛け金 (bolt, catch). — *vt.* (**snibbed**; **snib·bing**) 〈ドアなどに〉掛け金をかける. 〖(1808) ← ?: cf. LG *snibbe* beak〗

snick[1] /sník/ *vt.* **1** 軽く切る (cut), 切り込む, 刻み目をつける (nick). **2** 強く打つ (strike sharply). **3** 〘クリケット〙〈ボールを〉切る, 切って打つ. — *vi.* 軽く切る〔*at*〕. — *n.* **1** 小さな刻み目 (nick). **2** 〘クリケット〙ボールを切ること, 切打ち(のボール). 〖(*c*1700) 《逆成》? ← SNICKERSNEE〗

snick[2] /sník/ *vt.* かちりと音をたてさせる; 〈銃の引金を〉引く (snap): ～ a gun. — *vi.* かちりと音をたてる (click). — *n.* (銃の引金などを)かちっと引くこと[音] (click). 〖(1828) 擬音語〗

snick·er /sníkə | -kə(r)/ *vi.* **1** 《米》くすくす笑う, 忍び笑いする〔*at, over*〕: ～ *at* a person's misfortune [mistake] 人の不幸[過ち]をくすくす笑う. **2** 《米》くすくす笑うような音をたてる. **3** (馬が)いななく. — *vt.* くすくす[忍び]笑いをしながら言う. — *n.* 《米》くすくす笑い, 忍び笑い (⇨ laugh SYN). **～·er** /-kərə | -rə(r)/ *n.* **snick·er·y** /sník(ə)ri/ *adj.* 〖(1694) 擬音語〗

snick·er·ing·ly /-k(ə)rɪŋli/ *adv.* くすくす笑って.

Snick·ers /sníkəz | -kəz/ *n.* 〘商標〙スニッカーズ《米国 M&M / Mars 社製のミルクチョコレートバー; キャラメル・ピーナッツなどがチョコレートでくるんである》.

snick·er·snee /sníkəsnìː, -kə- | snìkəsníː, ⸗⸗⸗/ *n.* **1** 《戯言》大ナイフ, 大型の剣《特に, 突いたり切ったりする武器に使用できるもの》. **2** 《古》(切ったり突いたりの)白兵戦. 〖(1698) *snick-or-snee* to fight with a knife 《変形》← (*a*1613) *stick or snee* □ Du. *steken of snij(d)en* to thrust or cut // *steken en snij(d)en* to thrust and cut〗

snick·et /sníkɪt | -kɪt/ *n.* 《北英》(フェンスと内壁の間の)通路, 路地裏. 〖《1898》← ?〗

snide /snáɪd/ 《口語》*adj.* (**snid·er** /-də | -də^(r)/; **-est** /-dɪst | -dɪst/) **1 a** にせの, いかさまの (spurious); ずるい, いんちきの. **b** いんちきをする, 不正直な. **2** 当てこすりの, 皮肉な: a ~ remark 当てこすり / make ~ comments about ...のことを皮肉る. **3** 《米》卑劣な, 陰険な: a ~ trick. **4** 意地悪な (spiteful). — *n.* 《俗》いかさまなもの[人]; にせ金, にせの宝石. **~·ly** *adv.* **~·ness** *n.* 〖1859?〗

Sni·der /snáɪdə | -də^(r)/ *n.* スナイドル銃《昔の元込め銃; Snider rifle ともいう》. 〖《1868》← *Jacob Snider* (1820–66: 米国の発明家)〗

snid·y /snáɪdi | -di/ *adj.* 《英俗》悪賢い (cunning), 知ったかぶりの (knowing). 〖《1972》← SNID(E)+-Y^4〗

sniff /sníf/ *vi.* **1 a** 鼻をすする. **b** (感動で)鼻をつまらせる. **c** 鼻を鳴らして息を吸う, くんくんかぐ, かいでみる: ~ *at* a flower 花の匂いをかぐ / ~ about くんくんかぎ回る. **2** 鼻であしらう, ばかにする, 軽蔑する 〔*at*〕: ~ *at* him. — *vt.* **1** 鼻から吸う, 吸う (inhale): ~ the sea air 海の空気を吸う / ~ *up* cocaine コカインを吸い込む. **2** ...の匂いに感づく: ~ something burning 何か焦げくさい. **3** 〈犬が〉〈麻薬・爆薬などを〉かぎつける; 〈秘密などを〉かぎつける, 感づく (scent) 〈*out*〉: ~ (*out*) a danger [a plot] 危険[陰謀]をかぎつける. ***nót to be sníffed àt*** 《口語》ばかにならない, 無視できない (not to be sneezed at). — *n.* **1** くんくんかぐこと, 鼻で吸うこと[音]: a ~ of fresh air 新鮮な空気のひと吸い / loud ~*s* くんくんいう音. **2** かいだにおい. **3** (軽蔑・不信などを示す)鼻あしらい. 〖《c1340》 *sniffe(n)* 《擬音語》: cf. ME *snivele(n)* 'to SNIVEL'〗

sniff·er *n.* **1** くんくんかぐ人[もの]. **2** 探知器. **3** 《電算》ネットワークモニターソフト《ネットワークを流れるデータを傍受するプログラム》. 〖1864〗

sniffer dòg *n.* (麻薬・爆発物の取締まりに使う)警察犬, 麻薬犬.

sniff·ish /-fɪʃ/ *adj.* 鼻であしらう, 傲慢な, 尊大な, 人を見下す. **~·ly** *adv.* **~·ness** *n.* 〖《1923》: ⇨ -ish^1〗

snif·fle /snífl/ *vi.* **1** (鼻風邪で)鼻をすする. **2** 泣きじゃくる; 泣きじゃくって言う (snivel). — *n.* **1** 鼻をすすること[音]. **2** [the ~s] 《口語》**a** 鼻づまり, 鼻風邪 (head cold). **b** 泣きじゃくり. **sníf·fler** /-flə, -flə | -flə^(r), -fl-/ *n.* 〖《1632》 (freq.) ← SNIFF〗

sniffle vàlve *n.* =snifter valve.

sniff·y /snífi/ *adj.* (**sniff·i·er**; **-i·est**) 《口語》鼻であしらう (disdainful), お高くとまっている, 高慢な (supercilious). **sníff·i·ly** /-fɪli/ *adv.* **sníff·i·ness** *n.* 〖《1871》: ⇨ -y^4〗

snif·ter /sníftə | -tə^(r)/ *n.* **1** 《米》スニフター《ブランデーなどの香りが逃げないように上が狭くなったセイヨウナシ形ブランデーグラス》: a brandy ~. **2** 《俗》(ブランデーなどの)ちょっぴり一杯, ほんの一口 (nip). **3** 《俗》コカイン常用者. — *vi.* 《方言》かぐ (sniff, snivel). 〖v.: ME *snifte-re(n)*: cf. snivel〗

snífter vàlve *n.* (蒸気機関の)漏らし弁 (sniffle valve, snifting valve ともいう).

sníft·ing vàlve /sníftɪŋ-/ *n.* =snifter valve.

snig /sníg/ *vt.* 《豪》(チェーン・ロープなどを使って)〈伐採した丸太などを〉引きずる, 引っ張る, 運ぶ. 〖《1790》← ?〗

S **snig·ger** /snígə | -gə^(r)/ *v., n.* =snicker (⇨ laugh SYN). 〖(異形)〗

snig·ging chàin *n.* 《豪》伐採された丸太搬出用チェーン.

snig·gle /snígl/ 《釣》*vi.* (まっすぐな針を使って)ウナギを穴釣りする. — *vt.* 〈ウナギを〉穴釣りで捕える. — *n.* (ウナギの)穴釣り用針. **snig·gler** /-glə, -glə | -glə^(r), -gl-/ *n.* 〖《1653》← 《英方言》*snig* small eel (← ? : cf. OE *snæġl* 'SNAIL')+-LE^3〗

snip /sníp/ *v.* (**snipped**; **snip·ping**) — *vt.* (はさみなどで)切り取る, ちょきちょき切る (clip); 切り取る, ちょん切る 〈*off*〉: ~ a thread 糸をはさみで切る / ~ a hole in a sheet of paper はさみで切って紙に穴をあける / ~ a bud *off* a stem 茎からつぼみを切り取る / ~ *off* the ends 端を切り取る / ~ one's budget 予算を削減する. — *vi.* **1** ちょきんと切る 〔*at*〕. **2** ちょきちょきと音を出す. — *n.* **1 a** ちょきんと切る[切り取る]こと. **b** ちょきちょき切る音. **2** 一片, 小片, 切れ端 (fragment); 少し, 少量 (small amount). **3** 《米口語》**a** 小さな人; つまらない人, 小人物. **b** 生意気[横柄]な人; (特に)生意気な小娘. **4** [*pl.*] (ブリキなどを切る)手ばさみ. **5** 《英口語》**a** 格安物, 掘出し物, 特価品 (bargain). **b** 《口語》楽に手に入る[できる]もの, 確かな見込み, 確実なこと (certainty) 《もと競馬用語》: a dead ~ 絶対間違いのないもの. **6** 《古》仕立屋 (tailor). — *int.* ちょきちょき, じょきんじょきん《はさみなどで切る音》. **~·per** *n.* 〖《1558》□ LG & Du. *snip-pen* (v.), *snip* (n.) 《擬音語》〗

snipe /snáɪp/ *n.* (*pl.* ~, ~s) **1** 《鳥類》**a** シギ《主に, タシギ属 (*Gallinago*), コシギ属 (*Lymnocryptes*) の鳥類の総称; タシギ (common [Wilson's] snipe) (*G. gallinago*), コシギ (jacksnipe) など》. **b** [通例限定詞を伴って] dowitcher, sandpiper などシギに似たくちばしの長い鳥類の総称. **2** (潜伏地からの)狙い撃ち, 狙撃 (sniping shot). **3** 卑劣な人. **4** 《米俗》(たばこの)吸いさし (butt). — *vi.* **1** あら探しをする; (匿名などで)非難[中傷]する. **2** (潜伏地から)〔敵を〕狙い撃ちする 〔*at*〕. **3** シギ猟をする. **4** 許可なく宣伝ビラを張る. — *vt.* **1** 狙い撃ちする, 狙撃する. **2** 〈丸太〉の先端を(引きやすくするため)丸くする. 〖《c1325》← ON (cf. Icel. (*mýri*)*snípa* (moor)snipe)〗

snípe èel *n.* 《魚類》シギウナギ科の魚類の総称; (特に)シギウナギ (*Nemichthys scolopaceus*) (thread eel ともいう). 〖1882〗

snípe·fìsh *n.* 《魚類》=bellows fish.

snípe flỳ *n.* 《昆虫》シギアブ《シギアブ科 (*Rhagionidae*) のアブの総称》.

snip·er /snáɪpə | -pə^(r)/ *n.* **1** 狙撃兵. **2** 丸太の先端切り人夫. **3** 《米》金鉱の採鉱者. **4** 《豪》=seagull 1. 〖《1824》← SNIP+-ER^1〗

snip·er·scope /snáɪpəskòʊp | -pəskəʊp/ *n.* 《軍事》暗視狙撃装置, 暗視照準器《暗中でも目標を射撃できるようにライフル銃・カービン銃に取り付ける, 赤外線利用の暗視装置; cf. snooperscope》. 〖《1918》: ⇨ ↑, -scope〗

snip·pet /snípɪt | -pɪt/ *n.* **1** (切り取った)切れ端; 断片, 少し (fragment). **2** [通例 *pl.*] (知識などの)切れ端, 断片, (文章などの)短い抜粋[引用]: ~*s* of news [information] 断片的な報道[情報]. **3** 《米口語》つまらない人, 小人物 (snip). 〖《1664》← SNIP+-ET〗

snip·pet·y /snípəti | -pɪti/ *adj.* **1** きわめて小さい (petty). **2** 断片から成る. **3** 《米口語》ぶっきらぼうな, そっけない. **sníp·pet·i·ness** *n.* 〖《1864》: ⇨ ↑, -y^4〗

snip·py /snípi/ *adj.* (**snip·pi·er**; **-pi·est**) **1** 断片的な, 寄せ集めの (snippety). **2** 《米口語》**a** ぶっきらぼうな, そっけない (snippety). **b** 口やかましい, 手厳しい. **3** 高慢な, 横柄な (haughty). **4** 《英方言》さもしい; けちな. **sníp·pi·ly** /-pɪli/ *adv.* **sníp·pi·ness** *n.* 〖《1727》← SNIP (v.)+-Y^4〗

snip-snap /snípsnæp/ *adv.* **1** ちょきんちょきんと. **2** 《古》当意即妙に. — *n.* **1** ちょきんちょきんという音. **2** 《古》当意即妙の応答. — *vi.* **1** ちょきんちょきんという音を出す. **2** 《古》当意即妙に答える. — *adj.* **1** ちょきんちょきんという音を出す. **2** 《古》当意即妙の. 〖v.: 1593; adv.: 1594–95〗

snip·snap·sno·rum /snípsnæpsnɔ́ːrəm/ *n.* 《トランプ》数人で遊ぶ stop 系のゲームの一種《親が出した札と同位の札を持つ者が順に snip, snap, snorum と言いながら出していき, 早く持札をなくした者が勝ち》. 〖《1755》□ LG *snipp-snapp-snorum*=G *Schnipp-Schnapp-Schnorum*: 擬音語〗

snipt-taf·fe·ta /snìpttǽfətə | -tə/ *adj.* 《Shak》色鮮かな切り込みの入った絹の服を着た, これみよがしに派手に着飾った (cf. Shak., *All's W* 4. 5. 1–2). 〖《1602–03》: ⇨ snip, taffeta〗

snit /snít/ *n.* 《米口語》精神の動揺[興奮, いらいら]状態: be in a ~ 気が立っている / get one*self* into a ~ いらいらする. 〖1939?〗

snitch^1 /snítʃ/ *vi.* 密告[告げ口]する (inform) 〔*on*〕. — *n.* **1** =snitcher. **2** 《英口語》鼻 (nose). 〖1785?〗

snitch^2 /snítʃ/ 《口語》*vt.* 〈つまらぬ物を〉盗む, かっぱらう. — *n.* 盗み, かっぱらい. 〖《1904》← ? : cf. snatch〗

snítch·er *n.* 《口語》密告者 (informer). 〖1827〗

snitch·y /snítʃi/ *adj.* (**snitch·i·er**; **-i·est**) 《豪俗》不機嫌な, いらいらした, かんしゃく持ちの (bad-tempered). 〖← SNITCH^1+-Y^4〗

sniv·el /snívəl, -vl/ *v.* (**sniv·eled**, **-elled**; **-el·ing**, **-el·ling**) — *vi.* **1** 泣きじゃくる, 泣き声を出す, 鼻声を出す (whine). **2** 鼻汁をたらす. **3** 鼻汁をすする. **4** (泣き声で)悲しそうなふりをする. — *vt.* 泣き声まじりに言う, 泣きじゃくりながら言う. — *n.* **1** 泣きじゃくり, 泣き声, 鼻声, すすり泣き. **2** そら泣き, しおらしげな[哀れっぽい]話し振り[ようす]. **3** [通例 the ~s] 《方言》鼻風邪(かぜ) (head cold). **4** 《古》洟(はな), 鼻汁. **~·er**, **~·ler** /-vələ, -vlə | -vələ^(r), -vlə^(r)/ *n.* **~·(l)ing** *adj., n.* 〖《c1325》 *snivele(n)*, *snevele(n)* < OE **snyflan* (cf. *snyflung* sniveling) ← *snofl* mucus: cf. LG & Du. *snuffelen* to smell out〗

sniv·el·y /snív(ə)li, -vli/ *adj.* (*also* **sniv·el·ly** /~/) 泣き声を出す, 鼻声の; 哀れっぽい, 女々しい. 〖1576〗

SNL 《略》standard nomenclature list.

SNM 《略》special nuclear materials.

SNO 《略》Senior Naval Officer; Senior Navigation Officer; Scotch National Orchestra.

snob /snɑ́(ː)b | snɔ́b/ *n.* **1** スノッブ, 紳士気取りの俗物, 俗物紳士《社会的地位の高い人や金持ちにへつらい, その人たちを模倣したり交際を求めたりするが, 下の者に威張るきざな人物》. **2** 通人を気取る人[俗物], えせインテリ: an intellectual ~ (よく知りもしないのに)知ったかぶりをする俗人. **3** 《豪口語》(暴れて手に負えないので)最後に毛を刈る羊. — *adj.* 《口語》スノッブな, スノッブ向きの. 〖《1781》(原義) cobbler ← ? // 《混成》← SN(IP)+(C)OB(BLER^1)〗

snób appéal [**válue**] *n.* スノッブアピール[バリュー]《高級品・珍品・外国製品など, 社会的優越を示すことができて, 購買者の俗物根性に訴える魅力[価値]》. 〖1933〗

snob·ber·y /snɑ́(ː)bəri | snɔ́b-/ *n.* 俗物根性, 上にへつらい下に威張ること; スノッブ的行為, 紳士気取りの俗物的行為 (cf. inverted snob). 〖《1833》← SNOB+-ERY〗

snób·bish /-bɪʃ/ *adj.* 紳士気取りの, 上にへつらい下に威張る; 俗物的な, きざな. **~·ly** *adv.* **~·ness** *n.* 〖《1840》← SNOB+-ISH^1〗

snób·bism /-bɪzm/ *n.* スノビズム (snobbery). 〖1845〗

snob·by /snɑ́(ː)bi | snɔ́bi/ *adj.* (**snob·bi·er**; **-bi·est**) =snobbish. **snób·bi·ly** /-bɪli/ *adv.* **snób·bi·ness** *n.*

snob·oc·ra·cy /snɑ(ː)bɑ́(ː)krəsi | snɔbɔ́k-/ *n.* 《戯言》俗物社会, 俗物階級. 〖《1853》← SNOB+-O-+-CRACY〗

SNO·BOL, Sno·bol /snóʊbɔ(ː)l, -bɑ(ː)l | snə́ʊbɔl/ *n.* 《電算》スノーボル《文字列を扱うために作られたプログラム言語の一種》. 〖《1964》← *S(trí)n(g) O(riented) (Sym)bo(lic) L(anguage)*〗

Sno·boy /snóʊbɔɪ | snə́ʊ-/ *n.* 《商標》スノーボーイ《米国 Pacific Fruit & Produce 社製の果物・生鮮野菜・冷凍野菜》.

Sno-Cat /snóʊkæt | snə́ʊ-/ *n.* 《商標》スノーキャット《雪上車の一種》. 〖1946〗

snó-còne /snóʊ- | snə́ʊ-/ *n.* =snow cone.

snod /snɑ́(ː)d | snɔ́d/ *adj.* 《スコット》**1** きちんとした, 整った. **2** こぎれいな. 〖《c1480》《1691》← ?〗

snoek /snúːk | snúk, snúːk/ *n.* 《南ア》《魚類》動きの活発な海水魚の総称: **a** =barracouta 1 a. **b** クロタチカマス (snake mackerel). **c** =barracuda. 〖《1797》□ Afrik. ~ □ Du. ~ 'pike'〗

sno·fa·ri /snoʊfɑ́ːri | snəʊ-/ *n.* スノーファリ《通例, 雪上スクーターなどによる雪原・氷原の探検旅行》. 〖《混成》← SNO(W)+(SA)FARI〗

snog /snɑ́(ː)g, snɔ́(ː)g | snɔ́g/ *vi.* 《英俗》抱き合ったりキスしたりする (neck). — *n.* ネッキング. 〖《1945》← ? // 《混成》? ← SNUG+COD^2〗

snol·ly·gos·ter /snɑ́(ː)ligɑ̀(ː)stə | snɔ́ligɔ̀stə^(r)/ *n.* 《米俗》無節操なずるい人. 〖《1846》《変形》← ? Pennsylvania-Du. *schnelle Geeschter* (原義) quick spirits〗

snood /snúːd | snúːd, snʊ́d/ *n.* **1** 《米》**a** (垂れ下がった後ろの髪を入れる)袋形のヘアネット, スヌード《頭の後ろで結んだりピンで留める》. **b** (メッシュの)キャップやベレー《髪が乱れないようにするために用いる》. **2** 《スコット》ヘアバンド, ネット《昔, 若い未婚の女性の印にはち巻きのように頭に巻いた》. **3** 《英》《釣》(海釣り用の)釣針を結ぶ天蚕糸(てぐす), (釣針にあらかじめ結んでおく短い)鉤素(はりす) (snell). — *vt.* **1** 〈髪を〉リボンではち巻きする; 《米》〈髪を〉袋形のヘアネットで留める. **2** 《釣》〈釣針〉に鉤素を結ぶ. 〖OE *snōd* ← ?〗

snook^1 /snʊ́k, snúːk | snúːk, snʊ́k/ *n.* 《英》(親指を鼻先に当て他の四指を広げて見せる)軽蔑のしぐさ (cf. *take a* GRINDER). ★ 通例次の成句で: ***cóck a*** [*one's*] ***snóok*** [***snóoks***] ばかにする, なぶる 〔*at*〕. 《1791》 〖《1791》← ?〗

snook^2 /snúːk/ *n.* (*pl.* ~, ~s) 《魚類》**1** スヌーク (*Centropomus undecimalis*) 《米国 Florida 州および西インド諸島近海などの暖海産のスズキに似たアカメ属の魚; 食用または釣りの対象; robalo, sergeant fish ともいう》. **2** 《豪》=sea pike. 〖《1697》□ Du. *snoek*: ⇨ snoek〗

snook^3 /snúːk/ *vi.* 《方言》**1** (においをかぎながら)のぞき回る. **2** こそこそ歩く (sneak). 〖《a1425》 *snoke(n)* ← ? ON (cf. Norw. & Swed. *snoka* to sniff around): cf. sneak〗

snook·er /snʊ́kə, snúːkə | snúːkə^(r)/ *n.* 《玉突》スヌーカー: **a** プール (pool) の一種; 15 個の赤玉と 6 個の種々の色の玉を用いる; snooker pool ともいう. **b** 相手がまっすぐ突こうとする時, その手玉(てだま) (cue ball) と的玉(まとだま) (object ball) の間にあって邪魔する玉. — *vt.* **1** 《玉突》〈相手を〉スヌーカーで邪魔する (cf. n. b). **2** [通例受身で] 《俗》妨害する, 出し抜く, 負かす. **3** 《玉突》〈相手〉の狙い玉と突き玉との間に位置するように玉を突く. 〖1889?〗

snoop /snúːp/ 《口語》*vi.* **1** 〔...を〕こっそり調べる, 詮索する 〔*on*〕: ~ *on* the mail of political extremists 政治的過激派の郵便物をこっそり調査する. **2** うろつき回る; のぞき回る (pry) 〈*about, around*〉. — *vt.* 調べ回る, 詮索する. — *n.* **1** うろつき[のぞき]回ること. **2** =snooper. 〖《1832》□ Du. *snoepen* to eat on the sly〗

snóop·er *n.* 《口語》**1** うろうろのぞき回る人; 詮索好きの人. **2** 探偵・スパイ・調査官などに使われる人. **3** 単独偵察機. 〖1889〗

snoop·er·scope /snúːpəskòʊp | -pəskəʊp/ *n.* 《米》《軍事》暗視鏡《暗夜または濃霧の際など, 遠方の物が容易に見えるようにした赤外線応用の暗視装置; cf. sniperscope》. 〖《1946》: ⇨ ↑, -scope〗

snoop·y /snúːpi/ *adj.* (**snoop·i·er**; **-i·est**) 《口語》のぞき回る, 詮索好きな, おせっかいな. **snóop·i·ness** *n.* 〖《1895》← SNOOP+-Y^4〗

Snoo·py /snúːpi/ *n.* スヌーピー《C. Schulz 作の漫画 *Peanuts* に登場するビーグル犬》.

snoot /snúːt/ *n.* **1 a** (豚などの)鼻 (snout). **b** 《俗》鼻 (nose). **2 a** (特に, 軽蔑や愛想尽かしによる)しかめつら (grimace): make a ~ at ...に軽蔑的な顔つきをする. **b** =snook^1. **3** 《写真》(スポットライトに取付けた円錐形の)照明調節装置《映画・テレビの撮影場面照明で用いる》. **4** 《口語》=snob 1. — *vt.* 《口語》〈目下の者を〉威張って鼻先であしらう (snub). — *adj.* 《口語》しゃれた. 〖《1861》 ME *snute* 'SNOUT'〗

snoot·ful /snúːtfʊ̀l/ *n.* (酔うに十分な)酒量: get a ~ 酔う. 〖1918〗

snoot·y /snúːti | -ti/ *adj.* (**snoot·i·er**; **-i·est**) 《口語》**1** 俗物的な, きざな (snobbish). **2** うぬぼれた, 横柄な (supercilious). **snóot·i·ly** /-tɪli, -tli | -tɪli, -tli/ *adv.* **snóot·i·ness** *n.* 〖《1919》← SNOOT+-Y^4〗

snoove /snúːv/ *vi.* 《主にスコット》**1** 滑らかにしっかり動く. **2** くるくる回る. 〖《1513》← Scand. (cf. ON *snúa* / ODan. *snuhwe*)〗

snooze /snúːz/ 《口語》*vi.* (日中)うたた寝する (doze, nap), 居眠りする (drowse). — *n.* うたた寝, 居眠り, 午睡 (nap, doze). **snóoz·er** *n.* **snóoz·y** /-zi/ *adj.* 〖《1789》← ? : cf. snore & doze^1〗

snóoze bùtton *n.* (目覚まし時計の)スヌーズボタン《押すと一時的に目覚まし音が止まり, しばらく間をおいてまた鳴る》. 〖1974〗

snopes /snóʊps | snə́ʊps/ *n.* 《米》(特に, 南部の)恥知らずの実業家[政治家]. 〖《1962》 W. Faulkner の小説に登場する Snopes 家の人々にちなむ〗

Sno·quál·mie Fálls /snoʊkwɑ́(ː)lmi- | snəʊkwɔ́l-/ *n.* [the ~] スノークワルミー滝《米国 Washington 州中西部, Snoqualmie 川にある滝 (82 m)》.

snore /snɔ́ə | snɔ́ː^(r)/ *vi.* **1** いびきをかく. 日英比較 日本語でいびきを表す擬声語は「ぐーぐー」だが, 英語では

"ZZZ", あるいは "z-z-z" で, 漫画ではよく用いられる. このことから catch [get] some Z's 《米口語》は「寝る, ひと眠りする」の意. **2** いびきのような音を出す. **3** 《スコット》鼻を鳴らす (snort). **—** *vt.* **1** 高いびきで過ごす 〈*away, out*〉: ~ the hours *away.* **2** [~ *oneself*で] いびきをかいて…する: ~ *oneself* awake 自分のいびきで目を覚ます. **—** *n.* **1** いびき(の音声); いびきのような音. **2** (ポンプの)吸入口 (snore piece ともいう). **snor·er** /snɔ́ːrə | -rə(r)/ *n.* 〚(v.: *c*1400; n.: *a*1338) *snore*(*n*) ← Gmc **snor-* (MLG & Du. *snorren* to drone, hum / MDu. *snarren*) ← IE *(*s*)*ner-* 《擬音語》〛

snor·kel /snɔ́ːəkəl, -kl̩ | snɔ́ː-/ *n.* **1** シュノーケル《水面上に出た管によって一般通風と機関の排気を行い長時間水中航行を可能にする潜水艦の引込み自在の通気管》. **2** シュノーケル《潜水に用いるプラスチック製の管; 一方の端を口にくわえ片方を水面に出し水中で呼吸できる》. **3** (シュノーケル車の)ゴンドラ付き油圧起重機《消防用》. **4** 〘軍事〙(戦車に取り付けた)強力な通気[排気]装置《浅瀬の障害物を横切るときに用いる》. **5** (前に突き出た形の)フードの付いたアノラック[ヤッケ]. **—** *vi.* (**snor·keled, -kelled; -kel·ing, -kel·ling**) **1** 〈潜水艦が〉シュノーケルを水面に出して潜行する. **2** シュノーケルを用いて水面を泳ぐ. **~·er** *n.* 〚(1944) □ G *Schnorchel* 《原義》snout ← *schnorchen* 'to SNORE'〛

snór·kel·ing /-k(ə)lɪŋ, -kl̩-/ *n.* (*also* **snor·kel·ling** /~/) シュノーケル潜水[遊泳].

Snor·ri Stur·lu·son /snɔ́ːristɜ́ːləsən, snɑ́(ː)ri-, -sn̩ | snɔ́ristɜ́ː-; *Icel.* snɔ́rrɪstʏ́rlʏsɔn/ *n.* スノリ ストゥルルソン (1179–1241; アイスランドの詩人・歴史家で,「新エッダ」(⇨ Edda), *Heimskringla*「ヘイムスクリングラ」などの著者).

snort /snɔ́ət | snɔ́ːt/ *vi.* **1** 〈馬などが〉鼻あらしを吹く, 鼻を鳴らす. **2** 〈人が〉(軽蔑・驚き・いら立ち・不同意などを表すために)鼻を鳴らす, 鼻息を荒くする. **3** 〈蒸気機関などが〉大きい音を立てて蒸気を吹き出す. **4** 《口語》大声で笑う, 吹き出す. **5** 《口語》麻薬などを吸う. **—** *vt.* **1** 鼻息を荒くして言う; 鼻を鳴らして〈軽蔑の意などを〉表す 〈*out*〉: ~ one's contempt. **2** 〈蒸気などを〉吹き出す. **3** 《口語》(粉末麻薬などを)鼻で吸いこむ. **—** *n.* **1** 荒い鼻息, 鼻あらし, 息をはずませること[音]: give a ~. **2** 蒸気を吹き出す音. **3** 《俗》(ストレートのウイスキーなどの)ぐい飲み (cf. short snort(er)). **4** 《英》=snorkel 1. **5** (麻薬などの)ひと吸い. **snórt·ing** /-tɪŋ | -tɪŋ/ *n., adj.* **snórt·ing·ly** /-tɪŋli | tɪŋ-/ *adv.* 〚(*c*1380) *snorte*(*n*): cf. ME *snore*(*n*) 'to SNORE' / *fnorte*(*n*) to snore (cf. OE *fnord* sneezing)〛

snórt·er /-tə | -tə(r)/ *n.* **1 a** 荒く鼻息をする人; 鼻あらしを吹く動物, (特に)馬, 豚. **b** 《英方言》〘鳥類〙ハシグロヒタキ (wheatear). **2** 《口語》ひどくやかましい[激しい, 異常な, すばらしい]もの; 《英俗》ばかげた人[もの], (特に)強風, 大あらし. **3** 《俗》=snort 3. **4** 〘クリケット〙(スピードや正確さなどがけたはずれで)手のつけられないボール. 〚1601〛

snort·y /snɔ́əti | snɔ́ːti/ *adj.* (**snort·i·er; -i·est**) **1** 鼻息の荒い, 息をはずませる. **2** 人をばかにする, 怒っている (angry); 不賛成な (disapproving). 〚(1582) ← SNORT＋-Y¹〛

snot /snɑ́(ː)t | snɔ́t/ *n.* **1** 《卑》はな(汁). **2** 《俗》無礼な[横柄な]人. **—** *vt.* 《卑》〈鼻〉からはな(汁)をたらす. 〚OE *ġesnot* ← Gmc **snūt-* (OE *snȳtan* to wipe the nose / Du. *snot*) ← IE **snā-*: cf. snout〛

snót-nósed *adj.* 《口語》(若造のくせに)生意気な, はねっかえりの, 鼻たれの. 〚1941〛

snót-ràg *n.* 《卑》ハンカチ, はなふき (handkerchief). 〚1886〛

snot·ter /snɑ́(ː)tə | snɔ́tə(r)/ 《スコット》*n.* [しばしば *pl.*] = snot. **—** *vi.* **1** つまった鼻で息をする. **2** おいおい泣く, めそめそする. 〚n.: (*a*1689). — v.: (1781)〛

snot·ty /snɑ́(ː)ti | snɔ́ti/ *adj.* (**snot·ti·er; -ti·est**) 《俗》 **1** はなをたらした, はなだらけの, はなで汚れた. **2 a** 汚れた, きたない (dirty). **b** さげすむべき, 鼻もちならぬ (contemptible). **c** きざな, 横柄な (snooty). **—** *n.* (*also* **snot·tie** /~/) 《英海軍俗》海軍少尉候補生 (midshipman). **snót·ti·ly** /-təli, -tl̩i | -təli, -tl̩i/ *adv.* **snót·ti·ness** *n.* 〚(1570) ← SNOT＋-Y¹〛

snótty-nósed *adj.* 《口語》=snotty.

snout /snáʊt/ *n.* **1 a** (豚などの)鼻; (いろいろな動物の)吻(ふん)状突起, 鼻づら, 口先 (rostrum). **b** (ゾウムシなどの)鼻, 口吻, 口先. **c** 《俗》[軽蔑的に] (人の, 特に大きくグロテスクな)鼻 (nose). **2 a** (水管・管などの)筒口, 樋口(ひぐち) (nozzle, spout). **b** 船首, 舳先(へさき) (prow); 車体の前部. **c** 断崖の突端. **d** 氷河の末端部. **3** 《英俗》たばこ (tobacco). **4** 〘昆虫〙ヤガ科のガの一種 (*Hypena proboscidalis*) (snout moth ともいう). **5** 《俗》密告者,「いぬ」. ***hàve* (*gót*) *a snóut on a person*** 《豪俗》〈人に〉恨みを抱く. **—** *vt.* …の樋口をつける (nozzle). **—** *vi.* 鼻先で掘る (grub). **~·ed** /-tɪd | -tɪd/ *adj.* **~·ish** /-tɪʃ | -tɪʃ/ *adj.* **~·less** *adj.* **~·like** *adj.* 〚(?*a*1225) *sn*(*o*)*ute* □ MLG & MDu. *snūt*(*e*) ← Gmc **snūt-* (⇨ snot)〛

snóut bèetle *n.* 〘昆虫〙ゾウムシ (weevil). 〚1862〛

snóut bùtterfly *n.* 〘昆虫〙テングチョウ《頭部の下唇鬚(かしん)が長く突出しているテングチョウ科 (*Libytheidae*) の各種のチョウ》. 〚1862〛

snóut mòth *n.* =snout 4.

snout·y /snáʊti | -ti/ *adj.* **1** (豚などの)鼻のような; 筒口のような. **2** 鼻[吻(ふん)状突起, 筒口]をもった. 〚(*a*1685) ← SNOUT＋-Y¹〛

snow¹ /snóʊ | snə́ʊ/ *n.* **1** 雪; 降雪 (snowfall): a heavy (fall of) ~ 大雪, 豪雪 / perpetual ~ 万年雪 / in the ~ 雪の(降る)中で[を] / as chaste as unsunn'd ~ 日に当たらぬ雪のように清浄無垢な (Shak., *Cymbeline* 2. 5. 13) / (as) welcome as ~ in harvest 歓迎されない, ありがたくない / *Snow* fell last night. 昨夜雪が降った / *Snow* is expected soon. 雪が近い. **2** [*pl.*] **a** 積雪: the ~*s* of the Alps アルプスの雪 / Where are the ~*s* of yester-year? 去年(こぞ)の雪今いずこにありや (D. G. Rossetti, *Three Translations from François Villon* 中の文). **b** 万年雪地帯: the (eternal) ~*s* of the mountaintops 山頂の万年雪地帯. **3** 《古詩》**a** 雪白 (pure whiteness): the ~ of a maiden's breast 雪のように純白な処女の胸. **b** 雪白の物; [しばしば *pl.*] (老人の)白髪 (white hair): the ~*s* of venerable age 老人の白髪. **c** 雪状の物, 雪と降る物; 純白の花 (white blossoms). **4** 泡雪《雪に似た料理や菓子; 特に泡立てた卵白を用いたもの; デザート用》: peach [apple] ~. **5** スノー《電波の弱い時テレビやレーダーのスクリーン一面に雪片状に広がる小斑点》: There's too much ~ on the TV screen to get a clean picture. テレビ画面にあんまりスノーがあるので鮮明な像が見えない. **6** 《米》年, 歳 (year) (cf. winter): many ~*s* ago 幾年も昔,「幾星霜」. ★ 特に, アメリカインディアンの言葉としてまたはアメリカインディアンに関して用いる. **7** 《俗》コカイン (cocaine), ヘロイン (heroin) (cf. snowbird 2): sniff [do] ~. **8** 〘化学〙ドライアイス (dry ice, carbon dioxide snow). **—** *vi.* **1** [it を主語として] 雪が降る: It is ~*ing.* 雪が降っている. **2** 雪のように降る, 流れ込む: Congratulations came ~*ing in.* 祝電が雨あられと舞い込んだ. **—** *vt.* **1** [通例受身で] 雪で覆う[埋める] 〈*over, under*〉; 雪でふさぐ[妨げる, 閉じ込める] 〈*up, in*〉: The train *was* ~*ed under.* 列車は雪に埋もれた / We *were* ~*ed up* [*in*] for five days. 5 日間も雪に閉じ込められた. **2** 雪のように降らす[降らせる]: It ~*ed* complaints. そのために抗議が雨あられのように殺到した. **3** 《米俗》**a** (うまいことをべらべらしゃべったりこびへつらったりして)だます (deceive), たらし込む (charm), 説得する (persuade) (cf. snow job): He'd start ~*ing* his date in this very quiet, sincere voice. 彼はデートの相手を非常に物静かで誠実味のある声でだまし始めるのだった. **b** …に強烈な印象を与える. ***snów óff*** [《米》***óut***] 〘スポーツ〙[通例受身で] 大雪のために中止する[取り止める]: The game *was* ~*ed off.* 大雪で試合は取り止めになった. ***snów únder*** (1) 《口語》[通例受身で] (数で)圧倒する: He *was* ~*ed under* with letters [work]. 大量に舞い込む手紙に圧倒された[殺到する仕事で忙殺された]. (2) ⇨ *vt.* 1. (3) 《米口語》(選挙などで)圧倒的に負かす (defeat overwhelmingly): ~ one's rival *under* 対立候補を大差をつけて破る.

~·lìke *adj.* 〚OE *snāw* ＜ Gmc **snaiwaz* (Du. *sneeuw* / G *Schnee*) ← IE **sneigwh-* (L *nix, niv-* snow / Gk *nipha*)〛

snow² /snóʊ | snə́ʊ/ *n.* 〘海事〙横帆装置の小帆船の一種. 〚(1676) □ Du. *sna*(*a*)*uw* // LG *sna*(*a*)*uw* ← ? LG *snau* beak, snow (vessel)〛

Snow /snóʊ | snə́ʊ/, Baron **C**(**harles**) **P**(**ercy**) *n.* スノー (1905–80; 英国の小説家・科学者; *Strangers and Brothers* (1940–70), *The Two Cultures* (1959)).

Snow /snóʊ | snə́ʊ/, **Edgar Parks** /pɑ́əks | pɑ́ːks/ *n.* スノー (1905–72; 米国の中国通の新聞記者; *Red Star Over China* (1937)).

snów àngel *n.* 《米》スノーエンジェル《雪の上に寝て手足を動かして作る天使の形》.

snów àpple *n.* **1** 〘園芸〙=Fameuse. **2** 〘植物〙=mushroom 1 a.

snow·ball /snóʊbɔ̀ːl, -bɑ̀ːl | snə́ʊbɔ̀ːl/ *n.* **1 a** 雪玉(だま), 雪つぶて: have a ~ fight=play at ~*s* 雪合戦をする. **b** 雪だるま状の雪のかたまり. **2** 雪だるま式にふえていくもの; 《英》雪だるま式寄付募集《寄付者が他の人を勧誘しその人がまた次の人を勧誘するねずみ算式募金法》. **3** スノーボール: **a** かき氷やアイスクリームをボール状の型に入れて作った菓子. **b** 雪玉に似せて作られた種々の料理. **c** アドボカート (advocaat) とレモネードを用いたカクテルの一種. **4** 《俗》ヘロインとコカインを混ぜたもの. **5** ダンスの一種《最初 2 組で始まり, 次々に相手をかえて全員に及んでいく》. **6** 〘植物〙白い小さな花をまり状につけるスイカズラ科ガマズミ属 (*Viburnum*) の園芸植物数種の総称《テマリカンボク (guelder rose), オオデマリ (Japanese snowball) など; snowball bush [tree] ともいう》. ***nót hàve* [*stánd*] *a snówball's chánce* (*of dóing*)** 《口語》(…する)見込みが全くない. **—** *vt.* **1** …を雪だるま式に大きくする, 加速度的に拡大[拡張]する. **2** …に雪玉を投げつける. **—** *vi.* **1** 雪だるまのように大きくなる, 加速度的に増す. **2** 雪つぶてを投げる; 雪合戦をする. 〚*c*1400〛

snów·bànk *n.* 雪堤; (特に, 道路わき・山腹などの)雪の吹きだまり. 〚1779〛

snów bànner *n.* (山頂から舞い飛ぶ)雪煙 (snow plume, snow smoke ともいう).

snów·bèll *n.* 〘植物〙エゴノキ属 (*Styrax*) の白い花の咲く植物の総称; (特に)米国南東部産の芳しい花房状の花をつける植物 (*S. grandifolia*).

Snów·bèlt *n.* [the ~] (米国北部の)豪雪地帯 (cf. Sunbelt). 〚1874〛

snów·bèr·ry /-bèri | -b(ə)ri/ *n.* 〘植物〙 **1** セッコウボク(雪晃木) (*Symphoricarpos albus*) 《北米産のスイカズラ科の白い小果を結ぶ植物; waxberry ともいう》. **2** 白い小果を結ぶ低木の総称. 〚1760〛

snów·bìrd *n.* **1** 〘鳥類〙 **a** =snow bunting. **b** = junco. **c** ノハラツグミ (fieldfare). **d** ゾウゲカモメ (ivory gull). **3** 《米俗》コカイン[ヘロイン]常用者 (cf. snow¹ 7). **3** 《俗》冬期に暖かい地方[南部]へ移動する人; 避寒旅行者. 〚1674〛

snów-blìnd, snów-blìnd·ed *adj.* 雪盲(せつもう)[ゆきめ]になった. 〚1674〛

snów blìndness *n.* 雪盲(せつもう), ゆきめ《雪の反射する紫外線による一時的眼炎》. 〚1748〛

snów·blìnk *n.* (雪原または氷原から発する)日光の反射, 照り返し, 雪明り (cf. iceblink). 〚1863〛

snów·blòwer *n.* 積雪噴射(除雪)車《強い風を送り雪を吹き飛ばす; snow thrower ともいう》. 〚1950〛

snów·bòard *n.* **1** (傾斜が急な屋根などで雪が滑り落ちるのを防ぐ)雪止め板. **2** スノーボード《サーフィンの姿勢で乗って雪上を滑り降りる幅広の板》. **—** *vi.* スノーボードをする[で滑る]. **~·er** *n.* **~·ing** *n.* 〚1881〛

snów bòot *n.* (足首またはそれ以上に達する)雪靴: a pair of ~*s.* 〚1773〛

snów·bòund *adj.* 雪に閉じ込められた, 雪で立往生している: a ~ Christmas / They were ~ in the mountain. 大雪のため山中で身動きがとれなくなった. 〚1814〛

snów·brèak *n.* **1** 雪解け (thaw). **2** (樹木の)雪折れ; 雪折れ区域. **3** (道路などの)防雪林. 〚1837〛

snów brìdge *n.* 〘登山〙クレバスにかかった雪の橋, スノーブリッジ. 〚1890〛

snów·bròth *n.* **1** 雪水. **2** 解けた雪. **3** 凍るほど冷たい液体. 〚1600〛

snów bùnny *n.* **1** (特に, 女性の)スキー初心者. **2** (ボーイハントのために)スキー場通いをする女性. 〚1953〛

snów bùnting *n.* 〘鳥類〙ユキホオジロ (*Plectrophenax nivalis*) (snowflake ともいう). 〚1771〛

snów·bùsh *n.* 〘植物〙 **1** ソリチャ《たくさんの白い花をつけるクロウメモドキ科ソリチャ属 (*Ceanothus*) の低木の総称; 北米産の *C. velutina* など》. **2** 南洋諸島のトウダイグサ科タカサゴコバンノキ属の低木 (*Bryenia nivosa*)《葉には白い斑点があり, 小さく薄緑色の花と赤い実がつく》. 〚1965〛

snów-cànnon *n.* 人工雪製造機, スノーガン.

snów·càp *n.* **1** 山頂の雪, 雪冠. **2** 〘鳥類〙ワタボウシハチドリ (*Microchera albocoronata*)《中央アメリカ産の頭部が白いハチドリ (hummingbird)》. 〚1871〛

snów·càpped *adj.* 〈山など〉雪をいただいた. 〚1797〛

snów·càt *n.* 雪上車.

snów càve *n.* 〘登山〙=snow hole.

snów chàins *n. pl.* (タイヤに巻く)スノーチェーン (tire chain).

snów-clàd *adj.* 雪に覆われた. 〚1809〛

snów còck [**chùkar**] *n.* 〘鳥類〙セッケイ(雪鶏) (*Tetraugallus*)《アジアの山岳地帯産》. 〚*c*1880〛

snów còne *n.* (*also* **snó-còne**) 氷菓《紙コップにかき氷を入れシロップをかけたもの》.

snów còver *n.* **1** 積雪, 根雪. **2** 雪に覆われた土地の面積《全面積のパーセンテージで示す》. **3** 積雪の深さ.

snów cràb *n.* **1** 〘鉄道〙かき寄せ雪かき車. **2** 〘動物〙ズワイガニ (*Chionoecetes opilio*), オオズワイガニ (*C. bairdi*)《北太平洋の食用クモガニ》.

snów-cròwned *adj.* =snowcapped.

snów crùst *n.* 積雪の堅い雪の表面, 氷結した雪の薄い層. 〚1824〛

snów crỳstal *n.* 雪の結晶 (cf. snowflake).

snów cùp *n.* 〘登山〙(蒸発によって高所の積雪に生じる)茶わん形の雪の凹み.

Snow·den /snóʊdn̩ | snə́ʊ-/, **Philip** *n.* スノーデン (1864–1937; 英国の経済学者・政治家; 独立労働党党首; 称号 1st Viscount Snowden of Ickornshaw).

snów dèvil *n.* 《カナダ》柱状に巻き上がる雪, 雪の竜巻. 〚1932〛

Snow·don /snóʊdn̩ | snə́ʊ-/ *n.* スノードン《ウェールズ北西部 Gwynedd 州にあるウェールズの最高峰 (1,085 m)》.

Snow·dó·ni·a Nátional Párk /snoʊdóʊniə- | snə(ʊ)dəʊ-/ *n.* スノウドウニア国立公園《英国ウェールズ北西部 Gwynedd 州にあり, Snowdon 山, Cambrian 山脈を含む; 1951 年指定; 面積 2,171 km²》.

snów·drìft *n.* **1 a** 雪の吹寄せ, 吹きだまり. **b** 風に吹きまくられる雪, 吹雪. **2** 〘植物〙=sweet alyssum. 〚*a*1325〛

snów·dròp *n.* 〘植物〙 **1** スノードロップ, マツユキソウ, (俗に)ユキノハナ (*Galanthus nivalis*)《南ヨーロッパ原産の庭園用の植物; 花は雪白色》. **2** アネモネ (*Anemone quinquefolia*) (wood anemone). 〚1664〛

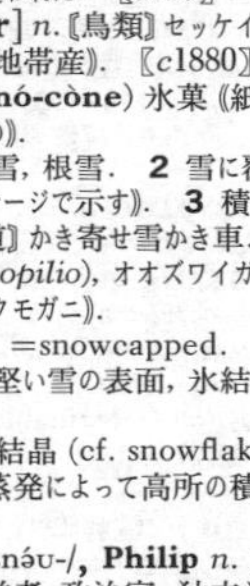

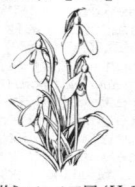

snowdrop 1

snówdrop trèe *n.* 〘植物〙ハレーシア属 (*Halesia*) の植物の総称; (特に)=silver bell. 〚1731〛

snówdrop wíndflower *n.* 〘植物〙バイカイチゲ, マツユキオキナグサ (*Anemone sylvestris*)《芳香のある白花をつけるキンポウゲ科アネモネ属の植物》.

snów·fàll *n.* 降雪; (一定期間または一年の)降雪量: There has been a ~ of two feet. 2 フィートの降雪があった. 〚1821〛

snów fènce *n.* (線路・道路・家などの)雪よけ, 防雪柵. 〚1872〛

snów·fìeld *n.* 雪原; (特に, 山岳地方・極地の)万年雪. 〚1845〛

snów·flàke *n.* **1** 雪片, 雪ひら. **2** 〘気象〙雪片《単一の雪の結晶の集まり》. **3** 〘鳥類〙=snow bunting. **4** 〘植物〙 **a** スノーフレーク, スズランズイセン (*Leucojum vernum*) (snowdrop に似た花を開く). **b** =sweet William. 〚1734〛

S

snów flèa *n.* 〘昆虫〙初春に雪上に集まる虫, (特に)トビムシ (springtail). 〘1850〙
snów gàuge *n.* (降雪の深さを測る)雪量計, 雪尺. 〘1886〙
snów gòggles *n. pl.* (雪盲(せつもう) (snow blindness) 防止用の)雪眼鏡, スノーゴーグル. 〘1887〙
snów gòose *n.* 〘鳥類〙ハクガン (*Chen hyperboreus*) 《北極地方にすむガンの一種; 全体が白色で翼の先端だけが黒い》. 〘1771〙
snów gràss *n.* **1** 《豪》〘植物〙オーストラリア南西部山岳地帯に分布するイネ科ヌカボ属 (*Agrostis*), イチゴツナギ属 (*Poa*) の植物の総称. **2** 《NZ》高地に自生する草 (*Danthonia* 属) の総称. 〘1865〙
snów gròuse *n.* 〘鳥類〙ライチョウ (ptarmigan). 〘1884〙
snów guàrd *n.* 雪止め《傾斜した屋根の雪の滑り止め; roof guard ともいう》.
snów gùm *n.* 《豪》オーストラリア南東部に育つ薄灰色のユーカリ属の木 (*Eucalyptus pauciflora*) 《sallee ともいう》.
snów hòle *n.* 〘登山〙雪洞《雪斜面に掘られた待避用横穴 (snow cave)》.
snów-hòuse *n.* 《カナダ》雪で造った家, イグルー (igloo).
snów ìce *n.* 雪氷(せっぴょう), スノーアイス: **a** (氷河にあるような)雪が圧搾されてできた氷. **b** 半ば溶解した雪が凝固した不透明な氷. 〘1844〙
snów-in-súmmer [-hárvest] *n.* 〘植物〙シロミミナグサ (*Cerastium tomentosum*) 《南ヨーロッパ原産ナデシコ科ミミナグサ属の多年草; 全体が白色毛に覆われ白い花が咲く; dusty miller ともいう》.
snów jòb *n.* 《米俗》(弁舌巧みに, またこびへつらいながら)相手を説得する[だます]こと, 聞こえのいいことを言うこと: give a ~ 聞こえのいいうまいことを言う. 〘1943〙
snów lèopard *n.* 〘動物〙ユキヒョウ (*Panthera uncia*) 《中央アジアの山岳地帯にすむ; 毛が長く, 白に近い色に黒褐色の斑紋がある; snow panther, ounce ともいう》. 〘1866〙
snów·less *adj.* 雪のない. 〘1828–32〙
snów lìght *n.* =snowblink.
snów lìly *n.* 〘植物〙=glacier lily.
snów lìmit *n.* 〘地理〙積雪限界《高山または赤道の南北での積雪のあるなしの境界線》.
snów lìne *n.* 〘地理〙[the ~] 雪線《年間の積雪量と融雪量が等しい高度を結んだ線; それより上では積雪が万年雪に, さらに氷河になり, 雪線以下の地域に流れ下る》. 〘1835〙
snów machìne *n.* 《米》雪上車.
snów·màker *n.* 人工雪製造装置. 〘1954〙
snów·màking *adj.* (通例, スキーのゲレンデ用の)人工雪製造に用いられる: a ~ machine 降雪機. 〘1954〙
snów·màn /-mæ̀n, -mən | -mæ̀n/ *n.* (*pl.* **-men** /-mèn, -mən | -mèn/) **1** 雪だるま. **2** 雪の研究家. **3** [S-] 雪男 (⇨ Abominable Snowman). 〘1827〙
snów·màst /-mæ̀st, -məst | -mà:st, -məst/ *n.* 〘海事〙=trysail mast.
snów·mèlt *n.* 雪解け水. 〘1927〙
snów·mo·bìle /-moubì:l, -mə- | -mə(ʊ)-/ *n.* **a** スノーモービル《キャタピラを装備した雪や氷の上を走る雪上車》. **b** (前部にスキー板, 両側にキャタピラーの付いた)屋根付き大型雪上車. **— *vi.*** スノーモービルで行く. **snów-mo·bìl·er** /-lə | -lə(r)/ *n.* 〘(1923) ← SNOW＋(AUTO)MOBILE〙

S

snówmobile sùit *n.* 《米》上下つなぎの防寒服.
snów·mo·bìl·ing *n.* スノーモービルレース. 〘1964〙
snów mòld *n.* 〘植物病理〙**1** 雪腐れ病《麦類雪腐れ病菌などによる穀草類の病気; 雪解けのころ白い菌糸体が表面に出る》. **2** 雪腐れ病菌 (*Calonectria graminicola*).
snów-on-the-móuntain *n.* 〘植物〙**1** ハツユキソウ (*Euphorbia marginata*) 《北米原産トウダイグサ科の上葉の縁が白い植物; 花壇に栽培する; ghost-weed ともいう》. **2** 《英方言》=snow-in-summer. 〘1873〙
snów òwl *n.* 〘鳥類〙=snowy owl.
snów·pàck *n.* 固く降り積もった高原の雪; (特に, 米国西部の高原地帯における)固まった積雪. 〘1946〙
snów pànther *n.* 〘動物〙=snow leopard.
snów pàrtridge *n.* 〘鳥類〙ユキシャコ (*Lerwa lerwa*) 《ヒマラヤ山系産》. 〘*c*1880〙
snów pèa *n.* 〘園芸〙ヨウシュサヤエンドウ (*Pisum sativum* var. *macrocarpon*) (mangetout).
snów pèar *n.* 〘植物〙ヨーロッパ原産の白い花をつけるナシの一種 (*Pyrus nivalis*) 《セイヨウナシ酒の原料になる; sand pear ともいう》. 〘1860〙
snów pèllets *n. pl.* (にわか雨に混じって降る)雪あられ (graupel, soft hail). 〘1935〙
snów plànt *n.* 〘植物〙**1** 赤雪藻 (*Chlamydomonas nivalis*) 《植物性鞭毛虫で, 北極地方や高山の雪中に多数発生するとその赤色色素で雪が赤く見える; cf. red snow》. **2** **a** 米国 California 州の山中の松林に生じるイチヤクソウ科の多数の赤い花をつける寄生植物 (*Sarcodes sanguinea*) 《早春しばしば残雪のあるうちに咲く》. **b** ナデシコ科ミミナグサの一種 (*Cerastium tomentosa*). 〘1846〙
snów·plòw, 《英》-plòugh *n.* **1** 雪かき, 除雪機, 除雪車. **2** 〘スキー〙プルーク(ファーレン), 全制動(滑降), ダブルステム (double stem) 《スキーの尾部を「ハ」の字形に開いたまま斜面を真下に滑る[開いて停止する]こと》. **— *vi.*** 〘スキー〙プルーク(ファーレン)で速度を落とす[停止する]. 〘1792〙
snówplow túrn *n.* 〘スキー〙プルークボーゲン《ターンの基本的なもので, 両方のスキーの尾部を「ハ」の字形に保ち, 体重を自分がターンしようとする方向と反対側のスキーに移しながら行う》. 〘1922〙
snów plùme *n.* =snow banner.
snów púdding *n.* 泡立てた卵白とゼラチンなどを加えてふっくらと軽く作ったプディング. 〘1876〙
snów rìng *n.* 〘スキー〙ストックのリング (basket).
snów ròt *n.* 〘植物病理〙=snow mold.
snów ròute *n.* 《米》スノールート《降雪時の除雪が優先される幹線道路》.
snów scàle *n.* 〘気象〙=snow stake.
snow·scape /snóuskèɪp | snə́ʊ-/ *n.* 雪景色. 〘(1886) ← SNOW＋(LAND)SCAPE〙
snów·shèd *n.* 〘鉄道〙(山腹の鉄道線路に設けたなだれよけの)雪おおい, 雪よけ. 〘1868〙
snów·shòe *n.* **1** [通例 *pl.*] (雪上歩行用の)スノーシュー, かんじき: a pair of ~*s*. **2** =Indian yellow 1. **3** 〘動物〙=snowshoe rabbit. **— *vi.*** 雪靴[かんじき]をはいて歩く. **snów·shò·er** *n.* 〘1666〙

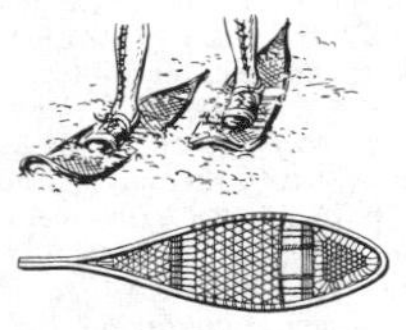
snowshoes 1

snówshoe ràbbit [hàre] *n.* 〘動物〙カンジキウサギ (*Lepus americanus*) 《アメリカ産のウサギ; 穴を掘らず, 毛が夏季は茶色で冬季に白くなる》. 〘1889〙
snów-shòvel *n.* 雪かき用シャベル. 〘1820〙
snów·slìde *n.* 雪なだれ (avalanche). 〘1841〙
snów-slìp *n.* 《英》=snowslide.
snów smòke *n.* =snow banner.
snów stàke *n.* 〘気象〙雪尺《積雪深度の測量棒; snow scale ともいう》. 〘1971〙
snów·stòrm *n.* **1** 吹雪, 暴風雪. **2** 吹雪状のもの: ~*s* of white birds. 〘1771〙
snów·sùit *n.* スノースーツ《暖かく裏打ちした防寒用スーツ, 子供用にはレギンス (leggins) とコートのセットまたはワンピーススタイルに帽子を組み合わせる》. 〘1937〙
snów·sùre *a.* 〈スキーリゾート・スロープが〉シーズン中に十分な雪があるはずの.
snów thròwer *n.* =snowblower.
snów tìre *n.* スノータイヤ《接地面の幅を大きくし, 深い溝を設けるなどして雪や氷の上の走行を容易にした自動車用タイヤ》. 〘1943〙
snów tràin *n.* スキー列車《スキー場・スケート場などウインタースポーツの行楽地行きの特別列車》. 〘1885〙
snów trìllium *n.* 〘植物〙=early wake-robin.
snów vòle *n.* 〘動物〙ヨーロッパユキハタネズミ (*Microtus nivalis*) 《ヨーロッパ南西部からイランにいたる山地に生息するハタネズミ; 毛は褐色で, 尾が長い》.
snów-whìte /snóu(h)wáɪt | snə́ʊ-ˈ-/ *adj.* 雪のように白い, 雪白の, 純白の: ~ hair 真っ白な髪の毛. 〘OE *snāwhwīt*〙
snów whìte *n.* 〘化学〙亜鉛華, 亜鉛白《zinc white, Chinese white, flowers of zinc ともいう》.
Snów Whíte *n.* 白雪姫《Grimm の童話 *Snow White and the Seven Dwarfs* の主人公》. 〘(なぞり) ◻ G *Schneewittchen* ← *schnee* snow＋LG *wit* white＋G *-chen* (dim. suf.)〙
snow·y /snóui | snə́ui/ *adj.* (**snow·i·er; -i·est**) **1 a** 雪の多い, 雪の降る: a ~ day, year, etc. **b** 雪の積もった, 雪に覆われた: ~ mountains. **2 a** 雪のような, 雪白の, 純白の: a ~ dove. **b** 清らかな, 純潔な, 清浄な (pure). **snow·i·ly** /snóuɪ̬li | snə́u-/ *adv.* **snów·i·ness** *n.* 〘OE *snāwig*: ⇨ -y⁴〙
Snow·y /snóui | snə́ui/ *n.* **1** =Snowy Mountains. **2** =Snowy River.
snówy égret *n.* 〘鳥類〙アメリカコサギ (*Egretta thula*) 《米国南部からアルゼンチンにかけて生息するシラサギ; 羽毛が美しいため以前多量に捕獲された》. 〘1869〙
snówy més·pi·lus /-méspələs | -pɪ̀l-/ *n.* 〘植物〙バラ科ザイフリボク属 (*Amelanchier*) の数種の低木《白い花をつけ, 花木として栽培される》.
Snówy Móuntains *n. pl.* [the ~] スノーウィ山脈《オーストラリア南東部, Australian Alps の一部; 水力発電計画で知られる》.
snówy ówl *n.* 〘鳥類〙シロフクロウ (*Nyctea scandiaca*) 《冬季に北極から欧米の北方地方に来て昼間活動するフクロウ; snow owl ともいう》. 〘1781〙
Snówy Ríver *n.* スノーウィ川《オーストラリア南東部を南流し Bass 海峡北岸に注ぐ; 全長 426 km》.
SNP 《略》Scottish National Party.
Snr., snr. 《略》Senior.
snub /snʌ́b/ *vt.* (**snubbed; snub·bing**) **1 a** 鼻であしらう, 無視する (ignore); …にひじ鉄砲を食わせる, 頭ごなしにはねつける (rebuff): ~ a person down 人を頭ごなしに押えつける. **b** 鼻であしらって…させる: ~ a person *into* silence 鼻であしらって黙らせる. **c** (反論して)〈人の発言を〉急に制止する[やめさせる] (check suddenly); 出ばなをくじく (put down). **2 a** (止めぐい (snubbing post) などに綱を引いたりして)〈船・馬などを〉急に止める. **b** 〈ロープなどの〉張りを増す (tauten). **c** 〈動きを〉止める, 抑える: ~ a vibration. **3** 《古》しかりとばす, 譴責(けんせき)する (rebuke). **4** 〈たばこを〉押しつけてもみ消す 〈*out*〉. **5** 〘海事〙(繰り出し中の)〈綱や錨などを〉急に止める. **6** 〘造船〙〈上から見た船の水線部の左右の広がりを〉船首尾で急に絞る.
— *n.* **1** けんつく, 頭ごなし, ひじ鉄砲; 冷遇, 相手にしないこと, 無視. **2** 急に止めること, 抑制 (check). **3** = snub nose. **4** 〘海事〙**a** (ショックを吸収するため)係船索に用いる短い弾性体. **b** =snubbing post.
— *adj.* [限定的] **1 a** 〈鼻が〉低く太くそり返っている, あぐらをかいた: ⇨ snub nose. **b** ずんぐりした (stubby). **2** 〈ロープなど〉急に引き止めるための: a ~ rope.
~·ness *n.* 〘(*c*1340) *snubbe(n)* ◻ ON *snubba*〙
snúbbed nóse *n.* =snub nose.
snúb·ber *n.* **1** (自動車の)ショック止め, 揺れ止め (shock absorber). **2** ひじ鉄砲を食わせる人; しかりとばす人. **3** (ロープなどを)急に止める装置; (船・馬などを)急に止める人. 〘(1853): ⇨ snub, -er¹〙
snúb·bing *adj., n.* 鼻であしらう(こと), 頭ごなしにする(こと). 〘1600〙
snúb·bing·ly *adv.* 頭ごなしに, つっけんどんに. 〘1861〙
snúbbing pòst *n.* 〘海事〙止めぐい《波止場に立てたくい; 綱を投げかけて船の航進惰力を食い止める》. 〘1887〙
snúb·bish /-bɪʃ/ *adj.* 〈鼻が〉あぐらをかいた, しし鼻の. 〘1828〙
snub·by /snʌ́bi/ *adj.* (**snub·bi·er; -bi·est**) **1 a** ずんぐりした, 短く太い (snub); 〈鼻が〉あぐらをかいた: a ~ nose. **b** しし鼻の (snub-nosed): a ~ face. **2** けんつくを食わせる, 頭ごなしの; 冷遇する. **snúb·bi·ness** *n.* 〘(1828) ← SNUB＋-Y⁴〙
snúb nóse *n.* 短くずんぐりした鼻(先); しし鼻 (pug nose) (⇨ nose 挿絵). 〘1724〙
snúb-nòsed *adj.* **1** しし鼻の. **2** 〈ピストルなど〉ずんぐりした鼻先の: a ~ bullet, revolver. 〘1725〙
snuck /snʌ́k/ *v.* 《米》sneak の過去・過去分詞.
snuff¹ /snʌ́f/ *n.* **1** 〘(1683) ◻ Du. *snu(i)f* 《略》← *snu(i)ftabak* 《原義》tobacco for sniffing〙かぎたばこ(ひとつまみ): take (a) ~ [a pinch of ~] かぎたばこを一服[ひとつまみ]吸う. **2** 鼻をふんふんいわせて息を吸うこと (snuffing). **3** におい (smell, scent). **4** かぎ薬.
give a person snúff 〈人を〉厳しくしかる, 懲らす (punish severely). 《1890》 ***pút a person úp to snúff*** 《英俗》〈人に〉入れ知恵する. ***úp to snúff*** 《口語》(1) 〈健康・品質など〉申し分ない, 良好で. (2) 《英》やすやすとだまされない, 抜かりのない, 抜け目のない (sharp). 《1811》
— *vt.* **1** (鼻から強く)吸う, 吸い込む: ~ sea breezes 潮風を吸う / ~ tobacco かぎたばこを吸う. **2 a** かぎ分ける, かいで見つける[知る] (smell). **b** 〈猟犬などが〉かぎつける, かぎ出す: ~ (up) the scent of a deer 鹿の臭跡をかぎ出す.
— *vi.* **1** 鼻から(強く)吸う, 〈犬・馬などが〉鼻をくんくんいわせる; (鼻をくんくんいわせて)かぐ (sniff). **2** 〘← n. 1〙《まれ》かぎたばこを吸う (take snuff). **3** 《廃》鼻であしらう 〔*at*〕: ~ *at* a person.
〘v.: (1527) ◻ MDu. *snuffen*〙
snuff² /snʌ́f/ *n.* **1** ろうそく[ランプ]の芯(しん)の燃えて黒くなった部分; 残りかす. **2** (残りの)取るに足らぬ余りもの, 無価値なもの. **3** 《スコット》憤怒, 憤怒 (huff). ***táke in snúff*** 《廃》〈ある事に〉腹を立てる. 《1560》 ***tàke snúff*** 《廃》腹を立てる (take offense) 〔*at*〕. 《1565》
— *vt.* **1** 〈ろうそくなどの〉芯(しん)を切る: ~ a candle. **2** [~ *out* として] **a** 《口語》消滅させる, 滅ぼす (destroy); 抑圧する, 弾圧する (suppress): an attempt to ~ *out* a person's life 暗殺計画 / ~ *out* a rebellion [tumult] 反乱[暴動]を鎮圧する / His hopes were ~*ed out.* 彼の希望は消え去った. **b** 〈ろうそくなどを〉消す (put out), 〈光などを〉見えなくする. **3** 《俗》殺す; [~ it として]《英口語》くたばる, 死ぬ (die). **— *vi.*** **1** 消える 〈*out*〉. **2** 《俗》〈くたばる, 死ぬ, 死滅する (die) 〈*out*〉.
〘(*c*1390) *snoffe* ← ?〙
snúff·bòx *n.* (携帯用)かぎたばこ入れ. 〘1687〙
snúff-còlor *n.* かぎたばこ色, 黄褐色. 〘1698〙
snúff-còlored *adj.* かぎたばこ色の, 黄褐色の. 〘1787〙
snúff-dìpping *n.* 少量のたばこを口に含んでニコチンを吸収すること. **snúff-dìpper** *n.* 〘1860〙
snúff·er¹ *n.* **1 a** [通例 *pl.*; 単数または複数扱い] ろうそくの芯(しん)切り(ばさみ). **b** ろうそく消し《通例, 取っ手の先端についたカップ型のもの》. **2** 《まれ》ろうそくの芯を切る人. 〘(1465) *snoffer*〙
snúff·er² *n.* **1** 鼻をくんくんいわせる人[動物]; イルカ (porpoise). **2** かぎたばこを吸う人.
snuf·fle /snʌ́fl/ *vi.* **1** (かぐために)鼻をくんくんいわせる. **2** (鼻がつまって)鼻を鳴らして息をする. **3** 鼻声で話す, 鼻をつまらせながら話す, 鼻声で話す; 殊勝な声で[信心家ぶって]話す. **4** 《まれ》すすり泣くような声[音]を出す. **— *vt.*** **1** 鼻をくんくんいわせてかぎ出す: ~ a fox. **2** 鼻声で言う[歌う] 〈*out*〉. **— *n.*** **1** 鼻をふんふんいわせること. **2** 鼻声, 哀れっぽい声: speak in a ~ 鼻声で言う. **3** [the ~s] 鼻づまり, 鼻風邪, 鼻カタル. **snúf·fler** /-flə, -flə | -flə(r), -fl-/ *n.* 〘(1583) ◻ ? LG & Du. *snuffelen*: cf. snuff²〙
snúf·fling /-flɪŋ, -fl-/ *adj.* **1** 鼻をつまらせている, 鼻声の. **2** 殊勝そうな (sanctimonious). **~·ly** *adv.* 〘*a*1586〙
snúff mòvie [fìlm] *n.* 《俗》スナッフ映画《殺人が実演される(ポルノ)映画》. 〘(1975): cf. snuff² vt. 3〙
snuff·y /snʌ́fi/ *adj.* (**snuff·i·er; -i·est**) **1** かぎたばこのような; かぎたばこ色の, 黄褐色の. **2 a** かぎたばこで汚れた. **b** 〈身なりなど〉薄汚ない (dirty): ~ clothes. **3** かぎたばこを常用する. **4 a** 立腹した, 不機嫌な (offended, cross). **b** すぐむっとする, 怒りっぽい (short-tempered). **5** 横柄な, いばった. **snúff·i·ness** *n.* 〘(1678) ← SNUFF²＋-Y⁴〙
snug /snʌ́g/ *adj.* (**snug·ger; snug·gest**) **1** 〈場所・設備など〉居心地のよい (cosy); 気持ちのよい, 気持ちよく暖かい (⇨ comfortable SYN): a ~ seat by the fire 炉のそばの暖かい席 / lie ~ in bed 気持ちよくベッドに寝る / (as) ~

as a bug in a rug 気持ちよく納まり返って. **2** こぢんまりした, きちんとした; 小ぎれいな: a ~ little cottage. **3 a** 〈衣服などが〉きちんと合う (closely fitting): a ~ coat. **b** 〈人が〉きちんとした, さっぱりした (neat, tidy): a ~ gentleman. **c** (荒天でも航海できるように)〈船やその各部が〉よく整備されている, きちんと片づいている (trim): a ~ ship / a ~ cabin きちんとした船室 / make ropes [sails] ~ 索[帆]をきちんと整頓する[畳む]. **4** こぢんまりとした[安楽な]境遇にある. **5** 〈収入・食事など〉わずかながら十分な, 不自由のない: a ~ income, dinner, etc. **6** 隠れて, 見えない, 秘密の (hidden, secret): a ~ hideout 隠れ家 / lie ~ 隠れている; 監禁されている. — *n.* **1** 《英・アイルランド》こぢんまりとした部屋; パブの個室[奥まった部屋]. **2** ボルト頭部の下に入れる小さな留め具[留め釘] 《ナットを締めるときボルトが回らないようにするため》. — *adv.* =snugly. — *v.* (**snugged; snug·ging**) — *vi.* **1 a** こぢんまりと[気持ちよく]横たわる (nestle); ねぐらに就く, 就寝する. **b** 《方言》気持ちよく寄り添う (snuggle). **2** 【海事】(移動物を結びつけたりして)荒天に備える 〈*down*〉. — *vt.* **1** きちんと片づける, 気持ちよくする (make snug). **2** 体にぴったり合わせる. **3** 隠す (hide). **4** 【海事】〈船を〉しけに耐えるよう準備する 〈*down*〉. **~·ness** *n.* 〖(1583) ← ? Scand. (cf. ON *snøggr* shorn, bald): もと船員用語〗

snúg fit *n.* 【機械】すべりばめ, 滑合 《軸と穴とが微小な隙間をもってすべり合うようなはめあい》.

snug·ger·y /snʌ́g(ə)ri/ *n.* 《英》 **1** 居心地のよい場所[地位]; こぢんまりした部屋 (snug room). **2** 《パブの》居心地のよい個室[一隅] (snug). 〖(1812) ← SNUG (adj.)+-ERY〗

snug·gies /snʌ́giz/ *n. pl.* (特に, 女性や子供用の)長めのニットのパンツ[下着] (underpants). 〖← SNUG (adj.)+-IE+-S[1]〗

snug·gle /snʌ́gl/ *vi.* (暖かさ・心地よさなどを求めてまたは愛情から)すり寄る, 寄り添う, くっつき合う (nestle, cuddle) 〈*together, up*〉: ~ *down* in bed 気持ちよく床に就く / ~ *up* to a person 人に寄り添う. — *vt.* **1** (愛情・保護の気持ちで)〈子供などを〉すり寄せる, 抱き寄せる: ~ a baby to one [in one's arms] 赤ん坊を抱き寄せる[抱く]. **2** 心地よい[こぢんまりした]所に置く. — *n.* すり寄ること, くっつき合うこと. 〖(1687) (freq.) ← SNUG (v.): ⇨ -le[3]〗

snúg·ly *adv.* こぢんまりと, 心地よく, 安楽に. 〖(1611) ← SNUG+-LY[1]〗

snuve /snúːv/ *vi.* 《主にスコット》=snoove.

sny[1] /snáɪ/ 【造船】 *vi.* 〈船尾・船首の鉄板材の先端が〉上そりに曲がる. — *vt.* 〈船用材を〉熱して上そりに曲げる. — *n.* (鉄板の)上曲がり. 〖1711?〗

sny[2] *n.* =snye.

Sny·der /snáɪdə | -də(r)/, **Gary** *n.* スナイダー 《1930– ; 米国の詩人; Turtle Island (1975) で Pulitzer 賞》.

Sny·ders /snáɪdəz | -dəz; *Flem.* snéɪdərs/, **Frans** *n.* スネイデルス 《1579–1657; オランダの画家; 狩猟と格闘する動物の絵や静物画で知られる》.

snye /snáɪ/ *n.* 《カナダ》(本流に合流する)支流, 水路. 〖(1819) ▭ Canad.-F. *chenail*=F *chenal* channel〗

snýing *n.* 【造船】船材が上曲がりしている部分. 〖1711?〗

so[1] /(強) sóu | sə́u; (弱) sə/ *adv.* **1** [様態・方法] **a** そう, その[この]ように, そんな風に (in such a manner), 同じように, この通りに (in this way): You must not behave *so*. そんなふるまいをしてはいけない / He wants it to be done just *so*. 彼はこんな風にしてもらいたいと思っている / *So*, and *so* only, can it be done. そういう方法でない限りできはしない / While I was *so* occupied, I heard the doorbell ring. そういう風にしていた時に玄関のベルが鳴った / *So* ended the lecture. このようにして講義が終わった / As it *so* happened, we lived in the same flat. 偶然のことだったが私どもは同じアパートに住んでいた / You can have it if you (*so*) wish. (そのように)お望みなら, あげますよ. **b** [so ... that ... または so ... as to do として] ...(する)ように (cf. *adv.* 2 c): It *so* happened *that* he was not at home. たまたま彼は不在だった / The book is *so* written *as to* give quite a wrong idea of the facts. その本はその事実を全く誤解させるように書かれている. **c** [As ..., so ... として] (...する)ように, (...と)同様に; (...するに)つれて, (...と)同時に: *As* you treat me, *so* will I treat you. あなたが私を扱うように私もあなたを扱います / Just *as* the British enjoy their beer, *so* the French enjoy their wine. ちょうどイギリス人がビールを好むのと同じようにフランス人はワインを好む / *As* it rained harder, *so* the sea grew rougher. 雨が激しくなるにつれて海も荒れてきた / *As* 4 is to 2, *so* 6 is to 3. 4 が 2 に対する関係と 6 が 3 に対する関係は同様である.

2 [程度] **a** それほど, そんなに, それだけ (to such a degree; cf. that 1): Don't walk *so* fast [quickly]. そんなに速く歩くな / Is it really *so* important? それは本当にそんなに重要なのですか / He could not speak, he was *so* angry. 彼はものが言えなかった, それほど怒っていたのだ (cf. He was *so* angry *that* he could not speak. ⇨ *adv.* 2 c) / I've never seen *so* beautiful a scene [a scene *so* beautiful]. 今までにこんなきれいな景色は見たことがない 《★ ... *such* a beautiful scene の方が口語的》 / I've known you since you were *so* high. あんたがこれくらいの大きさの時から知っている 《手振りを添えて言う言葉》 / *So* many countries *so* many customs. 《諺》国の数だけ習わしの数がある, 「所変われば品変わる」/ Don't take on [shout] *so!* そう悲しむな[大声を出すな]. **b** [so ... as ... として] [否定語に続いて] ...と同じようには, ...ほどには(...でない) (cf. as ... as ... ⇨ as[1] *conj.* 2 a, 3 a); [肯定文で] ...ほど(までに): My house isn't *so* [*as*] large *as* my brother's. 私の家は兄の家ほど大きくない / He's far from [《古》 never] *so* foolish *as* you think. 彼はあなたが考えているようなばかでは決してない / The lake was deep enough for a pleasure boat *so* small *as* theirs. 湖は彼らが乗った小さな遊覧船なら走れるくらいの深さがあった. **c** [so ... that ... または so ... as to do として] ...(する)ほど..., 非常に...なので... (cf. *adv.* 1 b): There are *so* many things [is *so* much] to do that we'll never finish. することがとてもたくさんあるので, とても終わらない / The house is *so* conspicuous *that* you can't miss it. その家は大変目立っていてすぐにわかる / I was *so* angry (*that*) I could not speak. ひどく腹が立ってものが言えなかった 《★ 《米口語》ではしばしば that が省かれる》 / He was not *so* deaf *that* he could not [《文語》 *so* deaf *but* he could] hear the cannon. 大砲が聞こえないほど耳が悪くはなかった / The windows were *so* small *as* not *to* admit much light. 窓が小さくて光もあまり入らないくらいだった / Be *so* kind *as* [Would you be *so* kind *as*] (=Be kind enough) *to* tell it to him. どうか彼にお伝え下さい.

3 [主に女性が強意的に用いる] 《口語》 **a** [形容詞・副詞の前に用いて] 実に, 非常に, いかにも (very, extremely): It is *so* kind of you. ほんとうにご親切さま / I am *so* glad to hear it. それを聞いて実にうれしい 《ほんとうによかった》 / *So* sorry! どうも済みません. ★《口語》ではいっそう強調的に so の前に ever を添えて用いることがある; ⇨ EVER *so* (2). **b** [動詞を修飾して] ひどく (very much): My tooth aches *so!* ひどく歯が痛む.

4 [一定の限度を示して] この程度まで, これくらいまで: I can do only *so* much in a day. 一日ではこれくらいしかできはしない / My legs will go just *so* fast and no faster! 脚がこれ以上速く動きはしない 《これで精一杯だ》.

5 [補語として] **a** [先行の形容詞・分詞・名詞に代わって] そのようで, その通りで (thus), 同様で (the same): The wall is painted yellow and has long been *so*. その壁は黄色に塗られていて長い間そのままになっている / He is poor—so much *so* that he can hardly get enough to live. 貧乏も貧乏, ほとんど食うに困るくらい貧乏だ / She is paralyzed but was not born *so*. 麻痺(まひ)してはいるが生まれた時からそうではなかった / A drunkard usually remains *so*. のんだくれはたいがいいつまでものんだくれだ. **b** [形容詞的に] そうで, 本当で (true): Is that *so?*=*So?* そうですか, 本当ですか / If what you say is really *so*, we'll have to change our plans. 君の言うことが本当なら我々の計画を変えなければならない / Just [Exactly, Precisely, Quite, Probably] *so*. 全く[まさに, たぶん]その通り / Not *so*. そうじゃない. **c** ⇨ JUST[2] *so* (1).

6 a [先行の陳述内容または文脈上の事態を指して] そうで: God said, Let the dry land appear: and it was *so*. 神言いたまいけるは乾ける土現るべしと, すなわちかくなりぬ (*Gen.* 1:9) / It is better *so*. それはそのままのほうがよい / *So* be it! 《文語》そうあらしめよ (cf. amen); それならそれでよい 《仕方がない》 / How [Why] *so?* どうして[なぜ]そうなるのか / Have you got a job? If *so*, tell me where you'll be working. 職が見つかったのなら, どこなら勤め先を教えてくれ / ⇨ EVEN[1] *so* (1). **b** [(and) so+主格人称代名詞+変則定形動詞 (Anomalous finite) の形式をとり前出の陳述の肯定性を強調して] 実際, いかにも (in actual fact): You said it was good, *and so* it is /ɪz/. 君はいいと言ったが全くいいね[その通りだ] / I said I would help you, *and so* I will /wɪ́l/. 助けてやると言った以上助けてやる / They work hard.—*So* they do /dúː/. 彼らは勉強家だね—その通りだ / I want to be happy!—And *so* you shall [will] (be)! 私は幸せになりたい—そうなりますよ. **c** 《方言・米》[相手の否定または疑いに反駁して]: You didn't do it.—I did *so* (=《米》 *too*)! I did *so* do it! 君はそれをしなかったね—したよ, ちゃんとしたよ. **d** [(and) so+変則定形動詞 (Anomalous finite)+主格人称代名詞の形式をとり, 新たな主語を強調して] ...もまた (also, as well): My father was a Republican, and *so* am I /áɪ/. 父は共和党員だったが, 私もそうだ / We were wrong; *so* were you /júː/. われわれは間違っていたが, 君たちもまた間違っていた / I saw it, and *so* did he /híː/. 私はそれを見たが彼も見た.

7 [and so として接続詞的に] **a** それゆえ, そのため, だから (consequently): He is ill, *and so* (he) cannot come to the party. 彼は病気でそれでパーティーに来られません. **b** 《英古・米》それから, ついで (then): *And so* home and to bed. そのあと帰宅して就床.

8 [文頭に用いて導入語として] 《口語》そういうわけで, それでは, じゃあ, して見ると(やはり) (cf. *int.* 1): *So* you want to be in pictures, do you? じゃ君は映画界の人間になりたいのかね / *So* he is back again. じゃあ彼はまた帰って来たんだね / *So* that's what you meant. なるほどそういうつもりだったんだね / *So* that's that(, then). こういう次第だ, ともかくこれまで, 以上です 《話・議論・ひと仕事などの終わりに言う》 / *So* that's who did it. ともかくだれがそれをやったかだ / ⇨ *So* WHAT?

9 《文語》以下のように, 次の如く (in this way): For *so* the Lord said unto me, I will take my rest. そはエホバわれにかく言いたまえり, いわく, われ静かにいん (*Isa.* 18:4).

10 [誓願文を導いて] 《古》〈...であるから〉そのように, かく(...あれかし) 〈*as*〉: *So* may I be saved *as* I am telling the truth! わが言に偽りなければ救いあれかし. ★ この意味の so はまた祈願を表す仮定法現在形の動詞に先立つことがある: ⇨ so *help me* (*God*), so *please you*.

and sò (1) それゆえ, それだから (cf. *adv.* 7). (2) 実際, いかにも (cf. *adv.* 6 b). (3) ...もまた (cf. *adv.* 6 d). ***and só fòrth* [*òn*]** ⇨ and *conj.* 成句. ***and só òn and só fòrth*** ⇨ and *conj.* 成句. ***èven só*** ⇨ even *adv.* 成句. ***exáctly só***=JUST[2] *so* (1) (2). ***ìn so fár as*** ⇨ far *adv.* 成句. ***it is só with*** ...の場合はそうである. ***jùst só*** ⇨ just[2] 成句. ***like só*** ⇨ like[1] *prep.* 成句. ***nót sò mùch* (...) *as* ...** ⇨ much *adv.* 成句. ***... or sò*** ⇨ *pron.* 2. ***sò as*** 《方言》(1) ...ならば, ...さえすれば (provided that, just so). (2) =so that: I did it just *so's* you'd notice me. あなたが私に気付くように私はそれをやったのです. ***sò as nót to dó*** ...しないように: Work hard *so as not to* fail the exam. 試験に落ちないよう一生懸命勉強しなさい. ***sò as to do*** (cf. so ... as to do ⇨ *adv.* 1 b, 2 c) ...するように, ...するために: The day was dark, *so as to* make a good photograph hard to take. よい写真が撮りにくいような薄暗い日だった / I shut the window *so as to* keep the mosquitoes out. 蚊が入って来ないように窓を閉めた. ★ *in order to* do よりも口語的で, *in order to* do がもっぱら目的を表すのに対し, *so as to* do は目的とともに結果の観念が暗示される場合に用いられる. ***só fàr*** ⇨ far *adv.* 成句. ***so fàr as*** ⇨ far *adv.* 成句. ***sò hélp me* (*Gód*)** 《文語》神かけて(誓う), 真実に 《誓言の最後の言葉》: I did see her there, *so help me!* 紛れもなくそこで私は彼女に会いました. ***So lóng!*** ⇨ so long. ***so lòng as*** ⇨ long[1] *adv.* 成句. ***sò màny*** ⇨ many *adj.* 成句. ***sò mùch*** (1) ⇨ much *adj.* 成句. (2) ⇨ much *pron.* 成句. (3) ⇨ much *adj.* 成句. ***sò mùch for*** ⇨ much *pron.* 成句. ***sò pléase you*** 《文語》御免をこうむって (by your favor, if you please). ***só sò*** =so-so. ★ ただし *adj.* [限定的] としては so-so のほうを用いる. ***sò that*** (cf. so ... that ⇨ *adv.* 1 b, 2 c) (1) ...するために, ...するように (in order that) (cf. that[3] *conj.* 4): Finish this *so that* you can start another. 次のが始められるようにこれを完成してくれ / She warned me *so that* I would [could, might] avoid the danger. 彼女は私にその危険が避けられるように注意してくれた. ★ この構文でもしばしば that が省かれる; ⇨ *conj.* 2 a. (2) それゆえ, 従って, だから (consequently): All precautions have been taken, *so* (*that*) we expect to succeed. あらゆる用心はしてきたのだから成功すると思っている. (3) 《古》...ならば (provided that), ...さえすれば (if only) (cf. *1 Kings* 8:25): *So that* it is true, what matters who said it? 真実でありさえすればだれの言ったことだろうと何の問題もない. ***sò thére*** 《口語》(何と言おうと自分は)そう決めた[するんだ], 本気[本当]だ (and that's that): I will refuse, *so there!* 断るつもりだ, わかったな. ***sò to spèak* [*sày*]** 言わば, さながら (as it were): He is, *so to speak*, a grown-up baby. 彼はいわば大人の赤ん坊だ. 〖(1824)〗

— *conj.* **1** 《口語》(それ)だから, それで, 従って (therefore), では: The manager was out, *so* I left a message with his secretary. 支配人が外出中だったので伝言は秘書に託してきた. ★ 注意深い文体ではこの種の文で so の前に and を用いたほうが望ましいとされる (cf. *adv.* 7 a). **2** 《米口語》 **a** =so *that* (1) (⇨ *adv.* 成句): All of us tried to be quiet *so* he could sleep. 彼が眠れるように我々はみな静かにしていようとした. **b** [get に続いて] 《口語》...というまでに(なる): He *got so* he could stand the trial. その試練に耐えられるようになった / It finally *got so* (that) we couldn't go on. ついに我々が続けられないようになった. **3** ...さえすれば (if only), ...ならば (provided that, as [so] long as) (cf. so *that* (3) ⇨ *adv.* 成句). ★ 次のように just so として用いられる場合以外は《古》: *Just so* he gets enough to eat, he doesn't care what happens. 彼は食べるものさえ十分得られるならどんな事になろうとかまわない男なのだ.

— *pron.* **1 a** [動詞 say, call, speak, tell, think, hope, expect, suppose, imagine, fear, hear, appear, seem などの目的語としての *that*-clause に代わって (↔ not)]: I think *so*. そうだと思う / I suppose *so*.=*So* I suppose. 多分そうだと思うが / I don't want to say "I told you so," but ...「だから言ったじゃないか」と言いたくはないが... / Do you say *so?*=You don't say *so*. まさか, そうですか 《驚きを表す》 / *So* he says. 彼はそう言う / *So* spake Plato. 《古》プラトンはかく言えり / *So* saying [Having said *so*], he left. そう言って彼は立ち去った. **b** [do so として前出の動詞語句に代わって] (cf. *adv.* 6 b, d)]: They asked me to visit their village, and I decided to *do so* (=visit their village). 彼らが田舎を訪ねて来いと言ってくれたので私はそうすることにした / He ran and caught the bus, but in *doing so* [in *so doing*] he sprained his ankle. 走って行ってバスに間に合ったがその時に足首を痛めた / He eats bacon and eggs for breakfast, and I *do so* for dinner. 彼は朝食にベーコンエッグを食べるが私もディナーにそうする. **2** [数量の表現のあとに or so として] (...か)そのくらい (thereabouts): two hundred *or so* 200 ばかり / a mile [an hour] *or so* 1 マイル [1 時間]くらい / He is forty *or so*. 40 歳前後だ. **3** [like so として] 《口語》=like this: Fold the paper *like so*. こんな具合に紙を折りなさい.

— /sóu | sə́u/ *int.* **1** [驚き・意外感・不信感などを表して] やっぱり, まさか (cf. *adv.* 8): *So*, that's who did it. じゃやっぱりあの人がやったのか. **2** [是認の意を表して] 《古》(それで)よし (very well); [停止・中止の命令として] そのまま, じっとして, それまで, やめ (stop!): If you are content, *so*. 君がそれで満足ならそれでいい / A little more to the right, *so!* もう少し右の方へ, ようし.

〖OE *swā* ← Gmc *swa- (Du. *zoo* / G *so*) ← IE *seu- (Gk *hōs* thus, so): cf. such〗

so[2] /sóu | sə́u/ *n.* 【音楽】=sol[1], soh[2].

so 《記号》 Somalia 《URL ドメイン名》.

So. 《略》 South; Southern.

s.o., SO /ésóu | -ə́u/ 《略》【証券】 seller's option; shipping order; 【野球】 strikeout(s).

SO /ésóu | -ə́u/ 《略》 Scientific Officer; Scottish Office; Section Officer; senior officer 先任将校; signal officer 通信将校; sorting office; staff officer; standing order; Stationery Office; Statistical Office; suboffice; supply officer 補給係将校; symphony orchestra.

soak /sóuk | sə́uk/ *v.* (**soaked; soaked, soak·en**

/sóʊkən | sáʊ-/) —— *vt.* **1** 浸す, つける (⇨ wet SYN): ~ bread *in* milk パンをミルクに浸す / ~ clothes before washing 洗濯する前に衣服を水につける. **2** 〈水分などが〉…にしみ込む (permeate); ぬらす, ずぶぬれ[びしょびしょ]にする (drench): He was [got] ~*ed through* [*to* the skin, *to* the bone]. ずぶぬれになった / The ground was ~*ed by* the rain. 地面は雨で水浸しになった / The coat was ~*ed with* [*in*] blood. 上着は血でぬれていた. **3 a** 吸い込む[取る] (absorb) 〈*up*〉: ~ *up* ink インクを吸い取る / ~ *up* the sun(shine) 日光を吸収する. **b** 〈知識などを〉吸収する, 取得する, 覚える 〈*up*〉: ~ *up* information 知識を吸収する. **4** (洗濯・吸収などで)しみ出す, 吸い出す, きれいにする 〈*out*〉: ~ stains *out of* a shirt 水に浸してシャツのしみを取る / ~ *out* the harshness [bitterness] 水に浸してあくを抜く. **5** [~ oneself または p.p. 形で]〔学問や研究などに〕専心する, 没頭する (cf. steep²)〔*in*〕: ~ one*self in* music 音楽に没頭する / be ~*ed in* literature 文学に専心する. **6** 《口語》 **a** 〈酒を〉がぶがぶ飲む, 痛飲する. **b** [~ one*self* または p.p. 形で] (痛飲して)酔っ払う: He came home, quite ~*ed*. ぐでんぐでんに酔って帰ってきた. **7** 《米俗》…に法外な金を支払わせる, 不当な高値をふっかける, ぼる: ~ the rich 金持から巻き上げる. **8** 《英俗》 質に入れる. **9** 《米俗》 なぐる, ひどく打つ (beat hard); ひどく罰する (punish severely), 完全にやっつける. **10** 〖冶金〗〈金属を〉均熱させる. **11** 〖電気〗〈蓄電池を〉(小電流で)充電する.

—— *vi.* **1 a** (水などの液体に)つける, つかる (steep): Let the cloth ~ for an hour. 布を1時間つけておけ. **b** ずぶぬれになる, びしょびしょになる. **c** 風呂に長く入る. **2** しみ通る (permeate), しみ込む, しみ出る: The rain has ~*ed through* the roof. 雨が屋根をしみ通った / Water has ~*ed (through, down) into* the cellar. 水が地下室にしみ込んだ / The stains ~*ed out*. しみが抜けた. **3** 徐々に(心・感情などに)しみ込む, 徐々にわかる: The arguments began to ~ *into* her mind. 論点[理由]が段々と彼女にわかってきた / His advice ~*ed in*. 彼の忠告が段々わかってきた. **4** 《口語》 大酒を飲む: ~ at the pub. **5** 〖冶金〗 均熱する. ***léave ... to sóak*** …を(水などに)浸しておく. ***sóak óff*** 〈切手・ラベルなどを〉水につけてはがす. ***sóak óut*** (*vt.*) 〈石鹸などが〉〈汚れなどを〉取る (cf. *vt.* 4). (*vi.*) 〈汚れなどが〉取れる (cf. *vi.* 2). ***sóak úp*** 〈液体を〉吸い込む; …に十分浸る; …を十分浴びる (cf. *vt.* 3).

—— *n.* **1 a** 浸す[つける]こと; しみ込み, 浸透: Give the clothes a thorough ~. 衣服をよく水につけておけ / The clothes are in ~. 《英》 衣服は水につけてある. **b** 長風呂: have a long ~ in the bath 長湯する. **2** 浸液, つけ汁. **3** 《俗》 **a** 大酒 (a bout of hard drinking); 痛飲, 酒宴 (spree). **b** 大酒飲み (⇨ drunkard SYN): an old ~. **4** 《米俗》 質 (pawn): put something in ~ ある物を質に入れる. **5** 《豪》 **a** (丘のふもとの)沼地; 雨後しばらくしてできる泥沼. **b** 泉. **6** 《英口語》 どしゃ降り.
〖OE *socian* ← Gmc **suk-* (cf. OE *sūcan* 'to SUCK' ← IE **seu-* to take liquid: cf. sup¹)〗

soak·age /sóʊkɪdʒ | sə́ʊk-/ *n.* **1** 浸す[浸される]こと, つける[つけられる]こと. **2** しみ込み, しみ出し. **3** 浸透[浸出]液; 浸透[浸出]量. **4** 《豪》 (雨後の)水たまり, 小さい沼 (soak). 〖(1766): ⇨ ↑, -age〗

sóak·awày *n.* 《英》 (雨水よけに粗石などを詰めた)排水穴. 〖1916〗

soaked /sóʊkt | sə́ʊkt/ *adj.* [叙述的] **1** ずぶぬれで (cf. soak *vt.* 2) (⇨ wet SYN). **2** 〔…に〕満ちて(いる)〔*with, in, into*〕. **3** 《口語》 酔っぱらった (cf. soak *vt.* 6 b). 〖1: (1829). 2: (1737)〗

soaken *v.* soak の過去分詞.

sóak·er *n.* **1** 浸す人[物], つける人[もの]. **2** 大雨, 長雨. **3** 大酒飲み (drunkard). **4** [*pl.*] (毛糸編みのショーツ型)おむつカバー. 〖(1577): ⇨ -er¹〗

soak·ing /sóʊkɪŋ | sə́ʊk-/ *adj.* **1** [副詞的に] びしょびしょの: be [get] ~ wet ずぶぬれである[になる]. **2** ずぶぬれの[になる]: a ~ downpour どしゃ降り. —— *n.* ずぶぬれ: get a ~ ずぶぬれになる. 〖*c*1440〗

sóak·ing·ly *adv.* **1** ぐしょぐしょ[ずぶぬれ]に (drenchingly). **2** 徐々に, 次第に (gradually). 〖*c*1390〗

sóaking pit *n.* 〖冶金〗 均熱炉 (鋳塊の温度を均一にするために用いられる加熱炉). 〖1882〗

sóaking solùtion *n.* (コンタクトレンズの)保存液.

sóaking tùb *n.* 《米》 (大きくて深い)バスタブ.

so-and-so /sóʊən(d)sòʊ | sə́ʊən(d)sə̀ʊ/ *n.* (*pl.* ~**s**, ~**'s**) 《口語》 **1** (名がわからないか名を明示しないで, または軽蔑の意をこめて)だれそれ, 何某氏: Mr. *So-and-so* 某氏, 何とかさんという人 / Never mind what *So-and-so* says. だれかが何を言ったって気にするな / those crazy ~*s* あの何とかいう狂気じみた連中. **2** 何々; こうこういうもの[こと]: say ~ しかじかと言う / He says ~ is a cure for the gout. 何とかが痛風の薬だと彼が言っている. 〖1596〗

Soane /sóʊn | sə́ʊn/, **Sir John** *n.* ソウン (1753–1837; 英国の建築家).

soap /sóʊp | sə́ʊp/ *n.* **1** 石鹸 (cf. detergent): a cake [bar] of ~ 石鹸1個 / insoluble ~ 硬質石鹸 (主としてソーダ石鹸) / toilet [washing] ~ 化粧[洗濯]石鹸 / marine ~ 海水用石鹸 / ⇨ hard soap, soft soap. **2** 《口語》 =soap opera. **3** 脂肪酸のアルカリ金属塩 (cf. metallic soap). **4** 《米俗》 金銭 (money); (特に, 政治運動などに使う)わいろ (bribe). **5** 《俗》 へつらい, 追従 (soft soap). **6** 《豪俗》 腰抜け, 弱虫 (milksoap). ***nò sóap*** 《米俗》 〈提案・申し出などが〉うまくいかない; いやだ, 不承知だ; だめ (no go): I tried to teach him English, but it was *no* ~. 彼に英語を教えようとしたが, だめだった. (1926)
—— *vt.* **1** 石鹸でこする[洗う]; …に石鹸をつける; 石鹸を使う: ~ one's hands, clothes, etc / ~ one*self* down [all over] 体中に石鹸をつける. **2** 《俗》 ごまをする, おべっかを使う, へつらう (flatter) 〈*up*〉. **3** 《米》 買収する.
~·less *adj.* 〖OE *sāpe* < (WGmc) **saipō* (G *Seife*) ← ? IE **sē(i)b-* tallow, resin (L *sēbum* tallow)〗

sóap·bàrk *n.* **1** 〖植物〗 キラハ, セッケンボク (*Quillaja saponaria*) (チリ産のバラ科の常緑樹; soapbark tree, quillai ともいう). **2** セッケンボクの内皮, キラヤ皮 (quillai bark) (サポニン (saponin) を含み石鹸の代用とする). **3** 〖植物〗 キンキジュ (熱帯アメリカ産の石鹸性樹皮を生じるマメ科キンキジュ属 (*Pithecolobium*) の数種の植物の総称; soapbark tree ともいう). 〖1861〗

sóap·bèr·ry /-bèri | -b(ə)ri/ *n.* **1 a** 〖植物〗 ムクロジ (熱帯・亜熱帯産ムクロジ属 (*Sapindus*) の樹木の総称; *S. saponaria* など; 有用な木材になる; soapberry tree, chinaberry ともいう). **b** ムクロジの果実 (果皮を以前石鹸代用にした; cf. soap nut). **2** 〖植物〗 =buffalo berry. 〖1629〗

sóap-bòiler *n.* 石鹸製造人. 〖1594〗

sóap-bòiling *n.* 石鹸製造. 〖1634〗

sóap·bòx *n.* **1** 石鹸入れ, 石鹸包装木箱. **2** 即製の街頭演説台. **3** 子供用の木製レーシング・カート. ***on*** [***off***] ***one's sóapbox*** 《口語》 自分の意見を声高に表明して[しないで]. —— *adj.* [限定的] **1** 石鹸箱の形をした. **2** 即製の街頭演説台の[でする]; 街頭演説の: a ~ orator 街頭演説者 (cf. stump 7 b) / ~ oratory 街頭演説. —— *vi.* (石鹸箱を演台にして)街頭演説をする. 〖1660〗

Sóap Bòx Dérby *n.* ソープボックスダービー (モーターのない手製の箱車に乗り斜面を下降する11–15歳位の少年用レース). 〖1950〗

sóap·bòx·er *n.* 街頭演説者. 〖1913〗

sóap bùbble *n.* **1** 石鹸のあわ, シャボン玉. **2** 外観が美しくて中身の空虚な物, 見かけ倒し(の物). 〖1800〗

sóap chìps *n.* =soap flakes.

sóap dìsh *n.* 石鹸箱, 石鹸置き. 〖1837〗

sóap èarth *n.* 〖鉱物〗 =soapstone.

sóap·er *n.* **1** 石鹸製造者 (soap-boiler); 石鹸商(人). **2** =soap opera. **3** 〖紡織〗 染色堅牢度を増すための処理タンク. 〖(?*a*1200) *sopare*〗

sóap·fìsh *n.* 〖魚類〗 米国沿岸の暖海にすむヌノサラシ科 *Rypticus* 属の魚類の総称 (うろこは石鹸のようにぬらぬらしている). 〖1876〗

sóap flàkes *n. pl.* フレーク石鹸 (細かく薄片状に削った石鹸). 〖1926–27〗

soap·ie /sóʊpi | sə́ʊpi/ *n.* 《口語》 =soap opera.

sóap·less *adj.* **1** 石鹸のない, 石鹸を使わない. **2** 洗濯していない (unwashed), 汚ない (dirty). 〖1825〗

sóapless sóap *n.* ソープレスソープ (油脂または脂肪酸を用いない合成洗剤; cf. detergent).

sóap·màking *n.* 石鹸製造(業). 〖1603〗

sóap nùt *n.* ムクロジ (soapberry) の果実 (ビーズ・ボタンの原料となる). 〖1858〗

soap·o·lal·lie /sóʊpəlæ̀li | sə́ʊp-/ *n.* 《カナダ》 ソーポラリー (ムクロジ (soapberry) の実をつぶして作った飲み物). 〖(1895) ← SOAP+Chinook Jargon *olallie* berry: cf. soapberry〗

sóap òpera *n.* 《口語》 ソープオペラ (通例, 長期にわたって放送[放映]される連続もの(の(ホーム)メロドラマ). 〖(1939): もとしばしば石鹸会社が主婦向けにこの種の番組を昼間提供したことから〗

sóap plànt *n.* 〖植物〗 **1** シャボンノキ (*Chlorogalum pomeridianum*) (米国 California 州に産するユリ科の多年草; その地下茎はアメリカインディアンが石鹸に用いた; California soaproot ともいう; cf. amole). **2** =soapwort 1. 〖1847〗

sóap·pòd *n.* マメ科の植物サイカチなどのさや (サポニン (saponin) を含み石鹸の代用にされた). 〖1866〗

sóap pòwder *n.* 粉石鹸. 〖1865〗

sóap·ròot *n.* 〖植物〗 南ヨーロッパ産ナデシコ科カスミソウ属 (*Gypsophila*) の草本の総称 (その根は石鹸の代用品). 〖1846〗

sóap·stòne *n.* 〖鉱物〗 石鹸石 (多少の不純分を含む滑石 (talc) の一種; 大きな岩塊として得られるものは磨いて浴槽・テーブル板などに使う; soap earth, steatitie ともいう). 〖1681〗

sóap·sùds *n. pl.* あわ立った石鹸水, 石鹸あわ. **~·y** *adj.* 〖1611〗

sóap·wòrks *n. pl.* [通例単数扱い] 石鹸製造工場. 〖1649〗

sóap·wòrt *n.* 〖植物〗 **1** シャボンソウ (⇨ bouncing Bet). **2** =cowherb. 〖1548〗

soap·y /sóʊpi | sə́ʊpi/ *adj.* (**soap·i·er**; **-i·est**) **1 a** 石鹸の[を塗った]; 石鹸の泡だらけの. **b** 石鹸を含んだ: ~ water 石鹸水. **2** 石鹸のような; 滑らかな (smooth). **3** 《俗》 お世辞をいう, おべっかを使う, へつらいの (flattering, oily); 口のうまい (persuasive). **4** 《口語》 ソープオペラ (soap opera) の(ような). **soap·i·ly** /sóʊpɪli | sə́ʊp-/ *adv.* **sóap·i·ness** *n.* 〖(1610) ← SOAP+-Y¹〗

soar /sɔ́ə | sɔ́:(r)/ *vi.* **1 a** (位置・地位が)高く上がる[昇る], 上昇する (rise): The thermometer ~*ed up*. 温度計が上がった. **b** 〈物価が〉はね上がる, 急騰する (rise suddenly). **2** 〈鳥などが〉高く飛ぶ (⇨ fly¹ SYN); 舞い上がる; 飛び立つ 〈*away*〉: And singing still dost ~, and ~*ing* ever singest. 歌い舞い上がり, 舞いかつ歌う (Shelley, *To a Skylark*). **3 a** 〈鳥が〉(翼を動かすように見えずに風に乗って)滑るように飛ぶ, 空を駆ける. **b** 〈グライダーなどが〉上昇気流に乗って飛ぶ, ソアリング[滑翔(かっしょう)]する (cf. glide). **4** 〈山などが〉高くそそり立つ (tower): The mountain ~*s* to heaven above all rivals. その山は群峰を抜いて高くそびえている. **5** (他を圧するように)高く歌う[演ずる]: Her voice ~*ed* above the orchestra. 彼女の声がオーケストラより高く響いた. **6** 〈希望・元気・野心などが〉高まる, 高揚する, 天翔(あまか)ける (aspire): Her hopes ~*ed* at the news. そのニュースを聞いて急に彼女の希望が高まった. **7** 高速で進む: ~ down the slope 坂を猛スピードで下りる.
—— *vt.* 《古・詩》 高く飛んで〈高所に〉達する. —— *n.* **1** 高く飛ぶ[舞い上がる]こと. **2** 高く飛ぶ範囲, 飛躍[高揚]の限度: beyond the ~ of fancy 想像も及ばない. **soar·er** /sɔ́:rə | -rə(r)/ *n.* 〖(*c*1380) *sore(n)* □ (O)F *essorer* < VL **exaurāre* ← EX-¹+L *aura* air: cf. aura〗

sóar·awày *adj.* 舞い上がる, 急上昇する (soaring); めざましい進歩の. 〖1977〗

So·a·res /swɑ́:rɛʃ; *Port.* soáɾɨʃ/, **Má·ri·o** /mɑ́:riu/ *n.* ソアレス (1924– ; ポルトガルの政治家; 首相 (1976–77; 1978–80; 1983–86), 大統領 (1986–96)).

soar·ing /sɔ́:rɪŋ/ *adj.* **1** 〈物価など〉急上昇する: ~ prices 急騰する物価 / a ~ unemployment rate はね上がる失業率. **2 a** 舞い上がる; 雲にそびえる: a ~ eagle 空翔(かけ)るワシ / a ~ spire 天にも届く尖塔(せんとう). **b** 〖紋章〗〈鳥が〉空に向かって飛んでいる (cf. rising 6, volant 3). **3** 〈思想など〉高遠(こうえん)な: a ~ ambition 遠大な望み. —— *n.* **1** 飛ぶ[高く舞い上がる]こと. **2** 〖航空〗 ソアリング, 滑翔(かっしょう) (グライダーを上昇気流によって飛翔させること). 〖1575〗

so·a·ve /swɑ́:veɪ, souɑ́:- | swɑ́:-, səuɑ́:-; *It.* soá:ve/ *adv.* 〖音楽〗 優美に, やさしく, やわらかく. 〖(1740) □ It. ~ 'sweet' < L *suāvem*: ⇨ suave〗

So·a·ve /swɑ́:veɪ, souɑ́:- | swɑ́:-, səuɑ́:-; *It.* soá:ve/ *n.* ソアーベ (イタリア Verona 産の辛口白ワイン).

So·ay /sóʊeɪ | sə́ʊ-/ *n.* ソーエイ種の羊 (英国 St. Kilda 諸島の Soay 島で飼育される茶色がかって尾の短い羊). 〖(1906): Western Isles の島の名から〗

sob /sɑ́(:)b | sɔ́b/ *v.* (**sobbed**; **sob·bing**) —— *vi.* **1** 涙にむせぶ, むせび泣く, すすり泣く, 泣きじゃくる (⇨ cry SYN). **2** 〈風などが〉むせぶように鳴く; 〈風などが〉むせび泣くような音を立てる. —— *vt.* **1 a** むせび泣きながら言う 〈*out*〉: ~ a reply 涙にむせびながら答える / ~ *out* a sorry tale 気の毒な話をすすり泣きながら物語る. **b** 〈涙・気持ちなどを〉すすり泣いて出す[表す]: ~ tears *into* a handkerchief すすり泣いて涙でハンカチをぬらす / ~ one's heart *out* 胸の裂けるほど[身も世もあらぬように]泣きじゃくる. **2** [~ one*self* で] むせび泣いて〔ある状態に〕至らせる〔*to*〕: The child ~*bed* him*self to* sleep. その子はすすり泣きながら寝入ってしまった. —— *n.* **1** むせび[すすり]泣き: give a ~ 泣きじゃくる. **2** わびしい風の音. **3** 〖廃〗 馬が激しい運動の後で息をつくこと; 《比喩》 休息, 小休止 (respite) (cf. Shak., *Errors* 4. 3. 25). **~·ber** *n.* 〖(*c*1200) *sobbe(n)* to catch the breath convulsively ← ? LDu. (cf. WFris. *sobje* / Du. 《方言》 *sobben* to suck)〗

s.o.b., SOB /ɛ́sòʊbí: | -əʊ-/ *n.* 《米俗》 [軽蔑的に] 畜生, 野郎: You called me an ~. 畜生呼ばわりしやがったな. 〖(1918) ← *son of a bitch*〗

sób·bing¹ *adj.* すすり[むせび]泣いている. **~·ly** *adv.* 〖(*c*1300): ⇨ -ing²〗

sób·bing² *adj.* 《方言》 =sopping.

sob·by /sɑ́(:)bi | sɔ́bi/ *adj.* (**sob·bi·er**; **-bi·est**) **1** 《米俗》 哀れっぽい, 涙を催すような. **2** 《方言》 ぬれた, 湿っぽい (wet). 〖(1611) ← SOB+-Y⁴〗

so·bé·it *conj.* 《古》 もし…ならば (provided that, if). 〖(1583) ← *so be it*〗

so·ber /sóʊbə | sə́ʊbə(r)/ *adj.* (**~·er**, **~·est**; **more ~**, **most ~**) **1 a** 酔っていない, 酒を飲んでいない, しらふの: become ~ 酔いがさめる / I seldom saw him ~. 彼がしらふなのをめったに見たことがなかった / (as) ~ as a judge ⇨ judge 1 a / appeal from Philip drunk to Philip ~ ⇨ Philip 成句. **b** (いつも酔うほど)酒を飲まない; 節酒している (temperate). **c** 飲食に節度のある (abstemious). **2** (騒いだり, 興奮したりしないで)謹厳な, 真面目な (⇨ serious SYN); 落ち着いた, 冷静な (self-possessed): lead a ~ life 真面目に世を渡る / in ~ earnest 厳粛に, 真面目に. **3 a** 控えめの, 節度のある (moderate); 穏健な, 穏当な, 理性的な (sane): a ~ estimate [statement, critic] 穏当な見積り[陳述, 批評家]. **b** ありのままの: the ~ truth ありのままの事実 / in ~ fact (想像でなく)実際に. **4** 〈色・衣服など〉地味な, 派手でない, 落着きのある (somber, quiet): in ~ robes 地味な色の服を着て / a *sober*-suited matron 地味な装いの夫人 (Shak., *Romeo* 3. 2. 11). **5** 《古》 **a** あわてない: with ~ speed. **b** 穏やかな, 平和な (peaceful): a ~ sea. **6** 《スコット》 **a** 体の弱い (feeble). **b** 貧しい. —— *vt.* **1** …の酔いをさます 〈*up*〉. **2** 冷静[真面目]にする, 落ち着かせる, 反省させる 〈*down*〉: a ~*ing* effect. **3** 〈色を〉地味にする. —— *vi.* **1** 酔いがさめる 〈*up, off*〉. **2** 冷静[真面目]になる, 落ち着く, 反省する 〈*down*〉. **3** 〈色が〉地味になる. **~·ly** *adv.* **~·ness** *n.* 〖(*a*1338) *sobre* □ (O)F □ L *sōbrius* ← *sē(d)* without+*ēbrius* drunk: cf. ebriety〗

sóber-héaded *adj.* 気まぐれでなく筋道たてて考える, 頭脳明晰な.

sob·er·ing /sóʊbərɪŋ | sə́ʊ-/ *adj.* 人をまじめにさせる, 考えさせる: Her words had a ~ effect on him. 彼女のことばで彼はまじめになった. **~·ly** *adv.* 〖1816〗

sóber-mínded *adj.* 落ち着いた, 冷静な (self-controlled), 穏健な (sensible). **~·ly** *adv.* **~·ness** *n.* 〖1534〗

sóber-síded *adj.* 〈態度・性格など〉重々しい, 厳粛な; 真面目な, 謹厳な. **~·ness** *n.* 〖1847〗

sóber·sìdes *n. pl.* [単数または複数扱い] 《口語》 真面目な[落ち着いた]人, 謹厳な人. 〖1705〗

So·bies·ki /soubjéski, sòubi- | sə(u)bjéski, sə̀ubi-; *Pol.* sɔbʲɛ́skʲi/, **Jan** *n.* ソビエスキ (⇨ John III).

sob·o·le /sɑ́(:)bəli: | sə́ubəʊl/ *n.* (*pl.* ~**s** /-bəli:z |

-bə(ʊ)l-/ 〘植物〙 地下匍匐(ほふく)枝 《根出茎の一種》. 〖(*a*1722) (1832) ▭ L *sobolēs*, *sub-* shoot, sprout〗

so·bor, S- /səbɔ́ə | -bɔ́:(r; *Russ.* sabór/ *n.* 〘東方正教会〙 教会会議 (ecclesiastical council). 〖▭ Russ. ~ ▭ OSlav. *sŭborŭ* assembly, council (cf. Sobranje)〗

So·bra·nje /soʊbrɑ́:njə | sə(ʊ)brɑ́:ni; *Bulg.* sobrápə/ *n.* [the ~] ブルガリア国会 《選出議員による一院制》. 〖▭ Bulg. ~ 'assembly'〗

so·bri·e·ty /səbráɪəṭi, soʊ- | sə(ʊ)bráɪɪ̀ti/ *n.* **1 a** 酔っていないこと, しらふ. **b** 禁酒, 節酒 (temperance). **2** 真面目, 謹厳, 厳粛 (seriousness, gravity); 冷静, 落着き, 沈着. **3** 穏健; 中庸, 適度. 〖(1401) *sobrietie* ▭ (O)F *sobriété* ∥ L *sobrietās*: ⇨ sober, -ty²〗

so·bri·quet /sóʊbrɪ̀kèɪ, -kèt, ⏑–⏑ | sə́ʊbrɪ̀kèɪ; *F.* sɔbʁikɛ/ *n.* あだな, 仮名 (nickname). 〖(1646) ▭ F ~ ← ? *souz* under + *bec* 'BEAK'〗

sób sìster *n.* 《口語》 **1** いやに哀れっぽい記事[お涙ちょうだいもの]を書く(女性)記者, 身上相談欄担当の(女性)記者. **2** 薄幸の女を演ずる女優. **3** 感傷的で非実際的な人 《特に社会事業家》. 〖1912〗

sób stòry *n.* 《口語》 **1** 極端にセンチメンタルな人情話, お涙ちょうだいもの, 哀れっぽい身の上話. **2** 聞き手の同情を引くような言い訳[弁解]. 〖1913〗

sób stùff *n.* 《口語》 お涙ちょうだいもの 《哀れっぽい身の上話・小説・映画・芝居など》. 〖1918〗

soc /sóʊs, sóʊʃ | sə́ʊʃ/ *n.* 《米口語》 =sociology.

SOC 《略》 system-on-chip (unit).

Soc., soc. 《略》 social; socialist; society.

so·ca /sóʊkə | sə́ʊ-/ *n.* 〘音楽〙 ソカ 《東カリブ海地域特有の, ソウルにカリプソが混じった音楽》. 〖(1978) ← so(UL) + CA(LYPSO)〗

soc·age /sɑ́(:)kɪdʒ | sɔ́k-/ *n.* **1** 〘中世英法〙 農役的土地保有, 鋤(すき)奉仕土地保有 《その賦役は必ずしも農耕的なものに限定されなかった》. **2** 〘英法〙 土地自由保有. 〖(*a*1325) *sokage* ▭ AF *socage*: ⇨ soke, -age〗

sóc·ag·er *n.* 〘中世英法〙 農役的土地保有者, 鋤奉仕土地保有者. 〖1647〗

so-called /sóʊkɔ́:ld, -kɑ́:ld | sə́ʊkɔ́:ld⁺/ *adj.* [限定的] **1** (不信用・軽侮の意を含めて)いわゆる…; 名ばかりの…: ~ education (本物でない)いわゆる教育 / a ~ liberal いわゆる自由主義者 / We went to the ~ circus. あの怪しげなサーカスへ行ってみた / Their ~ poverty is nothing else but a diabolical lie. 彼らのいわゆる貧困は真っ赤なうそに過ぎない. **2** 世間で言うところの, いわゆる: the ~ Lost Generation いわゆるロストジェネレーション. 〖1657〗

soc·cage /sɑ́(:)kɪdʒ | sɔ́k-/ *n.* 〘中世英法〙 =socage.

soc·cer /sɑ́(:)kə | sɔ́kə(r/ *n.* サッカー (1 チーム 11 人で行うフットボール; association football ともいう; cf. rugger). 〖(1889) 《短縮・変形》 ← (*as*)*soc*(*iation football*): ⇨ -er¹ 1 i: cf. rugger〗

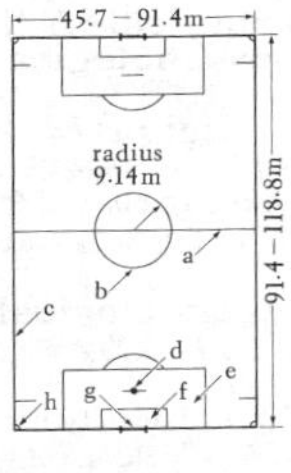

soccer field
a halfway line
b center circle
c touch line
d penalty kick mark
e penalty area
f goal area
g goal
h corner kick arc

sóccer hóoligan *n.* 《米》 ごろつきサッカーファン, (サッカー)フーリガン 《試合の前後や試合中に騒ぎを起こす》.

Soc·cer·oos /sɑ̀(:)kərú:z | sɔ̀k-/ *n.* (サッカーの)オーストラリアナショナルチーム. 〖(1973) ← SOCCER + (KANGAR)OO + -s¹〗

So·che /sòʊtʃè | sə̀ʊ-/ *n.* (*also* **So-ch'e** /~/) = Shache.

So·chi /sóʊtʃi | sə́ʊ-; *Russ.* sótʲʃi/ *n.* ソチ 《ロシア連邦南西部の黒海に臨む海港, 保養都市》.

so·cia·bil·i·ty /sòʊʃəbíləṭi | sə̀ʊʃəbílɪ̀ti/ *n.* **1** 社会性, 社交心; 交際好き, 愛想のよいこと, 交際上手. **2** 〘植物〙 群度 《群落内の集合の度合い》. 〖(*a*1475): ⇨ ↓, -ity〗

so·cia·ble /sóʊʃəbl̩ | sə́ʊ-/ *adj.* **1** 社交的な, 交際好きな (⇨ gracious SYN): a ~ person. **2** 人付き合いのよい, 交際上手な (companionable); 愛想のよい, 愛敬のある (affable): ~ manners. **3** 親睦的な, 懇親的な: a ~ evening 懇親の夕べ. — *n.* **1 a** (座席が向かい合った)四輪馬車の一種. **b** 二人乗り三輪自転車. **c** 二人用 S 字形椅子. **2** 《米》 懇親会; (特に, 教会員の)懇親会.

~·ness *n.* 〖1553 ▭ F ~ ∥ L *sociābilis* ← *sociāre* to join, share ← *socius*: ⇨ social, -able〗

só·cia·bly /-bli, -bli/ *adv.* 社交的に, 交際上手に, 人付き合いよく, 愛想よく, 打ち解けて: be ~ inclined 社交的である, 人付き合いがよい. 〖(1573): ⇨ ↑, -y⁴〗

so·cial /sóʊʃəl, -ʃl̩ | sə́ʊ-/ *adj.* **1 a** 社会の, 社会での, 社会に対[関]する, 社会的な: ~ life 社会生活 (cf. 2 a) / ~ progress [reform] 社会の進歩[改革] / ⇨ social environment / ~ justice 社会正義 / ~ morality 社会道徳 / the ~ code 社会道義[道徳], 社会礼儀 / a ~ policy [problem] 社会政策[問題] / ~ students 社会科学研究者 / ~ statistics 社会統計学. **b** 社会的地位の[による]: one's ~ equals [inferiors, superiors] (社会的)同輩[目下, 目上] / long for ~ advancement (自分の)社会的地位の向上を望む. **c** 社会福祉の[に関する]; 社会事業の: ⇨ social worker. **d** 社会主義の: ⇨ Social Democratic Party. **2 a** 社交的な, 社交用の; 懇親の: ~ life 社交生活 (cf. 1 a) / a ~ club 社交クラブ / a ~ evening 懇親の夕べ / a ~ party [gathering] 懇睦会. **b** 人付き合いのよい, 打ち解けた, 社交的な (sociable): He has a nice ~ character. 人付き合いのいい人柄だ. **3 a** 社交界の; 上流社会(的)の: a ~ event. **b** 上流人らしい, あらたまった. **4 a** 社会生活を営む: Man is a ~ animal [being]. 人間は社会的動物である. **b** 〈動物が〉群居する (cf. solitary 4); 社会生活をする: ~ birds / ⇨ social bee, social insect, social wasp. **5** 〈植物が〉群生する, 叢生(そうせい)の: ~ plants. **6** 《まれ》 同盟国間の, 連合(国)間の. — *n.* 懇親会, 親睦会.

~·ness 〖(1562) ▭ (O)F ~ ∥ L *sociālis* ← *socius* companion, partner, 《原義》 follower ← IE **sekw-* to follow (L *sequī*: ⇨ sequel): ⇨ -al¹〗

sócial accóunting *n.* 社会会計 《国民総生産や国民所得のように一国の経済状況を統計的に分析する方式; national accounting ともいう》.

sócial áction *n.* (団体による特定の改革のための)社会活動. 〖1853〗

Sócial and Líberal Démocrats *n. pl.* [the ~] 《英》 社会自由民主党 《1988 年社会民主党の多数派と自由党が合同して結成された政党; 89 年 Liberal Democrats と改称; 略 SLD》.

sócial anthropólogy *n.* **1** 社会人類学. **2** = cultural anthropology. 〖1896〗

sócial assístance *n.* (生活保護のような)国からの社会扶助 (social security).

sócial bée *n.* 〘昆虫〙 社会性[群生]蜜蜂 《習性が社会的で群生するミツバチ科やマルハナバチ科などのハチの総称; cf. solitary bee》.

sócial bùtterfly *n.* **1** =socialite. **2** 次々と社交的イベントに参加する人.

sócial chánge *n.* 〘社会学〙 社会変動 《これまで一定の秩序を保ってきた社会構造の全体あるいは一部が変化すること》. 〖1836〗

sócial cláss *n.* 〘社会学〙 (経済・文化・政治状態が共通の)社会階級.

sócial clímber *n.* [通例軽蔑的に] 上流階級に入りこもうと努める人, 立身出世を求める人. **sócial clímbing** *n.* 〖1924〗

sócial cónscience *n.* 社会的良心 《社会的弱者を救済しようという意識》. 〖1883〗

sócial cóntract [cómpact] *n.* [the ~] 社会契約説, 民約説 《Hobbes および Locke が提唱し, J. J. Rousseau が主張して, 他の 18 世紀の思想家が引き継いだ政治社会学説》. 〖1850〗

sócial contról *n.* 〘社会学〙 社会統制 《社会生活の一定形式を維持するため社会内の成員の活動に対して加えられる有形無形の統制》. 〖1859〗

sócial cóst *n.* 社会的費用 《企業活動に伴う公害や環境破壊によって市民が支払わねばならぬ損害》. 〖1901〗

Sócial Crédit *n.* 〘経済〙 社会資産説 《生産技術の進歩により増大した富は社会の資産であるとの説; 英国の土木技師で社会経済学者 C. H. Douglas が唱えたもの》.

sócial-cúltural méaning *n.* 〘言語〙 社会的文化的意味 《言語的意味 (linguistic meaning) に対する C. C. Fries の用語; social meaning ともいう》.

sócial dánce [dáncing] *n.* ソーシャルダンス, 社交ダンス; 社交ダンスの集まり[会].

Sócial Dárwinism *n.* 社会ダーウィニズム 《Darwin の生物進化論(特にその生存競争・適者生存の原理)を社会現象に適用した理論》. **Sócial Dárwinist** *n.* 〖1887〗

Sócial Demócracy, s- d- *n.* 社会民主主義 《米国の社会民主党 (Social Democratic Party) の原理[政策]; 労働者階級による社会・経済の民主化を実現しようとする》. 〖1888〗

Sócial Démocrat *n.* **1** (米国の)社会民主党員. **2** [s- d-] 社会民主主義者. **3** [the ~s] 社会民主党.

sócial democrátic *adj.* 〖1877〗

Sócial Democrátic and Lábour Pàrty *n.* [the ~] 社民労働党 《1970 年に北アイルランドで結成された政党; 支持者は主としてカトリックの穏健派; 南北アイルランドの国家統一を目指している; 略 SDLP》.

Sócial Démocratic Párty *n.* [the ~] **1** (米国の)社会民主党 (⇨ Socialist Labor Party). **2** 社会民主党 《第一次大戦前にドイツなど欧米各国で発展した主要な社会主義政党》.

Sócial Démocratic Wórkingmen's Párty *n.* [the ~] (米国の)社会民主労働者党 (1874–77) (⇨ Socialist Labor Party).

sócial differentiátion *n.* 〘社会学〙 社会的分化 《社会構造の仕組みが, 単純で同質的な状態から複雑で異質的な状態へと変化すること》. 〖1872〗

sócial disèase *n.* **1** 性病 (venereal disease). **2** 社会病 《結核のようにその影響が直接社会的・経済的要因に関係するもの》. 〖1891〗

sócial disorganizátion *n.* 〘社会学〙 社会解体 (cf. social organization). 〖1920〗

sócial dístance *n.* 〘社会学〙 社会的距離 《集団間における牽引と反発の度合いで人種・階級・職業的地位などがその決定因となる》. 〖1924〗

sócial drìnker *n.* 社交的飲酒家 《つきあいでアルコールをたしなむ人》. 〖1949〗

Sócial Educátion Céntre *n.* 《英》 社会教育センター 《地方自治体による精神障害者・身体障害者のための福祉センター》.

sócial enginéering *n.* 社会工学 《システム工学と社会科学の結合によって生まれた応用社会科学の一分野; 社会構造の系統的な調整と計画化を目的とする》.

sócial enginéer *n.* 〖1899〗

sócial envíronment *n.* 〘社会学〙 社会的環境 《人間を取り巻く環境のうち, 自然環境とは区別された社会制度・形式・パターンの総体》.

sócial évil *n.* [the ~] 《古》 売春 (prostitution). 〖1857〗

sócial evolútion *n.* 〘社会学〙 社会進化 《社会や文化の構造が, 生物の進化法則にならって, 生存闘争・淘汰・適応などを通じて徐々に変化する仕方》.

sócial fáct *n.* 〘社会学〙 社会的事実 《ある社会の制度あるいは文化に起源をもち, その社会の個人を拘束するもの》.

sócial fúnd *n.* 《英》 社会基金 《社会福祉政策としての生活保護助成基金》.

sócial geógraphy *n.* 社会地理学.

sócial góspel, S- G- *n.* 〘プロテスタント〙 社会的福音 《聖書, 特にイエスの教えを社会問題に適用しようとする運動で, 19 世紀末から 20 世紀の初めにかけて特に米国で盛んになった》. 〖1886〗

sócial héritage *n.* 〘社会学〙 社会的遺産 《過去から継承し, 現在も機能し続けている文化様式の総称》.

sócial hýgiene *n.* 性衛生.

sócial índicator *n.* 〘社会学〙 社会指標.

sócial inquíry repòrt *n.* 《英》 社会調査報告書 《判決の前に個人とその境遇について法廷に提出される調書》.

sócial ínsect *n.* 〘昆虫〙 社会性昆虫 (cf. social bee).

sócial insúrance *n.* 〘保険〙 社会保険 (cf. social security, national insurance, social assistance). 〖1909〗

sócial insúrance nùmber *n.* 《カナダ》 社会保障番号 《身元確認にも用いられる; 略 SIN; cf. Social Security Number》.

sócial interáction *n.* 〘社会学〙 社会的相互作用 《個人間[集団間]で主として文化活動を主題として行われる相互交渉あるいは意味の交換》.

so·cial·ism /sóʊʃəlɪ̀zm̩ | sə́ʊ-/ *n.* **1** 社会主義 (cf. capitalism, communism): Christian ~ キリスト教社会主義 / state ~ 国家社会主義. **2** [しばしば S-] 社会主義の政策[運動].

socialism of the cháir 講壇社会主義 《ドイツの「社会政策学会」に属した経済学者たちの主張をジャーナリストが 1872 年ごろ嘲笑的に呼んだ名称; マルクス主義に対する「国家社会主義」を指す》. 〖(1827) ▭ F *socialisme*: ⇨ social, -ism〗

sócial isolátion *n.* 〘社会学〙 社会的孤立 《他者とのコミュニケーションあるいは協力関係が失われてゆく過程, あるいはその状態》.

so·cial·ist /sóʊʃəlɪ̀st | sə́ʊʃəlɪst/ *adj.* **1** 社会主義的な: a ~ organization 社会主義団体 / ~ members of Parliament 議会の社会主義議員. **2** [S-] 社会党の. — *n.* **1** 社会主義者. **2** [S-] 社会党員. 〖1827〗

so·cial·is·tic /sòʊʃəlístɪk | sə̀ʊ-⁺/ *adj.* 社会主義(者)の; 社会主義(者)的な. **sò·cial·ís·ti·cal·ly** *adv.* 〖1848〗

Sócialist Internátional *n.* [the ~] 社会主義インターナショナル 《1951 年 Frankfurt で結成された》.

Sócialist Lábor Pàrty *n.* [the ~] (米国の)社会労働党 《Social Democratic Workingmen's Party (1874 年創立)が解体して結成された党 (1877); これはさらに Social Democratic Party となり (1896), 後に Socialist Party となった (1899)》.

Sócialist Párty *n.* [the ~] (米国の)社会党 《進歩的かつ穏健な社会主義的目標を掲げる小政党; ⇨ Socialist Labor Party》.

sócialist réalism *n.* 〘文学〙 社会主義リアリズム 《社会主義国家の建設に向けて社会意識を育てるために文学作品を活用しようとする理論; その代表的な作家に M. Gorki, A. Tolstoi などが挙げられる》. 〖(1884) 《なぞり》 ← Russ. *sotsialisti-cheskii realizm*〗

Sócialist Wórkers Pàrty *n.* [the ~] 社会主義労働者党 《英国の極左政党; *Socialist Worker* 紙を発行しデモに積極的に参加; 略 SWP》.

so·cial·ite /sóʊʃəlàɪt | sə́ʊ-/ *n.* **1** (社交界の)名士. **2** [限定的] (社交界の)名士[花形]の: a ~ throng. 〖(1928) ← SOCIAL + -ITE¹: social light にかけた造語〗

so·ci·al·i·ty /sòʊʃiǽləṭi | sə̀ʊʃiǽlɪ̀ti/ *n.* **1** 社交性, 社交本能; 群居性 (gregariousness). **2 a** 交際好き, 社交性 (sociability). **b** [通例 *pl.*] 社交的行為, 社交. 〖(*a*1649) ▭ F *socialité*: ⇨ social, -ity〗

so·cial·i·za·tion /sòʊʃəlɪ̀zéɪʃən | sə̀ʊʃəlaɪ-, -lɪ-/ *n.* 社会化; 社会主義化. 〖1841〗

so·cial·ize /sóʊʃəlàɪz | sə́ʊ-/ *vi.* 社交的に活動する; 交際する 〔*with*〕. — *vt.* **1** 〘教育〙 **a** 〈学習を〉個人活動からグループ活動に移す; 〈学習を〉生徒と教師の合同作業にする. **b** 〈生徒を〉社会化する 《集団の規範や文化に従って社会的共同生活が営めるような行動を発達させることをいう》. **2** 《米》 社会主義化する, 社会主義的に改造する; 〈産業などを〉社会化する (cf. nationalize 3). **3** 社会[集団, 共同]生活に適するようにする, 社会的にする; 社交的にする.

só·cial·iz·a·ble /-zəbl̩/ *adj.* **só·cial·iz·er** *n.* 〖(1828) ← SOCIAL + -IZE〗

sócialized médicine *n.* 医療社会化制度. 〖1938〗

sócial ládder *n.* 社会階層の序列, 出世の階段, 社会の階梯 《社会の最下層から最上層までの段階》.

so·cial·ly /sóʊʃəli, -ʃli | sə́ʊ-/ *adv.* **1** 社会上, 社会的に: ranks ~ inferior [superior] 社会的に下[上]位の階級 / live ~ 社会生活をする. **2** 社交上; 社交的に, 交際上手に, 打ち解けて. 〖1505〗

sócial márket (ecónomy) *n.* 社会的市場経済

《政府による社会保障制度の枠組の中で行われる自由市場経済》. 〖1975〗

sócial méaning *n.* 〖言語〗社会的意味 (⇨ social-cultural meaning).

sócial médicine *n.* 社会医学《病気・身体障害を招来する社会的・遺伝的・環境上の原因, および病気の予防や社会衛生の増進などを研究する》. 〖1919〗

sócial-mínded *adj.* 社会に関心がある; (特に)社会福祉に強い関心をもっている. **~·ly** *adv.* **~·ness** *n.* 〖1927〗

sócial mobílity *n.* 〖社会学〗社会移動《ある社会的地位にある個人や集団が他の社会的地位に移行すること》. 〖1925〗

sócial móvement *n.* 〖社会学〗社会運動.

sócial nórm *n.* 〖社会学〗社会的規範.

sócial órder *n.* (人間関係の)社会組織; 〖社会学〗社会秩序.

sócial órganism *n.* 〖社会学〗社会有機体《社会を生物有機体に類似するものと見立てた名称》.

sócial organizátion *n.* 〖社会学〗社会組織 (cf. social disorganization). 〖1829〗

sócial pártner *n.* 社会的パートナー《関係者全員の相互利益をはかるために協調的関係をつくる雇用者・労働組合・被雇用者などの個人または組織》.

sócial pathólogy *n.* 〖医学〗社会病理学.

sócial prócess *n.* 〖社会学〗社会過程《社会の組織や制度が変化し発展していく過程》. 〖1835〗

sócial psychólogy *n.* 社会心理学. 〖1891〗

sócial réalism *n.* 〖芸術〗社会的リアリズム《絵画などで作者が社会・政治に対する立場を表すのに写実的な表現法を用いること》. 〖1937〗

Sócial Régister *n.* 〖商標〗ソーシャルレジスター《名士録の商品名》. 〖1889〗

sócial résearch *n.* 〖社会学〗社会調査.

sócial scále *n.* [通例 the ~] 社会階層.

sócial scíence *n.* 社会科学《史学・経済学・社会学・政治学などの総称》. 〖1785〗

sócial scíentist *n.* 社会科学者. 〖1875〗

sócial sécretary *n.* **1** 社交事務を担当する私設秘書. **2** (組織内で)社交的イベントを担当する人. 〖1903〗

sócial secúrity *n.* **1** 社会保障(制度)《失業保険・社会医療・養老年金などの制度》: ~ contributions 社会保障積立金. **2** [しばしば S- S-] (1935 年に制定された米国政府の)社会保障計画. 〖1908〗

Sócial Secúrity Nùmber *n.* 《米》社会保障番号《社会保障のため個人につけられた番号; 有力な身分証明の番号として利用されている; 略 SSN; cf. social insurance number》.

sócial seléction *n.* 〖社会学〗社会選択, 社会淘汰(ˌ)《自然淘汰になぞらえ, 社会でも優勝劣敗の原理がはたらくという考え方》.

sócial sérvice *n.* **1** [(通例) ~s] 《英》(政府・自治体による)社会福祉事業. **2** (団体組織による)社会奉仕. 〖1851〗

sócial sèttlement *n.* =settlement 3 e.

sócial skílls *n. pl.* 社交術.

sócial stratificátion *n.* 〖社会学〗社会成層《勢力・財力・威信などの相違によって社会階層が上下に秩序づけられている構造のこと》. 〖1927〗

sócial stùdies *n. pl.* [単数扱い] (教育課程の)社会科. 〖1854〗

sócial únit *n.* 社会的単位《社会組織の単位としての個人または集団》, 社会の一員[成員]; (再開発地域の)地域住民. 〖1873〗

sócial wáge *n.* 社会的賃金《市民生活の便益のために公的財源から支払われている一人当たりの費用》. 〖1969〗

Sócial Wár *n.* [the ~] 同盟市戦争: **a** (古代ギリシャの)アテネとその同盟都市間の戦争 (357–355 B.C.). **b** (古代ローマの)ローマとイタリア同盟都市間の戦争(90–88 B.C.).

sócial wásp *n.* 〖昆虫〗社会性[群生]スズメバチ (cf. solitary wasp).

sócial wélfare *n.* **1** 社会福祉; 社会事業. **2** [S- W-] 《NZ》社会福祉局. 〖1917〗

sócial wòrk *n.* ソーシャルワーク, 社会事業《社会問題や個人の問題を解決するための専門職業的な活動; 分野として casework, community organization, group work に分かれる》. 〖1890〗

sócial wòrker *n.* ソーシャルワーカー, 民生委員, 社会事業家《social work に従事する知識と技術をもつ専門職の人》. 〖1904〗

so·cié·taire /sòusieɪtéə | sòusieɪtéə(r; *F* sɔsjetɛːʀ/ *n.* ソシエテール《パリの Comédie Française の俳優で, 経営にも参加する正規の団員; cf. pensionnaire》. 〖(1881) ◻ F ~〗

so·ci·e·tal /səsáɪəṭl | -tl/ *adj.* 社会の[に関する], 社会的な (social). **~·ly** *adv.* 〖(1898) ← SOCIET(Y)+-AL[1]〗

socíetal devélopment *n.* 〖社会学〗社会発展《社会生活・慣習・制度などの形成と受容》.

so·ci·e·tar·y /səsáɪətèri, sou- | sə(ʊ)sáɪətəri/ *adj.* = societal. 〖(1847) ← SOCIET(Y)+-ARY〗

so·ci·e·ty /səsáɪəṭi | -ti/ *n.* **1** (共通の文化・伝統・制度・集団的活動と利害をもつ人間の集団的生活としての)社会; (集団の相互扶助・作用による)社会集団 (cf. community, individual 1): the evolution of human ~ 人類社会の進化 / the customs of primitive ~ 原始社会の風習 / leaders [the enemy] of ~ 社会の指導者たち[敵] / pests of ~ 社会の害虫.

2 a (特定の目的や生活水準などで区別される社会の一部としての)社会層, …界: polite [high, fashionable] ~ 上流社会 / literary ~ 文学界 / the civil ~ 一般庶民社会《軍人と宗教家の社会を除く》. **b** 社交界; 上流社会 (upper classes): get [go] into ~ 社交界に出る / be received [admitted] into ~ 社交界に受け入れられる.

3 (共通の目的・利害・信仰により個人が任意加入する)会, 協会, 学会 (association, institution); 組合, 団体 (corporation): an agricultural ~ 農業会 / a medical ~ 医師会 / a building ~ 建築組合 / a charitable ~ 慈善団体 / a learned ~ 学会 / a philanthropic ~ 慈善団体 / the English Speaking *Society* (大学などの)英会話クラブ (略 ESS) / ⇨ the Royal Society for the Prevention of Cruelty to Animals / the *Society* for the Propagation of the Gospel ⇨ SPG.

4 a 社交, 交際, つきあい; (人との)同席, 人前 (company): seek [avoid] the ~ of …との交際を求める[避ける] / be quit of a person's ~ 人との交際を絶つ / enjoy [dislike] a person's ~ 人との交際[同座]を楽しむ[嫌う] / be embarrassed in ~ 人前に出て恥ずかしがる. **b** [集合的] 交際している人々 (companions): have plenty of ~ 交友が多い.

5 〖植物〗ソサエティー《植物群落の一単位》.

6 〖生態〗(昆虫の)社会.

7 〖教会〗=ecclesiastical society.

Society for Púre Énglish [the —] 《英》純正英語協会 (1913–47; 略 SPE).

Society of Fríends [the —] フレンド会, キリスト友会, クエーカー派《1668 年 George Fox が創始したキリスト教プロテスタントの一派; 信徒は互いに Friend と呼び合い, 衣服の簡素・言語の単純(特に, thee を用い肩書などを避ける)を重んじ, 戦争に強く反対する; cf. quaker 2》.

Society of Jésus [the —] 〖カトリック〗イエズス会, 耶蘇(ˌ)会《1534 年 Ignatius of Loyola が創始したカトリック教会の修道会; 略 SJ; ラテン語名 Societas Jesu》.

Society of the Sácred Héart [the —] 〖カトリック〗聖心会《1800 年フランスで Madeleine Spohie Barat によって結成されたカトリック女子修道会; 特に, 女子の高等教育に力を尽くす》.

— *adj.* [限定的] 上流社会の[に関する]; 社交界の活動に関する: a ~ beauty 社交界の美人 / ~ circles 社交界 / ~ gossip [news] 社交界のうわさ話[ニュース] / a ~ journal 社交界の雑誌 / a ~ newspaper 社交界の新聞 / a ~ column (新聞の)社交欄 / a ~ lady [woman] 社交婦人 / a ~ leader 社交界の立役者[花形] / ~ people 上流人士 / a ~ scandal 上流社会の醜聞 / a ~ wedding 上流社会[社交界]に属する男女の結婚式.

〖(1531) ◻ (O)F *société* ◻ L *societās* ← *socius*: ⇨ social, -ty[2]〗

Socíety Íslands *n. pl.* [the ~] ソシエテ諸島《南太平洋のフランス領ポリネシア (French Polynesia) の諸島; 最大島 Tahiti; 面積 1,683 km²; 主都は Tahiti 島にある Papeete; 燐酸塩・銅を産出; フランス語名 Iles de la Société /ildlasɔsjete/》.

socíety vèrse *n.* (上流社交界の趣味に合うような)軽妙洒脱な詩 (light verse). 〖(なぞり) ← F *vers de société*〗

So·cin·i·an /səsíniən, sou- | sə(ʊ)-/ *adj.* ソッツィーニ (Socinus) の; ソッツィーニ派の. — *n.* ソッツィーニ派. 〖(1645) ← NL *socinianus*: ⇨ Socinus, -ian〗

So·cín·i·an·ìsm /-nìzm/ *n.* 〖神学〗ソッツィーニ主義《イタリアの 16 世紀の神学者 Laelius Socinus とその甥 Faustus Socinus の唱えた説; 三位一体・キリストの神性・人間の原罪などを否定した点で近代の Unitarianism に似ている》. 〖1643〗

So·ci·nus /sousáinəs, sə- | sə(ʊ)-/, **Faustus** *n.* ソッツィーニ (1539–1604; ポーランドで活躍したイタリアのプロテスタント神学者; L. Socinus の甥; イタリア語名 Fausto Socini /fáːusto sottsíːni/; cf. Socinianism).

Socinus, Lae·li·us /líːliəs/ *n.* ソッツィーニ (1525–62; イタリアの神学者; Faustus と共に宗教改革に尽くした; イタリア語名 Lelio /lɛ́ːljo/ Sozzini).

so·ci·o- /sóusiou, -ʃiou | sə́uʃiəu, -si-/ 次の意味を表す連結形: **1**「社会 (society), 社会の (social)」. **2**「社会と…との (social and …)」: *socio*political. **3**「社会学と…との (sociological and …)」: *socio*linguistics. 〖◻ F ~ ← L *socius*: ⇨ social〗

sòcio·biológical *adj.* 社会生物学上の[的な]. **~·ly** *adv.* 〖1921〗

sòcio·biólogy *n.* 社会生物学《社会を有機体とみて生物学的原理により社会を説明する学問》. **sòcio·biólogist** *n.* 〖1946〗

sòcio·cúltural *adj.* 社会文化的な《社会的要素と文化的なものとの結合に関することにいう》. **~·ly** *adv.* 〖1928〗

sòcio·dráma *n.* 〖心理〗社会劇《社会集団の相互関係を研究・改善する目的で, 与えられた一定の役割に従って数人で行う試験的心理劇; cf. psychodrama, sociometry》. **sòcio·dramátic** *adj.* 〖1943〗

sòcio·ecólogy *n.* 社会生態学. 〖1972〗

so·ci·o·ec·o·nom·ic /sòusiouèkənɑ́(ː)mɪk, -ʃi-, -ìːk- | sə̀uʃiəuìːkənɔ́m-, -èk-⁻/ *adj.* **1** 社会経済(上)の, 社会経済的な: the ~ status of young mothers 若い母親たちの社会経済的な地位. **2** 社会経済学の.

sò·ci·o·ec·o·nóm·i·cal·ly *adv.* 〖1883〗

sòcio·genétic *adj.* 社会発生(的)な.

sòcio·génic *adj.* 社会[社会的要因]に起因する, 社会[社会的要因]によって左右される. 〖(1969) ← SOCIO-+-GENIC[1]〗

so·ci·o·gram /sóusiəgræ̀m, -ʃiə- | sə́uʃiə-, -si-/ *n.* 〖心理〗ソシオグラム《集団の中の人間関係を示した社会測定図表》. 〖(1933) ← SOCIO-+-GRAM〗

so·ci·og·ra·phy /sòusiɑ́(ː)grəfi, -ʃi- | sə̀uʃiɔ́g-/ *n.* 〖社会学〗社会誌学. 〖1888〗

sociol. 《略》sociological; sociologist; sociology.

so·ci·o·lect /sóusiəlèkt, -ʃiə- | sə́uʃiə-, -siə-/ *n.* 〖言語〗社会方言《特定の社会階層間で話される方言[言葉, 用法]》. **so·ci·o·lec·tal** /sòusiəléktl, -ʃiə- | sə̀uʃiə-, -siə-⁻/ *adj.* 〖(1972) ← SOCIO-+-LECT〗

sòcio-légal *a.* 社会-法の, 法社会の: **1** 法と社会の関係についての. **2** 社会的・法的要素を結合する.

sòcio·linguístic *adj.* **1** 社会言語学の. **2** 言語の社会面の[に関する]. 〖1949〗

sòcio·linguístics *n.* 〖言語〗社会言語学. **sòcio·línguist** *n.* 〖1938〗

so·ci·ol·o·gese /sòusiɑ̀(ː)lədʒíːz, -ʃi- | sə̀uʃiɔ̀l-, -si-/ *n.* 社会学の専門語. 〖(1963) ← SOCIOLOG(Y)+-ESE〗

so·ci·o·log·ic /sòusiəlɑ́(ː)dʒɪk, -ʃiə- | sə̀uʃiəlɔ́dʒ-, -siə-⁻/ *adj.* **1** 社会学的な, 社会学上の[に関する]. **2** 社会問題に向けられた, 社会の要求に即した. **3** (個人の心理よりも)対人関係に関する. 〖(1861) ◻ F *sociologique*: ⇨ sociology, -ic[1]〗

sò·ci·o·lóg·i·cal /-dʒɪkəl, -kl | -dʒɪ-⁻/ *adj.* = sociologic. **~·ly** *adv.*

sò·ci·ól·o·gìsm /-dʒìzm/ *n.* 社会学主義 (Durkheim およびその学派に代表される社会学中心主義的立場). 〖1945〗

sò·ci·ól·o·gist /-dʒɪst | -dʒɪst/ *n.* 社会学者. 〖1843〗

so·ci·ol·o·gis·tic /sòusiɑ̀(ː)lədʒístɪk, -ʃi- | sə̀uʃiɔ̀l-, -si-⁻/ *adj.* 社会学的な; (特に)社会現象を社会学の理論だけで説明しようとする, 社会学理論一辺倒の.

so·ci·ol·o·gize /sòusiɑ́(ː)lədʒàɪz, -ʃi- | sə̀uʃiɔ́l-, -si-/ *vt.* 社会学的に考察[研究, 説明]する. 〖1881〗

so·ci·ol·o·gy /sòusiɑ́(ː)lədʒi, -ʃi- | sə̀uʃiɔ́l-, -si-/ *n.* **1 a** 社会学 (social science). **b** 《英》=social anthropology 1. **2** 〖生態〗生物社会学 (synecology). 〖(1843) ◻ F *sociologie*: ⇨ socio-, -logy〗

so·ci·o·met·ric /sòusiəmétrɪk, -ʃiə- | sə̀uʃiə-, -siə-⁻/ *adj.* 〖心理〗社会測定の, 社会測定学上の[的な]. 〖(1933): ⇨ ↓, -ic[1]〗

so·ci·om·e·try /sòusiɑ́(ː)mətri, -ʃi- | sə̀uʃiɔ́mɪtri, -si-/ *n.* 〖心理〗ソシオメトリー, 社会測定(法)《社会成員の各人が述べる意見によって社会生活の理想的なあり方を探究する方法; その手段として社会測定テスト (sociometric test)・社会劇 (sociodrama)・心理劇 (psychodrama) などを用いる》. **sò·ci·óm·e·trist** /-trɪst | -trɪst/ *n.* 〖(1908) ← SOCIO-+-METRY〗

so·ci·o·path /sóusiəpæ̀θ, -ʃiə- | sə́uʃiə-, -si-/ *n.* 〖精神医学〗社会病質人格 (psychopath). 〖(1930) ← SOCIO-+-PATH〗

so·ci·o·path·ic /sòusiəpǽθɪk, -ʃiə- | sə̀uʃiə-, -si-⁻/ *adj.* 社会に敵対する, 反社会的な. **so·ci·op·a·thy** /sòusiɑ́(ː)pəθi, -ʃi- | sə̀usiɔ́p-/ *n.* 〖1930〗

sòcio·polítical *adj.* 社会政治的な. 〖1884〗

sòcio·psychológical *adj.* 社会心理的な, 社会心理学の. 〖1899〗

sòcio·relígious *adj.* 社会宗教的な《社会的要素と宗教的要素の結合に関することにいう》. 〖1871〗

sòcio·séxual *adj.* 社会性的な《性の人間相互[社会]の面に関することにいう》. **sòcio·sexuálity** *n.* 〖1932〗

sòcio·technológical *adj.* 社会工学的な, 社会科学技術的な《社会的要素と科学技術的要素の結合に関することにいう》.

Soc. Is. 《略》Society Islands.

sock[1] /sɑ́(ː)k | sɔ́k/ *n.* (*pl.* **~s,** *1 a* ではまた **sox** /sɑ́(ː)ks | sɔ́ks/) **1 a** [通例 *pl.*] (足首の上または膝下までの)短い靴下, ソックス (cf. stocking 1 a): a pair of ~*s* ソックス 1 足. **b** (ゴルフクラブの)ヘッドのカバー. **c** =sock lining. **2 a** [通例 *pl.*] (昔ギリシャ・ローマの喜劇役者が用いたサンダルなどの)軽い靴 (cf. cothurnus 1). **b** 《古》かかとの低い靴, 室内用上靴. **c** [the ~] 喜劇 (comedy) (cf. buskin 2): an associate of *the* ~ and buskin 俳優. **3** クラブ足 (club foot); 下部の隆起した部分. **4** 馬の脚の下部 (fetlock)《ひづめから第一次関節までの白い部分》. **5** 《俗》金を入れるもの《財布・バッグなど》; 金の貯え場所. **6** 〖気象・航空〗=windsock.

in one's sóck féet 《米》=*in one's* STOCKINGS. ***knóck a person's sócks óff*** 《口語》人をたまげさせる; 人をうならせる. ***púll úp one's sócks*** = ***púll one's sócks ùp*** 《英口語》大いに努力する, 奮起する, ふんどしを締めてかかる (cf. *gird up one's* LOINS). (1893) ***pút a sóck in it*** 《英俗・戯言》静かにしろ, 黙れ. (1919)

— *vt.* **1** …に靴下をはかせる[つける]. **2** 《米・NZ 口語》〈金を〉へそくる, 貯える (stash) 〈*away*〉.

sóck ín [通例 p.p. 形で] 《米俗》〖航空〗(1) (悪天候のため)〈飛行場を〉閉ざす: The airfield was ~*ed in* by the fog. 霧で飛行場は使用不可能になった. (2) 気象条件が不利で〈飛行機を〉飛べなくする[飛行制限する]. 〖(1944) ← (n. 6): それが航行取消しの信号に用いられることから〗

〖OE *socc* ◻ L *soccus* ◻ Gk *súkkhos, sukkhás*: cf. Aves. *haxa-* sole of the foot〗

sock[2] /sɑ́(ː)k | sɔ́k/ 《俗》*vt.* 強く打つ, なぐる (hit hard): ~ him in the jaw 彼のあごをなぐる. — *vi.* 強打する. ***be sócked with*** …で打撃を受ける. ***sóck it to a person*** 〈人〉をはげしくやっつける[攻撃する]. — *n.* **1** 《俗》強く打つこと, 強打 (punch): give a person ~*s* 人をなぐる. **2** 《米俗》(劇場などの)大成功, 大当たり. — *adj.* **1** 大当たりの, 大成功の. **2** 大きい, 強力な. — *adv.* 《俗》ずんと (plump), まともに (right): hit a person ~ in the eye 人の目をがんとなぐる. 〖(*a*1700) ← ?: もと隠語〗

sock[3] /sɑ́(ː)k | sɔ́k/ *n.* 《北英・スコット》 鍬(くわ)べら, 鍬 (plowshare). 〖《1348》□ (O)F *soc* ← Gaul.〗

sóck cỳmbals *n. pl.* ＝high-hat cymbals.

sock·dol·a·ger /sɑ̀(ː)kdɑ́(ː)lədʒə | sɔkdɔ́lədʒə^(r)/ *n.* (*also* **sock·dol·o·ger** /～/) 《米俗》 **1** 途方もなく大きい[重い]もの, 途方もないもの. **2** 最後の一撃, とどめ (finishing blow); 決定的な返答. 〖《1830》《変形・混成》? ← SOCK[2]＋DOXOLOGY〗

sock·er /sɑ́(ː)kə | sɔ́kə^(r)/ *n.* 《英》 ＝soccer.

sock·er·oo /sɑ̀(ː)kərúː | sɔ̀k-/ *n.* (*pl.* ～**s**) 《俗》 目覚ましい成功, 大ヒット (smash hit). 〖《1942》《変形》← SOCK[2]〗

sock·et /sɑ́(ː)kɪ̈t | sɔ́kɪt/ *n.* **1** 受け口, 軸受け, 電球受け: a candle ～ (燭(しょく)台の)ろうそく差し. **2** 〖電気〗 **a** ソケット. **b** 《英》 (壁に取り付けた)コンセント (wall socket ともいう; 《英口語》では point または plug, 《米》では outlet という). **3** 〖解剖〗 窩(か), 腔(こう); 関節窩: the ～ of the eye 眼窩 / a ～ of a tooth 歯槽 / the ～ of the hip 膝腔(こう) / a ～ joint 球窩接合. **4** 〖木工〗 蟻道(ありみち) (蟻接ぎに用いられる逆台形に奥が広がった柄(ほぞ)穴). **5** ソケットレンチ (socket wrench) の頭部. **6** 〖ゴルフ〗 ソケット (アイアン (iron) の柄をはめ込むためにあけてある首の部分). ― *vt.* **1** …に穴[受け口, ソケット]をつける. **2** 穴[受け口, ソケット]にはめる. **3** 〖ゴルフ〗 クラブのソケットのところで〈ボールを〉打つ. 〖《?a1300》 *soket* spearhead shaped like a plowshare, socket □ AF (dim.) ← OF *soc* plowshare ← Celt.: ⇨ -et〗

sócket-and-spígot jòint *n.* 〖機械〗 印籠接手(いんろうつぎて), はめ込み接手 (受け口と挿し口による鋼管の接手; bell-and-spigot joint ともいう).

sócket èye *n.* ＝rope socket.

sócket òutlet *n.* 〖電気〗 ＝socket 2.

sócket sèt *n.* ソケットセット (socket wrenchに付け換えて使う一連の寸法のソケット).

sócket spànner *n.* ＝socket wrench.

sócket wrènch *n.* 十字レンチ, ソケットレンチ, 箱スパナ. 〖1890〗

sóck·èye *n.* 〖魚類〗 ＝sockeye salmon. 〖《1869》《通俗語源》← N-Am.-Ind. (Salishan) *sukkegh*〗

sóckeye sálmon *n.* 〖魚類〗 ベニマス, ベニザケ (*Oncorhynchus nerka*) (北太平洋沿岸で最も珍重されるサケ科の魚; 単に sockeye, red salmon ともいう). 〖1891〗

sóck hòp *n.* 《米口語》 ソックホップ (ソックス姿で踊るダンス; 1950 年代に高校生の間で流行した).

sock·ing /sɑ́(ː)kɪŋ | sɔ́k-/ *adv.* 《英口語》 たいへんに, 極めて (extremely). ★ 通例 great を修飾し, 強める. 〖《1896》← ? SOCK[2] // ? 《変形》← *fucking*〗

sóck lìning *n.* 敷革, 中敷 (靴の中の底面に張る[のせる]薄い革または塩化ビニールシート).

sock·o /sɑ́(ː)koʊ | sɔ́kəʊ/ *adj.* 《米俗》 大当たりの, すばらしい: His debut was nothing short of ～. 彼の初舞台は全くすばらしかった. 〖《1924》← ? SOCK[2] (n.)＋-OH〗

sóck sèt *n.* 《俗》 ＝high-hat cymbals.

Sóck Shòp *n.* 〖商標〗 ソックショップ (靴下やタイツなどを売っている英国のチェーンストア).

sóck suspènders *n. pl.* 《英》 (男性用)靴下つり. 〖1912〗

so·cle /sóʊkḷ, sɑ́(ː)kḷ | sə́ʊkḷ, sɔ́kḷ/ *n.* (柱・彫像・花瓶などの)台, 台石 (plinth); (壁の)腰. 〖《1704》□ F ～ □ It. *zoccolo* 《原義》 wooden shoe ＜ L *socculum* (dim.) ← *soccus* 'SOCK[1]': ⇨ -ule〗

soc·man /sɑ́(ː)kmən, sóʊk- | sɔ́k-, sə́ʊk-/ *n.* ＝sokeman.

SOCO 《略》 〖警察〗 scene-of-crime-officer.

So·co·tra /səkóʊtrə, soʊ- | sə(ʊ)kə́ʊ-, sɔ-; *Arab.* suquṭra:/ *n.* ソコトラ(島) (アラビア半島南方のイエメン領の島; 面積 3,100 km²; 主都 Tamarida /tæ̀məríːdə | -də/; Sokotra または Suqutra ともいう).

Soc·ra·tes /sɑ́(ː)krətiːz | sɔ́k-/ *n.* ソクラテス 《470?–399 B.C.; アテネの哲学者; Plato の師; その問答式思考法と思想は Plato の *Dialogues* の中に伝えられている》.

So·crat·ic /səkrǽtɪk, soʊ- | sɔkrǽt-, sə(ʊ)-/ *adj.* **1** ソクラテス (Socrates) (流)の. **2** ソクラテス哲学の; 問答式究理の, (ソクラテス式)問答法の. ― *n.* ソクラテス門下[学徒]. **So·crát·i·cal·ly** *adv.* **Sóc·ra·tist** /-tɪ̈st | -tɪst/ *n.* 〖《1628》□ L *Sōcraticus* □ Gk *Sōkratikós* ← *Sōkrátēs*: ⇨ -ic[1]〗

Socrátic elénchus *n.* 〖哲学〗 ソクラテスの問答[対話, 弁証]法.

Socrátic írony *n.* 〖哲学〗 ソクラテス的反語[アイロニー] (自分は無知を装って相手に教えを請い問答を続けて逆に相手の無知を暴露するソクラテスの論法; cf. irony[1] 5). 〖1871〗

So·crat·i·cism /səkrǽṭəsɪzm, soʊ- | sɔkrǽtɪ-, sə(ʊ)-/ *n.* ＝Socratism.

Socrátic méthod *n.* [the ～] 〖哲学〗 ソクラテス式問答法 (cf. maieutic). 〖1741〗

Soc·ra·tism /sɑ́(ː)krətɪ̀zm | sɔ́k-/ *n.* 〖哲学〗 ソクラテス哲学; ソクラテス式問答(究理)法. 〖1818〗

So·cred /sóʊkrèd | sə́ʊk-/ *n., adj.* 《カナダ》 社会信用党支持者(の). 〖《1955》← *Social Credit Party* (カナダの)社会信用党 // ← *Social Crediter* 同党の党員〗

sod[1] /sɑ́(ː)d | sɔ́d/ 《英俗》 *n.* **1** 《戯言》 **a** 野郎, やつ (fellow): You ～! この野郎. **b** 子供, がき, じゃり (kid). **2** 男色者 (sodomite, bugger). **3** ＝bugger 2. ***be a sod to do*** 《英卑》 なかなか…できない: The car's *a sod to* start. ぽんこつめ, エンジンがかかりゃしねえ. ***sód áll*** ＝sod-all. ― *vt.* (**sod·ded; sod·ding**) ＝damn 1 b. ***Sod it!*** ＝DAMN it! ***sód óff*** 《英俗》 去る, 出て行く, ずらかる: *Sod off!* うせろ. 〖《1818》《略》← SODOMITE〗

sod[2] /sɑ́(ː)d | sɔ́d/ *n.* **1** **a** 芝生の生えている土地, 芝地 (turf): turn the ～ 芝地を掘り起こす. **b** (通例, 四角形に切り取った)芝土; 芝生. **c** 《詩》 地面. **2** [the old ～ として] 故郷: go to *the old* ～ 故郷へ帰る. ***ùnder the sód*** 葬られて (in the grave). 〖1847〗 ― *vt.* (**sod·ded; sod·ding**) …に芝を敷く, 芝土で覆う. 〖《c1420》 *sod(de)* □ MLG & MDu. *sode* ← ?〗

sod. 《略》 〖化学〗 sodium.

sod[3] *v.* 《古》 seethe の過去形・過去分詞形. 〖《?a1200》 *sode(n)* (pl.) ＜ OE *sudon*〗

SOD /ɛ̀ssoʊdíː | -əʊ-/ 《略》 seller's option to double; 〖生化学〗 superoxide dismutase.

so·da /sóʊdə | sə́ʊdə/ *n.* **1** **a** ソーダ水 (soda water): a whiskey and ～ ウイスキーソーダ (ウイスキーをソーダ水で割ったもの). **b** 《米》 ソーダ, サイダー (果汁などの味がついた炭酸飲料). **c** クリームソーダ (ice-cream soda). **2** 〖化学〗 **a** ＝sodium carbonate 3. **b** ＝sodium bicarbonate. **c** ＝sodium hydroxide. **3** 〖化学〗 **a** ＝sodium oxide. **b** ＝sodium. **4** 〖トランプ〗 (faro で) ソーダ, 初札, 見せ札 (親の札山の一番上に表向きに載せてあるカード; ゲームが始まると捨てられる; cf. hock[4]): from ～ to hock ピンからキリまで. **5** [a ～] 《豪俗》 実にたやすいこと, 朝飯前のこと (pushover). 〖《a1475》□ ML ～ 'barilla' (ソーダの原料) 《逆成》? ← *sodānum* glasswort, 《原義》 headache ← Arab. *ṣudā́* headache ← *ṣáda'a* to split〗

sóda àsh *n.* ソーダ灰 (炭酸ナトリウム (sodium carbonate) の工業的名称). 〖1839〗

sóda bìscuit *n.* **1** ソーダビスケット (重曹とサワーミルクまたはバターミルクでふくらませたビスケット). **2** ＝soda cracker. 〖1830〗

sóda brèad *n.* ソーダパン (重曹とサワーミルクでふくらませたパン). 〖1850〗

sóda cràcker *n.* 《米》 ソーダクラッカー (生地に重曹を入れて焼いた塩味のクラッカー). 〖1830〗

sóda fòuntain *n.* **1** (蛇口のついた)ソーダ水容器. **2** 《米》 ソーダファウンテン (アイスクリーム・清涼飲料・軽食などを供する食堂やドラッグストアのカウンター). 〖1824〗

sóda jèrk [jèrker] *n.* 《米口語》 ソーダファウンテンのカウンター係. 〖1922〗

sóda làke *n.* ソーダ湖 (ナトリウム塩に富むアルカリ性の湖沼). 〖1839〗

sóda lìme *n.* 〖化学〗 ソーダ石灰 (苛性(かせい)ソーダと酸化カルシウムの混合物; 炭酸ガスおよび水を吸収させるのに用いる). 〖1862〗

so·da·list /sóʊdḷɪ̈st, -dḷ- | sə́ʊdəlɪst, -dḷ-/ *n.* 〖カトリック〗 信心会 (sodality) の会員. 〖1794〗

so·da·lite /sóʊdəlàɪt, -dḷ- | sə́ʊdəl-, -dḷ-/ *n.* 〖鉱物〗 方ソーダ石 ($Na_4ClSi_3Al_3O_{12}$). 〖《1810》← SODA＋-LITE〗

so·dal·i·ty /soʊdǽləṭi | səʊdǽlɪ̈ti/ *n.* **1** 友愛, 友好 (fellowship); 同志の交わり. **2** **a** 組合, 協会, クラブ (association, society). **b** 〖カトリック〗 (信仰・慈善などのための)平信徒の団体, 信心会 (confraternity). 〖《1600》□ F *sodalité* // L *sodālitās* fellowship, association ← *sodālis* fellow: ⇨ -ity〗

sód-áll *n.* 《英卑》 全く(何も)ない (nothing at all): have ～. 〖1958〗

so·da·mide /sóʊdəmàɪd | sə́ʊdə-/ *n.* 〖化学〗 ＝sodium amide. 〖《1838》← SOD(IUM)＋AMIDE〗

sóda nìter *n.* 〖鉱物〗 ＝Chile saltpeter.

sóda pòp *n.* 《米口語》 ＝soda water 2 b.

sóda pùlp *n.* ソーダパルプ (わらなどの原料を苛性(かせい)ソーダで蒸解して得られるパルプ). 〖1893〗

so·dar /sóʊdɑə | sə́ʊdɑː^(r)/ *n.* 〖気象〗 音波気象探知機 (音波を上空に出しその反響を oscilloscope に記録して大気の成層状態を分析する装置). 〖《1955》《頭字語》← *so(und) d(etecting) a(nd) r(anging)*〗

sóda sìphon *n.* 《英》 炭酸水用びん, サイフォンびん (《米》 siphon bottle).

sóda sòap *n.* 〖化学〗 ソーダ石鹸, 硬石鹸 (苛性(かせい)ソーダ・炭酸ナトリウムを用いて作った石鹸; 普通の化粧石鹸・洗濯石鹸など). 〖1834–36〗

sóda wàter *n.* **1** 重炭酸ソーダの薄い溶液 (健胃薬に用いられる). **2** **a** ソーダ水 (炭酸ガスを飽和させた発泡性の清涼飲料水の一種; soda ともいう). **b** ソーダウォーター (ソーダ水に甘味と香りをつけた通例びん入りのソフトドリンク; soda pop ともいう). 〖1802〗

sód·bùster *n.* 土地を耕す農夫. 〖1918〗

sodden[1] *v.* 《古》 seethe の過去分詞. 〖↓〗

sod·den[2] /sɑ́(ː)dn̩ | sɔ́dn̩/ *adj.* **1** **a** びしょぬれの (soaked); (…に)漬(つ)かった, 水に漬かった (*with*): the ～ ground 水びたしの地面 / His clothes were ～ *with* rain. 衣服は雨でずぶぬれだった. **b** 〈パン・ビスケットなど〉(焼き方が不十分で)ふやけた, 水分を含んで重い; 生焼けの. **2** **a** [複合語の第 2 構成素として] (酒に)浸った; (雨で)びしょびしょになった: a drink-*sodden* mind 酒浸りの頭 / rain-*sodden*. **b** (飲酒などで)〈顔が〉むくんだ, はれぼったい: ～ *with* drink / a ～ redfaced man はれぼったい赤ら顔の男. **c** ぼけている, ぽかんとした: a ～ mind. **d** 元気[精気, 覇気]のない, 無気力な. **3** 《古》 煮えた (boiled). ― *vt.* **1** 浸す, 漬(つ)ける, びっしょりぬらす (soak). **2** **a** (飲酒で)〈人を〉無気力にする, むくんだ顔にする. **b** 〈精神を〉にぶらせる, 生気を失わせる. ― *vi.* 水に浸る, 水びたしになる. **～·ly** *adv.* **～·ness** *n.* 〖《a1325》 *sodyn, soþen* ＜ OE *soden* (p.p.) ← *sēoþan* 'to SEETHE'〗

sod·ding /sɑ́(ː)dɪŋ | sɔ́d-/ *adj., adv.* 《英卑》 ＝damned. 〖《1912》← SOD[1]〗

sod·dy /sɑ́(ː)di | sɔ́di/ *adj.* (**sod·di·er; -di·est**) 芝の生えた, 芝の多い. ― *n.* 《米》 ＝sod house. 〖《1611》← SOD[2]＋-Y[4]〗

Sod·dy /sɑ́(ː)di | sɔ́di/, **Frederick** *n.* ソディー 《1877–1956; 英国の化学者; Nobel 化学賞 (1921)》.

Sö·der·blom /sə́ːdəblùːm | -də-; *Swed.* sø̀ːdərblùm:/, **Nathan** /náːtan/ *n.* セーデルブロム 《1866–1931; スウェーデンの神学者・宗教史家; Nobel 平和賞 (1930)》.

sód fàrm *n.* 芝生育成販売業者.

sod·ger /sɑ́(ː)dʒə | sɔ́dʒə^(r)/ *n., vt.* 《方言》 ＝soldier.

sód hòuse *n.* 《米》 芝土の家 (芝土を積んで壁にした家; 大草原地帯の初期の移民が住んだ). 〖1832〗

so·dic /sóʊdɪk | sə́ʊd-/ *adj.* ナトリウム (sodium) の[に関する, を含んだ]. 〖《1859》: ⇨ ↓, -ic[1]〗

so·di·um /sóʊdiəm | sə́ʊd-/ *n.* 〖化学〗 ナトリウム (アルカリ金属元素の一つ; 記号 Na, 原子番号 11, 原子量 22.98977). 〖《1807》← NL ～: ⇨ soda, -ium: 19 世紀の英国の化学者 Sir Humphrey Davy の造語, 最初に苛性(かせい)ソーダから発見したため〗

sódium ácetate *n.* 〖化学〗 酢酸ナトリウム, 酢酸ソーダ (CH_3COONa).

sódium ácid cárbonate *n.* 〖化学〗 ＝sodium bicarbonate.

sódium ácid phósphate *n.* 〖化学〗 ＝sodium phosphate a.

sódium ácid súlfate *n.* 〖化学〗 ＝sodium bisulfate.

sódium ácid súlfite *n.* 〖化学〗 ＝sodium bisulfite.

sódium álginate *n.* 〖化学〗 アルギン酸ナトリウム (褐色海藻から得られるアルギン酸という多糖類のナトリウム塩; アイスクリームなどの乳化剤, 歯磨基剤などに用いられる).

sódium álum *n.* 〖化学〗 ナトリウム明礬(みょうばん) ($NaAl(SO_4)_2 \cdot 12H_2O$).

sódium alúminate *n.* 〖化学〗 アルミン酸ナトリウム ($NaAlO_2$) (白色の結晶; 水の浄化剤).

sódium ámide *n.* 〖化学〗 ナトリウムアミド ($NaNH_2$) (乾燥剤・脱水剤用; sodamide ともいう).

sódium ammónium phósphate *n.* 〖化学〗 リン酸水素アンモニウムナトリウム ($NaNH_4HPO_4 \cdot 4H_2O$) (金属イオンの判別用, マグネシウムの定量用).

sódium ám·y·tal /-ǽmətɔ̀(ː)l | -ǽmɪ̈tæ̀l/ *n.* ＝Amytal.

sódium ársenate *n.* 〖化学〗 ヒ酸ナトリウム (Na_3AsO_4) (十二水塩は無色の有毒結晶; 殺虫剤・除草剤用).

sódium ársenite *n.* 〖化学〗 亜ヒ酸ナトリウム (Na_3AsO_3) (白色粉末, 有毒; 殺虫剤・除草剤として用いる).

sódium ázide *n.* 〖化学〗 アジ化ナトリウム (NaN_3). 〖1937〗

sódium bénzoate *n.* 〖化学〗 安息香酸ナトリウム (C_6H_5COONa) (主に食品防腐剤用; benzoate of soda ともいう). 〖1900〗

sódium bicárbonate *n.* 〖化学〗 重炭酸ナトリウム, 重曹 ($NaHCO_3$) (bicarbonate of soda, baking soda ともいう). 〖1885〗

sódium bichrómate *n.* 〖化学〗 ＝sodium dichromate.

sódium bisúlfate *n.* 〖化学〗 硫酸水素ナトリウム, 重硫酸ナトリウム ($NaHSO_4$) (鉱物や難溶性物質の融解用など).

sódium bisúlfite *n.* 〖化学〗 **1** 亜硫酸水素ナトリウム, 重亜硫酸ナトリウム ($NaHSO_3$). **2** ＝sodium metabisulfite.

sódium brómide *n.* 〖化学〗 臭化ナトリウム ($NaBr$) (無色粉末; 写真・医薬に用いられる).

sódium cárbonate *n.* 〖化学〗 **1** 炭酸ナトリウム, ソーダ灰 (Na_2CO_3) (白色の粉末; ガラス・石鹸・パルプ・紙の製造・水処理などに用いる; soda ash ともいう). **2** 炭酸ナトリウム(一水塩) ($Na_2CO_3 \cdot H_2O$) (白色の結晶; 写真・医薬に用いる). **3** 炭酸ナトリウム(十水塩), 洗濯ソーダ, 結晶ソーダ ($Na_2CO_3 \cdot 10H_2O$) (風解性の結晶; 洗濯・漂白に用いる; sal soda, soda, washing soda ともいう). 〖1868〗

sódium carbóxy·mèthyl céllulose *n.* 〖化学〗 カルボキシメチルセルロースナトリウム (アルカリセルロースにクロロ酢酸塩を反応させて作る吸湿性白色固体; 水溶液は粘性が高く, 各種の糊として広く用いられる; carboxymethyl cellulose ともいう).

sódium chlórate *n.* 〖化学〗 塩素酸ナトリウム ($NaClO_3$) (食塩水の電気分解で作られる無色結晶; 過塩素酸塩の製造原料; 除草剤としても用いられる). 〖1885〗

sódium chlóride *n.* 〖化学〗 塩化ナトリウム, 食塩 ($NaCl$) (salt). 〖1868〗

sódium chrómate *n.* 〖化学〗 クロム酸ナトリウム (Na_2CrO_4) (黄色の結晶; 顔料・染料の製造に用いる).

sódium cítrate *n.* 〖化学〗 クエン酸ナトリウム ($Na_3C_6H_5O_7 \cdot 2H_2O$) (血液凝固防止剤; 緩衝溶液調整にも用いる). 〖1919〗

sódium cromóglycate *n.* 〖薬学〗 クロモグリク酸ナトリウム ($C_{23}H_{14}Na_2O_{11}$) (アレルギー・喘息・花粉症などの予防薬).

sódium cýanide *n.* 〖化学〗 シアン化ナトリウム, 青酸ナトリウム ($NaCN$) (殺虫剤・金銀精錬の青化法・鋼の表面焼入れ・電気メッキなどに用いる非常に有毒な白色の塩; cyanide of sodium ともいう). 〖1885〗

sódium cýclamate *n.* 〖化学〗 シクラミン酸ナトリウム ($C_6H_{11}NHSO_3Na$) (甘味剤の一種; 現在は使用禁止; cf. calcium cyclamate).

sódium dichrómate *n.* 〖化学〗 二クロム酸ナトリウム, 重クロム酸ナトリウム ($Na_2Cr_2O_7$) (皮なめしや黄鉛の製造に用いる). 〖1903〗

sódium dihýdrogen phósphate *n.* 〖化学〗 ＝sodium phosphate a.

S

sódium dithíonite *n.* 〘化学〙二チオン酸ナトリウム ($Na_2S_2O_4$)《一般に無色の結晶》.
sódium ethóxide *n.* 〘化学〙ナトリウムエトキシド (C_2H_5ONa)《吸湿性白色の粉末; 有機合成に用いる; sodium ethylate ともいう》.
sódium éthylate *n.* 〘化学〙ナトリウムエチレート (⇨ sodium ethoxide).
sódium ferrocýanide *n.* 〘化学〙フェロシアン化ナトリウム ($Na_4Fe(CN)_6$)《淡黄色の不透明柱状晶; 青写真・染色などに用いる; yellow prussiate of soda ともいう》.
sódium flúoride *n.* 〘化学〙フッ化ナトリウム (NaF)《水の消毒・木材の防腐・白色琺瑯(ほうろう)の製造などに用いる無色の水溶性塩》. 〘1903〙
sódium flùoro·ácetate *n.* 〘化学〙フルオロ酢酸(さくさん)ナトリウム (FCH_2COONa)《有毒白色粉末; 殺鼠(さっそ)剤》. 〘1945〙
sódium fluosílicate *n.* 〘化学〙フッ化ケイ素酸ナトリウム (Na_2SiF_6)《磁器の上薬・琺瑯・防腐剤用》.
sódium fórmate *n.* 〘化学〙蟻酸(ぎさん)ナトリウム (HCOONa)《蟻酸・蓚酸製造の中間体》.
sódium glútamate *n.* 〘化学〙グルタミン酸ナトリウム (⇨ monosodium glutamate).
sódium héxa·cỳano·férrate *n.* 〘化学〙ヘキサシアノ鉄 (II) 酸ナトリウム ($Na_3[Fe(CN)_6]H_2O$)《赤色柱状晶》.
sódium hydrosúlfite *n.* 〘化学〙ヒドロ亜硫酸ナトリウム (sodium dithionite).
sódium hydróxide *n.* 〘化学〙苛性(かせい)ソーダ (NaOH)《caustic soda ともいう; cf. lye》. 〘1885〙
sódium hypochlórite *n.* 〘化学〙次亜塩素酸ナトリウム (NaOCl)《漂白剤・殺菌剤として用いられる》. 〘1885〙
sódium hyposúlfite *n.* 〘化学〙次亜硫酸ナトリウム: **a** チオ硫酸ナトリウム (sodium thiosulfate) に対する誤称. **b** ヒドロ亜硫酸ナトリウム (sodium hydrosulfite) に対する誤称. 〘1868〙
sódium íodide *n.* 〘化学〙ヨウ化ナトリウム (NaI)《無色結晶; 医薬として用いられる》.
sódium làmp [lìght] *n.* 〘電気〙=sodium-vapor lamp.
sódium meta·ársenite *n.* 〘化学〙メタ亜ヒ酸ナトリウム ($NaAsO_2$)《シロアリの駆除剤として用いる》.
sódium metabisúlfite *n.* 〘化学〙メタ重亜硫酸ナトリウム ($Na_2S_2O_5$)《無色の結晶; 還元剤・漂白剤・防腐剤などに用いる; sodium pyrosulfite ともいう》.
sódium metasílicate *n.* 〘化学〙メタケイ酸ナトリウム (Na_2SiO_3)《金属表面清浄剤・洗剤用》. 〘1926〙
sódium méthylate *n.* 〘化学〙ナトリウムメチラート (CH_3ONa)《有機合成試薬》.
sódium monóxide *n.* 〘化学〙=sodium oxide.
sódium nítrate *n.* 〘化学〙硝酸ナトリウム ($NaNO_3$)《チリ硝石 (Chile saltpeter) として天然に産する》. 〘1885〙
sódium nítrite *n.* 〘化学〙亜硝酸ナトリウム ($NaNO_2$)《ジアゾ化に用いられる無色の結晶》. 〘1903〙
sódium nitroprússide *n.* 〘化学〙ニトロプルシドナトリウム ($Na_2[Fe(CN)_5NO]\cdot 2H_2O$).
sódium óxalate *n.* 〘化学〙蓚酸(しゅうさん)ナトリウム ($Na_2C_2O_4$)《滴定用標準物質; 織物仕上げ・皮なめし用》.
sódium óxide *n.* 〘化学〙酸化ナトリウム (Na_2O)《水と反応すると苛性(かせい)ソーダとなる白色粉末》.
sódium péntothal *n.* 〘薬学〙ペントタールナトリウム《麻酔・催眠薬用; thiopental sodium, thiopentone sodium ともいう》.
sódium perbórate *n.* 〘化学〙ペロオキシホウ酸ナトリウム ($NaBO_2\cdot H_2O_2\cdot 3H_2O$, $NaBO_3\cdot 4H_2O$)《洗濯・消毒・殺菌に用いられる無色の結晶; perborax ともいう》.
sódium perchlórate *n.* 〘化学〙過塩素酸ナトリウム ($NaClO_4$)《過塩素酸・過塩素酸塩製造用原料》.
sódium peróxide *n.* 〘化学〙過酸化ナトリウム (Na_2O_2)《防腐・漂白・酸化剤として用いる淡黄白色の粉末》.
sódium phósphate *n.* 〘化学〙リン酸ナトリウム《正リン酸のナトリウム塩の総称; 次の 3 種がある》: **a** 第一リン酸ナトリウム, リン酸二水素ナトリウム (NaH_2PO_4)《酸性の洗浄剤; monobasic sodium phosphate, monosodium phosphate, sodium acid phosphate, sodium dihydrogen phosphate, monosodium dihydrogen orthophosphate ともいう》. **b** リン酸水素二ナトリウム, 第二リン酸ナトリウム (Na_2HPO_4)《工業用水処理剤・陶磁器の上薬・チーズの加工・医薬品; dibasic sodium phosphate, disodium hydrogen phosphate, disodium phosphate, disodium monohydrogen orthophosphate ともいう》. **c** 第三リン酸ナトリウム, リン酸三ナトリウム (Na_3PO_4)《アルカリ性洗浄剤・硬水軟化剤; tribasic sodium phosphate, trisodium phosphate, trisodium orthophosphate ともいう》. 〘1873〙
sódium polysúlfide *n.* 〘化学〙多硫化ナトリウム, ポリ硫化ナトリウム (Na_2Sx)《x=2, 3, 4, 5 のものが知られる》.
sódium própionate *n.* 〘化学〙プロピオン酸ナトリウム ($Na(C_2H_5COO)$)《かび生育抑止剤》.
sódium pùmp *n.* 〘化学〙ナトリウムポンプ《細胞膜を通してナトリウムイオンを運ぶ機構》. 〘1951〙
sódium pyrophósphate *n.* 〘化学〙ピロリン酸ナトリウム ($Na_4P_2O_7$)《洗剤のビルダー・金属イオン封鎖剤・食品添加物として用いられる》.
sódium pyrosúlfite *n.* 〘化学〙ピロ亜硫酸ナトリウム (⇨ sodium metabisulfite).
sódium salícylate *n.* 〘化学〙サリチル酸ナトリウム (HOC_6H_4COONa)《解熱・消炎剤》. 〘1904〙
sódium sílicate *n.* 〘化学〙ケイ酸ナトリウム《ケイ酸のナトリウム塩でメタケイ酸ナトリウム (Na_2SiO_3) を指すことが多いが, Na_2SiO_4, Na_2SiO_5, Na_4SiO_4 など種類が多い; soluble glass ともいう; cf. water glass》.
sódium silicofluóride *n.* 〘化学〙=sodium fluosilicate.
sódium stéarate *n.* 〘化学〙ステアリン酸ナトリウム ($C_{17}H_{35}COONa$)《洗濯石鹸・化粧品成分用》.
sódium súlfate *n.* 〘化学〙硫酸ナトリウム ($Na_2SO_4\cdot 10H_2O$, 無水物 Na_2SO_4)《薬用および染料・ガラスなどの製造に用いられる無色の結晶; 無水物は脱水乾燥剤用》. 〘1885〙
sódium súlfide *n.* 〘化学〙硫化ナトリウム (Na_2S)《染料製造・ニトロ化合物の還元に用いられる》.
sódium súlfite *n.* 〘化学〙**1** 亜硫酸ナトリウム ($Na_2SO_3\cdot 7H_2O$, 無水物 Na_2SO_3)《染色・版画・写真現像および漂白・防腐剤として用いられる無色結晶または粉末》. **2** =sodium bisulfite 1. **3** =sodium metabisulfite.
sódium tetrabórate *n.* 〘化学〙=borax.
sódium thioársenate *n.* 〘化学〙チオヒ酸ナトリウム《テトラチオヒ酸ナトリウム (Na_3AsS_4), トリチオヒ酸ナトリウム ($NaAsS_3$) など》. 〘1885〙
sódium thiocýanate *n.* 〘化学〙チオシアン酸ナトリウム (NaSCN)《織物の染色・黒色ニッケルメッキ・医薬品に用いる》.
sódium thiosúlfate *n.* 〘化学〙チオ硫酸ナトリウム ($Na_2S_2O_3$), ハイポ (hypo)《写真定着剤》.
sódium trí·pòly·phósphate *n.* 〘化学〙トリポリリン酸ナトリウム, 三リン酸ナトリウム(の俗名) ($Na_5P_3O_{10}$)《洗剤のビルダーとして大量に用いられる》. 〘1945〙
sódium-vàpor làmp *n.* 〘電気〙ナトリウム灯《橙黄色光を発し, 道路照明用; sodium lamp [light] ともいう》. 〘1933〙
so·do·ku /sóudəkùː | sə́udə(ʊ)-/ *n.* 〘病理〙鼠咬(そこう)症 (⇨ rat-bite fever). 〘(1926) ◻ Jpn. (鼠毒) ◻ Chin. (広東方言) *shué tûk*〙
Sod·om /sɑ́(ː)dəm | sɔ́d-/ *n.* **1** 〘聖書〙ソドム《死海の近くにあった古代都市; 住民の罪悪のために Gomorrah と共に天上からの火で滅ぼされたと伝えられる; cf. *Gen.* 18–19》. **2** (同性愛の象徴としての)ソドム. **3** 罪悪のはびこる場所. 〘1598〙
So·do·ma /soudóumə | səudə́ʊ-; *It.* sɔ́ːdoma/, **Il** /iːl; *It.* il/ *n.* ソドマ (1477–1549; イタリアの画家; 本名 Giovanni Antonio de' Bazzi /debáttsi/).
Sódom ápple *n.* =APPLE of Sodom.
Sod·om·ite /sɑ́(ː)dəmàɪt | sɔ́d-/ *n.* **1** ソドム人 (⇨ Sodom). **2** [通例 s-] 男色者; 獣姦者. 〘(a1325) ◻ (O)F ~ ◻ LL *Sodomīta* ◻ Gk *Sodomī́tēs* ← *Sódoma* ◻ Heb. *Sᵉdhōm*: ⇨ -ite[1]〙
sod·om·it·ic /sɑ̀(ː)dəmítɪk | sɔ̀dəmít-ˊ/ *adj.* =sodomitical.
sod·om·it·i·cal /sɑ̀(ː)dəmítɪkəl, -kl | sɔ̀dəmítɪ-ˊ/ *adj.* ソドミーの, 男色の, 獣姦の. 〘1546〙
sod·om·ize /sɑ́(ː)dəmàɪz | sɔ́d-/ *vt.* …にソドミーを行う. 〘1868〙
sod·om·y /sɑ́(ː)dəmi | sɔ́d-/ *n.* ソドミー《同性間の性行為, 異性間の異常性行為; 獣姦; cf. bestiality 2, buggery》, (特に)男色, 肛門性交. 〘(c1300) ◻ (O)F *sodomie*: ⇨ Sodom, -y[1]〙
Sód's láw *n.* 《口語》=Murphy's Law.
SOE 《略》《英》Special Operations Executive.
so·e'er /souéə | səuéə^(r)/ *adv.* 《詩》=soever.
so·ev·er /souévə | səuévə^(r)/ *adv.* 《文語》**1 a** [how などの譲歩節に用いて] いかに…であっても; 一体全体. ★ (1) 通例 who, what, when, where, how などの疑問代名詞[副詞]に連結してその意味を強調・一般化する: who*soever*, what*soever*, how*soever*, where*soever*. (2) 時にその間に副詞・形容詞・名詞などをはさんで用いる: *how* fair ~ she may be いかに美人でも / *how* fast ~ he may run どんなに速く走っても. **b** [最上級を強調して]: *the most* beautiful ~ in the world この世で一番美しい人. **2** [any, no, what に続く名詞を強調して] どんな…も, 全然 (at all): with *what* [*any*] end ~ he did it いかなる目的でなしたにせよ / He gave *no* information ~. 彼は全然情報を知らせなかった. 〘(1517) ← so+EVER〙
SOF /ésòuéf | -əʊ-/ 《略》sound on film.
so·fa /sóufə | sə́ʊ-/ *n.* ソファー, 長椅子 (cf. lounge 2). 〘(1625) ◻ F ~ ◻ Arab. *ṣuffa^h*; cf. *ṣáffa* to set, range〙
sófa bèd *n.* ソファーベッド, ベッド兼用ソファー《背部をちょうつがいで固定し, 水平に倒せばベッドとなる; cf. studio couch》. 〘1805〙
so·far, SO·FAR, So·far /sóufɑə | sə́ufɑː^(r)/ *n.* 《米海軍》ソファー, 水中測音装置《遭難者が救命艇などから海中に特殊の爆弾を投入して破裂させると, 沿岸で相互に遠く離れた三受信局がその音波を三角測量し, それによって海難者の位置が確かめられる; cf. sonar》. 〘(1946)《頭字語》← *so(und) f(ixing) a(nd) r(anging)*〙
sófa tàble *n.* ソファーテーブル《両端に垂れ板が付いた長テーブル; 飲食用としてソファーの前に置く》. 〘1937〙
sof·fit /sɑ́(ː)fɪt | sɔ́fɪt/ *n.* 〘建築〙**1** 下端(したば) (entablature, コーニス (cornice) などの下側); (特に, arch の)内輪 (intrados). **2** 〘土木〙排水管・下水道の内側上部 (cf. invert *n.* 3). 〘(1592) ◻ F *soffite* // It. *soffito, soffita* < VL **suffictum*=L *suffixus*: ⇨ suffix〙
sof·frit·to /soufríːtou | sə(ʊ)fríːtəu; *It.* soffrítto/ *n.* ソフリット《細かく刻んだタマネギ・トマト・セロリ・ニンニクなどを炒めたもの; イタリア料理のベースとなる》. 〘◻ It. ~ (p.p.) ← *soffrigere*=*suffrigere* ← SUF-+*frigere* to fry〙
So·fi /sóufi/ *n.* =Sufi[1].
So·fi·a[1] /sóufiə, sɔ́(ː)f-, soufíːə | sə́ufiə, sɔ́f-, sə(ʊ)fíːə/ *n.* ソフィア《ブルガリア西部の都市で同国の首都; ブルガリア語名 Sofiya /sɔ́fija/; 古名 Serdica》.
So·fi·a[2] /səfíːə, -fáɪə | sə(ʊ)-/ *n.* ソフィア《女性名》. 〘《変形》↑〙
So·fism /sóufɪzm | sə́ʊ-/ *n.* =Sufism.
Sof·lens /sɔ́(ː)flɛnz, sɑ́(ː)f- | sɔ́f-/ *n.* 〘商標〙ソフレンズ《米国 Bausch & Lomb 社製のソフトコンタクトレンズ》.
S. of S. 《略》〘聖書〙Song of Solomon [Songs].
S. of Sol. 《略》〘聖書〙Song of Solomon.
soft /sɔ́(ː)ft, sɑ́(ː)ft | sɔ́ft/ *adj.* (~·er; ~·est) **1** 手[肌]ざわりの柔らかな, 滑らかな, ざらざらしていない (↔ rough, coarse): a ~ hand [skin] 柔らかい手[肌] / ~ cloth [brushes] / (as) ~ as silk 絹のように柔らかな / be clad in ~ raiment 柔らかいものを身につけている / feel ~ to the touch 手触りが柔らかい.
2 a 圧(お)すとすぐ形の崩れる, 軟[柔]らかい, 柔軟な, 硬くない (↔ hard, tough) (⇨ limp[2] SYN): a ~ bed, pillow, etc. / a ~ tap on the shoulder 軽く肩をたたくこと / ~ ground 柔らかい[固まっていない]地面 / (a) ~ ice cream ソフトクリーム 日英比較 英語で soft cream といえば,「軟らかいクリーム」を意味する》/ (as) ~ as clay [butter, down] きわめて柔らかい / get [make] ~*er* (and ~*er*) だんだん柔らかくなる. **b** 〈金属など〉すぐ形作られる; 打ち伸ばしのできる, 軟質の (malleable): ~ metal 軟質金属 / ~ lead [graphite] in a pencil 鉛筆の軟らかいしん. **c** 硬さのない, もろい: ⇨ soft iron, soft coal. **d** 〈チーズが〉塗ることのできる, ソフトな: ~ cheese.
3 a 〈気候・気温・空気など〉温和な, 温暖な (mild), さわやかな: ~ weather さわやかな天気 / a ~ winter 温暖な冬 / ~ air さわやかな空気. **b** 〈風雨が〉激しくない, 穏やかな: a ~ breeze from the west 穏やかな西風 / a ~ rain やさしい雨.
4 快い感じを表す, 心地よい, 快い (pleasant, comfortable): ~ slumbers 気持ちよい眠り.
5 a 〈輪郭・影など〉きつくない, 穏やかな; ぼんやりした (indistinct): ~ shadows / the ~ contours of distant hills 遠方の山々の柔らかな輪郭. **b** 〈色彩・光線など〉ぎらぎらしない, 落ち着いた, 柔らかな, くすんだ (subdued); コントラストの少ない: ~ lights 柔らかな光 / ~ shades of green and blue 緑と青の柔らかい色合い.
6 〈音声など〉やさしい, 穏やかな, 柔らかくて調子のいい (gentle), 低く静かな: speak in ~ tones 穏やかな調子で話す / *soft*-voiced 低音の / the ~ rustle of the leaves 木の葉の触れ合う静かな音 / ~ music 静かな音楽.
7 〈目が〉優しい目つきの: ~ eyes.
8 a 〈坂など〉徐々に高くなっている: a ~ slope. **b** なだらかな, ごつごつしていない: a sweater with ~ shoulder lines なで肩の線のセーター.
9 〈川・海が〉波立たない, ないだ, 静かな (calm).
10 a 〈飲食物が〉ぴりっとしない, 口当たりの柔らかな, 口当たりのよい: a ~ wine. **b** 〈飲物が〉アルコールの入っていない (cf. hard 12): ⇨ soft drink. **c** 〈食物が〉消化のいい.
11 〈気質・性格など〉優しい, 柔和な, 温和な (gentle, quiet), 慈悲深い (merciful): a ~ smile 柔和な[なごやかな]微笑 / a ~ glance 優しい目つき / a ~ heart 優しい[ほれっぽい]心 / appeal to the ~*er* side of a person's character 人の情に訴える / *Soft* and fair goes far.=*Soft* words win hard hearts. 《諺・古》柔よく剛を制す / the ~(*er*) sex 女性 (↔ the rougher [sterner] sex).
12 a 〈行動・態度・処分など〉強く[厳しく]ない (tender), 手ぬるい, 寛大な (lenient): ~ terms 寛大な条件 / a ~ sentence 寛大な判決 / be ~ *with* children 子供に甘い / be ~ *on* communism 共産主義に寛大な / A ~ answer turneth away wrath. 《諺》柔らかな答えは憤りをとどむ (cf. *Prov.* 15:1). **b** (威嚇によらず)交渉[和解]による; 〈政策・路線など〉柔軟な: take a ~ line toward the enemy 敵に対して交渉[柔軟]路線をとる. **c** 気取らない, 抑えた, 控えめの.
13 a 体が弱い, スタミナがない, 持久力に乏しい: Without training you'll get [go] ~. 訓練しないと体力がつかないですよ. **b** 〈筋肉など〉ぐにゃぐにゃの (flabby): ~ muscles 軟弱な筋肉.
14 a 性格の弱々しい, 男らしくない, 女々しい (feeble, weak): a ~ person. 日英比較 日本語で「ソフト」を人について用いると,「ソフトな感じの人」のように良い意味になるが, 英語で soft person とすると悪い意味になる. **b** 感じやすい, 情にもろい (sentimental): ~ habits 涙もろい性分.
15 《口語》楽な, たやすい (easy), 楽にもうかる: a ~ job 楽でもうかる仕事 / take the ~ option 楽な選択をする.
16 〈水が〉軟性の (↔ hard): ~ water 軟水.
17 〈麻薬が〉耽溺性の弱い, 非習慣性の: ⇨ soft drug.
18 《口語》かつがれやすい; 知恵が足りない, 薄ばかの (silly): You ~ fool! 薄のろめ! / He is [He's gone] a bit ~ (in the head). 頭が少し足りない[おかしくなった] / have a ~ place in one's head 抜けたところがある.
19 《古》〈言葉など〉甘い (amorous), 口のうまい (smooth): ~ things [words] お世辞; むつごと / ~ nothings 恋のささやき / ~ nonsense 痴話 / a ~ glance 秋波 / ⇨ soft sawder, soft soap 2.
20 〈ニュースが〉(政治・経済などに関係のない)軽い: ⇨ soft news.
21 〈洗剤が〉下水道ですぐ分解可能な (biodegradable): a ~ detergent.
22 〈れんがが〉焼きの足りない.
23 《スコット・アイル》〈天候が〉じめじめした, 湿って暖かい, 雨の (wet), ぬか雨の (drizzly): ~ weather / a ~ day.
24 a 動きの遅い. **b** 《廃》〈火が〉とろ火の: *Soft* fire makes sweet malt. 《諺》とろ火はよくきく,「急がば回れ」.
25 〘写真〙〈フィルム・印画など〉軟調の (cf. contrasty).
26 〘音声〙**a** 〈英語の c, g が〉軟音の《e, i, y の前でそれぞれ /s/, /dʒ/ と発音される; 例: cent /sént/, cite /sáɪt/,

cymbal /símbəl/; gem /dʒém/, giant /dʒáɪənt/, gym /dʒím/; cf. hard adj 21). **b** 《スラブ系言語で》〈子音が〉軟音の, 口蓋化音の (palatalized).

27 〔商業〕 **a** 〈市価など〉弱気の, 軟調の (↔ hard): ~ prices [markets] 下がり気味の物価[市況]. **b** 〈金融が〉長期低金利の. **c** 〈通貨が〉不安定な, 弱い. **d** 《硬貨と区別して》紙の: ⇨ soft money, soft currency.

28 〔宇宙〕 軟着陸の: ⇨ soft landing.

29 〔物理〕〈X 線が〉透過力の弱い, 低エネルギーの: ~ X rays.

30 〔電気〕〈電子管が〉真空度が低下した.

31 〔冶金〕〈ハンダが〉徐々に溶ける.

32 〔軍事〕〈ミサイル基地などが〉核攻撃に対して防護されていない, 非地下壕化の, 軟弱防護の (cf. hardened 4): ~ targets such as cities [civilians] 《核攻撃に対する》都市[一般市民]のような軟弱目標.

33 〔製本〕 薄表紙の, 紙表紙の, ソフトカバーの; 〈用紙が〉柔軟な, ソフトな.

34 〔ガラス製造〕 比較的低い温度で焼きなます (anneal) ことができる.

35 〔化学〕 分極されやすい, 軟…: ~ acid 軟酸 / ~ base 軟塩基.

36 〔絵画〕 ソフトな 《1960 年代に流行した抽象表現の一傾向についていう》. **37** =soft-core.

be sóft on* [*about*] *a person 《口語》 (1) 〈人〉を恋している, 〈人〉に熱をあげる. (2) 〈人〉を優しく扱う (cf. 12 a). 《1840》 ***gò sóft*** (1) 柔らかくなる. (2) 〈人が〉体力が弱くなる (cf. 13 a). (3) 態度が甘くなる. ***hàve a sóft spòt for ...*** ⇨ soft spot.

— *n*. **1 a** 柔らかさ (softness). **b** 柔らかい部分 (soft part). **2** 《口語》 知恵の足りない人, 抜けている人. **3** [*pl*.] 《英》 =shoddy.

— *adv*. 静かに, 軟[柔]らかに (softly), 優しく (tenderly), もの柔らかに, 穏やかに (quietly): fall ~ そっと落ちる, 音もなく降る / lie ~ 《柔らかい床の上などに》安静に横たわる / speak ~*er* もっと静かに話す / Play ~*er*, please. もっと静かに弾(ひ)いて下さい.

— *int*. 《古》 **1** 静かに (Be quiet!), しっ (Hush!): *Soft!* Someone comes. 静かに, だれか来た. **2** そっと行け (Not so fast.); 待て (Stop!): But, ~! What light through yonder window breaks? (Shak., *Rom*., 2. 2. 2) (待て! あの窓から差し込む光は何か).

〖lateOE *sōfte* 《adv. の影響による変形》 ← *sēfte* < (WGmc) **samfti* 《原義》? fitting, friendly, suited to. — adv.: OE *sōfte* ← (WGmc) **samft-* (G *sanft*) ← ? IE **sem-* one: ⇨ same, seem〗

SYN 柔らかい: **soft** 激しい性質がなく感じがよい: a *soft* pillow 柔らかいまくら. **tender** 〈肉などが〉柔らかい, 〈心が〉優しい: a *tender* steak 柔らかいステーキ / a *tender* heart 優しい心. **mild** 荒々しさ・激しさがない: a *mild* cigar 軽いシガー / a *mild* sentence 厳しくない宣告. **gentle** 穏やかな 《*mild* よりも意味が積極的》: a *gentle* person 穏和な人 / a *gentle* breeze 軟風. **smooth** 《しばしば悪い意味で》〈人が〉いんぎんで愛想がよいが, 誠実さがないことが多い: *smooth* manners 愛想のいい物腰.

ANT hard, stern, rough.

---

sof·ta /sɔ́(ː)ftə, sá(ː)f- | sɔ́f-/ *n*. 〔イスラム教〕 トルコのイスラム教寺院の宗教活動関係者; 《特に》神学研究初学生. 〖(1613) □ Turk. ~ □ Pers. *sōkhtah* burnt (with love of knowledge)〗

sóft·bàck *adj*., *n*. ペーパーバック(の) (paperback). 〖1958〗

sóft·bàll *n*. 《米》 **1** ソフトボール 《大きく軟らかいボールを使ってする一種の野球; チームの定員は 9 [10] 名》. **2** ソフトボール用のボール. **3** 〔料理〕 ソフトボール 《砂糖シロップを煮て, 冷水に落としたときに丸く固まる状態》. 〖1894〗

sóft-bìll *n*. 〔鳥類〕 昆虫や小動物を捕食するのに適した軟らかなくちばしをもつ鳥類の総称 (cf. hard-bill).

sóft-bóil *vt*. 〈卵を〉半熟にする. 〖1832〗

sóft-bóiled *adj*. **1** (↔ hard-boiled) 〈卵が〉半熟の. **2 a** 《口語》 感情的な, 感傷的な, センチメンタルな. **b** 《皮肉》 〈作風など〉健全で道徳的な. 〖1889〗

sóft·bòund *adj*. 〈本が〉薄表紙の, ペーパーバックの (paperback) (cf. hardbound). 〖1953〗

sóft bóx *n*. 〔写真〕 ソフトボックス 《フラッシュ・照明の光を拡散させるのに使う白い布を張ったフレーム》.

sóft bréathing *n*. =smooth breathing.

sóft-céntered *adj*. 《チョコレートなどの中に》クリームやゼリーが入っている. 〖(1957) 1970〗

sóft cháncre *n*. 〔病理〕 =chancroid.

sóft clám *n*. 〔貝類〕 =soft-shell clam.

sóft-clóthes *adj*. 《俗》 私服の〈警官〉.

sóft cóal *n*. 軟炭, 瀝青(れきせい)炭, 有煙炭 (bituminous coal). 〖1789〗

sóft-còated whéaten térrier *n*. =wheaten terrier.

Sóft·con /sɔ́(ː)f(t)kɑ(ː)n, sá(ː)f(t)- | sɔ́f(t)kɔn/ *n*. 〔商標〕 ソフトコン 《米国 Frigironics 社が開発したソフトコンタクトレンズ》.

sóft cópy *n*. 〔電算〕 ソフトコピー 《ディスプレーに表示されたデータのように記録が後に残らない表示; cf. hard copy 2》. 〖1968〗

sóft córal *n*. 〔動物〕 ウミトサカ(海鶏頭) 《ウミトサカ目 (*Alcyonacea*) の腔腸動物; 肉質で骨格がなく, 軟らかい》.

sóft-córe *adj*. [限定的] 〈ポルノ映画・小説など〉ソフトコアの 《性描写がそれほど露骨でない; cf. hard-core 3》. 〖1966〗

sóft còrn *n*. 〔園芸〕 軟粒種 (*Zea mays* var. *amylacea*) 《トウモロコシ (Indian corn) の一変種; 胚乳の大部分は軟質澱粉からなる》. 〖1834〗

sóft córner *n*. =soft spot.

sóft-cóver *n*., *adj*. ペーパーバック(の) (paperback). 〖1952〗

sóft cráb *n*. 〔動物〕 =soft-shell crab.

sóft cúrrency *n*. 〔経済〕 軟貨 《金または他の外貨に換えられない通貨; ↔ hard currency》.

sóft drínk *n*. ソフトドリンク 《アルコール分を含まない清涼飲料; root beer, ginger ale など; cf. hard liquor, strong drink》. 〖1880〗

sóft drúg *n*. 弱い麻薬 《コカイン (cocaine)・アンフェタミン (amphetamine) などのように習慣性の弱い幻覚剤; cf. hard drug》. 〖1959〗

sof·ten /sɔ́(ː)fən, sá(ː)f- | sɔ́f-/ *vt*. **1** 軟[柔]らかにする, 柔軟にする 〈*up*〉: ~ leather 革を柔らかくする. **2** やさしくする, 温和[柔和]にする (make tender); 和らげる, 温和にする: ~ one's heart [attitude] 心[態度]を和らげる. **3** 柔弱にする, 惰弱にする (enervate). **4** 〈音を〉和らげる (temper), 低くする; 〈色・光線などを〉和らげる, 地味にする, 穏やかにする: ~ one's voice, the light, etc. **5 a** 《連続爆撃などで》〈敵の抵抗力[戦力]を弱める 〈*up*〉. **b** 〈人〉の抵抗をやぶる 〈*up*〉. **6** 〔音声〕〈英語の c, g を〉軟音化する, 軟音で発音する; …に軟音であることを示す (⇨ soft *adj*. 26). **7** 〔化学〕 軟質[軟性]にする: ~ water 硬水を軟水にする. **—** *vi*. **1** 柔らかになる, 柔軟になる 〈*up*〉. **2** 穏やかになる. **3** 〈心が〉優しくなる, 軟化する. **4** 和らいで[弱まって]〔…に〕なる 〔*into*〕: Pain ~*ed into* pleasure. 苦痛も和らいで楽しみとなった. **5** 〔化学〕〈硬水が〉軟化する. **6** 〔商業〕〈市況が〉弱気になる; 〈価格が〉下がる. 〖(*c*1386) *softne*(*n*): ⇨ soft, -en[1]〗

sóf·ten·er /-f(ə)nə | -nə(r)/ *n*. **1** 軟らかにする人[もの]; 和らげる人[もの]. **2** 〔化学〕 **a** 軟化剤. **b** =water softener 1. 〖1608〗

sóf·ten·ing /-f(ə)nɪŋ/ *n*. 柔らかにすること, 軟化. **sóftening of the bráin** (1) 〔病理〕 脳軟化症. (2) 〔病理〕 (梅毒による)進行性麻痺. (3) 《口語》 (頭の)ぼけ, 痴呆(ちほう). 〖(1568): ⇨ -ing[1]〗

sóftening pòint *n*. 〔化学〕 軟化点 《ガラス・樹脂などが軟化変形し始める温度》.

sóft-fínned *adj*. 〔魚類〕 ひれの軟らかい, 軟鰭(き)類の (malacopterygian) (cf. spiny-finned). 〖1774〗

sóft-fòcus *adj*. 〔写真〕 ソフトフォーカスの, 軟焦点の. 〖1916〗

sóft fócus *n*. 〔写真〕 軟焦点, 軟調. 〖1958〗

sóft frúit *n*. 《英》 =small fruit.

sóft fúrnishings *n*. *pl*. 《英》 布製室内装飾品 《カーテン (curtains), 敷物 (rugs) など》. 〖1927〗

sóft gòods *n*. *pl*. **1** 《英》 =dry goods 1. **2** 非耐久消費財 《特に衣類にいう; cf. hard goods》. 〖1833〗

sóft gróund *n*. 〔絵画〕 **1** (松脂や獣脂による)エッチング地塗り. **2** エッチング地塗り法. 〖1840〗

sóft háil *n*. 〔気象〕 雪あられ (snow pellets, graupel). 〖1881〗

sóft hát *n*. 《米》 中折れ帽, ソフト帽 (felt hat).

sóft-hèad *n*. **1** 抜け作, ばか. **2** 愚かな感傷家. 〖1650〗

sóft-héaded *adj*. 《口語》 頭のやわな, ばかな, 抜けている (foolish, stupid). **~·ly** *adv*. **~·ness** *n*. 〖1667〗

sóft-héarted *adj*. 心の優しい (tenderhearted), 情深い, 慈悲深い (merciful), 思いやりのある (sympathetic), 寛大な (generous). **~·ly** *adv*. **~·ness** *n*. 〖1593〗

sóft hýphen *n*. ソフトハイフン 《行末にきた単語を分綴するためのハイフン; optional hyphen ともいう》.

sóft·ie /sɔ́(ː)fti, sá(ː)f- | sɔ́f-, sɔ́ːf-/ *n*. 《口語》 =softy.

sóft íron *n*. 軟鉄 《炭素含有量が低く磁気化しやすい鉄; 筒形コイルの鉄芯を作るのに用いられる》.

sóft·ish /sɔ́(ː)ftɪʃ, sá(ː)f- | sɔ́ft-, sɔ́ːft-/ *adj*. やや柔らかい, 柔らかめの. 〖1589〗

sóft-lánd *vi*. 〈宇宙船などが〉軟着陸する. **—** *vt*. 〈宇宙船などを〉軟着陸させる (cf. hard-land). **~·er** *n*. 〖1958〗

sóft lánding *n*. 〔宇宙〕 ソフトランディング, 軟着陸 《宇宙船・探査機などが激突したり破壊したりしないような緩やかな速度で月などに着陸すること; cf. hard landing》: the ~ of a spacecraft on the moon 宇宙船の月への軟着陸. 〖1958〗

sóft léad /-léd/ *n*. 〔冶金〕 柔鉛(じゅうえん) 《柔鉛炉でヒ素・アンチモン等が除去されて軟らかくなった鉛》.

sóft léns *n*. 〔光学〕 ソフトレンズ 《多孔質プラスチック製のコンタクトレンズ; 着用したとき湿気を吸収し眼に不快感を与えない》.

sóft líne *n*. (政治上の)柔軟路線 (cf. hard line 1). 〖1966〗

sóft-líner *n*. 柔軟路線論者 (cf. hard-liner). 〖1967〗

sóft lóan *n*. 〔経済〕 ソフトローン 《発展途上国などへの, 無利息や低金利の長期貸付》. 〖1958〗

sóft·ly /sɔ́(ː)ftli, sá(ː)ft- | sɔ́ft-/ *adv*. **1** 優しく, 穏やかに; 静かに: speak ~ そっと話す. **2** 柔[軟]らかに; 滑らかに. 〖(?*a*1200) *softeliche*〗

sóftly-sóftly *adj*. 《英》 いたってゆっくりの, 慎重な.

sóft máple *n*. **1** 〔植物〕 軟らかな材質のカエデの類の植物の総称 《ウラジロサトウカエデ (silver maple), アメリカハナノキ (red maple) など》. **2** その材.

sóft móney *n*. **1** 紙幣 (paper money). **2** 《米》 規制の対象とならない選挙運動資金. 〖1971〗

sóft·ness /sɔ́(ː)ftnə̀s, sá(ː)ft- | sɔ́ft-/ *n*. **1** 柔[軟]らかさ, 柔軟さ (↔ hardness): The ~ of the ground saved his life. 地面が軟らかかったので彼は命が助かった. **2** 優しさ; 生ぬるさ. 〖OE *sōftnes*, *sōftnysse*〗

sóft néws *n*. 〔ジャーナリズム〕 柔らかい[軽い]ネタを扱ったニュース (cf. hard news).

sóft-nòsed búllet *n*. 〔軍事〕 柔頭銃弾, 無蓋(むがい)弾頭銃弾 《弾頭部に堅い金属外被がなく命中の衝撃でそこがきのこ状につぶれて被害を大きくする》. 〖1899〗

sóft nòse stém *n*. 〔造船〕 =fashion plate stem.

sóft óption *n*. (最も)楽な方法. 〖1923〗

sóft pálate *n*. 〔解剖〕 軟口蓋(こうがい) (velum) (⇨ throat 挿絵; cf. damper palate). 〖1811〗

sóft pàste *n*. 〔窯業〕 軟(質)磁器, ソフトペースト 《1300°C 以下の比較的低温で焼成された磁器; soft-paste porcelain ともいう; cf. hard paste》. 〖1848〗

sóft pàtch *n*. 〔海事〕 ソフトパッチ 《船体の破損箇所を応急修理するための当て金および帆布》.

sóft-pédal *v*. (**soft-pedalled**, **-aled**; **-al·ing**, **-al·ling**) **—** *vt*. **1** 《口語》〈口調などを〉和らげる, 穏やかにする; 〈事を〉目立たないようにする, 押える, 内密にする (muffle). **2** ソフトペダルで〈ピアノ・楽節など〉の音を和らげる. **—** *vi*. **1** 《口語》 調子を和らげる. **2** ソフトペダルを踏む[使う]. 〖1915〗

sóft pédal *n*. ソフトペダル 《ピアノの弱音ペダル; cf. damper pedal, loud pedal, sustaining pedal》. ***stép on the sóft pèdal*** 《口語》 調子を和らげる, 穏やかになる; 静かにする, 静まる (cf. *step on the* LOUD PEDAL). 〖1854〗

sóft pórcelain *n*. 〔窯業〕 軟(質)磁器. 〖1819〗

sóft pórn *n*. 《口語》 ソフトコアのポルノ (soft-core pornography). 〖1974〗

sóft róck *n*. 〔音楽〕 ソフトロック 《エレキギター (electric guitar) よりもアコースティックギター (acoustic guitar) やコーラスを特徴とするビートを抑えたロック音楽》. 〖1967〗

sóft-ròck geólogy *n*. 〔地質〕 軟岩地質学 (cf. hard-rock geology).

sóft róe *n*. (魚の)白子 (milt).

sóft ròt *n*. 〔植物病理〕 腐敗病. 〖1901〗

sóft-sáwder *vi*., *vt*. 《方言》 へつらう, おべっかを言う (flatter). **~·er** *n*. 〖1843〗

sóft sáwder *n*. 《俗》 お世辞, おべっか (flattery, blarney).

sóft scàle *n*. 〔昆虫〕 カタカイガラムシ (*Coccus hesperidum*) 《カタカイガラムシ科の害虫》.

sóft scíence *n*. ソフトサイエンス 《政治学・経済学・社会学・心理学などの社会科学・行動科学の学問; cf. hard science》. **sóft scíentist** *n*.

sóft scúlpture *n*. ソフト彫刻 《布・プラスチック・フォームラバーなどの軟らかい素材で作られた彫刻》.

sóft-séll *adj*. 〈売り込み・宣伝が〉穏やかな, ソフトな. **—** *vt*. ソフトに[穏やかに]売り込む. 〖1967〗

sóft séll *n*. [通例 the ~] 穏やかな[巧妙な, 間接的な]売りこみ[宣伝], ソフトセル (↔ hard sell). 〖1954〗

sóft-shèll *n*. **1** 〔動物〕 =soft-shell crab. **2** 〔貝類〕 =soft-shell clam. **3** 〔動物〕 =soft-shelled turtle. **—** *adj*. **1** 《殻を脱いだばかりのカニのように》軟らかくてもろい殻をもつ, 殻[甲]の軟らかい. **2** 〈主義主張が〉穏健な, 中道的な. 〖1771〗

sóft-shell clám *n*. 〔貝類〕 オオノガイ (*Mya arenaria*) 《ヨーロッパ・北米・日本などに広く分布する殻の薄い卵形の食用二枚貝; soft clam, steamer clam ともいう》. 〖1796〗

sóft-shell cráb *n*. 〔動物〕 脱皮直後の殻の軟らかいカニの総称 《特に blue crab やイチョウガニ科の *Cancer pagurus*; 殻ごと食用にする; cf. hard-shell crab》. 〖1844〗

sóft-shélled *adj*. =soft-shell. 〖1611〗

sóft-shèlled túrtle *n*. 〔動物〕 スッポン 《スッポン科のカメの総称; フロリダスッポン (*Trionyx ferox*), 日本のスッポン (*T. sinensis japonicus*) など》. 〖1771〗

sóft-shóe *adj*. 金具が底にない靴で踊るタップダンスの. **—** *vi*. **1** 金具が底にない靴でタップダンスを踊る. **2** (気づかれないように)すばやくそっと動く[移る]. 〖1927〗

sóft shóulder *n*. 軟路肩 (soft verge) 《ハイウェーの舗装してない縁; cf. shoulder 9 a》. 〖1939〗

sóft sìgn *n*. (ロシア語)キリル文字の軟音符 (Ь).

sóft snáp *n*. 《米》 楽な仕事[職, 課程など]. 〖1841〗

sóft-sóap *vt*. **1** 軟石鹸で洗う. **2** 《口語》 …にへつらう, おべっかを使う (flatter), おだてる (cajole). **—** *vi*. (洗濯物を)軟石鹸で洗う. 〖1840〗

sóft sòap *n*. **1** 軟石鹸 《液状または半液状の石鹸; green soap ともいう》. **2** 《口語》 おべっか (flattery). 〖1634〗

sóft-sóaper *n*. 《口語》 おべっか使い, へつらう人, ごますり (flatterer). 〖1852〗

sóft-sólder *vt*. 軟鑞(なんろう)ではんだづけする. 〖1843〗

sóft sólder *n*. **1** 軟質はんだ, 軟鑞(なんろう) 《溶融点の低い(約 370°C 以下)鉛とすずの合金はんだ; cf. hard solder》. **2** =soft sawder. 〖1594〗

sóft sóle *n*. (子供用の)軟らかい靴底の靴, ソフトソール.

sóft sóre *n*. 〔医学〕 軟性下疳(げかん) (chancroid). 〖1884〗

sóft-spóken *adj*. **1** 〈人が〉優しくものを言う, もの柔らかな, 優しい, 穏やかな (mild). **2** 〈言葉が〉もの柔らかな, 当たりの柔らかな (suave). 〖1609〗

sóft spòt *n*. **1** 〔…に対する〕感情的な弱み, 好感, 好み 〔*for*〕: have a ~ *for* girls 女の子に弱い[甘い]. **2** 弱い箇所, 弱点: a ~ in the defense 防備上の弱点. 〖1845〗

sóft stéel *n*. 軟鋼. 〖1868〗

sóft súgar *n*. グラニュー糖; 粉砂糖. 〖1818〗

sóft tàck *n*. (hardtack に対して) 普通のパン(など). 〖1833〗

sóft tárget *n.* (軍事[テロ]攻撃などに対して)比較的無防備な人[もの], ソフトな標的.

sóft thìng *n.* =soft snap.

sóft tìck *n.* 〘動物〙 ヒメダニ《背板のないヒメダニ科のダニ; cf. hard tick》.

sóft tíssue *n.* 〘解剖〙(骨・軟骨を除く)柔組織.

sóft-tòp *n.* 屋根が折りたたみ式の自動車.

sóft tóuch *n.* 〘口語〙 **1** 金を借りやすい人; 説得しやすい[与(くみ)しやすい]相手; だまされやすい人. **2** 簡単に負ける相手[チーム]. **3** 楽な仕事, 朝飯前の事. 〖1939〗

sóft tóy *n.* 〘英〙 ぬいぐるみ (《米》 stuffed animal). 〖1917〗

sóft tùbe *n.* 〘電子工学〙 ソフトチューブ, 軟真空管 《真空度の低い真空管; cf. hard tube》.

sóft vérge *n.* =soft shoulder.

soft·ware /sɔ́(ː)ftwɛ̀ə, sɑ́(ː)ft- | sɔ́ftwɛ̀ə$^{(r)}$/ *n.* **1** ソフトウェア: **a** 〘電算〙 コンピューターを使用するためのプログラムの総称 (cf. hardware). **b** 〘教育〙 視聴覚教育の教材. **2** ロケット・ミサイル・宇宙船などの図面[燃料(など)]. 〖1960〗

sóftware hòuse *n.* コンピューターソフトの会社. 〖1969〗

sóft whéat *n.* 軟質小麦 《澱粉含量が多く, 麩質(ふ)(gluten) 分の少ない品質のもの; 多く菓子・朝食用穀物食に用いる; cf. hard wheat, durum wheat, weak 7》. 〖1812〗

sóft wícket *n.* 〘クリケット〙 湿った[水浸しの]ピッチ (pitch) の状態 《投手に有利; cf. sticky wicket》.

sóft-wítted *adj.* =softheaded.

sóft·wòod *n.* 〘林業〙 **1** 軟木, 軟材 (cf. hardwood). **2** 針葉樹. — *adj.* 軟材の; 軟材でできている, 軟材製の. 〖1832〗

sóft-wòoded *adj.* **1** 軟材の, 軟材製の. **2** 針葉樹材の. 〖1827〗

soft·y /sɔ́(ː)fti, sɑ́(ː)f- | sɔ́f-/ *n.* 〘口語〙 **1** 情に動かされやすい人, 涙もろい人. **2** 男らしくない人, 柔弱な[意気地のない]人. **3** だまされやすい人; お人好し, おめでたい人 (soft person). 〖(1863): ⇨ -y²〗

SOG /ésòudʒíː | -əu-/ 《略》 Special Operations Group.

SOGAT /sóugæt | sə́u-/ 《略》 〘英〙 Society of Graphical and Allied Trades. 〖1966〗

Sog·di·an /sɑ́(ː)gdiən, sɔ́(ː)g- | sɔ́g-/ *n.* **1** ソグド人 《Sogdiana 地方に住んでいた古代イラン人》. **2** 〘言語〙 ソグド語 《Sogdiana の言語; イラン語系に属した死語》. — *adj.* ソグド人の; ソグド語の. 〖□ L *Sodiāni* (pl.) ← *sogdiānus* □ OPers. *Sughuda* Sogdiana: cf. -an¹〗

Sog·di·a·na /sɑ̀(ː)gdiǽnə, sɔ̀(ː)g-, -ɑ́ːnə | sɔ̀gdiɑ́ːnə, -éɪnə/ *n.* ソグディアナ 《中央アジア, ウズベキスタンの Samarkand を中心とし Amu Dar'ya と Syr Darya 川との間にあった古代ペルシャ帝国の一州》. 〖(1553) □ L *Sogdiāna* (*regio*) Sogdian (region)〗

sog·gy /sɑ́(ː)gi, sɔ́(ː)gi | sɔ́gi/ *adj.* (**sog·gi·er; -gi·est**) **1 a** 水・湿気を含んだ; 〈土地などが〉水浸しになった, びしょぬれの: a ~ ground. **b** (生焼けパンのように)ねっとりした, ふやけた (↔ light): ~ bread. **c** 湿った: The air was ~ and heavy. 空気が湿って重かった. **2** 〘口語〙 元気のない, だれた, ぼんやりした. **sóg·gi·ly** /-gəli/ *adv.* **sóg·gi·ness** *n.* 〖(*a*1722) ← 《方言》 sog marsh (← ?)+-y⁴〗

S **Sóg·ne Fjórd** /sɔ́(ː)ŋnə-, sɑ́(ː)ŋ- | sɔ́ŋnə-/ *n.* ソグネフィヨルド 《ノルウェー南西部の, 同国最大のフィヨルド》.

soh¹ /sóu | sə́u/ *int.* 〘古〙 =so¹. 〖*a*1814?〗

soh² /sóu | sə́u/ *n.* =sol¹.

So·ho /sóuhou, ⌐ — ⌐ | sə́uhəu, ⌐ — ⌐/ *n.* ソーホー 《London の Westminster 区の一地域; 歓楽街として知られ, 外国料理レストランが多い》. 〖(1818) ↓〗

So·Ho /sóuhou, ⌐ — ⌐ | sə́uhəu, ⌐ — ⌐/ *n.* ソーホー 《米国 New York 市 Manhattan 南西部の地区; ギャラリーなどが多い前衛的な芸術の中心地》. 〖(1973) ← *So(uth of) Ho(uston)* その所在地〗

SOHO /sóuhou, ⌐ — ⌐ | sə́uhəu, ⌐ — ⌐/ *n.* ソーホー 《インターネットを活用して自宅などで行う小規模な業務形態》: ~ business. 〖(頭字語) ← *S(mall) O(ffice) H(ome) O(ffice)*〗

so-ho /souhóu | səuhə́u/ *int.* そーら, それ 《獲物を発見した場合の掛け声; 時に人に注意を与えたり, 物を発見したときなどの発声》. 〖(1307) *so ho, so howe* (擬音語)〗

soi·di·sant /swɑ̀ːdiːzɑ́ː(ŋ), -zɑ́ːŋ | ⌐ — ⌐, ⌐ — ⌐; *F.* swadizɑ̃/ *F. adj.* [軽蔑的に] 自称の (self-styled), 自己免許の, 自ら触れ込む (pretended, would-be): a ~ doctor 自称博士 / a ~ poet 詩人と称する人. 〖(1752) □ F ~ ← *soi* oneself+*disant* ((pres.p.) ← *dire* to say)〗

soi·gné /swɑːnjéɪ | ⌐ — , ⌐ — ⌐; *F.* swaɲe/ *F. adj.* (*also* **soi·gnée** /~; *F.* ~/) **1** 入念に仕上げられた; 当世風の: a ~ restaurant, dress, etc. **2** 身なりのきちんとした (well-groomed). 〖(1821) □ F ~ (p.p.) ← *soigner* to take care of〗

soi·gneur /swɑːnjə́ː | -njə́ː$^{(r)}$; *F.* swaɲœːʁ/ *n.* 〘自転車〙 トレーナー 《特にレース中のチームのトレーニング, マッサージなどの面倒をみる人》.

soil¹ /sɔ́ɪl/ *n.* **1** (植物の生長に適した地殻の表面の)土, 土壌, うわ土: a few loads of ~ 二, 三荷[車]の土 / (a) poor [rich, good, fertile] ~ やせた[肥えた]土 / sandy ~ 砂質土壌 / arable ~ 耕土 / alluvial ~ 沖積土 / clay [heavy] ~*s* 粘土質土壌 《cf. zonal soil, azonal soil, intrazonal soil, horizon 3》. **2** 土地 (ground), 国 (country): the lord of the ~ 領主, 地主 / one's native [parent] ~ 母国, 故郷 / set foot on foreign [British] ~ 異国[英国]の地を踏む. **3 a** 耕地, 田畑: work on the ~ 田畑で働く. **b** [the ~] 農耕生活, 農業: a tiller [son] of *the* ~ 農夫. **4** 温床, 生育地: the ~ for crime 犯罪の温床 / Social discontent is the ~ in which anarchy thrives. 社会的不満は無政府主義の温床である. 〖(?*c*1380) □ AF ~ < L *solium* seat: 意味上 L *solum* ground の影響を受けた〗

soil² /sɔ́ɪl/ *vt.* **1** 〈物の表面を〉汚す, きたなくする, …にしみをつける (stain), 汚損する (smudge): ~ one's clothes 衣服を汚す / ~ a wall 壁を汚す. **2** (恥・不正・罪などで)〈名声・家名などを〉汚(けが)す, 汚損する (sully, disgrace) / ⇨ *soil one's* HANDS / His character was ~*ed* by serious crimes. 彼の名声は重罪で汚された. **3** 道徳的に汚す, 堕落させる (corrupt) 〔*with*〕: ~ a person's minds *with* dirty books 猥褻(わいせつ)本で人の心を汚す. — *vi.* **1** 汚れる, きたなくなる, しみがつく: White shirts ~ easily. 白いシャツは汚れやすい. **2** 〈病人などが〉糞便をもらす.
— *n.* **1 a** 汚す[汚される]こと, 汚れ. **b** 堕落 (corruption). **2** 汚点 (foul spot), しみ. **3 a** 汚物, 不潔物 (filth). **b** 下水汚物 (sewage). **c** 糞尿, 肥料. 〖(?*a*1200) *soile(n)* □ OF *so(u)ill(i)er* (F *souiller*) < VL **suculāre* ← L *suculus, sucula* (dim.) ← *sūs* pig: ⇨ sow²〗

soil³ /sɔ́ɪl/ *vt.* **1** (太らせるため牧舎または囲い地で)〈牛・馬などに〉青草を食わせる. **2** 〈牛・馬などに〉緑草を与えて便通をつける. 〖(1605) ? ← SOIL² (n.) 3〗

soil·age¹ /sɔ́ɪlɪdʒ/ *n.* **1** 汚すこと; 汚損. **2** 〘古〙 汚物, ごみ (refuse). 〖(1598) (1926) ← SOIL²+-AGE〗

soil·age² /sɔ́ɪlɪdʒ/ *n.* 青草 《家畜の食糧用》. 〖(1928) ← SOIL³+-AGE〗

sóil àuger *n.* 〘土木〙 土オーガー 《土質試料を採取するためのボーリング用の錐(きり)》. 〖1927〗

sóil bànk *n.* 〘農業〙 土壌銀行 《普通の作物栽培をやめて地力培養作物を作付けている農民に政府から補助金を与えるという米国の制度》. 〖1955〗

sóil·bòrne *adj.* 土壌性の: ~ fungi 土壌菌類. 〖1944〗

sóil càp *n.* 〘地質〙 岩盤を覆う土の層, 覆土層.

sóil-cemènt *n.* 〘土木〙 ソイルセメント 《作業現場の土にセメントを混ぜ適当な湿りを与えて固まらせたもの; 道路舗装の基礎などに用いる》. 〖1936〗

sóil còlloid *n.* 〘土木〙 土コロイド 《微粒径の粘土鉱物》.

sóil condìtioner *n.* 〘農業〙 土壌改良剤[薬], 団粒形成促進剤 《硬い粘土質の土壌を耕作しやすいものに改良する化学薬品》. 〖1952〗

sóil conservàtion *n.* 〘農業〙 土壌保全 《水や風による土壌浸食を防止すること》. 〖1932〗

sóil crèep *n.* 〘地質〙 土壌クリープ 《重力により斜面上に起こる目に見えないほどゆっくりとした地すべり》.

soiled¹ *adj.* [通例複合語の第 2 構成素として] (…の)土壌の, 土壌が…の: deep-*soiled* 土壌の深い / rich-*soiled* 肥えた土壌の. 〖(*c*1645): ⇨ soil¹〗

soiled² *adj.* 汚れた, きたない (⇨ dirty SYN). 〖(*a*1250): ⇨ soil² v.〗

sóil horìzon *n.* 〘土壌〙 土壌の層位, 土層 (cf. ABC soil). 〖1923〗

sóil·less *adj.* 土壌を用いない: ~ agriculture 水耕農業. 〖1938〗

sóil màp *n.* 〘土木〙 土性図 《土の組成分の割合を図示したもの》. 〖1898〗

sóil mechànics *n.* 〘土木〙 土質力学. 〖1920〗

sóil pìpe *n.* (水洗トイレなどから汚水・汚物を流す)汚水管. 〖1833〗

sóil ròt *n.* 〘植物病理〙 =pox 5.

sóil scìence *n.* 土壌学 (cf. edaphology). 〖1915〗

sóil sèries *n.* 〘土壌〙 土壌統 《地形・地質・気候が近似した地方にみられる成因を同じくする土壌の群》. 〖1905〗

sóil stàck *n.* 垂直の汚水管, 汚水スタック.

soil·ure /sɔ́ɪljə | -ljə$^{(r)}$/ *n.* 〘古〙 **1** 汚すこと, 汚損. **2** しみ, 汚点 (stain). 〖(1297) ~ □ OF *soilleure* (F *souillure*) ← *soillier*: ⇨ soil², -ure〗

soi·ree /swɑːréɪ | swɑ́ːreɪ, swɔ́r-, ⌐ — ⌐; *F.* swaʁe/ *n.* (*pl.* ~**s** /~z; *F.* ~/) (*also* **soi·rée** /~; *F.* ~/) (音楽・談話などのための)夜会 (evening party) (cf. matinee 1): a musical ~ 音楽の夕べ. 〖(1793) □ F *soirée* evening (party) ← *soir* evening < L *sērum* late hour ← *sērus* late〗

Sois·sons /swɑːsɔ́ː(ŋ), -sɔ́ːŋ; *F.* swasɔ̃/ ソアソン 《フランス北部の, Aisne 川中流にある古くからの都市》.

soix·ante-neuf /swɑ̀ːsɑ̀ː(n)tnə́ːf, -sɑ̀ːnt- | swæ̀s-, swɑ̀s-, -sɔnt-; *F.* swasɑ̃tnœf/ *n.* 《俗》 シックス(ティー)ナイン (sixty-nine) 《男女・同性同士が同時に行う相互性器接吻; cf. fellatio, cunnilingus》. 〖(1888) □ F ~ (原義) sixty-nine: その体位から〗

so·journ /sóudʒəːn, ⌐ — ⌐ | sɔ́dʒə(ː)n, sʌ́dʒ-/ ★《米》では動詞を /⌐ — ⌐/, 名詞を /⌐ — ⌐/ のアクセントで発音して区別する人がいる. *n.* **1** 一時滞在, 逗留; 寄留: a ~ in America. **2** 〘古〙 仮住まい. — *vi.* 〈旅人などが〉(外国・ホテルなどに)一時滞在する, 逗留する 〔*in, at*〕; 〔人の家に〕寄留する 〔*with, among*〕: ~ *in* England / ~ *at* a hotel / ~ *with* one's uncle. **~·er** *n.* 〖v.: (*c*1230) *soio(u)rne(n)* □ OF *so(r)jorner* (F *séjourner*) < VL **subdiurnāre* ← SUB-+LL *diurnum* day: ⇨ diurnal. — n.: (*c*1250) □ OF *su(r)jurn* ← (v.)〗

soke /sóuk | sə́uk/ *n.* 〘英法〙 (昔の, 地方的な)裁判[司法]権; 裁判[司法]管区.
Sóke of Péterborough [the ~] ⇨ Peterborough.
〖(*c*1290) □ ML *sōca* □ OE *sōcn* inquiry, right of local jurisdiction < Gmc **sōkniz* ← **sōk-*: ⇨ seek〗

soke·man /sóukmən | sə́uk-/ *n.* (*pl.* **-men** /-mən, -mèn/) 〘英〙 (デーン法で, socage に基づき兵役義務を負わない, 昔の)封建領臣, 土地保有者. 〖lateOE *socheman* □ AF *sokeman*: ⇨ ↑, man¹〗

soke·man·ry /sóukmənri | sə́uk-/ *n.* 〘英〙 **1** (他人の地方的裁判権に服する昔の)土地保有権. **2** 封建領臣(の身分). 〖(*c*1290) □ AF *sokemanerie*: ⇨ ↑, -ry〗

So·kol /sóukouł | sə́ukəuł/ *n.* スラブ体育協会 《1862 年に Prague で組織された》. 〖(1910) □ Czech ~ (原義) falcon〗

So·ko·to /sóukoutòu, ⌐ — ⌐ | sə́ukətəu, ⌐ — ⌐/ *n.* ソコト 《ナイジェリア北西部の州; 19 世紀中は Fulah 族の王国があった; 州都 Sokoto》.

So·ko·tra /səkóutrə, sou- | sə(u)kə́utrə, sɔ-/ *n.* = Socotra.

sol¹ /sóul | sɔ́l/ *n.* 〘音楽〙 **1** (階名唱法の)「ソ」《全音階的長音階の第 5 音; ⇨ do³》. **2** (固定ド唱法の)「ソ」, ト (G) 音 《ハ調音階の第 5 音》. 〖(*c*1325) □ ML ~ ← L *solve*: ⇨ gamut〗

sol² /sɑ́(ː)l, sɔ́(ː)l | sɔ́l; *F.* sɔl/ *n.* (*pl.* ~**s** /~z; *F.* ~/) ソル 《フランスの古い通貨単位, =$^1/_{20}$ livre, =12 deniers》; **1** ソル貨 《最初は金貨, ついで銀, 銅貨となる; 大革命のときは sou として知られた》. 〖(1583) □ OF ~ (F *sou*): ⇨ sou: cf. solidus〗

sol³ /sóuł, sɑ́(ː)l, sɔ́(ː)l | sɔ́l; *Am.Sp.* sól/ *n.* (*pl.* ~**s, so·les** /sóuleɪs | sə́u-; *Am.Sp.* sóles/) **1** ソル 《ペルーの古い通貨単位で青銅貨; cf. nuero sol》. **2** ペルーの旧金貨 (libra). 〖(1884) □ Sp. ~ (原義) sun < L *sōl*: ⇨ sun〗

sol⁴ /sɑ́(ː)l, sɔ́(ː)l | sɔ́l/ *n.* 〘物理化学〙 ゾル, コロイド溶液 《分散媒中に物質がコロイド状に分散している状態; colloidal solution ともいう; cf. gel》. 〖(1899) 《略》 ← SOLUTION: cf. hydrosol〗

Sol¹ /sɑ́(ː)l, sóuł | sɔ́l/ *n.* ソル 《男性名》. 〖(dim.) ← SOLOMON〗

Sol² /sɑ́(ː)l, sóuł | sɔ́l/ *n.* **1** 〘ローマ神話〙 ソル 《古代ローマ人の太陽神; ギリシャ神話の Helios に当たる》; (ローマ人によって神格化された)太陽; 《詩》 太陽. **2** [s-] 〘錬金術〙 金 (gold). 〖(*c*1450) □ L *sōl* 'SUN': cf. solar¹〗

SOL 《略》 shipowner's liability.

sol. 《略》 solicitor; soluble; solution.

Sol. 《略》 Solicitor; Solomon.

s.o.l. 《略》 〘商業〙 shipowner's liability 船主の責務.

so·la¹ /sóulɑː, -lə | sə́ulə/ *n.* 〘植物〙 クサネム (*Aeschynomene aspera*) 《インド産マメ科の低木性草本, その軽い髄質の茎はインド人の日よけ帽 (sola topi) などの材料》. 〖(1845) □ Hindi *solā*〗

so·la² /sóulə, -lɑː | sə́u-/ *L. adj.* solus の女性形. 〖(1737) (fem.) ← L *sōlus*: ⇨ sole¹〗

so·la³ /sóulə, -lɑː | sə́u-/ *n.* solum の複数形.

sol·ace /sɑ́(ː)lɪ̀s | sɔ́l-/ *n.* **1** (悲しみ・孤独・不快などの)慰め, 慰藉(いしゃ), 慰安 (consolation): find ~ from grief in religion 悲しみをいやすものを宗教に見出す. **2** 慰めるもの, 慰安物: Her friends were her only ~ during her distress. 悲嘆に明け暮れる中で友人は彼女の唯一の慰めだった. — *vt.* **1 a** 〈人に〉慰安を与える, 慰める; 元気づける. **b** [~ *oneself* で] 〔…で〕自ら慰める 〔*with*〕: I ~ *myself with* traveling. 旅行で自ら慰めている. **2** 〈苦痛・悲嘆などを〉和らげる (alleviate, relieve) (⇨ comfort SYN): ~ sorrow, distress, etc. — *vi.* 〘廃〙 慰藉[慰安]を得る, 慰め[慰安]となる. **sól·ac·er** *n.* **~·ment** *n.* 〖(*c*1300) *solas* □ OF (F 《方言》) *soulas* < L *sōlātium, sōlācium* ← *sōlārī* to console ← IE **sel-* of good mood (⇨ silly)〗

so·lan /sóulən | sə́u-/ *n.* 〘鳥類〙 =gannet 1.

So·la·na·ce·ae /sòulənéɪsiiː | sə̀u-/ *n. pl.* 〘植物〙 ナス科. **sòl·a·ná·ceous** /-ʃəs⁻/ *adj.* 〖← NL ~: ⇨ solanum, -aceae〗

so·lán·der càse [**bòx**] /souləndə- | sə(u)lǽndə-/ *n.* (外見が書籍型でしばしば皮装丁してある)書類入れ[文書箱] 《単に solander ともいう》. 〖(1877) ← (1788) *Solander* ← *Daniel C. Solander* (1736–82: 考案者であるスウェーデンの植物学者)〗

sólan góose *n.* 〘鳥類〙 シロカツオドリ (⇨ gannet 1) 《単に solan ともいう》. 〖(1536) *solan*: ← (15C) *soland* ← ? ON *sūla* gannet+ON *and-, ǫnd* duck〗

so·la·nine /sóulənìːn, -nɪ̀n | sə́ulənìːn, -nɪn/ *n.* (*also* **so·la·nin** /-nɪ̀n | -nɪn/) 〘化学〙 ソラニン ($C_{45}H_{73}NO_{15}$) 《ジャガイモなどの新芽に含まれるアルカロイド (alkaloid)》. 〖(1838) □ F ~: ⇨ ↓, -ine³〗

so·la·num /səléɪnəm, sou- | sə(u)-/ *n.* 〘植物〙 ナス科ナス属 (*Solanum*) の植物の総称 《ナス (*S. melongena*), ジャガイモ (*S. tuberosum*), イヌホウズキ (*S. nigrum*) など》. 〖(1578) ← NL ~ ← L *sōlānum* nightshade ← *sōl* 'SUN'〗

so·lar¹ /sóulə | sə́ulə$^{(r)}$/ *adj.* **1 a** 太陽の[に関する]: ~ phenomena 太陽現象 / a ~ spot 太陽の黒点. **b** 太陽によって生じる[から起こる, の作用による]: ~ light [heat] 日光[太陽熱] / ~ energy 太陽エネルギー / the ~ rays 太陽光線 / a ~ spectrum 日光スペクトル. **2** 太陽熱[光線]の作用によって作られた; 太陽熱[光線]を利用した: a ~ engine. **3** 太陽の運行で測った: ⇨ solar calendar, solar time. **4** 太陽崇拝の, 太陽神の: ~ myths. **5** 〘占星〙 太陽の影響を受ける. 〖(*c*1450) □ L *sōlāris* ← *sōl* 'sun': ⇨ -ar¹〗

sol·ar² /sɑ́(ː)lə, sóulə | sɔ́lə$^{(r)}$, sə́ul-/ *n.* (日光浴室・個室・教会の高廊など)階上の部屋; 《特に, 中世英国の》高級家屋の家族用私室. 〖(*c*1390) *soler* □ AF=OF *solier* < L *sōlārium* (⇨ solarium) ∞ OE *solor, soler* □ L〗

sólar antápex *n.* 〘天文〙 反向点, 太陽背点 (↔ solar apex) 《太陽が空間を運動している方向と反対に当たる天球上の点; antapex ともいう》.

sólar ápex *n.* 〘天文〙 太陽向点 《太陽系が空間を進行して行く方向に当たる天球上の点; cf. antapex》. 〖1875〗

sólar báttery *n.* 太陽電池(装置)《solar cell によって日光のエネルギーを直接電気に変える装置》. 〚1954〛

sólar cálendar *n.* [the ～] 太陽暦, 陽暦 (cf. Gregorian calendar).

sólar céll *n.* 太陽光電池《起電力を利用し日光を直接電気エネルギーに変える電池》. 〚1955〛

sólar colléctor *n.* 太陽熱収集器 (solar panel), 太陽熱集熱器. 〚1955〛

sólar cónstant *n.* [the ～]〘天文〙太陽定数[常数]《地球表面上で太陽に向いた平面に 1 cm² あたり毎分降り注ぐ太陽エネルギー; ただし地球大気による吸収, 雲の反射などは補正し, 真空の場合と見なした数値; 約 1.94 cal./cm² min.》. 〚1869〛

sólar cóoker *n.* ソーラークッカー《太陽光線を熱源に利用した調理器具》.

sólar cýcle *n.* [the ～]〘天文〙 **1** 太陽周期《太陽活動が活発になったり静かになったりする周期; 約 11 年》. **2** 太陽循環期《月日と曜日とが一致する年で, 28 年; cf. Metonic cycle》.

sólar dáy *n.* **1**〘天文〙太陽日(ⁱ)《太陽が子午線を通過して次に再び同じ子午線を通過するまでの時間; cf. lunar day》: a mean ～ 平均太陽日. **2**〘法律〙白昼《日の出から日没までの時間》. 〚*c*1764〛

sólar eclípse *n.*〘天文〙日食 (cf. lunar eclipse).

sólar énergy *n.* 太陽エネルギー. 〚1884〛

sólar fláre *n.*〘天文〙フレア, 太陽面爆発《太陽表面の小部分が突然明るさを増し, 数分から数十分でもとに戻る現象; flare ともいう; cf. solar wind》. 〚1938〛

sólar fúrnace *n.* (太陽のエネルギーを利用した)太陽炉. 〚1924〛

sólar héating *n.* ソーラーヒーティング《太陽熱による暖房》. 〚1903〛

sólar hóuse *n.* ソーラーハウス《太陽熱を最大限に吸収蓄熱するように設計された住宅》. 〚1946〛

solaria *n.* solarium の複数形.

so·lar·im·e·ter /sòʊlərímətə | sàʊlərímɪ̀tə(r/ *n.* 全天日射計 (pyranometer)《太陽輻射熱を測定する装置》. 〚(1962): ⇨ solar¹, -i-, -meter¹〛

so·lar·ism /sóʊlərìzm | sə́ʊ-/ *n.* 太陽中心説《神話の解釈に当たって太陽と関連させて論ずる説》. **só·lar·ist** /-rɪ̀st | -rɪst/ *n.* 〚(1885): ⇨ -ism〛

so·lar·i·um /soʊlέ*ə*riəm, sə- | sə(ʊ)lέər-/ *n.* (*pl.* **-i·a** /-riə/, 2 ではまた ～**s**) **1** (紫外線で人工的日焼けをするための)太陽灯付きベッド; 太陽灯の備わった部屋. **2** (海浜ホテルや病後療養所などの)日光浴室, サンルーム (sunroom). **3** (ローマの)日時計 (sundial). 〚(1842) □ L *sōlārium* sundial, terrace ← *sōl* 'sun' + -ARIUM〛

so·lar·i·za·tion /sòʊlərɪ̀zéɪʃən | sə̀ʊlərai-, -rɪ-/ *n.* **1** 太陽光線にさらすこと, 感光. **2**〘写真〙露出過度による反転現象, ソラリゼーション《過度の露光のため現像すれば直接陽画ができること》. **3**〘植物〙ソラリゼーション《太陽照射過度による葉内の光合成などの抑制》. 〚(1853): ⇨ ↓, -ation〛

so·lar·ize /sóʊlərὰɪz | sə́ʊ-/ *vt.* **1** (直接)太陽光線にさらす, 感光させる. **2** 〈神話などを〉太陽中心説と関連して解釈する; 太陽中心説で色づけする. **3**〘写真〙過度に露出させる, (過度露出で画像が明暗を)反転させる. **4** (日光または太陽灯で)日光浴療法を施す. **—** *vi.*〘写真〙過度に露出する, 反転する. 〚(1853) ← SOLAR¹ + -IZE〛

sólar máss *n.*〘天文〙太陽質量《太陽の質量を 1 とした恒星などの天体の質量単位》.

sólar mónth *n.* 太陽月《1 年の ¹/₁₂; 30 日 10 時間 29 分 3.8 秒》.

sólar mýth *n.* 太陽神話. 〚1870〛

sólar nóise *n.*〘電気〙太陽雑音《太陽活動に起因して出る電波による雑音》.

sólar óil *n.*〘化学〙ソーラー油, 石油軽油《燃料用》. 〚1864〛

sólar pánel *n.* 太陽電池板《人工衛星などに用いる太陽電池》. 〚1961〛

sólar pléxus *n.* **1**〘解剖〙太陽神経叢(ᵗ)《胃の後部にある大きな神経叢; 神経が放射状に出ているための命名》. **2**《口語》みぞおち (pit of the stomach). 〚1771〛

sólar pónd *n.* ソーラーポンド《底に高熱の濃塩水がたまっている池; ここを太陽発電に利用する》. 〚1961〛

sólar pówer *n.* 太陽熱発電. 〚(1908) 1915〛

sólar-pówered *adj.* 太陽エネルギーで動く.

sólar próminences *n. pl.*〘天文〙紅炎《太陽光球面から上方に噴きあがる赤色の炎状噴出現象》.

sólar radiátion *n.* 太陽輻射, 日射.

sólar sáil *n.*〘宇宙〙ソーラーセイル《人工衛星の姿勢安定・推進用に太陽光の圧力を利用するための帆》. 〚1960〛

sólar sált *n.* 天日塩. 〚1861〛

sólar stíll *n.* 太陽蒸留器《太陽光線によって海水または汚染された水を飲料水に変える装置; 飛行機が海上に不時着したときなどに用いる》.

sólar sỳstem *n.* [the ～]〘天文〙太陽系. 日英比較 太陽熱利用機構を「ソーラーシステム」というのは和製英語. 英語では solar heating system [unit], 太陽光線を利用した発電板は solar panel という. 〚*a*1704〛

sólar tìme *n.* 太陽時.

sólar wínd *n.*〘天文〙太陽風《太陽からはるか遠方にまで吹き出される粒子群; 地球・月その他の惑星の磁場に影響を与える; cf. stellar wind, Van Allen belt, magnetosphere》. 〚1958〛

sólar yéar *n.*〘天文〙太陽年 (⇨ tropical year).

SOLAS /sóʊləs | sə́ʊ-/ *n.* [通例限定的に用いて] 海上における人命の安全, SOLAS《海の安全についての一連の国際会議で取り決められた条約についていう》. 〚《頭字語》← *s(afety) o(f) l(ife) a(t) s(ea)*〛

sol·ate /sɑ́(ː)leɪt, sóʊl- | sɔ́l-/ *vi.*〘化学〙ゾル (sol) 化する. **sol·a·tion** /sɑ(ː)léɪʃən, soʊl- | sɔl-/ *n.* 〚← SOL⁴ + -ATE³〛

so·la·ti·um /soʊléɪʃiəm | sə(ʊ)-/ *n.* (*pl.* **-ti·a** /-ʃiə/) 《米》〘法律〙慰藉(ᵗ)料, 見舞金; 賠償金. 〚(1817) □ LL *sōlātium* 'SOLACE'〛

sóla tópi *n.* (クサネム (sola) の髄で作った)インド人の日よけ帽 (cf. sun helmet). 〚← SOLA¹〛

sold /sóʊld | sə́ʊld/ *v.* sell の過去形・過去分詞. 〚(1535) *sold(e)* < OE《北部方言》*salde* (pret.); ME *(i-)sold* (p.p.)〛

Sol·dan /sɑ́(ː)ldən, sóʊl- | sɔ́ldən, sə́ʊl-/ *n.* **1** [時に s-] イスラム教国の支配者. **2**《古》(特に)エジプトのスルタン (sultan). 〚(*c*1300) *sou(l)dan* □ OF □ Arab. *sulṭān*: ⇨ sultan〛

sol·da·nel·la /sɑ̀(ː)ldənélə, sòʊl- | sɔ̀l-/ *n.*〘植物〙ヨーロッパ産サクラソウ科イワカガミダマシ属 (*Soldanella*) の高山植物の総称. 〚(1579) ← NL ～ ← It. ← ?〛

sol·der /sɑ́(ː)də | sɔ́ʊldə(r, sɔ́ld-/ *n.* **1** はんだ, 白鑞(ʳᵒ): ⇨ hard solder, soft solder 1. **2** 結合物, かすがい, きずな (bond). **—** *vt.* **1** はんだで継ぐ. **2** 結合する, 密着させる (unite) 〈*up*〉. **—** *vi.* **1** はんだづけする; はんだで付ける[直る]. **2** 結合する, 癒合する. **～·a·ble** /sɑ́(ː)dərəbl | sɔ́ʊldər-, sɔ́l-/ *adj.* **sol·der·a·bil·i·ty** /sɑ̀(ː)dərəbíləti | sə̀ʊldərəbílɪ̀ti, sɔ̀l-/ *n.* **～·er** *n.* 〚(1374) *sou(l)dour, sawder(e)* □ OF *soldure, soudure, saudure* ← *solder, souder, sauder* to solder < L *solidāre* to fasten together ← *solidus* 'SOLID'〛

sól·der·ing /sɑ́(ː)dərɪŋ, -drɪŋ | sɔ́ʊldərɪŋ, sɔ́l-, -drɪŋ/ *n.*〘金属加工〙はんだ[鑞(ʳᵒ)]づけ, 鑞接(ʳᵒ). 〚(1466): ⇨ ↑, -ing¹〛

sóldering ìron [còpper] *n.* はんだごて. 〚1688〛

sóldering pàste *n.* (はんだづけ用の)ペースト.

soldi *n.* soldo の複数形.

sol·dier /sóʊldʒə | sə́ʊldʒə(r/ *n.* **1** 陸軍軍人 (cf. sailor 3); 軍人, 兵士: ～*s* and sailors 陸海軍人 / a private [common] ～ 兵士, 兵卒 / a militia ～ 国民兵 / a ～ of the carpet＝carpet knight / a ～ through and through 純然たる軍人 / play at ～*s* 兵隊ごっこをする《戯言的に志願兵の教練についてもいう》/ go [enlist] for a ～ 軍人を志願する, 軍人になる / ⇨ old soldier, Unknown Soldier, tin soldier. **2** 兵卒 (private soldier) (cf. officer 1 a); 下士官 (noncommissioned officer): both officers and ～*s* 将兵ともに. **3** 歴戦の勇士, (技量のある)戦士, 名将, 指揮官: a great ～ 立派な軍人, 将軍 / the great ～*s* of history 史上の名将 / I am no ～. 私には統率力がない. **4** 主義[主張]のために戦う人, 闘士, 戦士: a ～ of Christ [the Cross] キリスト[十字架]の兵士《伝道に熱心な人》. **5**《口語》働くふりをして怠ける人[水夫] (loafer), 怠け者 (shirk) (cf. *vi.* 2). **6**〘昆虫〙兵隊アリ, 兵アリ《アリ類・シロアリ類などの群中, 特に強大な頭をもった種類のアリ; 集団の防衛を主とするが, 他の集団や生物を攻撃することもある; アリ類では雌のみ, シロアリ類では雌雄両性から成る; soldier ant ともいう; cf. reproductive, worker 5》. **7**〘石工〙(れんがの小口(ᶜᵘ)を縦に並べる)垂直積み, 小端立(ᵗᵃ)積み, 小口立(ᵗᵃ)積み (cf. rowlock 2).
a sóldier of fórtune (1) (冒険と給料のために雇われてどんな所にでも行く)冒険軍人, 野武士 (military adventurer). (2) 勇気ある冒険家, 勇気ある人. 〚1661〛
cóme [pláy] the óld sóldier (1) 先輩づらをする, 経験をひけらかす. (2) 仮病を使って仕事をずるける.
— *vi.* **1** 軍人になる, 兵役につく: go ～*ing* 軍人になる / He has ～*ed* all over the world. 彼は世界中至る所に従軍した. **2**《俗》仕事を怠ける (loaf), 仮病を使う (malinger). ***sóldier ón***《口語》(困難をものともせず)じっと辛抱する, 働き続ける. 〚1954〛
〚(?*a*1300) *soldueour, sowd(i)er* □ OF *soud(i)er, so(l)dier* ← *sou(l)de* pay < LL *solidum* 'SOLIDUS': ⇨ -ier²〛

sóldier ánt *n.*〘昆虫〙 **1** ＝soldier 6. **2 a** ＝bulldog ant. **b** ＝army ant.

sóldier àrch *n.*〘建築〙ソルジャーアーチ《縦向きの煉瓦によって造られたアーチで, 頂部が平らまたはゆるやかにカーブする》.

sóldier bèetle *n.*〘昆虫〙ジョウカイボン科 (Cantharidae) の甲虫の総称《他の昆虫を捕食する》.

sóldier cràb *n.*〘動物〙 **1** ミナミコメツキガニ科のカニの総称 (*Mictyris longicarpus* など 4 種いる). **2** シオマネキ (fiddler crab). 〚(1668) 干潟で群れを成して歩く姿からこの名がある〛

sóldier·fìsh *n.*〘魚類〙 **1** イットウダイ (squirrelfish). **2** ＝rainbow darter. 〚(1: 1905; 2: 1882) その姿が武装した兵士に似ているところから〛

sóldier flỳ *n.*〘昆虫〙ミズアブ《ミズアブ科のアブの総称; 幼虫が水中・土中・腐木にすむ; アメリカミズアブ (*Hermetia illucens*) など》. 〚1842〛

sól·dier·ing /-dʒ(ə)rɪŋ/ *n.* 軍人であること, 軍人生活; 兵役 (military service). 〚1697〛

sóldier·lìke *adj.* ＝soldierly. 〚1542〛

sól·dier·ly *adj.* 軍人らしい, 軍人かたぎの; 勇ましい; きちんと[きりっと]した. **—** *adv.* 軍人らしく; 勇ましく. **sól·dier·li·ness** *n.* 〚(1577): ⇨ -ly¹·²〛

sóldier òrchid *n.*〘植物〙オルキス ミリタリス (*Orchis militaris*)《ラン科の球根植物; 花の形がヘルメットをかぶった兵隊のように見え, 密集していることから military orchid ともいう》.

sóldier sèttlement *n.*《豪》(退役軍人のための)国有地への入植割当て.

sóldier's héart *n.*〘病理〙心臓神経症 (cardiac neurosis). 〚1898〛

sóldier·shìp *n.* 軍人であること, 軍人の職[地位]; 軍人精神. 〚1561〛

sóldiers' hòme *n.*《米》退役老兵保護救済院. 〚1860〛

Sóldier's Mèdal *n.* (米国の)軍人褒章[勲章]《戦闘以外で英雄的行為を発揮した軍人・軍属に与えられる順位 7 番目の勲章》. 〚1926〛

sóldier's wínd *n.*〘海事〙側風《帆船の側面に吹く風》. 〚(1833) 陸兵でも操縦ができるほどの風の意から〛

sol·dier·y /sóʊldʒəri | sə́ʊl-/ *n.* **1** [集合的] 軍人, 兵隊 (soldiers); 軍隊: a wild undisciplined ～ 乱暴で無規律な兵隊たち. **2** 軍人の職. **3** 軍事教練 (military training). 〚(1570): ⇨ -y¹〛

sol·do /sɔ́(ː)ldoʊ, sɑ́(ː)l- | sɔ́ldəʊ; *It.* sɔ́ldo/ *n.* (*pl.* **-di** /-diː; *It.* -di/) ソルドー《イタリアの旧硬貨; ＝¹/₂₀ lira》. 〚(1599) □ It. ～ < L *solidum* 'SOLIDUS'〛

sóld-óut *adj.* 〈入場券など〉売切れの, 完売の. 〚1903〛

sole¹ /sóʊl | sə́ʊl/ *adj.* **1 a** 唯一の, たったひとりの (only) (⇨ single SYN): the ～ survivor [heir] 唯一の生存者[相続人]. **b** 他に類のない, 独特の (unique). **2** 単独の, 独占的な, 一手の (exclusive, unshared): a ～ manager 総支配人 / the ～ right (of, to ...) (...の)独占権 / on one's own ～ responsibility 自分一人の責任で / have [be in] ～ charge of ...をひとりで切り回す, の総支配人である / the ～ agent 総代理人; 一手販売人 / have the ～ right of selling a thing 物の独占販売権をもつ. **3** 単独で働く, 独力の: a ～ undertaking 独力の事業 / Conscience is the ～ judge in such a case. こういう場合は良心だけが判断のよりどころだ. **4**《古》孤独の, 連れのない, ひとりで[の] (unaccompanied, solitary): sit ～. **5**〘法律〙〈特に女性が〉未婚の, 独身の (unmarried, single): ⇨ feme sole. **～·ness** *n.* 〚(*c*1395) *soul(e)* □ OF *soule* < L *sōlum*, (nom.) *sōlum*《原義》? being by oneself ← IE *se- his, her, its, one's〛

sole² /sóʊl | sə́ʊl/ *n.* **1** 足裏 (⇨ leg 挿絵), 足底; (馬の)ひづめの底. ★ ラテン語系形容詞: plantar, volar. **2** 靴底; 底革 (⇨ shoe 挿絵). **3 a** (物の)底部, 基部 (bottom, lower part). **b** そり[スキー]の底面. **c** (水車の水かきを固定させる)円柱形の軸盤. **d** かんなの裏. **e** 犂(ˢᵘ)先の下部. **f** (オーブンなどの)底部, 炉床. **4 a**〘海事〙(船室の)底板. **b**〘造船〙＝solepiece. **5** (ゴルフクラブの)ソール《ヘッドの裏底》. **—** *vt.* 〈靴・靴下などに〉底をつける, 〈靴などの底を張り替える. **2** ...の底部となる. **3**〘ゴルフ〙〈クラブを〉ソールする《球を打つためにソールを地面につける; cf. n. 5》. **～·less** *adj.* 〚lateOE *solen* (pl.) ← *solu, *sole □ VL *sola＝L *solea* sandal ← *solum* ground, sole of the foot ← ?: cf. soil¹〛

sole³ /sóʊl | sə́ʊl/ *n.* (*pl.* ～, ～**s**)〘魚類〙シタガレイ, シタビラメ《ササウシノシタ科の食用魚の総称》; (特に)ホンササウシノシタ, ソール (*Solea solea*)《西ヨーロッパの沿岸に広く分布する; Dover sole ともいう》. 〚(1347) □ (O)F ～ < VL *sola(m)＝L *solea* (↑): その形にちなむ〛

Sole /sóʊl | sə́ʊl/ *n.* ソール《海上気象予報区の一つ; 大西洋北東部の海域で, イギリス海峡への西からの進入路に当たる》.

sóle·bàr *n.* 側梁(ᵍᵃ)《鉄道車両の台枠の一部を成す, 長手方向の構造材》.

sol·e·cism /sɑ́(ː)ləsìzm, sóʊl- | sɔ́lɪ̀-, -lɛ-/ *n.* **1** 文法違反, 語法違反, 破格 (grammatical error). **2** 無作法, 失礼 (breach of etiquette). **3** 誤り, 不適当, 失当 (error, impropriety). 〚(1577) □ F *solécisme* // L *soloecismus* □ Gk *soloikismós* ← *sóloikos* speaking incorrectly ← *Sóloi* (ギリシャの植民地で Cilicia の町の名, アッティカ方言の誤用で有名): ⇨ -ism〛

sól·e·cist /-sɪ̀st | -sɪst/ *n.* **1** 文法[語法]違反者. **2** 無作法者. 〚(1725) □ LL *soloecista*: ⇨ ↑, -ist〛

sol·e·cis·tic /sɑ̀(ː)ləsístɪk, sòʊl- | sɔ̀lɪ̀-, -lɛ-⁻/ *adj.* **1** 文法違反の; 破格の, 誤った. **2** 〈思想・行為など〉不穏当な, 無作法な. 〚(1806): ⇨ ↑, -ic¹〛

sòl·e·cís·ti·cal /-tɪ̀kəl, -kl | -tɪ-⁻/ *adj.* ＝solecistic. **～·ly** *adv.* 〚(1654): ⇨ ↑, -al¹〛

soled /sóʊld | sə́ʊld/ *adj.* [通例複合語の第 2 構成素として] (...の)底の, 靴底が...の: thick-*soled* 底革の厚い / double-*soled* 二重底の. 〚(1480) ← SOLE² (n.) + -ED 2〛

sóle lèather *n.* **1** (特に, 靴底用の)丈夫な厚革. **2**〘植物〙コンブ《コンブ属 (*Laminaria*) の大きな海藻の総称; ミツイシコンブ (*L. angustata*) など; sole-leather kelp ともいう》. 〚1: 1408; 2: 1866〛

sole·ly /sóʊlli | sə́ʊlli/ *adv.* **1** たったひとりで (alone), 単独で (singly), 一手に: He is ～ responsible for it. それは彼の単独責任だ / He went out ～. ひとりで出て行った. **2** もっぱら (exclusively); ただ, 単に (only), 全然, 全く (entirely): a ～ fictitious story 全く虚構の物語 / ～ for money [your sake] 全く金銭目当てに[ただ君のために] / ～ to please you ただ君の意に添うために / ～ because ... 全く...の故に / The plant can be found ～ in Japan. その植物は日本でしか見られない. 〚(1495): ⇨ sole¹, -ly¹〛

sol·emn /sɑ́(ː)ləm | sɔ́l-/ *adj.* (～**·er**; ～**·est**) **1 a** 厳粛な, まじめな (grave); 厳粛な感じを与える, 荘重な (august): ～ silence [truth] 厳粛な沈黙[真実] / ～ music 荘重な音楽 / a ～ cathedral 荘厳な大聖堂 / on such a ～ occasion このような厳粛な場合に / give a ～ warning 厳重な警告を発する / enter into a ～ engagement 厳粛な約束を結ぶ, 堅く約束する. **b** まじめくさった, しかつめらしい, すました; もったいぶった, 威張った (pompous): put on a ～ face [looks] まじめくさった顔をする / You look very ～; what's the matter? ばかにまじめくさった顔をしているがどうしたのか. **2** 儀式張った (ceremonious), 盛大な (pompous): a ～ state dinner 盛大な公式

晩餐会. **3 a** 〈祝祭など〉既定の宗教的儀式を守って行われる, 儀礼正しい; 荘厳な儀式で行う: a ~ feast day 荘厳な儀式の祝祭日 / ⇨ Solemn Mass. **b** 宗教上の (religious), 神聖な (sacred): a ~ hymn 聖歌 / a ~ sacrifice 祭式のいけにえ / ⇨ solemn vows. **c** 宗教上の諸式を守って発言[規定]される, 公式の: a ~ ban 公式の禁止令. **4** (色彩が)くすんだ, 地味な (somber): a suit of ~ black. **5** 〘法律〙正式の (formal): a ~ oath 正式の誓約 / prove a will in ~ form 正式に遺言書を検認する / a probate in ~ form 正式の検認.

Sólemn Léague and Cóvenant [the —] 厳粛同盟《1643 年イングランドの議会派とスコットランドの間に結ばれた協定; 長老教会主義の存続を約定した; cf. National Covenant》. 《1643》

~·ly *adv.* 厳粛に, 荘重に; まじめに. **~·ness** *n.* 〘《*c*1325》 *solem(p)ne* ◻ OF (F *solennel*) ◻ L *sollemnis, sollennis* regularly appointed, festive, customary, 《原義》 that which takes place every year ← *sollus* entire (cf. solid)+*annus* year (⇨ annual)〙

so·lem·ni·fy /səlémnəfàɪ | səlémnɪ̀-, sɔ-/ *vt.* 荘厳[厳粛]にする (solemnize). **so·lem·ni·fi·ca·tion** /səlèmnəfɪ̀kéɪʃən | səlèmnɪ̀fɪ-/ *n.* 〘《1780》: ⇨ ↑, -ify〙

so·lem·ni·ty /səlémnəṭi | səlémnɪ̀ti, sɔ-/ *n.* **1 a** 厳粛, 荘厳, 荘重: inspire ~ 厳粛な気分を起こさせる. **b** まじめ; まじめくさっていること, しかつめらしさ: the ~ of his manner 彼のしかつめらしい態度. **2 a** 宗教的儀式などを守ること, 典礼執行. **b** [しばしば *pl.*] 儀式, 式典 (rite): with due *solemnities* 適切な儀式をもって. **3** 〘法律〙正式, 適式 (formality). 〘《*c*1300》 *solem(p)nite* ◻ OF (F *solemnité*) ◻ LL *solem(p)nitātem*: ⇨ solemn, -ity〙

sol·em·ni·za·tion /sɑ̀(ː)ləmnɪ̀zéɪʃən | sɔ̀ləmnaɪzéɪʃən, -nɪ-/ *n.* **1** 挙式, 式を挙げて祝うこと: the ~ of marriage 結婚式挙行. **2** 荘厳[まじめ]にすること. 〘《1447》: ⇨ ↓, -ation〙

sol·em·nize /sɑ́(ː)ləmnàɪz | sɔ́l-/ *vt.* **1** 〈荘厳な儀式を〉挙げる; (特に)〈結婚式を〉挙げる (⇨ celebrate **SYN**); 式を挙げて祝う, 祝う (celebrate): ~ a marriage 結婚式を挙げる. **2** 荘厳[荘重, 厳粛]にする, まじめにする. — *vi.* 荘厳[厳粛]になる, まじめになる; 重々しい口のきき方をする. **sól·em·niz·er** *n.* 〘《*c*1390》 *solempnise(n)* ◻ OF *solem(p)niser* ◻ LL *solemnizāre*: ⇨ solemn, -ize〙

Sólemn Máss, s- m- *n.* 〘カトリック〙荘厳ミサ (High Mass). 〘*a*1500〙

sólemn vóws *n. pl.* 〘カトリック〙盛式誓願 (cf. simple vows). 〘*a*1425〙

so·len /sóʊlɪ̀n, -lən | sə́ʊ-/ *n.* 〘貝類〙マテガイ, カミソリガイ《マテガイ科 *Solen* 属の貝類の総称; カミソリガイ (*S. vagina*), マテガイ (*S. strictus*) など; cf. razor clam》. 〘《1661》 ← NL ~ ← L *sōlēn* razor clam ◻ Gk *sōlḗn* tube, a shellfish〙

sole·nette /sòʊlnét, sòʊlənét | sə̀ʊlɪ̀nèt, sə́ʊlnèt/ *n.* 〘魚類〙ヨーロッパ産の小形のシタビラメの一種 (*Buglossidium luteum*) 《体長約 13 cm》. 〘《1839》 ← SOLE³+-*n*- (任意の連結辞)+-ETTE〙

so·le·no·cyte /soʊlíːnəsàɪt, -lén- | sə(ʊ)-/ *n.* 〘動物〙有管細胞《ナメクジウオの排出細胞》. 〘《1902》 ← Gk *sōlḗn*+-o-+-CYTE: ⇨ solen〙

S

so·le·no·don /soʊlíːnədɑ̀(ː)n, -lén- | sə(ʊ)líːnədɔ̀n, -lén-/ *n.* 〘動物〙ソレノドン《ソレノドン科ソレノドン属 (*Solenodon*) の大きいトガリネズミに似た食虫哺乳動物の総称; 細長い鼻づらと毛のないうろこの尾をもつ; 夜行性のハイチソレノドン (*S. paradoxus*) とキューバソレノドン (*S. cubanus*) の 2 種がいる》. 〘《1840》 ← NL *solen* (⇨ solen)+-o-+-DON〙

so·le·no·glyph /soʊlíːnəglɪ̀f, -lén- | sə(ʊ)-/ *n.* 〘動物〙管牙類《クサリヘビ科の毒蛇の総称; 管状の毒牙が口を閉じたときには後方へ折り畳まれる; ヨーロッパクサリヘビ (viper), ガラガラヘビ (rattlesnake) など》. 〘《1913》 ← Gk *sōlḗn* (↑)+*glúphen* to carve〙

so·le·noid /sóʊlənɔ̀ɪd, sɑ́(ː)l- | sə́ʊlɪ̀-, sɔ́l-/ *n.* **1** 〘電気〙線輪筒, ソレノイド. **2** 〘気象〙ソレノイド《二つの等圧面と二つの等比容面で囲まれた大気の一部》. 〘《1827》 ◻ F *solénoïde* ◻ Gk *sōlēnoeidḗs* pipe-shaped: ⇨ solen, -oid〙

so·le·noi·dal /sòʊlənɔ́ɪdḷ, sɑ̀(ː)l- | sə̀ʊlɪ̀nɔ́ɪdḷ, sɔ̀l-⁻/ *adj.* **1** ソレノイド (solenoid) の. **2** 〘数学〙わき出しなしの, 管状の (tubular) 《発散が 0 のベクトル場についていう》. **~·ly** *adv.* 〘《1873》: ⇨ ↑, -al¹〙

sólenoid bràke *n.* 〘機械〙電磁ブレーキ. 〘1914〙

sólenoid vàlve *n.* 〘機械〙ソレノイド弁《電磁石により開閉する弁》. 〘cf. *solenoid-operated valve* (1956)〙

so·le·no·stele /soʊlíːnəstìːl, -lén- | sə(ʊ)-/ *n.* 〘植物〙管状中心柱. 〘← Gk *sōlḗn*+-o-+STELE¹〙

So·lent /sóʊlənt | sə́ʊl-/, **The** *n.* ソーレント海峡《イングランド南部と Isle of Wight との間の海峡; 長さ 24 km, 幅 3–6 km》. 〘OE *Sol(u)ente* ← ?〙

sóle pàrent *n.* 《豪》=solo parent.

sóle·pìece *n.* 〘造船〙**1** 基礎板《船体底部材の一つで, 船体垂直力を受け止める》. **2 a** 木船において舵の下端を副竜骨に支えさせる部分. **b** 鋼船では船尾材の一部分で舵の重量を支える部分. **c** 平衡舵使用船の場合はこれを支えるための竜骨のより突き出た部分. 〘⇨ sole²〙

sóle·plàte *n.* **1** 〘建築〙(間柱(まばしら)の)底板, 敷板. **2** 〘機械〙台板. 〘《1741》: ⇨ sole²〙

sóle·prìnt *n.* 足形, 足紋《特に病院などで新生児識別のために用いられる》. 〘⇨ sole²〙

so·le·ra /soʊléᵊrə | sə(ʊ)léərə; *Sp.* soléra/ *n.* **1** ソレラ《シェリー製造に用いる通例 3–6 段に積み上げた樽》. **2** ソレラ方式《ソレラの最上段に若酒入りの樽を, 少しずつブレンドした樽を順次下に積み, 熟成酒の樽を最下段に置く方式; 最下段の樽から酒を取り出すと, それをその上の段の樽から取り補填する; solera system ともいう》. **3** ソレラ方式によるシェリー(酒) 《solera sherry または solera wine ともいう》. 〘《1851》 ◻ Sp. ~ 'crossbeam, stone base' ← *suelo* ground ◻ L *solum* base〙

soles *n.* sol³ の複数形.

So·lesmes /sɔ(ː)lém, soʊ- | sɔ-, sə(ʊ)-; *F.* sɔlɛm/ *n.* ソレーム修道院《フランスの Solesmes にあるベネディクト派修道院; グレゴリオ聖歌の校訂・演奏で知られる》.

sóle tráder *n.* 〘法律〙=feme-sole trader. 〘⇨ sole¹〙

So·leure /*F.* sɔlœːʁ/ *n.* ソルール《Solothurn のフランス語名》.

so·le·us /sóʊliəs | sə(ʊ)líːəs/ *n.* 〘解剖〙(すねにある)ひらめ筋《soleus muscle ともいう》. 〘《1676》 ← NL ~ ← L *solea* 'SOLE³'〙

sol-fa /sòʊlfɑ́ː, ⁻⁻ | sɔ̀lfɑ́ː, ⁻⁻/ *n.* 〘音楽〙**1** 音階のドレミファ, ドレミファ音階 (do, re, mi, fa, sol, la, ti (=si), do): sing ~ ドレミファを[で]歌う. **2** ソルミゼーション (solmization); (特に)移動ド唱法 (⇨ tonic sol-fa). — *adj.* ドレミファの, 音階使用の. — *vi.* ドレミファを歌う; (歌詞でなく)ドレミファで歌う (solmizate). — *vt.* 〈歌を〉ドレミファで歌う. **~·ist** /-ɪ̀st | -ɪst/ *n.* 〘《1548》 ← SOL¹+FA: ⇨ gamut〙

sól-fa sýllables *n. pl.* 〘音楽〙視唱綴字 (solmization で用いる音節; 長音階は do, re, mi, fa, sol, la, ti, do で表される; さらに固定ド唱法では di 嬰ハ, ri [ra] 嬰[変]ニ, me 変ホ, fi 嬰ヘ, si [se] 嬰[変]ト, li [le] 嬰[変]イ, te 変ロが使われる). 〘*c*1913〙

sol·fa·ta·ra /sɑ̀(ː)lfətɑ́ːrə, sòʊl- | sɔ̀l-, sə̀ʊl-; *It.* solfatáːra/ *n.* 〘地質〙硫気孔, 硫黄鉱山. **sòl·fa·tá·ric** /-tɑ́ːrɪk⁻/ *adj.* 〘《1777》 ← *Solfatara* (イタリアの Naples 付近の硫黄火山の名) ← *solfo* < L *sulfurem* 'SULFUR'〙

sol·fège /sɑ(ː)lféʒ | sɔl-; *F.* sɔlfɛːʒ/ *n.* 〘音楽〙**1** ソルフェージュ《音階や旋律を歌詞ではなく, ドレミファの階名を用いて歌うこと; cf. vocalise¹》. **2** ドレミファの階名を用いた発声練習. **3** ドレミファを用いた視唱法 (solmization). **4** (音程・リズムなどの)基礎的音感教育; その授業. 〘《1912》 ◻ F ~ ◻ It. *solfeggio*〙

sol·feg·gio /sɑ(ː)lféʤoʊ, -ʤiòʊ | sɔlféʤiəʊ; *It.* solféddʒo/ *n.* (*pl.* **-feg·gi** /-ʤiː; *It.* -ddʒi/, **~s** /~z/) 〘音楽〙=solfège. 〘《1774》 ◻ It. ~ ← *solfeggiare* to solfa ← *solfa*: ⇨ sol-fa〙

sol·fe·ri·no /sɑ̀(ː)lfəríːnoʊ | sɔ̀lfəríːnəʊ; *It.* solferíːno/ *n.* (*pl.* **~s**) **1** 唐紅(からくれない) 《ローザニリン (rosaniline) から採る顔料》. **2** 帯紫鮮紅色 (bright purplish pink). 〘《*c*1865》 ← *Solferino* (イタリア北部, Lombardy 南東部の村): この顔料がソルフェリノ戦役 (1859) 後まもなく発見されたことにちなむ: cf. magenta〙

soli *n.* 〘音楽〙solo の複数形.

sol·i-¹ /sóʊlɪ̀, sɑ́(ː)l-, -li | sə́ʊlɪ̀-, sɔ́l-, -li/「単一の, 唯一の (solitary)」の意の連結形: *soli*loquy. 〘◻ L *sōli-* ← *sōlus*: ⇨ sole¹〙

so·li-² /sóʊlɪ̀, -li | sə́ʊ-/「太陽 (sun)」の意の連結形: *soli*form. 〘← L *sōl*: ⇨ Sol²〙

so·lic·it /səlísɪ̀t | -sɪt/ *vt.* **1** 請う, 強く求める, せがむ; 懇請する, 懇願する (entreat) (⇨ beg¹ **SYN**); …してくれと泣きつく: ~ advice [contributions] 助言[寄付]を懇請する / ~ membership 会員を勧誘する / ~ a person *for* a thing [a thing *of* a person] 人に物を請う[せがむ] / We ~ you *for* your favors [custom].=We ~ favors [custom] *of* [*from*] you. どうぞ御愛顧のほどを願います《商業用文》. **2 a** 〈売春婦が〉〈客〉のそでを引く, 〈客を〉誘う. **b** そそのかす; (特に)不法行為[悪事]に誘う. **c** 《廃》〈女を〉誘惑しようとする. — *vi.* **1** 〈売春婦が〉客のそでを引く. **2** せがむ, 懇請する〔*for*〕; 物請いをする: ~ *for* contributions 寄付を勧誘する. **3** ソリシター (solicitor) をする. — *n.* 《まれ》懇願 (solicitation). **so·líc·i·tant** /-sətənt, -tṇt | -sɪ̀t-/ *n.* 〘《*a*1450》 *solicite(n)* ◻ OF *sol(l)iciter* (F *solliciter*) to disturb, take care of ◻ L *sollicitāre* to disturb, agitate, entreat ← *sollicitus* anxious: ⇨ solicitous〙

so·lic·i·ta·tion /səlɪ̀sətéɪʃən | -sɪ̀-/ *n.* **1** 強く求める[請う]こと, 懇願, 懇請 (entreaty). **2** (売春婦による)客(のそで)引き; 誘惑. **3** 〘法律〙教唆, 誘教罪. 〘《1492》: ⇨ ↑, -ation〙

so·lic·i·tor /səlísəṭə | -sɪ̀tə(r)/ *n.* **1 a** 《米》注文取り, 勧誘人. **b** 懇願者, 求める人, せっつく[催促する]人, 求婚者. **2** 《米》(市・町などの)法務官: a city ~ 市法務官 / a *Solicitor* of the Treasury 財務省法務官. **3** 〘英法〙ソリシター《バリスター (barrister) と訴訟依頼人 (clients) との仲に立って法律(訴訟)事務を取り扱う弁護士》(⇨ lawyer **SYN**): the *Solicitor* of the Supreme Court 最高法院の職員たるソリシター《最高法院の職員名簿に記入されることが, 資格付与になることからこう呼ばれる》. **~·ship** *n.* 〘《1412–20》 *solicitour* ◻ (O)F *soliciteur* (F *solliciteur*): ⇨ solicit, -or²〙

solícitor géneral *n.* (*pl.* **solicitors g-**) **1** 法務次官《英国政府の二番目の法律行政官で法務長官 (attorney general) を補佐する》. **2** 訟務局長《米国連邦最高裁判所において連邦政府の代理人として訴訟遂行に当たる》. **3** (米国のある州の)法務[司法]長官 (chief law officer). **4** 《NZ》法務大臣. 〘1533–34〙

so·lic·i·tous /səlísəṭəs | -sɪ̀təs/ *adj.* **1** 案じる (concerned); 気遣う, 気をもむ, 心配する (anxious)〔*about, for*〕/〈*that*〉: be ~ *about* the future of one's family 家族の将来を案じる. **2** 切に求める (anxiously desirous), 熱心な (eager)〔*of*〕; 鋭意…する, 努める〈*to do*〉: be ~ *of* honor 名誉を切望する / be ~ *to* please 気に入ろうと努める. **3** 慎重な, 行き届いた: a ~ investigation. **~·ly** *adv.* **~·ness** *n.* 〘《1563》 ◻ L *sollicitus* anxious, agitated ← *sollus* whole, entire+*citus* ((p.p.) ← *ciēre* to move): ⇨ cite〙

so·lic·i·tude /səlísətùːd, -tjùːd | -sɪ̀tjùːd/ *n.* **1** 気をもむこと, 気遣い, 憂慮, 心配[心遣い]〔*about, for*〕/〈*to do*〉(⇨ care **SYN**). **2** 余計な心配[心遣い], おせっかい. **3** [*pl.*] 心配[憂慮]の種. 〘《?*a*1412》 ◻ (O)F *sollicitude* // L *sollicitūdō*: ⇨ ↑, -tude〙

sol·id /sɑ́(ː)lɪ̀d | sɔ́lɪd/ *adj.* (**~·er, ~·est; more ~, most ~**) **1 a** 固体の, 固形の (cf. liquid 1 a, fluid 4, gaseous 1): a ~ body 固体 / Ice is water in a ~ state. 氷は固体状の水である / ~ food 固形食《流動食に対しパン・肉など》. **b** 濃い (dense), 厚い (thick), 重い (heavy): ~ masses of clouds もくもくした雲の塊 / Rain fell in ~ sheets. 土砂降りだった. **2 a** 堅い (hard), しっかりした (stable) (⇨ firm¹ **SYN**); (うつろでなく)中まで堅い, 充実した, 中身のある, (見掛けだけでなく)実質的な (substantial): ~ earth [ground] 大地 / ~ rock 硬い岩 / a ~ tire [ball] ソリッド[充実]タイヤ[ボール] / a ~ square 〘軍事〙密集[中実]方陣. **b** (作りが)がっしりした, がんじょうな (sturdy): a person of ~ build 体格のがっしりした人 / ~ muscle しっかりした筋肉 / a ~ door [house] がんじょうなドア[家]. **c** 《口語》〈食事が〉腹ごたえのある: a ~ meal 食べでのある食事. **d** [強意語としてしばしば good の次に用いて] したたかな (thorough), 勢いのよい (vigorous): a *good* ~ blow. **3 a** 中まで同じ物質の, 純粋の, めっきでない (cf. plated 3): ~ gold [silver] 金[銀]むく, 純金[銀]. **b** (色合いが)一様な, 濃淡のない, 同じ色調の; 無地の: a ~ walnut table / ~ pants 無地のズボン. **4 a** 基礎の固い, しっかりした, 確実な (sound); 薄っぺらでない, 表面的でない: ~ learning [grounds] しっかりした学問[根拠] / ~ reasons [arguments] 根拠のしっかりした理由[議論] / ~ scholarship 深みのある学識 / ~ good [common] sense 堅実な良[常]識. **b** (財政的に)堅実な, 資産のある (substantial): a ~ business, firm, bank, etc. / a ~ merchant 手堅い商人. **5** 信頼できる (reliable); 真実の (real): a ~ friend / He is a very plausible speaker but hardly a ~ politician. 口はうまいが当てにならない政治屋だ. **6 a** すき間[切れ口]のない, 連続した (undivided, continuous): a ~ wall / a ~ row of buildings 切れ目のない建物続き / Don't cross the ~ white line. 連続した白線のところを越えるな. **b** 《口語》完全な, まる… (whole, entire): a ~ hour まる 1 時間 / for three ~ days [three days ~] 3 日間ぶっ通しで. **7** 一致団結した, 結束した; 満場一致の: a ~ combination 一致団結 / a ~ vote 満場一致の投票 / be [go] ~ for [in favor of] … こぞって…を支持している[支持する], 一致して…に賛成している[賛成する]. **8** 《米口語》仲がよい (friendly), 気に入られて (in favor)〔*with*〕: I am (pretty) ~ *with* him. 彼とは(かなり)うまくいっている. **9** 〘数学〙立体の (cubic); 立方の: a ~ figure 立体図形 / ~ measure 体積, 容積 / a ~ foot [yard] 1 立方フィート[ヤード] / ⇨ solid geometry. **10** 〘文法〙〈複合語の構成要素が〉ハイフンなしで結合して書かれた, ハイフンなしの (cf. open 14): written as a ~ word, not hyphenated or open ハイフンやスペースなしで一語に書かれた / ⇨ solid compound. **11** 〘印刷〙ベタ組みの, ベタの (cf. leaded 2): ~ printing [matter] ベタ組み. **12** 〘音楽〙**a** 強いビートのあるリズムの: ~ jazz music. **b** 《米俗》〈ダンス・音楽・リズムなど〉すばらしい (excellent): a ~ dance band. **c** (カントリー音楽などで)洗練されていない, 一般化していない. **13** 〘医学〙強い挑戦に耐える, 充実した (substantial): ~ immunity 抗菌性多元免疫. **14** 《NZ 口語》法外な, 不当に高価な.

— *n.* **1 a** 固体, 固形体 (cf. liquid 1, fluid 1). **b** [通例 *pl.*] 固形食: Is the baby ready for ~*s* yet? その赤ちゃんはもう固形食を食べられますか. **2** 〘数学〙立体. **3** 〘文法〙=solid compound.

sólid of revolútion 回転立体《一つの平面がある軸の周りを一回転するとき, その作る軌跡によって生じる立体》. 《1816》

— *adv.* **1** 一致して, 満場一致で; 団結して, 結束して (unitedly): vote ~ 満場一致して[結束して]投票する. **2** 《口語》完全に, 一杯に, しっかりと: frozen ~ 完全に冷凍して / packed ~ (with bottles [cars, tourists]) (瓶(びん)[車, 観光客]で)一杯になって / booked ~ 《英》予約でいっぱいになって.

~·ly *adv.* **~·ness** *n.* 〘《1391》 *solide* whole, solid ◻ (O)F ◻ L *solidus*: cf. L *sollus* whole & *salvus* 'SAFE'〙

sol·i·da·go /sɑ̀(ː)lədéɪgoʊ | sɔ̀lɪ̀déɪgəʊ/ *n.* (*pl.* **~es**) 〘植物〙アキノキリンソウ《キク科アキノキリンソウ属 (*Solidago*) の植物の総称; cf. goldenrod 1, silverrod 2, dyer's-weed 1》. 〘《1771》 ← NL ~ ← ML *soldāgō* ← *soldāre* to make whole=L *solidāre* ← *solidus* (↑): その薬効にちなむ〙

sólid ángle *n.* 〘数学〙立体角. 〘1704〙

sol·i·da·rism /sɑ́(ː)lədərìzm | sɔ́lɪ̀də-/ *n.* **1** 社会連帯主義《フランスの Léon V. A. Bourgeois が主唱する主義で, 社会の連帯責任を強調し, 社会への貢献を義務とする》. **2** =solidarity. 〘1906〙

sól·i·da·rist /-rɪ̀st | -rɪst/ *n.* 社会連帯主義者. **sol·i·da·ris·tic** /sɑ̀(ː)lədərístɪk | sɔ̀lɪ̀də-⁻/ *adj.* 〘《1884》: ⇨ ↓, -ist〙

sol·i·dar·i·ty /sɑ̀(ː)lədǽrəṭi, -dér- | sɔ̀lɪ̀dǽrɪ̀ti/ *n.* **1** 結束, 一致, 団結 (unity); 連帯, 協同一致, 連帯責任 (mutual responsibility) (⇨ unity **SYN**): the ~ of a party 党の団結. **2** [S-] 連帯《ポーランドの独立自治労組

全国組織; 1980 年結成, 1989 年党として認められた》. 〖(1848) ◻ F *solidarité*: ⇨ solidary, -ity〗
sol·i·da·rize /sɑ́(ː)lədəràɪz | sɔ́lɪ̀də-/ *vi.* 一致する, 団結する. 〖(1886): ⇨ ↑, -ize〗
sol·i·dar·y /sɑ́(ː)lədèri | sɔ́lɪ̀dəri/ *adj.* **1** 連帯の, 共同の, 合同の. **2** 〚法律〛連帯(債務)の (joint and several). 〖(1818) ◻ F *solidaire*: ⇨ solid, -ary〗
sólid-bódy *a.* 〚音楽〛ソリッドボディの《空洞のない板材でできたボディに弦が張られた, 共鳴装置をもたないタイプのエレキギターについていう》.
sólid cómpound *n.* 〚文法〛密着複合語《jackknife のようにハイフンなしで一語として書く複合語; cf. open compound》.
sólid-dráwn *adj.* 〈鉄管が〉継ぎ目のない, 引き抜きの. 〖1888〗
sólid fúel *n.* **1** (石炭・コークスなど)固体燃料. **2** 〚航空・宇宙〛(ロケットの)固体燃料[推進剤]《solid propellant ともいう; cf. liquid propellant》. **sólid-fúeled** *adj.*
sólid geómetry *n.* 〚数学〛立体幾何学, 空間幾何学. 〖1733〗
sólid hóof *n.* (馬などの)奇蹄(きてい) (cf. cloven foot 1). 〖cf. *solid hoofed* (1842)〗
solidi *n.* solidus の複数形.
so·lid·i·fy /səlídəfàɪ | səlídɪ̀-, sɔ-/ *vt.* **1** 凝固[凝結]させる, 固体化する, 堅くする. **2** 一致[結束, 団結]させる. **3** 結晶させる (crystallize). — *vi.* **1** 凝固[凝結]する, 固体化する (harden): the ~*ing* point 〚物理〛凝固点. **2** 結晶する. **3** 一致団結[結束]する. **sol·líd·i·fi·a·ble** /-fàɪəbl/ *adj.* **so·lid·i·fi·ca·tion** /səlìdəfɪ̀kéɪʃən | səlìdɪ̀fɪ-, sɔ-/ *n.* **so·líd·i·fi·er** *n.* 〖(1799) ← SOLID+-IFY〗
sólid injéction *n.* 〚機械〛無気噴射《ディーゼル機関で燃料に直接高圧を加えて噴射する方式; direct injection ともいう; cf. air injection, blast injection》.
so·lid·i·ty /səlídəṭi | səlídɪ̀ti, sɔ-/ *n.* **1** 堅いこと, 固体性, 固形性 (cf. fluidity 1 a). **2** 実質的なこと, どっしりしていること; うつろでないこと. **3** (性格・財政などの)がっしり[しっかり]していること, がんじょう, 堅固; 信頼性, 確実さ, 堅実 (certitude). **4** 固体, 固形体 (solid body). **5** 《古》〚数学〛体積, 容積 (volume). **6** 〚航空〛剛率《プロペラやファンを正面から見たときの翼の投影面積の合計とプロペラなどの先端が描く円の面積との比; ただし中心部のボス (boss) の面積は前記のいずれの面積にも算入しない》. 〖(1532) ◻ (M)F *solidité* ◻ L *soliditās*: ⇨ solid, -ity〗
sólid-lóoking *adj.* (外観的に)しっかりして見える, 落ち着いて頼もしい, 信頼のおけそうな: a ~ person. 〖1840〗
sólid mótor *n.* 〚宇宙〛固体推進剤を用いるモーター.
sólid néwel *n.* 〚建築〛(中空でない回り階段の)親柱 (cf. hollow newel).
sólid propéllant *n.* 〚航空・宇宙〛＝solid fuel.
sólid rócket *n.* 〚航空・宇宙〛固体燃料ロケット.
sólid rócket bòoster *n.* 〚航空・宇宙〛固体推進剤を用いたブースターロケット (⇨ booster rocket).
sólid solútion *n.* 〚物理・化学・金属加工・結晶〛固溶体《合金でよく見られるように, 原子数の比がある範囲で変わっても均一の固相を保つ結晶》. 〖1890〗
Sólid Sóuth *n.* [the ~] (南北戦争以後伝統的に民主党の地盤として固まっていた)米国の南部諸州.
sólid-státe *adj.* **1** 固体の特性を利用した. **2** 〚電子工学〛固体の, ソリッドステートの[を用いた]《真空管の代わりにトランジスターなどを用いた装置などにいう》. 〖1950〗
sólid státe *n.* 〚物理〛固体の状態, 固態. 〖1866〗
sólid-stàte phýsics *n.* 〚物理〛固体物理学《固体の物理的性質を構成原子の種類と配列状態とから説明する学問; 物性物理学の大半を占める》. **sólid-stàte phýsicist** *n.* 〖1953〗
sol·id·un·gu·late /sɑ̀(ː)lədʌ́ŋgjʊlɪ̀t, -lèɪt | sɔ̀lɪ̀-/ 〚動物〛*adj.* 単蹄(たんてい)の. — *n.* 単蹄動物《馬など; soliped ともいう》. 〖(1839–47) ← L *solidus* 'SOLID'+*ungula* hoof+-ATE[1,2]〗
sol·i·dus /sɑ́(ː)lədəs | sɔ́lɪ̀dəs/ *n.* (*pl.* **sol·i·di** /-dàɪ, -dìː/) **1** ソリドゥス金貨《Constantine 大帝が発行した金貨; 後にヨーロッパでは bezant または byzant の名で通用した》. **2** ソリドゥス《中世ヨーロッパで 12 denarii に相当した貨幣単位》. **3** 〚印刷〛斜線 (⇨ diagonal 3; separatrix, shilling mark, slash, stroke, virgule ともいう). (◻ ML ~ 'shilling': / がシリングの記号として用いられたことから) **4** 〚物理化学〛固相線《固溶体で固相と液相が平衡に存在する状態を表す温度曲線; solidus curve ともいう; cf. liquidus》. 〖(?*a*1160) ◻ L ~ (名詞用法) ← *solidus* 'SOLID'〗
sólid wáste *n.* 固形廃棄物.
sol·i·fid·i·an /sɑ̀(ː)ləfídiən, sòʊl- | sɔ̀lɪfídi-, sɑ̀ʊl-/ *n.* 〚神学〛唯信論者, 信仰義認論者《救いは善行によらずただ信仰にのみよるという説を奉じる人》. 〖(1596) ← SOLI-[1]+L *fidēs* 'FAITH'+-IAN〗
sòl·i·fid·i·an·ism /-nìzṃ/ *n.* 〚神学〛唯信論, 信仰義認論 (cf. solifidian). 〖(1628): ⇨ ↑, -ism〗
so·li·fluc·tion /sòʊləflʌ́kʃən, sɑ̀(ː)l- | sɔ̀ʊlɪ̀-, sɔ̀l-/ *n.* (*also* **sol·i·flux·ion** /~/) 〚地質〛土壌流, ソリフラクション《土中の水の凍結・融解による表土の斜面移動; creep ともいう》. **~·al** /-ʃənḷ, -ʃnəl⁻/ *adj.* 〖(1906) ← L *solum* ground+-I-+*fluctiō(n-)* (← *fluere* to flow): ⇨ sole[2], fluent〗
sol·i·fuge /sɑ́(ː)ləfjùːdʒ | sɔ́lɪ̀-/, **so·lif·u·gid** /sɑ(ː)lífjʊdʒɪ̀d | sɔlífjʊdʒɪd/ *n.* 〚動物〛＝sun spider. 〖(1925) ◻ L *solifūga* (異形) ← *sol(i)pūga* 'SOLPUGID'〗
So·li·hull /sòʊlɪhʌ́l | sɑ̀ʊl-, sɔ̀l-/ *n.* ソリハル《イングランド中部 Birmingham の南東にある都市》.
so·lil·o·quist /səlíləkwɪ̀st | səlíləkwɪst, sɔ-/ *n.* 独語する人; 独白者. 〖(1804): ⇨ ↓, -ist〗
so·lil·o·quize /səlíləkwàɪz | sə-, sɔ-/ *vi.* 独語する; (劇で)独白する. — *vt.* 独白で言う[語る]. **so·líl·o·quiz·er** *n.* 〖(1759): ⇨ soliloquy, -ize〗
so·líl·o·quìz·ing *adj.* 独り言を言っている, 独白的な. **~·ly** *adv.* 〖*c*1822〗
so·lil·o·quy /səlíləkwi | sə-, sɔ-/ *n.* **1** 独語, 独り言. **2** 〚演劇〛独白 (monologue). 〖(1604) ◻ LL *sōliloquium* ← SOLI-[1]+L *loquī* to speak: cf. loqua-cious〗
Sol·i·man I /sɑ́(ː)lɪ̀mɑ̀ːn- | sɔ́lɪ-/ *n.* ＝Suleiman I.
So·li·mões /sɔ̀(ː)lɪmɔ́ɪns | sɔ̀l-; *Braz.* solimṍjs/ *n.* [the ~] ソリモンエス(川)《Amazon 川が Río Negro 川との合流点からペルー国境に至るまでの間のブラジル語名》.
So·ling·en /zóʊlɪŋən, sóʊ- | zɑ́ʊ-, sɑ́ʊ-; *G.* zóːlɪŋən/ *n.* ゾーリンゲン《ドイツ North Rhine-Westphalia 州の工業都市; 刃物類の製造で有名》.
sol·i·ped /sɑ́(ː)ləpèd | sɔ́lɪ-/ *n.* 〚動物〛＝solidungulate. 〖(1646) ← NL *soliped-*, *solipes* ← L *solidus* 'SOLID'+-PED〗
sol·ip·sism /sóʊlɪ̀psɪzṃ, sɑ́(ː)l- | sɔ́l-, sɑ́ʊl-/ *n.* 〚哲学〛独我[唯我]論《自我の認識の対象がすなわち世界であり, 存在するのは自我だけであると考える認識論・存在論の立場; 倫理的な自己中心主義; cf. egoism 4》. 〖(*a*1881) ← SOLI-[1]+*ipse* self+-ISM〗
sól·ip·sist /-sɪ̀st | -sɪst/ *n.*, *adj.* 〚哲学〛独我[唯我]論者(の) (egoist). **sol·ip·sis·tic** /sòʊlɪ̀psístɪk, sɑ̀(ː)l- | sɔ̀l-, sɑ̀ʊl-⁻/ *adj.* 〖(1891): ⇨ ↑, -ist〗
So·li·ta /səlíːṭə | -tə; *Sp.* solíta/ *n.* ソリータ《女性名》. 〖← L *sōlitāria* (fem.) ← *sōlitārius* (↓)〗
sol·i·taire /sɑ́(ː)lətèə, -tɑ̀ə | sɔ̀lɪ̀téə(r), ⌐⌐⌐/ *n.* **1 a** 《米》〚トランプ〛一人遊び[占い], ソリテール《一人で遊べるトランプゲームの総称; patience ともいう; cf. double solitaire》. **b** 〚遊戯〛ソリテール《盤上に 1 目だけ空所を残し石(など)を置き, 空所に隣り合う石を飛び越し順次取り去っていく一人遊び; pegboard ともいう》. **2 a** (指輪・イヤリングなどの)一つはめの宝石, 一つ石《多くはダイヤモンド》. **b** ソリテール《宝石を一つだけはめた指輪など》. **3** (18 世紀に男性が首に巻き, 前で蝶結びにした)黒いシルクの幅の広いリボン. **4** 〚鳥類〛**a** ロドリゲスソリテアー (*Pezophaps solitaria*)《Rodriguez 島に 1730 年まで生息していたドードー科の鳥》. **b** アメリカ産ヒタキ科ヒトリツグミ属 (*Myadestes*) の鳥類の総称《ヒタキツグミ (Townsend's solitaire) など》. **5** ＝solitary 1. 〖(1716) ◻ F ~ ◻ L *sōlitārius*: ↓ と二重語〗
sol·i·tar·y /sɑ́(ː)lətèri | sɔ́lɪ̀təri, -tri/ *adj.* **1 a** ひとりの, ひとりぼっちの, ひとりで生活する: a ~ walk 一人歩き / a ~ task ひとりでする仕事 / a ~ passenger ひとり旅の乗客. **b** 連れのない, 寂しい (lonely) (⇨ alone SYN): ~ imprisonment 独房監禁 / a ~ life 孤独な生活 / feel ~ 寂しく思う. **c** 孤独癖の; 孤独な生活を送る, 隠遁生活をする: a ~ saint. **2** 人通りのまれな (unfrequented), 人里離れた; 隔離している, 孤立した, 寂しい (⇨ single SYN): a ~ valley 寂しい[静寂な]谷 / a ~ house 一軒家. **3** [限定的] 唯一の, たった一つの, 単一の: a ~ instance [exception] 唯一の例[例外]. **4** 〈動物が〉群居しない, 独居性の (cf. social *adj.* 5, gregarious 2). **5** 〈植物が〉分離して生じる, 単生の. — *n.* **1** 独居者; ただ一人残された人; (宗教関係の)隠者, 隠士 (recluse). **2** 《口語》＝solitary confinement. **sol·i·tar·i·ly** /sɑ̀(ː)lətérəli, ⌐⌐⌐⌐ | sɔ́lɪ̀tərɪ̀li, -trɪ̀-/ *adv.* **sól·i·tàr·i·ness** *n.* 〖(*c*1340) ◻ L *sōlitārius* ← *sōlitās* aloneness ← *sōlus* alone: ↑ と二重語: ⇨ sole[1], -ary〗
sólitary ánt *n.* 〚昆虫〛＝velvet ant.
sólitary bée *n.* 〚昆虫〛単生みつばち《群生しないハキリバチ科などのハチ; cf. social bee》. 〖1830〗
sólitary confínement *n.* (囚人の)独房監禁.
sólitary sándpiper *n.* 〚鳥類〛コシグロアオアシシギ (*Tringa solitaria*)《北米産シギ科クサシギ属の鳥》. 〖1813〗
sólitary víreo *n.* 〚鳥類〛フタスジモズモドキの (*Vireo solitarius*)《北米東部に生息する羽に二本のしま模様がある背が暗緑色の小鳥》. 〖1831〗
sólitary wásp *n.* 〚昆虫〛単生スズメバチ《sand wasp, mud wasp など; cf. social wasp》. 〖1830〗
sólitary wáve *n.* 〚海洋〛孤立波《ただ一つの波頭が形を変えずに(かなり)遠くまで進行する波》. 〖1837〗
sol·i·ton /sɑ́(ː)lətɑ̀(ː)n | sɔ́lɪ̀tɔ̀n/ *n.* 〚物理〛ソリトン《形や速度などの性質を変えることなく個別性を保ちながら安定して伝播する非線形波動》. 〖(1965) ← SOLIT(ARY)+-ON[2]〗
sol·i·tude /sɑ́(ː)lətùːd, -tjùːd | sɔ́lɪ̀tjùːd/ *n.* **1** 独居, 孤独 (solitariness): in ~ ひとり[孤独]で, 寂しく. **2** 《詩》寂しい[人里離れた]場所, 幽所 (seclusion). **sol·i·tu·di·nous** /sɑ̀(ː)lətúːdənəs, -tjúː-, -dṇ- | sɔ̀lɪ̀tjúːdɪ̀n-, -dṇ-⁻/ *adj.* 〖(*c*1385) ◻ (O)F ~ ◻ L *sōlitūdō* ← *sōlus* alone: ⇨ sole[1], -tude〗

SYN 孤独: **solitude** 独りぼっちの状態: A hermit lives in *solitude*. 隠者は一人で生活する. **isolation** しばしばやむを得ない事情で他から分離していること: an *isolation* hospital 隔離病院. **seclusion** 隠れ家などに閉じこもり, 外界との交際を絶っている状態: live in *seclusion* 隠遁生活をする.

sol·lar /sɑ́(ː)lə | sɔ́lə(r)/ *n.* ＝solar[2].
sol·ler·et /sɑ̀(ː)lərèt | sɔ̀l-/ *n.* 〚甲冑〛(よろいの)鉄靴《特に, 14–15 世紀の型式のもの; cf. sabbaton》. 〖(1826) ◻ F *sol(l)eret* (dim.) ← OF *soller* shoe < ML *subtelārem* ← LL *subtel* hollow of the foot ← SUB-+L *tālus* ankle: ⇨ -et〗
sol·lick·er /sɑ́(ː)lɪ̀kə | sɔ́lɪkə(r)/ *adj.* 《豪俗》**1** 非常に大きい. **2** 注目すべき; すばらしい. — *n.* とてつもなくでかいもの. 〖1898?〗
sol·lick·ing /sɑ́(ː)lɪ̀kɪŋ | sɔ́lɪ-/ *adj.* 《豪俗》＝sollicker. 〖1946〗
Sol·ly /sɑ́(ː)li | sɔ́li/ *n.* ソリー《男性名》. 〖(dim.) ← SOLOMON〗
sol·mi·zate /sɑ́(ː)lməzèɪt | sɔ́lmɪ-/ 〚音楽〛*vi.* ドレミファを[で]歌う (sol-fa). — *vt.* 〈歌を〉ドレミファで歌う. 〖(1891) (逆成) ↓〗
sol·mi·za·tion /sɑ̀(ː)lməzéɪʃən | sɔ̀lmɪ-/ *n.* 〚音楽〛ソルミゼーション《音階をドレミファなどの各音節で読む視唱法で, 固定ド方式の音名唱法と移動ド方式の階名唱法がある; cf. do[3], ut[1]》. 〖(1730) ◻ F *solmisation* ← *solmiser* to sol-fa: ⇨ sol[1], mi, -ation〗
soln. 《略》solution.
Sóln·ho·fen Límestòne /zóʊlnhòʊfən- | zɑ́ʊlnhɑ̀ʊ-; *G.* zóːlnhoːfn/ *n.* [the ~] ゾルンホーフェン石灰岩《南ドイツ Bavaria 州の Solnhofen 地方に見られるジュラ紀後期層; 始祖鳥をはじめとする動物化石群を産する》.
so·lo /sóʊloʊ | sɑ́ʊlɑʊ/ *n.* (*pl.* **~s**, **so·li** /-liː/) **1** 〚音楽〛独唱, 独奏, ソロ; 独唱[奏]曲[部] (cf. duet, trio, quartet, quintet, sextet, septet, octet, nonet). **2** 独舞; 独演. **3** 単独飛行, 他の力を借りない登山[事業]. **4** 〚トランプ〛**a** ソロ《一人が二人もしくは数人を相手とするゲームの総称; cf. frog, ombre, six-bid solo》. **b** (上記のゲームで)ソロというビッド. **c** (skat で)後家札を使わない方式《ビッドの一種》. — *adj.* **1** 〚音楽〛独唱[奏]の (cf. tutti): ⇨ solo organ / ~ pitch ソロピッチ《独奏のときやや高めに音をとること》. **2** 独舞の, 独演の: a ~ dance / go ~ ソロ活動を開始する. **3** 単独の, 一人でやる, 一人の (alone): a ~ flight 単独飛行 / a ~ homer 〚野球〛ソロホーマー. — *adv.* 一人で (alone): fly ~ 単独飛行する. — *vi.* 一人で演ずる, 独唱[奏]する, 一人でやる; 単独飛行する. — *vt.* 〈飛行機を〉単独飛行させる. 〖(1695) ◻ It. ~ < L *sōlum* alone: ⇨ sole[1]〗
So·lo /sóʊloʊ | sɑ́ʊlɑʊ/ *n.* ソロ (⇨ Surakarta).
so·lod /sóʊlɑ̀t, -ləd | sɑ́ʊ-; *Russ.* sólətʲ/ *n.* (*pl.* **so·lo·di** /-lədi | -di; *Russ.* -lədʲi/) 〚土壌〛ソロチ[ソロス]《アルカリ土壌から脱アルカリ化が進み, 酸性化しつつある土壌》. 〖(1925) ◻ Russ. ~ 'malt': cf. L *sāl* 'SALT'〗
so·lod·i·za·tion /sòʊlədɪ̀zéɪʃən | sɑ̀ʊlədaɪ-, -dɪ-/ *n.* 〚土壌〛ソロチ[ソロジ]化作用《アルカリ土壌からのナトリウムイオンや塩の洗脱作用》. 〖(1925): ⇨ ↓, -ation〗
so·lod·ize /sóʊlədàɪz | sɑ́ʊ-/ *vt.* 〚土壌〛ソロチ化する (cf. solodization). 〖(1934) ← SOLOD+-IZE〗
so·lo·ist /sóʊloʊɪ̀st | sɑ́ʊlɑʊɪst/ *n.* **1** ソリスト, 独奏[唱]者《オーケストラや合唱の独奏[唱]声部を受け持つ者も含む》. ★「ソリスト」はドイツ語の Solist から. **2** 単独飛行家[航海者]. 〖1864〗
Só·lo màn /sóʊloʊ- | sɑ́ʊlɑʊ-/ *n.* 〚人類学〛ソロ原人《Java で発掘された化石人類の一種; ジャワ原人 (Java man) とペキン原人 (Peking man) の中間的段階にあると考えられる》. 〖← *Solo* (Java の川の名)〗
Sol·o·mon /sɑ́(ː)ləmən | sɔ́l-/ *n.* **1** ソロモン《男性名; 愛称形 Solly》. ★ ユダヤ人に多い. **2** ソロモン《紀元前 10 世紀のイスラエル王で David の子; 賢人として有名》: ⇨ SONG of Solomon, WISDOM of Solomon. **3** (ソロモンのような)大賢人, 賢者: the English ~ 英国王 James 一世 / be looked up to as a regular ~ 大賢人と見なされている / He was the ~ of his age. 彼は当時の大賢人だった / He is no ~. あいつはばかだ. **Sol·o·mo·ni·an** /sɑ̀(ː)ləmóʊniən | sɔ̀ləmə́ʊ-⁻/ *adj.* 〖(1554) ◻ Gk *Solomṓn* ◻ Heb. *Šᵉlōmōh* (cf. *šālōm* peace)〗
Sólomon Grún·dy /-grʌ́ndi/ *n.* 《カリブ・カナダ》＝salmagundi.
Sol·o·mon·ic /sɑ̀(ː)ləmɑ́(ː)nɪk | sɔ̀ləmɔ́n-⁻/ *adj.* **1** (イスラエル王の)ソロモンの[に関する, の作った]: ~ literature. **2** 賢明な, 聡明な: a ~ judgment, decision. 〖(1: 1722; 2: 1857): ⇨ Solomon〗
Sólomon Íslands *n. pl.* [the ~] ソロモン諸島: **a** [複数扱い] 南太平洋西部 New Guinea 島東方の諸島; 北西部の島々(主に Bougainville 島と Buka 島)はパプアニューギニアに属し, 面積 9,635 km^2; the Solomons ともいう. **b** 同諸島の北西の島々(主に Bougainville 島と Buka 島)を除く部分から成る英連邦内の国; もと英国保護領 (British Solomon Islands) で, 1978 年独立, 面積 29,785 km^2, 首都 (Guadalcanal 島の) Honiara /hòʊniáːrə | hɑ̀ʊ-/; 第二次大戦の戦跡 (cf. Guadalcanal).
Sólomon Íslander *n.* 〖cf. Solomon Islander: 1568 年に最初にこの諸島を発見したスペイン人が島民との物々交換で金塊を手に入れ, ここに Solomon 王の金坑があると考えたのにちなむ〗
Sólomon Ìslands Pídgin *n.* ソロモン諸島で話されるピジン語 (cf. Neo-Melanesian).
Sólomon Séa *n.* [the ~] ソロモン海《珊瑚(さんご)海 (Coral Sea) 北部の名称》.
Sólomon séal *n.* ＝Solomon's seal.
Sólomon's líly *n.* 〚植物〛＝black calla.
Sólomon's-plúme *n.* 〚植物〛＝false Solomon's seal.
Sólomon's-sèal *n.* 〚植物〛北半球の温帯地方に生えるユリ科アマドコロ属 (*Polygonatum*) の植物の総称《ナルコユリ (*P. falcatum*) など》. 〖(1760) 根茎にある葉痕の形からか〗
Sólomon's séal *n.* ソロモンの封印《通例, 明暗二つの三角形を組み合わせた六星形 (hexagram); 霊肉の結合を象徴するが, 古来この形には神秘の力があると信じられ護符として用いられた; Star of David ともいう; cf. Magen Da-

S

vid). 〘(1543)《なぞり》← ML *sigillum Solomōnis*〙

Solomon's seal

sólo móther *n.* 《NZ》母子家庭の母親. 〘1977〙

So·lon /sóulən, -lɑ(:)n | sóulɒn, -lən/ *n.* **1** ソロン《638–?559 B.C.; 古代アテネの政治家・立法家・詩人, ギリシャの七賢人の一人; cf. Seven Sages》. **2** [時に s-] 賢明な立法者; 賢人 (sage); 賢人気取りの人 (wiseacre). **3** [時に s-]《米》立法府の議員, 国会議員 (Congressman). **So·lo·ni·an** /soulóuniən, sə- | sə(ʊ)láʊ-/ *adj.* **So·lon·ic** /soulá(:)nɪk | -lɔ́n-/ *adj.* 〘(1625) □ Gk *Sólōn*〙

sol·on·chak /sɑ̀(:)ləntʃǽk | sɔ̀l-; *Russ.* səlanʲtʃák/ *n.* 〘土壌〙ソロンチャク《塩化ナトリウムや硫酸ナトリウムを多量に含有する白または灰色の塩類土壌》. 〘(1925) □ Russ. ~ 'salt marsh' ← *solon* salty ← *sol'* salt〙

sol·o·netz /sɑ̀(:)lənéts | sɔ̀l-; *Russ.* səlanʲéts/ *n.* (*also* **sol·o·nets** /~/) 〘土壌〙ソロネッツ《ソロンチャク (solonchak) から過剰の塩類が洗脱され, 炭酸ナトリウムを生成した暗色で硬質のアルカリ土壌》. **~·ic** /-tsɪk⁻/ *adj.* 〘(1924) □ Russ. *solonets* ← *solonyi* salty (↑)〙

sò lóng /sòulɔ́(:)ŋ, sə-, -lɑ́(:)ŋ | sə̀ulɔ́ŋ, sə-/ *int.* 《口語》さようなら (goodbye)《すぐまた会う親しい人に対して》: *So long*; I'll see you later. じゃあまたあとで. 〘(1865)《略》? ← *Goodbye. So long*: cf. salaam, shalom〙

sólo órgan *n.* 〘音楽〙(パイプオルガンの)ソロ[独奏]鍵盤(けんばん)《特徴のある1個の旋律線吹奏の音管を司掌する鍵盤》. 〘1843〙

sólo párent *n.* 《NZ》一人で子供を育てている片親《未婚, 離婚, 死別による; cf. sole parent》. 〘1972〙

sólo stóp *n.* 〘音楽〙ソロストップ《ソロオルガンの音栓; ⇨ stop *n.* 7》.

so·loth /sóulət | sáu-/ *n.* 〘土壌〙=solod.

So·lo·thurn /zóulətùən, sóu- | záulətùən, sáu-; *G.* zóːlotuʁn/ *n.* ゾーロトゥルン: **1** スイス北西部の州. **2** スイス北西部 Aare 河畔にある同州の州都.

sólo whíst *n.* 〘トランプ〙ソロホイスト《一人で三人を相手にする方式を含む whist》. 〘1888〙

sol·pu·gid /sɑ́(:)lpjuʤɪd | sɔ́l-/ *adj.*, *n.* 〘動物〙ヒヨケムシ目[避日(ひよけ)目] (*Solpugida*) の(各種のクモ) (solifugid), ヒヨケムシ (wind scorpion). 〘(1869) ← NL *Solpugidae* cf. solifugid〙

sol·stice /sɑ́(:)lstɪs, sóul- | sɔ́lstɪs/ *n.* **1** 〘天文〙**a** 至点《太陽が赤道から最も離れた黄道上の点で, 南北二つある》. **b** 至(し)《太陽が至点を通る時》: ⇨ summer solstice, winter solstice. **2** 最高点, 極点 (limit). 〘(*c*1250) □ (O)F ~ □ L *sōlstitium* ← *sōl* 'SUN' + *sistere* to cause to stand〙

sol·sti·tial /sɑ(:)lstíʃəl, sɔ(:)l-, -ʃl | sɔl-/ *adj.* 〘天文〙**1** 至(し)の, (特に)夏至(特有)の. **2** 夏至[冬至](のころ)に起こる[現れる]. 〘(1559) □ F *solsticial* // L *sōlstitiālis* ← *sōlstitium* (↑): ⇨ -ial〙

solstítial colúre *n.* 〘天文〙二至経線《夏至点・冬至点を通る経線; cf. equinoctial colure》. 〘1559〙

solstítial póint *n.* 〘天文〙=solstice 1 a. 〘1594〙

Sol·ti /ʃóulti | ʃɔ́l-; *Hung.* ʃólti/, Sir **Georg** *n.* ショルティ《1912–97; ハンガリー生まれの英国の指揮者》.

sol·u·bil·i·ty /sɑ̀(:)ljubíləti | sɔ̀ljubíləti/ *n.* **1** 溶けること, 溶解[可溶]性, 溶解度 (solvability). **2** (問題など)解釈[解決]できること. 〘(1661) ← SOLUBLE + -ITY〙

solubílity próduct *n.* 〘物理化学〙溶解度積《飽和溶液中の陰陽両イオンの濃度の積》. 〘1899〙

sol·u·bi·li·za·tion /sɑ̀(:)ljubəlɪzéɪʃən | sɔ̀ljubɪlaɪ-, -lɪ-/ *n.* 〘化学〙可溶化, 溶解化. 〘(1930): ⇨ ↓, -ation〙

sol·u·bil·ize /sɑ́(:)ljubəlàɪz | sɔ́l-/ *vt.* 可溶性にする, 溶解する. 〘1926〙

sol·u·ble /sɑ́(:)ljubl | sɔ́l-/ *adj.* **1** 溶ける, 溶解できる: slightly [readily] ~ in water 水に少し[すぐ]溶ける. **2** 解決できる, 解明できる: a ~ puzzle, problem, etc. — *n.* **1** 可溶物. **2** 解ける[解答可能な]問題. **~·ness** *n.* **sól·u·bly** *adv.* 〘(*c*1400) □ (O)F ~ □ LL *solūbilis* ← L *solvere* to loosen: ⇨ solve, -ble〙

sóluble blúe, S- B- *n.* 〘化学〙ソリュブルブルー《水に溶けやすい青色酸性染料; インク製造, 羊毛・絹の染料に用いる》. 〘1862〙

sóluble cóffee *n.* ソリュブルコーヒー, インスタントコーヒー (instant coffee).

sóluble cótton *n.* 〘化学〙=pyroxylin.

sóluble gláss *n.* 〘化学〙**1** =sodium silicate. **2** 水ガラス (water glass). 〘1875〙

sóluble gúncotton *n.* 〘化学〙=pyroxylin.

sóluble nitrocéllulose [**nitrocótton**] *n.* 〘化学〙=pyroxylin.

sóluble RNÁ *n.* 〘生化学〙可溶性 RNA《細胞質内を自由に移動できる RNA; アミノ酸を運ぶ transfer RNA が最も重要なもの》. 〘1961〙

so·lum /sóuləm | sáu-/ *n.* (*pl.* **so·la** /-lə/, **~s**) **1** 〘地質〙土壌体, ソラム《土壌の A 層・B 層の総体をいう; cf. topsoil》. **2** 〘法律〙一区画の土地, 一筆の土地. 〘(1829) ← NL ~ 'solum, (L) *base, ground*': ⇨ sole²〙

so·lu·nar /sɑ(:)lúːnə | sɔlúːnə^r, -ljúː-/ *a.* 太陽と月の: a ~ table 太陽と月の表《月が地平線上・天頂・天底にくる時刻や日の出・日の入りなどを示した表で, 釣人用》.

so·lus /sóuləs | sáu-/ *L. adj.* (fem. **so·la** /-lə/) [補語として主に脚本の「ト書き」に用いて] ひとりで, 単独で (alone): Enter the king ~. 王ひとり登場 / I found myself ~. 《戯言》私はただひとりだった. 〘(1599) □ L *sōlus*: ⇨ sole¹〙

sol·ute /sɑ́(:)ljuːt | sɔ́ljuːt, sɔlúːt, -ljúːt/ *n.* 〘化学〙溶質《溶液または固溶体に溶けている物質; cf. solvent》. — *adj.* **1** 〘化学〙溶解した (dissolved). **2** 〘植物〙遊離した (free). 〘(*c*1440) □ L *solūtus* (p.p.) ← *solvere* (↓)〙

so·lu·tion /səlúːʃən | -lúː-, -ljúː-/ *n.* **1 a** (問題などの)解決, 解明 (explanation); 解決された状態, 落着 (settlement, solving): attempt a [the] ~ of a problem [mystery, riddle] 問題[神秘, なぞ]の解明を試みる. **b** 解決法, 解法, 解式; 解答 (answer): They cannot find the ~ to [for] the problem. その問題の解決法が見つからない / a problem difficult [easy] of ~ 解決が困難な[やさしい]問題. **2 a** 溶液, 溶剤: a strong [weak] ~ 濃[希薄]溶液 / a normal [standard, standardized] ~ 規定液[標準溶液] / a ~ of alum [salt] 明礬(みょうばん)[食塩]の溶液 / a ~ of salt in [and] water 食塩の水溶液[食塩と水との溶液] / a nitrate of silver ~ 硝酸銀溶液. **b** (ゴムタイヤ修理用)ゴム液 (rubber solution). **3** 溶かす[溶ける]こと, 溶解 (dissolution, dissolving); 溶解状態 (dissolved state): salt in ~ 溶解した塩 / the ~ of salt in water 食塩の水溶液 / difficult [easy] of ~ 溶解し難い[やすい] / chemical ~ 化学的溶解《成分に化学的変化を起こす》/ mechanical ~ 機械的[物理的]溶解《成分に化学的変化を起こさない》. **4** 分解, 分離, 解体, 崩解 (dissolution): the ~ of the clouds. **5** 〘薬学〙液剤. **6** 〘医学〙消散 (resolution); 換散(かんさん)《病気がだんだんよくなること》. **7** 〘物理・化学〙溶体, 溶液《混合気体, 液体および固溶体》: ⇨ solid solution. **8** 〘法律〙(借金などの)決済, (債務などの)解除. ***in solútion*** (1) 溶けて. (2) 〈考えなど〉まとまらないで.

solútion of continúity 〘外科〙(骨折などによる)離断. 〘(1375) □ (O)F ~ □ L *solūtiō(n-)* ← *solvere* to dissolve: ⇨ solve, -tion〙

so·lú·tion·ist /-ʃ(ə)nɪst | -nɪst/ *n.* 解答者, (特に, 新聞・ラジオ・テレビなどの)クイズ解答専門家. 〘1885〙

solútion sèt *n.* 〘数学・論理〙**1** 解の集合《方程式や不等式など, 問題を表す式や文の解全体から成る集合》. **2** =truth set. 〘1959〙

sol·u·tiz·er /sɑ́(:)ljutàɪzə | sɔ́ljutàɪzə^r/ *n.* 〘化学〙ソリュタイザー《ガソリンから溶媒抽出法でメルカプタン (mercaptan) を除くために用いる; 抽出剤; イソ酪酸(らくさん)カリウム・アルキルフェノールカリウムなどから成る鉛の許容性とオクタン価を増進させるなどの処理に用いる有機溶媒または有機塩》. 〘(1939) □ SOLUT(ION) + -IZE + -ER²〙

So·lu·tre·an /səlúːtriən | -lúː-, -ljúː-/ *adj.* (*also* **So·lu·tri·an** /~/) 〘考古〙ソリュートレ期(文化)の: the ~ period ソリュートレ期《ヨーロッパにおける旧石器時代後期の一時期; cf. Paleolithic》. 〘(1888) ← *Solutré* (この時代の石器が発見されたフランス東中部の村の名): ⇨ -an¹〙

solv·a·ble /sɑ́(:)lvəbl | sɔ́l-/ *adj.* **1** 解ける, 解答できる, 解決できる. **2** 《古》=soluble 1. **3** 〘数学〙可解の《付随する商群がすべて可換群であるような正規鎖をもつ群についていう》. **sòlv·a·bíl·i·ty** /sɑ̀(:)lvəbíləti | sɔ̀lvəbíləti/ *n.* **~·ness** *n.* 〘(1647) ← SOLVE + -ABLE〙

solv·ate /sɑ́(:)lveɪt | sɔ́l-/ 〘化学〙*n.* 溶媒和物, 溶媒化合物《溶質が溶媒分子と結合したもの》. — *vt.* 溶媒和させる. — *vi.* 溶媒和する. 〘(1909) ← SOLV(ENT) + -ATE¹·²〙

solv·a·tion /sɑ(:)lvéɪʃən | sɔl-/ *n.* 〘化学〙溶媒和《溶質が溶媒分子と結合する現象》. 〘1909〙

Sól·vay pròcess /sɑ́(:)lveɪ- | sɔ́l-; *F.* sɔlvɛ/ *n.* 〘化学〙ソルベー式ソーダ製造法《食塩と石灰石を主原料, アンモニアを副原料としてソーダ灰を製造する方法; ammonia soda process ともいう》. 〘(1884) ← *Ernest Solvay* (1838–1922: これを考案したベルギーの化学者)〙

solve /sɑ(:)lv | sɔlv/ *vt.* **1 a** 〈難事・問題などを〉解決する, 打開する: ~ the economic crisis 経済危機を打開する / ~ the traffic problem 交通問題を解決する / He ~*s* the world's problems while I make dinner. 私が食事を作っている間に彼は世界のいろいろな問題を解決してしまう. **b** 〈数学の問題・パズル・神秘などを〉解く, 解明する, …に解答を与える: ~ a mystery [crossword puzzle, riddle] / ~ an equation 方程式を解く. **2** 《米》〈借金・負債を〉返済する, 清算する; 〈債務・恩義を〉果たす, 返す: ~ a debt, an obligation, etc. **3** 《古》〈結び・もつれなどを〉解く (loosen), ほぐす (unravel): ~ a knot, tangle, etc. — *vi.* 解答する: ~ for *x* 〘数学〙*x* の値を求める.

sólv·er *n.* 〘(*c*1440) *solve(n)* to loosen □ L *solvere* < **seluere* ← SE- + *luere* to release (⇨ lose)〙

sol·ven·cy /sɑ́(:)lvənsi | sɔ́l-/ *n.* **1** 支払い能力, 弁済能力, 資力. **2** 溶解(力). 〘(1727): ⇨ ↓, -ency〙

sol·vent /sɑ́(:)lvənt | sɔ́l-/ *adj.* **1** 支払い能力のある: stay ~. **2** 溶解力がある, 溶かす: ~ fluids 溶液 / ~ action 溶解作用. **3** 人の心を和らげる, なごやかにする; 弱める: the ~ power of laughter 人の心を和らげる笑いの力. — *n.* **1** 溶剤, 溶媒 (menstruum) (cf. solution 2, solute): Alcohol is a ~ for [of] resinous substances. アルコールは樹脂性物質の溶剤である. **2** 解決[解明]をつけるもの, 解決策. **3** 弱める[和らげる]もの 〔*of*〕: Science is a ~ of religious belief. 科学は宗教心を弱めるものである. **~·less** *adj.* **~·ly** *adv.* 〘(1653) □ L *solventem* (pres.p.) ← *solvere*: ⇨ solve, -ent〙

sólvent abùse *n.* 溶剤乱用《シンナーやトルエンなど接着剤のにおいを吸いこむこと; cf. glue-sniffing》. 〘1977〙

sólvent extràction *n.* 〘化学〙溶剤[溶媒]抽出.

sólvent náphtha *n.* 〘化学〙ソルベントナフサ, 溶性ナフサ《コールタール軽油の分留製品で, 可燃性の液体; 溶剤として用いる》.

sol·vol·y·sis /sɑ(:)lvɑ́(:)ləsɪs | sɔlvɔ́lɪsɪs/ *n.* 〘化学〙ソルボリシス, 加溶媒分解《塩が溶媒によって酸と塩基に分解すること; cf. hydrolysis》. **sol·vo·lyt·ic** /sɑ̀(:)lvəlítɪk | sɔ̀lvəlít-⁻/ *adj.* 〘(1916) ← NL ~: ⇨ solvent, -lysis〙

Sól·way Fírth /sɑ́(:)lweɪ- | sɔ́l-/ *n.* [the ~] ソルウェー湾《スコットランド南西部とイングランド北西部の間に入り込んだアイルランド海 (Irish Sea) の入江》. 〘← ? ON *sol-vāgr* muddy bay (cf. OE *sol* mire) // Celt. *sol* the tide + *wath* ford〙

Sol·y·man I /sɑ́(:)ləmàːn- | sɔ́lɪ-/ *n.* =Suleiman I.

Sol·zhe·ni·tsyn /sòulʒəníːtsɪn, sɑ̀(:)l- | sɔ̀lʒəníts-ɪn, -ní:-; *Russ.* səlʒɨnʲítsɨn/, **Aleksandr I·sa·ye·vich**/ɪsájɪvʲɪtʃ/ *n.* ソルジェニーツィン《1918–　; ロシアの小説家, 1974 年国外追放となり米国に在住していたが 94 年に帰国; Nobel 文学賞 (1970); *One Day in the Life of Ivan Denisovich*「イワン・デニーソヴィチの一日」(1962), *Cancer Ward*「ガン病棟」(1968), *The Gulag Archipelago*「収容所列島」(1974)》.

som /sóum | sɔ́um/ *n.* ソム《キルギスタンの通貨単位; = 100 tyiyn》.

Som. 《略》Somaliland; Somerset; Somersetshire.

so·ma¹ /sóumə | sáu-/ *n.* (*pl.* **~·ta** /-mətə | -tə/, **~s**) 〘生物〙**1** (動物の)体 (body), 躯幹(くかん), 胴体 (trunk) (cf. somatic). **2** 体細胞《生物体を構成する細胞内で生殖細胞 (germ cell) を除く一切の細胞》. 〘(1827) ← NL *somat-, soma* ← Gk *sôma* body〙

so·ma² /sóumə | sáu-/ *n.* **1** 〘植物〙ソーマ (*Sarcostemma acidum*)《インド産のトウワタ科の白い乳液を出すつる植物; swallowwort ともいう》. **2** 〘ヒンズー教〙**a** 蘇摩(そま), ソーマ酒《植物ソーマの樹液で造ったといわれる聖酒; 古代インドの力と戦いの神インドラ (Indra) にささげた; cf. haoma 1》. **b** [S-] ソーマ《蘇摩を擬人化した万能の大神; アーリア人に天空地の三方から富をもたらすと信じられた》. 〘(1889) □ Skt ~: cf. suck〙

So·ma /sóumə | sáu-/ *n.* 〘商標〙ソマ《carisoprodol の商品名》.

som·aes·the·si·a /sòumɛsθíːʒiə, -ʒə | sàumiːsθíː-ziə, -mɛs-, -ʒiə/ *n.* 〘生理〙=somesthesia.

som·ae·sthet·ic /sòumɛsθétɪk | sàumiːsθét-⁻/ *adj.* =somesthetic.

So·ma·li /soumáːli, sə- | sə-, sau-/ *n.* (*pl.* **~s**, ~) **1 a** [the ~(s)] ソマリ族《Somaliland に住むアラビア人と黒人との混血ハム族》. **b** ソマリ族の人. **2** ソマリ語《クシト語 (Cushitic) の一》. — *adj.* ソマリ族[語]の. 〘1814〙

So·ma·li·a /soumáːliə, sə-, -ljə | sə-, sau-/ *n.* ソマリア《アフリカ東部, インド洋と Aden 湾に臨む共和国; Italian Somaliland と British Somaliland が合併して 1960 年独立; 面積約 638,000 km², 首都 Mogadishu; 公式名 the Somali Democratic Republic ソマリア民主共和国》. **So·má·li·an** /-liən, -ljən/ *n.*, *adj.*

So·ma·li·land /soumáːlilænd, sə- | sə-, sau-/ *n.* ソマリランド《アフリカ東部海岸地方で, ソマリア (Somalia), ジブチ (Djibouti), エチオピア (Ethiopia) 東部から成る》.

So·man /sóumən | sáu-/ *n.* 〘軍事〙ソーマン《旧ソ連軍の神経ガス; 吐き気や息切れがし, 目が見えなくなったり体の麻痺をひき起こしたりする; 多量に吸入すると死に至る》. 〘(1951) □ G ~ ← ?〙

So·ma·re /sɑ́maːreɪ/, **Michael Thomas** *n.* ソマレ《1936–　; パプアニューギニアの政治家; 首相 (1975–80; 1982–85); オーストラリアからの独立時 (1975) の指導者》.

so·mat- /səmǽt, sou-, sóumət | sáumət, sə(ʊ)mǽt/ (母音の前にくるときの) somato- の異形.

somata *n.* soma¹ の複数形.

so·mat·ic /soumǽtɪk, sə- | sə(ʊ)mǽt-/ *adj.* **1** 身体の (corporeal), 肉体の (cf. mental, spiritual, psychic). **2** 〘解剖・動物〙体の: a ~ layer 体壁層. **3** 〘生物〙(動物の)体の, 体躯(たいく)の (cf. soma¹ 1). **so·mát·i·cal·ly** *adv.* 〘(1775) □ Gk *sōmatikós* ← *sōmat-, sôma* body: ⇨ soma¹, -ic¹〙

somátic cávity *n.* 〘解剖・動物〙体腔(たいこう). 〘1859〙

somátic céll *n.* 〘生物〙体細胞 (cf. germ cell). 〘1888〙

somátic mutátion *n.* 〘生物〙体細胞突然変異.

somátic nérvous sỳstem *n.* 〘生理〙体性神経系, 随意神経系《骨格筋を支配し体の運動をつかさどる神経系; cf. autonomic nervous system》.

so·ma·tist /sóumətɪst | sáumətɪst/ *n.* 〘精神医学〙身体論者《精神病の原因はすべて身体の病変に起因すると考える人》. 〘(1676): ⇨ somato-, -ist〙

so·ma·ti·za·tion /sòumətɪzéɪʃən | sàumətaɪ-, -tɪ-/ *n.* 〘精神医学〙身体化《精神状態の影響で生理的不全を起こしたり, 心理的葛藤を身体的症状に転換すること》. 〘(1925): ↓, -ization〙

so·mat·o- /səmǽtou, sou-, sóumət- | sáumətau, sə(ʊ)mǽt-/「身体(の); 体細胞 (soma)」の意の連結形. ★ 母音の前では通例 somat- になる. 〘← NL ~ ← Gk *sōmat(o)-* ← *sōmat-, sôma* body ← ? IE **tēu-* to swell (⇨ tumid)〙

so·mat·o·gen·ic /səmæ̀təʤénɪk, sou-, sòumət- | sàumət-, sə(ʊ)mæ̀t-⁻/ *adj.* 〘生物・心理〙体細胞から発達する, 体因性の (cf. psychogenic). 〘(1889): ⇨ ↑, -genic¹〙

so·ma·tól·o·gist /-ʤɪst | -ʤɪst/ *n.* 〘人類学〙生体学者. 〘(1893): ⇨ ↓, -ist〙

so·ma·tol·o·gy /sòʊmətɑ́(ː)lədʒi | sə̀ʊmətɔ́l-/ *n.* **1** 体質学, 体形学. **2** 〖人類学〗生体学. **so·mat·o·log·ic** /səmæ̀ṭəlɑ́(ː)dʒɪk, soʊ-, sòʊməṭ- | sə̀ʊmətə(ʊ)lɔ́dʒ-, sə(ʊ)mæ̀t-ˊ/ *adj.* **sò·ma·to·lóg·i·cal** *adj.* **sò·ma·to·lóg·i·cal·ly** *adv.* 〖(1736) ← NL *somatologia*: ⇨ somato-, -logy〗

so·mat·o·me·din /səmæ̀ṭəmíːdṇ, soʊ-, sòʊməṭ-, -dṇ | sə̀ʊmətə(ʊ)míːdɪn, sə(ʊ)mæ̀t-/ *n.* 〖生化学〗ソマトメジン《肝臓で合成されるホルモンの一種; 成長ホルモンの影響のもとに組織の成長を促進する》. 〖(1971) ← SOMATO-＋MED- (← *intermediary*)＋-IN²〗

so·mát·o·plasm /-plæ̀zm/ *n.* 〖生物〗(生殖細胞の胚芽形質と区別して)体細胞原形質 (cf. germ plasm). **so·màt·o·plás·tic** /-plǽstɪk-ˊ/ *adj.* 〖(1889) ← SOMATO-＋-PLASM〗

so·mat·o·pleure /səmæ̀ṭəplʊ̀ə, soʊ-, sóʊməṭ- | sə́ʊmətə(ʊ)plʊ̀ə(r), sə(ʊ)mǽt-/ *n.* 〖生物〗体壁葉《脊椎動物の胚の中胚葉の背側の部分とそれを覆う外胚葉から成る二重層; cf. splanchnopleure》. **so·màt·o·pléu·ral** /-plʊ́ərəl | -plʊ́ər-ˊ/ *adj.* **so·màt·o·pléu·ric** /-plʊ́ərɪk | -plʊ́ər-ˊ/ *adj.* 〖(1874) ← NL *somatopleura* ← SOMATO-＋Gk *pleurá* rib〗

somàto·psýchic *adj.* 身体精神の; 身体性精神疾患の.

somàto·sénsory *adj.* 〖医学〗体性知覚の, 体(性)感覚の. 〖1952〗

so·mat·o·stat·in /səmæ̀ṭəstǽtṇ, soʊ-, sòʊməṭ-, -tṇ | sə̀ʊmətə(ʊ)stǽtɪn, sə(ʊ)mæ̀t-/ *n.* 〖生化学〗ソマトスタチン《成長ホルモン放出抑制因子》. 〖(1973) ← SOMATO-＋-STAT＋-IN²〗

somàto·tónia *n.* 〖心理〗身体(緊張)型《W. H. Sheldon による性格分類型の一つ; 筋骨がよく発達し, 肉体活動を好み精力的・攻撃的で大胆率直な型; cf. cerebrotonia, viscerotonia》. 〖(1940) ← NL ～ ← SOMATO-＋L *tonus* tension＋-IA¹〗

somàto·tónic 〖心理〗*adj.* 身体型性格の. — *n.* 身体型の人. 〖1937〗

somáto·tròphic hórmone *n.* 〖生化学〗＝growth hormone. 〖(1938) ← SOMATO-＋-TROPHIC〗

somàto·tró·pin /-tróʊpṇ | -trə́ʊpɪn/ *n.* (*also* **so·mat·o·tro·phin** /-fṇ | -fɪn/) 〖生化学〗ソマトトロピン《脊椎動物の脳下垂体前葉から分泌される成長ホルモン; cf. growth hormone》. 〖(1947) ← SOMATO-＋-TROP(IC)＋-IN²〗

so·mat·o·type /səmæ̀ṭətàɪp, soʊ-, sóʊməṭ- | sə́ʊmətə-, sə(ʊ)mǽt-/ 〖人類学〗*n.* ソマトタイプ《主として脂肪の堆積・筋肉の発達および体積と体表との比率の三要素の程度によって分類した人の体型; cf. endomorph, mesomorph, ectomorph》. — *vt.* 〈人体〉のソマトタイプを測定する; 体格によって分類する. **so·màt·o·týp·ic** /-típɪk-ˊ/ *adj.* **so·màt·o·týp·i·cal·ly** *adv.* 〖(1940) ← SOMATO-＋-TYPE〗

Som·bart /zɑ́(ː)mbɑət | zɔ́(ː)mbɑːt; *G.* zɔ́mbaʁt/, **Wer·ner** *n.* ゾンバルト《(1863–1941; ドイツの経済学者》.

som·ber, 《英》**som·bre** /sɑ́(ː)mbə | sɔ́mbə(r)/ *adj.* **1** 陰気な, 陰鬱(ゆう)な (gloomy), 憂鬱な, 暗澹(たん)たる (dismal): a ～ countenance [expression] 陰鬱な顔つき[表情] / a man of ～ character 陰気な性質の人 / in ～ mood 陰鬱な気分で / The future outlook is ～ indeed. 前途は全く暗澹としている. **2** (光または明るさのない)薄暗い, 黒ずんだ (dark); 曇った (overcast): a ～ landscape [sky, cloud] 薄暗い景色[空, 雲]. **3** (色が)くすんだ, 地味な (sober, subdued); くすんだ色の, 地味な色の: ～ clothes. **～·ly** *adv.* **～·ness** *n.* 〖(1760) □ F *sombre* ← OF 'shade' ← LL *subumbrāre* to shade ← SUB-＋L *umbra* shade (⇨ umbra)〗

som·bre·ro /sɑ(ː)mbréᵊroʊ, səm- | sɔmbréərəʊ; *Am.Sp.* sombréɾo/ *n.* (*pl.* ～**s**) ソンブレロ《スペイン・メキシコ・米国南西部などで用いられるふちの広い帽子; 麦わらやフェルトで作られる》. 〖(1598) □ Sp. ～ ← *sombra* shade: ↑〗

som·brous /sɑ́(ː)mbrəs | sɔ́m-/ *adj.* 《古》＝somber. 〖*c*1730〗

some /(弱) səm; (強) sʌ́m/ *adj.* **1** /səm/ [複数形の可算名詞や不可算名詞を伴って] いくらかの, 多少の, 少しの (more or less) (cf. any *adj.* 1 a): There are ～ people at the door. ドアの所に何人かの人がいる / I've given the matter ～ thought. その件について少し考えてみた / I want ～ books [money]. 本[金]が(少し)欲しい / There were ～ few books still on the desk. まだ机の上に本が少しあった / I see ～ little ink left in the bottle. びんにインクの残りが少し見える / Give me ～ more /səmɔ́ə, -mɔ́ə | -mɔ́ː(r)/ tea, please. お茶をもう少し下さい / It cost me ～ effort. 少々骨が折れた / ～ years [time] ago 数年[しばらく]前 / in ～ degree 幾分, 多少 (somewhat) / to ～ extent ある程度(まで) / It was in ～ sense [ways, respects] a victory for democracy. それはある意味[点]では民主主義の勝利だった.

語法 (1) 疑問文でも, yes を期待する勧誘・依頼などを表す文では, any ではなく some が用いられる: May I give [pour] you ～ tea? お茶を召し上がりませんか (Let me give [pour] you some tea.). (2) 量を示す場合, 特に「せめて少しぐらいの」(at least a small amount of) の意味を表す場合には, 通例 /sʌ́m/ と強調される: Do have ～ pity on me! 少しは私のこともかわいそうだと思ってみて下さい / I've tried to give you ～ idea of the plan. その計画について何かアイディアを君にあげようと努めた / He has after all ～ sense of justice. あの男にも少しは正義の感覚があるのだ / If he didn't have ～ sense of justice, he wouldn't have let you go. 少しも正義の感覚がなかったなら, 彼は君を行かせてはくれなかっただろう / That's ～ help [consolation] at least! それがせめてもの助け[慰め]になる.

2 /sʌ́m/ **a** 相当な数[大きさ, 長さ]の, かなりの (considerable): I stayed there for ～ days [～ time]. 何日も[かなり長い間]滞在した / It's still ～ way away [off]. 道のりはまだ相当ある / This would go ～ (considerable) way towards paying our debts. これだけあれば借金返済の相当な足しになる. **b** 《口語》かなりの程度の; 大した, なかなかの, 立派な, 大変な, 本当の (striking): That was ～ test [match]! それはなかなかの試練[試合]だった / This is ～ storm! 大変なあらしだ / I call this ～ poem! これこそ詩というに足るものだ. **c** 《口語・皮肉》[some＋名詞を文頭に置いて]: *Some* help that is! よい助けだ《助けでも何でもない》/ *Some* friend you are! 君は本当にありがたい友人だよ《友人だなんてとんでもない》. **3 a** /sʌ́m/ [複数形の可算名詞か不可算名詞を伴って] 人[物]によると(…もある), 中には(…もある). ★ しばしば他の some または other(s) と対照的に用いる: *Some* days we win, and ～ days we lose. 日によって勝つ日もあれば負ける日もある / *Some* people like her, *others* don't [not]. 彼女のことを好きな人もいれば嫌いな人もいる / *Some* people were killed (, *others* wounded). 死んだ人もあった(し負傷した人もあった) / Not all wood is hard, ～ wood is soft. 木材はみんな堅いとは限らない, 軟らかいものもある. **b** /sʌm/ [単数形の可算名詞を伴って] 何かの, だれかの, どこかの (cf. any *adj.* 1 b): There must be ～ more important [bigger] difference between the two. 両者間には何かもっと重大な[大きな]相違があるに違いない / It seemed to be ～ inn or hotel. 何か旅館かホテルのように見えた / We must find ～ way out of it. 何か逃れる道を見つけなければならない (cf. someway) / *Some* idiot must have left the door unlocked. どこかのばかがドアに鍵をかけないままにしておいたに違いない / There is ～ man at the door. だれか玄関に来ている (cf. There is *a certain* man at the door.) (★ some は全く知らない人(または物)にいい, a certain は知りながらわざと言わないか, または軽蔑して本名を挙げないときなどに用いる) / He went to ～ place in Africa, and then to ～ other place. アフリカのどこかへ行き, それから別の所へ行った (cf. someplace). ★ しばしば相関的に some … or other [another] として用いる: (at) ～ time *or other* いつか, 早晩 / ～ day [*someone*] *or other* いつか[だれか] / for ～ reason *or other* 何らかの理由で / in ～ way *or other* 何とかして, どうにかこうにか / He must have read that in ～ book (*or other*). それを何かの本で読んだに違いない / They are spending the summer at ～ beach (*or another*). 彼らは夏をどこかの海岸で過ごしている.

sóme dáy (未来の)いつ(の日)か: I'll call on you ～ *day* next week. 来週のいつかお訪ねします. ***sóme óne*** (1) 何か一つ(の), だれか一人(の): *Some one* of them made a mistake. 彼らのうちのだれかが間違えた. (2) /sʌ́m wʌ̀n/ ＝someone. ***sòme óther tìme*** [***dày***] いつかまた, 他日. ***sóme tìme*** (1) しばらく (for some time). (2) ＝sometime *adv.* 1 a. ★ ただし *n.* としての time が意識されている場合には 1 語形ではなく 2 語形が用いられる: Let's meet ～ *time* [*sometime*] when you are free [next week, soon]. いつかお暇なときに[来週にでも, 近いうちに]会いましょう. ***sóme wày*** ＝someway, somehow: We must get out of here ～ *way* or other. 何とかしてここを脱出しなければならない.

— *pron.* **1** /sʌm/ [単複両用] (…のうちの)いくらか, 何人か (cf. any *pron.* 1): He asked for books [money], so I gave him ～. 本[金]を欲しいと言ったので少しやった / I want ～ *of* those flowers [*of* that wine, *of* it]. その花[そのワイン, それ]が少し欲しい / I know ～ (*of* the people [*of* them]), but not all. (その人たちのうち[彼らのうち])何人かは知っているが, 全員知っているというわけではない / They're good [It's good]! Please have ～. おいしいですよ. 少し食べてごらん. **2** /sʌ́m/ [複数に用いて] ある人々 (some people); [単複両用] 人[もの]によると…(人[もの]もある): *Some* think he is dead. 彼は死んだと思っている人もいる. ★ しばしば others または他の some と対照的に用いる: *Some* are good, and ～ are bad, and *others* are mediocre. 良いものもあり, 悪いものもあり, 中位のもある / *Some* of it is good and ～ isn't. いいところもあり, 良くないところもある / *Some* say it is true, ～ [*others*] not. 本当だと言う人もあればそうでないと言う人もある.

and thén sòme 《米口語》…とそれ以上, その上もっと[どっさり]: I paid ten thousand dollars *and then* ～. 1 万ドルもそれ以上も支払った. (1908) ***sòme of these dàys*** 近いうちに, いつかそのうち (one of these days). (1831)

— /sʌm/ *adv.* **1** [数詞と共に用いて] 約…, およそ, ほぼ (about): There were ～ hundred books in all. 本が全部で約 100 冊あった / It is ～ twenty miles off. 約 20 マイル離れている / I waited ～ ten minutes. 10 分ほど待った / He's done it ～ 115 times. 彼はそれを 115 回ほどやった / ～ twenty [twenty-*some*] people [times] 約 20 人[回]. **2** 《口語》幾分か, やや (somewhat): I feel ～ better. 《米》少しは気分がよくなった / Do it ～ more. もうちょっとやってみたまえ / The sea had gone down ～ during the night. 海は夜のうちに幾分静まっていた. **3** 《米口語》なかなか, 相当に (considerably): He's going ～. 彼はなかなかやってる, 大したものだ / That's going ～! うまい, すごいぞ. 〖OE *sum* one, a certain one ＜ Gmc **sumaz* ＜ IE **smmos* ← **sem-* one (L *similis* 'SIMILAR'): cf. same〗

-some¹ /səm/ *suf.* 「…に適した, …を生じる, …させる, …しやすい, …の傾向のある」などの意の形容詞を造る: hand*some*, quarrel*some*, weari*some*. ★ buxom, lissom では -some が変形している. 〖OE *-sum* ＜ Gmc **sumaz* (Du. *-zaam* / G *-sam* (*einsam, zweisam*)): cf. ↑, same〗

-some² /səm/ *suf.* 数詞に付いて(特に人の)群れを表す名詞を造る: two*some*, three*some*, four*some*. 〖← OE *sum* (cf. *fiftēna sum* one of (a company of) fifteen): ⇨ some〗

-some³ /ˊ-ˋsòʊm | -sə̀ʊm/「体 (body); 〖生物〗染色体」の意の名詞および形容詞連結形: chromo*some*. 〖← NL *soma* ← Gk *sôma* body: cf. soma¹〗

some·bod·y /sʌ́mbɑ̀(ː)di, -bʌ̀di, -bədi | -bədi, -bɒ̀di/ ★ くだけた会話では /sʌ́mdi/ と発音されることもある. *pron.* ある人, だれか (some person) (cf. anybody *pron.* 1): *Somebody* has revealed the secret. だれかが秘密を漏らした / Will ～ please turn the light on? だれか電気をつけてくれませんか (cf. some *adj.* 1 語法 (1)) / ～ else だれか他の人 / ～ Japanese 日本人のだれか / Will ～ from the audience please volunteer? お客様の中からだれか志願する人はいませんか / ～ or other だれかかれか / This work needs a copyist or a scrivener or ～. この仕事には筆耕とか代書人とか何かそういった者が必要だ / General *Somebody* 何某将軍 / like ～ だれかさんのように. — *n.* 何某といわれる(偉い)人, ひとかどの人物, 相当な人, 大した者 (a person of some importance) (cf. anybody *n.*): He must be ～ to receive a welcome like that. それほどの歓迎をされるとはその人は相当な人に違いない / She thinks herself a ～. 自分を偉い人間だと思っている / nobodies posing as *somebodies* 大物ぶっているつまらない連中. 〖(*c*1303): ⇨ some (adj.), body〗

some·day /sʌ́mdèɪ/ *adv.* (通例, 遠い未来の)いつか: Perhaps ～ he'll be successful. 恐らくいつかは成功するだろう. 〖*c*1350〗

sóme·dèal *adv.* 《古》＝somewhat. 〖OE *sume dǣle* (dat.): ⇨ some, deal²〗

some·how /sʌ́mhàʊ/ *adv.* **1** 何とかして, どうにかして, ともかくも: I must get it finished ～. 何とかしてそれを仕上げてしまわねばならない. **2** どういうわけか, どうしたものか, どうも: He ～ dropped behind. 彼はどうしたものか落後した / *Somehow* I don't trust him. どうもあの男は信用できない. ***sómehow or òther*** どうにかこうにか; どういうものか, 何となく: I managed to finish college ～ *or other*. どうにかこうにかして大学を卒業できた / *Somehow or other* he never liked her. どういうものか彼女を好きにならなかった. 〖1664〗

some·one /sʌ́mwʌ̀n, -wən | -wʌ̀n/ *pron.* ＝somebody《ただし somebody のほうが口語的》: ～ or other だれか. 〖*c*1305〗

some·place /sʌ́mplèɪs/ *adv.* 《米口語》＝somewhere. 〖1880〗

som·er·sault /sʌ́məsɔ̀ːlt, -sɑ̀ːlt | -məsɔ̀ːlt, -sɒ̀lt/ *n.* **1** とんぼ返り, 前転, 後転; (高飛込み・空中転回などの)宙返り (cf. handspring, headspring 2): do [cast, cut, make, turn] a ～ 宙返りをする / a double [treble] ～ 連続二回[三回]の宙返り. **2** (政策・戦術などの)転換, (立場の)逆転. — *vi.* とんぼ返りする, もんどり打つ, 宙返りをする. 〖(1530) □ OF *sombresau(l)t* leap 《変形》← *soubresau(l)t* □ OPr. *sobresaut* ← *sobre* over (＜ L *suprā*)＋*saut* leap (＜ L *saltus*): ⇨ supra-, salient〗

som·er·set¹ /sʌ́məsèt | -məsèt, -sɪt/ *n.*, *vi.* ＝somersault. 〖(1596)《転訛》↑〗

som·er·set² /sʌ́məsèt | -məsèt, -sɪt/ *n.* 《英》サマセット式鞍《片脚の人のためにひざの前ともの後ろに詰め物をした鞍》. 〖(1851) ← *Lord Fitzroy James Henry Somerset* (これを使用した英国の将軍): ⇨ raglan〗

Som·er·set¹ /sʌ́məsèt, -sɪ̀t | -məsèt, -sɪt/ *n.* サマセット《イングランド南西部, Bristol 湾に臨む州; 面積 3,458 km², 州都 Taunton; Somersetshire ともいう》. 〖OE *Sumorsǣte*《略》← *Sumortūn-sǣte*《原義》the dwellers at Somerton ← *sumortūn* dwelling used only in summer (⇨ summer¹, town)＋*sǣta* inhabitant (← *sittan* 'to dwell, SIT')〗

Som·er·set² /sʌ́məsèt, -sɪ̀t | -məsèt, -sɪt/ *n.* サマセット(男性名). 〖↑〗

Somerset. 《略》Somersetshire.

Sómerset Hóuse *n.* サマセットハウス《London の Strand 街に建てられた官庁用建物; 戸籍本署 (Registrar General's Office), 遺言検認登記本所 (Principal Probate Registry), 内国税収入局 (Board of Inland Revenue) などがある》.

Som·er·set·shire /sʌ́məsètʃə, -sɪ̀t-, -ʃɪə | -məsèt-ʃə(r), -sɪt-, -ʃɪə(r)/ *n.* ＝Somerset¹.

Som·er·ville /sʌ́məvɪl | -mə-/ *n.* サマービル《米国 Massachusetts 州 Boston の北西 5 km にある都市》. 〖← ? *Richard Somers* (1778–1804: トリポリ戦争 (1801–05) の戦功者): ⇨ -ville〗

som·es·the·si·a /sòʊmɛsθíːʒiə, -ʒə | sə̀ʊmiːsθíːziə, -mɛs-, -ʒiə/ (*also* **som·es·the·sis** /-sɪ̀s | -sɪs/) *n.* 〖生理〗身体意識. 〖← NL ～: ⇨ soma¹, esthesia〗

som·es·thet·ic /sòʊmɛsθétɪk | sə̀ʊmiːsθét-, -mɛs-ˊ/ *adj.* 体(性)感覚の, 体感の. 〖(1899): ↑, -ic¹〗

some·thing /sʌ́mθɪŋ/ *pron.* **1** あるもの, あること, 何か (cf. anything *pron.* 1 a): There's ～ on the table. 何かテーブルの上にある / Excuse me: did you just say ～? 失礼ですが, 今, 何かおっしゃいましたか / If he didn't know ～ about the crime, he wouldn't be so nervous. その犯罪について何も知らないのなら, そんなにいらいらすることはないだろう / Give me ～ to eat [drink]. 何か食べ物[飲み物]を下さい / I have ～ else to say [to do]. ほかに言う[する]ことがある / He has ～ on his mind. 何か考えごとをしている[心配事がある] / *Something* more [of the kind, of that kind]

S

is needed. ほかに何か[この[その]種のもの]が必要だ / Here is ~ for you [your trouble, yourself]. 君に[君の骨折りに対して, 君自身に]上げるものがある《これを君に上げよう》/ There is ~ funny [a certain ~] about it. それにはどこか変な[何か不可解な]ところがある / He has [is] ~ to do with insurance. 保険に関係している / do ~ in …関係の仕事をしている / I think John was [《英》had] ~ to do with the plan. ジョンがその計画に関係していたと思う / *Something* tells me (that) my watch isn't quite right. 《口語》何か時計が狂っているような気がする / *Something* is better than nothing. 《諺》何でもあればないよりはましだ / You can't get ~ for nothing. 労せずして手に入るものはない. **2** ある適切なもの, ある価値(のある物), 一理 (some truth): There is ~ in [to] what you say.=You've really got ~ there! 君の言うことには一理ある / He has ~ to live for. 彼には何か人生をかけるものがある / *Something* is gone. (まずいことなどをして)白けてきた. **3** 《口語》何か飲む[食べる]物, 酒, 食物: You'd better have ~ before you leave. 出かける前に何か食べていったほうがよい / Take a drop of ~. ちょっと一杯やりたまえ / ~ damp [short, wet] 《口語》一杯(の酒). **4** [~ *of* として] (…が)いくらか, 多少 (cf. anything *pron.* 1 b): There is ~ *of* uncertainty in it. 《古》それにはどこか不確かなところがある. ★ 次の慣用法に用いられる: He is ~ *of* an artist [*of a* painter, *of a* liar]. ちょっとした芸術家だ[多少絵の心得がある, 少しうそつきだ] (cf. *see* SOMETHING *of a person*) / He [It] is ~ *of* a mystery. 彼[それ]は少し謎めいた人[物]だ / It came as ~ *of* a surprise. それは少し驚きだった. **5** […時, …ドルなどを意味する数詞または名前のあとに用いて] (…時)何分か, (…ドル)何セントか, (…ポンド)何シリングか; (…)なにがし: The train left at five ~. 列車は5時何分かに発った / I was charged ten ~ for the hat. その帽子代に10ドル何セントかを請求された / His name was George ~—yes, George Taylor. 彼の名はジョージ何とか—そう, ジョージ テーラーといった / a film that ought to appeal to the thirty-*somethings* 30代の人たちにうけそうな映画.

máke sòmething of (1) …を(相当に)利用[活用]する: *make* ~ *of* oneself [one's life] 成功する. (2) …を重大なこととして扱う, …を(物々しく)重要視する. (3) 《口語》…をけんかの種とする, …を種にして争いを始める. 《1778》 ***or sòmething*** (*of the kind*) …か何か, …とか何とか《不確かなことや意味不明な語についていう場合》: He is a lawyer *or* ~. 弁護士か何かだ / He must have missed his train *or* ~. 列車に乗り遅れたか何かしたに違いない / It's called "digital cash" *or* ~. それが電子マネーとか何とかいうものらしい. 《1814》 ***quite sómething*** 《口語》目立つ[たいした]もの; すばらしい, 驚くべき (cf. *n.* 1). 《1958》 ***sáy sòmething*** (1) 食前[食後]に感謝の祈りをする. (2) 簡単な演説をする. ***sée sòmething of*** *a person* 〈人〉に時々会う, 〈人〉と少し交際する: Then we'll be able to *see* ~ *of* each other. そうすれば私たちも時々会えるようになるでしょう. ***sòmething élse*** (1) ⇨ *pron.* 1. (2) 《俗》大変な人[物], すごい人[物], すばらしい人[物]: She is really ~ *else!* 全くすごい美人だ / That idea of yours is really ~ *else!* あなたのその考えは本当にすばらしい. 《1844》 ***sómething like*** 何か…のような[…に似た]物 (cf. SOMETHING *like* ⇨ *adv.*): ~ *like* that そのようなもの / It is ~ *like* a cross between a rabbit and a cat. うさぎと猫の雑種といってよいようなものだ. 《1666》 ***sómething or òther*** [不確実・不明の意を強めて] 何やら, 何とか: I heard him muttering ~ *or other*. 彼が何やらつぶやいているのを耳にした / She was a lecturer in ~ *or other*. 彼女が何とかの講師だった / He has [is] ~ *or other* to do with insurance. 彼は何やら保険に関係している. 《1707》

— *n.* **1** 《口語》[不可算名詞として] かなり重要な人[物]; ちょっとしたもうけもの, 大した事: He's [It's] really ~! 全く大した男[物]だ / He thinks himself ~. 自分をひとかどの人間だと思い込んでいる / That's ~. それはもうけものだ, まずまずよかった / It's quite ~ to have persuaded him to come. 彼を説得して来させたのは大成功だ. **2** 《まれ》[可算名詞として] **a** 何か不可解な物: I felt the presence of an unknown ~. 何かえたいの知れぬ物の気配を感じた. **b** (何か)食べ[飲み]物: You'd better have a little ~ before you leave. 出かける前に何か食べていったほうがいい. ***a little sómething*** 《口語》ちょっとしたもの[贈り物など]; (軽く)一杯, 一口.

— *adv.* **1** [通例前置詞または比較級の副詞に先立って] 幾分, 多少 (somewhat, a little): ~ around … 約[およそ]… / The sermon lasted ~ *over* [*less* than, *under*] an hour. 説教は1時間ちょっと[1時間近く]続いた / ⇨ SOMETHING *like*. ★ 次のように叙述形容詞などを修飾して用いるのは《古》: He looked ~ impatient. 少しもどかしそうだった. **2** 《口語》ひどく, 非常に, 実に (very): He swore ~ awful. 実にものすごい剣幕でののしった / His behavior was ~ shocking! 彼の行動はショッキングだった. ***sòmething like*** (cf. SOMETHING *like* ⇨ *pron.*) (1) 幾分…のようで[に], 多少…に似て: It is shaped ~ *like* a cigar. ちょっと葉巻のようなかっこうだ / He is ~ *like* (what) his father was at that age. 彼はあのくらいの年輩の時の父親にちょっと似ている / It's ~ *like* falling in love. 恋に落ちたのにも似て. (2) 《英口語》[数詞に先立って] ほとんど…, 約…, ほぼ… (about): There were ~ *like* a thousand people present. 約千人の人が出席していた / It must be ~ *like* six o'clock. もうかれこれ6時に違いない. (3) 《口語》[like に強勢を置き, しばしばあとの名詞を省略して] 大した…, すてきな…, 正に…の典型: This is ~ *like* /sʌ̀mθɪŋ láɪk/ a dinner. これはすばらしいごちそうだ (This is some /sʌ́m/ dinner.) / That's ~ *like* it [《英》~ *like*] (=splendid)! それはすごいもんだ[すばらしい]. 《*a*1620》

— *vt.* 《口語》[p.p. 形で damned と同様に強意語として]: I'll see you ~*ed* first! くたばってしまえ, こんちくしょう. 〖OE *sumþing*: ⇨ some, thing[1]〗

some·thingth /sʌ́mθɪŋθ/ *adj.* 何番目かの, 幾つか目かの: in his seventy-*somethingth* year 70 何歳かで. 〖《1871》: ⇨ ↑, -th[1]〗

some·time /sʌ́mtàɪm/ *adv.* **1 a** (未来の)いつか, そのうち, 近々に (cf. SOME *time* (2) ★): Come over ~ (soon). そのうちおいで下さい / *Sometime* (later) I will explain. いつか説明しましょう / ~ or other いつか, そのうち. **b** (過去の)いつか, ある時: He died ~ around 1990. 1990 年のあたりのいつかに彼は亡くなった / ~ years ago 何年か前のある時に. **2** 《まれ》=sometimes. **3** 《古》かつて (once); 一時 (at one time); 前に (formerly): He was ~ Lord Mayor of London. 彼はかつてロンドンの市長をしていた. — *adj.* [限定的] **1** 《英》前の, 前… (former): Dr. S., (the [a]) ~ professor of history at Cambridge ケンブリッジ大学の前史学教授 S 博士. **2** 《古・米口語》時たまの, 時々起こる (sporadic): His wit is a ~ thing. 彼の機知は時々見られるものだ. 〖*c*1300〗

some·times /sʌ́mtàɪmz/ *adv.* **1** 時によると, 時には (at times), 時々, 時折: ~ rich, ~ poor 時には富み時には貧しく / He has ~ visited us. 彼は時々訪ねて来てくれている / *Sometimes* he seemed very depressed. 時には非常に意気消沈しているようだった / Scholars ~ lack common sense. 学者の中には常識のない人がいる. **2** 《廃》かつて, 以前 (once, formerly) (cf. *Tit.* 3:3). — *adj.* [限定的] 《古》かつての, 以前の (former). 〖《1526》← SOME ＋*times* ((pl.) ← TIME)〗

sóme·wày, sóme·wàys *adv.* 《米口語》何とかして, どうにかこうにか (somehow): *Someway* we must find time to do it. 何とかしてそれをする時間を見つけなければならない. 〖(?*a*1200) *c*1400〗

some·what /sʌ́m(h)wʌ̀t, -(h)wɑ̀(ː)t, -(h)wət | -(h)wɔ̀t/ *adv.* やや, 幾分か (to some extent), 多少 (a little): I was ~ puzzled. 少々当惑した / He answered ~ hastily. 幾分あわてて返事をした / I stayed there (for) ~ more than an hour. かれこれ1時間以上もそこにいた. ***móre than sómewhat*** 《口語》ひどく, 本当に (very much): I felt *more than* ~ displeased. 全く不快だった. 《1930》 — *pron.* [通例 ~ *of* として] 多少, 幾分 (something): He is ~ *of* a statesman. 彼には多少政治家らしいところがある / It came as ~ *of* a surprise. それはいささか驚きだった. — *n.* 《古》計り知れない数量[性質], 不特定のもの: Matter is an unknown ~. 物質は何とも計り知れないものである. 〖(?*a*1200): ⇨ some (adj.), what (pron.)〗

sóme·whèn *adv.* 《まれ》(未来の)いつか (sometime). 〖1297〗

some·where /sʌ́m(h)wɛ̀ə | -(h)wɛ̀ə[r]/ *adv.* **1 a** どこかに[へ] (cf. anywhere 1 a): I have left my umbrella ~. 傘をどこかへ置き忘れた / He lives ~ near [around] here. どこかこの近くに[この辺に]住んでいる / He [It] is ~ around [or other]. 彼[それ]はどこかにいる[ある] / He went [is] ~ else. どこかほかの所へ行った[にいる] / They are going away to Afghanistan or ~. 彼らはアフガニスタンかどこかへ行ってしまおうとしている / I remember reading it ~ (or other). どこかでそれを読んだ覚えがある / I will see you ~ first! 《口語》べらぼうめ, あかんべいだ. **b** [名詞的に他動詞や前置詞の目的語に用いて]: She needs ~ to live. 彼女にはどこか住む場所が必要です / If she had ~ to live, she'd be a lot happier. どこか住む所があれば, 彼女はずっと幸せだろう / They moved *to* ~ in Greece. 彼らはギリシャのどこかへ引っ越した. **2** [通例種々の前置詞に先立って] (年齢・時間・分量など)おおよそ, 大体, …のころに[で] (approximately): He is ~ *about* [*around*] sixty. まず 60 歳といったところです / This happened ~ *around* two in the morning. 何でも夜中の2時ごろの出来事だ / There I stayed (for) ~ *between* four *and* five years. そこに大体4年から5年滞在した / He wrote the book ~ *in* the 1940's. 彼はその本を1940年代のころに書いた.

gét sòmewhere ⇨ get[1] 成句.

— *n.* ある場所, 某所[地]: I want ~ warm and cozy. どこか暖かくて居ごこちのいい場所が欲しい. 〖(?*c*1200): ⇨ some (adj.), where (adv.)〗

sóme·whères /-(h)wɛ̀əz | -(h)wɛ̀əz/ *adv.* 《方言》= somewhere. 〖(1859): ⇨ -s[2] 1〗

sóme·whìle *adv.* 《古》**1** (以前)いつか (once); そのうちいつか (sometime). **2** 時々, 折々 (sometimes). **3** しばらく (for a time). 〖?OE〗

sóme·whìther *adv.* 《古》どこかへ (to some place); どちらかへ (in some direction). ★ 今では普通 somewhere が代用される. 〖1398〗

sóme·wìse 《古》*adv.* なんとかして (somehow). — *n.* [*in* ~ として] =somewise *adv.* 〖(*c*1440): ⇨ -wise〗

-so·mic /sóumɪk | sə́u-/ 《生物》「…の染色体をもつ」の意の形容詞連結形: monosomic. 〖← -SOME[2]＋-IC[1]〗

som·ite /sóumaɪt | sə́u-/ *n.* **1** 《生物》(原)体節, 中胚葉節, 上分節. **2** 《動物》体節 (metamere). **só·mi·tal** /-mɪ̣tl | -mɪtl/ *adj.* **so·mit·ic** /soumítɪk | səumít-/ *adj.* 〖(1869) ← SOMA[1]＋-ITE[1]〗

som·ma /sɑ́(ː)mə | sɔ́mə; *It.* sómma/ *n.* 《地質》(噴火口の周辺にできる)外輪山. 〖(*c*1910) ◻ It. ~ 'summit' ＜L *summam*: ⇨ sum〗

Somme /sʌ́m, sɑ́(ː)m | sɔ́m; *F.* sɔm/ *n.* **1** ソンム《フランス北部の県; 面積 6,227 km², 県都 Amiens》. **2** [the ~] ソンム(川)《フランス北部を北西に流れイギリス海峡に注ぐ川 (245 km); 第一次・第二次大戦の激戦地》.

som·me·lier /sʌ̀məljéɪ | sɔméliə[r], sʌ-, -lièɪ, sʌ̀məljéɪ, sɔ̀m-, ⌐⌐⌐; *F.* sɔməlje/ *n.* ソムリエ《レストランなどのワイン専門のサービス係》. 〖(1889) ◻ F ~ 《原義》one charged with arranging transportation ← *smme* burden ＜ LL *sagmam*: cf. sumpter〗

som·mer /sɑ́(ː)mə | sɔ́mə[r]/ *adv.* 《南ア口語》単に, ただ (just): ~ sit there.

Som·mer·feld /zɑ́(ː)məfɛ̀lt | zɔ́mə-; *G.* zɔ́mɐfɛlt/, **Arnold** *n.* ゾンマーフェルト《1868–1951; ドイツの理論物理学者》.

som·nam·bul- /sɑ(ː)mnǽmbjʊl | sɔm-/「夢中歩行 (somnambulism), 夢中歩行者 (somnambulist)」の意の連結形. 〖← NL ~ ← *somnambulus* somnambulist ← L *somnus* sleep＋*ambulantem* ((pres.p.) ← *ambulāre* to walk: ⇨ amble)〗

som·nam·bu·lant /sɑ(ː)mnǽmbjʊlənt | sɔm-/ *adj.* 夢中歩行する, 夢遊病の. — *n.* 夢遊病者 (somnambulist). **som·nám·bu·lance** /ləns/ *n.* 〖(1843): ⇨ ↑, -ant〗

som·nam·bu·late /sɑ(ː)mnǽmbjʊlèɪt | sɔm-/ *vi.* 夢中歩行する, 夢遊する. 〖(1833)《逆成》↓〗

som·nam·bu·la·tion /sɑ(ː)mnæ̀mbjʊléɪʃən | sɔm-/ *n.* 夢中歩行, 夢遊. 〖(1794–96) ← SOMNAMBUL-＋-ATION〗

som·nám·bu·là·tor /-tə | -tə[r]/ *n.* =somnambulist. 〖1822〗

som·nam·bu·lism /sɑ(ː)mnǽmbjʊlɪ̀zm̩ | sɔm-/ *n.* 夢中歩行, 夢遊病 (sleepwalking, noctambulism): artificial ~ 催眠術 (hypnotism). 〖(1797) ← SOMNAMBUL-＋-ISM〗

som·nám·bu·list /-lɪ̣st | -lɪst/ *n.* 夢中歩行者, 夢遊病者. 〖(1794): ⇨ -ist〗

som·nam·bu·lis·tic /sɑ(ː)mnæ̀mbjʊlístɪk | sɔm-⌐/ *adj.* 夢遊病の; 夢遊病者の. **som·nàm·bu·lís·ti·cal·ly** *adv.* 〖1840〗

som·ni- /sɑ́(ː)mnɪ̣ | sɔ́m-/「睡眠 (sleep)」の意の連結形. ★ 母音の前では通例 somn- になる. 〖◻ L ~ ← *somnus* sleep ← IE **swep-* to sleep (Gk *húpnos*: ⇨ hypno-)〗

som·ni·fa·cient /sɑ̀(ː)mnəféɪʃənt | sɔ̀mnɪ̣-⌐/ *adj.* 催眠性の (hypnotic). — *n.* 催眠剤[薬] (hypnotic). 〖(1891): ⇨ ↑, -facient〗

som·nif·er·ous /sɑ(ː)mnífərəs | sɔmníf-/ *adj.* 眠くする, 催眠の (soporific): a ~ drug [potion] 催眠剤, 眠り薬. **~·ly** *adv.* 〖(1602): ⇨ somni-, -ferous〗

som·nif·ic /sɑ(ː)mnífɪk | sɔm-/ *adj.* =somniferous. 〖1721〗

som·nil·o·quence /sɑ(ː)mníləkwəns | sɔm-/ *n.* = somniloquy. 〖1841〗

som·nil·o·quent /sɑ(ː)mníləkwənt | sɔm-/ *adj.* 寝言を言う. 〖1804〗

som·nil·o·quous /sɑ(ː)mníləkwəs | sɔm-/ *adj.* 寝言を言う. 〖1847〗

som·nil·o·quy /sɑ(ː)mníləkwi | sɔm-/ *n.* **1** 寝言を言うこと, 寝言を言う癖. **2** 寝言. **som·níl·o·quist** /-kwɪ̣st | -kwɪst/ *n.* 〖(1847) ← SOMNI-＋-*loquy* (cf. ventriloquy)〗

som·no·lence /sɑ́(ː)mnələns | sɔ́m-/ *n.* (*also* **som·no·len·cy** /-lənsi/) **1** 眠いこと, 眠気 (sleepiness). **2** 《医学》傾眠. 〖(*c*1390) ◻ OF *sompnolence* (F *somnolence*): ⇨ ↓, -ence〗

som·no·lent /sɑ́(ː)mnələnt | sɔ́m-/ *adj.* **1 a** 眠い (sleepy, drowsy). **b** 眠たげな: a ~ village. **2** 眠くする, 眠気を誘う (⇨ sleepy SYN). **~·ly** *adv.* 〖(*a*1500) *sompnolent* ◻ OF (F *somnolent*) ◻ L *somnolentus* ← *somnus* sleep: ⇨ somni-, -lent〗

Som·nus /sɑ́(ː)mnəs | sɔ́m-/ *n.* 《ローマ神話》ソムヌス《眠りの神; ギリシャ神話の Hypnos に当たる; cf. Morpheus》. 〖(*a*1599) ◻ L ~: *somnus* sleep の擬人化〗

So·mo·za /səmóuzə, -sə | -mə́uzə; *Am.Sp.* somósa/, **A·nas·ta·sio** /anastáʃio/ *n.* ソモサ: **1** (1925–80) ニカラグアの政治家; 2 の次男; 大統領 (1967–79); 1979 年, Sandinista 民族解放戦線勢力が首都を制圧するに及び, 大統領を辞任してパラグアイに亡命, 翌年亡命先で暗殺された; 正式には Anastasio Somoza Debayle. **2** (1896–1956) ニカラグアの政治家; 1936 年に叔父の Sacasa から大統領職を奪い, 以後同族による独裁政権を 20 年間維持したのち暗殺された; 正式には Anastasio Somoza García.

Soms. 《略》Somerset; Somersetshire.

son[1] /sʌ́n/ *n.* **1 a** 息子, せがれ, 男の子 (cf. daughter): He is a true ~ of his father [his father's own ~]. 彼はさすがにあの父の子だ / one's ~ and heir 跡取り息子《長男》/ Like father, like ~. ⇨ father 1 a / Your loving ~, (あなたを)愛する息子より《親への手紙の結びのあいさつ》. **b** 義理の息子 (son-in-law, stepson); 養子 (adopted son). **2** (男子の)子孫 (male offspring): the ~*s* of Adam アダムの子孫, 人類 (cf. a SON *of Adam*) / the ~*s* of Abraham アブラハムの子孫, ユダヤ人. **3 a** 〔…の〕住人, 国人〔*of*〕: a faithful ~ *of* England 忠誠な英国人. **b** 〔学校・学会などの〕一員, 子弟, 会員; 〔主義・運動などの〕党人, 派の人, 運動者 (member, adherent); 〔特定の職業の〕従事者 (follower)〔*of*〕: a ~ *of* toil 労働者 / a ~ *of* Beelzebub [Belial, Satan] 悪魔の子, 悪党 / a ~ *of* the Muses [Mars] 詩[軍]人 / a ~ *of* Neptune [the deep, the ocean] 船乗り / a ~ *of* plunder 追いはぎ, 強盗 / The public schools in England may be proud of their ~*s*. 英国のパブリックスクールはその偉大な子弟を誇りとしてよい. **4** [年上の者が年下の男に, または聴罪司祭が告解者に呼び掛けて] 若者, 友: my ~ 若いの / old ~ お前. **5** [the S-] (三位一体の第二位である)子 (the second person of the Trinity), イエスキリスト (Jesus Christ) (cf. father 6, Holy Ghost).

a són of a bítch《米俗》(1) [時に間投詞的に用いて] 畜生, 野郎, 悪党; つまらないやつ (⇨ s.o.b.). (2) 不愉快な事物, いやな仕事. (3) ＝*a* SON *of a gun* (3). 《(*c*1330) 1707》 ***a són of Ádam*** 男; 男の子. ***a són of a gún***《米俗》(1) 畜生, 野郎 (fellow); 悪党 (rogue); 退屈な[不愉快な]事物[仕事]. (2) [親愛のこもった呼び掛けに用いて] お前, 大将. (3) [いらだち・驚きなどを表して, 間投詞的に用いて] へえ, これは驚いた. (4) 水兵の隠し子. 《1708》 ***a són of mán*** (1) 人の子, 人間 (mortal): the ~*s of men* 人間 (mankind). (2) [the Son of Man] (新約聖書で)イエスキリスト (Jesus Christ). 《(OE) *c*1395》 ***a són of the sóil*** (1) 農夫. (2) 土地の人; 地元の人. 《1861》 ***évery móther's són*** ⇨ mother¹ 成句. ***són of Gód*** (1) [the Son of God] 神の子, イエスキリスト (cf. *Matt.* 27: 43, 16: 16). (2) 神の子《神の意志と導きを受容し神の愛をうけた者; cf. *Rom.* 8: 14》. (3) [しばしば Son of God] 天使 (angel). 《*c*1340》 ***sóns of dárkness*** 闇[暗黒]の子(ら), 非[反]キリスト教徒. ***sóns of light*** 光[光明]の子(ら), キリスト教徒.

Sóns of América [the —]《米》(1) 独立戦争時の愛国党. (2) 南北戦争の際, 北部に逃走した南軍将兵を援助するために結成された一種の秘密結社. (3) 1847 年ごろ設立された愛国的救済会.

Sóns of Fréedom [the —] 自由の子《カナダ British Columbia 州に住むドゥクォボル派 (Doukhobor); 1950–60 年代に反政府テロ活動を展開; Freedomites ともいう》.

Sóns of Líberty [the —]《米》(1) 自由の子《1765 年英国の政策に反抗して独立のために活躍した組織》. (2) (南北戦争中に)南部に同情した北部人 (Copperheads) の秘密組織.

Sóns of Témperance [the —] (米国の)禁酒党.

Sóns of the Américan Revolútion [the —] 米国独立革命児会《1876 年 California 州で独立戦争参加者の子孫によって組織; 略 SAR; cf. DAR》.

Sóns of Véterans [the —] (米国の)老兵子弟団《南北戦争の北軍従軍者遺族を会員とする愛国団体》.

〖OE *sunu* < Gmc **sunuz* (Du. *zoon* / G *Sohn*) ← IE **seu-* to bear (Gk *huiós*)〗

son² /sóun | sɔ́n; *Am.Sp.* són/ *Sp. n.* (*pl.* **so·nes** /sóunèɪs | sə́un-; *Am.Sp.* sónes/)〘音楽〙ソン《20 世紀初頭キューバに起こった舞踊およびその音楽; アメリカのモダンルンバに発展した》. 〖《1934》□ Sp. ~ 'sound' □ ? OPr. < L *sonum*: ⇨ sound¹〗

son- /sɑ(ː)n | sɔn/ (母音の前にくるときの) sono- の異形.

-son /sən, sṇ/ **1** 「息子 (son)」の意の名詞連結形: god*son*, grand*son*, step*son*. **2** 父名の後に付いて son of の意の姓を造る (cf. patronymic *n.* 1): John*son*, Tom*son*, William*son*, Wil*son*. 〖← SON¹〗

so·na·gram /sóunəgræ̀m | sə́u-/ *n.* ソナグラム《Sonagraph で得られた音響スペクトルの記録》, 音響スペクトログラム. 〖《1956》← SONO-＋-GRAM〗

So·na·graph /sóunəgræ̀f | sə́unəgrɑ̀ːf, -græ̀f/ *n.*〘商標〙ソナグラフ《音響スペクトログラフの一種》. 〖《1951》← SONO-＋GRAPH〗

so·nal /sóunḷ | sə́u-/ *adj.* 音の, 音波の, 音速の (sonic). **~·ly** *adv.*

so·nance /sóunəns | sə́u-/ *n.* **1** 響くこと, 有声, 濁音 (⇨ sound¹ SYN). **2** 音 (sound), 音調 (tune). **3**《Shak》(音による)合図 (signal). 〖《1599》← L *sonāre* (↓)＋-ANCE〗

so·nant /sóunənt | sə́u-/ *adj.* **1** 音の; 音を出す; 《まれ》響く, 鳴る (sounding). **2**〘音声〙**a** 有声音の (voiced) (cf. surd 2). **b** 〈子音が〉音節を成す (syllabic). — *n.*〘音声〙**1** 音節主音的子音 (syllabic consonant). **2** 有声音 (cf. surd 2). **so·nan·tal** /sounǽntḷ | sə(u)-nǽntḷ/ *adj.* **so·nan·tic** /sounǽntɪk | sə(u)nǽnt-/ *adj.* 〖《1846》□ L *sonantem* (pres. p.) ← *sonāre* 'to SOUND¹': ⇨ -ant〗

so·nar /sóunɑə | sə́unɑː(r)/ *n.* ソナー, 水中(音波)探知機, 対潜測音機《超音波の反射してくる方向と時間によって潜水艦・機雷などの位置を測定する装置; cf. asdic, sofar》. 〖《1946》《頭字語》← *so*(*und*) *na*(*vigation*) *r*(*anging*)〗

sónar·man /-mən, -mæ̀n/ *n.* (*pl.* **-men** /-mən, -mèn/)〘米海軍〙水測員, ソナー[水中(音波)探知機]操作員《下士官》.

so·na·ta /sənɑ́ːtə | -tə; *It.* sonáːta/ *n.*〘音楽〙ソナタ, 奏鳴曲《バロック時代には様々な器楽曲に広く用いられ, 古典派以降は通例, allegro—adagio—scherzo (minuet)—allegro の 4 楽章から成る器楽曲を指す; cf. sonata form, symphony 1, concerto》: a piano ~ / ~ for violin and piano バイオリンとピアノのためのソナタ. 〖《1694》□ It. ~ ← (fem.p.p.) ← *sonare* < L *sonāre* 'to SOUND¹': 歌うための曲に対し奏(かな)でて鳴らす曲の意〗

sonáta fòrm *n.*〘音楽〙ソナタ形式《提示部 (exposition), 展開部 (development), 再現部 (recapitulation) から成る楽曲形式; 18 世紀後半に確立され, ソナタばかりでなく, 交響曲・協奏曲・室内楽曲の急速楽章にも用いられた最も重要な形式; 正式名 sonata-allegro form》. 〖1873〗

sonáta-róndo *n.* (*pl.* ~s)〘音楽〙ソナタロンド形式《ソナタ形式とロンド形式の結合した楽曲形式》.

so·na·ti·na /sɑ̀(ː)nətíːnə | sɔ̀n-; *It.* sonatíːna/ *n.* (*pl.* ~**s**, **-ti·ne** /-neɪ; *It.* -ne/)〘音楽〙ソナチネ《小規模なソナタ》. 〖《1724》□ It. ~ (dim.) ← *sonata*: ⇨ sonata〗

son·dage /sɑ(ː)ndɑ́ːʒ | sɔn-; *F.* sɔ̃daːʒ/ *n.*〘考古〙試錐《地質構造や鉱物資源の調査のため》. 〖《1930》□ F ~ borehole; survey ← *sonder* to probe ← *sonde* (↓): ⇨ -age〗

sonde /sɑ́(ː)nd | sɔ́nd/ *n.*〘気象〙ゾンデ《上層の気象状態を観測するロケット・気球など》: ⇨ radiosonde, rocket-sonde. 〖《1901》□ F ~ 'soundingline': cf. sound³〗

son·der·class /zɑ́(ː)ndəklæ̀s | zɔ́ndəklɑ̀ːs/ *n.*〘ヨット〙ゾンダー級《水線上の長さ・幅・喫水の合計が 32 フィートを越えないレース用小型ヨットの階級》. 〖《1909》*Sonder* 《部分訳》← G *Sonderklasse* special class〗

Sond·heim /sɑ́(ː)ndhaɪm | sɔ́nd-/, **Stephen** (**Joshua**) *n.* ソンドハイム《1930–　; 米国の作曲家・作詞家; *West Side Story* (1957)を作詞》.

sone /sóun | sə́un/ *n.*〘物理〙ソーン《音の大きさの感覚尺度の単位; 可聴限界よりも 40 dB 大きい 1000 Hz の音波の強度を 1 sone とする》. 〖《1936》□ L *sonus* 'SOUND¹'〗

sones *Sp. n.* son² の複数形.

son et lu·mière /sɔ̃ː(ː)neɪluːmjɛ́ə, sɔ̃ː(ː)ŋ-, sɑ́(ː)n-eɪluːmjɛ́ə | sɔ̀neɪlúːmiɛ̀ə(r); *F.* sɔ̃elymjɛːʁ/ *n.* **1** ソンエリュミエール《歴史に基づく大規模なショーで, 夜間に記念碑などの前で特殊な照明を用い, ナレーション・音楽の伴奏を入れて行われる》. **2** ソンエリュミエールの場面. 〖《1958》□ F ~ 'sound and light'〗

song /sɔ́(ː)ŋ, sɑ́(ː)ŋ | sɔ́ŋ/ *n.* **1** [集合的に用いて] 歌曲, 歌 (cf. lied, chanson): sing a ~ 歌を歌う / a popular ~ 流行歌 / a sacred ~ 聖歌 / a ~ without words 無言歌 / ⇨ song cycle. **2 a** 歌うこと, 唱歌, 声楽 (vocal music): the gift of ~ 歌う才能 / break [burst forth] into ~ 歌い出す / rejoice in ~ 歌を歌って喜ぶ / No ~, no supper. 《諺》歌わなければごちそうはやれない《するだけのことをしなければこちらも何もしてやらない》. **b** 歌唱技術; 声楽曲作曲技法. **3** (小鳥や虫の)鳴く声, さえずり声; (やかん・流水などの)鳴る音: the ~ of a brook 小川のせせらぎ / The birds are in full ~. 小鳥は今を盛りと歌っている. **4 a**《古・詩》詩歌 (poetry), 韻文 (verse). **b** (歌ったり歌にするのに適した)叙情詩, 小歌, 端唄(はうた) (ballad, lyric): be renowned in ~ 歌に歌われて名高い. **c** 歌詞.

a sóng and dánce (1)《米》(ボードビル (vaudeville) などの)歌と踊り(の出し物, ショー). (2)《米口語》長たらしい(怪しげな)話[説明], (客寄せなどの)口上 〔*about*〕: He gave *a* ~ *and dance about* his lateness. 遅刻について長々と(もっともらしい)言い訳をした. (3)《英》空騒ぎ: ⇨ *make a sóng* (*and dance*) *about*. 《(1628) 1872》 ***for a sóng＝for an óld sóng*** 二束三文で, 捨値で, ただみたいに: go *for a* ~ 捨値で手放される / buy [sell] *for a* ~ 二束三文で買う[売る], 捨値で買う[売る]《昔のバラッドの刷本が非常に安かったこと, または旅芸人に与えたチップが少額だったことから》. 《1602–03》 ***màke a sóng*** (***and dánce***) ***about***《口語》…のことで無用に騒ぎ立てる, 大騒ぎする: It's nothing to *make a* ~ *about*. そんなこと大騒ぎするような事ではない. ***on sóng***《英口語》実に快調に, 最大能率[能力]を発揮して. ***síng a different sóng*** 態度[意見]を変える. ***síng the sáme*** (***òld***) ***sóng*** 同じことを繰り返す, くりごとを言う.

Sóng of Ascénts [**Degrées**]〘聖書〙みやこもうでの歌《「詩編」120–134 の 15 歌の一つ; 昔ユダヤの巡礼者がエルサレム (Jerusalem) に上る途上または宮の十五の階段を上がるときに歌ったという; Gradual Psalm ともいう》.

Sóng of Róland [The —] ⇨ Chanson de Roland.

Sóng of Sólomon [**Sóngs**] [The —] (旧約聖書の)雅歌, ソロモンの歌《Canticles または The Canticle of Canticles ともいう》.

Sóng of the Thrée Hóly Chíldren [The —]〘聖書〙三童児の歌《外典 (Apocrypha) の一書; Douay Bible ではダニエル書 3 章の一部》.

〖OE ~, *sang* < Gmc **saŋʒwaz* (Du. *zang* / G *Sang*) ← **seŋʒʷ-*, **saŋʒʷ-* 'to SING'〗

Song¹ *n.*〘聖書〙＝SONG of Solomon.

Song² /sʊ́ŋ; *Chin.* sʊ̀ŋ/ *n.* **1** 宋(そう), 宋朝《中国の王朝 (960–1279); 元に滅ぼされた》. **2** (六朝時代の)宋 (420–479). 〖1673〗

Song³ /sʊ́ŋ; *Chin.* sʊ̀ŋ/ *n.* (中華民国期に蔣(介石), 孔(祥熙), 陳(果夫・立夫)とともに四大家族と称せられた)宋子文 (Song Ziwen) の一族.

Song Ai·ling /sʊ́ŋàɪlíŋ; *Chin.* sʊ̀ŋàɪlíŋ/ *n.* 宋靄齢(ソンアイリン)《1888–1973; 中国国民政府の政治家孔祥熙 (Kong Xiangxi) の妻》.

sóng·bìrd *n.* **1**〘鳥類〙鳴鳥, 鳴禽(めいきん) (singing bird); (特に)スズメ目真正スズメ亜目の鳥類の総称. **2** 女性歌手, 歌姫. 〖1774〗

sóng·bòok *n.* 歌集, 唱歌帳; 賛美歌集. 〖OE *sang-bōc*〗

Song Coi /sɔ̀(ː)ŋkɔ́ɪ, sɑ̀(ː)ŋ- | sɔ̀ŋ-/ *n.* ＝Song Hong.

sóng cỳcle *n.*〘音楽〙連作歌曲集《例えば Schubert の *Die schöne Müllerin*「美しき水車小屋の娘」, *Winterreise*「冬の旅」のように, 各曲が互いに関係をもっている歌曲集》. 〖1899〗

sóng·fèst *n.*《米》**1** 皆で歌を歌う集い. **2** (フォークソングなど)聴衆も歌手と共に歌う音楽会. 〖1912〗

sóng flìght *n.* (ヒバリなどが)さえずりながらなわばりを誇示して飛ぶこと.

sóng fòrm *n.*〘音楽〙歌曲形式《ソナタ形式ほど厳密に定義されず, 一般に ABA の三部形式 (ternary form) を, 時には二部形式 (binary form) を指す; 必ずしも声楽曲に限定されない; cf. sonata form》. 〖1884〗

song·ful /sɔ́(ː)ŋfəl, sɑ́(ː)ŋ-, -fl | sɔ́ŋ-/ *adj.* 歌の多い; よく歌う; 調子のよい. **~·ly** *adv.* **~·ness** *n.* 〖*a*1400〗

Son·ghai /sɑ̀(ː)ŋgáɪ, sɔ̀(ː)ŋ- | sɔ̀ŋ-/ *n.* (*pl.* ~, ~**s**) **1 a** [the ~(s)] ソンガイ族《アフリカ西部, Niger 川流域に住む》. **b** ソンガイ族の人. **2** ソンガイ語 (Nilo-Saharan 語族の一語派). **3** ソンガイ帝国《15–16 世紀に栄えた》. 〖《1738》□ Songhai ~〗

Song Hong /sɔ̀(ː)ŋhɔ́(ː)ŋ, sɑ̀(ː)ŋ- | sɔ̀ŋhɔ́ŋ; *Viet.* sɔ̄ŋm hɔ̄ŋm/ *n.* ホン(川)《ベトナム北部最大の川; 中国雲南省中部山地に源を発し, ベトナム内を流れ Tonkin 湾に注ぐ (805 km); 英語名 Red River》.

Song·hua Jiang /sɔ̀(ː)ŋ(h)wɑ́ːdʒiɑ́ːŋ, sɑ̀(ː)ŋ- | sʌ̀ŋ-wɑ́ːdʒiǽŋ; *Chin.* sūŋxuɑ̄tɕiɑ̄ŋ/ *n.* [the ~] 松花江(ソンホワチャン), スンガリ川《中国北東部の川; 朝鮮国境の白頭山に発し, Amur 川(黒竜江)に注ぐ (1,960 km)》.

Song·jiang /sɔ̀(ː)ŋdʒiɑ́ːŋ, sɑ̀(ː)ŋ- | sʌ̀ŋdʒiǽŋ; *Chin.* sūŋtɕiɑ̄ŋ/ *n.* 松江(ソンチャン)《中国東北地区の旧県; 現在は内蒙古自治区の一部》.

Song Koi /sɔ̀(ː)ŋkɔ́ɪ, sɑ̀(ː)ŋ- | sɔ̀ŋ-/ *n.* ＝Song Hong.

song·kok /sɑ́(ː)ŋkɑ(ː)k | sɔ́ŋkɔk; *Malay* sɔ́ŋkoʔ/ *n.* ソンコ帽《マレー・インドネシアの男子用のビロード製つばなしの丸帽》. 〖《1894》□ Malay ~〗

sóng·less *adj.* 歌のない, 歌わない; 〈小鳥など〉鳴け[さえずれ]ない. **~·ly** *adv.* 〖*c*1805〗

Song Mei·ling /sʊ́ŋmèɪlíŋ; *Chin.* sʊ̀ŋměɪlíŋ/ *n.* 宋美齢(ソンメイリン)《1897–2003; 台湾の政治家; 蔣介石 (Jiang Jieshi) の妻》.

son·go·lo·lo /sɔ̀(ː)ŋgəlóulou, sɑ̀(ː)ŋ- | sɔ̀ŋgələ́uləu/ *n.* (*pl.* ~**s**)《南ア》〘動物〙ヤスデの一種 (*Jurus terrestris*). 〖《*a*1913》□ Xhosa *i-songololo* & Zulu *i-shongololo*〗

Song Qing·ling /sʊ́ŋtʃɪ̀nlíŋ; *Chin.* sʊ̀ŋtɕʰɪ̀nlíŋ/ *n.* 宋慶齢(ソンチンリン)《1893–1981; 中華人民共和国副主席 (1959–81); 孫文 (Sun Wen) の妻》.

sóng·smith *n.* (流行歌の)作曲家. 〖1795〗

sóng spàrrow *n.*〘鳥類〙ウタスズメ (*Melospiza melodia*)《米国産のスズメの類の鳴鳥》. 〖1810〗

song·ster /sɔ́(ː)ŋstə, sɑ́(ː)ŋ- | sɔ́ŋstə(r)/ *n.* **1 a** 歌う人, 歌手 (singer). **b** 鳴鳥, 鳴禽(めいきん) (songbird). **2** 歌人, 詩人. **3**《米》歌集; (特に)ポピュラーソング歌集. 〖OE *sangestre* woman singer: ⇨ -ster〗

song·stress /sɔ́(ː)ŋstrɪ̀s, sɑ́(ː)ŋ- | sɔ́ŋ-/ *n.* (特に, ジャズの)女性歌手. 〖《1703》: ⇨ ↑, -ess¹〗

sóng thrùsh *n.*〘鳥類〙ウタツグミ (*Turdus philomelus*)《ヨーロッパ産のツグミの一種; ヨーロッパではその歌声は nightingale に次いで賞美される; throstle ともいう》. 〖1668〗

song·writ·er /sɔ́(ː)ŋràɪtə, sɑ́(ː)ŋ- | sɔ́ŋràɪtə(r)/ *n.* (特に)ポピュラーソングの作詞[作曲]家. 〖1821〗

song·wrìting *n.* ソングライターの仕事, 作詞作曲.

Song Zi·wen /sʊ́ŋtsɪ̀wə́n; *Chin.* sʊ̀ŋtsɪ̀uə́n/ *n.* 宋子文(ソンツーウェン)《1894–1971; 中国の政治家・資本家; 国民政府行政院院長 (1932–33, 1944–47; 欧米では T. U. Soong として知られた》.

son·i- /sɑ́(ː)nɪ̀, -ni | sɔ́n-/ sono- の異形 (⇨ -i-): *soni*ferous.

So·nia /sɑ́(ː)njə, sóun- | sɔ́n-, sə́un-; *Russ.* sónʲə/ *n.* ソーニア《女性名; 異形 Sonya; Sophia のロシア語形であったが, この形が英国で用いられ出したのは Stephen McKenna 作の同名の小説 (1917) による》. 〖□ Russ. ~ (dim.): ⇨ Sophia〗

son·ic /sɑ́(ː)nɪk | sɔ́n-/ *adj.* **1** 音の. **2** 〈音波・振動が〉人間の耳に可聴範囲内の周波数をもつ. **3** 音波(利用)の: a ~ altimeter 音波高度計. **4**〘物理〙音速の (cf. hypersonic, subsonic, supersonic, transonic). **5** 音を発することのできる. **són·i·cal·ly** *adv.* 〖《1923》← SONO-＋-IC¹〗

son·i·cate /sɑ́(ː)nɪkèɪt | sɔ́nɪ-/ *vt.* 〈細胞・ウイルスを〉超音波で処理する[崩壊させる]. **son·i·ca·tion** /sɑ̀(ː)nɪkéɪʃən | sɔ̀nɪ-/ *n.* 〖《1958》: ⇨ ↑, -ate³〗

sónic báng *n.*〘航空〙＝sonic boom. 〖1953〗

sónic bárrier *n.*〘航空〙音(速)の障壁《飛行機の速度が音速に近づくと, 空気抵抗が著しく増すなどの障害が生じ, プロペラ機の時代には音速は越え難い障壁と考えられていた; sound barrier, transonic barrier ともいう; cf. thermal barrier b》. 〖1946〗

sónic bóom *n.*〘航空〙ソニックブーム, 衝撃波音《航空機が超音速で飛ぶときに生じる衝撃波が地表に達して観測される圧力変動で, 近い所ではガラスなどを破損する爆発音, 遠い所では遠雷のような音》. 〖1952〗

sónic dépth fìnder *n.*〘海事〙音響測深機《音波が海底に達して戻ってくるのに要する時間によって深さを刻々示す機械; echo sounder ともいう; cf. sonar, Fathometer》.

sónic míne *n.* ＝acoustic mine.

son·ics /sɑ́(ː)nɪks | sɔ́n-/ *n.* 音響学《音の実際的応用を取り扱う学問》. 〖《1955》: ⇨ sonic, -ics〗

so·nif·er·ous /sənɪ́f(ə)rəs, sou- | sə(u)-/ *adj.* 音を伝える; 音を生じる. 〖《1713》← SONO-＋-FEROUS〗

So·nin·ke /sounɪ́ŋkeɪ | sə-/ *n.* (*pl.* ~**s**, ~) **1 a** [the ~(s)] ソニンケ族《マリ・セネガルに居住する西アフリカの一部族》. **b** ソニンケ族の人. **2** ソニンケ語《マンデ語 (Mande) 派の言語》. 〖《1886》: 現地語〗

son-in-law /sʌ́nɪ̀nlɔ̀ː, -lɑ̀ː | -ɪnlɔ̀ː/ *n.* (*pl.* **sons-**) 娘婿, 女婿(じょせい) (cf. daughter-in-law). 〖*a*1325〗

són·less *adj.* 息子のない; 跡取りのない. 〖*c*1384〗

son·net /sɑ́(ː)nɪ̀t | sɔ́n-/ *n.* **1**〘詩学〙ソネット, 14 行詩. ★ イタリア起源の短詩型で各行弱強 5 歩格; イタリア風ソネット (Italian [Petrarchan] sonnet) では 8 行の octave (a b b a a b b a の押韻形式をとる二つの quatrains) に 6 行の sestet (c d c d c d または c d e c d e の押韻形式をとる二つの tercets) がつく; 英詩に多いイギリス風ソネット (English [Shakespearean] sonnet) では三つの 4 行連句 (quatrains) に二行連句 (couplet) がつき, 押韻形式は a b a b c d c d e f e f g g となる. **2**《廃》(恋愛などを主題とする叙情的な)短詩. — *v.* (**son·net·ed**, **-net·ted**; **-net·ing**, **-net·ting**) — *vi.* ソネットを書く[作る]. — *vt.* …をソネットでたたえる, …についてソネットを作る. 〖《1557》□ F ~ ∥ It. *sonnetto* (dim.) ← *suono* < L *sonum* 'SOUND¹': ⇨ -et〗

son·net·eer /sɑ̀(ː)nətíə | sɔ̀nɪ̀tíə(r)/ *n.* **1** ソネット詩人. **2** [通例軽蔑的に] へぼ[二流]詩人. — *v.* ＝sonnet. 〖《1665》□ It. *sonnettiere*: ⇨ ↑, -eer〗

S

son·net·ize /sɑ́(ː)nətàɪz | sɔ́nɪ̀-/ *v.* =sonnet. 〖1798〗
Son·nets /sɑ́(ː)nɪ̀ts | sɔ́n-/ *n.* 「ソネット集」《Shakespeare が書いた 154 編の十四行詩から成る (1593–99)》. 〖1609〗
sónnet sèquence *n.* (一貫したテーマをもつ)一連のソネット, ソネット集. 〖1881〗
son·ny /sʌ́ni/ *n.* 《口語》 **1** [主に親しみを込めた呼び掛けに用いて] 坊や (little son), お前; [年下の若い男性に向かって] 君. **2** [軽蔑・嘲笑を表す呼び掛けに用いて] 若造, お若いの. 〖(1850) ← SON[1]+-Y[2]〗
Son·ny /sʌ́ni/ *n.* サニー《男性名》.
Sónny Jím *n.* [男性に対する呼び掛けに用いて] (なあ)君, 兄さん《ユーモラスな, あるいは相手を下に見ているような響きをもつ》. 〖(1928): ⇨ sonny〗
son·o- /sɑ́(ː)noʊ | sɔ́nəʊ/「音 (sound)」の意の連結形: *sono*meter. ★ 時に soni-, また母音の前では通例 son- になる. 〖← L ～ ← *sonus* 'SOUND[1]'〗
sóno·bùoy *n.* 【海事】ソノブイ, 自動電波発信浮標《水中聴音装置と送信装置を備えた潜水艦探知用の小型浮標; 潜水艦のいそうな場所に飛行機から投下する》. 〖(1945) ← SONO-+BUOY〗
sòno·chémistry *n.* 【化学】音化学, 音響化学《超音波の化学的応用に関する化学の一分野》. **sòno·chémical** *adj.* 〖1953〗
són·of·a·bítch *n.* 《卑》=*a* SON[1] *of a bitch.* 〖1953〗
son·o·gram /sɑ́(ː)nəgræ̀m, sóʊn- | sə́ʊn-, sɔ́n-/ *n.* 【医学】ソノグラム, 超音波検査図《超音波検査によって得られる像; cf. echogram》. 〖1956〗
son·o·graph /sɑ́(ː)nəgræ̀f, sóʊn- | sə́ʊnəgrɑ̀ːf, sɔ́n-, -græ̀f/ *n.* 【医学】超音波検査器《超音波を使って体内などを検査する装置》. **so·nóg·ra·phy** *n.* 〖1951〗
so·nom·e·ter /sənɑ́(ː)məṭə, soʊ- | sə(ʊ)nɔ́mɪ̀tə(r)/ *n.* **1** 【物理】=monochord 1. **2** 【医学】聴力計 (audiometer). 〖(1808) ← SONO-+-METER[1]〗
So·no·ra /sənɔ́ːrə; *Am.Sp.* sonóra/ *n.* ソノラ(州)《メキシコ北西部, California 湾に沿う州; 面積 184,934 km^2, 州都 Hermosillo》. **So·nó·ran** *adj., n.*
so·no·rant /sɑ́(ː)nərənt, sóʊ-, sənɔ́ːr- | sɔ́nər-, sə́ʊnər-/ 【音声】*n.* **1** 共鳴音 (resonant). **2** 鳴音《母音や半母音以外の共鳴音; 例: [r], [l], [m], [n]》. — *adj.* 鳴音の. 〖(1934) ← SONOR(OUS)+-ANT〗
so·no·rif·ic /sɑ̀(ː)nərífɪk | sɔ̀n-/ *adj.* 音[音響]を発する. 〖(1725) ← L *sonor* 'SOUND[1]'+-IFIC〗
so·nor·i·ty /sənɔ́ːrəṭi, soʊ-, -nɑ́(ː)r- | sə(ʊ)nɔ́rɪ̀ti/ *n.* **1** よく響き渡ること, 反響; 響き渡る音. **2** 【音声】(音の)聞こえ(度)《ある音が遠くまで聞こえる程度》. 〖(1623) ▭ ML *sonōritās* ← LL 'melody' ← L *sonōrus*: ⇨ ↓, -ity〗
so·no·rous /sənɔ́ːrəs, soʊ-, sɑ́(ː)nər-, sóʊn- | sɔ́nərəs, sənɔ́ːr-/ *adj.* **1** 鳴り響く (resonant), 響き渡る, 朗々とした (loud-sounding): a ～ voice. **2** (楽器・金属を叩いたときなど) 響き渡る音を出す. **3 a** 〈詩文・文体など〉調子の高い, 堂々たる (high-sounding). **b** 〈演説など〉誇張した, 大言壮語の. **4** 【音声】聞こえ(度) (sonority) の大きい. **～·ly** *adv.* **～·ness** *n.* 〖(1611) ▭ L *sonōrus* ← *sonor* sound ← *sonāre* to sound (cf. *sonus* 'SOUND[1]'): ⇨ -ous〗
S
són·shìp *n.* 息子であること, 息子の身分, 親子の関係. 〖1587〗
son·sy /sɑ́(ː)nsi | sɔ́n-/ *adj.* (also **son·sie** /～/) (**son·si·er; -si·est**) 《スコット・アイル・北英》 **1** 健康で美しい; きれいな. **2** 人のいい, 気立てのいい: a ～ lass. **3** 幸運な. 〖(1533) ← 《方言》 *sonse* prosperity ▭ Gael. *sonas* good fortune ← *sona* fortunate: ⇨ -y[4]〗
Son·tag /sɑ́(ː)ntæg | sɔ́n-/, **Susan** *n.* ソンタグ《1933– ; 米国の批評家・小説家; *Against Interpretation* (1966)》.
son·ties /sɑ́(ː)ntɪz | sɔ́nt-/ *n. pl.* [誓言として] by God's ～ いやはや (cf. Shak. *Mach* V 2. 2. 45). 〖(1596–97) (pl.) ← *santy* 《変形》 ← SANCTITY〗
So·nya /sɑ́(ː)njə, sóʊ- | sɔ́n-, sə́ʊ-; *Russ.* sónʲə/ *n.* ソニヤ《女性名 ⇨ Sonia》.
Sóo Canáls /súː-/ *n. pl.* [the ～] =Sault Ste. Marie Canals.
Soo·chow /sùːtʃáʊ/ *n.* =Suzhou.
soo·ey /súːi/ *int.* 豚を呼ぶときの発声. 〖《転訛・変形》? ← sow[2]〗
Soo·fee /súːfi/ *n.* =Sufi[1].
soo·gee /súːdʒiː/ 【海事】*vt.* 〈船のペンキ・甲板などを〉洗い落とす. — *n.* 洗い落としに用いる麻糸・石鹸液. 〖(1903) ← ? Jpn. 《掃除》〗
sook[1] /sʊ́k/ *n.* **1** 《英南西部方言》赤ん坊. **2** 《豪口語》(子供の)弱虫 (coward). **3** 《NZ 口語》子牛. 〖(1933) ← 《英方言》 *suck* call-word for a calf〗
sook[2] /súːk/ 《スコット》 *vt.* 吸う (suck). — *n.* **1** 吸うこと. **2** おべっか使い, 追従屋. 〖《異形》 ← SUCK〗
sool /súːl/ *vt.* 《豪》 **1** 〈犬を〉けしかけて攻撃させる. **2** 〈犬が〉〈他の動物を〉襲う. 〖(1890) ← 《英方言》 *sool* to pull by the ears ← ?〗
soon /súːn/ *adv.* (**～·er; ～·est**) **1** もうすぐ, 間もなく, じきに, そのうち (before long): It ～ became clear [became clear all too ～] that ...ということが間もなく明らかになった / Summer will ～ be here. じきに夏が来る / You'll be better (very) ～. すぐによくなるよ / They arrived ～ after sunset. 一行は日が暮れてから間もなく到着した / He married ～ after. その後間もなく結婚した / Be seeing you ～! すぐお目にかかります. **2** 早く, 早目に (early): at the ～*est* いくら早くても / as ～ as possible [one can] できるだけ早く[すみやかに], 一刻も早く / not a moment too ～ むしろ遅すぎて / How ～ can I expect you? どのくらい早く来てくれますか / How ～ can you get it ready for me? いつまでに仕上げてくれますか / Can it be ready any ～*er*? もっと早く用意できますか / Winter has come rather ～ this year. 今年は冬が早くきた / We got there (half an hour) too ～. (30 分も)早くそこに着きすぎた / You spoke too ～. 早く口をききすぎた, もう少し黙っているべきだった, 少々早まった / Must you leave so ～? もう行かなくちゃならないの / The ～*er*, the better. 早いほどいい. **3** すみやかに (quickly, promptly); やすやすと, わけ[造作]なく (easily, readily): You will ～ get the better of him. やつならじきに[わけなく]やっつけられるだろう / *Soon* gotten, ～ spent. 《諺》得やすければ失いやすい (cf.「悪銭身につかず」) / *Soon* hot, ～ cold. 《諺》熱しやすいものは冷めやすい,「早好きの早飽き」/ *Soon* learned, ～ forgotten. 《諺》覚えることの早いものは忘れることも早い,「早合点の早忘れ」/ He could (just) *as* ～ write an epic *as* drive a car. 叙事詩なんて車の運転と同じくらいたやすく書けたのさ. **4** [通例 would [《古》 had] as ～ ... as, would [《古》 had] ～er ... than などの形式で] 進んで, 喜んで, 快く (willingly, gladly) (cf. *as* SOON *as not*); むしろ (rather): I *would as* ～ walk *as* ride. 乗っても歩いてもいい; 乗るくらいなら歩きたい / Will you come?—I'*d* just *as* ～ [～*er*] not. 一緒に行きますか—(どちらかといえば)あまり行きたくありません (★ not のあとに come as come が慣用的に省かれたもの) / I *would* stay at home *as* ～ *as* not. むしろ家にいたい / I *would* ～*er* die *than* do it [*than* (that) you should leave me]. それをする[見捨てられる]くらいなら死んだ方がましだ (cf. SOON*er than*) / I'*d* ～*er* [just *as* ～] you didn't pay me compliments. 君にお世辞なんか言ってもらいたくない. **5** 《方言》遅くならないうちに, 早く (early): ～ at night [in the morning] 夜すぐ[朝早く]. **6** 《廃》直ちに, すぐ (immediately, at once).
as sóon as ...するや否や, ...したとたんに: Be off *as* ～ *as* you have finished it. それが済んだらすぐ出かけなさい. ★ 特に, 否定語のあとや, 理由・条件などの観念が加わると so soon as 《古》となる場合がある: *As* [《古》 *So*] ～ *as* there is any talk of money, he cools down. 金の話になるととたんに[いつも]彼は気乗り薄になる. 《c1300》 ***as sóon as nót*** どちらかといえば, むしろ喜んで (cf. 4): I would stay here *as* ～ *as not* [*as* ～ *as* stay here *as not*]. むしろここにいたい. ***nò sóoner ... than*** ...するかしないうちに, するや否や: He had *no* ～*er* [*No* ～*er* had he] seen me *than* [《俗》 *when*] he ran off. 私を見るが早いか逃げ去った / *No* ～*er* said *than* done. 言うや否や実行された[した], 電光石火の速さでやった. 《1560》 ***sóoner or láter=sóon or láte*** 遅かれ早かれ, いつかは, 早晩. [日英比較] 日本語の「遅かれ早かれ」とは語順が逆. 《1577》 ***sóoner than*** ...よりはむしろ (rather than) (cf. 4): *Sooner than* travel(ing) by air, I'd prefer a week on a big liner. 飛行機で行くよりはむしろ 1 週間のゆったりとした船旅のほうがいい. 《c1303》
〖OE *sōna* < (WGmc) **sǣnō* (OHG *sān(o)* / Goth *suns* immediately)〗
soon·er /súːnə | -nə(r)/ *n.* 《米》 **1** 抜け駆け屋《政府の未開拓地開放に先立ってその地に行って先取権を得る人》. **2** 抜け駆けする人. **3** [S-] 米国 Oklahoma 州住民の俗称. 〖(1890) ← SOON (adv.)+-ER[1] // (compar.) ← SOON〗
Sóoner Stàte *n.* [the ～] 米国 Oklahoma 州の俗称.
Soong /sʊ́ŋ/ *n.* =Song[3].
Soong /sʊ́ŋ; *Chin.* sʊ̀ŋ/, **Charles Jones** *n.* 宋耀如《1866–1918; 中国の商人; Song Ailing, Song Qingling, Song Meiling, Song Ziwen の父》.
Soong Ai-ling /sʊ́ŋàɪlíŋ/ *n.* =Song Ailing.
Soong Ching-ling /sʊ́ŋtʃɪ̀ŋlíŋ/ *n.* =Song Qingling.
Soong Mei-ling /sʊ́ŋmèɪlíŋ/ *n.* =Song Meiling.
Soong Tzŭ-wên /sʊ́ŋtsʊ̀wʌ́n/ *n.* =Song Ziwen.
soot /sʊ́t, súːt, sʌ́t | sʊ́t/ *n.* **1** すす, 煤煙(ばいえん). **2** すす色, 黒褐色 (sooty black). — *vt.* すすで覆う, すすだらけにする, すすで汚す. 〖OE *sōt* < Gmc **sōtam* 《原義》 that which settles (Du. 《方言》 *zoet* / G 《方言》 *Sott*) ← IE **sed-* 'to SIT'〗
soot·er·kin /sʊ́ṭəkɪ̀n | -təkɪn/ *n.* 《英古》 **1** (もとオランダの女性がストーブにあたっていると生まれ出ると言い伝えられた想像上の)後産(あとざん)《ねずみに似た物だと信じられた》. **2 a** 失敗に終わる計画, 物にならぬ企て. **b** 不完全な文学作品. **3** オランダ人 (Dutchman). 〖(1530) ▭ ? Du. 《方言》 **zoetkijn* (dim.) ← 《方言》 *zoet* soot: ⇨ ↑, -kin〗
sooth /súːθ/ *n.* **1** 《古》真実 (truth), 事実, 実際 (reality): say [speak, tell] the ～ 本当の事[事実]を言う / ⇨ forsooth. **2** 《廃》追従 (flattery). ***in (góod, véry) sóoth*** 《古》実際 (really), 真に (truly). 《a1393》 ***sóoth to sáy*** 《古》実を言えば, 実のところ (say [tell] the truth). — *adj.* (**～·er; ～·est**) **1** 《古》真実な, 真の (true), 実際の (real). **2** 《古・詩》和らげる (soothing), 柔らかな (soft), 滑らかな (smooth). **～·ly** *adv.* 〖adj.: OE *sōþ* < Gmc **sanþaz* (Goth **sunjis* true) < IE **sontos* 《原義》 existing ← **es-* to be (cf. is, sin[1]: ⇨ esse)〗
soothe /súːð/ *vt.* **1** なだめる, すかす (calm down); 慰める (comfort); 〈神経・感情などを〉鎮静する, 落ち着かせる (tranquilize) (⇨ pacify SYN): ～ a crying baby 泣く子をあやす / ～ a person's nerves 人の神経を鎮める. **2** 〈苦痛などを〉和らげる, 軽減する (allay, mitigate), 鎮静する (assuage): ～ the pain of a toothache 歯痛の苦しみを和らげる. **3** 《古》〈人の〉機嫌を取る, 喜ばす (humor); へつらう (flatter): ～ a person [a person's vanity] 人の機嫌を取る[人の虚栄心を満足させる]. — *vi.* 平静[鎮静]をもたらす; なだめる, 静まる. 〖OE *sōþian* to show to be true ← *sōþ* (↑)〗
sóoth·er *n.* **1** なだめる[すかす, 慰める, 和らげる]人[もの]. **2** 《廃》おべっか使い (flatterer). 〖(1780): ⇨ ↑, -er[1]〗
sóoth·fàst *adj.* 《古》 **1** 真実の, 本当の (true). **2** 忠実な, 忠義な (loyal). 〖OE *sōþfæst*: ⇨ sooth, fast[1]〗
sóoth·ing *adj.* なだめる, 慰める, 和らげる, 鎮静する. **～·ly** *adv.* **～·ness** *n.* 〖(1599): ⇨ soothe, -ing[2]〗
sooth·say /súːθsèɪ/ *vi.* (**sooth·said; -say·ing; -says**) 予言する, 占う (predict). 〖(1606–7) 《逆成》 ↓〗
sóoth·sàyer *n.* **1** 占い者, 予言者 (diviner, prophet). **2** 【昆虫】=mantis. 〖(1340): ⇨ sooth, sayer〗
sóoth·sàying *n.* **1** 予言する[占う]こと. **2** 予言, 占い. 〖1535〗
sóot·less *adj.* すすのない, 煤煙(ばいえん)の出[生じ]ない. 〖1890〗
soot·y /sʊ́ṭi, súːṭi, sʌ́ṭi | sʊ́ti/ *adj.* (**soot·i·er; -i·est**) **1** すすけた, すすだらけの, すすで汚れた: a ～ face すすだらけの顔. **2 a** すすの, すすのような. **b** すすを生じる, すすでできた: ～ smoke 煤煙. **3** (特に)〈動物・鳥が〉すすのように黒い, すす色の, 真っ黒な (black, dusky). **sóot·i·ly** /-ṭəli, -ṭḷi | -təli, -tḷi/ *adv.* **sóot·i·ness** *n.* 〖(c1250): ⇨ soot, -y[4]〗
sóoty álbatross *n.* 【鳥類】ハイイロアホウドリ (*Phoebetria fusca*)《南極圏にすむ全身灰色のアホウドリ》. 〖1777〗
sóoty bláck *n.* すす色, 黒褐色. 〖1597〗
sóoty blótch *n.* 【植物病理】すす点病《リンゴノスス斑病菌 (*Gloeodes pomigena*) によってリンゴやナシに黒い斑点ができる病気》. 〖1902〗
sóoty móld *n.* 【植物病理】 **1** すす病《菌によって起こるカンキツ属 (*Citrus*) の植物の病気; 冒された部分に黒いすす状の菌糸が生える》. **2** すす病菌《すす病を起こす Capnodiaceae 科や Meliolaceae 科の菌》. 〖1901〗
sóoty shéarwater [pétrel] *n.* 【鳥類】ハイイロミズナギドリ (*Puffinus griseus*)《南太平洋や日本近海にすむミズナギドリ属の鳥》. 〖1785〗
sóoty térn *n.* 【鳥類】セグロアジサシ (*Sterna fuscata*)《熱帯地方にすむカモメ科アジサシ属の背が黒く腹が白い鳥》. 〖1785〗
sop /sɑ́(ː)p | sɔ́p/ *n.* **1** 機嫌を取るためのもの, 賄賂(わいろ), 鼻薬, その他の下 (bribe). **2** [しばしば *pl.*] (牛乳・スープ・ワインなどに浸して食べる)パン切れ: a ～ in the pan 肉汁に浸したパン切れ. **3** 水浸しの物, びしょぬれの物: The ground is a mere ～. 地面はびしょぬれだ. **4** 《口語》意気地なし, 腰抜け. ***gíve [thrów] a sóp to Cérberus*** ケルベロス(地獄の番犬)に餌をやって地獄へ通る; 面倒な人を買収する.
— *v.* (**sopped; sop·ping**) — *vt.* **1** 吸わして取る, 吸い取る (absorb) 〈*up*〉: ～ *up* the spilt water *with* a cloth ふきんでこぼれた水をふき取る / ～ *up* the gravy *with* bread パンで肉汁を吸い取る. **2** 〈パン切れを〉〔...に〕浸す 〔*in*〕: ～ bread *in* gravy 肉汁の中にパンを浸す. **3** びしょぬれにする (drench): be ～*ped* through [to the skin] びしょぬれ[ずぶぬれ]になる. **4** 買収する, ...に賄賂を使う (bribe). — *vi.* **1** 〈水が〉しみ込む, しみ通る 〈*in*〉. **2** ずぶぬれ[びしょぬれ]になる (cf. sopping).
〖lateOE *sopp* ← ? *sūpan* 'to SUP[1]': cf. OF *so(u)pe* (⇨ soup)〗
SOP /ésòʊpíː | -əʊ-/ 《略》 standard operating procedure; standing operating procedure.
sop. 《略》 soprano.
so·pai·pil·la /sòʊpaɪpíːjə, -píːljə | sə̀ʊpaɪpíːljə, -píːjə; *Am.Sp.* sopaipíja/ *n.* 【料理】ソパイピーヤ《四角い形をした練り粉の揚げ物; 蜜をかけたりしてデザートにするメキシコ料理》. 〖(c1950) ▭ Am.Sp. ～ (dim.) ← Sp. *sopaipa* a kind of sweet fritter〗
soph. 《略》 sophister; sophomore.
Soph. 《略》 Sophocles.
so·pher, S- /sóʊfə | sə́ʊfə(r)/ *n.* (*pl.* **～·im** /sóʊfərɪ̀m, -rìːm | sə́ʊfərɪm, -rìːm/) 【ユダヤ教】=scribe[1] 3. 〖▭ Heb. *sōphēr*〗
So·phi /sóʊfi | sə́ʊ-/ *n.* =Sophy[2].
So·phi·a /səfíːə, -fáɪə | sə(ʊ)-; *It.* sofíːa/ *n.* ソフィア《女性名; 愛称形 Sophie, Sophy; 異形 Sonia, Sonya》. 〖← Gk *sophíā* wisdom ← *sophós*: ⇨ sophism〗
So·phie /sóʊfi | sə́ʊ-/ *n.* ソフィー《女性名》. 〖(dim.) ↑: ⇨ -ie〗
soph·ism /sɑ́(ː)fɪzm | sɔ́f-/ *n.* **1** 詭弁(きべん)《一見して形式・外見上は正しいが, 実際には誤っているもっともらしい議論》; 曲論, こじつけ, 屁(へ)理屈. **2** 誤った[人を惑わす]議論, 謬論 (fallacy) (cf. paralogism). 〖(16C) ▭ L *sophisma* ∞ (c1350) *sophime* ▭ OF (F *sophisme*) ▭ L *sophisma* ▭ Gk *sóphisma* clever device, artifice ← *sophízesthai* to devise ← *sophós* wise; ⇨ -ism〗
soph·ist /sɑ́(ː)fɪ̀st | sɔ́fɪst/ *n.* **1** [しばしば S-] ソフィスト, 詭弁(きべん)学者《古代ギリシャで都市を巡って修辞・弁論術などの知識を人々に教え謝礼を得た一群の知者たち; 後期の人々の中には単なる詭弁の徒も生まれ悪評を買った》. **2** 詭弁家, 曲論家, 屁(へ)理屈屋 (quibbler). **3** 学者. 〖(1542) ▭ L *sophista* ▭ Gk *sophistḗs* expert, deviser ← *sophízesthai* (↑): ⇨ -ist〗
soph·is·ter /sɑ́(ː)fɪ̀stə | sɔ́fɪstə(r)/ *n.* **1** 詭弁(きべん)家. **2** (Cambridge 大学, Dublin 大学の Trinity College で)二年生, 三年生 (略 soph.) (cf. sophomore, freshman). **3** 《廃》(古代ギリシャの)ソフィスト, 詭弁学者 (sophist). 〖(a1387) ▭ OF *sophistre* 《変形》 ← L *sophista* (↑)〗
so·phis·tic /səfístɪk, sə- | sə(ʊ)-, sɔ-/ *adj.* **1** (古代ギリシャの)詭弁(きべん)学派の: a ～ syllogism 詭弁的三段論法 / the ～ school 詭弁学派. **2** 詭弁(家)の, 詭弁を弄

(ろう)する, こじつける, 屁(へ)理屈を並べる. ― *n.* ソフィストの学説[論法]; 詭弁 (sophistry). 〚(1549)◻L *sophisticus*: ⇨ sophist, -ic¹〛

so·phis·ti·cal /-tɪk(ə)l | -tɪ-/ *adj.* **1** =sophistic. **2** 詭弁(きべん)に似た, 詭弁的な. **~·ly** *adv.* 〚(1483)← L *sophisticus* (↑)+-AL¹〛

so·phis·ti·cate /səfístəkèɪt | -tɪ-/ *vt.* **1** 〈機械などを〉複雑化する; 精巧にする. **2 a** 〈人を〉世慣れさせる; (都会的に)洗練させる. **b** 純真[自然, 純朴]でなくする, 不自然にする. **3** 《まれ》 **a** 〈酒・たばこなど〉に混ぜ物をして質を悪くする. **b** 〈議論・テキストなどを〉都合のよいように訂正する, みだりに改める; 改竄(かいざん)する. **4** 〈人を〉(詭弁(きべん)を弄(ろう))して惑わす. ― *vi.* 詭弁を弄する, こじつける, 屁(へ)理屈を並べる (quibble). ― /səfístɪkət, -təkèɪt | -tɪ-/ *n.* 世慣れした人; (都会的に)洗練された人, 文化人: a restaurant catering to ~*s* 通人相手の料理店. ― *adj.* =sophisticated. **so·phís·ti·cà·tor** *n.* 〚(*c*1400)← ML *sophisticātus* (p.p.) ← *sophisticāre* ← L *sophisticus* sophistic ◻Gk *sophistikós* ← *sophistḗs*: ⇨ sophist, -ic¹, -ate²·³〛

so·phis·ti·cat·ed /səfístəkèɪtɪd | -tɪkèɪtɪd/ *adj.* **1 a** 〈機械・方式など〉高度に複雑な, 精巧な, 高性能な: ~ equipment / a ~ technique 手の込んだ技術 / a ~ computer 高性能のコンピューター. **b** 〈自動車など〉最新の装置を施した. **2 a** 洗練された, 教養のある, 都会的な (refined): a ~ newswriter / linguistically ~ 言語学の知識[素養]のある; 外国語の知識[素養]のある. **b** 〈人・思想・趣味・態度など〉(教育・経験などによって)世慣れした, 世故にたけた (worldly-wise); 物知りの, 如才ない (knowing). **c** 純真さ[自然さ, 純朴さ]のなくなった. **3** 〈文体・作品など〉技巧を凝らした, 凝った, 高級な, 俗受けしない, インテリ向けの: a ~ style, novel, etc. **4** 《まれ》混ぜ物をした; ごまかした, こじつけた; 改竄(かいざん)した: a ~ oil, text, etc. **~·ly** *adv.* 〚1603〛

so·phis·ti·ca·tion /səfìstəkéɪʃən | -tɪ-/ *n.* **1** 複雑化; 複雑微妙(なこと). **2 a** (知的な)洗練, 知的素養, ソフィスティケーション: scientific ~ =~ *in* science 科学の知識[素養]. **b** 世慣れていること, 世故にたけること, 如才なさ. **c** 純真でなくする[なる]こと, 不自然. **3** 混ぜ物をすること, (混ぜ物をして)悪くすること; 改竄(かいざん). **4 a** 詭弁(きべん)を吐くこと. **b** こじつけ (quibble), 詭弁 (sophism). 〚(*c*1400)◻OF ~ // ML *sophisticātiō(n-)*: ⇨ sophisticate, -ation〛

soph·is·try /sɑ́(ː)fɪstri | sɔ́fɪs-/ *n.* **1** 詭弁(きべん)法. **2** 詭弁, 屁(へ)理屈 (sophism). **3** 詭弁を弄(ろう)すること. 〚(1340) *sophistrie* ◻OF (F *sophisterie*) ← *sophistre*: ⇨ sophister, -y¹〛

Soph·o·cle·an /sɑ̀(ː)fəklíːən | sɔ̀f-ˊ-/ *adj.* ソフォクレス (Sophocles) (風)の. 〚(1649)↓〛

Soph·o·cles /sɑ́(ː)fəklìːz | sɔ́f-/ *n.* ソフォクレス (496?–406 B.C.; 古代ギリシャの三大悲劇詩人の一人; *Antigone*, *Oedipus Tyrannus*「オイディプス王」).

soph·o·more /sɑ́(ː)fəmɔ̀ə, sɑ́(ː)fmɔə | sɔ́fəmɔ̀ː(r/ *n.* **1** 《米》(四年制高校と大学の)二年生 (略 soph.) (cf. freshman 1, junior 4, senior 3 a). **2** 二年の経験を積んだ人, 二年目の人. 〚(1688) ← Gk *sophós* wise+*mōrós* foolish ∞ 《廃》 *sophumer* ← 《廃》 *sophum* 'SOPHISM'〛

soph·o·mor·ic /sɑ̀(ː)fəmɔ́(ː)rɪk, -mɑ́(ː)r- | sɔ̀fəmɔ́r-ˊ-/ *adj.* 《米》 **1** (高校・大学の)二年生の; 二年生くさい[ぶった]. **2** 気取っているが未熟な; 生意気な, 青くさい, 知ったかぶりをする. 〚(1837): ⇨ ↑, -ic¹〛

sòph·o·mór·i·cal /-rɪk(ə)l, -kl | -rɪ-ˊ-/ *adj.* =sophomoric. **~·ly** *adv.* 〚1847〛

Soph·o·ni·as /sɑ̀(ː)fənáɪəs, sòʊf- | sɔ̀f-, sə̀ʊf-/ *n.* 〚聖書・カトリック〛=Zephaniah.

so·phros·y·ne /səfrɑ́(ː)səni, -sṇi | -frɔ́sɪni/ *n.* **1** 節制 (temperance). **2** 自制; 慎重 (prudence) (cf. hubris). 〚(1889)◻Gk *sōphrosúnē* ← *sṓphrōn* prudent〛

So·phy¹ /sóʊfi | sə́ʊ-/ *n.* ソフィー《女性名》. 〚(dim.) ← SOPHIA: ⇨ -y²〛

So·phy², **S-** /sóʊfi | sə́ʊ-/ *n.* 《古》イランのサファヴィー朝 (Safavid) の支配者の称号 《Sophi ともいう》. 〚(1539)◻Pers. *ṣafī* (王朝の名)〛

-so·phy /-ˊsəfi/「思想体系; 学」の意の名詞連結形: philo*sophy*. 〚(15C) *-sophie* ◻OF ◻L *-sophia* ← Gk *sophíā* wisdom: ⇨ Sophia〛

so·pie /súːpi/ *n.* 《南ア》一杯[ひと口]の酒. 〚(1696)◻Du. *zoopje* (dim.) ← *zoop* < MDu. *sōpe* draft, drink: cf. OE *sopa*〛

so·por /sóʊpə | sə́ʊpə(r/ *n.* 〚病理〛嗜眠(しみん), 昏睡(こんすい) (stupor). 〚(1675)◻L *sōpor* sleep (cf. L *somnus*): ⇨ somni-〛

sop·o·rif·er·ous /sɑ̀(ː)pərɪ́f(ə)rəs, sòʊp- | sɔ̀p-, sə̀ʊp-ˊ-/ *adj.* 《古》眠らせる, 催眠の (soporific): a ~ draught [medicine] 催眠剤, 眠り薬. **~·ly** *adv.* **~·ness** *n.* 〚(1590)← L *sopōrifer* (⇨ ↑, -fer)+-OUS〛

sop·o·rif·ic /sɑ̀(ː)pərɪ́fɪk, sòʊp- | sɔ̀p-, sə̀ʊp-ˊ-/ *adj.* **1** 眠らせる, 催眠性の. **2** 眠い, 眠そうな (sleepy), 眠気のする (drowsy). ― *n.* 催眠剤, 眠り薬; 麻酔剤 (narcotic). 〚(1690): ⇨ sopor, -fic〛

sòp·o·ríf·i·cal /-fɪk(ə)l, -kl | -fɪ-ˊ-/ *adj.* =soporific. **~·ly** *adv.* 〚1837〛

sop·o·rose /sɑ́(ː)pəròʊs, sóʊp- | sɔ́pərə̀ʊs, sə́ʊp-/ *adj.* 〚医学〛嗜眠(しみん)性の, 昏眠(こんみん)状態の. 〚(1710)← SOPOR+-OSE¹〛

sopped /sɑ(ː)pt | sɔpt/ *adj.* 《米》びしょぬれになった. 〚1822–27〛

sóp·ping *adj.* **1** びしょぬれの, ずぶぬれの (drenched, soaked). **2** [副詞的に] びしょびしょに, びっしょり: be [get] ~ wet びしょぬれである[ずぶぬれになる]. 〚(1877): ⇨ sop, -ing²〛

sop·py /sɑ́(ː)pi | sɔ́pi/ *adj.* (**sop·pi·er**; **-pi·est**) **1** 〈地面など〉びしょぬれの, ずぶぬれの (drenched), ぐじゃぐじゃの, びしょびしょの (sloppy). **2** 雨の, 雨天の (rainy): a ~ day. **3** 《英口語》めそめそした, いやに涙もろい, ひどく感傷的な (mawkish) (⇨ sentimental SYN): a ~ smile 泣き笑い. ***be sóppy on*** 《英口語》…にべたぼれする, うつつを抜かす. 《1930》 **sóp·pi·ly** /-pɪli/ *adv.* **sóp·pi·ness** *n.* 〚(1611)〛〚1823〛: ⇨ -y⁴〛

so·pra·ni·no /sòʊprəníːnoʊ, sɑ̀(ː)p- | sɔ̀prəníːnəʊ, sə̀ʊp-; *It.* sopraníːno/ *n.* (*pl.* **~s**) ソプラニーノ《ソプラノ (soprano) より音域が高い楽器; リコーダー, サキソフォーンなどにある》. 〚(1907)◻It. ~ (dim.) ← SOPRANO〛

so·pra·nist /səprǽnɪst, -rɑ́ːn- | səprɑ́ːnɪst/ *n.* ソプラノ歌手 (treble singer). 〚1864〛

so·pra·no /səprǽnoʊ, -rɑ́ːn- | səprɑ́ːnəʊ/ 〚音楽〛*n.* (*pl.* **~s**) **1** ソプラノ歌手 (sopranist). **2** ソプラノ《女性[児童]の最高音(域); ⇨ alto》. **3** ソプラノ声部, 最高声部. **4** ソプラノ楽器《音域の相異なる同種の楽器があるとき; ⇨ treble》. ― *adj.* [限定的] ソプラノの; ソプラノの音域をもった: ⇨ soprano clef / a ~ saxophone. 〚(1730)◻It. ~ ← *sopra* above < L *suprā*: ⇨ supra-〛

sopráno clèf *n.* 〚音楽〛ソプラノ記号 (⇨ clef 挿絵).

sopráno recòrder *n.* 《北米》〚音楽〛ソプラノリコーダー (《英》 descant recorder) 《小型のハ調のリコーダー; 教育目的などで一般に普及している》.

Sop·with /sɑ́(ː)pwɪθ | sɔ́p-/, **Sir Thomas Octave Murdoch** *n.* ソプウィス (1888–1989; 英国の航空機技師; 第一次世界大戦中に Camel, Pup など 32 種類の航空機を設計).

-sor /sə | sə(r/ *suf.* -s で終わるラテン語の過去分詞の語幹から「…する人・もの」の意の名詞を造る: confessor, depressor, professor. 〚⇨ -or²〛

so·ra /sɔ́ːrə/ *n.* 〚鳥類〛カオグロクイナ (*Porzana carolina*) 《北米産のくちばしの短いクイナの一種; sora rail ともいう》. 〚(1705)← N-Am.-Ind.〛

so·ra·li·um /səréɪliəm/ *n.* (*pl.* **-li·a** /-liə/) 〚植物〛地衣類の粉芽を生じる箇所. 〚(1921)← SOR(US)+-AL¹+-IUM〛

sóra ràil *n.* 〚鳥類〛=sora. 〚1839〛

So·ra·ta /sərɑ́ːtə | -tə; *Am.Sp.* soráta/, **Mount** *n.* ソラタ山《南米ボリビアの西部 Andes 山脈中の山; Ancohuma と Illampu の二つの高峰がある》.

sorb¹ /sɔ́əb | sɔ́ːb/ *n.* **1** 〚植物〛オウシュウナナカマド (*Sorbus domestica*) 《ヨーロッパ産バラ科ナナカマド属の植物; 実は食用や酒造用, 材は工芸に用いる; cf. service tree》. **2** オウシュウナナカマドの果実 《sorb apple ともいう》. 〚(1530)◻F *sorbe* fruit of the service tree ◻L *sorbum*〛

sorb² /sɔ́əb | sɔ́ːb/ *vt.* 吸着する, 吸収する (occlude). 〚(1909) (頭音消失) ← ABSORB & ADSORB〛

Sorb /sɔəb | sɔːb/ *n.* **1** ソルビア[ソルブ]人, ウェンド人 (⇨ Wend, Lusatian). **2** ソルビア[ソルブ]語, ウェンド語 (Wendish). 〚(1843)◻G *Sorbe* ◻Sorbian *serb*〛

sórb àpple *n.* =sorb¹ 2. 〚1548〛

sor·bate /sɔ́əbeɪt, -bɪt | sɔ́ː-/ *n.* 〚化学〛ソルベート《吸収された物質》. 〚(1928)← SORB²+-ATE (cf. distilate, filtrate)〛

sor·be·fa·cient /sɔ̀əbəféɪʃənt | sɔ̀ːbɪ-ˊ-/ 〚医学〛*adj.* 吸収を促す. ― *n.* 吸収促進剤. 〚(1847)← L *sorbēre* to suck up+*facient-*, *faciēns*: ⇨ absorb, -facient〛

sor·bent /sɔ́əbənt | sɔ́ː-/ *n.* 〚化学〛ソーベント, 吸収[吸着]剤. 〚(1909)← SORB²+-ENT〛

sor·bet /sɔ́əbeɪ, sɔəbéɪt | sɔ́ːbeɪ, sɔːbét; *F.* sɔʀbɛ/ *n.* 《米》 **1** =water ice 2. **2** =sherbet 1. 〚(1585)◻F ~ ◻It. *sorbetto* ◻Turk. *serbet*: ⇨ sherbet〛

Sor·bi·an /sɔ́əbiən | sɔ́ː-/ *adj.* **1** ソルビア[ソルブ]人の, ウェンド人の. **2** ソルビア語の, ウェンド語の (Wendish). ― *n.* **1** ソルビア[ソルブ]人, ウェンド人 (Wend). **2** ソルビア語, ウェンド語 (Wendish).

sór·bic ácid /sɔ́əbɪk- | sɔ́ː-/ *n.* 〚生化学〛ソルビン酸 ($CH_3 \cdot (CH{:}CH)_2COOH$) 《特定食品の抗カビ剤や合成樹脂の原料になる》. 〚(1815)← SORB¹+-IC¹〛

sor·bi·tan /sɔ́əbɪtæ̀n | sɔ́ː-/ *n.* 〚化学〛ソルビタン《ソルビトールの分子内脱水で得られ, 非イオン表面活性剤として用いられる》. 〚(1950) (混成) ← SORBIT(OL)+AN(HYDRIDE)〛

sor·bite /sɔ́əbaɪt | sɔ́ː-/ *n.* 〚冶金〛ソルバイト《鋼の焼入れ・焼戻し組織》. 〚(1867)← *H. C. Sorby* (1826–1908: 英国の地質学者)+-ITE¹〛

sor·bi·tol /sɔ́əbətɔ̀(ː)l, -tɑ̀(ː)l | sɔ́ːbɪtɔ̀l/ *n.* 〚生化学〛ソルビット, ソルビトール ($CH_2OH(CHOH)_4CH_2OH$) 《糖にアルコール基をもつもの; sorbol ともいう》. 〚(1895)← SORB¹+-ITOL〛

sor·bol /sɔ́əbɔ(ː)l, -bɑ(ː)l | sɔ́ːbɔl/ *n.* 〚生化学〛=sorbitol. 〚(略) ↑〛

Sor·bón·ist /-nɪst | -nɪst/ *n.* (フランスの)ソルボンヌ (Sorbonne) 大学の博士[学生, 卒業生]. 〚(1560) ↓〛

Sor·bonne /sɔəbɑ́(ː)n, -bʌ́n | sɔːbɔ́n; *F.* sɔʀbɔn/ *n.* [the ~] ソルボンヌ大学 《Paris 大学, 特に, その文理学部の通称; Paris 大学の母体の神学校 (1257–1792 年); 1968 年以来の大学改革で Paris 大学は幾つかに解体され, 現在では, ソルボンヌ通りにある大学をソルボンヌ大学とよぶ》. 〚(1560)◻F ~ ← *Robert de Sorbon* (1201–74: 神学者でその創設者)〛

Sor·bónn·ist /-nɪst | -nɪst/ *n.* =Sorbonist. 〚1611〛

sór·bo rùbber /sɔ́əboʊ- | sɔ́ːbəʊ-/ *n.* 《英》スポンジゴム. 〚(1919)← *Sorbo* (商標) ← ? (AB)SORB+-O〛

sor·bose /sɔ́əboʊs, -boʊz | sɔ́ːbəʊs/ *n.* 〚化学〛ソルボース ($C_6H_{12}O_6$) 《オウシュウナナカマドの果実の汁から採れるケトヘキソース (ketohexose) の一種; vitamin C を作るのに用いる》. 〚(1889)← SORB¹+-OSE²〛

sor·bus /sɔ́əbəs | sɔ́ː-/ *n.* 〚植物〛ナナカマド《バラ科ナナカマド属 (*Sorbus*) の落葉高木[低木]の総称; service tree, whitebeam などを含む》. 〚(1706): ⇨ SORB¹〛

sor·cer·er /sɔ́əs(ə)rə | sɔ́ːs(ə)rə(r/ *n.* (悪霊の助けで超自然力を得た)魔法使い, 妖術師 (wizard). 〚(1526) (変形) ← ME *sorser* ◻(O)F *sorcier* < VL **sortiārium* caster of lots ← L *sort-*, *sors* lot, chance: ⇨ sort〛

sor·cer·ess /sɔ́əs(ə)rɪs | sɔ́ːs(ə)rɪs, sɔ́ːsərès, ˌ-ˌ-ˊ-/ *n.* 女の魔法使い[妖術師] (witch). 〚(*c*1380)◻AF *sorceresse*: ⇨ ↑, -ess¹〛

sor·cer·ous /sɔ́əs(ə)rəs | sɔ́ː-/ *adj.* **1** 魔術の, 魔法の. **2** 魔法を使う. **~·ly** *adv.* 〚(1546): ⇨ -ous〛

sor·cer·y /sɔ́əs(ə)ri | sɔ́ː-/ *n.* **1** (悪霊の力によって行う)魔法, 魔術, 妖術 (witchery) (⇨ magic SYN). **2** 魔術的な力[影響力, 魅力]. 〚(?*a*1300) *sorcerie* ◻OF ← *sorcier*: ⇨ sorcerer, -y¹〛

Sor·cha /sɔ́əʃə | sɔ́ː-/ *n.* ソーシャ《女性名; Sarah のアイルランド形》. 〚◻Ir.-Gael. ~ 'bright'〛

sor·da·men·te /sɔ̀ədəménteɪ | sɔ̀ːd-; *It.* sordaménte/ *adv.* 〚音楽〛弱音器 (sordino) を用いて, 鈍く, おしつけられたように. 〚◻It. ~ ← *sordo*: ⇨ sordino〛

Sor·del·lo /sɔədéloʊ | sɔːdéləʊ; *It.* sordɛ́llo/ *n.* ソルデッロ (?1200–?; 13 世紀に Provence 語で叙情詩を書いたイタリアの吟遊詩人; R. Browning の同名の詩 (1840) の主人公).

sor·did /sɔ́ədɪd | sɔ́ːdɪd/ *adj.* **1 a** 〈動機・行為など〉卑しい, 卑劣な, さもしい, あさましい (⇨ base² SYN): ~ desires, motives, etc. **b** 〈人が〉欲に目のない (mercenary), けちけちした, 貪欲(どんよく)な (avaricious), きわめて利己主義な. **2 a** 〈環境・動物など〉きたない, むさ苦しい, 不潔な (dirty, squalid): a ~ district. **b** 薄ぎたない, 身なりの汚れた: a ~ mob. **3** [魚・鳥の名前に用いて] くすんだ色の, 土色の (dull, muddy). **~·ly** *adv.* **~·ness** *n.* 〚(?*a*1425)◻(O)F *sordide* // L *sordidus* ← *sordēre* to be dirty: cf. swart〛

sor·dine /sɔ́ədiːn, ˌ-ˊ | sɔ́ːdiːn, ˌ-ˊ/ *n.* **1** (トランペットの口に挿入する)弱音器. **2** =sourdine. 〚(1591)◻It. ~ ← *sordina* ← *sordo* (↓)〛

sor·di·no /sɔədíːnoʊ | sɔːdíːnəʊ; *It.* sordíːno/ *n.* (*pl.* **-di·ni** /-niː; *It.* -ni/) 〚音楽〛弱音器 (mute). 〚(1801)◻It. ~ ← *sordo* deaf, mute < L *surdum*: cf. surd〛

sor·dor /sɔ́ədə, -dɔə | sɔ́ːdə(r, -dɔː(r/ *n.* **1** くず, ごみ; かす, おり. **2** 不潔. 〚(1823)← NL ~ ← L *sordēs* dirt〛

sore¹ /sɔ́ə | sɔ́ː(r/ *adj.* (**sor·er**; **sor·est**) **1 a** 〈傷・炎症を起こした患部など〉触れると痛む, ひりひりする, ずきずき痛む (painful): a ~ finger 指痛 / a ~ wound 痛む傷 / ~ ears [eyes] ただれ耳[目] / ⇨ sore throat / feel ~ 痛む / I was ~ *from* climbing. 登山で体が痛んだ / He has a ~ foot. 彼は足を痛めている. **b** 心を痛める, 人の感情を害する: a ~ place [point, spot] 痛いところ, 弱点 / touch a person on a ~ place 人の痛いところに触れる / She has a ~ conscience. 良心にやましいところがある. **2** 悲しい, 悲嘆に暮れた; 痛ましい, 悲しませる: She is ~ at heart. 心中悲嘆に暮れている / There are many ~ hearts at home after the war. 戦後国内には痛ましい人たちがたくさんいる / a ~ bereavement 痛ましい[悲しい]死別. **3** 《米口語》感情を害されて, しゃくに触って, 腹を立てて (irritated, offended) 〔*about, on, over*〕: feel ~ *about* a matter あることを怒る, あることに腹が立つ, あることがしゃくにさわる / get ~ *on* [*over*, *at*] it そのことに腹を立てる / He is very ~ *about* his defeat. 負けたことでぷんぷんしている. **4** 《古・詩》つらい, ひどい (grievous), 激しい, はなはだしい (intense): ~ affliction つらい難儀 / ~ distress はなはだしい窮迫 / in ~ need 急迫[窮乏]して, ひどく困って.

a sight for sóre éyes ⇨ sight *n.* 成句. ***like a béar with a sóre héad*** ⇨ bear² 成句.

― *n.* **1 a** 触れると痛いところ; 傷; 赤はだ. **b** 糜爛(びらん), ただれ: ⇨ bedsore, cold sore. **2** 悲しい思い出; 苦悩, しゃく(の種), 恨み (rancor, grudge); 古傷, 嫌な思い出: Time does not always heal old ~*s*. 時は必ずしも古傷をいやしはしない / reopen old ~*s* 古傷[忘れかかった古い争いなど]をまたあばく[始める].

― *adv.* 《古・詩》いたく, はなはだしく, 激しく (sorely) (cf. *Matt.* 17:6). ★ 現在は特に be ~ afraid (ひどく恐れて), be ~ oppressed (いたく圧迫されて) などの句で用いられる.

― *vt.* (馬の)前足を痛める.

〚*adj.* & *n.*: OE *sār* < Gmc **sairaz*, **sairam* (Du. *zeer* / G (廃) *sehr*) ← IE **sāi-* (L *saevus* wild): cf. sorry〛

sore² /sɔ́ə | sɔ́ː(r/ *n.* 《廃》4 歳の雄ジカ. 〚(1342)◻OF *sor(e)*: cf. ML *sorus*〛

so·re·di- /sərìːdɪ, -di | -rìːd-/ 〚植物〛「粉芽 (soredium)」の意の連結形. 〚(1829)← SOREDIUM〛

soredia *n.* soredium の複数形.

so·re·di·al /səríːdiəl | -diəl/ *adj.* 〚植物〛粉芽 (soredium) の, 粉芽に似ている. 〚(1882): ⇨ soredi-, -al¹〛

so·re·di·um /səríːdiəm | -diəm/ *n.* (*pl.* **-di·a** /-diə | -diə/) 〚植物〛粉芽, 粉芽体《地衣類の無性生殖器官の一つ; 本体から飛散して発芽する; brood bud ともいう》. 〚(1829)← NL ~ ← Gk *sōrós* heap+-IDIUM〛

sóre-èyed *adj.* 目の痛む, ただれ目の. 〚*a*1733〛

sóre-eyed pígeon *n.* 〚鳥類〛=sheathbill.

sóre·hèad *n.* **1** 《米口語》怒りっぽい人, 不平家; (特に, スポーツで)負けてくやしがる人. **2** 〚獣医〛=fowl pox.

S

sóre·hèad·ed *adj.* **sóre·hèad·ed·ly** *adv.* **sóre·hèad·ed·ness** *n.* 〖(1848) ← SORE[1] (adj. 4)〗

sor·el /sɔ́(:)rəl, sá(:)r- | sɔ́r-/ *n.* 《英》〘動物〙3 歳の雄ダマジカ (fallow deer). 〖(1486) 《異形》 ← SORREL[2]〗

So·rel /sərél; *F.* sɔʀɛl/, **Georges** *n.* ソレル《1847–1922; フランスの社会主義者; *Réflexions sur la violence*「暴力論」(1908)》.

sór·el cemènt /sɔ́(:)rəl-, sá(:)r- | sɔ́r-/ *n.* 〘化学〙ソーレルセメント《オキシクロリド (oxychloride) を主成分とするセメント》. 〖← *Sorel* (人名)〗

sóre lóser *n.* 負けっぷりの悪い人.

sore·ly /sɔ́əli | sɔ́:-/ *adv.* 痛ましく (grievously); ひどく, はなはだしく, 非常に: be ~ tried by …でひどく悩まされる / feel ~ inclined to …したくてたまらない. 〖OE *sārlīċe*〗

sóre mòuth *n.* 〘獣医〙 **1 a** (羊の)壊死悍(かん)菌症《contagious ecthyma, scabby mouth ともいう》. **b** =calf diphtheria. **2** ポックスウイルス (poxvirus) による山羊・緬羊の口唇の皮膚炎.

sóre·ness *n.* **1 a** 触れると痛むこと, (ひりひりする)痛み, 苦痛: cause ~ 痛む. **b** 心痛, 悲しみ. **c** 激しさ, 熾烈(しれつ)さ (violence). **2 a** 立腹, 悪く思うこと, しゃくにさわること, 恨みつらみ (resentment, grudge): feel ~ at …に腹が立つ, …を悪く思う. **b** 悪感情, 不和, 仲たがい (unfriendliness): There was some ~ between father and son. 父子の間に感情の行き違いがあった. **3** 痛むもの, 苦痛の種. 〖lateOE *sārnes*〗

sóre shín *n.* 〘植物病理〙腰折病《コウヤクタケ属 (*Corticium*), フハイカビ属 (*Pythium*) などの菌によるタバコ・綿などの病気; 地表近くの幹のまわりが冒されて枯れる》.

sóre thróat *n.* 〘病理〙咽頭痛, 咽頭炎 (pharyngitis). 〖1686〗

sor·gho /sɔ́əgou | sɔ́:gəu/ *n.* 〘植物〙=sorgo.

sor·ghum /sɔ́əgəm | sɔ́:-/ *n.* **1** 〘植物〙モロコシ《イネ科モロコシ属 (*Sorghum*) の植物の総称; モロコシ (common sorghum), サトウモロコシなど多くの変種がある》. **2** (サトウモロコシ (sweet sorghum) から作った)モロコシシロップ. 〖(1597) ← NL ~ ← It. *sorgo* < ? VL **syricum* (*grānum*) Syrian (grain) ← L *Syricus* Syrian〗

sor·go /sɔ́əgou | sɔ́:gəu/ *n.* 〘植物〙=sweet sorghum. 〖(*c*1760) □ It. ~ (↑)〗

sori *n.* sorus の複数形.

sor·i·cine /sɔ́(:)rəsàɪn, sá(:)r- | sɔ́rɪ-/ 〘動物〙 *adj.* トガリネズミの(ような); トガリネズミ科の. — *n.* トガリネズミ (shrew). 〖(1781) □ L *sōricinus* ← *sōric-*, *sōrex* shrew: ⇨ -ine[1]〗

so·ri·tes /sɔ:ráɪti:z | sɔ-, sə(ʊ)-/ *n.* (*pl.* ~) 〘論理〙連鎖式, 連鎖推理《複合三段論法の一種》. **so·rit·i·cal** /sɔ:rítɪkəl, -kḷ | sərítɪ-, sə(ʊ)-/ *adj.* **so·rít·ic** *adj.* 〖(1551) □ L *sōrītēs* □ Gk *sōreítēs* ← *sōrós* heap: cf. sorus〗

sorn /sɔ́ən | sɔ́:n/ *vi.* 《スコット》〔人に〕食べ物や宿を無理強いする 〔*on*〕. 〖(1563) ← 《古形》 *sorren* free hospitality given to one's lord □ Ir. 《廃》 *sorthan* free quarters, living at free expense〗

So·ro·ca·ba /sɔ:rəkǽbə, -ká:-; *Braz.* soɾokábɐ/ *n.* ソロカーバ《ブラジル南部, São Paulo 州の工業都市》.

So·rol·la y Bas·ti·da /sərɔ́(:)ljəɪ:bɑ:stí:də, -rɔ́ɪə- | -rɔ́ɪəɪ:bɑ:stí:də; *Sp.* soɾóʎaiβastíða, -rójai-/, **Joaquín** *n.* ソロリャイ バスティダ《1863–1923; スペインの画家》.

so·rop·ti·mist, S- /sərɑ́(:)ptəmɪ̀st, sɔ:- | sərɔ́ptɪmɪst/ *n.* ソロプティミストクラブ (Soroptimist Club) 会員. 〖(1921) 《混成》 ← SOR(ORITY)+OPTIMIST〗

Soróptimist Clùb *n.* ソロプティミストクラブ《Rotary International に類した社会福祉を目的とする専門職の女性や企業の女性幹部から成る国際的団体》. 〖(1921) ↑〗

so·ror·al /sərɔ́:rəl | sər-, sɔr-/ *adj.* 姉妹の, 姉妹の間柄の; 姉妹のように親しい (sisterly) (cf. fraternal). **~·ly** *adv.* 〖(1654) ← L *soror* 'SISTER'+-AL[1]〗

soróral polýgyny *n.* 〘社会学〙姉妹型一夫多妻 (cf. fraternal polyandry). 〖1952〗

sor·or·ate /sɔ́:rərèɪt/ *n.* 〘社会学〙姉妹逆縁婚《妻が死亡した際, その夫が妻の姉妹と優先的に結婚すること; cf. levirate》. 〖(1910) ← L *soror* 'SISTER'+-ATE[1]〗

so·ror·i·cide /sərɔ́(:)rəsàɪd, -rá(:)r- | sərɔ́rɪ-, sɔr-/ *n.* **1** 姉妹殺し《人》. **2** 姉妹殺し《行為》(cf. fratricide). **so·ror·i·cid·al** /sərɔ̀(:)rəsáɪdḷ, -rɑ̀(:)r- | sərɔ̀rɪsáɪdḷ, sɔr-ˈ-/ *adj.* 〖1: (1656) □ L *sorōricīda* (person) ← *soror* 'SISTER': ⇨ -cide. 2: (1727) □ ML *sorōricīdium* (act)〗

so·ror·i·ty /sərɔ́(:)rəṭi, -rá(:)r- | sərɔ́rɪti, sɔr-/ *n.* **1** 姉妹関係, 姉妹の間柄 (sisterhood). **2** 《米》(大学の)女子学生社交クラブ, ソロリティー (cf. fraternity 1); 女性(社交)クラブ, 女性団体. 〖(1532) □ ML *sorōritās* ← L *soror* 'SISTER': ⇨ -ity: cf. fraternity〗

soroses *n.* sorosis[2] の複数形.

so·ro·sílicate /sɔ:rou- | -rə(ʊ)-/ *n.* 〘鉱物〙ソロ珪酸塩《SiO_4 四面体が頂点を共有して群を作るもの; cf. cyclosilicate》. 〖(1947) ← Gk *sōrós* heap+SILICATE〗

so·ro·sis[1] /səróusɪs | -ráusɪs/ *n.* 《米》女性社交クラブ (women's club). 〖(1869) ← *Sorosis* (1869 年設立の女性団体名: cf. L *soror* sister)〗

so·ro·sis[2] /səróusɪs | -ráusɪs/ *n.* (*pl.* **so·ro·ses** /-si:z/, **~·es**) 〘植物〙桑果(そうか), 肉質集合果《クワの実・パイナップルなど》. 〖(1831) ← NL ~ ← Gk *sōrós* heap: ⇨ -osis: cf. sorus〗

sorp·tion /sɔ́əpʃən | sɔ́:p-/ *n.* 〘物理化学〙収着《adsorption (吸着), absorption (吸収)を合わせて呼ぶ》. 〖(1909) 《頭音消失》 ← ABSORPTION & ADSORPTION〗

sor·ra /sɔ́(:)rə, sá(:)rə | sɔ́rə/ *adv.* 《スコット・アイル》 = sorrow. 〖(19C) □ Ir. & Gael. *soraidh*〗

sor·rel[1] /sɔ́(:)rəl, sá(:)r- | sɔ́r-/ *n.* 〘植物〙 **1** ギシギシ《タデ科ギシギシ属 (*Rumex*) の植物の総称; スイバ (*R. acetosa*) など野菜用; dock, sheep sorrel ともいう》. **2** カタバミ《カタバミ科カタバミ属 (*Oxalis*) の植物の総称; ムラサキカタバミ (*O. martiana*) など; wood sorrel ともいう》. **3** 《英》=roselle. 〖(*a*1400) *sorel* □ OF *surele* (F 《方言》 *surelle*) ← *sur* sour □ Gmc **sūraz*: ⇨ sour, -el[1]〗

sor·rel[2] /sɔ́(:)rəl, sá(:)r- | sɔ́r-/ *adj.* 栗毛(くりげ)の: a ~ horse. — *n.* **1** 栗色, 淡赤茶色 (light reddish brown); 黄茶色 (yellowish brown). **2** 栗毛の馬《特に, 米国西部で使われ, 尾花栗毛に近いものを指す場合が多い》. **3** 〘動物〙=sorel. 〖(*c*1430) *sorelle* □ OF *sorel* ← *sor* reddish brown ← Gmc (cf. MDu. *soor* dried out): ⇨ sear[1]〗

sórrel trèe *n.* 〘植物〙 **1** =sourwood. **2** オーストラリア産アオイ科フヨウ属の低木または 5 m に達する小高木 (*Hibiscus heterophyllus*). **3** =staggerbush. 〖1687〗

Sor·ren·to /sərénṭou | sərέntəu; *It.* sorrέnto/ *n.* ソレント《イタリア南西部, ナポリ湾 (Bay of Naples) 沿岸の海港; 観光の名所で保養地》.

sor·row /sá(:)rou, sɔ́(:)r- | sɔ́rəu/ *n.* **1 a** (愛する人・親しい人を亡くしたり, ある事に対する失望などによる)悲しみ, 悲哀, 悲嘆 (sadness, grief): with ~ 悲しい気持ちで, 悲しみながら / feel ~ *for* a friend's death 友の死を悲しむ[悼む] / give ~ to one's mother 母親を悲しませる / sup ~ 悲しみを味わう; 後悔する / yield to ~ 悲嘆に暮れる / cause much ~ to …を大いに悲しませる / When ~ is asleep, wake it not. 《諺》いらぬ心配はせぬがよい / a countenance more in ~ than in anger 怒ったというよりはむしろ悲しそうな顔 (Shak., *Hamlet* 1. 2. 232) / bring down a person's gray hairs with ~ to the grave 年寄りを悲しみで死なす (cf. *Gen.* 42:38) / in ~ and in joy 悲しいにつけうれしいにつけ / to a person's ~ = to the ~ of a person 〈人〉にとって悲しいことには; にとって残念なことには. **b** 悲しみの表れ, 嘆き(かた), 哀悼 (lamentation) 《sorrowing ともいう》. **c** 《詩》涙 (tears). **2** 悲しみのもと[種]; 不幸, 不幸せ (misfortune); 難儀, 難渋 (affliction, trouble): ⇨ MAN[1] of Sorrows / *Sorrow* comes unsent for. 《諺》悲しみは招かずしてやってくる / He is a ~ to his parents. 彼は両親にとって悲しみの種だ / He has had many ~*s* [much ~]. いろいろの[随分]不幸な目に遭った人だ / When ~*s* come, they come not single spies, but in battalions. 不幸がやってくる時は一騎ずつ斥候のようにはこないで大挙してやってくる (cf. Shak., *Hamlet* 4. 5. 78–79). **3 a** 後悔, 残念, 遺憾 (penitence) 〔*for*〕: express one's ~ *for* what one has done 自分のしたことに対して遺憾の意を表す. **b** なごり惜しさ, 惜別の感 (regret): leave a place without much ~. **4** [(the) ~; 副詞的に] 《スコット・アイル》 **a** 少しも…ない (never) (cf. sorra): a ~ bit, word, etc. **b** [間投詞的] 畜生, くたばってしまえ 〔*on*〕: *Sorrow on it!* — *vi.* 悲しむ, 気の毒に思う, なごり惜しく思う, 残念[遺憾]に思う (regret); 悲嘆に暮れる, 嘆く (mourn, lament) 〔*at, for, over*〕. **~·er** *n.* 〖OE *sorh, sorg* ← Gmc **sorg-* (Du. *zorg* / G *Sorge*) ← IE **swergh-* to worry, be sick: 語源上 SORE や SORRY とは無関係だが, 発音の類似から語義上影響を受けている〗

SYN 悲しみ: **sorrow** 喪失感・失望などから生じる深い心の痛み《最も一般的な語》: I felt *sorrow* for his death. 彼の死を悲しんだ. **grief** ある特定の不幸・災難などから生じる大きな悲しみ《*sorrow* よりも激しいが, 通例それよりも短期間の悲しみ》: She suffered *grief* at the loss of her son. 息子を失って悲しみに暮れた. **sadness** 特殊な原因または一般的な落胆などに起因する意気消沈: She did not speak of her *sadness*. 自分の悲しみを語らなかった. **woe** 《文語・戯言》慰められない深い悲しみ・不幸: a tale of *woe* 悲しい物語.

sor·row·ful /sá(:)rəfəl, sɔ́(:)r-, -rou- | sɔ́rə(ʊ)-/ *adj.* **1** 悲しむ (sad), 悲嘆に暮れる (grieved) (⇨ sad SYN): My soul is ~. 私の心は悲嘆に暮れている. **2** 〈顔色・言葉など〉悲しげな, 憂いを帯びた (mournful, plaintive): a ~ tale 悲しい物語. **3** 悲しませる (distressing), 悲しい, 痛ましい: a ~ sight [accident] 痛ましい光景[悲しむべき事故]. **~·ly** /-fəli/ *adv.* **~·ness** *n.* 〖OE *sorhful*: ⇨ sorrow, -ful〗

sórrow-strìcken *adj.* 悲しみに沈んだ, 悲嘆に暮れた. 〖1819〗

sor·ry /sá(:)ri, sɔ́(:)ri | sɔ́ri/ *adj.* (**sor·ri·er; -ri·est**) [*1, 2, 3* は叙述的に, *4* は限定的に用いて] **1** すまないと思う, 悪かったと思う, 後悔する (repentant): I am (so [very, really, terribly]) ~.=《口語》*Sorry!* ごめんなさい, すみません, 失礼(しました) / *Sorry about* yesterday. 昨日はごめんなさい / Say you are ~, and I will forgive you. 悪かったと言えば許してやろう / You will be ~ *for* this some day. 君はいつかこのことを後悔するだろう / Aren't you ~ *for* [*about*] what you've done? 君は自分のしたことを悪いと思っていないのか / I am ~ *to* trouble [have troubled] you. 面倒をおかけしてすみません[すみませんでした] / I'm ~ I was rude to you. 失礼なことをして[言って]すみません / I'm ~ (that) I'm late.=I'm ~ *to* be late. 遅れてごめんね.
日英比較 日本語の軽いお礼の意味の「すみません」に相当するのは Thank you. **2** 残念で, 遺憾で, 惜しい (mildly regretful): I am [feel] ~ *for* [*about*] it. それは残念[遺憾]だ (cf. 3) / I am ~ (*to say*) that I cannot come.=I cannot come, I am ~ to say. 残念ながら参れません / We are ~ to have to inform you that your application has not been accepted. あなたの申請が受理されなかったことをお伝えしなくてはならないのは残念です / I would be ~ *for* you *to* think that. 君がそんなことを考え(てい)るとしたら私は残念だ / I'm ~ (*that*) you cannot stay longer. もっといていただけなくて残念です / I'm so ~ I cannot accept your kind invitation. まことに残念ながら御招待に応じられません / I'm ~ [《口語》*Sorry*], but I don't agree. 遺憾ながら私は賛成しかねます / Do you agree?—*Sorry*, no [I don't]. 賛成してくれますか—悪いけどだめだ. **3** 気の毒で, 気の毒に思って, かわいそうで (grieved): I am [feel] ~ *about* it [your failure]. それは[不首尾に終わって]お気の毒です (cf. 2) / We can't accept you. *Sorry about* that. あなたを採用することはできません. お気の毒ですが / I'm [I feel] ~ *for* him, but it's his own fault. 彼には気の毒だがあれは自分の落ち度だ《だれを恨みようもない》/ I feel ~ *for* him since he failed the exam. 彼はその試験に落ちたので気の毒だ / I'm ~ *for* him if he can't pass such an easy test. こんな簡単なテストもパスできないなら彼も気の毒なことだ / I am (truly) ~ *about* your wife. 奥さんのことでは(本当に)お気の毒です《★ *about* はその目的語である人を直接にではなく, その人に関することで気の毒に思うことを示す》/ I am ~ *to* hear it. それはお気の毒な話です / We are ~ (*that*) he is sick. 彼は病気で気の毒です. **4** [限定的] **a** (もの)悲しい (sad); 悲しむ[哀れむ]べき (deplorable): ~ news 悲しい知らせ / come to a ~ end 悲しむべき結果に終わる, 失敗する. **b** 《文語》みじめな, 哀れな (wretched), くだらない, 情けない (contemptible), 下手な (inferior): a ~ fellow やくざな男 / a ~ horse よぼよぼの馬 / a ~ excuse くだらない[下手な]言い訳 / a ~ sight [spectacle] みじめな[見るも哀れな]有様 / a ~ performance 下手な演技 / in ~ clothes みすぼらしい着物を着て / in a ~ plight みじめな状態で, 悲惨な境遇に陥って / a ~ story [tale] of bureaucratic bungling 官僚の失策という情けない話.
Sórry 《口語》 (1) ⇨ 1, 2. (2) [上昇調で] 何ですって, すみませんがもう一度 (I beg your pardon)《問い返すときに言う》. 《1834》 ***sórry for oneself*** 《口語》落胆した, しょげた (dejected): He felt [looked] ~ *for himself*. 彼はがっかりした[しょげた顔つきをしていた]. 《1827》

sór·ri·ly /-rəli | -rɪ-/ *adv.* **sór·ri·ness** *n.* 〖OE *sāriġ* ← (WGmc) **sairaȝ-* ← **sairaz* 'SORE': ⇨ -y[4]: 語源上 SORROW とは無関係〗

sort /sɔ́ət | sɔ́:t/ *n.* **1 a** 種類, 部類 (kind, class) (⇨ type[1] SYN); 品質 (quality), 身分 (rank); 性格, たち (character, nature) (⇨ kind[1] 1 a ★): this ~ *of* cheese =cheese *of* this ~ / this ~ *of* house=a house *of* this ~ この種の[こういう]家 / all [these] ~*s of* houses= houses *of* all [these] ~*s*=《俗》all [these] ~ *of* houses あらゆる[これらの]種類の家 / some ~ *of* job=a job *of* some ~ 何らかの仕事 / a new ~ *of* toy [《口語》a toy] 新型のおもちゃ / the latest ~ *of* music 最新の音楽 / swimsuits *of* every [this, that] ~ あらゆる[この, その]種類の水着 / I like baseball, tennis—that ~ *of* thing. 野球, テニス, そういったものが好きだ / He just kept coming late and messing things up ~ *of* thing. 《英口語》彼はいつも遅刻してきて, しょっちゅうへまをやっているようなやつだった / things *of* a different ~ 異なった種類の物 / But we are spirits *of* another ~. しかしおれたちは, それとは違った精霊だ (Shak., *Mids N D* 3. 2. 388) / chocolates *of* several ~*s* いろいろな種類のチョコレート / all ~*s* and conditions *of* men あらゆる種類や階級の人々《*Prayer Book* 中の句》/ people *of* their ~ =《口語》their ~ *of* people ああいう部類の人たち / She is not the ~ (*of* woman) *to* talk scandal. 陰口を言うような女性ではない / Stop! I'm not that ~ *of* girl! やめて! 私ってそんな女じゃないわ! / I'm sorry, but that's the ~ *of* person he is. 残念だが, あいつはそういうタイプの男なんだ / That's the ~ (*of* thing) I want.=That's my ~ (*of* thing). そんなのが欲しいのだ《★ 上の 2 例で括弧内が省略されれば sort の意味は 1 b》/ What ~ *of* car [《口語》a car] is it?—The same ~ as before. それはどんな種類の車ですか—前のと同じようなやつです. **b** [修飾語を伴って] 《口語》(どんな種類[性質]の物[人]《★ sort のあとの of (a) thing [person] などが省略されてできた表現法》: a good ~ いい[親切な]人; 《豪俗》人好きのする[器量のよい]女性 / He is not a bad ~. やつは悪い男ではない / He's the ~ you've got to watch out for. 彼は気をつけないといけないタイプの人だ / I know his ~, all right! 彼がどんな人物か, ちゃんとわかっている / He is the right ~. 彼ならもってこいの男だ / He is not my ~. 私は彼とは性が合わない / It takes all ~*s* (to make a world). 《諺》いろんな人が寄り集まって世の中が成り立つ, 世間には変わり者もいる. **2 a** 〘電算〙ソート, 並べ替え. **b** えり分け, 分類, 区別. **3** 〘印刷〙 **a** [しばしば *pl.*] ソート《ある型の活字一そろい (font) の中の一字》. **b** ソート《普通の一そろいの中にない活字; 記号・スペースなど》. **c** (行鋳植機の溝 (channel) に含まれない)母型. **4** 《古》方法, 仕方, 風 (manner, way): in this ~ / in courteous ~ 礼儀正しく, 丁重に. **5** 《廃》くじ (lot) (cf. Shak., *Troilus* 1. 3. 375). **6** 《廃》連中, 一団, 群れ (group).
àfter a sórt 不十分ながら, まずどうやら, 一応は. ***áll sórts of*** (1) ⇨ 1 a. (2) 《口語》たくさんの (much, many). 《1558》 ***and áll sórts*** 《英口語》その他もろもろ: That car's got powersteering, four-wheel drive, *and all* ~*s*. その車にはパワステ, 4WD, その他もろもろが装備してある. ***a sòrt of*** (1) 一種の…, …のようなもの (cf. *of a* SORT, SORT *of*): *a* ~ *of* invention [buzzing noise] 一種の発明, まず発明といえるもの[ブンブンいうような音] / He *is a* ~ *of* journalist. 一種の[ある意味での]ジャーナリストだ. (2) …の一種: *a* ~ *of* fruit, wine, etc. 《1703》 ***in a sórt*** =*after a* SORT. 《1585》 ***in a sórt of wáy*** 《口語》 =*in a* WAY (1). 《1875》 ***in sóme sórt*** ある程度まで. 《1556》 ***nó sórt of*** … どんな…も(全然)ない: There is *no*

～ of reason for doing that. そんなことをしてよい理由は何もない / That's *no* ～ *of* reason for doing it. それはそうする理由には全然ならない. 《1736》 ***of a sórt*** いい加減な, 怪しげな, (あれでも)一種の, でも…: a lawyer *of a* ～ いい加減な弁護士 (cf. *a* SORT *of* (1)). 《1463》 ***of sórts*** 《口語》 =*of a* SORT: whiskey [lawyers] *of* ～*s* 怪しげなウイスキー[弁護士]. 《1597》 ***of the sórt*** そんな(種類の): something *of the* ～ そんな風(ﾌｳ)なこと / I don't believe anything *of the* ～. そんなことは信じられない / He a liar? Nothing *of the* ～! 彼がうそつきだって, とんでもない. ***òut of sórts*** (1) 《口語》(身体の)具合が悪い, 気分が悪い, 元気がない; 機嫌が悪い, ぷりぷりして: be [feel] *out of* ～*s*. (2) 《印刷》ソート欠けの《フォント中のある活字が欠けている》. 《1621》 ***sort of*** /sɔ̀ətəv, -tə | sɔ̀:təv/ 《口語》[副詞的に; 主に形容詞や動詞に先立ちそれを修飾して] むしろ, 多少, いくらか, 大体 (rather, somewhat, kind of). ★ 発音に応じて sort o', sorta, sort a, sorter などと書かれることがある (cf. KIND[1] *of*): It's ～ *of* impolite. ちょっと失礼だ / I ～ *of* expected it. 多少予期していた / (It's) ～ *of* a secret [an invention, a buzzing noise]. どちらかといえば[いわば]秘密[発明品, ブンブンいうような音]だ (cf. *a* SORT *of* (1)) / Did you expect it?—*Sort of*. 君は予想していたかい—まあね. 《1903》

— *vt.* **1** [しばしば ～ *out* として] **a** 分類する, 部分けする, 部類にそろえる (classify) ‹*together*› / ⦅*with*⦆: ～ mail (届いた)郵便物を分類する, (郵便局で)郵便物を(配達区域に従って)選別[仕分け]する / ～ *out* [*through*] stamps 切手を分類する / ～ papers *into* two groups [*into* big *and* small, *by* size, *according to* size] 書類を2つのグループに[大小に, 大きさで, 大きさに従って]分ける. **b** えり分ける, 選別する, 区別する (separate); 選ぶ (choose): ～ (*out*) the sheep *from* the goats 羊とやぎとを分ける; 善人と悪人を区別する (cf. *Matt.* 25:32) / I ～*ed out* the largest ones. 一番大きなものを選び出した / I've ～*ed* you *out* the largest ones.=I've ～*ed out* the largest ones for you. 一番大きなものをあなたのために選び出してあげました. **2** 《電算》‹データを›ソートする《データを数値の大小順, ABC順など並べ替えて整列させる》. **3** 《スコット》直す, 修繕する: have a television ～*ed* テレビを修理してもらう. **4** 《スコット》⦅…を⦆…に供給する ⦅*with*⦆. **5** 《英俗》=SORT *out* (5). **6** 《まれ》合わせる (fit). **7** 《廃》‹神が›定める (ordain). — *vi.* **1** 《古》⦅…と⦆調和する, ⦅…に⦆似合う, 適合する, ふさわしい (suit) ⦅*with*⦆: Such behavior ～*s ill* [*well*] *with* his rank. こういう行為は彼の地位にふさわしくない[ふさわしい]. **2** 《古・方言》⦅同類の者と⦆交わる, 付き合う (associate, consort) ⦅*with*⦆. **3** 《廃》結果が…となる (turn out).

sórt óut (1) ⇨ *vt.* 1. (2) ‹紛争・問題などを›処理する, 解決する, 正す (solve): ～ *out* a problem / ～ *out* grievances [what their grievances are] 苦情[の中身]を処理する. (3) 《口語》‹引き出しなど(の中身)を›整頓[整理]する: ～ *out* a suitcase. (4) 《口語》…(の体制)を整える, 秩序立てる (organize); [～ it*self out* で] ‹情勢が›(自然に)落ち着く; [～ one*self out* で] ‹人が›(行きがかりなどを捨てて)互いに仲直りする, 正常な状態に戻る, 落ち着く: ～ *out* one's ideas [a team] (*with* one's advisors) (アドバイザーと一緒に)考え[チームの陣容]を整える / wait for things to ～ *themselves out* 事態が落ち着くのを待つ. (5) 《英俗》取り締まる, 罰する, 懲らしめる (punish); (けんかで)やっつける, のす: I'll ～ him *out*. あいつをやっつけてやる. 《1534》

〖n.: 《*c*1390》□ (O)F *sorte* < VL **sortam* ← L **sort-*, *sors* lot, chance, fourtune, (ML) kind, sort ← IE **ser-* to line up (L *serere* to arrange). — v.: 《*c*1358》 *sorte(n)* □ (O)F *sortir* // L *sortīrī* ← *sors*: cf. assort〗

sort·a /sɔ̀ətə | sɔ̀:tə/ *adv.* (*also* **sort a** /～/) ⇨ SORT *of* (cf. kinda). 〖1790〗

sort·a·ble /sɔ́ətəbl̩ | sɔ́:t-/ *adj.* 分類[類別]できる, 分けられる, そろえられる. 〖《1586》← SORT (v.)+-ABLE〗

sor·tance /sɔ́ətəns | sɔ́:t-/ 《Shak》呼応, 一致 (agreement). 〖1598〗

sort·ed /sɔ́ətɪ̀d | sɔ́:t-/ *adj.* 《英口語》ちゃんとして, 整って, 用意ができて, 手配[処置]済みで; 《英俗》麻薬を手に入れて; 《英俗》(情緒的に)バランスがとれて. 〖1547〗

sórt·er[1] /-tə | -tə^(r)/ *n.* **1** 分類する人, 選別する者, えり分ける人; (郵便物の)選別係; 羊毛選別者. **2** 選別機. 〖《1598》: ⇨ sort, -er[1]〗

sort·er[2] /sɔ̀ətə, -tə | sɔ̀:tə/ *adv.* ⇨ SORT *of*. 〖1839〗

sor·tes /sɔ́ətiːz, -teɪz | sɔ́:-/ *n. pl.* くじ, (作品などの)一節による占い. 〖《*a*1586》□ L *sortēs* (pl.) ← *sors* lot, chance: cf. sort〗

sórtes Bí·bli·cae /-bíblɪ̀kiː | -lɪ-/ *n.* 聖書の一節による占い. 〖《1897》: *Biblicae* □ ML ～ (fem. pl.) ← *biblicus*: ⇨ biblical〗

sor·tie /sɔ́əti, -tiː, sɔətíː | sɔ́:ti, -tiː/ *n.* **1 a** (突然)出掛けること, 小旅行: a ～ abroad 海外旅行. **b** ⦅ある分野への⦆進出, 着手, 試み ⦅*into*⦆. **2 a** (防御陣地からの突然の)出撃, 突撃 (sally): make a ～ 出撃[反撃]する. **b** (防御陣地からの)出撃隊. **c** (敵に対する作戦任務をもって離陸した, 在空中の)出撃機. **d** (作戦のため, 港・投錨地からの軍艦の)出動. — *vi.* **1** (急に)出掛ける. **2** 出撃する. 〖《1690》□ F ～ 'a going out' (fem. p.p.) ← *sortir* to go out ← ?〗

sor·ti·lege /sɔ́ətəlɪdʒ, -lèdʒ, -tl̩- | sɔ́:tl̩ɪdʒ/ *n.* **1** (占いのための)くじ引き, 御みくじ占い. **2** 魔法, 魔術 (sorcery, magic). 〖《*a*1387》□ (O)F *sortilège* // ML *sortilegium* ← *sortilegus* diviner ← L *sort-*, *sors* lot+*legere* to select, read: ⇨ sort, lection〗

sórting òffice *n.* (郵便物の)仕分け所. 〖1851〗

sórt·ing tràcks /-tɪŋ- | -tɪŋ-/*n. pl.* 《鉄道》仕訳線《貨車を振り分けるための構内線路》.

sor·ti·tion /sɔətíʃən | sɔ:-/ *n.* くじ引き, 抽選(決定). 〖《1597》□ L *sortitiō(n-)* ← *sortīrī* to draw or cast lots ← *sort-*, *sors* lot: ⇨ sort, -tion〗

sort o' /sɔ́ətə | sɔ:tə/ *adv.* ⇨ SORT *of*. 〖1833〗

sórt-òut *n.* [通例単数扱い] 《英》整理, 整頓. 〖1937〗

so·rus /sɔ́:rəs/ *n.* (*pl.* **so·ri** /-raɪ, -ri:/) 《植物》(シダ類の葉の裏やへりにできる)胞子嚢(ﾉｳ)群, 嚢堆. 〖《1832》← NL ～ ← Gk *sōrós* heap〗

SOS /ésòués | -əʊ-/ *n.* (*pl.* ～**'s**) **1** エスオーエス《無線電信による遭難信号; 1912 年国際無線通信会議で制定された SOS に当たるモールス符号 '···———···' を用いる》: pick up [send] an ～ (call) 遭難信号を受信[送信]する. **2** 《口語》救援要請, 救いを求める声[叫び]. 〖《1910》: 記憶に便利な記号を恣意的に採用したものか; *Save Our Souls* (or *Ship*) または *Suspend Other Service* の頭文字とするのは通俗語源〗

sos. 《略》《音楽》sostenuto.

s.o.s. 《略》《処方》*L.* sī opus sit (=if necessary).

so·sa·tie /səsá:ti | -ti/ *n.* 《南ア》《料理》サーサーティ《カレーで味付けした肉を串刺しにして焼いた料理》. 〖《1833》□ Afrik. ～ □ Javanese *sesate*〗

SoSh 《記号》《貨幣》Somali shilling(s).

Sos·no·wiec /sɑ(:)snóʊvjɛts | sɒsnáʊ-; *Pol.* sɔsnɔ́vʲɛts/ *n.* ソスノビェツ《ポーランド南部の都市》.

so-so /sóʊsòʊ, ´–` | sə́ʊsəʊ, ´–`/ (cf. *so so* ⇨ so[1] *adv.* 成句) *adj.* 《口語》可もなく不可もない, よくも悪くもない, まあまあの, ぱっとしない (indifferent, passable): How is your mother?—Only ～. お母さんはどんな具合かね—まあまあだ / a ～ result まあまあの成果. — *adv.* 《口語》まあまあ, まずまず (tolerably, passably): They played baseball only ～. 野球はまずまずといった出来だった. 〖《1530》《加重》← so[1]〗

sost. 《略》《音楽》sostenuto.

sosten. 《略》《音楽》sostenuto.

so·ste·nu·to /sɑ̀(:)stənúːtoʊ, sòʊs- | sɒ̀stɪ̀njnúːtəʊ, -njúː-´/; *It.* sostenúːto/ 《音楽》*adj.* 音を延ばした (prolonged), 音を続けた (sustained). — *adv.* 音を延ばして, 音を続けて. — *n.* (*pl.* ～**s**, **-nu·ti** /-tiː; *It.* -ti/) ソステヌート《音を延ばしてまたは続けて歌う[奏する]こと; その箇所》. 〖《1724》□ It. ～ (p.p.) ← *sostenere* < L *sustinēre* 'to SUSTAIN'〗

sostenúto pèdal *n.* (ピアノの)ソステヌートペダル《打鍵した音だけ damper をはずし, 弦を離しても弦の振動を持続させるペダル; sustaining pedal ともいう; cf. damper pedal》.

sot[1] /sɑ́(:)t | sɒ́t/ *n.* **1** のんべえ, のんだくれ (⇨ drunkard SYN). **2** 《古》ばか (fool). — *v.* (**sot·ted; sot·ting**) — *vt.* **1** 酒を飲んで‹時間・財産などを›浪費[蕩尽(ﾄｳｼﾞﾝ)]する, 飲みつぶす ‹*away*›: ～ *away* one's time. **2** 《古》ばかにする (befool). — *vi.* のんだくれる, 酒浸りになる. 〖OE *sott* fool □ ML *sottus*: cf. (O)F *sot* fool〗

sot[2] /sɑ́(:)t | sɒ́t/ *adv.* 《スコット》本当に (indeed) 《否定文に反駁するときに用いられる》. 〖《1891》《変形》← so[1]: not との韻による〗

So·ter /sóʊtə | sə́ʊtə^(r)/, Saint *n.* 聖ソテル[ソテロ] 《ローマ司教; 教皇 (166?–175); 祝日 4 月 22 日》.

so·te·ri·ol·o·gy /sətɪ̀əriɑ́(:)lədʒi, soʊ- | səʊtɪ̀əriɒ́l-, sə-/ *n.* **1** 霊魂の救済. **2** 《神学》救済論《キリスト教神学の一部門で, キリストによる救済の教理》. **so·tè·ri·o·lóg·i·c** /-riəlɑ́(:)dʒɪk | -lɒ́dʒ-´/ *adj.* **so·tè·ri·o·lóg·i·cal** *adj.* 〖《1874》← Gk *sōtḗrion* deliverance (← *sōtḗr* savior)+-LOGY〗

Soth·e·by's /sʌ́ðəbiz | -ðə-/ *n.* サザビーズ《London の美術骨董品オークションの会社》. 〖← *Sotheby* (創業者 Samuel Baker (d. 1778) の甥で, 経営を引き継いだ John Sotheby (1740–1807) と, 後に経営に加わったその親族の名字)〗

So·thic /sóʊθɪk, sɑ́(:)θ- | sə́ʊθ-, sɒ́θ-/ *adj.* **1** 《天文》シリウス[狼(ｵｵｶﾐ)星] (Sirius, Dog Star) の. **2** ソティス周期 (Sothic cycle) の. — *n.* =Sothic year. 〖← SOTHIS +-IC[1]〗

Sóthic cýcle [périod] *n.* (古代エジプト暦で)ソティス周期《Sothic year で 1460 年; 1 年を 365 日とした古代エジプト暦の年初と 365 ¼ 日ごとのソティス年の年初とが, ちょうど 1 サイクルずれて一致する周期; 古代エジプト史の編年における絶対年代決定の基礎の一つ》. 〖1828〗

Sóthic yéar *n.* (古代エジプト暦で)ソティス年, 狼星(ﾛｳｾｲ)年《Sirius が日の出直前に東天に上る時を基準に定めた 1 年で約 365 ¼ 日》. 〖1828〗

So·this /sóʊθɪs, sɑ́(:)θ- | sə́ʊθ-, sɒ́θ-/ *n.* 《エジプト神話》ソティス《シリウス (Sirius) のことで, 女神のひとり, Isis と同一視された; 古代エジプトで Nile 川の氾濫をもたらす星として観測された》. 〖□ Gk *Sôthis* □ Egpt. *Špd.t*〗

So·tho /súːtuː, sóʊtoʊ | súːtuː, sə́ʊtəʊ; *Sotho* súːtʊ/ *n.* (*pl.* ～, ～**s**) **1 a** [the ～(s)] ソト族《アフリカ南部に住みバンツー語を用いる》. **b** ソト族の人. **2** ソト語《バンツー語族の言語》; (特に)南ソト語《旧称は Basuto》. 〖1928〗

so·tol /sóʊtoʊl, ´–` | sə́ʊtɒl, ´–`/ *n.* **1** 《植物》米国南部・メキシコ北部産のイトラン (yucca) に似たユリ科 *Dasylirion* 属の砂漠植物の総称. **2** (1 の搾液から造る)リュウゼツラン酒. 〖《1881》□ Mex.-Sp. *sotole* □ Nahuatl *tzotolli*〗

sot·ted /sɑ́(:)tɪ̀d | sɒ́t-/ *adj.* 酔っ払った, 酔いしれた (besotted). 〖《*c*1395》《頭音消失》← *assotted* (p.p.) ← *assotte(n)* to make a fool of, become infatuated □ OF *as(s)oter* to treat as a fool ← *a-* (< L *ad-* 'AD-')+*sot* (↓)〗

sot·tish /sɑ́(:)tɪʃ | sɒ́t-/ *adj.* **1** のんだくれの (drunken). **2** 愚かな, ばかな (stupid). **～·ly** *adv.* **～·ness** *n.* 〖《1566》←《廃》*sot* fool □ OF (F *sot(te)*) ← ?: ⇨ -ish[1]; cf. sot[1]〗

sot·to vo·ce /sɑ́(:)toʊvóʊtʃi, -tʃeɪ | sɒ̀təʊvə́ʊ-; *It.* sottovóːtʃe/ *adv., adj.* **1** 小声で[の], こっそりと; わきぜりふで[の] (aside). **2** 《音楽》声を和らげてひそやかに[な], ソットヴォーチェで[の]. 〖《1737》□ It. ～ 《原義》under the voice〗

sou /súː; *F.* su/ *n.* (*pl.* ～**s** /～(z); *F.* ～/) **1** スー (⇨ sol[2]). **2** スー (5 サンチーム銅貨). **3** 小銭: He doesn't have a ～. 彼は一文なしだ. 〖《1814》□ F ～ 《逆成》← OF *sous* (pl.) ← *sout* < L *solidum* 'SOLID'〗

sou., Sou. 《略》south; southern.

sou·a·ri /suáːri/ *n.* 《植物》熱帯アメリカ産カリオカル科 *Caryocar* 属の高木の総称 (*C. nuciferum* など). 〖《1806》□ F *saouari* □ Galibi *sawarra*〗

souári nùt *n.* souari の実《堅果状の食用種子; butternut ともいう》. 〖1806〗

sou·bise /suːbíːz; *F.* subiːz/ *n.* スービーズ(ソース)《タマネギの裏ごしを加えたホワイトソース (white sauce); 肉料理に用いることが多い; soubise sauce ともいう》. 〖《1776》← *Charles de Rohan, Prince de Soubise* (1715–87: フランスの陸軍元帥)〗

sou·bre·saut /sùːbrəsóʊ | -sə́ʊ; *F.* subʀəso/ *n.* 《バレエ》スーブラソー《両足で踏み切り両足で下りる跳躍》. 〖《1849》□ F ～ 'leap' < OF *sombresau(l)t*: ⇨ somersault〗

sou·brette /suːbrét | suː-, suː-; *F.* subʀɛt/ *n.* **1** 《演劇》**a** (喜劇に出る)小間使い《はすっぱで情事のたくらみなどを助ける》. **b** 小間使いの役を演じる女優, スブレット (cf. ingenue). **2** おてんば娘. **sou·brét·tish** /-tɪʃ | -tɪʃ/ *adj.* 〖《1753》□ F ～ □ Prov. *soubreto* (fem.) ← *soubret* coy, affected ← *soubra* to set aside, exceed < L *superāre* to go over ← *super*: ⇨ super-〗

sou·bri·quet /súːbrəkèɪ, sóʊ-, -kèt, ´–` | súːbrɪ̀-kèɪ, sə́ʊ-/ *n.* =sobriquet.

sou·car /saʊkáə | -káː^(r)/ *n.* (インドの)銀行家; 金貸し. 〖《1875》□ Hindi *sāhūkār* great merchant, banker〗

sou·chong /súːtʃɔ(ː)ŋ, -ʃɔ(ː)ŋ, -tʃɑ(ː)ŋ, -ʃɑ(ː)ŋ | sùːtʃɒ́ŋ, -ʃɒ́ŋ, ´–; *Canton.* ʃiʊ́tʃʊ́ŋ/ *n.* スーチョン(ティー)《中国の紅茶の一種; 葉が大きく燻(ｲﾌﾞ)した風味が特徴》. 〖《1760》□ Cant. *siu* (小)+*chung* (種)〗

sou·cou·yant /sùːkuːjɑ̃́ː(ŋ), -jáːŋ; *F.* sukujɑ̃/ *n.* (カリブ東部の民話の)吸血魔女《夜になると皮を脱いで人の生き血を吸いに家まで飛んで来ると言い伝えられる》. 〖《1934》□ W-Ind. Creole ～ 'sorcer, witch'〗

Sou·dan /*F.* sudɑ̃/ *n.* スーダン《Sudan のフランス語名》.

Sou·da·nese /sùːdəníːz, -dn̩-, -níːs | -dəníːz, -dn̩-´/ *n.* (*pl.* ～), *adj.* =Sudanese.

souf·fle /súːfl̩/ *n.* 《医学》(聴診の際に聞こえる器官の)雑音: placental ～ 胎盤雑[吹鳴]音. 〖《1879》□ F ～ ← *souffler* to blow (up), puff up < L *sufflāre*: ⇨ sufflate〗

souf·flé /suːfléɪ, ´–` | ´–`; *F.* sufle/ *n.* **1** スフレ《卵白を泡立て, 卵黄・ホワイトソース・魚肉・チーズなどを加えてふくらむまで焼いて作る料理; また卵白を泡立て, 果汁・チョコレート・バニラなどを加えて作ったデザート用菓子》. **2** ソーフル《クレープ上に毛羽立ち模様をつけたもの》. **3** 《窯業》噴霧をかけて釉面を装飾する方法. — *vt.* ‹食物を›料理してふくらます, スフレ風にする. — *adj.* **1** スフレの; ふんわりした, ふくれた (puffed up): ～ mashed potato. **2** 《窯業》斑紋彩色のある. 〖《1813》□ F ～ (p.p.) ← *souffler* (↑)〗

souf·fléed /suːfléɪd, ´–` | ´–`/ *adj.* =soufflé 1.

Souf·flot /suːflóʊ | -flə́ʊ; *F.* suflo/, **Jacques Germain** *n.* スフロ《1713–80; フランスの新古典主義の建築家》.

Sou·fri·ère /sùːfriéə | suːfriéə^(r); *F.* sufʀiɛːʀ/ *n.* スフリエール: **1** 英領西インド諸島の St. Vincent 島上の火山 (1,234 m); 1902 年噴火. **2** フランス領西インド諸島の Guadeloupe 島上の火山 (1,467 m). **3** 西インド諸島, Montserrat 島南部の火山 (915 m).

sough[1] /sáʊ, sʌ́f/ *vi.* **1** ‹風が›ひゅーひゅー鳴る, ざわざわと吹く; ‹樹木などが›ざわつく: Trees were ～*ing* in a light wind. 木々が微風にざわざわ音をたてていた. **2** 《スコット・北英》哀れっぽい声で説教する[祈る]. — *n.* **1** 風の音, ひゅーひゅー, ざわざわ. **2** 《スコット・北英》**a** ため息 (sigh). **b** (説教・祈りなどの)抑揚のある[歌うような]口調. **c** 流言, うわさ (rumor). 〖v.: OE *swōgan* to sound, rustle, moan < Gmc **swōʒan* ← IE **wāgh-* (Gk *ēkhṓ* 'ECHO'). — n.: 《*c*1380》← (v.)〗

sough[2] /sʌ́f/ *n.* 《北英方言》**1** 排水; 排水管, 排水溝. **2** 沼地, 低湿地. — *vt.* ‹土地・鉱山などを›排水溝を設けて排水する. 〖《*a*1325》*sogh* ← ?〗

sought /sɔ́:t, sɑ́:t | sɔ́:t/ *v.* seek の過去形・過去分詞. 〖OE *sohte* (pret.) & OE *gesoht* (p.p.)〗

sought-after /sɔ́:tæ̀ftə, sɑ́:t- | sɔ́:tɑ̀:ftə^(r)/ *adj.* 必要とされている, 望ましい (desirable): a much [highly] ～ award 多くの人が得たがる賞. 〖《1881》∽《1605》 *sought-for*〗

souk[1] /súːk/ *n.* =suq.

souk[2] /súːk/ *n., v.* 《スコット》=sook[2].

sou·kous /súːkuːs, -kʊs/ *n.* スークス《アフリカ中部起源のダンス音楽; ラテンアメリカのリズムが加味されている》. 〖← ? F *secouer* to shake〗

soul /sóʊl | sə́ʊl/ *n.* **1 a** 霊魂, 魂; 精霊, 霊《人間の肉体に宿り, 生命・思考・行動・心の根源で, 肉体から離れても不滅で存在するとされ, また来世で幸・不幸になると考えられているもの; cf. body, flesh 6 a; ⇨ mind SYN》: the immortality of the ～ 霊魂の不滅 / the transmigration of ～*s* 輪廻(ﾘﾝﾈ), 転生(ﾃﾝｾｲ) / cure of ～*s* 宗教的指導 / keep body and ～ together 露命をつなぐ, やっと食っていく / cannot call one's ～ one's own 完全に他に支配され

S

ている / commend one's ～ to God 〈臨終の人が〉霊魂を神に託する, 死後の幸福を祈って死ぬ. **b** 死者の魂, 故人の霊 (departed spirit), 亡霊 (disembodied spirit): pray for the ～*s* of the departed 死者の冥福を祈る / in the abode of departed ～*s* あの世で / God rest his [her] ～. 神よ彼[彼女]の霊を休ましめたまえ《故人の名前をあげるときに用いる》. **2 a** 精神, 心 (mind, heart): He has no poetry in his ～. 彼には詩情というものがない / He has a ～ above material pleasure. 彼は物質的快楽を超越した精神の持ち主だ / possess one's ～ in patience 忍耐する / ⇨ HEART *and soul* / His whole ～ revolted from it. 心からそれを嫌った. **b** (知性と区別して)情, 感情: a man with ～ 情の人. **c** 高尚な心 (high-mindedness); 気迫, 生気 (spirit, courage); 情熱, 熱情 (fervor): His picture lacks ～. 彼の絵は気迫に欠ける / He has no ～. 気迫[熱情]がない. **3** 〔行動などの〕根本原理, 〔事物の〕精髄, 核心 (essential part) 〔*of*〕: In translation the ～ *of* the book has been lost. 翻訳では原著の生命が失われてしまっている / Brevity is the ～ *of* wit. ⇨ brevity 2 / The ～ *of* commerce is upright dealing. 商業の極意は正直な取引だ. **4 a** [しばしば愛情・哀れみを表して] 人 (person): Be a good ～ and do it. いい子だからしておくれ / There's a good ～. ねえいい子だから《子供・使用人などをなだめすかす言葉》/ my good ～ 君, いい子だから / Poor ～! かわいそうに. **b** [しばしば限定詞・数詞を伴って] 人, 人間 (human being): every ～ だれでも / Not a ～ was to be seen. 人っ子ひとりいなかった / The ship sank with 500 ～*s* on board. 船は 500 人を乗せたまま沈没した / a kind [an honest] ～ 親切な[正直な]人 / a dull ～ 気のきかない人 / Don't tell it to a ～. だれにも言うな. **5** (行為・運動の)生気づける[中心となる]人, 首脳(者), 指導者 (inspirer, leader): the (life and) ～ of the party ひとりで一座をにぎやかにする人気者. **6** [the ～] (精神の表れとしてみた)人物; (ある徳などの)権化(ごんげ), 化身 (embodiment), 典型 (pattern): *the* great ～*s* of antiquity 昔の大人物 / *the* (very) ～ of honor [generosity, kindness] 名誉[寛大, 親切]の典型. **7** 《米口語》 **a** ＝soul music. **b** (白人中産階級の習慣・価値観に対抗するものとしての)黒人の人種的優越感[誇り]. **c** ＝negritude. **d** ＝soul food. **e** ＝soul brother. **8** [S-] 《クリスチャンサイエンス》魂 (神のこと).

be góod for the sóul 《戯言》人にとってよい, 人のためになる. ***for the sóul of me*＝*for mý sóul*** 命にかけても; 断じて, どうしても: I can't remember *for the* ～ *of me*. どうしても思い出せない. 《1807》 ***séll one's sóul*** 魂を売る: *sell* one's ～ *to* the devil 悪魔に魂を売り渡す (cf. Faust). ***upón* [*ón*, *'pón*, *bý*] *my sóul*** (1) (*int.*) おやおや, これは驚いた. (2) 《まれ》誓って, 確かに. 《*a*1376》

— *adj.* 《米口語》 **1** (特に, 米国の)黒人の(ための), 黒人の特徴を示す. **2** (特に, 米国の)黒人文化の[に関する]. **3** 黒人が所有[運営]する: ～ radio stations.

〖OE *sāw(o)l* < Gmc **saiwalō* (G *Seele*) ← ? **saiwiz* 'SEA': 古ゲルマン人は死後の人間の魂は湖を住みかとすると考えていたことからか〗

soul bròther *n.* (黒人同士間で)黒人の男, 仲間の男. 〖1959〗

soul càke *n.* 円形または楕円形の甘い菓子パン《英国で万霊節 (All Souls' Day) に食べる》. 〖1686–87〗

sóul-càse *n.* 《米俗・豪俗》肉体, 体 (body). 〖1796〗

soul càtcher *n.* 《北米インディアン》ソウル キャッチャー《呪医 (medicine man) が病人の魂を封じ込めておくのに使う中空の骨の管》. 〖1932〗

Sóul Cìty *n.* 《米黒人俗》＝Harlem.

sóul-destròying *adj.* めいるほど単調な.

souled /sóʊld | sə́ʊld/ *adj.* [通例複合語の第 2 構成素として] (…の)霊魂[精神]をもった: high-[great-]*souled* 高潔な, 気高い / mean-*souled* 心の卑劣な. 〖1781〗

sóul fòod *n.* 《米口語》南部の黒人の伝統的な食物[料理]《豚の小腸 (chitterlings), とうもろこしパン (corn bread), ポットリカー (pot liquor) など》. 〖1964〗

soul·ful /sóʊlfəl, -fl | sə́ʊl-/ *adj.* [時に皮肉] **1** 感情を込めた; 感情に訴える. **2** 《口語》あまりにも感情的な (emotional); 感傷的な. **～·ly** *adv.* **～·ness** *n.* 〖1860〗

sóul-kiss *v.* ＝deep-kiss.

sóul kìss *n.* ＝deep kiss.

sóul·less *adj.* **1** 霊魂[心]のない, 魂のこもっていない. **2** 〈人が〉高潔な心を欠いた, 卑しい, 卑劣な (mean, base). **3** 生気[活気, 気迫]のない. **4** 無情[非情]な. **～·ly** *adv.* **～·ness** *n.* 〖《1553》← SOUL＋-LESS: cf. OE *sāwollēas*〗

sóul màte *n.* 《口語》 **1** (特に異性の)心の友《特に恋人・妻・夫を指す》. **2** 愛人, 情夫[婦]. 〖1822〗

sóul mùsic *n.* 《口語》《音楽》ソウルミュージック《blues やゴスペルソング (gospel song) の要素をもつ黒人系の音楽; rhythm and blues など》. 〖1961〗

sóul ròck *n.* 《音楽》ソウルロック《ソウルミュージック (soul music) の影響を受けたロック》.

sóul-sèarching *n.*, *adj.* (真の動機・感情を探るための)鋭い自己分析[自己省察](を示す). 〖1924〗

sóul sìster *n.* (黒人同士間で)黒人の女性, 仲間の女性. 〖1967〗

soul·ster /sóʊlstə | sə́ʊlstə(r)/ *n.* 《口語》ソウル歌手.

sóul stìrring *adj.* 魂をゆさぶるような, 感動的な.

Soult /súːlt; *F.* sult/, **Nicolas Jean de Dieu** /d djø/ *n.* スルト (1769–1851; フランスの陸軍元帥; 通称 Duke of Dalmatia). 〖← ?: Shemakha の変形か〗

Sóu·mak rùg /súːmæk-/ *n.* スーマックラグ《アゼルバイジャン東部 Shemakha の近辺で作られる羊毛のじゅうたん; Kashmir rug ともいう》.

sou mar·kee /súːmaəkíː | -mɑː-/ *n.* (*also* **sou mar·qué** /súːmaəkéɪ | -mɑː-; *F.* sumaʁke/) **1** スーマルケー《18 世紀に植民地で使用されたフランスの硬貨》. **2** (ほとんど)価値のないもの (continental). 〖《1665–67》□ F *sou marqué* marked sou〗

sound[1] /sáʊnd/ *n.* **1 a** 音, 音響, 響き (cf. noise; ↔ silence); 物音: musical ～ 楽音 / the ～ of voices 人声 / *Sound* travels slower than light. 音は光よりも遅く伝わる / travel at the speed of ～ 音速で伝わる / Not a ～ was heard. 物音一つ聞こえなかった / He turned at the ～ of footsteps. 足音を聞いて振り向いた / dancing to the authentic big-band ～ of the 1940s 1940 年代の本物のビッグバンドサウンドに合わせて踊りながら / turn up [down] the ～ of a TV テレビの音量を上げる[下げる]. **b** (映画・レコードなどに録音された)音, 音声《音楽・台詞・音響効果など》. **2** [修飾語を伴って] (…な)声(の調子); (声・言葉の)響き, 感じ, 印象: a joyful [mournful] ～ うれし[悲し]そうな声 / I don't like the ～ of it. その調子が気に入らない / This line has a queer ～. この一行は妙に聞こえる / by [from] the ～ of it [things] 聞いた感じからすると. **3** (意味のない)騒音, 騒ぎ, ざわめき, がやがや: ～ and fury 騒音と怒り; 騒々しいおしゃべり, から騒ぎ (cf. Shak., *Macbeth* 5. 5. 27). **4** [しばしば *pl.*] 《俗》《音楽》音楽, サウンド, スタイル《ある個人・集団・地域などに特有の音楽の流儀; ロック・ジャズ・ポップなどで》. **5** 聞こえる範囲 (earshot): beyond [out of] ～ of …の聞こえない所で[に] / within (the) ～ of …＝《古》in (the) ～ of …の聞こえる所で[に]. **6** 《音声》音(おん), 音声, 言語音 (speech sound): voiced [voiceless, unvoiced] ～*s* 有声[無声]音 / vowel [consonant] ～*s* 母[子]音. **7** 《古》うわさ, 知らせ, 報知 (rumor, report). **8** 《廃》意味, 意義.

líke* [*be fónd of*] *the sóund of* one's *ówn vóice [軽蔑的] (自分だけで)べらべらしゃべりすぎる, 口数が多い.

Sóund of Músic [the —] 「サウンド オブ ミュージック」《米国のミュージカル映画 (1965); 第 2 次大戦中にオーストリアから米国へ亡命した Trapp 音楽一家の実話物語; 'Do-Re-Mi', 'Edelweiss', 'My Favorite Things' などの挿入歌もよく知られている》.

— *vi.* **1 a** 音がする, 音を出す, 鳴る: The organ ～*ed*. オルガンが鳴った. **b** 鳴り響く, 反響する (resound): His words kept ～*ing* in my ears. 彼の言葉がいつまでも私の耳染(みみ)に響いた / Cannon ～*ed* in the distance. 遠くで砲声がとどろいた. **2** [補語を伴って] 〈…に〉響く, 〈…の〉音がする; 〈…と〉聞こえる, 思われる, 考えられる, みえる (seem, appear): ～ alike [loud, like thunder] 同じに[大きく, 雷のように]響く / How sweet the music ～*s*! この音楽はすばらしい / It would ～ better louder. もう少し大きいとよく聞こえるだろう / The bell ～*s* cracked. その鐘はひびの入ったような音を出す / You ～ hoarse. 声がかれてるね / (《米》as) strange as it may ～ 妙に聞こえるかもしれないが / He [His statement] ～*s* reasonable. 彼の言うことはもっともらしく聞こえる / He ～*s* like a reasonable person [(《英》) a reasonable person]. 彼は道理をわきまえた人のようだ / He ～*s* like an American [a foreigner, his father, me (speaking) at his age]. 彼の話し方はアメリカ人[外国人, 彼の父親, 彼と同じ年頃の私]のように聞こえる / That excuse ～*s* very hollow. その言い訳は白々しい / The plans ～ promising. その計画は有望そうだ / How does this proposal ～ *to* you? この提案は君にどう思われるか / Your idea ～*s* all right [(like) a good one] (to me). 君の考えはよさそうだ / This ～*s* fiction. これはまるで作り事のようだ / It ～*s* (*to* me) *as if* [(《口語》) *like*] somebody is [were] calling you. (私には)だれかが君を呼んでいるように聞こえる. **3** 〈らっぱなどが〉音で合図する[召集する] (summon): The bell ～*ed for* lunch. 鐘が鳴って昼食を知らせた / The bugle ～*ed to* battle. 進軍のらっぱが鳴った. **4** 《古》伝わる, 広まる, 公になる. **5** 《法律》〔…の〕趣旨[性質]をもつ〔*in*〕: His action ～*s in* damages. 彼の訴訟は損害賠償に関するものである.

— *vt.* **1** 鳴らす, 吹く; 〈音を〉出す: ～ a trumpet [bell] らっぱを吹く[ベルを鳴らす] / ～ a horn クラクションを鳴らす / ～ a warning 警報を鳴らす. **2** (声に出して)言う, 発音する (pronounce): ～ each letter 各文字を発音する / The *h* in 'hour' is not ～*ed*. 'hour' の h は発音されない. **3** (鐘・らっぱ・太鼓などで)知らせる, 合図する, 布告する; 〈警報などを〉発する: ～ the charge [retreat] 突撃[退却]らっぱを吹く / ～ an alarm 非常警報を鳴らす / The clock ～*ed* twelve. 時計が 12 時を告げた. **4** 〈評判などを〉鳴り響かす, 広める, 伝える (spread abroad); 称賛する (celebrate): ～ a person's [one's own] praises 人[自分]をほめたてる. **5 a** 〈壁・レール・車輪などを〉(打ってみて)音響によって検査する: ～ a piece of timber 木材をたたいて検査する. **b** 《医学》打診する, 聴診する: ～ someone's chest [lungs] 胸[肺]を打診[聴診]する.

sóund óff 《口語》 (1) 思うことをあからさまに言う; 口やかましく[不平たらしく]言い立てる; 自慢げに述べる 〔*about, on*〕. 《1918》 (2) 《軍事》〈らっぱ手が〉(起床・消灯などの)合図のらっぱを吹く; 《米》(点呼などで)名前[番号など]をはっきり言う, 大声で答える. 《1909》

～·a·ble *adj.* 〖n.: 《*c*1300》 *sun, son, soun* □ A *sun, soun*＝(O)F *son* < L *sonum* ← IE **swen-* to sound (OE *swinn* melody): cf. swan[1]. — v.: ME *soune(n)* □ AF *suner*＝OF *soner* < L *sonāre* ← *sonus*: 15C 以来の添加音 -*d* については cf. bound[3], pound[3], round[2]〗

SYN 音: **sound** 音を表す一般的な語: the *sound* of a trumpet らっぱの音. **noise** 通例耳障りな騒音: the *noise* of the city 都会の騒音. **tone** 音質・高さ・強さからみた音: *tones* of a harp ハープの音色. **sonance** 鳴り響くこと, 有声: All vowels have *sonance*. すべての母音は有声である. **ANT** silence.

sound[2] /sáʊnd/ *adj.* (～·**er**; ～·**est**) **1 a** 〈身体・精神など〉(病気・けがなどのない)健全な, 健康な (⇨ healthy SYN): His heart is not ～. 彼の心臓は丈夫でない / a person of ～ body and mind 心身ともに健全な人 / be of ～ mind 《法律》正常な精神状態にある / A ～ mind in a ～ body. 《諺》健全な身体に健全な精神(が宿らんことを) (cf. mens sana in corpore sano). **b** 傷のついていない, 腐って[朽(く)ちて]いない, いたんでいない (undamaged): ～ fruit [timber] 腐っていない果物[材木]. **2 a** 〈建物など〉頑丈な, 安定した: a ～ building [bridge, machine] しっかりした建物[橋, 機械]. **b** しっかりした, 信頼できる (well-founded, reliable): a ～ economy, basis, etc. / ～ workmanship しっかりした仕事のできばえ / a ～ person we can trust 信頼のおけるしっかりした人. **c** (財政的に)堅実な, 強固な (firm), 確実な, 安全な (secure); 資産のある (solid), 支払能力のある (solvent): a ～ investment 安全[確実]な投資 / ～ finance 健全財政 / The bank is (financially) ～. その銀行は(資金的に)堅実である. **3 a** 確実な根拠のある, 理論的に確かな, 論理的な (logical) (⇨ valid SYN): a ～ opinion [judgment] しっかりした意見[判断] / ～ advice もっともな忠告 / a person of ～ understanding 理解力の確かな人 / Is he ～ on free trade? 自由貿易についてしっかりした考えをもっているか / ～ reasoning 正確な推論. **b** (法律的に)有効な, 瑕疵(かし)のない (valid): a ～ title to land 有効な土地所有権. **c** 〈教義・神学者など〉正統的な (orthodox). **4** 〈行為・行動など〉思慮分別のある (judicious); 堅実な, 手堅い; 正常な, 正しい (sane, right): a ～ policy [move] 堅実な政策[手だて] / ～ behavior 正常な行為. **5 a** 〈睡眠が〉深い, 思う存分の: a ～ sleep 熟睡 / a ～ sleeper 熟睡する人. **b** 〈打撃など〉したたかな (severe): a ～ thrashing [beating] したたかな殴打(おうだ). ***(as) sóund as a béll*** ⇨ bell[1] 成句. ***sáfe and sóund*** ⇨ safe 成句. ***sóund in wínd and límb*** ⇨ wind[1] 成句.

— *adv.* [通例睡眠に関して用いて] よく, 十分に, ぐっすり (fast, soundly): be ～ asleep ぐっすり眠っている / sleep ～ よく眠る, 熟睡する / He slept the ～*er* for it. そのため彼はかえってよく眠った.

～·ness *n.* 〖《?*c*1200》 (*i*)*sund* < OE *ġesund* < (WGmc) **ʒasundaz* (Du. *gezond* / G *gesund*) ← IE **swento-* healthy, strong (OE *swiþ* / OHG *swinþa* strong)〗

sound[3] /sáʊnd/ *vt.* **1 a** (測鉛・測りざおなどで)〈水・坑〉の深さを測る, 〈海・池などの〉水深を測る (fathom): ～ the entrance to a harbor 港の入口の水深を測る. **b** (資料採集用の測鉛で)〈海底などを〉探索する[調べる]. **c** 〈宇宙・上空を〉探測する. **2** 〈他人の考えなどを〉当たってみる, 探ってみる, 探知する, 確かめる (ascertain); 〈人〉の考えに探りを入れる 〈*out*〉 〔*on, about, as to*〕: ～ a person *out on* the plan その計画についての人の考えを探り出す / Will you ～ him *out as to* [*about*] whether he would accept the post if offered? その地位を提供したら就任するかどうか彼の気持ちを確かめてみてくれないか / ～ a person's views [sentiments] 人の見解[気持ち]を確かめてみる. **3** 《外科》(ゾンデを用いて)〈腔(こう)・管などに〉探りを入れる: ～ the bladder [urethra] 膀胱(ぼうこう)[尿道]を探る. — *vi.* **1 a** 水深を測る, 測鉛で測深する (plumb): The ship moved slowly forward(s) ～*ing* as she went. 船は水深を測りながら徐々に前進した. **b** (上空, 特に成層圏・対流圏に)気球を揚げて気象観測する (cf. sounding balloon). **2** 〈測鉛などが〉底に達する. **3** 〈魚・鯨などが〉(もりを打たれて)急に水底の方へもぐる. **4** (遠回しの質問などで)探りを入れてみる, 確かめる. ***sóund óut*** (1) 〈人〉の考えを探る. (2) 〈意見・事実などを〉探る, 打診する.

— *n.* 《医学》(外科用の)ゾンデ, 消息子.

〖《*a*1300》 *sounde(n)* to penetrate □ OF *sonder* < VL **subundāre* to submerge ← L *sub* under (⇨ sub-)＋ *unda* wave〗

sound[4] /sáʊnd/ *n.* **1** 海峡 (strait), 瀬戸: ⇨ Long Island Sound. **2** 小さな湾, 入江 (inlet): ⇨ Puget Sound. **3** (魚の)浮袋 (air bladder). 〖《?*a*1225》 *sund* □ ON *sundr* swimming, strait (Norw., Swed. & Dan. *sund* strait) < Gmc **sunðam* (OE *sund* swimming) ← *swem-* 'to SWIM[1]'〗

Sound /sáʊnd/, **The** *n.* サウンド(海峡)《Öresund の英語名》.

sóund absòrption *n.* 《音響》吸音.

sóund-alìke *n.* よく似た名前のもの[人]. 〖《1970》: cf. look-alike〗

sóund-and-líght *adj.* 照明効果と録音音楽とを一緒に使った, 音と光の (cf. son et lumière). 〖1967〗

sóund àrchives *n. pl.* 《放送》サウンドアーカイブス《放送局などに保存されているレコードやテープによる録音資料》.

sóund bàrrier *n.* 《俗》音の障壁 (⇨ sonic barrier, transonic barrier). 〖1939〗

sóund bìte *n.* (放送用に抜粋した)短い簡潔な文章・文句《テレビ・ラジオのニュース番組などで短く引用される政治家の発言・所見など》〖1980〗.

sóund blòck *n.* (槌(つち) (gavel) でたたいて音を立てるときに用いる)たたき板《sounding block ともいう》.

sóund·bòard *n.* **1** (弦楽器・ピアノなどの)共鳴板 (⇨ violin 挿絵). **2** ＝sounding board 1. 〖1504〗

sóund bòw /-bòʊ | -bə̀ʊ/ *n.* 鐘や鈴の舌(ぜつ)が当たる裾の部分. 〖1688〗

sóund bòx *n.* **1** (楽器の)共鳴箱 (resonance box)《バイオリンなどの胴部》. **2** サウンドボックス《古い蓄音機の再生装置》. 〖1875〗

sóund bròadcasting *n.* ＝sound radio. 〖1929〗

sóund càmera *n.* 〘映画〙サウンドカメラ《録音も同時に行うための撮影機》. 〖1904〗

sóund càrd *n.* 〘電算〙サウンドカード《音声の入出力用の拡張カード》.

sóund chànge *n.* 〘音声〙音変化, 音韻変化. 〖1866〗

sóund chèck *n.* 〘音楽〙サウンドチェック《ミキサー調整のための本番前のリハーサル》.

sóund conditioner *n.* 〘音響〙サウンド コンディショナー《ホワイトノイズまたはこれとは別の耳障りにならない連続音を発生させることによって望ましくない音を隠す[遮断する]装置》.

sóund effècts *n. pl.* (映画・ラジオ・テレビなどの)音響効果. 〖1909〗

sóund-effècts màn *n.* 音響効果係[担当者].

sóund engineèr *n.* 音響技師.

sound·er[1] /sáundə | -də(r)/ *n.* **1** 鳴る物, 響く物; 鳴らす人[物]. **2** 〘通信〙音響器《授受する符号に相当する音程を発する受信器の一部; 技手はその音を聞いて電文を読み分ける》. 〖(1591): ⇨ sound[1]〗

sóund·er[2] *n.* **1** (水深などを)測る人, 測鉛手 (leadsman). **2** 測深機 (depth-sounder). 〖(1575): ⇨ sound[3]〗

soun·der[3] /sáundə | -də(r)/ *n.* 《英古》猪の群れ. 〖(?c1380) □ OF *sundre* (F 《方言》 *sonre*) ← Gmc: cf. OE *sunor* / OHG *swaner*〗

Soun·dex /sáundɛks/ *n.* サウンデックス《発音の似た姓を綴りによらず統一的に表記するためのコード体系; 元来は米国の国勢調査記録の検索用に考案; 姓の頭文字に続けて子音 3 つまでを次の対応によって数字化する: 1＝B, P, F, V; 2＝C, S, G, J, K, Q, X, Z; 3＝D, T; 4＝L; 5＝M, N; 6＝R; 例: Weinberg → W516, Pitt → P300》. 〖(1959) ← SOUND[1]＋(IND)EX〗

sóund fìeld *n.* 〘物理〙音界, 音場《音波の存在する空間領域》.

sóund fìlm *n.* **1** 発声映画 (cf. SILENT film); 発声映画のフィルム. **2** サウンドフィルム《録音済みのまたは録音すべき映画フィルム》. 〖1923〗

sóund·hèad *n.* 〘映画〙(映写機の)発声部. 〖1959〗

sóund hòle *n.* (楽器の)響孔《弦楽器の共鳴胴内の振動を外部に伝えるために響板にあけられた穴; 例えばバイオリンの f 字孔(ぅ); ⇨ violin 挿絵》. 〖c1611〗

sound·ing[1] /sáundɪŋ/ *adj.* **1** 音を立てる, 鳴る; 鳴り響く (resounding, sonorous): a ～ kiss. **2** (音だけで)中身のない, えらそうに聞こえる, 立派に響く (high-sounding); 大げさな, 仰々しい (pompous): a ～ title 堂々たる肩書 / a ～ promise 大げさな約束 / ～ rhetoric [oratory] 仰々しい修辞[弁舌]. **～·ly** *adv.* 〖(?c1380) *sounande, souning*〗

sound·ing[2] /sáundɪŋ/ *n.* **1** [しばしば *pl.*] (世論などの)探索, 調査 (investigation): take ～*s* 事態を探ってみる (cf. 2 a). **2 a** [しばしば *pl.*] 測深: take ～*s* in …の水深を測る (cf. 1) / strike ～*s* 測鉛を水底に届かせる, 測深する. **b** [*pl.*] (測量された)水深. **3** [*pl.*] (測鉛で)測深可能な水面: come into ～*s* 測深可能な水域に達する / be in [on] ～*s* 〈船が〉測鉛の届く所にいる / be out of [off] ～*s* 〈船が〉測鉛の届かない所にいる / get on [off] ～*s* 測鉛の届く[届かない]所へ出る. **4 a** ラジオゾンデによる大気観測. **b** ロケットゾンデによる宇宙探測. 〖(1336): ⇨ sound[3]〗

sóunding ballòon *n.* 気象観測用気球《種々の自動観測器を入れて揚げる無人気球; cf. sound[3] *vi.* 1 b》. 〖1902〗

sóunding blòck *n.* ＝sound block.

sóunding bòard *n.* **1** 反響板《音響効果を高めるために舞台の上部・側部・背部に, 時には客席にも設置する》. **2** (床・仕切りに用いる)防音板. **3** その反響が効果[人気]測定の尺度として役立つ人. **4** 思想[意見]を宣伝する人. **5** ＝soundboard 1. 〖1776〗

sóunding lèad /-lèd/ *n.* 測鉛 (plumb)《鉛錘とひもで海の深さを測る用具》. 〖1485〗

sóunding lìne *n.* 測深線《ロープに目盛りをつけた水深などを測るもの; lead line ともいう》. 〖1336〗

sóunding machìne *n.* 〘海事〙測深機《海の深さを測る機械》. 〖1846〗

sóunding pìpe *n.* 〘海事〙測深管《船でタンク内の水または油の深さを測るための管》.

sóunding ròcket *n.* 観測用ロケット《上空の気象観測機器を積んだロケット》. 〖c1945〗

sóunding ròd *n.* 測棒, 測量ロッド.

sóund inténsity *n.* 〘物理〙音の強さ《単位時間に単位面積を通過する音波のエネルギー》. 〖1934〗

sóund knòt *n.* 〘建築〙生き節(ぶし)《周囲の部分と同じ位堅い, 抜けていない木の節》.

sóund làw *n.* 〘音声〙音声法則 (phonetic law). 〖1874〗

sóund·less[1] *adj.* 音[響き]のない; 静かな, しんとした (silent). **～·ly** *adv.* **～·ness** *n.* 〖1599〗

sóund·less[2] *adj.* 《主に詩》深さの計り知れない (fathomless, unfathomable): ～ seas. 〖(c1586) ← SOUND[3] (v.)＋-LESS〗

sóund-lèvel mèter *n.* 騒音計.

sóund locàtor *n.* 〘軍事〙音源標定機, 聴音機.

sound·ly /sáundli/ *adv.* **1** 十分に (thoroughly): The wound healed ～. 傷はすっかり治った. **2** したたか, 散々に (severely): be ～ beaten in the election. 選挙で完敗する. **3** 健全に (healthily); 良識をもって: reason ～ 良識をもって判断する. **4** 確実に, しっかりと, 堅実に (securely). **5** ぐっすり, 深く (deeply): sleep ～ 熟睡する. 〖?a1400〗

sóund màn *n.* **1** ＝sound mixer. **2** 音響効果係, 擬音係. 〖1929〗

sóund mìxer *n.* 〘映画・ラジオ〙**1** 音量調節者, ミキサー. **2** サウンドミキシング装置. 〖1938〗

sóund mòtion pìcture *n.* 発声映画.

sóund múltiplex bròadcast *n.* 〘テレビ〙音声多重放送《テレビ電波のすき間を利用して主音声とは別の副音声を流す方式; ステレオ放送や二か国語放送に利用される; cf. video multiplex broadcast》.

sóund pollùtion *n.* 騒音公害 (⇨ noise pollution). 〖1967〗

sóund pòst *n.* (弦楽器の表板・裏板間の)響柱.

sóund prèssure *n.* 〘物理〙**1** 音圧. **2** ＝effective sound pressure. 〖1916〗

sóund prèssure lèvel *n.* 〘物理〙音圧レベル.

sóund·pròof *adj.* 防音の: a ～ door, studio, etc. / a ～ room (放送局などの)防音室. **— *vt.*** 防音する, …に響き止め[防音装置]を施す. 〖(1884) ← SOUND[1] (n.)＋-PROOF〗

sóund·pròofing *n.* 防音. 〖1884〗

sóund ràdio *n.* 《英》(テレビに対し)ラジオ《sound broadcasting ともいう》. 〖1938〗

sóund rànging *n.* 〘軍事〙音源標定《音源の位置をいくつかの聴音地点で標定して突き止める方法で, 敵火器の位置測定や友軍の着弾修正などに用いる》. 〖1919〗

sóund recòrder *n.* 録音機. 〖1957〗

sóund recòrding *n.* 録音. 〖1871〗

sound·scape /sáundskèɪp/ *n.* 音の広がり, 音響パノラマ. 〖(1968) ← SOUND[1]＋-SCAPE〗

sóund scrèen *n.* 〘映画〙サウンドスクリーン《拡声機からの音声を透過しやすくするために多孔質の材料で作られたスクリーン》.

sóund shìft *n.* 〘言語〙音(韻)推移 (cf. vowel shift). 〖(1911) 《なぞり》← G *Lautverschiebung*〗

sóund slídefilm *n.* 音声同調装置付きスライド(フィルム).

sóund spèctrogram *n.* 〘電子工学〙音響スペクトログラム《音の周波数・強度・持続・変化などの音響分析装置によるグラフ》. 〖1945〗

sóund spèctrograph *n.* 〘電子工学〙音響スペクトログラフ《音の周波数・強度およびそれらの時間的変化を記録する電子装置》. 〖1945〗

sóund spèctrum *n.* 〘電子工学〙音響スペクトル《音の成分の振幅や強さを周波数の関数として示したもの》.

sóund·stàge *n.* 映画製作用の防音スタジオ. 〖1931〗

sóund sỳmbolism *n.* 〘音声〙音表象《ことばの音声要素とそれが表す意味との間に恣意的ではない連関があるもの; たとえば drip-drop, clink-clang の母音の口の開きが水滴または音の大きさを表す場合など》. 〖1901〗

sóund sỳstem *n.* ＝phonology 2 a.

sóund·tràck *n.* **1** サウンドトラック《映画フィルムの端の録音帯; また, そこに録音された音声》. **2** サウンドトラック録音. **— *vt.*** 《映画》にサウンドトラック[音楽]をつける, サウンドトラック[音楽]を担当する. 〖c1929〗

sóund trùck *n.* 《米》拡声機を装備したトラック, 宣伝カー (《英》loudspeaker van). 〖1938〗

sóund wàves *n. pl.* 〘物理〙音波. 〖1848〗

soup /súːp/ *n.* **1** スープ《肉・魚・野菜などのだし汁》: ⇨ pea soup 1, turtle-soup / eat ～ スープを飲む. [日英比較] 日本語ではスープは「飲む」というが, 英語ではスプーンを用いて飲むときは eat *soup* という. つまり英語の eat は固形物を食べるという意味の他に, ナイフ, フォーク, スプーンなどの食器を使って口に運ぶという意味も大事な特徴となっているのである. したがって, スプーンを使わず cup から直接飲むときは drink *soup* という表現も可能である. **2 a** スープ状のもの. **b** 《口語》濃霧 (thick fog, pea-souper). **c** 《俗》(金庫破り (safecracker) が使う)ニトログリセリン (nitroglycerin). **d** 《俗》(競走馬用の)興奮剤. **e** 《俗》写真の現像液. **3 a** (発動機の)馬力 (horsepower). **b** 付け加わった力[馬力]. **4** 《俗》〘サーフィン〙(岸に押し寄せて)砕けた波. **5** 〘生物〙スープ《生命や原始細胞が発生するような物質の混合物》: ⇨ primordial soup.
from sóup to núts 《米俗》(最初の)スープからデザートまで; 一切合切, すべて. (1910) ***in the sóup*** 《口語》困って, 苦境[困難]に陥って: leave a person *in the* ～ 困っている人を見捨てる. (1889)
sóup and fish 《口語》(男子用の)正式夜会服. 《(1918) 正式のディナーではこのような料理が出されることから》
— *vt.* 《口語》**1** 〈自動車・オートバイの馬力を強める, パワーアップする; …の速度を速める, 加速する 〈*up*〉 (hot up; 《米》hop up). **2** 一層刺激的[煽情的]にする, …のおもしろみを増す, 活気づける (enliven) 〈*up*〉.
〖(1653) □ F *soupe* (OF 'sop, broth') < LL *suppam* ← **suppāre* to soak ← Gmc: cf. OE *sūpan* 'to sip, SUP[1]' & *sopp* 'SOP'〗

sóup·bòne *n.* **1** スープのだし用の骨 (shinbone や knucklebone など). **2** 《米俗》〘野球〙投手の利き腕.

soup·çon /suːpsɔ́ː(ŋ), -sɔ́ːŋ, súːpsɑ(ː)n | súːpsɔ̃ː(ŋ), -sɔːŋ, -sɔŋ; *F.* supsɔ̃/ *n.* 少し, 少量, ほんのわずか, 気味 (suspicion) 〔*of*〕: a ～ *of* garlic にんにく少量 / a ～ *of* humor ユーモア[冗談]ちょっぴり. 〖(1766) □ F ～ < OF *sou(s)peçon* < LL *suspectiō(n-)* ＝L *suspiciō(n-)* 'SUSPICION'〗

sóup cùp *n.* (取っ手のついた)スープ用カップ.

soupe du jour /súːpdəʒúə | -ʒúə(r); *F.* supdyʒuːʁ/ *F. n.* (*also* 《英》**soup du jour** /～/) (レストランなどで供される)その日の特製スープ, 本日のスープ. 〖(c1945) □ F～〗

sóuped-úp /súːpt-/ *adj.* 《俗》**1** 性能[効力, 調子]をよくした: a ～ speaker, microphone, bomb, etc. **2** 刺激的[煽情的]にした; 魅力的にした, おもしろくした: the ～ chase in the movie 映画の白熱的な追跡(場面). 〖(1931) ← *soup up* (⇨ soup vt. 1)〗

sóup·fìn shárk *n.* 〘魚類〙中国料理のふかひれスープに使うひれをとるサメの総称《米国太平洋沿岸産メジロザメ科エイラクブカ属 (*Galeorhinus*) の *G. zyopterus* や tope など; 単に soupfin ともいう》. 〖1905〗

Sou·pha·nou·vong /suːpàːnuːvɔ́(ː)ŋ, -vɑ́(ː)ŋ | -fænuːvɔ́ŋ/, **Prince** *n.* スファヌボン (1909–95; ラオスの政治家; 大統領 (1975–86)).

sóup kìtchen *n.* **1** (貧困者に無料またはわずかの金でスープ・パンなどを提供する)スープ接待所. **2** 〘軍事〙移動調理車. 〖1839〗

sóup plàte *n.* スープ用深皿, スープ皿. 〖1726〗

sóup spòon *n.* スープ用スプーン. 〖1705〗

soup·y /súːpi/ *adj.* (**soup·i·er**; **-i·est**) **1** スープのような, どろどろした. **2** 《米口語》過度に感傷的な (overly sentimental), めそめそした, 涙もろい (mawkish). **3** 《口語》(天候が)霧の濃い, どんよりした: a ～ fog 濃霧. 〖(1869) ← SOUP (n.)＋-Y[4]〗

sour /sáuə | sáuə(r)/ *adj.* (**～·er**; **～·est**) **1** 酸(す)い, 酸っぱい (acid, tart): a ～ apple 青い[未熟な]りんご / a ～ smell 酸っぱいにおい / (as) ～ as vinegar 非常に酸っぱい; にがり切った / ⇨ sour grapes. **2 a** (発酵して)酸敗した, 酸っぱくした[なった] (turned, rancid) (cf. sweet 6 a): ～ milk, bread, etc. **b** 腐ったにおい[味]のする: a ～ breath. **3 a** 嫌な, 不快な (disagreeable); 不機嫌な, 気むずかしい (peevish): a ～ job 不愉快な仕事 / a ～ fellow むっとしたいやな男 / a ～ face 苦虫をかみつぶしたような顔 / a ～ look 不機嫌な顔(つき) / a ～ temper 気難しい気質. **b** 〈天気・気候が〉厳しい (harsh). **4** 〈石油・天然ガスなど〉硫黄化合物を含んだ (cf. sweet 9 b). **5** 〘農業〙〈土地が〉酸性の (cf. sweet 6 c): ～ soil. **6** 《俗》〘音楽〙音程が外れた, 調子外れの: a ～ note.
be sóur on 《米口語》…に敵対している, …を嫌っている, …が嫌だ (hate, detest). (c1340) ***gò* [*tùrn*] *sóur*** うまくいかなくなる, だめになる, こじれる: His scheme *went* ～. 彼の計画はだめになった.
— *vt.* **1 a** 気難しくする, 怒らす, 意地悪くする, すねさせる, ひねくれさせる; がっかりさせる, 失望させる: a temper ～*ed* by disappointments 失望のためにひねくれた気質. **b** 《廃》…に不機嫌な表情を与える: ～ one's cheeks むっとした顔をする. **2 a** 酸っぱくする: Thunder will ～ beer [milk]. 雷が鳴るとビール[牛乳]が酸っぱくなる. **b** (発酵して)酸敗させる. **c** 〈果実などを〉腐らせる. **3** 〘化学〙(洗濯・染色・漂白に)酸性物質で処理する. **— *vi.*** **1 a** ねじける, ひねくれる, すねる, 意地悪くなる. **b** 〔…に〕興味を失う, 失望[幻滅]する 〔*on*〕: ～ *on* a person. **c** うまくいかない, だめになる (deteriorate). **2** 酸っぱくなる; 酸敗する: Milk ～*s* quickly in hot weather. 暑いと牛乳はすぐに酸っぱくなる. **3** 〘農業〙〈土壌が〉酸性になる, やせる.
— *n.* **1** 酸っぱい物. **2** 嫌なもの[事], 苦しい事: the sweet and ～ of life 人生の苦楽 / take the sweet with the ～ 人生をのんきに構える, 人生の苦楽を甘受する / The sweet and ～ go together. 酸いも甘いも共にあり. **3** 《米》サワー《ウイスキーやジンにレモン汁またはライムジュースなどを加えた酸っぱいカクテル》: a gin [whiskey] ～ ジン[ウイスキー]サワー. **4** 〘化学〙(洗濯でアルカリ中和・すすぎ用の)酸, 酸性物質. **～·ly** *adv.* **～·ness** *n.* 〖adj.: OE *sūr* (adj.) < Gmc **sūraz* (Du. *zuur* / G *sauer* / ON *sūrr*) < IE **sūro* sour, salty, bitter. — v.: (?a1300) *soure(n)* ← (adj.)〗

SYN 酸っぱい: **sour** 味, 時ににおいが酸っぱい《しばしば発酵の結果の味・においをいう》: Vinegar is *sour*. 酢は酸っぱい / a *sour* smell すえたにおい. **acid** 〈味が〉元来酸味のある: Lemons and oranges are *acid* fruits. レモンやオレンジは酸っぱい果物である. **acidulous** やや酸っぱい《格式ばった語》: *acidulous* mineral water やや酸味のある鉱水. **tart** 味が酸っぱい《通例味覚の快さを暗示する》: *tart* apples 酸っぱいりんご.

Sour /súə | súə(r)/ *n.* ＝Sur.

sóur·bàll *n.* 《口語》不平家, 一言居士 (grumbler). 〖1900〗

sóur bàll *n.* サワーボール《酸っぱい味のする丸くて堅いキャンディー》. 〖1933〗

sóur·bèrry /-bèri | -b(ə)ri/ *n.* 〘植物〙**1** ツルコケモモ (European cranberry). **2** ＝lemonade berry.

source /sɔ́ːs | sɔ́ːs/ *n.* **1 a** 出所, 種, よりどころ; 出典, 典拠: a news ～ ニュースの出所, 取材[情報]源 / historical ～*s* 史料 / an informed ～ 消息通[筋] / the ～ of revenue [wealth] 収入[財]源 / a ～ of supply 供給源 / a reliable [an authoritative] ～ 確かな[権威]筋, 当局 / *Sources* close to the President claimed that … 大統領に近い筋は…と主張した / have something from a good ～ 確かな筋から得る. **b** もと, 源, 原因 (⇨ origin **SYN**): a ～ of light 光源 / a ～ of sound 音源 / a ～ of annoyance [political unrest, infection] 困惑[政治的不安, 感染]の源 / Music is a ～ of endless pleasure to many people. 音楽は多くの人にとって無限の楽しみのもとである / at ～ 起源において, もともと / It has its ～ in envy. その原因は嫉妬にある. **c** 音源; 光源. **2 a** (川・流れの)水源, 水源地 (fountainhead): the ～*s* of the Nile ナイル川の水源 / The river takes its ～ from the lake [in the mountains]. その川は源を湖水[山間]に発している. **b** 《古》泉, 噴水 (fount). **3** 《米》利子や配当などの支払いをする人[事業]. **4** 〘電子工学〙(電界効果トランジスター中の)電極部分. **5** 〘電算〙＝source code. **— *vt.*** 《口語》**1** 〈材料・部品を〉[仕入れ先から]入手する 〔*from*〕. **2** 〈情報・引用などの〉起源を確認する. 〖(1346) *sours* 《廃》

S

prop, rising on the wing, fountainhead ◻ OF *sours(e)* (F *source*) (masc. & fem.p.p.) ← *sourdre* to rise, spring up < L *surgere* 'to SURGE'〗

sóurce bòok *n.* **1** (歴史・文学などの)原典, 基礎史料, 底本,「種本」. **2** 史料集. 〖《1899》《なぞり》← G *Quellenbuch*〗

sóurce còde *n.* 〘電算〙ソース[原始]コード《機械語に変換する前の C 言語などで書かれたプログラム》.

sóurce crìticism *n.* 原典批評. 〖1901〗

sóurce dòcument *n.* 〘電算〙ソースドキュメント: **1** コンピューターで処理するための文書(形式). **2** OLE で, 埋め込むべきオブジェクトを作成した側の文書 (cf. OLE).

sóurce fòllower *n.* 〘電子工学〙ソースフォロアー《電界効果トランジスター電力増幅回路の一種; cf. cathode follower》.

sóurce lànguage *n.* **1** 〘言語〙起点言語《翻訳(語)の材料として与えられる言語; cf. target language b》. **2** 〘教育〙外国語教育にについて述べるときの自国語 (cf. object language). **3** 〘電算〙原始言語《自然言語に近く, そのままではコンピューターを作動させられない; COBOL, FORTRAN など》. 〖1953〗

sóurce matèrial *n.* (調査・研究の)資料《日記・手記・記録など》. 〖1936〗

sóurce prògram *n.* 〘電算〙原始プログラム《source language で書かれたプログラム; cf. object program》. 〖1959〗

sóurce ròck *n.* 〘地学〙(石油などの)根源岩. 〖1931〗

sóur chérry *n.* 〘植物・園芸〙スミノミザクラ, 酸果オウトウ (*Prunus cerasus*)《南西アジア原産のオウトウの一種; 果実は酸味が強く, 主として加工・料理用; 栽培種はアマレル群 (amarelles) とモレロ群 (morellos) に分かれる; cf. sweet cherry》. 〖1884〗

sóur [sóured] crèam *n.* サワークリーム《クリームに乳酸菌を加えて発酵させたもの》. 〖1855〗

sour·dine /sʊədíːn, ←–́ | sʊədíːn; *F.* suʁdin/ *n.* **1** スルディーヌ《軍隊の進軍の合図に用いたトランペットの類の古楽器》. **2** =spinet 1. **3 a** =sordino. **b** ピアノ[足踏みオルガン]の音程. 〖《*a*1678》◻ F ～ ◻ It. *sordina* ← *sordo* deaf, mute < L *surdum*: ⇨ surd〗

sóur dóck *n.* 〘植物〙**1** ヒメスイバ (sheep sorrel). **2** スイバ, スカンポ (garden sorrel).

sóur·dòugh *n.* **1** サワードー《パン種として次回に使用するために残した発酵生地》. **2** 発酵生地で焼いたパン. **3** (米国北西部・カナダ・アラスカで)探鉱者, 試掘者 (prospector); 開拓者 (pioneer); アラスカで(単身)越冬した人; 古参 (old-timer) (cf. cheechako). 《アラスカの探鉱者が sourdough を携帯して至る所でパンを焼いたことから》 **— *adj.*** 発酵生地でふくらました. 〖《*c*1303》 *sour(e) dowgh* ⇨ sour (adj.), dough: cf. Du. *zuurdeeg* / G *Sauerteig*〗

sóur góurd *n.* **1** 〘植物〙パンヤ科アダンソニア属の大型の壺形植物 (cream-of-tartar tree); ひょうたん形の酸っぱいその実. **2** =monkey bread 1. 〖1640〗

sóur grápes *n. pl.* [単数扱い] 手に入らぬものの悪口を言って気休めにすること, 負け惜しみ (cf. grape 1): cry ～ 負け惜しみをいう. 〖《1760》: イソップ物語中の「きつねとぶどう」の話から〗

sóur gùm *n.* 〘植物〙**1** =black gum. **2** =pepperidge. 〖1814〗

S **sour·ish** /sáuᵊrɪʃ | sáu(ə)r-/ *adj.* 少し酸っぱい, 酸い気味の. 〖《*a*1398》 *sourische*: ⇨ sour (adj.), -ish¹〗

sóur másh *n.* 《米》〘醸造〙サワーマッシュ《バーボンウイスキー醸造中に蒸留の廃液を 25% ほど入れて蒸煮する酸性の仕込み液》. 〖1885〗

sóur nóte *n.* ひとつだけ残念な点[こと].

sóur órange *n.* **1** 〘植物〙ダイダイ (*Citrus aurantium*) など酸味の強い柑橘類《酸橙類》. **2** ダイダイ(の実)《マーマレードの材料にする; bitter orange, Seville orange ともいう》. 〖1920〗

sóur·pùss /-pʊs/ *n.* 《口語》(顔つき・性質が)陰気くさい[不愉快な]やつ[人], ひねくれ者 (killjoy). 〖《1937》← SOUR (adj.)+PUSS²〗

sóur sált *n.* 〘化学〙クエン酸 (citric acid).

sóur·sòp *n.* **1** 〘植物〙トゲバンレイシ (*Annona muricata*)《熱帯アメリカ原産のバンレイシ属の果樹》. **2** トゲバンレイシの果実《ひょうたん形; guanabana ともいう; cf. sweetsop》. 〖1667〗

sóur·wòod *n.* 〘植物〙北米東部産ツツジ科の落葉高木 (*Oxydendrum arboreum*)《葉に酸味がある; 夏に白い総状花をつけ, 秋には美しく紅葉する; sorrel tree ともいう》. 〖1709〗

sous- /suː/ *pref.* (主にフランス借入語で)「… の下(の)」の意: sous-lieutenant. 〖ME ～ ◻ (O)F ← (O)F *sous* < L *subtus* below, under: ⇨ sub-〗

Sou·sa /súːzə, -sə | -zə/, **John Philip** *n.* スーザ《1854–1932; 米国の吹奏楽指揮者・作曲家; *El Capitan* (1896), *The Stars and Stripes Forever* (1897); the March King ともよばれる》.

sou·sa·phone /súːzəfòun, -sə- | -zəfəun/ *n.* スーザ

sousaphone

フォン《ブラスバンドで用いる helicon に似た bass tuba の一種》. 〖《1925》← *Sousa* (↑)+-PHONE: cf. saxophone〗

sou·sa·pho·nist /súːzəfòunɪst | suːzɔ́fən-/ *n.* 〘音楽〙スーザフォーン奏者.

sous-chef /súːʃɛ̀f; *F.* suʃɛf/ *n.* (レストラン・ホテルの)シェフの助手. 〖1902〗

souse¹ /sáus/ *vt.* **1** 塩漬けにする, 塩水に漬(つ)ける (pickle): ～*d* herrings 塩漬けにしん. **2** ずぶぬれにする; 〈水を〉かける (pour): be ～*d* to the skin ぬれねずみになる / ～ water *over* a thing 物に水をかける. **3** 〔水などに〕浸す (soak) 〔*in, into*〕: ～ a thing *in* water. **4** 《俗》[通例 p.p. 形で] 酒に酔わせる (intoxicate): get ～*d* 酔っ払う. **— *vi.*** **1** 〔水などに〕飛び込む (plunge), ざぶんと落ちる 〔*into*〕. **2** ずぶぬれになる. **3** 漬かっている; 塩漬けになっている. **4** 《俗》大酒を飲む, 酔っ払う. **— *n.*** **1 a** 塩漬け汁, 塩水. **b** 塩漬け物《豚の頭・足・耳・にしんなどの塩肉》. **2** 塩漬けにすること. **3** ずぶぬれ: get a thorough ～ in a thunderstorm 雷雨にあってずぶぬれになる. **4** 水に浸すこと (dip), 水浸し: give a person a ～ 人を水浸しにする. **5** 《俗》**a** のんべえ, のんだくれ (habitual drunkard). **b** 酒宴, 飲み会 (binge). **— *adv.*** 《古・方言》ざぶんと, ざんぶりと, どぶんと: fall ～ into the canal どぶんと掘割の中へ落ちる. 〖n.: 《1391》 *sows(e)* (OF *sous, souz* ← Gmc **sult-, *salt-* 'SALT' (OHG *sulza* brine). — v.: 《*a*1387》← (n.). — adv.: 《1706》← (n. & v.)〗

souse² /sáus/ 〘鷹狩〙 *vi.* 〈鷹が〉舞い下りる (swoop). **— *vt.*** (舞い下りて)飛びかかる (pounce on). **— *n.*** 獲物を追いかけて飛び立つこと; 飛びかかること. 〖n.: 《1486》 *souce* 《変形》? ← *sours* 'SOURCE; 《廃》rising on the wing'〗

soused /sáust/ *adj.* **1** 塩[酢]漬けにした. **2** 《俗》酔っ払った. 〖?*a*1550〗

sous·lik /súːslɪk/ *n.* =suslik.

sou-sou /súːsuː/ *n.* 《カリブ》無尽(むじん), 頼母子講(たのもしこう) (susu ともいう). 〖← ? Yoruba〗

Sousse /súːs; *F.* sus/ *n.* スース, スーザ《チュニジア東部, 地中海に臨む港市; 9 世紀にフェニキア人が建設; Susa, Susah ともいう; 旧名 Hadrumetum》.

sous-sous /súːsuː; *F.* susu/ *n.* 〘バレエ〙スーシュ (sou-bresaut)《バレエの基本で, ドゥミプリエ (demi-plié) とルルヴェ (relevé) を行う際の上下の動き》. 〖? 《変形》← F *soussus* 《短縮》← *dessous-dessus* 《原義》underover: ⇨ sous-〗

sous vide /sùːvíːd; *F.* suvid/ *n.* 〘料理〙半ば加熱調理した食品を真空包装して冷却する方法. 〖《1986》◻ F ～ 《原義》under vacuum〗

sou·tache /suːtǽʃ; *F.* sutaʃ/ *n.* スータッシュ《絹・羊毛・絹糸などで織った細幅の平ひも; 縁飾りや衣服の刺繍(ししゅう)に用いられる》. 〖《1856》◻ F ～ ◻ Hung. *sujtás*〗

sou·tane /suːtáːn, -tǽn/ *n.* 〘教会〙スータン《聖職者の通常服; cassock ともいう》. 〖《1838》◻ F ～ ◻ It. *sottana* garment worn under religious vestments ← *sotto* under < L *subtum*〗

sou·tar /súːtə | -tə⁽ʳ⁾/ *n.* 《スコット》=souter.

sou·te·neur /sùːtənə́ː | -tənə́ː⁽ʳ⁾; *F.* sutnœːʁ/ *F. n.* 売春婦のひも (pimp). 〖《1906》◻ F ～ ← *soutenir* to maintain: ⇨ sustain〗

sou·te·nu /sùːtənúː | -tənjúː, -núː, ←⁻; *F.* sutny/ *adj.* 〘バレエ〙ストゥニュ《身体をまっすぐに安定して支えること》. 〖《1930》◻ F ～ (p.p.) ← *soutenir* (↑)〗

sou·ter /súːtə | -tə⁽ʳ⁾/ *n.* 《スコット・北英》靴屋 (shoemaker). 〖OE *sūtere* ◻ L *sūtor* shoemaker ← *suere* 'to SEW¹': ⇨ -tor, -er¹〗

sou·ter·rain /sùːtəréɪn, ←–⁻ | súːtərèɪn/ *n.* 〘考古〙地下道, 地下室. 〖《*a*1735》◻ F ～ ← *sous* under + *terre* earth〗

south /sáuθ/ *n.* **1** [通例 the ～] 南, 南方, 南部 (略 S, S.); 南部地方: in [on] *the* ～ of …の南部に[南に接して] / *to the* ～ of …の南方に(当たって). **2** [the S-] **a** 南国, 南方地方. **b** 《米》南部(諸州)《Pennsylvania 州の南境, Ohio 川, Missouri 州の東および北境以南の米国の南東部地方》; (南北戦争のときの)南部連邦 (the Confederacy), 南軍: ⇨ Deep South, down south, Old South, Solid South. **c** 南部気質. **d** イングランド南部《一般に the Wash と the Severn を結ぶ線から南とされる》. **3** [the S-] 発展途上国《主として北緯 30° を境にして南に位置していることから; cf. north 3》. **4** [しばしば S-] 南半球, (特に)南極地方. **5** 《詩》南風 (south wind). **6** [しばしば S-] 〘トランプ〙(ブリッジなどで)サウス, 南家《テーブルで南の席に座る人》.

sóuth by éast 南微東 (略 SbE). 《*c*1682》

sóuth by wést 南微西 (略 SbW). 《*c*1682》

— *adj.* **1** 南の; [しばしば S-] (大陸・国などの)南部の, 南にある (southern): the ～ latitude 南緯 / the ～ coast 南部沿岸, 南海岸 / ⇨ South Carolina. **2** 南に面した, 南向きの: a ～ aspect [window] 南向き[窓]. **3** 〈風が〉南から吹く: a ～ wind 南風.

— *adv.* 南へ[に], 南方へ[に]; 南部に: sail ～ 南へ向かって航海する / down ～ 南(の方)へ[に] / The wind is blowing ～. 風は南へ[《まれ》南から]吹いている (⇨ north ★).

gó sóuth 《米口語》〈価値・品質などが〉悪化する, 下がる.

— *vi.* **1** 南へ向かう; 南方へ針路を取る. **2** 〘天文〙〈太陽・月・星が〉南中[正中]する, 子午線を経過する.

〖adj., adv.: OE *sūþ* < Gmc **sunþaz* 《原義》sunside (Du. *zuid* / G *Süd* / ON *suðr*) ← IE **sāwel-* 'SUN'. — n.: 《*c*1290》← (adj.)〗

Sòuth África *n.* 南アフリカ(共和国)《アフリカ大陸南端部の共和国; もと英連邦内の独立国で南アフリカ連邦 (Union of South Africa) と称したが, 1961 年現在の名に変わると共に英連邦から脱退し共和制となった; 面積 1,221,037 km², 首都(行政上) Pretoria, (立法上) Cape Town, (司法上) Bloemfontein; 公式名 the Republic of South Africa 南アフリカ共和国》.

Sòuth Áfrican *adj.* **1** 南アフリカ(共和国)の. **2** 南アフリカ(共和国)人の. **— *n.*** 南アフリカ共和国の住民; (特に, 白人系の)南アフリカ人 (Afrikaner). 〖1806〗

Sòuth Áfrican Dútch *n.* **1** 南アフリカオランダ語《略 S. Afr. D.; 最近は Afrikaans という》. **2** [集合的] ボーア人 (the Boers)《オランダ系アフリカ人》.

Sòuth Áfrican Repúblic *n.* [the ～] 南アフリカ共和国《Transvaal が Boer 人の独立国だった当時の公式名》.

Sòuth Áfrican Wár *n.* [the ～] 南ア戦争 (⇨ Boer War).

Sou·thall /sáuθɔːł, -θɑːł | -θɔːł/ *n.* サウソール《イングランド Greater London 西部の都市》. 〖ME *Sudhal(l)e* 《原義》Southern recess ← *sūþ* 'SOUTH'+*healh* corner〗

South América *n.* 南アメリカ, 南米(大陸).

South Américan *adj.* 南アメリカの; 南アメリカ住民の. **— *n.*** 南アメリカ人, 南米人. 〖1775〗

South Américan trypanosomíasis *n.* 〘病理〙=Chagas' disease.

South·amp·ton /sauθ(h)ǽm(p)tən | sauθ(h)ǽm(p)-tən, səðǽm-/ *n.* **1** サウサンプトン《イングランド南部の海港》. **2** ⇨ Southampton Island. 〖OE *Sūþhamtūn* ← *sūþ* 'SOUTH'+*hamm* river-land, water-meadow+*tūn* 'village, TOWN'〗

South·amp·ton /sauθ(h)ǽm(p)tən | sauθ(h)ǽm(p)-tən, səðǽm-/, 3rd Earl of *n.* サウサンプトン《1573–1624; 英国の貴族; Shakespeare のパトロンであり, ソネットをささげられた; 本名 Henry Wriothesley》.

Southámpton Ísland *n.* サウサンプトン島《カナダ北部, Hudson 湾 入口の島; 島民は主にイヌイット; 面積 49,470 km²; 島名は Southampton 伯にちなむ》.

Sóuth Arábia, Federation of *n.* [the ～] ⇨ FEDERATION of South Arabia. **Sóuth Arábian** *adj., n.*

Sóuth Arábia, Protectorate *n.* [the ～] ⇨ FEDERATION of South Arabia.

Sóuth Austrália *n.* サウスオーストラリア《オーストラリア南部の州; 面積 984,381 km², 州都 Adelaide》.
Sóuth Austrálian *adj., n.*

Sóuth Bánk *n.* [the ～] サウスバンク《London の Thames 川にかかる Waterloo Bridge 南端の一帯で, 首都の文化的中心地区の一つ; The National Theatre, The Royal Festival Hall などがある》.

Sóuth Bénd *n.* サウスベンド《米国 Indiana 州北部の都市》.

sóuth·bòund *adj.* 南行きの, 南回りの; 〈貨物列車・船が〉南行きの便の: a～ trip [ship]. 〖1885〗

Sóuth Carolína *n.* サウスカロライナ《米国南東部大西洋岸の州; 建国最初の 13 州の一つ; 面積 80,432 km²; 州都 Columbia; 略 SC; ⇨ United States of America 表》.

Sóuth Carolínian *adj.* (米国) South Carolina 州(人)の. **— *n.*** South Carolina 州人.

Sóuth Caucásian *n., adj.* 南コーカサス語族(の).

Sóuth Chína Séa *n.* [the ～] 南シナ海.

Sóuth Dakóta *n.* サウスダコタ《米国中央部の州; 1889 年に州承認; 面積 199,550 km²; 州都 Pierre; 略 SD, S. Dak.; ⇨ United States of America 表》.

Sóuth Dakótan *adj.* (米国) South Dakota 州(人)の. **— *n.*** South Dakota 州人.

Sóuth Dévon *n.* サウスデボン《イングランド原産の淡褐色の乳肉兼用牛の一品種》.

South·down /sáuθdàun/ *adj.* (イングランド南部) South Downs の. **— *n.*** サウスダウン《イングランド原産の小形の無角の肉用羊の一品種》. 〖《1787》↓〗

Sóuth Dówns *n. pl.* [the ～] ⇨ Downs 1.

south·east /sàuθíːst⁻/ ★〘海事〙の発音は /sàuíːst⁻/ *n.* **1** [通例 the ～] 南東 (略 SE); 南東部[地方]. **2** [the S-] 《米》米国南東地方. **3** [通例 the S-] 英国南東部《特にロンドン地域》. **4** 《詩》南東風.

southéast by éast 南東微東 (略 SEbE). 《*c*1682》

southéast by sóuth 南東微南 (略 SEbS). 《*c*1682》

— *adj.* (*also* **south·eastern**) **1** 南東(方)の, 南東(方)にある. **2** 南東に面した[に向かう], 南東向きの. **3** 〈風が〉南東から吹く: a ～ wind 南東風. **— *adv.*** 南東(方)へ[に] (⇨ north ★).
〖OE *sūþēast*〗

Southeast Ásia *n.* 東南アジア《アジア南東部の地域名》. **Southeast Ásian** *adj., n.*

Southeast Ásia Tréaty Organizàtion *n.* [the ～] 東南アジア条約機構 (略 SEATO). 〖1954〗

south·east·er /sàuθíːstə | -tə⁽ʳ⁾/ ★〘海事〙の発音は /sàuíːstə | -tə/ *n.* 南東の強風. 〖《1797》: ⇨ southeast, -er¹〗

sòuth·éast·er·ly *adj.* 南東の; 〈風が〉南東から吹く: a ～ wind. **— *adv.*** 南東へ[から]. **— *n.*** 南東風. 〖1708〗

south·east·ern /sàuθíːstən | -tən⁻/ ★〘海事〙の発音は /sàuíːstən | -tən⁻/ *adj.* **1** 南東の, 南東にある[に面した]; 南東への[に向かう]; 〈風が〉南東から吹く. **2** [S-] 米国南東部の, 南東部特有の. **south·eastern·mòst** *adj.* 〖《1577》← SOUTH+EASTERN: cf. OE *sūðēasterne*〗

South·east·ern·er /sàuθíːstənə, -tə- | -tənə⁽ʳ⁾/ *n.* **1** 南東部出身者. **2** 《米》米国南東部の(先)住民. 〖1919〗

Sóuth-Èast Íceland *n.* 〘気象〙南東アイスランド《大西洋北東部のアイスランドと Faeroe 諸島との間を範囲とす

る海上気象予報区》.

south·east·ward /sàʊθíːstwəd | -wəd⁻/ ★〘海事〙の発音は /sàʊíːst-⁻/ *adv.* 南東(方)へ[に]. — *adj.* **1** 南東方のある, 南東に向いた, 南東側の. **2** 〈風が〉南東から吹く. — *n.* [the ~] 南東方 (southeast). 〖1528〗

sòuth·éast·ward·ly *adv., adj.* =southeasterly. 〖1792〗

sòuth·éast·wards /-wədz | -wədz/ *adv.* =southeastward. 〖1879〗

South·énd-on-Séa /sàʊθénd-/ *n.* サウスエンドオンシー《イングランド南東部 Thames 河口に臨む海港, 保養地》. 〖*Southend*: ME *Sowthende*: ⇨ south, end[1]〗

Sóuth Equatórial Cúrrent *n.* [the ~] 南赤道海流《太平洋·大西洋·インド洋の赤道付近の南部にみられる, 西方へ流れる海流》.

south·er /sáʊðə | -ðə(r)/ *n.* (強い)南風; 南からの(強い)嵐. 〖(1851) ← SOUTH＋-ER[1]〗

south·er·ly /sʌ́ðəli | -ðə-/ *adj.* **1** 南寄りの, 南方の, 南向きの; 南方にある: a ~ course. **2** 〈風が〉南から吹く: a ~ breeze. — *adv.* **1** 南方に[へ], 南寄りに: sail ~ 南方へ向け航海する. **2** 〈風が〉南から吹く: The wind blows ~. 南の風だ. — *n.* **1** 南風. **2**〘豪〙=southerly buster. **sóuth·er·li·ness** *n.* 〖(1551): cf. northerly〗

sóuth·erly búster *n.* [時に S- B-]〘豪〙サザリーバスター《オーストラリア南東海岸に吹きつける激しい寒風》. 〖1850〗

south·ern /sʌ́ðən | -ðən/ *adj.* **1** 南の, 南にある; 南寄りの: a ~ aspect 南向き / a ~ course 南方航路. **2** [しばしば S-] 南部地方の, 南部出[産]の; 南部[国]独特の: ~ trade 南洋貿易 / ~ people [habits] 南国の人々[風習]. **3** 〈風が〉南から吹く (southerly). **4** [S-]《米》南部諸州(から)の: the *Southern* States (米国)南部諸州. **5**〘天文〙天球赤道[黄道帯]より南にある, 南天の. **6** [S-] 南部方言[語]の. — *n.* [S-]《米》**1** 南部語《Delaware, Maryland, Virginia Piedment, North Carolina と South Carolina の東部, Georgia, Florida および Mexico 湾沿岸の各州で用いられる; Southern dialect ともいう; cf. northern *n.* 1》. **2**〘方言〙=Southerner. **~·ness** *n.* 〖OE *sūþern(e)*: ⇨ south, -ern〗

Sóuthern Álps *n. pl.* [the ~] 南アルプス山脈《ニュージーランド南島にある山脈; 最高峰 Mt. Cook (3,764 m)》.

Sóuthern Báptist *n.* 南部バプテスト教会(連盟) (Southern Baptist Convention) の一員《1845 年 Georgia 州 Augusta に設立; 厳格なカルバン主義で, 宗教的出版事業と教育方面に活躍》. 〖1866〗

Sóuthern bélle *n.*《米》(かつての)南部の令嬢《米国南部出身で家柄もしつけも良いとされる》. 〖1936〗

Sóuthern blót *n.*〘生化学〙サザンブロット《DNA を固定したニトロセルロースシート (blot); cf. Western blot》. **Sóuthern blótting** *n.* 〖(1979): *Southern* ← *Edwin M. Southern* (1938–　: 英国の生化学者でこの方法の考案者)〗

Sóuthern Brítish Énglish *n.* 南部イギリス英語《イングランド南部の, 特に教養のある人々の話す英語; 歴史的には, 中英語のミッドランド方言のうち, Londonを含む東部地方方言から発達した; ⇨ Midland dialect 2》.

Sóuthern Cóalsack *n.* [the ~] 南の石炭袋《南十字星にある暗黒星雲; the Coalsack ともいう》.

Sóuthern Cómfort *n.*〘商標〙サザーンカムフォート, サザンコンフォート《米国南部製のリキュール; バーボンをベースにしているが, 桃と柑橘類の甘い味が勝る》.

Sóuthern Cóne *n.* [the ~] サザンコーン《アルゼンチン·ウルグアイ·パラグアイ·チリよりなる地域》.

Sóuthern Conféderacy *n.* [the ~]〘米史〙= CONFEDERATE States of America.

sóuthern crábapple *n.*〘植物〙米国南東部原産バラ科ナシ属のばら色の花と黄緑の実をつける小高木 (*Pyrus angustifolia*).

Sóuthern Cróss *n.* [the ~] **1**〘天文〙みなみじゅうじ(南十字)座 (⇨ crux 2) (cf. Northern Cross); 南十字星. **2**〘豪史〙南十字星旗《Eureka Stockade の反乱 (1854) の時に掲げられた; ⇨ Eureka Stockade》. 〖1700〗

Sóuthern Crówn *n.* [the ~]〘天文〙みなみのかんむり(南の冠)座. 〖1594〗

Sóuthern Démocrat *n.* 南部諸州出身の民主党員《西部·北部諸州出身党員よりも人種問題に関して保守的といわれる》.

sóuthern déwberry *n.*〘植物〙米国南東部原産のキイチゴの一種 (*Rubus trivialis*)《枝茎は細長く, 匍匐(ほふく)性》.

Sóuthern diálect *n.* =southern *n.* 1.

Sóuthern Énglish *n.* **1** 南部英語《特に, イングランド南部地方の教養人の話す標準英語をいう; cf. Southern British English》. **2**《米》南部のアメリカ英語 (⇨ southern *n.* 1). 〖*a*1325〗

South·ern·er, s- /sʌ́ðənə, -ðə- | -ðənə(r)/ *n.* 南部[国]人; (特に, 米国の)南部諸州の人, 南部人. 〖(1833) ← SOUTHERN (adj.)＋-ER[1]〗

Sóuthern Físh *n.* [the ~]〘天文〙みなみのうお(南の魚)座 (⇨ Piscis Austrinus). 〖1594〗

Sóuthern-fríed *adj.*《米》南部風に揚げた, 南部風のフライにした《特にころもをつけて揚げたチキンについていう》; [しばしば s-]〘俗〙南部風の, 南部出の.

Sóuthern Hémisphere, s- h- *n.* [the ~] **1** 南半球. **2**〘天文〙(天の) 南半球 (略 SH). 〖*c*1771〗

Sóuthern Íreland *n.* = Ireland 2.

sóuth·ern·ism /-nìzm/ *n.* **1** 米国の南部訛(なま)り. **2** (特に, 米国の)南部出身者独特の態度[性格], 南部(人)的気質. 〖(1882): ⇨ -ism〗

south·ern·ize /sʌ́ðənàɪz | -ðə-/ *vt.*《米》南部的にする. 〖(1867): ⇨ -ize〗

sóuthern líghts *n. pl.* [the ~] 南極光 (aurora australis). 〖1775〗

sóuth·ern·ly *adj.*《まれ》=southerly. 〖1594〗

sóuthern·mòst /-mòʊst | -mə̀ʊst/ *adj.* 最も南の, 最南端の. 〖1725〗

Sóuthern Ócean *n.* [the ~]〘豪〙南洋《インド洋のオーストラリア南方に当たる海域; Antarctic Ocean と同義》.

Sóuthern Páiute *n.* **1** =Paiute 1. **2** 南パイウート族の言語.

sóuthern píne *n.*〘植物〙=longleaf pine. 〖1840〗

Sóuthern Rhodésia *n.* 南ローデシア (⇨ Zimbabwe 1, Rhodesia 2). **Sóuthern Rhodésian** *adj., n.*

sóuthern ríght whàle *n.*〘動物〙ミナミセミクジラ (*Eubalaena australis*)《南大西洋産のセミクジラの一種》.

Sóuthern Slávs *n. pl.* [the ~] ⇨ Slav 1.

Sóuthern Sótho *n.* =Sesotho.

Sóuthern Spórades *n. pl.* [the ~] 南スポラデス諸島 (⇨ Sporades 2).

Sóuthern Tríangle *n.* [the ~]〘天文〙みなみのさんかく(南の三角)座 (⇨ Triangulum Australe). 〖1875〗

Sóuthern Úplands *n. pl.* [the ~] スコットランド南部丘陵地帯 (800 m).

sóuthern whíte cédar *n.*〘植物〙ヌマヒノキ (*Chamaecyparis thyoides*)《米国東部の沼沢地に繁茂するヒノキ属の常緑高木; 芳香を有する; white cedar ともいう》.

sóuthern·wòod *n.*〘植物〙南ヨーロッパ産キク科ニガヨモギの一種 (*Artemisia abrotanum*)《ビールの味付けに用いられる; old man, lad's love ともいう》. 〖OE *sūþerne wudu*〗

Sóuthern Yémen *n.* 南イエメン (⇨ Yemen 3).

Sou·they /sáʊði, sʌ́ði/, **Robert** *n.* サウジー《1774–1843; 英国の詩人; Lake Poets の一人; 桂冠詩人 (1813–43); *The Curse of Kehama* (1810), *Life of Nelson* (1813)》.

South·field /sáʊθfiːld/ *n.* サウスフィールド《米国 Michigan 州南東部の都市; Detroit の郊外》.

Sóuth Frígid Zóne *n.* [the ~] 南寒帯《南極圏内の地域; ⇨ zone 挿絵》.

Sóuth Gáte *n.* サウスゲート《米国 California 州 南西部の都市; Los Angeles の郊外》.

Sóuth Geórgia *n.* サウスジョージア《大西洋南部, Falkland Islands の南東, 1,290 km の所にある英領の島; 面積 3,756 km²》. **Sóuth Geórgian** *adj.*

Sóuth Glamórgan *n.* サウスグラモーガン《ウェールズ南部の旧州; 州都 Cardiff》.

Sóuth Hólland *n.* 南ホラント(州), ゾイトホラント(州)《オランダ南西部の州; 面積 3,326 km², 州都 The Hague; オランダ語名 Zuidholland /zœithɔ̀lant/》.

south·ing /sáʊðɪŋ, sáʊθ-/ *n.* **1**〘測量·海事〙南航行程; 南距《ある地点とその後南寄りに進んで達した地点との緯度差; マイルで示す》. **2**〘海事〙南航, 南進. **3**〘天文〙子午線通過, 南中, 正中; 天体が天球上で南へ動くこと. 〖(1659) ← SOUTH＋-ING[1]〗

Sóuth Ísland *n.* 南島《ニュージーランドの 2 主島のうち南島; 面積 150,461 km²; cf. North Island》.

Sóuth Kénsington *n.* (*also*〘口語〙**Sóuth Kén**) サウスケンジントン《London の Kensington の南地区; Victoria and Albert Museum をはじめ博物館群や高級ショッピング街がある》.

Sóuth Koréa *n.* 韓国《朝鮮半島の 38 度線以南を占める共和国; 面積 98,477 km², 首都 Seoul; 公式名 the Republic of Korea 大韓民国; cf. North Korea》. **Sóuth Koréan** *adj., n.*

sóuth·lànd, S- /-lænd, -lənd/ *n.* **1** [the ~(s)] 南国. **2** [the ~] (国の)南部地方. **3** [the S-]《米》南部, 南部諸州[地方]. **~·er** *n.* 〖OE *sūþland*〗

sóuth·mòst /-mòʊst | -mə̀ʊst/ *adj.* =southernmost. 〖(1623): cf. OE *sūþmest*: ⇨ -most〗

Sóuth Órkney Íslands *n. pl.* [the ~] サウスオークニー諸島《南米南東部に当たる大西洋中の群島, もと英領, 現在は南極条約 (Antarctic Treaty) で領有権凍結; 面積 620 km²》.

South Os·sé·tia /-ɑ(ː)síːʃə | -ɔs-/ *n.* 南オセティア《グルジア北部の Caucasus 山脈南麓にある地方; 主都 Tskhinvali》.

south·paw /sáʊθpɔ̀ː, -pɑ̀ː | -pɔ̀ː/〘口語〙*n.* **1** 左利(き)きの人 (left-hander). **2**〘野球〙左腕投手, サウスポー (lefthanded pitcher). **3**〘ボクシング〙サウスポー《左利きのボクサー》. — *adj.* **1** 左利きの, サウスポーの: a ~ pitcher. **2** 左手による[で書いた]: a ~ note. 〖(1891) ← SOUTH＋PAW[1]: 多くの球場はピッチャーの左腕が南向きになる位置にあったところから, または南部出身の左腕投手が多かったことからか〗

Sóuth Plátte /-plǽt/ *n.* [the ~] サウスプラット(川)《米国 Colorado 州中部に発し北東流して Nebraska 州で Platte 川に合流する川 (711 km)》.

sóuth pólar *adj.* 南極の (Antarctic): the ~ regions 南極地方 / a ~ exploration 南極探検.

sóuth póle *n.* **1** [the S- P-] (地球の)南極(点). **2** [the ~]〘天文〙(天の)南極《地球自転軸の南端の延長が天球と交わる点》. **3** [the ~] (磁石の)南極, S 極 (cf. magnetic pole 2). 〖1594〗

South·port /sáʊθpɔət | -pɔːt/ *n.* サウスポート《イングランド中西部 Liverpool 地方の海港, 保養地》. 〖← SOUTH＋PORT[1]〗

South·ron /sʌ́ðrən/ *n.* **1**《米南部》南部人, 南国人 (Southerner). **2**《主にスコット》イングランド人 (Englishman). **3**《スコット》イングランド英語. — *adj.* **1**《米南部》南部人の. **2**《主にスコット》南部の, イングランドの; イングランド人の. 〖(*c*1470)《転訛》← SOUTHERN (cf. Briton, Saxon)〗

Sóuth Sándwich Íslands *n. pl.* [the ~] サウスサンドイッチ諸島《大西洋南部 Falkland Islands 保護領の South Georgia 島の南東にある小島群》.

Sóuth Sàn Francísco *n.* サウスサンフランシスコ《米国 California 州西部の都市》.

Sóuth Saskátchewan *n.* [the ~] サウスサスカチェワン(川)《カナダ Alberta 州に発し東流して North Saskatchewan と合流し Saskatchewan 川になる; 全長 1,392 km》.

Sóuth Séa *n.* [the ~] 南の海《太平洋のこと; スペインの探検家 Balboa が 1513 年パナマ地峡を初めて横断し, 南方に太平洋を発見したことから; スペイン語名は El Mar del Sur》.

Sóuth Sèa Búbble, S- S- b- *n.* [the ~] 南海泡沫事件《1711 年英国でスペイン領南アメリカとの貿易独占権を得て設立された南海会社 (South Sea Company) が国債の引受けを条件に大宣伝をして投機熱をあおり, 1720 年に至って 100 ポンドの株が一時 1,000 ポンドにもなったが, 事業の不成績が暴露されて株が大暴落し, 多くの破産者を出すに至った事件》.

Sóuth Sèa Íslander *n.* 南太平洋諸島の住民; ポリネシア人 (Polynesian).

Sóuth Sèa Íslands *n. pl.* [the ~] 南太平洋諸島《一般的には Oceania のこと》.

Sóuth Séas *n. pl.* [the ~] 南半球の海洋; (特に)南太平洋. 〖(1398) *c*1528〗

Sóuth Sèa schéme *n.* [the ~] =South Sea Bubble. 〖1720〗

Sóuth Shétland Íslands *n. pl.* [the ~] サウスシェトランド諸島《南極半島と南米との間にある諸島; もと英領, 現在は南極条約 (Antarctic Treaty) で領有権凍結; 面積 4,700 km²》.

Sóuth Shíelds *n.* サウスシールズ《イングランド北東部の Tyne 河口に臨む海港》.

Sóuth Slávic *n.*〘言語〙⇨ Slavic.

Sóuth Sótho *n.* =Southern Sotho.

sóuth-southéast *n.* [通例 the ~] 南南東 (略 SSE). — *adj.* **1** 南南東の, 南南東にある[に面した, 向きの]. **2** 〈風が〉南南東から吹く: a ~ wind 南南東風. — *adv.* 南南東(方)へ[に] (⇨ north ★). 〖15C〗

sóuth-southéastward *adv.* 南南東へ[に]. — *adj.* 南南東にある, 南南東に向いた. — *n.* [通例 the ~] 南南東(方).

sóuth-southwést *n.* [通例 the ~] 南南西 (略 SSW). — *adj.* **1** 南南西の, 南南西にある[に面した, 向きの]. **2** 〈風が〉南南西から吹く: a ~ wind 南南西風. — *adv.* 南南西(方)へ[に] (⇨ north ★). 〖1513〗

sóuth-southwéstward *adv.* 南南西へ[に]. — *adj.* 南南西にある, 南南西に向いた. — *n.* [通例 the ~] 南南西(方). 〖1784〗

Sóuth Témperate Zòne *n.* [the ~] 南温帯《南回帰線と南極圏との間の地方; ⇨ zone 挿絵》.

Sóuth Tyról *n.* (*also* **Sóuth Tiról**) 南チロル《もとオーストリアの Tirol 州の一部; 1919 年にイタリアに割譲される》.

Sóuth Vietnám *n.* 南ベトナム (⇨ Vietnam). **Sóuth Vietnamése** *adj., n.*

south·ward /sáʊθwəd | -wəd/ *adv.* 南方へ[に], 南方に向かって: sail ~. — *adj.* 南方への; 南向きの. — *n.* [通例 the ~] 南方, 南部: to [from] *the* ~ 南方へ[から]. 〖OE *sūþweard*: ⇨ -ward〗

sóuth·ward·ly *adj.* **1** 南向きの. **2** 〈風が〉南から吹く. — *adv.* 南向きの, 南方へ; 南方から. 〖adv.: 1596; adj.: *c*1682〗

sóuth·wards /-wədz | -wədz/ *adv.* =southward. 〖OE *sūþweardes*: ⇨ -wards〗

South·wark /sʌ́ðək | -ðək/ *n.* サザク《London 中央部の自治区 (borough) で Thames 川の南岸地域》. 〖OE *Sūþ(ge)weorc*《原義》southern fort ← *sūþ* 'SOUTH'＋*(ge)weorc* fortification (cf. work)〗

south-west /sàʊθwést⁻/ ★〘海事〙の発音は /sàʊwést⁻/ *n.* **1** [通例 the ~] 南西, 西南 (略 SW); [ときに S-] 南西部[地方]. 日英比較 英語では南·北を先に置くのが普通. **2** [the S-] **a**《米》米国南西部《Arkansas, Oklahoma, Texas, New Mexico, Arizona, および California 州南部などを含む》. **b**《英》英国南西部《特に Cornwall, Devon, Somerset》. **3**〘詩〙南西風.
southwést by sóuth 南西微南 (略 SWbS). 〖*c*1682〗
southwést by wést 南西微西 (略 SWbW). 〖*c*1682〗
— *adj.* **1** 南西(方)の, 南西にある. **2** 南西に面した[に向かう], 南西向きの: a ~ aspect 南西向き. **3** 〈風が〉南西から吹く: a ~ wind 南西風. — *adv.* 南西(方)へ[に] (⇨ north ★). 〖OE *sūþwest*〗

Sóuth-Wèst África *n.* 南西アフリカ《ナミビア (Namibia) の旧名》.

south·west·er /sàʊθwéstə | -tə(r)/ ★〘海事〙の発音は /sàʊwéstə | -tə/ *n.* **1** 南西の強風[暴風]. **2** = sou'wester 2 b. 〖1831〗

sòuth·wést·er·ly *adj.* 南西の; 〈風が〉南西から吹く. — *adv.* 南西へ[から]. — *n.* 南西風. 〖(1708) ← SOUTHWEST＋(WEST)ERLY〗

south·west·ern /sàʊθwéstən⁻/ ★〘海事〙の発音は /sàʊwéstən | -tən⁻/ *adj.* **1** 南西の, 南西にある[に面した]; 南西への[に向かう]; 〈風が〉南西から吹く. **2** [S-]《米》米国南西部の, 南西部特有の. **southwéstern·mòst** *adj.* 〖OE *sūþwesterne*〗

South·west·ern·er /sàʊθwéstənə, -tə- | -tənə(r)/

n. **1** 南西部出身者. **2** 《米》米国南西部の(先)住民. 〖1860〗

south·west·ward /sàuθwéstwəd | -wəd⁻/ ★〖海事〗の発音は /sàuwést-⁻/ *adv.* 南西へ[に]; 南西から. — *adj.* 南西方にある, 南西に向いた, 南西側の. — *n.* [通例 the ~] 南西(方) (southwest). 〖(1548) ← SOUTHWEST＋-WARD〗

sòuth·wést·ward·ly *adv., adj.* =southwesterly. 〖1796〗

sòuth·wést·wards /-wədz | -wədz/ *adv.* =southwestward. 〖(1745): ⇨ -wards〗

Sóuth Yémen *n.* 南イエメン (⇨ Yemen 3).

Sóuth Yórkshire *n.* サウスヨークシャー《イングランド北部の州, 1974 年に新設, 1986 年まで存続, 旧 Yorkshire 南部からなる; 面積 1,562 km², 州都 Sheffield》.

Sou·tine /suːtíːn; *F.* sutin/, **Cha·im** /xaɪím, ⁻⁻/; *F.* kaim/ *n.* スーティン《1893–1943; リトアニア出身のフランスの画家》.

Sou·van·na Phou·ma /suːvɑ́ːnɑːpúːmɑː/, Prince *n.* (スバンナ)プーマ《1901–84; ラオスの政治家; 首相 (1951–54, 56–58, 60, 62–75)》.

sou·ve·nir /sùːvəníə, ⁻⁻⁻ | sùːv(ə)níə^(r), ⁻⁻⁻/ *n.* **1** (訪問地などの思い出になるような)記念品, みやげ(品) (keepsake); 形見 (memento): a ~ hunter 記念品[みやげ品]をあさる人. 日英比較 英米には, 日本のように旅先から義理または半ば義務的に他人に対してみやげを買って帰る習慣はない. したがって *souvenir* は, ある出来事, 場所の自分に対する記念品の意味合いが強く, 他人に対するみやげは present とする方が適切な場合が多い. **2** 《まれ》思い出 (memory). — *vt.* 《豪・婉曲》くすねる, 記念として盗む. 〖(1775) ◻ F ~ 'memory' ← (v.) 'to remember' < L *subvenīre* to come into the mind ← *sub-* up to＋*venīre* 'to COME'〗

souvenír càrd *n.* 〖郵趣〗(贈呈用)記念カード《切手の印面を大きな台紙に複製し, 記念文字などを入れたもの》.

sòuvenír shèet *n.* 〖郵趣〗(記念切手の)小型シート (cf. souvenir card).

sou·vla·ki /suːvlɑ́ːki; *Mod.Gk.* suvláca/ *n.* (*pl.* **sou·vla·kia** /-kiə; *Mod.Gk.* -vláca/) ギリシャ風のシシカバブ (shish kebab)《焼く前に子羊の肉を marinade に漬ける》. 〖(1950) ◻ ModGk ~ (pl) ← *souvláki* ← *soúvla* skewer < MGk *soûbla* ◻ L *sūb(u)la* awl ← *suere* to sew〗

sou'·west·er /sauwéstə | -tə^(r)/ *n.* **1** 〖海事〗=southwester 1. **2 a** 暴風雨衣《時化(しけ)のとき水夫が用いるバックル留めのゆるいレインコート》. **b** 暴風雨帽《前より後ろのつばの広い, 耳覆いのついた防水帽; southwester ともいう》. 〖(1837)《短縮》← SOUTHWESTER〗

sov. 《略》sovereign. 〖1829〗

sov·er·eign /sɑ́(ː)v(ə)rən | sɔ́v(ə)rɪn/ *adj.* **1 a** 自治の, 独立の (independent): a ~ state 主権[独立]国. **b** 絶対の (absolute): the ~ power of the Pope. **c** 主権を有する; 元首の, 君主である, 国王の[にふさわしい] (imperial, royal): a ~ prince 君主 / ~ power [authority] 主権. **2 a** 最上の, 最高の (highest), 至上の, 至高の (supreme): the ~ good 至高善 / of ~ importance この上なく重要な. **b** 非常にすぐれた, 卓越した. **c** 〈薬が〉特効のある (potent): a ~ remedy 霊薬, 特効薬. — *n.* **1 a** 主権者; (一国の)元首 (chief), 君主 (monarch) (⇨ king SYN). **b** 独立国家. **c** 主権を有する政治団体. **2** 《英》ソブリン《英国の 1 ポンド金貨; 1489 年 Henry 七世のとき初めて造られた; 現在ほとんど使用されていない; 略 sov.》: a half-sovereign 10 シリング金貨. **~·ly** *adv.* 〖(c1300) *soverain, -ein* ◻ OF *soverain, -ein* (F *souverain*) < VL **superānum* ← L *super* above (⇨ super-): 1400 年頃に REIGN との連想で *-g-* が混入した〗

sóv·er·eign·tist /-tɪ̣st | -tɪst/ *n.* 《カナダ》主権連合支持者 (cf. sovereignty association).

sov·er·eign·ty /sɑ́(ː)v(ə)rənṭi | sɔ́vrɪnti/ *n.* **1 a** 主権, 統治権 (dominion) (⇨ power SYN): popular sovereignty / the U.S. ~ over Puerto Rico 米国のプエルトリコに対する統治権. **b** 君主[元首]であること. **2** 主権国, 独立国 (sovereign state). **3** 《廃》**a** 非常にすぐれていること, 優秀 (excellence). **b** (薬の)特効. 〖(c1340) *soverainte, -einte* ◻ OF *souverainete, -einete* (F *souveraineté*): ⇨ sovereign, -ty〗

sóvereignty associàtion *n.* (カナダの)主権連合《Quebec 州が独立し, カナダとの形式的連帯を維持するという運動》.

So·vetsk /souvjétsk, sə- | sə(ʊ)-; *Russ.* savʲétsk/ *n.* ソビエツク《ロシア連邦西部, Neman 河畔の都市; リトアニアをはさんだ飛び地にある; ドイツ語旧名 Tilsit》.

so·vi·et /sóuvièt, sɑ́(ː)v-, -viət | sə́uviət, sɔ́v-, -vièt; *Russ.* savʲét/ *n.* **1** (ソ連の)会議, 評議会, ソビエト. ★ 一般労働者および農民から選出される最下部の会議で「都市会議 (town soviets)」と「農村会議 (village soviets)」とがある; 各 soviets の上にはその代議員から成る上層の地方ソビエト会議 (Soviet Congress) があり, 最上部には議会に相当する最高会議 (Union Congress of Soviets すなわち Supreme Soviet) がある; 1905 年の革命で初めて作られた. **2** (社会主義国家における同様な)会議 (council). **3 a** [the S-] ソ連邦. **b** [S-] ソ連邦を構成した一共和国. **4** [the Soviest] ソ連人; ソ連政府[指導者]; ソ連軍. — *adj.* **1** ソビエト(会議)の. **2** [S-] ソビエト連邦 (Soviet Union) の, ソ連の; ソ連人の: the *Soviet* Government ソ連政府. 〖(1917) ◻ Russ. *sovet* council〗

Sóviet blóc *n.* [the ~] ソビエトブロック《旧ソ連とその同盟国》.

Sóviet Céntral Ásia *n.* ソ連邦中央アジア《カザフスタン・キルギスタン・トルクメニスタン・ウズベキスタン・タジキスタン各共和国を含むかつてのソ連邦中南部の地域; Russian Turkestan, West Turkestan ともいう》.

So·vi·et·ism, s- /sóuviɪ̣tìzm, sɑ́(ː)v- | sə́u-, sɔ́v-/ *n.* **1** (労働者・農民の代表機関ソビエト (soviet) が下部から最高部までピラミッド型に組み立てられている)ソビエト式政治組織, ソビエト体制. **2** ソビエト政府の政治原理[理念]; 共産主義 (communism). **3** ソビエト政府のイデオロギーの特徴的表現[言い回し]. **Só·vi·èt·ist** /-tɪ̣st | -tɪst/ *n., adj.* **so·vi·et·is·tic** /sòuviɪ̣tístɪk | sə̀u-⁻/ *adj.* 〖(1919) ← SOVIET＋-ISM〗

So·vi·et·i·za·tion, s- /sòuviɛṭɪ̣zéɪʃən, sɑ̀(ː)v-, -viɪ̣- | sə̀uviətaɪ-, -tɪ-/ *n.* ソビエト化, 労農化. 〖(1921): ⇨ ↓, -ation〗

So·vi·et·ize, s- /sóuviɛtàɪz, sɑ́(ː)v-, -viɪ̣- | sə́uviət-, sɔ́v-, -vièt-/ *vt.* **1** 労農化する, ソビエト化する; …に共産主義思想を吹き込む. **2** ソ連の支配下に置く. **3** ソビエトの体制[原理, 制度]に合致させる. 〖(1920) ← SOVIET＋-IZE〗

So·vi·et·ol·o·gy /sòuviɛtɑ́(ː)lədʒi, sɑ̀(ː)v-, -viɪ̣- | sə̀uviətɔ́l-, sɔ̀v-, -viɛ-/ *n.* =Kremlinology. **Sò·vi·et·ól·o·gist** /-dʒɪ̣st | -dʒɪst/ *n.* 〖(1958): ⇨ -ology〗

Sóviet Rússia *n.* **1** Soviet Union の通称名. **2** =Russian Soviet Federated Socialist Republic.

Sóviet Únion *n.* [the ~] ソ連(邦)《ヨーロッパ東部からアジア北西部にまたがる 15 のソビエト社会主義共和国から成り, 旧ロシア帝国のほとんど全部を包含していた; 1922 年成立, 1991 年解体; 面積 22,402,200 km², 首都 Moscow; 公式名 the Union of Soviet Socialist Republics ソビエト社会主義共和国連邦; 略 USSR》.

Sóviet Zòne *n.* (ドイツの)ソ連占領地区《1945–49; 後の東ドイツ; Russian Zone ともいう》.

sov·khoz /sʌfkɔ́(ː)z, -kɑ́(ː)s | sʌfkɔ́z; *Russ.* safxós/ *n.* (*pl.* **-kho·zy** /-kɔ́(ː)zi, -kɑ́(ː)zi | -kɔ́zi; *Russ.* -xózi/, **~·es**) ソフホーズ, (旧ソ連の)国営農場《大規模な国営農業企業; cf. kolkhoz》. 〖(1921) ◻ Russ. ~ 《略》← *sovetskoe khozyaistvo* 《原義》soviet farm〗

sov·nar·kom /sóuvnɑəkòum | -nɑːkɔ́um; *Russ.* səvnarkóm/ *n.* (ソ連の)人民委員会議 (Council of People's Commissars) (cf. COUNCIL of Ministers (1)). 〖(1938) ◻ Russ. ~ 《略》← *sov(et) nar(odnyx) kom(missarov)* ← *sovet* 'SOVIET'＋*narod* people＋*kommissar* 'COMMISSAR'〗

sov·prene /sɑ́(ː)vpriːn | sɔ́v-/ *n.* (ソ連のネオプレン系の)合成ゴム. 〖《混成》← SOV(IET)＋(NEO)PRENE〗

sov·ran /sɑ́(ː)vrən | sɔ́v-/ *n., adj.* 《詩》=sovereign. **~·ly** *adv.* **~·ty** /~ṭi | ~ti/ *n.* 〖(1634): Milton が It. *sovrano* に擬した変形〗

sow¹ /sóu | sə́u/ *v.* (**sowed**; **sown** /sóun | sə́un/, **sowed**) — *vt.* **1 a** 〈種子を〉まく: ~ seed, wheat, oats, etc. **b** 〈土地に種子を振りまく (scatter); 散布する (besprinkle) 〔*with*〕: ~ a field [garden] *with* wheat [annuals] 畑[庭]に小麦[一年草の種]をまく / Whatsoever a man ~*eth*, that shall he also reap. 人の播(ま)く所はその刈る所とならん (*Gal.* 6:7; cf. *vi.*). **2** 〈説・うわさ・原因・害悪などを〉流布する (disseminate), 広める (propagate): ~ distrust [dissension] 不信[不和]を広める / ~ the seeds of hatred [revolution] 憎しみ[革命]の種をまく. **3** [p.p. 形で]〈宝石などを〉ちりばめる (stud), まき散らす (sprinkle) 〔*with*〕: a sky ~*n with* stars 星の散らばった空. — *vi.* 種子をまく: It is time to ~. 種まき時だ / As you ~, so shall you reap. 《諺》まいた種は刈らねばならない (cf.「自業自得」「善因善果, 悪因悪果」; cf. *vt.* 1 b). ***sów the wínd and réap the whírlwind*** ⇨ whirlwind 成句. ***sów one's wíld óats*** ⇨ wild oat 成句. **~·a·ble** /~əbḷ/ *adj.* 〖OE *sāwan* < Gmc **sǣjan* (Du. *zaaien* / G *säen* / ON *sá* / Goth. *saian*) ← IE **sē-* (L *serere* to sow): cf. season, seed, semen〗

sow² /sáu/ *n.* **1 a** (成熟した)雌豚 (cf. gilt²) (⇨ pig¹ SYN): You cannot make a silk purse out of a ~*'s* ear. ⇨ purse *n.* 2. **b** (豚以外の動物の)雌. **2** 〖動物〗=sow bug. **3** 〖金属加工〗溶銑(ようせん)の流れる道, 大鋳型; 大型鋳鉄 (cf. pig¹ 7 a). **4** 《古》太った[だらしのない]女. (***as***) ***drúnk as a sów*** [***as Dávid's sów***] ぐでんぐでんに酔って (completely drunk). 〖1727〗 ***háve*** [***táke, gét***] ***the ríght*** [***wróng***] ***sów by the éar*** (1) 本当の[間違った]人[物]を捕える, 責むべき[お門違いの]人を責める. (2) 正しい[間違った]結論に達する. 〖OE *sugu* ← Gmc **sū-* (Du. *zeug* / G *Sau* / ON *sýr*) ← IE **sū-* (L *sūs* / Gk *hûs, sûs* pig): cf. hog, swine, hyena〗

sów·bàck /sáu-/ *n.* 低く続く丘 (hogback). 〖(1874): ⇨ sow²〗

sów·bèlly /sáu-/ *n.* 《米口語》塩漬け豚肉. 〖(1867): ⇨ sow²〗

sów·brèad /sáu-/ *n.* 〖植物〗**1** マルバシクラメン (*Cyclamen europaeum*)《中央および南ヨーロッパに自生する秋咲種で, 観賞用シクラメンの原種》. **2** アキザキシクラメン (*C. neapolitanum*)《地中海沿岸原産》. 〖(c1550) ← sow²＋BREAD: その根茎が豚のえさになることから〗

sów bùg /sáu-/ *n.* 《米》〖動物〗=wood louse 1.

sow·car /saukɑ́ə | -kɑ́ː^(r)/ *n.* =soucar.

sów-drúnk /sáu-/ *adj.* すっかり酔った, 泥酔した. 〖(1509): ⇨ sow²〗

sow·el /sáuəl/ *n.* 《俗》=soul《スコットランド・アイルランドの方言発音を表すつづり》.

sow·ens /sóuənz, sóu- | súː-, sə́u-/ *n. pl.* [単数または複数扱い]《スコット・アイル》ソウアンス《ひき割りからす麦 (oatmeal) のふすま[外皮]を水に浸し少し発酵させて煮て作るかゆ (porridge) の一種; cf. flummery 1》. 〖(1582) ◻ Sc.-Gael. *sūghan* ← *sūgh* sap〗

sow·er /sóuə | sə́uə^(r)/ *n.* **1** 種をまく人; 種まき機械. **2** 流布する人. **3** 煽動者. 〖OE *sāwere*〗

So·we·to /səwéṭou, -wéɪ- | -təu; *Xhosa, Zulu* səwɛ́ːto/ *n.* ソウェト《南アフリカ共和国 Johannesburg 南西にある地区; 1976 年の反アパルトヘイト蜂起の地》. 〖← *So(uth) We(stern) To(wnships)*〗

sow·kar /saukɑ́ə | -kɑ́ː^(r)/ *n.* =soucar.

sowl /sóuɫ | sə́uɫ/ 《方言》*vt.* (耳をつかんで)引っぱる. 〖(1607–08) ← ?〗

sown /sóun | sə́un/ *v.* sow¹ の過去分詞. 〖OE *ġesāuen*〗

sów thìstle /sáu-/ *n.* 〖植物〗ノゲシ《キク科ノゲシ属 (*Sonchus*) の植物の総称; 葉はアザミに似てのこぎり状》; (特に)ノゲシ, ハルノノゲシ (*S. oleraceus*)《世界各地に分布する雑草; milk thistle ともいう; ニュージーランドでは puha, rauriki ともいう》. 〖(a1250) *suzeþistel* ← OE *sugu* 'sow²'＋*þistel* 'THISTLE'〗

sox *n.* sock¹ 1 a の複数形. 〖(1905)《変形》〗

Sóxh·let extráctor /sɑ́(ː)kslɪ̣t- | sɔ́ks-; *G.* zɔ́kslɛt/ *n.* 〖化学〗ソクレット抽出機《不揮発性物質を揮発性溶媒を用いて抽出するガラス製の装置》. 〖(1889) ← *Franz von Soxhlet* (1848–1926: 発明したドイツの農芸化学者)〗

soy /sɔ́ɪ/ *n.* **1** 醤油(しょうゆ) (soy sauce ともいう). **2** 〖植物〗=soybean (soy pea ともいう). 〖(1696) ◻ Jpn.〗

soy·a /sɔ́ɪə/ *n.* 《英》〖植物〗=soybean. 〖(1679) ◻ Du. *soja* ◻ Jpn. (↑)〗

sóya bèan *n.* 《英》〖植物〗=soybean. 〖1897〗

sóya méal *n.* 大豆ミール《採油後の脱脂大豆を粉にしたもの; 飼料などに利用》.

sóy·bèan *n.* **1** 〖植物〗ダイズ(大豆) (*Glycine max*)《米国では主に飼料および土壌改良に用いる》. **2** (種子としての)大豆《食料・飼料・油の原料》. 〖1795〗

sóybean flóur *n.* 大豆粉《食用; soy flour ともいう》. 〖1935〗

sóybean méal *n.* (大豆油を採ったかすをひいた)あらびき大豆粉《飼料・接着剤・プラスチックなどに用いる; soybean oil meal ともいう》.

sóybean [sóya] mílk *n.* 豆乳.

sóybean óil *n.* 大豆油 (soy oil ともいう). 〖c1916〗

Soy·er /sɔ́ɪə | sɔ́ɪə^(r)/, **Moses** *n.* ソイヤー《1899–1974; ロシア生まれの米国の画家》.

Soyer, Rephael *n.* ソイヤー《1899–1987; ロシア生まれの米国の画家; Moses とは双子の兄弟》.

sóy flòur *n.* =soybean flour. 〖1897〗

So·yin·ka /ʃɔːíŋkə | sɔɪ-/, **Wo·le** /wóuleɪ | wə́u-/ *n.* ショインカ《1934– ; ナイジェリアの劇作家・詩人・小説家・文芸評論家; Nobel 文学賞 (1986)》.

sóy·mìlk *n.* 豆乳 (soybean milk ともいう).

sóy òil *n.* =soybean oil. 〖1976〗

sóy pèa *n.* 〖植物〗soy 2.

sóy sàuce *n.* =soy 1 (soya sauce ともいう). 〖1956〗

So·yuz, s- /sɔ́ːjuːz, sɑ́ː-, sɔ́ɪ- | sɔːjúːz, sə-, sɔɪ-; *Russ.* sajús/ *n.* ソユーズ《宇宙ステーション建設を目指した旧ソ連の有人宇宙船シリーズの名; cf. Salyut》. 〖◻ Russ. ~ 《原義》alliance, union〗

so·zin /sóuzɪ̣n | sə́uzɪn/ *n.* 〖生化学〗ソチン《動物体の中に正常の際に存在する抗病性蛋白質》. 〖← Gk *sṓzein* to save, preserve＋-IN²〗

Soz·zi·ni /sottsíːni/, **Fa·u·sto** /fáːusto/ *n.* ソッツィーニ《Faustus SOCINUS のイタリア語名》.

Soz·zi·ni /*It.* sottsíːni/ (*also* **So·zi·ni** /~/), **Le·lio** /lɛ́ːljo/ *n.* ソッツィーニ《Laelius SOCINUS のイタリア語名》.

soz·zle /sɑ́(ː)zl | sɔ́zl/ *vt.* **1** ざぶざぶ洗う (souse). **2** 酔わせる: ~ oneself 酩酊する. — *vi.* のらくらする, ぶらぶらする (loll). 〖(1836)《変形》←《廃》*sossle* (freq.) ←《方言》*soss* to lap〗

sóz·zled *adj.* 《口語》酔った, 泥酔した (drunk). 〖1886–96〗

SP 《略》〖米海軍〗shore patrol (cf. MP); 〖米海軍〗shore patrolman 海軍憲兵隊員; Socialist Party; standard play (ビデオの)標準速度; 〖海軍〗Submarine Patrol 潜水艦哨戒.

sp. 《略》special; species; specific; specimen; speed; spelling; spell out; spirit; sport.

Sp. 《略》Spain; Spaniard; Spanish; Spring.

s.p. 《略》self-propelled; 〖音楽〗*It.* senza pedale (＝without pedal); 〖法律〗sine prole; single-phase; single pole; small paper; 〖活字〗small pica; starting point; starting price; 〖金融〗stop payment; 〖法律〗supraprotest.

spa /spɑ́ː/ *n.* **1 a** 鉱泉, 温泉 (mineral spring). **b** 鉱泉場, 温泉場, 湯治場 (cf. bath¹ 3 e). **c** 温泉休養地のホテル. **2** 《ニューイングランド》ソーダファウンテン (soda fountain). 〖(1565) ↓〗

Spa /spɑ́ː; *F.* spa/ *n.* スパ《ベルギー東部, Liège の南東の町; 鉱泉で有名な保養地》.

SpA 《略》*It.* Società per Azioni (＝joint-stock company).

SPA 《略》special public assistance.

Spaak /spɑ́ːk; *F.* spak, *Flem.* spɑ́ːk/, **Paul Henri** *n.* スパーク《1899–1972; ベルギーの政治家; 首相 (1938–39, '46, '47–49), 国連総会初代議長 (1946–47); NATO 事務総長 (1957–61)》.

space /spéɪs/ *n.* **1 a** (一・二・三次元の)一定の広がり. **b** 空所, あき場所, スペース (room); 〖電算〗(1 字分の)スペース, 空白: blank ~*s* (in a document) (文書の)余白, あき / Write in the ~*s* (provided) for your name and address. (指定された)空欄に名前と住所を書き込んで下さい / ⇨ open space / a ~ between buildings 建物と建物との間の空所 / leave a ~ 間をあける / occupy [take

S

up] too much ～ 場所[スペース]を取りすぎる / *Space* forbids. 紙面に限りあり / make [clear] a [some] ～ on the shelves for the new books 新刊書用に棚にスペースをつくる[あける]. **c** 間, 距離 (distance); 間隔, 間隙(かんげき) (interval): at equal ～*s* 等距離の間隔を置いて / for the ～ of a mile 1 マイルの間 / There is not enough ～ between the houses. それぞれの家の間には十分な間隔がない. **d** 容積 (volume)《形容詞形は spacious》. **2 a** (特定の目的のための)区域, 場所 (extent, area): an enclosed ～ 囲った場所, 仕切った場所 / a parking ～ 駐車場 / a dangerous ～ 危険区域. **b** [集合的にも用いて] (列車・飛行機内などの予約)座席, 席: reserve one's ～ 座席を予約する / buy (advertising) ～ in a newspaper [magazine] 新聞[雑誌]に金を払って(広告)スペースを確保する. **3 a** 空間: time and ～ 時間と空間 / ～ occupied by a body 物体の占める空間 / celestial ～ 天空, 天界 / stare into ～ 虚空(こくう)をにらむ / vanish into ～ 虚空に消えうせる《形容詞形は spatial》. **b** 大気圏外; (太陽系を越えた)宇宙, 宇宙空間: launch a spacecraft into ～ 宇宙に宇宙船を発射する / ⇨ outer space. **4 a** (時の)間 (duration), 時間 (period) (cf. *Rev.* 2: 21; *Ezra* 9: 8): for the [a] ～ of two years 2 年間 / in so short a ～ of time そんな短い時間に / in the short ～ of (a) human life 短い人生にあって / in[within, during] the ～ of two years 2 年間の期間中に, 2 年の間に. **b** しばらく(の間) (cf. *Acts* 15: 33): for a ～ しばらくの間 / Let us rest a ～. ちょっと休もうよ / after a ～ しばらくしてから. **5 a** (ラジオ・テレビの)コマーシャル[お知らせ]の時間. **b** (雑誌などの)広告欄. **6** 《口語》(好きなことをしたり, 言いたいことを言ったりする)自由, 不干渉, 自主, 独立. **7** 〘印刷〙 スペース《字間・語間の込め物; その空間》. **8** 〘音楽〙(五線譜の)線間 (cf. line^1 24). **9** 〘通信〙 間隔, スペース《モールス式などでトン(·)とツー(—)との間の時間》. **10** 〘美術〙 **a** (絵画における)空間. **b** (絵画などで)平面上に表された奥行の感じ. **11** 〘数学〙 空間《集合をユークリッド空間になぞらえたいときにいう; このときその要素を点とよぶ》.

Wátch this spáce. 《口語》(新聞などで)今後この欄[関連]にご注目を《まもなく[毎日, 時々]おもしろい[驚くべき]情報が載る[現れる]から》.

— *vt.* **1** …に一定の間隔を置く, 間隔を置いて並べる; 一定の距離を保たせる: ～ men in a line 人を間隔を置いて一列に並べる / Tables were carefully [evenly] ～*d* (*out*) 25 feet apart. テーブルは 25 フィート間隔で丹念に[均等に]配置された. **2** …の空間[スペース]を決める. **3** 〘印刷〙 …の語間[行間]をあける, …にスペースを入れる; 〈行間など〉に間を置く 〈*out*〉. — *vi.* 〘印刷〙 スペースを置く: Don't forget to ～. / ～ out もっと(広く)間を置く, スペースをあける, あきをとる.

— *adj.* [限定的] 空間の; 宇宙空間の.

〘(?a1300) □ (O)F *espace* □ L *spatium* space, extent ← ? (cf. speed)〙

spáce-àge *adj.* [限定的] **1** 宇宙時代の. **2** 最新の科学技術を用いた. **3** 現代の, 進歩的な.

spáce àge, S- A- *n.* [the ～] 宇宙時代《1957 年 10 月 4 日 旧ソ連の人工衛星スプートニク 1 号の成功に始まるとされる》. 〘1946〙

spáce·bànd *n.* 〘印刷〙 スペースバンド《行鋳機 (linecaster) に付属し, 語間を調節して行をそろえる金属片》. 〘1930〙

spáce bàr *n.* **1** スペースバー《コンピューター・タイプライターのキーボードでスペースを打つための横長のキー; space key ともいう》. **2** (鋳植機の)スペースバー. 〘1888〙

spáce biòlogy *n.* 宇宙生物学. 〘1960〙

spáce blànket *n.* スペースブランケット《登山者などが用いるアルミホイルをコーティングしたビニール製耐寒用寝袋》. 〘1972〙

spáce·bòrne *adj.* **1** 宇宙空間を運ばれる: a ～ satellite. **2** 宇宙空間に運ばれた機械を使う. 〘1953〙

spáce cadèt *n.* 《米俗》 **1** 麻薬常習で陶酔状態の人. **2** ぼうっとした人, うすのろ. 〘(1952) 1979〙

spáce càpsule *n.* 〘宇宙〙 宇宙カプセル《宇宙空間に打ち上げて回収する実験器具・動物・人間を乗せた宇宙船の気密室》. 〘1959〙

spáce càrrier *n.* 〘宇宙〙 宇宙輸送装置《地球のまわりや地球圏外に探査機等を打ち上げるためのロケット》.

spáce chàracter *n.* 〘電算〙 空白[スペース, 間隔]文字《スペースキーなどで入力する空白》.

spáce chàrge *n.* 〘電気〙 空間電荷. 〘1913〙

spáce-chàrge effèct *n.* 〘電気〙 空間電荷効果.

spáce·cràft *n.* (*pl.* ～) 宇宙船 (spaceship)《地球を回る軌道に乗せるか, または他の天体へ飛行することを目的とする有人または無人の宇宙空間飛行体》. 〘1958〙

spáce cùrvature *n.* 〘物理〙 (相対性原理における)空間のゆがみ (CURVATURE of space).

spáce cùrve *n.* 〘数学〙 空間曲線. 〘1971〙

spáce dènsity *n.* 〘物理〙 空間密度《体積あたりの個数; 〘天文〙 では天球上での密度に対して宇宙空間の体積あたりの密度》. 〘1931〙

spáced-óut *adj.* 《俗》 麻薬の使用でぼーっとなった《しばしば spaced ともいう》. 〘1937〙

spáce exploràtion *n.* 宇宙探査《ロケット・人工衛星あるいは宇宙船などを用いて大気圏外の宇宙すなわち月・惑星・恒星などを探求する》. 〘1957〙

spáce·fàring *adj.* 宇宙旅行の. — *n.* 宇宙旅行. **spáce·fàrer** *n.* 〘(1959): cf. seafaring〙

spáce fìction *n.* (空想)宇宙小説 (cf. science fiction). 〘1952〙

spáce flìght *n.* (大気圏外への)宇宙飛行 (cf. space travel). 〘1931〙

spáce fràme *n.* 床[屋根]の木組. 〘1912〙

spáce gròup *n.* 〘結晶〙 空間群《14 種の空間格子 (space lattice) と単位胞 (unit cell) のもちうる 32 種の点群 (point group) との組合わせとして 230 種ある群; 結晶の対称性を表現するのに用いる》. 〘1901〙

spáce gùn *n.* 宇宙銃. 〘1935〙

spáce hèater *n.* スペースヒーター《室内のどこにも自由に置くことのできる薄型暖房器》. 〘1925〙

spáce hèating *n.* (スペースヒーターによる)局所暖房 (cf. central heating). 〘1934〙

Spáce Invàders *n.* 〘商標〙 スペースインベーダー《ビデオゲーム》.

spáce kèy *n.* **1** =space bar 1. **2** 〘印刷〙 スペースキー《鋳植機のスペースを打つのに使う鍵盤》. **3** 〘電算〙 スペースキー《紙カード上に穴と穴の間のスペースを作るキー》. 〘1875〙

spáce làb *n.* [しばしば S-] スペースラブ, 宇宙実験室《特に欧州宇宙機関 (European Space Agency) が開発したスペースシャトルを用いての宇宙実験室》. 〘1966〙

spáce làttice *n.* 〘結晶・物理化学〙 空間格子《平行六面体が三方向に繰り返した格子; 対称性からいって 14 種ある; cf. lattice 3》. 〘1895〙

spáce·less *adj.* 《主に文語》 **1** 無限の (infinite). **2** 空間[場所]を占めない. 〘(1606) ← SPACE (n.)+-LESS〙

spáce lìnkage *n.* 〘機械〙 空間リンク装置.

spáce·màn /-mæ̀n, -mən/ *n.* (*pl.* **-men** /-mɛ̀n, -mən/) **1 a** 宇宙飛行士 (cf. astronaut). **b** 宇宙飛行関係者. **2** (宇宙から地球に来た)宇宙人. 〘1938〙

spáce màn *n.* 《米》〘新聞〙 =space writer. 〘1892〙

spáce màrk *n.* 〘印刷〙 スペースマーク《校正で, 語間・字間を(もっと)あけるように指示する記号 (#)》. 〘*c*1890〙

spáce mèdicine *n.* 宇宙医学《宇宙飛行が人間の身体・精神に及ぼす影響を扱う医学; cf. aviation medicine》. 〘1949〙

spáce òpera *n.* スペースオペラ, 宇宙活劇《宇宙旅行などを扱った空想科学小説に題材を求めたテレビ・映画・ラジオドラマなど》. 〘1949〙

spáce percèption *n.* 〘心理〙 空間知覚. 〘1886〙

spáce plàne *n.* 宇宙航行機, スペースシャトル《着陸・再突入などのためのロケットエンジンを備えたもの》.

spáce plàtform *n.* 〘宇宙〙 =space station. 〘1958〙

spáce·pòrt *n.* 宇宙船基地《ロケット・ミサイル・宇宙船などのテスト・発射などをする所》. 〘1935〙

spáce pròbe *n.* 宇宙観測ロケット[探査機]《宇宙空間を飛行したり他の天体に着陸したりして, 宇宙に関する知識を得ることを目的とする装置》. 〘1958〙

spác·er *n.* **1 a** 間隔をあける人[物]. **b** 〘印刷〙 スペース《字間を込める込め物》. **2** 〘電気〙 スペーサー《間隔をとるための挿入板》. **3** =space bar. 〘(1884): ⇨ -er^1〙

spáce ràce *n.* (米国と旧ソ連間の)宇宙(開発)競争. 〘1959〙

spáce ràdio *n.* 〘通信〙 空間無線《空中に広く放射された電波を用いる無線方式で, 普通の放送などがこれに当たる; cf. inductive radio》.

spáce ràte *n.* 〘新聞〙 原稿料の単位《活字になった原稿の分量に基づき, 縦段インチで計算される; cf. piece rate》. 〘1902〙

spáce ròcket *n.* 宇宙ロケット. 〘1928〙

spáce-sàving *adj.* スペース節約の. — *n.* スペースの節約. 〘1921〙

spáce scìence *n.* **1** 宇宙科学《超高層大気や天体など, 宇宙空間の現象をロケット等を用いて探究する学問》. **2** 宇宙飛行に関する学問《宇宙航行学 (astronautics) や宇宙医学 (space medicine) など》. **spáce scìentist** *n.* 〘1957〙

spáce·ship /spéɪsʃɪp, spéɪʃʃɪp/ *n.* 宇宙船. 〘1894〙

Spáce Shòes *n.* 〘商標〙 スペースシューズ《足型にぴったりの特注靴》.

spáce·shòt *n.* (宇宙船の)大気圏外打上げ, 宇宙飛行. 〘1961〙

spáce shùttle *n.* 〘宇宙〙 スペースシャトル《宇宙ステーションに人間や物資を運ぶ宇宙船》. 〘1969〙

spáce·sìck *adj.* 宇宙病の. 〘1949〙

spáce sìckness *n.* 宇宙病《宇宙飛行中に起こる不快な症状》. 〘1951〙

spáce stàge *n.* 〘劇場〙 スペースステージ《階段とそれに続く壇だけの舞台; 登場人物とわずかの装置だけがスポットライトに照らされ, 周囲は暗黒の円形パノラマである抽象的舞台設定》. 〘1928〙

spáce stàtion *n.* 〘宇宙〙 宇宙ステーション《大気圏外に建造する人間の活動基地; space platform, space laboratory ともいう; cf. Skylab, Salyut》. 〘1936〙

spáce sùit *n.* **1** 宇宙服. **2** 〘航空〙 =G suit. 〘1929〙

spáce tèlescope, S- T- *n.* 宇宙望遠鏡《地球周回軌道上の人工衛星に設置された極めて精度の高い反射望遠鏡》. 〘1960〙

spáce-tíme 〘物理・哲学〙 *adj.* 時空の. — *n.* **1** 時空《物理的存在を決定づける時間空間の四次元的秩序あるいはその諸性質・特性》. **2** 時空《相対性理論において三次元の空間と一次元の時間とを合わせた四次元の Minkowski 空間のこと》. 〘1905〙

spáce-tìme contínuum *n.* 〘物理〙 時空連続体 (四次元). 〘1911〙

spáce tràvel *n.* 宇宙旅行 (cf. space flight): the ～ age 宇宙旅行時代. 〘1931〙

spáce tùg *n.* 宇宙タグ《宇宙船と宇宙ステーションとの間の連絡運搬をするロケット》.

spáce vèhicle *n.* =spacecraft. 〘1946〙

spáce·wàlk *n.* 宇宙遊泳《専門用語では extravehicular activity という》. — *vi.* 宇宙遊泳する. **～·ing** *n.* 〘1965〙

spáce·wàlk·er *n.* 宇宙遊泳する人. 〘1965〙

spáce·ward /-wəd | -wəd/ *adv.* 宇宙へ(向かって). 〘1958〙

spáce wàrp *n.* スペースワープ, 空間歪曲《SF に登場する仮想的な超空間歪曲または歪曲空間への裂け目; それによって超光速, あるいは物理法則に反する移動が可能となるとする》. 〘1947〙

spáce·wòman *n.* (*pl.* **-women**) 女性宇宙飛行士.

spáce wrìter *n.* 〘新聞〙 採用された原稿の量に応じて報酬を受ける記者[作家] (cf. space rate). 〘1895〙

spac·ey /spéɪsi/ *adj.* 《俗》 **1** 奇妙な, けったいな; 現実感覚を失った. **2** =spaced-out. 〘1970〙

spa·cial /spéɪʃəl, -ʃl/ *adj.* =spatial.

spa·ci·al·i·ty /spèɪʃiǽləṭi | -lɪti/ *n.* =spatiality.

spá·cial·ly /-ʃəli/ *adv.* =spatially.

spác·ing *n.* **1 a** 間を置くこと, スペースをあけること, 間隔をあけること: the ～ of words 語と語の間の取り方. **b** 間隔, 語間, 行間, あき. **2** 空間, あき地 (space). **3** 空間的配置[排列]: the ～ of the planets. 〘(1683): ⇨ space, -ing^1〙

spa·cious /spéɪʃəs/ *adj.* **1** 〈家・部屋・庭・街路など〉広い場所を占める, 広大な, 広々とした, 広い (vast, broad), 大きい (large, great): a ～ hall, house, room, street, etc. / a ～ plain 広々とした平野. **2** 視野の広い, 規模の大きい, 包括的な (comprehensive): a man of ～ intellect 広い知識をもった人. **～·ly** *adv.* **～·ness** *n.* 〘(*c*1390) □ OF *spacios* (F *spacieux*) // L *spatiōsus* ← *spatium* 'SPACE': ⇨ -ous〙

spack·le /spǽkl/ *n.* [S-] 〘商標〙 スパックル《修理用の速乾性でしっくい状の接着剤》. — *vt.* …をスパックルで修理する. 〘(1928) □ ? G *Spachtel* □ L *spatula*: ⇨ spatula〙

spáckling cómpound *n.* 補修用のしっくい材料.

spac·y /spéɪsi/ *adj.* =spacey.

spad /spǽd/ *n.* 〘測量〙 スパッド《鉱山測量において坑内の天井に測点を設ける場合に用いる釘; spud ともいう》. 〘(1908) (変形) ← SPUD〙

spad·as·sin /spǽdəsɪn | -dəsɪn/ *n.* 剣客 (swordsman); (特に)壮士, 暴漢, 刺客 (bully, bravo). 〘□ F ～ □ It. *spadaccino* swordsman ← *spada* sword < L *spatham*: ⇨ spade^2〙

spade^1 /spéɪd/ *n.* **1** 踏鋤(ふみすき)《通例幅広い刃のついたシャベル状の農具; 土を掘り返すのに用いる》. **2 a** スペード状のもの. **b** (幅広の短い)オール. **c** (発射時の反動による火器遊行を防ぐための)砲車のスペード, 駐鋤(ちゅうじょ). **d** (鯨切開用の)のみ. ***cáll a spáde a spáde*** 直言する, 言葉を飾らない, あからさまに言う (speak plainly). 〘1542〙

— *vt.* **1 a** 踏鋤で掘る: ～ a garden, trench, etc. **b** 踏鋤を用いて植える[かぶせる]: ～ fertilizer under. **2** 〈鯨〉をのみで切る. — *vi.* 踏鋤を使う.

spád·er *n.* 〘OE *spadu* < Gmc **spaðōn* (Du. *spade* / G *Spaten* / Swed. & Norw. *spade*) ← IE **sp(h)ē-* long, flat piece of wood (Gk *spáthē* (↓))〙

spade^2 /spéɪd/ *n.* **1** 〘トランプ〙 **a** スペード(の印). **b** スペード札. **c** [*pl.*; 単数または複数扱い] スペード札の一そろい (suit): the ace of ～*s* スペードのエース. **d** [*pl.*] スペード賞《casino でスペードを 7 枚以上取って 1 点得ること》. **2** 《米俗》〘軽蔑的〙 黒人 (negro). ***in spádes*** 《米口語》 (1) 断然, はっきりと, 甚だしく (intensely). (2) 素直に, 無遠慮に, 容赦なく (frankly, relentlessly)《bridge などのトランプ遊びでスペード札の一そろいが断然強いところから》. 〘1929〙 〘(1598) □ It. ～ (pl.) ← *spada* sword, mark on cards < L *spatham* □ Gk *spáthē* broad wooden blade, spathe: cf. spoon^1 / Sp. *spada* sword〙

spade^3 /spéɪd/ *n.* =spado. 〘(1680) (変形) ← SPADO〙

spade^4 /spéɪd/ *vt.* 《方言》=spay. 〘1611〙

spáde bèard *n.* 鋤(すき)形のあごひげ《やや長方形をしたもの》. **spáde-bèard·ed** /-dɪd | -dɪd/ *adj.* 〘1598〙

spáde·fìsh *n.* 〘魚類〙 **1** 北米大西洋岸に多く産するマンジュウダイ科 *Chaetodipterus* 属の食用魚の総称; (特に) *C. faber*. **2** =paddlefish. 〘(1704): ⇨ spade^1〙

spáde·fòot *n.* (*pl.* ～**s**) 〘動物〙 スキアシガエル科の穴居性の数種のカエルの総称《足根骨の一部が鋤(すき) (spade) のようになっておりそれで土を掘る; スペインスキアシガエル (*Pelobates cultripes*) など; spadefoot toad ともいう》. 〘1867〙

spáde fòot *n.* 〘家具〙 踏鋤(ふみすき) (spade) に似た方形の先細りの脚《18 世紀後期の家具の直線の角脚に用いられた》. 〘1891〙

spádefoot tóad *n.* 〘動物〙 =spadefoot.

spade·ful /spéɪdfʊ̀l/ *n.* 踏鋤(ふみすき)ひと掘り; 踏鋤一杯(分): a ～ *of* earth. 〘(1643) ← SPADE^1+-FUL〙

spáde guínea *n.* 《英》 スペードギニー《1787–99 年 George 三世時代に鋳造された金貨; 裏にトランプのスペード形の盾が刻んである》. 〘1853〙

spáde hàndle *n.* 〘機械〙 ふたまた, ヨーク.

spáde hùsbandry *n.* (踏鋤(ふみすき)で土を掘り返す)深耕農法.

spáde màshie *n.* 〘ゴルフ〙 スペードマシー《アイアンクラブの一つ; 6 番アイアン (number six iron) の旧名》.

spáde rùdder *n.* 〘海事〙 鋤(すき)形舵.

spáde·wòrk *n.* **1** 踏鋤(ふみすき)でやる仕事. **2** (データ収集など面倒な)基礎作業, (骨の折れる)基礎研究 (pioneer work). 〘(1778): ⇨ spade^1〙

spad·ger /spǽdʒə | -dʒə(r)/ *n.* **1** 《英俗》〘鳥類〙 イエスズメ (house sparrow). **2** 《俗》 小さな少年, ちび (small boy). 〘(1862) (転訛) ? ← SPARROW〙

spa·di·ceous /speɪdíʃəs, spə-/ *adj.* **1** 明るいくり色の (bright brown). **2** 〘植物〙 肉穂花 (spadix) を有する;

S

肉穂花質の. 〖(1646) ← NL *spadiceus* ← L *spādīx* 'SPADIX': ⇨ -eous〗
spadices *n.* spadix の複数形.
spa·dille /spədíl; *F.* spadij/ *n.* 〖トランプ〗スパディール《ある種のカードゲームで一番強い切札; ombre ではスペードのエース, solo ではクラブのクイーン》. 〖(1728) □ F ~ □ Sp. *espadilla* (dim.) ← *espada* 'SPADE[2]'〗
spa·dix /spéɪdɪks | -dɪks/ *n.* (*pl.* **spa·di·ces** /spéɪdəsìːz | -dɪ̀-/) 〖植物〗肉穂花序《サトイモ科の植物の無限花序の穂状花序》. 〖(1760) □ L *spādīx* □ Gk *spádīx* a broken palm branch, date-brown color ← *spân* to tear off: cf. span[1]〗
spa·do /spéɪdoʊ | -dəʊ/ *n.* (*pl.* **spa·do·nes** /speɪdóʊniːz | -dəʊ-/) **1** 去勢した人[動物]. **2** 〖法律〗生殖不能者 (impotent person). 〖(*c*1430) □ L *spadō(n-)* □ Gk *spádōn* eunuch ← *spân* to tear off (↑)〗
spae /spéɪ/ *vt.* (**spaed; spae·ing**)《スコット・北英》予告する, 予言する (prophesy). **spá·er** *n.* 〖(*a*1325) *spa(n)* □ ON *spā* ← ?〗
spaetz·le /ʃpétslə, -li; *G.* ʃpɛ́tslə/ *n.* シュペッツレ《小麦粉の生地を団子状・ひも状にしてゆでたもの; 肉料理の付け合わせや煮込みに用いる》. 〖□ G《方言》*Spätzle* (dim.) ← *Spatz* sparrow〗
spáe·wìfe *n.*《スコット・北英》女性予言者. 〖*a*1774〗
spag[1] /spǽg/ *n.*《豪俗》[軽蔑的] イタリア人. 〖(1967) ← *spaghetti*〗
spag[2] /spǽg/ *vt.* (**spagged; spag·ging**)《南ウェールズ》〈猫が〉ひっかく. 〖← ? Welsh *ysbach* claw // Sc.-Gael. *spāg*〗
spag bol /spǽgbɑ́(ː)l | -bɒl/ *n.*《俗》スパゲッティ・ボロネーズ (spaghetti Bolognese).
spa·ghet·ti /spəgéti | -ti; *It.* spagétti/ *n.* **1** スパゲッティ《パスタ (pasta) の一種; cf. macaroni》. **2** 〖電気〗小半径の絶縁管《小型セットで配線の絶縁用》. **3** 〖服飾〗婦人服の装飾に用いるトリミングやループ《スパゲッティに似ていることに由来する》. 〖(1849) □ It. ~ (pl.) ← *spaghetto* (dim.) ← *spago* string〗
spaghétti Bolognése *n.* スパゲッティボロネーズ《牛の挽肉・トマト・タマネギなどを入れたソースで食べる》.
spa·ghet·ti·fi·ca·tion /spəgètəfɪkéɪʃən | -tɪ̀fɪ-/ *n.* **1** 《戯言》〖物理〗スパゲッティ化《ブラックホールの重力場による潮汐力によって物体が引き伸ばされること》. **2** 〖電算〗(プログラムの論理構造などが)入り組むこと.
spaghétti júnction *n.*《英》高速道路が複雑に交差したインターチェンジ.
spa·ghet·ti·ni /spəgətíːni | spæ̀gət-; *It.* spagettíːni/ *n.* スパゲッティーニ《spaghetti より細く vermicelli より太いパスタ》. 〖(1953) □ It ~ (dim.): ⇨ spaghetti〗
spaghétti squàsh *n.* ソウメンカボチャ, イトカボチャ, 金糸瓜《ペポカボチャ (*Cucurbita pepo*) の一品種で, 調理すると果肉がひも状になる》.
spaghétti stràp *n.* (女性用の衣服の)細い肩ひも.
spaghétti wéstern *n.*《米俗》マカロニウェスタン《イタリア製西部劇》. 〖1969〗
spa·gyr·ic /spədʒírɪk/《古》*adj.* 錬金術の (alchemic)《また spagyrical ともいう》. — *n.* 錬金術師 (alchemist). 〖(1593) ← NL *spagiricus* (Paracelsus の造語) ← ? Gk *spân* to draw, separate + *ageírein* to assemble〗
spa·hi /spáːhiː/ *n.* (*also* **spa·hee** /~/) **1** /*Turk.* sipahí/ オスマン帝国の騎士. **2** /*F.* spai/ (フランス軍隊所属の)アルジェリア現地人騎兵. 〖(1562) □ F ~ □ Turk *sipāhī*: ⇨ sepoy〗
Spain /spéɪn/ *n.* スペイン《ヨーロッパ南西端の王国; 面積 504,750 km^2, 首都 Madrid; 公式名 the Spanish State スペイン国; スペイン語名 España》. ***a cástle in Spáin*** ⇨ castle 成句. 〖(?*a*1200) *Spaine* □ AF *Espayne* = OF *Espaigne* (F *Espagne*) < LL *Spāniam* (□ Gk *Spānía*) = L *Hispānia*〗
spake *v.*《古・方言》speak の過去形. 〖(13C) ∽ OE *sp(r)æc*〗
spa·lac·id /spəlǽsɪ̀d | -sɪd/ *adj., n.* 〖動物〗メクラネズミ科の(動物). 〖↓〗
Spa·lac·i·dae /spəlǽsədiː | -sɪ-/ *n. pl.* 〖動物〗メクラネズミ科. **spal·a·cine** /spǽləsàɪn/ *adj.* 〖← NL ~ ← *Spalac-, Spalax* (← Gk *spálax* mole) + -IDAE〗
Spa·la·to /*It.* spáːlato/ *n.* スパーラト《Split のイタリア語名》.
Spal·ding /spɔ́ːldɪŋ, spáː- | spɔ́ː-, spɔ́l-/ *n.* 〖商標〗スポルディング《米国製のスポーツ用具・スポーツウェア・バッグなど》.
spale /spéɪl/ *n.*《英方言》木舞(こまい), 木摺(きずり) (lath), 木端 (chip). 〖(*c*1470) ← ?〗
spall /spɔ́ːl, spáːl | spɔ́ːl/ *vt.* **1** (柄の長い軽いハンマーで)〈鉱石を〉割る (chip, splinter). **2** 〈石材を〉あら仕上げする. **3** 層状に剝離する. — *vi.* **1** 鉱石を砕く; 砕ける, 割れる, 裂ける (splinter); 層状に剝離する〈*away, off*〉. **2** (原子爆弾によって)破砕する (cf. spallation). — *n.* (石・鉱石・ガラスなどの)砕片, かけら (chip, splinter). **spáll·a·ble** /-ləbl/ *adj.* 〖(*c*1440) *spalle* chip ← ?: cf. ↑ / 《スコット・北英》*spald* to split / G *spalten* to split〗
Spal·lan·za·ni /spàːlənzáːni, spæ̀ləntsáː-; *It.* spallantsáːni/, **Laz·za·ro** /láddzaro/ *n.* スパランツァーニ (1729–99; イタリアの生理学者; 実験生物学の祖とされる).
spall·a·tion /spɔːléɪʃən, spɑː- | spɔː-/ *n.* 〖物理〗破砕《原子核が高エネルギー粒子の衝撃によって 3 個以上の破片に分離する現象; cf. fission》. 〖(1948): ⇨ spall, -ation〗
spal·peen /spæ̀lpíːn, spɑːl- | -/ *n.*《アイル》**1** 労働者. **2** ごろつき, 与太者 (rogue). **3** 少年, 子供 (young boy). 〖(1780) □ Ir. *spailpín* ← ?: ⇨ -een[2]〗
spalt·ed /spɔ́ːltɪ̀d, spáːl- | spɔ́ːl-/ *adj.* 〈木材が〉(菌類による腐敗の結果)不規則な黒っぽい線のある《工芸品の装飾効果に利用されることがある》: a ~ maple jewelry box. 〖(1977) (p.p.) ← 《方言》*spalt* to split, tear〗
spam /spǽm/ *n.* **1** 〖インターネット〗スパム《無差別に送りつけられるメッセージ, くずメール; spam mail ともいう》. **2** [S-] 〖商標〗スパム《ランチョンミートの缶詰》. — *vt.* 〖インターネット〗〈メッセージなどを〉無差別に送りまくる. 〖(1937)《商標名》← *sp(iced) (h)am*: 1 は英国のテレビコメディー *Monty Python's Flying Circus* 中の, 2 の商品名を連呼する有名スキットからか〗
Sp. Am. 《略》Spanish America; Spanish-American.
span[1] /spǽn/ *n.* **1 a** 短い期間 (short period); (特に, 人の短い)一生; 短い距離 (short distance): within a time ~ of twenty hours 20 時間のうちに / We have only a short ~ to live. 我々の一生はほんのわずかだ / How brief is the ~ of human life! 人間の一生は何と短いことか. **b** 全長 (extent, reach): the ~ of one's arms 腕の長さ / the whole ~ of English history 英国史の全体 / the ~ of memory 〖心理〗記憶範囲 (memory span) / His life had well-nigh completed its ~. 彼の寿命もほぼ尽きていた. **2 a** 〖建築〗梁間(はりま), 径間(けいかん), 支間, スパン《迫持(せりもち)や梁(はり)または橋桁などの支柱から支柱までの間隔》: a bridge of four ~s (三か所に橋脚のある)四径間の橋. **b** 〖航空〗(飛行機の)翼幅, スパン《spread ともいう》. **c** 〖海事〗張り綱《両端は縛りつけてあり, 中間を V 字形に引っ張って両端を引き寄せる形の 1 本の綱》. **d** 〖数学〗張られた部分空間, スパン《ベクトル空間において, 与えられた部分集合を含む最小の部分空間》. **3** 親指と小指とを張った長さ《普通 9 インチ (23 cm)》.
spán of apprehénsion 〖心理〗把握[理解]範囲《被験者に短時間に見せた複数の物について正しく区別できた数または範囲》.
spán of atténtion 〖心理〗注意の範囲《短い時間呈示された印象(図形や数字などを書いたカード)を正しく把握できる数; attention span ともいう》. (1922)
— *v.* (**spanned; span·ning**) — *vt.* **1** (時間的に)…に及ぶ, わたる; 〈記憶・想像などが〉…に及ぶ, 広がる, またがる (overleap); 〈空所などを〉補う (cover): His rule ~s half a century. 彼の支配は半世紀にわたる / Imagination will ~ the gap in our knowledge. 想像は我々の知識の不足を補う. **2 a** 〈橋などが〉〈川などに〉かかる, かかっている: The bridge ~s the river. 橋が川にかかっている / A rainbow ~*ned* the lake. 虹が湖にかかった. **b** 〈川〉に〔橋などを〕かける, 渡す〔*with*〕: ~ a river *with* a bridge 川に橋をかける. **3 a** 親指と小指とを張った長さで測る, 指寸法で測る; 測る (measure): I made it 3 feet by ~*ning* it. それを指で測ってみたら 3 フィートあった / His eye ~*ned* the intervening space. 彼は間隔を目測した. **b** 〈手首など〉を軽く握って測る: ~ one's wrist 手首を握って測る. **4** 〖海事〗(綱で)縛る (bind), 結びつける: ~ a boom 円材を索で縛る. **5** 〖数学〗張る《それを含む最小の部分空間が与えられた部分空間になっている》. — *vi.* 《米》(シャクトリムシ (spanworm) のように)段々に進む, 伸び縮みして進む. 〖n.: OE *span(n)* ← Gmc **spanno-* (Du. *span* / G *Spanne* / ON *spǫnn*) ← IE **(s)pen(d)-* to draw, stretch, spin (L *pendēre* to hang / Gk *spân* to pull). — v.: (1375) *spanne(n)* to seize ← (n.): cf. OE *spannan* to fasten〗

span

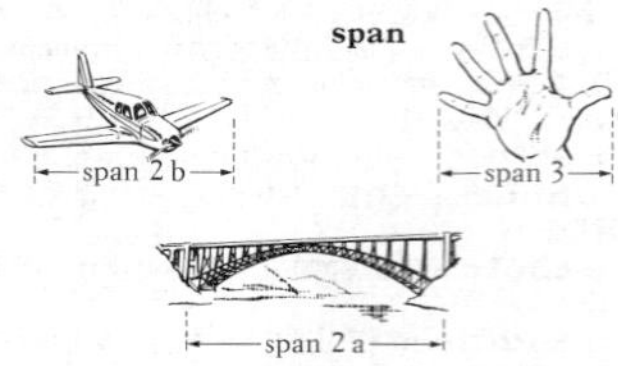

span[2] /spǽn/ *n.* 《米》(くび木をつけて一緒に追われる)一対の馬[ラバ(など)]. 〖(1769) □ Du. & LG ~ ← *spannen* to fasten (↑)〗
span[3] *v.* 《古・方言》spin の過去形. 〖OE *spann*〗
span[4] /spǽn/ *adv.* 《米口語》完全に, 全く, すっかり (completely). 〖《略》← SPAN-NEW // SPICK-AND-SPAN〗
Span. 《略》Spaniard; Spanish.
spa·na·ko·pi·ta /spæ̀nəká(ː)pɪtə | -kɔ́pɪtə/ *n.* 〖料理〗スパナコピータ《伝統的ギリシャ料理の一つ; ホウレンソウ・フェタチーズ (feta cheese) と香辛料をフィロ (phyllo) でくるんで焼いたパイ》. 〖(1950) □ Mod. Gk *spanakópeta* ← *spanáki* spinach + *péta, píta* pie〗
span·cel /spǽnsəl, -sl/ *vt.* (**span·celed, span·celled; span·cel·ing, span·cel·ling**) (引けば縮まる)輪縄で〈牛・馬などの両後脚を縛る〉; 拘束する (fetter). — *n.* (牛・馬の両方の後脚を縛る)輪縄. 〖(1610) □ LG ~ ← *spannen* 'to SPAN[2]'〗
spán-còunter *n.* 《廃》男の子のゲーム《自分の駒 (counter) を相手の駒の近くに (a span 内に) 投げて競う: cf. Shak. *2 Hen VI* 4. 2. 158》. 〖1566〗
span·dex /spǽndeks/ *n.* 〖化学〗スパンデックス《85% 以上のポリウレタン (polyurethane) を含む弾性合成繊維》. 〖(1959)《変形》← EXPAND〗
spán dògs *n. pl.* 組みつかみ《爪のついた二本のつかみ金 (dog) を環で結んだもので, 材木などをくわえて引き揚げる》. 〖1867〗
span·drel /spǽndrəl/ *n.* **1** 〖建築〗**a** スパンドレル, 三角小間; 窓小間. **b** スパンドレル《鉄骨建築で窓の下枠とその直下の階の窓の上枠とにはさまれた部分の外壁パネル》. **2** 〖郵趣〗中央図案と長方形の外枠との間のスペースまたはそこにある飾り模様. **3** 〖時計〗(クロックの角形文字盤上で)時刻数字の輪の外側にできる四隅の空白部分(に施された装飾模様). 〖(1477–78) *spaundrell* (dim.) ← AF *spaundre* ← ? OF *espandre* 'to EXPAND': ⇨ -el[2]〗

spandrel 2

spándrel bèam *n.* 〖建築〗スパンドレルビーム《コンクリートや鉄骨建築で枠組の外縁をなす太梁》.
spándrel wàll *n.* 〖建築〗スパンドレルウォール《三角小間のある壁》. 〖1838〗
span·dril /spǽndrəl/ *n.* = spandrel.
spang /spǽŋ/ *adv.* 《米口語》**1** 正確に (exactly); 完全に (completely). **2** 直接に, じかに, まともに (directly). 〖(1843–8) ← 《方言》~ 'to leap' ← ?〗
span·gle /spǽŋgl/ *n.* **1** スパンコール (sequin)《舞台用の衣装などに付けるぴかぴか光る飾りもの》: gold [silver] ~s. 日英比較 「スパンコール」は *spangle* のなまり. **2** ぴかぴか光る物《星・霜・雲母など》. **3** 〖冶金〗スパングル《溶融亜鉛めっき鋼板上に現れる模様》. — *vt.* **1** スパンコールで飾る; …にぴかぴか光る金具をつける. **2** [主に p.p. 形で]〔…で〕ぴかぴか光らせる〔*with*〕: grass ~*d with* dewdrops 露のしずくで光る草 / The sky was ~*d with* stars. 空は星できらめいていた. — *vi.* スパンコール〖金銀飾り〗でぴかぴか光る; スパンコールのように光る. 〖(*c*1420) *spangel* (dim.) ← *spang* spangle □ MDu. *spange* clasp, buckle: cf. OE *spang* clasp / span[1, 2]: ⇨ -le[1]〗
spán·gled *adj.* [通例複合語第 2 構成素として] (…を)ちりばめた, (…で)ぴかぴか光った: dew-*spangled* 露で光った / star-*spangled* heavens [skies] 星の輝いた空. 〖1584〗
spángle gàll *n.* 〖昆虫〗スパングルゴール《タマバチ (gall wasp) の一種 *Neuroterus quercusbaccarum* の幼虫の生育に伴ってオークの葉裏に形成される小さいレンズ状の赤みをおびた虫こぶ》. 〖1864–65〗
Spang·lish /spǽŋglɪʃ/ *n.* (米国西部, ラテンアメリカで話される)スペイン語と英語の混ざった言葉. 〖(1954)《混成》← SPAN(ISH) + (EN)GLISH〗
span·gly /spǽŋgli, -gli/ *adj.* (**span·gli·er; -gli·est**) ぴかぴか光る金具をつけた, ぴかぴか光る (glittering). 〖(1818) ← SPANGLE + -Y[2]〗
Span·iard /spǽnjəd | -njəd/ *n.* **1** スペイン人[住民]. **2** 〖植物〗(NZ) = spear grass. 〖(*c*1400) *Spaignarde, Spaynard* □ OF *Espaignart, Espaniard* ← *Espaigne* 'SPAIN': ⇨ -ard〗
span·iel /spǽnjəl/ *n.* **1** スパニエル犬《スペイン原産の猟犬種》: the toy ~ 小形スパニエル / ⇨ cocker spaniel, field spaniel, clumber spaniel, springer spaniel, Sussex spaniel, water spaniel, King Charles spaniel. **2** 卑屈な人, おべっか使い, 追従者 (sycophant): a tame ~ 人の言いなりになる人, おべっか使い. 〖(*c*1395) *spaynel* □ OF *espaigneul* (F *épagneul*) < VL **spāniōlum* = L *Hispāniōlus* Spanish ← *Hispānia* 'SPAIN'〗
Span·ish /spǽnɪʃ/ *adj.* **1** スペインの; スペインに支配された, スペイン支配下の. **2** スペイン人の. **3** スペイン語の. **4** スペイン風の. **5** = Spanish-American. — *n.* **1** スペイン語. **2** [the ~; 集合的] スペイン人 (Spanish people). 〖(?*a*1200) *Spainish*: ⇨ Spain, -ish[1]〗
Spánish Amèrica *n.* スペイン語使用の中南米諸国[地方]《ブラジル・ガイアナ・フランス領ギアナ・スリナムを除く中南米諸国から成る; cf. Latin America》.
Spánish-Américan *adj.* **1** Spanish America (の人)の. **2** (合衆国に住む)スペイン系アメリカ人の. **3** スペインとアメリカの.
Spánish Américan *n.* **1** Spanish America の人. **2** (合衆国に住む)スペイン系アメリカ人. 〖1811〗
Spánish-Américan Wár *n.* [the ~] 米西戦争 (1898).
Spánish Armáda *n.* [the ~] 無敵艦隊《16 世紀に植民地帝国として強大な力を誇っていたスペインの艦隊; スペイン王 Philip 二世は 1588 年同艦隊をイギリス討伐の目的で派遣したが英仏海峡において敗退した; the (Invincible) Armada ともいう》.
Spánish bayonét *n.* 〖植物〗センジュラン, チモラン (*Yucca aloifolia*)《北米 North Carolina 州・東部メキシコなどの原産のユリ科ユッカ属の植物; Spanish dagger ともいう; cf. yucca》. 〖1843〗
Spánish béard *n.* 〖植物〗= Spanish moss.
Spánish bláck *n.* スペイン墨《墨色の絵の具》. 〖1839〗
Spánish blúebell *n.* 〖植物〗= Spanish jacinth.
Spánish bróom *n.* 〖植物〗**1** レダマ (*Spartium junceum*)《ヨーロッパ南部および Canary 諸島産マメ科レダマ属の低木; 葉が少なく, 芳香のあるエニシダに似た黄色の蝶形花からは黄色染料がとれる》. **2** ヨーロッパ南西部産マメ科ヒトツバエニシダ属の黄色の花が咲く低木 (*Genista hispanica*). 〖1562〗
Spánish brówn *n.* **1** スペイン土《酸化鉄を主成分とする土褐色の絵の具; その原料》. **2** = Indian red 4. 〖1660〗
Spánish búrton *n.* 〖海事〗スパニッシュバートン《滑車装置 (tackle) の一形式》. 〖1829〗
Spánish búttons *n.* (*pl.* ~) 〖植物〗クロアザミ (*Cen-*

taurea nigra)《キク科ヤグルマギク属の植物》.
Spánish cédar *n.* **1**〘植物〙スペインスギ (*Cedrela odorata*)《西インド諸島原産センダン科の高木; 針葉樹ではない; West Indian cedar ともいう》. **2** スペインスギ材《赤色で香気がある; 葉巻たばこの箱や家具材用》. 〖1907〗
Spánish chéstnut *n.* **1**〘植物〙ヨーロッパグリ (*Castanea sativa*)《地中海地方原産のクリの一種; sweet chestnut ともいう》. **2** ヨーロッパグリの実《食用大ぐり》. 〖1699〗
Spánish Cívil Wár *n.* [the ～] スペイン内乱 (⇨ civil war 2 c). 〖1936〗
Spánish-Colónial *adj.*〘建築〙スペイン植民地様式の, スパニッシュ コロニアル様式の《アメリカ大陸におけるかつてのスペイン植民地に特徴的な建築様式》. 〖1927〗
Spánish cústoms *n. pl.*《英口語》スペイン流労働慣行《過度の残業や労働組合の圧力による過剰人員割当などの変則的労働慣行; old Spanish customs [practices] ともいう》.
Spánish dágger *n.*〘植物〙**1** アツバキミガヨラン (*Yucca gloriosa*)《米国南東部産のユリ科ユッカ属の植物》. **2** =Spanish bayonet. 〖1859〗
Spánish flú *n.*〘病理〙=Spanish influenza. 〖1918〗
Spánish flý *n.* **1**〘昆虫〙ヨーロッパミドリゲンセイ (*Lytta vesicatoria*)《ミドリゲンセイ (*Lytta caraganae*) に似たツチハンミョウ科の甲虫; 干して粉末にして発泡剤, また催淫剤とされているカンタリス (cantharides) を作る; cf. blister beetle》. **2**〘薬学〙=cantharis 2.
Spánish fóot *n.* (17 世紀後期のスペインから流行した) 表面に溝が彫られ, 底部が渦形をなすピラミッド状の家具の脚. 〖1923〗
Spánish fóx *n.*〘海事〙=fox 5.
Spánish Fúry *n.* [the ～] スペインの暴虐 (⇨ fury 2 b).
Spánish góat *n.*〘動物〙スペインヤギ (Spanish ibex)《Pyrenees 山地に住むヤギ》.
Spánish gráin *n.* 植物タンニンなめしのファンシー革および家具用革の型押仕上げした銀面《古くは濃厚植物タンニン液で不均一に収縮させて銀面模様をつくった》.
Spánish gráss *n.*〘植物〙=esparto. 〖1867〗
Spánish gríppe *n.*〘病理〙=Spanish influenza.
Spánish Guínea *n.* スペイン領ギニア《1968 年までの Equatorial Guinea の旧名》.
Spánish guitár *n.*〘音楽〙スパニッシュギター, クラシックギター《エレキギターと区別して》. 〖1862〗
Spánish héel *n.* スパニッシュヒール《婦人靴のかかとの型の一種で, 内側が鉛直で外側が湾曲したハイヒール; cf. Cuban heel, French heel, spike heel》.
Spánish hýacinth *n.*〘植物〙=Spanish jacinth.
Spánish íbex *n.*〘動物〙スペインアイベックス (Spanish goat).
Spánish influénza *n.*〘病理〙流行性感冒, (特に 1917–18 年に大流行した)スペインかぜ. 〖1918〗
Spánish Inquisítion *n.* [the ～] スペインの異端審問[宗教裁判]《1480–1834; 苛酷なことで有名; 単に Inquisition ともいう》.
Spánish íris *n.*〘植物〙スペインアヤメ (*Iris xiphium*)《地中海沿岸西部地方原産のアヤメ科の球根植物; 紫色の花が咲く; xiphium iris ともいう》. 〖1863〗
Spánish jácinth *n.*〘植物〙ツリガネズイセン (*Scilla hispanica*)《スペインおよびポルトガル原産ユリ科ツルボ属の球根植物; ヒヤシンスに似て小形な青・白の花穂をつける, 観賞用; Spanish bluebell, Spanish hyacinth ともいう》.
Spánish jásmine *n.*〘植物〙オオバナソケイ (*Jasminum grandiflorum*)《東インド諸島原産モクセイ科の常緑低木で, いわゆるジャスミンの一種; 香料植物》. 〖1664〗
Spánish léather *n.* =Cordovan 2. 〖1483〗
Spánish líme *n.*〘植物〙=genip 2.
Spánish máckerel *n.*〘魚類〙**1** サバ科サワラ属 (*Scomberomorus*) の食用魚の総称《pintado, kingfish, sierra ともいう; cf. cero》: **a** 暖かい時期に米国大西洋沿岸にいる魚 (*S. maculatus*). **b** メキシコや南カリフォルニア海岸に生息するサワラ属の魚 (*S. concolor*). **2** スペインサバ (*Scomer colias*)《地中海産のタイセイヨウサバ (mackerel) の類の食用魚》.
Spánish Máin *n.* [the ～] **1** 南米北部のカリブ海 (Caribbean Sea)沿岸地方《パナマ地峡から Orinoco 川までの地域の旧名》. **2** カリブ海南部の沿岸海域《スペイン商船の航路で海賊の出没が多かった水域の旧名》. 〖1725〗
Spánish mórion *n.* =cabasset.
Spánish Morócco *n.* スペイン領モロッコ《Morocco の旧スペイン地区 (Spanish zone); ⇨ Morocco》.
Spánish Moróccan *adj., n.*
Spánish móss *n.*〘植物〙**1** サルオガセモドキ (*Tillandsia usneoides*)《米国南東部から Andes 地方に産するパイナップル科の植物; 樹上や電線などに着生し, 葉は唐草模様のように伸びて下垂する; Florida moss, American moss ともいう》. **2** サルオガセ (*Usnea longissima*)《long moss ともいう》. 〖1823〗
Spánish néedles *n.* (*pl.* ～)〘植物〙とげの生えている痩果(そうか)をつけるメキシコ原産カバノキ科センダングサ属 (*Bidens*) の植物の総称《タイリンセンダングサ (*B. bipantina*) など》. 〖1584〗
Spánish ómelet *n.* スペイン風オムレツ《トマト・ピーマン・タマネギ入りのオムレツ》. 〖1886〗
Spánish ónion *n.* スペインタマネギ《水分が多くて舌ざわりの柔らかな大形のタマネギ》. 〖1706〗
Spánish óyster plànt *n.*〘植物〙キバナアザミ (*Scolymus hispanicus*)《ヨーロッパ南西部原産キク科キバナアザミ属の二年草; アザミに似て大形植物》.
Spánish paprìka *n.* **1**〘植物〙甘トウガラシの一種 (*Capsicum frutescens* subsp. *acuminatum*)《野菜または薬味用; pimiento ともいう》. **2** Spanish paprika から作られる香辛料.
Spánish plúm *n.* **1**〘植物〙スパニッシュプラム (*Spondias purpurea*)《熱帯アメリカ産の赤い実をつけるウルシ科の高木》. **2** スパニッシュプラム《食用になるその赤い実; red mombin ともいう》. 〖1823〗
Spánish potáto *n.* =sweet potato.
Spánish práctices *n. pl.*《英口語》=Spanish customs.
Spánish ríce *n.* スパニッシュライス《タマネギ・トマト・ピーマン等を入れ, 香辛料で味をつけた米料理》.
Spánish Sahára *n.* [the ～] スペイン領サハラ《1975 年までの Western Sahara の旧名》.
Spánish Stàte *n.* [the ～] 米国 New Mexico 州の俗称《もとスペイン領であったことから》.
Spánish Succéssion, the War of the *n.* ⇨ war[1].
Spánish téa *n.*〘植物〙=Mexican tea.
Spánish Tówn *n.* スパニッシュタウン《ジャマイカ中南東部, Kingston の西にある市; 1872 年まで同国の首都》.
Spánish-wálk *vt.*《米俗》つまみ出す, 追っ払う.
Spánish wálk *n.*〘馬術〙=piaffe.
Spánish Wést África *n.* スペイン領西アフリカ《アフリカ北西部の旧スペイン領地; 1958 年に Ifni と Spanish Sahara に分離》.
Spánish whíte *n.* (絵の具用)チョーク質の粉末; 硝酸蒼鉛(そうえん).
Spánish wíndlass *n.* 綱をより合わせたり強く張るためのねじり棒.
spank[1] /spǽŋk/ *vt.* **1** (罰として)〈子供〉のしりなどを平手[スリッパなど]で打つ: ～ a child. **2**〈風船などを〉打ち上げる: ～ a balloon into the air 風船をぽんと叩いて空に上げる. **3** 厳しく叱る[非難する]. — *n.* **1** (しりなどを)ぴしゃりと打つこと, 平手打ち (slap). **2** 平手打ちの音. 〖(1727) 擬音語?〗
spank[2] /spǽŋk/ *vi.* 疾走する;〈馬が〉元気よく駆ける〈*along*〉. — *vt.*〈馬・車などを〉疾走させる. 〖(1807–10)《逆成》← SPANKING〗
span·ker /spǽŋkə | -kə(r)/ *n.* **1**《口語》活発に動く人[動物]; (特に)速く走る馬, 駿馬(しゅんめ). **2**《口語》すばらしい人[もの], 目ざましい人, 偉い人. **3**〘海事〙**a** スパンカー《横帆船の最後檣(しょう)の下部に掛けた縦帆》. **b** (四檣以上のスクーナー船の)最後檣; (または)それに掛けた縦帆. 〖(1663)《廃》(gold) coin ← ?: cf. spanking, spank[2]: ⇨ -er[1]〗
spánker bòom *n.*〘海事〙スパンカー帆杠(はんこう)《スパンカーの下端を支える円材; 帆を張り出したり引き入れたりするのに用いる》. 〖1813〗
spank·ing /spǽŋkɪŋ/ *adj.* **1 a** きびきび動く, 疾走する. **b** 威勢のよい, 活発な (brisk), 速い (rapid): a ～ trot 活発な速歩 / go at a ～ pace 大またに速く歩く. **c**〈風が〉強く[勢いよく]吹く: a ～ breeze. **2**《口語》並はずれてすてきな[すばらしい, 大きい]: have a ～ time 非常におもしろく時を過ごす. — *adv.*《口語》すばらしく, きわめて: a ～ fine woman すごい美人 / a ～ new building 真新しい建物. — *n.* (罰としての)しりへの平手打ち, しり叩き. 〖adj., adv. (*a*1666) ← ?: cf.《スコット・方言》*spang* to leap, move fast. — n.: (1854) ← SPANK[1]〗
spán·less *adj.* 計ることのできない, 計り知れない (measureless). 〖(1847) ← SPAN[1] (v.)＋-LESS〗
spán lòading *n.*〘航空〙翼幅荷重《飛行重量を翼幅の 2 乗で割った値; cf. loading 6》; 翼幅方向に分布して働く揚力》. 〖1929〗
span·ner /spǽnə | -nə(r)/ *n.* **1 a**《英》スパナ, レンチ (wrench). **b** C スパナ《spanner wrench ともいう; cf. pin wrench》. **2** 指で測る[寸法を取る]人. ***thrów [pút] a spánner (into [in] the wòrks)***《英口語》= *throw a* WRENCH *(into the works)*. (1934) 〖1: ((1639)) (*c*1790) □ G ～ ← *spannen* to stretch: ⇨ span[2]. 2: ← SPAN[1] (v.)＋-ER[1]〗
span-new /spǽnnúː, -njúː | -njúː/ *adj.*《古・方言》真新しい, 新品の (brand-new). 〖(*c*1300) *spannewe* □ ON *spānnȳr* ← *spānn* chip (⇨ spoon[1])＋*nȳr* 'NEW'〗
spa·no·ko·pi·ta /spæ̀nəkɑ́(ː)pɪtə | -kɔ́pɪtə/ *n.* = spanakopita.
spán·ràil *n.* 家具の二本の脚を結ぶ横桟[横棒].
spán ròof *n.*〘建築〙切妻式屋根《両側とも同勾配の山形の屋根》. 〖1823〗
span·spek /spɑ́ːnspɛk/ *n.*《南ア》〘植物〙=cantaloupe. 〖(1886) □ Afrik. ～ ← Du. *Spaans* Spanish＋*spek* bacon (cf. speck[2], spek)〗
Span·sule /spǽnsəl, -suːl | -sjuːl, -səl/ *n.*〘商標〙スパンスル《溶ける時間の異なった数種の顆粒(かりゅう)の入ったカプセル薬品の商品名》. 〖← SPAN[1]＋(CAP)SULE〗
spán·wòrm *n.*〘昆虫〙シャクトリムシ (⇨ looper 2). 〖1820〗
spar[1] /spɑ́ə | spɑ́ː(r)/ *vi.* (**sparred; spar·ring**) **1**〘ボクシング〙**a** 攻撃を加えるのにまず攻撃をしかけたり防御したりすると見せかけて相手にすきを作らせる (*at*). **b** (実戦同様の)練習[模範]試合をする, スパーリングする. **2** こぶしで軽くなぐる (box); 小競り合いをする: ～ *at* a person 人になぐりかかる. **3** 悪口を言い合う, 口論する, けんかする (wrangle). **4**〈闘鶏などが〉けり合う. — *vt.*〈闘鶏〉にけり合いを仕込む. ***spár for tíme*** ⇨ time 成句.
— *n.* **1**〘ボクシング〙**a** 練習[模範]試合, スパーリング (sparring match). **b** 試合. **2** こぶしでなぐり合うこと. **3** 口争い, けんか, 口論 (dispute). **4** 闘鶏. 〖(?*a*1400) □ ? OF *esparer* (F *éparer*) (⇨ ex-[1], parry) //《変形》? ← SPUR: cf. OE *sperran* to strike〗
spar[2] /spɑ́ə | spɑ́ː(r)/ *n.* **1 a**〘海事〙円材《帆柱・帆桁(ほげた)など》. **b** (derrick の)円材(柱). **2**〘航空〙翼桁《翼骨組のうち翼幅方向の主要部材で, 揚力に基づく剪断(せんだん)力と曲げモーメントを担う》. — *vt.* (**sparred; spar·ring**) (浅瀬に乗り上げた船を助けるため)円材や滑車を取り付ける. 〖n.: (*a*1325) *sparre, sperre* □ ON *sparri, sperra* rafter, pole // ← OF *esparre* (F *épar(e)*). — v.: (1883) ← (n.): cf. spear[1]〗
spar[3] /spɑ́ə | spɑ́ː(r)/ *n.*〘鉱物〙へげ石, スパー《良劈開(へきかい)性で光沢のある鉱物に対する一般的呼称》: ⇨ calcareous spar, Derbyshire spar, fluorspar, heavy spar, Iceland spar, satin spar. 〖(1581) □ MLG ～: cf. OE *spær stān* gypsum & *spæren* of plaster〗
spar[4] /spɑ́ə | spɑ́ː(r)/ *vt.*《古》(ドアなどを)(棒・かんぬきで)固定する〈*up*〉. 〖(?*c*1200) *sparre(n)* □ MDu. *sperren*: cf. spear[1]〗
SPAR, Spar /spɑ́ə | spɑ́ː(r)/ *n.*《米》(第二次大戦中の)沿岸警備隊婦人予備隊員. 〖← L *s(emper) par(atus)* always ready: 沿岸警備のモットー〗
spar·a·ble /spǽrəbl, spɛ́r- | spǽr-/ *n.* (靴のかかとや底に用いる)くさび形の無頭小くぎ, 切りくぎ. 〖(*a*1627)《短縮》← SPARROWBILL〗
spa·rag·mos /spərǽgməs/ *n.* いけにえの八つ裂き, スパラグモス《古代ギリシャのディオニュソスの祭りにおいて牛などのいけにえが巫子(みこ)たちによって八つ裂きにされる儀式》. 〖(1949) □ Gk *sparagmós* tearing ← *sparg-, sparássein* to tear〗
spa·rax·is /spərǽksɪs | -sɪs/ *n.*〘植物〙スイセンアヤメ《南アフリカ原産のアヤメ科スイセンアヤメ属 (*Sparaxis*) の草本の総称》. 〖(1829) ← NL *Sparaxis* (属名) ← Gk *spáraxis* tearing ← *sparag-* (↑)〗
spár bùoy *n.*〘海事〙円柱ブイ, 円柱浮標. 〖1860〗
sparce /spɑ́əs | spɑ́ːs/ *adj.* (**sparc·er; sparc·est**) = sparse.
spár cèiling *n.*〘海事〙=sparring.
spar·ci·ty /spɑ́əsəti | spɑ́ːsɪti/ *n.* =sparsity.
spár dèck *n.*〘海事〙軽甲板(けいこうはん)《軽甲板船の上甲板》. 〖1570〗
spár-dèck véssel *n.*〘海事〙軽甲板(けいこうはん)船.
spare /spɛ́ə | spɛ́ə(r)/ *adj.* (**spar·er; spar·est**) **1** 取っておきの, 予備の, 備えの《しばしば名詞の直後に置く》: a ～ cloak 着替えの外套 / a ～ room 客間 / a ～ bedroom (客用の)予備の寝室 / a ～ bed 予備のベッド / a ～ hand 予備要員 / ⇨ spare tire. **2**《口語》余分の, 余計な (superfluous), 不用の: ～ cash 余分の現金 / Got any ～ change, mister? だんな余分な小銭, 持ってます? / ～ time 余暇 / Is this seat going ～?《英口語》この席は空きますか (cf. *go* SPARE). **3** やせた, やせぎすの, ほっそりした: a ～ body ほっそりした身体 / a man of ～ frame やせ型の人 / lean and ～ やせてほっそりした. **4** 乏しい, 貧弱な (⇨ meager SYN); 倹約な (frugal), 切り詰めた (stinted): a ～ diet つましい食事 / a ～ style むだのない文体 / ～ *of* [*in*] speech むだ口をきかない, 無口な.
dríve a person spáre《英口語》〈人を〉かっかさせる.
gò spáre (1) ⇨ adj. 2. (2)《英口語》ひどく心配する[めんくらう, 怒る]. 〖(*c*1942)〗
— *vt.* **1** [しばしば間接目的語を伴って] 割愛する, さく, 分けてやる; …なしですませる (do without): ～ a thought *for* …のことを考えてやる[思いやる] / Have you any time [tickets] to ～? 余分の時間[切符]はありませんか (cf. 2 b) / Can you ～ (me) a cigarette [a dime]? たばこを 1 本 [10 セント]もらえますか / Can you ～ me a few minutes? 二, 三分さいて下さいませんか. ★ ただし a few minutes を副詞句と見れば「二, 三分失礼しても[座をはずしても]いいですか」の意味となる / (*Spare*) a penny for the guy, please. ガイに 1 ペニーやって下さい《Guy Fawkes Day の夜, 子供が通りがかりの人に言う言葉; もらったお金で花火を買う》/ We can ～ you today. 今日は君の手を借りなくてもよい. **2 a** (ある目的のために)取っておく (set aside). **b** (余分なものとして)余す, 取っておく: with a foot [five minutes] to ～ 1 フィート分 [5 分間]だけ余分に余して (cf. 1). **3 a** 容赦する, 勘弁する; (特に)助命する: if I am ～*d* (神の御加護で)命があれば《通例受身で用いる》/ *Spare* (me) my life. 命ばかりはお助け下さい / His sharp tongue ～*s* nobody. 彼の辛辣な言葉はだれをも容赦しない / *Spare* my blushes! 私を赤面させないでくれ《そんなにほめるな》/ The fire ～*d* nothing. 業火はすべてを焼き尽くした. **b**〈感情などを〉害さない; …に思いやりを示す: ～ a person's feelings 人にいやな思いをさせない, 人を怒らせない / He walked to ～ the horse. 馬をいたわって歩いた. **4** [二重目的語を伴って]〈人〉に…させない, 〈人を〉〈…の目〉に遭わせない, 〈人〉に免れさせる: ～ a person worry 人に心配をかけない / He might have ～*d* himself the trouble. あんな苦労はしなくてもよかったのに(そうした) / *Spare* me your complaints! 泣き事はご免をこうむりたい / I'll ～ you all the gory details. 君に血なまぐさいことを事細かく言うのはよそう / I was ～*d* the task [visiting him]. その仕事[訪ねる労]を免れた. **5** [主に否定構文で] **a** 惜しんで使わない (grudge), 倹約する, 節約する: ～ *no* trouble [pains, expense] 労[骨折り, 費用]を惜しまない[いとわない] / Don't ～ the butter. バターは存分にお使い下さい / *Spare* the rod and spoil the child.《諺》むちを惜しむと子供がだめになる (cf. *Prov.* 13:24). **b** [～ *oneself* で] 骨を惜しむ, 楽に構える: He didn't ～ *himself*. 骨身惜しまず努力した; 自分に対して苛酷であった. **6**《まれ》差し控える〈*to do*〉. — *vi.*《まれ》**1** 倹約する, 節約する. **2** 容赦する, 寛大である.
and to spáre たくさんの (plenty of): time *and to* ～ 十分な時間 / He has money *and to* ～. 大金持ちだ.
enóugh and to spáre ⇨ enough *pron.* 成句.
— *n.* **1 a** 予備品, スペア. **b** 予備タイヤ, スペアキー,

S

着替えのシャツ(など). c ＝spare part. d (スポーツチームの)補欠選手. 2 〖ボウリング〗 a スペア《フレームの第一投, 第二投で 10 本のピンを全部倒すこと; cf. strike 5 a, split 7 a》. b スペアによって(次の第一投を加えて)得る得点. 3 〖窯業〗 スペア《余分の泥漿(でいしょう)を保っておくための石膏型上部の空間部分》.

spar·er /spɛ́(ə)rə | spɛ́ərə(r)/ *n.* **～·ness** *n.*
〖v.: OE *sparian* < Gmc **sparōjan* (Du. & G *sparen* / ON *spara*) ← ? IE **sp(h)ēi-* to thrive (⇨ speed). — adj.: (?c1380) ← (v.): cf. OE *spær* sparing, frugal / ON *sparr*〗

spare·a·ble /spɛ́(ə)rəbl | spɛ́ər-/ *adj.* 節約[割愛]できる. 〖(1688–9): ⇨ ↑, -able〗

spáre·ly *adj.* 1 節約して, 惜しむように. 2 乏しく, 貧弱に: ～ furnished あまり家具を備えつけてない. 3 やせて, ほっそりと: ～ built やせ型の. 〖1559〗

spáre párt *n.* 予備部品, スペア: ～*s* of a motor 機関の予備部品. 〖1888〗

spáre-pàrt súrgery *n.* 《口語》〖医学〗 臓器置換外科. 〖1944〗

spare·ribs /spɛ́ərìbz, -rɪbz | spɛəríbz, ―́―/ *n. pl.* スペアリブ《肉が少しだけ付いている豚のあばら骨; ⇨ pork 挿絵》. 〖(1596)《古形》 *spear-rib, sparrib* ← ? MLG *ribbespēr* cured pork ribs roasted on a spit ← *ribbe* 'RIB¹' ＋*spēr* 'spit, SPEAR¹': 前後の転換および spare との連想によるものか〗

spáre tíre *n.* 1 スペアタイヤ. 2 《口語》 腰まわりの贅肉(ぜいにく). 3 《俗》〈パーティーなどで〉余った一人, あぶれ. 4 《俗》 余計者, 退屈な[嫌がられる]やつ; 《俗》 田舎者.

spargana *n.* sparganum の複数形.

spar·ga·no·sis /spɑ̀əgənóusɪs | spɑ̀ːgənə́usɪs/ *n.* (*pl.* **-no·ses** /-siːz/) 〖病理〗 孤虫症《孤虫 (sparganum) の寄生による病気》. 〖(1693) (1928) ← NL *sparganum* (↓)＋-OSIS〗

spar·ga·num /spɑ́əgənəm | spɑ́ː-/ *n.* (*pl.* **-ga·na** /-nə/, **～s**) 〖動物〗 孤虫《マンソン裂頭条虫 (*Diphyllobothrium mansoni*) などのプレロケルコイド幼虫; 人の体組織内に見出される》. 〖← NL～ ← Gk *spárganon* swaddling band〗

sparge /spɑ́ədʒ | spɑ́ːdʒ/ 《まれ》 *vt.* 1 〈水などを〉まき散らす, 散布する (scatter, sprinkle). 2 荒塗りする, …にしっくいを塗る (plaster). — *vi.* 水をまく, 散布する (spray). — *n.* まき散らすこと, 散布 (sprinkling). **spárg·er** *n.* 〖(1560) □ OF *espargier* // L *spargere* to sprinkle: cf. spark¹, sparse〗

spar·id /spǽrɪd, spɛ́r- | spǽrɪd/ *adj., n.* 〖魚類〗 タイ科の(魚). 〖↓〗

Spar·i·dae /spǽrədìː, spɛ́r- | spǽrɪ-/ *n. pl.* 〖魚類〗 タイ科 (cf. sea bream a, porgy, tai). 〖← NL ～ ← *Sparus* (属名: ← Gk L *sparus* □ *spáros*)＋-IDAE〗

Spar·ine /spɛ́(ə)riːn | spɛ́əriːn/ *n.* 〖商標〗 スペアリン《プロマジン (promazine) の商品名》.

spar·ing /spɛ́(ə)rɪŋ | spɛ́ər-/ *adj.* 1 a 倹約する, 節約する, つましい (⇨ thrifty SYN): a ～ person / be ～ *with* [*in the use of*] butter バターを節約する. b 言葉数の少ない: ～ prose ごてごてしてない[簡潔な]散文 / be ～ *in* speech 無口である. 2 〔…を〕(使うのを)惜しむ (grudging), けちる (chary) 〔*in, of*〕: ～ *in* giving praise むやみにほめない / ～ *of* oneself 骨惜しみをする / Be ～ *of* your epithets. 形容詞をむやみに使うな. 3 〔…に〕乏しい, 〔…が〕貧弱な (scanty) 〔*of*〕: This study is ～ *of* analysis. この研究は分析不足だ. 4 情け深い, 慈悲深い, 寛大な (merciful). 5 〖生理〗 体に必要な物質の消費を節約できる: a ～ action 節約作用《例えばオーレオマイシンのビタミンに対する作用など》 / a ～ agent (栄養上の)節約作用物質《例えば体内蛋白質に対する炭水化物など》. **～·ness** *n.* 〖(c1390): ⇨ spare, -ing²〗

spár·ing·ly *adv.* 1 控え目に, ほんの少し; 惜しむように, 節約して, けちけち(して). 2 めったに, まれに (infrequently). 〖(c1440): ⇨ ↑, -ly¹〗

spark¹ /spɑ́ək | spɑ́ːk/ *n.* 1 火花, 火の粉: *Sparks* fly up the chimney. 火花が煙突の中を立ち昇る / strike (out) a ～ (from flint) (火打ち石で)火を切る / throw ～*s* 火花を散らす / fairy ～*s* (朽木などから発する)燐光(りんこう). 2 a 〖電気〗 電気火花, スパーク; 火花放電. b (内燃機関内の)発火栓(せん)のスパーク; その調整装置. 3 a きらめき, 閃光(せんこう) (gleam); (宝石などの)輝き (sparkle): a ～ of light 閃光. b 宝石; (特に)ダイヤモンド (diamond). 4 a (才気などの)ひらめき (flash): a ～ of genius 天才のひらめき / strike ～*s* out of a person 人の才気[才能]を発揮させる. b 生気, 活気, 生命(を添えるもの): the ～ of life ＝the vital ～ 活気, 生気. 5 [通例否定構文で] 痕跡, 少し (trace, remnant): have *not* a ～ of interest [intelligence] 興味[聡明さ]がみじんもない. 6 [*pl.*; 単数扱い] 《口語》 (船などの)無線電信技師 (radio operator); 電気技師. ***as the spárks flý úpward*** (火の粉が上へ飛ぶように)自然の理に従って, 確かに, 間違いなく (cf. *Job* 5:7). ***sénd spárks flýing*** 激しい議論を巻き起こす. ***(the) spárks flý*** 感情の火花が散る, 鋭い対立[議論]が起こる.
— *vi.* 1 火花が散る; (火花のように)きらめく (sparkle, flash): Her eyes ～*ed* with indignation. 目は憤りで火花を散らした. 2 a 〖電気〗 電気火花を発する, スパークする. b 〈内燃機関・点火栓などが〉正しく発火する. 3 〔…に〕ぱっと反応する, 飛びつく 〔*to*〕: ～ *to* the idea. — *vt.* 1 《米》 引き起こす, 活発にする (activate): ～ a lively motion / The event ～*ed* the great war. その事件が大戦の引き金となった. 2 〈人・チームなどを〉〔…に向けて〕鼓舞する, かき立てる (inspire) 〔*to, into*〕: ～ one's team *to* victory. ***spárk óff*** 《英》 ＝*vt.* 1.
〖n.: OE *spearca, spærca* (cf. MDu. & MLG *sparke*) ← ? IE **(s)p(h)ereg-* 'to SPRINKLE' (L *spargere* 'to SPARGE'). — v.: (c1300) ← (n.): cf. OE *spircan* / MDu. & MLG *sparken*〗

spark² /spɑ́ək | spɑ́ːk/ *n.* 1 若く美人で聡明な女性, 才色兼備の女性. 2 a いきな男, はでな若者, かっこいい男; しゃれ者, 色男. b 気短な人. 3 恋人 (lover); 求愛者 (suitor). ***a bright spárk*** [時に反語的に] 《英口語》 頭のいいやつ, おもしろいやつ.
— *vt.* 《口語》 〈女性〉に求愛[求婚]する (court). — *vi.* 《口語》 求愛[求婚]する (woo); 色男ぶる.
〖(1575) □ ? ON *sparkr* lively // 《転用》 ← SPARK¹〗

Spark /spɑ́ək | spɑ́ːk/, **Muriel (Sarah)** *n.* スパーク (1918–2006; スコットランド生まれの英国のカトリック小説家; *Memento Mori*「死を忘れるな」(1959), *The Prime of Miss Jean Brodie* (1961)).

spárk arrèster *n.* 1 (機関車などの)火の粉止め (cinder frame). 2 〖電気〗 ギャップ避雷器《スパークギャップを通して異常電圧を吸収する避雷器》. 〖1838〗

spárk chàmber *n.* 〖物理〗 放電箱. 〖1961〗

spárk còil *n.* 〖電気〗 火花コイル. 〖1868〗

spárk dìscharge *n.* 〖電気〗 火花放電.

spárk·er *n.* 1 火花[スパーク]を出すもの; 火花を出す小さな花火. 2 〖電気〗 a ＝spark arrester 2. b (電線の)絶縁実験器. c ＝igniter 3. 3 《英俗》 ＝spark¹ 6. 〖(1864): ⇨ -er¹〗

spárk erósion *n.* 〖工学〗 スパーク腐食《成形電極と製品との間に放電を起こすことによって製品を腐食させる方法》.

spárk gàp *n.* 〖電気〗 (放電が行われる)火花間隙(かんげき), 火花ギャップ. 〖1889〗

spárk gènerator *n.* 〖電気〗 火花発電機.

spárk·ing plùg *n.* 《英》 ＝spark plug. 〖1902〗

spárking vòltage *n.* 〖電気〗 火花(放電)電圧《火花間隙(かんげき)を越えて火花放電が始まる電圧; sparkling potential ともいう》.

spárk·ish /-kɪʃ/ *adj.* 《口語》 1 派手な服装の, しゃれた, いきな (showy). 2 色男ぶる. 〖1641〗 ← SPARK² (n.)＋-ISH¹〗

spárk-killer *n.* 〖電気〗 有害スパーク防止装置, 火花消し[止め].

spar·kle /spɑ́əkl | spɑ́ː-/ *vi.* 1 火花[スパーク]を発する; (火花を発するように)きらめく, きらきら光る (glitter): A thousand gems ～*d*. 無数の宝石がきらめいた / Her eyes ～*d* with joy [fury]. 彼女の目は喜び[怒り]に輝いた. 2 光っている; 活気[元気]がある; 〈才気が〉ほとばしり出る: She ～*s* in society. 彼女は社交界で光っている. 3 〈ぶどう酒などが〉泡立つ (effervesce). — *vt.* …に火花を出させる; 輝かせる, きらめかせる: The sun ～*d* the wet grass. 太陽を受けて濡れた草がきらきら輝いた. — *n.* 1 火の粉, 火花. 2 a (宝石などの)きらめき, 光輝 (brilliance), 光沢 (luster) (⇨ flash¹ SYN). b 小さな宝石. 3 (才知などの)ひらめき. 4 異彩, 光彩 (brilliance); 元気, 活気 (liveliness). 5 痕跡 (trace). 6 (ぶどう酒などの)泡立ち (effervescence). 〖v.: (?c1200). — n.: (c1330) *sperkle(n)*: ⇨ spark¹, -le¹·³〗

spárkle·bèrry /-bèri | -b(ə)ri/ *n.* 〖植物〗 ＝farkleberry. 〖1891〗

spár·kler /-klə, -kl- | -klə(r, -kl-/ *n.* 1 a 線香花火. b 火花を発する物, ひらめく物, きらめく物. c 《口語》 ぴかぴか光る宝石, ダイヤモンド. d 火花が出るおもちゃの機関銃. e [主に *pl.*] 《口語》 輝く目. 2 美人; 才人, 才子 (wit). 〖(1713): ⇨ sparkle, -er¹〗

spárk·less *adj.* 火花を発しない, スパークしない. **～·ly** *adv.* 〖1821〗

spárkless commutátion *n.* 〖電気〗 無火花整流. 〖19C〗

spark·let /spɑ́əklɪt | spɑ́ːk-/ *n.* 1 小火花. 2 (女性用のガウンや舞踊衣装などに付ける)きらきらした小さい飾り. 〖← SPARK¹ (n.)＋-LET〗

spar·kling /spɑ́əklɪŋ, -kl- | spɑ́ː-/ *adj.* 1 〈ワインなど〉泡立つ, 発泡性の (effervescent) (cf. still¹ 7). 2 a 火花を発する. b きらめく (glittering); 光る. 3 異彩[光彩]を放つ; (才気)煥発(かんぱつ)の, 生き生きした (vivacious): one's ～ personality. **～·ly** *adv.* **～·ness** *n.* 〖(?a1200): ⇨ -ing²〗

spárkling potèntial *n.* 〖電気〗 ＝sparking voltage.

spárkling wàter *n.* ソーダ水 (soda water).

spárkling wíne *n.* スパークリングワイン, 発泡性ぶどう酒, 発泡酒《通例白ワインに補糖し, 二次発酵によって生じた炭酸ガスを自然にびん詰めにしたもの, 人工的に炭酸ガスを入れ込んだもの; cf. champagne 1, vin mousseux》. 〖1697〗

spárk·òver *n.* 〖電気〗 (絶縁された電極[導体]間に生ずる事故としての)スパーク, 火花連絡. 〖1915〗

spárk photògraphy *n.* 〖写真〗 火花瞬間写真《火花放電を利用して速く動くものを撮影する写真》.

spárk·plùg *vt.* (**spark·plugged; -plug·ging**) 《米口語》 激励する, 鼓舞する, 刺激する; 指導する. 〖(1945) ↓〗

spárk plùg *n.* 1 《米口語》 a 鼓舞する人[もの], 刺激を与える人[もの]. b (一団の)指導[指揮]者, 中心人物. 2 〖機械〗 (内燃機関の)点火プラグ. 〖1903〗

Sparks /spɑ́əks | spɑ́ːks/, **Jar·ed** /dʒɛ́(ə)rɪd | dʒɛ́ər-/ *n.* スパークス (1789–1866; 米国の歴史家).

spárk spèctrum *n.* 〖物理〗 火花スペクトル. 〖1873〗

spárk tèlègraphy *n.* 〖通信〗 火花式無線電信法. 〖1898〗

spárk transmìtter *n.* 〖通信〗 火花式送信機. 〖1916〗

spark·y /spɑ́əki | spɑ́ː-/ *adj.* 1 火花を発する. 2 《口語》 活発な, はつらつとした, 生き生きした. **spárk·i·ly** /-kɪli/ *adv.* 〖(1620) 1827〗

spar·ling /spɑ́əlɪŋ | spɑ́ː-/ *n.* (*pl.* ～, ～**s**) 1 〖魚類〗 ニシキュウリウオ (*Osmerus eperlanus*)《ヨーロッパ産で大きな口には強い歯が生え成魚は透明, 腹部は光沢のある金色; cf. smelt³》. 2 ニシン (herring)の稚魚. 〖(1307–08) *sperlinge* □ OF *esperlinge* (F *éperlan*) ← Gmc: cf. MDu. & MLG *spirlinc* ← *spīr* shoot, blade of grass (⇨ spire¹)＋*-linc* '-LING'〗

spar·oid /spɛ́(ə)rɔɪd | spɛ́ər-/ *adj., n.* 〖魚類〗 タイ科類似の(魚) (sparid ともいう). 〖(1836) ← NL *sparoidēs* ← L *sparus* sea bream, hunting-spear □ Gk *spáros*: cf. spear¹: ⇨ -oid〗

spar·ring /spɑ́ːrɪŋ/ *n.* 〖海事〗 ばら打張り《船倉の内側に張る板をばらばらに間をすかして打ったもの》. 〖(1459–60): ⇨ spar²〗

spár·ring màtch /spɑ́ːrɪŋ-/ *n.* 〖ボクシング〗 練習試合, 模範試合. 〖(1807): ⇨ spar¹ (v.)〗

spárring pàrtner *n.* 1 〖ボクシング〗 スパーリングパートナー《ボクサーの練習相手》. 2 (練習などのための)議論[論争]相手. 〖1908〗

spar·row /spǽrou, spɛ́r- | spǽrəu/ *n.* 〖鳥類〗 1 スズメ《スズメ属 (*Passer*) のいろいろな鳥の総称; スズメ (tree sparrow), イエスズメ (house sparrow) など》: *Sparrows* began to chirp [chatter]. 2 ホオジロの類の *Spizella* 属, *Melospiza* 属などのスズメに似た小鳥 (finch) の総称《チャガシラシトド (chipping sparrow), ヒメスズメモドキ (field sparrow), ヨーロッパカヤクグリ (hedge sparrow), ウタスズメ (song sparrow), ムナフヒメドリ (tree sparrow) など》. **～·like** *adj.* 〖OE *spearwa* < Gmc **sparwon, *sparwaz* (OHG *sparo* / ON *spǫrr* / Goth *sparwa*) ← IE **sper(g)-* sparrow (Gk *spérgoulos* small field bird)〗

spárrow·bìll *n.* ＝sparable. 〖(1629): ⇨ ↑, bill²〗

spárrow-fàrt *n.* 1 《俗》 つまらない人, くだらんやつ, 屁みたいなやつ. 2 《豪俗・英古俗》 雀屁, スズメのおなら時, 夜明け (dawn)《cockcrow のもじり》. 〖1886〗

spárrow·gràss *n.* 《方言》〖植物〗 アスパラガス (asparagus). 〖(1649) 《通俗語源》 ← SPARROW＋GRASS ∽ 《廃》 *sparagus* □ ML 《頭音消失》 ← ASPARAGUS〗

spárrow hàwk *n.* 〖鳥類〗 1 ハイタカ (*Accipiter nisus*)《小形のタカ》. 2 マダラハヤブサ (*Falco sparverius*)《バッタや小哺乳動物を捕食する北米産の小さいタカ》. 〖(15C) *sparawhawke*〗

spar·ry /spɑ́ːri/ *adj.* 〖地質〗 へげ石 (spar) の(多い); へげ石状の. 〖(1695) ← SPAR³＋-Y⁴〗

spárry íron *n.* 〖鉱物〗 ＝siderite 1. 〖1796〗

sparse /spɑ́əs | spɑ́ːs/ *adj.* (**spars·er; spars·est**) 1 a 〈人口など〉まばらな, 希薄な: a ～ population 希薄な人口. b 〈頭髪など〉薄い: one's ～ hair / a ～ beard 薄いあごひげ. c 遠い間隔を置いて生じる, 散在する: ～ vegetation まばらに生えている植物. 2 乏しい, 貧弱な (scanty). **～·ness** *n.* 〖(1727) □ L *sparsus* (p.p.) ← *spargere* 'to scatter, SPARGE': cf. spark¹, sprinkle〗

spárse·ly *adv.* 希薄に, まばらに: be ～ populated 人口が希薄である. 〖(1796): ⇨ ↑, -ly¹〗

spar·si·ty /spɑ́əsəti | spɑ́ːsɪti/ *n.* まばら, 希薄; 貧弱さ. 〖(1865) ← SPARSE＋-ITY〗

Spar·ta /spɑ́ətə | spɑ́ːtə/ *n.* スパルタ《古代ギリシャの強大な都市国家; Peloponnesus 半島最大の都市で, Laconia の首都; 兵士に対する厳格な訓練はいわゆる「スパルタ式訓練」として有名; 別名 Lacedaemon》. 〖□ Gk (Doric) *Spártā*, (Attic) *Spártē* ← ? *hē khṓra spártē* the sown place〗

Spar·ta·cist /spɑ́ətəsɪst | spɑ́ːtəsɪst/ *n.* スパルタクス団 (Spartacus League) の団員. — *adj.* [s-] スパルタクス団の. 〖(1919): ⇨ ↓, -ist〗

Spar·ta·cus /spɑ́ətəkəs | spɑ́ːtə-/ *n.* スパルタクス (?–71 B.C.; 古代ローマのトラキア (Thrace) 出身の奴隷剣士; ローマに対し反乱を起こし (73–71 B.C.) 敗死した).

Spártacus Léague *n.* [the ～] スパルタクス団《第一次大戦中に K. Liebknecht, Rosa Luxemburg らが組織したドイツ社会民主党左派の結社; ドイツ共産党の前身》. 〖(1974) 《部分訳》 ← G *Spartakusbund* ∽ (1918) *Spartacus group*〗

Spar·tan¹ /spɑ́ətn | spɑ́ː-/ *adj.* 1 [ときに s-] スパルタ流[式]の; 武勇の (brave), 厳格で簡素な (austere), 鍛練の厳しい: ～ brevity [courage, endurance, simplicity] スパルタ式簡潔[勇気, 忍耐, 質素] / a ～ life (困苦欠乏に耐える)スパルタ式生活. 2 (古代ギリシャの)スパルタ(人)の.
— *n.* 1 スパルタ人. 2 [ときに s-] スパルタ気質の人, 剛勇の人, 質実剛健な人. 〖(c1425) □ L *Spartānus*: ⇨ Sparta, -an¹〗

Spar·tan² /spɑ́ətn | spɑ́ː-/ *n.* 〖園芸〗 スパータン《カナダ産の生食用リンゴ; 果肉は白くてパリパリとし, 皮はえび茶がかった黄色》.

Spar·tan·burg /spɑ́ətnbə̀ːg | spɑ́ːtnbə̀ːg/ *n.* スパータンバーグ《米国 South Carolina 州北西部の都市》.

Spártan dóg *n.* 1 残酷[残忍]な人. 2 ＝bloodhound 2. 〖1595〗

Spár·tan·ìsm /-tənɪzm, -tn- | -tən-, -tn-/ *n.* スパルタ主義[式], スパルタ精神[気質] (cf. Spartan¹ *adj.* 1). 〖(1880) ← SPARTAN＋-ISM〗

spar·te·ine /spɑ́ətiɪn, -tiːn, -tɪn | spɑ́ːtiːn, -tiɪn/ *n.* 〖化学〗 スパルチン ($C_{15}N_{26}N_2$)《エニシダ (broom) から抽出したアルカロイドで強心剤に用いた》. 〖(1851) ← NL *Spartium* name of the broom genus ← *spartum* broom: ⇨ esparto, -ine³〗

Spar·ti /spɑ́ətaɪ, -tiː | spɑ́ː-/ *n. pl.* [the ～] 〖ギリシャ神話〗 スパルトイ《Cadmus が退治した竜の歯を播(ま)いた所から生まれたとされる 5 人の戦士; Thebes の旧家の先祖といわれる》. 〖□ L ～ □ Gk *Spártoi*:「播かれた者たち」の意〗

Spar·ti·ate /spɑ́ːʃièɪt, -ʃiɪ̀t | spɑ́ːti-, -ʃi-/ *n.* ＝Spartan.

spar·ti·na /spɑ́əṭənə, -tṇə | spɑːtáɪnə, -tíːnə/ *n.* 〘植物〙イネ科スパルティナ属 (*Spartina*) の各種多年草《cord-grass 類; spartina grass ともいう》. 〚(1836) ← NL ～ ← Gk *spartínē* rope〛

spár trèe *n.* 〘林業〙支柱《架線集材 (high-line logging) でケーブルを支えるために枝を払った高木》. 〚1925〛

spár vàrnish *n.* スパーワニス《風雪に耐えて長持ちするワニス; 船の円材 (spar) などに用いられる》. 〚*c*1909〛

spasm /spǽzm/ *n.* **1** 〘生理・医学〙痙縮(けいしゅく), 痙攣(けいれん) (convulsion), ひきつけ, ひきつり: a tonic ～ 強直性痙攣 / a ～ of the stomach 胃痙攣 / cadaveric ～ 死体硬直 / ⇨ nictitating spasm. **2** (活動・感情・努力などの)突然の(一時的な)発作, 激発: a ～ of fear [pain] 発作的恐怖[苦痛] / a ～ of temper かんしゃく / a ～ of coughing せき込み / have a ～ of industry 急に[発作的に]勉強[仕事]をやり出す. 〚(*a*1400) *spasme* □ (O)F *spasme* □ L *spasmus, spasma* □ Gk *spasmós* ← *spân* to draw, cause convulsion: ⇨ span¹〛

spas·mod·ic /spæzmɑ́(ː)ḍɪk | -mɔ́d-/ *adj.* **1** 発作的な; 間断的な (intermittent): ～ sobs 発作的な泣きじゃくり / ～ efforts [attempts] 急に思い出したような[発作的な]努力[試み]. **2** 〘医学〙痙(けい)性の, 痙攣(けいれん)(性)の, 痙攣から生じる; 発作的な (fitful): a ～ twitching of the limbs ぴくぴく動く手足の痙攣 / ～ asthma 痙攣性喘息(ぜんそく). **3** 興奮しやすい, 興奮性の. 〚(1681) ← NL *spasmodicus* ← Gk *spasmṓdēs* ← *spasmós* (↑): ⇨ -ode¹, -ic¹〛

spas·mód·i·cal /-ḍɪ̀kəl, -kḷ | -dɪ-/ *adj.* 《まれ》＝spasmodic. **～·ly** /-k(ə)li, -kḷi/ *adv.* 〚(1766): ⇨ ↑, -al¹〛

Spasmódic schòol *n.* [the ～] 〘文学〙痙攣(けいれん)派《19 世紀中葉の英国の詩人 P. J. Bailey (1816–1902) の一派》. 〚(1832): 発作的に誇大な表現があるという意味でスコットランドの詩人 W. E. Aytoun (1813–1865) が嘲笑的に命名した〛

spas·mo·dist /spǽzmədɪ̀st | -dɪst/ *n.* 発作的な人; (特に)発作的に制作する芸術家. 〚(*a*1849): ⇨ spasmodic, -ist〛

spas·mol·y·sis /spæzmɑ́(ː)ləsɪ̀s | -mɔ́lɪ̀sɪs/ *n.* (*pl.* **-y·ses** /-sìːz/) 〘医学〙鎮痙(ちんけい), 痙攣(けいれん)緩和. 〚(1946) ← NL ～: ⇨ spasm, -lysis〛

spas·mo·lyt·ic /spæ̀zməlɪ́tɪk | -lɪ́t-ˉ/ *adj.* 〘医学〙鎮痙(ちんけい)性の. ― *n.* 〘薬学〙鎮痙剤. 〚(1937) ← SPASM ＋-O-＋-LYTIC〛

spas·mo·phil·i·a /spæ̀zməfɪ́liə/ *n.* 〘医学〙痙攣(けいれん)質. 〚(1859) ← NL ～: ⇨ spasm, -o-, -philia〛

Spas·sky /spǽski; *Russ.* spáskʲij/, **Boris** *n.* スパスキー《1937–　; ロシアのチェス選手; 世界チャンピオン (1969–72)》.

spas·tic /spǽstɪk/ 〘病理〙 *adj.* **1** 痙(けい)性の, 痙攣(けいれん)(性)の (spasmodic), (特に)緊張性痙攣 (tonic spasm) の. **2** 痙性麻痺の, 痙性麻痺に冒された. **3** 《俗・軽蔑》ばかな, 能なしの. ― *n.* **1** 痙攣患者; (特に)痙性脳性麻痺患者. **2** 《俗・軽蔑》ばか, 能なし. **spás·ti·cal·ly** *adv.* 〚(1753) □ L *spasticus* □ Gk *spastikós* ← *spân* to draw: ⇨ spasm, -ic¹〛

spas·tic·i·ty /spæstísəṭi | -sɪ̀ti/ *n.* 〘病理〙痙(けい)性, 痙直性. 〚(1822–27): ⇨ ↑, -ity〛

spástic parálysis *n.* 〘病理〙痙(けい)性麻痺. 〚1877〛

spat¹ /spǽt/ *v.* spit¹ の過去形・過去分詞. 〚(pret.): (16C) ← *spat(te)* (< OE *spætte* (pret.) ← *spǣtan* 'to SPIT') ∞ ME *spit(te)*. ― (p.p.): (19C) ← (pret.) ∞ ME *spitted* < OE *gespitted*〛

spat² /spǽt/ *n.* **1** 《米口語》小競り合い, ちょっとしたけんか (⇨ quarrel SYN). **2 a** ぴしゃりという音. **b** 《まれ》軽く打つこと, 軽打 (slap). **3** (水・泥などの)はね: a ～ of rain / ～s of mud. ― *v.* (**spat·ted**; **spat·ting**) ― *vi.* **1** 《米・NZ》小争い[小競り合い]をする, 口論する. **2** 《まれ》ぴしゃりと打つ (strike lightly). ― *vt.* 《まれ》ぴしゃりと打つ. 〚(1804) 擬音語?〛

spat³ /spǽt/ *n.* (*pl.* ～, ～**s**) **1** 貝の卵; (特に)カキの卵 (spawn). **2** [集合的にも用いて] 子ガキ. ― *vi.* (**spat·ted**; **spat·ting**) **1** 〈カキなどが〉産卵する (spawn). **2** 〈カキなどが〉岩石に付着する. 〚(1667) □ AF ～ ← ?〛

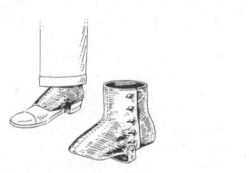

spat⁴ /spǽt/ *n.* **1** [通例 *pl.*] スパッツ《通例足の甲・足首などを覆うゲートル状のもので革ひもを靴の土踏まずの下に通して止める》. **2** 〘航空〙スパッツ《固定脚の空気抵抗を小さくするための車輪を覆う流線型カバー》. 〚(1802) 《略》← SPATTERDASH〛

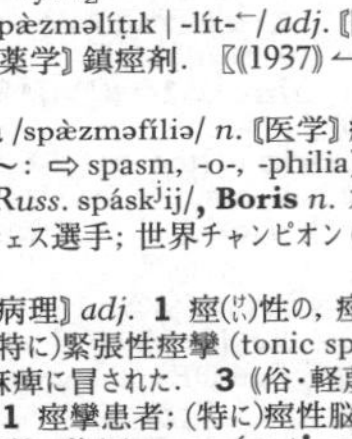

spat 1

spatch·cock /spǽtʃkɑ̀(ː)k | -kɔ̀k/ *n.* (急場の間に合わせ用に)殺してすぐ料理した[即席による]鳥料理. ― *vt.* **1** 〈鳥を〉即席料理にする. **2** 《口語》〈後で思い付いたことなどを〉書き入れる, 差し込む: ～ a sentence into a letter 手紙に後の思い付きを書き込む. 〚(1785) ← (DI)SPATCH＋COCK¹: SPITCHCOCK と混同〛

spate /spéɪt/ *n.* **1 a** 多数; 多量; 多発 〔*of*〕: a ～ *of* magazines たくさんの雑誌 / a ～ of accidents 事故の多発. **b** (言葉・感情などの)奔流 (sudden rush) 〔*of*〕: a ～ *of* words ほとばしり出る言葉, とうとうとした弁舌. **2** 《英》**a** 大水, 洪水 (flood); (大雨の後の)にわか水, 出水(しゅっすい) (freshet): The river is in ～. 川は大水だ. **b** にわか豪雨. 〚(*c*1425) □ ? AF **espeit*＝OF *espoit* floot ← Gmc (Du. *spuiten* 'to SPOUT'): cf. OE *spātlian* to spit〛

spath·a /spǽθə, spɑ́ː-/ *n.* (*pl.* **spath·ae** /-θiː, -θaɪ/) (古代ローマの片刃の)長剣. 〚(1881) □ L ～ □ Gk *spáthē*: ⇨ spathe〛

spa·tha·ceous /spəθéɪʃəs, -θéɪ-/ *adj.* 〘植物〙仏炎苞状の; 仏炎苞を有する. 〚(1760): ⇨ spathe, -aceous〛

spathae *n.* spatha の複数形.

spathe /spéɪð/ *n.* 〘植物〙仏炎苞《コンニャクなどサトイモ科の植物にみられる大きな総苞》. 〚(1785) □ L *spatha* □ Gk *spáthē* broad blade: ⇨ spade¹〛

spathed /spéɪðd/ *adj.* 〘植物〙仏炎苞のある. 〚(1864): ⇨ -ed²〛

spath·ic /spǽθɪk/ *adj.* 〘鉱物〙へげ石 (spar) 状[質]の. 〚(1788) ← G *Spath* (＝*Spat*) 'spar³': ⇨ -ic¹〛

spáthic íron [óre] *n.* 〘鉱物〙＝siderite 1. 〚1831〛

spa·those /spéɪðoʊs | -ðəʊs/ *adj.* **1** 〘植物〙仏炎苞状の. **2** ＝spathic. 〚(1776) ← SPATHE＋-OSE¹〛

spath·ous /spéɪðəs/ *adj.* 〘植物〙＝spathose. 〚(1839) ← SPATHE＋-OUS〛

spath·u·late /spǽθjʊlɪ̀t, -lèɪt/ *adj.* ＝spatulate. 〚(1821) ← LL *spathula, spatulu*＋-ATE²: ⇨ spatula〛

spa·tial /spéɪʃəl, -ʃḷ/ *adj.* **1** 空間[宇宙]の; 空間的な (cf. temporal¹ 4): ～ relations 空間的関係. **2** 空間を占める; 場所の, 空間に存在する[起こる]. **～·ly** *adv.* 〚(1847) ← L *spatium* 'SPACE'＋-AL¹〛

spa·ti·al·i·ty /spèɪʃiǽləṭi | -lɪ̀ti/ *n.* 空間性, 広がり (extension). 〚(1887): ⇨ ↑, -ITY〛

spátial summátion *n.* 〘生理〙空間的加重. 〚1968〛

spa·ti·o- /spéɪʃioʊ | -ə(ʊ)/「空間 (space); 空間と…との (space and …)」の意の連結形: *spatio*temporal. 〚← L *spatium*: ⇨ space, -o-〛

spa·ti·og·ra·phy /spèɪʃiɑ́(ː)grəfi | -ɔ́g-/ *n.* 宇宙地理学《大気圏外の空間(各種天体を含む)の物理的特性の地理学的研究》. 〚⇨ ↑, -graphy〛

spàtio·témporal *adj.* 〘哲学〙空間と時間上の; 時空的の (space-time). **～·ly** *adv.* 〚(1900) ← SPATIO-＋TEMPORAL¹〛

spät·lese /ʃpéɪtlèɪzə; G. ʃpéːtleːzə/ *n.* [しばしば S-] シュペートレーゼ《ドイツ・オーストリア産の遅摘みブドウで作る白ぶどう酒; 自然な甘みがある》. 〚(1935) □ G *Spätlese* ← *spät* late＋*Lese* grape-harvest; selection (← *lesen* to pick; read)〛

spat·ter /spǽṭə | -tə^(r)/ *vt.* **1** 〈水・泥などを〉〔…に〕はねさせる, はねかける, はねとばす (sprinkle) (⇨ sprinkle SYN); まく (scatter) 〔*on*〕: ～ mud *on* one's clothes 衣服に泥をはねかける / ～ water *on* the floor 床に水をまく. **2 a** 〈床などに〉〔水などを〕振りかける (besprinkle) 〔*with*〕: ～ the ground *with* water 地面に水をまく / Her coat was ～*ed with* mud. 外套に泥をはねかけられた. **b** ふりかけて[はねて]汚す: ～ the floor 床を汚す. **3** 〈人に〉〔悪口・中傷などを〕浴びせる (bespatter) 〔*with*〕: ～ a person *with* calumnies [slander] 人に悪口を浴びせる[人を中傷する]. ― *vi.* **1** 〈油などが〉はねる, はねかかる, 散る; 〈沸騰している湯が〉湯玉をとばす. **2** ばらばらと降る[落ちる]; 〈弾丸などが〉雨と散る: Rain ～*s* on the zinc roof. 雨がばらばらとトタン屋根をうつ. **3** つばをとばす, 口角あわをとばして語る (sputter). ― *n.* **1** はねかけること; はね, はねたもの[よごれ] (splash): a ～ of mud 泥のはね. **2 a** (雨・拍手・遠くの銃声などの)ぱらぱら[ぽんぽん, ぱちぱち]いう音. **b** 少数; 少量 (sprinkle): a ～ of rain 小雨 / a ～ of applause わずかな拍手. 〚(1582) (freq.) ← ? Fris. *spatte* / Du. & LG *spatten* to burst, spout: ⇨ -er⁵〛

spátter còne *n.* 〘地質〙溶岩塔 (hornito). 〚1905〛

spátter·dàsh *n.* [通例 *pl.*] スパッターダッシュ, 革ゲートル(型深靴)《雨天時の乗馬用で膝までくる靴; 防寒, 泥よけとしても用いる》. 〚1687〛

spátter dàsh *n.* 《米》〘土木〙掃きつけ塗り (cf. roughcast *n.* 1, rock dash).

spátter·dòck *n.* 〘植物〙コウホネ《スイレン科コウホネ属 (*Nuphar*) の水生多年草の総称》; (特に)北米産の *N. advenum* 《cow lily, yellow pond lily ともいう; cf. nuphar》. 〚(1813) ?〛

spátter glàss *n.* ＝end-of-day glass.

spát·ter·ing /-ṭərɪŋ, -trɪŋ | -tə-, -trɪŋ/ *adj.* 〈泥水などが〉はねて[はねとんで]いる. ― *n.* **1** ＝spatter. **2** 〘絵画〙絵の具をはねちらして描く画法. **～·ly** *adv.* 〚(1576): ⇨ -ing^(1, 2)〛

spátter·wàre *n.* 〘窯業〙スパッターウェア《spatterwork で模様をつけた陶芸品》. 〚1977〛

spátter·wòrk *n.* 〘窯業〙顔料を表面の露出した部分にふりかけて形態やデザインを表現する方法; このような方法で出した効果を示す仕事[作品]. 〚1873〛

spat·tle /spǽṭḷ | -tḷ/ *n.* ＝spatula.

spat·u·la /spǽtʃʊlə, -tʃlə | -tjʊ-/ *n.* **1 a** ナイフ状の薄いへら, スパチュラ《弾力性に富み, 薬や絵の具などを延ばしたり混ぜたりするのに用いる》. **b** (料理用)フライ返し. **2** 〘医学〙舌圧子, スパーテル, へら. **3** 〘昆虫〙匙器(しき)《体壁からのスプーン状の単細胞の突起または構造物》. **spat·u·lar** /spǽtʃʊlə | -tjʊlə^(r)/ *adj.* 〚(1525) □ L ～＝*spathula* (dim.) ← *spatha* 'SPATHE'〛

spat·u·late /spǽtʃʊlɪ̀t, -lèɪt | -tjʊ-/ *adj.* **1** へら (spatula) の形をした. **2** 〘植物〙〈葉が〉へら状の: a ～ leaf へら状葉. 〚(1760): ⇨ ↑, -ate²〛

spätz·le /ʃpétslə; G ʃpɛ́tslə/ *G. n.* ＝spaetzle.

spaul·der /spɔ́ːldə, spɑ́ːl- | spɔ́ːldə^(r)/ *n.* 〘甲冑〙鎧(よろい)の小型の肩当て (cf. pauldron, monnion). 〚(?*a*1300) *spawdeler* ← OF *espalde* (F *épaule*) shoulder < L *spatulam* 'SPATULA': ⇨ -er¹〛

spav·in /spǽvɪ̀n | -vɪn/ *n.* 〘獣医〙(馬の)飛節内腫(ないしゅ); それによる腫脹《骨の肥大によるもの (bone spavin) とリンパ液の集積によるもの (bog spavin) とがある》. 〚(1426) *spaveyne* (頭音消失) ← OF *espa(r)vain* (F *éparvin*) ← ? Gmc: cf. wane〛

spáv·ined *adj.* **1** 〘獣医〙〈馬が〉飛節内腫にかかった, 飛節の硬化した. **2** 不具の, 足を引きずる (lame); 壊れた, おんぼろの. 〚*c*1430〛

spawl /spɔ́ːl, spɑ́ːl | spɔ́ːl/ *v.*, *n.* ＝spall.

spawn /spɔ́ːn, spɑ́ːn | spɔ́ːn/ *n.* **1** [集合的] 〘動物〙(魚類・両生類・貝類などの)卵, はらご: shoot ～ 産卵する. **2** 〘植物〙**a** 菌糸体 (mycelium). **b** ＝mushroom spawn. **3** [集合的にも用いて; 通例軽蔑的に] (うようよした)子どもたち, がきども; (…の)子, 所産: the ～ of the ghetto スラム街にうようよする子供たち / the ～ of the devil 悪魔の子たち, 悪党ども / the ～ of militarism 軍国主義の申し子 / the ～ of Cobden コブデンのやから《自由貿易論者》/ the ～ of Loyola ロヨラの徒輩《イエズス会士》. ― *vt.* **1** 〘動物〙〈魚類・両生類・貝類などが〉〈卵を〉産む: The pond ～*s* numerous frogs. その池にはたくさんの蛙が生まれる. **2 a** 生む, 引き起こす; (特に)大量に生産する: ～ a host of perils たくさんの危険を生む. **b** [軽蔑的に] 〈子を〉たくさん産む. **3** 〘植物〙…に菌糸体を植えつける. ― *vi.* **1** 〈魚類などが〉産卵する[生まれる]. **2** 生まれる, 生じる. 〚v.: (*c*1400) *spaunne(n)* □ AF *espaundre*＝OF *espandre* (F *épandre*) to shed < L *expandere* 'to EXPAND'. ― n.: (1491) ← (v.)〛

spáwn·er *n.* 産卵期の雌魚. 〚1601〛

spáwn·ing gròund *n.* (魚類などの)産卵場所.

spáwning migràtion *n.* 産卵回遊, (魚の産卵のための)繁殖移動.

spay /spéɪ/ *vt.* 〈雌豚・雌犬などの〉卵巣を取り去る (castrate). ― *n.* **1** 卵巣を除去された動物. **2** 卵巣除去. 〚(*c*1410) □ AF *espeier*＝OF *espeer* to cut with a sword ← *espee* sword (F *épée*) < L *spatham* 'SPATHE': cf. épée, spade²〛

spaz /spǽz/ 《俗》(*also* **spazz** /～/) *n.* どじなやつ, ばか, 大げさに騒ぐやつ; 発作, かっとなること: have a ～. ― *vi.* [次の成句で]: ***spáz aróund*** 《米》ぶらぶらする. ***spáz dówn*** 《米》落ちつく. ***spáz óut*** 《米》痙攣(けいれん)する, 自制がきかなくなる, ひどく興奮する, かーっとなる. 〚(1965) (短縮) ← SPASTIC〛

spa·za /spɑ́ːzə/ *n.* 《南ア》スパーザ《都市部における略式の小売店; 個人の家の一部を店に転用していることが多い》. 〚(1988) 《俗》*spaza* ← ?〛

SPCA 《略》Society for the Prevention of Cruelty to Animals《今は RSPCA》.

SPCC 《略》Society for the Prevention of Cruelty to Children《今は NSPCC》.

SPCK 《略》Society for Promoting Christian Knowledge キリスト教知識普及協会《キリスト教の知識普及のために 1698 年英国に設立された協会; 今日も国の内外に盛んな活動をしている》.

SPD 《略》G. Sozialdemokratische Partei Deutschlands ドイツ社会民主党 (cf. SDP).

S.P.Drésden *n.* 〘商標〙S.P. ドレスデン《ドイツの陶磁器メーカー; ロココ調の優雅なキャンドルスタンドなどの装飾磁器や陶磁人形も有名》. 〚← G *Sächsische Porzellan-Manufaktur Dresden* Saxon Porcelain Manufactory Dresden: 正式な社名〛

S

SPE 《略》Society for Pure English.

speak /spíːk/ *v.* (**spoke** /spóʊk | spə́ʊk/, 《古》**spake** /spéɪk/; **spo·ken** /spóʊkən | spə́ʊ-/, 《古・戯言》**spoke**) (cf. say, talk) ― *vi.* **1** 話す, ものを言う, 口をきく, しゃべる: ～ more slowly [clearly] もっとゆっくり[はっきり]話す / ～ a good deal [very little] よくしゃべる[ほとんどしゃべらない] / ～ in a whisper [whispers] 小声で[ひそひそ]話す / teach a parrot to ～ オウムにものを言うことを教える / Let me ～. 私に言わせて下さい / All you have to do is ～; I'll do the rest. 君はしゃべっていればいい. あとは僕がやる / I was too astonished to ～. びっくり仰天して口もきけなかった / I'm sorry; did you ～? ごめんなさい. 話していたんですか. **2** 話をする, 談話をする (converse), 相談する (confer); 語る, 言う, うわさをする: ～ *aside* 〘演劇〙わきぜりふを言う / ～ *apart* [in private] 離れて[内々に]話す / ～ *together* 会談する, 相談する / After their quarrel they are not ～*ing* (*to* each other). あのけんか以来(お互いに)口もきかないでいる / I'll never ～ *to* him again! 彼となんか二度と口をきくものか / Hello, may I ～ *to* Mr. Smith?―*Speaking.* (電話で)もしもしスミスさんをお願いします―スミスです / I *spoke to* [*with*] him *about* it. そのことで彼と語り合った / What was he ～*ing to* you *about*? 君に何のことを話していたのか / The lecturer *spoke about* [*on*] ecological destruction. 講演者は生態系の破壊について話した / Is this the book you *spoke of* yesterday? これが昨日言っていた本かい / *Speak of* the devil, and he is sure to [will] appear. 《諺》うわさをすれば影がさす / The book ～*s of* modern art in glowing terms. その本には近代美術のことが好意的に語られている[書かれている]. **3** 講演[講話]をする, 演説をする: Then President Lincoln rose to ～. それからリンカーン大統領は演説のために立ち上がった / ～ about half an hour and then answer questions 30 分ばかり講演してから質疑応答に移る / ～ *at* a meeting [*in* a debate, *in* the Senate, in public] 会[討論会, 上院, 人前]で演説をする / Mr. Brown *spoke to* our club *about* [*on*] the political situation. ブラウン氏は我々のクラブで政治情勢について講演をしてくれた. **4** 弁じる, 論弁する 〔*against, for*〕: ～ *against* [*for*] a motion 動議反対[賛成]論を述べる / ～

out [up] against [for] pornography 声を大にしてポルノ反対[賛成]を唱える / Why does he ～ against me on the subject? なぜ彼はその問題について私を非難するのだろう / Politically ～ing, the plan was a failure. 政治的にいえば, その計画は失敗だった / Speaking as your leader, I'm afraid I must say no. 君たちのリーダーとしていえば, 私は残念ながらノーと言わなければならない. **5 a** 〈行為・肖像画・顔・目などが〉事実[意見, 思想, 感情など]を伝達する: Actions ～ louder than words. 言葉よりも行動の方が雄弁である[はっきり意味を伝える] / This portrait ～s. この肖像画はものを言わんばかりだ[真に迫っている] / Her eyes spoke for her. 彼女の目が彼女の気持ちを代弁していた. **b** 〈芸術・自然などが〉〈人・心などに〉語りかける, 訴える (appeal) 〔to〕: Great art ～s directly to us. 偉大な芸術は直接我々に語りかけてくる. **6** 〈楽器・時計・大砲・風などが〉音を発する, 鳴る, 響く (sound): When the guns ～, it is too late to argue. 大砲が鳴り出せばもう議論しても遅い. **7** 〈犬が〉(命令されて)ほえる (bark); 〈猟犬が〉(臭跡を発見して)ほえる (bay): Speak (for the bone), Fido. ファイドー, (骨が欲しければ)わんと言いなさい. **8** 〘音声〙 音を発する, 発音する.

— *vt.* **1** 〈外国語を〉話す, 使う (use, be able to use): ～ Russian [German, several languages] ロシア語[ドイツ語, 数か国語]を話す / English Spoken. 英語が通じます《商店の張出しなど》/ English is widely spoken. 英語は広く話されている. **2 a** 〈言葉・せりふなどを〉話す, 言う, しゃべる (utter, say): ～ words of praise 賛辞を述べる / ～ a good word for …をよく言う, …のためにとりなす / He didn't ～ a word (to me) about it. (私には)その件について一言も触れなかった / ～ a piece 詩文を劇的に朗読[暗唱]する / The actor ～s his part badly. あの俳優のせりふはまずい. **b** (言葉で)語る, 伝える: ～ the truth 真実を語る / ～ nonsense たわごとを言う / ～ one's mind (思い切って)心を打ち明ける / ～ out one's heart 心情を吐露する. **3 a** 〈顔・目などが〉〈気持ち・感情などを〉伝える, 表現する: His smile spoke a hearty welcome. 彼の微笑が心からの歓迎を伝えていた. **b** 《古》〈行為・状況などが〉表す, 示す, 証明する (indicate, prove, bespeak): A loud laugh ～s a vacant mind. 高笑いは心がうつろな証拠, 馬鹿の高笑い / His conduct ～s him generous [a rogue]. その行動で彼が寛大[悪人]であることがわかる. **4** 《古》〈楽器・時計などが〉告げる, 知らせる (announce). **5** 《古》〈人に〉話しかける, 〈人〉と話す. **6** 〘海事〙 (海上で)〈他船〉に呼び掛ける, 信号する, 通信する (accost at sea): ～ a ship.

génerally* [*pérsonally, próperly, róughly, strictly*] *spéaking 一般的に[個人的に, 正しく, おおざっぱに, 厳密に]言えば. ★ これらの表現では speaking を前に置くこともある. 《1826》 ***nòt to spéak of*** …は言うまでもなく, …のことはさておいて (to say nothing of, let alone): He knows French and German, not to ～ of English. 彼は英語はいうまでもなくフランス語やドイツ語もわかる. 《1600》 ***só to spéak*** ⇨ so¹ *adv.* 成句. ***spéak at a person*** 《古》 = TALK at a person. ***spéak dówn*** へりくだってしゃべる: ～ down to the audience 聴衆の水準に下げて講演をする. ***spéak a person fáir*** ⇨ fair¹ *adv.* 6. ***spéak for*** (1) …を代表[代弁]する: ～ for the whole group. (2) ⇨ *vi.* 4. (3) …を保証する (vouch for). (4) …を請求[要求]する (ask for); [通例受身で] …を(あらかじめ)申し込む, を注文する (apply for): This seat is already spoken for. この席はすでに予約済みです. (5) 〈物事が〉…を示す[表す, 象徴する] (indicate). 《?a1225》 ***spéak for onesélf*** (1) [～ for itself [themselves] で] 〈物事が〉自ら証する, 自明の理である: There is no need to explain it; it ～s for itself. 説明する必要はない, 当然のこと[自明の理]だ. (2) [命令形で] 《口語》 勝手なことは言わないでくれ 《不同意の表現》: I think we've had enough.—Speak for yourself, Tom! 十分にいただきました.—それは君だけのことだろう, トム. 《1779》 ***spéaking for mysélf* [*oursélves*]** 自分[私たち]のことを言えば, 私[私たち]の意見では (in my [our] view). ***spéak from*** …から語る: She spoke from long and bitter experience. 彼女は長くつらい体験をもとに語った. ***spéaking of*** …について言えば, …の話のついでだが: Speaking of music, do you like Mozart? 音楽と言えばあなたはモーツァルトが好きですか. ***spéak of*** (1) …のことを言う (mention) (cf. *vi.* 2): Language is often spoken of as a living organism. 言語はしばしば生きた有機体といわれる. (2) 〈物事が〉…を指示[表示, 暗示]する: The golden lights from the cafés spoke of an enjoyment of life. カフェから漏れる黄金の輝きは人生の歓楽を物語っていた. (3) [speak と of の間に種々の副詞を伴い] …のことを(…と)言う, 評する: ～ well [ill, evil, badly] of …をよく[悪く]言う, をほめる[くさす] / ～ highly of …を激賞する / He is ill spoken of (among them). (彼らの中で)よく言われていない. 《OE》 ***spéak óut*** (1) 思い切って言う, 遠慮なく話す (speak freely), 考えを十分に述べる; はっきり言葉に出して言う: Speak out, don't be afraid. 思い切って言ってしまいなさい, 心配しないで. (2) ⇨ *vi.* 4. 《c1395》 ***spéak to*** (1) ⇨ *vi.* 2, 3, 5 b. (2) …に話しかける (address): A stranger spoke to me on the street. 通りで知らない人が話しかけてきた / I know him to ～ to. 彼とは会えば話し合うほどの仲だ. (3) …に忠告[注意]する (admonish), …をしかる (scold): You'd better ～ to him (about his laziness). 彼の(怠け癖)は意見してやった方がよい. (4) 《文語》 …に言及する, …を論じる (comment on): I will ～ to that point later. その点にはあとで言及しましょう. (5) 《英》 …を証明[証言]する (testify to): I can ～ to his having been there. 彼がそこにいたことを証明できます. 《OE》 ***spéak úp*** (1) = SPEAK out. (2) 声を大きくする (speak louder): Speak up; I can't hear you! 声を大きくして. 聞こえないよ. (3) ⇨ *vi.* 4. ***spéak wéll* [*íll*] *for*** …の有効を証明する[しない], …のためによい[よくない]: It ～s well [ill] for you that … は君のためによい[悪い] / That ～s well [ill] for his courage. それで彼に勇気のあることが[ないことが]よくわかる. ***to spéak of*** [否定構文で] とりたてていうほどの: He has no property to ～ of. 彼には財産というほどのものはない / That's nothing to ～ of. これというほどのことでもない / Does this tooth hurt?—Not to ～ of. この歯は痛みますか.—たいしたことはありません. 《1485》
〘OE sp(r)ecan ← (WGmc) *sp(r)æk-, *sp(r)ek- to speak (Du. spreken / G sprechen) ← IE *(s)p(h)ereg- 'to SPRINKLE': ⇨ speech〙

SYN 話す: **speak** 声を出して言葉を言う: He opened his mouth to speak. 話すために口を開いた. **talk** speak と同じような意味でも用いるが, speak よりくだけた語で相手と打ち解けた話をする: We talked about our school days. 学校時代のことを語り合った. **converse** 考え・情報などを交換するため二人(以上)の人が話し合う: We conversed in the parlor. 客間で談話した. **discourse** ある話題について格式的で詳細な話をする《格式ばった語》: She discoursed to us on Keats. キーツについて講話をした. ⇨ tell.

-speak /spìːk/ *suf.* 《口語》「〈ある個人・団体・分野・地域などに〉特有の語, ことば; 隠語 (jargon)」の意の名詞を造る: filmspeak, computerspeak, teenspeak. 〘(1949): G. Orwell *1984* 中の Newspeak, Oldspeak にならって〙

speak·a·ble /spíːkəbl/ *adj.* 話すことのできる; 話すのに適した. **～·ness** *n.* **spéak·a·bly** *adv.* 〘(1483): ⇨ ↑, -able〙

spéak·èasy *n.* 《米俗》(禁酒法実施中の)もぐり酒場. 〘(1889) ← SPEAK+EASY: こっそり注文することから〙

speak·er /spíːkə | -kə(r)/ *n.* **1 a** 演説者, 弁士; (特に)雄弁家 (orator); (会議などでの)発言者, 発表者: a fine [poor] ～ 演説のうまい[下手な]人 / He is no ～. 彼は演説が下手だ. **b** 話す人, 語る人; 話し手, 話者: an excellent ～ of English 英語を上手にしゃべる人. **c** 代弁者 (spokesman). **2** [通例 the S-] (下院, その他の議会の)議長: Mr. Speaker! [呼び掛け] 議長 / the Speaker of the House 《米》 = the Speaker of Parliament 《英》 下院議長. **3** スピーカー, 拡声器 (loudspeaker). **4** 《米》 雄弁術練習書. 〘(c1303): cf. G Sprecher〙

spéaker·phòne *n.* 〘電気〙 スピーカーホーン 《スピーカーとマイクロホンを一体とした装置》. 〘1955〙

Spéaker's Córner *n.* スピーカーズコーナー 《London の Hyde Park の東北の一角にある広場; 演説や議論をしたい人が集まる》.

spéaker·shìp *n.* (議会の)議長の職. 〘(1653): ⇨ -ship〙

speak·ing /spíːkɪŋ/ *adj.* [限定的] **1** 談話用の, 談話に適する: the ～ voice 話し声 / within ～ distance [range] 話のできる距離に. **2 a** 話す, 口をきく, 話をする(程度の): a ～ part 〘演劇・オペラ〙 せりふを言う(だけの)役 / a ～ acquaintance 会えば言葉を交わすくらいの[一通りの]知り合い. **b** 話せる程度の: have a ～ knowledge of English 話ができるくらいの英語を知っている. **3 a** ものを言う, ものを言うような (eloquent); 表情たっぷりの (expressive), 心を動かす (moving): a ～ proof (of a thing) この通りといわんばかりの証拠 / a ～ look ものを言う目つき / ～ eyes 表情豊かな目. **b** 実物に似た, 生き生きした (vivid): a ～ portrait [likeness] ものでも言いそうな[生き写しの]肖像画. **4** [通例複合語の第 2 構成素として] (…語を)話す, しゃべる: English-speaking peoples 英語国民.
on* [*upon*] *spéaking térms ⇨ term *n.* 成句.
— *n.* **1 a** 話すこと, 言うこと, しゃべること; 談話 (talk). **b** 演説, 雄弁(術) (oratory, elocution). **c** 発言 (statement): evil ～s 悪口, そしり. **2** [*pl.*] 口伝えの文学, 口碑 (oral literature). **3** 政治集会.
spéaking in tóngues [the —] = GIFT of tongues (2). 〘(?a1200): ⇨ -ing¹ ²〙

spéaking chòir *n.* 〘キリスト教〙 斉唱団, 群読.

spéaking clóck *n.* 《英》 電話の時刻案内 《何時何分と言葉で知らせる》. 〘1934〙

spéaking trùmpet *n.* (トランペット形の)拡声器, 伝声器, メガホン (megaphone). 〘1671〙

spéaking tùbe *n.* (ビルや船内の双方の室内間に通じている)伝声管 (blower). 〘1833〙

spéak-òut *n.* 《口語》 意見発表会.

spear¹ /spɪə | spɪə(r)/ *n.* **1** 槍(やり) 《長い柄 (shaft) に鋭くとがった穂先 (head) をもつ戦闘または狩猟用の武器で, 突いたり投げたりする; 特に, 歩兵用のもの; cf. javelin¹, lance¹ 1》: the head of a ～ 槍の穂. **2** 光線 (ray): A ～ of sunshine pierced the wall of clouds. 陽光が厚い雲間を貫いた. **3** (魚を突く)もり, やす (gig). **4** 槍兵(そうへい) (spearman), 槍持ち. **5** (ポンプの)吸子を取り付けてある桿(かん).
— *vt.* **1** 槍で突く[刺す]. **2** 〈魚などを〉もり[やす]で刺す[捕える]: ～ fish. **3** 《米俗》〘野球〙 〈球を〉腕を急につき出して捕える. — *vi.* 槍のように刺さる[突き進む]. — *adj.* [限定的] **1** 槍の; 槍に似た. **2** 男性の[に関する], 父方の(出の): ⇨ spear side. **～·er** /spíərə | spíərə(r)/ *n.* 〘n.: OE spere ← Gmc *speru- (Du. speer / G Speer / ON spjǫr (pl.)) ← IE *(s)per- (? L sparus hunting-spear). — v.: 《1755》 ← (n.)〙

spear² /spɪə | spɪə(r)/ *n.* (植物の)芽 (sprout); 若枝 (shoot); 若葉; 幼根 (acrospire). — *vi.* 芽[若枝, 若葉, 幼根]が出る. 〘(a1325) spere 《廃》 steeple 《変形》 ← SPIRE¹: ↑ (n.) と連想〙

spéar càrrier *n.* 《口語》 **1 a** (演劇などの)エキストラ (extra). **b** (会社・政党などの)下役, 部下, 下っぱ. **2** (仲間の)先頭に立つ人, 旗手. 〘1953〙

spéar·fìsh *n.* (*pl.* ～, ～·es) 〘魚類〙 フウライカジキ 《マカジキ科フウライカジキ属 (*Tetrapturus*) の魚類の総称; マカジキ (marlin) やバショウカジキ (sailfish) に似て, 頑丈な円筒形の長くのびた吻(ふん)をもつが, 第一背びれの発達が悪い》.
— *vi.* スピアフィッシングをする; もり[やす, 水中銃]で魚を捕える. 〘(1962): ⇨ spear¹ (n.)〙

spéar·fìshing *n.* スピアフィッシング 《水中に潜りながら水中銃で魚を取るスポーツ》. 〘(1601) 1945〙

spéar·flòwer *n.* 〘植物〙 マンリョウ 《ヤブコウジ科マンリョウ属 (*Ardisia*) の植物の総称》. 〘(1891): その萼片(がくへん)が槍(やり)形になっていることから〙

spéar gràss *n.* 〘植物〙 **1** 長い槍(やり)形の葉花序のある植物の総称 《ヒメカモジグサ (couch grass), ヌカボ属 (*Agrostis*) の植物 (bent), ナガハグサ (meadow grass) など》. **2** = spearwort. **3** 《NZ》 ニュージーランド産のセリ科アキフィラ属 (*Aciphylla*) の植物の総称 《wild Spaniard ともいう》. 〘1548〙

spéar gùn *n.* 水中銃 《ゴムまたはスプリングなどの弾力でもりを発射する》. 〘1951〙

spéar hànd *n.* [the ～] 《古》 右手 (right hand) (cf. shield-hand). 〘1728〙

spear·head /spíəhèd | spɪə-/ *n.* **1** 槍(やり)の穂. **2** (攻撃・事業・開発などの)先鋒(せんぽう), 最前線, 一番槍[を務める人[物]]: the ～ of an advance 前進軍の先端[最前線]. — *vt.* 〈攻撃・事業・開発など〉の先頭に立ってやる, 一番槍を務める: The move was ～ed by Mr. A. その動議の先鋒は A 氏であった. 〘c1400〙

spear·ing /spíərɪŋ | spíər-/ *n.* 〘ホッケー〙 スピアリング 《プレーヤーがスティックの先で相手の体を突くこと; 反則》.

spéar lìly *n.* 〘植物〙 ジャイアントリリー (*Doryanthes excelsa*) 《オーストラリア原産ヒガンバナ科の球根植物; 花は赤く観賞用; giant lily, torch lily ともいう》. 〘1889〙

spéar·man /-mən/ *n.* (*pl.* **-men** /-mən, -mèn/) 槍兵(そうへい), 槍(やり)持ち, 槍使い. 〘1297〙

Spéar·man's ránk-òrder coeffícient /spíəmənz- | spíə-/ *n.* 〘統計〙 スピアマンの順位相関係数 《二組のデータの順位の間の相関を見る連関性の測度; Spearman's rank-order correlation coefficient ともいう》. 〘← C. E. Spearman (1863–1945) 英国の心理学者〙

spéar·mìnt *n.* **1** 〘植物〙 オランダハッカ, ミドリハッカ (*Mentha spicata*) 《シソ科の植物; 調味料用》. **2** [S-] 〘商標〙 スペアミント 《米国製のハッカ味のチューインガム》. 〘(1539): ⇨ spear¹〙

spéar·pòint *n.* **1** 槍(やり)の穂先. **2** = spearhead 2. 〘c1450〙

spéar sìde *n.* [the ～] (家系の)父方, 父系 (cf. distaff side, spindle side). 〘1861〙

spéar-thròwer *n.* 〘人類学〙 = throwing-stick 1. 〘1871〙

spéar·wòrt *n.* 〘植物〙 イトキンポウゲ, マツバキンポウゲ (*Ranunculus flammula*) 《キンポウゲ属の植物; cf. buttercup》. 〘lateOE spere wyrt: ⇨ spear¹: 葉が細く槍(やり)状にとがっているため〙

spec¹ /spék/ *n.* 《口語》 投機(事業) (speculation): a good [bad] ～ 当たった[はずれた]投機, うまくいきそうな[いきそうもない]投機 / on ～ 投機で, やまを張って. — *adj.* [限定的] 《豪》 投機的な, 思惑の. 〘(1794) 《略》 ← SPECULATION〙

spec² /spék/ *n.* 《口語》 = specification. 〘(1956) 略〙

spec. 《略》 special; specially; specific; specifically; spectrum.

specc·y /spéki/ *n.* = SPECKY.

spe·cial /spéʃəl, -ʃl/ *adj.* **1** 特別の, 特殊な (↔ general); 格別の, 別段の (particular) (cf. especial): ～ circumstances 特殊事情 / someone's ～ duty 特別の任務 / a ～ agent (FBI の)特別捜査官 / a ～ correspondent 特派員 / a ～ case 特例; 〘法律〙 特別事件 / a ～ tool 特殊な工具 / for a ～ purpose ある特別な目的のために / receive ～ care 格別世話になる / Do you have anything ～ in mind? 何か特別心に留めていることがありますか. **2** 並はずれた, 例外的な, 異例の: a ～ brand 特にすぐれた銘柄 / a ～ feature in a newspaper 新聞の特集記事 / a ～ occasion 特別重要な場合[折] / a ～ friend 特に親しい[尊敬する]友人 / You're a very ～ person to me, and you'll always have a ～ place in my heart. あなたは私にとって特別な人ですので, 絶えず私の心の中で特別な場所を占めるでしょう / take ～ trouble 並々ならぬ労をとる / Meat is on ～ offer this week. 肉が今週の特価品だ / What's so ～ about you (that you deserve ～ treatment)? (特別扱いされるなんて)君には何か特別なことでもあるのですか. **3** 専門の, 専修の, 専攻の (specialized): a ～ student (大学の)選科生 / someone's ～ subject 専攻学科 / make a ～ study of …を専攻する / require ～ knowledge 専門の知識を必要とする. **4 a** 独特の, 特有の (peculiar, unique): a ～ flavor 独特の香り / as a ～ favor to me 私への格段の配慮として / the ～ features of a plan 計画の特色 / ～ to …に固有の / Oh, it's nothing ～. 何も特別なことではない. **b** 専用の, 個人用の (private, personal): someone's ～ chair 専用椅子. **5** 特定の (specific): on a ～ day ある特定の日に / dial the ～ number (警察など)特定の番号にダイヤルする. **6** 特別用の; 臨時の (additional, extra): a ～ train 臨時列車 / a ～ holiday flight (飛行機の)休暇用特別[臨時]便 / trouble on the football ～ again 《英》 フットボール観戦用列車でのトラブル再発. **7** 身体[精神]障害の; 《英》〈学校が〉障害者のための: a ～ school 養護学校.
spécial théory of relatívity [the —] 〘物理〙 特殊相対性理論 (⇨ relativity 3). 《1905》
— *n.* **1 a** 特別の人[物]. **b** 特派員, 特使; (大学の)

選科生; 《英》=special constable: a ~ *for The Times* タイムズ紙の特派員. **c** 《豪俗》(学歴や社会階級などのために)特別な扱いを受ける囚人. **d** 特別[臨時]列車[バス, 便など] (special train): a commuter ~ 通勤者用特別[臨時]列車. **e** (新聞の)特別通信, 特電; 特別版, 号外, 臨時増刊: a [the] Washington ~ ワシントン発特電. **f** 速達の手紙, 速達扱いの刻印. **g** 特別賞. **h** 臨時試験. **i** (料理店などが呼び物にする)特別品, 特別料理; 《豪口語》(商店の)特売(品), 特別提供品 (special offer): a ~ *on* eggs 卵の特売 / Meat is *on* ~ this week. 肉が今週のお買得品です. **j** 《テレビ》(大掛かりな)特別[特集]番組, スペシャル: a TV ~. **k** 特別おすすめ料理: You really must try the chef's [today's] ~! 料理長[今日]のおすすめ料理をぜひ味わってみなくてはね. **2** 《劇場》スポットライト (spotlight). — *vt.* 《NZ口語》…を特価で宣伝販売する.

~·ness *n.* 〖(?*a*1200) 《頭音消失》← OF *especial* 'ESPECIAL' // ▭ L *speciālis* particular ← *speciēs* kind: ⇨ species, -al¹〗

SYN 特別な: **special** 同種の他のものから区別される独特な性質を持つ: *special* treatment 特別扱い. **especial** 同種の他のものと比べて特別に優れた《卓越の観念を強調する; 格式ばった語》: a matter of *especial* interest to me 私にとりわけ興味のある事柄. **specific** 同類の中から1つを取り出してそれについて説明を加えるような場合に用いる: He cited *specific* cases. 具体例を挙げた. **particular** 同類の中からある1つを抜き出していう場合に用いる; ある特定の: It's true in this *particular* case. この場合に限って言えばそれは正しい. **ANT** general.

spécial ágent *n.* 《米》(FBI の) 特別捜査官.

spécial agréement schòol *n.* 《英》特別協定学校《voluntary school の一種で, 校舎建築費の二分の一ないし四分の三の公費補助を受ける中等学校; cf. aided school, controlled school》. 〖1944〗

Spécial Áir Sèrvice *n.* 《英》空軍特殊部隊.

spécial área *n.* 《英》特別地区: **a** (かつての)不況[疲弊]地区 (depressed [distressed] area)《失業者が多く生活水準の特に低かった地区》. **b** (今の)開発地区 (development area)《政府の補助によって住宅・工場などの建設, 農地・鉱山などの開発を行う地区》. 〖1934〗

spécial asséssment *n.* 《法律》地方的負担金 (local assessment); 《米》特別財産税《私有財産の評価額を高める下水工事などの公共事業遂行のためにその財産に課される税金》. 〖1875〗

Spécial Bóat Sèrvice [Sèction] *n.* 《英》海軍特殊船艇部隊《陸軍特殊空挺部隊 (SAS) に相当する海軍海兵隊 (Royal Marines) の特殊部隊; 偵察・破壊活動を任務とする; 略 SBS》.

Spécial Brànch *n.* (英国警察の)公安部. 〖1894〗

spécial chécking accòunt *n.* 《米》《銀行》特別当座預金《当座預金残高に制限がなく, 預金者は小切手を切る度に一定金額を徴収され毎月口座維持費を徴収されるもの; cf. regular checking account》.

spécial colléction *n.* 《図書館》特殊コレクション, 特別収蔵図書.

spécial commíttee *n.* =select committee.

spécial cónstable *n.* 《英》(非常時などに臨時に治安判事が任命する)特別[臨時]警察官. 〖1801〗

spécial correspóndent *n.* 特派員.

spécial cóurt-màrtial *n.* 《軍事》特別[特設]軍法会議《懲戒除隊, 6か月を超えない禁錮, 3か月を超えない懲役, 6か月を超えない期間中俸給の ⅔ という判決を課すことができる会議; cf. general court-martial, summary court-martial》.

spécial delívery *n.* **1** 《米》速達 (《英》express delivery): send a letter by ~ 手紙を速達で出す. **2** 速達扱いの刻印《special-delivery stamp ともいう》. 〖1886〗

spécial depósit *n.* 別段預金《一般預金と異なり, 雑多な一時的資金を暫定的に処理するための雑預金》.

spécial devélopment àrea *n.* 《英》特別開発地域《政府の財政援助を特に必要とした地域; 1984年に廃止》.

spécial dístrict *n.* 《政治》特別地区《米国で水道, 灌漑(かんがい)など公益事業の対象地域として州の中に設置された特定区域》. 〖1950〗

spécial dívidend *n.* 《証券》特別配当(金)《普通配当に加えて臨時に払われる配当; extra dividend ともいう》.

Spécial Dráwing Rìghts *n. pl.* 《経済》特別引出し権《国際収支赤字国が一定範囲内で他参加国の通貨を引き出しうる権利; 国際流動性不足を補うため1968年 IMF 総会で採択, 1970年より実施; 略 SDR, SDRs》. 〖1967〗

spécial edítion *n.* **1** 《新聞》(締切り後のニュースを刷り込んだ新聞の)特別版; 《英》(最後版直前の)特別夕刊 (cf. EXTRA special). **2** [形容詞的に]〈製品が〉特別限定販売の.

spécial educátion *n.* 特殊教育《身体障害, 社会不適応, 知恵遅れなどの生徒を対象とした教育》.

spécial effécts *n. pl.* 《映画・テレビ》特殊効果, 特殊撮影, 特撮, トリック撮影《自然現象または空想的な場面を機械的な人工手段で本物らしく作り出すこと; しばしば SFX と略される》. 〖1937〗

Spécial Fórces *n. pl.* 《米軍》特殊(勤務)部隊《ゲリラ戦を行う外国軍部隊の編成・訓練などの特殊勤務につく米軍部隊; 正式名 United States Army Special Forces》. 〖1962〗

spécial hándling *n.* 郵便小包特別扱い《米国で第四種郵便物(小包)を特別料金を納めて第一種郵便物扱いにすること》. 〖1928〗

spécial inténtion *n.* 《カトリック》⇨ intention 7.

spécial ínterest *n.* 特殊利益団体《政治的な圧力を用いて, 法的・経済的に特別優遇措置を受けている人・団体・法人》. 〖1910〗

spécial ínterest gròup *n.* ⇨ SIG.

spe·cial·ise /spéʃəlàɪz, -ʃl-/ *v.* =specialize.

spé·cial·ìsm /-ʃəlìzm, -ʃl-/ *n.* **1** 専門, 専攻(分野). **2** 専門化(傾向). 〖(1856) ← SPECIAL + -ISM〗

spécial íssue *n.* 《法律》特別答弁《原告の最初の訴答の中, 特定の重要な主張を否認する答弁; cf. general issue》.

spe·cial·ist /spéʃəl̩ɪst, -ʃl- | -ɪst/ *n.* **1** (各分野の)専門家; (特に)専門医 (cf. general practitioner) (⇨ doctor SYN): a ~ *in* Greek literature ギリシャ文学の専門家 / a ~ *in* heart diseases 心臓病専門医 / a ~ *in* gynecology 婦人科医 / an eye [a cancer] ~ 眼科[癌(がん)]専門医. **2** 《米軍》特技[技術]下士官, 技術兵《特別の技術[資格]をもち伍長より下位の下士官》. — *adj.* = specialistic. 〖(1856) ← SPECIAL + -IST: cf. F *spécialiste*〗

spe·cial·is·tic /spèʃəlístɪk⁻/ *adj.* **1** 専門家の. **2** 専門[専攻]の傾向のある. 〖1882〗

spé·cia·li·té de la mai·son /spèsiɑːlɪtéɪdəlɑːmeɪzɔ́ː(ŋ), -zɔ́ːŋ | -də-; *F.* spesjalitedləmɛzɔ̃/ *F. n.* (レストランなどでその店の)特別[看板]料理. 〖(1914) ▭ F ~〗

spe·ci·al·i·ty /spèʃiǽləṭi | -l̩ti/ *n.* =specialty 1–3. ★ 英国では specialty に代わってこの語がよく用いられる. 〖(*c*1380) 《頭音消失》← OF *especialité* (F *spécialité*) // LL *speciālitātem*: ⇨ special, -ity: cf. specialty〗

spe·cial·i·za·tion /spèʃəl̩əzéɪʃən, -ʃl- | -laɪzéɪ-, -lɪ-/ *n.* **1** 特殊化. **2** 専門化. **3** (意味の)局限化, 限定. **4** 《生物》分化 (differentiation). 〖(1843) ⇨ ↓, -ation〗

spe·cial·ize /spéʃəlàɪz, -ʃl-/ *vi.* **1** 〔…を〕専攻する, 専門に研究する, 専門にする 〔*in*〕: ~ *in* English literature 英文学を専攻する. **2** 《生物》分化する. **3** 特殊化する; 詳細にわたる, 詳説する. — *vt.* **1** 特殊化する; 〈研究などを〉専門化する. **2** 〈意味・条件などを〉限定する, 局限する (modify, limit); 〈項目を〉明細書きにする (itemize). **3** 〈手形などの流通証券を〉(特定受取人に裏書譲渡して)支払いを制限する. **4** 《生物》〈機能・器官を〉分化させる. 〖(1613) ▭ F *spécialiser*: ⇨ special, -ize〗

spe·cial·ized /spéʃəlàɪzd, -ʃl-/ *adj.* **1** 特別の仕事[目的]のための[に適した]: ~ personnel 特殊[専門]要員. **2** 《生物》分化した. 〖1853〗

spécial júry *n.* 《法律》**1** 特別陪審《特別の資格をもった者のみで構成される陪審; blue-ribbon jury ともいう; cf. common jury》. **2** =struck jury.

Spécial Ḱ *n.* 《商標》スペシャル K《米国 Kellogg 社製の低カロリーのシリアル食品》.

spécial láw *n.* **1** =private law. **2** 違憲な制定法《正当な理由なく, 地域的・対象的に差別のある法律; cf. general law》.

spécial líbrary *n.* (企業体などの組織の一部としての)専門[専用]図書館[資料室].

spécial lícense *n.* 《英》《法律》結婚特別許可証《予告 (banns) なしに定時以外または教会外で牧師に結婚式を挙げてもらえる; カンタベリーの大僧正から出される許可証》.

spe·cial·ly /spéʃ(ə)li, -ʃli/ *adv.* 特別に, 特に (⇨ especially SYN); わざわざ; 臨時に: a meeting ~ called 臨時招集の会議 / ~ appointed 特別任命[任用]の / He came here ~. 彼はわざわざここに来た. 〖*c*1300〗

Spécial Méssage *n.* (米国の大統領が議会に示す)特別教書.

spécial néeds *n. pl.* 《英》特殊ニーズ《障害者に対する特殊教育など》: children with ~ 障害児たち.

spécial óffer *n.* 特価提供(品), 特売(品)〔*on*〕: on ~ 特売されて.

spe·cial·ogue /spéʃəlɔ̀(ː)g, -lɑ̀(ː)g | -lɒg/ *n.* (通信販売用の)専門別商品カタログ. 〖《混成》← SPECIAL + CATALOGUE〗

Spécial Olýmpics *n.* [the ~] 特別オリンピック《1968年に創設され, 4年毎に開催される心身障害者の国際競技大会》.

Spécial Operátions Exècutive *n.* 特殊作戦実行部隊《第2次大戦中の英軍特殊部隊; 1940年に創立され, ヨーロッパのレジスタンス活動と協働した; 略 SOE》.

spécial órder *n.* [通例 *pl.*] 《軍事》特別命令《部隊内の個人または特定グループの人員に関して司令部[本部]から出される文書命令; cf. general order 1》. 〖1889〗

spécial pártner *n.* 《法律》特殊社員, 有限責任社員《particular partner ともいう; cf. general partner》. 〖1822〗

spécial pártnership *n.* 《法律》**1** =particular partnership. **2** =limited partnership.

spécial pléa *n.* 《法律》特殊抗弁《別に新事実を提出して原告の申し立てを避けようとする抗弁; 一事不再理や恩赦などの主張などが典型》.

spécial pléader *n.* 《法律》**1** 訴答作成弁護人《訴答 (pleading) を作成することを業とした弁護人; まだバリスター (barrister) 資格のない者が従事していた; 1948年廃止》. **2** 《英》(公務員・公証人・バリスター・ソリシター (solicitor) などが行った)特別弁護人. 〖1804〗

spécial pléading *n.* **1** 《法律》特別[新]事実を主張して行う訴答《相手方の陳述を否定する代わりにする》. **2** (問題の一面または有利な面のみを強調するような)手前勝手な陳述[議論]. 〖1684〗

spécial prívilege *n.* (特定の個人・団体に対する法的・慣習的な)特典, 特権: ~ of high rank [wealth] 高い地位[金持ち]の特権.

spécial rúle *n.* 《法律》(法廷における)特別規則 (cf. general rule).

spécial schòol *n.* 《英》特殊学校《精神的・身体的または情緒的に障害のある児童のための学校; 例えば盲学校・養護学校など》.

spécial séssion *n.* **1** 特別会期《定例議会以外に開く会期》. **2** [*pl.*] 《英法》特別期治安裁判所《二人以上の治安判事の下に飲酒店開業許可などの行政事件を扱う; cf. petty sessions》.

spécial situátion *n.* 《証券》特殊状況株《会社の合併などのような例外的な事由により大幅の値上がりが見込まれる株式》.

spécial sórt *n.* 《英》《印刷》特殊活字《発音記号など; arbitrary, peculiar ともいう》.

spécial stáff *n.* 《軍事》特別幕僚《一般幕僚または専属幕僚に含まれない幕僚; 専門的技術などの分野で司令官を補佐する; cf. general staff, personal staff》.

spécial téam *n.* 《アメフト》スペシャルチーム《キックオフ・パント・エクストラポイント・フィールドゴールなど特定の場面だけに起用される選手の一団; 通例リザーブや交替選手で構成する》.

spécial térm *n.* 《法律》**1** 特別開廷《単独裁判官により特別の目的のために開廷される; 特に, 合議制の裁判所中の単独裁判官による開廷; cf. general term 3》. **2** (定例開廷期に対して)臨時開廷期. 〖1934〗

spe·cial·ty /spéʃəlṭi/ *n.* 《米》★ 英国では4以外の意味では通例 speciality を用いる. **1** 専門, 専攻; 《医学》専門(医の分野): make a ~ of American history 米国史を専攻する. **2 a** 名産, 特産(物), 特製品, 専門品, 自慢の品: The ~ of this restaurant is seafood. この料理店の自慢の品は魚介料理だ. **b** (価格競争からはずされた)特別品, 特価品《specialty goods ともいう》. **c** 新案品, 新型品 (novelty, new article). **3** 特色, 特質, 特性 (characteristic, peculiarity); 特別事項. **4** 《法律》**a** 捺印(なついん)証書 (deed) による契約: debts of [by] ~ 捺印証書債務. **b** 捺印担保証書《特定の債務の弁済の担保として与えられ, その債務が特に指定されている書面で, 捺印されて引き渡されたもの》.

in spécialty 特別に, 特に, 別段に (specially).

〖(*c*1303) *specialte* ▭ OF (*e*)*specialté* ▭ LL *speciālitātem* 'SPECIALITY'〗

spécial vérdict *n.* 《法律》特定的評決《陪審が特定の事実問題だけを決定する評決; cf. general verdict》.

spe·ci·ate /spíːʃièɪt, spíːsi-/ *vi.* 《生物》新種を形成する, 種を分化する. 〖(1964) 《逆成》↓〗

spe·ci·a·tion /spìːsiéɪʃən, spìːʃi-/ *n.* 《生物》種(しゅ)形成, 種分化. **~·al** /-ʃnəl, -ʃənl⁻/ *adj.* 〖(1906) ← SPECI(ES) + -ATION〗

spe·cie¹ /spíːʃiː, -ʃi, -siː, -si | -ʃiː, -ʃi/ *n.* (紙幣と区別して)正金, 正貨 (gold money) (cf. paper money): shortness [shortage] of ~ 正貨欠乏 / ~ held [holding] abroad 在外正貨 / a ~ bank 正金銀行 / ~ money 正金, 正貨 / ~ reserve 正貨準備 / ~ shipment 現送 / a ~ payment 正貨支払い. ***in spécie*** (1) 種類の点で. (2) (紙幣・手形などでなく)正金[正貨]で (in coin): payment *in* ~. (3) 同類で; 同様に. (4) 《法律》特定の: performance (*in*) ~ 特定履行 (specific performance). 〖(1551) ▭ L (*in*) *speciē* (in) kind (abl. sing.) ← *speciēs*: ⇨ species〗

spe·cie² /spíːʃiː, -siː | -ʃiː, -ʃi/ *n.* =species《非標準的な語》. 〖(1711) 《異分析による逆成》← SPECIES〗

spécie pòint *n.* 《経済》=gold point 1.

spe·cies /spíːʃiːz, -siːz | -ʃiːz, -ʃɪz, -siːz, -sɪz/ ★ 《英》では単数形を /-ɪz/, 複数形を /-iːz/ と発音して区別する人がいる. *n.* (*pl.* ~) **1 a** 《生物》(動植物分類上の)種(しゅ) (cf. classification 1 b): the human ~ 人類 / a ~ of insect 昆虫の一種 / butterflies of many ~ =many ~ of butterflies 多くの種のチョウ / *The Origin of Species* 「種の起源」(C. Darwin の著書名). **b** 種類 (kind, sort): a new ~ of heater 新型のヒーター / I felt a ~ of shame. 少々恥ずかしかった. **c** [the ~, our ~] 人類 (humanity). **2** 《論理》種, 種概念 (cf. genus 2). **3** 《カトリック》(聖体 (Eucharist) に用いるパンとぶどう酒の目に見える)形色(けいしょく), 外観; ミサ用パンとぶどう酒 (elements). **4** 《物理》=nuclear species. **5** 《廃》正金, 正貨 (specie, coin). **6** 《廃》外見, 外観. — *adj.* 野性種の (botanical). 〖(*a*1398) ▭ L *speciēs* appearance, kind, species ← *specere* to look: cf. aspect, spy: SPICE と二重語〗

spécies-gròup *n.* 《生物》種群《動物地理学の立場から設けた単位で, 上種 (superspecies) の上の単位》. 〖1975〗

spe·cies·ism /spíːʃiːzìzm, -siːz- | -ʃiːz-/ *n.* (動物に対する)種差別, 種偏見《人間よりも他種生物を劣ると見て, 科学実験などのために使うことを可とする考え》. **spé·cies·ist** *adj., n.* 〖(1973): ⇨ species, -ism〗

spécies róse *n.* 《園芸》(交配により作り出されたのではない)野生種のバラ.

specif. 《略》specific; specifically.

spe·ci·fi·a·ble /spésəfàɪəbl̩ | -s̩-/ *adj.* 明細に記しうる[述べうる], 明記できる; 区別できる (distinguishable). 〖(1661) ← SPECIFY + -ABLE〗

spe·cif·ic /spɪsífɪk/ *adj.* **1** 〈目的・関係・言及など〉明白に提示された, 明確な, 具体的な, はっきりした; 特定の (specified), 特別の, 特殊の (cf. generic 2) (⇨ special SYN): a ~ statement 明確な陳述 / ~ instructions 特定の指示 / a ~ sum of money 一定の金額 / for a ~ purpose あるはっきりした目的で / with no ~ aim これと

S

いったはっきりした目的もなく / Do you have anyone ～ in mind? だれか特定の人を考えているのですか / Will you be a little more ～ on that last point, please? 最後の点に関してもう少し具体的に言ってくれませんか / to be (more)～ (もう少し)具体的に言うと / It's nothing ～—just a vague feeling. 何もはっきりしたものではありません, ただ漠然とした感じだけです. **2** 〔…に〕特有の (peculiar), 独特の (characteristic) 〔*to*〕: the style ～ *to* the Impressionist school 印象派独特の画法. **3** 〘生物〙種(しゅ)の, 種に関する; ある種に特有の, ある種を特徴づける, (ある酵素に)特異的な (cf. generic 1, varietal 1). **4** 〘論理〙種の, 種概念の: a ～ difference 種差 (differentia). **5** 〘医学〙 **a** 〈病気が〉特異的な, 特殊な; 特殊原因[感染]で起こる: ～ immunity 特異免疫. **b** 〈薬が〉特効のある: a ～ remedy [medicine] 特効薬. **6** 〘商業〙〈課税が〉従量の (specifical ともいう; cf. ad valorem): a ～ customs duty 従量関税. **7** 〘物理〙比の: **a** 物質を特徴づける物理量を(例えば)水に比較して表すときに用いる: ⇨ specific weight. **b** 単位の量(質量・体積など)あたりの物理量を表すときに用いる: ⇨ specific heat. **8** [通例複合語の第2構成素として] (ある特定の人・物に)特有の, 固有の; 特定の問題に関する: species-*specific* 種を特徴づける. — *n.* **1 a** [通例 *pl.*] 細目, 詳細 (detail): Without going into ～*s*, what is your general assessment? 細目は抜きにして, 君は全体的にどう評価するんだ / the ～*s* of the plan その計画の細目. **b** 特別[特殊]なもの; 特質. **2 a** 特効薬 (specific remedy) 〔*for*〕: a ～ *for* malaria マラリアの特効薬. **b** 特定の用途に適するもの. **3** [*pl.*] ＝specification 2 b. **～·ness** *n.* 〘(*a*1631) □ LL *specificus*: ⇨ species, -fic〙

specific activity *n.* 〘物理〙比放射能: **1** 純粋放射性同位元素の単位質量当たりの放射能. **2** 試料中の放射性同位元素の単位質量の試量当たりの放射能. 〘1938〙

spe·cif·i·cal /-fɪ̆kəl, -kl̩ | -fɪ-/ *adj.* 《まれ》＝specific. 〘(?*a*1425) ← LL *specificus* (specific)＋-AL¹〙

spe·cif·i·cal·ly /spɪ̆sífɪ̆k(ə)li, -kli | -fɪ-/ *adv.* **1** 特に, とりわけ: This book is ～ intended for young people. この本は特に若い人たちを読者対象にしている / captivate a ～ female audience とりわけ女性の観客の心を捕える. **2** 具体的に言うと, つまり: More ～, you should quit smoking. もっと具体的に言えば君はたばこをやめるべきだ. **3** 明確に, はっきりと: I was ～ warned not to eat too much. 私は食べすぎないようにとはっきり警告された. 〘1624〙

spec·i·fi·ca·tion /spèsəfɪ̆kéɪʃən | -sɪ̆fɪ-/ *n.* **1** 明細に記す[述べる]こと, 詳記, 詳述, 特定. **2 a** 明細事項; 明細, 内訳. **b** [通例 *pl.*] (建物などの)仕様書, 設計明細書. **3** 〘法律〙発明明細書 (新発明または発見事項を詳記しそれに対する特許権の請求を付する). 〘(1615) □ ML *specificātiō(n-)* ← *specificāre*: ⇨ specify, -fication〙

specific cáuse *n.* (特定の病気を生じる)特異的原因[病因].

specific cháracter *n.* 〘生物〙同属の(すべての)他種と区別する特徴.

specific chárge *n.* 〘電気〙比電荷. 〘1926〙

specific condúctance *n.* 〘物理・電気〙＝conductivity 2.

specific diséase *n.* 〘医学〙特異的疾患.

specific dúty *n.* 従量税 (cf. specific *adj.* 6).

specific épithet *n.* 〘生物〙種小名 (二命名法で学名を表した場合, 属名のあとに続く1語をいう; trivial name ともいう). 〘1906〙

specific grávity *n.* 〘物理〙比重 (cf. relative density). 〘1666〙

specific-grávity bàlance *n.* 〘物理〙比重ばかり, 比重計.

specific-grávity bòttle [flàsk] *n.* 〘物理〙比重びん.

specific héat (capácity) *n.* 〘物理〙比熱 (1グラムの物質の温度を1° 高めるのに必要な熱量). 〘1832〙

specific humídity *n.* 〘気象〙比湿, 絶対湿度 (一定量の湿った空気に含まれる水蒸気の質量比; cf. relative humidity).

specific ímpulse *n.* 〘宇宙〙**1** 比推力 (ロケット推進剤の性能を示す値; 単位質量の推進剤が単位推力を発生して持続しうる時間(秒)). **2** ＝ideal specific impulse. 〘1947〙

specific indúctive capácity *n.* 〘電気〙比誘電率 (略 SIC). 〘1838〙

specific ionizátion *n.* 〘物理〙比電離能 (単位距離当たりの電離個数). 〘1932〙

spec·i·fic·i·ty /spèsəfísəṭi | -sɪ̆físɪ̆ti/ *n.* **1** 特性, 独特. **2** 〘医学〙特異性, 特殊性. 〘(1876) ← SPECIFIC＋-ITY〙

specific látent héat *n.* 〘物理〙＝latent heat.

specific náme *n.* 〘生物〙種名. 〘1753〙

specific perfórmance *n.* 〘法律〙特定履行, 強制履行 (契約の内容を約束通りに履行することを命じる救済方法 (remedy, relief); 契約違反に対する救済方法は損害賠償 (damages) が原則であるが, それでは十分な救済とならずかつ違反者に酷でない場合に認められる衡平法 (equity) の救済方法). 〘1876〙

specific pólicy *n.* 〘保険〙指定物保険証券 (財貨の種類・数量を特定して契約する保険証券).

specific resístance *n.* 〘電気〙＝resistivity 2.

specific rotátion *n.* 〘化学〙比旋光度 (旋光性物質の旋光力を表す度合). 〘1899〙

specific viscósity *n.* 〘物理〙比粘度. 〘1935〙

specific vólume *n.* 〘物理・化学〙比容積 (比重の逆数; 単位質量の物質の占める体積). 〘1868〙

specific wéight *n.* 〘物理〙比重(量) (単位体積の物質の重量).

spéc·i·fied *adj.* 指定された, 特定の. 〘1645〙

spec·i·fy /spésəfàɪ | -sɪ̆-/ *vt.* **1 a** (いちいち)明示[明記]する, 詳細に記す[述べる], 特定する: ～ the persons concerned 関係者たちの名を明記する / ～ the grounds of complaint 苦情[抗議]の理由を明記する / ～ the cause of a disease 病気の原因を特定する. **b** 条件として…の名をあげる[…を述べる] 〈*that*〉: He *specified that* he be given a preference. 優先権が与えられるのが条件だと言った. **2** 明細書[設計書]に記入[指定]する; 〘簿記〙仕分けする: ～ oak flooring オーク材の床を設計書に指定する. **3** 特殊化する, 特性を持たせる. — *vi.* 明記[特記]する; 正確[詳細]に話す. **spéc·i·fi·cà·tive** /-kèɪtɪv | -tɪv/ *adj.* **spéc·i·fi·er** *n.* 〘(*a*1325) *specifie(n)* □ OF *specifier* // LL *specificāre*: ⇨ specific, -ify〙

spec·i·men /spésəmɪ̆n, spésmən | -sɪ̆mɪ̆n/ *n.* **1 a** (動物・植物・鉱物などの)標本 (⇨ instance SYN): a museum ～ 陳列用標本 / ～*s* of copper ore 銅鉱標本 / stuffed ～*s* 剝製(はくせい)標本 / ～*s* (preserved) in spirits アルコール漬けの標本. **b** 見本 (sample), 適例: a ～ of the 14th century handwriting 14世紀の書法の見本 / a ～ of a person's skill [generosity] 人の熟練[寛大さ]のよい例. **2** 〘医学〙(分析のための血液・尿などの)検体, 材料: a urine ～. **3** 《口語》[通例軽蔑的に] やつ, やから (person): a poor ～ かわいそうなやつ / a queer ～ 変人 / What a ～! なんというやからだろう. — *adj.* [限定的] 見本の: ～ pages (本の)内容見本 / a ～ copy (新刊書の)見本刷り. 〘(1610) 《廃》experiment, model □ L ～ 'characteristic mark' ← *specere* to look (at): ⇨ species, spy〙

spécimen plànt *n.* 〘園芸〙標本植物 (装飾的効果をあげるため, 花壇などで他の植物と混植したり, 縁取りにしたりせず単独でその全容を見せて植えられる植物).

spe·ci·ol·o·gy /spìːʃiá(ː)lədʒi | -ʃiɔ́l-/ *n.* 種族学. **spe·ci·o·log·i·cal** /spìːʃiəlá(ː)dʒɪ̆kəl, -kl̩ | -lɔ́dʒɪ-/ *adj.* 〘← *specio-* (⇨ species)＋-LOGY〙

spe·ci·os·i·ty /spìːʃiá(ː)səṭi | -ɔ́sɪ̆ti/ *n.* **1** もっともらしいこと, 見かけ倒し. **2** もっともらしい[見かけ倒しの]人[物]; もっともらしい言行[外見]. **3** 《廃》美 (beauty). 〘(*c*1450) □ LL *speciōsitātem* beauty, good appearance: ⇨ ↓, -ity〙

spe·cious /spíːʃəs/ *adj.* **1** 見かけのよい, もっともらしい, 見かけ倒しの (cf. genuine, solid 4, 5) (⇨ plausible SYN): a ～ appearance of prosperity 見かけ倒しの繁栄 / a ～ argument [plea, excuse] もっともらしい議論[口実, 言い訳]. **2** (実際は違うが)見てくれのきれいな, 表面的に美しい. **3** 《廃》きれいな, 美しい (fair). **～·ly** *adv.* **～·ness** *n.* 〘(*c*1390) □ L *speciōsus* fair, fair-seeming ← *speciēs* appearance: ⇨ species, -ous〙

spécious présent *n.* 〘哲学〙見かけ上の現在 (変化や持続の全体が直接意識される現在の時間的間隔・広がり). 〘1890〙

speck¹ /spék/ *n.* **1 a** (小さな)斑点 (spot). **b** (果物の)腐りきず; (小さい)しみ, きず (stain); 汚点. **2 a** 小粒, わずか (particle): without a ～ *of* cloud 一点の雲もない / There is not a ～ *of* doubt about it. それには全く疑いがない. **b** (遠く離れたために)小さく見えるもの, ぼつ (dot), 点: The ship became a mere ～ in the distance. 船ははるかかなたでほんの一点になった. ***nót ... a spéck*** 《米口語》全然…でない (not at all) (cf. 2 a): I *don't* like it *a* ～. 全く気にくわない.
— *vt.* **1** …に斑点[点, ぼつ]をつける (dot); 汚点をつける (stain). **2** 〈布など〉からしみ[斑点]を取る.
〘n.: OE *specca* ← ?: cf. speckle. — v.: (1580) ← (n.) // 《逆成》← *specked* (p.p.)〙

speck² /spék/ *n.* 《米方言》**1** (オットセイ・鯨などの)脂肪 (blubber, fat). **2** 脂肪肉 (fat meat), ベーコン (bacon). 〘(1633) □ Du. *spek* & G *Speck*: cf. OE *spec, spic* bacon〙

speck·le /spékl̩/ *n.* [通例 *pl.*] 小さい斑点, ぼつ, しみ (speck, spot); (特に, 色のついた自然の)斑紋, 斑(ふ). — *vt.* [通例 p.p. 形で] **1** …に小斑点[ぼつ]をつける (dot, spot), 斑入りにする (cf. speckled). **2** 点在させる: the land ～*d with* houses 家々の点在する土地. 〘(1440) □ MDu. *speckel* (Du. *spikkel*) ← ?: ⇨ speck¹, -le¹〙

spéck·led *adj.* 斑(ふ)入りの (spotted): a ～ scarf まだら模様のスカーフ. 〘(*c*1400) □ ? MDu. *spekelde* (adj.) & *gespekeld* (p.p.): ⇨ ↑, -ed 2〙

spéckled tróut *n.* 〘魚類〙**1** カワマス (⇨ brook trout 1). **2** ニジマス (rainbow trout). 〘1805〙

spéckled wóod *n.* 〘昆虫〙ジャノメチョウ科のチョウ (*Pararge aegeria*) (薄いオレンジ色または黄白色の斑点が特徴). 〘(1656) 1766〙

spéckle interferómetry *n.* 〘天文〙スペックル干渉法 (星のスペックルパターンの電子像を短時間露出・高速連続写真に撮り, より正確な合成星像を作り出す望遠鏡写真の技法). 〘1970〙

spéck·less *adj.* 斑点のない, しみのない; 無疵(きず)の, きれいな. **～·ly** *adv.* **～·ness** *n.* 〘1788〙

speck·sion·eer /spèkʃəníə | -níə(r/ *n.* (*also* **speck·tion·eer** /～/) 〘捕鯨〙もり打ち頭(がしら) (chief harpooner). 〘(1820) □ Du. *speksnijer* ← *spek* 'SPECK²'＋*snijden* to cut: cf. OE *snīþan* / G *schneiden*〙

speck·y /spéki/ *adj.* (**speck·i·er; -i·est**) **1** しみのある; 〈果物が〉腐って黒い斑点のある. **2** 《口語》〈人が〉眼鏡をかけた. 〘1: (1384): ⇨ speck¹ (n.), -y⁴. 2: (1956) ← SPEC(S)＋-Y⁴〙

specs /spéks/ *n. pl.* 《口語》**1** 眼鏡 (glasses). **2** 明細書, 仕様書 (specifications の縮約形). 〘(1807) 《短縮》← *spectacles* (pl.) (spectacle (3))〙

spéc shèet *n.* (製品の)スペック[仕様]一覧表.

spect /spékt/ *v.* 《俗》＝expect. 〘(1839) 《転訛》← EXPECT〙

spec·ta·cle /spéktəkl̩, -tɪ-/ *n.* **1** (通例目立つ, または異常な)光景 (sight); 美観, 壮観, 奇観, 見もの (impressive sight) (⇨ sight SYN); 見るもかわいそうなもの, みっともないもの, 不快な光景, 悲惨な光景 (painful sight): a charming ～ 美しい光景 / a lamentable [moving] ～ 悲しむべき[人の心を打つ]光景 / He is a sad ～ in his infirm old age. 彼は老衰して悲惨な姿だ. **2 a** (大仕掛けの)ショー, 観兵[艦]式などの)見せ物 (public show): a dramatic ～ 劇的なショー. **b** 〘映画・テレビ〙大がかりな場面, スペクタクル (cf. spectacular 2). **3** [*pl.*] **a** 《古》眼鏡 (glasses) (《口語》では specs という; cf. eyeglass): a pair of ～*s* 眼鏡一つ / put on [take off] one's ～*s* 眼鏡をかける[はずす]. **b** 色眼鏡, 独特の考え方: I cannot see things through your ～*s*. 私には君のような見方[考え方]はできない / see all things through rosy [rose-colored] ～*s* 何でも楽観する. **4** [通例 *pl.*] **a** 形[役目]が眼鏡に似ているもの. **b** コブラなどの眼鏡形の斑紋. **c** (赤と青[緑]の着色ガラスで灯火の色分けをする鉄道の)シグナルの眼鏡. **5** [*pl.*] 《英口語》〘クリケット〙打者の再度の無得点: a pair of ～*s* 一試合の両イニングスとも零点に終わること (単に pair ともいう). **6** 《廃》ガラス製の物 (窓, 鏡など).
màke a spéctacle of onesèlf 人に笑われるようなふるまい[服装]をする.
〘(*c*1340) □ (O)F ～ // L *spectāculum* public show ← *spectāre* (freq.) ← *specere* to look at〙

spéctacle clèw *n.* 〘海事〙眼鏡形三輪(さんりん)金具 (横帆の下端両隅に取り付け三つのロープやブロックを取り付けられるようになっている金具). 〘1863〙

spéc·ta·cled *adj.* **1** 眼鏡をかけた. **2 a** 眼鏡形の. **b** 〘動物〙眼鏡形の斑紋のある. 〘1607–8〙

spéctacled béar *n.* 〘動物〙メガネグマ (*Tremarctos ornatus*) (南米産で目の周囲に白い輪形斑がある). 〘1835〙

spéctacled caimán *n.* 〘動物〙メガネカイマン (*Caiman crocodilus*) (中南米産アリゲーター科カイマン属のワニ; 目と目の間に隆条があり, 眼鏡をかけたように見える). 〘1830〙

spéctacled cóbra *n.* 〘動物〙＝Indian cobra.

spéctacle fràme *n.* 〘海事〙眼鏡形船尾骨材 (2軸線の場合のプロペラ軸を支える張出し骨材).

spec·tac·u·lar /spektǽkjulə | -lə(r/ *adj.* **1** 壮観な, 偉観の (magnificent), 華やかな, 華々しい, 目覚ましい (striking); 劇的な (dramatic): in a ～ fashion 目覚ましく, 華々しく / perform a ～ stunt あっと驚く離れ業をやってのける. **2** 見世物の; 見世物式[的]の: a ～ play. — *n.* **1** 長時間の豪華版テレビショー, 特別テレビ番組 (一流芸能人を配したドラマ・音楽・踊りなどから成る大型特別番組; cf. spectacle 2 b). **2** (照明やネオンサインなどを用いた)大規模な広告用の展示, 特製大広告. **3** 大々的[センセーショナル]な見世物[行動]. **～·ly** *adv.* 〘(1682) ← L *spectāculum* 'SPECTACLE'＋-AR¹·²〙

spec·tant /spéktənt, -tn̩t/ *adj.* 〘紋章〙＝*at* GAZE (1). 〘□ L *spectant-* (stem) ← *spectans* (pres.p.) ← *spectāre*: ⇨ spectator〙

spec·tate /spékteɪt, ─́─ | spektéɪt, ─́─/ *vi.* 〈スポーツなどを〉観戦する, 見物する. 〘(1858) 《逆成》↓〙

spec·ta·tor /spékteɪṭə, ─́─́─ | spektéɪtə(r, ─́─́─/ *n.* **1** (スポーツ・ショーなどの)見物人, 観客 (⇨ audience SYN); 傍観者 / an idle ～ 何もしないで見ている人, 傍観者: a crowd of ～*s* at a football match フットボール試合の観衆 / He remained a mere [an unconcerned] ～ of the great war. 彼は大戦の単なる傍観者でいた. **2** [通例 *pl.*] スペクテイター(パンプス) (spectator pumps) (靴先とヒールの部分が際立った色のついた女性用パンプス).
〘(*a*1586) □ L *spectātor* ← *spectātus* (p.p.) ← *spectāre* to look on: ⇨ spectacle, -or²〙

Spec·ta·tor /spékteɪṭə, ─́─́─ | spektéɪtə(r, ─́─́─/ *n.* [The ～] スペクテイター: **1** R. Steele と J. Addison が London で刊行した日刊紙 (1711–12, 1714). **2** 英国 Spectator 社が1828年に創刊した政治と文化を扱う週刊誌.

spec·ta·to·ri·al /spèktətɔ́ːriəl⁻/ *adj.* 見物人の, 観客[観衆]の, 傍観者の. 〘(1712): ⇨ spectator, -ial〙

spectator íon *n.* 〘化学〙傍観者イオン (化学反応の影響を受けないイオン).

spectator spòrt *n.* (多くの観衆を集める)見るスポーツ. 〘1943〙

spec·ta·trix /spektéɪtrɪks, ─́─́─ | ─́─́─, ─́─́─/ *n.* (*pl.* **-ta·tri·ces** /-trəsìːz | -trɪ-/, **-trix·es**) 女性観客, 女の見物人. 〘(1611) □ L *spectātrix* (fem.) ← *spectātor*: ⇨ spectator〙

spec·ter /spéktə | -tə(r/ *n.* **1** 怖いもの, 恐ろしいもの; つきまとう予感. **2** 幽霊, 亡霊 (ghost), 妖怪, 変化(へんげ), お化け (⇨ ghost SYN). **3** 〘昆虫〙ナナフシ (stick insect), コノハムシ (leaf insect) などナナフシ類の昆虫の総称). ***ráise the spécter of*** 《文語》〈恐ろしい事・いやな事〉を思いおこさせる.
spécter of the Brócken ＝Brocken specter.
〘(1605) □ F *spectre* □ L *spectrum* 'SPECTRUM, apparition'〙

spécter lémur *n.* 〘動物〙メガネザル (⇨ tarsier). 〘1887〙

spec·ti·no·my·cin /spèktənəmáɪsɪ̆n, -sn̩ | -nə(ʊ)-máɪsɪn/ *n.* 〘薬学〙スペクチノマイシン (淋病用抗菌薬).

〖(1964) ← NL *spectābilis* (← L 'visible')+-MYCIN〗

Spec·tor /spéktə | -tə^(r)/, **Phil.** *n.* スペクター《1940– ; 米国のレコードプロデューサー・ソングライター》.

spectra *n.* spectrum の複数形.

spec·tral /spéktrəl/ *adj.* **1 a** 幽霊の, お化けの (ghostly). **b** 幽霊のような, 惑わせる (illusory); 実体のない (insubstantial). **2** スペクトル (spectrum) の, スペクトルによる: a ～ apparatus 分光器 / ～ colors 虹色 / ～ analysis スペクトル分析. **spec·tral·i·ty** /spɛktrǽləṭi | -lɪ̣ti/ *n.* **～·ly** *adv.* **～·ness** *n.* 〖(1718) ← SPECTR(UM)+-AL[1]〗

spéctral cláss *n.* =spectral type.

spéctral classificátion *n.* 〘天文〙スペクトル分類《恒星のスペクトルの特性をそれに現れる吸収線や輝線で分類すること》.

spéctral líne *n.* 〘光学〙スペクトル線. 〖1866〗

spéctral lúminous efficiency *n.* 〘光学〙(単色放射の)視感度; 比視感度《ある波長の放射が目に光感覚を与える効率の, それが最大になる波長での値を基準とした比》.

spéctral séries *n.* 〘光学〙スペクトル系列. 〖1900〗

spéctral társier *n.* 〘動物〙スラウェシ[セレベス]メガネザル, オバケメガネザル (*Tarsius spectrum*)《Sulawesi 島産; 尾の房毛は長く, 尾にはうろこ状の皮膚がある》. 〖1896〗

spéctral týpe [cláss] *n.* 〘天文〙(星の)スペクトル型《恒星のスペクトルの特徴による分類; 代表的な型 (Harvard classification) は O, B, A, F, G, K, M》.

spec·tre /spéktə | -tə^(r)/ *n.* 《英》 =specter.

spec·tro- /spéktroʊ | -trəʊ/ 次の意味を表す連結形: **1** 「スペクトル (spectrum) の[に関する]; スペクトルと…との」: *spectro*photography. **2** 「分光器 (spectroscope) のついた」: *spectro*polarimeter. 〖1: ← SPECTRUM. 2: 《略》← SPECTROSCOPE〗

spèctro·bolómeter *n.* スペクトロボロメーター《分光器とボロメーターを組み合わせた輻射エネルギーの波長分布測定装置》. **spèctro·bolométric** *adj.* 〖⇨ ↑, bolometer〗

spèctro·chémical *adj.* 分光化学の. 〖1896〗

spèctro·chémical análysis *n.* 〘光学〙分光化学分析.

spèctro·chémistry *n.* 分光化学. 〖1893〗

spèctro·colorímetry *n.* **1** 分光比色法《標準溶液と試料の色濃度を分光的に比較することによって定量分析を行う方法》. **2** 分光測色学《分光度測定法を用いる色彩科学》.

spèctro·fluorómeter *n.* (*also* **spèctro·fluorímeter**) 〘光学〙分光蛍光計《蛍光強度の波長分布測定装置》. **spèctro·fluorométric** *adj.* **spèctro·fluorómetry** *n.* 〖1957〗

spec·tro·gram /spéktrəgræ̀m, -tə- | -trə(ʊ)-/ *n.* **1** 分光[スペクトル]写真《分光(写真)器 (spectrograph) で撮られたスペクトルの記録》. **2** 〘電子工学〙スペクトログラム: ⇨ sound spectrogram. 〖(1892) ← SPECTRO-+-GRAM〗

spec·tro·graph /spéktrəgræ̀f, -tə- | -trə(ʊ)grɑ̀ːf, -græ̀f/ *n.* **1** 分光(写真)器, スペクトルグラフ (cf. photospectroscope). **2** 〘電子工学〙スペクトログラフ: ⇨ sound spectrograph. **spec·tro·graph·ic** /spɛ̀ktrəgrǽfɪk, -tə- | -trə(ʊ)-⁻/ *adj.* **spèc·tro·gráph·i·cal·ly** *adv.* 〖(1884) ← SPECTRO-+-GRAPH〗

spec·trog·ra·phy /spɛktrɑ́(ː)grəfi | -trɔ́g-/ *n.* **1** 分光写真術. **2** 〘電子工学〙スペクトル分析法. 〖(1903) ← SPECTRO-+-GRAPHY〗

spèctro·héliogram *n.* 単光[分光]太陽写真. 〖(1905): ⇨ ↓, -gram〗

spèctro·héliograph *n.* 単光[分光]太陽写真機. **spèctro·heliográphic** *adj.* **spèctro·heliógraphy** *n.* 〖(1892) ← SPECTRO-+HELIO-+-GRAPH〗

spèctro·hélioscope *n.* 〘光学〙単色ヘリオスコープ, 単光[分光]太陽望遠鏡. **spèctro·helioscópic** *adj.* 〖(1906): ⇨ ↑, -scope〗

spec·trol·o·gy /spɛktrɑ́(ː)ləʤi | -trɔ́l-/ *n.* **1** 幽霊学, 妖怪学. **2** 〘光学〙スペクトル分析学. **spec·tro·log·i·cal** /spɛ̀ktrəlɑ́(ː)ʤɪ̣kəl, -kḷ | -lɔ́ʤɪ-⁻/ *adj.* **spèc·tro·lóg·i·cal·ly** *adv.* 〖(1820) ← SPECTR(UM)+-(O)LOGY〗

spec·trom·e·ter /spɛktrɑ́(ː)məṭə | -trɔ́mɪ̣tə^(r)/ *n.* 〘光学〙分光計《スペクトルを生じさせ, スペクトル線の波長, プリズムの角度, 屈折率などを測定する装置; cf. mass spectrometer》. **spec·tro·met·ric** /spɛ̀ktrəmétrɪk⁻/ *adj.* **spec·trom·e·try** /spɛktrɑ́(ː)mətri | -trɔ́mɪ̣-/ *n.* 〖(1874) ← SPECTRO-+-METER[1]〗

spèctro·micróscope *n.* 分光顕微鏡. **spèctro·microscópical** *adj.*

spèctro·photoeléctric *adj.* 〘物理〙分光光電効果の. 〖← SPECTRO-+PHOTOELECTRIC〗

spèctro·photómeter *n.* 〘光学〙スペクトル光度計, 分光光度計, 分光測光器《分光器と輻射検出器を組み合わせ, 光の強度・透過率・反射率などの波長分布を測定する装置; cf. spectrometer》. **spèctro·photométric** *adj.* **spèctro·photométrical** *adj.* **spèctro·photométrically** *adv.* 〖(1881) ← SPECTRO-+PHOTOMETER〗

spèctro·photómetry *n.* 〘光学〙分光測光, スペクトル光度測定術. 〖(1961) ⇨ ↑, photometry〗

spèctro·polarímeter *n.* 〘光学〙分光偏光計《分光器 (spectroscope) と偏光計 (polarimeter) を組み合わせ, 光の偏光状態の波長分布を測定する装置; 旋光分散の測定用》. 〖1926〗

spèctro·polaríscope *n.* 〘光学〙分光偏光計《主として肉眼で測定する分光偏光計 (spectropolarimeter)》.

spèctro·radiómeter *n.* 〘光学〙分光輻射計《分光器 (spectroscope) と輻射検出器を組み合わせ, 輻射エネルギーの波長分布を測定する装置》. **spèctro·radiométric** *adj.* **spèctro·radiómetry** *n.* 〖1927〗

spec·tro·scope /spéktrəskòʊp | -skəʊp/ *n.* 〘光学〙分光器《スペクトルを生じさせこれを主として肉眼で観察する装置; cf. spectrometer》. 〖(1861) ← SPECTRO-+-SCOPE: cf. G *Spektroskop*〗

spec·tro·scop·ic /spɛ̀ktrəskɑ́(ː)pɪk | -skɔ́p-⁻/ *adj.* 分光(器)の, 分光器を用いる, 分光学的な: ～ analysis スペクトル分析, 分光分析. 〖(1864): ⇨ ↑, -ic[1]〗

spèc·tro·scóp·i·cal /-pɪ̣kəl, -kḷ | -pɪ-⁻/ *adj.* = spectroscopic. **～·ly** *adv.*

spéctroscòpic bínary *n.* 〘天文〙分光連星《一見単一の星のように見えてもスペクトル観測により判定される連星; cf. binary star》. 〖1896〗

spec·trós·co·pist /-pɪ̣st | -pɪst/ *n.* 分光研究者, 分光専門家[技師]. 〖(1866) ← SPECTROSCOPE+-IST〗

spec·tros·co·py /spɛktrɑ́(ː)skəpi | -trɔ́s-/ *n.* 分光学《分光器を使用しスペクトル分析を行う光学の一部門》. 〖(1870) ← SPECTRO-+-SCOPY〗

spec·trum /spéktrəm/ *n.* (*pl.* **spec·tra** /-trə/, **～s**) **1** 〘物理・数学〙スペクトル《光がプリズムなどの分散素子によって分散されたときに現れる; 一般にはある量の振動数・波長などに対する変化を表したもの》: an absorption ～ 吸収スペクトル / a diffraction ～ 回折スペクトル / a solar ～ 太陽スペクトル / ⇨ absorption spectrum, band spectrum, emission spectrum, line spectrum. **2** 連続体; 領域, 範囲 (range): a wide ～ of interests 広い範囲の興味 / the whole ～ of one's thought 人の思想の全領域 / appeal to a wider ～ of voters 広い層の投票者に訴える. **3** (目の)残像 (afterimage). **4** 〘通信〙 =radio spectrum. **5** 〘電気〙電磁スペクトル (electromagnetic spectrum). **6** 〘音響〙 =sound spectrum. 〖(1611) ← NL ～ ← L ～ 'appearance, image, apparition' ← *specere* to look, (⇨ species): SPECTER と二重語〗

spéctrum análysis *n.* 〘光学〙スペクトル分析 (spectral analysis)《スペクトルからそれに関わる物質についての情報を得ること》; (特に) =spectrochemical analysis. 〖1866〗

spéctrum ànalyzer *n.* 〘物理〙スペクトル分析器. 〖1942〗

specula *n.* speculum の複数形.

spec·u·lar /spékjʊlə | -lə^(r)/ *adj.* **1** 鏡の, 鏡のような (mirrorlike); 鏡の性質をもった, 反射する (reflecting): a ～ surface 反射面. **2** 〘医学〙スペキュラ (speculum) の: a ～ examination. **～·ly** *adv.* **spec·u·lar·i·ty** /spɛ̀kjʊlǽrəṭi, -lɛ́r- | -lǽrɪ̣ti/ *n.* 〖(1577) □ L *speculāris*: ⇨ speculum, -ar[1]〗

spécular íron *n.* 〘鉱物〙 =hematite《specular iron ore ともいう》.

spécular refléction *n.* 〘光学〙正反射《表面の凹凸が波長に対し充分小さく, そのため巨視的に鏡面による反射と見なされる反射; cf. diffuse reflection》. 〖1863〗

spec·u·late /spékjʊlèɪt/ *vi.* **1** 〔…について〕思索する, 考え込む, 沈思する (meditate); 推測をする, 憶測する (conjecture)〔*on, upon, about*〕: She ～*d about* his true motives. 彼の真の動機について思いをめぐらした. **2** 〔株などで〕やまを張る, 投機をする, 思惑買い[売り]をする, 相場に手を出す〔*in, on*〕: ～ *in* shares 株に手を出す / ～ *on* a fall [rise] 下落[騰貴]を見越して投機をする / He is believed to ～ a good deal. 彼はだいぶ投機をやるそうだ. **3** 《NZ》〘ラグビー〙(特に明確な目的もなく)とっさに前方にボールをける. ― *vt.* **1** 《古》熟考する, ゆっくり考える. **2** 《廃》見る, 観察する. 〖(1599) ← L *speculātus* (p.p.) ← *speculārī* to observe ← *specula* watchtower ← *specere* to look: ⇨ spy, -ate[3]〗

spec·u·la·tion /spɛ̀kjʊléɪʃən/ *n.* **1 a** 思索, 思弁, 沈思, 考察: He is given to ～. 思索にふけっている. **b** 推測, 憶測 (conjecture); 空論, 空理 (↔ practice): Much ～ is rife concerning [about, on, upon] …についていろいろの憶測が飛び交っている. **2** 投機, 思惑買い, やま (cf. spec[1]): buy land as a ～ 土地の思惑買いをする / be ruined by (a single unlucky) ～ (不運にもたった一度の)投機が外れて零落する / engage in ～ 投機[思惑売買]をやる / on ～ 投機で, やまを張って《口語では on spec という》. **3** 《廃》見ること; 見る力; 観察. 〖(*c*1380) □ LL *speculātiō(n-)*: ⇨ ↑, -ation〗

spec·u·la·tive /spékjʊlèɪṭɪv, -lət- | -lət-, -lèɪt-/ *adj.* **1 a** 思索の, 思索にふける; 思索的な (thoughtful, reflective): a ～ person. **b** 〘哲学〙(論証や観察・実験に基づかない)思弁的な (↔ positive): ⇨ speculative philosophy. **c** 純理的な (theoretical) (cf. practical, experimental 1): ～ geometry 純正[理論]幾何学. **2 a** 投機的な; 山師の, 思惑の: ～ purchase 思惑買い. **b** 投機家にとって魅力的な, 投機欲をそそる; 危険な, リスクの大きい (risky): a ～ stock. **c** 投機に関する. **3** 《廃》見る, 視力の (visual). **～·ly** *adv.* **～·ness** *n.* 〖(*a*1400) □ (O)F *spéculatif, -ive* ∥ LL *speculātīvus* ← L *speculātus* (p.p.): ⇨ speculate, -ative〗

spéculative buílder *n.* 投機的建売り業者《事前に顧客を確保せずに住宅を建設する》.

spéculative philósophy *n.* 思弁哲学《論証や観察・実験に基づかず, 直観・想像などによる超越的な哲学(的思索)》.

spéculative theólogy *n.* 思弁神学《思弁哲学や形而上学に基づいた, また主にその影響下にある神学》.

spec·u·la·tor /spékjʊlèɪṭə | -tə^(r)/ *n.* **1** 思索家, 思弁家, 理論家; 空論家. **2** 投機家, 山師, 思惑買い[売り]する人. **3** 《米》(演劇や試合の)入場券を思惑買い[買占め]する人, だふ屋. **4** 《NZ》〘ラグビー〙目標を定めない前方キック. **5** 《廃》見る人, 観察者; スパイ. 〖(1555) □ L *speculātor*: ⇨ speculate, -or[2]〗

spec·u·lum /spékjʊləm/ *n.* (*pl.* **-u·la** /-lə/, **～s**) **1 a** (特に, 反射望遠鏡などに用いる磨いた金属の)鏡; 反射鏡 (reflector). **b** =speculum metal. **c** 古代の青銅[銀]製の鏡. **2** 〘医学〙鏡, スペキュラ: an eye ～ 開眼器 / a nasal [rectal, uterine, vaginal] ～ 鼻[直腸, 子宮, 膣]鏡. **3** 〘鳥類〙(翼の)燦点(さんてん)《カモ・鶏などの閉じた第二風切羽に見える美しい玉虫色の色彩のある部分》. 〖(?*a*1425) □ L ～ 'mirror' ← *specere* to look+-ulum: cf. spy〗

spéculum mètal *n.* スペキュラム合金, 鏡金《銅とスズの合金で, 望遠鏡などの反射鏡を作るのに用いる》. 〖1796〗

sped /spéd/ *v.* speed の過去形・過去分詞.

speech /spíːtʃ/ *n.* **1 a** 演説, スピーチ (address, oration): an after-dinner ～ テーブルスピーチ / a long-winded ～ 長談義, 長広舌 / an opening [a closing] ～ 開[閉]会の辞 / a set ～ 準備した[腹案を練った]演説 / deliver [make] a ～ 演説する / a ～ of thanks 謝辞 / the ～ from the throne=the King's [Queen's] ～ / They kept shouting *"Speech! Speech!"* until she rose to address them. 彼らが「スピーチを! スピーチを!」と叫び続けると, 彼女はようやく立ち上がりスピーチをした. **b** 話, 談話, 会話 (talk, conversation): have ～ with a person 《古》人と対談する / They walked on without ～. 言葉も交わさず歩いていった. **c** (演劇で一度にしゃべる)台詞(せりふ) (cf. by-speech): long ～*es* 長台詞. **2 a** 話す[語る]こと, 発言 (utterance): free ～ / freedom of ～ 言論の自由 / one's power of ～ 言語能力 / ⇨ FIGURE of speech / give ～ to …を口に出す / burst into ～ いきなりしゃべり出す / His strange ～ betrayed his identity. 話し方がおかしかったので身元がばれた / *Speech* is silver [《古》silvern], silence is golden. 《諺》雄弁は銀, 沈黙は金 / He could express himself better in writing than in ～. 話すことより書くことのほうがうまく自分のことを表現できた. **b** 話し方, 話しぶり: an eloquent ～ 雄弁 / The actress delivered her ～ well. 女優はうまいせりふ回しをした / a person of rapid [slow] ～ 口の達者な[重い]人 / He is slow of ～. 訥弁(とつべん)だ / His ～ is not clear. 彼のものの言い方[言葉遣い]ははっきりしない. **3** ものを言う力, 話す能力, 言語[発話]能力: ⇨ speech impediment / Man alone has the gift of ～. 人間だけが言語能力を有する[言葉をしゃべれる] / In some stories animals have [are gifted with] ～. 物語の中には動物が言葉をしゃべるのがある. **4 a** (話す)言語, 話し言葉, スピーチ (cf. language 2 b) (⇨ language SYN): daily [everyday] ～ 日常の言葉 / the ～ of the common people 一般民衆の言語. **b** 一国[地方]の言葉, 国語, 方言 (language, dialect): English [old Teutonic] ～ 英[古代チュートン]語. **5** スピーチ研究《口頭伝達・音声などの理論・実践研究》; (学科としての)スピーチ学. **6** 《古》うわさ, 流言 (rumor). **7** 〘音楽〙(オルガンなどの楽器の)音, 響き (sound). **8** 〘文法〙 =narration 3: ⇨ represented speech.

pùt a spéech ìnto a person's móuth 人の言いもしないことを言ったことにする.

〖OE *spēč, sprǣc* < Gmc **sprǣkjō*: cf. (Du. *spraak* / G *Sprache*) ← sp(r)ek- 'to SPEAK'〗

SYN 演説: **speech** 集会などで聴衆に向かってする講演: an opening *speech* 開会の辞. **address** かなり著名な人物によって周到に準備され, 儀式ばった際に行われる演説: an inaugural *address* 就任演説. **oration** 特に美辞麗句を連ねた形式ばった公式の講演《格式ばった語》: a funeral *oration* 追悼演説. **harangue** 群衆などに対する熱烈で長い演説: launch into a long *harangue* 長広舌をふるい始める. **talk** くだけた講話: three *talks* on London ロンドンに関する3回講話. **discourse** 特定のテーマについて周到に準備された長い講演: a *discourse* on Shakespeare シェークスピアについての講演.

spéech àct *n.* 〘言語〙発話[言語]行為《要求・忠告・警告・説得など話者の発話がそれ自体で一つの行為を形成するもの》. 〖1946〗

spéech bùbble *n.* 《英》(漫画の)吹き出し (bubble).

spéech cènter *n.* 〘生理〙言語中枢. 〖1879〗

spéech clìnic *n.* 言語クリニック. 〖1963〗

spéech commùnity *n.* 〘言語〙言語共同体《特定の言語・方言を用いる集団》. 〖1894〗

spéech corrèction *n.* 言語矯正.

spéech dày *n.* 《英》スピーチデー《学校の終業式の日に父母が出席し, 来賓のスピーチを聞き賞品授与に参列する》. 〖1848〗

spéech defèct *n.* 言語障害.

spéech disòrder *n.* 言語障害《構語障害 (anarthria), 失語症 (aphasia) など》.

spéech fòrm *n.* 〘言語〙 =linguistic form.

spéech·i·fì·er *n.* [軽蔑的に] 演説屋 (declaimer). 〖1778〗

speech·i·fy /spíːtʃɪ̣fàɪ | -tʃi-/ *vi.* [軽蔑的に] 演説口調で(堂々と)弁じる, 熱弁をふるう (declaim, orate).

speech·i·fi·ca·tion /spìːtʃɪ̣fɪ̣kéɪʃən | -tʃifi-/ *n.* 〖(1723) ← SPEECH+-IFY〗

spéech impèdiment *n.* 言語障害.

spéech ìsland *n.* 〘言語〙言語島《一言語地域

S

(speech area) 内の(孤立した)小言語地域): a German ～ in Yugoslavia. 〖(1888)《なぞり》← G *Sprachinsel*〗

speech·less /spíːtʃlɪ̀s/ *adj.* **1 a** 〔強いショックなどで〕口のきけない 〔*with, from*〕(⇨ voiceless **SYN**): ～ *with* [*from*] fear 恐ろしさのあまり口もきけない / stand ～ あぜんとしてつっ立っている / I was ～ *at* his impudence. 彼の厚かましさには口もきけなかった / The sight left him momentarily ～. その光景に彼は一瞬口もきけなくなった. **b** 口もきけないほどの, 言葉に言い表せない: ～ grief 言いようのない悲しみ. **2 a** 言葉で表現不可能の, 言語能力を超えた: ～ beauty. **b** 言葉の伴わない, 無言でなされる. **c** 《廃》無言で表される: ～ messages. **3 a** 口のきけない: a ～ animal. **b** 口をきかない, 黙っている, 無口な (mute, silent): a ～ person. **～·ly** *adv.* **～·ness** *n.* 〖OE *spǣclēas*: ⇨ speech, -less〗

speech·màker *n.* 演説家, 講演家. 〖(1710) ← *make a speech* (⇨ speech (1 a))〗

spéech·màking *n.* 演説[講演]すること. 〖1718〗

spéech màrks *n. pl.* 引用符 (quotation marks).

spéech òrgan *n.* 〘音声〙音声器官 (organ of speech). 〖1925〗

spéach pathòlogist *n.* 言語療法士.

spéech pathòlogy *n.* 言語音声病理学; 言語療法. 〖1931〗

spéech·rèading *n.* ＝lipreading.

spéech recognìtion *n.* 〘電算〙(機械による)音声認識 (voice recognition) 《音声信号から語や意味を識別すること》. 〖1953〗

spéech situàtion *n.* 〘言語〙会話の場 《話者・(話者の)発話・聴者の三要素を必要条件とする》. 〖1953〗

spéech sòund *n.* 〘音声〙言語音(ᵒᵒ) 《音声器官 (organs of speech) によって発せられ, 言語に用いられる音; 単に sound ともいう》. 〖1840〗

spéech sýnthesis *n.* 〘電算〙音声合成 (voice synthesis) 《ヒトの言語音を機械によって作り出すこと》.

spéech sýnthesizer *n.* 〘電算〙(コンピューターシステムによる)音声合成装置. 〖1953〗

spéech thèrapy *n.* 言語療法, (心理的・肉体的な)言語障害治療(法). **spéech thèrapist** *n.* 〖1933〗

spéech tràining *n.* (人前での)話し方訓練; 発音矯正練習.

spéech·wày *n.* (特定のグループ・地域の人々に共通な)話し方, 言語様式. 〖1931〗

spéech·wrìter *n.* スピーチライター 《政治家などの演説の原稿を書く人》. 〖1834〗

speed /spíːd/ *n.* **1** (動作・行動などの)速いこと, 迅速 (⇨ haste **SYN**); 速さ, 速力 (rapidity, swiftness): with ～ 迅速に / with all (convenient [possible]) ～ ありったけの速さで / (The) More haste, (the) less ～. 《諺》慌てると速度は鈍る, 急がば回れ (cf. HASTE makes waste.) / Safety is more important than ～. 速いよりも安全が大切. 日英比較 日本語では「スピード」を「スピード写真」や「スピード出世」のように「速い」という意味で用いるが, 英語では *instant* photograph, *rapid* promotion のように speed 以外の語を用いる. **2 a** 速度, スピード (velocity): the ～ of sound [light] 音速[光速] / landing ～ 着陸速度 / at a reasonable ～ 適度な速度で / go at [do] a ～ of 30 miles an [per] hour 時速 30 マイルで行く / (at) full [top] ～ 全速力で / Full ～ ahead! どんどんやれ[働け] / with gradually increasing ～ 次第に速力を増して / gather ～ スピードを増す / reach a high ～ 高速度に達する / make [do] a ～ of 18 knots 18 ノットの速力を出す / maximum cruising ～ 最大巡航速度 / economical cruising ～ 経済巡航速度 / What's your reading [typing, shorthand] ～? あなたの読む[タイプの, 速記の]スピードはどれくらいですか / She put on a burst of ～ to win the race. レースに勝とうとして彼女は一気にスピードを上げた. **b** 〘物理〙平均速度 (average speed); 瞬間速度 (instantaneous speed). **3** (自動車などの)変速装置: a bicycle with three ～*s*＝a three-*speed* bicycle 3 段変速の自転車 / shift [change] to low ～ 低速[ロー]に切り替える. **4** 《口語》好みに合う人[物]. **5** 《俗》覚醒剤, スピード, ヒロポン 《メタンフェタミン (methamphetamine) など》. **6** 《古》成功, 繁栄 (prosperity), 幸運 (cf. *Gen.* 24:12); 運命 (fortune): wish a person good ～＝wish good ～ to a person 人の成功を祈る / God send [give] you good ～! ＝Good ～! 御成功を祈る. **7** 〘写真〙 **a** (フィルム・感光紙の)感度 《ASA / BS, DIN で表す》. **b** シャッタースピード, 露光時間. **c** レンズの最大開口径. **d** 〘写真〙＝f-number. **8** 〘野球〙(ピッチャーの)速球投球能力, スピード: The pitcher has no ～ [put some ～ on the ball]. あのピッチャーは球速がない[ボールにスピードを加えた].

at spéed 《英》急速に, スピードを出して (rapidly): drive *at* ～. ***That's* [*Thàt's júst*] *about my spéed.*** 《口語》僕の趣味[興味]にぴったりだ. ***ùp to spéed*** (1) 全速力で. (2) 本来の調子で. (3) 精通して. ***spéed of light*** [the—] ＝VELOCITY of light.

— *adj.* [限定的] 速度[スピード]の; 速度[スピード]を規制する.

— *v.* (*vi.* 1, 4, 5, *vt.* 2, 5 では **sped** /spéd/; *vi.* 1–3, *vt.* 1–5 a では **speed·ed**) — *vi.* **1** 急いで行く[走る], 疾走する, 飛ぶように走る 〈*along, by*〉: They *sped* [～*ed*] down [along] the street. 彼らは街路を急いだ / A boat ～*s* across the waves. ボートが波を切って進んで行く. **2** (自動車で)違反のスピードを出す, 速度違反をする: ⇨ speeding. 日英比較「スピードオーバー」は和製英語. 英語では「スピードオーバーをする」は speed や exceed the limit を用いる. 名詞は speeding. また「スピードダウンする」は slow down. **3** 速度[スピード]を増す, 加速度的に進行する 〈*up*〉. **4** 《古》やっていく, 暮らす (get on, fare); 〈人が〉繁栄する (prosper), 成功する, うまくいく (fare well): ～ ill [well] うまくいかない[いく] / How have you *sped*? いかがお暮らしでしたか; どんな具合でしたか《うまくいきましたか》. **5** 《俗》〈覚醒剤[スピード]を〉使っている, 〈覚醒剤で〉しびれる.

— *vt.* **1** 〈問題・事業などの〉成功を促進する (assist), はかどらせる (hasten): medicine that ～*ed* (*up*) my recovery 回復を早めてくれた薬. **2** 急がせる, 駆りたてる (urge on). **3** …の速力を速める (accelerate) 〈*up*〉: He ～*ed up* the engine [production]. 彼はエンジンの速力[生産スピード]を速めた. **4** 〈機械などを〉一定の速力にする, …の速力の調節をする. **5** 《古》 **a** 〈人の〉幸運を祈る: ～ a parting guest 出発するお客に道中の安全を祈る. **b** 成功させる: God ～ you! どうか御成功のほどを.

spéed bý (1) ⇨ *vi.* 1. (2) 〈時が〉飛ぶように過ぎる: The first week *sped by*. 第 1 週があっという間に終わった. ***spéed* a person *on* a person's *wáy*** 人の旅立ちを見送る.

〖n.: OE *spēd, spǣd* < Gmc **spōðiz* (OHG *spuot* success) ← **spōan* (OE *spōwan* to prosper) ← IE **spē-* to thrive (L *spēs* hope: cf. despair, prosper). — v.: OE (*ġe*)*spēdan* ← ? *spēd* (n.): 1000 年頃から 'quickness' の意味で用いられる〗

spéed bàg *n.* 《米》スピードバッグ 《ボクサーがすばやいパンチを練習するための小さいパンチバッグ》.

spéed·bàll¹ *n.* 《米》〘スポーツ〙スピードボール 《サッカーに似ているゲーム; 両手を使ってボールを受け止めてもパスしてもよい; スコアは, ゴールポストの間へのキックまたはヘディングによるシュートとゴールラインを越えるフォワードパスによって得られる》. 〖1923〗

spéed·bàll² *n.* **1** 《米俗》スピードボール 《ヘロイン[モルヒネ, アンフェタミン]とコカインを混合した麻薬》. **2** 《豪》通じに効くミートリソール (meat rissole) 《特に羊毛刈り込み人が食べる》. 〖1909〗

spéed·bòat *n.* 高速モーターボート, スピードボート. 〖1911〗

spéed·bòating *n.* 高速モーターボートを運転すること[技術]; 高速モーターボートに乗るスポーツ. **spéed·bòater** *n.* 〖1928〗

spéed bràke *n.* 〘航空〙スピードブレーキ 《飛行中や着陸時に減速させるための空気抵抗板》.

spéed bùmp *n.* スピード防止帯 (《英》speed hump) 《車両スピードを制限するために道路上を横切るように設けた隆起; 略して bump ともいう》; 減速要因, つまずき. 〖1975〗

spéed càmera *n.* スピードカメラ 《速度違反車を感知してそれを写真[ビデオ]に撮るカメラ》.

spéed còne *n.* 〘機械〙段車. 〖1869〗

spéed contròl *n.* 〘鉄道〙速度制御装置.

spéed còp *n.* 《俗》(オートバイに乗った)スピード違反取締り巡査, 「白バイ」. 〖(1924) ← COP¹〗

spéed còunter *n.* 自動速度計 《単に counter ともいう》.

spéed dèmon *n.* 《口語》猛スピードで動き回る人; 《米口語》スピード狂, 飛ばし屋. 〖1948〗

spéed-dìal *adj.* 番号登録の.

spéed·er /-dər | -dəʳ/ *n.* **1** 高速度を出す人[物]; (特に)むやみにスピードを出すドライバー, スピード狂; (制限速度を超過する)スピード違反者. **2** 〘機械〙速度加減装置; 練紡機の一種. 〖*c*1400〗

spéed frèak *n.* 《米俗》アンフェタミン (amphetamine) [メタンフェタミン (methamphetamine)] の常習者, ヒロポン中毒者. 〖1967〗

spéed hùmp *n.* 《英》＝speed bump.

spéed ìndicator *n.* **1** ＝speed counter. **2** ＝tachometer.

spéed·ing /-dɪŋ | -dɪŋ/ *adj.* **1** 高速で動いている. **2** 《廃》効果的な (effective). — *n.* **1** 高速進行. **2** 規定以上の速度での自動車運転, 違反のスピードを出すこと, スピード違反: He was arrested for ～. スピード違反で逮捕された / get a ticket for ～ スピード違反でつかまる. **3** 《古》繁栄, 成功; 運命. 〖*a*1325〗

spéed-lèngth ràtio *n.* 〘海事〙速長比 《船の速さとフィートで表した水線長さの平方根との比; 速力を出すためには長さが必要》.

spéed·light *n.* 〘写真〙スピードライト 《通称ストロボと呼ばれる電子閃光灯; electronic flash ともいう》. 〖1953〗

spéed lìmit *n.* (自動車などの)制限速度. 〖1893〗

spéed mèrchant *n.* 《英俗》スピード狂. 〖1913〗

spee·do /spíːdou | -dəu/ *n.* 《口語》＝speedometer. (《豪》では odometer ともいう). 〖略〗

speed·om·e·ter /spɪdá(ː)mətə, spiːd- | -dɔ́mɪtəʳ/ *n.* **1** 速度計. **2** (自動車などの)走行記録計 (odometer), 走行マイル計 (mileometer)(cf. cyclometer 2). 〖(1903) ← SPEED＋-O-＋-METER¹〗

spéed-rèad /-rìːd/ *vt.* 速読する. 〖1960〗

spéed-rèading *n.* 速読(術). 〖1962〗

spéed shòp *n.* スピードショップ 《特に, 改造高速自動車用の部品販売店》. 〖1953〗

spéed skàte *n.* スピードスケート用の靴 (racing skate).

spéed skàting *n.* スピードスケート (競技).

spéed sprāyer *n.* ＝concentrate sprayer.

speed·ster /spíːdstə | -stəʳ/ *n.* **1** 高速で自動車を運転する人; スピード違反者. **2 a** 高速の乗り物[自動車, 列車]. **b** スピードのある馬[競走馬]. 〖(1918) ← SPEED＋-STER〗

spéed tèst *n.* 〘心理〙速度テスト, 時間制限テスト, 速度検査法 《比較的易しい多数の問題に対する所定時間内の正答の数によって能力を測定するテスト; cf. power test》.

spéed tràp *n.* (自動車の)スピード監視所 《監視の警官やレーダーなどの装置をこっそり置いてスピード違反を取り締まる道路区間や場所》. 〖1925〗

spéed·ùp *n.* **1** 速力増進, 高速度化, スピードアップ (acceleration). **2** 〘経営〙生産能率促進. 〖(1921) ← *speed up* (⇨ speed (vt. 3))〗

spéed·wàlk *n.* 動く歩道 《コンベヤーベルトで人を立ったまま乗せて運ぶ装置》. 〖1955〗

spéed·wày *n.* **1** 《米》高速(自動車)道路 (expressway). **2** スピードウェイ 《オート[カー]レース場》; スピードウェイでの競技. 〖1894〗

spéed·wèll *n.* 〘植物〙クワガタソウ 《ゴマノハグサ科クワガタソウ属 (*Veronica*) の植物の総称; ハイクワガタ (*V. prostrata*), トラノオノキ (*V. spesiosa*) など》. 〖(1578) ← SPEED (v.)＋WELL¹ (adv.): 原義は 'prosper well' か〗

Spéed·writing *n.* 〘商標〙(記号ではなくアルファベットの組合せによる)速記法.

speed·y /spíːdi | -di/ *adj.* (**speed·i·er**; **-i·est**) **1** 〈速力が〉速い; 〈行動などの〉早い, 速やかな, 迅速な (⇨ fast¹ **SYN**): a ～ runner 走るのが速い人 / a ～ worker 敏速な働き手 / a ～ recovery 急速な回復. **2** 早速の, 即時の, 猶予しない (prompt): a ～ answer 即答 / a ～ retribution 早い報い / a ～ vengeance 即座の仕返し. **spéed·i·ly** /-dəli, -dḷi | -dɪ̀li, -dḷi/ *adv.* **spéed·i·ness** *n.* 〖(1375): ⇨ speed (n.), -y⁴〗

spéedy tríal *n.* 〘法律〙迅速な裁判 《刑事被告人の権利の一つとして憲法上保障されている不当な遅延のない裁判; 合衆国憲法第 6 修正にその保障が規定されている》. 〖1776〗

speel /spíːl/ *vt., vi.* 《スコット・北英》登る, 上がる (climb). — *n.* 《マンチェスター方言》こっぱ, 小さい板. 〖(1513)《逆成》? ← 《廃》*speeler* acrobat ▭ ? Flem. & LG *speler*＝G *Spieler*〗

speer /spíə | spíəʳ/ 《スコット・北英》(*also* **speir** /～/) *vt.* **1** 〈質問を〉尋ねる (ask). **2** (尋ねたり求めたりして)知る. — *vi.* 質問する. 〖OE *spyrian* < Gmc **spurjan* (G *spüren*) ← **spur-*: ⇨ spur〗

Speer /spíə, spéə | spéəʳ; G. ʃpéːɐ/, **Albert** *n.* シュペーア (1905–81; ドイツの建築家; ナチスの政治家; 回想録 *Inside the Third Reich* (1969)).

speiss /spáɪs; G. ʃpáɪs/ *n.* 〘冶金〙砒鈹(ᵒᵒ) 《鉛鉱・コバルト鉱などを製錬する際に生じる鉄・ニッケル・コバルトなどとヒ素との化合物; アンチモンとの化合物をいうこともある》. 〖(1796) ▭ G *Speise* (原義) food, amalgam ▭ ML *spēsa* provision ← LL *expēnsa* 'EXPENSE'〗

spek /spék; *Afrik.* spék/ *n.* 《南ア》シカなどの肉料理で風味をつけるのに用いるベーコン, ヘット, 豚の脂身. 〖(1838) ▭ Du. ～: cf. speck²〗

spek·boom /spékbùːm/ *n.* 〘植物〙＝purslane tree. 〖(1834) ▭ Afrik. ～ ← *spek* 'SPECK'＋*boom* tree〗

Speke /spíːk/, **John Hanning** *n.* スピーク (1827–64; 英国の探検家; アフリカ大陸を数回探検, 1858 年には Victoria 湖に到達, これを Nile 川の水源と確認した).

spe·lae·an /spɪ̀líːən, spiː- | spɪ-, spiː-/ *adj.* (*also* **spe·le·an** /～/) **1** ほら穴[洞窟]の(ような). **2** ほら穴に住む, 穴居の; ほら穴に生じる. **spe·lae·ol·o·gy** /spìːliá(ː)lədʒi, spèl- | -ɔ́l-/ *n.* ＝speleology. 〖(1839) ← L *spēlaeum* cave (▭ Gk *spḗlaion* ← ?)＋-AN¹〗

spe·le·o·log·i·cal /spìːliəlá(ː)dʒɪkəl, spèl-, -kḷ | -lɔ́dʒɪ-/ *adj.* 洞窟学の, 洞窟学上の. 〖1895〗

spe·le·ol·o·gist /spìːliá(ː)lədʒɪst, spèl- | -ɔ́lədʒɪst/ *n.* 洞窟学者 (cf. spelunker). 〖(1895) ↓, -ist〗

spe·le·ol·o·gy /spìːliá(ː)lədʒi, spèl- | -ɔ́l-/ *n.* **1** 洞窟学 《洞窟・洞窟生物・穴居人などに関する研究》. **2** 洞窟探検. 〖(1895) ▭ F *spéléologie*: ⇨ spelaean, -ology〗

spe·le·o·them /spíːliəθèm, spél-/ *n.* 洞窟二次生成物, 鍾乳石, スペレオゼム. 〖(1952) ← *speleo-* (⇨ spelaean)＋*-them* (▭ Gk. *théma* that which is placed: ⇨ theme)〗

spel·i·can /spélɪkən | -lɪ-/ *n.* ＝spillikin.

spelk /spélk/ *n.* 《スコット・北部イングランド》こっぱ, 小さい板. 〖OE *spelc* surgical splint: cf. East Fris. *spalk* / ON *spelka*〗

spell¹ /spél/ *v.* (**spelled** /spéld, spélt/, 《英》**spelt** /spélt/) — *vt.* **1 a** 〈語を〉つづる, …のつづりを言う[書く]: ～ a word / How do you ～ your name? お名前はどうつづるのですか / Can you ～ that again for me? それをもう一度つづってくれませんか / Is that ～*ed* as one word or two? それは 1 語それとも 2 語でつづるのですか. **b** 〈文字が〉〈語を〉作る (make up), …のつづりである; (…と)つづって…と読む: O-n-e ～*s* 'one /wʌ́n/'. o-n-e で one となる[読む]. 日英比較 日本語では「つづり」のことを「スペル」というが, 英語では spelling. **2 a** 一字一字拾い読みする, ゆっくり苦労して読む, 判読する 〈*out, over*〉: ～ *out* the Bible. **b** 読みとる, 理解する (understand) 〈*out, over*〉: ～ a person's meaning. **c** (研究などによって)発見する, 見つける (discover) 〈*out, over*〉. **3** 意味する (mean); …の結果を来たす[招く], (必然的に)…になる (amount to): These changes ～ ruin to [for] the farmer. この変革は農民に破滅をもたらすであろう. — *vi.* **1** 語をつづる, つづりを正しく書く, 正しくつづる: We do not pronounce as we ～. つづり通りには発音しない / learn to ～ (properly) (きちんと)つづりを身につける. **2** 《詩》考察する (contemplate) 〔*of*〕.

spéll báckward (1) 文字を逆につづる. (2) 曲解する, 誤解する (misinterpret). (1599) ***spéll dówn*** 〈相手を〉つづり字競技で負かす (cf. spelldown). (1854) ***spéll óut*** (1) 明確に[はっきり]説明する[述べる]. (2) つづりを略さずに[正式に]書く, 完全つづりにする. (3) ⇨ *vt.* 2.

～·a·ble /-ləbl/ *adj.* 〖(*a*1325) *spelle*(*n*) ▭ OF *espeller* (F *épeler*) ▭ Frank. **spellōn* to tell, relate ← IE **(s)pel-* (⇨ spell³)〗

spell² /spél/ *n.* **1 a** (交代でやる)ひと続きの仕事 (a turn

of work): take [have] a ~ at the oars (人と)代わってオールをしばらくこぐ / a ~ of work ひと仕事. **b** (特定の仕事または活動の)期間: a three-year ~ as a salesman [in the army] セールスマンとして[陸軍で]3年間. **2 a** (ある天候の続く)ひとしきり, ひと続き (period): a hot [sunny] ~ 暑さ[晴天]続き / a long ~ of fine weather 長く続く上天気 / weather with ~*s* of rain [with rainy ~*s*] 時々しぐれる天候. **b** しばらくの間 (a little while): sleep for a ~ / Come back after a ~ (away). しばらくしたら戻ってらっしゃい / a ~ ago [back]《米》しばらく前. **3**《口語》病気[不機嫌]のひと時, 発作; 発病 (attack): a ~ of coughing＝a coughing ~ ひとしきりのせきこみ / a dizzy ~ ちょっと目まいがすること. **4** [集合的]《古》(仕事の)交替者 (shift). **5**《米方言》近距離. **6**《スコット・豪》休息[休憩]時間, 休み (rest period).
— *vt.* **1** (一時)…に代わる, 交替する, 代わってやる (relieve): She ~*ed* me at the oars. 私に代わって彼女がオールをこいだ. **2**《豪》…に休息[休憩]時間を与える. **—** *vi.*《豪》休息[休憩]する. ***spéll a páddock***《NZ》畑を休耕地とする.
〖v.:《1595》← (n.): cf. ME *spele(n)* to act for another (< OE *speliare* to substitute ← ?.) — n.:《1593》《変形》← ME *spale* < OE *spala* substitute ← ? : cf. OE *ġespelia* substitute〗

spell[3] /spél/ *n.* **1** 魔力, 魅力 (enchantment, fascination): be [fall] under the ~ of beauty [eloquence, the mysterious East] 美[雄弁, 東洋の神秘]に魅せられる / be [fall] under her ~ 彼女の魅力のとりこである[になる]. **2** まじない文句, 呪文(じゅもん); まじない, 魔法: be bound by a ~ 呪文で金縛りになっている / break a [the] ~ まじないを解く, 呪文を破る; 夢をさます. **3**《廃》物語, 話 (talk). ***cást*** [***láy, pùt***] ***a spéll on*** [***upon, over***] (1) 〈人〉に魔法をかける. (2) 〈人〉を魅する. ***ùnder a spéll*** (1) 魅せられて. (2) 呪文で縛られて: cast [lay, put] a person *under a* ~ 人に魔法をかける.
— *vt.*《まれ》まじない(文句)で縛る.
〖n.: OE *spe(l)* saying, discourse < Gmc *spellam (OS & OHG *spel* / Goth. *spill* tale) ← ? IE *(s)pel- to say loud, recite. — v.: OE *spellian* ← (n.): cf. spell[1], gospel〗

spell[4] /spél/ *n.*《北部イングランド》こっぱ, 〈特に木材の〉切れ端. 〖《1545》《変形》← ? ME *speld* < OE 'flake of fire': cf. ON *speld, spjald* spark / Goth. *spilda*〗

spéll·bìnd *vt.* (**spell·bound**) **1** 呪文で縛る. **2** 魅了する (fascinate). 〖《1808》《逆成》← SPELLBOUND: BIND–BOUND[1] の類推から〗

spéll·bìnd·er *n.* **1** 雄弁家, (特に)聴衆を魅了する政治家. **2** 魅了するような作品[製作物]. 〖1888〗

spéll·bìnd·ing *adj.* 魅惑的な, 引きつけて離さない.

spéll·bòund *adj.* **1** 呪文で縛られた, 魔法にかかった. **2** 魅せられた, うっとりさせられた: ~ listeners 聞きほれる聴衆. 〖《1799》← SPELL[3] (n.)+BOUND[1]〗

spéll·chèck《電算》*vt., vi.* スペルチェックする. **—** *n.* スペルチェック. 〖1983〗

spéll·chècker *n.*《電算》スペル[スペリング]チェッカー (spelling checker)《文書ファイル中の単語のつづりを検査して誤りを指摘するプログラム》. 〖1983〗

spéll·dòwn *n.* (特に, 一定数のつづり違いがあると失格して座らせられる)つづり字競技 (cf. SPELL[1] *down*). 〖1943〗

spéll·er /-lə | -lə(r)/ *n.* **1** 言葉をつづる人, つづり手: a good [careless] ~ つづりの正確[いいかげん]な人. **2** ＝ spelling book. 〖《1440》← SPELL[1]〗

spel·li·can /spélɪkən | -lɪ-/ *n.* ＝spillikin.

spell·ing /spélɪŋ/ *n.* **1** つづり字(法), 正字法 (orthography): His ~ is weak. 彼はつづり字が得意でない / an incorrect [a variant] ~ 間違った[異なった]つづり方 / an etymological [historical] ~ 語源[歴史]的つづり法 / a phonetic ~ 表音的つづり法 / a ~ match つづり字競技 / I am not sure of the ~ of the word. 私はその言葉のつづりをはっきり知らない. **2** (単語を)つづること; 語のつづり, スペリング. 〖《1440》← SPELL[1]〗

spélling bèe *n.* つづり字競技 (spelldown). 〖1872〗

spélling bòok *n.* つづり字教本. 〖1677〗

spélling chècker *n.*《電算》＝spellchecker.

spélling pronunciàtion *n.* つづり字発音《つづり字と離れた発音の語に対してつづり字通りに発音すること; 例えば Worcester /wústə | -tə(r)/ を /wɔ́:sɛstə | wɔ́:sɛstə(r)/, boatswain /bóusən, -sn | bə́u-/ を /bóutswèɪn | bə́ut-/, often /ɔ́(:)fən, ɑ́(:)f- | ɔ́fən/ を /ɔ́(:)ftən, ɑ́(:)f- | ɔ́ftən/ と発音するなど》. 〖1901〗

spélling refòrm *n.* (英語の)つづり字改良運動《発音に近いつづり字を案出する; 例えば through を thru, light を lite とするなど》. 〖1848〗

Spell·man /spélmən/, **Francis Joseph** *n.* スペルマン《1889–1967; 米国のカトリック聖職者; New York 市の大司教 (1939–67), 枢機卿 (1946–67)》.

spelt[1] /spélt/ *v.* spell[1] の過去形・過去分詞.

spelt[2] /spélt/ *n.*《植物》スペルトコムギ (*Triticum spelta*)《昔, 南ヨーロッパで広く栽培されたコムギの一種; 今でもドイツなどで家畜飼料として栽培されている; speltz ともいう; cf. emmer》. 〖OE ~ ◻ LL *spelta* ◻ Gmc *speltō- (Du. *spelt* / G *Spelz*) ← IE *(s)p(h)el- to split off: ⇨ spill[1]〗

spel·ter /spéltə | -tə(r)/ *n.* **1** 亜鉛 (zinc)《主にどぶづけ亜鉛めっきに用いられる鉛を少し含む純度のあまり高くないもの》; (特に)亜鉛鋳塊 (zinc ingot). **2** ＝spelter solder. 〖《1661》◻ ? MDu. *speauter*: cf. pewter〗

spélter sòlder *n.* 硬質はんだ《亜鉛と銅の合金から成るはんだ; 銅・鉄・真鍮(しんちゅう)のろうづけに用いる》. 〖1671〗

speltz /spélts/ *n.*《植物》＝spelt[2]. 〖◻ G ~ 'SPELT[2]'〗

spe·lunk /spɪlʌ́ŋk, spi:-, spí:lʌŋk | spɪlʌ́ŋk, spi:-/ *vi.* 洞窟(どう)探検をする. 〖《a1398》←《廃》~ 'cave' ◻ L *spēlunca* ◻ Gk *spēlugga* (acc.), *spēlugx*〗

spe·lúnk·er *n.* (アマチュアの)洞窟探検家 (cf. speleologist). 〖1942〗

spe·lúnk·ing *n.* (趣味としての)洞窟探検 (caving). 〖1946〗

Spe·mann /ʃpéɪmɑ:n; G. ʃpé:man/, **Hans** *n.* シュペーマン《1869–1941; ドイツの動物学者; Nobel 医学生理学賞 (1935)》.

spence /spéns/ *n.* **1**《英方言》食料貯蔵室 (pantry); 食器棚 (cupboard). **2**《スコット》(通例台所に近い)居間. **3**《英方言》手当, 支給額. 〖《c1395》《頭音消失》← OF *despense* (F *dépense*) ◻ L *dispensa* (fem. p. p.): ⇨ dispense〗

Spence /spéns/, Sir **Basil** (**Urwin**) *n.* スペンス《1907–76; インド生まれのスコットランドの建築家; Coventry Cathedral 再建 (1951) の設計を担当》.

spen·cer[1] /spénsə | -sə(r)/ *n.* スペンサー: **a** (19 世紀に男性が用いた)ダブルブレストの (double-breasted) 短いジャケット. **b** 体にぴったりした女性用のウエスト丈ジャケット. 〖《1795》← *George John, 2nd Earl Spencer* (1758–1834: 英国の政治家)〗

spen·cer[2] /spénsə | -sə(r)/ *n.* 18 世紀のイギリスのかつら. 〖《1700》← *Charles Spencer, 3rd Earl of Sunderland* (1674–1722)〗

spen·cer[3] /spénsə | -sə(r)/ *n.*《海事》スペンサー《横帆船の前檣(ぜんしょう)や大檣の後方に張ることのある縦帆》. 〖《1840》← ? *Spencer* (姓) (↓)〗

Spen·cer /spénsə | -sə(r)/ *n.* スペンサー《男性名》. 〖ME *Spenser*《頭音消失》← *Despenser* ◻ AF *Espenser*＝OF *despensour*《原義》dispenser (of provisions), steward: ⇨ dispense, -er[1]: もと家族名〗

Spencer, Herbert *n.* スペンサー《1820–1903; 英国の哲学者・社会学者, 進化論的哲学の樹立者; *First Principles* (1862), *Principles of Sociology* (3 vols, 1876–96)》.

Spencer, Platt Rogers *n.* スペンサー《1800–64; 米国のペン習字の大家 (cf. Spencerian 2)》.

Spencer, Sir **Stanley** *n.* スペンサー《1891–1959; 英国の画家; *Resurrection, Cookham* (1922–27) などの宗教画がある》.

Spéncer Gúlf *n.* スペンサー湾《オーストラリア South Australia 州南東部の湾》. 〖← *second Earl Spencer* (1758–1834) その湾が探検された当時の海軍第一卿〗

Spen·ce·ri·an /spensí(ə)riən | -síər-/ *adj.* **1** Herbert Spencer の; スペンサー哲学の, スペンサー流の. **2** P. R. Spencer 流の《円味を帯び右へ傾く書体にいう》. **—** *n.* Herbert Spencer 派の哲学研究者, スペンサー学徒. 〖《1863》: ⇨ -ian〗

Spen·cé·ri·an·ìsm /-nìzm/ *n.* Herbert Spencer の哲学, 綜合哲学 (synthetic philosophy). 〖1881〗

Spén·cer·ìsm /-sərɪzm/ *n.* ＝Spencerianism.

spéncer màst *n.*《海事》＝trysail mast.

spend /spénd/ *v.* (**spent** /spént/) **—** *vt.* **1** 〈金・資産などを〉使う (pay out), 費やす, かける (expend) (⇨ use SYN): ~ a lot of money [a fortune] *on* (buying) books [《米》*for* clothes] たくさんの金を本[衣服]に使う / How much have you *spent*? どれだけの金を使ったか / Our money was all *spent*. 金(かね)は全部使った / Ill gotten [got], ill *spent*.《諺》悪銭身につかず. **2** 〈労力・思考・言葉などを〉費やす, 用いる, 使う (consume, employ): We *spent* a lot of effort *on* it [him]. その[彼の]ことで大変骨折った / A lot of space was *spent on* the subject. その問題には多くの紙面が割かれ(てい)た. **3** 〈時間を〉かける; 〈時を〉(どう・どこで)過ごす, 暮らす, 送る (pass): How do you ~ your spare time? 余暇をどのように過ごしますか / ~ a sleepless night 眠れぬ一夜を過ごす / ~ the summer at the beach 海浜で夏を送る / ~ one's life in poverty 生涯を貧困のうちに過ごす / ~ a weekend with friends 週末を友人と過ごす / ~ six hours a day *on* one's research 研究に一日 6 時間を費やす / He *spent* a lot of time (*in*) fixing his car. 車を修理するのにだいぶ時間がかかった (★ in を用いない方が普通). **4** 浪費する (waste); 使い尽くす[果たす], 消費してしまう (use up), 消耗させる (exhaust): ~ (all) one's energy *on* work (全)精力を仕事に費やす[使い尽くす] / ~ one's breath《古》＝WASTE *one's breath* / The storm has *spent* itself [its force]. 嵐は勢いが収まった / He ~*s* himself *in* foolish activities.《古》ばかなことをして心身をすりへらしている. **5** 〈血・命を〉かける, 〈心血を〉注ぐ: ~ one's blood and life for the cause of liberty 自由のために身命を捧げる. **6**《海事》(荒天や事故で)〈帆柱などを〉失う (lose): ~ a mast.
— *vi.* **1** 金を使う[費やす]: He ~*s* freely. 金を惜しまない. **2**《廃》使い果たす, 消耗する, 尽きる.
spénd and be spént 物を費やし身をも費やす (cf. 2 *Cor.* 12:15). 〖1611〗 ***spénd a pénny*** ⇨ penny 成句. ***spénd one's wáy*** ⇨ way[1] 成句.
— *n.* **1** 支出(額). **2** [~s]《ランカシャー方言》(子供の)小遣い.
〖《?c1175》*spenden* (i) < OE *spendan* ◻ L *expendere* 'to EXPEND' // (ii)《頭音消失》← ME *dispenden* 'to DISPEND'〗

spend·a·ble /spéndəbl/ *adj.* 費やすことのできる, 消費可能な: ~ income 手取り所得. 〖*a*1500〗

spend·a·hol·ic /spèndəhɔ́(:)lɪk, -hɑ́l-/ *n.*《米口語》買物[消費]中毒者. 〖⇨ -aholic〗

spend·er /spéndə | -də(r)/ *n.* 使う[費やす]人, 使い尽くす人[物]; 浪費家: a lavish [big] ~ 金遣いの荒い人. 〖?*a*1300〗

Spen·der /spéndə | -də(r)/, Sir **Stephen** *n.* スペンダー《1909–95; 英国の詩人・批評家; *Vienna* (詩集, 1934), *Forward from Liberalism* (評論, 1936), *World within World* (自伝, 1951)》.

spend·ing /spéndɪŋ/ *n.* **1** 消費, 浪費. **2** 経費, 費用, 出費: government ~ 政府の出費. 〖OE *spend-ing(e)*〗

spénding mòney *n.* 小遣い銭 (pocket money). 〖1598〗

spénd·thrift *n.* **1** (不用意にまたはむだに)金を使う人, 金遣いの荒い人, 濫費家, 浪費家 (prodigal). **2** (酒色・ばくちなどにふけって)すってんてんになる人. **—** *adj.* 金遣いの荒い; 金のむだ遣いをする (wasteful) (⇨ profuse SYN): ~ lavishness 金を湯水のように使う浪費. 〖《1601》← SPEND+THRIFT《古》wealth, savings〗

spéndthrift trùst *n.*《法律》浪費者信託《勝手に処分したり差し押さえができないように設定された信託; sheltering trust ともいう》.

Speng·ler /spéŋ(g)lə, ʃpéŋ- | -lə(r); G. ʃpéŋlɐ/, **Oswald** *n.* シュペングラー《1880–1936; ドイツの哲学者・歴史家: *Der Untergang des Abendlandes* (1918–22) (英訳名 *The Decline of the West*)》. **Speng·le·ri·an** /spɛŋ(g)lí(ə)riən, ʃpɛŋ- | -líər-/ *adj., n.*

Spen·ser /spénsə | -sə(r)/, **Edmund** *n.* スペンサー《1552?–99; 英国の詩人; *The Shepheardes Calender* (1579), *The Faerie Queene* (1590–96)》.

Spen·se·ri·an /spensí(ə)riən | -síər-/ *adj.* Edmund Spenser の, スペンサー流の. **—** *n.* **1** スペンサー派の詩人. **2** ＝Spenserian stanza. 〖《1817》: ⇨ ↑, -ian〗

Spensérian sónnet *n.*《詩学》スペンサー風ソネット《a b a b, b c b c, c d c d, e e という押韻形式によるソネット; ⇨ sonnet ★》.

Spensérian stánza *n.*《詩学》スペンサー連《Edmund Spenser が *The Faerie Queene* で初めて用いた九行連から成る詩型; 第 1 行から第 8 行までは弱強五歩格で最後の 1 行が Alexandrine (弱強六歩格), 押韻形式は a b a b b c b c c》. 〖1817〗

spent /spént/ *v.* spend の過去形・過去分詞. **—** *adj.* **1** 使い尽くした[果てた] (consumed); 疲れ切った, 力の抜けた (exhausted): a ~ swimmer 疲れ切った泳ぎ手. **2** 効力[成分, 勢い]のなくなった: a ~ arrow [bullet] ひょろひょろ矢[玉] / ~ liquor (皮によりタンニンが吸収された後の)なめし廃液 / ~ tanbark ＝ ~ tan (⇨ tan *n.* 2) / The storm is ~. 嵐は収まった. **3**《古》〈時間・月日が〉経った (passed): The night is far ~. 夜もだいぶ更けた. **4** 〈魚・昆虫が〉産卵[放精]の済んだ (cf. ripe[1] 8): a ~ herring. **5**《釣》〈毛針が〉交尾・産卵が済んで羽根の垂れ下がった昆虫を模した. 〖adj.:《1440》← (p.p.)〗

spént ácid *n.*《化学》廃酸《使用済みの希薄になった酸》.

spént gnát *n.*《釣》特に産卵後のカゲロウに似せた毛針 (spinner).

spént óxide *n.*《化学》廃酸化鉄.

spént tán *n.* タン皮がら (⇨ tan *n.* 2). 〖1842〗

spe·os /spí:ɑ(:)s | -ɔs/ *n.* 洞穴寺院, 洞穴廟(びょう)《岩壁を彫って造られた寺院, 神殿, 墓》. 〖《1843》◻ Gk *spéos* ← ?〗

sperm /spə́:m | spə́:m/ *n.* (*pl.* ~, ~s) **1**《生物》**a** 精子, 精虫 (spermatozoon) (cf. germ 3). **b** 精液 (semen). **2 a**《動物》マッコウクジラ (sperm whale). **b**《化学》＝spermaceti 1. **c** ＝sperm oil. 〖《c1375》*sperme* ◻ OF *esperme* (F *sperme*) // LL *sperma* ◻ Gk *spérma*《原義》that which is scattered ← *speírein* to sow ← IE *sper- to strew (⇨ spray[1]): cf. spore, sporadic, sprout〗

sperm- /spə:m | spə:m/ (母音の前にくるときの) spermo- の異形.

-sperm /spə̀:m | spə̀:m/《植物》「…の種(子)[胚]をもつもの」の意の名詞連結形: gymno*sperm* 裸子植物.

sper·ma- /spə́:mə | spə́:-/ spermo- の異形: *sperma*duct. 〖← Gk *spérma* 'SPERM'〗

-sper·ma /spə̀:mə | spə̀:-/《植物》種名に用いて「…の種子を持つ植物」の意の名詞連結形. 〖↑〗

sper·ma·ce·ti /spə̀:məsí:ti, -séti | spə̀:məséti, -sí:ti/ *n.* **1**《化学》鯨蠟(げいろう)《マッコウクジラ油から得られる白色の結晶様固体蠟; 軟膏・化粧品・蠟燭(ろうそく)などにする; spermaceti wax, cetaceum ともいう》. **2** 鯨油. 〖《?1471》◻ ML *sperma cetī* sperm of whale ← LL *sperma* 'SPERM'+L *cētī* ((gen.) ← *cētus* whale ◻ Gk *kêtos*)〗

sper·ma·duct /spə́:mədʌ̀kt | spə́:-/ *n.*《解剖》＝ spermatic duct. 〖《1847》← SPERMO-+-DUCT〗

-sper·mae /spə́:mi:, -maɪ | spə́:-/《植物》「…の種子を持つ植物」の意の名詞連結形. ★ 高次の植物群に用いる: Angio*spermae* 被子植物亜門 / Gymno*spermae* 裸子植物亜門. 〖← NL ~ (fem. pl.) ← L *sperma* 'SPERM'〗

sper·ma·go·ni·um /spə̀:məgóuniəm | spə̀:məgə́u-/ *n.* (*pl.* **-ni·a** /-niə/)《植物》雄精器, 精子嚢(のう). 〖《1861》← NL ~: ⇨ spermo-, gonium〗

-sper·mal /spə́:məl, -ml | spə́:-/《生物》「(…の)種子[精子]を有する」の意の形容詞連結形. 〖← SPERMA: ⇨ -AL[1]〗

sper·ma·ry /spə́:məri | spə́:-/ *n.* **1**《解剖》精子腺(せん) (sperm gland); 睾丸(こうがん) (testis). **2**《植物》雄精器, 花粉管 (pollen tube). 〖《1859》← NL *spermarium*: ⇨ spermo-, -ary〗

sper·mat- /spə:mǽt, spə́:mət | spə́:mət/ (母音の前にくるときの) spermato- の異形.

sper·ma·tan·gi·um /spə̀:mətǽndʒiəm | spə̀:-/ *n.* (*pl.* **-gi·a** /-dʒiə/)《植物》精子器, 柄胞子器. 〖← NL ~: ⇨ spermato-, angio-, -ium〗

sper·ma·the·ca /spə̀:məθí:kə | spə̀:-/ *n.*《動物》貯

S

精嚢. **spèr·ma·thé·cal** /-kəl, -kl̩/ *adj.* 〖(1826) ← NL ～: ⇨ spermo-, theca〗
spermatia *n.* spermatium の複数形.
sper·mat·ic /spəːmǽtɪk | spəːmǽt-/ *adj.* **1 a** 精液の (seminal); 精液を運ぶ[含む, 分泌する]. **b** 精子腺 (spermary) の. **2** 生成的な, 創造的な (generative, originative). **sper·mát·i·cal·ly** *adv.* 〖(*a*1398) ◻ (O)F *spermatique* ◻ LL *spermaticus* ◻ Gk *spermatikós*: ⇨ sperm, -ic¹〗
spermátic córd *n.* 〖解剖〗精索. 〖1797〗
spermátic dúct *n.* 〖解剖〗精管.
spermátic flúid *n.* 〖生理〗精液 (semen).
spermátic funículus *n.* 〖解剖〗=spermatic cord.
spermátic sác *n.* 〖解剖〗=sperm sac.
sper·ma·tid /spə́ːmətɪ̀d | spə́ːmətɪd/ *n.* 〖生物〗精細胞, 精子細胞. 〖(1889) ← SPERM(O)-＋-ID³〗
sper·ma·ti·um /spəːméɪʃiəm | spəːméɪti-/ *n.* (*pl.* **-ti·a** /-ʃiə | -tiə/) 〖植物〗**1** (紅藻類の)雄精体, 不動精子. **2** (さび菌類の)雄精子. 〖(1856) ← NL ～ ← Gk *spermátion* (dim.) ← *spérma*: ⇨ sperm〗
sper·mat·o- /spəːmǽtou, spə́ːmə- | spə́ːmətəu/「種子; 精子」の意の連結形. ★ 母音の前では通例 spermat- になる. 〖◻ LL ～ ◻ Gk ～ ← *spermat-, spérma*: ⇨ sperm〗
sper·mat·o·blast /spəːmǽtəblæ̀st, spə́ːmə- | spə́ːmətə(ʊ)-/ *n.* 〖生物〗精子[精虫]を作る細胞; (特に)精細胞, 精子細胞 (spermatid). 〖(1882): ⇨ ↑, -blast〗
sper·mat·o·cide /spəːmǽtəsàɪd, spə́ːmə- | spə́ːmətə(ʊ)-/ *n.* =spermicide. **sper·mat·o·cid·al** /spəːmæ̀təsáɪdl̩, spə́ːmə- | spə̀ːmətə(ʊ)sáɪdl̩/ *adj.* 〖1949〗
sper·mat·o·cyte /spəːmǽtəsàɪt, spə́ːmə- | spə́ːmətə(ʊ)-/ *n.* 〖生物〗精母細胞 (cf. gonocyte, oocyte). 〖(1886) ← SPERMATO-＋-CYTE〗
spermàto·génesis *n.* 〖生物〗精子形成. **spermàto·génic** *adj.* 〖(1881) ← SPERMATO-＋-GENESIS〗
spermàto·genétic *adj.* 〖生物〗精子形成の[に関する]. 〖1886〗
sper·ma·tog·e·nous /spə̀ːmətɑ́(ː)dʒənəs | spə̀ːmətɔ́dʒɪ-/ *adj.* 〖生物〗精子を形成[生成]する.
sper·ma·tog·e·ny /spə̀ːmətɑ́(ː)dʒəni | spə̀ːmətɔ́dʒɪ-/ *n.* 〖生物〗=spermatogenesis. 〖← SPERMATO-＋-GENY〗
sper·mat·o·go·ni·um /spəːmæ̀təgóʊniəm, spə̀ːmət- | spə̀ːmətə(ʊ)gə́ʊ-/ *n.* (*pl.* **-ni·a** /-niə/) 〖生物〗精原細胞. **sper·mat·o·gó·ni·al** /-niəl/ *adj.* **sper·mat·o·gon·ic** /spəːmæ̀təgɑ́(ː)nɪk, spə̀ːmə- | spə̀ːmətəgɔ́n-/ *adj.* 〖(1861) ← SPERMATO-＋-GONIUM〗
sper·ma·toid /spə́ːmətɔ̀ɪd | spə́ː-/ *adj.* 〖生物〗精子状の. 〖(1855) ← SPERMATO-＋-OID〗
sper·mat·o·phore /spəːmǽtəfɔ̀ə, spə́ːmə- | spə́ːmətə(ʊ)fɔ̀ː/ *n.* 〖動物〗(ある種の昆虫・軟体動物などの)精莢(せいきょう), 精包. **sper·ma·to·pho·ral** /spə̀ːmətɑ́(ː)fərəl | spə̀ːmətɔ́f-/ *adj.* **sper·ma·toph·o·rous** /spə̀ːmətɑ́(ː)fərəs | spə̀ːmətɔ́f-/ *adj.* 〖(1847–49) ← SPERMATO-＋-PHORE〗
Sper·ma·toph·y·ta /spə̀ːmətɑ́(ː)fətə | spə̀ːmətɔ́fɪtə/ *n. pl.* 〖植物〗種子植物門 (顕花植物門) (Phanerogamia) ともいう). 〖(1897) ← NL ～ (↓): ⇨ -a²〗
sper·mat·o·phyte /spəːmǽtəfàɪt, spə́ːmə- | spə́ːmətə(ʊ)-/ *n.* 〖植物〗種子植物 (古い分類学でいう顕花植物(phanerogam) と同義; seed plant ともいう).
sper·mat·o·phyt·ic /spəːmæ̀təfítɪk, spə̀ːmə- | spə̀ːmətə(ʊ)fít-/ *adj.* 〖← SPERMATO-＋-PHYTE〗
sper·ma·tor·rhe·a /spə̀ːmətəríːə, spəːmæ̀t- | spə̀ːmətə(ʊ)ríːə/ *n.* (*also* **sper·ma·tor·rhoe·a** /～/) 〖病理〗精液漏. 〖← SPERMATO-＋-RRHEA〗
sper·mat·o·the·ca /spəːmæ̀təθíːkə, spəːmæ̀t- | spə̀ːmətə(ʊ)-/ *n.* 〖動物〗=spermatheca.
spermatozoa *n.* spermatozoon の複数形.
sper·mat·o·zo·al /spəːmæ̀təzóʊəl, spə̀ːmə- | spə̀ːmətəzə́ʊ-/ *adj.* 〖生物〗精子の. 〖1858〗
sper·mat·o·zo·an /spəːmæ̀təzóʊən, spə̀ːmə- | spə̀ːmətə(ʊ)zə́ʊ-/ 〖生物〗*adj.* =spermatozoal. — *n.* =spermatozoon.
sper·mat·o·zo·ic /spəːmæ̀təzóʊɪk, spə̀ːmə- | spə̀ːmətə(ʊ)zə́ʊ-/ *adj.* 〖生物〗=spermatozoal.
sper·mat·o·zo·id /spəːmæ̀təzóʊɪ̀d, spə̀ːmə- | spə̀ːmətə(ʊ)zə́ʊɪd/ *n.* **1** 〖植物〗動的雄性配偶子 (antherozoid の異称). **2** 〖生物〗=spermatozoon 1. 〖(1857): ⇨ ↓, -id²〗
sper·mat·o·zo·on /spəːmæ̀təzóʊɑ(ː)n, spə̀ːmə-, -zóʊən | spə̀ːmətə(ʊ)zə́ʊɔn, -zə́ʊən/ *n.* (*pl.* **-zo·a** /-zóʊə | -zə́ʊə/) **1** 〖生物〗精子, 精虫 (sperm, zoosperm ともいう). **2** 〖植物〗=spermatozoid 1. 〖(1836–39) ← NL ～: ⇨ spermato-, -zoon〗
spérm bànk *n.* 精子銀行 (人工授精用に精子を貯蔵する機関). 〖1963〗
spérm cèll *n.* 〖生物〗精子 (cf. egg cell). 〖1851〗
spérm cóunt *n.* 〖医学〗精子数測定 (精液中の生存精子数の測定; 男子の授精能力の尺度とする); (測定された)精子数. 〖1941〗
sper·mi- /spə́ːmɪ̀, -mi | spə́ː-/ spermo- の異形 (⇨ -i-).
sper·mic /spə́ːmɪk | spə́ː-/ *adj.* =spermatic. 〖← SPERM＋-IC¹〗
-sper·mic /spə́ːmɪk | spə́ː-/ 〖生物〗「…個の種子[精子]を有する; …の受精状態の」の意の形容詞連結形. 〖↑〗
sperm·i·cide /spə́ːməsàɪd | spə́ːmɪ̀-/ *n.* 殺精(子)剤 (避妊薬として使われるクリームまたはゼリー状の薬剤; spermatocide ともいう). **sperm·i·ci·dal** /spə̀ːməsáɪdl̩ | spə̀ːmɪ̀sáɪdl̩/ *adj.* 〖1929〗
sper·mi·dine /spə́ːmədìːn, -dɪ̀n | spə́ːmɪ̀dìːn, -dɪn/ *n.* 〖化学〗スペルミジン ($H_2N(CH_2)_3NH(CH_2)_4NH_2$) (リン酸塩として膵臓(すいぞう)に含まれる一種のアミン). 〖(1927) ← SPERM＋-IDINE〗
sperm·ine /spə́ːmiːn, -mɪ̀n | spə́ːmiːn, -mɪn/ *n.* 〖化学〗スペルミン ($H_2N(CH_2)_3NH(CH_2)_4NH(CH_2)_3NH_2$) (リン酸塩として精液・膵臓(すいぞう)・イーストなど蛋白代謝の活発な組織に多い一種のアミン). 〖(1892) ← SPERM＋-INE³〗
sper·mi·o·gen·e·sis /spə̀ːmioʊdʒénəsɪ̀s | spə̀ːmiə(ʊ)dʒénɪsɪs/ *n.* 〖生物〗**1** 精子完成, 精子変態 (精細胞が精子に変化すること). **2** =spermatogenesis. **spèr·mi·o·ge·nét·ic** *adj.* 〖(1916) ← SPERMO-＋-GENESIS〗
sperm·ism /spə́ːmɪzm | spə́ː-/ *n.* 〖生物〗精子論 (精子の中に将来の成体のすべてのものが含まれていると考える昔の説; animalculism ともいう; cf. ovism). **spérm·ist** /-mɪ̀st | -mɪst/ *n.*, *adj.* 〖(1889) ← SPERM＋-ISM〗
spérm nùcleus *n.* 〖生物〗精核, 精子核, 雄核 (雄性配偶子の核; cf. egg nucleus). 〖1887〗
sper·mo- /spə́ːmoʊ | spə́ːməʊ/「種子の; 精子の」の意の連結形. ★ 時に sperma-, spermi-, また母音の前では通例 sperm- になる. 〖← SPERM＋-O-〗
sper·mo·go·ni·um /spə̀ːməgóʊniəm | spə̀ːməgə́ʊ-/ *n.* (*pl.* **-ni·a** /-niə/) 〖植物〗=spermagonium. 〖⇨ ↑, -gonium〗
spérm òil *n.* マッコウクジラ油, 鯨油 (主に潤滑油に使用). 〖1839〗
sper·mol·o·gy /spəːmɑ́(ː)lədʒi | spəːmɔ́l-/ *n.* 〖植物〗種子学. 〖(1882) ← SPERMO-＋-LOGY〗
sper·mo·phile /spə́ːməfàɪl | spə́ːmə(ʊ)-/ *n.* 〖動物〗ジリス, ハタリス (⇨ ground squirrel a). 〖(1824) ← NL *spermophilus*: ⇨ spermo-, -phile〗
sper·mo·phyte /spə́ːməfàɪt | spə́ːmə(ʊ)-/ *n.* 〖植物〗=spermatophyte. 〖← SPERMO-＋-PHYTE〗
sper·mous /spə́ːməs | spə́ː-/ *adj.* 〖生物〗**1** 精子の; 精子状の, 精子のような. **2** =spermatic. 〖(1822–27) ← SPERM＋-OUS〗
-sper·mous /spə́ːməs | spə́ː-/ =-spermal.
spérm sàc *n.* 〖解剖〗精嚢(せいのう). 〖1859〗
spérm whàle *n.* 〖動物〗マッコウクジラ (*Physeter catodon*) (black whale ともいう; cf. spermaceti). 〖1830〗
-sper·my /←—spəːmi | -spəː-/ 〖生物〗「…の種子をもつ状態; …の受精状態」の意の名詞連結形: poly*spermy* 多精. 〖← Gk *-spermía*: ⇨ sperm, -ia¹〗
spe·ro·ne /spəróʊni | -rə́ʊ-/ *n.* 〖岩石〗スペロン (白榴(はくりゅう)岩の一種). 〖◻ It. ～ 'spur, buttress'〗
Sper·ry /spéri/, **Elmer Ambrose** *n.* スペリー (1860–1930; 米国の技術者・発明家; ジャイロコンパスを発明).
Sperry, Roger Wolcott スペリー (1913–93; 米国の神経生物学者; Nobel 医学生理学賞 (1981)).
sper·ry·lite /spérɪ̀làɪt/ *n.* 〖鉱物〗砒(ひ)白金鉱 ($PtAs_2$). 〖(1889) ← *F. L. Sperry* (19 世紀のカナダの化学者で, その発見者)＋-LITE〗
spes·sart·ine /spésətìːn, -tɪ̀n | -sətìːn, -tɪn/ *n.* =spessartite. 〖⇨ ↓, -ine³〗
spes·sart·ite /spésətàɪt | -sə-/ *n.* **1** 〖鉱物〗マンガンざくろ石 (manganese garnet). **2** 〖岩石〗スペッサルタイト (塩基性火成岩の一種). 〖(1868) ← F ～ ← *Spessart* (Bavaria の山脈)＋-ITE¹〗
speug /spjʌ́g/ *n.* 《スコット》スズメ (sparrow). 〖(1825) (異形) ← *spug*: ⇨ spuggy〗
spew /spjúː/ *vi.* **1** 吐き出す, 吹き出す; (一度に)どっと出る, 噴出する (eject, pour forth). **2** 吐く, もどす (vomit). **3** しみ出る, にじみ出る (exude). — *vt.* **1** 〈嫌悪・怒りなどを〉吐き出す, ぶちまける; 〈煙などを〉吹き出す, 噴出する. **2** 〈食物を〉吐く. — *n.* 吐き出されたもの, へど (★ (古) spue ともつづる). **～·er** *n.* 〖OE *spīwan, spēowan* < Gmc **spīwan* (G *speien*) ← ? IE **spyeu-, *speu-* to spew (L *spuere* / Gk *ptúein*): cf. spit¹, sputum〗
Spey /spéɪ/ *n.* [the ～] スペイ(川) (Scotland の Grampian 山脈沿いに Moray 湾まで北東へ流れる (172 km)).
Spey·er /ʃpáɪə, ʃpáɪə | ʃpáɪəʳ, ʃpáɪ-; G. ʃpáɪɐ/ *n.* シュパイアー (ドイツ Rhineland-Palatinate 州南東部, Rhine 河畔の都市; 英語名 Spires).
Spezia, La *n.* ⇨ La Spezia.
SPF (略) sun protection factor 日焼け止め指数 (日焼け止めクリームなどに表示される; 通例 2–15 の指数で, 数字が大きいほど日焼け防止力が高い).
SPG (略) Special Patrol Group; Society for the Propagation of the Gospel (in foreign parts) 英国福音伝播協会 (1701 年に設立された英国国教会の海外伝道のための教会; 1965 年以降は USPG). 〖1839〗
sp. gr. (略) 〖物理〗specific gravity.
sphac·e·late /sfǽsəlèɪt | -sɪ̀-/ 〖病理〗*vt.* 脱疽(だっそ)[壊疽(えそ)]にかからせる. — *vi.* 脱疽[壊疽]にかかる. 〖(1653) ← SPHACEL(US)＋-ATE³〗
sphác·e·làt·ed /-tɪ̀d | -tɪd/ *adj.* **1** 〖病理〗脱疽(だっそ)[壊疽(えそ)]にかかった (gangrenous). **2** 〖植物〗しなびた, 枯れた (withered, dead): a ～ root. 〖1612〗
sphac·e·la·tion /sfæ̀səléɪʃən | -sɪ̀-/ *n.* 〖病理〗脱疽(だっそ)[壊疽(えそ)]にかかること; 壊死(えし)状態. 〖1657〗
sphac·e·lus /sfǽsələs | -sɪ̀-/ *n.* 〖病理〗脱疽(だっそ), 壊疽(えそ) (gangrene). 〖(1575) ◻ L ～ ◻ Gk *sphákelos*〗
sphaer- /sfɪ́ə̆r | sfɪər/ (母音の前にくるときの) sphaero- の異形.
sphaer·o- /sfɪ́ə̆roʊ | sfɪ́ərəʊ/「球 (sphere); 球形の (spherical)」の意の連結形. ★ 母音の前では通例 sphaer- になる. 〖← Gk ～ ← *sphaîra* ball: ⇨ sphere〗
sphag·nous /sfǽgnəs/ *adj.* **1** ミズゴケの[から成る]. **2** ミズゴケの多い. 〖(1828): ⇨ ↓, -ous〗
sphag·num /sfǽgnəm/ *n.* 〖植物〗**1** ミズゴケ (ミズゴケ属 (*Sphagnum*) のコケの総称; ウロコミズゴケ (*S. squarrosum*) など; peat moss, bog moss ともいう). **2** =sphagnum moss. 〖(1741) ← NL ～ ← Gk *sphágnos* a kind of moss〗
sphágnum móss *n.* (園芸用の)ミズゴケ (鉢に詰めたり, 植物の根を包んだりする; 単に sphagnum ともいう).
sphai·ree /sfáɪriː/ *n.* (豪) スファイリー (テニスに似たゲーム; 木のバットと穴のあいたプラスチックのボールを用いる; 1961 年に F. A. Beck が考案). 〖← Gk *sphaîra* ball: ⇨ sphere〗
sphal·er·ite /sfǽləràɪt/ *n.* 〖鉱物〗閃(せん)亜鉛鉱 (ZnS) (blackjack, blende, zinc blende ともいう). 〖(1868) ◻ G *Sphalerit* ← Gk *sphalerós* deceptive: ⇨ -ite¹〗
sphe·cid /sfíːsɪ̀d | -sɪd/ *adj.*, *n.* 〖昆虫〗ジガバチ科の(ハチ). 〖(1895) ↓〗
Sphe·ci·dae /sfíːsədìː, sfés- | -sɪ-/ *n. pl.* 〖昆虫〗(膜翅目)ジガバチ科. 〖← NL ～ ← *Sphec-, Sphex* (属名: ← Gk *sphḗx* wasp)＋-IDAE〗
sphen- /sfiːn/ (母音の前にくるときの) spheno- の異形.
sphene /sfiːn | spíːn, sfíːn/ *n.* 〖鉱物〗榍石(せきせき) ($CaTi(SiO_4)(O, OH, F)$) (宝石として用いる; titanite ともいう). 〖(1815) ◻ F *sphène* ◻ Gk *sphḗn* wedge: cf. spoon¹: そのくさび形の結晶にちなむ〗
sphe·nic /sfíːnɪk/ *adj.* くさび形の (wedge-shaped). 〖⇨ ↑, -ic¹〗
sphe·no- /sfíːnoʊ | -nəʊ/ 次の意味を表す連結形: **1** 「くさび (wedge); くさび形の (wedge-shaped)」. **2** 〖解剖〗蝶形骨 (sphenoid) の; 蝶形骨と…との (sphenoidal and ...)」. ★ 母音の前では通例 sphen- になる. 〖← Gk *sphḗn* wedge＋-o-: cf. spoon¹〗
sphe·no·don /sfíːnədɑ̀(ː)n, sfén- | -dɔ̀n/ *n.* 〖動物〗ムカシトカゲ (*Sphenodon punctatus*) (ニュージーランド産の中生代に栄えたムカシトカゲ目の最後の生き残りで「生きた化石」(living fossil) といわれるトカゲ, tuatara ともいう; cf. rhynchocephalian). 〖(1878) ← NL ～: ⇨ ↑, -odon〗

sphenodon

sphe·no·gram /sfíːnəgræ̀m, sfén-/ *n.* 楔形(せっけい)文字 (cuneiform character). 〖(1864) ← SPHENO-, -GRAM〗
sphe·noid /sfíːnɔɪd/ *adj.* **1** くさび状の (wedge-shaped). **2** 〖解剖〗蝶形骨の: the ～ bone 蝶形骨. — *n.* **1** 〖解剖〗蝶形骨 (sphenoid bone) (⇨ skull¹ 挿絵). **2** 〖結晶〗**a** 楔面(せつめん), くさび面 (disphenoid などに現れる面; cf. dome 5). **b** =disphenoid. 〖(1732) ← NL *sphenoides* ← Gk *sphēnoeidḗs* ← *sphḗn* wedge: ⇨ spheno-, -oid〗
sphe·noi·dal /sfɪnɔ́ɪdl̩, sfiː- | sfiːnɔ́ɪdl̩/ *adj.* =sphenoid. 〖⇨ ↑, -al¹〗
sphe·nop·sid /sfɪnɑ́(ː)psɪ̀d, sfiː- | sfiːnɔ́psɪd/ *n.* 〖植物〗トクサ門の植物の総称 (スギナ (*Equisetum arvense*), トクサ (*E. hyemale*) など). 〖(1957) ↓〗
Sphe·nop·si·da /sfɪnɑ́(ː)psədə, sfiː- | sfiːnɔ́psɪdə/ *n. pl.* 〖植物〗トクサ門 (有節植物門 (Arthrophyta) ともいう). 〖← NL ～: ⇨ spheno-, -opsis, -ida〗
spher- /sfɪə̆r | sfɪər/ sphaer- の異形.
spher·al /sfɪ́ə̆rəl | sfɪ́ər-/ *adj.* **1** 球 (sphere) の[に関する], 球形の; 球状の (spherical). **2 a** (古代天文学による)天球層 (sphere) の. **b** 調和のとれた; 相称[対称]な, 均整のとれた. 〖(1545) ◻ LL *sphaerālis* (↓): -al¹〗
sphere /sfɪə | sfɪəʳ/ *n.* **1** 球 (globe, ball); 球形, 球体, 球面 (cf. circle): a heavenly ～ 天体 / the geometry of ～*s* =spherical geometry. **2** 範囲, 領域, 圏 (scope, province): woman's ～ 女性の本領 / a ～ of activity 活動範囲 / ⇨ SPHERE of influence / be in [out of, beyond] one's ～ 範囲内[外]にある, 勢力圏内[外]にある, 本領[領分外]だ / keep [remain] within one's (proper) ～ 本領[本分]を守って逸脱しない. **3** (社会的)地位, 身分, 階級; 職業. **4 a** 天球 (celestial sphere) (観測者を中心とした半径無限大の球). **b** 地球儀 (terrestrial globe); 天球儀 (celestial globe). **c** 天体 (heavenly body). **d** (詩) 空 (sky), 天, 天空 (heavens). **5** (廃) (天体の)軌道 (orbit). **6** (古代天文学で) 天球層 (天球は透明な幾層かの球体に分割されていると考えられたその一つの層; 各層には星・太陽・月などの天体が固着していて, この各層の回転によって天体の位置が変化するものと想像された): ⇨ HARMONY of the spheres, MUSIC of the spheres.
sphére of influence (1) 一国の勢力範囲, 支配圏. (2) (しばしば大国の)勢力[支配]圏内の地域. (1885)
— *vt.* (主に詩) **1** 球状[球形]にする, 丸くする. **2** 球の中に囲む[包む] (ensphere); 取り巻く, 囲む (encircle, surround). **3** 天体の間に置く, 天空に置く. 〖(?*a*1300) *sper(e)* ◻ OF *espere* (F *sphère*) ◻ L *sphaera* ◻ Gk *sphaîra* ball, globe ← ?〗
-sphere /←—sfɪə | -sfɪəʳ/「球 (sphere)」の意の名詞連結形: atmo*sphere*, plani*sphere*. **-spher·ic**

/sfíᵊrɪk, sfɛ́r- | sfɛ́r-⁻/ adj. **-sphér·i·cal** adj. 〖↑〗

sphére gàp n. 〖電気〗球ギャップ《球形導体で構成された放電間隙》. 〖1913〗

spher·ic /sfɛ́rɪk, sfíᵊr- | sfɛ́r-/ adj. =spherical. 〖(1559) □ LL *sphēricus* (↓)〗

spher·i·cal /sfíᵊrɪkəl, sfɛ́r-, -kɫ | sfɛ́rɪ-/ adj. **1** 球形の, 球状の (globular), 丸い (⇨ round[1] SYN): a ~ body [surface] 球体[面] / a ~ cone 球状円錐. **2** 球の, 球面の: a ~ mirror 球面鏡. **3** 天体の, 天球の. **4** 〖占星〗(人間や事件に影響を及ぼすと考えられる)天体の. **~·ly** adv. **~·ness** n. 〖(c1485) ← LL *sphēricus* □ Gk *sphairikós*: ⇨ sphere, -ical〗

sphérical aberrátion n. 〖光学〗球面収差. 〖1868〗

sphérical ángle n. 〖数学〗球面角《球面上の大円弧のなす角》. 〖1678〗

sphérical astrónomy n. 球面天文学.

sphérical coórdinate n. [通例 pl.] 〖数学〗球座標. 〖1864〗

sphérical geómetry n. 球面幾何学《球面上の図形を取り扱う》. 〖1728〗

spher·i·cal·i·ty /sfɛ̀rəkǽləti, sfìᵊr- | sfɛ̀rɪkǽlɪ̀ti/ n. =sphericity. 〖(1669) ← SPHERICAL+-ITY〗

sphérical pólygon n. 〖数学〗球面多角形《球面上のいくつかの大円弧をつなげてできる閉曲線》.

sphérical sáiling n. 〖海事〗球面航法《地球面の曲がりを考慮に入れた航法; cf. plane sailing 1》.

sphérical tríangle n. 〖数学〗球面三角形《球面上の三つの大円弧でつくられる三角形》. 〖1585〗

sphérical trigonómetry n. 〖数学〗球面三角法《球面上の三角法》. 〖1728〗

sphe·ric·i·ty /sfɪ̀rísəti, sfɛ- | sfɪrísɪ̀ti, sfɛ-/ n. 球形であること; 球面; 球体. 〖(1625) ← SPHERIC+-ITY〗

spher·ics[1] /sfɛ́rɪks, sfíᵊr- | sfɛ́r-/ n. 〖数学〗**1** 球面幾何学 (spherical geometry). **2** 球面三角法 (spherical trigonometry). 〖(1730) ← SPHERE+-ICS〗

spher·ics[2] /sfɛ́rɪks, sfíᵊr- | sfɛ́r-/ n. pl. =sferics.

sphe·ri·form /sfíᵊrəfɔ̀ːəm, sfɛ́r- | sfɛ́rɪ̀fɔ̀ːm/ adj. 球形の, 球状の, 丸い. 〖(1678) ← SPHERE+-I-+-FORM〗

sphe·ro- /sfíᵊrou, sfɛ́r- | sfɛ́rəu/ sphaero- の異形. 〖□ Gk *sphairo-* ← *sphaîra* 'SPHERE'〗

sphe·ro·cyte /sfíᵊrəsàɪt, sfɛ́r- | sfíər-/ n. 〖解剖〗球状赤血球. 〖(1908): ⇨ ↑, -cyte〗

sphe·ro·graph /sfíᵊrəgræ̀f, sfɛ́r- | sfíərəgrɑ̀ːf, -græ̀f/ n. 《古》〖海事・天文〗度球器《天文学や航海学において利用できる球面投影盤で, 二枚で成り立ち, 球面上の位置を平面上に表して, 互いの理論的関係を知るもの》. 〖(1858) ← SPHERO-+-GRAPH〗

sphe·roid /sfíᵊrɔɪd, sfɛ́r- | sfíər-/ n. 〖数学〗回転楕(だ)円面, 長球面, 扁(へん)球面. **—** adj. =spheroidal. 〖(1570) □ LL *sphaeroidēs* □ Gk *sphairoeidḗs*: ⇨ sphere, -oid〗

sphe·roi·dal /sfɪ̀rɔ́ɪdl̩ | sfɪərɔ́ɪdl̩, sfɛr-/ adj. 回転楕円面の; 回転楕円面状の. **~·ly** adv. 〖(1781): ⇨ ↑, -al[1]〗

sphe·roi·dic /sfɪ̀rɔ́ɪdɪk, sfɛ- | sfɪərɔ́ɪd-, sfɛr-/ adj. =spheroidal. **sphe·rói·di·cal·ly** adv.

sphe·roid·ic·i·ty /sfìᵊrɔɪdísəti, sfɛ̀r- | sfìərɔɪdísɪ̀ti, sfɛ̀r-/ n. 回転楕円状. 〖(1855): ⇨ ↑, -ity〗

sphe·roid·i·ty /sfɪ̀rɔ́ɪdəti, sfɛ- | sfɪərɔ́ɪdɪ̀ti, -sfɛr-/ n. =spheroidicity. 〖(1740) ← SPHEROID+-ITY〗

sphe·rom·e·ter /sfɪ̀rɑ́(ː)mətə | sfɪərɔ́mɪ̀tə[r]/ n. 球面計, 度弧器, 球指(きゅうし)《球面の曲率を計る器具》. 〖(1827–28) ← SPHERO-+-METER[1]〗

sphe·ro·plast /sfíᵊrəplæ̀st, sfɛ́r- | sfíərə-/ n. 〖細菌〗スフェロプラスト《高張液の中で細菌や植物細胞が細胞壁を失い球状になったもの》. 〖(1920) ← SPHERO-+-PLAST〗

spher·ule /sfíᵊruːɫ, sfɛ́r- | sfɛ́r-/ n. 小球, 小球体[形] (globule). **spher·u·lar** /sfɛ́rjʊlə | -lə[r]/ adj. 〖(1665) □ LL *sphaerula* (dim.) ← *sphaera* 'SPHERE': ⇨ -ule〗

spher·u·lite /sfíᵊrjʊlàɪt, sfɛ́r- | sfɛ́rʊ-/ n. 〖地質〗球顆《珪(けい)質火山岩によくある球状を呈する針状長石や石英などの放射状集合体》. **spher·u·lit·ic** /sfìᵊrjʊlítɪk, sfɛ̀r- | sfɛ̀rʊlít-⁻/ adj. 〖(1823): ⇨ ↑, -ite[1]〗

spher·y /sfíᵊri | sfíəri/ adj. (**spher·i·er; -i·est**) 《詩・まれ》 **1** 天球 (sphere) の; 天球音楽の(ような). **2** 星状の. 〖(1590) ← SPHERE+-Y[4]〗

sphinc·ter /sfíŋ(k)tə | -tə[r]/ n. 〖解剖〗括約筋: the anal ~ 肛門括約筋 / ~ vaginae 膣括約筋. **~·al** /-tərəl/ adj. **sphinc·ter·ic** /sfɪŋ(k)térɪk/ adj. 〖(1578) □ LL ~ □ Gk *sphigktḗr* band, contractile muscle ← *sphíggein* to bind tight ← ? : cf. sphinx〗

sphin·did /sfíndɪ̀d | -dɪd/ 〖昆虫〗adj. ヒメキノコムシ(科)の. **—** n. ヒメキノコムシ《ヒメキノコムシ科の甲虫の総称》. 〖↓〗

Sphin·di·dae /sfíndədìː | -dɪ-/ n. pl. 〖昆虫〗(鞘翅目)ヒメキノコムシ科. 〖← NL ~ ← *Sphindus* (属名)+-IDAE〗

sphinges n. sphinx の複数形.

sphin·gid /sfíndʒɪ̀d | -dʒɪd/ 〖昆虫〗adj. スズメガ(科)の. **—** n. スズメガ《スズメガ科のガの総称》. 〖(1909) ↓〗

Sphin·gi·dae /sfíndʒədìː | -dʒɪ-/ n. pl. 〖昆虫〗(鱗翅目)スズメガ科. 〖← NL ~ ← *Sphinc-*, *Sphinx* (属名: ⇨ sphinx)+-IDAE〗

sphin·go- /sfíŋgou | -gəu-/ comb. form「スフィンゴミエリン (sphingomyelin)」の意. 〖← Gk *Sphigg-*, *Sphígx* 'SPHINX': スフィンゴミエリンの性質解明の難しさをスフィンクスの謎と掛けた〗

sphin·go·my·e·lin /sfìŋgoumáɪəlɪ̀n | -gə(ʊ)máɪəlɪn/ n. 〖生化学〗スフィンゴミエリン《神経組織中のリン化合物》. 〖(1883) ← SPHINGO-+MYELIN〗

sphin·go·sine /sfíŋgəsìːn, -sɪ̀n | -gə(ʊ)sìːn, -sɪn/ n. 〖生化学〗スフィンゴシン ($C_{18}H_{33}(OH)_2NH_2$)《スフィンゴ脂質に含まれる C_{18} の二重結合を一つもつ鎖状塩基》. 〖(1881) ← SPHINGO-+-INE[3]〗

sphinx /sfíŋ(k)s/ n. (pl. **~·es, sphin·ges** /sfíndʒiːz/) **1 a** スフィンクス《人間または動物の頭とライオンの体をもった想像上の怪物の像; エジプトからシリア・フェニキア・バビロニア・ペルシャ・ギリシャに広まった; 男の頭のものは androsphinx, 雄羊の頭のものは criosphinx, 鷹の頭のものは hieracosphinx と呼ばれる》. **b** [the S-] (エジプト Giza 付近にある石像の)大スフィンクス《男の頭を持っている》. **2** [S-] 〖ギリシャ神話〗スフィンクス《胸から上部は女でライオンの体に翼を備えた怪物; Thebes の近くの路傍の岩の上に座って通行人に「朝は四足を有し, 昼は二足, 夕は三足となり, 足の多い時ほど弱い動物は何か」というなぞをかけ, 解けない者を殺したという; Oedipus がこれを解いて「それは人間だ」と言うと, 怪物は自ら頭を岩に打ちつけて死んだと伝えられる》. **3** スフィンクスのような怪物. **4** (特に, なぞめいたことを言ったりしたりする)なぞの人物 (enigmatic person). **5** 〖昆虫〗=hawkmoth. 〖(?c1421) *spynx* □ L *Sphynx* □ Gk *Sphígx* (Boeotia の山 Phikion にちなむ神の名からか: cf. Gk *sphíggein* to bind tight)〗

sphínx·like adj. スフィンクスのような; なぞのような, 不可解な. 〖1837〗

sphínx mòth n. 〖昆虫〗=hawkmoth.

sphra·gis·tic /sfrədʒístɪk/ adj. 印章の[に関する]. 〖(1884) ↓〗

sphra·gis·tics /sfrədʒístɪks/ n. 印章学. 〖(1836) ← F *sphragistique* // LGk *sphrāgistikós* (← Gk *sphrāgís* seal ← ?)+-ICS〗

sp. ht. 《略》〖物理〗specific heat.

sphyg·mic /sfígmɪk/ adj. 〖生理・医学〗脈拍の[に関する]. 〖(1707) ← NL *sphygmicus* ← Gk *sphugmikós* ← *sphugmós* (↓): ⇨ -ic[1]〗

sphyg·mo- /sfígmou | -məu/「脈拍 (pulse)」の意の連結形《母音の前では sphygm-》. 〖□ Gk *sphugmo-* ← *sphugmós* pulse ← *sphúzein* to beat, throb ← ?〗

sphyg·mo·gram /sfígməgræ̀m/ n. 〖生理〗脈波図. 〖(1887): ⇨ ↑, -gram〗

sphyg·mo·graph /sfígməgræ̀f | -grɑ̀ːf, -græ̀f/ n. 〖生理〗脈波計. 〖(1859) ← SPHYGMO-+-GRAPH〗

sphyg·mog·ra·phy /sfɪgmɑ́(ː)grəfi | -mɔ́g-/ n. 〖生理〗脈波記録法. 〖(1859) ← SPHYGMO-+-GRAPHY〗

sphyg·mo·graph·ic /sfìgməgrǽfɪk⁻/ adj.

sphyg·moid /sfígmɔɪd/ adj. 〖生理〗脈拍様の. 〖← SPHYGMO-+-OID〗

sphỳgmo·manómeter n. 〖生理〗血圧計. **sphỳgmo·manométric** adj. **sphỳgmo·manométrically** adv. **sphỳgmo·ma·nómetry** n. 〖1891〗

sphyg·mom·e·ter /sfɪgmɑ́(ː)mətə | -mɔ́mɪ̀tə[r]/ n. 脈拍計. 〖(1834) ← SPHYGMO-+-METER[1]〗

sphyg·mo·phone /sfígməfòun | -fəun/ n. 〖生理〗脈音器. 〖(1879) ← SPHYGMO-+-PHONE〗

sphyg·mus /sfígməs/ n. 〖生理〗脈拍 (pulse). 〖← NL ~ ← Gk *sphugmós* pulse: ⇨ sphygmo-〗

Sphynx /sfíŋks/ n. スフィンクス《カナダ原産の無毛種の猫》.

SPI 《略》〖財政〗selected period investment.

spic /spík/ n. =spik.

spi·ca /spáɪkə/ n. (pl. **spi·cae** /spáɪkiː, -siː | -siː/, **~s**) **1** 〖考古〗(穀物の)穂《神の持物》. **2** 〖医学〗麦穂帯《一回ずつ折り曲げてたばね状に巻いた包帯》. **3** 〖植物〗花穂(かすい), 穂状花序 (spike). **4** [S-] 〖天文〗スピカ《おとめ座 (Virgo) の α 星で白色光の 1.0 等星》. 〖(?a1387) □ L *spīca* ear of grain, point: ⇨ spike[2]〗

spíc-and-spán adj., adv. =spick-and-span.

spi·cate /spáɪkeɪt/ adj. 〖植物〗**1** 穂 (spike) のある. **2** 〈花が〉穂状に排列した, 穂状花序の. 〖(1668) □ L *spīcātus* (p.p.) ← *spīcāre* to furnish with spikes ← *spīca* (↑): ⇨ -ate[2]〗

spi·cat·ed /spáɪkeɪtɪ̀d | -tɪ̀d/ adj. 〖植物〗=spicate.

spic·ca·to /spɪ̀kɑ́ːtou | spɪkɑ́ːtəu; *It.* spikkáːto/ 〖音楽〗adj., adv. スピッカートの[で]《弦楽器で弓を弦上に跳躍させて音を細かく刻む奏法による》. **—** n. (pl. **~s**) スピッカート(の技法, 演奏, 楽節). 〖(1724) □ It. ~ (p.p.) ← *spiccare* to detach〗

spice /spáɪs/ n. **1** [集合的にも用いて] 香辛料, 香料, スパイス (pepper, cinnamon, nutmeg, mace, ginger, cloves など): a dealer in ~ スパイス商, 香(辛)料商 / add ~ to cookies クッキーに香辛料を入れる. **2** ぴりっとするところ (piquancy); 趣, 味わい (flavor); 気味, …らしいところ (smack) 〔*of*〕: a ~ *of* humor おかし味, ユーモアの味 / a ~ *of* malice 意地悪気味 / a ~ in a person's character [writings] 人柄[書き物]の味わい / a ~ *of* life 生活の楽しみ(の種). **3** 《詩》芳香 (perfume). **4** 《古》微量, わずか…の気配[痕跡]. **5** 《ヨークシャー方言》菓子類 (confectionery). **— vt. 1** 〔…で〕…に味[面白味, 趣]を添える 〔*with*〕. **2** …に香辛料を入れる (season) (cf. spiced): ~ a sauce. **spíc·er** n. 〖(?a1200) □ OF *espice* (F *épice*) □ LL *speciēs* (pl.) 'SPECIES, (LL) wares, assorted goods, esp. spices and drugs'. — v.: (c1378) □ OF *espicer* (F *épicer*) // ← (n.)〗

spíce·bèrry /-bèri | -b(ə)ri/ n. 〖植物〗**1** =wintergreen 1. **2** =red stopper. **3** =spicebush.

spíce bòx n. (いろいろな香辛料を入れる引出しのある)香辛料[スパイス]入れ, スパイスケース. 〖1527〗

spíce·bùsh n. 〖植物〗**1** ニオイベンゾイン (*Lindera benzoin*)《米国産クスノキ科のクロモジの類の低木; オールスパイスの代用として香料に使った; benjamin bush ともいう》. **2** アメリカロウバイ (*Calycanthus occidentalis*)《米国産ロウバイ科の低木で香りのよい淡褐色の小花をつける》. 〖1770〗

spícebush swállowtail n. 〖昆虫〗クスノキカラスアゲハ (*Papilio troilus*)《北米東部産の黒色のアゲハチョウ属のチョウ》.

spíce càke n. スパイスケーキ: **1** スパイス入りのケーキ. **2** 《方言》こってりしたフルーツケーキの一種.

spiced /spáɪst/ adj. 香辛料で味[香り]をつけた, スパイスのきいた: ~ pickles / This dish is heavily ~. この料理はスパイスがすごくきいている. 〖a1325〗

Spíce Íslands n. pl. **1** [the ~] 香料諸島 (Moluccas の旧名). **2** 〖商標〗スパイスアイランズ《米国 Burns Philp 社製のスパイス》.

spic·er·y /spáɪsəri/ n. **1** [集合的] 香辛料, スパイス, 薬味類 (spices). **2** ぴりっとした味, 芳香. **3** 《廃》香辛料(貯蔵)室. 〖(c1300) *spicerie* □ OF *espicerie* (F *épicerie*) ← *espice* 'SPICE': ⇨ -ery〗

spíce·wòod n. 〖植物〗芳香のある材を持った樹木の総称; (特に) =spicebush 1. 〖1756〗

spice·y /spáɪsi/ adj. (**spic·i·er; -i·est**) =spicy.

spick /spík/ n. =spik.

spick-and-span /spíkənspǽn⁻/ adj. **1** 真新しい (brand-new), 新調の (quite new). **2** こざっぱりした (spruce) (⇨ neat SYN): a ~ uniform. **— adv.** 真新しく; こざっぱりと: clean the room ~. 〖(1665)《略》← 《方言》*spick and span new* ← 《廃》*spick* (《変形》← SPIKE[1])+AND+SPAN-NEW: *spick* は同意句の Du. *spiksplinternieuw* 'spike-splinter-new' の影響〗

spicula[1] n. spiculum の複数形.

spic·u·la[2] /spíkjʊlə/ n. (pl. **-u·lae** /-lìː, -làɪ/) = spicule. 〖(1747) ← NL ~, ML 'arrowhead' (変形) ← L *spīculum*: ⇨ spiculum〗

spic·u·lar /spíkjʊlə | -lə[r]/ adj. 針状の, 針骨状の; 針のようにとがった. 〖(1794): ⇨ ↑, -ar[1]〗

spic·u·late /spíkjʊlɪ̀t, -lèɪt/ adj. **1** 針骨状の; とがった (spicular). **2** 針骨のある[から成る, で覆われた].

spic·u·la·tion /spɪ̀kjʊléɪʃən/ n. 〖(1832) □ L *spīculātus* pointed (p.p.): ⇨ ↓, -ate[2]〗

spic·ule /spíkjuːɫ | spík-, spáɪk-/ n. **1** 針のようにとがった物; 針状体. **2** 〖動物〗(カイメン・ウニなどの)骨片, 針骨. **3** 〖天文〗スパイキュール《太陽光球面上方彩層で針状に物質が噴出する現象》. 〖(1785) □ F ~ ← NL *spīcula* L *spīculum* (↓): ⇨ -ule〗

spic·u·lum /spíkjʊləm/ n. (pl. **-u·la** /-lə/) 〖動物〗針状体[部]. 〖(1746) □ L *spīculum* small sharp organ or part (dim.) ← *spīcum*=*spīca* 'SPICA': ⇨ spike[2]〗

spic·y /spáɪsi/ adj. (**spic·i·er; -i·est**) **1 a** 香辛料[スパイス]を入れた[添えた]: ~ dishes. **b** 芳香のある, かぐわしい (aromatic): a ~ seasoning. **c** 香辛料を産する: a ~ country. **2 a** 《口語》下品な, 卑猥な (improper) (⇨ pungent SYN): a ~ story きわどい話. **b** ぴりっとした, 痛快な: ~ criticism 小気味よい批評, 痛評. **3 a** 《口語》ぴちぴちした, 元気のよい. **b** 《俗》派手な (showy), スマートな (smart). **spíc·i·ly** /-sɪ̀li/ adv. **spíc·i·ness** n. 〖(1562) ← SPICE (n.)+-Y[1]〗

S

spi·der /spáɪdə | -də[r]/ n. **1 a** 〖動物〗クモ《真正クモ目の節足動物の総称; cf. wolf spider, trap-door spider, tarantula, black widow》. **b** [通例前に限定語を伴って] クモによく似た蛛形綱 (Arachnida) の真正クモ目以外の節足動物の総称: ⇨ red spider. **2** 人を陥れる悪者: a ~ and a fly 籠絡(ろうらく)する者とされる者. **3** 《米》**a** (鋳鉄製の)フライなべ (frying pan)《もと, 炉床の火にかけるために脚が付いていてクモに似ていた》. **b** (なべなどを載せる鋳鉄製)三脚台, 五徳 (trivet, tripod). **4** =spider phaeton. **5** 〖農業〗(中耕機 (cultivator) に付属した)ホー (hoe) 付き車輪. **6** 〖機械〗**a** スパイダー《中心から多数の放射線状の棒を突出させた部品》. **b** クロス《自在継手の十字形金具》. **7** [しばしば S-] 〖トランプ〗スパイダー《solitaire の一種で, 2 組のカードから 10 個の山を作り, 1 枚ずつ動かして数列を完成する遊び》. **8** 〖獣医〗牛の泌乳障害. **9** 〖電気〗スパイダー《ダイナミックスピーカーのコイルを磁石の部分に弾性的に保持するもの》. **10** 〖海事〗スパイダー《マストの下にある鉄枠で, 動索を使用しないときに結びつけておくもの》. **11** 《英》(自動車・オートバイなどの荷台の)荷押さえ用のゴムバンド (octopus). **12** (スヌーカーなどで)スパイダー《ボールより高くキューを上げるために用いられるクモ形の支え》. **13** 〖釣〗スパイダーフライ《もともとはクモに似せて作った毛針》(spider fly). **14** 《豪口語》=ice-cream soda. 〖(1340) *spiþer*, *spiþre* < OE *spīþra* ← **spinþron* 《原義》spinner ← *spinnan* 'to SPIN': ⇨ -er[1]〗

spíder bànd n. 〖海事〗**1** スパイダーバンド《マストにはめられている鋼製バンドで, 腕が何本も出て, それぞれにビレーピン (belaying pin) が通され, ここに動索が留められる》. **2** = futtock band.

spíder bèetle n. 〖昆虫〗ヒョウホンムシ科 (Ptinidae) の昆虫《脚が長くクモに似る; 乾燥動植物の害虫》.

spíder bùg n. 〖昆虫〗アシナガサシガメ《サシガメ科 *Ploiaria* 属などの脚と体がクモのように細長いサシガメの総称; thread-legged bug ともいう》.

spíder càtcher n. 〖鳥類〗=wall creeper.

spíder cràb n. 〖動物〗クモガニ《十脚目クモガニ科の節足動物の総称; フランス産のマヤスキナド (*Maja squinado*), 日本産のタカアシガニ (giant crab) など》. 〖1710〗

spíder dìe n. 〖金属加工〗スパイダーダイス, 組合せダイス《棒材から管材を押出し加工するときに用いる中子付きのダイス》.

spíder·flòwer *n.* 〘植物〙 =cleome. 〖(1861): その長い雄蕊(ずい)の花糸にちなむ〗

spíder flỳ *n.* 〘釣〙 クモに似せて作った毛針の一種. 〖1787〗

spíder hòle *n.* 〘軍事〙 (狙撃兵などが隠れる擬装を施した)たこつぼ.

spíder hùnter *n.* 〘鳥類〙 クモカリドリ《南アジア産のタイヨウチョウ科 *Arachnothera* 属の鳥の総称; くちばしが長くクモなどを食べる》. 〖1856–58〗

spíder-hùnting wàsp *n.* 〘昆虫〙 =spider wasp.

spíder-lèg tàble *n.* (8 本の細い脚から成る)折畳み式テーブル.

spi·der·let /spáɪdə*l*ɪ̀t | -də-/ *n.* 〘動物〙 =spiderling. 〖⇨ -let〗

spíder lìly *n.* 〘植物〙 **1** =spiderwort. **2** スパイダーリリー (*Hymenocallis occidentalis*) 《米国原産のヒガンバナ科の多年草; 白い花被は細長くクモの足のように見える》. **3** ヒガンバナ (*Lycoris radiata*). 〖1887〗

spíder lìne *n.* 〘光学〙 =cross wire.

spi·der·ling /spáɪdəlɪŋ | -də-/ *n.* 〘動物〙 クモの子, 子グモ《spiderlet ともいう》. 〖1885〗

spíder·màn /-mæ̀n/ *n.* (*pl.* **-men** /-mèn/) **1** 《英》ビル建築で高い所で働く人. **2** =steeplejack. 〖1955〗

Spíder-Màn *n.* スパイダーマン《米国コミックスのキャラクター; 壁をはい, クモの糸を出して悪人と戦う; 正体は大学生の Peter Parker》.

spíder mìte *n.* 〘動物〙 =red spider.

spíder mònkey *n.* 〘動物〙 **1** クモザル《熱帯アメリカ産オマキザル科クモザル属 (*Ateles*) のサルの総称; 手足や尾が長く, 巻きつく習性がある》. **2** =woolly spider monkey. 〖1764〗

spíder nèvus *n.* 〘医学〙 クモ状母斑, クモ状血管拡張《皮膚動脈の毛細血管拡張で, 拡張した毛細管がクモの脚のように放射状態に延びるもの; 肝疾患などの症状; また妊娠中にもみられる》. 〖1898〗

spíder òrchid *n.* 〘植物〙 オフリス《ラン科オフリス属 (*Ophrys*) の数種の多年草; ヨーロッパ・西アジア・北アフリカ産; 虫に似た花をつける》; (特に)オフリス スフェゴデス (*O. sphegodes*) 《花は黄, 緑の萼片と幅広の褐色のビロード状の唇弁から成る》.

spíder phàeton *n.* クモ形荷車[馬車]《車体が高く, 大きな細い車輪のついたもの; ときに spider と略される》.

spíder plànt *n.* 〘植物〙 室内用の鉢植え草花の総称; (特に)オリヅルラン (*Chlorophytum comosum*) 《南アフリカ原産のユリ科の多年草; cf. chlorophytum》.

spíder's wèb *n.* =spiderweb.

spíder wàsp *n.* 〘昆虫〙 ベッコウバチ《ベッコウバチ科のハチの総称; クモを狩って幼虫の餌とする》. 〖1816〗

spíder·wèb *n.* **1** クモの巣《spider's web ともいう; cf. cobweb》. **2** クモの巣状のもの, 網の目状のもの: a ~ of airlines 航空路線網. 〖1823〗

spíder-wèb *vt.* (**spider-webbed; -web·bing**) クモの糸[網状のもの]で覆う: The country is ~*bed with* railroads. その国は鉄道網が発達している. 〖1535〗

spíder-wèb còil *n.* 〘電気〙 くもの巣コイル.

spíder·wòrt *n.* 〘植物〙 ムラサキツユクサ《ツユクサ科ムラサキツユクサ属 (*Tradescantia*) の植物の総称》. — *adj.* ツユクサ科ムラサキツユクサや葡萄(ぶどう)性多年草を含む単子葉植物の. 〖1597〗

spi·der·y /spáɪdəri | -də-/ *adj.* **1 a** クモのような; (クモの脚のように)細長い: ~ handwriting. **b** クモの巣のような: ~ lace. **2** クモの多い, クモのいっぱいいる. 〖(1825) ← SPIDER+-Y[1]〗

spie·gel /spíːgəl, -gl̩/ *n.* 〘冶金〙 =spiegeleisen. 〖略〗

spie·gel·ei·sen /spíːgəlàɪzən, -gl̩-, -zn̩; G. ʃpíːgl̩aɪzn̩/ *n.* 〘冶金〙 スピーゲル, 鏡鉄《多量のマンガンを含む銑鉄》. 〖(1868) ◻ G ~ ← *Spiegel* mirror (< OHG *spiagal* ◻ L *speculum*: ⇨ speculum)+*Eisen* 'IRON'〗

spíegel ìron *n.* 〘冶金〙 =spiegeleisen. 〖(1883) (部分訳) ← G *Spiegeleisen* (↑)〗

spiel[1] /spíːl, ʃpíːl | ʃpíːl, spíːl/ 《俗》 *n.* 大げさな話, ほら話 (pitch); (商店の前などでやる)客寄せ口上, 客引き, 呼び込み. — *vi.* **1** 演奏する. **2** 大げさにしゃべる[話す]; (商店の前などで)客寄せ口上を述べる. — *vt.* 大げさにしゃべる[話す, 表現する]. ***spiel óff*** 丸暗記で[機械的に]朗唱する. 〖n.: (1896) ◻ G ~ 'play, game'. — v.: (*c*1870) ◻ G *spielen* to play〗

spiel[2] /spíːl/ *n.* 《スコット》 カーリング (curling) の試合. 〖(1824) (略) ← BONSPIEL〗

Spiel·berg /spíːlbəːg | -bəːg/, **Steven** *n.* スピルバーグ (1946– ; 米国の映画監督; *Jaws* (1975), *ET* (1982), *Schindler's List* (1993)).

spiel·er /spíːlə | -lə[r]/ *n.* 《俗》 **1 a** 雄弁家, 大げさにしゃべる人. **b** 客引き, 呼び込み《人》(barker). **c** (特に, コマーシャルをするラジオやテレビの)アナウンサー. **d** 低級なダンスホールの教師. **2** 《豪》 **a** トランプのいかさま[詐欺]師 (cardsharper). **b** 詐欺師 (swindler). **3** 《英》賭博場 (gambling den). 〖1859〗

spi·er[1] /spáɪə | spáɪə[r]/ *n.* 《古》 偵察[監視]する人; 見つけ出す人; スパイ (spy). 〖(?*a*1200) *spier(e)*〗

spier[2] /spíə | spíə[r]/ *n.* 〘建築〙 スピア《英国の中世の邸宅などで隙間風を防ぐために大ホールの扉の脇に設けられた固定したついたて》. 〖(1289) *spere* ◻ ? MLG *spe(e)r* sparwork〗

spif /spíf/ *n.* 《英口語》(従業員の盗用防止のため)会社のイニシャル入り切手. 〖(頭字語) ← *s(tamp) p(erforated with) i(nitials of) f(irm)*〗

spiff /spíf/ *vt.* 《俗》きちんとしたものにする, 気のきいたものにする; こぎれいにする, めかしこむ. 〖(1877) ← ?〗

spif·fing /spífɪŋ/ *adj.* 《英俗・古》 =spiffy. 〖1872〗

spif·fli·cate /spífləkèɪt | -fl̩-/ *vt.* =spiflicate.

spiff·y /spífi/ *adj.* (**spiff·i·er; -i·est**) 《米俗》 **1** きちんとした, 気のきいた (spruce, smart). **2** 立派な, すてきな (splendid). **spíff·i·ly** *adv.* **spíff·i·ness** *n.* 〖(1853) ← ? *spiff* (《英方言》 smartly dressed (adj.))+-Y[4]〗

spif·li·cate /spífləkèɪt | -fl̩-/ *vt.* 《英学校俗》 **1** 力で打ち負かす. **2** 殴る (beat). **spif·li·ca·tion** /spìfləkéɪʃən | -fl̩-/ *n.* 〖(1785): 戯言的造語〗

spíf·li·càt·ed /-t̬ɪ̀d | -tɪ̀d/ *adj.* 《俗》 酔っ払った. 〖1906〗

spig /spíg/ *n.* =spik. 〖(略) ← SPIGOT〗

spig·go·ty /spígət̬i | -ti/ *n.* =spigotty.

spig·nel /spígnəl, -nl̩/ *n.* 〘植物〙 =baldmoney. 〖(1502) ← ?〗

spig·ot /spígət/ *n.* **1** (たるなどの通気孔 (vent) を止める)栓 (plug). **2** 《米》(たるや管などから流出する液体を調節する)コック, (飲み口の)栓 (faucet, cock). **3** 差し込み, 差し口《管の接合で一方の管の広げた端の中にはめ込む他方の管の端》. 〖(1383–84) ◻ ? OProv. **espigot* (dim.) ← *espiga* ear of corn ◻ L *spīca*: ⇨ spica, spike[2]〗

spígot jòint *n.* =socket-and-spigot joint.

spig·ot·ty /spígət̬i | -ti/ *n.* =spik. 〖(転訛) ? ← Sp.-Am. *no speaga de Englesch* 'I don't speak English': spik (↓) が頻用した文句から〗

spik /spík/ *n.* 《米俗》《軽蔑》スペイン系アメリカ人 (Spanish American); (特に)メキシコ人 (Mexican) (cf. squarehead, dago). 〖SPEAK のなまった発音からか〗

spike[1] /spáɪk/ *n.* **1 a** (太い木材を留める長さ 3–12 インチの)大釘(くぎ). **b** (鉄道のレールを枕木に留める)犬釘, スパイキ. **c** (大砲の)火門栓. **2 a** (勘定書きや伝票などを刺しておく)釘さし, 伝票さし. **b** 忍び返し《侵入者を防ぐために塀や垣の上に打ちつける》. **c** (競技用の靴の底につける)スパイク; [*pl.*] スパイクシューズ. **3 a** =spike heel. **b** [*pl.*] スパイクヒールの靴. **4** 〘バレーボール〙 スパイク《相手のコートへボールを強く打ち込むこと; cf. setup 11 b》. **5** (グラフや記録図の)波形の尖頭; スパイク波形, 乱高下. **6** 《英口語》 頑固な高教会派の人 (spiky Anglican). **7** (子鹿の)一本角《まだ叉にならないまっすぐなもの》. **8** (6 インチ以下の)若サバ (young mackerel). **9** 《俗》 注射針. **10** 〘生理〙 **a** スパイク, 棘波《波長が短く尖頭値の大きい散発的な電位差の変化; 神経繊維中を伝わる神経電位差の変化など》. **b** スパイクの波形の記録図. **11** 《英俗》 =dosshouse.

háng úp one's spíkes 《米口語》(プロのスポーツ界, 特に野球界などから)引退する.

— *vt.* **1 a** 大釘[犬釘]で打ちつける. **b** (使用を不能にするため)〈砲〉の火門をふさぐ. **2 a** …に忍び返しをつける. **b** 大釘で突き刺す. **c** 伝票さしに刺す. **d** 〈靴底〉にスパイクをつける. **3 a** 《口語》〈飲物〉にアルコールを加える: ~ coffee *with* whiskey. **b** …の効果を増す. **4** 〘バレーボール〙〈ボールを〉スパイクする (cf. *n.* 4). **5** 〘スポーツ〙〈競技者を〉スパイクで傷つける, スパイクする. **6** 〈行動・目的など〉の裏をかく, 無効にする (frustrate); 〈うわさなどを〉抑える (suppress): ~ a rumor / ⇨ *spike a person's* GUNS. **7** 《俗》〘新聞〙〈記事を〉没にする. **8** 〘空軍〙(着陸速度が過大でも)〈飛行機を〉無理に着陸させる. — *vi.* **1** 大釘状に突き出る. **2** (熱病などで体温が)急に上下する. 〖(1294–95) *spyk* ◻ ON *spik* nail (cf. OE *spicing* spike-nail) // MDu. & MLG *spiker* spike < Gmc **spīkaz* nail ← IE **speī-* (↓)〗

spike[2] /spáɪk/ *n.* **1** (小麦などの)穂 (ear). **2** 〘植物〙 穂(すい)状花序. 〖(*a*1300) *spik* ◻ L *spīca* ear of corn ← IE **speī-* sharp point (Gk *spilás* cliff / Lith. *speigliaĩ* (pl.) thorns): cf. spica, spine, spike[1], spoke[2]〗

spíke bówsprit *n.* 〘海事〙 ただ一本の円材でできているバウスプリット[斜檣, やりだし]. 〖1895〗

spiked /spáɪkt/ *adj.* **1** (釘など)とがったものを付けた, 〈靴が〉スパイクの付いた: a ~ fence 忍び返しのついた塀 / ~ golf shoes. **2** 〈髪が〉短く刈りこんだ, 逆立った.

spíked héel *n.* =spike heel.

spíke·fìsh *n.* 〘魚類〙 口先・頭部のとがった魚の総称《spearfish, gar など》; (特に) =marlin[1] 1.

spíke hèath *n.* 〘植物〙 ヒースの一種 (*Bruckenthalia spiculifolia*) 《ヨーロッパ原産の荒地に生えるツツジ科の常緑低木; 花はピンク》.

spíke héel *n.* スパイクヒール《婦人靴のかかとの型の一種で, French heel や Spanish heel より高く先の細いかかと; しばしば spike と略される; また特に《英》では stiletto heel ともいう; cf. Cuban heel》. 〖1926〗

spíke hòrn *n.* 一本角(の若鹿).

spíke làvender *n.* 〘植物〙 スパイク (*Lavandula latifolia*) 《ラベンダーの一種; 地中海地方産のシソ科の小低木; ラベンダー油よりは低級な香油の spike oil を採る》. 〖1607〗

spíke làvender òil *n.* =spike oil.

spike·let /spáɪkl*ɪ̀*t/ *n.* 〘植物〙 小穂(しょうすい)花《イネ科植物の花房構成単位》. 〖(1793) ← SPIKE[2]+-LET〗

spíke·lìke *adj.* 大釘[犬釘]に似た.

spíke mòss *n.* 〘植物〙 イワヒバ属 (*Selaginella*) の各種のシダ.

spike·nard /spáɪknaəd, -nəd | spáɪknaːd, -kənàːd/ *n.* **1 a** 〘植物〙 カンショウ(甘松) (*Nardostachys jatamansi*) 《Sikkim, Himalaya の高山に生えるオミナエシ科の多年草; 香油を採る》. **b** 甘松香《カンショウの根茎から採る香料; 古代人の珍重した nard の香油はこれに当たるといわれる; nard ともいう》. **2** 〘植物〙 米国産ウコギ科の多年草 (*Aralia racemosa*). 〖(*c*1280) ◻ ML *spīca nardī* 'SPIKE[2]' of NARD' // cf. OF *spicanard(e)* ◻ ML〗

spíke òil *n.* スパイク油《spike lavender から採る精油で, 石鹸・化粧品などに用いる香油》.

spíke-pìtch *vt.* 〈干し草・作物などの束を〉(三つ又)フォーク (pitchfork) で投げる. — *vi.* フォークを使って干し草などを処理する. 〖(逆成) ↓〗

spíke-pìtcher *n.* (運搬などのために)ピッチフォーク (pitchfork) で干し草などを扱う人. 〖← SPIKE[1]+PITCHER: pitchfork を使うことから〗

spíke plànk *n.* 〘海事〙(極地向けの船の氷見張りのため)後檣(しょう)の前に取り付けた両舷(げん)に通じる簡単な船橋.

spík·er *n.* **1** (先がとがって小穴があいている)パイプ状の灌水用蛇口《地中に突き刺して用いる》. **2** 〘バレーボール〙 スパイクする人, アタッカー.

spíke-rùsh *n.* 〘植物〙 ハリイ《カヤツリグサ科ハリイ属 (*Eleocharis*) の草本; 沼地に生え, 地下茎があり, 葉は細く, 花は小さい》.

spíke tèam *n.* 《米》(一頭は先頭で他の二頭は並列で荷車などを引く)三頭立ての牛馬の一組.

spíke-tòoth hárrow *n.* 〘農業〙 歯杆(かん)ハロー《鋭い鋼鉄の歯が垂直についている砕土機》. 〖1926〗

spik·y /spáɪki/ *adj.* (**spik·i·er; -i·est**) **1** 大釘[犬釘]のような (spikelike); 先端のとがった (sharp-pointed): ~ thorns. **2** 釘のある; 釘だらけの. **3** 《英口語》 **a** 頑固な高教会派的考え[態度]の. **b** 〈人が〉扱いにくい, 意地の悪い (cantankerous), 怒りっぽい (touchy). **spík·i·ly** /-kl̩i/ *adv.* **spík·i·ness** *n.* 〖(1720) ← SPIKE[1]+-Y[4]〗

spile /spáɪl/ *n.* **1** (たるなどの)通気孔 (vent) の止め栓, (たるの)飲み口の栓 (spigot). **2** 《米・方言》(サトウカエデの木に差し込んで樹液をおけに導く)差し管(くだ). **3** (家の土台などに打つ)捨てぐい; くい (pile). **4** 〘鉱山〙 =forepole. — *vt.* **1 a** 〈たるなど〉に栓を差す; (栓で)〈たる〉の穴をふさぐ. **b** 〈たる〉に飲み口をつける. **c** 《米》〈木〉に差し管をつける. **2** …に捨てぐいを打つ, くいを打ち込む. 〖(1513) ◻ MDu. ~ & MLG ~ 'splinter, bar, peg': cf. G *Speil* splinter: ⇨ spill[2]〗

spíle·hòle *n.* (液がよく出るようにたるなどに開ける)通気孔. 〖(*a*1825): ⇨ ↑, hole〗

spil·i·kin /spíləkɪn | -lɪkɪn/ *n.* =spillikin.

spil·ing[1] /spáɪlɪŋ/ *n.* **1** [集合的] 捨てぐい, くい (spiles). **2** 〘鉱山〙 =forepole. 〖1841〗

spi·ling[2] /spáɪlɪŋ/ *n.* [しばしば *pl.*] 〘造船〙 外板の木口(こぐち)の内ぞり; その度合い. 〖(1846) ?〗

spi·lite /spáɪliːt | -laɪt, -liːt/ *n.* 〘岩石〙 スピライト, 杏仁(きょうにん)玄武岩《曹長石を特徴とする玄武岩質また輝緑岩質の変質玄武岩》. 〖(1834) ◻ F ~ ← Gk *spílos* fleck: ⇨ -ite[1]〗

spill[1] /spíl/ *v.* (**spilled** /spíld/, **spilt** /spílt/) — *vt.* **1** (容器の縁から不用意にまたはむだに)〈液体・粉などを〉こぼす: ~ milk, salt, etc. / Don't ~ a drop. 一滴もこぼすな / Don't cry over *spilt* milk. ⇨ milk *n.* 1. **2** まき散らす (scatter): ~ sand. **3** 《口語》〈人を〉投げ出す, 振り落とす (let fall); 〔馬・車などから〕〈人を〉ほうりだす (throw out) 〔*from*〕: The horse ~*ed* his rider. 馬が乗り手を振り落とした / He was ~*ed from* a horse [vehicle]. 馬[乗り物]から振り落とされた. **4** 《口語》〈秘密などを〉漏らす, 明かす (divulge), 暴露する, ばらす (disclose), 言いふらす (let be known). **5** 〈血を〉流す (shed): ~ a person's blood 人を殺す. **6** 〈明かりなどを〉漏らす. **7** 《廃》 a 殺す (kill). **b** 浪費する (waste). **c** 破壊する (destroy). **8** 〘海事〙 **a** (帆脚(あし)綱をやり放つなどして)〈帆に当たる風を〉受け流す. **b** 〈帆〉から風を抜く: ~ a sail. — *vi.* **1** 〈水などが〉こぼれる (run out); こぼれてむだになる. **2** あふれ出る: The crowd ~*ed out into* the square. 群衆が広場にあふれ出た. **3** (馬・乗り物などから)落ちる (fall out). **4** 《口語》告げ口する; 秘密を漏らす. **5** 〈明かりなどが〉漏れる. **6** 《廃》 **a** 死ぬ; 破滅する. **b** 台なしになる (spoil).

spill one's gúts 《俗》腹のうちを吐き出す, 何もかもぶちまける: The police made him ~ *his guts* about the crime. 警察は彼にその犯罪について知っていることを全部吐かせた. ***spill óver*** あふれ出る, あふれて流れる. ***spill óver into*** (あふれたものを)…へ持ち込む: Don't let problems at work ~ *over into* your home life. 職場の問題を家庭に持ち込むな. ***spill the béans*** ⇨ bean 成句.

— *n.* **1** こぼれる[こぼす]こと; こぼれ; こぼれあと. **2** 《口語》(馬・乗り物などから)投げ出されること, ほうり出し, 振り落とし (throw), 転落 (fall): have [take] a pretty bad ~ 相当ひどい投げ出され方をする. **3** 〘劇場〙 **a** (舞台や写真照明などで)もれてくる余分な光線. **b** その光線に照らされた舞台面. **4** =spillway.

~·a·ble *adj.* 〖OE *spillan* to destroy, waste < Gmc **spelþjan* (Du. *spillen* / OHG *spildan*) ← ? IE **spel-* to split (L *spolium*: ⇨ spoil)〗

spill[2] /spíl/ *n.* **1** (木や竹の)裂片, そげ (splinter). **2** (ランプ・ろうそく・パイプたばこなどの点火用の)つけ木; こより (cf. taper[1] *n.* 1 b). **3** (たるの通気孔などをふさぐ)細栓, 木釘 (spile). **4** 金属製の釘[くい]. **5** 〘鉱山〙 =forepole. 〖(*c*1300) *spille* ◻ ? MLG & MDu. *spil(l)e* spile < (WGmc) **spinla* ← **spin-* 'to SPIN'〗

spill·age /spílɪdʒ/ *n.* **1** こぼすこと. **2** こぼす[こぼされる]量. 〖1924〗

Spil·lane /spɪléɪn/, **Mickey** *n.* スピレーン (1918– ; 米国のミステリー作家; 本名 Frank Morrison Spillane; 私立探偵 Mike Hammer を主人公にしたシリーズが有名).

spill·er[1] /spílə | -lə[r]/ *n.* **1** spill[1] する人. **2** 〘ボウリング〙 スピラー《まともな当たりではないが結果的にストライクになったボール》. 〖1530〗

spil·ler[2] /spílə | -lə[r]/ *n.* **1** 小網, 中網《建て網の魚捕(うおどり)部》. **2** 釣針のたくさんついた釣糸. 〖(1602) ◻ Ir.-Gael. *spilēar*〗

spil·li·kin /spíləkɪn | -lɪkɪn/ *n.* =jackstraw 2.

〖(1734) ← SPILL[2] + -KIN: cf. MDu. *spellekijn* ← *spelle* 'SPILL[2]' + *-ken* '-KIN'〗

spílling lìne *n.* 〘海事〙帆の風当たりを減らすために帆面を絞る綱.〖1762〗

spíll lìght *n.* 〘劇場〙=spill[1] 3 a.

spíll·òver *n.* **1** こぼすこと. **2** 《米》こぼれた[あふれ出た]もの; 過剰. **3** 〘経済〙溢出(いっしゅつ)効果《公共支出による間接的影響》.〖1920〗

spíll·pìpe *n.* 〘海事〙=chain pipe.

spíll·wày *n.* (貯水池・ダムなどで余分の水を流す)水吐き口, 余水吐き; 余水路《wasteweir, spill ともいう》.〖1889〗

spi·lo·site /spáɪləsàɪt/ *n.* 〘岩石〙スピロサイト《接触変成岩の一種》.〖(1882) □ G *Spilosit* ← Gk *spílos* spot: ⇨ -ite[1]〗

Spils·bur·y /spílzbɛri, -b(ə)ri | -b(ə)ri/, **Sir Bernard Henry** *n.* スピルズベリー《1877–1947; 英国内務省付きの病理学者, 毒物学の権威》.

spilt /spílt/ *v.* spill[1] の過去形・過去分詞.

spilth /spílθ/ *n.* 《古》**1** こぼすこと. **2** こぼれ物; 余分, 余り, 過剰 (surplus, excess). **3** くず, ごみ (trash).〖(1607–8) ← SPILL[1] + -TH[1]〗

spin /spín/ *v.* (**spun** /spʌ́n/, 《古》**span** /spǽn/; **spun**; **spin·ning**) — *vt.* **1 a** 〈こまなどを〉回す, 回転させる (twirl, rotate): ~ a top こまを回す / ~ a coin on the table (表が出るか裏が出るかで勝負を決めるために)コインをテーブルの上でくるくる回す / ~ a coin to decide コインを回して決める (cf. toss *vi.* 3) / ~ the dial ダイヤルを回す / He *spun* his swivel chair around. 回転椅子をぐるりと回した / ~ one's partner (round and round) (ダンスの)相手を(ぐるぐる)回す. **b** 〈レコード・CD などを〉かける (play). **2** 〈衣服を〉遠心脱水する (spin-dry). **3** (氷上・砂中などで)〈車輪などを〉空転させる; 〈車を〉急回転させる. **4 a** (旋盤などで)回転させて作る. **b** (回転させて)〈板金〉に丸い穴をくる[くぼみを作る]. **c** [通例 p.p. 形で]〈材料を〉糸状に加工する: ⇨ SPUN gold. **5 a** 〈綿・羊毛などの〉繊維に撚(よ)りをかけて糸にする, 紡ぐ: ~ cotton, wool, flax, etc. / ~ cotton *into* threads 綿を紡いで糸にする. **b** 〈糸を〉紡ぐ: ~ yarn on a spinning wheel 糸撚り車で糸を紡ぐ / ~ threads *out of* cotton 綿から糸を紡ぐ. **c** 〈合成樹脂などから〉繊維を作る; 〈人造繊維を〉作る. **6** 〈クモ・蚕などが〉〈糸を〉紡ぐように出す, かける, 吐く: ~ a web 〈クモが〉巣をかける / ~ a cocoon 〈蚕が〉繭(まゆ)をかける. **7** 《口語》**a** (糸を紡ぐように)〈物語・計画・夢などを〉作り出す, 展開させる: ~ tales, plots, fantasies, etc. / ⇨ *spin a* YARN. **b** 〈話・物語・討論などを〉引き延ばす, 長引かす, 長々と語る (prolong) 〈*out*〉: ~ *out* a story tediously 長々と話をする. **c** 〈時間・人生などを〉引き延ばす, 延長させる (protract) 〈*out*〉: ~ *out* the time by talking おしゃべりで時間を引き延ばす. **d** 〈金銭などを〉長くもたせる〈*out*〉: He had only ¥3,000, yet he managed to ~ it *out* for several days. 3 千円しか持っていなかったがやりくりして数日間もたせた. **8** [通例 p.p. 形で]《英俗》**a** 〈人を〉疲れ切らせる (tire out), 参らせる. **b** 〈学生を〉落第させる (fail). **9** 《古》むだに〈時間を〉過ごす〈*out*〉. **10** 〘釣〙〈流れなど〉で擬餌針 (spinner) で魚を釣る; スピニングリール (spinning reel) を使って魚を釣る. **11** 〘宇宙〙〈ロケットやミサイル〉に(飛行安定のため)回転を与える. — *vi.* **1 a** 〈こまなどが〉回る (whirl) (⇨ turn SYN): The blow sent him ~*ning* その一撃で彼はよろめいた. **b** かかとで回る; スピンターンする〈*around*〉: He *spun around* and glared at me. 彼はくるっと向き直って私をにらみつけた. **c** 〈頭が〉ぐらぐらする, めまいがする: My head [The whole room] is ~*ning* (*around*). 頭がぐらぐらしている[部屋全体が回っている]. **2** 〈車輪が〉空回りする. **3 a** 〈車などが〉疾走する: ~ *along* the road 道路を疾走する. **b** 〈時が〉早く過ぎる. **4** 糸を作る, 紡ぐ: Consider the lilies of the field, how they grow; they toil not, neither do they ~. 野のゆりは如何にして育つかを思え, 労せず, 紡がざるなり (*Matt.* 6:28). **5 a** 〈クモ・蚕が〉糸を吐く, 巣をかける, まゆを作る. **b** 〈血・果汁などが〉ほとばしる (spurt). **6** 《英俗》試験に落ちる (flunk). **7** 〘釣〙擬餌針で[スピニングリールを使って]魚を釣る. **8** 〘航空〙きりもみ降下する.

spin aróund (1) 回転する. (2) 〈人が〉さっと振り返る (cf. *vt.* 1 b). ***spin óff*** (1) (元の企業・財産を損なうことなく)再建する. (2) …を逃れる, 免れる (get rid of). ***spin óut*** (1) 〈話などを〉引き延ばす (cf. *vt.* 7 b), 〈金などを〉長くもたせる; 〈時間を〉無駄に過ごす (cf. *vt.* 7 c). (2) 〈自動車が〉回転横滑りする (⇨ spinout). (3) 〘クリケット〙(ボールにスピンをかけて)〈打者・チームを〉アウトにする. ***spin róund*** =SPIN *around*.

— *n.* **1** くるくる回す[回る]こと, 回転(させる[する]こと), ひねり (whirling): give the ball a ~ ボールに回転を与える[スピンをかける] / put ~ on the ball ボールにスピンをかける / give the clothes one more ~ in the dryer [washing machine] 洗濯物をもう一度乾燥機[洗濯機]にかける. **2** 《口語》新しい視点[見地]; ひねった解釈[言葉]: The candidate tried to put the best possible ~ on the news. その候補者はそのニュースに最善の解釈を与えようとした. **3** 《口語》(運動などのための)一走り, ドライブ, 一漕(こ)ぎ(など): go for [take, have] a ~ in a car 自動車でドライブに行く / take the car (out) for a ~ ドライブに行く. **4 a** (回転を伴う)急激な下降, 下落. **b** (頭が)くらくらすること, 目まい: in a ~ 目まいがして. **5** 《豪口語》機会, 体験; 運 (luck): a good [bad] ~. **6** 〘航空〙きりもみ降下, スピン (tailspin): go into [pull out of] a ~ きりもみ状態になる[を脱する]. **7** 〘物理〙スピン《素粒子(や原子核)に固有の角運動量の大きさで, ħ を単位として表したもの》. **8** 〘宇宙〙スピン: **a** ロケット・ミサイル・人工衛星の飛行安定のために機上のプログラムシーケンスや電波指令で機体に回転を与えること (cf. spin stabilization). **b** その自転. **9** 《口語》(物価・価値などの)下落, 急落.

gét* [*gó*] *into a* (*flát*) *spín (1) ⇨ 6. (2) 《口語》混乱に陥る.〖1930〗 ***in* [*into*] *a* (*flát*) *spín*** (1) ⇨ 4 b. (2) 混乱して, うろたえて.

spín the bóttle 〘遊戯〙びん回し《びんを回して, それが止まったときのびんの口が指し示している者とキスをするゲーム》.

spín the pláte [**plátter**] 〘遊戯〙皿回し《皿などを縦にして回転させ, その間に名前を呼ばれた人は皿が止まって倒れぬうちにそれをつかまないとキスなどの罰を課せられるゲーム》.

〖OE *spinnan* < Gmc **spennan* (Du. & G *spinnen*) ← IE **(s)pen-(d-)* to draw, stretch, spin (Gk *pátos* garment < **pn̥tos*): cf. span[1], spider〗

spin- /spaɪn/ (母音の前にくるときの) spino- の異形.

spi·na /spáɪnə/ *n.* (*pl.* **spi·nae** /-niː/) 〘解剖・動物〙とげ, 突起; 脊椎.〖(*a*1400) □ L *spīna* 'SPINE'〗

spína bíf·i·da /-bífədə | -bífɪ̀də, -báɪ-/ *n.* 〘病理〙脊椎披裂, 二分脊椎.〖(1720) ← NL ~: ⇨ ↑, bifid〗

spin·a·cene /spínəsìːn, spáɪn-/ *n.* 〘生化学〙=squalene.〖← NL *spinac-*, *spinax* (← ? Gk *spína* fish) + -ENE〗

spi·na·ceous /spɪnéɪʃəs, spɪ- | spɪ-/ *adj.* 〘植物〙**1** ホウレンソウ (spinach) の, ホウレンソウのような. **2** アカザ科の.〖(1822) ← NL *spinacia* 'SPINACH' + -ACEOUS〗

spin·ach /spínɪtʃ | -nɪtʃ, -nɪdʒ/ *n.* **1** 〘植物〙**a** ホウレンソウ (*Spinacia oleracea*). **b** ホウレンソウの葉. **2** 《米》**a** 不要な[非実質的な, 見せかけの]もの. **b** 《俗》あごひげ.〖(*a*1399) □ OF *(e)spinache, espinage* (F *épinard*) □ ML *spinachia* □ OSp. *espinaca* □ Arab. *isbānakh* □ Pers. *aspanākh* spinach〗

spínach bèet *n.* 〘植物〙フダンソウ (Chard).

spínach dòck *n.* 〘植物〙ワセスイバ (patience).

spínach-rhùbarb *n.* 〘植物〙エチオピア産タデ科ギシギシ属の食用植物 (*Rumex abyssinicus*)《葉はホウレンソウの代わりに, 茎は食用ダイオウ (rhubab) の代わりに用いられる》.

spinae *n.* spina の複数形.

spin·age /spínɪdʒ/ *n.* =spinach.

spi·nal /spáɪnl̩/ *adj.* **1** 〘解剖〙背骨の, 脊椎(せきつい)の, 脊柱の (vertebral); 脊髄の: a ~ curvature 脊柱湾曲. **2** 背骨を持つ: a ~ animal. **3** とげの; とげ状突起の. — *n.* 〘医学〙=spinal anesthesia. **~·ly** *adv.*〖(1578) □ LL *spinālis*: ⇨ spine, -al[1]〗

spínal accéssory nèrve *n.* 〘解剖〙=accessory nerve.

spínal anesthésia *n.* 〘医学〙脊髄麻酔.〖1885〗

spínal canàl *n.* 〘解剖〙椎管, 脊柱管.〖1845〗

spínal còlumn *n.* 〘解剖〙脊柱《spine, vertebral column ともいう; 日常的には backbone という》.〖1836〗

spínal còrd *n.* 〘解剖〙脊髄 (⇨ brain 挿絵).

spínal flúid *n.* 〘解剖〙脊髄液.

spínal gánglion *n.* 〘解剖〙脊髄神経節.〖1860〗

spínal márrow *n.* 〘解剖〙脊髄.

spínal nérve *n.* 〘解剖〙脊髄神経.〖1793〗

spínal tàp *n.* 〘医学〙脊椎穿刺(せんし)《分析や麻酔薬注入のために髄液を採ること》.〖1972〗

spin·ar /spínɑə | -nɑː(r)/ *n.* 〘天文〙スピナー《銀河系外星雲の中心核で高速で回転する天体群》.〖(1971) ← SPIN + *-ar* (cf. pulsar, quasar)〗

spín bòwler *n.* 〘クリケット〙スピンボール投手.

spín bówling *n.* 〘クリケット〙スピンボールを投げること.

spín contròl *n.* 《米口語》情報操作, 世論の誘導.

spin·dl·age /spíndlɪdʒ, -dl-/ *n.* =spindleage.

spin·dle /spíndl̩/ *n.* **1 a** 軸, 心棒 (axle, axis): alive [dead] ~ 回る[回らない]軸, 動[固定]軸. **b** 旋盤上の支軸《動軸かまたは固定軸のいずれか一方を指す》. **c** スピンドル《箱錠の握り玉または鋼製角形のレバーハンドルの心棒》. **d** (レコードをかけるターンテーブルの)心棒. **2 a** (両端が先細りになった長い棒で糸を紡ぐ軸棒となる)つむ, 錘(つむ), 紡錘(ぼうすい) (⇨ distaff 挿絵). **b** 昔手紡ぎに用いた両端を細く削った棒. **c** 糸車に用いた鉄の針. **d** 紡績機械に用いる糸まき (bobbin) を支えるもの. **3 a** 紡錘状 (fusiform) のもの. **b** =muscle spindle. **c** 〘生物〙紡錘体. **4** スピンドル《綿糸・麻糸の尺度; それぞれ 15,120 ヤード, 14,400 ヤード》. **5** 浮き秤(ばかり), 液体比重計 (hydrometer). **6** =spindle file. **7** 〘海事〙(岩や浅瀬の上などに立てた航路標識用の)(鉄)标標《頂上にランプなどの付いているものが多い》. **8** 〘建築〙**a** (手すり・欄干などの)親柱 (newel). **b** 挽物(ひきもの)《手すり子など, ろくろで細工された部材》. — *vi.* **1** (不釣合いに)細長くなる. **2** 《まれ》〈植物が〉長茎になる. — *vt.* **1** …紡錘状にする, 細長くする. **2** 〈書類を〉書類刺し (spindle file) に刺す.〖OE *spinel* < Gmc **spennilōn* instrument for spinning (Du. *spindel* / G *Spindel*) ← **spennan* 'to SPIN': ⇨ -le[1]: ME における *-d-* の挿入は (M)Du. 形による〗

spin·dle·age /spíndlɪdʒ, -dl-/ *n.* (一工場・一地方の)紡錘の総数.〖1921〗

spíndle-bàck *adj.* 〘家具〙スピンドルバックの〈椅子〉《背枠に(繰形などで装飾された)細長い円筒形の小柱をはめてある》.〖1896〗

spíndle bòdy *n.* 〘生物〙紡錘体.

spíndle bùsh *n.* 〘植物〙=SPINDLE TREE.

spíndle cèll *n.* 〘生物〙紡錘細胞.〖1878〗

spíndle fìber [**èlement**] *n.* 〘生物〙紡錘糸.〖1878〗

spíndle fìle *n.* (テーブルの上や壁などに取り付ける釘状または鉤の手状の)書類刺し.

spíndle-lègged /-lèɡɪ̀d, -lèɡd/ *adj.* 足の細長い.〖1710〗

spíndle·lègs *n. pl.* =spindleshanks.

spíndle òil *n.* 〘機械〙スピンドル油《紡績用スピンドルや軽荷重高速度機械に使用される潤滑油》.〖1887〗

spíndle-shànked *adj.* =spindle-legged.

spíndle·shànks *n. pl.* **1** 細長い脚. **2** [単数または複数扱い]《口語》細長い脚の人,「蚊のすね」.〖1570〗

spíndle-shàped *adj.* 紡錘状の.〖1776〗

spíndle shèll *n.* 〘貝類〙肉食性巻貝で, 紡錘形に中央がふくらみ, 高くらせんを巻き, 殻口から下方に長く伸びた貝殻をもつもの: **a** イトマキボラ科ナガニシ類 (*Fusinus* 属). **b** ムカシエゾボラ (*Neptunea antiqua*)《エゾバイ科》. **c** ソデガイ類 (*Tibia* 属)《スイショウガイ科》.〖*c*1711〗

spíndle sìde *n.* [the ~] (家の)母方, 母系 (distaff side) (cf. spear side).〖(1851)《なぞり》← G *Spindelseite*: cf. OE *spinlhealf*〗

spíndle trèe *n.* 〘植物〙ヨーロッパ産のニシキギ属 (*Euonymus*) の植物の総称; (特に)オウシュウニシキギ (*E. europaeus*)《その堅い材で昔つむ (spindle) を作ったり, 焼いて素描用木炭 (fusain) を作ったりした》.〖1548〗

spíndle whòrl *n.* 〘考古〙紡錘車《つむの軸棒にはめて軸の回転を助ける弾み車》.〖1874〗

spin·dling /spíndlɪŋ/ *adj.* **1** (不釣合いに)細長い, ひょろ長い. **2** 〈茎・幹が〉細長く[ひょろ長く]伸びた. — *n.* ひょろ長い人[植物, 物].〖1441–42〗

spin·dly /spíndli -dl̩i/ *adj.* (**spin·dli·er**; **-dli·est**) = spindling.〖(1651) ← SPINDLE (n.) + -Y[1]〗

spín dòctor *n.* (政治家の)報道対策アドバイザー, マスコミ担当のスポークスマン《ニュースなどである立場[党派]に偏った解説をする》.〖1984〗

spín·dòwn *n.* **1** 〘天文〙スピンダウン《天体の自転速度の減少》. **2** 〘物理〙スピンダウン《素粒子のスピンで, spin-up と逆の軸ベクトルをもつもの》.

spín-drìer *n.* (洗濯物の, 遠心分離式)脱水機.〖1939〗

spin·drift /spíndrɪ̀ft/ *n.* **1** (海面を強風に吹き飛ばされる)波しぶき, 浪煙. **2** 砂煙; 雪煙《spoondrift ともいう》.〖(1600)《変形》← 《スコット》*speendrift* ← *speen* (《変形》← 《廃》*spoon* to run before the wind ← ?) + DRIFT〗

spíndrift clóuds *n. pl.* 〘気象〙羽毛状の薄雲.

spín-drỳ *vt.* (自動洗濯機で)遠心脱水する.〖1927〗

spín-drỳer *n.* =spin-drier.

spine /spáɪn/ *n.* **1** 脊柱 (spinal column), 脊椎(せきつい), 背骨 (⇨ skeleton 挿絵). **2** 〘製本〙(本の)背《ここに書名・著者名などを示す》. **3 a** とげ状突起, とげ. **b** (土地・岩などの)突起, 山の背 (ridge). **c** 〘動物〙(ヤマアラシ・硬骨魚のひれにあるような)とげ, 棘(きょく)(状突起). **d** 〘植物〙棘針蓋《ウメ・サイカチなどの枝にあるような針状突起で葉の変化したもの, またヒイラギなどの葉先にあるようなとげ》. **4** 気骨, 気概.〖(*a*1400) □ OF *espine* (F *épine*) // L *spīna* thorn, backbone ← IE **spei-* sharp point (⇨ spike[1, 2]): cf. spit[2], spire[1]〗

spíne-bàsh *vi.* 《豪口語》のらくら暮らす. **spíne-bàsher** *n.*〖1958〗

spíne-bàshing *n.* 《豪口語》ぶらぶら暮らすこと, 休んでいること.〖1941〗

spíne-chìller *n.* 背筋が寒くなるような恐怖もの[小説, 映画など]. **spíne-chìlling** *adj.*〖1940〗

spined *adj.* 背骨[とげ]のある; とげだらけの (spiny).〖1777〗

spíne-frèezing *adj.* 背筋の寒くなるような (spine-chilling).〖1937〗

spi·nel /spɪ̀nél, spínl̩ | spɪnél/ *n.* 〘鉱物〙尖(せん)晶石, スピネル ($MgAl_2O_4$)《ある種のものは宝石とされる; cf. spinel ruby》.〖(1528) □ F *spinelle* □ It. *spinella* (dim.) ← *spina* < L *spīnam* 'thorn, SPINE': そのとげ状の結晶にちなむ〗

spíne·less *adj.* **1 a** 無脊椎(せきつい)の, 背骨のない (invertebrate). **b** ぐにゃぐにゃの (limp). **c** 意気地のない, 弱い (feeble), 決断力のない (irresolute): a ~ person. **2** とげのない. **~·ly** *adv.* **~·ness** *n.*〖1827〗

spi·nelle /spɪ̀nél | spɪ-/ *n.* =spinel.〖(1555) □ F ~ 'SPINEL'〗

spinél rùby *n.* 〘鉱物〙スピネルルビー, 紅尖(せん)晶石 (spinel の一種で宝石).〖1668〗

spi·nes·cent /spaɪnésənt, -sn̩t/ *adj.* 〘生物〙とげ状の; (先が)とげになる; とげのある. **spi·nés·cence** *n.*〖(1793) ← NL *spinescentem* (pres.p.) ← LL *spinescere* to grow thorny ← L *spīna* 'SPINE': ⇨ -escent〗

spi·net /spínɪ̀t, spɪnét | spɪnét, spínét, -nɪt/ *n.* **1** スピネット《チェンバロの一種で, 16–18 世紀のヨーロッパの家庭で愛用された; cf. virginal[2], harpsichord》. **2** スピネット: **a** 18 世紀の小型のスクエアピアノ (square piano). **b** 小型アップライト (upright) ピアノ. **c** 小型アップライトピアノに似た電子オルガン.〖(1664) □ F 《廃》*espinette* (F *épinette*) □ It. *spinetta* ← ? *Giovanni Spinetti* (Venice のこの楽器の発明者)〗

spíne·tàil *n.* 〘鳥類〙**1** =spine-tailed swift. **2** オナガカマドドリ《南米・中米産》. **3** =ruddy duck.〖1839〗

spíne-tàiled swíft *n.* 〘鳥類〙ハリオアマツバメ (*Hirundapus caudacuta*).

spíne-tìngling *adj.* スリリングな; 背筋の寒くなる.〖1955〗

spin·ey /spáɪni/ *adj.* (**spin·i·er**; **-i·est**) =spiny.

spín físhing *n.* 〘釣〙固定スプールのリールを使った釣り (⇨ spinning 5).〖1950〗

Spin·garn /spíŋɡɑən | -ɡɑːn/, **Joel E(lias)** *n.* スピンガーン《1875–1939; 米国の文芸批評家》.

spi·ni- /spáɪnɪ̀, -ni/ spino- の異形 (⇨ -i-).〖← L *spīna* thorn, backbone: ⇨ spine〗

spi·nif·er·ous /spaɪníf(ə)rəs/ *adj.* =spiny.〖⇨ ↑, -ferous〗

S

spi·ni·fex /spáɪnəfèks | spínɪ-/ *n.* 〘植物〙 **1** オーストラリア産のイネ科スピニフェックス属 (*Spinifex*) の多年草の総称《茎が強く, よく海岸の砂防に用いる》. **2** =porcupine grass. 〘《1846》← NL ~ ← SPINO-+L *-fex* maker (← *facere* 'to DO²')〙

spínifex bìrd *n.* 〘鳥類〙 ムジマルオセッカ《豪州乾燥地帯の spinifex などの生えている場所に生息するヒタキ科の鳥; desert birdともいう》. 〘↑〙

spi·ni·form /spáɪnəfɔ̀əm | -nɪ̀fɔ̀:m/ *adj.* とげ状の. 〘《1833》← SPINI-+-FORM〙

spi·nig·er·ous /spaɪníʤ(ə)rəs/ *adj.* =spiny. 〘《1852》: ⇨ spini-, -gerous〙

spin·na·ker /spínɪ̀kə | -kə^(r)/ *n.* 〘海事〙 スピンネーカー《レース用ヨットが追手の軟風を受けて走る際, 主帆の反対側に張る三角形のよくふくらむ大型軽帆》. 〘《1866》《転訛》? ← SPHINX (この種の帆を最初に装備したヨットの名): 多分 SPANKER の影響もあろう〙

spínnaker stáysail *n.* 〘海事〙 スピンネーカーステースル《比較的小型のステースルでオーステーにかけ, スピネーカーの後方で風をつかむためにしばしば使われる帆》. 〘1959〙

spin·ner /spínə | -nə^(r)/ *n.* **1 a** 紡ぎ手, 紡績工; 紡績業者. **b** 《古·方言》クモ (spider). **2** 紡績機 (spinning machine). **3** 物語をする人, 長話をする人: a ~ of yarns 長々とほら話をする人. **4** 〘釣〙 **a** カゲロウの成虫に似せた毛針. **b** スピナー《水中で回転する小金属片のついた針》. **5** 〘野球·クリケット〙 **a** 回転するボール. **b** ボールに回転を与える投手. **6** 〘アメフト〙 =spinner play. **7** 〘動物〙 =spinneret 1. **8** 《英口語》〘鳥類〙 =nightjar. **9** 〘サーフィン〙 スピナー《前進するサーフボードの上で, 立ったままのライダーが完全に一回転すること》. **10** 〘航空〙 スピナー《プロペラ軸の先端についている流線形のキャップ》. **11** 〘金属加工〙 へら絞り工. 〘《*a*1250》'spider'〙

spínner·bàit *n.* 〘釣〙 スピナー (spinner).

spínner dólphin *n.* 〘動物〙 ハシナガイルカ (*Stenella longirostris*)《マイルカ科のくちばしの細い熱帯海域産のイルカで, 水面にジャンプしながら体軸を中心に回転する》.

spin·ner·et /spínərèt, ˌ-ˌ-ˊ/ *n.* **1** 〘動物〙 (クモ類の)出糸突起, 紡績突起. **2** (*also* **spin·ner·ette** /~/) 〘紡織〙 紡糸口金《化学繊維の紡出に用いる細かい孔のあいた口金》. 〘《1826》(dim.) ↑: ⇨ -et〙

spínner plày *n.* 〘アメフト〙 スピンナー(プレー)《シングルウィングフォーメーションでボールキャリアが 360° 回転してラインをつく[タックルをはずす]プレー》.

spin·ner·y /spínəri/ *n.* 紡績工場 (spinning mill). 〘《1837》← SPIN+-ERY〙

spin·ney /spíni/ *n.* 《英》 やぶ, 茂み (thicket); 木立ち (copse). 〘《?c1390》《1597》□ OF *espinei* (F *épinaie*) < VL **spīnētam*=L *spīnētum* ← *spīna* 'thorn, SPINE'〙

spín·ning *n.* **1 a** 紡績(業). **b** 紡いだ糸. **2** (話の)引き延ばし. **3** 急回転. **4** (金属板の)へら絞り, スピニング. **5** 〘釣〙 スピニング《スピニングリール (spinning reel) を使って細い釣糸で釣る方法; spin fishing, thread-line fishing ともいう》. 〘*c*1300〙

spínning bèe *n.* (昔, 米国で行われた)糸紡ぎをする寄合い (cf. bee¹ 4).

spínning fràme *n.* 精紡機《糸を撚(よ)り, 巻き取る機械》. 〘1825〙

spínning glànd *n.* 〘動物〙 出糸腺 (silk gland). 〘1878〙

spínning hòuse *n.* 《英》(昔の売春婦の)感化院《ここで糸紡ぎの仕事をさせられた》. 〘1463〙

spínning jènny *n.* ジェニー紡績機《J. Hargreaves が 1764 年ごろ発明した初期の紡績機》. 〘1783〙

spínning làthe *n.* 〘機械〙 スピニングレース, 回転旋盤《金属の薄板を工具により回転する型に押しつけて成形する加工法に用いる旋盤》.

spínning machìne *n.* **1** 紡績機, 紡糸機. **2** へら絞り盤, スピニング機《金属板を回転してへらでコップ状に絞る機械》. 〘*c*1790〙

spínning mìll *n.* 紡績工場 (spinnery). 〘1835〙

spínning mùle *n.* 〘紡績〙 =mule¹ 6.

spínning rèel *n.* 〘釣〙 スピニングリール《固定したスプール(巻糸部分)を備えたリール》. 〘1950〙

spínning rìng *n.* スピニングリング《リング精紡機のトラベラーを回し走らせる円形体レール》.

spínning ròd *n.* 〘釣〙 スピニングロッド《スピニングリール (spinning reel) と共に用いる軽くしなやかな投げ竿》. 〘1870〙

spínning tòp *n.* =top² 1.

spínning whèel *n.* (昔, 糸を紡いだ)糸車, 紡ぎ車. 〘1404〙

spin·ny /spíni/ *n.* =spinney.

spi·no- /spáɪnoʊ | -nəʊ/ 次の意味を表す連結形: **1** 「脊柱 (spinal column), 脊髄 (spinal cord); 脊髄と…との (of spinal cord and ...)」. **2** 「とげ (spine)」. ★ 時に spini-, また母音の前では通例 spin- になる. 〘← L *spīna* thorn, backbone: ⇨ spine, -o-〙

spi·node /spáɪnoʊd | -nəʊd/ *n.* 〘数学〙 =cusp 4. 〘《1852》← SPI(NO-)+NODE〙

spin-off /spínɔ̀(:)f, -ɑ̀(:)f | -ɔ̀f/ *n.* **1** [集合的にも用いて] (通例有益な)副産物 (by-product). **2** 〘テレビ〙 続編シリーズ番組. **3** 〘経営〙 スピンオフ《会社分割の一方法; 甲社は資産の一部を乙社に現物出資し, それと引き換えに乙社の全株式を取得する, 甲社はこの乙社の株式を自己の株主に対し持株数に応じて分配する, これにより甲社の資本金は増減しない; cf. split-off 3, split-up 3》. **spín-òff** *adj.* 〘《1950》← *spin off* (⇨ spin (v.) 成句)〙

Spi·no·ne I·ta·lia·no /spɪnóʊniɪtæliá:noʊ | -nə́ʊniɪtæliá:nəʊ; *It.* spinó:neitaljá:no/ *n.* (*pl.* **Spi·no·ni Ital·i·an·i** /-ni/) 〘犬〙 スピノーネ(イタリアーノ) (Italian pointer)《イタリア原産の大形の鳥猟犬の品種; 毛質は硬く, 毛色は白, 白にオレンジ斑, 白に褐色斑など》. 〘《1945》□ It. ~〙

spi·nor /spínə, -nɔə | -nə^(r), -nɔ:^(r)/ *n.* **1** 〘数学〙 スピノル《ある種の 2 次元複素ベクトルおよびそれの拡張》. **2** 〘物理〙 スピノル《スピン ½ の粒子の状態を表すのに使う》. 〘《1931》← SPIN+-OR²〙

spi·nose /spáɪnoʊs, ˌ-ˊ | spáɪnəʊs, ˌ-ˊ/ *adj.* 〘生物〙 **1** とげのある[多い] (spinous, spiny). **2** とげ状の (spiniform), とがった (pointed): the ~ process 棘(きょく)状突起. **~·ly** *adv.* **~·ness** *n.* 〘《1660》□ L *spīnōsus*: ⇨ spine, -ose¹〙

spi·nos·i·ty /spaɪnɑ́(:)səṭi | -nɔ́sɪ̀ti/ *n.* **1** とげのある[多い]こと, とげだらけ (spininess). **2** (議論·問題·言葉などの)とげ, とげとげしさ; 辛辣(しんらつ)な言葉[評言]. 〘《1605》□ LL *spīnōsitātem*: ⇨ ↑, -ity〙

spi·nous /spáɪnəs/ *adj.* **1** 扱いにくい, 困難な; とげのある: a ~ remark. **2** 〘生物〙 とげで覆われた, とげだらけの; とげ状の. 〘《*a*1638》← SPINE+-OUS〙

spín·òut *n.* 〘自動車〙 スピンアウト《自動車が高速でコーナーを曲がるときタイヤの横滑りにより垂直軸回りに回転し, 道路の外に出ること; cf. SPIN *out*》. 〘1955〙

Spi·no·za /spɪ̀nóʊzə | spɪnə́ʊ-; *Du.* spinó:za:/, **Baruch** *n.* スピノザ (1632–77; オランダ生まれのユダヤ系哲学者; *Ethica ordine geometrico demonstrata* (公刊 1677) (英訳名 *Ethics Demonstrated in the Geometrical Order*); ラテン語名 Benedict de Spinoza).

Spi·nó·zism /-zɪzm/ *n.* 〘哲学〙 スピノザの哲学説, スピノザ哲学. 〘《1728》: ⇨ ↑, -ism〙

Spi·nó·zist /-zɪ̀st | -zɪst/ *n.* スピノザ哲学を奉じる人, スピノザ派の哲学者. 〘《1728》← *Spinoz(a)*+-IST〙

Spi·no·zis·tic /spìnoʊzístɪk | spɪ̀nəʊ-ˊ/ *adj.* スピノザ哲学の; スピノザ哲学を奉じる. 〘《1832》: ⇨ ↑, -ic¹〙

spín·pròof *adj.* 〈航空機が〉きりもみ降下を起こさぬように設計された.

spín quántum nùmber *n.* 〘物理〙 スピノ量子数《素粒子や原子核のスピンの大きさや成分を示す量子数》.

spín rèsonance *n.* 〘物理〙 スピン共鳴.

spín stabilizàtion *n.* 〘宇宙〙 スピン安定化《ロケットなどを回転させて方向安定性を与えること》. **spín-stàbilized** *adj.* 〘1961〙

spin·ster /spínstə | -stə^(r)/ *n.* **1** 未婚女性 (single woman) (cf. bachelor 1); オールドミス (old maid). **2** 《もと》紡ぎ女. **3** 〘法律〙 未婚の女性 (cf. feme sole). 〘《*a*1376》*spin(n)ester*: ⇨ spin, -ster: 1 の意味は 17C から〙

spínster·hòod *n.* 独身女性, 未婚女性の身分[状態]. 〘《1823》: ⇨ ↑, -hood〙

spín·ster·ish /-stərɪʃ/ *adj.* 未婚女性らしい. 〘《1892》: ⇨ -ish¹〙

spin·thar·i·scope /spɪnθǽrəskòʊp, -θέr- | -θǽrɪ̀skəʊp/ *n.* 〘光学〙 スピンサリスコープ《蛍光板と拡大鏡を組み合わせ, ラジウムのアルファ線による蛍光板のきらめきを見る装置》. 〘《1903》← Gk *spintharís* spark+-SCOPE〙

spin·to /spíntoʊ | -təʊ; *It.* spínto/ *adj.* 〘音楽〙 叙情的かつ劇的な. — *n.* そのような声[歌手]. 〘《1944》□ It. ~ (p.p.) ← *spingere* to push < VL **expingere* ← L EX-¹+*pangere* to fasten (⇨ fang)〙

spi·nule /spáɪnju:l/ *n.* 〘生物〙 小とげ (small spine). 〘《1752》□ L *spīnula* (dim.): ⇨ spine, -ule〙

spi·nu·lose /spáɪnjulòʊs | -ləʊs/ *adj.* 小とげのある[で覆われた]. 〘《1819》← NL ~: ⇨ ↑, -ose¹〙

spi·nu·lous /spáɪnjʊləs/ *adj.* =spinulose. 〘⇨ ↑, -ous〙

spín ùp *n.* 〘航空〙 スピンアップ《飛行機が接地するとき空中で止まっていた車輪が突然回転し出すこと》. 〘1960〙

spín wàve *n.* 〘物理〙 スピン波《磁性体内でスピン整列の乱れが伝わる波》. 〘1936〙

spin·y /spáɪni/ *adj.* (**spin·i·er; -i·est**) **1** 〈動物·植物が〉とげのある[多い], とげで覆われた, とげだらけの (prickly). **2** とげのような, とげ状の. **3** 〈問題など〉困難な, 面倒な, 厄介な: a ~ subject to discuss 討論しにくい論題. **spín·i·ness** *n.* 〘《1586》← SPINE+-Y⁴〙

spíny ánteater *n.* 〘動物〙 ハリモグラ (⇨ echidna 1). 〘1827〙

spíny clótbur [cócklebur] *n.* 〘植物〙 北米中央部に産するキク科オナモミの一種 (*Xanthium spinosum*)《痩果(そうか)にとげが多い》.

spíny dógfish *n.* 〘魚類〙 ツノザメ科のサメの総称; (特に)アブラツノザメ (*Squalus acanthias*)《背鰭(せびれ)の前にとげがある; 北大西洋にすむ》. 〘1896〙

spíny-fínned *adj.* 〘魚類〙 ひれに堅い棘(きょく)条のある, 棘鰭(きょくき)類の (acanthopterygian) (cf. soft-finned). 〘1881〙

spíny-hèaded wórm *n.* 〘動物〙 鉤頭虫 (cf. acanthocephalan). 〘1946〙

spíny lízard *n.* 〘動物〙 ハリトカゲ《北米および中米に生息するタテガミトカゲ科ハリトカゲ属 (*Sceloporus*) のトカゲの総称; 背鱗が大きく後端がとがっている; コモンハリトカゲ (*S. graciosus*) など; swift ともいう》. 〘1853〙

spíny lóbster *n.* 〘動物〙 イセエビ《イセエビ科 (*Palinuridae*) のエビの総称; 日本のイセエビ (*Panulirus japonicus*) などを含む; rock lobster, crawfish, langouste ともいう》. 〘1819〙

spíny móuse *n.* 〘動物〙 トゲネズミ, トゲマウス (*Acomys*)《アフリカ·中近東に生息》.

spíny óyster *n.* 〘貝類〙 ウミギクガイ科の二枚貝.

spíny-ráyed *adj.* 〘魚類〙 **1** 〈ひれが〉とげ状の. **2** =spiny-finned. 〘1880〙

spir- /spaɪr | spaɪər/ (母音の前にくるときの) spiro-¹ の異形.

spi·ra /spáɪrə | spáɪ(ə)rə/ *n.* (*pl.* **spi·rae** /-ri:/) 〘建築〙 スピラ, 大玉縁《円柱の柱基 (base) の凸曲した繰形(くりかた); torus ともいう》. 〘□ L *spīra* □ Gk *speîra*: ⇨ spire²〙

spi·ra·cle /spáɪrəkḷ, spír-, -rɪ- | spáɪər-/ *n.* **1** 通風孔, 空気孔. **2** 〘動物〙 **a** (昆虫·クモ類などの)気門. **b** (鯨などの)噴気孔 (blowhole). **c** (サメ·エイなどの)呼吸孔. **3** 〘地質〙 溶岩流上にできた小火口. **spi·rac·u·lar** /spaɪrǽkjʊlə, spɪ- | spaɪrǽkjʊlə^(r)/ *adj.* 〘《?c1380》《1620》 *spyrakle* breath □ L *spīrāculum* air hole, (LL) breath ← *spīrāre* to breathe: ⇨ spirant, -cule〙

spi·rac·u·late /spaɪrǽkjʊlɪ̀t, spɪ-, -lèɪt | spaɪr-/ *adj.* 通風[空気]孔のある; 呼吸孔[気門]のある; 噴水孔のある. 〘← L *spīrāculum* (↑)+-ATE²〙

spirae *n.* spira の複数形.

spi·rae·a /spaɪrí:ə | -ríə, -rí:ə/ *n.* 〘植物〙 =spirea.

spi·ral /spáɪrəl | spáɪ(ə)r-/ *n.* **1 a** 渦巻曲線, 螺(ら)状線 (helix): a ~ of smoke 渦を巻いて上っていく煙. **b** らせんの一巻き. **2 a** らせん形のもの. **b** らせん階段. **c** らせんばね. **d** (ルーズリーフをとじるノートの背の)らせんとじ. **3** 〘天文〙 =spiral galaxy. **4** 〘航空〙 らせん飛行, きりもみ降下. **5** 〘アメフト·ラグビー〙 球の長軸を中心にくるくる回るように蹴る[パスする]こと. **6** 〘経済〙 (物価·賃金などの悪循環による)らせん状(悪性)進行過程: a deflationary ~ 進行性デフレーション, デフレ的悪循環 / ⇨ inflationary spiral. **7** 〘数学〙 渦巻線, らせん, 渦線. **8** 〘鉄道〙 ループ線.

spíral of Archimédes 〘数学〙 アルキメデスのらせん《原点を通る直線が一定の角速度で原点を中心に回転しているとき, その直線上を一定の速度で原点から遠ざかる点の軌跡; 方程式 $r=a\theta$》.

— *adj.* **1** 渦巻形の, らせん形[状]の; ねじ状の (helical); 旋回した (coiled); らせん仕掛けの. **2** らせん状に進行していく. **3** 〘数学〙 渦巻状の, 渦(か)線の: a ~ line 渦巻線, 渦線.

— *v.* (**spi·raled, -ralled; -ral·ing, -ral·ling**) — *vi.* **1** らせん形になる, 渦巻形に動く[進む]. **2** らせん状に(急激に)進行[上昇, 下降]する: ~*ing* prices うなぎ登りの物価. **3** 〘航空〙 らせん上昇[降下]をする. — *vt.* **1** らせん状にする. **2** らせん状に進行[上昇, 下降]させる.

~·ly *adv.* 〘adj.: 《1551》□ F ~ // ML *spīrālis* ← L *spīra* 'coil, SPIRE²': ⇨ -al¹. — n.: 《1656》← (adj.). — v.: 《1834》← (n.)〙

spíral árm *n.* 〘天文〙 (渦状銀河の)渦状腕.

spíral bálance *n.* らせんはかり.

spíral bével gèar *n.* 〘機械〙 まがりば傘(かさ)歯車. 〘1915〙

spíral bínding *n.* 〘製本〙 らせんとじ. 〘1944〙

spíral-bóund *adj.* 〈ノートなど〉らせんとじの《らせん状の針金でとじたものにいう》: a ~ notebook. 〘1941〙

spíral càsing *n.* 〘機械〙 渦(形)室, 渦巻車室《水門から水車へのらせん状導水管; scroll casing ともいう》.

spíral chúte *n.* 〘機械〙 スパイラルシュート, ねじシュート《物品を滑らせて搬送するらせん状の案内路》.

spíral convéyor *n.* 〘機械〙 ねじコンベヤー.

spíral dúct *n.* 〘植物〙 =spiral vessel.

spíral gálaxy *n.* 〘天文〙 渦巻き星雲, 渦状銀河. 〘1913〙

spíral gráin *n.* 〘建築〙 旋回木理, らせん状木理, (木材の木理の)ねじれ.

spi·ral·i·ty /spaɪrǽləṭi | -rǽlɪ̀ti/ *n.* 渦巻き状; 渦巻きの度合い. 〘《1858》: ⇨ spiral, -ity〙

spíral nébula *n.* 《俗用》=spiral galaxy.

spíral spríng *n.* 渦巻きばね, らせんばね. 〘1690〙

spíral stabílity *n.* 〘航空〙 らせん安定《飛行機の固有安定形態の一つ; これが不安定の機体では, 操縦士が修正操作をしないと飛行機はらせん降下に入り旋回の度合いが次第に強くなる》. 〘1947〙

spíral stáircase *n.* らせん階段. 〘1756–57〙

spíral véssel *n.* 〘植物〙 らせん紋導管 (spiral duct ともいう).

spíral whéel *n.* ねじ歯車 (wheel).

spi·rant /spáɪrənt | spáɪ(ə)r-/ *n.* 〘音声〙 摩擦音 (fricative). — *adj.* =spirantal. 〘《1862》□ L *spīrantem* (pres.p.) ← *spīrāre* to breathe: ⇨ spirit, -ant〙

spi·ran·tal /spaɪrǽnṭḷ | -tḷ/ *adj.* 〘音声〙 摩擦音の. 〘1893〙

spire¹ /spáɪə | spáɪə^(r)/ *n.* **1** (塔の上の)尖(せん)塔; 尖(とが)り屋根 (⇨ steeple 挿絵). **2** 先の細く尖った物, 円錐(すい)形[尖塔形]の物; 高く細く尖った物の先 (peak); (山などの高く尖った)頂, 尖峰 (summit). **3** 細く尖った茎[(草の)葉, 芽]. **4** (繁栄·幸福などの)頂上, 絶頂 (highest point). — *vi.* **1** 突き出る; そびえ立つ (shoot up). **2** 〈植物が〉芽を出す (sprout). — *vt.* **1** 〈塔の上などに〉尖塔をつける. **2** 芽を出させる, 伸ばす. 〘OE *spīr* stalk, stem < Gmc **spīraz* (MDu. & MLG *spīr* / G *Spiere* tip of blade of grass) ← IE **sp(h)ēi-* sharp point: ⇨ spike^(1, 2), spine〙

spire² /spáɪə | spáɪə^(r)/ *n.* **1** 渦巻, らせん (spiral, coil); らせんの一巻き. **2** 〘貝類〙 螺塔(らとう)《巻貝のねじれた部分》. — *vi.* らせん(状)になる. 〘《1545》□ F ~ □ L *spīra* □ Gk *speîra* coil ← IE **sper-* to turn, twist〙

spi·re·a /spaɪrí:ə | -ríə, -rí:ə/ *n.* 〘植物〙 **1** シモツケ《バラ科シモツケ属 (*Spiraea*) の各種の低木の総称; 観賞用のものが多い; cf. meadowsweet, hardhack》. **2** バイカシモツケ (*Exochorda racemosa*)《中国産バラ科の低木; 観賞用; pearl bush ともいう》. **3** アスチルベ《ユキノシタ科チダケサシ属 (*Astilbe*) の園芸植物の総称》. 〘《1669》□ L *spīraea* meadowsweet ◻ Gk *speiraía* ← *speîra* (↑)〗

spíred[1] *adj.* **1** 尖塔[尖(ﾄﾝｶﾞ)り屋根]のある: a ～ church. **2** 細長い, 先が尖った (pointed). 〖1610〗

spíred[2] *adj.* 渦巻いた (spiral): a ～ shell. 〖*c*1623〗

spire·let /spáɪəlɪ̀t | spáɪə-/ *n.* 小尖塔 (flèche). 〖1848〗

spíre light *n.* 尖塔の明かり取りの窓, 換気窓.

spi·reme /spáɪriːm | spáɪ(ə)r-/ *n.* (*also* **spi·rem** /-rɛm/)〘生物〙(染色体の)らせん糸, 核糸. 〖(1889) ◻ G *Spirem* ◻ Gk *speírēma* ← *speîra* coil, twist: ⇨ spire[2]〗

Spires /spáɪəz | spáɪəz/ *n.* Speyer の英語名.

spíre shèll *n.*〘貝類〙イツマデガイ科および近縁の科に属する淡水産または海産の貝《円錐形の長い螺塔(ﾗﾄｳ)をもつ》.

spi·ri- /spáɪrɪ̀, -ri | spáɪ(ə)r-/ spiro-[1] の異形 (⇨ -i-).

spi·rif·er·ous /spaɪríf(ə)rəs/ *adj.* **1**〘動物〙(巻貝のように)渦巻き状にねじれた. **2**〘地質〙〈岩石が〉シャミセンガイ化石を含んだ. 〖(1859) ← SPIRO-＋-FEROUS〗

spirilla *n.* spirillum の複数形.

spi·ril·lum /spaɪríləm/ *n.* (*pl.* **-ril·la** /-lə/)〘細菌〙 **1** らせん菌《らせん菌属 (*Spillium*) の微生物》. **2** らせん菌に似た微生物の総称 (cf. coccus 1, bacillus 1, 2).
spi·ríl·lar /-lə | -lə(r)/ *adj.* 〖(1875) ← NL ～ (dim.) ← L *spīra* 'coil, SPIRE[2]'〗

spir·it /spírɪ̀t/ *n.* **1** (生命の)息, 生気, 精気《神によって吹き込まれる息の中にあると考えられた生命力の根源; cf. animal spirits 2》. **2 a** 人間の霊的部分, 霊, 心 (soul): lead the life of the ～ 霊的生活を送る / the poor in ～ 心の貧しき者 (*Matt.* 5:3) / in (the) ～ 心の中で, 内心 / Into thy hands I commend my ～. わが霊を御手にゆだね (*Luke* 23:46) / The ～ indeed is willing, but the flesh is weak. 実(ｹﾞ)に心は熱すれども肉体弱きなり (*Matt.* 26:41; cf. *Mark* 14:38). **b** (死体から離れた)霊魂: the abode of ～*s* 霊魂の世界, 黄泉(ﾖﾐ)の国, 冥府(ﾒｲﾌ). **c** [通例 S-] (神の)霊, 神霊: God is ～, not matter. 神は霊であり, 物質ではない / God is a *Spirit*. 神は霊なり (*John* 4:24) / the Holy *Spirit* 聖霊. **d** [the S-] 聖霊 (the Holy Spirit). **3 a** 亡霊, 幽霊 (ghost): see a ～ 幽霊を見る. **b** (天使・悪魔・悪鬼・妖精など)超自然的存在 (⇨ ghost SYN): good [evil] ～*s* 善[悪]霊 / ⇨ familiar spirit / fairies and genii and other ～*s* 妖精・鬼神その他の精 / She was the moving ～ behind all our plans for expansion. 彼女は我々の拡張計画の裏で糸を引く黒幕だった. **4 a** (人間の知的・感情面の心の働きとしての)精神, 心構え; 心, 気分 (mood) (⇨ mind SYN): public [community] ～ 公共心[共同体意識] / fighting ～ 闘志 / a [the] ～ of adventure 冒険心 / the frontier ～ 開拓者魂 / out of ～ of contradiction 揚げ足取りの気持ちから / in a lively ～ 活発に / in a ～ of fun ふざけて / in a ～ of forgiveness [conciliation] 許す[なだめる]気持ちで / say in a kind ～ 親切で言う / She's got the right ～. 彼女は正しい精神の持ち主だ / Take it in the right ～. それを善意に解釈しなさい / Don't take it in the wrong ～. それを悪くとってはいけない / Once you get into the ～ of the thing, you'll enjoy yourself. 一度物事の意図するところが分かれば, 楽しめますよ / break a person's ～ 人の気持ちをそぐ. **b** 活気 (vigor); 熱意 (ardor), 勇気 (courage); 気迫, 意気, 気概, 根性: a person of ～ [(an) unbending ～] 活気に満ちた[不屈の精神を持った]人 / show no ～ 活気を示さない / speak [answer, act, perform] with ～ 元気よく話す[答える, 行動する, 行う] / That's the ～! その意気だ, その調子だ. **5** [the ～] (表現形式に対して, 陳述文書などの)真意, 趣旨, 本心 (purport) (cf. letter[1] 4): obey *the* true ～ of the law 法律の真の精神に従う / For the letter killeth, but *the* ～ giveth life. ⇨ letter[2] 4 / He has followed (out) *the* ～ of my instructions. 彼は私の指示の本意をよく従った / You must understand [take] this in *the* ～ in which it was written. これは書かれた精神で理解しなければならない / Is Verdi's *Othello* in the ～ of [Does Verdi's *Othello* capture the ～ of] Shakespeare's *Othello*? ベルディのオセロはシェークスピアのオセロの真意をくんで[とらえて]いるだろうか. **6** (団体・学校に対する)熱烈な忠誠心: college [school] ～ 愛校心 / team ～ チーム精神. **7** [通例前に限定詞を伴って] (知力・感情・気質などからみた)人, 人物 (person): a bold [brave] ～ 大胆[勇敢]な人 / one of the noblest ～*s* of the day 当代最も高潔な人士の一人 / "The choice and master ～*s* of this age." 「一世を代表する英傑」(Shak., *Caesar*, 3. 1. 163) / a meeting of choice ～*s* 大人物の顔合わせ / Leave that to some more inquiring ～. それはだれかもっと詮索好きな人に任せておけ. **8 a** [*pl.*] 気分, 機嫌, 元気: in [out of] ～*s* 元気で[しょげて] / depressed in ～*s* 気がふさいで / in high [low] ～*s* 機嫌よく[悪く] / in good ～*s* 元気よく, 快活な気分で / lose one's ～*s* 気をくじく[落とす] / feel one's ～*s* fail 気が滅入る[元気がなくなる]のを覚える / recover [pick up] one's ～*s* 元気づく / raise [lift] a person's ～*s* 人を元気づける[はげます] / Keep up your ～*s*! しっかりしろ, 落胆するな / My ～*s* rose at your words. あなたのことばで気持ちがふるい立った. **b** 気立て, 気質 (temper, disposition): meek in ～ 気立ての優しい, おとなしい / He is a poet in ～. 気質は詩人だ. **9** [通例 *pl.*] **a** 蒸留酒, 火酒《醸造酒を加熱し, 揮発した成分を冷却して作った酒で, whiskey, brandy, gin, rum など》: a glass of ～*s* and water 水で割った蒸留酒一杯 / strong ～*s* 火酒. **b** 酒精, アルコール (alcohol): specimens (preserved) in ～(*s*) アルコールづけの標本. **10** 支配的な傾向[性質, 気運], 特質: the ～ of the age [times] 時代精神 / the ～ of this experiment この実験の特質 / the ～ of '76 (米国独立の年) 1776 年の精神 / the Dunkirk ～ ダンケルクの魂. **11** 《古》風 (wind); 微風 (breeze). **12** [*pl.*]《廃》知力, 知性 (intellect). **13**〘薬学〙酒精剤《essence ともいう》. **14**〘化学〙(特に, 蒸留により抽出されたある物質の)主成分. **15**〘染色〙(媒染剤として使われる)スズ塩溶液. **16** [S-]〘クリスチャンサイエンス〙霊《神のこと》(God). **17**《廃》スピリット《身体の器官にしみ通って肉体を動かすと考えられていた液体》. **18**〘錬金術〙四要素(イオウ, 水銀, 塩化アンモニウム, ヒ素)の一つ.

énter [*gét*] *into the spírit of* 〈会など〉に心底溶け込む, …の雰囲気にひたる (cf. 4 a) ***give up the spirit*** 死ぬ.

in spírit 気持ちのうえでは: I can't come to your party, but I'll be there [with you] *in* ～. あなたのパーティーには行けませんが, 気持ちのうえでは参加します.

spírit of nítrous éther〘薬学〙＝ethyl nitrite spirit. 〖1859〗

Spírit of St. Lóuis [the ―] スピリット オブ セントルイス号《C. Lindbergh が史上初の大西洋単独無着陸横断飛行 (1927) したときの単葉機の愛称》.

spírit(s) of ammónia〘化学〙炭酸アンモニウムのアルコール溶液 (sal volatile 2) 〖1839〗

spírit(s) of hártshorn〘化学〙アンモニア水《水酸化アンモニウムの旧称》. 〖1683–84〗

spírit(s) of sált《古》〘化学〙塩酸 (hydrochloric acid). 〖1651〗

spírit(s) of túrpentine〘化学〙テレビン油 (turpentine). 〖1792〗

spírit(s) of wíne 酒精, アルコール (alcohol). 〖1753〗

spírit(s) of wóod〘化学〙木精, メチルアルコール (methyl alcohol).

― *adj.* **1 a** 精霊の. **b** 降神術の; 心霊術の力で示される. **2** アルコールの燃焼による: ⇨ spirit lamp.

― *vt.* **1** [通例 ～ away [off] として] **a** 〈物を〉さっと[こっそり]運び[持ち]去る: The dishes were ～*ed off* the table without a sound. 食卓の上の皿が音もなくすっと下げられた. **b** 〈子供などを〉連れ去る, 神隠しにする, 誘拐する (kidnap) 〈*away*〉: be ～*ed away* [*out of* the house] [家から]さらわれる. **2** 活気[元気]づける (animate), 陽気にする (cheer up); 鼓舞する, 励ます (encourage) 〈*up, on*〉. **3** [通例 ～ up として]《古》〈反乱などを〉そそのかす, 煽動する. **4** 《古》〈血〉のめぐりをよくする: ～*ed with* wine.
〖(*c*1250) ◻ AF *spirit(e)* (頭音消失 ← OF *esp(e)rit(e)* (F *esprit*) ◻ L *spīritus* breath, spirit ← *spīrāre* to breathe ← ? IE *(s)peis- to blow: ESPRIT, SPRITE と三重語〗

spírit blúe *n.*〘染色〙＝aniline blue.

spírit cómpass *n.*〘海事〙(支持液として水とアルコールを用いた)液体羅針儀.

spírit dúplicating *n.* スピリット複写(法)《マスター紙に作った染料画像を印刷紙に転写するのにアルコールを利用する印刷法》.

spírit dúplicator *n.* スピリット複写器《spirit duplicating を行う器械》.

spír·it·ed /spírɪ̀tɪ̀d | -tɪ̀d/ *adj.* **1** 元気のよい, 血気にはやる (vigorous), 勇ましい (courageous); 活発な, 猛烈な, 激烈な (energetic): a ～ girl 活発な少女, おてんば娘 / a ～ attack 猛烈な攻撃. **2** [複合語の第 2 構成素として] (…の)精神を有する, 気分[気質]が…の: jealous-*spirited* ねたみ深い気質の / proud-*spirited* 気位の高い, 高慢な気質の / ⇨ high-spirited, low-spirited, meanspirited.
～·ly *adv.* **～·ness** *n.* 〖1592〗

spírit gùm *n.* (俳優が付けひげを付けるときなどに用いる)一種のゴムのり. 〖1886〗

spír·it·ing /-tɪŋ | -tɪŋ/ *n.* **1**《文語》精神の活動[作用]. **2** 霊感 (inspiration). 〖1768〗

spír·it·ìsm /-tɪ̀zm/ *n.* **1** 降霊術 (spiritualism). **2** 心霊論 (spiritualism). **3** 有霊論 (cf. animism).
spir·it·ís·tic /spɪ̀rɪ̀tístɪk⁻/ *adj.* 〖1856〗

spír·it·ist /-tɪ̀st | -tɪst/ *n.* 降神術者 (spiritualist). 〖1858〗

spírit làmp *n.* アルコールランプ. 〖1802〗

spírit·less *adj.* **1 a** 元気[活気]のない, 打ちしおれた. **b** 気力のない, 気乗りしない, 熱意のない (listless). **2** 生命のない, 死んだ. **～·ly** *adv.* **～·ness** *n.* 〖1570〗

spírit lèvel *n.* (アルコール)水準器, 水平器, レベル. 〖1768〗

spírit lèveling *n.*〘測量〙水準器を用いる水平測量. 〖1861〗

spi·ri·to·so /spɪ̀rətóusou, -zou | -rɪtóusəu/; *It.* spiritó:zo/ *adj., adv.*〘音楽〙元気のよい[よく], 活発な[に]. 〖(1724) It. ～ ← *spirito* < L *spīritum* 'SPIRIT': ⇨ -ose[1]〗

spír·it·ous /spírətəs | -rɪt-/ *adj.* **1** アルコールの(入った). **2**《古》精神的な; 高尚な, 純粋な. **3**《廃》元気のいい, いきいきした (animated). 〖(1605) ← SPIRIT＋-OUS〗

spírit ràpping *n.*〘心霊〙(亡霊にテーブルなどをこつこつ叩かせて交霊を行うと称する)降霊術; 霊がテーブルをこつこつ叩く現象. **spírit ràpper** *n.* 〖1852〗

spír·i·tu·al /spírɪ̀tʃuəl, -tʃʊl | -tʃuəl, -tʃʊl, -tjuəl, -tjʊl/ *adj.* **1** (肉体的・物質的と区別して)精神 (spirit) の[に関する], 精神上の; 精神的な (↔ physical, material). **2 a** (物質界のことと区別して)形而上の, 霊的な, 霊的生活の[に関する]; 宗教的信仰の: ～ growth 宗教的精神の発達 / the ～ life 信仰生活; 霊的生命. **b** 神聖な (sacred); 宗教上の, 宗教的な (religious): ～ songs 聖歌, 賛美歌 / a ～ corporation 宗教団体. **c** 教会の, 教法上の (ecclesiastical): ⇨ lord spiritual / ～ authority 教会の権威. **3** 聖霊 (the Holy Spirit) の, 聖霊による; 神の (divine): ～ gifts 神の賜物. **4 a** 道徳心に関する, 魂の. **b** 崇高な, 気高い (highly refined): a ～ mind [face, expression] 崇高な精神[顔, 表情]. **c** 知的な. **5** 精神的につながりのある, 精神[態度, 興味]において類似点のある: the ～ heir of his philosophy 彼の哲学の精神的後継者. **6** (幽霊・妖精など)超自然的存在の. **7** 心霊術の, 降霊術の. **8**《古》アルコールの, 酒精の (alcoholic). ― *n.* **1** 霊歌, (特に)黒人霊歌 (Negro spiritual). **2 a** [*pl.*] 教会関係の事柄 (church affairs) (cf. temporality 3). **b** 精神[宗教]的な事[物]. **3** [the ～] 精神界. **～·ness** *n.* 〖(*c*1303) *spirituel* ◻ (O)F ◻ ML *spīrituālis*: ⇨ spirit, -al[1]〗

spíritual bouquét *n.*〘カトリック〙霊的花束《ある人の特別にめでたい日に, これから行う信心の業をカードに書いて贈る》. 〖1926〗

spíritual cóurt *n.* 教会裁判所 (ecclesiastical court). 〖1498–99〗

sprítual diréctor *n.* (キリスト教の)霊的指導者.

spíritual íncest *n.*〘カトリック〙 **1** 同時に洗礼または堅信の秘跡を受けた者同士の結婚または肉体的関係. **2** 同一人による二つの聖職禄保持.

spír·i·tu·al·ìsm /-lɪ̀zm/ *n.* **1 a** 心霊論, 降霊説《死者の霊は死後も生きていてその存在を示すという説》. **b** 降霊術, 交霊術, 神降ろし, 口寄せ《霊媒(師)によって死者の霊と交信する術》. **2** 精神性質[傾向], 精神性, 霊性. **3**〘哲学〙 **a** 唯心論, 観念論 (idealism) (↔ materialism). **b** (精神面を主張する)精神主義. 〖1796〗

spír·i·tu·al·ist /-lɪ̀st | -lɪst/ *n.* **1** 降霊術者, 霊媒師, 巫女(ﾐｺ). **2 a** 唯心論者. **b** 精神主義者. ― *adj.* ＝spiritualistic. 〖(1649) ← SPIRITUAL＋-IST〗

spir·i·tu·al·is·tic /spɪ̀rɪ̀tʃuəlístɪk, -tʃʊl- | -tʃuəl-, -tʃʊl-, -tjuəl-, -tjʊl-⁻/ *adj.* **1** 降霊術の. **2 a** 唯心論的な. **b** 精神主義の. **spìr·it·u·al·ís·ti·cal·ly** *adv.* 〖(1852): ⇨ ↑, -istic〗

spir·i·tu·al·i·ty /spɪ̀rɪ̀tʃuǽləti | -tʃuǽlɪ̀ti, -tju-/ *n.* **1 a** 精神的であること, 精神性. **b** 霊的であること, 霊性 (spiritual quality). **c** 崇高, 脱俗 (unworldliness). **2** [集合的] 聖職者. **3** [通例 *pl.*]〘キリスト教〙(聖職としての)職務収入[財産]《教会の不動産[収入] (temporalities) と区別していう》. 〖(*a*1398) ◻ (O)F *spiritualité* ∥ ML *spīrituālitātem*: ⇨ spiritual, -ity〗

spir·it·u·al·i·za·tion /spɪ̀rɪ̀tʃuəlɪ̀zéɪʃən, -tʃʊl- | -tʃuəlaɪ-, -tʃʊl-, -tjuəl-, -tjʊl-, -lɪ-/ *n.* 霊化, 浄化. 〖1665〗

spir·it·u·al·ize /spírɪtʃuəlàɪz, -tʃʊl- | -tʃuəl-, -tʃʊl-, -tjuəl-, -tjʊl-/ *vt.* **1** 精神的にする; 霊的にする; 脱俗させる, 崇高にする (elevate); 霊化する, 浄化する. **2** …に精神的な意味を与える, 精神的な意味に解釈する (cf. literalize). **3** …に霊性を付与する. 〖(1631) ← SPIRITUAL＋-IZE〗

spír·i·tu·al·ly *adv.* **1** 精神的に; 霊的に (↔ physically). **2** 超自然的に. 〖1340〗

spir·i·tu·al·ty /spírɪ̀tʃuəlti, -tʃʊl- | -tʃuəl-, -tʃʊl-, -tjuəl-, -tjʊl-/ *n.*《古》**1** [*pl.*]〘キリスト教〙＝spirituality 3. **2** [集合的] ＝spirituality 2. 〖(*c*1378) ◻ OF *(e)spiritualté* ◻ ML *spīrituālitātem* 'SPIRITUALITY'〗

spir·i·tu·el /spɪ̀rɪ̀tʃuél | -tʃu-, -tju-; *F.* spiʁitɥɛl/ *adj.* **1** (*also* **spir·i·tu·elle** /～/) 〈女性の態度・容姿など〉洗練された, 高雅な, 上品な (refined), しとやかな (graceful). **2** 〈動作が〉軽快な, 軽妙な (light and airy). 〖(1673) ◻ F ～ 'SPIRITUAL'〗

spir·i·tu·ous /spírɪ̀tʃuəs | -tʃu-, -tju-/ *adj.* **1** (多量の)アルコールを含む, アルコール分の強い, アルコール性の (alcoholic). **2** 蒸留した (distilled): ～ liquors 蒸留酒類. **3**《古》元気[活気]のある. **4**《古》＝spiritual.
spir·i·tu·os·i·ty /spɪ̀rɪ̀tʃuá(ː)səti | -tʃuɔ́sɪ̀ti, -tju-/ *n.* **～·ness** *n.* 〖(1599) ◻ F *spiritueux* ∥ Sp. *espirituoso* ← L *spīritus*: ⇨ spirit, -ous〗

spir·i·tus /spírɪ̀təs | -təs/ *n.* **1** 気息 (breathing). **2**〘ギリシャ語文法〙＝breathing 8. **3**〘薬学〙精《揮発性薬品のアルコール溶液》; アルコール (alcohol). 〖(1867) ◻ L *spīritus* 'SPIRIT'〗

spíritus ásper /-ǽspə | -pə(r)/ *n.*〘音声〙＝rough breathing. 〖(1878) ◻ L *spīritus asper* rough breathing〗

spíritus lénis *n.*〘音声〙＝smooth breathing. 〖(1867) ◻ LL *spīritus lēnis* smooth breathing〗

spíritus réctor *n.* 主動者, 指導者. 〖(1911): ◻ ? ML ～〗

spírit vàrnish *n.*〘化学〙揮発性ワニス, 精ワニス, 酒精ワニス《アルコール・テレビン油などの揮発性溶剤に樹脂を溶解させたもの; シェラックをアルコールに溶解させたものが最も一般的》. 〖1850〗

spírit wrìting *n.*〘心霊〙心霊書写《霊的感応によって無意識または他動的に文字を書くこと》. 〖1864〗

spir·ket·ing /spə́ːkɪ̀tɪŋ | spə́ːkɪ̀t-/ *n.*〘海事〙 **1** 内部腰板《木船の中甲板ウォーターウェイの垂直部に当たる》. **2** 舷墻(ｹﾞﾝｼｮｳ)の外板. 〖(1748) ← 《廃》*spirket, spurket* space between the timbers along the ship side in all parts＋-ING[1] 2〗

spi·ro-[1] /spáɪrou | spáɪ(ə)rəu/「らせん形, らせん状 (spiral); 渦巻き (coil)」の意の連結形. ★ 時に spiri-, また母音の前では通例 spir- になる. 〖◻ LL *spīro-* ← L *spīra* 'coil, SPIRE[2]'〗

spi·ro-[2] /spáɪrou | spáɪ(ə)rəu/「呼吸」の意の連結形: *spirometer*. 〖← L *spīrāre* to breathe＋-o-〗

spi·ro·chae·ta /spàɪrəkíːtə | spàɪ(ə)rəkíːtə/ *n.* (*pl.* **-chae·tae** /-tiː/)〘細菌〙＝spirochete. **spi·ro·cháet·al** /-tḷ | -tḷ⁻/ *adj.* 〖← NL ～: ⇨ spiro-[1], -chaeta〗

spi·ro·chaete /spáɪrəkìːt | spáɪər-/ *n.*〘細菌〙＝spirochete. 〖1877〗

spi·ro·chae·to·sis /spàɪrəkiːtóusɪ̀s | spàɪ(ə)rə(ʊ)-

S

ki:tóusɪs/ *n.* =spirochetosis.

spi·ro·chete /spáɪrəkìːt | spáɪ(ə)r-/ *n.* 〖細菌〗スピロヘータ《スピロヘータ目のらせん状の微生物の総称; 再帰熱・梅毒などの病原体を含む; cf. treponema》. **spi·ro·chet·al** /spàɪrəkíːtl̩ | spàɪ(ə)rəkíːtl̩⁻/ *adj.* 〖← SPIROCHAETA〗

spi·ro·che·to·sis /spàɪrəkiːtóusɪs | spàɪ(ə)rə(ʊ)kiːtə́ʊsɪs/ *n.* **1** 〖病理〗スピロヘータ症. **2** 〖獣医〗伝染性敗血症《特に, *Borrelia anserina* というスピロヘータによる致命的な鶏の伝染病》. 〖《1906》← NL ~: ⇨ ↑, -osis〗

spi·ro·graph /spáɪrəgræ̀f | spáɪ(ə)rəgrɑ̀ːf, -græ̀f/ *n.* 〖医学〗呼吸運動記録器. **spi·ro·graph·ic** /spàɪrəgrǽfɪk | spàɪ(ə)r-⁻/ *adj.* 〖《1890》← SPIRO-[2]+-GRAPH〗

spi·ro·gy·ra /spàɪrədʒáɪrə | spàɪ(ə)rədʒáɪ(ə)rə/ *n.* 〖植物〗アオミドロ《ホシミドロ科アオミドロ属 (*Spirogyra*) の淡水産の緑色の藻類の総称》. 〖《1875》← NL ~ ← SPIRO-[1]+Gk *gûros* ring (cf. gyro-)〗

spi·roid /spáɪrɔɪd | spáɪ(ə)r-/ *adj.* らせん[渦巻き]状の. 〖《1849》← NL *spiroïdes* ← Gk *speiroeidḗs*: ⇨ spire[2], -oid〗

spi·roi·dal /spaɪrɔ́ɪdl̩, -dl̩/ *adj.* =spiroid.

spi·rom·e·ter /spaɪrɑ́(ː)mətə | spàɪ(ə)rɔ́mɪtə(r)/ *n.* 肺活量計 (cf. pneumatometer). 〖《1846》← SPIRO-[2]+-METER[1]〗

spi·rom·e·try /spaɪrɑ́(ː)mətri | -rɔ́mɪ-/ *n.* 肺活量測定, 肺活量測定法. **spi·ro·met·ric** /spàɪrəmɛ́trɪk | spàɪ(ə)r-⁻/ *adj.* 〖《1859》← SPIRO-[2]+-METRY〗

spi·ro·no·lac·tone /spaɪrɑ̀(ː)nəlǽktoun, spɪròʊ-, spə- | -rɔ̀nəlǽktəʊn, -rəʊnə(ʊ)-/ *n.* 〖生化学〗スピロノラクトン《副腎皮質ホルモンの一つ aldosterone と拮抗的に働く; 利尿剤》. 〖《1960》← *spirono-* (← L *spīra* coil)+LACTONE〗

spirt /spə́ːt | spə́ːt/ *v., n.* =spurt. 〖*c*1550〗

spir·u·la /spír(j)ʊlə/ *n.* (*pl* **~s, -u·lae** /-lìː/) 〖動物〗トグロコウイカ《熱帯の深海にすむスピルラ属 (*Spirula*) のコウイカの総称; 体内に小さな渦巻状の殻をもち, 後端で発光する; 矢石という化石種の頭足類の殻に似ている; トグロコウイカ (*S. spirula*) など》. 〖《1835–36》▭ L *spīrula* (dim.) ← *spīra* 'SPIRE[2]': ⇨ -ule〗

spi·ru·li·na /spàɪrəláɪnə | spìrʊ-, spàɪ(ə)-/ *n.* 〖植物〗ラセン藻, スピルリナ《ラセン藻属 (*Spirulina*) の藍藻類の総称; 栄養価が高くビタミン必須アミノ酸も豊富に含み, しばしば食物に添加される; (亜)熱帯産で, 栽培もされている》. 〖《*c*1975》← NL ~ (属名): ⇨ ↑, -ina[1]〗

Spi·ru·ri·dae /spaɪrʊ́ərədìː | -rʊ́ərɪ-/ *n. pl.* 〖動物〗旋尾線虫科. 〖← NL ~ ← *Spirura* (属名: ⇨ spiro-[1], -ura)+-IDAE〗

spi·ru·roid /spaɪrʊ́ərɔɪd | -rʊ́ər-/ *adj., n.* 〖動物〗旋尾線虫類の(動物). 〖← NL *Spirura* (↑)+-OID〗

spir·y[1] /spáɪəri | spáɪəri/ *adj.* **1** 尖塔[尖(とが)り屋根]のような; 細長くて尖った, 先の尖った. **2** 尖塔の多い: a ~ town. 〖《1602》← SPIRE[1]+-Y[4]〗

spir·y[2] /spáɪri | spáɪ(ə)ri/ *adj.* 《古・詩》らせん状の, ねじ形の, 渦巻きの (spiral). 〖《1676》← SPIRE[2]+-Y[4]〗

spis·sa·tus /spɪséɪtəs | spɪséɪt-/ *adj.* 〖気象〗〈雲が〉(太陽を暗くするほど)濃密な; 濃密雲の. 〖▭ L *spissātus* (p.p.) ← *spissāre* to condense ← *spissus* dense〗

S

spit[1] /spít/ *v.* (**~, spat** /spǽt/; **spit·ting**) — *vi.* **1** **a** つばを吐く (expectorate). **b** 《口語》(侮蔑して)〔…に〕つばを吐きかける; 〔…を〕さげすむ〔*at, on, upon*〕: He *spat at* [*on*] their ideas. 彼は彼らの考えをばかにした[侮辱した, ひどく憎んだ]. **2** **a** 〈沸騰する水・油などが〉じゅーじゅー[ぱちぱち]いう; 〈ろうそくなどが〉じーじー流れる[たれる] (sputter). **b** 〈雨・雪などが〉ぱらぱらと降る. **3** 〈怒った猫などが〉つばを吹く, (つばを吹くような音を立てて)うなる. — *vt.* **1** 〈つば・食物・血などを〉吐く: ~ blood 血を吐く, 喀血(かっけつ)する / ~ fire 〈銃砲が〉火を吐く. **2** 吐き出すように言う 〈*out*〉: ~ one's words at …に向かって吐き出すように言う / ~ *out* an oath ののしりの言葉を吐き出すように言う. **3** 〈導火線などに〉火をつける: ~ a fuse.

spít chíps 《豪俗》かんかんに怒る. ***spít in the éye*** [***fáce, téeth***] ***of*** … (つばを吐きかけてやりたいほど)…を軽蔑する[嫌う], …を唾棄する, …に激怒する: ~ *in the eye of* fate 運命をものともしない / ~ *in* a person'*s face* 人をあなどる. ***spít it óut*** [通例命令文で]《口語》さっさと言う, 泥を吐く. 《1855》 ***spít tácks*** 《NZ》=SPIT *chips*. ***spít úp*** せき上げる (cough up); 吐き戻す.

— *n.* **1** **a** (吐き出された)つば (saliva, spittle). **b** (アワフキムシなどが吹き出すつば状の)泡 (spittle). **c** 〖昆虫〗アワフキムシ (spittlebug). **2** つばを吐くこと (spitting): ⇨ SPIT *and polish*. **3** (雨・雪が)ぱらぱら降ること, ぱらつく雨[雪]. **4** 《英口語》よく似たもの, 生き写し (exact likeness, spitting image)《父親と瓜(うり)二つの子を, 父親の口から吐き出されたようだとたとえたもの》. ★ 通例次の成句で用いる: ⇨ *the* SPIT *and image of*. **5** 〖トランプ〗=SPIT in the ocean.

spít and pólish (1) 《英口語》(兵士・水兵などが)つばをつけてごしごし磨くこと; 磨き作業. (2) いやにめかすこと, 磨き立て; こぎれいなこと, いき. 《1895》

the spít and ímage of 《口語》=《英口語》***the déad*** [***véry***] ***spít of*** 〈ある人・物〉の生き写し (spitting image), そっくり: He is *the ~ and image of* his father. 彼は父親の生き写しだ.

spít in the ócean 〖トランプ〗スピット《draw poker の一種で, 親が 5 枚目の札を配る代わりに 1 枚を表向きに場に出すと, その札が万能札 (wild card) として各自の手中の任意の 5 枚目として使え, 同時にその同意札も万能札として使える方法; 単に spit ともいう》.

〖OE *spittan* to spit (cf. *spǣtan* to spit) ← Gmc **spit-* (G 《方言》 *spützen*: ⇨ spittle) ← IE **spyeu-*, **speu-* 'to SPEW' 《擬音語》〗

spit[2] /spít/ *n.* **1** (焼肉などに用いる細長い)金串(かなぐし), 焼き串, 鉄串. **2** **a** 焼き串状のもの. **b** =rotisserie 2. **3** **a** 岬 (point of land). **b** 砂嘴(さし), 出洲(です). — *vt.* (**spit·ted; spit·ting**) **1** 串に刺す; …に焼き串を刺す. **2** (剣などで)突き刺す. 〖OE *spitu* pointed rod for roasting meat < Gmc **spituz* (Du. *spit* / G *Spiess*) ← IE **spei-* sharp point: ⇨ spike[1]〗

spit[3] /spít/ *n.* 《英》 **1** 一鋤(すき)(の深さ)《踏鋤 (spade) の刃だけの深さ》: Dig it two ~(*s*) deep. 二鋤分の深さに掘れ. **2** **a** 一鋤分(の土) (spadeful). **b** 一鋤の厚さの土層: the top ~ 一鋤の厚さの表土. 〖《1507–08》▭ (M)Du. & (M)LG ~: cf. OE *spittan* to dig with a spade / spit[2]〗

spit·al /spíṭl̩ | -tl̩/ *n.* 《廃》 **1** 病院, (特に)ハンセン病の病院 (lazaretto). **2** (旅人のための路傍の)避難所, 宿り場 (shelter). 〖《1634》《変形》← 《廃》 *spittle* lazar house 《頭音消失》← HOSPITAL〗

spít-and-pólish *adj.* めかしこんだ, 磨き立てた (cf. SPIT[1] *and polish*). 〖1950〗

spít and sáwdust *adj.* 〈パブが〉飾りがなく粗末で床などが汚い.

spít·bàll *n.* 《米》 **1** 《口語》(紙をかんで球にした)紙つぶて. **2** 〖野球〗スピットボール《ピッチャーがボールにつばをつけて投げるカーブ; 現在では反則; spitter ともいう》. — *vi., vt.* **1** 〖野球〗(…に)スピットボールを投げる. **2** 《米俗》(考え・思いつきを)投げかける《議論のために》. **~·er** *n.* 〖《1840》: ⇨ spit[1]〗

spitch·cock /spítʃkɑ̀(ː)k | -kɔ̀k/ *n.* 開いたうなぎや鳥類の焙(あぶ)り焼き. — *vt.* **1** 〈うなぎや鳥類を〉(切り開いて)焙り焼きにする. **2** ひどい目に遭わす. 〖《1597》? ← SPIT[2]+COOK: cf. spatchcock〗

spít cùrl *n.* 《米》額[びん, ほお]に平たくくっつけた巻き毛[カール]; びん付け髪 (《英》 kiss curl). 〖《1831》時々つばでくっつけることから?〗

spít dòg *n.* スピットドッグ《支柱に焼き串を掛けられるようになった薪載せ台》.

spite /spáɪt/ *n.* **1** 悪意, 意地悪 (⇨ malice SYN); 遺恨, 恨み (grudge): bear [owe] a person a ~ =have a ~ *against* a person 人に対して恨みを抱く / vent one's ~ *upon* a person 人に腹いせをする / from [out of, in] ~ 腹いせに. **2** 《古》悔しさ (vexation).

in spíte of …を無視して; …にもかかわらず, …をものともせずに (⇨ notwithstanding SYN): *in ~ of* one's efforts 努力にもかかわらず / *in ~ of* you 君にはお気の毒だが. ***in spíte of onesèlf*** われ知らず, 思わず: I laughed *in ~ of myself*. 思わず[つい]笑ってしまった. ***spíte of*** 《まれ》=*in* SPITE *of*.

— *vt.* **1** …に意地悪をする, いじめる, 邪魔する (annoy): ⇨ *cut off one's* NOSE *to spite one's face*. **2** …に恨みを晴らす. **3** 困らせる, 苦しめる (vex); 《古》怒らせる (offend). **4** 《廃》憎む, きらう (hate).

〖n.: 《?*a*1300》《頭音消失》← OF *despit* DESPITE. — v.: 《?*a*1400》← (n.)〗

spíte fènce *n.* 《米》隣家へのいやがらせのために作った不体裁な塀(など)《今は不法》. 〖1899〗

spite·ful /spáɪtfəl, -fl̩/ *adj.* 意地の悪い, 悪意に満ちた (malicious) (⇨ vindictive SYN); 執念深い. **~·ly** *adv.* **~·ness** *n.* 〖《*c*1410》← SPITE+-FUL〗

spít·fìre *n.* **1** 短気者; (特に)短気な女, がみがみ女 (quick-tempered woman). **2** (火山・大砲など)火を吐くもの. **3** [S-] スピットファイア《第二次大戦中英空軍が用いた単座戦闘機; cf. BATTLE[1] of Britain》. 〖《1600》: ⇨ spit[1] (v.)〗

spítfire jìb *n.* 〖海事〗=storm jib.

Spit·head /spìthɛ́d⁻/ *n.* スピットヘッド《イングランド南海岸沖合, Portsmouth と Wight 島との間の停泊所[投錨所]》. 〖《17C》: ⇨ spit[2] (n.) 3〗

spít-róast *vt.* 〈肉を〉串焼きにする. **spít-róasted** *adj.* 〖1954〗

Spits·ber·gen /spítsbə̀ːgən | spítsbə̀ːgən, ⌐⌐—/ *n.* スピッツベルゲン(諸島) (Svalbard)《ノルウェー北方, 北極海中の群島, ノルウェー領; 面積 62,051 km^2》.

spit·stick·er /spítstìkə | -kə(r)/ *n.* (*also* **spit·stick** /-stìk/) 輪郭線彫り用の彫刻刀, 尖刀. 〖《1837》▭ Flem. *spitsteker*〗

Spit·te·ler /spíṭələ, ʃpíṭ-, -tlə | -t(ə)lə(r); G. ʃpítəlɐ/, **Carl** *n.* シュピッテラー《1845–1924; スイスの詩人・小説家; Nobel 文学賞 (1919); 筆名 Carl Felix Tandem; *Olympischer Frühling*「オリンポスの春」(1900–06)》.

spít·ter[1] /-ṭə | -tə(r)/ *n.* **1** つばを吐く人. **2** 《口語》〖野球〗=spitball 2. 〖*c*1390〗

spít·ter[2] /-ṭə | -tə(r)/ *n.* **1** 肉を串で焼く人. **2** 角にまだ枝のできない子鹿 (brocket). 〖1565〗

spít·ting cóbra [**snáke**] /-ṭɪŋ- | -tɪŋ-/ *n.* 〖動物〗毒液を吐きかけるアフリカ産のコブラ: **a** クロクビコブラ (*Naja nigricollis*). **b** ドクハキコブラ (*Haemachatus haemachatus*). 〖1910〗

spítting dístance *n.* 手の届く距離: within ~ (of …) (…の)ごく近くに. 〖1959〗

spítting ímage *n.* 《口語》生き写し (spit and image). 〖《1901》《変形》← *spit and image*; *spit and* の発音を *spittin'* と混同したため: ⇨ spit[1] (n.) 4〗

spit·tle /spíṭl̩ | -tl̩/ *n.* **1** (吐き出した)つば. **2** 〖昆虫〗(アワフキムシが吹き出す)泡《cuckoo [frog] spit ともいう》. — *v.* 《まれ》つばを吐く. 〖《*c*1350》《変形》← *spatle*(*n*) < OE *spātlian* ← **spātl* (n.) saliva < Gmc **spētlam* ← IE **spyeu-* 'to SPEW: ⇨ spit[1]〗

spíttle·bùg *n.* 〖昆虫〗アワフキムシ (spittle insect): ⇨ meadow spittlebug, pine spittlebug. 〖1882〗

spíttle ìnsect *n.* 〖昆虫〗アワフキムシ《アワフキ科の昆虫の総称; シロオビアワフキ (*Obiphora intermedia*) など; 幼虫はつば状の分泌物の中で生活する》. 〖1891〗

spit·toon /spɪtúːn | spɪt-/ *n.* たんつぼ (《米》 cuspidor). 〖《1823》← SPIT[1] (n.)+-OON〗

spitz /spíts/ *n.* スピッツ《口吻(こうふん)の細いむく毛のイヌ》. 〖《1842》← G *Spitzhund* ← *spitz* pointed+*Hund* 'HOUND[1]': cf. spit[2]〗

Spitz /spíts/, **Mark Andrew** *n.* スピッツ《1950– ; 米国の水泳選手; ミュンヘンオリンピック (1972) で 7 つの金メダルを獲得》.

Spitz·ber·gen /spítsbə̀ːgən | spítsbə̀ːgən, ⌐⌐—/ *n.* =Spitsbergen.

spitz·en·burg, S- /spítsənbə̀ːg, -tsn̩- | -bə̀ːg/ *n.* (*also* **spitz·en·berg, S-** /~/) スピッツェンバーグ《米国のリンゴの一品種》. 〖《1795》《略》← *Esopus Spitzenberg* ← *Esopus* (New York 州の都市; この付近の山地で苗木が発見されたことから)+Du. *spitz* pointed (そのとがった形から)+*berg* hill〗

spiv /spív/ *n.* 《英口語》 **1** **a** (定職なしに)悪知恵で世を渡る人. **b** やみ屋. **c** 競馬の予想屋. **2** 自分の仕事の分担をやらない人, なまけ者 (slacker). **spiv·vy** /spívi/ *adj.* 〖《*c*1890》《変形》← 《英方言》 *spiff* smart, fine, meat, excellent // 《逆つづり》← VIPs // 《頭字語》← *s*(*uspected*) *p*(*ersons and*) *i*(*tinerant*) *v*(*agrants*)〗

spiv·er·y /spívəri/ *n.* (*also* **spiv·ver·y** /~/) 《英口語》(定職なしの)悪知恵による渡世. 〖《1948》: ⇨ ↑, -ery〗

s.p.l. 《略》*L.* sine prōlē lēgitimā (=without legitimate issue) 〖法律〗嫡出子なし.

SPL 《略》sound pressure level.

splake /spléɪk/ *n.* (*pl.* **~, ~s**) 〖魚類〗アメリカ産の speckled trout と lake trout との交雑種. 〖《1954》《混成》← *sp*(*eckled trout*)+*lake* (*trout*)〗

splanch·nic /splǽŋknɪk/ *adj.* 〖医学〗 **1** 内臓の (intestinal). **2** 内臓神経の. 〖《1681》← NL *splanchnicus* ← Gk *splágkhnon* entrail: ⇨ -ic[1]: cf. spleen〗

splanch·ni·cec·to·my /splæ̀ŋknɪsɛ́ktəmi | -nɪs-/ *n.* 〖外科〗内臓神経切除(術). 〖⇨ ↑, -ectomy〗

splanch·no- /splǽŋknoʊ | -nəʊ/ 「内臓 (viscera)」の意の連結形. 〖⇨ splanchnic, -o-〗

splanch·nol·o·gy /splæŋknɑ́(ː)lədʒi | -nɔ́l-/ *n.* 内臓学. 〖《1706》← NL *splanchnolgia*: ⇨ ↑, -logy〗

splanch·no·pleure /splǽŋknəplʊ̀ə | -plʊ̀ə(r)/ *n.* 〖生物〗内臓葉《脊椎動物の胚の側板の内側の層; cf. somatopleure》. 〖《1875》← NL *splanchnopleura*: ⇨ splanchno-, pleuro-, -a[2]〗

splash /splǽʃ/ *vt.* **1** **a** 〈水・泥などを〉〔…に〕はねかける, はねかす (spatter)〔*about, on, over*〕; 〔水などをはねかけて〕ぬらす[汚す]〔*with*〕: ~ ink *on* [all *over*] one's fingers 指[指全体]にインクをはねかける / ~ a page *with* ink [ink *on* a page] ページにインクをはねかける / ~ one's face *with* cold water 水で顔をぬらす. **b** …に水[泥など]をはねかける: The carriage has ~*ed* me. その馬車は私に泥をはねかけた / They kept ~*ing* me in the swimming pool. プールでは彼らにさんざん水をかけられた. **2** 〈水・泥などが〉…にはねかかる: The mud has ~*ed* my dress. 服に泥がはねかかった. **3** **a** …で水[泥]をはねる, ぴしゃぴしゃさせて水[泥など]をはねる: ~ one's feet in a puddle 水たまりで足をぴしゃぴしゃさせて水をはねる / ~ the oar オールで水をはねかす. **b** [~ one's way として] ざぶざぶ音を立てて[はね飛ばしながら]進む: ~ *one's way* through a stream. **4** **a** 派手に見せる; (特ダネとして新聞などに)大いに書き立てる: The newspaper ~*ed* the story all over its front page. 新聞ではその記事を第一面で大々的に扱った. **b** 派手に[これ見よがしに]〈金を〉使う: Don't ~ your money *around* like that: people may get envious. そんな風に派手にお金を使うのはやめなさい. 人がねたむかもしれないから. **5** 散らし模様にする: The wallpaper is ~*ed with* bright colors. 壁紙は明るい色の散らし模様である. **6** 〈敵機を〉撃墜する. **7** 〖林業〗 **a** ダムから放水して〈丸太を〉流す. **b** (丸太を流すため)〈浅い川〉に放水する. — *vi.* **1** 〈水・泥などが〉はねる; 〈人が〉水をはねかす: The waves ~*ed* on the beach. 波が浜辺にざんぶと打ち寄せた / Children were ~*ing* (*around*) in the pool. 子供たちがプールでばちゃばちゃやっていた. **2** ざぶんと落ちる[飛び込む]; ざぶんと音を立てる, ざぶざぶいわせて行く: ~ *into* the water / ~ *through* the mud 泥の中をびちゃびちゃ通る.

splásh dówn 〈宇宙船が〉着水する (cf. splashdown): ~ *down* in the Pacific Ocean. ***splásh óut*** 《英口語》派手[自由]に金を使う, 散財する〔*on*〕: ~ *out on* a big new car 大型の新車に金をつぎこむ.

— *n.* **1** はねかす音, ざぶざぶ, ざぶん: hear a loud ~ ざぶんと大きな音を聞く / fall into the water with a ~ ざぶんと水の中へ落ちる. **2** **a** はねかし, はねかけ (splashing). **b** しぶき: with [make] a ~ しぶきをあげて[あげる]. **3** はね (patch), しみ (dirty spot), とばっちり: a mud ~ on the wall 壁についた泥のはね / a ~ of ink [light] on the carpet じゅうたんの上のインクのしみ[光の点]. **4** 《口語》 **a** (新聞・雑誌などの)派手な記事, 呼び物記事. **b** 派手な見せかけ, あっと言わせるようなはなばなしさ (dash) (cf. splashy 3): There was a great ~ of ballyhoo for the new movie. 新しい映画は派手な宣伝をして大々的に扱われた. **5** (獣皮の)斑(ふ): a black dog with white ~*es* 白いぶちの黒イヌ. **6** 《英口語》(ウイスキーなどを割るための)少量の炭酸水, または水など: a Scotch and ~ / Just a ~ of soda, please. 少し炭酸水をください. **7** 〖林業〗ダムの放水による丸太流し; 放水される水: ⇨ splash dam.

màke a splásh 《口語》あっと言わせる, わいわい騒がせる, 大評判を取る: *make a ~ with* a best seller [*by* throwing lavish parties] ベストセラーで[豪華なパーティーを何度も

開いて]大評判を取る.《1804》
— *adj.* [限定的] (新聞・雑誌などで)派手な記事の, 呼び物記事の: a ~ headline (目立つように活字を大きくしたりした)大見出し / a front-page ~ story 新聞第一面の呼び物記事.
— *adv.* ざぶん[ばしゃっ]と: He fell ~ into the water. ざぶんと音をたてて水に落ちた.
〖《1722–27》《変形》? ← SPLASH[1]: 強意の *s-* (□ OF *es-* □ L EX-[1]) を添えたものか〗

splásh·bàck *n.* 流し台[ガスレンジ]などのはね水よけ板 (splashboard, splasher).〖1926〗

splásh·bòard *n.* **1 a** (馬車などの)泥よけ, (そりなどの)雪よけ (dashboard). **b** (台所の流しの後ろなどにある)はね水よけ. **c** (小舟の)しぶき[はね水]よけ. **2 a** ダムの水門を閉じる板材. **b** =flashboard. **3**〖海事〗=washboard 3.〖1826〗

splásh dàm *n.*〖林業〗放流堰(せき), 鉄砲堰《伐採した木材を流す水を貯える貯水池; cf. splash 7》.

splásh·dòwn *n.* **1** (宇宙船の)着水《wet landing ともいう; cf. SPLASH *down*》. **2** (宇宙船の)着水時刻.〖1959〗

splásh·er *n.* **1** はねかす人[もの]. **2 a** 泥よけ, はねよけ. **b** (洗面台の後ろの壁に水がかからないようにする)はね水よけ.〖1848〗

splásh eròsion *n.* 雨だれによる浸食.

splásh guàrd *n.* (後続車に泥や水がはねかかるのを防ぐために後輪タイヤの後ろに垂らした)泥よけ.〖1917〗

splásh héadline *n.*《英》(新聞の)派手な見出し.

splásh lubricàtion *n.*〖機械〗はねかけ注油.

splash·y /splǽʃi/ *adj.* (**splash·i·er; -i·est**) **1** はねる, はねやすい; 泥水のはねる, 泥水だらけの: a ~ puddle. **2** はねる音のする, ざぶざぶいう. **3**《口語》目立つ, 派手な (showy); 評判の, 大騒ぎとなる (sensational). **4** はねのかかった, しみのついた; 斑点のある (spotty). **splásh·i·ly** /-ʃɪli/ *adv.* **splásh·i·ness** *n.*〖《1834》← SPLASH + -Y[4]〗

splat[1] /splǽt/ *n.* ぱちゃぱちゃ[ぴしゃり]という音. — *vt.* (**splat·ted, splat·ting**) ぴしゃり[ぱちゃ]と打つ. — *vi.* ぴしゃっ[ばしゃっ, べちゃっ, べちゃっ]という音をたてる[たててつぶれる]. — *adv.* ぴしゃり[ぱちゃ]と(音をたてて).〖《1958》《逆成》← SPLATTER〗

splat[2] /splǽt/ *n.* (椅子などの背の中央部に張った)縦長の平板[背板].〖《1833》←《廃》~ (v.) to spread out: cf. split〗

splat·ter /splǽṭə | -tə^(r)/ *v., n.* =spatter.〖《1784–85》《混成》? ← SPLASH + SPATTER〗

splátter mòvie [fìlm] *n.*《俗》スプラッタームービー《血みどろ[残虐]な場面を売り物とする映画》.

splátter·pùnk *n.*《口語》スプラッターパンク《恐怖・暴力・ポルノなどの露骨な描写を特徴とする文学ジャンル》.

splay /spléɪ/ *vt.* **1** 広げる, 張る, 張り広げる (expand) 〈*out*〉. **2**〈桶・樽などを〉上部を開いて造る, 朝顔形に造る. **3**〖建築〗〈窓・ドアの側面を〉隅(すみ)切りにする, 斜面にする (bevel), 殺(そ)ぎ角面にする (chamfer); 斜めにする: ~ the side of a window outward(s) 窓側を外広がりに斜めにそぐ. **4**〖獣医〗〈馬の肩などを〉脱臼(だっきゅう)させる (dislocate): a ~*ed* shoulder bone 脱臼した肩甲骨. — *vi.* **1** 広がる (spread), 朝顔形に開く (flare) 〈*out*〉. **2** 斜めになっている. — *adj.* **1** 外へ開いた, 外へ広がっている: ~ knees. **2** 不格好な, ぶざまな (awkward). **3** 斜めの (oblique), ねじれた, 歪んだ (awry). — *n.* **1** 外への広がり (spread). **2**〖建築〗斜面, 殺角面, 隅切り: a ~ joint 殺継ぎ. **3**〖築城〗砲門[砲眼]の朝顔形開き.
〖v.:《a1338》《頭音消失》← DISPLAY. — adj.:《1767》← (v.). — n.:《1507–08》← (v.)〗

Splayd /spléɪd/ *n.*《豪》〖商標〗スプレイド《ナイフ, フォーク, スプーンの機能を同時に備えた用具》.

spláy·fòot *n.* (*pl.* **-feet**) **1**〖病理〗(奇形としての)扁平足 (flatfoot). **2** (足の指が外に広がった)広く平たい足.
— *adj.* **1** 扁平足の. **2** 不格好な (clumsy).〖1548〗

spláy·fòoted *adj.* =splayfoot. **~·ly** *adv.*

spláy hìtter *n.*〖野球〗どのコースにでも打ち分けられる打者.

spláy·mòuth *n.* 大口, わに口.〖《1693》: ⇨ splay (adj.)〗

spláy·mòuthed *adj.* 大口の, わに口をした.〖1651〗

spleef /splíːf/ *n.*《俗》マリファナ(タバコ).

spleen /splíːn/ *n.* **1**〖解剖〗脾(ひ)(臓) (⇨ digestive 挿絵). **2**〖もと不機嫌や憂鬱などの感情が宿る場所と考えられていたことから〗**a** 不機嫌 (ill humor), 怒りっぽさ (bad temper): a fit of the ~ 立腹, 腹立ちまぎれ / vent one's ~ on …に鬱憤(うっぷん)を晴らす, わけもなく怒る, むやみに当たり散らす. **b** 悪意, 意地悪 (spite). **c**《廃》恨み, 遺恨 (grudge): bear [have, take] a ~ against …に対して恨みを抱く / He took his ~ out on me. 私に当たり散らした. **d**《古》憂鬱 (melancholy); 意気消沈 (dejection). **e**《廃》気まぐれ (caprice). **f**《廃》笑い (laughter).
〖《?a1300》*splen* □ OF *esplen* // L *splēn* □ Gk *splḗn* ← IE **spelgh-* spleen (L *liēn* spleen / Gk *splágkhnon*: ⇨ splanchnic)〗

spleen·ful /splíːnfəl, -fl/ *adj.* 不機嫌な, 怒りっぽい, 気難しい (peevish), 意地悪な (spiteful). **~·ly** *adv.*〖《1593–94》: ⇨ ↑, -ful[1]〗

spleen·ish /splíːnɪʃ/ *adj.* =spleenful. **~·ly** *adv.*〖《1598》← SPLEEN (n.) + -ISH[1]〗

spléen·wòrt *n.*〖植物〗**1** チャセンシダ《チャセンシダ属 (*Asplenium*) のシダ類の総称; オオタニワタリ (*A. antiquum*), オオタニワタリ (*A. nidus*) など, 世界中に分布》. **2** メシダ《メシダ属 (*Athyrium*) の植物の総称; ヘビノネゴザ (*A. yokoscense*), イヌワラビ (*A. niponicum*) など》.
〖《1578》: 昔, 憂鬱症の薬に用いたことから〗

spleen·y /splíːni/ *adj.* (**spleen·i·er; -i·est**) = spleenful.〖《1604》← SPLEEN + -Y[4]〗

splen- /splíːn, splɛn | spliːn/ (母音の前にくるときの) spleno- の異形.

sple·nal·gi·a /spliːnǽldʒə, splɛ-, spl$_i^ɪ$-, -dʒiə | -dʒiə, -dʒə/ *n.*〖医学〗脾(ひ)(臓)痛. **sple·nál·gic** /-ǽldʒɪk/ *adj.*〖《1822–27》← NL ~: ⇨ spleno-, -algia〗

splen·dent /spléndənt/ *adj.*《古》**1** きらきら輝く (shining, radiant); 光る, 光沢のある (lustrous). **2**〈外観・色などきらびやかな, すばらしい (splendid). **3** 著名な (illustrious).〖《?1449》□ L *splendentem* (pres.p.) ← *splendēre* to shine: ⇨ ↓, -ent〗

splen·did /spléndɪd/ *adj.* (**more ~, most ~;**《口語》**~·est**) **1** すばらしい, あっぱれな, 見事な (glorious), 壮烈な: a ~ reputation [victory] 赫々(かっかく)たる名声[勝利] / ~ talents すばらしい才能 / a ~ achievement 偉業 / ~ heroism あっぱれな英雄的行為 / ~ isolation〖政治〗光輝ある孤立(政策). **2 a** 立派な, 華麗な (gorgeous, resplendent), 壮麗な, 豪華な, 堂々たる (magnificent); 目もあやな (showy): a ~ palace, scene, sunset, etc. / a room ~ with chandeliers シャンデリアを飾った華麗な部屋. **b** 華麗な装飾を施した (ornate). **3**《口語》すてきな, 極上の (excellent), 結構な, 申し分のない (satisfactory): So you agree? That's ~! それでは賛成なんですね. よかった / a ~ idea [chance] すばらしい思いつき[好機] / a ~ view すばらしい景観 / We had a ~ time. とても楽しかった / a ~ teacher [writer] すばらしい教師[作家]. **4**《まれ》〈色彩など〉光り輝く (shining), きらびやかな (brilliant). **~·ly** *adv.* **~·ness** *n.*〖《1624》□ F *splendide* // L *splendidus* ← *splendēre* to shine ← IE **(s)p(h)el-* to shine (Skt *sphuliṅga* spark): ⇨ -id[4]〗

SYN 華麗な: **splendid**〈建物・衣装・美術品などが〉壮麗で印象的な: a *splendid* hotel 華麗なホテル. **gorgeous** 絢爛(けんらん)として非常に魅力的な: a *gorgeous* dress 豪華なドレス. **glorious** 光り輝いて美しい: a *glorious* sunset 荘厳な日没. **sumptuous** ぜいたくで豪華な: a *sumptuous* feast 豪華な祝宴.

splen·dif·er·ous /splɛndíf(ə)rəs/ *adj.*《口語》**1** 目もあやな, 華麗な, すばらしい, すてきな (splendid, magnificent), 立派な (fine). **2** 見た目にのみすばらしい, 見かけ倒しの, 虚飾の. **~·ly** *adv.* **~·ness** *n.*〖《(c1460)》(1843) □ ML *splendiferus*: ⇨ ↑, -ferous〗

splen·dor,《英》**splen·dour** /spléndə | -də^(r)/ *n.* **1** 輝き, 光輝 (great brightness), 光彩 (brilliancy): the ~ of the sun 太陽の輝き. **2** 壮麗, 華麗, 目もあやな美しさ (magnificence), 壮大, 雄大 (grandeur): gilded ~ 金色燦爛(さんらん)たる美しさ. **3** (名声・業績などの)顕著, 卓越 (excellence, preeminence): the ~ of one's achievements [exploits] 偉業[功績]の輝かしさ. **4** 光輝[華麗]を示す[与える]もの. ***in splendor*** (1) 豪華に, 華麗に: live *in* ~ 豪奢な生活をする. (2)〖紋章〗〈太陽が〉光り輝く: sun *in* ~ (⇨ sun 4 b).
— *vt.* 飾る, 飾りたてる. — *vi.* 華麗な行進をする.
〖《a1425》□ AF *(e)splend(o)ur* // L *splendor*: ⇨ splendid, -or[1]〗

splen·dor·ous /spléndərəs, -drəs/ *adj.* (*also* **splendrous** /-drəs/) 光輝に満ちた, 壮麗な.〖《1591》: ⇨ ↑, -ous〗

sple·nec·to·mize /spl$_i^ɪ$néktəmàɪz/ *vt.*〖外科〗…に脾(ひ)(臓)摘出[摘脾]手術を施す. **splé·nec·to·mized** *adj.*〖1897〗

sple·nec·to·my /spl$_i^ɪ$néktəmi/ *n.*〖外科〗脾(ひ)(臓)摘出(術), 摘脾.〖《1859》← SPLENO- + -ECTOMY〗

sple·net·ic /spl$_i^ɪ$nétɪk | -tɪk/ *adj.* **1**〖外科〗脾(ひ)(臓)の (splenic). **2** 不機嫌な, 気難しい (peevish), 怒りっぽい (⇨ irritable SYN); 意地悪な (spiteful). **3**《廃》憂鬱 (melancholy). — *n.* 気難しい[意地の悪い, 怒りっぽい]人 (splenetic person). **sple·nét·i·cal·ly** *adv.*〖《a1398》《1544》□ LL *splēnēticus*: ⇨ spleen, -ic[1]〗

sple·ni·al /splíːniəl/〖解剖〗*adj.* 板状筋の. — *n.* 板状筋の骨.〖《1848》← NL *splēnium* + -AL[1]: ⇨ splenius〗

splen·ic /splénɪk, splíːn-/ *adj.*〖解剖〗脾(ひ)の, 脾臓の: the ~ artery 脾動脈.〖《1619》□ L *splēnicus* □ Gk *splēnikós*: ⇨ spleen, -ic[1]〗

splén·i·cal /-nɪkəl, -nə-, -kl | -nɪ-/ *adj.*〖解剖〗= splenic.

splénic ápoplexy *n.*〖病理・獣医〗=splenic fever.

splénic féver *n.*〖病理・獣医〗炭疽(たんそ), 脾脱疽(ひだっそ) (anthrax).〖1868〗

splenii *n.* splenius の複数形.

sple·ni·tis /spliːnáɪt$_i^ɪ$s | -tɪs/ *n.*〖病理〗脾炎(ひえん).〖《1753》← NL ~ ← Gk *splēnîtis*: ⇨ spleen, -itis〗

splen·i·tive /splénəṭɪv | -n$_i^ɪ$t-/ *adj.*《廃》**1** 性急な (impetuous); 熱烈な (passionate). **2** 怒りっぽい (splenetic).〖《1633》← SPLEN(ETIC) + -ITIVE〗

sple·ni·um /splíːniəm/ *n.* (*pl.* **sple·ni·a** /-niə/)〖解剖〗脳梁膨大部《脳の脳梁後部の丸い端部》.〖《1845》□ L *splēnium*: ↓〗

sple·ni·us /splíːniəs/ *n.* (*pl.* **-ni·i** /-niàɪ/)〖解剖〗(首の)板状筋.〖《1732》← NL ~ ← L *splēnium* plaster, patch □ Gk *splēníon* bandage (dim.) ← *splḗn* 'SPLEEN'〗

sple·ni·za·tion /splìːn$_i^ɪ$zéɪʃən, splèn- | splìːnaɪ-, -nɪ-/ *n.*〖病理〗(肺の)脾変(ひへん), 脾臓化.〖《1849》□ F *splénisation*: ⇨ ↓, -ization〗

sple·no- /splíːnoʊ, splén- | splíːnəʊ/「脾(ひ)(臓)(spleen); 脾臓と…との (of spleen and …)」の意の連結形. ★ 母音の前では通例 splen- になる.〖← LL ~ ← Gk *splḗn*: ⇨ spleen, -o-〗

splen·o·lo·gy /spliːnɑ́(ː)lədʒi, splɛ- | spliːnɔ́l-/ *n.* 脾臓(ひぞう)学.〖⇨ ↑, -logy〗

sple·no·meg·a·ly /splìːnəmégəli, splèn- | splìː-nə(ʊ)-/ *n.*〖病理〗脾腫(ひしゅ), 巨脾(症).〖《1900》: ⇨ spleno-, -megaly〗

spleu·chan /splúːxən, spljúː-, -kən/ *n.*《スコット・アイル》(たばこ・小銭などを入れる)小袋.〖《1785》□ Sc.-Gael. *spliùchan* & Ir.-Gael. *spliúchān*〗

splice /spláɪs/ *vt.* **1 a**〈両索の端を〉スプライス[さつま挿し]する《解いて組み継ぎ[撚(よ)り継ぎ]する》. **b**〈木材などを〉継ぐ, 重ね継ぐ, 添え継ぎする. **c**〈フィルムを〉フィルムセメントでつなぐ, 〈磁気テープを〉スプライシングテープで継ぐ. **2**《口語》〈二つの物を〉継ぐ, 結合する (join, unite). **3** [通例 p.p. 形で]《口語》結婚させる (marry): get ~*d* 一緒になる.
— *n.* **1 a** 接合, 結合. **b** スプライス, さつま挿し, (綱の)組み継ぎ, 撚り継ぎ: an eye ~ 眼索, アイスプライス《スプライスの方法で作ったロープ端の輪》. **c** (木材・レールなどの)添え接ぎ, 重ね接ぎ. **d** (フィルム・磁気テープの)接合, スプライス. **2**《俗》結婚 (marriage).
sit on the splice《英俗》〖クリケット〗打手がアウトにならないように慎重過ぎるプレーをする《時には同時に出ているパートナーに打点させ, あるいは時間をかせぐ戦法としても使われる》.《1906》
〖v.:《1524–25》□ MDu. *splissen* to slice ← ? *splīten* (Du. *splijten*) 'to SPLIT'. — n.:《1627》← (v.)〗

splíce bàr *n.*〖鉄道〗=joint bar.

splíc·er *n.* slice する人[機械]; スプライサー《フィルム・テープなどをつなぐ器具》.〖《1840》1927〗

splíc·ing *n.*〖生物〗スプライシング: **a** 遺伝子スプライシング (gene-splicing)《組換え DNA を形成し, 生細胞に導入して複製させる技術》. **b** RNA スプライシング《前駆体 RNA から intron が除かれ exon が再結合される過程》.

splícing chàmber *n.*〖電気〗=cable vault.

spliff /splíf/ *n.*《カリブ俗》マリファナタバコ.〖《1936》← ? *split*《カリブ》strip of dried leaf + WHIFF[1]〗

spline /spláɪn/ *n.* **1** 小割板, 木ずり板; 薄い金属板の小片. **2** (製図で大きな孤を描くときに使う細い板などを曲げたしない定規, たわみ定規; 雲形定規. **3**〖機械〗スプライン《軸をベルト車・歯車などにはめ合わせるとき, 回り止めのために軸および車の穴の内面に掘った縦溝または突起で, 両者が互いにはまり合う》. **4**〖木工〗実矧(さねはぎ), 実接(さねつ)ぎ《板の接合に用いる方法; cf. spline joint》. **5**〖数学〗**a** スプライン関数. **b** スプライン(曲線)《spline curve ともいう》.
— *vt.*〖機械〗…にスプラインを付ける. **splíned** *adj.*〖《1756》← ? : cf. split, splinter〗

splíne jòint *n.*〖木工〗雇い実矧(さねはぎ), 入実(いれざね)張り.

splíne shàft *n.*〖機械〗スプラインをもつ軸 (⇨ spline 3).〖1909〗

splint /splínt/ *n.* **1** (骨折の治療などに用いる)副子, 副木, 当て木: have one's leg *in* a ~ 脚に副木を当てている. **2** (箱や椅子の底を編んだりするのに用いる)へぎ板; 小割り. **3** 白太(しらた) (sapwood). **4**《英方言》=splinter. **5**〖甲冑〗**a** (よろいの)札(さね). **b** 小手. **6**〖解剖〗=splint bone. **7**〖獣医〗管骨瘤(りゅう). **8**〖地質〗=splint coal.
— *vt.* **1**〈折れた骨〉に副子[副木, 当て木]をする. **2** (副木のように)固定する. **~·like** *adj.*〖《1267》*splente*, *splinte* □ MDu. *splinte* (Du. *splint*) // MLG *splinte*, *splente* ← Gmc **splintan* ← IE **(s)plei-* 'to SPLIT': cf. splice, splinter, flint〗

splínt àrmor *n.*〖甲冑〗鉄札(てつざね)をはぎ合わせて造った胴鎧(どうよろい)《通例は胸当てや背当ては一枚造り; anime ともいう; ⇨ anime 挿絵》.〖1842〗

splínt bòne *n.*〖解剖〗腓骨(ひこつ) (fibula).〖1704〗

splínt còal *n.*〖地質〗裂炭《堅くて燃焼温度が高く灰分の多い石炭; cf. bright coal》.〖1789〗

splin·ter /splínṭə | -tə^(r)/ *n.* **1** (木・骨・砲弾などの長く薄いぎざぎざの)裂片; こっぱ, そげ: a ~ of a bomb (ぎざぎざの)爆弾の破片 / in [into, to] ~*s* 切れ切れに, ばらばらに. **2** (木・竹などの)とげ: run a ~ into one's finger 指にとげを刺す. **3** 副木 (splint). **4** =splinter group.
— *vt.* **1**〈大きな固体を〉分裂させる, 裂く, 割る (⇨ break[1] SYN). **2**《廃》…に副木を当てる. — *vi.* 裂ける, 割れる, 分裂する 〈*off*〉. — *adj.* [限定的] (政治・宗教団体などから)分離[分裂]した; 徒党の, 党派の (factional): ⇨ splinter group, splinter party.〖《a1325》□ (M)Du. ~ ← Gmc **spli-* (⇨ splint): cf. G *Splitter*〗

splínter bàr *n.* **1**《英》=whippletree. **2** (ばねを支える)馬車の横木.〖1765〗

splínter dèck *n.*〖海軍〗弾片防御甲板, 補助防護甲板《軍艦の最大の重装甲を施した防護甲板 (protective deck) のすぐ下にある比較的軽装甲の甲板》.〖1909〗

splínter gròup *n.*〖政治〗分裂少数政党, 分派.〖1948〗

splínter·less *adj.* 割れにくい; 〈ガラスなど〉割れても飛び散らない.〖1928〗

splínter pàrty *n.*〖政治〗分離派《大政党から分離した小人数の政党》.〖1935〗

splínter·pròof *n.* 弾片防御物, 弾片よけ. — *adj.* 弾片よけの.〖1805〗

splin·ter·y /splínṭəri | -tə-/ *adj.* **1 a** 裂片の, 裂片のような[から成る]; とげのような. **b**〈鉱石の裂け目など〉ぎざぎざの. **2** 断片の (fragmentary).〖《1796》← SPLINTER + -Y[4]〗

split /splít/ *v.* (~,《古》**split·ted; split·ting**) — *vt.* **1 a** (縦に)裂く, 割る (crack), そぐ (cleave) (⇨ tear[1] SYN); 裂き[そぎ]取る: ~ logs 丸太を割る / ~ a piece of

S

wood *into* three layers 木片を3枚に裂く / ~ (*off*) a piece *from* a block 塊から一片をそぎ取る / My pants were [got] ~ when I bent over. かがんだらズボンが破れてしまった / ~ a container open [in two] 容器を割って開ける[二つに分ける] / ~ one's head open in an accident 事故で頭に裂傷をつくる / *Split* me [my windpipe] if …! 《古》畜生[どんなことがあっても]…するものか. **b** 〖海事〗〈風が〉〈帆を〉裂く. **c** 〈音が〉〈耳・空などを〉つんざく (cf. ear-splitting); 〈痛み・悲しみなどが〉〈頭・心を〉裂く, 張り裂く (rend): a mind [heart] ~ *asunder* by sorrow 悲しみで千々に乱れた心. **2** 分割する, 分配する, 分ける (divide) 〈*up*〉; 分かつ, 共にする (share): ~ (*up*) the profits [job, cost] 利益[仕事, 費用]を分ける / ~ *up* a class *into* small groups クラスを小グループに分割する / *Split* it *up between* [*among*] you [three ways]. それを2人[皆]で[3通りに]分けなさい / ~ a bottle of wine *with* a friend 1本のワインを友人と分けて飲む. **3** 分裂させる, 仲間割れをさせる (disunite) (⇨ separate **SYN**): Such a proposal would ~ the class *in* two. そんな提案はクラスを二分させるだろう / The party is sharply ~ *on* [*over*] the issue. その問題で党は大きく割れている / ~ *up* a happily married couple 幸せな結婚をした二人の仲を裂く / We ~ them *up* before they could hurt each other. お互いが傷つく前に二人を別れさせた. **4** 《米》〈ウイスキーなどを〉水などで割る (cut). **5** 《俗》去る, 出る (leave): ~ a party パーティーの席を出る. **6** 〖スポーツ〗〈シリーズ戦・ダブルヘッダーなどを〉五分五分に終わらせる[引き分ける]: ~ a double-header. **7** 〖文法〗〈不定詞を〉分離させる: ~ an infinitive (cf. split infinitive). **8** 〖化学〗〈化合物を〉分解する〈*up*〉〔*into*〕; 分解して分離する〈*off, out*〉. **9** 〖物理〗〈分子・原子などを〉分裂[解裂]させる; 〈原子〉に核分裂を起こさせる: ~ the atom 原子を分裂させる. **10** 《米》〖証券〗〈株式を〉分割する: ~ the stock two for one 株式を1対2の割合で分割する. **11** 《米》〖政治〗〈票を〉分割する《連記投票で同じ党の候補者に全部の票を投じない》.

— *vi.* **1 a** 縦に割れる, 裂ける; 割れる, 裂ける, 破れる (burst): ~ *in* [*into*] two 二つに裂ける / ~ at the seams 〈衣服などが〉ほころびる / The seam has ~ open. 縫い目がぱっくり口を開けた / A branch has ~ *off* (the tree, from the tree). 枝が木から裂ける / My pants ~ when I bent over. かがんだらズボンが破れてしまった. **b** 〈帆が〉(嵐などで)裂ける; 〈船が〉(岩などにぶつかって)壊れる[難破する]: The ship ~ (*apart*) on the rocks. 船は座礁して壊れた. **c** [通例 be+~ting で] 〈頭が〉割れるように痛む (cf. splitting *adj.* 1): My head *is* ~*ting*. 頭が割れるように痛い. **d** 腹をよじらせて[抱えて]笑う (cf. splitting *adj.* 4). **e** 〈顔が〉ほころびる: His stubbled face ~ *into* a smile. 彼のひげづらがぱっとほころんだ. **2 a** 〔…に〕分かれる〈*up*〉〔*into*〕: The crowd ~ (*up*) *into* several groups. 群衆はいくつかの群に分かれた. **b** 分離する (separate) 〈*away, off*〉〔*from*〕: His faction ~ *off from* the party. 彼の派閥は党から離脱した. **3 a** 〈党などが〉分裂する, 仲間割れする〈*up*〉: ~ *into* factions 派閥に分裂する / The judges ~ *on* the decision. 審査員は決定に当たって意見が割れた / The party ~ down the middle *on* [*over*] the issue. その問題で党は真っ二つに割れた. **b** 《口語》不和になる, (不和になって)別れる (separate) 〈*up*〉: They are ~*ting up*. 仲たがいの最中だ; 別居中だ / She ~ (*up*) *with* him. 彼と別れた. **4 a** 《口語》(共に)分け合う: ~ *with* a person 人と分け合う. **b** (連記投票で)分割投票をする. **5** 《口語》**a** 急いで[走って]行く. **b** 出かける, 出発する: Let's ~. **6** 《英口語》秘密を漏らす, 密告する (inform) 〔*on, upon*〕: ~ on an accomplice 仲間を売る.

split háirs (議論などで)つまらない事を細かく区別する, くだらぬ事をやかましく言う (cf. hairsplitting). 〘(1674) 1742〙 ***split the tícket*** = ***split*** *one's* ***vóte*** 《米》(連記投票の選挙で)分割投票をする (⇨ split ticket). ***split the vóte*** 《英》(選挙で)票割れを起こす.

— *n.* **1 a** 分裂, 仲間割れ, 不和 (separation). **b** (分裂して生じた)党派, 分派 (faction). **2 a** 裂ける[裂く]こと, 割れる[割る]こと. **b** 裂け目, 割れ目, ひび, すじ (crack, rent): ~*s* in the rocks [the skirts] 岩[スカート]の裂け目. **c** 2枚にはいだ薄皮. **3 a** とげ (splinter), 破片, かけら (fragment). **b** へぎ板, 小割り (splint). **c** [通例 *pl.*] (かごなどを作る)やなぎの割り枝. **d** 〖石工〗横半割りれんが, スプリット《長手方向に厚さが半分になるように割ったれんが》. **4** 《口語》(利益・戦利品などの)分け前 (share). **5 a** スプリット《縦2つに切った果物(特にバナナなど)にアイスクリームをのせ, その上にシロップ・生クリーム・木の実をかけたデザート》: a banana ~ バナナスプリット. **b** 《英》横に切れ目を入れたイースト入りのパン (Devonshire split)《ジャムやクリームをつめて食べる》. **6 a** 《英》(炭酸水などを入れる普通の半分の大きさの)小びん: ~ soda 小びんに詰めた[入りの]炭酸水. **b** (ブランデー用のグラスに半分入れた)ブランデー. **c** 《口語》(ウイスキーと炭酸水など)二種類のものを半々に割って作った飲み物. **7 a** 〖ボウリング〗スプリット《間のあいた残りピンの並び方; cf. spare 2 a》. **b** 〖クロッケー〗=split shot. **8** [しばしば *pl.*; 単数扱い] (ダンスで)一直線に両脚を広げて床にすわる[跳び上がる]演技, 〖体操〗(前後・左右)開脚座: do the ~*s*. **9** 〖証券〗株式の分割. **10** 〖文法〗分裂. **11** 〖トランプ〗(faro で) 分け《同時に2枚の同位札が出て, 賭金が親と折半されること》.

— *adj.* **1 a** (縦に)裂けた, 割れた; 分離した, 分裂した; 分割された: a ~ home 崩壊した家庭 / Opinions are ~ *on* [*over*] the issue. その問題については意見が割れている. **b** 〈魚など〉身を開いた, 裂いて干した[塩をした]. **2** 〖証券〗**a** 〈株式相場が〉16分の1刻みで表示された. **b** 〈株式が〉分割された. **3** 〖アメフト〗〈各々のエンドが〉1.5ヤード位に離れてセットする: ⇨ split end.

〘(1590–91) ◻ (M)Du. *splitten* ← Gmc **splitan* (Du. *splijten* / G *spleissen*) ← IE **(s)plei-* to split, splice: cf. splice, splint, flint〙

Split /splít; *Croat.* splīt/ *n.* スプリト《クロアチア共和国の海港; 古代ローマの廃墟がある; イタリア語名 Spalato》.

split bàlance *n.* 〖時計〗切りてんぷ (⇨ compensation balance).

split bèaring *n.* 〖機械〗割り軸受. 〘1902〙

splìt-bràin *adj.* 〖医学〗脳梁(前交連後交連)を離断した, 大脳半球間の連絡を断った[がない], 分割[離断, 両断]脳の. 〘1963〙

split cáne *n.* 〖釣〗スプリットケーン《三角形の竹をはり合わせた六角形の釣りざお》. 〘1890〙

split clòth *n.* 〖外科〗縛る端がたくさんある包帯《頭や顔に用いる》. 〘1849〙

split decísion *n.* 〖ボクシング〗(試合結果についてレフェリーとジャッジ間で)割れた判定. 〘1952〙

split énd *n.* **1** 〖アメフト〗スプリットエンド《攻撃フォーメーションの一つ; エンドが離れて変則に位置する》. **2** [通例 *pl.*] 枝毛の割れ始めの部分. 〘1955〙

splìt-fíngered fástball *n.* 〖野球〗スプリットフィンガーファーストボール《速球と同じ腕の振りで投げるフォークボールに似た変化球》.

split flàp *n.* 〖航空〗スプリットフラップ, 開き下げ翼《翼の後方下面につけた下げ翼; これを開くと揚力と抗力が増大する》. 〘1929〙

split gèar *n.* 〖機械〗割歯車.

splìt-hálf *adj.* 〖統計〗折半法の《均一と推定される全項目を半分ずつに分けて, それぞれの測定間の相関係数によって信頼性を評価する》.

split ímage *n.* 〖光学・写真〗スプリットイメージ《距離計やカメラのピント合わせ機構の光学的に2分された像で, 焦点が合ったときに像が合致する》. 〘1950〙

split infínitive *n.* 〖文法〗分離不定詞《*to*-infinitive の間に副詞(句)のはさまった形; 例: It is necessary *to* clearly *understand* this.; cleft infinitive ともいう》. 〘1897〙

split kéy *n.* 〖電気〗分割電鍵.

split kéyboarding *n.* 〖電算〗分割入力《ある端末からのデータを別の端末で編集する》.

splìt-lével *adj.* 〖建築〗〈住宅が〉半階ずつ高さの変わる床をもつ, 段違いの: a ~ house. — *n.* 段違い[スキップフロア]の家《土地の斜面を利用した住宅に多い》. 〘1946〙

split mínd *n.* 〖精神医学〗=schizophrenia 1.

splìt-nèw *adj.* 《スコット》真新しい (brand-new). 〘1695〙

splìt-òff *n.* **1** 裂き取ること, 切り離すこと, 分離. **2** 裂き取られた[分離した]もの, そがれたもの; へげ; 割れて取れたもの. **3** 〖経営〗スプリットオフ《会社分割の一方法; 甲社は資産の一部を乙社に現物出資し, それと引換えに乙社の全株式を取得する, 甲社は自己の株式を一部消却して, 乙社の株式と自己の株主の持株と持株数に応じて交換する, これにより甲社の資本金は減少する; cf. spin-off 3, split-up 3》. 〘(1882) ← *split off* (⇨ split (vi.) 2)〙

split páge *n.* 〖新聞〗(新聞の)第2部の第1ページ. 〘1953〙

split péa *n.* スプリットピー《皮をむいて干して割ったさやえんどう; スープに用いる》. 〘1736〙

split personálity *n.* **1** (正反対の性格を合わせ持つ)二重人格; 多重人格 (multiple personality) (cf. double personality, Jekyll and Hyde). **2** 《口語》精神分裂症. 〘1919〙

splìt-pháse *adj.* 〖電気〗分相の. 〘1895〙

split pín *n.* 〖機械〗割りピン. 〘1875〙

split púlley *n.* 〖機械〗割りベルト車《parting pulley ともいう》.

splìt-ráil *adj.* 丸太を縦に割った横木の: a ~ fence 《米》割り材フェンス. 〘1826〙

split ríng *n.* **1** キーリング《二重に巻いて作った金属性の輪で, 間を通してかぎなどにつなぐ》. **2** 〖機械〗割りリング《円筒の周囲に等間隔に多数の銅板を互いに絶縁してはりつけたもの; 直流電気モーターの整流子に使用される》. 〘1853〙

split rún *n.* 〖広告〗**1** 分割テスト法《広告文の効果を測るために, 新聞・雑誌の発行部数の半分ずつに別々の広告文を載せ, その反響を調べる方法》. **2** 分割掲載法《地域別に, あるいはマーケットの特殊性に合わせて, 別々のブランドを掲載すること》. 〘1961〙

split scréen *n.* 〖映画・テレビ〗分割スクリーン《スクリーン上に二つ以上のショットを併置して見せる方式; split-screen technique ともいう》. 〘1944〙

splìt-sécond *adj.* **1** 非常に正確になされる. **2** 瞬間にできる. 〘1884〙

split sécond *n.* **1** ほんの一瞬間: in a ~ 一瞬のうちに. **2** 1秒の何分の一かの間. 〘1912〙

split shíft *n.* (朝・夜など通例2部の)分割勤務; 分割勤務時間. 〘1943〙

split shòt *n.* 〖クロッケー〗散らし打ち(球)《相接する2球をそれぞれ別の方向に打ち分ける; split stroke ともいう》. 〘1975〙

split sóda *n.* ⇨ split 6 a.

split spíndle *n.* 2本組み半円縁形の挽物部材《箪笥・戸棚・椅子の背もたれの縦框(たてがまち)の装飾に用いる》.

split sprít *n.* 〖海事〗=wishbone 2.

split stròke *n.* 〖クロッケー〗=split shot.

split swìtch *n.* 〖鉄道〗先端転轍(てんてつ)器 (point switch) (cf. stub switch).

splìt·tàil *n.* 〖魚類〗米国 California 州産コイ科の尾の上半部が下より長い魚 (*Pogonichthys macrolepidotus*). 〘1882〙

splìt·ter /-tə | -tə^(r)/ *n.* **1 a** 裂く[割る]人. **b** 裂く[割る]道具. **2** (議論などに)むやみに細かな区別を立てる人. **3** 〖生物〗細分派学者《分類群を細分しようとする分類学者; cf. lumper 2》. 〘1623〙

splìt tícket *n.* 〖米政治〗**1** 分割投票《反対党候補者に一部投票した連記投票; cf. straight ticket》: vote a ~ 分割投票をする. **2** 分割候補者名簿《党の公認候補全部が党員とは限らないもの》. 〘1836〙

splìt-tìme *n.* (標準時間より時計を30分進める)夏時間 (daylight-saving time).

split tín *n.* 《英》堅い皮の部分をふやすために上部に割れ目をつけた長いパン.

splìt·ting /splítɪŋ | -tɪŋ/ *adj.* **1** 〈頭痛が〉割れるような, 激しい (severe); 〈頭が〉割れるように痛む: a ~ headache. **2** 裂く, 破れる (bursting). **3** 飛ぶように速い: at a ~ pace 飛ぶように速く. **4** 《口語》おかしくてたまらない (side-splitting): a ~ farce 抱腹絶倒の笑劇. — *n.* **1** [通例 *pl.*] 破片, かけら. **2** 〖精神分析〗分裂《対象と概念が離反し, 両価性の葛藤などを回避する防衛機構》. 〘1590–91〙

splìtting fìeld *n.* 〖数学〗分裂体《ある多項式が1次因数の積に分解される拡大体》.

splìt·tism /-tɪzm/ *n.* (共産党・共産国家内の)分派傾向[主義]. 〘1962〙

splìt-ùp *n.* **1** (二つ以上の部分への)分割, 分離, 分裂 (separation). **2** けんか別れ; 離婚. **3** 〖経営〗スプリットアップ《会社分割の一方法; 甲社は資産の一部を乙社に, 残りの資産を丙社に現物出資し, それと引換えに乙社および丙社の全株式を取得する, 甲社はこの乙社および丙社の株式を自己の株主の持株と持株数に応じて交換する, これにより甲社は解散する; cf. spin-off 3, split-off 3》. 〘(1878) ← *split up* (⇨ split (vi.) 2)〙

split whéel *n.* 〖機械〗=split pulley.

split wíngs *n. pl.* 〖釣〗V字形に分かれてぴんと立った毛針のウィング.

splodge /splɑ́(ː)dʒ | splɔ́dʒ/ 《英》 *n., vt.* =splotch. — *vi.* =splash. 〘(1854) 《転訛》← ? SPLOTCH: あるいは擬音語か〙

splodg·y /splɑ́(ː)dʒi | splɔ́dʒi/ *adj.* (**splodg·i·er**; **-i·est**) 《英》=splotchy. 〘⇨ ↑, -y⁴〙

splore /splɔ́ə | splɔ́ː^(r)/ *n.* 《スコット》**1 a** 浮かれ騒ぎ (frolic). **b** 大酒宴 (carousal). **2** 騒ぎ, 騒動 (broil). 〘(1785)?〙

splosh /splɑ́(ː)ʃ | splɔ́ʃ/ *n.* **1** =splash 2. **2** 《俗》金 (money). **3** 《英俗》(飲み物としての)紅茶. — *vt., vi.* 《口語》=splash. 〘(1857)《変形》← SPLASH〙

splotch /splɑ́(ː)tʃ | splɔ́tʃ/ *n.* 大きなぶち[斑点]; しみ, 汚れ: an ink ~. — *vt.* ぶちにする, …に斑点をつける; 汚す. — *vi.* **1** しみがつく, 錆(さ)が出る. **2** 〈塗料などが〉ついて汚れる, しみになる. 〘(1601)《混成》? ← SP(OT)+《廃》(*p*)*lotch* blotch: cf. blotch〙

splotch·y /splɑ́(ː)tʃi | splɔ́tʃi/ *adj.* (**splotch·i·er**; **-i·est**) (大きな)ぶち[斑点]のある (spotted); 汚れた, しみのある (stained). 〘(1863): ⇨ ↑, -y⁴〙

splurge /splə́ːdʒ | splə́ːdʒ/ 《口語》*n.* **1** 派手な見せびらかし (great display): cut [make] a ~ = *vi.* 1. **2** 金を派手に使うこと, ぜいたくをすること. — *vi.* **1** 盛んに見せびらかす, 誇示する, 見栄を張る (show off). **2** 〔…に〕金を使う, 散財する, ぜいたくをする〔*on*〕: ~ *on* a mink coat. — *vt.* 〈金を〉派手に使う. **splúrg·er** *n.* 〘(1828)《混成》? ← SPL(ASH)+(S)URGE: 擬音語か〙

splurt /splə́ːt | splə́ːt/ 《口語》*n.* (液体の)噴出, ほとばしり; どっと出てくること: a ~ of laughter どっと笑うこと. — *vt.* はき出す; 勢いよく押し出す. 〘(1825–54): 擬音語〙

splut·ter /splʌ́tə | -tə^(r)/ *vi.* **1** (興奮したりして, 不明瞭に)早口でしゃべる, まくし立てる. **2** ぱちぱち[ぶつぶつ]いう音を出す (sputter). **3** 音を立てて急ぐ, 駆け回る (bustle). — *vt.* **1** (不明瞭に)早口で言う (stammer) 〈*out, forth*〉. **2** …にはねかける (bespatter). **3** 〈つば・食べ物などを〉(詰まらせたり, 笑ったりすることによって)吐き散らす[吹き出す]. — *n.* **1** (早口の)騒ぎたて, 騒音 (noise). **2** はねかけ; はねかける音. 〘(1677)《混成》? ← SPL(ASH)+(SP)UTTER: cf. splash〙

splút·ter·er /-tərə | -tərə^(r)/ *n.* (不明瞭に)まくし立てる人. 〘1840〙

splut·ter·y /splʌ́təri | -təri/ *adj.* はねかける音のする, ぱちぱちいう. 〘1866〙

Spock /spɑ́(ː)k | spɔ́k/, **Benjamin** (**McLane**) *n.* スポック (1903–98; 米国の医師; 育児書で有名).

spod /spɑ́(ː)d | spɔ́d/ *n.* 《英口語》社会性のないやつ, 退屈なやつ, ガリ勉, おたく. 〘(1898) ← ?: 初出は Eton College slang として〙

Spode /spóʊd | spə́ʊd/ *n.* 〖商標〗スポード (Josiah Spode (社)製作の陶器・磁器・炻器(せっき)などの総称; Spode china は特に有名). 〘(1893) ← *Josiah Spode* (1754–1824: 英国の製陶業者)〙

spod·ic /spɑ́(ː)dɪk | spɔ́d-/ *adj.* 〖地学〗スポディック層の《酸化アルミニウムと有機物が集積している層位を示す》. 〘(1960) ← Gk *spodós* ashes: ⇨ -ic¹〙

spod·o·sol /spɑ́(ː)dəsɑ̀ːl, -dɑ(ː)sɔ̀ːl/ *n.* 〖土壌〗スポドソル《多孔性の灰白色の表層と鉄分に富む下層から成る森林性湿性土壌》. 〘(1960): ↑, soil〙

spod·u·mene /spɑ́(ː)dʒəmìːn | spɔ́djʊ-/ *n.* 〖鉱物〗黝輝(ゆうき)石 ($LiAlSi_2O_6$) (cf. kunzite). 〘(1805) ◻ F *spodumène* ◻ G *Spodumen* ◻ Gk *spodoúmenos* (pres. p.) ← *spodoûsthai* to be burnt to ashes ← *spodós* ashes: その灰白色から〙

spof·fish /spɑ́(ː)fɪʃ | spɔ́f-/ *adj.* 《俗》せわしく立ち回る (bustling); こせこせする, せかせかする, うるさい (fussy). 〘(1836–37)?〙

Spof·forth /spɑ́(ː)fəθ | spɔ́fəθ, -fɔːθ/, **Frederick Robert** *n.* スポッフォース《1853–1926; オーストラリアのクリケット選手》.

Spohr /spóə, ʃpóə | spɔ́ːʳ, ʃpɔ́ːʳ; G. ʃpóːɐ/, **Louis [Ludwig]** *n.* シュポーア《1784–1859; ドイツの作曲家・バイオリン奏者》.

spoil /spɔ́ɪl/ *v.* (**spoiled** /spɔ́ɪld, spɔ́ɪlt/, **spoilt** /spɔ́ɪlt/) ― *vt.* **1 a** 〈物を〉傷める, 害する, 損じる (impair, damage); 役に立たなくする, 台なしにする (⇨ injure SYN): The heavy rain has ~*ed* the flowers in my garden. 大雨で庭の草花が台なしになった / ~ an egg 卵を(長く置いて)腐らせる / ~ one's appetite (食前に物を食べたりして)食欲をなくする / Too many cooks ~ the broth. 《諺》料理人が多ければスープがまずくなる,「船頭多くして船山に上る」. **b** 〈興などを〉そぐ, さます: ~ a person's pleasure 人の興をそぐ / The news ~*ed* the dinner [our fun]. その知らせを聞きごちそうがまずくなった[楽しみがそがれた] / Rain ~*ed* our picnic. 雨のためピクニックが台なしになった / The picture is ~*ed* by too much detail. その絵は描写が細か過ぎてだめだ / The view is ~*ed* by the hedge. その生垣で眺めが台なしだ / ~ a story in the telling 話し方がまずくて話の興味をそぐ / Don't ~ the story by giving away the ending. 結末を明かして話をつまらなくしてはいけない. **c** 〔…に対して〕不満をいだかせる〔*for*〕: The meals at this restaurant ~ you *for* fast food. このレストランで食事をするとファーストフードでは物足りなくなる. **2 a** 〈人を〉過度に甘やかす (coddle, mollycoddle, pamper); (通例甘やかしたりおだてたりして)〈人〉の性格[性質]をだめにする[損なう] (⇨ indulge SYN): ~ a child (rotten) *by* [*with*] indulgence わがままをさせて子供の性格をだめにする / a ~*t* [~*ed*] child 甘えん坊 / Spare the rod and ~ the child. ⇨ spare *vt.* 5 a / You're really ~*ing* me with all these compliments! こんなにほめられるなんてすごくうれしい. **b** 〈客などを〉特別扱いする; 大サービスする: Go shopping and ~ yourself. 買い物に行って自分の気に入ったようにしなさい. **3** 〈投票用紙を〉無効にする: ~*t* ballot papers (記入が不適切な)無効票. **4** 《古》 **a** 〈敵〉から武器を分捕る (despoil). **b** 〈人・場所〉から〔…を〕強奪する, 略奪する (plunder, pillage)〔*of*〕: ~ a person [a place] *of* a thing 人[場所]から物を強奪する / ~ a person's goods [valuables] 人の品物[貴重品]を奪い取る. **c** 〈人・家など〉から貴重品を奪う, …の家財を奪う: ~ a person's house. ★ この意味では過去形・過去分詞は通例 spoiled. **5** 《古》 **a** 〈人を〉やっつける, 殺す (kill). **b** 破滅させる (perish). ― *vi.* **1** 悪くなる, 傷む, 損じる, だめになる, 台なしになる; (特に)〈食物などが〉腐敗する (⇨ decay SYN): Fruit will ~ with keeping. 果物は取っておくと悪くなる. **2** [be+~ing で]〔…が〕したくてたまらない, したくてむずむずする〔*for*〕: He *is* ~*ing for* a fight. けんかがしたくてむずむずしている. **3** 《スポーツ》相手の調子を乱してリズムに乗れないようにする. **4** 《古》略奪[強奪]する (plunder).

be spóilt for chóice 《英》(選ぶものが多くて)選択に苦労している.

― *n.* **1** [しばしば *pl.*] 分捕り品, 強奪品 (booty, loot); 戦利品: escape with one's ~ 強奪品を持って逃げる / the ~*s* of war 戦利品. **2** [通例 *pl.*] 《米》(政権を握った政党がその権利としてほしいままにする)官職, 役得, 利権 (cf. spoils system): the ~*s* of office 官職占取, 特権的猟官,「役得」. **3** (分捕り・強奪・略奪の)目的物; えじき (prey): the ~*s* of the chase 狩りの獲物. **4** [通例 *pl.*] **a** (努力の結晶としての)獲得物, 成果, 蓄積物. **b** (収集家の)掘り出し物. **5** 発掘[浚渫(しゅんせつ)など]で掘り出された土(など). **6** 傷物, 損傷物. **7** 《古》 **a** 強奪, 略奪, 分捕り (plunder, spoliation): make ~ of …を強奪する, 分捕る. **b** 破壊, 損傷 (destruction). **8** 《トランプ》(spoil five での)お流れ (draw); (1 組取ることにより)お流れにもちこむこと.

spóil·a·ble /-ləbl/ *adj.*

〖n.: (?a1300) *spoil(e)* ◻ OF *espoille* ← *espoillier* < L *spoliāre* ← *spolium* skin stripped from an animal, booty ← IE *(*s*)*p*(*h*)*ēl-* to split, break off: cf. spill[1], despoil. ― v.: (?c1300) *spoile(n)* ◻ OF *espoillier*〗

SYN 略奪品: **spoils** 戦時に泥棒や軍隊が土地から奪う財産, または腐敗した政治家が集める賄賂《格式ばった語》. **plunder** 《文語》軍隊や山賊などが土地から奪い取るもの《格式ばった語》. **booty** 戦時中に軍隊が力ずくで奪い取ったもの. **haul** 《俗》盗品, 略奪品. **loot** 軍隊や泥棒が不法に持ち去る財産, 現在では主として暴動・災害時の略奪.

spoil·age /spɔ́ɪlɪdʒ/ *n.* **1** 損じる[だめにする]こと. **2** 損傷物[高]; (印刷の)刷り損じた紙. **3** (バクテリアなどによる食物の)腐敗. 〖(1597): ⇨ ↑, -age〗

spóil bànk *n.* 掘った不要の土の堆積, ボタ山. 〖1830〗

spóiled príest *n.* 《アイル》還俗司祭[神父]. 〖1904〗

spoil·er /spɔ́ɪlə | -ləʳ/ *n.* **1** 略奪者, 強奪者. **2** 損じる[台なしにする, 甘やかす]人[物]. **3** 《米政治》(有力 2 候補の一方の当選の妨害を目的とする)第三候補 (cf. spoiler party). **4** 《航空》スポイラー《翼の上面に立てるように作られた小片で, 急降下時の速度制限・降下角増大用・横操縦用, または地上滑走中の揚力減衰・空気抵抗増大用などの機能を持つものもある; cf. air brake 2》. **5** 《自動車》スポイラー《特に競走車の前または後ろにつけて高速時の車両の浮き上がりを防ぐ装置》. **6** 《スポーツ》 **a** (ボクシングなどで)相手に調子を出させないようにする選手. **b** 大物食い, 上位チームを食う[負かす]チーム. 〖c1400〗

spóiler pàrty *n.* 《米政治》(二大政党の一方の選挙妨害を目的とした)第三政党.

spóil fìve *n.* 《トランプ》スポイルファイブ《数人が 5 枚の手札で行う whist 系のゲームで, 1 人が 3 組以上取れば場の賭け金を得るが, 他がそれを阻止すれば場はお流れ (spoil) となる》. 〖1839〗

spóil gròund *n.* 浚渫土砂の指定投棄海域.

spóiling tàctics *n. pl.* (計画・他人の成功の)ぶちこわし, 妨害作戦.

spóils·man /-mən/ *n.* (*pl.* **-men** /-mən, -mèn/) 《米》猟官者《金銭上の利得と官職を目的に政治に携わる人》, 利権屋; スポイルズシステム (spoils system) の擁護者. 〖(1846) ← SPOIL+-s[1]+-MAN〗

spóil·spòrt *n.* 《口語》(身勝手な行動やスポーツマンらしくない行為などによって)他人の楽しみを台なしにする人. 〖1801〗

spóils sỳstem *n.* 《米》スポイルズシステム, 猟官制《「敵からの強奪は勝利者の権利」の原則のもとに, 選挙で勝った政党が公職の任免を支配する政治的慣習; cf. spoil *n.* 2, merit system》. 〖1838〗

spoilt /spɔ́ɪlt/ *v.* spoil の過去形・過去分詞.

Spo·kane /spoukǽn | spə(ʊ)-/ *n.* スポーカン《米国 Washington 州東部の都市》. 〖← ? Salish *spokanee* sun〗

spoke[1] /spóuk | spə́ʊk/ *v.* **1** speak の過去形. **2** 《古・方言》speak の過去分詞. 〖(pret.): (16C) ← (p.p.) ∽ ME *spak* < OE *sp(r)æc*: cf. spake. ― (p.p.): (14C) ← *spoken* ∽ ME (*i*)*speken* < OE (*ge*)*sp*(*r*)*ecen*: ⇨ spoken〗

spoke[2] /spóuk | spə́ʊk/ *n.* **1 a** (車輪の)輻(や), スポーク (⇨ wheel 挿絵). **b** スポーク状のもの. **2 a** (車の)輪止め (drag). **b** 妨害, 邪魔 (obstruction). **3** (はしごの)段, 格(こ) (rung). **4** 《海事》舵輪(だりん)の取っ手《舵輪の外に放射状に飛び出ている》. ***pùt a spóke in a person's whéel*** 人の邪魔をする, 人の計画を妨害する. 《1656》 ***pùt one's spóke in*** 人の邪魔をする.
― *vt.* **1** 〈車輪〉に輻をつける. **2** 輪止めをする.
〖OE *spāca* < (WGmc) **spaikōn* spoke (Du. *speek* / G *Speiche*) ← IE **sp*(*h*)*ēi-* sharp point: cf. spike[1,2]〗

spóke·bòne *n.* 《解剖》(前腕の)橈骨(とうこつ). 〖1843〗

spo·ken /spóukən | spə́ʊ-/ *v.* speak の過去分詞. ― *adj.* **1** 話[談話]に用いられる, 口語の (colloquial) (cf. literary 3): ~ language 話し言葉, 音声言語, 口語 (cf. WRITTEN language) / in ~ English 口語英語では). **2** 口で言う, 口に出した, 口頭の, 口上の (⇨ oral SYN): a ~ message 口頭の伝言. **3** [複合語の第 2 構成素として] 口先[話し振り]の…な: fair-*spoken* 口先のうまい / pleasant-*spoken* 話し(振り)が愉快な / short-*spoken* 話し振りのぶっきらぼうな. ***be spóken fòr*** 《口語》(1) 〈物・座席などが〉予約済みである (cf. SPEAK *for* (4)). (2) 〈人が恋人のいる, 結婚している. 〖(14C) ∽ ME (*i*)*speken*: ⇨ spoke[1]〗

spokes- /spóuks | spə́ʊks/ 《戯言》「コマーシャルにでてくる」の意の連結形: *spokes*model.

spóke·shàve *n.* なんきんがんな《両手で使う一種の drawknife; もとは車輪の輻(や)を削るのに用いたが, 今は木材の湾曲部や各種の丸い棒を削るのに用いる》. 〖1510〗

spokes·man /spóuksmən | spə́ʊks-/ *n.* (*pl.* **-men** /-mən/) **1** スポークスマン, 代弁者〔*for, of*〕: a ~ *for* the State Department 国務省のスポークスマン. **2** 演説家 (orator, speaker). 〖(1519) ← SPOKE[2]+-s[2]+-MAN〗

spokes·per·son /spóukspə̀ːsən, -sn | spə́ʊkspə̀ː-/ *n.* =spokesman, spokeswoman《性差別を避けた語; cf. -person》. 〖1972〗

spokes·wom·an /spóukswùmən | spə́ʊks-/ *n.* (*pl.* **-wom·en** /-wìmɪ̀n | -mɪn/) 女性のスポークスマン. 〖1654〗

spóke·wise *adv.* (車輪の)輻(や)のように, 放射[輻射]状に (radially). 〖(1844) ← SPOKE[2] (n.)+-WISE〗

Spo·le·to /spəléɪtou | -təʊ; *It.* spoléːto/ *n.* スポレート《イタリア中部の都市; ローマ以前の城壁・バシリカ会堂・劇場などの遺跡に富む》.

spo·li·a o·pi·ma /spóuliəoupáɪmə, -píːmə | spə́ʊliə(ʊ)-/ *L. n. pl.* **1** (古代ローマの)将軍が敵将との一騎打ちで奪った武器. **2** 最上の分捕り品 (choicest spoil); 最大の功績, 殊勲, 偉功, 偉勲. 〖◻ L ~ 'rich spoils': ⇨ spoil, optimum〗

spo·li·ate /spóulièɪt | spə́ʊ-/ *vt., vi.* 略奪する《despoil の方が普通》. 〖(1722–27) ← L *spoliātus* (p.p.) ← *spoliāre* 'to SPOIL': ⇨ -ate[3]〗

spo·li·a·tion /spòuliéɪʃən | spəʊ-/ *n.* **1** 横領; 強奪 (extortion). **2** (中立国の商船に対する交戦国の公認された)略奪, 分捕り (plundering). **3** 《法律》(約束手形・遺言書などの)文書破棄, 文書変造 (cf. alteration). **4** 《教会法》(他人の聖職禄の)横領. 〖(?c1400) *spoliacioun* ◻ L *spoliātiō(n-)*: ⇨ spoil, -ation〗

spó·li·à·tor /-tə | -təʳ/ *n.* 略奪者 (plunderer). 〖(1831) ◻ L *spoliātor*: ⇨ spoliate, -or[2]〗

spo·li·a·to·ry /spóuliətɔ̀ːri | spə́ʊliətəri, -tri/ *adj.* 略奪の; 略奪的な. 〖(1790): ⇨ ↑, -ory[1]〗

spon. 《略》spontaneous.

spon·dee /spɑ́(ː)ndiː | spɔ́ndiː, -di/ *n.* 《詩学》(古典詩の)長長格 (― ―); (英詩の)強強格 (´ ´). **spon·da·ic** /spɑ(ː)ndéɪɪk | spɔn-/ *adj.* 〖(c1384) *sponde* ◻ L *spondēus* ◻ Gk *spondeîos* (*poús*) libation (foot) ← *spondḗ* libation: 献酒の際の歌を読むのに用いたことから〗

spon·du·licks /spɑ(ː)ndúːlɪks, -djúː- | spɔndjúː-, -dúː-/ *n. pl.* (*also* **spon·du·lix** /~/) **1** 《俗》金, ぜに (money), 資金. **2** 《古》小額通貨 (fractional currency). 〖(1856) ← ?〗

spon·dyl /spɑ́(ː)ndɪ̀l | spɔ́ndɪl/ *n.* (*also* **spon·dyle** /spɑ́(ː)ndaɪl | spɔ́n-/) 《貝類》=spiny oyster. 〖(a1400) *spondyle* ◻ F // L *spondylus* ◻ Gk *spóndulos* spine〗

spon·dyl- /spɑ́(ː)ndəl | spɔ́ndɪ̀l/ (母音の前にくるときの) spondylo- の異形.

spon·dy·lid /spɑ́(ː)ndəlɪ̀d | spɔ́ndɪ̀lɪd/ *adj., n.* 《貝類》ウミギクガイ科の(二枚貝). 〖↓〗

spon·dy·li·tis /spɑ̀(ː)ndəláɪtɪ̀s | spɔ̀ndɪ̀láɪtɪs/ *n.* 《病理》脊椎(せきつい)炎. 〖(1849) ← NL ~ ← L *spondylus* (↑): ⇨ -itis〗

spondy·lo- /spɑ́(ː)ndəlou | spɔ́ndɪ̀ləʊ/ 次の意味を表す連結形: **1**「椎骨(ついこつ)」(vertebra). **2**「渦巻き」(whorl). ★ 母音の前では通例 spondyl- になる. 〖← Gk *spóndulos* spine: ⇨ spondyl, -o-〗

spon·dy·lo·sis /spɑ̀(ː)ndəlóusɪ̀s | spɔ̀ndɪ̀ləʊsɪs/ *n.* 《医学》脊椎症《脊柱関節の強直・癒着》. 〖(1900): ⇨ ↑, -osis〗

sponge /spʌ́ndʒ/ *n.* **1 a** 海綿, スポンジ《海綿動物の骨質部の特殊な繊維組織だけを残して肉を取り去ったもの; 浴用・医療用など用途が多い; cf. spongin》. **b** 海綿のように水を吸収する物, 海綿状物, 模造海綿, スポンジ. **c** カニの卵. **2** 海綿動物《海綿動物門を構成する各種の群体性動物》. **3** 清拭(せいしき)《水や湯を海綿や手ぬぐいに含ませて体を洗うこと; sponge bath ともいう》: a cold ~ / have a ~ (down) ぬれ海綿で体をふく. **4 a** イーストなどで発酵させた生のパン生地. **b** =sponge cake. **c** =sponge pudding. **5** 《口語》 **a** 食客, 居候 (sponger) (⇨ parasite SYN). **b** 大酒家 (drunkard). **c** 金[情報]を強要する人, ゆすり, たかり. **6** 《医学》(脱脂綿入り)滅菌ガーゼ《手術中のうみ・血などをふいたり吸収したりする》. **7** 《銃砲》洗桿(せんかん), 掃桿《発射後に砲腔を掃除するための道具》. **8** 《冶金》(鉄・プラチナなど固体のまま還元したときの)海綿状金属. ***páss the spónge over*** …をもみ消す, 水に流す. ***thrów* [*tóss, chúck*] *in* [*úp*] *the spónge*** 《口語》敗北を認める, 参ったと言う (cf. *throw in the* TOWEL)《ボクシングで選手の体をふく海綿を負けたしるしに投げ上げることから》. 〖1860〗

― *vt.* **1 a** スポンジ[海綿]で洗う[ふく, ぬぐう, ふき取る, 消し去る]〈*down, out, off, away*〉: ~ (*over*) a wound 傷口を海綿で洗う / ~ *out* a stain 海綿でしみをぬぐい取る / ~ a patient's back with alcohol 患者の背をアルコールでふく. **b** (アイロンをかける前に)海綿で湿らせる: ~ trousers. **2** 海綿で吸い取る; (海綿のように)吸い取る, 消し去る〈*up*〉: ~ *up* spilled ink こぼれたインクを海綿で吸い取る. **3** 《口語》 **a** 人に取り入って〈利益など〉にありつく, …のうまい汁を吸う, たかる: ~ 10 dollars 10 ドルを巻き上げる / ~ a dinner (ただで)ごちそうにありつく. **b** 〈人〉から絞り取る, 巻き上げる (fleece): ~ a person. **4** 《窯業》 **a** (顔料を含ませた)海綿を押し当てて〈陶磁器を〉彩色する. **b** 水拭きをする《鋳込み, またはろくろ成形した素地表面を水をふくませた海綿でぬぐって平滑にする》. **5** 《競馬》(競争能力を低下させるために馬の鼻孔に)スポンジを入れる. ― *vi.* **1 a** 〈海綿が〉水などを吸収する. **b** 海綿のように吸収する. **c** 海綿状にふくれる. **2** 《口語》〔…に〕寄食する, 食い倒す; (卑劣な策を用いて)〔人に〕助けて[世話して]もらう〔*on, upon*〕: ~ *on* a person *for* something 人にある物をたかる. **3** 海綿を採取する.

~·like *adj.* 〖n.: OE ◻ L *spongia* ◻ Gk *spoggiā́* sponge ← *sp*(*h*)*óggos* sponge: cf. fungus. ― v.: (a1500) ← (n.) // ◻ OF *esponger* (F *éponger*)〗

spónge bàg *n.* 《英》(防水してある)浴用スポンジ入れ, (携帯用)化粧品入れ. 〖1858〗

spónge bàth *n.* =sponge 3.

spónge bìscuit *n.* スポンジビスケット《スポンジケーキのように軽い口当たりのビスケット》. 〖1736〗

spónge càke *n.* スポンジケーキ《小麦粉・牛乳・卵・砂糖などから作る気泡性のふわふわしたケーキ; 油脂は用いない; cf. butter cake》. 〖1805〗

spónge clòth *n.* **1** =ratiné 1. **2** スポンジクロス《海綿様・蜂巣織にした各種の織物》. 〖1862〗

spónge cùcumber *n.* =sponge gourd.

spónge-dòwn *n.* =sponge 3.

spónge fínger *n.* 《英》=ladyfinger 1.

spónge flỳ *n.* 《昆虫》ミズカゲロウ《脈翅目ミズカゲロウ科の昆虫の総称; spongilla fly ともいう》. 〖幼虫期に淡水海綿に寄生することから〗

spónge gòld *n.* 《歯科》スポンジゴールド《虫歯につめる純金製の材料》. 〖1882〗

spónge gòurd *n.* ヘチマ(の果実) (⇨ dishcloth gourd). 〖1861〗

spónge ìron *n.* 《冶金》海綿鉄《酸化鉱を鉄の融点以下の温度で還元して得られる多孔質の海綿状の鉄》. 〖1874〗

spónge púdding *n.* スポンジプディング《スポンジケーキのように軽い口当たりのプディング》.

spóng·er *n.* **1** 海綿でふく人. **2** 海綿採取者[船]. **3** 《口語》食客, 居候 (⇨ parasite SYN). 〖1677〗

spónge rúbber *n.* スポンジゴム《加硫するとき発泡剤を加えて海綿状に造ったゴム; クッション・入浴用具・たわしなどの材料に用いる; cf. foam rubber》. 〖1886〗

spónge trèe *n.* 《植物》キンゴウカン (⇨ huisache). 〖1760〗

spónge·wàre *n.* 《窯業》スポンジウェア《海綿で上薬を塗って斑紋様に仕上げた初期の米国様式の陶器, またはその模造品》. 〖1943〗

spon·gi·form /spʌ́ndʒəfɔ̀əm | -dʒɪ̀fɔ̀ːm/ *adj.* 海綿状[質]の. 〖(1805): ⇨ sponge, -i-, -form〗

spon·gíl·la flỳ /spʌndʒílə-, spɑ(ː)n- | spʌn-, spɔn-/ *n.* 《昆虫》=sponge fly. 〖*spongilla*: ← NL ~ ← L *spongia* 'SPONGE'+-*illa* (指小辞) (← -ELLA)〗

spon·gin /spʌ́ndʒɪ̀n | -dʒɪn/ *n.* 《動物》海綿質《海綿の骨格の繊維を作っている蛋白質》. 〖(1868) ◻ G ~ ← L *spongia* (↑)+-IN[2]〗

spónging hòuse *n.* 《英》(昔の)債務者拘留所《債務未済で逮捕された人を入獄前一時監禁して債務弁済の猶予を与えた所》. 〖(*a*1700): ⇨ sponge (vt.) 3 b〗

spon·gi·o·blast /spʌ́ndʒiouблæst, spɑ́(:)n- | spʌ́n-dʒiə(ʊ)-, spɔ́n-/ *n.* 〘生物〙 **1** 神経海綿芽細胞, 神経膠質母細胞《胎児の脳や脊髄内にある原始的な細胞で, 将来神経膠になる》. **2** =spongoblast. **spòn·gi·o·blás·tic** /-blǽstɪk⁻/ *adj.* 〖(1902) ← L *spongia* 'SPONGE'+-O-+-BLAST〗

spon·go·blast /spɑ́(:)ŋgoublæst | spɔ́ŋgə(ʊ)-/ *n.* 〘生物〙 海綿質繊維母細胞《珪角海綿・樹枝角質海綿の有する海綿質繊維を分泌する細胞》. 〖(1888) ← Gk *spóggos* 'SPONGE'+-BLAST〗

spon·go·coel /spɑ́(:)ŋgousiːl | spɔ́ŋgə(ʊ)-/ *n.* 〘動物〙 海綿腔《海綿の体内の中心にある広い腔所; gastral cavity ともいう》. 〖← Gk *spóggos* (↑)+-COEL〗

spong·y /spʌ́ndʒi/ *adj.* (**spong·i·er; -i·est**) **1** 海綿状[質]の: a ~ body 海綿体. **2 a** (海綿のように)小孔の多い, 多孔の (porous). **b** (海綿のように)ふわふわした; 吸収性の (absorbent). **c** 湿った; 《比喩》泥酔した (cf. Shak., *Macbeth* 1. 7. 71). **3** 〈骨など〉小孔が多くて堅い. **4** 〘冶金〙〈金属が〉多孔質の. **spóng·i·ly** /-dʒɪli/ *adv.* **spóng·i·ness** *n.* 〖(1539) ← SPONGE (n.)+-Y¹〗

spóngy mésophyll *n.* 〘植物〙 海綿状葉肉組織《葉肉における小孔を含む下層細胞の組織》.

spóngy parénchyma *n.* 〘植物〙 (葉の)海綿状組織. 〖1884〗

spon·sion /spɑ́(:)nʃən | spɔ́n-/ *n.* **1** (他人のためにする)保証, 請合い. **2** [しばしば *pl.*] 〘国際法〙 (権限外の)約定, 保証. **3** 〘ローマ法〙 口頭契約に対する保証《ローマ市民に対してのみ適用される》. 〖(1632) □ L *spōnsiō(n-)* ← *spondēre* to promise solemnly: cf. sponsor: ⇨ -sion〗

spon·son /spɑ́(:)nsən, -sn̩ | spɔ́n-/ *n.* **1** 〘海事〙 **a** (砲座などを取り付けるための)舷側(げんそく)張り出し部. **b** 張り出し砲座. **2** 〘海事〙 (外輪船の)張り出し《両舷外側に取り付けた外輪収容部; paddle wing ともいう》. **3** 〘カヌー〙 (カヌーの両側に取り付け安定性・浮力を増す)うき. **4** 〘航空〙 スポンソン《飛行艇の艇体側面に張り出した短い翼; 水上での横安定を増す》. 〖(1835) 《短縮》? ← EXPANSION〗

spon·sor /spɑ́(:)nsə, spɑ́(:)ntsə | spɔ́nsə(r, spɔ́ntsə(r/ *n.* **1** 《米・カナダ》 (ラジオ・テレビの商業放送の)広告主, スポンサー: a ~ *of* a TV program テレビ番組のスポンサー. **2** 《米》 **a** (人・物に対して)責任をとる人. **b** 発起人, 主唱者 (promoter); 後援者[組織]: the ~ of a law 法律の起草者. **c** 指導教官, アドバイザー: a homeroom ~ ホームルームの先生 / a ~ *for* [*to*] a classroom クラスの先生. **d** 新規採用のセールスマンの教育[監督]責任者. **e** 仮出獄者の引受け人, 保釈保証人. **3** 名(づけ)親 (godparent); (進水船の)命名者: stand ~ to ...名(づけ)親になる. **4** 〘ローマ法〙 保証人 (surety).
— *vt.* **1** 〈ラジオ・テレビの商業放送〉のスポンサーになる; ...を放送で広告する. **2** ...の保証人になる, 保証する, 発起する, 主唱する (promote); 後援する (support): ~*ed* by ...の発起[主唱, 後援]で[による].

spon·so·ri·al /spɑ(:)nsɔ́ːriəl | spɔn-/ *adj.* 〖(1651) □ L *sponsor* ← *spondēre* to promise solemnly ← IE **spend-* to make an offering: cf. sponsion, respond: ⇨ -or²〗

SYN スポンサー: **sponsor** 宣伝または慈善のために個人や企画などに財政支援をする人: a *sponsor of* a television program テレビ番組のスポンサー. **patron** 芸術家や機関などを財政援助の形で保護する人: a *patron* of the arts 芸術の保護者. **backer** 他の事業家を金銭的に援助する人: a *backer* of the new theater 新劇場の後援者.

spon·sored /spɑ́(:)nsəd, -tsəd | spɔ́nsəd, -tsəd/ *adj.* **1** 慈善事業の資金集めの: a ~ walk 慈善クロスカントリー競歩. **2** スポンサー付きの: a ~ book スポンサー付きの出版物. 〖1: (1967); 2: (1931)〗

spónsor prògram *n.* 〘ラジオ・テレビ〙 (スポンサーの提供による)商業放送番組 (cf. sustaining program).

spon·sor·ship /spɑ́(:)nsəʃɪp, -tsə- | spɔ́nsə-, -tsə-/ *n.* **1** スポンサー[保証人, 名(付け)親]であること. **2** 発起; 後援 (auspice): under the ~ of ...の発起のもとに, ...の後援で. 〖(1809): ⇨ SPONSOR+-SHIP〗

spon·ta·ne·i·ty /spɑ̀(:)ntəníːəṭi, -néɪ-, -tn- | spɔ̀ntənéɪəti, -níːə-, -ɪti/ *n.* **1** 自発(性). **2** [しばしば *pl.*] (無理のない)自然さ, 伸び伸びしたところ. **3** 自然発生. 〖(1651) ← LL *spontāneus* (↓)+-ITY〗

spon·ta·ne·ous /spɑ(:)ntéɪniəs | spɔn-, spən-/ *adj.* **1** (外的な強制でなく)自分から進んでする, 自発的な, 随意の, 任意の (unrestrained, voluntary): a ~ action [remark, offer] 自発的な行動[言葉, 申し出]. **2** 〈衝動・運動・活動などが〉自然に起こる, 思わず知らず生じる, 無意識的な, 自動的な (self-acting): a ~ thought 自然にわく思想 / a ~ expression of joy [admiration] 思わず知らず発する喜び[感嘆]の声 / a ~ movement 無意識の動作. **3** 〈動作・文体などが〉自然な, 流麗な (natural), 伸び伸びした (unconstrained): a ~ style, writer, etc. **4** 〈植物・果実など〉人工栽培によらない, 自生の: a ~ growth of wood 自然に発生した森林. **5** 〘医学〙 自発(的)の, 自然の; 特発(性)の: ~ pain 自発痛 / a ~ cure [abortion] 自然治癒[流産]. **~·ness** *n.* 〖((?c1200)) (1643) □ LL *spontāneus* ← L *sponte* of one's own accord (abl.) ← **spōns* free will ← IE **(s)pen(d)-* to stretch (cf. spin, span¹): ⇨ -aneous)〗

SYN 自発的な: **spontaneous** 他人から強制されず, また自らの心の衝動もなくごく自然な: *spontaneous* offer of help 自発的な援助の申し出. **impulsive** 突然の感情に駆られた: make an *impulsive* decision 軽率な決定を下す. **instinctive** 本能または生まれつきの能力に起因する: I took an *instinctive* liking for him. 直感的に彼が好きになった. **extemporaneous** 〈スピーチなどが〉原稿なしで即席の, 即座の: an *extemporaneous* speech 即席の演説.

spontáneous combústion *n.* 〘化学〙 自然発火, 自然燃焼《常温の空気中で酸素との反応で自然に発火する現象; spontaneous ignition ともいう》. 〖1795〗

spontáneous generátion *n.* 〘生物〙 =abiogenesis.

spontáneous ignítion *n.* 〘化学〙 =spontaneous combustion.

spon·tá·ne·ous·ly *adv.* (外的に強制されることなく)自発的に, 自然に. 〖1658〗

spontáneous recóvery *n.* 〘心理〙 自発的回復《条件づけられた反応が消去された後, ある期間を経て再現すること》.

Spon·ti·ni /spɑ(:)ntíːni | spɔn-; *It.* spontíːni/, **Ga·spa·ro** /gáspаro/ (**Luigi Pa·ci·fi·co**) /patʃíːfiko/ *n.* スポンティーニ (1774–1851; イタリア生まれのオペラ作曲家・指揮者).

spon·toon /spɑ(:)ntúːn | spɔn-/ *n.* **1** 小型の矛(ほこ), スポンツーン《英国の color sergeant がもった武器》. **2** 警官の棍棒 (truncheon). 〖(1598) □ F *(e)sponton* □ It. *spuntone* ← *s-* (< L *ex-* 'from, EX-¹')+*punto* (< L *pūnctum* 'POINT')〗

spoof /spúːf/ 《口語》 *vt., vi.* **1** だます, 一杯食わせる (hoax, humbug). **2** (軽く悪気なく)揶揄(やゆ)する, からかう, 冷やかす (joke, kid). — *n.* **1** だます[かつぐ]こと, ぺてん (hoax, fake). **2 a** (悪気のない軽い)揶揄, からかい, 冷やかし. **b** 戯文, パロディー (parody). — *adj.* ごまかしの. 〖(1884) ← *Spoof*: 英国の喜劇役者 Arthur Roberts (1852–1933) が考え出したゲームの名から〗

spóof·er *n.* 《口語》 **1** だます人, ぺてん師 (deceiver). **2** 揶揄(やゆ)する人, もじる人. 〖1914〗

spoof·er·y /spúːf(ə)ri/ *n.* **1** だまし, ぺてん (deceit). **2** 悪気のない軽い冗談. 〖(1895): ⇨ -ery〗

spook /spúːk/ *n.* **1** 《口語》 幽霊 (⇨ ghost SYN); お化け (hobgoblin); (心霊術の会での)亡霊. **2** 《口語》 変人, 奇人. **3** 《米・カナダ俗》 秘密探偵, スパイ (spy). **4** 《俗》 =ghost-writer. **5** 《俗》 [軽蔑的に] 黒人, ニグロ. — *vt.* **1** 《米・カナダ口語》〈幽霊などが〉出る, 住みつく (haunt). **2** 《口語》 **a** おどす, びっくりさせる (frighten). **b** おどして...させる. **3** 《俗》 =ghostwrite. — *vi.* 《口語》 びっくりする, 驚く; 驚いて逃げ出す. 〖(1801) □ Du. ~ ← ?: cf. G *Spuk*〗

spóok·ish /-kɪʃ/ *adj.* 《口語》 幽霊[お化け]のような. 〖(1893): ⇨ ↑, -ish¹〗

spook·y /spúːki/ *adj.* (**spook·i·er; -i·est**) **1** 《口語》 幽霊[亡霊]の[に関する]. **2** 幽霊[お化け]でも出そうな, 気味悪い (eerie, ghastly): a ~ house 化け物屋敷. **3** 《米》〈人・馬などすぐ驚く, 臆病な (nervous, skittish).

spóok·i·ly /-kɪli/ *adv.* **spóok·i·ness** *n.* 〖(1854) ← SPOOK+-Y¹〗

spool /spúːl/ *n.* **1 a** 物を巻きつける円筒状のもの. **b** (写真フィルムの)スプール. **c** (録音テープの)リール. **d** (タイプライターの)リボン巻き. **e** 糸巻き, 糸巻き軸 (bobbin). **f** 〘釣〙 リールの糸巻き, スプール. **2** スプールに巻き取る材料[量]. — *vt.* **1** 糸巻き[スプール]に巻く. **2** 〈糸などを〉糸巻き[スプール]から〉巻き取る 〔*off, out*〕: ~ the thread *off* the bobbin ボビンから糸を巻き取る. — *vi.* **1 a** 〈糸などが〉糸巻きに巻かれる. **b** 糸巻き[スプール]に巻く. **2** 〔糸巻き[スプール]から〕巻き取る 〔*off*〕: ~ *off* the bobbin. **3** 〘電算〙 スプールする《入出力を補助記憶装置を経由させて効率的に行う》. 〖(*a*1325) *spole* □ OF *espole* (F *époule*) // MDu. *spoele* (Du. *spoel*) < (WGmc) **spōlōn*: cf. G *Spule*〗

spóol tùrning *n.* 球体を連結した形に加工した挽物部材.

spoom /spúːm/ *n.* スプーム《果汁やワイン入りのシロップにメレンゲをまぜて作った菓子; シャーベットの一種》. 〖□ It. *spuma* foam〗

spoon¹ /spúːn/ *n.* **1 a** [しばしば複合語の第 2 構成素として] さじ, スプーン: He should have a long ~ that sups with the devil. 《諺》 悪魔と食事をする人は長いスプーンが入用《ずるい相手だからうんと知恵を働かせなければだめ》/ It takes a long ~ to sup with him. あいつは(悪魔だから)一筋なわではいかない / ⇨ dessertspoon, soup spoon, tablespoon, teaspoon, apostle spoon, egg spoon, marrow spoon, salt spoon. **b** さじ一杯 (spoonful) 〔*of*〕. 日英比較 日本の「スプーンレース」に相当するのは egg-and-spoon race で, 卵をのせて走る. **2 a** スプーン形の物, スプーンの皿に似た物. **b** (狭い穴を掘るための)スプーン形シャベル《spoon shovel ともいう》. **c** =spoon oar. **3** 〘釣〙 スプーン《金属の擬似餌; スプーンの皿の部分の形をしていて, 水中を引くと不規則な動きで魚を誘う; spoon bait, trolling spoon ともいう; cf. spoon hook, spinner 4》. **4** 〖1803〗〘英大学〙 =wooden spoon. **5** 〘海軍〙 スプーン《魚雷発射管の先端に突き出したスプーン形の延長部; 魚雷をなるべく水平に突っ込ませるためのもの》. **6** 〘ゴルフ〙 スプーン《スプーン形の先のあるクラブ; number three wood ともいう》.
be bórn with a sílver spóon in *one's* ***mòuth*** 富貴の家に生まれる, 幸運に生まれつく. (*c*1703) ***máke a spóon or spóil a hórn*** のるかそるかやってみる《スコットランドでは牛や羊の角でスプーンを作ることがもと一般に行われていたことから》. (1818)
— *vt.* **1** さじ[スプーン]ですくい取る, さじでしゃくる: ~ (*up*) one's soup. **2** 《米俗》 (スプーンが重なるように)〈人〉の背に抱きついて寝る (cf. spoon-fashion). **3** 〘ゴルフ・クリケット〙 すくい上げるように〈ボールを〉打つ, 軽く打ち上げる.
— *vi.* **1** さじ[スプーン]を浸す: ~ *into* a bowl. **2** 《米俗》 人の背に抱きついて寝る 〈*out*〉. **3** 〘釣〙 スプーンで釣る. **4** 〘ゴルフ・クリケット〙 ボールをすくうように軽く打つ, ボールを打ち上げる.
〖(OE) (*c*1350) *spōn* chip ← Gmc **spēnu-* (Du. *spaan* / G *Span* / ON *spōnn, spánn* chip) ← ? IE **sp(h)ē-* long-flat piece of wood (Gk *sphḗn* wedge): 「スプーン」の意は 14 C から〗

spoon² /spúːn/ 《口語》 *n.* **1** ばか, あほう. **2** 女性に甘い男性, 鼻下長, でれすけ. ***be spóons on*** [***with***] ...にほれて[熱くなって]いる. — *vt.* (べたべたと)〈女性〉に言い寄る, 口説く; ...といちゃつく, 愛撫する. — *vi.* いちゃつく, 愛撫する. 〖(1846) 《比喩的用法》 ↑ // 《逆成》 ← SPOONY: または婚約した男性がそのフィアンセに love spoon を贈るというウェールズの習慣から〗

spóon·bàck *n.* スプーンバック《背中の曲面に適合するように作られた椅子の高い背もたれ》. 〖1909〗

spóon bàit *n.* 〘釣〙 =spoon¹ 3. 〖*c*1878〗

spóon·bill *n.* **1** 〘鳥類〙 くちばしの先がスプーン状で長く平たい鳥類の総称: **a** ヘラサギ《ヘラサギ属 (*Platalea*) の鳥類; 中央ヨーロッパから沿海州にいたるユーラシア大陸の温帯・熱帯などに生息するヘラサギ (common spoonbill) など; 日本には, クロツラヘラサギ (*P. minor*) が渡来することもある》. **b** ベニヘラサギ (roseate spoonbill). **2** 〘鳥類〙 **a** ハシビロガモ (shoveler). **b** 《英方言》 スズガモ (scaup duck). **c** アカオタテガモ (ruddy duck). **3** 〘魚類〙 ヘラチョウザメ (⇨ paddlefish). 〖1678〗

spoonbill 1 a
(*P. leucorodia*)

spóonbill càt *n.* 〘魚類〙 =spoonbill 3.

spóon-bìlled *adj.* 〈くちばしの先などがスプーン状で長く平たい. 〖1668〗

spóon bòw /-bàu/ *n.* 〘海事〙 スプーン形船首[へさき]. 〖1909〗

spóon brèad *n.* 《米南部・中部》 スプーンブレッド《とうもろこし粉に牛乳・卵などを加えて作るカスタード状のパン; 非常に柔らかいのでスプーンで食べる》. 〖1916〗

spóon·drìft *n.* =spindrift. 〖(1769) ← (廃) *spoon* to run before the wind (← ?)+DRIFT: cf. spindrift〗

spóon·er *n.* (余分の茶さじを入れておく)さじ入れ, スプーン立て.

spoon·er·ism /spúːnərɪzm/ *n.* 〘音韻〙 スプーナー誤法, 頭音転換《2 語以上の初頭音が互いに転換すること; 例えば received a *crushing blow* を received a *blushing crow*, *well-oiled bicycle* を *well-boiled icicle* などと言う類; cf. metathesis, malapropism》. 〖(1900) ← Rev. W. A. *Spooner* (1844–1930: よくこの種の言いまちがいをした Oxford 大学 New College の学長): ⇨ -ism〗

spoon·ey /spúːni/ 《口語》 *adj.* (**spoon·i·er; -i·est**) = spoony. — *n.* (*pl.* **~s**) =spoony. 〖← SPOONY: ⇨ -ey〗

spóon-fàshion *adv.* 《米口語》 スプーンのように重なり合って: sleep ~. 〖(1856) ← SPOON¹ (n.)+FASHION〗

spóon-fèd *adj.* **1 a** 〈子供など〉甘やかされた, 過保護の. **b** 〈産業など〉極端に保護された. **2 a** 〈教材・ゆがめられた情報など〉一方的に授けられた[注ぎ込まれた]. **b** 〈人が〉一方的に教え込まれた, 自主的判断[行動]のできなくなった. **3** 〈幼児・病人が〉さじ[スプーン]で食べさせられる. 〖1901〗

spóon-fèed *vt.* (**-fed**) **1 a** 〈子供などを〉むやみに甘やかす, 過保護にする. **b** 〈産業などを〉極端に保護する. **2 a** 〈教材などを〉一方的に懇切丁寧に授ける; 〈ゆがめた情報・思想などを〉一方的に注ぎ込む. **b** 〈人〉に教材(など)を一方的に授ける; ゆがめた情報(など)を〈人〉に一方的に注ぎ込む. **3** さじ[スプーン]で食べさせる. 〖1615〗

spóon fòod *n.* =spoon meat.

spoon·ful /spúːnfʊ̀l/ *n.* (*pl.* **~s, spoons·ful**) **1** さじ[スプーン]一杯(分), (特に)茶さじ一杯(分), 一さじ(分) 〔*of*〕: by ~*s* 一さじずつ, 少しずつ. **2** 少量, 少数. 〖(*c*1300): ⇨ spoon¹ (n.), -ful²〗

spóon hòok *n.* 〘釣〙 スプーンをつけた針. 〖1888〗

spóon mèat *n.* (特に, 幼児・病人用の)スプーンで食べる食べ物, 流動食: live on ~. 〖1555〗

spóon nàil *n.* 〘病理〙 さじ状爪, スプーン(状)爪 (koilonychia). 〖1899〗

spóon òar *n.* さじ櫂(かい)《水かきがスプーン状; 単に spoon ともいう; cf. spade》.

spóon shòvel *n.* =spoon¹ 2 b.

spoon·wòrm *n.* 〘動物〙 ユムシ《ユムシ動物門 (*Echiura*) の体節のない動物の総称; ソーセージ形の体と平たい頭部をもち世界の浅海に広く分布する》.

spoon·y /spúːni/ 《口語》 *adj.* (**spoon·i·er; -i·est**) **1** 〔女に〕甘い, でれでれした, 鼻下長の (amorous, soft) 〔*over, on, upon*〕: be ~ *over* [*on*] her. **2** ばかな, たわいない (silly). — *n.* **1** 鼻下長, でれすけ. **2** うすばか, あほ.

spóon·i·ly /-nəli, -nɪli | -nɪli, -nəli/ *adv.* **spóon·i·ness** *n.* 〖(1795) ← SPOON¹ (n.)+-Y⁴: (食べ物をさじ

で食べさせる必要があるほど)「子供っぽい」の意から〗

spoor /spʊ́ə, spɔ́ə | spɔ́ːʳ, spʊ́əʳ/ *n.* (*pl.* ~, ~s) (猟獣の)臭跡, 遺臭 (track); 足跡 (trail). — *vt.* 〈猟獣〉の遺臭を追う. — *vi.* 臭跡を追う, 追跡する. **~·er** /spʊ́ərə, spɔ́ːrə, spɔ́ərə | spɔ́ːrəʳ, spʊ́ərəʳ/ *n.* 〖(1823) □ Afrik. ~ < MDu *spo(o)r*: cf. OE, ON & OHG *spor* / G *Spur* footprint, track: cf. spur, spurn〗

spor- /spɔːr, spoːr | spɔːr/ (母音の前にくるときの) sporo- の異形.

-spo·ra /⌐spərə/〖生物〗「…のような胞子の特徴をもつ生物」の意の名詞連結形. 〖← NL ~ ← Gk *sporā* seed〗

Spor·a·des /spɔ́(ː)rədìːz, spɑ́(ː)r- | spɔ́rədìːz, spərɑ́ːdiːz; *Mod.Gk.* spɔrɑ́ðes/ *n. pl.* [the ~] スポラデス(諸島): **1** Cyclades 島を除くエーゲ海のギリシャの島々の旧名. **2** エーゲ海にあるギリシャ領の諸島《ギリシャの東海岸沖にある Northern Sporades と, 小アジアの南西沖にある Dodecanese 諸島を含む Southern Sporades から成る》. 〖□ L ~ □ Gk *Sporádes* (*nêsoi*) scattered (isles) ← *speírein* (↓)〗

spo·rad·ic /spərǽdɪk, spɔːr- | spərǽd-, spɔr-/ *adj.* **1** 〈同様の出来事など〉(個別に)時々起こる, 時折の (occasional) (⇨ rare SYN); 〈病気など〉散発(性)の, 散在(性)の: ~ outbreaks of riot 散発的な暴動 / a ~ case of scarlet fever 猩紅(しょうこう)熱の散発例. **2** 孤立した (isolated); 散在する, まばらの, ばらばらの (scattered); 〈植物など〉離れて生えている: a ~ growth of fern シダがまばらに生えていること. **spo·rád·i·cal·ly** *adv.* **~·ness** *n.* 〖(*a*1689) □ ML *sporadicus* □ Gk *sporadikós* ← *sporás* scattered ← *speírein* to scatter, sow: ⇨ sprout, spore〗

sporádic chólera *n.*〖病理〗散発性コレラ《症状はアジアコレラに似ているが病原菌がやや異なる》. 〖1845〗

sporádic É làyer *n.* [the ~]〖通信〗スポラジック[散発的] E 層 (E 層 (E layer) の領域に突発的に現れる電離層で高周波の電波を反射する). 〖1949〗

sporangia *n.* sporangium の複数形.

spo·ran·gi·o·phore /spərǽndʒiəfɔ̀ːə | -ə(ʊ)fɔ̀ːʳ/ *n.*〖植物〗胞子嚢(のう)床, 胞子嚢柄. 〖(1875) ⇨ ↓, -phore〗

spo·ran·gi·um /spərǽndʒiəm/ *n.* (*pl.* **-gi·a** /-dʒiə/)〖植物〗胞子嚢(のう), 芽胞嚢. **spo·rán·gi·al** /-dʒiəl/ *adj.* 〖(1821) NL ~ ← Gk *sporá* (↓)+ANGIO-+-IUM〗

spore /spɔ́ə | spɔ́ːʳ/〖生物〗*n.* **1** 胞子, 芽胞. **2** 胚種 (germ), 生殖細胞 (germ cell), 種子 (seed), 因子. — *vi.* 胞子[胚種, 種子]を有する[生じる], 胞子などによって繁殖する. — *vt.* 胞子(など)によって生む[繁殖させる]. **spóred** *adj.* 〖(1836) ← NL *spora* ← Gk *sporá* seed: cf. sperm, sporadic, sprout〗

-spore /spɔ̀ə | spɔ̀ːʳ/〖生物〗「…のような特徴[起源]をもつ胞子」の意の名詞連結形. 〖↑〗

spóre càse *n.*〖植物〗=sporangium.

spóre frùit *n.*〖植物〗=fruiting body.

spóre móther cèll *n.*〖植物〗胞子母細胞, 芽胞母細胞.

spo·ri- /spɔ́ːrɨ/ sporo- の異形 (⇨ -i-).

-spo·ric /spɔ́ːrɪk/「…の(数の)胞子をもった」の意の形容詞連結形. 〖← SPORE, -IC¹〗

spo·ri·cide /spɔ́ːrəsàɪd | spɔ́ːrɨ-/ *n.*〖植物〗殺胞子剤. **spo·ri·cid·al** /spɔ̀ːrəsáɪdḷ | spɔ̀ːrɨ-⌐/ *adj.* 〖← SPORO-+-CIDE〗

spo·rid·i·um /spərídiəm | spɔríd-, spɔr-/ *n.* (*pl.* **-i·a** /-diə | -diə/)〖植物〗小生子《前菌糸から造られた小型の分生胞子; cf. basidiospore》. 〖(1821) ← NL ~: ⇨ sporo-, -idium〗

spo·rif·er·ous /spəríf(ə)rəs, spɔːr- | spɔr-, spɔr-/ *adj.* 胞子を生じる. 〖(1836): ⇨ sporo-, -ferous〗

Spork /spɔ́ək | spɔ́ːk/ *n.*〖商標〗スポーク《米国 Van Brode Milling 社製のスプーンとフォーク; 特にプラスチックの先割れスプーン》. 〖(混成) ← SP(OON)+(F)ORK〗

spo·ro- /spɔ́ːroʊ | spɔ́ːrəʊ, spɔ́r-/「胞子 (spore), 種子 (seed)」の意の連結形. ★ 時に spori-, また母音の前では通例 spor- になる. 〖← NL *spora* 'SPORE'+-o-〗

spo·ro·carp /spɔ́ːrəkɑ̀əp | spɔ́ːrəkɑ̀ːp, spɔ́r-/ *n.*〖植物〗胞子嚢(のう)果, 芽胞果, 子実体. 〖(1849) ← SPORO-+-CARP〗

spo·ro·cyst /spɔ́ːrəsɪ̀st, spóːr- | spɔ́ːrə(ʊ)-, spɔ́r-/ *n.* **1**〖植物〗胞子嚢(のう)子. **2**〖動物〗スポロキスト《扁形動物のジストマ類の第二期の幼生》. **spo·ro·cys·tic** /spɔ̀ːrəsɪ́stɪk | spɔ̀ːrə(ʊ)-, spɔ̀r-⌐/ *adj.* 〖(1861) ← SPORO-+-CYST〗

spo·ro·cyte /spɔ́ːrəsàɪt | spɔ́ːr-/〖植物〗胞子母細胞. 〖1891〗

spòro·génesis *n.*〖植物〗**1** 胞子生殖, 芽胞繁殖 (cf. megasporogenesis). **2** 胞子形成 (spore formation). **spòro·génic** *adj.* **spo·rog·e·nous** /spərɑ́(ː)dʒənəs, spɔːr- | spərɔ́dʒɨ-, spɔr-/ *adj.* 〖(1890) ← ⇨ sporo-, -genesis〗

spo·ro·gone /spɔ́ːrəgòʊn | spɔ́ːrə(ʊ)gəʊn, spɔ́r-/ *n.*〖植物〗=sporogonium. 〖↓〗

spo·ro·go·ni·um /spɔ̀ːrəgóʊniəm | -spɔ̀ːrə(ʊ)gə́ʊ-, spɔ̀r-/ *n.* (*pl.* **-nia**)〖植物〗(コケ類などの)胞子体. **spò·ro·gó·ni·al** /-niəl⌐/ *adj.* 〖(1875) ← SPORO-+-GONIUM〗

spo·rog·o·ny /spərɑ́(ː)gəni, spɔːr- | spɔːrɔ́g-, spɔr-, -rɔ́dʒ-/ *n.*〖生物〗伝播(でんぱ)生殖, 胞子生殖, スポロゴニー《胞子虫類が胞子 (spore) を多数作って殖える繁殖法》. **spo·ro·gon·ic** /spɔ̀ːrəgɑ́(ː)nɪk | spɔ̀ːrə(ʊ)gɔ́n-⌐/ *adj.* **spo·róg·o·nous** /-gənəs, -dʒə-⌐/ *adj.* 〖(1888) ← SPORO-+-GONY〗

spo·ront /spɔ́ːrɑ(ː)nt | -rɔnt/ *n.*〖生物〗(胞子生殖における)スポロント, 胞子虫. 〖(1885) ← SPORO-+-ONT〗

spo·ro·phore /spɔ́ːrəfɔ̀ə | -rə(ʊ)fɔ̀ːʳ/ *n.*〖植物〗芽胞柄, 担子器. 〖(1849) ← SPORO-+-PHORE〗

spo·roph·o·rous /spərɑ́(ː)f(ə)rəs, spɔːr- | spərɔ́f-, spɔr-/ *adj.* **1** 芽胞柄 (sporophore) の[に関する]. **2** = sporiferous. 〖(1859) ← SPORO-+-PHOROUS〗

spo·ro·phyll /spɔ́ːrəfɪ̀l | spɔ́ːrə(ʊ)-, spɔ́r-/ *n.* (*also* **spo·ro·phyl** /~/)〖植物〗芽胞葉, 担子葉, 実葉 (cf. sterile 6 c, megasporophyll, microsporophyll). **spo·roph·yl·la·ry** /spərɑ́(ː)fəlèri, spɔːr- | spərɔ́fɪləri, spɔr-/ *adj.* 〖(1888) ← SPORO-+-PHYLL〗

spo·ro·phyte /spɔ́ːrəfàɪt | spɔ́ːrə(ʊ)-, spɔ́r-/ *n.*〖植物〗芽胞体, 胞子体 (cf. gametophyte). **spo·ro·phyt·ic** /spɔ̀ːrəfɪ́tɪk | spɔ̀ːrəfɪ́t-, spɔ̀r-⌐/ *adj.* 〖(1886) ← SPORO-+-PHYTE〗

spo·ro·pol·len·in /spɔ̀ːrəpɑ́(ː)lənɪ̀n | spɔ̀ːrəpɔ́lənɪn, -spɔ̀r-/ *n.*〖生化学〗スポロポレニン《花粉や高等植物の外層を構成する化学的に不活性な重合体》. 〖(1931): ⇨ sporo-, pollen, -in²〗

spo·ro·tri·cho·sis /spɔ̀ːrətrɨkóʊsɨs | spɔ̀ːrə(ʊ)trɪkə́ʊsɪs, spɔ̀r-/ *n.*〖病理〗スポロトリクム症《*Sporotrichum* 属の糸状菌による皮膚病》. **spo·ro·tri·chot·ic** /spɔ̀ːrətrɨkɑ́(ː)tɪk | -trɪkɔ́t-, spɔ̀r-⌐/ *adj.* 〖(1908) ← NL ~ ← *Sporotrichum*: ⇨ -osis〗

-spo·rous /spɔ́ːrəs/ =-sporic. 〖← SPORE, -OUS〗

sporozoa *n.* sporozoon の複数形.

Spo·ro·zo·a /spɔ̀ːrəzóʊə | -rə(ʊ)zə́ʊə/ *n. pl.*〖動物〗胞子虫亜門《原生動物の一亜門》. 〖(1888) ← NL ~: ⇨ sporo-, -zoa〗

spo·ro·zo·an /spɔ̀ːrəzóʊən | -rə(ʊ)zə́ʊ-, spɔ̀r-⌐/〖動物〗*n.* 胞子虫《胞子虫亜門の 1 個体; cf. plasmodium》. — *adj.* 胞子虫(亜門)の. 〖⇨ ↑, -an¹〗

spo·ro·zo·ite /spɔ̀ːrəzóʊaɪt | -rə(ʊ)zə́ʊ-, spɔ̀r-/ *n.*〖動物〗(胞子虫の)種虫(しゅちゅう). 〖(1888): ⇨ ↓, -ite¹〗

spo·ro·zo·on /spɔ̀ːrəzóʊɑ(ː)n | -rəzə́ʊɔn, spɔ̀r-/ *n.* (*pl.* **-zo·a** /-zóʊə | -zə́ʊə/)〖動物〗=sporozoan. 〖← NL ~ (sing.) ← SPOROZOA〗

spor·ran /spɔ́(ː)rən, spɑ́(ː)r- | spɔ́r-/ *n.* スポラン, 毛皮袋, 下げ袋《スコットランド高地人が正装の場合にウエストから kilt の前に下げる革[毛皮]袋で財布に用いる》. 〖(1752) □ Sc.-Gael. *sporan* (Ir.-Gael. *sparān* / Welsh *ysbur*) □ LL *bursa* 'PURSE'〗

sport /spɔ́ət | spɔ́ːt/ *n.* **1 a** [集合的にも用いて] (休養・娯楽のために行う)運動, 競技, スポーツ《狩猟・魚釣・帆走・競馬・ボート・野球・テニス・ゴルフ・ボウリング・レスリング・ボクシング・水泳など》: a lover of ~*s* [《英》~] =a ~*s*-lover スポーツ愛好者 / athletic ~*s* 運動競技; 《英》陸上競技 / take part in [play] a ~ スポーツをやる / He is fond of ~(*s*). スポーツが好きだ. **b** 《英》[*pl.*] 運動会, 競技会: school ~*s* / The (athletic) ~*s* were postponed. 運動会は延期された. **2 a** 《口語》(スポーツマンのように)潔い人, 気のいい人, 気さくな人 (good fellow): Be a good ~ and accept defeat gracefully. スポーツマンらしく敗北を堂々と認めなさい / Be a ~, and lend me a hand. 頼む(から), ちょっと手を貸してくれ. **b** スポーツ愛好者, スポーツマン. **c** 《米口語》勝負事の好きな人, ばくち打ち (gambler). **3 a** 娯楽, 楽しみ, 慰み, 気晴らし (pastime, diversion): spoil the ~ 興をそぐ (cf. spoilsport) / What ~! おもしろいな / Some people think it great ~ to play jokes. 悪ふざけをするのを大の楽しみにする人がいる. **b** 冗談 (jesting), ふざけ, 戯れ (joking); からかい, 冷やかし (ridicule): ⇨ in [for] SPORT, make SPORT of. **4 a** [the ~] おもちゃ, もてあそび物 (toy, plaything); おもちゃ(扱い)にされるもの: be *the* ~ of the waves [wind] 波[風]に翻弄される / She was *the* ~ of circumstances [fortune]. 境遇[運命]にもてあそばれた. **b** 笑い草[物], 物笑い (laughingstock). **5** 《米俗》めかし屋, 派手好みの人; きざな人; プレイボーイ (playboy). **6** 《口語》君《主に男性に対する親しい呼び掛け》: (old) ~ 君. **7** 《廃》恋の戯れ; 性的遊戯. **8**〖生物〗突然変異 (mutation), 変種, 芽条突然変異, 枝変わり (bud mutation).

a spórt of náture 《廃》=lusus naturae. (1635) ***in* [*for*] *spórt*** 戯れ[冗談]に; 遊び半分に. ***màke spórt of*** 《古》…をからかう, ばかにする.

spórt of kíngs [the —] 王者のスポーツ《競馬, 狩猟, 鷹狩》. (1735)

— *adj.* [限定的] =sports. ★ 主に《英》.

— *vi.* **1** (戸外)運動をする, スポーツをする; 猟[釣り]をする. **2** 〈子供・動物が〉ふざける, 戯れる (frolic). **3 a** 〔…を〕軽くあしらう (deal lightly), もてあそぶ (trifle)〔*with*〕. **b** 〔…を〕あざける, からかう (ridicule)〔*at*〕. **4**〖生物〗突然変異を起こす, 変種を生じる (mutate); 枝変わりする. **5** 《廃》〔…と〕いちゃつく (dally)〔*with*〕. — *vt.* **1** 《口語》見せびらかす, てらう (show off, display): ~ a new jacket 新調したジャケットを見せびらかす / ~ a gold watch and chain 鎖付きの金時計をぶら下げている / ~ a title 肩書きを振り回す / ~ a moustache ひげをひねって見せる. **2** おもしろく遊んで〈時を〉過ごす. **3 a** むやみに浪費する (spend recklessly, gamble)〈*away*〉. **b** 《古》〈金・時間を〉浪費する. **4**〖生物〗…に突然変種を起こさせる, …の変種を作る; 枝変わりさせる. **5** [~ *oneself* で] 《廃》楽しむ (amuse oneself). ***spórt one's óak*** ⇨ oak 6 b.

〖(n.: *c*1400; v.: ?*a*1400) 《頭音消失》← DISPORT (n., v.)〗

SYN スポーツ: **sport** 娯楽や運動の目的で主に戸外で行う身体的活動で, 通例特定の場所でルールに従って行う《フットボール, ホッケー, バレーボール, テニス, フェンシング, レスリング, 水泳など》. ★《英》では, 魚釣り, 狩猟もスポーツとされる. **game** 技術・知識などを必要とする活動またはスポーツで, 規則に従って人と競い合うもの. ★《米》では baseball, basketball, football のように -ball がつく競技には game を用い, golf, tennis などには match を用いる. 《英》では米国起源の競技以外には一般に match が用いられるが, 漠然と「試合」の意で game を用いることもある. **match** ボクシング, レスリング, テニス, クリケットなどの競技, 試合 (game の ★ を参照).

spórt càr *n.* =sports car.

spórt·càst *n.* =sportscast.

spórt còat *n.* =sports jacket.

spórt èditor *n.* =sports editor.

spórt·er /-tə | -təʳ/ *n.* **1** スポーツマン. **2** 派手な消費家. **3** 狩猟で使うもの《猟犬, 猟銃など》. 〖1536〗

spórt fìsh *n.* スポーツフィッシュ《釣人がスポーツフィッシングの対象として特にねらう魚》. 〖1944〗

spórt·fìsherman *n.* **1** スポーツフィッシング専門の釣人. **2** (魚群探知機などを備えた)スポーツフィッシング用の大型モーターボート. 〖1954〗

spórt·fìshing *n.* スポーツフィッシング. 〖1910〗

sport·ful /spɔ́ətfəl, -fl | spɔ́ːt-/ *adj.* **1 a** スポーツ[娯楽]的な; おもしろい. **b** ふざける, 戯れる, 遊び戯れる, 浮かれる, はしゃぐ, 陽気な. **2** おどけた, 冗談の. **~·ly** *adv.* **~·ness** *n.* 〖?*c*1400〗

spor·tif /spɔətíːf | spɔː-; *F.* spɔʀtif/ *adj.* **1** スポーツ好きの; 〈衣類が〉スポーツ向きの, 普段着の. **2** =sportive 1 b. 〖(1920) □ F ~〗

sport·ing /spɔ́ətɪŋ | spɔ́ːtɪŋ/ *adj.* **1** スポーツ[運動競技]の[に関する]; スポーツ用の; 遊猟用の: a ~ magazine スポーツ雑誌 / a ~ page [section] (新聞の)スポーツ欄 / the ~ world 運動競技界 / a ~ coat 運動着[服] / ~ goods 運動用品 / a ~ gun 猟銃. **2** スポーツマンらしい, 正々堂々たる (sportsmanlike): ~ conduct 立派な行為. **3** スポーツ[運動, 野外運動]好きの; 遊猟好きの: a ~ man= sportsman. **4 a** 冒険心のある, やまを張る, 冒険的な[を伴う]: ⇨ sporting chance / a ~ thing to do 危い[冒険的な]仕事. **b** 《米口語》売春にかかわる. **5**〖生物〗突然変異の傾向がある. **6** 《廃》戯れている; 冗談半分の. **~·ly** *adv.* 〖1600〗

spórting chánce *n.* [a ~] (勝負・成否が)五分五分の[何とか(うまく)いきそうな]見込み, 一か八かの[かなりの]チャンス[成算].

spórting dòg *n.* 猟犬.

spórting èditor *n.* =sports editor.

spórting gìrl *n.* 《米口語》売春婦 (prostitute). 〖1938〗

spórting hòuse *n.* **1** 《米口語》売春宿 (brothel). **2** 《古》賭博(ばくち)宿. 〖1857〗

spórting wòman *n.* =sporting girl.

spor·tive /spɔ́ətɪv | spɔ́ːt-/ *adj.* **1 a** 遊び戯れる, ふざける; はしゃぐ, 浮かれる, 陽気な. **b** おどけた, 滑稽(こっけい)な (jocose), 冗談の (jesting). **2** (特に, 戸外の)スポーツ[遊猟, 競技]の. **3** 《古》好色の, 多情な (amorous). **4**〖生物〗突然変異の (mutative). **~·ly** *adv.* **~·ness** *n.* 〖(1592–93) ← SPORT+-IVE〗

spórt jàcket *n.* =sports jacket.

sports /spɔ́əts | spɔ́ːts/ *adj.* [限定的] スポーツの[に関する]; スポーツ用[向き]の; 〈服装など〉戸外運動[スポーツ]に適した; ふだん着向きのスタイルの: a ~ commentator スポーツ実況解説者 / a ~ magazine スポーツ雑誌 / a ~ counter スポーツ用品売場 / ~ shoes 運動靴, スポーツシューズ / a ~ fan スポーツファン. 〖(1895) (pl.)? ← SPORT〗

spórts bàr *n.* 《米》スポーツバー《スポーツ中継を流しているバー》.

spórts càr *n.* スポーツカー《通例 2 人乗り高速自動車; sport car ともいう》. 〖1928〗

spórts·càst *n.* 《米》スポーツ(実況)放送, スポーツニュース. **~·er** *n.* 〖(1941) ← SPORTS+(BROAD)CAST〗

spórts cèntre *n.* 《英》スポーツセンター.

spórts còat *n.* 《米・豪》=sports jacket. 〖1914〗

spórts dày *n.* 《英》(学校の)体育の日, 運動会の日. 〖1940〗

spórts·dom *n.* スポーツ界.

spórts·dròme *n.* 競技場 (hippodrome).

spórts èditor *n.* (新聞社の)スポーツ[運動]部長, スポーツ欄編集主任. 〖1902〗

spórts fìnder *n.*〖写真〗スポーツファインダー《簡単なフレームで構成された直視式ファインダーで, これをのぞきながら外の状況も見ることもできる》.

spórt shirt *n.* =sports shirt.

Spórts Íllustrated *n.*「スポーツイラストレーテッド」《米国 Time 社発行の総合プロスポーツ週刊誌; 1954 年創刊》.

spórts jàcket *n.* スポーツジャケット《ツイードなどの素材で作ったカジュアルなジャケット; sport jacket, sport(s) coat ともいう》. 〖1927〗

sports·man /spɔ́ətsmən | spɔ́ːts-/ *n.* (*pl.* **-men** /-mən/) **1** 運動家, スポーツマン《戸外運動家, 特に遊猟家・釣人など》. 日英比較 日本語の「スポーツマン」に対応する英語は普通 athlete である. **2** 運動家[スポーツマン]精神の人, 正々堂々とやる人. **3** 《古》ばくち打ち, (特に)競馬賭博師(など). 〖(1706–07) ← SPORTS+-MAN: cf. craftsman〗

spórtsman·lìke *adj.* スポーツマンらしい; スポーツマンシップにかなう, 正々堂々とした. 〖(1816): ⇨ ↑, -like〗

spórts·man·ly *adj.* =sportsmanlike.

spórtsman·shìp *n.* **1** スポーツマンシップ[精神]; 運動競技の精神にかなうこと, 正々堂々としていること. **2** 《古》

S

遊猟[魚釣り, 馬術など]の手腕. 〘1745〙

spórts mèdicine *n.* 〘医学〙スポーツ医学《運動選手の栄養管理・能力向上・傷害処理と予防等に関する医学の一分野》. 〘1961〙

spórts pàge *n.* (新聞の)スポーツページ, スポーツ面.

spórts·pèrson *n.* =sportsman, sportswoman《性差別を避けた語; cf. -person》.

spórts schòlarship *n.* 《米》(大学の)スポーツ奨学金.

spórts sèction *n.* (新聞の)スポーツ欄, スポーツ面.

spórts shìrt *n.* スポーツシャツ《カジュアルな男性用シャツ; sport shirt ともいう》.

spórts·spèak *n.* 《米口語》スポーツ界の特殊用語.

spórts·ster /-stə | -stə^(r)/ *n.* =sports car.

spórts·wèar *n.* [集合的] 運動着, スポーツウェア, カジュアルウェア.

spórts·wòman *n.* (*pl.* **-wòmen**) 女性スポーツ愛好者 (cf. sportsman). 〘1754〙

spórts·wrìter *n.* (新聞などの)運動部[スポーツ]記者.

spórts·wrìting *n.* スポーツ記事を書くこと.

spórt utìlity vèhicle *n.* 〘自動車〙スポーツ汎用車《軽トラック車台の頑丈な四輪駆動車; オフロード用にも使える; 略 SUV》.

sport·y /spɔ́əṭi | spɔ́ːti/ *adj.* (**sport·i·er; -i·est**) 《口語》 **1 a** 〈車など〉軽快な, スポーツカータイプの. **b** 〈服装など〉派手な, けばけばしい (flashy); いきな, スポーティーな (stylish) (cf. dressy). **2** スポーツマンらしい (sportsmanlike). **3** スポーツに適した: a ～ golf course. **4** 〈態度など〉きびきびした; きりっとした身なりの. **5** 〈人が〉快楽を追う, 身持ちの悪い (loose). **spórt·i·ly** /-ṭəli, -tḷi | -tḷi, -tɪli/ *adv.* **spórt·i·ness** *n.* 〘(1889) ← SPORT (n.)+-Y¹〙

spor·u·late /spɔ́(ː)rjulèɪt, spɑ́(ː)r- | spɔ́r-/ 〘生物〙 *vi.* 胞子[芽胞]を形成する, 分裂して胞子[芽胞]になる. ― *vt.* 胞子に変態させる. 〘(1885)《逆成》↓: ⇨ -ate³〙

spor·u·la·tion /spɔ̀(ː)rjuléɪʃən, spɑ̀(ː)r- | spɔ̀r-/ *n.* 〘生物〙胞子形成; 胞子分裂. **spor·u·la·tive** /spɔ́(ː)rjulèɪṭɪv, spɑ́(ː)r- | spɔ́rjulèɪt-/ *adj.* 〘(1876) ← NL *sporula* (↓)+-ATION〙

spor·ule /spɔ́(ː)rjuːl, spɑ́(ː)r-, -ruːl | spɔ́r-/ *n.* 〘生物〙小芽胞, 小胞子 (small spore). **spor·u·lar** /spɔ́(ː)rjulə, spɑ́(ː)r- | spɔ́rjulə^(r)/ *adj.* 〘(1819) ▭ F ～ // ← NL *sporula* (dim.) ← *spora* 'SPORE': ⇨ -ule〙

-spo·ry /⁻⁻spɔ̀ːri, ⁻spəri/ 〘生物〙「…の(数の)胞子をもつこと[状態]」の意の名詞連結形: hetero*spory*. 〘← -SPORIC+-Y¹〙

s'pose /spóuz | spə́uz/ *v.* =suppose《非標準的な語》.

spot /spɑ́(ː)t | spɔ́t/ *n.* **1 a** (地肌・周囲と違った色・材料・仕上げなどの小さな)ぶち, ぽち, 斑点, まだら (patch, speck): a blue tie with white ～*s* 白の水玉模様のブルーのネクタイ / a black dog with white ～*s* 白いぶちのある黒犬 / the ～*s* of a leopard ヒョウの斑紋 / I keep seeing ～*s* (before my eyes), doctor. 先生, (目の前が)ちらちらするんですけど. **b** 《米》(目印のために樹皮につける)白いあと, 印 (blaze). **c** 《Shak》(刺繡の)模様. **2 a** しみ, よごれ (stain, blot): a ～ of ink [blood, mud, dirt, oil] インク[血, 泥, 油]のしみ. **b** できもの, 発疹, にきび (pimple): a face covered with ～*s* 吹出物だらけの顔 / Go to bed at once! You're coming out in ～*s*! すぐに寝なさい. 発疹がでてるよ. **c** あざ, ほくろ (nevus); 《廃》つけぼくろ (beauty spot): a black ～ on one's face 顔のほくろ. **d** 太陽黒点 (sunspot). **e** (葉・果実などの)きず: ～*s* on an apple. **f** (レントゲン・検眼鏡などで発見される肺や網膜などの)点状陰影, かげ: a ～ on the lung [retina]. **3** (人格・名声などの)汚点, きず (blemish, flaw), 汚名, 汚辱 (disgrace): a character without ～ or stain 一点のきずもない人格 / a ～ *on* one's character [reputation, honor] 人格[名声, 名誉]の汚点. **4 a** 点, 地点, 場所, 箇所, 所 (place, locality): a convenient [dangerous] ～ 便利[危険]な地点 / the (very exact) ～ where the accident took place 事故の起こった(ちょうど)その場所 / the ～ in the text where Fletcher takes over from Shakespeare フレッチャーがシェークスピアから取り入れているテキストの箇所 / a weak ～ (批判・反対される)弱い所; (人の知識で)不備な所 / a tender [sore] ～ (感情を害する)弱点, 痛いところ / ⇨ soft spot / a good fishing ～ よい釣場 / an interesting ～ for picnics ピクニックに面白い場所. **b** 《口語》娯楽の場所, 観光名所. **c** 《俗》ナイトクラブ (nightclub, night spot). **5 a** 《口語》(組織・階級における序列の中の)位置, 順位 (position); 地位, 職: the third ～ on the program プログラムで 3 番目の出番. **b** 《口語》(娯楽番組の)出演, 役: get a ～ as a comedian on TV テレビのコメディアンの役にありつく. **c** 《口語》苦境 (predicament): ⇨ *in a* (*bad, tight*) SPOT. **6** [a ～] 《英口語》 **a** 少し, 少量, ちょっぴり (small quantity, bit) 〔*of*〕: *a* ～ *of* leave [rest] ほんのしばらくの休暇[ひと休み] / There's not *a* ～ *of* room. 少しの余地もない / Let's have *a* ～ *of* lunch. ちょっと昼食を食べよう / just a few ～s of rain ほんのすこしの雨. **b** 一杯(の酒) (drink): How about *a* ～ of gin? ジンを一杯飲まないか. **7 a** (さいころ・ドミノ札の)目; その目のカード[札, 牌]. **b** (クラブ・ハートなどトランプ札の)図形. **c** (トランプ札の)点; [数詞を伴って] (…点の)トランプ札 (cf. spot card): the five ～ (of clubs) (クラブの) 5 (の札). **d** [数詞を伴って] 《米俗》特定の数字のついたもの; ドル(札): a ten-*spot* 10 ドル(札). **8** =spotlight. **9** 《口語》〘ラジオ・テレビ〙スポット《番組の合間に放送される広告や短い報道; cf. spot advertising, spot announcement, spot broadcasting》. **10** 《口語》(勝者・犯人などに)目星をつけること; 目星をつけられた人[馬],「ほし」: He is a safe ～ for the hurdles. ハードルで勝つことは確実. **11** 〘玉突〙 **a** スポット, 玉置き場《玉突き台で主玉を置き, または玉を打ち出す場所》: a ～ stroke スポットから先玉をポケットへ打ち込むこと. **b** 黒点のある白球 (spot ball). **12** 〘ボウリング〙スパット, スポット《レーン上に並んでいる標点の一つ》: **a** ファウルラインの前方にあるピンの位置を示す 10 個の丸い点の一つ. **b** ファウルラインの近くにあってストライクをねらうための目標となる 7 個のくさび形の印の一つ. **13** 〘魚類〙米国東海岸産ニベ科のイシモチに似た食用魚 (*Leiostomus xanthurus*). **14** [*pl.*] 〘商業〙即時売渡しの商品, 現物 (spot goods); スポット(買い)《長期契約によらない当用買い; cf. *adj.* 2》: the ～*s* market 現物市場. **15** 〘印刷〙スポット《星印のような, 小さくても目立つもの》; スポット(絵)《ページの途中や終わりの簡略な挿図》.

change one's spots [主に否定文で] 生まれつきの性質を変える, 性根を変える: Can the leopard change his ～*s*? ⇨ leopard 1. ***hit the high spots*** ⇨ hit 成句. ***hit*** [***go to***] ***the spot*** 《口語》〈飲食物などが〉ちょうどいい, 申し分ない: Hot tea *hits the* ～ on a cold day like this! こんな寒い日には熱いお茶がもってこいだ. (1908) ***in a*** (***bad, tight***) ***spot*** 《口語》困難[危険]な状態にあって, 苦境にあって, 困って (in trouble). (1929) ***in spots*** 《米》(1) 時々 (now and then). (2) ある程度 (to some extent). (1677) ***knock*** (***the***) ***spots off*** *a person* 《口語》(1) (あることで)〈人〉にはるかに勝る. (2) 〈人〉を完敗させる. (1856) ***on the spot*** (1) 現場で[に, の]: The doctor was *on the* ～ a few minutes later. 医者は数分後には現場に着いていた / the people *on the* ～ 現場に居合わせた人々 / running *on the* ～ 駆け足足踏み《進行せずにそのままの位置で駆け足すること》. (1687) (2) 即座に, すぐその場で (then and there). (1677) (3) 《俗》用意ができて, 抜かりなく. (4) 《口語》困難な状態にあって, 困って; 返答[説明, 決断]を迫られて. ***put*** *a person* ***on the spot*** 〈人を〉窮地に追い込む; 〈人に〉返答[説明, 決断]を迫る. (1928) ***touch the spot*** 《口語》〈物事が〉効を奏する, 申し分ない, もってこいだ. (1897)

― *adj.* [限定的] **1** 〘商業〙〈商品が〉即時売渡しの, 現金払いの, スポットの (cf. *n.* 14): a ～ sale 即売, 現金売り / ～ delivery 現場渡し / a ～ transaction 現金取引 / the ～ market 現物市場 / ～ goods 現物 / ～ wheat [cotton] 小麦[木綿]の現物 / sell ～ 現物で売る / ～ cash 現金払いの金, 即金 / ⇨ spot price. **2** 即座の (on hand); 任意[手当たり次第]に選ばれた, 無作為抽出標本調査で選ばれた: a ～ answer 即答 / ～ questions 任意選択の質問 / ⇨ spot check. **3** 〘ラジオ・テレビ〙 **a** 番組の間で放送する: ⇨ advertising, ⇨ spot announcement. **b** 現地放送の: ⇨ spot broadcasting. **4** 〘印刷〙(電気版で不備な部分を)差し替えた.

― *v.* (**spot·ted; spot·ting**) ― *vt.* **1** 《米口語》 **a** 見つける, 見出す, 見抜く (detect), (だれであると)認める (recognize); 怪しいやつと目をつける, 〈犯人〉の目星をつける: ～ the cause of the trouble 紛争の原因を見つける / It is difficult to ～ a friend in a crowd. 人込みの中で友人を見つけることは難しい / ～ a hypocrite 偽善者であることを見抜く. **b** 〈勝ちそうな馬〉に目をつける, 目星をつける, 言い当てる: ～ the winner. **c** 〘軍事〙〈目標の位置を〉正確に定める, 標定する; 〈敵の所在を〉つきとめる: ～ an enemy position. **d** 〘軍事〙〈弾着を〉観測する; 〈弾着〉の偏差を測定する《射撃修正のため射弾の偏差を観測する》: ～ the fall of a shot. **2** 《米口語》〘スポーツ〙 **a** 〈競技の相手〉にハンディを与える. **b** (アメリカンフットボールなどで)スポッター (spotter) として〈競技を〉観戦する. **c** (体操でけがを防ぐために)〈演技者を〉補助する, 介添えする. **3 a** …に斑点をつける, ぶちにする, まだらにする: ～ the wall *with* green paint 緑のペンキで壁をまだらにする. **b** 《米》〈樹木〉の皮に印[白いあと]をつける; 樹皮に白いあとをつけて〈道・境界を〉示す (cf. *n.* 1 b); 〈枕木〉に目印をつける. **c** 〈時計の裏ぶた・部品など〉に渦巻き模様を磨(ᵐ)りつける. **4** …にしみをつける (stain), 汚す (soil): ～ one's fingers with ink インクで指を汚す / His trousers were ～*ted* with mud. ズボンが泥で汚れた. **5** 〈人格・名声など〉に傷をつける, 汚す, 泥を塗る (sully, tarnish): ～ a person's character [reputation] 人格[名声]に傷をつける. **6 a** (あちこちに)配置する, 置く: Guards were ～*ted* along the shore. 海岸には見張りが配置されていた. **b** 点在させる, …に点在する (dot, stud): Boats were ～*ting* the bay. 船が湾に点在していた. **7 a** (計画の中で)〈人を〉…に位置づける. **b** 《口語》(プログラムの中で)…の出番を定める. **8 a** スポットライトで照らす. **b** …に焦点を合わせる. **9** (特に, (ドライ)クリーニングの前に)〈衣服〉のしみ抜きをする 〈*out*〉. **10 a** (玉突きおよびプールで)〈玉を〉スポット[玉置き場]に置く (cf. *n.* 11, spot ball). **b** 〈車両を〉(要求された)積卸位置へ誘導する. **11** 〘写真〙スポッティング[穴埋め]する《フィルムや印画の小さな傷やむらなどを透明絵の具で塗りつぶす》〈*out*〉.

― *vi.* **1** しみ[汚点]をつける. **2** しみ[汚点]がつきやすい, 汚れる: fabrics which ～ readily 汚れやすい布類. **3** 〘軍事〙 **a** (飛行機などから)攻撃目標を定める. **b** 弾着観測者になる. **4** 〘スポーツ〙 **a** (アメリカンフットボールで)スポッター (spotter) を務める. **b** (体操で)競技補助員を務める. **5** 《英》雨がパラパラ降る: It's ～*ing* (with rain). 小雨が降っている.

― *adv.* 《英口語》正確に, まさしく: ～ on time 時間ちょうどに (cf. spot-on).

〘(*c*1200) *spotte* ▭ ? (M)LG ～ // MDu. *spotte* stain, speck ← ? : cf. ON *spotti* small piece, bit〙

SPOT /spɑ́(ː)t | spɔ́t/ 《略》satellite positioning and tracking.

spót àdvertising *n.* 〘テレビ〙スポット広告《番組の切れ目にはさむ短い広告》. 〘1961〙

spót annòuncement *n.* 〘テレビ・ラジオ〙スポット(アナウンス)《主として番組の切れ目に放送される短い広告またはお知らせなど; spot advertisement ともいう》. 〘1937〙

spót bàll *n.* 〘玉突〙玉置き場[スポット]に置いた玉; 黒点のある白球 (cf. spot *n.* 11).

spót-bàrred gàme *n.* 《英》〘玉突〙連続して(テーブル上の)スポットにボールを置いて打つことが認められない玉突きゲーム. 〘1885〙

spót bròadcasting *n.* 〘テレビ・ラジオ〙 **1** スポット放送《全国放送に対して, ある地域に限って行う局地的な放送; 広告の重点キャンペーンなどに利用される》. **2** (事件の現場などから行う)実況放送.

spót càrd *n.* 〘トランプ〙数札《エースと絵札を除いた 2 から 10 までのカード; 10 を含めない場合もある》.

spót-chèck *vt.* …の無作為抽出標本調査をする, の概略見本調査をする. 〘1933〙

spót chèck *n.* 無作為抽出標本調査, 概略見本調査; 抜打ち点検 (cf. checkup 1 b). 〘1933〙

spót hèight *n.* 〘地理〙 **1** 独立標高点, 標高点《地形図を読むうえの補助に用いる》. **2** 標高点の高度を示す地形図上の数字. 〘1913〙

spót kìck *n.* 《英口語》〘サッカー〙=penalty kick 1.

spót làmp *n.* スポットライト(用電球) (spotlight).

spót·less *adj.* **1** しみのない, 汚れのない: a ～ room ちり一つ落ちていない部屋. **2** 無傷の, 欠点のない; 汚れのない, 潔白な, 非の打ちどころのない (irreproachable): a ～ reputation 汚れのない名声. **～·ly** *adv.* **～·ness** *n.* 〘(?*c*1380): ⇨ -less〙

spot·light /spɑ́(ː)tlàɪt | spɔ́t-/ *n.* **1** (舞台上の一人物または一場面に投射する)集中照明(具), スポットライト (cf. floodlight 1). **2** (自動車の)スポットライト. **3** [the ～] (世人の)視聴, 注目 (public attention). ― *vt.* **1** …にスポットライトを当てる, スポットライトで照らす[を向ける]. **2** (スポットライトを当てたように)目立たせる, …に注意を喚起する. 〘1904〙

spót lìne *n.* 〘劇場〙スポットライン《既設のロープではつり下げられない道具をつるすロープ》.

spót-lìt *adj.* 世間の注目を集めた; スポットライトの当たった. 〘1932〙

spót màrket *n.* 〘経済〙現物[直物]市場《現金の受払により商品が即座に受け渡しされる; cf. forward market》. 〘1939〙

spót mèter *n.* 〘写真〙スポットメーター《被写体の一部だけからの反射光を測定する露出計; 通例 受光角は 5 度以下》.

spót nèws *n.* 〘新聞〙速報される最新のニュース, スポットニュース. 〘1912〙

spot-on /spɑ́(ː)tɑ́(ː)n, -tɔ́(ː)n | spɔ̀tɔ́n⁻/ 《英口語》 *adj.* 正確に狙われた, 狙いを外さない; 全く正確な, ぴったりの. ― *adv.* 正確に, ぴったりと. 〘1920〙

spót pàss *n.* 〘スポーツ〙スポットパス《バスケットボール・アメリカンフットボール・アイスホッケーなどで直接競技者にではなくあらかじめ決めておいた地点に送るパス》. 〘1948〙

spót plàte *n.* 〘化学〙点滴板, 滴板《斑点試験 (spot test) に用いるもので, 幾つかのくぼみのある磁器製またはガラス製の板》. 〘1928〙

spót prìce *n.* 〘商業〙現物価格《即時渡しの商品の価格; cf. future price》. 〘1882〙

spót quotàtion *n.* 〘商業〙現物相場 (cf. forward quotation).

spot·ta·ble /spɑ́(ː)ṭəbḷ | spɔ́t-/ *adj.* しみ[汚れ]のつきやすい.

spot·ted /spɑ́(ː)ṭɪ̀d | spɔ́tɪd/ *adj.* **1 a** 斑点のある, 斑(ᵐ)入りの, まだらの, ぽちぽちのある (dotted): a ～ tie 水玉のネクタイ / a ～ leopard 斑点のあるヒョウ. **b** (木の)皮をむいて印[白いあと]をつけた. **2** しみのついた (bespotted), 汚れた (stained): Her dress was ～ with grease. 彼女のドレスは油で汚れていた. **3** 〈人格・名声など〉傷のある (sullied): a ～ reputation 傷ついた名声. **4** 《口語》目をつけられた (noticed), マークされた (marked); (特に)怪しいやつと目をつけられた (suspected). **5** 点在する; あちこちにばらまかれた. **～·ness** *n.* 〘*c*1250〙

spótted ádder *n.* =milk snake.

spótted bláck báss /-bǽs/ *n.* 〘魚類〙米国中部の河川に生息するサンフィッシュ科ブラックバス属の淡水魚 (*Micropterus pseudoplites*).

spótted cálla lìly *n.* 〘植物〙カラー[オランダカイウ]の一種 (*Zantedeschia albomaculata*)《熱帯アフリカ原産サトイモ科の多年草; 葉に白斑があり花は淡黄色》.

spótted cát *n.* **1** 〘動物〙斑点のある外被をもったネコ類《ヒョウ・ジャガー・オセロット・サーバル・チータなど》. **2** 〘魚類〙=spotted catfish.

spótted cátfish *n.* 〘魚類〙ブチナマズ (*Ictalurus lacustris*)《Mississippi 川流域および米国南東部産ナマズ目の食用魚の一種; 重さ 5 ポンドにも達する; channel cat (fish), fiddler (cat), spotted cat ともいう》.

spótted cávy *n.* 〘動物〙パカ (⇨ paca). 〘1781〙

spótted ców·bane *n.* 〘植物〙アメリカドクゼリ (*Cicuta maculata*)《北米北東部産のドクゼリ (hemlock) の一種; 水草で茎に紫色の斑点があり, 根茎は猛毒; spotted hemlock ともいう》. 〘1846–50〙

spótted cráke *n.* 〘鳥類〙フイリクイナ (*Porzana porzana*)《ヨーロッパ産ヒメクイナ属の鳥; 背は茶色で白斑があり灰色の胸にも白斑がある》. 〘1824〙

spótted cránesbill *n.* 〘植物〙=wild cranesbill.

spótted déer *n.* 〘動物〙アクシスジカ (axis deer) (*Cervus axis*).

spótted díck *n.* =spotted dog 2. 〘1849〙

spótted dóg *n.* **1 a** 斑点のあるイヌ. **b** [しばしば S- D-] ぶち《ダルメシアン (Dalmatian) のあだ名》. **2** 《英》干しぶどう入りのスエットプディング (suet pudding). 〘1854〙

spótted féver *n.* 〘病理〙 **1** 斑点熱: **a** 脳脊髄(ᵐᵐ)膜炎 (cerebrospinal meningitis). **b** 発疹チフス (typhus). 2 =Rocky Mountain spotted fever. 〘1650〙

spótted flýcatcher *n.* 〘動物〙ハイイロヒタキ (*Muscicapa striata*)《ヨーロッパに生息する森林鳴鳥》. 〘1783〙

spótted hémlock *n.* 〘植物〙=spotted cowbane.

spótted hyéna *n.* 〘動物〙ブチハイエナ, マダラタテガミイヌ, マダラハイエナ (*Crocuta crocuta*)《黄色を帯びた毛皮に暗褐色の斑点のあるアフリカ産のハイエナ; その鳴き声が悪魔の笑い声に似ているというので, ワライハイエナ (laughing hyena) ともいう; ⇨ hyena 挿絵》. 〘1781〙

spótted láurel *n.* =aucuba.

spótted nemóphila *n.* 〘植物〙=five-spot 3.

spótted órchid *n.* 〘植物〙 **1** 葉に斑点のある種々のラン《ユーラシア産; 特にヨーロッパのハクサンチドリ属 (*Dactylorhiza*) の 2 種ダクチロリザ フクシイ *D. fuchsii* (common spotted orchid) とダクチロリザ マキュラタ *D. maculata* (heath spotted orchid) を指す》. **2** ディポディウム プンクタトゥム (*Dipodium punctatum*)《オーストラリアにみられる桃色の斑点のある白い花をつける背の高いラン》.

spótted ráil *n.* 〘鳥類〙=spotted crake.

spótted sándpiper *n.* 〘鳥類〙アメリカイソシギ (*Actitis macularia*)《北米産の胸に斑点のあるクサシギ属の鳥; 《米》 peetweet》. 〘1768〙

spótted séa tròut *n.* 〘魚類〙米国大西洋沿岸にいるニベに似た釣用または重要な食用魚 (*Cynoscion nebulosus*). 〘1902〙

spótted súnfish *n.* 〘魚類〙 **1** 米国東部の河川にすむ小型で体の扁平な 2 種の淡水魚 (*Enneacanthus obesus*, *E. gloriosus*). **2** 米国南東部の淡水域に生息するサンフィッシュ科の小形の魚 (*Lepomis Punctatus*)《stumpknocker ともいう》. 〘1883〙

spótted wílt *n.* 〘植物病理〙斑点立枯れ病 (⇨ tomato streak). 〘1919〙

spótted wíntergreen *n.* 〘植物〙北米産ウメガサソウの一種 (*Chimaphila maculata*)《イチヤクソウ科の小形常緑低木で葉に白い斑点がある; 花はピンク》.

spot·ter /spάtə | spɔ́tə(r)/ *n.* **1** 斑点をつける[作る]人[もの]. **2 a** (クリーニングで)しみをとる人, しみ抜き屋. **b** しみ抜き(液). **c** 〘写真〙スポッティングをする人 (cf. spot *vt.* 11). **d** …を観察するのを趣味としている人, …マニア: a bird ～ 野鳥観察家 / a train ～ 鉄道マニア. **3 a** 《米口語》(従業員の不正を監視する)監視人, お目付; 探偵, スパイ, (特に)私立探偵 (private detective). **b** 民間対空監視人, スポッター. **4** 〘軍事〙 **a** 弾着観測者, 観測手; 標定手, 監的手. **b** 〘限定的〙偵察用の: a ～ plane 偵察機. **5** 〘銃砲〙示点板, 弾痕鋲(だんこんびょう)《射撃訓練で射手に弾着点を示すために標的に留めておく金属製の黒い小円板; spotting disk ともいう》. **6** 〘鉄道〙検路器. **7** 《アメフト》スポッター: **a** 試合の実況放送担当者のアシスタント《主に選手名を知らせる》. **b** コーチのアシスタント《スタンドで観戦し電話でベンチにいるコーチに報告する》. **8** 〘体操〙競技補助員《演技者をけがから守るために補助しやすい位置にいる人》. **9** 〘映画〙 **a** 映画の不自然なところをチェックする人. **b** 新しい題材や役者を探す人. 〘1611〙

spót tèst *n.* **1** 概略見本検査. **2** 〘化学〙斑点試験, 斑点分析《試験溶液の点滴の斑点反応による微量定性分析の一つ》. 〘1921〙

spot·tie /spά(ː)ti | spɔ́ti/ *n.* 《NZ》〘動物〙生後 3 か月未満の子鹿. 〘(1952) ← SPOTTY〙

spót·ting dìsk /spά(ː)tɪŋ- | spɔ́t-/ *n.* 〘銃砲〙=spotter 5.

spot·ty /spά(ː)ti | spɔ́ti/ *adj.* (**spot·ti·er**; **-ti·est**) **1 a** まだらの, ぼつぼつだらけの, 斑(ふ)入りの, 汚点だらけの. **b** (皮膚に)ぼつぼつ[ぶつぶつ]のある, はれ物[発疹]のある. **2** 一様でない, むらのある (irregular): His performance was ～. 彼の演技[演奏]にはむらがあった / ～ attendance (出たり休んだりする)むらのある出席(状態). **spót·ti·ly** /-təli, -tḷi | -tɪlɪ, -tɪli/ *adv.* **spót·ti·ness** *n.* 〘(1340) ← SPOT+-Y¹〙

spót-wèld *vt.* 〘金属加工〙〈2 枚の金属板を〉点溶接する (cf. spot welding). ― *n.* 点溶接の継ぎ目. **～·er** *n.* 〘1908〙

spót wèlding *n.* 〘金属加工〙点溶接《2 枚の金属板を棒状の電極の間にはさんで, 接触面に碁石状の跡を作りながら溶接する方法; cf. seam welding》. 〘1908〙

spous·al /spáuzəl, -zḷ/ *n.* **1** 〘通例 *pl.*〙《まれ》結婚式, 婚礼 (nuptials). **2** 《廃》結婚生活 (wedlock). ― *adj.* 《まれ》婚礼の; 結婚の (matrimonial). **～·ly** *adv.* 〘n.: (?c1300) *spousail(le)* □ OF *espousaille*: ⇨ espousal〙

spouse /spáus, spáuz/ *n.* 配偶者, つれあい, 夫, 妻. ― /spáuz, spáus/ *vt.* 《古》…と結婚する, めとる (wed). 〘n.: (?a1200) *spus(e)* □ OF *sp(o)us* (masc.), *sp(o)use* (fem.)《頭音消失》← *espous(e)* (F *époux*, *épouse*) □ L *sponsus* bridegroom, *sponsa* bride ← *spondēre* to betroth. ― v.: (c1200) ← (n.): cf. OF *esp(o)user*: ⇨ sponsor: ESPOUSE と二重語〙

spout /spáut/ *vt.* **1** 〈液状物・蒸気・粒状物などを〉噴射する, 噴出する, ほとばしらせる (spurt) 〈*out*〉: ～ lava 〈火山が〉溶岩を吹き出す / ～ blood 〈傷などが〉血を吹く / ～ smoke 〈煙突などが〉煙を吐き出す / ～ water 〈鯨が〉潮を吹く. **2** 《口語》とうとう[べらべら]と述べる, 演説口調で話す; 吟じる, 朗読する: ～ one's own verses 自作の詩を吟じる / The actor ～*ed* his lines. 役者はとうとうとまくし立てた. **3** …に飲み口[管]をつける. **4** 《英俗・米古》質に入れる (pawn). ― *vi.* **1 a** 〔…から〕噴出する, ほとばしる, ほとばしり出る〔*from, out of*〕(⇨ flow SYN). **b** 〈鯨が〉潮を吹く (blow); 〈間欠泉などが〉水を吹き出す: The whale ～*s*. 鯨は潮を吹く. **2** 《口語》べらべらとしゃべる[弁じる], とうとうと弁じたてる (declaim) 〈*off*〉.

― *n.* **1 a** 噴水, 水のほとばしり, 噴流 (jet). **b** (鯨の)噴気孔 (blowhole); 鯨が吹く潮. **c** 竜巻(たつまき) (waterspout). **d** (水などの)流れ下り, 土砂降り; 滝. **2 a** (噴水・ポンプなどの)噴出口. **b** (水差しティーポットなどの)口. **3** 〘通例 *pl.*〙 **a** 樋嘴(ひはし) (gargoyle) の管. **b** 縦樋(たてどい) (downspout). **c** 雨樋 (gutter). **4 a** (昔, 質屋で用いた)質物運搬用昇降機[樋]. **b** 《英古俗・米古》質屋 (pawnshop). **5** 〘貝類〙マテガイ (razor clam)《spout fish ともいう》.

ùp the spóut (1) 《俗》だめになって, 絶望的で. (1829) (2) 《俗》はらんで (pregnant). (1937) (3) 《英俗・米古》質に入って(いる) (in pawn) (cf. 4 a): put [shove, pop] *up the* ～ 質に入れる.

〘v.: (a1338) □ ? MDu. *spoiten* (Du. *spuiten*) ← Gmc **spūt-* ← ? IE **spyeu-*, *speu-* 'to SPEW, SPIT¹'. ― n.: (1392–93) ← (v.) // □ ? MDu. *spoite* (Du. *spuit*): cf. spate / Jpn.「スポイト」(□ Du.)〙

spóut cùp *n.* (乳児・身障者用の)吸い飲み. 〘1702〙

spóut·ed /-tɪd | -tɪd/ *adj.* 〈容器が〉吸い飲み状口つきの: a ～ bowl, pitcher, etc. 〘1833〙

spóut·er /-tə | -tə(r)/ *n.* **1 a** (何かを)噴出する物. **b** 噴出する油井[ガス井]. **c** 潮吹き鯨. **d** 《口語》とうとうとしゃべる人. **2 a** 捕鯨船. **b** 捕鯨船長. 〘1622〙

spóut hòle *n.* **1** (鯨などの)噴気孔 (blowhole). **2** (セイウチ・アザラシなどの)鼻孔. 〘1694〙

spout·ing /spáutɪŋ | -tɪŋ/ *n.* 《NZ》雨縦樋(あまたてどい). 〘(1875): ⇨ spout (n.), -ing³〙

spóut·less *adj.* 噴出口のない. 〘1784〙

spp. 《略》(*pl.*) species.

SPQR 《略》*L.* Senatus Populusque Romanus (=the Senate and People of Rome) ローマ元老院とローマ市民; small profits and quick returns 薄利多売.

Spr 《略》《英》Sapper.

SPR 《略》semi-permanent repellent; Society for Psychical Research 心霊研究協会.

Sprach·ge·fühl, s- /ʃprάːxgəfjùːl, ʃprάːk-, -fùːl; *G.* ʃpʁáːxgəfyːl/ *n.* 〘言語〙言語感覚, 語感. 〘(1894) □ G ～ 'speech feeling'〙

sprad·dle /sprǽdl | -dl/ 《方言・口語》*vt.* **1** (歩く際に)〈両脚を〉広げる (spread). **2** =sprawl. ― *vi.* **1** 股を広げて歩く (straddle). **2** =sprawl. 〘(1632)《混成》? < SPR(EAD)+(STR)ADDLE // ← Scand. (Norw.《方言》*spradla* to thrash about)〙

spráddle-lègged /-lègɪd, -lègd/ *adv.*, *adj.* 両脚を広げて[広げた]. 〘1935〙

sprag¹ /sprǽg/ *n.* **1** (車の)輪止め《車輪の輻(や)の間にはさんだり後ろに打ち込んだりする棒状のもの》. **2** 《NZ》〘鉱山〙ばん張り《ゆるい壁を支えたり壁の仕上げ塗りに間隔を入れたりする短い梁(はり)》. ― *vt.* (**spragged**; **spragging**) 〈乗り物を〉輪止めで動かないようにする. 〘(1841) ← ? Scand. (Swed.《方言》*spragg* twig): cf. sprig〙

sprag² /sprǽg/ *n.* タラの幼魚. 〘1706〙

sprag³ /sprǽg/ *adj.* 《まれ》賢い (quick, smart) (cf. Shak., *Merry W* 4. 1. 82). 〘(1597)《転訛》? ← 《方言》*sprack* brisk ← ?〙

Sprague /spréɪg/, **Frank Julian** *n.* スプレーグ (1857–1934; 米国の電気技師で, 1887 年に世界で最初に電車 (electric street railway) を開発した).

sprain /spréɪn/ *vt.* 〈手足(の筋)などを〉くじく, 違える, 捻挫(ねんざ)する: ～ the ankle, wrist, etc. ― *n.* くじき, 筋違い, ねんざ (wrench). 〘(1601) ← ? : cf. OF *espraindre* (F *épreindre*) to squeeze out < VL **expremere* = L *exprimere* 'to EXPRESS'〙

SYN 捻挫: **sprain** 手首・くるぶしなどをくじくこと: *sprained* thumb 親指の突き指. **strain** 筋肉を無理して長時間使いすぎて痛めること《*sprain* とほぼ同じ意味で用いられることもあるが, *sprain* よりも軽いものをいう》: back *strain* 腰痛.

spraing /spréɪŋ/ *n.* 〘植物病理〙ジャガイモのウイルス病《塊茎内部に曲線状の病変ができ, 葉にも輪紋または病変が生じる》. 〘((1513)) (1909) ← Scand.《原義》brightly colored stripe: cf. Norw. *sprang* fringe, lace〙

spraints /spréɪnts/ *n. pl.* 《英》カワウソの糞 (otter's dung)《猟師がカワウソの所在を知る手掛かりとする》. 〘(c1410) *sprayntes* □ OF *espraintes* (F *épreintes*) (pl.) ← *espraintе* (fem. p.p.) ← *espraindre* to squeeze out (⇨ sprain)〙

sprang /sprǽŋ/ *v.* spring の過去形. 〘OE ～ (pret. sing.)〙

sprat /sprǽt/ *n.* **1** 〘魚類〙大西洋ヨーロッパ沿岸産ニシン属のイワシの類の魚 (*Clupea sprattus*) (cf. brisling). **2** 《軽蔑》とるにたらない人, 小人. **3** 《英俗》=sixpence.

***thrów* [*úse, flíng awáy*] *a sprát to cátch a hérring* [*máckerel, whále*]** 大利を得るために小利を捨てる,「えびで鯛(たい)を釣る」. (1810) ― *vi.* (**sprat·ted**; **sprat·ting**) イワシ (sprats) を取る. 〘(1469)《変形》← ME *sprot* < OE *sprot(t)* (MDu. *sprot* / G *Sprott*) ← ? : cf. sprout〙

Sprát·ly Íslands /sprǽtli-/ *n. pl.* [the ～] 南沙(なんさ)群島《南シナ海中部の小島とサンゴ礁からなる島群; 中国・台湾・マレーシア・ベトナム・フィリピンが領有を主張する係争地》.

sprát·ter /-tə | -tə(r)/ *n.* 小イワシ (sprat) 漁をする人; 小イワシ漁船. 〘1863〙

sprat·tle /sprǽtl | -tl/ *n.* 《スコット》闘争 (struggle), 戦い (fight). 〘(1824)《音位転換》← 《廃》*spartle* to scatter《変形》← ME *sparple(n)* to scatter, disperse □ OF *esparpeillier* (F *éparpiller*)〙

spraun·cy /sprɔ́ːnsi, sprάːn- | sprɔ́ːn-/ *adj.* 《英口語》粋な, しゃれた, 流行の. 〘(1957) ← ?: cf.《方言》*sprouncey* cheerful〙

sprawl /sprɔ́ːl, sprάːl | sprɔ́ːl/ *vi.* **1 a** 〈手足が〉ぶざま[無造作]に投げ出されている. **b** 〈人が手足を無造作に[ぶざまに]伸ばして座る[横になる], 大の字になって寝そべる, 腹ばいになる: ～ [be ～*ing*, lie ～*ing*] on the bed [in a chair] ベッド[椅子]に大の字になって寝そべる[寝そべっている] / send a person ～*ing* 人をなぐり倒す (cf. send¹ *vt.* 5 a). **2 a** 〈建物・筆跡などが〉ぶざまに広がる[伸びる], のたくる, 〈つる・植物などが〉伸び放題に伸びる. **b** 〈都市などが〉不規則に宅地化する, スプロール化する. **c** 〈軍隊が〉不規則に散開する. **3** 腹ばいになって進む (scramble): go ～*ing* 腹ばいになって行く. **4** 《古》あがく, のたうち回る.

― *vt.* **1 a** 〈手・足を〉無造作に[ぶざまに]伸ばす: ～ *out* one's legs 足をぶざまに投げ出す. **b** 〈人を〉大の字なりに倒す, 腹ばいにさせる. **2** 不規則に広げる, 〈軍隊を〉不規則に散開させる. ― *n.* **1 a** 不規則な広がり[散開]. **b** (都市の)スプロール現象《郊外に不規則に宅地が広がっていく現象》: ⇨ urban sprawl. **2** だらしなく手足を伸ばして横たわること[横たわった姿勢], 大の字に寝ること: lie in a ～ 大の字になって横たわる.

～·er /-lə | -lə(r)/ *n.* 〘OE *sprēawlian* (cf. Norw. *sprala* / Dan. *sprælla*) ← ? Gmc **spr-* ← IE **(s)p(h)er-* to strew: cf. spread, sprout〙

sprawled /sprɔ́ːld, sprάːld | sprɔ́ːld/ *adj.* 〘通例叙述的〙手足を伸ばした, 寝そべった〔*on, across*〕〈*out*〉: be [lie] ～ (*out*) on the bed [in a chair] ベッド[椅子]に大の字に寝そべる.

spráwl·ing /-lɪŋ/ *adj.* **1** 不規則[ぶざま]に広がる, はいまわる; スプロールする: a ～ vine はいまわるつる / a ～ town スプロール化する都市. **2** 手足をだらしなく伸ばした, ぶざまな (ungainly). **3** 〈筆跡など〉まとまりのない, のたくる (scrawly): a letter written in a ～ hand のたくった筆跡の手紙. **～·ly** *adv.* 〘1550〙

sprawl·y /sprɔ́ːli, sprάːli | sprɔ́ːli/ *adj.* (**sprawl·i·er**; **-i·est**) **1** (不規則に)伸び広がった, はびこった (straggly). **2** 〈模様など〉無造作に書かれた. 〘1798〙

spray¹ /spréɪ/ *n.* **1** (滝や砕ける波の)しぶき, 水煙. **2 a** (消毒液・臭気止め・香水などの)噴霧, スプレー; 噴霧器でまく液. **b** 噴霧器, 香水吹き (atomizer). **c** (医療に用いる)吸入器. **3** 空中に飛び散るもの: a ～ of bullets 飛び散る弾丸, 弾雨. ― *vt.* **1** 〈水などの〉しぶきを飛ばす, 水煙を立てさせる. **2 a** 〔…に〕〈噴霧・しぶき・消毒液などを〉吹きかける〔*on, upon*〕; …に〔噴霧・しぶき・消毒液などを〕かける〔*with*〕: ～ an insecticide *upon* plants=～ plants *with* an insecticide 植物に殺虫剤を吹きかける. **b** 吸入をかける: ～ a sore throat 痛いのどに吸入をかける. **3** …に〔弾丸などを〕浴びせる〔*with*〕: ～ them *with* bullets 彼らに小銃弾を浴びせる. ― *vi.* **1** しぶき[水煙]を立てる, 霧を吹く. **2** 噴霧となって流れ出る. 〘n.: (1621) ← ? (cf. MDu. *spra(e)yen* / MHG *spræjen* to spray). ― v.: (1829) ← (n.)〙

spray² /spréɪ/ *n.* **1** 〘集合的にも用いて〙先が分かれて花・葉・果実をつけた美しい小枝 (⇨ branch SYN); (装飾用に)飾りつけた切り花: a ～ of flowers 花のついた枝. **2** 枝飾り, 枝模様: a ～ of diamonds ダイヤモンドの小枝状飾り. ― *vi.* 小枝状に出る. 〘(c1250) *sprai* < OE **spræ̆g* ← ? IE **(s)preg-* to jerk, scatter〙

spray³ /spréɪ/ *n.* =spree.

spráy càn *n.* スプレー容器. 〘1958〙

spráy·dèck *n.* (カヤックの上部に張る)しぶきよけ.

spráy dràin *n.* 〘農業〙(地中にそだを埋めて作る)暗渠排水(用溝).

spráy-drý *vt.* 〈ミルク・スープ・卵などを〉スプレードライする《噴霧状で熱に当てて粉末状にする》.

spráy·er *n.* **1** 噴霧をかける人. **2 a** 霧吹き, 噴霧器: a paint ～. **b** 吸入器 (spray). 〘(1891) ← SPRAY¹+-ER¹〙

spray·ey¹ /spréɪi/ *adj.* しぶきの(ような), 水煙を立てる. 〘(1831) ← SPRAY¹+-EY〙

spray·ey² /spréɪi/ *adj.* 小枝の, 小枝状の, 小枝のように広がっている (twiggy). 〘(1849) ← SPRAY²+-EY〙

spráy gùn *n.* (ペンキ・殺虫剤などの)吹付け器, スプレーガン. 〘1920〙

spráy nòzzle [hèad] *n.* 霧吹きノズル. 〘1919〙

spráy-òn *adj.* スプレー式の.

spráy-páint *vt.* スプレー[吹付け]塗装する.

spráy pàint *n.* スプレー式ペンキ[塗料].

spráy·skìrt *n.* =spraydeck.

spráy tànk *n.* (噴霧器などの)圧縮空気タンク[ボンベ].

spread /spréd/ *v.* (～) ― *vt.* **1 a** 〈巻いた物・たたんだ物などを〉広げる, 開く (open, unfurl); 〈腕・翼などを〉広げる (extend); 〈枝などを〉張る, 伸ばす〈*out*〉: ～ branches [fingers, legs, a net, sails, wings] 枝[指, 脚, 網, 帆, 翼]を広げる / ～ a flag [carpet] (巻いてある)旗[じゅうたん]を広げる / ～ *out* a map [newspaper] (たたんである)地図[新聞]を広げる / ～ *out* one's arms 腕を広げる; 腕を伸ばして手を広げる《驚き・絶望などのしぐさ》/ ～ one's hands *before* the fire 手を火にかざす / The view lay [was] ～ *out* before us. 眼前に景色が展開していた / *spread one's* HANDS, *spread one's* WINGS. **b** 〈トランプの札を〉扇形に広げる (fan out); 〈トランプの札を〉表を上にして並べる[見せる] (show). **2** 〈毛布・じゅうたん・テーブル掛けなどを〉〔…に〕〔広げて〕掛ける, 覆う, 敷く (cover)〔*on, over*〕; 〔毛布などを〕…に掛ける, かぶせる, 敷く〔*with*〕: ～ a blanket *over* a child 子供に毛布を掛けてやる / ～ a cloth *on* a table=～ a table *with* a cloth テーブルにテーブル掛けを掛ける / a meadow ～ *with* buttercups (じゅうたんを敷き詰めたように)一面にキンポウゲの咲き乱れた牧草地. **3** 〈バター・ペンキなどを〉…

S

に)塗る (coat)〔*on*〕; 〈バターなどを〉…に塗る〔*with*〕: ~ varnish *on* the exposed part 露出した部分にニスを塗る / ~ butter *on* bread = ~ bread *with* butter パンにバターを塗る. **4 a** 〈知識・情報・名声などを〉広める, 流布(ᵌ)する, 普及する; 公にする: ~ news ニュースを広める / ~ a rumor *around* うわさを言いふらす / ~ a person's fame 人の名声を広める / ~ a religion ある宗教を広める / ~ education 教育を普及する / ~ pamphlets *throughout* a town 町中にパンフレットをばらまく / ~ the word that he's coming 彼が来るというニュースを広める. **b** 〈病気などを〉蔓延(ᵐᵃⁿ)させる (disseminate): ~ an epidemic 伝染病を広がらせる. **c** 〈におい・光・音などを〉発散する (emit): roses ~*ing* their fragrance 芳香を一面に漂わせているバラ. **d** 〈興味・関心などを〉広がらせる: ~ one's interests *over* many subjects 多くの問題に関心をもつ[手を広げる]. **5 a** まき散らす, 一面に広げる (strew); 〈穀物・干し草などを〉(乾かすために)広げる: ~ fertilizer *over* a field = ~ a field *with* fertilizer 畑に肥料を散布する / ~ papers (*out*) *on* a desk 机の上いっぱいに書類を広げる / ~ hay to dry 干し草を広げて乾かす. **b** 〈人々を〉分散させる (disperse) 〈*out*〉: ~ *out* soldiers [a search party] 兵隊[捜索隊]を分散させる. **c** 〈建物などを〉広がらせる, 点在させる (scatter). **6** 〈研究・仕事・会議・支払いなどを〉引き延ばす (prolong); 〈ある期間に〉わたらせる〔*over*〕: ~ studies [work, payments] (*out*) *over* a few years 研究[仕事, 支払い]の期間を数年間に延長する. **7 a** 〈食卓〉に食物などを並べる, 出す (set); 〈食事などを〉出す, 供する (serve): ~ the table (*with* dishes) 食卓に料理を並べる, 食事の用意をする. **b** 〈食物などを〉並べる, 出す; 〈商品などを〉広げる, 陳列する (display): ~ dishes *on* the table 食卓に料理を並べる / ~ goods *out* (for sale) 品物を陳列する. **8 a** (圧力を加えて)押し広げる (space out): ~ *out* handwriting 各語の間を広げて書く. **b** (ハンマーなどで)平らに打ち延べる (flatten out): ~ the end of a rivet リベットの先端を打ち延べる. **9** [~ *oneself* で] **a** 広がる, 延びる; 〈人が〉大の字になる: The city ~ *itself* to the south [*into* the countryside]. その都市は南[地方]に向かって延びている. **b** [しばしば around を伴って]《口語》(異性などによく思われようと)大いに努力する, 奮発する; 気前を見せる; みえを張る. **c** しゃべり[書き]立てる; ほらを吹く, 自慢する〔*on*〕. **d** [~ *oneself* (too) thin として]《米》(どれも十分にできないほど)同時にいろいろなことに手を広げ過ぎる. **10** 〈富などを〉分配する (distribute); 〈負担となる事などを〉分担する (share)〔*among*〕. **11** 記録[記入]する (enter). **12** 《音声》平唇にする. — *vi.* **1 a** (空間的に)広がる, 散開する; 延びる, 及ぶ (expand) 〈*out*〉: The floods have ~ *over* the valley. 洪水は流域一面に広がった / The ink ~ *over* the desk. (こぼれた)インクが机一面に広がった / The farm ~*s out* like an open fan. 農場は扇のように広がっている / *Spread out*. [号令] (隊列など)間を置け, 散開[展開]せよ. **b** 〈風景などが〉開ける, 展開する 〈*out*〉: A vast desert [The view] ~*s out* before us. 広大な砂漠[風景]が眼前に展開している. **c** 〈旗などが〉(風に)広がる; 〈枝・根などが〉広がる, 張る, 〈雑草などが〉はびこる; 〈表情などが〉広がる: ~*ing* yews 枝を張ったイチイの木 / An expression of amazement ~ *over* [*across*] his face. 驚きの表情が顔中に広がった. **d** 〈人口・動植物などが〉分布する. **2** (時間的に)広がる, 及ぶ, わたる: The course ~*s over* three years. その課程は3年間にわたる / The lectures ~ *over into* the second semester. その講義は2学期まで続いている[食い込んでいる]. **3 a** 〈影響・思想・病理・においなどが〉広がる, 広まる, 蔓延する: Rumors are ~*ing*. うわさが広まっている / ~ *abroad* 一面[一般]に広まる / ~ like wildfire 野火のように広まる / Buddhism has ~ *over* [*across*] the countries of the East, and increasingly *into* the West. 仏教は東洋諸国にそして西洋にますます広がっている / Influenza has ~ *throughout* the town. インフルエンザが町中に広がっている / The cancer has ~ *through*(*out*) his body [(*in*)*to* other organs]. ガンは彼の全身[他の部分]に転移した / The strike ~ *to* other groups. ストライキが他のグループに飛火した. **b** 〈興味・関心などが〉広がる, 及ぶ〔*over*〕. **c** 〈人が〉〈新しい活動・分野などに〉手を広げる 〈*out*〉〔*into*〕. **4 a** 〈ペンキなどが〉広がる, 伸びる. **b** 〈インクなどが〉にじむ, 散る. **c** 〈金属・バター・ゴムなどが〉伸びる, 展性がある: ~ like butter [easily] バターのように[容易に]伸びる. **5** 〈レール・椅子の脚など(の間隔)が〉(圧力を受けて)広がる (separate): The chair legs ~ under her weight. (彼女が座ると)重さで椅子の脚が開いた.

— *n.* **1 a** 広がる[延ばす]こと; 伸張 (expansion); 広がり, 幅, 広さ (extent): the ~ of the city 都市の伸張[広がり] / the ~ of cancer 癌の転移 / the alarming ~ of the floods 驚くべき洪水の広がり / measure the ~ of the branches [wings] 枝[翼]の広がりを測る. **b** 広がる[延びる]力, 延び, 展性: the ~ of gold 金の展性. **c** 《口語》胴回りが太ること: develop (a) middle-age(d) ~ 中年太りする. **2 a** 広まり, 流布, 普及 (diffusion): the ~ of a rumor [scientific knowledge] 風評の広まり[科学知識の普及]. **b** (病気の)蔓延 (prevalence): the ~ of cholera コレラの蔓延. **c** (人口・動植物などの)分布 (distribution). **3** 《米・カナダ口語》(広々とした土地・水域などの)展開 (expanse): a wide ~ of country [waters] 広々と展開した田園地方[海域]. **4** 広げて掛ける物《テーブル掛け, 寝台掛けなど》. **5** 《パン・クラッカーなどに塗る》スプレッド《バター・ジャム・ピーナッツバターなど》: cheese ~ チーズスプレッド. **6** 《口語》(食卓に出された)豪華なごちそう (feast): What a ~! たいしたごちそうだ / He gave us no end of a ~. 非常な盛宴を張ってくれた. **7 a** (新聞・雑誌のカット・写真などを伴った)全段または数段抜きの記事[広告] (cf. spreadhead, picture spread). **b** 見開き《2ページ続きの記事・広告・写真など; cf. double truck, center spread》: a two-page ~ 2頁続きの記事. **8** 間隙(ᵏᵃⁿᵍᵉᵏⁱ), 隔たり (gap); 相違 (difference): the ~ between ideal and reality 理想と現実の隔たり[相違]. **9** 《米西部》**a** 大牧場 (ranch). **b** (家畜の)群れ (herd). **10** 《商業》**a** 値開き《相場での原価と売価の差》. **b** 複合選択権《売付け選択権と買付け選択権をまとめたもの; cf. straddle》. **11** 《口語》見栄, みせびらかし (display). **12** 《口語》《航空》=wingspan. **13** 《宝石》上から見た宝石の見かけの大きさ. **14** 《米・カナダ》(フットボールの試合などで賭ける場合の)点差. **15** =bedspread. **16** 《トランプ》数の同じ3–4枚のカード; 同じ組の連続した3枚以上のカード.

— *adj.* **1** 広がっている, 伸びた (expanded); 散らばった (diffused). **2** 〈広告など〉2段抜き以上に及ぶ: a two-page ~ advertisement 2ページ大[見開き]の広告. **3** 〈宝石が〉薄石の, スプレッドの. **4** 《音声》平唇の《唇の両端が後ろへ引かれて発音される; cf. round[1] 9》: ~ vowels 平唇母音 (/i/, /e/, /ɛ/, など).

〘v.: (?*a*1200) *sprede*(*n*) < OE -*sprǣdan* to diffuse < (WGmc) **spraidjan* (Du. *sprei*(*d*)*en* / G *spreiten*) (caus.) ← **spridan* (OHG *sprītan* to be extended) ← IE *(*s*)*p*(*h*)*er*- to strew: cf. sperm, sprawl, sprit, sprout. — n.: (1626) ← (v.). — adj.: (*c*1511) ← (v.)〙

spread·a·ble /sprédəbl | -də-/ *adj.* 塗り広げられる, 広げ伸ばせる. **spread·a·bil·i·ty** /sprèdəbíləti | -dəbílɪti/ *n.* 〘1940〙

spréad bétting *n.* スプレッド賭け《賭ける人があらかじめレベルを指定し, それと試合などの結果[得点]との開き[点差]の程度に応じて勝つ[負ける]金額が定まる賭け》. 〘1992〙

spréad cíty *n.* 《米》郊外に無制限に広がった都市, スプロール現象を起こした都市.

spréad-éagle *adj.* (*also* **spréad-éagled**) **1** 翼を広げた鷲のような, 鷲が翼と脚とを広げたような: in a ~ position. **2** 《米口語》(特に, 米国の偉大さについて)誇張的な (bombastic); 度が過ぎた愛国主義の: a ~ speaker アメリカ自慢の演説家. — *vt.* **1 a** 〈人を〉大の字なりに倒す (stretch out): lie ~*d* on the bed [grass] ベッド[芝生]に大の字になって寝る. **b** (むちの刑に処するため)手足を広げて〈人を〉縛りつける. **2** 完敗させる, 敗北させる (rout). **3** 《アメフト》スプリットより広く間を広げて〈フォーメーションを〉セットする. **4** 《クリケット》投手の投げた球の勢いで〈三柱門を〉扇形に開いて折る. — *vi.* **1** 手足を広げて立つ[動く]. **2** 《フィギュアスケート》スプレッドイーグル (spread eagle) を演じる. 〘1826〙

spréad éagle *n.* **1 a** 翼と脚を広げた鷲《米国の紋章》. **b** 《紋章》翼を広げた双頭の鷲. **2 a** 翼を広げた鷲のような[を思わせる]もの. **b** (車輪などに)手足を広げて縛りつけられた人: make a ~ of a person 人の手足を広げて縛りつける. **c** 背割りにして焼いた鳥. **3** 《米口語》(特に, 度が過ぎた愛国者の)大言壮語: a speech full of ~. **4** 《フィギュアスケート》スプレッドイーグル, 横一文字型《両手を左右に開いた滑走姿勢で, フリースケーティングの技の一種》. 〘(1570) (なぞり) ← F *aigle éployée*〙

spréad-éagle·ism /-iːglɪzm/ *n.* 《米口語》度が過ぎた米国自慢[愛国主義]. 〘(1859): ⇨ ↑, -ism〙

spréad énd *n.* 《アメフト》=split end 1.

spréad·er /sprédə | -dəʳ/ *n.* **1 a** 広げる[広がる]人[もの]. **b** (パンに)バターを塗るナイフ, バターナイフ. **c** (昆虫標本を作る展翅(ᵗᵉⁿˢʰⁱ)板の)コルク台. **d** (殺虫剤に加用する)展着剤《石鹸水・カゼインなど; cf. sticker 8》. **e** のり[ゴム]引き機《布にゴムまたは樹脂溶液をコーティングする機械; spreading machine ともいう》. **f** (綿・麻などに撚(ʸ)りをかける前に篠(ˢʰⁱⁿᵒ)を引き伸ばす練篠(ʳᵉⁿˢʰᵒ)機; (繊維をそろえ延ばす)展延機. **g** (肥料・砂・干し草などの)散布機, 拡散機. **2** 《海事》横木《ヨットの支索を緊張させるためにマストの中間に取り付けた横棒》. **3** 《通信》(アンテナの)掛けわく. 〘1483〙

spréad formàtion *n.* 《アメフト》スプレッドフォーメーション. 〘1949〙

spréad·hèad *n.* 《ジャーナリズム》(新聞の)全段または数段抜きの大見出し (cf. scarehead, screamer 3, spread *n.* 7 a).

spréad·ing dógbane /-dɪŋ | -dɪŋ/ *n.* 《植物》= bitter dogbane.

spréading fàctor *n.* 《生化学》拡散因子 (⇨ hyaluronidase). 〘1932〙

spréading machìne *n.* =spreader 1 e.

spréad·shèet *n.* 《電算》スプレッドシート, 表計算プログラム《縦横にならんだ表のデータ集計・計算を中心とするプログラム; その表》. — *vi.* スプレッドシートを用いる. 〘1982〙

spreathed /spríːðd/ *adj.* 《英南西部・南ウェールズ方言》(皮膚が)ひび割れた, 痛い. 〘(p.p.) ← *spreathe* ← ?〙

Sprech·ge·sang /ʃpréçgəsàːŋ, ʃprék- | -sæ̀ŋ, -zæŋ; G. ʃpʀɛ́çgəzaŋ/ G. *n.* 《音楽》シュプレヒゲザング《歌と語りの中間に位置する歌唱表現》. 〘(1925) ◻ G ~ (*sprechen* 'to SPEAK'＋*Gesang* 'SONG') (なぞり) ← It. *recitativo* 'RECITATIVE'〙

Sprech·stim·me /ʃpréçʃtìmə, ʃprék-; G. ʃpʀɛ́çʃtɪmə/ G. *n.* 《音楽》=Sprechgesang. 〘(1922) ◻ G ~ ← *sprechen* (↑)＋*Stimme* voice〙

spree /spríː/ *n.* **1** 遊び戯れ, 愉快, 一興. **2** 酒宴, 酒盛り: a drinking ~ 酒宴 / be [go] on a [the] ~ 痛飲する, 飲み騒ぐ, 浮かれ騒ぐ. **3** ひとしきり[爆発的に]すること, やり放題, 大浮かれ; (特に反社会的な)集中的行動: a spending [shopping] ~ 派手な金遣い[買い物]. — *vi.* 飲み浮かれる, 痛飲する. 〘(1804) (変形) ← ? (古) *spreath* ◻ Ir.-Gael. *sprèidh* cattle taken as booty〙

Spree /ʃpréɪ, spríː; G. ʃpʀeː/ *n.* [the ~] シュプレー(川)《ドイツ東部の川; Berlin を貫流して Havel 川に注ぐ (398 km)》.

sprée drìnker *n.* 定期的に痛飲したくなる人, 飲酒狂 (dipsomaniac).

sprei·te /ʃpráɪtə | -tə; G. ʃpʀáɪtə/ *n.* (*pl.* **sprei·ten** /-tn; G. -tn/, ~**s**) 《古生物》シュプライテ《無脊椎動物の化石中, 穴の充填物中にみられる縞模様》. 〘(1962) ◻ G ~ a layer of lamina〙

spre·ke·li·a /sprəkíːliə/ *n.* 《植物》ツバメズイセン, スプレケリア (*Sprekelia formosissima*) 《ヒガンバナ科の球根植物; メキシコやグアテマラに生育し, 真紅の十字状の花をつける》. 〘(1840) ← NL *Sprekelia* (属名) ← J. H. *von Sprekelsen* (d. 1764: Linnaeus にその球根を送ったドイツ人)〙

sprent /sprént/ *adj.* 《古》散らした, まき散らした, ふりかけた (sprinkled)〔*with*〕. 〘ME *spreinte* (p.p.) ← *sprenge*(*n*) < OE *sprengan* to sprinkle < Gmc **spraŋʒjan* (caus.) ← **spreŋʒan* 'to SPRING' (Du. & G *sprengen*): cf. besprent〙

sprew /sprúː/ *n.* 《南ア》《鳥類》テリムク(ドリ)《ムクドリ科テリムクドリ属 (*Lamprotornis*) などの多彩なまたは光沢のあるムクドリの総称》. 〘(1795) ◻ Du. *spreeuw* starling〙

sprez·za·tu·ra /sprètsətúᵊrə | -túərə, -tjúərə; It. sprettsatúːra/ *n.* (特に芸術・文学で)故意の不注意. 〘(1957) ◻ It. ~〙

sprig /spríg/ *n.* **1** (葉や花のついた)小枝, 若枝 (twig) (⇨ branch SYN): a ~ of parsley [laurel]. **2** (織物・陶器・壁紙などの)小枝模様. **3** 《口語・まれ》《戯言》**a** 子, 子孫 (offspring), 〔…の〕出〔*of*〕: a ~ *of* the nobility 貴族の出. **b** [通例軽蔑的に] 若者 (youth). **4 a** 先の尖(ᵗᵒᵍ)ったもの. **b** 合せ釘 (dowel pin). **c** (窓ガラスを留めるための)くさび形に切ったブリキ片, パテ釘 (glazier's point). **5** 《NZ》(靴底の)びょう. — *vt.* (**sprigged; sprig·ging**) **1** 小枝で飾る, …に小枝模様をつける: ~*ged* muslin 小枝模様のついたモスリン. **2** (木などの)小枝を切り取る: ~ a tree. **3** …に合せ釘[びょう]を打つ.

spríg·ger *n.* 〘(1359) *sprigge* ← ?: cf. spray[2]〙

sprig·gy /sprígi/ *adj.* (**sprig·gi·er; -gi·est**) 小枝[若枝]の多い[で覆われた]: a ~ tree / a ~ pattern 小枝模様. 〘(1597) ← SPRIG＋-Y[4]〙

spright /spráɪt/ *n.* 《古》=sprite. 〘*a*1533〙

spright·ful /spráɪtfəl, -fl/ *adj.* 活発な, 元気のよい, 威勢のよい, 陽気な (sprightly). **~·ly** *adv.* **~·ness** *n.* 〘1591〙

spright·ly /spráɪtli/ *adj.* (**spright·li·er; -li·est**) 活発な (lively), 元気のよい, 威勢のよい (⇨ agile SYN); 陽気な. — *adv.* 活発[陽気]に. **spríght·li·ness** *n.* 〘(1596–97) ← *spright* (古・変形) ← SPRITE)＋-LY[1]〙

spríg·tàil *n.* 《鳥類》**1** =pintail 1. **2** =ruddy duck. **3** =sharp-tailed grouse.

spring /spríŋ/ *n.* **1** [しばしば S-] 春《天文学上は北半球では春分から夏至まで, 南半球では秋分から冬至まで; 一般には, 冬が過ぎて草木の芽の出る季節を指す; 通俗的には, 北半球では大体, 3, 4, 5 月, 英国では 2, 3, 4 月とすることもある》: in (the) ~ 春に / in ~ 春には[なると] / in the ~ of 1980 1980年の春に / I can feel ~ in the air. 大気の中に春を感じる. ★ ラテン語系形容詞: vernal. **2** ばね, ぜんまい, はじき, スプリング, 弾機, 発条: the ~ of a watch [carriage] 時計のぜんまい[馬車のばね] / a pneumatic ~ 圧搾空気ばね / a bow ~ 弓形弾機 / worked by steel ~s 鋼鉄ぜんまい[ばね]仕掛けの / It works by means of a ~. それはばね[ぜんまい]で動く / a spring-operated mechanism ぜんまい仕掛けの機械 / ⇨ coil spring, leaf spring, spiral spring, volute spring. **3 a** はね返り, 反動 (recoil): the ~ of a bow 弓のはね返り. **b** 弾性, 弾力 (elasticity): His muscles have no ~ in them. 彼の筋肉には弾力がない / There's no longer a ~ in his step. 彼の足どりにはもはや力がない. **c** (心の)弾力, (頭の)柔軟性; 力 (power), 精力 (energy), 元気, 活力 (spirit): His mind has lost its ~. 彼の精神に張りがなくなった. **4** 跳ぶこと, はねること, 跳躍, 飛躍 (leap, bound): rise with a ~ 一跳び上がって立つ, ぱっと起き上がる / reach something *with* [*in*, *at*] a single ~ 一跳びでものに届く / make a ~ at a person 人に飛びかかる. **5 a** 湧き水, 泉, 源, 水源 (fountain). **b** [通例 *pl.*] (特殊な効力を持つ)天然の泉: hot ~*s* 温泉 / mineral ~*s* 鉱泉. **c** 泉に似た[を思わせる]もの: a ~ of pity 湧き出る憐憫の情. **6** [*pl.*] **a** 源, 本源, 根本 (source), 根源 (origin): the ~*s* of mankind / The custom has its ~*s* in another country. その風習の起源は他国にある. **b** (活動の)原動力; 動機: the ~*s* of one's conduct 行為の動機. **7** [時に *pl.*] 大潮(の時期) (spring tide). **8 a** 初期 (first stage); (人生の)青春期 (springtide, springtime): the ~ of life 人生の春, 青春(時代) / the ~ of the year 年の始め. **b** 《古》夜明け (dawn) (cf. *1 Sam.* 9: 26): the ~ of the morning [day] 暁, 早朝. **9** そり, ゆがみ, ひずみ (warp); そった[ゆがんだ]物. **10** 《スコット》急速活発な曲[ダンス]. **11** 《海事》**a** 割れ, 裂け目. **b** (ヨットの)漏れ口. **c** 引索, スプリング. **12** 《建築》スプリング, アーチ起点, 起拱点《アーチの始まる点または線; springing ともいう》. **13** 《廃》新芽 (young shoot).

— *adj.* [限定的] **1** 春の[に出てくる]; 春向きの: a ~ day / ~ flowers 春の花 / a ~ overcoat, hat, etc. **2** ばねのある, はね返る: a ~ fastening ばね仕掛けの錠前 / ⇨ spring mattress. **3** 泉からの[出る]: ⇨ springwater.

— *v.* (**sprang** /spræŋ/, 《米》**sprung** /sprʌŋ/; **sprung**) — *vi.* **1 a** (ばねのように, または筋肉を収縮させて, 急にすばやく)跳ぶ (leap), 躍る, はねる (jump), 跳び上がる, 飛びかかる (⇨ jump SYN); (連続して)ぴょんぴょん跳び上がる: ~ (*up*) *into* the air [*over* a gate, *out of* bed] 飛び立つ[門を飛び越える, ベッドから飛び起きる] / The dog *sprang at* his throat [him]. 犬が彼ののどに[彼に]急に飛び

かかった. **b** (座っている状態・横になっている状態から)すばやく立ち上がる: ～ *from* one's chair 椅子から立ち上がる / ～ *to* one's feet すっと[不意に]立ち上がる / ～ *to* attention 飛び立って気をつけの姿勢をとる. **c** 〈獲物などが〉(隠れ場所などから)急に飛び立つ[出す]. **d** (飛ぶように)突然[さっと]動く[行く, 来る]: His hand *sprang to* his sword (hilt). 彼の手は刀のつかに飛んでいった / Tears *sprang to* his eyes. 彼の目に涙が浮かんだ / Blood *sprang to* his face. 彼の顔がさっと紅潮した / They *sprang to* the new task [*into* action] at once. 彼らはすぐに勇躍新しい仕事に取りかかった[行動に移った]. **2** 〈ばねまたは弾力性のあるものが〉はじく, はね返る (recoil): The branch *sprang* back. 枝がはね返った / The doors *sprang* open. ドアがぱっと開いた / The lid has *sprung to* [*shut*]. ふたがばたんと閉まった. **3** 急に[突然, 一躍]〔…に〕なる〔*into*〕: ～ *into* fame [notoriety] 急に有名になる[悪名高くなる] / ～ plump *into* the eye of the world 一躍世間の注目を引く. **4** 〈水・血・火花などが〉急に流れ出す, ぱっと光り出す, 奔出する (issue suddenly) 〈*forth, out, up*〉: The sweat *sprang up* on his forehead. 汗が額に吹き出た / Sparks *sprang from* the fire. 火花が火からぱっと飛んだ / Blood *sprang from* the wound. 血が傷口からさっと流れ出た. **5 a** 〈流れなどが〉〔…から〕源を発する, 起こる (rise), 湧く, 湧き出る (well)〔*from*〕: The river ～*s from* a lake. その川は湖に源を発している. **b** 〔…の〕出である〔*of, from*〕: He *sprang from* one of the best families in the north. 彼は北国の名家の出身だった / The family ～*s of* (a line of) ancient kings. その家は古い王家の一族だ. **c** 〔原因・根拠から〕起こる, 生じる (originate)〔*from*〕: courage ～*ing from* conviction 確信から生じる勇気 / All our errors have *sprung from* carelessness. 我々の誤りは皆不注意から生じた / Strange thoughts ～ *up from* lonely contemplation. 一人で考え込んでいると妙な考えが起こる. **d** 〈植物などが〉生える, 発芽する (grow) 〈*up*〉: The rice is beginning to ～ *up*. 稲が生えてきた. **e** 生じる, 起こる, 現れる (take rise) 〈*up*〉: Great industries *sprang up*. 大産業が興った / An attachment *sprang up* between him and her. 彼と彼女の間に愛情が芽生えた / A couple of problems have *sprung up* at work. 仕事で問題が二つ生じた / Hope ～*s* eternal in the human breast. 希望は人の心に常に生じる (Pope, *An Essay on Man*) / Where did you ～ from? 急にどこから出てきたのかね. **f** 〈風が〉吹き出す 〈*up*〉: A breeze began to ～ *up*. そよ風が立ち始めた. **6** 〈塔などが〉そびえる, そびえ立つ (rise upward)〔*above, from*〕: The steeple ～*s* high *above* the town. 尖塔(せんとう)が町の上に高くそびえている. **7 a** 〈材木・板などが〉反る, ゆがむ; ひびが入る, 割れる (wrap, split): The door has *sprung*. 戸が反った. **b** 〈機械・装置などの一部が〉飛び出る (shift); 外れる. **8** 〈機雷・地雷などが〉爆発する (explode). **9** 《古》〈光が〉見え始める, 〈夜が〉明けそめる (dawn). **10** 〚建築〛〈アーチが〉上に伸びていく; 〈アーチが〉迫(せ)り元から始まる. **11** 〚獣医〛 **a** 〈雌の家畜が〉出産の徴候が出る. **b** 〈乳房が〉ふくれる (swell). **12** 《米口語》払う (pay): Who'll ～ *for* the drink? 飲代はだれが払う.
— *vt.* **1 a** 跳ばす, 躍らせる, 跳び上がらせる; 飛び出させる. **b** 〈獲物などを〉〔隠れ場などから〕飛び立た[出さ]せる (rouse)〔*from*〕: ～ a pheasant *from* the covert 隠れ場からきじを飛び立たせる. **c** 《口語》逃走を助ける (help to escape) ～ a prisoner (from jail) 囚人を(刑務所から)脱獄させる. **2 a** (ばね仕掛けなどで)はね返らせる, 〈機械の部品などを〉ぱんと外す[縮める], …の引金を外す[縮める]: ～ a trap わなをはね返らせる / ～ a lid open ふたをぱっと開ける. **b** [通例 p.p. 形で] …にばねをつける: The mattress will have to be *sprung* again. マットレスはばねを新しくしなければならない. **3** 〔人などに〕急に[突然]持ち出す, 言い出す (reveal)〔*on*〕: ～ a new proposal *on* a person [a motion *on* an assembly] 突然人に新提案[会議に動議]を持ち出す / He *sprang* this information *on* me soon after I got home. 家に着くと彼は突然私にこの情報を伝えた / ～ a surprise *on* a person 人を突然驚かす / ～ a joke *on* a person 人に冗談を言う. **4 a** 折る, 裂く, 割る (split, crack): I had *sprung* my racket. ラケットにひびをいらせてしまった. **b** 〈足を〉痛める, くじく (sprain). **5 a** 〈へぎ板・棒などを〉曲げる, 反らす: ～ a steel band. **b** 曲げて〔…に〕入れる[はめる]〔*in, into*〕. **c** 〈ばねなどを〉(戻らなくなる所まで)引き伸ばす. **6** 〈地雷などを〉爆発させる (explode): ～ a mine on a person ⇨ mine[2] *n.* 成句. **7** 《まれ》飛び[躍り]越える (leap over): ～ a fence. **8** 《米口語》〔…に〕〈金を〉支払う, 出す, 使う (spend); 〈人に〉おごる〔*for*〕: ～ ten dollars *for* amusement 娯楽に 10 ドル使う. **9** 《口語》〈人を〉〔刑務所・兵役などから〕釈放[解放]する[させる], 脱走させる〔*from*〕. **10** 〚海事〛 たわめる, ゆるめる: ～ a butt (船の動揺などのために)外板接合部にゆるみを生じさせる / ～ the [her] luff 《英》かじをとって船首を風上へ向ける. **11** 〚建築〛〈アーチを〉上に伸ばしていく: ～ an arch.
spring a léak 急に水もれが始まる.
〘v.: OE *springan* to leap, burst forth < Gmc **spreŋzan* (Du. & G *springen* / ON *springa*) ← IE **sprengh-* (鼻音化) ← **spergh-* to move, spring (Gk *spérkhesthai* to hasten). — n.: OE *spring*, *spryng* ← Gmc **spreŋʒ-*, **spruŋʒ* (Du. *spring* / G *Spring* fountain & *Sprung* leap) ← (v.): 「春」の意は (*a*1547) から: cf. 《廃》*spring of the year* spring〙

spring·al[1] /spríŋəl/ *n.* 《古》 投石器 《昔の武器》. 〘ME *springal(d)* □ OF *espringale* ∥ AF *springalde* ← *espringuier* to jump ← Gmc (cf. OHG *springan* 'to SPRING')〙

spring·al[2] /spríŋəl/ *n.* 《古》 =springald. 〘1542〙

spring·ald /spríŋəld/ *n.* 《古》 少年, 若者 (youth). 〘(*c*1440) *spryn(g)holde* 《異化による変形》? ← **springard* jumper, leaper: ⇨ spring (v.), -ard〙

spríng bàck *n.* 〚製本〛 そり背 (hollow back). 〘1895〙

spríng bàlance *n.* ばねばかり 《つり下げる物の重さに比例してばねが伸びて, 重さが目盛りに表れるはかり》. 〘1842〙

Spríng Bánk Hóliday *n.* =Spring Holiday.

spríng béam *n.* 〚海事〛 外輪船における外輪軸につながる長い梁(はり) (beam) 《外輪箱を支える力も受け持つ》. 〘1797〙

spríng béauty *n.* 〚植物〛 =claytonia.

spríng béd *n.* スプリング付きマットレス; スプリング付きマットレスを備えたベッド. 〘1846〙

spríng béetle *n.* 〚昆虫〛 =click beetle.

spríng béll *n.* 〚植物〛 南北アメリカ原産アヤメ科ニワゼキショウ属の赤紫の花をつける小型の植物 (*Sisyrinchium douglasi*). 〘1847〙

spríng bìnder *n.* (背に長いばねが付いた)ルースリーフ式バインダー.

spríng·bòard *n.* **1** (飛込み用の)ばね板, スプリングボード (diving board); (体操など跳躍に使う)ばね板, 踏切り板. **2** 《口語》(あるものへの)きっかけになるもの, 飛躍台, 踏み台; 出発点: a ～ *to* higher education 高等教育への踏み台となるもの. **3** 《豪》 木の幹に打ち込むきこりの作業板. 〘1799〙

spríng·bòk /-bà(ː)k | -bɔ̀k/ *n.* (*pl.* ～, ～**s**) **1** 〚動物〛 スプリングボック (*Antidorcas marsupialis*) 《アフリカ南部に生息し, 驚くと突然軽快に空中に飛び上がる習性があるレイヨウ; springbuck ともいう》. **2** [Springboks] 《英》 南アフリカ人(部隊); (特に, 海外遠征中の)南アフリカラグビー[クリケット]チーム. 〘(1775) □ Afrik. ～ ← *spring* 'to jump, SPRING' (□ MDu. *springhen*) + *bok* 'BUCK'〙

spríng brèak *n.* 《米》 (大学の)春休み 《通例 1, 2 週間》.

spríng·bùck *n.* (*pl.* ～, ～**s**) 〚動物〛 =springbok 1.

spríng cáliper *n.* 〚機械〛 ばねカリパス. 〘1884〙

spríng-càrriage *n.* ばね付き車両. 〘1842〙

spríng-càrt *n.* ばね付き荷車. 〘1848〙

spríng càtch *n.* 〚機械〛 スプリング式留め金 《ドアなどに用いる留め金で, 力で押されると引込み, 力が除かれると突起が飛び出す仕掛けのもの》. 〘1844〙

spríng chícken *n.* **1** 《米・カナダ》 (主に春に生まれた焼肉・フライ用)若鶏 (cf. springer 4 b). **2** 《俗》 = chicken 5 a. 〘1780〙

spríng-cléan *vt.* …の(春季)大掃除をする: ～ the house. — *n.* 《英》 =spring-cleaning. 〘1849〙

spríng-cléaning *n.* (春季)大掃除. 〘1857〙

spríng-clìp pàn *n.* =springform pan.

spríng còrn *n.* 〚スキー〛 =corn snow.

spríng cótter *n.* 〚機械〛 割りピン 《spring key ともいう》.

spríng detént *n.* 〚時計〛 ばねかけがね脱進機 《かけがね脱進機の一種で, がんぎ車の留め外しをするかけがねがばねで支えられている》.

spríng díe *n.* 〚機械〛 ばねダイス 《ばね作用で直径を調整できるダイス》.

springe /sprínʤ/ *n.* 《まれ》 (鳥・小動物などを捕える)わな, おとし (snare, gin). — *v.* (**springed; springe·ing**) — *vt.* わな[おとし]で捕える. — *vi.* わなを仕掛ける. 〘(*c*1250) *sprenge* < OE **sprenċg* snare to catch small game ← *sprenġan* (caus.) ← *springan* 'to SPRING'〙

spríng équinox *n.* [the ～] 春分 (vernal equinox).

spring·er /spríŋə | -ŋə(r)/ *n.* **1** 跳ぶ人[もの]; はねる人[もの]. **2** 〚建築〛 **a** (アーチの)迫(せ)り元. **b** =skewback. **3** 〚動物〛 **a** =springbok 1. **b** サカマタ, シャチ (grampus). **c** =English springer spaniel. **4 a** 春に川をさかのぼるタイセイヨウサケ (Atlantic salmon). **b** 若鶏 (cf. spring chicken 1). 《SPRING (n.)「春」を連想》 **5** 出産間近の牛 《spring cow ともいう》. 〘1611〙

spring·er·le /spríŋgələ | -gə-; *G.* ʃpʁíŋɐlə/ *n.* シュプリンゲルレ 《アニス風味のドイツクッキー》. 〘□ G *Springerle* (dim.) ← *springer* jumper ← *springen* to jump〙

spríṅger spániel *n.* スプリンガースパニエル 《獲物を狩り出し見つけてくるスパニエル犬; cf. English springer spaniel, Welsh springer spaniel》. 〘1885〙

spríng féver *n.* 春先に感じるものうさ[けだるさ], 春先の憂鬱病. 〘1843〙

Spring·field[1] /spríŋfiːld/ *n.* スプリングフィールド: **1** 米国 Massachusetts 州南部, Connecticut 河畔の工業都市. **2** 米国 Illinois 州中央部の都市, 同州の州都. **3** 米国 Ohio 州西部の都市. **4** 米国 Missouri 州南西部の都市. 〘1: ← ～ (英国 Essex 州の村). 2, 3, 4: ← 1〙

Spring·field[2] /spríŋfiːld/ *n.* =Springfield rifle.

Springfield rifle *n.* スプリングフィールド銃: **a** 1867–93 年ごろ米国で用いられた 45 口径の元込め単発銃. **b** 1903 年米軍が採用し第一次大戦中使用された 30 口径の小銃 《Springfield 1903 ともいう》. **c** 南北戦争当時の 58 口径の先込め[口装]単発銃. 〘(1888) ← SPRINGFIELD[1] 1 (この兵器工場で造られた)〙

spríng·fòrm pàn *n.* 底が抜けるようになった(ケーキ用などの)型 《spring-clip pan ともいう》. 〘1927〙

spríng gréens *n. pl.* 《英》 (結球しない)若いキャベツ. 〘1919〙

spríng gùn *n.* ばね銃 (set gun). 〘1775〙

spríng·haas /spríŋhàːs/ *n.* (*pl.* ～, **-hase** /-hàːzə/) 〚動物〛 トビウサギ 《小さなカンガルーに似た南・西アフリカに生息する夜行性の齧歯(げっし)動物 (rodent)》. 〘(1785) ← Afrik. ～ ← *spring* to jump (⇨ springbok) + *haas* hare〙

spríng·hàlt *n.* 〚獣医〛 =stringhalt. 〘(1612–13) 《変形》〙

spríng·hèad *n.* 源, 源流, 源泉 (fountainhead, source). 〘1555〙

spríng hìnge *n.* 〚木工〛 ばね付きちょうつがい 《内側にも外側にも開閉できるドアのちょうつがい》.

Spríng Hóliday *n.* 5 月の最終月曜日 《イングランド, ウェールズ北アイルランドで聖霊降臨祭 (Whitsuntide holiday) に代わる休日》.

spríng hòok *n.* **1** (ばねでぱちっと留まる)ホック 《snap hook ともいう》. **2** 〚釣〛 魚が食うとスプリングではね返ってかかる針. 〘1688〙

spríng·hòuse *n.* 《米》 泉・小川にまたがって建てた小屋 《乳製品・肉類・生鮮食品などの貯蔵所》. 〘1755〙

spríng·ing *n.* **1** 跳躍する運動[動作]. **2** [集合的に] (自動車などの)スプリング(装置). **3** 〚建築〛 =spring 12. 〘*a*1325〙

springing bów /-bóʊ | -bə́ʊ/ *n.* 〚音楽〛 (弦楽器の)スピッカート奏法.

spríng kèy *n.* 〚機械〛 ばねキー 《キーがばねによってキー溝に押しつけられながら移動できる滑りキー》.

spríng lèaf *n.* 板ばね (leaf spring) の板金 (1 枚).

spríng·less *adj.* **1** ばねのない; 弾力のない, 弾性のない (inelastic). **2** 元気[活気]のない, 生気に欠ける. 〘1684〙

spring·let /spríŋlɪ̀t/ *n.* 小さな泉. 〘(1750): ⇨ -let〙

spríng·lìke *adj.* **1** 春のような, 春らしい (vernal): ～ weather. **2** ばねに似た[のような], ばね状の. 〘1567〙

spríng lìne *n.* **1** 〚海事〛 斜舫索, 斜係船索 《岸壁に横着けする船の横から岸壁側へ斜めに交叉させて取る係船索》. **2** 〚建築〛 起拱線, スプリングライン 《アーチの迫(せ)り元上面の線, この線から上にアーチが伸びる》. 〘1932〙

spríng-lóad *vt.* ばねを利用して…に力を加える[装填(そうてん)する]. 〘1944〙

spríng-lóaded *adj.* 〈機械部品が〉ばねで正常位置に留めてある. 〘1904〙

spríng lòck *n.* (自動的にかかる)ばね錠 (snap lock) (cf. deadlock 3). 〘1485〙

spríng màttress *n.* ばね入りマットレス.

spríng mòlding *n.* 〚木工〛 =sprung molding.

spríng néedle *n.* ひげ針 《メリヤス機械に使用される弾性のあるかぎ状部をもった編針》.

spríng ónion *n.* 葉タマネギ 《結球する前のもので, 葉もサラダにして生で食べる; green onion, scallion ともいう》.

spríng péeper *n.* 〚動物〛 ジュウジアマガエル (*Hyla crucifer*) 《背中に X 形のしるしがあり, 早春に北米東部の池や沼地の近くで金切り声をあげて鳴く》. 〘1906〙

spríng ròll *n.* 春巻 (⇨ egg roll 1). 〘1943〙

Springs /sprínz; *Afrik.* sprɑ́ŋs/ *n.* スプリングズ 《南アフリカ共和国東部の都市; 石炭・金の産地として発展し, 現在はウラニウムを産出する》.

spríng scàle *n.* 《米》 =spring balance.

spríng snòw *n.* 〚スキー〛 =corn snow.

spríng stárflower *n.* 〚植物〛 ハナニラ (*Brodiaea uniflora*) 《アルゼンチン原産のユリ科の多年草で白色や藤青色の星形の花をつける; ニラに似た匂いがする》.

spríng stày *n.* 〚海事〛 上檣(じょうしょう)間水平支索. 〘1745〙

spríng stéel *n.* ばね鋼 《ばね材として用いられる鋼》. 〘1837〙

Spring·steen /spríŋstiːn/, **Bruce** *n.* スプリングスティーン (1949– ; 米国のロックのシンガーソングライター; アルバムに *Born to Run* (1975) など).

spríng swìtch *n.* ばね転轍器.

spríng·tàil *n.* 〚昆虫〛 トビムシ 《トビムシ目の各種の昆虫の総称》. 〘(1797): 下腹部をばねにして跳ぶことから〙

spríng·tìde *n.* 《廃・古詩》 =springtime. 〘(1530): ⇨ tide[1] (n.) 5 a〙

spríng tìde *n.* **1** (新月時と満月時に起こる)大潮 (cf. neap tide, flood tide 1 b). **2** 奔流, 高潮: a ～ of success. 〘*a*1548〙

spring·time /spríŋtàɪm/ *n.* **1** 春, 春季 (spring): In (the) ～, the plants start to grow again. 春になると植物は再び成長を始める. **2 a** 初期. **b** 青春. 〘1495〙

spríng tìne *n.* =spring tooth.

spríng tóol *n.* 〚機械〛 ばねバイト 《ガラス製造や刃物の最終仕上げに使用》. 〘1859〙

spríng tòoth *n.* 〚機械〛 (耕運機などに付いている鋼製の)ばね歯.

spríng-tòoth hárrow *n.* 〚農業〛 ばね歯ハロー 《弓形の鋼製ばね歯を多数並べたもので, 地上を引いて土塊を砕いたり除草・覆土などに用いる》.

spríng tráining *n.* 〚野球〛 スプリングキャンプ 《通例 3 月 1 日から開始される, 特に大リーグのオープン戦などを含む練習期間》.

spríng vétch *n.* 〚植物〛 =broad bean 2 b.

spríng vétchling *n.* 〚植物〛 ツルナシレンリソウ (*Lathyrus vernus*) 《ヨーロッパ原産マメ科のスイートピーに似た紫色の花をつける多年草》.

spríng wàgon *n.* ばね付きの農業用の四輪車. 〘1794〙

spríng wàsher *n.* 〚機械〛 ばね座金 《ボルトのゆるみを防ぐ座金》. 〘1912〙

spríng·wàter *n.* 湧き水, 井戸水. 〘*c*1440〙

spríng whéat *n.* 春小麦 《春に種をまき, 晩夏または秋に収穫する小麦》.

spríng·wòod *n.* 〚林業〛 =earlywood.

spring·y /spríŋi/ *adj.* (**spring·i·er; -i·est**) **1 a** ばねのような. **b** 弾力[弾性]のある. **c** 軽快な (agile), 足の速い: with a ～ step. **2** 泉の多い; 湿った, じくじくした.

spríng·i·ly /-ŋ͡ɡli/ *adv.* **spríng·i·ness** *n.* 〖(1593)← SPRING＋-Y⁴〗

sprin·kle /spríŋkl/ *vt.* **1 a** 〈液体·粉末などを〉(…に)(小滴または微粒子状に)ふりかける，そそぐ (besprinkle)〔*on, over*〕: ～ salt *on* a dish 料理に塩をふりかける. **b** …に〈液体·粉末などを〉まく，散らす (strew)〔*with*〕: ～ the street *with* water 街路に水をまく. **2 a** 軽く湿らす[濡らす] (wet lightly): ～ flowers 花に水をまく. **b** (アイロンをかける前)…に霧吹きをする. **3 a** 〔…に〕まばらに散らす，散在させる (dot, intersperse)〔*over, about*〕: churches ～*d over* the city 市に散在する教会. **b** …に〔ものを〕点在させる〔*with*〕: He ～*d* the program *with* songs. 番組に歌を時々交(ま)えた / His composition is ～*d with* mistakes. 彼の作文にはちょいちょい誤りがある. **4** 〘キリスト教〙 **a** 水をふりかけて洗う (wash)，清める (purify): having our hearts ～*d* from an evil conscience 心は濯(す)がれて良心の咎(とが)をさり (*Heb.* 10:22). **b** 〈人〉に水をふりかけて洗礼を施す (cf. immerse 4). **5** 〘製本〙〈本の小口や革の表面を〉パラ(掛け)にする，霧染め模様にする: ～*d* edges パラ(掛け)小口. ― *vi.* **1** 液体[粉末など]をふりかける. **2** [it を主語として]《米》雨がぱらぱら降る (rain slightly): *It* began to ～. 雨がぱらつき始めた. **3** 点在[散在]する.
― *n.* **1** ばらまくこと. **2 a** ばらまかれたもの. **b** ぱらぱら雨. **c** [a ～ of として] ほんの少し: *a* ～ *of* snow [students] ちらほらの雪[学生]. **3** [通例 *pl.*] (菓子などにふりかける)粉砂糖，チョコレート粒.
〖v.: (*c*1384) □ ? MDu. *sprenkelen* ← Gmc **spreg-, *freg-* to scatter (G *sprenkeln* to sprinkle / ON *freknur* freckles: ⇨ freckle) ← IE **(s)preg-* (L *spargere* 'to SPARGE': cf. sparse): ⇨ -le³. ― n.: (*c*1384) 《廃》 sprinkler for holy water □ ? MDu. *sprinkel* (cf. Du. *sprenkel* / G *Sprenkel* speckle, spot)〗

SYN ふりかける: **sprinkle** 液体のしずく·固体を微粒子の状態で表面にふりかける: *sprinkle* water on the flowers 花に水をふりかける. **spatter** 水·泥などをはねかける: *spatter* mud over [on] a person's new suit＝*spatter* a person's new suit with mud 人の新しいスーツに泥水をはねかける. **strew** 《文語》不規則にまき散らす: *strew* roses on [over] the path＝*strew* the path with roses 小道にばらをまく.

sprín·kler /-klə, -kl̩ə | -klə^(r), -kl̩-/ *n.* **1 a** (水などを)ふりかける物. **b** 散水器，じょうろ (watering pot). **c** 散水車 (water cart). **d** (芝生などの，また消火用の)散水装置; スプリンクラー. **e** ＝sprinkler head. **2** 水をふりかける人[係]. **3** 〘キリスト教〙 聖水をふりかける道具 (aspergillum). ― *vt.* …に散水装置を取り付ける.
sprín·klered *adj.* 〖(1535): ⇨ ↑, -er¹〗

sprínkler hèad *n.* 散水栓《スプリンクラー装置 (sprinkler system) の噴出部分に設けられている口金》.

sprínkler lèakage insùrance *n.* 〘保険〙 スプリンクラー保険《スプリンクラー装置 (sprinkler system) からの突発的な漏排水による損害に対しての保険》.

sprínkler sỳstem *n.* スプリンクラー装置，散水装置: **a** 火災のときに室内がある温度に達すると，天井に設備した多数の水栓から自動的に散水されて火を消す装置. **b** 炭坑などのスプリンクラー防塵装置. **c** 芝生やゴルフコースに散水する装置 (sprinkling system ともいう). 〖1909〗

sprín·kling /-klɪŋ, -kl̩-/ *n.* **1** 水の吹掛け，まき散らし. **2** [a ～ of として] **a** (雨や雪などの)小降り，ぱらつき: *a* ～ *of* rain ぱらぱら雨，小雨. **b** ちらほら，少し，少量 (small quantity): *a* ～ *of* visitors ちらほらの訪問者 / He does not have *a* ～ *of* humor. 彼にはユーモアのかけらもない. 〖*a*1400〗

sprínkling càn *n.* じょうろ (watering pot).

sprint /sprínt/ *n.* **1 a** 短距離の全力疾走: make a ～ 全力疾走する. **b** 短時間の大活躍. **2 a** (400 メートル以下の)短距離競走; (1500 メートル以下の)短距離自動車レース. **b** (長距離競走でゴール寸前の)疾走，力走，ラストスパート. **c** 〘競馬〙 (1 マイル以下)短距離レース. ― *vi.* (短距離競走で)全速力で走る[行く]，力いっぱい走る. ― *vt.* …を全速力で走行する. 〖(1566) (1871) ← Scand. (ON *spretta* / Swed. (方言) *sprinta* ← Gmc **sprintar, sprentan* to jerk, spring)〗

SYN 疾走: **sprint** 単距離を全力疾走すること. **spurt** 活動·努力·スピードを短時間に急に高めること: put on a sudden *spurt* 急にスパートする.

sprínt càr *n.* 〘自動車レース〙 スプリントカー，短距離競走自動車《主に短距離悪路(泥道)用の前置機関付き車輪覆い無しの競走自動車》. 〖1954〗

sprint·er /sprɪ́ntə | -tə^(r)/ *n.* **1** 短距離(競走)選手，スプリンター (cf. sprint race). **2** 〘競馬〙 スプリンター，短距離馬《一般にヨーロッパでは 1,200 メートル以下，米国では 1,400 メートル以下の距離を得意とする馬; cf. miler 1 b, stayer¹ 4》. 〖1871〗

sprint·ing /-tɪŋ | -tɪŋ/ *n.* 短距離競走《400 メートル以下》.

sprínt médley *n.* 〘陸上競技〙 スプリントメドレー《第一走者が 440 ヤード，第二，三走者が各 220 ヤード，最終走者が 880 ヤード走るメドレーリレーの一種; 女子の場合は各その半分を走る; cf. distance medley》.

sprínt ràce *n.* 短距離競走《通例 400 メートル以下》. 〖1864〗

sprit /sprít/ *n.* 〘海事〙 **1** スプリット《小型縦帆船のマストの下方から斜め後方に突き出させて帆の上外端を張り出している小円材》. **2** 《古》 第一斜檣(しょう) (bowsprit). 〖OE *sprēot* pole, 《原義》 sprout, stem < Gmc **spreutaz* ((M)Du. & (M)LG *spr(i)et* / G *Spriet*): ⇨ sprout〗

sprit 1
1 sprit
2 spritsail

sprite /spráɪt/ *n.* **1** (民間伝承で) **a** 妖精 (fairy)，小妖精 (elf)，鬼 (goblin): ⇨ water sprite. **b** 妖精のような人. **2** 《古》 **a** 幽霊，亡霊. **b** 霊，魂 (soul). **3** 〘動物〙＝sand crab. 〖(?*a*1300) *spryte, spreit, sprit* □ OF *esprit* 'SPIRIT'〗

Sprite /spráɪt/ *n.* 〘商標〙 スプライト《米国 Coca-Cola 社製の清涼飲料》.

spríte cràb *n.* 〘動物〙＝sand crab.

spríte·ly *adj.* ＝sprightly. 〖1606〗

sprit·sail /sprɪ́tsèɪl, sprɪ́tsəl, -tsl̩ | sprɪ́tsəl, -tsl̩, sprɪ́tsèɪl/ *n.* 〘海事〙 **1** スプリットで張り出されている小型の縦帆 (⇨ sprit 挿絵). **2** 《古》 第一斜檣(しょう)帆. 〖1466〗

spritz /sprɪ́ts, ʃprɪ́ts/ 《米》 *vt.* 吹きかける，浴びせる.
― *n.* さっと吹きかけること. 〖(1902) □ Pennsylvania G *Schpritze* ← MHG *sprützen* to sprout〗

spritz·er /sprɪ́tsə, ʃprɪ́ts- | -tsə^(r)/ *n.* 《米·カナダ》 スプリッツァ《冷たくした白ワインと炭酸水の混合飲料》. 〖(1945) □ G ～ ← *spritzen* to spray < MHG *sprützen* (↑)〗

spritz·ig /sprɪ́tsɪɡ/ *adj.* (ワインが)発泡性の. 〖(1949) □ G ～ ← *spritzen* to spray〗

sprock·et /sprɑ́(ː)kɪ̀t | sprɔ́k-/ *n.* **1** 〘建築〙 茅負(かやおい)，スプロケット《軒の棰(たるき)の上に取り付けられる細長い材で，軒先を持ち上げ，軒線を形成する》. **2** 〘機械〙 **a** 鎖止め. **b** ＝sprocket wheel. **c** 《廃》 スプロケットの歯. 〖(1536) ← ?〗

spròcket whèel *n.* 〘機械〙 スプロケット，(自転車などの)鎖歯車. 〖1769〗

sprocket wheels and chain

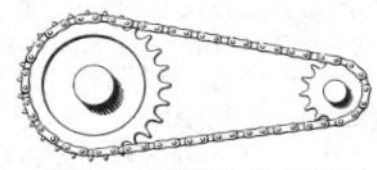

sprog /sprɑ́(ː)ɡ, sprɔ́(ː)ɡ | sprɔ́ɡ/ *n.* 《英俗》 **1** 子供 (child). **2** (空軍の)新兵，補充兵 (recruit). 〖(*c*1940) 《混成》 ? ← SPRO(CKET)＋(C)OG¹ 2 // 《逆つづり·変形》 ← (*f*)*rog sp*(*awn*)〗

spros·ser /sprɑ́(ː)sə | sprɔ́sə^(r)/ *n.* 〘鳥類〙＝thrush nightingale.

sprout /spráʊt/ *vi.* **1 a** 芽を吹く，若枝を出す 〈*out, up*〉〔*from*〕. **b** 生える (develop): ⇨ WINGS *sprout*. **2 a** 急速に成長[生長]する. **b** 急に出現する 〈*up*〉.
― *vt.* **1** …に芽を出させる: Rain ～*s* seed. 雨で種に芽が出る. **2** 〈角·ひげなどを〉出す，生やす; 生じさせる: ～ a horn, moustache, etc. / ～ feathers 羽根が生える / ⇨ *sprout* WINGS. **3** 《米》〈ジャガイモ〉の芽を取る.
― *n.* **1 a** 芽 (bud)，新芽，若枝 (shoot). **b** 横枝 (offshoot). **2 a** 若芽[若枝]に似たもの. **b** ＝scion 1; 《口語》 若者. **c** 急速な出現[発達]. **3** [*pl.*] ＝Brussels sprouts. ***pùt a person thròugh a cóurse of spróuts*** ⇨ course¹ 成句.
〖(?*a*1200) *sproute*(*n*) ← OE *-sprūtan* < (WGmc) **sprūtan* (Du. *spruiten* / G *spriessen*) ← IE **sper-* to strew (Gk *speírein* to scatter): cf. sprawl, sprit, spurt, spread, sperm, spore, sporadic. ― n.: (*c*1300) ← (v.) // □ MLG & MDu. *sprūte* (Du. *spruit*)〗

spróut·ing bróccoli /-tɪŋ- | -tɪŋ-/ *n.* 〘園芸〙 ブロッコリー (⇨ broccoli 1). 〖1852〗

spruce¹ /sprúːs/ *n.* **1** 〘植物〙 トウヒ《マツ科トウヒ属 (*Picea*) の常緑針葉樹の総称; エゾマツ (*P. jezoensis*)，white spruce，アメリカハリモミ (Colorado spruce)，クロトウヒ (black spruce) など》; トウヒ材. **2** 〘植物〙 トウヒに似たモミ属 (*Abies*) の針葉樹の総称. **3** ＝spruce beer. **4** とくさ色《黒みを帯びた緑色》. 〖(1378) (1670) *Spruce, sprws* (原義) Prussian fir (変形) ← *Pruce* □ OF □ ML *Prussia* 'PRUSSIA'〗

spruce² /sprúːs/ *adj.* (**more** ～, **most** ～; **spruc·er, spruc·est**) **1** 小ぎれいな，きちんとした (trim, neat). **2** きりっとした，気のきいた，いきな (smart). ― *adv.* きちんと; いきに. ― *vt.* 〈人·物を〉小ぎれいにする (smarten, trim) 〈*up*〉: ～ oneself [get ～*d*] *up* for dinner 晩餐(ばんさん)のためにめかす[身なりを整える]. ― *vi.* 小ぎれいにする，めかす 〈*up*〉. **～·ly** *adv.* **～·ness** *n.* 〖(1589) ← *Spruce leather* (*jerkin*) ← 《廃》 *Spruce* (↑): ジャケットを作るために Prussia から輸入されたこの革が上質なことから〗

spruce³ *vi., vt.* 《英俗》 うそをつく，でたらめを言う，(うそを言って)ごまかす，欺く，ずるける，仮病をつかう. **sprúc·er** *n.* 〖(1917) ← ?〗

sprúce bèer *n.* スプルースビール《トウヒ (spruce) の枝や葉を糖蜜を入れて煮て発酵させて造った飲料》. 〖(*c*1500) ← 《廃》 *Spruce* (⇨ spruce¹): cf. G *Sprossen-bier* sprouts-beer〗

sprúce bèetle *n.* 〘昆虫〙 エゾマツオオキクイおよびその近似種《キクイムシ科 *Dendroctonus* 属の甲虫の総称; 幼虫はエゾマツ類·トウヒ類などの樹皮下を食べ，時に大きな被害を与える》.

sprúce bùdworm *n.* 〘昆虫〙 北米·カナダなどに生息するハマキガ科のガ (*Choristoneura fumifetana*) の幼虫《トウヒ·エゾマツなどの枝先の葉を食う》. 〖1884〗

sprúce fìr *n.* 〘植物〙＝Norway spruce. 〖1731〗

sprúce gròuse [pàrtridge] *n.* 〘鳥類〙 ハリモミライチョウ (*Canachites canadensis*)《米国北部地方産のライチョウの一種; swamp partridge ともいう; cf. fool hen》. 〖(1844): トウヒの林にいることから〗

sprúce pìne *n.* 〘植物〙 アメリカ産の軽く柔らかい材質のマツの総称; (特に)米国南部産のバージニアマツ (*Pinus virginiana*). 〖1684〗

sprúce sàwfly *n.* 〘昆虫〙 マツハバチ《マツハバチ科の数種のハバチの総称; 幼虫はマツ科植物の葉を食う》; (特に)ハリモミハバチ (*Diprion hercyniae*).

spruc·y /sprúːsi/ *adj.* (**spruc·i·er; -i·est**) ＝spruce².

sprue¹ /sprúː/ *n.* 〘金属加工〙 **1** (鋳造用の)湯口，湯道，縦湯口. **2** 押し金《湯道にできる突起》. **3** (鍛造型の)チャンネル. ― *vt.* 〈鋳物〉から押し金を取り除く. 〖1828 –32?〗

sprue² /sprúː/ *n.* 〘病理〙 スプルー《腸吸収不全症候群の慢性型のもので，大人のかかる熱帯スプルー (tropical sprue) と子供のかかる非熱帯スプルー (nontropical sprue) に分かれる》. 〖(1825) □ Du. *spruw* thrush: cf. MLG *sprūwe* a kind of tumor〗

sprúe rùnner *n.* (鋳型の)湯道.

spruik /sprúːk/ *vi.* 《豪俗》 (特に興行師やセールスマンが)人前で話す，熱弁をふるう (harangue). **～·er** /-kə | -kə^(r)/ *n.* 〖1902〗

spruit /spréɪt, sprúːt; *Afrik.* spræit/ *n.* 《南ア》 細流，小さな支流《特に雨期にだけ流れのある小さい川》. 〖(1832) □ Du. ～ 'SPROUT'〗

sprung /sprʌ́ŋ/ *v.* spring の過去形·過去分詞. ― *adj.* スプリング付きの. 〖v.: OE *sprungon* (pret. pl.) (*ġe*)*sprungen* (p.p.). ― adj.: (1575) ← (p.p.)〗

sprúng mòlding *n.* 〘木工〙 曲面繰形(くりかた)，曲がった繰形.

sprúng rhỳthm *n.* 〘詩学〙 スプラングリズム《Hopkins の愛用したもので OE の詩法に似た韻律法; 一つの強勢 (stress) は通例四つまでの弱音節を支配し，主に頭韻 (alliteration)·中間韻 (internal rhyme) および語句の繰返しなどのゲルマン固有の技巧を用いる》. 〖(1877): G. M. Hopkins の造語; 強音節が連続してリズムが *sprung*(「唐突な」の意)になるところから〗

spry /spráɪ/ *adj.* (**～·er, ～·est; spri·er, spri·est; more ～, most ～**) 活発な，元気のよい，すばしこい (brisk)，てきぱきした (⇨ agile **SYN**): a ～ animal. **～·ly** *adv.* **～·ness** *n.* 〖(1746) ← ? Scand. (Swed. 《方言》 *sprygg* very lively & *spragg* twig): cf. sprag, sprig〗

s.p.s. 《略》 *L.* sine prole superstite (＝without surviving issue).

SPSP 《略》 St. Peter and St. Paul.

spt. 《略》 seaport.

SPUC /spʌ́k/ 《略》 Society for the Protection of the Unborn Child 胎児保護協会.

spud /spʌ́d/ *n.* **1** 《口語》 ジャガイモ (potato). **2** (除草用の)小ぐわ，スパッド (small spade). **3** ＝spudder 3. **4** (水道管などの)短い管[パイプ]. **5** (浚渫(しゅんせつ)機などの)支柱，保持脚. **6** 〘外科〙 スパッド《粘膜剝離用または異物排除用の扁平な刀》. **7** 〘測量〙＝spad. ― *v.* (**spud·ded; spud·ding**) ― *vt.* **1** 小ぐわで掘る; 〈雑草などを〉小ぐわで取り除く 〈*up, out*〉. **2** 〈油井を〉掘り始める 〈*in*〉. ― *vi.* **1** 小ぐわで掘る. **2** 油井を掘り始める 〈*in*〉. 〖n.: (1440) (1667) *spudde* short knife ← ? : cf. OE *spadu* 'SPADE¹' / ON *spjōt* spear. ― v.: (1652) ← (n.)〗

spúd-bàshing *n.* 《英俗》 ジャガイモの皮むき《軍隊の懲罰》. 〖1940〗

spúd·der /-də | -də^(r)/ *n.* **1** ボーリング機械操作員. **2** 試掘用ボーリング機械. **3** (樹皮はぎに使う)のみ形の道具. 〖1922〗

spud·dle /spʌ́dl̩ | spʌ́dl̩/ *vi.* 《古·英方言》＝puddle. 〖《混成》 ← S(PUD) (v.)＋PUDDLE〗

spud·dy /spʌ́di | -di/ *adj.* (**spud·di·er; -di·est**) 短くて太い，ずんぐりした (pudgy): a ～ nose. 〖(1825) ← SPUD (n.)＋-Y⁴〗

Spúd Ísland /spʌ́d-/ *n.* 《俗》 スパッド島 (Prince Edward Island の俗称).

spúd wrènch *n.* 〘機械〙 スパッドレンチ《長い柄の付いた開口スパナ》.

spue /spjúː/ *v., n.* ＝spew.

spug·gy /spʌ́ɡi/ *n.* (*also* **spug** /spʌ́ɡ/) 《北英方言》〘鳥類〙 イエスズメ (house sparrow). 〖(1808) *spug* (変形) ← *sprug* (音位転換) ← *spurg* ← ? *spur* sparrow (← ? ON: cf. ON *spǫrr*)＋-OCK〗

spu·man·te /spuːmɑ́ːnteɪ | -mǽnti; *It.* spumánte/ *n.* (イタリアの)スパークリングワイン，スプマンテ; (特に)＝Asti Spumante. 〖(1908) □ It ～ 'sparkling'〗

spume /spjúːm/ *n.* (水などの)泡 (foam)，浮きかす (scum). ― *vi.* 泡立つ (foam). ― *vt.* 泡立たせる; (泡のように)噴出させる 〈*forth*〉. 〖n.: (*a*1393) □ OF (*e*)*spume* // L *spūma* foam ← IE **(s)poimno-* foam (L *pūmex* 'PUMICE'): ⇨ foam. ― v.: (?*c*1380) □ OF *espumer* // L *spūmāre*〗

spu·mes·cent /spjuːmésənt, -sn̩t/ *adj.* 泡状の (frothy); 泡立つ. **spu·més·cence** /-səns, -sn̩s/ *n.* 〖(1856) ↑, -escent〗

spu·mo·ne /spuːmóuneɪ, -ni | -máu-; *It.* spumóːne/ *n.* ＝spumoni. 〖□ It. *spumone* (↓)〗

spu·mo·ni /spuːmóuni | -máu-; *It.* spumóːni/ *n.* スプモーネ《刻んだ砂糖漬けの果物や木の実を入れ，異なった色や香りをつけて層にしたイタリアのアイスクリーム》. 〖(1924) □

It. ~ (pl.) ← *spumone* (aug.) ← *spuma* foam < L *spūmam* 'SPUME'〕
spu·mous /spjúːməs/ *adj.* =spumy. 〖c1400 □ L *spūmōsus* ← *spūma* 'foam, SPUME': ⇨ -ous〗
spum·y /spjúːmi/ *adj.* (**spum·i·er, -i·est; more ~, most ~**) 泡の, 泡だらけの, 泡立つ (foamy), 泡状の (frothy). **spúm·i·ness** *n.* 〖(1582) ← SPUME+-Y¹〗
spun /spʌ́n/ *v.* spin の過去形・過去分詞. — *adj.* 紡いだ, 紡いでできた: ~ gold 金糸 / ~ silver 銀糸 / ⇨ spun silk, spun yarn, homespun. 〖v.: OE *spunnon* (pret. pl.), *(ġe)spunnen* (p.p.) — adj.: (a1460) ← (p.p.)〗
spún dýeing *n.* 〘染色〙=dope dyeing.
spunge /spʌ́nʤ/ *n.*, *v.* =sponge.
spún gláss *n.* **1** 糸ガラス, スパンガラス《ガラス棒の一端を吹管炎で溶かしながら引き出してこれを木製の回転ドラムに巻き取り糸にしたもの》. **2** ガラス繊維 (⇨ fiberglass 1). 〖1779〗
spunk /spʌ́ŋk/ *n.* **1** 《口語》勇気 (pluck), 元気 (spirit); 怒り (anger), かんしゃく. **2** 《英卑》精液, 糊 (semen). **3** 火口 (tinder, punk). **4** 《英方言》火花 (spark). **5** 《豪口語》《特に女性にとって》魅力的な男. ***gèt one's spúnk ùp*** 《米口語》気負い立つ, 勇み立つ, 怒り出す. — *vi.* **1** 《方言》かっとなる, 怒る ⟨*up*⟩. **2** 《スコット》明るみに出る, 知られる, もれる. — *vt.* ⟨勇気などを⟩奮い立たせる ⟨*up*⟩. 〖(1536) □ ? Ir.-Gael. *sponc* ∥ Sc.-Gael. *spong* tinder □ L *spongia* 'SPONGE'〗
spunk·ie /spʌ́ŋki/ *n.* 《スコット》**1** きつね火, 鬼火 (will-o'-the-wisp). **2** 元気のいい人; かんしゃく持ち. **3** 火酒, 酒. 〖(1727): ⇨ ↑, -ie〗
spunk·y¹ /spʌ́ŋki/ *adj.* (**spunk·i·er, -i·est; more ~, most ~**) 《口語》**1** 元気な (spirited), 勇気のある (plucky). **2** 短気な, かんしゃく持ちの, 怒りっぽい (touchy). **spúnk·i·ly** /-kɪ̀li/ *adv.* **spúnk·i·ness** *n.* 〖(1786) ← SPUNK+-Y¹〗
spunk·y² *n.* =spunkie.
spún ráyon *n.* **1** スパンレーヨン, スフ糸 (rayon yarn) 《綿繊維または羊毛に似せるため長い人絹[レーヨン]を切って紡績したもの: cf. staple fiber》. **2** スパンレーヨン[スフ]の布地.
spún sílk *n.* **1** 絹紡糸《繭(まゆ)・生糸などの各種のくず糸を原料として紡績したもの》. **2** 絹紡糸の布地. 〖1759〗
spún stríng *n.* 〘音楽〙細針金で巻いた弦.
spún súgar *n.* 《米》綿菓子 (cotton candy). 〖1846〗
spún·wàre *n.* 〘金属加工〙スピニング加工品, へら絞り品.
spún yárn *n.* **1** 紡績した糸. **2** 〘海事〙撚(よ)りなわ, スパニヤン. 〖1376〗
spur /spə́ː | spə́ː(r)/ *v.* (**spurred; spur·ring**) — *vt.* **1 a** …に拍車をかける, 激励する, 鼓舞する (urge), 駆る (drive) ⟨*on*⟩ 〔*to*〕 / ⟨*to do*⟩ (⇨ stir SYN): ~*red on* by ambition 野望に駆られて[た] / ~ a person *on to* an effort 人を激励してひと奮発させる / They ~*red* him *to* finish first. 彼を励まして1着でゴールインさせた. **b** ⟨関心などを⟩高める, 深める; ⟨経済・インフレーションなどを⟩刺激する (stimulate): ~ the lagging economy 沈滞した経済に活を入れる. **2 a** ⟨馬⟩に拍車を入れ(て進め)る ⟨*on*⟩. **b** [通例 p.p. 形で] 拍車[鉄けづめ]を付ける: come forth booted and ~*red* 拍車付きの靴をはいて出て来る. **3** ⟨闘鶏などが⟩けづめでける; (けづめでけって)傷つける. — *vi.* **1** 乗馬に拍車をかける; 疾駆する ⟨*on, forward*⟩. **2** 急いで進む, 急ぐ. ***spúr a willing hórse*** ⇨ horse 成句. — *n.* **1** 激励, 鼓舞 (incitement); 刺激 (stimulus) (⇨ motive SYN); 動機 (motive): need the ~ 拍車をかける[刺激を与える]必要がある / ⇨ *put* [*set*] SPURS *to* … / Ambition is an excellent ~ for the young. 大望は青年へのすばらしい刺激である. **2 a** 拍車: on [upon] the ~ 拍車をかけて, 全速力で / dig the ~*s* into one's horse 馬(のわき腹)に強く拍車を入れる. **b** [*pl.*] (knight の象徴である)金の拍車 (gilt spurs): win [earn, gain] one's ~*s* (武勲によって) knight に叙せられる; (初めて)手柄を立てる, 名を上げる. **3 a** 拍車状のもの. **b** (闘鶏のけづめに付ける)鉄けづめ (gaff). **c** (登山用または電柱に登るときに用いる)靴釘(くぎ), アイゼン (climbing iron). **d** 突き出た根や小枝. **4 a** (鳥の脚にある)けづめ. **b** (昆虫の脚にあるけづめ状の)とげ. **5 a** (山・山脈から横に突出した)尾根, 支脈. **b** 海岸突堤 (groyne). **6** =wing dam. **7** 〘植物〙距(きょ)《スミレなどの萼(がく)や花冠の基部付近にある袋状の突出した部分》. **8** 〘建築〙**a** =griffe². **b** (短い木の)支柱, 方杖(ほうづえ); (石の)段壁, 控え壁. **9 a** 〘鉄道〙=spur track. **b** (高速[幹線]道路から分岐する)支脈道路. **10** 〘活字〙(活字書体の)ひげ, けづめ. **11** 〘窯業〙スプール《釉焼きの焼成品を支える三角形の詰め道具の一種》. **12** 〘病理〙突出物; 骨増殖体 (osteophyte).
on* [*upòn*] *the spúr of the móment 一時の興に駆られて, 出来心で, 時のはずみで; 突然, 即座に, とっさに. 《1801》
pùt* [*sèt*] *spúrs to …に拍車をかける; …を刺激[激励]する, 駆り立てる. ***whip and spúr*** (1) 早馬で. (2) 大急ぎで, まっしぐらに.
〖OE *spura, spora* < Gmc **spuron* (Du. *spoor* 'SPOOR' / G *Sporn* / ON *spori*) ← IE **spera-* ankle: ⇨ spurn. — v.: (?a1200) ← (n.)〗
spúr blìght *n.* 〘植物病理〙子嚢(のう)菌類の *Didymella applanata* の寄生により茎が灰褐色になる病気. 〖1915〗
spúr·dòg *n.* 〘魚類〙アブラツノザメ (spiny dogfish). 〖1862〗
spúr fòwl *n.* 〘鳥類〙インドケヅメシャコ《インド産》.
spúr·gàll *n.* 拍車ずれ《拍車が当たるため馬の腹にできる毛の抜けた部分》. — *vt.* 《古》拍車で傷つける. 〖1555〗
spurge /spə́ːʤ | spə́ːʤ/ *n.* 〘植物〙**1** トウダイグサ (⇨ euphorbia). **2** =Japanese spurge. 〖(1373) □ OF *espurge* (F *épurge*) ← *espurgier* < L *expurgāre* to cleanse: ⇨ ex-¹, purge〗
spúr gèar *n.* 〘機械〙平歯車《spur gear wheel, spur wheel ともいう》. 〖1823〗
spúrge làurel *n.* 〘植物〙ヨーロッパ産のジンチョウゲの仲間で通常は次の2種を指す: **a** *Daphne mezereum* 《花は白または桃色でにおう》. **b** *D. laureola* 《花は黄色でにおわない》. 〖1597〗
Spur·geon /spə́ːʤən | spə́ː-/, **Caroline F. E.** *n.* スパージョン《1869–1942; 英国の英文学者; *Shakespeare's Imagery and What It Tells Us* (1935)》.
Spurgeon, Charles Haddon *n.* スパージョン《1834–92; 英国のバプテスト派の説教者》.
spu·ri·ous /spjʊ́ᵊriəs | spjʊ́ər-, spjɔ́ːr-/ *adj.* **1 a** にせの, 本物でない (counterfeit), 見せかけの (pretended) (⇨ false SYN): a ~ bank note [coin] にせ紙幣[硬貨] / a ~ MS 偽筆の稿本 / a ~ pedigree にせ系図 / a ~ eye [leg] 義眼[足] / ~ pregnancy 偽[想像]妊娠. **b** ⟨論理・結論など⟩もっともらしい (specious), 非論理的な (illogical). **2** 《まれ》私生の (illegitimate): the ~ stock 私生の家柄. **3** 〘植物〙まがいの, 擬似の, 仮…: ⇨ spurious fruit. **4** 〘ラジオ〙(送受信装置などから発射される)不要電波の, スプリアスの. **~·ly** *adv.* **~·ness** *n.* 〖(1598) □ L *spurius* illegitimate, (LL) false □ ? Etruscan *spural* public: cf. L *spurcus* impure: ⇨ -ous〗
spúrious frúit *n.* 〘植物〙(オランダイチゴ・イチジクなどの)偽果 (accessory fruit).
spúrious wíng *n.* 鳥の小翼羽 (bastard wing).
spúr·less *adj.* **1** 拍車のない. **2** けづめのない; 鉄けづめを付けない. 〖a1300〗
spúr·ling lìne /spə́ːlɪŋ- | spə́ː-/ *n.* 〘海事〙**1** 舵輪(だりん)の回転を舵角指示器に伝える綱. **2** 両舷(げん)の横静索(せいさく)間に張り合わせた綱《途中に数個の鳩目金具が付けてあり帆綱が通っていてそのもつれを防ぐ》. 〖(1823)?〗
spúrling pìpe *n.* 〘海事〙=chain pipe.
spurn /spə́ːn | spə́ːn/ *vt.* **1** はねつける, にべもなく拒絶する (reject scornfully), 相手にしない, 鼻であしらう (scorn) (⇨ decline SYN): ~ a person's offer 人の申し出を鼻であしらう / ~ a bribe 賄賂(わいろ)をはねつける. **2** 追い出す, 追い払う (drive away): ~ a poor relation from one's door 貧しい親類を寄せつけない. **3** 《廃》蹴る (kick): ~ the ground. — *vi.* **1** 〔…を〕あなどる, 軽蔑する 〔*at*〕: ~ *at* a person. **2** 《廃》蹴る (kick) 〔*at*〕. — *n.* **1** はねつけ, 拒絶; 軽蔑的なあしらい. **2** 《廃》蹴り, 蹴飛ばし (kick). **~·er** *n.* 〖OE *spurnan, spornan* to kick < Gmc **spurnan* (OS & OHG *spurnan* / ON *sporna*) ← IE **spera-* ankle (L *spernere* to scorn / Gk *spaírein* to quiver): cf. spur〗
spúrn·wàter *n.* 〘海事〙(船首に取り付ける低い V 字型の)水返し板.
spúr-of-the-móment *adj.* 不意に生じる; 即席の, 即興の: a ~ idea 即興の考え / a ~ whim 出来心. 〖(1948) ← *on the spur of the moment* (⇨ spur (n.) 成句)〗
spúrred *adj.* **1** 拍車を付けた. **2** (鉄)けづめを付けた[もった]. **3** 〘植物〙距(きょ)のある. 〖c1400〗
spur·rey /spə́ːri | spʌ́ri/ *n.* 〘植物〙=spurry.
spur·ri·er /spə́ːriə | spʌ́riə(r)/ *n.* 拍車製造者. 〖(1389) *sporyer*: ⇨ spur (n.), -ier²〗
spurr·ite /spə́ːraɪt | spə́ːr-/ *n.* 〘鉱物〙スパーライト ($Ca_5(SiO_4)_2(CO_3)$)《石灰岩と火成岩との接触帯に産出する単斜晶系鉱物》. 〖(1908) ← *Josiah E. Spurr* (1870–1950: 米国の地質学者)+-ITE¹〗
spúr ròwel *n.* 〘紋章〙真ん中に丸穴のある星形. 〖1611〗
spúr róyal *n.* =spur ryal.
spur·ry /spə́ːri | spʌ́ri/ *n.* 〘植物〙ヨーロッパ産ナデシコ科オオツメクサ属 (*Spergula*) の植物の総称; (特に)ノハラツメクサ (*S. arvensis*)《北米産のハコベに似た雑草; 葉は糸状で花は白色; cornspurry ともいう》. 〖(1577) □ Du. *spurrie* ← ML *spergula* ← ? L *spergere, spargere* to scatter+*-ula* '-ULE': cf. sparse〗
spúr rýal /-ráɪəl/ *n.* 《英》**1** Edward 四世の時代に初めて発行された半ライアル (ryal) 貨. **2** James 一世時代 (1619 年の) 15 シリング金貨. 〖コインに描かれた太陽の光線が拍車の小車に似ていることから〗
spurt /spə́ːt | spə́ːt/ *vi.* **1** 噴出する, ほとばしる (gush out) ⟨*up, out, down*⟩ (⇨ flow SYN): I saw blood ~ from his arm. 彼の腕から血が吹き出るのを見た. **2** (全力を注いで最後の)大奮闘をする; 全速力を出して走る[漕(こ)ぐ, 泳ぐ, 戦う], スパートする (sprint). — *vt.* ほとばしらす, 噴出させる (force out). — *n.* **1** ほとばしり, 噴出 (jet), 奔出: a ~ of flame, rain, etc. / in ~*s* ほとばしって **2** (感情の)激発: a ~ of anger. **3** (競走の終わりなどの)力走, 力漕(りきそう), 力泳, 力闘, スパート (⇨ sprint SYN); ひと力み: put on a ~ (最後の)奮闘をする, スパートする / by [in] ~*s* 思い出したように, 時々, 不規則に. **4** (風・楽しみなどの)ひとしきり (short spell): for a ~ 瞬間. **5** (商売などの)急成長, 急繁忙; (値段の)急騰. 〖(1570) 《変形》← 《廃》*spirt* (音位転換) ← 《方言》*sprit* to sprout < ? OE *spryttan* ← *sprūtan* 'to SPROUT': cf. MHG *sprützen* to sprout〗
spur·tle /spə́ːtl̩ | spə́ːtl̩/ *n.* 《スコット・北英》**1** (料理用の)へら, フライ返し. **2** オートミール(の粥をかきまわす)木の棒. **3** 刀, 剣 (sword). 〖(1572)?〗
spúr tràck *n.* 〘鉄道〙(一方だけで本線に連絡している)短い側線.
spúr whèel *n.* 〘機械〙=spur gear.
spúr-wínged *adj.* 〘鳥類〙翼角に爪のある, 翼角に爪の生えた. 〖1668〗
sputa *n.* sputum の複数形.
Sput·nik /spʊ́tnɪk, spʌ́t-; *Russ.* spútnʲik/ *n.* **1** スプートニク《1957 年 10 月 4 日ソ連によって打ち上げられた人類最初の人口衛星; 重量は 84 キログラム》. **2** [s-] 人工衛星. 〖(1957) □ Russ. *sputnik* (*zemlyi*) 《原義》fellow traveler (of Earth) ← *s-*=*so* with+*put'* way+*-nik* -er (⇨ -nik)〗
sput·ter /spʌ́tə | -tə(r)/ *vi.* **1 a** ぶつぶつ吹き出す, ぱちぱちいう (splutter). **b** ぱちぱち[ぶつぶつ]音を立てて消える ⟨*out*⟩: The candle ~*ed out*. ろうそくが音を立てて消えた. **2 a** (興奮したりして)口からつば[食べ物]などをぶつぶつ飛ばす[吹き出す]. **b** (興奮したりして, つばなどを飛ばしながら不明瞭に)べちゃべちゃしゃべる, せき込んでしゃべる. — *vt.* **1** ⟨小さなものを⟩ぶつぶつ[ぱちぱち]吹き出す. **2 a** (興奮して)⟨口中の食べ物やつばを⟩吹き出す, 飛ばす. **b** (興奮したりして, つばを飛ばしながら不明瞭に)早口で[ばっばっと]言う ⟨*out*⟩: ~ *out* one's complaint. **3 a** 固体の表面から⟨原子を⟩高エネルギーのイオンの衝突で放出させる. **b** 同上の方法で⟨金属(の薄い層)を⟩表面に付着させる; ⟨表面を⟩金属の薄い層で被覆する. — *n.* **1** ぶつぶつ[ぷすぷす, ぱちぱち]いうこと[音]. **2** せき込んでしゃべること, 早口. **3** ぶつぶつ吹き出されるもの《口中の食べ物・つばなど》. **~·er** /-tərə | -tərə(r)/ *n.* 〖(1598) □ Du. *sputteren*: cf. Du. *spuiten* 'to SPOUT': ⇨ -er⁴〗
spút·ter·ing·ly /-tərɪŋli, -trɪŋ- | -tər-, -trɪŋ-/ *adv.* ぶつぶつ(と); ぶつぶつ言いながら, 早口にしゃべりながら. 〖1833〗
spu·tum /spjúːtəm, spúː- | spjúːtəm/ *n.* (*pl.* **spu·ta** /-tə | -tə/, **~s**) **1** つば, 唾液 (saliva, spittle). **2** 〘病理〙痰(たん), 喀痰(かくたん) (expectoration). 〖(1693) □ L *spūtum* (neut. p.p.) ← *spuere* to spit: cf. spew〗
Spúy·ten Dúy·vil Créek /spáɪtn̩dáɪvəl-, -vɪ̀- | -vɪ̀l-, -vɪ̀-/ *n.* [the ~] スパイトンダイバル水路《New York 市の Manhattan Island 北端の水路で, Hudson 川と Harlem 川とを結ぶ》. 〖← Du. *Spuyten Duyvil* 《原義》spouting devil: その危険な浅瀬につけたあだな〗
spy /spáɪ/ *n.* **1** スパイ, 探偵, 密偵 (secret agent); 軍事探偵, 間諜: a military ~ 軍事探偵 / an industrial ~ 産業スパイ / a ~ plane [satellite] スパイ機[衛星] / be a ~ *on* …を探偵[スパイ]する / set *spies* after [upon] …に探偵を放つ / not single *spies*, but in battalions ⇨ sorrow 2. **2** 《まれ》偵察, スパイ行為.
a spý in the cáb 《口語》=tachograph.
— *vi.* **1** こっそり調べる, 探偵する, スパイを働く: He *spied for* the enemy. 敵のためにスパイをやった. **2** ⟨人などを⟩こっそり警戒する, 見張る 〔*on, upon*〕: ~ *on* the enemy 敵の動静を偵察する. **3** 〔…を〕(こっそり)詳しく調べる, 綿密に探る 〔*into*〕: ~ *into* a person's actions 人の行動を探る. — *vt.* **1 a** ⟨人などを⟩こっそり[ひそかに]探る, 探偵する: ~ the enemy. **b** ⟨地勢などを⟩ひそかに調べる, 偵察する ⟨*out*⟩: ⇨ *spy out the* LAND¹. **c** 詳しく[徹底的に]調べる ⟨*out*⟩. **2 a** 調査[観察]して見つけ出す[探り出す] ⟨*out*⟩. **b** 見つける, 見つけ出す: ~ a plane overhead 頭上に機影を見つける / ~ a stranger looking in 見知らぬ人がのぞきこんでいるのを見つける / ⇨ *I spy* STRANGERS.
〖(c1250) *spie* (n.) & *spie(n)* (v.) □ OF *espie* & *espier* (F *épie* & *épier*) ← Gmc **spehōn* to examine closely (Du. *spieden* / G *spähen*) ← IE **spek-* to observe (L *specere* to look / Gk *skopeîn* to see / Skt *paśyati* he sees)〗
spý·glàss *n.* 小望遠鏡, 携帯用望遠鏡. 〖1706〗
spý·hòle *n.* (戸などの)のぞき穴 (peephole).
spý·màster *n.* スパイ活動組織の責任者.
Spy·ri /spíːri, ʃpíːri; *G.* ʃpíːʁi/, **Jo·hanna** *n.* スピリ《1827–1901; スイスの児童文学者; 2 篇の *Heidi* 物 (1880–81) で有名; 旧姓 Heusser /hɔ́ʏsɐ/》.
spý·rìng *n.* スパイの一味, スパイ団.
Spý Wédnesday *n.* 《アイル》復活祭 (Easter) 前の水曜日《サンヘドリン (Sanhedrin) のスパイになったユダ (Juda) にちなんで》. 〖1842〗
SQ 《記号》⇨ SIA.
sq. 《略》sequence; *L.* sequens (=the following (one)); *L.* sequentia (=the following ones); squadron; square.
Sq. 《略》Squadron; Square.
sq. cm. 《略》square centimeter(s).
sqd. 《略》squadron.
sqdn. 《略》squadron.
sq. ft. 《略》square foot [feet].
sq. in. 《略》square inch(es).
sq. km. 《略》square kilometer(s).
SQL /éskjùːél/ *n.* 〘電算〙エスキュエール《データベースに対して様々な操作を行うことのできる専用の言語》. 〖《頭字語》← S(*tructured*) Q(*uery*) L(*anguage*)〗
sq. mi. 《略》square mile(s).
sq. mm. 《略》square millimeter(s).
sqn 《略》squadron.
Sqn Ldr 《略》squadron leader.
sqq. 《略》*L.* sequentia (=the following ones).
sqr. 《略》square.
sq. rd. 《略》square rod(s).
squab¹ /skwɑ́(ː)b, skwɔ́(ː)b | skwɔ́b/ *n.* **1** 雛(ひな)鳥; (特に, まだ羽の生えそろっていない生後4週間位の)雛鳩. **2** 雛鳩のような人, (特に)太った背の低い[ずんぐりした]人. **3** 《英》**a** ソファー (sofa), カウチ (couch). **b** 柔らかい厚いクッション. **c** 自動車の座席の背の部分. — *adj.* **1** ⟨小鳥が⟩かえりたての, まだ羽毛の生えそろっていない (un-

S

fledged). 2 ずんぐりした (squat). 〖(1640) ← ? Scand. (Swed. 《方言》 sqvabb loose fat flesh / Norw. 《方言》 skvabb a soft wet mass)〗

squab² /skwɑ́(ː)b, skwɔ́(ː)b | skwɔ́b/ *adv.* どしんと, どんと (plump): come down ~ on the floor. 〖(1625) 擬音語〗

squab·ble /skwɑ́(ː)bl̩, skwɔ́(ː)bl̩ | skwɔ́bl̩/ *vi.* 1 (つまらない事で)けんかをする; 言い争う, 口論する (wrangle): ~ *with* a person *about* the account 勘定のことで人と言い争う. 2 〖印刷〗〈活字が〉ごちゃごちゃになる. — *vt.* 〖印刷〗〈組んだ活字を〉ごちゃごちゃにする (disarrange). — *n.* 1 (つまらない事についての)口論, けんか, 言い争い, いさかい (bickering) (⇨ quarrel SYN). 2 〖印刷〗(組んだ活字の)ごちゃごちゃ. **squáb·bler** /-blə, -blə | -blə^(r), -bl̩-/ *n.* 〖(1602) ← ? Scand. (Swed. 《方言》 *sqvabbel* dispute / Norw. *skvabbe* to chatter): 擬音語か〗

squab·by /skwɑ́(ː)bi, skwɔ́(ː)bi | skwɔ́bi/ *adj.* (squab·bi·er; -bi·est) ずんぐりした. 〖(1754) ← SQUAB¹ + -Y⁴〗

squáb chícken [chíck] *n.* 雛(ひな)鳥 (1–1¼ポンドの重さの雛で, 1人用に料理される). 〖1706〗

squáb jòb *n.* 《英俗》 女の子向きの仕事.

squáb píe *n.* スクワッブパイ (羊肉・りんご・タマネギを層にして煮込み, パイ皮で覆って焼いた料理). 〖1708〗

squac·co /skwǽ(ː)kou, skwɔ́(ː)k- | skwǽkəu/ *n.* (*pl.* ~s) 〖鳥類〗 カンムリアマサギ (*Ardeola ralloides*) (南ヨーロッパ・アフリカ産; squacco heron ともいう). 〖(1752) ◻ It. 《方言》 *sguacco*〗

squad /skwɑ́(ː)d, skwɔ́(ː)d | skwɔ́d/ *n.* 1 (同じ仕事などに従事する)一組(の人); (スポーツの)チーム: a football ~ / a ~ of police 一隊の警官 / a relief ~ 救助隊 / ⇨ flying squad. 2 〖軍事〗《米》 分隊 (⇨ army 3); 《英》 班: a ~ drill 《米》 分隊教練; 《英》 班教練 / ⇨ awkward squad. — *vt.* 1 分隊に編成する. 2 分隊に割り当てる. 〖(1649) ◻ F *escouade* (異形) ← *escadre* ◻ Sp. *escuadra* & It. *squadra* 'SQUARE': 方形に整列したことから〗

Squad. (略) 〖軍事〗 Squadron.

squád càr *n.* 《米》 (警察本部との連絡用無線通信設備をもつ) パトロールカー (cruise car, prowl car ともいう). 〖1938〗

squad·der /-də | -də^(r)/ *n.* 隊の一員; 警官隊の一員.

squad·die /skwɑ́(ː)di, skwɔ́(ː)di | skwɔ́di/ *n.* (*also* **squad·dy** /~/) 《英俗》 兵士 (private soldier) (cf. swaddy). 〖(1933): ⇨ squad, -ie〗

squád lèader *n.* 〖軍事〗 分隊長, 班長 (通例下士官). 〖1953〗

squad·ron /skwɑ́(ː)drən, skwɔ́(ː)drən | skwɔ́drən/ *n.* 1 〖軍事〗 a (海軍の)(小)艦隊, 戦隊 (fleet の一部): a detached ~ 分遣艦隊 / a standing [training] ~ 常備[練習]艦隊 / ⇨ flying squadron. b (陸軍の)騎兵大隊 (2個以上の中隊 (company) から成る; 司令官は少佐; cf. battalion). c 〖米空軍〗 飛行大隊, 飛行隊, 隊 (2個以上の中隊 (flight) から成る; cf. group 6 b); 〖英空軍〗 飛行中隊 (普通 10–18 機). d 飛行編隊. e 機甲大隊. 2 (ある目的のために集まった)団体, 集団, 組 (group). — *vt.* (小)艦隊[中隊]に編成する, 飛行[騎兵]大隊に編成する. 〖(1562) ◻ It. *squadrone* (aug.) ← *squadra* square: ⇨ -oon: cf. squad〗

squádron léader *n.* 〖英空軍〗 飛行中隊長, 航空少佐. 〖1832〗

squád ròom *n.* 1 〖軍事〗 分隊員室, 隊員宿泊室 (兵舎内の数個の(分)隊員の寝室). 2 (点呼・任務割当てなどに用いる警察署内の)警察官集合所[集会室]. 〖1943〗

squail /skwéɪl/ *n.* 《英》 〖遊戯〗 1 [*pl.*; 単数扱い] スクェールズ (円盤の周辺から玉をはじいて中央の的に当てる一種の玉はじき遊び). 2 スクェールズに用いる小円型のはじき玉 (disc). 〖(1847) (変形) ? ← 《廃》 (*s*)*kayles* a form of skittles: 《方言》 *squail* (⇨ squailer) の影響による: cf. keg〗

squáil-bòard *n.* スクェールズ (squails) に用いる盤.

squail·er /skwéɪlə | -lə^(r)/ *n.* 《英》 (鉛の頭の付いた)投げ棒 (小動物やりんごなどに投げつけたりする). 〖(1847) ← 《方言》 *squail* to throw a loaded stick at a game + -ER¹〗

squa·la·mine /skwéɪləmìːn/ *n.* 〖生化学〗 スクアラミン (元来サメの血液中から発見されたステロイド抗菌剤の総称). 〖(*c*1975) ◻ L *squalus* (⇨ Squali) + -AMINE〗

squa·lene /skwéɪliːn/ *n.* 〖生化学〗 スクアレン ($C_{30}H_{50}$) (深海産の鮫肝油から作られる). 〖(1916) ← L *squalus* (↓) + -ENE〗

Squa·li /skwéɪlaɪ/ *n. pl.* 〖魚類〗 =Pleurotremata. 〖← NL ~ (pl.) ← L *squalus* sea fish〗

squal·id¹ /skwɑ́(ː)lɪ̀d, skwɔ́(ː)l- | skwɔ́lɪd/ *adj.* 1 a (通例貧困または手入れを怠ることから)むさくるしい, ごみごみした, 汚い (⇨ dirty SYN): a ~ child, district, lodging, surrounding, etc. b 荒廃した, 荒れ果てた (rundown): a ~ building. 2 (精神的に)卑しい, さもしい, 卑劣な, あさましい, みじめな: a ~ quarrel さもしいけんか / a ~ life みじめな生活 / a ~ love affair あさましい情事. 3 洗練を欠いた, 粗野な. **~·ly** *adv.* **~·ness** *n.* 〖(1591) ◻ L *squālidus* ← *squālēre* to be filthy ← *squālus* foul, filthy: ⇨ -id⁴〗

squa·lid² /skwéɪlɪ̀d | -lɪd/ *adj., n.* 〖魚類〗 ツノザメ科の(サメ). 〖↓〗

Squa·li·dae /skwéɪlədìː | -lɪ-/ *n. pl.* 〖魚類〗 ツノザメ科. 〖← NL ~ ← *Squalus* (属名: ← L *squalus* sea fish: ⇨ whale¹) + -IDAE〗

squa·lid·i·ty /skwɑ(ː)lídəti, skwɔ(ː)- | skwɔlídəti, -dɪ-/ *n.* 汚なさ, むさ苦しさ (squalor). 〖(1668) ◻ LL *squālidītātem*: ⇨ squalid¹, -ity〗

squall¹ /skwɔ́ːl, skwɑ́ːl | skwɔ́ːl/ *n.* 1 〖気象〗 スコール, はやて, 突風, 陣風 (短時間の局地的突風; 通例, 雨・雪・みぞれを伴う): a thick ~ 雷鳴[みぞれ, 雨など]を伴うはやて / ⇨ arched squall, black squall, white squall.
日英比較 日本語の「スコール」は「熱帯地方の激しいにわか雨」を指すが, 英語の squall には特に「熱帯地方の」の意味はない. 2 《口語》 (突然の, 短時間の)騒ぎ, けんか (trouble, disturbance).
lóok óut for squálls 危険を警戒する.
— *vi.* [it を主語として] スコール[はやて]が吹く.
~·er /-lə | -lə^(r)/ *n.* **~·ish** /-lɪʃ/ *adj.* 〖(1699) ← ? Scand. (Swed. & Norw. *skval* splash, rushing rain / ON *skval* useless chatter): cf. squall²〗

squall² /skwɔ́ːl, skwɑ́ːl | skwɔ́ːl/ *vi.* 大声で叫ぶ[泣く] (scream), 悲鳴を上げる, わめく (bawl). — *vt.* 大声[金切り声]で言う[歌う]. — *n.* 悲鳴(を上げること), 金切り声 (scream), わめき声. **~·er** /-lə | -lə^(r)/ *n.* 〖(*a*1631) ← ? Scand. (ON *skvala* 'to SQUEAL')〗

squáll lìne *n.* 〖気象〗 (寒冷前線沿いの, 時に数百 km に及ぶ)スコール[雷雨, 陣風]線. 〖1906〗

squall·y /skwɔ́ːli, skwɑ́ːli | skwɔ́ːli/ *adj.* (squall·i·er; -i·est) 1 スコール[はやて]の, はやての来そうな, しけ模様の: It looks ~. スコールになりそうだ; 雲行きが怪しい. 2 《口語》 雲行きが悪い, 形勢がおもわしくない (threatening). 〖(1719) ← SQUALL¹ + -Y⁴〗

squal·or /skwɑ́(ː)lə, skwɔ́(ː)lə | skwɔ́lə^(r)/ *n.* 1 汚なさ, 薄汚なさ, むさ苦しさ (filth). 2 (精神的な)あさましさ, 卑しさ, 卑劣 (sordidness). 〖(1621) ◻ L *squālor* foulness ← *squālēre* to be filthy: cf. L *squāma* 'SQUAMA': ⇨ squalid¹, -or¹〗

squam- /skweɪm, skwɑːm | skweɪm/ (母音の前にくるときの) squamo- の異形.

squa·ma /skwéɪmə, skwáː-/ *n.* (**squa·mae** /-miː/) 〖生物〗 うろこ, 鱗片 (scale); うろこ状構造. 〖(1706) ◻ L *squāma* scale ← ?〗

Squa·ma·ta /skwəmáːtə, -méɪ- | -tə/ *n. pl.* 〖動物〗 トカゲ目. 〖← SQUAMO- + -ATA〗

squa·mate /skwéɪmeɪt, skwáː-/ *adj.* うろこ[鱗片]のある, うろこ状の (scaly). 〖(1826) ◻ LL *squāmātus*: ⇨ ↑, -ate²〗

squa·mat·ed /skwéɪmeɪtɪ̀d, skwáː- | -tɪd/ *adj.* = squamate.

squa·ma·tion /skwəméɪʃən/ *n.* 1 うろこ[鱗片]状. 2 〖動物〗 鱗片配列 (scalation). 〖(1881) ← SQUAMO- + -ATION〗

squa·mi·form /skwéɪməfɔ̀ːm | -mɪfɔ̀ːm/ *adj.* うろこ状の, うろこの形をした. 〖1828–32〗

squa·mo- /skwéɪmou, skwáː- | -məu/ 「うろこ, 鱗片 (scale); 側頭鱗と…との (squamosal and …)」の意の連結形. ★ 母音の前では通例 squam- になる. 〖← L ~ ← *squāma* 'SQUAMA'〗

squàmo·céllular *adj.* 〖生物〗 扁平上皮 (squamous epithelium) の[がある]. 〖⇨ ↑, cellular〗

squa·mo·sal /skwəmóusəl, skwa:-, -sl̩ | -məu-/ *adj.* 1 〖解剖・動物〗 側頭鱗の. 2 =squamous. — *n.* 〖解剖・動物〗 (側頭骨の)側頭鱗. 〖(1848): ⇨ ↓, -al¹〗

squa·mose /skwéɪmous, skwáː- | -məus/ *adj.* = squamous. **~·ly** *adv.* 〖(1661) ◻ L *squāmōsus*: ⇨ squamo-, -ose¹〗

squa·mous /skwéɪməs, skwáː-/ *adj.* 1 うろこで覆われた. 2 〖植物〗 鱗片[鱗苞(りんぽう)]のある (scaly); うろこ状の (scalelike). **~·ly** *adv.* **~·ness** *n.* 〖(1392) ~ ◻ L *squāmōsus* (↑): ⇨ -ous〗

squámous céll *n.* 〖生物〗 扁平細胞 (扁平上皮の細胞). 〖1947〗

squámous epithélium *n.* 〖生物〗 扁平上皮 (側面から見て扁平な細胞が並んでできている上皮; cf. columnar epithelium). 〖1872〗

squa·mule /skwéɪmjuːl/ *n.* 〖植物・動物〗 小鱗片. 〖(1858) ◻ L *squamula* (dim.) ← *squam* sale: ⇨ -ule〗

squa·mu·lose /skwéɪmjulòus, skwáːm- | -ləus/ *adj.* 小鱗で覆われた. 〖(1846): ← NL *squāmula* (dim.) ← L *squāma*: ⇨ squama, -ule, -ose¹〗

squan·der /skwɑ́(ː)ndə, skwɔ́(ː)n- | skwɔ́ndə^(r)/ *vt.* 1 〈時・金銭・才能などを〉浪費する, 濫費する (dissipate) 〈*away*〉: ~ one's money [fortune] on the turf 競馬に金[身代]を浪費する. 2 《廃》 まき散らす, ばらまく (scatter): ~ ships abroad 船を海外のあちこちに出す (cf. Shak., *Merch V* 1. 3. 22). — *vi.* 1 浪費する, 濫費する. 2 あちこちに散らばる. 3 さまよう, 流浪する. — *n.* 《まれ》 浪費, 濫費, むだ使い (extravagance). **~·er** /-dərə | -d(ə)rə^(r)/ *n.* 〖(1536)?〗

squànder·mánia *n.* (政府などの)濫費, 浪費, むだ使い. 〖(1920): ⇨ ↑, -mania〗

square /skwéə | skwéə^(r)/ *n.* 1 正方形, 真四角 (equilateral rectangle). 2 a 四角(な物): a ~ of glass [linen] 正方形のガラス[リンネル]. b (チェス盤などの)ます目: ~*s* on a go board 碁盤の目. 3 《米》 a (四面が街路に囲まれた)方形の一画, 街区. b 街区の一辺の距離, 丁 (block): a house a few ~*s* up 2, 3 丁先の家. c 《英》 住宅に方形に囲まれた区域. 4 (街路樹や芝などの植わった市街の)四角い広場, スクエア (通例 2本以上の街路の交差点にあって小公園の形をしている場合が多い; S- として地名にも用いられる; 略 Sq.; cf. circus 3): ⇨ Trafalgar Square, Madison Square Garden / He lived at No. 57 Gordon *Square*. (ロンドンの)ゴードンスクエア 57 番地に住んでいた. 5 直角定規, さしがね, 曲尺 (carpenter's square): test each corner with the ~ 隅を曲尺で調べる / ⇨ T square, L square. 6 〖数学〗 平方, 二乗 (second power): What's the ~ of 4? 4の二乗は幾つか. 7 (チーズ・菓子などの)ほぼ立方体の一切れ, 角切れの一塊: cut a cake into ~*s* / a ~ of chocolate チョコレートの一切れ. 8 (床・屋根・タイル張りなどを測る)面積単位 (100 平方フィート). 9 《古口語》 旧式[素朴]な人, 旧弊家, 堅物(かたぶつ); だまされやすい人, おめでたい人 (conformist, fogy). 10 《廃》 正しい量目, 規準 (standard); 規範. 11 〖軍事〗 方陣: a solid ~ 中実[密集]方陣 / break [form] a ~ 方陣を解く[作る] / ⇨ hollow square. 12 〖製本〗 ちり (本の表紙の中身より出っ張っている部分): ~ at the fore edge 前ちり. 13 〖植物〗 苞(ほう)をつけた開花しない綿の花. 14 〖ボートレース〗 (こぐ際の)水の表面に垂直なオールの水かきの位置. 15 (質量ともに)充実した食事 (square meal) (cf. *adj.* 7). 16 〖占星〗 矩(く), クワルトゥス (地球から見た二つの天体の角距離が 90° または 270° の相). 17 《廃》 (四角い)胸飾り, ヨーク.
at squáre 《廃》 不和で (at odds). 〖1545〗 *báck to* [*on*] *squáre óne* 《口語》 最初の状態に戻って (チェスなどで反則などのため振り出しに戻ることから): Let's go *back to* ~ *one*. (仕方がないから)振り出しに戻ろう / If we fail now, it's *back to* ~ *one* (for us). 今失敗したら, 振り出しに戻ることになる. 〖1960〗 *bréak nò squáre(s)* 《廃》 悪いことはない, 何でもない (make no difference). *by the squáre* 《廃》 精密に, 正確に (exactly). *on the squáre* (1) 《口語》 きちょうめんに[な], 公平[公正]に[な], 正直に[な] (honest(ly), fair(ly)) (cf. on the CROSS): act *on the* ~ 公正にふるまう / gamble *on the* ~ いんちきなしでばくちを打つ / His business is *on the* ~. 彼の商売は公正である. (2) 平等[同格]に 〔*with*〕. (3) 直角を成して. (4) フリーメーソン (Freemason) の会員で. 〖1667〗 *óut of squáre* (1) 直角をなさないで, ゆがんで. (2) 《口語》 型にはまらないで, 乱雑に; 不一致で, 不正確で. 〖1542〗

squáre and rábbet 〖建築〗 =annulet 2.

square of opposítion 〖論理〗 対当の正方形 (A, E, I, O の 4 判断の対当推理における相互関係を図示した正方形). 〖1864〗

— *adj.* (squar·er; squar·est) 1 a 正方形の, 真四角の; 方形の, 長方形の (rectangular). b 立方形の, 箱形の (cubical): a ~ house 箱形の家. 2 a 直角の: a ~ corner 直角の角(かど). b 〔…と〕直角を成す (at right angles) 〔*with, to*〕: make a line ~ *with* another 一線を他線と直角にする / Keep your face ~ *to* the camera. 顔をカメラに直角に向けていて下さい. 3 〖数学〗 平方の, 二乗の (略 sq.): two ~ miles 2 平方マイル / two feet ~ 2 フィート平方 / ⇨ square foot, square number. 4 a 〈肩・あご・体格など〉角張った, がっしりした (square-built): a ~ jaw 角張ったあご / ~ shoulders がっしりした肩 / a person of ~ build 肩幅の広い人. b 〈字体が〉角張った, 楷書(かいしょ)の (cf. rustic 5): ⇨ square capital. 5 a 貸借のない, 勘定済みの (settled): Is the account ~? 勘定は済んでいますか / make [get] accounts ~ 決済する. b 平等の, 同等の, 五分五分の (even); 〈スコアが〉同一の, 同点の, タイの (tied); 水平の, まっすぐな (straight): The game's all ~ now. ゲームは同点である. c 整然たる; 適当に配置した, 整頓した (in good order): get things ~ 事を整理する. d 公明正大な, 正々堂々の, 公平な (fair); 正直な (honest); 正しい (just): ~ dealing (他人に対する)公平な接し方 / ⇨ square deal. e 率直な (straightforward), はっきりした, きっぱりした (clear, positive): a ~ refusal きっぱりした拒絶. f 〈馬の足並みが〉しっかりした, 安定した. 6 (トランプやダンスで)組んでいる二人同士が向かい合って行う: ⇨ square game, square dance. 7 〈食事が〉(質・量ともに)申し分のない, 十分な (satisfying): ⇨ square meal. 8 〖海事〗 〈横帆船の帆桁(ほげた)が〉竜骨とマストに直交している. 9 〖クリケット〗 三柱門と三柱門を結ぶ線に直角の (普通打者の限界線に沿う; 野手または野手の位置および打球の方向に用いる): ⇨ square cut. 10 〖サッカー・ホッケー〗 〈パスが〉まっすぐサイドラインに向かう. 11 〖数学〗 〈マトリックスが〉同じ数の行と列を持っている. 12 《古口語》 時代遅れの, 旧式な, 野暮ったい (old-fashioned, conventional).
áll squáre (1) (ゴルフなどで)互角の, タイの. (2) 準備万端整った. (3) 決済済みの. *a róund pég in a squáre hóle*=*a squáre pég in a róund hóle* ⇨ peg 成句. *cáll it (áll) squáre* (1) 決済[支払い]済みと見なす. (2) けりがついたと考える. 〖1891〗 *gét squáre with* 《口語》 (1) …と同等[五分五分]になる. (2) …と貸借[勝負]なしになる, 勘定を決済する. (3) …に仕返しをする.
— *adv.* 1 a 四角に(なるように): cut it ~ 四角に切る. b 直角に (at right angles): The street turns ~ to the right. 道は右に直角に曲がる. 2 真正面に, 真向かいに: stand ~ to him 彼の真向かいに立つ. 3 まっすぐに, ねらいたがわず: Hit him ~ between the eyes. ちょうど彼の眉間(みけん)をなぐった. 4 じっと, まともに: look him ~ in the face 彼の顔をじっと見る / look ~ at him 彼をじっと見る. 5 《口語》 かっきりと; 公平に, 正々堂々と, 正直に (uprightly, honestly): He does not play ~. 彼は正々堂々と勝負をしない. 6 〖サッカー・ホッケー〗 まっすぐサイドラインに向かって.
fáir and squáre ⇨ fair¹ *adv.* 成句.
— *vt.* 1 〖数学〗 a 平方する, 二乗する: What's 4 ~*d*? 4の二乗は幾つか. b …の面積を求める: ⇨ *square the* CIRCLE (1). 2 a (基準・主義などに合わせて)調整する, 律する (regulate), 形作る (frame): ~ one's action by the opinion of others 他人の意見によって自分の行為を律する. b 〔…に〕適合させる (fit), 適応させる (accommodate), 合わせる, 一致させる (adjust, arrange) 〔*with, to*〕: ~ one's theories *with* ascertained facts 確定した事実に自説を適合させる / ~ one's opinions *to* the prevailing tendencies 自分の意見を時代の傾向に適合させる. 3 a まっすぐにする, 平らにする (straighten out). b 〔…と〕調停させる, 仲直りさせる: ~ oneself *with* a person 人

と仲直りする. **4 a** 決済する, 清算する (settle, balance); 仕返しをする: ～ (up) a bill [a debt, one's creditors by paying] 勘定を払う[負債を払う, 債権者に支払いを済ます] / ⇨ *square* ACCOUNTS *with a person*. **b** [～ oneself で] (過去の誤りなどを)清算する, (失言などに対して)弁明する. **c** (スポーツで)〈試合〉の得点をタイにする: ～ a game. **5 a** 正方形にする; (真)四角にする〈*off*〉. **b** 〈材木などを〉四角にする; 直角にする, 角にする〈*off*〉: ～ the edge of a board 板のすみを四角に削る. **c** 〈物〉の表面を正方形に区切る〈*off*〉. **d** (物指しなどを使って)…の直角[直線, 平面]からの偏差[ずれ]を測る. **6** 〈肩・ひじなどを〉張る: ～ one's shoulders 肩を怒らせる / with elbows [shoulders] ～*d* ひじ[肩]を張って. **7** 《俗》抱き込む, 買収する: ～ the police / He has been ～*d* to hold his tongue. 彼は賄賂(わいろ)で口封じされている. **8** 《海事》〈横帆船の帆桁(ほげた)〉を竜骨とマストに直交させる. **9 a** 《ボートレース》(こぎ始める直前に)〈オール〉を水面に垂直に向ける. **b** 《カヌー》(こぎ始めるときに)〈パドル〉をカヌーの方向に垂直に向ける.

— *vi.* **1** 〔…と〕一致する, 調和する (agree, harmonize), 合う, 適合する (accord)〔*to, with*〕: His arguments do not ～ *with* the facts. 彼の議論は事実と合わない / Your ideas and mine do not ～. 君と私の意見は一致しない. **2 a** 決済する: ⇨ SQUARE *up* (1). **b** 〈スコアが〉同点になる, タイになる. **3 a** (ボクシングなどで)戦う身構えをする. **b** 〔物事に〕敢然と立ち向かう〔*to*〕: ⇨ SQUARE *up to*. **4** 《廃》言い争う (quarrel).

squáre awáy (1) [しばしば受身で] 《米口語》(…を)きちんとする, 片付ける; 支度する〔*for*〕. (2) 《米口語》= *vi.* 3 a. (3) 《海事》(追い風を受けて帆走するように)〈横帆を〉直角にする. (1849) *squáre by the lífts and bráces* 《海事》(帆桁(ほげた)の吊り綱と帆綱とで)帆桁を竜骨とマストに対して直角にする. *squáre óff* (1) 《米口語》けんかに備える: They ～*d off* and started slugging each other. 彼らはけんかの身構えをしてなぐり合いを始めた. (2) 《口語》= *vi.* 3 a. (3) ⇨ *vt.* 5. *squáre úp* (1) 《口語》清算する, 決済する; 仕返しをする〔*with*〕. (2) = *vi.* 3. (3) 《口語》十分に準備する. (4) 〈図を〉多数の方眼を使って転写する. (5) = SQUARE *off* (1). *squáre úp to* 《英口語》(1) 〈相手〉に身構える[立ち向かう]. (2) 〈困難・課題〉に敢然と立ち向かう.

～·ness *n.* 〖n.: (*c*1250) *squir(e)* □ OF *esquire, esquare* (F *équerre*) < VL *exquadram (Sp. *escuadra* / It. *squadra*) ← *exquadrāre ← EX-[1]+L *quadrus* square: cf. quadrant. — adj.: (*a*1325) □ OF *esquarré* (p.p.) ← *esquarrer* to square. — v.: (*c*1384) *square(n)* □ OF *esquarrer* < VL〗

Square /skwɛ́ə | skwɛ́ə(r)/ *n.* [the ～] 《天文》じょうぎ(定規)座 (⇨ norma 2).

squáre báck *n.* 《製本》角背 (cf. round back).

squáre-bàshing *n.* 《英俗》軍事教練. 〖1943〗

squáre bódy *n.* 《造船》船体平行部《船首・船尾を除いた船体中央の両舷が平行の部分; cf. cant body》. 〖1711〗

squáre brácket *n.* 角括弧, 大括弧 ([ ] の一つ; cf. bracket 2 a). 〖*c*1888〗

squáre-búilt *adj.* 肩の張った[怒った], 角張った, 横に広い. 〖1687〗

squáre cápital *n.* 角型大文字(書)体, スクエアキャピタル《ローマ時代の碑文などに使われた角張った大文字書体》. 〖1699〗

squáre cénter *n.* 《機械》四つ目センター《四角錐形の旋盤センター》.

squáre céntimeter *n.* 平方センチメートル (略 cm^2).

squáre cút *n.* 《クリケット》スクエアカット《打者が球を厚く切って square の方向(右手やや後方)に打つこと》. — *vt.* [suqare-cut で] 〈球を〉スクエアカットで打つ; 〈投手〉の投球をスクエアカットする.

squared *adj.* **1** ます目に仕切られた; 方眼の: ⇨ squared paper. **2** 平方の, 二乗の (cf. square *vt.* 1 a).

squáre dànce *n.* 《米・カナダ》スクエアダンス (cf. round dance, quadrille[2]): **a** 2人ずつ組んだ4組が向かい合って踊るダンス. **b** 米国 Colorado 州で発達した8人で踊るフォークダンスの一種. — *vi.* スクエアダンスを踊る[に加わる]. **squáre dàncing** *n.* 〖1870〗

squáre dàncer *n.* スクエアダンスを踊る人. 〖1976〗

squáred círcle *n.* 《口語》(ボクシングの)リング (boxing ring).

squáre déal *n.* **1** 《口語》公平な処置[取引, やり方] (honest transaction) (cf. raw deal). **2** 《政治》スクエアディール《関係者すべての者の利害に公平な処置を行うことを目標とする T. Roosevelt の掲げた政治政策》. 〖1876〗

squáred páper *n.* 方眼紙, グラフ用紙 (graph paper).

squáre dríft *n.* 《機械》打ち込み矢 (⇨ drift 11 a).

squáred ríng *n.* 《口語》=squared circle.

squáre édge *n.* 《クリケット》スクエアエッジ《二つの三柱門を結ぶ線に直角な線上の野手の守備位置[野手, 打撃]; 通常打者の限界線の延長線にある》.

squáre-èyes *n.* 《英俗》テレビに釘付けになる人.

squáre-èyed *adj.* 〖*square-eyed* (1964)〗

squáre·fàce *n.* 《英俗》ジン (gin); 安酒. 〖(1879): もと南アフリカで角びんで売られたことに由来する俗称〗

squáre-fàced *adj.* 角張った顔の. 〖1872〗

squáre fóot *n.* 平方フィート《面積の単位; 144 平方インチ, 0.111 平方ヤード, 0.093 m^2; 略 sq. ft., ft^2》.

squáre fráme *n.* 《造船》船体平行部 (square body) に使われている肋材.

squáre gàme *n.* (トランプなどで)二人ずつ向かい合って行うゲーム (cf. round game).

squáre gó *n.* 《スコット》武器を使わない[素手でする]けんか; 派手な口論.

squáre·hèad *n.* 《俗・軽蔑》**1 a** スカンジナビア人 (Scandinavian), (特に)スウェーデン人 (Swede) (cf. dago, spik). **b** ドイツ人 (German). **2** ばか, 間抜け. 〖1890〗

squáre-ín *n.* 《アメフト》スクエアイン《レシーバーが内側にカットステップしてスクリメージラインと平行にフィールドを横切るパスの一種》.

squáre ínch *n.* 平方インチ《面積の単位; 0.007 平方フィート, 0.00077 平方ヤード, 6.451 cm^2; 略 sq. in., in^2》. 〖1667〗

squáre jòint *n.* 《木工》=straight joint 2. 〖1875〗

squáre kilómeter *n.* 平方キロメートル (略 km^2).

squáre knòt *n.* 《米》こま結び (reef knot). 〖1867〗

squáre-làw *adj.* 《電子工学》二乗検波の《入力信号の振幅の二乗に比例した出力が得られる》. 〖1921〗

squáre lèg *n.* 《クリケット》打者の真後ろの守備位置; その位置を守る野手. 〖1851〗

Squáre lével *n.* [the ～] 《天文》=Square.

squáre·ly /skwɛ́əli | skwɛ́ə-/ *adv.* **1** 真正面に; まともに: face a person ～ 人と真正面に向き合う / look a person ～ in the face 人の顔をまともに見る. **2** 公平に, 公明正大に; 正々堂々と; 正直に. **3** はっきりと, きっぱり. **4** 方形に, 四角に(なるように). **5** 直角に. 〖1557〗

squáre mátrix *n.* 《数学》正方行列《行の数と列の数が等しい行列》. 〖1858〗

squáre méal *n.* (量的にも内容的にも)充実した食事: have a ～. 〖もと船員用語か; 船中の食事が四角い大皿で供されたことに由来する?〗

squáre méasure *n.* 《数学》面積. 〖1728〗

squáre méter *n.* 平方メートル (略 m^2).

squáre míle *n.* **1** 平方マイル《面積の単位; 640 エーカー, 102,400 平方ロッド, 2.590 km^2; 略 sq. mi., m^2》. **2** [the S- M-] (London の) シティー (the City). 〖1625〗

squáre míllimeter *n.* 平方ミリメートル.

squáre númber *n.* 《数学》平方数 (1, 4, 9, 16 など; cf. triangular numbers). 〖1557〗

squáre-óut *n.* 《アメフト》スクエアアウト《レシーバーがスクリメージラインと平行にサイドライン側に急角度にカットステップするパスの一種》.

squáre pérch *n.* =perch[1] 8 b.

squáre piáno *n.* 《音楽》スクエアピアノ《18 世紀後半に流行した長方形のピアノ》. 〖1853〗

squáre póle *n.* =rod 4 c.

squar·er /skwɛ́ərə | skwɛ́ərə(r)/ *n.* **1** (石材・木材などを)四角にする人[職人]. **2** 四角な錐(きり). **3** 《廃》けんか好きな人 (quarreler). 〖1422–23〗

squáre ríg *n.* 《海事》横帆艤装 (cf. fore-and-aft rig). 〖1875〗

squáre-rígged *adj.* 《海事》横帆艤装の, 横帆式の (cf. fore-and-aft 1 b). 〖1769〗

squáre-rígger *n.* 《海事》横帆(艤装の)船. 〖1855〗

squáre ród *n.* 平方ロッド (⇨ rod 4 c).

squáre róot *n.* 《数学》平方根, 二乗根 (記号 r, √). ★ √ は r 字の変形. 〖1557〗

squáre sàil *n.* 《海事》横帆《船の中心線にほぼ直交する帆桁(ほげた)にかかる四角な帆; cf. fore-and-aft sail》. 〖1600〗

squáre sérif *n.* 《印刷》スクエアセリフ: **a** 角ばったセリフ (serif). **b** =Egyptian 6. 〖1940〗

squáre sháke *n.* =square deal 1.

squáre shóoter *n.* 《米口語》正直者 (honest person, straight shooter). 〖1914〗

squáre shóoting *n.* 《米口語》正直なふるまい; 公正なやり方 (fair play). 〖1922〗

squáre-shóuldered *adj.* 肩の張った, 怒り肩の (cf. round-shouldered). 〖1825〗

squáre stánce *n.* 《ゴルフ》平行スタンス《打球方向に両足を平行にそろえる構え; parallel stance ともいう; cf. closed stance, open stance》.

squáre stérn *n.* 《造船》角形船尾《カウンターの上部または船尾の部分が平らで垂直になる船尾の形》. 〖1875〗

squares·ville, S- /skwɛ́əzvɪl | skwɛ́əz-/ 《俗》*n.* 因襲的な[時代遅れの]社会. — *adj.* 旧式の, 因襲的な, 時代遅れの. 〖(1956) ← SQUARE (n.) 9+-VILLE〗

squáre·tàil *n.* 《魚類》**1** =brook trout 1. **2** ドクウロコイボダイ (*Tetragonurus cuvieri*)《大西洋・太平洋・地中海などに生息し堅い骨質のうろこがあり, 時に毒をもつ》. 〖1835–45〗

squáre thréad *n.* 《機械》角ねじ《ねじプレス・ジャッキ旋盤などの親ねじに用いる》. 〖1908〗

squáre tín *n.* 《英》四角いブリキ皿で焼いた, 皮が堅くて厚い中型のパン.

squáre-tóed *adj.* **1** 〈靴などが〉つま先の四角な. **2** 《まれ》旧式な, 保守的な (old-fashioned). **～·ness** *n.* 〖(1785) ← SQUARE (adj.)+TOED〗

squáre-tóes *n. pl.* [単数扱い] 四角張った人, きちょうめんな人; 旧式な人 (old-fashioned person). 〖1771〗

squáre wàve *n.* 《電気》矩形波, 方形波《振幅時間特性が長方形となる波形の波》. 〖1932〗

squáre yárd *n.* 平方ヤード (⇨ yard[1] 2 a).

squar·ish /skwɛ́ərɪʃ | skwɛ́ər-/ *adj.* ほぼ方形[四角]な; 角張った (angular): a ～ house, face, etc. 〖(1742) ← SQUARE (adj.)+-ISH[1]〗

squark /skwáək | skwá:k/ *n.* 《物理》スクォーク, スカラークォーク《超対称性によりクォークと対になる粒子》. 〖(1982) ← S(UPER)+QUARK[1]〗

squar·rose /skwǽrous, skwá(:)r- | skwǽrəus, skwɔ́r-/ *adj.* 《生物》**1** (うろこなどで)ざらざらした (rough). **2** 《植物》広がった包葉の. **～·ly** *adv.* 〖(1760) □ L *squarrōsus* scaly, scurfy《変形》(L *squāma* 'scale, SQUAMA' の影響) ← *escharōsus ← Gk *eskhára* 'scab, SCAR[1]': ⇨ -ose[1]〗

squar·rous /skwǽrəs, skwá(:)r- | skwǽr-, skwɔ́r-/ *adj.* 《生物》=squarrose. 〖(1806): ⇨ ↑, -ous〗

squar·son /skwáəsən, -sn̩ | skwá:-/ *n.* 《戯言》(英国国教会の)牧師を兼ねた地主《牧師 (parson) であると同時にその教区の地主 (squire)》. 〖(1876)《混成》← SQU(IRE)+(P)ARSON〗

squash[1] /skwá(:)ʃ, skwɔ́(:)ʃ | skwɔ́ʃ/ *vt.* **1** 押し[打ち]つぶす (crush); 押し[打ち]つぶしてパルプ状にする: ～ berries for a sauce ソース用にベリーを押しつぶす. **2** 狭い所へ押し込める, ぎゅうぎゅう詰め込む (cram). **3** 〈反乱などを〉静める, 鎮圧する (quash): ～ a revolt, strike, etc. **4** 《口語》(押しつぶすように)やり込める, ぐうの音(ね)も出なくする.
— *vi.* **1** 無理やりに進む[通る] (press): ～ *into* a bus 押し合いながらバスに乗り込む. **2** 押しつぶされる, つぶれる, ぐちゃぐちゃになる. **3** 〈重くて柔らかい物が〉ぐしゃっと落ちる. **4** じゃぶじゃぶと音を立てる (splash); びしゃびしゃ音を立てて進む: ～ through the mud. **5** 《航空》〈飛行機が〉(速度が減少したために水平姿勢のまま)高度を失う. *squásh úp* (*vt.*) 〈乗客・観客などを〉詰め込む, 押し込む〔*against, with*〕. (*vi.*) (座席などで)詰める, 押し合う〔*into*〕.
— *n.* **1** 《口語》混み合い, 押し合い, へし合い (jam); 群衆 (crowd). **2 a** =squash tennis. **b** =squash racquets. **3** 《英》スカッシュ《果汁にソーダ水を加えた飲み物》: orange [lemon] ～. **4** ぐしゃっ(と落ちること[音]), びちゃん (splash): with a ～ べしゃっと(音を立てて). **5** (重くて柔らかい物が落ちて)つぶれること; つぶれた物, つぶれやすい物, どろどろした物[固まり]: go to ～ ぐちゃぐちゃになる, つぶれる. **6** 《廃》熟していない豆のさや.
— *adv.* ぐしゃっと(音を立てて).
～·er *n.* 〖(*a*1325) □ OF *esquasser* < VL *exquassāre: ⇨ ex-[1], quash[1, 2]〗

squash[2] /skwá(:)ʃ, skwɔ́(:)ʃ | skwɔ́ʃ/ *n.* (*pl.* ～·es, ～) 《米・カナダ》《植物》**1** カボチャ, トウナス《野菜として栽培されるカボチャ属 (*Cucurbita*) の植物の果実の総称; summer squash, winter squash など》. **2** カボチャのなる草本《squash vine ともいう》. 〖(1634) □ N-Am.-Ind. (Algonquian) *askútasquash* vegetable eaten green〗

squásh·bèrry /-bèri | -b(ə)ri/ *n.* 《植物》北米産のガマズミ属の一種 (*Viburnum edule*)《食用の実がなる》. 〖1937〗

squásh-blòssom *adj.* (特にアメリカインディアンの作る宝石にみられる)カボチャの花形の意匠の. 〖1923〗

squásh blòssom *n.* カボチャの花形の髪《両耳の上に大きな環を作るように結ぶ; かつて Hopi 族の少女のヘアスタイルであった》.

squásh bòrer *n.* 《昆虫》=squash vine borer.

squásh bùg *n.* 《昆虫》半翅目のヘリカメムシの一種 (*Anasa tristis*)《カボチャのつるなどを害する悪臭のある大型の黒色の昆虫》. 〖1846〗

squásh hát *n.* (折りたためる)つばの広いソフト帽.

squásh làdder *n.* (スカッシュの試合の)順位表.

squásh ràcquets [ràckets] *n. pl.* [単数扱い] スカッシュ《普通の racquets よりも小さいコートで行い, 柄の長いラケットでゴムボールを使用する球技の一種》. 〖1886〗

squásh tènnis *n.* スカッシュテニス《壁で囲まれたコートでよくはずむ大きなゴムボールを用いて行う一種の court tennis》. 〖1901〗

squásh vìne bòrer *n.* 《昆虫》モモブトスカシバの一種 (*Melittia cucurbitae*) の幼虫《この属の種類の幼虫はカボチャ・カラスウリなどウリ類の茎を穿孔食害する; squash borer ともいう》.

squash·y /skwá(:)ʃi, skwɔ́(:)ʃi | skwɔ́ʃi/ *adj.* (**squash·i·er**; **-i·est**) **1** どろどろの, べとべとした (pulpy), つぶれやすい (⇨ limp[2] SYN); 柔らかい (soft). **2** 〈道路などが〉泥だらけの, 泥の深い (boggy); ぬれて軟らかい. **3** 〈果物などが〉熟して形のつぶれた. **squásh·i·ly** /-ʃɪli/ *adv.* **squásh·i·ness** *n.* 〖(1698) ← SQUASH[1]+-Y[4]〗

squat /skwá(:)t, skwɔ́(:)t | skwɔ́t/ *v.* (**squat·ted** /-tɪd | -tɪd/, ～; **squat·ting** /-tɪŋ | -tɪŋ/) — *vi.* **1 a** しゃがむ, うずくまる; 蹲踞(そんきょ)する: ～ down on one's hams (尻をついて)しゃがむ. **b** あぐらをかいて座る; 座る〈*down*〉. **2 a** 公有地に無断で家を建てて住む, 公有地[公共建造物]を不法占拠する. **b** (所有権取得の目的で許可を得て)公有地に定住する. **3** 〈動物が〉(身をひそめて)地に伏す; 隠れる (crouch). **4** 《海事》〈船が〉(前進運動で, ある速度を超えて)船尾が沈下する. — *vt.* **1** うずくまらせる, しゃがませる: ～ oneself しゃがむ. **2** (地代も払わずに)〈土地・公共建造物を〉不法占拠する. — *adj.* **1** ずんぐりした (dumpy); 低くてずんぐりした, うずくまったような (squatty): a ～ chair. **2** うずくまった, しゃがんだ. — *n.* **1 a** しゃがみこむこと. **b** しゃがんだ姿勢, 蹲踞の構え. **2** 《重量挙》**a** スクワット《バーベルを肩にかついで立ち, しゃがんでからまた立ち上がる運動》. **b** スクワット競技. **3 a** 不法占拠; 不法占拠地. **b** 《口語》不法居住者に占拠された建物. **4** (動物の)隠れ場. **5** 《海事》スクワット《ある速度を超えると船尾が沈下して船尾トリムをおこすこと》. **～·ly** *adv.* **～·ness** *n.* 〖(*c*1384) ME *sqwate(n)* to crush, flatten □ OF *esquatir* ← *es-* 'EX-[1]'+*quatir* to flatten (< VL *coactire ← L *coāctus* (p.p.) ← *cogēre* to drive together ← *co-* 'COM-'+*agere* to drive: cf. agent)〗

squatt /skwá(:)t, skwɔ́(:)t | skwɔ́t/ *n.* ハエうじ《釣りの餌にする》. 〖(*c*1935)?《転用》← SQUAT〗

squát tàg *n.* 《米》しゃがみ鬼《しゃがめば鬼につかまらない鬼ごっこ; stoop tag ともいう》.

squat·ter[1] /skwá(:)tə, skwɔ́(:)tə | skwɔ́tə(r)/ *n.* **1** うず

くまる人[物], しゃがむ人. **2 a** 《英》(公有地・公共建造物の)無断居住者, 不法占拠者. **b** (米国・オーストラリアで)所有権獲得の目的で合法的に新開拓地に定住する人. **3** 〖豪史〗**a** (19 世紀に英国王の借地人として土地を占有した)牧畜業者, 牧羊人 (grazier). **b** (大規模な)牧畜借用人; 家畜所有者. **4** 〖鳥類〗=pectoral sandpiper. 〖1788〗

squat·ter² /skwɑ́(ː)tə, skwɔ́(ː)tə | skwɔ́tə(r)/ *vi.* **1** 水の中をばしゃばしゃ行く. **2** 水に飛び込む. 〖(1593) (1785) □ ? Scand.: cf. Dan. *skvatte* to sprinkle〗

squátter sóvereignty *n.* 《軽蔑》=popular sovereignty 2. 〖1854〗

squátter's ríght *n.* 《口語》〖法律〗(無断あるいは不法な)公有地定住[占領]権. 〖1854〗

squát thrùst *n.* スクワットスラスト《立位からしゃがんで両手を床につき, 次いで腕立て伏せの姿勢をとってから, 再びしゃがんだ体勢になり立位に戻る運動》.

squat·toc·ra·cy /skwɑ(ː)tɑ́(ː)krəsi, skwɔ(ː)- | skwɔtɔ́k-/ *n.* 〖主に豪〗[集合的] (富裕で社会的影響力をもつ)牧畜業者. 〖(1843): ⇨ squatter¹, -o-, -cracy〗

squat·ty /skwɑ́(ː)ṭi, skwɔ́(ː)ṭi | skwɔ́ti/ *adj.* (**squat·ti·er; -ti·est**) ずんぐりした, 短躯の (thickset); 低く幅が広い〈家・椅子など〉. 〖(1881) ← SQUAT+-Y⁴〗

squaw /skwɔ́ː, skwɑ́ː | skwɔ́ː/ *n.* 《まれ》**1** アメリカインディアンの女[妻] (cf. brave *n.* 2, wench 4, sannup). **2** 《北米軽蔑・戯言》女, 妻. **3** 《軽蔑》女々しい男. 〖(1634) □ N-Am.-Ind. (Algonquian) *squàws*, (Natick) *squa* woman〗

squáw·bùsh *n.* 〖植物〗**1** =cranberry bush. **2** 北米西部産ウルシ属の悪臭のする樹木 (*Rhus trilobata*). **3** =fragrant sumac. 〖(1825–35): アメリカインディアンが色止め料として用いたことから〗

squáw·fìsh *n.* (*pl.* ~, ~·es) 〖魚類〗**1** 北米太平洋岸に産するコイ科プティコケイルス属 (*Ptychocheilus*) の魚類の総称 (Colorado squawfish (*P. lucius*), northern squawfish (*P. oregonensis*) など). **2** 北米太平洋岸のウミタナゴ (surfperch) の類の魚 (*Embiotoca lateralis*). 〖1881〗

squáw hùckleberry *n.* 〖植物〗ディアベリー (deerberry).

squawk /skwɔ́ːk, skɑ́ːk | skwɔ́ːk/ *vi.* **1** 〈カモメ・アヒル・雌鳥などが〉(驚いて声高にやかましく)ぎゃーぎゃー[があーがー]鳴く. **2** 《口語》(大声でうるさく)不平を言う. — *n.* **1** カモメなどの鳴き声. **2** 《俗》やかましい不平 (loud complaint). **3** 〖鳥類〗ゴイサギ (night heron) 《夜になるとくあっくあっと鳴く》. **4** 〖航空〗スクオーク《航空機の乗員が行う, 飛行中機体や装備品に起こった不具合事項の申立て》. 〖(1821) 《擬音語》? // 《混成》? ← SQUALL¹+SQUEAK〗

squáwk bòx *n.* **1** 《口語》社内[構内, 機内, 船内]放送用ラウドスピーカー. **2** 《俗》=intercom. 〖1945〗

squáwk·er *n.* **1 a** ぴーぴー鳴るおもちゃの笛. **b** =duck call. **2** (大声で)不平を言う人. **3** =informer 2, 3. **4** 《米俗》=squawk box 1. **5** スコーカー, ミッドレンジスピーカー《中音用スピーカー; cf. tweeter, woofer》. 〖1874〗

squawl /skwɔ́ːl, skwɑ́ːl | skwɔ́ːl/ *v., n.* =squall¹.

squáw màn *n.* アメリカインディアンの女 (squaw) を妻とする白人. 〖1866〗

squáw·ròot *n.* 〖植物〗**1** 北米東部産ハマウツボ科の植物 (*Conopholis americana*) 《カシの林の樹下に群生する; cancerroot ともいう》. **2** =blue cohosh. 〖(*c*1810): アメリカ先住民の間で婦人病の薬として用いられたことから〗

Squáw Válley /skwɔ́ː-, skwɑ́ː- | skwɔ́ː-/ *n.* スコーバレー《米国 California 州東部 Sierra Nevada 山脈中の一峡谷; スキー場》.

squáw wáterweed *n.* 〖植物〗=pennyroyal 1 b.

squáw-wèed *n.* 〖植物〗**1** =ragwort. **2** =white snakeroot. **3** =pennyroyal 1 b.

squáw wínter *n.* 《米》(秋に起こる)冬のような天候の短い時期. 〖(1861): Indian summer の前によく起こることから〗

squeak /skwíːk/ *vi.* **1 a** 〈人が〉きーきー声を出す; 〈赤ん坊などが〉きーきー泣く. **b** 〈物が〉(きしって)きーきー音を立てる; 〈ちょうつがいなどが〉きしむ, きしる. **c** 〈靴底が〉きゅーきゅー鳴る. **d** 〈ねずみなどが〉ちゅーちゅー鳴く. **2** 《口語》あやうく[やっとのことで]成功する[パスする, 勝つ] 〈*by, through*〉. **3** 《英俗》密告する (turn informer), 告げ口する (peach) (cf. squeal 3). — *vt.* きーきー声[金切り声]で言う. — *n.* **1** 甲高い声, きーきーきしる音, (ねずみなどの)ちゅーちゅー鳴く声. **2** [通例 narrow [near, close] ~ として] 《口語》危うい瀬戸際, 間一髪; 九死に一生 (narrow escape): have a *narrow* ~ やっとのことで助かる[間に合う, 勝つ, 切り抜けるなど]. **3** 《口語》チャンス, 機会. 〖(*a*1387) *squeke*(*n*) ? ON *skvakka* to croak 《擬音語》 // 《混成》← SQUEA(L)+(SHRIE)K〗

squéak·er *n.* **1 a** ちゅーちゅー鳴く[きーきーいう, きーきー泣く]もの; きしる物. **b** (通例, 伝書鳩の)雛(ひな)鳩 (squab). **c** 《英》子豚. **2** 《英俗》密告者 (informer), 裏切り者 (betrayer) (cf. squealer 3). **3** 《口語》(競技・選手などでの)辛勝. 〖1641〗

squeak·y /skwíːki/ *adj.* (**squeak·i·er; -i·est**) きーきー言う[泣く]; ちゅーちゅー言う; きしる. **squéak·i·ly** /-kᵻli/ *adv.* **squéak·i·ness** *n.* 〖(1862): ⇨ -y⁴〗

squéaky-cléan *adj.* (*also* **squéaky cléan**) 《口語》**1** 非常にきれいな: ~ hair. **2** 非の打ちどころのない, 欠点のない, 清廉潔白な; 健全な. 〖1975〗

squeal /skwíːl/ *vi.* **1 a** (苦痛・恐怖・驚きなどで鋭く甲高く長くひっぱって)きーきー言う[泣く], 悲鳴をあげる (⇨ shout SYN): ~ *with* pain [joy]. **b** 〈タイヤなどが〉きーっときしむ. **2** 《口語》泣き言を並べる, 不平を言う (complain); 〔課税などに〕躍起となって反対する 〔*against*〕. **3** 《俗》〈人を〉密告する, たれ込む; 裏切る (turn informer) 〔*on*〕 (cf. squeak 3). — *vt.* **1** きーきー声で言う. **2** 《俗》〈秘密を〉漏らす (reveal). ***máke a person squéal*** 《俗》〈人を〉脅迫する, ゆする (blackmail). — *n.* **1 a** (子供・豚などの)悲鳴, きーきー声 (squeak より高く多少長い音にいう). **b** (急ブレーキなどの)きーっという音. **2** 《口語》不満 (complaint); 抗議 (protest). **3** 《俗》密告, 裏切り. 〖(*c*1300) *squele*(*n*) 《擬音語》? : cf. ON *skvala* to shriek〗

squeal·er /skwíːlə | -lə(r)/ *n.* **1** きーきーいう[鳴く]もの, ぎゃーぎゃー鳴く[悲鳴をあげる]人. **2** 《口語》泣き言を並べる人, 不平家 (complainer). **3** 《俗》密告者 (informer), 裏切り者 (betrayer) (cf. squeaker 2). **4** 〖鳥類〗**a** ヨーロッパアマツバメ (common swift). **b** シノリガモ (harlequin duck). **c** ムナグロ (*Pluvialis dominica*) 《アメリカ産のチドリ科の渡り鳥》. **d** 子鳩. **5** 《米俗》豚, 子豚. 〖1854〗

squea·mish /skwíːmɪʃ/ *adj.* **1 a** (ちょっとしたことでも)すぐ驚く[腹を立てる]; しかつめらしい, 取り澄ました (prudish). **b** 気難しい, 神経質な (⇨ dainty SYN). **c** 潔癖すぎる, やかましい (overnice). **2 a** むかつき性の, すぐ物をもどす[吐く] (queasy). **b** 吐き気のする (sickish). **c** すぐ怖がる, びくつく. **~·ly** *adv.* **~·ness** *n.* 〖(*a*1398) *squaymysch* ← *squaymes*, *squeygmous* (□ AF *escoymous* disdainful ← ?)+-ISH¹〗

squee·gee /skwíːdʒiː | ⌐—, —⌐/ *n.* **1** ゴムぞうきん[ほうき] 《棒の先に直角に付けた板の先にゴム板を張り付けたもので, 甲板・床・窓などの水をぬぐい取る》. **2** 〖写真〗スクイージ《乾板膜や印画膜から余分な水気を取り去るローラー》. **3** 〖印刷〗スクイージ《スクリーン目からインクを押し出して印刷するスクリーン印刷の器具》. — *vt.* **1** ゴムぞうきん[ほうき]で掃除する. **2** 〖写真〗…にスクイージをかける. **3** 〖印刷〗〈インクなどを〉(スクリーン目を通して)押し出す. 〖(1844) ← *squeege* ((変形) ← SQUEEZE)+-EE²〗

squéegee kìd *n.* 《米口語》スキージーキッド《交差点で止まった車のフロントガラスをふいて金をせびる子供》.

squeez·a·ble /skwíːzəbḷ/ *adj.* **1** 圧搾できる, 絞れる; 搾り取れる. **2** 〈人が〉ゆすり取れる, 脅しのきく. **squèez·a·bíl·i·ty** /-zəbɪ́ləṭi | -lᵻti/ *n.* 〖(1813): ⇨ ↓, -able〗

squeeze /skwíːz/ *vt.* **1 a** 圧搾する, 絞る, 搾る (compress): ~ a sponge 海綿を圧縮する / ~ a tube チューブを搾る / have [get] one's fingers ~*d*=~ one's fingers (ドアなどに)手をはさまれる / ~ paste *into* a ball 練り粉を固めてだんごを作る / ~ a lemon (dry) レモンを(からからに)搾る. **b** 〔…から〕搾り出す[取る] 〔*from, out of*〕: ~ the juice *from* a lemon レモン汁を搾り出す / ~ toothpaste *out* (*of* a tube) (チューブから)ねり歯磨きを搾り出す / ~ *out* a tear (出ない)涙を絞り出す, お役目に泣く. **2** 押しつぶす (crush); きつく抱く (hug); 強く[ぎゅっと]握る; 〈銃の引き金を〉力を込めてゆっくりと引く: be ~*d* to death 圧死する / ~ one's child 子供を抱き締める / ~ a person's hand 人の手をぎゅっと握る《愛情・友情などを示すしるし》/ ~ a trigger 引き金をぎゅっと引く / ~ one's eyes shut ぎゅっと目をつぶる / ⇨ SQUEEZE *off*. **3 a** 押し[詰め]込む (cram) 〈*in*〉 〔*into, between*〕: ~ oneself [a person] *in* 割り込む[人を割り込ませる] / a small shop ~*d* (*in*) *between* two big buildings 二つの大きなビルに押し込むようにはさまれた小さな店 / ~ things *into* a trunk トランクに物を詰め込む / ~ many people *into* a room 一つの部屋の中にたくさんの人を無理に詰め込む / ~ many things *into* a day 1 日の予定にいろいろな事を詰め込む[割り込ませる] / The doctor can just about ~ you in tomorrow afternoon. 医者は明日の午後に無理に予約を取ってくれます. **b** 押し分ける[通る], 押して出る: ~ one's way *through* a crowd 群衆を押し分けて進む / ~ oneself *out of* a crowded bus 混んだバスから人を押し分けて降りる. **4 a** 〈苛酷な法・脅迫などで〉〈税金・金銭などを〉搾り取る, ゆすり取る; 〈自白・許可などを〉〔…から〕無理に引き出す 〔*from, out of*〕: ~ heavy taxes *from* [*out of*] the people 国民から重税を取り立てる / ~ *out* ten thousand dollars 1 万ドルをゆすり取る / ~ a confession *from* a person 人に口を割らせる / You can't ~ blood from [out of] a stone. 石を絞っても血は出て来ない. **b** 〈人を〉搾取する, (経済的に)圧迫する (oppress); 〈人を〉ゆする: ~ the peasants 小作人を搾取する / Heavy taxes ~*d* the people. 国民は重税に苦しんだ / ~ a victim *for* more money [dry] もっと金を出せと被害者をゆする[被害者から徹底的に搾り取る]. **c** 〈利益を〉少なくする, 減少させる (reduce): ~ profits. **5** (ぬれ紙などを押し付けて)…の型を取る, 拓本(たくほん)を取る. **6** (議会などで)〈得票差 (margin(s)) などを〉かろうじて獲得する; 少差で…に勝つ. **7** 〖ブリッジ〗〈相手に〉スクイズをかける, 〈相手を〉手詰まりにさせて勝札を絞り落とす (cf. squeeze play 3). **8** 〖野球〗**a** 〈三塁走者を〉スクイズで生還させる 〈*in*〉. **b** 〈得点を〉スクイズであげる 〈*in*〉: ~ *in* a run. — *vi.* **1** 圧搾される, 絞れる, 搾れる. **2** 押し入る, 割り込む; 押し分けて進む, 無理に通る: ~ *in* [*past*] 割り込む[押し分けて通る] / ~ *into* [*out of*] a crowded train 満員列車に無理やり乗り込む[から人を押し分けて降りる] / I managed to ~ *through* (the narrow opening). (狭い入口を)無理して通り抜けた / *Squeeze up* a bit more, please. すみません少し詰めてください. **3** かろうじて通る: ~ *through* both houses 〈法案などが〉からくも両院を通過する.

squéeze óff (*vt.*) 引き金をぎゅっと引いて〈弾丸を〉発射する; 《口語》写真をとる. (*vi.*) 引き金をぎゅっと引いて発砲する. ***squéeze úp*** (*vi.*) 〈乗客などが〉詰める 〔*against*〕 (cf. *vi.* 2). (*vt.*) 〈乗客などを〉詰め込む 〔*against, with*〕.

— *n.* **1 a** 圧搾 (pressure); 絞る[られる]こと. **b** 絞り取った少量: add a ~ of lemon to the tea 紅茶にレモンを搾って少し入れる. **2** 強い握手, (手などを)堅く握ること; 抱き締め, 抱擁 (hug): give a person's hand [a person] a ~ 人の手をぎゅっと握る[人を抱き締める]. **3** 《口語》[a ~] 押し合い, 混雑; すし詰め(の状態): I managed to get in, but it was *a* (tight) ~.=It was *a* tight ~ to get [getting] in. やっと入れたがひどい押し合いだった. **4** 《英》(経済上の)引き締め: a credit ~ 金融引き締め. **5** 《口語》窮地, 苦境: at [upon] a ~ 窮地にあって, 危急に際して / be in a tight ~ 窮境に陥っている / a tight [narrow] ~ ⇨ narrow escape. **6** (欠乏・不足による)困難, 不便: a financial [housing] ~ 財政[住宅]難 / a manpower ~ 人手不足. **7** (ぬれ紙などを押しつけての)型取り, 押し刷り, 拓本(たくほん). **8 a** (役人・ブローカーなどが搾り上げる)リベート, 賄賂(わいろ), 不正手数料; 収賄 (graft). **b** 《口語》(賄賂などの)強要, 強請; ゆすり (blackmailing): ⇨ put the SQUEEZE on a person. **9** 〖トランプ〗(ブリッジで)スクイズ, 絞り落とし (cf. squeeze play 3); スクイズされる状態. **10** 〖野球〗=squeeze play 2. **11** 《米口語》[main ~ で] 彼女, 愛人, ガール[ボーイ]フレンド. ***pút the squéeze on a person*** 人に圧力をかける; (特に)人に賄賂(など)を強要する; 人をゆする.

〖v.: (*a*1599) 《廃》*squease* 《変形》← 《廃》*quease* to press < ME *quise*(*n*) < OE *cwȳsan* to squeeze, bruise ← ? IE **gweiə-* to press down (Goth. *quistjan* to destroy / Skt *jayati* he conquers). — n.: (1611) ← (v.)〗

squéeze bòttle *n.* (プラスチック製の)搾り出し容器. 〖1950〗

squéeze·bòx *n.* 《口語》=accordion. 〖1909〗

squéeze bùnt *n.* 〖野球〗スクイズバント.

squéezed jóint *n.* 〖建築〗圧搾接ぎ《糊またはセメントで部材を圧着する方法》.

squéezed órange *n.* (汁を搾ったオレンジのように)利用価値のなくなった物[人], 搾りかす.

squéeze-pìdgin *n.* 《俗》賄賂.

squéeze plày *n.* **1** 脅迫, ゆすり, 強請. **2** 〖野球〗スクイズプレー《打者がバントして三塁走者を生還させる戦法; 打者がバントするのを見届けてから走者が全力で走るのを safety squeeze (play), 投球と同時に走者が全力で走るのを suicide squeeze (play) という》. **3** 〖トランプ〗(ブリッジで)スクイズプレー《endplay の一種; 終盤で敵の手を詰まらせ, どれか 1 枚捨てれば他の勝札まで取られてしまう状態に敵を追いこむ高度な戦法》. 〖1905〗

squéez·er *n.* **1** 締めつける人[物]; 搾取者. **2 a** (レモンなどを搾る)圧搾器: ⇨ lemon squeezer. **b** 〖機械〗スクイーザー《加熱した形材を曲げたり する押し曲げ器》. **3** 〖トランプ〗左上すみにマークと番号を記した新式のカード. 〖1611〗

squeez·y /skwíːzi/ *adj.* **1** 〈特に容器が〉搾り出し式の. **2** 《古》狭苦しい. 〖(1751) ← SQUEEZE+-Y⁴〗

squéezy bòttle *n.* =squeeze bottle.

squeg /skwɛ́g/ *vi.* (**squegged; squeg·ging**) 〖電子工学〗〈回路が〉(フィードバックのかかり過ぎで)不安定に発振を起こす. 〖(1933) 《逆成》*squegger* oscillator 《綴り換え・短縮》← ? self-quenching+-ER¹〗

squég·ging /-gɪŋ/ *n.* 〖電子工学〗間欠発振.

squelch /skwɛ́ltʃ/ *vt.* **1** 押し[へし, 踏み]つぶす (crush), ぺちゃんこ[ぺしゃんこ]にする (squash). **2** 《口語》**a** 抑える, 抑圧する; 鎮圧する (suppress). **b** 黙らせる, やり込める. **3** 〈水・泥などを〉びしゃびしゃ[びしゃびしゃ]させる. — *vi.* **1** びしゃびしゃ[びしゃびしゃ]という音を立てる. **2** (水・泥の中をまたはぬれ靴で)びしゃびしゃ[びしゃびしゃ]歩く. — *n.* **1** (水・泥の中をまたはぬれ靴で歩くときの)びしゃびしゃ[びしゃびしゃ]いう音; びしゃびしゃ歩く音. **2** 《口語》**a** 押しつぶすこと, 抑圧, 鎮圧. **b** やり込めること, へこますこと, 反論. **c** 痛撃 (blow). **d** 押しつぶされたもの. **3** 〖電子工学〗スケルチ回路《受信波がなくなったときに自動的に低周波増幅器を絞って雑音の発生を防止する回路; squelch circuit ともいう》. **~·ing** *adj.* 〖(1620) 《擬音語》〗

squélch cìrcuit *n.* =squelch *n.* 3.

squélch·er *n.* 押しつぶすもの, (特に)相手をやり込める反論[返答]. 〖1854〗

squelch·y /skwɛ́ltʃi/ *adj.* **1** びしゃびしゃ[びしゃびしゃ]という音を立てるような. **2** どろどろの. 〖1843〗

sque·teague /skwᵻtíːg | skwɪ-/ *n.* (*pl.* ~) 〖魚類〗米国大西洋産のニベ科の食用魚 (*Cynoscion regalis*) (gray trout, weakfish ともいう). 〖(1808) □ N-Am.-Ind. (Algonquian) *pesukwiteaug* 《原義》they make glue: この魚の浮袋からにかわを作る習慣から〗

squib /skwɪ́b/ *n.* **1 a** (ぼうと燃えて最後にぽんと鳴る)花火 (firework): a damp ~ 《英口語》線香花火的な事柄[計画], 竜頭蛇尾, 「おじゃん」. **b** 爆竹 (firecracker), かんしゃく玉. **2 a** (ロケットエンジンの)導火爆管. **b** 不発弾 (dud). **3** (短い機知に富んだ)諷刺 (sarcasm, lampoon). **4** 《廃》つまらない[くだらない]やつ (paltry fellow). **5** 〖ジャーナリズム〗**a** 短信《短いニュース記事, 時に埋め草に使われる》. **b** 埋め草 (filler). **6** 《豪俗》臆病者. — *v.* (**squibbed; squib·bing**) — *vi.* **1** 花火をあげる, 爆竹を鳴らす. **2** ぱちぱちと鳴る. **3** 諷刺文を書く; あてこする; 気軽[即席]に話す. **4** ちょこちょこ動き回る. **5** 《豪俗》びくびくする. — *vt.* **1** 〈花火・爆竹を〉打つ, 鳴らす (fire), 投げる, 飛ばす. **2** 諷刺で攻撃する, 諷刺する. **3** 〖アメフト〗キックオフで違反にならない範囲でできるだけ前方に〈ボールを〉蹴る. 〖n.: (*c*1525) (← ME *squippen* to move quickly ← ? ON *svipa* to swoop, dart). — v.: (1579–80) ← (n.)〗

squíb kìck *n.* 〖アメフト〗=ONSIDE kick. 〖1956〗

S

squid[1] /skwíd/ *n.* (*pl.* **~, ~s**) **1** 〚動物〛イカ《薄い皮質の軟甲をもつ形の細長い十腕類の総称; (特に)ジンドウイカ (*Loligo iaponica*), スミイカ (*Ommastrephes bartrami*) など》. ★ 石灰質の甲をもつコウイカは cuttlefish. **2** 〚釣〛 **a** イカ餌《イカの形をした擬餌鉤》. **b** 磯釣りで用いる金属製の重しの入った擬似餌. **3** 〚海軍〛(数個の砲身を備えた)対潜水艦臼砲(きゅうほう)《爆雷を発射する》. — *vi.* (**squid·ded; squid·ding**) **1** 〈パラシュートが〉(強い風圧で)細長いイカ形になる. **2** イカ釣りをする; イカを餌に釣る. 〚《1613》《変形》← *squit*《方言》← SQUIRT〛

squid[2], **SQUID** /skwíd/ *n.* 〚物理〛超伝導量子干渉素子, スキッド《微弱磁場測定器》. 〚《1967》《頭字語》← *s*(*uperconducting*) *qu*(*antum*) *i*(*nterference*) *d*(*evice*)〛

squidge /skwídʒ/ *vt., vi.* 《口語》ぐしゃっとつぶす[つぶれる], ぐしゃっとなる, ぎゅっと押しつける. — *n.* 《米俗》厄介なことをやらされる者, 嫌な仕事の代役, 雑働き. 〚v.: 《1881》? 《擬音語》. — n.: 《1907》《転用》← v.〛

squidg·y /skwídʒi/ *adj.* (**squidg·i·er; -i·est**) 《英口語》(湿って)柔らかい, ぐにゃっ[ふにゃっ, ぷよっ, ふわふわっ]とした《粘土, 焼きたてのパンの中身などの感触》. 〚(1891) 1973〛

squiffed /skwíft/ *adj.* 《米口語》ほろ酔いの, 一杯機嫌の (tipsy). 〚《*c*1855》← ? : cf. squiffy, -ed〛

squiff·er /skwífə | -fə(r/ *n.* 《英俗》手風琴 (concertina). 〚《1914》《戯言的変形》? ← SQUEEZER〛.

squif·fy /skwífi/ *adj.* (**squif·fi·er; -fi·est**) 《英口語》=squiffed. 〚《?1855》← ? : ⇨ -y[4]〛

squig·gle /skwígɫ/ *n.* 《口語》**1** (書き物・図画などの)短い不規則な曲線, くねった線. **2** なぐり書き (scribble). — *vi.* **1** 曲線のように動く, のたくる. **2** 走り書きする, なぐり書きする; 急いで塗る. — *vt.* 書きなぐる (scribble). **~r** *n.* 〚《1804》《混成》← SQU(IRM)+(WR)IGGLE〛

squig·gly /skwígḷi, -gli/ *adj.* のたくった, くねった, ねじれた. 〚1902〛

squil·gee /skwíɫdʒi:, skwí:dʒi: | skwíɫdʒi:, ─⊿/ *n.* =squeegee. 〚《1867》《混成》? ← SQUEL(CH)+(SQUEE)GEE〛

squill /skwíɫ/ *n.* **1 a** 〚植物〛カイソウ(海葱)(sea onion). **b** 海葱根《海葱の根を薄く切って乾かしたもの; 去痰(きょたん)剤などとして用いる》. **2** 〚植物〛ツルボ属 (*Scilla*) の植物の総称《Siberian squill など》. 〚《*a*1400》▭ L *squilla*《変形》← *scilla* ▭ Gk *skílla* sea onion〛

squil·la /skwílə/ *n.* (*pl.* **~s, squil·lae** /skwíli:, -laɪ/, **~, squills**) 〚動物〛シャコ《口脚目シャコ科シャコ属 (*Squilla*) および近縁の属の動物の総称; 浅い海底の泥中にすむ; *S. mantis*, シャコ (*Oratosquilla oratoria*) など; mantis prawn, mantis shrimp ともいう》. 〚(1516) 《1658》▭ L ~ (↑)〛

squil·la·gee /skwílədʒì: | ⊿─⊥, ⊥─⊿/ *n.* =squeegee.

squil·lion /skwíljən | -ljən, -liən/ *n.* 《口語》巨大な数, ん千万. 〚《*c*1945》: *billion, trillion* にならった戯言的造語〛

squin·an·cy /skwínə(n)si/ *n.* 〚植物〛アカネ科クルマバソウ属の耐冬性の一年草または多年草 (*Asperula cynanchica*)《地中海沿岸や東アジア原産》. 〚《*c*1250》*squinancie* quinsy ▭ OF ~《変形》← *quinencie* 'QUINSY': Gk *sunágkhē* sore throat の影響〛

squinch[1] /skwíntʃ/ *n.* 〚建築〛スキンチ, 入隅(いりすみ)迫持(せりもち)《正方形平面にドームなどを架ける際, 入隅に架けて隅を処理する小さなアーチ》. 〚(*c*1500–18) 《1840》《短縮・変形》← SCONCHEON')〛

squinch[2] /skwíntʃ/ *vt.* 《米》**1** 〈目を〉細くする (squint). **2** 〈顔を〉しかめる, 〈まゆを〉寄せる, しかめる, 〈鼻〉にしわを寄せる 〈*up*〉. **3** 強く押す, 圧搾する. — *vi.* **1** 目を細くして見る. **2** うずくまる, 身を縮める. **3** ひるむ (flinch) 〈*up, down, away*〉. 〚《1835》《混成》? ← SQUIN(T)+(PIN)CH〛

squin·ny /skwíni/ *v., n.* =squint. 〚《1604–5》《まれ》← *squin* obliquely: ↓〛

squint /skwínt/ *vi.* **1** (光線が強い時・照準を定める時など)目を半分つぶって見る, 目を細くして見る〔*at, through*〕. **2** 横目で[斜めに]見る (look askance). **3** やぶにらみである, 斜視である: She *~s*. 彼女はやぶにらみだ. **4 a** それとなく[間接に]触れる, 暗に指す; 〔…に〕傾く (tend)〔*toward, to*〕: ~ *toward* socialism 社会主義に傾く. **b** 〔…から〕それる〔*from*〕. — *vt.* **1** (まぶしい光などを避けて)〈目を〉細くする: The sun made her ~ her eyes. まぶしい太陽の光に彼女は目を細めた. **2** 〈目を〉やぶにらみにする. — *n.* **1** 斜視, やぶにらみ (strabismus): have a bad [fearful] ~ ひどいやぶにらみだ. **2** 横目, 流し目 (sidelong glance). **3** 《口語》一目, いちべつ (glance, look): Let's have [take] a ~ at it. ちょっと見てみようよ. **4** 傾き (leaning), 傾向 (tendency); 偏向 (oblique tendency): a ~ toward radicalism 急進主義への傾き. **5** 〚建築〛祭壇遥拝(ようはい)窓 (⇨ hagioscope). — *adj.* (**~·er; ~·est**) **1** やぶにらみの, 斜視の, すがめの (cross-eyed). **2** 《口語》(嫉妬でまたは軽蔑して)横目で[斜めに]見る. 〚adv.: 《*a*1398》《頭音消失》← ASQUINT〛

squínt·er /-ṭə | -tə(r/ *n.* 斜視[やぶにらみ]の人. 〚1738〛

squínt-èye *n.* やぶにらみ, 斜視の人. 〚1653〛

squínt-èyed *adj.* **1** やぶにらみの, 斜視の. **2** 意地の悪い, 偏見を持った (spiteful, malignant). **3** (嫉妬でまたは軽蔑して)横目で見る. 〚1563〛

squínt·ing /-ṭɪŋ | -tɪŋ/ *adj.* 〚文法〛(構文が)斜視の.

squínting constrúction *n.* 〚文法〛斜視構文《先行の語句を修飾するのか後続の語句を修飾するのかあいまいな修飾語 (squinting modifier) を含むもの; 例: I don't know *exactly* what it means.》.

squínt·ing·ly *adv.* やぶにらみで; 横目で. 〚1593〛

squínting módifier *n.* 〚文法〛斜視修飾語 (⇨ squinting construction). 〚1924〛

squint·y /skwínṭi | -ti/ *adj.* 斜視[横目]の, やぶにらみの: ~ eyes. 〚(1598) 《1925》〛

squir·ar·chy /skwáɪ°rɑəki | skwáɪərɑ:-/ *n.* =squirearchy.

squire /skwáɪə | skwáɪə(r/ *n.* **1** (英国の地方の大)地主, 地方の名士, 郷士, スクワイアー (country gentleman)《地位は knight より低く, gentleman より高い》; [the ~] (その土地の)大地主. ★《英口語》では敬称として地方の gentleman の名につけられる: *Squire* Cass カスだんな. **2** 《米》(地方の小都市で)治安判事 (justice of the peace), 地方判事 (local judge) (などの敬称); (地方の)裁判官, 弁護士. **3 a** (高官の)従者 (attendant). **b** 《まれ》女性に付き添う人 (escort), 女性に親切・丁寧な人 (gallant), しゃれ者 (beau). **4** (騎士 (knight) の)従者 (esquire). **5** 《豪》〚魚類〛マダイの類の稚魚.

a squíre of dámes [***ládies***] 女性に忠勤を励む人, やたらに女性の機嫌をとる人 (cf. Spenser, *The Faerie Queene* 3. 7, 51). 《1590》

— *vt.* 〈女性など〉に付き添う (escort).

squir·ish /skwáɪ°rɪʃ | skwáɪər-/ *adj.* **~·shìp** *n.* 〚《?*a*1225》*squier, squeyer*《頭音消失》← OF *esquier* 'ESQUIRE'〛

squire·arch /skwáɪ°rɑək | skwáɪərɑ:k/ *n.* (英国の)地主階級の人. **~·al** /-kəɫ, -kḷ/ *adj.* 〚《1831》《逆成》↓〛

squire·ar·chy /skwáɪ°rɑəki | skwáɪərɑ:-/ *n.* (*also* **squir·ar·chy**) **1** (英国で)地主(による)政治. **2** [集合的] (特に, 1832 年の Reform Bill 以前の)地主連; 地主階級. **squire·ar·chi·cal** /skwaɪ°rɑ́əkɪ̣kəɫ, -kḷ | skwaɪ(ə)rɑ́:kɪ-/ *adj.* 〚《1796》← SQUIRE+-ARCHY: cf. hierarchy〛

squíre·dom /-ḍəm | -dəm/ *n.* **1** (英国の)地主の地位[身分]. **2** =squirearchy 2. 〚1650〛

squi·reen /skwaɪrí:n | skwàɪərí:n/ *n.* 《まれ》(アイルランドの)小地主. 〚《1809–12》← SQUIRE+-EEN[2]〛

squíre·hòod *n.* **1** =squiredom 1. **2** =squirearchy 2. 〚《1680》: ⇨ -hood〛

squire·ling /skwáɪəlɪŋ | skwáɪə-/ *n.* (英国の)小地主, 若い地主. 〚《1682》: ⇨ -ling[1]〛

squíre·ly *adj.* (英国の)地主の; 地主らしい[にふさわしい]. 〚《?*a*1400》: ⇨ -ly[2]〛

squirl /skwɚ́:ɫ | skwə́:ɫ/ *n.* 《口語》手書き文字の飾り. 〚《1843》《混成》← SQUIGGLE+TWIRL〛

squirm /skwɚ́:m | skwə́:m/ *vi.* **1** 〈人が〉(苦痛・不快・いらだちなどで)体をくねらせる, 身もだえする, もがく (writhe). **2** もじもじする, きまり悪がる, 不快な思いをする, あがく: ~ *with* shame. **3 a** 体をくねらせて進む 〈*along, out*〉. **b** ごまかして〔罪などを〕逃れる〔*out of*〕. **4** 《古》〈へび・みみずなどが〉のたくる (wriggle). — *vt.* **1** 身もだえさせる; あがかせる. **2** [~ one's way として] 体をくねらせて進む. — *n.* **1** 体をくねらせること, 身もだえ, もがき. **2** 〚海事〛(ロープの)よじれ, ねじれ (twist). **~·ing** *adj.* **~·ing·ly** *adv.* **~·er** *n.* 〚《1691》《混成》? ← SQUI(D)+(WO)RM: または擬音語か〛

squirm·y /skwɚ́:mi | skwə́:mi/ *adj.* (**squirm·i·er; -i·est**) **1** 身もだえする; もがく, あがく. **2** もじもじする. 〚《1836》: ⇨ ↑, -y[4]〛

squir·rel /skwɚ́:rəɫ, skwɚ́:ɫ | skwírəɫ/ *n.* (*pl.* **~, ~s**) **1** 〚動物〛リス《リス科リス属 (*Sciurus*) とその近縁の属の齧歯(げっし)動物の総称; キツネリス (fox squirrel), モモンガ (flying squirrel), ハイイロリス (gray squirrel), ジリス (ground squirrel), ヨーロッパリス (red squirrel) など》. ★ ラテン語系形容詞: sciurine. **2** リスの毛皮. **3** 《口語》物を大事に貯め込む人. — *vt.* 《口語》〚リスが冬に備えて木の実を蓄えるところから〛〈金などを〉貯め込む, 蓄える (hoard) 〈*away*〉. — *adj.* [限定的] **1** リスの, リスに特有な. **2** リスの毛皮製の[で飾った]. **~·lìke** *adj.* 〚《1327》*scurelle, squirel* ▭ AF *esquirel*=OF *esquireul* (F *écureuil*) < VL **scūriōlus* (dim.) ← **scūrius* =L *sciūrus* ▭ Gk *skíouros* ← ? *skiá* 'SHADE'+*ourá* tail〛

squírrel càge *n.* **1** リスかご《内部に踏み子式に回転する円筒形のかご車のあるかごで, リスやハツカネズミなどを入れる》. **2** (いつ果てるともしれない)出口[終わり]のない状態[こと], 単調で空しい生活[仕事]. **3** 〚電子工学〛かご形誘導電動機《squirrel-cage motor ともいう》. **4** かご形扇風機. 〚1821〛

squírrel còrn *n.* 〚植物〛カナダケマンソウ (*Dicentra canadensis*)《北米産ケシ科のコマクサに似た植物; クリーム色の花が咲き葉は細裂状; turkey corn, white heart ともいう》. 〚1843〛

squírrel·fìsh *n.* 〚魚類〛**1** イットウダイ《イットウダイ属 (*Holocentrus*) の魚類の総称》, (俗に)兵隊魚《鮮紅色で銀色の縦じまがあるので》; (特に)西インド諸島などに生息する大きな目とうろこがある魚 (*H. ascensionis*). **2** イットウダイに類似したスズキ科 *Diplectrum* 属の魚類の総称. 〚《1803》: この魚が水から引揚げられるとき出す音がリスの鳴き声に似ていることから〛

squírrel gràss *n.* 〚植物〛=squirreltail 2.

squírrel gùn *n.* =squirrel rifle.

squir·rel·ly /skwɚ́:rəli, skwɚ́:li | skwírəli/ *adj.* 《俗》風変わりな (eccentric), 頭のおかしな (crazy). 〚1925〛

squírrel mònkey *n.* **1** 〚動物〛リスザル (*Saimiri sciureus*)《南米産の毛の柔らかい尾の長い小ザル》. **2** セアカリスザル (*S. oerstedi*)《赤みがかった被毛と茶色い手足を持つ; red-backed squirrel monkey ともいう》. 〚《1773》: リスに似て小さく樹上にすむところから〛

squírrel rìfle *n.* 小口径のライフル銃《squirrel gun ともいう》. 〚《1834》: リスなどを撃つときに用いることから〛

squírrel's-èar *n.* 〚植物〛ヒメミヤマウズラ (*Goodyera repens*)《ヨーロッパ北部・北米北部・アジア北部などに産するラン科の植物; 雪白色の花をつける》.

squírrel·tàil *n.* **1** ハマムギに類似した多年生植物 (*Sitanion hystrix*). **2** 野生のオオムギ類《*Hordeum jubatum* など; squirreltail barley, squirrel grass ともいう》. 〚(*c*1400) 《1653》〛

squírrel-tail gráss *n.* 〚植物〛ムギクサ (*Hordeum marinom*)《イネ科オオムギ属の一年草; ヨーロッパの塩沢地の岸に生える》.

squir·rel·y /skwɚ́:rəli, skwɚ́:li | skwírəli/ *adj.* =squirrelly.

squirt /skwɚ́:t | skwə́:t/ *vt.* **1** (細い口から)〈液体・粉末を〉吹き出す, 噴出させる 〈*out*〉. **2 a** 〈噴出する液体・粉末を〉浴びせる. **b** 〔噴出した液体で〕ぬらす, 〔噴出した液体を〕…にかける〔*with*〕. — *vi.* **1 a** (細い口から)吹き出る, ほとばしる (spurt). **b** 液体を吹き出す. **2** 《古》敏捷に動く, 突進する (dart): ~ *about* [*out*] 飛び回る[出す]. — *n.* **1** 噴出, ほとばしり, 噴水 (jet): a ~ of water. **2** 注射器 (syringe); 水鉄砲; 消火器. **3** 噴出した水(など), 噴出物. **4** 《口語》**a** 成り上がり者; 生意気な青年, 青二才, 若造. **b** 子供. **c** 背の低い人; つまらない人間. **~·er** /-ṭə | -tə(r/ *n.* 〚《*a*1475》*squirte*(*n*) ▭ ? LG *swirtjen* to squirt《擬音語》〛

squírt bòat *n.* 〚船舶〛スクウォートボート《小型の操作しやすいカヤック》.

squírt càn *n.* (底を押して先端から油を出す)金属製の油差し.

squírt gùn *n.* **1** (鉄砲状の)吹きつけ器. **2** 《米・カナダ》水鉄砲 (water pistol). 〚1803〛

squírt·ing cúcumber /-ṭɪŋ- | -tɪŋ-/ *n.* 〚植物〛テッポウウリ (*Ecballium elaterium*)《南ヨーロッパ原産で熟した実に触ると反転裂開し, 中から勢いよく種子を射出する》. 〚1795–1805〛

squish /skwíʃ/ 《口語》*vi.* ぴしゃぴしゃ[がぼがぼ]音を立てる (squelch). — *vt.* **1** 押しつぶす (squash). **2** ぴしゃぴしゃ[がぼがぼ]音を立て(て進ませ)る. — *n.* ぴしゃぴしゃ[がぼがぼ, ぐしゃり]という音. 〚《1647》《変形》← ? SQUASH[1]〛

squish·y /skwíʃi/ *adj.* (**squish·i·er; -i·est**) **1** 柔らかくて湿った; ねっとりした: ~ mud. **2** ぴしゃぴしゃ[じゅうじゅう]音のする. **squísh·i·ness** *n.* 〚《1847》: ⇨ ↑, -y[4]〛

squit /skwít/ *n.* 《英俗》**1** くだらないやつ. **2** ばかげたこと, ナンセンス, たわごと. **3** [the ~s] 下痢. 〚《*a*1825》《変形》← ? 《廃・方言》*skit* skittish person: cf. skit[1]〛

squit·ters /skwíṭəz | -təz/ *n. pl.* [the ~] 《英口語》(特に家畜の)下痢. 〚《1664》← v. 《1596》? 《擬音語》// ? 《変形》← SKITTER〛

squiz /skwíz/ *n.* (*pl.* **~·zes**) 《豪俗》ちらっと見ること. — *vt.* ちらっと見る. 〚《1913》《混成》← ? SQUINT+QUIZ〛

sqush /skwʌ́ʃ, skwʊ́ʃ/ *v.* =squush.

sqush·y /skwʌ́ʃi, skwʊ́ʃi/ *adj.* (**sqush·i·er; -i·est**) =squushy.

squush /skwʌ́ʃ, skwʊ́ʃ/ *vt.* =squash[1]. — *vi.* =squish. 〚1837〛

squush·y /skwʌ́ʃi, skwʊ́ʃi/ *adj.* (**squush·i·er; -i·est**) =squashy.

sq yd 《略》square yard(s).

sr 《記号》Suriname《URL ドメイン名》; steradian.

Sr 《略》Senhor; Senior; Señor; Sir; 〚キリスト教〛Sister; *L.* Soror (=Sister).

Sr 《記号》〚化学〛strontium.

SR 《略》〚電気〛saturable reactor; seaman recruit; sedimentation rate; Senior Registers; 《英》Southern Railway《国有化の前》; Southern Region; Southern Rhodesia; special reserve; 〚心理〛stimulus-response; supplementary reserve; Swiss Air Transport Co., Ltd. スイス航空.

S-R 《略》〚心理〛stimulus-response.

s.r. 《略》shipping receipt; short rate.

Sra 《略》Señora; Senhora.

SRA 《略》Squash Racquets Association.

SRAM 《略》short-range attack missile 短距離攻撃ミサイル; 〚電算〛static random access anemory 記憶保持動作が不要な RAM.

Sra·nan /srɑ́:nən/ *n.* スラナン (Taki-Taki)《南米スリナムで話されている英語基盤のクリオール言語; Sranan Tongo /-tɑ́(:)ŋgoʊ | -tɔ́ŋgəʊ/ ともいう》. 〚《1953》《略》← Taki-Taki *Sranan Tongo* Surinam Tongue〛

SRB 《略》〚宇宙〛solid rocket booster 固体燃料推進装置.

Sr·bi·ja /*Serb.* sr̩̀bija/ *n.* Serbia のセルビア語名.

SRBM 《略》short-range ballistic missile 短距離弾道弾[ミサイル]《射程 800 km 未満のもの; cf. ICBM, IRBM, MRBM》.

SRC 《略》《英》Science Research Council《1965 年設置》.

SRCC, SR & CC 《略》〚海上保険〛strikes, riots and civil commotion 同盟罷業, 騒擾(そうじょう)および暴動.

SRCN 《略》《英》State Registered Children's Nurse.

Ś-Ŕ connéction *n.* 〚心理〛刺激-反応連鎖 (stimulus-response connection).

sri /srí:, ʃrí:; *Hindi* sɪri:/ *n.* **1** 英語の Mr., Sir に相当するインドの敬称. **2** [S-] 〚ヒンズー教〛シュリー《Vishnu の妻 Lakshmi の別称》. 〚《1799》▭ Skt *srī*《原義》majesty, holiness; cf. Gk *kreíōn* ruler, lord〛

SRI 《略》*L.* Sacrum Rōmānum Imperium (=Holy

S

Roman Empire) 神聖ローマ帝国.

Sri Lan·ka /srí:lɑ́:ŋkə, ʃrí:- | -lǽŋ-/ *n.* スリランカ《インドの東南方, Ceylon 島から成る英連邦内の共和国; Ceylon の国名で 1948 年自治領として独立, 1972 年 Sri Lanka に改称し完全独立; 公用語はシンハラ語 (Sinhalese) だが, タミール語 (Tamil), 英語も話される; 面積 65,610 km², 首都 Sri Jayawardenepura Kotte; 公式名 the Democratic Socialist Republic of Sri Lanka スリランカ民主社会主義共和国》. **Srí Lán·kan** /-kən/ *adj.*, *n.*

Sri·na·gar /srɪ̀nʌ́gə, ʃrɪ-, sri:-, ʃri:-, -nɑ́:gə | -gə(r/; *Hindi* sɪrɪ:nəgər/ *n.* スリナガル《インド北部の Jammu and Kashmir 州, Jhelum 河畔の都市; 同州の夏季州都; cf. Jammu 1》.

SRN 《略》《英》state-registered nurse. 〘1922〙

sRNA 《略》〘生化学〙soluble RNA (⇨ transfer RNA).

SRO 《略》Self-Regulatory Organization; single-room occupancy; standing room only [掲示] 立見席以外満席; Statutory Rules and Orders.

SRS 《略》*L.* Societātis Rēgiae Socius (=Fellow of the Royal Society).

sru·ti /srú:ṭi, ʃrú:- | -ti/ *n.* 〘ヒンズー教〙ヒンズー教徒の宗教上の最高権威とされる聖典群, ヴェーダ, ウパニシャド等一群の天啓聖典. 〘(1792) ▭ Skt *śruti* what is heard: ⇨ loud〙

SRV 《略》space rescue vehicle.

ss 《略》〘野球〙shortstop.

SS 《略》*G.* Schutzstaffel (=Protective Rank or Force) (Hitler 総統の)親衛隊; (Royal) Statistical Society; *L.* Sacra Scrīptūra (=Holy Scripture); science service; secondary school; Secretary of State; secret service; 《英》Security Service; Silver Star; social security; stainless steel; Straits Settlements; Sunday school.

SS, S/S /ésés; stí:mʃɪp/ 《略》steamship.

ss. 《略》scilicet; sections; 〘処方〙*L.* sēmis (=a half).

SS. 《略》Saints; *L.* Sāncti (=Saints); *L.* Sānctissimus (Most Holy).

s.s. 《略》screw steamer; 〘音楽〙*It.* senza sordini (= without mutes); simplified spelling; sworn statement.

S$ 《記号》Singapore dollar(s).

S/S 《略》same size; side by side; silk screen; station to station.

SSA 《略》standard spending assessment; Social Security Administration.

SSAFA 《略》《英》Soldiers', Sailors' and Airmen's Families Association.

SSB 《略》Selective Service Board 《米》選抜徴兵局; Social Security Board 社会保障局; 〘通信〙single side band 単側帯波, 単側波帯; *L.* Sacrae Scrīptūrae Baccalaureus (=Bachelor of Sacred Scripture).

SSC 《略》《インド》Secondary School Certificate; *L.* Societās Sānctae Crucis (=Society of the Holy Cross); 《スコット》Solicitor of [to] the Supreme Court.

SScD 《略》Doctor of Social Science.

ŚS còllar *n.* =COLLAR of SS.

SSD 《略》《英》Social Service Department.

SS.D 《略》*L.* Sānctissimus Dominus (=Most Holy Lord, the Pope).

SSE 《略》south-southeast.

SSF 《略》〘空軍〙single-seater fighter.

SSG 《略》Staff Sergeant.

S/Sgt, S.Sgt 《略》Staff Sergeant.

SSHA 《略》Scottish Special Housing Association.

SSI 《略》《米》Supplemental Security Income (for the Aged, Blind, and Disabled) (高齢者および障害者のための)補助的保障所得.

SSM 《略》staff sergeant major; surface-to-surface missile.

SSN /ésèsén/ *n.* 〘米海軍〙原子力潜水艦《米海軍艦船種別記号で SS は submarine, N は nuclear propulsion (原子力推進)の意》.

SSN 《略》《米》Social Security Number; severely subnormal 重度亜正常の.

ssp 《略》subspecies.

SSP 《略》《英》statutory sick pay 法的疾病手当.

sspp. 《略》(*pl.*) subspecies.

SSR 《略》〘航空〙secondary surveillance radar 二次監視レーダー《航空路または空港周辺空域の監視レーダーの一種; 覆域内の航空機と自動的に交信することにより航空機を識別し管制官に知らせる能力をもつ》; Soviet Socialist Republic ソビエト社会主義共和国 (cf. USSR).

SSRC 《略》《英》Social Science Research Council.

SSS 《略》《米》Selective Service System 選抜徴兵制.

SSSI 《略》《英》site of special scientific interest 自然保護協会特別指定地区.

SST 《略》supersonic transport. 〘1961〙

SSTA 《略》Scottish Secondary Teachers' Association.

Ś-stàte *n.* 〘物理〙S 状態《軌道角運動量が 0 の量子力学的状態》.

Ssu-ma Chien /sú:mà:tʃién/ *n.* =Sima Qian.

Ssu-ma Kuang /sú:mà:kú:ŋ/ *n.* =Sima Guang.

SSW 《略》south-southwest.

st 《記号》São Tóme and Principe (URL ドメイン名).

St 《略》〘気象〙stratus.

ST 《略》shipping ticket; shock troops; single throw; spring tide; standard tide; summer tide; summer time; surtax; The Sunday Times.

st. 《略》stand; stanza; state; statement; stem; stera-dian; stere; stet; stitch; 〘重量〙stone; street; strophe; 〘クリケット〙stumped.

St. /sèɪn(t) | sɪ̩n(t), sn̩(t)/ 《略》Saint (*pl.* **SS., Sts.**).

St. 《略》Strait; stratus; Street; statute(s).

s.t. 《略》short ton.

-st¹ *suf.* 数字 1 の後につけて序数を示す: 1*st*, 91*st*.

-st² /st/ *suf.* 《古・詩》thou に伴う動詞の二人称単数直説法現在および過去の語尾 (⇨ -est²): thou prepared*st* / thou can*st* [could*st*, do*st*, did*st*]. 〘← -EST²〙

-st³ /ɪ̩st/ *suf.* e で終わる単音節の形容詞・副詞のすべて, または e で終わる 2 音節以上の形容詞・副詞の一部の最上級を形成する.

Sta 《略》Santa; Station.

sta. 《略》station; stationary; 〘電気〙stator.

stab /stǽb/ *v.* (**stabbed; stab·bing**) — *vt.* **1 a** (先のとがった物で)刺す; 突く (pierce) 〔*with*〕: ~ a person in the arm 人の腕を刺す / ~ a person to death 人を刺し殺す / ~ a person *with* a dagger 人を短刀で刺す. **b** 〈先のとがった物を〉〔…に〕突き刺す, 刺し通す (thrust) 〔*into*〕: ~ a dagger into a person 短刀を人に突き刺す. **2** …に向かって指し示す: ~ the air 空に向かって指を突き出す. **3** 〈名声・感情・良心などを〉鋭く傷つける, 中傷する, 悪意から傷つける: ~ a person's reputation 人の名声を傷つける. **4** (しっくいがよく付くように)〈れんが壁〉の表面をざらざらにする. **5** 〘製本〙〈折丁などに〉目打ちをする. **6** 〘ゴルフ〙〈ボールなどを〉安定性のない方法で打つ. **7** 〘ボクシング〙〈相手〉に強烈なジャブを放つ. — *vi.* **1** 〔…に〕突き刺す, 突いてかかる 〔*at*, *into*〕: ~ *at* a person 人に突いてかかる. **2** 〈痛みが〉刺すように痛む, ずきんずきんと痛む.

stáb a person in the báck ⇨ back¹ 成句.

— *n.* **1 a** (先のとがったもので)突き刺し. **b** 刺創, 刺し傷, 突き傷. **2** 《口語》企て (attempt): make [have, take] a ~ at …をやって[当たって]みる. **3** 感情を傷つけること; 中傷. **4** 刺すような痛み, ずきんずきんと痛むこと (pang): She felt a ~ of pain in her temple. こめかみのところに刺すような痛みを感じた. **5** 〘細菌〙=stab culture. **6** 〘医学〙穿刺(せん). **7** 〘ボクシング〙強烈なジャブ.

a stáb in the báck (1) 中傷. (2) 裏切り.

〘v.: (?c1375) *stabbe(n)* ← ?: cf. STUB¹ (方言) *stob* to pierce, stab〙

Sta·bat Ma·ter /stɑ́:bɑ:tmɑ́:ṭə | stɑ́:bætmɑ́:tə(r, -bət-/ *n.* **1**「悲しめる聖母は立てり」《キリストが十字架にかけられたときの聖母の悲しみを歌う 13 世紀のラテン語賛美歌》. **2** スターバトマーテル《その曲》. 〘(1867) ▭ ML *stabat māter* (*dolorōsa*) the mother was standing (full of grief)〙

stáb·ber *n.* **1 a** 刺すもの; 錐(きり). **b** 〘海事〙綱通しスパイク, マーリンスパイク (marlinespike). **2** 刺す人; 暗殺者 (assassin). 〘1589〙

stab·bing /stǽbɪŋ/ *adj.* **1** 〈痛みが〉刺すような, 身にしみる: a ~ pain 刺すような痛み / ~ headaches ずきずき痛む頭痛. **2** 人の感情を傷つける; 〈言葉が〉刺すような, 痛烈な: a ~ remark. 〘1599〙

stáb cùlture *n.* 〘細菌〙線刺[穿刺]培養《ゼラチン培地など固形培地中に深く白金針を突き刺して微生物を植えつけて培養すること》. 〘1889〙

sta·bi·late /stéɪbəlèɪt | -bɪ̩-/ *n.* 〘生物〙安定株, スタビレート《冷凍庫など生存可能な安定した条件で維持されている菌株》. 〘(1965) ← L *stabilis*＋-ATE³〙

sta·bi·la·tor /stéɪbəlèɪṭə | -bɪ̩lèɪtə(r/ *n.* 〘航空〙スタビレーター《水平尾翼全体が一体となって動き, 安定板と昇降舵の役目を兼ねるもの》. 〘《混成》← STABIL(IZER)＋(ELEV)ATOR〙

sta·bile /stéɪbɪ̩l, -bl̩ | -baɪl/ *adj.* **1** 安定した, 固定した (stable). **2** 〘医学〙**a** 安定性の. **b** 固定性の《電気療法で患部に電極を固定する; cf. labile 3》. **3** 化学変化を受けない. — /stéɪbi:l | -baɪl/ *n.* 〘美術〙スタビル《金属などの薄板による抽象派彫刻; cf. mobile 2 a》. 〘(adj. 1797; n.: 1943) ← L *stabilis* 'STABLE¹': n. は mobile 2 a にならった〙

sta·bil·i·ty /stəbíləṭi | -bíl̩ɪti/ *n.* **1** 安定, 固定, 強固, 安定性; 不動, 不変, 永続: maintain economic ~ 経済の安定を維持する. **2** (性格・目的・心などの)変わらないこと, 貞節, 堅忍不抜. **3** 〘機械・航空〙安定, 安定性. **4 a** 〘気象〙上昇気流のない大気の状態. **b** 対流などの大気擾乱(じょう)に対する大気の安定度. **5** 〘化学〙(錯化合物などの)安定度. **6** 〘物理〙安定性《物体が原状に戻る性質》. **7** 〘カトリック〙定住誓願《ベネディクト会士 (Benedictine monk) の終生同一修道院に定住するという誓願》. 〘(?a1349) *stabilite* ▭ (O)F *stabilité* ▭ L *stabilitātem*: ⇨ stable, -ity〙

sta·bi·li·za·tion /stèɪbəl̩ɪ̩zéɪʃən, -bl̩- | -bɪ̩laɪ-, -lɪ-, -bl̩-/ *n.* **1** 固定(させること); 安定(させること). **2** 〘経済〙(経済変量, 特に物価の)安定: the ~ of the currency 通貨の安定; (株式相場の)安定操作. **3** 〘生態〙安定《極相に達した群落のように, 生物が環境に最も適応した状態》. 〘(1887): ⇨ stabilize, -ation〙

stabilizátion fùnd *n.* 〘金融〙為替安定資金 (equalization fund ともいう).

sta·bi·li·za·tor /stéɪbəl̩əzèɪṭə | -bɪ̩l̩aɪzèɪtə(r/ *n.* 〘航空〙=stabilizer 3. 〘(1902) ▭ F *stabilisateur* ← *stabiliser* (↓): ⇨ -ator〙

sta·bi·lize /stéɪbəlàɪz, -bl̩- | -bɪ̩-, -bl̩-/ *vt.* **1** 固定させる, 安定させる: ~ one's life 生活を安定させる. **2** 〘経済〙〈通貨・物価〉の変動をなくす, 安定させる: ~ a currency [prices] 通貨[物価]を安定させる. **3** 〘航空〙(安定板などで)安定させる. — *vi.* 安定する. 〘(1861) ▭ F *stabiliser* ← L *stabilis*: ⇨ stable, -ize〙

stá·bi·lìz·er *n.* **1** 安定させる人[物]. **2 a** 物質の分解・酸化などの防止用の添加物. **b** (火薬などの)安定剤《自然分解を防止する》. **c** (塗料や食物に加える)安定剤. **3** 《米・カナダ》〘航空〙**a** スタビライザー, 安定板; (特に)水平安定板 (horizontal stabilizer): ⇨ vertical stabilizer. **b** 自動安定装置. **4** 〘海事〙**a** (船の横揺れを防ぐ)安定装置, 動揺防止装置. **b** =gyrostabilizer. **5** 〘自動車〙車体の傾斜制御器, 揺れ止め, スタビライザー. **6** 自転車の補助輪. **7** 〘軍事〙安定装置, スタビライザー《戦車・船舶・航空機などが動揺しても, これに搭載された砲を目標に向かって自動的に安定させる装置; また爆弾・ロケット・潜水艦・魚雷などにも装備される》. **8** 〘電気〙安定器《一定の電圧を出力する装置》. **9** 〘経済〙スタビライザー《生産量が生産上限を上回った場合, 価格引き下げ等の生産抑制措置を講ずること》. 〘1909〙

stábilizer bàr *n.* スタビライザー(バー)《自動車の前部サスペンション 2 つを連結する車体揺れ止め装置の水平な金属棒; sway bar ともいう》.

stá·bi·lìz·ing *adj.* 〘航空〙安定させる; 安定装置として役立つ[に用いられる]: ~ fins 安定板 / a ~ apparatus 安定装置. 〘1911〙

sta·ble¹ /stéɪbl̩/ *adj.* (**more ~, most ~; sta·bler, -blest**) **1 a** 変動のない, 不変[不動]の; 永続性のある: a ~ currency 安定した通貨 / a ~ economy 安定経済 / a ~ government 安定した政府 / a ~ peace 永続的な平和. **b** 〈基礎・構造など〉ぐらつかない, しっかりした, 腰のすわった, 安定した, 堅固な (steady): a ~ foundation 固定した土台. **2** 〈性格・目的・心など〉変わらない, 着実な, 貞節な, しっかりした (steadfast), 堅忍不抜の, 決然とした (resolute): a ~ character しっかりした人物 / a ~ opinion 着実な意見. **3** 〘物理〙安定(性)の, 復原(性)の: ⇨ stable equilibrium. **4** 〘物理〙〈原子核・素粒子が〉放射性でない: ⇨ stable isotope. **5** 〘化学〙(分解・変化しない)安定(性)の. **6** 〘電気〙自励(じれい)発振しない.

~·ness *n.* 〘(?c1150) ▭ OF (*e*)*stable* (F *stable*) < L *stabilem* (acc.), *stabilis* ← *stāre* 'to STAND': ⇨ -ble〙

sta·ble² /stéɪbl̩/ *n.* **1** 家畜小屋; 馬屋, 馬小屋; 牛舎: ⇨ Augean stables. **2** [集合的] (ある馬屋に属する全部の)馬: the whole ~. **3** 〘競馬〙**a** [しばしば *pl.*] 競走馬飼育場, 厩舎(きゅうしゃ). **b** [集合的] (ある馬主または調教師所属の)競走馬. **c** [集合的] 厩舎所有者[経営者, 係員]. **4 a** [集合的] 《口語》同一の人・組織に抱えられる[率いられる, 管理される]集団[スタッフ] 《技術者, 芸術家, 喜劇役者, 講演者, 作家, 運動選手など》. **b** 《口語》養成所, 訓練機関. **5** 個人または組織が所有するレーシングカー[競走馬]. **6** [*pl.*] 〘軍事〙**a** 馬屋の手入れ, 馬匹の世話. **b** 馬屋手入れの集合らっぱ(の音). — *vt.* 〈動物を〉家畜小屋に入れる: ~ horses 馬を馬屋に入れる. — *vi.* 家畜小屋[馬屋(のような所)]に住む. 〘(?c1225) ▭ OF *estable* (F *étable* cowhouse) < L *stabulum* stall, enclosure, 《原義》standing-place ← *stāre* (↑). — v.: (c1330) ← (n.)〙

stáble·bòy *n.* 厩舎(きゅうしゃ)の仕事をする少年[男], 少年[男]の馬丁. 〘1729〙

stáble-càll *n.* 〘軍事〙馬の手入れの合図(のらっぱの音) (cf. stable² 6 b). 〘1889〙

stáble-compànion *n.* =stable mate 3. 〘1868〙

stáble-dòor *n.* 馬小屋の入口; 《英》オランダ扉 (Dutch door): It is too late to lock [shut] the ~ when the horse [steed] is stolen. 《諺》「後の祭り」「どろぼうを見て縄をなう」. 〘?c1300〙

stáble equátion *n.* 〘数学〙安定な方程式《その解がすべて transient であるような微分方程式》.

stáble equilíbrium *n.* 〘物理〙安定釣合い《平衡状態からわずかに状態を変化させたときに, その外力を取り除けば再び元の平衡状態に戻る場合; cf. unstable equilibrium》. 〘1829〙

stáble flỳ *n.* 〘昆虫〙サシバエ (*Stomoxys calcitrans*) 《家畜小屋に多くすみ, 咬器をもつ, 人畜から吸血する害虫; biting housefly ともいう》. 〘1862〙

Sta·ble·ford /stéɪbl̩fəd | -fəd/ *n.* 〘ゴルフ〙ステーブルフォード《各ホールの基準のスコアをあらかじめ決めてプレーし, そのストローク数で点が与えられる競技方式》. 〘(1937) ← *Frank B. Stableford* (c1870–1959: 米国の医師でその方式の考案者)〙

stáble·gìrl *n.* 厩舎(きゅうしゃ)で働く少女[女性], 少女[女性]の馬丁.

stáble ísotope *n.* 〘物理〙安定同位元素《放射性をもたない核から成る同位元素》.

stáble làd *n.* 厩舎(きゅうしゃ)で馬の世話をする人.

stáble·man /-mən, -mæ̀n/ *n.* (*pl.* **-men** /-mən, -mèn/) 厩舎(きゅうしゃ)で働く人, (特に)馬丁 (groom). 〘1729〙

stáble·màte *n.* **1** 同厩舎(きゅうしゃ)の馬. **2** 同一馬主の持馬. **3** 《口語》(ボクシングなどで)同じクラブ[ジム]に所属する選手. 〘1926〙

sta·bler /stéɪblə, -blə | -blə(r, -bl-/ *n.* 馬屋番, 厩務(きゅうむ)員.

stáble rùbber *n.* 馬をこすったり馬小屋の用具をふくタオル.

stáble vìce *n.* 厩舎(きゅうしゃ)での悪癖《後足で立ち上がるなど, 厩舎での馬の神経質なふるまい; 単に vice ともいう》.

stá·bling /-blɪŋ, -bl-/ *n.* **1** 馬屋[厩舎(きゅうしゃ)]に入れること. **2 a** 馬屋[厩舎]の設備. **b** [集合的] 馬屋, 厩舎 (stables). 〘(c1449): ← STABLE² (v.)＋-ING¹〙

stab·lish /stǽblɪʃ/ *vt.* 《古》=establish. 〘(a1325) (頭音消失)〙

stá·bly /-bli/ *adv.* 安定して, 固定して, しっかりと (firmly). 〘c1300〙

Sta·broek /stɑ́:bruk; *Du.* stɑ́:bruk/ *n.* Georgetown 1 の旧名《1812 年まで》.

stáb stìtch *n.* 〘製本〙打抜きとじ, ぶっこ抜き《先にあけたとじ穴に糸や針金を通してとじる方法》.

stacc. 《略》〘音楽〙staccato.

stac·ca·to /stəkɑ́ːtoʊ | -təʊ; *It.* stakkáːto/ *adj.*, *adv.* **1** 〘音楽〙スタッカートの[で], 断音の[で] (cf. legato, tenuto). **2** 断続的な[に]: ~ shrieks. — *n.* (*pl.* ~**s**, -**ca·ti** /-tiː; *It.* -ti/) **1** 〘音楽〙スタッカート(の演奏, 楽節). **2** 短く断続的に区切れた音[話し方など]. 〚(1724) □ It. ~ (p.p.) ← *staccare* 《頭音消失》 ← *distaccare* 'to DETACH'〛

staccáto màrk *n.* 〘音楽〙スタッカート記号《音符の上または下につける記号: • '》.

Sta·cey[1] /stéɪsi/ *n.* ステーシー《男性名; 愛称形 Stacie, Stacy》. 〚← ML *stacius* stable, prosperous〛

Sta·cey[2] /stéɪsi/ *n.* ステーシー《女性名》. 〚(dim.) ← ANASTASIA〛

sta·chys /stéɪkɪs | -kɪs/ *n.* 〘植物〙シソ科イヌゴマ属 (*Stachys*) の草本; (特に)ワタチョロギ (lamb's ears), カッコウチョロギ (betony). 〚(1562) □ L ~ □ Gk *stákhus* stachys, ear of corn〛

Sta·cia /stéɪʃə/ *n.* ステーシア《女性名》. 〚(dim.) ← ANASTASIA〛

stack /stǽk/ *n.* **1 a** (物を積み上げた)山, 堆積(たいせき) (pile, heap): a ~ of wood 薪の山 / a ~ of pancakes パンケーキの山. **b** (干し草・麦わらなどの)積んだ大きな山, 積み重ね, 稲むら (rick) 《通例円錐形または方形に大きく積み上げ, 雨よけに屋根をかける》. **2** 《口語》〔…の〕山, たくさん, 多量 (large quantity), 多数 (large number) 〔*of*〕: a ~ *of* books [papers, money] 山と積んだ書籍[書類, 金] / I have ~*s* [a whole ~] *of* work to get through first. まず片付けねばならぬ仕事が山ほどある. **3** [通例 *pl.*] **a** 書架. **b** (図書館の)書庫: books in the ~*s* / go into the ~*s* 書庫に入る. **4 a** (屋上でまとめてある)一群の煙突, 組合わせ煙突 (chimney stack). **b** (特に, 汽船・機関車などの単独の)煙突 (smokestack). **c** (ビル内を貫通する垂直の)排水管[通風管]. **5** 《英》ひとたな《石炭や薪を量る単位, 108 立方フィート》. **6** 〘軍事〙叉銃(さじゅう)《3 丁の小銃を床尾 (butt) を下に円錐状に組み叉銃環 (stacking swivel) でつなぐ; それより多くの銃は叉銃群に寄せかける》: a ~ of arms 叉銃. **7** 〘電算〙スタック: **a** データの一時的な保存用にとられた後入れ先出し方式の記憶領域; 最後に記憶されたデータが最初に読み出される. **b** (Hyper Card で)カードの集まり. **8** [集合的]〘航空〙=air stack. **9** 《米》〘演劇〙=scene pack. **10** 〘地質〙スタック, 離れ岩《波蝕により陸地から切り離された孤立岩》. **11** 〘通信〙=stacked antenna. **12** 〘トランプ〙(賭博ゲームで)客が一度に買える一定額のチップ (cf. takeout 6 b); ある時点での手持ちのチップ. **13** 〘電気〙スタック《整流素子などを複数個組んでひとかたまりにし, 回路を組みやすくしたもの》. **14** = stack system. ***blów one's stáck*** ⇨ blow[1] 成句. ***flip one's stáck*** ⇨ flip[1] 成句.

— *vt.* **1 a** 積み重ねる〈*with*〉: a desk ~*ed with* books and papers 本や書類が山と積まれた机. **b** 〈干し草・麦わらを〉山に積む, 稲むらにする〈*up*〉: ~ hay, firewood, etc. **c** 《口語》〈金を〉もうける, 〈利益を〉上げる〈*up*〉. **2** 《口語》(あらかじめ)不正な決め方をする; (特に)〈陪審〉に偏った意見の人を送りこむ. **3** 〘軍事〙〈(通例 3 丁の)銃を〉叉銃(さじゅう)する, 円錐状に組んで立てる: *Stack* arms! 組め銃(つつ). **4 a** 〈人・車を〉渋滞させる〈*up*〉. **b** 〘航空〙〈着陸しようとしている飛行機〉に無線で旋回を指示する, 旋回待避させる〈*up*〉. **5** 〘トランプ〙(不正に)積む, 積み込む: ⇨ STACK *the cards*.

— *vi.* **1 a** 積み重ねる〈*up*〉. **b** 稲むらを作る. **2 a** (渋滞のため)〈人・車が〉列をなす, 渋滞する〈*up*〉. **b** 〘航空〙〈飛行機が〉旋回待避する〈*up*〉 (cf. *vt.* 4 b).

stáck the cárds [《米》***déck***] (1) 〘トランプ〙積み込みをする《思い通りの手が配られるようにカードをあらかじめある順序にそろえておく》. (2) (通例)不正な工作[お膳立て]をしておく〔*against*〕: He had *the cards* ~*ed against* him. 不利な立場に置かれていた. ***stáck the ódds*** =STACK *the cards* (2). ***stáck úp*** (1) 《米口語》〔…と〕比べられる, 比較になる; 〔…に〕かなう〔*against, with*〕: How does my plan ~ *up against* yours? 私の計画は君のと比べてどちらがよいだろう. (2) 《米口語》総計[総額]〔…に〕なる, 〔…に〕達する〔*to*〕. (3) 《米口語》〈形勢が〉成り行く: It's how things ~ *up* now. それが今の情勢だ. (4) ⇨ *vt.* 1, 4, *vi.* 1 a, 2. (5) 《米古俗》〈人が〉やっていく, 暮らす (get along): How are you ~*ing up*? お元気ですか. 《1896》

〚(*c*1300) *stak* □ ON *stakkr* haystack < Gmc **stakkaz* (cf. stake[2], attack) ← IE **steg-* pole, stick: cf. attach, stockade — *v.*: (*a*1325)《← n.》〛

stáck·a·ble /-kəbl̩/ *adj.* 積み重ねられる[やすい].

stacked *adj.* 《米・カナダ俗》〈女性が〉豊満な胸をしている, 肉体美の (curvaceous). 〚1942〛

stácked anténna *n.* 〘通信〙積み重ねアンテナ[空中線]《幾つかの素子を上下に積み重ねて構成したアンテナ》.

stácked héel *n.* スタックヒール《革を積み重ねた婦人靴ヒール; stack heel ともいう》. 〚1960〛

stáck·er *n.* **1** (干し草などを山に)積み重ねる人. **2** 麦わら積み上げ器《脱穀された麦わらを荷車に吹き上げる脱穀機付属のエレベーターまたは円筒》. 〚1757〛

stáck·frèed *n.* 〘時計〙スタックフリード《ぜんまいがほどけるにつれてその力が弱まるのを補正するために用いられた摩擦式均力装置; ぜんまい時計の初期に用いられ fusee より歴史が古い》. 〚(1819): ?〛

stáck hèel *n.* =stacked heel.

stáck·ing *n.* 〘航空〙旋回待避《空中で旋回しながら着陸待機すること》.

stácking swìvel *n.* 〘銃砲〙《叉銃(さじゅう)するため銃の上端についている》叉銃環, 叉銃用翻環(はんかん). 〚1875〛

stácking trùck *n.* =pallet truck.

stáck ròom *n.* (図書館の)書庫.

stáck·stànd *n.* 干し草積み台. 〚(1875): ⇨ stand (n.)〛

stáck sỳstem *n.* (アンプ・CD プレーヤー・カセットデッキなどが重ねて置ける)オーディオシステム.

stáck·ùp *n.* 〘航空〙旋回待避.

stáck·yàrd *n.* 干し草積み畑[置場]《数個の山を積み並べる畑の一部》. 〚1569〛

stac·te /stǽkti/ *n.* 蘇合香(そごうこう)《古代ユダヤ人が香料製造に用いたもの; 肉桂 (cinnamon) または没薬(もつやく) (myrrh) の類といわれる; cf. *Exod.* 30:34》. 〚(*c*1384) *stacten* □ L *stactē* oil of myrrh □ Gk *staktḗ* (n.) ← (fem.adj.) ← *staktós* distilling in drops ← *stázein* to drip: ⇨ stagnate〛

stac·tom·e·ter /stæktɑ́(ː)mətə | -tɔ́mɪ̀tə[r]/ *n.* = stalagmometer. 〚(1842) ← Gk *staktós* (↑)+-METER[1]〛

stad·dle /stǽdl̩ | stǽdl̩/ *n.* **1** 《古・方言》(干し草積みなどの)台; (干し草の山などの)下部, 基部. **2** 台, 土台 (foundation). **3** 小さな樹木. 〚OE *staþol* base, foundation < Gmc **staþlas* (OFris. *stathul* base / OHG *stadal* barn / ON *stǫðull* milking place: cf. OE *stede* 'STEAD') ← IE **stā-* 'to STAND'〛

stáddle·stòne *n.* 干し草の積み台を支える石. 〚1785〛

stade /stéɪd/ *n.* =stadium 3. 〚(1537)《変形》← STADIUM〛

Stá·der splìnt /stéɪdə- | -də-/ *n.* 〘病理〙ステーダー副子《骨折部分の上下の骨の中に挿入する二本のステンレススチールのピンとこれをつなぐ引きしめ棒とから成る》. 〚← *Otto Stader* (1894–1962: これを考案した米国の獣医)〛

stad·hold·er /stǽdhòʊldə | -həʊldə[r]/ *n.* =stadtholder. 〚1591〛

stadia[1] *n.* stadium の複数形.

sta·di·a[2] /stéɪdiə | -diə/ 〘測量〙 *n.* **1** =stadia rod. **2 a** スタジア, 視距測量《望遠鏡内にある二つのスタジア線(十字線) (stadia hairs) の中にはいる標尺の目盛を読んで距離を測定する》. **b** 視距儀. **c** スタジア線 (stadia hairs). — *adj.* スタジアの, 視距測量(法)の. 〚(1865) □ It. ~ □ ? L ~ (pl.): ⇨ stadium〛

stádia hàirs *n. pl.* 〘測量〙スタジア線, 視距線《望遠鏡のレンズに付けた十字線》. 〚1899〛

sta·di·al /stéɪdiəl | -diəl/ *n.*, *adj.* 〘地質〙亜氷期(の). 〚(*a*1398) (1937) □ L *stadiālis* ← *stadium*: ⇨ stadium, -al[1]〛

stádia ròd *n.* 〘測量〙スタジア標尺, 視距標尺.

stádia wìres *n. pl.* 〘測量〙=stadia hairs.

sta·dim·e·ter /stədɪ́mətə | -mɪ̀tə[r]/ *n.* 〘測量〙測距計《観測者と高さがわかっている建物との距離を測る》. 〚← STADI(UM)+-METER[1]〛

sta·di·om·e·ter /stèɪdiɑ́(ː)mətə | -diɔ́mɪ̀tə[r]/ *n.* スタジオメーター, 曲線計《曲線・破線などの上に歯車を走らせてその長さを測る器具; cf. opisometer》. 〚(1862): ← Gk *stádion* (⇨ stadium)+-METER[1]〛

sta·di·on /stéɪdiɑ̀(ː)n | -diɔ̀n/ *n.* =stadium 3. 〚↓〛

sta·di·um /stéɪdiəm | -di-/ *n.* (*pl.* **-di·a** /-diə | -diə/, ~**s**, 1 では通例 ~**s**) **1** (階段式の観客席が取り囲んだ陸上競技・野球などの)大競技場, スタジアム. **2** (古代ギリシャの, 細長い馬蹄形で周囲に観覧席のついた)徒歩競走場 (foot-race course). **3** (古代ギリシャの)スタディオン《長さの単位; 競技場の長さを基準としたもので Athens では 185.2 m, Olympia では 192.3 m; stade, stadion ともいう》. **4** 〘昆虫〙齢, 期《幼虫における脱皮間の時代》. **5** (病気の進行の)段階. 〚(*c*1380) *stadie* □ L *stadium* □ Gk *stádion* 《変形》(*stádios* firm との連想による) ← ? *spádion* racetrack (at Olympia) ← *spân* to draw: ⇨ span[1]〛

stadt·hold·er /stǽthòʊldə | -həʊldə[r]/ *n.* **1** 〘オランダ史〙(同盟諸州 (United Provinces) の)総督, 統領; 州太守[総督, 都督]. **2** (もとオランダの)州知事. **-hòld·er·àte** /-dəreɪt/ *n.* **~·ship** *n.* 〚(1591) (1668)《部分訳》← Du. *stadhouder* ← *stad* 'place, STEAD'+ *houder* holder (← *houden* 'to HOLD[1]')《なぞり》← ML *locum tenēns* (one) holding the place (of another), lieutenant〛

Staedt·ler /stɛ́ɪtlə | -lə[r]; *G.* ʃtɛ́tlɐ/ *n.* 〘商標〙ステッドラー《ドイツ製の筆記具・製図用具; 特に鉛筆が有名》. 〚← J. S. *Staedtler* 創業者のドイツ人: Steadtler 家は会社創業 (1835) 以前から Nürnberg の鉛筆職人として有名で, その家系は 17 世紀半ばまでさかのぼることができる〛

Sta·ël /stɑ́ːl; *F.* stal/, **Madame de** *n.* スタール夫人 (1766–1817; フランスのロマン派の先駆となった文学者; Necker の娘; *De l'Allemagne*「ドイツ論」(1810); 称号 Baronne Anne Louise Germaine /ɑ:n lwi:z ʒɛrmɛn/ de Staël-Holstein).

staff[1] /stǽf | stɑ́ːf/ *n.* (*pl.* ~**s**, 《古》**staves** /stéɪvz/) **1** [集合的; 単数または複数扱い] **a** (監督・長の下に業務を遂行する一団の)人員. **b** (学校・病院・団体などの)職員, 部員, 局員, 社員, スタッフ; 幹部, スタッフ: the teaching ~ (学校の事務職員と区別して)教師[教授]陣 / a small but efficient ~ 小規模ではあるが有能な教授陣 / the editorial ~ 編集部員, 編集局 / the medical ~ (病院の)医局員, 医員 / the domestic ~ 雇い人, 召使 / the catering ~ 配膳係 / the ~ [《米》faculty] of a college 大学の教授陣 / the ~ of a railroad company 鉄道会社の幹部職員 / the President's [Governor's] ~ 大統領[知事]の属僚 / be on the ~ (of) (…の)職員[部員, 幹部など]である / Let her in: she's (on the) ~. 彼女を入れてあげなさい. 彼女は職員だよ / a member of the ~ 社員, 部員. **c** 〘軍事〙参謀, 幕僚: the general and his ~ 将官とその幕僚 / the Army General *Staff* 陸軍参謀本部 / the joint ~ 統合幕僚 / ⇨ general staff, special staff. **2** (歩行・登山・武器などに用いる)つえ, 棒, ステッキ (stick), 棍棒 (club): walk without a ~ つえなしで歩く. **3 a** (支え・柄となる)さお (shaft, pole). **b** 旗ざお (flagstaff). **c** (車の)軸 (arbor). **d** (椅子などの)桟(さん) (rung); (はしごの)踏み段, 桁(こ). **e** 《古・方言》(槍・ほこなどの)柄 (shaft). **4** つえとなるもの, 支え, 頼り (stay, support): A son should be the ~ of his father's old age. 息子は父親の老後のつえになるべきだ / ⇨ *the* STAFF *of life*. **5 a** 権標, 官杖(かんじょう), 指揮棒. **b** (司[主]教が持つ)牧杖(ぼくじょう) (crozier): the pastoral ~ of a bishop 牧杖. **6** 〘音楽〙譜表 (stave); 五線譜. **7** 《英》(測量用)標尺, 準尺, 箱尺, 測量ざお. **8** 〘鉄道〙通票, タブレット (cf. staff system). **9** 《詩の》スタンザ (stanza). **10** 〘医学〙(尿道から膀胱(ぼうこう)へ差し込む)導入消息子.

at stáff's énd 《古》腕を伸ばして届く所に (at arm's length). 《*c*1375》 ***the stáff of life*** 生命の糧(かて); (特に)パンなどの主食: Bread is *the* ~ *of life*. 《諺》パンは生命の糧. 《1638》

stáff of Aesculápius アイスクラーピウスのつえ《蛇の巻きついたつえの紋章で Royal Medical Corps, American Medical Association が用いる; cf. caduceus》.

— *adj.* [限定的] **1 a** 職員[部員]の[を成す]: a ~ member スタッフの一員 / a ~ meeting 職員会議 / a ~ cafeteria 職員用食堂. **b** 参謀(付き)の, 幕僚の; スタッフの, 幹部の: ~ duties 参謀[幕僚]勤務[業務] / ⇨ staff officer. **2** 〈職務など〉(団体の)補助[諮問]的な: a ~ function.

— *vt.* **1** …に職員[部員など]を置く: His office is not sufficiently ~*ed*. 彼の事務所は職員が十分でない. **2** …の職員[部員]として働く.

〚OE *stæf* stick < Gmc **stabaz* (Du. *staf* / G *Stab* / ON *stafr*) ← IE **stebh-* post, stem; to support (Skt *stabhnati* he supports): cf. stamp, step〛

staff[2] /stǽf | stɑ́ːf/ *n.* 《米》つた入り石膏, 苆(すさ)入り石膏《麻くず[つた]を入れて固めた石膏で, 仮設建造物の建築材料》. 〚(1892): — ? G *staffieren* to trim, decorate: cf. stuff〛

Staf·fa /stǽfə/ *n.* スタファ(島) (⇨ Fingal's Cave).

staf·fage /stəfɑ́ːʒ/ *n.* 点景(物)《風景画の人物など》. 〚(1872) □ G ~ (フランス語化) ← *staffieren* to decorate ← ? OF *estoffer* ← *estoffe* 'STUFF'〛

stáff associàtion *n.* 従業員の会《経営者の支配下にある従業員の団体》.

stáff càptain *n.* 〘海事〙大型船の副船長, (外航船舶の)船舶保安主任者. 〚1867〛

stáff càr *n.* 〘軍事〙参謀用乗用車.

stáff còllege *n.* 〘英軍〙幕僚大学校, 幕僚課程《選ばれた将校が幕僚任務に就くための研修機関の総称》. 〚1868〛

stáff còrporal *n.* 〘英陸軍〙上級曹長《曹長と准尉の間の階級》.

stáff dòctor *n.* 《英》スタッフ医《上級スタッフ医 (senior house officer) と相談医 (consultant) との間の勤務医》.

staffed *adj.* [通例複合語の第 2 構成素として] 参謀[部員, 職員]が…の: a well-*staffed* institution 職員[部員]が十分いる施設.

staff·er /stǽfə | stɑ́ːfə[r]/ *n.* 《米》**1** (官庁・軍などの)職員, 部員, 局員. **2** 〘ジャーナリズム〙(新聞・雑誌などの)編集部員, 記者 (cf. stringer 1). 〚1941〛

stáff·less notátion *n.* 〘音楽〙非譜表記譜法《譜表を用いず文字や記号で音の高さや長さを表す記譜法; 古くはドイツのオルガン用のもの, 最近は tonic sol-fa などがある》.

stáff·màn /-mæ̀n/ *n.* (*pl.* **-men** /-mɛ̀n/) **1** = staffer. **2** 《英》〘測量〙標尺を持つ人. 〚(1659) 1976〛

stáff notàtion *n.* 〘音楽〙譜表記譜法《五線譜などの譜表を用いる一般的な記譜法; cf. staffless notation》. 〚1881〛

stáff nùrse *n.* 《英》看護婦次長 (cf. sister 3). 〚1888〛

stáff òfficer *n.* **1** 〘軍事〙幕僚, 参謀将校, 各部将校. **2** 〘米海軍〙(軍医・従軍牧師のように)直接軍務に就かない将校. 〚1777〛

Staf·ford /stǽfəd | -fəd/ *n.* スタッフォード: **1** イングランド Staffordshire 州の州都. **2** =Staffordshire. 〚OE *Stæfford, Stæþford* ← *stæþ* landing place (< Gmc **staþaz*: ⇨ staithe)+FORD〛

Staf·ford /stǽfəd | -fəd/, Sir **Edward William** *n.* スタッフォード (1819–1901; スコットランド生まれのニュージーランドの政治家; 首相 (1856–61; 1865–69; 1872)).

Staf·ford·shire /stǽfədʃə, -ʃɪə | -fədʃə[r], -ʃɪə[r]/ *n.* スタッフォードシャー《イングランド中西部の州; 面積 2,997 km², 州都 Stafford》. 〚OE *Stæffordscīr*: ⇨ ↑, -shire〛

Stáffordshire búll térrier *n.* スタッフォードシャーブルテリア《ブルドッグと数種類のテリアとの異種交配により作り出されたイヌ》. 〚1901〛

Stáffordshire térrier *n.* **a** アメリカンスタッフォードシャーテリア (American Staffordshire terrier)《Staffordshire bull terrier からつくられた米国の犬種》. **b** = Staffordshire bull terrier.

stáff·ròom *n.* 《英》(学校の)職員室. 〚1925〛

Staffs. 《略》Staffordshire.

stáff sèrgeant *n.* **1** 〘米空軍〙三等軍曹(ぐんそう). **2** 〘米陸軍〙二等軍曹 (sergeant first class と sergeant の中間; ⇨ sergeant 1). **3** 〘米海兵隊〙二等軍曹. **4** 〘英陸軍〙曹長《軍曹と准尉の間の階級》. 〚1811〛

stáff sèrgeant májor *n.* 〘米陸軍〙上級曹長《曹

長 (master sergeant) より上, 准尉 (warrant officer) より下の下士官). 〖1967〗
stáff sỳstem *n.* 〘鉄道〙(列車運転上の)通票方式 (cf. block system). 〖1887〗
stáff-trèe *n.* 〘植物〙ニシキギ科ツルウメモドキ属 (*Celastrus*) の植物の総称. ― *adj.* ニシキギ科の. 〖1633〗
stag /stǽg/ *n.* **1** 成熟した雄鹿, (特に) 5 歳以上の成熟した赤鹿 (cf. deer, staggard). **2 a** 家禽(きん)の若い成熟した雄, 雄の鶏. **b** 《英》七面鳥の雄 (turkey-cock). **3** (成熟後に)去勢した動物; (特に)去勢豚. **4** 《口語》**a** (パーティーなどで)女性同伴でない男性. **b** =stag party. **5** 《スコット》若馬; (特に)乗り慣らされていない若い雄馬. **6** 《英俗》密告者 (informer): turn ~ 密告する. **7 a** 《英》〘証券〙利を得てすぐ売る目的で新会社の株式に応募する人. **b** 新発行された株を買うとき不法に複数の申し込みを行う者.
― *adj.* [限定的]《口語》**1 a** 男性だけの (cf. hen 2): a ~ dance, dinner, etc. / ⇨ stag party. **b** 男性だけの会合向けの; (特に)ポルノの (pornographic): a ~ movie [《英》film]. **2 a** 〈男性が〉女性同伴でない. **b** (時に)〈女性が〉男性同伴でない: a ~ woman. **3** 《英》〘証券〙利食いのために新株に応募する.
― *adv.* 《口語》〈男性が〉女性同伴者なしに: go ~.
― *v.* (**stagged; stag·ging**) ― *vi.* **1** 《口語》〈男性が〉(パーティーなどに)女性同伴者なしに出席する. **2** 《英俗》〔人を〕密告する (inform)〔*against*〕. **3** 《英》〘証券〙利を得てすぐ売る目的で新会社の株式に応募する.
― *vt.* **1** 《米》切って短くする; (特に)〈ズボンを〉ひざあたりで切る. **2** 《英俗》〈人を〉探偵する, つける, スパイする (spy on). **3** 利食いのために株を買う.
〖lateOE *stacga, *stagga ← Gmc *staȝ- (原義)? provided with a male organ (ON *steggi* drake, tomcat) ← IE *stegh- to prick: ⇨ sting〗
stág bèetle *n.* 〘昆虫〙クワガタムシ (クワガタムシ科の昆虫の総称; ミヤマクワガタ類など). 〖(1681): 雄の大あごの形が stag の枝角に似ていることから〗
stág·bùsh *n.* 〘植物〙=black haw 1. 〖1884〗
stage /stéɪdʒ/ *n.* **1 a** (発達・発展の)段階, 期, 時代: in [by] ~s 段階的に[で] / at this ~ 現段階において(は) / in the early ~s of civilization 文明の初期に / the matriarchal [pastoral] ~ 母権政[牧畜]時代 / a ~ of inactivity 不活動期 / She is in the hoyden ~. あの子はまだおてんば娘だ / The dispute approached [reached] its final ~(s). 紛争は最終的段階[どたん場]に近づいた[達した] / They took their plans a ~ further. 計画を一段階先へ進めた / a 5-*stage* program for economic recovery 経済復興のための 5 段階計画. 日英比較 「ライフステージ」は和製英語. 英語では stage of life という. **b** (病気・症状・麻酔の)…期: the early ~s of cancer がんの初期. **2 a** (劇場の)ステージ, 舞台: a revolving ~ 回り舞台 / bring [put, present, produce] a comedy on the ~ 喜劇を上演[上場]する / off ~ =offstage / on ~ =onstage / ⇨ downstage, upstage. **b** [the ~] 劇, 演劇, 芝居 (the drama), 劇文学; 役者稼業, 俳優業; 劇壇, 演劇界: give up the law for *the* ~ 弁護士をやめて俳優になる / *the* Elizabethan [French, London] ~ エリザベス朝[フランス, ロンドン]演劇 / write for *the* ~ 劇のシナリオを書く. **3** (講演・演奏などのために高く作った)舞台, 演壇. **4 a** (活動の)舞台, 範囲; (戦争などの)舞台, 場所: the ~ of one's operations 活動舞台 / Europe was the ~ for [of] war. ヨーロッパは戦争の舞台だった. **b** 注目の的: ⇨ *hold the* STAGE (3). **5 a** (建築場などの)足場, 足台 (scaffold). **b** =landing stage. **c** (顕微鏡の)載物台, ステージ. **6 a** (建物の)階, 層 (story). **b** 段 (grade): ~ by ~ 一段一段. **c** (温室などで鉢などを置く上下の)棚 (shelf). **d** (川の)水位. **7 a** (昔の駅馬車 (stagecoach) の)駅, 宿駅, 宿場, 立て場; (宿場と宿場の間の)旅程: travel to the last ~ 最終駅まで行く. **b** =stagecoach. **c** 《英》=fare stage. **8** 〘地質〙階 (地質時代の「期」(age) に対応する地層). **9** 〘電子工学〙(多段増幅器などの)段. **10** 〘生物〙**a** 期 (生物個体・個体群および異種個体群などの発生発展過程の各段階). **b** ある期にある個体そのもの. **11** 〘昆虫〙齢 (脱皮と脱皮の間の期間; cf. instar[1]): the larval [pupal, imaginal] ~ 幼虫[さなぎ, 成虫]期. **12** 〘宇宙〙(多段式ロケットの)段 (それぞれのエンジンと燃料タンクをもっているもの). **13** 一年間で履修する大学の科目. **14** (レースやラリーでの)一区間.
be góing thróugh a stáge 《口語》〈若者などが〉ある成長段階を経ている. ***be on the stáge*** 役者[俳優]である. (1886) ***by éasy stáges*** (1) 一度に短距離だけ(旅行して), ゆっくり(旅して): travel by *easy* ~s ゆっくり楽な旅を続けて行く. (2) 休み休み[急がずに](仕事をして). ***cóme on [upón] the stáge*** (1) 舞台にのぼる[出る]. (2) 世の中に出る. ***gó on the stáge*** 役者[俳優]になる. ***hóld the stáge*** (1) 〈劇が〉上演を続ける, 好評を博する. (2) 〈俳優が〉舞台を独占する[もたせる]. (3) 一座の注目を集める, 話を独占する. ***quít [léave, retíre from] the stáge*** (1) 舞台を退く. (2) 引退する: *quit the* ~ of politics 政界から引退する. (3) 死ぬ. ***sét the stáge (for)*** (1) (ある事の)お膳立てをする, きっかけを作る[となる]. (2) (…の)舞台装置をする. (1889) ***stáge by stáge*** 徐々に (cf. 6 b). ***táke the stáge*** (1) 〘演劇〙〈俳優が〉(名ぜりふを終えたあとで)見得を切って舞台を横切る; 舞台を独占する. (2) (好んで事の)中心[主役]になる.
― *adj.* [限定的] **1** 舞台の, 演劇の: a ~ actor 舞台俳優 / a person's ~ career 俳優[舞台]歴 / a ~ carpenter 大道具方. **2** 月並みの, 紋切り型の: a ~ parson.
― *vt.* **1 a** 上演[上場]する: His play was first ~*d* in London. 彼の劇は最初ロンドンで上演された. **b** 公開する: ~ an athletic meet 運動会を公に催す. **c** (劇・映画で)ある特定の時代・場所を設定する. **2** 計画する, たくらむ (plan); 実施する (carry out): ~ a demonstration デモをやる / ~ the coup クーデターを計画する. **3** 華々しく[劇的に]実現させる: ~ a comeback 華々しくカムバック[復帰]する / ~ a dramatic last-minute reconciliation 劇的な最終段階での和解に達する. **4** 劇にする. **5** 《古》…に足場を設ける. **6** 〘軍事〙〈通過部隊・資材を〉処理する[移動させる]; (ある地域に)〈通過部隊・資材〉を集結する. **7** 〘印刷〙腐食止めをする, 塗り込む. ― *vi.* **1** 上演[上場]できる[に適する]: a play that ~s well [badly] うまく上演できる[できない]芝居. **2** 《廃》駅馬車で旅行する. **3** 〘軍事〙基地[根拠地]を設営する, 陣地を構築する.
〖(*c*1250) ◻ OF *estage* position, place, stay, dwelling (F *étage* storey) < VL *staticum standing place ← L *stāre* to 'STAND' + -*āticus* '-AGE'〗
stáge bòx *n.* 〘劇場〙舞台わきの特別席 (cf. baignoire). 〖1739〗
stáge bràce *n.* 〘劇場〙背景留具.
stáge bùsiness *n.* 〘演劇〙俳優の所作(しょさ)[動き, しぐさ]. 〖1825〗
stáge·còach *n.* 駅馬車, 乗合馬車 (汽車以前の主要交通機関で, 各駅 (stage) で新しい替え馬 (relay) を仕立てて決まった道を定期的に走った通例四頭立ての馬車; cf. coach B 5 b). 〖(1658): ⇨ stage (n.) 7〗
stáge·còachman *n.* 駅馬車[乗合馬車]の御者.
stáge·cràft *n.* 劇作術; 上演術, 演出法. 〖1882〗
staged *adj.* **1** 舞台上演用に脚色された, 舞台で演ぜられる. **2** 効果を狙って[欺くために]仕組まれた. **3** 段階的に仕組まれた[生じる]. 〖1569〗
stáge dirèction *n.* **1** ト書き (作者が脚本で俳優の動作・舞台装置[効果]などを指定する注意書き). **2** 演出技術. 〖1790〗
stáge dirèctor *n.* 舞台監督, 演出者[家] (director). 〖1782〗
stáge dóor *n.* (劇場の)通用口, 楽屋口. 〖1778〗
stáge-dòor Jóhnny *n.* 《口語》女優[コーラスガール]に言い寄ろうと劇場によく行く男. 〖(1912) 楽屋口で待っていたことから〗
stáge drìver *n.* 駅馬車[乗合馬車]の御者. 〖1780–90〗
stáge effèct *n.* **1** 舞台効果. **2** 場当たり, 外連(けれん). 〖1795〗
stáge fèver *n.* 芝居熱, 俳優[役者]志望熱. 〖1861〗
stáge frìght *n.* (初演者の経験する)場おくれ, 舞台負け, あがること (cf. mike fright): get ~ 舞台負けする, あがる. 〖1876〗
stáge·hànd *n.* 舞台係, 裏方 (sceneshifter) (道具方・照明係など). 〖1885〗
stáge léft 〘劇場〙*n.* 舞台右方, 上手(かみて) (⇨ left stage). ― *adv.* 舞台右方に, 上手へ[で]; 観客に向かって舞台の左に[へ]. 〖1931〗
stáge-mànage *vt.* **1 a** 〈劇〉の舞台主任を務める. **b** 手際よく指揮する: ~ a wedding ceremony / ~ a policy reversal 政策変更を画策する. **2** 人目に立たないように[背後で]手配する[指図する, 監督する]. ― *vi.* 舞台主任を務める. **stáge-mánagement** *n.* 〖(1879)《逆成》↓〗
stáge mànager *n.* 〘演劇〙ステージマネージャー, 舞台主任 (稽古中演出家 (director) の助手となり, 上演中舞台の責任をもつ). 〖1805〗
stáge micròmeter *n.* 〘物理〙台上ミクロ尺.
stáge mòther *n.* ステージマザー[ママ] (わが子の芸に必死になる母親).
stáge nàme *n.* 舞台名, 芸名. 〖1847〗
stáge·plànk *n.* =landing stage.
stáge plày *n.* (放送劇などに対して)舞台劇. 〖1513〗
stáge pòcket *n.* 〘劇場〙電流取口.
stáge prèsence *n.* 舞台での存在感[貫禄].
stáge prodùction *n.* 舞台作品.
stáge pròperty *n.* [通例 *pl.*]〘演劇〙小道具. 〖1850〗
stag·er /stéɪdʒə | -dʒə(r)/ *n.* **1** [通例 old ~ として] 経験家, 老練家 (veteran). **2** 《古》俳優 (actor). 〖(1570): cf. OF *estagier* inhabitant〗
stáge ríght *n.* **1** [通例 *pl.*] 興行権, 上演権. **2** 〘劇場〙舞台左方, 下手(しもて) (⇨ right stage). ― *adv.* 〘劇場〙舞台左方に, 下手へ[で]; 観客に向かって舞台の右に[へ]. 〖1860〗
stáge sèt *n.* **1** 舞台装置. **2** 舞台, 場 (setting). 〖1861〗
stáge sètting *n.* **1** 舞台装置をすること. **2** =stage set. 〖1881〗
stáge·strùck *adj.* **1** 俳優熱にかかった, 役者熱にうかされた, 舞台生活にあこがれた. **2** 演劇狂の, 芝居狂いの. 〖1813〗
stáge tìme *n.* (劇の)上演時間 (通例 2–4 時間).
stág-èvil *n.* 〘獣医〙(馬の)破傷風 (lockjaw). 〖(1717) ← 《古》*stag's evil*: cf. stag (《スコット》) young horse〗
stáge wàit *n.* 〘演劇〙上演中のぎこちない中断 (演技者などがキュー (cue) を忘れることによって起こる). 〖1865〗
stáge-whìsper *vi.* **1** 〘演劇〙わきぜりふを言う. **2** 第三者に聞こえよがしの私語を言う. 〖1932〗
stáge whìsper *n.* **1** 〘演劇〙(登場人物には聞こえず観客には聞こえるという約束事に基づく)わきぜりふ. **2** 第三者に聞こえよがしの私語. 〖1864〗
stáge·wìse *adj.* 演劇的知識のある; 演劇的に効果的な: a ~ director. ― *adv.* 演劇に関して, 舞台上で.
stage·y /stéɪdʒi/ *adj.* (**stag·i·er; -i·est**) 《米》=stagy.
stag·fla·tion /stæɡfléɪʃən/ *n.* 《口語》〘経済〙スタグフレーション (景気停滞下の物価高). **stag·flá·tion·àr·y** /-ʃənèri | -ʃ(ə)nəri/ *adj.* 〖(1965)《混成》← STAG(NATION) + (IN)FLATION〗
stag·gard /stǽɡəd | -ɡəd/ *n.* (*also* **stag·gart** /stǽɡət | -ɡət/) 4 歳の雄鹿. 〖(1368) ← STAG (n.) + -ARD〗
stag·ger /stǽɡə | -ɡə(r)/ *vi.* **1 a** (なぐられたり, 疲労のため, または飲みすぎたりしたために)よろめく, よろよろする, ひょろつく (totter): ~ back 後ろによろめく / ~ to one's feet よろけながら立ち上がる. **b** 千鳥足で[よろよろ]歩く (walk stumblingly): ~ *along* よろよろ歩いていく. **2** 〈軍勢などが〉くずれ出す; 二の足を踏む, 心がぐらつく, ためらう (waver): ~ *at* the news その知らせに心がぐらつく. **3** 揺れる, 震動する (tremble). ― *vt.* **1** よろめかす, ひょろつかす, ぐらぐらさせる. **2** 二の足を踏ませる, ぐらつかせる, ためらわせる (perplex), 動揺させる (shake): ~ one's resolution [belief] 決心[信念]をぐらつかせる. **3** 仰天させる, びっくりさせる (shock, amaze): I was positively ~*ed* by the news. その報道に接して全くぼうぜんとした. **4** (ラッシュアワーを緩和し作業を能率化するために)〈始業・終業・食事時間などを〉食い違いにする, ずらす: ~ office hours 出勤時間をずらす, 時差出勤させる. **5 a** 〈リベット・車輪のスポークなどを〉中心線をはさんで左右に互い違いに配する. **b** 〈街路樹・街路灯などを〉道の両側に互い違いに設ける. **c** 〈交差点を〉食い違い交差にする: ~*ed* road crossing. **d** 〈ファイルを〉見出し (tabs) を順次ずらして並べる. **6** 〘航空〙〈複葉機の翼を〉前後にずらして配列する: a ~*ed* biplane 食い違い複葉機 / ~*ed* wings 斜置翼, 突出翼. ― *n.* **1** よろけること, よろめき, 千鳥足; ぐらつき. **2** (始業・終業・食事時間などを)食い違いにする[ずらすこと], 時差出勤. **3** (車輪のスポークなどを)互い違いに配列すること. **4** [*pl.*; 単数扱い] **a** 〘獣医〙(特に, 馬・牛・羊の)旋回病, 暈倒(うんとう)病, 眩暈(げんうん)病 (blind staggers, mad staggers ともいう). **b** 〘病理〙=caisson disease. **c** めまい (giddiness). **5** 《スポーツ》[the ~] スタガー (陸上競技におけるスタート位置で, 横一列でない並び方). **6** 〘航空〙(複葉の)食い違い配置: ⇨ stagger wire. ― *adj.* [限定的]〈出勤時間など〉食い違いの, 時差的な, 交互交替的な: a ~ system 時差出勤制度. 〖v.: (*c*1485)《変形》← 《方言》< ME *stak(k)ere(n)*, *stacker* ◻ ON *stakra* stagger (freq.) ← *staka* to push, punt (cf. stake[2]). ― n.: (1577) ← (v.): *k* → *g* の変化については cf. straggle, trigger〗

SYN よろめく: **stagger** 今にも倒れそうによろよろと歩く: *stagger* under heavy burdens 荷物の重さによろよろする. **reel** 酔っぱらいのように左右に揺れながら歩く: He *reeled* back like a drunkard. 酔っぱらいのようによろめいて後ずさりした. **totter** 身体の弱い老人や幼児などが不確かな足取りで歩く: He *tottered* up to his room. よろよろと自分の部屋へ上がって行った.

stágger·bùsh *n.* 〘植物〙米国産ツツジ科ネジキ属の低木 (*Lyonia mariana*) (アセビに似て葉は動物に有害). 〖1847〗
stágger cìrcuit *n.* 〘電子工学〙スタガー回路 (中心周波数の少しずつ異なる増幅器を幾つか組み合わせて広帯域特性を得る回路).
stág·gered *adj.* **1** [叙述的] びっくりした, ぼうぜんとした〔*by, at*〕/〈*to* do〉(⇨ stagger *vt.* 3). **2** 互い違いに配された; 時差式の (⇨ stagger *vt.* 4, 5, 6). 〖(1622) 1875〗
stággered héad *n.* 〘新聞〙=stagger head.
stággered hóurs *n. pl.* 時差出勤, フレックスタイム. 〖1940〗
stág·ger·er /-ɡərə | -rə(r)/ *n.* **1** よろめく人. **2** ぐらつかす物; 仰天させるもの, 大事件, 難問題 (poser).
stágger hèad *n.* 〘新聞〙食い違い見出し, 字下がり見出し (dropline) (staggered head ともいう).
stag·ger·ing /stǽɡ(ə)rɪŋ/ *adj.* **1 a** 仰天させる; あぜんとさせる, 参ってしまうような (overwhelming): a ~ piece of news あぜんとさせるような知らせ. **b** びっくりするほど大きい, 膨大な: a ~ sum 膨大な額. **2** よろめく (tottering), よろよろする, 千鳥足の (reeling): a ~ gait. **3** よろめかす, ぐらつかせる: He received a ~ blow. 突かれてよろよろした. **4** ためらわせる; ためらう (wavering).
~·ly *adv.* 〖1530〗
stággering bób *n.* 《英方言・豪》生まれたばかりの子牛, 子牛肉; 生まれたての動物, 動物の子. 〖1776〗
stágger wìre *n.* 〘航空〙スタガーワイヤー (複葉機の上下翼間の張線で, 機体の対称面に平行な面内に張られたもの).
stag·ger·y /stǽɡəri/ *adj.* よろめく, 不安定な (unsteady). 〖1778〗
stag·gie /stǽɡi/ *n.* =staggy[2].
stag·gy[1] /stǽɡi/ *adj.* (**stag·gi·er; -gi·est**) 〈雄・去勢した動物が〉雄の成獣のような, 雄らしい. 〖(1918) ← STAG + -Y[4]〗
stag·gy[2] /stǽɡi/ *n.* 《スコット》若駒. 〖(1786) ← STAG + -Y[2]〗
stág·hòrn *n.* **1** 鹿の角 (細工物に使う). **2** 〘植物〙ヒカゲノカズラ (*Lycopodium clavatum*) (stag's horn, staghorn moss ともいう; ⇨ lycopodium 1). **3** 〘動物〙=staghorn coral. 〖1663〗
stághorn córal *n.* 〘動物〙エダミドリイシ (さんご礁を作るミドリイシ属 (*Acropora*) のうち, 骨格が鹿の角状に分枝している種類); (特に) *A. cervicornis*. 〖1884〗
stághorn férn *n.* 〘植物〙ウラボシ科ビカクシダ(麋角シダ)属 (*Platycerium*) のシダ (胞子葉の形がヘラジカの角に似る; 樹幹や岩上に着生するものが多い). 〖1882〗
stághorn fúngus *n.* 〘植物〙=stag's-horn fungus.
stághorn súmac *n.* 〘植物〙北米東部産の秋に紅葉するウルシ科ウルシ属の植物 (*Rhus typhina*) (実はすっぱく, 調味料に加える). 〖1655–65〗
stág·hòund *n.* 鹿狩り用猟犬. 〖1707〗

stag·ing /stéɪdʒɪŋ/ *n.* **1** (劇などの)上演(すること): the first ～ of *Hamlet*「ハムレット」の初演. **2** 足場, 足代(あしだい) (scaffolding). **3** [集合的] (温室などの)棚. **4 a** 駅馬車業. **b** 駅馬車旅行. **5** 〖軍事〗通過部隊・資材の処理[移動]; (ある地域への)通過部隊・資材の集結. **6** 〖印刷〗腐食止め, ステージング; 塗り込み. **7** 〖宇宙〗ステージング《多段ロケットの一段切り離し操作(過程)》. 〖1323–24〗

stáging àrea *n.* 〖軍事〗(新作戦[任務]のための)部隊集結地域, (進攻準備地域から攻撃目標地域に至るまでの)中間準備地域; 兵站(へいたん)宿泊地域. 〖1943〗

stáging nàil *n.* =scaffold nail.

stáging pòint *n.* 〖軍事〗=staging area.

stáging pòst *n.* 《英》 **1** (旅行の)途中下車[立ち寄り]地. **2** 重要な準備段階. **3** 〖軍事〗=staging area.

Sta·gi·ra /stədʒáɪrə | -dʒáɪ(ə)rə/ *n.* スタゲイラ, スタゲイロス《古代ギリシャ Macedonia の町; Aristotle の出生地》. 〖□ L *Stagīra, Stagīros* □ Gk *Stágeira, Stágeiros*〗

Stag·i·rite /stǽdʒəràɪt | -dʒɨ-/ *n.* **1** スタゲイラ (Stagira) の住民. **2** [the ～] (Stagira 生まれの人である) アリストテレス (Aristotle). 〖(*c*1620) □ L *Stagīrītēs* □ Gk *Stageirī́tēs*: ⇨ ↑, -ite[1]〗

Sta·gi·ros /stədʒáɪrɑ(:)s | -dʒáɪ(ə)rɔs/ *n.* (*also* **Sta·gi·rus** /-rəs/) =Stagira.

stág lìne *n.* [集合的] 《米口語》(ダンスパーティーで)女性同伴者なしの男性たち(が集まっている所). 〖*c*1915〗

stag·nan·cy /stǽgnənsi/ *n.* 沈滞, 停滞; 不振, 不況. 〖(1659): ⇨ ↓, -ancy〗

stag·nant /stǽgnənt/ *adj.* **1** 発達[進展]のない, 不活発な, 沈滞した (sluggish); 不振の, 不景気な (dull): Trade is ～. 商況は不景気である. **2 a** 〈液体・気体が〉流れない, よどんでいる (motionless): ～ air, blood, etc. **b** 〈池の水など〉よどんで腐っている (stale): a ～ pond.
stág·nance /-nəns/ *n.* **～·ly** *adv.* 〖(1666) □ L *stāgnantem* (pres.p.) ← *stāgnāre* (↓): ⇨ -ant〗

stag·nate /stǽgneɪt | ─ ─, ─ ─/ *vi.* **1** 〈生活・活動・心・商況・人などが〉沈滞する, 停滞する, 活気がなくなる, 不景気[不振]に陥る. **2** 〈液体・気体が流れない, よどむ; 汚くなる, 腐る, 悪くなる. ── *vt.* **1** 停滞させる, 不景気[不活発]にさせる. **2** よどませる. 〖(1669) ← L *stāgnātus* (p.p.) ← *stāgnāre* to become a pool, make stagnant ← *stāgnum* pool ← IE **stag-* to drip (Gk *stázein* to drip): ⇨ -ate[3]〗

stag·na·tion /stægnéɪʃən/ *n.* 沈滞, 停滞; 不活発, 不景気, 不況. 〖(1665): ⇨ ↑, -ation〗

stagnátion mastìtis *n.* 〖病理〗鬱滞(うったい)性乳腺炎 (⇨ caked breast).

stagnátion pòint *n.* 〖物理〗よどみ点《流体の運動で流速が0になる点》. 〖1926〗

St. Ág·nes's Éve /-ǽgnɨsɨz-/ *n.* 聖アグネス前(夜)祭《St. Agnes はローマの処女殉教者で, その祭日の前夜の1月20日の夜にある儀式をする少女は, 夢で未来の夫を示されると伝えられる; J. Keats には *The Eve of St. Agnes* (1819) と題する詩がある》.

stag·nic·o·lous /stægnɪ́kələs/ *adj.* よどみ[たまり]水にすむ[よく来る, 繁茂する]. 〖(1891) ← NL *stagnicolus* ← L *stāgnum* pool＋*colere* to inhabit＋-*us* '-ous'〗

stág nìght *n.* 《英》=stag party b.

stág pàrty *n.* 《口語》スタッグパーティー (cf. hen party): **a** 男だけの集まり《男子だけの夜会・園遊会・晩餐会など》. **b** (結婚する花婿のために結婚式前夜にその友人が開く)男だけのパーティー (《英》stag night). **c** (しばしばポルノ映画などを目的とした)男性だけの会合. 〖1856〗

stág's hòrn *n.* 〖植物〗ヒカゲノカズラ (staghorn).

stág's-horn fúngus *n.* 〖植物〗先端が白い枝角形の黒い子実体を生じるマメザヤタケ属のキノコ (*Xylaria hypoxylon*)《ユーラシア・北米産クロサイワイタケ科; staghorn fungus ともいう》.

stag·y /stéɪdʒi/ *adj.* (**stag·i·er; -i·est**) **1** 芝居じみた, 芝居[舞台]がかった (theatrical). **2** 誇張した, 場当たりを狙う, 大げさな, わざとらしい (artificial, bombastic).
stág·i·ly /-dʒɨli/ *adv.* **stág·i·ness** *n.* 〖(1860) ← STAGE (n.)＋-Y[4]〗

Stag·y·rite /stǽdʒəràɪt | -dʒɨ-/ *n.* =Stagirite.

Stahl /stɑ́:l, ʃtɑ́:l; G. ʃtá:l/, **Georg Ernst** *n.* シュタール (1660–1734; ドイツの医師・化学者; 燃焼の説明としてフロギストン説を説いた).

Stahl·helm /ʃtɑ́:lhèlm; G. ʃtá:lhɛlm/ *G. n.* シュタールヘルム, 鉄兜(てつかぶと)団《第一次大戦直後, 帝制復活を目指す軍人によってドイツに組織された反動的国家主義団体; cf. Steel Helmet 2》. 〖(1927) □ G ～: ⇨ steel, helm[2]〗

staid /stéɪd/ *v.* stay[1] の過去形・過去分詞. ── *adj.* **1** 落ち着いた, 真面目な, 着実な (steady, sober): ～ persons, colors, etc. **2** (まれ) 安定した, 確定した (settled). **～·ly** *adv.* **～·ness** *n.* 〖(1541) (p.p.) ← STAY[1]: *stayed* の古形〗

stain /stéɪn/ *vt.* **1** 〔…で〕汚す, …にしみをつける (discolor, soil) 〔*with*〕: ～ one's fingers *with* ink インクで指を汚す / hands ～*ed with* blood 血で汚れた手 (bloodstained hands). **2 a** 〈ガラス・材木・壁紙などに〉着色する, 色付けする: ～ glass, wood, etc. **b** (顕微鏡で調べるため)〈組織の一部を〉染色する, 染める. **c** …に色を付ける, 染める 〔*with*〕: The western sky was ～*ed with* the color of autumn fruits. 西の空は秋の果実の色に染まった. **3 a** 〈名声などを〉汚す, 汚損する (sully, blemish), …に傷をつける, 泥を塗る (tarnish, corrupt): ～ one's name 名を汚す. **b** (道徳的に)汚す: a character ～*ed* by vice 悪で汚れた性格 (a vice-stained character). ── *vi.* **1** 汚れる, しみがつく. **2** しみになる[を生じる]. ── *n.* **1** しみ (spot), 汚れ: ink [tea] ～*s* / a ～ of grease＝a grease ～ 油のしみ / a ～ on the cloth 布の汚れ / ⇨ bloodstain. **2** 汚点, きず (blemish): without a ～ on one's character [reputation] 人格[名声]には何のきずもない. **3** (動物の)体紋, 斑(ふ), 斑点 (spot). **4 a** 着色, 焼き付け. **b** 染料, 着色剤 (dye). **c** (顕微鏡検査材料処理時に使用する)試薬[染料]. 〖v.: (1355) *disteinte(n)* ← *steynen* (i) (頭音消失) ← OF *desteindre* 'to lose color, discolor, DISTAIN' // (ii) □ ON *steina* to paint ← *steinn* paint: ⇨ stone. ── n.: (1563) ← (v.)〗

stàin·a·bíl·i·ty /-nəbɪ́ləṭi | -lɨti/ *n.* 染色性《細胞・細胞要素が特定の色素で常に染色され得る性質》.

stáin·a·ble /-nəbḷ/ *adj.* **1** 着色できる, 焼き付けられる. **2** しみをつけられる, 汚れる. 〖(1884): ⇨, -able〗

stained *adj.* [しばしば複合語の第2構成素として] **1** 汚れた: guilt-*stained* 前科つきの / *sinstained* 罪に汚された. **2** 着色した: a black-*stained* house 黒塗りの家 / ⇨ stained glass. 〖1355〗

stáined-gláss *adj.* **1** ステンドグラスの. **2** 信心ぶる: a ～ attitude. 〖1838〗

stáined gláss *n.* (教会の窓などに用いる)ステンドグラス. 〖1791〗

stáin·er *n.* **1** 着色工, 染色工; 焼き付け工. **2** 着色液. 〖*c*1395〗

Stai·ner /stéɪnə | -nə^(r)/, Sir **John** *n.* ステーナー (1840–1901; 英国のオルガン奏者・作曲家; 宗教曲を作曲する一方, 中世・ルネサンス音楽に関する先駆的業績がある).

Staines /stéɪnz/ *n.* ステインズ《英国南東部, Surrey 州北部の Thames 川に面する都市》.

stáin·less *adj.* **1** 汚れのない, しみのない; 清浄な, 無垢(く)の. **2** さびない. **3** ステンレス製の. ── *n.* **1** =stainless steel. **2** [集合的] ステンレス製食器類. **～·ly** *adv.* 〖1586〗

stáinless stéel *n.* (クロム, 時にニッケル・マンガン含有の)さびない鋼鉄, ステンレス鋼, ステンレス(スチール). 〖1917〗

stair /stéə | stéə^(r)/ *n.* **1 a** [*pl.*; 単数または複数扱い] 階段 (staircase). ★ 建物の階 (level) から階まで, または踊り場 (landing) から踊り場までの一続きの踏み段 (flight of steps) をいう: a flight of ～*s* ひと続きの階段 (cf. flight[1] 6 a, pair *n.* 6) / ascend [descend] a ～*s* 階段を上る[下る] / The ～*s* were dark [steep]. 階段は暗かった[急だった]. **b** (ひと続きの)階段: a winding [back] ～ 回り[裏]階段 / a screw [spiral] ～ らせん階段 / A short ～ leads to the first floor. 短い階段を上ると一階[二階]へ出られる. **2** (階段の)一段: the top ～ but one 上から二番目の段 / He tripped on the top ～. 最上段で踏みはずした. **3** [*pl.*] =landing stage.
abòve stáirs (特に, もと召使部屋に対して家族の住む)階上で[へ] (cf. abovestairs). (1667) ***belòw stáirs*** (1) (特に, もと召使の住んだ)地下室で[へ]; 召使部屋で[へ], 台所で[へ] (cf. belowstairs). (2) =*down* STAIRS. (1598–99) ***dòwn stáirs*** 階下で[へ] (cf. downstairs): go *down* ～*s* 階下へ行く. ***ùp stáirs*** 階上で[へ] (cf. upstairs): go *up* ～*s* 階上へ行く.
〖OE *stǣger* < Gmc **staizrī* (Du. & LG *steiger* landing stage) ← **staiʒ-*, **stīʒ-* to climb (cf. sty[2]) ← IE **steigh-* to go up (Gk *steíkhein*)〗

Stair /stéə | stéə^(r)/, 1st Viscount *n.* Sir James DALRYMPLE の称号.

stáir càrpet *n.* 階段用じゅうたん. 〖1817〗

stair·case /stéəkèɪs | stéə-/ *n.* **1** (手すりのついた)はしご段, 階段 (flight(s) of stairs); 階段のある建物の部分: the grand ～ ⇨ grand *adj.* 5 / a corkscrew [spiral] ～ らせん階段. **2** 階段状のもの. **3** 〖印刷〗=river[1] 4. 〖1624〗

stáircase shèll *n.* 〖貝類〗イトカケガイ (wentletrap)《イトカケガイ科の長いらせん状の殻をもつ貝の総称》. 〖1830〗

stáir·fòot *n.* 階段の下[を下りきった所]. 〖1470–85〗

stáir·hèad *n.* 階段の頂上[を上がりきった所]. 〖1534–35〗

stáir·lìft *n.* 《英》(階段のへりに付けた)椅子形式の昇降機, 階段リフト. 〖1977〗

stáir ròd *n.* 階段用じゅうたん押さえ《金属の棒》. 〖1843〗

stair·way /stéəwèɪ | stéə-/ *n.* **1** はしご段, 階段: ascend [descend] the ～ 階段を上る[下りる]. **2** 階段による通路. 〖1708〗

stáir·wèll *n.* 〖建築〗階段吹抜け《階段とその中央部の吹抜けの空間とを含む》. 〖*c*1915〗

staithe /stéɪð/ *n.* (*also* **staith** /stéɪθ/) 《英方言》石炭積出し波止場. 〖(OE) (1387) *stath* < OE *stæþ* □ ON **stǫð* landing place < Gmc **stað(w)ō* ← IE **stā-* 'to STAND'〗

stake[1] /stéɪk/ *n.* **1 a** 賭(か)け (wager): The ～ is our life. 我々は生命を賭けている. **b** 賭け金, 賭の元手; 特別出馬登録料: raise [up] the ～*s* 賭金を上げる. **2** 利害関係 (interest held); 関心 (concern, interest) 〔*in*〕: have a ～ *in* an undertaking 企業に関心をもつ, 企業にかかわり合いがある[投資している] / have a ～ *in* the country 〈地主などが〉国の繁栄に利害関係をもつ. **3 a** [しばしば *pl.*] (試合・競馬などの)賞金 (prize), 付加賞金. **b** [*pl.*; 単数扱い] 賭け競馬, ステークス競走 (stake race). **c** [*pl.*; 単数または複数扱い] (年齢・負担重量などの)同条件で行われる競馬《レース名につけられることが多い》. **d** 《米・カナダ口語》=grubstake. **4** 〖トランプ〗(ポーカーの)賭金率, レート《チップを1点いくらにするか, などの取り決め》.
at stáke 賭けられて, 危うくなって; かかわって, 問題となって (in question): Life itself is *at* ～. 命そのものがかかわっている(から捨てておけない) / My honor is *at* ～. 私の名誉にかかわる問題だ. (1601–02)
── *vt.* **1** 〔…に〕〈金・命・名誉などを〉賭ける (wager, risk) 〔*on*〕: ～ one's life 生命を賭ける / ～ one's all のるかそるかの勝負をする / ～ a fortune *on* a single race たった1レースに財産を賭ける / I ～ my reputation *on* his honesty. 私の名誉にかけて彼の正直を保証する. **2** 《米口語》**a** (将来の成功を見込んで)〈金を〉つぎ込む, 〈資金を〉投資する; 〈人・企業を〉財政的に援助する. **b** 〈金品などを〉〈人に〉与える (give) 〔*to*〕: ～ food [money] *to* a person. **c** 〈人〉に〈金品などを〉与える 〔*to*〕: ～ a person *to* money. **d** =grubstake. ── *vi.* 賭ける.
〖(1530):「賭として stake[2] の上に置かれたもの」の意か〗

stake[2] /stéɪk/ *n.* **1** (境界標識・馬をつなぐ棒・植物の支え棒として地面に突き刺して用いる先のとがった)棒, くい: tether a horse to a ～ 馬をくいにつなぐ. **2 a** 火刑柱: burn a heretic at the ～ 異端者を火刑に処する. **b** [the ～] 火刑, 火あぶり: be condemned to *the* ～ 火刑の宣告を受ける / go to *the* ～ 火あぶりになる. **3** (荷車・トラックなどの荷台の横や後ろに立てる)柵柱《荷物の支え棒》. **4** (ブリキ屋の)小金敷 (sett). **5** 〖モルモン教〗ステーキ部 (1人の部長 (president) と2人の副部長 (counselor) の統轄する教区; 幾つかのワード部 (ward) で構成される).
gò to the stáke 〔信念などのためには〕火あぶりも辞さない, いかなる罰[困難]も甘受する 〔*for, over*〕 (cf. 2 b). ***púll úp*** (*one's*) ***stákes*** 《口語》仕事[住居]を変える, 転居[転職]する; 立ち去る《「くい (stakes) を抜いてテントをたたむ」の意から》. (1703) ***ùp stákes*** 《英口語》=*pull up* (*one's*) STAKES.
── *vt.* **1** くい[棒]で…にしるしをする, くいで区画する, くいで囲う; 縄張りをする 〈*off, out*〉; くい[棒]で留める[固定する] (fasten): ～ *off* [*out*] a boundary 境界にくいを打って区画する / ～ *in* [*up*] the site くいを打って敷地を囲い込む / ⇨ *stake* (*out*) *a* CLAIM. **2** 〈立ち木・ツタなどを〉棒で支える. **3** 〈牛・馬などを〉くい[棒]につなぐ. **4** 《俗》〈刑事などが〉…を張り込む.
stáke óut (1) 《口語》〈容疑者・地域を〉警察の監視下におく. (2) 《口語》〈刑事などに〉監視させる, 張り込ませる. (3) ⇨ *vt.* 1. (1942)
〖OE *staca* (n.) ← Gmc **stak-*, **stek-* 'to STICK[2]': cf. stack, stagger, stick[1], stockade〗

stáke bòat *n.* **1** (ボートレースの出発点やコースを示すために固定した)目標艇. **2** (はしけや他の船を仮に係留しておくための)係留艇. 〖1839〗

stáke bòdy *n.* 〖自動車〗ステーキボデー《荷台の周囲を柵柱 (stake) で囲んだトラックの車体》. 〖1907〗

stáke·build·ing *n.* (ある会社の)持ち株を増やすこと.

Stáked Pláin /stéɪkt-/ *n.* [the ～] =Llano Estacado.

stáke·hòlder *n.* **1** 賭け金の保管人. **2** 〖法律〗係争物受寄者《一つの物または金銭に対して対立請求者のある場合, 争いが決着するまでその物を預かる者》. 〖1708〗

stáke hòrse *n.* 〖競馬〗**1** stake race に出走する馬. **2** 上等の馬. 〖1890–95〗

stáke nèt *n.* (くいに掛ける)建網《建干網の類》. 〖1836〗

stáke·òut *n.* 《口語》**1** (犯罪の起こる前や指名手配中の犯人が立ち寄るのを見込んでの)警察の張り込み: set up a ～. **2** 張り込み場所[地域]. 〖1942〗

sták·er *n.* **1** ギャンブルする人. **2** 《カナダ》採鉱権を主張する人. 〖1: 1660. 2: 1898〗

stáke ràce *n.* 〖競馬〗ステークス競走, 賞金付き競馬, 賭け競馬, 特別競走《出馬登録料の総額を, 勝馬と入着馬に一定の率で賞金として返還するレース; stakes race ともいう》. 〖1896〗

stáke trùck *n.* 〖自動車〗ステーキボデー (stake body) のトラック. 〖1907〗

stak·ey /stéɪki/ *adj.* 《カナダ口語》金が十分足りている. 〖(1919): ⇨ stake[1]〗

Sta·kha·nov /stəkɑ́:nəf, -kǽn- | -kǽn-; *Ukr.* staxánʲiw, *Russ.* staxánəf/ *n.* スタハーノフ《ウクライナ共和国南東部, Donets 盆地の工業都市; 旧名 Kadiyevka》.

Sta·kha·nov·ism /stəkɑ́:nəvɪ̀zm, -kǽn- | -kǽn-/ *n.* 〖労働〗スタハーノフ運動《1935年ソ連の Donbass の炭鉱で起きた運動で個人的創意で能率を上げた労働者に報酬を与えることによって労働の生産性と技術の向上を図る運動》. 〖(1936) ← *Aleksei G. Stakhanov* /*Russ.* staxánəf/ (1906–77: ソ連の炭坑労働者で, この方法の創案者): ⇨ -ism〗

Sta·kha·nov·ite /stəkɑ́:nəvàɪt, -kǽn- | -kǽn-/ 〖労働〗 *n.* スタハーノフ運動での成績優秀な労働者. ── *adj.* スタハーノフ運動(参加労働者)の. 〖(1935): ⇨ ↑, -ite[1]〗

sta·lac·tic /stəlǽktɪk/ *adj.* =stalactic. 〖1756〗

sta·lac·ti·form /stəlǽktəfɔ̀əm | -tɨfɔ̀:m/ *adj.* 鍾乳石(しょうにゅうせき)状の. 〖(1839): ⇨ ↓, -form〗

sta·lac·tite /stəlǽktaɪt, stǽləktàɪt | stǽləktàɪt/ *n.* **1** 〖地質〗鍾乳石(しょうにゅうせき), つらら石 (cf. stalagmite). **2** 鍾乳石状の物. **3** 〖建築〗スタラクタイト, 鍾乳飾り《イスラム建築で用いる優雅な形をした装飾的持送り構造; stalactite work ともいう》. ── *adj.* [限定的] 〖建築〗鍾乳飾りの, スタラクタイトを施した: a ～ vault / ～ work. 〖(1677) ← NL *stalactites* ← Gk *stalaktós* dropping, dripping ← *stalássein* to drop, drip: ⇨ -ite[1]: 水がしたたり落ちることから〗

sta·lác·tit·ed /-tɨd | -tɨd/ *adj.* =stalactite. 〖1891〗

stal·ac·tit·ic /stæ̀ləktɪ́tɪk, -lək- | -tɪk⁻/ *adj.* **1** 鍾乳石(しょうにゅうせき)(状)の[に関する]. **2** 鍾乳石で覆われた. 〖(1778): ⇨ stalactite, -ic[1]〗

stàl·ac·tít·i·cal /-tɨkəl, -kḷ | -tɪ-⁻/ *adj.* =stalactitic. **～·ly** *adv.* 〖1770〗

sta·lag /stɑ́:lɑ:g, stǽlæg | stǽlæg; G ʃtálak/ *n.* 第二次大戦中のドイツの捕虜収容所《特に下士官用》.

S

〘(1940) ◻ G. *Stalag* (短縮) ← *Stammlager* ← *Stamm* 'base, STEM¹' + *Lager* camp, bed (cf. lair¹)〙

sta·lag·mite /stəlǽgmaɪt, stǽləgmàɪt | stǽləgmàɪt/ *n.* 〖地質〗石筍(せきじゅん) (洞底から上方に成長した石灰質の二次生成物; cf. stalactite). 〘(1681) ← NL *stalagmītēs* ← Gk *stálagma* a drop, *stalagmós* a dripping ← *stalássein*: ⇨ stalactite, -ite¹〙

stal·ag·mit·ic /stæ̀ləgmítɪk, -ləg-, stəlæ̀g- | -tɪk⁻/ *adj.* 石筍(せきじゅん)の; 石筍状の.

stàl·ag·mít·i·cal /-tɪ̀kəl, -kl | -tɪ-⁻/ *adj.* =stalagmitic. **~·ly** *adv.* 〘1809〙

stal·ag·mom·e·ter /stæ̀ləgmɑ́(ː)mətə | -mɔ́mɪ̀tə(r)/ *n.* 〖化学〗滴数計, 測滴計 (表面張力を測る装置). 〘(1864) ← Gk *stalagmós* + -METER¹: ⇨ stalagmite〙

St. Al·bans /sèɪntɔ́ːlbənz, -ɑ́ːl-, -bnz | sn̩tɔ́ːl-, sn̩nt-, -ɔ̀l-/ *n.* セントオールバンズ (イングランド Hertfordshire 州の都市; ノルマン時代の教会堂(大聖堂)がある; ばら戦争 (Wars of the Roses) の際の戦跡; 古名 Verulamium). 〘この地で 300 年ごろ殉教したといわれている St. Albans を記念して建てられた修道院にちなむ〙

stale¹ /stéɪl/ *adj.* (**stal·er; stal·est**) **1 a** (長く保存しすぎて)品質が変化した, 新鮮でない, 古臭い (⇨ old SYN). **b** 〈ビール・酒など〉気の抜けた (vapid, flat). **c** 〈肉・卵など〉腐りかかった. **d** 〈パンなど〉堅くなった, ぱさぱさの. **e** 〈空気など〉酸素不足の, むっとする (stagnant). **f** 腐ったにおいのする, 不快なにおいのする: a ~ yard. **2** 新鮮味[興味]をなくした, 陳腐な, かびの生えた (hackneyed, trite): a ~ joke 古臭い冗談 / a ~ routine おもしろくもないお決まりの仕事 / How weary, ~, flat, and unprofitable, seem to me all the uses of this world! この世の中の有様は何もかもおもしろくない, つまらない, 味気ない, 生きがいなく思われるわい (Shak., *Hamlet* 1. 2. 133–4). **3** (過労または倦怠などのため)生気をなくした, 活気のない; 頭の働きの鈍くなった, 練習[勉強]し過ぎてコンディションをくずした (overtrained): An athlete becomes ~ through overtraining. 運動選手は過度の練習でコンディションが悪くなる. **4** 《古》結婚適齢期を過ぎた. **5** 〖法律〗 **a** (権利の不行使による)効力喪失の, 無効の: a ~ demand 陳腐請求(の抗弁). **b** 〈小切手が〉銀行に呈示されず, 合理的期間を過ぎて所持された. — *vi.* 古臭くなる; 気が抜ける, 新鮮味がなくなる. — *vt.* **1** 古臭くする; 〈酒などを〉気を抜けさす; (使い過ぎて)新鮮味をなくさせる. **2** 〖生物〗(他種の生物の成長によって)〈手段などを〉不適当にする. **~·ly** *adv.* **~·ness** *n.* 〘(*c*1300) 'old enough to clear, well-aged (of liquor)' ◻ ? AF ~=OF *estale* not moving, settled, clear ← *estaler* to stop ← *estal* a stand (F *étal* butcher's stall) ◻ Frank. **stal* standing place: ⇨ stall¹〙

stale² /stéɪl/ *n.* (馬・家畜の)尿 (urine). — *vi.* 〈馬・家畜が〉放尿する, 小便する (urinate). 〘(*c*1440) ◻ ? MLG *stal* (n.) & *stallen* (v.) ← ? : cf. Gk *stalássein* to drop, drip〙

stale³ /stéɪl/ *n.* **1** 《古》笑いもの, 笑い草, 物笑い (laughingstock); なぶりもの (butt). **2** 《廃・方言》おとり (decoy). **3** 《廃》売春婦. 〘(?*a*1425) *stal(e)* decoy bird ◻ AF *estal(e)*=OF *setalon* ← ? Gmc (Frank.): cf. OE *stæl-* decoy (← ? *stellan* to place)〙

stale⁴ /stéɪl/ *n.* 《方言》(ほうき・熊手などの)柄. 〘(*a*1200) ← OE *stalu* wood to which harpstrings are fixed〙

stále-dáted *adj.* **1** 賞味期限の過ぎた. **2** 古臭い.

stale·mate /stéɪlmèɪt/ *n.* **1** 行き詰まり, 窮境, 膠着状態 (deadlock, impasse): nuclear ~ 核武装競争の行き詰まり, 核の手詰まり. **2** 〖チェス〗ステイルメイト (指し手がなくて動けば王手になる状態で, 引き分けの一種). — *vt.* **1** 行き詰まらす: a ~*d* situation 行き詰まった状況. **2** 〖チェス〗〈駒・相手を〉ステイルメイトにする. 〘(1765) ← 《廃》*stale* stalemate (◻ AF *estale* fixed position ← *estaler* to be placed) + MATE²: ⇨ stale¹, stall¹〙

Sta·lin /stɑ́ːlɪ̀n, stǽl-, -liːn | -lɪn; *Russ.* stálʲin/ *n.* スターリン: **1** Braşov の旧名. **2** Donetsk の旧名. **3** Varna の旧名.

Sta·lin /stɑ́ːlɪ̀n, stǽl-, -liːn | -lɪn; *Russ.* stálʲin/, **Joseph** *n.* スターリン (1879–1953; ソ連の政治家; グルジア (Georgia) の生まれで最初 Lenin および Trotsky と提携して Bolshevists の指導者となり, Lenin の死後は党と政府を掌握; 大元帥, 共産党書記長 (1922–53), 人民委員会議議長・首相 (1941–53); 本名 Iosif Vissarionovich Dzhugashvili /jósʲif vʲissarʲiónəvʲitʃ dʒugaʃvʲílʲi/).

Sta·lin·a·bad /stɑ̀ːlɪnəbǽd | -lɪ-; *Russ.* stəlʲinabát/ *n.* スタリナバード (1961 年までの Dushanbe の旧名).

stal·ing /stéɪlɪŋ/ *n.* 〖生物〗(人工培養における)菌の生長の停止 (菌自身の代謝産物の増加によることが多い). 〘1916〙

Sta·lin·grad /stɑ́ːlɪ̀ngræ̀d, stǽl- | -lɪŋgræ̀d, -grɑ̀ːd; *Russ.* stəlʲingrát/ *n.* スターリングラード (Volgograd の旧名 (1925–61)). 〘◻ Russ. ~ (原義) Stalin's city〙

Stá·lin·ism /-lənìzm | -lɪ̀n-/ *n.* スターリン主義.

Stá·lin·ist /-nɪ̀st | -nɪst/ *n.* スターリン主義者. — *adj.* スターリン主義(者)の. 〘1928〙

Sta·lin·ize /stɑ́ːlənàɪz, stǽl- | -lɪ̀-/ *vt.* スターリン主義化する. 〘1949〙

Sta·lin·oid /stɑ́ːlənɔ̀ɪd, stǽl- | -lɪ̀-/ *adj., n.* スターリン主義に賛成する[感化された](人). 〘1941〙

Sta·li·no /stɑ́ːlɪ̀nòu, stǽl- | -lɪnəu; *Russ.* stálʲinə/ *n.* スターリノ (Donetsk の旧名 (1924–61)).

Sta·li·no·grod /*Pol.* stalʲinɔ́grut/ *n.* Katowice の旧名 (1953–56).

Stálin Péak *n.* Kommunizma Peak の旧名.

Stálin príze *n.* スターリン賞 (1939 年 Stalin 60 歳を記念して, 学術・文学・芸術の優れた業績に与えられた賞; 1935 年以来授賞の中止されていた Lenin prize が 1956 年に復活したために, これに改称する形でこの賞はなくなった).

Sta·linsk /*Russ.* stálʲinsk/ *n.* Novokuznetsk の旧名 (1932–61).

stalk¹ /stɔ́ːk, stɑ́ːk | stɔ́ːk/ *n.* **1** 〖植物〗茎, 幹, 軸; 柄(え), 葉柄 (petiole), 花梗(かこう) (peduncle). **2** 〖動物〗茎状部, 肉茎, 肉柄 (peduncle). **3** 茎[軸]状のもの, 細長い支え: **a** 高い煙突. **b** (ワイングラスなどの)脚. **4** 〖建築〗(コリント式の柱頭につく)茎状飾り. ***éyes óut on stálks*** 《英口語》目が飛び出るほど驚いて[ショックで]. 〘(*a*1325) *stalk(e)* ← ON (Norw. 《方言》*stalk*) // (dim.) ← ME *stale* < OE *stalu* stalk < Gmc **stalō*: cf. stall¹〙

stalk² /stɔ́ːk, stɑ́ːk | stɔ́ːk/ *vt.* **1 a** こっそり〈獲物・人〉の跡をつける, …に忍び寄る (pursue stealthily); 〈異性・有名人などを〉しつこく追いまわす, …にストーカー行為をする. **b** (獲物を求めて)〈場所を〉歩き回る. **2 a** 〈道路などを〉大手を振って[堂々と]歩く, ゆっくりと歩く: ~ the streets 街路を堂々と歩く[闊歩(かっぽ)する]. **b** 〈疾病・災厄などが〉…に広がる; つきまとう (dog). — *vi.* **1 a** 大手を振って歩く, ゆったりと歩く; もったいぶって[威張って]歩く. **b** 〈疾病・災厄などが〉広がる, 蔓延(まんえん)する (spread): Pestilence and famine ~*ed* unchecked through the land. 疫病と飢餓がどんどん国中に広がった. **2** 獲物[敵など]に忍び寄る, そっと跡をつける (still-hunt). **3** 《廃》忍び足で歩く, 忍び歩く (steal). — *n.* **1** 大手を振って[堂々と]歩くこと. **2** 獲物に忍び寄ること, そっと追跡すること. 〘(OE) (?*a*1450) *(bi)stealician* to walk stealthily < Gmc **stalkōjan* (freq.) ← ? **stalkaz* steep (OE *stealc*): *-k* については cf. hear—hark, tell¹—talk〙

stálk cèll *n.* 〖植物〗柄細胞 (花粉管の生殖細胞の分裂により中心細胞とともに生じた裸子植物細胞).

stalked *adj.* 茎[幹, 柄]のある. 〘1531〙

stálk·er **1** ストーカー (特に異性や有名人に対して, 相手の意志に反して執拗につきまとう者). **2** 獲物に忍び寄る人 (猟師など). 〘1: (1982). 2: (1424)〙

stálk-éyed *adj.* 〈甲殻動物が〉有柄眼をもった, 凸眼(とつがん)の. 〘1853〙

stálk·ing-hòrse *n.* **1** 隠れ馬 (猟師が獲物に近づくときにその陰に隠れて行く馬または馬形の物). **2** 偽装; 口実, かこつけ (pretext). **3** 《米》〖政治〗当て馬候補 (有力候補者を隠すためまたは敵候補者の得票を奪うための隠れ候補). 〘(1519): ⇨ stalk²〙

stálk·less *adj.* **1** 茎のない. **2** 〖植物〗無柄の (sessile). 〘1698〙

stalk·y /stɔ́ːki, stɑ́ːki | stɔ́ːki/ *adj.* (**stalk·i·er; -i·est**) **1** 茎の多い. **2** 茎のような, 細長い. **stálk·i·ly** /-kɪ̀li/ *adv.* **stálk·i·ness** *n.* 〘(1552) ← STALK¹ + -Y¹〙

stall¹ /stɔ́ːl, stɑ́ːl | stɔ́ːl/ *n.* **1 a** 仕切りになっているもの. **b** 売店, 屋台店, 露店 (booth, stand); 商品陳列台: ⇨ bookstall, coffee stall / a night [street] ~ 夜[露]店 / a ~ at a bazaar バザーの売店 / a butcher's ~ 肉屋の陳列台. **c** 《英》〖劇場〗劇場・映画館の椅子席; 一階(前方)の一等席; [*pl.*] 一等席の部分 (cf. pit¹ 7 a). **d** (仕切りのある固定の)信者席; (特に)(教会の内陣に特設された)聖職者席, 聖歌隊席. **e** 仕切った小部屋, 小区画: a shower ~ シャワー室. **f** (図書館の)キャレル (carrel). **g** 《米》駐車場. **2 a** (一頭の牛・馬を入れる)厩舎(きゅうしゃ)[馬屋, 牛舎]の一区画; 馬房, 牛房. **b** 《廃》厩舎, 畜舎 (stable). **c** 〖競馬〗スターティングゲイト (starting gate, stall gate). **3** 〖機械〗(低品質の燃料を用いたり過負荷による)エンジンの停止: an engine ~ エンスト. **4** 〖航空〗失速 (迎え角が大きくなって翼上面の流れが剥離することにより揚力が減少すること). **5** 指サック (sheath, cot): ⇨ fingerstall. **6** 〖鉱山〗採掘場, 切場, 房室, 切羽(きりは) (room). **7** 〖冶金〗焙焼(ばいしょう)炉.
— *vt.* **1** 立往生させる, 止まらせる; 〈馬・馬車を〉(泥[雪]などの中にはまらせて)動けなくする: get ~*ed* in the mud 泥の中で立往生する / We were ~*ed* in the car for an hour. 車の中で 1 時間立往生した. **2** 〖自動車〗〈エンジンを〉(正しくない混合燃料や不適切なクラッチ操作などにより)エンストさせる. **3** 〖航空〗〈飛行士が〉〈飛行機を〉失速させる: ~ an airplane. **4 a** 馬[牛]房に入れる. **b** 〈厩舎〉に仕切りをつける. **c** 《古》(太らせるために)〈牛を〉牛舎に入れて置く: ~ an ox. — *vi.* **1** 泥[雪]にはまり込む; 立往生する, 止まる: The car ~*ed* in the ditch. 車が溝にはまって動けなくなった. **2** 〖自動車〗〈エンジンが〉停止する, エンストを起こす. **3** 〖航空〗〈飛行機が〉失速する. **4** 〈牛・馬が〉畜舎に入る.
〘OE *steall* standing place, state < Gmc **stallaz* (Du. *stal* / G *Stall*) ← IE **stel-* to put, cause to stand (L *locus* place (< OL *stlocus*) / Gk *stéllein* to put in order, send: cf. apostle, stale¹, stalk², still¹) ← **stā-* 'to STAND'〙

stall² /stɔ́ːl, stɑ́ːl | stɔ́ːl/ *vi.* **1** (だましたり, 引き延ばすために)うまく言い抜ける[ふるまう]; 時をかせぐ: ~ *for* time. **2** すりの相棒をやる. **3** 《米》〖スポーツ〗(魂胆があって)全力を出さずにやる, 力を落としてプレーする, 力をセーブする. — *vt.* (言い逃れやごまかしたりして)引き延ばす, 遅らせる; うまく避ける 〈*off*〉: ~ *off* questioners 質問者たちをうまくごまかす. — *n.* 《口語》**1** (だましや引き延ばしのための)ごまかし, 口実 (pretext, pretence). **2** (被害者を押したり, 注意をそらしたり, さえぎったりする)すりの相棒, すり仲間. 〘(?*a*1500) 'decoy bird' (変形) ← STALE³〙

stall·age /stɔ́ːlɪdʒ, stɑ́ːl- | stɔ́ːl-/ *n.* 〖英法〗(市場(いちば)などにおける)売店を建てる権利[場所], 場所代. 〘(*a*1275) ◻ AF *estalage* ← OF *estal* (← Gmc) + -AGE: ⇨ stall¹〙

stáll àngle *n.* 〖航空〗失速(迎)角 (stalling angle).

stáll-fèd *v.* stall-feed の過去形・過去分詞. — *adj.* 〈家畜が〉畜舎に入れて太らせた. 〘1554〙

stáll-fèed *vt.* (**-fed**) (太らせるために)〈家畜を〉畜舎に入れて飼う; 畜舎に入れて太らせる. 〘1763〙

stáll·hòlder *n.* 《英》(市場の)露天商, 売店[屋台店]の持ち主. 〘1849〙

stáll·ing àngle /-lɪŋ-/ *n.* 〖航空〗失速(迎)角 (stall angle, stalling angle of attack ともいう).

stálling spèed *n.* 〖航空〗失速速度 (stall speed ともいう).

stal·lion /stǽljən | -ljən, -liən/ *n.* **1** 去勢してない雄の成熟馬, (特に)種馬 (cf. horse 1). **2** (種付け用の)雄の犬[羊など]. 〘(*a*1393) *staloun* ◻ OF *estalon* (F *étalon*) < VL **stallōnem* (原義) a horse kept in the stall ◻ Frank. **stall* stable: cf. OHG *stall* 'STALL¹'〙

Stal·lone /stəlóun, stæ- | -lə́un/, **Sylvester** (**Enzio**) *n.* スタローン (1946– ; 米国の映画俳優・監督).

stáll plàte *n.* 〖紋章〗ストールプレート (chapel の stall (聖職者席)背後の壁に掲げられている紋章を刻んだ真鍮板): the Garter ~ ガーター騎士のストールプレート (Windsor 城内の Chapel of St. George にあり, 紋章史料として重要な存在となっている). 〘1842〙

stáll spèed *n.* 〖航空〗=stalling speed.

stáll tùrn *n.* 〖航空〗失速旋回 (垂直に上昇して失速してから反転し急降下する曲技飛行).

stal·wart /stɔ́ːlwət, stɑ́ːl- | stɔ́ːlwət, stɔ́l-/ *n.* **1** あくまで主義に忠実な人, 信念の固い人. **2** がっしりした[頑丈な]人. — *adj.* **1** (特に, 政治的に)しっかりした (steadfast), 妥協しない (uncompromising), 節操の堅い: a ~ supporter, defender, etc. **2** 頑丈な, がっしりした, 頑健な: a ~ body. **3** 勇敢な (brave), 雄々しい (valiant). **~·ly** *adv.* **~·ness** *n.* 〘(1375) *sta(w)louart* (北部方言) ← *stalworthe, stalwarde* (↓): Scott によって復活・一般化した; *-t* については cf. *steward-* (スコット) *stewart*〙

stal·worth /stɔ́ːlwə(ː)θ, stɑ́ːl- | stɔ́ːlwə(ː)θ, stɔ́l-/ *adj.* 《古》=stalwart. 〘?late OE *stælworthe, -worde, -warde* < late OE *stǣlwierðe* serviceable (短縮) ? ← *staþolwierþe* ← *staþol* foundation (⇨ staddle) + *wierþe* 'WORTH¹'〙

Stam·boul /stɑːmbúːl, stæm- | stæm-; *Turk.* stɑmbul/ *n.* (*also* **Stam·bul** /~/) スタンブール: **1** Istanbul 市最古の地区 (トルコ人住宅地域). **2** Istanbul の旧名.

sta·men /stéɪmən | -mɛn, -mən/ *n.* (*pl.* **~s, stam·i·na** /stǽmənə | -mɪ̀-/) 〖植物〗雄蕊(ゆうずい), 雄しべ (cf. pistil). **~ed** *adj.* 〘(1650) ◻ L *stāmen* warp, thread ← IE **stā-* 'to STAND' (Gk *stḗmōn* warp: cf. penstemon)〙

stámen blìght *n.* 〖植物病理〗イチゴの雄しべ病 (クロイチゴを不完全菌 *Hapalosphaeria deformans* が侵し, 雄蕊(ゆうずい)の葯(やく)を灰色粉状の胞子で覆う).

Stam·ford /stǽmfəd | -fəd/ *n.* スタンフォード (米国 Connecticut 州南西部の都市). 〘← *Stamford* (英国 Lincolnshire 州の町) < OE *Stānford* (原義) stony ford〙

Stámford Brídge *n.* スタンフォードブリッジ (イングランド北部 York の東にある村; 1066 年, Hastings の戦いの 3 週間前, イングランド王の Harold II が兄 Tostig とノルウェー王 Harald Hardraade を破った).

stam·in- /stǽmən- | -mɪ̀n-/ (母音の前にくるときの) stamini- の異形.

stam·i·na¹ /stǽmənə | -mɪ̀-/ *n.* (疲労・病気・困苦などに耐える)体力, 精力, スタミナ, 根気, 持久力, 忍耐力: have the ~ to stay up all night 徹夜するだけのスタミナがある / My ~ has run out. スタミナが切れた. 〘(*a*1676) ◻ L *stāmina* (pl.) ← *stāmen* thread: ⇨ stamen: Fates の紡ぐ人間の寿命の糸の意から〙

stamina² *n.* stamen の複数形.

stam·i·nal¹ /stǽmənl | -mɪ̀-/ *adj.* 体力[精力, スタミナ, 根気]の. 〘1785〙

stam·i·nal² /stǽmənl | -mɪ̀-/ *adj.* 〖植物〗雄蕊(ゆうずい)の. 〘1845〙

stam·i·nate /stǽmənɪ̀t, -nèɪt | -mɪ̀-/ *adj.* 〖植物〗 **1** 雄蕊(ゆうずい)のある. **2** (雌蕊(しずい)がなくて)雄蕊だけある (cf. pistillate): a ~ flower 雄花. 〘(1845–50) ← L *stāmin-, stāmen* 'STAMEN' + -ATE²〙

stam·i·ni- /stǽmənɪ̀, -ni | -mɪ̀-/ 〖植物〗「雄蕊(ゆうずい) (stamen)」の意の連結形. ★ 母音の前では通例 stamin- になる. 〘← L *stāmen* (↑)〙

stam·i·nif·er·ous /stæ̀mənɪ́f(ə)rəs | -mɪ̀-⁻/ *adj.* 〖植物〗雄蕊(ゆうずい)のある (cf. pistilliferous). 〘((1661)) (1668): ⇨ ↑, -ferous〙

stam·i·node /stǽmənòud | -mɪ̀nəud/ *n.* 〖植物〗=staminodium.

stam·i·no·di·um /stæ̀mənóudiəm | -mɪ̀nə́ud-/ *n.* (*pl.* **-di·a** /-diə | -diə, -djə/) 〖植物〗仮雄蕊(ゆうずい), 偽雄蕊 (ウメバチソウ属 (*Parnassia*) の花にある). 〘(1857) ← NL ~ ← STAMINI- + *-ōdium* likeness (← Gk *-ṓdēs* like: ⇨ -ode¹)〙

stam·i·no·dy /stǽmənòudi | -mɪ̀nəudi/ *n.* 〖植物〗雄蕊(ゆうずい)化 (花弁・萼片(がくへん)などが雄蕊に変態すること). 〘(1869): ⇨ ↑, -ody〙

stam·mel /stǽməl, -ml/ *n.* **1** 《古》スタンメル織の赤色 (stammelcolor ともいう). **2** 《廃》スタンメル織 (通例赤く染めた荒いラシャ; 以前苦行者の下着に用いた). 〘(1530) ← ? (廃) stamin (⇨ stamen) + -EL¹〙

stámmel·còlor *n.* 《古》=stammel 1.

stam·mer /stǽmə | -mə(r)/ *vi.* (当惑・興奮などのために)口ごもる, どもる (cf. stutter 1): ~ *over* words 口ごもりながら物を言う. — *vt.* 口ごもりながら言う 〈*out*〉: ~ *out*

an excuse [apology] どもりどもり言い訳[弁解]をする.
— n. [通例単数形で] どもること, 口ごもり, どもった物の言い方. **~·er** /-mərə | -rə(r)/ n. 〖OE stamerian < (WGmc) *stamarōjan (Du. & LG stameren) ← *stamra- (OE stamor stammering) ← IE *stem 'to STEM[2]': cf. stum, stumble: ⇨ -er[4]〗

stám·mer·ing·ly /-m(ə)r-/ adv. 口ごもり[どもり]ながら. 〖1545〗

stam·nos /stǽmnɑ(ː)s | -nɒs/ n. スタムノス《古代ギリシャ・ローマの両取っ手付きのつぼ; cf. amphora 1》. 〖(1845) □ Gk stámnos ← istánai to cause to stand〗

stamp /stǽmp/ n. **1 a** (郵便)切手 (postage stamp); 印紙, 証紙: Put [Stick] the ~ on before you mail it. 投函する前に切手を貼りなさい / a cancelled ~ 消印の押された切手 / ⇨ revenue stamp. **b** シール: ⇨ trading stamp. **c** 支払済みや寄付を証明する証紙. **2 a** スタンプを押すこと(支払済み・純正などの証明となる)印章, 刻印, 極印, スタンプ: a ~ of payment=a payment ~ 支払い済みの印 / an official ~ 公印 / bear the ~ of the maker 製造者の極印が押してある / The conference put the ~ of legitimacy [approval] on Soviet hegemony over Eastern Europe. その会議は東欧諸国に対するソ連の覇権が正当であるという「お墨付き」を与えた / She gave the project her ~ [seal] of approval. 彼女はその計画に承認の印を押した. **b** (郵便の)消印 (postmark). **3** 足を踏みつけること, 地団駄; 踏みつけて歩くこと. **4 a** (押し型で)刻みつけられた模様[イニシアルなど]. **b** 押し型, 打ち型 (die); 版木 (block): ⇨ rubber stamp. **5 a** 特質, 特徴 (characteristic); しるし (hallmark): She bears the ~ of breeding [genius]. 育ち[天才]の特徴を表している. **b** 痕跡. **6** 種類 (kind), 形 (form): of the same ~ 同種類の / people of that [their] ~ そんな[彼らのような]手合い. **7** 打出機, 圧断機. **8** 粉砕用の道具《乳棒・すりこ木など》. **9** 〖冶金〗 **a** [pl.] =stamp mill. **b** (砕鉱機の)鉄製きね. **10** 《英口語》国民保険料《以前カードにスタンプを押して記録した》. **11** 《廃》硬貨 (coin).
— vt. **1 a** 〈文書・書類など〉に〈印章・印形・極印・証印・官印・木判・ゴム印などを〉押す, 押印する, 捺印(なついん)する 〔with〕: ~ a document with the address and date 書類にあて名と日付を印で押す / goods ~ed with the maker's name 製造者名が極印されている品物 / ~ a plan top secret 計画に機密の判を押す《機密にする》. **b** 〈文書・書類などに〉〈印章を〉押す 〔on〕: ~ "paid" on the bill 請求書に「領収済」の印を押す / ~ the address and date on [in] a document 書類に住所と日付の印を押す / ~ one's name on the title page 表題紙に名前を印で押す.
2 …に切手[印紙]を貼る: ~ a letter 手紙に切手を貼る / ~ a document 書類に印紙を貼る / Please enclose a ~ed self-addressed envelope. 切手を貼り自分の住所を書いた封筒を同封のこと. **3 a** 〈地面・床などを〉踏みつける: ~ the ground 地面を踏みにじる / ~ the grass flat [down] 芝生を踏みつぶす. **b** 〈足を〉踏みつける, 踏み下ろす (stomp): ~ one's foot [feel] (in anger) (怒って・いらいらして)足を踏みならす, 地団駄を踏む. **4 a** 〈雪などを〉足踏みして落とす: ~ the snow from one's boots. **b** 踏み消す 〈out〉: ~ out a fire. **c** 〈反乱などを〉撲滅する, 鎮圧する, 根絶する 〈out〉: ~ out a disease, rebellion, etc. **5** (乳棒・すりこ木, または重い道具などで)押しつぶす, 押しくだく (pound); 〈鉱石などを〉粉にする, 粉砕する (crush). **6** 〈物を〉(押し型などで)打ち抜く[出す], 型に合わせて切る[作る]: ~ chassis (自動車の)シャシーを打ち抜く / ~ (out) rings from metal sheets 金属板から輪型を打ち抜く.
7 a 〈模様・イニシャルなどを〉(押し型で)刻印する: ~ one's initials in the leather 革に名前の頭文字を刻印する. **b** …に〈模様・イニシャルなどを〉刻印する 〔with〕: a medal ~ed with one's initials 名前の頭文字を刻印したメダル. **8 a** 〈悲しみ・苦しみなどを〉〈心・顔など〉に刻みつける 〔with〕: His face was ~ed with trouble [grief]. 彼の顔は苦労[悲しみ]が刻み込まれていた. **b** 〈印象・思い出などを〉〈心に〉深く刻みこませる, 感銘させる (impress deeply) 〔on, upon〕: The scene is ~ed on [upon] my mind. その光景に私の心は深い印象を受けた / The incident is ~ed in my memory. その事件は記憶に刻まれて離れない / Amazement was ~ed upon his features. 驚きが彼の表情に刻まれていた. **9** 〈人・物〉に〔…であるという〕刻印を押す, 〈人・物を〉〔…であると〕示す[明らかにする] (characterize) 〔as〕: This alone ~s him (as) a swindler. このことだけで彼が詐欺師であることがわかる.
— vi. **1** 〔…を〕踏みつける; (踏みつけるように)押す (tread, stomp) 〔on〕: ~ on a worm 虫を踏みつぶす / ~ on the accelerator アクセルを踏む. **2** 地団駄を踏む: ~ with rage 怒って足を踏みならす. **3** 踏みつけ(るようにし)て歩く (stomp): ~ about the room 部屋を踏みつけるようにして歩き回る / ~ out of the room 足を荒々しく踏みつけて部屋から出る / ~ upstairs どたばた階段を上がる. **4** 〔…を〕踏み消す; 押しつぶす, 撲滅する 〔on〕: ~ on a person's complaint.
〖v.: OE *stampian (cf. stempan to pound (in a mortar)) < Gmc *stampōjan (Du. & LG stampen / G stampfen / ON stappa) ← *stampaz mortar ← *stapjan 'to tread, STEP': cf. (O)F estamper (← Gmc). — n.: 《1465》 ← (v.) // □ OF estampe〗

Stámp Àct n. [the ~] 印紙条令《1765 年英国が歳入を得るためにアメリカの植民地において一切の法律文書・公文書・新聞・商業上の書類などに所定額の印紙を張ることを規定した法令; 植民地の住民の反対により翌年 3 月廃止》. 〖1765〗

stámp àlbum n. 〖郵趣〗切手アルバム. 〖1862〗

stámp bòok n. 〖郵趣〗 **1** =stamp album. **2** = stamp booklet. 〖1862〗

stámp bòoklet n. 〖郵趣〗切手帳 (⇨ pane 5 b).

stámp collècting n. 切手収集. 〖1862〗

stámp collèction n. 収集した切手類. 〖1884〗

stámp collèctor n. 切手収集家, 郵趣家 (philatelist). 〖1710〗

stámp dùty n. =stamp tax. 〖1704〗

stámped addréssed adj. 《英》=self-addressed.

stámped addréssed énvelope n. 切手を貼って宛名を記した返信用封筒《略 SAE, s.a.e.》.

stam·pede /stæmpíːd/ n. **1** (家畜の群れなどが)驚いてどっと逃げ出すこと, 大暴走. **2** 我がちに[先を争って]逃げ出すこと, 総くずれ, 大敗走. **3** 《米》大勢[どっと]押し寄せること, 殺到: a ~ to newly-discovered gold fields 新金鉱地への殺到. **4** 《米西部・カナダ》スタンピード《ロデオ・展覧会・コンテストなどが同時に行われる年中行事の華やかな催し》. **5** 《米北西部》ロデオ大会. — vi. **1** どっと[我がちに]逃げ出す; 敗走する. **2** どっと押し寄せる, 殺到する. — vt. **1** どっと逃げ出させる; 敗走させる. **2** 殺到させる.

stam·péd·er /-ḍə | -də(r)/ n. 〖《1826》□ Mex.-Sp. estampida stampede, Sp. crash, stamp ← Sp. estampar to pound ← Gmc *stamp- 'to STAMP'〗

stámp·er n. **1 a** 印[スタンプ, 極印]を押す人. **b** 《米》(郵便局で)スタンプ押し係. **c** 砕鉱機の運転者. **2 a** 自動スタンプ打ち器. **b** 粉砕用の道具; (特に)砕鉱機 (stamp mill) のハンマー. **c** スタンパー《レコード盤複製用のプレス原盤》. 〖《c1395》 stampere 'one who treads (grapes)'〗

stámp hìnge n. 〖郵趣〗=hinge 4.

stámp·ing gròund n. 《口語》(動物・人の)行きつけの場所, たまり場 (haunt). 〖1780–90〗

stámping mìll n. 〖冶金〗=stamp mill. 〖1552〗

stámp machìne n. 切手販売機. 〖1944〗

stámp mìll n. 〖冶金〗砕鉱機, 搗鉱(とうこう)機. 〖1749〗

stámp-òffice n. 《英》印紙局《印紙の発行および印紙税の収受を行う》. 〖1710〗

stámp pàd n. =ink-pad.

stámp-pàper n. **1** 印紙を貼付した文書類. **2** 〖郵趣〗切手シートの裏糊のついた耳紙. 〖1765〗

stámp tàx n. 印紙税 (stamp duty). 〖1797〗

stámp wèed n. 〖植物〗イチビ (Indian mallow).

Stan /stǽn/ n. スタン《男性名》. 〖(dim) ← STANISLAUS // STANLEY〗

stance /stǽns, stǽnts | stǽns, stɑ́ːns, stǽnts, stɑ́ːnts/ n. **1 a** (物事に対する)精神的[感情的, 知的]な態度, 姿勢 (⇨ posture SYN): take an antiwar ~ 反戦の態度をとる. **b** (立った)姿勢, 構え (posture). **2** 《スコット》 **a** (建物などの)位置 (position). **b** 敷地, 用地 (site). **c** バス[タクシー]乗り場. **3** 〖ゴルフ・野球〗スタンス《打球の時の足の位置》: ⇨ open stance, closed stance, square stance. **4** 〖スポーツ〗(スポーツ選手がプレーを開始するときの体と足の)構え: crouching ~ of a boxer ボクサーのクラウチングスタンス. **5** 〖登山〗(岩登りの)足場, スタンス. 〖《?a1350》 staunce □ OF estance position, posture, 《廃》stay □ It. stanza station: ⇨ stanza[1]〗

stanch[1] /stɔ́ːntʃ, stɑ́ːntʃ, stǽntʃ | stɑ́ːntʃ/ vt. **1 a** 〈血・流れを〉止める; 〈傷〉の血止めをする: ~ blood, a cut, etc. **b** 〈漏れ口を〉ふさぐ, しめる. **2** 《古・方言》 **a** 抑制する (check). **b** 和らげる (assuage); なだめる (appease). **c** 消す (quench). **3** 《古》〈欲望を〉満たす (satisfy). — vi. 《古》〈血・流れが〉止まる. — n. (ボートの)航行用堰(せき)《水をためた後, 急に開き, 水流の力で浅瀬を越えてボートを押し流す一種の水門》. **~·a·ble** adj. **~·er** n. 〖《?a1330》 sta(u)nche(n) □ OF estanch(i)er (F étancher) < VL *stan(ti)cāre ← L stant-, stāns (pres. p.) ← stāre 'to STAND'〗

stanch[2] /stɔ́ːntʃ, stɑ́ːntʃ, stǽntʃ | stɑ́ːntʃ/ adj. = staunch[1].

stan·chion /stǽnʃən | stɑ́ːn-/ n. **1** (屋根・甲板などの)支柱, 柱 (upright post, support). **2** (畜舎の中の)一対の縦仕切り棒《牛はその間に頭を入れて前後左右の自由な運動が制限される》. — vt. **1** …に支柱[縦仕切り棒]を設ける. **2** 〈牛を〉縦仕切り棒につなぐ. 〖《1460》 stanchoun □ OF estanchon (F étançon) (aug.) ← estance prop, stay: ⇨ stance〗

stánch·less adj. **1** 〈血が〉止まらない; 〈傷など〉血の止まらない. **2** 断え間のない (ceaseless). **3** 《文語》満足することを知らない (insatiable). **~·ly** adv. 〖1605〗

stand /stǽnd/ v. (**stood** /stʊ́d/) — vi. **1 a** 立つ, 立っている: ~ on one's head [hands] 逆立ちする / Stand (up) straight [erect], don't stoop. まっすぐに立ちなさい, かがんではいけない / He stood still, looking at the picture. その絵を見ながらじっと立っていた / It is more tiring to ~ for a long time than to walk a long distance. 長い距離を歩くよりも長時間立っているほうが余計疲れる / If there are no seats, you'll have to ~. 席がなければ立っていなければならない / Don't just ~ there: do something. ただ立っていないで何かしなさい / ⇨ STAND on one's own (two) feet. **b** 立ち上がる, 起立する 〈up〉: Everyone stood as the King entered. 王が入って来ると皆が立ち上がった / Stand up, please!=All ~, please!
2 a 〈物が〉立てて[置いて]ある; 立てかけてある 〔against〕; 〈樹木などが〉立っている: An umbrella was ~ing against the wall. 傘が壁に立てかけてあった / A small table stood in the corner of the room. 一脚の小さなテーブルが部屋の片隅に置かれていた / I found the tree still ~ing there. その木がまだそこに立っているのを見た / The table won't ~ properly unless you prop it up. 支えをしないとそのテーブルはちゃんと立たない. **b** [副詞語句を伴って] 位置する, 位する, ある (cf. lie[1] vi. 5 a): a house ~ing on the hill [by the river] 丘の上[川のそば]にある家 / Center Church ~s near where the old meeting house stood. センター教会が昔の礼拝堂の立っていた所の近くに立っている / The statue ~s on a marble pedestal. その像は大理石の台座の上に立っている.
3 a [副詞語句を伴って] (ある姿勢・位置に)立つ: ~ aside わきへ寄る; (問題などに)加わらない; 傍観する / ~ apart [aloof, away] from …から離れて立つ[超然としている] / ~ clear of …から遠ざかる, …を避ける / Stand easy [at ease]! 〖軍事〗休め《★ easy を用いるのは《英》》 / ~ at [to] attention 〖軍事〗気をつけの姿勢をと(っている) / I don't want to ~ in the way of your marriage. あなたの結婚のじゃまを立てをしようなどとは思っていない / ⇨ stand in a person's LIGHT[1] / ~ in a person's way 人の行く手に立つ, 人のじゃまになる / Let nothing ~ in your way [between you and your goal]. 何ものにもじゃまさせない[目的遂行を妨げさせない]. **b** [通例補語を伴って] 〈ある立場に〉立つ, 〈ある態度を〉持する, 踏みとどまる: ~ fast [firm] 堅持する, 固守する / ~ alone 孤立する[している]; 独歩である, 並ぶものがない / ⇨ stand at BAY[3] / They decided to ~ and fight it out. 頑張ってあくまでも闘い抜こうと決心した. **c** [補語または副詞語句を伴って] 〈ある関係・資格・状態に〉ある: He stood accused [convicted] of murder. 殺人罪の告訴[宣告]を受けた / ⇨ stand CORRECTED / I ~ ready for anything [to go]. 何が起ころうと覚悟ができている / The door of the room was ~ing ajar [open]. 部屋の戸が少し開いたままになっていた / The cottage has been ~ing empty for eight months. その別荘は 8 か月空き家のままになっている / Time appeared to ~ still for a while. しばし時が止まったように思えた / He let the land ~ in timber. その土地をそのまま木を切らずにおいた / George stood in awe of his teacher. ジョージは先生に畏敬の念を抱いていた / They ~ in need of help [under heavy obligations]. 彼らは援助を必要としている[重い債務を負っている] / She always knows how [where] she ~s with her husband. 彼女は常に夫にどのように思われているかがわかっている / How do things ~ (between them)? (彼らの間は)うまく行ってる? / as the case ~s こういう次第だから / Where do you ~ on that question [issue]? その点についての君の立場は / from where a person ~s 人の立場から見て, 人の考えでは. **d** [副詞語句を伴って] 〈ある順位に〉位置する, 位する (rank); 〈ある高さに〉評価されている: The book ~s fourth among the national best sellers. その本は全国のベストセラー中第 4 位を占めている / Who ~s first in line for promotion? 昇進の候補としてはだれが第 1 順位ですか / She stood high in the opinion of the teacher. 彼女は先生の受けがよかった. **e** 〈物価・勘定・スコア・寒暖計などが〉〈ある額・点・度で〉ある, 〔…を〕示す 〔at〕: The exchange rate ~s at about 130 yen per [to the] dollar. 時価 1 ドル約 130 円の割である / The population of the town stood at 80,000 during the boom. その町の人口は景気盛況期には 8 万だった / The thermometer stood at 30°C. 寒暖計はセ氏 30 度になっていた / The score stood (at) 16 to 12. スコアは 16 対 12 だった. **f** [to do, 特に to gain [win], to lose, etc. を伴って] 〈得[損]をする〉立場にある, 〈得[失い]〉そうである: Nobody stood to gain by her death. 彼女が死んで得をする者はだれもいなかった / We ~ to lose [increase] our tax advantage by the new law. 新しい法律ではかえって今までの納税上の特典を失う[増す]ことになる.
4 [補語を伴って] (立っていて)高さが…ある, 身長が…である (be in height): He ~s six foot [feet] three in his stocking feet. 靴を脱いで身長が 6 フィート 3 インチです / The building ~s nearly 200 feet high. そのビルは高さがほとんど 200 フィートある.
5 立ち止まる, 停止する (halt, stop): Stand and identify yourself! 止まって名を名乗れ / Stand and deliver! 《古》止まれ, (あり金を)みんな出せ《追いはぎの言葉》 / He was commanded to ~ where he was. その場に止まるように命ぜられた.
6 a そのままで[使用されないままになって]いる, 固定[静止]している: The building will ~ another century. その建物はなお百年もつだろう / Let the word ~. その語はそのままにして置け / The bicycle has stood in the yard for two weeks. 自転車が空き地に 2 週間置き去りになっている / The U.S. Supreme Court let ~ a lower-court decision upholding the Social Security legislation. 合衆国最高裁判所は社会保障法を支持する下級裁判所の判決をそのまま認めた. **b** 《米》〈自動車が〉(路上に)一時停車する: No ~ing [掲示] 路上停車禁止 / A big car was ~ing outside the hotel. 大きな車がホテルの外に停車していた. **c** 〈液体が〉よどむ, 停滞する; 〈汗が〉たまる, 〈涙が〉宿る: The sweat was found ~ing on his forehead. 汗が彼の額に浮かんでいた / Tears were ~ing in her eyes from swallowing yawns. 出かかったあくびをこらえて涙が目に浮かび出ていた.
7 a (依然)有効である, (従前通り)実施されている (remain valid): The rules still ~. その規則は今なお有効である. **b** 書かれて[印刷されて]いる: He copied the sentence exactly as it stood in the text. その文を原文のまま写した.
8 《英》〈官職・選挙に〉立候補する (《米》run) 〔for〕: He is ~ing for Parliament [for the council, for election, for Birmingham Central]. 国会議員[市会議員, 選挙, バーミンガム中部地区]に立候補している / He was prepared to ~ as the official nominee for the post. その役職の公認候補として立候補するつもりでいた / ~ against an incumbent 現職に対抗して立候補する.
9 〈雄の家畜, 特に馬が〉種をつける, 種馬になる.
10 《廃》躊躇(ちゅうちょ)する, ためらう (scruple, balk) 〔at〕: ~ at murder 殺人をためらう.
11 〖海事〗[方向の副詞語句を伴って] 〈ある方向に〉針路を

取る, 進む: ～ off shore 岸から離れた針路を保つ; 沖に向かって進む / ～ off and on 〈帆船が〉近づいたり遠のいたりして海岸近くを徘徊(はいかい)する, 海岸沿いに間切って進む / ～ in for the shore 岸に向かって針路を取る / ～ out to sea 沖へ乗り出す / ～ to windward 風上に進む / They *stood into* harbor. 彼らは港に向かって針路を取った.
12 〘狩猟〙〈猟犬が〉獲物の位置を示す (point).
13 〘印刷〙〈活字・版が〉組み置かれる.
14 〘トランプ〙 **a** (ドローポーカー (draw poker) や二十一 (twenty-one) で)手なりでゆく《配られた手のままで勝負する》. **b** (all fours で)「スタンド」という《最初のめくり札を切札とし勝負することを承認する; cf. beg¹ *vi.* 4》.
— *vt.* **1** 立たせる (set upright); 立てる, 載せる (set) 〔*on*〕, 立て掛ける 〔*against*〕: I'm going to ～ you in the corner. (罰として)隅に立たせるよ / She *stood* the doll *on* her knee. 人形をひざの上に立たせた / ～ a candle *on* a table テーブルの上にろうそくを立てる / ～ a ladder *against* a wall 壁にはしごを立て掛ける / ～ something on its side [end] 何かを立たせる.
2 a 〈物が〉…に耐えられる, (傷まずに)もつ (withstand, bear): Your coat won't ～ much rain. 君の外套は大雨にはだめだろう / Will this ramshackle staircase ～ my weight? このぐらぐらした階段が私の重みに耐えられるだろうか / This plan won't ～ close scrutiny. この計画は厳しい吟味には合格しない / This theory has *stood* the test of time. この理論は時の試験に耐えてきた. **b** [通例否定・疑問構文で] 〈人が〉耐える, 我慢する (tolerate) (⇨ bear¹ SYN): I can't ～ any nonsense. ばかなことを黙って聞いて[見て]いられない / I *never* could ～ (the sight of) that woman. あんな女は顔を見るのも嫌だ / Can you ～ *to* go [going] there again? 再びあそこに行く気になれますか / He could *not* ～ being kept waiting so long. そんなに長いこと待たされるのには耐えられなかった / My nerves can't ～ all this quarreling. もうこのけんかにはほとほと私の神経は耐えられない / He looked as if he could ～ a drink. 《口語》一杯引っかけても悪くないといった顔をした. ★ 次のように肉体的苦痛を対象とする場合には肯定構文にも用いられるが, その場合には endure, withstand のほうが普通: His service in India had trained him *to* ～ heat better than cold. インド勤務したおかげで彼は寒さよりも暑さに耐えうるように鍛えられていた.
3 a (敢然と)〈攻撃などに〉立ち向かう (encounter), 抵抗する (resist, withstand): ～ fire 砲火[批評など]に敢然と立ち向かう / ～ an assault [a siege] 攻撃[包囲]に立ち向かう / ～ battle 断固として応戦する / ⇨ *stand* COMPARISON. **b** …に踏みとどまる, 固守する. ★ 次の句で用いる: ～ one's ground 持ち場を固守する, 断固としてあとに引かない; (議論・要求などで)自分の立場を固執する.
4 〈裁判などに〉服する, 受ける (undergo): He *stood* trial for forgery. 偽造のかどで公判に付された.
5 a 〈警備などの〉任を勤める: ～ watch 警備に就く / ～ guard 歩哨に立つ; 〔…を〕見張る 〔*over*〕 / ⇨ *stand* BAIL, *stand* GODFATHER, *stand* SECURITY. **b** 〘軍事〙…に[…の合図で]集合する: ～ reveille [retreat] 起床[退却]ラッパのもとに集合する / The soldiers hurried to ～ roll call. 兵士たちは点呼に駆(は)せ参じた.
6 [しばしば二重目的語を伴って]《口語》…の代を支払う (pay for), の費用を持つ; 〈人に〉ご馳走する, おごる (treat): I will ～ you a meal. ご馳走しよう / He offered to ～ drinks *for* us all [～ drinks all *round*]. 我々皆に[一堂の人たちに]酒をふるまおうと申し出た / ⇨ *stand* TREAT.
7 [a chance を目的語として] 〈成功などの見込み・可能性〉がある (have): He [His plan] does not ～ *a chance* [～*s no chance*] *against* the others. 彼[彼の計画]はとても他の者たちを敵にまわしてうまくやっていけそうもない / You ～ *a chance of* winning the race. 君はレースに勝てそうだ / We ～ *a* good *chance of* seeing her at the party. 大丈夫, パーティーで彼女に会いそうだ.
8 〘印刷〙〈活字・版を〉組んで置いておく.
as it stánds＝as mátters [things] stánd＝the wáy things stánd 現状で(は), そのままで(は). ***(as) súre as I'm stánding hére*** 《口語》確実に: She is ill, (*as*) *sure as I'm* ～*ing here*. 彼女が病気であるのは間違いない.
stánd abóut [aróund] (何もしないで)ぼんやり立っている, じっとして[ぶらぶらして, 所在なげにして]いる. 《a1393》
stánd agàinst (*vi.*) (1) …に反抗[反対]する (oppose). (2) ⇨ *vi.* 2 a. (3) ⇨ *vi.* 8. — (*vt.*) ⇨ *vt.* 1.
stánd báck (1) 〔事件などから〕手を引く (withdraw) 〔*from*〕: I could not afford to ～ *back from* the argument. その議論から手を引いていられなかった / Meditation helps me to ～ *back from* my problems and consider them objectively. 問題から一歩下がって冷静になってみると客観的に考えることができる. (2) 後ろへ下がる, 遠のく; (全体をよく見るために)〈対象から〉離れる 〔*from*〕: *Stand back from* the rope [*to* the left]. ロープから[左へ]下がりなさい / The artist *stood back from* the portrait. 画家は肖像から離れてみた. (3) 〈建物が〉引っ込んだ所に建っている: The apartment house ～*s back from* the road. アパートは道路から離れて建っている. 《1400》 ***stánd behínd*** (1) …の後ろに立つ. (2) …を支持する. ***stánd betwéen*** (1) …の間に立つ[ある]. (2) [～ between *a person* and … の形で] 人と…の間に立ちはだかる, …を妨害する (cf. *vi.* 3 a). ***stánd bý*** (1) (いつでも行動できるように)待ち構える, 待機する (stand ready): ～ *by for* instructions [a news flash] 指令のあるまで[ニュース速報に備えて]待機する / ～ *by to* sally forth 出撃できるように待機する. (2) そばにいる, (すぐ近くに)居合わせる; (何もしないで)傍観する (look on) (cf. bystander): He often ～*s by* when people are talking. 彼は人が話しているとよくそばにいる / I can't ～ (idly) *by* and watch [see] you lose all that money. 君がそれだけの大金を損するのを黙って見てるわけにはいかない. (3) 〘ラジオ・テレビ〙(放送開始に備えて)待機する, (番組などの受信のために)受信機を同調させておく (cf. standby *n.* 4 b). (4) 〈約束などを〉守り抜く, 固守する (adhere to); 〈政策などを〉擁護[支持]する (maintain): ～ *by* one's word 約束を守り通す / ～ *by* the law 法律を擁護する. (5) …を(いつも変わることなく)支援[援助]する (support); …に忠誠を尽くす: He always ～*s by* his friends. いつも友人の味方をする[力になってやる]. (6) 〘海事〙用意する; 待機して…を操作しようとする: *Stand by to* go about! 上手(うわて)回し用意 / ～ *by* the lifeboats. (7) 〘英法〙〈国王が陪審員を〉理由を示さず忌避する. 《1375》
stánd dówn (1) 《英》(役職・競技・立候補などから)手を引く, 辞退する, おりる (withdraw): He decided to ～ *down* in favor of a younger candidate. 年下の候補に譲って立候補を辞退しようと決心した. (2) 〘法律〙(証言を終えて)証人台から降りる: After giving her testimony the witness *stood down*. 証言を終えて証人は証人台から降りた. (3) 《英》〘軍事〙解隊する[させる] (disband); (敵襲に備えての)警戒態勢が解かれる, …の警戒態勢を解く; 〈兵士たちが〉非番になる, 下番(かばん)する. 《1681》 ***stánd for*** (1) …を表す, 表象する (represent); …を意味する (mean): The olive branch ～*s for* peace. オリーブの枝は平和の表象である / In the 4-H Club 4-H ～*s for* 'Head, Heart, Hands, and Health.' 4-H クラブの 4-H とは Head と Heart と Hands と Health とを意味している / I dislike him and everything he ～*s for*. 彼も彼に関するものもすべて嫌いだ. (2) 《口語》…を忍ぶ, 我慢する; 黙認する. ★ *vt.* 2 b の用法よりも口語的で, 通例否定構文で特に will, would とともに用いられる: I *won't* ～ *for* such nonsense. そんなばかげたことは我慢できない / That was more than she would [was going to] ～ *for*. それは彼女にはとても耐えられないことだった. (3) 〈主義・階級などの〉ために戦う, …に味方する (support); (指導原理・理想として)…を唱道する, 標榜する (advocate): She has always *stood* firmly *for* women's liberation. 彼女は終始敢然と女性解放運動のために戦ってきた / Our political party ～*s for* peace and democracy. 我が政党は平和と民主主義を標榜している. (4) ⇨ *vi.* 8. (5) 〘海事〙…に向かって航行する (cf. *vi.* 11). 《(a1325) 1567》 ***stánd ín*** (1) (映画などで)〔…の〕代役[代理]をする (deputize) 〔*for*〕 (cf. stand-in 1 b). (2) …に参加する, 加勢する, あずかる. (3) 《古》…に〈ある金額〉がかかる (cost): It *stood* me *in* £1000. それには 1000 ポンドかかった. 《(?c1200) 1540》 ***stánd ín with*** (1) 《口語》…に味方する (side with), …を支持[支援]する (support); …と仲よしになる, よしみを結ぶ, …の好誼(こうぎ)を得る; …と(ひそかに)結託する, 気脈を通じる: Will you ～ *in with* me in this matter? この件につき力を貸してくださいませんか. (2) …と分け合う (have a share with): I'll ～ *in with* you if it is expensive. 高かったら割勘で払いましょう. 《c1540》 ***stánd óff*** (*vi.*) (1) (交際に深入りしないで)遠ざかっている; 和合[同調]しない. (2) 〘海事〙(岸)から離れて航行し続ける, 沖合を進む (cf. *vi.* 11). (3) 行き詰まる. (4) 〈馬が〉(障害飛越のため)早めに飛び上がる. — (*vt.*) (1) 遠ざける, 近寄らせない, 撃退する. (2) 《米》〈債権者などへの〉支払いを延び延びにする (put off, stave off). (3) 《英》〈雇い人を〉(不況のためなど)一時解雇する (lay off). 《1631》 ***stánd on*** (1) …に基づく, 依拠する (depend on). (2) …を主張[固執]する (insist on); …を堅く守る: ～ *on* one's rights 自分の権利に固執する / ～ *on* ceremony 儀式張る, 堅苦しい / ～ *on* one's dignity 自分の品位を重んじる, 気品をくずさぬようにかまえる. (3) 〘海事〙現針路を保持する, 定針する (cf. *vi.* 11). 《lateOE》 ***stánd on one's ówn (twó) féet*** ⇨ foot 成句. ***stánd or fáll*** 〈人・物事〉の生死[成否]が〈主義・事の結果などの〉存在[いかん]にかかっている, 〔…を〕死守する 〔*by, on*〕 (cf. SINK *or swim*). ***stánd óut*** (1) 突き出る (project); 目立つ, くっきりと(立ち)現れる (stick out); 〈事実などが〉明らかに認められる: She was so tall that she would have *stood out* in a crowd anywhere. 背が高くてどんな人込みの中でもすぐ目立つような女だった / The veins *stood out* on his forehead. 血管が彼の額にくっきりと見えた / The steeple *stood out* against its background of hills. 塔は丘を背景にくっきりと立っていた. (2) 〈人・物事が〉(質的に)際立つ, 卓越する (cf. standout, outstanding 1, 2): ～ *out from* the rest 他より抜きんでる / *Among* mystery writers, Agatha Christie *stood out* as a real master [for her mastery of plots]. ミステリー作家のうちでもアガサクリスティーは真の巨匠として[プロットの巧みさにおいて]群を抜いていた. (3) あくまでも抵抗[対抗]する, 頑張る (hold out), 屈しない 〔*for, against*〕: ～ *out for* higher wages あくまで賃上げを要求する / ～ *out against* job cuts 頑強に人員整理に反対し続ける. (4) 〘海事〙岸を離れた針路を取る (cf. *vi.* 11). ***stánd outsíde*** 〈問題などが〉〈範囲・本論〉外にはみ出る, …からはずれている. ***stánd óver*** (*vi.*) (1) (すぐ前に立って・目を光らせて)…を監視[監督]する (watch closely). (2) 延期になる, 持ち越される: Payment can ～ *over* till next nonth. 支払いは来月まで延ばしてもよい. (3) 《豪口語》…を脅す. — (*vt.*) 〈仕事・議論などを〉延期する, 持ち越す (postpone). 《1822》 ***stánd pát*** ⇨ pat² *adv.* 成句. ***stánd to*** (1) 〈道理〉に合致する, かなう (accord with): ⇨ *stand to* REASON. (2) 〈主義・立場などを〉固守する, 強く支持する (stand by). (3) 決然と[勇躍して]…に取りかかる, 熱心に…を操作し続ける: *Stand to* the oars! オールをしっかり握って頑張れ / ⇨ *stand to one's* GUNS. ***stánd tó*** (*vi.*) (1) 《英》〘軍事〙(敵襲に備えて)警戒態勢に就く, 待機する: The soldiers *stood to* immediately. 兵士たちは直ちに警戒態勢に就いた. (2) 《古》仕事に取りかかる[取り組む] (fall to). — (*vt.*) 《英》〘軍事〙〈兵士たちを〉警備態勢に就かせる, 待機させる. 《1606》 ***stánd togéther*** (意見などが)一致する (agree); 結束する, 団結する (stick together). 《1387》
stánd úp (*vi.*) (1) ⇨ *vi.* 1 b. (2) 立っている (be standing): You can't rest ～*ing up*. 立ったままでは休めない. (3) 〔圧力・酷使・攻撃などに〕耐える, もつ (last well) 〔*to, under*〕; 〔審査などに対し〕有効である (prove valid) 〔*to*〕: This alibi won't ～ *up* in court [*to* cross-examination, *against* cross-examination]. このアリバイは法廷では[反対尋問には]もちこたえられまい / This metal ～*s up* well *to* high temperatures. この金属は高温によく耐える. (4) 〘クリケット〙〈ウィケットキーパーが〉柱のすぐ背後の位置につく. — (*vt.*) (1) 《口語》(会合・計画などの)…との約束をすっぽかす: Don't ～ me *up* this time the way you did last week. 今度は先週みたいに約束をすっぽかさないで下さい. (2) 立たせる, 直立させる. 《1121–54》 ***stánd úp agàinst*** (1) ⇨ STAND *up* (*vi.*) (3). (2) ＝STAND *up to* (2). ***stánd úp and be cóunted*** 自分の意見・立場をはっきりさせる: *Stand up and be counted* for what you believe in. 自分の信じるところをはっきり述べなさい.
stánd úp for 〈主義・権利などの〉ために戦う; 〈人〉に加担する (support): ～ *up for* a principle / The poor must always ～ *up for* their rights. 貧しい人々は常に自分たちの権利を擁護しなければならない. 《1605》 ***stánd úp in*** 〈衣服〉を着ている. 《1901》 ***stánd upòn*** ＝STAND *on* (1). ***stánd úp to*** (1) ⇨ STAND *up* (*vi.*) (3). (2) 〈危険・義務・上司などに〉雄々しく立ち向かう (confront fearlessly). (3) 〘クリケット〙〈ウィケットキーパーが〉(ウィケットの)すぐ背後の守備位置につく; (投球・投手の)守備のためにウィケットの後ろにつく. 《1624》 ***stánd úp with*** 《口語》(結婚式で)…の花婿[花嫁]付添人となる. ***stánd (wéll) with*** 〈人〉と仲がよい; …に気に入られている: He ～*s well with* his employer. 雇い主とうまく折り合っている.
stánd with 〈人〉と同じ考えに立つ; …を支持する.
— *n.* **1** (特に, 問題の争点などに対する)(はっきりした)立場, 見解, 態度 (view, attitude): take a [one's] ～ (over …) (…について)はっきりした立場をとる / He took his ～ *on* the strict interpretation of the law. 法律の厳正な解釈の立場をとった / *On* racial issues they don't usually take strong ～s. 人種問題に関しては彼らは通例強硬な態度に出ることはない / The government should have taken a firmer ～ *against* the terrorists. 政府はテロリストたちに対しもっと断固とした態度で臨むべきであった. **2** 屋台店, 露店, 売店, スタンド (stall); (特に)新聞売り場 (newsstand): a fruit [cigar] ～ 果物[たばこ]売店. **3 a** [しばしば複合語の第 2 構成要素として] 〈物を載せる〉台, 小卓; …掛け (rack), …のせ[立て, 入れ]: a music ～ 楽譜台 / a reading ～ 読書[閲覧]台 / an umbrella ～ 傘立て / ⇨ hatstand, inkstand, nightstand, washstand.
日英比較 「電気スタンド」のように「スタンド」を「照明台」の意味で用いるのは和製英語. 英語では desk lamp, floor lamp のようにいう. **b** (支えとなる)台, 台座 (pedestal): a typewriter ～ タイプライター台 / She put the vase on its ～ very gingerly. 彼女は花びんをそっと台に置いた. **c** 《古》大桶(おけ) (vat). **4 a** [通例 *pl.*] (競馬・野球などの)スタンド, 観覧席; スタンドにいる観客 (cf. grandstand): There arose a roar of laughter from the ～*s*. 観覧席から笑いのどよめきが起こった. **b** (競技場・練兵場・広場などの)壇, 台 (platform): a judges' ～ 審判台 / the reviewing ～ 閲兵台. **c** 音楽堂 (bandstand). **5** 《米》(法廷の)証人台 (witness stand): take the ～ 証人台に立つ.
6 a (断固とした)抵抗, 反抗 (resistance): make a ～ *against* oppression [*for* independence] 圧制に対して[独立のために]抵抗する. **b** (踏みとどまっての)防御(戦) (defense): a goal-line ～ ゴールラインでの防御 / The troop fled instead of making a ～. その部隊は抗戦せず遁走(とんそう)した. **c** 〘クリケット〙(打手 2 人による)ねばり防御. **7 a** 立ち止まること, 停止, 静止 (standstill): be at a ～ / 《古》立ち止まっている; 行き詰まって[進退窮まって]いる / come [be brought] to a ～ 立ち止まる, 停止する; 行き詰まる. ★ この意味では standstill のほうが普通. **b** 直立[起立]の姿勢: The tumbler ended his stunt in [with] a ～. 曲芸師は直立して芸を終えた. **8** (特定の人の立つ)位置, 場所 (position): He took his ～ near the door [on the platform]. ドアの近くに[演壇の上に]立っていた. **9 a** 商売の場所, 営業所[地]: After ten years I found the hot dog vendor at the same ～. 10 年後に来て見ると例のホットドッグ屋が同じ場所に店を開いていた. **b** 《南ア》ビルの建築予定地. **10** (タクシーなどの)乗り場, 客待ち場: a bus ～ バス停留所 / ⇨ cabstand, taxi stand. **11** [集合的] (ある地域に生えている)樹木, 立ち木; 生えたままの作物, 立毛(たちげ) (cf. catch 12). ★ 特にその密生度・収穫量についていう: a good ～ *of* clover [wheat] 畑のできのよいクローバー[小麦]. **12** [集合的]《方言》(巣にすんでいる)蜜蜂 (hive). **13** (*pl.* ～, ～*s*) 《英》〘軍事〙(兵器などの)一そろい, 一式 (complete set): a ～ *of* arms (1 人分の)兵器[武器]一式 / a ～ *of* colors (連隊の)軍旗一旒(りゅう)[一そろい]. **14** 〘金属加工〙スタンド《圧延機 (rolling mill) ラインの構成単位》. **15 a** (興行・公演の旅先での)滞在: a three-night ～ 三夜興行 / ⇨ one-night stand. **b** (その)滞在地, 興行地. **16** 《豪》**a** (羊毛刈り小屋内の) 1 人分の仕事場. **b** (羊毛刈りの仕事場にある)刈り込み場所. **17** 〈猟犬が〉獲物の場所を示すこと.
táke (úp) one's stánd (1) ある位置に立つ (cf. 8). (2) 部署につく.
〖v.: OE *standan* < Gmc **standan* (OS & Goth. *standan* / OHG *stantan* / ON *standa*) ← IE **stā-* to stand (L *stāre* to stand / Gk *histánai* to cause to stand): cf. state, stay¹. — n.: (OE) 《a1325》 *stond* a pause, delay〗
stánd-alòne *adj.* 〘電算〙 独立型の, スタンドアローンの

《装置・ソフトウェアが他の装置・ソフトウェアと無関係に働く状態》. 〖1966〗

stan·dard /stǽndəd | -dəd/ *n.* **1** (比較・評価の基礎として定められた)標準, 基準, 水準 (⇨ model **SYN**); 規格: the ～ of living＝the living ～ 生活水準 / the ～ of life 生活水準《文化の程度も含む》/ safety ～*s* 安全基準 / above (the) ～ 標準[水準]以上で / below [up to] (the) ～ 標準以下の[に達した] / come up to [fall short of] the ～ 標準[基準]に達する[しない] / to ～ ほどよく / a ～ of weight 衡量単位 / ⇨ National BUREAU of Standards. **2** [しばしば *pl.*] (認容され従うべき)道徳的規範, 価値観, 倫理, しきたり, 慣習 (approved model): by any ～*s* どんな規準からしても. **3** (度量衡の)原器. **4 a** (貨幣の)法定純分. **b** 本位《貨幣制度の価値標準》: ⇨ gold standard, silver standard, double standard, single standard. **5** 〘音楽〙 スタンダード(ナンバー)《ポピュラー音楽の中で長年にわたって多くのミュージシャンによく演奏される曲》. **6 a** (標識となる)旗 (flag); (陸海軍の)軍旗, (騎兵隊・車載部隊・自動車化部隊の)隊旗 (cf. color *n.* 6 a); (王族・国家元首の)旗: ⇨ royal standard / the regimental ～ 連隊旗 / under the ～ of …の旗の下に; …の軍に加わって / join the ～ of …の旗下に参じる, …の軍に加わる / raise the ～ of revolt [free trade] 反旗[自由貿易の旗]を翻す. **b** (もと, 先に目立つ印をつけて集合地などを示した)さお (pole); 槍 (spear). **7** 《英》(かつての elementary school の) 学年, 級 (grade, class). **8** ＝Standard English. **9 a** (教会の)背の高い燭台. **b** 高脚付きの大杯 (standing cup). **10 a** (建築足場・やぐらなどの)垂直の支柱 (upright support). **b** 電柱; 街灯の柱. **11** 〘紋章〙 (中世の)軍用旗印《長三角形で先端は二またに分かれ丸味を帯びている; England の場合, 王・公の区別無く旗頭には St. George Cross があり, badge, crest, motto などが描かれているが, 紋章が描かれることはない; cf. banner 3》. **12** 〘園芸〙 **a** 立木整枝, 立木作り《バラなどを垂直に作る仕立て方》; (低木を接ぐ)台木, 元木. **b** (まっすぐな)自然木. **c** 自然に生長するように接木された果樹. **13** 〘甲冑〙 (15世紀に用いられた鎖かたびらの)立ちえり. **14** 〘植物〙 (ソラマメ亜科の蝶形花冠の)旗弁 (vexillum). **15** (オプションをつけていない)標準モデルの車. **16** 〘製材〙 スタンダード《英国の木材体積単位; 165 立方フィート; 1980 ボードフィート; 米国では $16^2/_3$ 立方フィート.

stándard of válue 〘経済〙 価値基準.

— *adj.* [限定的] **1 a** 標準の[となる], 標準に従った[通りの]: ⇨ standard money, standard coin, standard meridian, standard time, standard unit / the ～ weights and measures 標準度量衡 / the ～ pound [yard, size] 標準ポンド[ヤード, サイズ]. **b** 〈言語・発音など〉標準的な; 標準語の: the ～ language 標準語 / ～ pronunciation 標準発音 / ⇨ Standard English. **2** 権威のある, 定評のある, 典拠となる (authoritative); 卓越した (excellent), 第一流の (first-rate): ～ reference books 定評のある参考書 / a ～ author [writer] 一流作家. **3 a** (法律・慣習などによって定められた)標準規格の[による]: ～ milk. **b** 〈食品など〉中以下の品質の, 劣った (inferior). **c** 〈商品のサイズが〉最も小さい. **d** 普通の, ありふれた; 慣習的な: the ～ opera. **4** 〈タイプライターが〉標準型の, スタンダードの《ポータブルでなくデスク用に大きく重く作られているものにいう; cf. portable》. **5** 〘園芸〙 **a** 立木作りの, 立木整枝の. **b** まっすぐな, 自然木の. **6** 《英》〈卵が〉標準サイズの《1977年以前の規格; large より小さく, medium より大きい》.

còme stándard with …が標準装備でついてくる.

〖(1121-54) □ OF *estandard* (F *étendard*) rallying point, flag to mark a rallying place □ ? Frank. (i) **standord* 《原義》 standing place ← Gmc **standan* 'to STAND'＋**lizdaz* point, place (cf. odd) 《(ii) **standhard* 《原義》 *standing* firmly ← **standan*＋**harðuz* 'firm, HARD'〗

SYN 標準: **standard** 比較・評価の基礎となる標準《具体的な実例や原型となるものがあるものをいうことが多い》: achieve a higher *standard* of living より高い生活水準を達成する. **criterion** ものを評価する基準: an objective *criterion* 客観的な基準. **gauge** 文字通りには, 計器; 比喩的には＝*criterion*: Age is not a reliable *gauge* of intelligence. 年齢は信頼できる知能の尺度ではない. **measure** ＝*gauge* 《gauge よりくだけた語》. **yardstick** 《くだけた語》 抽象的でしかもだれにでもわかりやすい比較の規準: Money is considered a *yardstick* of success. 金は成功を計る尺度とされている. ⇨ model.

stándard aménities *n. pl.* 《英》 標準衛生設備《法律によって奨励されている住居の設備; バスまたはシャワー, 流し, 水洗トイレなど》.

stándard asséssment tàsk *n.* 《英》 標準評価課題《national curriculum の主要 3 教科である英語・数学・理科について行われるテスト; 略 SAT》.

stándard átmosphere *n.* 〘気象〙 **1** 標準大気《海抜 0 m の気圧 760 mmHg, 温度 15°C, 11 km までの垂直温度傾斜度 −6.5°C/km, それを超える高さの大気温度は一様に −56.5°C とされる理想大気条件》. **2** 気圧の標準状態 (1013.25 mb または 760 mmHg).

stándard-bèarer *n.* **1** 旗手. **2** (社会運動・政党などの)首領, 主唱者, 唱導者 (leader): the Republican ～ 共和党党首. 〖*c*1400〗

stándard·brèd *adj.* 〈家畜が〉標準性能に合うように飼育された; (特に)スタンダードブレッド種の. — *n.* [しばしば S-] 《米》〘競馬〙 スタンダードブレッド《繋駕(けいが)速歩用に米国・カナダで育成されたトロッター (trotter) とペイサー (pacer) 用の一品種の馬》. 〖1888〗

stándard cándle *n.* **1** 〘光学〙 標準燭(しょく) (⇨ candle 3). **2** 〘天文〙 標準光源, 光度基準星. 〖1879〗

stándard céll *n.* 〘電気〙 標準電池《電圧の標準となる電池; ウェストン電池の場合 20°C で 1.01864 V; normal cell ともいう》. 〖1870-75〗

stándard cóin *n.* 〘金融〙 標準硬貨《額面金額に等しい素材価値をもつ硬貨》.

stándard cómpass *n.* (船舶の)原基羅針儀, 基準コンパス.

stándard condítion *n.* 〘物理・化学〙 (一連の実験における)標準状態.

stándard cóst *n.* 〘会計〙 標準原価《原価管理のため達成目標として設定される原価; cf. actual cost》. 〖1830-35〗

stándard dedúction *n.* [通例単数形で] 《米》 標準控除額.

stándard deviátion *n.* 〘数学・統計〙 標準偏差《確率変数とその平均値との差の平方の平均値の平方根; root-mean-square deviation ともいう; cf. variance 6, covariance》. 〖1894〗

stándard dóllar *n.* 標準ドル《1934 年 1 月 31 日以降は純度 0.900 の金を $15^5/_{21}$ grains 含む; 1934 年以前は同様の金を 25.8 grains 含む》. 〖1875-80〗

Stándard Énglish *n.* 標準英語《学校で教えられ, 教養ある人が話し書く英語》. 〖1836〗

stándard érror *n.* 〘数学・統計〙 ＝standard deviation. 〖1897〗

stándard-gàuge *adj.* 〘鉄道〙 標準軌間の: a ～ railway.

stándard gàuge *n.* **1** 〘鉄道〙 標準軌間 (⇨ gauge 6). **2 a** 標準ゲージ. **b** ＝master gage. 〖1871〗

stándard-gáuged *adj.* 〘鉄道〙 ＝standard-gauge.

stándard gráde *n.* 《スコット》〘教育〙 標準級《O grade に代わる試験》.

stándard hóusing bènefit *n.* 《英》 標準住居手当《地方自治体が収入と家族数をもとに額を決めて支払う》.

stándard-íssue *adj.* 〈兵員などが〉標準装備の.

stan·dard·i·za·tion /stæ̀ndədʒ̍zéɪʃən | -dədaɪz-, -dɪz-/ *n.* 標準化, 規格化, 統一.

stan·dard·ize /stǽndədàɪz | -də-/ *vt.* **1** 標準[基準, 規格]に合わせる; 標準[基準, 規格]化する, 統一する: ～ the parts of an automobile / ～ English speech. **2** 標準[基準]と比較する, 基準に合わせてテストする. **3** 〘化学〙 標準化する; 標定する《容量分析の際の基準となる標準液の濃度を定める》. — *vi.* 標準化する; 規格品を採用する. **stán·dard·ìz·er** *n.* 〖(1873) ← STANDARD＋-IZE〗

stándard làmp *n.* 《英》 (部屋の床の上に立てる)背の高いスタンドのついたランプ. 〖1894〗

stándard léngth *n.* 〘動物〙 (魚の)標準体長《鼻先から背骨の末端まで; ⇨ fish[1] 挿絵》.

stándard léns *n.* 〘写真〙 標準レンズ《焦点距離がフィルムサイズの対角線とほぼ同じ長さのレンズ》.

stándard lìning [lìne] *n.* 〘印刷〙 標準並び線そろえ (cf. art lining, title lining).

stándard merídian *n.* 標準子午線.

stándard míneral *n.* 〘鉱物〙 ＝normative mineral.

stándard módel *n.* 〘物理〙 標準模型 (＝standard theory).

stándard móney *n.* 本位貨幣. 〖1955-60〗

stándard nórmal distribútion *n.* 〘統計〙 標準正規分布.

Stándard Óil Còmpany (Ohío) *n.* [the ～] 〘商標〙 スタンダードオイル(オハイオ)《1870 年に John D. Rockefeller が中心となって設立した米国の石油会社; 関連会社と巨大なトラストを形成するが, 後に分割される; 略 SOHIO》.

stándard óperating procédure *n.* 〘軍事〙 管理運用規定[規則], 作戦規定《別命のないかぎり恒常的に従うべき管理上または戦闘上の常則を示したもの; standing operating procedure ともいう》. 〖1952〗

stándard pítch *n.* 〘航空〙 スタンダードピッチ《プロペラ半径 $^3/_4$ の位置におけるプロペラ断面のひねり》.

stándard pòlicy *n.* 〘保険〙 標準保険証券.

stándard posítion *n.* 〘数学〙 (角の)標準的な位置《頂点が座標系の原点に, また第一の辺が *x* 軸に一致するような位置》. 〖1950〗

stándard refráction *n.* 〘物理〙 標準屈折率.

stándard ròse *n.* ＝tree rose.

stándard schnáuzer *n.* 〘犬〙 スタンダードシュナウザー《ワイヤヘアードピンシャーの血統に黒いジャーマンプードルと灰色のウルフスピッツを異種交配して作り出したドイツの作業犬》. 〖*c*1934〗

stándard scóre *n.* 〘統計〙 標準得点《平均値からのずれを標準偏差を単位として測ったもので表した得点》. 〖1928〗

stándard scrátch scóre *n.* 〘ゴルフ〙 標準スクラッチスコア《ハンディキャップのないプレーヤーの標準打数》.

stándard solútion *n.* 〘化学〙 標準溶液.

stándard spénding assèssment *n.* 標準支出査定《英国政府が算出する地方自治体の年間支出額; これをもとに補助金が算出される; 略 SSA》.

stándard théory *n.* 〘物理〙 標準理論 (standard model): **1** Weinberg-Salam theory に基づく素粒子の理論. **2** ビッグバンと素粒子の標準理論に基づく宇宙論.

stándard tíme *n.* **1** 標準時《一国・一地方で公に採用されている時間; cf. local time, time zone, civil time》. ★ 英国では平均太陽が Greenwich の本初子午線を通過する時を正午として定める (⇨ Greenwich Mean Time); 米国では Atlantic time (西経 60°), Eastern time (西経 75°), Central time (西経 90°), Mountain time (西経 105°), Pacific time (西経 120°), Alaska time (西経 135°), Hawaii-Aleutian time (西経 150°), Samoa time (西経 165°) を用い, 時差は各 1 時間である; 日本では東経 135° の子午線におけるものを標準時とし, GMT より 9 時間早い. **2** 〘経営〙 標準作業時間《平均的作業者が正常な作業条件下で正常な作業速度で所定の作業を遂行するのに必要な時間; 作業の正味時間に余裕時間を加えたもの》. 〖1879〗

stándard ùnit *n.* 標準単位《変数の変動の程度を測る単位としての標準偏差 (standard deviation)》.

stánd·awày *adj.* [限定的] 〈婦人服の一部など〉突き[張り]出している: a ～ skirt. 〖1948〗

stand·by /stǽn(d)bàɪ/ *n.* **1** (非常時用の)交替要員; 非常用物資 (substitute), 予備: I have some meals as ～*s* for unexpected guests. 私は不意の来客に備えて予備の食べ物を用意している. **2** (飛行機などの)キャンセル待ちの客: We are on ～. 私たちはキャンセル待ちです. **3** 〘ラジオ・テレビ〙 **a** 予備番組, スタンバイ《予定した番組が放送不能になった場合の代替番組》. **b** 番組の予備出演者. **c** 放送開始用意を知らせる指示. **4 a** 〘海事〙 用意《機関発停などの信号・号令》; 待機(救助)船. **b** 〘無線〙 待機, スタンバイ《受信機を同調させて通信を待つこと》. **c** ＝standby time. **5** (いざというときにすぐ)頼りになる人[もの], つえとも柱とも頼む人[もの]; 気に入ってよく使うもの: Religion is a great ～. 宗教はいざというときには大いに頼りになる. **6** 《フィリピン》 何もしないで見ている人.

on stándby (いつでも助力や援助などができるように)待機して, いつでも使えるようになって: The nurses were *on* ～. 看護婦たちは待機状態にあった.

— *adj.* [限定的] **1** 空席待ちの, キャンセル待ちの. **2** (緊急時などに)いつでもすぐに使える: a ～ generator 非常用発電機. **3** 待機の, スタンバイの.

〖(1796) ← *stand by* (⇨ stand (v.) 成句)〗

stándby tìme *n.* (携帯電話の)待機可能時間 (cf. talk time).

stánd càmera *n.* 三脚付きカメラ. 〖1892〗

stánd-dòwn *n.* 警戒態勢の解除[緩和](期間), (軍隊の)撤退; 非番[下番](時間).

stánd-èasy *n.* 《英》〘軍事〙 「休め」の号令; 「休め」の期間《足を動かすことは許される》. 〖(1906) ← *stand easy*: cf. stand (vi.) 3 a〗

stand·ee /stændíː/ *n.* **1** 《口語》 (空席がなくて, また列などで並んで)立っている人; (芝居などの)立見客. **2** 《英口語》 (座席のない)立ち客用の乗り物《バス・列車など》. 〖(1831) ← STAND (v.)＋-EE[1]〗

stánd·er *n.* **1 a** 立っている人[物]. **b** 〘狩猟〙 立ち番《獲物が追われて出てくるのを待ち構える役の人》. **2** 支え, 土台 (base, support). 〖1408〗

stánder-bý *n.* (*pl.* **standers-**) 傍観者, 見物人, 居合わす人 (bystander). 〖(1545) ← *stand by* (⇨ stand (v.) 成句)〗

stánd·fàst *n.* 《まれ》 しっかり[固定]した位置. 〖1846〗

stánd·fìrst *n.* (新聞・雑誌の)記事冒頭の要約部分, リード《本文より大きな活字で組まれ, 概要や背景知識を紹介する》. — *vt.* …記事冒頭に要約を載せる, リードを載せる.

stánd-ìn *n.* **1** 〘映画〙 **a** カメラの構図や照明の具合が決まるまで, あるいは危険な場面での俳優の代わりを務める人. **b** 代役, 替え玉, 吹き替え, スタンドイン. **2** 代人, 代用 (substitute). **3** 《米俗》 有利[有力]な立場; ひいきされる立場: have a ～ with …にひいきされる, …の好意を受けている. 〖(1928) ← *stand in* (⇨ stand (v.) 成句)〗 S

stand·ing /stǽndɪŋ/ *n.* **1 a** (社会・職業などでの)身分, 地位 (status); 経歴, 職歴(の長さ): a professor *of* high ～ 長老教授 / a member in good ～ 正式会員 / The event had a negative effect on his political ～. その事件は彼の政治家としての経歴に不利な影響を及ぼした. **b** よい評判, 声望 (credit, reputation): men *of* ～ 評判のよい人たち, 声望のある人々 / He is *in* good ～ with his boss. 上司に受けがよい. **2 a** (組織の中の)順位, 序列. **b** (学業・スポーツでの)成績: get a ～ of A 優の成績をとる / He was a student *in* good ～. 成績優秀の学生だった. **c** [*pl.*] 〘スポーツ〙 (チームや選手の)戦績表, ランキング表. **3** 持続, 継続, 存続 (continuance, duration): a quarrel [custom] *of* long ～ 久しい争い[習慣]. **4** (人や物の立っている)場所, 位置 (location), 環境 (situation). **5** 〘法律〙 原告適格《その結果について個人的利害関係があるためにもっている訴訟を提起できる正当な権利・資格》.

— *adj.* **1 a** 長く続く, 永続的な; いつまでも効力を失わない: a ～ color あせない色 / You may have our ～ invitation. いつお出かけくださっても構いません. **b** 常置[常備]の (stationary): ⇨ standing committee, standing army. **c** (無期限に)同額[同率]の: He has made her a ～ remittance of 100 dollars a month for the last five years. この 5 年間彼は彼女に引き続きひと月 100 ドルずつ送金している. **2 a** 立っている, 立ったままの (erect): a ～ lamp 電気スタンド / a ～ position 立った姿勢 / the ～ audience 立ち見の観衆. **b** 立った姿勢[位置]からなされる, 立ったまま行う: a ～ jump 立幅跳び / a ～ ovation 起立しての歓迎, 歓迎立礼. **3** 生えたままの, 刈らない, 伐り倒されてない: ～ timber 立ち木 / ～ corn 刈っていない小麦[トウモロコシ] / ⇨ standing crop. **4 a** よどんだ, 停滞した (stagnant): a pool of ～ water 水のよどみ. **b** 〈機械など〉動かない, 使用されない (out of use): a ～ engine [factory] 運転休止中の機関[操業停止中の工場]. **5 a** 固定した, 動かない: a ～ bed 据え付けの寝台. **b** 〘海事・機械〙 〈滑車が〉固定した (cf. running 11): ⇨ standing block. **6 a** 法的[慣習的]に確立された: a ～ prohibition 恒久的禁止令. **b** 決まりきった, お決まりの, いつも[よ

く]やる, いつもの (fixed): a ～ joke [jest] 決まって笑いが出てくる冗談; いつも物笑いの種になっている人[もの] / a ～ excuse いつもの言い訳 / a ～ dish お決まりの料理. **7** 〘印刷〙 組み置きの, 組んだ: ～ type [matter] 組み置き活字[版] / ～ heads (新聞などの)組み置き活字による大見出し.
áll stánding (1) 着衣のままで: turn in *all* ～ 着の身着のままで床に就く. (2) 〘海事〙 (急に停船する場合など)帆を下ろす間もなく; あわてて. (3) 不意をつかれて. ***léave stánding*** はるか前に進んでいる, 引き離れている: When it comes to sheer narrative skill, she *leaves* most other novelists ～. 純然たる語りの技術に関しては彼女は他の小説家からはるかに抜きんでている.
〘n.: (*c*1384); adj.: (1340) (廃) 'stiff, rigid'〙

stánding ármy *n.* 常備軍 (cf. militia 1). 〘1603〙

stánding blòck *n.* 固定滑車 (cf. running block).

stánding bróad jùmp *n.* 〘陸上競技〙 立幅跳び (cf. running broad jump).

stánding chóp *n.* (NZ) (きこりの競技で)垂直に立てた丸太を切ること (cf. underhand chop).

stánding commíttee *n.* (立法府における)常任委員会 (cf. select committee). 〘*c*1636〙

stánding cóunt *n.* 〘ボクシング〙 スタンディングカウント (まだノックダウンされないが, 一時的に試合の続行が無理と判断されたときにとられる 8 までのカウント; standing eight count ともいう).

stánding cróp *n.* **1** 鎌を入れてない作物, 立毛(たちげ). **2** 〘生物〙 現存量, 生物量 (ある地域に存在する生物の単位空間当たりの量). 〘1861〙

stánding cúp *n.* (中世・ルネサンス時代に用いられた高脚付きの盛り上がったふたのある)装飾的な杯.

stánding cýpress *n.* 〘植物〙 米国南部原産ハナシノブ科ヒメハナシノブ属の多年草 (*Gilia rubra*) (内側に黄色い斑点のある緋色の花をつける). 〘1860–65〙

stánding géar *n.* 〘海事〙 =standing rigging.

stánding lúg *n.* 〘海事〙 スタンディングラグ (前縁より後縁の長い四角な縦帆で, 上手回しごとに帆の前縁下部を移動しなくてもすむように, マストの根元に止めた形のラグスルの一種; cf. dipping lug).

stánding mártingale *n.* 〘馬具〙 固定式マーティンゲール (腹帯より鼻革(はなかわ)に取り付ける).

stánding óperating procèdure *n.* 〘軍事〙 = standard operating procedure.

stánding órder *n.* **1** (取消し・変更のあるまで続く, 購買・支払いなどの)継続的な注文[契約]. **2** (銀行の)自動振替依頼 (banker's order; cf. direct debit). **3** 〘軍事〙 永続命令, 内務[服務]規定 (比較的永続的に, すなわち別命あるまで効力を有する命令). **4** [the ～s] 〘議会〙 議事規則 (cf. sessional order). 〘1737〙

stánding pàrt *n.* 〘海事〙 (索具の)固定部.

stánding pùlley *n.* =standing block.

stánding ríb ròast *n.* (米) ⇨ rib roast.

stánding rígging *n.* 〘海事〙 静索 (取り付けたら動かさないのが原則の索具で, stay, shroud などを指し, 帆柱・帆桁を固定したり, 高所のレーダーなどの機器を支える; cf. running rigging). 〘1748〙

stánding ròom *n.* **1** 立つ場所, 立つだけの余地. **2** (劇場などの)立見席: ～ only 立見席以外満員 (略 SRO). 〘1603〙

S

stánding rúles *n. pl.* 〘法律〙 (法人の, 日常的業務に関する)内規, 細則.

stánding stárt *n.* **1** スタートする際静止状態にあるスタート (cf. flying start 1). **2** 〘陸上競技〙 立った姿勢からのスタート (cf. crouch start). **3** (企業などの)立ち上げ.

stánding-stòne *n.* 一本石, モノリス (monolith), メンヒル (menhir). 〘?*c*1200〙

stánding víse *n.* 取付け万力.

stánding vòte *n.* 起立(による)投票[裁決] (rising vote).

stánding wáve *n.* 〘物理〙 定立波, 定在波, 定常波. 〘1896〙

stánding wáve ràtio *n.* 〘電気〙 定在[定常]波比 (cf. voltage standing wave ratio).

stánding wáys *n. pl.* 〘造船〙 =ground ways.

stand·ish /stǽndɪʃ/ *n.* (古) (インク・ペンなどを入れる)インクスタンド, 筆記用具入れ (inkstand). 〘(*c*1325) ME *standishe* (混成) ? ← STAND (n.) + DISH〙

Stan·dish /stǽndɪʃ/, **Miles** /máɪlz/ *n.* スタンディッシュ (1584?–1656; 1620 年米国 Massachusetts 州の Plymouth に移住した Pilgrim Fathers の一人で Mayflower 号の船長).

stand·off /stǽndɔ̀(ː)f, -ɑ̀(ː)f | -ɔ̀f/ *n.* **1** (米) **a** (試合などの)膠着状態, にらみあい; 行き詰まり; 同点, 互角, 引き分け (tie, draw). **b** 埋め合わせ, 相殺(そうさい). **2 a** 離れていること, 隔離; 孤立 (aloofness). **b** 遠慮, よそよそしさ. **3** (英) 休憩. **4** 〘電気〙 離隔絶縁器. **5** 〘ラグビー〙 = standoff half. — *adj.* **1** 離れ[避け]ている; 孤立している. **2** (米) =standoffish. **3** (米) 〘電気〙 離隔の: a ～ insulator 離隔絶縁器 (standoff). **4** 遠方から攻撃可能な. 〘(1837) ← *stand off* (⇨ stand (v.) 成句)〙

stándoff hàlf *n.* 〘ラグビー〙 スタンドオフハーフ (スクラムの後方に位置しスクラムハーフ (scrum half) からの送球を受けるハーフバック (half-back); fly half ともいう; ⇨ Rugby football 挿絵).

stand·off·ish /stǽndɔ́(ː)fɪʃ, -ɑ́(ː)f- | -ɔ́f-ˊ/ *adj.* 遠慮がちな (reserved); よそよそしい, つんとした (cold). **～·ly** *adv.* **～·ness** *n.* 〘(1860): ⇨ standoff, -ish¹〙

stándoff míssile *n.* 〘軍事〙 スタンドオフミサイル (防御圏外の航空機から発射されて遠方の目標を攻撃できる空対地ミサイル).

stánd òil *n.* スタンド油, 重合亜麻仁油 (亜麻仁油を加熱して粘性を高めたもので, ペンキ・印刷インクなどに用いる). 〘1908〙

stánd-òn vèssel *n.* 〘海事〙 (衝突予防法での)針路速力保持船.

stánd·òut (米口語) *n.* **1** すばらしい[傑出した]もの[人]. **2** 同意[賛成]しない人, 同調しない人. — *adj.* 際立った, すばらしい (outstanding). 〘(1898) (1928) ← *stand out* (⇨ stand (v.) 成句)〙

stánd·òver *n.* (豪口語) 脅し, 脅迫. 〘1939〙

stand·pat /stǽn(d)pæ̀t/ (米口語) *adj.* 現状維持を主張[に固執]する. — *n.* =standpatter. 〘(1904) ← *stand pat* (⇨ pat² (adv.) 成句)〙

stánd·pàt·ism /-tɪzm/ *n.* =standpattism.

stánd·pàt·ter /-tə | -tə(r)/ *n.* (米口語) (特に, 政治で)現状維持を主張する人, 非改革派の人, 保守的な人 (cf. *stand* PAT² (1)). 〘1904〙

stánd·pàt·tism /-tɪzm/ *n.* (米口語) 現状維持主義, 非改革主義. 〘*c*1900〙

stánd·pìpe *n.* **1** 給水塔, 水槽(すいそう)塔, スタンドパイプ (水道の水圧を一定に保つために地上高く水を蓄えるタンク). **2** (高い建物の)消火用水配送管. **3** 本管に接続された管 (庭などに散水するためのタップがついている). 〘1850〙

stand·point /stǽn(d)pɔ̀ɪnt/ *n.* 立脚地[点]; 見地, 観点: from the ～ of politics 政治の立場からすると. 〘(1829) (なぞり) ← G *Standpunkt* ← *stand-* standing + *punkt* point: ⇨ stand, point〙

St. An·drews /sèɪntǽndruːz | sn̩t-, snt-/ *n.* セントアンドルーズ (スコットランド東部, Fife 州北東部の海岸保養地; 大学と有名なゴルフ場がある).

St.-Ándrew's-cróss /-ǽndruːz-/ *n.* 〘植物〙 花弁が聖アンデレ十字架 (St. Andrew's cross) 形をした北米産のオトギリソウ科の多年草 (*Ascyrum hypericoides*) (薬草として腎臓結石に効果がある).

St. Ándrew's cróss *n.* 聖アンデレ十字 (X 形の十字(形); 特に青地に白の X 形の十字はスコットランドの旗章; 紋章では青地に銀). 〘(1615): St. Andrew がこの形の十字架上で処刑されたとの言い伝えから〙

St. Ándrew's cróss bònd *n.* 〘建築〙 =English cross bond.

stand·still /stǽn(d)stɪ̀l/ *n.* 停止, 休止, 止まり (stop); 行き詰まり (halt, pause): The work was *at* a ～. 仕事は行き詰まりの状態であった / come [be brought] *to* a ～ 止まる; 行き詰まる. — *adj.* [限定的] 現状維持の: a ～ agreement 現状維持協定. 〘(1702) ← *stand still*: ⇨ still¹ (adj.) 1〙

stánd-tò *n.* (英) 〘軍事〙 待機: be on ～ 待機している (cf. STAND *to*). 〘1966〙

stand-up /stǽndʌ̀p/ *adj.* [限定的] **1** まっすぐ立った (erect); 〈カラーなど〉立っている (cf. turndown): a ～ collar 立ちえり. **2** 立ちながらの, 立ったままでなされる; 立つことを必要とする: a ～ meal 立食 / a ～ bar 立食式のバー. **3** (口語) 〈ボクシングなどあまり動き回らずに激しく打ち合う, 堂々の: a ～ fight (特に, ボクシングでの)激しい打ち合い / a ～ argument 向かい合っての激しい議論. **4** 〈運動選手が〉大きく構えた. **5** 〈コメディアンが〉(観客の前で)独演する. **6** (俗) 〈主義・主張を〉断固として守る. — *n.* **1** 独演コメディー, 漫談: do ～. **2** (後ろに支えのある)立つ物. **3** 約束の時間を守らぬこと, すっぽかし. 〘(1811) ← *stand up* (⇨ stand (v.) 成句)〙

stane /stéɪn/ *n., adj., vt.* (スコット・北英) =stone.

Stan·ford /stǽnfəd | -fəd/ *n.* スタンフォード (男性名; 愛称形 Stan). 〘← OE *Stānford* (原義) stony ford: もと地名〙

Stanford, (Am·a·sa) Le·land /ǽməsə líːlənd/ *n.* スタンフォード (1824–93; 米国の資本家・政治家; California 州 San Francisco 近くの Palo Alto に今の Stanford 大学を設立 (1885)).

Stánford-Bi·nét tèst /-bɪnéɪ- | -bíːneɪ-; *F.* -binɛ-/ *n.* 〘心理〙 スタンフォードビネー知能検査 (米国の Stanford 大学で Binet-Simon test を改訂して作った知能検査法の一つ; 単に Standford-Binet, Stanford revision ともいう). 〘1918〙

stang¹ /stǽŋ/ *v.* (古) sting の過去形. 〘OE ～ (pret. sing.)〙

stang² /stǽŋ/ *n., v.* (古・スコット・北英) =sting. 〘(*a*1325) ◻ ON *stanga* to prick ← *stǫng* (↓)〙

stang³ /stǽŋ/ *n.* (英方言) **1** 木の棒, はり, 横木. **2** 測量棒. 〘(*a*1325) ◻ ON *stǫng* < Gmc **staŋʒō* (OE *steng* / G *Stange*) ← **steŋʒ-*: ⇨ sting〙

stang⁴ /stǽŋ/ *n.* (*pl.* **～s, ～**) =satang.

stan·hope /stǽnəp, stǽnhoup | stǽnəp, stǽnhəup/ *n.* スタンホープ (幌なしで通例座席が一つの軽二[四]輪馬車). 〘(1825) ← *Fitzroy Stanhope* (1787–1864: この馬車を初めて作らせた英国の牧師)〙

Stan·hope /stǽnəp, stǽnhoup | stǽnəp, stǽnhəup/, **Philip Dormer** *n.* ⇨ Chesterfield, 4th Earl of.

stan·iel /stǽnjəl | -nɪəl/ *n.* 〘鳥類〙 チョウゲンボウ (kestrel) (鷹狩りには不向きとされる). 〘OE *stān(e)-ġella* (原義) stone-yeller ← *stān* 'STONE' + *ġellan* 'to YELL'〙

sta·nine /stéɪnaɪn/ *n.* (米) (飛行機練習生の) 9 点式適性検査成績 (5 点を中位とし最高 9 点から最低 1 点に至る; もと 1942 年に米空軍航空機乗組員の適性技能を総合的にテストするのにこの採点法が用いられた). 〘(1944) ← *stan(dard score)* + NINE〙

Stan·is·las /stǽnɪ̀sləs, -lɑːs/ *n.* スタニスラス (カトリック教徒にみられる男性名). 〘(変形) ↓〙

Stan·is·laus /stǽnɪ̀slɔːs, -lɑːs, , -làus | -nɪslɔːs, -laʊs; *G.* ʃtáːnɪslaus/ *n.* スタニスラウス (男性名; 愛称形 Stan; 異形 Stanislas). 〘◻ Slav. *Stanislav* (原義) stand of glory, martial glory: St. Stanislaus はポーランドの守護聖人〙

Stan·is·laus /stǽnɪ̀slɔːs, -lɑːs, -làus | -nɪslɔːs, -laʊs/, Saint *n.* 聖スタニスラス (1030–79; ポーランドの司祭・殉教者; ポーランドの守護聖人; 祝日 5 月 8 日).

Sta·ni·slav·ski /stænɪ̀sláːfski, -slɑ́ːv- | -nɪslǽv-, -slǽf-; *Russ.* stənʲɪsláfskʲij/ *n.* (*also* **Sta·ni·slav·sky** /～/) スタニスラフスキー (1863–1938; ロシアの演出家・俳優; Nemirovich-Danchenko と共に Moscow Art Theatre を創立 (1898); スタニスラフスキー方式 (Stanislavski Method) の創始者; 本名 Konstantin Sergeevich Alekseev /alʲɪksʲéjif/).

Stanislávski Mèthod [Sỳstem] *n.* 〘演劇〙 スタニスラフスキー方式 (⇨ method 4).

Stan·is·ław I /stǽnəslɔ̀ːv-, -lɑ̀ːv- | -lɔ̀ːv-; *Pol.* staɲíswaf/, **Lezcyzynshi** *n.* スタニスワフ (1677–1766; ポーランド王 (1704–09, 1733–35)).

stank¹ *v.* stink の過去形. 〘OE *stanc* (pret. sing.)〙

stank² /stǽŋk/ *n.* **1** (スコット・北英) 水たまり, 池 (pond). **2** (英) 小さいダム (dam), 堰(せき) (weir). **3** (方言) 下水溝. **4** (方言) 流しの水切り板. — *vt.* (英) …にダム[堰]を作る. 〘(*a*1325) ～ 'pond, pool' ◻ OF *estanc* (F *étang*) ← *estanchier*: ⇨ stanch¹〙

Stan·ley /stǽnli/ *n.* スタンリー (男性名; 愛称形 Stan). 〘← OE *stānléah* stony field (⇨ stone, lea¹)〙

Stanley, Arthur Pen·rhyn /pénrɪn | -rɪn/ *n.* スタンリー (1815–81; 英国国教会の広教会派 (Broad Church) の聖職者・神学者; 通称 Dean Stanley).

Stanley, Sir **Henry Morton** *n.* スタンリー (1841–1904; 英国のアフリカ探検家; アフリカ奥地に入った David Livingston の救援におもむき Ujiji で彼に会った (1871); Victoria 湖と Tanganyika 湖を探検し, Edward 湖を発見した; 旧姓名 John Rowlands).

Stan·ley /stǽnli/, **Mount** *n.* スタンリー山 (コンゴ民主共和国 と ウガンダ の境の山; Ruwenzori 山群中の最高峰 (5,109 m)). 〘← *H. M. Stanley*〙

Stanley, Port *n.* ポートスタンリー (英領 Falkland 諸島の中心的な港町). 〘← *Edward Stanley* (1799–1869: 英国の政治家で, 命名時 (1845) の植民地大臣)〙

Stanley, Wen·dell /wéndl/ **Meredith** *n.* スタンリー (1904–71; 米国の生化学者; Nobel 化学賞 (1946)).

Stánley Cúp *n.* スタンリーカップ (米国・カナダの National Hockey League の優勝チームに毎年授与される). 〘← *F. A. Stanley* (1841–1908: カナダ総督・カップ寄贈者)〙

Stánley Fálls *n. pl.* [the ～] スタンリー滝 (Boyoma Falls の旧名). 〘← H. M. *Stanley*〙

Stánley Gíbbons *n.* 〘郵趣〙 スタンレーギボンズ (英国の有名な切手商社で出版社; 世界各国の切手のカタログを発行し, 切手を販売し, また切手のオークションもする; 創立は 1856 年). 〘← *Edward Stanley Gibbons* (1840–1913: 創業者)〙

Stánley knífe *n.* 〘商標〙 スタンレーナイフ (米国製の, 木工などに用いられる万能小刀). 〘← *Stanley Rule and Level Co.* (製造販売元)〙

Stánley Póol *n.* スタンリー湖 (Pool Malebo の旧名). 〘← *H. M. Stanley*〙

Stan·ley·ville /stǽnlivɪ̀l/ *n.* スタンリービル (Kisangani の旧名 (1966 年まで)). 〘↑〙

stann- /stæn/ (母音の前にくるときの) stanno- の異形.

stan·na·ry /stǽnəri/ *n.* (英) **1** [the Stannaries] (Cornwall, Devon 州の) スズ鉱業地. **2** スズ鉱山 (tin mine); スズ採鉱[製錬]所. 〘(1455) ◻ ML *stannāria* (neut. pl.) ← LL *stannum* tin: ⇨ stannum, -ary〙

stánnary cóurt *n.* (英) スズ鉱山裁判所 (the Stannaries における採鉱問題を扱う).

stan·nate /stǽneɪt/ *n.* 〘化学〙 スズ酸塩[エステル]. 〘(1839): ⇨ stannary, -ate¹〙

stan·ni- /stǽnɪ̀, -ni/ stanno- の異形 (⇨ -i-).

stan·nic /stǽnɪk/ *adj.* 〘化学〙 スズの; 第二スズの, 4 価のスズ (Sn^{IV}) を含む. 〘(1790) ← STANNO- + -IC¹〙

stánnic ácid *n.* 〘化学〙 スズ酸 (酸化スズの水化物; 含水量の違いにより, 白色ゲル状の α スズ酸 (alpha-stannic acid), 白色粉末の β スズ酸 (beta-stannic acid) の二種がある). 〘1790〙

stánnic chlóride *n.* 〘化学〙 塩化第二スズ, 塩化スズ (IV) ($SnCl_4$) (絹の増量剤, 有機スズ化合物の合成原料). 〘1873〙

stánnic óxide *n.* 〘化学〙 酸化第二スズ, 酸化スズ (IV) (SnO_2) (電気伝導性があり, 乳白ガラス・スズの原料; スズ石として存在). 〘1849〙

stánnic súlfide *n.* 〘化学〙 硫化第二スズ (SnS_2) (その結晶体を「にせ金(きん)」(mosaic gold)」と称し, 顔料とする).

stan·nif·er·ous /stænɪ́f(ə)rəs/ *adj.* スズを含んだ. 〘(1823) ← STANNO- + -FEROUS〙

stan·nite /stǽnaɪt/ *n.* **1** 〘化学〙 亜スズ酸塩. **2** 〘鉱物〙 黄錫(おうしゃく)鉱 (Cu_2FeSnS_4) (tin pyrites ともいう). 〘(1851) ◻ G *Stannit*: ⇨ stanno-, -ite¹〙

stan·no- /stǽnou | -nəu/ 「スズの, スズを含む」の意の連結形. ★ 時に stanni-, また母音の前では通例 stann- になる. 〘← LL *stannum* 'STANNUM'〙

stan·nous /stǽnəs/ *adj.* 〘化学〙 スズの; 第一スズの, 2 価のスズ (Sn^{II}) を含む. 〘(1849): ⇨ ↑, -ous〙

stánnous chlóride *n.* 〘化学〙 塩化第一スズ, 塩化スズ (II) ($SnCl_2$) (強還元剤, 分析試薬に使用). 〘1868〙

stánnous flúoride *n.* 〘化学〙 フッ化第一スズ (歯の腐食を防ぐ練り歯磨きに用いられる).

stánnous óxide *n.* 〘化学〙 酸化第一スズ, 酸化スズ (II) (SnO) (空気中で加熱すると酸化第二スズに酸化される; 還元剤に用いられる). 〘1849〙

stan·num /stǽnəm/ *n.* 《廃》〘化学〙=tin 1. 〚《1783》□ LL ~ 'tin, L alloy of silver and lead' ← ? Celt. (cf. Ir-Gael. *stān* / Welsh *ystaen* / Corn. *stēn*)〛

Stá·no·voi Ránge /stǽnəvɔ̀ɪ- | stá:n-; *Russ.* stənavój-/ *n.* [the ~] スタノボイ山脈《東シベリア南東部, Amur 川の北に東西に連なる山系; 全長約 700 km, 最高峰 2,520 m》.

Stan·sted /stǽnstɛd, -stḷd/ *n.* スタンステッド《London 近郊の国際空港》.

St. Ánthony's cróss /-ǽntəniz-, -θə- | -tə-/ *n.* 聖アントニウス十字 (tau cross)《T 形の十字(形)》. 〚*St. Anthony* が創立した修道院で外套にこの十字架をつけていたことから〛

St. Ánthony's fíre *n.* 〘病理〙 **1** 丹毒 (erysipelas). **2** 麦角中毒(症) (ergotism). 〚この病気が St. Anthony によって癒されると信じられていたことから〛

Stan·ton /stǽntṇ | stǽntən, stá:n-/, **Edwin McMasters** /məkmǽstəz | -má:stəz/ *n.* スタントン《1814–69; 米国の政治家; 陸軍長官 (1862–67)》.

Stanton, Elizabeth *n.* スタントン《1815–1902; 米国の社会改革者・女権擁護者; 旧姓 Cady /kéɪdi | -dɪ/》.

stan·za[1] /stǽnzə/ *n.* **1** 〘詩学〙連, 節《一定の韻律的構成をもち, 通例 4 行以上から成る詩の単位; cf. Spenserian stanza, rhyme 1, rhyme royal, quatrain》. **2** 《俗》 **a** (芝居などの 1 か所での)上演期間; (特に) 1 週間 (week). **b** (試合の)一区切り (period)《野球の inning, アイスホッケーの period など; スポーツ記者の用語》. **c** 《米・豪》フットボールの試合のハーフ[クォーター]. 〚《1588》□ It. ~ 'stopping place, room, stanza' < VL **stantiam* act of standing or stopping ← L *stant-, stāns* (pres.p.) ← *stāre* 'to STAND': cf. stance〛

stan·za[2] /stá:ntsa:/; *It.* stántsa/ *It. n.* (*pl.* **stan·ze** /-tseɪ | *It.* -tse/) 部屋. 〚《1648》□ It. ~ (↑)〛

stan·zaed /stǽnzəd/ *adj.* 〘詩学〙〈詩が〉連[節]から成る; …連[節]から成る: a six ~ poem 6 連の詩. 〚1755〛

stan·za·ic /stænzéɪɪk/ *adj.* 〘詩学〙連の, 節の. 〚《1816》← STANZA[1]+-IC[1]〛

stan·zá·i·cal /-zéɪɪkəl, -ək-, -kḷ | -ɪk-/ *adj.* =stanzaic. **~·ly** *adv.*

stanze *n.* stanza[2] の複数形.

stap /stǽp/ *vt.* (**stapped; stap·ping**) 《古》=stop. ***Stáp me*** [***my vitals***]***!*** 《古》へえ, いやはや, ちくしょう《驚き・怒りを表す》. 〚1696〛

sta·pe·dec·to·my /stèɪpḍdéktəmi/ *n.* 〘外科〙あぶみ骨切除(術). **sta·pe·dec·to·mized** /stèɪpḍdéktəmàɪzd/ *adj.* 〚《1894》← NL *staped-, stapes* 'STAPES'+-ECTOMY〛

stapedes *n.* stapes の複数形.

sta·pe·di·al /steɪpí:diəl, stə- | -di-/ *adj.* 〘解剖〙あぶみ骨 (stapes) の(近くに位置する). 〚← NL *staped-, stapes* 'STAPES'+-IAL〛

sta·pe·lia /stəpí:ljə, -liə/ *n.* 〘植物〙南アフリカ産ガガイモ科スタペリア属 (*Stapelia*) の多肉植物の総称《暗褐色の大きな星形の花には腐肉臭がある; carrion flower ともいう》. 〚《1785》← NL ~ ← *J. B. van Stapel* (*d.* 1636: オランダの医師・植物学者)+-IA[1]〛

sta·pes /stéɪpi:z/ *n.* (*pl.* **~, sta·pe·des** /stəpí:di:z/) 〘解剖・動物〙あぶみ骨, 鐙骨(とうこつ). 〚《1670》← NL ~ ← ML *stapēs* stirrup ← ? L *stāre* 'to STAND'+*pēs* 'foot'〛

staph /stǽf/ *n.* 《口語》〘細菌〙=staphylococcus. 〚《1933》略〛

staph·yl- /stǽfəl | -fḷ/ (母音の前にくるときの) staphylo- の異形.

staph·y·li·nid /stæ̀fəlámɪ̀nḍ, -lín- | -fḷáɪnɪd, -lín-/ 〘昆虫〙*adj.* ハネカクシ(科)の. — *n.* ハネカクシ《ハネカクシ科の甲虫の総称》. 〚《1848》↓〛

Staph·y·li·ni·dae /stæ̀fəláɪnədi:, -lín- | -fḷáɪnɪ-, -lín-/ *n. pl.* 〘昆虫〙(鞘翅目)ハネカクシ科. 〚← NL ~ ← *Staphylinus* (属名: ← Gk *stuphulînos* a kind of insect ← *staphulḗ* (↓))+-IDAE〛

staph·y·lo- /stǽfəlou | -fḷəu/ 次の意味を表す連結形: **1** 「ぶどうの房 (bunch of grapes)」. **2** 「(目の)ぶどう(膜)腫 (staphyloma)」. **3** 「ぶどう状球菌による (staphylococcic)」. **4** 「口蓋垂(こうがいすい) (uvula)」. ★ 母音の前では通例 staphyl- になる. 〚□ Gk *staphulo-* ← *staphulḗ* uvula, bunch of grapes〛

stàphylo·cóccus *n.* (*pl.* **-cocci**) 〘細菌〙ぶどう(状)球菌. **stàphylo·cóccic, stàphylo·cóccal** *adj.* 〚《1887》← NL ~: ⇨ ↑, -coccus〛

staph·y·lo·ma /stæ̀fəlóumə | -fḷəu-/ *n.* (*pl.* **~s, -ma·ta** /~tə | ~tə/) 〘病理〙(目の)ぶどう(膜)腫(しゅ). 〚《1597》*staphylome* ← NL ~ ← Gk *staphúlōma*: ⇨ staphylo-, -oma〛

staph·y·lo·plas·ty /stǽfəlouplæ̀sti | -fḷə(u)-/ *n.* 〘外科〙口蓋垂形成(術). **stàphylo·plástic** *adj.* 〚《1846》← STAPHYLO-+-PLASTY〛

staph·y·lor·rha·phy /stæ̀fəlɔ́(:)rəfi, -lá(:)r- | -fḷɔ́r-/ *n.* 〘外科〙軟口蓋縫合(術). **stàph·y·lor·rhá·phic** /-lə(:)rǽfɪk, -lɑ(:)- | -lɔ-/ *adj.* 〚《1835》← STAPHYLO-+-*rrhaphy* (□ Gk *-rhaphia* ← *rhaphḗ* suture)〛

staph·y·lot·o·my /stæ̀fəlá(:)təmi | -fḷɔ́t-/ *n.* 〘外科〙 **1** 口蓋垂切開(術). **2** ぶどう(膜)腫除去(術). 〚《1855》← NL *staphylotomia*: ⇨ staphylo-, -tomy〛

sta·ple[1] /stéɪpḷ/ *n.* **1** 《米・カナダ》(一国・一地方・市場などの)主要産物[製品], 重要商品 (principal commodity): the ~*s* of Japan 日本の主要産物. **2 a** 需要が恒常的な商品. **b** 常備食品[調味料(など)]. **3** 主要素, 主成分 (chief element): the ~ of diet 常食の主要素 / Gossip is the ~ of conversation. うわさ話は会話の主要素だ. **4** 原料 (raw material). **5 a** =staple fiber. **b** (品質・長さなどについて繊維の)標準: wool of fine ~ 上質の羊毛 / cotton of fine [short] ~ 上[短]繊維の綿花. **6** 供給地, 〘商業などの〙中心地 (center) 〔*of*〕. **7** 〘英史〙特定市場, 専売所《中世から近世にかけて, 英国の特産物, 特に毛織物の輸出をはかるために海外に設けられた指定取引所で, オランダの諸都市やフランスの Calais などにあった》. — *adj.* [限定的] **1** (一国または一地方の産物で)主要な; 主に[広く]取引き[生産]される: the ~ commodities [products] of Japan 日本の主要商品[産物]. **2** (多くの人が)常食とする, 主要な: The ~ food *in* Japan is rice. 日本の主食は米である. **3** 主要な (chief, principal); 重要な (important): the ~ industries 重要産業 / ~ topics 主要な話題. **4** 短繊維の[から作られた]: ~ yarn / ⇨ staple fiber. — *vt.* 〈羊毛などを〉(長さによって)分類する (classify), 選別する (sort). 〚《1423》□ OF *estaple* market (F *étape* halting-place) □ MDu. *stapel* emporium (↓)〛

sta·ple[2] /stéɪpḷ/ *n.* **1 a** (ものを留めるための) U 字形の金属製の釘, (配線などを留めるための)股釘(またくぎ); かすがい. **b** (掛け金 (hasp), 留め金 (hock) などを受ける)輪形の釘, つぼ釘, ひじつぼ. **c** (製本や書類とじに用いる)ホチキスの針. **2** 〘海事〙かすがい《水密にする部分などで用材同士を密着させるために使用するコの字型の釘》. — *vt.* …につぼ釘[ひじつぼ]をつける[で留める]; ホチキスの針でとじる[留める]: ~ three sheets of paper together. 〚OE *stapol* post < Gmc **stapulaz* ((M)Du. *stapel* pillar / ON *stǫpull* steeple) ← IE **steb(h)-* post; to fasten: cf. staff[1], step: ⇨ -le[1]〛

stáple fìber *n.* 短繊維, スフ《紡績に適するように適当な長さに裁断した綿・羊毛・亜麻など; cf. spun rayon 1》. 〚《1928》: ⇨ staple[1]〛

stáple gùn *n.* ⇨ stapler[1] 1.

stá·pler[1] /-plə, -plə | -plə(r, -pḷ-/ *n.* **1** (ステープル針を用いる)書類とじ器, ホチキス《大型のものは staple gun ともいう》. 日英比較 日本語の「ホチキス」は発明者 (Hotchkiss) に由来するが, 英語ではこの意味では使わない. **2** 書類とじ工. **3** 〘建築〙=stapling hammer. **4** 〘製本〙けとばし《小冊子を針金とじにする機械》. 〚《1926》← STAPLE[2] (v.)+-ER[1]〛

stá·pler[2] /-plə, -plə | -plə(r, -pḷ-/ *n.* **1** (長さによって原料羊毛を選別する)選別工[器], ソーター (sorter). **2** 主要物産 (staple goods) または短繊維 (staple fiber) を扱う商人. 〚《1513》← STAPLE[1]+-ER[1]〛

stá·pling /-plɪŋ, -pḷ-/ *n.* 〘造船〙山形つば《円材が隔壁などを貫くとき, そこから水や油が漏らないように円材側にはめる山形材のつば》. 〚1898〛

stápling hàmmer *n.* 〘建築〙ステープルハンマー《建材を留めるためにステープル (U字型の釘)を打ち込むハンマー》.

stápling-machìne *n.* 〘製本〙=stapler[1] 4. 〚1961〛

star /stáə | stá:(r/ *n.* **1 a** (夜空の)星: a fixed ~ 恒星 / the morning [evening] ~ 明け[宵(よい)]の明星 / ⇨ binary star, double star, falling star, North Star, shooting star. ★ ラテン語系形容詞: astral, sidereal, stellar. **b** 〘天文〙恒星 (cf. planet[1] 1). **c** 天体; 地球 (earth): the ~ of day [noon] 太陽 / this ~ 地球. **d** 《廃》北極星 (lodestar). **2 a** (普通五つまたは六つに放射した)星形のもの, 星印. **b** (価値の等級を示す)星印. **c** 星章, 星形勲章 (decoration): the four ~*s* of a full general 大将の四つ星 / The teacher gave me a gold ~ for good behavior. 品行がいいので先生は私に金星をくれた. **d** 《米》(星条旗で) 50 州の一つを表す星 (cf. STARS and Stripes). **e** 〘印刷〙星印 (*) (asterisk). **3 a** 星状のもの. **b** (馬の額の上の)白い斑毛, 星, 流星, 白星 (white spot). **c** 星形の花火. **d** 〘動物〙=starfish. **4 a** (映画・演劇などの)スター, 花形, 立役者: a film [movie] ~ / *Gone with the Wind* made Vivien Leigh a ~ [made a ~ (out) of Vivien Leigh].「風と共に去りぬ」でビビアン リーはスターになった. **b** 人気者, 大立者, 大家, 明星: all the literary ~*s* 文壇の花形全員 / a bright particular ~ 明星と仰がれる人物. **c** 《英俗》初めて刑に服する囚人 (star prisoner ともいう). **5 a** 〘占星〙司運星. **b** [しばしば *pl.*] 星回り, 星占い (horoscope), 運勢 (fortune): be born under a lucky [an unlucky] ~ 幸運[不幸]の星の下に生まれる, 星回りのよい[悪い]ときに生まれる / thank one's (lucky) ~*s* 幸運を感謝する / bless one's ~*s* ⇨ bless *vt.* 5 b / trust one's ~ 自分の運勢[成功]を信じる / Our meeting was written in the ~*s*. 我々の出会いは運命によるものだった / The ~*s* were against it. 運勢が悪かった, 失敗する運命だった / His ~ was in the ascendant. 彼の運勢がついてきていた / one's guiding ~ 人の運をつかさどる星, 支配星. **c** 《廃》運命 (destiny): It's not my ~ to be wealthy. 金持になるのは私の運命ではない. **6** [しばしば *pl.*] 到達不可能な目標. **7** 《英》〘玉突〙番のなくなった人が金を出して買う突き番. **8** 〘ヨット〙スター《オリンピックや国際レースで使用するヨットの型; 2 人乗りで, 全長 22 ft. 7[1]/[2] in., メンスル 217 ft.[2], ジブスル 63 ft.[2] と規定されている; star boat ともいう》. **9** 〘機械〙=star wheel. **10** 〘宝石〙 **a** スター《スタールビー・スターサファイアのように六方晶形の石をカボションに磨くと浮き出す星型の白線》. **b** =star facet. **c** =star cut. **11** 〘紋章〙 **a** =estoile. **b** =mullet[2]. **12** 〘電気〙星形: ⇨ star connection.
hitch one's wágon to a stár ⇨ wagon 成句. ***réach for the stárs*** 高望みをする. ***sée stárs*** 《口語》目から火が出る, 目がくらむ: His punch made me *see* ~*s*. 彼に殴られて目から火が出た. 《1891》 ***stárs in one's éyes*** 意気揚々, 大得意 (cf. starry-eyed): a boy with [who had] ~*s in his eyes*. ***You're*** [***He's, She's***] ***a star!*** (1) 上手ですね, さすがだ. (2) ありがとう, どうもありがとさん.

Stár of Béthlehem [the —] ベツレヘムの星《キリスト降誕の際現れて東方の賢者たちをベツレヘムのキリスト誕生の厩(うまや)まで導いた星; cf. *Matt.* 2: 1–2, 9, 10》.

Stár of Cóurage カナダの勇敢な行為に対する賞.

Stár of Dávid [the —] 〘ユダヤ教〙ダビデの星 (⇨ Magen David).

Stárs and Bárs [the —; 単数扱い] 〘米史〙(南北戦争時の)南部連盟旗《赤白赤の横線の左上に四角い青地の中に連盟の州の数である 7 つの星を円形に配したもの》.

Stárs and Strípes [the —; 単数扱い] 星条旗《米国国旗; 州を表す 50 個の星と独立当時の 13 州を表す 13 本の筋から成る; Star-Spangled Banner, また俗に Old Glory ともいう》. 《1782》

— *adj.* [限定的] **1 a** 星の[に関する]. **b** 星から成る: a ~ belt. **2** 星印をつけた: a five-*star* hotel 超一流のホテル. **3 a** 花形の, 主役の (leading): a ~ player 花形選手. **b** 際立った, 主な, 顕著な (chief, prominent): ~ quality 際立った資質.

— *v.* (**starred; star·ring**) — *vt.* **1 a** 〈演技者などを〉スターにする, 花形にする. **b** 〈映画などが〉〈俳優を〉主演させる (feature): a film ~*ring* a famous actor 有名な俳優が主演する映画 / This movie ~*s* Vivien Leigh as Scarlet O'Hara. この映画はビビアン リーがスカーレット オハラとして主演している. **2** [主に p.p. 形で] …に星(飾り)をつける[散らす], 星形の飾りをちりばめる (bespangle): clothes ~*red with* gems 宝石をちりばめた服. **3** (注意を引くために)…に星印(*)をつける: a ~*red* word 星印つきの語. — *vi.* **1 a** 主役を務める, 主演する: He ~*red* in several productions [the provinces]. 彼はいくつかの作品[地方興行]で主演した. **b** 際立つ, 際立った行為をする. **2** 《英》〘玉突〙金を出して突き番を買う.
〚OE *steorra* < (WGmc) **sterron* (Du. *ster* / OHG *sterro* (cf. G *Stern* < (WGmc) **sternōn*)) ← IE **ster-* star (L *stēlla* / Gk *astḗr*)〛

stár acàcia *n.* 〘植物〙オーストラリア産マメ科アカシア属の低木または小高木 (*Acacia verticillata*).

stár ànise *n.* 〘植物〙ダイウイキョウ, トウシキミ, スターアニス (*Illicium verum*)《赤紫の花をつける中国原産シキミ科の植物; 芳香のある星形の実をつけ, その実は 去痰(きょたん)剤となる; Chinese anise ともいう》.

stár àniseed òil *n.* 〘化学〙=star anise oil.

stár ànise òil *n.* 〘化学〙ダイウイキョウ油, スターアニス油 (star anise の果実から得られる精油). 〚1838〛

stár àpple *n.* **1** 〘植物〙カイニット (*Chrysophyllum cainito*)《熱帯アメリカ産アカテツ科の果樹》. **2** カイニットの果実《食用; リンゴに似た星形のしんがあることから》. 〚1683〛

Sta·ra Za·go·ra /stá:rəzəgɔ́:rə; *Bulg.* stárəzəgórə/ *n.* スタラザゴラ《ブルガリア中部の都市》.

stár·blòom *n.* 〘植物〙北米南東部産フジウツギ科セッコンソウ属の植物 (*Spigelia marilandica*)《根は薬用; pinkroot ともいう》.

star·board /stáəbəd, -bɔ̀əd | stá:bəd/ ★〘海事〙の発音は /-bəd | -bəd/ *n.* **1** 〘海事〙右舷(うげん)《船内で船首を向いて右側; ↔ port; cf. larboard》: I sighted a steamer to ~. 右前方に一隻の汽船を見つけた. **2** (航空機の)右側. — *adj.* 右舷の[にある]: a ~ anchor 右舷大錨(おおいかり) / the ~ side 右舷側 / a ~ turn (船の)右(舷)旋回. — *adv.* 右舷に: put the wheel ~ 舵輪(だりん)を右舷に取る, 面(おも)かじを取る (cf. astarboard). — *vt.* 〈舵柄(だへい)を〉右舷に取る, 面かじを取る. ★ もとは舵柄を右に回せば船首は左に曲がったが 1930 年ごろ以後は船首も右に曲がる (cf. port[2] *vt.*): *Starboard* (the helm)! [号令](もとは)取りかじ(《米》Left!); (今は)面かじ (《米》Right!). — *vi.* 〈船が〉右に向かう[変針する]. 〚OE *stēorbord* ← *stēor* paddle, rudder, steering+*bord* side of a ship: ⇨ steer[1] (n.), board: 右舷で舵取り用のかいを用いたことから〛

stárboard bèam *n.* 〘海事〙右舷正横 (↔ port beam): on the ~. 〚1798〛

stárboard wàtch *n.* 〘海事〙右舷直《乗組員を 2 分した場合の「右舷員の当直」の意》. 〚1644〛

stár bóat *n.* 〘ヨット〙=star 8.

stár·bùrst *n.* スターバースト: **1** 中心点から線・光線が放射状に広がったパターン. **2** 星形(のもの); 放射状に広がるもの[光]. **3** 照明弾. **4** 〘天文〙銀河誕生期の爆発的な星形成. 〚1965〛

stár càctus *n.* 〘植物〙サボテン科 *Astrophytum* 属の植物, 有星類のサボテン《ランポウギョク(鸞鳳玉)など; bishop's-cap, sand dollar ともいう》.

starch /stáətʃ | stá:tʃ/ *n.* **1** 澱粉 (($C_6H_{10}O_5$)$_n$)《amylum ともいう》. **2 a** (澱粉製の洗濯用の)のり. **b** [*pl.*] 澱粉食品《コーンスターチ, 片栗粉など》. **3** 堅苦しさ, しかつめらしさ (stiffness), きちょうめん, 形式主義 (formality). **4** 《米口語》精力, 元気 (vigor, vitality): put a little ~ in a person 人を少し元気づける / take the ~ out of a person 人を無気力にする[がっくりさせる]. — *adj.* (**~·er; ~·est**) 《古》堅苦しい, 形式ばった. — *vt.* **1** 〈布などに〉のりをつける, のりづけする. **2** 堅苦しくする, 形式ばらせる (stiffen) 〈*up*〉. **~·less** *adj.* **~·like** *adj.* 〚v.: OE **sterċan* to stiffen (cf. *sterċed-* fixed) < (WGmc) **starkjan* to strengthen (Du. *sterken* / G *stärken*) ← **starkaz* 'STARK'〛

stár-chàmber *adj.* 星室庁裁判所的な; 専断不公正な. 〚《1596》↓〛

Stár Chàmber *n.* **1** [the ~] 〘英法史〙星室庁裁判所, 星法院《1487 年設立された刑事裁判所; Wars of the Roses 終結直後の混乱収拾などに役立ったが, その裁判は陪審を用いず専断的になりがちであったので, 世論の反対を受け 1641 年 Long Parliament により廃止された; 正式名

the Court of Star Chamber; cf. prerogative court 1 b》. **2** [s- c-] (星室庁裁判所のような)専断的な裁判所[委員会など]. 〖(1426) *sterre(d) chambre* 《なぞり》← Anglo-L *camera stella* (Westminster Palace の天井に星形の装飾のある部屋の名称)〗

stár chàrt *n.* 〖天文〗星図. 〖1866〗

starched *adj.* **1** のりをつけた; こわばった. **2** 窮屈な, 四角張った, 堅苦しい (stiff). **stárch·ed·ly** /-tʃɨ̀d-/ *adv.* **stárch·ed·ness** /-tʃɨ̀d-/ *n.* 〖1599〗

stárch·er *n.* **1** のりつけ器. **2** (布などの)のりつけ工. 〖1515〗

starch·i·ly /stáːətʃɨ̀li | stáː-/ *adv.* [悪い意味で] 堅苦しく. 〖1882〗

stárch-redùced *adj.* 〈パンなど〉澱粉を減らした. 〖1939〗

stárch shèath *n.* 〖植物〗澱粉鞘, 内皮 (endodermis).

stárch sỳrup *n.* 澱粉から作るシロップ; (特に)コーンシロップ (corn syrup). 〖1839〗

starch·y /stáːətʃi | stáː-/ *adj.* (**starch·i·er**; **-i·est**) **1** 澱粉(質)の; 澱粉を含んだ. **2** のりをつけた, のり張りにした, こわばった. **3** 〈態度など〉堅苦しい (stiff); 四角張った, しかつめらしい (formal). **stárch·i·ness** *n.* 〖1802〗

stár clòud *n.* 〖天文〗恒星集団. 〖1924〗

stár clùster *n.* 〖天文〗星団. 〖1870〗

stár connèction *n.* 〖電気〗星形結線, 星形接続 《三相交流で三つの変圧器巻線やインピーダンスを Y 字形に結んだ結線方式; Y connection ともいう; cf. delta connection, ring connection》. 〖1894〗

stár-cròssed *adj.* 《古》星回りの悪い, 薄幸な: a pair of ~ lovers 幸(さち)薄き恋人二人 (Shak., *Romeo*, Prologue 6). 〖1592〗

stár cùt *n.* 〖宝石〗スターカット 《六角形の上面 (table) とそれを囲む六つの正三角形の小面 (facets) がある宝石のカット》. 〖1704〗

star·dom /stáːədəm | stáːdəm/ *n.* **1** スターの地位[身分], スターダム: shoot [rise to] ~ スターの座にのし上がる. **2** [集合的] (映画などの)スターたち; スター界. 〖1865〗

stár drìft *n.* 〖天文〗星流 《一群の多数の恒星がある方向に運動する現象》. 〖1870〗

stár drìll *n.* (石工が用いる刃先の横断面が星形をした)(星形)穴あけ用ドリル.

stár·dùst *n.* **1** (*also* **stár dùst**) 《俗用》 **a** 星くず, はるか遠方に見える小星団. **b** 宇宙塵(じん) (cosmic dust). **2** 《口語》魅力; うっとりする気分, 夢見心地. 〖1844〗

stare[1] /stéə | stéə^(r)/ *vi.* **1 a** 目を丸くして見る, 凝視する, じっと見つめる, じろじろ見る: ~ *at* a person 人をじろじろ[じっと]見る / ~ back じっと見つめ返す / ~ straight *in front of* one 自分の前方をじっと見つめる / ~ *into* a person's eyes [face] 人の目[顔]をじっと見つめる / ~ *into* space (考えごとなどで)宙を見つめる / ~ in [with] surprise 驚きの目を見張る / make a person ~ 人に驚きの目を見張らせる / What are you *staring* at? 何を見つめているの / It is very rude to ~. じろじろ見るのは大変失礼である. **b** 〈目が〉丸く見開く: with *staring* eyes 目を見張って. **2** 〈物・事が〉あまりに目立つ, 際立つ (⇨ staring). **3** 〈動物の毛が〉逆立つ (bristle), (病気で)光沢がなく粗い. — *vt.* **1** じっと見る, じろじろ見る, 凝視する, にらむ: ~ a person *up* and *down* 人を頭の天辺(てっぺん)から爪先までじろじろ見る / He ~*d* me *in* the face. じっと私の顔を見た / The truth is *staring* you in the face, but you're just too blind to see it. 真実は目の前にある. ただ君はそれが見えないだけだ. **2** 〈人を〉にらみつけて(ある状態)にさせる: ~ a person *out* (*of* countenance) 人をじろじろ見てきまり悪がらせる[赤面させる] / ~ a person dumb [*into* silence] にらみつけて人を黙らせる / ~ a person *down* [*out*] 人をにらみ返して目をそらさせる; (にらめっこで)相手を負かす. — *n.* じっと見ること, 凝視: with a cold [glassy, icy, vacant, curious] ~ 冷淡な[とろんとした, 冷たい, うつろな, 好奇の]目つきで / give a person a rude ~ 人を失礼な目つきでじっと見る / hold a person's ~ 人の凝視に目をそらさない. **stár·er** /stéᵊrə | stéərə^(r)/ *n.* 〖OE *starian* ← Gmc **star-* to be rigid (Du. *staren* / G *starren* to be rigid / ON *stara*) ← IE **(s)ter-* stiff (⇨ start): cf. stark, stern[1]〗

stare[2] /stéə | stéə^(r)/ *n.* 《方言》〖鳥類〗= starling[1]. 〖OE *stær* < Gmc **staraz* (G *Star* / ON *stari*)〗

sta·re de·ci·sis /stéᵊridɨ̀sáɪsɨ̀s | stéəridɪsáɪsɪs/ *n.* 〖法律〗先例拘束性の原則 《判例法主義のもとで, 一度判決された事件は拘束力をもち将来の同種の事件を判決する裁判官の判断を法的に拘束する原則; 近年厳格性を緩和する動きがみられる》. 〖(1782) ▭ L ~ 'to stand by decided matters'〗

sta·rets /stáːrɛts; *Russ.* stárʲɪts/ *n.* (*pl.* **star·tsy** /stáːətsi | stáː-; *Russ.* stártsɨ/) 〖東方正教会〗スターレッツ, 霊的指導者 《ロシア語で長老を意味し, 必ずしも司祭である必要はない; 東方正教会の修道生活に大きな役割を果たす》. 〖(1917) ▭ Russ. ~ 'old man' ← *staryi* old〗

stár fàcet *n.* 〖宝石〗スター面 《ブリリアントカットの宝石の頂部平面 (table) を取り巻く 8 個の三角小面》. 〖1751〗

stár·fìsh *n.* 〖動物〗ヒトデ (棘皮(きょくひ)動物ヒトデ綱の動物の総称). 〖1538〗

stár·flòwer *n.* 〖植物〗星状の花をつける種々の草本の総称: **a** オーニソガラム (star-of-Bethlehem). **b** サクラソウ科ツマトリソウ属の小さい多年草 (*Trientalis borealis*) 《星形の白花をつける》. 〖1629〗

stár·frùit *n.* 〖植物〗= carambola 2. 〖1857〗

stár gàuge *n.* 〖機械〗星形ゲージ. 〖1784〗

stár·gàze *vi.* **1** 星をながめる. **2** うっとり見つめる; 夢想する (daydream). 〖(1626) 《逆成》↓〗

stár·gàzer *n.* **1 a** 星を眺める人. **b** 《戯言》天文学者 (astronomer); 占星家 (astrologer). **2 a** 夢想家 (daydreamer). **b** (特に, 当てにならない)予言者. **3** 〖魚類〗ミシマオコゼ 《目が上方を向いているミシマオコゼ科の魚類の総称》. **4** 高く首[鼻づら]を持ち上げる馬. **5** 《俗》〖海事〗= jolly jumper. 〖1560〗

stár·gàz·ing *n.* **1** 星を眺めること. **2 a** 空想[実際的でないこと]に耽ること; 夢想. **b** 放心状態, 呆然. 〖1576〗

stár·gaz·y píe /stáːəgeɪzi- | stáː-/ *n.* スターゲージーパイ 《イングランド Cornwall 地方独特のパイ; サーディンに刻みタマネギ・パンくずを詰め, 底にラードペーストのパイ皮をおき, 魚をベーコン・ゆで卵・パンくずで覆い, この上にパイ皮を載せて焼く; 魚の頭はパイの外に出るようにする》.

stár gèar *n.* 〖機械〗星形歯車 《ピン歯車とかみ合って間欠運動をする星形の歯車》.

stár gràss *n.* 〖植物〗米国南部産の星形の花と葉をもつキンバイザサ科コキンバイザサ属 (*Hypoxis*) の数種の植物の総称. 〖1687〗

stár hýacinth *n.* 〖植物〗**1** スキラ (*Scilla amoena*) 《ヨーロッパ原産ユリ科ツルボ属の春にブルーの花をつける植物》. **2** オーニソガラム (star-of-Bethlehem). 〖1758〗

star·ing /stéᵊrɪŋ | stéər-/ *adj.* **1** じっと見る, じろじろ見る. **2** 〈物・事が〉あまりに目立つ, 際立つ: a ~ blunder とんでもない大失策 / a ~ red tie けばけばしい赤色のネクタイ. **3** 〈毛が〉逆立った (bristling). **4** [副詞的に] 著しく, 全く (completely): (stark) ~ mad (全く)本当に気が狂って. **~·ly** *adv.* 〖(1440) ← STARE (v.)＋-ING[2]〗

stár ipomóea *n.* 〖植物〗ウチワルコウ (*Quamoclit coccinea*) 《熱帯アメリカ原産ヒルガオ科ルコウソウ属の一年生つる植物; 花は芳香のある緋紅色》.

stark /stáːək | stáːk/ *adj.* (**~·er**; **~·est**) **1** 〈訓練・法律など〉融通のきかない, 厳しい, 仮借のない (firm, strict). **2** くっきりした, 際立った (sharply delineated): a ~ contrast 著しい対照 / the ~ facts 紛れもない事実 / in ~ outline against …に対してくっきりとした輪郭を見せた[て]. **3 a** 〈部屋など〉飾りのない, がらんとした (bare). **b** 〈光景・場所など〉荒涼とした, 気味の悪い (desolate, grim). **4** まっ裸の: a ~ electric bulb 裸電球. 〖《短縮》← *stark-naked*〗 **5** ありのままの (unadorned), 飾り気のない: a ~ description 赤裸々な描写. **6** [限定的] 正真正銘の, 純然たる, 全くの (sheer): ~ madness [folly] 全くの狂気[愚行] / ~ terror 血も凍るような恐怖. **7** 《古・詩》〈筋肉など〉(特に, 死体について)こわばった (rigid); (死後)硬直の: ~ and stiff 硬直した[て] / lie ~ in death 死んで硬くなっている. **8** 《古》強い, 強壮な, たくましい (strong, robust); 〈人が〉厳格な, 厳しい (stern). — *adv.* **1** 全然, 全く (absolutely): ~ mad [poor] 全く気が狂って[貧乏な]. **2** 《まれ》= starkly. **~·ness** *n.* 〖OE *stearc* hard < Gmc **starkaz* (Du. *sterk* / G *stark* / ON *sterkr* strong) ← IE **(s)ter-* stiff: ⇨ start〗

Stark /stáːək | stáːk/, Dame **Freya Madeline** *n.* スターク 《1893–1993; 英国の旅行作家; *A Winter in Arabia* (1940)》.

Stark /stáːək, ʃtáːək | stáːk, ʃtáːk; *G.* ʃtaʁk/, **Johannes** *n.* シュタルク 《1874–1957; ドイツの物理学者; Nobel 物理学賞 (1919)》.

Stark /stáːək | stáːk/, **John** *n.* スターク 《1728–1822; 独立戦争当時の米国の将軍》.

Stárk effèct *n.* 〖物理〗シュタルク効果 《光源が電場におかれたとき, そのスペクトル線が分岐すること》. 〖← *Johannes Stark*〗

stark·ers /stáːəkəz | stáːkəz/ *adj.* 《英俗》 **1** まっ裸の. **2** 全く気が狂った. — *adv.* まっ裸で 〖(1923) ← STARK(-NAKED)＋-ER[1] 1 i〗

stárk·ly *adv.* 全く, 全然; くっきりと; ありのままに. 〖OE *stearclice*: ⇨ stark, -ly[1]〗

stark-nak·ed /stáːəknéɪkɨ̀d | stáːk-⁻/ *adj.* まっ裸の, 全裸の (completely naked). 〖(*c*1330) 《STARK (adv.) の影響による変形》← 《古》*start-naked* 《原義》naked even to the tail ← ME *ste(o)rt* < OE *steort* tail: cf. redstart〗

stár·less *adj.* **1** 星[星明かり]のない: a ~ night. **2** スターのいない: a ~ troupe スターを欠く一座. **~·ly** *adv.* **~·ness** *n.* 〖(*a*1393) *sterreles*: ⇨ star, -less〗

star·let /stáːəlɨ̀t | stáː-/ *n.* **1** 小さい星. **2** スターを約束されている映画女優, 若手の女性スター. 〖1830〗

stár·light *n.* 星明かり: I walked home by ~. 星明かりをたよりに家まで歩いて帰った. — *adj.* (*also* **stár-light·ed**) 星明かりの (starlit); 星の出ている: a ~ night 星月夜. 〖*a*1333〗

stár·lìke *adj.* **1** 星のような, 星形の (star-shaped): a ~ flower. **2** (星のように)きらきらする (brilliant), ぴかぴかする (glittering). **3** 〖数学〗星形の 《ある点と他の任意の点とを結ぶ線分が完全にその集合の中に含まれることについていう; star-shaped ともいう》. 〖1591〗

stár lìly *n.* 〖植物〗**1** ヒメユリ, ベニユリ (*Lilium concolor*) 《日本産; 花が星形に開く》. **2** = sand lily.

star·ling[1] /stáːəlɪŋ | stáː-/ *n.* 〖鳥類〗ホシムクドリ (*Sturnus vulgaris*) 《ムクドリ科の鳥; ヨーロッパ原産で米国などに移入された; 人家の近くに巣を作り, 飼育しやすくて物まね・おしゃべり・盗癖で知られる》. 〖OE *stærlinc* ← *stær* starling < Gmc **staraz* (G *Star* / ON *stari*) ← IE **storos-* (L *sturnus* starling): ⇨ -ling[1]〗

star·ling[2] /stáːəlɪŋ | stáː-/ *n.* 〖土木〗(橋脚の)水切り, 水杭 《橋脚を保護するためにその周囲に打った杭》. 〖(*c*1684) 《変形》? ← 《方言》*staddling*: ⇨ staddle, -ing[1]〗

Star·ling /stáːəlɪŋ | stáː-/, **Ernest Henry** *n.* スターリング 《1866–1927; 英国の生理学者; ホルモン学の基礎を築き, secretin を発見した》.

stár·lìt *adj.* 星明かりの (starlight); (特に)星だけ出ている, 星月夜の. 〖1827–35〗

stár màp *n.* 〖天文〗星図 《恒星・星団・星雲等の天体の位置や光度を図に表現したもの》. 〖1866〗

stár nètwork *n.* 〖電気〗星形回路網. 〖1977〗

stár·nòse *n.* 〖動物〗= star-nosed mole.

stár-nòsed móle *n.* 〖動物〗ホシバナモグラ (*Condylura cristata*) 《北米産で鼻先に小さな星形の肉の放射突起があるモグラ; starnose ともいう》. 〖1826〗

stár-of-Béthlehem *n.* (*pl.* **~, stars-**) 〖植物〗**1** オーニソガラム, オオアマナ (*Ornithogalum umbellatum*) 《ヨーロッパ・西南アジア産ユリ科オーニソガラム属の白い星形の花をつける植物; 「ベツレヘムの星」ともいわれる》. **2** アマゾンユリ (Amazon lily). **3** オーストラリア産のユリ科の植物 (*Chamaescilla corymbosa*). 〖(1573) ← *Star of Bethlehem* (⇨ star (n.))〗

stár-of-Jerúsalem *n.* (*pl.* **stars-**) 〖植物〗= yellow goatsbeard.

stár plàte *n.* 星座早見(盤) 《ある緯度である時刻に見られる星を示す円盤》.

stár prìsoner *n.* = star 4 c.

stár·quàke *n.* 〖天文〗星震 《恒星に起こる急激な放射の変動や脈動の変化》. 〖(1969) ← STAR＋(EARTH)QUAKE〗

Starr /stáə | stáː^(r)/, **Rin·go** /ríŋgoʊ | -gəʊ/ *n.* スター 《1940– ; 英国のドラマー・シンガーソングライター; もと The Beatles のメンバー; 本名 Richard Starkey》.

starred /stáəd | stáːd⁻/ *adj.* **1** 星で飾った, 星をちりばめた. **2** [通例複合語の第 2 構成素として] 星章をつけた: a five-[four-]*starred* general 《米》五つ[四つ]星将軍 《陸軍元帥[大将]》. **3** …がスター[主役]を演じる, …主演の. **4** 星印[アステリスク]をつけた. **5** [複合語の第 2 構成素として] (…の)星回りの, 星が…の, (…の)運命の: ill-*starred* 運の悪い. 〖?*c*1200〗

stár ròute *n.* 《米》〖郵便〗星印配達ルート 《過疎地帯の郵便配達ルートで, 請負いの配達人が郵便局間または駅と郵便局間の郵便物を運び, また通例ルート上の郵便箱にも配達する; cf. rural route》. 〖1880〗

stár rúby *n.* 〖鉱物〗スタールビー 《6 条の星彩を呈するルビー; 宝石用》. 〖1829〗

star·ry /stáːri/ *adj.* (**star·ri·er**; **-ri·est**) **1** 星の多い, 星の出た, 星明かりの, 星月夜の (starlit): a ~ sky [night] 星の多い空[星月夜]. **2** (星のように)きらきら光る (bright, glittering): ~ eyes 輝くひとみ / Her eyes were ~ with happiness. 幸せで目が輝いていた. **3** 星の[に関する, から出る]; 星[恒星]から成る: ~ light 星の光 / ~ worlds 星の世界. **4** 星のような物をちりばめた, 星形で飾られた. **5** 星形の (star-shaped, stellate). **6 a** = starry-eyed. **b** 高遠な: ~ speculations. **stár·ri·ly** /-rəli | -rɨ̀li/ *adv.* **stár·ri·ness** *n.* 〖(*c*1380) *sterry*: ⇨ -y[1]〗

stàrry cámpion *n.* 〖植物〗ホシザキマンテマ (*Silence stellata*) 《米国東部産で星形の花をつけるナデシコ科マンテマ属の植物》.

stárry-éyed *adj.* 《口語》理想[夢想]に満ちた目つきの; 夢想的な, 理想的な, 非実際的な (unpractical). 〖1904〗

stàrry gràsswort *n.* 〖植物〗= grasswort.

stàrry Sólomon's-seal *n.* 〖植物〗北米原産のユリ科ユキザサ属の植物 (*Smilacina stellata*).

stár sápphire *n.* 〖鉱物〗スターサファイア, 星彩青玉 《宝石に用いる》. 〖1805–17〗

stár scòut *n.* スタースカウト (⇨ boy scout).

stár·shàke *n.* (木材の)星割れ, 心割れ.

stár-shàped *adj.* **1** 星形の, 星に似た. **2** 〖数学〗= starlike 3. 〖1861〗

stár shèll *n.* **1** 照明弾 《敵の夜間行動を照らすために発射する弾丸》. **2** 光弾 《爆発すると光る星を一面に降らせる信号弾》. 〖1876〗

stár shìfter *n.* 《俗》〖海事〗= jolly jumper.

stár·shìne *n.* 星の光, 星影. 〖1581〗

stár·shìp *n.* (恒星間)宇宙船, スターシップ. 〖(1606) 1934〗

stár shòwer *n.* 流星雨 (meteoric shower). 〖1818〗

stár sìgn *n.* ⇨ signs of the ZODIAC.

stár·spàngled *adj.* **1** 星を散らした, 星をちりばめた. **2 a** 米国(人)の[らしい]. **b** (米国に対して)愛国心の強い. 〖1591〗

Stár-Spàngled Bánner *n.* **1** [the ~] (米国の)星条旗 (Stars and Stripes). **2** [The ~] 米国国歌 《1814 年 Maryland 州の McHenry 砲台が英軍に砲撃されるのを目撃して Francis Scott Key が作った愛国歌; 1931 年議会によって国歌として採択; 曲は古い英国歌謡 (*To Anacreon in Heaven*) から採ったもの》. 〖1814〗

stár·stòne *n.* 〖鉱物〗星光石; (特に)星彩青玉 (star sapphire). 〖1658〗

stár strèam *n.* 〖天文〗星流 (star drift). 〖1894〗

stár·strùck *adj.* スターたち[スターの世界]に魅せられた.

stár-stùdded *adj.* **1 a** 星のきらめく (bright): a ~ night. **b** 星(形)をちりばめた. **2** スターたちがずらりと居並ぶ: a ~ party. 〖1978〗

stár sỳstem *n.* **1** スターシステム 《演劇や映画などで人気俳優を中心に芝居を組み立てるスター中心主義; cf. repertory system》. **2** 〖天文〗= galaxy 1. **3** 地元センターから各家庭へケーブルテレビの配線をする仕組み. 〖1832〗

start /stáːət | stáːt/ *vi.* **1 a** 出発[出立]する (set out): ~ *back* 取って返す / ~ *off* [*out*] at dawn 夜明けに出発する / ~ (*out*) *for* home [the office] 家路に向かう[会社に出かける] / ~ *from* [*for*] London ロンドンから[へ]立つ / ~ (*out*) *on* a journey 旅行に出発する. **b** 〔ある基準から〕始まる, 出発する 〔*at, from*〕: ~ young 〈活動などを〉若いときから始める, 始める時期が早い / a ~*ing* salary 初任給 /

Our clerks ~ *at* $8,500. 我々の会社では事務員は(年俸)8,500 ドルからスタートする / Prices ~ *at* [*from*] $200. 競りの値段は 200 ドルからスタートする / She ~*ed* at the bottom (of the ladder), but rose to the top. 彼女は最下位から出発してトップまで出世した. / This highway ~*s from* my city. このハイウェーは私が住んでいる町が基点になっている / The club ~*ed out as* a barn. クラブの建物はもとは納屋だった / He ~*ed* (*out*) poor, but ended up rich. 初めは貧しかったが最後は裕福になった. **2** 〈運動・仕事などが〉始まる (begin, commence); 〈紛争・火事などが〉起こる, 生じる; 〈うわさ・熱などが〉出る; 〈赤ん坊が〉宿る: School ~*s* [~*s* (up) again] tomorrow. 学校は明日[再び]始まる / The performance ~*ed* at last. 演奏がやっと始まった / How [Where] did the war [fire] ~? どうして[どこから]戦争[火事]が起こったのか / The quarrel ~*ed over* a trifle. けんかはつまらない事で始まった / ~*ing from* [*as of*] next week 来週から始まって. **3 a** 〔仕事などを〕始める, やり出す, 〔…に〕着手する〔*in, on*〕: ~ *in* business [life] 商売[世渡り]を始める / ~ *on* a task [a course of study] 仕事[ある勉強]を始める / ~ *on* a book [meal] 著作[食事]に取りかかる / They ~*ed* (*in*) *on* cleaning the yard. 庭の掃除を始めた. **b** 〔…で〕始める, 〔…から〕手をつける〔*with*〕: We ~*ed with* soup [by saying grace]. まずスープから[食前のお祈りをして]食べ始めた / He had no capital to ~ *with*. 発足すべき資本がなかった. **c** 《英・口語》けんか[騒動]を始める. **4 a** 〈涙・血などが〉急に出る, 噴出する (issue): Tears ~*ed to* [*from*] her eyes. 突然涙が彼女の目に浮かんだ[目から流れ出た]. **b** 〈目が〉飛び出す (burst out): My eyes seemed to ~ *from* their sockets. 眼窩(がんか)から目玉が飛び出すかと思った. **5** 〈機械が〉動き始める, 始動する: I can't get the engine to ~. どうしてもエンジンがかからない. **6 a** (驚き・恐れのために)びくっと[ぎょっと, はっと]する: ~ (*up*) in terror 恐ろしくてぎょっとする / ~ *at* the shots 銃声を聞いてはっとする / ~ *from* [*out of*] one's sleep *with* fright おびえてはっと目ざめる. **b** (驚いて)飛び出す 〈*forward, out*〉: 飛びのく 〈*aside, away, back*〉; 飛び上がる, はね上がる 〈*up*〉: ~ *from* one's seat はっとして座を立つ / ~ *to* one's feet びっくりして立ち上がる. **7** 〈船材・釘(くぎ)などが〉ゆるむ, 曲がる, はずれる, そる. **8** 競走・試合などに参加する; (特に)スターティングメンバーとして出場する: ⇨ starting pitcher / ~ *in* centerfield (先発メンバーの)センターとして出場する.

— *vt.* **1 a** [しばしば *doing, to* do を伴って] 始める, やり出す (⇨ begin SYN): ~ a conversation 談話を始める / ~ one's journey 旅行に出発する / ~ life 生まれる; 人生に乗り出す, 世の中に出る / ~ school 就学する, 学校に上がる / ~ college 大学生になる / ~ work 働き出す / She ~*ed* crying [*to* cry]. 彼女は泣き出した / ~ (writing [reading]) a new page 新しいページを(書き[読み])始める / The flowers are ~*ing to* open. 花が咲き始めた / We ~*ed* the meal *with* soup [by saying grace]. 食事をスープから[食前のお祈りをして]始めた. **b** 〈手紙・本などを〉書き始める; 〈事業・運動・基金・学校などを〉始める, 興す (establish): ~ a newspaper 新聞を興す / ~ a movement 運動を起こす / ~ a company 会社を設立する. **c** 〈紛争・火事などを〉起こす; 〈うわさ・苦情などを〉言い出す: ~ a fire, war, rumor, etc. **d** 〈赤ん坊を〉宿す (conceive): She has ~*ed* a baby [a family]. 彼女は妊娠した. **e** 〈人を〉雇い始める: The company ~*ed* him (off) *at* $200 [*as* a clerk]. 会社は初任給(週) 200 ドルで[まず事務員として]彼を雇い入れた. **f** 〈ひな・苗木などを〉育て始める: ~ chicks, seedlings, etc. **2 a** 〈人に〉〔商売・人生などを〕援助して始めさせる, 〈人を〉〔…に〕取りかからせる〔*in, on*〕: ~ a person (off [up]) *in* business [on a career] 人を実業[職業]に従事させる / ~ a baby *on* solid food 赤ん坊に固形物を食べさせ始める. **b** [目的語＋*doing* を伴って] 〈人に×…し〉始めさせる (set off): ~ a person cough*ing* [laugh*ing*] 人をせきこませる[笑わせる] / This ~*ed* me think*ing*. このために私は考え始めた. **3** 〈機械などを〉動かす, 始動させる, …の運転を開始する: ~ an engine [a car, a train] エンジン[自動車, 列車]を動き出させる / ~ a clock 巻いて時計を動かす. **4** 〈論題・話題などを〉持ち出す (introduce), 〈討論などを〉切り出す (propound): ~ a new subject, new topic, discussion, etc. / You ~*ed* it! (けんか・問題の)張本人はおまえだ. **5 a** 〈走者などに〉出発の合図をする; 〈競走などを〉スタートさせる. **b** 競走・試合などに参加させる; (特に)スターティングメンバーとして出場させる: ~ a rookie at second 2 塁手に新人選手を先発させる. **6** 〈獲物を〉飛び立たせる, 狩り出す (rouse): ~ game *from* its lair 猟獣を巣から狩り出す / ⇨ *start a* HARE. **7** 〈船材・釘などを〉ゆるます, そらす, はずれさす, 曲がらせる: The damp has ~*ed* the timbers. 湿気のために材木がそった. **8** (打ち込む前に)〈釘・ねじ釘など〉(の先)を軽くたたき込む[ねじ込む]. **9** (たるなどから)〈水・酒などを〉注ぎ出す (draw); 〈新しい酒樽などを〉あける; 〈樽などを〉からにする, あける. **10** 《古》びっくりさせる, はっと[ぎょっと]させる (startle).

be báck whère one ***stárted*** 元に戻る, 一から出直す. ***gèt stárted*** (*vi.*) 始める: We *got* ~*ed* early. 私たちは早く始めた / I just can't *get* ~*ed* on it. なかなかそれに取りかかれない. (*vt.*) スタートさせる: I can't *get* the car ~*ed*. エンジンがかからない. ***stárt (àll) óver (agàin)*** [***afrésh, anéw***] 最初からやり直す. ***stárt ín*** (1) 仕事[活動など]を始める, 開始する. (2) 《口語》始める (begin) (cf. *vi.* 3 a): It ~*ed in to* rain. 雨が降り始めた / He ~*ed in on* the cake. 《米》まずケーキから食べ始めた. (3) 《口語》小言を言い始める; 〈弁士などが〉熱弁をふるい始める: ~ *in on* a slacker 怠け者をしかり始める. ***stárt óff*** (1) ⇨ *vi.* 1 a; *vt.* 1 e, 2 a. (2) (勢いよく)出かける, 動き始める. (3) 《口語》始める; …に始めさせる (begin): ~ them *off on* [*with*] Russian 彼らにロシア語の勉強を始めさせる. (4) 《口語》…に話を始めさせる: Once you ~ her *off* (*on* politics), there's no stopping her! 彼女に(政治のことを)しゃべらせ始めたら絶対に止められない. ***stárt ón*** 《英口語》けんかをふっかける. ***stárt óut*** (1) ⇨ *vi.* 1, 6 b. (2) 《口語》取りかかる; 乗り出す; 第一歩を踏み出す: He ~*ed out to* reform society. 社会の改革に乗り出した. (3) 《米》旅に出る. ***stárt sòmething*** 《口語》騒ぎ[争い, けんか]を起こす (make trouble). ***stárt úp*** (*vi.*) (1) ⇨ *vi.* 2, 6. (2) 始まる, 活動し出す. (3) 急に現れる, 起こる; 心に浮かぶ: ~ (*up*) from obscurity 低い身分から急に出世する / Another difficulty has ~*ed up*. またやっかいな問題が起こった. (4) 〔商売・職業などで〕身を立てる〔*in*〕: ~ *up in* teaching [the book trade] 教職[出版業]で身を立てる. — (*vt.*) (1) 〈事業・会話などを〉始める: ~ *up* a business, firm, conversation, etc. (2) 〈エンジンなどを〉動き出させる, 始動させる: ~ *up* an engine, automobile, etc. ***to stárt with*** [独立句として] (1) [通例文頭に置いて] まず第一に, そもそも (to begin with). (2) 初めに[は]: I studied hard *to* ~ *with*, but soon I lost interest. 初めは一生懸命に勉強したがすぐに興味を失った.

— *n.* **1** (旅行などへの)出発, (人生などへの)門出; (事業などの)着手, 開始, 初め (beginning, commencement): make an early [a late] ~ 早々と出発する[出発が遅れる] / get [have, make] a good [poor, fresh, new] ~ *in* life 幸先よく[悪く, 新たに]世の中に出る / give a person a ~ *in* life 人を世の中へ出してやる, 人を職業などに就かせる / make a ~ *on* [*with*] a job 仕事を始める / It may be hard, but you've got to make a ~. 大変かもしれないが, 仕事に取りかからなければならない. **2 a** (競走の)出発, 発走, スタート; 出発の合図, 出発点: make a false ~ ⇨ false 1 a / line up for the ~ スタートラインに並ぶ. **b** (競走で)よい出足, 先発(権), リード (cf. handicap 1); 有利, 便益, 機先 (advantage): have [give, get] a few yards ~ 数ヤード前に出ている[出してやる] / get [have] the ~ of [*over*] …の機先を制する, …に先んじる. **c** (競走・試合などへの)参加; (特に)スターティングメンバーとして出場すること: a pitcher who hasn't lost in five ~*s* 5 回(先発で)全登板して無敗の投手. **3** (エンジンなどの)始動, 動き出させること: We gave the car a ~ by pushing it. 押して車を始動させた. **4 a** (物事の)最初の部分, 出だし, 始まり, 発端: the ~ of a story [movement, war] 物語[運動, 戦争]の発端 / Everything is difficult at the ~. 何でも初めはむずかしい. **b** (問題などの)糸口, 手がかり: make a ~ *on* the problem. **5** はっと[ぎょっと, びくっと]すること; (驚いて)跳ね上がること, 飛びのき: get [be given] a ~ はっとする / awake with a ~ はっと驚いて目を覚ます / What [That was quite] a ~ you gave me! びっくりさせるね, おどかすなよ. **6** [*pl.*] 発作(ほっさ)的な努力, 衝動的な動き: by fits and ~*s* ⇨ fit[2] 成句. **7** [修飾語を伴って] 《古・英口語》出来事, 事件 (incident, event): a queer [rum] ~ 奇妙な[意外な]出来事. **8 a** (船材・釘などの)ゆるみ, それ, はずれ. **b** (ゆるんだりしてできた)すき間, 割れ目(など). **9** 《古》(感情・機知などの)ほとばしり, 爆発 (sally).

at the stárt 初めは[に] ⇨ *n.* 4 a. ***for a stárt*** [独立句として] 《口語》まず第一に, そもそも (to start with). ***from stárt to finish*** 初めから終わりまで; 終始一貫, 徹頭徹尾. ***from the stárt*** 初めから[最初]から. ***gèt*** [***bè***] ***óff to a góod*** [***bád***] ***stárt*** 出だしがよい[悪い].

〖(?*a*1200) *sterte(n)* < OE *styrtan (cf. *sturtende* (pres. p.)) to leap up, 《原義》move briskly or stiffly ← Gmc *stert- (Du. *storten* / G *stürzen* to overthrow) ← IE *sterd- ← *(s)ter- stiff (L *torpēre* to be stiff): cf. stare, starve〗

START /stάɚt | stάːt/ 《略》Strategic Arms Reduction Talks 戦略兵器削減交渉. 〖1981〗

start·er /stάɚṭɚ | stάːtə(r/ *n.* **1** 始める人[物]: a slow ~ 出だしの遅い人[もの], エンジンのかかりの遅い人[もの]. **2 a** (過程・活動・シリーズなどの)第一歩, 皮切り (first step): as a ~ =for ~*s* 《口語》まず第一に. **b** 《英》(食事の)第一コース, 前菜. **3 a** (競走・競馬などの)出発(合図)係, スターター. **b** 《米》(列車・バスなどの)発車(合図)係. **4** 始動機; (特に)自動スターター (self-starter). **5 a** 競走に出る人; 出走馬. **b** 《野球》スターティングメンバー; (特に)先発投手. **6** 《電気》(蛍光灯の)グローランプ, スターター. **7 a** スターター《チーズ・発酵バター・ヨーグルトなどの製造で, 発酵を開始するために用いられる乳酸菌の一種》. **b** 《化学》(化学反応の)誘発剤. **8** =sourdough 1. **9** 《農業》(成長期にある動物の)発育促進滋養食; (作物の)根付け肥(ごえ). **10** 《トランプ》(cribbage で)開始札《山札の一番上にあるカードで, これをめくるとゲームが始まる; upcard ともいう》. **11** 《豪・口語》実現可能な提案, 実行可能な計画. **12** 《豪・口語》(ある活動に)喜んで携わる人.
ùnder stárter's órders (1) 〈競争馬が〉スタートの合図を待っている. (2) 〈人が〉始めたくてうずうずしている. 〖1536〗

stárter hòme *n.* 手始めに買う家[マンション], 最初のマイホーム[マンション].

stárter mòtor *n.* =starter 4.

stárter pàck *n.* (コンピューターなどの)基礎的な備品《機器と使用説明書など》; (ワイン造りなどの)ひとそろいの道具.

stár thìstle *n.* 《植物》 **1** ムラサキヤグルマギク (*Centaurea calcitrapa*)《ヨーロッパ原産のヤグルマギク属の植物; 葉と総包はとげ状》. **2** ヨーロッパ産で北米・南米に帰化したヤグルマギク属の雑草 (*C. solstitialis*). 〖1578〗

stárt·ing blòck /-ṭɪŋ- | -tɪŋ-/ *n.* スターティングブロック《短距離競走のスタートに用いる足がかり》. 〖1937〗

stárting gàte *n.* **1** 《米》(競馬の)スターティングゲート, 発馬機《英国ではバリヤー式, 米国・日本では箱型》. **2** 《スポーツ》スターティングゲート《スキーの滑降競技のように, 競技者がスタートする際, 開くと電子測時装置が作動し始めるようになっているゲート》. 〖1898〗

stárting grìd *n.* (自動車レースの)スターティンググリッド《出走車が並ぶスタート時の区域》. 〖1957〗

stárting hàndle *n.* 《英》(昔の, 自動車エンジンの)手動用のクランク棒, 始動ハンドル, 始動用クランク棒. 〖1876〗

stárting-hòle *n.* 《廃》 **1** 隠れ場所 (refuge), 抜け穴 (loophole). **2** 回避の手段.

stárting lìne *n.* スタートライン. 〖1906〗

stárting·ly *adv.* **1** はっとして, ぎょっとして; 驚いたように. **2** 《廃》とぎれがちに, 発作的に. 〖1604〗

stárting pìstol *n.* (競走などで)スタートの合図を与えるピストル. 〖1935〗

stárting pìtcher *n.* 《野球》先発投手 (cf. relief pitcher).

stárting pòint *n.* 出発点, 起点. 〖1840〗

stárting pòst *n.* (競馬などの)発走点, 出発地点, スタート地点. 〖1758〗

stárting prìce *n.* 《英》(競馬・ドッグレースなどで)最終賭率《発馬[犬]直前の賭率》. 〖1854〗

stárting sàlary *n.* 初任給.

stárting stàlls *n. pl.* 《英》《競馬》(バリヤー式)発馬機.

stárting tòrque *n.* 《電気》始動[起動]トルク.

star·tle /stάɚṭḷ | stάːtḷ/ *vt.* **1** びっくりさせる, はっと[ぎょっと]させる (⇨ surprise SYN); (びっくりして)飛び上がらせる: I was ~*d by* the news [*at* the sound, *to see* him]. その知らせで[その物音に, 彼の様子を見て]私はびっくりした / You ~*d* me! びっくりするじゃないか, 驚かせるなよ / a ~*d* look びっくりした[はっとした]表情. **2** びっくりさせて〔ある状態に〕陥らせる〔*into*〕; びっくりさせて〔ある状態から〕脱け出させる〔*out of*〕: ~ a person *into* immobility 人をびっくりさせて立ちすくませる / be ~*d out of* one's sleep [wits] はっとして目をさます[度を失なう]. — *vi.* はっとする, びっくりする; (びっくりして)飛び起きる[上がる]. — *n.* **1** 驚き, びっくりした状態 (sudden shock). **2** びっくりさせるもの.
〖(*a*1300) *stertle(n)* to rush (freq.) ← *sterte(n)* 'to START': cf. OE *steartlian* to kick: ⇨ -le[3]〗

stár·tler /-ṭḷɚ, -ṭlɚ | -ṭlə(r, -tl-/ *n.* 驚かせる人[もの]; 驚くべき事実[陳述]. 〖1671〗

star·tling /stάɚṭlɪŋ, -ṭḷ- | stάːtlɪŋ, -tḷ-/ *adj.* **1** びっくりさせる, 驚くべき, あっと言わせる (surprising): a ~ development, discovery, event, etc. **2** すぐ驚く, 物おじする (skittish). **~·ly** *adv.* **~·ness** *n.* 〖*c*1450〗

startsy *n.* starets の複数形.

stárt-ùp *n.* **1** 始動, 開始. **2** 《廃》成上がり者 (upstart). 〖1599〗

stár tùrn *n.* 《英》 **1** (演劇・ショーなどの)呼び物の出し物, アトラクション. **2** 中心人物, 立て役者. 〖1898〗

star·va·tion /stɑɚvéɪʃən | stɑː-/ *n.* 飢餓, 餓死(状態): face ~ 飢餓に直面する / die of ~ 餓死する. 〖(1778): ⇨ -ation〗

starvátion dìet *n.* 《口語》(特に 減量のための)断食療法.

starvátion wàges *n. pl.* 飢餓賃金《通常生活にも事欠くほどの低賃金》. 〖1886〗

starve /stάɚv | stάːv/ *vi.* **1** 餓死する: ~ to death 餓死する / leave one's family to ~ 家族を餓死するままに放置する. **2 a** 空腹に悩む, 飢餓状態にある. **b** 《口語》ひどく空腹である, ひもじい; ひどく貧乏である: You must be *starving*. 君はきっとおなかがすいているでしょう / I'm simply *starving*. 全く腹ぺこだ. **3** 〔…を〕渇望する, 切望する, 餓(う)える, 焦がれる, 欠乏を感じる〔*for*〕: ~ *for* news ニュースに飢える / ~ *for* companionship [knowledge] 相手をほしがる[知識の欠乏を感じる]. **4 a** 《廃》死ぬ (die): ~ with cold 凍死する. **b** 《古・英方言》凍死する; 寒さに凍える. 〖cf. G *sterben*〗 — *vt.* **1 a** 〈人・動物を〉飢えさせる, 兵糧(ひょうろう)攻めにする; 餓死させる: The garrison was ~*d out*. 守備隊は兵糧攻めにされた / be ~*d to* death 餓死する / She's *starving* herself to lose weight. 彼女は体重を減らすために食べるものも食べずにいる. **b** 飢えさせて〔…に〕させる〔*into*〕: ~ a castle *into* surrender 兵糧攻めで城を陥れる. **2** [通例受身で] …に〔…を〕渇望させる〔*for*〕; …から〔必要物を〕奪う〔*of*〕: be ~*d for* love 愛に飢えている / The engine was ~*d of* fuel. エンジンは燃料切れだった. **3 a** 《廃》殺す. **b** 《古・英方言》凍死させる.
stárv·er *n.* 〖OE *steorfan* to die (of hunger), 《原義》to become rigid < (WGmc) *sterban (Du. *sterven* / G *sterben* to die) ← IE *sterbh- ← *(s)ter- stiff: ⇨ start〗

stárved *adj.* ひどく腹が減っている, 腹ぺこの (⇨ hungry SYN). 〖1559〗

starve·ling /stάɚvlɪŋ | stάːv-/ *adj.* **1** 飢えている, 干ぼしになっている (starving). **2** 栄養不良の (ill-fed), やせこけた (lean); いじけた (stunted). — *n.* 《古》(飢餓のために)やせこけた人[動物]. 〖1546〗 ← STARVE＋-LING〗

stár vìolet *n.* 《植物》ハウストニア, トキワナズナ (*Houstonia serpyllifolia*)《北米原産のアカネ科の小さな草で青い星のような花をつける》.

Stár Wàrs *n.* 《口語》スターウォーズ《レーザーを搭載した人工衛星で宇宙空間の敵側ミサイルを迎撃し破壊するシステム; 正式名称 Strategic Defense Initiative; 略 SDI》.

stár whèel *n.* 《機械》星形車. 〖1797〗

stár·wòrt *n.* 《植物》 **1** ハコベ《ナデシコ科ハコベ属 (*Stellaria*)の数種の植物の総称》. **2** キク科シオン属 (*Aster*) の数種の植物の総称. **3** =colicroot. 〖(*a*1440–50) *sterrewort*: ⇨ star, wort[2]〗

stases *n.* stasis の複数形.

-stases -stasis の複数形.

stash[1] /stǽʃ/ *vt.* **1** 《口語》(安全な場所に)片付ける, しまう, 隠す (hide) 〈*away*〉. **2** 《英》やめる (stop). — *vi.* 《口語》隠匿する. — *n.* **1** しまわれたもの, 取っておき; 隠

匿物. **2** 《米・カナダ口語》隠れ家, 隠し場所 (cache). **3** 《俗》自分用に取っておく麻薬. 〖《1785》《混成》? ← STORE＋CACHE〗

stash[2] /stǽʃ/ *n.* 《米俗》＝moustache. 〖略〗

stash·ie /stǽʃi/ *n.* 《スコット》騒動, 口論. 〖《1824》← ?〗

Sta·si /stáːzi, ʃtáː-; G. ʃtáːzi/ *n.* [the ～] (東ドイツの) 国家公安局, 秘密警察, シュタージ.

Stas·i·mon, s- /stǽsəmɑ̀(ː)n | -sɪmɔ̀n/ *n.* (*pl.* **-i·ma** /-mə/, **～s**) 〖演劇〗(古代ギリシャ悲劇の)合唱歌《舞台上を歌いながら右から左方へ回転する時の合唱歌と, 右へ戻り舞う際に歌う合唱歌の二つから成る》. 〖《1861》□ Gk *stásimon*〗

sta·sis /stéɪsɪs, stǽs- | stéɪsɪs/ *n.* (*pl.* **sta·ses** /-siːz/) **1** (勢力などの)均衡[平衡]状態; 静止, 停滞 (stagnancy). **2** 〖病理〗 **a** 体液流の停止. **b** 血行停止, 鬱血(うっ). **c** 腸内容鬱滞(うっ). 〖《1745》← NL ～ ← Gk *stásis* a standing, stoppage ← *histánai* to cause to stand: ⇨ stand〗

-sta·sis /⌐―(―)stéɪsɪs, -stǽs-, ⌐―stəsɪs | -sɪs/) (*pl.* **-sta·ses** /⌐―stéɪsiːz, -stǽs-, ⌐―stəsìːz/) 次の意味を表す名詞連結形: **1** 「(体液流の)停止」: hemo*stasis*. **2** 「安定状態維持の傾向」: homeo*stasis*. 〖↑〗

stass·fur·tite /stǽsfəːtàɪt, ʃtáːs- | -fə-/ *n.* 〖鉱物〗塊硼(ほう)鉱. 〖《1858》□ G *Stassfurtit* ← *Stassfurt* (ドイツの主産地): ⇨ -ite[1]〗

stat /stǽt/ *int.* 《病院俗》直ちに, 至急, 急いで. 〖《1875》《略》← L *statim* immediately〗

stat. /stǽt/ 《略》statics; 〖処方〗L. statim (＝immediately); stationary; statistical; statistics; statuary; statue; statute(s); statute (miles). 〖1970〗

stat- /stǽt/ 〖電気〗cgs 静電単位系で表す電気単位につける連結形. 〖← (ELECTRO)STAT(IC)〗

-stat /⌐―(―)stæ̀t/ 次の意味を表す名詞連結形: **1** 「安定[固定]させる装置」: aero*stat*, photo*stat*, thermo*stat*. **2** 「常に一方向に…を反射させる装置」: helio*stat*. **3** 「発達防止剤」: bacterio*stat*. 〖← NL *-stata* ← Gk *-státēs* one that stops or steadies ← *histánai* to cause to stand: *heliostat* (1747) が初例: ⇨ stand〗

stat·a·ble /stéɪṭəbl | -tə-/ *adj.* 陳述することのできる. 〖《1802》← STATE (v.)＋-ABLE〗

stat·al /stéɪṭl | -tl/ *adj.* **1** (米国やインドなどの)州の[に関する] (cf. federal 1). **2** 国政の[に関する]. **3** 〖文法〗状態の, 状態を表す (cf. actional 2): a ～ verb 状態動詞 / a ～ passive 状態受動態《例えば The gate *was* already *closed.* における was closed》. 〖《1862》← STATE (n.)＋-AL[1]〗

stat·am·pere /stæ̀tǽmpɪə, -pεə | -pεə(r)/ *n.* 〖電気〗スタットアンペア《cgs 静電単位系での電流の単位》. 〖《1963》← STAT-＋AMPERE〗

sta·tant /stéɪtənt, -tnt | -tənt, -tnt/ *adj.* 〖紋章〗〈ライオンなどの猛獣類が〉4本足で立っている. 〖《*c*1500》← L *stat-* ((p.p.) ← *stāre* 'to STAND')＋-ANT〗

stat·cou·lomb /stæ̀tkúːlɑ(ː)m, -loʊm | stæ̀tkúːlɔm/ *n.* 〖電気〗スタットクーロン《cgs 静電単位系での電荷の単位》. 〖《1925》← STAT-＋COULOMB〗

S **state** /stéɪt/ *n.* **1 a** (事物の)(存在)状態, ありさま, 様子 (condition, situation): a house in a ～ of disrepair 荒れた家 / affairs in a ～ of confusion 混沌たる情勢 / a ～ of affairs 事態, 形勢 / the ～ of the case 実情, 真相 / in this novel [sad] ～ of affairs この珍しい[悲しい]事態において / the married [single] ～ 結婚[独身]の状態 / the patient's ～ 患者の容態 / He is in a poor [precarious] ～ of health. 悪い[危険な]健康状態にある / a ～ of seige 包囲状態 / declare a ～ of emergency 非常事態を宣言する. **b** (精神の)状態: a ～ of mind 精神[心的]状態 / in a comatose ～ 昏睡状態に陥って / She is in a depressed [depressive] ～. ふさぎ込んでいる / He is in an agitated ～. 興奮している / You're in no fit ～ to drive a car. 君は車を運転できる状態にない. **c** 《口語》ひどい状態, 混乱; 興奮(状態), 動揺; 汚ならしい[不潔な]様子: get *into*[be *in*] a ～ 腹を立てる[立てている], 興奮する[している] / He was in quite a ～ over [about] it. その事でひどく気をもんでいた / What a ～ you are in! ひどく興奮しているじゃないか; 何というざまだ. **2 a** (構造・形態・構成などの)状態: a gaseous ～ ガス状 / in the vaporous ～ 水蒸気の状態で. **b** (生物の発達・生長の)段階: the larval ～ 幼虫の段階 / the fetal ～ 胎児期. **3** [しばしば S-] **a** 国家, 国 (body politic)《一定の領土を占め政治的に組織された多数人の団体で, 特に主権を有する場合をいう; cf. nation[1] 2》: fight for the *State* / a welfare [an imperial, a monarchical, a republican, a socialist] ～ 福祉[帝, 王, 共和, 社会主義]国 / the Arab oil ～s アラブ産油国. **b** (しばしば church に対して)政府: church [Church] and ～ [State] 教会と国家, 政教. **c** [*pl.*] ＝estate 5 a. **4 a** [通例 S-] (米国・インドなどの)州: the *State* of Wisconsin ウィスコンシン州 / Do you mean Washington, D. C. or Washington *State*? 首都のワシントンのことですか, それともワシントン州のことですか / the Southern *States* (米国の)南部諸州 / a border *State* 南北境界諸州の一つ (⇨ Border States 1) / ⇨ Free State 1, slave state 1, UNITED STATES of America. ★ 米国 50 州中, 公式名に State を用いず Commonwealth を用いるのは, Massachusetts, Pennsylvania, Virginia, Kentucky の 4 州 (⇨ commonwealth 3). **b** [the States; 通例米国人が国外で自国を呼ぶのに用いて] 米国 (the United States): Have you been to *the States?* 国へ行って来ましたか. **5 a** 地位 (position), 身分, 階級 (rank); (特に)高位 (high rank): persons of [in] every ～ of life あらゆる階級[身分]の人々 / live in a style befitting one's ～ 身分相応の暮らし方をする. **b** 豪奢(ごう)(な暮らし): live [travel] in ～ 豪奢な生活[旅行]をする / robes of ～ 豪華な衣装. **c** 威厳; 威儀, 豪華, 盛観 (pomp): keep (up one's) ～ 威厳を保つ, もったいぶっている / the chair of ～ 王座, 玉座 / ⇨ *in* STATE (2). **6 a** (一国の)国事, 国政: the head of ～ (国家)元首 / matters [affairs] of ～ 国事, 国務 / the Department of *State* (米国)国務省. **b** [S-] (米口語) 国務省 (Department of State). **7** (国家の)領土, 国土 (territory). **8** 《古》 **a** 玉座 (throne). **b** (玉座を覆う)天蓋(がい) (canopy). **9** 〖書誌〗異刷《edition の一部分であるが, 出版までの間に訂正などがなされ, そうでないものと区別される図書(など)の総部数》. **10** 〖数学〗(確率過程 (stochastic process) の)状態. **11** 〖電算〗(オートマトン(automaton) の)状態. **12** 〖物理〗(物理系のとる)状態《巨視的な物理量または量子数によって指定される状態》. **13** 《英》〖軍事〗(部隊の定期的な)現員[現況]報告(書). **14** 《廃》財産 (estate). **15** 《廃》重大性.

in a státe of náture (1) (生まれたときのように)裸で, まっ裸で (nude). (2) 〈人間が〉未開[野蛮]で; 〈動植物が〉野生のままで (cf. STATE of nature). ***in státe*** (1) ⇨ 5 b. (2) 威儀を正して, 盛装[正装]して, 正式に, 堂々と: The King drove *in* ～ through London. 国王は威風堂々とロンドンをお通りになった / lie *in* ～ (埋葬前に一般告別のために)〈帝王などの遺体が〉正装安置される. 《1595–96》 ***the státe of pláy*** (1) (クリケットなどで)得点, スコア (score). (2) (勝負の)形勢. (3) (事の)現状, 形勢. 《1966》 ***the státe of the árt*** (1) (現在またはある時点での, 特定の技術・科学・装置などの)現状, 発達状態[水準] (cf. state-of-the-art). (2) ＝*the* STATE *of play* (3). 《1910》

state of gráce 〖神学〗(1) (state of nature との対比では)恩恵(啓示にもとづく道徳にのっとった)状態. (2) 神の恩恵に支えられている状態.

státe of náture 〖神学〗(人が天恵を受けない)自然(法)下の状態, 未更生, 罪深い状態 (cf. *in a* STATE *of nature*).

Státe of the Únion Addréss [Méssage] [the ―] (米国大統領の)年頭教書. 《1945》

státe of wár (1) 戦争状態: be in [enter into] a ～ of *war*. (2) 戦争状態の継続期間. 《1880》

Státe Ópening of Párliament [the ―] 《英》議会開会(式典).

Státes of the Chúrch [the ―] ＝Papal States.

― *adj.* [限定的] **1** 国家の(ための), 国事に関する: ～ service 国務 / ～ control 国家管理 / ～ policy 国策 / a ～ funeral 国葬 / a ～ criminal 国事犯人 / a ～ trial 国事犯裁判 / a ～ secret 国家機密 / bring under [into] ～ ownership 国有にする / ～ education 《英》公教育 (《米》public education). **2** [しばしば S-] (米国・インドなどの)州の: a *State* highway 州道 / a *State* governor 州知事 / a State senetor 州(選出の)上院議員 / a *State* government [legislature] 州政府[立法府] (cf. FEDERAL Government (of the United States)). **3** 大礼[儀式]用の, 公式(用)の, 来賓用の; 正式の, 正式歯薄(ぎ)の: ～ apartments [chambers] (宮殿などの)儀式用の大広間; 来賓室 (cf. stateroom) / a ～ ball (宮中の)大舞踏会 / a ～ call [visit] (国賓の)公式訪問 / a ～ carriage [coach] 公式用馬車 / ～ papers 公文書 / a ～ dinner 公式晩餐会.

― *vt.* **1** (はっきり, 詳しく)述べる, 明言する, 陳述する, 言う; 声明する, 公言する (declare): ～ one's views [reasons] 見解[理由]を述べる / ～ one's case 自分の立場を陳述する / *State* your name, rank, and serial number. 名前, 階級, 通し番号を述べよ / He ～*d that* he had done it. 自分がそれをやったのだとはっきり述べた / It is ～*d* that …と述べられている / as ～*d* above 上述の通り. **2** 〈問題・関係などを〉正確[明瞭]に示す: ～ a problem, one's opinion, the facts, etc. / Prescriptions must ～ the doses clearly. 処方箋は服用量を明確に示さなければならない. **3** [p.p. 形で] 〈日付・値段などを〉定める, 規定する, 決める (fix, settle): at a ～*d* date 定められた日に.

〖n.: (?*a*1200) *stat(e)* □ OF *estat* (F *état*) // L *status* posture, position (p.p.) ← *stāre* 'to STAND': ESTATE と二重語. ― v.: (*c*1590) ← (n.)〗

SYN **1 状態: state** ある一定時の人や物の置かれている状況: I was in a very nervous *state*. とてもあがっていた / the *state* of the world today 今日の世界情勢. **condition** ある原因によって生じる特殊な状態: The *condition* of the patient is critical. 病人の状態は危篤である. **situation** あることまたは人の周囲の状況との関係のしかた, つまり置かれた立場, あるいは総合的な周囲の状況・事態: ease the housing *situation* 住宅事情を緩和する. **circumstance** あることと同時に起こった周囲の状況《通例複数形で》: *Circumstances* made us change our plan. 事情があって我々は計画を変えなければならなかった. **status** 社会的・法的・職業的な要因によって決まる状態: the *status* of a teacher 教師の身分.
2 述べる: ⇨ say[1].

state·a·ble /stéɪṭəbl | -tə-/ *adj.*＝statable.

state áid *n.* 国庫補助[助成](金). 〖1856〗

state-áided *adj.* 国庫補助[助成]を受けている.

Státe attórney *n.* 《米》〖法律〗州検事 (State's attorney ともいう; cf. district attorney, county attorney).

state bánk *n.* **1** 国営銀行. **2** [S- b-] (米国の)州法銀行《州政府からの認可を受け, 州の銀行法の管理下にある銀行; cf. national bank 2》. 〖1815〗

state bénefit *n.* 《英》(失業・病気などに対する)国家給付金.

Státe bírd *n.* 《米》(州を象徴する)州鳥. ★ ⇨ United States of America 表. 〖1910〗

state cápitalism *n.* 国家資本主義《国家が資本を所有または支配する資本主義》. 〖1903〗

State Cápitol *n.* 《米》＝Statehouse.

state chúrch, S- C- *n.* ＝established church.

state cóllege, S- c- *n.* 《米》州立カレッジ (cf. state university). 〖1831〗

státe cóurt *n.* 《米》州裁判所.

státe·cràft *n.* **1** 国政, 国政術 (cf. kingcraft). **2** 《古》政治[政略]的手腕. 〖1642〗

stat·ed /stéɪṭɪd | stéɪt-/ *adj.* **1** 定まった, 規定された, 一定の, 定期の (fixed), 確定した, 決まった (established): a ～ meeting 所定の会合 / at a ～ time 決めたときに, 所定の時間に / for a ～ fee 規定の料金で / at ～ intervals 定期に, 規定の間を置いて. **2** はっきり述べられた, 明言された (declared). **3** 《まれ》〈役人などが〉任命された. **～·ly** *adv.* 〖1641〗

státed cáse *n.* 〖法律〗＝case stated.

státed clérk *n.* 〖長老派教会〗(米国長老派教会の)常任書記(長), 事務総長《総会の moderator に次ぐ第二位の役職》. 〖1909〗

State Depártment *n.* [the ～] (米国の)国務省 (the Department of State)《他国の外務省 (Foreign Office) に当たる》. 〖1790〗

Státe Enrólled Núrse *n.* 《英》国家登録看護婦[夫, 士]《2 年の実習課程を終えたもの; State Registered Nurse より資格が低い; 略 SEN》.

Státe flówer *n.* 《米》(州を象徴する)州花 (cf. floral emblem). ★ ⇨ United States of America 表. 〖1898〗

státe·hòod *n.* 国家であること, 国家の地位; (特に米国の)州の地位, 州であること: Hawaii was admitted to ～ in 1959. ハワイは 1959 年に州となった. 〖1868〗

Státe·hòuse, s- *n.* (*also* **Státe Hòuse**) **1** 《米》州会議事堂. **2** 公式行事の催される建物, 迎賓館. 〖1638〗

státe hòuse *n.* 《NZ》国営賃貸住宅.

státe·less *adj.* **1** 国[国籍]のない[を失った]. **2** 市民権のない: a ～ person. **～·ness** *n.* 〖1609〗

state·let /stéɪtlɪ̀t/ *n.* 小国家. 〖《1865》← STATE＋-LET〗

státe líne *n.* 《米》州境界線. 〖1783〗

state·ly /stéɪtli/ *adj.* (**state·li·er; -li·est**) 〈姿・歩き方・文体・樹木など〉威厳のある, 堂々たる, 壮麗な, 荘厳な (⇨ grand **SYN**): a ～ manner, style, palace, etc. / a ～ tree. ― *adv.* 《まれ》堂々と, 荘厳に, いかめしく. **státe·li·ness** *n.* 〖《*c*1386》 *statly*〗

stately hóme *n.* 《英》(自由に観覧を許されている田舎の)大邸宅. 〖1831〗

state machíne *n.* 〖電子工学〗状態機械《直前の状態と入力によって状態が切り替わる計算機の抽象モデル》.

state médicine *n.* 医療の国家管理, 国家医療.

state·ment /stéɪtmənt/ *n.* **1** 述べること, 言うこと; 陳述のしかた, 述べかた. **2 a** (文書・口頭による)所説, 陳述, 申告; 供述, 声明(書), ステートメント; (絵画などの感情・思想の)表明, 表現: an official ～ 公式声明書 / issue a ～ 声明(書)を出す / make a ～ 申し立てをする, 陳述する. **b** 一つの主張[意見]; (主張・意見・声明などの中の)一文, くだり. **3** 〖法律〗供述, 陳述. **4 a** 〖会計〗報告, 計算書, 一覧表: according to the monthly bank ～*s* 銀行の月次報告によれば / a ～ of accounts 勘定表, 財務表. **b** 請求明細書: ～*s* and questions. **5** 〖音楽〗(主題・主旋律の)提示: ～, development, and recapitulation (of a theme) (主題の)提示, 展開, 繰り返し. **6** 〖電算〗ステートメント, 文《プログラミング言語で記述された命令文》. **7** 〖論理〗言明, 立言, 陳述, 表述.

státement of affáirs 〖会計〗破産貸借対照表《破産管財人が破産手続きの開始にあたり, 現存する資産と負債を示すために作成するもの》. 《1895》

státement of applicátion fùnds 〖会計〗＝funds flow statement.

státement of cláim [the ―] 〖英法〗原告の最初の訴答 (cf. declaration 3 a, pleading 2 c).

státement of fináncial posítion 《米》〖会計〗貸借対照表 (balance sheet).

státement of sóurces and úses of nét wórking cápital 〖会計〗＝funds flow statement.

― *vt.* 《英》〈児童を〉障害者用の特別な教育が必要として公に指定する《1988 年の教育改革法の 'statement of special educational need' から出た表現》.

〖《1775》← STATE (v.)＋-MENT〗

Stát·en Ísland /stǽtn̩-/ *n.* スタテン島《米国 New York 湾内の島; 周辺の島々と共に New York 市の一区 (旧名 Richmond) を構成する; 面積 155 km²》. 〖□ Du. *Staaten Eylandt* States Island: cf. States General〗

státe-of-the-árt *adj.* [限定的] 〈装置・機器など〉(問題としている時期における)最新式の: a ～ computer, TV set, etc. 〖《1955》← *the state of the art* (⇨ state 成句)〗

státe-ówned *adj.* 国が所有する, 国有の. 〖1887〗

state párk *n.* (米国などの)州立公園. 〖1885〗

state políce *n.* [集合的] 《米》州警察.

state práyers *n. pl.* 〖英国国教会〗護国の祈り《国王・王室・聖職者・国会に捧げる祈りで, 早禱(そう)と晩禱(ばん)で行われる》.

state prísón, S- p- *n.* 《米》州刑務所《通例重罪犯人を収容する; state's prison ともいう》. 〖1723〗

state prísoner *n.* ＝political prisoner.

stat·er[1] /stéɪṭə | -tə(r)/ *n.* 述べる[言う]人, 陳述者, 声明者. 〖《1702》← STATE (v.)＋-ER[1]〗

sta·ter[2] /stéɪṭə, stɑːtéə | stéɪtə(r)/ *n.* スタテル《古代ギリシャの都市国家で用いた貨幣; 金貨・銀貨・金銀合金貨など

種々あり価値もいろいろある)．〘(c1390) □ LL statēr weight, standard coin □ Gk statḗr ← histánai to weigh, cause to stand: ⇨ stand〙
Státe Régistered Núrse n. 《英》正看護婦[士]（略 SRN）．〘1920〙
státe relígion n. 国教.
Státe ríghts n. pl. ＝States' rights.
státe·ròom n. 1 《英》(宮殿・大邸宅などで公式用の)大広間，儀式室 (state apartment). 2 (汽船の)特等室，専用室 (private cabin). 3 《米》(列車の)専用室，家族室．〘1660〙
státe-rún adj. 国営の; 《米》州営の．〘1946〙
Státe's attórney n. 《米》〘法律〙＝State attorney.
státe schòol n. 《英》公立学校.
Státe Sécretary n. (日本の)政務次官: State Foreign Secretary 外務政務次官.
Státe Sérvice Commìssion n. 《NZ》(政府任命の)公益授業委員会.
státe sérvices n. pl. 〘英国国教会〙国家祝賀行事の際の祈り.
státe's évidence, S- e- n. 〘米法〙 1 共犯証言（共犯者の一人が行う証言で，他の被告には不利となり，本人自身には減刑が行われる）. 2 共犯証人: turn ～ 共犯証人となる，共犯証言をする. ★ 英国の king's [queen's] evidence に当たる. 3 (刑事事件で提出される)州側の証拠物件．〘1827〙
Státes Géneral n. pl. [the ～] 1 a オランダ議会（上院 (First Chamber) と下院 (Second Chamber) とから構成されている）. b (15 世紀–18 世紀の)オランダ共和国の最高議会. 2 〘フランス史〙全国三部会 (⇨ Estates General).〘(1585)（なぞり）← F états généraux // Du. staaten generaal〙
státe·síde, S- 《米口語》adj. (国外から見て)米国の，米国本土の. — adv. (国外から見て)米国へ[に，から]，米国本土へ[に，から].〘(1944) ← (United) State(s)＋SIDE〙
states·man /stéɪtsmən/ n. (pl. -men /-mən/) 1 政治家（賢明にして偏見のない資質をその特徴とする; cf. politician²; ⇨ politician SYN): A politician thinks of the next election; a ～, of the next generation. 政治屋は次の選挙のことを考え，政治家は次の世代のことを考える. 2 《北英》小自作農.〘(1592)（なぞり）← F homme d'état: cf. townsfolk〙
státesman·lìke adj. ＝statesmanly.
státesman·ly adj. 政治家にふさわしい，政治家らしい．〘1845〙
státesman·shìp n. 政治家的性格，政治的手腕．〘1764〙
state sócialism n. 国家社会主義．〘1879〙
state sócialist n. 国家社会主義者．〘1879〙
Státe sóng n. 《米》州歌（例えば Kentucky 州の My Old Kentucky Home）.
státe's prísón, S- p- n. ＝state prison.
Státes' ríghter, S- R-, s- r- n. 《米口語》州権論者.
states' ríghts, S- r-, S- R- n. pl. 《米》 1 州権（憲法によって中央政府へ委任されていないすべての権利; State rights ともいう）. 2 州権拡大論．〘1858〙
States' Ríghts Démocrat n. (米国の)州権民主党員 (Dixiecrat) (cf. States' Rights Party).
States' Ríghts Párty n. [the ～] (米国の)州権民主党（1948 年民主党から離脱した反トルーマン派の民主党員の組織; States' Right Democratic Party, Dixiecrats ともいう）.
státes·wòman n. (pl. -women) 女性政治家.〘(1609): cf. statesman〙
state tàx n. 《米》州税
Státe trée n. 《米》(州を象徴する)州木．〘1917〙
state tríal n. 国事犯裁判.
state tróoper n. 《米》州警察の警官.
state univérsity, S- u- n. 《米》州立大学.
日英比較 日本の「国立大学」は national university と訳されることが多い．しかし，state も元来の「国」の意であるから，日本の「国立大学」を state university と訳することもある．なお，米国には連邦政府が経営している大学はない．〘1831〙
state véctor n. 〘物理〙状態ベクトル（量子力学的な系の状態を表わすベクトル）.
state·wide, S- /stéɪtwáɪd/ adj. 《米》州全体の: a ～ movement, organization, etc. — adv. 州全体で[にわたって].〘1911〙
stat·far·ad /stætfǽrəd, -ræd, -fέr- | -fǽr-/ n. 〘電気〙スタットファラド（cgs 静電単位系での静電容量の単位）.〘← STAT-＋FARAD〙
stat·hen·ry /stæthénri/ n. 〘電気〙スタットヘンリー（cgs 静電単位系でのインダクタンスの単位）.〘← STAT-＋HENRY〙
stat·ic /stǽtɪk | -tɪk/ adj. 1 静止(状態)の (↔ dynamic). 2 静止して動かない，発展[変化]のない，生命力を欠いた. 3 〘物理〙運動を伴わないでただ力だけ作用する，静的な; 静力学(上)の (cf. kinetic, astatic): a ～ moment 静止率 / ～ stability 静的安定; (船の)静的復原力 / ⇨ static energy. 4 〘電気〙 a 空電の; 静電(気)の (electrostatic): ⇨ static electricity / ～ induction 静電誘導 / a ～ discharger 放電器. b 空電による電波障害の. 5 〘社会学・経済〙静態的な. 6 〘電算〙〈記憶装置が〉スタティックな，静的な（電力が供給されている限り記憶を失わない）. — n. 1 〘電気〙空電 (atmospherics); 静電(気) (atmospheric electricity). 2 〘電気〙(空電による)電波障害. 3 《俗》 a 敵意のこもった批判，異議. b 困難，いざこざ (trouble). c じゃま (obstruction).
〘(1576) ← NL staticus ← Gk statikós causing to stand, skilled in weighing: ⇨ state, -ic¹〙
-stat·ic /stǽtɪk | -tɪk/ 次の意味を表す形容詞連結形 (cf. -stasis): 1 スピードを遅らせる，…阻止の: bacteriostatic. 2 安定維持の，調節的な: thermostatic.〘← Gk statikós (↑)〙
stát·i·cal /-tɪkəl, -kl | -tɪ-/ adj. ＝static. **～·ly** adv.
státically detérminate strúcture n. 〘機械〙静定構造（力を支える機械または建築構造物において，各構成部材が受けもつ内力が力の釣合い条件だけから計算できるような構造物）.
státically indetérminate strúcture n. 〘機械〙不静定構造（力を支える機械あるいは建築構造物において，各構成部材が受けもつ内力が力の釣合い条件だけでは計算できないような構造物）.
stat·i·ce /stǽtəsi, -tɪs | -tɪsi, -tɪs/ n. 〘植物〙＝sea lavender; thrift.〘(1731) □ L staticē □ Gk statikḗ statice (fem.) ← statikós causing to stand, astringent: ⇨ static〙
státic electrícity n. 〘電気〙静電気 (cf. dynamic electricity).〘1876〙
státic énergy n. 〘物理〙位置のエネルギー (cf. kinetic energy).
Státic Guárd n. 〘商標〙スタティックガード（米国製の衣類用静電気帯電防止スプレー）.
státic héad n. 〘物理〙静水頭（流体の静圧 (static pressure) を，重力場で同じ圧力を与える流体の柱の高さで表したもの; 単位 m）.
stat·ick·y /stǽtɪki | stǽt-/ adj. ＝static.
státic léns n. 〘電気〙電界レンズ.
státic líne n. 〘航空〙自動開傘索（パラシュートの収納袋と飛行機の構造の一か所とを結ぶ索で，落下傘兵や投下物が機外に飛び出すと索が引かれ，自動的に開傘するようにしたもの）．〘1930〙
státic márks n. pl. 〘物理〙空電像（空電による光の像）.
státic préssure n. 〘物理〙静圧，静水圧（流れをせき止めたときに生じる総圧 (total pressure) から動圧を差し引いた圧力）．〘1915〙
stat·ics /stǽtɪks | -tɪks/ n. 1 〘物理〙静力学（物体に作用する力の釣合いを論じる力学の一部門; cf. kinetics 1）. 2 〘経済〙静学（経済生活を規定する基本条件が変化しないかまたは 1 回だけ変化する場合の経済原理論; economic statics ともいう; cf. dynamics 4）.〘(1656) ← (古形) static statics ← NL statica ← Gk statikḗ (tékhnē) (the art) of weighing: ⇨ static, -ics〙
státic sensátion n. 〘生理〙平衡感覚.
státic stabílity n. (船舶や飛行機の)静安定.
státic tùbe n. (流体の静圧を測定する)静圧(測定)管．〘1923〙
státic vóltmeter n. 〘電気〙静電電圧計.
státic wáter n. 《英》貯水槽にためてある水．〘1944〙
sta·tion /stéɪʃən/ n. 1 (電車・列車などの)駅，停留所，停車場 (stopping place); 駅舎: a goods ～ 《英》貨物駅 (《米》freight depot) / ⇨ air station, bus station, coach station. 2 a (官庁・施設などの)署，部，局，所，本部: a broadcasting ～ 放送局 / a police ～ 警察署 / a power ～ 発電所 / a coastguard ～ 海岸警備隊[救難船員]詰所. b 警察署 (police station). c 消防署 (fire station). d (ラジオまたはテレビ)放送局; チャンネル: tune (in) to a (radio [TV]) ～ 〈受信機を〉ある(ラジオ[テレビ])放送局に合わせる / get [pick up] a ～ テレビ[ラジオ]を受信する. e 《米》(中央郵便局をもつ都市での)郵便局支局[分局]. 3 (主に戸外で特定の事業・仕事をする)事業所 (stand): a filling [gas] ～ 給油所，ガソリンスタンド / ⇨ service station. 4 (人・物の立っている，または立つ[置く]ように命じられた)場所，置場; 持場，部署 (post): a sentinel's ～ 歩哨の部署 / a lifeboat ～ 《英》救助船置場 / take up one's appointed ～ 定めの部署につく / They returned to their several ～s. 彼らは皆それぞれの持場へ帰った. 5 (社会的)身分，地位 (rank); 高位: people of (high) ～ 高位の人々 / a person's ～ in life 身分 / a lowly [an exalted] ～ in life 低い[高い]身分 / have [get] ideas above one's ～ 身分不相応の考えをもつ. 6 職種，職業 (calling). 7 科学[自然]現象を研究・観察する場所: a seismological ～ 地震研究所 / a meteorological ～ 測候所 / ⇨ space station. 8 a 〘陸軍〙駐屯地，衛戍(えいじゅ)地; 〘海軍〙根拠地，軍港，要港，鎮守府 (naval station); 〘空軍〙航空補給所. b (艦船の陣形・航空機の編隊内での)定位置，占位位置. c (艦隊・部隊などの)警備区域. d (昔のインドで)英政府官吏居住地，英軍守備隊将校の駐屯所. 9 ミシンにある自動模様編み装置つきのポケット[凹所]. 10 《豪》(建物・土地を含む)大家畜飼育場，大牧場 (ranch): a sheep ～. 11 〘生物〙生息地，採集地点，産地 (habitat)（調査・探険などで，その動植物が発見された場所）. 12 〘測量〙基点; 測点（測球とそれに隣る測球との交点）. 13 《古》静止(状態) (↔ motion): in ～ 静止して. 14 〘キリスト教〙小斎（ギリシャ教会では水・金曜日に，カトリック教会では金曜日に行う; station day ともいう）. 15 十字架の道行きの留(りゅう)（14 の station の一つ; ⇨ STATIONS of the cross）. 16 [pl.] 《アイル》〘カトリック〙告解に先立つミサ（毎年アイルランドの田舎の教区民宅で行われる）.
státions of the cróss, S- of the C- [the ―] (1) 十字架の道(行き)（キリストが十字架に掛けられた Calvary の丘に至る 14 場面[留(りゅう)] (stations) を表した像または絵; 教会内(時には戸外)に置かれ，信者はその場面を順次回って特定の祈りを捧げる; Way of the Cross ともいう）. (2) その場面ごとに捧げる 14 の祈りから成る祈禱.〘(1553)〙
— vt. 1 〔…の〕部署につかせる，〔…に〕配置[配備]する，駐在[駐屯]させる，置く〔at, on〕: ～ a guard at the gate [on the coast] 門[海岸]に警備員を置く / Where were you ～ed during the war? 戦争中はどこに駐屯していましたか. 2 [～ oneself で]位置につく，立つ.
〘(c1390) stacioun □ (O)F station □ L statiō(n-) ← status (p.p.) ← stāre 'to STAND': ⇨ state, -ation〙
státion àgent n. 《米》(小さな駅の)駅長．〘1857〙
sta·tion·al /stéɪʃnəl, -ʃənl/ adj. 教会の十字架の道行きの留(りゅう)の.〘(1610) □ L statiōnalis: ⇨ station, -al¹〙
státional máss n. 〘カトリック〙 1 ローマ内の特定の教会で指定された聖日に教皇により正式に行われるミサ. 2 ローマカトリックの司教によってその教区の管轄区域の教会でレント期間中に行われるミサ．〘1902〙
sta·tion·ar·y /stéɪʃənèri | -ʃ(ə)nəri/ adj. 1 動かない，不動の (immobile)，静止した (at rest): remain ～ 静止している / a row of ～ vehicles 止まっている車の列. 2 動かせない，据え付けの (fixed) (↔ portable): a ～ crane 定置起重機 / ⇨ stationary engine, stationary bicycle. 3 a (移動しないで)定住した (settled): ～ diseases 天候に起因し数年間その土地に流行している病気. b 変動のない，居座りの，停滞した，増減のない: a ～ temperature, population, etc. / The population remains ～. 人口には変動がない. c 《古》〈軍隊が〉駐留の: ～ troops 駐留軍. 4 〘天文〙〈惑星などが〉一見したところ経度に変化のない，静止の，留(りゅう)の: a ～ satellite 静止衛星 / ⇨ stationary point. — n. 1 動かない人[物]. 2 〘天文〙＝stationary point.
sta·tion·ar·i·ly /stèɪʃənérəli, ←―――| stéɪʃ(ə)nərəli/ adv. **stá·tion·àr·i·ness** n.〘(1426) stacionarye □ (O)F stationnaire // L statiōnārius: ⇨ station, -ary〙
státionary áir n. 〘生理〙残(留空)気（呼吸のとき，肺に残る空気）．〘1878〙
stationary bícycle [bíke] n. ＝exercise bicycle.
státionary éngine n. 〘機械〙定置機関．〘1825〙
státionary engineér n. 定置機関[機械]担当技師.
státionary flów n. 〘土木〙＝steady flow.
státionary frónt n. 〘気象〙停滞前線．〘1940〙
státionary líquid n. 〘化学〙固定相液体（ガスクロマトグラフィー (gas chromatography) で用いられる，担体にコーティングした液体）.
státionary órbit n. 〘宇宙〙(人工衛星などの)静止軌道.
státionary póint n. 〘天文〙(惑星の)留(りゅう)（単に stationary ともいう）．〘1852〙
státionary státe n. 1 〘物理〙定常状態. 2 〘経済〙定常状態（諸変数が安定し同一状態が毎期反復する）．〘1848〙
státionary wáve [vibrátion] n. 〘物理〙＝standing wave.
státion bìll n. 〘海事〙(乗組員の)部署表，配置表．〘1815〙
státion brèak n. 《米》〘ラジオ・テレビ〙ステーションブレイク，ステブレ（番組の途中または番組間に設けられた局名アナウンス，またはそのための短い時間に行う局名告知やスポットアナウンスなど; cf. chain break）．〘1937〙
státion càlendar n. 《英》(列車の発車時刻を次々に知らせる，駅のホームごとにある)時刻掲示板.
státion dày n. 〘キリスト教〙＝station 14.
sta·tio·ner /stéɪʃ(ə)nə | -nə(r)/ n. 1 文房具商(人); 文房具店. 2 《古》 a 書籍商 (bookseller). b 出版業者 (publisher).〘(1393–94) staticioner □ ML statiōnārius bookseller who has a station or shop ← statiō(n-) shop〙
Státioners' Còmpany n. [the ～] (英国の)書籍出版業組合（1557 年 London で結成された書籍販売業者・印刷業者・製本業者・文房具商などを含む組合）.
Státioners' Háll n. (英国の)書籍出版業組合事務所（1911 年の著作権法発効以前は出版物は全部ここに届け出をしなければ版権が認められなかった）: Entered at ～ 版権登録済み.
sta·tio·ner·y /stéɪʃənèri | -ʃ(ə)nəri/ n. 1 [集合的] 文房具. 2 (通例封筒つきの)便箋(びんせん): hotel ～ ホテルの便箋 / ～ and envelopes 便箋と封筒.〘(1688): ⇨ stationer, -y¹〙
Státionery Óffice n. (英国の)用度局（英国政府の出版局; 文具類も調達する; 正式名 His [Her] Majesty's Stationery Office (略 HMSO)）．〘1798〙
státion hánd n. 《豪》牧場[農場]使用人.
státion hóspital n. 〘軍事〙基地病院，衛戍(えいじゅ)病院（駐屯地などの付近にある軍の病院）．〘1901〙
státion hóuse n. 1 《米》警察署 (police station). 2 《米》消防署 (fire station). 3 (通例田舎の)鉄道駅．〘1833〙
státion índicator n. 《英》＝station calendar.
státion kèeping n. 〘海事〙(移動する艦隊などにおいて) みずからの位置[列位]を保つこと．〘1886〙
státion márk n. 〘測量〙測点.
státion·màster n. (大きな駅の)駅長．〘1856〙
státion pòinter n. 〘測量〙＝three-arm protractor.
státion póle [ròd, stàff] n. 〘測量〙 1 ポール. 2 標尺，準尺 (levelling rod).〘1880〙
státion sérgeant n. 《英》(警察署の)巡査部長．〘1890〙
státion-sów vt. 〈種子を〉条に一定の間隔をあけてまく.
státion-to-státion adj. (長距離電話で)番号通話の

(cf. person-to-person): a ～ call. ── *adv.* **1** 局から局へ. **2** (長距離電話の)番号通話で.

stá·tion wàgon *n.* 《米・カナダ》ステーションワゴン (《英・豪》estate car) 《運転席の後ろに折畳みまたは取りはずし式座席があり後部扉から荷物などを出し入れできる乗用車; beach wagon ともいう》. 〖1894〗

stat·ism /stéɪtɪzm/ *n.* **1** (特に, 共和国における)国家主権主義. **2** (政治・経済の中央集権化を計る)国家統制, 国家主義. 〖(1609) (1919)《なぞり》← F *étatisme*: ⇨ state, -ism〗

stát·ist[1] /-tɪ̣st | -tɪst/ *n.* **1** 国家主権主義者; 国家統制主義者. **2** 《古》政治家 (politician). ── *adj.* 国家統制主義(者)の. 〖(1584) ← STATE＋-IST // ▭ F 《廃》*statiste*: cf. F *étatiste*〗

stat·ist[2] /stǽtɪ̣st | -tɪst/ *n.* 統計学者, 統計家 (statistician). 〖(1803) ▭ G ～ (逆成) ← *Statistik* (↓)〗

sta·tis·tic /stətístɪk | stə-, stæ-/ *adj.* 《まれ》 ＝statistical. ── *n.* 〖統計〗 **1** 統計の要素[項目]. **2** 統計量 《標本から計算される量; その量を値として取る確率変数》. 〖(1789) (逆成) ← STATISTICS: ⇨ -ic[1]〗

sta·tis·ti·cal /stətístɪ̣kəl, -kl̩ | stətísti-, stæ-/ *adj.* 統計の, 統計的な, 統計学上の, 統計に従った[よった]. 〖(1787) ← STATISTICS＋-AL[1]〗 **～·ly** *adv.*

statístical depéndence *n.* 〖統計〗統計的従属性 《量の間に独立性がないこと》.

statístical hypóthesis *n.* 〖統計〗統計的仮説 《母集団についての仮説; 標本によりその真偽が判定される》.

statístical indepéndence *n.* 〖統計〗統計的独立 《2 変数の二元的確率分布において一方の変数を定めたとき, 他方の変数の確率分布が前者の変数をどう取っても常に同一である場合をいう》.

statístical ínference *n.* 〖統計〗統計的推測 《標本による確率的判断のこと》.

statístical linguístics *n.* 統計言語学 《言語の分析に統計的手法を適用する言語学の一分野》.

statístical mechánics *n.* 統計力学 《極めて多数の粒子から成る力学系を統計的に扱う力学》. 〖1885〗

statístical phýsics *n.* 統計物理学 《多数の自由度をもつ系に確率論的手法を適用して巨視的な物理法則を導き出す学問》. 〖1974〗

statístical signíficance *n.* 統計上の有意(性).

statístical tábles *n. pl.* 〖統計〗統計表.

stat·is·ti·cian /stæ̀tɪ̣stíʃən | -tɪ̣s-/ *n.* 統計学者, 統計家. 〖(1825): ⇨ ↓, -ian〗

sta·tis·tics /stətístɪks | stə-, stæ-/ *n.* **1** [単数扱い] 統計学. **2** [複数扱い] 統計(表): ～ of crime [disease] 犯罪[疾病]統計 / ～ of population 人口統計 / ⇨ vital statistics / collect ～ 統計を取る / *Statistics* show that the population of the country has doubled in ten years. 統計によればその国の人口は 10 年で 2 倍になった. 〖(1770) ← G *Statistik* study of political facts and figures (ドイツの統計学者 G. Achenwall (1719–72) の造語) (← NL *statisticus* ← L *status* 'STATE'): ⇨ -ics〗

Sta·ti·us /stéɪʃiəs, -ʃəs/, **Pub·li·us Pa·pin·i·us** /pʌ́bliəs pəpíniəs/ *n.* スタティウス 《45?–?96; ローマの詩人》.

sta·tive /stéɪtɪv | -tɪv/ 〖文法〗 *adj.* 状態[非動作性]を表す (cf. active 6 b; ↔ dynamic): a ～ verb 状態動詞 《know, hear など》. ── *n.* 状態 《動詞・形容詞を下位区分するための統語素性》. 〖(*a*1631) ▭ L *statīvus*: ⇨ state, -ative〗

stat·o- /stǽṭoʊ | -təʊ/「休止; 平衡」の意の連結形. 〖← Gk *statós* fixed ← *histánai* to cause to stand: ⇨ stand〗

stat·o·blast /stǽṭəblæ̀st | -tə(ʊ)-/ *n.* 〖生物〗 **1** (コケムシの)越年芽, 休止芽. **2** (淡水海綿類の)芽球. 〖(1855): ⇨ ↑, -blast〗

stat·o·cyst /stǽṭəsɪ̀st | -tə(ʊ)-/ *n.* **1** 〖動物〗平衡胞 《無脊椎動物の平衡感覚をつかさどる器官》. **2** 〖植物〗植物細胞で色素体や澱粉粒など星状の細胞内構造をもつもの. **stat·o·cys·tic** /stæ̀ṭəsístɪk | -tə(ʊ)-˝/ *adj.* 〖(1902) ← STATO-＋-CYST〗

stat·ohm /stǽtòʊm | -ə̀ʊm/ *n.* 〖電気〗スタットオーム 《cgs 静電単位系での電気抵抗の単位》. 〖← STAT-＋OHM〗

stat·ol·a·try /steɪtɑ́(ː)lətri | -tɔ́l-/ *n.* 《まれ》国家崇拝 《中央集権国家を唱道すること》. 〖(1853) ← STATE＋-O-＋-LATRY〗

stat·o·lith /stǽṭəlɪ̀θ, -tl̩- | -təl-, -tl̩-/ *n.* **1** 〖動物〗平衡石, 耳石. **2** 〖植物〗感受澱粉粒 《植物が澱粉によって重力を感受する性質があるというので, 動物の耳石になぞらえて特にこう呼ぶ》. **stat·o·lith·ic** /stæ̀ṭəlíθɪk, -tl̩- | -təl-, -tl̩-˝/ *adj.* 〖(1900) ← STATO-＋-LITH〗

sta·tor /stéɪṭə | -tə[r]/ *n.* **1** 〖電気〗固定子 (cf. rotor 1): a ～ armature 固定電機子. **2** 〖航空〗静翼 《軸流圧縮機あるいはタービンシステムにおいて回転翼の前後あるいは中間に配置される静止した翼で, 気流のねじれ角を調整して効率を高めるもの》. 〖(1895) ← NL ～ ← L ～ 'one that stands': ⇨ state, -or[2]〗

stat·o·scope /stǽṭəskòʊp | -təskə̀ʊp/ *n.* **1** 〖物理〗微動気圧計. **2** 〖航空〗昇降計 《航空機の飛行高度の微妙な変化を示す気圧計》. 〖(1900) ← STATO-＋-SCOPE〗

stats /stǽts/ 《略》statistics.

stat·u·ar·y /stǽtʃuèri | stǽtʃuəri, -tjuəri/ *n.* **1** [集合的] 彫像 (statues), 塑像, 彫刻 (sculpture). **2** 彫塑術 (statuary art). **3** 《まれ》彫刻家 (sculptor). ── *adj.* **1** 彫像の, 彫塑の: the ～ art 彫塑術. **2** 彫像に適する[から成る]. 〖(1542) ▭ L *statuārius, -āria* (n., adj.): ⇨ statue, -ary〗

státuary brònze *n.* 彫像用青銅.

státuary màrble *n.* 彫像用大理石. 〖1815〗

stat·ue /stǽtʃuː | -tʃuː, -tjuː/ *n.* 彫像, 塑像.

Státue of Líberty (1) [the ―] 自由の女神像 《Liberty Enlightening the World の通称; New York 湾内の Liberty Island にある青銅製巨像で, 右手に高くたいまつ (torch) をかざし, 左手に「1776 年 7 月 4 日」と刻まれたタブレットを持っている; 米国独立百年祭を記念してフランス政府が贈ったもので, 製作者はフランス人 F. A. Bartholdi, 1886 年除幕》. (2) 〖アメフト〗スタチューオブリバティー, 自由の女神 (Statue of Liberty play) 《クォーターがパスと見せかけボールを高くかかげ背後に回り込んだプレーヤーに手渡すトリックプレー》. 〖1900〗 〖(?*c*1380) ▭ (O)F ～ ▭ L *statua* statue, that which is set up ← *statuere* to set up ← *stāre* 'to STAND': cf. statute〗

stát·ued *adj.* 彫像を据え付けた[で飾った]. 〖1731〗

stat·u·esque /stæ̀tʃuésk | -tju-, -tʃu-˝/ *adj.* **1** 彫像[塑像]のような. **2 a** 威厳のある (majestic). **b** 輪郭の美しい, 均勢のとれた, 優美な: a lady of ～ beauty 彫像のように美しい女性. **c** 不動の姿勢の; 不変の. **～·ly** *adv.* **～·ness** *n.* 〖(*a*1834) ← STATUE＋-ESQUE: PICTURESQUE にならった造語〗

stat·u·ette /stæ̀tʃuét | -tju-, -tʃu-/ *n.* 小像 (small statue). 〖(1843) ▭ F ～: ⇨ statue, -ette〗

stat·ure /stǽtʃə | -tʃə[r], -tjə[r]/ *n.* **1 a** 身長, 背, 丈(たけ) (★ 動物, 特に人にいう; ⇨ height SYN): small in ～ 小柄な / be short of ～ 背が低い / of imposing [mean] ～ 堂々たる身長の[背の低い] / grow in ～ 身長が伸びる. **b** 《まれ》(物の)高さ (height). **2** (心的・道徳的などの)発達, 成長; 発達段階[程度]; (到達した)評価, 器量, 名声, 威信: a writer of international ～ 世界的な評価のある作家 / a man of great moral ～ 人格高潔な人. 〖(*a*1325) ▭ (O)F ～ ▭ L *statūra* standing posture, height or size of body ← *stāre* 'to STAND': ⇨ state, -ure〗

stát·ured *adj.* [複合語の第 2 構成素として] 身長が…の: short-*statured* 背の低い. 〖1610〗

sta·tus /stéɪṭəs, stǽṭ- | stéɪt-, stǽt-/ *n.* **1 a** (社会的または職階制上の)地位 (standing), 身分 (rank) (⇨ state SYN): a man's ～ *as* a scholar 学者としての地位 / a man of doubtful ～ 身分の怪しい人 / raise [elevate] the ～ of woman 女性の地位を高める / a rise in ～ 地位の向上 / His ～ among novelists is unique. 小説家の中での彼の地位は特異なものだ. **b** 高い地位[身分], 威信, 信望 (prestige): seek ～ 高い地位を求める. **2** 〖法律〗(人の法律上の)身分. **3** 事情, 事態 (situation): the present ～ of affairs 現在の状勢 / the economic [social] ～ 経済[社会]状勢. 〖(1671) ▭ L ～ 'STATE'〗

státus asth·mát·i·cus /-æsmǽtɪ̣kəs | -tɪ-/ *n.* 〖医学〗喘息(持続)状態 《喘息発作が持続し, 呼吸困難・チアノーゼ・疲憊(ひはい)をきたし, 時に虚脱状態となる》.

státus ep·i·lép·ti·cus /-èpɪ̣léptɪ̣kəs | -èpɪléptɪ-/ *n.* 〖医学〗癲癇(てんかん)重積持続状態 《意識を回復することなく癲癇発作が連続する状態》.

státus in quó /-ɪ̣ŋkwóʊ | -ɪnkwə́ʊ/ *n.* ＝status quo.

státus quo /-kwóʊ | -kwə́ʊ/ *n.* [the ～] そのままの状態, 現状, 体制 (cf. in statu quo): the social ～ 社会の現状. 〖(1833) ▭ L ～ 'the STATE in which (something is)'〗

státus quó án·te /-ǽnṭi | -ti/ *L. n.* 以前の状態, 旧状, 旧態. 〖(1877) ▭ L ～ 'the STATE in which (something was) before'〗

státus quó ánte bél·lum /-béləm/ *L. n.* 戦前の状態. 〖▭ L ～ 'the STATE in which (something was) before the war': cf. belligerent〗

státus sỳmbol *n.* 地位の象徴, ステータスシンボル 《社会的・経済的地位を示す[誇示する]所有物や習慣》. 〖1955〗

stat·ut·a·ble /stǽtʃuṭəbl̩, -tʃuː ṭ- | -tʃuːt-, -tjuːt-/ *adj.* **1** 法律で規定[認容]された; 法規に基づく (statutory): ～ age. **2** 《犯罪など》法律上不法行為と認められている; 法的に罰せられるべき. **stát·ut·a·bly** *adv.* **～·ness** *n.* 〖(1636): ⇨ ↓, -able〗

stat·ute /stǽtʃuːt, -tʃʊt | -tjuːt, -tʃuːt/ *n.* **1** 〖法律〗制定法 《立法府によって制定された成文法 (written law); ⇨ law SYN》; 法令, 法規, (国家の定める)法律(など): by ～ 法令によって / ⇨ private statute, public statute. **2** (法人団体または設立者が永続的規則として定めた)規則: the ～*s* of a university ＝university ～*s* 大学校規. **3** 〖国際法〗(条約などの国際協定の)付属文書. **4** ＝statute fair [hiring].

státute of limitátions [the ―] 〖法律〗出訴期限法.

Státute of Wéstminster [the ―] ウエストミンスター憲章 《英帝国内の自治領の完全な独立を認めた; 1931 年成立》.

státutes at lárge 〖法律〗(法令全書型の)制定法規集 《成立順に全部配列したもの; cf. revised statutes》.

── *adj.* [限定的] 法令で定められた, 法定の (statutory): ⇨ statute mile.

〖(*c*1300) *statu(i)t(e)* ▭ (O)F *statut* ▭ LL *statūtum* law, regulation (neut. p.p.) ← *statuere* to set up, establish, decree: ⇨ statue〗

státute-bàrred *adj.* 〖法律〗法定出訴期限[期間]を過ぎて訴権を失った. 〖1905〗

státute bòok *n.* 《英》[通例 *pl.*] 法令集, 法令全書. 〖1593〗

státute càp *n.* 《廃》法令 (1571) により, 日曜・聖日に市民がかぶることとされたウールの帽子. 〖1594–95〗

státute fáir [hìring] *n.* 《英古》(Candlemas と Martinmas に行われた雇用を決める)雇い人市. 〖1826〗

státute làw *n.* 〖法律〗＝statutory law.

státute mìle *n.* 法定マイル (⇨ mile 1 a). 〖1862〗

stat·u·to·ry /stǽtʃutɔ̀ːri | -tjutəri, -tʃu-, -tri/ *adj.* **1** 法令の[に関する]: a ～ provision 法令の条項. **2** 法令で定められた, 法定の; 法令による[準拠した]: a ～ minimum 法定最小限. **3** 〖法律〗《犯罪など》法令で不法行為と認められた; 法的に罰せられるべき (statutable): ⇨ statutory offense, statutory rape. **stát·u·tò·ri·ly** *adv.* 〖(1717) ← STATUTE＋-ORY[1]〗

státutory críme *n.* 〖法律〗＝statutory offense.

státutory déck lìne *n.* 〖海事〗法定[乾舷]甲板線 《満載喫水線規則に定められている》.

státutory declarátion *n.* 〖英法〗(司法手続き外の)誓約 《宣誓に代わって, 治安判事または宣誓管理官の前で, 制定法に従い行われる》.

státutory ínstrument *n.* 〖英法〗(行政機関の制定する)命令, 規制 《国会制定法ではないが, 関係大臣により作成され国会の承認を得た命令・規則・条例など》.

státutory láw *n.* 制定法, 成文法 《判例法・慣習法に対するもの; statute law, statute, enactment ともいう; cf. case law, commonlaw, equity 2 b》. 〖1879〗

státutory offénse *n.* 〖法律〗(判例法ではなくて)制定法によって規定された犯罪; (特に)強姦(未遂) 《statutory crime ともいう》.

státutory órder *n.* 〖英法〗statutory instrument の旧称.

státutory rápe *n.* 〖米法〗(制定法に定められた)強姦(罪) 《10–18 歳の承諾年齢以下の少女との性交; この場合は同意の有無を問わず強姦罪が成立する》. 〖1898〗

státutory senílity *n.* 法定老齢 《65 歳およびそれ以上》.

státutory ténant *n.* 〖法律〗制定法上の賃借人 《最初の賃貸借期間の満了後も賃貸住宅に留まる法的資格のある人》.

stat·volt /stǽtvòʊlt | -və̀ʊlt, -vɔ̀lt/ *n.* 〖電気〗スタットボルト 《cgs 静電単位系の電圧の単位》. 〖← STAT-＋VOLT[1]〗

Stau·ding·er /stáʊdɪŋə, ʃtáʊ- | -dɪŋə[r]; G. ʃtáʊdɪŋɐ/, **Hermann** *n.* シュタウディンガー 《1881–1965; ドイツの化学者; Nobel 化学賞 (1953)》.

St. Au·gus·tine /sèɪntɔ́ːgəstiːn, -ɑ́ːg- | sɪ̣ntɔːgǽstɪn, sn̩t-, sɛ̀nt-, sèɪnt-, -təgǽs-/ *n.* セント オーガスティン 《米国 Florida 州北東部沿岸の都市; 1565 年スペイン人によって建設された米国最古の都市; 保養地》. 〖▭ Sp. *San Augustín*: St. Augustine of Hippo の祝日 8 月 28 日にスペイン海軍司令官が最初にこの海岸を遠望したことから〗

St. Áugustine gràss *n.* 〖植物〗イヌシバ, アメリカシバ (*Stenotaphrum secundatum*) 《米国南部原産イネ科の匍匐(ほふく)性多年草; 踏圧・刈込みに耐え, 地表面保護用・芝生用》.

St. Augústine's súmmer *n.* 《英》(9 月の)小春日和 《St. Austin's summer ともいう; cf. Indian summer》.

staunch[1] /stɔ́ːntʃ, stɑ́ːntʃ | stɔ́ːntʃ/ *adj.* (**～·er; ～·est**) **1** (主義・信念などが)しっかりした (steadfast), 信頼できる, 忠誠心のある, 節操のある (constant) (⇨ faithful SYN): a ～ churchman. **2** 堅い, 丈夫な, 堅固な, 頑丈な (substantial): a ～ wall, defense, etc. **3** 《まれ》《船などが》水を通さない (watertight): a ～ boat. **～·ly** *adv.* **～·ness** *n.* 〖(1412–20) ▭ OF *estanche* (fem.) ← *estanc* watertight, reliable (F *étanche*) ← *estanch(i)er* 'to STANCH'〗

staunch[2] /stɔ́ːntʃ, stɑ́ːntʃ | stɔ́ːntʃ/ *v., n.* ＝stanch[1].

stau·ro·lite /stɔ́ːrəlàɪt/ *n.* 〖鉱物〗十字石 ($HFe_2Al_9O_8Si_4O_{16}$). **stau·ro·lit·ic** /stɔ̀ːrəlíṭɪk | -tɪk˝/ *adj.* 〖(1796) ▭ F ～ ← Gk *staurós* cross: ⇨ -lite: 十字形の双晶を成すことが多いことから〗

stau·ro·scope /stɔ́ːrəskòʊp | -skə̀ʊp/ *n.* 十字鏡 《結晶体に対する偏光の方位を測定する偏光計の一種》. **stau·ro·scopic** /stɔ̀ːrəskɑ́(ː)pɪk | -skɔ́p-˝/ *adj.* **stàu·ro·scóp·i·cal·ly** *adv.* 〖(1875) ← Gk *staurós* cross＋-SCOPE〗

St. Áustin's súmmer *n.* ＝St. Augustine's summer.

Sta·vang·er /stəvɑ́ːŋə, stɑː-, stæ-, -vǽŋə | -vǽŋə[r]; Norw. stavɑ́ŋər/ *n.* スタバンゲル 《ノルウェー南西部の海港》.

stave /stéɪv/ *n.* **1** 棍棒, さお (stick, pole). **2** 〖音楽〗 **a** 《英》(譜記法で用いられる) 5 線. **b** 譜表 (staff). **3** 桶(おけ)板, 桶ご, 樽(たる)板; (木造船体の)板. **4 a** (はしごの)こ, 段. **b** (椅子(いす)の脚の)桟(さん) (rung). **5** 〖詩学〗 **a** (詩歌の)節, 連 (stanza), 詩句 (verse). **b** (1 行中の)頭韻音 (alliterative sound) 《例えば winged his way の *w*》.
── *v.* (**staved, stove** /stóʊv | stə́ʊv/) ── *vt.* **1 a** …の樽板[桶ご]をはずす, 《樽・桶》の板をくずす. **b** (樽板を壊して)《酒を》流す, こぼす, だめにする. **2** 《船体の》亀裂を作る, 船体に《穴を》あける ⟨*in*⟩. **3** ぶち壊す (break); 《箱・帽子などを》つぶす ⟨*in*⟩; 《スコット》《指などを》くじく: ～ a thing to pieces [splinters] ばらばらに壊す. **4** 《桶・樽》の板を取り替える, 桶ごを替える; 《はしご》に段をつける, 《椅子》に桟をつける. **5** 棒で打つ. **6** 《鉛などを》押し固める. ── *vi.* **1** 《船などが》激しくぶつかって壊れる (break). **2** 《米》急ぐ, 突進する (rush).

stáve óff (1) かろうじて[一時]食い止める; 避ける, よける (ward off); 前もって防ぐ (forestall): ～ *off* one's tiredness. (2) 《古》棒で追い払う; 《人を》追い払う. (1624)

〖(*a*1398) (逆成) ← STAVES (pl.) ← STAFF[1]〗

stáve chùrch *n.* 樽板教会 《北欧起源の中世の教会堂; 樽の板造りで切妻・半球天井がある》. 〖(1915) (なぞり) ← Norw. *stavkirke*〗

stav·er /stéɪvə | -və[r]/ *n.* 《米俗》活動家, 精力家. 〖(1860): ⇨ stave (v.), -er[1]〗

stáve rhỳme *n.* 〘詩学〙 頭韻，頭声．〘1888〙

staves /stéɪvz/ *n.* **1** staff¹ の複数形．**2** stave の複数形．

staves·a·cre /stéɪvzeɪkə | -kə(r/ *n.* 〘植物〙 地中海地方原産キンポウゲ科ヒエンソウの類の植物 (*Delphinium staphisagria*); その種子《有毒なので殺虫剤に用いる; cf. delphinine》．〘(*a*1400) *staphisagre* ▭ L *staphisagria* ▭ Gk *staphìs agría* wild raisin ← *staphís* raisin＋*agría* ((fem.) ← *ágrios* wild)〙

stav·ing /stéɪvɪŋ/ 《米口語》 *adj.* すごく偉大な，強力な (powerful)，すばらしい (excellent)．── *adv.* すてきに，すごく (excessively)．〘*c*1850〙 ← STAVE (vi.) 2＋-ING²〙

Stav·ro·pol /stævróːpəl, -rɑ́ː-, -róʊ-, -pḷ | -rɔ́ː-, -róʊ-; *Russ.* stávrəpəlʲ/ *n.* スタブロポリ《Tolyatti の旧名》．

stay¹ /stéɪ/ *v.* (**stayed**; 《古・米》 **staid** /stéɪd/) ── *vi.* **1** (ある場所に)とどまる (remain); じっとしている: ～ *behind* [*on*] あとに残る; 踏みとどまる / make the dog ～ *outside* 犬を家の中に入れないでおく / ～ (《英》 *at*) home うちにいる，外出しない (cf. stay-at-home) / ～ *in* bed 床の中にいる / ～ *in* a hospital＝(《英》) ～ *in* hospital 入院している / I have no time to ～. 長居する暇はありません，こうしてはいられない / The washing ～*ed out* last night. 洗濯物が昨夜は外に出たままだった / The snow won't ～ *on* the ground. 雪は積もらないだろう / *Stay close to* your phone. (必要の場合に備えて)電話のそばを離れないように / *Stay where* you are. そのままそこにいなさい，動かないで．**2 a** 滞在する; 客となる，(客として)泊る: I don't live here; I'm only ～*ing*. ここの者ではなくて，一時滞在しているだけです / ～ until the weekend 週末まで滞在する / Will you ～ *over* or are you leaving tonight? お泊まりになりますか，それとも今夜お発(た)ちになりますか / ～ *overnight* 一泊する，泊まり込む / ～ the night その晩泊まる《the night は副詞句》 / ～ (*on*) (for) months 何か月も滞在する / ～ *at* [*in*] a hotel ホテルに宿泊する / ～ *in* town 町に滞在する / ～ *with* friends [one's uncle] いろいろな友人[おじ]のところに厄介になる．**b** 〔…まで〕いる，ゆっくりしていく 〔*for, to*〕 (cf. *vt.* 3): Will you ～ *for* [*to*] supper? ゆっくりして夕食をしていきませんか．**c** 《スコット・アフリカ南部・インド》 住みつく，定住する: ～ in a flat in Edinburgh. **3** [補語，前置詞つきの句を伴って] (ある状態に)とどまる，…のままでいる (remain): ～ single 独身を通す / ～ faithful to one's wife 妻に対して貞節を守る / ～ still (動かないで)じっとしている / ～ young 若いままでいる / if the weather ～*s* fine 好天気が続くなら / This won't ～ clean. これはすぐに汚れる / Please ～ seated. どうぞ座ったままで / He ～*ed* a student all his life. 生涯研究者であった / ～ *on* the same road (曲がらないで)同じ道を行く / *Stay on* the line. 並んだままでいてください / ～ *on* a job 仕事にとどまる[を持続する] / ～ *with* the same firm 同じ会社にとどまる / ～ *in* power 権力の座にとどまる / *Stay* tuned to this station! この局にダイヤルを合わせたままにしてください / ～ *out of* trouble [an argument] 面倒にかかわりあわない[議論に加わらない]でいる．**4** 《口語》 **a** (競争などで)耐える (hold out)，持ちこたえる，持続する (last out): ～ well よく持ちこたえる / He was not able to ～ to the end of the race. 競走の最後まで持ちこたえられなかった．**b** 〔競走者などに〕ついて行く (keep up)，遅れをとらない (keep even) 〔*with*〕．**5 a** 《古》 [特に，命令形で] 止まる (stop); (しばらく)休止する，待つ (pause, wait): I cannot ～ *for* you. 君を待つわけにはいかない / Get him to ～ a minute. ちょっと彼を待たせてくれ / *Stay!* You've left your umbrella. ちょっと待って，傘をお忘れですよ．**b** 《古》 やめる，中止する (cease): ～ *from* crying 泣くのをやめる．**6** 《古》 (しっかり)立っている (stand firm)．**7** 〘トランプ〙 《ポーカーで，相手と同額のチップや賭金を張って》 場に残る，様子を見る 〈*in*〉 (cf. call *vi.* 6 d)．── *vt.* **1** 〈手続き・判決などを〉延ばす (delay)，猶予する，中止する (suspend): ～ judgment [decision, punishment] 判決[決定，処罰]を延ばす．**2** (競走などで)…の最後までとどまる，持続する (last out) (cf. STAY *out* (*vt.*) (1)): ～ the distance 全行程を完走する / ～ the course 終わりまで走る，完走する; 最後まで持ちこたえる[頑張る] / He couldn't ～ a mile. 1 マイル競走で最後まで持ちこたえられなかった．**3** 〈食事・演芸などに〉残る，…までいる: ～ dinner, a meal, a performance, etc. ★ 今日では for または to を用いる *vi.* 用法 (⇨ *vi.* 2 b) のほうが普通．**4** 《文語》 (立ち)止まらせる (stop, halt)．**5** 《文語》 〈欲望・食欲などを〉一時抑える，(一時しのぎに)〈腹を〉満たす，〈人の〉飢えをいやす: ～ a person's appetite, thirst, hunger, etc. / ～ a person's longing (一時的に満たして)渇望を抑える / I had a piece of bread to ～ me until dinner. パンを一切れ食べて夕食まで空腹をしのいだ．**6** 《古・文語》 差し控えさせる，引き止める (hold back)，食い止める，防止する，防ぐ (check): ～ bloodshed 流血の事態を阻止する / ～ the spread of a disease 病気の蔓延を食い止める / ～ a person's hand (打とうとする)手を止める．**7** 《まれ》 〈暴力・争い・感情などを〉抑える，静める (suppress, quell): ～ a civil war 内戦を鎮圧する / ～ a person's anger 怒りを静める．**8** 《古》 待つ (await)．

be hére to stáy 《口語》 ＝*come to* STAY (2): Compact cars *are here to* ～. 小型自動車がすっかり定着した．***còme to stáy*** (1) 泊りがけで来る．(2) [have come to ～ として] 《口語》 長続きする，永久化する，定着する: The fine weather [custom] seems to *have come to* ～. この天気[習慣]は長く続きそうだ．(1863) ***stáy aróund*** 《口語》 近く[そば]に居る; 居着く．***stáy awáy*** (1) 留守にする，欠席する 〔*from*〕: ～ *away from* school 学校を休む．(2) 近づかない，手を出さない，なれなれしくしない 〔*from*〕: Tell him to ～ *away from* Mary. メリーにちょっかいを出すなと彼に言ってくれ．***stáy bý*** 《米》 …に味方する，忠実である: The land is the only thing that will ～ *by* you. 頼みになるのは土地だけだ．***stáy dówn*** 〈食物などが〉(もどされないで)胃におさまる．***stáy ín*** (1) ⇨ *vi.* 2 (外へ出ないで)家[屋内]にいる．(2) (罰として)放課後まで居残る: make a class ～ *in* 〈先生が〉クラスの者を居残りさせる．***stáy óff*** …から離れている; …を食べない，飲まない，吸わない: ～ *off* the bottle (健康のために)酒を飲まないでいる / ～ *off* sweets (太らないように)甘い物を控えている．***stáy ón*** (1) ⇨ *vi.* 1, 2 a．(2) 〈火・電灯・テレビなどが〉ついたままになっている．(3) 《廃》 (召使いとして)仕える．***stáy óut*** (*vi.*) (1) ⇨ *vi.* 1．(2) (暗くなるまで)外にいる，家に帰らない: ～ *out* late [until midnight] 夜遅く[真夜中]まで外出している[帰宅しない]．(3) 〈労働者が〉ストライキを続ける．(4) 〈ストライキが〉続く，長引く: The strikes came out and ～*ed out* until they won. ストライキが起こり，勝つまで続いた．(*vt.*) (1) …の最後まで居続ける (cf. *vt.* 2): ～ *out* the whole long lecture 長い講演を最後まで聞く．(2) …よりも長くとどまる，長座する (outstay): ～ *out* the other guests 他の客より長居する．***stáy pút*** 《口語》 置かれたままにある，その場にじっとしている: Nail it on so (that) it ～*s put*. 動かないよう釘で打ちつけておきなさい / He never seems to ～ *put*. 片時も 1 か所に落ち着いていないようだ《いつも忙しく飛び回っている》．(1843) ***stáy úp*** (1) 起きて[寝ないで]いる: ～ *up* late [all night] 夜ふかし[徹夜]する．(2) 倒れない[落ちない]でいる: He got up and ～*ed up* till the end of the fight. 彼は立ち上がり試合の最後まで倒れなかった．***stáy with*** (1) ⇨ *vi.* 2 a, 4 b．(2) …を持続する，やめない: ～ *with* a program あくまでも計画を進める / *Stay with* it till the end! 終わりまでやめないで．〘1593〙

── *n.* **1** 滞在 (sojourn); 滞在期間: a short ～ *in* (a) hospital 短期の入院 / have a week's ～ *with* one's aunt おばの家に 1 週間厄介になる / have a long ～ *in* London ロンドンに長く滞在する．**2** 〘法律〙 延期 (postponement)，猶予，中止，停止 (suspension): (a) ～ of execution [proceedings] 刑の執行停止[訴訟(手続)の中止]．**3** 《米口語》 耐久力，持久力 (staying power)，忍耐，我慢 (endurance)，根気 (persistence): The horse has plenty of speed but no ～. その馬は足は速いが耐久力がない．**4** 止まること; 止まり，停止，休止．**5** 《古・文語》 抑制，抑止，妨害 (restraint, check): put a ～ (up)on a person's activities 人の活動を抑制する．

〘(*c*1440) *steyy(n)* ▭ AF *estei-, estai-* (pres. stem) ← OF *ester* to stop, stay < L *stāre* 'to STAND'〙

SYN とどまる: **stay** 一定の場所に続けている: He is *staying* with the Smiths. スミスさんのところに厄介になっている．**remain** 同じ場所にいる，他の人々が去った後に居残る《*stay* よりも格式ばった語》: He *remained* at home. 家にとどまっていた．**wait** 同じ場所に，または何もしないでとどまっている: *Wait* a moment. ちょっと待っていてくれ．**linger** 去るべき時がきても去りたくないのでしばらくとどまる《格式ばった語》: They *lingered* about the garden after the party. パーティーが終わっても庭園をぶらついていた．

---

stay² /stéɪ/ *n.* **1 a** 支柱 (prop, strut)．**b** 支え，たより (moral support); つえとも柱とも頼むもの (stand-by): the ～ of one's old age 老後のつえ(と頼む人)．**2** [通例 *pl.*] **a** ステー《コルセットの形を作るために用いる平たくて細長い鋼・プラスチック》．**b** 《英》 《まれ》 コルセット《現在では corset と呼ぶ方が一般的》: a pair of ～*s*．**c** (衣類につける)芯．**3** ステー，控え《炉・ボイラー・タンクなどの相対する内壁面の支柱》．── *vt.* **1** (支柱で)支える (support, prop) 〈*up*〉．**2** 支える，支持する (sustain); 力づける，元気づける．**3** 安定させる，固定させる; 〘服飾〙 ステッチをかけてくずれを防ぐ; 《古》 〈コルセットを〉固める．〘(*c*1515) ▭ OF *estaye* (F *étai*) prop, support ← Gmc: cf. stay³．── v.: (1526) (i) ▭ OF *estayer* (F *étayer*) to support ← *etaye* (n.) // (ii) ← (n.)〙

stay³ /stéɪ/ *n.* **1** 〘海事〙 支索，ステー《マストをその上部から斜め下方に固定し倒れないようにしている太索》．**2** 綱，ロープ，控え綱 (guy)．

be quick* [*slack*] *in stáys 〘海事〙 (上手(うわ)回しの際) 〈船首が〉早く回る[回らない]．***héave in stáys*** 〘海事〙 上手回しにする．***in stáys*** 〘海事〙 (上手回しの際) 〈船首が〉回って風上に向いている，(上手回しの途中で)船首帆が裏を打っている (cf. *in* IRONS (2) (a))．***miss* [*refúse*] *stáys*** 〘海事〙 〈船が〉上手回しに失敗する．

── 〘海事〙 *vt.* **1** 〈マストを〉支索で支える: ～ a mast. **2** 〈船を〉上手回しにする．── *vi.* 〈船が〉上手回しになる．(tack).

〘OE *stæg* large mast-rope < Gmc **staʒa-* (Du. *stag* / G *Stag* / ON *stag*) ← **staʒ-* to be firm: ⇨ steel〙

stay-at-home /stéɪəthòʊm | -həʊm/ 《口語》 *adj.* 家にばかりいたがる，出不精(ぶしょう)の (homekeeping)，居住地[自国]を離れない．── *n.* 家にばかりいる人，出不精の人．〘(1806) ← *stay at home* (⇨ stay¹ (*vi.*) 1)〙

stáy bàr [**ròd**] *n.* 〘建築〙 控え棒，支え棒《窓を開いた状態で固定するための棒》．〘1399〙

stáy·bòlt *n.* 〘機械〙 ステーボルト，控えボルト．〘1839〙

stáy-dòwn strike *n.* (坑夫の)坑内居座りストライキ《外の坑夫の就労を妨げるストライキ; cf. sit-down strike》．

stáy·er¹ *n.* **1** とどまる人; 滞在者．**2** 《口語》 根気の強い人[動物]，耐久力のある人[動物]．**3** 抑制する人[物]．**4** 〘競馬〙 ステイヤー，長距離馬《一般に 2,400 メートル以上の距離を得意とする馬; cf. sprinter 2, miler 1 b》．〘(1591) ← STAY¹ (v.)＋-ER¹〙

stáy·er² *n.* 支える者; 擁護者．〘(1579) ← STAY² (v.)＋-ER¹〙

stáy fòresail *n.* 〘海事〙 ステーフォースル，フォアステースル《フォアステー (forestay) にかける三角帆》．

stáy-ìn *n.* ＝stay-in strike.

stáy·ing pòwer *n.* 持久力，耐久力[性]．〘1859〙

stáy-ìn strìke *n.* 《英》 ＝sit-down strike 《stay-in ともいう》．〘← *stay in* (⇨ stay¹ (vi.) 1)〙

stáy·làce *n.* コルセットのひも．〘(1720): ⇨ STAY² (n.) 2〙

stáy·less *adj.* **1** コルセットを着けてない．**2** 《廃》 支持[援助]のない．〘(1587) ← STAY² (n.) ＋-LESS〙

stáy-màker *n.* コルセット製造者．〘1730〙

Stay·man /stéɪmən/ *n.* 〘園芸〙 ステイマン《リンゴの一品種 Winesap の改良種; 米国で栽培した人物に由来する名称》．

Stáy·man convéntion /stéɪmən-/ *n.* 〘トランプ〙 (ブリッジで)ビッド上の定まりごとの一つ《パートナーのノートランプ (no-trump) ビッドに対し，いったんクラブスーツでレイズ (raise) してパートナーに 4 枚以上のメイジャースーツ (major suit) をリビッド (rebid) させる取り決め》．〘(1952) ← *Samuel M. Stayman* (1909– ; 米国のトランプ師)〙

stáy-on-táb *n.* ステイオンタブ《開けたときに本体から離れない缶の口金》．

stáy·sàil /-sèɪl/ ★〘海事〙の発音は /-səl, -sḷ/. *n.* 〘海事〙 ステースル《支索に張った長三角形の帆》: a foretopmast ～ 前檣(ぜんしょう)のトップマストステースル．〘1669〙

stáy stìtching *n.* 〘服飾〙 ステイステッチング《衣服を縫い合わせる前にシームラインの外側にステッチをかけておくこと》．

stáy-ùp *n.* ステイアップ《最上部が伸縮性をもっていて，サスペンダーを必要としないストッキング》．

STB 《略》 *L.* Sacrae Theologiae Baccalaureus (＝Bachelor of Sacred Theology); *L.* Scientiae Theologiae Baccalaureus (＝Bachelor of Theology).

St. Barthólomew's Dày *n.* 聖バルトロマイ[バルトロメオ]の祝日《8 月 24 日》．

St. Barthólomew's Dày Mássacre *n.* ＝MASSACRE of St. Bartholomew('s Day).

stbd. 《略》 〘海事〙 starboard.

St. Ber·nard /sèɪn(t)bənɑ́ːd | s(ə)n(t)bəːnəd, sṇ(t)-/ *n.* セントバーナード《アルプス原産の賢い大形のイヌ》．〘もとアルプスの Great St. Bernard にある修道院で飼っていた救命犬にちなむ〙

St. Ber·nard /sèɪn(t)bənɑ́ːd | s(ə)n(t)bə́ːnəd, sṇ(t)-; *F.* sɛ̃bɛrnaːʀ/, **the Great** *n.* グラン[大]サンベルナール峠《スイス南西部とイタリア北西部との間の Alps の山道; 1800 年 Napoleon 軍がここを越えた; 標高 2,472 m》．

St. Bernard, the Little *n.* プチ[小]サンベルナール峠《フランス南東部とイタリア北西部との間，Mont Blanc の南の山道; 標高 2,188 m》．

St. Bernárd's lìly *n.* 〘植物〙 ヨーロッパ産のユリ科アンセリカム属の一日花をつける多年草 (*Anthericum liliago*).

St. Bóniface *n.* セントボニフェス《カナダ Manitoba 州南部の都市》．

stbt 《略》 steamboat.

STC 《略》 Samuel Taylor Coleridge; short-title catalog; 《インド》 State Trading Corporation.

St. Cath·ar·ines /sèɪn(t)kǽθ(ə)rɪ̀nz | s(ə)n(t)kǽθ(ə)rɪnz, sṇ(t)-/ *n.* セントキャサリンズ《カナダ Ontario 州南東部，Walland 運河に面する都市》．

St. Chris·to·pher /sèɪn(t)krístəfə | s(ə)n(t)krístəfə(r, sṇ(t)-/ *n.* セントクリストファー島《西インド諸島，Leeward 諸島の一島で St. Christopher-Nevis を成す; 面積 169 km²; St. Kitts ともいう》．

St. Chrístopher-Névis *n.* セントクリストファーネビス《西インド諸島，Leeward 諸島の St. Christopher 島と Nevis 島から成る英連邦内の独立国 (1983 年独立); 公式名 The Federation of St. Christopher and Nevis; 旧名 St. Kitts-Nevis; 面積 298 km², 首都 Basseterre》．

St. Clair /sèɪn(t)kléə | s(ə)n(t)kléə(r, sṇ(t)-/ *n.* [the ～] セントクレア《米国 Michigan 州とカナダ Ontario 州との国境を成している川 (66 km); Huron 湖に発して南流，St. Clair 湖に注ぐ》．〘← F *Sainte Claire* (*St. Claire* of Assisi: 1194–1253)〙

St. Cláir, Lake *n.* セントクレア湖《米国 Michigan 州南東部とカナダ Ontario 州との間の湖; 長径 48 km, 面積 1,191 km²》．

St. Cláir Shóres *n.* セントクレアショアーズ《米国 Michigan 州南東部，St. Clair 湖に面し，Detroit の郊外にある都市》．

St. Cloud¹ /sèɪn(t)kláud | s(ə)n(t)-, sṇ(t)-, / *n.* セントクラウド《米国 Minnesota 州中部，Mississippi 河畔の都市》．

St. Cloud² /sæ̃(ŋ)klúː, sæŋ-; *F.* sɛ̃klu/ *n.* サンクルー《フランス Seine 河畔 Paris 付近の都市; 旧王宮跡》．

St. Croix /sèɪn(t)krɔ́ɪ | s(ə)n(t)-, sṇ(t)-/ *n.* **1** セントクロイ(島)《米領 Virgin 諸島中の最大島; 面積 218 km²; スペイン語名 Santa Cruz》．**2** [the ～] セントクロイ(川)《米国 Wisconsin, Minnesota 両州の境を南流して Mississippi 川に注ぐ川 (264 km)》．〘← F ～ 《原義》 holy cross: フランスの航海家 J. Cartier が Holy Cross Day にこの川のところへ来たことにちなむ〙

std 《略》 standard; started.

STD 《略》 *L.* Sacrae Theologiae Doctor (＝Doctor of Sacred Theology); sexually transmitted disease; 《NZ》 subscriber toll dialling; 《英》 subscriber trunk dialling.

St. Da·vid's /sèɪn(t)déɪvɪ̀dz | s(ə)n(t)déɪvɪdz, sṇ(t)-/ *n.* セントデービッズ《ウェールズ南西部 Pembrokeshire の町; 12 世紀の大聖堂があり，ウェールズの守護聖人 St. David が祭られている》．

ŚTD còde *n.* 《英》 〘電話〙 自動即時市外通話番号《加入者番号の前につける 2 桁以上の数字; cf. area code》．

S

〚*STD*: 《略》← *s*(*ubscriber*) *t*(*runk*) *d*(*ialling*)〛
St-De·nis /sæ̃(n)dəníː, sæn-; *F.* sɛ̃dni/ *n.* サンドニ: **1** フランス北部, Paris 付近の都市; フランス諸王の墓がある. **2** インド洋にあるフランス海外県 Réunion 島の海港で, 同県の県都.
St. Den·is /sèn(t)dénəs | sə̀n(t)dénɪs, sn̩(t)-/, **Ruth** *n.* セントデニス (1877–1968; 米国の女流舞踊家; 東洋の宗教的な神秘主義をとり入れた).
S. T. Du·pont /ɛ́stìː-/ *n.* 〘商標〙 S. T. デュポン 《フランス S. T. Dupont 社製のライター・革小物・筆記具・腕時計など》.
Ste /sæ̃(n)t, sænt; *F.* sɛ̃t/ 《略》 *F.* Sainte.
stead /stéd/ *n.* **1** [in を伴って] 《まれ》 代わり (place): *in* a person's ～ 人の代わりに / *in* the ～ of …の代わりに / *in* ～ of =INSTEAD *of*. **2** 役立つこと, 助け, 役 (service), 利益, ため (advantage, avail). ★ 次の句に用いる以外は 《古》: stand a person in good ～ 人に非常に役に立つ[助けとなる]. **3** 《廃》 場所 (place). — *vt.* 《古》 …に役立つ (avail to). 〚OE *stede* place < Gmc **staðiz* (Du. *stede* place / G *Statt* place, *statt* instead (of)) ← IE **stā-* 'to STAND'〛
Stead /stéd/, **Christian Ellen** *n.* ステッド (1902–83; オーストラリアの小説家; *The Man Who Loved Children* (1944)).
stead·fast /stédfæ̀st, -fəst | -fɑ̀ːst, -fəst/ *adj.* **1** 固定した, ぐらつかない (immovable); 変化に動じない (immutable): a ～ gaze じっと見つめること, 凝視. **2** 〈信念・決意・愛情などが〉しっかりした, 不動の (firm) (⇨ faithful SYN): ～ faith 不動の信念 / a ～ man 意志の強固な[信念の強い]人, しっかりした人. **～·ly** *adv.* **～·ness** *n.* 〚OE *stedefæst* ← *stede* (↑)+*fæst* 'firm, FAST'〛
Stead·i·cam /stédɪkæ̀m | -dɪ-/ *n.* 〘商標〙 ステディカム 《手で持ったり移動したりしながら撮影するとき用いる映画カメラ固定[揺れ防止]装置》.
stead·i·er /stédiə | -diə^(r)/ *n.* 固定させるもの, しっかりとさせるもの. 〚(1864) ← STEADY (v.)+ -ER[1]〛
stéad·i·ly /-dəli, -dli | -dɪ̀li, -dli/ *adv.* 着々と, 着実に, 堅実に. 〚*c*1445〛
stead·ing /stédɪŋ | -dɪŋ/ *n.* **1** 《英》 小農場. **2** 《スコット・北英》 農場の付属建物. 〚(1472) *steding*〛
stead·y /stédi | -di/ *adj.* (**stead·i·er**; **-i·est**) **1 a** むらのない, 不変の, 一様の, 決まった (regular); 変化のない; 間断のない (uninterrupted), ずっと続く: a ～ wind むらなく吹く風 / a ～ pace [speed] 一定のペース[速度] / a ～ job [income] 定職[定収入] / a ～ girlfriend 《口語》 決まったガールフレンド (cf. *n.* 1) / make ～ progress in one's work 着実に仕事を進める / ～ friendship 変わらぬ友情 / Slow and ～ wins the race. ⇨ slow *adj.* 1 a. **b** いつもの, 習慣になった: a ～ customer 常連の客 / a ～ theatergoer (欠かさず見物に行く)芝居の常連. **c** 〈価格など変動のない: The current rates are ～. 現下の相場は安定している / The market closed *steadier*. 市況は一層安定して終わった. **2 a** (足場・基礎など)しっかりした, 動かない, 安定した, 揺るがない, ぐらつかない (fixed, firm): a ～ table しっかりしたテーブル / a ～ foundation がっちりした基礎 / hold [keep] the ladder ～ (ぐらつかないように)はしごをしっかり押さえる. **b** よろよろしない (unfaltering), 震えない; 方向を変えない, それない (unswerving): a ～ gaze 凝視 / a ～ hand 震えない手; 確固たる指導 / He is ～ on his legs. 足もとがしっかりしている. **c** 〈船が〉(荒海でも)傾かない, 安定した: a ～ ship 安定船. **3** 動じない, 落ち着いた, あわて騒がない: ～ nerves / (as) ～ as a rock 泰然とした[て]. **4 a** 〈生活・主義・目的など〉不動の, 着実な, 堅実な (steadfast), まじめな, 操の固い, 浮気をしない: a ～ person 堅実な人 / a ～ policy 着実な政策 / ～ principles 着実な主義 / a ～ purpose 確固たる目的 / be ～ in one's allegiance 忠誠心が揺るがない. **b** 信頼できる, 安心できる (reliable): a ～ horse, player, etc. **c** 過度に陥らない, 節度のある (sober). **5** 〘海事〙 針路の変わらない: Keep her ～!=*Steady* as she goes! 宜候(ようそろ) 《現在の針路をそのまま保持せよという意味の号令》.
gò stéady 《口語》 一人の異性とだけ交際する; (…と)決まった恋人である, ステディである (*with*) (cf. *play the* FIELD). 《1815》
— *int.* **1** 《英》 落ち着け, あわてるな (Be calm): Ready, ～, go! ⇨ ready 5 a. **2** 〘海事〙 宜候(ようそろ), 針路をそのまま保て (Keep her steady) (cf. *adj.* 5).
— *n.* **1** 《口語》 決まった恋人, 決まったボーイ[ガール]フレンド, ステディ. **2** 〘機械〙 =steady rest.
— *vt.* **1** しっかりさせる, 固定させる, 強固にする, 揺れないようにする. **2 a** 落ち着かせる: Danger *steadies*, instead of flustering, him. 危険は彼をびくびくさせずにかえって落ち着かせる / She *steadied* her nerves [herself] and went back to work. 彼女は落ち着きを取り戻し仕事に戻った. **b** むらのないようにする. **c** 堅実にする. **3** 〘海事〙 〈船を〉針路を変えないようにする. — *vi.* **1** しっかりする, 強固になる, 固定する. **2** 落ち着く, 安定する 〈*down*〉.
Stéady ón. (1) 気をつけろ; 落ちつけ. (2) 〘海事〙 (こぎ方)やめ (Hold hard).
— *adv.* **1** =steadily. **2** 〘海事〙 針路を変えないで.
stéad·i·ness *n.* 〚(?*c*1200) *stedi* ← ? *stede* 'STEAD': ⇨ -y[4]: cf. OE *gestæððig* steadfast〛

SYN 一様な: **steady** 運動が規則正しく, 偏り・変動がない: a *steady* light 揺るがない光. **even** 不規則・不ぞろいがない: an *even* beat of the heart 心臓の規則正しい鼓動. **uniform** いつも[どこも]一様で変化がない: boxes of *uniform* size 同じ大きさの箱. **regular** 《通例よい意味で》 形にむらがなく整っている: *regular* features 整った目鼻立ち. **constant** 〈程度など〉一定不変の: Keep it at a *constant* temperature. 一定の温度に保ちなさい.
ANT unsteady, nervous, jumpy.

stéady flów *n.* 〘土木〙 定常流, 定流 《流体の運動の状態が時間的に変わらないもの; stationary flow ともいう; cf. uniform flow》.
stéady-góing *adj.* **1** 〈人が〉着実な, まじめな, 堅実な, しっかりした. **2** ぐらつかない, 不変の, 一定の (constant): ～ affection. 〚1825〛
stéady lóad *n.* =dead load 1.
stéady rést *n.* 〘機械〙 (旋盤などの)振れ止め 《center rest ともいう》. 〚1882〛
stéady-státe *adj.* **1** 〈系・混合物・割合など〉恒常の, 定常的な, (相対的に)平衡状態を保っている. **2** 〘機械・電気〙 定常状態の. **3** 〘天文〙 **a** 定常的な, 定常状態の. **b** 定常宇宙(論)の, 定常宇宙(論)的な. 〚1909〛
stéady státe *n.* **1** 〘機械・電気〙 定常状態. **2** 〘音声〙 定常部. 〚1885〛
stéady-stát·er *n.* 定常宇宙論者. 〚1966〛
stéady státe thèory *n.* [the ～] 〘天文〙 定常宇宙説 《宇宙は無限に膨張を続けて, その間物質が常に生成され, 密度その他の物理的状態が定常に保たれているという説; continuous creation theory ともいう; cf. big bang theory》. 〚1948〛
steak /stéɪk/ *n.* **1 a** (料理用の)肉や魚の厚い切り身. **b** ステーキ; (特に)ビフテキ (beef steak): ～ meat ステーキ用の肉 (⇨ beef 挿絵) / a juicy ～ 汁の滴(した)るビフテキ / a pork ～ ポークステーキ. **c** (煮込み, シチュー用の)首[肩]の牛肉. **2** 挽肉(ひきにく)(で作ったステーキ): ⇨ Hamburg steak, Salisbury steak. 〚(*c*1420) *ste*(*i*)*ke* □ ON *steik* ← *steikja* to roast on a spit ← Gmc **stik-* 'to STICK[2]'〛
stéak au póivre /-oupwáːvr(ə), -və | -əupwáːvr(ə), -və^(r); *F.* -opwaːvʁ/ *n.* ペッパーステーキ 《黒コショウをまぶして焼き, バターソースをかけたステーキ; しばしば コニャックをかけ火をつけて供する》. 〚(1953) □ F ～ 'steak with pepper'〛
stéak Di·áne /-daɪǽn/ *n.* バターソースをかけたステーキ 《しばしば コニャックをかけ火をつけて供する》. 〚1957〛
stéak·hòuse *n.* ステーキハウス 《ビーフステーキ専門のレストラン》. 〚1762〛
stéak knífe *n.* ステーキナイフ 《肉切り用ののこぎり歯状のナイフ》. 〚1895〛
stéak tártar(e) *n.* =tartar(e) steak.
steal /stíːl/ *v.* (**stole** /stóʊl | stə́ʊl/; **sto·len** /stóʊlən | stə́ʊ-/) — *vt.* **1 a** (こっそり)盗む: have one's bag *stolen* かばんを盗まれる / ～ money *from* a safe 金庫から金を盗む. **b** 〈他人の考え・言葉・作品などを〉無断で自分のものにする, 盗用する, 剽窃(ひょうせつ)する (plagiarize): ～ someone else's idea 他人の考えを盗用する. **c** 《古》 〈子供などを〉さらう, 誘拐(ゆうかい)する (kidnap). **2 a** うまく手に入れる; 〈のぞき見・キス・うたた寝などを〉こっそりする: ～ (*away*) a person's heart ⇨ heart 4 a / ～ a nap [a visit, an interview] こっそりうたた寝[訪問, 会見]する / ～ time *from* one's studies なんとか研究の時間を割(さ)く / ～ a glance [look] *at* a person 人を盗み見る / ～ a kiss *from* a person (相手にさとられないようにして)不意にキスをする / a *stolen* kiss 奪われたキス / ～ a ride *on* a train 列車にただ乗りする. **b** 〈注目などを〉一身に集める: ～ everybody's attention 皆の注目を集める / ～ the scene (大事な人・物から)注意をさらう. **3** こっそり動かす[運ぶ, 置く, 入れる, 持ち込むなど] (smuggle) 〈*away, in*〉 〈*from, into*〉. **4** 〘遊戯・スポーツ〙 うまい[ずるい]ことをして〈点を〉得る, 〈ボールなどを〉取る, 奪う. **5** 〘野球〙 **a** …に盗塁[スチール]する: ～ a base 盗塁する / ～ second [home] 2 [本]塁に盗塁する. **b** 〈サインを〉盗む. — *vi.* **1** (こっそり)物を盗む, 窃盗を働く: Thou shalt not ～. 汝(なんじ)盗むなかれ (*Exod.* 20: 15). **2 a** [方向の副詞語句を伴って] そっと行く[来る]; 忍び込む; こっそり抜け出る: ～ *away* [*in*] こっそり立ち去る[はいり込む] / ～ *into* [*out of*] a house そっと家に忍び込む[から抜け出る] / ～ *up on* a person ひそかに人に近づく / The years *stole by*. いつしか年月が流れた / A look of alarm *stole across* his face. 驚きの色が知らぬ間に彼の顔を横切った. **b** いつの間にか来る[襲う, 広がる]: Sadness *stole into* her look. 悲しみがいつしか彼女の表情に広がった / Winter has *stolen over* us. いつしか冬になった / I felt sleep ～*ing upon* me. 知らぬ間に睡魔に襲われていた / A faint sound *stole upon* my ears. かすかな音が耳に忍び込んできた. **3** 盗塁する: be caught ～*ing* 盗塁に失敗する.
— *n.* **1** 《口語》 **a** (こっそり)盗むこと, 窃盗 (theft). **b** 《米》 盗んだ物, 盗品. **2** 《口語》 大して骨を折らずに[ただみたいに]手に入れたもの, もうけもの, 掘出し物 (bargain). **3** 《米口語》 不正な[いかがわしい]政治上の行為[取引]. **4** 〘野球〙 盗塁, スチール: ⇨ double steal.
〚OE *stelan* ← Gmc **stel-*, **stæl-*, **stul-* (Du. *stelen* / G *stehlen* / ON *stela* / Goth. *stilan*) (変形)? ← IE **ster-* to rob, steal (Gk *stereîn* to rob): ⇨ stalk[2]〛

SYN 盗む: **steal** 〈他人の持ち物を〉こっそり許可なく取る 《一般的な語》: *steal* money 金を盗む. **pick** すりを働く: I had my pocket *picked*. すりにやられた. **pilfer** 〈つまらない物を〉くすねる: towels *pilfered* from a hotel ホテルからくすねたタオル. **filch** 《口語》=*pilfer*. **lift** 《口語》 他人の文章などを剽窃する; 万引きをする: *lift* a passage ある一節を盗む. **rob** 人または場所から物や金を力ずくで奪う: He was *robbed* of his watch. 彼は腕時計を奪われた. **pinch** 《特に英口語》 あまり高価でない物を盗む: My bicycle has been *pinched*. 自転車が盗まれた. **swipe** 《口語》=*steal*: Somebody *swiped* my purse. だれかが私の財布をかっぱらった.

steal·age /stíːlɪdʒ/ *n.* **1** 盗み, 窃盗 (theft). **2** 盗み[盗難]による損失. 〚1769〛
stéal·er /-lə | -lə^(r)/ *n.* **1** 盗む人[もの], 泥棒 (thief). **2** 〘野球〙 盗塁する人. **3** 〘海事〙 (船首尾部の)食込み板 《船は首尾で先細となるため, 外板のうちのあるものは先細に狭くしなければならないが, そのための外板》. 〚*a*1425〛
stéal·ing /-lɪŋ/ *n.* **1** (こっそり)盗むこと, こそどろ. **2** [通例 *pl.*] 《米》 盗んだ物, 盗品. — *adj.* **1** (こっそり)盗む. **2** 《古》 こそこそする. **～·ly** *adv.* 〚*c*1330〛
stealth /stélθ/ *n.* **1** 忍び, 隠密 (secrecy), こそこそしたやり方 (secret procedure). **2** 《廃》 こっそり逃げ出すこと, 雲隠れ (secret departure). **3** 《廃》 **a** 盗み (theft). **b** 盗品. **4** [しばしば S-] 〘軍事〙 ステルス 《レーダーなどによって捕捉されるのを困難にすること》: a ～ aircraft [bomber] ステルス機[爆撃機]. *by stéalth* こっそり, そっと, 秘密に, ひそかに (secretly): do good *by* ～ 陰徳を施す. **～·ful** *adj.* 〚(*c*1250) *stelthe, stalthe* < OE **stǣlþ* < Gmc **stēliðō*: ⇨ steal, -th[2]〛
stealth·y /stélθi/ *adj.* (**stealth·i·er**; **-i·est**) **1** 人目を盗む, こっそりする, 内証の, 秘密の (furtive, stealthful) (⇨ secret SYN): a ～ glance 盗み見 / ～ benefactions 人知れず施す慈善, 陰徳 / ～ footsteps 忍び足, 抜き足差し足 / ～ a submarine 音を立てずに進む潜水艦. **2** 〈行動・性格など〉慎重な. **stéalth·i·ly** /-θəli/ *adv.*
stéalth·i·ness *n.* 〚(1606): ⇨ ↑, -y[4]〛
steam /stíːm/ *n.* **1 a** 蒸気; 水蒸気, スチーム (water steam): ⇨ dry steam, wet steam / superheated ～ 過熱蒸気 / exhaust ～ 排出気 / high-pressure [low-pressure] ～ 高圧[低圧]気 / saturated ～ 飽和蒸気 / have ～ on 蒸気を立てている. **b** 蒸気の力. **2** 湯気; 蒸発気, 発散気[物] (exhalation): windows covered with ～ 湯気で曇ったガラス窓 / a ～ of perfume 香水のにおい. **3** 《口語》 **a** 力, 精力, 元気 (power, energy): put on ～ 精を出す / run out of ～ 気力がなくなる, 息切れする. **b** 感情的緊張, うっぷん: work [blow] off ～ 《口語》 (運動をして)うっぷん[怒りなど]をはらす, 緊張をほぐす. **4 a** 蒸気船 (steamship). **b** 蒸気船での旅行. **c** 蒸気鉄道. **5** 《豪俗》 安ぶどう酒.
(*at*) *fúll stéam* 全蒸気を出し切って; 全速力で; 全力を注いで. *by stéam* 汽船で (cf. *by* AIR[1], *by* WATER). *gét ùp stéam* (1) (蒸気機関を動かすだけの)蒸気を立てる; 〈車などが〉徐々にスピードを増す. (2) 元気を出す, 努力する. (3) 段々興奮してくる[怒る]. *gò fúll stéam ahéad* 〈計画などが〉どんどんはかどる. *lét* [*blów*] *òff stéam* (1) (過剰の)蒸気を排出する. (2) 《口語》 こもった精力を発散させる; うっぷんを晴らす. 《1863》 *on one's ówn stéam* 独力で, 自力で: She rose *on her own* ～. 自力で立ち上がった. *ùnder one's ówn stéam* (1) 〈船が〉(他船の力を借りず に)自分の力で. (2) 〈人が〉(他の力を借りず)自力で. 《1912》 *ùnder stéam* (1) 進行[汽走]中の[で]. (2) 元気を出して. 《1873》
— *vi.* **1** 蒸気を発する, 湯気を出す, 湯気を立てる: The kettle is ～*ing*. やかんが湯気を上げている / A horse ～*s* after a hard gallop. 馬は疾走後は(体から)湯気を立てる. **2** 蒸発する, 発散する: ～ away 蒸発してしまう. **3** 〈ガラスなどが〉(湯気・霧などで)曇る 〈*up*〉: His glasses ～*ed up*. めがねが曇った. **4** 〈ボイラーが〉蒸気を作る: This boiler does not ～ well. このボイラーは蒸気の出がよくない. **5 a** 蒸気で進む: The train ～*ed* into the station. 列車は蒸気を吐いて駅に入ってきた / The ship can ～ 20 knots an hour. その船は時速 20 ノットで走れる / ～ through the straits 〈汽船が〉海峡を通過する. **b** 《口語》 急速に[すばやく]動く 〈*away, ahead*〉: He ～*ed* along the street. 通りを疾走して行った. **6** 《口語》 湯気を立てて怒る. **7** 〈食べ物が〉蒸される. — *vt.* **1** 蒸す, ふかす: ～ sweet potatoes [a pudding] さつま芋をふかす[プディングを蒸す] / ～ one's face with a hot towel 熱いタオルで顔を蒸す. **2** (曲げるために)〈材木を〉蒸気に当てて柔らかくする; 〈古帽子などを〉蒸気に当てて型を直す. **3** 〈蒸気・湯気などを〉発散させる (emit, exhale). **4** 〈汽船などを〉蒸気で進ませる. **5** 集団で襲う.
be [*gèt*] (*áll*) *stéamed* (*úp*) 《米口語》 かっとなる[興奮する] 〈*about, over*〉. *stéam ópen* 〈封筒などを〉蒸気に当てて開ける. *stéam úp* (*vi.*) ⇨ *vi.* 3. (*vt.*) (1) 〈ガラスなどを〉蒸気で曇らす. (2) 《口語》 …に元気を出させる; 励ます (⇨ steamed). (3) 《口語》 怒らせる; 興奮させる. (4) 《英》 〈分娩前の家畜〉にたくさん餌を与える.
— *adj.* [限定的] **1 a** 蒸気で熱する[熱せられた]: ⇨ steam heating. **b** 蒸気に当てられた. **2** 蒸気(機関)で進む[進める]; 蒸気で動く, 蒸気作用の: a ～ train 蒸気車, 汽車. **3** 蒸気輸送用の: a ～ pipe. **4** 蒸気の[に関する]: ⇨ steam pressure. **5** 《戯言》 《英》 旧式の, 古くさい: a ～ computer.
〚OE *stēam* Gmc **staumaz* (WFris. *steam* / Du. *stoom*) ← ?. — v.: OE *stēman, stȳman* < Gmc **staumjan* ← (n.)〛
stéam àge *n.* 蒸気の時代 《蒸気機関車が活躍していた時代》. 〚1941〛
stéam bàth *n.* **1 a** 蒸気浴, 蒸し風呂 (cf. water bath 2). **b** 蒸し風呂に入ること. **2** 〘化学〙 水蒸気浴; 水蒸気浴装置 (cf. vapor bath 2). 〚1794〛
stéam bèer *n.* スチームビール 《米国西部で醸造される発泡性の強いビール》. 〚1898〛
stéam·bòat *n.* 汽船, 蒸気船 (steamship). 〚1785〛
stéamboat Gòthic *n.* 〘建築〙 蒸気船ゴシック復興様式 《Mississippi 川や Ohio 川沿岸に見られる 19 世紀の装飾的建築様式》. 〚(1941): 引退した蒸気船の船長たちが, 船をまねたこの様式の家に住んだことから〛
stéam bòiler *n.* 汽罐(かん), 蒸気がま. 〚1805〛
stéam bòx *n.* **1** 蒸し器. **2** =steam chest. **3**

S

〘造船〙蒸し装置《beam, plank を蒸して柔軟にして扱いやすくする; steamer ともいう》. 〖1868〗

stéam bràke *n.* 〘機械〙蒸気ブレーキ.

stéam càbinet *n.* 蒸気浴箱《座って首だけが外に出る箱, 内部には蒸気が送り込まれる》. 〖1911〗

stéam chèst *n.* (蒸気機関の)蒸気室《steam box, valve chest ともいう》. 〖1797〗

stéam còal *n.* 汽罐(きかん)用石炭.

stéam-còlor *n.* 〘染色〙蒸気熱によって固着する捺染(なっせん). 〖1844〗

stéam condènser *n.* 〘機械〙復水器 (condenser).

stéam-cỳlinder *n.* 気筒, 蒸気シリンダー. 〖1838〗

stéam distillàtion *n.* 水蒸気蒸留《水に不溶の油類をその沸点よりも低い温度で蒸留する方法》. 〖1904〗

stéam dòme *n.* 蒸気ドーム, 鐘形汽室 (dome). 〖1873〗

steamed *adj.* **1** 蒸した, ふかした. **2** [しばしば ~ up]《口語》怒って, かっかして; [~ up]《俗》酒[麻薬]に酔って: get ~ *up* 怒る, かっかする. 〖1802〗

stéam èngine *n.* **1** 蒸気機関: like a ~《戯言》大変元気で, どんどん. **2** 蒸気機関車 (locomotive). 〖1751〗

steam·er /stíːmə | -mə(r)/ *n.* **1 a** 汽船 (steamship) (cf. sailer 1) (↔ sailing vessel). **b** 蒸気作動の機関[機械, 乗物]. **2** (料理用・洗濯用などの)蒸し器, 蒸籠(せいろう). **3** =steam box 3. **4** 蒸す人. **5**〘貝類〙=soft-shell clam. **6** (集団で襲う)強盗. **7**《豪俗》〘スポーツ〙チームのぶつかり合い. — *vi.* 汽船に乗って行く. 〖(1814): ⇨ -er¹〗

stéamer chàir *n.* =deck chair.

stéamer clàm *n.* 〘貝類〙=soft-shell clam.

stéamer dùck *n.* 〘鳥類〙フナガモ: **a** フォークランド諸島産の無飛力のフナガモ (*T. brachypterus*) など; 汽船の水車のように翼で水面をばたばた打って危険を逃れようとする. **b** 南米南部産のフナガモ属 (*Tachyeres*) の数種の鳥.

stéamer rùg *n.*《米》(汽船のデッキチェアで用いる)ひざ掛け用毛布. 〖1890〗

stéamer trùnk *n.* (船の寝台の下に入るようにこしらえた)薄くて幅広のトランク. 〖1886〗

stéam·fitter *n.* 蒸気管取付け[修繕]人. 〖1890〗

stéam·fitting *n.* 蒸気管取付け.

stéam fòg *n.* 〘気象〙蒸気霧《暖かい水面へ冷たい大気が流れたとき発生する霧》.

stéam-gàs *n.* 過熱蒸気ガス, 過熱蒸気 (superheated steam).

stéam gàuge *n.* (蒸気機関に付けた)蒸気圧力計. 〖1825〗

stéam-gènerating héavy-wáter reàctor *n.* 〘原子力〙蒸気発生重水炉《圧力管型重水炉の一種; 減速材は重水, 冷却材は軽水を使用; 略 SGHWR》.

stéam gènerator *n.* 蒸気発生器.

stéam hàmmer *n.* 蒸気ハンマー. 〖1843〗

stéam héat *n.* 蒸気熱.

stéam-héated *adj.* 蒸気[スチーム]暖房した.

stéam héater *n.* 蒸気暖房器, スチームヒーター. 〖1884〗

stéam héating *n.* 蒸気[スチーム]暖房(設備). 〖1884〗

steam·ie /stíːmi/ *n.*《スコット方言》公共洗濯場. 〖1926〗

steam·ing /stíːmɪŋ/ *adj.* **1** ぽっぽと湯気を立てる: a cup of ~ coffee / a ~ horse. **2**《口語》怒った (angry). **3**《スコット俗》酔っ払った (drunk). — *adv.* 湯気を立てるほど, 非常に: be ~ hot 湯気が出るほど熱い, 非常に熱い[暑い] / ~ mad かんかんに怒った. — *n.* (一定時間内に)汽船が航行する距離. 〖(1812): cf. OE *steminge* exhaling of odor〗

stéam injèctor *n.* 〘機械〙インゼクター《給水をボイラーに押し込む装置》.

stéam ìron *n.* 蒸気[スチーム]アイロン. 〖1943〗

stéam jàcket *n.* 〘機械〙蒸気ジャケット《蒸気を入れて内部を加熱するための二重壁構造》. 〖1838〗

stéam-lànce *vt.* 蒸気ノズルで清掃する.

stéam lànce *n.* 〘機械〙蒸気ノズル《steam nozzle ともいう》.

stéam-làunch *n.* 汽艇, (汽力で走る)ランチ. 〖1878〗

stéam locomòtive *n.* 蒸気機関車. 日英比較 日本のように SL とは略さない. 〖1872〗

stéam nàvvy *n.*《英》=steam shovel.

stéam nòzzle *n.* 〘機械〙=steam lance.

stéam òrgan *n.* =calliope.

stéam-pìpe *n.* スチームパイプ《ボイラーからのスチーム配管》. 〖1769〗

stéam-plòugh *n.* 蒸気鋤(すき), 蒸気プラウ. 〖1865〗

stéam pòint *n.* 〘化学〙(水の)沸点《蒸気が水に凝縮する温度; 100°C, 212°F; cf. ice point》. 〖1895〗

stéam pòrt *n.* 蒸気口. 〖1839〗

stéam-pòwer *n.* 蒸気力, 汽力. 〖1875〗

stéam pòwer plànt *n.* 汽力発電所, 蒸気原動所.

stéam prèssure *n.* 汽圧, 蒸気圧力.

stéam pùmp *n.* 蒸気水揚げポンプ (cf. handpump).

stéam rádio *n.*《英口語》(テレビと比べて今は時代遅れになった)ラジオ. 〖1957〗

stéam·ròll *vt., vi.* =steamroller.

stéam·ròller *n.* **1 a** (道路をならす)蒸気ローラー. **b** ロードローラー, ローラー車. **2**《口語》(他人の権利を無視した)無情な圧迫手段, (しゃにむに反対を押し切る)制圧力, 圧倒的な力. — *adj.* [限定的] 蒸気ローラーを思わせるような;《口語》手も足も出させない, 圧倒[強圧]的な. — *vt.* **1** 蒸気ローラーでならす[粉砕する]. **2**《口語》…に理不尽な制圧を加える, しゃにむに押し切る[制圧する]. — *vi.* しゃにむに動く[進む]. 〖1866〗

stéam ròom *n.* スチームルーム《湯気を立てて熱くしてある部屋》. 〖1911〗

stéam·shìp *n.* 汽船 (steamer), 商船 (略 SS, S/S): the *SS* Queen Elizabeth クイーンエリザベス号. 〖1790〗

stéam shòvel *n.* (土木用)蒸気ショベル (《英》steam navvy)《蒸気を動力源とする power shovel》. 〖1879〗

stéam tàble *n.* **1**《米》スチームテーブル《料理をした食品の容器をはめ込みその下をスチームや熱湯が循環するようにした保温用テーブル》. **2**〘物理化学〙蒸気表《各温度における飽和水蒸気の圧力・密度・蒸発熱・エンタルピー・エントロピーを表にしたもの》. 〖1861〗

stéam·tìght *adj.* 蒸気の漏らない. 〖1856〗

stéam tràp *n.* 〘機械〙蒸気トラップ《蒸気配管内に生じる水滴を取る装置》. 〖1877〗

stéam tùg *n.* 蒸気曳船(えいせん)[引船]. 〖1835〗

stéam tùrbine *n.* 蒸気タービン. 〖1900〗

stéam whìstle *n.* 汽笛. 〖1840〗

steam·y /stíːmi/ *adj.* (**steam·i·er; -i·est**) **1**《口語》エロチックな (erotic), セクシーな, 強烈な (intense): a ~ love scene. **2** 蒸気の多い, 湯気の立った, 湯気でもうもうとした. **3** 蒸気[湯気]で曇った: ~ glasses. **4** 蒸気から成る, 蒸気のような, 蒸気状の (vaporous). **stéam·i·ly** /-məli/ *adv.* **stéam·i·ness** *n.* 〖(1644): ⇨ -y¹〗

Ste. Anne de Beau·pré /sèɪntǽndəboupréɪ | sɪ̀ntǽndəbəʊ-, sɪ̀nt-; *F.* sɛ̃tɑndəbopʀe/ *n.* サンタンドボプレ《カナダ Quebec 州東部, Quebec 市の北東に当たる St. Lawrence 河畔の村; カトリックの聖堂があり巡礼者が多い》.

ste·ap·sin /stiǽpsɪn | -sɪn/ *n.* 〘生化学〙ステアプシン《膵液(すいえき)中の脂肪分解酵素; cf. lipase》. 〖(1896)《混成》← STEA(RO)-+(PE)PSIN〗

ste·ar- /stíːər, stíər | stíər/ (母音の前にくるときの) stearo- の異形.

ste·a·rate /stíːərèɪt, stíəreɪt, -rɪt | stíːəreɪt, stíər-, -rɪt/ *n.* 〘化学〙ステアリン酸塩[エステル]. 〖(1841) ← STEAR(O-)+-ATE¹ 3〗

ste·ar·ic /stiǽrɪk, stíər- | stiǽr-/ *adj.* **1** 牛[羊]脂の. **2**〘化学〙ステアリン酸の[から得た]. 〖(1831) □ F *stéarique*: ⇨ ↓, -ic¹〗

steáric ácid *n.* 〘化学〙ステアリン酸 ($CH_3(CH_2)_{16}$-COOH)《牛脂などにグリセリドとして含まれる, 石鹸などの原料; octadecanoic acid ともいう》. 〖1831〗

ste·a·rin /stíːərɪn, stíər- | stíːərɪn, stíər-/ *n.* 〘化学〙**1** ステアリン, (特に)トリステアリン (tristearin). **2** (*also* **ste·a·rine** /stíːəriːn, stíəriːn, -rɪn | stíəriːn, -rɪn/) ステアリン《ステアリン酸とパルミチン酸の混合物で蠟燭(ろうそく)の材料》. **3** 脂肪の固形部. 〖(1817) □ F *stéarine*: ⇨ stearo-, -in²〗

stéarin pítch *n.* 〘化学〙ステアリンピッチ, 脂肪ピッチ《油脂の加水分解後の蒸留残留物》.

ste·a·ro- /stíːərou, stíər- | stíːərəu, stíər-/ 〘化学〙「ステアリン酸 (stearic acid) から得た[に関する]」の意の連結形. ★ 母音の前では通例 stear- になる. 〖← Gk *stéar* fat〗

ste·a·rop·tene /stìːərɑ́(ː)ptiːn, stɪər- | stìːərɔ́p-, stɪər-/ *n.* (*also* **ste·a·rop·ten** /-tɪn | -tɪn/)〘化学〙ステアロプテン《揮発性油の固形部; cf. eleoptene》. 〖(1836) ← STEARO-+-*ptene* (← Gk *ptēnós* winged)〗

ste·ar·o·yl /stiǽrouɪl, stíərouɪl, -iːl | stiǽrəuɪl, stíːərəuɪl, -iːl/〘化学〙*n.* ステアロイル基 ($CH_3(CH_2)_{16}$-CO). — *adj.* ステアロイル基をもつ. 〖← STEARO-+-YL〗

steároyl gròup *n.* 〘化学〙=stearoyl.

ste·ar·rhe·a /stìːəríːə | -ríːə, -ríə/ *n.* 〘病理〙=steatorrhea.

ste·at- /stíːət, stiːǽt | stíːət, stíət/ (母音の前にくるときの) steato- の異形.

ste·a·tite /stíːətàɪt | stíətaɪt/ *n.* **1** ステアタイト(磁器)《タルクを主成分とする高周波絶縁用磁器》. **2**〘鉱物〙凍石, 石鹸石 (soapstone). **ste·a·tit·ic** /stìːətítɪk | -tɪk⁻/ *adj.* 〖(1758) □ L *steatitis* □ Gk *steatitis (lithos)* '(stone) resembling tallow' ← *steat-* (↓): ⇨ -ite¹ 2 a〗

ste·a·to- /stíːətou, stiːǽt- | stíːətəu, stíə-/「脂肪 (fat)」の意の連結形. ★ 母音の前では通例 steat- になる. 〖← Gk *steato-*, *stéar* fat〗

ste·a·tol·y·sis /stìːətɑ́(ː)ləsɪs | -tɔ́lɪsɪs/ *n.* 〘化学〙脂肪の加水分解《脂肪酸とグリセリンに分解》. 〖(1898): ⇨ ↑, -lysis〗

ste·at·o·pyg·i·a /stìːætəpáɪdʒiə, stiæ̀t- | stìːətə(u)-/ *n.* (*also* **stè·at·o·pý·ga** /-gə/) (コイコイ (Khoikoi) などアフリカ先住民, 特に女性の)脂肪臀(でん)症. **ste·at·o·pyg·ic** /stìːætəpáɪdʒɪk, stìːət- | stìːətə(u)-⁻/ *adj.* **ste·at·o·py·gous** /stìːætəpáɪgəs, stìːət- | stìːətə(u)⁻/ *adj.* 〖(1879) ← NL ~ ← STEATO-+-*pygia* (← Gk *pūgē* buttocks)〗

ste·at·or·rhe·a /stìːætəríːə | stìːətə(u)ríːə, -ríə/ *n.* **1** (*also*《英》**ste·a·tor·rhoe·a** /~/)〘病理〙脂肪便《糞便中に不消化性の脂肪が過剰に存する状態》. **2** =seborrhoea. 〖(1859) ← STEATO- + -RHEA〗

ste·a·to·sis /stìːətóusɪs | stìːətə́usɪs/ *n.* (*pl.* **-to·ses** /-siːz/) 〘医学〙脂肪症. 〖(1860) ← NL ~ □ Gk **steátōsis*: ⇨ steato-, -osis〗

Ste·bark /*Pol.* stɛ́mbark/ *n.* ステンバルク《Tannenberg のポーランド語名》.

sted·fast /stédfæ̀st, -fəst | -fɑːst, -fəst/ *adj.* =steadfast. **~·ly** *adv.*, **~·ness** *n.*

Sted·man /stédmən/ *n.* ステッドマン法《転調鳴鐘法の一つ》. 〖← *Fabian Stedman* (fl. 1670: 考案者であるイングランドの印刷工)〗

St. Édward's crówn *n.* =imperial crown 1. 〖← *St. Edward* (⇨ Edward the Confessor)〗

stee /stíː/ *n.*《英北部方言》**1** はしご (ladder). **2** 踏越し段 (stile). 〖(*a*1325) *sti(e)* □ ON *stigi, stegi* ← *stig* step of a ladder〗

steed /stíːd/ *n.*《文語・戯言》馬, (特に)乗用馬; 駿馬(しゅんめ), 元気な軍馬 (cf. horse 1). 〖OE *stēda* stallion < Gmc **stōdō* 'STUD²'〗

steek¹ /stíːk/ *vt.*《スコット》〈窓・戸などを〉閉める (shut). 〖(*c*1378) *steke(n)* < OE **stecan*〗

steek² /stíːk/《スコット》*n.* (縫い物の)一針. — *vt.* 縫い合わせる. — *vi.* 縫い物をする. 〖n.: OE *stiċe* 'STITCH¹'. — v.: OE *stician* to prick〗

steel /stíːl/ *n.* **1** はがね, 鋼鉄, 鋼《約 1.7% 程度までの炭素を含む; cf. cast iron》: low [mild, soft] ~ 軟鋼《大体 0.25% 以下の炭素を含む》/ high [hard] ~ 硬鋼《大体 0.60% 以上の炭素を含む》/ medium ~ 中鋼《大体 0.25%-0.60% の炭素を含む》/ special ~ 特殊鋼 ⇨ stainless steel. **2** はがね[鋼鉄]のような性質: muscles of ~ (はがねのような)強い筋肉 / a grip of ~ (はがねのような)堅い握り / a heart of ~ (はがねのような)冷酷な心 / have nerves of ~ 鋼鉄のような神経をもっている. **3 a** スチール[はがね]製品. **b** [単数形だけで用いて]《詩》はがね, 剣, 刀 (sword, dagger): a cold ~ 刀剣 / a foe worthy of one's ~ 相手として不足のない敵, 好敵手. **c** (肉屋が包丁を研ぐ)鋼砥(はがねと) (knife grinder). **d** 火打ちがま[金]. **e** 張り輪鋼《コルセットなどに張りをつけるはがねの薄板の輪》. **f** 削岩用の鋼棒, ロッド. **4** =steel gray. **5 a** 鋼鉄産業, 製鋼業. **b** [*pl.*]〘証券〙鋼鉄株. **c**〘証券〙鋼鉄株相場(表). — *adj.* [限定的] **1** はがねの; 鋼鉄製の; 鋼生産の: a ~ pen / a ~ cap 鉄かぶと / the ~ industry 鉄鋼業. **2** はがね色の. **3** [しばしば複合語の第 2 構成素として] (はがねのように)堅い, 強固な, 冷酷な: ~ nerves / *steel*-jawed (はがねのように)堅いあごをした. — *vt.* **1** …にはがねを着せる, はがねで…の刃をつける: ~ a razor. **2 a** はがねのように(堅く[強固に])する. **b** 無感覚にする, 無情にする, 冷酷にする, 強固にする (harden): ~ one's heart [oneself] against pity [to (taking) pity] 心を鬼にして人に同情しない / ~ oneself for [to meet] an attack 強い決意で攻撃を迎える.
〖OE *stēli*, *stǣli* < (WGmc) **staχljam*《原義》that which stands firm (adj.) ← **staχla-* (Du. *staal* / G *Stahl*) ← **staχ-*, **staʒ-* to be firm < IE **stāk-* ← **stā-* 'to STAND': cf. stay²〗

Steel /stíːl/, Sir **David** (**Martin Scott**) *n.* スティール《(1938– ; スコットランドの政治家; 自由党党首 (1976–88)》.

stéel bánd *n.* 〘音楽〙スチールバンド《カリブ海諸島, 特に Trinidad 島のバンド; ドラム缶を利用して作った旋律も演奏できる打楽器のアンサンブル; steel orchestra ともいう》. 〖1949〗

stéel blúe *n.* **1** 鋼青色, はがね色《青みがかった暗い灰色》. **2** (鋼鉄焼き戻し時の)青色. **stéel-blúe** *adj.* 〖1817〗

stéel-clàd *adj.* 甲冑(かっちゅう)に身を固めた.

stéel-dìe prìnting *n.* 〘印刷〙(彫画などの)凹刻印刷.

stéel drúm *n.* スティールドラム《スティールバンド (steel band) で打奏するメロディー打楽器; ドラム缶の底をへこませてすりばち状の部分をいくつかの面に分けてたたき上げ, 各面が異なった音階を出すようにしたもの》.

Steele /stíːl/, Sir **Richard** *n.* スティール《1672–1729; アイルランド生まれの英国の随筆家・劇作家; 1709 年 *The Tatler* を創刊し, ついで Addison と共に *The Spectator* を刊行 (1711–12)》.

steeled *adj.* 鋼鉄製の; はがねを着せた, はがねの先のついた. 〖OE *stȳled*〗

stéel engràving *n.* 〘印刷〙**1** 鋼版彫刻(術), 鋼凹版(術). **2** 鋼(凹)版印画[印刷物]. 〖1824〗

steel·er /stíːlə | -lə(r)/ *n.* 〘海事〙=stealer 3.

stéel·fàced eléctrotype *n.* 〘印刷〙=nickeltype.

stéel gráy *n.* 鉄灰色《青みがかった金属性灰色》 **stéel-gráy** *adj.*

stéel guitár *n.* スチールギター《金属弦を用い, 左手に持った金属片で指板を押さえて主にメロディーを演奏するハワイアン用の楽器; ギターとは形状が全く異なっている; Hawaiian guitar ともいう》. 〖1925〗

stéel·hèad *n.* (*pl.* **~, ~s**)〘魚類〙スチールヘッド《降海型の大形のニジマス (rainbow trout); 北米五大湖などの大湖水から遡河するものもこう呼ぶ》. 〖1882〗

Stéel Hélmet *n.* **1** 鉄兜(かぶと)団 (Stahlhelm) 党員. **2** =Stahlhelm. 〖1925〗

steel·ie /stíːli/ *n.* はがね製のビー玉. 〖(1922) ← STEEL +-IE〗

steel·i·fy /stíːləfàɪ | -lɪ-/ *vt.* 〈鉄を〉鋼鉄にする, 鋼鉄化する. 〖(1662) ← STEEL (n.)+-I-+-FY〗

stéel·màker *n.* 製鋼業者. 〖1839〗

stéel·màking *n.* スチール製造, 製鋼.

stéel·man /-mən/ *n.* (*pl.* **-men** /-mən, -mèn/) = steelmaker.

stéel mìll *n.* 製鋼工場. 〖1647〗

stéel órchestra *n.* 〘音楽〙=steel band.

stéel pán *n.* =steel drum.

stéel-plàted *adj.* 鋼板を張った; 装甲の (armored): a ~ ship. 〖1889〗

stéel squàre *n.* 〘木工〙スコヤ, 指金(さしがね)《鋼製の直角定規の一種》.

stéel-tráp *adj.* 頭の切れる, 頭の回転の早い: a ～ mind. 〘(1872) ← (*as*) *sharp as a steel trap*〙
stéel-wàre *n.* [集合的] はがね製の金物.
stéel wóol *n.* スチールウール, 鉄綿, 鋼綿《毛髪状の鋼鉄の旋盤くず; 研磨・さび落としなどに用いる; cf. wire wool》. 〘1896〙
stéel·wòrk *n.* **1** [集合的] 鋼鉄細工; 鋼鉄部分(品). **2** (高層建築の)鋼鉄の骨組, 鉄骨工事. **3** [*pl.*; 単数または複数扱い] 製鋼所. 〘1681〙
stéel·wòrker *n.* 鉄鋼労働者. 〘1884〙
steel·y /stíːli/ *adj.* (**steel·i·er**; **-i·est**) **1 a** はがねのような; 堅い, 堅固な; 冷酷な, 無情な (unfeeling), 頑固な: a ～ composure 鉄のように冷ややかな落着き / a ～ glance 鋼鉄のような冷たい目つき. **b** はがね色の. **2** はがね[鋼鉄]の; はがね[鋼鉄]製の. — *n.* =steelie. **stéel·i·ness** *n.* 〘(?*a*1200) ← STEEL (n.)+-Y[4] ∞ (廃) *steelen* < OE *stȳlen* (⇨ -en[2])〙
steel·yard /stíːljɑːd, stíljəd | stíːljɑːd, stíl-, stíljəd/ *n.* さお秤(ばかり). 〘(1531) ← STEEL (n.) +YARD[1] (古) rod, bar〙
steen[1] /stíːn/ *vt.* 〈井戸・地下室・掘割道などの〉内側に石[れんが]を積む, 側積みする: ～ a well. 〘(1723) ← ME *stene(n)* to put to death by stoning < OE *stǣnan* (cog. G *steinen*) ← *stān* 'STONE'〙
steen[2] /stíən, stíːn/ *n.* スティーン: **1** 南アフリカ産の白ブドウ. **2** それから造る白ワイン.
Steen /stéɪn; *Du.* stéːn/, **Jan** *n.* ステーン (1626–79; オランダの風俗画家).
steen·bok /stíːnbɑ(ː)k, stéɪn- | -bɒk; *Afrik.* stíənbɔk/ *n.* (*pl.* ～**s**, ～) 〘動物〙スタインボック (*Raphicerus campestris*) 《アフリカ産の小形のレイヨウ》. 〘(1775) □ Afrik. ～ ← Du. *steen* 'STONE'+*bok* 'BUCK[1]': cf. steinbock〙
steen·bras /stíːnbræs | -brɑːs/ *n.* (*pl* ～) 〘南ア〙南アフリカの浅海に分布するタイ科の食用魚.
stéen·ing *n.* 井戸側の石畳, 石[れんが]の井戸側. 〘(1767): ⇨ -ing[1]〙
steep[1] /stíːp/ *adj.* (～·**er**; ～·**est**) **1 a** 〈坂が〉急な, 険しい (precipitous), 〈山・道路・屋根などが〉急勾配の (high-pitched): a ～ hill / a ～ flight of stairs 急な階段. **b** 〈上昇・下降が〉急激な: a ～ decline. **2** 〘口語〙**a** 〈税金・仕事・要求などが〉無理な, 途方もなく高い, 法外な (exorbitant): a ～ tax, price, task etc. **b** 〈話など〉大げさな, 仰々しい, 途方もない (exaggerated, extravagant); むちゃな, 極端な (extreme): I thought his statement a bit ～. 彼の話は少し大げさだと思った. **3** (廃) 〈波が〉高い (high, lofty). — *adv.* [しばしば複合語の第1構成素として] = steeply: *steep*-ascending 急上昇の. — *n.* 急勾配の場所, 傾斜面 (declivity); 急坂: the rugged ～*s* of the mountain 山のごつごつして急な崖(がけ).
～·ish *adj.* **～·ly** *adv.* **～·ness** *n.*
〘OE *stēap* lofty, high, deep, projecting < Gmc **staupa* (OFris. *stāp* steep) ← IE **steu-* to push, knock: cf. steeple, stoop[1]〙

SYN 急勾配の: **steep** 〈坂や階段が〉急に勾配がきつくなった: *steep* stairs 急な階段. **precipitous** 絶壁のように勾配が急で極度に険しい: a *precipitous* wall of rock 切り立った岩壁. **sheer** ほとんど垂直の: *sheer* cliffs 切り立った断崖.

steep[2] /stíːp/ *vt.* **1** 〔液体に〕(軟化・脱色・洗浄・エキス抽出などのため)浸す, 漬ける (⇨ wet SYN); ずぶぬれにする (drench, saturate) 〔*in*〕: ～ tea *in* boiling water お茶の葉を沸騰した湯に浸す / a sword ～*ed in* blood 血に染まった刀. **2** ぬらす, 湿す (moisten): ～ one's body. **3** 〔…に〕深くしみ込ませる (imbue); 〔…に〕没頭させる, 夢中にする 〔*in*〕: be ～*ed in* crime [prejudice] 犯罪[偏見]に染まっている / be ～*ed in* French literature フランス文学に没頭している / ～ oneself *in* …に没頭する, 夢中になる. — *vi.* 〔液体に〕浸って[漬かって]いる 〔*in*〕. — *n.* **1** (液体に)浸す[浸される]こと, 漬ける[漬かる]こと: in ～. **2 a** 浸す[漬ける]液. **b** (廃) 浸す[漬ける]容器. 〘(*a*1325) *stepe(n)* □ ? ON *steypa* to pour out, cause to stoop < Gmc **staupjan* ← **staup-* (cooking) vessel: ⇨ stoup〙
steep·en /stíːpən, -pn̩/ *vt.* 険しくする, 急勾配にする. — *vi.* 険しくなる, 急勾配になる. 〘(1847) ← STEEP[1]+-EN[1]〙
stéep·er *n.* **1** 浸す人[物]. **2** 浸し桶(おけ). 〘(1611) ← STEEP[2]+-ER[1]〙
stee·ple /stíːpl̩/ *n.* **1 a** (教会・寺院などの)高塔, 尖塔 《通例中に鐘があり, 上部はとがり屋根 (spire) になっている》.

steeple 1 a
1 spire
2 steeple

b =spire[1]. **2 a** 尖塔状のもの[建物]. **b** (両手の指先を合わせた)尖塔形: form a ～. — *vt.* 〈指先〉で尖塔形を作る: ～ one's fingers. — *vi.* (尖塔状に)空高くそびえる. 〘OE *stȳpel*, *stēpel* < Gmc **staupilaz* ← **staup-* 'STEEP[1]': ⇨ -le[1]〙
stéeple·bùsh *n.* 〘米〙〘植物〙 =hardhack 1. 〘(1818): その尖塔状の花序から〙
stee·ple·chase /stíːpl̩tʃèɪs/ *n.* **1** 〘古〙〘競馬〙**a** 障害物競馬《通例競馬場の平地コースの内側に作られた 3.2 km 以上のコースで, 人工の溝・高さ 1.4 m 以上の垣・柵などの障害物を飛び越す競馬; cf. flat race 2》. **b** 〘まれ〙クロスカントリー障害物競馬 (point-to-point). **2** 〘陸上競技〙障害物競走《ハードルと水たまりを越えていく通例 3 km の競走; cf. flat race 1, hurdle race》. — *vi.* (クロスカントリー)障害物競馬に出走する; 障害物競走に出る.
stéeple·chàsing *n.* 〘(1793): 昔この競争を *steeple* (教会の尖塔)を目標として行ったことから〙
stéeple·chàser *n.* (クロスカントリー)障害物競走出場者[競走馬, 騎手]. 〘1837〙
stéeple-cròwned *adj.* 頂上のとがった, 円錐形の: a ～ cap とんがり帽子 (cf. dunce cap). 〘1804〙
stée·pled *adj.* 尖塔のある[で飾った]; 尖塔状の: a ～ hill. 〘(1600): ⇨ -ed[2]〙
stéeple èngine *n.* 〘機械〙蒸気機関の一種. 〘1839〙
stéeple hèaddress *n.* =hennin.
stéeple·jàck *n.* 尖塔職人《尖塔や煙突などに登って修理などをする職人》. 〘(1881) ← STEEPLE+JACK[1]〙
stéeple·tòp *n.* **1** 尖塔の頂. **2** 〘木工〙(家具などの先端の)尖塔細工《擬宝珠(ぎぼし)に類した細工で, 長八角錐を成すものが多い》. **3** 〘動物〙ホッキョククジラ (Greenland whale). 〘*c*1440〙
stéep·ly *adv.* **1** 急勾配に; 急角度に (sharply). **2** 急激に, 急に (swiftly). 〘1772〙
steep·y /stíːpi/ *adj.* 〘古〙険しい (steep). 〘(1561) ← STEEP[1]+-Y[4]〙
steer[1] /stíə | stíə(r)/ *vt.* **1** 〈自動車・飛行機などを〉操縦する, 〈船などの〉かじを取る[操る]: ～ a ship, an automobile, an airplane, etc. **2** 〔ある方向に〕〈進路を〉向ける, 取る, 進める (direct) 〔*to*〕: ～ a steady course 着々と進む / ～ one's way *to* …の方へ進路を取る. **3** 〔ある方向に〕導く, 指導する, 監督する 〔*to*〕: ～ one's country *to* peace and prosperity 自国を平和と繁栄へ導く / ～ a team *to* victory チームを監督して勝利へ導く. — *vi.* **1** 舵[梶](かじ)を取る[操る], 操縦する: ～ for the harbor. **2** 〔ある方向に〕向かう, 進む 〔*for*〕: ～ by [past] そばを通る[よけて通る] / ～ between two extremities 両極端の間を取っていく / Where are you ～*ing for*? どこへ行くのか. **3** 〈自動車が〉操縦できる; (船の)かじがきく: This car ～*s* easily. この車は操縦がやさしい.
stéer cléar of …を避ける, よける (avoid): ～ *clear of* the topic その話題を避ける. (1723) *stéer lárge* [*smáll*] 〘海事〙大舵[小舵]を取る. 〘1834〙
— *n.* 〘米口語〙助言, 指図 (tip, direction): give a person a kind ～ 人に親切な助言を与える.
〘OE *stieran* < Gmc **steurjan* (Du. *stūren* / G *steuern* to steer / Goth. *stiurjan* to settle) ← **steurō* (OE *stēor* rudder) ← IE **stā-* 'to STAND': cf. starboard, stern[2]〙
steer[2] /stíə | stíə(r)/ *n.* (*pl.* ～**s**, ～) **1** (食用の)去勢牛 (cf. ox 1). **2** (4歳未満の)雄牛. 〘OE *stēor* < Gmc **steuraz* (Du. *stier* / G *Stier*) ← ? IE **tēu-* bull (L *taurus* / Gk *taûros*): cf. Taurus[1]〙
steer[3] /stíə | stíə(r)/ *v.*, *n.* 〘英方言〙=stir[1].
Steer /stíə | stíə(r)/, **Philip Wilson** *n.* スティア (1860–1942; 英国の画家; New English Art Club の創設者).
steer·a·ble /stí(ə)rəbl̩ | stíər-/ *adj.* **1** 〈船・自動車・飛行機などが〉かじが取れる, 操縦できる. **2** 容易に動かすことのできる: a ～ antenna 可動アンテナ. **steer·a·bil·i·ty** /stì(ə)rəbíləti | stìərəbíləti/ *n.* 〘(1836) ← STEER[1] (v.)+-ABLE〙
steer·age /stí(ə)rɪdʒ | stíər-/ *n.* **1** 操縦(術), 操舵(そうだ)法 (steering); 操縦性: have an easy [a bad] ～ かじがよくきく[きかない] / The ship went with easy ～. 船は容易に操縦された. **2** (船の)操舵機[装置]. **3 a** 三等船室《もと操舵機のあった室; 今は third class という》. **b** (もと, 軍艦の士官室の前にあった)海軍少尉候補生用の部屋. **4** 〘古〙船尾, 艫(とも) (stern). — *adv.* 三等で: go [travel] ～ 三等船客となる, 三等で行く. 〘(*c*1400) *sterage*: ⇨ steer[1] (v.), -age〙
stéerage pàssenger *n.* 三等船客 (cf. deck passenger). 〘1849〙
stéerage·wày *n.* 〘海事〙舵(だ)効速力《かじがきく程度の微速力; cf. sternway》. 〘1769〙
stéer-by-wíre *n.* 〘自動車〙ステアバイワイア《エンジン・ハンドリング・サスペンションほかの機能のコントロールに関して, コンピューターで制御するシステムについていう》.
steer·er /stí(ə)rə | stíərə(r)/ *n.* **1** かじ取り, 舵手(だしゅ) (steersman). **2** 〘俗〙客引き, ぽんびき. 〘(1398) *styrer* rudder〙
steer·ing /stí(ə)rɪŋ | stíər-/ *n.* **1 a** かじ取り, 操舵(そうだ), 操縦, ステアリング. **b** =steering gear. **2** 〘米〙かじ取り《不動産業者が黒人に対して白人地区の物件を知らせないこと》. 〘1: *c*1220; 2: 1976〙
stéering àrm *n.* 〘自動車〙ステアリングアーム, かじ取り腕《ステアリングギヤからドラッグリンクに回転力を伝える腕》. 〘1902〙
stéering còlumn *n.* 〘自動車〙ステアリング コラム, かじ取り柱《ハンドル軸とそれを取り囲む外管, または両者の総称》. 〘1903〙
stéering commìttee [**gròup**] *n.* 運営委員会; 議事[議院]運営委員会. 〘1887〙
stéering gèar *n.* ステアリングギア, 操舵(そうだ)機[装置], かじ取り装置. 〘1869〙
stéering knùckle *n.* 〘自動車〙ステアリングナックル, かじ取り用ひじがね.
stéering lòck *n.* (自動車の盗難防止用にハンドルが回らないようにする) ハンドル止め[ロック].
stéering òar *n.* 〘海事〙かじ取りオール《steer oar ともいう》. 〘1816〙
stéering pòst *n.* 〘自動車〙=steering column.
stéering whèel *n.* **1** 〘自動車〙ハンドル. **2** (船の)舵輪(だりん), かじ取り車. 〘1750〙
stéer òar *n.* 〘海事〙=steering oar.
steers·man /stíəzmən | stíəz-/ *n.* (*pl.* **-men** /-mən, -mèn/) **1** かじ取り, 舵手(だしゅ). **2** (自動車などの)運転手, 操縦者. 〘OE *stēoresman* ← *stēores* ((gen. sing.) ← *stēor* 'STEER[1]')+-MAN: cf. craftsman, etc.〙
stéersman·shìp *n.* 操舵(そうだ)術; 舵手の操縦能力. 〘1818〙
steeve[1] /stíːv/ *vt.* 〈綿花・船荷を〉船倉にぎっしり積み込む. — *n.* 起重檣(しょう)《デリックのように立てた》円材; 頂上に滑車がついていて綿花の積込みなどに用いる》. 〘(1482) *steve(n)* □ F *estiver* ∥ Sp. *estivar* to pack tightly < L *stīpāre* to press together〙
steeve[2] /stíːv/ 〘海事〙 *n.* (第一斜檣(しょう)などの)仰角《それらと水平線との角度》. — *vt.* 〈第一斜檣などを〉斜めにする, 仰角をつける. — *vi.* 〈第一斜檣などが〉斜めになる, 仰角を有する. 〘(1644) ← ? : cf. 〘スコット〙 *steeve* stiff〙
Ste·fan /stéfən, ʃtéf-, -fæn; *G.* ʃtéfan/, **Joseph** *n.* シュテファン (1835–93; オーストリアの物理学者; シュテファンの法則の発見者 (1879)).
Stéfan-Bóltz·mann láw /-bóʊltsmaːn- | -bɔ́ʊlts-; *G.* bɔ́ltsman/ *n.* [the ～] 〘物理化学〙シュテファン-ボルツマンの法則《黒体の総放射エネルギーは絶対温度 T の 4 乗に比例するという法則; Stefan's law ともいう》. 〘(1898) ← *Josef Stefan* (1835–93: この法則を公式化したオーストリアの物理学者)+*Ludwig Boltzmann* (1844–1906: これを証明したオーストリアの物理学者)〙
Ste·fa·ni·a /stəfáːniə/ *n.* ステファーニア《女性名》. 〘(fem.) ← STEPHEN[1]〙
Stef·a·nie /stéfəni; *F.* stefani/ *n.* ステファニー《女性名》. 〘(fem.) ← STEPHEN[1]〙
Ste·fa·no /stéɪfənòʊ | -nəʊ; *It.* stéːfano/, **Giuseppe di** /di/ *n.* ステーファノ (1921– ; イタリアのテノール歌手).
Stéfan's láw *n.* 〘物理化学〙=Stefan-Boltzmann law.
Stef·ans·son /stéfənsən, -sn̩/, **Vil·hjal·mur** /vílhjaʊlmə | -mə(r)/ *n.* ステファンソン (1879–1962; カナダ生まれでアイスランド系の米国の北極探検家).
Stef·fan /stéfən/ *n.* ステファン《男性名》. 〘(ウェールズ語形) ← STEPHEN[1]〙
Stef·fens /stéfənz/, (**Joseph**) **Lincoln** *n.* ステフェンズ (1866–1936; 米国の雑誌編集者・著述家; *The Shame of the Cities* (1904), *Autobiography* (1931)).
steg /stég/ *n.* 〘英北部方言〙ガン[ガチョウ]の成鳥の雄. 〘(1483) □ ON *steggi*〙
steg- /steg/ (母音の前にくるときの) stego- の異形.
Steg·a·nop·o·des /stègənɑ́(ː)pədìːz | -nɒ́p-/ *n. pl.* 〘鳥類〙=Pelecaniformes. 〘← NL ～ ← Gk *steganós* covered+*poús* 'FOOT': cf. -pod[1]〙
-stege /←(–)stìːdʒ/ 「覆い (cover)」の意の名詞連結形. 〘← Gk *stégē* (↓)〙
steg·o- /stégoʊ | -gəʊ/ 「覆い (cover)」の意の連結形. ★ 母音の前では通例 steg- になる. 〘← Gk *stégē*, *stégos* roof ← *stégein* to cover: cf. L *tegere* to cover: ⇨ thatch〙
steg·o·don /stégədɑ̀(ː)n | -dɒn/ *n.* (*also* **steg·o·dont** /-dɑ̀(ː)nt | -dɒ̀nt/) 〘古生物〙ステゴドン《mastodon に似る長鼻類の哺乳動物; 鮮新世から更新世(第四紀前半)に東アジアからアフリカにかけて分布した》. 〘(1857): ⇨ ↑, -odon〙
steg·o·my·ia /stègəmáɪə | -gə(ʊ)-/ *n.* 〘昆虫〙シマカ属の中のネッタイシマカ亜属のカの総称《黄熱病を媒介するネッタイシマカ (*Aedes aegipti*), デング熱を媒介するヒトスジシマカ (*A. albopictus*) などを含む; aedes の旧名》. 〘(1911) ← NL ～ ← STEGO-+Gk *muîa* fly〙
steg·o·saur /stégəsɔ̀ə | -sɔ̀ː(r)/ *n.* 〘古生物〙剣竜《恐竜中の一グループで, 主にジュラ紀に栄えた; 時に体長 9 m にも達するものもあり, 背には三角形の骨板が多数 2 列に並んでいた; ステゴザウルス属の恐竜 (*Stegosaurus stenops*) など》. 〘(1900): ⇨ stego-, -saur〙
steg·o·sau·rus /stègəsɔ́ːrəs/ *n.* 〘古生物〙(*pl.* **-sau·ri** /-raɪ/) =stegosaur.
Stei·chen /stáɪkən/, **Edward** *n.* スタイケン (1879–1973; 米国の写真家).
Stei·er /ʃtáɪə | ʃtáɪə(r); *G.* ʃtáɪɐ/ *n.* =Steyr.
Stei·er·mark /*G.* ʃtáɪɐmaʁk/ *n.* シュタイアーマルク (Styria のドイツ語名).
stein[1] /stáɪn/ *n.* 〘米〙**1** (約 1 パイント入るビール用のふたつき)陶器製ジョッキ (mug). **2** そのジョッキ 1 杯分のビール. 〘(1855) □ G ～ 'STONE'〙
stein[2] /stáɪn/ *n.* **1** =steen[2]. **2** スタイン《やや甘口の白のブレンドワイン; 一般に steen 種のブドウを使用している》.
Stein /stáɪn/, Sir **Au·rel** /ɔ́ːrəl/ *n.* スタイン (1862–1943; 英国の東洋学者; 中央アジアを探険し, 敦煌(とんこう)などを調査).
Stein, Gertrude *n.* スタイン (1874–1946; フランスに住んだ米国の詩人・小説家; *Three Lives* (1909)).
Stein /stáɪn, ʃtáɪn; *G.* ʃtáɪn/, (**Heinrich Friedrich**) **Karl, Reichs·frei·herr** /ʁáɪçsfʁaɪhɛʁ/ **vom und zum** /fɔm ʊnt tsúːm, -tsʊ́m/ *n.* シュタイン (1757–1831; プロイセンの政治家; プロイセン改革の指導者).
Stei·nach /stáɪnɑːk, -nɑːx; *G.* ʃtáɪnax/, **Eugen** *n.*

シュタイナハ《1861–1944; オーストリアの生理学者; 若返り法 (rejuvenation) の研究家》.

Stein·beck /stáɪnbɛk/, **John (Ernst)** *n.* スタインベック《1902–68; 米国の小説家; *The Grapes of Wrath* (1939), *East of Eden* (1952); Nobel 文学賞 (1962)》.

Stein·berg /stáɪnbəːg | -bəːg/, **Saul** *n.* スタインバーグ《1914–99; ルーマニア生まれの米国の画家・漫画家・挿画家》.

stein·bock /stáɪnbɑ̀(ː)k | -bɔ̀k/ *n.* 〘動物〙 **1** =ibex. **2** =steenbok. 〖1.: ((1683–84)) □ G ～ ← *Stein* 'STONE'＋*Bock* 'BUCK¹'. 2: (異形) ← STEENBOK〗

Stei·nem /stáɪnəm/, **Gloria** *n.* スタイネム《1934– ; 米国の女権拡張運動家・作家; 雑誌 *Ms.* を創刊・編集 (1972–87)》.

Stei·ner /stáɪnə | -nə⁽ʳ⁾/, **George** *n.* スタイナー《1929– ; Paris 生まれの米国の批評家・比較文学者; *Language and Silence* (1967)》.

Stei·ner /stáɪnə | -nə⁽ʳ⁾; G. ʃtáɪnɐ/, **Rudolf** *n.* シュタイナー《1861–1925; オーストリア生まれのドイツの哲学者・人智学者; Anthroposophical Society 創設者; ⇨ anthroposophy》.

Stéin·heim màn /stáɪnhaɪm-, ʃtáɪn-; G. ʃtáɪnhaɪm-/ *n.* 〘人類学〙 シュタインハイム人《第 2 間氷期の人間; ドイツで発見された頭蓋骨から判明した》. 〖← *Steinheim am Murr* (ドイツの地名)〗

Stei·nitz /stáɪnɪts/, **Wilhelm** *n.* シュタイニッツ《1836–1900; プラハ生まれの米国のチェス選手; 世界チャンピオン (1866–94)》.

Stein·metz /stáɪnmɛts, ʃtáɪn-; G. ʃtáɪnmɛts/, **Charles Proteus** *n.* シュタインメッツ《1865–1923; ドイツ生まれの米国の電気技師》.

Stein·way /stáɪnweɪ/ *n.* 〘商標〙 スタインウェイ《米国 Steinway & Sons 社製のピアノ》.

Ste·kel /ʃtéɪkəl, -kl̩; G. ʃtéːkl/, **Wilhelm** *n.* シュテーケル《1868–1940; オーストリアの精神分析学者》.

ste·la /stíːlə/ *n.* (*pl.* **ste·lae** /-liː/, **ste·lai** /-laɪ/) **1** (通例, 文字を刻みまたは彫刻を施した)石柱, 石碑. **2** (古代ギリシャ・ローマの)墓石, ステラ (burial stone). **3** 〘建築〙 銘額, 文字[彫刻]盤《文字・意匠などを刻んだ盤で建築物の表面にはめ込む》. 〖((1776)) □ L *stēla* □ Gk *stḗlē*: ⇨ stele¹〗

ste·lar /stíːlə, -lɑə | -lə⁽ʳ⁾, -lɑː⁽ʳ⁾/ *adj.* 〘植物〙 中心柱の[にある, に関する]. 〖((1901))〗

stélar thèory *n.* 〘植物〙 中心柱説.

Stel·a·zine /stɛ́ləziːn/ *n.* 〘商標〙 ステラジン ($C_{21}H_{24}F_3N_3S \cdot 2HCL$)《精神病用トランキライザー》. 〖((1958)) ← *stel-* (← ?)＋AZINE〗

ste·le¹ /stíːl, stíːli | stíːli, stíːl/ *n.* 〘植物〙 中心柱. 〖((1820)) □ Gk *stḗlē* a block of stone, gravestone, pillar ← IE **stel-* to put, stand (Gk *stéllein* to set up)〗

ste·le² /stíːli/ *n.* =stela.

St. Elías, Mount *n.* セントエライアス山《St. Elias Mountains にある火山 (5,489 m)》.

St. Elías Móuntains *n. pl.* [the ～] セントエライアス山脈《米国 Alaska 州南東部とカナダ Yukon Territory 南西部にまたがる山脈; 最高峰 Mount Logan (6,050 m)》.

stell /stɛ́l/ *vt.* **1** 《スコット》配置する. **2** 《廃》描写する (delineate). 〖OE *stellan*: cf. stall〗

Stel·la /stɛ́lə/ *n.* ステラ《女性名》. 〖□ L *stella* 'STAR'〗

Stella, Frank *n.* ステラ《1936– ; 米国の minimal art の画家》.

Stel·la Ar·tois /stɛ̀ləɑətwɑ́ː | -ɑː-; F. stɛllaaʁtwa/ *n.* 〘商標〙 ステラアルトワ《ベルギー Brasseries Artois 製のビール》.

Stel·la Ma·ris /stɛ̀ləmǽrɪ̀s | -rɪs/ *n.* =Maris Stella.

stel·lar /stɛ́lə | -lə⁽ʳ⁾/ *adj.* **1 a** 星の[に関する]: ～ light 星の光 / ～ photography 天体写真術. **b** 星でできた. **2** 星のような (starlike); 星形の. **3** スターの, 花形の. **4** 主要な; 一流の: a ～ role 主役. 〖((1656)) □ LL *stellāris* ← L *stella* 'STAR': ⇨ -ar¹〗

stel·lar·a·tor /stɛ́lərèɪtə | -tə⁽ʳ⁾/ *n.* 〘原子力〙 ステラレーター《核融合反応を研究する実験装置の一種》. 〖((1951)) ←*stellar* (*gener*)*ator*〗

stéllar wìnd *n.* 〘天文〙 恒星風《恒星から宇宙間へと様々な速度で放散される気体; cf. solar wind》. 〖((1965))〗

stel·late /stɛ́leɪt/ *adj.* **1** 星形の (star-shaped); 星のような (starlike); 星状に配列した, 放射状の (radiating). **2** 〘植物〙 放射状の: a ～ leaf. **～·ly** *adv.* 〖((*c*1500)) □ L *stellātus* □ (p.p.) ← *stellāre* to set with stars ← *stella* 'STAR': ⇨ -ate²〗

stel·lat·ed /stɛ́leɪtɪ̀d | -tɪ̀d/ *adj.* **1** =stellate. **2** 星をちりばめた[で飾った]: a ～ flag. 〖((1661)) ↑〗

stéllate gánglion *n.* 〘動物〙 星形[星状]神経節《交感神経の第 1 胸神経節が下顎(かく)神経節と融合して星状を成す部分》. 〖((1918))〗

Stel·len·bosh /stɛ́lənbɑ̀(ː)ʃ | -bɔ̀ʃ/ *n.* ステレンボス《南アフリカ共和国南西部, Western Cape 州南西部, Cape Town の東にある都市》.

Stél·ler's jáy /stɛ́ləz- | -ləz-; G. ʃtɛ́lɐ/ *n.* 〘鳥類〙 ステラーカケス, カンムリカケス (*Cyanocitta stelleri*)《アメリカ北西部・中央アメリカ西部に分布するアオカケス属の鳥; 羽色が濃い青色で全体が暗青色を帯びている》. 〖((1828)) ← *George W. Steller* (1709–46: これを発見したドイツの博物学者)〗

Stéller's séa còw *n.* 〘動物〙 ステラーカイギュウ (*Hydrodamalis gigas*)《Bering 海などに生息したカイギュウ属の体長 9 m に達する哺乳動物; 18 世紀半ばごろ人間により絶滅; cf. sea cow 1》. 〖((1814)) ↑〗

stel·lif·er·ous /stɛlíf(ə)rəs/ *adj.* 《まれ》星のある, 星の多い; 星形印のついた. 〖((1583)) ← L *stēllifer* star-bearing, starry＋-OUS〗

stel·li·form /stɛ́ləfɔ̀əm | -lɪ̀fɔ̀ːm/ *adj.* 星形の (star-shaped), 放射状の (stellate). 〖((1796)) ← NL *stelliformis* ← L *stella* 'STAR'＋-I-＋-*formis* '-FORM'〗

stel·li·fy /stɛ́ləfàɪ | -lɪ̀-/ *vt.* **1** 星に変える. **2** スターの仲間に入れる; …に栄光を与える (glorify). 〖((*c*1380)) □ OF *stellifier* □ ML *stellificāre* ← L *stella* (↑); ⇨ -fy〗

stel·lion·ate /stɛ́ljənɪ̀t, -nèɪt/ *n.* 〘ローマ法・スコット法〙 契約締結における詐欺; (特に)二重売買. 〖((1622)) □ L *stelliōnātus* ← *stelliō* fraudulent person, (原義) lizard with spotted back: ⇨ -ate¹〗

Stel·lite /stɛ́laɪt/ *n.* 〘商標〙 ステライト《コバルトクロームを主成分とする硬くて摩耗に強い合金》. 〖((1913))〗

stel·li·um /stɛ́liəm/ *n.* 〘占星〙 =satellitium.

stel·lu·lar /stɛ́ljʊlə | -lə⁽ʳ⁾/ *adj.* **1** 小星形の. **2** 星を散らしたような斑点のある; 星散らし(模様)の. **～·ly** *adv.* 〖← L *stellula* (dim.) ← (特に) *stella* 'STAR': ⇨ -ar¹〗

stel·lu·late /stɛ́ljʊlɪ̀t, -lèɪt/ *adj.* =stellular. 〖← L *stellula* (↑)＋-ATE²〗

St. Él·mo's fire [líght] /-ɛ́lmouz- | -məuz-/ *n.* 〘気象〙 聖エルモの火, 檣頭(しょう)電光《暴風雨の夜, たびたび船の檣頭や飛行機の翼などに現れる放電現象; corposant ともいう》. 〖← *St. Elmo* (船員の守護聖人)〗

stem¹ /stɛ́m/ *n.* **1** 〘植物〙 **a** 茎: a terrestrial [subterranean] ～ 地上[地下]茎. ★ ラテン語系形容詞: cauline. **b** (木の)幹 (trunk, stalk). **c** 葉柄 (petiole), 花梗(こう) (peduncle), (果物の)果柄, 軸; (菌の)柄: the ～ of an apple. **d** (バナナの)果房《房 (hand) が段状についた茎》. **2 a** (種々の物の)茎状のもの. **b** (たばこパイプ・工具などの)柄. **c** (杯・ワイングラスなどの)脚. **d** (スプーン・錐(きり)などの)柄. **e** (寒暖計の)胴. **f** (錠前の中の)鍵のはまる円棒. **g** (機械の)案内桿(かん), 操作桿. **h** 羽軸. **i** 〘電子工学〙 (電球電子管などの)ステム. **3** 〘言語〙 語幹《基体 (base) と同形または基体に語幹形成母音や派生接辞の付いた形; 語の文法的屈折部に対し変化しない部分で通例辞書の見出し語に用いられるもの》. **4** 種族 (race), 系統, 血統 (family stock), 家系 (pedigree); 直系: an old [a noble] ～ / be descended from an ancient [a collateral] ～ 旧家[傍系]の出である / ⇨ stem family. **5** 〘海事〙 船首材, 艦首骨; 船首 (bow) (↔ stern). **6** [通例 main ～ として] 《米俗》 主要街路 (principal street); (鉄道の)主要幹線. **7** [*pl.*] 《俗》 人の脚. **8** 〘音楽〙 符尾《音符のたて棒; cf. head 25, hook 7 a》. **9** 〘時計〙 巻真《りゅうずの軸》. **10** 〘印刷〙 (活字の)ボディー (body); ステム, 幹縦線《活字書体の太い縦線》.

from stém to stérn (1) 船首から船尾まで, 船内至るところに, 全船に. (2) 全く, ことごとく (thoroughly). ((1627)) ***give the stém*** 〘海事〙 〈他船〉に突きかかる (ram). ***stém for stém*** 〘海事〙 船足をそろえて. ***stém ón*** 〘海事〙 船首を向けて: The steamer struck our boat ～ *on*. 汽船は我々のボートに船首を向けて衝突した. ***stém to stém*** 〘海事〙 互いに船首を向かい合わせて.

— *v.* (**stemmed; stem·ming**) — *vi.* **1** 〔…から〕起こる (arise), 発する (originate), 由来する (derive) 〔*from*〕 (⇨ rise SYN): ～ *from* patriotism / His failure ～*s from* carelessness. 彼の失敗の原因は不注意だ. **2** 起源をもつ. — *vt.* **1** 〈葉・果物などから茎[果柄]を取り去る: ～ cherries. **2** 〈造花など〉に茎をつける. **3** 〘電算〙 〈検索語を〉語幹処理する.

〖OE *stemn, stefn* stem of a plant or ship < Gmc **stamniz*=**stamnaz* (Du. *stam* / G *Stamm* / ON *stamn, stafn* stem of ship) ← IE **stā-* 'to STAND' (Gk *stámnos* wine jar)〗

stem² /stɛ́m/ *v.* (**stemmed; stem·ming**) — *vt.* **1 a** 止める, 食い止める, 押さえる (stop, check): ～ one's unpopularity 不人気に歯止めをかける. **b** 〈川などを〉せき止める (dam up): ～ a river. **c** 《スコット》〈出血を〉止める (stanch): ～ bleeding. **2** 〈穴などを〉ふさぐ (plug). **3** 〘スキー〙 〈スキーの〉テールを押し開く, 制御回転する. — *vi.* **1** 止まる, 押えられる. **2** 〘スキー〙 制動する. ***stém báck*** (1) 食い止める: ～ *back* communism. (2) 〈牛などが〉頑(がん)として前へ進まない.

— *n.* **1** せき止めるもの, ダム. **2** 〘スキー〙 制動, シュテム《ターンをしたりスピードを落とすときなど, 一方または両方のスキーのテールを押し開くこと》.

〖((*a*1325)) *stemme*(*n*) □ ON *stemma* < Gmc **stamjan* (G *stemmen* / OE *stamerian* to stammer) ← **stam-* 'to check, STAMMER'〗

stem³ /stɛ́m/ *v.* (**stemmed; stemming**) — *vt.* **1** 〈流れ・風などに〉逆らって進む: ～ a tide, current, gale, etc. **2** 〈反対勢力〉に逆らう, 抵抗する (resist): ～ the tide [flow] of opposition [public opinion] 反対に抗する[世論に逆らう]. — *vi.* **1** 逆らって進む. **2** まっすぐの進路をとる (steer). 〖((1375)) *stemme*(*n*) to head in a certain direction: ⇨ stem¹ (n.)〗

stém-and-léaf dìagram *n.* 〘統計〙 幹葉表示《度数分布を表すグラフで, 図の一部に数字などを用いたもの》.

stém cànker *n.* 〘植物病理〙 茎ただれ病《種々の菌 (*Rhizoctonia* など)により植物の茎や小枝に潰瘍が生じる病気》.

stém cèll *n.* 〘生理〙 (分化した細胞のもとになる)幹(かん)細胞. 〖((1885))〗

stém christiánia, s- C- *n.* 〘スキー〙 シュテムクリスチャニア (⇨ stem christie).

stém chrístie, s- C- *n.* 〘スキー〙 シュテムクリスティー《一方のスキーの向きを変えて始め, もう一方のスキーもこれに平行させてそろえ, 回転を完成すること; stem christiania ともいう》. 〖((1936))〗

stém-ènd ròt *n.* 〘植物病理〙 果柄腐れ《種々の果実の付け根付近の柄が菌によって冒される病気; 不完全菌の *Diplodia* 属による柑橘(かんきつ)類の場合など》.

stém fàmily *n.* 〘社会学〙 直系家族《親が一人の子女の家族とだけ同居する形態》. 〖((1936))〗

stém fìre *n.* (山火事の)樹幹火.

stém flòw *n.* 樹幹流《雨水が幹を伝わって流れ落ちる現象》. 〖((1941))〗

stém gìnger *n.* =Canton ginger. 〖((1922))〗

stém·hèad *n.* 〘海事〙 船首. 〖((1637))〗

St.-É·mi·lion /sèɪntɪ̀míːliən, -ljən | sɪ̀ntɪ-, sn̩t-; F. sɛ̃temiljɔ̃/ *n.* サンテミリオン《フランス Bordeaux 地方の St.-Émilion 産の辛口の赤ワイン》.

stém·less *adj.* 茎[幹, 軸]のない. 〖((1796)) ← STEM¹ (n.)＋-LESS〗

stem·let /stɛ́mlɪ̀t/ *n.* 小さい茎[幹, 軸]. 〖((1838)) ← STEM¹ (n.)＋-LET〗

stém·lìke *adj.* 茎[幹, 軸]に似た. 〖((1611))〗

stem·ma /stɛ́mə/ *n.* (*pl.* **～·ta** /-tə | -tə/, **～s**) **1 a** (古代ローマ人などの)(家)系図の巻き物. **b** 系図. **2** 〘文法〙 ある作品の諸写本間の関係示す系統図. **3** 〘昆虫〙 単眼, 点眼 (ocellus). 〖((1826)) □ L ～ 'garland, pedigree (the garlands placed on ancestral images の意から)' □ Gk *stémma* wreath ← *stéphein* to wreathe, crown: cf. Stephen〗

stem·mat·ics /stɛmǽtɪks | -tɪks/ *n.* 写本系統学《特に失われたオリジナルのテキストを復元するために, 残された写本間の関係を分析する学問分野》.

stemmed¹ *adj.* 茎[果柄]を取り除いた: ～ cherries. 〖((1844))〗

stemmed² /stɛ́md⁻/ *adj.* [通例複合語の第 2 構成素として] 茎のある, …茎の: short-[rough-]*stemmed* / a single-*stemmed* plant. 〖((1576))〗

stém·mer¹ *n.* **1** たばこ(など)の茎を取る人; たばこ除茎器. **2** ぶどう(など)の茎取り器. **3** 造花の茎を付ける職人. **4** 《米俗》 乞食 (beggar). 〖((1895)) ← STEM¹ (vt.)＋-ER¹〗

stém·mer² *n.* 充填器, 込め棒. 〖((1860)) ← STEM² (vt.)＋-ER¹〗

stem·mer·y /stɛ́məri/ *n.* たばこの茎を取り除く工場[場所]. 〖((1859)) ← STEM¹＋-ERY〗

stem·my /stɛ́mi/ *adj.* 〈木や草が〉落葉して長い茎部ばかりの; 茎の多い: ～ teas. 〖((1552))〗

stem·ple /stɛ́mpl̩/ *n.* (*also* **stem·pel** /-pəl, -pl̩/) 〘鉱山〙 立坑の足場材. 〖((1653)) □ ? G *Stempel* prop: cf. stamp, -le¹ 2〗

stém ròt *n.* 〘植物病理〙 茎腐れ《種々の原因により植物の茎が腐る病気》.

stém rùst *n.* 〘植物病理〙 茎生(けい)銹菌(きん)《植物の茎, 特にイネ科の茎に寄生する銹菌》. 〖((1899))〗

stem·son /stɛ́msən, -sn̩/ *n.* 〘造船〙 副船首材《船首材を内方から補強する曲材》. 〖((1769)) ← STEM¹＋(KEEL)-SON〗

stém stìtch *n.* ステムステッチ《芯糸上に針目を詰めて巻くようにかがるステッチ》. 〖((1873))〗

stém tùrn *n.* 〘スキー〙 シュテムターン, シュテムボーゲン《曲がろうとする方向の外側(反対側)スキーをかかとの外側に押し出すようにしながら両スキーの先端を八形に集めて行なうターン法》. 〖((1922)) ← STEM² (vt.) 3〗

stém·wàre *n.* [集合的] 《米》 脚付きの盃[グラス]類《ワイングラス・カクテルグラスなど》. 〖((1926))〗

stém·wínd·er /-wáɪndə | -də⁽ʳ⁾/ *n.* 《米》 **1** りゅうず巻き時計 (《英》 keyless watch). **2** 〔りゅうず巻き時計のほうが旧式の巻きねじ式懐中時計にまさっていることから〕《俗》 第一流(の人, 物). **3** 《口》 熱弁. 〖((1875))〗

stém·wínd·ing /-wáɪndɪŋ⁻/ *adj.* 《米》 〈時計が〉りゅうず巻きの: a ～ watch. 〖((1867))〗

Sten /stɛ́n/ *n.* =Sten gun.

sten. 《略》 stenographer; stenography.

sten- /stɛn/ (母音の前にくるときの) steno- の異形.

stench /stɛ́ntʃ/ *n.* **1** いやなにおい, 悪臭, ひどい臭気 (stink): a ～ of uncollected refuse 未回収ごみの悪臭. **2** 悪臭を放つもの. 〖OE *stenċ* ← Gmc **stɪŋkʷ-*, **stɪŋkʷ-* (Du. *stank* / G *Stank*): ⇨ stink〗

sténch bòmb *n.* =stink bomb.

stench·ful /stɛ́ntʃfəl, -fl̩/ *adj.* 悪臭に満ちた.

sténch tràp *n.* (下水管などの)防臭弁. 〖((1833))〗

stench·y /stɛ́ntʃi/ *adj.* 悪臭を放つ. 〖((1757))〗

sten·cil /stɛ́nsl̩, -sɪl/ *n.* **1 a** 刷込み型, 板型, 型板, ステンシル《鉄板・厚紙などに文字や模様などをくり抜いたもので, その上からインクや着色剤をはけなどで塗ってその下の表面に刷り付ける型紙》. **b** (型紙[ステンシル]で刷り込んだ)型, 文字, 符号(など). **c** ステンシルを用いた刷り付け作業[法]. **2** (謄写版の)原紙 (stencil paper): cut a ～ 原紙を切る. — *vt.* (**sten·ciled, -cilled; -cil·ing, -cil·ling**) ステンシルで〈文字・符号などを〉刷り付ける, 謄写版で刷る.

stén·ci·ler, stén·cil·ler /-slə, -sələ | -slə⁽ʳ⁾, -sɪl-/ *n.* 〖n.: ((1707)) *stanesile* ← ME *stansele*(*n*) to ornament with bright colors □ OF *estanceler, estenceler* ← *estencele* (F *étincelle*) spark < VL **stincillam* (音位転換) ← L *scintilla* 'SCINTILLA'. — v.: ((1833)) ← (n.)〗

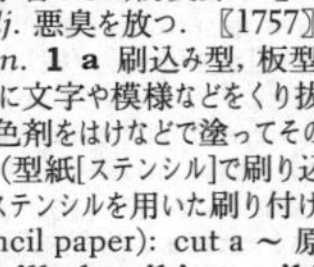

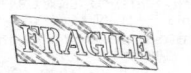

stencil 1

sténcil pàper *n.* (謄写版の)原紙. 〖((1868))〗

sténcil pèn *n.* (謄写版用の)鉄筆.

sténcil-plàte *n.* 型板 (stencil). 〖((1816))〗

Sten·dhal /stɛndɑ́ːl, stæn- | stɑ̃ː(n)-, stɑːn-; F.

stĕdal/ *n.* スタンダール《1783–1842; フランスの小説家・批評家; 本名 Marie Henri Beyle /bɛl/; *Le Rouge et le Noir*「赤と黒」(1830), *La Chartreuse de Parme*「パルムの僧院」(1839)》. **～·i·an** /-lɪən/ *adj.*

sten·gah /stéŋgə/ *n.* =stinger 4.

Steng·el /stéŋgəl, -gl/, **Charles Dillon** *n.* ステンゲル《1890–1975; 米国のプロ野球選手・監督; New York Yankees の監督時代 (1849–60) American League で 10 回, World Series で 7 回優勝》.

Stén gùn /stén-/ *n.* 《英》ステン軽機関銃, ステンガン《英国・英連邦陸軍で用いられた》. 〘《1942》*Sten.* 《混成頭字語》← *S*(*heppard*) & *T*(*urpin*) (英国の二人の考案者)＋(BR)EN〙

sten·o /sténou | -nəu/ *n.* (*pl.* ～**s**) 《米口語》 **1** =stenographer. **2** =stenography. 〘略〙

Ste·no /stíːnou | -nəu/, **Nicolaus** *n.* ステノ《1638–86; デンマークの地質学者・解剖学者・神学者; 化石はかつて生息した生物の残存物であり, 地質年代を推定する根拠となることなどを証明; デンマーク語名 Niels Steensen /*Dan.* nélssdéː'nsən/》.

sten·o- /sténou | -nəu/「狭い (narrow), 小さい (small)」の意の連結形 (↔ eury-). ★ 母音の前では通例 sten- になる. 〘← Gk *stenós* narrow〙

sten·o·bath /sténəbæ̀θ/ *n.* 〖生態〗狭域性生物《限られた水深の狭い範囲のみで生活できる生物》; ↔ eurybath》.

sten·o·bath·ic /stènəbǽθɪk⁻/ *adj.* 〘← STENO-＋Gk *báthos* depth: ⇨ bathos〙

sten·o·cho·ric /stènəkɔ́ːrɪk⁻/ *adj.* 〖生態〗〈動植物が〉狭域性の (↔ eurychoric). 〘《1902》← STENO-＋CHORO-＋-IC¹〙

sten·o·chro·my /sténoukròumi | -nə(ʊ)krəʊ-/ *n.* 〖印刷〗ステノクロミー(印刷)《1 回の印刷によって多色印刷を行なう特殊印刷法》. 〘《1876》← STENO-＋CHROMO-＋-Y¹〙

ste·nog /stənɑ́(ː)g | stənɔ́g, stɛ-/ *n.* =stenographer.

sten·o·graph /sténəgræ̀f | -nə(ʊ)grɑ̀ːf, -græ̀f/ *n.* **1** 速記タイプライター. **2** 速記文字. — *vt.* 速記する. 〘《1821》《逆成》↓〙

ste·nog·ra·pher /stənɑ́(ː)grəfə | stənɔ́grəfə^(r), stɛ-, stɪ-/ *n.* 《米》《英》shorthand typist). 〘1809〙

sten·o·graph·ic /stènəgrǽfɪk⁻/ *adj.* 速記(術)の: take ～ notes of …の速記を取る. 〘1681〙

stèn·o·gráph·i·cal /-fɪ̀kəl, -kl | -fɪ-⁻/ *adj.* =stenographic. **～·ly** *adv.*

ste·nog·ra·phist /stənɑ́(ː)grəfɪ̀st, | stənɔ́grəfɪst, stɛ-/ *n.* =stenographer. 〘《1839》: ⇨ ↓, -ist〙

ste·nog·ra·phy /stənɑ́(ː)grəfi | stənɔ́g-, stɛ-/ *n.* 速記(で書かれたもの); 速記術[法] (shorthand). 〘《1602》← STENO-＋-GRAPHY〙

sten·o·ha·line /stènəhéɪlaɪn, -hǽl-, -lɪ̀n | -nə(ʊ)-héɪlaɪn, -hǽl-, -lɪn/ *adj.* 〖生態〗〈動植物が〉狭塩度性の《狭い範囲の塩度の変化にだけ耐え得る; ↔ euryhaline》. 〘《1920》← STENO-＋Gk *hálinos* of salt (← *háls* 'SALT')＋-INE¹〙

sten·o·hy·gric /stènəháɪgrɪk⁻/ *adj.* 〖生態〗〈動植物が〉狭湿性の《狭い範囲の湿度の変化にだけ耐え得る; ↔ euryhygric》. 〘← STENO-＋HYGRO-＋-IC¹〙

ste·no·ky /stɪ̀nóuki | stenə́u-/ *n.* 〖生態〗狭環境性《狭い範囲の環境条件でしか生息できない性質》. **ste·no·kous** /stɪ̀nóukəs | stenə́ʊ-/ *adj.* 〘← STENO-＋*eu-roky* (広環境性) (← Gk *oikía* dwelling)〙

sten·o·pa·ic /stènəpéɪɪk⁻/ *adj.* (*also* **sten·o·pe·ic, sten·o·pae·ic** /stènəpíːɪk⁻/) 〖医学〗細孔の(ある), 狭裂孔のある: ～ spectacles 細孔鏡, 裂孔鏡. 〘《1864》← STENO-＋Gk *opaîos* having a hole (← *opḗ* hole)＋-IC¹〙

stèno·pétalous *adj.* 〖植物〗狭い花弁を有する.

ste·noph·a·gous /stɪ̀nɑ́(ː)fəgəs, stɛ- | -nɔ́f-⁻/ *adj.* 〖生態〗〈動物が〉狭食性の《限られた範囲の食物しか摂取しない; ↔ euryphagous; cf. monophagous》. 〘《1926》← STENO-＋-PHAGOUS〙

sten·o·phyl·lous /stènoufɪ́ləs | -nə(ʊ)-⁻/ *adj.* 〖植物〗狭い葉を有する. 〘《1904》← STENO-＋-PHYLLOUS〙

ste·nosed /stɪ̀nóust, stɛ-, -nóuzd | -nə́ʊst, -nə́ʊzd/ *adv.* 〖医学〗狭窄した[にかかった]. 〘《1897》: ⇨ ↓, -ed〙

ste·no·sis /stɪ̀nóusɪ̀s, stɛ- | -nə́ʊsɪs/ *n.* (*pl.* **-no·ses** /-siːz/) 〖病理〗狭窄(きょうさく)(症) (contraction, stricture).

ste·nót·ic /-nɑ́(ː)tɪk | -nɔ́t-/ *adj.* 〘《1866》← NL ～ ← Gk *sténōsis* a narrowing: ⇨ steno-, -osis〙

sten·o·therm /sténəθə̀ːm | -θəːm/ *n.* 〖生態〗狭温性生物 (↔ eurytherm). 〘《逆成》↓〙

stèno·thérmal *adj.* 〖生態〗〈動植物が〉狭温性の《ごく狭い範囲の温度差にだけ耐えうる; ↔ eurythermal》. 〘1881〙

stèno·thérmic *adj.* 〖生態〗=stenothermal.

stèno·thérmous *adj.* 〖生態〗=stenothermal.

sten·o·ther·my /sténəθə̀ːmi | -θəː-/ *n.* 〖生態〗狭温性 (⇨ stenothermal). 〘← STENOTHERM(AL)＋-Y¹〙

sten·o·top·ic /stènətɑ́(ː)pɪk | -tɔ́p-⁻/ *adj.* 〖生態〗〈動植物が〉(環境の変化に対し)狭範囲適応性の (↔ eurytopic). 〘《1949》← STENO-＋Gk *tópos* place＋-IC¹〙

sten·o·type /sténətàɪp | -nə(ʊ)-/ *n.* 〖商標〗 **1** ステノタイプ《速記文字タイプライター; これに類似のものも含む》. **2** (ステノタイプに用いる)速記文字. — *vt.* ステノタイプで記録する. 〘《1891》← STENO(GRAPHY)＋TYPE〙

sten·o·typ·y /sténətàɪpi | -nə(ʊ)-/ *n.* アルファベット文字を使う速記術. **sten·o·typ·ic** /stènətɪ́pɪk⁻/ *adj.* **stén·o·tỳp·ist** /-pɪ̀st | -pɪst/ *n.* 〘《1891》: ⇨ ↑, -y¹〙

stent /stént/ *n.* 〖医学〗ステント: **1** 管や血管の中に治癒促進や閉塞を緩和する目的で入れる副子. **2** 植皮を固定するために用いる鋳型. 〘《1878》← *Charles T. Stent* (1807–85: 英国の歯科医師でその考案者)〙

sten·ter /sténtə | -tə^(r)/ *n.*, *v.* 《英》=tenter¹.

Sten·tor /sténtɔə, -tə | -tɔː^(r)/ *n.* **1** ステントール《*Iliad* 中に出てくる大声の伝令 (herald); 50 人に匹敵する声量をもっていたという》. **2** [s-] 声の大きい人. **3** [s-] 〖動物〗ラッパムシ《繊毛虫亜門ラッパムシ属 (*Stentor*) のらっぱ状原生動物の総称; ソライロラッパムシ (*S. coeruleus*) など》. 〘《1600》□ L ～ □ Gk *Sténtōr* 《原義》groaner, roarer ← *sténein* to groan〙

sten·to·ri·an /stɛntɔ́ːriən/ *adj.* 非常に声の大きい (⇨ loud SYN): a ～ voice. 〘《1605》: ⇨ ↑, -ian〙

sten·to·ri·ous /stɛntɔ́ːriəs/ *adj.* =stentorian. **～·ly** *adv.*

sten·to·ro·phon·ic /stèntərəfɑ́(ː)nɪk | -tərəfɔ́n-⁻/ *adj.* =stentorian.

sten·tor·phone /sténtəfòun | -təfəʊn/ *n.* **1** 強力拡声器. **2** 〖音楽〗(パイプオルガンの)ステンタルフォン音栓《8 フィートのフルーストップの一種》. 〘《1921》← STENTOR＋-PHONE〙

step /stép/ *n.* **1 a** 歩み, 足の運び: at every ～ ひと足ごとに / take a ～ forward [back(ward)] 一歩進む[退く] / miss one's ～ =make [take] a false ～ 足を踏みはずす. **b** [*pl.*] (歩む)方向 (course), 道 (way): pick one's ～*s* carefully 道を拾って歩く, 足元に気をつけて行く / retrace one's ～*s* 道を戻る / direct [turn, bend] one's ～*s* toward [to] the station 駅の方へ足を向ける[曲がる]. **2 a** 一歩の間隔, 一歩幅《約 1 ヤード》; (ほんの)ひと足(の距離), ひとまたぎ (short distance): be unable to walk a ～ 一歩も歩けない / If you move a ～, I'll shoot! 一歩でも動けば撃つぞ / It is only a few ～*s* away [farther]. もうすぐそこです / It is but a ～ from the sublime to the ridiculous. 崇高と滑稽とはわずか一歩の隔りしかない[紙一重である]. **b** 歩程, 行程: His house stands [is] a good ～ down the road. この道をずっと(歩いて)行った所に彼の家がある. **c** 《廃》小旅行. **3 a** 足音 (footstep): I can easily recognize his ～. 彼の足音はすぐわかる / We heard ～*s* approaching. 足音の近づくのが聞こえた. **b** 足跡 (footprint): ～*s* in the ground. **4 a** 歩きぶり, 足つき, 足どり (tread, gait), 歩調 (pace): a light [heavy] ～ 軽い[重い]足どり / double-quick ～*s* 駆け足 / (⇨ goose step / ～ for ～ 同一歩調で, 歩調を合わせて / walk with quick [slow, long] ～*s* 早足で[ゆっくりと, 大またで]歩く / fall into ～ (人と)歩調を合わせる; …に同調する / break ～ (わざと)歩調を乱す / Change ～! 歩調変え《号令》. **b** (ダンスの)ステップ《一単位となって繰り返される足と体との動き方》: a dance ～ / the waltz ～ ワルツのステップ / ⇨ one-step, two-step. **5 a** 踏み段 (⇨ flight¹ 挿絵), (はしごの)段; (戸口の)上り段, 上がりかまち; (乗物の)昇降段; (階段の)一段の高さ: a ～ cut in the rock [ice] 岩[氷]に刻み込んだ足場 / let down the ～(*s*) 昇降段を下ろす / Be careful on [《英》 Mind] the ～. (段があるので)足元に注意しなさい / Each flight of stairs has 12 ～*s*. 各階段には 12 の段がある. **b** [*pl.*] (屋外のひと続きの)階段, 段々: run down [up] the ～*s*. 階段を駆け下りる[上る]. **c** 《英》[(a pair of) ～*s*] 脚立(きゃたつ) (stepladder). **d** (石切り場の岩壁につけた)足場. **6 a** (ある過程・目盛りの)段階, 進歩, はかどり (stage): a ～ on the Centigrade scale セ氏の目盛りの 1 度 / the first ～ toward peace 平和への第一歩 / *First Steps in English*「英語初歩」(本のタイトル) / a few ～*s* nearer success 成功への数歩の近づき / make a great ～ forward [up] in …に一大進歩を遂げる / rise [go up] a ～ in a person's opinion [estimation] 人に一段と重んじられる[一層高く評価される] / He said he'd cooperate, but then he opposed us every ～ of the way. 彼は協力すると言ったが, 途中ことごとく我々に反対した. **b** 階級, 段階 (grade). **c** 昇進, 昇級 (promotion): get one's ～ 昇進する / give a person a ～ 人を昇進させる. **7** 手段, 方法, 処置: take a bold [prudent, decisive, rash] ～ 大胆な[慎重な, 思い切った, 軽率な]処置を取る / We must take ～*s to* prevent it [in the matter]. それを阻止する[その問題に対処する]方法を講じなければならない. **8** 《米》〖音楽〗音度, 音程 (tone); 全音程: ⇨ half step 1, whole step. **9 a** 〖機械〗承(う)け口, 軸受け. **b** 〖木工〗欠(か)き込み《木材などをはめ込むために切り欠いた部分》. **c** 〖海事〗檣根(しょうこん)座《マストの根元をはめる座》.

in step (1) 足並み[歩調]をそろえて: walk [march] *in* ～ (*with* …) (…と)足並みをそろえて歩く[行進する] / keep [be] *in* ～ 足並みをそろえる. (2) 《口語》同意[同調]して. ***keep stép*** (*with* …) (…と)歩調をそろえる; 調和する: keep ～ *with* the times 時流に合わせる. ***mind one's stép(s)*** =watch one's STEP. ***òut of stép*** (1) 足並みがそろわないで, 歩調を乱して: fall [get] *out of* ～ 歩調[調和]を乱す. (2) 《口語》同意[調和]しないで: be *out of* ～ *with* one's friends 友人とそりが合わない. ***stép by stép*** 一歩一歩, 徐々に; 用心して; 着実[地道]に. ***tréad*** [***wálk, fóllow***] ***in a person's stéps***=*follow in a person's* FOOTSTEPS. ***wátch one's stép*** (1) 足元に気をつける. (2) 《口語》慎重に行動する, 用心する.

— *v.* (**stepped**, 《古》 **stept** /stépt/; **step·ping**)

— *vi.* **1 a** 歩む (walk); (特に, 短距離を)歩く, 行く (go); (ある足取りで)歩を進める, 進む (march): ～ *aside* わきへ寄る[避ける] / ～ *forward* [*back*] 前進する[退く] / ～ *inside* [*outside*] 中へ入る[中から出る] / ～ *down* (車などから)降りる / ～ *across* …を横切る / ～ *between* …の間へ割って入る / ～ *over* …を横切る, またぐ / ～ *into* [*off*] a boat [bus] 舟[バス]に乗り込む[から降りる] / ～ *on to* [*onto*] the platform プラットホームへ降り立つ / ～ *into* one's shoes [pants] 靴[ズボン]に足を入れる / ～ *down* [*over*] *to* a corner grocery (ちょっと)角の食料雑貨店まで行く / ～ *up* 上る, 登壇する / ～ *up to* a person 人に近づく / *Step* this way, please. どうぞこちらへ / ～ lightly 軽い歩調で歩く / ～ high 〈馬が〉足を高くあげる, だくを踏む / ～ long [short] 歩度を長くする[縮める], 大股[小股]に歩く / ～ lively 急ぐ; [命令法で]《米》お早く願います. **b** 《米》(ダンスなどで)調子を取って歩む; 上品にダンスをする, 踊る: ～ *well together* 〈踊り手・馬などが〉足がよく合う / ～ *through* a dance ステップを踏んでダンスをする. **c** 速く歩く, 走る. **2 a** 〈物を〉(知らずに)踏む, (故意に)踏みつける〔*on, upon*〕: ～ *on* a worm. **b** (器械などを動かすために)〈バネ・ブレーキなどを〉踏む, 踏みしめる〔*on, upon*〕: ～ *on* the brake / ⇨ STEP *on it*. **c** 《口語》〈人を〉ひどい扱いをする, 踏みつけにする〔*on, upon*〕: ～ *on* a person / ～ *on* a person's toe(s)=*tread on a person's* TOES. **3 a** 〈財産などを〉労せずして手に入れる〔*into*〕: ～ *into* a fortune [good job] 財産[よい仕事]にありつく. **b** 〈仕事・役割に〉就く, 始める〔*into*〕(⇨ step out of): An understudy must be ready to ～ *into* the star's role at a moment's notice. 代役は, 即座にスターの役につく用意ができていなければならない. **4** 《俗》〖麻薬〗〔…に〕混ぜ物をする, 混ぜて〔…の〕質を落とす〔*on, upon*〕. **5** 《廃》前進する, 進む.

— *vt.* **1 a** 〈足を〉踏み入れる (set): ～ foot *in* a place [*on* the moon] 《米》ある場所[月面]に(初めて)足を踏み入れる. **b** 〈歩を〉進める: ～ two paces 2 歩前進する. **c** 〈道などを〉歩く, 横切って行く (traverse). **2** 歩測する 〈*off, out*〉: ～ (*off* [*out*]) the distance [ground, length of a room] 距離[土地, 部屋の長さ]を歩測する / ～ *off* 50 yards 歩幅で 50 ヤード測る. **3 a** 階段状にする, 段々に並べる. **b** 段(状のもの)をつける: ～ a key 鍵にぎざぎざをつける. **4** 〖海事〗〈マストを〉〈檣根(しょうこん)座に〉立てる. **5** 《古》〈ダンスの〉ステップを踏む (perform): ～ a minuet メヌエットを踊る / ～ a measure 《古》ダンスをする, 踊る.

stép alóng 出発する, 立ち去る (depart). ***stép asíde*** (1) ⇨ *vi.* 1 a. (2) (他人に譲る[任せる]ために)身を引く, 引退[辞職]する〔*from*〕. ***stép báck*** (1) ⇨ *vi.* 1 a. (2) 身を引く (withdraw), 退く (retire). (3) 一歩さがって[距離をおいて, 客観的に]考える. ***stép dówn*** (1) 《口語》〈地位から〉降りる, 退く, 身を引く〔*from*〕: ～ *down from* the presidency 会長職を退く / ～ *down* in favor of someone else 身を引いてだれか他の人に譲る. (2) 《口語》〈議論から〉降りる, 引きさがる, 屈する. (3) 〈電圧などを〉下げる, 減じる. (4) ⇨ *vi.* 1 a. ***stép fórward*** 〈証人・志願者などが〉前へ出る, 進み出る (cf. *vi.* 1 a). ***stép ín*** (1) 《口語》(上から)干渉する, 介入する (intervene). (2) 家[部屋]に入る; (ちょっと)立ち寄る (drop in). (3) 間に入る, 割り込む. ***stép it*** (***óut***) 愉快[活発]に踊る. ***stép óff*** (1) ⇨ *vi.* 1 a, *vt.* 2. (2) 〖軍事〗行進を開始する. ***stép on it*** =***stép on the gás*** 《口語》(1) (自動車の)アクセルを踏む, スピードを出す. (2) 急ぐ (hurry up). ***stép óut*** (*vi.*) (1) (ちょっと)家[部屋]を出る, 外出する. (2) 歩幅を伸ばす, 歩調を速める; (もっと)急ぐ. (3) 《米口語》辞職[引退]する (resign). (4) [特に ～*ping out* として]《口語》遊びに出掛ける, 愉快にやる: I am ～*ping out* (with my baby) tonight. 今晩は外で(かわいこちゃんと)楽しい時を過ごします. (5) 《米》死ぬ (die). (6) 《米口語》(不倫を犯して)〔…を〕裏切る〔*on*〕. — (*vt.*) ⇨ *vt.* 2. ***stép úp*** 《口語》 (*vi.*) (1) ⇨ *vi.* 1 a. (2) 向上する, 上向く. (3) 昇進する〔*to*〕. — (*vt.*) (1) 向上させる, 促進させる: ～ *up* production [work] 増産を図る[仕事を促進させる]. (2) 〈電圧などを〉上げる, 増す. (3) 昇進させる〔*to*〕.

〘n.: OE *stepe, stæpe* 《原義》treading firmly on, foothold ＜ **stapiz* ← Gmc **stap-*. — v.: OE *steppan, stæppan* ← Gmc **stap-* (Du. *steppen* / G *stapfen*) ← IE **steb(h)-* to tread, step: cf. stamp〙

STEP /stép/ 《略》《英》Special Temporary Employment Programme.

step- /stép/「継(まま)…, 義理の…」の意の連結形《血縁によらず親または配偶者の再婚によって生じた家族関係を表す》: *step*father, *step*mother, *step*son. 〘OE *stēop-* orphaned ← Gmc **stiup-* bereft, 《原義》pushed out (Du. *stief-* / G *Stief-* / ON *stjūp*) ← IE **(s)teu-* to push, stick〙

stép aeróbics *n.* ステップエアロビクス《踏台の昇り降りを組み込んだエアロビクス》.

stép-and-repéat *adj.* 〖印刷〗ステップアンドリピートの, 反復焼き付けの《一つの画像を刷版用の版面に多数焼き付ける》.

stép bèaring *n.* 〖機械〗うす軸受《軸端においてスラスト荷重を支える軸受》. 〘1873〙

stép bòlt *n.* =carriage bolt.

stép·bròther *n.* 継(まま)父[母]の連れ子, (父[母]の再婚による)義理の兄[弟]《両親ともに異なる場合にいう; half brother は父または母のいずれかが同じである兄弟を指す; cf. brother-in-law》. 〘1440〙

stép-by-stép *adj.* 段階的な: a ～ decrease 段階的削減. 〘1701〙

stép-by-stép sỳstem *n.* 〖通信〗ステップバイステップ式《電話の自動交換の一般的な方式》.

stép·chàir *n.* 脚立(きゃたつ)兼用の椅子(いす).

stép·child *n.* (*pl.* **-children**) **1** 継(まま)子, 連れ子《配偶者の前の結婚による子》. **2** 継子扱いされる人[もの]. 〘OE *stēopċild* orphan: ⇨ step-〙

stép-clìne *n.* 〖生物〗ステップクライン, (地域的)不連続変異 (cf. cline 1). 〘← STEP (n.)＋CLINE〙

stép cùt *n.* 〖宝石〗ステップカット, 階梯(かいてい)形の角型カット. 〘1865〙

stép·dàd *n.* 《口語》=stepfather.

stép·dàme *n.* 《古》 =stepmother. 〖*a*1384〗

stép dànce *n.* 〖ダンス〗ステップダンス《身振りよりも特殊な踏み方に重きを置く tap dance や clog dance など》. 〖1887〗

stép·dàughter *n.* 義理の娘, 連れ子 (⇨ stepchild). 〖OE *stēopdohtor*: ⇨ step-〗

stép·dòwn *adj.* **1** 逓減(ていげん)する, 軽減する, 弱める. **2** 〖電気〗電圧を下げる (↔ step-up): a ~ transformer 逓降[降圧]変圧器. ── *n.* 《口語》(量・大きさなどの)逓減, 低下, 減少. 〖(1893) ← *step down* (⇨ step (v.) 成句)〗

stép·fàmily *n.* 継子[連れ子]のいる家族.

stép·fàther *n.* 継父. 〖OE *stēopfæder*: ⇨ step-〗

stép fùnction *n.* 〖数学〗階段関数《グラフが階段状になっている関数》. 〖1929〗

Steph·a·na /stéfənə/ *n.* ステファナ《女性名》. 〖← NL ~ (fem.) ← L *Stephanus* 'STEPHEN'〗

steph·a·ne /stéfəni/ *n.* 〖美術〗ステファニ《ギリシャの彫像などにみられる鉢巻状の冠帯》. 〖(1847) □ Gk *stephánē*: cf. Gk *stéphanos* crown〗

Sté·phane /steɪfɑ́:n; *F.* stefan/ *n.* ステファン《男性名》. 〖□ F ~: ⇨ Stephen¹〗

Steph·a·nie /stéfəni/ *n.* ステファニー《女性名》. 〖□ F ~ (fem.): ↑〗

steph·an·ite /stéfənàɪt/ *n.* 〖鉱物〗脆(ぜい)銀鉱 (Ag_5SbS_4). 〖(1849) □ G *Stephanit*: オーストリアの Archduke of Stephan (*d.* 1867) にちなむ: ⇨ -ite¹ 2 a〗

steph·a·no·tis /stèfənóʊtɪs | -nə́ʊtɪs/ *n.* 〖植物〗シタキソウ《Madagascar 島と東南アジアに産するガガイモ科シタキソウ属 (*Stephanotis*) の類のつる植物の総称; マダガスカルシタキソウ (Madagascar jasmine) など》. 〖(1843) ← NL ~ ← Gk *stephanōtídis* fit for a crown or wreath ← *stéphanos* crown (↓)〗

Ste·phen¹ /stí:vən/ *n.* スティーブン《男性名; 愛称形 Steve; 異形 Steffan, Steven》. 〖□ L *Stephanus* □ Gk *stephanâs* ← *stéphanos* crown ← *stéphein* to encircle, wreathe ← IE **steb(h)-* to fasten〗

Ste·phen² /stí:vən/ *n.* スティーブン《1097?–1154; Norman 王朝最後のイングランド王 (1135–54); William the Conqueror の孫; 従妹 Mathilda と王位を争った末妥協し, これにより死後 Plantagenet 王朝が成立; 通称 Stephen of Blois /blwá:/》.

Stephen, Saint *n.* **1** ステパノ《最初のキリスト殉教者 (protomartyr); 祭日は 12 月 26 日; cf. *Acts* 6–7》. **2** イシュトバーン《975?–1038; 初代ハンガリー王 Stephen 一世 (997–1038); 祭日 8 月 16 日 (ハンガリーでは 8 月 20 日); ハンガリー語名 István》.

Stephen, Sir Leslie *n.* スティーブン《1832–1904; 英国の伝記作家・批評家; *Dictionary of National Biography* の最初の編集者; Virginia Woolf の父》.

Stephen I, Saint *n.* ステファヌス[ステファノ]一世《?–257; イタリアの聖職者; 教皇 (254–57); 祝日 8 月 2 日》.

Ste·phens /stí:vənz/, **Alexander Hamilton** *n.* スティーブンズ《1812–83; 米国の政治家, 南北戦争当時の南部連盟の副大統領 (1861–65)》.

Stephens, James *n.* スティーブンズ《1882–1950; アイルランドの詩人・小説家; *The Crock of Gold* (1912)》.

Ste·phen·son /stí:vənsən, -sn/, **George** *n.* スティーブンソン《1781–1848; 英国の技師; 蒸気機関車の完成者》.

Stephenson, Robert *n.* スティーブンソン《1803–59; G. Stephenson の子; 父と協力して鉄道および鉄橋の改良に尽くした》.

stép·ìn *adj.* 〈衣服・靴など〉足を突っ込んで着る[履く], ステップイン(式)の: ~ shoes / a ~ blouse 下着と組み合わさったブラウス. ── *n.* **1 a** [しばしば *pl.*] ステップインの衣服《特に下着》. **b** [*pl.*] 《古》パンティー. **2** 靴ひもや留め具のない靴. 〖(1921) ← *step in* (⇨ step (v.) 成句)〗

stép jòint *n.* 〖土木〗傾(かた)ぎ入れ《木材接合法の総称》.

stép·làdder *n.* 段ばしご; 脚立(きゃたつ). 〖1751〗

stép·mòther *n.* **1** 継母. **2** (十分な世話をしない)継母根性の人, 無情な人; 子供をほったらかす人. 〖OE *stēopmōdor*: ⇨ step-〗

stép·mòther·ly *adj.* 継母のような, 継母根性の; 無情な, 冷酷な (unfeeling), 子供をほっておく. 〖(1848): ⇨ -ly²〗

stép·mùm *n.* 《口語》=stepmother.

step·ney /stépni/ *n.* 《インド》(自動車の)予備車輪. 〖(1907) ← *Stepney Street* 製造地: Wales 南部 Llanelli の街区〗

Step·ney /stépni/ *n.* ステップニー《London の旧自治区; 現在は Tower Hamlets 区の一部》. 〖OE *Stybbanhȳþ* 《原義》'*Stybba*'s landing place': *Stybba* は人名〗

stép-òff *n.* **1** 落下. **2** 海岸線が急に海に落ちること; そのような場所. 〖← *step off* (⇨ step (v.) 成句)〗

stép-òn *adj.* 〈くず物入れなど〉ペダルを踏んで開く.

stép·òver *n.* 垣根仕立て用果樹.

stép·pàrent *n.* 継親; 継父, 継母.

steppe /stép/ *n.* **1** ステップ《樹木の生えていない大草原; cf. pampa 1, prairie》. **2** [the Steppes] **a** ステップ地方《ロシアの南西部・東欧南部・アジアの西部にある大草原地方》. **b** =Kirghiz Steppe. 〖(1671) □ Russ. *stepp'* steppe, (ORuss.) lowland〗

stepped *adj.* 段のある, 階段になっている: a ~ pyramid 階段ピラミッド. 〖(1833) ← STEP (n.)+-ED²〗

stépped gáble *n.* 〖建築〗段々破風(はふ). 〖1833〗

stépped líne *n.* 〖新聞〗字下がり見出し (dropline).

stépped púlley *n.* 〖機械〗《ベルト伝動装置の》段車.

stépped-úp *adj.* 《米口語》速力を増した (accelerated); 強化された (intensified); 増強された, 増加された (increased). 〖(1902) ← *step up* (⇨ step (v.) 成句)〗

stéppe lèmming *n.* 〖動物〗ステップレミング (*Lagurus lagurus*)《中央アジアに生息する齧歯類の一種; ハタネズミに似て, 土中に穴を掘る》.

stép·per *n.* **1** (…の)足取りの馬[人]: a fine ~ 見事な足取りの馬 / ⇨ high-stepper. **2** 《口語》踊り子, ダンサー (dancer). 〖(1835) ← STEP (v.)+-ER¹〗

stépper mòtor *n.* ステッパー電動機《小刻みに等回転角運動で回転する電動機》. 〖1961〗

step·ping-stone /stépɪŋstòʊn | -stəʊn/ *n.* **1 a** (浅い川・ぬれ地・庭園などに並べた)踏み石, 飛び石. **b** (昇降用の)踏み石; (乗馬用の)踏み石 (horse block). **2** (昇進・前進などへの)手段, 方法 (means): a ~ *to* fame. **3** (旅行などの)途中下車[寄港]地. 〖*c*1325〗

stép respònse *n.* 〖電子工学〗ステップ応答《入力がある一定の値から他の一定の値に突然変化したときの応答》.

stép ròcket *n.* 〖宇宙〗多段式ロケット. 〖1932〗

stép·sìster *n.* 継(まま)父[母]の連れ子, (父[母]の再婚による)義理の姉[妹] (⇨ stepbrother). 〖(1440): ⇨ step-〗

stép·sòn *n.* (男の)継子, 連れ子 (⇨ stepchild). 〖OE *stēopsunu*: ⇨ step-〗

stép stòol *n.* ステップスツール《ちょうつがいで留めた踏段が座部の下面にたたみ込めるようになっている脚立(きゃたつ)式のスツール》. 〖1946〗

stept *v.* 《古》step の過去形・過去分詞. 〖(pret.: 15C; p.p.: 16C)〗

stép·tòe *n.* 《米西部》火山岩で囲まれて孤立する丘[山].

stép tùrn *n.* 〖スキー〗ステップターン, 踏みかえターン《片方のスキーを進もうとする方向に踏み出して体重を移し, 残ったスキーを平行にそろえるターン法》. 〖1941〗

stép·ùp 《口語》*adj.* **1** (徐々に)増す, 増大する, 強める. **2** 〈賃貸借契約が〉逓増(ていぞう)の. **3** 〖電気〗電圧を上げる (↔ step-down): a ~ transformer 逓昇変圧器, 昇圧変圧器. ── *n.* **1** (物の率・量などの)増加, 上昇: a ~ of war 戦争の拡大 / a ~ in production 生産の増加. **2** 〖電気〗逓昇変圧器. 〖(1893) ← *step up* (⇨ step (v.) 成句)〗

stép wèdge *n.* 〖光学〗階段くさび《光学濃度が位置によって階段的に変化する光学くさび (optical wedge)》. 〖1931〗

stép·wìse *adv.* **1** 階段風に, 段々になって; 一歩ずつ, 一段ずつ. **2** 《米》〖音楽〗順次進行で. ── *adj.* **1** 階段風の; 一歩ずつの. **2** 《米》〖音楽〗順次進行の. 〖(1888) ← STEP (n.)+-WISE〗

ster. 《略》stereotype; sterling.

-ster /stə | stə^(r)/ *suf.* 「(…を製作・利用)する人, …に関係のある[の状態にある]人」の意の名詞を造る. ★ 特に, 職業・習性を表し, また職業に由来する姓にも多く, またしばしば軽蔑的な意味を表す (cf. -aster¹): brew*ster*, game*ster*, song*ster*, Web*ster*, rhyme*ster*, young*ster*. 〖OE *-estre*, *-istre* < (W)Gmc **-strjōn* (MLG & Du. *-ster*): OE では通例 *-er* に対する女性形として用いられたが (cf. spinster), ME 以後男女両性に用いる〗

ste·ra·di·an /stəréɪdiən | -di-/ *n.* 〖数学〗ステラジアン《立体角の単位; それによる立体角の大きさの測定値は, 角の頂点を中心とする半径 1 の球面がその角によって切り取られる部分の面積の大きさに等しい; 記号 sr》. 〖(1881) ← STEREO-+RADIAN〗

ste·rane /stí^ə^reɪn, stér- | stíər-, stér-/ *n.* 〖化学〗ステラン《原油中に含まれる飽和多環式炭化水素; 古生物体のステロールに由来する》.

ster·co·ra·ceous /stə̀:kəréɪʃəs | stə̀:-ˊ/ *adj.* 〖生理〗糞便の[に関する]; 糞便状の. 〖(1731) ← L *stercor-*, *stercus* dung+-ACEOUS〗

ster·co·ral /stə́:kərəl | stə́:-/ *adj.* **1** 糞便の[による]. **2** 糞の中にすむ. 〖(1758) □ ML *stercorālis*: ⇨ ↑, -al¹〗

ster·co·ric·o·lous /stə̀:kəríkələs | stə̀:-ˊ/ *adj.* 〈バクテリアなど〉(牛馬などの)糞 (dung) の中にすむ. 〖(1885) ← L *stercor-* (↑)+-COLOUS〗

ster·co·rous /stə́:kərəs | stə́:-/ *adj.* =stercoraceous. 〖(1542) □ L *stercorōsus* ← *stercor-* (↑): ⇨ -ous〗

ster·cu·li·a /stə:kjú:liə | stə:-/ *n.* 〖植物〗ゴウシュウアオギリ《世界の温帯や熱帯原産のアオギリ科ゴウシュウアオギリ属 (*Sterculia*) の各種の樹木の総称》. 〖(1771) ← NL ~ ← *Sterculius* (↓)+-IA²: 悪臭を発することから〗

Ster·cu·li·a·ce·ae /stə:kjù:liéɪsiì: | stə:-/ *n. pl.* 〖植物〗(双子葉植物アオイ目)アオギリ科. **ster·cù·li·á·ceous** /-ʃəs-ˊ/ *adj.* 〖← NL ~ ← L *Sterculius* (肥料をつかさどるローマの神の名) ← *stercus* dung: ⇨ -aceae〗

stere /stíə | stíə^(r); *F.* stɛ:r/ *n.* ステール《メートル法の体積の単位で 1 m³》. 〖(1798) □ F *stère* ← Gk *stereós* solid: ⇨ stereo-〗

ster·e- /stéri, stí^ə^ri | stéri, stíəri/ (母音の前にくるときの) stereo- の異形.

ster·e·o /stériòʊ, stí^ə^r- | stériəʊ, stíər-/ *n.* (*pl.* ~s) 《口語》**1 a** 立体音再生; 立体音効果, 立体音響方式. **b** 立体音再生装置, ステレオ《stereo set [system] ともいう》. **c** ステレオレコード[テープ]. **2 a** 立体写真術. **b** 立体写真, 立体映画. **3** 〖印刷〗=stereotype 2. ── *adj.* **1** 立体音響の, ステレオの. **2** 立体写真(術)の. **3** 〖印刷〗=stereotyped 2. 〖(1823) 《略》← STEREOPHONIC, STEREOSCOPIC, STEREOTYPE〗

ster·e·o- /stériou, stí^ə^r- | stériəu, stíər-/ 次の意味を表す連結形: **1** 実体的な (solid), 堅固な (hard). **2** 立体鏡の; 立体の; 立体化学の. ★ 母音の前では通例 stere- になる. 〖← Gk *stereós* solid, hard ← IE **(s)ter-* stiff, rigid: cf. stare〗

ster·e·o·bate /stériəbèɪt, stí^ə^r- | stériə-, stíər-/ *n.* 〖建築〗**1** 土台 (foundation). **2** ステレオベート《古典建築で stylobate を含む基壇; その上に円柱が立つ》. **ster·e·o·bat·ic** /stèriəbǽtɪk, stì^ə^r- | stèriəbǽt-, stìər-ˊ/ *adj.* 〖(1836) □ F *stéréobate* // L *stereobata* foundation of a columnar building □ Gk *stereobátēs* ← STEREO-+*-bátēs* a stepping: cf. stylobate〗

stéreo càmera *n.* 立体写真撮影用カメラ, ステレオカメラ. 〖1959〗

stèreo·chémical *adj.* 立体化学の. **~·ly** *adv.* 〖1890〗

stèreo·chémistry *n.* 立体化学《原子・原子団の分子内における立体的配置を研究する化学の一分野》. 〖1890〗

ster·e·o·chrome /stérioukròum, stí^ə^r- | stériə(ʊ)-kràʊm, stíər-/ *n.* ステレオクローム画《乾いた壁面に鉱物質の水彩顔料で描く壁画法で, フレスコと異なり中断や塗り直しも自由; 完成した後, 水ガラスで定着する》. ── *vt.* ステレオクローム画法で描く. **stèreo·chrómic** *adj.* **stèreo·chrómically** *adv.* 〖(1854) 《逆成》↓〗

ster·e·o·chro·my /stérioukròumi, stí^ə^r- | stériə(ʊ)krəʊ-, stíər-/ *n.* ステレオクローム画法 (⇨ water-glass painting). 〖(1845) ← STEREO-+CHROMO-+-Y¹〗

stèreo·com·pár·a·graph /-kəmpǽrəgræ̀f, -pér- | -pǽrəgrɑ̀:f, -græ̀f/ *n.* ステレオコンパラグラフ《実体視原理を用いた一種の簡易な図化器械》. 〖⇨ ↓, -graph〗

stèreo·compárator *n.* 〖測量〗ステレオコンパレーター, 実体座標測定機. 〖1901〗

ster·e·og·no·sis /stèriɑ(:)gnóʊsɪs, stì^ə^r- | stèriɔg-nə́ʊsɪs, stìər-/ *n.* (物体の形態・重量などの)触覚認知能力. **ster·e·og·nos·tic** /stèriɑ(:)gnɑ́(:)stɪk, stì^ə^r- | stèriəgnɔ́s-, stìər-ˊ/ *adj.* 〖(1900) ← STEREO-+-GNOSIS〗

ster·e·o·gram /stériəgræ̀m, stí^ə^r- | stériə-, stíər-/ *n.* **1** (物体の形態の実体的印象を写し出すようにした)実体図表, 実体画. **2** =stereograph. **3** 《英》ステレオラジオ付きレコードプレーヤー. 〖1866〗

ster·e·o·graph /stériəgræ̀f, stí^ə^r- | stériəgrɑ̀:f, stíər-, -græ̀f/ *n.* (特に, 立体鏡 (stereoscope) に用いる)立体写真, ステレオ写真. ── *vt.* …の立体写真を撮る. 〖1859〗

ster·e·og·ra·pher /stèriɑ́(:)grəfə, stì^ə^r- | stèriɔ́grəfə^(r), stìər-/ *n.* 立体写真撮影家.

ster·e·o·graph·ic /stèriəgrǽfɪk, stì^ə^r- | stèriə-, stìər-ˊ/ *adj.* 実体画法の, 立体画法の. 〖(1704) ← ? NL **stereographicus*: ⇨ stereography, -ic¹〗

stèr·e·o·gráph·i·cal /-fɪkəl, -kl | -fɪ-ˊ/ *adj.* = stereographic. **~·ly** *adv.* 〖1675〗

stereográphic projéction *n.* 〖数学〗立体射影, 極射影, 透視平射図法. 〖1675〗

ster·e·og·ra·phy /stèriɑ́(:)grəfi, stì^ə^r- | stèriɔ́g-, stìər-/ *n.* **1** 立体画法, 実体画法. **2** 立体写真(術). 〖(1700) ← ? NL **stereographia*: ⇨ stereo-, -graphy〗

stèreo·ísomer *n.* 〖化学〗立体異性体. 〖1894〗

stèreo·isómerism *n.* 〖化学〗立体異性 (cf. structural isomerism). **stèreo·isoméric** *adj.* 〖1894〗

stèreo·lithógraphy *n.* ステレオリソグラフィー, 光造形法《レーザーを光硬化性ポリマーに照射してつくった断面形を積み重ねて立体像を形成する技術》.

ster·e·ol·o·gy /stèriɑ́(:)lədʒi, stì^ə^r- | stèriɔ́l-, stìər-/ *n.* 立体学. **ster·e·o·log·i·cal** /stèriəlɑ́(:)dʒɪkəl, stì^ə^r-, -kl | stèriəlɔ́dʒɪ-ˊ/ *adj.* **stèr·e·o·lóg·i·cal·ly** *adv.* 〖(1963) ← STEREO-+-LOGY〗

ster·e·om·e·ter /stèriɑ́(:)mətə, stì^ə^r- | stèriɔ́mɪtə^(r), stìər-/ *n.* **1** 体積計. **2** 容積計 (volumenometer). 〖(1801) ← STEREO-+-METER¹〗

ster·e·om·e·try /stèriɑ́(:)mətri, stì^ə^r- | stèriɔ́mɪ-, stìər-/ *n.* 体積測定, 求積法 (cf. planimetry). **ster·e·o·met·ric** /stèriəmétrɪk, stì^ə^r- | stèriə-, stìər-ˊ/ *adj.* **stèr·e·o·mét·ri·cal** *adj.* **stèr·e·o·mét·ri·cal·ly** *adv.* 〖(1570) ← NL *stereometria*: ⇨ stereo-, -metry〗

stèreo·microscope *n.* 実体[立体]顕微鏡. **stèreo·microscópic** *adj.* **stèreo·microscópically** *adv.* 〖1948〗

stéreo·pàir *n.* 〖写真測量〗一対のステレオ写真. 〖← STEREO- 2+PAIR〗

ster·e·o·phon·ic /stèriəfɑ́(:)nɪk, stì^ə^r- | stèriə(ʊ)-fɔ́n-, stìər-ˊ/ *adj.* 立体音響(効果)の, ステレオの (cf. binaural, monophonic, 《英》stereosonic): a ~ broadcast ステレオ放送 / ~ television 立体(音響)テレビ. **stèr·e·o·phón·i·cal·ly** *adv.* 〖1927〗

ster·e·oph·o·ny /stèriɑ́(:)fəni, stì^ə^r-, stériəfòuni, stí^ə^r- | stèriɔ́fəni, stìər-/ *n.* 立体音響効果. 〖(1950): ⇨ ↑, -phony〗

stèreo·photográmmetry *n.* 立体写真測量.

stèreo·phótograph *n.* 立体写真.

stèreo·phótographing *n.* 立体撮影.

stèreo·photógraphy *n.* 立体写真法. **stèreo·photográphic** *adj.* 〖1903〗

ster·e·op·sis /stèriɑ́(:)psɪs, stì^ə^r- | stèriɔ́psɪs, stìər-/ *n.* 立体(鏡)映像 (stereoscopic vision). 〖(1911) ← NL ~: ⇨ stereo-, -opsis〗

ster·e·op·ti·con /stèriɑ́(:)ptɪkən, stì^ə^r-, -kɑ̀(:)n | stèriɔ́ptɪkən, stìər-/ *n.* 〖光学〗(溶暗装置のある)立体幻灯, 複式幻灯. 〖(1863) ← NL ~ ← STEREO-+Gk *optikón* ((neut.) ← *optikós* 'OPTIC')〗

stèreo·régular *adj.* 〖化学〗立体規則性の: a ~ polymer 立体規則性重合体. **stèreo·regulárity** *n.* 〖1958〗

ster·e·o·scope /stériəskòup, stíᵊr- | stériəskəup, stíər-/ *n.* ステレオスコープ, 立体鏡, 実体鏡, 双眼写真鏡 (cf. pseudoscope). 〖(1838) ← STEREO-＋-SCOPE: 英国の物理学者 C. Wheatstone の造語〗

ster·e·o·scop·ic /stèriəskɑ́(:)pɪk, stìᵊr- | stèriə-skɔ́p-, stìər-ˉ/ *adj.* **1** 立体的な, 立体感を与える; 立体画面の: ~ television 立体テレビ. **2** 立体[実体]鏡の. 〖1855〗

stèr·e·o·scóp·i·cal /-pɪ̀kəl, -kl̩ | -pɪ-ˉ/ *adj.* = stereoscopic. **~·ly** *adv.*

stéreoscopic cámera *n.* ステレオカメラ, 立体写真機.

stéreoscopic mícroscope *n.* =stereomicroscope.

stéreoscopic vísion *n.* =stereoscopy 2.

ster·e·os·co·py /stèriɑ́(:)skəpi, stìᵊr- | stèriɔ́s-, stìər-/ *n.* **1** 立体[実体]鏡研究[学]; 実体鏡製法[使用法]. **2** 立体映像. 〖(1859) ← STEREO-＋-SCOPY〗

stèreo·seléctive *adj.* 〘化学〙立体選択的な《反応が, 反応体の立体配置に関係なく, 特定の立体配置をもつ化合物を優先的に生成する; cf. stereospecific》.

stèreo·selectívity *n.*

stéreo separátion *n.* 〘音響〙=separation.

stèreo·sónic *adj.* 《英》=stereophonic.

stèreo·specífic *adj.* 〘化学〙立体特異性の《反応が, 反応体の立体配置によって進行度が異なる; cf. stereoselective》: a ~ polymer 立体特異性重合体.

stèreo·specífically *adv.* **stèreo·specifícity** *n.* 〖1949〗

stéreospecific cátalyst *n.* 〘化学〙立体特異性触媒.

stèreo·spóndyl *n.* 〘古生物〙全椎亜目 (Stereospondyli) の動物《両生綱切椎目に属し, 三畳紀に生存した》.

ster·e·o·tac·tic /stèriətǽktɪk, stìᵊr- | stèriə(ʊ)-, stìər-ˉ/ *adj.* **1** 〘生物〙走触性の, 趨(すう)触性の, 走固性の. **2** 〘生理〙=stereotaxic. **stèr·e·o·tác·ti·cal·ly** *adv.* 〖(1902) 《混成》← STEREO(TAXIS)＋(HYPO)-TACTIC〗

stéreo·tàpe *n.* ステレオテープ, 立体再生用録音テープ. 〖1957〗

ster·e·o·tax·ic /stèriətǽksɪk, stìᵊr- | stèriə(ʊ)-, stìər-ˉ/ *adj.* **1** 〘生物〙走[趨(すう)]触性の. **2** 〘生理〙定位的な. 〖(1908): ⇨ ↓, -ic¹〗

ster·e·o·tax·is /stèriətǽksɪ̀s, stìᵊr- | stèriə(ʊ)tǽksɪs, stìər-/ *n.* **1** 〘生物〙走触性, 趨(すう)触性《物体との接触による刺激によってその物体の方へ近づいたりその物体から離れようとする性質》. **2** 〘生理〙定位法《脳の研究または手術の際, 針や細い電極を用いて三次元的に正確な位置を定めること》. 〖(1897) ← NL ~: ⇨ stereo-, -taxis〗

stèreo·télescope *n.* =telestereoscope.

ster·e·ot·omy /stèriɑ́(:)təmi, stìᵊr- | stèriɔ́t-, stìər-/ *n.* 〘石工〙規矩(き)術, 截(さい)石法, 石切法《石材などを特定の形や大きさに切る技巧》. 〖(1728) □ F *stéréotomie*: ⇨ stereo-, -tomy〗

ster·e·ot·ro·pism /stèriɑ́(:)trəpɪ̀zm, stìᵊr- | stèriɔ́tr-, stìər-/ *n.* 〘生物〙**1** 屈触性《植物などが物に触れるとその物の方へまたはその物から反対の方向に屈曲して生長する性質》. **2** 向触性《正の屈触性》. **3** =stereotaxis 1.

ster·e·o·trop·ic /stèriətrɑ́(:)pɪk, stìᵊr- | stèriə-trɔ́p-, stìər-ˉ/ *adj.* 〖(1900) ← STEREO-＋-TROPISM〗

ster·e·o·type /stériətàɪp, stíᵊr- | stériə(ʊ)-, stíər-/ *n.* **1** 〘社会学〙固定観念, 紋切型態度, ステレオタイプ《一定の社会的対象に関してある集団の中で共通に受け入れられている単純化された固定的概念・イメージ》. **2** 決まりきった形式, 紋切り型, 決まり文句 (set form). **3** 〘印刷〙**a** ステロ版, 鉛版. **b** 《古》ステロ版鋳造法[術] (stereotypy). **4** =stereotypy. — *vt.* **1** 決まりきった型にはめる, 形式化する, 紋切り型にする. **2 a** 〘印刷〙ステロ版[鉛版]にする. **b** 鉛版からプリントする. **stér·e·o·týp·er** *n.* **stér·e·o·týp·ist** *n.* 〖(1798) □ F *stéréotype*: ⇨ stereo-, type〗

ster·e·o·typed /stériətàɪpt, stíᵊr- | stériə(ʊ)-, stíər-/ *adj.* **1** 型にはまった, 紋切り型の, 陳腐な (formal, conventional) (⇨ commonplace SYN): ~ phrases 決まり文句, 月並みな文句 / *Steteotyped* images die hard. 月並みなイメージはなかなかなくならない. **2** 〘印刷〙ステロ版[鉛版]にとった; ステロ版で印刷した. 〖1820〗

ster·e·o·typ·ic /stèriətɪ́pɪk, stìᵊr- | stèriə-, stìər-ˉ/ *adj.* =stereotypical.

ster·e·o·typ·i·cal /stèriətɪ́pɪ̀kəl, -kl̩ | stèriəʊtɪ́pɪ-, stìər-ˉ/ *adj.* **1** 紋切り型の, 陳腐な, 典型的な. **2** 〘印刷〙**a** ステロ版の, 鉛版の. **b** ステロ版印刷[鋳造]の. **~·ly** *adv.* 〖1949〗

stéreo·týping *n.* ステロ版[鉛版]鋳造法[鋳造業]. 〖(1807): ⇨ -ing¹〗

ster·e·o·typ·y /stériətàɪpi, stíᵊr- | stériə(ʊ)-, stíər-/ *n.* **1** 〘印刷〙ステロ版鋳造法, ステロ版印刷術[法], ステロ版術. **2** 〘病理〙常同症《同一の動作[言葉]を繰り返したり, 同一姿勢を取り続けたりすること》. 〖(1889) ← STEREOTYPE＋-Y¹: cf. F *stéréotypie*〗

stéreo·vision *n.* 立体視.

ster·ic /stérɪk, stíᵊr- | stér-, stíər-/ *adj.* 〘化学〙(分子中の)原子の空間的配置に関する, 立体の. **stér·i·cal** *adj.* **stér·i·cal·ly** *adv.* 〖(1898) ← STER(EO)-＋-IC¹〗

stéric híndrance *n.* 〘化学〙立体障害《大きな原子または原子団が分子内に存在するために起こる構造の不安定化や構造のひずみなどの現象》. 〖1905〗

ste·rig·ma /stərɪ́gmə/ *n.* (*pl.* **~·ta** /~tə | ~tə/, **~s**) 〘植物〙(キノコの)小柄(しょうへい), 担子(たんし)柄, 担子梗. 〖(1866) ← NL ~ ← Gk *stērigma* prop ← *stērízein* to set fast〗

ster·i·lant /stérələnt | -rɪ̀-/ *n.* 〘化学〙殺菌[消毒]薬. 〖(1941): ⇨ ↓, -ant〗

ster·ile /stérəl | -raɪl/ *adj.* **1** 子を生まない[生めない], 生殖不能の, 不妊の (barren); 断種した: a ~ woman, cow, etc. / a ~ marriage 子のない結婚(生活). **2 a** 〈土地が〉やせた, 不毛の (barren); 実りのない (unproductive): ~ soil, land, etc. / a ~ year 凶年. **b** 思想[独創性]の乏しい; 内容の貧弱な, 迫力のない, つまらない. **3** 無菌の, 殺菌した (sterilized): a ~ lancet 殺菌ランセット. **4** 効果のない (fruitless), 無結果の, 無益な, 役に立たない, むだな (useless); 〔結果などを〕生み出さない〔*of*〕: ~ negotiations むだな折衝 / ~ hopes あだな望み / The negotiations were ~ *of* the desired results. その折衝には所期の結果が伴わなかった. **5** 《米》〘経済〙金不胎化の《金が流入して信用増大・国内通貨量が増大しないようにする》. **6** 〘植物〙**a** 不捻(ねん)の, 中性の (neutral): ~ flowers 不捻花. **b** 果実をつけない (fruitless); 発芽しない: a ~ plant / a ~ seed. **c** 〈シダ植物の葉が〉胞子を生じない (cf. sporophyll): a ~ leaf 裸葉. **~·ly** /-rə(l)li | -raɪlli/ *adv.* 〖(*c*1450) □ (O)F *stérile* ∥ L *sterilis* barren ← IE **ster-* (**ster-* stiff の転用?) (Skt *starī*s / GK *steîra* barren cow / Goth. *stairō* sterile): ⇨ stirk, -ile¹〗

SYN 不毛の: **sterile** 〈土地・植物・人間・動物が〉作物・種子・子を生むことができない《最も一般的な語》: a *sterile* wife 不妊の妻. **infertile** *sterile* が機能的欠陥を意味するのに対して, 必ずしも欠陥ではなく何らかの理由で出産や実りがないことを意味する語で, *sterile* の婉曲語としてしばしば用いられる. **barren** 〈土地が〉作物や果実を生じない; 《文語》《特に女性が》子供を産むことができない《この意味では聖書的な響きのある古風な語》: *barren* land 不毛の土地. **unfruitful** 〈女性が〉子を産まない《格式ばった語》; 〈土地・植物・努力が〉実を結ばない: an *unfruitful* marriage 子のない結婚 / an *unfruitful* tree 実を結ばない木.

---

ste·ril·i·ty /stərɪ́ləti | -lɪ̀ti/ *n.* **1** 無菌(状態). **2** 生殖不能症[状態], 不妊(症). **3 a** 土地がやせていること, 不毛. **b** (思想の)貧弱. **4** 無効, 無益; 無結果. **5** 〘植物〙不捻(ねん)性, 中性 (↔ fertility). 〖(?*a*1425) □ (O)F *stérilité* ∥ L *sterilitātem*: ⇨ ↑, -ity〗

ster·il·i·za·tion /stèrəlɪ̀zéɪʃən | -rɪ̀laɪ-, -lɪ-/ *n.* **1** 滅菌(法), 殺菌(法), 消毒. **2** 不妊にする[される]こと, 避妊(法); 断種(法): ~ of the unfit 不適者断種 / voluntary ~ 自発的断種. **3** 不毛にすること. 〖1874〗

ster·il·ize /stérəlàɪz | -rɪ̀-/ *vt.* **1** 殺菌[滅菌, 消毒]する: ~*d* milk [surgical instruments] 滅菌牛乳[消毒した手術用具]. **2** 不妊にする, 断種する: ~ the unfit 不適者を断種する. **3 a** 〈土地を〉不毛にする, やせさせる. **b** 〈思想を〉興味のないものにする, つまらなくする. **4** 効力をなくさせる, 無効にする, むだにする. **stér·il·ì·za·ble** /-zəbl̩/ *adj.* 〖(1695) ← STERILE＋-IZE〗

stér·il·ìz·er *n.* **1** 消毒者, 滅菌するもの. **2** 滅菌装置. 〖(1839): ⇨ ↑, -er¹〗

sterl. 《略》sterling.

ster·let /stə́ːlɪ̀t | stə́ː-/ *n.* 〘魚類〙カワリチョウザメ, コチョウザメ (*Acipenser ruthenus*) 《黒海・カスピ海・バルト海・北極海・オビ川・エニセイ川などに産する小形のチョウザメの一種; その肉はきわめて美味で, またそのキャビア (caviar) は最高級品とされている》. 〖(1591) □ F ~ □ Russ. *sterlyad'* ← Gmc: cf. sturgeon〗

ster·ling /stə́ːlɪŋ | stə́ː-/ *adj.* **1** 〈性格・性質など〉真正の (genuine), 純粋な; 堅実な (sound, solid), りっぱな: a ~ article (まがいものでない)本物 / ~ sense 堅実な分別 / a sound and ~ principle 堅実な主義 / a man of ~ character りっぱな品性の人. **2** 英国法定の純金[銀]を含む; 英貨の; ポンドの. ★ s., stg と略し形式的にポンドのあとに付記する: £500 *stg* 英貨 500 ポンド / in ~ coin of the realm 英国貨で / a ~ loan 英貨公債. **3 a** 〈銀が〉法定純度の《純度 92.5%》: ~ silver 法定純銀, スターリング銀. **b** 〈銀細工品が〉法定純銀からなる: a ~ spoon 純銀製のスプーン. — *n.* **1 a** 英貨 (British money). **b** 美貨規定純度《金貨 0.91666; 銀貨 0.925》 **c** 中世のイングランドの銀貨 (silver penny). **2** 純銀(製品). **3** 《豪》英国[アイルランド]生まれの人. 〖(*c*1300) *sterlinge* < OE **steorling* ← *steorra* 'STAR'＋-LING¹: 銀貨に小さな星印が刻印されたものがあったことから: cf. OF *esterlin* ← Frank. **esterling* ← OF *ester* 'STATER²'〗

Ster·ling /stə́ːlɪŋ | stə́ː-/, **John** *n.* スターリング (1806–44; 英国の文筆家; Carlyle, Tennyson らを含む Sterling Club の主宰者).

stérling àrea *n.* [the ~] 英貨[ポンド](通用)地域《貿易決済がポンドによって行われる諸国; scheduled territories ともいう》. 〖1932〗

stérling bíll *n.* 〘金融〙英貨[ポンド]手形《手形金額が英貨で記載されている為替(かわせ)手形》.

stérling blòc *n.* [the ~] =sterling area.

stérling bónds *n. pl.* 〘証券〙英貨[ポンド]払い債券, 英貨[ポンド]建て債券. 〖1903〗

stérling exchánge *n.* 〘金融〙英国あて為替(かわせ). 〖1912〗

stérling góld *n.* 純金.

Stérling Héights *n.* スターリングハイツ《米国 Michigan 州南東部, Detroit 郊外の都市》. 〖← A. W. Sterling (?–?) 初期の移住者〗

Ster·li·ta·mak /stə̀ːlɪtəmǽk | stə̀ːlɪt-; *Russ.* sʲtʲirlʲitamák/ *n.* ステルリタマク《ロシア連邦西部, バシキール (Bashkir) 共和国の工業都市》.

stern¹ /stə́ːn | stə́ːn/ *adj.* (**~·er**; **~·est**) **1** いかめしい, 厳格な, 厳正な (⇨ strict SYN); 苛酷な, 厳しい (harsh), 断固たる (relentless): a ~ parent [master] 厳格な親[主人] / ~ discipline [treatment] 厳格なしつけ[厳正な扱い] / a ~ resolve 断固たる決意 / a ~ rebuke 手厳しい非難 / ~ words 厳しい言葉 / the ~*er* sex 男性 / be made of ~*er* stuff 断固とした強い意志を持つ. **2** 〈外観・顔つきなど〉人を寄せつけない, 恐ろしい, ものすごい; 荒涼たる: a ~ face 恐ろしい顔 / a ~ precipice 険しい断崖 / with ~ eyes 厳しい目で. **3** 〈事情・境遇など〉苦しい, 厳然たる, 苛酷な, 容赦しない, 仮借ない: ~ times [reality] 苦しい時[厳然たる現実]. **~·ly** *adv.* **~·ness** *n.* 〖OE *styrne*, **stierne* < Gmc **sternjaz* ← IE *(*s*)*ter-* rigid: cf. stare〗

stern² /stə́ːn | stə́ːn/ *n.* **1** 〘海事〙船尾, 艫(とも) (↔ bow, head, stem): ⇨ *from* STEM¹ *to stern* / ~ foremost = sternforemost 1 / ~ on 船尾を向けて. **2 a** 物の後部. **b** 《口語》しり (buttocks). **c** (特に, 猟犬の)尾 (brush). **3** 《廃》**a** (船の)舵 (helm). **b** 操舵. **c** 政治: sit at the ~ of the State 国政をつかさどる, 政局を担当する. **4** [the S-] 〘天文〙とも(船尾)座 (⇨ Puppis). (*dówn*) *by the stérn* 〘海事〙船尾の喫水が船首より大で, 艫脚(ともあし)で (cf. *down by the* HEAD (1)): sink *by the* ~ 船尾から沈没する / ⇨ *be* TRIMmed *by the stern*. ***Stérn áll!*** = ***Stérn hárd!*** 〘海事〙後(あと)へ《漕手に逆漕(ぎゃくそう)させる号令》. — *adj.* 船尾の[にある]. 〖(?*c*1225) □ ON *stjǫrn* a steering ← *stýra* 'to STEER¹'〗

stern- /stəːn | stəːn/ (母音の前にくるときの) sterno- の異形.

Stern /stə́ːn | stə́ːn/, **Isaac** *n.* スターン (1920–2001; ロシア生まれの米国のバイオリニスト).

Stern, Otto *n.* スターン (1888–1969; ドイツ生まれの米国の物理学者; Nobel 物理学賞 (1943)).

sterna *n.* sternum の複数形.

stern·age /stə́ːnɪdʒ | stə́ːn-/ *n.* 《Shak》艦隊の後尾. 〖(1599): ⇨ -age〗

ster·nal /stə́ːnl̩ | stə́ː-/ *adj.* **1** 〘解剖〙胸骨の[に関する]; 胸骨部にある: ~ biopsy 胸骨生検. **2** 〘昆虫〙腹板[胸板]の[に関する]. 〖(1756) ← NL *sternālis*: ⇨ sternum, -al¹〗

stérnal ríb *n.* 〘解剖〙真肋骨 (true rib).

Stern·berg /stə́ːnbəːg | stə́ːnbəːg/, **Josef Von** *n.* スタンバーグ (1894–1969; オーストリア生まれで米国に住んだ映画監督; *Der Blaue Engel*「嘆きの天使」(1930)).

stern·ber·gi·a /stəːnbə́ːgiə, -dʒiə | stəːnbə́ː-/ *n.* 〘植物〙ステルンベルギア属 (*Sternbergia*) の植物の総称《西アジア原産ユリ科の観賞用球根植物; キバナノタマスダレ (*S. lutea*) など》. 〖← NL ~ ← *Count Kasper M. von Sternberg* (*d.* 1838: その発見者)＋-IA¹〗

stérn chàse *n.* **1** 〘海事〙真後ろからの追跡, 船尾からの追撃. **2** =stern chaser. 〖1627〗

stérn chàser *n.* (追跡してくる艦船を砲撃する)艦尾砲, 反撃砲 (cf. chaser¹ 3). 〖1815〗

stérn drìve *n.* 〘海事〙スターンドライブ《レジャー用ボートの一形式で, エンジンは艇内に, 推進器は艇外下部にある》.

Sterne /stə́ːn | stə́ːn/, **Laurence** *n.* スターン (1713–68; 英国の牧師・小説家; *Tristram Shandy* (1759–67), *A Sentimental Journey* (1768)).

stérn fàst *n.* 〘海事〙**1** 船尾もやいづな, 船尾係索. **2** ともつなぎ. 〖*c*1569〗

stèrn·fóremost *adv.* **1** 船尾を前にして, 後退して. **2** ぶざまに (awkwardly); やっとのことで. 〖1840〗

stérn fràme *n.* 〘海事〙船尾骨材[肋材].

stérn gàllery *n.* 〘海事〙(昔の木造船の)船尾展望台.

Stérn Gáng *n.* [the ~] スターンギャング《パレスチナで活動したシオニストのテロ組織; 1940 年地下組織 Irgun Zvai Leumi から分離した Avraham Stern (1907–42) が結成》.

ster·nite /stə́ːnaɪt | stə́ː-/ *n.* 〘昆虫〙腹板, 胸片, 胸板. 〖(1868) ← STERN(UM)＋-ITE¹〗

stérn knèe *n.* 〘海事〙=sternson.

stérn lìght *n.* 〘海事〙船尾灯.

stérn·mòst *adj.* 〘海事〙**1** 船尾に一番近い. **2** 最後部の. 〖1622〗

Ster·no /stə́ːnou | stə́ːnəu/ *n.* 〘商標〙スターノウ《ゼラチン状のメチルアルコールとニトロセルロースから成る固形燃料の商品名; 通例缶入りで料理などに用いる》.

ster·no- /stə́ːnou | stə́ːnəu/「胸 (breast); 胸骨 (sternum); 胸骨と…との」の意の連結形. ★ 母音の前では通例 stern- になる. 〖(17C) ← Gk *stérnon* chest: ⇨ sternum〗

stèrno·clavícular *adj.* 〘解剖〙胸骨と鎖骨の, 胸鎖の. 〖1840〗

ster·no·clei·do·mas·toid /stə̀ːnouklàɪdə-mǽstɔɪd | stə̀ːnə(ʊ)klàɪdə(ʊ)-ˉ/ 〘解剖〙*adj.* 胸鎖乳突の. — *n.* 胸鎖乳突筋《胸骨および鎖骨より起こり, 乳様突起および後頭骨に至る表層部の厚い筋肉; 左右それぞれにあり, 頭部の屈曲・回転・伸展を担う》. 〖(1826) ← STERNO-＋Gk *kleido-*, *kleís* key＋MASTOID〗

stèrno·cóstal *adj.* 〘解剖〙胸骨と肋骨(ろっこつ)の, 胸肋の. 〖1785〗

stèrno·mástoid múscle *n.* 〘解剖〙=sternocleidomastoid.

stérn pòrt *n.* 〘海事〙船尾の窓; 船尾(にあけてある)載貨門.

stérn·pòst *n.* 〘海事〙船尾材《船尾を作る中心的骨材でプロペラや舵を支える》. 〖1580〗

stérn shèets *n. pl.* 〘海事〙船尾床板, 艇尾座 (cf. foresheet 2, sheet² 2). 〖1481〗

stern·son /stə́ːnsən, -sn̩ | stə́ːn-/ *n.* 〘海事〙船尾曲材

S

《内竜骨 (keelson) と船尾材 (sternpost) をつなぐ曲材; stern knee ともいう). 〖(1846) ← STERN[2]+(KEEL)SON〗

stérn tùbe *n.* 〖海事〗 船尾管《プロペラ軸が通る船尾の管》.

ster·num /stə́:nəm | stə́:-/ *n.* (*pl.* ~**s**, **ster·na** /-nə/) **1** 〖解剖〗 胸骨 (breastbone) (⇨ 挿絵 skeleton). **2** 〖動物〗 (昆虫・甲殻類の)胸板, 胸片, 腹板 (sternite). 〖(1667) ← NL ~ ← Gk *stérnon* chest, breast, 《原義》 flat and broad part (of the chest) ← IE **ster-* to spread: cf. stratum〗

ster·nu·ta·tion /stə̀:njutéɪʃən | stə̀:-/ *n.* 〖医学〗 くしゃみをすること (sneezing); くしゃみ (sneeze). ★ 日常語としては《戯言》. 〖(?*a*1425) ◻ L *sternūtātiō(n-)* ← *sternūtāre* (freq.) ← *sternuere* to sneeze ← IE **(p)ster-* to sneeze 《擬音語》: ⇨ -ation〗

ster·nu·ta·tive /stənú:təṭɪv, -njú:- | stənjú:tət-/ *adj.* =sternutatory.

ster·nu·ta·tor /stə́:njutèɪṭə | stə́:njutèɪtə[r]/ *n.* くしゃみガス; くしゃみ誘発剤. 〖(1922) 《逆成》 ↓〗

ster·nu·ta·to·ry /stənú:təṭɔ̀:ri, -njú:- | stənjú:tətəri, stə̀:njutéɪtəri, -tri/ *adj.* くしゃみを催させる. — *n.* =sternutator. 〖(1616) ◻ LL *sternūtātōrius* ← L *sternūtātus* (p.p.): ⇨ sternutation, -ory〗

stérn wàlk *n.* 《英》〖海事〗 (旧式な軍艦の)張出し縁《船尾のバルコニー》.

stern·ward /stə́:nwəd | stə́:nwəd/ *adj.* 船尾の, 後方の. — *adv.* 船尾へ, 後部に (astern). 〖1832〗

stérn·wards /-wədz | -wədz/ *adv.* =sternward.

stérn wàve *n.* 〖海事〗 船尾波 (↔ bow wave).

stérn·wày *n.* 〖海事〗 (船の)後進(の運動): fetch ~ 〈船が〉後進を始める, 下がり出す; 後退する. ***hàve stérnway ón*** 〈船が〉後方に進む, 逆進する. 〖1769〗

stérn-whéel *adj.* 〖海事〗 船尾外車をもつ[で推進する].

stérn whéel *n.* 〖海事〗 船尾外車 (cf. paddle wheel, sidewheel). 〖1816〗

stérn-whéeler *n.* 〖海事〗 船尾外車船. 〖1855〗

ster·oid /stérɔɪd, stíᵊr- | stíər-, stér-/ 〖生化学〗 *n.* ステロイド《ステロール・胆汁酸・男性[女性]ホルモンなど脂肪溶解性化合物の総称》. — *adj.* ステロイドの. **ste·roi·dal** /stɪrɔ́ɪdḷ, stɪᵊr- | stɪərɔ́ɪdḷ-, stər-/ *adj.* 〖(1926) ← STER(OL)+-OID〗

stè·roid·o·génesis /stèrɔɪdoʊ-, stɪ̀ᵊr- | stɪərɔɪdə(ʊ)-, stèr-/ *n.* 〖生化学〗 ステロイド合成. 〖(1951): ⇨ ↑, -genesis〗

ste·roid·o·gen·ic /stèrɔɪdoʊdʒénɪk, stɪ̀ᵊr- | stɪərɔɪdə(ʊ)-, stèr-⁻/ *adj.* 〖生化学〗 ステロイドを合成する. 〖1951〗

ste·rol /stérɔ(:)l, stíᵊr- | stíərɔl, stér-/ *n.* 〖生化学〗 ステロール, ステリン《生物体から得られる複雑な環式構造のアルコール性の固体状の類脂質》. 〖(1913) ← (CHOLE)STEROL, (ERGO)STEROL, etc.〗

Ster·o·pe /stérəpì: | stɔ́:r-/ *n.* 〖ギリシャ神話〗 ステロペ《稲妻の女神; Pleiades 七姉妹の一人で Asterope とも呼ばれる》. 〖◻ L *Steropē* ◻ Gk *Sterópē*〗

ster·tor /stə́:ṭə, -tɔə | stə́:tə[r], -tɔ:[r]/ *n.* 〖病理〗 (卒中などに伴う)高いびき. 〖(1612) ← NL ~ ← *stertere* to snore: ⇨ sternutation, -or[1]〗

ster·to·rous /stə́:ṭərəs | stə́:tə-/ *adj.* 高いびきをかく; (特に, 卒中などで)高いびきを伴う. **~·ly** *adv.* **~·ness** *n.* 〖(1802): ⇨ ↑, -ous〗

Stes·sel /stésəl, -sɪ; *Russ.* stʲésʲɪlʲ/, **A·na·to·lii** /anatólʲɪj/ **Mikhailovich** *n.* ステッセル (1848–1915; ロシアの将軍; 日露戦争の一時の旅順の司令官 (1904–05)).

stet /stét/ 〖印刷〗 *v.* (**stet·ted**; **stet·ting**) — *vi.* 生きる, イキ《校正刷り・原稿などで誤って消した箇所をもとに戻すときの指示; 普通その箇所の下に点線を打つ; 略 st.》. — *vt.* (stet と記すか, 下部に点線を打って)〈前に消した部分を〉生かす, イキにする. — *n.* イキ記号 (↔ dele). 〖(1755) ◻ L ~ (*sta*re) let it stand (3rd sing. pres. subj.) ← *stāre* 'to STAND'〗

steth- /steθ, steð | steθ/ (母音の前にくるときの) stetho- の異形.

steth·o- /stéθoʊ | -əʊ/ 「胸 (chest)」の意の連結形. ★ 母音の前では通例 steth- になる. 〖◻ F ~ ← Gk *stêthos* breast〗

steth·o·scope /stéθəskòʊp | -skəʊp/ 〖医学〗 *n.* 聴診器. — *vt.* 聴診器で診察する, 聴診する. 〖(1820) ◻ F *stéthoscope* (発明者 R. Laennec の造語): ⇨ stetho-, -scope〗

steth·o·scop·ic /stèθəskɑ́(:)pɪk | -skɔ́p-⁻/ *adj.* **1** 聴診器の[に関する]. **2** 聴診法の, 聴診による. 〖(1828): ⇨ ↑, -ic[1]〗

stèth·o·scóp·i·cal /-pɪ̀kəl, -kḷ | -pɪ-⁻/ *adj.* = stethoscopic. **~·ly** *adv.*

ste·thos·co·py /steθɑ́(:)skəpi, stéθəskòʊpi | steθɔ́skəpi/ *n.* 〖医学〗 聴診(法). 〖(1855) ← STETHOSCOP(E) +-Y[1]〗

St.-Étienne /sæ̀(n)teɪtjén, sæ̀n-; *F.* sɛ̃tetjɛn/ *n.* サンテティエンヌ《フランス南東部の都市, Loire 県の県都》.

stet·son, S- /stétsən, -tsn/ *n.* 〖商標〗 ステットソン帽《カウボーイがかぶるつば広で山の高いフェルト帽》. 〖(1900) ← *John B. Stetson* (1830–1906: その考案者)〗

Stet·tin /stetí:n | ʃtet-; *G.* ʃtetí:n/ *n.* シュテティーン (Szczecin のドイツ語名).

Steu·ben /stú:bən, stjú:-, stu:bén, stju:- | stjú:bən/ *n.* 〖商標〗 スチューベン《米国 Corning 社製の高級ガラス器・置物; Steuben glass ともいう》. 〖← *Steuben County* (創業地, New York 州)〗

Steu·ben /stú:bən, stjú:-, stu:bén, stju:- | stjú:bən; *G.* ʃtɔ́ʏbṇ/, Baron **Friedrich Wilhelm von** *n.* シュトイベン (1730–94; プロイセンの将軍; 米国独立戦争の際に米軍を援助し, 戦後米国に帰化した).

steups /stʃú:ps/ *vi.* (歯の間を通すようにして)音をたててつばを吸う《一般にいらだち・あざけりを表す》. — *n.* (そのようにして表された)いらだち, あざけり.

Steve /stí:v/ *n.* スティーブ《男性名》. 〖(dim.) ← STEPHEN[1]〗

stev·e·dore /stí:vədɔ̀ə | -vɪ̀dɔ̀:[r]/ *n.* 港湾労働者, 船荷積卸し人, 「ステベ」(cf. longshoreman). — *vt.* 〈船〉の荷を積み卸しする. — *vi.* 船荷を積み卸しする. 〖(1788) ◻ Sp. *estivador* packer ← *estivar* to stow a cargo < L *stīpāre* to pack: cf. stiff, steeve[2]〗

stévedore [stévedore's] knòt *n.* 沖仲仕結び.

Ste·ven /stí:vən/ *n.* =Stephen[1].

Steven·age /stí:vənɪ̀dʒ/ *n.* スティーベネッジ《英国 Hertfordshire の都市; 1946 年にニュータウンとして発展》. 〖OE *Stithenæce* ← *stīþan* strong ((dat.) ← *stīþ*)+ *hæċċe* gate, hatch ((dat.) ← *hæċċ*)〗

Ste·ven·graph /stí:vəngræ̀f | -grɑ̀:f, -græ̀f/ *n.* (絹による)刺繍(ししゅう)絵画. 〖(1879) ← *Thomas Stevens* (19 世紀英国の織工)〗

Ste·vens /stí:vənz/, **Thaddeus** *n.* スティーブンズ (1792–1868; 米国の政治家・奴隷廃止論者).

Stevens, Wallace *n.* スティーブンズ (1879–1955; 米国の詩人; *Harmonium* (1923)).

Ste·vens·graph /stí:vənzgræ̀f | -grɑ̀:f, -græ̀f/ *n.* =Stevengraph.

Ste·ven·son /stí:vənsən, -sṇ/, **Ad·lai Ew·ing** /ǽdleɪ jú:ɪŋ/ *n.* スティーブンソン (1900–65; 米国の政治家; 国連大使 (1960–65)).

Stevenson, Robert *n.* スティーブンソン (1772–1850; スコットランドの技師; 多くの灯台を建設; 閃光点滅灯の発明者).

Stevenson, Robert Louis (Balfour) *n.* スティーブンソン (1850–94; スコットランド生まれの英国の小説家・随筆家・詩人; しばしば R.L.S. と略称する; *Treasure Island* (1883), *A Child's Garden of Verses* (1885), *The Strange Case of Dr. Jekyll and Mr. Hyde* (1886)).

ste·vi·a /stí:viə/ *n.* 〖植物〗 **1** ステビア《新大陸暖温帯に分布するキク科ステビア属 (*Stevia*) の植物の総称; このうち数種には配糖体のステビオシド ($C_{38}H_{60}O_{18}$) を含み砂糖よりはるかに甘い》. **2** マルバフジバカマ (white snakeroot). 〖← NL ~ ← *P. J. Esteve* (*d.* 1556: スペインの植物学者)〗

ste·vi·o·side /stí(:)viəsàɪd | -viə(ʊ)-/ *n.* 〖化学〗 ステビオシド《パラグアイ原産のキク科植物(アマハ)ステビア (*Stevia rebaudiana*) の葉から得られるグルコシド; 普通の砂糖の 300 倍の甘さがある》. 〖(1931) ◻ F *stévioside* ← NL *stevia* (↑)+-OSE[2]+-IDE[2]〗

stew[1] /stú:, stjú: | stjú:/ *n.* **1** シチュー(料理): beef ~ / oyster ~ / ⇨ Irish stew. **2** 《口語》 **a** 気をもむこと, やきもき (worry), 心配 (anxiety): be in a ~ about [over] …のことでやきもきしている. **b** 苦しいはめ, 苦境, 混乱: get into a ~. **3 a** 異質のものの混合. **b** 暑さと渋滞の状態. **4** 《俗》 くそ勉強家, がっつき屋 (swot). **5** 《古》 **a** [通例 *pl.*] 公衆蒸し風呂用浴場. **b** 蒸し風呂 (hot bath). **6** 《古》 **a** [通例 *pl.*] 売春宿 (brothel). **b** [通例 *pl.*] 赤線地帯. **c** 売春婦 (prostitute). **7** 《廃》 シチュー鍋(なべ) (stewpan).
— *vt.* **1 a** 〈食物を〉とろ火で(ゆっくり)煮る, シチューにする (⇨ boil[1] SYN): ~ beef. **b** [通例 p.p. 形で] 〈茶が〉振出しすぎて濃くなる: The tea is ~*ed*. 茶が出すぎた. **2** 《口語》 気をもませる, やきもきさせる (worry) 〈*up*〉: be ~*ed up with* anxiety 不安でいらいらする / ~ oneself *into* an illness やきもきして病気になる. **3** 《古》 暑い[むしむしする]所に閉じ込めておく 〈*up*〉. **4** 《古》 しみ込ます (imbue): ~*ed* in corruption 堕落のしみ込んだ (cf. Shak., *Hamlet* 3. 4. 93). **5** 《廃》 汗びっしょりにさせる.
— *vi.* **1** とろ火で煮える, シチューになる. **2** (蒸し暑い所で)汗をかく, 蒸される. **3** 《米口語》 (…に)気をもむ, やきもきする, 心配する (fuss, worry) 〔*over, about*〕. **4** 《俗》 大いに勉強する, 書物にかじりつく (swot). **5** 〈茶が〉濃く出すぎて渋くなる.
stew in one's (ówn) júice ⇨ juice 成句.
〖v.: (*a*1398) *stue(n)*, *stewe(n)* 《廃》 to bathe in a hot bath ◻ OF *estuver* (F *étuver*) < VL **extūfāre* ← EX-[1] +**tūfus* hot vapor (← Gk *tûphos* vapor: ⇨ typhus). — n.: (*a*1300) *stu(we)* caldron, heated room ◻ OF *estuve* (F *étuve*) ← ? VL **extūfāre*〗

stew[2] /stú:, stjú: | stjú:/ *n.* **1** かき養殖場. **2** 《英》 いけす (fishpond). 〖(1387) *stuwe, stewe* ◻ OF *estui* (F *étui*) case ← *estuier* to shut in, reserve, watch < ? VL **studiāre* to care for ← L *studium* 'STUDY'〗

stew[3] /stú:, stjú: | stjú:/ *n.* 《米口語》 =steward 1, stewardess. 〖(1970) 《略》 ← STEWARD, STEWARDESS〗

stew·ard /stú:əd, stjú:əd | stjú:əd, stjʊ́əd/ *n.* **1** (汽船・旅客機・列車などの)旅客係, スチュワード; 司厨員: a cabin [table] ~ 寝室[食卓]スチュワード. **2 a** (組合・団体などの)事務長, 支配人 (manager). **b** (クラブ・レストランなどの)主任テーブル係, 給仕長. **3** (学校・病院などの)賄い方 (purveyor), 用度係. **4** (舞踏会・特殊な会などの)世話役, 幹事. **5** 財産管理人. **6 a** (大家で使用人を指揮し家事家政の一切を管理する)執事, 家令, 家扶, 支配人 (major-domo). **b** 《廃》 (諸侯の)家老. **7** = shop steward. **8** 〖米海軍〗 主計士官《将校宿舎[食卓]を預かる下士官》.
— *vt.* …の steward を務める. — *vi.* steward をする. 〖OE *stīweard, stigweard* ← *stig* hall, enclosure (cf. sty[1])+*weard* 'keeper, WARD'〗

stew·ard·ess /stú:ədɪ̀s, stjú:ə- | stjù:ədés, stjú:ədɪ̀s, stjʊ́ə-/ *n.* **1** =flight attendant. **2** (列車・汽船などの)客室乗務員. 〖(1631): ⇨ ↑, -ess[1]〗

stéward·shìp *n.* **1** steward の職: give an account of one's ~ 事務[会計]の報告をする. **2** 管理, 経営, 処理. 〖(1465): ⇨ -ship〗

Stew·art /stú:ət, stjú:- | stjú:ət, stjʊ́ət/ *n.* スチュアート: **1** 男性名. **2** =Stuart (Mary Stuart 治世以前のつづり字). 〖《変形》 ← *Steward* 'STEWARD': もと家族名: *-d* → *-t* はスコットランド方言の特徴; cf. stalwart〗

Stew·art /stú:ət, stjú:- | stjú:ət, stjʊ́ət/, **Du·gald** /dú:gəld/ *n.* スチュワート (1753–1828; スコットランド常識学派の哲学者).

Stewart, Henry *n.* ⇨ Lord DARNLEY.

Stewart, Jackie *n.* スチュワート (1939– ; スコットランドの自動車レーサー; F1 Grand Prix レース 27 勝; 本名 John Young Stewart).

Stewart, James Maitland *n.* スチュワート (1908–97; 米国の映画俳優).

Stewart, Rod *n.* スチュワート (1945– ; 英国のロックシンガー).

Stéwart Ísland *n.* スチュワート島《ニュージーランド南島の南方にある島; 面積 1,735 km²》.

stew·art·ry /stú:ətri, stjú:- | stjú:ə-, stjʊ́ət-/ *n.* (昔のスコットランドの王領地における)執事管轄区.

stéw·bùm *n.* 《俗》 飲んだくれ, 飲んべえ (drunkard).

stewed *adj.* **1** (料理など)とろ火で煮た, シチューにした: ~ fruit. **2** 《英》 〈茶が〉濃くて渋い. **3** 《俗》 酔った (drunk). **4** 《俗》 いらいらした, やきもきした 〈*up*〉. 〖*c*1450〗

stéw·ing *adj.* [限定的] 〈肉などが〉シチューに適した, シチュー用の.

stéw·pàn *n.* (長い柄のついた)シチュー鍋 (saucepan). 〖1651〗

stéw·pòt *n.* (取っ手が二つある深い)シチュー鍋. 〖1542〗

St. Ex. 《略》 Stock Exchange.

St. Exch. 《略》 Stock Exchange.

Steyr /ʃtáɪə | ʃtáɪə[r]; *G.* ʃtáɪɐ/ *n.* シュタイアー《オーストリア中北部, Upper Austria 州の工業都市》.

stg 《略》 sterling.

St. Gall /sèɪn(t)gɔ́:l, -gɑ́:l | sṇn(t)gɔ́:l, sṇ(t)-; *F.* sɛ̃gal/ *n.* サンガル《ドイツ語名 Sankt Gallen》: **1** スイス北東部の州; 面積 2,012 km². **2** 同州の州都.

stge 《略》 storage.

St. Geórge's /-dʒɔ́ədʒɪ̀z | dʒɔ́:-/ *n.* セントジョージズ《西インド諸島 Grenada 島にある港市でグレナダの首都》.

St. George's Chánnel *n.* [the ~] セントジョージズ海峡《ウェールズとアイルランドとの間の海峡で, Irish 海と大西洋とを結ぶ; 最短幅 69 km》.

St. Geórge's cróss *n.* 聖ジョージ十字《白地に赤の十字(形)で英国国旗 (Union Jack) に用いられている; 紋章では銀の地に赤》.

St. Geórge's Dày *n.* 聖ジョージの祝日《4 月 23 日; イングランドの守護聖人 St. George を祝う日; ニュージーランドの銀行休日》.

St. Geórge's flág *n.* 聖ジョージの旗《白地に赤の十字の旗; 1277 年ごろから 1606 年までイングランド国旗として使用され, 現在では小型のものが提督旗として用いられる》.

St. Geórge's múshroom *n.* 〖植物〗 シロオオハラタケ (horse mushroom). 〖(1891): St. George の祝日 (4 月 23 日)頃に発生することから〗

St.-Ger·main /sæ̀(ŋ)ʒɛəmǽ(ŋ), sæ̀ŋʒɛəmǽŋ | -ʒɛə-; *F.* sɛ̃ʒɛʁmɛ̃/ *n.* =St.-Germain-en-Laye.

St.-Germáin-en-Láye /-ɑ̃:(n)léɪ, -ɑ:n-; *F.* sɛ̃ʒɛʁmɛ̃nɑ̃lɛ/ *n.* サンジェルマン(アンレー)《フランス Paris 付近の都市; 王城と森がある; St. Germain ともいう》.

St. Got·thard /sèɪn(t)gɑ́(:)təd | sṇn(t)gɔ́təd, sṇ(t)-, -tɑ:d/ *n.* サンゴタール《フランス語名 Saint-Gothard /sɛ̃gɔtaːʁ/, ドイツ語名 Sankt Gotthard /zaŋktgɔ́thaʁt/》: **1** スイス南部のアルプス連峰 (最高峰 3,192 m). **2** 1 を越す山道 (高さ 2,114 m); 正式には the St. Gotthard Pass. **3** 1 の連峰下を貫くトンネル (15 km); 正式には the St. Gotthard tunnel.

Sth 《略》 South.

St. He·le·na /sèɪntḷí:nə, sèɪnthḷ- | sent-(h)ḷí:-, sṇt-, snt-/ *n.* セントヘレナ: **1** 大西洋南部, アフリカ西海岸沖の英領の島; ここに Napoleon が流刑された (1815–21); 面積 122 km². **2** St. Helena, Ascension の 2 島, および Tristão da Cunha 諸島を含む英領植民地; 面積 308 km², 主都 Jamestown.

St. Hél·ens /-hélɪ̀nz/ *n.* セントヘレンズ《イングランド北東部 Liverpool 東方の都市》. 〖*St. Helen* を記念して建てられた教会堂にちなむ〗

St. Hélens, Mount *n.* セントヘレンズ山《米国 Washington 州南西部, Cascade 山脈中の火山 (2,550 m); 1980 年 5 月噴火》.

St. Hel·ier /-héljə | -ljə[r], -liə[r]/ *n.* セントヘリア《英国 Channel 諸島の Jersey 島の港市, 保養地; フランス語名 St. Hélier /sɛtelje/》.

Sthen·e·boe·a /sθènəbí:ə/ *n.* 〖ギリシャ伝説〗 ステノボイアー (⇨ Antia). 〖◻ Gk *Sthenéboia*〗

sthe·ni·a /sθɪ̀náɪə, sθí:niə/ *n.* 〖病理〗 力 (strength), 強壮; 過度活力 (cf. asthenia). 〖(1788) ← NL ~: ⇨ ↓, -ia[1]〗

sthen·ic /sθénɪk/ *adj.* **1** 〖病理〗 異常[過度]に活発な (abnormally active). **2** 強壮な, たくましい (strong). **3** 〖心理〗 =pyknic. 〖(1788) ← NL *sthenicus* ← Gk *sthénos* strength: ⇨ -ic[1]〗

Sthe·no /sθí:noʊ, sθén- | -nəʊ/ *n.* 〖ギリシャ伝説〗 ステノ《怪物 Gorgons の一人》. 〖◻ L ~ ◻ Gk *Sthenṓ*〗

stib- /stɪb/ =stibio-.

stib·i- /stɪbɪ̀, -bi/ (母音の前にくるときの) stibio- の異形.

S

stib·i·al /stíbiəl/ *adj.* 〖化学〗アンチモンの(ような) (antimonial). 〖《1666》← NL *stibiālis*: ⇨ stibium, -al[1]〗

stib·ine /stíbiːn/ *n.* 〖化学〗 **1** スチビン (SbH_3) 《無色の有毒気体; antimonous hydride ともいう》. **2** スチビン (1 の水素元素をアルキル基で置換した化合物). 〖《1843》: ⇨ ↓, -ine[1]〗

stib·i·o- /stíbiou | -əu/ 「アンチモン (antimony)」の意の連結形. ★ 時に stibi-, stibo-, また母音の前では通例 stib- になる. 〖↓〗

stib·i·um /stíbiəm/ *n.* 〖化学〗 = antimony. 〖《*a*1398》□ L ~ 'powdered antimony' ← Gk *stíbi*, *stímmi* sulfuret of antimony □ Egypt. *stm*: cf. antimony〗

stib·nite /stíbnaɪt/ *n.* 〖鉱物〗輝安鉱 (Sb_2S_3) 《antimonite, antimony glance ともいう》. 〖《1854》: ⇨ ↑, -ite[1] 2 a〗

stib·o- /stíbou | -bəu/ stibio- の異形.

stich[1] /stík/ *n.* (詩の)行 (verse, line). 〖《1723》□ Gk *stíkhos* row, line (of writing), verse ← *steíkhein* to march in row, to go: ⇨ stair: cf. distich, hemistich〗

stich[2] /stík/ *n.* 〖トランプ〗スティック《pinochle 系のある種のゲームで最後に取ったトリック (trick); 特別な得点が認められる》. 〖□ G ~: ⇨ stitch[1]〗

sti·cha·rion /stɪkɑ́ːrjɔ(ː)n, -rjɑ(ː)n | stɪkɑ́ːrjɔn/ *n.* (*pl.* **-ria** /-rjɑː/) 〖東方正教会〗聖短衣, スティハリ《膝まで届く麻または絹でできた聖衣で, 西方教会の alb に相当する》. 〖□ LGk *stikhárion* (dim.) ← *stíkhē* tunic ← *stíkhos*: ⇨ stich[1]〗

stich·ic /stíkɪk/ 〖詩学〗 *adj.* **1** (詩の)行の, 行単位の (cf. strophic). **2** 同一の韻律形式からなる. **stích·i·cal·ly** *adv.* 〖《1864》□ Gk *stikhikós*: ⇨ stich[1], -ic[1]〗

sti·chom·e·try /stɪkɑ́(ː)mətri | stɪkɔ́m-/ *n.* 行分け法《散文の行の長さを意味とリズムに応じて行に分けて書く方法; 句読点の発達しなかった時代の書記法》. **stich·o·met·ric** /stɪkəmétrɪk-/, **-mét·ri·cal** /-trɪkəl, -kl | -trɪk-/ *adj.* 〖《1754》← Gk *stíkhos* 'line, STICH[1]' + -METRY〗

stich·o·myth·i·a /stɪkəmíθiə | -kə(u)-/ *n.* 〖ギリシャ劇〗隔行対話《対話者が1行置きに互いに台詞を語る手法》. **stich·o·myth·ic** /stɪkəmíθɪk | -kə(u)-/ *adj.* 〖《1861》□ Gk *stikhomūthía* ← *stíkhos* (↑) + *mûthos* speech: ⇨ stich[1], -o-, myth, -ia[1]〗

stich·om·y·thy /stɪkɑ́(ː)məθi | stɪkɔ́mɪθi/ *n.* 〖演劇〗 = stichomythia.

-sti·chous /-stɪkəs | -stɪ-/ 〖生物〗「列 (row) のある」の意の形容詞連結形: *distichous*. 〖← Gk *stíkhos* row, line: ⇨ stich[1], -ous〗

stick[1] /stík/ *n.* **1 a** (切り取った[折り取った, 拾い集めた]枯れた[乾いた])小枝, 木切れ, 棒切れ, 枯れ枝: cut a ~ from the hedge 垣根から小枝を切り取る / an ice cream [a lollipop] on a ~ 棒つきアイスクリーム[キャンディー]. **b** [通例 *pl.*] (燃料にする)粗朶(そだ): gather dry ~*s* for the fire たきぎを集める. **c** (建築材料などにする)木, 木材; 材木, 丸太 (log) (cf. 8 a). **2 a** (自然のままの, または加工した)細長い木, 棒, さお, 軸, 柄 (wand, staff): ⇨ broomstick, matchstick. **b** ステッキ, つえ (walking stick, cane): walk with a ~. **c** 棍棒 (club); 恫喝(どうかつ)の棍棒, おどしの手段: *Sticks* and stones may break my bones, but names can [will] never hurt me. 《諺》棒や石なら骨が折れるかもしれないが, 悪口だけじゃ傷つくことはない / ⇨ big stick 1, nightstick. **d** [(the) ~] 折檻(せっかん)用むち; むち打ち《刑罰》: give a person *the* ~ (懲らしめに)人を打つ, 折檻する / He wants *the* ~. 彼は折檻してやらねばならない. **e** 《英口語》非難, 罵倒(ばとう); 酷評: get [take] a lot of ~ for one's mistakes 間違いをしてひどく非難される / come in for ~ 棒でぶたれる; 厳しくしかられる; 笑われる. **f** (音楽の)指揮棒 (conductor's baton). **g** (官職・権威の象徴としての)つえ, 官杖(かんじょう) (baton); 官杖を持つ人: ⇨ Gold Stick, Silver Stick. **h** [*pl.*] Aunt Sally の遊びに用いる棒; = Aunt Sally 1. **3 a** 棒状[スティック状]のもの[道具]. **b** 燭台 (candlestick). **c** (バイオリンの)弓 (fiddlestick). **d** 笛 (fife, flute). **e** (ドラムの)ばち, スティック (drumstick); [*pl.*] 鼓手, ドラマー (drummer). **f** 《口語》〖自動車〗 = stick shift. **g** (航空機の)操縦桿(かん) (control stick). **h** 万年筆 (fountain pen). **i** 《俗》ピストル (revolver). **4 a** 棒[スティック]状にしたもの. **b** (チョコレート・封蠟(ふうろう)などの)棒: a cosmetic ~ = a ~ of cosmetic(s) スティック状の化粧品 / a ~ of greasepaint 棒状のドーラン / ⇨ lipstick / a ~ of candy, chocolate, chalk, sealing wax, dynamite, charcoal, etc. **c** 《俗》マリファナ(で作った巻き)たばこ (reefer). **5** 〖スポーツ〗 **a** (ホッケーの)スティック (hockey stick); [*pl.*] ハイスティック《スティックを肩の高さより上に振り上げる反則行為》. **b** (ラクロス (lacrosse) の)打球具 (crosse). **c** (スキーの)ストック (ski pole); スキー. **d** (野球の)バット (bat). **e** (ゴルフの)クラブ (club). **f** (玉突きの)キュー (cue). **g** [*pl.*] 《俗》(競走用の)ハードル (hurdles). **h** [通例 *pl.*] 〖クリケット〗 = stump 11 a. **i** [*pl.*] (アメフトの)ゴール (goal); [*pl.*] 豪式フットボールのゴール柱. **6** (野菜類の食べられる)茎 (stalk): celery ~*s* / a ~ of asparagus, rhubarb, etc. **7** [the ~s] 《口語》 **a** 森林地 (timberland). **b** 未開の奥地 (backwoods). **c** (都会から遠い)いなか, 地方 (provinces): out in *the* ~*s* 都心から離れて. **8 a** (建造物などを構成する全材料中の)1本の木 (cf. 1 c): every ~ (and stone) 家屋の全材料 / know every ~ and stone of the town 町の隅々まで知っている / Not a ~ was left standing. (取り壊されて)柱1本残っていなかった. **b** 《口語》家具の1点 (piece of furniture): a few ~*s* of furniture 二, 三点の家具 / The bailiffs repossessed every last ~ of furniture. 執行吏は家具の最後の一点まですべて取り戻した. **9** 《口語》 **a** [修飾語(通例 old)を伴って] (…な)人, やつ: a queer (old) ~ 変なやつ / a dull [dry] *old* ~ わからず屋の朴念仁. **b** のろま, ぐず, でくのぼう. **c** 《米》(特に, 巡業ショー (carnival) で働く)さくら (shill): act as a ~. **10** [通例 *pl.*] 《俗》脚 (leg): get up on one's ~*s* 立ち上がる. **11** 《俗》波乗り板, サーフボード (surfboard). **12** 《米口語》(紅茶などに入れる)火酒の1滴《ブランデー・ラム酒など》: tea with a ~ in it ブランデー(など)を1滴入れた紅茶. **13** 〖海事〗円材 (spar): **a** 帆柱 (mast). **b** 帆げた (yard). **14** 〖印刷〗 **a** (行鋳植機の)ステッキ (composing stick); (2インチ幅の)組活字. **b** = stickful. **15** 〖空軍〗 **a** 投下弾群, 棍(こん)状投下弾群《一目標に対し1機から1列に連続投下される爆弾, またはその投下のために爆弾倉に並列された爆弾群; cf. salvo[1] 1 a》: a ~ of bombs. **b** 降下群《降下作戦で, 1機の一つの口から連続的に飛び出す一群の降下隊員》: a ~ of parachutists.

(as) ***cróss as twó sticks*** ⇨ cross[1] *adj.* 4. ***a stick or*** [***and***] ***stóne*** 無生物; 木石(漢) (cf. STOCKS *and stones*). 《*c*1436》 ***a stick to béat*** *a person* ***with*** 《英》人を攻撃[非難]する根拠. ***béat*** (***áll***) ***to sticks*** ⇨ beat[1] *v.* 成句. ***gèt*** [***hàve***] ***hóld of the wróng ènd of the stick*** ⇨ end[1] 成句. ***hóld a stick to*** [***sticks with***] …と互角の勝負をする, 堂々と戦う. 《1817》 ***hóp the stick*** ⇨ hop[1] 成句. ***in a cléft stick*** 《英口語》進退きわまって (in a dilemma [bind]). ***kéep*** *a person* ***at the stick's énd*** 人を遠ざける, 人によそよそしくする. ***on the stick*** 《米俗》 (1) 用心して, 油断なく. (2) 活動して, 活発で: get *on the* ~ 活発にやる. ***sháke a stick at*** 《米口語》…をいちいち数え上げる, 取り上げて言う: more … than one can [could] *shake a* ~ *at* 数えられない[信じられない]ほど多くの …. ***tárred with the sáme stick*** ⇨ tar[1] *vt.* 成句. ***ùp sticks*** 《口語》どこかよそに行って暮らす, 荷物をまとめて引っ越す. ***the ónly stick lèft in*** *one's* ***hédge*** ただ一つ残った手段[方策]. ***to sticks and stáves*** 粉々に; 零落して, 落ちぶれて: go *to* ~*s and staves* ばらばらになる; 瓦解(がかい)する. 《1824》

— *vt.* **1** 〈植物などを〉棒で支える. **2** 〖印刷〗〈活字を〉ステッキに組む (compose).

〖OE *sticca* stick, peg < (WGmc) **stikkon* (Du. *stek* slip / G *Stecken* stick) ← **stik-* to pierce (↓)〗

stick[2] /stík/ *v.* (**stuck** /stʌ́k/) — *vt.* **1 a** 〈とがった物を〉刺す, 突き刺す (pierce, stab): a knife *stuck in(to)* a person's back 背中に突き立てられたナイフ / ~ a fork *into* a potato フォークをじゃがいもに刺す / ~ a pin *through* papers (綴(と)じるために)ピンを書類に刺す. **b** 〈とがった物で〉刺す, 突く 〔*with*〕: ~ one's finger *with* a needle 針で指を刺す. **c** 〈人・動物などを〉刺し[突き]殺す: ~ pigs (ナイフでのどを突いて)豚を畜殺する (cf. sticker 3 b); (インドで, 馬上から槍で突いて)いのしし狩りをする (cf. pigsticking): squeal [scream] like a *stuck* pig 突き刺された豚のように金切り声をあげる.

2 〈とがった物に〉刺しつける, 刺し止める (mount, affix) 〔*on*〕: ~ butterflies [insect specimens] *on* a board 蝶[標本用の昆虫]を板にピンで刺す / ~ pieces of meat *on* a spit 肉片を串に刺す.

3 a 張る, 張りつける (fasten); (接着剤などで)くっつける, 接着[固着]させる: *Stick* no bills. 張り紙無用 / ~ a poster *up on* a wall 壁にポスターを張る / ~ clippings *in* a scrapbook スクラップブックに切抜きを張る / ~ labels *on* (a trunk) (トランクに)ラベルを張りつける (cf. stick-on) / ~ a stamp *on* a letter 手紙に切手を張る / ~ a button *on* a shirt シャツにボタンをつける / The sweat had *stuck* his shirt *to* his back. 汗でシャツが彼の背中に張りついていた / He *stuck* the broken pieces (*back*) *together*. 壊れた破片をくっつけた. **b** 《口語》(接着剤などをつけて)くっつきやすくする.

4 《口語》(ある場所・位置に)置く, 据える (put, place): *Stick it down*. それを下に置きなさい / ~ papers (*away*) *in* (a drawer) 書類を(引き出しに)しまう / ~ one's hat *on* (one's head) 帽子をかぶる / Prices have been *stuck up*. 物価は上がったままだ.

5 a 差し込む (insert), 突っ込む (thrust): ~ a pen *behind* one's ear 耳にペンをはさむ / ~ one's pipe *between* one's teeth パイプをくわえる / ~ candles *in* a birthday cake バースデーケーキにろうそくを立てる / ~ a rose *in* one's buttonhole ボタン穴にばらの花を挿(さ)す / ~ one's hands *into* one's pockets ポケットに手を突っ込む / ~ a few commas [words] *in* コンマ[単語]を二, 三入れる. **b** 〈体の一部を〉突き出す (shove): ~ one's arm [chest, tongue] *out* 腕[胸, 舌]を突き出す / ~ *one's chin out* = *stick one's* NECK[1] *out* / ~ one's nose *up* (澄まして)顔をつんと上げる / ~ one's hand *up* to answer a question 質問に答えるために手を挙げる / ~ one's head *out of* a window 窓から頭[顔]を出す. **c** …に(…を刺して)つける[留める, 飾る] (set) 〔*with*〕: a coat *stuck with* medals 勲章をいくつも飾りつけた上着 / a cake *stuck (over) with* almonds (一面に)アーモンドのついたケーキ / ~ a pincushion full of pins 針刺しにピンをいっぱい刺す.

6 a [通例 p.p. 形で] (くっついて)動けなくする, 立ち往生させる: *be* [*get*] *stuck* (fast) *in* the mud [*on* a sandbank] 泥にはまって動けなくなる[砂洲(す)に乗り上げる] / We [Our car] was [got] *stuck* in a traffic jam. 我々[我々の車]は交通渋滞で動けなくなった / We have *been stuck* here for three days in a heavy snowstorm. ひどい吹雪のために3日間もここに釘づけにされている / *stuck in* a place with nothing to do なすすべもなくある場所で立ち往生して. **b** 《口語》困らせる (perplex), 当惑させる (baffle): ~ a person *with* a hard question 難しい質問で人を困らせる / be *stuck for* an answer [*on* a problem] 答に詰まる[難問に閉口する] / He finds himself *stuck* for (want of) funds [$20]. 彼は資金[20ドル]不足で行き詰まっている.

7 《口語》 **a** (かけで負かしたりごまかしたりして)…に代金を払わせる, 負担させる: ~ a person *for* drinks 人に酒代を出させる. **b** 〈人〉に〈代金を〉(法外に)請求する (charge): What did they ~ you *for* it? どれくらいぼられた[払わされた]かね.

8 《口語》 **a** [通例 p.p. 形で] 〔厄介な事・物・人などを〕…に押しつける (saddle) 〔*with*〕: I was [got] *stuck with* the work. あの(面倒な)仕事を背負い込まされた / This is my face and I *am stuck with* it. これは自分の顔だからどうしようもないよ. **b** 〔粗悪品などを〕…につかませる 〔*with*〕: ~ a person *with* a fake (ごまかして)人にまがい物を買わせる.

9 [しばしば can を伴って, 憤慨して拒絶するときに用いて] 《口語》〈他人にとって不要なものを〉押しつけないでおく, そのまま持っている《しばしば失礼な表現》: You *can* ~ the job for all I care! その仕事はこっちに持ち出さないでくれ, そんな仕事はまっぴらだ.

10 [通例否定・疑問構文で] 《英口語》…に耐える, こらえる (bear, stand): I can*not* ~ him [*waiting* about]. やつ[のんべんだらりと待つこと]には我慢ならない / He could *not* ~ it any longer. もはや我慢できなかった / How can you ~ that noise? あの音をよく我慢できるね.

11 《俗》だます, ぺてんにかける (cheat).

— *vi.* **1** 刺さ(っている)る: I found a nail ~*ing in* the tire. タイヤに釘が刺さっていた / a knife ~*ing in* a person's back 背中に刺さっているナイフ.

2 a くっつく, 粘着する, くっついている (hold, cling): This envelope will not ~. この封筒はくっつかない / ~ fast = ~ like wax [a wet shirt] ぴったりくっつく / ~ *on* (a horse) しっかり馬に乗っている / The mud has *stuck to* my shoes. 靴に泥がくっついた / ~ *to* one's post 持ち場を離れない / *Stick to* [*with*] me or you may get lost. しっかりくっついていないと迷子になるぞ / ~ (*to* …) like a bur [leech, limpet] (…に)くっついて離れない / Several pages have *stuck together*. 何ページかが一緒にくっついている / ⇨ STICK *together*. **b** 〈言葉・考え・あだ名などが〉こびりつく, くっついて離れない; 〈非難・悪評などが〉なかなか消えない: an event that ~*s in* the [one's] mind 頭にこびりついて忘れられない出来事 / The nickname has *stuck to* him. そのあだ名が彼についてまわった. **c** (追跡・競技で)…から離れない, 密着していく 〔*with*〕: ~ *with* the leading group.

3 a はまり込む, はまり込んで動かない (jam), 立ち往生する: This door always ~*s*. このドアはいつも引っかかる / The key *stuck in* the lock. かぎが錠前の中に入ったまま動かなくなった / The bill has *stuck in* the committee. その議案は委員会でストップしている / Prices have *stuck at* about $100. 価格は約100ドルでストップしている / He *stuck* after the first few lines of the poem. その詩の初めの二, 三行でつかえてしまった. **b** (…に)閉口する, 当惑する 〔*at*〕: I ~ *at* mathematics. 数学にはお手上げだ.

4 a 《口語》(じっと)とどまる (remain): ~ indoors [*at* home] うちに(じっとして)いる / ~ where one is 今いる所[今の所]にじっとしている. **b** 〈告発・非難などが〉ずっと有効である (cf. *make* STICK): This charge will not ~.

5 《口語》 **a** 〔…を〕固執する, あくまで守る, 〔…に〕忠実である 〔*to, by, with*〕: ~ *to* a contract, decision, program, etc. / ~ *to* one's beliefs, promise, words, etc. / ~ *to* what one has said 自分の言ったことを固執する / He never ~*s to* the point. 彼の話は必ず脱線する / He *stuck by* his first account. 最初の弁明をあくまでも翻さなかった / That's my story and I'm ~*ing to* it. 以上 私の述べたことを変えるつもりはありません. **b** 〔仕事などを〕着実にやる, 倦(う)まず努める; 我慢する (persevere) 〔*at, to, with*〕: ~ *at* one's job, studies, etc. / *Stick to* [*with*, 《口語》 *at*] it! へこたれるな, あくまでもやり通せ / ~ *to* business 商売をこつこつやる / He ~*s to* nothing. 彼は何にでも粘りがない. **c** 〔人・国などに〕忠誠[忠実]である 〔*by, to, with*〕: They *stuck by* me to the end. 彼らは最後まで私に誠意を尽くしてくれた.

6 [通例否定・疑問構文で] 〔…を〕ためらう (scruple), 躊躇(ちゅうちょ)する (hesitate) 〔*at*〕: He will ~ *at nothing*. 彼はどんなことでもやりかねない (cf. stick-at-nothing) / Will the other side ~ *at* these concessions? こういう譲歩に相手はためらうだろうか.

7 突出する, 突き出る (project, protrude): His front teeth ~ *out* a little. ちょっと出っ歯だ / a branch ~*ing up out of* [*from, through*] the water 水面から突き出ている枝.

8 〖トランプ〗 (pontoon で)切札の宣言をしない.

gèt stúck in 《英口語》 (1) 勇んでかかる, 懸命にやる: *Get stuck in!* それかかれ; ぼやぼやするな. (2) どんどん食べ[飲み]始める. ***gèt stúck into*** 《英口語》 (1) …に本気で[気合いを入れて]かかる: *get stuck into* a job. (2) …をどんどん食べ[飲み]始める. 《1941》 ***gèt*** [***be***] ***stúck on*** 《俗》〈人・物事〉にほれ込む[込んでいる], に夢中になる[である]. ***màke stick*** 《口語》有効とする[認める] (cf. *vi.* 4 b): *make* the charges ~ 告発を有効とみなす. ***stick aróund*** [***abóut***] 《口語》近くで待つ; そばを離れない(でいる). ***stick bý*** (1) ⇨ *vi.* 5 a, c. (2) …を支援しつづける. ***stick dówn*** (1) ⇨ *vt.* 4. (2) 張りつける: ~ *down* (the flap of) an envelope 封筒(の折り返し)を張る. (3) 《口語》書きつける: ~ *down* a phone number 電話番号を書きつける. 《1581》 ***stick fást*** (1) ⇨ *vi.* 2 a. (2) 動きが取れない, 行き詰まる. 《1483》 ***stick in*** *one's* ***cráw*** [***cróp, gizzard***] 《口語》 (1) 〈食べ物が〉胸につかえる, 消化しない. (2) 意に満たない, 気に食わない. ***stick in with*** *a person* 《口語》人と一緒に暮らす. ***stick it ón*** 《英俗》法外な値を吹っかける. 《1844》 ***stick it óut*** 《口語》最後まで辛抱する, 頑張り通す. 《1682》 ***stick it to*** *a person* 《米

俗》人を厳しく[不公平に]扱う. ***stick ... on** a person* 《口語》…を〈人〉のせいにする; 〈価格・請求書などに〉〈料金を〉加える. ***stíck óut*** (*vi.*) (1) ⇨ *vi.* 7. (2)《口語》はっきりわかる, 明瞭である (stand out) (cf. stick-out): ~ *out* a mile [like a sore thumb] 一目瞭然だ. (3) 〔…を〕あくまで要求する, 頑強に主張する〔*for*〕; 〔…に〕あくまで反対する〔*against*〕: ~ *out for* higher wages 賃上げをあくまで要求する. (4) ストライキをする. — (*vt.*) (1)《口語》…の最後まで頑張る: ~ *out* a race [term] 競走[学期]の最後まで頑張る. (2) …と言い張る, 主張する〈*that*〉: He *stuck* (them) *out that* he was innocent. (彼らに対して)自分は潔白だと主張し続けた. (3) ⇨ *vt.* 5 b. 《1567》 ***stíck togéther*** (1)《口語》団結[結束]する, かばい合う: We *stuck together* in the negotiations. 我々は団結して交渉に当たった. (2)〈人々が〉いっしょに(くっついて)いる: Let's ~ *together* in the crowd. 人混みでは離れずにいよう. ***stíck úp*** (*vi.*) 突き出る. (*vt.*) (1) ⇨ *vt.* 5 b. (2)〈ポスター・銅像・首などを〉高い所に張りつける[設置する, さらす]. (3)《口語》(強盗に襲われて)〈手を〉上げる (hold up); 〈強盗が〉〈列車・銀行などを〉凶器をもって[突きつけて]襲う (cf. stickup): *Stick* 'em [your hands] *up!* 手を上げろ / ~ *up* a stagecoach, train, bank, etc. (4)〈人〉にせがむ (solicit): ~ *up* a person *for* contributions 人にしつこく寄付を求める. 《1422》 ***stíck úp for*** 《口語》(特に)〈不在の人〉を支持する (support), 弁護する (defend): ~ *up for* oneself [a person, one's rights] 自己[人, 自己の権利]を擁護する. 《1837》 ***stíck úp to*** (1)《口語》…に抵抗する, 屈しない (resist): ~ *up to* a bully がき大将に負けない. (2)《英方言》…に言い寄る (court): ~ *up to* a girl. ***stúck on*** ⇨ stuck *adj.*

— *n.* **1** 一突き (thrust). **2** ねばねばすること;《口語》粘着物[剤]; 粘着状態. **3**《廃》**a** 遅延, 行き詰まり: at a ~ 行き詰まって, 当惑して. **b** 障害, 障害物.

〖OE *stician* ← Gmc **stik-*, **stek-* to pierce, prick (Du. *stikken* / G *sticken* to embroider; Du. *steken* / G *stechen* to stab, prick) ← IE **steig-* to stick; sharp (L *instīgāre* 'to goad, INSTIGATE' / Gk *stízein* to prick & *stígma* 'STIGMA')〗

SYN くっつく: **stick** 〈人や物が〉くっついて離れない: Stamps *stick* together. 切手は互いにくっつく. **adhere** 〈物が〉しっかり付着する《格式ばった語》: This tape *adheres* to most surfaces. このテープはたいていの物の表面にくっつく. **cohere** 物質の要素がくっつき合ってひと固まりになる《格式ばった語》: The grains easily *cohere*. 穀物はすぐくっついて固まりになる. **cleave** 〈物が〉密接にしっかりと付着する《格式ばった語》: My wet clothes *cleaved* to my body. 濡れた服が体にぴったりとくっついた.
ANT part, sever.

stick·a·bil·i·ty /stɪ̀kəbíləṭi | -lɪ̌ti/ *n.* 忍耐力, 我慢強さ. 《1888》

stick-at-it·ive /stɪkǽtɪ̌ṭɪv | -tɪt-/ *adj.*《口語》= stick-to-itive. **~·ness** *n.*

stíck-at-nóthing *adj.*《口語》(目的を果たすために)どんな事にも躊躇(ちゅうちょ)しない, 固く決心した (determined). 《(1805) ← *stick at nothing*: ⇨ stick² (vi.) 6》

stíck·bàll *n.*《米》スティックボール《子供が路上などで箒(ほうき)と軽いボールで行う野球》. 《1934》

stíck càndy *n.* 棒状キャンディー.

stíck dràwing *n.* =stick figure.

stick·er /stíkə | -kə(r)/ *n.* **1 a**《米》ステッカー (adhesive label), シール. **b** 張る[くっつく]人[もの]. **c** 広告[ビラ]張り(人) (billsticker). **d** 接着剤. **2** (困難にもめげず)粘り強い人, 頑張り屋, こつこつやる人. **3 a** 刺す[突く]人[もの]. **b** 屠殺係. **c** (屠殺用の)先のとがった長ナイフ. **d**《俗》(人殺しの凶器としての)刃物. **4** いが (bur), とげ (thorn). **5** 急には売れない商品, 売りはの悪い商品. **6**《口語》難問, 難題, 閉口させるもの (poser). **7**〖冶金〗(鋳造の際)表面に焼きついた鋳型, またはこれを取り除く機械. **8**〖農業〗固着剤《殺菌剤・殺虫剤などの効能を維持するために加用する; cf. spreader 1 d》. 《(1585) ← STICK² + -ER¹》

stícker prìce *n.*《米》(新車などの)メーカー希望小売価格《通常これより割引きがある》. 《1970》

stícker shòck *n.*《米口語》値札ショック《商品の高価格[値上がり]が買い手に与えるショック》.

stíck fìgure *n.* 棒線画《頭部を円で, 四肢体躯を直線で表した人体[動物]図; stick drawing ともいう》. 《1949》

stíck flòat *n.*〖釣〗棒うき《細長い棒のようなうき》.

stick·ful /stíkfʊ̀l/ *n.*〖印刷〗ステッキ (stick) 1 杯(分の組活字). 《1683》

stíck·hàndle *vi.* (アイスホッケー・ラクロスなどで)スティックでパック[ボール]をさばく. 《1904》

stíck·hàndler *n.* ラクロス[ホッケー]の選手.

stícking-pìece *n.*《英》首の下部の牛肉. 《1469》

stícking plàce *n.* **1** 足場, 落ち着く場所; ねじのきく所, ひっかかり《sticking point ともいう》. **2** (屠殺でナイフを刺し込む)首の下部の急所.
scréw** one's **cóurage to the sticking plàce 断行の決心をする, 勇を鼓する (cf. Shak., *Macbeth* 1. 7. 60). 《1606》 《1578》

sticking plàster *n.* 絆創膏 (adhesive plaster). 《1655》

sticking pòint *n.* **1** 問題になる条項, 引っかかる点. **2** =sticking place 1. 《1826》

stíck ìnsect *n.*〖昆虫〗ナナフシ《全体が細長い小枝のような形をしたナナフシ科(と近似の科)の昆虫の総称》. 《1854》

stíck-in-the-mùd 《口語》*n.* 旧弊な人, 因襲的な人; 保守的な人. — *adj.* 〈了見が〉狭い, 旧弊な; 〈場所が〉田舎くさい, 遅れた. 《(1733) ← *stick in the mud* (⇨ mud¹ n. 成句)》

stick·it /stíkɪ̌t/ *adj.*《スコット》**1** 未完成の (unfinished). **2** 選んだ仕事で失敗した: a ~ teacher. 《(1787)《スコット》(p.p.) ← STICK²》

stíck·jàw *n.*《英口語》口の中でくっついてかめないキャンディー[菓子]. 《(1829) ← STICK² (v.) + JAW¹》

stíck làc *n.*〖化学〗スチックラック《カイガラムシの分泌物で, 以前はセラック (shellac) 製造原料として重要であった》. 《1704》

stick·le /stíkḷ/ *vi.* **1** (つまらない事で)しつこく論じる. **2** (大した理由もないのに)異議を唱える (demur); ためらう (hesitate). 《(1530)《変形》← ME *stightle*(*n*) to arrange, intervene (freq.) ← *stighte*(*n*) < OE *stiht*(*i*)*an* to dispose, govern < Gmc **stixtan*《原義》to place on a step (Du. *stichten* / G *stiften* to establish, found / ON *stētta* to support, establish) ← IE **steigh-* to step: cf. stair: ⇨ -le³》

stíckle·bàck *n.*〖魚類〗トゲウオ《背びれの前方に遊離棘があり紡錘形のトゲウオ科の魚類の総称》; イトヨ (*Gasterosteus aculeatus*) (three-spined stickleback) など; prickleback ともいう). 《(15C) *stykylbak* ← OE *sticel* goad, thorn (← *stician* 'to STICK²') + *bæc* 'BACK¹'》

stíck·ler /-klə | -lə(r)/ *n.* **1** やかまし屋; きちょうめんな人, 頑固な人〔*for*〕: a ~ *for* etiquette [time] エチケット[時間]をやかましく言う人. **2**《口語》難問, 難題 (difficult problem). **3**《廃・方言》審判. 《1538》

stíck·lìke *adj.* 棒のような(形の), スティック状の. 《1831》

stíck·màn /-mæ̀n, -mən/ *n.* (*pl.* **-men** /-mɛ̀n, -mən/)《米》**1** 賭博台の見張人《棒などでさい (dice) を配り, 声をかけて張らせ, さいを回収したりする雇人; cf. croupier 1》. **2** (ホッケーなどで)スティックを使う競技の選手: a good ~. 《1861》

stíck-nèst ràt *n.*〖動物〗コヤカケネズミ属 (*Leporillus*) のネズミ《オーストラリア産; 棒をからみ合わせて巣を作る; 2 種からなる同属のうち, 特にコヤカケネズミ (*L. conditor*)》.

stíck·òn *adj.* (裏に接着剤が塗ってあって)ぺたっと張りつく: a ~ label.

stíck-òut《口語》*n.* (すぐれた才能・能力などで)目立つ人. — *adj.* 目立った (conspicuous). 《1937》

stíck·pìn *n.*《米》タイピン《頭に飾りのある細長いピン》. 《(1895) ← STICK² + PIN》

stíck·sèed *n.*〖植物〗ノムラサキ《ムラサキ科ノムラサキ属 (*Lappula*) の種子にいががある植物の総称; 衣服にくっつく; cf. burseed》. 《(1843) ⇨ stick² (v.)》

stíck shìft *n.*《米》〖自動車〗(フロアシフトの)変速レバー. 《1959》

stíck·tìght *n.*〖植物〗**1** 種子や果実にかぎ状のとげがあって衣服や動物に付着して運ばれる植物の総称: **a** アメリカセンダングサ (*Bidens frondosa*)《種子のいがは衣服にくっつくと容易に取れない》. **b** タウコギ, センダングサ (bur marigold). **c** =stickseed. **2** センダングサの種子のいが. 《1884》

stícktight fléa *n.*〖昆虫〗ニワトリフトノミ (*Echidnophaga gallinicea*)《米国南部の家禽を殺す寄生虫》; (時に)ヒトノミ科 (Pulicidae) のノミ.

stick-to-it·ive /stɪ̀ktúːɪ̌ṭɪv | -túːɪt-/ *adj.*《米口語》堅く決心した, 粘り強い, 辛抱強い. 《← *stick to it* (⇨ stick² (vi.) 5) + -IVE》

stìck-tó-it·ive·ness *n.*《米口語》頑張り, 粘り強さ (perseverance). 《1867》

stick·um /stíkəm/ *n.*《口語》粘着物質, 接着剤. 《1909》

stíck·ùp *adj.* 〈カラーが〉立っている; 直立した: a ~ collar 立ちカラー. — *n.* **1** 立ち襟[カラー]. **2 a**《米俗》ピストル強盗 (holdup, robbery). **b** =stickup man. 《(1854) ← *stick up* (⇨ stick² 成句)》

stíckup màn *n.*《米俗》ピストル強盗《人》.

stíck·wàter *n.* 魚粉廃液《湿式法で魚粉を製する際に生じる悪臭のある粘性廃液; 蛋白質・ビタミンなどを含有するので家畜飼料の原料となる》. 《⇨ stick² (v.)》

stíck·wèed *n.*《米》〖植物〗衣類などに種がくっつく植物の総称《ブタクサ (ragweed), キンミズヒキ (agrimony) など》. 《1743》

stíck·wòrk *n.* **1 a** (ホッケー・ラクロスなどの競技での)スティックさばき. **b** (ドラムの)ばちさばき. **2** (野球の)バッターの技量. 《1903》

stick·y /stíki/ *adj.* (**stick·i·er**; **-i·est**) **1 a** 粘着性のある (adhesive): ~ liquid 粘液. **b** 粘る, ねばねばする, べとべとする, 粘着する; 粘着物[ねばねばした物]がついた (glutinous): ~ fingers ねばねばした指 / ~ buns. **c** 〈雪が〉解け始めた. **2**《口語》**a** 難しい, 厄介な (difficult): a ~ problem 厄介な問題. **b** 不愉快な, いやな: come to [meet] a ~ end いやな[不幸な, 困った]結果になる. **c** 堅苦しい (stiff), ぎこちない (awkward): a ~ beginning. **3**《口語》**a** 〈天候などが〉湿気の多い, 蒸す, 蒸し暑い (humid): ~ weather / a ~ day. **b** 汗で衣服が体にまといつく (clammy). **4 a** 動きの悪い. **b** 〈価格などが〉変動のない. **c** 〈物がなかなか売れない. **d** 〈馬が〉ためらう. **e** なかなか言うことをきかない, 気難しい (particular): He is rather ~ *about* giving his consent. なかなかうんと言わない. **5**《米口語》いやに感傷的な, 甘ったるい, べたべたする (maudlin).
— *vt.*《口語》ねばねばさせる.
— *n.*《豪口語》**1** =stickybeak. **2** 見ること (a look). ★[次の句で用いる]: have a ~ (at ...).
stick·i·ly /-kɪ̌li/ *adv.* **stíck·i·ness** *n.*
《(1727) ← STICK² (v.) + -Y⁴ 4》

stícky·bèak *n.*《豪口語》せんさく好きな人.

sticky bómb [chárge] *n.*〖軍事〗粘着性爆破薬, 粘着爆弾《グリースやタールのような粘着性物質で覆われ, 装甲車両などの目標物に付着すると爆発する》.

sticky bùn *n.* 甘いコーティングのついた菓子パン.

sticky énd *n.*〖生化学〗(DNA の)付着[粘着]末端. 《1968》

stícky-fíngered *adj.*《口語》手癖の悪い, 盗癖の (thievish). 《1890》

sticky fíngers *n. pl.*《口語》盗癖: ⇨ *have sticky* FINGERS. 《*c*1930》

stícky grenáde *n.*〖軍事〗=sticky bomb.

stícky-hánded *adj.* =sticky-fingered.

sticky tápe *n.*《英》粘着テープ.

sticky wícket *n.* **1**〖クリケット〗雨後の地面がべたついていて投手の球が良く弾まないピッチ (pitch) の状態《打者に有利; cf. soft wicket》. **2** 困った[まずい]立場: ⇨ *on a sticky* WICKET. 《1926》

stícky wíllie *n.* =cleavers.

stic·tion /stíkʃən/ *n.*〖工学〗(特に可動部品間の)静止摩擦 (static friction);〖物理〗静(止)摩擦《もう 1 つの物体に接している物体を動き始めさせるのに必要な力》. 《(1946)《略》← *st*(*atic fr*)*iction*》

Stieg·litz /stíːglɪ̌ts | -glɪts/, **Alfred** *n.* スティーグリッツ《1864–1946; 米国の写真家; カメラ雑誌の編集発行者; 写真が芸術であることを主張》.

sti·fa·do /stɪfáːdoʊ | -dəʊ/ *n.* (*also* **sti·fa·to** /-fáːṭoʊ | -təʊ/)〖ギリシャ料理〗スティファド《牛肉・小タマネギ・刻みトマト・ローズマリー・ベイリーフ・コリアンダーの実を赤ワインとレモン果汁[酢]とで煮込んだシチュー》. 《(1950) ◻ ModGk *stiphádo* ◻ It. *stufato* stew》

stiff /stíf/ *adj.* (~·**er**; ~·**est**) **1 a** 曲がらない, 堅い, 硬直した, こわばった (firm, rigid): a ~ collar [shirt front, cardboard] 堅いカラー[ワイシャツの胸, 厚紙] / stand straight and ~ 直立不動の姿勢で立っている / be frozen ~ 凍ってこちこちである. **b** 〈機械など〉(摩擦がきつくて)すらすらと動か[回ら]ない: a ~ piston 堅いピストン / ~ hinges 堅い蝶番(ちょうつがい). **c** 〈筋肉・関節が〉柔らかくない, 堅い; 〈(寒さ・老齢・疲労のため)体が〉こわばった[凝った], 動かすと痛い: feel rather ~ 体がどことなくこわばった感じがする. **d** 死後硬直 (rigor mortis) した: lie ~ in death 死んでこわばっている. **e**《廃》〈綱など〉張り切った, ぴんと張った (taut): keep a ~ rein 手綱を引き締めておく. **2 a** 断固とした, 不屈の (resolute); 自尊心のある (proud). **b** 固執する (persistent), 頑固な, 頑強な, 強情な (obstinate, stubborn): a ~ opposition 頑強な反対. **3 a** 〈人間・態度・作法・行為など〉形式的な, よそよそしい, 四角張った, 堅苦しい, 改まった, しゃちょこばった (rigidly formal): a ~ bow [greeting, manner, carriage] 堅苦しいおじぎ[挨拶, 態度, 物腰]. **b** 〈文体・言葉など〉ぎこちない, 不自然な (unnatural, constrained): a ~ style of writing 堅苦しい文体. **4** 〈戦争など〉執拗に行われる (pugnacious), 猛烈な, 激烈な (sharp): give a ~ fight 激しく戦う. **5 a** 〈風・流れなど〉強い, 激しい: a ~ gale, breeze, etc. **b**《口語》〈酒など〉アルコール分の多い, 強い (strong): a ~ drink 強い酒 / a ~ glass of grog 強いグロッグの 1 杯. **c** 〈薬など〉強い効力がある, よく効く (potent): a ~ dose of medicine. **d** 強力な (powerful): a ~ punch / take a ~ line 強硬手段をとる. **6 a** 〈半固体など〉比較的堅い, 堅練りの (thick, viscous); 詰まった (compact), 粘りのある (tenacious): ~ dough 堅い練り粉 / beat egg whites until ~ 卵白が堅くなるまで強くかき混ぜる. **b** 〈土など〉密質で堅い: ~ soil 粘っこい土 / ~ clay 堅い粘土. **7**《口語》〔…で〕ぎっしり詰まった, いっぱいの (crowded)〔*with*〕: The harbor is ~ *with* craft. 港は船でいっぱいで動きがとれない. **8 a** 〈刑罰など〉厳しい (severe): a ~ penalty, fine, sentence, etc. **b** 〈仕事・成就など〉困難な, 手ごわい, 難しい (hard), つらい (trying); 骨の折れる (laborious): a ~ task [climb, examination] / a ~ 'un (=one)《口語》手ごわい人《老練な競技者など》. **9**《口語》**a** 〈価格など〉高い (dear), 法外な, 過度の (excessive): a ~ price [tax] 高い値段[税]. **b** とんでもない, ひどい (preposterous, steep), 承知のできない: That's a bit ~. そりゃちょいとひどい(仕打ちだ). **10** [目的補語に用いて]《口語》きびきびした反応ができない; ひどく, すっかり《★ 副詞とも解される》: scare a person ~ 人をひどくびくびくさせる / be frightened ~ ひどく驚く / bore a person ~ 人をひどくうんざりさせる. **11**《米俗》酔った, 酔っ払った (drunk). **12**《スコット・北英・廃》頑丈な, 強壮な, 丈夫な (sturdy), たくましい (stout). **13**〖商業〗〈市況が〉強含みの, 強気の (bullish): a ~ market 手堅い市況. **14**〖海事〗〈船が〉容易に傾かない, 安定性のある (↔ crank, tender): a ~ vessel 軽頭船. **15**《主に豪》不運な (unlucky).
cárry* [*kéep*] *a stiff úpper líp ⇨ lip.
— *adv.* **1** ⇨ *adj.* 10. **2** 近くに (close): stand ~ to the car.
— *n.* **1 a**《俗》死体 (corpse). **b** 硬直した[堅い]もの. **c** 糊のきいた衣類《カラーなど》. **2**《俗》**a** 融通のきかない人, 堅苦しい人. **b** まぬけ[不器用]な人 (stupid person); やつ, 男: Young big ~! 大ばか者め. **c** 労働者 (laborer);《米》浮浪者; 渡り労働者 (hobo): ⇨ working stiff. **d** しまり屋, しみったれ (tightwad); チップをけちる人. **e** 酔っ払い (drunk). **3**《俗》全くの失敗作. **4** [the ~s]《英俗》(スポーツチームの)補欠, 予備軍. **5**《俗》〖競馬〗負けが明らかな出走馬, 駄馬. **6**《俗》**a** 紙幣 (paper money). **b** 約束手形 (promissory note). **c** 偽造小切手. **d** 入獄者同士が交わす短い手紙, 密書.
— *vt.*《俗》**1** 〈給仕人・ポーターなどにチップ[心付け]を出さない: get ~*ed* チップをもらえない. **2** …から(金銭などを)だまし取る. **3** 不当に扱う. **4** 殺す. — *vi.* (興行的に)失敗する.

S

〖OE *stīf* < Gmc **stīfaz* (Du. *stijf* / G *steif* / ON *stīfr*) ← IE **steib(h)-* to stick, compress (L *stipāre* to compress / Gk *steíbein* to tread on)〗

SYN 固い: **stiff** 固くてなかなか曲がらない《堅苦しさを暗示》: a *stiff* collar 固いカラー. **rigid** 〈物が〉非常に固くて硬直し, 折れるまで曲がらない《厳格さを暗示する》: *rigid* frame たわまない枠. **firm** 内容が固くつまっていて, 押してへこませたり, 曲げたりできない: *firm* wood 堅い木. **inflexible** 曲げることができない: an *inflexible* metal 曲がらない金属. **inelastic** 弾力がない: the *inelastic* bones of old men 老人の弾性のない骨. **ANT** limp, pliant.

stíff-àrm *n., v.* 〘アメフト〙=straight-arm.

stiff-bácked *adj.* **1** 背中をこわばらせた, 直立不動の. **2** 強情な, 頑固な (obstinate). 〖1848〗

stiff·en /stífən/ *vi.* **1** 堅くなる, こわばる, 硬直する: She ~*ed* to attention. 領き緊張しようと体を硬くした. **2** 堅苦しくなる, 四角張る, よそよそしくなる. **3** 強情になる, 頑固になる, 固まる. **4** 堅練りになる, 粘りがでる. **5** 〈風・流れなどが〉強くなる. **6** 〈物価が〉騰貴する; 〈相場が〉強含みになる, 〈市況が〉引き締まる. **— *vt.*** **1** 堅くする, こわばらせる, 硬直させる: ~ linen with starch. **2** 頑固にする, 硬化させる; 〈決心などを〉固める: ~ one's attitude 態度を硬化させる / ~ one's resolve 決意を固める. **3** 堅苦しくする, 四角張らせる. **4** 堅練りにする, どろどろにする: ~ paste. **5** 〈値段を〉つり上げる, 高くする; 〈相場を〉強含みにする, 〈市況を〉引き締める. **6 a** 麻痺(ひ)させる, 不随にさせる (benumb). **b** (ボクシングで)〈相手を〉ノックアウトする (knock out). **7** 〘電気〙…の感応を増す. 〖(*a*1450) ← STIFF (adj.)+-EN[1]〗

stíff·en·er /-f(ə)nə | -nə^(r)/ *n.* **1 a** 堅くする人, 固まらせる人. **b** 帽子・カラーなどの糊つけ工. **2 a** 堅くする物, 固まらせる物. **b** (襟・帯・本の表紙などの)芯(しん) (cf. buckram 1). **c** =counter[2] 3. **d** 《口語》強いアルコール飲料. **3** 〘造船〙スチフナ, 防撓(とう)材, 補強[補剛]材 (stiffening bar ともいう). 〖1696〗

stíff·en·ing /-f(ə)nɪŋ/ *n.* **1** 堅く[強固に]すること. **2** =stiffener. 〖1614〗

stíffening bàr *n.* 〘造船〙=stiffener 3.

stiff·ie /stífi/ *n.* =stiffy 1. 〖(*c*1950) ← STIFF+-IE〗

stíff·ish /-fɪʃ/ *adj.* **1** やや堅い. **2** 〈風などが〉やや強い. **3** やや堅苦しい, 形式張った. **4** 幾分難しい[つらい, 骨の折れる]. **5** 〈物価などかなり高い. 〖1733〗

stíff-lámb disèase *n.* 〘獣医〙子羊の白筋病《主としてビタミン E の欠乏による子羊の筋変性症; 単に stiff lamb ともいう》.

stiff-lèg dérrick *n.* 〘建築〙定脚デリック, 足付デリック《単に stiffleg ともいう》. 〖1930〗

stíff·ly *adv.* 堅く; がんこに; 堅苦しく. 〖*c*1290〗

stiff néck *n.* **1** (寝違えやリューマチなどのために)曲げると痛い首, 痛くて曲がらない首: have a ~. **2 a** 頑固, 強情 (stubbornness): with a ~ 頑固に, 強情に (cf. *Ps.* 75: 5). **b** 頑固者, 強情者. **3** 〘医学〙**a** 項(部)硬直. **b** 斜頸(けい) (torticollis). 〖1921〗

stiff-nécked *adj.* **1** 頑固な, 強情な (⇨ stubborn SYN). **2** 首がこわばった, 首が曲がらない. 〖(1526) (なぞり) ← Gk *sklērotrákhēlos* (なぞり) ← Heb. *qᵉšēh* *ʿōreph* hard of neck〗

stíff·ness *n.* **1** 堅いこと; 堅苦しさ, 頑固さ. **2** 〘物理〙剛性, こわさ; 〘音響〙スチフネス. 〖*a*1398〗

stíff·tàil *n.* 〘鳥類〙オタテガモ《硬い尾羽をぴんと立てて泳ぐオタテガモ属 (*Oxyura*) などの潜水ガモの総称; アカオタテガモ (ruddy duck) など》.

stiff·y /stífi/ *n.* **1** 《卑》(陰茎の)勃起 (erection). **2** 《俗》死体 (corpse). **3** 招待状《厚紙製であることから》. **4** 体の麻痺を装う乞食. **5** 単純な人, ばか者. 〖(1917) 初出例は 4 の意〗

sti·fle[1] /stáɪfl/ *vt.* **1 a** 〈不穏な事柄を〉抑えつける, 抑圧する, もみ消す (suppress): ~ a complaint [rebellion] 不平[反乱]を抑える[静める]. **b** 〈感情などを〉抑える, 抑制する (repress): ~ anger / ~ laughter [a yawn] 笑いを抑える[あくびをかみ殺す] / ~ one's fears 不安な気持ちを抑える. **2 a** …の息を止める, 窒息(死)させる (suffocate): ~ a person *with* smoke [*by* gas] 煙[ガス]で窒息させる. **b** …に窒息しそうな思いをさせる, 息苦しくさせる: The air of the room ~*d* me. その部屋の空気が悪くて息苦しかった. **3** 《古》(物をかぶせて)〈火などを〉消す (put out): ~ fire, flames, etc. **— *vi.*** **1 a** 窒息(死)する. **b** 息詰まるように感じる, 息苦しい. **2** 抑圧される. **stí·fler** /-flə, -flə | -flə^(r), -fl-/ *n.* 〖(1387) (変形) ← ME *stuf(f)le(n)* (freq.) ← OF *estouffer* (F *étouffer*) to smother < VL **extuffāre* (混成) ← **extūfāre* to stew+**stuppāre* to stop: ⇨ -le[3]〗

sti·fle[2] /stáɪfl/ *n.* 〘獣医〙**1** (馬・犬の)後ひざ関節 (stifle joint ともいう). **2** 膝蓋(しつがい)骨病, ひざ関節病. 〖(?*a*1300) ← ?: cf. stiff, -le[1]〗

stífle bòne *n.* (馬の)膝蓋(しつがい)骨 (patella). 〖1610〗

stífle jòint *n.* 〘獣医〙=stifle[2] 1.

sti·fling /stáɪflɪŋ, -fl-/ *adj.* **1** 息を詰まらせるような, 窒息するような, 息苦しい (suffocating): ~ smoke. **2** うっとうしい, 重苦しい: a ~ atmosphere 重苦しい空気 / ~ formality 窮屈な礼儀. **~·ly** *adv.* 〖(*a*1560): ⇨ -ing[2]〗

Stig·ler /stíglə | -lə^(r)/, **George J(oseph)** *n.* スティグラー (1911–91; 米国の経済学者; 公的規制が市場に及ぼす影響を研究; Nobel 経済学賞 (1982)).

stig·ma /stígmə/ *n.* (*pl.* **stig·ma·ta** /stɪgmáːtə, -mǽtə, stígmətə | stɪgmáːtə, stígmətə/, *1–3* はまた **~s**) **1** 汚名, 汚辱, 恥辱(のしるし), 汚れ (stain): the ~ of illegitimacy 私生児であるという汚名 / affix a ~ to …に汚名を着せる / No ~ rests on [attaches to] him. 彼には何の汚れもない《りっぱなものだ》. **2** 欠点[格外, 標準外など]の表示[印, 符号など]. **3** 《古》(奴隷や罪人に押した)焼印, 烙印 (brand). **4** 〘植物〙柱頭. **5** 〘動物〙**a** (昆虫類・クモ類などの)気孔, 気門 (spiracle). **b** 縁紋《翅の径脈にある不透明斑》. **6** 〘生物〙眼点《下等無脊椎動物・下等藻類などの小形光覚器官》. **7** 〘病理〙**a** (一定時にまたは精神的な刺激を受けて出血する)紅斑, 出血斑 (petechia). **b** スチグマ, 徴候; 身体的特徴; 精神的特徴. **8** [*pl.*] 〘カトリック〙聖痕 (St. Francis of Assissi などの身体に現れたというキリストの傷と同一形状の痕跡). **stig·mal** /stígməl, -mɪ/ *adj.* 〖(*c*1593) ◻ L ~ ◻ Gk *stígma* mark, brand ← *stízein* to prick, mark: ⇨ stick[2]〗

stig·ma·ri·a /stɪgméᵊriə | -méər-/ *n.* (*pl.* **stig·mar·i·ae** /-riìː/) 〘古生物〙スティグマリア《スティグマリア属 (*Stigmaria*) の植物または化石; 同属は石炭紀の植物の形態属で, 長く, らせん状で, 時に分岐し, 表面に環状のくぼみが分散する; リンボク・フウインボクの類の地中部分とされている》.

stig·mas·ter·ol /stɪgmǽstərɔ̀(ː)l | -rɔ̀l/ *n.* 〘化学〙スチグマステリン ($C_{29}H_{47}OH$) (カラバルマメ (Calabar bean), 大豆等の油から得られる結晶状ステリン). 〖(1907) ← NL (*Physo*)*stigma* (⇨ physostigmine)+STEROL〗

stigmata *n.* stigma の複数形.

stig·mat·ic /stɪgmǽtɪk | -tɪk/ *adj.* (*also* **stig·mat·i·cal** /-tɪ̀kəl, -kɪ | -tɪk-/) **1** 焼印 (stigma) のある. **2** 不名誉な, 汚辱の (ignominious). **3** 〘カトリック〙聖痕のある. **4** 〘植物〙柱頭(状)の. **5** 〘動物〙気孔[縁紋]の. **6** 〘生物〙眼点の. **7** 〘病理〙**a** 斑点のある. **b** 出血斑の, 紅斑の; スチグマの[に関する]. **8** 〘光学〙無非点収差の. **— *n.*** **1** 〘カトリック〙聖痕を有する人. **2** 《廃》(不具などの)烙印を押された者 (cf. Shak., *3 Hen VI* 2. 2. 136).

stig·mát·i·cal·ly *adv.* 〖(1594) ← ML *stigmaticus* ← L *stigmat-* 'STIGMA': ⇨ -ic[1]〗

stig·ma·tism /stígmətɪzm/ *n.* **1** 〘カトリック〙聖痕発現. **2** 〘病理〙紅斑[出血斑]のある身体状態. **3** 〘光学〙無非点収差《光学系において, 一つの物点が一つの像点に結像されること; cf. astigmatism 2》. **4** 〘眼科〙正視(眼)《光が網膜上に正確に結像されること; cf. astigmatism 1》. 〖(1664) ← L *stigmat-* 'STIGMA'+-ISM〗

stíg·ma·tist /-tɪ̀st | -tɪst/ *n.* 〘カトリック〙=stigmatic.

stig·ma·tize /stígmətàɪz/ *vt.* **1** …に〔…の〕汚名を着せる; 〔…だと〕非難する, 指弾する〔*as*〕: ~ calmness *as* indolence 落着きを怠惰だと非難する / ~ a person *as* a coward 人を臆病者呼ばわりする. **2** 〘カトリック〙…に聖痕を生じさせる. **3** 〘病理〙…に紅斑[出血斑]を生じさせる. **4** 《古》…に焼印を押す (brand). **stíg·ma·tìz·er** *n.* **stig·ma·ti·za·tion** /stɪ̀gmətɪ̀zéɪʃən | -taɪ-, -tɪ-/ *n.* 〖(1585) ◻ ML *stigmatizāre* ◻ Gk *stigmatízein*: ⇨ stigma, -ize〗

Stijl, de *n.* ⇨ de Stijl.

Sti·kine /stɪkíːn/ *n.* [the ~] スティキーン(川)《カナダ British Columbia 州北西部と米国 Alaska 州南東部を流れ, 太平洋に注ぐ (539 km)》.

stilb /stílb/ *n.* 〘光学〙スチルブ《輝度の単位; 1 stilb = 1 cd. cm^{-2}》. 〖(1940) ← Gk *stilbē* lamp〗

stil·bene /stílbiːn/ *n.* 〘化学〙**1** スチルベン ($C_6H_5CH=CHC_6H_5$) (シス, トランス異性体がある). **2** スチルベンを基本構造とする化合物の一般名. 〖(1868) ← *stilb-* (← Gk *stilbein* to glitter)+-ENE〗

stil·bes·trol /stɪlbéstrɔ(ː)l | -bíːstrɔl, -bés-/ *n.* 《米》〘生化学〙**1** スチルベストロール ($C_{14}H_{12}O_2$) (結晶状合成化合物). **2** =diethylstilbestrol. 〖(1938) ← STIL-B(ENE)+(O)ESTR(US)+-OL[2]〗

stil·bite /stílbaɪt/ *n.* 〘鉱物〙束沸(ふつ)石 ((Ca, Na_2, K_2) $Al_2Si_7O_{18}$·$7H_2O$) (沸石 (zeolite) の一種で白色のガラスになる). 〖(1815) ◻ F ~ ← Gk *stílbein* (↑): ⇨ -ite[1]〗

stil·boes·trol /stɪlbéstrɔ(ː)l | -trɔl/ *n.* 〘生化学〙=stilbestrol.

stile[1] /stáɪl/ *n.* **1** 踏越し段《牧場などの柵や塀などに, 人は乗り越えられるが家畜は通さないために設けた階段》. **2** = turnstile. **3** 《古》障壁 (barrier), 障害物 (obstacle). 〖OE *stiġel* ← Gmc **stizla-* (OHG *stigilla* stile) ← **stiȝ-* to climb (OE *stīgan* / G *steigen*) ← IE **steigh-* to step: cf. sty[2]〗

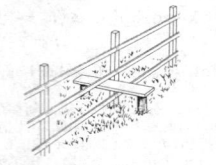

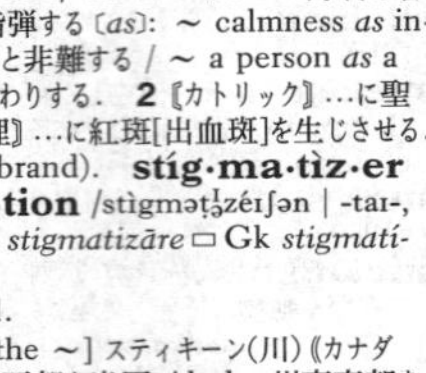

stile[1] 1

stile[2] /stáɪl/ *n.* (建具などの)縦かまち (cf. rail[1] 1 c). 〖(1668) ◻ ? Du. *stijl* pillar〗

sti·let·to /stɪ̀létou | -təu/ *n.* (*pl.* **~s**, **~es**) **1** (幅に比べて厚い刃の)小剣, 短剣 (small dagger). **2** 小剣に似たもの; (特に, 金属または骨製の裁縫用)穴あけ器, 目打ち. **3** 《英》**a** =stiletto heel. **b** [通例 *pl.*] 《口語》stiletto heel の婦人靴. **— *vt.*** 《古》小剣で刺す[殺す]. 〖(1611) ◻ It ~ (dim.) ← *stilo* dagger ◻ L *stilus* 'STYLE[1]': ⇨ -et〗

stilétto héel *n.* 《英》スチレットヒール《婦人靴の高く, スパイクヒール (spike heel) よりも細いかかと》. 〖1953〗

Stil·i·cho /stílɪkòu | -kəu/, **Fla·vi·us** /fléɪviəs/ *n.* スティリコ (359?–408; ローマの将軍・政治家となったバンダル人 (Vandal); Honorius のために処刑された).

still[1] /stíl/ *adv.* **1** まだ, なお, 今でも, 従前通り (even now, even then): He is ~ asleep. まだ眠っている / Will you ~ be here tomorrow? 明日もまだここにいますか / He ~ works there. 従前通りそこに勤めている / I ~ don't like it here. まだここが気に入らない / The issue *is* ~ *to be* resolved. その問題はまだ未解決だ / The murderer *has* ~ *to be* identified. 殺人犯はまだ特定されていない. **2** それにもかかわらず (for all that), それでも(やはり) (⇨ but[1] SYN). ★ しばしば接続詞的にも用いられる: He is rich, (and [but]) ~ he craves more. 金持ちだが, (それでも)まだ欲しがっている / I've never met him. *Still*, I know a lot about him. 彼には一度も会ったことはないが, それでもよく知っている. **3** [比較級を修飾して] なお(一層), もっと, なおさら (even): ~ greater efforts=greater efforts ~ なお一層の努力 / That's ~ better [better ~]. そのほうがさらによい / He ran rapidly, but she ran more rapidly ~ [~ more rapidly]. 彼は速く走ったが, 彼女はなおいっそう速く走った. **4** まだその上に, さらに (besides, yet): give ~ another example さらにもうひとつの例を挙げる. **5** 《古》**a** 常に, 絶えず (continually, always). **b** だんだん(と), ますます (increasingly). ***still and áll*** 《米口語》結局, やはり (after all, nevertheless). 〖1829〗 ***still léss*** =*much* LESS. ***still móre*** =*much* MORE[1].

— *adj.* (**~·er**; **~·est**) **1** [通例叙述的] 静止した, 動かない, じっとしている (motionless): stand [lie, sit, hold] ~ じっと立って[寝て, 座って, して]いる / Keep your feet ~. 足を動かさないでいなさい. **2** (ざわめきがなくて)静かな, 静寂な, 静かで穏やかな (silent, tranquil): a ~ evening [night, scene] 静かな夕方[夜, 光景] / (as) ~ as death [the grave] きわめて静かな / The air is perfectly ~. そよ風一つ吹かない静けさだ / The streets were deadly ~. 通りは気味悪いほど静かだった / *Still* waters run deep. ⇨ deep *adv.* 1. **3** 声を立てない, 話をしない, 黙した (silent): in ~ meditation 沈思(黙考)して / The audience was ~. 聴衆はしんとしていた / Let us keep ~ *about* it. そのことは黙っていよう. **4** 〈声が〉低い, (声を)ひそめた (hushed), 細い (soft): ⇨ *a* [*the*] *still small* VOICE. **5** 〈心が〉平静な, 落ち着いた (calm): a ~ mind. **6** (映画に対して)スチール写真(用)の: a ~ camera スチール(写真)用カメラ / a ~ picture スチール(写真) / ~ photography. **7** 〈ワインなどが〉泡立たない, 非発泡性の (cf. sparkling 1): ~ cider, hock, lemonade, etc. **8** 《廃》〈子供が〉死産の. **9** 《廃》不断の (constant).

— 《文語》*vt.* 静める, 静かにする, 落ち着かせる (quiet, calm); なだめる, 鎮静させる (appease, assuage), 緩和する, 和らげる (allay): ~ a crying child 泣く子をなだめる / ~ waves [winds] 波[風]を静める / ~ one's appetite 食欲を満足させる / ~ the clamor(s) of envy やかましい嫉妬の声を静める. **— *vi.*** 静まる, 鎮静する, 凪(な)ぐ.

— *n.* **1** 《詩》静けさ, 静寂 (silence): in the ~ of (the) night 夜のしじまに. **2 a** (映画に対して)普通写真; (特に)(映画の)スチール(写真) (広告などに用いるフィルムの一こま; 時に特別のカメラで念入りに撮影したもの). **b** 《口語》静物画. **3** =still alarm.

〖adj.: OE *stille* < (WGmc) **stillja* (Du. *stil* / G *still*) ← IE **stel-* to be fixed, stand: cf. stall[1]. — n.: (?*a*1200) ← (adj.). — adv.: OE *stille* ← (adj.) — v.: OE *stillan* (cog. G *stillen*) ← (adj.)〗

SYN 静かな: **still** 動きも音もない: a *still* lake 静かな湖. **quiet** よけいな音や騒音がなく, また動きもない: a *quiet* street 騒がしくない通り. **noiseless** 騒音がしない静かな; また動きがあっても音がしない: with *noiseless* footsteps 足音を立てずに. **silent** 音がしない: a *silent* night 静かな夜. **hushed** 音響を押さえた: in a *hushed* voice 声をひそめて. **ANT** noisy, stirring.

still[2] /stíl/ *n.* **1** 蒸留器: ⇨ patent still, pot still. **2** 蒸留酒製造所 (distillery). **— *vt.*** **1** 《まれ》〈火酒を〉蒸留して造る (distill). **2** 《廃》〈液体を〉滴下させる, 滴にしてしたたらせる. **— *vi.*** **1** 《まれ》蒸留する (distill). **2** 《廃》〈液体が〉滴下する. 〖n.: (1533) ← (v.) — v.: (?*c*1225) (頭音消失) ← DISTILL〗

Still /stíl/, **Andrew Taylor** *n.* スティル (1828–1917; 米国の外科医; 整骨療法 (osteopathy) を創始).

stil·lage /stílɪdʒ/ *n.* **1** (醸造の際に樽などを載せる)低い台. **2** (床に直接物を置くのを避けるため, または水切りなどをするときに物を載せるために用いる)物置台. 〖(1596) ◻ Du. *stellage* scaffolding ← *stellen* to place: ⇨ -age〗

stíll alàrm *n.* 《米》(火災報知器でなく電話などによる)火災警報. 〖1875〗

stil·la·to·ry /stílətɔ̀ːri | -təri, -tri/ 《まれ》蒸留器. 〖(*c*1395) ◻ ML *stillātōrium* ← L *stillāre* 'to DISTILL'〗

stíll bànk *n.* (動物や船の形をした)貯金箱.

stíll·birth *n.* **1** 死産 (cf. live birth). **2** 死産児. 〖1785〗

stíll·bòrn *adj.* **1** 死んで生まれた, 死産の (born dead) (cf. live-born): a ~ child. **2** 最初からうまくいかない, 不成功の (unsuccessful): a ~ drama. **— *n.*** 死産児. 〖1593〗

still·er /stílə | -lə^(r)/ *n.* 《まれ》=distiller.

stil·let·to /stɪ̀létou | -təu/ *n.* (*pl.* **~s**, **~es**) =stiletto.

still fráme *n.* (映画・テレビの)静止画像.

still-hùnt *vt.* 〈獲物を〉忍びよる; (特に, 猟犬を連れずに)〈獲物〉に近づく. **— *vi.*** 忍びねらいで狩猟する. 〖1858〗

still hùnt *n.* 《米》**1** 忍びねらいでする狩猟 (stalking). **2** 《口語》こっそりと追跡すること; (特に)(政治的な)暗中活躍, 裏面工作. 〖1828〗

stil·li·cide /stíləsàɪd | -lɪ̀-/ *n.* 〘法律〙雨水滴下権《屋根の雨水を隣接地へ落とす権利》. 〖((1626)) (1656) ← L *stillicidium* drip (of rain from the eaves) ← *stilla* drop of a liquid＋*cadere* to fall: ⇨ -ium〗

stil·li·form /stíləfɔ̀əm | -lɪ̀fɔ̀:m/ *adj.* 《まれ》水滴状の (drop-shaped). 〖← L *stilla* a drop＋-I-＋-FORM〗

stílling bàsin [bòx] *n.* 〖土木〗減勢池《ダムの流水のエネルギーを減殺するため余水吐き水路の末端に設ける池》.

stíll-lífe *adj.* 静物(画)の: a ～ painting [piece] 静物画. 〖1821〗

stíll lífe *n.* (*pl.* **still lifes**) 〖美術〗 **1** [*pl.*] 静物画. **2** 静物《果物・花瓶など無生物の画題となるもの》. 〖(1695)《なぞり》← Du. *stilleven*〗

stíll·man /-mən/ *n.* (*pl.* **-men** /-mən, -mèn/) **1** 蒸留酒製造者. **2** (石油精製の)蒸留装置係. 〖1864〗

stíll·ness *n.* **1** 静けさ, 静粛; 静寂; 静穏 (quiet): Her manner had a lonely ～. 彼女の態度には孤独な静けさがあった. **2 a** 音のしないこと, 無声, 沈黙 (hush, silence). **b** 音のしない所. **3** 不動, 静止 (motionlessness). **4** 《廃》忍耐 (patience). 〖OE *stilnes*〗

stíll páck *n.* 〖トランプ〗(ブリッジなどで)二組のカードのうち使っていない方の組《次の配り手のパートナーが切り混ぜて, 自分の右手に置く》.

stíll·ròom *n.* 《英》 **1** (火酒製造の)蒸留室. **2** (大邸宅の)酒類および食品貯蔵室. 〖*c*1710〗

Stíll·son wrènch /stílsən-, -sn-/ *n.* 〖商標〗スティルソンレンチ《ハンドルを押すとあごが締まるスパナ; pipe wrench, 単に Stillson ともいう》. 〖(1902) ← *Daniel C. Stillson* (1830–99: 考案者の米国人)〗

stíll-stànd *n.* ＝standstill. 〖1598〗

stíll wáter *n.* 静水《風浪および流れのない海面や水面》. 〖1626〗

stil·ly[1] /stíli/ *adj.* (**stil·li·er; -i·est**) 《詩》〈夜など〉静かな, しんとした (quiet). 〖(*a*1150) ← STILL[1]＋-Y[4]〗

stil·ly[2] /stíl(l)i/ *adv.* 《古・文語》静かに (quietly). 〖OE *stillīċe*〗

stilt /stílt/ *n.* (*pl.* **～s,** 5 ではまた ～) **1 a** 高い土台柱, 脚柱. **b** (原始人の, 特にその水上住宅の)長い土台棒. **2 a** [通例 *pl.*] 竹馬, たかあし. 日英比較 欧米のものは体のわきに棒をつけるように乗る. **b** 竹馬に似たもの. **3** 《英方言》松葉杖 (crutch). **4** 《英方言》すきの柄. **5** 〖鳥類〗セイタカシギ《セイタカシギ科セイタカシギ属 (*Himantopus*), ムネアカセイタカシギ属 (*Cladorhynchus*) の鳥の総称; stiltbird, stilt plover, longlegs ともいう》: ⇨ stilt sandpiper. **6** 〖窯業〗詰道具《釉焼や上絵焼付けのために画窯にかま詰めするときに用いる耐火粘土製の道具》. ***on stilts*** (1) 竹馬に乗って. (2) 大言壮語して, 威張った口をきいて, 大げさに.
— *vt.* 竹馬(に似たもの)に乗せる.
〖(?*a*1300) *stilte* ◻ ? MLG & MDu. *stelte* < Gmc **steltjōn* (Du. *stelt* / G *Stelze*) ← IE **stel-* to stand: cf. stall[1], still[1]〗

stílt·bìrd *n.* 〖鳥類〗＝stilt 5.

stílt bùg *n.* 〖昆虫〗イトカメムシ《体が細く脚の長いイトカメムシ科 (Berytidae) の昆虫の総称》. 〖1895〗

stilt·ed /stíltɪ̀d/ *adj.* **1 a** 〈話・文章が〉誇張的な (bombastic); 誇大な, 大げさな (pompous): ～ conversation. **b** 堅苦しい, 形式ばった (stiff). **2** 竹馬に乗った. **3** 長い足をした: a ～ crane. **4** 〖建築〗垂脚の, 上に持ち上がった: a ～ arch 上心アーチ. **5** 〖製本〗〈表紙が〉大ちりの. **～·ly** *adv.* **～·ness** *n.* 〖1615〗

Stil·ton /stíltən, -tn/ *n.* スティルトンチーズ《英国製の香味の濃厚なチーズ; blue Stilton, white Stilton の 2 種類がある; Stilton cheese ともいう》. 〖(1736) ← *Stilton* (これが初めて作られた英国 Huntingdonshire 州の村名: 《原義》village at a stile or ascent): ⇨ stile[1], -ton〗

stílt pètrel *n.* 〖鳥類〗グンカンドリ《ペリカン目グンカンドリ属 (*Fregata*) の熱帯の海洋鳥の総称; 孤島の樹上または地上に木の枝で巣を作り海魚を捕食する; オオグンカンドリ (*F. minor*), アメリカグンカンドリ (*F. magnificens*) など》. 〖1884〗

stílt plòver *n.* 〖鳥類〗＝stilt 5.

stílt sàndpiper *n.* 〖鳥類〗セイタカシギ (*Himantopus himantopus*) 《脚の非常に長いチドリ目の鳥》. 〖1872〗

stílt-wàlker *n.* 〖鳥類〗＝stilt 5.

Stil·well /stílwɛl, -wəl/, **Joseph W(arren)** *n.* スティルウェル (1883–1946; 米国の将軍; 第二次大戦で中国・旧ビルマ・インド方面の司令官; Vinegar [Uncle] Joe の名で知られる).

sti·lya·ga /stɪljɑ́:gə; *Russ.* sʲtʲɪlʲágə/ *n.* (*pl.* **sti·lya·gi** /-gi/; *Russ.* -gi/) スティリャーガ《ロシアでヨーロッパやアメリカのビート族 (beatniks), モッズ族 (mods), ロック族 (rockers) の衣服・態度をまねる若者》. 〖(1955) ◻ Russ. ～ ← *stil'* style＋*yaga* fellow〗

stime /stáɪm/ *n.* (*also* **stim** /stím/) 《スコット・アイル》ごくわずか (particle), 一滴 (drop), ひとなめ (taste), ひと目 (glimpse). 〖(*a*1325)《北部方言》*styme* 《変形》← **skime* ← Scand. (ON *skīma*)〗

Stim·son /stím(p)sən, -sn/, **Henry L(ewis)** *n.* スティムソン (1867–1950; 米国の政治家; 国務長官 (1929–33)).

stim·u·lant /stímjʊlənt/ *n.* **1 a** 興奮性飲食物《コーヒー・茶・酒など》. **b** アルコール性飲料, 酒 (alcoholic liquor): take ～s 興奮剤を用いる; (特に)酒を飲む. **2 a** 刺激; 刺激物 (stimulus): a ～ *to* the economy. **b** 激励. **3** 〖生理・医学〗興奮剤, 気付け薬; 覚醒剤 (stimulant drug). — *adj.* **1 a** 刺激性の, 刺激的な. **b** 鼓舞する, 激励する (stimulating). **2** 〖生理・医学〗興奮させる (↔ depressant): a ～ drug. 〖(1728) ◻ L *stimulantem* (pres. p.) ← *stimulāre* to stimulate: ⇨ stimulus, -ant〗

stim·u·late /stímjʊlèɪt/ *vt.* **1** 刺激する, …に刺激を加える (incite) (⇨ provoke SYN): ～ a person's interest [curiosity] 興味[好奇心]を刺激する / ～ production 生産を刺激する. **2** …に興奮剤[酒]で元気を出させる. **3 a** 〈人を〉激励する, 鼓舞する (spur); 〈人を〉刺激して…させる 〔*to, into*〕: Success will ～ a man *to* further efforts. 成功は人を刺激してさらに一層の努力をさせる / ～ a person *into* activity 人を刺激して活動させる. **b** 〈人を〉刺激して〈…するように〉させる 〈*to do*〉: The rise ～*d* him *to* work harder. 昇進が励みとなってますます一生懸命働いた. **4** 〖生理・医学〗〈器官などを〉興奮させる (excite): ～ (the action of) the heart 心臓を刺激する[興奮させる] / Light ～*s* the optic nerve. 光は視神経を刺激する. **5** 〈馬〉に興奮剤を与える. — *vi.* 刺激となる, 激励となる.

stím·u·la·ble /-ləbl/ *adj.* **stím·u·làt·ing** /-tɪŋ | -tɪŋ/ *adj.* **stím·u·làt·ing·ly** *adv.* 〖(*a*1548) ← L *stimulātus* (p.p.) ← *stimulāre*: ⇨ stimulus, -ate[3]〗

stím·u·làt·er /-tə | -tə(r)/ *n.* ＝stimulator.

stim·u·la·tion /stìmjʊléɪʃən/ *n.* 刺激, 興奮; 鼓舞, 激励. 〖(*a*1526) ◻ L *stimulātiō(n-)*: ⇨ stimulate, -ation〗

stim·u·la·tive /stímjʊlèɪtɪv, -lət- | -lət-, -lèɪt-/ *adj.* 刺激的な, 興奮させる; 励ます, 鼓舞する: ～ measures 刺激策. — *n.* 刺激剤. **～·ly** *adv.* **～·ness** *n.* 〖(1747) ← STIMULATE＋-IVE〗

stím·u·là·tor *n.* 刺激するもの[人]; 刺激器具. 〖(1614) ◻ L *stimulātor*: ⇨ stimulate, -or[2]〗

stim·u·la·to·ry /stímjʊlətɔ̀:ri | -lèɪtəri/ *adj.* 刺激する: ～ policies 刺激政策. 〖1758〗

stimuli *n.* stimulus の複数形.

stim·u·lus /stímjʊləs/ *n.* (*pl.* **-u·li** /-làɪ, -lì:/) **1** 刺激; 激励, 鼓舞: under the ～ of competition 競争に刺激されて / provide [give] a ～ to …に刺激を与える, の刺激となる / Without the ～ of poverty and ambition he would never have reached success. 貧困と野心の刺激がなかったならば彼は決して成功しなかったであろう. **2** 刺激物 (incentive); 刺激剤, 興奮剤. **3** 〖生理〗刺激, 興奮: alcoholic ～. 〖(*a*1614) ◻ L ～ 'goad, spur, incentive' ← ? IE **st(e)i-* pointed (L *stilus* 'STYLUS')〗

stímulus generalizàtion *n.* 〖心理〗刺激般化 (⇨ generalization 4 a). 〖1943〗

stímulus-respónse *adj.* 〖心理〗(心理現象を刺激と反応との関係で説明しようとする)刺激反応の (略 SR, S-R). 〖1921〗

sti·my /stáɪmi/ *n., vt.* ＝stymie.

sting /stíŋ/ *v.* (**stung** /stʌ́ŋ/, 《古》**stang** /stǽŋ/; **stung**) — *vt.* **1** (昆虫の針・植物の刺毛(し)などで)刺す: A bee [nettle] *stung* him. 蜂[いらくさ]が彼を刺した. **2 a** 刺すように痛ます, ひりひりさせる, ずきずきさせる: The heavy rain *stung* their faces. 大雨が彼らの顔を激しく打った. **b** 〈舌などに〉ぴりっとした感じを与える: Pepper ～*s* the tongue. こしょうは舌にぴりっとくる. **3** 刺激する; 駆って…させる (provoke) 〔*to, into*〕: Anger *stung* him *to* [*into*] action. 怒りに駆られて彼は行動を起こした / Be *stung* with desire 欲望に駆り立てられる. **4** (精神的に)苦悩させる, 苦しませる; 〈人の感情を〉害する: be *stung* by remorse [insult, reproaches] 自責の念[侮辱, 非難]に苦しむ / His conscience [The imputation] *stung* him. 良心[非難]が彼を苦しめた. **5** [通例 p.p. 形で] 《俗》だます (impose upon), だまし取る (swindle), 巻き上げる (fleece); 〈人〉に法外な金を払わせる: I *was stung for* a fiver. 5 ポンドたかられた. — *vi.* **1** とげがある, 針がある; 針[とげ]で刺す, 刺す力がある: Some bees do not ～. 刺さない蜂もある. **2** 刺すように痛む, ひりひりする[痛む], ずきずき痛む: The blow made his hand ～. 打たれて彼の手はひりひり痛んだ / My tooth ～*s*. 歯がずきずき痛む. **3** 鋭い苦しみ[いらだち]を感じる. **4** 心を苦しめる, 苦悩を与える: An insult ～*s*. 侮辱は人に苦痛を与える.
— *n.* **1 a** 〖動物〗針, 剣, 毒牙. **b** 〖植物〗刺毛(し). **2 a** 刺すこと. **b** (害虫・有毒植物による)刺し傷: a face covered with ～*s* 刺し傷だらけの顔. **3** 刺すような痛み, 刺痛; 心の傷, 苦痛, 苦しみ: feel a sharp ～ 激しい刺すような痛みを感じる / the ～(*s*) of hunger 飢餓の苦しみ / the ～(*s*) of remorse 強い後悔の念 / the ～(*s*) of conscience 良心の呵責(か). **4** 刺激性; 皮肉, いやみ, 諷刺, とげ: a jest with a ～ in it とげのある冗談 / have a ～ in the [its] tail 〈話・手紙などが〉後味が悪い, とげがある. **5** 《俗》 **a** 手の込んだ信用詐欺. **b** おとり捜査. ***táke the stíng òut of*** 《口語》〈失望・失敗・非難などの〉厳しさを和らげる. (1860)
〖v.: OE *stingan* < Gmc **steŋʒjan* (ON *stinga*) ← IE **stegh-* to prick: cf. stag, stochastic. — n.: OE *styng* ← (v.)〗

Sting /stíŋ/ *n.* スティング (1951– ; 英国のロックシンガー・ソングライター・ベーシスト; 本名 Gordon Sumner).

sting·a·ree /stíŋəri/ *n.* 《米・豪》 **1** 〖魚類〗アカエイ (stingray); (特に) ＝round stingray. **2** スチンガレイ凧(た)《アカエイに似た凧; stingaree kite ともいう》. 〖(1811)《転訛》← STINGRAY〗

stíng-bùll *n.* 〖魚類〗ハチミシマ (*Trachinus draco*) (⇨ weever). 〖(1836): 背びれで人を刺すのにちなむ〗

stíng cèll *n.* 〖動物〗＝stinging cell.

stinge /stíndʒ/ *n.* 《口語》卑劣なやつ, 了見の狭いやつ.

sting·er /stíŋə | -ŋə(r)/ *n.* **1 a** 刺す人[物]. **b** 刺す動物. **c** 刺毛(し)のある植物. **d** (ハチの)針, 剣 (sting); (サソリの)毒牙, 剣; (アカエイの)とげ; (植物の)とげ. **2 a** 苦悶(もん)[苦悩]させるもの, 苦痛の種. **b** 《口語》いやみ, 当てこすり, 皮肉; 痛烈[辛辣な]議論; 痛撃, 痛打 (severe blow). **3** 《米》スティンガー《ブランデーとクレーム ド マント (crème de menthe) のカクテル》. **4** 《英口語》ハイボール《ウィスキーをソーダ水で割り氷を入れたもの; stengah ともいう》. 〖1552〗

stíng·fìsh *n.* 〖魚類〗針のようなとげがある魚類の総称: **1** ＝stonefish. **2** ＝scorpion fish. 〖1836〗

stíng·ing *adj.* **1** 針を持つ, 刺す; 刺毛(し)のある, とげのある. **2** 刺すように痛む[痛ませる], ずきずき[ひりひり]痛む, ずきずきさせる: a ～ blow 激打, 痛打. **3** 〈言葉など〉刺すような, 苦しめる, 悩ます; 辛辣な, 針を含んだ, 鋭い, 身にこたえる (biting): a ～ insult 身にこたえる侮辱 / a ～ tongue 毒舌, 悪口 / ～ words 険のある言葉. **～·ly** *adv.* **～·ness** *n.* 〖?*a*1200〗

stínging cèll [càpsule] *n.* 〖動物〗刺胞, 刺糸胞 (nematocyst).

stínging hàir *n.* 〖植物〗(イラクサなどの)刺毛(し) (sting). 〖1887〗

stínging nèttle *n.* 〖植物〗イラクサの一種 (*Urtica dioica*) 《ユーラシア原産で, 刺毛(し)があり触れると痛い; sting-nettle ともいう》. 〖1525〗

stíng·less *adj.* とげ[針]のない. 〖1554〗

stíngless bée *n.* 〖昆虫〗ハリナシミツバチ《熱帯アメリカ産ミツバチ科メリポナ属 (*Melipona*) の, 機能を備えていない針をもつ, 社会性のあるミツバチの総称》.

stíng-nèttle *n.* 〖植物〗＝stinging nettle.

stin·go /stíŋgoʊ | -gəʊ/ *n.* (*pl.* **～s**) 《英俗》 **1** 強いビール (strong beer) 《Yorkshire 原産》. **2** 熱心 (zest), 気力, 元気 (vigor). 〖(*a*1635) ← STING (n.)＋-o〗

stíng·ray *n.* 〖魚類〗アカエイ《アカエイ科の魚類の総称; 日本近海にいるアカエイ (*Dasyatis akajei*) など; cf. fire flair》. 〖1624〗

stin·gy[1] /stíndʒi/ *adj.* (**stin·gi·er; -gi·est**) **1** けちくさい, けちけちする, しみったれな, 金離れにきたない, 金を惜しむ (niggardly). **2** 少ない, わずかな; 小さい. **stín·gi·ly** /-dʒɪ̀li/ *adv.* **stín·gi·ness** *n.* 〖(1659) ← ? 《方言》*stinge* 《異形》← STING)＋-Y[4]〗

SYN けちな: **stingy** 《口語・軽蔑》自分の所有物を手放すのを卑しげに渋る: He's *stingy* with his money. 金を出し渋る. **close** 自分が獲得したものをしっかりと握っている: He's very *close*. ひどい握り屋だ. **niggardly** ひどくけちで金を使ったり与えたりしたがらない: a very *niggardly* old man ひどくしみったれた老人. **mean** 心が狭く意地悪なほどけちな: *mean* about [over] money matters 金銭のことになるといやにけちけちする. **parsimonious** 《軽蔑》極度に倹約する《格式ばった語》: a *parsimonious* person 大層な締まり屋. **miserly** 通例相当の富を持つ人がみっともないほどけちん坊で: a *miserly* old man けちな老人.
ANT generous.

---

sting·y[2] /stíŋi/ *adj.* (**sting·i·er; -i·est**) 《口語》針[とげ]をもった; 刺す. — *n.* 《南ウェールズ方言》〖植物〗イラクサ (stinging nettle). 〖(*c*1615) ← STING (n.)＋-Y[4]〗

stink /stíŋk/ *v.* (**stank** /stǽŋk/, **stunk** /stʌ́ŋk/; **stunk**) — *vi.* **1** 悪臭を放つ; 〔…の〕嫌なにおいがする 〔*of, with*〕: ～ *of* wine 酒くさい / ⇨ *stink in a person's* NOSTRILS. **2** 不愉快である; いやに評判[受け]が悪い. **3** 《俗》とてもなく悪い, 下劣である. **4** 《俗》〔…を〕いっぱい[腐るほど]持っている 〔*of, with*〕: ～ *of* [*with*] money 評判の金持ちだ, 腐るほど金がある. — *vt.* **1** 〈場所などに〉悪臭を放たせる 〈*up*〉. **2** 〈場所を〉悪臭で満たす《《米》*up*, 《英》*out*》; 〈動物などを〉悪臭で追い出す 〈*out*〉. **3** 《俗》…の悪臭を感じる.
— *n.* **1** (不快な)臭気, 悪臭 (cf. stench): the ～ of still water 淀み水の悪臭. **2** 《口語》(不平・抗議などをして)世間を騒がせる出来事, 物議: raise [make, kick up, create, cause] a ～ *about* [*over*] 《俗》…のことで物議をかもす. **3** [*pl.*; 単数扱い] 《英俗》(学科としての)化学 (chemistry); 自然科学 (natural science).
like stínk 《口語》すさまじい勢い[速力]で; おそろしく熱心に: work [run] *like* ～.
〖OE *stincan* < (WGmc) **stiŋkwan* (Du. & G *stinken*) ← ? : cf. stench〗

stink·ard /stíŋkəd | -kəd/ *n.* **1** 《まれ》鼻持ちならぬ奴, けちな人間 (mean fellow). **2** 悪臭を放つ人間[動物]; (特に) ＝teledu. 〖(*c*1600): ⇨ ↑, -ard〗

stink·a·roo /stìŋkərú:, ⌐–⌐/ *n.* (*pl.* **～s**) 《俗》低俗なもの; 俗悪な映画[芝居]. 〖(1934) 《変形》← STINKER〗

stínk bàdger *n.* 〖動物〗スカンクアナグマ《東南アジア産のスカンクアナグマ属 (*Mydaus*) のアナグマ; スカンクアナグマ (teledu) を含む 2 種ある; 肛門腺に悪臭のある液体を保持し, 外敵に放出する》.

stínk-bàll *n.* **1** ＝stink bomb. **2** ＝stinkpot 1 c.

stínk bòmb *n.* 《英》悪臭弾《薬品を詰めて破裂すると悪臭の出るようにした小型のもの; 昔海戦に用いた》. 〖1915〗

stínk·bùg *n.* カメムシ《カメムシ科の悪臭を発する各種の昆虫の総称; カメムシ (squash bug) など; shield bug ともいう》. 〖1877〗

stink·er /stíŋkə | -kə(r)/ *n.* **1 a** 臭い人[動物]. **b** 悪臭を放つもの. **c** 《口語》〖鳥類〗悪臭をもつミツバメ (petrel) の総称《オオフルマカモメ (giant petrel) など》. **2** 《俗》 **a** 嫌な奴, けちな奴, 卑劣な奴. **b** 嫌な[不愉快な, きつい]手紙(など): I wrote him a ～. 彼に嫌な手紙を書いてやった. **c** 劣等品. **3** 《俗》難事, 難問. **4** 《俗》低俗な芝居[映画]. 〖1607〗

stink·er·oo /stìŋkərú:, ⌐–⌐/ *n.* (*pl.* **～s**) ＝stinkaroo.

stínk·hòle *n.* 《俗》ごみ溜め.

stínk·hòrn *n.* 〖植物〗スッポンタケ (*Phallus impudicus*) 《頭部の粘液に悪臭があるスッポンタケ属のキノコ》. 〖1724〗

stínk·ing *adj.* **1** 悪臭のある, 臭い. **2** 《俗》鼻持ちならない, 非常に嫌な, 不愉快な. **3** [後置して] 《俗》ぐでんぐでんに酔っ払った. **4** 《俗》どえらい金持ちの. — *adv.* 《俗・

軽蔑) 極端に, ひどく: get ~ drunk ぐでんぐでんに酔う / ~ hot くそ暑い. **~·ly** *adv.* **~·ness** *n.* 〖OE *stincende*〗

SYN 悪臭を放つ: **stinking** ひどい悪臭を放つ: a *stinking* cell ひどく臭い独房. **smelly** 極端なほどではないが嫌なにおいがする: *smelly* feet 悪臭のする足. **malodorous** 不快なにおいのする《格式ばった語》: a *malodorous* garbage dump 不快なにおいのするごみ捨て場. **putrid** 《腐敗した有機体が》強い嫌なにおいを発する: *putrid* fish 腐敗した魚. **rank** 強い不快なにおい・味のする: *rank* tobacco 嫌な味のたばこ. **rancid** 特に《腐った脂肪類が》嫌な味・においのする: *rancid* butter 臭いバター.
ANT odorous.

stínking bádger *n.* 〖動物〗 =teledu.
stínking cédar *n.* 〖植物〗 イチイ科カヤ属の一種 (*Torreya taxifolia*) 《葉に樹脂があり, 悪臭を放つ》. 〖1866〗
stínking chámomile *n.* 〖植物〗 =mayweed.
stínking clóver *n.* 〖植物〗 =Rocky Mountain bee plant.
stínking dúngworm *n.* 〖動物〗 =brandling 1.
stínking élder *n.* 〖植物〗 =bourtree.
stínking héllebore *n.* 〖植物〗 コダチクリスマスローズ (*Helleborus foetidus*) 《ヨーロッパ産のクリスマスローズ; 悪臭を出す》.
stínking íris *n.* 〖植物〗 ミナリアヤメ (*Iris foetidissima*) 《西ヨーロッパ・北アフリカ産のアヤメ; 紫がかった花をつけ, つぶすと悪臭を放つ; gladdon ともいう》.
stínking máyweed *n.* 〖植物〗 =dog fennel 1.
stínking níghtshade *n.* 〖植物〗 ヒヨス (henbane) 《鋸歯状の葉がある》.
stínking róger *n.* 〖植物〗 =stinking nightshade. 〖*roger*: ← ROGER〗
stínking smút *n.* 〖植物病理〗 (ナマグサクロボ(腥黒穂)病 (bunt) 《小麦などの病害で胞子塊に悪臭がある; 病原菌は *Tilletia caries* および *T. foetida*》. 〖1891〗
stink·o /stíŋkou | -kəu/ *adj.* 《俗》 **1** 酔った. **2** 不快な, 嫌な. 〖《1927》 ← STINK (v.)+-o (cf. blotto)〗
stínk·pòt *n.* **1 a** 《俗》 悪臭のするもの[人]. **b** 《米俗》 排気の臭い乗り物. **c** 悪臭つぼ (stink-ball) 《窒息性の悪臭を放つ物質を入れた陶器のつぼ; 昔海戦で敵の艦上に投げた》. **2** 《俗》 鼻持ちならぬやつ (objectionable fellow). **3** 《米俗》 モーターボート. **4** 〖動物〗 =musk turtle. **5** 〖鳥類〗 =giant petrel. 〖1665〗
stínk·stòne *n.* 臭石(しゅうせき) 《割ったりすると悪臭を発する各種の石》. 〖1804〗
stínk·tràp *n.* =stench trap.
stínk·wèed *n.* 〖植物〗 **1** 悪臭のある各種の植物の総称 (シロバナヨウシュチョウセンアサガオ (jimsonweed), グンバイナズナ (pennycress) など). **2** =TREE of heaven. 〖1753〗
stínk·wòod *n.* 材に悪臭のある各種の樹木の総称; (特に) アフリカ南部産のクスノキ科の高木 (*Ocotia bullata*); stinkwood の材 (工芸材). 〖1731〗
stink·y /stíŋki/ *adj.* (**stink·i·er; -i·est**) 悪臭を放つ, 嫌なにおいの (stinking). 〖《1888》: ⇨ -y¹〗
stínky·fòot *n.* 〖獣医〗 腐蹄病 (foot rot).
stink·y pink·y [pink·ie] /stíŋkipíŋki/ *n.* 一方が語句の定義を出すと, それに韻を踏む 2 語以上の語句でその名を表す言葉遊びの一種 (例えば foolish horse に対して silly filly と答える).
Stin·nes /stínəs, ʃtínəs; G. ʃtínəs/, **Hugo** *n.* シュティンネス (1870–1924; ドイツの実業家; ヨーロッパおよび南米における船舶業・鉱業・製造業・電力業などを支配).
stint¹ /stínt/ *n.* **1** (割り当てられた) 一定期間の仕事; 特定の仕事[活動]についやす一定の期間: a two-year ~ in the army 2 年間の軍隊勤務 / do one's daily ~ 1 日分の仕事をする. **2** 惜しむこと, 出し惜しみ; 制限 (limitation, restraint): without [with no] ~ 惜しみなく, 無制限に. **3** 《古》 定量, 定額, 割当て (share): exceed one's ~. **4** 《廃》 休止, 停止 (cessation, stop). — *vt.* **1** 惜しむ, 出し惜しみする, 制限する, 切り詰める: He doesn't ~ his praise [money, service, food]. 称賛の言葉[金, 奉仕, 食物]を惜しまない / ~ oneself *in* [*of*] food 食べ物を切り詰める. **2** 〈人〉に仕事を割り当てる. **3** 《古》 やめる (cease): ~ doing [*to* do]. — *vi.* **1** 倹約する, 切り詰める 〔*on*〕, つましく暮らす. **2** 《古》 やめる, よす. **~·er** /-tə | -tə(r)/ *n.* 〖v.: 《(?c1200)》 *stinte*(*n*) to (cause to) cease < OE *styntan* to dull < Gmc **stuntjan* (ON **stynta* to shorten) ← **stunt-* 'STUNT¹'. — n.: 《a1325》 ← (v.)〗
stint² /stínt/ *n.* (*pl.* **~s**, ~) 〖鳥類〗 小型のシギ (sandpiper) の類の数種の鳥の総称 (トウネンなどオバシギ属 (*Calidris*) の鳥). 〖《1466》 *stynte* ← ?〗
stínt·ing /-tɪŋ | -tɪŋ/ *adj.* 出し惜しみする, けちけちする. **~·ly** *adv.* 〖1867〗
stínt·less *adj.* 惜しげない, けちけちしない; 無限の (endless); 豊かな (bountiful). 〖1587〗
sti·on /stáɪən/ *n.* 〖園芸〗 接木(した) 植物. **sti·on·ic** /staɪá(ː)nɪk | -ɔ́n-/ *adj.* 〖《混成》 ← ST(OCK²)+(SC)ION〗
stip. 《略》 stipend; stipulation.
stipe /stáɪp/ *n.* **1** 〖植物〗 **a** (シダ類の) 葉柄 (petiole). **b** (キノコの) 菌柄, 柄(え), 茎. **2** 〖動物〗 **a** 茎状部, 肉茎 (stalk). **b** =stipes 1. **stíped** *adj.* 〖《1785》 □ F ~ □ L *stīpes* log, stock, tree trunk ← IE **steib*(*h*)- to compress: ⇨ stiff〗
sti·pel /stáɪpəl, -pl/ *n.* 〖植物〗 小托葉(しょうたくよう). 〖《1821》 ← NL *stipella* (dim.) ← *stipula* 'STIPULE'〗
sti·pel·late /staɪpélɪt, stáɪpəlèɪt/ *adj.* 〖植物〗 小托葉(しょうたくよう)のある. 〖《1821》 ← NL *stipellatus*: ⇨ ↑, -ate²〗
sti·pend /stáɪpɛnd, -pənd/ *n.* **1** (牧師・教師・役人などの) 俸給, 給料 (salary) (⇨ wage SYN). **2** (年金など, 定期に支払われる) 支払金; (特に, 給費生・奨学生などの) 給付金, 奨学金. 〖《1432–50》 □ OF *stipende* □ L *stīpendium* tax, pay, gift ← *stips* gift, wages, alms + *pendere* to weigh, pay〗
sti·pen·di·ar·y /staɪpéndièri | staɪpéndiəri, stɪp-/ *adj.* **1** 俸給の[に関する]. **2 a** 俸給を受ける, 俸給で働く, 有給の (paid): ⇨ stipendiary magistrate. **b** 俸給で支払われる: ~ services. — *n.* **1** 有給者 (年金生活者・俸給生活者など). **2** =stipendiary magistrate. **3** 《英》 有給牧師[教師]. 〖《1449》 □ L *stīpendiārius*: ⇨ ↑, -ary〗
stipéndiary mágistrate *n.* 《英》 (地方の無給の治安判事に対して, 都市の) 有給治安判事. 〖1665〗
sti·pes /stáɪpiːz/ *n.* (*pl.* **stip·i·tes** /stípətìːz | -pɪ-/) **1** 〖動物〗 (昆虫や甲殻類の口部の) 蝶咬節. **2** 〖植物〗 =stipe 1. 〖《1760》 ← NL ~ ← L *stipes* 'STIPE'〗
sti·pi·form /stáɪpəfɔ̀əm | -pɪ̀fɔ̀ːm/ *adj.* 〖植物〗 葉柄[菌柄]状の. 〖《1821》 ← NL *stipiformis*: ⇨ stipe, -i-, -form〗
stip·i·tate /stípətèɪt | -pɪ-/ *adj.* 〖植物〗 〈さや (pod) など〉 柄をもった[で支えられた]. 〖《1785》 ← NL *stipitatus*: ⇨ stipe, -i-, -ate²〗
stipites *n.* stipes の複数形.
stip·i·ti·form /stípəṭəfɔ̀əm | -pɪtɪ̀fɔ̀ːm/ *adj.* 〖植物〗 =stipiform. 〖《1859》 ← NL *stipitiformis* ← *stipit-* 'STIPES': ⇨ -i-, -form〗
stip·ple /stípl/ *vt.* **1** 点刻する, 点描する, 点彩する. **2** …に点々をつける, 斑点をつける. **3** 〖建築〗 〈粘土などの表面を〉 (金属ブラシで) ざらざらにする, 粗くする. — *n.* **1** 点刻法, 点描法, 点彩法. **2** 点刻, 点描, 点彩. **stíp·pler** /-plə, -plə | -plə(r), -pl-/ *n.* 〖v.: 《1675》 □ Du. *stippelen* (freq.) ← *stippen* to speck, spot ← *stip* point ← IE **steip-* to stick: ⇨ stiff, stipe, -le³〗
stip·pled /stípḷd/ *adj.* 点描[点刻]法で描かれた[彫られた]. 〖1811〗
stípple engráving *n.* 点刻法 《点刻により凹版を作る方法》; 点刻[点描]印画. 〖1841〗
stip·pling /-plɪŋ, -pl-/ *n.* **1** =stipple. **2** 〖医学〗 斑点 《鉛中毒などのとき赤血球に発生する点状構造》. 〖1807〗
stip·u·lar /stípjʊlə | -lə(r)/ *adj.* 〖植物〗 托葉(たくよう)(状)の; 托葉のある; 托葉に生じる. 〖《1793》 ← NL *stipularis*: ⇨ stipule, -ar¹〗
stip·u·late¹ /stípjʊlèɪt/ *vt.* **1** 〈契約者の一方が約定の条件として要求する: He ~*d* payments in gold. 支払いは金(きん)で要求した / I ~ this only [nothing further]. 私はこれだけを条件とする[これ以上は要求しない]. **2** 〈契約書・条項などが〉 (契約の条項[条件]として) 規定する, 明記する (specify): It is ~*d* that the delivery of the goods should be effected within three months. 品物の引き渡しは 3 か月内に済ますということが明記されている / material of the ~*d* quality 契約[規定]通りの品質の材料. **3** (契約などで) 約束する, …の保証をする. **4** 〖ローマ法〗 (問答形式で) 口頭契約をする. — *vi.* **1** 約定する, 契約する (bargain, contract). **2** 規定する; (条件として) 〔…を〕 明記する 〔*for*〕: The contract ~*s for* the use of seasoned timber. 契約には乾燥材を用いることを明記してある.
stíp·u·la·ble /-ləbl/ *adj.* **stíp·u·là·tor** /-tə | -tə(r)/ *n.* 〖《a1624》 ← L *stipulātus* (p.p.) ← *stipulārī* to demand a formal promise, bargain ← ? *stipula* stalk, straw: 契約が成立したとき双方でわらを折る古代ローマの風習から〗
stip·u·late² /stípjʊlɪt/ *adj.* 〖植物〗 托葉(たくよう) (stipules) のある. 〖← NL *stipulatus*: ⇨ stipule, -ate²〗
stip·u·lat·ed /stípjʊlèɪtɪd | -tɪ̀d/ *adj.* 〖植物〗 =stipulate².
stip·u·la·tion /stìpjʊléɪʃən/ *n.* **1** 約定 (agreement), 契約; 約束. **2** (契約の) 明記; 条項, 条件: with the ~ that …という条件で. 〖《1552》 □ L *stipulātiō*(*n*-): ⇨ stipulate¹, -ation〗
stip·u·la·to·ry /stípjʊlətɔ̀ːri | stípjʊlətəri, stìpjʊléɪ-, -tri/ *n.* **1** 契約の[に関する]. **2** 契約によって規定された: ~ obligations. 〖《1658》 ← STIPULATE¹ + -ORY〗
stip·ule /stípjuːl/ *n.* **1** 〖植物〗 托葉(たくよう). **2** 〖鳥類〗 新生の羽毛 (pinfeather). **stíp·uled** *adj.* 〖《1793》 ← NL *stipula* ← L 'stalk, straw': ⇨ stipe, -ule: STUBBLE と二重語〗
stip·u·li·form /stípjʊləfɔ̀əm | -lɪ̀fɔ̀ːm/ *adj.* 〖植物〗 托葉 (stipule) 状の. 〖《1870》: ⇨ ↑, -i-, -form〗
stir¹ /stə́ː | stə́ː(r)/ *v.* (**stirred**; **stir·ring** /stə́ːrɪŋ | stə́ːr-/) — *vt.* **1 a** かき回す, かき混ぜる: ~ one's tea [coffee, soup, porridge] (*with* a spoon) (スプーンで) 紅茶[コーヒー, スープ, ポリッジ]をかき混ぜる / ~ the fire (*with* a poker) (火かきで) 火をかき立てる. **b** 入れてかき回す[混ぜる]: ~ it *around* / ~ *in* stock スープのもとを入れてかき混ぜる / ~ sugar *into* one's coffee コーヒーに砂糖を入れてかき回す. **2** (かすかに) 動かす, 揺らす: The breeze ~*red* the lake [leaves]. そよ風が湖面[木の葉]を揺り動かした. **3 a** 奮起させる, 覚醒(かくせい)させる, 感動させる, 興奮させる: ~ a person's blood 人の血を沸かせる / ~ the sluggish mind だらけた心を覚ませる / *Stir* yourself! 奮起せよ; 動き[働き]なさい / The audience was ~*red* to the depths by his speech. 聴衆は彼の演説に深く感動した. **b** 〈感情などを〉 起こさせる: ~ pity [sympathy] in me 私に哀れみ[同情]を起こさせる / ~ a person's imagination [memories] 想像をかき立てる[記憶を呼び起こす] / ~ a person's interest [fears] 人の興味[恐怖心]をかき立てる. **4** 煽動する, 刺激する 〈*up*〉: ~ opposition (刺激して) 対立を惹起する / ~ *up* sedition [trouble] 反乱[紛争]を煽動する / The news ~*red* them (*up*) *to* rebellion [rebel]. その報道に刺激されて彼らは暴動を起こした. **5** 《古》 〈問題などを〉 提起する, 論題にのせる (raise): ~ a question, subject. — *vi.* **1 a** かき回す, かき混ぜる: ~ *with* a spoon. **b** 〈練り粉などが〉 かき混ぜられる, よく混ざる: ~ easily [hard] よく混ざる[混ざらない]. **2 a** (かすかに) 動く: Her blond hair ~*red* in the wind. 彼女の金髪が風にかすかに揺れた / Something ~*red* in the wood. 何かが森の中でちょっと動いた. **b** 身動きする, 動き出す: sit [stand] without ~*ring* じっと座って[立って]いる / If you ~, I'll shoot. 動くと撃つぞ / I haven't ~*red out* (*of* the house) today. 今日は (家から) 一歩も外へ出なかった. **3** (もう) 起きている; 活動している; 歩き[動き]回る: Nobody in the house is ~*ring* yet. 家ではまだだれも起きていない / He is always ~*ring around* [*about*]. 年中忙しく立ち回っている (cf. stirabout 3). **4** 〈うわさなどが〉 伝わる, 流れる: Is there any news ~*ring*? 何か変わった話がありますか. **5** 躍動し出す, 発動する: hear the ~*ring* of spring 春の躍動が聞こえる. **6** 〈感情が〉 動く, 起こる: Discontent ~*red among* them. 彼らの間に不満が起こった. **7** 《俗》 (うわさをまき散らして) 騒ぎを起こす: He enjoys ~*ring*. 騒ぎを起こして楽しんでいる.
sháken* (*but*) *not stírred (酒を) かき混ぜるのではなくシェークして; 《口語》 少し気持ちが揺らぐが行動[考え方]を変えるほどではない. ***stír úp*** (1) よくかき混ぜる; かき立てる: ~ *up* mud どろをかき回す; 不愉快な事実を明るみに出す. (2) 起こす, 引き起こす: ~ *up* discontent [controversy] 不満をかき立てる[論議を巻き起こす]. (3) 奮起させる: He needs ~*ring up*. (怠け者だから) 活を入れてやる必要がある. (4) ⇨ *vt.* 4.
— *n.* **1 a** 大騒ぎ, 動揺, 混乱: There was quite a ~ *about* [*over*] the scandal. そのスキャンダルでは大騒ぎだった. **b** 評判, センセーション (sensation); 興奮, 刺激: The scandal created [caused, made] a big [great] ~ in the country. そのスキャンダルは国中の大評判となった[どえらく騒がれた]. **c** 《古》 騒動 (public disturbance), 反乱 (revolt). **2** かき回す[かき混ぜる]こと: give the fire [mixture] a few ~*s* 二, 三回火をかき立てる[混合物をかき混ぜる]. **3** (ちょっと) 動く[動かす]こと, 軽い突き[押し] (⇨ motion SYN); そよぎ(の音): Not a ~ was heard. こそりとも音がしなかった. **4** 躍動, 発動; 活躍, 活動; ざわめき, にぎわい: full of ~ and movement ざわめき雑踏する. **5** 《NZ口語》 騒々しいパーティー.
stír·ra·ble *adj.* 〖OE *styrian* < Gmc **sturjan* (ON *sturla* to disturb: cf. Du. *storen* / G *stören*) ← IE **twer-* to turn, whirl: ⇨ storm, turbid〗

SYN 奮起させる: **stir** 《文語》 刺激して行動を起こさせる: The news *stirred* the people to revolt. その知らせは人民を刺激して暴動を起こさせた. **rouse** 不活発であったものに刺激を与えて行動させる: *rouse* students to study 学生を奮起させて勉強させる. **arouse** 内に秘められていたものを呼び起こして行動させる (*rouse* とほぼ同じ意味で用いられることも多い): *arouse* a person to anger 人を刺激して怒らせる. **provoke** 感情を挑発的に刺激して行動させる: *provoke* people to revolt 人々を暴動に駆り立てる. **spur** 〈ある事・物が〉 勇気づけ・励みとなって人に行動を起こさせる: Resentment *spurred* him (on) to action. 彼は憤慨して行動に至った.

stir² /stə́ː | stə́ː(r)/ *n.* 《俗》 刑務所, ムショ (prison): be in [out of] ~ 入所[出所]して. 〖《1851》 ← ? 《方言》 *stir* porridge: 刑務所の給食からの転義か〗
Stir. 《略》 Stirling(shire.)
stír·abòut *n.* **1** 《英》 (アイルランド起源の) ポリッジ (porridge) の一種 (水または牛乳でオートミールまたはコーンミール (トウモロコシ粉) をかき回しながら煮るかゆ状の食物). **2** 騒ぎ, 騒動. **3** 忙しく立ち回る人. — *adj.* 忙しく立ち回る, 活動的な. 〖《1682》 ← *stir about* (⇨ stir¹)〗
stír-cràzy *adj.* 《俗》 **1** 刑務所生活で[長く監禁されて]頭が変になった (cf. stir²). **2** (単調な仕事を続けて) 頭がおかしくなった. 〖1908〗
stir-fry /stə́ːfràɪ | stə́ː-/ *vt.* 〖料理〗 〈野菜・肉などを〉 かき混ぜながらいためる. 〖1958〗
stirk /stə́ːk | stə́ːk/ *n.* 《英》 **1 a** 生後半年から 1 年までの離牛. **b** (特に, 1 歳以上 2 歳以下の) 雄牛[雌牛]. **2** ばか. 〖OE *stirc* ← Gmc **sterka-* (MDu. *sterke* / G *Sterke* young cow) ← IE **ster-* barren: ⇨ sterile〗
stír·less *adj.* 動かない, そよともしない, 静かな. **~·ly** *adv.* **~·ness** *n.* 〖1816〗
Stir·ling /stə́ːlɪŋ | stə́ː-/ *n.* スターリング: **1** スコットランド中央部の行政区. **2** 1 の中心の町; Forth 河畔の港市で有名な王城がある. 〖← Gael. *Sruthlinn* river pool〗
Stir·ling /stə́ːlɪŋ | stə́ː-/, **James** *n.* スターリング (1692–1770; スコットランドの数学者; 無限級数および差分の理論を発展させた).
Stirling, James Frazer *n.* スターリング (1926–92; 英国の建築家; 機能性重視のデザインで知られる).
Stírling cỳcle *n.* 〖物理〗 スターリングサイクル (2 つの等温等積過程を組み合わせた可逆サイクル). 〖《c1875》 ← *Robert Stirling* (1790–1878: スコットランドの技師)〗
Stírling éngine *n.* 〖機械〗 スターリングエンジン (シリンダーに入れたガスを外部から加熱して膨張させる外燃機関). 〖↑〗
Stírling's fórmula /stə́ːlɪŋz- | stə́ː-/ *n.* 〖数学〗 スターリングの公式 (大きな数字の階乗の値を与える公式; 自然数 n に対して $n! \fallingdotseq e^{-n}n^n\sqrt{2\pi n}$ によって n! の近似値が与えられる). 〖《1926》 ← *James Stirling*〗

Stir·ling·shire /stə́ːlɪŋʃə, -ʃɪə | stə́ːlɪŋʃə^(r, -ʃɪə^(r/ *n.* スターリングシャー《スコットランド中部の旧州》.

Stir·ner /ʃtíənə | ʃtíənə^(r; G. ʃtɪʁnɐ/, **Max** *n.* シュティルナー《1806–56; ドイツの哲学者; 個人主義的無政府主義を主張》.

stirp /stə́ːp | stə́ːp/ *n.* **1** 〘まれ〙 =stirps. **2** 〘生物〙遺伝素《受精の際に父母から受精卵中に入り, その後の細胞分裂に従って体細胞と生殖細胞中に分かれて移り, 前者はその個体の発育や形態形成に関与し, 後者は次代への遺伝を支配すると考えられたもの; cf. gene》. 〘(1502) ← L *stirp-* 'STIRPS'〙

stirpes *n.* stirps の複数形.

stir·pi·cul·ture /stə́ːpəkʌ̀ltʃə | stə́ːpɪ̀kʌ̀ltʃə^(r/ *n.* 優良種養殖. **stir·pi·cul·tur·al** /stə̀ːpəkʌ́ltʃ(ə)rəl | stə̀ːpɪ̀-⁻/ *adj.* 〘(1870) ← L *stirp-* 'STIRPS' + -I- + CULTURE〙

stir·pi·cul·tur·ist /stə̀ːpəkʌ́ltʃ(ə)rɪ̀st | stə̀ːpɪ̀kʌ́ltʃ(ə)rɪst/ *n.* 優良種養殖家. 〘1903〙

stirps /stə́ːps | stə́ːps/ *n.* (*pl.* **stir·pes** /stə́ːpiːz, -peɪz | stə́ː-/) **1** 血統 (stock), 一族 (family), 家系. **2** 〘法律〙先祖. **3** 〘動物〙上科に相当する動物群. **4** 〘植物〙植物の系統[固定化した変種]. 〘(1681) □ L ~ 'stock, stem, lineage': cf. torpid[1]〙

stir·rer /stə́ːrə | stə́ːrə^(r/ *n.* **1 a** かき混ぜる人. **b** 〘口語〙トラブルメーカー. **c** 大騒ぎする人. **d** 〘豪〙政治活動家, 煽動者. **2 a** (飲物をかき混ぜるための通例長い柄の先にスプーンのついた)攪拌(かくはん)用具, スプーン型マドラー. **b** 攪拌器[装置]. 〘(*c*1384) *stirer*: ⇨ -er[1]〙

stir·ring /stə́ːrɪŋ | stə́ːr-/ *adj.* **1 a** 人を動かす, 感動させる; 人の血を沸かすような, 壮快な. **b** 鼓舞する, 奮起させる. **c** 世間を騒がす, 大評判となる: a ~ event 人騒がせな事件 / a ~ speech 人心を鼓舞する演説. **2** 活発な, 活躍する, 忙しく立ち回る, 忙しい, 多忙な; 繁忙な, 目の回るような, 雑踏する: a ~ city, business, life, etc. / ~ times 騒がしい時世. — *n.* **1** かき回す[混ぜる]こと, 攪拌(かくはん). **2** 動くこと, 活動. **3** 〔心・感情などの〕動き, 動揺: feel ~*s* of affection 情が動くのを感じる. **~·ly** *adv.* 〘OE *styringe* (n.), *styrende* (pres.p.)〙

stir·rup /stə́ːrəp, stír- | stír-/ *n.* **1** 〘馬具〙鐙(あぶみ), 鐙がね《乗馬の際足を掛ける金具; stirrup iron ともいう》: have one's feet in the ~*s* 鐙に足をかける. **2 a** 鐙状のもの. **b** 鐙革, 力革 (stirrup leather): lengthen [shorten] one's ~*s*. **c** 鐙形の道具[部分]《自転車の空気入れの足先を入れて踏む所など》. **d** (cross bow の)鐙《矢をつがえるときに片足で踏み押さえる所》. **3** 〘海事〙鐙綱《帆げたに付けた渡り綱をつる垂直の短索》. **4** 〘建築〙**a** 箱金物, 鐙金物, 梁吊巻(はりつりまき)金物《垂木(たるき)などを受ける》. **b** (鉄筋コンクリートに用いる)スターラップ, 肋鉄筋, 帯筋《鉄筋に対して直角(に近い角度)に配置する鉄筋》. **5** 〘解剖〙あぶみ骨, 鐙骨(とうこつ) (stapes) (stirrup bone ともいう; ⇨ ear 挿絵). **6** 〘登山〙あぶみ (étrier). **7** [*pl.*] 〘医学〙あぶみ (lithotomy stirrups)《婦人科の検診や出産の際に足首を持ち上げて支える, 診察台の付属具》.

hóld the stírrups (1) 〔…の〕鐙を押さえる〔*of, for*〕. (2) 〔…の〕手下となって働く, 〔…に〕仕える〔*of, for*〕.

〘OE *stigrāp* ← Gmc **stiʒ-* to climb (⇨ stile[1], sty[2]) + **raipaz* 'ROPE': cf. MDu. *steegereef* / G *Stegreif* / ON *stigreip*〙

stírrup cùp *n.* **1** 出で立ちの杯《昔, 出発しようとする馬上の人に進めたもの》. **2** 別れの杯. 〘1681〙

stírrup ìron *n.* 〘馬具〙 =stirrup 1. 〘1474〙

stírrup lèather *n.* (鐙(あぶみ)をつる)鐙革, 力革. 〘*c*1390〙

stírrup pànts *n. pl.* スティラップパンツ《裾のひもを足の裏に掛けてはく女性用ズボン》.

stírrup pùmp *n.* 消火用の手押しポンプ《一端をバケツに入れ, 鐙(あぶみ)状の踏み台を足で踏み押さえて手で水を押し出すポンプ》. 〘1939〙

stírrup stràp *n.* =stirrup leather.

stish·ie /stíʃi/ *n.* 〘スコット〙 =stushie.

stish·ov·ite /stíʃəvàɪt/ *n.* 〘結晶〙スティショバイト《超高圧下で作った高密度のシリカの結晶; 後に隕石孔で見出され, 命名された》. 〘(1962) ← *S. M. Stishov* (20 世紀のロシアの鉱物学者) + -ITE[1]〙

stitch[1] /stítʃ/ *n.* **1 a** (縫い物・刺繍・傷口の縫合などの)一針, 一縫い, 一かがり, 一編み; 一針[縫い, かがり, 編み]の糸; 針目, 縫い[編み]目: drop a ~ (編み物で)一針[一目]落とす / make small [long] ~*es* 針目を小さく[長く]縫う / put a ~ in a garment 衣服を一針縫う / rip out ~*es* 縫い目をほぐす / take up a ~ 一針縫う, 一目かける / If one ~ gives, the rest will. 一目ほころびると他はみなほぐれる / A ~ in time saves nine. 〘諺〙適当な時に一針縫えばあとで九針の労が省ける,「きょうの一針あすの十針」. **b** かがり方, 縫い方, 編み方, ステッチ, 刺し方: learn a new ~ / ⇨ buttonhole stitch, cross-stitch, herringbone stitch, lockstitch. **c** 〘外科〙縫合 (cf. suture 3). **2** (外科の縫合の)一針: put [take] nine ~*es* in one's head 頭の傷を 9 針縫う / take out the ~*es* (傷の)糸を抜く, 抜糸する. **3 a** [通例否定構文で] 〘口語〙(布・衣服の)わずかの部分, 切れ端: every ~ of clothes 衣服全部 / *have not a* ~ *on* [to wear] 身に一糸もまとわない, 丸裸である / *without* a ~ (of clothes) on one's back 背中をまる出しにして / I have *not* a ~ dry. 私はずぶぬれだ. **b** [a ~ of として通例否定構文で] 〘口語〙きわめて少し, ごくわずか: He wouldn't do *a* ~ *of* work. 彼は指一つ動かそうとはしなかった. **4** (肋間(ろっかん)やわき腹などに急に起こる)激痛, 差し込み (⇨ pain SYN); 側胸痛: I feel a ~ in my side. わき腹が痛む. **5** [通例前に限定詞を伴って] 〘製本〙綴(と)じ方 (折丁ごとでなく, 全体を一まとめにして綴(と)じる): ⇨ double stitch, saddle stitch 2, side stitch. **6** 〘農業〙(田畑の)細いうね. **7** 〘米俗〙ひどくおかしいもの[人].

in stítches 〘口語〙(お腹が痛くなるほど)笑いこけて, 笑いが止まらないで: be *in* ~*es* 抱腹絶倒する. ***stítch by stítch*** 一針[一縫い]ずつ; 少しずつ(着実に).

— *vt.* **1 a** 縫う; 縫いつづる; 縫い綴じる, 〈傷を〉縫合する 〈*up*〉: ~ (*up*) a rent ほころびを縫う, 縫い繕う. **b** 縫い飾る, 縫い取りする, 刺繍する 〈*up*〉. **2** (縫うように)射撃する. **3** 〘製本〙(綴(と)じ穴を糸などで)綴じる 〈*up, together*〉 (cf. sew[1] *vt.* 4). — *vi.* **1** 縫う, 縫い綴じる. **2** 縫うように進む[動く]. ***stítch úp*** 〘英口語〙(1) 〈でっちあげて人を〉罪に陥れる. (2) 〈人を〉うまいことだます. (3) 〈取り決めなどを〉うまくまとめる.

~·er *n.* 〘OE *stiċe* prick, puncture, pain in the side < Gmc **stikiz* (OS *stiki* prick / G *Stich* sting, stitch / Goth. *stiks* point) ← **stik-* 'to STICK[2]'. — v.: (?a1200) ← (n.): ただし n. 1 の意味は v. から〙

stitch[2] /stítʃ/ *n.* 〘英方言〙 **1** 道のり, 距離 (distance): a good ~ かなり遠い道. **2** (時の)間, 時間 (space of time): for a ~ しばらくの間. 〘(転用) ? ← ME *sticche* piece < OE *styċċe* fragment < Gmc **stukkjam* (Du. *stuk* / G *Stück*): ⇨ stock[1]〙

stítch·bìrd *n.* 〘鳥類〙シロツノミツスイ (*Notiomystis cincta*)《ニュージーランド産のミツスイ; 稀少種; かん高い声が stitch と言っているように聞こえる》.

stitch·er·y /stítʃ(ə)ri/ *n.* 針仕事, 裁縫 (needle work). 〘(1607) ← STITCH[1] + -ERY〙

stítch·ing *n.* **1** 縫い合わせる[綴(と)じる]こと. **2** [集合的] 連続した[一列の]縫い目. **3** (縫うことによる)修繕[繕い]. 〘1521–22〙

stítch rìvet *n.* 〘土木〙綴(と)じ合わせリベット.

stítch·ùp *n.* [通例単数扱い] 〘英口語〙人を陥れること.

stítch whèel *n.* 革に縫い穴をあける刻み目のついた輪《馬具製造用》.

stítch·wòrk *n.* 刺繍(ししゅう) (embroidery). 〘1848〙

stítch·wòrt *n.* 〘植物〙ハコベ《ナデシコ科ハコベ属 (*Stellaria*) の植物の総称; chickweed ともいう》. 〘(*c*1265): ⇨ stitch[1] (n.) 4, wort[2]: わき腹の差し込みに対する薬効から〙

stith·y /stíði, -θi | -ði/ *n.* 〘古・詩〙 **1** 鉄床(かなとこ), 鉄敷(かなしき) (anvil). **2** かじ場, かじ屋の仕事場 (forge). — *vt.* 〘廃〙〈鉄などを〉鍛える (forge). 〘(1295) *stethy, stiþy* □ ON *steði* anvil < Gmc **staþjon* ← **stā-* 'to STAND': cf. stead: 今の形は SMITHY との連想〙

St I·vel /sèɪntáɪvəl, -vḷ | sn̩t-, sn̩t-/ *n.* 〘商標〙セントアイベル《英国 St Ivel 社製の乳製品; チーズ・クリームなど》.

sti·ver /stáɪvə | -və^(r/ *n.* **1** スタイバー《オランダ・ベルギー低地諸国とドイツ諸邦の 16 世紀中頃以降の通貨》. **2** 少額; ほんの少し, 少量: have not a ~ びた一文持たない / lose every ~ one possesses 持ち金をすっかりなくす / not worth a ~ 一文の価値もない / do not care a ~ ちっともかまわない. 〘(1502) □ Du. *stuiver* < MDu. *stūver* small coin, 〘原義〙 fragment ← Gmc **stuf-*: cf. stub[1]〙

St. James's /-dʒéɪmzɪ̀z/ *n.* =St. James's Palace.

St. Jámes's Cóurt *n.* =COURT of St. James('s).

St.-Jámes's-flòwer *n.* 〘植物〙アフリカ Cape Verde 諸島特産で紫色または黄色の花をつけるマメ科ミヤコグサ属の植物 (*Lotus jacobaeus*).

St. Jámes's Pálace *n.* セントジェームズ宮殿《London の Buckingham Palace の近くにある; Henry 八世から Victoria 女王の即位に至るまでの王宮; 今なお英国宮廷は公式にはこの宮殿にあるためその別名として用いる; 単に St. James's ともいう》.

St. Jámes's Párk *n.* セントジェームズパーク《London にある公園; 元来 Henry 八世の造営した御苑(ぎょえん)で, 王政復古期には貴族や上流人士が日ごとに集まり盛観を呈した》.

St. John /sèɪn(t)dʒɑ́(ː)n | sn̩(t)dʒɔ́n, sn̩(t)-/ *n.* **1** セントジョン《カナダ南東部の New Brunswick 州, St. John 川の河口 Fundy 湾に臨む港市》. **2** [the ~] セントジョン(川)《米国 Maine 州とカナダの国境地方を流れて Fundy 湾に注ぐ川 (673 km)》. **3** セントジョン(島)《米国領 Virgin 諸島の中の一島; 面積 52 km²》.

St. John /síndʒən, sèɪn(t)dʒɑ́(ː)n | síndʒən/, **Henry** *n.* ⇨ Bolingbroke.

St. John /sèɪn(t)dʒɑ́(ː)n | sn̩(t)dʒɔ́n, sn̩(t)-/, **Lake** *n.* セントジョン湖《カナダ南東部, Quebec 州の湖; 面積 831 km²》.

St Jóhn [Jóhn's] Ámbulance *n.* 〘英〙セントジョン救急隊《応急手当・看護活動に従事するボランティア組織; スポーツ大会や公共の行事にしばしば参加する; 1877 年設立》.

St. Johns /sèɪn(t)dʒɑ́(ː)nz | sn̩(t)dʒɔ́nz, sn̩(t)-/ *n.* [the ~] セントジョンズ(川)《米国 Florida 州北東部を貫流して大西洋に注ぐ川 (459 km)》.

St. John's /sèɪn(t)dʒɑ́(ː)nz | sn̩(t)dʒɔ́nz, sn̩(t)-/ *n.* セントジョンズ: **1** カナダ Newfoundland 島南東端にある港市で同州の州都. **2** 西インド諸島 Antigua 島の港市で, アンティグアバーブーダ (Antigua and Barbuda) の首都.

St. Jóhn's Dày /sèɪn(t)dʒɑ́(ː)nz- | sn̩(t)dʒɔ́nz-, sn̩(t)-/ *n.* 聖ヨハネの祝日《6 月 24 日; ⇨ Midsummer Day》.

St.-Jóhn's-wòrt *n.* 〘植物〙北半球寒帯に生えるオトギリソウ属 (*Hypericum*) の植物の総称《セイヨウオトギリ (*H. perforatum*) など; 黄色の花をつける; cf. Klamath weed, ROSE[2] of Sharon (3)》. 〘魔よけや薬用として St. John (the Baptist) 祭の前夜にこの草を摘むことから〙

St. Jóseph *n.* セントジョーゼフ《米国 Missouri 州北西部 Missouri 河畔の都市》. 〘開拓者 Joseph Robidoux がその名の聖徒にちなんで命名〙

St. Jóseph's-wánd *n.* 〘植物〙米国北西部産ゴマノハグサ科イワブクロ属の植物 (*Pentstemon acuminatus*).

St. Júlian cróss *n.* 〘紋章〙聖ジュリアン十字《各先端が十字になった X 字形十字; cf. cross-crosslet》.

stk 〘略〙 stock.

St. Kítts /-kɪ́ts/ *n.* セントキッツ(島) (⇨ St. Christopher).

St. Kítts and Névis *n.* =St. Kitts-Nevis.

St. Kítts-Névis *n.* セントキッツネビス《カリブ海東部 St. Kitts と Nevis 島とからなる国; Saint Kitts and Nevis とも書く; 別名 St. Christopher-Nevis, 公式名 the Federation of Saint Christopher and Nevis (セントクリストファーネビス連邦); 英連邦に属する; 首都 Basseterre》.

STL 〘略〙 *L.* Sacrae Thelogiae Licentiatus (=Licentiate of Sacred Theology).

st.l. 〘略〙〘数学〙 straight line.

St-Lau·rent /sæ̀(n)lɔːrɑ́ːŋ, sænlɔːrɑ́ːŋ, -rént | sænlɔːrɑ́ːŋ, -lə-, -rɑ́ːnt; *F.* sɛ̃lɔʁɑ̃/ *n.* サンローラン《カナダ Quebec 州南西部, Montreal 島にある, Montreal 市郊外の都市》.

St. Lau·rent /sæ̀(n)lɔːrɑ́ː(ŋ), sænlɔːrɑ́ːŋ | -lɔːr-, -lɔr-; *F.* sɛ̃lɔʁɑ̃/, **Louis (Ste·phen)** /*F.* stivən/ *n.* サンローラン《1882–1973; カナダの政治家; 首相 (1948–57)》.

St. Láwrence *n.* [the ~] セントローレンス(川)《カナダ南東部の川; Ontario 湖に発し五大湖の水を St. Lawrence 湾に注ぐ (1,223 km)》. 〘↓〙

St. Láwrence, the Gulf of *n.* セントローレンス湾《カナダ南東部, St. Lawrence 川と Newfoundland の間の湾》. 〘Jacques Cartier が 1535 年 8 月 10 日, ローマの殉教聖徒の名にちなんで命名〙

St. Láwrence Séaway *n.* [the ~] セントローレンス水路《St. Lawrence 川と運河とによって大西洋と五大湖を連結する米国・カナダ共同開発の大水路 (3,769 km); 広義には大西洋と五大湖を結ぶ水路の総称》.

St. Láwrence skíff *n.* =skiff 2.

St. Leg·er /sèɪn(t)lédʒə, sélɪ̀ndʒə | sn̩(t)lédʒə^(r, sn̩(t)-, sélɪ̀ndʒə^(r/ *n.* [the ~] 〘競馬〙セントレジャー《英国五大競馬の一つ; イングランドの Doncaster で毎年 9 月, 3 歳馬によって行われる; 距離 $1^1/_2$ マイル; St. Leger 大佐により 1776 年創設; cf. classic races 1, triple crown 3》.

St. Lou·is[1] /sèɪntlúːɪ̀s | sn̩tlúːɪs, sn̩t-/ *n.* セントルイス《米国 Missouri 州東部, Mississippi 河畔の港市》. 〘*Louis IX* にちなんでフランス人移住者が命名〙

St. Lou·is[2] /sæ̀(n)luí:, sæn-; *F.* sɛ̃lwi/ *n.* サンルイ《アフリカ西部, セネガル北西部, Senegal 川の河口の港湾都市》.

St. Lóuis encephalítis *n.* 〘病理〙セントルイス型脳炎. 〘1933 年に米国の *St. Louis* で大発生したことから〙

St. Lóuis Pàrk *n.* セントルイスパーク《米国 Minnesota 州南東部の都市》.

St. Lóuis schòol *n.* [the ~] 〘哲学〙セントルイス派《19 世紀後半アメリカ超越主義の影響を受けて新ヘーゲル派的立場を擁護した, Missouri 州 St. Louis を中心とする一群の哲学者》.

St. Lu·ci·a /sèɪntlúːʃiə, -ʃə, -siə | sn̩nt-, sn̩t-/ *n.* セントルシア《西インド諸島, Windward 諸島の島で, 英連邦内の国 (1979 年独立); 面積 616 km², 首都 Castries /kǽstriː, kɑ́ːstriːs/》.

St. Lúcia's Dày /sèɪntlúːʃəz-, -siəz- | sn̩tlúːʃəz-, sn̩t-, -siəz-/ *n.* 聖ルチアの祝日, 殉教者処女ルチアの祝日 (12 月 13 日). 〘← *Santa Lucia* (283?–303: Diocletian 帝の迫害の時に殉教したといわれる)〙

St. Lu·cie chérry /-luːsíː-, lúːsi-/ *n.* 〘園芸〙 = mahaleb. 〘← ? *St. Lucie* (↑)〙

St. Lúke's Dày *n.* 聖ルカの祝日 (10 月 18 日).

St. Lúke's líttle súmmer *n.* =St. Luke's summer.

St. Lúke's súmmer *n.* 〘英〙(10 月の)小春日和 (cf. Indian summer).

STM 〘略〙 *L.* Sacrae Theologiae Magister (=Master of Sacred Theology); *L.* Scientiae Theologiae Magister (=Master of Theology).

St. Ma·lo /sæ̀nmɑːlóu | sn̩(t)mɑ́ːləu, sn̩(t)-, sæ̃(n)-, sæn-; *F.* sɛ̃malo/ *n.* サンマロ《フランス北西部, Brittany の St. Malo 湾に臨む保養地》.

St. Malo, the Gulf of *n.* サンマロ湾《フランス北西部, イギリス海峡に面する湾》.

St. Márk's *n.* サンマルコ寺院《イタリアの Venice にある大聖堂》.

St. Márk's flý *n.* 〘昆虫〙ヨーロッパ産のケバエの一種 (*Bibio marci*)《聖マルコの日 (4 月 25 日) ころに発生する黒っぽいハエ; ケバエ科》.

St. Mártin *n.* セントマーティン(島)《西インド諸島, Leeward 群島中の島で, Anguilla 島の南方にある; 同島北部は Guadeloupe に, 南部は Netherlands Antilles にそれぞれ所属する; フランス語名 St-Martin /sɛ̃maʁtɛ̃/, オランダ語名 St. Maarten /sanmɑ́ːtən/》.

St Mártin-in-the Fíelds *n.* セントマーチンインザフィールズ教会《London の Trafalgar Square にある教会; 本堂はしばしば演奏会場として使用される; 1726 年建立》.

St. Mártin's Dày *n.* 聖マルティヌスの祝日 (11 月 11 日; ⇨ Martinmas).

St. Mártin's súmmer *n.* 〘英〙(11 月の)小春日和 (cf. Indian summer).

St. Mar·y·le·bone /sèɪntmǽrələbən, -mǽrəbən, -rɪ- | sn̩(t)mǽrələbən, -bəun, -mǽrəbən, -mǽrɪbən, -mɑ́ːlɪbən/ *n.* セントメリルボン《London 北西部の旧自治区; 現在は City of Westminster の一部》. 〘旧名 *Maryborne* (聖母マリヤを記念した教会堂にちなむ)を 'Mary the good' と解した通俗語源による変形〙

St. Mar·ys /sèɪn(t)méˀriz | sn̩(t)mέəriz, sn̩(t)-/ *n.* **1** [the ~] セントマリーズ(川)《Superior 湖に発し米国とカナダの国境を流れて Huron 湖に注ぐ (101 km) (⇨ Sault

Ste. Marie 1)〗. 〖A. Creel がこの川のほとりで聖母マリアの幻を見たことにちなむ〗 **2** 〘商標〙セントメリーズ《米国 St. Marys 製のタオル・毛布・シーツなど》.

St. Márys Fálls Canáls *n. pl.* [the ~] セントマリーズフォールズ運河《St. Marys 川の急流を迂回する 3 本の運河; 2 本が米国所有, 1 本がカナダ所有》.

St Mi·chael /-máɪkəl, -kl/ *n.* 〘商標〙セントマイケル, 聖ミカエル《英国の大型デパートチェーン店 Marks & Spencer の自社製品ブランド; 衣料品・食料品・日用品など》.

St.-Mi·chel /sæ̃(m)miːʃél, sæm-; *F.* sɛ̃miʃɛl/ *n.* サンミシェル《カナダ Quebec 州南西部, Montreal 島の都市; Montreal の郊外》.

St.-Mi·hiel /sæ̃(m)miːjél, sæm-; *F.* sɛ̃mijɛl/ *n.* サンミエル《フランス北東部, Meuse 河畔の町; 第一次大戦の戦跡 (1918)》.

St. Mónday *n.* ⇨ Saint Monday.

St. Mo·ritz /sænmərɪ́ts, sæm-, seɪn(t)-, -mɔːr- | sæn-, sæm-, sən(t)-, sn(t)-; *F.* sɛ̃mɔrits/ *n.* サンモリッツ(山)《スイス南東部の保養地, スキー・スケートの名所 (標高 1,822 m); ドイツ語名 Sankt Moritz》.

St-Na·zaire /sæ̃(n)nəzɛ́ə, sæ(n)-, -zéə | -zɑ́ː(r, -zéə(r; *F.* sɛ̃nazɛːʁ/ *n.* サンナゼール《フランス北西部 Loire 河口の港市・造船の町》.

sto·a /stóuə | stə́uə/ *n.* (*pl.* **sto·ae** /stóuiː | stə́u-/, **~s**) **1** 〘ギリシャ建築〙ストア, 柱廊, 歩廊, 回廊 (portico)《柱列のある細長い独立建造物; 背後は壁になり柱列の前方は広場に向かう遊歩場または集会場として用いる》. **2** [the S-] **a** Zeno が学を講じたアテネのストア. **b** ストア哲学(派) (cf. Stoic, porch 3). 〖(1603) ◻ Gk *stoá* ← IE **stā-*: ⇨ stand〗

stoat[1] /stóut | stə́ut/ *n.* (*pl.* **~s**, (集合的) ~) 〘動物〙ストート: **1** 特に夏期に毛が褐色になるヨーロッパのイタチ (weasel) (*Mustela erminea*). **2** 夏期に赤褐色になるオコジョ (ermine). 〖(*c*1460) *stot(e)* ← ?〗

stoat[2] /stóut | stə́ut/ *vt.* (縫い目が見えないように)〈裂け目・布のふちを〉縫う, 縫い合わせる, くける. 〖(1888) ?〗

stóat·ing /-tɪŋ | -tɪŋ/ *n.* (*also* **sto·ting** /~/) 〘服飾〙2 枚の布の端を折ってつきあわせ, 表から見えないようにとじるステッチ. 〖(1901) ↑〗

stob /stɑ́(ː)b | stɔ́b/ *n.* 〘方言〙 **1** 柱, 杭 (post). **2** (特に, 小木・低木の)切り株 (stump). 〖(1321) (変形) ← STUB[1]〗

stoc·ca·do /stəkɑ́ːdou | -dəu/ *n.* (*also* **stoc·ca·ta** /stəkɑ́ːtə | -tə/) (*pl.* **~s**) 〘古〙(剣などでの)突き, 突き刺し (stab). 〖(1569) ◻ It. *stoccata* ← *stocco* point of sword ← Gmc: ⇨ stock, -ado〗

sto·chas·tic /stəkǽstɪk, stou- | stɔ-, stə-/ *adj.* **1** (まれ) 当てずっぽうの. **2** 〘統計〙確率(論)的な; 推計の: a ~ process 確率過程 / ~ limits 推計限度[限界]. **sto·chás·ti·cal·ly** *adv.* 〖(1662) ◻ Gk *stokhastikós* ← *stokházesthai* to aim at, guess ← *stókhos* target, pointed pillar ← IE **stegh-* to prick, point: cf. sting〗

stochástic indepéndence *n.* 〘数学〙確率的独立 (二つの確率事象が独立であること).

stochástic mátrix *n.* 〘数学〙確立行列《マルコフ連鎖の状態から状態への推移確率を要素とする行列》.

sto·chas·tics /stəkǽstɪks, stou-, | stɔ-, stə-/ *n.* 〘社会学〙推計学, 推測統計学. 〖⇨ -ics〗

stock[1] /stɑ́(ː)k | stɔ́k/ *n.* **1 a** 株式, 株 (share): railroad ~*s* 鉄道株 / common [(英) ordinary] ~ 普通株 / ~ speculation 株式投機 / ⇨ *stop a* STOCK / The ~ is in £100 shares. その株式は 1 株の額面 100 ポンドである. **b** 株式資本 (capital stock). **c** 株券 (stock, certificate). **d** (英) 公債, 国債: a ~*s* and share broker 公債株式ブローカー. **e** 〘古〙(貸借に用いられた)割符 (tally). **2 a** 仕入れ[仕込み]品, 持ち合わせ品, 在庫品; 在荷, ストック: keep a large ~ of toys 大量の玩具の在荷を持ち合わせている / ⇨ *in* [*out of*] STOCK. **b** 貯蔵, 蓄え: lay [get] in a ~ of coal 石炭を買い込む / The squirrel puts away a ~ of nuts for the winter. リスは冬に備えて堅果を蓄える / a contribution [an addition] to the common ~ of knowledge 共有する知識への寄与[付加] / a great ~ of knowledge [learning] 知識[学問]の蓄え, 蘊蓄(うんちく). **3 a** 血統, 家系 (lineage); 家柄 (family): come [be born] of good [noble, Puritan] ~ りっぱな[高貴な, ピューリタンの]家柄である / a person of Irish ~ アイルランド系の人. **b** 先祖, 始祖. **4** [集合的] **a** (農場での)資産; 家畜 (livestock): ~ farm stock / graze ~ 家畜に生草を食わせる / fat ~ 畜殺用[食肉用]家畜 / a farm to be sold with the [its] ~ 家畜付き売農場. **b** (鉄道などの)車両: ⇨ rolling stock / railway ~ 鉄道車両. **5 a** (スープ・ソースの土台となる肉・魚・野菜の)煮出し汁: fish [meat, chicken] ~. **b** 原料: soap [paper] ~ 石鹸[製紙]原料. **c** (現像前の)フィルム材料. **6 a** 支える構造, 台座. **b** (種々の器具・機械などの)台木, 台: the ~ of an anvil [a plane] 鉄床(かなとこ)[かんな]の台. **c** (小銃・機関銃などの)銃床 (gunstock) (cf. fore-end 2, butt[1] 2 b). **d** [*pl.*] (蹄鉄を打つ時などに牛馬などをくくりつける)枠. **e** [*pl.*] さらし台, さらし枷(かせ)《足を差し込む二つの穴のあいた厚板で, 昔罪人の足をはさんでさらしものにした刑具; cf. pillory 1》: sit in the ~*s* さらし台にさらされる. **f** (建造中・修理中に船を載せておく)船台, 造船台: ⇨ *on the* STOCKS. **g** (車輪のこしき (hub) (輻(や)の集まる中心部). **h** [*pl.*] 動物一匹[一頭]用おり. **7 a** (木の)幹 (trunk); (植物の)茎 (main stem) (cf. root[1] 1, branch). **b** 根茎 (rootstock). **c** (接ぎ木の)台木. **d** (枝などを切り取る)親木, 親株. **e** 〘古〙(木の)切り株 (stump). **f** 〘古〙丸太, 木片 (log). **8 a** 無生物のもの, 木石: ⇨ STOCKS *and stones*. **b** ばか, でくのぼう. **9 a** 柄[棒]状のもの. **b** (鞭・釣竿の)柄. **c** (鍬(くわ)の)柄. **d** (錐(きり)の)まわし柄 (bitstock). **e** (錨(いかり)の)横木, こうがい, ストック. **10 a** (人間の評価,「株」; 評判: His ~ with his students is low. 学生間の彼の評価は低い / His ~ is rising [falling]. 彼の株が上がって[下がって]きた / ⇨ *take* STOCK *of* (1). **b** 信用: I don't put much ~ in what they say. 彼らの言うことにはあまり信用がおけない / ⇨ *take* STOCK *in* (3). **c** 地位 (status) **d** 〘英口語〙関心 (interest): ⇨ *take* STOCK *in* (2). **11** ストックタイ《18–19 世紀に流行した牧師・紳士用の幅広の絹のネックバンド (neckband); 首に巻いて襟元の装飾とした; 今日でも正式の狩猟コスチュームに用いられる》. **12** [*pl.*] (英) (外壁用の)上質れんが: malm ~ マーム白れんが. **13** =stock car 2. **14** 〘方言〙ストッキング (stocking). **15** 〘人類学〙 **a** 系統《人種の大別上用いられる; 通例 Caucasoids, Mongoloids, Negroids, Australoids に分ける》. **b** 人種 (race); 種族 (tribe). **16** 〘言語〙語系; 語族; (特にアメリカ現住民語の)関連諸語. **17** 〘生物〙 **a** 群体, 群落, 群住 (colony) (cf. clone 3). **b** 微生物の株. **18** 〘植物〙 **a** アラセイトウ《アブラナ科アラセイトウ属 (*Matthiola*) の植物の総称》; (特に) =Brampton stock: ⇨ stock gillyflower. **b** =Virginian stock. **19** 〘地質〙岩株(がんしゅ). **20** 〘トランプ〙 **a** 山札, 積み札, めくり札《場札や手札を配り終えたあとに残った札; 場の中央に積んで, 必要に応じて使う; cf. widow 3》. **b** 〘俗〙いかさま師が積み込んだ特定の札. **21** 〘ドミノ〙山牌, 積札 (⇨ boneyard 3). **22** 〘演劇〙(米) **a** =stock company 2. **b** (stock company が演じる)演芸種目 (repertoire). **23** 〘製紙・印刷〙 **a** (ある種類の)紙: glossy ~ 光沢紙 / heavy ~. **b** 在庫紙. **24** 〘簿記〙店卸(たなおろし)資産 (inventories); 在庫品. **25 a** 〘金属加工〙ストック《棒材からの切断素材》. **b** 熔鉱炉で製錬中の原鉱石. **26** 〘カトリック〙聖油納器.

in stóck 持ち合わせて, 在庫があって: have [keep] ... *in* ~ …を持ち合わせている, の在庫がある. ***lóck, stóck, and bárrel*** ⇨ lock[1] *n.* 成句. ***on the stócks*** (1) 〈船が〉建造中で[の]. (2) 計画[考案]中で[の]: have a book *on the* ~*s* 計画中[執筆中]の本がある. ***òut of stóck*** 品切れで. ***pùt stóck in*** =*take* STOCK *in* (3). ***stócks and stónes*** (1) 木石(ぼくせき), 無生物 (cf. 8 a). (2) 無感覚な人々, 無情な人たち. ***stóp a stóck*** 〘証券〙〈取引所のスペシャリストが〉一定銘柄の一定株数の株式を現在の値段で後ほど買う[売る]ことを保証する. ***tàke stóck*** (1) (全般的に)よく検討してみる. (2) 在庫調べをする, 店卸(たなおろし)をする (cf. stocktaking). ***tàke stóck in*** (1) 〈…会社〉の株を買う. (2) (口語) …に関心を持つ. (3) (英) …を信用する: *take* little ~ *in* miracles 奇跡をほとんど信用しない. (1870) ***tàke stóck of*** (1) 〈自分の立場・見込みなど〉を評価する, 鑑定する (assess). (2) (口語) 物珍し[おもしろ]そうに〈人を〉せんさくする, つくづく[よくよく]眺める (scrutinize). (1865)

— *adj.* [限定的] **1 a** (常に在庫のあることから)標準の: ~ sizes in [of] shoes 靴の標準サイズ / I'm afraid you're not a ~ size. あなたは標準サイズではないんじゃないでしょうか. **b** (主に軽蔑) 普通の, 平凡な, ありふれた, 陳腐な, 古くさい: ~ examples, jokes, arguments, remarks, etc. / a ~ phrase 決まり文句. **2 a** 持ち合わせの, 在荷[在庫]の; 主要な: ~ articles 在荷 / a ~ line (of goods) 在庫(品)の種類. **b** (会社の)仕入れ係[在庫品係]の: a ~ clerk. **3 a** 家畜飼育(用)の: ⇨ stock farming. **b** 家畜用の: a ~ train 家畜輸送列車 / ⇨ stockcar. **c** 繁殖用の: a ~ mare. **4 a** 株の: ⇨ stock list. **b** (英) 公債[国債]の. **c** 株式会社の. **5** 〘演劇〙座付きの, 座付き劇団の: a ~ play / ⇨ stock company 2.

— *adv.* [複合語の第 1 構成素として] すっかり: ⇨ stock-still.

— *vt.* **1 a** 仕入れる, 仕込む; (在庫品として)もっている: ~ cheap goods / The store is well ~*ed*. あの店には品物がたくさんある[充実している]. **b** 貯蔵する, 取って置く, 蓄える: Wine is ~*ed* all the year round. ぶどう酒は年中貯蔵されてある. **2 a** …に(…を)供給する, 備える 〈*with*〉: a garden ~*ed with* rare trees 珍しい樹木の多い庭園 / a mind well-*stocked with* information よくいろいろなことを知っている人 / ~ a lake *with* fish 湖水に魚を放つ. **b** 〈農場など〉に家畜を入れる: ~ a farm 農場に家畜を入れる. **3** …に柄[台, 台木, 銃床など]をつける: ~ a rifle 銃に銃床をつける / two plows ~*ed* to one frame 一つの枠に取り付けた二つの鋤(すき). **4** 〈土地〉に(…の)種をまく 〈*with*〉: ~ land *with* clover. **5** 〈家畜を〉はらませる. **6** 〘廃〙〈罪人を〉さらし台にかける (cf. *n.* 6 e).

— *vi.* **1 a** 仕入れる, 仕込む 〈*up*〉: ~ *up for* the holiday trade 休暇売出しの仕入れをする. **b** 蓄える 〈*up*〉: ~ *up with* necessities 必需品を蓄える / ~ *up on* food 食料を買いだめする. **2** 〈植物が〉若枝を生じる. **3** 〘獣医〙〈馬の足が〉腫れる, 膨れる.

〖OE *stoc(c)* < Gmc **stukkaz* (Du. *stok* / G *Stock* stick, cane) ← IE **(s)teu-* to push, strike: cf. stub[1], stucco, stump〗

stock[2] /ʃtɑ́(ː)k, stɑ́(ː)k | ʃtɔ́k, stɔ́k; *G.* ʃtɔ́k/ *n.* (スキーヤーの使う)ストック (stick) (cf. alpenstock). 〖◻ G ~ (↑)〗

stock[3] /stɑ́(ː)k | stɔ́k/ *n.* 〘廃〙突き (stoccado). 〖(1513) ◻ F *estoc* ◻ It. *stocco*: cf. stock[1]〗

stóck accóunt *n.* (英) 〘簿記〙貯蔵品勘定, (材料・製品・商品などの)在庫品勘定. 〖(1771) *stock-accompt*〗

stock·ade /stɑ(ː)kéɪd | stɔ-/ *n.* **1** (とがり杭を立て並べて作った)防御柵, 砦柵(さいさく)《米国 New England の初期植民者たちがインディアンの襲撃に備えて築いたもの》. **2** (家畜や捕虜などを収容するために棒杭を立てて作った)囲い. **3** 防波堤用の柵[杭]. **4** (米) 〘軍事〙刑務所, 営倉 (prison). **— *vt.*** …に柵[囲い]をする, 砦柵をめぐらす; 柵で防ぐ. 〖(1614) ◻ F 〘廃〙 *estocade* ◻ Sp. *estacada* ← *estaca* stake (← Gmc: ⇨ stake[2]) + *-ada* '-ADE'〗

stóck and státion àgent *n.* 〘豪〙家畜業者; 牧畜用品店《資金融資も行う》.

stock·a·teer /stɑ̀(ː)kətɪ́ə | stɔ̀kətɪ́ə(r/ *n.* 〘俗〙(通例押し売り的な)いんちき証券ブローカー.

stóck bòok *n.* **1** =stores ledger. **2** =studbook. **3** 〘郵趣〙(切手を入れる)ストックブック. **4** 〘豪〙(牧場主の)家畜台帳. 〖1835〗

stóck·brèeder *n.* 牧畜業者. 〖1815〗

stóck·brèeding *n.* 牧畜, 畜産(業). 〖1937〗

stóck brìck *n.* (英) 〘建築〙ストックれんが《原料を型に入れ, 押して造る硬質れんが》.

stóck·bròker *n.* 株式仲買人 (cf. stockjobber).

stóck·bròkerage *n.* =stockbroking.

stóckbroker bèlt *n.* 〘英口語〙高級住宅地区《特に金持ちの通勤者が住むロンドン郊外の地区; cf. exurbia》.

stóck·bròking *n.* 株式仲買(業).

stóck·càr *n.* (米) (鉄道の)有蓋格子の家畜(運搬)車 ((英) cattle truck). 〖1858〗

stóck càr *n.* **1** (特別注文生産の車に対して)通常の市販車, 量産車. **2** ストックカー《競走用に改造した市販の乗用車》: a ~ racing. **3** =stockcar. 〖1914〗

stóck certìficate *n.* **1** (米) 株券 ((英) share certificate). **2** (英) 国債証書. 〖1863〗

stóck cháracter *n.* (小説・演劇・映画に登場する)お定まりの登場人物 (cf. flat character, round character). 〖1864〗

stóck còmpany *n.* **1** (米) 株式会社. **2** 〘演劇〙レパートリー劇団《通例自己所有の劇場で上演する劇団; ⇨ repertory company》. 〖1827〗

stóck contròl *n.* (商品の)在庫調整. 〖1943〗

stóck cùbe *n.* (英) 固形スープ(の素) ((米) bouillon cube). 〖1965〗

stóck dìvidend *n.* 〘証券〙株式配当, 株券配当《利益配当を現金配当 (cash dividend) でなく, 自社の新株をもってする配当》. 〖1902〗

stóck dòve *n.* 〘鳥類〙ヒメモリバト (*Columba oenas*) 《ヨーロッパ産の最も普通のカワラバト属の野生バト》. 〖(*c*1340) *stokdowe*: 木の幹の穴に住むことから〗

stóck·er *n.* **1** 貯蔵[仕入れ]する人. **2** (米・カナダ) (市場に出すために)肥育した子牛 (cf. feeder 1 b). **3** 牧畜業者. **4** =stock car 1. 〖1641〗

stóck exchànge *n.* [しばしば S- E-] **1** 株式取引所; 株式市場 (stock market 1 a). **2** 株式取引[取扱い高]. **3** 株式仲買人組合. 〖1773〗

stóck fàrm *n.* 牧畜場. 〖1806〗

stóck fàrmer *n.* 牧畜業者. 〖1768〗

stóck fàrming *n.* 牧畜業. 〖1865〗

stóck fìre *n.* 〘機械〙埋め火《一時停止中に火力を弱め再始動時に使うボイラー内の火; banked fire ともいう》.

stóck·fìsh *n.* (塩引きをしないタラ科の)干し魚, 干物《通例, たたいて平たくしてから料理する》: (as) mute as a ~ 全く黙り込んで. 〖(1282) ◻ (M)Du. *stokvisch*: ⇨ stock[1], fish[1]: 木の台の上で干すことからか〗

stóck gíllyflower *n.* 〘植物〙アラセイトウ (*Matthiola incana*). 〖(1530): CLOVE GILLYFLOWER と違って茎が幹のように堅いことから〗

stóck guárd *n.* 〘鉄道〙家畜よけの柵.

Stock·hau·sen /stɑ́(ː)khauzən | stɔ́k-; *G.* ʃtɔ́khàuzn/, **Karl·heinz** /kɑ́ɐlhaɪnts/ *n.* シュトックハウゼン (1928– ; ドイツの作曲家; 電子音楽の開拓者).

stock·hold·er /stɑ́(ː)khòuldə | stɔ́khəuldə(r/ *n.* **1** (米) 株主 ((英) shareholder). **2** (豪・古) 家畜所有者. **stóckholder of récord** 〘証券〙登録株主《配当や議決権などを得る株主を確定する日 (record date) に株主名簿に記載されている株主》.

stóck hòlding *n.* 〖1753〗

stóckholders' équity *n.* 〘会計〙株主持分《貸借対照表における自己資本のこと》.

Stock·holm /stɑ́(ː)khou(l)m | stɔ́khəum; *Swed.* stɔ̀khɔlm/ *n.* ストックホルム《スウェーデン南東部, バルト海に臨む港市, 同国の首都》.

Stóckholm sỳndrome *n.* 〘精神医学〙ストックホルム症候群《人質が犯人に同情し協力しようとする現象》. 〖(1978): 1973 年に Stockholm で起きた銀行強盗事件でこの種の現象が見られ, 話題になったことから〗

Stóckholm tár *n.* (造船・索具用)松やに製タール. 〖1867〗

stóck hòrse *n.* 〘豪・米西部〙家畜追い[牧童]の乗る馬; 家畜追いの目的で飼育する馬. 〖1846〗

stock·i·nette /stɑ̀(ː)kənét | stɔ̀kɪ-/ *n.* **1** メリヤス編み (stockinette stitch ともいう). **2 a** (*also* **stock·i·net** /~/) (機械製)メリヤス地《縫い合わせて下着類を作る》. **b** メリヤス地で作った衣類. 〖(1784) (転訛) ← *stocking net*: 今の形は -ET との連想〗

stock·ing /stɑ́(ː)kɪŋ | stɔ́k-/ *n.* **1** [通例 *pl.*] **a** (通例ひざの上まである)長靴下, ストッキング (cf. sock[1] 1 a): a pair of ~*s* ストッキング一足. **b** =sock. **2 a** ストッキング状のもの. **b** (馬などで他の部分と異なる色の)脚の毛: a horse with white ~*s* 白脚毛の馬. **c** 〘医学〙弾性靴下, ゴム靴下《下肢静脈瘤などの庇護用; elastic stocking ともいう》. ***in one's stóckings*** [***stócking(ed) féet***] (靴を脱いで)靴下だけで: He is [stands] six feet *in his* ~*s*. 靴を脱いで身長 6 フィートある. 〖(1583) ← STOCK[1] (n.) 14 + -ING[1]〗

stócking càp *n.* ストッキングキャップ《長い円錐形の編んだ帽子; 先に飾り房や玉房がついている》. 〖1897〗

stock·inged /stɑ́(ː)kɪŋd | stɔ́k-/ *adj.* **1** 靴下を履いた: one's ~ feet. **2** [複合語の第 2 構成素として] …の靴下を履いた: silk-*stockinged*. 〖(1608): ⇨ -ed 2〗

stóck·ing·er *n.* 靴下製造人. 〘1741〙

stócking fìller *n.* 《英》 =stocking stuffer.

stócking fràme *n.* 靴下編み機; メリヤス編み機 (knitting machine). 〘1710〙

stócking·less *adj.* ストッキング[靴下]を履かない. 〘1748〙

stócking-lòom *n.* =stocking frame.

stócking machìne *n.* =stocking frame.

stócking màsk *n.* (強盗などが用いる)ストッキングの覆面. 〘1966〙

stócking stìtch *n.* 〖服飾〗 ゴム編み. 〘1805〙

stócking stùffer *n.* 《米》 靴下の中に詰めるクリスマスプレゼント《特に子供の小さい玩具》. 〘1948〙

stóck-in-tráde *n.* (*also* **stóck in tráde**) **1** (商人の)手持ち品, 在庫品, 手もと商品. **2** (職人の)商売道具. **3** 職業上の必要品, 商売道具, 必要手段, 常套(じょうとう)手段: Books are a scholar's ～. 書籍は学者の商売道具 / the politician's ～ of catchwords 政治家の常用する標語. 〘1762–71〙

stock·ish /stá(:)kɪʃ | stɔ́k-/ *adj.* **1** 木石のような, 知恵のない, とんまな, のろまな. **2** ややずんぐりした. **～·ly** *adv.* **～·ness** *n.* 〘(1596–97) ← STOCK¹+-ISH¹〙

stóck·ist /-k̩ɪst | -kɪst/ *n.* 《英》 (特定の商品の)手持ち人, 仕入れ業者. 〘1910〙

stóck·jòbber *n.* **1** 《米》 〖軽蔑的に〗 (特に, いんちき証券を売りつける)株式仲買人, 株屋. **2** 《英》 ジョバー《London 証券取引所で, 一般投資家を相手にする株式仲買人 (stockbroker) などの業者とのみ取引する株式仲買人》. 〘*a*1626〙

stock·job·ber·y /stá(:)kdʒà(:)b(ə)ri | stɔ́kdʒɔ̀b-/ *n.* =stockjobbing.

stóck·jòbbing *n.* 株式仲買業. **—** *adj.* 証券売買の. 〘1692〙

stóck·kèeper *n.* **1** (家畜の世話をする)牧夫, 羊飼い. **2** 在庫品管理人. 〘1589〙

stóck lèdger *n.* **1** 株主名簿《株主の名・持株数などを記録する》. **2** =stores ledger.

stóck·less *adj.* **1** 在庫品のない. **2** 〈錨(いかり)が〉横木[ストック]のない (cf. stock¹ *n.* 9 e): a ～ anchor. 〘1886〙

stóck lìst *n.* 株式[公債]相場表. 〘1858〙

stóck lòck *n.* (ドアの)木箱入りの錠.

stóck·man /-mən, -mæ̀n/ *n.* (*pl.* **-men** /-mən, -mèn/) **1 a** 《米》 牧畜業者, 畜産業者 (stock raiser). **b** 《主に豪》 牧夫 (herdsman). **2** 《米・カナダ》 (商品の)在庫品管理係, 倉庫係. **～·shìp** *n.* 〘1806〙

stóck màrket *n.* **1 a** 株式市場, 株式取引所 (stock exchange). **b** 株式売買. **c** 株式市況. **2** 家畜市場. 〘1809〙

stóck òption *n.* 〖経営〗 ストックオプション, (報酬として与えられる)株式買取り選択権《会社が役員などに対して報酬として与える, 一定期間中随時に一定数の同社株式を所定の価格で同社から買い取ることができるという内容の選択権》.

stóck·òut *n.* 在庫切れ, 品切れ. 〘(1957) ← *stock out* (*stork* (v.) 成句)〙

stock·pile /stá(:)kpàɪl | stɔ́k-/ *vt.* **1** …の補給材料を蓄える. **2** 〈原料・食糧・弾薬などを〉備蓄[蓄積]する. **—** *vi.* 備蓄[蓄積]する. **—** *n.* **1 a** (戦略物資・国防物資などの)非常用集積品. **b** (正常の保有数量を超えた弾薬・武器などの)備蓄(品), 蓄積(品). **c** 貯蔵特有弾薬《戦備としての核兵器についていう》; 核兵器保有量. **2 a** (道路修理のため路傍に積んで置く砂利などの)補給材料の山. **b** (不用意に)山と積んだもの. **3** 〖鉱山〗 貯鉱の堆積. **stóck·pìl·er** /-lə | -lə^(r)/ *n.* 〘1872〙

Stock·port /stá(:)kpɔət | stɔ́kpɔ:t/ *n.* ストックポート《イングランド北西部の工業都市; Manchester の南東方 Mersey 河畔にある》. 〘ME *Stokeport* ← *stoke* '? STOCK²'+*port* 'market town, PORT¹'〙

stóck·pòt *n.* 《英》 **1** 〖料理〗 **a** (スープ)ストック (stock) を作り置くための大きな鍋. **b** 1 の鍋に入ったスープストック. **2** 豊富な在庫. 〘(1845) ← STOCK¹ (n.) 5 a〙

stóck pòwer *n.* 〖法律〗 株式譲渡委任状.

stóck·pròof *adj.* 家畜の通り抜け防止用の: a ～ fence. 〘1915〙

stóck ràil *n.* 〖鉄道〗 基本レール[軌条]. 〘1850〙

stóck ràiser *n.* 牧畜[畜産]業者. 〘1874〙

stóck ràising *n.* 牧畜, 畜産業. 〘1868〙

stóck rècord *n.* =stores ledger.

stóck·rìder *n.* 《豪》 カウボーイ, 牛飼い (cowboy). 〘1862〙

stóck·ròom *n.* **1** (物資・商品等の)貯蔵室, 倉庫. **2** 《米》 (商店の地方出張員のために設けたホテルなどの)商品展示場[陳列室]. 〘1825〙

stóck·ròute *n.* 《豪》 (私有地内に法的に認められている公共の)家畜通路. 〘1886〙

stóck sàddle *n.* 《米》 〖馬具〗 =Western saddle.

stóck shòt *n.* 〖映画・テレビ〗 ストックショット《他の映画に挿入したり情景として使ったり背景に合成したりするために取ってある記録フィルムの断片》.

stóck solùtion *n.* 〖写真〗 貯蔵液.

stóck splìt *n.* 〖経済〗 株式分割. 〘1950〙

stóck-stìll *adj.* ちっとも動かない, 不動の, じっとしている: stand ～. 〘(*c*1470): cf. Du. *stokstil* / G *Stockstill*〙

stóck·tàking *n.* **1** 店卸(たなおろし), 在荷[在庫]調べ (《米》 inventory). **2** (事業などの)業績評価, 実績調査. 〘1858〙

stóck tìcker *n.* =ticker 2.

Stock·ton /stá(:)ktən | stɔ́k-/ *n.* ストックトン《米国 California 州中部の都市》. 〘← R. F. *Stockton* (1795–1866: 米国の軍人・政治家)〙

Stock·ton /stá(:)ktən | stɔ́k-/, **Frank R.** *n.* ストックトン《1834–1902; 米国の小説家; *Rudder Grange* (1879); 本名 Francis Richard Stockton》.

Stóckton-on-Tées *n.* ストックトン オン ティーズ《イングランド北東部, Cleveland 州中部 Tees 川の河口に近い港市》. 〘*Stockton*: ＜ OE *Stoctūn* 《原義》 village with a monastery ← *stoc* monastery, 《原義》 place // OE *Stocctūn* 《原義》 village built of logs: ⇨ stock¹, -ton〙

stóck ùnit *n.* 《NZ》 家畜の(課税)評価単位.

stóck·whìp *n.* 《英・主に豪》 (長い牛皮の)牧畜用むち《柄は短く, むちの部分が長い》. 〘1842〙

Stock·wood /stá(:)kwud | stɔ́k-/, **(Arthur) Mervyn** *n.* ストックウッド《1913–1995; 英国国教会高位聖職者; Southwark の主教 (1959–80)》.

stóck·wòrk *n.* 〖鉱山〗 **1** 層状でも脈状でもなく, 不規則な筒状をなした鉱体. **2** 小鉱脈が網状に発達した鉱体. 〘1808〙

stock·y /stá(:)ki | stɔ́ki/ *adj.* (**stock·i·er**; **-i·est**) **1 a** 〈人の体など〉ずんぐりした (thickset), がっしりした, 頑丈な (sturdy). **b** 〈植物が〉丈の割に茎[幹]の太い, ずんぐりした. **2** 形式ばった, 堅苦しい, こちこちの. **stóck·i·ly** /-k̩li | -kɪ-/ *adv.* **stóck·i·ness** *n.* 〘(*a*1400) ← STOCK¹ (n.)+-Y⁴〙

stóck·yàrd *n.* **1** [通例 *pl.*] 家畜一時置場《鉄道によって輸送されて来た家畜を畜殺場・市場に送るまで一時ため置く広大な囲い場》. **2** 家畜飼育場. 〘1802〙

Stod·dard /stá(:)dəd | stɔ́dəd/, **Richard Henry** *n.* ストッダード《1825–1903; 米国の詩人・文芸時評家》.

stodge /stá(:)dʒ | stɔ́dʒ/ *n.* **1 a** 《口語》 (シチュー・オートミールなど腹にもたれるような)こってりした(澱粉質の)食べ物; (通例まずい)盛りだくさんの食事 (solid meal). **b** 《南英方言》 焼いた[蒸した]プディング. **2 a** ばかげたくだらない考え. **b** 《口語》 無味乾燥で退屈な文芸作品. **c** 想像力のない人. **3** こつこつ時間をかけて勉強する[働く]人. **—** *vt.* [しばしば ～ *oneself* で] 《英口語》 〔…を〕がつがつ食う, 〔…で〕腹いっぱいにする (satiate) 〔*with*〕: ～ *oneself with* food 腹いっぱい食べる. **—** *vi.* **1** 重そうに[どたどた]歩く, 足を引きずるように歩く. **2** 《英口語》 がつがつ食う (gorge). 〘v.: (1674) 《混成》 ? ← ST(UFF)+(P)ODGE: または擬音語か. — n.: (1825) ← (v.)〙

stodg·y /stá(:)dʒi | stɔ́dʒi/ *adj.* (**stodg·i·er**; **-i·est**) **1** 〈食べ物が〉こってりした, 腹にもたれる. **2** 〈入れ物など〉いっぱい詰め込んだ, 膨れた. **3** 《口語》 〈書物・文体など〉ごてごて書き並べた, 読むのに骨の折れる; 飽き飽きする. **4 a** ひどく古風な, 時代遅れの; 伝統を墨守する, 旧弊な. **b** 〈服装など〉冴(さ)えない; 品のない (graceless); みすぼらしい (dowdy). **5 a** ずんぐりした (stocky, thickset). **b** (特に, 体が大きくて)重そうに[どたどた]歩く. **stódg·i·ly** /-dʒ̩li | -dʒɪ-/ *adv.* **stódg·i·ness** *n.* 〘(1823): ⇨ ↑, -y⁴〙

stoe·chi·ol·o·gy /stì:kiá(:)lədʒi | -ɔ́l-/ *n.* 〖生理〗 = stoichiology.

stoe·chi·om·e·try /stì:kiá(:)mətri | -ɔ́m̩-/ *n.* = stoichiometry.

stoep /stú:p; *Afrik.* stúp/ *n.* 《アフリカ》 (オランダ風の家の前[周囲]にある)縁側. 〘(1797) ◻ Afrik. ～: cf. step, stoop²〙

stog /stá(:)g, stɔ́(:)g | stɔ́g/ *vt.* [受身で] はまらせる, はまり込ませる.

sto·ga /stóugə | stáu-/ *n.* [通例 *pl.*] 《米》 =stogy 2.

sto·gy /stóugi | stáu-/ *n.* (*also* **sto·gie** /～/) 《米》 **1** (*also* **sto·gee** /～/) 長い細巻きの安葉巻きたばこ; (一般に)たばこ. **2** [通例 *pl.*] 粗製で丈夫な安靴, どた靴 (stoga ともいう): a pair of *stogies*. 〘(1847) ← (*Cone*)*stoga* (米国 Pennsylvania 州の町の名)+-Y²: この町の Conestoga wagon の御者たちが好んで吸ったことから〙

Sto·ic /stóuɪk | stáu-/ *adj.* **1** [s-] ストア哲学者のような; 克己の, 禁欲的; 苦楽を気にしない, 冷静な, 平然とした (⇨ impassive SYN): ～ indifference ストア風の無関心 / a ～ sufferer 平然として苦しみに耐える人. **2** 〖哲学〗 (キリシャのキプロス (Cyprus) の哲学者ゼノン (Zeno of Citium) が紀元前 308 年ごろに創始した)ストア学派[哲学, 主義]の: a ～ philosopher. **—** *n.* **1** [s-] (ストア派流の)禁欲主義者, 克己主義者. **2** ストア哲学者. 〘(*c*1384) ◻ L *Stōicus* ◻ Gk *Stōïkós* 《原義》 man of the Porch ← *stoá* 'porch, STOA': ⇨ -ic¹: Zeno が Athens の *Stoá Poikílē* (=Painted Porch) で教えたことから〙

stó·i·cal /-ɪ̩kəl, -kl | -ɪk-/ *adj.* **1** =Stoic 1. **2** [S-] =Stoic 2. **～·ly** *adv.* **～·ness** *n.* 〘(1432–56): ⇨ ↑, -al¹〙

stoi·chei·ol·o·gy /stɔ̀ɪkiá(:)lədʒi | -ɔ́l-/ *n.* 〖生理〗 =stoichiology.

stoi·chei·om·et·ry /stɔ̀ɪkiá(:)mətri | -ɔ́m̩-/ *n.* 《英》 =stoichiometry.

stoi·chi·ol·o·gy /stɔ̀ɪkiá(:)lədʒi | -ɔ́l-/ *n.* 〖生理〗 元質学《組織の細胞成分を生理学的な立場から研究する学問》. **stoi·chi·o·log·i·cal** /stɔ̀ɪkiəlá(:)dʒ̩kəl, -kl | -lɔ́dʒɪ-ˈ/ *adj.* 〘(1837–38) ← Gk *stoikheîon* element +-LOGY〙

stoi·chi·om·e·try /stɔ̀ɪkiá(:)mətri | -ɔ́m̩-/ *n.* 化学量論. **stoi·chi·o·met·ric** /stɔ̀ɪkiəmétrɪkˈ/ *adj.* **stòi·chi·o·mét·ri·cal** *adj.* **stòi·chi·o·mét·ri·cal·ly** *adv.* 〘(1807) ← Gk *stoikheîon* (↑)+-METRY〙

Sto·i·cism /stóuəsìzm | stáu̩-/ *n.* **1** [s-] 禁欲主義; 克己; 堅忍; 冷静, 苦楽超越. **2** 〖哲学〗 ストア哲学, ストア主義 (⇨ Stoic). 〘1626〙

stoke¹ /stóuk | stáuk/ *vt.* **1 a** 〈火を〉かき立てる; (火をかき回して)燃え上がらせる (poke, stir up): ～ a fire. **b** 〈気持ちなどを〉かき立てる, あおる, 興奮させる 〈*up*〉: ～ (*up*) public anger 一般の人たちの怒りを招く. **c** 〈機関炉・火〉に燃料をくべる 〈*up*〉. **2 a** 〈食べ物を〉かき込む, たっぷり食べる. **b** 〈人〉に(食べ物を)たくさん食べさせる; [～ *oneself* で] 〔食べ物を〕うんと[たらふく]食べる 〔*with*〕: ～ *oneself with* food. **—** *vi.* **1 a** 火をかき立てる. **b** 火たきをする, 火夫を務める. **2** (急いで)食べ物をかき込む; 〔…を〕たっぷり食べる[飲む] 〈*up*〉 〔*on, with*〕. ***stóke úp*** (*vt.*) (1) 〈火などに〉燃料を補給する. (2) ⇨ *vt.* 1 b. (*vi.*) (1) ⇨ *vi.* 2. (2) 〔…を〕たくさん買い込む 〔*on, with*〕. 〘(1683) 《逆成》 ← STOKER〙

stoke² /stóuk | stáuk/ *n.* 〖物理〗 ストーク《動粘性率の cgs 単位; =1 cm²/sec.》. 〘(1931) ← *Sir George G. Stokes*〙

Stoke /stóuk | stáuk/ *n.* ⇨ Five Towns.

stoke·hòld *n.* **1** (汽船の)汽缶[ボイラー]室, 火たき室 (fireroom). **2** (船などの)ボイラー前の場所. **3** (船の)石炭庫. 〘1887〙

stóke·hòle *n.* **1** (ボイラーの)燃料補給口, たき口. **2** =stokehold 1. **3** =stokehold 2. 〘(1660) 《なぞり》 ← Du. *stookgat* ← *stoken* to stoke+*gat* hole〙

Stoke New·ing·ton /stóuknú:ɪŋtən, -njú:- | stáuknjú:ɪŋ-/ *n.* ストークニューイントン《London 北東部の旧自治区; 現在は Hackney 区の一部》. 〘ME *stokene Neuton* 《原義》 new town of monastery ← OE *stoc* (↓): ⇨ new, -ton〙

Stóke-on-Trént *n.* ストーク オン トレント《イングランド Staffordshire 州の Trent 河畔の都市; 製陶業の中心地 (cf. Potteries); Stoke-upon-Trent ともいう》. 〘← ME *Stoke* ＜ OE *stoc* monastery, place〙

Stóke Pó·ges /-póudʒɪz | -páu-/ *n.* ストークポージェス《イングランド Buckinghamshire 州の村; London 西方の Windsor 付近にある; Thomas Gray の墓があり, 彼の *Elegy* はこの村の教会の墓地での感想の詩と伝えられる》. 〘(1292) *Stokepogeis* ← *stoke* (↑)+*pogeis* Pugeis (ノルマン系の家族名)〙

stok·er /stóukə | stáukə^(r)/ *n.* **1 a** 火をかき立てる人. **b** (汽船などの)機関員, かまたき. **c** 《英》 (機関車の)火手(ひ) (fireman). **2 a** 火をかき立てる道具. **b** (燃料を自動的に供給する)給炭機, ストーカー. 〘(1660) ◻ Du. ～ ← *stoken* to feed a furnace, (MDu.) to poke, push ← Gmc **stok-* ← IE **(s)teu-* 'to STICK¹': ⇨ -er¹〙

Sto·ker /stóukə | stáukə^(r)/, **Bram** *n.* ストーカー《1847–1912; アイルランドの小説家; 恐怖物語 *Dracula* (1897) で有名; 本名 Abraham Stoker》.

Stokes /stóuks | stáuks/, Sir **George Gabriel** *n.* ストークス《1819–1903; アイルランドの数学者・物理学者; 水力学・航空力学に貢献; 燐光・蛍光の解明を行った (1878)》.

Stókes-Ádams sỳndrome [disèase] *n.* 〖医学〗 =Adams-Srokes syndrome.

Stókes' áster /stóuks- | stáuks-/ *n.* 〖植物〗 ストケシア, ルリギク (*Stokesia laevis*) 《北米原産の青色または紫青色の花をつけるキク科の多年草》. 〘(1890) ← *Jonathan Stokes* (1755–1831: 英国の植物学者)〙

sto·ke·si·a /stoukí:ʒə, -ʒiə | stə(u)kí:ziə, -ʒiə/ *n.* 〖植物〗 =Stokes' aster. 〘← NL ～ ← *J. Stokes* (↑)+-IA¹〙

Stókes' Láw, S- l- *n.* 〖物理〗 ストークスの法則: **a** 粘性流体中を球が運動する時, 球に作用する抵抗力は 6 $\pi\eta a v$ に等しいという法則 (η: 粘性率, a: 球の半径, v: 速度). **b** 蛍光の波長は, 吸収される光の波長に等しいか, またはそれより長いという法則. 〘(1926) ← G. G. *Stokes*〙

Stókes lìne *n.* 〖物理〗 ストークス線《蛍光あるいはラマン効果 (Raman effect) において放射される入射光より波長の長い光; cf. anti-Stokes line》. 〘1978 ← G. G. *Stokes*〙

Stókes' théorem *n.* 〖数学〗 ストークスの定理《ある種の 2 重積分と 1 重積分とを関係づける定理; cf. Gauss' theorem》. 〘(1893) ← G. G. *Stokes*〙

Sto·kow·ski /stəkɔ́(:)fski, -kɔ́(:)v- | -kɔ́f-, -kɔ́v-/, **Leopold** *n.* ストコフスキー《1882–1977; 英国生まれの米国の指揮者》.

stok·vel /stá(:)kvel | stɔ́k-/ *n.* 《南ア》 **1** 貯蓄組合, 投資クラブ. **2** ストックフェル《会員から基金を集めて定期的にパーティーを開き, 主催者が利益を得る仕組みの会; そのパーティー》. 〘◻ Afrik. ～ ← E 《南ア》 *stockfair*〙

STOL /stóuɫ, stá(:)ɫ, éstɔ̀(:)ɫ, -tà(:)ɫ | stɔ́ɫ, éstɔ̀ɫ, stɔ́ɫ/ *n.* 〖航空〗 **1** ストール《短距離離着陸》. **2** ストール機《短距離離着陸性能をもつ航空機; cf. CTOL, QSTOL, VTOL, RTOL》. 〘(1956) 《頭字語》 ← *s*(*hort*) *t*(*ake*) *o*(*ff and*) *l*(*anding*)〙

sto·la /stóulə | stáu-/ *n.* (*pl.* **sto·lae** /-li:/, **～s**) ストラ《古代ローマの女性が用いた, くるぶしまであるドレープの入ったゆるやかな外衣; cf. toga 1》. 〘(1728) ◻ L ～: ⇨ stole²〙

stole¹ /stóuɫ | stáuɫ/ *v.* steal の過去形. 〘(14C) ∞ 《廃》 *stal*(*e*) ＜ OE *stæl*: *stole* は p.p. 形との類推〙

stole² /stóuɫ | stáuɫ/ *n.* **1** 〖キリスト教〗 ストール, 〖カトリック〗 ストラ, 襟垂帯《祭服の一部で, 聖職者が肩からひざ下まで垂らす細長い帯状のもの》. **2** ストール《婦人用の細長い肩掛け[スカーフ]; 毛皮・羽毛・絹・毛などで作られる》. **3** 《古》 **a** (stola や toga に似た)長いゆるやかな外衣. **b** = stola. 〘OE ～ ◻ L *stola* ◻ Gk *stolḗ* robe ← *stéllein* to arrange ← IE **stel-* to put: ⇨ stall¹〙

stoled *adj.* ストール[ストラ]を着けた. 〘(1546–47): ⇨ ↑, -ed²〙

stóle fèe *n.* 〖カトリック〗 秘跡執行謝礼《洗礼・婚姻・葬儀などに対する司祭への謝礼》. 〘1845〙

sto·len /stóulən | stáu-/ *v.* steal の過去分詞. **—** *adj.* 盗まれた, 盗んだ; こっそり行われた: ～ goods 盗

品 / a ~ car 盗難車 / a ~ base 盗塁 / *Stolen* waters are sweet. 盗みたる水は甘し (*Prov.* 9: 17)《人目を忍ぶ快楽は楽しいもの; 諺としては waters の代わりに fruit, pleasures も用いる》. 〘(p.p.): OE (*ge*)*stolen*. — adj.: (*a*1325) ← (p.p.)〙

Sto·lich·na·ya /stəlíːtʃnəjə; *Russ.* stəlʲítʃnəjə/ *n.* 〘商標〙ストリチナヤ《ロシア産のウオツカ》. 〘⊏ Russ. ~ (fem.) ← *stolichnyi* metropolitan〙

stol·id /stá(ː)lɪ̈d | stɔ́lɪd/ *adj.* 無神経な, 無感動な; のっそりした, 鈍重な, 鈍感な (⇨ impassive SYN): a ~ man. **sto·lid·i·ty** /stɑ(ː)lídəṭi, stə- | stɔlídɪ̈ti, stə-/ *n.* **~·ly** *adv.* **~·ness** *n.* 〘(*c*1600) ⊏ L *stolidus* dull, stolid ← IE **stel-* to put, stand: ⇨ stall¹, -id⁴〙

stol·len /stóʊlən | stɔ́ʊ-; G. ʃtóːlən/ *n.* (*pl.* ~, ~s) シュトーレン《ドライフルーツとナッツ入りのドイツのパン菓子》. 〘(1906) ⊏ G *Stollen*《原義》post, support〙

sto·lon /stóʊlən, -lɑ(ː)n | stə́ʊlən, -lɔn/ *n.* **1**〘植物〙匐(ふく)枝, 匍匐(ほふく)枝[茎]《地上茎が地面をはって, 地に触れる所から根を生じ, 新個体を生じるもの; runner ともいう》. **2**〘動物〙走根, 芽茎《ウミホタルおよびサルパ類の無性生殖のための出芽部分》. **sto·lon·ic** /stoʊlá(ː)nɪk | stə(ʊ)lɔ́n-/ *adj.* 〘(1601) ⊏ L *stolō(n-)* branch ← IE **stel-* to stand (Gk *stélekhos* trunk / Arm. *stetn* branch): cf. stall¹〙

sto·lon·ate /stóʊlənɪ̈t, -neɪt | stə́ʊ-/ *adj.* 〘植物〙匐(ふく)枝[匍匐(ほふく)枝]をもつ; 匐枝[匍匐枝]から育つ. 〘⇨ ↑, -ate²〙

sto·lo·nif·er·ous /stòʊlənɪ́f(ə)rəs | stə̀ʊ-ˈ/ *adj.* **1**〘植物〙匐(ふく)枝[匍匐(ほふく)枝]を生じる. **2**〘動物〙走根[芽茎]のある. **~·ly** *adv.* 〘(1777): ⇨ ↑, stolon, -iferous〙

sto·lon·i·za·tion /stòʊlənɪ̈zéɪʃən | stə̀ʊlənaɪ-, -nɪ-/ *n.* **1**〘植物〙(匍)匐(ふく)枝形成. **2**〘動物〙芽茎形成.

Sto·lo·va·ya /stəlɔ́vəjə/ *n.* 〘商標〙ストロワヤ《ロシア産のウオツカ; オレンジとレモン香を添加》. 〘⊏ Russ. ~《原義》dining room; cafeteria〙

STÓL·pòrt *n.* 〘航空〙ストール空港《滑走路長が例えば 600 m 程度と短いストール機用空港》. 〘(1968)〙

stom- /stoʊm | stəʊm/ (母音の前にくるときの) stomo- の異形.

sto·ma /stóʊmə | stə́ʊ-/ *n.* (*pl.* ~·ta /~ṭə | ~tə/, ~s) **1**〘植物〙(葉の表皮にある)気孔. **2**〘動物〙気門, 気孔 (pore). **3**〘医学〙口; 小孔; 瘻(ろう), フィステル. **4**〘外科〙(人工肛門の)開口部, ストーマ. 〘(1684) ← NL ~ ← Gk *stóma* mouth: ⇨ stomach〙

-sto·ma¹ /ˊ-stəmə/「口 (mouth); 気孔 (stoma); …の気孔をもつ生物」の意の名詞連結形. 〘↑〙

-stoma² -stomum の複数形.

stom·ach /stʌ́mək, -mɪk | -mək/ *n.* **1** 胃 (⇨ digestive 挿絵): have a strong [weak] ~ 胃が強い[弱い] / lie (heavy) on one's ~ 胃にもたれる / on an empty ~ すき腹のときに, すき腹で; 断食して / on a full ~ 食後に, 満腹の時に / My ~ turns [rises] at it. それを見る[思う]と胸が悪くなる[むかつく] / turn a person's ~ 人に吐き気を催させる, 不快な感を与える / the coats of the ~ 胃壁, 腹膜, 胃の粘着層 / the glandular ~ 腺(せん)質胃 / the muscular ~ 砂嚢(のう)胃 / the ruminants' ~s 反芻(すう)動物の四胃 (the first ~ (第一胃)を瘤(こぶ)胃 (paunch, rumen), the second ~ (第二胃)を蜂巣(ほう)胃 (honeycomb, reticulum), the third ~ (第三胃)を重弁胃 (psalterium, omasum), the fourth [true] ~ (第四胃)を皺(しゅう)胃 (read [reed], abomasum) という). ★ ギリシャ語系形容詞: gastric. **2** 腹部, 腹, 下腹: the pit of the ~ みぞおち / have a pain in the ~ 腹が痛む / get a kick in the ~ 腹を蹴られる / What a ~ he has got! 彼は何て大きな腹をしているのだろう. **3 a** 食欲 (appetite): have a good [no] ~ *for* …を食べたがる[食べたがらない]. **b** [通例否定文で] 欲望, 好み (desire, liking), 意向, 意欲 (inclination)〔*for*〕: have *no* ~ *for* fighting 戦意がない. **4**《古》性格, 気質 (disposition). **5**《廃》**a** 元気 (spirit), 勇気 (courage). **b** 誇り (pride): a proud [high] ~ 高慢. **c** 立腹, 怒り. — *vt.* **1** [通例否定文で]〈侮辱などを〉腹にすえる, 胸におさめる, 我慢する: I can*not* ~ his insult. 彼から受けた侮辱を忍ぶことができない. **2** 腹に取り入れる, こなす, 消化する, 食べる. **3**《廃》…に腹を立てる. — *vi.*《廃》腹を立てる〈*at*〉. 〘(*c*1325) *stomak* ⊏ OF *stomaque*, (O)F *estomac* ⊏ L *stomachus* gullet, esophagus, stomach ⊏ Gk *stómakhos* ← *stóma* mouth ← IE **stəmen-* mouth (Aves. *staman-* mouth (of a dog) / Hitt. *shtamar* mouth)〙

SYN 腹: **stomach** 専門的には「胃」; 一般的には「腹」《最も一般的な語》: I have a weak *stomach*. 私は胃が弱い / He got a punch in the *stomach*. 腹をなぐられた. **abdomen** 腹部 (*belly* に対する専門語): a pain in the *abdomen* 腹部の痛み. **belly** 腹. *abdomen* に対する口語でやや下品な感じがある: crawl on one's *belly* 腹ばいになって進む. **paunch** (特に男性の)太鼓腹《軽蔑または戯言》: He's getting a *paunch*. 彼は次第に太鼓腹になっている. **tummy** ぽんぽん《胃または腹に対する幼児語》: Meg has a *tummy*-ache. メグはぽんぽんが痛い.

---

stómach·àche *n.* 胃痛, 腹痛: have [suffer from] a ~. 〘1763〙

stom·ach·al /stʌ́məkəl, -mɪ-, -kḷ | -mə-/ *adj.* = stomachic.

stómach-còugh *n.* 〘病理〙胃咳嗽(がいそう)《消化器内の刺激によって生じる》. 〘1875〙

stom·ached /stʌ́məkt, -mɪkt | -məktˈ/ *adj.* [通例複合語の第 2 構成素として] (…な)胃をもつ: weak-*stomached* 胃の弱い. 〘1540〙

stom·ach·er /stʌ́məkə, -mɪkə | -məkə(r)/ *n.* **1** 胸衣, ストマッカー《胸部からウエストを覆う逆三角形の衣類または身頃の部分で, 宝石や刺繍の装飾がある; 15–16 世紀には男女ともに着用した》. **2**〘ボクシング〙腹部への打撃. 〘1450〙

stom·ach·ful /stʌ́məkfʊ̀l, -mɪk- | -mək-/ *n.* **1** 胃[腹]一杯(分). **2** 耐えられるだけ: a ~ *of* insult. 〘1600〙

sto·mach·ic /stəmǽkɪk | stə(ʊ)-/ *adj.* **1** 胃の[に関する]. **2** 胃の働き[消化]を助ける; 食欲を強める. — *n.* 健胃剤. 〘(1656) ⊏ LL *stomachicus* ⊏ Gk *stomakhikós*: ⇨ stomach, -ic¹〙

sto·mách·i·cal /-kɪ̈kəl, -kḷ | -kɪ-/ *adj.* = stomachic. **~·ly** *adv.*

stómach pòison *n.* 消化中毒剤《昆虫がそれを摂食して死に至る殺虫剤》.

stómach pùmp *n.* 〘医学〙胃ポンプ. 〘1822–29〙

stómach-stàggers *n. pl.* [単数扱い]〘獣医〙(馬の)胃痙攣(けいれん), 胃痛, 疝痛(せんつう). 〘1831〙

stómach tòoth *n.* (幼児の)下顎犬歯. 〘(1890) この歯が生える時よく胃をこわすことから〙

stómach tùbe *n.* 胃ポンプ用ゴム管. 〘1857〙

stómach ùpset *n.* 胃痛, 腹痛.

stómach wòrm *n.* 〘動物〙胃内寄生虫《羊・やぎ・牛などの第四胃に寄生するネンテンイチュウ(捻転胃虫) (*Haemonchus contortus*) などをいう; twisted stomach worm, wireworm ともいう》. 〘1647〙

stom·ach·y /stʌ́məki | -mə-/ *adj.* **1** 太鼓腹の (paunchy), ほてい腹の. **2**《英方言》怒りっぽい (irritable). 〘(1825) ← STOMACH + -Y⁴〙

stom·ack /stʌ́mək/ *n.* 《アフリカ東部》[次の句で]: **have a ~** 妊娠している.

sto·mal /stóʊməl, -mḷ | stə́ʊ-/ *adj.* = stomatal.

sto·mat- /stóʊmət, stá(ː)m- | stə́ʊm-, stɔ́m-/ (母音の前にくるときの) stomato- の異形.

stomata *n.* stoma の複数形.

stom·a·tal /stá(ː)məṭḷ, stóʊm- | stɔ́mətḷ, stə́ʊm-/ *adj.* 気門[気孔, 小孔]の[に関する, を構成する]. 〘(1861): ⇨ stomato-, -al¹〙

sto·mate /stóʊmeɪt | stə́ʊ-/ *adj.* 〘生物〙小孔[葉孔, 気孔]のある. — *n.* 〘植物〙= stoma 1. 〘adj.: (1855) ← STOMA + -ATE². — n.: (1835) ← NL *stomat-* 'STOMA'〙

sto·mat·ic /stəmǽṭɪk | stə(ʊ)mǽt-/ *adj.* **1** 口の. **2**〈薬が〉口の病気に効く. **3** = stomatal. 〘(1656) ← STOMATO- + -IC¹〙

sto·ma·ti·tis /stòʊmətáɪṭɪ̈s, stɑ̀(ː)m- | stə̀ʊmətáɪtɪs, stɔ̀m-/ *n.* (*pl.* **sto·ma·tit·i·des** /-tɪ́ṭədìːz | -títɪ-/, **~·es**)〘病理〙口内炎. **sto·ma·tit·ic** /stòʊmətɪ́ṭɪk, stɑ̀(ː)m- | stə̀ʊmətɪ́t-, stɔ̀m-ˈ/ *adj.* 〘(1859): ⇨ ↓, -itis〙

sto·ma·to- /stóʊməṭoʊ, stá(ː)m- | stə́ʊmətəʊ, stɔ́m-/「口 (mouth); 気孔 (stoma)」の意の連結形. ★ 母音の前では通例 stomat- になる. 〘← NL *stomato-* ← Gk *stomato-* ← *stóma* 'STOMA'〙

stòmato·gástric *adj.* 〘動物〙口腔胃の, 口胃の《特に無脊椎動物の内臓神経系についていう》.

stòmato·gnáthic *adj.* 〘解剖〙顎口腔の.

sto·ma·tol·o·gy /stòʊmətá(ː)lədʒi, stɑ̀(ː)m- | stə̀ʊmətɔ́l-, stɔ̀m-/ *n.* 口腔(こう)病学, 歯科学, 歯科 (dentistry). **sto·ma·to·log·i·cal** /stòʊməṭəlá(ː)dʒɪkəl, stɑ̀(ː)m-, -kḷ | stə̀ʊmətəlɔ́dʒɪ-, stɔ̀m-ˈ/ *adj.*

stò·ma·tól·o·gist /-dʒɪ̈st | -dʒɪst/ *n.* 〘(1895) ← STOMATO- + -LOGY〙

sto·mat·o·my /stoʊmǽṭəmi | stə(ʊ)mǽt-/ *n.* 〘外科〙= stomatotomy.

stómato·plàsty *n.* 〘医学〙**1** 口内整形術. **2** 卵管膨大部形成術. 〘1857〙

sto·mat·o·pod /stoʊmǽṭəpɑ̀(ː)d, stóʊməṭə- | stəʊmǽtəpɔ̀d, stə́ʊmətə-/ 〘動物〙*adj.* 口脚目の. — *n.* 口脚目の動物《シャコ類など》. 〘(1877) ↓〙

Sto·ma·top·o·da /stòʊmətá(ː)pədə, stɑ̀(ː)m- | stə̀ʊmətɔ́pədə, stɔ̀m-/ *n. pl.* 〘動物〙口脚目. 〘← NL ~: ⇨ stomato-, -poda〙

stómato·scòpe *n.* 〘医学〙腔鏡(こうきょう). 〘1855〙

sto·ma·tot·o·my /stòʊmətá(ː)ṭəmi | stə̀ʊmətɔ́t-/ *n.* 〘外科〙子宮口切開(術) (stomatomy ともいう). 〘← STOMATO- + -TOMY〙

stom·a·tous /stá(ː)məṭəs, stóʊm- | stɔ́mət-, stə́ʊm-/ *adj.* 〘生物〙= stomate. 〘(1880) ← STOMATO- + -OUS〙

-stom·a·tous /stá(ː)məṭəs, stóʊm- | stɔ́mət-, stə́ʊm-/「…の口をした」の意の形容詞連結形. 〘? ← NL *-stomatus* ← Gk *stomat-*, *stóma* (⇨ stoma)〙

-stome /ˊ-stòʊm | -stəʊm/「口 (mouth)」の意の名詞連結形: cyclostome. 〘← NL *-stoma*: ⇨ stoma〙

-stomi -stomus の複数形.

sto·mo- /stóʊmoʊ | stə́ʊməʊ/「口 (mouth); 気孔 (stoma)」の意の連結形. ★ 母音の前では通例 stom- になる. 〘← NL ~ ← Gk *stóma*: ⇨ stoma〙

sto·mo·dae·um /stòʊmədíːəm | stə̀ʊ-/ *n.* (*pl.* **-dae·a** /-díːə/, ~s)〘生物〙口陥《発生の段階での口のでき始めになるくぼみ; cf. proctodaeum》. **stò·mo·dáe·al** /-díːəlˈ/ *adj.* 〘(1876) ← NL ~ ← Gk *stóma* 'mouth, STOMA' + *hodaîos* on the way〙

sto·mo·de·um /stòʊmədíːəm | stə̀ʊ-/ *n.* (*pl.* **-de·a** /-díːə/, ~s)〘生物〙= stomodaeum. **stò·mo·dé·al** /-díːəlˈ/ *adj.*

-sto·mous /ˊ-stəməs/ = -stomatous. 〘← NL *-stomus* ← Gk *stóma*: ⇨ stoma〙

stomp /stá(ː)mp | stɔ́mp/ *n.* **1** 足を踏み鳴らすこと. **2**〘音楽〙ストンプ《聴衆が興奮して足を踏み鳴らすような, ビートの強いジャズ音楽; それに合わせて踊るダンス; 1930 年ごろの米国南部諸州で流行; デキシーからモダンジャズへの過渡期に当たる》. — *vt.*《口語》= stamp 3, 4; (特に)踏みつける: ~ an ant to death アリを踏みつぶす. — *vi.* **1**《口語》= stamp. **2** ストンプを踊る. **~·er** *n.* 〘(1803)《変形》← STAMP〙

stomp·ie /stá(ː)mpi | stɔ́m-/ *n.* 《南ア》たばこの吸いさし. 〘(1947) ⊏ Afrik. ~ ← *stomp* 'STUMP' ⊏ Du.〙

stómp·ing gròund /stá(ː)mpɪŋ | stɔ́mp-/ *n.* = stamping ground.

-sto·mum /ˊ-stəməm/ (*pl.* **-sto·ma** /-mə/)「口; …の口をした生物」の意の名詞連結形. 〘← NL ~ ← Gk *stóma*: ⇨ stoma〙

-sto·mus /ˊ-stəməs/ (*pl.* **-sto·mi** /-màɪ/)「…の口をした状態; …の口をした生物」の意の名詞連結形. 〘← NL ← Gk *stóma* (↑)〙

-sto·my¹ /ˊ-stəmi/ *n.* 〘外科〙「人工的な開口部を作る手術, 二つの中空器官の間に新しい開口部を作って連結する手術」の意の名詞連結形: gastro*stomy*, ileo*stomy*, gastroentero*stomy*. 〘← STOMO- + -Y²〙

-sto·my² /ˊ-stəmi/「…の状態の口」の意の名詞連結形. 〘← -STOME + -Y²〙

stone /stóʊn | stə́ʊn/ *n.* (*pl.* ~s, 5 では通例 ~) **1 a** 石《岩石 (rock), 石塊を構成する物質をいう; また岩より小さく砂 (sand) より大きいさまざまの形の石塊をいう; cf. boulder, cobble¹, pebble, gravel, granule》: blocks of ~ 石の塊 / an immense piece of ~ 巨大な石 / a precious ~ 宝石 (cf. 2 d) / an artificial ~ 人造石 / throw [cast] ~s 石を投げる / ⇨ stone's throw / Those who live in glass houses should not throw ~s.《諺》すねに傷持つ者は他人の批評など言わぬがよい / You cannot get blood [water] from [out of] a ~.《諺》石から血[水]は出ぬ《無情な人間[強欲者]から同情[金]は得られない》/ A rolling ~ gathers no moss. ⇨ rolling stone / find sermons in ~s ⇨ sermon / cast [throw] ~s [a ~] at …に石を投げる; …を非難する / break ~s (敷石用に)石を砕く; (道路補修用の)石を割って生活する / kill two birds with one ~ ⇨ bird 1 / (as) cold [hard] as (a) ~ 石のように冷たい[堅い], 石のように無情で / (as) dead as a ~ 完全に死んで (cf. stone-dead) / a heart of ~ 石のような心, 無情, 残忍 / harden into ~ 石(のよう)にする[なる]; 頑固にする[なる] / turn to ~ 石になる, 石化する / a wall of ~ 石の壁, 石塀 / a floor made of ~ 石の床 (cf. *be made of* STONE). **b** 岩 (rock). **c** 堅い鉱物. **d**〘岩石〙石質隕石 (aerolite). **2 a** 石で造られたもの. **b** 建築用石材 (building stone). **c** 敷石 (paving stone). **d** 宝石, 石 (gemstone): a ring set with five ~s 5 石入りの指輪. **e** 臼(うす)石 (millstone). **f** 砥石(といし) (grindstone). **g** 墓石 (gravestone, tombstone). **h** 記念碑, 石碑 (monument). **i**〘時計〙石 (jewel). **3 a** 小石状のもの. **b** ひょう, あられ (hailstone). **c** さね, 種, 核 (putamen)《ウメ・モモなどの堅い内果皮; cf. stone fruit》. **d** [通例 *pl.*]《古・卑》睾丸 (testicles). **e** (バックギャモン (backgammon) で)駒. **f** (碁の)石. **g** さえない灰色のもの. **4**〘医学〙結石 (calculus); 結石症: undergo an operation for (the) ~ 結石症の手術を受ける / be cut for the ~《古》結石症のため切られる / have a ~ in one's kidney 腎臓に結石ができる. **5** (*pl.* ~)《英》ストーン《重量の単位; 通例 14 ポンドで, 特に人の体重を表すのに用いる; 肉の場合は 8 ポンド, チーズは 16 ポンド, 干し草は 22 ポンド, 羊毛は 24 ポンド; 略 st.》. **6**〘印刷〙組付け台 (imposing stone [surface, table] ともいう); 石版石. **7**〘カーリング〙= curling stone. **8**《廃》鏡 (mirror) (cf. Shak., *Lear* 5. 3. 263).

be máde of stóne 感情をあらわにしない, 思いやりがない (cf. 1 a). ***cást [thrów] the first stóne at*** … 真っ先に非難する (cf. 1 a; *John* 8: 7). (1568) ***give a stóne and a béating to*** …を楽々と負かす, …に楽勝する. 《(1885) もと競馬や運動競技の俗語》 ***give a stóne for bréad*** パンを求める者に石を与える; 助けるまねをして愚弄(ぐろう)する (cf. *Matt.* 7: 9). ***léave nó stóne untúrned*** あらゆる手段を尽くす, 八方手を尽くす 〈*to do*〉. (*c*1550) ***márk with a white stóne*** 〈ある特定の日を〉幸運の日として特筆する《古代ローマ人が, 白チョークで暦に備忘のため福事のあった日に印をつけた故事から》: I *mark* yesterday *with a white* ~. I made £9,000 yesterday. 昨日は幸運の日として特筆したい. 昨日 9 千ポンドもうけたのだ. ***sét a stóne rólling*** (1) 石を転がす. (2) とんでもない結果になるような事をやり出す. (1612–13) ***sét [cárve] … in (táblets of) stóne*** [しばしば否定文で]〈考えなどを〉変えられない. ***(The [The véry]) stónes will crý óut.*** 悪事は必ず露見するもの (cf. *Luke* 19: 40). ***the stóne of Sísyphus*** ⇨ Sisyphus 成句.

age of stóne [the —] = Stone Age.

Stóne of Déstiny [the —] 運命の石 (⇨ Scone).

Stóne of Scóne [the —] ⇨ Scone.

— *vt.* **1** …に石を投げつける, 投石する; (特に)石を投げつけて追う[殺す]: ~ a person to death 石をぶつけて人を殺す. **2**〈果物〉の種を取る (cf. stoned 3). **3** …に石を据える[積む, 敷く, 張る], 石で固める: ~ a wall, well, etc. **4**〈革を〉石で磨く; 砥石で研ぐ. **5 a**〈酒・麻薬などが〉無感覚にする, しびれさせる (cf. stoned 1). **b**《廃》鈍感にする; 冷酷にする. **c**《廃》石化する.

Stóne me!《英口語》= *Stone* [*Stiffen*] *the* CROWS! (1961)

— *adj.* [限定的] **1** 石の, 石製の, 石造りの: a ~ bridge 石橋 / ~ implements 石器 / a ~ bottle, mug, wall, etc. / ⇨ stonewall. **2** [S-] 石器時代の: ~ culture. **3** グレーがかったベージュの. ***rún one's héad agàinst a stóne wáll*** ⇨ head 成句. ***sée through a stóne wáll*** ⇨ wall¹ 成句.

stón(e)·a·ble *adj.* **〜·lìke** *adj.*
〘OE *stān* < Gmc **stainaz* (Du. *steen* / G *Stein* / ON *steinn* / Goth. *stains*) ← IE **stai-* stone (L *stīria* icicle / Gk *stía* & *stîon* pebble / Skt *styāyate* it curdles)〙
Stone /stóun | stə́un/, **Edward Durell** *n.* ストーン《1902–78; 米国の建築家·製作者; *JFK Center* (1964)》.
Stone, Harlian Fiske *n.* ストーン《1872–1946; 米国の裁判官; 最高裁判所長官 (1941–46)》.
Stone, Irving *n.* ストーン《1903–89; 米国の作家; 伝記小説で有名》.
Stone, Sir **(John) Richard (Nicholas)** *n.* ストーン《1913–91; 国民所得算定法式の発展に対する貢献で Nobel 経済学賞を受賞 (1984)》.
Stone, Lucy *n.* ストーン《1818–93; 米国の社会改良家·婦人参政権論者》.
Stone, Oliver *n.* ストーン《1946– ; 米国の映画監督·脚本家》.
Stone, Sharon *n.* ストーン《1958– ; 米国の女優; *Basic Instinct* (1992)》.
Stóne Àge *n.* [the 〜]〘考古〙石器時代《人類文化の発展の最古の段階で, Paleolithic, Mesolithic, Neolithic などの時期に分かれる; cf. Bronze Age, Iron Age》.
Stóne-Àge *adj.* 〘1864〙
stóne áx [áxe] *n.* **1** (石工用)石切り斧(おの). **2**〘考古〙石斧(せきふ), 石製の斧. 〘OE *stānæx*〙
stóne·bàss /-bæ̀s/ *n.*〘魚類〙ニシオスズキ (*Polyprion americanus*)《大西洋産のスズキ科の魚; wreckfish ともいう》. 〘1698〙
stóne-blínd *adj.* 全く目の見えない, 全盲の (cf. sand-blind, gravel-blind). **〜·ness** *n.* 〘(*c*1375) *staneblynde*〙
stóne blúe *n.* **1** 灰色がかった青色. **2** 青緑色 (azurite blue). 〘1675〙
stóne·bòat *n.*《米》石塊などを近距離の場所に運ぶそり《stone drag ともいう》. 〘(*c*1336) *stanbate*〙
stóne bòiling *n.* 焼石を水に投げ込んで湯を沸かすこと《原始的湯沸かし法》. 〘1865〙
stóne bólt *n.*〘建築〙アンカーボルト, 基礎ボルト, 埋込みボルト.
stóne bòrer *n.*〘貝類〙海岸の岩石に穿孔して, 一生その穴の中にすむ *Lithophaga* 属の貝類の総称《ヨーロッパシギノハシ (*L. lithophaga*), 日本のイシマテガイ(別名イシワリ) (*L. curta*) など; stone-eater ともいう》. 〘1854〙
stóne bòttle *n.* 炻器(せっき)の瓶 (cf. stoneware).
stóne·bòw /-bòu | -bə̀u/ *n.* 石弓(いしゆみ)《小石を飛ばす弩(おおゆみ)》. 〘1419〙
stóne bràmble *n.*〘植物〙ルブス サキサティリス (*Rubus saxatilis*)《欧州産キイチゴの一種; cf. bramble 1》.
stóne·brèak *n.*〘植物〙ユキノシタ《ユキノシタ属 (*Saxifraga*) の植物の総称》; (特に)タマユキノシタ (meadow saxifrage). 〘1548〙
stóne-bróke *adj.*《米口語》一文なしの (penniless). 〘1886〙
stóne brùise *n.* 石の上を歩いてできた足の裏の傷. 〘1805〙
stóne canàl *n.*〘動物〙石管《棘皮(きょくひ)動物の水管系における多孔体と歩環管とを連絡する管》. 〘1887〙
stóne·càst *n.* =stone's throw. 〘(*a*1325) *stancast*〙
stóne·càt *n.*〘魚類〙Mississippi 川流域や五大湖などに生息するナマズ目イクタルルス科の魚 (*Noturus flavus*)《背びれと胸びれに毒のあるとげをもつ》. 〘1882〙
stóne cèll *n.*〘植物〙石細胞 (⇨ brachysclereid). 〘1875〙
stóne·chàt *n.*〘鳥類〙ノビタキ (*Saxicola torquata*)《ツグミ科の小鳥》. 〘(1783): 小石をたたくような鳴き声から〙
stóne chína *n.* **1** (昔の英国産の)厚手の白色磁器. **2** =ironstone china. 〘1825〙
stóne cìrcle *n.*〘考古〙環状列石 (cromlech)《古くは新石器時代の墳墓の一形式; ほとんどが青銅器時代の巨石記念物の一種で, 石を環状に立てめぐらしたもの; 起源的なものはイギリス諸島にしかみられない》. 〘1827〙
stóne còal *n.* 無煙炭 (anthracite). 〘1585〙
stóne-cóld *adj.* (石のように)非常に冷たい. **—** *adv.* 完全に: 〜 sober 完全なしらふで. 〘1592〙
stóne cràb *n.*〘動物〙米国南部の大西洋沿岸に産する大型のカニ《食用》. 〘1713〙
stóne·cròp *n.*〘植物〙ヨーロッパマンネングサ (*Sedum acre*)《ヨーロッパ原産ベンケイソウ科の小形の多年草; 花は黄色; love-entangle, wall pepper ともいう》. 〘lateOE *stāncrop*〙
stóne crùsher *n.* 砕石機. 〘1875〙
stóne cúrlew *n.*〘鳥類〙イシチドリ《夜行性で半砂漠地帯にすむ脚の長いイシチドリ科の鳥類の総称; stone plover, thick-knee ともいう》.
stóne·cùtter *n.* **1** 石工. **2** 石切り機. 〘1540〙
stóne·cùtting *n.* 石切り. 〘1611〙
stoned *adj.* **1**《俗》(酒·麻薬などで)酔った: get 〜 酔う, しびれる / get 〜 on hash ハシーシに陶酔する. **2** 石をもった. **3** 〈果物など〉核[種]を取り除いた: 〜 prunes [raisins, olives]. 〘1483〙
stóne-déad *adj.* 完全に死んだ: *Stone-dead* hath no fellow.《諺》(死人ならいざ知らず)生きている人同士では秘密が保てない,「人の口に戸は立てられぬ」(cf. Dead men tell no tales. ⇨ dead *adj.* 1). 〘(*c*1300) *standed*〙
stóne-déaf *adj.* 全く耳の聞こえない. **〜·ness** *n.* 〘1837〙
stóne dràg *n.*《米》=stoneboat.
stóne·èater *n.*〘貝類〙=stone borer. 〘1820〙
stóne fàce *n.* 無表情な人. 〘1949〙
stóne-fàced *adj.* (石のように)無表情な, 感情をまるで表さない (stony-faced).
stóne fènce *n.* **1**〘1809〙《米中部》=stone wall. **2**〘1859〙《米俗》ストーンフェンス《ウイスキー·ジン·ブランデーなどの蒸留酒とりんごのカクテル》.
stóne·fèrn *n.*〘植物〙=scale fern. 〘1552〙
stóne·fìsh *n.*〘魚類〙熱帯インド太平洋海域のサンゴ礁にすむオニオコゼ科の魚類の総称《オニダルマオコゼ (*Synanceja verrucosa*) など》. 〘1668〙
stóne flỳ *n.*〘昆虫〙カワゲラ《カワゲラ目の昆虫の総称; 幼虫は水生で成長するのに長年月を要するが, 成虫の寿命は数日》. 〘(*a*1450) *stonflye*〙
stóne frùit *n.* 石果, 核果 (drupe)《ウメ·モモのように堅い核のある果物》. 〘1523–34〙
stóne-gróund *adj.* 石臼でひいた. 〘1905〙
stóne·hànd *n.*〘印刷〙=stoneman 2. 〘1896〙
stóne-hárd *adj.* 石のように硬い. 〘(?*c*1380) *stonharde*〙
Stone·ha·ven /stounhéɪvən | stəun-/ ★ 現地ではまた /stèɪnháɪ/ とも発音する. *n.* ストーンヘブン《スコットランド北東部 Aberdeen 南方の港町で, 同州の州都》.
Stone·henge /stóunhendʒ | stə̀unhéndʒ⁻/ *n.* ストーンヘンジ《英国 Wiltshire 州の Salisbury 平原にある巨石柱の二重の環状列石; 新石器時代後期から青銅器時代にかけてのものといわれる; cf. trilithon》. 〘(12C) *stonheng* ← OE *stān* 'STONE' + *hengen* something hanging, cross, rack (← *hangian* 'to HANG')〙
stóne-hòrse *n.*《方言》種馬 (stallion). 〘(1580) ← STONE (n.) 3 d〙
stóne-ìron *n.* 石鉄隕石.
stóne·less *adj.* **1** 石[宝石]のない. **2** 種[核]のない. **〜·ness** *n.* 〘1: 1823; 2: 1815〙
stóne lìly *n.* ウミユリの化石 (fossil crinoid). 〘1808〙
stóne·man /-mən/ *n.* (*pl.* **-men** /-mən, -mèn/) **1** 石工 (stonemason). **2**〘印刷〙組付け工. 〘1875〙
stóne màrten *n.* **1**〘動物〙ブナテン, イシテン (*Martes foina*)《ヨーロッパおよびアジア産の胸に白斑のあるテン; beech marten ともいう》. **2** ブナテンの毛皮. 〘1841〙
stóne·màson *n.* 石工, 石屋. 〘1758〙
stóne·màsonry *n.* 石積み. 〘1818〙
Stone Móuntain *n.* ストーン山《米国 Georgia 州北部, Atlanta 市の近くにある巨大な花崗岩の山(高さ 587 m, 長さ 1,500 m); 岩壁に南北戦争当時の南軍勇士らの彫像がある》.
stóne pàrsley *n.*〘植物〙**1** ヨーロッパ·小アジア産セリ科の植物 (*Sison amomum*)《種子をスパイスに用いる; wild chervil ともいう》. **2** イブキボウフウ《セリ科イブキボウフウ属 (*Seseli*) の植物の総称》. 〘1548〙
stóne pìne *n.*〘植物〙南欧地中海沿岸地方産マツ属の植物 (*Pinus pinea*)《樹冠が傘状に広がっているので umbrella pine ともいう; 実は食用》. 〘1759〙
stóne pìt *n.* 採石場, 石切り場 (quarry). 〘*c*1325〙
stóne plòver *n.*〘鳥類〙**1** =stone curlew. **2** = black-bellied plover.
stóne próof *n.*〘印刷〙《組付け》台ゲラ《活版組付け台の上でとった校正刷》.
ston·er /stóunə | stə́unə^(r)/ *n.* **1** 石を投げる人[道具, 機械], 投石者; 石壁を造る[で囲う]人. **2** (果実の)核[種]取り器; (コーヒー豆の羊皮と銀皮を取り除く) 精製器[機]. **3**《俗》酔っぱらい;《俗》麻薬常用者, マリファナ吸引が大好きなティーンエージャー. 〘*a*1350〙
stóne ròller *n.*〘魚類〙巣を作る時に石を動かす習性のある魚類の総称: **1** =hog sucker. **2** 米国のコイ科の淡水魚 (*Campostoma anomalum*). 〘1878〙
Stones /stóunz | stə́unz/ *n. pl.* [the 〜] ⇨ Rolling Stones.
stóne sàw *n.* 石切りのこぎり.
stóne's cást *n.* =stone's throw.
stóne·sèed *n.*〘植物〙=stoneweed.
stóne shòot *n.*〘登山〙岩屑(がんせつ)の散在する長い急斜面.
Stónes Ríver /stóunz- | stə́unz-/ *n.* [the 〜] ストーンズ川《米国の Tennessee 州中部を流れ, Cumberland 川へ注ぐ (97 km)》.
stóne's thrów *n.* 石を投げて届くほどの距離; 近距離: at a 〜 / within a 〜 of [from] ...から近距離に, ...のすぐ近くに. 〘1581〙
stóne-stíll *adj.* じっとしている, 不動の (motionless). 〘?*a*1200〙
stone·wall /stóunwɔ̀ːl, -wɑ̀ːl | stə́unwɔ̀ːl⁻/ *vi.* **1** 石垣[壁]で囲む. **2**《英》妨害工作をする (obstruct); (特に) 議事妨害を行う (filibuster). **3**〘クリケット〙(アウトにならぬように)消極的なプレーをする. **—** *vt.* 《英》〈議事を〉妨害する (filibuster). **—** *adj.* [限定的] **1** 石垣の(ように堅固な). **2** 頑強な, 頑固な (stubborn): a 〜 policy, attitude, etc. **〜·er** *n.* 〘(1880) ↓〙
stóne wáll *n.* **1**《米北部·英》石垣, 石塀; 石壁. **2** (政治上などの)妨害. **3** 越え難い障害(物), 妨害. 〘OE *stānwalle*〙
stóne·wálling *n.* **1** 石垣を作ること; 石垣. **2**《英》議事妨害 (filibustering). **3**〘クリケット〙打手がアウトにならないように消極的なプレーをすること《引分けに持ち込むために時間をかせぐため, または同時に出ているパートナーに打点させる戦法としても使われる; cf. *sit on the* SPLICE》. 〘1799〙
Stóne·wall Jáckson /stóunwɔ̀ːl-, -wɑ̀ːl- | stə́unwɔ̀ːl-/ *n.* T. J. Jackson の通称.
stóne·wàre *n.*〘窯業〙炻器(せっき)《吸水性·透光性のない陶磁器の一種; cf. earthenware》. **stóne-wàre** *adj.* 〘1683〙
stone·wash *a.* =stonewashed.
stóne·wàshed *adj.* ストーンウォッシュの《ジーンズや革製品に着古した感じをあたえるため, 軽石などを混ぜて洗う加工法》.
stóne·wèed *n.*〘植物〙ムラサキ《ムラサキ属 (*Lithospermum*) の植物の総称; stoneseed ともいう》. 〘1847〙
stóne·wòrk *n.* **1 a** 石[宝石]細工, 石造技術, 石工事 (stone masonry). **b** [集合的] 石造(建築)物, 石造部. (cf. woodwork). **2** [*pl.*; 通例単数扱い] 建築石材工場, 石細工場. 〘OE *stānweorc*〙
stóne·wòrker *n.* 石工 (stonecutter). 〘1898〙
stóne·wòrt *n.*〘植物〙**1** シャジクモ《シャジクモ科の淡水産緑藻の総称》. **2** =scale fern. 〘1585〙
ston·ey /stóuni | stə́uni/ *adj.* (**ston·i·er**; **-i·est**) = stony. 〘1695〙
stóne yàrd *n.* 石切り場.
stó·ney gàte /stóuni- | stə́uni-/ *n.*〘土木〙ストーニ水門《扉体(ひたい)と戸当たりとの間にはしごローラーを挿入した水門》. 〘← *Bindon B. Stoney* (*d.* 1909: アイルランドの技師)〙
stonk /stɑ́(ː)ŋk | stɔ́ŋk/ *n.* 集中砲火, 猛爆[砲火]. **—** *vt.* ...に猛爆[砲撃]を浴びせる. 〘(1841)《擬音語》?: cf.《方言》*stonk* game of marbles〙
stonk·er /stɑ́(ː)ŋkə | stɔ́ŋkə^(r)/ *vt.*《豪俗》**1** 強打する, なぐって意識不明にする. **2** 完全に挫折させる; 困惑させる (baffle). **—** *n.*《英口語》どえらくでかい[目立つ]もの. 〘(1919) ?〙
stónk·ered《豪口語》*adj.* 疲れ切った, くたばった; 酔っ払った.
stónk·ing *adj.*《英口語》すごくいい.
ston·y /stóuni | stə́uni/ *adj.* (**ston·i·er**; **-i·est**) **1 a** 石の, 石質の; 石の多い, 石ころだらけの: a 〜 path 石の多い道 / 〜 ground 石質の土地. **b**《古》石製の, 石造りの. **2** 石のように堅い: a 〜 mass 石のような堅い塊. **3 a** 石のように冷たい. **b** 冷酷な, 残忍な, 無情な (merciless), 感じのない (unfeeling), 因業(いんごう)な (obdurate): a 〜 heart 無情, 冷酷. **c** 動かない, 不動の (motionless), じっとしている (rigid): a 〜 stare [gaze, look] じっと見つめる凝視. **4** 立ちすくませる(ような) (petrifying): 〜 fear [horror, grief] (立ちすくむような)はなはだしい恐怖[戦慄(せんりつ), 悲しみ]. **5**《英口語》破産した, 文(もん)なしの (penniless) (cf. stone-broke). **6**《廃》〈果物が〉種[核]のある: a 〜 fruit 核果. ***fáll on stóny ground*** 〈言葉·忠告などが〉聞き流される, 無視される. **stón·i·ly** /-nəli, -nḷi | -nḷi, -nḷi/ *adv.* **stón·i·ness** *n.* 〘OE *stānig*: ⇨ stone (n.), -y¹〙
stóny-bróke *adj.*《英口語》=stone-broke. 〘1890〙
stóny córal *n.*〘動物〙イシサンゴ《堅い石灰質の外骨格を有するサンゴチュウで, この骨格の堆積(たいせき)したものが珊瑚(さんご)礁 (coral reef)》. 〘1882〙
stóny-fáced *adj.* 無表情の. 〘1933〙
stóny·héarted *adj.* 無情な, 冷酷な, 残忍な (cruel), 無慈悲な (merciless). **〜·ness** *n.* 〘1569〙
stóny-ìron méteorite *n.*〘天文〙石鉄隕石《相当の量の岩石·鉄をともに含む隕石》.
stóny méteorite *n.*〘天文〙石質隕石《ほとんどが岩石から成る隕石》.
stóny pít *n.*〘植物病理〙ナシのウイルス病《果実が変形して, あばたを生じる》.
Stóny Póint *n.* ストーニーポイント《米国 New York 州南東部の村で, Hudson 川に臨む; 独立戦争当時, 英国の砦があった》.
stood /stʊ́d/ *v.* stand の過去形·過去分詞. 〘OE *stōd*: 過去分詞 (OE (*ge*)*standen*) は 16 C に pret. に同化〙
stooge /stúːdʒ/ *n.* **1**《口語》(主役の喜劇役者を引き立たせるためにからかわれる脇役を演じる)引き立て役, ぼけ役 (straight man). **2**《口語·軽蔑》**a** (こびるように他人のために行動する)補助役, 手下,「太鼓持ち」. **b** 傀儡(かいらい) (puppet). **3**《米俗》=stool pigeon 2 b. **—** *vi.* **1**《口語》(...の)引き立て役[補助役]を務める (*for*). **2**《俗》**a** 〈飛行機が〉(低空で決まった所を)旋回する. **b** あてもなくぶらぶらする 〈*around*〉. 〘(1913) ← ?〙
stook /stúːk, stʊ́k/《スコット·北英》*n.* (畑に積み重ねた)麦などの刈束の山 (shock). **—** *vt.* 〈刈麦などを〉山に積む[する]: 〜 sheaves. **—** *vi.* 刈麦などを山に積む. 〘(15C) *stouk* ◻? MLG *stūke*〙
stook·ie /stʊ́ki/ *n.* (*also* **stook·y** /〜/)《スコット》**1** =stucco. **2** 焼き石膏 (plaster of Paris). **3** 立像. 〘(1796)《変形》← STUCCO〙
stool /stúːl/ *n.* **1 a** (ひじ掛け·背もたれのない一人用の)腰掛け, 床几(しょうぎ), スツール: ⇨ campstool, cutty stool / a three-legged 〜 三脚床几 / a folding 〜 たたみ床几. ⇨ chair 日英比較. **b** (バーなどにある)脚高の一本足の腰掛け,「止まり木」. **c** 足台 (footstool), ひざつき台. **2 a** 便, 大便 (feces); 便通 (evacuation). **b** 便所 (privy): go to [strain at] 〜 便所へ行く. **c**《古》(腰掛け式の)便器 (commode). **3 a** (権威と機能の象徴としての) bishop の座; bishop の職. **b** (アフリカ西部で地位と家柄としての)酋長[部族長]の座. **4 a**《北米》窓台敷居 (window sill). **b** 窓の竪枠がのる台. **5 a** (また芽の出る)切株, 根; 母樹, 親木, 親株. **b** 切株または根から生じた若枝, 取り木. **6**〘狩猟〙《米》**a** おとりの止まり木. **b** おとり (decoy); おとりのカモ. **7** =stool pigeon.
fall* [*come to the ground*] *between two stóols 虻蜂(あぶはち)取らずに終わる, 二兎を追って一兎も得ない. 《*a*1393》
stóol of repéntance《スコット》=cutty stool 2.
— *vi.* **1** (親木から)若枝[芽]を出す, 蘖(ひこばえ)を生じる. **2**《米口語》おとりを務める. **3** おとりで野鳥をおびき寄せる. **4**《古》便所へ行く. **—** *vt.* (芽·若枝を出させるために)〈親木を〉切る.

〚OE stōl < Gmc *stōlaz (Du. stoel / G Stuhl / ON stōll / Goth. stōls throne) ← IE *stā- 'to STAND': ⇨ -le¹〛

stóol·bàll n. 《英》スツールボール《15–17 世紀ごろ行われたクリケットに似た女子の遊戯で, 英国では地方によって今でも行われる》. 〚a1475〛

stool·ie /stúːli/ n. 《米口語》=stool pigeon 2 b. 〚1924〛

stóol láyering n. 〚園芸〛=mound layering.

stóol pìgeon n. 《米》 1 (おとりに使う)ハト, おとりバト. 2 《口語》 a (警察・雇い主などの)スパイ, 密告者 (stoolie), いぬ. b (香具師(ﾔｼ)・博打(ﾊﾞｸﾁ)打ちなどの)おとり, さくら. 〚(1830): おとりを止まり木に止まらせたことから〛

stóol·y n. 《俗》(警察の)おとり (stool pigion).

stoop¹ /stúːp/ vi. 1 a 猫背である, 腰が曲がる; 前かがみになる, 体を曲げる (bend): ~ from age 老齢で腰が曲がる / Sit up straight and don't ~. まっすぐに腰掛けて前かがみにならないで. b 前かがみで歩く. c 〈木などが〉曲がる, 傾く (bow, lean). 2 かがむ, こごむ, 腰を曲げる 〈down〉: ~ to pick a flower 花を摘むために身をかがめる / ~ over a desk 机の上に前かがみになる. 3 恥ずべきことをあえてする, 恥を忍んで…する, 身を落として[卑下して]…する (condescend, deign) 〈to do〉; 〔…に〕身を落とす (to): ~ to meanness and duplicity 身を落として卑劣な不信行為をする / ~ to conquer [win] 屈辱を忍んで目的を遂げる (cf. 「負けるが勝ち」) / He'd never ~ to murder. 彼は人を殺すような男ではない. 4 〈鷹などが〉〈獲物に〉上から襲いかかる (swoop, pounce) 〔at, on, upon〕. 5 《まれ》屈服する, 屈従する (yield). 6 《廃》高い所から降りる. — vt. 1 〈体・頭・首・肩・背を〉かがめる, こごめる, 曲げる: ~ oneself 身をかがめる / ~ one's head, one's shoulder, one's back, etc. 2 《古》卑下させる (abase, humble); 屈従[屈服]させる (subject). — n. 1 a 猫背, 腰の曲がり: He has a shocking ~. 彼はひどい猫背だ. b かがむこと, こごむこと, 屈身. 2 恥を忍ぶこと, 身を落とすこと, 卑下 (condescension). 3 (鷹などの)襲いかかり (swoop).
~·er n. 〚OE stūpian ← Gmc *stūp- (MDu. stūpen / ON stūpa) ← IE *steu- to push, beat: cf. steep¹〛

SYN へりくだる: **stoop** 道徳的水準を下げて…する: I wouldn't stoop to cheating. 身を落としてぺてんを行うなんてしたくない. **condescend** 〈身分の高い人が〉へりくだって愛想よくする《しばしば相手のレベルまで自分を落として…するの意を含む》: He condescends to no one. だれにもへりくだらない. **deign** まるで恩恵を与えるようにふるまう《格式ばった語》: He barely deigned to answer me. 返事らしい返事さえしてくれなかった. **patronize** 〈人に〉庇護者ぶった態度をとる: I don't like his patronizing attitude. 彼の庇護者ぶった態度が気に食わない.

stoop² /stúːp/ n. 《米・カナダ》(玄関前の)階段の付いたポーチ. 〚(1789) ◻ Du. stoep: ⇨ stoep〛

stoop³ /stúːp/ n. =stoup. ★ stoup ほど用いない.

stoop⁴ /stúːp/ n. 《古・北英方言》柱, 支柱 (pillar, post). 〚(?a1350) stulp(e), stolp(e) ◻ ON stolpi〛

stóop·bàll n. 《米》〚遊戯〛ストゥープボール《街路・校庭などの狭い場所で行う野球に似たゲーム; 階段・壁にボールを投げつけてベースへ向かって駆ける; 相手チームはそのボールを空中で捕えアウトにしようとする》. 〚1941〛

stóop cròp n. 前かがみの姿勢で耕作[収穫]する作物《野菜など》. 〚1928〛

stooped adj. 前かがみになった, 猫背の. 〚(1606) 1865〛

stóop·ing adj. かがんだ, こごんだ, 体を曲げた; 腰を曲げた, 猫背の: with ~ shoulders 猫背で. **~·ly** adv. 〚c1290〛

stóop làbor n. 《米》 1 前かがみの姿勢で行う耕作[収穫]などの労働. 2 [集合的] 前かがみの姿勢で労働する人たち. 〚1943〛

stóop-shóuldered a. 猫背の.

stóop tàg n. =squat tag. 〚1898〛

stoor /stúə | stúə(r)/ n. 《スコット》=stour².

stop /stá(ː)p | stɔ́p/ v. (**stopped**, 《古》**stopt** /stá(ː)pt | stɔ́pt/; **stop·ping**) — vt. 1 [しばしば doing を伴って] (自分で)やめる, よす; しなくなる: ~ work [talking] 仕事[おしゃべり]をよす / Do ~ grumbling [all that nonsense]! ぐずぐず[ばかを]言うのはよせ / Stop it! (そんなことは)やめたまえ, よせ / The phone ~ped ringing. 電話のベルが止まった / It has ~ped raining. 雨がやんだ. 2 〈動いているものなどを〉止める, 押える (halt): ~ a car [a train, a runaway horse, an engine] 自動車[列車, 逃げた馬, エンジン]を止める / ~ the traffic 往来[交通]をさえぎる / ~ the press 輪転機を止める (⇨ stop press) / ~ a factory 工場の操業を止める / ~ a bird (飛ぶ)鳥を打ち落とす / Stop thief! 泥棒だ / Let's ~ a passer-by to [and] ask the way. 通行人を止めて, 道を尋ねよう. 3 a 差し止める (intercept), 中止する (cut off), 停止する (suspend): ~ supplies [electricity, milk] 供給[電気, 牛乳]を止める / ~ a person's allowance [wages] 人の手当[給料]を停止する / ~ a check 銀行に小切手の支払いを停止させる / ~ payment 〈銀行が〉支払いを停止する; 銀行に小切手などの支払いを停止させる; 破産宣告をする / He had his leave ~ped. 彼は休暇を停止された. b 《英》差し引く, 控除する (deduct): The cost was ~ped from [out of] my salary. その費用は給料から差し引かれた. 4 じゃまする, 妨げる, 阻止する (interrupt, prevent), 抑制する (restrain); やめさせる, 終わらせる: ~ a quarrel [speaker] けんか[弁士の話]をやめさせる / Her response ~ped him short [in his tracks]. 彼女の返答で彼は話をやめた (⇨ stop SHORT, in one's TRACKS) / ~ a burglary [an epidemic] 強盗[伝染病]を防ぐ / Thick walls ~ sound. 厚い壁は音を遮る / cannot ~ doing=cannot help doing (⇨ help vt. 5 b) / She tried not to laugh, but she couldn't ~ herself. 彼女は笑わないようにしようとしたが, 抑えられなかった / Nothing will [can] ~ his interfering [him (from) interfering]. 彼のおせっかい癖にはつける薬がない / She could not ~ a smile from flickering [《英》a smile flickering] across her face. 彼女は笑みを抑えることができなかった[思わず顔をほころばせた] / There's nothing to ~ you from leaving [《英》you leaving]. あなたが出発するのを妨げるものは何もありませんよ. 5 〈穴・通路などを〉ふさぐ, 詰める, 埋める (block, close); 〈出るものを〉止める 〈up〉: ~ (up) a channel [a passage, an entrance, a hole, a leak] 水路[通路, 入口, 穴, 漏れ]をふさぐ / ~ the way 通路をふさぐ; (事の)進行を妨げる / ~ a bottle (with a cork) びんに(コルクの)栓をする / have one's decayed tooth ~ped 虫歯を詰めてもらう / ~ one's ears (to [against] …) (…に)耳をふさぐ, 耳を貸さない / ~ a person's mouth 人を黙らせる; 殺す; (賄賂などを使って)口止めする / My nose is badly ~ped up. 鼻がすっかり詰まってしまった / ~ a wound [the bleeding, the blood] 傷[出血]を止める / ~ a person's breath 人の息の根を止める. 6 《英》…に句読点をつける[打つ] (punctuate): a badly spelt and ~ped letter つづりも句読点もでたらめな手紙. 7 当惑させる, まごつかせる (baffle, stump): a question that would ~ an expert 専門家をも困惑させる問題. 8 《口語》〈人が〉〈打撃・突き・弾丸などを〉受けて傷つく[死ぬ]: ~ a bullet [one, a shell] 弾丸に当たって負傷する[死ぬ] / ~ a blow with one's head 《戯言》頭に一撃を食らう. 9 〈相手を〉打ち負かす, 倒す; (武器・凶器で)殺す. 10 〚スポーツ〛 a (ボクシングで)〈相手を〉(テクニカル)ノックアウトする. b (フェンシングで)〈打撃を〉受け止める. c (試合で)〈相手を〉破る, 負かす (defeat). 11 〚音楽〛(楽器の弦・音孔などを使って)ストップ奏法[ストッピング]をする: a (ホルンの朝顔に手を差し入れて)音色・音高を変える. b (弦楽器で左手の指先を弦の上に置いて)振動する弦の長さを短くする. c (ストップ奏法で)音を出す. 12 〚トランプ〛〈あるスーツ (suit)〉のストッパー (stopper) がある. 13 《英》〚園芸〛〈植物の芯(ｼﾝ)を〉止める (pinch). 14 〚海事〛(細索で)くくる; くくりつける.
— vi. 1 a 〈動いているものが〉待て, 停止する (halt); (していることを)やめる: Stop, thief! 止まれ, 泥棒 / ~ cold [dead] 突然[ぴたりと]止まる / ⇨ stop SHORT, in one's TRACKS / The train ~s at all stations. その列車は各駅に停車する / This must ~ (at once). これは(ただちに)やめなければならない / ~ to rest=~ for rest 止まって[やめて]休む / ~ to look at a fence 障害[困難]の前でためらう / He never ~s to think [consider]. 彼は決してゆっくり考えない. ★ stop to do の代わりに stop and do の形式を用いるのは《口語》: We'd better ~ and plan. じっくり計画を立てたほうがよい. b 〈運転・機能・継続などが〉止まる, やむ: The clock has ~ped. 時計が止まった / The rain [pain] ~ped. 雨[痛み]がやんだ / The annuity ~ped. 年金が止まった. c 〈伸びているものが〉終わる, 止まる, 切れる: The paved road ~s here. 舗装道路はここで終わっている. 2 自制する, ためらう (hesitate), 思いとどまる: He would ~ at nothing to gain his ends. 目的のためには(平気で)何でもやりかねない / ⇨ stop SHORT (2). 3 《口語》(ちょっと)立ち寄る; 《英》とどまる (remain), 滞在する (stay); 泊まる (lodge): ~ behind 後まで居残る / ~ in [indoors] うち[なか]にいる / ~ out 外に出ている; 留守にする / ~ at home [a hotel] うちにとどまる[ホテルに泊まる] / ~ in bed 寝床に入っている / ~ away from school 学校を休む / We ~ped at a bar. ちょっとバーに立ち寄った / Are you ~ping for [to] tea? 寄ってお茶でもいかがですか / I am ~ping with my sister. 姉[妹]のところに泊まっている. 4 〈導管・流しなどが〉詰まる (clog) 〈up〉.
stóp báck 《米》もといた場所に戻る. **stop bý** (vi.) 《米》(ちょっと)立ち寄る. **stóp by …** …に(ちょっと)立ち寄る: ~ by a bank on one's way home. **stóp dówn** 〚写真〛(vi.) レンズを絞る. (vt.) 〈レンズを〉絞る. 〚1892〛 **stóp ín** (1) 《米》=STOP by. (2) 《英》(罰として)学校に居残る. (3) ⇨ vi. 3. **stóp óff** (vi.) 《口語》 (1) =stop by. (2) 旅行を中断する; 途中下車する (cf. stop-off): ~ off at a café for [to have] a cup of coffee 途中コーヒー店に寄ってコーヒーを一杯飲む. — (vt.) (1) =STOP out (2). (2) 〚金属加工〛〈鋳型の一部分〉に砂[土]を詰める. 〚1855〛 **stóp óut** (vi.) (1) 《米》〈大学生が〉一時休学する (cf. stop-out). (2) ストライキを続ける[続行する]. (3) ⇨ vi. 3. — (vt.) (1) 遮断する. (2) 〈写真版などに〉止め薬をかける. (3) 〚証券〛逆指し値注文 (stop order) に従って〈株券所有者〉の有価証券を売る. 〚1811〛 **stóp óver** (1) (旅行先で)しばらく泊まる, 短期滞在する. (2) 《口語》途中下車する (cf. stopover) 《★ 飛行機の旅にもいう》: ~ over in Rome. 〚1857〛 **stóp róund** =STOP by. **stóp úp** (vi.) (1) ⇨ vi. 4. (2) 《英》(寝ないで)起きている (sit up, stay up): ~ up late. — (vt.) ⇨ vt. 5.
— n. 1 止まる[止める]こと; 休止 (cessation), 停止, 中止 (pause), 終止 (end); 停車, 着陸, 停泊: be at a ~ 停止している, 進まない / make a ~ 止まる, 休止する / What about a ~ for food? 一休みして何か食べて行こうか / Her tongue ran on without a ~. 彼女のおしゃべりはやむことがなかった. 2 停車場, 停留所, 着陸場, 停泊地: ⇨ bus stop, request stop / How many ~s is it [are there] from here to Chicago? シカゴまで停留所はいくつありますか. 3 逗留, 滞在, 宿泊 (stay): I'll make an overnight ~ here. ここで一泊しよう. 4 (穴などを)ふさぐ[詰める]こと. 5 (通行などの)妨害, 邪魔, 防止 (hindrance); 障害[妨害]物 (obstacle). 6 a 抑制機, 調整装置. b 止め釘 (peg); 栓, つめ (plug, stopper); 《豪》フットボール靴の鋲. c 〚建築〛戸当り (doorstop). d 〚木工〛=stop bead. 7 〚音楽〛指で弦[穴]を押さえて音を変えること[装置]; (リードオルガン・オルガン・ハープシコードの)ストップ, 音栓; (リュートの)ことじ. 8 《英》話し振り, 口調, 語調, 調子: put on [pull out] the pathetic [virtuous] ~ 哀れっぽい[偉そうな]語調を出す. 9 a 《英》句読点 (punctuation mark); (特に)コンマ, セミコロン, コロン, 終止符. b (電信・無線などで終止符の代わりに完全につづられた) 'stop' という語. 10 〚スポーツ〛相手の得点や攻撃を妨げるプレー; (野球の)捕球; (ボクシングの)受止め; (フェンシングで)アレ, クーダレ《相手の直突などに対する阻止打; stop thrust ともいう》; (ラグビーなどの)タックル(など). 11 [pl.; 単数扱い] 〚トランプ〛ストップ系ゲーム《数人が札を順に出して行き, 早く手札をなくした者が勝ちとなって終わる方式のゲームの総称; ばば抜き, ダウト, ページワンの類》; (特に)=Michigan 2. 12 a 〚金融〛(小切手振出人が銀行に対して発する)支払い中止通告. b 〚証券〛=stop order. 13 〚光学・写真〛 a 絞り《光量・光線束などを制限するもの; diaphragm ともいう; cf. f-stop》. b (絞りによって調整できる)レンズの口径 (aperture) (cf. f-number). c 絞りの表示. 14 〚音声〛閉鎖音《[p] [b] [t] [d] [k] [g] など; stop consonant ともいう; cf. continuant》. 15 〚海事〛とめ, ささえ《他物の移動を防ぐ突出物, 特にマストの上部のもの》; 止索, くくりなわ. 16 (犬の)ストップ《頭部と顔面との境の傾斜面; ⇨ dog¹ 挿絵》.
cóme [bríng] to a stóp 止まる[める], 終わる[らせる], 停頓(ﾃｲﾄﾝ)する[させる]: come to a full [sudden] ~ 完全[急]に止まる. **dráw to a stóp** =come to a STOP. **púll óut áll (the) stóps** (1) あらゆる手だてを尽くす, できるだけの努力をする. (2) 音栓 (stop) を全部作動させながらオルガンを演奏する. 〚1927〛 **pút a stóp to** …を止める, 中止[停止, 休止, 終止]させる, 終わらせる (cf. put a PERIOD to, put PAID to). 〚a1586〛 **róll to a stóp** =come to a STOP. **with áll the stóps òut** (1) 最大限の努力を払って. (2) 音栓 (stop) を全部作動させながら.
— adj. [限定的] 1 止める, 止めるために使われる[作られた]: a ~ line [signal] 停止線[信号]. 2 〚音声〛閉鎖音の (cf. open 17 b): ⇨ stop consonant.
〚OE *stoppian (cf. forstoppian to plug (the ear)) < (WGmc) *stoppōn to plug up (Du. stoppen / G stopfen) ◻ VL *stuppāre to stop up with tow ← L stuppa tow ◻ Gk stúppē ← IE *steuə- to condense, cluster: cf. stuff, stupe¹〛

SYN 止める: **stop** 人や物の活動・進行を急に中止する: stop the car 車を止める. **cease** 活動・状態を徐々に中止する《stop よりも格式ばった語》: cease firing 射撃をやめる. **quit** 活動を永久的にやめる: quit smoking 禁煙する. **discontinue** 規則的に続けてきたことをしばらくやめる《格式ばった語》: discontinue one's studies 研究を中止する. **halt** 突然止まる《しばしば権威者による命令で止められることを意味する》: The policeman ordered the car to halt. 警官は車に停車を命じた.
ANT start, begin, commence.

stóp-and-gó adj. (交通渋滞などで)進んではすぐ止まる; (特に)〈交通が〉交通信号で規制されている. 〚1926〛

stóp-and-stárt a. 《口語》=stop-start.

stóp·bànk n. 《豪》(川の)上手, 堤防 (levee). 〚1899〛

stóp bàth n. 〚写真〛(現像)停止浴《short-stop ともいう》. 〚1898〛

stóp bèad n. 〚木工〛押さえ玉縁(ﾀﾏﾌﾞﾁ)《繰形(ｸﾘｶﾀ)の終端部に付く装飾; ドアや窓を閉じるための戸当りに施された繰形》. 〚1876〛

stóp bìd n. 〚トランプ〛(bridge で)ストップビッド, 停止ビッド《一足飛びにゲームコントラクト (game contract) に達したビッドで, パートナーのパスを要求するもの; cf. shut-out bid, sign-off 2》.

stóp bìt n. 〚通信〛ストップビット《非同期通信で, 送信される各バイトの最後に付加されてデータビット列の終わりを示すビット》.

stóp·blòck n. (鉄道線路の)止め枕, 車輪止め. 〚1707〛

stóp clàuse n. 〚演劇〛契約の打切り条項《プロデューサーと劇場オーナー間で交わされる契約の条項; eviction clause ともいう》.

stóp·còck n. 止めコック, コックの栓 (《米》turncock).

stóp cònsonant n. 〚音声〛閉鎖子音 (⇨ stop 14).

stóp-cýlinder prèss n. 〚印刷〛ストップシリンダー印刷機, 停止円筒印刷機. 〚a1877〛

stope /stóup | stə́up/ 〚鉱山〛 n. 採掘場, 階段採掘場. — vi. 採掘する. — vt. 〈鉱石を〉採掘する. 〚(1747) ◻ ? LG ~ 《原義》step: cf. step (n.)〛

stóp·er n. 〚鉱山〛ストーパー《階段採掘場で垂直孔[斜孔]を掘る削岩機》. 〚(1875): ⇨ ↑, -er¹〛

Stopes /stóups | stə́ups/, **Marie Carmichael** n. ストープス (1880–1958; 英国の女性産児制限論者・古植物学者).

stóp·gàp n. 1 a 埋め草, 間に合わせ, 当座しのぎ (⇨ resource SYN). b (話の間を埋める)発言 (utterance), つなぎ言葉. 2 (一時的な)代理人; 臨時雇いの人. — adj. 穴ふさぎの; 間に合わせの, 一時しのぎの (makeshift): a ~ budget [cabinet] 暫定予算[内閣]. 〚(1533) ← stop a gap (⇨ gap (n.) 2)〛

stóp-gó 《英口語》〚経済〛 n. 1 インフレとデフレの交互に出てくる時期. 2 ストップゴー政策《第二次大戦後, 国際収支赤字と黒字とを処理するため, 経済の引締めと拡大とを交互に行ったもの》. — adj. ストップゴー政策の. 〚adj.: 1918; n.: 1964〛

stop·ing /stóʊpɪŋ | stə́ʊp-/ *n.* 〘地質〙ストーピング《上昇するマグマが母岩を機械的に破壊しながら進入すること》. 〖(1778): ⇨ stope〗

stóp knòb *n.* (オルガンの)音栓; 音栓のつまみの頭《音管名が記してある所》. 〖1887〗

stóp-làmp *n.* =stoplight 1. 〖1959〗

stóp·lìght *n.* **1** 《米》(自動車の)ストップライト, 停止灯 (brakelight)《ブレーキを踏むと同時にともる尾灯》. **2** (交通の)停止信号《赤ランプ》. 〖1926〗

stóp lìst *n.* **1** 取引禁止[差し止め]対象者リスト. **2** 〘電算〙(コンコーダンスや索引から自動的に排除されるべき)排除対象語リスト, ストップリスト. 〖1920〗

stóp lòg *n.* 〘土木〙角落し《取入れ水門などに用いられる角材[薄板]》. 〖1930〗

stóp-lòss *adj.* 〘証券〙一層大きな損失を防ぐための.

stóp-lòss òrder *n.* 〘証券〙=stop order.

stóp mótion *n.* **1** 〘映画〙微[低]速度撮影, コマ抜き撮影, ストップモーション《植物の生長など動きの遅いものを速く見せるために, 時間をおいて1コマずつ撮る映画の撮影法》. 日英比較 映画・テレビで画面が静止したままの状態を作る技法を日本語で「ストップモーション」というが, 英語では freezing frame という. **2** ストップモーション《ビデオデッキの静止機能》. **stóp-mótion** *adj.* 〖1851〗

stóp nùmber *n.* 〘写真〙=f-number.

stóp-òff *n.* 《米口語》途中下車 (stopover).

stóp òrder *n.* 〘証券〙逆指し値注文《ある値以上になれば買い, 以下になれば売りを依頼する仲買人に対する指図; stop-loss order ともいう》. 〖1875〗

stóp-òut *n.* 《米》一時休学の大学生.

stóp·òver *n.* **1** 途中下車. ★ 飛行機での旅にもいう: have a ～ in Paris パリに途中下車する. **2** (旅行中の)途中下車地[駅]. 〖(1885) ← *stop over* (⇨ stop (v.) 成句)〗

stop·page /stɑ́(ː)pɪdʒ | stɔ́p-/ *n.* **1** 同盟罷業, ストライキ; (自発的)作業中止. **2** 中断; 中止, 休止, 停止, 途絶え. **3 a** 支払い停止. **b** 《英》(前払い金などに対する)差引き支払い. **4** (検証などのための通行人などの)通行止め. **5** 障害. **6** [*pl.*] (給料からの)天引き. 〖(1465) ← STOP (v.)＋-AGE〗

stóppage tìme *n.* (サッカー・ラグビーなどの試合で)競技が中断した分の延長時間.

Stop·pard /stɑ́(ː)pəd, -paəd | stɔ́pɑːd, -pəd/**, Tom** *n.* ストッパード《1937– ; チェコ生まれの英国の劇作家; *Rosencrantz and Guildenstern are Dead* (1967)》.

stóp páyment *n.* 〘金融〙(小切手振出人が銀行に対して発する小切手の)支払い停止指図[通知]. 〖*c*1919〗

stopped /stɑ́(ː)pt | stɔ́pt/ *adj.* **1** 止められた, 停止された (halted); 食い止められた, 抑止された (checked). **2** 栓のしてある; ふさがれた, 詰まった: a ～ bottle / a ～ drain [nose] 詰まった下水管[鼻]. **3** 〘音楽〙 **a** 〈オルガンのパイプが〉覆いのかけられた: a ～ pipe 被蓋(ひがい)[閉口]音管. **b** 〈音が〉指先で弦[音孔]を押さえて出された. **c** 〈ホルンが〉ストップ奏法をした (cf. stop *vt.* 11); 弱音器をつけた. **4** 〘音声〙〈子音が〉閉鎖音の (cf. open 17 b): a ～ consonant 閉鎖子音. 〖1440〗

stópped diapáson *n.* (パイプオルガンの)閉管ダイアペーソン[音栓] (⇨ diapason 3 a). 〖1601〗

stop·per /stɑ́(ː)pə | stɔ́pə^(r)/ *n.* **1 a** (瓶・たる・管などの)栓, つめ (plug). **b** (穴などを)ふさぐ[埋める]人[物]: ⇨ tobacco stopper. **2 a** 止める人[物], 止め手, 停止者; 押さえる人[物], (戸を開けておくための)戸押さえ; 妨害者[物], 邪魔物: put a ～ on …を止める[押さえる]. **b** (機械の)制止装置. **c** 《口語》人の注意を引きつけるもの[人]《変わった飾り付け, グラマー美人など》. **3** 《俗》〘野球〙切り札投手; リリーフ[救援]投手. **4** 〘海事〙止め索. **5** 〘写真〙停止液. **6** 〘トランプ〙ストッパー: **a** エース・キングなど, それを保有していればそのスーツ (suit) を頭から敵に取られないですむような高位札. **b** (gin rummy で)それを保有することで敵のメルド (meld) を妨害するカード. — *vt.* **1** …に栓をする[付ける]; ふさぐ: ～ a bottle. **2** 〘海事〙…にストッパーをかける, ストッパーで押える[止める]. 〖*a*1525〗

stóp·ping *n.* **1** 止めること, 停止, 中止. **2 a** ふさぐ[詰める]こと. **b** (すき間の)詰め物. **3** 句読点をつける[打つ]こと (punctuation). **4** 〘音楽〙指で弦[音孔]を押えること. **5** 《英口語》〘歯科〙ストッピング《歯の暫間充填(じゅうてん)材料》. **6** 〘鉱山〙隔壁《空気の流れを防ぐ障壁》. — *adj.* 《英》〈列車が〉各駅停車の; 鈍行の. 〖(1375): ⇨ -ing[1]〗

stópping capàcitor [condènser] *n.* 〘電気〙阻止コンデンサー《直流を阻止し交流だけを通すためのコンデンサー》.

stópping dìstance *n.* (停車している前車との)車間距離. 〖1947〗

stópping tràin *n.* 《英》(多くの途中駅に停車する)鈍行列車. 〖1854〗

stóp plàte *n.* 〘機械〙止め板《軸が抜けないための》.

stop·ple /stɑ́(ː)pl̩ | stɔ́pl̩/ *n.* **1 a** (瓶などの)栓, つめ (stopper). **b** 《米》耳栓 (earplug). **2 a** (管楽器の)キー《管孔をふさぐための栓》. **b** (パイプオルガンの閉管の末端にある)栓. — *vt.* …に栓をする. 〖(*c*1390) *stoppell*: ⇨ stop (v.), -le[1]〗

stóp-prèss *adj.* 《英》〈ニュースが〉輪転機を止めて差し入れられた; 最新重大な. 〖1881〗

stóp prèss *n.* 《英》(新聞の締切り後の重大ニュース, 輪転機を止めて差し入れた記事 (cf. fudge *n.* 4).

stóp rìb *n.* 〘甲冑〙出ぶち《板金鎧(よろい)の胸当てなどの部分についていて, 敵の切っ先をそらす》.

stóp sìgn *n.* 一時停止標識. 〖1934〗

stóp-stárt *adj.* 《口語》とぎれとぎれに進む, 止まったり進み出したりの.

stóp strèet *n.* (優先道路 (through street) との交差点で)一時停止を義務づけられる方の道路. 〖*c*1930〗

stopt *v.* 《古》stop の過去形・過去分詞.

stòp thrùst *n.* 〘フェンシング〙=stop *n.* 10.

stòp-tìme *n.* 〘ジャズ〙ストップタイム《ソロ演奏の一部で, リズムセクションが(一つ置きに)小節の頭に入る以外は無伴奏となる部分》. 〖1929〗

stóp vàlve *n.* (液体の)流れ止め弁, 止め弁. 〖1829〗

stóp vòlley *n.* 〘テニス〙ストップボレー《相手のボールをネット際で受けて, 短く落とすボレー》. 〖1915〗

stóp·wàtch *n.* ストップウォッチ. 〖1737〗

stóp·wàter *n.* 〘海事〙水止め, 水止栓《鋲締水密を確実にするために中間に入れるペンキをしませた布》. 〖1794〗

stóp·wòrk *n.* **1** 〘時計〙(ぜんまいの巻上角と巻戻し角を定めるための)巻止め装置 (cf. Geneva stop 1). **2** 《豪》(操業時間内の労働者の)集会. 〖1869〗

stor. 《略》storage.

stor·a·ble /stɔ́ːrəbl̩/ *adj.* 貯えられる, 貯蔵できる. — *n.* [通例 *pl.*] 貯蔵可能の物[商品]. 〖(1868) ← STORE (v.)＋-ABLE〗

stor·age /stɔ́ːrɪdʒ/ *n.* **1 a** 貯蔵, 保管; (特に)倉庫保管: ⇨ cold storage. **b** (倉庫の)収容力. **c** 貯蔵[保管]料. **2** 倉庫 (storehouse): put one's furniture in ～ 家具を倉庫に入れる. **3** 〘電算〙記憶装置, 蓄積装置 (memory). **4** 〘電気〙蓄電. 〖(1612) ← STORE (v.)＋-AGE〗

stórage bàttery *n.* =storage cell.

stórage capàcity *n.* 〘電算〙記憶容量.

stórage cèll *n.* 蓄電池《充放電を繰り返して使用できる電池; secondary cell [battery] ともいう; cf. primary cell》. 〖1881〗

stórage devìce *n.* 〘電算〙記憶装置《磁気テープ・磁気ディスク・光ディスク・ドラムなど》. 〖1946〗

stórage disèase *n.* 〘病理〙蓄積症, 貯蔵病, 沈着症 (⇨ thesaurosis).

stórage effèct *n.* 〘電気〙 **1** 積分効果《入力を積分した値が出力されるような効果》. **2** 蓄積効果: carrier ～ キャリア蓄積効果《蓄積された担体(キャリア)による諸効果で, 例えば整流素子に逆電圧をかけると短時間だけ逆電流が流れることなど》.

stórage hèater *n.* 蓄熱ヒーター《電力のピーク時を外した夜間熱を蓄積して昼間それを放出する》. 〖1894〗

stórage lìfe *n.* 貯蔵寿命, 貯蔵期間 (shelf life). 〖1971〗

stórage plànt *n.* 〘電気〙貯水池式発電所.

stórage ràdiator *n.* 《英》蓄電用ラジエーター《夜間電気料金の安いときに貯える》.

stórage rìng *n.* 〘物理〙(ビーム)貯蔵器《加速した荷電粒子のビームを閉じた軌道内に貯蔵する装置; ビームとビームの衝突実験を行ったり, また高エネルギー電子ビームを磁場内で曲げ, その時放出される X 線を利用したりする》. 〖1956〗

stórage tànk *n.* (水・石油・液体ガスなど液体用の)貯蔵タンク.

stórage tràck *n.* 〘鉄道〙留置線, 収容線.

stórage tùbe *n.* 〘電気〙蓄積管 (memory tube). 〖1946〗

stórage wàll *n.* 収納壁《壁面作り付け(戸)棚セット》. 〖1945〗

sto·rax /stɔ́ːræks/ *n.* 〘植物〙 **1 a** エゴノキ属 (*Styrax*) の樹木の総称《アンソクコウ (*S. benzoin*), セイヨウエゴノキ (*S. officinalis*) など》. **b** その樹脂《安息香の一種》. **2 a** ソゴウコウジュ(蘇合香樹) (*Liquidambar orientalis*)《小アジアに産するマンサク科フウ属の落葉樹; cf. sweet gum》. **b** 蘇合香《ソゴウコウジュから採れる蜂蜜状樹脂で, 昔医薬や香料に用いた; liquid storax ともいう》. **c** 北米産モミジバフウ (*L. styraciflua*) から採った芳香性液体樹脂 (sweet gum ともいう). — *adj.* エゴノキ科の. 〖(*c*1390) ◻ L ～ ◻ Gk *stúrax* 'STYRAX'〗

store /stɔ́ə | stɔ́ː^(r)/ *n.* **1 a** 《米》(小売りの)店, 商店 (《英》shop): buy candy at a ～ 店で菓子を買う / run [manage] a ～ 店を経営する / ⇨ chain store, general store, grocery sore, bookstore. **b** 《英》百貨店, デパート (department store). **c** 《英》[*pl.*; 単数または複数扱い] 種々の生活必需品を売る店, 雑貨屋. **2 a** 貯え, 貯蔵 (supply, stock); (知識などの)貯え, 蘊蓄(うんちく), 蓄積; 用意, 準備, 備え: get [lay] in a ～ of food, fuel, clothing, etc. / a ～ of knowledge, earning, information, etc. / *Store* is no sore. 《諺》余って困ることはない (cf.「大は小を兼ねる」). **b** [*pl.*] 衣食[必需品]の備え, 食糧, 用品, 備品: naval [military, household, ship's] ～*s* 海軍[陸軍, 家庭, 船舶]用品 / marine ～*s* (古船具店で売る)古船具. **3** 貯蔵所, 倉庫. **4** 《古》たくさん, 多量 (abundance, plenty)〔*of*〕: a (great) ～ [(great) ～*s*] *of* apples. **5** 大切にされるもの: ⇨ *set* [*put, lay, place*] STORE *by* [*on*]. **6 a** 《英》肥育に適した食肉用家畜の子. **b** 乳離れ前の (40 kg 以下の)豚《store pig ともいう》. **7** 《英》〘電算〙記憶装置 (memory). **8** 〘軍事〙戦闘軍用機の機体に装備した爆弾[燃料タンク]. **9** 《まれ》繁殖.

in stóre (1) 貯えて, 備えて, 持ち合わせて, 用意して; 包蔵して: be *in* ～ / have [keep, hold] a thing *in* ～ 物を貯えておく / Who knows what the future may hold [have] *in* ～? 未来が何を用意しているか[どんなことになるか]わかるものではない / lay … *in* ～ for the winter …の冬の貯え[備え]をする / I have a surprise [an hour's talk] *in* ～ for you. 君を一つ驚かす[君と1時間ばかり話したい]ことがある. (2) 〈来来・運命などが〉(人に)ふりかかろうとする, 待ち構えている〔*for*〕: Who knows what is *in* ～ *for* us? 将来何が起こるかわかったものではない / I little thought of the calamity which was *in* ～ *for* us. 我々にふりかかろうとしていた災難のことは全く考えていなかった. (3) 《廃》大量に, 十分に. 〖*c*1395〗 ***mind the stóre*** ⇨ mind 成句. ***out of stóre*** 貯蔵してない, 備え[用意]がない: be *out of* ～. ***sét* [*pút, láy, pláce*] *stóre by*** [*on*] …を重んじる, 尊重[重視]する: *set* no [little] ～*by* [*on*] …を軽視する. 〖*c*1460〗

stóre and fórward 〘電算〙蓄積交換, 蓄積転送《通信システムで, 1つのノードに入ってくるパケットやメッセージを一度蓄積してから宛先符号などで相手局を識別してその情報を伝送すること》.

— *vt.* **1** 貯える, 貯蔵[蓄積]する; 取って置く (accumulate)〈*up, away*〉: ～ *up* [*away*] fuel for the winter 冬に備えて燃料を貯える / The Aswan Dam was built to ～ the waters of the Nile. アスワンダムはナイル川の水を貯えるために造られた / ～ *up* a saying in one's heart 格言を心にとどめる / All these facts were ～*d* in his memory. これらの事実は皆彼の記憶にとどめられた / ～ knowledge *in* the mind 知識を記憶にとどめておく. **2** (将来に備えて)〈貯蔵庫・船などに〉供給する, 用意する, 備える (supply, provide)〔*with*〕: ～ one's cupboards *with* food 戸棚に食糧を備え込む / ～ the mind *with* knowledge 頭に知識を蓄える / The cellar was ～*d with* apples. 地下貯蔵室にりんごが貯えられた. **3** 〈家具・穀物などを〉倉に入れる, 倉庫に保管する: The harvest has been ～*d away*. 収穫物は倉に収められた. **4** 〈倉庫・容器などが〉入れる[収納する]余地がある (hold): The shed will ～ 20 tons of coal. 小屋には石炭が20トン入る. **5** 〘電算〙〈データを〉記憶装置に記憶させる. **6** 〘電気〙蓄電する. — *vi.* **1** (必要に備えて)貯えておく. **2** 〈物が〉貯蔵される: This food ～*s* well. この食品は貯蔵がきく.

— *adj.* [限定的] **1** 《米》店売りの; 出来合いの, 既製(品)の (ready-made); 人造の: a ～bread 店売りのパン / ～ clothes 既製服 / ～ teeth 入れ歯. **2** 貯蔵(用)の[に用いる]. **3** 《英》 **a** 牧畜の, 畜産の: a ～ farm 畜産農場. **b** 太らせるのに適した: ～ cattle 太らせて売るために飼っている牛[買い込んだやせ牛].

〖(n.: *c*1300; v.: 1264) ◻ OF *estor* (n.) ← *estorer* (v.) ＜ L *instaurāre* to renew: cf. restore〗

SYN 店: **store, shop**「商品を売る店」の意味で *shop* は《英》で好まれ, *store* は《米》で好まれる. 《米》では特定の一つの商品を売る小さい店を *shop* と言い, 《英》では department *store* のように, たくさんの商品を売る非常に大きな店を *store* と呼ぶ.

Store·bælt /*Dan.* sdóːɐbɛl'd/ *n.* Great Belt のデンマーク語名.

stóre-bòught *adj.* 《米》(自家製でなくて)店で買った, 出来合いの, 既製の: ～ clothes. 〖1905〗

stóre brànd *n.* 《米》自家[ストア]ブランド《製造元ブランドでなく小売店のブランドをつけた商品》(《英》own brand).

stóre càrd *n.* =charge card.

stóre chèese *n.* 《米》チェダーチーズ (Cheddar). 〖(1863) 食料品店の常備品であることから〗

stóre detèctive *n.* 店内監視員. 〖1907〗

stóre·frònt 《米》 *n.* **1** 店の正面 (《英》shopfront); (商店の通りに面した)店頭, 店先. **2** 通りに面した店頭のある建物[部屋]. — *adj.* **1** 店頭の; 通りに面した店頭の部屋をもつ. **2** 店頭教会の[に関する]. 〖1880〗

stórefront chúrch *n.* 《米》(店頭を集会所とする)店頭教会《貧困地区の福音派などの教会》. 〖1938〗

store·house /stɔ́əhàus | stɔ́ː-/ *n.* **1** 倉庫, 貯蔵所 (storage): a ～ for foods 食料貯蔵所. **2** (知識などの)宝庫: The book [He] is a ～ of information. その本は知識の宝庫だ[彼は非常な物知りだ]. 〖1348〗

store·keep·er /stɔ́əkìːpə | stɔ́ːkìːpə^(r)/ *n.* **1** 《米》小売商人, (商)店主 (《英》shopkeeper). **2** 倉庫管理人. **3** 〘米海軍〙(艦船や補給基地の)補給係《下士官または兵》.

stóre·kèeping *n.* 〖1618〗

stóre·man /-mən/ *n.* (*pl.* **-men** /-mən, -mèn/) **1** 《英》倉庫[在庫]管理係. **2** 《米・豪》店主 (storekeeper). 〖1859〗

stóre pìg *n.* =store 6 b.

stóre·ròom *n.* **1** 貯蔵室, 物置. **2** 貯蔵[収納]余地. 〖1746〗

stóre·shìp *n.* (政府の)供給物資輸送船. 〖1693〗

stóres lèdger *n.* 在庫帳, 在荷控え帳《stock book, stock ledger, stock record ともいう》.

stóre·wíde *adj.* 《米》店全体の, 全店(あげて)の; 店の全商品の: a ～ sale 全店売出し. 〖*c*1937〗

sto·rey /stɔ́ːri/ *n.* 《英》=story[2].

storey bùilding [hòuse] *n.* 《西アフリカ》2階建て(以上)の建物.

stó·reyed *adj.* 《英》=storied[2].

sto·ri·at·ed /stɔ́ːrièɪtɪ̀d | -tɪ̀d/ *adj.* **1** =historiated. **2** 凝ったデザインで飾った.

stó·ried[1] *adj.* **1** 物語[伝説, 歴史]に名高い: a ～ place. **2** 伝説[物語, 歴史上の事実など]を絵や模様に表した: a ～ frieze, tapestry, etc. 〖1481〗

stó·ried[2] *adj.* 階[層]のある; [しばしば複合語の第2構成素として] …階[層]の: a two-*storied* house 二階家. 〖1624〗

sto·ri·ette /stɔ̀ːriét/ *n.* きわめて短い小説, 掌編小説. 〖(1889) ← STORY[1]＋-ETTE〗

stò·ri·ól·o·gist /-dʒɪ̀st | -dʒɪst/ *n.* 伝説研究家. 〖(1862): ⇨ ↓, -ist〗

sto·ri·ol·o·gy /stɔ̀ːriɑ́(ː)lədʒi | -ɔ́l-/ *n.* 伝説研究.

sto·ri·o·log·i·cal /stɔ̀ːriəlɑ́(ː)dʒɪk(ə)l, -kl̩ | -lɔ́dʒɪ-˝/ *adj.* 〖(1860) ← STORY[1]＋-OLOGY〗

stork /stɔ́ək | stɔ́ːk/ *n.* (*pl.* ～**s**, ～) 〘鳥類〙 **1** コウノトリ《コウノトリ科の鳥類の総称; 特にヨーロッパ産の羽毛が白く

S

嘴(はし)の赤い, しばしば屋上の煙突に巣を営むシュバシ(朱嘴)コウ (*Ciconia ciconia*) (white stork) を指す; 欧米では赤ん坊はコウノトリが運んで来るものと子供らに言い聞かす習わしがある; cf. adjutant bird, jabiru, saddle-bill): a visit from the ～ 子供が生まれること / ⇨ black stork, King Stork. **2** [時に S-] イエバトに似た鳩の珍種の飼い鳥. 〚OE *storc* < Gmc **sturkaz* (Du. *stork* / G *Storch*) ← ? **sturk-*, **sterk-* 'STARK': この鳥の固い脚からか〛

stork 1

stórks·bìll *n.* (*also* **stórk's·bìll**) 〘植物〙 **1** 実が鳥の嘴(はし)のように長いフウロソウ科テンジクアオイ属 (*Pelargonium*) の各種の植物の総称. **2** フウロソウ科オランダフウロ属 (*Erodium*) の植物の総称; (特に)オランダフウロ (alfilaria). 〚1562〛

storm /stɔ́əm | stɔ́ːm/ *n.* **1 a** (通例, 雨・雪・あられ・雷鳴などを伴う)嵐(あらし), 暴風(雨) (cf. tempest): ⇨ hailstorm, rainstorm, snowstorm, thunderstorm / A ～ is gathering [brewing]. 嵐が勢いを増してきた; 今に一騒動が起こりそうだ / a cyclonic [revolving] ～ =cyclone 1 / the eye of a ～ 暴風の目[中心]《無風区域》/ After a ～ comes a calm. ⇨ calm 2. **b** 荒天 (stormy weather). **c** (雨・雪などの)大降り: a ～ of rain [snow] 大雨[大雪]. **d** 〘気象〙 全強風 (⇨ wind scale). **e** 〘地球物理〙(自然界の)大異変, 嵐: ⇨ magnetic storm. **f** =storm window 1. **2 a** 嵐を思わせるもの. **b** (社会・家庭などの)騒動, 動揺, 動乱 (commotion, agitation): the social ～*s* of the 1930s. **c** (弾丸・打撃・称賛・ののしりなどの)雨飛, 雨あられ(と降ること) 〔*of*〕: a ～ *of* arrows [missiles] 雨あられと降る矢[弾] / a ～ *of* cheers [applause] 嵐のような喝采(かっさい). **d** (感情などの)激発, 嵐 〔*of*〕: a ～ *of* jealousy, indignation, etc. **3** 〘軍事〙 強襲, 襲撃, 急襲, 攻撃. **4** 〘医学〙(急性)発作 (paroxysm), 発症 (crisis).

a stórm in a téacup 《英》⇨ teacup 成句. ***attáck by stórm*** 急襲する. ***ríde (óut) the [a] stórm*** =*weather the* STORM. ***stórm and stréss*** (1) 動乱, 動揺; (人生・感情などの)激しい動揺, 波瀾(万丈). (2) [the ～; しばしば S- and D-] =Sturm und Drang. ***táke by stórm*** (1) 強襲して取る. (2) たちまち心酔させる[魅了する]. ***ùp a stórm*** 《口語》極度に, たっぷりと: shop [dance, sweat] *up a* ～ たっぷり買物する[踊る, 汗をかく]. ***wéather the [a] stórm*** 〈船が〉暴風雨を乗り切る; 難局[危機]を切り抜ける. 〚1802〛

— *vi.* **1 a** [it を主語として] 荒れる, 嵐が吹く: *It* ～*ed* all day. 一日中荒れた. **b** 〈風が〉激しく吹く. **c** 〈雹(ひょう)・雪・雨氷が〉激しく降る. **2** 暴れ回る (rush about); 急に攻撃に出る, 出撃する, 突撃する; 突進する: ～ *in* (怒って・殺気立って)飛び込む, 〈群衆などが〉乱入する / ～ *out of* [*into*] the room (怒って)部屋から飛び出す[に飛び込んで来る] / ～ *upward*(*s*) 〈飛行機などが〉(ものすごい勢いで)飛び立つ. **3** (大砲などで)突然攻撃する, 砲火を浴びせる; 襲撃する, 強襲する. **4** どなる, どなりつける, がみがみ言う (rage) 〔*at*, *against*〕: ～ *at* a person 人をどなりつける / ～ in reply どなって答える. — *vt.* **1** 襲撃する, 強襲する, 急襲する, 襲い取る (⇨ attack SYN): ～ the city. **2** 〈群衆などが〉〈部屋・商店・停車場などに〉押し寄せる, 殺到する, 乱入する: ⇨ *storm one's* WAY[1].

〚OE ～ < Gmc **sturmaz* (Du. *storm* / G *Sturm* / ON *stormr*) ← **stur-* ← IE **twer-* to turn, whirl: ⇨ stir[1]〛

Storm /ʃtɔ́əm | ʃtɔ́ːm; *G.* ʃtɔ́ʁm/, **Theodor** *n.* シュトルム (1817–88; ドイツの詩人・小説家; *Immensee*「みずうみ」(1851)).

stórm bèach *n.* 〘地学〙 暴風海浜 《暴風波浪によって, 海浜の外縁の通常波の届かない所に, その砂礫(されき)が積もった地形》.

stórm-bèaten *adj.* 暴風雨に荒らされた[襲われた]. 〚1582〛

stórm-bèlt *n.* 暴風地帯 《周期的に暴風の起こる地帯》. 〚1891〛

stórm·bìrd *n.* 〘鳥類〙 シケドリ, アラシドリ (petrel) 《嵐を予報するといわれるミズナギドリ科やウミツバメ科の各種の鳥類の総称》; (特に)ヒメウミツバメ (storm petrel). 〚1752〛

stórm bòat *n.* 〘軍事〙 高速ボート, ストームボート 《強行渡河・上陸戦闘用の外部エンジン付きのもの; cf. assault boat》. 〚1942〛

stórm·bòund *adj.* 暴風(雨)に妨げられた; 〈船が〉暴風(雨)のため出港不能の; 暴風雨のために釘付けにされた[足止めを食った]: ～ travelers. 〚1830〛

stórm cànvas *n.* 〘海事〙 ストームカンバス 《特に, 丈夫にできている暴風雨用の帆; 荒天海域へ行く時に前もって取り替えておく》.

stórm-càrd *n.* 〘海事〙 暴風中心測定図, 暴風図 《これによって暴風中心に対する船の位置を知る》. 〚1844〛

stórm cèllar [càve] *n.* 《米》 暴風雨[旋風]避難用の地下室 (cyclone cellar). 〚*c*1902〛

stórm cènter *n.* **1** 暴風の中心, 台風の目. **2** 騒動[論議など]の中心(人物, 問題). 〚1894〛

stórm clòud *n.* **1** 嵐(あらし)雲, しけ. **2** 動乱の前兆, 危険の前触れ: the ～ gathering in East Europe 東欧に現れている不穏な形勢 / the ～ on his brow 彼の額の険しい表情. 〚1822〛

stórm còat *n.* ストームコート 《厚手の裏地と毛皮の襟のついたコートで, 防水されている場合が多い》. 〚1830〛

stórm·còck *n.* 《英》〘鳥類〙 **1** =mistle thrush. **2** =fieldfare. **3** =green woodpecker. **4** =storm petrel. 〚1769〛

stórm còllar *n.* 上着のハイカラー. 〚1898〛

stórm-còne *n.* 《英》 円錐(えんすい)形の暴風(雨)標識, 警報球.

stórm cùff *n.* 風雨よけ袖口, 風防カフ 《二重袖口の内側のカフで, 手首にぴたっと締まるもの》.

stórm dòor *n.* 《北米》 (寒風・吹雪などに備える)雨戸. 〚1878〛

stórm dràin *n.* =storm sewer. 〚1960〛

stórm-drùm *n.* 《英》 暴風雨信号筒 《storm-cone と共に掲げて, 嵐が強烈であることを示す》. 〚1866〛

stórm·er *n.* **1** 暴れ者, 怒鳴る人. **2** 強襲[襲撃]者, 強襲隊員. 〚(1617): ⇨ -er[1]〛

stórm flàp *n.* (テントやコートの開口部の)雨よけフラップ.

stórm glàss *n.* 〘気象〙 暴風雨予報器 《密封瓶で, 天候によってその内容液の沈澱状態が変化する》. 〚1823〛

stórm·ing *adj.* 《俗》 猛烈な, ものすごい, ずばぬけた力を見せる. 〚1557〛

stórming pàrty *n.* 〘軍事〙 襲撃部隊, 強襲部隊, 攻撃部隊, 突撃部隊. 〚1802〛

stórm jìb *n.* 〘海事〙 ストームジブ 《storm sail の一種で, 暴風雨用の丈夫なジブ; cf. spitfire jib ともいう》. 〚*c*1810〛

stórm làmp [làntern] *n.* 《英》 風防付きのランプ. 〚1895〛

stórm làne *n.* 〘気象〙 暴風進路 《いつも暴風中心の通る狭い地帯》.

stórm·less *adj.* 暴風(雨)のない, 荒れない, しけない. **～·ness** *n.* 〚*c*1500〛

Stor·mont /stɔ́əmɑ(ː)nt, -mənt | stɔ́ːmɔnt, -mənt/ *n.* ストーモント 《北アイルランド, Belfast の東部郊外地区; 北アイルランド政府の所在地》.

Stórmont Cástle *n.* ストーモント城 《Stormont にある北アイルランド政府・議会の置かれた城》.

stórm pètrel *n.* 〘鳥類〙 ヒメウミツバメ (*Hydrobates pelagicus*) 《嵐の到来を告げると伝えられる; stormy petrel, Mother Carey's chicken, 《英》では stormcock ともいう》. 〚*c*1833〛

stórm·pròof *adj.* 暴風(雨)[嵐]に耐える, 暴風雨よけになる, 耐風の. 〚1594〛

stórm sàil *n.* 〘海事〙 荒天用の丈夫な帆, ストームスル. 〚1840〛

stórm sàsh *n.* =storm window 1.

stórm sèwer *n.* 雨水の排水管; 雨水渠(きょ). 〚1887〛

stórm sìgnal *n.* **1** 暴風標識. **2** =storm warning 2. 〚1863〛

stórm-stáyed *adj.* 暴風で止められた, 荒天で出発不能の, 暴風(雨)で立往生した. 〚1491〛

stórm sùrge *n.* (台風などによる)高潮, 暴風津波. 〚1929〛

stórm-tòssed *adj.* **1** 暴風に揺られる, 暴風にもてあそばれた. **2** 激しく思い悩む, 心が動揺した. 〚1610–11〛

stórm tràck *n.* 〘気象〙 暴風進路. 〚1838〛

stórm tròoper *n.* 突撃隊員; (特にナチスの)突撃隊員. 〚1933〛

stórm tròops *n. pl.* 突撃隊 (shock troops); [S- T-] (特にナチスの)突撃隊. 〚1917〛

stórm wàrning *n.* **1 a** 暴風雨警報. **b** 暴風信号の掲示[掲揚]. **2** (厄介事の)前触れ[前兆]. 〚1867〛

stórm·wàter *n.* 大雨で地上を流れる水. 〚1879〛

stórm wèlt *n.* ストームウェルト 《靴の甲革と細革との間にすき間があかないような形状の細革》.

stórm wìnd *n.* **1** 暴風, しけ風. **2** 〘気象〙 =storm 1 d. 〚1839〛

stórm wìndow *n.* **1** (暴風・寒気などを防ぐ)二重窓, 雨戸 《storm sash ともいう》. **2** 屋根窓 (dormer window). 〚1824〛

storm·y /stɔ́əmi | stɔ́ːmi/ *adj.* (**storm·i·er**; **-i·est**) **1** 暴風(雨)の[に関する], 嵐の, しけの, 荒天の, 荒れる; 暴風雨を伴う, 暴風雨を予想させる: a ～ night [sea] 荒れる夜[海] / a ～ coast 暴風雨に襲われる海岸 / a ～ sunset, sky, etc. **2** 怒り狂う (raging), 激烈な, 猛烈な (vehement); 騒々しい (boisterous), 論争的な (quarrelsome): a ～ debate 激論 / a ～ life 波乱に富んだ[数奇な]生涯 / ～ passions 激しい情熱 / a ～ temper 怒りっぽい性質. **3** 〘病理〙 〈病気の経過が〉増悪と軽快を繰り返す, ジグザグの経過をたどる. **stórm·i·ly** /-məli/ *adv.* **stórm·i·ness** *n.* 〚OE *stormig*: ⇨ storm (n.), -y[1]〛

Stórmy Cápe *n.* [the ～] =Cape of Good Hope 1. 〚《なぞり》← Port. *Cabo Tormentoso*〛

stormy pétrel *n.* **1** 〘鳥類〙 =storm petrel. **2** 紛争をもたらす[の好きな]人, 物議の中心人物, 厄病神. 〚1: (1776); 2: (1847)〛

stórm-zòne *n.* =storm-belt. 〚1889〛

Stor·no·way /stɔ́ənəwèɪ | stɔ́ː-/ *n.* ストーノウェイ 《Scotland 西方, Outer Hebrides の Lewis 島東岸の町; 同群島の行政中心地; 漁港》.

Stor·ting /stɔ́ətɪŋ | stɔ́ːt-; *Norw.* stúːʈìŋ/ *n.* (*also* **Stor·thing** /～/) (ノルウェーの)国会 (Lagting と Odelsting とから成る). 〚(1834) ▭ Norw. ～, (古) *storthing* ← *stor* great + *t(h)ing* assem-bly: ⇨ thing[2]〛

sto·ry[1] /stɔ́ːri/ *n.* **1** 話, 物語 (tale); おとぎ話 (fairy tale): a nursery ～ おとぎ話 / a ghost ～ 怪談 / a funny [good] ～ 面白い逸話 / Please tell us a ～. 話をして下さい / Children like to listen to a ～. 子供たちは話を聞くのが好きだ. **2** (報告的な)話, 顛末(てんまつ) (report, account); 言, 所説 (statement): Tell me the ～ of what happened to you. 君に起こった出来事の一部始終を話して下さい / according to his own ～ 彼の話では《疑念をほのめかす》/ the same ～ all over again いつでも同じ話, 例の通りの繰り言 / That's all there is to the ～. 話はそれで終わり[それっきり] / They all tell the same ～. 彼らの言うことは一致している / It's rather a long ～. それはかなり長い話だ / It is quite another [a different] ～ now. 今では全く別な話になった, 事情は一変した / That is not the whole [full] ～. それだけの話じゃない / But that is another [a different] ～. だがそれは別の話[余談]だ. **3** 〘新聞・放送〙 記事, ニュース; 新聞種: a news' ～ ニュース記事 / run a ～ 〈新聞などが〉記事を載せる. **4 a** 履歴, 来歴, 経歴: a woman with a ～ いわくのある女 / His ～ was an eventful one. 彼の来歴は波乱に富んでいた / That face must have a ～. あの顔には何かいわくがあるに違いない / I know her ～. 彼女の素性は知っている / Her life ～ would make a great movie. 彼女の生涯はすばらしい映画になるだろう. **b** (特に, 面白い)逸話 (anecdote, joke): There is a [《口語》this] ～ that when Churchill met Roosevelt he said … チャーチルがルーズベルトに会った時言った逸話がある. **5 a** 世間に伝わっている話, うわさ (rumor): The ～ goes that …という話だ, …と伝えられる / as the ～ goes [runs] うわさによれば. **b** 伝説, 言い伝え, 口碑 (legend, tradition): a name [land] famous [famed] in ～ 伝説で有名な名[国] / a ～ connected with [attached to, about] a famous jewel 有名な宝石にまつわる因縁話 / What a ～ that famous jewel could tell us! あの有名な宝石は何といろいろいわれ因縁を物語ることか. **6 a** (novel より短い)小説; (特に)短編小説 (short story): a detective ～ 推理小説 / a love ～ 恋愛小説. **b** (小説・詩・劇などの)筋, 構想, 脚色 (plot): a novel [film] with very little (to it) ～ 筋らしい筋のない小説[映画] / read only for the ～ ただ筋を知るために読む. **7** 《口語》 **a** (特に, 子供に向かってまたは子供が言う)作り話, 作りごと, うそ (lie, fib): tell *stories* 作り話をする. **b** 《古・小児語》うそつき (liar): Oh, you ～! やあい, うそつき. **8** 歴史, 沿革 (history): the ～ of the rise of England's sea power 英国海軍興隆の歴史.

be in a [óne, the sáme] stóry 話が合う[一致する]. ***énd of stóry*** (話は)これでおしまい. ***ónly hálf the stóry*** 話しの半面[一面]だけ《語られていない別の一面がある》. ***téll its [one's] ówn stóry*** それだけで明らかだ, 自明だ. ***Thát's the stóry of a person's lífe!*** 《口語》(自分の運命を嘆いて)自分はそんな運命にある: Always in the wrong place at the wrong time—*that's the* ～ *of my life!* いつもまずい時にまずい所にいるんだ—ぼくはそんな運命にある(運の悪い人間だ). ***the sáme (òld) stóry*** = ***the óld stóry*** 《口語》例のよくある話[こと, やつ] (cf. same *adj.* 1) ***to máke [cút] a lóng stóry shórt*** = ***to máke shórt of the stóry*** かいつまんで話せば, 手短かに言うと. ***Whát's the stóry?*** 今(の状況)はどうなってるんですか.

— *vt.* **1** 〈つづれ織りなどを〉物語[歴史上の事実など]の絵で飾る (cf. storied[1] 2). **2** 《古》(…の来歴を)物語る. 〚(?*a*1200) *storie* ▭ AF *estorie* = OF *estoire* (F *histoire*) ▭ L *historia* 'HISTORY'〛

SYN 話: **story** 現実または架空の連続した事件を楽しませる目的で書いたり話したりするもの《最も一般的な語》: the *story* of *Snow White*「白雪姫」の物語. **narrative** 通例架空の話ではなく実話《格式ばった語》: give a *narrative* of one's journey 旅行談をする, 紀行文を書く. **anecdote** 逸話: 通例著名人の一身上の一つの出来事を短く面白く表現したもの: an *anecdote* about Churchill チャーチルの逸話. **tale** 通例簡単な物語で, 特に伝説的または架空のもの (*story* よりも格式ばった語): folk *tales* 民話. **legend** 昔からの言い伝え, 伝説: an old Japanese *legend* 昔からの日本の言い伝え. **myth** 有史以前の神・英雄・人間などについて言い伝えられている想像上の話, 神話: Greek *myths* ギリシャ神話.

sto·ry[2], 《英》 **sto·rey** /stɔ́ːri/ *n.* **1 a** [しばしば複合語の第 2 構成素として] (建物の)階, 層 《床と天井の間の空間》; 同じ階の部屋《全部》: a house of one ～ 平屋 / a building of three *stories* [*storeys*] 三階建ての建物 / a two-*story* house 二階家 / The building is four *stories* [*storeys*] high. その建物は四階建てだ. ★ 階の順序を数える時に英米で区別がある (cf. floor 2 a): on the first ～ 一階[《英》二階]で / ⇨ second story, third story / ⇨ upper story. **b** (実際の階と関係なく)建物の外装などの水平な区切り. **2** (水平な)階層, 層 (layer): in *stories* 層を成して. **3** (森の)植物階層: the trees occupy the top ～. ***wánting in the tóp stóry*** 《俗》 頭が足りなくて, うすのろで (cf. upper story 2). 〚(*a*1400) *storie* ← ? Anglo-L *historia* a row of windows with pictures on them, (L) tale, story (↑)〛

Sto·ry /stɔ́ːri/, **Joseph** *n.* ストーリー (1779–1845; 米国の裁判官; 最高裁判所陪席裁判官 (1811–45)).

Story, William Wet·more /wétmɔə | -mɔː[r]/ *n.* ストーリー (1819–95; 米国の彫刻家・詩人).

stóry·bòard *n.* 〘映画・テレビ〙 ストーリーボード, 画コンテ 《場面の重要な転換を順番に示す素描画を張りつける板》. 〚1942〛

stóry·bòok *n.* 物語本, おとぎ話の本: a ～ for children. — *adj.* [限定的] おとぎ話の. 〚1711〛

stóry èditor *n.* ストーリーエディター 《映画やテレビの台本の内容・形式について助言する編集者》.

stóry lìne *n.* 物語[劇, 小説, 詩, 短編小説]の筋書き[プロット]. 〚1941〛

stóry pòle [**ròd**] *n.*〘建築〙尺杖, 間竿(けんざお), 柱杖《建物の垂直方向の寸法を刻んだ, 一階分の長さをもつ竿; 大工が施工時に用いる》. 〘1823〙

story·teller *n.* **1 a** 物語を語る人, 語り手; 話の上手な人; 講談師. **b** (児童図書館などで子供にお話をする)お話し役. **c** =storywriter. **2**《口語》うそつき (liar). 〘1709〙

stóry·tèlling *n.* **1** 物語をすること. **2**《口語》うそをつくこと. 〘1709〙

Sto·ry·ville /stɔ́ːrivìl/ *n.* ストーリーヴィル《米国 New Orleans の旧赤線地帯; 初期のジャズ発達の中心地》. 〘← *Sidney Story* (この区画の計画者): ⇨ -ville〙

stóry·wrìter *n.* 小説家, 物語作者. 〘(1483)《なぞり》← *historiagraphus* HISTORIOGRAPHER〙

S to S《略》ship to shore; station to station.

Stoss /ʃtóʊs | ʃtɑ́ʊs; G. ʃtóːs/, **Veit** /fáɪt/ *n.* シュトース《1440–1533; ドイツの彫刻家・画家》.

stoss /stɔ́(ː)s, stɑ́(ː)s | stɔs; G. ʃtóːs/ *adj.*〘地質〙〈山腹・岩山などが〉氷河に流れの方向を向いた (↔ lee *adj.* 2). 〘(1878) □ G *Stoss* push, thrust ← *stossen* to push, thrust〙

stot¹ /stɑ́(ː)t | stɔ́t/ *n.*《英方言》去勢雄牛. 〘OE ~ 'horse':「去勢雄牛」の意では 1251 年に初出〙

stot² /stóʊt | stɔ́ʊt/ *vt.*《スコット・北英方言》はねる, はずませる. — *vi.* よろめく (stotter). 〘(1513) ← ? Gmc (cf. Goth. *stautan* to strike / ON *stauta* to push)〙

Stoth·ard /stɑ́(ː)ðəd | stɔ́ðəd/, **Thomas** *n.* ストザード《1755–1834; 英国の画家》.

sto·tin /stɑ(ː)tíːn | stɔ-/ *n.* (*pl.* **~s**) スティーン《スロベニアの通貨単位; =¹/₁₀₀ tolar》.

sto·ting /stóʊṭɪŋ | stáʊt-/ *n.*〘服飾〙=stoating.

sto·tin·ka /stoʊtíŋkə, stə- | stɔ-; *Bulg.* stotíŋka/ *n.* (*pl.* **-tin·ki** /-ki/; *Bulg.* -ki/) スティンキ《ブルガリアの通貨単位; =¹/₁₀₀ lev》; 1 スティンキ硬貨. 〘(1892) □ Bulg. ~ ← *sto-* (← *suto* hundred)+*-tin* (suf.)+*-ka* (suf.)〙

sto·tious /stóʊʃəs | stəʊ-/ *adj.*《アイル方言》酔っ払った. 〘(1937) ← ?: cf. stot² *vi.*〙

stot·ter /stɑ́(ː)ṭə | stɔ́tə^(r)/《スコット方言; 主にグラスゴー》*vi.* よろめく. — *n.* 目立つもの, (特に)若い美人. 〘v.: (1781) ← STOT²+-ER⁴ — n.: (20C): ⇨ -er¹〙

St.-Ouen /sæ̃(n)twɑ́ː(ŋ), sæntwɑ́ːŋ F. sɛ̃twɑ̃/ *n.* サントワン《フランス北部, Paris に近い都市》.

stound¹ /stáʊnd, stúːnd/ *n.* **1**《古・英方言》しばらくの間 (short time); 瞬間 (instant). **2**《廃・スコット》強打 (heavy blow); 激痛 (sharp pain). — *vi.*《スコット・北英》痛む (ache); ずきずきする (throb). 〘OE *stund* < Gmc **stundō* (Du. *stond* / G *Stunde* / ON *stund* hour) ← IE **stā-* 'to STAND'〙

stound² /stáʊnd, stúːnd/《英方言・古》*n.* **1** びっくり仰天, 胆をつぶすこと. **2** 茫然自失 (stupor). — *vt.* = astound. 〘(*a*1325) *stunde(n)*《頭音消失》← ASTOUND〙

stoup /stúːp/ *n.* **1** (通例石の)聖水盤《カトリック教会の入口などに取り付けてあり, 信者はその水で指先を洗って十字を切る》. **2**《古・スコット・北英》杯, 酒杯. **3**《スコット》水おけ, バケツ. 〘(*c*1397) *stowp* □ ON *staup* cup ← Gmc **staup-* (OE *stēap*): cf. steep²〙

stour¹ /stúə | stúə^(r)/ *adj.*《スコット》**1** 強い, 丈夫な (strong). **2** 厳しい, 厳格な (stern). 〘(1121–54) *sto(u)r* < OE *stōr* □ ON *stōrr* great ← IE **stā-* 'to STAND'〙

stour² /stúə, stáʊə | stúə^(r), stáʊə^(r)/ *n.*《英方言》**1 a**《古》戦闘. **b**《英方言》騒動 (tumult), 混乱 (confusion). **c**《スコット》嵐 (storm). **2**《スコット》ほこり (dust). 〘(*a*1325) □ OF *estour* battle ← Gmc: cf. storm〙

Stour *n.* **1** /stúə | stúə^(r)/ ストゥール(川): **a** イングランド東部の川; Suffolk 州と Essex 州との境をなし, Harwich で北海に注ぐ (76 km). **b** イングランド Kent 州の川; Canterbury と Sandwich を過ぎ Dover 海峡に注ぐ (65 km); Great Stour ともいう. **2** /stáʊə, stóʊə | stáʊə^(r), stóʊə^(r)/ **a** イングランド南部の川; Somersetshire 州南東部に発し, Hampshire 州の Christchurch で Avon 川に合する (89 km). **b** イングランド Oxfordshire と Warwickshire にある川; Avon 川に注ぐ (32 km). **c** イングランド Staffordshire と Hereford and Worcester にある川; 南へ流れて Stourport-on-Severn で Severn 川と合流する (32 km). 〘OE *Stūr*《原義》the strong one〙

Stour·bridge /stáʊəbrɪdʒ, stóə- | stáʊə-, stóʊə-/ *n.* スタワーブリッジ《イングランド中西部 Birmingham 西方の工業都市; スタワー川 (Stour 2 c) に面する; 主要製品はれんがとガラス》.

stour·y /stʊ́ᵊri | stúəri/ *adj.*《スコット》ほこりっぽい, ほこりがいっぱい舞っている.

stoush /stáʊʃ/《豪口語》*n.* なぐり合い, けんか; げんこつ一発. — *vt.* …となぐり合う, に一発くらわす. — *vi.* けんかする. 〘(1893) ← ?: cf. stashie, stushie〙

stout /stáʊt/ *adj.* (~·er; ~·est) **1 a**《婉曲》でっぷりした, 太った, 肥満した (⇨ fat SYN); ずんぐりした: a ~ old gentleman 太った老紳士. **b** たくましい, 丈夫な (⇨ strong SYN); 健康な, 強壮な, 元気のいい: a ~ man. **2 a** (構造・中身・地など)強い; 作りが頑丈な, 強靭(きょうじん)な: a ~ ship 頑丈な船 / a ~ cloth 丈夫な布 / ~ cords 丈夫な綱. **b** 〈アルコール飲料が〉こくのある: ~ beer. **3 a** びくともしない, 断固とした, 勇敢な: a ~ fighter [opponent] 頑強な闘士[敵手] / a ~ heart 雄々しい心, 勇気. **b** 〈馬などが〉よく頑張る, 頑張りのきく. **4** 力の強い, 強力な; 激しい, 荒々しい: make a ~ resistance 頑強に抵抗する / a ~ attack 激しい攻撃. **5**《古》**a** 横柄な, 高慢な (proud). **b** 挑戦的な (defiant). — *n.* **1** スタウト《焦がした麦芽を使ったアルコール度の強い黒ビール; cf. porter³》. **2** 肥満した人. **3** [しばしば *pl.*] 肥満型の服. **~·ly** *adv.* **~·ness** *n.* 〘(?*a*1300) □ OF *estout* □ (WGmc) **stult-* (Du. *stout* / G *stolz* proud) ← ? **stelt-*: ⇨ stilt〙

Stout /stáʊt/, Sir **Robert** *n.* スタウト《1844–1930; スコットランド生まれのニュージーランドの政治家; 首相 (1884–87)》.

stóut·héarted *adj.* **1** 勇敢な (brave), 大胆な (dauntless). **2**《古》強情な, 反抗する, かたくなな (stubborn). **~·ly** *adv.* **~·ness** *n.* 〘1552〙

stóut·ish /-tɪʃ | -tɪʃ/ *adj.* やや太った, 太り気味の. 〘1835〙

stove¹ /stóʊv | stəʊv/ *n.* **1 a** (料理用)レンジ, コンロ (cf. cookstove). **b** (暖房用)ストーブ, 暖炉. 日英比較 日本語の「ストーブ」は暖房器具を指すが, 英語の *stove* は普通は調理用のものをいう. 英語では移動可能な暖房器は heater. **c** (瀬戸物を焼く)かまど (kiln). **2 a** 乾燥室 (drying room). **b**《英》温室 (greenhouse). **c**《古》暖房の[蒸気で熱した]部屋. — *vt.* **1** ストーブで熱する; 暖炉で乾かす. **2**《英》〈植物を〉温室で栽培する. **3**《スコット》〈肉・野菜などを〉煮込む. 〘(1456) □ MLG & MDu. ~ 'heated room' (Du. *stoof* footwarmer / G *Stube* room / OE *stofa* steam room) □ VL **extufa* ← EX-¹+**tufus* steam (□ Gk *tûphos* 'smoke, TYPHUS')〙

stove² *v.* stave の過去形・過去分詞.

stóve bòlt *n.*〘機械〙ストーブボルト《丸頭または皿頭で, 軸部全体にねじの切ってある小ボルト》.

stoved *adj.*《英》煮込んだ〈肉・野菜〉. 〘1693〙

stóve enàmel *n.* 耐熱ほうろう.

stóve léague *n.*《米俗》[集合的] ストーブリーグ (hot stove league).

stóve·pìpe *n.* **1** ストーブの煙突. **2**《米口語》= stovepipe hat. 〘1699〙

stóvepipe hát *n.*《米口語》シルクハット (tall silk hat). 〘1857〙

stóve·pìpes *n. pl.*《口語》ストーブパイプ《ヒップの下から直線的になった細くて足にぴったりのタイトズボン; stovepipe trousers [pants] ともいう》. 〘1857〙

stóve plànt *n.* 温室植物. 〘1778〙

sto·ver /stóʊvə | stə́ʊvə^(r)/ *n.* **1**《米》(トウモロコシ・モロコシなどの実を取ったあとの, 家畜のかいばにする)茎や葉. **2**《古・方言》(特に, 冬用の)かいば (fodder). 〘(?*a*1300) *stouer* provisions □ AF *estovers* necessary supplies: ⇨ estovers〙

stóve-tòp *n.* レンジの上部《調理する部分》. — *adj.* [限定的] レンジで(使う); レンジで調理できる.

sto·vies /stóʊviz, stɑ́(ː)- | stə́ʊv-, stɔ́v-/ *n. pl.*《スコット》玉ねぎ入りのじゃがいもの煮込み. 〘(1893): ⇨ stove¹ *vt.* 3〙

stow¹ /stóʊ | stəʊ/ *vt.* **1** 〈物を〉〔容器などに〕しまい込む (store) 〈*away*〉〔*in, into*〕: ~ the papers *away in* the drawer 書類を引き出しにしまい込む. **2 a** 〈物を〉〔容器に〕詰め込む, きっちり詰める (pack compactly)〔*in, into*〕; 〈容器などに〉〔物を〕詰め込む〔*with*〕: ~ clothes *into* a box 衣服を箱にぎっしり詰める / ~ a box 箱にぎっしり詰める. **b**《口語》〈食物を〉詰め込む, 平らげる, 食ってしまう (cram in) 〈*away*〉. **3** 〈場所・容器などが〉入れる余地がある, 入れられる (hold). **4** [通例命令法で]《俗》〈冗談・騒ぎなどを〉やめる, よす (stop): *Stow* that nonsense! そんなばかな話はよせ / *Stow* it! (騒ぎ・あざ笑いなどを)やめろ, 黙れ. **5**〘海事〙〈船荷を〉船倉などに入れる[しまう], 積載する; 〈船倉などに〉積み込む, 積む: ~ cargo *in* the hold = ~ the hold with cargo 船倉に貨物を積み込む / ~ cargo *down* (船倉内に)貨物を積み込む. **6**《廃》**a** 閉じ込める, かぎをかけて隠す (confine): Where hath thou ~*ed* my daughter? 娘をどこに隠した (Shak., *Othello* 1. 2. 62). **b** 宿泊させる (lodge), 宿営させる (quarter).
— *vi.* **1** (船・飛行機などで)密航する 〈*away*〉 (cf. stowaway): ~ *away* on a ship 船で密航する. **2** しまい込む, 積み込む.
〘(*a*1376) *stowe(n)* to place ← *stowe* a place < OE *stōw* < Gmc **stōwō* ← IE **stā-* 'to STAND': 名詞《廃》*stow* (=holy place, monastery) は多くの地名に残る〙

stow² /stúː, stáʊ/ *vt.*《スコット・英方言》(特に)〈羊の耳〉の端を切る; 〈木・低木を〉刈り込む. 〘(1513) ← Scand. (cf. ON *stūfr* stump)〙

Stow /stóʊ | stəʊ/, **John** *n.* ストウ《1525?–1605; 英国の歴史家・考古家; *The Chronicles of England* (1580), *A Survey of London* (1598, 1603)》.

stow·age /stóʊɪdʒ | stəʊ-/ *n.* **1 a** 積むこと, 積込み. **b** 積み方. **c** 荷積み料. **d** 積荷, 載貨; 格納品. **2 a** 収容能力. **b** 積み込む場所, 積込み設備. 〘(1390): ⇨ stow¹, -age〙

stów·awày *n.* **1** 密航者, ただ乗り客. **2** 隠れ家[場所]. — *adj.* (テーブルなどが)(収納のため)分解できる, 折りたためる. 〘(1854) ← *stow away* (⇨ stow¹ (vi.) 2)〙

Stowe /stóʊ | stəʊ/, **Harriet** (**Elizabeth**) **Beecher** *n.* ストウ《1811–96; 米国の女流小説家; その作 *Uncle Tom's Cabin* (1852) は奴隷解放運動を促進した》.

stowp /stóʊp | stəʊp/ *n.*《スコット》=stoup.

STP *n.*〘薬学〙エスティーピー《アンフェタミンの誘導体で催幻覚剤; DOM ともいう》. 〘(1967)《頭字語》← *S(cientifically) T(reated) P(etroleum)*: ガソリン添加剤の商標名〙

STP《略》*L.* Sanctae Theologiae Professor (=Professor of Sacred Theology); scientific and technical potential; standard (conditions of) temperature and pressure (=NTP).

St. Pán·cras /-pǽŋkrəs/ *n.* セントパンクラス: **1** London 中央北部の旧自治区; 現在は Camden 区の一部. **2** ロンドンの主要駅の一つ《Midlands 方面の発着駅; 駅舎はもとホテル》. 〘*St. Pancras* (290?–?304; フリギア生まれのローマの殉教者)に捧げられた教会にちなむ〙

St. Pátrick's cróss *n.* 聖パトリック十字《白地に赤の X形の十字架で, アイルランドの国章; 紋章では銀の地に赤; cf. Union flag》.

St. Pátrick's Dày *n.* 聖パトリックの祝日《3 月 17 日; アイルランドの守護聖人 St. Patrick を祝う日で, 北アイルランドの法定休日; cf. bank holiday 2》.

St. Pául *n.* セントポール《米国 Minnesota 州南東部, Mississippi 川東岸にある同州の州都; Minneapolis の対岸にあり, 合わせて Twin Cities とも呼ばれる》. 〘同地所在の St. Paul's Church にちなむ〙

St. Pául's /-pɔ́ːlz, -pɑ́ːlz | -pɔ́ːlz/ *n.* 聖パウロ大聖堂, セントポール大聖堂《Westminster Abbey と並び称される London 最大の聖堂; 1666 年の大火後 Sir Christopher Wren の設計によってルネサンス式に再建; Nelson の墓などがある; St. Paul's Cathedral ともいう; cf. BISHOP of London》.

St. Pául's Cathèdral *n.* =St. Paul's.

St. Pé·ter's /-píːṭəz | -təz/ *n.* 聖ペテロ大聖堂, サンピエトロ大聖堂《Vatican City にある大聖堂; カトリック教会の総本山で, その建物はルネサンス建築の粋と称される; St. Peter's Basilica ともいう》.

St. Pe·ters·burg /sèɪn(t)píːṭəzbə̀ːg | sɪ̆n(t)píːtəz-bə̀ːg, sn̩(t)-/ *n.* **1** サンクト ペテルブルク《ロシア連邦北西部の海港; ロシア帝国の首都 (1712–1917); Petrograd (1914–24), Leningrad (1924–91) と呼ばれたが, 1991 年に再び St. Petersburg に改称; ロシア語名 Sankt-Peterburg》. **2** セントピーターズバーグ《米国 Florida 州西部, Tampa 湾に臨む港市, 保養地》.

St. Péter's físh *n.*〘魚類〙**1** ニシマトウダイ (John Dory). **2** ティラピアの一種 (*Sarotherodon galileus*)《北アフリカ・中東産のシクリッド科の淡水魚; 胸びれの近くに黒っぽい斑点がある》. 〘(1611) ← *St. PETER*: これらの魚の両側にある暗色斑点は, ペテロがその口から硬貨を引き出した時に生じたとの伝説から: cf. *Matt.* 17: 27〙

St. Pierre /sèɪn(t)pjéə | sɪ̆n(t)pjéə^(r), sn̩(t)-; *F.* sɛ̃pjɛːʁ/ *n.* サンピエール: **1** インド洋 Réunion 島の都市. **2** フランス領西インド諸島の Martinique 島にあった都市; 1902 年 Pelée 火山の噴火によって壊滅し 26,000 人の市民が全滅.

St. Píerre and Mí·que·lon /-mìːkəlɔ́ː(ŋ), -lɔ́ːŋ, *F.* -miklɔ̃/ *n. pl.* サンピエール ミクロン(島)《Newfoundland 島南方のフランス領の二つの小島; 漁業根拠地; 面積 242 km², 主都 St. Pierre》.

St. Pöl·ten /sèɪn(t)pɑ́ltən, -pɑ́ːltn̩, -pɑ́ːł- | sɪ̆n(t)-/ *n.* ザンクトペルテン《オーストリア北東部の市; Lower Austria の州都; オーストリア名 Sankt Pölten /zaŋktpœ́ltn̩/》.

St. Quen·tin /sèɪn(t)kwéntn̩ | sɪ̆n(t)kwéntɪn, sn̩(t)-; *F.* sɛ̃kɑ̃tɛ̃/ *n.* サン カンタン《フランス北部, Somme 川上流の工業都市》.

STR《略》submarine thermal reactor.

str.《略》seater; steamer; straight; strait; street; strength; streptococcus;〘音楽〙stringed; string(s); stringer; stroke; stroke oar; strong; strophe; structural; structure.

stra·bis·mus /strəbízməs | strə-, stræ-/ *n.*〘病理〙斜視, やぶにらみ (squint). **stra·bís·mal** /-məł, -mł/ *adj.* **stra·bís·mic** /-bízmɪk/ *adj.* **stra·bís·mi·cal** *adj.* **stra·bís·mi·cal·ly** *adv.* 〘(1684) ← NL ~ ← Gk *strabismós* ← *strabízein* to squint ← *strabós* squint-eyed; cf. strepto-, strophe〙

Stra·bo /stréɪboʊ | -bəʊ/ *n.* ストラボン《63 B.C.?–? A.D. 21; 小アジア出身のギリシャの地理学者・歴史家》.

stra·bot·o·my /strəbɑ́(ː)ṭəmi | strəbɔ́t-, stræ-/ *n.*〘外科〙斜視切開(術). 〘(1857) ← Gk *strabós* squint-eyed+-TOMY〙

STRAC /stræk/《略》《米》Strategic Army Corps.

strac·cia·tel·la /strɑ̀ːtʃətélə; *It.* strattʃatélla/ *n.*〘イタリア料理〙ストラッチャテッラ《ストック, 泡立てた卵, セモリナ (semolina), パルメザンチーズで作るスープ》. 〘(1954) □ It. ~〙

Stra·chey /stréɪtʃi/, (**Giles**) **Lytton** *n.* ストレイチー《1880–1932; 英国の伝記作家・歴史家; *Eminent Victorians* (1918), *Queen Victoria* (1921)》.

Strad /stræd/ *n.*《口語》=Stradivarius. 〘略〙

strad·dle /strǽdl̩/ -dl̩/ *vt.* **1 a** またぐ, …にまたがる: ~ one's horse 馬にまたがる / ~ a chair (背を反対にして)椅子にまたいで座る / He stood *straddling* the ditch. 溝をまたいで立っていた. **b** 〈両足を〉広げる. **2**《米口語》…の去就を明らかにしない: ~ a political question 政治問題にどっちつかずの態度をとる. **3**〘商業〙両立てする. **4**〘砲術〙(射程測定のために)〈的・敵〉の前方[後方]を射撃する, 夾叉(きょうさ)する. **5**〘トランプ〙〈(手札を見ないで)賭(か)けを〉倍にする (double). — *vi.* **1 a** 両足を広げる; 股を広げてふんばる, 股を広げて歩く[立つ, 座る]. **b** 〈両足が〉広がる (spread apart). **2** 〈枝などが〉不規則に広がる. **3**《米口語》どっちつかずの態度をとる. **4**〘砲術〙夾叉(きょうさ)する (bracket)《目標を遠弾と近弾とではさむ》. **5**〘トランプ〙(ポーカーで)手札を見ないで賭け金を倍にする. — *n.* **1 a** 両足を踏んばること, またぐ[またがる]こと; またがった姿勢. **b** またぎ越えた距離. **2**《米口語》どっちつかずの態度. **3**〘商業〙両立て, 複合選択権付き取引. **4**〘砲術〙夾叉 (bracket). **5**〘トランプ〙(手札を見ない)倍賭け. **6**〘陸上競技〙(高跳びの)ストラドル《バーの上で腹を下に向け, バーと平行にクリアーするフォーム; straddle roll, belly roll ともいう; cf. flop 5》. **7**《アイル》(馬の背に置く)荷積み用木枠. **strád·dler** /-dlə, -dl̩ə | -dlə^(r), -dl̩ə^(r)/ *n.* 〘(1565)《変形》←《廃》*striddle*《逆成》← *striddling* (← stride, -ling²): ⇨ -le³〙

S

stráddle càrrier *n.* ストラドルキャリア, (高い)車台付き荷揚げ用車《木材など重量物の上にまたがって, 自在腕でつかみ上げ, 運搬・荷役の両方ができるトラック; straddle truck ともいう》. 〘1950〙
stráddle-lèg·ged /-lègɪ̀d, -lègd/ *adj.* 足を広げた, またいだ, 足をふんばった. 〘1817〙
stráddle ròll *n.* 〘陸上競技〙 =straddle *n.* 6.
stráddle trùck *n.* =straddle carrier.
strád·dling·ly /-dlɪŋ-, -dl- | -dl-, -dl-/ *adv.* **1** またいで, またがって. **2** 《米口語》どっちつかずの態度で.
Stra·di·va·ri /strædəvɑ́ːri, strædəvέəri | strædɪ̀-vɑ́ːri; *It.* stradivɑ́ːri/, **Antonio** *n.* ストラディバーリ, ストラディバリウス《1644?–1737; イタリア Cremona のバイオリン製作家; その手になったバイオリンは名器として珍重される; ラテン語名 Antonius Stradivarius cf. Guarneri》.
Strad·i·var·i·us /strædəvέəriəs | strædɪ̀vέəriəs, -vɑ́ːr-/ *n.* 〘音楽〙ストラディバリウス《Antonio Stradivari (またはその息子)製作の弦楽器, 特にバイオリン; cf. Guarnerius》. 〘《1833》《ラテン語化》← *Stradivari*〙
strafe /stréɪf | strɑ́ːf, stréɪf/ *vt.* **1** (飛行機で)〈地上部隊・施設を〉(近距離で)銃撃する, 機銃掃射する, 地上掃射する. **2** 爆撃する, 猛爆する, 猛砲撃する (bombard heavily). **3** 《俗》罰する (punish); ひどくしかる. — *n.* **1** 地上[機銃]掃射. **2** 爆撃, 猛爆, 猛砲撃. **3** 《俗》懲罰. **stráf·er** *n.* 〘《1915》← G *Gott strafe England* May God punish England: 第一次大戦の際のドイツの標語〙
Straf·ford /strǽfəd | -fəd/, 1st Earl of *n.* ストラフォード《1593–1641; 英国の政治家; Charles 一世の腹心として その専制政治を助けたため, Long Parliament の弾劾(だんがい)を受け, 処刑された; 本名 Thomas Wentworth》.
strag·gle /strǽgl/ *vi.* **1 a** (進路から)それる; (列から)はぐれる, (隊列から)落伍する. **b** 道草を食う, さまよう, うろつく (rove, stray). **c** ばらばらに行く[来る]: They ~*d* in one by one. 一人一人ばらばらに帰ってきた / The crowd ~*d* along. 群衆はばらばらに立ち去った. **2** (他の仲間から離れて)ばらばらになる; 〈毛髪などが〉ほつれる. **3 a** だらだらと[不揃いに]連なる[進む, 広がる]: Vines ~ over the fence. 垣にツタがだらしなくはびこっている / The town ~*s* out into the country. 町がだらだらと郊外へ広がって行く. **b** 所々にある, 散在する (occur here and there): The houses ~ along the road. 人家が道路に沿って散在している. — *n.* (人・物などの)ばらばらの[不規則な]配列: a ~ of buildings 不揃いな並びの建物. 〘《c1400》 *stragle* (*n*) 《変形》← **straklen* (freq.) ← *straken* to move, go ← Gmc **strak-*: cf. stretch: ⇨ -le³〙
strág·gler /-glə, -glə | -glə^r, -glə^r/ *n.* **1 a** 仲間にはぐれた人; 落伍者. **b** 敗残兵. **c** はびこる草木[枝]. **d** 迷鳥《渡り鳥で暴風雨などのため例年と異なる土地に迷い着くもの》. **2** 〘海事〙無届外出船員. **3** 《廃》浮浪人 (vagabond). 〘《1530》: ⇨ ↑, -er¹〙
strág·gling /-glɪŋ, -gl-/ *adj.* **1 a** 仲間から離れた, はぐれた, 落伍した. **b** ばらばらに進む: a ~ line of soldiers だらだらと続く兵士の列 / a ~ procession だらだらと進む行列. **c** 〈道・町など〉不規則に延びた; 〈家が〉まとまりのない形の: a ~ village 家が不規則に続く村. **2** 〈髪が〉ほぐれた: a ~ wisp of hair ほつれた毛. **3** 〈木の枝など〉だらだらと伸びた. **~·ly** *adv.* 〘《1601》: ⇨ -ing²〙
strag·gly /strǽgli, -gli/ *adj.* (**strag·gli·er**; **-gli·est**) =straggling. 〘《1862》: ⇨ -y⁴〙
straight /stréɪt/ *adj.* (**~·er**; **~·est**) **1 a** (曲がったり途切れたりしない)まっすぐな, 一直線の (direct); 〈膝・足が〉曲がっていない, 湾曲してない: a ~ line 直線 / a ~ road 直線道路 / a ~ look まっすぐ目を向けること, 直視 / ⇨ straight grain. **b** 〈髪の毛が〉縮れていない: ~ hair 縮れていない髪. **c** 〈スカートが〉ストレートの《フレアのないものにいう》. **d** 〈馬が〉前後の脚が一直線上にある. **2** 直立した, まっすぐな, 垂直の (vertical): a ~ back (猫背でない)まっすぐな背 / Is the picture ~? その絵はまっすぐになっているか. **3 a** (目的に向かって)直進する, ひたむきの; 理路整然とした, 筋の通った: ~ thinking 理路整然とした考え(方) / a ~ race [game] 全力を傾注する競走[競技] / ⇨ straight fight. **b** 包み隠しのない, あからさまな, あけすけな (frank), 率直な (candid) (⇨ upright SYN): ~ speech 直言 / I'll be ~ *with* you. 率直に申しましょう. **c** 連結した (continuous, running), 途切れず続く (consecutive): the ~ sequence of events 連続事件 / for seven ~ days=for seven days ~ 7 日間続けて / in ~ succession 途切れずに連続して / ⇨ straight A. **4 a** 正直な, 公明正大な, 正しい, 公正な (honest, upright), まっすぐな, 曲がったことの嫌いな (honorable): ~ dealings 公正な取引 / You can trust her. She is ~. 彼女は信用できる. 彼女は正直だ. **b** きちんとした, 整然とした, 片付いた: put [set, keep] a room [things] ~ 部屋[物]を整頓する[片付ける] / put one's tie ~ ネクタイをきちんと締める / put one's hat ~ 帽子をちゃんとかぶる / get [make] one's affairs [finances] ~ 身辺の諸事[財政]を整理する / Let me set the record [matters] ~. 記録[問題]をきちんと整理させて下さい. **c** 〈勘定など〉間違いのない; 《口語》清算された, 貸し借りなしの: The accounts are ~. 計算はきちんと決済ずみだ / I am ~ *with* the world. 誰にも借りがない. **d** 《米口語》(数量の多少にかかわらず)一定価格の, 割引なしの, 正札通りの: apples ten cents ~. **e** (給料の支払形態が)単一の: a salesman on ~ commission 歩合だけ(で固定給のない)セールスマン. **5** 《口語》信頼すべき筋から直接出た; 確かな, 信頼すべき (reliable): a ~ report 信頼できる報告. **6** 《米》**a** 絶対忠実な, 徹底した (thoroughgoing): a ~ Republican [Democrat] 生粋の共和[民主]党員 / a ~ out-and-out socialism 徹頭徹尾完全な社会主義. **b** 〈投票など〉(ある党の)公認候補に投じられた: ⇨ straight ticket. **7** 《米》修正しない, 変更しない, 改変を加えない, もとのままの: a ~ comedy 原作のままの喜劇. **8** 《米》〈ウイスキーなど〉純粋の, 混ぜもののない, 生(き)一本の (neat): ~ brandy (水を割らない)ストレートのブランデー / ⇨ straight whiskey / drink gin ~ ジンをストレートで飲む. **9** 〈顔が〉まじめくさった (stern, unsmiling): keep one's face ~ 笑わない, まじめくさった顔をする, 真顔でいる / ⇨ straight face. **10** 《俗》**a** 正常な, 保守[伝統]的な. **b** 麻薬を用いない. **c** 異性愛の, ホモ[レスビアン]でない (heterosexual). **11** 〘演劇〙**a** 〈演技が〉率直な, 効果をねらわない, けれんのない (straightfoward). **b** 正劇 (legitimate theater) の, 音楽を含まない劇の. **12** 〘音楽〙**a** (即興などなしに)楽譜通り演奏される. **b** (カントリー音楽などで)ジャズ化されていない, 純粋な. **13** 〘トランプ〙(ポーカーで) 5 枚が続き番号の: ⇨ straight flush. **14** 〘ジャーナリズム〙〈記事が〉(私見・コメントをはさまないで)ストレートの, ありのままを伝える, 客観的な (cf. featurish, featured 1). **15** 〘印刷〙平よせの, 坊主組みの《図・表などを含まない, ごく普通の文章の組版にいう》: ⇨ straight matter. **16** 〘機関〙(シリンダーの)直列型の. **17** 〘クリケット〙**a** 〈バットが〉地面に垂直に構えられた. **b** 〈打撃が〉一直線の[に飛ぶ]. **18** 〘ボクシング・レスリング〙ストレートの: a ~ blow.
gèt stráight 〈ある事を〉誤解のないようにする, 心得ておく: Let's *get* this [it] ~. はっきり確認しておこう. 《1920》 ***the stráight and nárrow páth*** =*the* STRAIGHT *and narrow* (⇨ *n.* 成句). 《1842》
stráight bíll of láding 〘貿易〙記名式船荷証券《特定の人の引渡さるべき条件で発行され, 譲渡不可能; 略 straight B/L; cf. BILL¹ of lading》.
— *adv.* (**~·er**; **~·est**) **1** まっすぐに, 一直線に: fly ~ as an arrow 矢のように[一直線に]飛ぶ / walk [run] ~ まっすぐに歩く[走る] / ride ~ (猟犬の後を障害物を乗り越えて)一直線に馬で進む / shoot [hit] ~ 命中させる / make ~ for a precipice 崖に向かって一直線に進む / hit ~ from the shoulder (ボクシングで)肩から一直線に腕をつき出す (cf. straight-from-the-shoulder) / look ~ ahead まっすぐに前を見る, 前方を直視する. **2** 直立して, 垂直に, まっすぐに (upright): hang [put, set] pictures ~ 絵をまっすぐに掛ける / sit up ~ ⇨ SIT *up* (*vi.*) (2). **3** 直接に, それずに, 直行して, まっすぐに: He will go ~ to Paris. 彼はパリへ直行するでしょう. **4** すぐ, 直ちに (immediately): ~ after the meeting / ~ after leaving London. **5** 率直に, あからさまに (frankly); 遠慮せずに, ぶちまけて (outspokenly): come ~ to the point 要点をすぐ話す / talk ~ ぶちまけて話す / Tell me ~ what you think. 思うところを腹蔵なく話してくれ / Give it to me ~, doctor, am I going to die? 隠さずに言ってください, 先生. 私はもうだめなんでしょうか. **6** 正しく, 正直に, 地道に (honestly): live ~ 地道に暮らす / think ~ 理路整然と考える / see ~ (間違わずに)正しく見る. **7** 連続して, 途切れずに: keep ~ on ずんずん続けて行く / go ~ through [up, down]. **8** 変更[修正]なしに: play a role ~.
gò stráight 《口語》〈犯罪者が〉更生する; まともに暮らす. ***plày stráight*** 〔人に対して〕誠実[公平]に行動する〔*with*〕. ***stràight awáy*** [***óff***] 《口語》すぐ, 早速 (at once). 《1662》 ***stràight óut*** 率直に, 包み隠さず (cf. straight-out): Tell me ~ *out* what you think. 《1877》 ***stráight úp*** 《英口語》[文相当句的に用いて] 本当だ, そのとおりだ (exactly): "Your number is 5." "*Straight up?*" "*Straight up.*" ★ 通例前文の問直しや肯定的返答に用いる.
— *n.* **1 a** まっすぐ, 直線. **b** [the ~] 《英》(競馬場の決勝線近くの)直線走路, ホームストレッチ (homestretch; cf. 《米》straightaway): They were even as they reached *the* ~. 最後の直線入口までは並行していた. **2** まっすぐな[直立の]姿勢. **3** 《俗》**a** 正常な人, 保守的な人. **b** 堅苦しい人, 堅物. **c** 麻薬を用いない人. **d** 同性愛でない人, 異性愛の人. **e** 麻薬のはいらない普通のたばこ. **4 a** 〘スポーツ〙連続打撃[プレー]. **b** 〘ボクシング〙ストレート《肩からまっすぐに腕を伸ばして相手を打つ法; cf. hook 8》. **5** 〘競馬〙単勝, 単勝式 (win). **6** 《米俗》偽りのない声明, 真相 (truth): He told us the ~ of it. (事の)真相を話してくれた. **7** 〘トランプ〙(ポーカーの)ストレート《5 枚の続き番号札; 同じしるしでなくてもよい; ⇨ poker¹》. **8** =straight whiskey.
on the stráight (1) まっすぐに, 一直線に. (2) 正直に. 《1663》 ***óut of (the) stráight*** (1) 曲がって, ゆがんで (crooked, awry). (2) 不正直に, 不正に. 《1678》 ***the stráight and nárrow*** 《口語》立派で礼儀正しい行動, 正道: keep to [follow] *the* ~ *and narrow* 正しい生活を送る (cf. *Matt.* 7:14: "*strait* is the gate and *narrow* is the way which leadeth unto life"). 《1930》
~·ly *adv.* **~·ness** *n.* 〘《a1325》 *streght, straght* (p.p.) ← *strecchen* 'to STRETCH'〙
stráight Á 《米》*n.* (*pl.* **~'s**) 全優: graduate with ~'s 全優で卒業する. — *adj.* 全優の: a ~ student. 〘1926〙
stráight-ahéad *adj.* **1** 複雑でない, 率直な (straight forward). **2** 〘ジャズ〙ストレートアヘッドな《正統派の力強い演奏の》. 〘1836〙
stráight àngle *n.* 〘数学〙平角, 二直角《180 度(の角), π ラジアン(の角); cf. right angle, round angle》. 〘1601〙
stráight-àrm 〘アメフト〙*vt.* 腕をまっすぐに張って〈タックルに来る相手を〉押しのける. — *vi.* 腕をまっすぐに張って相手を押しのける. — *n.* 腕をまっすぐにすること[動作] 《stiff-arm ともいう》. — *adj.* 〈タックルが〉腕をまっすぐ張った. 〘1925〙
stráight-árrow *adj.* 《米口語》まじめ一方の, 真正直な, 堅物の. 〘1969〙
stráight árrow *n.* 《米口語》まじめ一方[真正直]な人, 堅物. 〘1969〙
straight·a·way /stréɪtəwéɪ | -tə-ˊ/ *adv.* すぐさま, 直ちに (⇨ immediately SYN). — *adj.* 《米》**1** まっすぐ進む. **2** 〈競馬場のコースなど〉まっすぐな, 直線の. **3** 理路整然と進む; 明快な, 素直な (clear). **4** 直接の, じかの (immediate). **5** 〘機械〙=straight-flute. — /stréɪtəwèɪ/ *n.* 《米》**1** (競馬場などの)まっすぐな部分, 直線走路[コース]. **2** (高速道路や水路などの)まっすぐな部分. **3** 〘トランプ〙=straight 7. 〘1874〙
stráight bát *n.* **1** 〘クリケット〙垂直に構えたバット. **2** 《英口語》正直なふるまい. 〘1: 《1843》. 2: 《1973》〙
stráight·bréd *adj.* 〈動物など〉純血種の (↔ crossbred). — *n.* 純血種の動物. 〘1901〙
stráight cháin *n.* 〘化学〙直鎖《枝分かれしていない直線状に結合した炭素鎖; cf. branched chain》. 〘1890〙
stráight cháir *n.* 背もたれが垂直で高い椅子《布[皮]張りがしてなく, 脚やひじかけがまっすぐな椅子》.
stráight-cùt *adj.* 〈たばこが〉葉を縦に長く切った[刻んだ], ストレートカットの. 〘1840〙
stráight dèck *n.* 〘造船〙直線式木甲板《すべての材が船首尾方向にまっすぐに張られた木甲板; cf. laid deck》.
stráight·èdge *n.* **1** 直定規. **2** =straight razor.
  stráight·èdged *adj.* 〘1812〙
stráight-èight *n.* 直列 8 気筒エンジン(の自動車). 〘1926〙
straight·en /stréɪtn̩/ *vt.* **1** まっすぐにする, 〈しわなどを〉伸ばす 〈*out*〉: ~ oneself *out* 体をまっすぐにする. **2** 《米》整頓する, 整える, 整理する (put in order); 清算する 〈*out, up*〉. **3** 〈悩みなどを〉解決する; 回復させる 〈*out*〉. **4** 〈行いを〉正す, 正道に戻す 〈*out*〉. — *vi.* **1** まっすぐになる, 直立する 〈*up*〉. **2** 《米口語》よくなる, 正しくなる; まともな生活をする 〈*up, out*〉. **~·er** /-tn̩ə, -tnə | -tn̩ə^r, -tn-/ *n.* 〘《1542》← STRAIGHT (adj.)+-EN¹〙
stráight fáce *n.* まじめくさった[無表情な]顔, 真顔: with a ~ 真顔で, にこりともせずに. ***kéep a stráight fáce*** まじめくさった顔をしている, にこりともしない.
  stráight-fáced /-féɪstˊ/ *adj.* **stráight-fáced·ly** /-sɪ̀dli, -st-/ *adv.* **stráight·fáced-ness** /-féɪst-/ *n.* 〘1891〙
stráight fíght *n.* **1** 全力をあげての戦い, 総力戦 (cf. straight *adj.* 3 a). **2** 《英》〘政治〙二人の候補者の一騎打ち. 〘1910〙
stráight flúsh *n.* 〘トランプ〙ストレートフラッシュ《ポーカーで同じ印 (suit) の続き番号札 5 枚揃い; cf. flush⁴ a; ⇨ poker¹》.
stráight-flùte *adj.* 〘機械〙〈ドリルが〉縦みぞ付きの.
stráight fórecast *n.* 《英》(競馬・ドッグレースで)連勝単式の賭け.
straight·forward /stréɪtfɔ́ːwəd | -fɔ́ːwədˊ/ *adj.* **1** 回りくどくない, 込み入らない; わかりやすい, 簡単な: a ~ piece of work 簡単な仕事 / a ~ style すらすらした文体. **2** 曲がったことの嫌いな, 正直な; 率直な, あからさまな (⇨ frank¹ SYN): a ~ offer 遠慮のない申し出 / a ~ answer 率直な答え / He is ~ in his dealings. つきあい方がまっすぐだ. **3** まっすぐに行く[向かう]: a ~ glance 直視. — *adv.* 率直に; まっすぐに. **~·ly** *adv.* **~·ness** *n.* 〘1806〙
stráight·fórwards *adv.* =straightforward.
stráight-from-the-shóulder *adj.* 〈表現・分析など〉単刀直入な, 率直な. 〘もとボクシングの用語〙
stráight gráin *n.* (木材の)柾目(まさめ) (cf. flat grain). 〘1880〙
stráight-gráined *adj.* 縦に木目のある, 柾目の. 〘1892〙
stráight·jàcket *n., vt.* =straitjacket.
stráight-jét *n.* 〘航空〙(turbofan engine に対して)純ジェット《pure jet ともいう》.
stráight jóint *n.* **1** 〘建築〙芋(いも)目地, 一文字継手. **2** 〘木工〙芋継ぎ《枘(ほぞ)と枘穴によって材を継ぐ方法; square joint ともいう》. 〘1842〙
stráight·láced *adj.* 《米》=straitlaced.
stráight life insùrance *n.* 〘保険〙普通終身保険.
stráight-líne *adj.* **1** 〘機械〙**a** 〈機械の運転部分が〉一直線に配列された. **b** 〈機械装置が〉直線運動の[をする]. **2** 〘経営〙(毎期同一額を償却する)定額[直線]方式の. 〘1843〙
stráight lìne depreciátion *n.* 〘経営〙定額[直線]法の減価償却.
stráight-líne mèthod *n.* 〘経営〙定額法, 直線法《固定資産の耐用年数期間を通じて毎事業年度に一定額の減価償却を見積もる償却方法; cf. fixed percentage method》.
stráight màn *n.* 喜劇役者の引立て役[わき役]. 〘c1926〙
stráight màtter *n.* 〘印刷〙普通組(版), 平よせ, 坊主組(版)《意匠組版と区別して, 書籍・雑誌などの本文の普通の組版》.
stráight-óut *adj.* **1** 徹底した, 純粋の (thoroughgoing): a ~ Communist. **2** 率直な, あからさまの (frank), 単刀直入の (direct): a ~ answer. 〘《1848》← *straight out* (⇨ straight (adv.) 成句)〙
stráight-plíght *adj.* 《Shak》すらっとした (erect). 〘1609–10〙
stráight póker *n.* 〘トランプ〙ストレートポーカー《配られた 5 枚のカードに基づいて賭けをし, 手札の交換なしにすぐ公開勝負 (showdown) する方式のポーカー; cf. draw poker, stud poker》. 〘1864〙
stráight rázor *n.* 《米》(折り畳み式)西洋かみそり (cutthroat). 〘1938〙

stráight-rún *adj.* 〘化学〙直留の, 原油を分解せずに蒸留した: ～ gasoline. 〘1921〙
stráight shóoter *n.* 率直で正直な人. 〘1928〙
stráight-síx *n.* 直列 6 気筒エンジン(の自動車).
stráight stáll *n.* (畜舎で動物が向きを変えられない)縦に細長い区画.
stráight stítch *n.* 〘刺繍〙ストレート・ステッチ《短く一本の直線に刺すステッチ》.
stráight tícket *n.* 〘米政治〙全票獲得投票用紙《連記制で, 全投票が同一の党の候補者に投じられた投票用紙; cf. split ticket 1》: vote a ～ 全部同一政党の候補者に投票する.
stráight-tíme *adj.* **1** 規定労働時間の. **2** 基本給の: a ～ pay 基本給. — *adv.* 規定労働時間に: work ～. 〘1944〙
stráight tìme *n.* **1** (残業を含まぬ)規定労働時間. **2** (時間外手当は別とする)規定労働時間賃金.
stráight típ *n.* (靴の)一文字飾り. 〘1871〙
stráight-ùp *adj.* **1** 垂直の. **2** 《口語》正確な, 全くの; 正直な, まっすぐな. **3** 《米口語》まぜものをしていない, 薄めていない; 〈カクテルが〉氷なしで出される. 〘(*c*1590) 1910〙
stráight·wáy 《古》*adv.* **1** 直接に; まっすぐに. **2** すぐ, 即刻. — *adj.* 一直線の; まっすぐ通す. 〘1461〙
stráight whískey *n.* ストレートウイスキー《原酒のままのウイスキー; cf. blended whiskey》.
strain[1] /stréɪn/ *n.* **1 a** (心身の)緊張; 過労; 緊張の要因[もと], 激しい仕事, 重い負担: the ～ of sleepless nights 幾晩もの徹夜の過労 / the ～ of worry 心労 / suffer from the ～ of modern life 現代生活の緊張に悩む / The work was [put] a great ～ on him. その仕事は彼には重い負担となるものだった / He is under a lot of [great] ～ at the moment. 今彼は大変緊張している / Can he stand the ～? 彼は緊張によく耐えることができるだろうか. **b** 非常[無理]な努力: give a great ～ 大変努力する. **c** (無理な使い方によって足・背中などを)痛めること, 筋違い (⇨ sprain SYN): have a ～ in a leg 脚の筋を違える. **2** 張ること, 張っている状態, 張りつめ, 引っ張り, 緊張: keep [put] (a) ～ on a rope 綱をぴんと張っておく / The rope broke under the ～. 綱は張り過ぎて切れた / The ～ on the rope was tremendous. 索は恐ろしく張っていた. **3** 強要, つけ込み〔on〕: a ～ *on* a person's kindness [resources] 人の親切に対するつけ込み[資力に対する無理]. **4** (到達した)高さ: a ～ of excitement 極度の興奮. **5** 《古》(意味・規則などの)曲解. **6** 〘物理〙ひずみ, 変形, 応力変形.
at fúll* [*útmost*] *stráin*＝*on the stráin この上もなく緊張して[張り切って]; 力んで, 大いに努力して: All his senses were *on the* ～. 彼は気が張っていた. 〘1851〙
táke the stráin (1) 〈綱などを〉引っ張る; 圧力を受け止める, 引く力[重み]に耐える. (2) 負担を引き受ける, 責任をとる; 手助けをする.
— *vt.* **1** 〈体(の一部)を〉精一杯に[無理に]働かせる[使う], 極度に使用する: ～ one's ears 耳を澄ます, 聞き耳を立てる / ～ one's voice 声をふり絞る[張り上げる] / ～ one's eyes 目を見張る[皿にする] / ～ one's wit 知恵を絞る, 頭をひねる / ～ every nerve 全力を注ぐ, 一所懸命になる / ～ oneself to finish the work 仕事を完成するために精一杯やる[無理をする] / Don't ～ yourself helping me, will you. 《皮肉》私の手伝いで変に頑張らないで下さいね《時間ばかりかかっている》. **2 a** 使い過ぎて〈体(の一部)を〉弱める[痛める]: ～ one's eyes (by) reading small print 小さい活字の本を読んで目を痛める / ～ oneself by overwork 過労で体を痛める. **b** (無理な使い方をして)〈筋肉・腱などを〉違える (cf. sprain): ～ a tendon 筋[腱]を違える. **c** (外的な力・圧力で)…の形を変える, 曲げる; ひずませる. **3** 〈意味などを〉(無理に)曲げる, 曲解する, こじつける: ～ the meaning of a passage 文の意味を曲解する / ～ the truth 真実を曲げる / ～ the law 法を曲げる. **4 a** 濫用する (abuse): ～ one's resources 資力を濫用する. **b** 《廃》…に無理強いする, つけ込む (constrain, extort): ～ a person's patience [good temper] 人を強いて我慢させる[人のよいのにつけ込む] / The quality of mercy is not ～'*d*. 慈悲は強いられるべきものではない (Shak., *Merch V* 4. 1. 184). **5** (ぴんと)張る, 引っ張る; 最大限に伸ばす: ～ a wire [rope] 針金[綱]をぴんと張る / ～ a rope to the breaking point 綱を切れるまで張りつめる / ～ the strings of a violin バイオリンの弦をぴんと張る / ～ the bandage over the wound 傷の上に絆創膏をうんと伸ばして張る. **6 a** (こし器・布などを用いて)〈液体を〉こす (filter). **b** こして除く〈*out, off*〉: ～ *out* coffee grounds コーヒーかすをこして取る / ～ *off* the fat 脂をこして取り除く / ～ the lumps *out* off the gravy グレービーから塊をこして取る. **7** 《古》**a** 抱き締める (hug). ★ 通例次の成句で用いる: ～ a person to one's breast [bosom, heart] 人を胸に抱き締める. **b** 締めつける, 圧縮する (constrict). **c** 〈手を〉握る: ～ one's hand. **8** 《廃》せがむ.
— *vi.* **1** 緊張する; 努力する, 努める, 骨折る: He ～*ed* to reach the shore. 岸に着こうと努めた / eyes ～*ing* through the mist 霧の中を見通そうとしている目 / ～ *after* effects [an effect] 〈作者・俳優などが〉無理に効果的に見せようとする. **2** 緊張に(やっと)耐える; 今にも折れ[切れ]ようとする, 曲がる, ねじれる, ひずむ: The masts ～ and groan. 帆柱は折れそうにぎーぎー鳴る / ～ *under* pressure やっと圧迫に耐える. **3 a** 〔…を〕引っ張る, 強く引く〔*at*〕: ～ *at* a rope 綱を引っ張る / The rowers ～ *at* the oar. こぎ手が懸命にこぐ. **b** 〔…に抗して〕力をこめて押しつける[押す]〔*against*〕. **4 a** [～ at stool として] 便所でいきむ. **b** 吐こうとして無理に吐く (retch). **5 a** こされる, 濾過(ろか)する (filter). **b** (こされて)しみ出る, にじみ出る (ooze). **c** したたる, したたり落ちる (trickle). **6** 〘cf. *strain at a gnat* (⇨ gnat 成句)〙難色を示す, 抵抗する; 〔…を〕ためらう, しりごみする (scruple) 〔*at*〕: One should not ～ *at* a few careless words. 何げなく言ったわずかな言葉にこだわってはいけない.
〘v.: 《*a*1325》 *streine*(*n*), *straine*(*n*) □ OF *estrei*(*g*)*n*-, *estreindre* (F *étreindre*) < L *stringere* to draw or bind tight: ⇨ stringent. — n.: 《1432》← (v.)〙
strain[2] /stréɪn/ *n.* **1** (*pl.* ～**s**, ～) (話や文の)調子, 口調 (tone); 話し[書き]振り: speak in a dismal ～ 陰鬱な調子でものを言う / in the same ～ 同じ調子で / He went on in another ～. 彼は別の調子で続けた. **2 a** (同種の植物中で)他と著しく異なった特性をもった種類. **b** (家畜・植物の)人工変種; (生物の)変種. **c** (実験動物などの)系, 系統: inbred ～ 近交系《近親交配で得られた系統》. **d** 《古》種類 (kind, sort). **3 a** 遺伝的(劣性の)性質; (先天的な)気質, 性向, 性格. **b** 気味, 傾向 (streak, trace): There is a ～ of insanity in the family. その一家は精神異常の血筋だ / He has a ～ of melancholy in him. 彼には憂鬱なところがある. **4** 種族, 血統 (stock); 家系, 祖先 (ancestry): come of a good [noble] ～ 良家[名門]の出である. **5 a** [しばしば ～s で単数扱い] (歌の)調べ, 曲調, 歌曲, 旋律: martial [pathetic, stirring] ～*s* 勇ましい[悲愴(ひそう)な, 壮快な]曲[調べ]. **b** 詩, [詩歌](の一節). **6** [集合的] 《古》子孫, 子供 (children). **7** 〘細菌〙株; 菌株. 〘OE (*ġe*)*strēon* gain ← Gmc **streu-* to pile up (OHG *gistriuni* gain: cf. OE (*ġe*)*strēonan* / OHG *striunan* to gain, get) ← IE **ster-* to spread (L *struere* to build) (⇨ structure): 今の形は OE *strēon* の発達形《廃》streen (14–16C) の ↑ との連想による変形〙
strain·a·ble /stréɪnəbl/ *adj.* **1** 引っ張れる; 緊張できる; 無理に使える. **2** 〈流動物などこせる, 濾過(ろか)できる (filterable). 〘(*c*1475) ← STRAIN[1]＋-ABLE〙
strained /stréɪnd/ *adj.* **1 a** 張り切った, 緊張した (tense): ～ ropes. **b** 〈事情など〉緊張した, 緊迫した: ～ relations 緊張した関係 / ～ circumstances 緊迫した状況. **2 a** 〈目・筋肉など〉(無理をして)痛めた, 違えた: ～ eyes. **b** 無理な, 不自然な, わざとらしい (forced): a ～ laugh 作り笑い / a ～ manner よそ行きの態度 / with ～ cordiality 無理に愛想をよくして. **3** こじつけの: a ～ interpretation こじつけの解釈. **4** こし器でこされた.
stráin·ed·ly /-nɪ̀dli, -nd-/ *adv.* **stráin·ed·ness** /-nɪ̀dnɪ̀s, -nd-/ *n.* 〘(*c*1380): ⇨ strain[1]〙
stráin ènergy *n.* 〘物理〙ひずみのエネルギー《弾性変形によってたくわえられたエネルギー; 変形に要する仕事に等しい》. 〘1926〙
stráin·er *n.* **1** 引っ張る人[物]; 緊張者; 無理に使う人. **2** 《豪》張り器 (stretcher), 緊張器 (tightener). **3** (流動物をこす各種の)こし器, 濾過(ろか)器, うらごし, 茶こし. **4** 《豪》ワイヤーフェンスの柱《筋交いを入れて強化してある》. 〘(1326–27) *strei*(*g*)*nour* filter, sieve〙
stráiner gàte [**còre**] *n.* 〘金属加工〙(鋳型の)垢取り(中子(なかご)), ストレーナ (cf. skimmer gate).
stráin gàuge *n.* 〘機械〙ひずみゲージ (⇨ extensometer). 〘1920〙
stráin hàrdening *n.* 〘冶金〙ひずみ硬化《再結晶温度以下での塑性変形により結晶の硬さと強さが増大する現象》.
stráining bèam [**pìece**] *n.* 〘建築〙二重梁(ばり)《二本の対束(ついづか)の先をつないで屋根の重みを支える水平の梁》. 〘*a*1805〙
stráin insulator *n.* 〘電気〙耐張碍子(がいし).
stráin·mèter *n.* 〘機械〙ひずみ計.
strain·om·e·ter /streɪnɑ́(ː)mətə | -nɔ́mɪ̀tə[r]/ *n.* 〘機械〙＝extensometer. 〘(1915) ← STRAIN[1] (n.)＋-o-＋-METER[1]〙
strait /stréɪt/ *n.* **1** [しばしば *pl.*; 通例単数扱い] **a** 海峡, 瀬戸. ★ 地名につけるときは単数・複数両形がある: the *Strait*(*s*) of Dover, Gibraltar, etc. **b** [the Straits] (もとは) Gibraltar 海峡; (今は通例) Malacca 海峡. **2** [通例 *pl.*] 窮境, 難局; 困難, 難儀, 困却, 難渋 (distress): in ～*s* for money 金に困って / be in great ～*s* 非常に難儀をする, 窮境にある, 難局に苦しむ / drive a person into [to] ～*s* 人を難儀[難渋]させる, 人を苦しめる. **3** 《まれ》**a** 狭い通路[場所]. **b** 地峡 (isthmus). — *adj.* (～**·er**; ～**·est**) **1** 《古》**a** 狭い (narrow): Enter ye in at the ～ gate. 狭き門より入れ (cf. *Matt.* 7: 13). **b** 窮屈な (tight). **2** 《古》厳重な, 厳格な (strict), やかましい (scrupulous): the most ～*est* sect of our religion われらの宗教の最もきびしき派 (*Acts* 26: 5). **3** 《廃》窮乏した, 困難な, 苦しい. **4** 《廃》けちな (stingy). **～·ly** *adv.* **～·ness** *n.* 〘(?*a*1200) *streit* □ OF *estreit* (adj.) tight, narrow & (n.) narrow place, strait of the sea, distress < L *strictum* 'STRICT'〙
stráit-bódied *adj.* 《特に, 17 世紀ごろの》衣服がコルセットを用いて作られた (cf. loose-bodied). 〘1601〙
strait·en /stréɪtn/ *vt.* **1** [通例 p.p. 形で] 困らす, 困難にする, 窮させる, 難儀させる; 〔金・時間などに〕詰まらす, 難渋させる〔*for, in*〕: be ～*ed for* money [time, room] 金[時間, 余地]がなくて困っている / in ～*ed* circumstances 金がなくて, 窮乏して. **2** 〈範囲・額・資力などを〉制限する. **3** 《古》狭くする, 狭める; 狭い所に閉じ込める. 〘(1552): ⇨ strait, -en[1]〙
stráit·jàcket *n.* **1** ストレートジャケット, 拘束服《狂人・狂暴な囚人などに着せて両手の自由を制限する一種の上着; 固い布地などで作ってある》. **2** (拘束服のような)拘束, 束縛: escape the ～ of labor. — *vt.* **1** …に拘束服を着せる. **2** 閉じ込める; 拘束する. 〘1814〙
stráit-làce *vt.* **1** ひもで締めつける[縛る]. **2** 拘束する, 抑圧する. 〘1636〙
stráit-láced *adj.* **1** 厳格な (puritanic), やかましい (strict); 堅苦しい, しかつめらしい (prudish). **2** 《古》ひもで強く締めつけた衣服を着た. **stráit·lác·ed·ly** /-stli, -sɪ̀d-/ *adv.* **stráit·láced·ness** /-stnɪ̀s, -sɪ̀d-/ *n.* 〘*c*1430〙
Stráits dóllar *n.* 海峡植民地ドル《もと Straits Settlements で用いられた通貨単位, 銀貨》. 〘1908〙
Stráits Séttlements *n. pl.* [the ～] 海峡植民地《Malay 半島南部の旧英国直轄植民地; Singapore, Penang, Malacca, Labuan などの植民地を包含したが, 現在は Penang, Malacca, Labuan はマレーシア連邦に属し, Singapore は独立した; 当時の主都は Singapore》.
stráit-wáistcoat *n.* 《英》＝straitjacket. 〘1753〙
strake /stréɪk/ *n.* **1** (車輪の)輪がね (⇨ wheel 挿絵). **2** 〘造船〙外板の条列《streak ともいう》. 〘(1330) *strake* 《原義》thing stretched ← *strečċan* 'to STRETCH': 16C 以後語形・意味上 STREAK[1] と連想された〙
Stral·sund /strɑ́ːlzunt, ʃtrɑ́ːl-, -sunt; *G.* ʃtʁáːlzunt/ *n.* シュトラールズント《ドイツ北東部の港市; 中世のハンザ同盟都市》.
stra·mash /strəmǽʃ, strǽməʃ/ 《スコット》*n.* **1** 騒乱, 騒ぎ (disturbance). **2** 口論, 喧嘩. — *vt.* 打ち壊す, 破滅させる (smash). 〘(1803) 擬音語か〙
stra·min·e·ous /strəmíniəs/ *adj.* **1** わら色の, 麦わら色の (straw-colored), 淡黄色の. **2** 《古》**a** わらの. **b** わらのような (strawlike). **c** (わらのように)軽い, 無価値な. 〘(1621) ← L *strāmineus* ← *strāmen* straw (⇨ stratum): ⇨ -ous〙
stra·mo·ni·um /strəmóuniəm | -mə́u-/ *n.* **1** 〘植物〙シロバナヨウシュチョウセンアサガオ (*Datura stramonium*) 《ナス科の有毒植物でアトロピンを含み薬用; thorn apple ともいう》. **2** ダツラ葉, マンダラ葉《シロバナヨウシュチョウセンアサガオの干し葉; 鎮痛・喘息(ぜんそく)剤などに用いる》. 〘(1677) ← NL ～ ← ? Tartar *turman* medicine for horses〙
strand[1] /strǽnd/ *n.* **1 a** (索または撚(よ)り針金の)絢(こ), 片撚り, 撚り. **b** 〘海事〙撚り索. **2 a** (動植物組織の)繊維 (fiber), 繊条 (filament). **b** (織物の)織り糸 (thread). **3** (頭髪の)房. **4** (真珠・ビーズなどの)ひも, 連: a ～ of pearls ひもに通した真珠. **5 a** ガラス繊維《ガラス布を構成する 1 本のガラス繊維》. **b** 〘化学〙分子の連鎖, らせん構造. **6** (集まって一つの全体を構成する)要素, 成分; 構成部分: ～*s* of melody. — *vt.* **1** 〈索〉の絢[撚り]を切る. **2** 絢[撚り]を合わせて〈ロープなどを〉なう: a ～*ed* wire 針金索. **～·er** *n.* 〘(1497) *strond* ← ?〙
strand[2] /strǽnd/ *vt.* **1** [通例 p.p. 形で] 〈資金・手段などの不足で〉立往生させる, 行き詰まらせる (cf. stranded 2). **2** [通例 p.p. 形で] **a** 〈船を〉岸に乗り上げさせる, 座礁させる (cf. stranded 1). **b** 浜[岸]に取り残す: The whale was ～*ed* on the beach. 鯨は浜に打ち上げられた. **3** 〘野球〙残塁させる. — *vi.* **1** 行き詰まる, 立往生する. **2** 〈船が〉乗り上げる, 座礁する. — *n.* 《詩》**1** (海・川・湖などの)岸, 浜. **2** 外国. 〘n.: OE ～ (cog. G *Strand* / ON *strǫnd*) ← ? IE **ster-* to spread (⇨ stratum): 原義は 'the extended tract of land'か. — v.: (1621) ← (n.)〙
Strand /strǽnd/ *n.* [the ～] ストランド街《London の Trafalgar Square から北東へ伸びる通りで, 古くから the City と Westminster をつなぐ主要街路; ホテル・劇場などが多い》. 〘(1246) *Stronde* 'STRAND[1]': もと Thames 川に沿った地域であったことにちなむ〙
Strand /strǽnd/, **Mark** *n.* ストランド (1934–　; カナダ生まれの米国の詩人・翻訳家).
stránd·ed *adj.* **1** 〘海事〙〈船が〉座礁した[して]: The ship was ～ off Taiwan [on the reef]. 船は台湾沖で座礁した[暗礁に乗り上げた]. **2** (わが身を)どうすることもできない, お手上げの (helpless): be ～ penniless 無一文になって途方に暮れる. 〘1703〙
-strand·ed /strǽndɪ̀d←/ *adj.* [通例複合語の第 2 構成要素として] (…の種類[数]の)撚り[構成要素]をもつ: the double-*stranded* molecule of DNA 二重螺旋(らせん)構造の DNA 分子.
stránd·ing *n.* 座礁. 〘1817〙
stránd·line *n.* ＝shoreline. 〘1903〙
strand·loo·per /strǽndlùːpə, strǽntlùə- | -pə[r]/ *n.* ＝strandloper.
strand·lo·per /strǽntlùəpə | -lùəpə[r]/ *n.* **1** [S-] ストラントルーパー: **a** 先史時代からアフリカ南部の南海岸に住んでいた Bushmen や Nama 族に近縁の部族; 絶滅. **b** 現在もナミビア海岸に住む, あるいは上記と同じ部族. **2** 《南ア》浜辺で漂着物を拾う人 (beachcomber). 〘(1731) □ Afrik. ～ ← Du. *strand* STRAND＋*looper* walker: cf. landloper: 語義 1 a の初出は 1935 年〙
stránd·wòlf *n.* (*pl.* -**wolves**) 《南ア》〘動物〙＝brown hyena.
strange /stréɪndʒ/ *adj.* (**strang·er**; **strang·est**) **1** 妙な, 変な, 奇妙な (unusual); 一風変わった; 不思議な; おかしい, 訳のわからない (unaccountable): ～ clothes 変わった衣服 / ～ sounds in the night 夜の変な音 / see ～ sights 不思議なものを見る / (what's) ～*st of* all (is) なんとも不思議なことには(…) / ～ as it may sound [seem] 変な[妙な]ことを言うようだが / Truth is ～*r* than fiction. ⇨ fiction 1 a / He is ～ *in* his manner. 彼は様子が変だ / There is nothing ～ *about* him [*in* that]. 彼[それ]には別におかしいところはない / What a ～ thing! 何と妙なことだ / How ～ (it is) *that* we should meet here! こんなところで会うなんてまあ不思議だ / It is ～ that she disagrees [should disagree] with you. 彼女が君と意見が合わないなんて変だ. ★ should は意外性を表す. **2** 見聞きしたことのない, まだ知らない, 初めての (unfamiliar): a ～ man

S

[face, name] 見知らぬ人[見慣れない顔, 聞き慣れない名前] / It feels ～ (meeting again after so many years). (幾年も経って後に再会するのは)どうも落ち着かない感じだ / This handwriting is ～ *to* me. この筆跡は私にはだれのだかわからない. **3** [叙述的]不慣れな, 不案内な; 経験のない, 未熟な (inexperienced) 〔*to*〕: I am quite ～ here [*to* this place]. ここは全く不案内の[初めての]土地だ / He is still ～*to* his job. 彼はまだ仕事に慣れていない. **4** 《古》よそよそしい (distant), 打ち解けない (reserved) 〔*to*〕: become ～ *to* a person 人に対してよそよそしくなる. **5** 《古》他国の, 異国の (foreign); 自分のものでない, よその: visit ～ lands 外国を訪れる / worship ～ gods 異国の神を礼拝する.

féel stránge (1) (体の)調子がおかしい; (特に)目まいがする. (2) 勝手が違う (cf. 2): I *feel* ～ here. ここでは妙に落ち着かない / You're bound to *feel* a bit ～ for the first few days. 君はきっと最初の数日間は落ち着かないよ. ***máke it stránge*** 《廃》無関心のふりをする, 不思議そうな顔をする, 異議を唱える. ***stránge to sáy*** 不思議な話だが, 妙なことには.

— *adv.* 《方言》 =strangely.

〖(?*a*1300) □ OF *estrange* (F *étrange*) < L *extrāneum* 'external, EXTRANEOUS': cf. estrange〗

SYN 奇妙な: **strange** 見たことも聞いたこともないため, なじみがない《最も一般的な語》: It's a *strange* story. 妙な話だ. **peculiar** 特に不快な形で, 他のものと異なって変な: a *peculiar* smell 変なにおい. **curious** 好奇心をそそるような不思議さをもった: a *curious* sight 不思議な光景. **odd** 普通とは変わっている: an *odd* idea 風変わりな考え. **queer** 《古風》異常なほど変で説明しにくい《現在では「同性愛の」,「ホモの」の意に用いられることが多い》: a *queer* fish 変人. **quaint** 特に古風な点で風変わりで魅力的な: a *quaint* cottage 古風で趣のある田舎家. **outlandish** 《軽蔑》異様に奇妙な: *outlandish* clothes 異様な衣装. **singular** 《古風》当惑するほど奇妙な: a *singular* sensation 奇妙な感じ. **ANT** familiar, ordinary.

stránge attráctor *n.* 〘数学〙ストレンジアトラクター《attractor の一つ; 非周期的な軌道をもつ》. 〖1971〗

strange·ly /stréɪndʒli/ *adv.* **1** 不思議なことには: ～ enough 何とも奇妙なことには. **2** 奇妙に, 変に; よそよそしく. 〖*c*1385〗

stránge·ness *n.* **1** 奇妙なこと. **2** 《廃》冷淡さ, よそよそしさ (aloofness). **3** 〘物理〙ストレンジネス《強い相互作用をする粒子を分類する量子数の一つ; 超電荷から重粒子数を引いた数で表される》. 〖*c*1390〗

stránge párticle *n.* 〘物理〙ストレンジ粒子《強い相互作用 (strong interaction) をし, ストレンジネスが 0 でない粒子》. 〖1956〗

stran·ger /stréɪndʒə | -dʒə(r)/ *n.* **1 a** (見)知らぬ人, 他人, よその人; グループ[組織]の人でない人: an utter [a perfect] ～ 赤の他人 / be shy in the presence of ～*s* 知らない人の前で恥ずかしがる, 〈子供が〉人見知りする / He is a ～ *to* me. 私は彼を知らない / make a [no] ～ of …をよそよそしくする[温かくもてなす] / make oneself a ～ 四角張る. **b** 長い間会っていない知人: You are quite a ～. ずいぶん久し振りですね. **c** 《古米》[田舎の人が未知の人への呼掛けに用いて] (もし)あなた. **2 a** 新来者 (newcomer); 客, 客人 (visitor, guest). **b** 不案内者; 初めての人, 新参者 〔*to, in*〕: I am a ～ *to* New York. ニューヨークは知らない / I am a ～ here [*in* these parts]. ここ[この地方]は不案内だ. **c** 《戯言》新生児: the little ～ (生まれたての)赤ん坊. **d** (客の来る予告と考えられている)茶に浮いている葉,「茶柱」. **3** 門外漢, 局外者 (outsider), しろうと; 不慣れな人 〔*to*〕: I am a complete ～ *to* country life. 田舎の生活は全く知らない / He is no ～ *to* poverty. 貧乏の味はよく知っている / His reasoning is a ～ *to* logic. 彼の論法は論理とはほど遠い. **4** 《古》外国人, 他国人 (⇨ alien SYN): a ～ in a strange land 異国にいる外国人 (cf. *Exod.* 2:22) / the ～ within the gates 門のうちにいる他国の人; (ある社会や家庭の)環境になじんでいない人, 異分子 (cf. *Exod.* 20:10). **5** 〘法律〙第三者.

I spý [sée] strángers. 《英》(下院で)傍聴禁止を要求します《傍聴者の退場を要求する時の決まり文句》. 〖1705〗

—*vt.* 《廃》縁を切る, 勘当する.

〖(1375) □ OF *estrangier* (F *étranger*) ← *estrange*: ⇨ strange, -er¹〗

stránger's gállery *n.* =public gallery.

stránge wóman *n.* 売春婦 (cf. *Prov.* 5:3). 〖1535〗

stran·gle /strǽŋgl/ *vt.* **1 a** 締め殺す, 絞殺[扼殺]する. **b** 窒息させる; 窒息死させる (stifle, suffocate). **c** 〈襟などが〉〈首を〉きつくする, 締める. **2 a** …の活動[発達]を押えつける. **b** 握りつぶす (suppress): ～ a bill 議案を握りつぶす. **c** 〈あくび・ため息などを〉かみ殺す: ～ a sob [sigh] 泣きじゃくり[嘆息]をこらえる. — *vi.* 窒息する; 窒息死する: ～ to death. 〖(*c*1300) *strangel(l)e(n)* □ OF *estrangler* (F *étrangler*) □ L *strangulāre* □ Gk *straggalân* ← *straggálē* halter ← IE **strenk-* tight, narrow: cf. string, strong〗

strán·gled *adj.* [限定的]〈声など〉押し殺した, 抑えた, くぐもった: a ～ cry. 〖((*c*1384)) (1900): cf. F *voxi étranglée*〗

strangle·hold /strǽŋglhòʊld | -hàʊld/ *n.* **1** (個人・団体の)運動[発展]を阻む力; 束縛, 障害: break the ～ of …の支配から脱する / have [keep] a ～ *on* …を支配する[…を掌握し続ける]. **2** 〘レスリング〙のど輪, (のどの)締めつけ《反則技》. 〖1893〗

strán·gler /-glə, -glə | -glə(r), -gl-/ *n.* 絞殺犯[魔].

stran·gles /strǽŋglz/ *n. pl.* [単数または複数扱い]〘獣医〙(馬などの)腺疫(せんえき), 伝染性熱病 (distemper, colt distemper, equine distemper ともいう). 〖(1600) (pl.) ← 《廃》*strangle strangulation* ← (v.)〗

stran·gu·late /strǽŋgjʊlèɪt/ *vt.* **1** 締め殺す, くびり殺す (strangle). **2** 〘病理・外科〙〈導管・腸などの〉血行を圧止する, 絞扼(こうやく)する (compress, constrict): a ～*d* hernia 嵌頓(かんとん)ヘルニア. — *vi.* 〘病理〙狭窄(きょうさく)する, 括約する. **strán·gu·làt·ed** /-tɪ̀d | -tɪ̀d/ *adj.* 〖(*a*1665) ← L *strangulātus* (p.p.) ← *strangulāre* 'to STRANGLE'〗

stran·gu·la·tion /strӕ̀ŋgjʊléɪʃən/ *n.* **1** 絞殺. **2** 〘病理〙絞扼(こうやく), 嵌頓(かんとん), 狭窄(きょうさく). **3** 自然な発達[活動]を押えつける[握りつぶす]こと. 〖(1542) □ L *strangulātiō(n-)*: ⇨ ↑, -ation〗

stran·gu·ry /strǽŋgjʊri/ *n.* 〘病理〙有痛排尿困難, 尿滴瀝(てきれき). **stran·gu·ri·ous** /strӕŋgjúəriəs | -gjʊər-/ *adj.* 〖(*a*1400-50) □ L *strangūria* □ Gk *straggouría* ← *strágx* drop squeezed out + *oûron* 'URINE'〗

Stran·raer /strӕnrɑ́ə, strən- | -rɑ́ː(r)/ *n.* ストランラー《スコットランド南西端 Clyde 湾の入り江にある漁港町; 北アイルランド行き定期船が出る》.

strap /strǽp/ *n.* **1** (縛ったり, 持ち[吊り]上げたり, 固定させたりするための, 柔らかい材質の)ひも, ストラップ (strip, band). **2 a** 革ひも, 革帯; (革)ひも状のもの. **b** (電車などの)吊り革: hang on (to) [from] a ～ 吊り革にぶら下がる. **c** (靴の)つまみ革. **d** 《米》《英廃・方言》革砥(かわと), とぎ革 (《英》strop). **e** 肩章 (shoulder strap). **f** (ドレス・スリップなどの)肩吊りひも (shoulder strap). **g** 帯金, 帯輪《箱などにかける》. **h** 腕時計のバンド. **i** むちひも; [the ～] (革ひもでの)むち打ち, 折檻(せっかん) (flogging, chastisement). **j** 絆創膏. **3** 《英俗》信用, かけ (credit, tick): on (the) ～ かけ[信用]で. **4** 《アイル》**a** 出しゃばり女, おてんば娘 (hussy). **b** 売春婦 (harlot). **5** 〘機械〙(滑車の)目板; 当て金. **6** 〘造船〙覆板《鋼板 2 枚を接続溶接の時当てる細い鋼板で, 一緒に溶接する》. **7** 〘海事〙=strop¹ 2. **8** 〘植物〙(小花のうちの)舌状花. **9** = strapline.

— *v.* (**strapped; strap·ping**) — *vt.* **1** (革)ひもを[で]結びつける[縛る, 止める]: ～ books together 書物を(革)ひもでくくる. **2** 革ひもで打つ, むち打つ (beat, flog). **3** 《米》《英廃・方言》革砥で研ぐ (strop). **4** 《口語》[通例 p.p. 形で] ひどく不足[困窮]させる, 無一文にさせる (cf. strapped 1). **5** 〘外科〙〈傷口〉に絆創膏を張る, 〈傷口を〉絆創膏で閉じる 〈*up, down*〉: ～ *up* a wound 傷口を絆創膏でふさぐ. **6** 〘海事〙〈滑車など〉に帯索を付ける. **7** 〈馬に〉ブラシをかける, 〈馬の〉手入れをする (groom). — *vi.* 《英》せっせと働く; 忙しい.

〖(1588) 《スコット》← STROP: *p* の前での *o* → *a* はスコットランド方言の特徴 (*top*→*tap, drop* → *drap*)〗

stráp bòlt *n.* 〘機械〙羽子板ボルト[金物] (lug bolt). 〖1795〗

stráp bràke *n.* 〘機械〙帯ブレーキ (band brake). 〖1902〗

stráp·hàng *vi.* (**strap·hung**) 《英口語》(乗り物の)吊り革につかまる. 〖(1908) 《逆成》↓〗

stráp·hànger *n.* 《口語》(満員電車・バスなどの)吊り革につかまって立っている乗客; 通勤客 (commuter). 〖1905〗

stráp·hànging *n.* (満員電車・バスなどで)吊り革につかまって立ったまま行くこと. 〖1919〗

stráp hìnge *n.* ストラップヒンジ《片ひれ (flaps) の長い蝶番(ちょうつがい)》. 〖1737〗

stráp·làid *adj.* 平なわの, 平打ちの: a ～ rope 平なわ, 平打ちなわ. 〖1839〗

stráp·less *adj.* 〈ドレス・水着など〉肩吊りひもなしの: a ～ bathing suit. 〖1846〗

stráp·line *n.* 〘ジャーナリズム〙(新聞・雑誌記事・広告の)小[副]見出し. 〖1960〗

stráp·òil *n.* 《英俗》むち打ち (thrashing, beating). 〖1847〗

stráp-òn 〘宇宙〙*adj.* (付加推進のために)宇宙船に取り付けるように設計された. — *n.* 取り付け式ブースター[エンジン].

strap·pa·do /strəpéɪdoʊ, stræ-, -pɑ́ː- | -dəʊ/ *n.* (*pl.* ～**s**, ～**es**) **1 a** 吊し刑《もと罪人を後ろ手にしばり高所に吊り上げ, 急に吊り落として苦しめた刑罰》. **b** (吊し刑の)吊し上げ刑具. **2** 《古》むち打ち. — *vt.* 《廃》吊し上げにかける, 吊し刑で苦しめる. 〖(1560) □ F *strapade* □ It. *strappata* sharp pull ← *strappare* to pull □ OF *estraper, esterper* < L *extirpāre* 'to EXTIRPATE': ⇨ -ado〗

strapped /strǽpt/ *adj.* **1** 《俗》無一文の, 赤貧の (penniless); 〔金が〕不足している 〔*for*〕: a financially ～ city 財政的に逼迫(ひっぱく)している都市 / be ～ *for* money. **2** (革)ひもで留める[留めた]: ～ trousers 革ひもで留めるズボン. 〖1784〗

stráp·per *n.* **1** 革ひもを使用する人. **2** (特に)馬具をつける人, 馬丁. **3** 《口語》大きく頑丈な人, 大柄の人, 偉丈夫. 〖1675〗

stráp·ping *adj.* **1** 背が高くたくましい, 大柄の (robust): a ～ girl. **2** 《まれ》でかい, 大きい (big). — *n.* **1** (革ひもなどによる)むち打ち. **2** [集合的] (革)ひも類; (革)ひも材料. **3** 〘医学〙絆創膏, ひも状膏薬. **4** 〘電気〙均圧環. 〖1806〗

strap·py /strǽpi/ *adj.* 〈靴・服など〉ストラップ[革ひも, 肩ひも]のついた. 〖1977〗

stráp·wòrk *n.* 〘建築〙帯模様, 帯飾り; ひも状細工. 〖1854〗

Stras·berg /strɑ́ːsbəːg, strǽs- | -bəːg; G. ʃtʁáːsbɛʁk/, **Lee** *n.* ストラスバーグ《1901-82; オーストリア生まれの米国の演出家・教師・俳優》.

Stras·bourg /strɑ́ːsbʊəg, strɑ́ːz-, strǽsbəːg | strǽzbəːg, -bʊəg, -bɔːg; *F.* stʁasbuːʁ/ *n.* ストラスブール《フランス北東部の都市; 有名な大聖堂と大学がある; 普仏戦争以来ドイツ領となったが, 第一次大戦でフランスに帰した; Bas-Rhin 県の県都; ドイツ語名 Strassburg》.

strass¹ /strǽs/ *n.* 〘宝石〙 =paste¹ 3 a. 〖(1820) □ F *stras(s)* // G *Strass* ← *Joseph Strasser* (これを考案した 18 世紀のドイツの宝石商)〗

strass² /strǽs/ *n.* (かせ作りで出る)絹くず. 〖(1858) □ F *strasse* □ It. *straccio* 《逆成》← *stracciare* to tear asunder < VL **distractiāre* ← L *distractus*: ⇨ distract〗

Strass·burg /*G.* ʃtʁáːsbʊʁk/ *n.* シュトラースブルク《Strasbourg のドイツ語名》.

strata *n.* stratum の複数形.

strat·a·gem /strǽtədʒəm, -dʒèm | -tə-/ *n.* **1** (敵を欺き, 裏をかく)策略, 戦略, 軍略. **2** 計略, 策略, 謀略: devise a ～ 策略をめぐらす / by ～ 戦略を用いて. 〖(1489) □ F *stratagème* □ L *stratēgēma* □ Gk *stratḗgēma* ← *stratēgeîn* to be a general ← *stratēgós* commander-in-chief ← *stratós* army + *ágein* to lead: cf. strategy〗

stra·tal /stréɪtl, strǽtl | strɑ́ːtl, stréɪtl/ *adj.* 層[地層] (stratum, strata) の. 〖(1875) ← STRAT(UM) + -AL¹〗

stráta tìtle *n.* 《豪》〘法律〙多層建造物の空間所有権の登記法《ニュージーランドでは stratum title という》.

strategi *n.* strategus の複数形.

stra·te·gic /strətíːdʒɪk | strətíːdʒ-, stræ-/ *adj.* **1** 戦略の, 戦略上の, 戦略的な: ～ skill / a ～ line 戦略線 / a ～ retreat 戦略的退却. **2** 戦略上重要な: a ～ point 戦略要点, 戦略的拠点 / ～ materials 戦略物資[資材]. **3** 〘軍事〙(「敵軍の基地・産業中心地・交通機関などの破壊を目的とする」という意味で)戦略的な (cf. tactical 2): a ～ nuclear weapon 戦略核兵器 / ～ bombing 戦略爆撃 / ～ bombers 戦略爆撃機 / ～ air warfare 戦略航空作戦. **4** 謀略の, 計略の.

stra·té·gi·cal /-dʒɪkəl, -kl | -dʒɪ-/ *adj.* =strategic. **～·ly** *adv.* 〖(1825) □ F *stratégique* □ Gk *stratēgikós* of or pertaining to a general: ⇨ strategy, -ic¹〗

Stratégic Árms Limitàtion Tàlks [Trèaty] *n.* [the ～] 〘政治〙戦略兵器制限交渉[条約]《米国と旧ソ連の間で第 1 次は 1972 年に調印に至った; 第 2 次は 1979 年に調印されたが, 1985 年に失効; 略 SALT》.

Stratégic Árms Redùction Tàlks [Trèaty] *n.* [the ～] 〘政治〙戦略兵器削減交渉[条約]《第 1 次は米国と旧ソ連の間で 1991 年, 第 2 次は米国とロシアの間で 1993 年に調印に至った; 略 START》.

Stratégic Defénce Inìtiative *n.* [the ～] 〘軍事〙戦略防衛構想《米国の弾道ミサイル防衛システムの研究開発構想; 衛星や地上からのレーザー光線・高エネルギー粒子ビームによる敵ミサイル迎撃を主眼とする; 1983 年 Reagan 大統領が提唱したが, 1993 年中止; Star Wars ともいう; 略 SDI》.

stra·te·gics /strətíːdʒɪks | strətíːdʒ-, stræ-/ *n.* 〘軍事〙用兵学, 兵学 (strategy). 〖(1852) ← L *strategica*: ⇨ strategic, -ics〗

strat·e·gist /strǽtədʒɪst | -tɪdʒɪst/ *n.* 戦略家, 兵法家. 〖(1838): ⇨ -ist〗

strat·e·gize /strǽtədʒàɪz | -tɪ-/ *vi.* 戦略を立てる, 策を練る. 〖1921〗

stra·te·gos /strətíːgəs, -gɑ(ː)s | strətíːgəs, stræ-, -gɒs/ *n.* (*pl.* **-te·goi** /-gɔɪ/) =strategus.

stra·te·gus /strətíːgəs | strə-, stræ-/ *n.* (*pl.* **-te·gi** /-dʒaɪ | -gaɪ, -dʒaɪ/) (古代ギリシャの)将軍, 司令官《特に, Athens で毎年改任した 10 人のうちの一人》. 〖(1656) □ L *stratēgus* □ Gk *stratēgós* a general (↓)〗

strat·e·gy /strǽtədʒi | -tɪ-/ *n.* **1 a** 細心な計画, 手段, 方策,「作戦」: a ～ *for* dealing with AIDS エイズに対処する方策 / sales *strategies* 販売戦略. **b** 策略, 計略, 術策. **2** 〘軍事〙戦略, 兵法《大規模な軍事作戦を立案・指揮し, 自国の軍隊をもっとも有利な態勢にもっていく方策; tactics よりも大局的なもの; cf. logistics 1》: military ～ 軍事戦略. **3** 国家戦略, 用兵学, 兵学 (strategics)《国の安全保障と戦勝のための大規模な総合的立案に関する学問》. 〖(1688) □ F *stratégie* □ Gk *stratēgía* generalship ← *stratēgós* a general: ⇨ stratagem, -y¹〗

SYN 戦略: **strategy** 全体の作戦計画《通例, 指揮官は前線にいない》. **tactics** 個々の戦闘における用兵《通例, 指揮官は戦場にいる》.

Strat·ford /strǽtfəd | -fəd/ *n.* ストラットフォード《米国 Connecticut 州南西部, Long Island Sound に面した都市》.

Strat·ford de Red·cliffe /strǽtfəd də rédklɪf | -fəd-/, **Viscount** *n.* ストラットフォード ド レッドクリフ《1786-1880; 英国の外交官; 本名 Sir Stratford Canning》.

Strat·for·di·an /strætfɔ́ədiən | -fɔ́ːd-/ *adj.* Stratford-upon-Avon (の住民)の. — *n.* **1** Stratford-upon-Avon の住民. **2** いわゆるシェークスピア劇は Stratford-upon-Avon の William Shakespeare が著者であると主張する人 (cf. Baconian *n.* 2). 〖1821〗

Strat·ford-on-A·von /strǽtfədɑ(ː)néɪvən, -ɔ(ː)n- | -fədɒn-/ *n.* =Stratford-upon-Avon.

Strat·ford-up·on-A·von /strǽtfədəpɑ̀(ː)néɪvən, -əpɔ̀n-, -əpən- | -fədəpɒn-, -əpən-/ *n.* ストラットフォード アポン エーボン《イングランド Warwickshire 州南部の Avon

河畔の町; William Shakespeare はここで生まれ, その Holy Trinity Church に葬られた; 川に臨んで Shakespeare 記念劇場がある; Stratford-on-Avon ともいう》. 〖(1255) *Strafford on Avon* ← OE *Strǣtford* 《原義》 ford by which a Roman road crossed a river: ⇨ street, ford, Avon〗

strath /strǽθ/ *n.* 《スコット》広い谷 (flat wide valley). 〖(1540) □ Sc.-Gael. *srath* (cog. Ir. *srath* / Welsh *ystrad* dale) ← IE *ster- to spread〗

Strath·clyde /strӕθkláɪd⁻/ *n.* ストラスクライド: **1** スコットランド南西部の旧州 (region); 州都 Glasgow. **2** Clyde 川以南のスコットランドとイングランド北西部を含んだ約 6–11 世紀のケルト人の王国; 昔の Cumbria はこの南部地方に当たる. 〖《原義》 valley of the river Clyde ← STRATH＋*Clyde*[1,2]〗

strath·spey /strӕθspéɪ/ *n.* **1** 〖ダンス〗ストラスペイ (reel に似ているが, それより遅い 4 拍子のスコットランドの踊り). **2** ストラスペイの舞曲. 〖(*a*1653) ← *Strathspey* (スコットランド北東部の川) ← STRATH＋*Spey* (← ? Ir. *sceim* & Gael. *sgeith* to spew)〗

strati *n.* stratus の複数形.

strat·i- /strǽtɪ, -ti | -tɪ, -ti/ 「層, 地層 (stratum)」の意の連結形: *strati*form. 〖← STRATUM〗

stra·tic·u·late /strətíkjʊlɪt, -lèɪt/ *adj.* 〖地質〗薄層から成る. **stra·tic·u·la·tion** /strətɪ̀kjʊléɪʃən/ *n.* 〖(1880) ← NL *straticulum (⇨ stratum, -cule)＋-ATE[2]〗

strat·i·fi·ca·tion /strӕtəfɪkéɪʃən | -tɪfɪ-/ *n.* **1** 層にすること, 層化, 層形成. **2** 〖地質〗 **a** 成層, 層理. **b** 地層. **3** 〖社会学〗成層, 成層化: the ~ of society. **4** 〖植物〗 **a** 群落層. **b** (種子の)土砂層保存法.

strat·i·fi·ca·tio·nal /strӕtəfɪkéɪʃənl, -ʃnəl | -tɪfɪ-⁻/ *adj.* 〖(1617) ← NL *strātificātiō(n-)*: ⇨ stratify, -fication〗

strátificàtional grámmar *n.* 〖言語〗成層文法 (S. M. Lamb の創始した文法理論). 〖1962〗

strat·i·fied /strǽtəfàɪd | -tɪ-/ *adj.* 層化した; 成層化した: a ~ society 階層社会 / ~ rock 〖地質〗成層岩. 〖1799〗

strátified sámple *n.* 〖統計〗層化抽出標本 (母集団をいくつかの層に層別化して, その中から無作為に抽出した標本; cf. frame 20).

strat·i·form /strǽtəfɔ̀ːm | -tɪfɔ̀ːm/ *adj.* **1** 〖地質〗層状の, 層を成す. **2** 〖解剖〗層状の. **3** 〖気象〗〈雲が〉層状の. 〖1805〗

strat·i·for·mis /strӕtəfɔ́ːmɪs | -tɪfɔ́ːmɪs⁻/ *adj.* 〖気象〗層状雲の. 〖← STRATI-＋L *-formis* '-FORM'〗

strat·i·fy /strǽtəfàɪ | -tɪ-/ *vt.* **1** 層にする. **2** 〖地質〗層を成させる, 層理にする (cf. stratified). **3** 〖植物〗〈種子を〉湿った砂・土・おがくずなどの層の間に入れて保存する (ある種の樹木の種子はこうしなければ発芽力を失う). **4** 〖社会学〗成層化する. — *vi.* 層を成す. 〖(1661) □ F *stratifier* ← NL *strātificāre*: ⇨ stratum, -ify〗

stra·tig·ra·pher /strətígrəfə | -fə[r]/ *n.* 層位学者[研究者]. 〖1883〗

stra·tíg·ra·phist /-fɪst | -fɪst/ *n.* =stratigrapher.

stra·tig·ra·phy /strətígrəfi/ *n.* **1** 〖地質〗層位, 層序; 層位学, 層序学. **2** 〖考古〗層位論的方法 (資料の時間的位置を決定するための方法; 地層中に認められる面を基準として考える). **strat·i·graph·ic** /strӕtəgrǽfɪk | -tɪ-⁻/ *adj.* **stràt·i·gráph·i·cal** *adj.* **stràt·i·gráph·i·cal·ly** *adv.* 〖(1865) ← STRATI-＋-GRAPHY〗

stra·to-[1] /stréɪtoʊ, strǽt- | -təʊ/ 〖気象〗「層雲と…との (stratus and …)」の意の連結形. 〖← NL *stratus*: ⇨ stratus〗

strat·o-[2] /strǽtoʊ- | strǽtəʊ-/ 〖航空〗「成層圏 (stratosphere)」の意の連結形: *strato*plane. 〖← STRATOSPHERE〗

stràto·círrus *n.* (*pl.* ~) 〖気象〗巻層雲. 〖(1816) ← NL ~: ⇨ strato-[1], cirrus〗

stra·toc·ra·cy /strətá(ː)krəsi | -tɔ́k-/ *n.* 軍人政治, 軍政 (military government). **strat·o·crat·ic** /strӕtoʊkrǽtɪk | -tə(ʊ)krǽt-⁻/ *adj.* 〖(1652) ← Gk *stratós* army＋-CRACY〗

strat·o·crat /strǽtəkrӕt | strǽt-/ *n.* 軍人政治家, 軍政者. 〖(1892) ↑〗

stràto·cúmulus *n.* (*pl.* **-muli**, ~) 〖気象〗層積雲 (略 Sc; ⇨ cloud 挿絵). 〖(1898) ← NL ~: ⇨ strato-[1], cumulus〗

stratocúmulus castellánus [cas·tellá·tus] *n.* (*pl.* ~) 〖気象〗塔状層積雲.

stratocúmulus flóccus *n.* (*pl.* ~) 〖気象〗房状層積雲.

stratocúmulus lenticuláris *n.* (*pl.* ~) 〖気象〗レンズ状層積雲.

stratocúmulus stratifórmis *n.* (*pl.* ~) 〖気象〗層状層積雲.

strat·o·pause /strǽtəpɔ̀ːz, -pàːz | -tə(ʊ)pɔ̀ːz/ *n.* 〖気象〗成層圏界面 (成層圏と電離層との界面). 〖(1950) ← STRATO-[2]＋PAUSE〗

strat·o·plane /strǽtəplèɪn | -tə(ʊ)-/ *n.* 成層圏飛行機. 〖1933〗

strat·o·sphere /strǽtəsfɪə | -tə(ʊ)sfɪə[r]/ *n.* **1** [the ~] 〖気象〗成層圏 (対流圏 (troposphere) の上の大気層で, 地上 20–30 km から 50–60 km 付近までをいい, ほとんど温度の変化がない; もとは等温圏 (isothermal region) といった). **2 a** 最高[高度]の水準[程度], 最高段階: the ~ of society / go into the ~ 〈費用などが〉天井に達する. **b** 高度に実験的[抽象的]な領域: the ~ of modern art. 〖(1908) □ F *stratosphère*: ⇨ stratum, -o-, sphere〗

strat·o·spher·ic /strӕtəsfíərɪk, -sfér- | strӕtə(ʊ)sfér-⁻/ *adj.* **1** 成層圏の[に関する]. **2 a** 非常に高い. **b** 常識離れした; 神秘的な. 〖1920〗

stràt·o·sphér·i·cal /-rɪkəl, -kl | -rɪ-⁻/ *adj.* = stratospheric.

strat·o·vi·sion /strǽtəvɪ̀ʒən | -tə(ʊ)-/ *n.* 〖通信〗成層圏テレビ放送, ストラトビジョン (聴取範囲を拡大するために飛行機で成層圏からテレビ放送を行うもの). 〖(1945) ← STRATO-[2]＋(TELE)VISION〗

stràto·volcáno *n.* 〖地学〗成層火山. 〖(1816) (なぞり) ← G *strato-valkan*〗

Strat·ton /strǽtn/, **Charles Sherwood** *n.* ストラットン (1838–83; 米国の小人芸人; 芸名 Tom Thumb).

stra·tum /stréɪtəm, strǽt- | stráːt-, stréɪt-/ *n.* (*pl.* **stra·ta** /-tə | -tə/, ~**s**) **1** 〖社会学〗(社会的地位や教育程度などによる)社会的層: a ~ of society 社会層 / a lower social ~ 下層社会. **2** 〖地質〗地層. **3** (人工的または自然に平行に積み重ねられた)層 (layer). **4 a** 層状の構造をもつもの. **b** (大洋・大気の)層. **5** 〖生物〗組織層, 層, 薄層 (lamella). **6** 〖生態〗層. **7** 〖考古〗(遺物・遺跡を含む)層. **8** 時代区分, 発展段階. **9** 〖統計〗(下位分類を成す)層. 〖(1599) ← NL ~ =L *strātum* spread thing, covering (neut.) ← *strātus* (↓)〗

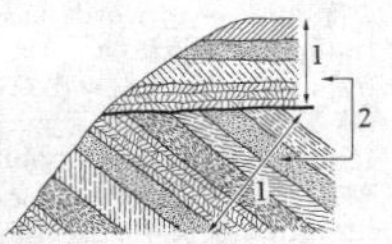

strata 3
1 conformable strata
2 unconformable strata

strátum cór·ne·um /-kɔ́əniəm | -kɔ́ː-/ *n.* (*pl.* **stráta cór·ne·a** /-niə/) 〖解剖〗角質層.

strátum tìtle *n.* (NZ) =strata title.

stra·tus /stréɪtəs, strǽt- | stréɪt-, stráːt-/ *n.* (*pl.* **stra·ti** /-taɪ/, ~) 〖気象〗層雲 (⇨ cloud 挿絵). 〖(1803) ← NL ~ =L *strātus* a spreading ← (p.p.) ← *sternere* to stretch out ← IE *ster- to spread: ⇨ strew〗

strátus fráctus *n.* (*pl.* ~) 〖気象〗=fractostratus.

strátus nebulósus *n.* (*pl.* ~) 〖気象〗霧状層雲.

straucht /strɔ́ːxt/ (*also* **straught** /~/) 《スコット》 *vt.* =straighten. — *adj.* =straight.

Straus /stráʊs, ʃtráʊs; G. ʃtʁáʊs/, **Os·kar** /ɔ́skaʁ/ *or* **Oscar** *n.* シュトラウス (1870–1954; オーストリアの作曲家).

Strauss /stráʊs, ʃtráʊs; G. ʃtʁáʊs/, **David Friedrich** *n.* シュトラウス (1808–74; ドイツの神学者・哲学者).

Strauss, Franz-Josef *n.* シュトラウス (1915–1988; ドイツの政治家).

Strauss, Johann *n.* シュトラウス: **1** (1804–49) オーストリアの作曲家; 作品にはワルツが多く「ワルツの父」と呼ばれる. **2** (1825–99) オーストリアの作曲家, 前者の子; 父と区別するため「ワルツの王」と称される; *An der schönen blauen Donau* (1867)「美しく青きドナウ」などのワルツのほかに *Die Fledermaus*「こうもり」(喜歌劇, 1874) など.

Strauss, Richard (Georg) *n.* シュトラウス (1864–1949; ドイツの作曲家・指揮者; *Der Rosenkavalier*「ばらの騎士」(1911)).

stra·vaig /strəvéɪg/ *vi.* (*also* **stra·vage** /~/) 《スコット・アイル・北英》さまよう, ぶらつく. 〖(1773) (短縮) ← ? EXTRAVAGATE〗

Stra·vin·sky /strəvínski; *Russ.* stravʲínskʲij/, **Igor (Fyo·do·ro·vich** /fʲódərəvʲitʃ/) *n.* ストラビンスキー (1882–1971; ロシア生まれの米国の作曲家; *The Firebird*「火の鳥」(1910)). **Stra·vín·sky·an, Stra·vín·ski·an** /-skiən/ *adj.*

straw[1] /strɔ́ː, stráː | strɔ́ː/ *n.* **1 a** [集合的] (脱穀後の)穀類の茎; わら, 麦わら: made of ~ 麦わらで作った / a house thatched with ~ わらぶき屋根の家 / spread ~ わらを敷く / a load of ~ わらの一荷. **b** わら一本, (一本の)わら: ⇨ last straw. **c** (織ったり編んだりするのに用いる)人工のわら. **2 a** (ソーダ水などを飲むための)ストロー: sip lemonade through a ~ ストローでレモネードを飲む. **b** 麦わらで作ったもの. **c** 麦わら帽子 (straw hat): a man in white ~ 白の麦わら帽子をかぶった人. **3 a** [否定構文で] わら一本ほどのもの, 無価値な[つまらない]もの; ごくわずか, 少し: *not* care a ~ [two ~*s*, three ~*s*] 少しも構わない / *not* worth a ~ わら一本の値打ちもない. **b** いざという時にはあまり役に立ちそうもない[助けになりそうもない]もの: catch [clutch, grasp] at a ~ [~*s*, any ~(*s*)] (おぼれた人のように)不適当な手段に頼ろうとする / A drowning man will catch at a ~. 《諺》おぼれる者はわらをもつかむ. **c** わずかな兆候[前兆, 前ぶれ], 風向き: a ~ in the wind 風向き[世論]を示すもの / A ~ shows which way the wind blows. 《諺》わずかの兆候で大勢のおもむくところが知れる, 「一葉落ちて天下の秋を知る」/ ~*s* indicating public opinion 世論の動向を示すもの. **4** わら[ストロー]状のもの: ⇨ cheese straw. **5** (麦)わら色 (クリーム色より濃い淡黄色; straw yellow ともいう).

as a lást stráw ⇨ last straw. ***dráw [gét] the shórt stráw*** 《口語》貧乏くじを引く. ***dráw stráws*** (1) (長短のあるわらの)くじを引く. (2) =gather STRAWS. (1832) ***gáther [píck] stráws*** 眠くなる. ***in the stráw*** (1) 《古》出産の床について (in childbed). (1691) (2) まだ打穀してない, 脱穀しないで. (1701) ***máke bricks withòut stráw*** ⇨ brick 成句. ***a mán of stráw*** ⇨ man[1] 成句. ***óut of the stráw*** お産が済んで. ***splít stráws*** =SPLIT hairs. ***stúmble at a stráw*** つまらぬことに苦労する. ***thrów stráws agàinst the wínd*** 不可能な事を企てる.

— *adj.* [限定的] **1 a** (麦)わらの. **b** (麦)わら製の: a ~ suitcase. **2** (麦)わら色の, 淡黄色の. **3** 《米》無価値な, つまらない (worthless). **4 a** わら人形の[に似た]. **b** まがいの, にせの, 虚偽の (sham, fictitious). **5** 紙上投票 (straw vote) の.

— *vt.* **1** 〈表面を〉わらでおおう. **2** …にわらをあてがう[与える].

~·lìke *adj.* 〖OE *strēaw* < Gmc *strāwam ← IE *ster- (Du. *stroo* / G *Stroh* / ON *strā*) 《原義》 that which is scattered: ⇨ strew〗

straw[2] /strɔ́ː, stráː | strɔ́ː/ *vt.* 《古》=strew.

stráw bàil *n.* 空保証人 (財産を有しないのに他人の保釈保証人となる者). 〖(1853) それで手数料をとることを業とし, 目印としてわら靴をはいていたことから〗

straw·ber·ry /strɔ́ːbèri, stráː-, -b(ə)ri | strɔ́ːb(ə)ri/ *n.* **1 a** 〖植物〗オランダイチゴ, イチゴ (バラ科イチゴ属の植物の総称). **b** イチゴの実: *strawberries* and cream いちごクリーム. **2** いちご色, 赤みがかった色. **3** 〖病理〗= strawberry mark. 〖OE *strēa(w)berige*: ⇨ straw, berry: 匍匐枝が麦わらに似ているためか〗

stráwberry báss /-bǽs/ *n.* 〖魚類〗=black crappie. 〖1867〗

stráwberry blónde *n.* **1** ストロベリーブロンド (赤みがかったブロンド). **2** ストロベリーブロンドの女性. — *adj.* 〈髪が〉ストロベリーブロンドの. 〖1884〗

stráwberry bùsh *n.* 〖植物〗 **1 a** 米国産ニシキギ属の低木 (*Euonymus americanus*) (果実は深紅色で, 開裂すると赤い種子がのぞく; strawberry tree ともいう). **b** = wahoo[1] 1. **2** =strawberry shrub. 〖1847〗

stráwberry dìsh *n.* (縁が縮みぎ彫りの丸く浅い)いちご皿. 〖1941〗

stráwberry fìnch *n.* 〖鳥類〗ベニスズメ (avadavat).

stráwberry fòol *n.* 《英》イチゴを煮てクリームをかけたデザート.

stráwberry guàva *n.* 〖植物〗テリハ(照葉)バンジロウ (*Psidium cattleianum*) (ブラジル原産のフトモモ科の低木; その果実は紫赤色の倒卵形または球形, 内部はピンクで, イチゴに似た風味がある). 〖1901〗

stráwberry jàr *n.* 側面に栽培用植物を差し込むポケット型口付きの大型広口びん. 〖形がイチゴに多少似ていることから〗

stráwberry lèaf *n.* 《英》 **1** (公[侯, 伯] 爵の位階を象徴する)イチゴの葉. **2** [the strawberry leaves] 公爵の位階. 〖(1827) 公爵の冠にイチゴの葉飾りがつけてあるところから〗

stráwberry màrk *n.* 〖病理〗いちご状血管腫, あかあざ (学術名は hemangioma simplex). 〖1847〗

stráwberry pèar *n.* 〖植物〗西インド産のヒモサボテンの一種 (*Echinocerus enneaeanthus*); その実 (イチゴの風味があり食用). 〖1866〗

stráwberry ráspberry *n.* 〖植物〗バライチゴ (*Rubus illecebrosus*) (日本産のキイチゴの一種で, 北米に帰化; 集合果は食用).

stráwberry róan *n.* 栗芦毛, 栗粕毛(の馬) (白い毛が混じった赤毛の馬). 〖*c*1934〗

stráwberry shrùb *n.* 〖植物〗クロバナロウバイ (クロバナロウバイ属 (*Calycanthus*) の低木の総称; Carolina allspice, American allspice, strawberry bush ともいう). 〖*c*1890〗

stráwberry sócial *n.* 《米》(チャリティーのための)イチゴの集い (イチゴのデザートが出る).

stráwberry tomáto *n.* 〖植物〗 **1** ショクヨウホオズキ (*Physalis pruinosa*) (北米産のホオズキの一種; 果実は食用). **2** シマホオズキ (Cape gooseberry). 〖*c*1847〗

stráwberry tòngue *n.* 〖病理〗(猩紅(しょうこう)熱の)いちご舌. 〖1876〗

stráwberry trèe *n.* 〖植物〗 **1** 南欧産ツツジ科アルブツス属の葉を密生する植物 (*Arbutus unedo*) (いぼ状突起のあるサクランボ大の果実は食用; 酒や清涼飲料も作る). **2** =strawberry bush 1. 〖15C〗

stráw·bòard *n.* 黄板(紙) (麦わらパルプを原料とした紙で, 包装などに使用される). 〖1850〗

stráw bóater *n.* 《英》=boater 2.

stráw bòss *n.* 《米口語》 **1** (親分の下の)小頭, 職工長代理. **2** 監督もやる労働者. 〖1894〗

stráw còlor *n.* 麦わら色, 淡黄色. 〖1589〗

stráw-còlored *adj.* 麦わら色[淡黄色]の (pale yellow). 〖1585〗

stráw·flòwer *n.* 〖植物〗 **1** ムギワラギク (*Helichrysum bracteatum*) (オーストラリア原産キク科の一年草; 鮮やかな色の花は乾燥しても変色せず, 冬花束に用いることができる; cf. everlasting 2, immortelle). **2** 北米原産ユリ科ウブラーリア属 (*Uvularia*) の数種の植物の総称; (特に) *U. grandiflora* (cornflower ともいう). 〖1924〗

stráw·hàt 《米》 *n.* (首都の郊外などで興行される)夏期劇場 (strawhat theater). — *adj.* [限定的] 夏期劇場の: the ~ circuit 夏期劇場チェーン. 〖(1935) 麦わら帽子をかぶって観劇したことから〗

stráw hàt *n.* 麦わら帽子. 〖1453〗

stráwhat thèater *n.* 《米》=strawhat. 〖1946〗

stráw mán *n.* =*a* MAN *of straw*. 〖1594〗

stráw òil *n.* 〖化学〗ストロー油 (ガス油に似た高沸点の石油留分; 器具の洗浄用に使用される軽油の一種).

stráw plàit *n.* (麦わら帽子を作るための)麦わらさなだ. 〖1800〗

stráw pòll *n.* 《米》=straw vote. 〖1932〗

Straw·son /strɔ́ːsən, stráː-, -sn | strɔ́ː-/, Sir **Peter (Frederick)** *n.* ストローソン (1919–2006; 英国の哲学者; 初期には言語と論理の関係について, 後には形而上学についての研究を行う; 主著 *Individuals* (1959), *Freedom and Resentment* (1974)).

S

stráw stèm *n.* (別に取りつけるのではなく, 盃部分 (bowl) から引き延ばして作った)ワイングラスの細い足; そのような足の付いたワイングラス. 〖1854〗

stráw vòte *n.* (一般の人気を知るための)非公式の投票, 模擬投票, 紙上投票 (cf. straw[1] *n.* 3 c). 〖1866〗

stráw wédding *n.* わら婚式 (結婚 2 周年の記念式 [日]; ⇨ wedding 4).

stráw wíne *n.* ストローワイン (発酵前にわら床で天日に干したぶどうから造る濃厚で甘いデザート用ワイン). 〖1824〗

stráw·wòrm *n.* 〘昆虫〙 **1** =caddisworm. **2** =jointworm. 〖1653〗

straw·y /strɔ́ːi, strɑ́ːi | strɔ́ːi/ *adj.* (**straw·i·er; -i·est**) **1 a** わらの, わらのような. **b** わらだらけの; わらで作った; わらぶきの. **2** (廃) 無価値な, つまらない (worthless). 〖1552〗

stráw yéllow *n.* =straw[1] 5. 〖*c*1796〗

stray /stréɪ/ *vi.* **1 a** 〔与えられた場所, まっすぐ進む道, 群れなどから〕離れる, はぐれる〔*from*〕(⇨ wander SYN); 〔…に〕迷い込む〔*into*〕: a child that has ~*ed into* a wood 森の中に迷い込んだ子供 / sheep ~*ing from* the fold 群れからさまよい出た羊. **b** 道に迷う. **2 a** さすらう, さまよう (wander): ~ aimlessly through the woods 森の中を当てもなくさまよう. **b** 曲がりくねって行く[流れる] (meander). **3 a** (一時的に)正道から踏み出す, 横道へそれる; 邪道に陥る, 罪に陥る. **b** 〈論議・考えなどが〉わきにそれる, 脱線する. **4 a** (外的な強制で, または意志で抑えられず) 思わず知らず動く: His eyes ~*ed* around the room. 彼は思わず知らず部屋をぐるりと見回した. **b** 〈髪の毛が〉ほつれる: hair ~*ing* over the eyes 目の上にかかるほつれ髪.
— *vt.* (廃) 堕落させる. **—** *adj.* **1 a** (囲い・仲間・監視などから)迷い出た, はぐれた: a ~ sheep 迷える羊 (cf. *Isa.* 53:6) / ~ child 迷子. **b** (まっすぐの, または意図したコースから)それた: a ~ bullet それ弾, 流れ弾. **c** 〈髪の毛が〉ほつれた: ~ hair ほつれ毛. **2** 離れ離れの (scattered); たまの, 偶然の, 折々見つかる (sporadic), ひょっこり起こる[来る]: a few ~ pedestrians 時折り見かける二, 三人の歩行者 / a ~ customer ふりの客 / a ~ remark 漫言. **3** 役に立っていない; 不要な. **4** 〘通信〙 漂遊の: ~ capacitance [capacity] 漂遊容量.
— *n.* **1 a** 迷い出た動物[家畜]; 迷子. **b** 宿なし, 浮浪者, あてどなく歩き回る人; 野良犬[猫など]. **2 a** (通常のパターンから)逸脱した事例; 例外. **b** (油田などを発掘する際に出くわす)予期せぬ地層. **3** [*pl.*] 〘通信〙 空電 (static). **4** [*pl.*] 〘電子工学〙 漂遊容量 (線と線または線と他の物件の間に形成される予期しない容量; stray capacitance ともいう). **5** (古) 離脱すること, 迷い出ること: make a ~.
~·er *n.* 〖v.: (*c*1325) *straie(n)* ◻ OF *estraier*? < VL **estrāgāre* ← L *extrā vagārī* to wander outside: ⇨ extra-, vagary. — n.: (*a*1325) ◻ AF *estray*=OF *estraié* (p.p.) ← *estraier* (v.): cf. astray〗

Stray·horn /stréɪhɔən | -hɔːn/, **Billy** *n.* ストレイホーン (1915–67; 本名 William Strayhorn; 米国のジャズ作曲家・ピアニスト; Duke Ellington 楽団で活躍 (1939–67)).

stráy lìne *n.* 〘海事〙 (流測器や測程器の)繋索漂遊線 (測程のマークが出てくるまでに, 前もって繰り出す余分な索の部分). 〖1703〗

streak[1] /stríːk/ *n.* **1** (地色と異なる細長い不規則な)筋(すじ), 縞(しま), 線 (stripe): Rouge has come off in ~*s*. ほお紅がはげて縞になった / He has ~*s* of gray in his hair. 髪の毛に白髪が混じっている / checkering the eastern clouds with ~*s* of light 東の雲を光の縞で綾に染めて (Shak., *Romeo* 2. 3. 2). **2 a** 光線. **b** 稲妻: a ~ of lightning 一条の稲妻. **3** (肉の脂肪などの)層: bacon with ~*s* of fat and lean 脂肪と赤肉が層になっているベーコン. **4** 傾向; 気味, 調子: He has a ~ of obstinacy [humor] in him. 彼には少々かたくなな[こっけいな]所がある / ⇨ yellow streak. **5** (米口語) **a** ひとしきり, 短期間 (spell): a ~ of luck しばしの幸運. **b** (勝ち・負けなどの) 連続: be on a winning [losing] ~ 勝ち[負け]続ける. **6** 〘鉱物〙 (鉱物を素焼の陶器板にすった時にできる)条痕(じょうこん)(色). **7** 〘細菌〙 **a** 画線(かくせん) (種菌のついた白金線で培養基の面上に線を引いて行う接種法). **b** =streak culture. **8** 〘植物病理〙 植物の茎・葉面に病害菌による条線状の変色または盛上りを生じること. **9** 〘鉱山〙 鉱脈. **10** (口語) **a** =streaking 1. **b** 足の速い人[走者].
like a stréak* [*stréaks*] (*of líghtning*)** 電光石火のように, 全速力で. ***tálk a blúe stréak ⇨ blue streak.
— *vt.* **1** [通例 p.p. 形で] …に筋をつける; 縞にする: be ~*ed with* color 色の筋がついている / Her hair was ~*ed with* gray. 髪に白毛が混じっていた. **2** 〘細菌〙 …の画線培養をする. **—** *vi.* **1** 筋[縞]になる. **2 a** 〈稲妻が〉光る, きらめく (flash). **b** 稲妻のように走る, 疾走する, 全速力で走る. **3** (口語) ストリーキングをやる. **4** 〈勝ち負けなどが〉連続する.
~·like *adj.* 〖OE *strica* stroke, line ← Gmc **strikōn-* (Du. *streek* / G *Strich* / Goth. *striks*) ← IE **streig-* to stroke: ⇨ strike〗

streak[2] /stríːk/ *n.* =strake 2.

streak[3] /stríːk/ *vt.* (廃) …に塗りつける (anoint): With the juice of this I'll ~ her eyes. この花の汁を彼女の目に塗ってやろう (Shak., *Mids N D* 2. 1. 257). 〖(1440) *streke* ← STREAK[1] (n.)〗

stréak cùlture *n.* 〘細菌〙 画線[劃線](かくせん)培養. 〖1892〗

streaked *adj.* **1** 筋(すじ)[縞(しま)]の(ある); (白髪の)筋[縞]入りの: ~ cattle. **2** (米口語) **a** 不安な (uneasy). **b** びっくりした, 驚いた (scared). **c** 病気の (sick). 〖(1596–97): ⇨ streak[1], -ed 2〗

stréak·er *n.* **1** ストリーカー (ストリーキングをする人). **2** 〘魚類〙 **a** =yellow bass. **b** =white bass. 〖1973〗

stréak·ing *n.* ストリーキング: **1** (悪ふざけとして)道路やキャンパスなどを裸で走り抜けること. **2** 髪の毛を部分的に脱色して縞状にすること (cf. frosting 4). **3** 〘テレビ〙 画面の白黒の境界で像が水平方向に白または黒の尾を引く現象. 〖1: (1966); 2: (1973)〗

stréak lìne *n.* 〘物理〙 流脈, 流れの線 (流体の場の中の流体要素が特定の点を次々に通過したつながりの線; 流れが定常であれば流線に一致する; cf. streamline 1).

streak·y /stríːki/ *adj.* (**streak·i·er; -i·est**) **1 a** 筋(すじ)のついた, 縞(しま)の入った. **b** 縞になって現れる. **c** 〈肉が〉層のある: ~ bacon. **2** 〈質が〉むらのある, 一様でない, 変わりやすい. **3** 心配する (apprehensive). **4** 〘クリケット〙 バットの先をかすめてボールを打つ. **stréak·i·ly** /-kəli/ *adv.* **stréak·i·ness** *n.* 〖(1670): ⇨ streak[1], -y[4]〗

stream /stríːm/ *n.* **1 a** (特に, 小川の)流れ, 流水: down [up] the ~ 下[上]流に[へ]. **b** 小川 (rivulet, brook). **2 a** 一定[一方向へ]の流れ. **b** 流出 (flow); 奔流 (gush): flow in a great ~ 大きな流れをなして[とうとうと]流れる / a ~ [~*s*] of blood [tears] 血[涙]の流れ[川] / a ~ of lava 溶岩の流れ. **c** 気体の流れ, 気流: a ~ of air 空気の流れ. **d** 海流, 潮流: ⇨ Gulf Stream. **e** 光線 (beam of light). **3** 引っきりなしに続くもの, 陸続, 〔人・物の〕流れ〔*of*〕: a (steady) ~ *of* people 人の流れ, 人の行列 / a ~ *of* words 口をついて出て来る言葉 / a ~ *of* traffic 往来の流れ / a ~ *of* cars 車の流れ / come out [go by] in a ~ [~*s*] 続々出て来る[通り過ぎる]. **4** [the ~] (時・思想などの)流れ, 形勢, 傾向, 風潮, 趨勢(すうせい) (drift, tendency): *the* ~ of popular [public] opinion 世論の傾向 / *the* ~ of thought 思潮 / *the* main ~ of English literature 英文学の主流[主潮] (cf. mainstream). **5** (英) 〘教育〙 =track 11.
agàinst the stréam 流れに逆らって; 時勢[時流]に逆らって: go [swim] *against the* ~ 流れに逆らって行く; 時勢に逆らう[逆行する] / ⇨ ROW[2] *against the stream*. (late OE) ***in mìd stréam*** 中流で; 大事の半ばで: Don't change horses *in mid* ~. (諺) 中流で馬を乗り換えるな. ***in the stréam*** (1) 中流に. (2) 世事に明るい. ***òff stréam*** 生産[操業]を停止[中止]して. ***on stréam*** 生産[操業]して, 生産[操業]中で: A new plant will go [come, be] *on* ~ next year. 新工場は来年操業するだろう. ***with the stréam*** 流れに従って; 時勢[時流, 大勢]に従って: go [float] *with the* ~ 流れに沿って行く; 時勢[大勢]に順応して行く. (*c*1489)
stréam of cónsciousness 〔心理学者 W. James の用語〕 (1) 〘心理〙 意識の流れ. (2) 〘文学〙 意識の流れ (登場人物の思考・感覚が, 理論の連続・統語構造・現実の諸相間の識別等を無視して, でたらめな形で起こっているものとして示されるような形式; cf. interior monologue, stream-of-consciousness). (1855)
— *vi.* **1 a** 〈水・涙などが〉流れる, 流れ出る, 流れ行く (⇨ flow SYN): Tears ~*ed* down her cheeks. 涙が彼女のほおを流れた. **b** 〈光が〉射る, 走る, 流れる, 流れ込む: Light ~*ed* through the window. 光が窓から差し込んだ / The comet's tail ~*s* behind it. ほうき星は尾を引く. **2 a** 涙[汗など]が流れ出る: a ~*ing* cold はなや涙がよく出る風邪 / with ~*ing* eyes 目に涙を浮かべて. **b** 〈涙・汗などが〉流れ出る〔*with*〕: eyes that ~ *with* tears 涙が流れ出る目 / Her face was ~*ing with* sweat. 彼女の顔に汗が流れた. **3** 続々出る[行く], 流れるように動く: People ~*ed* out of the theater. 劇場から人がぞろぞろと出てきた. **4 a** 〈旗・髪などが〉吹き流される, 翻る, なびく: a flag ~*ing* in the air / hair ~*ing* (out) in the wind 風になびく髪. **b** 〈長髪が〉流れるように[ふさふさと]垂れる. **—** *vt.* **1** 〈水・涙・血などを〉流す, 流れ出させる, 噴(ふ)く: The wounds ~*ed* blood. 傷口から血が噴き出た. **2** 〈旗などを〉吹き流す, 翻させる, なびかせる. **3** 〔涙・汗などの流れで〕おおう, いっぱいにする〔*with*〕: His face was ~*ed with* sweat. 顔は汗びっしょりだった. **4** (英) 〘教育〙 =track 9. **5** 〘鉱山〙 洗鉱する. **6** 〘海事〙 〈ロープやブイなどを〉流し送る.
~·lìke *adj.* 〖OE *strēam* < Gmc **straumaz* (Du. *stroom* / G *Strom* / ON *straumr*) ← IE **sreu-* to flow (Gk *rheîn* to flow & *rheûma* 'stream, RHEUM' / Skt *sravati* it flows)〗

stréam ànchor *n.* 〘海事〙 中いかり, 中錨(ちゅうびょう). 〖1627〗

stréam·bèd *n.* 川床, 河床(かしょう). 〖1857〗

stréam càpture *n.* 〘地理〙 川の争奪 (⇨ capture 5).

stream·er /stríːmə | -mə(r)/ *n.* **1** 流れる物. **2** 吹流し; (特に)長旗 (pennant). **3** (衣服などの)細長いひらひら翻る飾り (飾りリボン・飾り羽毛など). **4** (港で汽船発着の時に用いる)テープ. **5** 〘地球物理〙 **a** (北極光などの)射光, 流光. **b** [*pl.*] =aurora borealis. **6** 〘新聞〙 (通例第一面の)トップ全段抜き大見出し (banner). **7** 〘電気〙 ストリーマー (気体放電の一種). **8** 〘鉱山〙 採鉱者 (鉱床を発見するために, 流れの中で砂や砂利を洗う作業をする人). **9** 〘釣〙 =streamer fly. **10** 〘天文〙 ストリーマー, コロナの流線 (太陽活動の極小期に赤道方向に長く延びるコロナ). 〖1292〗

stréamer flỳ *n.* 〘釣〙 ストリーマー(フライ) (小魚の型に羽根を使って巻いてある毛針). 〖1930〗

stréamer wèed *n.* 〘植物〙 長い葉が水流に流れて波打つ淡水生植物 (キンポウゲ科の沈水性の植物; water crowfoot など).

stréam·flòw *n.* 河川の流量[速度]. 〖1902〗

stréam fùnction *n.* 〘力学〙 流れの関数. 〖1879〗

stréam·ing *n.* **1** 流れること, 流れ. **2** 〘電算〙 ストリーミング: **a** 音声・画像データの再生方式で, ファイル全体をダウンロードしてからでなく, 逐次読み込みながら行うもの. **b** テープ交換なしで連続してディスクのバックアップをとる方式. **3** 〘生物〙 原形質流動. **4** (英) 〘教育〙 =tracking 2.
— *adj.* 〈風邪が〉はなみずや涙が多量に出る (cf. stream *vi.* 2 a). 〖(1398): ⇨ -ing[1]〗

stréaming cúrrent *n.* 〘電気〙 流動電流.

stréaming potèntial *n.* 〘電気〙 流動電位 (液体が固体の壁に対して運動することによりできる電位差; cf. zeta potential).

stréam·less *adj.* 流れのない. 〖1863〗

stream·let /stríːmlɪt/ *n.* 小川 (brook), 小流. 〖(*a*1552) ← STREAM + -LET〗

stream·line /stríːmlàɪn/ *vt.* **1 a** 〈生産・事務などを〉合理[簡素]化する, 能率的にする: ~ the municipal bureaucracy 市のお役所式手続きを簡素化する. **b** 余分なものを取り除く. **2** 最新式[現代的]にする (modernize). **3** 流線型[形]にする: ~ a motorcar. **—** *n.* **1** 〘物理〙 流線 (流体の流れの場の中に引いた線で, 線上の各点での切線がその瞬間にその点にある流体要素の速度の方向に一致しているもの; cf. streak line). **2** (魚類・航空機・自動車・潜水艦などの)流線型[形] (流体の抵抗を最も少なくする型). **—** *adj.* [限定的] 流線型[形]の: a ~ form 流線型 / a ~ shape (航空機などの)流線形 / a ~ train 流線型列車. 〖1868〗

stream·lined /stríːmlàɪnd/ *adj.* **1** =streamline. **2** 簡素[合理]化された, 能率化された. **3** 最新式[現代的]にされた, 近代化された (modernized). **4** 〘流体力学〙 層流の. 〖1913〗

stréamline flów *n.* 〘流体力学〙 層流 (流体中の各部分が秩序正しく流れて, 乱れや混合の起きない状態; cf. laminar flow, turbulent flow). 〖*c*1907〗

stréam·lìner *n.* 流線形[型]列車[バスなど]. 〖1938〗

stréam-of-cónsciousness *adj.* 〘文学〙 意識の流れの (⇨ STREAM of consciousness (2)): a ~ novel 意識の流れ小説 (人物の潜在意識の流れによって事件や人物を物語る形式の小説; 例えば James Joyce 作の *Ulysses* (1922) など). 〖1931〗

stréam pìracy *n.* 〘地理〙 川の争奪 (⇨ capture 5).

stream·y /stríːmi/ *adj.* (**stream·i·er; -i·est**) **1** 流れ[水流]の多い, 河川の多い: a ~ district. **2 a** (川のように)流れる (streaming). **b** 〈髪・旗などが〉翻る, ひらひらする. **stréam·i·ness** *n.* 〖(*c*1475): ⇨ stream, -y[4]〗

streek /stríːk/ (スコット・北英) *vt.* **1** 伸ばす, 引っ張る (stretch). **2** (埋葬のために)〈死体を〉伸ばす, 埋葬の準備をする. **—** *vi.* 腹ばいに倒れる[なる]. 〖(*c*1250) (北部方言) ← STRETCH〗

streel /stríːl/ (アイル) *n.* だらしのない女性. **—** *vi.* **1** ぶらぶら歩く, ぶらつく. **2** ゆらゆら[ふらふら]と動く. 〖n.: (1842) ◻ Ir.-Gael. *s(t)raoill(e)* (cf. L *flagellum* whip). — v.: (1805) ◻ Ir.-Gael. *s(t)raoillead* (he) flogs〗

stréel·er *n.* (アイル) だらしのない人. 〖1907〗

Streep /stríːp/, **Meryl** *n.* ストリープ (1949– ; 米国の女優; 本名 Mary Louise Streep; *Deerhunter* (1978), *Kramer vs Kramer* (1979), *Sophie's Choice* (1982), *Out of Africa* (1986)).

street /stríːt/ *n.* **1 a** 街路, 通り: I met him on [(英) in] the ~. 通りで彼に会った / the main ~ of the town [village] 町[村]の本通り / a main [wide] ~ 大[広い]通り / be dressed for the ~ 外出の服装をしている / live in the ~ いつも外出している / die in the ~*s* 野たれ死にする. **b** 通りに沿って並ぶ建物群, 町並み. **c** (歩道と区別して)車道 (roadway) (cf. sidewalk): walk in [run out into] the ~ 車道を歩く[に飛び出す] / The ~ is blocked with snow. 道は雪でふさがっている / Be careful when you cross the ~. 道を横断する時は気をつけなさい. **d** (廃) (ローマ軍の残して行ったような)街道 (highway): ⇨ Watling Street, Icknield Street. **2** …街, …通り (cf. road 1 c), 丁目. ★ 通例 St. と略される; Óxford Strèet のように第二強勢を受ける: ⇨ Wall Street / 125th *Street* (New York の) 125 丁目. **3** [集合的] **a** ある通りに住む[で働く]人々; 町内の人々: The whole ~ knew about it. 町内こぞってそのことを知っていた. **b** [しばしば *pl.*] 一般大衆 (the general public). **c** [通例 *pl.*] (貧困・犯罪を生む)都市環境. **4** [the S-] **a** (商業や経済などの)中心地区. **b** (米) =Wall Street. **c** (英) =Lombard Street. **d** =Fleet Street. **e** (米俗) (米国の都市で劇場などのある)娯楽街.
dówn one's stréet=(rigth) *up one's* STREET. ***gó on the stréet(s)***=*live on the* STREETS. ***in quéer strèet*** ⇨ queer street. ***in* [*on*] *the stréet*** (1) ⇨ 1 a. (2) 失業して; 宿なしで. (3) 出獄して, 自由の身になって. (4) (英) 〘証券〙 証券取引所の取引終了後にその外部で取引をしている. (1935) ***líve on the stréets*** 売春をする, 夜の女になる. ***mílk the stréet*** ⇨ milk v. 成句. ***nót in the sáme strèet with* [*as*]** (口語) …と比べものにならない, …にはるかに及ばない. (1883) ***on éasy strèet*** ⇨ easy street. ***òut on the stréets*** (1) 宿なしで. (2) 売春をして. **(*ríght*) *ùp one's stréet*** (英口語) 自分の能力[趣味]に合って, 得意で. (1929) ***the mán in* [(米) *on*] *the stréet*** ⇨ man[1] 成句. ***thrów a pérson òut on the stréet*** 人を即刻家から追い出す. ***wálk in òff the stréet*** ⇨ walk 成句. ***wálk the stréets*** 売春をする (cf. streetwalking). (1709)
— *adj.* [限定的] **1** 街路の[に面した, にある]; 通りの[で行われる, で働く]: a ~ accident 交通事故 / a ~ peddler [vendor] 街頭売り, 行商人 / a ~ map [plan] 市街地図. **2 a** 〈衣服・靴が〉街で着用するのにふさわしい: ~ clothes / ⇨ street dress. **b** 〈婦人服の丈が外出着にふさわしい (裾(すそ)が地面につかない程度のものにいう). **3** 都市の若者[先端]文化の, ストリートの: ~ style (特にファッション・音

楽などの)ストリートスタイル / ⇨ street culture. 4 〘病理〙街上ウイルスによる (⇨ street virus).
— *vt.* 《豪》〈相手を〉遠く引き離す.
〘OE *strǣt* (WGmc) **strāta* (Du. *straat* / G *Strasse*) ◻ LL (*via*) *strāta* paved (way) (fem. p.p.) ← *sternere* to spread, cover, pave ← IE **ster-* to spread: cf. stratum, strew〙
stréet àddress *n.* 家の住所《特に郵送先の住所と違う場合》.
stréet Àrab, s- a- *n.* 浮浪児, 宿なし児 (gamin). 〘(1859): cf. Arab (n.) 3〙
stréet bànd *n.* 街頭バンド (《米》German band). 〘1838〙
stréet bròker *n.* 〘証券〙場外取引に従事する証券ブローカー業者, 仲買人.
street·car /strí:tkàə | -kà:ʳ/ *n.* 《米》市街電車 (《英》tram) 《路面電車・地下鉄道・高架鉄道・モノレールなどの総称》; (特に)路面電車 (cf. trolley car): by ~ (市街)電車で. 〘1862〙
Stréetcar Nàmed Desíre *n.* [A ~]「欲望という名の電車」(Tennessee Williams の戯曲 (1947)).
stréet certìficate *n.* 〘証券〙証券業者の名義になっている株券.
stréet Chrìstian *n.* 《米》放浪[街頭]クリスチャン (Jesus Movement に参加している人).
stréet clèaner *n.* 《米》道路掃除人; (特に, 市の)衛生課員. 〘1898〙
stréet crèd *n.* =street credibility.
stréet credibìlity *n.* ストリートクレディビリティー《都市の若者文化(特にファッションなど)に通じていること》.
stréet crédible *adj.* 〘1979〙
stréet crìes *n. pl.* 《英》行商人の呼び声, 呼売りの声. 〘1858〙
stréet cùlture *n.* ストリートカルチャー《都市生活する若者の間ではやっている価値観[ライフスタイル]》.
stréet dòor *n.* (住宅の街路に接した)表口, 表戸口《街路に接しない場合は front door ともいう》. 〘1563–70〙
stréet drèss *n.* (女性の)外出着, 街着.
stréet drùg *n.* (通りで売っている)麻薬.
stréet èlbow *n.* 〘機械〙めすおすエルボ.
stréet entertàiner *n.* 大道芸人.
stréet entertàinment *n.* 大道芸.
stréet-fìghter *n.* 街頭でのけんかでなぐり合いの技術を覚えた者; 《口語》好戦的[闘争的]な人. 〘1970〙
stréet fùrniture *n.* 街路備品, ストリートファニチャー《屋根付きのバス停・街灯・くず入れなど》. 〘1944〙
stréet gìrl *n.* 街の女, 街娼(がいしょう), 売春婦. 〘1907〙
stréet hòckey *n.* ストリートホッケー《6 人ずつ 2 組に分かれローラースケートをはいて行うホッケー; skater hockey ともいう; cf. field hockey, ice hockey》. 〘1964〙
stréet jèwellery *n.* 《英》(蒐集の対象としての)琺瑯(ほうろう)の看板. 〘1978〙
stréet·làmp *n.* =streetlight.
stréet-lègal *adj.* 〈車など〉道路で使用するために必要な法的条件を満たした. 〘1976〙
stréet·lìght *n.* 街灯. 〘1906〙
stréet musìcian *n.* 街頭音楽家, ストリートミュージシャン. 〘1839〙
stréet nàme *n.* 〘証券〙証券業者名義. 〘1930〙
Stree·ton /strí:tn̩/, Sir **Arthur Ernest** *n.* ストリートン (1867–1943; オーストラリアの画家).
stréet òrderly *n.* 《英》道路掃除人 (street cleaner). 〘1851〙
stréet òrgan *n.* =barrel organ 1. 〘1849〙
stréet pèople *n.* 1 (ヒッピーなどのように)街路にたむろする人々《伝統的な価値を否定して, 街路や公園にたむろする人たち》. 2 路上で生活する人々, ホームレス. 〘1967〙
stréet piàno *n.* ストリートピアノ《街路上で奏する手回しピアノ; hurdy-gurdy ともいう》. 〘1857〙
Street-Por·ter /strí:tpɔ̀:tə | -pɔ̀:tə:ʳ/, **Janet** *n.* ストリートポーター (1946– ; 英国のテレビタレント・プロデューサー; Cockney 訛りと独特な風貌とで知られ, 青少年向けの番組づくりでも定評がある).
stréet prìce *n.* 市価.
stréet·pròof *vt.* 〈子供を〉外での危険に対処できるよう訓練する.
stréet ràilway *n.* 市街電車[バス]路線[会社]. 〘1861〙
streets /strí:ts/ *adv.* 《英口語》はるかに (far and away): ~ above …よりはるかに上で[すぐれた] / ~ ahead of …よりはるかにすぐれて; (レースで)〈相手を〉遠く引き離して / ~ apart 全く異なって / ~ better (than) (…より)ずっとよい[よく]. 〘(pl.) ← STREET〙
street·scape /strí:tskèɪp/ *n.* 1 街路の光景[様子]. 2 街路の絵[写真]. 〘1924〙
stréet-smàrt *adj.* =streetwise. 〘1974〙
street smàrts *n. pl.* (貧民街や犯罪多発地区などで生きていくために必要な)悪知恵, したたかさ. 〘1972〙
stréet swèeper *n.* 1 =street cleaner. 2 道路清掃車. 〘1848〙
stréet thèater *n.* 1 街頭演劇. 2 =guerrilla theater. 〘1959〙
stréet tràder *n.* 街頭[路上]で物を売る人, 街頭商人, 露店商.
stréet ùrchin *n.* =street Arab. 〘1849〙
stréet vàlue *n.* 《俗》(麻薬などの)末端価格.
stréet vìrus *n.* 〘病理〙(研究室内で弱毒化したウイルスに対し)街上ウイルス, 街上毒 (Pasteur の命名). 〘*c*1911〙
stréet·wàlker *n.* 街[夜]の女, 街娼(がいしょう), 売春婦. 〘1592〙
stréet·wàlking *n.* 売春(生活). — *adj.* 売春(生活)の. 〘1752〙
street·ward /strí:twəd | -wəd/ *adj.* 通り[街路]へ向いた. — *adv.* 通り[街路]の方へ. 〘(1596): ⇨ -ward〙
stréet·wèar *n.* 外出着, 街着.
stréet·wìse *adj.* 《米》街の人たちの問題をよく知っている, 地元通の; 都会(とくに貧民街や犯罪多発地区)で生きていくための知恵をもった (street-smart ともいう). **stréet wìsdom** *n.* 〘1965〙
stréet·wòrker *n.* 《米・カナダ》街頭補導員《非行少年や悩みをもった少年を補導する社会奉仕家》. 〘1964〙
Stre·ga /stréɪgə; *It.* stré:ga/ *n.* 〘商標〙ストレーガ《オレンジの風味を付けたイタリア産リキュール》.
Streich /stráɪk, stráɪç; G. ʃtʁaɪç/, **Rita** *n.* シュトライヒ (1920–87; ロシア系のドイツのソプラノ歌手).
Strei·cher /stráɪkə, ʃtráɪçə | -kəʳ, -çəʳ; G. ʃtʁáɪçɐ/, **Julius** *n.* シュトライヒャー (1885–1946; Nazis の政治家・ジャーナリスト; Hitler のミュンヘン一揆 (1923) に参加; 反ユダヤ雑誌 *Der Stürmer* を発刊 (1923–45); 第二次世界大戦後絞首刑となる).
Strei·sand /stráɪsænd, -sənd, -sn̩d, -zænd/, **Barbra** *n.* ストライサンド (1942– ; 米国の歌手・女優).
Stre·litz·i·a /strəlítsiə, strə-/ *n.* 〘植物〙バショウ科ゴクラクチョウカ属 (*Strelitzia*) の多年草《南アフリカ産; ゴクラクチョウカ (bird-of-paradise flower) を含む》. 〘(1789) ← NL ~ (属名) ← *Charlotte Sophia of Mecklenburg-Strelitz* (1744–1818) George III の妃〙
strength /stréŋ(k)θ/ *n.* 1 強さ, 力 (⇨ power SYN); 体力 (vitality): one's health and ~ 健康と体力 / a man of enormous ~ 非常に力の強い人 / a task beyond human ~ 人力の及ばない仕事 / by sheer ~ 腕力で, 腕ずくで / by main ~ =with all one's ~ 力いっぱいに, 全力を振り絞って / That is too much for my ~. それは私の手にあまる / He has not the ~ to walk. (体が弱って)歩く力もない. 2 (精神的な)力; 知力, 能力; 道徳心, 剛気, 勇気 (fortitude): the ~ of one's mind [will] 精神[決断]力 / ~ to surmount difficulties 困難に打ち勝つ不屈の精神. 3 抵抗力, 耐久力, 強度 (toughness): the ~ of a fortified place 要塞(ようさい)の抵抗力 / the ~ of a beam [bridge, building] 梁(はり)[橋, 建物]の耐久力 / ⇨ breaking strength, compressive strength, fatigue strength, tensile strength. 4 勢力, 威力; 資力 (resources): economic ~*s* 経済力 / the pound's ~ against the dollar ドルに対するポンドの力[強さ] / the national [military] ~ 国[軍事]力 / the ~ of public opinion 世論の威力. 5 効力, 重み, 説得力 (cogency); (芸術作品の)表現力: the ~ of evidence 証拠の有効性 / the ~ of one's logic 論理の説得力 / a novel of great ~ 力強さをもった小説. 6 強み, 長所 (forte): the ~*s* and weaknesses of his new book 彼の新著の長所と短所 / His ~ lies in his honesty. 彼の取柄は正直にある. 7 a 〘軍事〙兵力, 勢力, 兵員, 兵数, 艦数: peace [war] ~ 平時[戦時]兵力 / a regiment with a ~ of 3,000 3 千の兵員から成る連隊 / an army [a fleet] at full ~ 全軍[全艦]を従えた軍隊[艦隊]. b (一般に)人数, 人手: an employed ~ of 5,000 5 千人の従業員. 8 a 強さ, 強弱, 強度 (intensity): the ~ of light [sound, flavor, odor] 光[音, 味, 臭気]の強さ / the ~ of a wind [current, magnetic field] 風[潮流, 磁場]の強さ. b 濃度, 濃淡, 深さ, 深浅: the ~ of tea [poison, color] 茶[毒, 色]の濃度. 9 熱烈さ, 激烈さ, 激しさ (vehemence): the ~ of one's affection 愛情の強さ. 10 力とする[なる]もの, 頼り, 支え (support): God is our ~. 神はわれらの力. 11 〘証券〙市場が強いこと《買いが支配的である状況》. 12 《古・詩》砦, 要塞 (stronghold, fortress). 13 《豪》概要, 主眼.
abòve stréngth 定員を超えて. ***belòw stréngth*** 定員以下[未満]の, 定数が不足して: The police force is 300 men *below* ~. 警察には 300 人の欠員がある. ***from stréngth*** 強い立場から: negotiate *from* ~ 強気に交渉する. ***from stréngth to stréngth*** ますます強力に[良く, 有名に] (*Ps.* 84.7): go (on) *from* ~ *to* ~. ***gét the stréngth of*** …を十分に理解する, …の真相を握る. (1916) ***Give mé stréngth!*** 《英》[いらだちを示して] いいかげんにしろ. ***in* (*fúll* [*gréat*]) *stréngth*** 全員[大勢]そろって; 大勢で: The enemy were out *in* ~. 敵軍は大挙して現れた. ***on the stréngth*** (1) 〘軍事〙軍籍に編入されて, 兵員名簿に載って. (2) 団体[協会, 会社など]に所属して. (1864) ***on the stréngth of*** …を力に(して)[根拠に, 頼りに]: I took him *on the* ~ *of* your recommendation. 君の推薦を信じて彼を採用した. (1625) ***ùnder stréngth*** =*below* STRENGTH. ***ùp to* (*fúll*) *stréngth*** 定員に達した: bring the police force *up to* ~ 警察を定員一杯にする.
〘OE *strengðu* < Gmc **straŋʒipō* (OHG *strengida*): ⇨ strong, -th²: cf. length〙
stréngth dèck *n.* 〘海事〙強力甲板《いくつかの甲板の中で, 特に船体を強固にする目的をもっている甲板》.
strength·en /stréŋ(k)θən/ *vt.* 1 強くする, 強める, 丈夫にする, 強固にする, 堅固にする (↔ weaken): ~ one's conviction / ⇨ *strengthen a person's* HAND(*s*). 2 a 増員する, 増援する, 増強する (reinforce). b 励ます, 元気づける (encourage). — *vi.* 1 強くなる, 強まる; 丈夫になる, 強固になる. 2 a 増員する. b 元気づく.
~·er /-θ(ə)nə | -nəʳ/ *n.* 〘(*a*1325) ← STRENGTH + -EN¹ ◻ late OE *strengan* ← STRENGTH〙
stréngth·less *adj.* 力のない. **~·ly** *adv.* 力なく, 無力に. **~·ness** *n.* 〘*a*1200〙
stren·u·ous /strénjuəs/ *adj.* 1 〈行為・仕事など〉奮闘を要する, 激しい, 猛烈な (arduous) (⇨ active SYN): make ~ efforts [endeavors] 奮闘する, 大いに努力する. 2 〈人が〉奮闘的な, たゆまず努める, 精力的な (ardent, energetic); 熱心な, 熱烈な (zealous): a ~ scientist.
stren·u·os·i·ty /strènjuá(:)səti | -ɔ́sə̀ti/ *n.* **~·ly** *adv.* **~·ness** *n.* 〘(1599) ◻ L *strēnuus*: ⇨ -ous〙
strep /strép/ 《口語》〘細菌〙*n.* =streptococcus. — *adj.* =streptococcal. 〘(1927) 略〙
strep·ent /strépənt, -pn̩t/ *adj.* 《古》やかましい, 騒々しい (noisy). 〘(1750) ◻ L *strepentem* (pres.p.) ← *strepere* to make a loud noise〙
Streph·on /stréfən/ *n.* 恋に悩む男, 恋のとりこ (fond lover) (Sir Philip Sidney の小説 *Arcadia* (1590) の羊飼いの名から).
Stréphon and Chlóe 相愛の男女, 恋人同士 (cf. Daphnis and Chloë).
strep·i·tant /strépətənt | -pɪ̀t-/ *adj.* 《まれ》=strepitous. 〘(1855) ◻ L *strepitantem* (pres.p.) ← *strepitāre* (freq.) ← *strepere* (↓): ⇨ -ant〙
strep·i·to·so /strèpətóusou | -pɪ̀tóusəu; *It.* strepitó:zo/ *adj., adv.* 〘音楽〙騒々しい[しく], 強烈な[に]. 〘(1801) ◻ It. ~ ← L *strepitus* noise ← *strepere* to make a noise〙
strep·i·tous /strépətəs | -pɪ̀t-/ *adj.* 《まれ》騒々しい, やかましい (noisy). 〘(1681) ← L *strepitus* (↑) + -OUS〙
strep·si- /strépsɪ̀, -si/「曲がった (turned), ねじれた (twisted)」の意の連結形. 〘← NL ~ ← Gk *stréphein* to twist: cf. strophe〙
strep·si·ne·ma /strèpsəní:mə | -sɪ-/ *n.* 〘昆虫〙ストレプシネマ《減数分裂の第 1 分裂の複糸期における各染色体を構成する 2 本のよじれた染色糸》. 〘(1900): ⇨ ↑, nema-〙
Strep·sip·ter·a /strɛpsíptərə/ *n. pl.* 〘昆虫〙撚翅(ねんし)目. 〘← NL: ⇨ strepsi-, -ptera〙
strep·sip·ter·an /strɛpsíptərən/ *adj., n.* 〘昆虫〙撚翅目の(昆虫). 〘(1842): ⇨ ↑, -an¹〙
strept- /strɛpt/ (母音の前にくるときの) strepto- の異形.
strép thróat *n.* 《口語》連鎖球菌 (streptococcus) によって引き起こされるのど炎症.
strep·to- /stréptou, -tə | -təu, -tə/ 次の意味を表す連結形: 1 〘細菌〙「連鎖球菌 (streptococcus)」. 2 〘生化学〙「ストレプトマイシン (streptomycin)」. ★ 母音の前では通例 strept- になる. 3「曲がった; より合わされた鎖 (twisted chain)」. 〘← NL ~ ← Gk *streptós* twisted ← *stréphein* to twist: cf. strophe〙
strèpto·bacíllus *n.* 〘細菌〙連鎖桿菌(かんきん)《ストレプトバチルス属 (*Streptobacillus*) の微生物》. 〘(1897): ⇨ ↑, bacillus〙
strep·to·car·pus /strɛ̀ptəkáəpəs | -tə(u)ká:-/ *n.* イワタバコ科ストレプトカルプス[ウシノシタグサ]属 (*Strepocarpus*) の一年草[多年草, 一稔草] (Cape primrose) 《アフリカ・アジア産; 紫やピンクなどの花をつける園芸品種を含む》. 〘(1828): ⇨ strepto-, -carpus〙
strep·to·coc·cal /strɛ̀ptəká(:)kəl, -kl̩ | -tə(u)kɔ́k-ˈ/ *adj.* 〘細菌〙連鎖球菌の[によって起こる]. 〘1877〙
streptococci *n.* streptococcus の複数形.
strep·to·coc·cic /strɛ̀ptəká(:)k(s)ɪk, -tou- | -tə(u)-kɔ́k-ˈ/ *adj.* 〘細菌〙=streptococcal. 〘(1897): ⇨ ↓, -ic¹〙
strep·to·coc·cus /strɛ̀ptəká(:)kəs, -tou- | -tə(u)-kɔ́k-/ *n.* (*pl.* **-coc·ci** /-ká(:)k(s)aɪ, -ká(:)k(s)i: | -kɔ́k(s)aɪ/) 〘細菌〙連鎖球菌, 連球菌 (*Streptococcus* 属の微生物; しばしば strep という). 〘(1877) ← NL ~: ⇨ strepto-, -coccus〙
strep·to·dor·nase /strɛ̀ptoudɔ́əneɪs, -neɪz | -tə(u)-dɔ́:neɪs/ *n.* 〘生化学〙ストレプトドルナーゼ《連鎖球菌に含まれるデオキシリボヌクレアーゼのこと》. 〘(1949) ← STREPTO- + D(E)O(XY)R(IBO)N(UCLE)ASE〙
strèpto·kínase *n.* 〘薬学〙ストレプトキナーゼ《ある種の連鎖球菌から採った線維素を溶解する酵素; fibrinolysin ともいう》. 〘1944〙
strèpto·lýsin *n.* 〘生化学〙ストレプトリジン《連鎖球菌の生産する溶血性物質》. 〘1904〙
strep·to·my·ces /strɛ̀ptəmáɪsi:z | -tə(u)-/ *n.* (*pl.* ~, **-my·ce·tes** /-maɪsí:ti:z/) 〘細菌〙ストレプトミセス《放線菌目ストレプトミセス科 *Streptomyces* 属の細菌; ストレプトマイシンなどの抗生物質の原料となる》. 〘(1951) ← NL ~ ← STREPTO- + Gk *múkēs* fungus〙
strep·to·my·cete /strɛ̀ptəmáɪsi:t, -tou-, -maɪsí:t | -tə(u)-/ *n.* 〘細菌〙ストレプトミセス科の細菌《土壌に生息する微生物》. 〘(1956) ← NL *Streptomycet-*, *Streptomyces* (↑)〙
strep·to·my·cin /strɛ̀ptəmáɪsɪ̀n, -sn̩ | -tə(u)máɪsɪn/ *n.* 〘生化学〙ストレプトマイシン ($C_{21}H_{39}N_7O_{12}$) 《一種の抗生物質 (antibiotic) で, 結核その他細菌性疾患に対して有効》. 〘(1944) ← STREPTO- + Gk *múkēs* fungus + -IN²〙
strep·to·ni·grin /strɛ̀ptənáɪgrɪ̀n | -tə(u)náɪgrɪn/ *n.* 〘生化学〙ストレプトニグリン《放線菌 *Streptomyces flocculus* から得られる, DNA 新陳代謝を損なう有毒な抗生物質》. 〘← *Strepto*(*myces flocculus*) + L *nigr-*, *niger* black + -IN²: 黒い結晶をして得られることから〙
strep·to·thri·cin /strɛ̀ptəθráɪsɪ̀n, -θrísɪ̀n, -sn̩ | -tə(u)θráɪsɪn, -θrís-/ *n.* 〘生化学〙ストレプトスライシン《放線菌 *Streptomyces lavendulae* から得られる抗生物質》. 〘(1942) ← NL *streptothrix*: ⇨ -thrix, -in²〙
Stre·se·mann /stréɪzəmà:n, -mən/; *G.* ʃtʁé:zə-màn/, **Gustav** *n.* シュトレーゼマン (1878–1929; ドイツの政治家; Nobel 平和賞 (1926)).
stress /strés/ *vt.* 1 力説する, 強調する; …に力を入れる, 重点を置く. 2 圧迫[緊張]にさらす. 3 〘音声〙〈音節・母音〉に強勢を置く. 4 《古》苦しめる, 悩ます (distress).

5 〘機械〙応力を発生させる圧力を加える.
— *n.* **1 a** 強調 (emphasis); 重要性, 重み (importance): lay [place, put] (a) ~ on [upon] …に重点を置く, …を強調[力説]する. **b** (演説・談話などで特別の語や音節に置く)強勢, 語勢: put special ~ on a certain word ある言葉を特に強める. **2** 緊急, 緊迫, 緊張: in times of ~ 緊急の時に; (商況の)繁忙時に. **3** 抑圧, 圧迫 (pressure); 強制 (compulsion): under (the) ~ of weather [poverty] 天候険悪のため[貧苦に迫られて] / be subjected to great ~ 大きな圧迫を受ける / He is driven by ~ of poverty. 貧困の圧迫に追われている. **4** 〘音声〙 **a** 強勢, 強さアクセント (stress accent) (cf. accent 2, pitch[1] 4 b): ⇨ word stress, sentence stress / The ~ is [falls] on the first syllable. 強勢は第一音節にある. **b** 強勢のある音節 (stressed syllable) (cf. primary stress, secondary stress). **5** 〘詩学〙(韻律の)強勢, 揚音 (beat). **6** 〘音楽〙(楽曲・リズムの)強勢 (emphasis), アクセント. **7** 〘医学〙ストレス, 侵襲, 刺激, 負荷: the ~*es* and strains of modern life 現代生活のストレス / ⇨ stress disease, stress theory. **8** 〘物理〙圧力; 応力. **9** 《古》非常な努力, 奮闘 (intense effort).
〖n.: (c1303) *stres(s)* (頭音消失) ← DISTRESS // ▭ OF *estrece* narrowness, oppression < VL **stricticam*=L *strictus* 'STRAIT, STRICT'. — v.: (c1303) *stresse(n)* ▭ OF *estrecier* < VL **strictiāre* ← L *strictus* // ← (n.)〗

-stress /strɪ̀s | strɪ̀s, strɛs/ *suf.* -ster に対応する女性名詞を造る: songstress. 〖← -str (-STER の短縮)+-ESS[1]〗

stréss àccent *n.* 〘音声〙強さアクセント《英語, ドイツ語など; cf. pitch accent, tonic accent》. 〘1880〙

stréss dìagram *n.* 〘土木〙応力図. 〘1873〙

stréss disèase *n.* 〘医学〙ストレス病《ストレスが原因となって起こる病気; cf. stress theory》. 〘1948〙

stressed *adj.* **1** ストレスを感じている: highly ~ executives 非常にストレスを感じている管理職. **2** 〘音声〙強勢を受けた, 強勢のある. 〘1885〙

stréssed-óut *adj.* 《口語》ストレスで疲れきった, ストレスがたまった. 〘1983〙

stréssed skín *n.* 〘航空〙応力外皮[構造]《航空機の翼または胴体の外板の一部または全体に応力をもたせる構造様式》. 〘1930〙

stréss fràcture *n.* 〘病理〙疲労[圧力]骨折, ストレス骨折《骨の同一部位に繰り返し外力が加わり, その集積として生じる》. 〘1952〙

stress·ful /strέsfəl, -fl/ *adj.* 圧迫[緊張]に満ちた, ストレスの多い. **~·ly** *adv.* **~·ness** *n.* 〘1853〙

stréss incòntinence *n.* 〘医学〙急迫性[腹圧性]尿失禁《せきをしたり跳びはねたりして急に腹圧が上がった時に不随意に起こる尿失禁; 経産婦や高齢の女性に多くみられる》.

stréss·less *adj.* **1** 圧迫[緊張]のない, ストレスのない. **2** アクセント[揚音, 強勢, 語勢]のない. **3** 力説しない, 力を入れない. **4** 〘機械〙応力のない. **~·ness** *n.* 〘1885〙

stréss mànagement *n.* ストレス対処.

stréss màrk *n.* 〘音声〙強勢[ストレス]符号 (ˋ, ˊ).

stress·or /strέsə | -sə(r)/ *n.* ストレスを引き起こす要因[刺激], ストレッサー. 〘1950〙

stréss pàttern *n.* 〘音声〙強勢型 (goodness, people における /ˊ—/, engineer, understand における /ˋ—ˊ/ の型など). 〘1954〙

stréss-relàted *adj.* [限定的] ストレスに関係[起因]する.

stréss shìft *n.* 〘音声〙強勢異動《語の強勢の位置が句などになると移動する現象: acádemic → àcadèmic fréedom; Jàpanése → Jápanese góvernment など》.

stréss tèst [tèsting] *n.* 〘医学〙ストレステスト《ストレス下での心臓機能テスト》.

stréss thèory *n.* 〘医学〙ストレス学説《カナダの Hans Selye (1907–82) の唱えるもので, 疲労・恐怖・精神的悩みなどの刺激が過度になると種々の病気の原因になるという説; cf. stress disease》.

stréss-tìmed *adj.* 〘音声〙〈言語が〉強勢によるリズムをもった, 強勢拍の《強勢のある音節が, その中間の非強勢音節の数に関係なく, 一定の時間間隔を置いて現れるもの; cf. syllable-timed》. 〘1946〙

stréss-vèrse *n.* (音節数に無関係の)強勢アクセント詩.

stretch /strétʃ/ *vi.* **1** 伸びている, 广がる, 及ぶ, 達する: The wire ~*es from* end to end. 端から端まで針金が張ってある / The forest ~*es for* miles. 森林は数マイルに及んでいる / The road ~*es away to* the sea. 道は遠く海まで伸びている / The prospect of a new life ~*ed (out)* before her. 彼女の前には新しい生活への夢が広がっていた. **2 a** 身体[手足]を伸ばす; (背)伸びをする: ~ *up* 背伸びする / He ~*ed* and yawned. 伸びをしてあくびをした. **b** 長々と寝そべる 〈*out*〉: ~ *out* on a couch. **3** 手を伸ばす[差し出す]〈*out, across, up, down*〉: ~ *(out) for* a book 本を取ろうと手を伸ばす. **4** 〈時・記憶などが〉続く, 継続する, 及ぶ, わたる: The war ~*ed out* for years. 戦争は何年も長びいた. **5** 伸びる, 伸縮性がある: Rubber ~*es*. ゴムは伸縮性がある / It ~*es* like elastic. ゴムのように伸びる / My patience won't ~ that far. そんなには我慢ができない. **6** 事実を誇張する, うそを言う. **7** (元気よく)前進する; 全力を尽くす, (特に)力漕する. **8** 〘ラジオ・テレビ〙(余り早く終わらないように)番組を引き延ばす, 時間をかせぐ.
— *vt.* **1 a** 〈身体・手足・羽などを〉伸ばす, 差し伸べる, 差し出す 〈*out*〉: ~ *(out)* one's arm 腕を伸ばす / ~ one's neck (見ようとして)首を伸ばす / ~ *out* a helping hand 救いの手を差し伸べる / ⇨ *stretch one's* LEGS, *stretch one's* WINGS / He ~*ed* himself *into* wakefulness. 伸びをして目を覚ました / He ~*ed* himself [lay ~*ed*] *out* on the lawn. 芝生の上に伸び伸びと寝そべった. **b** 《口語》大の字に倒す, のす (knock down): ~ a person *(out)* on the ground 人を地面に大の字に倒す / He was ~*ed (out)* in the first round. 第 1 ラウンドでノックアウトされた. **2** 〈ロープなどを〉張る, 張り渡す; 敷く, 広げる (spread): ~ a rope (tight) *between* two trees 2 本の木の間に綱を(ぴんと)張る / ~ a carpet *on* the floor [*across* the room] 床に[部屋一杯に]じゅうたんを敷く / The tree ~*es* its branches *over* the road. その木は道路の上に枝を広げている. **3 a** 引っ張る; 無理に(引き)伸ばす (⇨ extend SYN): ~ the strings of a violin バイオリンの弦を締める / ~ cloth [trousers] (しわを伸ばしたりするために)切れ地[ズボン]を伸ばす / ~ a pair of gloves (初めて用いる時)手袋を引っ張り伸ばす / The shoes need ~*ing*. (窮屈だから)この靴は広げないといけない. **b** 〈筋などを〉違える (strain): ~ a muscle, tendon, etc. **c** 《俗》(拷問で)〈人〉の手足を無理に引き伸ばす. **d** 《古・俗・方言》縛り首(の刑)にする. **e** 《方言》〈死体〉の手足を伸ばして埋葬の用意を施す. **4 a** 極度に緊張させる; 精一杯に用いる: ~ every nerve 全神経を緊張させる / ~ one's imagination 想像をたくましくする / ~ one's patience じっと我慢する / ~ one's powers 力を振り絞って奮闘する / He ~*ed* himself [was fully ~*ed*] to win. 勝つために全力を出し尽くした / Her present job doesn't ~ her enough; she wants to be [feel] fully ~*ed*. 彼女の現在の仕事は彼女には物足りない; 彼女は全力を尽くした満足感を味わいたいと思っている. **b** 〈心などを〉広げる: ~ one's mind 心を広げる. **5 a** (無理に)拡大して解釈する, 曲解する, こじつける; 濫用する, 悪用する: ~ one's principle 主義に融通をきかせる / ~ the law [a rule, a clause] 法律[規則, 条項]を無理に拡大解釈して融通をきかせる[濫用する] / ~ a person's hospitality 人の親切に付け込む / ⇨ *strech a* POINT. **b** 《口語》誇張する, 大げさに言う: ~ the facts [the truth] 事実[真実]を曲げて針小棒大に言う[うそを言う]. **6 a** (不十分ながら)何とか間に合わせる 〈*out*〉: ~ *(out)* a budget 予算をやりくりする / ~ food *(out)* for extra guests 食べ物をやりくりして予定外の客にも間に合うようにする. **b** 〈飲食物・ペンキなどを〉薄めて[混ぜて]量を増す: ~ whiskey *with* water. **7 a** 〘ラジオ・テレビ〙(余り早く終わらないように)〈番組を〉長びかせる: ~ a show. **b** 引き延ばす: ~ *(out)* an argument 議論を引き延ばす.
be stretched (to the limit) 資金[精力]が尽きている.
strétch it a bit 《口語》規則[言葉]などを都合のよいように曲げる; 融通をきかせる; こじつける. 《1965》
— *n.* **1** (距離・時間の)長さ, 一続き (length); (陸地・海などの)広がり: a long ~ of dialogue [the pipeline] 長々と続く対話[伸びるパイプライン] / a ~ of road [open country, water] 一筋の道[一望の野原, 一帯の水]. **2 a** 伸ばす[伸ばされる]こと, 伸ばし, 伸張, 張り: keep a string at full ~ ひもをぴんと張る / give the string a ~ ひもを伸ばす. **b** 伸びること[性質], 伸び, 伸縮性 (elasticity): There's not much ~ in this girdle. このガードルはあまり伸びない. **3 a** 身体[手足]を伸ばすこと, 伸び: make a ~ of one's arm 腕を差し出す / with a ~ and a yawn 伸びとあくびをして. **b** 《口語》(疲れ休めの)散歩: take [have] a ~ 散歩する. **4** 範囲, 限度; 極度: at the utmost [furthest] ~ of one's voice 声を限りに / beyond the ~ of reason 道理の範囲を越えて. **5** 一気, 一息, 一度, 一回; 一続きの仕事[努力, 時間] (spell): work for a ~ of six hours 休まずに 6 時間働く. **6** 神経などの緊張, 全力の発揮: at full ~ 全力を尽くして / keep the spirit on the ~ 精神を緊張させておく. **7 a** 精一杯の利用; 濫用; こじつけ: by a ~ of authority [language] 権力を濫用して[言葉を無理にこじつけて] / By no ~ of the imagination could it be called a masterpiece. =It couldn't be called a masterpiece by any ~ of the imagination. いくら想像をたくましくしてみてもそれは傑作とはいえない. **b** 《古》越権(行為). **c** 《古》誇張(的表現). **8 a** (競技場の両側の)直線コース, (特に)最終直線コース (homestretch) (cf. backstretch): He was leading into [until] the final ~. 彼は最後の直線コースまで 1 位だった. **b** (ペナントレース・選挙運動などの)最終段階, 最後の追込み(戦). **9** 《俗》懲役(の期間), 禁固(刑): do a ten-year ~ 10 年の懲役に服する. **10** 〘野球〙ストレッチ《投手が投球の前に両腕を伸ばし両手を合わせて頭上におく動作》. **11** 〘海事〙途中で帆の開きを変えないでするひと走り; ひと間切りの区間. **12** (ゆったり座れるように)車体を長くした特注の大型高級車[航空機]. **13** [S-] のっぽ, ひょろ《やせて背の高い人のあだ名》.
at a strétch (1) 一気に, 一息に. (2) 《英》やっとの思いで; 大いに努力して. (3) 《英》いざとなれば. ***at full strétch*** ⇨ *n.* 2 a, 6. ***nòt by a lóng strétch*** 《英口語》全然…ない (not at all): It's *not* a masterpiece *by a long* ~. それは全然傑作なんかではない.
— *adj.* [限定的] **1** 〈布・下着など〉伸縮自在の, よく伸びる, ストレッチの: ~ nylon [socks]. **2** (*also* **stretched**) 〈車・航空機など〉(ゆったり座れるように)車体を長くした (cf. stretch *n.* 12): a ~ limousine.
〖OE *streċċan* < (WGmc) **strakkjan* (Du. *strekken* / G *strecken*) ← ? IE **(s)ter-* stiff: cf. stare〗

stretch·a·ble /strétʃəbl/ *adj.* 張る[伸ばす, 広げる]ことのできる, 伸縮自在の. **strètch·a·bíl·i·ty** /-tʃəbíləti | -lɪ̀ti/ *n.* 〖(a1398): ⇨ ↑, -able〗

strétch cóveralls *n. pl.* 《米》ストレッチカバーロール (babystretch)《腕から足のつま先まで覆う伸縮性のあるベビー服》.

stretch·er /strétʃə | -tʃə(r)/ *n.* **1 a** (傷病者などを運ぶ)担架, ストレッチャー. **b** 《豪》(カンバス製の)折り畳み式簡易ベッド. **2 a** 伸ばす[張る, 広げる]人[物]. **b** 伸張具: a glove [boot, hat, trouser] ~ 手袋[靴, 帽子, ズボン]張り器. **c** (カンバスや絵絹などを張る)木枠. **d** (こうもり傘や幌などを広げるための)つき上げる骨. **e** (ハンモックの)つるし縄を広げる金具[木片]. **3** (ボートの)足掛け《boat stretcher ともいう》. **4 a** (つなぎ材 (tie)・支柱 (brace) として用いる)棒 (bar), 梁(はり)組立て材. **b** (椅子・テーブルなどの脚をつなぐ)横木. **5** [*pl.*] 《英》(伸縮性の)ナイロンストッキング. **6** 《俗》誇張(された話) (exaggeration), ほら, うそ (lie). **7** 〘石工〙 **a** (れんが・石材の)長手, 平(ひら) (cf. header 7; ⇨ brick 挿絵). **b** (塀などの)露側石. **8** 〘釣〙 **a** 毛ばり用のリーダーを伸ばす道具. **b** =tail fly.
— *vt.* 〈傷病者などを〉担架で運ぶ. 〖(c1420): ⇨ stretch, -er[1]〗

strétcher-bèarer *n.* (特に戦場で)担架を持つ[運ぶ]人. 〘1876〙

strétcher bònd *n.* 〘石工〙(石造・れんが造りの)長手積み (running bond) (cf. header bond).

strétcher còurse *n.* 〘石工〙(石造・れんが造りで)長手ばかりが並べられた層; 長手層 (cf. header course).

strétcher pàrty *n.* 担架隊.

strétch·ing bònd *n.* 〘石工〙=stretcher bond. 〘1805〙

strétching còurse *n.* 〘石工〙=stretcher course. 〘1693〙

strétch lìmo *n.* 《口語》=stretch limousine (⇨ stretch *adj.* 2).

strétch màrks *n. pl.* 伸展線《急激に肥満した場合や妊娠した場合に腹部・腿・乳房などの皮膚に生じる線状の浅い裂創; 妊婦の場合は妊娠線 (striae gravidarum) ともいう》. 〘1960〙

strétch mìll *n.* 〘金属加工〙ストレッチミル《鋼管の管の肉厚を薄くする連続式圧延機; stretch reducer, stretch reducing mill ともいう》.

strétch-mòuth *vi.* 《口語》ほほえむ (smile).

strétch-òut *n.* 《米》 **1** 労働強化《賃金はほとんど増やさずに機械の持台数を増やすなどして工員に過剰な労働を課するやり方》. **2 a** 引き延ばし. **b** (一定の生産(額)に見合う時間を故意に引き延ばす)生産遅延. 〘1933〙

strétch recèptor *n.* 〘解剖〙=muscle spindle. 〘1936〙

strétch redùcer *n.* 〘金属加工〙ストレッチレデューサー (⇨ stretch mill).

strétch redùcing mìll *n.* 〘金属加工〙=stretch mill.

strétch rùnner *n.* 〘競馬〙追い込み馬, 末脚(すえあし)の切れる馬. 〘1922〙

strétch spìnning *n.* 緊張紡糸. 〘1925〙

stretch·y /strétʃi/ *adj.* (**stretch·i·er**; **-i·est**) **1** 伸びる, 弾性の, 弾力[伸縮]性のある; 伸びすぎる. **2** 伸びをしたがる. **3** 〈豚が〉胴長の. **strétch·i·ness** *n.* 〖(1854): ⇨ -y[4]〗

Stret·ford /strétfəd | -fəd/ *n.* ストレットフォード《イングランド北西部 Manchester の南西にある工業都市》.

stret·ta /strétə | -tə; *It.* strétta/ *n.* (*pl.* **stret·te** /-tiː; *It.* -te/, **~s**) 〘音楽〙 **1** ストレッタ: **a** イタリアオペラのアリアなどで, 終止効果を高めるためにテンポを速めてゆく演奏法. **b** その楽節. **2** =stretto 1. 〖(1876) ▭ It. ~ (fem.) ← *stretto* (↓)〗

stret·to /strétoʊ | -təʊ; *It.* strétto/ *n.* (*pl.* **stret·ti** /-tiː; *It.* -ti/, **~s**) 〘音楽〙 **1** ストレット《フーガ (fugue) の終結部で終止効果を高めるために, 導主題・答主題各声部が急速に重なり合うこと; 曲の途中で用いられることもある》. **2** =stretta 1. 〖(1753) ▭ It. ~ (原義) narrow, pressed together < L *strictum* 'STRICT'〗

streu·sel /strúːsəl, strɔ́ɪ-, ʃtrɔ́ɪ-, -zəl, -sl, -zl; G. ʃtʁɔ́ʏzl/ *n.* 《米》シュトロイゼル《バター・砂糖・小麦粉・シナモンなどを混ぜて作るコーヒーケーキ (coffee cake) の上の飾り》. 〖(1909) ▭ G ~ 'a sprinkling' ← *streuen*: ⇨ strew[1]〗

stréusel·kù·chen /-kùːkən, -xən; G. -kùːxn̩/ *n.* シュトロイゼルクーヘン《streusel をトッピングして焼いたコーヒーケーキ》. 〖(1910) ▭ G ~: ⇨ ↑, kuchen〗

strew /strúː/ *vt.* (**~ed**; **~ed, strewn** /strúːn/) **1** 〈砂・種子・花などを〉〔…に〕まき散らす, ばらまく (scatter), 振りかける 〔*on, over, across*〕(⇨ sprinkle SYN): ~ seed *on* [*over*] a garden bed 花壇に種をばらまく. **2 a** 〔…で〕…の表面を覆う, 〔…を〕…の表面にばらまく[まき散らす] 〔*with*〕: ~ a grave *with* flowers 墓一面に花をまく / ~ the floor *with* sand 床一面に砂をまく / The river was ~*n with* islands. 川の所々に洲があった. **b** …の上にばらまかれている, ばらまかれたように散らばっている: The wet leaves ~*ed* the grass. 濡れた木の葉が草地の上に散らばっていた. **3** 〈うわさなどを〉流布する, 広める. **~·er** *n.*
〖OE *strewian, strēowian* < Gmc **straujan* (Du. *strooien* / G *streuen* / ON *strā*) ← IE **ster-* to spread (L *sternere* to spread out): cf. straw[1]〗

stréw·ment *n.* 《古》(花など)ばらまかれるもの. 〘1600–1〙

stréwn field *n.* テクタイト (tektites) を多く産出する地域, テクタイト飛散地域. 〘1937〙

'strewth /strúːθ/ *int.* ='struth.

stri·a /stráɪə/ *n.* (*pl.* **stri·ae** /stráɪiː/) **1** (平行して並んだ)細い溝, 線, 筋(すじ), 縞(しま) (stripe, line). **2** 〘鉱物〙線, 線条. **3** 〘地質〙氷河擦痕《岩面に氷河の力でできる細い溝; striation ともいう》. **4** 〘建築〙柱の縦溝《strix ともいう》. **5** 〘解剖〙線, 線条: the *striae gravidarum* /grævədέ(ə)rəm | -vɪdέər-/ 妊娠線《妊娠による皮膚裂線で, 経産婦の下腹部に見られる; stretch marks ともいう》. 〖(1563) ▭ L ~ 'furrow, channel' ← IE **streig-* to stroke: cf. strike, stringent〗

stri·ate /stráɪeɪt/ *vt.* …に線[筋(すじ)], 溝]をつける.
— *adj.* =striated. 〖(adj.: 1678; v.: 1709) ← NL

striātus=L *striātus* (p.p.) ← *striāre* to form furrows ← *stria* (↑): ⇨ -ate³〗

strí·at·ed /-tɪ̬d | -tɪd/ *adj.* **1** 平行に走る筋(すじ)[溝]のある, 線[条線]のある, 縞(しま)の (striped): a ~ crystal. **2** 横紋筋 (striated muscle) の. 〖《1646》: ⇨ -ed 1〗

striated múscle *n.* 〖解剖〗横紋筋 (cf. smooth muscle). 〖1866〗

stri·a·tion /straɪéɪʃən/ *n.* **1** 筋(すじ)[線条, 溝]をつけること, 筋[線]入り. **2** 筋具合, 線条; 縞(しま)[溝](の一つ) (stria). **3** 〖電気〗(低圧ガス放電の)縞状発光. **4** 〖解剖〗横紋. **5** 〖地質〗=stria 3. 〖1849〗

stri·a·tum /straɪéɪtəm | -təm/ *n.* (*pl.* **stri·a·ta** /straɪéɪtə | -tə/) 〖解剖〗=corpus striatum.

strick /strík/ *n.* すきぐしですいた亜麻[黄麻]の束. 〖《15 C》← ? LG: cf. MLG *strik* rope / MD *stric* knot〗

strick·en /stríkən/ *v.* 《米・古》strike の過去分詞.
— *adj.* **1 a** [しばしば複合語の第2構成素として] (病気に)かかった, (不幸に)見舞われた, (悲嘆・驚きなどに)襲われた: the drought-*stricken* regions 旱魃(かんばつ)に見舞われた地域 / ⇨ awe-stricken, panic-stricken, grief-stricken, poverty-stricken. **b** 悲嘆に暮れた(ような), 打ちひしがれた(ような): a ~ heart 悲しみに打ちひしがれた心 / one's ~ features 悲嘆に暮れた顔. **2** 《古》(狩猟などで弾丸で)撃たれた, 傷ついた, 手負いの (wounded): a ~ deer 手負いの鹿. **3** (升などの中身が)ならされた, すり切りの (level): a ~ measure of rice すり切りの升目の米. **4** 無能になった, 動けなくなった: a ~ vessel / a ~ economy (インフレなどで)立ちゆかなくなった経済. **5** 《古》年とった, 老齢の (cf. *Gen.* 18:11): ~ in years 年とった, 寄る年波の. **~·ly** *adv.* 〖(p.p.): OE *stricen*. — adj.: 《*c*1380》← (p.p.): ⇨ strike〗

strícken fíeld *n.* 《文語》戦場 (battleground), 激戦地; 激戦 (pitched battle). 〖?*a*1700〗

strícken hóur *n.* 《文語》(時計が次の時を打つまでの)一時間. 〖1820〗

Strick·land /stríklənd/, **Agnes** *n.* ストリックランド 《1796–1874; 英国の歴史家; *Lives of the Queens of England* (1840–48), *Lives of the Queens of Scotland and English Princesses* (1850–59)》.

strick·le /stríkḷ/ *n.* **1** 斗かき, 升かき (strike, striker) 《穀物を量るとき表面を平らにするもの; cf. struck measure》. **2** (大鎌 (scythe) などを砥(と)ぐ)砥石(といし) (whetstone) 《棒に金剛砂などをのり付けしたもの》. **3** 〖金属加工〗(鋳型用の)かき板, ひき板. — *vt.* 斗かき[升かき]で払い落とす[取り除く, ならす]. 〖《1393》*strikel* ← OE *stricel* pulley ← **strik-* 'to STRIKE': ⇨ -le¹〗

strict /stríkt/ *adj.* (~·er; ~·est) **1 a** 〈規則・規律などが〉要求の厳しい, 厳重な, やかましい (stern, severe): ~ discipline 厳格なしつけ / ~ rules [orders] 厳重な規則[命令] / keep ~ watch [silence] 厳重に監視する[沈黙を厳守する]. **b** 〈人が〉規則[主義]を厳しく守る, 厳格な: a ~ Catholic / a ~ observer of rules 規則を厳守する人 / a ~ schoolmaster [teacher] 厳格な教師 / It doesn't do to be too ~ *with* young children. 小さい子供に厳しすぎるのはよくない / He is ~ in observing the Sabbath. 安息日を厳しく守る. **c** 〈処罰など〉厳しい, 厳重な. **2** 厳密な, 正確な, 精密な (exact, accurate); 綿密な, 几帳面な: a ~ interpretation 正確な解釈 / a ~ statement of facts 事実の正確な陳述 / the ~ truth 厳正な事実 / ~ punctuality 時間厳守 / a ~ search 厳密な調査 / ~ time (音楽で)拍子が適正にとれていること / in the ~(*est*) sense (of the word) (その語の)最も厳密な意味で. **3** 全くの, 完全な (absolute, complete): ~ neutrality 厳正[完全]中立 / in ~ confidence [secrecy] 極秘で / live in ~ seclusion 全く世を捨てて暮らす. **4** 〖論理・数学〗厳密な, 狭義の: ~ implication 厳密な含意 / ~ inequality 狭義の不等式. **5 a** 〖植物〗かたい, 強い (stiff, rigid) 《茎がまっすぐに立っているさま》. **b** 〖生物〗真正の. **6** 《廃》**a** 張りつめた, 緩みのない, きつい (tight). **b** 狭い. **c** 親密な: a ~ friendship. **~·ness** *n.* 〖《?*a*1425》□ L *strictus* (p.p.) ← *stringere* to draw tight: ⇨ stringent: cf. strike, strain¹: STRAIT と二重語〗

SYN 厳重な: **strict** 厳重にしつけ・規準・規則を守ることを要求する: a *strict* teacher 厳しい教師. **severe** 決められたことを厳格に守り妥協を許さない: a *severe* inspection 厳密な点検. **rigid** 〈人・規則が〉厳密・厳格で融通性がない: *rigid* laws 厳重な法律. **rigorous** 〈人・規則などが〉超人的に厳格な《格式ばった語》: *rigorous* discipline 厳格なしつけ. **stern** 断固として情け容赦がなく恐ろしいほどの厳しさの: *stern* punishment 厳罰. **stringent** 〈規則などが〉非常に厳しい《格式ばった語》: *stringent* laws 非常に厳しい法律. **ANT** lax.

---

stríct constrúction *n.* 〖法律〗(法令や文書の, 法廷による)厳格解釈.

stríct constrúctionist *n.* 《米》法の厳格な解釈を主張する者《特に, 合衆国憲法の厳格な解釈を主張することによって州権の拡大を意図する者; cf. loose constructionist》.

stric·tion /stríkʃən/ *n.* 《まれ》締めつけること, 圧迫 (constriction). 〖《1889》□ LL *strictiō(n)* ← *strictus*: ⇨ strict〗

stríct liabílity *n.* 〖法律〗厳格責任, 無過失責任 《発生した事故などについて, 故意過失の立証を要することなく行為者に負わせられる責任; 製造物責任 (product liability) がその一例》. 〖1896〗

strict·ly /stríktli/ *adv.* **1** 厳しく, 厳格に, 厳重に, やかましく (severely, rigidly): Taking photographs in the building is ~ forbidden. 建物の中での写真撮影は堅く禁じられている. **2** 厳密に, 正確に: ~ speaking 厳密に言えば / That's not ~ true. それは厳密に言えば正しくない. **3** 断固として, きっぱり; 全く, 断然: She is ~ a beauty. 全く美人だ. 〖1464〗

stríctly decréasing fúnction *n.* 〖数学〗狭義減少関数.

stríctly incréasing fúnction *n.* 〖数学〗狭義増加関数.

stric·ture /stríktʃə | -tʃə^(r)/ *n.* **1** [しばしば *pl.*] 批評 (comment), (特に)非難, 酷評 〔*on, upon*〕: pass ~*s on* …を非難する. **2** 制限[限定] (するもの). **3** 《古》張りつめること[もの], 緊縮(するもの). **4** 〖医学〗(尿道などの)狭窄(症) (constriction). **5** 《廃》=strictness. 〖《*a*1400》□ L *strictūra* contraction: ⇨ strict, -ure〗

stríc·tured *adj.* 〖医学〗狭窄(きょうさく)した. 〖1801〗

strid·den /strídṇ/ *v.* stride の過去分詞.

stride /stráɪd/ *v.* (**strode** /stróʊd | stráʊd/; **strid·den** /strídṇ/) — *vi.* **1** (元気よく・急いで・横柄に)大またに歩く (cf. trot *vi.* 2). **2** 〔…を〕またぐ, またいで[一またぎに]越す 〔*over, across*〕: ~ *over* a fence 一またぎで垣根を越す / ~ *across* a brook 小川をまたいで越す. **3** 〖ボートレース〗(シェル (shell) のレースで)望ましいリズムに乗る. **4** 《廃》またを広げて立つ (straddle). — *vt.* **1** 〈通りなどを〉大またに歩く[歩いて行く]: ~ the street, deck, etc. **2** 〈溝などを〉またぐ, またぎ越す: ~ a ditch. **3** …にまたがる (straddle). — *n.* **1** 大また(の歩き[走り]方), 闊歩(かっぽ): have a fine ~ 大またにゆうゆうと歩く / walk with big [rapid] ~*s* 大またに[大急ぎで]歩く. **2 a** 一また, 一またぎ: at [in] a ~ 一またぎに. **b** 一またぎの距離; (走者の)歩幅, ストライド: with every ~ 一歩ずつ, 一歩進むたびに. **c** (ボートの)一こぎ. **3 a** (馬などの)一駆け《四足が歩き出しの状態に戻るまでの動作》. **b** 一駆けの歩幅. **4** 常態の足並み, むらのない進行: lengthen [shorten] one's ~ 速度を速める[緩める] / keep ~ (相手と)歩調を合わせる. **5** [通例 *pl.*] (進歩・発展の)一段階; 進歩, 発展: make [take] great [rapid, big, giant] ~*s* 長足の進歩を遂げる. **6** [*pl.*] 《豪口語》=trousers. **7** =stride piano.
hít* [*gèt ìnto, stríke*] *one's stríde 仕事[運動]の調子が出る, 本調子になる. 《1890》 ***mátch a person stríde for stríde*** 〈人に〉一歩も引けをとらない. ***pút a person òff his stríde***=put a person off his STROKE. ***pút* [*thrów*] *a person òut of his stríde*** 人を面食らわせる, 人を狼狽(ろうばい)させる. 《1941》 ***táke in* (*one's*) *stríde*** (1) 〈障害などを〉苦もなく乗り越える. (2) 〈事を〉滞りなく[冷静に]処理する, うまくこなす. 《1832》 ***withòut bréaking stríde*** 《米》調子[ペース]を崩さずに, 休まずに. 〖v.: OE *strīdan* < Gmc **strīðan* 《原義》? to strive (Du. *strijden* to stride / G *streiten* to contend / ON *strīða* to fight) ← ?IE **(s)ter-* stiff, firm: cf. stare, straddle. — n.: 《?*a*1200》< OE *stride*, *strǣde* ← (v.)〗

strí·dence /-dəns, -dṇs | -dəns, -dṇs/ *n.* =stridency. 〖1890〗

strí·den·cy /stráɪdənsi, -dṇsi | -dənsi, -dṇsi/ *n.* **1** きしること, 耳障り. **2** 〖音声〗粗擦性. 〖1865〗

stri·dent /stráɪdənt, -dṇt | -dənt, -dṇt/ *adj.* **1** 〈要求などが〉執拗(しつよう)な, うるさい. **2** 〈音・声が〉ぎーぎー[きーきー]いう, きしる; 耳障りな, 不快な音を出す: a ~ voice. **3** 〈色など〉どぎつい. **4** 〖音声〗粗擦性の 《英語の /θ/ に対して /s/ のように子音の騒音の強いもの; cf. mellow *adj.* 3》. **~·ly** *adv.* 〖《1656》□ L *strīdentem* (pres. p.) ← *strīdere* to creak ← IE **streig-* to hiss 《擬音語》(Gk *strízein* to creak / *stríx* owl)〗

stríde píano *n.* 〖ジャズ〗ストライドピアノ 《1920 年前後に黒人ピアニストが演奏したピアノのスタイル; 右手でメロディー, 左手のベースビートは 1, 3 拍と 2, 4 拍をオクターブにまたがせて演奏する》. 〖1952〗

stríd·er /-də | -də^(r)/ *n.* **1** 大またで歩く人. **2** 〖昆虫〗アメンボ (water strider). 〖1974〗

Stride Rite /stráɪdràɪt/ *n.* 〖商標〗ストライドライト《米国の子供用高級靴メーカー; その製品》.

stri·dor /stráɪdə, -dɔə | -dɔː^(r), -də^(r)/ *n.* **1** ぎしぎし[きーきー]いう音, きしり声. **2** 〖病理〗喘鳴(ぜんめい). 〖《1632》□ L *strīdor*: ⇨ strident, -or²〗

strid·u·lant /strídʒʊlənt | -djʊ-/ *adj.* 〈虫が〉鳴く, きーきー鳴く (stridulous). **stríd·u·lance** /-ləns/ *n.* **~·ly** *adv.* 〖《1843》← STRIDUL(ATION)+-ANT〗

strid·u·late /strídʒʊlèɪt | -djʊ-/ *vi.* 〈雄のコオロギなどが〉(翅(はね)をすり合わせて)鳴く, きーきーいう[鳴く] (stridulous). **stríd·u·là·tor** /-tə | -tə^(r)/ *n.* 〖《1838》《逆成》↓〗

strid·u·la·tion /strìdʒʊléɪʃən | -djʊ-/ *n.* (昆虫の)鳴き声, かん高い声; 摩擦音. 〖《1838》□ F ~: ⇨ stridulous, -ation〗

strid·u·la·to·ry /strídʒʊlətɔ̀ːri | -djʊlətəri/ *adj.* =stridulous. 〖1838〗

strid·u·lous /strídʒʊləs | -djʊ-/ *adj.* **1** きーきー音を立てる, きーきー鳴く. **2** 〖病理〗喘鳴(ぜんめい) (stridor) の. **~·ly** *adv.* **~·ness** *n.* 〖《1611》□ L *strīdulus* creaking: ⇨ strident, -ous〗

strife /stráɪf/ *n.* **1** 争い, 衝突 (conflict), 奮闘 (struggle), けんか (⇨ discord SYN): an internal ~ 内紛 / be at ~ (with …) (…と)争っている, 不和である / make ~ 不和にする, 争わせる. **2** 競争. **3** 《古》奮闘, 奮励 (strenuous effort). 〖《?*a*1200》*strif* □ OF *estrif* ← *estriver* 'to STRIVE'〗

strífe·less *adj.* 争いのない. 〖1621〗

stri·ga /stráɪgə/ *n.* (*pl.* **stri·gae** /stráɪdʒiː, -dʒaɪ/, ~s) **1** 〖植物〗剛毛 (bristle). **2** 〖建築〗柱の縦溝. **3** =striation. 〖《1760》□ L ~ 'stroke, furrow' ← IE **streig-*: cf. strigil, stria〗

striges *n.* strix の複数形.

Stri·ges /stráɪdʒiːz/ *n. pl.* 〖鳥類〗=Strigiformes. 〖← NL *Strigēs* (pl.) ← L *strix* □ Gk *strí(g)x* screech owl (cf. L *strīdēre* to make a shrill sound)〗

strig·i·form /strídʒəfɔ̀əm | -dʒɪfɔ̀ːm/ *adj.* 〖鳥類〗フクロウ目の. 〖↓〗

Strig·i·for·mes /strìdʒəfɔ́əmiːz | -dʒɪfɔ́ː-/ *n. pl.* 〖鳥類〗フクロウ目. 〖← NL *strigiformēs* ← L *strix* screech owl: ⇨ Striges, form〗

strig·il /strídʒɪ̬l, -dʒɪl/ *n.* **1** (古代ローマ・ギリシャ人が入浴中や激しい運動の後に用いた金属または象牙製の)肌かき器, 汗とり器, 垢(あか)すり器. **2** 〖建築〗(古代ローマで用いた) S 字形の溝彫り装飾. **3** 〖昆虫〗脛節櫛歯, 触角清掃器. 〖《1581》□ L *strigilis* scraper ← IE **streig-* to stroke, rub: cf. strike〗

stri·gose /stráɪgoʊs | -gəʊs/ *adj.* **1** 〖植物〗〈葉など〉剛毛のある, 剛毛質の (cf. hispid). **2** 〖動物〗細かい溝[点]のある, まだらの (striated). 〖《1793》← NL *strigōsus*: ⇨ striga, -ose¹〗

stri·gous /stráɪgəs/ *adj.* 《まれ》〖植物〗=strigose 1. 〖1776〗

Strij·dom /stréɪdəm | -dəm/, **Johannes Gerhardus** *n.* ストレーダム 《1893–1958; 南アフリカ共和国の政治家; 首相 (1954–58)》.

strike /stráɪk/ *v.* (**struck** /strʌ́k/; **struck**, 特に *vt.* 14, 15, 20 a または 《米・古》**strick·en** /stríkən/) — *vt.* **1 a** 打つ, たたく (hit), なぐる; 〈こぶし・おのなどを〉〔…に〕打ちつける 〔(*up*)*on, into*〕; 〔こぶし・おのなどで〕打ちつける 〔*with*〕: She *struck* the ball *with* her racket. ラケットでボールを打った / He *struck* the table *with* his fist. =He *struck* his fist (*up*)*on* the table. こぶしでどんとテーブルを打った / He *struck* me *in* the mouth. 私の口をなぐった / I *struck* a branch *from* the tree. 枝を木から切り落とした / The hammer ~*s* the bell. ハンマーが鐘をたたく. **b** [方向の副詞を伴って] 〈相手の刀などを〉打ち払う[のける], 受け流す, はねる: He *struck* the sword *up* [*down, aside*]. 刀を払い上げた[落とした, のけた]. **c** 打って生ぜしめる: The magician *struck* water from the rock. 魔法使いが岩をたたくと水が流れ出た. **d** [しばしば二重目的語を伴って] 〈打撃・攻撃などを〉加える (inflict): ~ a blow / He *struck* the boy a violent blow. 激しく少年をぶった.
2 a 〔…に〕突き当てる, ぶつける, 衝突させる 〔*on, against*〕: He *struck* his head *on* the beam. 梁に頭をぶつけた / She *struck* her knee *against* the desk. ひざを机に打ち当てた (cf. She *struck* the desk *with* her knee. ⇨ *vt.* 1 a) / The teacher *struck* our heads *together*. 先生は僕たちの頭をごっつんこさせた. **b** …に突き当たる, ぶつかる, 衝突する: The ship *struck* a rock. 船は岩に突き当たった / The two steamers *struck* each other in mid-channel. 2 隻の汽船が水路の中央で衝突した / A falling stone *struck* his head [*struck* him *on* the head]. 石が落ちてきて彼の頭に当たった. **c** 〈光・音などが〉…に当たる, 達する (fall on): The sun [wind] *struck* me in the face. 日が真っ向うから照りつけてきた[風が真っ向から吹いてきた] / A shrill shout *struck* her ear. かん高い叫び声が彼女の耳に聞こえてきた / That is the only object that ~*s* our eyes. 目に見えるのはそれだけだ.
3 〈雷・地震・暴風・伝染病などが〉襲う: He was *struck* by lightning. 彼は雷に打たれた[落雷に遭った] / On September 1, 1923, a notable earthquake *struck* Japan. 1923 年 9 月 1 日大地震が日本を襲った.
4 a 〈人を〉鋭く刺す, 突き通す (pierce); 《文語》…の心を傷つける: He *struck* the man *with* a dagger. 短刀で男を突き刺した / The news of his father's death *struck* him to the heart. 父が死んだという知らせに胸がえぐられるような思いがした. **b** 〈刀などを〉突き刺す (thrust, stick) 〔*into, in*〕: He *struck* the dagger *into* the man's heart. 短刀を男の胸に突き刺した / He *struck* the spurs *in*(*to*) the horse. さっと馬に拍車を当てた. **c** 〈寒け・ほのぼのとした思い・強い感情などを〉〔胸にしみ込ませる 〔*into, in, to*〕: The horrible scene *struck* a chill *into* my heart. その恐ろしい光景にぞっとした / His eyes *struck* terror *into* me [*to* the heart]. その目でにらみつけられてぞっとした / The teacher's words *struck* fear *in* the pupils. 教師の言葉は生徒たちを恐怖におののかせた.
5 a (急に)〈人〉の心に浮かぶ, …に思い当たる (occur to): A happy idea *struck* him. うまい考えが彼の頭に浮かんだ / It ~*s* me (that) you are afraid. 君が怖がっているような気がする. **b** 〈人〉に〔…と〕感じさせる, 思われる 〔*as*〕; …に印象づける, 感心させる (impress): How did he ~ you? 彼の印象はどうでしたか / Did anything in his manner ~ you *as* unusual? 彼の態度に何か普段と違うと思うところがありませんでしたか / She *struck* me *as* (being) very practical. 彼女が大変実際的な人であるように思われた / Something in his tone *struck* her disagreeably. 彼の口調には彼女に不快な印象を与えるようなところがあった / The first thing that ~*s* you about her is her extraordinary fairness. 彼女のことでまず第一に目につくことは彼女が公正だということである / We were *struck* by the city's rapid modernization. 我々はその都市の急速な近代化に感銘を受けた. **c** 〈好み・センスなどに〉快い印象を与える, 引きつける: Did this picture ~ your fancy? この絵がお気に召しましたか / That *struck* his sense of humor. それが彼のユーモア感をくすぐった. **d** [通例 p.p. 形で] 《口語》魅する, うっとりさせる (bewitch) 〔*on*〕: He seemed *struck on* [*by, with*] her. 彼女にのぼせ上がっているようだった.
6 a …に行き着く, に出る (come to); (不意に)〈道・足跡などに〉行き当たる (come across): We *struck* the main road after a short drive. ちょっと車を走らせると大通りに出た. **b** (不意に)見つける, (突然)…に出くわす (encoun-

ter): During those years he *struck* a great many difficulties. その数年間彼は実に多くの困難に出くわした. **c** 掘り当てる (discover): They finally *struck* a vein of ore. ついに鉱脈を掘り当てた / ～ oil [gold] 石油[金]を掘り当てる; 思わぬ幸運に巡り会う, 大発見[大成功]をする. **7** 〈人を〉〈強い感情で〉襲う, 圧倒する (affect deeply, overwhelm)〔*with*〕: The sight *struck* her *with* horror. その光景に彼女はぞっとした / She was *struck with* astonishment [wonder, remorse]. 驚き[驚嘆の念, 自責の念]に心打たれた. **8** [目的補語を伴って]〈人を〉一撃で[急激な衝撃で] …にする: A stray bullet *struck* the soldier dead. 流れ弾に打たれてその兵士は死んだ / *Strike* me dead if …《口語》…だったら首をやるよ / The audience was *struck* silent. 聴衆は(感動のあまり)しんと静まり返った / She was *struck* dumb *with* stage fright. あがって声が出なくなった / *Strike* me pink!《英俗》わっ, 驚いた / I was *struck* all of a heap.《英口語》あぜんとしてしまった (cf. *all of a* HEAP (2)). **9 a** 〈時計が〉〈時を〉打つ, 報じる (sound): It has just *struck* four. 今ちょうど4時を打ったところです / a clock that ～*s* the quarters 15分ごとに鳴る時計. **b** 〈楽器・キーを〉打ち鳴らす, 奏でる; 〈音調を〉鳴り出させる: ～ a lyre / ～ (a) B sharp 嬰(えい)ロ調を打ち鳴らす / ～ a chord on the piano ピアノで和音を鳴らす / ⇨ *strike a false* NOTE, *strike the right* NOTE, strike a CHORD². **10 a** 決済[決算]する (balance); 〈平均を〉算出する: ～ a balance 貸借を差引する, 収支勘定を合わせる / ～ an average [a mean] 平均を出す. **b** 〈協定を〉取り決める, 妥結する (settle): ～ a bargain [deal] 契約を取り結ぶ, 手を打つ / ～ a compromise 妥結点に到達する. **11 a** 〈(気取った)ポーズ・態度を〉取る (assume): He *struck* the customary pose of a well-known saint. またも例の高名な聖者のポーズを取って見せた. **b** (急に)〈激しい運動を〉始める, …し出す (start): The horse suddenly *struck* a gallop. 突然馬はまっしぐらに走り出した. **12 a** 〈火を〉打つ, 打ち出す (ignite); 〈火打ち石・マッチなど〉から火を打ち出す, する: ～ fire [a flame] 火[炎]を打ち出す / ～ a match マッチをする / ～ a light ライターをつける / ⇨ *Strike a* LIGHT¹! / They talked and *struck* sparks *off* each other. 互いに議論の火花を散らして語り合った. **b** (アーク灯の電極間に)〈電弧を〉とばす. **13** 〈貨幣・メダルなどを〉打ち出す, 鋳造する (stamp): ～ a medal, coins, etc. **14** 〈文章・名前などを〉抹消する, 削除する (delete) 〈*out, off*〉: You had better ～ the passage *from* the minutes. その一節は議事録から消しておいたほうがよい. ★ この意味ではしばしば p.p. 形として stricken が用いられる: I found the book *stricken* [*struck*] *off* [*from*] the list. その本が目録から削除されているのに気づいた. **15** [特に受身で]〈病気が〉急に[激しく]苦しめる, 倒れさせる (lay low) 〈*down*〉: Some of them *were struck* (*down*) by illness. 彼らの中には病に倒れた者もいた. ★ この意味ではしばしば p.p. 形として stricken が用いられる: He *was stricken with* a heart attack. 心臓病で倒れた. **16 a** 〈旗などを〉下げる, 下ろす (pull down): ～ one's flag 旗を下ろして降服する; 〈提督が〉指揮権を放棄する. **b** 〘劇場〙〈舞台装置を〉取りはずす (take away); 〈劇〉の舞台装置を取りはずす; 〈ライトを〉弱める, 消す: ～ a stage set 舞台装置[セット]を取りはずす. **c** 〈テントを〉たたむ (take down); 〈野営を〉たたむ (↔ pitch): ～ camp [tents] テントをたたむ, 野営を引き上げる. **17** 〘海事〙 **a** 〈帆・帆柱などを〉下ろす, 下げる. **b** 〈帆・旗などを〉(挨拶・降伏のために)下ろす, 下げる. **c** 〈荷を〉船倉へ下ろす. **18** 〘(1768): 船主に対する抗議のために「〈帆を〉下ろす」の意から「〈道具などを〉しまい込む」の意を経た転義〙 **a** スト(ライキ)をして〈操業を〉一時停止[不能に]させる, …のストライキを宣言する: They have *struck* work at the factory. その工場ではストに入って操業を停止している. **b** 《米》〈雇い主・工場〉にストライキを通告する, …に対しストに入る. **19 a** 〈植物・樹木が〉〈根を〉下ろす (send down), 張る, 伸ばす (put forth): The plant has begun to ～ root. その植物は根づき出した / These trees ～ deep roots into the soil. これらの木は地中に深く根を下ろす. **b** 〈切り枝を〉〈挿し木をして〉根づかせる: ～ cuttings. **c** 〈植物を〉〈挿し木をして〉繁殖させる. **20 a** 〈穀物などの升目を〉斗かきでならす[平らにする] (cf. stricken *adj.* 3). **b** 〈モルタル目地を〉鏝(こて)で平らに詰める (strickle) 〈*out, up*〉. **21** (土地区画などを記すために)〈直線を〉引く (draw). **22** 〈道を〉通って行く (proceed along): ～ a line [path] to …へ進路を取る / We *struck* our way across the fields. 我々は道をたどって畑を横切って行った. **23** 《口語》〔…を〕〈人〉に(急に・しつこく)せがむ〔*for*〕: The girls *struck* the lecturer *for* his autograph. 少女たちは講師にサインをせがんだ. **24** 〈昆虫が〉…に卵を産みつける (oviposit on). **25 a** 〘軍事〙〈敵・的を〉攻撃する (attack). **b** 《廃》〈戦闘を〉開始する (engage in), 戦う. **26 a** 〘釣〙(急に)〈魚を〉針に引っ掛ける (hook); 〈魚が〉〈餌〉に飛びつく (snatch at). **b** 〘捕鯨〙〈鯨〉に銛(もり)を打ち込む (harpoon). **27** 〈蛇が〉…に毒歯を食い込ませる. **28** 〘法律〙(陪審名簿から)〈陪審員を〉選定する, 構成する (form). **29** 〘鷹狩〙(取りはずしが容易なように)〈鷹の頭覆い (hood)を〉ゆるめる. **30** 〘ボートレース〙毎分一定数のピッチで漕(こ)ぐ. **31** 《廃》〈酒だる〉に飲み口をあける (broach). **32** 《廃》〈星が〉(突然)不吉な影響を与える, 破滅させる (cf. planet-stricken).

— *vi.* 1 スト(ライキ)[同盟罷業]を行う: ～ *for* higher pay [*against* longer hours] 賃上げを要求して[時間延長に反対して]ストをやる. **2** 打つ, たたく, なぐる (hit, knock); 狙い打つ, 打とうとする〔*at*〕: *Strike* while the iron is hot. ⇨ iron *n.* 1 a / He *struck at* me but missed. 私に打ってかかったが狙いははずれた / The boy was *striking at* the dog *with* a stick. 少年は棒切れで犬をぶとうとしていた / The hammer began to ～ *on* the bell. 打ち子がベルを打ち始めた. **3 a** ぶつかる, 衝突する (collide)〔*against, on, upon*〕: Just then his foot *struck against* a stone. その瞬間彼の足が石に突き当たった / The two steamers *struck* in mid-channel. 2隻の汽船が水路の中央で衝突した. **b** 〈船が〉座礁(ざしょう)する (strand): The ship *struck on* a rock. 船は暗礁に乗り上げた. **4 a** 〈蛇・虎などが〉襲いかかる, 噛みつく: The rattlesnake stood [was] ready to ～. ガラガラヘビが噛みつこうと身構えた. **b** 〈雷・暴風・伝染病・不幸などが〉襲来する, 襲う: We were happy until poverty *struck*. 貧困に見舞われるまでは幸せだった / When acid indigestion ～*s*, our pills bring instant relief. 胃酸過多による消化不良になった場合, 私どもの錠剤がすぐに効きます. **c** 〔原理などを〕根底から覆そうとする, 〔…の核心・根本を〕突く〔*at*〕: That *struck at* the very heart of my belief. それは私の信念の核心を震駭(しんがい)せしめた / The Act ～*s at* the foundation(s) [very roots] of democracy. その法令は民主主義の根底をも危うくしかねない. **d** 〘軍事〙襲撃する, 攻撃する〔*at*〕: ～ *at* the enemy. **e** 戦う: ～ *for* freedom 自由のために戦う. **5** 〈寒さ・風・光などが〉突き通す, 貫く, しみ込む (pierce, penetrate)〔*through, to, into*〕: A chill *struck through* my flesh *to* the marrow of my bones. 冷気が肌を通して骨の髄までしみ込んできた / The cold was *striking into* his bones. 寒さが骨にまでこたえてきていた / The light ～*s through* the darkness. 光が闇を貫く / The wind [room] *struck* cold. 風が[部屋は]身を切るように冷たかった[寒かった]. **6** 〔心・感覚に〕触れる, 印象づける〔*on*〕: The story would ～ *on* pure minds. その物語には純真な心をもった読者は感銘しよう. **7** 不意に出くわす, ふと思いつく (light)〔*on, upon*〕: I've *struck on* a solution. 解決法を思いついた. **8 a** (時計や鐘が鳴って)〈時刻が〉告げられる: She went to bed just after ten o'clock *struck*. 10時が打ったすぐあとに床に就いた / The hour has *struck*. 時が打った; いよいよその時が来た / His hour has *struck*. 彼の命数も尽きた, 彼も寿命だ. **b** 〈時計・鐘が〉打つ, 時刻を報じる: I didn't hear the clock ～. 時計の鳴るのが聞こえなかった. **c** 楽器を打ち鳴らす, 吹奏する: Then the band *struck into* another melody. その時楽隊は別の曲を吹奏し始めた. **9** 火がつく, 発火する: The lighter wouldn't ～. そのライターはどうしても火がつかなかった. **10** 〈光が〉落ちる, 当たる (fall); 〈音が〉聞こえてくる〔*on, upon*〕: The sunbeam [rain] *struck* full *on* her face. 日光が真っ向から彼女の顔を照らしつけた[雨が真っ向から彼女の顔に当たった]. **11** 〔オール・腕・足などで〕強く水をかく〔*with*〕: ～ *with* arms, oars, etc. **12** [方向の副詞語句を伴って] 向かって行く, 進む (proceed); 〈道が〉それる (diverge): We *struck off on* a new course. 我々は新しい進路に向かって出発した / They *struck into* the woods. 彼らは森の中へ入って行った / There the road *struck* (*to* the) east. そこで道は東へそれた / Now let's ～ *for* home. 《口語》さて帰るとしよう. **13** 抹消する, 削除する (delete, cancel). **14 a** (降服・挨拶のしるしに)旗を下げる; 帆を降ろす. **b** 降服の白旗を掲げる. **15 a** 突進する, 飛び出す (dart, shoot); 〔急な運動・状態に〕はいる, 開始する (launch)〔*into*〕: The horse suddenly *struck into* a gallop. 馬は急に疾駆し始めた / The sheet of paper *struck to* flame. 紙はぱっと燃え上がった. **b** 〔けんか・議論などに〕突入する, 割って出る〔*into*〕: He *struck into* the midst of the brawl. そのけんかのまっただ中に突入した. **16** 《米》 **a** 〔目標を目指して〕奮励する, 努力する (strive)〔*for*〕: He is *striking for* what is clearly unattainable. 明らかに達成不可能なことのために努力している. **b** 〘米海軍〙〈米水兵が〉(下士官昇進を目指して)特訓を受ける. **c** 〘米陸軍〙将校の当番兵[従卒]を務める. **17 a** 〈植物・切り枝が〉根づく, 根を下ろす (take root); 〈種子が〉発芽する (germinate). **b** 〈牡蠣(かき)の卵が〉固着する, つく. **18** 〘釣〙 **a** (釣りざおを操って)魚を釣針に引っ掛ける. **b** 〈魚が〉餌に食いつく, 当たりがある (bite). **19** 〘地質〙〈地層が〉一定の方向に延長する, 走向を生ぜしめる (cf. *n.* 15).

strike a dócket 《英》〘法律〙(破産手続きにおいて)書類を提出する《破産者に不服を申し立てるための債権者の宣誓供述書 (affidavit) や債務証書 (bond) を提出する》. 《1809》 ***strike báck*** (1) 打ち[なぐり]返す, 反撃する〔*at*〕. (2) 火が逆流する. ***strike dówn*** (1) 打ち倒す, 打ちのめす (knock down). (2) ⇨ *vt.* 1 b. (3) ⇨ *vt.* 15. (4) 取り除く (do away with), 取り消す (cancel). (5) 〈人を〉突然の死に至らしめる, 急死させる. (6) 〘海事〙〈船荷を〉船倉に引き下ろす. ***strike hánds*** ⇨ hand 成句. ***strike hóme*** (1) 真っ向から一撃を加える, ぐさりと突き刺す; 急所を突く; 〔ねらいが〕的に命中する, 致命傷を与える. (2) 〈言葉が〉所期の[意義深い]効果をあげる; 〈真実性などが〉〈人を〉感銘させる〔*to*〕: The rector's sermon *struck home*. 牧師の説教は深い感銘を与えた / The truth of his argument *struck home to* me. 彼の議論の真実性に私は感銘した. 《1590》 ***strike ín*** (1) 〔…を〕突然口に出す, 突然割り込む (interrupt suddenly)〔*with*〕: He *struck in with* an interesting suggestion. 突然口を差しはさんで興味ある提言をした. 《a1715》 (2) 押印する (imprint); 打ち抜く. (3) 〈病気が〉沈潜する, 内攻する. 《1584》 ***stríke (it) lúcky*** 幸運に遭う. ***stríke it rích*** 《口語》鉱山や油田などを掘り当てる; 思わぬ大発見[大成功]をする; 突然大金持ちになる (cf. STRIKE oil ⇨ *vt.* 6 c). ***stríke óff*** (*vt.*) (1) 打ち落とす, 切り落とす, ぶった切る: ～ *off* a chop 肉片をたたき切る / ～ *off* flints 燧石(ひうち)をそぎ落とす / I *struck off* the head of the dandelion with a swish of my cane. ステッキを振ってタンポポの頭花をたたき落とした. (2) ⇨ *vt.* 14. (3) (勘定から)除く (deduct). (4) 印刷する, 刷る (print): They *struck off* 500 copies of the book. その本を500部刷った. (5) 〘印刷〙凸版の組版から〈校正刷りを〉印刷する. (6) 即座に描く[書く], 難なく[さらりと]作り出す; 克明に描く (hit off): The design of the new constitution was not *struck off* overnight. 新憲法の構想は一夜にして成ったものではない. — (*vi.*) (1) ⇨ *vi.* 12. (2) 〈馬が〉キャンター[普通駆け足]を始める. 《1375》 ***stríke óut*** (*vi.*) (1) 〘野球〙〈打者が〉三振する (cf. strikeout 1). (2) 《米》〈人・努力などが〉失敗する (fail); 〈人が〉愛想をつかされる. (3) [方向の副詞語句を伴って] (勢いよく・急に)出かける (cf. *vi.* 12); 抜き手を切って泳ぎ出す, 漕(こ)ぎ出して行く: He is *striking out* left and right. 東奔西走している / He started *striking out for* the bank. さっと岸に向かって泳ぎ出した / Suddenly she *struck out towards* me. 突然彼女は私の方へ歩み寄って来た. (4) (新たな方向に)行動し出す, 活動を始める: Then he decided to ～ *out* for himself [on his own]. その時彼は独立独歩の道を踏み出そうと[新たに自営をしていこうと]決心した. (5) (肩から腕を突き出して)打ち出す, なぐりかかる〔*at*〕: He *struck out at* me again. またなぐりかかってきた. (6) 〘ボウリング〙3連続ストライクを出してゲームを終了する. — (*vt.*) (1) 〘野球〙〈投手が〉〈打者を〉三振させる. (2) 〈語句などの上に線を引いて消す, 抹消する (strike through) (cf. *vt.* 14): *Strike out* any expressions that do not apply. 該当しない表現にはすべて線を引いて消せ. (3) 〈新説・計画などを〉(一気に)作り出す, 案出する; (勢いよく・急に)…へ乗り出す: ～ *out* a plan 計画を考え出す / Then I *struck out* a line of my own. それから独自の新機軸を打ち出した. (4) ⇨ *vt.* 20 b. 《c1395》 ***strike thróugh*** ＝STRIKE *out* (*vt.*) (2). ***stríke úp*** (*vt.*) (1) 〈偶然会った人などと〉〈会話・交わりなどを〉ふと[急に]始める (start)〔*with*〕: She *struck up* a conversation *with* me while waiting for the bus. 彼女はバスを待っている間に私と話を始めた / We *struck up* a friendship when we were at school together. 一緒に学校にいたとき我々は友情を結んだ. (2) 〈歌曲が〉歌い[演奏し]始める, 奏楽する; …に歌[演奏]を始めさせる: Then the band *struck up* a tune. それから楽隊が一曲演奏し始めた / The band director *struck up* the band. 奏楽指揮者は楽隊に演奏を始めさせた. (3) ⇨ *vt.* 1 b. (4) 〈金属・模様などを浮き出しにする (emboss). (5) ⇨ *vt.* 20 b. — (*vi.*) 歌い[演奏し]出す; 〈歌曲が〉歌い[演奏し]始められる: Then an organ ～*s up*. それからオルガンの演奏が始まる. 《1579》

— *n.* 1 同盟罷業, スト(ライキ) (cf. lockout): ⇨ general strike, hunger strike, sit-down strike / a miners' ～ ＝ a coal ～ 炭坑夫ストライキ / a sympathetic ～ 同情スト / a ～ order スト指令 / call [call off] a ～ スト開始[終止]を宣する / be [stay] (out) *on* ～ ストライキ決行中で[スト中で]ある / win [lose] a ～ ストライキに勝つ[負ける] / go [come] (out) *on* ～ ストライキに入る. **2** 打つこと, 打撃, 殴打; (雷などの)襲来; (蛇などの獲物への)突進: make a ～ *at* …を打とうとする / a lightning ～ 雷の一撃, 落雷. **3** 〘軍事〙 **a** 武力攻撃; (特に, 航空部隊が地表の単一目標に加える)航空攻撃, 集中攻撃 (air strike): a nuclear ～ 核攻撃 / air ～*s on* road junctions 道路交差点に対する集中攻撃. **b** 集中攻撃機群. **4 a** 〘野球〙ストライク (↔ ball) (⇨ count 日英比較): three ～*s* 三振 / a count of three balls and two ～*s* カウントツースリー. **b** 《米口語》不利な点[立場] (handicap): My age was a first [second] ～ *against* me. まず[第二に]年齢が私にとって不利な点だった / ⇨ *have two* STRIKES *against* [*on*] *one*. **5** 〘ボウリング〙 **a** ストライク《フレームの第一投で10本のピンを倒すこと; ten-strike ともいう; cf. spare 2》. **b** ストライクによって(次の2投を加えて)得る得点. **6 a** (時計が)時を打つこと[音]. **b** 〘時計〙時打装置. **7 a** (石油・金鉱などの)掘当て: an oil ～. **b** 《口語》思いがけない幸運, まぐれ当たり (stroke of success): make a lucky ～ 思わぬ幸運に巡り会う. **8** (貨幣・メダルなどの)一回分の鋳造高[打出し高]. **9** 根づき: There was an 80 percent ～ on the cuttings. 挿し木が80パーセント根づいた. **10** 〘釣〙(魚の口への釣針の)引っ掛け; (魚の)食いつき, 当たり. **11** 《米俗》強請, ゆすり. **12** (ドアや引き出しの錠前の)受座《strike plate, keeper ともいう》. **13** (鋳型用・れんが鋳造用の)かき板, 鏝(こて) (strickle). **14** 〘醸造〙(ビールなどの)品質, 等級: ale of the first ～ 一級ビール. **15** 〘地質〙走向, 層向《傾斜した地層と水平面が交わる方向》. **16** 〘活字〙マテ《父型を打ち込むための銅の角材; drive ともいう》. **17** 〘獣医〙羊のはえうじ症; (羊の皮膚の)うじ病 (cutaneous myiasis). **18** 〘クリケット〙打席に立つこと: take ～ 打席に立つ. ***have twó*** [***thrée, séveral***] ***strikes agáinst*** *one* 《口語》〈人が〉全く不利な立場にある (cf. 4): In his search for a job he *had two* ～*s against* him. 職探しに当たって彼は決定的に不利な立場にあった.

〘v.: OE *strican* to go, stroke ＜ (WGmc) **strikan* (Du. *strijken* / G *streichen*) ← IE **streig-* to stroke, press: cf. streak[1], striga, stroke[2]. — n.: 《*a*1338》← (v.)〗

SYN たたく: **strike** 手や手に持った物でたたく《最も一般的な語》: *strike* a man with a cane 男をむちで打つ. **hit** 力をこめてたたく《*strike* よりくだけた語. 通例1回だけの打撃》: *hit* a person on the head 人の頭を殴る. **punch** げんこつでなぐる: *punch* a man on the chin 男のあごをぶんなぐる. **slap** 手のひらでたたく: She *slapped* his face. 彼女は彼のほおを平手で打った. **knock** 注意を引くためにドアなどを手の甲でしっかりたたく: *knock* on the door ドアをノックする. **slug**《略式》こぶしや道具で強くなぐる: He was *slugged* on the head with a hammer. ハンマーで頭を強打された. **slog** 通例よくねらわずに強くたたく: She *slogged* the man with her handbag. 彼女はハンドバッグで男を強くなぐった. **rap** 軽くこつこつとたたく: *rap* at the door ドアをこつこつたたく.

stríke-a-lìght *n.* 火打ち道具《火打ち石その他を含む火を作る道具》.〘1870〙
stríke bènefit *n.* (スト中の)賃金補償《労働組合から支給する; strike pay ともいう》.
stríke·bòund *adj.* スト(ライキ)で動きの取れなくなった, 罷業[ストライキ]で閉鎖された: a ～ factory.〘1943〙
stríke·brèaker *n.* スト(ライキ)破り《人》: **a** ストライキ中に就労する労働者 (cf. blackleg, scab). **b** スト中の労働者の代わりに外部から雇い入れる労働者. **c** その外部労働者を会社側へ供給する周旋屋.〘1904〙
stríke·brèaking *n.* スト(ライキ)破り《行為》.〘1905〙
stríke fàult *n.*〘地質〙走向断層.〘1879〙
stríke fòrce *n.*〘軍事〙(即出撃可能な)打撃部隊; (警察の)組織犯罪対策班.〘1961〙
stríke·less *adj.* ストライキのない[を免れた].
stríke mèasure *n.* ＝struck measure.〘1766〙
stríke nòte *n.*〘鳴鐘法〙鐘を打ったときに出る音調.
stríke-òff *n.*〘印刷〙凸版からの校正刷り.
stríke·òut *n.* **1**〘野球〙三振, ストライクアウト. **2**〘電算〙(文字の)取消線(の効果): ～ text 取消線の入ったテキスト.〘1911〙
stríke·òver *n.* **1** 二重打ち《誤字を消さないで, その上にタイプライターで打つこと》. **2** 二重打ちの文字.〘1950〙
stríke pàn *n.* (製糖中に蒸発率を上げるための)仕上げがま.〘1903〙
stríke pày *n.* ＝strike benefit.〘*a*1878〙
stríke plàte *n.* ＝strike 12.
stríke prìce *n.*〘金融〙行使価格《買いオプション (call option) または売りオプション (put option) を行使するときの価格; exercise price ともいう》.
strík·er /stráɪkə | -kə$^{(r)}$/ *n.* **1** スト(ライキ)中の労働者, 同盟罷業者. **2**〘サッカー〙ストライカー《点をとるのが役目のプレーヤー》. **3** 打つ[たたく]人. **4 a** 打つもの. **b** (ぼんぼん時計などの)打器, つち (clapper). **c** 鳴る時計, ぼんぼん時計. **d** (銃砲の)撃鉄. **5** 斗かき (strickle). **6**《米》**a** 雑役夫. **b** (各種の職業の)男の助手. **7 a** (コートテニスで, サーブの)レシーバー (cf. server 4). **b** (コートテニスで)ボールをあとで打った方のプレーヤー. **8**〘クリケット〙打手 (batsman) (cf. nonstriker 2). **9**〘玉突〙(相手をする)プレーヤー. **10**〘捕鯨〙**a** 銛(もり) (harpoon). **b** 銛打ち (harpooner). **11 a**〘米陸軍〙(将校の雑役をする)当番兵, 従卒. **b**〘米海軍〙最下級下士官に昇進するための訓練を受ける水兵. **12**《廃》追いはぎ (footpad).〘?*a*1387〙
stríke ràte *n.* (得点などの)成功率.
stríke-slìp fàult *n.*〘地質〙横滑り断層, 走向ずれ断層《変位の方向が水平かそれに近い断層》.
stríke tòne *n.*《米》〘鳴鐘法〙＝strike note.
stríke zòne *n.*〘野球〙ストライクゾーン.〘1948〙
strík·ing /stráɪkɪŋ/ *adj.* **1** 目立つ, 人目を引く, 顕著な; めざましい, 印象的な (⇨ noticeable **SYN**): a ～ example 顕著な一例 / a ～ change [resemblance, lack of enthusiasm] 著しい変化[類似, 熱意の欠如] / a ～ scene 印象的な光景 / a woman of ～ beauty 人目を引く美人. **2** 打つ, たたく: a ～ clock ぼんぼん時計. **3** スト(ライキ)をしている, 罷業中の: ～ workmen. **～·ness** *n.*〘*c*1400〙
stríking cìrcle *n.*〘アイスホッケー〙ストライキングサークル《ゴールの前のほぼ半円形の攻防の激戦地となる地域》.〘1890〙
stríking dìstance *n.* 打撃の届く距離; 力の及ぶ範囲: *within* ～ (*of* ...) (...の)砲撃[打撃]距離内に迫って; (...の)すぐ近くに.〘1751〙
stríking ènergy *n.* (弾着の際の銃弾の)撃勢, 衝撃力.
stríking fòrce *n.*〘軍事〙打撃部隊《いつでも敵と決戦を交えられる機動防御用の部隊》.〘1881〙
strík·ing·ly *adv.* 著しく, 際立って: a ～ beautiful woman 目を奪われるような美人.〘1752〙
stríking plàte *n.*〘機械〙受座 (keeper).〘1837〙
stríking prìce *n.*〘金融〙＝strike price.
stríking tràin *n.*〘時計〙打方輪列, 時打輪列《りんを打つための歯車輪列; cf. time train》.〘1884〙
strim /strím/ *v.* (**strimmed**; **strim·ming**) — *vt.* 〈草や芝を〉芝刈り機で刈る. — *vi.* 草刈り機で刈る.〘《逆成》↓〙
Strim·mer /strímə | -mə$^{(r)}$/ *n.*〘商標〙ストリマー《手で押して操作する芝刈り機》.〘← ? STRING＋TRIMMER〙
Strind·berg /strín(d)bəːg | -bəːg; *Swed.* strɪ̀ndbærj/, **(Johan) August** *n.* ストリンドベリ (1849–1912; スウェーデンの劇作家・小説家・評論家; *Tjänstekvinnans son*「女中の子」(1886), *Fröken Julie*「令嬢ジュリー」(1888)). **Strind·berg·i·an** /strɪn(d)bə́ːgiən | -bə́ː-/ *adj.*
Strine /stráɪn/《英俗・戯言》*n.* オーストラリア英語. — *adj.* オーストラリアの (Australian).〘(1964) ← AUSTRALIAN (この語のオーストラリア英語式発音を表したもの)〙
string /stríŋ/ *n.* **1 a** (rope より細く thread より太い)ひも, 緒(お), 糸, 細糸: a piece of ～ 一本のひも / tie a parcel up with ～ 小包みをひもでくくる. **b** (帽子・エプロンなどの)ひも, リボン: the ～*s* of an apron＝apron ～*s*. **c** 靴ひも (shoestring). **d** (操り人形の)つりひも. **2 a** 糸に通したもの, 数珠つなぎになったもの, 一さし, 一糸, 一連, 一続き: a ～ *of* beads 一さしの数珠 / a ～ *of* onions 一さげのタマネギ. **b** ネックレスのひも: a ～ *of* pearls 一連の真珠のネックレス. **3 a** 列状になったもの. **b** 一続き, 一列: a ～ *of* people 一列の人 / a ～ *of* cars 数珠つなぎになった自動車 / in a long ～ 長い列をなして. **c** 連続, 連発 (series, succession): a ～ *of* questions [lies, curses] 質問[うそ, 悪態]の連続 / a ～ *of* successes 相続く成功. **d** (動物の)一隊, 群れ (drove); [集合的] (ある厩舎(きゅうしゃ)で訓練中の)競走馬: a ～ *of* race horses 競走馬の一群. **e** 系列企業, チェーン. **f** 連続爆撃. **4 a** (楽器の)弦, いと: the A ～ (弦楽器の) A 線《イ音に調律する弦》/ touch the ～*s* 弾奏する / touch a ～ in a person's heart 人の心の琴線に触れる, 人を感動させる. **b** [the ～s; 集合的] 弦楽器, (管弦楽団の)弦楽器部(の演奏者たち) (cf. wind[1] 13). **5** (弓の)弦 (bowstring): follow the ～ 〈弓が〉(使い古して)たわむ. **6** (目的達成の)便法, 手段 (expedient): He has a second ～. 彼には第二の方策がある / ⇨ *have two* STRINGS *to one's bow*. **7** (熟練の順位によって配列された)競技者名列, 級: a third-*string* player 三級選手 / the second ～ (野球・バスケットボールなどのチームの)第二軍. **8** [*pl.*]《口語》**a** (援助・計画などの)ひも, 付帯条件; 制限 (restrictions): an offer without [with no] ～*s* ひもつきなしの提案 / There were no ～*s* attached to his offer. 彼の提案には付帯条件がなかった. **b** 支配 (control). **9**《俗》うそ, ぺてん (hoax). **10**《古》筋(すじ), 神経 (nerve), 腱(けん) (tendon): The ～ of the tongue was loosed. 舌のもつれが解けた (cf. *Mark* 7:35). **11**〘植物〙繊維, 筋(すじ) (fiber, vein); (サヤエンドウなどの)筋; 巻つる. **12**〘建築〙**a** (階段の)側桁(がわげた): ⇨ close string, open string. **b** ＝stringcourse. **13**〘玉突〙**a** 前方のクッションへ当てその静止する位置によって競技の順番を決定するために玉を突くこと. **b** ＝balkline 2 b. **c** 得点数; 数取り器. **14**〘ジャーナリズム〙寄稿の量に応じて報酬を受ける通信員が提出する記事の切り抜きをつづったもの. **15**〘言語〙記号列《言語を記号として見たときの, 文または文の構成要素》. **16**〘電算〙記号列《記憶装置内にあるひと連なりの文字あるいは数字》. **17**〘射撃〙(小火器の射撃競技における)予定発射弾数. **18**〘ガラス製造〙糸筋, 刷毛筋, 糸状の脈理《珪砂の粗粒, または異物が徐々に溶解するためにできるガラス中の透明な糸状の筋》. **19**〘ボウリング〙＝line[2] 26. **20**〘数学・物理〙ストリング, ひも《素粒子を 4 次元と第 5 の仮想的な空間次元の中に存在する小さな有限のストリング状のものとして表現するために使用される数学的実体; cf. string theory》: ⇨ cosmic string.
by the string ràther than the bów《口語》単刀直入に. ***hàve* [*kéep*] *a person on a* [《米》*the*] *stríng*** 人を陰で操る, 人を言いなりにする.〘1583〙 ***hàve twó stríngs* [*móre than óne stríng, anóther stríng*] *to one's bów*** 一つならず頼る手段[考え]がある, 二の矢の用意がある.〘1524〙 ***Hòw lóng is a pìece of stríng?***《口語》現在のところでは正確には答えられない: How much time and money do you need to do the job properly?—*How long is a piece of* ～? その仕事をちゃんとやるのにどのくらい時間とお金がかかりますか—正確に答えるのは不可能です. ***kéep hárping on óne* [*the sáme*] *stríng*** 同じことを繰り返し続ける.〘1513〙 ***like a pìece of chéwed stríng***《英口語》疲れ果てて. ***púll a person's stríngs***《口語》人を陰で操る《操り人形の用語から》.〘1860–70〙 ***púll (the) stríngs***《口語》ひそかに操る, 黒幕である; (有力者を動かして, こっそりと)目的を遂げる[遂げようと試みる].
— *v.* (**strung** /strʌ́ŋ/; **strung**,《まれ》**stringed**)
— *vt.* **1 a** ...に糸[ひも]をつける; 糸に通す[刺す]; さしに通す, 数珠状[つなぎ]にする: ～ beads ビーズを糸に通す / beads *strung* on wire 針金に通したビーズ. **b** 〔...を〕〈糸・針金など〉につける〔*with*〕: ～ the cord *with* beads ビーズをひもに通す. **2** 糸[ひも]で縛る[結ぶ, くくる]: ～ a parcel 小包みを縛る / ～ onions (つるすために)タマネギをひも[綱]でつなぐ. **3 a** 〈ひも・電線などを〉張る, 張り渡す〈*out*〉: ～ (*out*) cables / ～ decorations around the room 部屋中に装飾を張りめぐらす. **b** 〈弓・楽器〉に弦を張る: ～ a bow, guitar, violin, etc. **c** ...の弦を締める; ...の調子を合わせる[整える] (tune). **4** [通例 ～ one*self* または p.p. 形で] ...の気などを張りつめさせる, 緊張させる, 引き締める (tighten), 興奮させる (excite)〈*up*〉: The brandy *strung* him *up*. ブランデーで彼は元気づいた / be high(ly) *strung* 大いに興奮している / ～ *oneself up* to a high pitch of expectancy 非常な期待で緊張する / He was *strung up* to do [about] the deed. 彼は躍起となってそれをしようとした. **5** 一列に並べる[配列する]〈*out*〉: ～ *out* scouts along the road 偵察兵を沿道に配置する / The policemen ～*ed* themselves around the house. 警官隊はその家を包囲した. **6** (続けて)引き延ばす (prolong)〈*out*〉: ～ *out* a lecture 講義を引き延ばす. **7** 〔つるした物で〕飾る〔*with*〕: ～ a room *with* festoons 花綱(はなづな)をぶら下げて[を張って]部屋を飾る / The room was *strung with* cobwebs. 部屋はくもの巣が張りめぐらされていた. **8** ...の筋(すじ)[繊維]を除去する: ～ beans サヤエンドウの筋を取る. **9**《米口語》だます, ぺてんにかける (fool, hoax). — *vi.* **1** 〈人などが〉数珠つなぎになる, ぞろぞろ長くなる. **2** 糸になる, 糸のようになる; 〈にかわなどが〉糸を引くようになる. **3** 延びる, 延長する (prolong)〈*out*〉. **4**〘玉突〙(競技の順番を決めるために)玉を突く (lag). **5** (新聞・雑誌の) 地方通信員 (string correspondent) として働く.
be strúng óut《俗》(1) 麻薬を常用している. (2) (長期間の麻薬常用のため)身体的に衰弱している; 〈麻薬常用者が〉(麻薬が切れたために)苦しんで[気力をなくして]いる. ***stríng alóng***《口語》(*vt.*) (1) 〈人を〉だます (deceive), 欺く (cheat).〘1877〙 (2) 〈人を〉待たせて[不安にして]おく. — (*vi.*) (1) 〔...に〕信頼して従う; 〔...と〕うまくやっていく〔*with*〕.〘1927〙 (2) 〔...と〕同調する〔*with*〕. (3)《英》(ひまで)...について行く〔*with*〕. ***stríng ón***《英口語》だます, 欺く (deceive).〘1902〙 ***stríng togéther*** 〈事実などを〉つなぎ合わせる.〘1830〙 ***stríng úp***《口語》首をつって殺す, 縛り首にする.
— *adj.* [限定的] **1** ひもの; ひも状の; 網目状の: a ～ bag 網目状のバッグ. **2 a** 弦を張った. **b** 弦楽器(の音)の: a ～ trio 弦楽三重奏団.
〘n.: OE *streng* ＜ Gmc **straŋʒiz* (Du. *streng* / ON *strengr*) ← IE **strenk-* tight: cf. strong. — v.: 《*c*1400》← (n.)〙
string.《略》〘音楽〙stringendo.
stríng álphabet *n.* [the ～] ひも字《ひもに種々異なった結節を結んで alphabet に当てる盲人用のアルファベット》.
stríng bàg *n.* (ひもで編んで作る)網袋, 網目のバッグ.〘1901〙
stríng bánd *n.* **1** 弦楽団《特に, ギター・バンジョー・バイオリンなどの弦楽器から成り, カントリー音楽を演奏するバンド》. **2**《口語》＝string orchestra. **stríng-bánd** *adj.*〘1860〙
stríng bàss /-bèɪs/ *n.* ＝contrabass.〘1927〙
stríng bèan *n.* **1**《米》〘植物〙＝snap bean《サヤエンドウなどで, 特に, さやのふちに固い糸状の筋(すじ) (string) がある品種をいう; cf. green bean, wax bean》. **2**《口語》背の高いやせた人.〘1759〙
stríng bèd *n.*《インド》＝charpoy.〘1895〙
stríng bikìni *n.* ストリングビキニ《ひもと三角形の覆いを組み合わせた露出度の高いビキニ》.
stríng·bòard *n.* ＝stringer 4.〘1703〙
stríng chèese *n.*《米》ストリングチーズ《スティック状で, ひも状に裂ける》.
stríng correspòndent *n.* (新聞・雑誌の)地方通信員《stringer ともいう; cf. staffer 2》.〘1960〙
stríng·còurse *n.*〘建築〙胴蛇腹, ストリングコース, 帯《外壁面の中間あるいは下部を水平に区切る帯 (cordon)》.〘1825〙
stríng devèlopment *n.*〘都市工学〙＝ribbon development.
stringed *adj.* **1 a** 弦を有する, 弦を張った (cf. keyed 1). **b** [複合語の第 2 構成素として] 弦が...の: four-*stringed* 4 弦の. **2**《古》弦楽器で出された[鳴らされた]: ～ music 弦楽. **3**〘紋章〙〈ハープ・弓など〉弦が本体の色と異なる: a harp or ～ argent 銀の弦を張った金のハープ (cf. or[3] *adj.*).〘lateOE〙
stringed ínstrument *n.* 弦楽器《バイオリン・ギターなど》.〘cf. string instrument《1705》〙
strin·gen·cy /stríndʒənsi/ *n.* **1** 厳重, 厳格: ～ of discipline. **2** (財政上の)切迫, 逼迫(ひっぱく), 金詰まり. **3** (論説などの)説得力.〘《1844》: ⇨ stringent, -ency〙
strin·gen·do /strɪndʒéndoʊ | -dəʊ; *It.* strindʒɛ́ndo/〘音楽〙*adv.*, *adj.* 次第に速く[速い], ストリンジェンドで[の]. — *n.* (*pl.* ～**s**, **-di** /-diː/) ストリンジェンド(の楽節).〘《1853》□ It ～ ← *stringere* ＜ L *stringere* to draw tight (↓)〙
strin·gent /stríndʒənt/ *adj.* **1** 〈規則など〉厳重な (⇨ strict **SYN**); 〈基準・要求など〉厳しい, 厳酷な (severe, rigorous): ～ laws, regulations, etc. / ～ requirements 厳しい要求. **2** 緊急の (urgent): ～ necessity 緊急の必要. **3** 〈金融市場など〉切迫した, 逼迫(ひっぱく)した, 金詰まりの (tight): a ～ stock market 金詰まりの株式市場. **4** 〈論説など〉人を動かさずにはおかない (compelling); 説得力のある, なるほどと思わせる (convincing). **～·ly** *adv.* **～·ness** *n.*〘《1605》□ L *stringentem* (pres. p.) ← *stringere* to draw tight ← IE **streig-* to stroke, press: ⇨ strict, -ent〙
string·er /stríŋə | -ŋə$^{(r)}$/ *n.* **1** ＝string correspondent. **2 a** 糸を張る人. **b** (弦楽器の)弦張り師. **3** 漁師がとった魚をつるすひも[綱など]. **4** (階段の)側桁(がわげた) (string). **5** [通例複合語の第 2 構成素として] (...の)評価を得ている人: the first-*stringer*. **6**〘建築〙縦桁; 小屋梁(ばり) (tie beam). **7**《米》〘鉄道〙縦枕木. **8**〘造船〙縦(通)材; 梁受け縦材. **9**〘航空〙縦通材《飛行機の翼や胴体の長手方向に走る部材》. **10**〘地質〙鉱条《鉱脈から分岐した微脈》.〘1364〙
stringer plàte [**stràke**] *n.*〘造船〙デッキ (deck) ストリンガー, 梁(はり)上側板《甲板の一番外側の舷側厚板に取り付ける水平縦材》.
string galvanómeter *n.*〘電気〙単線検流計.〘1909〙
stríng·hàlt *n.*〘獣医〙(馬の)跛行(はこう)症《springhalt ともいう》. **～·ed** *adj.* **stríng·hàlt·y** /-hɔ̀ːlti, -hɑ̀ː- | -hɔ̀ːlt-/ *adj.*〘1523–34〙
stríng·ing *n.* **1** (ラケットの)ガット張り材料《ガット・シルク・ナイロンなど》. **2** (家具の)細い象嵌(ぞうがん)帯.〘1812〙
stríng·less *adj.* 弦[ひも]のない.〘1591〙
stríng lìne *n.*〘玉突〙＝balkline 2 b.〘1551〙
stríng órchestra *n.* 弦楽合奏団, ストリングオーケストラ.
stríng·pìece *n.*〘建築〙横梁(はり), 横桁(けた).〘1789〙
stríng plàyer *n.* 弦楽器奏者.〘1923〙

S

stríng-pùlling *n.* 《口語》陰で糸を引くこと. **stríng-pùller** *n.* 〖(1949): cf. wire-pulling〗

stríng pùppet *n.* 操り人形. 〖1937〗

stríng quartét *n.* 〘音楽〙 **1** 弦楽四重奏(団)《first violin, second violin, viola および cello から成る》. **2** 弦楽四重奏曲. 〖1875〗

stríng thèory *n.* 〘物理〙 ひも理論《素粒子をひもとして扱うことにより, 点として扱った場合に生じる多くの数学的困難を回避する理論》.

stríng tìe *n.* ひもタイ《幅が狭く短いネクタイ》. 〖1895〗

stríng vàriable *n.* 〘電算〙 文字列変数《コンピューター言語で用いられる変数; 英数文字を含む》.

stríng vést *n.* 《英》メッシュ織り地のチョッキ.

string·y /stríŋi/ *adj.* (**string·i·er**; **-i·est**) **1 a** 糸[ひも]の(ような); 筋(すじ)の(ような): ～ hair ひものような髪の毛《よれよれでつやのない毛》. **b** 〈液が〉糸を引く (ropy), ねばねばする, 粘質の (viscous). **2 a** 繊維質の, 繊維の多い, 筋だらけの (fibrous): ～ meat 筋の多い肉. **b** 筋ばった, 筋骨のたくましい (sinewy, wiry): a ～ young man. **3** 弦楽器のような音色をした. **stríng·i·ness** *n.* **stríng·i·ly** /-ŋəli/ *adv.* 〖(1669) ← STRING (n.)＋-Y¹〗

stríngy·bàrk *n.* 《豪》〘植物〙 繊維状木皮《ユーカリノキの木皮にみられる》. 〖1801〗

strip¹ /stríp/ *n.* **1 a** (ほぼ同幅の布・紙・板などの)細長い切れ, 細片: a ～ of cloth, paper, board, etc. / in ～*s* 細長く切れ切れになって. **b** 細長い土地, 条地; 細長い水面. **2** [しばしば S-] (両側に店舗がすき間なく並んだ)大通り, 通り, 街路. **3** 続き漫画 (comic strip). **4** (飛行機の)仮設離着陸場, 急造滑走路; 滑走路 (airstrip): ⇨ flight strip. **5** 《英》(鉱石などを洗ったり選別したりする)樋(とい). **6** 《米》＝drag strip. **7** 〘郵趣〙 ストリップ《3 枚またはそれ以上一列につながった切手》: a ～ of five 5 枚一列につながった切手. **8** 〘金属加工〙 帯鋼, ストリップ. **9** 〘解剖〙 条片; 横紋. **10** 《英口語》(サッカーなどの)選手が着用する服[ユニフォーム]. **11** 主脈を取り除いたたばこの葉. **12** 〘金融〙 ストリップ化《債券の元本部分と利札部分を切り離して販売すること》. **13** 《NZ》＝dosing strip. ***téar a person òff a strip*** ＝***téar a strip*** [***strips***] ***òff a person*** 《英口語》人を厳しく叱る (reproach), 厳重に注意する (admonish). 〖1940〗

— *vt.* (**stripped**; **strip·ping**) **1** 細長い切れ[細片]に切る. **2** 〘印刷〙 (写真製版で)ネガ膜などを張り込む 〔*in*〕. 〖(1459) □ MLG *strippe* strap: cf. stripe〗

strip² /stríp/ *v.* (**stripped**; **stript** /strípt/; **strip·ping**) **—** *vt.* **1** 〈人・物などを〉裸にする; …の表面的な[本質的でない]部分を取り除く: ～ a person (naked [*to* the skin]) 人を(丸)裸にする / ～*ped* (*down*) *to* the waist 上半身裸で / a style ～*ped to* the bones 無駄を一切はぶいた文体 / I weigh 140 pounds, ～*ped*. 私は裸で[正味] 140 ポンドある / Winter ～*ped* bare all the trees. 冬が来て木の葉がすっかり落ちた. **2 a** 〈外皮・外衣などを〉(…から)はぐ, むく 〔*from, off*〕 / 〈*off, down*〉: ～ *off* one's shirt シャツを脱ぐ / ～ the bark *off* (a tree) (木から)皮をはぐ / ～ the paint *from* [*off*] a wall 壁からペンキを削り落とす. **b** …から〔外皮などを〕取り除く 〔*of*〕: ～ a tree of its bark 木から皮をはぐ / *Stripped of* fine names, it is a swindle. 名前は立派だが, それをはげばぺてんさ. **3 a** 〈場所・物など〉から〔備品・装置などを〕取り去る, 取りはずす 〔*of*〕: ～ a room *of* its furniture (あけるために)部屋から家具を持ち出す / ～ a house *of* everything valuable 〈泥棒などが〉家から金めの物を全部盗み[持ち]出す / ～ a ship *of* her rigging 船から艤装(ぎそう)を取りはずす. **b** (貨物輸送の際に)〈コンテナなど〉から荷物を取り出す (cf. stuffing and stripping). **4** (戦闘に備えて)〈船〉の艤装を解く: ～ a ship. **b** 《口語》(軽くしてスピードを増すために)〈自動車〉の余分な装備を取りはずす: a ～*ped* automobile. **c** 〈犬〉の古毛を梳(す)き取る (pluck): ～ a dog. **d** 〈ベッド〉から毛布・敷布などを取りはずす: ～ (*down*) a bed. **e** 〈ポケット〉から中身を出す: ～ a pocket. **5** (検査・調整などのために)〈機械・銃砲など〉の付属品[部品]を取りはずす, 分解する 〈*down*〉. **6** 〈人〉から〔…を〕奪う, 奪い取る 〔*of*〕: ～ a person *of* his wealth [possessions] 人から富[財産]を強奪する / ～ a person *of* his honors [privileges, functions, titles] 人から名誉[特権, 職能, 称号]を剝奪する / ～ a company *of* its assets 会社からその資産を剝奪する (cf. asset-stripping) / Science has ～*ped* civilized man *of* his superstitions. 文明人は科学の力によって迷信を捨てた. **7 a** 〈歯車〉の歯を取り除く. **b** 〈ねじ・ボルト〉のねじすじ[ねじ山]をすり減らす. **c** 〈銃弾〉から弾帯などを剝離する. **d** 〈鋳塊〉から鋳型を除去する. **8 a** (もんだり, なでたりして)〈乳牛〉の乳を搾り切る; 〈乳を〉搾り切る: ～ a cow / ～ milk. **b** (押して)〈魚〉から魚精[魚卵]をとる: ～ a fish. **9 a** 〈たばこ〉の葉を茎から分ける: ～ tobacco. **b** 〈たばこの葉〉から中肋(?)を取り去る: ～ tobacco leaves. **10** 〘トランプ〙 (bridge で) 〈相手の手を〉詰ませる《end play を行う前段階として, あるスーツ (suit) の札を取れるだけ取る》. **11** 〘化学〙 《(液体中に溶けている)気体・揮発性成分を》ストリップする, 放散する, 気相へ追い出す. **12** 〘写真〙 (腐食写真製版で)《像の左右を反転したり位置を正しく決めるため》〈乳剤層を〉フィルムベースから剝離する. **13** 〘紡織〙 **a** 〈カード (card) の歯[針]〉からくず繊維をはぎ取る. **b** カードのシリンダーから他へ〈繊維を〉はぎ取り移す. **—** *vi.* **1** 衣服を脱ぐ, 裸になる: ～ *off* 衣服を脱ぎ捨てる / ～ (naked) for a bath / ～ (*down*) to the waist [one's underwear] 上半身肌脱ぎになる[下着 1 枚になる]. **2** ストリップショー (striptease) を演じる. **3** 〈皮・バナナなどが〉むける (peel). **4** 〈ねじ山が〉すり切れる. **5** 〈銃弾が〉(弾帯が剝離して)回転せずに飛び出す.

strip awáy 〈壁紙・ペンキなどを〉はがす; 〈うわべ・体裁などを〉はぐ, はぎ取る. ***strip óff*** (1) ＝STRIP *away*. (2) ⇨ *vt.* 2 a, *vi.* 1.

— *n.* ＝striptease: do a ～ ストリップ(ショー)をする.

strip·pa·ble /strípəbl/ *adj.*

〖OE (*be*)*strīepan* to plunder ＜ Gmc **straupjan* (Du. *stroopen* / G *streifen*) ← ?IE **ster-* to touch lightly〗

SYN はぎ取る: **strip** 暴力的に衣服・外皮を完全にはぎ取る: *strip* a person naked 服を脱がせて裸にする. **denude** 覆いをはぎ取る《格式ばった語》: The trees were *denuded* of their leaves. 木々は葉が落ちてしまった. **divest** 権力・権威などを取り去る《*strip* と違って暴力は含意しない; 格式ばった語》: *divest* a person of his title 人の称号を奪う. **bare** 特に体から覆いを取り除く《必ずしも全身でなく手足など体の一部の場合が多い》: *bare* one's teeth 歯をむく.

ANT furnish, invest.

---

stripa·gram /strípəgræm/ *n.* ストリップ電報, ストリッパグラム《配達時にメッセンジャーがストリップをして渡す》. 〖(*c*1975): ⇨ strip², -gram〗

stríp cartóon *n.* 《英》続きこま漫画 (comic strip). 〖1936〗

stríp cènter *n.* (道路沿いの)小さなショッピングセンター.

stríp chàrt *n.* ストリップチャート《時に応じて変化するデータを記録する細長い紙》. 〖1950〗

stríp cìty *n.* 帯状都市《長くて狭い帯状に発展した都市》.

stríp clùb *n.* 《英》ストリップ劇場, ストリップショーをやるクラブ. 〖1960〗

stríp-cròp *vt.* …に帯状栽培をする. **—** *vi.* 帯状栽培を行う.

stríp-cròpping *n.* 帯状栽培《作物を牧草などと交互に帯状に植え付ける方法; 丘陵地などでの等高線栽培 (contour farming) に行われる; strip farming ともいう》. 〖1936〗

stripe /stráɪp/ *n.* **1** (地の色と違った)細長い線条, 縞(しま), 筋(すじ): ～*s* on a soldier's trousers 軍人のズボンの縦縞 / the ～*s* of a zebra [tiger] シマウマ[トラ]の皮の縞 / The material is blue with yellow ～*s*. その生地は青で黄色の縞がある. **2 a** 縞模様. **b** 編みのある織物, 縞地 (striped cloth). **c** [*pl.*] 《米》(横縞模様入りの)囚人服: wear the ～*s* 刑務所に入る. **d** [*pl.*] 《口語》トラ (tiger). **3 a** 細長い編みひも[組みひも, 打ちひも, さなだひも, テープ]. **b** [*pl.*] (階級・勤務・善行・負傷などを示す細長い編みひもで作る)袖章, (袖の)山形記章 (chevron): a sergeant's ～*s* / ⇨ service stripe / get [lose] one's ～*s* 昇進する[階級を落とされる] / earn one's ～*s* 地位に見合った仕事をする, 業績を上げる. **4** (異質の物質から成る)縞, 層. **5** 《米・カナダ》(人物などの)種類 (kind), 型, 様式 (style): a diplomat of that ～ そういう型の外交官 / a person of a quite different ～ 全く別種の人. **6** 《古》**a** むち打ち (stroke): forty ～*s* save one 40 に一つ足りないむち (cf. 2 *Cor.* 11: 24). **b** (筋になった)むち跡, みみずばれ. **7** 馬の鼻梁(びりょう)の白い筋. **—** *vt.* 縞で飾る; …に縞をつける. **～·less** *adj.* 〖(1415) 《逆成》↓?: cf. MDu. *stripe* (Du. *streep*) streak, stripe〗

striped *adj.* 縞(しま)[筋(すじ)]のある, 縞模様の: ～ cloth. 〖(1615) □ ? Du. *strijpt* ∥ MLG *striped*〗

striped báss /-bǽs/ *n.* 〘魚類〙 米国大西洋沿岸産のスズキ科の魚 (*Roccus saxatilis*). 〖1818〗

striped dógwood *n.* 〘植物〙 ＝striped maple.

striped gópher *n.* 〘動物〙 ＝thirteen-lined ground squirrel.

striped gróund squirrel *n.* 〘動物〙 ＝thirteen-lined ground squirrel.

striped hyéna *n.* 〘動物〙 シマハイエナ (*Hyaena hyaena*) (⇨ hyena 挿絵). 〖1781〗

striped lízard *n.* 〘動物〙 アメリカハシリトカゲ (⇨ race runner).

striped máple *n.* 〘植物〙 ペンシルバニアカエデ (*Acer pennsylvanicum*) 《北米東部産のカエデで, 樹皮に白い筋(すじ)がある; moosewood ともいう》. 〖1842〗

striped márlin *n.* 〘魚類〙 マカジキ (*Makaira audax*) 《太平洋に生息する紫色の縦縞(たてじま)模様のあるマカジキ科の魚; 食用・フィッシング用》.

striped múishond *n.* 〘動物〙 ゾリラ, アメリカスカンク (*Zorilla striata*) 《アフリカ中南部の岩地に生息するイタチ科ゾリラ属のスカンクに似た動物; 目の上に白い模様がある》.

striped múscle *n.* ＝striated muscle.

striped pólecat *n.* 〘動物〙 ＝zoril.

striped skúnk *n.* 〘動物〙 シマスカンク (⇨ skunk 1 a). 〖*c*1882〗

striped spérmophile *n.* 〘動物〙 ＝thirteen-lined ground squirrel.

striped squírrel *n.* 〘動物〙 **1** シマリス (chipmunk). **2** ＝thirteen-lined ground squirrel. 〖1796〗

strip·er /stráɪpə | -pə(r)/ *n.* **1 a** 縞(しま)をつける人. **b** 縞模様を織る機械. **2** [通例複合語の第 2 構成素として] 《米軍俗》**a** (…の)袖章をつけた海軍士官: a one-*striper* 海軍少尉 / a one-and-one-half-*striper* 海軍中尉 / a two-*striper* 海軍大尉 / a two-and-one-half-*striper* 海軍少佐 / a three-*striper* 海軍中佐 / a four-*striper* 海軍大佐. **b** (服役年数の袖章をつけた)服役軍人: a five-*striper* 五年兵. **3** 〘魚類〙 ＝striped bass. 〖(1917) ← STRIPE (v.)＋-ER¹〗

stripe rùst *n.* 〘植物病理〙 (麦類の)黄銹(さび)病《銹菌の一種 (*Puccinia glumarum*) により葉に黄色の縞(しま)が生じる; yellow rust ともいう》.

stripe smùt *n.* 〘植物病理〙 黒穂病の一種《銹(さび)菌の一種 (*Ustilago striaeformis*) により, 長線状灰黒色の条斑を生じる》.

strip·ey /stráɪpi/ *adj.* ＝stripy.

stríp fàrm *n.* 帯状農地.

stríp fàrming *n.* **1** 帯状農地配分《昔ヨーロッパで行われた農地配分法; 土質の違いによる不公平を避けるために土地を細長く区分して農夫に与えた; 現在も発展途上国で行われている》. **2** ＝strip-cropping. 〖1913〗

stríp·fìlm *n.* ＝filmstrip. 〖1927〗

stríp·ing *n.* **1** 縞(しま)模様をつけること. **2 a** 縞模様. **b** [集合的] (ものについている)縞 (stripes). 〖1677〗

stríp·lèaf *n.* 茎を取り去ったたばこ.

stríp·lìght *n.* **1** (劇場の)ストリップライト, 板つけ《電球を横一列に配列したもので, 舞台に立体感を与えるのに用いる》. **2** 管状蛍光灯. 〖(1920) ← STRIP¹〗

stríp lìghting *n.* 管状蛍光灯による照明. 〖1926〗

strip·ling /stríplɪŋ/ *n.* (やっと成年に達した)若者; 若僧. 〖(*a*1398) ← STRIP¹＋-LING¹: 《原義》one who is slender as a strip〗

stríp màll *n.* ストリップモール《商店やレストランが一列ひと続きに隣接し合い, 店の前に細長い駐車スペースがあるショッピングセンター》.

stríp mìll *n.* ストリップミル《鉄・アルミニウム・銅などの帯状の金属板を連続的に作る圧延機[工場]》. 〖1910〗

stríp-mìne *vt.* 〘鉱山〙 〈鉱石を〉露天採掘する. 〖1936〗

stríp mìne *n.* 〘鉱山〙 露天掘鉱山《表土[岩]をはぎ取って鉱床を露出させてから採掘する》. 〖1934〗

stríp mìner *n.* 〘鉱山〙 露天掘りの鉱夫. 〖1946〗

stríp mìning *n.* 〘鉱山〙 露天採鉱[採掘]. 〖1935〗

strip·pa·gram /strípəgræm/ *n.* ＝stripagram.

strípped déck *n.* 〘トランプ〙 ポーカー (poker) 用に低位の札を除いてある一組のカード.

strípped-dówn *adj.* 〈自動車など〉余分な装備を一切取り除いた: a ～ car. 〖1928〗

strip·per /strípə | -pə(r)/ *n.* **1** ストリッパー (striptease). **2** はぐ物, はぎ道具, 皮むき器; 除毛ぐし. **3 a** はぐ人, はぎ手. **b** 奪い手, 奪取者. **c** たばこの茎を取る人. **d** 毛皮[木の皮]をはぐ人. **e** 魚から魚精[魚卵]をとる人. **4** 脱穀機 (stripper-harvester ともいう). **5** 〘金属加工〙 ストリッパー, かす取り《プレス加工で加工かすを除く型部品》. **6** 乳の止まった牛. **7** 出が著しく悪くなった油井 (oil well). **8** 〘トランプ〙 一組のカードのうち心もち楔(くさび)形や紡錘形になるよう端を切りつめた特定のカード《手品師やいかさま師が使う》. 〖(1581): ⇨ strip², -er¹〗

strip·per·gram /strípəgræm | -pə-/ *n.* ＝stripagram.

stríp·ping *n.* **1** はぐ[脱ぐ]こと. **2** [*pl.*] (牛乳の搾り切った)最後の乳《脂肪が多く細菌が少ない》. 〖(1398): ⇨ strip², -ing¹〗

strípping lìquor *n.* (金属表面の)保護膜除去薬液.

stríp plànting *n.* ＝strip-cropping.

strip·po·gram /strípəgræm/ *n.* ＝stripagram.

stríp póker *n.* 負けた人が衣類を脱いでゆくポーカーのゲーム. 〖1919〗

stríp-sèarch *vt.* (麻薬・武器などを隠し持っていないか)〈人を〉裸にして調べる. **stríp sèarch** *n.* **～·ing** *n.* 〖1947〗

stríp shòw *n.* ＝striptease.

stríp stèak *n.* ストリップステーキ《骨とヒレ肉の部分を取ったポーターハウス; cf. porterhouse 2》.

stript *v.* strip の過去形・過去分詞.

stríp·tèase *n.* ストリップ(ショー): a ～ club, dancer, etc. **—** *vi.* ストリップショーに出演する, ストリップをする. 〖1930〗

stríp·tèaser *n.* ストリッパー (stripper). 〖1930〗

strip·teuse /strɪptə́:z/ *n.* 《戯言》ストリッパー. 〖(1942) ← STRIPT(EASE)＋(DANS)EUSE〗

strip·y /stráɪpi/ *adj.* (**strip·i·er**; **-i·est**) 筋(すじ)[縞(しま)]のある[になった]. 〖(1513) ← STRIPE＋-Y¹〗

strive /stráɪv/ *vi.* (**strove** /stróuv | stráuv/, **strived**; **striv·en** /strívən/, **strived**) **1** 〔…を求めて〕〈…しようと〉一生懸命になる, 骨折る, 努める, 奮起する, 努力する (try, endeavor) 〔*for, after*〕 / 〈*to do*〉 (⇨ try **SYN**): ～ *for* victory [*after* an ideal] 勝とうと[理想を求めて]努力する / ～ *to* understand 理解しようと努める. **2** 〔…と〕戦う, 力闘する, 激しく争う 〔*with, against*〕: ～ *with* an opponent [*against* fate] 相手[運命]と戦う / ～ *together*＝～ *with* each other 戦い合う, 競い合う. **3** 《廃》〔…と〕競争する, 張り合う (vie) 〔*with*〕. **strív·er** *n.* 〖(?*a*1200) □ OF *estriver* to quarrel ← ? Gmc: cf. Du. 《廃》 *strijven* to contend / MHG *streben* to endeavor: 本来語の DRIVE にならって強変化活用になった唯一の動詞〗

strix /stríks/ *n.* (*pl.* **～·es**) 〘建築〙 柱の溝彫り[縦溝装飾]. 〖□ L ～ 'furrow'〗

strobe /stróub | stráub/ *n.* 《口語》**1** ＝stroboscope 1. **2** ＝strobe light. **3** ＝strobe lighting. **4** 〘電気〙 ＝strobotron. **—** *adj.* ＝stroboscopic. **—** *vi.* 明滅する, チカチカする. **—** *vt.* 明滅して照らし出す. 〖(1942) 《短縮》← STROBOSCOPE〗

stróbe lìght *n.* 〘写真〙 電子フラッシュ[閃光灯], ストロボ (stroboscope). 〖1947〗

stróbe lìghting *n.* (ディスコなどの)ストロボ照明; ストロボ照明の使用.

stro·bic /stróubɪk, strá(ː)b- | stráub-, stráb-/ *adj.* 回転する, 回転している(ように見える). 〖(1880) ← Gk *stróbos* whirling round〗

stro·bi·la /stroubáɪlə | strəu-/ *n.* (*pl.* **-bi·lae** /-li:/) 〘動物〙 **1** 横分体, ストロビラ《ハチクラゲ類の発生中にみられる横分裂により生じる皿状のポリプ》. **2** 片節連体, 横分

体, ストロビラ《多節状虫の体を構成する数個ないし数百個の片節がひも状につながったもの》. **stro·bi·lar** /-báɪlə | -lə(r)/ *adj.* 〖《1842》← NL ～ ← Gk *strobílē* plug of lint shaped like a pine cone ← *stróbilos* (↓): ⇨ strobile〗

strob·i·la·ceous /strὰ(ː)bəléɪʃəs | strɔ̀bɪ̀-ˈ-/ *adj.* 〖植物〗 **1** 〈松かさなど〉球果状の. **2** 球果 (strobilus) をつける. 〖《1802》← Gk *stróbilos* fir cone＋-ACEOUS〗

strobilae *n.* strobila の複数形.

strob·i·la·tion /strὰ(ː)bəléɪʃən | strɔ̀bɪ̀-/ *n.* 〖動物〗横分体[ストロビラ]形成, 横分法《strobilaを生じる過程》. 〖《1878》← STROBILA＋-ATION〗

strob·ile /strά(ː)bḷ, -bɪl | strɔ́ʊbaɪl/ *n.* **1** 〖植物〗＝strobilus 1, 2. **2** 〖植物〗胞子嚢穂《シダ植物において胞子葉の円錐体状に集まった部分》. **3** 〖動物〗＝strobila. 〖《1777》← LL *strobilus* pine cone ☐ Gk *stróbilos* anything twisted ← *stréphein* to twist: cf. strophe〗

strobili *n.* strobilus の複数形.

stro·bi·li·za·tion /strɔ̀ʊbəlɪ̀zéɪʃən | strəʊbɪ̀laɪ-, -lɪ-/ *n.* 〖動物〗＝strobilation. 〖《1884》: ⇨ strobila, -ization〗

stro·bi·lus /strouбáɪləs, stróubə- | strəubáɪ-, stróubɪ̀-/ *n.* (*pl.* **-bi·li** /-báɪlaɪ, -bəlàɪ | -báɪlaɪ, -bɪ̀làɪ/) **1** 〖植物〗球果, 毬花(きゅうか)《シダ植物の子嚢穂や裸子植物の花のように密生した球形または円錐形状の多数の胞子葉》. **2** 〖植物〗球果, 毬果《松かさなど》. **3** 〖植物〗＝strobile 2. **4** 〖動物〗＝strobila. 〖《1706》☐ L *strobilus*: ⇨ strobile〗

stròbo·rádiograph /strɔ̀ʊboʊ-, strὰ(ː)b- | strəʊbə(ʊ)-, strɔ̀b-/ *n.* 〖写真〗ストロボレントゲン写真. 〖← Gk *stróbos* (↓)＋RADIOGRAPH¹〗

stro·bo·scope /stróʊbəskòʊp, strά(ː)b- | strə́ʊbə-skəʊp, strɔ́b-/ *n.* **1** 〖物理〗ストロボスコープ: **a** 明滅光またはスリットを用いて高速周期運動体の状態変化を観察研究する装置. **b** 円筒内に少しずつ変化した写真を連続的に張り付け, 円筒を回転させて, 円筒のすき間から観察して写真の活動を見る装置. **2** 〖写真〗**a** ストロボスコピックランプ, ストロボ《連続的に瞬間的な強い光を出すランプ; 動体の動きを分解して撮影できる》. **b** ストロボ装置. 〖《1836》← Gk *stróbos* a twisting＋-SCOPE〗

stro·bo·scop·ic /strɔ̀ʊbəskά(ː)pɪk, strὰ(ː)b- | strəʊ-bəskɔ́p-, strɔ̀b-ˈ-/ *adj.* ストロボ(スコープ)の[に関する, による, を利用した]: a ～ lamp＝stroboscope 2. **stròbo·scóp·i·cal** /-pɪ̀kəl, -kḷ | -pɪk-ˈ-/ *adj.* **stròbo·scóp·i·cal·ly** *adv.* 〖《c1846》: ⇨ ↑, -ic¹〗

stro·bo·tron /stróʊbətrὰ(ː)n, strά(ː)b- | strə́ʊbətrɔ̀n, strɔ́b-/ *n.* 〖電気〗ストロボトロン《ストロボスコープ用光源として使用する冷陰極のガス入り電子管》. 〖《1937》: ⇨ ↑, -tron〗

strode /stróʊd | stráʊd/ *v.* stride の過去形. 〖OE *-strād*〗

Stroess·ner /strésnə | strɔ́ʊsnə(r); *Am.Sp.* stroésner/, **Alfredo** *n.* ストロエスネル《1912– ; パラグアイの政治家; 大統領 (1954–89); 1989 年クーデターにより追放》.

stro·ga·noff /strɔ́(ː)gənɔ̀(ː)f, stróʊg-, -nὰ(ː)f | strɔ́g-ənɔ̀f; *Russ.* strógənəf/ *n.* 〖料理〗ストロガノフ《牛のヒレ肉の細切りと, タマネギ, マッシュルームを炒めサワークリームソースを加えて仕上げた肉料理; beef stroganoff ともいう》. 〖《1932》← *Paul Stroganoff* (19 世紀ロシアの貴族・外交官)〗

Stro·heim /stróʊhaɪm, ʃtróʊ- | stráʊ-, ʃtráʊ-; *G.* ʃtʁóːhaɪm/, **Erich von** *n.* シュトローハイム《1885–1957; オーストリア生まれの米国の俳優・映画監督》.

stroke¹ /stróʊk | stráʊk/ *vt.* **1 a** 《手で一方向にやさしく》なでる, なでつける, さする: ～ down one's hair 髪をなでつける / ～ a cat 猫をなでる. **b** 《手でなでて》なだめる, あやす (soothe, caress) 〈*down*〉. **c** 《米口語》(自信をもたせたり, 何かをさせたりするために)〈人を〉褒める, おだてる. **2** …のひだを伸ばす. **3** 〈牛〉から乳を搾る. **4** 〖石工〗〈石〉の表面に粗く浅い縦溝をつけて仕上げる (drove). **5** 《米俗》(男が)自慰行為をする. ***stróke a person*** [***a person's háir***] ***the wróng wáy*** 人を怒らせる, いらだたせる; 毛を逆なでする. 〖《c1590》1860〗

— *n.* **1** ひとなで, なでつけ; さすり: give a person a ～ 人をなでる. **2** [*pl.*] 《米口語》(何かをさせたりするための)ほめ言葉, おだて.

— *adj.* 《米俗》自慰行為のための, ポルノの: a ～ book.

strók·er *n.* 〖OE *strācian* ← Gmc **straik-*, **strīk-* 'to STRIKE' (Du. *streeken* / G *streichen*). — n.: 《1631》← (v.).〗

stroke² /stróʊk | stráʊk/ *n.* **1 a** (病気に)襲われる[かかる]こと; 脳卒中 (apoplexy): a ～ (of apoplexy) 卒中, 脳溢血(いっけつ) / have [die of] a ～ 卒中(など)にかかる[で死ぬ]. **b** 激しい動き, 急な衝撃: a ～ of state クーデター. **c** 雷に打たれること, 落雷: be killed by a ～ of lightning 雷に打たれて死ぬ. **d** (幸運などの)偶然の巡り合わせ: a ～ of (good) luck [fortune, fate] 幸運 / a ～ of misfortune 不幸. **2** (手・むち・斧などで)打つ[突く]こと, 打撃; (特に, 剣などによる狙い定めた)一打ち[突き], 一撃 (blow): a finishing ～ 最後のとどめ, とどめの一撃 / kill a person with one ～ of a sword 剣の一撃[一太刀]で殺す / receive 20 ～s of the lash むちで 20 打たれる / Little ～s fell great oaks. 《諺》小さな打撃でもたび重なれば樫(かし)の大木を倒す, 「雨だれ石を穿(うが)つ」. **3 a** (水・空気などの抵抗を押し切って)押し進む動き. **b** (鳥の羽の)一打ち, 羽ばたき. **c** (水泳の)手足の動き, 一掻(か)き; 泳ぎの型, 泳法, ストローク: a crawl ～ / He can't swim a ～. 彼は全然泳げない. **d** (ボートなどの)一漕(こ)ぎ, ストローク; 漕ぎ方, 漕法: a ～ of an oar [the oars] オールの一漕ぎ / pull ～ to another boat 他の舟に調子を合わせて漕ぐ / row with a long ～ 大きく[ぐいぐい]漕ぐ / set [give] the ～ 漕ぎ方を示す / vary the ～ 漕ぎ方を変える / The second boat gained at every ～ [～ by ～]. 第二艇は一漕ぎごとに進出した. **e** 整調(手) (stroke oar)《船尾の最も近い所にいてオールのテンポを整える役をする漕手; cf. bowman²》: row [pull] ～ 《ボートの》整調を務める, 整調を漕ぐ. **4 a** (反復または同一方向への)動き, (振子の)一振り: ～s of a pendulum. **b** (タイプライターの)一打ち (keystroke). **5 a** 一筆, 筆法, 筆使い; 一刀, 一彫り: a thick [fine] ～ 太い[細い]一筆 / finishing ～s 最後の仕上げ / dash off a picture with a few ～s 二, 三筆で絵を描き上げる / You could do it with [at] a [the] ～ of the pen. 君が一筆入れれば(署名さえすれば)できるのだが. **b** (アルファベットなどの字の)一画(かく), 字画: a three-*stroke* character 三画の字. **c** (文学作品の)筆致, 仕上げ: The description is full of realistic ～s. その描写は写実的筆致に満ちている. **d** 《英》斜線 (slash 4, solidus 3). **6** (クリケット・テニス・ゴルフなどの)打撃, 打法, ストローク: a backhand tennis ～ テニスのバックハンドストローク / a new cricket ～ クリケットの新しい打ち方 / The golfer did the hole in five ～s. そのゴルファーは 5 ストロークでホールに打ち込んだ / a 10-*stroke* handicap 10 ストロークのハンデ. **7 a** (時計・鐘などを)打つこと; 鳴る音, 打つ音: The bell rang [gave] out 108 ～s. 鐘が百八つ鳴った / It was on [at] the ～ of six when I arrived. 私が着いた時は 6 時を打とうとしていた / exactly on [at] the ～ of five かっきり 5 時に. **b** 《ドラムの》強打, ビート. **8** (心臓の)鼓動, 脈拍 (throb): the ～ of the pulse 脈拍. **9 a** 奮発, 努力; 《英》(満足のいく)一仕事, 一働き: a bold ～ for freedom 自由を求める大胆な努力 / He has not done a ～ of work. まだ仕事を何一つしていない. **b** (見事な)出来栄え, 手柄, 業績; 手腕, 手際: a ～ of genius 天才的手腕 / a great ～ of diplomacy 見事な外交手腕 / a fine ～ of humor 当意即妙のユーモア / a fine ～ of business 見事な腕前の取引. **10** 〖機械〗前後往復運動の一押し[引き](の距離)《ピストンの場合はこれでエンジンが半回転する》: a two-[four-]*stroke* engine 2 [4] ストロークのエンジン. **11** 〖音楽〗**a** (拍子をとるときの)指揮棒[腕]の動き. **b** (弦楽器の)弓の動き.

a stróke abóve 《口語》…より一枚うわて: He is *a* ～ *above* me. 彼は私より一枚うわてだ. 《1856》 ***at a single*** [***óne***] ***stróke***＝***in óne stróke*** (1) 一撃のもとに. (2) 一挙に; 直ちに. 《c1380》 ***kéep stróke*** 拍子をとる. ***on the stróke*** 時間通りに (punctually). ***pút a person òff his stróke*** 《口語》〈人〉の(仕事の)調子などを狂わせる, リズムを乱す: The sudden interruption *put* the Prime Minister *off his* ～. 突然の邪魔が入って首相は調子をくずした.

— *vt.* **1 a** …に短い横線をつける: ～ the t's. **b** (線を引いて)消し去る (cancel) 〈*out*〉. **2** 〈ボートの〉整調を漕ぐ: ～ a boat. **3** 〈ボールを〉打つ. **4** (タイプライターで)〈キーを〉打つ. — *vi.* **1** (テニス・ゴルフなどで)ボールを(ストロークで)打つ. **2 a** ボートの整調手をやる. **b** 〔1 分…のストロークで〕ボートを漕ぐ 〔*at*〕: ～ *at* 32 1 分 32 のストロークで漕ぐ.

〖《?c1225》*strōk*, *strāk* < OE **strāc* (Du. *streek* / G *Streich*) < (WGmc) **straikaz* ← **strikan* 'to STRIKE'〗

stroke³ *v.* 《廃》＝struck.

stróke hòle *n.* 〖ゴルフ〗ストロークホール《ハンディキャップの与えられるホール》.

stroken /stróʊkən | stráʊkən/ *v.* 《廃》＝struck.

stróke òar *n.* **1** (ボートの)整調(手)の漕(こ)ぐオール. **2** 整調(手) (⇨ stroke² 3 e). 〖1835〗

stróke òarsman *n.* ＝strokesman. 〖1838〗

stróke plày *n.* 〖ゴルフ〗ストロークプレー (⇨ medal play; cf. match play). 〖1905〗

strokes·man /stróʊksmən | stráʊks-/ *n.* (*pl.* **-men** /-mən, -mèn/) 《古》整調(手) (⇨ stroke² 3 e). 〖《1712》← *strokes* (gen.) ← STROKE¹ (n.)〗

stroll /stróʊl | stráʊl/ *vi.* **1** ぶらつく, ぶらぶら歩く (ramble); 散歩する. **2 a** 放浪する, 漂泊する. **b** 旅興行して歩く, 巡業する. — *vt.* 〈田舎などを〉ぶらつく, ぶらぶら歩いて行く. — *n.* ぶらつき, ぶらぶら歩き, 散歩: go for [take] a ～ 散歩する. 〖《1603》☐ ? G 《方言》*strollen*, *strolchen* ← *Strolch* vagabond ← ?〗

stróll·er /-lə | -lə(r)/ *n.* **1** 《米・豪》(通例折り畳み式の)ベビーカー, ストローラー《go-cart ともいう》. 日英比較 「ベビーカー」は和製英語. **2** ぶらぶら歩く人, 散歩する人 (saunterer). **3 a** 放浪者, 浮浪者 (vagrant). **b** 旅役者, 旅興行師, 巡業者. 〖《1608》: ⇨ ↑, -er¹〗

stróll·ing /-lɪŋ/ *adj.* 《職などを求めて》さすらい歩く, 放浪の: ～ Gypsies 流浪するジプシー / a ～ company 巡業団, 旅興行団 / ～ players 旅役者の一座. 〖1621〗

stro·ma /stróʊmə | stráʊ-/ *n.* (*pl.* **-ma·ta** /～tə | ～tə/) **1** 〖解剖〗基質, 間質, 支質 (cf. parenchyma); (特に)赤血球の基質. **2** 〖植物〗**a** 子座. **b** 葉緑体《葉緑素の微粒が散在している蛋白質の細胞間質》. **stró·mal** /-məl, -mḷ/ *adj.* **stró·ma·tal** /-məṭl | -tl/ *adj.* **stro·mat·ic** /stroʊmǽṭɪk | strə(ʊ)mǽt-/ *adj.* **～·tous** /-ṭəs/ *adj.* 〖《1832》← NL ～＝L *strōma* bed covering ☐ Gk *strôma* ← *strōnúnai* to spread: cf. stratum〗

stro·ma·te·id /stròʊmətíːɪ̀d | strəʊmətíːɪd/ *adj.*, *n.* 〖魚類〗イボダイ科の(魚). 〖↓〗

Stro·ma·te·i·dae /stròʊmətíːədìː | strəʊmətíːɪ-/ *n. pl.* 〖魚類〗イボダイ科. 〖← NL ～ ← *Stromateus* (属名: ← Gk *strōmateús* fish marked with patchwork colors ← *strôma* bed covering)＋-IDAE〗

stro·mat·e·oid /strəmǽṭiɔ̀ɪd | strə(ʊ)mǽt-/ *adj.*, *n.* 〖魚類〗イボダイ亜目の(魚). 〖《1884》← NL *Stromateoidea* ← *Stromateus* (↑)＋-OIDEA〗

stro·mat·o·lite /stroʊmǽṭəlàɪt, -tḷ- | strə(ʊ)mǽtəl-, -tḷ-/ *n.* 〖地質〗ストロマトライト《緑藻類の活動でできたラミナ状の石灰岩塊》. **stro·mat·o·lit·ic** /stroʊmæ̀ṭəlíṭɪk, -tḷ- | strə(ʊ)mæ̀təlítɪk-, -tḷ-ˈ-/ *adj.* 〖《1930》← Gk *strṓmatos*, *strôma* layer＋-LITE: ⇨ stroma〗

stro·ma·top·o·roid /stròʊmətά(ː)pərɔ̀ɪd | strəʊ-mətɔ́p-/ *n.* 〖古生物〗層孔虫, ストロマトポロイド《サンゴに似た石灰質の骨格を有する固着性の海生動物; 古生代型と中生代型の 2 つに類別される》. 〖《1877》← NL *Stromatopora* (属名: ⇨ ↑, madrepora)＋-OID〗

Strom·bo·li /strά(ː)mbəli, strɑ(ː)mbóʊl- | strɔ́mbəli, strɒmbə́ʊ-; *It.* strómboli/ *n.* **1** ストロンボリ(島)《Sicily 島の北方, Lipari 諸島中の火山島》. **2** ストロンボリ(山)《同島上の活火山; 927 m》. **Strom·bo·li·an** /strɑ(ː)mbóʊliən | strɒmbə́ʊ-/ *adj.*

stro·mey·er·ite /stróʊmaɪəràɪt | stráʊ-/ *n.* 〖鉱物〗輝銅銀鉱 (CuAgS)《銅銀鉱脈に産出し斑銅鉱と密に結晶をなす》. 〖《1835》☐ G *Stromeyerit* ← *Friedrich Stromeyer* (1776–1835: ドイツの化学者): ⇨ -ite¹〗

strong *n.* 《廃》＝strand².

strong /strɔ́(ː)ŋ, strά(ː)ŋ | strɔ́ŋ/ *adj.* (**strong·er** /-ŋgə | -ŋgə(r)/; **strong·est** /-ŋgɪ̀st/) (↔ weak) **1** 体力のある, 力の強い, 筋骨のたくましい (muscular); 強壮な, 強健な (robust), 丈夫な, 健康な: a ～ man 丈夫な人 (cf. strongman) / ～ arms 強い腕 (cf. strong arm) / a ～ constitution 強健体 / ～ eyes 視力の強い目 / a ～ stomach 強い[むかつかない]胃 / a ～, silent man 力が強くて口数の少ない(頼もしい)男性 / the ～*er* sex ⇨ sex 3 / a ～ man armed 武具をよろいた強きもの (*Luke* 11: 21) / (as) ～ as a horse [a bull, an ox] 非常に丈夫で / ～ in body [constitution] 身体が強健で / have a ～ head (for liquor) 酒に強い / I do not feel very ～. どうも力がない / He is pretty ～ again now. もうすっかり達者になった / He was ～ *to* suffer the hardships. その苦難に耐えうる力があった.

2 〈精神力・記憶力など〉強い, 強力な (⇨ mighty SYN); 〈感情が〉激しい; 〈信念など〉堅固な, しっかりした; 〈偏見・習慣など〉根強い: a ～ mind, brain, intelligence, will, personality, imagination, memory, etc. / ～ affection [beliefs] 強い愛情[信念] / a ～ sense of dislike [disappointment] 強い嫌悪感[失望感] / ～ likes and dislikes 激しい好き嫌い / have ～ nerves 神経が太い, 物に動じない / ～ in judgment [faith] 判断力[信仰心]が強い / be ～ under temptation [in adversity] 誘惑に遭っても[逆境にあっても]しっかりしている.

3 〈物が〉丈夫な, 頑丈な, 堅固な (tough, stout): a ～ fort, foundation, etc. / ～ walls, chains, china, cloth, etc. / Is the branch ～ enough to hold you? その枝はつかまっても大丈夫か.

4 a 〈風・火など〉強い, 激しい; 〈光・色・においが〉強烈な; 〈声など〉太く大きな; 〈訛(なま)り〉がひどい, 丸出しの (broad): a ～ fire, tide, wind, light, etc. / a ～ pulse 強く早い脈 / a ～ color [shadow] 濃い色[影] / ～ perfume 強い香水 / a ～ Scottish accent 強いスコットランド訛(なま)り / ⇨ strong breeze, strong gale. **b** 〈レンズなど〉倍率の高い, 強い: a ～ microscope / ～ eyeglasses 度の強い眼鏡. **c** 〈対照・比較・類似など〉はっきりした, 顕著な, 強い: a ～ contrast, comparison, resemblance, etc.

5 〈議論・論証など〉もっともな (cogent, convincing); 〈作品など〉力のこもった, 力強い; 〈言葉など〉激しい: ～ reasons, arguments, etc. / a ～ case 有力な論拠[主張] / ～ evidence 強力な証拠 / a ～ likelihood 十分な可能性 / a ～ situation (劇・対話などの)感動させる場面 / a ～ expression [literary style] 力強い表現[文体] / ～ words 激しい言葉, 毒舌 / ⇨ strong language.

6 〈手段・意見など〉強硬な (drastic); 強力な: ～ remedies [opinions] 強硬な対策[意見] / ～ measures 強硬な手段[処置], 高圧手段 / He has a ～ hold over [upon] it. 彼はそれをしっかり掌握している.

7 奮闘的な, 猛烈な; 熱心な, 熱烈な: ～ efforts 大奮闘 / a ～ advocate [Republican] 熱心な弁護者[共和党員] / be ～ against compromise 妥協に強く反対する / I gave ～ support to him. 大いに彼を援助してやった.

8 自信のある, 確信する; 有能な (able, competent), 〔…が得意で, 〔…に〕強い 〔*in*, *on*〕: a person's ～ point 強み, 長所, 得意(な点) (↔ weak point) / a ～ fielder 有能な(外)野手 / be ～ *in* mathematics [Greek, sports] 数学[ギリシャ語, スポーツ]が得意である / He is not ～ *on* literature. 彼は文学は不得手だ.

9 a 勢力[権力, 資力]のある, 有力な, 強力な: a ～ team / a ～ nation [state] 強国 / a ～ national economy 強力な国家経済 / a ～ candidate 有力な候補者 / a ～ hand (トランプで)良い手 / ⇨ strongman 2 / The yen is ～ nowadays. 当節円は強い. **b** 《アイル》裕福な (prosperous), 暮らし向きのいい (well-to-do). ★ 特に次の句で: a ～ farmer.

10 a 多数の, 優勢な: a ～ detachment 強力な[兵員の多い]分遣隊 / a ～ enemy force 敵の大軍 / ～ *in* number 人数の多い. **b** [数詞の後に用いて] 人員[兵員]が…の, …の人員[兵員]の: an army 10 thousand ～＝a 10 thousand-*strong* army 兵力一万の軍隊 / How many ～ are you?—We are 50 ～. 君の方は何人か—50 人だ.

11 〈茶など〉濃い; 〈飲料が〉アルコール分を(多く)含んだ; 〈たばこが〉ニコチンの多い, においの強い; 〈薬など〉成分の強い, よく効く; 〈味など〉強い, 辛い, しみる: ～ black coffee / ～ beer 強いビール / ～ cigarettes においの強いたばこ / a ～ adhesive [detergent] 強力接着剤[洗剤] / a ～ taste of salt ひどく塩辛い味 / ⇨ strong drink, strong waters.

12 a 〈食物・息など〉強いにおい[悪臭]のある: ～ onions においの強いタマネギ / ～ rancid butter [bacon] 悪くなって

S

臭いバター[ベーコン] / ～ cheese 香りの強いチーズ / a ～ smell of garlic にんにくの強いにおい / Your breath is rather ～. 君の息はちょっと臭いね. **b** 〈食物が〉堅い (solid): ⇨ strong meat.
13 〈小麦粉が〉強力(きょうりき)の《硬質小麦 (hard wheat) で作った麩質(ふすま) (gluten) 分の含有量の多い; cf. weak 8》.
14 〖豪〗〈羊毛が〉太くてこわばった; 〈羊が〉太くてこわばった毛をした.
15 〈市場が〉買いが支配的な, 〈相場が〉上向きの (cf. firm[2] 6): a ～ market / Prices are ～. 相場が上向きだ.
16 〖文法〗 **a** 〈動詞・活用が〉強変化の, 不規則変化の (irregular): ～ conjugation 強変化 / ～ verbs 強変化動詞《eat, sit, take など》. **b** 〈名詞・形容詞・屈折が〉強変化の: ～ declension 強変化[屈折].
17 〖音声〗アクセント[強勢]のある (↔ weak): ⇨ strong stress, strong vowel. **18** 〖化学〗〈酸・塩基が〉強い《水溶液中でほとんど完全に電離する》. **19** 〖鉱山〗〈鉱脈が〉厚い, 大きい (thick, massive).
stróng for 《米口語》…をえらくえこひいきして.
stróng on (1) ＝STRONG *for*. (2)《英口語》…をひどく重要視して.
— *adv.* (**strong·er** /-ŋgə | -ŋgə(r)/; **strong·est** /-ŋgɪst/)《口語》強く, 力強く; 強力に, 猛烈に: blow ～ / Suspicions have run ～. 疑念が今も強く残っている. *cóme* [*gó*] *it stróng*《英口語》遠慮なくやる[言う], 極端に走る; 誇張する: That's *coming it* a bit ～. そりゃちょっとひどすぎる. *cóme ón stróng* (1) まくし立てる〔*about*〕. (2)《米》強烈な印象を与える, 強力になる, 進歩する: Our candidate *came on* ～ at the end of the campaign and won the election. 我々の候補者は選挙戦後半に盛り上がり当選した. *gòing stróng*《口語》元気である; 盛んである, 衰えない: He is still *going* ～. まだ達者だ / The book is *going* ～. その本は盛んな人気だ.
— *n.* 〖音声〗強音 (cf. fortis).
～·ness *n.* 〖OE *strang* < Gmc **straŋʒaz* (MDu. *stranc* / ON *strangr*: cf. OE *strenge* severe / Du.& G *streng* strict) ← IE **strenk-* tight: cf. string〗

SYN 強い: **strong** 肉体的にも精神的にも強い《最も一般的な語》: a *strong* body 強健な体. **stout** 強くて頑丈で酷使に耐える: a *stout* ship 頑丈な船. **sturdy** 〈人や体が〉強くて健康な: *sturdy* legs がっちりした足. **tough** 〈人が〉困難や病気に耐えることができる: He is (as) *tough* as nails. (体が)とても丈夫だ. **ANT** weak.

---

stróng accumulátion pòint *n.* 〖数学〗強集積点《そのどの近傍も, 与えられた点集合の点を無限に多く含むような点; cf. accumulation point》.
stróng-àrm 《口語》*adj.* [限定的] 腕力を用いる, 腕ずくの: ～ kidnapping. — *vt.* **1** …に暴力を用いる. **2** 強奪する. 〖1901〗
stróng àrm *n.* **1** 力ずく; 暴力, 高圧手段: the ～ of the law 法の力, 法による高圧手段 / by [with] a [the] ～ ＝*by a* [*the*] *strong* HAND. **2** 凶漢, 暴漢. 〖1606〗
stróng àrm·er *n.* ＝strong arm 2.
stróng·bàck *n.* **1** 〖海事〗 **a** (ボートカバーの下に入れる)縦梁(じゅう)《船上にボートを格納しておくのに雨水を避けるためズックカバーをするとき, その下に縦に中央に渡した力材》. **b** かんぬき. **c** (倉口カバーを支える)移動ビーム. **d** 手動揚錨機の門型力材. **e** ストロングバック《ダビット (davit) 間に渡した円材で, 救命艇を固定する》. **2** 〖植物〗＝strongbark. 〖1738〗

S

stróng·bàrk *n.* 〖植物〗米国南東部・西インド諸島産のムラサキ科の小低木 (*Bourreria ovata*)《材は緻密で工芸用; 果実から清涼飲料を作る》. 〖1864〗
stróng·bòx *n.* (金銭・宝石などをしまっておく頑丈な)小金庫, 金箱. 〖1684〗
stróng bréeze *n.* 〖気象〗雄風 (⇨ wind scale). 〖1805〗
stróng derived sét *n.* 〖数学〗強導集合《位相空間の部分集合の強集積点 (strong accumulation point) の全体から成る集合; cf. derived set》.
stróng drínk *n.* 酒類 (cf. soft drink). 〖*c*1390〗
stróng-èye dóg *n.* 《NZ》視線で羊を操るように訓練された犬.
stróng fórce *n.* 〖物理〗＝strong interaction.
stróng fòrm *n.* 〖音声〗強形《and の /ǽnd/, some の /sʌ́m/, he の /híː/ など》.
stróng fórward *n.* 〖バスケットボール〗＝power forward.
stróng gále *n.* 〖気象〗大強風 (⇨ wind scale). 〖*c*1805〗
stróng gráde *n.* 〖文法〗強階梯 (⇨ grade 8).
stróng·héaded *adj.* 頑固な, 強情な (stubborn). **～·ly** *adv.* **～·ness** *n.* 〖1603〗
stróng·héarted *adj.* 勇気のある, 気丈夫な. **～·ness** *n.* 〖*c*1410〗
strong·hold /strɔ́(ː)ŋhòuld, strɑ́(ː)ŋ- | strɔ́ŋhəuld/ *n.* **1 a** (最後の)よりどころ. **b** 本拠, 拠点: the ～ of Protestantism [superstition] プロテスタント[迷信]の拠点. **2** 砦(とりで), 要塞(ようさい) (⇨ fort SYN): a robbers' ～ in the mountains 山賊の砦[山塞]. 〖*a*1325〗
stróng interáction *n.* 〖物理〗(ハドロンの間に働く)強い相互作用《核子間に働く核力はその効果の例; strong force ともいう; cf. weak interaction》. 〖*c*1961〗
stróng·ish /-ŋɪʃ/ *adj.* 丈夫そうな, 強そうな, やや強い. 〖(1799): ⇨ -ish〗
stróng lánguage *n.* 乱暴な言葉, 悪態, ののしり. 〖*a*1910〗
stróng·ly *adv.* **1** 強く, しっかりと; 丈夫に, 頑丈に; 強固に, 堅固に: ～ built 建て方の丈夫な, 丈夫[頑丈]にできた. **2** 猛烈に, 激しく, 強硬に; 熱心に, 熱中して; 力を込めて; 強調して: I ～ advise you to meet him. ぜひ彼に会いたまえ. 〖OE *strangliċe*〗
stróng·màn *n.* (*also* **stróng màn**) **1** 力ずくで指導[支配]する人, 威圧的な人; 独裁者 (dictator). **2** (仕事・団体で)最も有力な[勢力のある]人: a ～ in the government 政府部内の有力者. **3** (サーカスなどの)怪力男. 〖1699〗
stróng méat *n.* **1** 堅い肉; 不消化な食物. **2** (大部分の人に)恐怖・怒り・反発を起こさせるもの. **3** 〖聖書〗(普通の人には)理解しにくい教義[思想] (cf. *Heb.* 5: 12). 〖1526〗
stróng-mínded *adj.* **1** 心のしっかりした, 意志の強い; 決断力に富む. **2** 男まさりの, 勝ち気な: a ～ woman. **～·ly** *adv.* **～·ness** *n.* 〖1791〗
stróng·pòint *n.* **1** 〖軍事〗(部隊や火器を配置し築城を施した防御陣地内の)拠点, 要点, 要地. **2** ＝hard-point. 〖1840〗
stróng ròom *n.* **1** 金庫部屋, 安全室《部屋全体が金庫のようにできた貴重品室》. **2** 重症精神病患者用の部屋. 〖1761〗
stróng sáfety *n.* 〖アメフト〗ストロングセーフティー《攻撃側のストロングサイドに対面するディフェンシブバック選手; 略 SS》.
stróng sánd *n.* 〖金属加工〗粘り強い[粘土を多く含んだ]鋳物砂.
stróng sìde *n.* 〖アメフト〗ストロングサイド《攻撃フォーメーションの一方辺で, 人数の多い力の強いサイド》. 〖*c*1951〗
stróng stréss *n.* 〖音声〗強強勢《第一強勢 (primary stress) および第二強勢 (secondary stress)》.
stróng sùit *n.* **1** 〖トランプ〗ストロングスーツ《高位札を含み 4 枚以上から成る強力な同種札のそろい》. **2** (人の)長所; 得意(の分野) (strong point). 〖1865〗
stróng vówel *n.* 〖音声〗強母音《英語において多少とも強い強勢のある音節に現れる母音; /ə/, /ɪ/ などを除いた一般の母音》.
stróng wáters *n. pl.* 《古》 **1** 蒸溜酒. **2** 酸; (特に)硝酸. 〖1580〗
stróng-wílled *adj.* **1** 意志の強固な, 決断力に富む, 断固とした (resolute). **2** 片意地な, 頑固な.
stróng wóod *n.* 《カナダ》森, 森林 (forest).
stron·gyle /strɑ́(ː)ndʒaɪl, -dʒɪl | strɔ́ndʒaɪl, -dʒɪl/ *n.* (*also* **stron·gyl** /～/) 〖動物〗円虫《線虫綱円虫科の寄生動物; 成虫は多く馬の腸内に寄生する》. 〖(1847) ← NL *strongylus* ← Gk *stroggúlos* round〗
stron·gy·loi·di·a·sis /strɑ̀(ː)ndʒəlɔɪdáɪəsɪs | strɔ̀ndʒɪlɔɪdáɪəsɪs/ *n.* (*also* **stròn·gy·loi·dó·sis** /-dóusɪs | -dáusɪs/) 〖獣医〗糞線虫症. 〖(1905) ← *Strongyloides* (属名) フンセンチュウ(糞線虫)属＋-ASIS, -OSIS〗
stron·gy·lo·sis /strɑ̀(ː)ndʒəlóusɪs | strɔ̀ndʒɪláusɪs/ *n.* 〖獣医〗円虫症, ストロンギルス感染症. 〖(1892) ← NL ～: ⇨ strongyle, -osis〗
stron·ti·a /strɑ́(ː)nʃiə, -ʃə | strɔ́ntiə, -ʃiə, -ʃə, -tjə/ *n.* 〖化学〗ストロンチア: **a** 酸化ストロンチウム (SrO). **b** 水酸化ストロンチウム ($Sr(OH)_2$). 〖(1802): ⇨ ↓, -ia[1]〗
stron·ti·an /strɑ́(ː)nʃiən, -ʃən | strɔ́ntiən, -ʃiən, -ʃən, -tjən/ *n.* **1** 〖化学〗＝strontium. **2** 〖鉱物〗＝strontianite. 〖(1789) ← *Strontian* (スコットランド旧 Argyllshire 州の地名, その鉱山から発見されたのにちなむ)〗
stron·ti·an·ite /strɑ́(ː)nʃənàɪt, -ʃiə- | strɔ́ntiə-, -ʃiə-, -ʃə-, -tjə-/ *n.* 〖動物〗ストロンチウム石 ($SrCO_3$). 〖(1794): ⇨ ↑, -ite[1]〗
stron·tic /strɑ́(ː)ntɪk | strɔ́nt-/ *adj.* ストロンチウムの[に関する]. 〖(1883) ⇨ ↓, -ic[1]〗
stron·ti·um /strɑ́(ː)nʃiəm, -ʃəm | strɔ́ntiəm, -ʃiəm, -ʃəm, -tjəm/ *n.* 〖化学〗ストロンチウム《金属元素の一つ; 記号 Sr, 原子番号 38, 原子量 87.62》. 〖(1808) ← NL ～: ⇨ strontia, -ium: H. Davy の命名〗
stróntium cárbonate *n.* 〖化学〗炭酸ストロンチウム ($SrCO_3$)《花火・医薬品・ラスターガラス (luster glass) の製造に使用》. 〖1892〗
stróntium hydróxide *n.* 〖化学〗水酸化ストロンチウム ($Sr(OH)_2$)《サッカロースと難溶性の化合物サッカラートを作る特性がある》.
stróntium monóxide *n.* ＝strontium oxide.
stróntium 90 /-náɪnti | -ti/ *n.* 〖化学〗ストロンチウム 90《ストロンチウムの放射性同位元素の一つ; 記号 ^{90}Sr; 人体に有害; radiostrontium ともいう》. 〖1952〗
stróntium nítrate *n.* 〖化学〗硝酸ストロンチウム ($Sr(NO_3)_2$)《花火・マッチ・医薬用に使用》. 〖1892〗
stróntium óxide *n.* 〖化学〗酸化ストロンチウム (SrO)《ストロンチウム塩類原料・花火材料等に使用; strontia, strontium monoxide ともいう》.
stróntium ùnit *n.* 〖物理〗ストロンチウム単位《放射性降下物の中で人体に害を与えるストロンチウム 90 の放射能の強さを測るための単位》.
strop[1] /strɑ́(ː)p | strɔ́p/ *n.* **1** (かみそり研ぎの)革砥(かわと). **2** 〖海事〗ストロップ: **a** 滑車の帯索. **b** 滑車の環索. — *vt.* (**stropped**; **strop·ping**) **1** 革砥で研ぐ. **2** 〖海事〗〈滑車〉にストロップをつける. **～·per** *n.* 〖(1345) ▭ (M)LG & (M)Du. ～ < (WGmc) **strupa* (OE *strop* / G *Strüpfe*) ▭ L *struppus*, *stroppus* ▭ Gk *stróphos* twisted cord: cf. strap, strophe〗
strop[2] /strɑ́(ː)p | strɔ́p/ *n.* 《英口語》不機嫌, かんしゃく: be [get] in a ～ いらいらしている[する]. 〖(逆成) ← ? STROPPY〗
stroph- /strouf | strəuf/ (母音の前にくるときの) stropho- の異形.
stro·phan·thin /strəfǽnθɪn | strə(ʊ)fǽnθɪn/ *n.* 〖薬学〗ストロファンチン《主に *Strophanthus kombé* (⇨ strophanthus) の種子から採る有毒の配糖体; 強心剤》. 〖(1873): ⇨ ↓, -in[2]〗
stro·phan·thus /strəfǽnθəs | strə(ʊ)-/ *n.* **1** 〖植物〗ストロファンツス《熱帯アフリカ産キョウチクトウ科キンリュウカ属 (*Strophanthus*) のつる植物の総称; *S. kombé*, *S. hispidus* など》. **2** その種子《猛毒を含み, 原住民は毒矢に用いる; 強心剤 strophanthin を採る》. 〖(1888) ← NL ～ ← Gk *stróphos* twisted cord＋*ánthos* flower: ⇨ ↓, anther〗
stro·phe /stróufi | stróufi, strɔ́fi/ *n.* **1** 〖ギリシャ劇〗ストロペ (cf. antistrophe 1): **a** 合唱舞踊隊の右手より左方への転回. **b** 左方転回のとき歌う歌章. **2** 〖詩学〗 **a** 段《合唱歌・ピンダロス風オード (Pindaric ode) の第一連[節]; これに antistrophe が続く》. **b** (現代詩では, 漠然と)節, 連《stanza のように定型的韻律形式の繰り返しでなくてもよい》. 〖(1603) ▭ Gk *strophḗ*《原義》act of turning ← *stréphein* to turn ← IE **streb(h)-* to wind, turn〗
stro·phic /stróufɪk, strɑ́(ː)f- | strɔ́f-, stróuf-/ *adj.* **1** 〖詩学〗strophe の[から成る, を含んだ]. **2** 〖音楽〗〈歌曲が〉有節の, ストロフィックの《詩の各節に第 1 節と同じ音楽がつけられ繰り返して歌われる; cf. through-composed》: a ～ song 有節歌曲. 〖(1848): ⇨ ↑, -ic[1]〗
stróph·i·cal /-fɪkəl, -kl | -fɪ-/ *adj.* ＝strophic. **～·ly** *adv.* 〖1886〗
Stro·phi·us /stróufiəs | stróu-/ *n.* 〖ギリシャ神話〗ストロフィオス《Phocis の王; Agamemnon が暗殺されたのち, その一子 Orestes をかくまい, 成人させた》. 〖▭ L ～ ▭ Gk *Stróphios*〗
stro·pho- /stróufou | stróufəu/「ねじれる, 回転する (turning)」の意の連結形. ★ 母音の前では通例 stroph- になる. 〖← Gk ～ ← *stréphein* to turn: ⇨ strophe〗
stro·phoid /stróufɔɪd | stróu-/ *n.* 〖数学〗ストロフォイド《円柱の 1 本の母線と直交し, 円柱に接する直線を通る平面によって円柱が切られてできる円錐曲線の焦点の軌跡》. 〖(1880) ▭ F *strophoïde* ← Gk *stróphos*: ⇨ strophe, -oid〗
stroph·u·lus /strɑ́(ː)fjuləs | strɔ́f-/ *n.* (*pl.* **-u·li** /-làɪ/) 〖病理〗(小児)ストロフルス. 〖(1808) ← NL ～ ← Gk *stróphos* twisted cord: ⇨ strophe〗
stróp·per *n.* **1** 革砥(かわと)で研ぐ人. **2** 両刃の安全かみそりの刃の研ぎ器.
strop·py /strɑ́(ː)pi | strɔ́pi/ *adj.* 《英口語》反抗的な, 手に負えない, すぐにおこりだす. **stróp·pi·ly** /-pɪli/ *adv.*
stróp·pi·ness *n.* 〖(1951) ← ? (短縮) ← OBSTREPEROUS〗
stross·ers /strɑ́(ː)səs | strɔ́səz/ *n. pl.* 《廃》ズボン (trousers); (膝上までの)半ズボン (breeches). 〖(1598) ← ?〗
stroud /stráud/ *n.* (以前英国人がアメリカインディアンと物々交換に用いた)きめの粗い木綿布[衣類, 毛布]. 〖(1683) ↓〗
Stroud /stráud/ *n.* ストラウド《英国 Gloucestershire 州の都市; かつての毛織物工業の中心地》. 〖← OE *strōd* marshy land〗
strove /stróuv | stráuv/ *v.* strive の過去形. 〖(14C) *stro(o)ve*〗
strow /stróu | stráu/ *vt.* (**strowed**; **strown** /stróun | stráun/, **strowed**)《古》＝strew. 〖(14C)《異形》← STREW〗
stroy /strɔ́ɪ/ 《廃》*vt.* 破壊する (destory). — *n.* 破壊. 〖(?*a*1200) *struȝe(n)* (頭音消失) ← DESTROY〗
Stroz·zi /strɔ́(ː)tsi | strɔ́tsi; *It.* strɔ́ttsi/ (*also* **Stroz·za** /strɔ́ttsa/), **Bernardo** *n.* ストロッツィ (1581–1644; イタリアの画家・版画作者).
struck /strʌ́k/ *v.* strike の過去形・過去分詞. — *adj.* **1** 《米》スト(ライキ)で閉鎖された[の影響を受けた], スト中の: a ～ factory. **2** [複合語の第 2 構成素として] ＝stricken: ⇨ awestruck, panicstruck. 〖(p.p.) OE *stricen* — adj. (1596) ← (v.)〗
strúck jóint *n.* 〖石工〗(れんがの)斜目地. 〖1876〗
strúck júry *n.* 《米》〖法律〗特別陪審《特別に裁判所が用意した 48 人の陪審名簿 (panel) の中から両当事者が(抹消していって)選定した 12 人の陪審員》. 〖1856〗
strúck méasure *n.* 斗かき (strickle) をかけてならした升目[量]《level measure ともいう; cf. heaped measure》.
struc·tur·al /strʌ́ktʃ(ə)rəl/ *adj.* **1 a** 構造(上)の, 構成上の, 組織(上)の, 組織的な: the ～ beauty of a building 建物の構造上の美しさ / ～ elements 構成的要素. **b** 建造[建築]に用いられる[適した]: ⇨ structural iron, structural steel. **c** 構造に由来する[によって引き起こされる]; (特に)経済組織[機構]の[による]: ⇨ structural unemployment. **2** 〖生物〗機質的な; 形態上の (morphological): ～ botany 組織植物学 / a ～ disease 〖医学〗器質性疾患. **3** 〖地質〗(地層などの)構造の: ⇨ structural geology. **4** 〖化学〗化学構造の. **5** 〖言語〗構造上の, 構造分析の; 構造言語学の: ⇨ structural linguistics. 〖(1835) ← STRUCTURE＋-AL[1]〗
strúctural engineér *n.* 構造工学者.
strúctural engineéring *n.* 構造工学《建造物の設計・建設を取り扱う土木工学の一分野》. 〖1896〗
strúctural fórmula *n.* 〖化学〗構造式 (cf. empirical formula, molecular formula). 〖1872〗
strúctural-fúnctional análysis *n.* 〖社会学〗構造機能分析《社会の構造およびその構成部分間の関係という立場から社会現象を分析する方法論的枠組; cf. functionalism 2》.
strúctural gène *n.* 〖生物〗構造遺伝子《蛋白質や RNA などの構造の決定に関与する遺伝子; cf. operator 9》. 〖1962〗

strúctural geólogy *n.* 構造地質学《地層の形態・構造などを扱う; tectonic geology ともいう》.

strúctural íron *n.* 構造用鉄材. 〘1895〙

strúc·tur·al·ìsm /-lìzm/ *n.* **1** 〘哲学〙構造主義《人文・社会・言語等の諸科学の分野で, 構造の概念を基本的として哲学的分析を企てる現代フランス哲学に有力な立場》. **2** 〘言語〙構造主義《言語を構成する諸要素の有機的・組織的な研究方法》. **3** 〘心理〙=structural psychology. 〘(1907): ⇨ -ism〙

strúctural isómerism *n.* 〘化学〙構造異性 (cf. stereoisomerism). 〘1926〙

strúc·tur·al·ist /-l̩ɪ̈st | -lɪst/ *n.* 構造主義者, 構造言語学者. — *adj.* =structuralistic. 〘(1907): ⇨ -ist〙

struc·tur·al·is·tic /strʌ̀ktʃ(ə)rəlístɪk←/ *adj.* 構造主義の[に関する]. 〘1957〙

struc·tur·al·ize /strʌ́ktʃ(ə)rəlàɪz/ *vt.* 構造化する. **struc·tur·al·i·za·tion** /strʌ̀ktʃ(ə)rəl̩ɪ̈zéɪʃən | -laɪ-, -lɪ-/ *n.* 〘1936〙

strúctural linguístics *n.* 構造言語学《各言語は, 構造上それぞれ一つの体系を成すとする言語理論に基づく言語学; cf. structure 6》. **strúctural línguist** *n.* 〘1940〙

strúc·tur·al·ly /-rəli/ *adv.* 構造[組織]上, 構造[組織]的に. 〘1839〙

strúctural méaning *n.* 〘言語〙構造的意味《C. C. Fries の用語; 辞書的意味 (lexical meaning) に対する; cf. linguistic meaning》.

strúctural míll *n.* 〘金属加工〙=section mill.

strúctural psychólogy *n.* 構成心理学《心理過程を要素に分析し, これらの要素を結合して精神現象を説明しようとする心理学; 心理学上の立場として structuralism ともいう》.

strúctural shòp *n.* 〘造船〙=plate shop.

strúctural stéel *n.* 構造用鋼(材). 〘1895〙

strúctural unemplóyment *n.* 〘経済〙《経済構造の変化に起因する》構造的失業. 〘1932〙

struc·tur·a·tion /strʌ̀ktʃəréɪʃən/ *n.* 有機的総体における各部分と個の相互関係. 〘1927〙

struc·ture /strʌ́ktʃə | -tʃə^(r)/ *n.* **1 a** 構造, 構成; 組織; 組立て: the ~ of a house [a machine, a cell, an organ, a poem] 家[機械, 細胞, 器官, 詩]の構造 / the existing ~ of society 現存の社会組織. **b** (よい)まとまり, 整っていること: The essay needs (a) ~. 作文はまだまとまりに欠ける. **c** (まれ) 組み立てる[建設する]こと. **2 a** (特に, 堂々とした) 建築物, 建造物《建物・橋・ダムなど》(⇨ building SYN): a fine marble ~ 立派な大理石の建造物 / The earthquake shook the ~ to its foundations. 地震で建物は土台まで揺れた. **b** (相互関係をもつ個々の部分[要素]から成り立った)構造物, 組織物, 構成物: a ~ of fads and fallacies 幻想と謬論(びゅうろん)とのでっちあげ. **3** 〘生物〙(組織・器官などの)構成, 体制 (organization). **4** 〘地質〙(地層・岩石によって示される)構造; いろいろな岩石組織 (texture) の集合によって示される全体的な様相. **5** 〘化学〙化学構造《分子内の原子配列》. **6** 〘言語〙構造, 言語構造《言語の音韻・形態・統語上および意味上の要素にみられる構造または型; cf. structural linguistics》. **7** 〘社会学〙構造《全体を構成する諸部分(個人・集団・制度等)間の比較的安定した関係の様式や体系》. **8** 〘心理〙=gestalt. — *vt.* **1** 組織的体系[構成]にする; 構造化する (structuralize). **2** 〘言語〙〈言語要素を〉構造化する, 言語体系内に位置づける. — *vi.* 〘言語〙〈言語要素が〉体系内で機能する. 〘(?1440) ⊏ (O)F ~ // L *structūra* ← *structus* (p.p.) ⊏ *struere* to construct ← IE **ster-* to spread: ⇨ strew, -ure〙

strúc·tured *adj.* **1** 明確な構造[組織]をもつ[示す]. **2** 大まかに構成された, 系統立てて作られている. 〘(1873): ⇨ -ed 2〙

strúctured géne *n.* 〘生物〙=structural gene.

strúctured ínterview *n.* 回答の選択肢が Yes, No, Don't know の 3 つに限定された質問方式によるインタビュー.

strúcture·less *adj.* **1** 構造[体系]のない, 無組織の. **2** 〈薄膜など〉無細胞の. **~·ness** *n.* 〘1847–49〙

strúcture plàn *n.* 構造計画《指定地区における土地の開発利用保全などについて地方自治体が策定する計画》.

strúc·tur·ism /-tʃərìzm/ *n.* 〘美術〙構造主義《基本的な幾何学的形態[構造]を強調する美術》. 〘1963〙

strúc·tur·ist /-tʃ(ə)r̩ɪ̈st | -rɪst/ *n.* 〘美術〙構造主義者, 構造派の人. — *adj.* 構造主義の. 〘1860〙

struc·tur·ize /strʌ́ktʃəràɪz/ *vt.* 〈複雑なものを〉有機的な組織に配列する, 組織化する. **struc·tur·i·za·tion** /strʌ̀ktʃər̩ɪ̈zéɪʃən | -raɪz-, -rɪz-/ *n.* 〘1958〙

stru·del /strúːdḷ, ʃtrúː- | strúː-, ʃtrúː-; G. ʃtʁúːdl/ *n.* シュトルーデル《通例, 果物・チーズなどを紙のように薄い生地に巻いて焼いたデザート用菓子》: an apple ~. 〘(1893) ⊏ G ~ (原義) whirlpool〙

strug·gle /strʌ́gl/ *vi.* **1** 〔…を求めて〕〈…しようと〉一生懸命になる, 苦心する, 骨折る, 努力する 〔*for*〕/ 〈*to do*〉(⇨ try SYN): ~ *to* get a position in society 出世しようと努力する / ~ *to* express oneself 何とか自分の考えを言い表そうと苦心する / ~ *for* breath 呼吸をしようとあえぐ / ~ *for* existence 生活[生存]のために苦闘する / ~ *for* [*over*] power 権力を得ようと努める. **2** (苦境にあって)もがく, あがく, じたばたする, 暴れる: ~ to escape 逃れようともがく[じたばたする] / ~ to one's feet もがきながら立ち上がる. **3** 〔…と〕戦う, 組打ちする, 争う 〔*against, with*〕: ~ *against* superior numbers 大軍と戦う / ~ *against* the desire for sleep 眠気と闘う / ~ *with* the waves 波と闘う / ~ *with* mathematical problems 数学の問題と取り組む. **4** 骨折って進む[する], 押し分けて行く, やっと通る[する]: ~ (*ahead* [*on*]) *through* the snow 雪の中を骨折って進む / ~ *on* [*along*] *in* life どうにかこうにか生きていく / ~ *into* [*out of*] one's coat コートを苦労して着る[脱ぐ]. — *vt.* **1** 《米》努力して遂行[達成]する[運ぶ, 置く]: ~ a trunk into a car 苦労して車の中にトランクを押し込む. **2** [~ one's way として] 押し分けて進む: ~ (*one's way*) *through* the crowd 人込みの中を押し分けて進む.
— *n.* **1** 努力, 苦闘, 奮闘 (desperate effort): Some ~ was going on within him[in his mind]. 心の葛藤(かっとう)が生じていた / He had a fierce ~ to get his work done in time. 仕事を間に合わせようと大変努力した. **2** もがき, あがき, 身もだえ: a violent ~ to escape 逃れようとする激しいもがき / put up a ~ 抵抗する. **3** 争闘, 組打ち, もみ合い, 乱闘: a violent ~ *with* the police 警官との激しい乱闘 / a ~ over power=a power ~ 権力闘争 / His life was a hard ~ *against* poverty. 彼の一生は貧困との苦闘だった. **4** 努力を要する仕事[課題, 目標], 〔…にとって〕困難なこと 〔*for*〕: It was quite a ~ getting [to get] here. ここに来るのは大変だった. ***the strúggle for existence*** [*life*] 生存競争 (cf. natural selection). 〘1849〙

strúg·gler /-glə, -glə | -glə^(r), -gl-/ *n.* 〘(c1390) *strugle(n)* ← ? // 《混成》? ← STRIVE + 《方言》*huggle* (⇨ hug, -le³). — n.: 〘1692〙 ← (v.)〙

strúg·gling /-glɪŋ, -gl-/ *adj.* **1** もがく, あがく, 身もだえする, 暴れる, じたばたする. **2** 奮闘する, 苦闘する; (特に)生活難にあえぐ[苦しむ]: a ~ painter [genius] 奮闘する画家[天才] / a ~ student 苦学生 / a ~ young writer 世に認められようとあせる若い作家. **~·ly** *adv.* 〘(1577): ⇨ -ing²〙

Struld·brug /strʌ́l(d)brʌg/ *n.* (*Gulliver's Travels* 中に出る)不死の呪いを受けて生まれたという種族の人. 〘(1726): Swift の恣意的造語〙

strum /strʌ́m/ *v.* (**strummed; strum·ming**) — *vt.* **1** 〈弦楽器を〉下手[いい加減]にかき鳴らす: ~ a guitar. **2** 弦楽器をかき鳴らして〈曲を〉弾く: ~ a tune. — *vi.* **1** 弦楽器をつま弾きする; 〔弦楽器を〕下手[いい加減]に弾く[鳴らす] 〔*on*〕: ~ *on* a banjo. **2** 振動して音を出す. — *n.* (弦楽器を)下手にかき鳴らすこと[音], つま弾きの(音). **strúm·mer** *n.* 〘(1775) 《擬音的混成》? ← STRING + THRUM¹〙

stru·ma /strúːmə/ *n.* (*pl.* **stru·mae** /-miː, -maɪ/) **1** 〘病理〙**a** 瘰癧(るいれき) (scrofula). **b** 甲状腺腫(しゅ) (goiter). **2** 〘植物〙(コケ類の蒴(さく)の根元などにできる)こぶ状突起, 小葉節. **stru·mat·ic** /struːmǽtɪk | -tɪk/ *adj.* 〘1: (1565) ⊏ L *strūma* scrofulous tumor. — 2: (1832) ← NL ~ ← L〙

Stru·ma /strúːmə; *Bulg.* strúma/ *n.* [the ~] ストルマ(川)《ブルガリア西部を南流し, ギリシャ北東部を貫流してエーゲ海に注ぐ川 (346 km), ギリシャ語名 Strymon》.

strumae *n.* struma の複数形.

stru·mec·to·my /struːméktəmi/ *n.* 〘外科〙**1** 甲状腺腫(しゅ)切除(術). **2** 《廃》瘰癧(るいれき)切除(術). 〘(1894) ← STRUMA + -ECTOMY〙

stru·mose /strúːmous | -məus/ *adj.* 〘植物〙こぶ状突起 (struma) のある. 〘(1841) ⊏ L *strūmōsus*: ⇨ struma, -ose¹〙

stru·mous /strúːməs/ *adj.* 〘病理〙甲状腺腫(性)の; 甲状腺腫にかかった. 〘(1590) ⊏ L *strūmōsus*: ⇨ ↑, -ous〙

strum·pet /strʌ́mp̩ɪ̈t | -pɪt/ *n.* 《古》売春婦, 女郎 (harlot). 〘(*a*1325) *strompet*, ~ ← ? OF *strupe* ← *stupre* concubinage ⊏ L *stuprum* violation: ⇨ -et〙

strung /strʌ́ŋ/ *v.* string の過去形・過去分詞. — *adj.* 緊張して, 興奮して. 〘(pret.: 17C; p.p.: 16C): SING との類推による強変化〙

strúng-óut *adj.* **1** 一列に並べられた; 引き延ばしになった. **2** 《口語》麻薬中毒にかかって 〔*on*〕. **3** 《口語》とても疲れて[心配して]. 〘1: (1902); 2, 3: (1959)〙

strunt¹ /strʌ́nt/ *vi.* 《スコット》=strut¹. 〘(18C) ← 《変形》← STRUT¹〙

strunt² /strʌ́nt/ *n.* 《スコット》酒類 (liquor). 〘(1786) ← ?〙

strut¹ /strʌ́t/ *v.* (**strut·ted; strut·ting**) — *vi.* **1** もったいぶって[気取って]歩く, そりかえって[肩を怒らせて]歩く 〈*about, along*〉: ~ upon the stage 舞台の上を威張って歩く. **2** 膨らむ, はれる. — *vt.* **1** 〈道などを〉威張って[もったいぶって]歩く. **2** 見せびらかす, 誇示する. ***strút one's stúff*** ⇨ stuff 成句. — *n.* **1** 気取った[もったいぶった]歩き方. **2** 誇示. **strút·ter** /-tə | -tə^(r)/ *n.* 〘OE *strūtian* to stand stiffly ← Gmc **strūt-* (G *strotzen* / Swed. *strutta* to be swelled) ← IE **ster-* stiff: cf. stare〙

strut² /strʌ́t/ *n.* 〘建築〙筋違(すじかい), 方杖(ほうづえ) (brace) (⇨ beam 挿絵); 支柱, 支材, 控え柱 (prop). — *vt.* (**strut·ted; strut·ting**) …に支柱[つっぱり]をかう. 〘(1575) ↑?: cf. LG *strutt* stiff〙

'struth /strúːθ/ *int.* 《口語》畜生《驚き, 当惑, 軽いののしりを表す》. 〘(1892) 《略》← *God's truth*〙

Stru·thi·on·i·dae /strùːθiɑ́(ː)nədìː, -ði- | -ɔ́nɪ-/ *n. pl.* 〘鳥類〙ダチョウ科. 〘← NL ~ ← LL *strūthiō* ⊏ Gk *strouthiōn* ostrich + -IDAE〙

stru·thi·ous /strúːθiəs, -ði- | -θi-/ *adj.* ダチョウ (ostrich) の(ような); 走鳥類の (ratite). 〘(1773) ← LL *strūthiō*: ⇨ Struthionidae, -ous〙

Strutt /strʌ́t/, **John William** ⇨ Rayleigh.

strút·ting /-tɪŋ | -tɪŋ/ *adj.* 気取って歩く; もったいぶった: a ~ walk. **~·ly** *adv.* 〘(*c*1387): ⇨ strut¹, -ing²〙

Stru·ve /strúːvə/, **Otto** *n.* ストルーベ《1897–1963; ロシア生まれの米国の天文学者; 恒星分光学の研究と恒星間水素の発見 (1937) で有名》.

strych·ni·a /stríkniə/ *n.* 〘薬学〙=strychnine 1. 〘(1826) ← NL ~: ⇨ ↓, -ia¹〙

strych·nine /stríknaɪn, -n̩ɪ̈n, -niːn | -niːn, -nɪn, -naɪn/ *n.* **1** 〘薬学〙ストリキニーネ, ストリキニン ($C_{21}H_{22}N_2O_2$)《マチン科植物の種子に含まれる猛毒アルカロイド》. **2** 〘植物〙マチン, ストリキニーネノキ (nux vomica). **strych·nic** /stríknɪk/ *adj.* 〘(1819) ⊏ F ~ ← (N)L *strychnos* ← Gk *strúkhnos* a kind of nightshade: ⇨ -ine³〙

strých·nin·ìsm /-nìzm/ *n.* 〘病理〙ストリキニン中毒.

Stry·mon /*Mod. Gk* strímɔn, ーニ/ *n.* ストリモン《Struma のギリシャ語名》.

Sts 《略》Saints.

STS 《略》Scottish Text Society; space transportation system 宇宙輸送システム《Space Shuttle を使った輸送システム》.

St. So·phi·a /sèɪn(t)sóufiə, -sɔ́(ː)f-, -soufíːə | s̩n(t)-sóufiə, -sɔ́f-, -sə(ʊ)fíːə/ *n.* 聖ソフィア大聖堂, アヤソフィア《トルコの Istanbul にある寺院; 537 年に建てられ, 558 年崩壊後再建; ビザンチン式建築の典型として有名; 1454 年トルコ人が占領して以来イスラム寺院となり, 現在は美術館》.

St. Ste·phen's /sèɪn(t)stíːvənz | sn(t)-/ *n.* 英国下院[議会]《俗称》. 〘かつての St. Stephen's Chapel にある〙

St. Swith·in's /sèɪn(t)swíð̩ɪ̈nz, -θ̩ɪ̈nz | sn(t)-/ *n.* = St. Swithin's Day.

St. Swíth·in's Dày *n.* 聖スウィズンの日《7 月 15 日; この日の天候がその後 40 日間続くという迷信がある》.

St. Thom·as /sèɪn(t)tɑ́(ː)məs | s̩n(t)tɔ́m-, sn(t)-/ *n.* **1** サントメ島 (⇨ São Tomé). **2** セントトマス《西インド諸島 Virgin 諸島中の米領の一島; 面積 83 km²》. **3** セントトマス《Charlotte Amalie の旧名》.

St. Thómas trèe *n.* 〘植物〙キバナモクワンジュ (*Bauhinia tomentosa*)《熱帯アジア・アフリカ原産マメ科ハカマカズラ属の直立性低木; 花は黄色》. 〘← *St. Thomas* (キリストの弟子の 1 人): 花弁の 1 枚に見られる赤色の斑点は彼が殉死した折に体から滴り落ちた血によるものとする故事から〙

STTL 《略》*L.* Sit tibi terra levis (=May the earth be light on thee). なんじを覆う土軽く安かれかし《墓碑に記す文句》.

St. Trin·i·an's /sèɪn(t)tríniənz | sn(t)-/ *n.* セントトリニアンズ校《1941 年, Ronald Searle の漫画に登場した架空の女学校; よこれた制服, 荒っぽいふるまい, 反抗的な態度の生徒が登場し, 映画にもなった》. 〘1941〙

St-Tro·pez /sæ̀ntroupéɪ | -trəu-; *F.* sɛ̃tʁɔpe/ *n.* サントロペ《フランス南東部 Var 県の, 地中海に面した高級リゾート地》.

Stu·art¹ /stúːət, stjúː- | stjúːət, stjʊ́ət/ *n.* (英国の)スチュアート家の人; [the ~s] スチュアート朝《Robert 二世から James 六世に至るまで (1371–1603) スコットランドに君臨し, 同 James 六世がイングランドの James 一世となって以後, 共和制 (1649–60) を除いて Anne 女王に至るまで (1603–1714) イングランド・スコットランド両国に君臨した英国の王家; the House of Stuart ともいう》. — *adj.* スチュアート家の, スチュアート派の. 〘《変形》← STEWART, Steward 《原義》steward〙

Stuart² /stúːət, stjúː- | stjúːət, stjʊ́ət/ *n.* スチュアート《男性名》. 〘↑〙

Stuart, Charles Edward *n.* ⇨ Young Pretender.

Stuart, Gilbert (Charles) *n.* スチュアート《1755–1828; 米国の肖像画家》.

Stuart, James Ew·ell /júːəl | júːəl, jʊ́əl/ **Brown** *n.* スチュアート《1833–64; 米国の南北戦争当時の南軍の将軍; 愛称 Jeb》.

Stuart, James Francis Edward *n.* ⇨ Old Pretender.

Stuart, Jesse (Hilton) *n.* スチュアート《1907–84; 米国の詩人・小説家》.

Stuart, Mary *n.* ⇨ Mary Stuart.

stub¹ /stʌ́b/ *n.* **1 a** (鉛筆・たばこ・ろうそくなどの)短い使い残り: the ~ of a pencil, cigar, etc. **b** (歯の)折れ残り, 根: the ~ of a broken tooth. **c** 切株状の先の短いもの. **d** 短い尾. **e** 先が短く太くなったペン. **f** =stub nail 1. **2 a** (小切手帳)控え, 原符 (counterfoil): the ~*s* of a checkbook. **b** (切符・入場券などの, 戻ってきた)半券. **3** (木の)切株 (stump). **4** 〘木工〙=stub tenon. **5** 《俗》〘トランプ〙(ラバー・ブリッジで)足 (cf. part-score). **6** 〘製本〙=guard 9 a. — *v.* (**stubbed; stub·bing**) — *vt.* **1** 〈巻きたばこ〉の先をつぶして火を消す 〈*out*〉. **2** 〈足を〉切株[根, 石など]にぶつける (strike): ~ one's foot, toe, etc. **3 a** 〈土地の〉切株を取り除く 〈*up*〉: ~ (*up*) the land. **b** 〈切株・根・雑草などを〉引き抜く (grub up) 〈*up*〉: ~ (*up*) roots. **4** 〈木を〉切株だけ残して切り倒す. **~·ber** *n.* 〘OE *stub(b)*, *stybb* < Gmc **stubbaz*, **stubjaz* (Du. *stobbe* / ON *stubbr* stump: cf. Gk *stúpos*) ← IE **(s)teu-* to push, stick (Gk *túpos* blow): cf. type¹〙

stub² /stʌ́b/ *adj.* ずんぐりした, がっしりした (stocky), しゃがんだ (squat). 〘(1711) ↑の特殊用法〙

stúb àxle *n.* 〘自動車〙前輪取付用短軸.

stub·bed /stʌ́b̩ɪ̈d, stʌ́bd | stʌ́bd/ *adj.* **1 a** 切株にした, 根元から切った. **b** 切株だらけの. **2** 〈鉛筆・たばこ・釘など〉短くなった; ずんぐりした. **~·ness** *n.* 〘(*a*1529): ⇨ stub¹, -ed 2〙

Stub·bies /stʌ́biz/ *n. pl.* 〘商標〙スタッビーズ《オーストラリア製のショートパンツの一種》.

stub·ble /stʌ́bḷ/ *n.* **1** [通例 *pl.*] (麦などの)刈り株 (stump). **2** [集合的] (麦などの)刈り株 (stumps); 刈り株畑: wheat ~. **3** 刈り株状に生えた物; (特に)無精ひげ(など). — *adj.* =stubbly. 〘(*c*1300) *stuble* ⊏ OF (e)*stuble* (F《方言》*éteu(b)le*) < L *stup(u)lam*《変形》← *stipula* straw, stalk: STIPULE と二重語》

stúb·bled *adj.* =stubbly. 〚*a*1720〛

stúbble-jùmper *n.*《カナダ俗》大草原の農夫. 〚1946〛

stúbble mùlch *n.* 刈株マルチ《土壌侵食を防ぎ水分を蓄え有機物を補うため植物残渣で地面を覆うこと》. 〚1942〛

stúbble-mùlch fárming *n.* =trash farming.

stub·bly /stʌ́bḷi, -bli/ *adj.* (**stub·bli·er; -bli·est**) **1** (麦などの)刈り株だらけの, 刈り株の多い; 刈り立ての. **2** 無精ひげの生えた. 〚《1600》: ⇨ stubble, -y¹〛

stub·born /stʌ́bən | -bən/ *adj.* **1 a** 頑固な, 強情な (obstinate), 片意地な, 執拗な, しぶとい (cf. yielding 2); 手に負えない, 言うことを聞かない: a ~ child 言うことを聞かない子供 / (as) ~ as a mule 非常に片意地な / a ~ recession 根強い不況. **b** 頑固な性格を表す[示す]: a ~ face. **2 a** 頑強な, 不屈の: ~ courage 不屈の勇気 / a ~ resistance 頑強な抵抗. **b** 〈目的など〉確固とした, 断固とした. **3** 取り扱いにくい: ~ weeds 始末の悪い雑草 / Facts are ~ things. 事実は理論に合わない[理屈通りにいかぬ]ものだ. **4** 〈石・木材など〉堅い (hard); 加工しにくい. **~·ly** *adv.* **~·ness** *n.* 〚《*c*1395》 *stibourne* ← ? OE *stub(b), stybb* 'STUB¹': 意味発達については cf. G *störrig* stubborn (← *Storren* stump, stub)〛

SYN 頑固な: **stubborn**《通例軽蔑》性格的に我が強くて自分の主張や態度を変えたがらない: a *stubborn* child 強情な子供. **obstinate** 説得や忠告を聞かず自分の意見や決定を変えない: (as) *obstinate* as a mule とても頑固で. **dogged** ある目的をあくまでも追求しようと決意している: *dogged* determination 断固とした決意. **stiff-necked**《軽蔑》傲慢で頑固な《格式ばった語》: He is too *stiff-necked* to yield. 傲慢で頑固だから屈しない. **headstrong** わがままで強情な: a *headstrong* young man 強情な青年. **pigheaded**《軽蔑》ばかばかしいほど強情で人の言うことを聞かない: *pigheaded* people 強情な人たち.

ANT pliant, pliable.

Stubbs /stʌ́bz/, **George** *n.* スタッブズ《1724–1806; 英国の画家》.

Stubbs /stʌ́bz/ *n.* スタッブズ《1825–1901; 英国国教会の主教・歴史家; *The Constitutional History of England* (1874–78)》.

stub·by /stʌ́bi/ *adj.* (**stub·bi·er; -bi·est**) **1 a** 短くて太い[広い] (stocky): a ~ bit of pencil 短くなった鉛筆 / ~ fingers 太くて短い指. **b** 〈毛が〉短くてこわい: a ~ beard. **c** 〈鉛筆が〉ちびた. **2** 切株のような; 切株の多い, 切株[根]だらけの. — *n.*《豪俗》ビールの小瓶. **stúb·bi·ly** /-bḷi/ *adv.* **stúb·bi·ness** *n.* 〚《1572》: ⇨ stub¹, -y⁴〛

stúb mòrtise *n.*【木工】短枘穴(ほぞあな). 〚1846〛

stúb nàil *n.* **1** 蹄鉄(ていてつ)の古釘. **2** 短くて太い釘. 〚1639〛

stúb swìtch *n.*【鉄道】鈍端転轍(てんてつ)器 (cf. split switch). 〚1885〛

stúb tènon *n.*【木工】短枘(ほぞ), 突込み枘. 〚1875〛

STUC《略》Scottish Trades Union Congress スコットランド労働組合会議.

stuc·co /stʌ́kou | -kəu/ *n.* (*pl.* **~s, ~es**) **1 a** スタッコ, 化粧しっくい《外壁仕上げ[装飾]に用いる塗壁材料》. **b** (外壁塗りに用いられる)セメント, しっくい. **2** 化粧しっくい細工 (stuccowork): a plasterer [worker] in ~ 化粧しっくい左官. — *vt.* …に化粧しっくいを塗る: a ~*ed* house. **~·er** *n.* 〚《1598》□ It. ~ ← Gmc: cf. OHG *stukki* piece, crust: cf. stock¹〛

stúcco·wòrk *n.* 化粧しっくい細工[装飾, 模様]. 〚1686〛

stuck¹ /stʌ́k/ *v.* stick² の過去形・過去分詞. — *adj.* **1 a** 動けなくて, 行き詰まって (⇨ stick *vt.* 6a). **b**《口語》困った, 迷った, 当惑した (⇨ stick *vt.* 6b). **2**《口語》〔…に〕ほれ込んで, 夢中になって〔*on*〕: He is [gets] ~ *on* her. 彼女に首ったけだ. 〚(p.p.) OE *sticod*. — adj. 《1702》← (v.)〛

stuck² /stʌ́k/ *n.*《廃》(フェンシングの)突き (thrust). 〚《1600–1》《変形》← STOCK³〛

stúck-in-the-múd *adj.* ぬかるみにはまった, 苦境に陥った.

stúck-úp *adj.*《口語》高慢ちきな, うぬぼれた (arrogant); 生意気な, きざな (conceited). **~·ness** *n.* 〚(p.p.) ← *stick up* (⇨ stick² (v.) 成句)〛

stud¹ /stʌ́d/ *n.* **1 a** (飾りに打つ)びょう, 飾りびょう. **b** (標識に路面につける)びょう, スタッド. **2 a** (取りはずしのできる)カラーやカフスのボタン, 飾りボタン《《英》では collar stud ともいう》. **b** =press-stud. **3 a** (機械の)植込みボルト (stud bolt); 軸くぎ (journal). **b**【自動車】スタッド, びょう《タイヤと路面の粘着摩擦を増すためにスノータイヤに打ち込む金属製のびょう》. **c** (サッカー用靴底・馬蹄(ばてい)などの)滑り止め用突起. **4**【建築】**a** 間柱(まばしら), 脚柱. **b**《米》天井高(だか)《床から天井までの距離; ceiling height ともいう》. **5**【時計】てんぷのつめ, ひげ持《てんぷのひげぜんまいの外端を固定するための部品》. **6** (鎖の輪を補強するために中央に通す)金属の横棒.
stúd and múd =【建築】WATTLE and daub. 《1788》
— *vt.* (**stud·ded; stud·ding**) **1** …に飾りびょうを打つ. **2** [通例 p.p. 形で]〔…を〕…にちりばめる〔*with*〕: a box ~*ded with* gems 宝石をちりばめた箱. **3** 〈物が〉…の一面に散在する: Many stars ~ the evening sky. 夕空一面に星が出ている. **4** 〔…を〕…に散在させる, 点在させる, 散らす〔*with*〕: a plain ~*ded with* farms あちらこちらに農場の点在している平野 / a sea ~*ded with* islands 島の散在している海. **5**【建築】…に間柱をつける, 間柱で支える.
〚OE *studu* post, prop ← Gmc **stuð-* (MHG *stud* / ON *stoð* prop: cf. G *stützen* to prop) ← IE **stā-* 'to STAND': cf. stow¹〛

stud² /stʌ́d/ *n.* **1** [集合的] (遊猟・競馬・繁殖などのために飼う一群の)馬: a racing [hunting] ~ 競馬[狩猟]用馬群. **2** 馬の飼育場. **3** 〚《1803》《略》← STUDHORSE〛種馬. **4** [集合的] (家畜の)種牡(たね). **5** 繁殖用に飼育されること(またはその状態). **6**《口語》精力旺盛な若者, セックスに強い男. **7**【トランプ】=stud poker. ***at* [*in*] *stúd*** 〈動物の雄が〉種牡になって. ***pùt … óut to stúd*** 〈雄馬を〉種付け用にする.
— *adj.* [限定的] **1** 種馬の. **2** 繁殖の目的用に飼う.
〚OE *stōd* stable for breeding < Gmc **stōðam, stōðō*《原義》a standing place for horses (G *Stute* mare / ON *stóð* stud) ← IE **stā-* (↑): cf. steed〛

stud.《略》student.

stúd bòlt *n.*【機械】(両端までねじ山がついた)植込みボルト. 〚1887〛

stúd·bòok *n.* (馬・犬の)血統台帳, 血統登録帳. 〚1803〛

stud·die /stʌ́di | -di/ *n.*《スコット・英方言》=stithy.

stud·ding /stʌ́dɪŋ | -dɪŋ/ *n.*【建築】**1** 間柱(まばしら). **2** 間柱材. 〚《1588》: ⇨ stud¹, -ing¹〛

stúdding sàil ★【海事】の発音は /stʌ́nsəl, -sḷ/ *n.*【海事】スタンスル, 補助(横)帆《横帆の横に, 袖のようにして張る増設横帆; stunsail, stuns'l ともいう》: a fore-royal ~ 前檣(ぜんしょう)のロイヤル補助帆 / a fore-topgallant ~ 前檣のトガン補助帆 / a fore-topmast ~ 前檣のトップマスト補助帆 / a lower ~ 大帆補助帆 / ⇨ main-royal studding sail, main-topmast studding sail. 〚《1549》← ? MLG & MDu. *stōtinge* (ger.) ← *stōten* to thrust (cog. G *stossen*): ⇨ sail〛

stud·dy /stʌ́di | -di/ *n.* =studdie.

stu·dent /stúːdənt, stjúː-, -dnt | stjúːdənt, -dnt/ *n.* **1** (大学・専門学校などの)学生 (⇨ pupil **SYN**): an art ~ 美術学生 / a medical ~ 医学生 / a ~ of divinity [law] 神[法]学生 / a ~ *at* [《まれ》*of*] Oxford University / a good [poor] ~ よくできる[できの悪い]学生 / a straight A ~《米》(いつも A の成績の)優等生 / one's ~ days [life] 学生時代[生活]. 日英比較 日本では大学レベル以上で「学生」, 中学・高校で「生徒」, 小学校で「学童」または「生徒」を用いるが, 米国ではすべてについて student を用いる. 英国では大学レベル以上で student を用い, public school, grammer school 以下では pupil を用いる. **2** 学者, 研究家, 学究: a ~ of old Japanese classics 日本古典の研究家 / a ~ of life 人生の探求者. **3**《英》**a** (大学・研究所などの)研究生. **b** [しばしば S-] (Oxford 大学 Christ Church の) 特別研究員《他大学の fellow に当たる》. **4**《まれ》研究することの好きな人. 〚《*a*1398》□ L *studentem* (pres.p.) ← *studēre* 'to be eager, STUDY' ∽ 《15C》 (*e*)*studiant*, 《14–17C》 *studient* □ OF *estudiant, estudient* (F *étudiant*) ← *estudier* (F *étudier*) 'to STUDY'〛

stúdent advìser *n.* =counsellor 2.

stúdent-at-láw *n.*《カナダ》(法律家になるための)実務修習生.

stúdent bódy *n.* [集合的] (一校の)全学生. 〚1906〛

stúdent cóuncil *n.*《米》学生(自治)委員会《同級生から選出されてできた委員会で, 学生・生徒を代表して校内秩序の維持や学生・生徒の自治活動を指導する》.

stúdent góvernment *n.* 学生自治(会組織).

stúdent gránt *n.* =studentship 2.

stúdent intérpreter *n.* (領事館の)見習通訳官, 通訳生; (外務省の)外国語研修生. 〚1872〛

stúdent làmp *n.* (高さを調節できる)読書用ランプ[電気スタンド]. 〚1873〛

stúdent lóan *n.* 学生ローン《大学生の学資のためのローン; 本人が就職後返済する》.

stúdent núrse *n.* 看護学生.

stúdent pówer *n.* スチューデントパワー《学生による大学[学校]の管理運営》. 〚1968〛

stúdent·shìp *n.* **1** 学生であること, 学生の身分. **2**《英》奨学金 (scholarship). 〚*a*1782〛

Stúdent's t /-tíː/ *n.* =Student's t distribution.

Stúdent's t distribútion *n.*【統計】スチューデント式 t 分布 (⇨ t distribution). 〚《1929》← *Student* (英国の統計学者 W. S. Gossett (1876–1937) の筆名)〛

Stúdent's t-tèst *n.*【統計】スチューデント式テスト《母集団の平均値についての仮説を t 分布 (t distribution) によって検定する方法》. 〚《1935》↑〛

stúdents' únion *n.*《英》=student union.

stúdent téacher *n.* 教育実習生, 教生 (practice teacher, intern)《教師の実習をする在学生》. 〚1909〛

stúdent téaching *n.* 教育実習 (practice teaching). 〚1929〛

stúdent únion *n.* **1** 学生会館《課外活動に当てられ, 通常, 休憩室・講堂・事務室・娯楽室・学生自治会室・クラブ室などがある; cf. union 1 d》. **2** 学友会, 学生自治会. 〚《1949》 ~ ← 《1891》 *Students' Union*〛

stúdent víllage *n.* (一群の)学生寮.

stúd fàrm *n.* 種馬飼育場, 畜産場. 〚1833〛

stúd fèe *n.* 種付け料. 〚1922〛

stúd·fìsh *n.*【魚類】Tennessee 川など北米の淡水産のメダカに似たキプリノドン科の小魚《雄はオレンジ色の斑点のあるオリーブがかった緑色; *Fundulus catenatus, F. stellifer* の二種を指す》.

stúd-gròom *n.* 馬の飼育場の馬丁頭. 〚1737〛

stúd·hòrse *n.* (特に)種馬 (stallion). 〚lateOE *stōdhors*: ⇨ stud²〛

stud·ied /stʌ́did | stʌ́did/ *adj.* **1** あらかじめ用意[計画]した, 故意の, 企んだ; 作意のある, わざとらしい: a ~ insult 計画的な侮辱 / a ~ indifference [simplicity] 装った無関心[無邪気] / in ~ disarray わざと身なりを構わないで / with ~ politeness わざとらしい丁寧さで. **2** 熟慮された, 考え抜かれた: one's ~ lecture 用意周到な講義 / one's ~ acceptance 熟慮の上での受諾. **3 a** 研究を積んだ. **b** 〔…に〕精通した, 明るい (versed)〔*in*〕. **~·ly** *adv.* **~·ness** *n.* 〚*c*1485〛

stu·di·o /stúːdiòu, stjúː- | stjúːdiəu/ *n.* (*pl.* **~s**) **1 a** (美術家・写真家・彫刻家・音楽家などの)仕事場, スタジオ, アトリエ, 画室, 彫刻室, 撮影場 (workshop, atelier): a photographic ~ 写真撮影室 / a movie ~ 映画撮影場[所]. **b** (音楽・バレエ・演劇などの)練習室[場]: a music ~ 音楽室. **2** (放送局の)放送室; (レコード・テープなどの)吹込み室. **3** 映画撮影所 (movie studio); 映画会社. **4** =studio apartment. — *adj.* [限定的] スタジオの[で撮った]: a ~ photo [portrait] (スナップ写真でなく)写真館で撮った写真. 〚《1819》□ It. ~ □ L *studium* 'STUDY (n.)'〛

stúdio apàrtment *n.*《米》**1** 小台所・バスルーム付きの一部屋だけの小アパート. **2** (アトリエに似た[適した])天井が高く大きな窓をとったアパート. 〚1903〛

stúdio àudience *n.* (ラジオ・テレビ放送で拍手したり笑い声を出したりする)番組参加者. 〚1932〛

stúdio còuch *n.* 寝台兼用寝いす《通例背のつかない couch で, その下にある簡易ベッドを引き出すとダブルベッドになる》. 〚1931〛

stúdio flàt *n.*《英》=studio apartment 1. 〚1934〛

stúdio thèater *n.* スタジオ シアター《実験的・革新的な上演が行われる小劇場》.

stu·di·ous /stúːdiəs, stjúː- | stjúːdiəs/ *adj.* **1 a** よく勉強する, 学問に励む, 学問好きの: a ~ man 勉強家. **b** 学問[研究]の, 学究的な: a ~ life 学究生活 / ~ tastes 学究的趣味. **c**《詩》〈土地・場所が〉勉学[熟考]に適した. **2** 熱心な; 苦心する, 骨折る, 努める〔*of*〕〈*to do*〉: a ~ effort / ~ *of* another's comfort 人が不快でないように気を配る / be ~ *of* one's business 業務に励む / be ~ *of doing* … 努めて…したがる / be ~ *to do* [*in doing*] …するように気を遣う[骨折る]. **3 a** 慎重な, 念入りな (careful): ~ politeness 念入りの丁寧さ / with ~ attention 念入りに注意して. **b** 故意の, 企んだ, わざとした (studied): with ~ avoidance わざと避けて. **~·ly** *adv.* **~·ness** *n.* 〚《*a*1349》□ L *studiōsus* ← *studium* 'STUDY': ⇨ -ous〛

stúd póker *n.*【トランプ】スタッドポーカー《各自 5 枚の持札のうち, 最初の 1 枚だけ伏せて配られ, 2 枚目からは表にしてその都度賭けながら配られる方式のポーカー》. 〚1864〛

stúd tìre *n.* スパイクタイヤ (cf. stud¹ 3 b).

stúd wèlding *n.*【金属加工】スタッド溶接《あらかじめ植込みボルト (stud) で留め, 溶接する方法》.

stúd·wòrk *n.* **1**【建築】間柱(まばしら)を用いたれんが積み. **2** びょう (stud) を打った革細工《よろいなど》.

stud·y /stʌ́di | -di/ *n.* **1 a** 勉強, 勉学, 学問: He likes sports more than ~. 彼は勉強よりスポーツが好きだ. **b** [しばしば one's studies として] (従事している)研究, 学業: *one's studies* abroad 在外研究 / pursue [attend] to *one's studies* 研究[学業]に精を出す / be tired of (*one's*) *studies* 勉強[研究]が嫌になる / *My studies* show that …. 私の研究によれば…である. **2** 研究, 考察, 考究; 検討, 調査: the ~ of economics 経済学の研究 / The Institute for Advanced *Study* (Princeton 大学の)高等学術研究所 / take up the ~ of …の研究を始める / make [carry out, conduct] a (special) ~ of English usage 英語慣用法を(専門に)研究する (cf. 7) / devote one's life to ~ 生涯を研究[学問]に捧げる / The document [proposal] is *under* ~. その文書[提議]は目下研究[検討]中である. **3 a** 研究科目[題目], 研究分野[部門], 学科, 学問: graduate *studies* 大学院研究科(目) / humane [liberal] *studies* 人文学科 / Archeology is a comparatively recent ~. 考古学は比較的近代の学問である / The proper ~ of mankind is man. 人間の真の研究対象は人間である (Pope, *Essay on Man* 2. 2). **b** 注目[観察]に値するもの, 見物(みもの), 典型: His face was a perfect ~. 彼の顔は正に見物だった / He was a ~ *in* British calm. 彼は(その時の)彼は従容とした英国人の見本だった. **c** 研究(論文), 論考: A *Study of* History「歴史の研究」(書名) / *Studies in* English Literature「英文学研究」(書名) / a ~ *on* electronics 電子工学に関する研究論文. **4 a**【美術】習作, スケッチ: a ~ of a flower 花のスケッチ / A painter's method is best revealed in his *studies*. 画家の手法は習作の中に最もよく現れる. **b**【音楽】練習曲, エチュード (étude)〔*in*〕. **5**【文学】**a** 習作, 試作, スケッチ. **b** (特定の主題を深く追求した)主題作: *Macbeth* is a ~ of evil.「マクベス」は悪をテーマとした作品だ. **6** 書斎, (個人用の)研究室, 事務室 (cf. office 1 c). **7**《文語》(絶えざる)努力, 骨折り, 心遣い; 努力[配慮]の対象: His constant ~ is to please his wife. 彼は妻のご機嫌取りに絶えず苦心している / Your comfort shall be my ~. あなたを安楽にすることを私の務めとしよう / He made a ~ of my health. 彼は絶えず私の健康に留意してくれた (cf. 2). **8** 思案, 沈思; 夢想; 放心. ★ 今は次のような句にのみ用いる: in a brown ~ ぼんやり考え込んで / lost in ~ 物思いにふけって. **9** [通例, 修飾語を伴って]【演劇】せりふ覚えが…の役者: a slow [quick, fast] ~ せりふ覚えが遅い[早い]役者. ***in a brówn stúdy*** ⇨ n. 8.
— *vt.* **1** 研究する; 調べる, 調査する (⇨ consider **SYN**): ~ history, medicine, English literature, etc. / ~

social conditions [the political situation] 社会状態[政治情勢]を調べる. **2 a** 学ぶ, 勉強する; 〈書物などを〉注意深く読む: ~ one's lesson(s) 学業を勉強する / ~ typing タイプを習う / stop and ~ a sign 立ち止まって掲示をよく読む. **b** 〈せりふなどを〉覚えようと努める: ~ one's part せりふを覚える. **3** よく見る, 調べて見る; 熟視[凝視]する, じろじろ見る: ~ a menu メニューをよく見る / ~ a map 地図をよく調べる / ~ a person's face 人の顔をじっと見つめる. **4** 〈他人の希望・感情・利益などを〉考慮する, …に心を用いる; 《古》〈人〉の意を迎える, 機嫌を取る (humor): ~ the next move 次の手[手段]を考える / ~ one's own interests 私利を図る / ~ others' convenience 他人の便宜を図る / He *studies* his wife in every possible way. なんだかんだと奥さんの機嫌取りに憂(う)き身をやつしている. **5** 《古》志す, 目的とする; もくろむ, 企む, 謀る. — *vi.* **1** 勉強する, 学ぶ, 勉学する; 研究する: ~ *at* a university 大学で勉強する / ~ *with* [*in, at*] the faculty of economics 経済学部で学ぶ / ~ *under* a person 人について学ぶ, 人に師事する / ~ *for* an exam [a degree] 試験に備えて[学位取得のために]勉強する / ~ *for* the bar [church, ministry] 弁護士[牧師]を志して勉強する / He is ~*ing to* be a scientist. 科学者になろうと勉強している. **2** 《文語》〈…しようと〉努める, 努力する (endeavor), 苦心する, 気を配る 〈*to* do〉: ~ *to* avoid disagreeable topics 不愉快な話題を避けようと気を配る / ~ *to* wrong no man だれにも迷惑をかけまいと注意する. **3** 熟考する, 熟慮する (meditate) 〔*about, on*〕.

stúdy óut (1) 案出する, 考案する: ~ *out* a new plan 新計画を案出する. (2) 明らかにする, 解く: ~ *out* a problem 問題を解き明かす. ***stúdy úp*** (特定の目的のために)特別に研究[勉強]する: *Study* it *up* in a book. 本を読んでそれをよく勉強しておきなさい. 《1880》 ***stúdy úp on*** 《米口語》…を注意深く研究[検討]する. 《1946》

stúd·i·er *n.* 〘n.: 《*c*1300》 *studie* ◻ OF *estudie* (F *étude*) ◻ L *studium* painstaking, study ← *studēre* to study. — v.: 《*c*1125》 *studie(n)* ◻ OF *estudier* (F *étudier*) ◻ ML *studiāre* (← L *studium* study (n.))=L *studēre* to be eager, apply oneself, study, 《原義》 to strike or aim at something ← IE *(*s*)*teu-* to strike, push (L *tundere* to beat)〙

stúdy bèdroom *n.* 《英》寝室兼勉強部屋 《特に大学の寮生などの》.

stúdy gròup *n.* 研究会, 研究グループ 《特定のテーマについて研究しその結果を報告する集団》. 〘1926〙

stúdy hàll *n.* 《米》 **1** (教師または上級生の監督の下に勉強[宿題]をする学校の)自習室. **2** (自習室での)自習時間. 〘1891〙

stuff /stʌ́f/ *n.* **1** (特定のものを指さないで漠然と)物, 物質 (⇨ matter SYN): Lava is curious ~. 溶岩は妙な物質である / some soft [sticky] ~ 何か柔らかい[粘る]もの / some ~ they call petrol ガソリンというもの / real ~ 本物 / inch ~ インチもの, インチ板 / food ~ 食料品 / What kind of ~ is in the pillow? 枕の中身はどんな物が入っているのか / I want some more of the same ~ you gave me yesterday. 君が昨日くれたのと同じ物がもう少しほしい. **2 a** 種々の用途に加工[合成]された物(質). **b** 食物: ⇨ garden stuff, greenstuff / sweet ~ 菓子. **c** 飲料; (特に)アルコール飲料: good ~ ウイスキー / touch the ~ [否定文で] 酒を飲む. **d** 薬; 《俗》麻薬, マリファナ (marijuana); ヘロイン (heroin): doctor's [doctors'] ~ 《軽蔑》薬剤, 薬 / sleeping ~ 睡眠薬 / The druggist gave him some ~ for his headache. 薬屋は彼に頭痛の薬を渡した. **e** 商品. **f** 核分裂物質. **3 a** (ある物を作るための)材料, 原料, 資料 (material): collect the ~ for a book 本を書くための資料を集める / We are such ~ as dreams are made on. 我々は夢が作り出されている材料のようなものだ (Shak., *Tempest* 4. 1. 156–7) / Ambition should be made of sterner ~. 野望はもっと冷酷なものでできているべきはずだ (Shak., *Caesar* 3. 2. 97) / He is made of sterner ~ than his father. 彼は父親よりもしっかりしたところがある. **b** 建築材料, 木材: ~ for building / pine ~ 松材. **4** 《口語》 **a** 要素, 本質, 素質 (essence, character): the ~ of tradition 伝統の本質 / He has plenty of good ~ in him. 彼にはよい素質がある. **b** 優れた能力, 特異な才能: show one's ~ 本領を発揮する. **c** (自分の)専門, 得意とするところ; (自分の関わる)分野 (subject matter): ⇨ *do one's* STUFF. **5 a** 《口語》持ち物, 所持品 (personal belongings): I had my ~ carried up to my room. 私の荷物を上の部屋まで運んでもらった. **b** 家財道具 (household goods); 家具. **c** 弾丸 (bullets). **6 a** 《口語》つまらないもの, がらくた; 〈くだらない[ばかげた]こと[考え, 話], たわごと: Take that awful ~ away. そのがらくたをかたづけろ / All ~! I don't believe a word of it. 皆でたらめだ, 信じるものか / What ~ he writes! 何というくだらないものを書くんだろう / What ~! 何てくだらない / His poems are [His new book is] poor ~. 彼の詩[今度の本]はつまらないものだ / None of your ~! へらず口をきくな, たわごとを言うな / *Stuff!* ばか言え, くだらない / and ~ ⇨ 成句. **b** (文学)作品: write good ~ 良い作品を書く / His poems [drawings] are good ~. 彼の詩[絵]は出来がよい. **c** 《口語》(記者や作家間で)原稿. **7** 織物, 反物 (textile fabric); (特に, silk, cotton, linen に対し)毛織物, ラシャ (woolen fabric): silk ~ 絹布, 絹織物 / ~ goods 毛織物, ラシャ / a ~ hat ソフト帽 / ⇨ stuff gown. **8** 《口語》(ある)やり方, 言葉つき: rough ~ 乱暴な仕打ち[言葉]. **9** [通例 the ~] 《口語》金銭, 現なま (cash). **10** 《米口語》 **a** 〘野球〙(投手の, カーブなどの)制球力; カーブ, スピン; (投手の)球威. **b** 〘玉突〙プレーヤーが球をコントロールする[球にスピンをかける]能力. **11** 〘製紙〙紙料 《stock ともいう》. **12** 《英俗》性的対象としての女性.

and stúff 《口語》その他くだらないもの: You read SF *and* ~. 君は SF だの何だのくだらないものばかり読んでいる. 《1697》 ***and stúff like this*** [***that***] 《口語》こういう[そういう]類のこと, …など. ***a*** (***nice***) ***bit of stúff*** 《英俗》(かわいい)女の子; (尻軽な)女, あま. 《1828》 ***dó one's stúff*** (1) 《口語》自分のやるべきこと[仕事]をちゃんとやる. (2) 《俗》手並み[得意なところ]を見せる. 《1663》 ***knów one's stúff*** 《口語》自分の仕事[その道のこと]を心得ている, 万事心得ている (cf. 4 c; *know one's* ONION). ***strút one's stúff*** 《米俗》=*do one's* STUFF (2). ***Stúff and nónsense!*** 《口語》つまらぬことだ, ばか言え. ***Thát's the stúff*** (***to give 'em*** [***the tròops***]). 《口語》(同意・賛意を表して)それこそぴったりだ, それがいい, それそれ. 《1923》

— *vt.* **1** 〈物を〉〈…に〉押し込む, 突っ込む (thrust, press) 〔*in, into*〕: ~ old clothes *in(to)* a bag 古着をかばんに詰め込む / ~ a newspaper *into* one's pocket 新聞をポケットにねじ込む / ~ one's fingers *in(to)* one's ears 耳に指を突っ込む / ~ the notes *in* one's pocket 札束をポケットに押し込む. **2 a** 〈入れ物・クッションなど〉に〈…を〉詰める, ぎっしり詰める (fill, pack) 〔*with*〕: ~ a bag *with* old clothes 袋に古着を詰める / a cushion ~*ed with* feathers 羽毛を詰めた座ぶとん. **b** 〈狭い場所などを〉いっぱいにする; …に〈人を〉詰め込む 〔*with*〕: A crowd of people ~*ed* the narrow lane. 群衆が狭い道にぎっしり詰めかけていた / The train is ~*ed with* passengers. 列車はすし詰めだ. **c** 〈料理の鳥など〉に〈…で〉詰め物をする 〔*with*〕: ~ a turkey *with* sage and onions 七面鳥の腹にセージとたまねぎを詰める. **d** 〈腹〉に〈食物を〉詰め込む, …の腹をいっぱいにさせる 〔*with*〕: ~ one's stomach [a child] (*with* food) 腹いっぱい食べる[子供に腹いっぱい食べさせる] / ~ oneself (*with* food) (食物を)食べ過ぎる, 腹いっぱい食べる / ~ one's face たらふく食べる. **e** 〈剥製の鳥など〉に綿を詰める; 〈鳥などを〉剥製にする: a ~*ed* bird 剥製の鳥. **3** [しばしば軽蔑的に] 〈頭の中を〉〈知識・思想などで〉いっぱいにする 〔*with*〕: ~ a person's mind [head] *with* facts 人の頭に事実を詰め込む / a head ~*ed with* fantasies 空想でいっぱいになっている頭. **4 a** 〈すき間・穴などを〉ふさぐ 〈*up*〉 〔*with*〕: ~ (*up*) one's ears *with* cotton 耳に綿で栓をする. **b** 〈鼻を〉詰まらせる 〈*up*〉: My nose is ~*ed up*. 鼻が詰まっている. **5** 《米》〈投票箱〉に不正投票をする. **6** 〈皮〉に加脂する, 油脂を浸透させる 〔*with*〕. **7** 〘海運〙〈コンテナ〉に詰める. **8** 《英俗》だます (hoax). **9** 《英口語》〈相手〉に大勝する. **10** 《英卑》〈男性が〉〈女性〉と性交する. **11** 〘バスケットボール〙〈ボールを〉ゴールの上から(押し込むように)入れる, ダンクシュートする. **12** 〘サッカー・ホッケー〙〈ボール・パックを〉ゴールに近接した地点から激しく打ち込む. **13** 《廃》供給する, 与える (furnish), たくわえる (store). — *vi.* **1** 食物を腹に詰め込む, たらふく食べる, がつがつ食う. **2** 〘バスケットボール〙ボールをゴールの上から(押し込むように)入れる, ダンクシュートをする.

Gèt stúffed! 《英卑》(人の言ったことに対して嫌悪を表して)もういい, あっちへ行け. 《1952》

〘n.: 《*a*1338》 *stof(fe)*, *stuf(fe)* ◻ OF *estoffe* (F *étoffe*) material, provision ← *estoffer* to provide, stuff (v.). — v.: 《?*a*1350》 *stuffe(n)*, *stoffe(n)* ◻ OF *estoffer* (F *étoffer*) to stuff ◻ Frank. **stopfōn* (cf. G *stopfen*) ◻ LL *stupāre* to plug or stop up: ⇨ stop〙

stúff chèst *n.* 〘製紙〙スタッフチェスト (chest). 〘1799〙

stuffed /stʌ́ft/ *adj.* **1** 〈料理の鳥など〉詰め物を入れた. **2** 縫いぐるみの. **3** 鼻が詰まった 〈*up*〉.

stúffed ánimal *n.* **1** 《米》動物の縫いぐるみ (《英》 soft toy). **2** 剥製の動物.

stúffed shírt *n.* 《口語》頭の固いもったいぶった人, できもしないのにできるふりをする人, 気取り屋 《保守的でいこじな態度をとる》. 〘1913〙

stúff·er *n.* **1 a** 詰める人, 込め物を入れる人. **b** 請求書・ビラなどを封筒などに入れる人. **2** 請求書などと共に同封されるもの 《ビラ・パンフレットなど》. **3** 〘紡織〙重量・かさ・強さをもたせるために布の経(た)方向に入れる糸 《特にじゅうたんについていう》. 〘1611〙

stúff gòwn *n.* 《英》 **1** (ジュニアバリスター (junior barrister) が着る)ラシャガウン (cf. silk 3 b). **2** ジュニアバリスター. 〘1867〙

stuff·ing /stʌ́fɪŋ/ *n.* **1 a** (料理の鳥などに詰める)詰め物 《特に香味料で味付けしたものをいう》. **b** (ふとん・枕・人形などに詰める)詰め物 《羽毛・毛・綿・わらなど》. **2** 詰めること. **3** (新聞・雑誌などの)埋め草 (padding). **4** 《口語》内臓, はらわた (innards). ***knóck*** [***béat, táke***] ***the stúffing out of*** 《口語》(1) …の元気をくじく, 弱らせる. (2) …をやっつける, …の鼻をへし折る. (3) …を論破する. 《1887》 〘《1530》: ⇨ -ing¹〙

stúffing and strípping *n.* 〘海運〙(コンテナの)荷の積み込みと積み出し.

stúffing bòx *n.* 〘機械〙パッキン箱, 詰め箱 (packing case [box]). 〘1798〙

stúffing nùt *n.* 〘機械〙パッキン箱 (stuffing box) の押さえナット (packing nut).

stúff sàck *n.* スタッフ サック 《収納のためあるいは持ち運びを容易にするために寝袋・衣類などを入れる袋[バッグ]》.

stúff shòt *n.* 〘バスケットボール〙=dunk shot. 〘1970〙

stuff·y /stʌ́fi/ *adj.* (**stuff·i·er**; **-i·est**) **1** 《口語》 **a** 精彩を欠いた, 退屈な. **b** 古風な, 古臭い, 保守的な. **c** 野暮な, 堅苦しい, しかつめらしい. **d** 〈文章・講演など〉重苦しい, くどい (stodgy). **2 a** 〈部屋など〉風通しの悪い, むっとする, 息詰まるような. **b** 〈空気など〉うっとうしい. **3 a** 息苦しい, 息が詰まりそうな: I feel ~ in this room. この部屋は息が詰まりそうだ. **b** (風邪などで)鼻の詰まった. **4** 《口語》怒った, 腹を立てた, 不機嫌な (sulky). **stúff·i·ly** /-fɪ̩li/ *adv.* **stúff·i·ness** *n.* 〘《1551–52》: ⇨ -y⁴〙

stug·gy /stʌ́gi, stúgi/ *adj.* 《英方言》=stocky. 〘《1847》 ← ? STUCK (*adj.*)〙

stui·ver /stáɪvə | -və^(r)/ *n.* =stiver.

Stu·ka /stúːkə; G. ʃtúːka, ʃtúka/ *n.* スツーカ 《第二次大戦中のドイツの急降下爆撃機, 特に Ju-87; cf. BATTLE¹ of Britain》. 〘《1940》 ← G *Stu(rz)ka(mpf-flugzeug)* dive-battle bomber〙

stull /stʌ́l/ *n.* 〘鉱山〙(切羽(きりは)の部分を支持する)横木, 押木. 〘《1778》 ◻ ? G *Stollen* prop〙

St. Úl·mo's fíre [**líght**] /-ʌ́lmouz-/ *n.* 〘気象〙= St. Elmo's fire.

stul·ti·fy /stʌ́ltəfàɪ | -tɪ̩-/ *vt.* **1** ばかに[ばからしく]見せる: ~ oneself by silly conduct 愚かな行為でばか[恥]をさらす. **2** (抑圧的な力・その後の矛盾した行為などで)無効にする, 台無しにする, ぶちこわす, 鈍麻させる, …の気力を失わせる: the ~*ing* atmosphere 気力を損なう雰囲気 / ~ *oneself* 自家撞着(どうちゃく)に陥る / Centralization *stultifies* local initiative. 中央集権化は地方の主導性を封じる. **3** 〘法律〙〈自己・人〉の無能力を申し立てる[証明する]: ~ oneself [a person]. **stul·ti·fi·ca·tion** /stʌ̀ltəfɪ̩kéɪʃən | -tɪ̩fɪ-/ *n.* **stúl·ti·fì·er** *n.* 〘《1766》 ◻ LL *stultificāre* ← L *stultus* foolish: ⇨ -fy〙

stúl·ti·fỳ·ing *adj.* 精神を鈍麻させる[気力をなくさせる]ような, 全くうんざりさせる(ような). **~·ly** *adv.*

stum /stʌ́m/ *n.* **1** 未発酵の[発酵を止めた]ぶどう液 (must). **2** (未発酵ぶどう液を加えた)再生ぶどう酒. — *vt.* (**stummed**; **stum·ming**) 未発酵ぶどう液を加えて〈ぶどう酒〉の発酵を促進する. 〘《1662》 ◻ Du. *stom* (n.) stum ← *stom* (adj.) dumb ← Gmc **stam-* (↓): cf. F (*vin*) *muet* mute (wine)〙

stum·ble /stʌ́mbl̩/ *vi.* **1** つまずく, よろめく; よろめき歩く, よろよろしながら行く: ~ and fall よろめいて倒れる / ~ *on* [*over*] a stone 石につまずく / ~ *along* (a road) (道路を)よろめきながら歩いて行く / The key ~*d into* the lock. 鍵ががちゃがちゃと錠に入った. **2** どもる, 口ごもる, つかえる, つかえつかえ言う: ~ *at* a proper noun 固有名詞でつかえる / ~ *in* one's speech 言葉がしどろもどろになる / ~ *over* one's words 言葉がつかえる / ~ *through* a lesson [recitation] 課題[暗唱]をつかえながら言い終える. **3** 〔…に〕偶然出くわす, 〔…を〕ひょっこり見つける 〔*on, upon, across*〕: ~ *on* the truth 思いがけず真相に突き当たる / ~ *upon* a rare book 珍しい本を偶然見つける / ~ *across* a clue ひょっこり手掛かりを見出す. **4** へまをやる, 失策する, やり損なう; (特に, 道徳的に)しくじる, 過ちを犯す: ~ and learn 間違うことによって覚える / ~ *in* carrying out a plan 計画を実行する段階でミスをする / ~ *into* crime 過って罪を犯す. **5** 〈教義などを〉信じることをためらう 〔*at*〕. — *vt.* **1** つまずかせる, よろめかす. **2** まごつかせる, 困らせる: The problem ~*d* me. その問題には参った. — *n.* **1** つまずき, よろめき. **2** 失策, 間違い; (道徳上の)しくじり, 過失. **stúm·bler** /-blə | -blə^(r)/ *n.* 〘《?*a*1300》 *stomble(n)*, *stumble(n)* ◻ ON **stumla* (Dan. 《方言》 *stumle* / Swed. 《方言》 *stomla* to stumble) ← Gmc **stum-*, **stam-* 'to STAMMER'〙

stúmble·bùm *n.* 《米俗》 **1** 下手な[弱い]プロボクサー. **2** 無器用で能無しな奴. **3** (飲んだくれの)放浪者. 〘《1932》: ⇨ ↑, bum¹〙

stúm·bl·ing /-blɪŋ, -bl-/ *adj.* **1** つまずき[よろめき]ながらの. **2** どもりながらの, つかえつかえする. **~·ly** *adv.* 〘*c*1425: ⇨ -ing²〙

stúmbling blòck *n.* つまずきの石; 邪魔物, 障害物: a ~ *to* faith [progress] 信仰[進歩]の障害となるもの. 〘《1526》: Tyndale が Gk *próskomma* の訳語として用いた: cf. *Rom.* 14: 13〙

stu·mer /stúːmə, stjúː- | stjúːmə^(r)/ *n.* **1** 《英俗》 **a** 偽造[不渡り]小切手, にせ札[金]. **b** いんちきなもの, にせもの, まがいもの; (特に, 競馬の八百長による)負け馬. **c** 失敗, へま. **2** 《アイル方言》損な買物. **3** 《スコット》ばかな人. ***cóme a stúmer*** 《豪俗》破産する. ***rún a stúmer*** 《豪》八百長レースをやる. 〘《1890》 ← ?〙

stump /stʌ́mp/ *n.* **1** (切り倒した木の)切株, 根株 (stub, stock). **2 a** 切断後の手足の基部. **b** 歯の根. **c** 葉巻の吸殻り. **d** 鉛筆の端切れ. **e** (ろうそくの)使いさし. **3** [*pl.*] 短く刈り込んだ毛. **4 a** 義足 (wooden leg): wear a wooden ~ 木製の義足をつけている. **b** [通例 *pl.*] 《口語・戯言》足 (leg). **5 a** (義足をつけた人のような)重い足取り. **b** 重い足音. **6** 短くて発育不全な身体の部分. **7 a** 《古》(もと米国の新開地で政談の演説台として用いられた)演説用の木の切株. **b** 《米口語》政治演説台[場] (cf. stump speaker, SOAPBOX orator): (be) on the ~ 政治演説をして(いる) / take [go on] the ~ 政治演説に行く, 遊説する. **8** ずんぐりした人. **9** 《米口語》(難事への)挑戦. **10** 〘美術〙擦筆(さっぴつ) (tortillon) 《クレヨン画・木炭画・鉛筆画などのぼかしに用いる紙や柔らかい革などを円錐形に巻いたもの》. **11** 〘クリケット〙 **a** 柱, スタンプ 《現在は各側 3 本, 以前は 2 本ずつあった; ⇨ wicket 挿絵》: ⇨ off stump, leg stump, middle stump. **b** = stumper 4. **c** [*pl.*] 《豪》(クリケットの)試合の終わり. **12** (椅子・ソファーなどの)ひじかけ前部の支柱 (cf. post³ 5). **13** [しばしば *pl.*] 《豪》家を支える杭.

dráw (***the***) ***stúmps*** 〘クリケット〙試合を終える[中止する]. 《1862》 ***stír one's stúmps*** 《口語》動き始める, 速く歩く, 急ぐ; 目を覚ます; 活発にダンスをする. 《1535》 ***úp a stúmp*** 《米口語》途方に暮れて, 閉口して. 《1829》

— *vt.* **1** [主に p.p. 形で] 《口語》困らせる, 当惑させる (puzzle, embarrass): be ~*ed* by an examination 試験が難しくて参る / I am ~*ed*. 困った, 途方に暮れている. **2** 〈場所を〉重い足取りで歩く. **3** 《米口語》遊説して回る, 政治演説をする: ~ the country [a constituency] 地方[選挙区]を遊説して回る. **4** 〈木を〉切って株にする, 刈り込む

(lop). **5** **a** ⟨土地⟩から切株を取り除く: ～ land. **b** ⟨木を⟩根こそぎ抜く. **6** 《米口語》⟨人⟩に⟨…するように⟩言う; …に挑む, 挑戦する ⟨*to do*⟩: He ～*ed* me *to* jump the fence. 垣根を飛び越せるなら越してみろと彼は私に挑んだ. **7** 《米口語》(つまずいて)⟨足指などを⟩ぶつける (stub): ～ one's toes against a stone 石につま先をぶつける. **8** 《英俗》**a** ⟨金を⟩支払う, 渡す (pay, hand over) ⟨*up*⟩. **b** ⟨人を⟩無一文にする. **9** 《クリケット》⟨捕手 (wicket-keeper) が⟩⟨球で三柱門の横木を打ち落とし⟩⟨位置を離れている打手を⟩アウトにする ⟨*out*⟩. **10** 《美術》…に擦筆で陰影をつける, 擦筆で和らげる[ぼかす]. — *vi.* **1** (義足で, または義足で歩くように)とぼとぼ[どしんどしん]歩く: ～ across the room [along the corridor] 部屋[廊下]をどしんどしんと歩いて行く. **2** 《米口語》政治演説をする, 遊説する: a ～*ing* trip (選挙の)遊説旅行. **3** 《英俗》金を支払う ⟨*up*⟩.
〖(?c1350) *stompe, stumpe* □ MLG *stump(e)* // (M)Du. *stomp* ← Gmc **stamp-* 'to STAMP'〗

stump·age /stʌ́mpɪdʒ/ *n.* **1** **a** 《米》立木値段. **b** 《米》立木伐採権. **c** 市場価値のある立木. **2** 《カナダ》立木伐採税 《伐採した木, 特に政府管理地の木に対して課せられる》. 〖1835〗

stúmp bèd *n.* 天蓋や柱のないベッド. 〖1841〗

stúmp·er *n.* **1** 切株を取り除く人. **2** 当惑させるもの, (特に)難問, 難題. **3** 《米口語》=stump speaker. **4** 《クリケット》=wicketkeeper. 〖(1776): ⇨ -er[1]〗

stúmp fàrm *n.* 《カナダ口語》=stump ranch.

stúmp jùmper *n.* 《米口語》農夫; 田舎者.

stúmp-jùmp plòugh *n.* 《豪》未整地用鋤 《木の根や切株に当たらないように作られている》.

stúmp·knòcker *n.* 《魚類》=spotted sunfish 2.

stúmp màst *n.* 《海事》 **1** 上檣を取り付けてない状態の下檣. **2** 折れたマスト. 〖1875〗

stúmp òrator *n.* 《米口語》=stump speaker. 〖1813〗

stúmp òratory *n.* 《米口語》=stump speech. 〖1811〗

stúmp rànch *n.* 《カナダ口語》(切株が多い)未整地牧場. 〖1919〗

stúmp spèaker *n.* 《米口語》政治[選挙]演説家. 〖1848〗

stúmp spèech *n.* 《米口語》政治演説, 選挙演説. 〖1820〗

stúmp·wòrk *n.* スタンプワーク 《15–17 世紀頃の一種の刺繍; 毛などを詰めて浮き彫り状にする》. 〖1904〗

stump·y /stʌ́mpi/ *adj.* (**stump·i·er**; **-i·est**) **1** 切株だらけの, 切株の多い. **2** 切株のような; ずんぐりした, 太くて短い (stubby, stocky): a ～ man, pencil, book, etc. — *n.* 《英俗》金 (money), 現金 (cash). **stúmp·i·ly** /-pəli/ *adv.* **stúmp·i·ness** *n.* 〖(1600): ⇨ stump, -y[4]〗

stun /stʌ́n/ *vt.* (**stunned**; **stun·ning**) **1** **a** (意外な物事などで)あぜんとさせる, ぼうっとさせる, 肝をつぶさせる (⇨ surprise SYN): The news ～*ned* him. その知らせに彼はあぜんとした / They were completely ～*ned* by (the sight of) the earthquake disaster. 震災(の光景)で全くぼうぜんとした / (a) ～*ned* silence 驚きのあまりの沈黙. **b** ⟨人に⟩強く印象づける, 感嘆させる: I was ～*ned* by her beauty. 彼女の美しさに魅了された. **2** (打撃・震盪などで)気絶させる, 気を失わせる: I was ～*ned* with a blow. 一撃をくらって目が回った. **3** ⟨音響が⟩…の耳をがーんとさせる; (騒音・爆発音などで)ぼうっとさせる (daze). **4** ⟨石材⟩の表面に引っかき傷をつける. — *n.* 気絶すること; 気絶状態, 人事不省. 〖(a1325) *stone(n), stune(n)* □ OF *estoner* (F *étonner*) < VL **extonāre* (⇨ ex-[1])=L *attonāre* ← AD-+L *tonāre* 'to THUNDER': cf. astonish, astound〗

Stun·dism /stúndɪzm, ʃtún-/ *n.* 《キリスト教》スツンダ派 《1860 年ごろロシア農民間に起こったキリスト教プロテスタントの一派で, 正教会の教義・典礼を排斥し, 友愛と勤労を高唱したがひどく迫害された》. 〖(1888) □ Russ. *shtundizm* ← *shtunda* (↓)〗

Stún·dist /-dɪst | -dɪst/ *n.* スツンダ教徒 (cf. Stundism). 〖(1878) □ Russ. *shtundist* ← *shtunda* stundism ← G *Stunde* hour, lesson (ドイツ人の入植者たちがその集会をこう呼んだことから)〗

stung /stʌ́ŋ/ *v.* sting の過去形・過去分詞. — *adj.* 《豪俗》酔った, 酩酊した. 〖?a1200〗

stún gàs *n.* 錯乱ガス, スタンガス 《一時的に方向感覚麻痺や錯乱を起こす催涙ガス》. 〖1968〗

stún grenàde *n.* スタン擲弾[榴弾] 《暴徒鎮圧や占拠犯追い出しに用いるもので, 一時的に失神もしくは錯乱させ戦闘意識を失わせる》.

stún gùn *n.* スタンガン: **1** 標的に高圧電気ショックを与える銃. **2** 砂・散弾などの入った小さな袋を発射する銃身の長い銃; 暴動鎮圧用; cf. baton gun. 〖1971〗

stunk *v.* stink の過去形・過去分詞. 〖17C〗

stún·ner *n.* **1** **a** 気絶させる人[もの], 目を回させる人[もの]; 気絶させるような一撃. **b** 思いがけない出来事. **2** 《口語》びっくりさせる人[もの], すばらしい人[もの], すてきな代物, すばらしい美人. 〖(1829): ⇨ -er[1]〗

stun·ning /stʌ́nɪŋ/ *adj.* **1** 《口語》 **a** 驚くべき, すばらしい, すばらしくりっぱな (splendid). **b** とても魅力的な; すごく美人の. **c** 感動的な. **2** **a** びっくりさせる, ぼうっとさせる. **b** 気絶させる, 目を回させる: a ～ blow がーんという一撃. **c** ⟨音が⟩耳を聞こえなくするような, 耳を聾する (deafening). **～·ly** *adv.* 〖(1667): ⇨ -ing[2]〗

stun·sail /stʌ́nsəl, -sl/ *n.* (*also* **stun·s'l** /～/) 《海事》=studding sail. 〖(1762) STUDDING SAIL の発音つづり〗

stunt[1] /stʌ́nt/ *n.* **1** 人目を引くための行動, (政治家などの)大見え(を切ること): a publicity [propaganda] ～ 自家広告[宣伝] / That's a good ～. そいつは妙案だ. **2** 妙技, 離れわざ (feat, trick); 高等飛行, 曲乗り[曲技]飛行, スタント. **3** 《アメフト》スタント 《ディフェンスのプレーヤーがボールがスナップされるときポジションを替えること》. ***pull a stúnt*** 《口語》愚かな[危険な]ことをする. — *vi.* **1** 曲乗り飛行をする, 曲芸操縦する. **2** 人目を引く風変わりなことをする. **3** 《アメフト》スタント (正規の方法でなく)他の者とスイッチしてラッシュする. — *vt.* ⟨飛行機などで⟩離れ業をやる. 〖(1878) ← ?: 最初は米大学の体操用語: cf. stump (n. 9). — v.: (1917) ← (n.)〗

stunt[2] /stʌ́nt/ *vt.* **1** …の発育を止める[妨げる], いじけさせる, 縮こませる (cramp, dwarf): ～ a child [plant] 子供[植物]をいじけさせる. **2** ⟨生長[成長]・発達を⟩妨げる (cf. stunted): ～ the growth of a nation's power 国力の発展を阻止する. — *n.* **1** (発育・発達の)阻止, 阻害; 阻害された成育[発達]. **2** 発育を阻害された[いじけた]人間[動物, 植物]. **3** 《植物病理》萎縮 《発育が阻止されることを特色とする植物の病気》. 〖(1583) 《廃》 to irritate ← OE *stunt* foolish < Gmc **stuntaz*: ⇨ stint[2]: 今の意味は cog. ON *stuttr* short, stunted の影響か. — n.: (1725) ← (v.)〗

stúnt·ed /-tɪd | -tɪd/ *adj.* 発育[発達]の止まった, 成長[生長]の止まった, いじけた: a ～ tree. **～·ness** *n.* 〖(1658): ⇨ -ed〗

stúnt gìrl *n.* 《映画》スタントガール (⇨ stuntman).

stúnt·màn *n.* 《映画》スタントマン 《危険な場面で俳優の代役を演じる俳優; 女性の場合は stuntwoman, stunt girl という》. 〖1927〗

stúnt·wòman *n.* 《映画》スタントウーマン (⇨ stuntman).

stu·pa /stúːpə/ *n.* 《仏教》ストゥーパ 《神聖な遺物(仏の遺骨など)を納めた円形の築山》; (その上に建てる)塔, 仏舎利塔 (tope ともいう). ★ 日本で墓地に建てるいわゆる卒塔婆 (Skt. *stūpa* の音写)はその頂部がこの塔の形に擬してある. 〖(1876) □ Skt *stūpa* tuft of hair: cf. tope[3]〗

stupe[1] /stúːp, stjúːp | stjúːp/ 《医学》 *n.* 温湿布. — *vt.* ⟨体の一部に⟩温湿布(を)する; 温蒸する, 蒸す (foment). 〖(1392) *stup(p)e* □ L *stuppa* tow □ Gk *stúppē*: cf. Skt *stūpa* (↑)〗

stupe[2] /stúːp, stjúːp | stjúːp/ *n.* 《米俗》間抜け, のろま, とんま, ばか. 〖(1762) 《略》 ← STUPID〗

stu·pe·fa·cient /stùːpəféɪʃənt, stjùː- | stjùːpɪ-, stjùːpɪ-ˊ-/ *adj.* 麻痺(状態)に陥れる, 意識を混濁させる. — *n.* 全身麻酔剤 (narcotic). 〖(1669) □ L *stupefacientem* (pres.p.): ⇨ stupefy, -ent〗

stu·pe·fac·tion /stùːpəfǽkʃən, stjùː- | stjùːpɪ-, stjùːp-/ *n.* **1** 麻痺させること; 昏睡(状態) (stupor). **2** ぼうっとなること; あっけにとられること, 仰天. 〖(1543) □ F *stupéfaction*: ⇨ stupefy, -faction〗

stu·pe·fac·tive /stùːpəfǽktɪv, stjùː- | stjùːpɪ-, stjùːp-ˊ-/ *adj.* 《古》=stupefacient. 〖1527〗

stú·pe·fied /stúːpəfàɪd, stjúː- | stjúːpɪ-, stjúːp-/ *adj.* 仰天した; ぼうっとした. 〖1639〗

stu·pe·fy /stúːpəfàɪ, stjúː- | stjúːpɪ-, stjúːp-/ *vt.* **1** 仰天させる, びっくりさせる: be *stupefied* by the accident その事件にびっくりする. **2** …の知覚[感覚]を鈍くする, ぼうっとさせる: be *stupefied with* drink [grief] 酒[悲しみ]で頭がぼうっとなる. **3** 麻痺させる (benumb). **stú·pe·fì·er** *n.* 〖(?a1425) □ F *stupéfier* □ L *stupefacere* ← *stupēre* to be benumbed or stunned+*facere* to make: stupid, -fy〗

stú·pe·fỳ·ing *adj.* 仰天させるほどの, あきれかえるばかりの. **～·ly** *adv.*

stu·pen·dous /stuːpéndəs, stjuː- | stjuː-, stjʊ-/ *adj.* **1** 仰天させるような, あっと言うほどの, 驚嘆すべき. **2** 途方もない, ばかに大きい (prodigious), すばらしい: a ～ error [folly] 途方もない誤り[愚行] / a ～ achievement すばらしい業績 / a ～ structure 巨大な建物. **～·ly** *adv.* **～·ness** *n.* 〖(1666) □ L *stupendus* amazing (gerundive) ← *stupēre*: ⇨ stupid, -ous〗

stu·pe·ous /stúːpiəs, stjúː- | stjúː-/ *adj.* 《生物》=stupose. 〖(1826) □ L *stūp(p)eus* ← *stūpa* tow: ⇨ stupe[1], -ous〗

stu·pid /stúːpɪd, stjúː- | stjúːpɪd, stjʊ́p-/ *adj.* (**～·er**; **～·est**) **1** ばかな, 愚かな, 間抜けな (⇨ foolish SYN); のろまな, 頭の鈍い; 非常識な: a ～ fellow 間抜けなやつ / a ～ act [answer, mistake] ばかな行為[答え, 誤り] / I am always ～ *at* seeing jokes. 頭が鈍くていつも冗談に気がつかない / It is ～ *of* you to believe him. やつの言うことを信用するなんて君もばかだ. **2** くだらない, つまらない, 退屈な, 面白くもない (boring): a ～ joke くだらない冗談 / a ～ book [party] つまらない本[パーティー]. **3** 無感覚の, 麻痺した (stupefied): ～ *from* [*with*] drink [sleep] 酔って正体を失った[眠くて頭がぼうっとなって]. **4** 《口語》いまいましい (vexatious), 腹の立つ, しゃくにさわる (exasperating): This ～ pen won't write. このいまいましいペンじゃ書けやしない. **5** 《英方言》頑固な, 強情な (obstinate). — *n.* 《口語》間抜け, ばか者. **～·ly** *adv.* **～·ness** *n.* 〖(1541) □ F *stupide* // L *stupidus* ← *stupēre* to be stunned or benumbed ← IE **(s)teu-* to strike, thrust (Gk *túptein* to beat): ⇨ type, -id[4]〗

stu·pid·i·ty /stuːpídəti, stjuː- | stjuːpídəti, stjʊ-/ *n.* **1** ばか, 間抜け, 愚鈍. **2** ばかげた考え[言葉, 行為]. 〖(1541) □ F *stupidité* // L *stupiditātem*: ⇨ ↑, -ity〗

stu·por /stúːpə, stjúː- | stjúːpə(r)/ *n.* **1** 昏睡(状態), 意識混濁 (coma): fall into a heavy ～ 人事不省に陥る. **2** (驚いて)ぼうっとなること, 仰天, 呆然自失 (utter amazement). **stú·por·ous** /-pərəs/ *adj.* 〖(a1398) □ L ～ ← *stupēre*: ⇨ stupid, -or[1]〗

stu·pose /stúːpous, stjúː- | stjúːpəus/ *adj.* 《生物》麻くずのような毛[うろこ]に覆われた (stupeous). 〖□ ML *stūpōsus* ← L *stūpa* tow: ⇨ stupe[1], -ose[1]〗

stur·dy[1] /stə́ːdi | stə́ːdi/ *adj.* (**stur·di·er**; **-di·est**) **1** **a** たくましい, 頑丈な (↔ delicate) (⇨ strong SYN); 元気な: a ～ youngster たくましい若者 / a ～ oak 頑丈なカシの木. **b** (材質・できあがりなど)丈夫な, しっかりした: a ～ house 頑丈な造りの家. **c** ⟨植物など⟩生長力の強い, 耐寒性の (hardy): a ～ plant 耐寒性植物. **2** **a** 頑強な, 不屈の: a ～ opponent 頑強な相手 / ～ courage [patriotism] 不屈の勇気[愛国心]: a ～ resistance 頑強な抵抗. **b** 健全な, しっかりした: ～ common sense 健全な常識. **stúr·di·ly** /-dəli, -dli | -dəli, -dli/ *adv.* **stúr·di·ness** *n.* 〖(?c1225) *stourdi* 《廃》 fierce, violent □ OF *esto(u)rdi* (F *étourdi*) stunned, dazed (p.p.) ← *estourdir* (F *étourdir*) < VL **exturdīre* to be dizzy like a thrush drunk with grapes ← EX-[1]+L *turdus* thrush〗

stur·dy[2] /stə́ːdi | stə́ːdi/ *n.* 《獣医》=gid. **stúr·died** *adj.* 〖(1570) □ OF *estourdie* giddiness (fem. p.p.) ← *estourdir* (↑)〗

stúrdy béggar *n.* 《古》身体が丈夫なのに働かずに乞食をする人. 〖1556〗

stur·geon /stə́ːdʒən | stə́ː-/ *n.* (～**s**, ～) 《魚類》 **1** チョウザメ 《北半球の淡水または海水に生息するチョウザメ科チョウザメ属 (*Acipenser*) の魚類の総称; 水底すれすれに泳ぐ》. **2** タイセイヨウチョウザメ (*A. sturio*) 《そのはらごを塩漬けにしたものが caviar; cf. sterlet》. 〖(1274) □ AF ～=(O)F *esturgeon* < VL **sturiōne* □ Gmc **sturjōn* (OE *styrġa* / OHG *sturjo* (G *Stör*) / ON *styrja*)〗

Stur·geon /stə́ːdʒən | stə́ː-/, **William** *n.* スタージョン 《1783–1850; 英国の電気技術者; 最初の実用的電磁石, 可動コイル型検流計を発明; 最初の回転電動モーターを考案》.

Sturluson, Snorri *n.* ⇨ Snorri Sturluson.

Sturm·ab·tei·lung /ʃtúəmàːptaɪlʊŋ | ʃtúəm-; *G.* ʃtʊ́ʁmaptàɪlʊŋ/ *n.* 突撃隊, エスアー 《1921 年に組織されたナチ党の準軍事的な大衆組織; 1934 年に隊長 E. Röhm /roːm/ らが粛清されてのち改組; 略 SA; 茶色のシャツを着ていたので Brown Shirt とも呼ばれた》. 〖(1923) □ G ～ 'storm-division, storming party'〗

Stur·mer /stə́ːmə | stə́ːmə(r)/ *n.* 《園芸》スターマ 《生食用りんごの品種名; 果皮は黄緑で果肉は黄色い》. 〖(1831) ← *Sturmer* Essex 州の村・原産地〗

Sturm und Drang /ʃtúəmʊn(t)drǽŋ | ʃtúəmʊn(t)drǽŋ; *G.* ʃtʊʁmʊntdʁaŋ/ *n.* **1** [the ～] 《文学》疾風怒濤, シュトゥルム ウント ドランク 《1770 年代のドイツに起こった激越なロマン主義的文学運動; 理性的な形式主義に反抗し個性の解放と主観の自由を唱導した; Herder, Hamann, Goethe, Schiller などがその代表; storm [Storm] and stress [Stress] ともいう》. **2** =STORM *and stress* (1). 〖(1845) □ G ～ 'storm and stress' (⇨ storm, throng): F. M. Klinger 作の戯曲 *Sturm und Drang* (1776) にちなむ〗

Štur·sa /ʃtúəsə | ʃtúə-, *Czech* ʃtursa/, **Jan** *n.* シュトゥルサ 《1880–1925; チェコの彫刻家; 近代派の指導者といわれる》.

sturt /stə́ːt | stə́ːt/ *n.* 《スコット》口論, 論争 (contention); 騒動 (disturbance). 〖(c1303) ～ (音位転換) ← *strut* ← ? OE *strūtian* to struggle: cf. strut[1]〗

Sturt /stə́ːt | stə́ːt/, **Charles** *n.* スタート 《1795–1869; 英国の探検家; 1828–29, 1829, 1844–45 の 3 回にわたりオーストラリア大陸奥地を探検し, Darling 川を発見した》.

Stúrt's désert ròse *n.* 《植物》豪州内陸部原産の美しい藤色の花をつけるワタ属の低木 (*Gossypium sturtianum*) 《Northern Territory 準州の州花; cotton plant ともいう》. 〖(1928) ↑〗

stush·ie /stʊ́ʃi/ *n.* 《スコット》 **1** 騒ぎ (rumpus). **2** 興奮状態 (tizzy) 《stishie, stashie ともいう》. 〖(1824) ?〗

stuss /stʌ́s/ *n.* 《トランプ》スタッシュ 《faro を単純化した賭博ゲーム》. 〖(1912) □ Yid. *s(h)tos* □ G *Stoss* push: cf. ↓〗

stut·ter /stʌ́tə | -tə(r)/ *vi.* **1** どもる (cf. stammer) 《恐怖や不安の際にもいう》. **2** ⟨機械・車などが⟩断続的な音を発する; 休み休み進む[行う]. — *vt.* **1** どもりながら言う ⟨*out*⟩: ～ (*out*) an apology どもりながら言い訳する. **2** どもるような音を立てる. — *n.* どもること; どもり, 吃音. **～·er** /-tərə | -tərə(r)/ *n.* **～·ing** /-tərɪŋ | -tər-/ *n.*, *adj.* **～·ing·ly** *adv.* 〖(1570) ← 《廃・方言》 *stut* < ME *stutte(n)* ← Gmc **stut-*, **staut-* (MLG & MDu. *stōten* / G *stossen* to push) ← IE **(s)teu-* to push, strike: ⇨ -er[4]: cf. stint[2]〗

Stutt·gart /stʌ́tgɑːt, stúːt-, stʊ́t-, ʃtʊ́t- | ʃtʊ́tgɑːt, stʊ́t-; *G.* ʃtʊ́tgaʁt/ *n.* シュトゥットガルト 《ドイツ南部, Neckar 河畔の都市, Baden-Württemberg 州の州都》.

Stúttgart disèase *n.* 《獣医》=canine leptospirosis 《Stuttgart's disease ともいう》.

Stuy·ve·sant /stáɪvəsənt, -snt | -vɪ-; *Du.* stœ́ivəzɑnt/, **Peter** *n.* スタイフェサント 《1592–1672; New Netherland のオランダ植民地時代の最後の総督 (1646–64)》.

STV 《略》Scottish Television; single transferable vote (⇨ transferable vote); =subscription television.

St. Válentine's Dày *n.* 聖ヴァレンタインの祝[祭]日; バレンタインデー 《2 月 14 日; この日に男女が愛のしるしとして贈り物や valentine と呼ばれるカードを贈る習わしがある; ただしこの慣行は, Valentine 自身よりも, 異教の祭り Lupercalia, あるいはこの日から小鳥たちが一対になり始めるという伝承と関連したものといわれる; 単に Valentine('s) Day ともいう》. [日英比較] 日本と違って男性から女性に贈ることも多く, 家族や友人に贈ることもある. またチョコレートを贈るのは日本だけのこと.

St. Víncent *n.* セントビンセント(島)《西インド諸島東部, Windward 諸島の一島; 面積 344 km²》.

St. Víncent, Cape *n.* サンビセンテ岬《ポルトガル南西端の岬; ポルトガル語名 Cabo de São Vicente /kábuðuɯ-sə̃ũvisẽtɯ/》.

St. Víncent and the Grenadínes *n.* セントビンセント(および)グレナディン諸島《St. Vincent と Grenadines 諸島北部とからなる英連邦内の国 (1979 年独立); 面積 389 km², 首都 Kingstown》.

St. Ví·tus's dánce /-váɪtəsɪ̀z-, -váɪtəs- | -tɑsɪ̀z-, -tɑs-/ (*also* **-Ví·tus'** /~/, **-Ví·tus** /~/) *n.* 〖病理〗セントウイツスの舞踏 (⇨ Sydenham's chorea)《舞踏病 (chorea) の流行型を指した古名》. 〖少年殉教者 St. Vitus がこの病気にかかったから, またはこの聖者に祈願すれば治ると信じられたことから〗

Ś-twist /és-/ *n.* 〖紡織〗(綛(ㇱ)線が S となる) S より, 左より (cf. Z-twist). 〖1935〗

sty¹ /stáɪ/ *n.* **1** 豚小屋 (pigsty). **2 a** (豚小屋のように) 汚い家. **b** 悪のたまり場[巣]: the ~ of vice 罪悪の巣. **c** 売春宿. **— *vt.*** **1** 〈豚を〉豚小屋に入れる. **2** (豚小屋のような)汚い家に入れる[泊まらせる]. **— *vi.*** 豚小屋(のような家)に住む. 〖(?a1200) *sti(e)* < OE **sti* (cf. *stīfearh* stypig) < Gmc **stijam* (ON **stī* (cf. *svínstí* swine-sty) / OE *stig* pen, sty, hall (cf. *stigweard* 'STEWARD') ← IE **stai-* 'to stop up, thicken; STONE'〗

sty² /stáɪ/ *n.* (*also* **stye** /~/) 〖病理〗ものもらい, 麦粒腫(ばくりゅうしゅ): have a ~ in one's eye. 〖(1617)《逆成》← 《方言》*styany* ← *styan* sty (< OE *stīgend*《原義》riser ← *stīgan* to rise, ascend < Gmc **stīʒan* ← IE **steigh-* to stride, rise)+EYE: この *styany* を *sty on eye* の短縮と誤解〗

Styg·i·an, s- /stídʒiən, -dʒən | -dʒiən/ *adj.* **1** ステュクス (Styx) の, 三途(さんず)の川の. **2 a** 地獄の. **b** 〖文語〗陰鬱な, 真っ暗な: ~ gloom [darkness] (地獄のような) 真っ暗闇. **3** 死の (deathly). **4** 〈誓いが義務的な (binding), 取り消せない (irrevocable), 破ってはならない (inviolable): a ~ oath. 〖(1561) ← L *Stygius* ◻ Gk *Stúgios* ← *Stúx* 'STYX': ⇨ -an¹〗

styl-¹ /staɪl/ (母音の前にくるときの) stylo-¹ の異形.

styl-² /staɪl/ (母音の前にくるときの) stylo-² の異形.

sty·lar /stáɪlə, -lɑə | -lə^(r)/ *adj.* **1** 尖筆(せんぴつ)状の (styliform); ペン[鉛筆]状の. **2** 〖植物〗花柱の. 〖(1614) (1891) ← NL *stylāris*: ⇨ style¹, -ar¹〗

-sty·lar /stáɪlə, -lɑə | -lə^(r)/ 「…の柱を備えた」の意の形容詞連結形: amphistylar. 〖← Gk *stûlos* pillar+-AR¹〗

style¹ /stáɪl/ *n.* **1 a** (行動などの独特の)やり方, 様式, スタイル: the ~ of a fencer, tennis player, etc. / the modern ~ of living [life] 現代式生活様式 / cooking in traditional [authentic] Japanese ~ 純日本式料理 / This is the way to knock (in the) American ~. これはアメリカ式ノックの方法である. 日英比較 日本語の「スタイル」は「彼女はスタイルがいい」のように「体つき」の意味で用いられることがあるが, 英語の *style* にはこの意味はなく, She has a good figure. のように figure を用いる. **b** [所有格の後で] 流儀, 好み; 生き方: Those hats aren't quite my ~. それらの帽子はあまり私の好みではない / I don't think she likes classical music. Jazz is more *her* ~. クラシックが好みではないでしょう. 彼女にはジャズのほうが合う / I don't always agree with you, but I like *your* ~. 君の考えには必ずしもいつも賛成ではないが君の生き方は好きだ. **c** (文芸・建築・工芸などにおける時代・様式・流派独特の)風, 体, 流儀: in the Elizabethan ~ エリザベス朝風に / in the ~ of Johnson ジョンソン風 / the epic [lyric, dramatic] ~ 叙事[叙情, 劇]詩体 / in the ~ of Wagner [Raphael] ワーグナー[ラファエロ]流に / sing in the Italian ~ イタリア式に歌う / (the) Norman ~=Norman architecture / (the) Romanesque ~=Romanesque architecture / ⇨ Early English style. **2 a** 上品な[上流の]生活様式; (上流風な)品格, 上品; いき (smartness): a good [bad] ~ 上[下]品 / a woman of [with] ~ 上品な女性 / There is no ~ about her.=She has no ~. 彼女は品がない[平凡だ] / She is shocking bad ~. 彼女はひどく下品だ. **b** (服装などの)流行(型), 流行のスタイル (⇨ fashion SYN): the latest ~s from Paris [Paris ~] パリから直輸入の最新スタイル / in [out of] ~ 流行に合って[はずれて] / dress in good ~ 上品な[スマートな]服装をする. **3 a** 文体: a ~ of one's own 独自の文体 / a writer without [who lacks] ~ (独自の)文体を持たない作家 / written in a concise [florid] ~ 簡潔[華麗]な文体で書かれた / The ~ is better than the substance. 文章の方が内容よりもすぐれている / (The) ~ is the man (himself). 文は人なり《Comte de Buffon の言葉》. **b** 表現法. **c** 話しぶり, 口調: take a lofty ~ with us 我々に対して偉そうなしゃべり方をする. **4** 出来(具合), 格好 (make), 形 (shape), 型 (type); 種類 (kind): What ~ of house do you require? どんな風の家をお求めですか / a gentleman of the old ~ 古い型の紳士 / different ~s of writing 色々な書き方 / He called me a fool, and more in the same ~. 彼は私をばかだの何だのとののしった / hats in all sizes and ~s すべての大きさとさまざまな型の帽子 / I've had quite enough of that ~ of thing [of things of that ~]. そんなことはもうたくさんだ[こりごりだ]. **5** 《英》(一般にまたは法的に認められている)名称, 呼称 (designation); 商号 (trade name); 称号, 肩書き (title, form of address): What is the proper ~ for [to] a bishop? bishop の正式の称号を何と言うか / a firm under the ~ of … という商号[名]の商会 / My ~ is plain John Smith. 私の呼び名はただのジョンスミスです / He is entitled to the ~ of King. 彼には王の称号の権利がある. **6** 尖筆(せんぴつ), 鉄筆 (stylus)《古典・古代人が蠟(ろう)引き板 (tablet) に書写するのに用いた金属または骨製の細い尖頭の棒で, 一端は多くへら状になっていて文字を消したり板を平らにする用をした》. **7 a** 尖筆状の物. **b** 彫刻刀, 刀筆 (graver). **c** エッチング針 (etching needle). **d** (日時計の)指柱 (gnomon). **e** (レコードプレーヤーの)針 (stylus). **f** 〖詩・廃〗筆, ペン (pen), 鉛筆 (pencil). **8** 暦法: ⇨ old style 3, New Style. **9** 〖植物〗花柱. **10** 〖動物〗針状の突起, 吻針 (stylet). **11 a** 〖印刷〗(編集・印刷)スタイル[様式], 執筆要項《つづり, 句読法, 配列などを規定したもの》. **b** 〖電算〗書体.

crámp a person's style 《口語》人の腕を鈍らせる, 調子を出させない, 自由な活動を妨げる, 窮屈にする. 〖1819〗 ***in style*** (1) 豪奢(ごうしゃ)に; 盛大に: do things *in* ~ 物事を豪勢[盛大]にやる / dress *in* ~ ぜいたくな服装をする / live *in* (grand) ~ 豪奢な生活をする. (2) ⇨ 2 b. ***That's the style!*** 《口語》その調子.

— *vt.* **1 a** 一定[流行]の型に合わせて作る: ~ a dress [hair] / furniture ~*d* for comfort rather than appearance 外見よりは快適さを求めて作った家具. **b** 〈原稿などを〉特定の様式に合わせる; …に特定の様式を与える. **2** 称号を授ける, 名を与える; 称する, 呼ぶ (call): ~ oneself a count 伯爵と自称する / Such conduct is ~*d* folly. そのような行為は愚行と呼ばれる / Privy Counsellors are ~*d* Right Honourable. 枢密顧問官は Right Honourable と尊称される. **— *vi.*** **1** 様式[スタイル, 流行]を作る. **2** 彫刻刀[刀筆]で装飾品を作る (cf. *n.* 7). ***style … after [on]*** …をまねて〈…を〉作る.

~·less *adj.* **~·less·ly** *adv.* **~·less·ness** *n.* 〖(a1325) ◻ (O)F ~, 《廃》*stile* ◻ L *stilus* stake, stylus, manner of writing, mode of expression < ? **st(o)ilo-* something pointed ← ? IE **(s)tei-* pointed: ⇨ stimulus: y は語源上無関係の Gk *stûlos* pillar との混同による〗

style² /stáɪl/ *n.* 《古》=stile¹·².

-style¹ /stáɪl/ 「…の柱の建造物, 柱状のもの; …の柱のある」の意の名詞・形容詞連結形: poly*style*, pygo*style*. 〖◻ LL *-stylon* (neut.) ◻ L *-stylos* ◻ Gk *-stûlos* ← *stûlos* pillar〗

-style² /stáɪl˝/ 「…のスタイルの[で], …に似た」の意の形容詞・副詞連結形: cowboy-*style*. 〖(1934) ← STYLE¹〗

stýle·bòok *n.* **1** スタイルブック《印刷者・編集者・作家などのために活字・印刷・句読法・略字法などを説明した本; cf. style sheet》. **2** (服装の流行型を図示した)スタイルブック. 〖1708〗

styl·er /stáɪlə | -lə^(r)/ *n.* 《米》=stylist 1. 〖1960〗

stýle shèet *n.* スタイルシート《カード・パンフレット・小冊子形式の編集・印刷様式一覧; cf. stylebook 1》. 〖1924〗

sty·let /stáɪlɪ̀t/ *n.* **1 a** 小刀, 短剣 (stiletto). **b** 小刀状の先のとがった道具[器具]. **2** 〖医学〗 **a** スタイレット, 探り針 (probe). **b** スタイレット, マンドリン《カテーテル・穿刺針・注射針など細い管状物の中に補強・鋭利化・詰まり止めなどの目的で入れる心棒》. **3** 〖動物〗吻針《ひも虫類の吻の先端にある針状構造》. 〖(1697) ◻ F ~ ◻ It. *stiletto* 'STILETTO'〗

stýle vìctim *n.* 《口語》最新のファッションにふりまわされるやつ.

styli *n.* stylus の複数形.

sty·li- /stáɪlɪ̀, -li/ stylo-² の異形 (⇨ -i-).

sty·li·form /stáɪləfɔ̀əm | -lɪ̀fɔ̀:m/ *adj.* 尖筆(せんぴつ)状の, 針状の (stylar); (特に)先のとがった長い形の: a ~ antenna. 〖(1578) ← NL *stiliformis*: ⇨ stylo-², -form〗

styl·ing /stáɪlɪŋ/ *n.* **1** デザイン(すること). **2** 調髪.

stýling brùsh *n.* 整髪用ブラシ(付きドライヤー).

stýling mòusse *n.* スタイリング ムース《髪型がくずれないように頭髪につける泡状の整髪料》.

styl·ish /stáɪlɪʃ/ *adj.* 流行の, 流行を追う, 当世風の (fashionable); いきな, かっこいい, スタイリッシュな, 上品な: a ~ hat, dress, etc. / ~ manners / a ~ woman. **~·ly** *adv.* **~·ness** *n.* 〖(1785): ⇨ style¹, -ish¹〗

styl·ist /stáɪlɪ̀st | -lɪst/ *n.* **1** (衣服・髪型・室内装飾などの)演出家, スタイリスト, デザイナー (designer): a fashion ~. 日英比較 日本語の「スタイリスト」は「身なりに凝る人, 気取り屋」という意で用いられるが, 英語の *stylist* にはこの意味はない. **2** 文体を練る人, 文体家, 名文家; 名演説家. 〖(1795): ⇨ style¹, -ist〗

sty·lis·tic /staɪlístɪk/ *adj.* 文体(上)の; 文体を練る.

sty·lís·ti·cal /-tɪ̀kəl, -kl | -tɪ-/ *adj.* **sty·lís·ti·cal·ly** *adv.* 〖1860〗

sty·lis·tics /staɪlístɪks/ *n.* 文体論, 文体学. 〖(1882): ⇨ stylist, -ics〗

sty·lite /stáɪlaɪt/ *n.* 〖キリスト教〗柱頭行者, 柱行者《昔, 高柱の上に住み俗世間から離れて苦行した禁欲者; pillar saint ともいう》. **sty·lit·ic** /staɪlítɪk | -tɪk/ *adj.* **stý·lit·ism** /-tìzm/ *n.* 〖(a1638) ◻ Gk *stūlítēs* ← *stûlos* pillar: ⇨ -ite¹〗

Stylites, Saint Simeon *n.* ⇨ Simeon Stylites.

styl·ize /stáɪlaɪz/ *vt.* [通例 p.p. 形で] 〈芸術上の表現・手法などを美的効果のために〉ある様式に一致させる, 様式化する, フォルム化する (formalize): a ~*d* art 様式化された芸術. **styl·i·za·tion** /stàɪlɪ̀zéɪʃən | -laɪ-, -lɪ-/ *n.* **stýl·iz·er** *n.* 〖(1898): ⇨ style¹, -ize〗

sty·lo /stáɪloʊ | -ləʊ/ *n.* (*pl.* **~s**) 《口語》=stylograph. 〖(1890)《略》〗

sty·lo-¹ /stáɪloʊ | -ləʊ/ 「柱 (pillar)」の意の連結形: *stylo*lite. ★ 母音の前では通例 styl- になる. 〖(16C) ◻ Gk *stūl(o)-* ← *stûlos* pillar ← IE **stūlo-* ← **stā-* 'to STAND'〗

sty·lo-² /stáɪloʊ | -ləʊ/ 「尖筆(せんぴつ) (stylus); 茎状突起(に関する)」の意の連結形: *stylo*graph. ★ 時に styli-, また母音の前では通例 styl- となる. 〖◻ L *stil(o)-* ← *stilus* 'writing instrument, STYLE¹, STYLUS'〗

sty·lo·bate /stáɪləbèɪt/ *n.* 〖建築〗スタイロベート, 土台床《基壇 (stereobate) の最上段で建物の床面となる部分; この上に柱列 (peristyle) が立つ; cf. subbase 1》. 〖(1694) ◻ L *stylobatēs* ◻ Gk *stulobátēs* ← STYLO-¹+ *-batēs* one that treads (← *baínen* to walk)〗

sty·lo·graph /stáɪləgræ̀f | -lə(ʊ)grɑ̀:f, -græ̀f/ *n.* 鉄筆型万年筆, ステログラフ《先に普通のペンでなく針金を用いたもの》. 〖(1882) ← STYLO-²+-GRAPH〗

sty·lo·graph·ic /stàɪləgrǽfɪk | -lə(ʊ)-˝/ *adj.* **1** 尖筆(せんぴつ)[鉄筆]を用いて書く: a ~ pen=stylograph. **2** 尖筆[鉄筆]の. 〖1808〗

stỳ·lo·gráph·i·cal /-fɪ̀kəl, -kl | -fɪ-˝/ *adj.* =stylographic. **~·ly** *adv.* 〖1846〗

sty·log·ra·phy /staɪlɑ́(:)grəfi | -lɔ́g-/ *n.* 尖筆(せんぴつ)[鉄筆]書法[画法]. 〖1840〗

sty·loid /stáɪlɔɪd/ *adj.* **1** 尖筆(せんぴつ)状の, 錐(きり)状の. **2** 〖解剖〗茎状突起の. 〖(1615) ← NL *styloides* ← Gk *stūloeidḗs* like a style ← *stûlos* pillar: ⇨ -oid〗

stýloid pròcess *n.* 〖解剖〗茎状突起 (⇨ skull¹ 挿絵). 〖1709〗

sty·lo·lite /stáɪləlàɪt/ *n.* 〖地質〗スティロライト《石灰岩などの内部にできた不規則な溶解面上の凸出部》. **sty·lo·li·tic** /stàɪləlítɪk | -tɪk˝/ *adj.* 〖(1866) ← STYLO-¹+ -LITE〗

sty·lom·e·try /staɪlɑ́(:)mətri | -lɔ́mɪ̀tri/ *n.* 統計文体論《作家[ジャンル]間の文体の相違を統計的に分析する研究》. **sty·lo·met·ric** /stàɪləmétrɪk˝/ *adj.* 〖(1945): ⇨ style¹, -metry〗

sty·lo·phone /stáɪləfòʊn | -fəʊn/ *n.* 〖音楽〗スタイロフォーン《付属のペンをキーボードに触れて音を出す小型電子楽器》. 〖(1968): ⇨ style¹, -phone〗

sty·lo·pized /stáɪləpàɪzd/ *adj.* 〈ハチなどが〉ネジレバネ (stylops) が寄生した《通常の性徴の発現が損なわれ, 中性化が起こる》. 〖(1850): ⇨ stylops, -ize, -ed¹〗

sty·lo·po·di·um /stàɪləpóʊdiəm | -pə́ʊdiəm/ *n.* (*pl.* **-di·a** /-diə | -diə/) 〖植物〗花柱下盤《セリ科植物の子房の上にあって花柱を支える平円突起》. 〖(1832) ← NL ~: ⇨ stylo-¹, -podium〗

sty·lops /stáɪlɑ(:)ps | -lɒps/ *n.* 〖昆虫〗ネジレバネ《撚翅(ねんし)目 (*Strepsiptera*) の昆虫で, ミツバチ・スズメバチなどに寄生する; 雌は宿主を変えないが雄は宿主を変える》. 〖← NL *Stȳlōps* (属名): ⇨ stylo-¹, -ops〗

sty·lo·stix·is /stàɪloʊstíksɪ̀s | -lə(ʊ)stíksɪs/ *n.* =acupuncture. 〖← STYLO-¹+Gk *stig-*, *stízein* to prick+ -SIS〗

-sty·lous /stáɪləs˝/ 〖植物〗「…の花柱 (style)を有する」の意の形容詞連結形: mono*stylous*. 〖← STYLE¹ (*n.* 9) +-OUS〗

sty·lus /stáɪləs/ *n.* (*pl.* **sty·li** /-laɪ/, **~·es**) **1 a** 尖筆(せんぴつ), 鉄筆 (style); (彫刻・製図などに用いる)先のとがった器具. **b** 古代エジプト人が粘土や蠟(ろう)に書きつける際に用いた先のとがった道具《反対側はとがっていなくて誤りを消すのに用いた》. **2 a** (レコードプレーヤーの)針; 録音用針. **b** 点字器. **c** 日時計の指柱 (gnomon). **d** (地震計・心電図などの)自動記録針. **3** 〖植物〗花柱 (style). **4** 〖医学〗=stylet 2. **5** 〖解剖・動物〗茎状突起 (style); (特に)(昆虫の)棘突起. 〖(1728) ◻ L ~《異形》← *stilus*: ⇨ style¹〗

sty·mie /stáɪmi/ *n.* **1** 〖ゴルフ〗スタイミー《グリーンで打者のボールとホールとの間に相手のボールがある状態》; スタイミーの状態にある相手のボール, スタイミーボール: lay a ~. **2** 絶望的な困難[難題]. **— *vt.*** **1** (以前のゴルフで)〈相手・相手のボールを〉スタイミーボールで邪魔する. **2** 邪魔する, 妨害する (block, check): ~ a plan. 〖(1834)《転用》? ← 《スコット・古》~ 'person partially blind' ← ? *styme* glance+-IE〗

Stym·phá·li·an bírds /stɪmféɪliən-/ *n. pl.* 〖ギリシャ神話〗ステュンファロスの森の鳥《Hercules が第 5 番目に退治したという鳥の大群; Arcadia のステュンファロス市の近くの森と湖に巣を作っていて, 町の人々に害を与えていた》. 〖(1704) ← L *Stymphalius* ← *Stymphalus* ◻ Gk *Stúmphalos*: ⇨ -an¹〗

sty·my /stáɪmi/ *n.*, *vt.* =stymie.

Ś-type /és-/ *adj.* 〖電気〗S 字形の《負性抵抗の分類で, 電圧-電流特性が S 字形のもの; cf. N-type 1》.

styp·sis /stípsɪ̀s | -sɪs/ *n.* 〖医学〗**1** 収斂(しゅうれん)(作用). **2** 収斂剤[止血薬]による処置. 〖(1890) ◻ LL ~ 'contraction' ◻ Gk *stûpsis* ← *stúphein* (↓)〗

styp·tic /stíptɪk/ *adj.* **1** 〖医学〗収斂(しゅうれん)性の (astringent). **2** 止血の (hemostatic): ~ cotton 止血綿. **3** 〈言葉など〉厳しい, 辛辣(しんらつ)な (harsh): Maupassant's ~ naturalism. **— *n.*** **1** 収斂剤. **2** 止血薬. 〖(1392) ◻ L *stypticus* ◻ Gk *stuptikós* ← *stúphein* to contract: ⇨ -ic¹〗

stýp·ti·cal /-tɪ̀kəl, -kl | -tɪ-/ *adj.* =styptic. 〖1528〗

styp·tic·i·ty /stɪptísəṭi | -səti, -sɪ-/ *n.* 収斂性. 〖c1400〗

stýptic péncil *n.* 〖医学〗口紅状止血薬《みょうばんなどの止血薬を含む軟膏の小さい棒で, ひげそりのときなどの切り傷・すり傷に用いる》. 〖1908〗

Styr /stíə | stíə^(r); *Ukr.* stír, *Russ.* stírʲ/ *n.* [the ~] スティル(川)《ウクライナ共和国西部を北流して Pripet 川に合流する (467 km)》.

Sty·ra·ca·ce·ae /stàɪrəkéɪsiì:, stɪ̀r- | stàɪər-, stɪ̀r-/ *n. pl.* 〖植物〗エゴノキ科. **stỳ·ra·cá·ceous** /-ʃəs˝/ *adj.* 〖← NL ~ ← *Styrac-* (↓)+-ACEAE〗

sty·rax /stáɪræks | stáɪ(ə)r-/ *n.* 〖植物〗エゴノキ《エゴノキ属 (*Styrax*) の植物の総称; アンソクコウノキ (*S. benzoin*)

S

(benjamin tree), セイヨウエゴノキ (*S. officinalis*) (storax) など). 〖(1558) ◻ L ～, *storax* ◻ Gk *stúrax* ◻ Heb. *ṣŏrī* resin of the lentisk or terebinth (ギリシャ語形は *stúrax* shaft of lance との連想による): STORAX と二重語〗

sty·rene /stáɪriːn, stɪ́ᵊr- | stáɪ(ə)r-, stíər-/ *n.* 〖化学〗スチレン, スチロール ($C_6H_5CH=CH_2$) 《合成樹脂・ゴム原料; phenylethylene, vinylbenzene, cinnamene ともいう》. 〖(1885) ← L *styrax* (↑)+-ENE〗

stýrene plástic *n.* 〖化学〗スチレンプラスチック. 〖1943〗

stýrene rèsin *n.* 〖化学〗スチレン[スチロール]樹脂. 〖1937〗

Styr·i·a /stíriə/ *n.* スティリア, シュタイアーマルク 《オーストリア南東部の州; もと公国 (duchy); 面積 16,384 km², 州都 Graz; ドイツ語名 Steiermark》.

Sty·ro·foam /stáɪrəfòum | stáɪ(ə)rəfəum/ *n.* 〖商標〗スチロホーム 《発泡ポリスチレン; ボート建造・絶縁・商品展示用》. 〖(1950) ← (POLY) STYR(ENE)-O+FOAM〗

Sty·ron /stáɪrən | stáɪ(ə)r-/, **William** *n.* スタイロン 《1925–2006; 米国の小説家; *The Confessions of Nat Turner* (1967)》.

stythe /stáɪθ, stáɪð/ *n.* 《英方言》=blackdamp. 〖(変形)? ← (方言) *stife* stifling fume (変形) ← STIFLE¹〗

Styx /stíks/ *n.* 〖ギリシャ神話〗[the ～] **1** ステュクス, 三途(さんず)の川, 黄泉(よみ)の国の川 《黄泉の国を 7 周するという川; 死者は渡し守 Charon の舟でこの川を渡り死者の国に入ったという; cf. Stygian》: (as) black as *the* ～ 真っ暗闇の / cross *the* ～ 死ぬ. **2** ステュクス 《川の擬人化; cf. Zelos》. 〖(*a*1393) ◻ L ～ ◻ Gk *stúx* (原義) the horrible, hatred, chill ← *stugeîn* to abhor, hate, shudder with cold〗

SU 《記号》Aeroflot.

SU 《略》Soviet Union; strontium unit.

Su. 《略》Sunday.

s.u. 《略》service unit; 〖商業〗set up すぐにばらばらにできるようなパーツで組み立てられた (cf. KD).

Sua·bi·an /swéɪbiən/ *adj., n.* =Swabian.

su·a·ble /súːəbl̩ | sjúːəbl̩/ *adj.* 訴訟の対象となりうる, 訴訟できる, 訴えられる, 被告にされる. **sù·a·bíl·i·ty** /-ləti | -l̩ti/ *n.* **sú·a·bly** *adv.* 〖(*a*1623) ← SUE+-ABLE〗

Su·a·kin /súːɑːkɪn, swɑ́ː- | súːɑː-/ *n.* スアキン 《スーダン北東部の紅海に面した港市; かつては紅海での主要港であった》.

Suá·rez /swɑ́ːrəz, -rez; *Sp.* swáreθ/, **Francisco de** *n.* スアレス 《1548–1617; スペインの神学者・哲学者》.

sua·sion /swéɪʒən/ *n.* 《口語》勧告, 説得(行為): moral ～ 道義的勧告, (強制的でなく)良心に訴える説得. 〖(*c*1380) *suasioun* ◻ OF *suasion* // L *suāsiō(n-)* ← *suāsus* (p.p.) ← *suādēre* to urge (↓): ⇨ suave, -sion: cf. persuasion〗

sua·sive /swéɪsɪv, -zɪv | -sɪv/ *adj.* 勧告する, 説得する; 説得力のある, 口のうまい. **～·ly** *adv.* **～·ness** *n.* 〖(1601) ← ◻ L. **suāsīvus*〗

sua·so·ry /swéɪsəri/ *adj.* =suasive. 〖(1576) ◻ L *suāsōrius* ← *sussus*: ⇨ suasion, -ory¹〗

suave /swɑ́ːv/ *adj.* (**more ～, most ～; suav·er, -est**) **1** 〈人・態度・言葉遣いなど〉人当たりのよい, 快い (bland) 《多少軽薄の気味もある》; やさしい, 愛想のよい: a ～ person / ～ manners / a ～ speech, etc. **2** 仕上げの行き届いた, 磨きのかかった: a ～ surface. **3** 〈ワインなど〉口当たりのよい, 仕上げのなめらかな: ～ wine. **～·ly** *adv.* **～·ness** *n.* 〖(1501) ◻ F ～ // L *suāvis* agreeable, sweet ← IE **swād-* 'pleasant, SWEET'〗

SYN 如才がない: **suave** 社交的で人をそらさず如才がない: *suave* manners 愛想のよい態度. **urbane** いんぎんで態度が洗練されている 《格式ばった語》: an *urbane* young man 洗練された青年. **diplomatic** 人の扱いが上手で怒らせない: a *diplomatic* answer 如才のない返事. **genteel** 本来生まれや家柄がよい意味だが, しばしば軽蔑的に気取って上品ぶるの意: *genteel* manners 気取った態度. **ANT** bluff.

Suave /swɑ́ːv/ *n.* 〖商標〗スアーブ 《米国 Helene Curtis Industries 社製のヘアケア製品; シャンプーなど》.

suav·i·ty /swɑ́ːvəti, swéɪv-, swǽv-/ *n.* **1** **a** 《人・態度・言葉遣いなど多少軽薄の気味もある》人当たりのよさ, 当たりの柔らかさ, いんぎん. **b** 《ワインなどの》口当たりのよさ. **2** [*pl.*] (社交上のやや表面的な)ていねいな応対, 礼儀, 当たりの柔らかい態度[言葉]: the *suavities* of society 社交儀礼. 〖(*c*1450) *suavitee* ◻ (O)F *suavité* // L *suāvitās*: ⇨ ↑, -ity〗

sub¹ /sʌ́b/ *n.* 代わりとなる人[もの], 補欠, 代用[代替]品, 代理人 (substitute): an excellent ～ 優秀な補欠(選手). — *v.* (**subbed; sub·bing**) — *vi.* 《口語》〔…の〕補欠を務める, 代行する, 代わりをする (substitute) 〔*for*〕: ～ *for* someone. — *vt.* **1** 《口語》=subedit. **2** =subirrigate. **3** =subcontract. **4** 〖写真〗(フィルム・乾板に)ゼラチンの下塗りをする. — *adj.* 下位の, 補助的な (auxiliary): a ～ post office (集配局に付属する)無集配郵便局. 〖(1696) (略)〗

sub² /sʌ́b/ *n.* [通例複数形で] 《英口語》(定期的に払う)会費 (subscription).

sub³ /sʌ́b/ *n.* 《英口語》給料の前払い[借り] (《米》 advance). — *vt., vi.* 《英口語》生活費として給料の前払いを受け取る[支給する]. 〖1874〗

sub⁴ /sʌ́b/ *n.* 《口語》**1** =submarine. **2** =subeditor. **3** substandard. **4** =subaltern. **5** =sublieutenant. **6** =subordinate. **7** =subway. **8** 〖写真〗=substratum 4.

sub⁵ /sʌ́b/ *L. prep.* …の下に: ⇨ sub judice, sub rosa. 〖◻ L ～ 'under' ← IE **upo* 'from below, UP'〗

sub. 《略》subaltern; *L.* subaudī (=understand, supply an omitted word); subeditor; subito; subject; submarine (boat); 《米》submarine sandwich; subordinate; subscription; substitute; 《米》substitute teacher; subtract; suburb; suburban; subway.

sub- /sʌb, sʌ́b, səb/ *pref.* (cf. hypo-; ↔ super-) **1** (一般的に)「(物の)下」の意: *sub*way, *sub*terranean, *sub*merge, *sub*due. **2** 「(位階・地位が)下位, 副, 補」の意: *sub*editor, *sub*ordinate, *sub*serve. **3** 「さらに(分割する), なおその下位の(分割, 分類, 細分)」の意: *sub*divide, *sub*committee, *sub*class, *sub*family. **4** 「やや, 多少, 不完全に」の意: *sub*acid, *sub*human. **5** 「…に近い, …に接する, 亜…」の意: *sub*arctic, *sub*tropical, *sub*urban. **6** 「添加」の意: *sub*join. **7** 〖解剖〗「…の下の, …の内側の」の意: *sub*cutaneous, *sub*labial, *sub*nasal. **8** 〖化学〗**a** 「塩基性の」: *sub*acetate. **b** 「正常量より少ない, 亜…」: *sub*oxide. **9** 〖数学〗[倍数を表す形容詞に付いて逆数を表す]: *sub*double, *sub*triple, *sub*quadruple. ★ ラテン語起源の語では sub- は音の同化によって, c, f, g, p の前では通例, suc-, suf-, sug-, sup-, m, r の前ではしばしば sum-, sur-, また c, p, t の前では sus- となることがある: *suc*cumb, *suf*fix, *sup*plement, *sur*rogate, *sus*tain. 〖ME ◻ L ～ ← *sub* (prep.) under: ⇨ sub⁵〗

sùb·ácetate *n.* 〖化学〗塩基性酢酸塩. 〖(1819) ⇨ ↑, acetate〗

sùb·ácid *adj.* **1** やや酸(っぱ)い: a ～ fruit. **2** 〈言葉・気質など〉やや鋭い, やや辛辣(しんらつ)な (slightly sharp). **3** 〖化学〗酸の量の少ない, 弱酸の. **～·ly** *adv.* **～·ness** *n.* 〖(1669) ◻ L *subacidus*: ⇨ sub-, acid〗

sùb·acídity *n.* **1** 弱酸性. **2** 〖病理〗(胃液の)低塩酸(症), 減塩(症) (hypochlorhydria). 〖(1833) ← ↑ -ITY〗

sùb·acúte *adj.* **1** やや鋭い: ～ pain. **2** ややとがった: a ～ petal. **3** 〖医学〗亜急性の 《急性 (acute) と慢性 (chronic) の中間の経過をとるものについていう》. **～·ly** *adv.* 〖1752〗

su·ba·dar /sùːbədɑ́ə | súːbədɑ́ː(r)/ *n.* 《インド》**1** (ムガール帝国時代の)地方総督. **2** (かつての英軍所属のインド人軍隊の)インド人中隊長 (subah ともいう). 〖(1698) ◻ Urdu & Pers. *ṣūbadār* ← *ṣūba(h)* province+-*dār* holder〗

sub·a·dult /sʌ̀bədʌ́lt, sʌbǽdʌlt/ *n.* **1** 成長期をほぼ終了した人[動物]. **2** 〖昆虫〗=subimago. 〖(1903) 1934〗

sùb·áerial *adj.* 地上の, 地表の[に適した, に生える] (cf. aerial 2, subterranean 1). **～·ly** *adv.* 〖1833〗

sùb·ágency *n.* 副代理(店), 補助機関, 下取次(業).

sùb·ágent *n.* 副代理人, 下取次人. 〖1818〗

su·bah /súːbɑː/ *n.* **1** ムガール (Mogul) 帝国の一地方. **2** =subadar. 〖(1753) ◻ Urdu & Pers. *ṣūba(h)* province ← Arab. *ṣawb* direction, quarter〗

su·bah·dar /sùːbədɑ́ə | súːbədɑ́ː(r)/ *n.* =subadar.

sub·álpine *adj.* 〖生態〗**1** 〈生物区系が〉亜高山帯の. **2** 亜高山帯に生える, 亜高山性の (cf. montane). **3** アルプスの亜高山帯の. 〖(1656) ◻ L *subalpīnus*: ⇨ sub-, alpine〗

sub·al·tern /səbɔ́ːltən, -ɑ́ː- | sʌ́bəltən, -bl̩-, -tn/ *n.* **1** 従属的な地位の人; 次官, 副官, 属官 (subordinate). **2** 〖英陸軍〗大尉 (captain) より下位の士官 《中尉・少尉》. **3** 〖論理〗**a** (対当推理で関連する全称命題との対比における)特称命題 (particular proposition). **b** (一般的な概念のもとに含まれる)特殊な概念. — *adj.* **1** 下位の, 次位の, 副の; 属官の, 部下の. **2** 〖英陸軍〗大尉より下位の: a ～ officer 大尉より下位の士官 《中尉・少尉》. **3** 〖論理〗〈命題が〉特称の (particular). 〖(1581) ◻ LL *subalternus*: ⇨ sub-, alterne〗

sub·al·ter·nate /sʌ̀bɔ́ːltənɪ̀t, -ǽl-, -ɑ́ː- | -ɔːltɔ́ːn-, -ɔl-, -ɔ̀ltənɪ̀t⁻/ *adj.* **1** 下位の, 次位の, 副の. **2** 〖植物〗〈葉が〉亜互生の. 《← SUB-+ALTERNATE》 **3** 交互の. — *n.* 〖論理〗**a** (関連する全称命題との対比における)特称命題 (subaltern). **b** (類に対して)種. **～·ly** *adv.* 〖(?*a*1425–50) ◻ ML *subalternātus* ← *subalternāre* to subordinate〗

sub·al·ter·na·tion /sʌ̀bɔ̀ːltənéɪʃən, -æ̀l-, -ɑ̀ː- | -ɔ̀ːltən-, -ɔ̀l-/ *n.* **1** 下位, 従位. **2** 〖論理〗対当推理における特称命題の全称命題に対する関係; 大小対当. 〖(1597) ◻ ML *subalternatiō(n-)*: ⇨ ↑, -ation〗

sùb·antárctic *adj.* 南極圏に近い, 亜南極の. 〖1875〗

sùb·ápical *adj.* 頂点 (apex) 近くにある, 頂点下にある. **～·ly** *adj.* 〖1846〗

sùb·apostólic *adj.* 十二使徒時代の次の(時代の): the ～ church. 〖1880〗

sub·a·qua /sʌ̀bɑ́ːkwə, -ǽkwə | -ǽkwə⁻/ *adj.* 潜水(スポーツ)の: a ～ club. 〖(1955): ⇨ sub-. aqua〗

sub·aq·ual /sʌ̀bǽkwəl⁻/ *adj.* 〖地質〗〈土壌など〉水面下の (cf. superaqual).

sùb·aquátic *adj.* **1** 〖植物〗半水生の. **2** =subaqueous. 〖1789〗

sùb·áqueous *adj.* **1** **a** 水中にある[で生きている]. **b** 水中を思わせる, 水中のような. **2** 水中で起こる, 水中で行われる[形成される]. **3** 水中用の (submarine): a ～ helmet. 〖1677〗

sùb·aráchnoid *adj.* 〖解剖〗くも膜下の: ～ hemorrhage くも膜下出血. 〖1839–47〗

sùb·árctic *adj.* 北極圏に近い, 亜北極の. 〖1854〗

sùb·àrea *n.* 領域[地域]の下位区分. 〖1926〗

sùb·árid *adj.* 〈土地など〉やや乾燥した (cf. subhumid): a ～ region 亜乾燥地方.

sùb·assémbly *n.* (機械などの大組立部品に対して)小組立部品. 〖1919〗

sùb·ástral *adj.* 星の下の; 地上の (terrestrial): ～ beings 地上の生物. 〖1752〗

sùb·astríngent 〖医学〗*adj.* 弱収斂(しゅうれん)性の. — *n.* 弱収斂薬. 〖1694〗

Sùb-Atlántic *a.* **1** 大西洋の下の[にある]. **2** 〖地学〗サブアトランティック期の 《北ヨーロッパで後氷期の第 5 気候期; Sub-Boreal 期に続く時代で, 約 2,800 年前から現在まで》. — *n.* [the ～] 〖地学〗サブアトランティック期. 〖1876〗

sùb·atmosphéric *adj.* 〈温度など〉大気中より低い. 〖1941〗

sùb·átom *n.* 〖物理〗原子構成要素 《陽子 (proton)・中性子 (neutron)・電子 (electron) など》. 〖1880〗

sùb·atómic *adj.* 〖物理〗**1** 原子を構成する粒子の. **2** 原子内部で生じている過程の. **3** 原子より小さい, 原子以下の. 〖1903〗

sùb·áudible *adj.* 〈音など〉可聴範囲以下の周波数[強さ]の. 〖1839〗

sùb·audítion *n.* **1** 省略されたものを心で補足して読むこと, 言外の意味を悟る[察する]こと. **2** 補足了解された意味, 言外の意味. 〖(1658) ◻ LL *subauditiō(n-)*: ⇨ sub-, audition〗

sùb·aurícular *adj.* 〖解剖〗耳介下の[にある]. 〖1822〗

sùb·áverage *adj.* 平均[標準]以下の.

sùb·áxillar *adj.* =subaxillary.

sùb·áxillary *adj.* **1** 〖解剖〗腋窩(えきか)の下の, わき下にある. **2** 〖植物〗葉腋(ようえき) (axil) 下にある: a ～ bud. 〖1769〗

súb·bàse *n.* **1** 〖建築〗(円柱の柱礎の)基部 (cf. stylobate). **2** 〖土木〗(舗装の)補助基層 《砕石など》. **3** 〖数学〗準基, 部分基 (cf. base² 11). **4** 〖軍事〗(主要航空基地に従属する)次級基地. 〖1826〗

súb·bàsement *n.* 〖建築〗(建物の)地階の下の階, 地下二階. 〖1904〗

súb·bàss /-bèɪs/ *n.* 〖音楽〗(パイプオルガンの)スブバッス音栓 《通常のバスの音域より 1 または 2 オクターブ低い音を出すための音栓》. 〖(1880) ← SUB-+BASS¹: 「1 オクターブ下」の意〗

súb·bing *n.* **1** 代理を務めること. **2** =subirrigation. **3** 〖写真〗=substratum 4. 〖(1778) ← SUB¹' +-ING〗

sùb·bitúminous *adj.* 亜瀝青質の 《瀝青炭より品質が劣るが, 褐炭より高い石灰についていう》.

Sùb-Bóreal *adj.* 〖地学〗サブボレアル期の 《北ヨーロッパで後氷期の第 4 気候期; Atlantic 期と Sub-Atlantic 期の間で, 約 5,000–2,800 年前の冷温・乾燥期; 人類史の新石器時代・青銅器時代に相当する》. — *n.* [the ～] サブボレアル期. 〖1876〗

sùb·bránch *n.* **1** 小分派, 小部門; 〖生物〗亜門 (subphylum). **2** (支店の)支所, 出張所. 〖1859〗

súb·brèed *n.* 〖畜産〗亜品種. 〖*c*1850〗

Sub·bu·te·o /səbúːtiòu, sʌ- | -bjúːtiəu, -bjúː-/ *n.* 〖商標〗サブーテオ 《英国製の卓上サッカーゲーム台》. 〖(*c*1945) (なぞり) ← L ～ 'hobby falcon'〗

sùb·cábinet *adj.* 〖米政治〗副閣議の 《連邦政府の閣議に次ぐ重要な行政上の機関にいう》. — *n.* 副閣議. 〖1954〗

sùb·cáliber *adj.* 〈弾丸が〉大砲の口径よりも小さい; 〈大砲が〉口径よりも小さい弾丸を用いる: a ～ gun 内筒(ないとう)砲 《筒の中に補助筒を入れて発射する; 射撃練習のとき弾薬節約のために行う》. 〖1876〗

sùb·cápsular *adj.* 〖解剖〗被膜下の[にある], 嚢下の[にある]: ～ cataracts 嚢下白内障.. 〖1889〗

sùb·cárbide *n.* 〖化学〗亜炭化物 《炭素の含有量が通常のものより少ない炭化物》.

sùb·cárbonate *n.* 〖化学〗亜炭酸塩 《塩基性炭酸塩のこと》. 〖1797〗

súb·càrrier *n.* 〖通信〗副搬送波. 〖1953〗

sùb·cartiláginous *adj.* 〖解剖・動物〗**1** 軟骨に近い, 半軟骨の. **2** 軟骨下の[にある]. 〖1541〗

sùb·cásing *n.* 〖木工〗(ドアや窓などの枠周りの)下地. 〖1909〗

sùb·cátegory *n.* 下位範疇(はんちゅう), 下位区分.

sùb·cáudal 〖動物〗*adj.* 尾の下側にある. — *n.* 尾下板. 〖1777〗

sùb·celéstial *adj.* **1** 〖天文〗天頂の真下の, 天頂下の. **2** 天の下の; 地上の (terrestrial). **3** 現世の, 世俗的な (mundane). — *n.* 地上の生物. 〖1561〗

súb·cèllar *n.* 地下二階 (subbasement) 《地下室の下の地下室》. 〖1894〗

sùb·céllular *adj.* 〖生物〗**1** 細胞レベル以下の; 細胞内で起こる. **2** 人工的細胞分裂による. 〖1948〗

súb·cènter *n.* 副中心; (特に)副都心. 〖1925〗

sùb·céntral *adj.* 中心下の; 中心に近い. **～·ly** *adv.* 〖1822〗

sub·cep·tion /səbsépʃən/ *n.* 〖心理〗=subliminal perception.

sùb·cháirman *n.* (*pl.* **-men**) 副議長; 議長代理.

sùb·cháser *n.* 《米》駆潜艇 (submarine chaser). 〖1918〗

súb·chìef *n.* 副長, サブチーフ, 課長代理(など), 副首領. 〖1858〗

sùb·chlóride *n.* 〖化学〗亜塩化物, 次塩化物. 〖1899〗

sub·cinc·to·ri·um /sʌ̀bsɪŋ(k)tɔ́ːriəm/ *n.* 〖カトリッ

ク》(教皇盛式ミサのとき帯の右端に垂らす, 羊と十字架模様入り刺繍のある)垂装飾. 〘◻LL ～ ← L *subcinctus*, *succinctus* 'SUCCINCT': ⇨ -ory[2]〙

súb·clàss *n.* **1** クラスの下分け, 下位分類. **2** 〘生物〙(分類学上の)亜綱. **3** 〘論理・数学〙=subset 2. — *vt.* …のクラスを下分けする, 下位分類する. 〘1819〙

sùb·clássify *vt.* 下位分類 (subclass) に分ける. 〘1909〙

súb·clàuse *n.* **1** 〘法律〙下位条項. **2** 〘文法〙従属節 (subordinate clause).

sùb·clávate *adj.* 〘動物〙棍棒に近い形をした. 〘1826〙

sub·cla·vi·an /sʌ̀bkléɪviən/ 〘解剖〙 *adj.* **1** 鎖骨 (clavicle) 下の[にある]: ～ arteries [veins] 鎖骨下動脈[静脈] / ～ groove 鎖骨下溝《第一肋骨に2つある溝; 鎖骨下動脈溝と鎖骨下静脈溝》. **2** 鎖骨下動脈[静脈]の. — *n.* 鎖骨下動脈[静脈]. 〘(1646) ⇨ subclavius, -an[1]〙

sùb·clavícular *adj., n.* 〘解剖〙=subclavian. 〘1656〙

sub·cla·vi·us /sʌ̀bkléɪviəs/ *n.* (*pl.* **-vi·i** /-viàɪ/) 〘解剖〙鎖骨下筋. 〘(1704) ← NL *subclāvius* ← SUB-+L *clāvis* key〙

sùb·clímax *n.* 〘生態〙亜極相, 亜安定期, 不安定期《動植物群落が気候以外の作因によって安定状態になり得ず, しかも見掛け上の安定群落を作っている状態; cf. climax 3》. **sùb·climáctic** *adj.* 〘1916〙

sùb·clínical *adj.* 〘医学〙無症状の, 潜在性の, 不顕性の: a ～ infection 無症状[不顕性]感染 / ～ diabetes 無症状糖尿病. **～·ly** *adv.* 〘1935〙

sùb·clóver *n.* 〘植物〙=subterranean clover.

sùb·collégiate *adj.* 大学生の学力に達しない学生に向けられた.

sùb·colúmnar *adj.* 円柱状に近い, ほぼ円柱状の.

sùb·commíssioner *n.* 小委員会員, 分科委員会員; 副委員. 〘1629〙

sub·com·mit·tee /sʌ́bkəmɪ̀ti, ˌ—ˌ—ˊ— | -ti/ *n.* 小委員会, 分科委員会: the U.S. Senate *Subcommittee* on Multinational Corporations 米上院多国籍企業小委員会. 〘*c*1607〙

sùb·cómpact *n.* 《米》サブコンパクトカー, 準小型車《小型車 (compact) より小さい自動車; cf. compact[1] 2》. 〘(1967) ← SUB-+COMPACT[1]〙

sùb·còmpany *n.* 子会社 (subsidiary company).

sùb·compónent *n.* サブコンポーネント《部品の一部で部品の特性をもつ部分; 特に電子機器の組立てなどに用いられる》.

sùb·cónic *adj.* =subconical.

sùb·cónical *adj.* やや円錐状の. 〘1786〙

sub·con·scious /sʌ̀bkɑ́(ː)nʃəs, -tʃəs | -kɔ́n-/ *adj.* **1** 潜在意識の, 意識下の (cf. preconscious, unconscious): ～ desires 潜在意識的欲望 / the ～ self [ideas] 潜在意識下の自己[思考]. **2** ぼんやり意識している. — *n.* [しばしば the ～] 潜在意識, 下意識. **～·ly** *adv.* 〘(1832–34) ← SUB- 4+CONSCIOUS〙

sùb·cónsciousness *n.* 潜在意識, 下意識. 〘1874〙

sùb·contíguous *adj.* ほとんど接触する, ほぼ隣接した.

sùb·cóntinent *n.* **1** 亜大陸《インドなど》. **2** 大陸よりは小さい陸塊, 島《Greenland など》. **sùb·continéntal** *adj.* 〘1862〙

sùb·cóntract *n.* 下請負い, 下請け契約. — /ˌ—ˈ—, ˌ—ˌ—ˊ/ *v.* — *vt.* **1** …の下請負い[下請け契約]をする. **2** 〈契約の仕事の一部を〉下請け業者に提供する. — *vi.* **1** 〔…の〕下請負いを発注[受注]する 〔*for*〕. **2** 下請け業者に仕事を提供する. 〘1604–5〙

sùb·cóntractor *n.* 下請け(契約)業者[会社]. 〘1842〙

súb·còntraóctave *n.* 〘音楽〙サブコントラオクターブ, 下2点音《低音部譜表の下第6間ハ音から下第3間ロ音までの音よりさらに1オクターブ低い各音》. 〘1901〙

sùb·contraríety *n.* 〘論理〙小反対(対当関係). 〘1697〙

sùb·cóntrary 〘論理〙 *adj.* 小反対の, 小相反の (cf. contrary, contradictory). — *n.* 小反対, 小反対命題, 小反対対当《特称肯定命題と特称否定命題との関係》. 〘(1603) ◻LL *subcontrārius*: ⇨ sub-, contrary〙

sùb·cóol *vt.* =supercool. 〘1916〙

sùb·córdate *adj.* ほぼハート形の: a ～ leaf. 〘1775〙

sùb·córtex *n.* (*pl.* **-tices**) 〘解剖〙(脳)皮質下部. 〘← NL ～: ⇨ sub-, cortex〙

sùb·córtical *adj.* 〘解剖〙(脳)皮質下の[にある]. 〘1815〙

sùb·cósta *n.* 〘昆虫〙亜前縁脈. 〘(1861) ← NL ～: ⇨ sub-, costa〙

sùb·cóstal *adj., n.* 〘解剖〙肋骨下の(筋肉). 〘(1826) ← NL *sublostālis*: ⇨ costa〙

súb·còver *n.* 〘数学〙部分被覆《集合の被覆をなす族の部分族で, やはり被覆になっているもの》.

sùb·cránial *adj.* 頭蓋下の[にある].

sùb·crítical *adj.* **1** 決定的とまではいかない, ほぼ決定的な. **2** 〘物理〙臨界未満の. 〘1930〙

sùb·crústal *adj.* 地殻下の. 〘1897〙

sùb·crýstalline *adj.* 不完全結晶質の.

súb·cùlture *n.* **1** 〘細菌〙二次培養, 植え替え《バクテリアをさらに別の新培養基で培養すること》. **2** 〘社会学〙下位文化, サブカルチャー《一つの文化[社会]内で他と区別できる社会的・経済的・人種的特性をもつ集団の行動様式や文化》. — /ˌ—ˊ—/ *vt.* 〘細菌〙〈バクテリアを〉二次培養する, 植え替える. **sùb·cúltural** *adj.* 〘1886〙

súb·cùrrent *n.* (思想・思考などの)表面には表れない流れ, 底流. 〘1902〙

sub·cu·ta·ne·ous /sʌ̀bkjutéɪniəs/ *adj.* **1** 〘解剖〙皮下の[にある]: ～ fat 皮下脂肪. **2** 皮下に行う: a ～ injection 皮下注射. **3** 〈寄生虫など〉皮下にすむ. **～·ly** *adv.* 〘(1651) ◻LL *subcutāneus* ← SUB-+L *cutis* skin: ⇨ -aneous〙

sùb·cútis *n.* 〘解剖〙**1** 皮下脂肪層[組織]. **2** 皮下組織. 〘1879〙

sùb·cylíndrical *adj.* やや円筒形の. 〘1817〙

subd. 《略》subdivision.

sùb·déacon *n.* 〘カトリック〙副助祭 (cf. subdiaconate)《上級聖職階 (major orders) の一つ》; 《まれ》〘英国国教会・長老派教会〙副執事 (cf. deacon). 〘(*c*1303) *subdecon* ◻LL *subdiāconus* (⇨ sub-, deacon) ∞ (14–15C) *sudekne, sodekene* ◻AF & OF *s(o)udiakene* ◻LL〙

sùb·déaconate *n.* =subdiaconate. 〘1878〙

sùb·déan *n.* **1** 〘英国国教会〙(大)聖堂参事会長代理, (大)聖堂首席司祭代理. **2** (大学の)副学部長, 副学生部長《dean のすぐ下の職位; cf. dean》. 〘(*a*1376) *su(b)dene* ◻OF *sou(z)deien, soubdean* (F *sousdoyen*): ⇨ sub-, dean[1]〙

sùb·déanery *n.* 〘英国国教会〙(大)聖堂参事会長代理 (subdean) の職務[地位, 邸宅]. 〘1579〙

sub·deb /sʌ́bdèb/ *n.* 《米口語》=subdebutante.

sùb·débutante 《米》 *n.* まもなく社交界に出る(年頃の)女性; 10代半ばの少女. 〘1919〙

sùb·decánal *adj.* 〘英国国教会〙**1** (大)聖堂参事会長代理 (subdean) の[に関する]. **2** subdeanery の[に関する]. 〘(1846) ← ML *subdecānus* 'SUBDEAN'+-AL[1]〙

sùb·delírium *n.* 〘病理〙亜譫妄(せんもう)《軽くうわごとを言う状態》. 〘1834〙

sùb·déntate *adj.* 部分的[不完全]に歯状をなす.

sùb·dénted *adj.* =subdentate.

sùb·depártment *n.* 支部; 分局. 〘1804〙

sùb·dépot *n.* 〘軍事〙補給所支所. 〘1938〙

sùb·dérmal *adj.* =subcutaneous. 〘1887〙

sùb·diáconal *adj.* 〘カトリック〙副助祭の; 〘英国国教会・長老派教会〙副執事の. 〘(1849) ← L *subdiāconālis*〙

sùb·diáconate *n.* 〘カトリック〙副助祭職; 〘英国国教会・長老派教会〙副執事職. 〘(1725) ◻LL *subdiāconātus* ← *subdiāonus* 'SUBDEACON': ⇨ -ate[1]1〙

sùb·diréctory *n.* 〘電算〙サブディレクトリー《他のディレクトリーの下にあるディレクトリー; cf. directory, root directory》. 〘1953〙

sùb·díscipline *n.* 学問分野の下位区分[細分部分]. 〘1958〙

súb·dìstrict *n.* 小区域《district の下位区分》. 〘1816〙

sub·di·vide /sʌ̀bdɪváɪd, ˌ—ˌ—ˊ—/ *vt.* **1** 小分けする, 再分割する; 細分する. **2** 《米》〈土地を〉建築敷地 (building lot) に小分けする, 分筆する. — *vi.* さらに分かれる, 再分割させる; 細分される. **sùb·di·víd·a·ble** /-dəbl | -də-/ *adj.* **sùb·di·víd·er** /-də | -də(r)/ *n.* 〘(?*a*1425) ◻LL *subdīvidere*: ⇨ sub-, divide〙

sub·di·vis·i·ble /sʌ̀bdɪvízəbl | -zɪ-/ *adj.* 再分割[小分け, 細分]できる. 〘1841〙

sub·di·vi·sion /sʌ̀bdɪvíʒən, ˌ—ˌ—ˊ—/ *n.* **1** 再分割, 小分け, 細別. **2 a** 一部分, 一区分; 下位区分. **b** 《米》分譲地; 区画割り; 分筆. **c** 《カナダ》(分譲地に建てられた)団地. **3** 〘植物〙亜門. **sùb·di·ví·sion·al** /-ʒnəl, -ʒənl/ *adj.* 〘(?*a*1425) ◻LL *subdīvisiō(n-)*: ⇨ sub-, division〙

sub·dóminant *n.* **1** 〘音楽〙**a** 下属音《各音階の第四音; 主音より完全5度下にある》. **b** =subdominant harmony. **2** 〘生態〙亜優占種, 次優占《例えば森林地の低木, 草地に一時期だけ生じる雑草など》. — *adj.* **1** 〘音楽〙下属音の. **2** 〘生態〙亜優占種の. **sùb·dóminance** *n.* 〘1793〙

subdóminant hármony *n.* 〘音楽〙下属和音《和声学の用語で下属音上の三和音などを指す》.

sùb·dórsal *adj.* 背の下の, 背部下方の; 背部に近い. 〘1800〙

sùb·dráinage *n.* 〘土木〙地下排水; 暗渠(あんきょ)排水.

sùb·dríll *vt.* 〘機械〙下穴をあける《仕上がり寸法より少し小さい穴をきりであける》.

sub·du·a·ble /səbdúːəbl, -djúː- | -djúː-/ *adj.* **1** 征服できる; 制しうる, 抑えられる. **2** 緩和できる, 和らげられる, 弱められる. 〘1611〙

sub·du·al /səbdúːəl, -djúː- | -djúːəl/ *n.* 征服; 抑制; 緩和. 〘(1675) ⇨ -al[2]〙

sub·duct /səbdʌ́kt, sʌb-/ *vt.* **1** 〘地質〙〈プレートを〉他のプレートの下にもぐり込ませる. **2** 〘医学〙〈眼球などを〉引き下げる, 下におろす. **3** 《まれ》除く, 除去する (remove); 減じる, 引く (subtract). 〘(1571) ← L *subductus* (p.p.) ← *subdūcere* to draw away, remove ← SUB-+*dūcere* to lead: cf. -duct〙

sub·duc·tion /səbdʌ́kʃən, sʌb-/ *n.* **1** 〘地質〙サブダクション, 沈み込み《接している二つのプレートのうち一つが他のプレートの下にもぐり込む現象》. **2** 〘医学〙眼球を下げる筋肉作用. **3** 《まれ》除去. 〘((1579)) (*a*1620) ◻L *subductiō(n-)* ← *subductus* (↑)〙

sub·due /səbdúː, -djúː | -djúː/ *vt.* **1** 打ち勝つ, 征服する, 鎮圧する: ～ an enemy [a country, nature] 敵軍[国, 自然]を征服する. **2 a** 〈感情・衝動などを〉抑える, 抑制する (repress): ～ feelings [impulses, passions] 感情[衝動, 激情]を抑える. **b** 〈音・光・色などを〉和らげる, 弱める (soften). **3** (精神的に)従える, 心服させる (overcome): be ～*d* by kindness 親切にほだされる / be ～*d* to what one works in (仕事などで)染(し)みついたやり方にとらわれる, 型から抜け出せない (cf. Shak., *Sonnets* III 6–7). **4** 〈炎症などを〉鎮める, 抑える, 軽減する. **5** 〈土地を〉開墾する: ～ rough land 荒地を開墾する. **sub·dú·er** *n.* 〘(*a*1387) *sodewe(n), subdue(n)* ◻OF *so(u)duire, su(b)duire* to seduce, deceive (この意味は L *sēdūcere* to seduce の影響か) ◻L *subdūcere* (↑): 語義は L *subdere* to subject, subdue の影響〙

sub·dued /səbdúːd, -djúːd | -djúːd/ *adj.* **1 a** 〈人・性格・態度など〉(いつになく)控え目な, 静かな; 沈んだ: ～ manners 控え目な物腰 / He looks ～. (何だか)沈んでいるようだ. **b** 抑制された, 抑えられた: ～ desires. **2** 〈音・光など〉和らいだ, やわらかな: a ～ color [light, tone, effect] やわらかな[落ち着いた, 地味な]色[光, 調子, 効果] / ～ gold つや消し金 / in a ～ voice (ささやくような)低い声で. **3** 征服された, 服従させられた. **4** 〈地形など〉凹凸起伏のない, のっぺりした. **sub·dú·ed·ly** /-ɪd-/ *adv.*

sub·dú·ed·ness /-ɪd-/ *n.* 〘(1589–90) ← ↑ + -ED〙

sùb·dúplicate /-dúːplɪkət, -djúː- | -djúː-/ *adj.* 〘数学〙平方根の, 平方根を用いた, 平方根で表した: a ～ ratio 平方根比, 二乗根比. 〘1656〙

sùb·dúral *adj.* 〘解剖〙硬膜下の[にある]. 〘1875〙

súb·dwàrf *n.* 〘天文〙準矮星(わいせい)《矮星 (dwarf star) より光度も質量も小さい恒星》. 〘(1939)〙

sùb·édit *vt.* **1** 〈新聞・雑誌などの〉編集補佐[副編集者]を務める. **2** 《英》〈新聞などの原稿を〉整理編集する. 〘(1855) (逆成) ↓〙

sùb·éditor *n.* **1** (新聞・雑誌の)編集補佐(助者), 副編集者. **2** 《英》(新聞などの)原稿整理部員, 編集部員 (copyreader). **sùb·editórial** *adj.* **～·shìp** *n.* 〘(1834): ⇨ sub-, editor〙

sùb·emplóyed *adj.* 〈労働者が〉不完全雇用の. 〘1967〙

sùb·emplóyment *n.* 〘労働〙不完全雇用《パートタイム[フルタイム]勤務などで受ける給与が生計を支えるには不十分である場合, または失業状態を指していう; cf. underemployment》. 〘1967〙

súb·èntry *n.* (大項目の中に記載された)下位記載項目, 小項目, 細目. 〘1876〙

sùb·epidérmal *adj.* 〘解剖〙表皮下の[にある]. 〘1853〙

sùb·équal *adj.* ほぼ等しい. 〘(1787) ◻LL *subaequālis*〙

sùb·equatórial *adj.* 亜赤道帯の, 赤道に近い. 〘1909〙

su·ber /súːbə | s(j)úːbə(r)/ *n.* 〘植物〙コルク組織 (phellem). 〘(1800) ← NL ～ ← L *sūber* cork tree〙

sùb·eréct *adj.* ほぼ直立の, まっすぐに近い. 〘1829〙

su·be·re·ous /suːbíəriəs | s(j)uːbíər-/ *adj.* 〘植物〙コルク質の, コルクのような. 〘(1826) ◻LL *sūbereus*: ⇨ suber, -eous〙

su·ber·ic /suːbérɪk | s(j)uː-/ *adj.* コルク (cork) の[に関する]. 〘(1806) ← L *sūber* cork+-IC[1]〙

subéric ácid *n.* 〘化学〙スベリン酸, コルク酸 (HOOC-$(CH_2)_6$COOH)《ひまし油やコルクを酸化して得られる; 樹脂原料》. 〘1806〙

su·ber·in /súːbərɪn | s(j)úːbərɪn/ *n.* 〘植物〙スベリン, 木栓質, コルク質. 〘(1830) ◻F *subérine*: ⇨ suber, -in[2]〙

su·ber·i·za·tion /sùːbərɪzéɪʃən | s(j)ùːbəraɪ-, -rɪ-/ *n.* 〘植物〙コルク化, コルク質化[形成], 木栓化. 〘1882〙

su·ber·ize /súːbəràɪz | s(j)úː-/ *vt.* 〘植物〙コルク質化する. **sú·ber·ìzed** *adj.* 〘1882〙

su·ber·ose /súːbəròus | s(j)úːbərəus/ *adj.* 〘植物〙=subereous. 〘(1845–50) ← NL *sūberōsus* ← L *sūber* cork: ⇨ -ose[1]〙

su·ber·ous /súːbərəs | s(j)úː-/ *adj.* 〘植物〙=subereous.

sùb·esséntial *adj.* 絶対的ではないが重要な, 準必須の.

sùb·excíter *n.* 〘電気〙副励磁機《大形発電機用励磁機の励磁機》.

súb·fàmily *n.* **1** 〘生物〙(分類学上の)亜科. **2** 〘言語〙語派《一語族内で, branch より高いカテゴリーの分類》. 〘1833〙

sùb·fébrile *adj.* (平熱より)やや熱の高い, 微熱の. 〘1898〙

súb·fìeld *n.* 〘数学〙部分体《体の部分集合で, もとの結合法によってそれ自身体を作るようなもの》. 〘1940〙

sub·fix /sʌ́bfɪks/ *n.* 〘印刷〙下付き[右下付き]の文字[数字, 記号] (cf. subscript).

súb·flòor *n.* (仕上げ床の下に敷く)下張り床. 〘1893〙

sùb·flóoring *n.* **1** [集合的] 張り床 (subfloors). **2** 床の下張材.

súb·fòrm *n.* 派生型[様式]. 〘*c*1950〙

sùb·fóssil 〘考古〙 *adj., n.* 準[半]化石(の). 準化石《完新統の化石》. 〘1832〙

súb·fràme *n.* (仕上げ枠(わく)に付属する[を支える])副枠. 〘1929〙

sùb·fréezing *adj.* 〈温度など〉氷点下の; 氷点下の温度の: ～ weather. 〘1949〙

sub·fusc /sʌbfʌ́sk, ˌ—ˈ— | ˌ—ˈ—, ˈ—ˌ—/ *adj.* **1** やや黒ずんだ, くすんだ. **2** 暗く陰鬱な, 薄汚い. — *n.* **1** くすんだ色の衣服. **2** 《オックスフォード大学・ケンブリッジ大学で》式服《黒ずんだ色をしている》. 〘(1710) ◻L *subfuscus* ← SUB-+*fuscus* 'dark, FUSCOUS': ⇨ dusk〙

sub·fus·cous /sʌbfʌ́skəs/ *adj.* =subfusc 1. 〘(1760) ◻L *subfuscus* (↑): ⇨ -ous〙

subg. 《略》subgenus.

sùb·gelátinous *adj.* やや膠質の.

sùb·genéric *adj.* 〘生物〙亜属の. 〘(1836) ← SUB-＋GENERIC: cf. F. *sous-générique*〙
sùb·genérical *adj.* 〘生物〙＝subgeneric. **~·ly** *adv.* 〘1851〙
súb·gènus *n.* (*pl.* **súb·gènera, ~·es**) 〘生物〙(分類学上の)亜属. 〘(1813) ← NL ~〙
súb·giant *n.* 〘天文〙準巨星 (巨星 (giant) より光度も質量も小さい恒星). 〘1937〙
sùb·gingíval *adj.* 〘歯科〙歯肉(縁)下の. 〘1898〙
sùb·glácial *adj.* **1** 氷河下[底]の; 氷河下[底]にあった: a ~ stream, deposit, etc. **2** 〘地質〙氷河期後の (postglacial). **~·ly** *adv.* 〘1820〙
sùb·glóbular *adj.* ほぼ球形の, 球形に近い. 〘1787〙
sùb·glóttal *adj.* 〘音声〙声門下部の. 〘1932〙
sùb·glóttic *adj.* ＝subglottal. 〘1880〙
súb·gòvernment *n.* 第二[影の]政府 (政府に対して多大の影響力を有する非公式の会).
súb·gràde *n.* **1** 二[副]次的等級. **2** 〘土木〙(道路の)路盤, 路床. 〘1893〙
súb·gràph *n.* 部分グラフ.
súb·gròup *n.* **1** (群を分割した)小群 (subordinate group). **2** 〘社会学〙下位集団 (一つの文化[社会]内で他と区別できる社会的・経済的・人種的特性をもつ集団). **3** 〘化学〙亜族, 亜属. **4** 〘数学〙部分群 (群の部分集合がもとの結合法によってそれ自身群を作るときの集合). — *vt.* subgroup に分ける. 〘1845〙
sub·gum /sʌ́bgʌ́m/ *adj.* 種々の野菜を取り合わせて調理した. — *n.* 種々の野菜を取り合わせて調理した中国料理. 〘□ Cant. (Pidgin) 《原義》 mixed vegetable〙
sùb·hálide *n.* 〘化学〙次ハロゲン化物. 〘← SUB-＋HALIDE〙
sùb·harmónic *n.* 〘電気〙分数調波, 低調波. 〘(1924) ← SUB-＋HARMONIC〙
súb·hèad *n.* **1** 副題 (subordinate title). **2** 標題[見出し]の小区分, 小見出し (cf. deck). **3** 副校[学]長, 副主事. 〘1588〙
súb·hèading *n.* ＝subhead 1, 2. 〘1874〙
sub·he·dral /sʌbhíːdrəl | -hédrəl, -híːdrəl/ *adj.* 〘鉱物〙＝hypidiomorphic. 〘(1975) ← SUB-＋-HEDRAL〙
sùb·hepátic *adj.* 肝臓下の[にある, で起こる].
sùb-Himaláyan *adj.* ヒマラヤ山麓の人.
sùb·húman *adj.* **1** 人間以下の, 人間にふさわしくない, 非人間的な: a ~ child / ~ conditions. **2** 人間に近い, 類人の: the ~ primates 類人猿. — *n.* (通常の)人間以下の人. 〘1793〙
sùb·húmid *adj.* 〈土地などや〉やや湿気を帯びた (cf. subarid).
Sú·bic Báy /súːbɪk-/ *n.* スービック湾 (フィリピンの Luzon 島南部, Manila 湾の西にある南シナ海の入江; 1901 年米国の海軍基地が設けられたが, 92 年フィリピンに返還).
sub·íleus *n.* 〘病理〙亜イレウス (腸閉塞に近い状態). 〘← NL ~: ⇨ sub-, ileus〙
sùb·imágo *n.* (*pl.* **~·es, sùb·imágines**) 〘昆虫〙亜成虫 (カゲロウ目昆虫に特有な若虫期と成虫期にはさまれた一発生段階). 〘1861〙
sùb·incandéscent *adj.* ほぼ白熱の.
sùb·incísion *n.* 〘文化人類学〙(オーストラリアおよび Fiji 諸島の原住民の間で成人儀式の一部として行われる)割礼 (亀頭下部の尿道切開). 〘1899〙
sùb·índex *n.* (*pl.* **sùb·índices, ~·es**) **1** 〘数学〙副添字, 副添数 (添字に添えた添字; cf. suffix). **2** 《米》副索引 (主要な部類の下位分類に対する索引). — *vt.* …に副索引をつける. 〘1923〙
sub·in·feu·date /sʌ̀bɪnfjuːdèɪt/ 〘封建法〙 *vt.* 〈領臣〉に領地[保有権]をさらに分け与える, 転封する. — *vi.* 転封する. 〘(1839) 《逆成》 ↓〙
sub·in·feu·da·tion /sʌ̀bɪnfjuːdéɪʃən/ *n.* 〘封建法〙 **1** 転封 (自分の受けた領地をさらに領臣に与えること). **2** 転封保有権[領地, 封土]. **3** 転封保有関係. 〘(1730) □ F *subinfeudation* // L *subinfudatio*〙
sub·in·feuda·tory /sʌ̀bɪnfjúːdətɔ̀ːri | -dətəri/ 〘封建法〙 *n.* 転封によって与えられた封土保有者. — *adj.* 転封の. 〘1886〙
sùb·ínfluent *n.* 〘生態〙亜影響種 (生物群集の中で影響種 (influent) よりも影響を与える度合いが少ない生物).
sùb·ínoculate *vt.* 〘細菌〙継代接種する. 〘1905〙
sùb·inoculátion *n.* 〘細菌〙継代接種.
sùb·inspéctor *n.* 副検査官, 検査官補. 〘1863〙
sùb·ínterval *n.* **1** 〘数学〙部分区間 (区間に含まれる区間). **2** 〘音楽〙部分音程. 〘1867〙
sùb·írrigate *vt.* …の地下灌漑(かんがい)[排水]をする. 〘1903〙
sùb·irrigátion *n.* 地下灌漑. 〘1880〙
su·bi·tize /súːbətàɪz | -bɪ-/ *vi.* 〘心理〙物の数を一目で知覚する, 即座に把握する. — *vt.* …の数を一目で知覚する. 〘(1949) ← L *subitus* (↓): ⇨ -ize〙
su·bi·to /súːbɪtòu | -tàu; *It.* sùːbito/ *adv.* 〘音楽〙急に, 突然: f(orte) [p(iano)] ~ 急に強く[弱く]. 〘(1724) □ It. ~ < L *subitō* ← *subitus* sudden (p.p.) ← *subīre* to go underneath ← SUB-＋*īre* to go〙
subj. 《略》 subject; subjective; subjectively; subjunctive.
sub·ja·cen·cy /sʌbdʒéɪsənsi, səb-, -sn-/ *n.* **1** 下にあること. **2** さらに低い所にあること. **3** 土台[基礎]を直すこと. 〘1891〙
sub·ja·cent /sʌbdʒéɪsənt, səb-, -snt/ *adj.* **1** 直下の, 真下にある. **2** もっと低い所にある: ~ valleys and plains もっと下方の谷や平野. **3** 土台をなす, 基礎となる. **~·ly** *adv.* 〘(1597) □ L *subjacentem* (pres.p.) ← *subjacēre* to lie under (↓): ⇨ sub-, adjacent〙

sub·ject /sʌ́bdʒɪkt, -dʒekt | sʌ́bdʒɪkt, -dʒekt/ *n.* **1** 主題, テーマ, 題目, 題 (theme); 演題, 論題, 議題, 話題 (topic); 題材: a serious [trifling, political, religious] ~ 重大な[つまらない, 政治上の, 宗教上の]問題 / the ~ of a book 本の表題 / the ~ of a story [play, poem] 物語[劇, 詩]の題目 / a ~ for [of] discussion [conversation] 論題[話題] / change the ~ 話題を変える / wander [stray] from the ~ 主題からそれる, 脱線する / I could write if I could think of a ~. 何か主題さえ考えつけば書けるのだが / Let's drop the ~. この話はこれくらいにしよう. **2** (学校の)科目, 教科, 学科: a required [elective] ~ 必修[選択]科目 / take five ~*s* in one's examination＝take an examination in five ~*s* 試験を 5 科目受ける. **3 a** 対象, 的: a ~ of attention [praise] 注目[賞賛]の的 / a ~ of animosity 恨みの対象. **b** 原因, 種, もと (cause): the sole ~ of my grief 私の悲しみの唯一の原因 / a ~ for complaint [ridicule] 苦情[物笑い]の種 / a ~ for rejoicing [congratulation] 喜ぶ[祝う]べきこと. **4 a** (医学・心理学などの実験[治療]を受ける人[動物], 被験者, 被検者, 被術者, 実験材料; 解剖用死体: a medical [surgical] ~ 内科[外科]患者 / a hypnotic ~ 催眠術の被術者 / a ~ for dissection 解剖用死体 / make a person the ~ of an experiment 人を実験の材料[実験台]にする. **b** [修飾語を伴って] 〘医学〙…性[質]の人, …患者: a hysterical [gouty] ~ ヒステリー[痛風]性の人 / a bilious [plethoric] ~ 胆汁[多血]質の人 / a good [bad] ~ 予後のよい[悪い]患者, 回復の見込みのある[ない]患者. **5 a** 〘音楽〙(フーガ・ソナタの)主題, テーマ (theme), 主楽想, 楽旨. **b** 〘美術〙主題, 題材, 画題; 被写体: pictures of sacred ~*s* 宗教画, 聖画. **6** 〘文法〙主部, 主語 (cf. predicate 1, object 8). **7** 〘論理〙主語, 主辞 (↔ attribute, predicate), 主題. **8** 〘哲学〙主体, 主観, 我, 自我 (ego) (↔ object); 実体 (substance); 基体 (substratum), 物(それ)自体 (thing-in-itself) (↔ attribute, predicate). **9** (封建制度下の)臣下, 臣, 家来 (vassal); ((立憲)君主制下の)国民, 臣民 (⇨ citizen SYN): a British ~ 英国民 / rulers and ~*s* 統治者と被統治者 / the liberty of the ~ 臣民の自由 (立憲治下の諸特権).
knów** one's **súbject 万事心得ている, 抜かりがない.
***on the súbject** (**of**)* …に関して (concerning), …を話題にして: While we're *on the* ~ (*of* honesty), why did you lie to me? (正直の話題が出た)ところで君はどうして私にうそをついたんだ.
— *adj.* **1** 〔…を〕受けやすい, こうむりやすい, 〔…に〕かかりやすい; 〔…を〕免れない 〔*to*〕: a country ~ *to* earthquakes 地震がよく起きる国 / imports not ~ *to* tariffs 関税のかからない輸入品 / He is ~ *to* colds [moods]. 彼はかぜを引きやすい[気が変わりやすい] / Humans are ~ *to* temptation. 人間は誘惑に陥りやすいものだ / Such conduct is ~ *to* ridicule [blame, criticism]. そういう行為は人に笑われ[非難され, 批判され]やすい / All the prices are ~ *to* change without notice. 価格は予告なしに変更されることがあります. **2** 支配を受ける, 服従する, 従属する: a ~ province [state] 属領[属国] / a state ~ *to* foreign rule 外国の支配を受ける国 / We are all ~ *to* the laws of nature. 我々は皆自然の法則に支配される. **3** [叙述的] 〔承認などを〕受けるべき, 条件とする (conditional), 〔…に〕依存する 〔*to*〕: The treaty is ~ *to* ratification. この条約は批准を必要とする / The arrangement is ~ *to* your approval. 協定は君の賛同を得なければならない.
súbject to …を(得ることを)条件として, …を仮定して: The schedule may change ~ *to* the weather. 天候次第で予定は変更されることがあります / *Subject to* correction, these are the facts. 訂正があればするとしても事実は以上の通りです / *Subject to* your consent, I will try again. 承諾して下さるなら今一度やってみます.
— /səbdʒékt, sʌ́bdʒekt | səbdʒékt, sʌb-, sʌ́bdʒɪkt, -dʒekt/ *vt.* **1 a** 〈人を〉〔苦しい目に〕遭わせる, さらす (expose), 〈人〉に〔いやなことを〕受けさせる 〔*to*〕: ~ oneself *to* ridicule [insult] 冷笑[侮辱]される / be ~*ed to* (undergoing) torture [cross-examination] 拷問[厳しい追及]を受ける / Violations of the law will ~ offenders *to* fines. この法律に違反すると違反者は罰金を科せられます. **b** 〈物を〉〔…に〕当てる, かける: ~ a thing *to* heat 物を熱に当てる / ~ a story *to* verification 話を検証する. **2** 《まれ》服従[隷属]させる, 従える (subjugate): ~ a nation [person] *to* one's sway [will] 国民[人]を自分の支配下に置く[我が意に服従させる]. **3** 《まれ》提示する, 提出する 〔*to*〕. **4** 《廃》…の下に置く.
sub·jèct·a·bíl·i·ty *n.* **sub·jéct·a·ble** /-təbl/ *adj.* **súb·ject·lìke** *adj.* 〘(n.: c1330; adj.: a1338) *suget, subget* □ OF *suget, subg(i)et* (F *sujet*) □ L *subjectus, subjectum* (p.p.) ← *sub(j)icere* to subject, include, throw under ← SUB-＋*jacere* 'to throw, JET[2]': 今の綴りは 16C に確立. — v.: (c1384) *subje(c)te(n)* □ (O)F *subjecter* // L *subjectāre* (freq.) ← *sub(j)icere*〙

SYN 主題: **subject** 談話・講演・書物などで議論または記述される題材や中身を指す一般的な語: the *subject* of a lecture 講演の題目. **subject matter** 論文や本などで論じられている題目 (*subject* とほぼ同義): the *subject matter* of a film 映画の主題. **topic** 書いたり話す題目: broach a *topic* 話題を持ち出す. **theme** 議論・論文・芸術作品などの主題: an academic *theme* 学問的なテーマ.

---

súbject càtalog *n.* 〘図書館〙件名目録, 主題目録. 〘1873〙
súbject càtaloging *n.* 〘図書館〙件名目録法, 主題目録法[作業] (cf. descriptive cataloging). 〘1900〙
súbject còmplement *n.* 〘文法〙＝subjective complement.
súbject-hèading *n.* 〘図書館〙件名標目. 〘1874〙
sub·jec·ti·fy /səbdʒéktəfàɪ, sʌb- | -tɪ-/ *vt.* 主観的にする, 主観化する; 主観的に解釈する. **sub·jec·ti·fi·ca·tion** /səbdʒèktəfɪkéɪʃən | -tɪfɪ-/ *n.* 〘1868〙
súbject ìndex *n.* 〘図書館〙件名[事項]索引 (cf. author index). 〘1861〙
sub·jec·tion /səbdʒékʃən, sʌb-/ *n.* **1 a** 服従[屈服, 隷属]させること; 征服(すること), 支配: the ~ of a conquered nation. **b** 左右されること, 奴隷[隷属]状態: ~ *to* the laws [a vice] 法に対する服従[罪悪に対する屈服] / bring a person *under* ~ 人を服従させる. **2** 〘論理〙(述語の主語への)従属関係 (cf. predication). 〘(c1340) □ (O)F ~ // L *subjectiō(n-)*: ⇨ subject (adj.), -tion〙
sub·jec·tive /səbdʒéktɪv, sʌb-/ *adj.* **1 a** 主観の, 主観的な, 心の; 個人的な, 独自の (personal): ~ judgment [impressions] 主観的判断[印象] / Sensation is ~. 感覚は主観的なものだ. **b** 現実性に乏しい, 幻想的な, 架空の. **2** 〘文法〙主格の (nominative) (cf. objective 8). **3** (属性の内在するものの)本来的な, 実体の, 本質の. **4** 〘哲学〙主体の, 主観の, 主観的な (cf. objective 2 a). **5** 〘医学〙〈症状など〉自覚的な: ~ symptoms 自覚症状. **6** 〘心理〙 **a** 主観的な. **b** 内省的な (introspective). **7** 《廃》被征服者の; 臣民の; (自由を奪われて)従順な (submissive). — *n.* **1** [the ~] 主観. **2 a** 〘文法〙主格 (nominative case). **b** 主語. **~·ly** *adv.* **~·ness** *n.* 〘(c1500) 《廃》 submissive □ LL *subjectīvus*: ⇨ subject (n.), -ive〙
subjéctive cáse *n.* 〘文法〙[the ~] 主格.
subjéctive cómplement *n.* 〘文法〙 **1** 主格補語 (例: He lies *dead*. における dead; cf. objective complement). **2** 主格補文 (例: That *John is mad* turns out to be the case. における斜体部). 〘1923〙
subjéctive génitive *n.* 〘文法〙主格属格 (後ろの名詞の意味上の主語になる属格; 例: the *doctor's* arrival / *God's* love of men における doctor's, God's; cf. objective genitive). 〘1864〙
subjéctive idéalism *n.* 〘哲学〙主観的観念論 (事物はすべて主観の観念として存在するとする説; cf. objective idealism). 〘1877〙
subjéctive spírit *n.* 〘哲学〙(Hegel 哲学における)主観的精神 (精神の三段階の一つで, 意識・自己意識・理性の階程を含む; cf. absolute spirit, objective spirit).
subjéctive tést *n.* 主観テスト (採点者の主観的基準によって採点されるテスト).
sub·jéc·tiv·ism /-tɪvɪzm | -tɪ-/ *n.* **1** 〘哲学〙主観論, 主観主義 (客観的存在が主観の認識に依存するという説; cf. objectivism). **2** 〘倫理〙主観主義 (価値・規範などの客観性を否定し, それを感情・情動・人為的取決めなどの主観的所産とみる立場). **3** (宗教的体験に重きを置く神学上の)主観的であること. 〘1857〙
sub·jéc·tiv·ist /-vɪst | -vɪst/ *n.* 主観論[主義]者. 〘1874〙
sub·jec·ti·vis·tic /səbdʒèktɪvístɪk, sʌb- | -tɪ-/ *adj.* 主観論[主義]的な. **sub·jec·ti·vís·ti·cal·ly** *adv.* 〘1884〙
sub·jec·tiv·i·ty /sʌ̀bdʒektívəti | -tívɪti/ *n.* **1** 主観的なこと, 主観性 (cf. objectivity). **2** 主観, 主観主義 (subjectivism). 〘1821〙
sub·jec·tiv·ize /səbdʒéktɪvàɪz, sʌb- | -tɪ-/ *vt.* 主観化する. **sub·jec·tiv·i·za·tion** /səbdʒèktɪvɪzéɪʃən, sʌb- | -vaɪ-, -vɪ-/ *n.* 〘1868〙
súbject·less *adj.* **1** 主題のない. **2** 〘文法〙主語のない. **3** 臣下のない, 臣民のいない. 〘1803〙
súbject màtter *n.* **1** (思考・研究・論文などの)題目, 題材, 主題 (⇨ subject SYN); (講演・著作などの形式・文体などと区別して)内容: the ~ of a sermon, discourse, book, etc. **2** 被作用物; 素材, 材料. 〘(c1380) *matere subject* (a1542) 《なぞり》 ← LL *subjecta māteria* 《なぞり》 ← Gk *hupokeiménē hū́lē* 《原義》 underlying matter〙
súbject-óbject *n.* 〘哲学〙主観的客観 (主観であると同時に客観であるもの; 自己の知識の対象としての自我; 自意識的存在). 〘1821〙
súbject-ràising *n.* 〘生成文法〙主語上昇変形 (補文中の主語を主節の主語または目的語の位置に上昇させる変形; 例: It is likely that he will be late. → He is likely to be late.)
súbject tèacher *n.* 教科担任教師 (cf. form teacher).
sub·join /səbdʒɔ́ɪn, sʌb- | sʌb-/ *vt.* 追加する, 付言する; (特に)補遺を付ける (annex). 〘(1573) □ MF *subjoindre* □ L *subjungere* to affix, join beneath ← SUB-＋*jungere* 'to JOIN'〙
sub·join·der /səbdʒɔ́ɪndə, sʌb- | sʌbdʒɔ́ɪndə(r)/ *n.* 《まれ》追加されるもの; 付言, 付記. 〘1831〙
súb·jòint *n.* 〘動物〙(節足動物の脚などの)副関節.
sub ju·di·ce /sʌbdʒúːdəsiː, -dɪsi | -dʒúːdɪsi, -júːdɪkèɪ/ *L.* 〘法律〙裁判官[法廷]の前に; 審理中, 審問中 (under consideration). 〘(1613) □ L *sub jūdice* before the judge〙
sub·ju·gate /sʌ́bdʒʊgèɪt/ *vt.* **1** 支配下に置く, 征服する, 服従させる (⇨ conquer SYN). **2 a** 飼い慣らす: ~ a wild horse. **b** 〈感情などを〉抑える, 静める: ~ one's passion. **sub·ju·ga·ble** /sʌ́bdʒʊgəbl/ *adj.* **súb·ju·gà·tor** /-tə | -tə(r)/ *n.* 〘(?a1425) ← L *subjugātus* (p.p.) ← *subjugāre* to bring under the yoke ← SUB-＋*jugum* 'YOKE[1]': ⇨ -ate[3]〙

sub·ju·ga·tion /sʌ̀bdʒʊɡéɪʃən/ *n.* 征服, 服従, 従属. 〖《1373》□ LL *subjugātiō(n-)*: ⇨ ↑, -ation〗

sub·junct /sʌ́bdʒʌŋkt/ *n.* 〘文法〙従接詞《基本的な節構造の一部とはならない副詞または前置詞句》. 〖《1914》□ L *subjunctus* (p.p.) ← *subjungere*: ⇨ subjoin〗

sub·junc·tion /səbdʒʌ́ŋ(k)ʃən/ *n.* **1** 追加, 増補. **2** 追加[添加]物. 〖《1633》□ LL *subjunctiō(n-)* ← *subjungere* (↓): ⇨ -tion〗

sub·junc·tive /səbdʒʌ́ŋ(k)tɪv/ 〘文法〙 *adj.* 仮定法の, 叙想法の (cf. conjunctive 2, indicative 2): the ~ mood 仮定法, 叙想法. — *n.* **1** 仮定法 (subjunctive mood). **2** 仮定[叙想]法動詞《例えば *if it be true* における be》. **~·ly** *adv.* 〖《1530》□ LL (*modus*) *subjunctīvus* (《なぞり》) ← Gk *hupotaktikḗ égklisis* subordinate mood) ← L *subjūnctīvus* connecting, subjoining ← *subjunctus* (p.p.) ← *subjungere* 'to SUBJOIN': ⇨ -ive: 本来従属節に属するものと考えられたため〗

subjúnctive pást *n.* 〘文法〙仮定法過去.

subjúnctive pást pérfect *n.* 〘文法〙仮定法過去完了.

subjúnctive présent *n.* 〘文法〙仮定法現在.

súb·kìngdom *n.* 〘生物〙亜界. 〖1825〗

sùb·lábial 〘動物〙 *adj.* 唇の下の[にある]. — *n.* 唇の下のキチン板 (infralabial) (cf. chitin). 〖1875〗

súb·lànguage *n.* (あるグループ・階級などだけに通用する)特殊言語, 二次言語. 〖1934〗

sub·lap·sar·i·an /sʌ̀blæpsέ(ə)riən | -sέər-˘/ *n., adj.* =infralapsarian. 〖《1656》← NL *sublapsārius* (⇨ sub-, lapse)+-ARIAN〗

sùb·lap·sár·i·an·ism /-nìzm/ *n.* =infralapsarianism. 〖《1865》⇨ ↑, -ism〗

sub·late /sʌbléɪt/ *vt.* **1** 〘論理〙否認[否定]する (deny) (cf. posit). **2** 〘哲学〙止揚[揚棄]する. 〖(1548) (1838) ← L *sublātus* (p.p.) ← SUB-+*lāt-* (← *tollere* to take away): cf. collate〗

sùb·láteral *n.* 〘植物〙亜側(生)枝《側枝からさらに脇に伸びた枝》. 〖1822〗

sub·la·tion /sʌbléɪʃən/ *n.* 〘哲学〙止揚, 揚棄《相対立する契機を否定しながらも, 両者の固有性を保持して総合へと高める働き; 特に Hegel の弁証法における Aufheben をいう》. 〖《1533》□ L *sublātiō(n-)*: ⇨ ↑, -ation〗

súb·làttice *n.* 〘数学〙部分束《束の部分集合で, どの二元も上限・下限をもつようなもの》. 〖1959〗

súb·lèase *n.* 転貸, 又貸し (underlease). — /ˌ-ˈ-/ *vt.* **1** 転貸する, 又貸しする (sublet). **2** 又借りする. 〖1826〗

sùb·lessée *n.* 転借人.

sùb·lessór *n.* 転貸人.

sùb·lét *vt.* (**sub·let; -let·ting**) **1** 転貸[又貸し]する (underlet). **2** 〈仕事などを〉下請けさせる. — *vi.* 転貸[又貸し]する. — *n.* 転貸[又貸し]した[できる]もの[家]; 《米口語》転貸, 又貸し. 〖《1766》← SUB-+LET[1]〗

sùb·léthal *adj.* 致死量にまで達しない: a ~ dose of poison. 〖1895〗

súb·lèvel *n.* **1** 一つの(明白な)水準より低い水準. **2** 〘鉱山〙中段坑道《上下の水平坑道の中間に設けた補助水平坑道》. **3** 〘物理〙=subshell. 〖1963〗

sùb·librárian *n.* 副図書館長. 〖1722〗

sùb·lieuténancy *n.* 《英》〘海軍〙中尉職[権限].

sùb·lieuténant *n.* 《英》〘海軍〙中尉 (cf. lieutenant 3): a ~, second class 少尉. 〖1702–11〗

sub·li·mate /sʌ́bləmèɪt | -lɪ̀-/ *v.* — *vt.* **1** 〘化学〙昇華させる. **2** 〘精神分析〙昇華する (cf. sublimation 2). **3** 高尚にする, 純化する (sublime); 理想化する. — *vi.* 昇華[純化]する. — /sʌ́bləmɪ̀t, -mèɪt | -lɪ̀-/ *adj.* [限定的] **1** 昇華した. **2** 純化した, 気高い. — /-ləmɪ̀t, -mèɪt | -lɪ̀-/ *n.* 〘化学〙昇華物; (特に)昇汞(しょうこう) (corrosive sublimate). 〖(adj.: 1460; v.: *c*1425) □ L *sublīmātus* (p.p.) ← *sublīmāre* to lift up ← *sublīmis* 'SUBLIME': ⇨ -ate[2,3]. — n.: 《1543》← ML *sublīmātum* (neut. p.p.): ⇨ -ate[1]〗

sub·li·ma·tion /sʌ̀bləméɪʃən | -lɪ̀-/ *n.* **1** 〘化学〙昇華(作用). **2** 〘精神分析〙昇華《性的・攻撃的衝動を性的でない社会的に認められた行為に向ける無意識的過程》. **3** 純化, 理想化. **4** 昇華されたもの, 理想化されたもの. 〖(*a*1393) □ (O)F ~ // L *sublīmātiō(n-)*: ⇨ ↑, -ation〗

sub·lime /səbláɪm/ *adj.* (**sub·lim·er; -est**) **1 a** 〈自然界・芸術品・光景・人格・行為など〉荘厳な, 崇高な, 壮烈な, 雄大な: ~ scenery, beauty, virtue, etc. **b** 〈思想・文体・人物など〉卓越した, 抜群の, 高尚な: a ~ genius, thinker, style, thought, etc. **2** 〘口語・皮肉〙極度の, ひどい; 途方もない, とんでもない: ~ impudence, insolence, contempt, ignorance, self-conceit, etc. / You ~ idiot! この大たわけめ. **3 a** 《古》高位の, 尊貴の: his ~ highness 殿下. **b** 《詩・廃》尊大な, 高慢な (haughty). **4** 《古》高く上げた, 高い, 楽しい. — *n.* [the ~] **1** 荘厳, 崇高, 壮美: *the* ~, the beautiful, and the good 荘厳と美と善 / There is but one step from *the* ~ to the ridiculous. 崇高と滑稽(こっけい)の差は紙一重だ《Napoleon 一世の言葉; cf. Thomas Pain, *The Age of Reason* II》. **2** 至高, 極致 〔*of*〕: *the* ~ *of* stupidity 愚の骨頂. — *vt.* **1** 〘化学〙昇華させる. **2** 高める, 高尚にする, 浄化する. — *vi.* **1** 〘化学〙昇華する. **2** 高尚になる, 浄化される. **sub·lím·a·ble** /-məbl/ *adj.* **~·ly** *adv.* **~·ness** *n.* **sub·lím·er** *n.* 〖adj.: 《1586》□ L *sublīmis* lofty, exalted ← *sub limen* reaching up to below the lintel ← SUB-+*līmen* lintel: cf. lintel. — v.: 《*c*1395》□ (O)F *sublimer* // L *sublīmāre* to elevate ← *sublīmis*〗

Sublíme Pórte *n.* =Porte.

sub·lim·i·nal /sʌblímənl | sʌblɪ́mɪ̀-, səb-/ *adj.* **1** 知覚[感覚]を生み出さない; 識別できないほど小さい, サブリミナル. **2** 〘心理〙 **a** 意識に上らない, 閾下(いきか)の; 潜在意識の (subconscious) (cf. threshold 4, liminal 1). **b** 潜在意識に働きかける. — *n.* 〘心理〙=subliminal self. **~·ly** *adv.* 〖《1886》(原義) below the threshold ← SUB-+L *līmin-*, *līmen* threshold (cf. sublime)+-AL[1] (なぞり) ← G *unter der Schwelle* (*des Bewusstseins*) under the threshold (of consciousness)〗

sublíminal ádvertising *n.* 閾下(いきか)広告, サブリミナル広告《テレビや映画フィルムなどの間に瞬間的に広告の映像・音を挿入して潜在意識に働きかける》. 〖1957〗

sublíminal percéption *n.* 〘心理〙閾下(いきか)知覚《刺激閾以下の刺激が与えられた場合にそこに生じる知覚》. 〖1892〗

sublíminal sélf *n.* 〘心理〙閾下(いきか)自我, 潜在自我. 〖1892〗

sub·lim·i·na·tion /sʌblìmənéɪʃən | sʌblɪ̀mɪ̀-, səb-/ *n.* 閾下(いきか)知覚への働きかけ.

sub·lim·i·ty /səblímət̬i | -mɪ̀ti/ *n.* **1 a** 荘厳, 崇高, 雄大, 壮美. **b** 荘厳なもの, 崇高な人[物]. **2** 絶頂, 極致, 精粋. 〖《1526》□ L *sublīmitātem*: ⇨ sublime, -ity〗

sùb·língual 〘解剖〙 *adj.* **1** 舌の下(側)にある: the ~ artery 舌下動脈 / a ~ tablet 舌下錠. **2** 舌下腺の[に関する, に起こる]. — *n.* 舌下腺[動脈]. **~·ly** *adv.* 〖《1661》← NL *sublinguālis*: ⇨ sub-, lingual〗

sublíngual glànd *n.* 〘解剖〙舌下腺《唾液腺の一つ》. 〖1694〗

sùb·líterary *adj.* 通俗文学の, 三文文学の; 亜流文学の. 〖1936〗

sùb·líterate *adj.* (読み書きの)十分な素養に欠ける.

sùb·líterature *n.* **1** 通俗文学, 三文文学; 亜流文学作品. **2** (謄写印刷などによる関係職員向けの当座用の)報告書, 資料集. 〖1952〗

sùb·líttoral *adj.* **1** 海岸[沿岸]に近い, 亜沿岸帯の[を構成する]. **2** 〘生態〙亜沿岸帯性の. — *n.* (海や湖の)亜沿岸帯《海では低潮線から大陸棚の縁までの地帯》. 〖1846〗

Sub-Lt 《略》《英》Sublieutenant.

sub·lúnar *adj.* =sublunary.

sub·lu·na·ry /sʌblúːnəri, sʌ́bluːnèri | sʌblúːnəri/ *adj.* **1** 月下の, 月と地球の間にある (cf. superlunary, translunary). **2** 地球上の, 地上の; この世の, 現世の. 〖《1592》(変形) ← L *sublūnāris*: ⇨ sub-, lunar〗

sùb·lúxate *vt.* 〘医学〙…を亜脱臼する. 〖1893〗

sùb·luxátion *n.* 〘医学〙亜脱臼, 不全脱臼. 〖《1688》← NL *sublaxatiō(n-)*: ⇨ sub-, laxation〗

sùb·machíne gùn *n.* 軽機関銃, サブマシンガン《肩または腰から撃ち出す(半)自動式機関銃》: ⇨ Thompson submachine gun. 〖1920〗

sùb·mámmary *adj.* 〘解剖〙乳線下の[にある].

súb·màn /-mæ̀n/ *n.* (*pl.* **-men** /-mèn/) 人間的機能発達がきわめて低い人 (cf. superman). 〖1921〗

sùb·mandíbular 〘解剖〙 *adj.* =*submaxillary*. — *n.* 顎下腺(がっかせん) (submaxillary gland). 〖1875〗

sùb·márginal *adj.* **1** 〘生物〙へり (margin) の近くの, 亜縁の. **2** 限界以下の; (ある目的のための)必要最小限に欠ける: a ~ life 普通以下の生活. **3** 〈土地など〉耕作限界に近い《地代と資本と労力を投じて収益がほとんどないことにいう》; (耕作に値しないほど)収穫のない (unproductive). **~·ly** *adv.* 〖1829〗

sub·ma·rine /sʌ́bmərìːn, ˌ-ˈ-/ *n.* **1 a** 潜水艦 (cf. SURFACE boat): a nuclear-powered ~ 原子力潜水艦. **b** 機(械)水雷. **2** 《略》《米》=submarine sandwich. **3** 〘野球〙下手[横手]投げ, サブマリン投法. **4** 海底にある[生息する]もの, 海底植物[動物]. **5** 〘アメフト〙サブマリン. — *adj.* **1** 海底[海中]の, 海底にある[生息する], 海底[海中]で使用する: a ~ plant / a ~ boat 潜水艇 / a ~ cable [tunnel] 海底ケーブル[トンネル] / a ~ volcano 海底火山 / a ~ terrace 海底の段丘. **2** 潜水艦の[に関する, による]: ~ warfare 潜水艦戦. — *vt.* 《口語》潜水艦で襲撃[撃沈]する, (特に)潜水艦の(魚雷(攻)撃で撃沈する. — *vi.* **1** 潜水艦に乗る. **2** 潜水する. **3** 〘アメフト〙《防御側のラインマンが》攻撃側に対してひざより低く頭から突入し相手の下に潜るようにしてディフェンスする. 〖《1648》← SUB-+MARINE〗

súbmarine cányon *n.* 海底峡谷 (canyon).

súbmarine chàser *n.* 駆潜艇 (subchaser ともいう). 〖1917〗

súbmarine mìne *n.* (敷設)水雷, (敷設)機雷.

súbmarine pén *n.* 潜水艦待避所.

sub·mar·i·ner /sʌ̀bmərìːnə, ˌ-ˈ-ˌ-, sʌbmǽrə-nə, -mér- | sʌbmǽrɪ̀nə[r]/ *n.* 潜水艦乗組員.

súbmarine sándwich *n.* 《米》サブマリンサンド《長いロールパンに冷肉・チーズ・野菜をはさんだサンドイッチ; hero sandwich ともいう》. 〖1955〗

súbmarine sèntry *n.* 〘海事〙水中探礁器《一定の深さを保って, 水中を引く凧(たこ)のような装置; 暗礁があると, これが水面に出る》.

súbmarine télegraph *n.* 海底電信.

sùb·máster *n.* 主人代理; 校長代理, 教頭. 〖*a*1500〗

sùb·mátrix *n.* 〘数学〙部分行列, 小行列《与えられた行列のいくつかの行といくつかの列の交差点の要素から成る行列》. 〖1970〗

sùb·maxílla *n.* 〘解剖・動物〙下あご, 下顎(かがく) (lower jaw), 下顎骨 (inferior jawbone). 〖← NL ~〗

sùb·máxillary *adj.* 〘解剖〙 **1** 顎下(がっか)の[に関する, にある]. **2** 顎下腺の[に関する]. — *n.* 顎下部分《顎(がく)動脈や顎骨など》. 〖《1787》← NL *submaxillārius*: ⇨ sub-, maxillary〗

submáxillary glànd *n.* 〘解剖〙顎下腺(がっかせん). 〖1787〗

sùb·máximal *adj.* 〈生理的反応が〉最高値より低い. 〖1890〗

sùb·médiant *n.* 〘音楽〙 **1** 下中音《音階の第 6 音; superdominant ともいう》. **2** 下中和音. — *adj.* 下中和音の: ~ chord 下中和音. 〖1806〗

sùb·méntal *adj.* **1** 〘解剖〙おとがい下の, あごの下にある. **2** 〘昆虫〙亜基節の. 〖1831〗

sùb·méntum *n.* 〘昆虫〙亜基節《口器の下唇を構成する一部分》. 〖← NL ~: ⇨ sub-, mentum〗

súb·mènu *n.* 〘電算〙サブメニュー《メニューからある項目を選んだときに表示される下位のメニュー》.

sub·merge /səbmə́ːdʒ, sʌb- | -mə́ːdʒ/ *vt.* **1** 水中に入れる, 水中に沈める, 水中に没せしめる: be ~*d* beneath the sea 海底に沈められる / rocks ~*d* at high tide 高潮時には水中に没する岩. **2** …に水をかぶせる; 水に浸す, 浸水させる, 氾濫させる (inundate) (⇨ dip SYN): The river overflowed and ~*d* the field. 川があふれて畑を水浸しにした / ~*d* houses 浸水家屋. **3** [通例 p.p. 形で] **a** 覆い隠す, 見えなくする: The true meaning was ~*d* in trivialities. 真の意味が些事の中に隠れてわからなくなった. **b** 圧倒する. **c** 負債[貧苦]に陥れる, 落ちぶれさせる. — *vi.* **1** 水中に沈む, 水中に没する, 沈没する. **2** 〈潜水艦が〉潜水する, 潜航する. ***submérge onesèlf in*** … 〈仕事など〉に没頭する. 〖《1606》□ L *submergere*: ⇨ sub-, merge〗

sub·mérged *adj.* **1 a** 水面下の, 水中の. **b** 〘植物〙水生の (submersed): ~ plants 水生植物. **2** 隠れた (hidden). **3** 貧困に苦しむ: ⇨ submerged tenth. **4** 重荷にあえいだ, 圧倒された. 〖1799〗

submérged árc wèlding *n.* 〘金属加工〙サブマージアーク溶接, 潜弧溶接《差し込んだ溶接棒の先端と被溶接物との間にアークを発生させて自動的に溶接を行う方法》.

submérged ténth [**cláss**] *n.* [the ~] 《英》社会最下層の人々, どん底生活者, 細民階級 (cf. upper ten). 〖《1837》英国人口の $^{1}/_{10}$ は貧困と不幸に陥っているという William Booth の言葉から〗

sub·mer·gence /səbmə́ːdʒəns, sʌb- | -mə́ː-/ *n.* **1 a** 水中に沈める[沈む]こと; 沈没. **b** 潜水, 潜航. **2** 浸水, 冠水. 〖1832〗

sub·mer·gi·ble /səbmə́ːdʒəbl, sʌb- | -mə́ːdʒɪ̀-/ *adj.* =submersible. **sub·mèr·gi·bíl·i·ty** /-dʒəbílət̬i | -dʒɪ̀bílɪ̀ti/ *n.* 〖1866〗

sub·merse /səbmə́ːs, sʌb- | -mə́ːs/ *vt.* =submerge. — *adj.* 〘植物〙=submersed 2. 〖《1837》□ L *submersus* (p.p.) ← *submergere* 'to SUBMERGE'〗

sub·mérsed *adj.* **1** 水中に没している, 水没した (submerged). **2** 〘植物〙水中に生じる, 水生の. 〖1727〗

sub·mers·i·ble /səbmə́ːsəbl, sʌb- | səbmə́ːsɪ̀-/ *adj.* **1** 水中に沈められる, 水中に浸せる. **2** 潜航[潜水]できる: a ~ boat 可潜艇, 潜水艦. **3** 水中で可動する: a ~ pump 水中ポンプ. — *n.* **1** 潜水艦 (submarine). **2** (深海作業用の)潜水船. **sub·mèrs·i·bíl·i·ty** /-səbílət̬i | -sɪ̀bílɪ̀ti/ *n.* 〖《1866》← SUBMERSE+-IBLE〗

sub·mer·sion /səbmə́ːʒən, sʌb-, -ʃən | -mə́ːʃən/ *n.* =submergence. 〖《1611》□ LL *submersiō(n-)* ← L *submergere* 'to SUBMERGE': ⇨ -sion〗

sùb·metállic *adj.* **1** 亜[不完全]金属の. **2** 金属質[状]の.

sùb·mícrogram *adj.* 100 万分の 1 g (microgram) より少ない. 〖1946〗

sùb·mícron *adj.* 〘化学〙 **1** 〈分子の直径など〉1 ミクロンより小さい. **2** 1 ミクロンより小さい分子をもつ[から成る]. 〖1948〗

sùb·microscópic *adj.* 顕微鏡でも見えないほど小さい; 微小(物体)の (cf. ultramicroscopic). **sùb·microscópically** *adv.* 〖1912〗

sùb·míniature *adj.* 〈カメラ・電子装置など〉超小型の. — *n.* =subminiature camera. 〖《1947》← SUB-+MINIATURE〗

submíniature cámera *n.* 超小型カメラ《8 mm または 16 mm のフィルムを使用するごく小さなカメラ; 単に subminiature ともいう》. 〖1968〗

submíniature túbe *n.* 〘電子工学〙サブミニアチュア管《真空管の大きさによる分類で最も小さい種類》. 〖1947〗

sùb·míniaturize *vt.* 〈電子装置を〉超小型に設計[製造]する (microminiaturize). **sùb·miniaturizátion** *n.* 〖1947〗

sub·miss /səbmís/ *adj.* 《古・詩》 **1** 従順な (submissive). **2** 色調の落ち着いた, 地味な. 〖《1570》□ L *submissus* (p.p.) ← *submittere* 'to SUBMIT'〗

sub·mis·sion /səbmíʃən/ *n.* **1** 服従, 屈服, 降服: in ~ to … に服従して / give in a person's ~ 服従[屈服]する. **2** 言いなりになること, 従順, 恭順 (obedience), 柔和; 従順な態度[ふるまい]: with all due ~ (敬意を表して)恭しく. **3 a** (意見・批評・考慮を求める)提起, 付託; 付記事項; 意見, 提案, (意見の)開陳, 具申: My ~ is that … 私の考えますところでは… / in my ~ …私見によりますれば. **b** 提出物. **4** 《廃》過誤を認めること, 告白 (confession). **5** 〘法律〙仲裁付託合意(書)《仲裁裁判に付託してその裁定に服従するという約束》. **6** 〘レスリング〙(scissors hold など) 相手のホールドに屈すること. 〖《*c*1390》□ OF ~ (F *soumission*) // L *submissiō(n-)* ← *submissus* (↑): ⇨ -sion〗

sub·mis·sive /səbmísɪv/ *adj.* 服従的な, 柔順な, 言いなりになる, 従う, 素直な. **~·ly** *adv.* **~·ness** *n.* 〖(*a*1586) □ L **submissīvus*: ⇨ submiss, -ive〗

sub·mit /səbmít/ *v.* (**sub·mit·ted** /-t̬ɪ̀d | -tɪ̀d/; **-mit·ting** /-t̬ɪŋ | -tɪŋ/) — *vt.* **1 a** 〔…に〕従わせる, 服従[屈

S

服]させる〔*to*〕: ～ one's will *to* the divine will 神意に従う. **b** [～ one*self* で]〔…に〕ゆだねる, 甘受させる〔*to*〕: ～ *oneself to* insult 侮辱を甘んじて受ける / ～ *oneself to* his influence 彼の影響を受ける. **2 a** (意見・批評・考慮を求めて)〔…に〕提起する, 寄託する, 付託する (refer)〔*to*〕: ～ a case *to* the court 裁判所に訴訟を提起する / ～ a thing *to* a person's inspection 物を人の検閲に供する[お目にかける]. **b** 提出する: ～ a report. **3** 恭しく述べる, 具申する, 意見として述べる, 〈…ではないかと〉思いますと言う (suggest)〈*that*〉: I ～ *that* this should be allowed. 私の考えではそれは許さるべきだと思います / That, I ～, is a false inference. それは私は誤った推測ではないかと思います. **4 a** 《廃》〈身を〉危険にさらす. **b** 《古》低くする (lower), 曲げる (bend). — *vi.* **1 a** 〔…に〕屈服する, 服従する〔*to*〕(⇨ yield SYN): ～ *to* a conqueror 征服者に屈服する / ～ *to* the Pope [the Church, God's will] 教皇[教会, 神意]に従う. **b** 〔課せられたことなどに〕服する, 〔受けねばならぬことを〕甘受する, 〔処置を〕受ける〔*to*〕: ～ *to* one's fate 運命に屈する, 運命と諦める / ～ *to* an operation 手術を受ける / I had to ～ *to* defeat. 敗北を甘受せざるを得なかった / I ～ *to* being parted from you. ぜひなく君とお別れする. **2** 〔他人の判断・意見などに〕敬意を払う, 従う〔*to*〕: ～ *to* one's judgment. **sub·mít·ta·ble** /-təbl | -tə-/ *adj.* **～·ter** /-tə | -tə(r)/ *n.* 〘(*c*1380) □ L *submittere* to let down, put under ← SUB-＋*mittere* to send: cf. mission, smite〙

sùb·mitochóndrial *adj.* 〘生物〙ミトコンドリアの部分[断片]から成る[に関する]. 〘← SUB-＋MITOCHONDRI(ON)＋-AL¹〙

sub·mit·tal /səbmítl | -tl/ *n.* 服従; 降参, 屈服; 甘受. 〘1888〙

sùb·módifier *n.* 〘文法〙従属修飾語《形容詞や他の副詞を修飾するためにその前に置かれる副詞; 例: *slightly* different / an *exceedingly* difficult decision》. **sùb·modificátion** *n.* **sùb·módify** *vt.*

sùb·montáne *adj.* **1** 山[山脈]のふもとの[にある]. **2** 山(脈)下の[を流れる]: a ～ stream. **～·ly** *adv.* 〘(1819) □ LL *submontānus*: ⇨ sub-, montane〙

sùb·mucósa *n.* 〘解剖〙粘膜下組織. **sùb·mucósal** *adj.* **sùb·mucósally** *adv.* 〘1885〙

sùb·múcous *adj.* 〘解剖〙粘膜下の[にある]. 〘(1684) ← SUB-＋MUCOUS〙

sùb·múltiple 〘数学〙 *n.* 約数, 約量《他の数を割り切る数[量]》. — *adj.* 約数[約量]の. 〘1696〙

sùb·munítion *n.* 〘軍事〙子爆発体《ミサイルや他の射出兵器により弾頭として運ばれ, 目標に近づくと発射される爆発体》. 〘1975〙

sùb·narcótic *adj.* やや麻酔作用のある, 軽麻酔性の; (特に)熟睡をもたらすのに不十分な.

sùb·násal *adj.* 〘解剖〙鼻下の[にある]. 〘1882〙

súb·nèt, sùb·nétwork *n.* 〘電算〙サブネット, サブネットワーク《上位のネットワークの部分をなすネットワーク》.

sùb·nítrate *n.* 〘化学〙次硝酸塩. 〘1802〙

sùb·nórmal *adj.* **1** 普通[正常]以下の; (知能・人格など)水準より劣る, 知能の低い. **2** 〘数学〙法線で切った. **3** 〘医学〙亜正常の, 準正常の. — *n.* **1** 正常以下の人; (特に)低能者. **2** 〘数学〙(*x* 軸上の)法線影. **sùb·normálity** *n.* **～·ly** *adv.* 〘1710〙

sùb·núclear *adj.* 〘物理〙原子核より小さい, 素粒子の. 〘1937〙

sùb·núcleon *n.* 〘物理〙核子の仮想構成要素 (cf. parton).

sùb·occípital *adj.* 〘解剖〙**1** 後頭(骨)下の[にある]. **2** 後頭葉下の[にある]. 〘(1733) ← NL *suboccipitālis*: ⇨ sub-, occipital〙

sùb·ócean *adj.* ＝suboceanic.

sùb·oceánic *adj.* **1** 大洋[海底]下にある[起こる]: ～ oil resources 海底石油資源. **2** 海底の. 〘1858〙

sùb·oesóphageal gánglion *n.* 〘解剖〙食道下神経節.

sùb·óffice *n.* (郵便局・銀行などの)支店, 出張所《本店の業務の一部分のみを行なう》. 〘1876〙

sùb·offícial *adj.* 準公式の. — *n.* 下級官吏.

sùb·ópposite *adj.* 〈花など〉ほぼ対生の. 〘1787〙

sùb·óptimal *adj.* 最善に次ぐ, 次善の; 最適以下の. 〘1901〙

sùb·óptimum *adj.* ＝suboptimal. 〘1937〙

sùb·orbícular *adj.* ほぼ球状[環状]の. 〘1753〙

sùb·órbital *adj.* **1** 〈人工衛星など〉地球などを完全に一周することのない: a ～ flight. **2** 〘解剖〙眼窩(がんか)下の[にある]. 〘1822–7〙

súb·òrder *n.* **1** 〘生物〙(分類学上の)亜目. **2** 〘建築〙二次オーダー《構造体ではなく, 装飾などの部分に用いられるオーダー; cf. order B 11》. 〘1826〙

sùb·órdinal *adj.* 〘生物〙亜目の[に分類された]. 〘1860〙

sùb·órdinary *n.* 〘紋章〙サブオーディナリー (⇨ ordinary 8). 〘1791〙

sub·or·di·nate /səbɔ́ədənət, -dṇ-, -dn- | -bɔ́:dɪn-, -dṇ-, -dn-/ *adj.* **1** (階級・地位など)下の, 下位の, 下級の; 劣った, 次位の (secondary): a ～ officer 下級将校; 属官 / a ～ position 下位. **2** 従属する, 付随する: Pleasure should be ～ *to* duty. 楽しみは義務の後でなければならない. **3** 〘文法〙従属の, 従位の (cf. coordinate 3): ⇨ subordinate clause, subordinate conjunction. **4** 《廃》服従する, 従順な (submissive). — *n.* **1 a** 従属[隷属]するもの. **b** 部下, 属官, 下役; 隷属者: leave everything to one's ～*s* 万事部下に任せる. **2** 〘生態〙(動植物の)劣位種 (cf. dominant 5).
— /səbɔ́ədənèɪt, -dn- | -bɔ́:dɪ-, -dṇ-/ *vt.* **1** 下位に置く, 下位の地位に就かせる. **2** 〔…の〕次にする; 〔…より〕下に[軽く]見る, 軽視する〔*to*〕: ～ one's own interests *to* the public good 公益を先にして私利を後にする / He ～*s* work *to* pleasure. 仕事を娯楽の次にしている. **3** 〔…に〕従属させる, 従わせる〔*to*〕: ～ the passions *to* reason 情欲を理性に従わせる, 理性によって情欲を制する. **～·ly** *adv.* **～·ness** *n.* 〘(adj.: *c*1449; v.: 1597) □ ML *subōrdinātus* (p.p.) ← *subōrdināre* to place in a lower order ← SUB-＋*ōrdināre* 'to order, ORDAIN'): ⇨ -ate²·³〙

subórdinate cláuse /səbɔ́ədənɪt- | -bɔ́:dɪ-/ *n.* 〘文法〙従(属)節《例えば I will go if it is fine. における if it is fine; cf. coordinate clause, main clause》. 〘1844〙

subórdinate conjúnction *n.* 〘文法〙従位接続詞《as, because, if, that など; cf. coordinate conjunction》.

subórdinate legislátion *n.* 〘法律〙従位立法 (delegated legislation). 〘1841〙

subórdinate órdinary *n.* 〘紋章〙＝subordinary.

sub·ór·di·nàt·ing /-nèɪtɪŋ | -tɪŋ/ *adj.* 従属する. **～·ly** *adv.*

subórdinating conjúnction *n.* 〘文法〙＝subordinate conjunction. 〘1875〙

sub·or·di·na·tion /səbɔ̀ədənéɪʃən, -dṇ- | -bɔ̀:dɪn-, -dṇ-/ *n.* **1** 下[下位]に置くこと; 下に[軽く]見ること, 軽視. **2** 従属, 隷属, 下位; 下役: in ～ to …に従属して. **3** 《まれ》服従, 従順. **4** 〘文法〙従属関係. **5** 〘建築〙(建築的な)アーチの割付け. **6** 〘生態〙劣位. 〘(*a*1600) □ ML *subōrdinātiō(n-)*: ⇨ subordinate, -ation〙

sub·òr·di·ná·tion·ìsm /-ʃənɪzm/ *n.* 〘神学〙(聖子)従属説, 従属主義, (三位一体の)第一位優越説《三位一体に関する教説で, 子は父に従属, または聖霊は父と子に従属するとする説》. 〘1843〙

sub·òr·di·ná·tion·ist /-ʃ(ə)nɪst | -nɪst/ *n.* 〘神学〙聖子従属説者. 〘1876〙

sub·or·di·na·tive /səbɔ́ədənèɪtɪv, -dṇ-, -dn- | -bɔ́:dɪnət-, -dṇ-/ *adj.* **1** 下位[次位]の. **2** 〘文法〙従属の, 従位の: a ～ conjunction＝subordinate conjunction. **3** 〘言語〙従属構造を形成する《例えば中心語を一つだけ含む内心構造をいう; endocentric, coordinative 4》. 〘1642〙

sub·ór·di·nà·tor /-nèɪtə | -tə(r)/ *n.* **1** 従属させるもの[人]. **2** 〘文法〙従位接続詞. 〘1959〙

sub·orn /səbɔ́ən | səbɔ́:n, sʌ-/ *vt.* **1** 買収[贈賄, 教唆]して〈人に〉悪事をさせる. **2** 〘法律〙(賄賂などを与えて)…に偽誓[偽証]させる. **sub·ór·na·tive** /-nətɪv | -tɪv/ *adj.* 〘(1534) □ L *subōrnāre* ← SUB- secretly＋*ōrnāre* to furnish: ⇨ ornate〙

sub·or·na·tion /sʌ̀bɔənéɪʃən | sʌ̀bɔ:-/ *n.* **1** 買収, 教唆. **2** 〘法律〙偽誓[偽証](させること).
subornátion of pérjury 〘法律〙偽誓[偽証]教唆罪 (cf. suborner). 〘1588〙
〘(1528) □ L *subōrnātiō(n-)*: ⇨ ↑, -ation〙

sub·órn·er *n.* 〘法律〙偽証教唆者, 偽証[偽誓]させる人, 買収者 (cf. SUBORNATION of perjury). 〘1593〙

sùb·óscine *adj.*, *n.* 〘鳥類〙鳴禽(めいきん)亜類の(鳥)《かつての分類によるスズメ目の亜類; 鳴禽類よりも音声器官が発達していない, より原始的とされる鳥の類》.

Su·bo·ti·ca /sú:bətɪtsə; *Serb.* sǔbotitsa/ *n.* (**Su·bo·ti·tsa** /～/) スボティツァ《Serbia 共和国北部の都市》.

sùb·óvate *adj.* ほぼ卵形の. 〘(1752) □ NL *subōvātus*〙

sùb·óxide *n.* 〘化学〙亜酸化物. 〘(1801) ← SUB-＋OXIDE〙

sùb·pár *adj.* 標準以下の.

sùb·pàragraph *n.* (特に正式文書の)従属[補足]的なパラグラフ[項, 節, 段落].

sùb·párallel *adj.* ほぼ平行の. 〘1832〙

sub·pe·na /səpí:nə | səbpí:nə, sʌb-, səp-/ *n.*, *vt.* ＝subpoena.

sùb·phýlum *n.* (*pl.* **-phýla**) 〘生物〙(分類学上の)亜門. 〘(1934) ← NL ～: ⇨ sub-, phylum〙 **sùb·phý·lar** *adj.*

súb·plàte *n.* 〘地質〙小地殻プレート, サブプレート.

sùb·pléural *adj.* 〘解剖〙胸膜下の[にある].

súb·plòt *n.* **1** (戯曲などの)わき筋 (cf. MAIN plot). **2** 地面 (plot) の小分け, 分筆. 〘1916〙

sub·poe·na /səpí:nə | səpí:nə, səbpí:-/ *n.* (応じない場合の罰則が付記してある)召喚令状, 喚問状; 出頭命令: serve a ～ on …に召喚令状を送達する[して呼び出す] / under ～ 召喚されて, 出頭命令を受けて. — *vt.* (～**ed**, ～**'d**) 召喚する, 喚問する, 召喚令状を発する. 〘(1422–61) □ L *sub poenā* under penalty: ⇨ sub-, pain〙

subpóena ad tes·ti·fi·cán·dum /-ædtèstəfɪkǽndəm | -fɪ-/ *n.* 〘法律〙証人召喚令状《証人として法廷に出頭することを命じる罰則付召喚令状》. 〘(1769) ← NL ～ 'under penalty to give testimony'〙

subpóena dú·ces té·cum /-dú:səstí:kəm, -djú:-, -dú:seɪztéɪ- | -djú:si:zti:kəm/ *n.* 〘法律〙文書持参証人召喚令状《令状指定の文書を持って証人として法廷に出頭することを命じる罰則付召喚令状》. 〘(1765) ← NL ～ 'under penalty you shall bring with you'〙

sùb·pólar *adj.* (南北の)極に近い; 亜北極の (subarctic); 亜南極の (subantarctic). 〘(1826) ← SUB-＋POLAR〙

sùb·populátion *n.* **1** 〘統計〙部分母集団; (明確な特徴に基づく)人口の細区分[一区分]. **2** 〘生態〙(混系中の)特定生物型群, 副次集団. 〘1944〙

sùb-póstmaster *n.* 《英》民間受託郵便局長《女性形は sub-postmistress》.

sùb-póst òffice *n.* 《英》民間受託郵便局.

sùb·pótent *adj.* **1** 〈薬・調剤などが〉普通の効力より劣った; あまり効き目のない. **2** 〘生物〙遺伝形質伝達能力の弱い. **sùb·pótency** *n.*

sùb·préfect *n.* prefect の代理職; (特に)フランスの郡長; subprefecture の長官. 〘1845〙

sùb·préfecture *n.* **1** prefecture の下位区分; (特に, フランスなどの)郡. **2** subprefect の職[権限]. 〘1837〙

sùb·príncipal *n.* **1** 副校長[社長, 会長, 長官], 校長[社長, 会長, 長官]代理. **2** 〘建築〙補助の垂木(たるき)[支え木材]. **3** 〘楽器〙(パイプオルガンの)サブプリンシパル音栓. 〘(1597) □ ML *subprincipālis*〙

sùb·príor *n.* 副修道院長. 〘(1340) □ ML ～: ⇨ sub-, prior²〙

súb·pròblem *n.* (より包括的問題に含まれる)下位の問題, 次的問題.. 〘1906〙

sùb·proféssional *adj.* **1** 専門家の水準より低い[準専門家的な](資格の). **2** 専門教育の基礎[背景]を提供する: ～education. 〘1941〙

súb·prògram *n.* 〘電算〙副プログラム, サブプログラム《他のプログラムの一部をなすプログラム; 通例 subroutine のこと》. 〘1947〙

súb·pùlse *n.* 〘電気〙サブパルス《パルスの一構成素》.

sùb·rátional *adj.* ほぼ[おおむね]合理的な. 〘1865〙

súb·règion *n.* **1** (地域内の)小区域. **2** 〘生物地理〙(動物分布区の)亜区 (cf. realm 3). **sùb·régional** *adj.* 〘(1864) ← SUB-＋REGION〙

sub·rep·tion /səbrépʃən, sʌb-/ *n.* **1** 〘教会法〙虚偽の陳述. **2** 事実の隠匿, 虚偽の申し立て; 虚偽の陳述から得た推論, 誤推. **3** 《まれ》〘スコット法〙事実隠匿による不動産復帰権取得 (cf. obreption 2). **sub·rep·ti·tious** /sʌ̀brɛptíʃəs⁻/ *adj.* **sùb·rep·tí·tious·ly** *adv.* 〘(1600) □ LL *subreptiō(n-)* a deliberate misrepresentation, (L) a stealing ← L *subreptus* (p.p.) ← *subripere* to snatch away ← SUB-＋*rapere* 'to snatch, RAPE¹': cf. rapid, surreptitious〙

súb·ring *n.* 〘数学〙部分環《環の部分集合でもとの結合法によりそれ自身が環を作るもの》. 〘(1933) ← SUB-＋-RING²〙

sub·ro·gate /sʌ́brougèɪt | -rə(ʊ)-/ *vt.* **1** …の代わりをする, 代理する (substitute). **2** 〘法律〙代位する, 代位弁済する, 肩代わりする. 〘(1538) ← L *subrogātus* (p.p.) ← *subrogāre* to put in another's place, substitute ← SUB-＋*rogāre* to ask: cf. surrogate〙

sub·ro·ga·tion /sʌ̀brougéɪʃən | -rə(ʊ)-/ *n.* **1** 代理. **2** 〘法律〙代位, 代位弁済; 肩代わり. 〘(*a*1420) □ L *subrogātiō(n-)*: ⇨ ↑, -ation〙

sub-rosa /sʌ̀bróuzə | -rə́ʊ-/ *adj.* 秘密の, 内密の: ～ business dealings. 〘(1654) ↓〙

sub ro·sa /sʌ̀bróuzə | -rə́ʊ-/ *adv.* *L.* 秘密に, 内密に, こっそりと (secretly) (cf. *under the* ROSE²). 〘(1654) □ L *sub rosā* under the rose: 食堂の天井にバラの花を彫り, 宴席での話の秘密を守ることを求めた古い習慣から; 一説では, スイレンの花の下で指をしゃぶるエジプトの神 Horus の像を, ギリシャ人が口外を戒める沈黙の神と誤解したところからという〙

súb·routìne *n.* 〘電算〙サブルーチン《プログラムの中である定められた機能を実行する一連の命令であるルーチンに対し, 他のプログラムから共通に使用できる形式で作られたルーチン; procedure ともいう》. 〘1946〙

subs. 《略》subscription; subsidiary; subsistence; substantive; substitute(d).

sùb-Sahāran *adj.* サハラ砂漠以南の.

sùb·sáline *adj.* 少し塩気のある, あまり塩辛くない.

súb·sàmple *n.* (標本の中から選んだ)標本, 副次標本; 見本の一部. — /⌐⌐⌐/ *vt.* …の副次標本を選ぶ. 〘1899〙

súb·sàtellite *n.* **1** (他の衛星国の支配下にある)衛星国内の衛星国, 二次衛星国. **2** 〘宇宙〙軌道を回っているより大きな人工衛星より発射される小型の人工衛星, 二次衛星. 〘1894〙

sùb·sáturated *adj.* ほぼ飽和した, 亜飽和の. **sùb·saturátion** *n.*

sùb·scápular 〘解剖〙 *adj.* 肩甲(骨)下の[にある]: the ～ muscle [nerve] 肩甲下筋[神経]. — *n.* 肩甲下筋[動脈]. 〘(1831) ← NL *subscapulāris*〙

súb·schéma *n.* 〘電算〙サブスキーマ《データベースの個々のアプリケーションごとの個別論理構造》.

sub·scribe /səbskráɪb/ *vi.* **1 a** 〔新刊書などを〕予約する〔*for*〕; 〔新聞・雑誌を〕予約購読する〔*to*〕: ～ *for* an encyclopedia / ～ *to* a newspaper 新聞を購読する. **b** (署名して)〔…に〕寄付を約束する; 寄付する〔*to*, *for*〕: ～ *to* a charity [*to* a fund, *for* a charitable object] 慈善事業[基金, 慈善の目的]に寄付する. **c** 〔…に〕賛成する, 同意する〔*to*〕: ～ *to* a scheme [an opinion] 計画[意見]に賛成する. **d** 〔株式などを〕申し込む, 応募する〔*for*〕: ～ *for* shares 株に応募する. **2** 〔文書などに〕署名する, 記名する〔*to*〕. **3** 《廃》服従する. — *vt.* **1** 寄付する, 〈寄付などを〉記名承諾する, (署名して)〈金額〉の寄付を約束する, 寄付を申し込む: ～ money *to* [*for*] charities 慈善事業に金を寄付する / The sum needed was ～*d* several times over. 応募金額は所要額の数倍になった. **2** 〈証書など〉に署名する (sign); (署名して)証明する; (署名して)同意を表す: The ～*d* names carry weight. 署名した名前が(大いに)ものを言う. **3** 〈姓名などを〉(証書などの)下に書く. **4** 支持する, 支援する (support). **5** 《廃》認める, はっきり言う (declare). **6** 《廃》譲る. 〘(1415) □ L *subscribere* to write beneath, sign ← SUB-+*scrībere* to write: ⇨ scribe[1]〕

sub·scrib·er /səbskráɪbə | -bə(r/ *n.* **1 a** (新聞・雑誌の)予約購読者 〔*to*〕; 申し込み人, 応募者, 予約者 〔*for*〕: a ～ *for* a book [shares] 書物の予約者[株式応募者]. **b** (電話などの)加入者; 受信契約者: a telephone ～ 電話加入者. **2** 寄付者 〔*to*〕: a ～ *to* a fund [charity] 基金[慈善事業]寄付者. **3** 記名[署名]者, 調印者. **4** (コンサートなどの)定期会員. 〔1599〕

subscríber trúnk dìalling *n.* 《英》 ダイヤル即時通話 《略 STD; 《米》 direct distance dialing》. 〔1950〕

sub·script /sʌ́bskrɪpt/ 〘印刷〙 *adj.* **1** 下付きの 《文字などの横下に付いた文字・数字・記号などにいう; cf. superscript, superior 10》. **2** (フランス語のセディーユ (cedilla) などのように, 文字などの)真下に付した, 下付きの (cf. adscript 1): an iota ～ 下付きのイオタ (ι) 《ギリシャ文字の ᾳ, ῃ, ῳ の下に書く ι》. — *n.* 下付き文字[記号, 数字] 《例えば H_2O の ₂》. 〔《adj.: 1871; n.: a1704》□ L *subscrīptus* (p.p.) ← *subscrībere* 'to SUBSCRIBE'〕

sub·scrip·tion /səbskrípʃən/ *n.* **1 a** (定期的に支払う)購読料金, 予約金; (雑誌・株式などの)申し込み, (新製品の)予約, 予約申し込み, 予約購読[期間]; (特に書籍の)予約販売: by ～ 予約で. **b** (電話の)加入. **c** (公演の)予約申し込み: ⇨ subscription concert. **2** 寄付申し込み, 寄付; 寄付金額: make [take up] a ～ 寄付を募る. **3** 《英》 (クラブ・学会などの)会費 (dues). **4 a** 名を下に書くこと; 記名, 署名. **b** 署名承諾, 記名同意; 同意, 賛成. **c** 署名文書. **5** 〘キリスト教〙 (統一を図るための)教義の受諾. **6** 〘英国国教会〙 (国教会の信徒となるための, 1563 年の 39 信仰箇条と祈禱書の)正式受諾. **7** 〘処方〙 調薬処方(箋). **8** 《Shak》 忠誠, 服従. 〔《1409》□ L *subscrīptiō(n-)*: ⇨ ↑, -ion〕

subscríption bòok *n.* **1** 予約者[応募者]帳簿. **2** 予約図書 (一定数の予約購読者を得て出版されるもの). 〔1721〕

subscríption cóncert *n.* 《米》 チケット前売り[予約制]のコンサート.

subscríption edìtion *n.* 一定数の予約者が集まった後に刊行される版; (予約者にのみ頒布される特別の体裁[製本]の)予約版; 予約販売図書.

subscríption líbrary *n.* 会員制貸出し図書館. 〔1808〕

subscríption lìst *n.* 寄付[株式]申し込み人名簿; 予約購読者名簿. 〔1843–56〕

subscríption télevision *n.* 会員制有料テレビ(放送) 《受信料を払った者にのみ送信される有線テレビ; cf. pay-TV》. 〔1953〕

sub·scrip·tive /səbskríptɪv/ *adj.* 《まれ》 **1** 署名(受諾)の. **2** 申し込み[加入, 応募]の, 予約[購読]申し込みの. **3** 寄付(金)の; 寄付(金)申し込みの. **～·ly** *adv.* 〔1748〕

sùb·séa *adj.* 海面下の, 海中の. 〔1909〕

subsec. 《略》 subsection.

súb·sèction *n.* **1** (section を更に分割した)小区, 小分, 細別, 款(㋘); 分課. **2** 〘生物〙 (遺伝子などの)小単位. — *vt.* 細分する, 小分けする. 〔1621〕

sub·sel·li·um /sʌbséliəm/ *n.* (*pl.* **-sel·li·a** /-liə/) 《まれ》 〘建築〙 =misericord 3. 〔《1701》□ L ～ ← SUB-+*sella* seat: cf. settle[2]〕

subseq. 《略》 subsequent; subsequently.

sub·se·quence[1] /sʌ́bsɪ̀kwəns, -kwèns | -kwəns/ *n.* **1** 後[次](であること), 続いて起こること, 継起. **2** 後[次]に起こる[続く]もの; 続き, 結果 (sequel). 〔《?a1425》□ L *subsequentia*: ⇨ subsequent, -ence〕

súb·sèquence[2] /-sìːkwəns, -kwəns | -kwəns/ *n.* 〘数学〙 部分列 《与えられた列の一部分を成す列》. 〔《1908》 ← SUB-+SEQUENCE〕

sub·se·quent /sʌ́bsɪ̀kwənt, -kwènt | -kwənt/ *adj.* **1** 続いて起こる, 次の; 〔…の〕後の 〔*to*〕: ～ events [years] その後の事件[後年] / the period ～ *to* the war 戦争後の時期 / on the day ～ *to* his death 彼が死んだ翌日. **2** 順々に続く, 連続する: ～ pages, chapters, etc. **3** 〘地理〙 〈河川が〉適従する, 適従の 《地表面の一般的な傾斜の方向とは無関係に, 地質構造の弱線に沿って流れる; cf. consequent 4, obsequent 2》: a ～ stream 適従河流. — *n.* **1** 続いて起こること[もの]. **2** 〘地理〙 =SUBSEQUENT stream. **～·ness** *n.* 〔《c1450》□ L *subsequentem* (pres.p.) ← *subsequī* to follow closely ← SUB-+*sequī* to follow: ⇨ sequent〕

SYN 続いて起こる: **subsequent** 後に起こる 《格式ばった語》: *subsequent* to his death 彼の死に次いで. **consequent** 結果として生じる 《格式ばった語》: the storm and *consequent* flood あらしとその結果生じた洪水.

---

súb·se·quent·ly /sʌ́bsɪ̀kwəntli, -kwènt- | -kwənt-/ *adv.* その後に, 次に, その次に; 〔…に〕続いて 〔*to*〕: ～ *to* the election 選挙後に / He was tried and ～ found guilty. 彼は裁判にかけられその後有罪となった. 〔1611〕

súb·sère *n.* 〘生態〙 二次遷移系列 《木の伐採や火入れのような人為的手段で裸地化した場所で見られる植物群落の遷移系列》. 〔1916〕

sùb·sérous *adj.* 〘解剖〙 漿膜(しょうまく)下の[にある]. 〔1833〕

sub·serve /səbsə́ːv, sʌb- | -sə́ːv/ *vt.* **1** …の助成[促進]に役立つ; 助成する, 促進する, …に役立つ: ～ one's end, purpose, etc. **2** 《廃》 …の部下として仕える. 〔《a1619》□ L *subservīre* to serve ← SUB-+*servīre* 'to SERVE'〕

sub·ser·vi·ence /səbsə́ːviəns, sʌb- | -sə́ː-/ *n.* **1** 卑屈, 屈従. **2** 従属的であること. **3** 助成[促進]に役立つこと. 〔1676〕

sub·sér·vi·en·cy /-viənsi/ *n.* =subservience. 〔1651〕

sub·ser·vi·ent /səbsə́ːviənt, sʌb- | -sə́ː-/ *adj.* **1** 屈従する, 卑屈な, へつらう. **2** 〔…に〕補助的な働きをする, 従属的な 〔*to*〕. (⇨ servile SYN). **3** 〔目的の〕促進に役立つ, 助けになる, 貢献する 〔*to*〕: make it ～ *to* one's purposes. **～·ly** *adv.* 〔《1632》□ L *subservientem* (pres.p.) ← *subservīre* 'to SUBSERVE': ⇨ ent〕

súb·sèt *n.* **1** 小党, 小派, 小仲間 (subordinate set). **2 a** 〘論理・数学〙 部分集合 《集合 *M* の要素がすべて集合 *N* に含まれる時の *M*; cf. inclusion 6》. **b** =proper subset. 〔1902〕

súb·shèll *n.* 〘物理〙 副殻 《殻構造で, 同一殻内の同じ方位量子数をもつ粒子[電子]の造る殻; sublevel ともいう》. 〔1930〕

súb·shrùb *n.* 〘植物〙 **1** 亜低木. **2** 小低木. **súb·shrùbby** *adj.* 〔1851〕

sub·side /səbsáɪd/ *vi.* **1 a** 〈暴風雨・騒動・興奮などが〉静まる, おさまる (settle down) (⇨ wane SYN); 〈洪水などが〉減退する, 退く (abate): The storm [tumult] ～s. あらし[騒ぎ]が静まる / The apprehension [excitement, laughter] ～d. 不安[興奮, 笑い]がおさまった. **b** おさまって[静まって]〔…に〕なる 〔*to, into*〕: The wind ～d to a calm. 風がないだ / A startled expression on his face ～d *into* a smile. 顔に出ていた驚いた表情もなくなって彼はにっこり笑った. **2 a** 〈土地・建物などが〉へこむ, くぼむ, めり込む, 陥没する, 沈下する (descend). **b** 〈丘などがなだらかになる, 低下する: The hills ～ toward(s) the shore. 山は海岸へ向かってなだらかになっている. **c** 〈船が〉沈む. **3** 〈人が〉腰を下ろす (sink, fall): ～ into an armchair ひじかけ椅子にどっかと腰を下ろす. **4** 〈おりなどが〉底にたまる, 沈澱する (settle, precipitate). **sub·síd·er** /-də | -də(r/ *n.* 〔《1607》□ L *subsīdere* to settle, sink down ← SUB-+*sīdere* to sit down (cf. *sedēre* 'to SIT')〕

sub·si·dence /səbsáɪdəns, sʌ́bsə-, -dns | səbsáɪdəns, sʌ́bsɪ̀-, -dns/ *n.* **1** 沈下, 陥没; 沈澱; 鎮静, 減退; 〘地質〙 地盤沈下, 沈降. **2** 沈澱物. 〔《1646》□ L *subsīdentia*: ⇨ ↑, -ence〕

sub·sid·i·ar·i·ty /səbsìdiǽrəti, -ér- | -diǽrɪ̀ti/ *n.* 補完性の原則 《上位機関は下位機関では満足な成果を期待できない機能のみを管理すべきであるという原則》. 〔《1936》 《なぞり》 ← G *Subsidiarität*: ⇨ ↓, -ity〕

sub·sid·i·ar·y /səbsídièri, -diəri | -diəri/ *adj.* **1 a** (過半数の株を持つ)親会社に支えられた, 子会社の: ⇨ subsidiary company. **b** 助成金の[から成る], 補助金による[を受けた]: ～ payments 補助金. **c** 他国に雇われた: ～ troops 雇い兵. **2 a** 補助の, 補足する (auxiliary): a ～ book 補助簿 / ～ business 副業 / ⇨ subsidiary coin / ～ *to* the main business 副業として. **b** あまり重要でない, 従属的な, 副次的な (tributary): a ～ stream 支流. — *n.* **1** =subsidiary company. **2 a** 補助(物); 付属物, 付加物 (accessory). **b** [*pl.*] 《英》 《まれ》 =back matter. **3** 〘音楽〙 副主題, 第二主題. **sub·sid·i·ar·i·ly** /səbsìdiérəli, ─ ─ ─ ─ | səbsídiərɪ̀li/ *adv.* **sub·síd·i·àr·i·ness** *n.* 〔《1543》□ L *subsidiārius*: ⇨ subsidy, -ary〕

subsídiary céll *n.* 〘植物〙 (気孔の)副細胞. 〔1884〕

subsídiary còin *n.* 補助貨幣 《基本通貨単位以下の小額硬貨; cf. minor coin》. 〔1886〕

subsídiary cómpany *n.* (親会社に支えられた)子会社. 〔1916〕

subsídiary lédger *n.* 〘簿記〙 補助元帳.

subsídiary rìghts *n. pl.* 副次的権利 《小説などを原作に基づいた別な形態で発行・上演する権利や, 小説の映画化やハードカバー版の原作をペーパーバック版で出版する場合などの権利》.

sub·si·dize /sʌ́bsədàɪz | -sɪ̀-/ *vt.* **1** 〈政府などの機関が〉〈私立学校・個人事業などに〉助成金[補助金, 奨励金]を支給する: a ～d line 補助[命令]航路 / a ～d newspaper 御用新聞. **2** 報酬金を払って…の援助を得る. **3** 贈賄で〈人〉の協力を得る; 買収する (buy over). **súb·si·dìz·a·ble** *adj.* **sub·si·di·za·tion** /sʌ̀bsədɪ̀zéɪʃən | -sɪ̀daɪ-, -dɪ-/ *n.* **súb·si·dìz·er** *n.* 〔《1795》: ⇨ ↓, -ize〕

sub·si·dy /sʌ́bsədi | -sɪ̀di/ *n.* **1 a** (政府などの機関が個人事業・研究機関・慈善団体などに交付する)助成金, 補助金, 奨励金; 助成. **b** (国家間の援助協定に基づいて支払う)報酬金. **c** 寄付金, 義援金. **2** 《英》 (昔, 議会の協賛を経て国王に認められた)特別補助金, 上納金; (議会の協賛に基づいた)臨時[特別]税. 〔《a1387》 *subsidie* □ AF=(O)F *subside* □ L *subsidium* reserve troops, support ← *subsidere* 'to SUBSIDE': ⇨ -y[3]〕

sub si·len·ti·o /sʌ̀bsɪ̀lénʃiòu, -ʃiòu | -sɪléntiəʊ, -ʃiəʊ/ *L. adv.* 無言で, 黙々と, 沈黙して. 〔《1617–8》□ L *sub silentiō* 'in SILENCE'〕

súb·sìll *n.* 〘土木〙 敷土台. 〔1832〕

sub·sist /səbsíst/ *vi.* **1** 生存する, 生存していく; 生きていく, 食っていく, 暮らしていく: We are unable to ～ without air and water. 空気と水がなければ我々は生きていけない / ～ *on* vegetables [charity] 菜食して[人の施しで]生きていく / ～ by begging こじきをしてやっと暮らしていく / ～ *on* one's old age pension 老齢年金で生活する. **2** 存在する, 現存する, 残っている; 残って使われている, 存続する: a country where superstition still ～s まだ迷信が残っている国. **3** 〔…に〕存する (consist) 〔*in*〕. **4** 〘哲学〙 **a** 自己自身による存在をもつ, 論理的に存在しうる, 存立する, 自存する. **b** 真[善]である(と認められる). — *vt.* …に食[糧食]を給する, 給養する (maintain): ～ the army 軍隊を養う. 〔《1549》□ LL *subsistere* to stay alive, exist, (L) to stand still ← SUB-+L *sistere* to cause to stand: cf. assist〕

sub·sis·tence /səbsístəns, -tns, -tənts, -tnts/ *n.* **1 a** 生存, 暮らし; 生活の道, 生計, 最低限の生活のかて: gain one's ～ 生計費を得る / labor for ～ 生計費[糊(こ)口の資]をかせぐ. **b** 存在, 存続. **c** 存在物. **d** 不可分性, 内在, 本来備わっていること. **2 a** 生活必需品の供給, 生計の資を与えること. **b** =subsistence money. **3** 〘哲学〙 **a** (スコラ哲学における)(実体的な)存立[存在](性) 《偶有的性質とは独立に, それ自体として不変に存在し続ける基体や概念・形相・本質など; cf. essence 3, substance 5》. **b** 存在, 実存 (existence). 〔《?a1425》□ LL *subsistentia* 《なぞり》 ← Gk *hupóstasis* 'HYPOSTASIS': ⇨ subsistent, -ence〕

subsístence àgriculture *n.* =subsistence farming. 〔1937〕

subsístence allòwance *n.* 《英》 =subsistence money.

subsístence cròp *n.* (農家の)自給用作物.

subsístence fàrmer *n.* 自給作物栽培農家.

subsístence fàrming *n.* **1** 自給農業 《家族の生活維持に必要な物しか作らない農業》. **2** 収益のほとんどない[皆無の]農業, 零細農業. 〔1939〕

subsístence hòmestead *n.* 《米》 (家庭)自給農場 《生計を農場にたよらず, 敷地内で自家用の農作物を栽培する》.

subsístence lèvel *n.* 最低生活水準, 生存水準. 〔1923〕

subsístence mòney *n.* **1** (新規雇用者・新兵に支払う)就職[就役]支度金. **2** (出張中職務遂行に要する負担金を充当する)出張(実)費. **3** (兵士に支払われる)食費. 〔1687〕

subsístence wàge *n.* 生存費賃金, (最低限度の)生活賃金. 〔1926〕

sub·sis·tent /səbsístənt, -tnt/ *adj.* **1** 存立する, 存在する (existing). **2** 実在の, 固有の. — *n.* 実在するもの; 〘哲学〙 (抽象概念としての)存在物. 〔《1526》□ L *subsistentem* (pres.p.) ← *subsistere* 'to SUBSIST': ⇨ -ent〕

sùb·sócial *adj.* 明確[複雑]な社会構造を持たない; 〈昆虫が〉群生するが社会生活をしていない: ～ insects. **～·ly** *adv.* 〔1909〕

súb·sòil *n.* 〘土壌〙 心土(しんど), 底土, 下層土 《表土の下に位置する土層; undersoil ともいう; cf. surface soil》. — *vt.* …の心土[底土]を掘り起こす[して耕す]. 〔1799〕

súb·sòil·er /-lə | -lə(r/ *n.* **1** 心土(しんど)破砕機を使う人. **2** =subsoil plow. 〔1852〕

súbsoil plòw *n.* 心土(しんど)破砕機, サブソイラー 《心土[底土]を起こす犂》. 〔1831〕

sùb·sólar *adj.* **1** 太陽の下にある; 太陽が天頂にある. **2** 両回帰線間にある. 〔1657〕

subsólar póint *n.* 太陽直射[直下]点. 〔1908〕

súb·sòng *n.* さえずり 《鳥が求愛する際に発する低い鳴き声》. 〔1925〕

sùb·sónic *adj.* **1 a** 〘物理・航空〙 音速より遅い, 亜音速の (cf. sonic). **b** 亜音速で動く[飛ぶ]. **2** 〘物理〙 = infrasonic. **sùb·sónically** *adv.* 〔《1937》 ← SUB-+SONIC〕

subsp. 《略》 (*pl.* **subspp.**) subspecies.

súb·spàce *n.* 〘数学〙 部分空間. 〔1927〕

súbspace topólogy *n.* 〘数学〙 =relative topology.

sub spe·ci·e ae·ter·ni·ta·tis /sʌ̀bspékièɪaɪtèənɑ́ːtɪs, sʌ̀bspíːʃiìːtəːnətéɪ- | sʊ̀bspékièɪaɪtèənɪtɑ́ːtɪs, sʌ̀bspíːʃiìːtəːnɪtéɪ-/ *L. adv.* 永遠の相の下に; 本質[普遍]的形態[性質]において: cognitio ～ 永遠の相の下における認識 (Spinoza の言葉). 〔《1895》 ← NL ～ 'under the aspect of eternity'〕

súb·spècies *n.* (*pl.* ～) 〘生物〙 (分類学上の)亜種. 〔《1699》 ← NL ～〕

sùb·specífic *adj.* **1** 亜種の, 亜種をなす. **2** 種以下の, 種にならない. **sùb·specífically** *adv.* 〔1870〕

subst. 《略》 substantival; substantive; substantively; substitute.

súb·stàge *n.* **1** 〘光学〙 サブステージ 《顕微鏡の載物台の下のアタッチメント取付け部分》. **2** 〘地学〙 亜階 《階 (stage) の下位区分》. 〔1859〕

sub·stance /sʌ́bstəns, -stns, -stənts, -stnts/ *n.* **1** (物の構成要素としての, または特定の性質か化学的成分を有する)物質 (⇨ matter SYN): a porous [transparent] ～ 多孔質の[透明な]物質 / chemical ～s 化学物質. **2 a** 実質 (solid character), 中身; (織物などの)地 (body): an argument lacking in [without much] ～ 実質の少ない[空疎な]議論 / sacrifice the ～ for the shadow 虚のため実を捨てる, 名を取ろうとして実を捨てる, 本末を転倒する / This cloth lacks ～. この織物は地が薄い. **b** (外観・影などに対して物の)本質, 実体 (reality) (↔ appearance): The very ～ of the ambitious is merely the shadow of a dream. 大望の本質は夢の影にすぎない (Shak., *Hamlet* 2. 2. 257–259). **c** 密度, 濃度, こく: soup without ～. **3 a** (演説・著作などの)本旨, 意味; 要旨, 大要, 大意: the ～ of a person's speech 演説の要旨 / I accept the ～ of your proposal, but not all the details. 提案の主旨は認めるが, その細目すべては認め難い. **b** (思想・講義・研究などの)内容: the ～ of a person's thought, discourse, study, religion, etc. / The ～ is good, but the style is crude. 内容はいいが文章が生硬だ. **4** 資産, 財産, 資力 (means, wealth): a person of ～ 資産家, 財産家 / waste one's ～ 財産を浪費する. **5** 〘哲学〙 (それ自

S

身において存在するものとしての)実体, 基体 (substratum), 本体, 本質 (reality, essence) (cf. attribute 3): *Substance* and accidents in metaphysics correspond to subject and predicate in logic. 形而上学の本体と偶有性とは論理学の主辞と賓辞に対応する / the first ～ (アリストテレス的用語として)第一実体, 基体, 個体 / the second ～ 第二実体, 本質. **6** 大部分 (majority): the ～ of one's fortune. **7** 〖神学〗実体《三位一体論において, 神の唯一性を語る用語; 中世教会での聖餐論の重要な用語》; 神性. **8** 〖製紙〗=basis weight 1. **9** 〖言語〗実質 (cf. form 11 a). **10** 薬 (drug) (cf. controlled substance). **11** 〖廃〗総量, 量 (amount, quantity).

in súbstance (1) 実質的には, 内容は, 大体は (substantially, essentially): I agree with you *in* ～. 私も大体は君と同意見だ / Her proposal is, *in* ～, that we should reorganize the department. 彼女の提案は要するに部を再編すべきだということだ. (2) 現に, 実際に, 事実上 (actually).

～·less *adj.* 〖(?a1325) □ (O)F ～ □ LL *substantia* being, essence, material property ← L *substāre* to stand firm or under ← SUB-＋*stāre* 'to STAND': ⇨ -ance〗

súbstance abùse *n.* 〖病理〗物質乱用; 《俗に》薬物乱用, アルコール乱用. **súbstance abùser** *n.*

súbstance nùmber *n.* 〖製紙〗=basis weight 1.

súbstance P̀ *n.* 〖生化学〗サブスタンス P, P 物質《神経細胞と腸内分泌細胞に存在し, 血管拡張作用と腸管収縮作用をもつペプチド(11 アミノ酸); 痛みの伝達にも関与する》.

sub·stan·dard /sʌ̀bstǽndəd | -dəd⁻/ *adj.* **1** 標準以下の. **2** 〈食糧品・薬品などの成分が〉(法定の)基準以下の, 規格外れの. **3** 〖言語〗(使用者の無教養を思わせる)標準語以下の, 非標準的な《例えば sit を set, killed を kilt, twice を twicet, all at once を all to once などというような solecism など; cf. nonstandard 2》. **4** 〖保険〗標準下体[弱体]の. **5** 〖映画〗〈フィルムが〉35 mm 以下の. 〖1897〗

substándard insúrance *n.* 〖保険〗標準下体[弱体]保険《標準以下の体格をもつ者の生命保険》.

substándard rísk *n.* 〖保険〗標準下体[弱体]危険.

sub·stan·tial /səbstǽnʃəl, -ʃl̩, -tʃəl, -tʃl̩ | -stǽn-, -stáːn-/ *adj.* **1** 相当な, かなりの, 大した (considerable): a ～ gain 大した利益 / a ～ amount of ammunition 大量の弾薬 / make a ～ concession 大幅の譲歩をする / make a ～ contribution 多大の貢献[寄付]をする. **2 a** 堅固な, 強固な, 頑丈な: a ～ building 頑丈な建物 / a man of ～ build がっしりした体格の人. **b** 〈学者など〉実力のある, 名に相応する, しっかりした: a sound and ～ scholar 手堅い実力のある学者. **3** 〈食事など〉中身のある, 実質的な, たっぷりある: a ～ meal (量も内容も)十分な食事. **4** 本質的な (essential), 事実上の: ～ compliance with the law / ～ performance of contract 実際上の契約履行 / be in ～ agreement [accord] 基本的には同意している. **5** 実質的価値[効力, 根拠]のある (↔ verbal): a ～ argument 内容の充実した議論 / a ～ hope 当てのある希望. **6 a** 実質の, 実体の, 本体の(ある), 実在する (actual); 本当の: no mere apparition, but a ～ being 幽霊でなく実体のあるもの[人]. **b** 物質の[に関する, を構成する]. **c** 重要な, 重大な. **7** 身代[財産]のある, 資力のある, 裕福な (rich); 有力な (influential), (経済的に)堅実な, 確実な (sound): a ～ manager [citizen]. **8** 〖哲学〗実体の, 実体的な, 本体の (cf. accidental 4). — *n.* 〖通例 *pl.*〗実体[実質]的なもの; 実在物; 実質的価値のある物.

～·ness *n.* 〖(adj.: 1340; n.: c1385) *substancial* □ LL *substantiālis*: ⇨ substance, -ial〗

substántial dámages *n. pl.* 〖法律〗実質的損害賠償(金) (↔ nominal damages).

sub·stán·tial·ìsm /-lìzm/ *n.* 〖哲学〗実体論. 〖1881〗

sub·stán·tial·ist /-ʃ(ə)ləst | -lɪst/ *n.* 〖哲学〗実体論者. 〖1657〗

sub·stan·ti·al·i·ty /səbstæ̀nʃiǽləti | -lə̀ti/ *n.* 実在性; 実質のあること; 本体, 実質; 堅固. 〖(1480) □ LL *substantiālitātem*: ⇨ substantial, -ity〗

sub·stan·tial·ize /səbstǽnʃəlàɪz | -stǽn-, -stáːn-/ *vt.* **1** 実体とする, 実体化する, 実在させる, 実在化する. **2** 実現する. 〖1821〗

sub·stan·tial·ly /səbstǽnʃ(ə)li, -tʃ(ə)li/ *adv.* **1** 大いに, 十分に, 大幅に: Your advice contributed ～ to my success. あなたの助言は私の成功に大いに貢献しました. **2** 実質的には, 事実上 (in substance): ～ the same 大体同じ: Their opinions are not ～ different. 彼らの意見は実質的には違わない. **3** 大体は, 要点は, 趣意は. **4** 豊かに, たっぷり. **5** がっしりして; しっかりと, 頑丈に. 〖a1388〗

sub·stan·ti·ate /səbstǽnʃièɪt, -tʃièɪt | -stǽnʃi-, -stǽnsi-, -stáːn-, -tʃièɪt, -tsi-/ *vt.* **1** …の存在[正当性]を実証する, 立証する: ～ a claim [statement] 要求[陳述]の正当性を実証する. **2 a** 実体化する, 具体化する. **b** しっかりさせる, 強固にする. **3** …に実体[中身]を与える. 〖(1657) ← NL *substantiātus* (p.p.) ← *substantiāre*: ⇨ substance, -ate³〗

sub·stan·ti·a·tion /səbstæ̀nʃiéɪʃən | stæ̀nʃi-, -stæ̀nsi-, -stàːn-/ *n.* **1** 実証, 立証. **2** 証拠 (evidence). **sub·stán·ti·à·tive** /-tɪv | -tɪv/ *adj.* 〖1760–72〗

sub·stán·ti·à·tor /-tə | -tə(r)/ *n.* 立証者, 証明者, 証人.

sub·stan·ti·val /sʌ̀bstəntáɪvəl, -vl̩⁻/ *adj.* 〖文法〗実(名)詞の, 名詞の. **～·ly** *adv.* 〖1832〗

sub·stan·ti·va·tion /sʌ̀bstənt̬əvéɪʃən, səbstæ̀n- | -tɪ-/ *n.* 〖言語〗名詞化.

sub·stan·tive /sʌ́bstəntɪv, səbstǽn- | -tɪv/ *adj.* **1 a** 実在的な (real): a ～ being 永続性のある実在物. **b** 本質的な (essential); 内容のある, 重要な: a ～ motion 主要動議. **c** 〈軍隊の階級など〉(一時的でなく)永続的な, 常置の. **2** 独自に存在する, 独立的な (self-contained, independent). **3** /《英》səbstǽntɪv/ 相当の, 相当多量の (considerable). **4** /sʌ́bstəntɪv | -tɪv/ 〖文法〗実(名)詞の, 名詞に用いられた; 存在を表す (cf. adjective 1): a noun ～ 実(名)詞《名詞の旧称で, noun adjective (形容詞の旧称)と区別するために用いられた》/ a ～ clause 名詞節 / a ～ verb 存在動詞《be 動詞のこと》. **5** 〖法律〗本則の, 実体の, 明文に書き表した (cf. adjective 2): ⇨ substantive law / ～ enactment 明文規定. **6** 〖染色〗(色留めを要せず)直接に染まる (direct) (cf. adjective 3): ～ colors [dyes] 直接染料. — /sʌ́bstəntɪv | -tɪv/ *n.* 〖文法〗 **1** 実(名)詞 (noun substantive), 名詞 (noun). **2** 名詞相当語句 (noun equivalent)《名詞の働きをする名詞・代名詞またはその他の語句・節》. **～·ly** *adv.* **～·ness** *n.* 〖(?a1387) □ (O)F *substantif* // LL *substantīvus* ← L *substantia* 'SUBSTANCE': ⇨ -ive〗

súbstantive agréements *n. pl.* (職務・給料・条件などを団体交渉で定めた)労働協約.

súbstantive expréssion *n.* 〖言語〗名詞表現, 実詞語句《名詞と同様の機能を有する語または語群》.

súbstantive láw *n.* 〖法律〗実体法 (cf. adjective law, remedial law). 〖1786–9〗

súbstantive ránk *n.* 〖軍事〗常勤の身分《本俸を受ける官等》. 〖1854〗

súbstantive ríght *n.* 〖法律〗実体的権利《生命・自由・財産・名誉などの権利; cf. remedial right》. 〖1939〗

sub·stan·tiv·ize /sʌ́bstəntɪ̬vàɪz, səbstǽntə- | -tɪ-/ *vt.* 〖言語〗〈動詞・形容詞などを〉名詞として用いる, 実詞化する. **sùb·stan·tiv·i·zá·tion** /-vəzéɪʃən | -vɪ-/ *n.* 〖1866〗

súb·stàtion *n.* **1** 支署, 分署, 出張所, 派出所; (郵便局の)支局. **2** 〖電気〗変電所, 変圧所. 〖1881〗

sùb·stéllar *adj.* 〖天文〗(核燃焼を開始して)恒星になるだけの質量がない. 〖(1910) 1973〗

sùb·stérnal *adj.* 〖解剖〗胸骨下の[にある, で感じられる]. 〖(1831) ← SUB-＋STERNAL〗

sub·stit·u·ent /sʌbstítʃuənt | -tju-/ *n.* 〖化学〗(原子・原子群の)置換基. — *adj.* 代わりになり得る, 置換できる[可能の]. 〖(1896) □ L *substituentem* (pres.p.) ← *substituere* 'to SUBSTITUTE': ⇨ -ent〗

sub·sti·tut·a·ble /sʌ́bstətùːtəbl̩, -tjùː- | -stɪ̬tjùːt-/ *adj.* 代用[代替]可能の. **sùb·sti·tùt·a·bíl·i·ty** /-təbíləti | -təbílə̀ti/ *n.* 〖1805〗

sub·sti·tute /sʌ́bstətùːt, -tjùːt | -stɪ̬tjùːt/ *vt.* **1 a** 代わりに入れる[用いる], …に代える, 取り替える: erase a word and ～ another 一語消して他の語を代わりに入れる. **b** 〔…に〕代わらせる, 代用する; 〔…と〕すり替える; …に〔…の〕代理をさせる; 〖スポーツ〗〈選手を〉〔…と〕交替させる 〔*for*〕: ～ excuses *for* action 実際に行動しないで言い訳をする / ～ margarine *for* butter バターの代わりにマーガリンを使う《★ 次のように用いるのは新しい用法 (cf. replace 2): ～ butter *by* [*with*] margarine》/ ～ oneself *for* another 他人の代理をする[後任になる] / They removed the original and ～*d* a copy (*for* it). 彼らは本物を取り外してその代わりに模造品を置いた. **2** 〖化学〗〔…と〕置換する 〔*for*〕; 置換基 (substituent) を入れ替えて〈化合物を〉変える. **3** 〖論理・数学〗代入する, 置換する. — *vi.* 〔…の〕代理をする[となる]; 〖スポーツ〗〔…と〕交替する 〔*for*〕. — *n.* **1 a** 代用物[品], 代用食: a butter ～ バターの代用品 / ～*s for* rubber=rubber ～*s* ゴムの代用品 / There's no ～ *for* an old-fashioned family picnic. 昔ながらの家族ピクニックに代わるものはない. **b** 代理人, 代人; 補欠(者); 補欠選手 (cf. second-string 1); (劇の)代役 (cf. understudy); 替え玉; (昔あった)身代わり兵. **2** 〖文法〗代用語[詞]《例えば代名詞や He writes better than I do. の do; cf. pronoun, proverb》. **3** 〖海事〗代表旗 (repeater). — *adj.* 〖限定的〗代理の, 代用の, 代わりの; 代償の: a ～ verb 代用動詞 (cf. *n.* 2) / ～ sugar 砂糖の代用品 / (a) ～ food 代用食 / ⇨ substitute teacher. 〖(n.: c1400; adj.: a1425; v.) ← L *substitūtus* (p.p.) ← *substituere* to put in place of ← SUB-＋*statuere* to place: cf. statute〗

súb·sti·tut·ed sérvice /-tə̀d- | -tɪ̬d-/ *n.* 〖法律〗=SERVICE¹ by substitution.

súbstitute fìber *n.* 〖植物〗代用繊維《被子植物の繊維細胞のうち養分の貯蔵と機械的作用とを兼ね備えた紡錘形細胞》. 〖1900〗

súbstitute téacher *n.* 《米》代替[代用]教員《《英》supply teacher》.

sub·sti·tu·tion /sʌ̀bstətúːʃən, -tjúː- | -stɪ̬tjúː-/ *n.* **1 a** 代えること, 取り替え, 置き換え; 代理, 代用: microbal ～ 〖医学〗菌交代現象《抗生物質などの使用で, 体内に常在する細菌が減り, もっと手ごわい菌が代わりにはびこること》/ ～ transfusion 〖医学〗交換輸血. **b** 代理[代用]となる人[もの]; 代理人; 代用物. **2** 〖キリスト教〗代償, キリストの身代わり. **3 a** 〖論理・数学〗代入, 置換; 代入の結果得られた表現[式] (substitution instance ともいう). **b** 〖化学〗置換: ⇨ substitution reaction. **4** 〖文法〗語の代用(例), 代入: a ～ table 置換表 / ～ transformation 代入変形. **5** 〖経済〗代替. **6** 〖商業〗代用. **7** 〖心理〗代償《ある欲求などの充足が阻止されたとき, それと関係のある他の目標によって充足させ(ようとす)ること》. **8** 〖法律〗予備相続人, 代置相続人. **9** 〖廃〗代理者の任命 (delegation). 〖(a1393) *substitucion* □ (O)F ～ // LL *substitūtiō(n-)*: ⇨ substitute, -ion〗

sùb·sti·tú·tion·al /-ʃnəl, -ʃənl̩⁻/ *adj.* 代理[代用]の[に関する, を構成する]; 〖化学〗置換型の. **～·ly** *adv.* 〖1786〗

sùb·sti·tú·tion·àr·y /-ʃənèri | -ʃ(ə)nəri/ *adj.* = substitutional. 〖1842〗

substitútion cìpher *n.* 換字(式)暗号(法)《原文の文字を系統的に代わりの文字で置き換えた暗号文[法]; cf. transposition cipher》. 〖1936〗

substitútion reàction *n.* 〖化学〗置換反応《化合物内の原子が他の原子によって置き換えられる反応》.

sub·sti·tu·tive /sʌ́bstətùːtɪv, -tjùː- | -stɪ̬tjùːt-/ *adj.* **1** 代用[代理]になる[として役立つ, に向いた]. **2** 代用の, 代理の; 置換の. **3** 代償の. **～·ly** *adv.* 〖(1600) □ LL *substitūtīvus*: ⇨ substitute, -ive〗

sub·sti·tu·tiv·i·ty /sʌ̀bstətuːtívəti, -tjùː- | -stɪ̬tjùːtívə̀ti/ *n.* 〖論理・哲学〗代入性《指示対象の同じ表現は, ある文脈中でその真理値を損うことなく相互に代入可能という性質》(cf. transparent context, opaque context). 〖1940〗

sub·strac·tor /səbstrǽktə | -tə(r)/ *n.* 〖まれ〗中傷する人 (detractor). 〖(1601–2) ← 〖廃〗*substract* to take away, belittle ← L *substractus* (p.p.) ← *sub(s)trahere* 'to SUBTRACT'〗

substrata *n.* substratum の複数形.

sub·strate /sʌ́bstreɪt/ *n.* **1** =substratum. **2** 〖生化学〗基質《酵素の作用を受けて化学反応を起こす物質》. **3** 〖生物〗(細菌の)培養基 (medium). **4** 〖電子工学〗回路基板. 〖(1807) □ ML *substrātum* 'SUBSTRATUM'〗

sub·stra·tive /sʌbstréɪtɪv | -tɪv/ *adj.* **1** substrate [substratum] の[に関する]. **2** 基礎的な. 〖1823〗

sùb·strátosphere *n.* 亜成層圏《成層圏の下部, 上部対流圏》. **sùb·strato·sphéric** *adj.* 〖(1916) ← SUB-＋STRATOSPHERE〗

sub·stra·tum /sʌ́bstrèɪtəm, -stræ̀t-, ⸗⸗⸗ | sʌ̀bstréɪtəm, -stráːt-, ⸗⸗⸗/ *n.* (*pl.* **-stra·ta** /-tə | -tə/) **1** 下層; (隠れた)土台, 基礎 (basis), 根本, 根底: a ～ of fact, truth, etc. **2** 〖地質〗**a** 基岩, 床岩 (bedrock). **b** 心土(しんど), 下層土 (subsoil). **3** 〖生物〗**a** 基層《生物が生存する土台となるもの; 土・岩石・水など》. **b** =substrate 3. **4** 〖写真〗乾板[フィルム]のゼラチンの下塗り《感光剤を完全に固着させるためにあらかじめ行う》. **5** 〖哲学〗実体, 基体, 本体 (substance). **6** 〖生化学〗=substrate 2. **7** 〖言語〗基層(言語)《ある地域で現在は消滅してしまっているが, 昔は存在し現行の言語にその痕跡を残していると考えられる言語; cf. superstratum 2》. **8** 〖社会学〗階層 (stratum) の下位区分. **sub·strá·tal** /-tl̩ | -tl̩/ *adj.* 〖(1631) □ ML *substrātum* (neut. p.p.) ← L *substernere* to spread under ← SUB-＋*sternere* to spread, strew: ⇨ stratum〗

sub·struc·tion /sʌ̀bstrʌ́kʃən/ *n.* (建造物・ダムなどの)基礎部分, 土台. **～·al** /-ʃnəl, -ʃənl̩/ *adj.* 〖(1624) □ L *substructiō(n-)* ← *substrahere* to draw from beneath 〖変形〗← *subtrahere* 'to SUBTRACT': ⇨ -tion〗

súb·strùcture *n.* **1** (一般に)下部構造; 土台. **2** (建物・鉄道などの)基礎工事 (groundwork). **3** 下部構造《鉄道の盛土部分や橋台・橋脚など; ↔ superstructure》. **sùb·strúctural** *adj.* 〖1726〗

sùb·súlfate *n.* (*also* **sùb·súlphate**) 〖化学〗塩基性硫酸塩. 〖1805〗

sub·sume /səbsúːm | -sjúːm, -súːm/ *vt.* **1** 〖論理〗包摂する. **2** 〈一般物が〉〈特殊を〉包含する; 〈類概念が〉〈種概念を〉包含する (⇨ include SYN); 〈個々の事例を〉一般的原理[規則]にまとめる. **sub·súm·a·ble** /-məbl̩/ *adj.* 〖(1535) ← NL *subsūmere* to take up ← SUB-＋L *sūmere* to take: ⇨ assume〗

sub·sump·tion /səbsʌ́m(p)ʃən/ *n.* **1** 〖論理〗(判断における主語述語の)包摂(関係); 包摂された命題, (三段論法の)小前提 (minor premise). **2** 包含, 包容 (inclusion). **sub·sump·tive** /səbsʌ́m(p)tɪv/ *adj.* 〖(1639) ← NL *subsumptiō(n-)* ← *subsumptus* (p.p.) ← *subsūmere* (↑): ⇨ -ion〗

sùb·súrface *adj.* **1** 表面下の; (特に)水面下の: ～ warfare 水中戦. **2** 地表下にある[隠された]: ～ riches. — *n.* **1** 地表下の土壌. **2** 水面近くの水の部分. 〖1778〗

subsúrface tíllage *n.* 心土(しんど)耕《地表または地表近くの刈り株や作物には触れず, 下層土のみを耕す耕作法; subtillage ともいう》.

súb·sỳstem *n.* 二次的[副次的]システム, 下位組織; サブシステム. **sùb·systémic** *adj.* 〖1881〗

sùb·tángent *n.* 〖数学〗(x 軸上の)接線影. 〖1715〗

sub·teen /sʌ̀btíːn/ *n.* 《米口語》準ティーンエージャー, 13 歳未満の(思春期間近な)子供[(特に)少女]. 〖1951〗

sùb·téenage *adj.* 準ティーンエージャーの. 〖1963〗

sùb·témperate *adj.* **1** やや温暖な. **2** 亜温帯の. 〖1852〗

sùb·ténancy *n.* (家屋・土地の)又借り, 転借. 〖1861〗

sùb·ténant *n.* (家屋・土地の)又借り人, 転借人. 〖1445〗

sub·tend /səbténd, sʌb-/ *vt.* **1** …の境界を作る[示す]. **2** 〖数学〗〈弦・三角形の辺が〉〈弧・角〉に対する. **3** 〖植物〗〈葉・苞(ほう)などを〉葉腋(えき)に抱く. **4** 土台をなす, 基礎となる, 本質として持つ. 〖(1570) □ L *subtendere* to stretch beneath ← SUB-＋*tendere* to stretch: ⇨ tend¹〗

sub·tense /səbténs, sʌb-/ *n.* 〖数学〗弦, 対辺. — *adj.* 〖測量〗水平標尺 (subtense bar) の. 〖(1614) ← NL *subtensa (linea)* subtending (line) (fem. p.p.) ← *subtendere* (↑)〗

S

subténse bàr *n.* 《測量》水平標尺《直接に測ることなく距離を求めるための標尺で, その長さと, 標尺をはさむ角から求める》.

sùb·ténure *n.* (土地・家屋の)又借り人の保有権[期間, 条件]. 〖1839〗

sub·ter- /sʌ́btə | -tə^(r)/ *pref.*「下に, 下の (under); 以下の, より少ない (less than)」などの意 (↔ super). 〖□ L ← *subter* (adv. & prep.) ← *sub* under＋*-ter* (compar. suf.: cf. -ther)〗

sub·ter·fuge /sʌ́btəfjùːdʒ | -tə-/ *n.* **1** 逃げ口上, 言い抜け, 口実 (⇨ deception SYN). **2** ごまかし (sophistry). 〖(1573) □ LL *subterfugium* ← L *subterfugere* to escape, flee secretly ← SUBTER-＋*fugere* to flee: ⇨ fugitive〗

sùbter·húman *adj.* 人間以下の (cf. superhuman). 〖1833〗

sùb·términal *adj.* 終わりに近い所にある[で起こる]. 〖1828〗

sùbter·nátural *adj.* 《まれ》自然以下の, 不自然な. 〖1870〗

sub·ter·rane /sʌ̀btəréɪn⁻/ *n.* (*also* **sub·ter·rain** /～/) **1** 《地質》下盤層. **2** =subterranean. **—** *adj.* =subterranean. 〖(1614) □ L *subterrāneus* ← SUB-＋*tera* earth〗

sub·ter·ra·ne·an /sʌ̀btəréɪniən⁻/ *adj.* **1** 地下の (underground), 地下で働く (cf. subaerial, superterrene): a ～ line (電線などの)地下線, 地中線 / a ～ railway [railroad] 地下鉄. **2** 地下潜行の; 隠れた (hidden), 秘密の (secret). **—** *n.* **1** 地下に住む[を掘る, で働く]人. **2** (地下の)ほら穴, 地下洞. **～·ly** *adv.* 〖(1603) □ L *subterrāneus* below the earth (← SUB-＋*terra* earth (cf. terrace))＋-EAN〗

súbterranean clóver *n.* 《植物》地中海沿岸産マメ科のクローバーの一種 (*Trifolium subterraneum*)《南京豆のように地下で結実する; オーストラリアおよび米国 Texas 州南東部で牧草とする》.

súbterranean stém *n.* 地下茎.

sub·ter·ra·ne·ous /sʌ̀btəréɪniəs/ *adj.* =subterranean. **～·ly** *adv.* 〖(1607) □ L *subterrāneus*: ⇨ subterranean, -ous〗

sùb·terréstrial *adj.* 地下の. **—** *n.* 地下にすむ動物. 〖1613〗

sùb·tetánic *adj.* 《医学》軽症テタニーの[による].

súb·tèxt *n.* サブテキスト《文学作品などの基底にある隠れた[二次的な]テーマ》; 言外の意味. 〖1950〗

sùb·thréshold *adj.* うまく反応を生み出さない, 刺激閾(いき)に達しない: a ～ stimulus. 〖1937〗

sub·tile /sʌ́tḷ, sʌ́btḷ | sʌ́tḷ/ *adj.* 《古》=subtle. **～·ly** /-tḷi, -btḷi, -btḷli | -tḷi/ *adv.* **～·ness** *n.* 〖(*c*1375) □ (O)F ～《ラテン語化》← OF *s(o)util* 'SUBTLE'〗

sub·ti·lin /sʌ́btəlɪ̀n | -tḷɪn/ *n.* 《生化学》サブチリン《枯草菌から得られる抗生物質》. 〖(1944) ← NL (*Bacillus*) *subtilis* thin bacillus＋-IN²: ⇨ subtle〗

sub·til·i·sin /sʌbtíləsɪ̀n | -lɪ̀sɪn/ *n.* 《生化学》サブチリシン (*Bacillus amyloliquefaciens* が出す蛋白分解酵素). 〖(1953) ← NL (*Bacillus*) *subtilis* (↑)＋-IN²〗

sub·til·i·ty /sʌbtíləti | -lɪ̀ti/ *n.* 《古》=subtlety. 〖(1375) *su(b)tilite* □ OF *su(b)tilite*《ラテン語化》← *s(o)utelite* 'SUBTLETY'〗

sub·til·ize /sʌ́tḷàɪz, sʌ́btḷ-, sʌ́btḷàɪ- | sʌ́tḷàɪ-, -tḷ-/ *vt.* **1** 薄くする, 希薄にする; 純化する, 精製する (refine). **2** 精妙にする, 上品[高尚]にする (exhalt, elevate). **3** 〈知能・感覚などを〉鋭くする, 鋭敏にする. **4** 微細に区別する, 細かく区別立てをする; 細かく論じる. **—** *vi.* 微細な区別立てをする; 細かく論じる[分析する, 扱う]. **sub·til·i·za·tion** /sʌ̀tḷəzéɪʃən, -tḷ-, sʌ̀btḷ- | sʌ̀tḷaɪ-, -lɪ-, -tḷ-/ *n.* **súb·til·ìz·er** *n.* 〖(1592) □ ML *subtilizāre*: ⇨ subtle, -ize〗

súb·tíll *vt., vi.* 心土(しんど)耕 (subsurface tillage) を行う.

sub·tíllage *n.* =subsurface tillage.

sub·til·ty /sʌ́tḷti, sʌ́bt- | sʌ́tḷti/ *n.* 《古》=subtlety. 〖(*c*1385) *subtilte* (変形) ← *s(o)utilte* 'SUBTLETY'〗

sub·tit·le /sʌ́btàɪtḷ | sʌ́btàɪtḷ, ⁻⁻⁻/ *n.* **1 a** (書物・章などの)別表題, 副書名, サブタイトル《alternative title ともいう》. **b** (書物の説明的な)副題, サブタイトル. **2** [しばしば *pl.*]《映画・テレビ》説明字幕, スーパー (caption, superimposition); (無声映画の)字幕. 日英比較 「映画の字幕」を日本語では「スーパー(インポーズ)」というが, 英語では *subtitle* または superimposition という. **—** *vt.* **1** …に字幕をつける. **2** …に副題[サブタイトル]をつける.

sub·tít·u·lar /-tɪ́tʃʊlə | -tjʊlə^(r)/ *adj.* 〖1825〗

súb·tì·tled *adj.* **1** 字幕つきの. **2** 副題のついた.

sub·tle /sʌ́tḷ | -tḷ/ *adj.* (**sub·tler; -tlest**) **1 a** 微妙な (delicate), 名状しがたい, いわく言い難い, 神秘的な: ～ irony 微妙な皮肉 / a ～ delight 一種名状できない喜び / a ～ smile ほのかな微笑 / a ～ charm [power] 霊妙不可思議な魅力[力] / a ～distinction 微細な区別 / a ～ point 微妙な点 / The difference is very ～. その相違はまことに微妙だ[いわく言い難い]. **b** 把握し難い, 深遠な, 幽玄な (abstruse): a ～ problem. **2 a** 巧みな (skillful), 巧妙な, 器用な: a ～ diplomat, worker, etc. **b** 陰険な, ずるい, 狡猾な (crafty, cunning); たくらみのある (designing): a ～ enemy 油断のならない敵 / a ～ plan to cheat him 彼をだまそうとのずるい計画. **3** 〈知覚・感覚など〉敏感な, 鋭敏な, ちみつな (acute): ～ insight [intellect, perception, senses] 鋭敏な洞察力[知性, 知覚, 感覚] / a ～ observer [scholar] 緻密な観察者[学者]. **4** 〈溶液など〉薄い (thin); 気体が薄く広がる (elusive), 希薄な: ～ air [vapor] 希薄な空気[蒸気] / a ～ perfume [fragrance] かすかに漂う香り. **5** こっそり[ひそかに]行う[効いてくる]; 潜行性の (insidious): a ～ poison 知らぬ間に効いてくる毒物. **6** 《廃》〈ボーリング場の地面・芝生が見た目よりすべりやすい (tricky). **～·ness** *n.* **～·ly** *adv.* **súb·tly** /-tḷi, -tli | -tḷi, -tli/ *adv.* 〖(*a*1325) *sutil, sotil* □ OF *s(o)util* (F *subtil*) < L *subtīlem*《原義》finely woven ← SUB-＋*tēla* web (← *texere* to weave: ⇨ textile)〗

sub·tle·ty /sʌ́tḷti | -tḷ-/ *n.* **1** 微妙さ; 把握し難いこと; 深遠, 霊妙, 神秘. **2 a** 細かい区別立て; 微細な区別. **b** 捕え難い[名状できない]特性. **c** 鋭敏[明敏]な知性; 微妙[精妙]な点. **d** 精巧な作りの砂糖菓子. **3** 鋭敏, 敏感, 明敏, 明察. **4** 巧み, 巧妙, 精妙. **5** 希薄. **6** ずるさ, 狡猾. 〖(*a*1330) □ L *subtīlitās* ∽ (*c*1340) *sutilte* □ OF *s(o)utilte* (F *subtilité*) < L *subtīlitātem*: ⇨ ↑, -ty〗

sùb·tónic *n.* 《音楽》(音階の)第 7 音, 下主音, 導音 (leading tone). 〖1854〗

sub·to·pi·a /sʌbtóupiə | -tóu-/ *n.* 《英》[軽蔑的に] (無計画な住宅が立ち並び, 田園の美観を損ねている)郊外. **sub·tó·pi·an** /-piən/ *adj.* 〖(1955) ← SUB(URB)＋*-topia* (← Gk *tópos* place)〗

súb·tòpic *n.* 他の論題の中に含まれている副論題. 〖1897〗

sùb·tórrid *adj.* 《まれ》=subtropical. 〖1852〗

súb·tòtal *n.* (勘定書などの)小計. **—** *adj.* ほぼ完全な, 亜全の. **—** *vt.* 〈ある欄を〉小計する. **—** *vi.* 小計する. **～·ly** *adv.* 〖1906〗

sub·tract /səbtrǽkt/ *vt.* **1** 《数学》(…から)減じる, 引く (deduct) 〔*from, out of*〕: ～ 2 *from* 4. **2** (全体から)〈一部を〉引く, 引き去る, 控除する〔*from, out of*〕: That ～*s* nothing *from* his merit. そのために彼の功績は少しも減じることはない. **—** *vi.* 《数学》引き算をする. 〖(1533) ← L *subtractus* (p.p.) ← *subtrahere* to draw from beneath ← SUB-＋*trahere* to draw: ⇨ tract¹〗

sub·tráct·er *n.* **1** 減じる人, 控除者. **2** 《数学》減数, 引く数 (subtrahend). 〖1818〗

sub·trac·tion /səbtrǽkʃən/ *n.* **1 a** 引くこと, 引き去ること; 減じること, 控除. **b** (法的権利の)取り消し, 剝奪. **2** 《数学》引き算, 減法 (記号 —; ↔ addition). 〖(*c*1400) *subtraccion* □ LL *subtractiō(n-)*: ⇨ subtract, -ion〗

subtráction sìgn [màrk] *n.* 《数学》減号, 減の記号 (—).

sub·trac·tive /səbtrǽktɪv/ *adj.* **1** 減じる, 引く, 引き去る, 控除する. **2** 《数学》減ずべき, 前に減号 (—) のついた, 負の. **～·ly** *adv.* 〖(1690) □ ML *subtractivus*: ⇨ subtract, -ive〗

subtráctive prímary [cólor] *n.* 《写真》減色法の原色 (黄色(光)・マゼンタ(光)・シアン(光)の一つ; cf. additive primary).

subtráctive pròcess *n.* 《写真》減色法《黄色(青色光吸収), マゼンタ(緑色光吸収, 赤紫色), シアン(赤色光吸収, 緑青色)の 3 色の画像を重ねて, 白色光 (3 原色光を含む)から前記の 3 原色光を種々の割合に吸収除去(減色)して各種の色を再現するカラー写真方式; cf. additive process》.

sub·tra·hend /sʌ́btrəhènd/ *n.* 《数学》減数, 引く数 (↔ minuend). 〖(1674) □ L *subtrahendum* (neut. gerundive) ← *subtrahere* 'to withdraw, SUBTRACT'〗

sùb·transpárent *adj.* 半透明の (semitransparent).

sùb·tréasury *n.* **1** 国庫[公庫]の支金庫. **2** 《米》(もと財務省の)分局 (9 つあった). **sub·tréasurer** *n.* **sub·tréasureship** *n.* 〖1837〗

súb·trèe *n.* 《電算》(木構造の)部分木. 〖1947〗

súb·trìbe *n.* 《生物》亜族. 〖1836–9〗

sùb·tríplicate *adj.* 《数学》立方根の, 立方根で表される. 〖1656〗

sùb·trópic *adj.* =subtropical.

sùb·trópical *adj.* **1** 亜熱帯の[に関する]. **2** 《植物》亜熱帯性の: a ～ plant 亜熱帯植物. 〖(1842) ← SUB-＋TROPICAL〗

subtrópical hígh *n.* 《気象》亜熱帯高気圧《北緯・南緯 30 度付近の洋上に発達する高気圧》.

sùb·trópics *n. pl.* 亜熱帯地方 (subtropical regions). 〖1886〗

súb·tỳpe *n.* **1** 亜類型. **2** (一般型に含まれている)特殊型. **sùb·týp·ical** *adj.* 〖1862〗

Su·bud /sʊbúːd/ *n.* スブード《1947 年に Java 島の神秘家 Muhammad Subuh (1901–87) が創始した精神的運動; 体操を通じて神の力により完全の状態に近づこうとする; Subud とはサンスクリット語 Susila Budhi Dharma の縮約で, Susila は '正しい生き方', Budhi は '人の内に宿る高次の生命力', Dharma は '神の意思に全托すること' を意味するという》. 〖(1958) □ Jav. *susila budhi dharma* ← Skt *suśīla* good disposition＋*buddhi* understanding＋*dharma* religious duty〗

sub·u·late /sʌ́bjulèɪt, súːb-, -lə̀t | súː-, sjúː-/ *adj.* **1** 錐(きり)状の (awl-shaped). **2** 《生物》鍼(はり)形の: a ～ leaf. 〖(1760) ← NL *sūbulātus* ← L *sūbula* awl: cf. OHG *siula* awl / L *suere* 'to SEW¹': ⇨ -ate²〗

sub·u·li·form /sʌ́bjuləfɔ̀əm, súːb- | sʌ́bjʊlɪ̀fɔ̀ːm, súː-, sjúː-/ *adj.* =subulate. 〖(1859) ← NL *subuliformis*: ⇨ ↑, -form〗

sùb·umbrélla *n.* 《動物》(クラゲの)下傘面, 内傘面. 〖1878〗

súb·ùnit *n.* **1** 亜単位. **2** 《生化学》サブユニット《生体粒子[高分子]を成り立たせる基本単位》.

sub·urb /sʌ́bəːb | -bəːb/ *n.* **1 a** (通例, 住宅地としての)郊外, 市外, 近郊: a shopping mall in a ～ of the city 市の郊外にあるショッピングセンター. **b** [the ～s] (都市の)郊外(住宅地区): live in *the* ～*s* of London. **2** [*pl.*] 付近, 周辺 (periphery). **súb·urbed** *adj.* 〖(*a*1325) □ (O)F *suburbe* // L *suburbium* ← SUB- near＋*urbs* (⇨ urban)〗

sub·ur·ban /səbə́ːbən | -bə́ː-/ *adj.* **1** 郊外の, 郊外に住む[ある]: a ～ villa《英》郊外の庭付き住宅 / a ～ supermarket 郊外にあるスーパー. **2 a** 郊外特有の. **b** 《英》見解の狭い, 偏狭な, 偏見のある (prejudiced); 面白くない, 退屈な. **c** 上品でない (cf. countrified). **d** 《米》都会と田園の特質を兼ね備えた: ～ manners, points of view, etc. **—** *n.* **1** 郊外居住者 (suburbanite). **2** 《米》=station wagon. **3** (ふだん着用の)丈の短いオーバー. 〖(*a*1625) □ L *suburbānus*: ⇨ ↑, -an¹〗

sub·ur·ban·ism /səbə́ːbənɪ̀zm | -bə́ː-/ *n.* 郊外に住む人に特有の生活様式. 〖1888〗

sub·ur·ban·ite /səbə́ːbənàɪt | -bə́ː-/ *n.* 郊外居住者[住民]. 〖1890〗

sub·ur·ban·ize /səbə́ːbənàɪz | -bə́ː-/ *vt.* 郊外化する. **sub·ur·ban·i·za·tion** /səbə̀ːbənɪ̀zéɪʃən | -bə̀ːbənaɪ-, -nɪ-/ *n.* 〖1893〗

sub·ur·bi·a /səbə́ːbiə | -bə́ː-/ *n.* [しばしば軽蔑的に] **1** [集合的] **a** (都市の)郊外, 郊外社会; 郊外居住者[住民], 郊外族 (cf. exurbia, urbia): a big house in ～ 郊外の大邸宅. **b** [S-]《英》(特に)ロンドンの郊外; ロンドン郊外の居住者. **2** 郊外風の生活様式[習慣, 風俗]. 〖(1895) ← NL ～: ⇨ suburb, -ia²: cf. Belgravia〗

sub·ur·bi·car·i·an /səbə̀ːbəkéᵊriən | -bə̀ːbɪ-kéər-⁻/ *adj.* 市の近くにある, 郊外の (suburban); (特に)ローマ郊外の (cf. title *n.* 10): the ～ dioceses ローマ近郊の 7 教皇管区 (各区の司祭は枢機卿). 〖(1654) ← LL *suburbicārius* ← SUB-＋*urbicārius* of the city (← L *urbicus* of the city＋*-ārius* '-ARY'): ⇨ -an¹〗

sùb·vagínal *adj.* **1** 《医学》膣下の[にある]. **2** 《植物》鞘内の[にある]. 〖1876〗

súb·varìety *n.* 《生物》(分類学上の)(亜)変種. 〖1802–12〗

sub·vene /səbvíːn/ *vi.* 《まれ》(何かを防ぐのに)役立つ, 助けとなる. 〖(1756) □ L *subvenire*: ⇨ *subvention*〗

sub·vent /səbvént | səb-, sʌb-/ *vt.* 補助[助成]金によって援助する. 〖((*a*1630)) (1921) ← L *subvent-* (pres.p. stem), *subvenire* (↓)〗

sub·ven·tion /səbvénʃən | səb-, sʌb-/ *n.* **1** (経済的な)救援, 援助.《寄付のようなものをいう》. **2** (政府から研究機関などへの)補助金, 助成金, 補助金 (subsidy). **～·ar·y** /-ʃənèri | -ʃ(ə)nəri/ *adj.* 〖(1426) □ L *subventiō(n-)* ← *subvenire* to come to help ← SUB-＋*venire* 'to COME': ⇨ -ion〗

sub ver·bo /sʌ̀bvə́ːbou | -və́ːbəu/ *L.* …の語の下に, …という語を見よ (略 s.v.). 〖(1902) □ L *sub verbō* under the word: ⇨ sub-, verb〗

sub·ver·sion /səbvə́ːʒən, -ʃən | səbvə́ːʃən, sʌb-/ *n.* **1 a** 政府の転覆計画. **b** 転覆, 打倒, 破壊, 滅亡. **2** 《廃》転覆[滅亡]させるもの[原因]. **sub·vér·sion·ar·y** /-ʒənèri, -ʃə- | -ʃ(ə)nəri/ *adj.* 〖(*c*1384) □ OF ～ // LL *subversiō(n-)*: ⇨ subvert, -sion〗

sub·ver·sive /səbvə́ːsɪv, -zɪv | səbvə́ːsɪv, sʌb-/ *adj.* 〈つがえす, 転覆する, 破壊する; 〔…を〕打破[打倒]しようとする, 滅亡させる〔*of*〕: ～ activities 破壊活動 / activities ～ *of* peace 平和の破壊活動. **—** *n.* 破壊活動家[分子], 破壊政策をとる人. **～·ly** *adv.* **～·ness** *n.* 〖(1644) ← L *subversus* ((p.p.) ← *subvertere* (↓))＋-IVE〗

sub·vert /səbvə́ːt | sʌbvə́ːt, səb-/ *vt.* **1** 〈現存の宗教・国家・国体などを〉くつがえす, 転覆する, 打倒する. **2** 〈思想・信念などを〉くつがえす; 堕落[腐敗]させる. **3** 滅亡させる, 滅ぼす (ruin). **～·er** /-ṭə | -tə^(r)/ *n.* 〖(*c*1375) □ OF *subvertir* // L *subvertere* to turn form beneath ← SUB-＋*vertere* to turn: ⇨ worth²〗

sùb·vértical *adj.* ほぼ垂直の. 〖1880〗

sùb·víral *adj.* 《病理》ウイルス成分の[による]《感染などがウイルス全体でなく, その一部分によることをいう》. 〖1963〗

sub·vísible *adj.* 拡大しないと[顕微鏡を使用しないと]見えない.

sùb·vócal *adj.* 〈言葉が〉(特に, 発声されずに)心の中で作られた[出てきた]. **～·ly** *adv.* 〖1924〗

sùb·vócalize *vt.* (読書・独り言・暗唱などの際に)声を(ほとんど)出さずに心の中で言う. 〖1947〗

sub vo·ce /sʌ̀bvóusi | -vóu-/ *L.* =sub verbo. 〖(1859) □ L ～ 'under the word': ⇨ sub-, voice〗

sub·way /sʌ́bwèɪ/ *n.* **1** 《米》地下鉄 (《英》underground): by ～. **2** 《英》地下道 (《米》underground). **—** *vi.* 《米》地下鉄に乗って行く. 〖(1: 1822; 2: 1893)〗

Súbway Séries *n.* [the ～] 地下鉄シリーズ《対戦する 2 チームが New York 市の地下鉄を使って両者のホームグラウンド間を往復できるような World Series; New York Yankees と New York Mets の間で戦われる World Series を指すのが普通だが, 本来は New York Yankees と Brooklyn Dodgers の間での World Series (最後は 1956 年)を指した》.

súb·wòofer *n.* 《音響》サブウーファー《一般に 125 Hz 以下の周波数の音を再生するための超低音用スピーカー》. 〖*c*1975〗

sùb·zéro *adj.* **1 a** (計器で)零以下を示す. **b** (華氏)零下の, 氷点下の: in ～ cold 零下の寒さで. **2 a** 〈気候が〉氷点下の: ～ weather. **b** 〈衣服など〉氷点下で用いるのに適した. 〖1942〗

suc. (略) succeed, succeeded; success; successor; suction.

suc- /sək, sʌk/ *pref.* (c の前にくるときの) sub- の異形: *succeed, succumb.*

S

succ. 《略》 succeeded; success; successor.

suc·cade /səkéɪd, sʌ-/ *n.* 砂糖漬けの果物, 糖果. 〖《1463》 *socade* □ OF *succade* sweet, candied fruit □ ? OProv. *sucrado* sweet, sugared (p.p.) ← *sucra* to sugar: ⇨ sugar, -ade〗

suc·cah /súkə/ *n.* 〖ユダヤ教〗 =sukkah.

suc·ce·da·ne·ous /sʌ̀ksədéɪniəs⁻/ *adj.* 〖医学〗 代用の; 代生の 《乳歯に代わる永久歯など》: a ~ tooth.

suc·ce·da·ne·um /sʌ̀ksədéɪniəm/ *n.* (*pl.* ~s, -ne·a /-niə/) **1** 《まれ》 代用物, 代(理)人 (substitute). **2** 代用薬 (medicine). 〖《*c*1643》 ← NL ~ (neut.) ← L *succēdāneus* substituted ← *succēdere* 'to follow, SUCCEED'〗

suc·ce·dent /səksíːdənt, -dn̩t | -dənt, -dn̩t/ *adj.* = succeeding. 〖《*c*1440》 □ L *succēdentem* (pres.p.) ← *succēdere* (↓): ⇨ -ent〗

suc·ceed /səksíːd/ *vi.* **1** 成功する, 成就する, 達成する; 合格する, 及第する; 〈計画・事業などが〉うまくいく (↔ fail): ~ beyond all expectations 予想以上に成功する / ~ *in* (passing) an examination 試験に合格する / I ~*ed in* finding an empty seat. うまい具合に空席を見つけることができた (cf. I *could* find an empty seat. ⇨ could 1 a ★) / Halfhearted attempts rarely ~. いい加減にやる事はめったにうまくいかない / The business ~*ed with* him. 彼は事業に成功した. **2** 出世する, 栄える: ~ *in* life 立身出世する / ~ *as* a doctor 医者として成功する. **3** 後任[後継者]となる, 跡を継ぐ; 〔…を〕相続[継承]する 〔*to*〕 (⇨ follow SYN): ~ *to* the throne [office] 王位を継承する[役の後任となる] / ~ *to* one's father's estate [property] 父の財産を相続する / On Kennedy's death Johnson ~*ed* (as President). ケネディーの死後ジョンソンが(大統領として)跡を継いだ. **4** 続く, 続いて起こる: The war ended and a long peace ~*ed*. 戦争が終わって長い平和が続いた / Nothing ~*s* like success. 《諺》 一つうまくいくと何もかもとんとん拍子にいく, 一事成れば万事成る. **5** 《古》 (うまく・まずく)いく (turn out): I have ~*ed* very badly. 首尾はきわめてまずかった. **6** 《廃》 〈財産などが〉譲渡[相続]される (devolve). — *vt.* **1** …の後任[後継者]となる, 跡を継ぐ, …に代わる: ~ one's father 父の跡を継ぐ / Elizabeth II ~*ed* George VI. エリザベス二世がジョージ六世の跡を継いだ. **2** (時間・順序の点で)…に続く, …の後に来る (↔ precede): Night ~*s* day. 昼の後に夜が来る / One event ~*ed* another. 次々に事件が続いた / Rumor ~*ed* rumor. 噂が噂を呼んでどんどん広がった / The applause was ~*ed* by a silence. 拍手がやんで静粛になった. **3** 《古》 成功させる: ~ one's wish. **4** 《廃》 相続する (inherit). ★ *vi.* 3, 4, 6, *vt.* 1, 2, 4 の名詞形は succession, *vi.* 1, 2, 5, *vt.* 3 の名詞形は success. **~·a·ble** /-dəbl̩ | -də-/ *adj.* 〖《1375》 *succede(n)* □ (O)F *succéder* // L *succēdere* to go up, follow, prosper ← SUB-+*cēdere* to go: ⇨ cede〗

SYN 成功する: **succeed** 所期の目的を達成する: Our plans *succeeded*. 計画は成功した. **prosper** 継続的な幸運に恵まれる: Their business *prospered*. 彼らの商売は繁昌した. **flourish** 〈人や物が〉発達・勢力の最高潮にあって栄えている: Democracy *flourishes* in a free country. 民主主義は自由な国で栄える. **thrive** 〈動植物が〉(好条件のもとで)成長・発達する; 〈事物が〉繁栄し栄える: Children *thrive* on good food. 子供はよい食べ物ですくすく育つ / Industry is now *thriving* in this country. この国では今産業が発展している. **ANT** fail.

S

suc·céed·er /-də | -də(r)/ *n.* 《古》 =successor. 〖*c*1450〗

suc·céed·ing /-dɪŋ | -dɪŋ/ *adj.* 続いて起こる, 続く, 次の, 後の (following): the ~ chapter 次章 / *Succeeding* ages will reverence his memory. 後代の人々が彼を追慕するだろう. **~·ly** *adv.* 〖1561〗

suc·cen·tor /səkséntə | -tə(r)/ *n.* 〖キリスト教〗 (聖歌隊の)先唱者代理; (聖歌隊の)低音主唱者. **~·ship** *n.* 〖《1609》 □ LL ~ ← L *succinere* to sing to or after ← SUB-+*canere* 'to sing, CHANT': ⇨ -or¹〗

suc·cès de scan·dale /səkséɪdəskɑ̃ː(n)dáːl, -skɑːn-; *F.* syksɛdəskɑ̃dal/ *F. n.* (*pl.* ~) **1** 問題を起こして有名になった芸術品(など), 問題作. **2** 問題作との評判[悪評]. 〖《1896》 □ F ~ 'SUCCESS from SCANDAL'〗

suc·cès d'es·time /-dɛstíːm; *F.* -dɛstim/ *F. n.* (*pl.* ~) **1** (一般受けしない劇などに対する)批評家の(儀礼的)賛辞. **2** 《米》 (一般受けしないが)批評家の賛辞を受ける芸術作品. 〖《1826》 □ F ~ 'SUCCESS from ESTEEM'〗

suc·cès fou /-fúː; *F.* -fu/ *F. n.* (*pl.* **succès fous**) 途方もない大成功. 〖《1878》 □ F ~ 'mad or wild success'〗

suc·cess /səksés/ *n.* **1 a** 成功, 成就, 達成 (↔ failure); 合格; 勝利: a brilliant ~ 大成功[勝利] / a series of ~*es* 引き続く成功[勝利] / one's ~ *in* business 事業での成功 (cf. 2 b) / with [without] ~ 首尾よく[不首尾で] / achieve [meet with] ~ 成功を収める / score a great ~ 大成功を収める / wish a person further ~ 人にいっそうの成功を祈る / drink ~ to a person …の成功を祝して乾杯する / make a ~ of …〈事〉を成功[成就]させる / prove a ~ 成功する / I tried skiing but had no ~ *with* it. ためしにスキーをしてみたがだめだった. **b** 立身, 出世: He has had great ~ in life. 彼は非常に立身出世した. **2** [通例補語に用いて] **a** 上首尾, 上出来, 大当たり: The evening [play] was a ~. 夜会は盛会[芝居は大当たり]だった / The new car was a signal [an instant] ~. 新車は当たりに当たった[たちまち大好評を博した] / The experiment has turned out a ~. 実験は上首尾だった. **b** うまくいった人[もの], 成功者; (にわか勉強の)試験合格者: He is a ~ in business. 彼は実業界の成功者だ (cf. 1 a) / She is a ~ as a diplomat. 彼女はすばらしい外交官である. **3** [形容詞を伴って] 《廃》 結果, 成果: good ~ 上出来, 成功 / bad [ill, poor] ~ 不出来, 不成功 / What ~ did you have? 結果はどうでしたか. **4** 《廃》 相続, 継承 (succession). 〖《1537》 □ L *successus* success (p.p.) ← *succēdere* 'to SUCCEED'〗

suc·cess·ful /səksésfəl, -fl̩/ *adj.* **1** 成功した[する], うまくいった[いく]; 好結果の, 上首尾の, 上出来の; (試験に)合格[及第]した; 〈講演会など〉盛大な, 盛んな, 大当たりの: a ~ candidate 当選者, 合格者 / a ~ play 当たりをとった芝居 / a ~ war 勝ち戦 / His attempts were completely [very] ~. 彼の企ては大成功だった / He was ~ *in* (passing) the examination. 彼は試験に合格した / She's very ~ *in* [*at*] getting her way. 彼女は自分の思いどおりにやるのがうまい. **2** 栄える, 幸運な, 立身出世した, 名声[地位]をかち得た: He had been a ~ man in life. 彼は成功者だった. **3** 〖生態〗 広く適応した. **~·ness** *n.* 〖《1593–94》: ⇨ ↑, -ful〗

suc·cess·ant·ly /-səntli/ *adv.* 《Shak》 次々に, 続いて. 〖《1593–94》: ⇨ ↑, -ant, -ly¹〗

suc·cess·ful·ly /səksésfəli, -fli/ *adv.* **1** 首尾よく; 幸運に(も), うまく: He ~ achieved his objective. 彼は首尾よく目的を達成した. **2** 《Shak》 成功を約束されて. 〖1593–94〗

suc·ces·sion /səkséʃən/ *n.* **1 a** 連続するもの[人], 連続物 (⇨ series SYN): a ~ of misfortunes 不幸続き / land a ~ of punches 連続パンチを加える / a ~ of Presidents 代々の大統領. **b** 続いて起こること, 続くこと, 連続, 継続 (sequence): in ~ 連続して[した], 引き続いて[いた] / win three victories in quick [rapid] ~ 矢継ぎばやに三度勝利を収める. **2 a** 後任となること, 後継者となること; 継承, 相続: ⇨ apostolic succession / ~ *to* someone as editor 主筆としてある人の後任となること / ~ *to* the throne 王位継承 / the law of ~ 相続法 / by ~ 相続(順位)で, 世襲によって / in ~ *to* …の跡を継いで, の後任[後継者]として / a war of [over] ~ 王位継承戦争 / settle the ~ 継承者を決定する / ⇨ WAR¹ of the Spanish Succession. **b** 継承権, 相続権, 王位継承権: claim the ~ 相続権を主張する / He is not in the ~. 彼には相続権がない. **c** 継承[相続]順位: He is second in the [next in] ~. 彼は相続順位第二位だ / He was excluded from the ~. 彼は相続順位から除かれた / The ~ must not be broken. 相続順位は乱してはならない. **d** [集合的] 継承順位の人々, 相続人たち (successors): The property was left to him and his ~. 財産は彼と彼の相続人たちに残された. **3** 〖生物〗 系列 (order of descent). **4** 〖生態〗 (自然)遷移, 自然更新. **5** 《廃》 前車の轍を踏む行為.

succéssion of cróps 〖農業〗 (1) (繰り返し種まきをするかまたは早生種と晩生種の利用などによる)一季節を通じての同一作物の連作. (2) (生育期間の短い)二種以上の作物の交互栽培.

〖《*a*1325》 □ (O)F ~ // L *successiō(n-)* ← *successus* (p.p.) ← *succēdere* 'to follow, SUCCEED': ⇨ -sion〗

suc·ces·sion·al /səkséʃnəl, -ʃənl̩/ *adj.* **1** 連続の, 続いて起こる (consecutive). **2** 相続の. **~·ly** *adv.* 〖1600〗

succéssion dùty *n.* 《英》 相続税 (inheritance tax). 〖1853〗

succéssion státe *n.* 〖政治〗 (国家分割の時, 一部領土の主権を引き継ぐ)継承国家. 〖1924〗

suc·ces·sive /səksésɪv/ *adj.* **1 a** 引き続く, 引き続いて起こる, 連続する, 継続的な (⇨ consecutive SYN): on three ~ nights [occasions] 三晩[三度]続けて. **b** 代々の, 連綿とした: in ~ reigns 代々. **2** 《廃》 相続の, 世襲の (hereditary). **~·ness** *n.* 〖《?*a*1425》 □ ML *successivus*: ⇨ success, -ive〗

suc·cés·sive·ly *adv.* 引き続いて, 連続的に, 次々に. 〖1422〗

succéss·less *adj.* 不成功に終わった, 失敗した.

suc·ces·sor /səksésə | -sə(r)/ *n.* **1** 後任者, 後継者, 後輩 (↔ predecessor); 後継者, 相続者, 継承者 〔*to, of*〕: the ~ *to* Mr. A as editor A 氏の後任の主筆. **2** 後に来るもの, 取って代わるもの, 後進 〔*to, of*〕. **3** 〖数学〗 後者, 次の整数 (x の後者とは, ふつうの意味で x+1 のこと). **~·al** /-sərəl/ *adj.* 〖《*c*1300》 *successour* □ OF *successo(u)r* (F *successeur*) □ L *successor*: ⇨ success, -or¹〗

succéssor·ship *n.* 後任[継承]者の身分[資格など]. 〖1627〗

succéssor stàte *n.* 〖政治〗 =succession state. 〖1930〗

succéss stòry *n.* 立身出世物語, 成功談. 〖1925〗

suc·cin- /sʌ́ksɪ̀n/ (母音の前にくるときの) succino- の異形.

suc·ci·nate /sʌ́ksɪ̀nèɪt/ *n.* 〖化学〗 コハク酸塩[エステル]. 〖《1790》 ← SUCCINO-+-ATE¹〗

suc·cinct /sʌksíŋ(k)t, sək-/ *adj.* **1 a** (無駄な言葉を省いて)簡潔な, 簡約した. **b** 簡潔な表現をする. **c** 圧縮した. **2** 《古》 **a** (帯などで)からげた, まくった (tucked up). **b** 〈帯などが〉巻きついた. **c** 〈衣服が〉ぴったり体に合う. **~·ly** *adv.* **~·ness** *n.* 〖《?*a*1425》 □ LL *succinctus* (p.p.) ← *succingere* to tuck up ← SUB-+*cingere* to gird: cf. cincture〗

suc·cinc·to·ri·um /sʌ̀ksɪŋ(k)tɔ́ːriəm, -tóːr- | -tɔ́ːr-/ *n.* 〖カトリック〗 =subcinctorium. 〖《1688》 □ LL ~ ← SUB-+*cintorium* girdle (← *cingere* (↑))〗

suc·cin·ic /səksínɪk, sʌk-/ *adj.* **1** 琥珀 (amber) の, 琥珀から採った. **2** 〖化学〗 琥珀酸の. 〖《1790》 □ F *succinique* ← L *succinum* amber: ⇨ -ic¹〗

succínic ácid *n.* 〖化学〗 琥珀酸 ($C_2H_4(COOH)_2$). 〖1790〗

succínic dehydrógenase *n.* 〖生化学〗 琥珀酸脱水素酵素, 琥珀酸デヒドロゲナーゼ 《ミトコンドリアの内膜・細菌細胞膜などに存在する》.

suc·ci·no- /sʌ́ksənoʊ | -sɪ̀nəʊ/ 「琥珀(こはく) (amber); 琥珀酸 (succinic acid)」 の意の連結形. ★ 母音の前では通例 succin- になる. 〖□ L ~ ← *succinum* amber〗

suc·ci·nyl /sʌ́ksənl̩, -nìl | -sɪ̀nìl/ *n.* 〖化学〗 琥珀(こはく)酸から誘導される基で次の二種がある: **a** 2 価の酸基 ($C_4H_4O_2$). **b** 1 価の酸基 ($C_3H_5O_3$). 〖《1868》: ⇨ ↑, -yl〗

sùccinyl·chóline *n.* 〖化学〗 スクシニルコリン ($C_{14}H_{30}Cl_2N_2O_4 \cdot 2H_2O$) 《骨格筋弛緩薬として用いる》. 〖《1950》 ⇨ ↑, choline〗

súccinylchòline chlóride *n.* 〖薬学〗 塩化スクシニルコリン ($C_{14}H_{30}Cl_2N_2O_4 \cdot 2H_2O$) 《一時的完全麻痺状態を作り出す筋肉弛緩薬・神経筋遮断薬》.

súccinyl·sùlfathíazole *n.* 〖薬学〗 サクシニルスルファチアゾール ($C_{13}H_{13}N_3O_5S_2$) 《腸管内の殺菌薬》. 〖《1941》 ← SUCCINYL+SULFATHIAZOLE〗

suc·cor, 《英》 **suc·cour** /sʌ́kə | -kə(r)/ *n.* **1** 救助, 救援, 援助 (help, relief): give a person ~ 人を救助する. **2** 救助者[物]. **3** [*pl.*] 《古》 軍事援助; (特に)援軍, 援兵 (reinforcements). — *vt.* 助ける, 救う, …に助力を与える, 援助する (⇨ help SYN). **~·a·ble** /-kərəbl̩/ *adj.* **~·er** /-kərə | -rə(r)/ *n.*
〖n.: 《?*a*1200》 *sucur, socur* (*sucurs* の -s を複数語尾と誤解した逆成) ← *sucurs* □ OF *socours, sucurs* (F *secours*) < ML *succursum* help (p.p.) ← L *succurrere* to run up, run to help ← SUB-+*currere* to run (cf. current). — v.: 《*c*1250》 *sucure(n), soucoure(n)* □ OF *socorre* (F *secourir*) < L *succurrere*〗

suc·cor·ance /sʌ́kərəns/ *n.* 依存 (dependence); 養育依存. **súc·cor·ant** /-rənt/ *adj.* 〖《1938》 ⇨ ↑, -ance〗

súccor·less *adj.* 助けのない, 援助[救援]のない (helpless, aidless). 〖《15C》: ⇨ succor, -less〗

suc·co·ry /sʌ́kəri/ *n.* 〖植物〗 キクニガナ, チコリ (⇨ chicory 1). 〖《1533》 《転訛》 ← ME *cicoree* 'CHICORY': MLG *sucherie* などの影響による〗

suc·co·tash /sʌ́kətæʃ/ *n.* 《米》 サッコタシュ 《北米先住民伝来の青いトウモロコシの実とアオイマメ (lima beans) を煮た豆料理》. 〖《1751》 □ N-Am.-Ind. (Narraganset) *misickquatash* 《原義》 ear of corn〗

Suc·coth /súkəs, -koʊθ, -koʊt, -koʊs | sʌ́kəθ, súk-əʊt/ *n.* =Sukkoth.

suc·cour /sʌ́kə | -kə(r)/ *n., vt.* =succor.

suc·cu·ba /sʌ́kjubə/ *n.* (*pl.* **-cu·bae** /-biː/) =succubus. 〖《1559》 □ LL ~ 'prostitute, 《原義》 one who lies under' ← L *succubāre* ← SUB-+*cubāre* to lie: cf. succumb〗

succubi *n.* succubus の複数形.

suc·cu·bous /sʌ́kjubəs/ *adj.* 〖植物〗 〈葉が〉覆瓦状の (cf. incubous). 〖《1857》 ← SUB-+L *cub-* (← *cumbere* to lie)+-OUS〗

suc·cu·bus /sʌ́kjubəs/ *n.* (*pl.* **-cu·bi** /-bàɪ/) **1** (睡眠中の男と情交をすると伝えられる)女の魔物, 夢魔 (cf. incubus 1). **2** 鬼, 悪霊 (evil spirit). **3** 売春婦. 〖《*a*1387》 □ ML ~ (masc.) ← LL *succuba* 'SUCCUBA': ML 形は LL *incubus* 'INCUBUS' との連想〗

suc·cu·lence /sʌ́kjuləns/ *n.* **1** 汁の多いこと, 多汁. **2** 多汁[新鮮]な野生植物; まぐさ (silage). 〖《1787》 □ F ~ ← ? NL **succulentia*: ⇨ succulent, -ence〗

súc·cu·len·cy /-lənsi/ *n.* =succulence.

suc·cu·lent /sʌ́kjulənt/ *adj.* **1** 多汁の, 水気の多い (juicy): a ~ steak 肉汁のしたたるステーキ. **2 a** 滋味に富む, 新鮮味のある (rich, fresh); 生気のある. **b** 興味津々たる. **3** 〖植物〗 (サボテンのように)多肉多汁組織の: ~ plants 多肉植物. — *n.* 〖植物〗 多肉多汁植物 《サボテンなど》. **~·ly** *adv.* 〖《1601》 □ L *succulentus* ← *sucus* juice (cf. *sūgere* 'to SUCK'): ⇨ -ulent〗

suc·cumb /səkʌ́m/ *vi.* **1** 〔誘惑・悲嘆・病気・高齢などに〕屈服する, 屈する, 負ける 〔*to*〕 (⇨ yield SYN): ~ *to* one's enemies [superior numbers] 敵[多勢]に屈する / ~ *to* temptation 誘惑に負ける / ~ *to* grief 悲嘆に暮れる / ~ *to* curiosity 好奇心に駆られる / ~ *to* disease 病に倒れる. **2** 死ぬ: ~ from head injuries 頭傷で死ぬ. **~·er** *n.* 〖《*c*1489》 □ (O)F *succomber* // L *succumbere* to lie down ← SUB-+-*cumbere* to lie (cf. L *cubāre* to lie)〗

suc·cur·sal /səkɜ́ːsəl, -sl̩ | sʌkɜ́ː-/ *adj.* 従属の (subsidiary): a ~ church (本教会の)付属教会. — *n.* 従属の設立物, 施設. 〖《1844》 □ F (*église*) *succursale* subsidiary (church) ← ML *succursus* help: ⇨ succor, -al¹〗

suc·cuss /səkʌ́s/ *vt.* **1** 《まれ》 震動させる, 揺さぶる (shake). **2** 〖医学〗 《古》 震盪(とう)聴診する 《患者の上半身を激しく振動させて胸郭内に振水音を発せしめる聴診法をいう》. 〖《1865》 ← L *successsus* (p.p.) ← *succutere* to shake up ← SUB-+*quatere* to shake: ⇨ quash²〗

suc·cus·sa·to·ry /səkʌ́sətɔ̀ːri | -təri/ *adj.* 〈地震が〉小さな振幅で上下に揺れる. 〖← 《廃》 *successat(ion)* (□ L **successatiō(n-)* ← *succussus* (↑))+-ORY〗

suc·cus·sion /səkʌ́ʃən/ *n.* **1** 揺さぶること, 震動. **2** 〖医学〗 ヒポクラテス振水音, 上半身振水音; 震盪(とう)聴診法 (cf. succuss 2). 〖《1622》 □ L *succussiō(n-)*: ⇨ succuss, -sion〗

suc·cus·sive /səkʌ́sɪv/ *adj.* =succussatory. 〖1742〗

such /(強) sʌ́tʃ; (弱) sətʃ/ *adj.* ★ 4 の場合を除いて, 単数の countable noun と共に用いられるときには such＋a(n)＋(形容詞＋)名詞の語順となる; all, (an)other, any, both, each, many, no, none, some などと結合する場合には all [another, etc.]＋such＋(形容詞＋)名詞の語順となるが, 代名詞の others, another には such の方が先立って such others [another] となる. **1** [名詞の前で, 種類・範囲] そのような, そういう, そんな, こういう, こんな; それと同じような (similar): *Such* a man is [*Such* men are] dangerous. そういう男[男たち]は危険だ (cf. Shak., *Caesar* 1. 2. 194) / I respect all ～ people. そういう人はみな尊敬する / I said no ～ thing. そんなことは何も言わなかった / It's [There's] no ～ thing. そんなことではない, とんでもない / Each ～ sentence must be called a simple sentence. そのような文はいずれも単文といわなければならない / You will never have another ～ chance. そのような機会は二度とあるまい / I saw just ～ another yesterday. 昨日これとちょうど同じのを見た / ⇨ SUCH *a one* / tea, coffee, and ～ (popular) beverages 茶・コーヒーその他類似の(ふつうの)飲み物 / *Such* master, ～ man [servant]. (諺) 主が主なら家来も家来.
2 [程度・質] **a** [～(…) as …として] …のような…: *Such* poets *as* Keats are rare.＝Poets ～ *as* Keats are rare. キーツのような詩人はまれだ / ～ things *as* iron, silver, and gold 鉄・銀・金のようなもの / a trader, ～ *as* a baker or a shopkeeper パン屋や小売商人のような商売人 / I've never seen ～ lovely dresses *as* yours. あなたのドレスのような美しいドレスは見たことがありません / There is ～ a thing *as* an unexpected accident. 不慮の事故といったものもあるからね / Keep it until ～ time *as* it is required. 必要なときがくるまでそれを持っていていいよ. **b** [～(…) that … として] …ほどの[で], …ような[で]; 非常に…なので…: She had ～ a fright *that* she fainted. 彼女は驚きのあまり卒倒した / She has ～ wonderful ideas *that* everyone envies her. 彼女はみんながうらやむすばらしいアイディアを持っている / His behavior was ～ *that* everyone disliked him. 彼の行動はひどかったので皆彼を嫌った / *Such* was the force of the explosion *that* all the windows were broken. すごい爆発力で窓が全部壊れたほどだ. **c** [～ (…)*as to* do として] …するほどの[で], …するような[で]: I am not ～ a fool *as to* believe that. それを信じるほどのばかじゃない / His illness was not ～ *as to* cause anxiety. 彼の病気は心配するほどのものではなかった.
3 [種類・程度] **a** [形容詞＋名詞の前で] あれ[これ, それ]ほどまでの, あんな[こんな, そんな]に…な, あの[この, その]ような; (口語) [強意的に] 非常に…な, とても…な: I have never seen ～ a large one. こんなに大きいのは見たことがない / I never dreamed of ～ a kind reception. こんな歓待は夢想もしなかった / *Such* a pleasant time! (口語) 実に愉快だった / He isn't in ～ good spirits this morning. (口語) 彼は今朝あまり元気がよくない. **b** [名詞の前または単独に用いて] あれ[これ, それ]ほどよい[すてきな, すばらしい] (so good, so great); あんな[こんな, そんな]にひどい (so bad); (口語) [強意的に] 大した, 途方もない: Did you ever see ～ (wonderful [awful]) weather? こんないい[悪い]天気は今までにあったか / Don't be in ～ a hurry! そう無茶苦茶に急ぐな / Uncle George could not come too often, he gave us ～ pleasure. ジョージおじさんは何度来てもよかった, 実におもしろい人だったから (cf. Uncle George gave us ～ pleasure *that* he could not come too often. ⇨ *adj.* 2 b) / She wrote to him every day, ～ was her love for him. 彼女は彼に毎日手紙を書いた, 彼に対する愛情はそれほど深いものだった (cf. Her love for him was ～ *that* she wrote to him every day.) / We had ～ fun! (口語) 実におもしろかった / *Such* a day! (口語) 何という(ひどい)日だ.
4 [単独に補語として用いて; 先行の形容詞に代わり, または既述内容を指す] そのようで[に], このようで[に]: Never accept a thing as true unless it appears to you clearly to be ～. 何でも明らかに真実だと思えるようになるまで真実だと信じてはいけない / He is not well off, only he seems ～. 暮らしはよくないがよさそうに見えるだけだ / *Such* is life [the world]! 世の中はこんなもの / *Such* is the case. 事情は上述のようだ[この通りだ] / *Such* are the results. 結果はこんな具合だ.
5 [法規・商業書式などに用いて] 前述の, 上記の(ごとき) (the aforesaid): Whoever shall make ～ return … 上記のごとき報告をする者はだれも….
6 ある特定の, しかじかの, これこれの: First allow ～ an amount for food. まず食費としてこれこれの額を見ておきなさい / ⇨ SUCH *and such*.
… or sòme sùch …か何かそんな: He said he was busy *or some* ～ thing. 彼は忙しいとか何かそんなことを言った.
sùch a lót (*of* …) そんなに[とても]たくさん(の…): I can't do ～ *a lot of* work. 私はそんなに多くの仕事はできない.
súch and sùch (口語) しかじかの…, これこれの… (cf. *pron.* 成句): He paid ～ *and* ～ a sum to ～ *and* ～ (a) person. だれそれへしかじかの金額を支払った / On ～ *and* ～ a date he lived at number so and so of ～ *and* ～ a street. これこれの時に何々街の何々番地に住んでいた.
súch a óne (1) そのような人[物], かかるもの; 〔…のような〕人[物] 〔*as*〕. (2) (古) 何某 (so-and-so), 何とかいう人[物]. ***Súch ás*** 例えば(どんな): I've got a few criticisms to make.—*Such as*? 少し批判したいことがあります—例えば. ***súch as it is*** [***they áre, I ám***] こんなものだが, つまらない[粗末な]ものだが: You can use my car, ～ *as it is*. こんなものですが私の車をお使いください / The rooms, ～ *as they were*, had been put in order. 部屋はそんな(粗末な)ものだったが整頓されていた / I'm not much, but ～ *as* I am, I'm yours. 私は大した人間ではありません, しかし, こんな人間ですけれども, 私はあなたのものです.

— /sʌ́tʃ/ *pron.* ★ 単複両用; ただし複数の意味で用いることが多い. **1 a** こんな人[物], そんな人[物], この[その, あの]ような人[物]: tools, machines, and ～ 器具・機械その他(同様の物) / Peace to all ～! そういう人たちすべてに平和あれ. **b** [～ as として] (文語) (…する)人々 (those who): He was the father of ～ *as* dwell in tents, and ～ *as* have cattle. 彼は天幕に住みて家畜を飼うところの者の先祖なり (*Gen.* 4:20). **2** [補語に用いて; 先行の名詞に代わり, または既述内容を指す] そのような人[物]: He seemed to be a friend but was not ～. 彼は友人のように見えたが実際は友人といったものではなかった / ～ being the case こう[そう]いうわけだから, こんな[そんな]次第で. **3** [商業書式などに用いて] (俗) 前記の物[事], 上述の物[事]: We note your remarks, and in reply to ～ 御高見承りましたがそれに答えて….
as sùch (1) そう[こう]いうものとして, そういう資格で: He is a child and must be treated *as* ～. 子供だからそのように扱わなければならない. (2) それだけで(は), それ自体 (in itself): Wealth, *as* ～, doesn't matter much. 富はただそれだけでは大したものではない. (3) 正確な意味で(の): There's no theater *as* ～ here. ここには正確な意味での劇場はありません / Have you had any experience?—Not *as* ～, but I'm willing to learn. 経験はありますか—正確にいうとありません, しかし一生懸命頑張ります.
súch and sùch かくかくのこと[物], しかじかのこと; なにがし (cf. *adj.* 成句): The contents are ～ *and* ～. その内容はこうこうである.

— /sʌ́tʃ/ *adv.* [*that*-clause を伴って] (…する)ように, …よう な具合に: Scope and focus are interrelated ～ *that* the former must include the latter. 範囲と焦点とは前者が後者を必ず包含するように関連し合っている.
〖OE *swylċ, swilċ, swelċ* < Gmc **swalik-* (G *solch*) ← **swa* 'so¹'＋**lik-* 'LIKE¹'〗

súch·lìke (口語) *adj.* この[その]ような(種類の), 同様な (similar): We played tennis and baseball *and* ～ games. 私たちはテニスとか野球とかそういったゲームをした.
— *pron.* [通例複数の意味を表して] この[その]ようなもの, 同様な人[物]: critics, artists *and* ～ 評論家, 芸術家などなど. 〖1422〗

súch·ness *n.* **1** 根本的[内在的, 本質的]性質, 特質. **2** 〘仏教〙 如(にょ), 真如(しんにょ) (tathata, thusness ともいう). 〖cf. OE *swilċnesse* quality〗

Suchou *n.* ＝Suzhou.

Sü·chow /ʃúːdʒóu, súːtʃáu | -dʒə́u, -tʃáu/ *n.* ＝Xuzhou.

suck /sʌ́k/ *vt.* **1 a** (唇と舌を動かして)〈液体を〉吸う, 吸い込む: ～ milk from one's mother's breast おっぱいを飲む / ～ (the) juice out of [from] an orange オレンジの果汁を吸う / ～ one's teeth (うらやましがって)よだれを吸い込む / ⇨ *suck the* BLOOD *of*. **b** (唇と舌を動かして)…から液体[乳]を吸う; 吸って…にする: ～ the breast 乳を吸う[飲む] / ～ an orange dry オレンジを果汁がなくなるまで吸う. **c** (管を使って)〈液体を〉吸う: Bees ～ honey. ハチは蜜を吸う / ～ lemonade through a straw ストローでレモネードを吸う. **2** (口の中に含んで, または口に当てて)〈あめ・指などを〉しゃぶる, なめる: ～ a lozenge, a lollipop, one's thumb, etc. **3 a** 〈水・水気・空気などを〉吸い込む, 吸収する 〈*in, off, up*〉: ～ *in* the morning air 朝の空気を吸い込む / Blotting paper ～*s up* ink. 吸取り紙はインクを吸収する. **b** ポンプで〈水などを〉吸い[くみ]上げる. **4** 〈知識などを〉吸収する (absorb, imbibe); 〈利益を〉取る, 収める (gain); 搾取する: ～ (out) a person's substance 人の財産を搾り取る / ⇨ *suck a person's* BRAINS / ～ a person to the very marrow 人を骨の髄までしゃぶる, 人から徹底的に金を搾り取る / ～ (up) knowledge 知識を吸収する / ～ advantage out of …から利益を得る. **5** [通例 p.p. 形で] (無理強いまたはだまして)(…に)巻き込む, のみ込む (engulf) 〔*in, into*〕: He was inadvertently ～*ed into* the intrigue. 不覚にも陰謀に巻き込まれた / The boat was ～*ed* (*down*) *in*(*to*) the whirlpool. 船は渦巻きにのみ込まれた. **6** (卑) 〈人に〉吸茎 (fellatio) [吸陰 (cunnilingus)] をする. — *vi.* **1** 〔液体・空気などを〕吸う, すする 〔*at*〕: ～ *at* one's pipe パイプをすぱすぱ吸う. **2** (俗) よくない, 非常に不愉快である: This job ～*s*; I'm going to find another. この仕事はムカつく. ほかのを探そう. **3** 乳を吸う[飲む]: ⇨ sucking. **4** 〈ポンプが〉(すかすかと)から吸いする. **5** (乳を飲むとき)ちゅうちゅう音を立てる. **6** (俗) こびへつらう, 取り入ろうと寄り集まる 〈*around, up*〉. **7** (卑) 吸茎 (fellatio) [吸陰 (cunnilingus)] をする.
súck drý 吸い尽くす, すっかり無くす. ***súck in*** (1) ⇨ *vt.* 3 a. (2) (空気を吸い込んで)〈腹を〉へこます: ～ *in* one's belly. (3) (俗) だます (deceive). ***súck it and sée*** (英口語) 実際に試してみる: I'm not sure about your plan.—*Suck it and see*. 君の計画には確信が持てない—とにかくやってみよう. ***súck óff*** (俗) 口や舌を使ってオルガスムに導く. ***súck úp to*** (俗) …に取り入ろうとする, おべっかを使う (flatter).
— *n.* **1** 吸うこと, 吸込み, 吸引; 乳を飲むこと: have a ～ *at* [on] …を一吸い[しゃぶり]する / be *at* ～ 乳を飲んでいる / a baby *at* ～ 乳飲み子 / give a baby ～＝give ～ to a baby 赤ん坊に乳を飲ませる. **2** 吸い込まれた乳や他の液体. **3** 吸う力[音]. **4 a** (口語) 一吸い[すすり, なめ]; 一口, 一杯 (a sucked mouthful): ～ *of* wine. **b** (英俗) 酒 (liquor). **5** (渦巻きなどの)巻込み; 渦巻き (whirlpool). **6** (俗) こびへつらう人, おべっか使い (toady). **7** [通例 *pl.*] (英俗) **a** 失望 (disappointment), 失敗 (fiasco): *Sucks!*＝What a ～! なんというざまだ, 愉快愉快 (自信ありげな相手が失敗したのをおもしろがって言う). **b** ぺてん, だまかし, 一杯食わせること (hoax). **～·less** *adj.*
〖OE *sūcan* ← Gmc **sūk-* ← IE **sūg-* to take liquid (L *sūgere* to suck): cf. sup¹·², sop〗

suck·er /sʌ́kə | -kə(r)/ *n.* **1** (口語) **a** だまされやすい人, ばか, 「かも」: play a person for a ～ (米)〈人を〉ばか者扱いする. **b** …が好きでたまらない人, すぐに夢中になる人: a ～ *for* movies 映画に夢中になる人. **c** 居候(いそうろう) (sponger, parasite) **2 a** 〘動物〙 吸盤 (sucking disk). **b** (ゴムなどでできた)吸盤, 吸着具. **3 a** (米口語) 棒つきキャンディー (lollipop): ⇨ all-day sucker. **b** 吸う人[もの], 吸収者. **c** 乳飲み子 (suckling). **d** 乳離れのしない動物の子; (特に)豚の子, 鯨の子. **e** (ポンプの)ピストン; 吸込み管. **f** (おもちゃの)吸い管. **4** 〘植物〙 **a** 吸枝 (地下の茎から出た枝で, 後に独立した個体となる). **b** (寄生植物の)吸盤, 吸根 (haustorium). **5** 〘魚類〙 **a** サッカー (米国の河川に多いサッカー科の魚の総称; しばしば食用にされる; hog sucker など). **b** [しばしば限定形容詞を伴って] ダンゴウオ (lumpfish), コバンザメ (remora), ウバウオ (clingfish) など吸盤をもつ魚類の総称. **6** ＝jumping plant louse. — *vt.* **1** (米俗) だます, 欺く. **2** 〈植物〉の吸枝を取り去る, 〈たばこなど〉の余分の吸枝を取り去る. — *vi.* 〈植物などが〉吸枝[吸根]を生じる[出す]. 〖c1384〗

súcker bàit *n.* (俗) 人をだますためのえさ (金銭など). 〖1939〗

suck·er·el /sʌ́k(ə)rəl/ *n.* 〘魚類〙 米国 Mississippi 川流域に生息するサッカーの一種. 〖(1888): ⇨ sucker, -el²〗

súcker·fìsh *n.* 〘魚類〙 ＝sucker 5. 〖1867〗

súcker lìst *n.* (俗) 購買者・寄贈者になってくれそうな人の住所・氏名などの名簿. 〖1910〗

súcker-púnch *vt.* (米) 〈人を〉いきなり殴る, 不意打ちを食らわす.

súcker pùnch *n.* (米) 不意の一撃; 急襲, 不意打ち.

Súcker Stàte *n.* 米国 Illinois 州の俗称.

súck·et fòrk /sʌ́kɪ̀t- | -kɪt-/ *n.* 砂糖漬け果物 (sucket) 用のフォーク (16 世紀から 18 世紀初めころの菓子用の食器で, 一本の柄の一方の端がフォークでもう一方の端がスプーンになっているもの). 〖(1938): *sucket* (変形) ← SUCCADE: suck との連想による: ⇨ -et〗

súcket spòon /sʌ́kɪ̀t- | -kɪt-/ *n.* ＝sucket fork.

súck·fìsh *n.* 〘魚類〙 **1** コバンザメ, コバンイタダキ (remora). **2** ウバウオ (clingfish). 〖1753〗

súck-hòle *n.* **1** (米口) ＝whirlpool. **2** (カナダ卑・豪卑) おべっか使い, ごますり. — *vi.* (カナダ卑・豪卑) ごますりをやる. 〖(1626) 1909〗

súck-ìn *n.* (英俗) だまされること, 詐欺, ぺてん (hoax, fraud): get a ～ だまされる.

súck·ing *adj.* **1** 吸う, 吸い込む, 吸引する; 吸いつく; 吸収する. **2** 乳を飲む; まだ乳離れしない: a ～ child. **3** (口語) 不慣れな, 未熟な, 乳臭い, 駆け出しの: a ～ writer. — *n.* 吸引, (口で)吸うこと.

súcking dìsk *n.* ＝sucker 2. 〖1830〗

súcking fìsh *n.* 〘魚類〙 **1** コバンザメ, コバンイタダキ (remora). **2** ヤツメウナギ (lamprey).

Súcking lòuse *n.* 〘昆虫〙 シラミ (シラミ目の昆虫の総称; 哺(ほ)乳動物に寄生し, 吸血する). 〖1907〗

súcking pìg *n.* (丸焼き料理用の)豚の子.

súcking stòmach *n.* 〘動物〙 吸胃, 吸入胃. 〖1886〗

S

suck·le /sʌ́kl/ *vt.* **1** …の乳を飲ませる; …に吸わせる. **2** 育てる, 保育する. **3** 栄養として摂取する. — *vi.* 乳を飲む. 〖(c1385) (逆成) ← ? SUCKLING〗

súck·ler /-klə, -klə | -klə(r), -klə(r)/ *n.* **1** 哺(ほ)乳類(の動物), 哺乳動物. **2** ＝suckling. 〖c1440〗

suck·ling /sʌ́klɪŋ/ *n.* **1** 乳児, 乳飲み子; 乳獣, 幼獣. **2** 世間知らずのうぶな人: babes and ～*s* 全くのうぶな人たち, おぼこ連 (cf. *Ps.* 8:2). — *adj.* 乳離れしない; 非常に幼い. 〖(*a*1225) ← SUCK (v.)＋-LING¹〗

Suck·ling /sʌ́klɪŋ/, **Sir John** *n.* サックリング (1609–42; 英国の廷臣・詩人; *Aglaura* (1637), *The Discontented Colonel* (1640)).

suck·y /sʌ́ki/ *adj.* (俗) 不快な, 下等な, いやな, いけすかない, ひどい. 〖1934〗

sucr- /suːkr | suːkr, sjuːkr/ (母音の前にくるときの) sucro- の異形.

su·cral·fate /súːkrælfèɪt | súː-, sjúː-/ *n.* 〘薬学〙 スクラルファート (十二指腸潰瘍の治療に用いられる糖硫酸アルミニウム($C_{12}H_{54}Al_{16}O_{75}S_8$)). 〖(1969) (混成) ← SUCR(OSE)＋AL(UMINIUM)＋(SUL)FATE〗

su·crase /súːkreɪs, -kreɪz | s(j)úːkreɪz/ *n.* 〘生化学〙 スクラーゼ, 転化酵素 (⇨ invertase). 〖(1900) ← F *sucre* 'SUGAR'＋-OSE²〗

su·cre /súːkreɪ; *Am.Sp.* súkɾe/ *n.* **1** スクレ (エクアドルの通貨単位; ＝100 centavos; 記号 S/). **2** 1 スクレ銀貨. 〖(1886) □ Am.-Sp. ← *Antonio José de Sucre*〗

Su·cre /súːkreɪ; *Sp.* súkɾe/ *n.* スクレ (南米ボリビア南部の都市; 同国の憲法上の首都(政府所在地は La Paz)).

Su·cre /súːkreɪ; *Am.Sp.* súkɾe/, **Antonio José de** *n.* スクレ (1795–1830; ベネズエラ生まれの革命家, エクアドルとペルーおよびボリビアの解放者; ボリビアの初代大統領 (1826–28); 暗殺された).

su·cri·er /sùːkriéɪ; *F.* sykʀije/ *F. n.* (*pl.* **-cri·ers** /～(z); *F.* ～/) (通例ふた付きの)砂糖つぼ. 〖(1869) □ F ～ ← *sucre* 'SUGAR'＋-*ier* '-ER¹'〗

su·cro- /súːkrou | súːkrəu, sjúː-/ 「砂糖 (sugar)」の意の連結形. ★ 母音の前では通例 sucr- になる. 〖← F *sucre* 'SUGAR'〗

su·crose /súːkrous, -krouz | súːkrəus, sjúː-, -krəuz/ *n.* 〘化学〙 スクロース, 蔗糖(しょとう) ($C_{12}H_{22}O_{11}$). 〖(1857) ⇨ ↑, -ose²〗

suc·tion /sʌ́kʃən/ *n.* **1 a** 吸うこと, 吸上げ, 吸込み, 吸

引. **b** 《英》酒を飲むこと, 飲酒. **2 a** (内部気圧の低下による)吸入性[力]. **b** (吸入力を起こすための)内部気圧の低下. **c** (内部気圧の低下による)気体や液体の吸入, 吸引通風. **3** 吸込管, 吸水管. **～·al** /-ʃnəl, -ʃənl/ *adj.* 〘(1626) ▭ LL *sūctiō(n-)* ← L *sūctus* (p.p.) ← *sūgere* 'to SUCK': ⇨ -tion〙

súction cùp [《英》**càp**] *n.* (ゴム・ガラス製などの)吸着カップ, 吸い出し器. 〘1942〙

súction fòrce [prèssure] *n.* 〘物理〙吸水力, 吸引圧.

súction pùmp *n.* 吸引[吸上げ]ポンプ. 〘1825〙

súction sòund *n.* 〘音声〙吸気音 (ingressive).

súction stòp *n.* 〘音声〙吸着閉鎖音, 舌打ち音 (click). 〘1887〙

súction stròke *n.* 〘機械〙吸込み行程. 〘1904〙

suc·to·ri·al /sʌktɔ́ːriəl/ *adj.* **1 a** 吸入[吸引]の. **b** 吸うのに適した, 吸入[吸引, 吸着]の用をする. **2** 吸入[吸引, 吸着]器官のある, 吸盤を持つ: a ～ fish. **3** 〘動物〙動物や植物の血や汁を吸って生きている. 〘(1833) ← NL *suctōrius*＋-AL¹: ⇨ suction, -ory¹〙

suc·to·ri·an /sʌktɔ́ːriən/ *n.* **1** 吸着性動物. **2** 吸管虫目の動物. **—** *adj.* 吸管虫目の. 〘(1842): ⇨ ↑, -an¹〙

su·cu·su·cu /súːkuːsúːkuː; *Am.Sp* sukusúku/ *n.* 〘音楽〙スクスク (1962 年ごろ流行した南米ボリビアの民俗音楽のリズムに基づくダンス音楽). 〘▭ ? S-Am.-Ind.〙

su·dam·i·na /suːdǽmənə | suːdǽmɪ̣nə, sjuː-/ *n. pl.* (*sing.* **-da·men** /-déɪmən/) 〘医学〙汗疹(かんしん); 水晶様汗疹. 〘(1671) ← NL *sūdāmina* (pl.) ← *sūdāmen* ← L *sūdāre* to sweat〙

Su·dan /suːdǽn | suːdáːn, -dǽn/ *n.* **1** [the ～] スーダン《アフリカ北部, Sahara 砂漠の南, 大西洋から紅海に及ぶ広大な地域》. **2** [時に the ～] スーダン《アフリカ北東部の共和国; 以前は, 英国とエジプトの共同管理国 (Anglo-Egyptian Sudan と称した)であったが, 1956 年に独立; 面積 2,505,805 km², 首都 Khartoum; 公式名 the Republic of the Sudan スーダン共和国; フランス語名 Soudan》. **3** 〘植物〙＝Sudan grass. 〘▭ Arab. *(Bilad-al-)Sūdān* 《原義》country of the blacks ← *sūd* (pl.) ← *áswad* black〙

Su·da·nese /sùːdəníːz, -níːs, -dn̩-, | -dəníːz, -dn̩-⁻/ *n.* (*pl.* ～) スーダン人. **—** *adj.* スーダンの; スーダン人の. 〘1875〙

Sudanése Repúblic *n.* ⇨ Mali.

Sudán gràss *n.* 〘植物〙スーダングラス (*Sorghum vulgare* var. *sudanensis*)《モロコシ属の牧草で, 米国では 1909 年移入して以来広く干し草・牧草として栽培されている; 単に Sudan ともいう》. 〘1911〙

Su·dan·ic /suːdǽnɪk/ *adj.* **1** ＝Sudanese. **2** スーダン語族の. **—** *n.* スーダン語族《古い言語分類で非バンツー語と非ハム語から成る語族で, セネガルから南スーダンに至る地域で用いられている》. 〘1912〙

su·dar·i·um /suːdέ(ə)riəm | suːdέər-, sjuː-/ *n.* (*pl.* **-i·a** /-riə/) **1** 汗ふき, ハンカチ (handkerchief). **2** 〘キリスト教〙**a** ベロニカの布 (St. Veronica がはりつけ場に引かれて行くキリストの顔の汗をふいてやったというハンカチ; その上にキリストの顔の像が現れたと伝えられる). **b** キリストの聖顔像 (veronica). **c** 墓の中のキリストの顔にかけた布 (cf. *John* 20:7). **3** ＝sudatorium. 〘(1601) ▭ L *sūdārium* ← *sūdor* 'SWEAT': ⇨ sudor, -ary〙

su·da·tion /suːdéɪʃən | suː-, sjuː-/ *n.* 〘生理〙発汗. 〘(1599) ▭ L *sūdātiō(n-)* ← *sūdātus* (↓)〙

su·da·to·ri·um /sùːdətɔ́ːriəm | sùːdə-, -sjùː-/ *n.* (*pl.* **-ri·a** /-riə/) 発汗浴場, 蒸し風呂. 〘(1756–7) ▭ L *sudātōrium* ← *sūdātus* (p.p.) ← *sūdāre* to sweat (cf. sudor): ⇨ sudarium〙

su·da·to·ry /súːdətɔ̀ːri | súːdətəri, sjúː-, -tri/ *adj.* **1** 発汗させる, 発汗を促す. **2** 発汗浴の, 蒸し風呂の. **—** *n.* **1** 発汗薬. **2**＝sudatorium. 〘(1597) ▭ L *sūdātōrius* ← *sūdātus* (↑)〙

Sud·bur·y /sʌ́dbɛri | -b(ə)ri/ *n.* サドベリー《カナダ Ontario 州南東部の鉱業都市; ニッケルの産地》.

sudd /sʌ́d/ *n.* (White Nile 川の)浮漂草塊《浮草やアシの茎などで, しばしば船の航行を妨げる》. 〘(1874) ▭ Arab. ～ 《原義》obstruction〙

sud·den /sʌ́dn̩/ *adj.* **1** (予告・予想もしない)突然の, 思いがけない, 不意の (unexpected); (前の形・状態が急変する)急な, にわかの, 出し抜けの (abrupt): a ～ change, departure, shout, shock, idea, inspiration, shower, etc. / a ～ turn [bend] in the road 道路の急な曲がり / be ～ in one's movements 行動が出し抜けだ. **2** 急速になされる, 即製の (hasty): Will you marry me?—I don't know. This is all so ～... 結婚してくれるかい—わからないわ. まったく出し抜けだもの…. **3 a** 《古》性急な (impetuous), せっかちな (rash). **b** 《廃》〈行動など〉機敏な, 急速な. **c** 《廃》即席の, 即興の (impromptu). **d** 《廃》間もなく, そのうちに来る (soon). **—** *adv.* 《詩》＝suddenly. **—** *n.* 《古》突然の出来事 (emergency). ★ 次の成句に用いる以外は《廃》: (***all***) ***of a súdden***＝《古》***on a*** [***the***] ***súdden*** 不意に, にわかに, 突然に, 急に (suddenly, unexpectedly). ***on*** [***upòn***] ***a súdden*** 《古》＝suddenly. 〘1593–94〙

～·ness *n.* 〘(?c1300) *sode(i)n* ▭ AF *sodein*＝(O)F *soudain* < LL *subitānum*＝L *subitāneus* ← *subitus* sudden (p.p.) ← *subīre* to go stealthily ← SUB-＋*īre* to go〙

SYN 突然の: **sudden** 予期せずに突然生ずる: a *sudden* illness 急病. **abrupt** 突然で予期しない《不快で当惑するような結果を伴うできごとについていう》: an *abrupt* change in the weather 天候の突然の変化. **unexpected** 意外で突然の: an *unexpected* shower 突然の雨. **ANT** gradual.

súdden déath *n.* **1** 〘スポーツ〙(同点のときに行われる)一回勝負の延長戦, サドンデス《先に得点[ある得点に達]した方が勝ちとなる; sudden-death overtime ともいう》: **a** 〘テニス〙ゲームカウント 6–6 のあと 9 ポイントのゲームを行い, 5 ポイント先取したほうがこのセットの勝者となる (cf. tie breaker). **b** 〘ゴルフ〙ストロークプレーの試合の最後の首位に同スコアの者が 2 人以上出た場合, 延長ホールをいくつと決めず, 先に勝ったほうを勝者とするやり方. **2** 突然死, 急死. **3** 《口語》銭投 (toss) の一回決め. 〘14C〙

súdden ínfant déath sỳndrome *n.* 〘医学〙乳(幼)児突然死症候群, 乳(幼)児ぽっくり病《寝ている赤ちゃんの原因不明の突然の死; crib death, 《英》cot death ともいう; 略 SIDS》. 〘1970〙

sud·den·ly /sʌ́dn̩li/ *adv.* **1** 突然, 出し抜けに, 急に, 不意に: The car ～ stopped. 車は急に止まった / *Suddenly* the light went out. 突然明かりが消えた. **2** 《廃》急いで, すばやく (cf. *1 Tim.* 5:22). 〘*c*1280〙

Su·der·mann /zúːdəmàːn | -də-; *G.* zúːdɐman/, **Hermann** *n.* ズーダーマン (1857–1928; ドイツの劇作家・小説家; 戯曲 *Die Heimat* (英訳名 *Magda*)「故郷」(1893)).

Su·de·ten /suːdéɪtn̩; *G.* zudéːtn̩/ *n.* **1** [the ～] ズデーテン山地 (Sudetes Mountains のドイツ語名). **2** ＝Sudetenland. **3** ズデーテン(地方) (Sudetenland) の住民《ドイツ語を話す》. **—** *adj.* **1** ズデート山地の. **2** ズデーテン(地方)の.

Sudéten Gérman *n.* ＝Sudeten 3. 〘1937〙

Su·de·ten·land /suːdéɪtn̩lænd; *G.* zudéːtn̩lant/ *n.* [通例 the ～] ズデーテン(地方)《チェコとスロバキア北部および西北部の山岳地方; 1938 年ドイツに接収され, 1945 年チェコスロバキアに返還》.

Su·dé·tes Móuntains /suːdíːtiːz-/ *n. pl.* [the ～] ズデート山地《チェコ北部とポーランド南西部の山地; the Sudetic /suːdétɪk | -tɪk/ Mountains ともいう; ドイツ語名 Sudeten》.

Su·dír·man Ránge /suːdíəmən- | -díə-/ *n.* [the ～] スディルマン山脈 (New Guinea 中央高地の連山; Maoke 山脈の西方部分の呼称; 最高峰 Punkak Jaya (5,040 m); 旧名 Nassau Range).

su·dor /súːdɔə | súːdɔː^(r), sjúː-/ *L.n.* 汗 (sweat); 発汗 (perspiration). **～·al** /-dərəl | -də-/ *adj.* 〘▭ L *sūdor*: ⇨ sweat〙

su·do·rif·er·ous /sùːdərɪ́f(ə)rəs | sùː-, sjùː-⁻/ *adj.* 〘生理〙汗を出す, 発汗させる (sudoriparous): ～ glands 汗腺. **～·ness** *n.* 〘(1597) ← LL *sūdōrifer*＋-OUS: ⇨ ↑, -iferous〙

su·do·rif·ic /sùːdərɪ́fɪk | sùːdə-, sjùː-⁻/ *adj.* 発汗の, 発汗を促す (diaphoretic): ～ herbs. **—** *n.* 発汗薬. 〘(1626) ← NL *sūdōrificus*: ⇨ sudor, -ific〙

su·do·rip·a·rous /sùːdərɪ́pərəs | sùːdə-, sjùː-⁻/ *adj.* 〘生理〙汗の出る, 発汗させる; 汗分泌の. 〘(1851) ← NL *sūdōriparus*: ⇨ sudor, -parous〙

Su·dra /súːdrə, ʃúː-/ *n.* シュードラ, スードラ, 首陀羅《インド四姓の最下級に属する人(奴隷); cf. caste 1》. **—** *adj.* シュードラ[スードラ, 首陀羅]に属する人[身分]の. 〘(1630) ▭ Hindi ～ ← Skt *śūdra*〙

suds /sʌ́dz/ *n. pl.* [単数または複数扱い] **1** (泡立った)石鹸水; 石鹸の泡 (lather)《通例 soapsuds という》. **2** 泡, あぶく (foam). **3** 《米俗》ビール (beer). ***in*** [***into***] ***the súds*** 《俗》困って, 困難に陥って. **—** *vi.* 《米》泡立つ: a soap that ～*es* easily 泡立ちのいい石鹸. **—** *vt.* 《米口語》泡立った石鹸水で〈衣類などを〉洗う. **～·less** *adj.* 〘(1548) ▭ ? MDu. *sudde, sudse* marsh, bog〙

suds·er /sʌ́dzə | -dzə^(r)/ *n.* 泡立つもの; 《米俗》＝soap opera. 〘(1968) ← SUDS＋-ER¹〙

suds·y /sʌ́dzi/ *adj.* (**suds·i·er**; **-i·est**) **1** 泡立った, 泡だらけの (frothy). **2** ＝soapy 4. 〘(1866): ⇨ ↑, -y⁴〙

sue /súː | súː, sjúː/ *vt.* **1** 〈人を〉(…のかどで)訴える, 告訴する〔*for*〕: ～ a person *for* damages [libel] 損害賠償[名誉棄損罪]で人を訴える. **2** 《古》…に願う, 請う, 懇願する (beseech). **3** 《古》…に求婚する (court). **—** *vi.* **1** (…の)訴訟を起こす, 訴える〔*for*〕: ～ at (the) law 訴訟を起こす / ～ *for* a breach of promise 違約を訴える. **2** (…を)願う, 請う〔*for*〕(⇨ appeal SYN); (…に)懇願する (entreat)〔*to*〕: ～ *to* a person / ～ *for* a favor [peace] 好意[和平]を求める. **3** 《古》求婚する (woo). ***súe óut*** 〘法律〙申し立てて〈令状・赦免などを〉得る: ～ *out* a writ [a pardon].

su·er /súːə | s(j)úːə^(r), s(j)úə^(r)/ *n.* 〘(?a1200) *sue(n)* ▭ AF *suer, suire*＝OF *sivre* (F *suivre*) to follow < VL **sequere*＝L *sequī*: cf. sequent〙

Sue /súː | súː, sjúː/ *n.* スー《女性名》. 〘(dim.) ← SUSANNAH〙

Sue /súː | súː, sjúː; *F.* sy/, **Eugène** *n.* シュー (1804–57; フランスの大衆小説家; 本名 Marie Joseph Sue).

suede /swéɪd; *F.* sɥɛd/ (*also* **suède** /～/) *n.* **1** スエード(革)《内面をビロード状に仕上げた革, 主に子牛革》: ～ gloves. **2** スエード革まがいの織物《手袋などに用いる; suede cloth ともいう》. **—** *vt.* 〈生地・皮などを〉スエード仕上げする. **—** *vi.* 皮などをスエード仕上げする. 〘(1859) ← *suède gloves* 《部分訳》← F *gants de Suède* Swedish gloves ← *Suède* Sweden〙

suéde clòth *n.* ＝suede 2. 〘1930〙

sued·ed /swéɪdɪ̣d | -dɪ̣d/ *adj.* (*also* **suèd·ed** /～/) スエード革まがいの. 〘1956〙

suéde·hèad *n.* 《英》スエードヘッド《スキンヘッド (cf. skinhead) に似た格好をしているがスキンヘッドより頭髪を少し伸ばした若者》. 〘1970〙

sue·dette /sweɪdét; *F.* sɥɛdɛt/ *n.* 模造[代用]スエード. 〘(1915) ← SUEDE＋-ETTE 3〙

sue·gee /súːdʒi | súː-, sjúː-/ *n.* 〘海事〙＝soogee.

suer·te /swέəteɪ | swέə-/ *n.* 〘闘牛〙技(の段階)《picador, banderillero, matador が行う各段の技》. 〘(1838) ▭ Sp. ～ 《原義》chance, fate, luck〙

su·et /súːɪ̣t | s(j)úːɪt, -ət/ *n.* スエット《牛・羊などの腎(じん)臓や腰の辺の硬い脂肪; 料理用・獣脂 (tallow)・石鹸・ろうそく製造用》. **～·y** /-ṭi | -ti/ *adj.* 〘(*a*1325) *sewet* ▭ AF **sewet* (dim.) ← *su(e), seu* < L *sēbum* tallow, suet〙

Sue·to·ni·us /sùːətóuniəs, swiː- | swiː-, sjùːt-, sùːt-/ *n.* スエトニウス (*c.* 69–?140; ローマの伝記作者・歴史家; *De Vita Caesarum*「ローマ皇帝伝」; 正式名 Gaius Suetonius Tranquillus).

súet púdding *n.* スエット プディング《スエット・小麦粉・パン粉・干しぶどう・香辛料などを混ぜ合わせ, 蒸すか煮て作るプディング》. 〘1756〙

Su·ez /suːéz, ⁻⁻ | súːɪz, sjúː-/ *n.* スエズ《エジプト北東部, Suez 運河南端付近の海港; アラビア語名 As- Suways.》.

Suez, the Gulf of *n.* スエズ湾 (Suez 地峡の南方, Sinai 半島西部, 紅海北西部の支湾).

Suez, the Isthmus of *n.* スエズ地峡《アフリカとアジアを結ぶエジプト北東部の地峡; 幅 116 km》.

Suéz Canál *n.* [the ～] スエズ運河《地中海と Suez 湾とを結ぶ運河; Ferdinand de Lesseps が設計工事した (1859–69); 長さ 163 km》.

Suéz Canál rúdder *n.* 〘海事〙＝salmon tail.

Suéz Crìsis *n.* [the ～] スエズ動乱《1956 年に Suez 運河の管理などをめぐって発生した武力紛争; エジプトの Nasser 大統領が運河の国有化を宣言; イスラエル軍がエジプトに侵入, 英仏軍が運河に進撃, 国連特別総会はイスラエル軍・英仏軍の撤退要求決議案を採択, 国連軍の派遣を承認; 英仏軍・イスラエル軍は撤退し, Nasser が勝者として力を強めた》.

suf. 《略》sufficient; suffix.

suf- /səf, sʌf/ *pref.* (f の前にくるときの) sub- の異形: *suf*fer, *suf*fice.

suff. 《略》sufficient; suffix.

Suff. 《略》Suffolk; suffragan.

suf·fer /sʌ́fə | -fə^(r)/ *vt.* **1** 〈苦痛・危害・損害など不快なことを〉経験する, こうむる, 受ける; …に遭遇する, 遭う: ～ pain, loss, grief, defeat, punishment, etc. / ～ wrong 害[虐待]を受ける / ～ death 〈既決囚・殉教者が〉処刑される[殉死する] / ～ (the effects of) a change for the worse 悪化の影響をこうむる / The company ～*ed* a 20% drop in sales. 会社は売上げが 20 パーセント低下した / He ～*ed* a heart attack. 彼は心臓の発作に襲われた (cf. *vi.* 1). **2** [通例否定・疑問構文に用いて] 忍ぶ, 耐える, 辛抱する, 我慢する (⇨ bear¹ SYN): Some shrubs can*not* ～ a cold winter. 低木の中には寒い冬に耐えられないものもある / I will *not* ～ such insults. そういう侮辱には我慢がならない / How can you ～ his insolence? どうして君は彼の無礼を忍べるのか. **3 a** 《文語》〈…することを〉許す, させる〈*to do*〉: I cannot ～ you *to* be idle. 君を遊ばせておくわけにはいかない / He ～*ed* himself *to* be imposed upon. 黙ってだまされるままになっていた / *Suffer* little children *to* come unto me. 幼児(おさなご)らを許せ我(われ)に来るを (*Matt.* 19:14). **b** 放任しておく, 容赦する, 黙認する (allow, tolerate): ⇨ *suffer* FOOLS *gladly* / You should not ～ it for a moment. それは一瞬たりとも放任しておいてはならない. **4** 《廃・方言》苦痛を与える. **—** *vi.* **1** 〈病気などを〉病む, 患う, 〈頭痛などで〉苦しむ〔*from*〕: ～ *from* gout [measles] 痛風[はしか]を病む / ～ *from* hypertension [insomnia] 高血圧[不眠]症に悩む / ～ *from* delusions of grandeur 誇大妄想である / He ～*s from* headaches. 彼は頭痛が持病だ (★ *vi.* 用法が状態を記述するのに対し, *vt.* 用法 (⇨ *vt.* 1) は一時的な過程を強調する) / ～ *from* [《口語》*with*] (a) toothache 歯が痛む (★ 一時的な症状を言う場合には時に *with* も用いられる). **2** 苦痛を受ける, 苦しむ, 悩む, 悲しむ, 苦労する〔*from, with*〕: learn to ～ without complaining 苦労しても不平をこぼさぬように心掛ける / ～ *with* [*from*] agony [anxiety] 苦痛に苦しむ[心配で悩む] / Britain has ～*ed from* labor troubles. 英国はたび重なる労働争議で苦しんでいる. **3** 傷つく, 傷む, 損害を受ける; 悪くなる〔*from*〕: The engine ～*ed* severely in the crash. 衝突でエンジンがひどく傷んだ / No passengers ～*ed* much in the accident. その事故で乗客にはだれも大した怪我はなかった / The village [villagers] ～*ed* badly during the occupation. その村[村人たち]は占領中ひどい苦しみを受けた / Trade is ～*ing from* the depression. 貿易は景気が悪くて不振だ / Your reputation will ～ *from* such conduct. そんなふるまいを続けていると君の評判は悪くなるぞ / Her style ～*s from* a certain preciosity. 彼女の文体はある種の気取りのあるのが難点だ / This ～*s by* [*in*] comparison with that. これもそれと比較すると見劣りがする. **4** 罰せられる; (特に)〈既決囚が〉処刑される, 死刑に処せられる: ～ *for* one's sins [follies] 罪を犯して[ばかなことをして]罰を受ける / You will ～ *for* it. そんなことをしているとひどい目に遭うぞ. **5** 《古》我慢する, 忍ぶ (endure). 〘(*a*1250) *suff(e)re(n)* ▭ AF *suffrir*＝OF *soffrir* (F *souffrir* < VL **sufferīre*＝L *sufferre* ← SUB-＋*ferre* 'to BEAR¹'〙

suf·fer·a·ble /sʌ́f(ə)rəbl̩/ *adj.* 忍べる, 耐えられる, 我慢できる; 許容できる. **～·ness** *n.* **súf·fer·a·bly** *adv.* 〘(*c*1303) ▭ OF *suffrable*: ⇨ ↑, -able〙

suf·fer·ance /sʌ́f(ə)rəns/ *n.* **1** 黙認, 黙許, 黙諾 (⇨

permission SYN); 寛容 (toleration): on [by, through] ～ 黙許によって, 大目に見られて, お情けで / a tenant *at* ～ 黙許借地人. **2** 我慢できる力, 忍耐力: be beyond ～ 我慢できない. **3** 《古》苦しみ, 悩み (pain). **4** 《古》忍従, 忍耐 (endurance). 〖《?*a*1300》□ OF *suffrance* (F *souffrance*) < L *sufferentiam*: ⇨ suffer, -ance〗

súfferance whàrf *n.* 〘海運〙特許[保税]埠頭(ふ)《納税前に揚荷のできる埠頭》. 〖1774〗

suf·fer·er /sʌ́f(ə)rə | -rəʳ/ *n.* 苦しむ者, 苦労する[悩む]人, 受難者, 被害者, 罹災(りさい)者; 患者, 病人: earthquake [war] ～*s* 地震被災者[戦災者]. 〖*c*1450〗

suf·fer·ing /sʌ́f(ə)rɪŋ/ *n.* **1** 苦しみ, 苦労 (⇨ distress SYN); 受難, 遭難, 罹(り)災. **2** [しばしば *pl.*] 災難, 難渋, 苦痛. — *adj.* **1** 悩む, 苦しむ, 苦労する: ～ mortals 悩める人々. **2** 病気で, むかついて: He is very ～. 大層具合が悪い. **～·ly** *adv.* 〖*c*1340〗

suf·fete /sʌ́fiːt/ *n.* (古代カルタゴの)執政官《毎年選ばれる二人の中の一人》. 〖《1600》□ L *suf(f)et-, suf(f)es* □ Punic *suphet* (cf. Heb *šōphēṭ* judge ruler)〗

suf·fice /səfáɪs/ *vt.* 満足させる (satisfy), …に十分である: This does not ～ present needs. 目下の必要に対してはこれでは十分でない / Nothing would ～ him but the whole story. 話を全部聞かないうちは彼は満足しないだろう. — *vi.* 十分である, 足りる: One word will ～. 一言で事は足りる / That ～*s to* prove it. それはこれを証するに足る / The provisions will ～ *for* the crew. 糧食は乗組員には十分間に合うだろう. ***Suffice it*** (***to sáy***) ***that*** …と言えば十分だ, (今は)…とだけ言っておこう (★ suffice は仮定法現在形).

suf·fic·er *n.* 〖《*a*1325》*suffische(n)* □ OF *suffis-* (stem) ← *suffire* < L *sufficere* ← SUB-＋*facere* 'to DO²'〗

suf·fi·cience /-ʃəns/ *n.* 《古》＝sufficiency.

suf·fi·cien·cy /səfíʃənsi, -ʃəntsi/ *n.* **1** 十分, 充足; 適切, 妥当: the ～ of the equipment 設備[装備]の妥当性. **2** [a ～] 十分な量[数], たくさん: *a* ～ of fuel 十分な燃料 / eat *a* ～ たくさん食べる. **3** 十分な資力[貯え], (特に)十分な資産. **4** 能力, 技量. **5** うぬぼれ, 尊大. 〖《1495》□ LL *sufficientia*: ⇨ ↓, -ency〗

suf·fi·cient /səfíʃənt/ *adj.* **1** 足りる, 十分な (⇨ enough SYN): ～ education, food, information, investigation, proof, qualifications, room, etc. / a pension ～ *for* living expenses [*for* my needs to live on] 生活費[暮らしの必需品]に十分な年金 / I never acquired ～ proficiency *to* read Greek. ついにギリシア語が読めるだけの力はつかなかった / This (single action) is ～ *to* show our determination. これ(この行為ひとつ)だけで十分に我々の決意は表明できる / *Sufficient unto* the day is the evil thereof. 一日の苦労は一日にて足れり《翌日のことまで思いわずらうな; *Matt.* 6:34》/ That's more than ～. それで十二分だ[もうけっこうだ] / Don't worry about experience: it will be ～ (for you) to show you're willing to learn. 経験については心配しなくていい. 学ぶ意欲を示せば十分だ. **2** 《古》十分な能力のある (competent), 資格のある (well-qualified): a scholar ～ *for* the work その研究を十分に遂行できる学者. **3** 《廃》**a** うぬぼれた, 尊大な (self-confident). **b** 資力のある, 裕福な (wealthy).

nót sufficient 〘銀行〙資金不足《銀行家が支払拒絶の小切手などに書く文句; 通例 NS, NSF と略記する》.

— *n.* 十分(な量), たくさん (enough): Have you had ～? 十分食べたかね / He is not ～ of an artist *to* give a one-man show. 個展を開くほどの画家ではない.

～·ness *n.* 〖《1322》□ OF ～ // L *sufficientem* (pres.p) ← *sufficere* 'to SUFFICE'〗

sufficient condition *n.* 〘論理〙十分条件 (cf. necessary condition). 〖1914〗

suf·fi·cient·ly /səfíʃəntli/ *adv.* 十分に; 〈…するに〉足るだけ 〈*to* do〉: be ～ provided 十分に供給され(ている) / It was ～ large *to* satisfy him. それは十分に大きかったので彼は満足した. 〖*c*1340〗

sufficient réason *n.* 〘哲学〙充足理由(律). 〖1717〗

suf·fic·ing *adj.* 十分な (sufficient). **～·ly** *adv.* 〖1606–7〗

suf·fix /sʌ́fɪks/ *n.* **1** 〘文法〙接尾辞 (cf. prefix, affix 1, infix). **2** 〘数学〙(添え)字, 添数(てんすう). — /—́—, —́—/ *v.* — *vt.* **1** 〘文法〙…に接尾辞として付ける. **2** 後ろ[終わり]に付ける (append). **3** …の下に取り付ける[置く]. — *vi.* **1** 〘文法〙〈ある語が〉接尾辞をとる. **2** 接尾辞が付く. **～·al** /sʌ́fɪksəl, -sl, —́—́—/ *adj.* 〖n.: 《1778》← NL *suffixum* ← L *suffixus* (p.p.) ← *suffigere* to fasten beneath ← SUB-＋*figere* 'to FIX'. — v.: 《1604》← L *suffixus*〗

suf·fix·a·tion /sʌ̀fɪkséɪʃən/ *n.* 〘文法〙接尾辞添加. 〖1899〗

suf·fix·ion /sʌfíkʃən, sə-/ *n.* 〘文法〙接尾辞添加. 〖《*a*1860》prefixion からの類推〗

suf·flate /sʌfléɪt, sə-/ *vt.* 《廃》膨らます (inflate).

suf·fla·tion /sʌfléɪʃən, sə-/ *n.* 〖← L *sufflātus* (p.p.) ← *sufflāre* ← *suf-* 'SUB-'＋*flāre* 'to BLOW¹': ⇨ -ate³〗

suf·fo·cate /sʌ́fəkèɪt/ *vt.* **1** …の息を止める, 窒息(死)させる: be ～*d* by poisonous fumes 有毒な煙で窒息する. **2 a** (新鮮な空気がないため)息苦しくする, 気分を悪くさせる. **b** (空気をなくして)〈火などを〉消す; 押しつぶす. **3** …の発達を止める[妨げる]. **4** 〈人〉の息をつけなくする, 息を詰まらせる, 呼吸を困難にする, 声を出なくする: be ～*d* by excitement [grief] 興奮[悲しみ]のために息が詰まる. — *vi.* **1** 窒息(死)する; 息が詰まる, 息が切れる. **2** (新鮮な空気がないため)息苦しくなる, 気分が悪くなる. **3** (…の発育[発達]が)妨げられる, 阻害される, いじける. — *adj.* 《廃》＝suffocated. 〖《?*a*1425》← L *suffocātus* (p.p.) ← *suffocāre* ← *suf-* 'SUB-'＋*faucēs* throat: ⇨ -ate³〗

súf·fo·càt·ing /-tɪŋ | -tɪŋ/ *adj.* 窒息するような, 息苦しい. **～·ly** *adv.* 〖1604〗

suf·fo·ca·tion /sʌ̀fəkéɪʃən/ *n.* 窒息させる[られる]こと; 窒息: The train was crowded *to* ～. 列車は息が詰まるほど込み合っていた. 〖《*a*1400》□ L *suffocātiō(n-)*: ⇨ suffocate, -ation〗

suf·fo·ca·tive /sʌ́fəkèɪtɪv | -tɪv/ *adj.* 窒息させる, 息を止める[詰まらせる], 呼吸困難を起こす: ～ catarrh. 〖《1605》← NL *suffocātīvus*: ⇨ suffocate, -ative〗

Suf·folk¹ /sʌ́fək/ *n.* サフォーク《イングランド東部の北海に臨む州, 行政上もとは East Suffolk と West Suffolk とに分かれていたが, 1974 年にその区別は消滅; 面積 3,800 km²; 州都 Ipswich》. 〖OE *Sūðfolc* ← *sūþ* 'SOUTH'＋*folc* 'FOLK': cf. Norfolk〗

Suf·folk² /sʌ́fək/ *n.* サフォーク: **1** 英国種の上等食用羊; 角がなく顔と足が黒い; Suffolk Down ともいう. **2** 英国の馬車馬または農馬の一品種; くり毛で脚が短い; Suffolk punch ともいう. **3** 小型の黒豚の一品種. 〖cf. *Suffolk sheep* 《1893》, *Suffolk pig* 《1842》〗

Suffr. 《略》Suffragan.

suf·fra·gan /sʌ́frɪgən | -rəgən/ *adj.* **1** 〘カトリック〙属司教の; 〘英国国教会〙教区主教の: ⇨ suffragan bishop / a ～ see 属司教区, 司教[主教]区. **2** 補佐主教の. — *n.* ＝suffragan bishop. 〖《*c*1380》□ OF ～ □ ML *suffrāgāneus* ← L *suffrāgium*: ⇨ suffrage, -an¹〗

súffragan bíshop *n.* **1** 〘カトリック〙属司教; 〘英国国教会〙教区主教《metropolitan あるいは archbishop の管区 (province) に属する教区 (dioces) を牧する司教[主教]》. **2** 〘英国国教会〙補佐主教《教区主教の補佐役として任命された主教》. 〖1475〗

súffragan·shìp *n.* suffragan bishop の地位[職]. 〖1549〗

suf·frage /sʌ́frɪdʒ/ *n.* **1** 投票権, 選挙権, 参政権 (franchise): female [woman] ～ 女性[婦人]参政権 / popular [universal] ～ 普通選挙権 / household ～ 戸主選挙権 / ⇨ manhood suffrage. **2** 賛成投票; (投票によって表す)賛成; 賛成, 同意; 投票. **3** [通例 *pl.*] 〘英国国教会〙**a** 《祈禱書中の「嘆願 (Litany)」の》とりなしの祈り. **b** 《古》とりなしの祈り. 〖《?*a*1200》□ (O)F ～ // L *suffrāgium* ballot, right of voting, (ML) vote, support, prayer ← ? *suf-* 'SUB-'＋*fragor* noise〗

suf·frag·ette /sʌ̀frɪdʒét/ *n.* (特に, 20 世紀初頭の熱心な女性の)婦人参政権論者, 過激な婦選論[運動]者. 〖《1906》: ⇨ ↑, -ette〗

sùf·frag·étt·ism /-tɪzm/ *n.* 婦人参政権運動, 過激な婦選主義[運動]. 〖1913〗

suf·fra·gi /sufrɑ́ːgiː/ *n.* (アラビア語圏で)給仕人, 給仕長, 執事. 〖《1924》□ Egyptian Arab. *sufrági* □ Turk. *sofraci* ← Arab. *súfraʰ* dining table〗

súf·frag·ist /-frɪdʒɪst | -dʒɪst/ *n.* 参政権拡張論者, (特に)婦人参政権論者. **súf·fra·gism** *n.* 〖1822〗

suf·fru·tes·cent /sʌ̀fruːtésənt, -snt/ *adj.* 〘植物〙〈植物・茎が〉亜低木性の《根元の木質部が年ごとに枯れずに残る》. 〖《1816》← NL *suffrutescentem* ← SUB-＋L *frutescens frutescent* (← L *frutex* shrub): ⇨ -ent〗

suf·fru·tex /sʌ́frutèks/ *n.* (*pl.* **suf·fru·ti·ces** /səfrúːtəsìːz | -tə-/) 〘植物〙**1** 亜低木 (subshrub), 小低木. **2** 根元が木質で, 上部が草質の低木. 〖《1567》: ⇨ suf-, frutex〗

suf·fru·ti·cose /sʌfrúːtəkòʊs | -tɪkòʊs/ *adj.* 〘植物〙根本が木で上部が草の. 〖《1793》← NL *suffruticōsus* ← *suf-* 'SUB-'＋L *frutic-, frutex* shrub＋-OSE¹〗

suf·fu·mi·gate /sʌfjúːməgèɪt, sə- | -mɪ-/ *vt.* 下からいぶす; …に蒸気[薫煙など]を下から当てる. **suf·fu·mi·ga·tion** /sʌfjùːməgéɪʃən, sə- | -mɪ-/ *n.* 〖《1588》← L *suffūmigātus* ← *suffūmigāre* ← *suf-* 'SUB-'＋*fūmigāre* 'to FUMIGATE': ⇨ -ate³〗

suf·fuse /səfjúːz | sə-, sʌ-/ *vt.* [通例 p.p. 形で] 〔液体・湿気・色・光・涙などが〕覆う, 満たす, みなぎらす (cover, overspread) 〔*with*〕: the sky ～*d with* light 光に満ちた空 / eyes ～*d with* tears 涙が一杯の目. 〖《1590》← L *suffūsus* (p.p.) ← *suffundere* ← *suf-* 'SUB-'＋*fundere* to pour: cf. fuse¹〗

suf·fu·sion /səfjúːʒən, sʌ-/ *n.* **1** 覆うこと, みなぎること. **2** (顔などが)さっと赤くなること, 紅潮 (flush). 〖《*a*1398》□ L *suffūsiō(n-)*: ⇨ ↑, -ion〗

suf·fu·sive /səfjúːsɪv, sʌ-, -zɪv | -sɪv/ *adj.* 覆う, みなぎる. 〖1872〗

Su·fi¹ /súːfiː; *Arab.* sˤuːfiː/ *n.* **1** スーフィ教派《禁欲・神秘主義傾向のあるイスラム一宗派》. **2** スーフィ教徒, イスラムの汎神論者. **Su·fic** /súːfɪk/ *adj.* 〖《1653》□ Arab. *ṣūfī* 《原義》(man) of wool ← *ṣūf* wool: この教徒が苦行の目的で毛織の服を肌に着用したことからか〗

Su·fi² /súːfiː/ *n.* スーフィ《イランの Safawid 朝の君主》.

Sú·fi·ism /-fiːɪzm/ *n.* ＝Sufism.

Su·fism /súːfɪzm/ *n.* スーフィ教(の教義) (⇨ Sufi¹ 1).

Su·fis·tic /suːfístɪk/ *adj.* 〖1817〗

Sufu /sùːfúː/ *n.* ＝Kahi.

sug /sʌ́g/ *vi., vt.* 《英》〈(人)に〉市場調査のふりをして売りつける. 〖《*c*1985》《略》← *s*(*ell*) *u*(*nder the*) *g*(*uise of market research*)〗

sug. 《略》suggested; suggestion.

sug- /səg, sʌg/ *pref.* (g の前にくるときの) sub- の異形: *suggest*.

su·gan /súːgən/ *n.* 《方・古》キルト, 粗末な毛布; 《アイル》《麦わら[革]製の》ロープ; 《アイル》麦わら製のロープを編んで作った椅子. 〖《1722》□ Ir.-Gael. *sūgān* straw rope (dim.) ← *suag* rope, cord〗

sug·ar /ʃúgə | -gəʳ/ *n.* **1 a** 砂糖, (特に)蔗糖(しょとう): a lump [spoonful] of ～ 角砂糖 1 個[砂糖ひとさじ] / block [cut, cube, lump] ～ 角砂糖 / confectioner's ～ (製菓用)精製粉末砂糖 / loaf ～ 棒砂糖 / powdered ～ 粉砂糖 / muscovado ～ 黒砂糖 / ⇨ beet sugar, brown sugar, cane sugar, maple sugar / ～ and water 砂糖水. **b** 〘化学〙糖《ブドウ糖 (glucose), 乳糖 (lactose) など. ★ラテン語系形容詞: saccharine. **2** 砂糖 1 個[ひとさじ]: How many ～*s* in your tea? お茶に砂糖はどれだけ入れますか. **3** [呼掛けとして] 《米口語》愛する人, かわいい人, お前 《(my) darling [honey] の代用》. **4** 砂糖入れ (sugar bowl). **5** お世辞, おべっか, 甘言 (flattery). **6** 《米俗》金銭, 金 (money). **7** 《俗》粉末状の麻薬, ヘロイン. **8** [間投詞として] 《口語》ちぇっ, 畜生 (pshaw) 《困惑・失望を表す》: (Oh) ～!. **9** 〘病理〙＝sugar diabetes.

be néither súgar nor sált＝nót to be màde of súgar or sált 張り子ではない, 濡れても大丈夫である《溶けない》.

súgar of léad 〘化学〙酢酸鉛 (lead acetate) ($Pb(C_2H_3O_2)_2 \cdot 3H_2O$).

súgar of mílk 《米》〘生化学〙乳糖 (⇨ lactose).

— *adj.* 《廃》甘い (sweet). — *vt.* **1** 砂糖で甘くする; …に砂糖をまぶす[まぶす]: ～ a cake ケーキに砂糖を振りかける / ～ one's tea お茶に砂糖を入れる. **2 a** 見せかけをよくする, うまくごまかす 〈*over, up*〉: ～ *up* [*over*] reality 現実を偽って飾り立てる, 現実をうまく繕う. **b** 《英》(へつらったり, 甘言で)〈不快なもの[こと]を〉受け入れやすくする; …にお世辞を言う.

— *vi.* **1** 糖化する: Honey ～*s* if stored too long. 蜜は貯蔵が長すぎると糖化する. **2** 粒状に結晶する (granulate). ***súgar óff*** (1) 《カナダ》(かえで糖精製の際に)粒状になるまで糖液を煮つめる. (2) 《英俗》ずるける, 仕事を怠ける.

～·lìke *adj.* 〖《1286》*suker, sugre* □ OF *çukre, sukere* (F *sucre*) □ OIt. *zucchero* □ ML *zuccarum, succarum* □ Arab. *súkkar* □ Pers. *shakar* □ Prakrit *sakkara* ← Skt *śarkarā* gravel, sugar〗

súgar àpple *n.* 〘植物〙＝sweetsop.

súgar bàsin *n.* 《英》＝sugar bowl.

súgar-bèan *n.* 〘植物〙西インド諸島産のインゲンマメ (kidney bean) の一種.

súgar bèet *n.* 〘植物〙サトウダイコン, テンサイ (*Beta vulgaris*) 《ビート (beet) と同種で, 肥大した根から砂糖 (beet sugar) を採る; 葉は食用にする; cf. red beet》. 〖1817〗

súgar·bèrry *n.* 〘植物〙**1** エノキ (hackberry). **2** ウシコロシ (Juneberry). 〖1818〗

súgar·bìrd *n.* 〘鳥類〙**1** 花の蜜を吸う各種の鳥 《honeycreeper, honey eater, sunbird など》. **2** ＝evening grosbeak. 〖1688〗

súgar bòwl *n.* (通例二つの取っ手のあるふた付きの食卓用)砂糖入れ[つぼ] (《英》sugar basin). 〖1822〗

súgar·bùsh *n.* 〘植物〙**1** アフリカ南部産ヤマモガシ科プロテア属の数種の低木の総称 (*Protea mellifera* や *P. angolensis* など). **2** 米国南西部の砂漠に生えるウルシの一種 (*Rhus ovata*) 《常緑低木で, 白い花と赤い実をつける》. 〖1818〗

súgar bùsh *n.* **1** 砂糖かえでの(栽培)園 (sugar orchard ともいう). **2** 〘植物〙＝sugar-bush.

súgar-càndy *adj.* **1** 〈小説など〉甘すぎる, 大甘の: a ～ novel. **2** 〈人・物など〉愉快な, 心地よい. 〖1575〗

súgar cándy *n.* **1** 《米》(精製糖で作った)上質キャンディー[あめ]. **2** 《英》氷砂糖 (《米》rock candy). **3** 甘い人; 口当たりのいいもの, 甘い物, 甘美な[快い]もの. 〖《1392》□ OF *sucre candi* □ Arab. *súkkar* sugar＋*qandī* of sugar〗

súgar·càne *n.* 〘植物〙サトウキビ (*Saccharum officinarum*). 〖1568〗

sugarcane

súgarcane mosáic *n.* 〘植物病理〙サトウキビのモザイク病 (cf. mosaic 3).

súgar·còat *vt.* **1** 〈丸薬・食物〉に糖衣をかぶせる: ～ a pill 糖衣錠. **2 a** 〈苦いもの・まずいもの・辛いものなど〉の口当たりをよくする. **b** うまくごまかす, …の見せかけ[体裁]をよくする. 〖1870〗

súgar·cóated *adj.* **1** 糖衣をかぶせた. **2 a** 口当たりをよくした. **b** 見せかけをよくした.

súgar·còat·ing *n.* **1** 糖衣. **2** 口当たり[見せかけ]をよくすること[もの].

súgar còrn *n.* 〘園芸〙＝sweet corn.

súgar·cràft *n.* シュガークラフト《砂糖ペーストで菓子やケーキのデコレーションを作る技術》.

súgar cùbe [《英》**lùmp**] *n.* 角砂糖. 〖1897〗

súgar-cùred /-kjùəd | -kjʊ̀əd/ *adj.* 〈ハム・ベーコンなどが〉砂糖・塩・硝酸塩などで保存用に処理された.

súgar dàddy *n.* 《俗》若い女性にせっせと贈物をする[金をみつぐ]金持ちの中高年男性[老人], パトロン, 「甘いパパさん」. 〖1926〗

súgar diabétes *n.* 〘病理〙＝diabetes mellitus.

súg·ared *adj.* **1** 砂糖を入れた[振りかけた], 砂糖で甘くした; 糖衣をかぶせた (sugarcoated). **2 a** 甘い, うまい,

S

甘美な. **b** 〈言葉が〉甘ったるい, 人を引きつけるような: ~ words 甘言. 〘*c*1385〙

súgar-frée *adj.* 砂糖の入っていない, 無糖の. 〘1924〙

súgar glìder *n.* 〘動物〙フクロモモンガ (*Petaurus breviceps*)《オーストラリア・タスマニア・ニューギニアの森林に生息; 木から木へ滑空する》. 〘1941〙

súgar gùm *n.* 〘植物〙ユーカリノキ (*Eucalyptus cladocalyx* または *E. gunnii*)《オーストラリア産; 葉は甘く, 家畜やコアラが好んで食べる》.

súgar·hòuse *n.* 砂糖製造所, 製糖所 (sugar factory). 〘1600〙

súgar·ing /ʃʊ́g(ə)rɪŋ/ *n.* シュガリング《レモン果汁と砂糖水を混ぜたものを皮膚に塗って乾かしたあと, 体毛もいっしょにはがすことによって, 不要な体毛を除去する方法》.

súgaring óff *n.* 《米》かえで糖製造; かえで糖製造時に手伝いに集まった近所の人の間で行われるパーティー. 〘1836〙

súgar kèlp *n.* 〘植物〙ラミナリアサッカリナ (*Laminaria saccharina*)《日本のコンブ類に似た北大西洋・北太平洋産のコンブ; 潮間帯から浅い下干潮帯に生育し, 長さ 3 m ほどになる》.

súgar·less *adj.* 砂糖の入っていない; 無糖の. 〘1785〙

súgar·lòaf *n.* **1** 円錐(すい)形に固めた砂糖《昔は家庭用に作ったが, 今はほとんど作らない; cf. loaf sugar》. **2 a** 円錐形の砂糖状のもの. **b** 円錐形帽子. **3** 〘植物〙**a** 米国北西部産キンポウゲ科センニンソウ属の多年草 (*Clematis douglasi*). **b** ムスカリ (*Muscari racemosum*)《ユリ科の観賞用球根植物; cf. grape hyacinth》. 〘1418〙

súgar-lòaf *adj.* 円錐(すい)形の砂糖状の, すりばち形の: a ~ mountain すりばち山 / a ~ hat 円錐形の帽子.

súgar-lòafed *adj.* =sugar-loaf. 〘1885〙

Súgarloaf Móuntain *n.* シュガーローフ山, パンデアスカル山《ブラジル Rio de Janeiro の湾口にある山; 標高 395 m; ポルトガル語名 Pão de Açúcar》. 〘1866〙

súgar lùmp *n.* 角砂糖.

súgar màple *n.* 〘植物〙サトウカエデ, (特に)ウラジロサトウカエデ (*Acer saccharum*). 〘1731〙

súgar-mìll *n.* 砂糖きび圧搾機. 〘1600〙

súgar òrchard *n.* 《ニューイングランド》=sugar bush 1.

súgar pàlm *n.* 〘植物〙サトウヤシ (*Arenga pinnata*)《マレーシア原産の大型ヤシ; 茎の髄から砂糖 (palm sugar) や酒 (palm wine) を造る》.

súgar pèa *n.* 〘植物〙=mangetout.

súgar pìne *n.* 〘園芸〙サトウマツ (*Pinus lambertiana*)《米国 California, Oregon 州産のゴヨウマツの一種; 材から甘い汁が出るが, 下痢を起こすので食用にはしない》. 〘1846〙

súgar·plùm *n.* **1** 《古》(丸い)糖菓, キャンディー; ボンボン (bonbon). **2** 甘言 (flattery). **3** 〘植物〙=Juneberry. 〘1608〙

súgar refìner *n.* 製糖業者, 砂糖精製者. 〘1688〙

súgar refìnery *n.* 砂糖精製所, 製糖場.

súgar-shàker[-sìfter] *n.* 砂糖ふりかけ器.

súgar snáp *n.* 〘園芸〙=snap pea.

súgar snáp pèa *n.* 〘園芸〙=snap pea.

súgar sòap *n.* アルカリ石鹸《黒砂糖に似ていて塗装面の洗浄などに使う》. 〘1930〙

S **súgar-tìt[-tèat]** *n.* (布で乳首の形にくるんだ)おしゃぶり. 〘1892〙

súgar tòngs *n. pl.* (食卓用の)角砂糖ばさみ (cf. ice tongs). 〘1708〙

súgar trèe *n.* 〘植物〙=sugar maple.

Súgar Twín *n.* 〘商標〙シュガーツイン《米国 Alberto-Culver 社製の人工甘味料》.

sug·ar·y /ʃʊ́g(ə)ri/ *adj.* **1** 砂糖を含む, 砂糖の(ような); 甘い, 甘すぎる (sweet). **2 a** 〈言葉・態度など〉甘ったるい (honeyed); 口先のうまい, おべっかの, お世辞の: ~ words お世辞 / in a ~ voice 甘ったるい声で. **b** 感傷的な, べたべたするほど甘美な: a ~ melody. **súg·ar·i·ness** *n.* 〘(1591): ⇨ -y⁴〙

sugg /sʌ́g/ *vi.* 〘海事〙(座礁している時)〈船が〉波で揺れる. 〘(変形) ← SWAG〙

sug·gest /səgdʒést, sədʒ- | sədʒ-/ *vt.* **1 a** [しばしば *doing*, *that*-clause, *wh*-clause を伴って] 提議[提案]する (advance); …と言い出す, 勧める (propose); 示唆する (hint): ~ an idea [a theory, a proposition] 考え[理論, 提案]を持ち出す / ~ bridge [a drink] ブリッジを[一杯]やらないかと持ちかける / He yawned and ~*ed* bed. あくびをするとそろそろ寝ようかと言った / ~ a red tie *to* a customer 〈店員が客に赤いネクタイはいかがと薦める / We ~ him *as* [*for*] president. 我々は彼を会長にしてはどうかと思う / He ~*ed* my taking [*that* I (should) take] the bus. 私がバスで行ったらよいだろうと言った《★ should を省略するのは主に《米》》/ Can [May] I ~ that you see a doctor? 医者に診てもらったらどうですか / I ~*ed* (*to* them) *that* somebody neutral (should) take [took] the chair. 不偏不党[中立]の人物を議長にしたほうがよかろうと(彼らに)提議した (cf. 1 b) / He ~*ed* (*that*) eating out would be enjoyable. 外で食事をしたほうが楽しいのではないかと言った / Could you ~ *where* I can park the car [*where* to park]? どこへ車を駐車したらよいか言ってくれないか. **b** [I ~ that … として] …と思うがお前は本当か《★ 弁護人などが証人の尋問などに用いる決まり文句》: *I* ~ (to you) *that* you concluded a secret agreement with him. 君と彼との間に密約があったのだと思うがどうかね (cf. 1 a). **2 a** ほのめかす, 遠回しに言う (intimate) (⇨ hint SYN): I only ~*ed* it. ただそれとなくそう言っただけだ / Do you ~ [Are you ~*ing*] *that* he is lying? 彼がうそをついているとでも言うのかね / Just what are you ~*ing*? いったい何を言いたいのだ. **b** 暗示する, 示唆する (imply): His conversation ~*s* a man of wide culture. 話しぶりから広い教養の持ち主であることがうかがえる / The seagulls ~ *that* land is not far distant. カモメが飛んでいるので陸地がそう遠くないとわかる. **3 a** 思いつかせる, 連想させる: Does the name ~ anything *to* you? その名前を聞いて何か思い出すことはないか / Jealousy ~*s* itself *as* the motive. 嫉妬がおのずから動機として浮かんでくる. **b** …の動機となる, 促す (inspire): The incident ~*ed* the story *to* the writer. その事件から作者はその物語を書いた. **4** (催眠術で)…と暗示を与える 〈*that*〉. **5** 《廃》誘惑する (tempt); 〈誤った考えを〉吹き込む (insinuate). **~·er** *n.* 〘(1526) ← L *suggestus* (p.p.) ← *suggerere* to put under, furnish, suggest ← SUB-+*gerere* to bring, hold: cf. gestate〙

sug·gest·i·bil·i·ty /səgdʒèstəbíləṭi, sədʒ- | sədʒès-təbílɪ̀ti, -tɪ-/ *n.* **1** 暗示を受けやすいこと, 暗示感応性, 被暗示性. **2** 提案できること. 〘1890〙

sug·gest·i·ble /səgdʒéstəbl̩, sədʒ- | sədʒéstɪ̀-/ *adj.* **1** 暗示を受けやすい, 被暗示性のある. **2** 提案できる. **~·ness** *n.* **sug·gést·i·bly** *adv.* 〘1890〙

sug·ges·ti·o fal·si /səg(g)dʒéstiòʊfɔ́:lsaɪ, sədʒ-, -fɑ́:l- | sədʒéstiəʊ-, -fɔ́:l-/ *L. n.* 〘法律〙不実な表示, 虚偽の暗示 (cf. suppressio veri). 〘(1815) ← NL *suggestiō falsī* suggestion of falsehood〙

sug·ges·tion /sə(g)dʒéstʃən, -dʒéʃtʃən | sədʒ-/ *n.* **1** 提議, 提案, 提言 (⇨ proposal SYN): *at* [*on*] your ~ 君の提案で / *at* [*on*] the ~ of …の発議で / ~*s for* improvement(s) 改善案 / Can [May] I make [offer] a ~? 提案してもいいですか, 考えがあるのですが / I made [offered, put forward] the ~ *that* the meeting (should) be brought to an end. 閉会するように提言した《★ should を省略するのは主に《米》》/ Any ~*s* will be thankfully received. ご意見は有り難く承ります《商店などの掲示》. **2** 暗示, 示唆 (hint); 遠回し, ほのめかし: a talk full of ~*s* 示唆に富んだ談話 / drop a ~ ほのめかす / I want to avoid any ~ of misconduct on his part. 彼の不行跡を話に出すのは避けたい. **3** 風(ふう), 様子, 気味 (trace): with the (merest) ~ of a stoop (ほんの)心持ち肩をかがめて / blue with a ~ of green ほんのり緑がかった青 / There was (just) a ~ of contempt in his tone. 彼の口調には人を軽蔑するような響きが(少しばかり)あった. **4** 思いつかせること, 思いつき, 連想 (evocation): call up ~*s* of …を連想させる. **5** (劣情などの)誘発: a novel full of indecent ~*s* いかがわしい箇所の多い小説. **6** 〘心理〙(催眠術の)暗示, 示唆 (cf. autosuggestion); 暗示物《暗示されたまたは暗示を起こす観念・動作》. **7** 《廃》誘惑 (temptation). 〘(*c*1340) ◻ (O)F ~ ◻ L *suggestiō(n-)*: ⇨ suggest, -tion〙

suggéstion-bòok *n.* (提案したいことを自由に書き込む)提案ノート《suggestions-book ともいう》. 〘1882〙

suggéstion-bòx *n.* 投書箱《suggestions-box ともいう》. 〘1907〙

sug·ges·tive /səgdʒéstɪv, sədʒ- | sədʒ-/ *adj.* **1** (色々と)物を思わせる (evocative); 〔…を〕思い出させる, 連想させる, 〔…を〕ほのめかす, 暗示する (indicative) 〔*of*〕: weather ~ *of* autumn 秋を思わせる天気 / The symphony is ~ *of* a sunrise. その交響曲は日の出を連想させる. **2** 劣情を誘発するような, きわどい, いかがわしい (risqué): a ~ joke, picture, play, etc. **3** 暗示的な, 含蓄のある; 示唆に富む: a ~ article, commentary, etc. **4** (催眠術的)暗示の: ~ medicine 暗示療法, 催眠術療法 (cf. Couéism). **~·ly** *adv.* **~·ness** *n.* 〘(1631) ← L *suggestus*+-IVE: ⇨ suggest〙

sug·gil·la·tion /sʌ̀(g)dʒəléɪʃən | sʌ̀dʒɪ̀-/ *n.* 〘病理〙皮下溢血, 広汎(性)皮下出血.

sugh /sú:, sú:f, sú:x/ *n.*, *vt.* 《スコット》=sough².

suh /sʌ́/ *n.* 《俗用》=sir《英国の方言, 米国の南部方言, または黒人英語の発音を表したもの》.

Su·har·to /su:háəṭou | -hɑ́:təu/; *Indon.* suhárto/ *n.* スハルト《1921–2008; インドネシアの政治家・軍人, 大統領 (1968–98)》.

Sui /swí:; *Chin.* suí/ *n.* 隋(ずい)《中国王朝の一つ; 581–619》.

su·i·cid·al /sù:əsáɪdl̩ | sù:ɪ̀sáɪdl̩, sjù:-ˊ-/ *adj.* **1** 自殺の; 自殺に導く, 自殺行為の: with ~ intent 自殺の目的で / a ~ attack 自爆, 体当たり / a ~ explosion 自爆. **2** 自滅的な, 自滅させる (self-destructive): a ~ policy. **~·ly** *adv.* 〘(1777): ⇨ ↓, -al¹〙

su·i·cide /sú:əsàɪd | sú:ɪ̀-, sjú:-/ *n.* **1** 自殺, 自害: a ~ note 自殺の遺書 / commit ~ 自殺する. **2** 自滅(的行為): ⇨ race suicide / commit political [social] ~ 政治的[社会的]自殺を遂げる, 政治家[社会人]としての生命を失う. **3** 自殺者. — *adj.* [限定的] 自殺の; 自殺的な. — *vi.* 自殺する. — *vt.* [~ *oneself* で] 自殺する. 〘(1643) ← NL *suicidium* (act), *suicida* (person) ← L *suī* of oneself: ⇨ -cide〙

súicide clàuse *n.* 自殺条項《生命保険契約で自殺に関する免責条項》. 〘1902〙

súicide pàct *n.* 心中の約束; (合意の)心中. 〘1911〙

súicide pìlot *n.* 〘軍事〙特攻飛行隊員.

súicide sèat *n.* (自動車の運転席の隣の)助手席. 〘1969〙

súicide squàd *n.* **1** 〘アメフト〙(負傷の危険性の高いキックオフなどに出場する)スペシャルチーム. **2** 〘軍事〙(少数の)特攻隊, 決死隊 (cf. suicide pilot). 〘1928〙

súicide squèeze *n.* 〘野球〙⇨ squeeze play 2.

su·i·cid·ol·o·gy /sù:əsaɪdɑ́(:)lədʒi | sù:ɪ̀saɪdɔ́l-, sjù:-/ *n.* 自殺学. **sù·i·ci·dól·o·gist** /-dʒɪst | -dʒɪst/ *n.* 〘1964〙

su·i ge·ne·ris /sú:aɪdʒénərɪ̀s, sú:i:-, -gén- | sú:i:-dʒénərɪs, sjú:-, -gén-/ *L. adj.* [通例叙述的または名詞の後に置いて] 彼[彼女, それ]自身の, その類だけの; 類型を異にした, 特殊な, 無類[無比]な (unique). 〘(1787) ◻ L *suī generis* of its own kind〙

súi jú·ris /-dʒʊ́ˀrɪ̀s, -júˀr- | -rɪs/ *L. adj.* 〘法律〙(未成年者など無能力者と区別して)法律上の能力をもった, 成年に達した; 独立した (↔ alieni juris). 〘(*a*1614) ◻ L *suī jūris* in one's own right〙

su·il·line /sú:əlàɪn | sú:ɪ̀-, sjú:-/ *adj.* 豚の(ような). 〘(1880) ← L *suillus* of pigs (← *sūs* pig)+-INE¹: ⇨ sow²〙

su·i·mate /sú:aɪmèɪt, sú:i:- | sú:-, sjú:-/ *n.* 〘チェス〙セルフメイト《わざと自分でメイトになるようにするもの; self-mate ともいう》. 〘(1870) ← L *suī* of oneself+MATE²〙

su·int /sú:ɪ̀nt, swínt | sú:ɪnt, sjú:-, swínt/ *n.* スイント《羊毛に付いている脂肪で, 羊の汗腺からの分泌物が毛に付いて乾燥したもの; 洗い取って軟膏の原料などに用いる》. 〘(1791) ◻ F ~ ← *suer* < L *sūdāre* to sweat: cf. sudor〙

Suisse /F. sɥis/ *n.* スイス《Switzerland のフランス語名》.

suit /sú:t | sú:t, sjú:t/ *n.* **A 1 a** スーツ《紳士用では上着, ベスト, ズボンの三つぞろい, 婦人用ではジャケット, スカートの二つまたはジャケット, ブラウス, スカートの三つぞろい》: a ~ of clothes スーツ一そろい / a tweed ~ ツイードのスーツ [背広] / a two-piece ~ (婦人用)ツーピースのスーツ / ~*s* for misses and juniors お嬢様向きスーツ. **b** [限定詞を伴って] …服[着]: a gym ~ 運動服[着] / ⇨ playsuit, space suit, swimsuit. **c** 《米口語》=bathing suit. **d** =uniform. **e** [*pl.*] 《口語》(スーツを着た)重役, お偉方. **f** (鎧(よろい)の)一領 (suite): a ~ of armor [mail]. **2** 〘トランプ〙**a** スーツ, そろい, 組み札《クラブ, ハートなど同じマークのついた全 13 枚の同種札の総称; color ともいう》: red ~*s* 赤の組札《ハートとダイヤ》/ black ~*s* 黒の組み札《クラブとスペード》/ Which ~ is trumps? どのスーツが切札ですか. **b** 同じ組の持ち札: a short ~ 4 枚以下の同種札のそろい / ⇨ long suit 2, strong suit. **3** 〘ドミノ〙**a** そろい《牌(はい)の片側に同じ数がそろった一組》: the ~ of sixes 6 のそろい. **b** 手元にある同種の牌. **4** 〘海事〙(ボートの)(帆の)一組 (set): a ~ of sails for a racing yacht レーシングヨット用装備帆一式. **B 1** 〘法律〙訴訟 (action, lawsuit)《裁判手続一般を指すが, 普通は民事手続をいう》: a ~ at law 訴訟 / a civil [criminal] ~ 民事[刑事]訴訟 /win [lose] a ~ 勝[敗]訴する / bring [file, institute, start] (a) ~ (*for* …) *against* …を相手取って(…の)訴訟を起こす. **2** 《古》**a** 願い, 懇願, 訴願 (petition): make (one's) ~ (to…) (…に)懇願する /grant a person's ~ 人の願いをいれる / He had a ~ to the king. 彼は王に嘆願の筋があった. **b** 求婚 (wooing): press one's ~ with …にしきりに求婚する / fail [prosper] in one's ~ 求婚に失敗[成功]する. **c** (家臣の領主の御前への)伺候(しこう).

fóllow súit (1) 〘トランプ〙最初に出された札と同じ組の札を出す. (2) 先例を追う, 人のまねをする. 《1680》 ***in*** [***òut of***] ***súit with*** …と調和して[しないで]. 《1600》

— *vt.* **1** …に都合がよい, 便利である: The date [train] ~*s* me perfectly [《口語》fine, 《古》well]. その日取り[列車]は私には好都合だ / Come whenever it ~*s* you. いつでもご都合のよい時においで下さい / When will it ~ you to come? おいでになるのはいつがご都合よろしいですか / That ~*s* me down to the ground [to a T]. ⇨ down¹ *adv.* 成句 / Saturday would ~ my schedule. 土曜日ならスケジュールにも差し支えないのだが / How about a cup of tea? —*Sùits mé!* 《口語》お茶を一杯いかがですか—いいですね. **2** …に似合う, 合う (become, befit): The color ~*s* her (complexion) admirably. その色は彼女(の肌の色)に実によく映る / The hat [name, part] does not ~ him. その帽子[名前, 役柄]は彼にふさわしくない / The job ~*s* his abilities. その仕事は彼の能力にふさわしい. **3** 〈目的・条件・必要・好みなどに〉適(かな)う, 〈人〉の気に入る, 満足させる: ~ a person's fancy, needs, purpose, qualifications, etc. / That does not ~ all tastes. それは万人向きという訳にはいかない / That arrangement [house] will ~ us [our needs] perfectly [《口語》fine]. そう話が決まる[その家]なら我々[我々の必要]にもあつらえ向きだ / *Suit yourself.* 好きなようにしなさい, 勝手にしろ. **4** 〈気象・食物などが〉〈体・健康〉に合う, 適する: The climate here ~*s* me [my health]. ここの気候は私の体に合う / Rich food does not ~ him [his stomach]. こってりした食べ物は彼の腹に合わない. **5** …を〔…に〕適応させる, 適合させる, 合わせる, 一致させる〔*to*〕: ~one's style *to* one's audience 話し方を聴衆に合わせる, 「人を見て法を説く」/ be ~*ed to* ⇨ suited / ⇨ *suit the* ACTION *to the word(s)*. **6** 《古》…に服を着せる (dress). — *vi.* **1** 具合[都合]がよい: Does that price [time] ~? その値段[時間]で差し支えないですか / All our dresses can be altered to ~. 服はすべて合うように直すことができる. **2** 《古》合う, 適[適合]する, 似合う (agree) 〔*with*〕: The job ~*s with* his abilities. その仕事は彼の能力にふさわしい.

súit úp (ユニフォーム・防護服など)特定の服を身につける; …に特別服をまとわせる: All the players (were) ~*ed up*. 選手は皆ユニフォームを着(てい)た. 《1959》

〘(?*a*1300) *siute*, *s(e)ute* ◻ AF *s(i)ute*=OF *si(e)ute* (F *suite*) < VL **sequitam* ← (fem. p.p.) ← **sequere* =L *sequī* to follow: cf. sue〙

suit·a·bil·i·ty /sù:ṭəbíləṭi | sù:təbílɪ̀ti, sjù:-/ *n.* 適当, 適合, 相応, 相当. 〘1681–86〙

suit·a·ble /sú:ṭəbl̩ | sú:t-, sjú:t-/ *adj.* 適当[適切]な, 適格な; 〔…に〕適した, 似合う, ふさわしい〔*for, to*〕(⇨ fit¹ SYN): a ~ house in a ~ place 適当な場所にある適当な家 / Can't you find a more ~ person? もっと適任の人を見つけることはできないのですか / a ~ actress *for* the play

その劇にぴったりの女優 / words ～ *for* verse 詩にふさわしい言葉 / The movie is ～ *for* children. その映画は子供向きである / behavior [clothes] ～ *to* the occasion＝～ behavior [clothes] *for* the occasion その場にふさわしいふるまい[衣服]. **～·ness** *n.* 〖(1513): ⇨ SUIT, -ABLE〗

suit·a·bly /súːṭəbli | súːt-, sjúːt-/ *adv.* **1** (目的や状況に)適切に, ふさわしく: She wasn't ～ dressed for the wedding. 彼女は結婚式にふさわしい服装ではなかった. **2** (特定の状況で)予想されるように, 当然のように: be ～impressed by the unexpected present 予期せぬ贈り物に当然のことながら感動する. 〖1577〗

suit·case /súːtkèɪs | súːt-, sjúːt-/ *n.* スーツケース《服一そろいを入れる位の大きさの平たい長方形の旅行かばん; cf. trunk 2》: pack a ～ スーツケースに物を詰める / ⇨ LIVE¹ *out of a suitcase.* 〖1897〗

súitcase ágriculture *n.* 〖農業〗通勤農業 (cf. suitcase farmer).

súitcase fármer *n.* 〖農業〗通勤農民《特定の農作業期以外は現地に居住せず, 平常の作業の大部分を専門業者に任せる農民》. 〖1941〗

súitcase fárming *n.* 〖農業〗＝suitcase agriculture.

súit·drèss *n.* (婦人用)スーツドレス《ジャケットとスカートから成るツーピース》.

suite /swíːt/ *n.* **1 a** (二間以上の)一続きの部屋, 続きの間, スイート: a ～ of rooms [apartments] (ホテル・アパートなどで一家族または個人が使用する)一連の数室, 数室の一組 / a guest ～ 客用スイート. 日英比較「スイートルーム」は和製英語. **b** 組, そろい, 続き (series): a ～ of pictures 続き絵, 対幅(ついぷく). **c** /《米》ではまた súːt/ (部屋に必要な)一組[そろい]の基本家具: a living room ～ 居間用家具一式. **2** 〖音楽〗組曲《バロック時代の重要な楽曲形式で, アルマンド・クーラント・サラバンド・ジークなど数種類の舞曲を組み合わせたもの; 近代ではバレー音楽などで性格の異なる幾つかの小曲を配列した管弦楽作品》. **3** (従者などの)一行 (retinue), 随(行)員, 供回り: the prince and his ～ 王子とその一行. **4** 〖電算〗(一組の)コンピュータープログラム. 〖(1673) □ F ～ (変形) ← OF *siute*: SUIT と二重語〗

suit·ed /súːṭɪd | súːt-, sjúːt-/ *adj.* **1** 〖叙述的〗〔…に〕適した, ふさわしい (fitted, adapted) 〔*for, to*〕: the farmland ～ *for* growing potatoes ジャガイモ栽培に向いた農地 / He is particularly ～ *for* salesmanship [*to* be a salesman]. 彼はセールスマンにはまさにおあつらえ向きだ / Communism is not ～ *for* [*to*] every nation. 共産主義はどの国にも適するわけではない / They seem well ～ *to* each other. あの二人はお互いにうまくいっているようだ / ⇨ ill-suited, well-suited. **2** 〖複合語の第 2 構成素として〗(…の)服装をした: gray-*suited* グレーの服を着た[着ている]. 〖1632〗

súit·ing /-ṭɪŋ | -tɪŋ/ *n.* 服地, スーツ地《商業用語; cf. shirting》: gentlemen's ～*s* 紳士用服地. 〖1540〗

suit·or /súːṭə | súːtə^(r), sjúː-/ *n.* **1 a** (男の)求婚者 (wooer). **b** 企業買収に乗り気の者[企業]. **2** 〖法律〗原告 (plaintiff), 訴訟当事者. **3** 《まれ》請願者, 訴願者, 懇願者 (petitioner). **4** 《古》従者. 〖(*c*1300) □ AF *suitour* □ L *secūtor* pursuer ← *secūtus* (p.p.) ← *sequī* to follow: ⇨ suit, -or²〗

sui·vez /swiːvéɪ, ―́―/; *F.* sɥive/ *v.* 〖命令形で〗〖音楽〗**1** 直ちに前楽章に続け (segue). **2** (伴奏者に対し)独奏者(のテンポ)に合わせよ; 独奏声部の音型・リズムにならって伴奏せよ. 〖□ F ～ (2nd pl. imper.) ← *suivre* to follow: ⇨ sue〗

Sui·yuan /swéɪjùːáːn; *Chin.* suíyɛ̌n/ *n.* 綏遠(スイユワン)省《中国内モンゴル自治区の旧省》.

su·jee-mu·jee /súːdʒimúːdʒi/ *n.* (*also* **su·ji-mu·ji** /～/) 〖海事〗(甲板やペンキを塗った面を洗浄する)洗浄剤溶液. 〖(押韻加重) ← SOOGEE〗

su·ji, soo·jee /súːdʒi/ *n.* インド産の上質小麦粉, スージ. 〖(1810) □ Hindi *sūjī*〗

suk, sukh /súːk/ *n.* ＝suq.

Su·kar·no /suːkáːnoʊ | -káːnəʊ; *Indon.* sukárno/, **Ach·med** /ákmed/ *n.* スカルノ《1901–70; インドネシアの政治家, 初代大統領 (1945–67)》.

su·key, S- /súːki | sjúː-/ *n.* 《方言》やかん (teakettle). 〖(1823) ↓〗

Su·key /súːki/ *n.* スーキー《女性名》. 〖(dim.) ← SUSANNAH〗

Su·khu·mi /sukúmi, súkumi; *Russ.* suxúmʲi/ *n.* スフーミ《グルジア (Georgia) 共和国西部, アブハジア (Abkhazia) 自治共和国の首都; 黒海に面した港湾都市・保養地》.

su·ki·ya·ki /sùːkijáːki, sʊ̀k-, ski- | sùːkijáːki, sʊ̀k-, -jǽki/ *n.* すき焼き《日本料理》. 〖(1920) □ Jpn.〗

suk·kah /súkə/ *n.* 仮庵(かりいお)《ユダヤ教の仮庵の祭りの間, 食堂と住まいに用いる小枝と葉でふいた屋根の仮小屋》. 〖(1875) □ Heb. *sukkā́h* tabernacle〗

Suk·koth /súkəs, -koʊt, -koʊθ, -koʊs | -kɒt/ *n.* (*also* **Suk·kot** /～/) 〖ユダヤ教〗仮庵(かりいお)の祭り《ユダヤ人の祖先が荒野を放浪したことを記念する秋祭り; Tishri 月 (9–10 月) 15 日から 1 週間; Feast of Tabernacles ともいう; cf. Jewish holidays; *Lev.* 23:34–43》. 〖(1882) □ Heb. *sukkōth* (pl.) ← *sukkā́h* booth, (原義) covert〗

Suk·kur /súkə | -kə^(r)/ *n.* スックル《パキスタン南部の, Indus 川下流に位置する商工業都市》.

Su·ku·ma /sʊkúːmə/ *n.* (*pl.* ～, ～s) **1** スクマ族《タンザニアの Victoria 湖より南の地域に住む Bantu 語を話す農耕・牧畜民; タンザニアでは最大の部族集団》. **2** スクマ語《スクマ族の話す Bantu 語》. 〖(1860) □ (現地語) ～〗

Su·ky /súːki | súː-, sjúː-/ *n.* スーキー《女性名》. 〖⇨ Sukey〗

Su·la·we·si /*Indon.* sulawési/ *n.* スラウェシ(島)《Celebes のインドネシア語名》.

Su·lay·ma·ni·yah /sùːlaɪmaːníːjə/ *n.* スライマーニーヤ《イラク北東部, Kirkuk の北東の山岳地帯に位置する町; 正称 As Sulaymaniyah》.

sul·cate /sʌ́lkeɪt/ *adj.* 〖植物・解剖〗〈茎など〉溝のある (grooved), 縦溝のある (fluted); 〈ひずめなど〉割れた (cleft). **sul·ca·tion** /sʌlkéɪʃən/ *n.* 〖(1760) □ L *sulcātus* (p.p.) ← *sulcāre* to furrow, plow ← *sulcus* furrow: ⇨ sulcus〗

sul·cat·ed /sʌ́lkeɪṭɪd | -tɪd/ *adj.* ＝sulcate.

sulci *n.* sulcus の複数形.

sul·ci·form /sʌ́lsəfɔ̀ːm | -sɪfɔ̀ːm/ *adj.* 溝状[形]の. 〖(1822) ← NL *sulciformis*: ⇨ ↓, -form〗

sul·cus /sʌ́lkəs/ *n.* (*pl.* **sul·ci** /sʌ́lsaɪ/) **1** 溝, 縦溝 (groove). **2** 〖解剖〗溝, 裂溝(こう). 〖(1662) □ L ～ 'furrow' ← IE *selk- to pull〗

Su·lei·man I /súːleɪmàːn, -lə- | sùleɪmáːn, sùːl-, ―́―́―/ *n.* スレイマーン一世 (1494–1566; オスマン帝国最盛期の皇帝 (1520–66); ヨーロッパでは the Magnificent とたたえられた; Solyman [Soliman] I ともいう).

sulf-¹ /sʌlf/ (母音の前にくるときの) sulfo- の異形 (cf. 《英》sulph-, sulpho-).

sulf-² /sʌlf/ (母音の前にくるときの) sulfa- の異形 (cf. 《英》sulph-, sulpha-).

sul·fa /sʌ́lfə/ 〖薬学〗*adj.* サルファ剤の; (化学的に)スルファニラミドに関係のある. ── *n.* ＝sulfa drug. 〖(1940) (略) ← SULFANILAMIDE〗

sul·fa- /sʌ̀lfə/ 次の意味を表す連結形: **1** 〖薬学〗「スルファニラミドを含んだ」. **2** 〖化学〗「スルファニル基を含んだ」. ★ 母音の前では通例 sulf- になる. 〖(1943) ← SULFANILAMIDE〗

sùl·fa·díazine *n.* 〖薬学〗スルファダイアジン ($C_{10}H_{10}N_4O_2S$)《ぶどう状球菌・淋菌による疾患に用いた抗菌薬》. 〖(1940): ⇨ ↑, diazine〗

sul·fa·di·mi·dine /sʌ̀lfədímədìːn | -mɪ̀-/ *n.* 〖薬学〗サルファジミジン (＝sulfamethazine). 〖(1950) ← SULFA-＋DI-¹＋(PYRI)MIDINE〗

súlfa drùg *n.* 〖薬学〗サルファ剤《スルフォンアミド系の化学的に合成された各種抗菌性薬剤; 単に sulfa ともいう》. 〖1940〗

sùlfa·guánidine *n.* 〖薬学〗スルファグアニジン ($C_7H_{10}N_4O_2S \cdot H_2O$)《赤痢(せきり)・疫痢など腸管内の伝染性諸疾患の治療および予防用に用いたサルファ剤》. 〖(1943) ← SULFA-＋GUANIDINE〗

sul·fa·mer·a·zine /sʌ̀lfəmérəzìːn, -zɪ̀n | -zìːn, -zɪn/ *n.* 〖薬学〗スルファメラジン ($C_{11}H_{12}N_4O_2S$)《結晶状サルファ剤》. 〖(1942) ← SULFA-＋-MER＋AZINE〗

sul·fa·meth·a·zine /sʌ̀lfəméθəzìːn, -zɪ̀n | -zìːn, -zɪn/ *n.* 〖薬学〗スルファメタジン ($C_{12}H_{14}N_4O_2S$)《特に, 動物の病気に用いたサルファ剤》. 〖← SULFA-＋METH(YL)＋AZINE〗

sul·fa·meth·ox·a·zole /sʌ̀lfəmeθɑ́(ː)ksəzòʊl | -θɔ́ksəzəʊl/ *n.* 〖薬学〗サルファメトクサゾール ($C_{10}H_{11}N_3O_3S$)《抗菌性のサルファ剤》. 〖← SULFA-＋METH(YL)＋*oxazole*〗

sùlfa·mèthyl·thíazole *n.* 〖薬学〗スルファメチルチアゾール ($C_{10}H_{11}N_3O_2S_2$)《特にぶどう状球菌による伝染病の治療に用いたサルファ剤》. 〖← SULFA-＋METHYL＋THIAZOLE〗

sul·fám·ic ácid /sʌlfǽmɪk-/ *n.* 〖化学〗スルファミン酸 (H_2NSO_3H)《金属や磁器表面清浄剤・有機合成に用いる白色結晶状化合物》. 〖← SULFA-＋AMIDE＋-IC¹〗

sul·fa·nil·a·mide /sʌ̀lfənɪ́ləmàɪd, -mɪ̀d | -màɪd/ *n.* 〖薬学〗スルファニラミド ($C_6H_8N_2O_2S$)《球菌類による化膿性疾患に用いた抗菌薬》. 〖(1937) ← SULFANIL(IC)＋AMIDE〗

súl·fa·nil·ic ácid /sʌ̀lfənɪ́lɪk-/ *n.* 〖化学〗スルファニル酸 ($H_2NC_6H_4SO_3H$)《アゾ染料などの中間体》. 〖(1856) ← SULFA-＋ANIL(INE)＋-IC¹〗

sul·fan·i·lyl /sʌlfǽnəlɪ̀l | -nɪ̀-/ *n.* 〖化学〗スルファニリル ($H_2NC_6H_4SO_2$–)《スルファニル酸から誘導される 1 価の基》. 〖← SULFA-＋ANIL(INE)＋-YL〗

sulfánilyl gròup *n.* 〖化学〗スルファニリル基 ($H_2NC_6H_4SO_2$–)《スルファニル酸から誘導される 1 価の基》.

sulfánilyl·guánidine *n.* 〖薬学〗＝sulfaguanidine. 〖← SULFANILYL＋GUANIDINE〗

sulf·an·ti·mo·nide /sʌ̀lfǽnṭəmənàɪd, -nɪ̀d | -tɪmənàɪd, -nɪd/ *n.* 〖化学〗硫アンチモン化物. 〖← SULFA-＋ANTIMONIDE〗

sùlfa·pýrazine *n.* 〖薬学〗スルファピラジン ($C_{10}H_{10}N_4O_2S$)《肺炎球菌・連鎖(状)球菌およびぶどう状球菌による伝染病の治療に用いたサルファ剤》. 〖← SULFA-＋PYRAZINE〗

sùlfa·pýridine *n.* 〖薬学〗スルファピリジン ($C_{11}H_{11}N_3O_2S$)《スルフォンアミド系のサルファ剤; 皮膚感染症や肺炎の治療薬》.

sùlfa·quinóxaline *n.* 〖薬学〗スルファキノクサリン ($C_{14}H_{12}N_4O_2S$)《家畜用に用いたサルファ剤》. 〖← SULFA-＋QUINOXALINE〗

sulf·ar·se·nide /sʌlfɑ́ːsənàɪd, -sn̩- | -fɑ́ːsɪ̀-, -sn̩-/ *n.* 〖化学〗硫ヒ化物. 〖← SULFA-＋ARSENIDE〗

sulf·ars·phen·a·mine /sʌ̀lfɑəsfénəmìːn, -mɪ̀n | -fɑːsfénəmìːn, -mɪn/ *n.* 〖薬学〗スルファルスフェナミン《アルスフェナミン (arsphenamine) と同質であるが, 刺激性が少ない》. 〖← SULFA-＋ARSPHENAMINE〗

sul·fa·sal·a·zine /sʌ̀lfəsǽləzìːn/ *n.* 〖薬〗サルファサラジン ($C_{18}H_{14}N_4O_5S$)《潰瘍性大腸炎の治療薬》. 〖(*c*1950) ← SULFA-＋SAL(ICYL)＋AZINE〗

Sul·fa·sux·i·dine /sʌ̀lfəsʌ́ksədìːn, -dɪ̀n | -sɪdìːn, -dɪn/ *n.* 〖商標〗サルファスクシジン《胃腸の伝染病治療に用いたサルファ剤; succinylsulfathiazole の商品名》. 〖(1942) ← SULFA-＋SUCC(INIC)＋-IDE²＋-INE²〗

sul·fa·tase /sʌ́lfətèɪs, -tèɪz/ *n.* 〖化学〗スルファターゼ《硫酸エステルの加水分解を促進する酵素の一種》. 〖(1924): ⇨ ↓, -ase〗

sul·fate /sʌ́lfeɪt | -feɪt, -fɪt/ *n.* 〖化学〗硫酸塩: calcium ～ 硫酸カルシウム, 石膏(せっこう) / copper [iron, lead, zinc] ～ 硫酸銅[鉄, 鉛, 亜鉛] / magnesium ～ 硫酸マグネシウム, 舎利塩 / sodium ～ 硫酸ナトリウム / ～ of potash＝potassium ～ 硫酸カリウム. ── *vt.* **1** 〖化学〗**a** 硫酸で処理する. **b** 硫酸塩にする. **2** 〖電気〗〈蓄電池の鉛板〉に硫酸鉛化合物を沈積させる. ── *vi.* 〖化学〗硫酸塩になる. 〖(1790) □ F ～ ← L *sulfur*: ⇨ -ate¹〗

súlfate pàper *n.* 〖製紙〗クラフト紙《硫酸塩パルプから作った紙; kraft (paper) ともいう》.

súlfate pròcess *n.* 〖製紙〗(パルプ製法の)硫酸塩法. 〖1894〗

súlfate pùlp *n.* 〖製紙〗硫酸塩パルプ. 〖1907〗

súlfate-resìsting cémént *n.* 耐硫酸塩セメント《煙道, 海底作業用》.

sùl·fa·thíazole *n.* 〖薬学〗スルファチアゾール ($H_2NC_6H_4SO_2NHC_3H_2NS$)《肺炎その他ぶどう状球菌による感染症の治療薬として用いたサルファ剤》. 〖(1939) ← SULFA-＋THIAZOLE〗

sul·fa·tion /sʌlféɪʃən/ *n.* 〖化学・電気〗硫酸化《不飽和油を濃硫酸で処理して水に可溶性にする場合と, 蓄電池の極板が硫酸鉛化する場合の二通りある》.

sul·fa·tize /sʌ́lfətàɪz/ *vt.* 〖化学〗〈鉱石などを〉(焙焼によって)硫酸塩化する. **sul·fat·i·za·tion** /sʌ̀lfəṭɪzéɪʃən | -taɪ-, -tɪ-/ *n.*

sulf·hy·dryl /sʌlfháɪdrɪ̀l | -drɪl/ *n.* 〖化学〗スルフヒドリル (mercapto group). 〖(1901) ← SULFA-＋HYDRO-＋-YL〗

sul·fide /sʌ́lfaɪd/ *n.* 〖化学〗硫化物: arsenious ～ 雄黄, 石黄 / copper [silver] ～ 硫化銅[銀] / mercury ～ 硫化水銀, 辰(しん)砂 / ～ of iron 黄鉄鉱. 〖(1836) ← SULFA-＋-IDE²〗

súlfide dỳe *n.* ＝sulfur dye.

súlfide tóning *n.* 〖化学〗硫化調色《写真印画をセピア色に変える調色法》.

sul·fin·ic ácid /sʌlfɪ́nɪk-/ *n.* 〖化学〗スルフィン酸《一般式 RSO_2H で表される酸》. 〖1877〗

sul·fi·nyl /sʌ́lfənɪ̀l | -fɪ-/ *n.* 〖化学〗スルフィニル《SO で表される 2 価の基; スルフィン酸 (RSO(OH)) などに含まれている》. 〖← SULFA-＋-IN²＋-YL〗

sul·fi·sox·a·zole /sʌ̀lfəsɑ́(ː)ksəzòʊl | -fɪsɔ́ksəzəʊl/ *n.* 〖薬学〗スルフィソキサゾール ($C_{11}H_{13}N_3O_3S$)《尿路感染の治療に用いるサルファ剤》. 〖← SULFA-＋ISOXAZOLE〗

sul·fite /sʌ́lfaɪt/ *n.* 〖化学〗亜硫酸塩: sodium ～ 亜硫酸ナトリウム. **sul·fit·ic** /sʌlfɪ́ṭɪk | -tɪk/ *adj.* 〖(1790) □ F ～ (変形) ← *sulfate*: ⇨ sulfate, -ite¹〗

súlfite pàper *n.* 〖製紙〗サルファイト紙.

súlfite pròcess *n.* 〖化学〗(パルプ製法の)亜硫酸法, サルファイト法.

súlfite pùlp *n.* 〖製紙〗亜硫酸パルプ.

sul·fo /sʌ́lfoʊ | -fəʊ/ *adj.* 〖化学〗スルフォン基を含む. 〖(略) ← SULFONIC〗

S

sul·fo- /sʌ́lfoʊ | -fəʊ/ 〖化学〗「硫黄 (sulfur); 硫酸の; スルフォン酸の; スルフォン基の」の意の連結形. ★ 母音の前では通例 sulf- になる. 〖□ F ～ ← L *sulfur*: ⇨ sulfur〗

súlfo gròup *n.* 〖化学〗スルフォン酸の基 (SO_3H–).

sul·fon- /sʌ́lfoʊn | -fəʊn/ 〖化学〗「スルフォン基の; スルフォニル基の」の意の連結形. 〖← SULFONIC〗

sul·fo·nal /sʌ́lfənæ̀l, ―́―́―/ *n.* 〖薬学〗＝sulfonmethane. 〖← SULFONE＋-AL³〗

sul·fon·a·mide /sʌlfɑ́(ː)nəmàɪd, -fóʊn-, -mɪ̀d | sʌlfɔ́nəmàɪd/ *n.* 〖薬学〗スルフォンアミド《スルファニル酸のアミドで, 特に細菌性疾患の治療に用いるサルファ剤》. 〖(1881) ← SULFON-＋AMIDE〗

sul·fo·nate /sʌ́lfənèɪt/ 〖化学〗*n.* スルフォン酸塩[エステル]. ── *vt.* スルフォン化する; …にスルフォン基を入れる. 〖(1876) ← SULFON-＋-ATE¹〗

súl·fo·nàt·ed óil /-ṭɪd- | -tɪd-/ *n.* 〖化学〗硫酸化油, ロート油《大豆油・綿毛油などの脂肪油に濃硫酸を作用させて作る; 染色助剤・陰イオン表面活性剤などに使用される》.

sul·fo·na·tion /sʌ̀lfənéɪʃən/ *n.* 〖化学〗スルフォン化 (SO_3H 基を導入すること). 〖1890〗

sul·fone /sʌ́lfoʊn | -fəʊn/ *n.* 〖化学〗スルフォン《二つの炭水素基と結合した二価の SO_2 を含む有機化合物; 一般式 R_2SO_2》. 〖(1872) ← SULFO-＋-ONE〗

sùlfon·èthyl·méthane *n.* 〖薬学〗スルフォンエチルメタン ($C_8H_{18}O_4S_2$)《催眠剤・鎮静剤》. 〖← SULFON-＋ETHYL＋METHANE〗

sul·fon·ic /sʌlfɑ́(ː)nɪk, -fóʊ- | -fɔ́n-/ *adj.* 〖化学〗スルフォン基の[を含む]. 〖(1873) ← SULFONE＋-IC¹〗

sulfónic ácid *n.* 〖化学〗スルフォン酸 (RSO_3H の一般名). 〖1873〗

sul·fo·ni·um /sʌlfóʊniəm | -fəʊ-/ *n.* 〖化学〗スルフォニウム (R_3S^+) ($R_3S^+X^-$ の形の塩, または X＝OH のときは塩基になる). 〖(1885) ← NL ～: ⇨ sulfo-, -onium〗

sùlfon·méthane *n.* 〖薬学〗スルフォンメタン ($C_7H_{16}O_4S_2$)《催眠薬・鎮静剤; sulfonal ともいう》. 〖← SULFON-＋METHANE〗

sul·fo·nyl /sʌ́lfənɪ̀l/ *n.* 〖化学〗(有機化合物の)スルフォニル基(二価の基 SO_2). 〖(1920) ← SULFON-＋-YL〗

súlfonyl chlóride *n.* ＝sulfuryl chloride.

sul·fo·nyl·u·re·a /sʌ̀lfənɪljʊ́ᵊriə | -ljʊ́ər-/ *n.* 〖薬学〗

スルフォニル尿素《経口血糖低下薬の中でスルフォニル尿素系化合物に属するものの総称》. 〘(1956) ← NL ～: ⇨ ↑, urea〙
sulf·ox·ide /sʌlfɑ́(ː)ksaɪd, -sɪ̆d | -fɔ́ksaɪd, -sɪd/ *n.* 〖化学〗スルフォキシド《一般式 R_2SO で表される化合物》. 〘(1894) ← SULFO-＋OXIDE〙
sulf·óx·one sódium /sʌlfɑ́(ː)ksoun- | -fɔ́ksəun-/ *n.* 〖薬学〗スルフォキソンナトリウム ($C_{14}H_{14}N_2Na_2O_6S_3$·$2H_2O$)《ハンセン氏病治療剤》. 〘*sulfoxone*: 《混成》← SULFONE＋OX-[2]〙
sul·fur /sʌ́lfə | -fə^r/ (*also* **sul·phur** /～/) ★ 化学・科学用語としては sulfur のみ. — *n.* **1** 〖化学〗硫黄《非金属元素の一つ; 記号 S, 原子番号 16, 原子量 32.06》: flowers of～ 硫黄華 / milk of ～ 硫黄乳 / roll [stick] ～ 棒状精製硫黄. ★ 昔は地獄の火や稲妻は硫黄でできていると信じられていた. **2** 痛烈な[激しい, 興奮した]言葉[話し方など]. **3** ＝sulphur 2. **4** 〖昆虫〗＝sulphur 3. — *adj.* [限定的] 硫黄の[に関する, を含んだ, のような]. — *vt.* 〖化学〗＝sulfurize. 〘(?c1380) *sulph(e)re, solfre, soufre* ◻ AF *sulf(e)re*＝(O)F *soufre* < L *sulfurem, sulphurem*: cf. OE *swefel* sulfur〙
sul·fu·rate /sʌ́lfjurèɪt, -fə-/ *vt.* 〖化学〗＝sulfurize.
sul·fu·ra·tion /sʌ̀lfjuréɪʃən, -fə-/ *n.* 〘← LL *sulfurātus* (p.p.) ← *sulfurāre* ← *sulfur* (↑): ⇨ -ate[3]〙
súl·fu·ràt·ed pótash /-tɪ̆d- | -tɪ̆d-/ *n.* 〖薬学〗硫黄肝, 硫化カリウム.
súl·fu·rà·tor /-tə | -tə^r/ *n.* 〖化学〗硫黄漂白器, 硫黄いぶし器.
súlfur bactèrium *n.* 〖細菌〗硫黄細菌《硫黄やその化合物を酸化して呼吸を営む細菌》. 〘1891〙
sulfur bláck, S- B- *n.* 〖化学〗サルファブラック《黒色硫化染料で, 木綿の黒染め用》.
súlfur-bòttom *n.* ＝sulphur-bottom.
súlfur chlóride *n.* **1** 〖染色〗塩化硫黄, (正しくは)二塩化二硫黄 (S_2Cl_2)《ゴムの加硫剤に使用》. **2** 〖化学〗＝sulfur dichloride.
súlfur còlor *n.* 〖染色〗＝sulfur dye.
súlfur dichlóride *n.* 〖化学〗二塩化硫黄 (SCl_2).
súlfur dióxide *n.* 〖化学〗二酸化硫黄 (SO_2), 亜硫酸ガス《刺激臭の無色気体; 硫酸の原料, 漂白・防腐用》. 〘1869〙
súlfur dỳe *n.* 〖染色〗硫化染料.
sul·fu·re·ous /sʌlfjúəriəs | -fjúər-/ *adj.* **1** 硫黄の, 硫黄質の, 硫黄状の, 硫黄臭い: a ～ spring 硫黄泉 / ～ waters 硫黄水. **2** 硫黄色の. **～·ly** *adv.* **～·ness** *n.* 〘(*a*1552) ◻ L *sulfureus*: ⇨ sulfur, -eous〙
sul·fu·ret /sʌ́lfjurèt, -fə-/ 〖化学〗*n.* ＝sulfide. — *vt.* (**-ret·ed, -ret·ted; -ret·ing, -ret·ting**) 硫化する, 硫黄化する. 〘(1790) ← NL *sulfuretum* ← F *sulfure* sulfide ← *sulfur*: ⇨ sulfur〙
súl·fu·ret·ed hýdrogen /-tɪ̆d- | -tɪ̆d-/ *n.* 〖化学〗硫化水素 (H_2S) (hydrogen sulfide). 〘1805〙
sul·fu·ric /sʌlfjúərɪk | -fjúər-/ *adj.* 〖化学〗硫黄の; 六価の硫黄 (S^{VI}) を含む (cf. sulfurous); 硫酸の, 硫酸から導かれる. 〘(1790) ◻ F *sulfurique*: ⇨ sulfur, -ic[1]〙
sulfúric ácid *n.* 〖化学〗硫酸 (H_2SO_4)《化学肥料・爆薬の製造や石油精製に使用; oil of vitriol ともいう》. 〘1790〙
sulfúric anhýdride *n.* 〖化学〗＝sulfur trioxide.
sulfúric éther *n.* 〖化学〗＝ether 1 b.
sul·fu·rize /sʌ́lfjuràɪz, -fə-/ *vt.* 〖化学〗…に硫黄を含ませる[混ぜる], 硫黄と化合させる, 硫化する; 硫黄でいぶす, 硫黄で漂白する. **sul·fu·ri·za·tion** /sʌ̀lfjurɪ̆zéɪʃən, -fə- | -raɪ-, -rɪ-/ *n.* 〘(1794) ◻ F *sulfuriser*: ⇨ sulfur, -ize〙
súlfur mústard *n.* 〖化学〗＝mustard gas.
sul·fu·rous /sʌ́lfərəs, -fjʊ-, sʌlfjúərəs | sʌ́lfə-, -fjʊ-/ *adj.* **1** 〖化学〗硫黄の; 四価の硫黄 (S^{IV}) を含む (cf. sulfuric). **2** 硫黄色の, 黄色の. **3** ＝sulphurous 3. **～·ly** *adv.* **～·ness** *n* 〘(?*a*1425) ◻ L *sulfurōsus*: ⇨ sulfur, -ous〙
súlfurous ácid *n.* 〖化学〗亜硫酸 (H_2SO_3). 〘1790〙
súlfurous anhýdride *n.* 〖化学〗＝sulfur dioxide.
súlfur pòint *n.* 〖化学〗硫黄点《温度の定点の一つで, 硫黄の沸点; 444.600°C》.
súlfur sprìng *n.* 硫黄鉱泉. 〘1785〙
súlfur trióxide *n.* 〖化学〗三酸化硫黄 (SO_3), 無水硫酸 (sulfuric anhydride ともいう).
sul·fur·y /sʌ́lfəri/ *adj.* 硫黄の[に関する, のような], 硫黄質の. 〘(1580): ⇨ sulfur, -y[4]〙
sul·fur·yl /sʌ́lfjurɪl, -fə-/ *n.* 〖化学〗スルフリル基 ($-SO_2-$) (cf. sulfonyl). 〘(1867) ← SULFUR＋-YL〙
súlfuryl chlóride *n.* 〖化学〗塩化スルフリル (SO_2Cl_2). 〘1869〙
súlfuryl gròup *n.* 〖化学〗スルフリル基 (SO_2 基).
Su·li·dae /súːlədìː | s(j)úːlɪ-/ *n. pl.* 〖鳥類〗(ペリカン目)カツオドリ科. 〘← NL ～ ← *Sula* (属名: ← ON *súla* gannet)＋-IDAE〙
sulk /sʌ́lk/ *vi.* 不機嫌(そう)に黙っている, すねる, むすっとする, ふくれる. — *n.* **1** [しばしば the ～s] むすっとすること, 不機嫌 (sulky mood): be in *the* ～*s* むっつりしてる, すねている / have (a fit of) *the* ～*s* すねる / go into a ～ すねる. **2** すねる人, むっつりした人. ***in a súlk*** すねた, むっつりした (sulky). (1836) 〘(1781)《逆成》← SULKY〙
súlk·er *n.* ＝sulk 2.
sulk·y /sʌ́lki/ *adj.* (**sulk·i·er; -i·est**) **1** すねた, むっつりした, 不機嫌な (⇨ sullen SYN): get ～ *with* a person *about* a trifle ささいなことで人にむすっとする / She is in a ～ humor. 不機嫌だ. **2** 〈天候など〉陰気な, 陰鬱な: a ～ day. **3** 動き[反応]の鈍い. **4** 〈農耕機など〉1 人乗りの: a ～ cultivator. — *n.* サルキー《一人乗り一頭立て二輪馬車》. (1756) **súlk·i·ly** /-kɪ̆li/ *adv.* **súlk·i·ness** *n.* 〘*adj.*: (1744) ← ?《廃》*sulke* sluggish ← ? OE *āsolcen* (p.p.) ← *āseolcan* to be lazy ← A-[2]＋Gmc **sulk-* (← IE **selg-* to release): ⇨ -y[4]. — n.: ? ← (adj.)〙
sull /sʌ́l/ *n.* 〖冶金〗**1 a** 酸化処理《荒引き線(細線を作るための中間製品)の上に, 次の冷間加工工程で潤滑剤を保ちやすくするための薄い酸化物をつける処理》. **b** 酸化物の薄い皮膜. **2** ＝sullage 3. 〘《逆成》← SULLAGE〙
sul·la /sʌ́lə/ *n.* 〖植物〗アカバナオオギ, フランスオオギ (*Hedysarum coronarium*)《ヨーロッパ産のピンクの花が咲くマメ科の花壇用多年草; sulla clover, French honeysuckle ともいう》. 〘(1787) ◻ Sp. ～: cf. LL *sylla herb*〙
Sul·la /sʌ́lə | sʌ́lə, súlə/, **Lucius Cornelius** *n.* スラ《138–78 B.C.; 古代ローマの将軍・政治家; ディクタトル(独裁官) (82–79 B.C.)》.
súlla clóver *n.* 〖植物〗＝sulla.
sul·lage /sʌ́lɪdʒ/ *n.* **1** (家・農場・街路などからの)廃物 (filth), ごみ (refuse), 下水汚物 (sewage); 家庭排水. **2** (水底の)沈泥(ちんでい), スラッジ (silt), 沈澱物. **3** 〖冶金〗鉱滓(こうさい), 浮きかす. 〘(1553) ← ? MF *souiller* 'to SOIL[2]'＋-AGE〙
sul·len /sʌ́lən/ *adj.* **1** むっつりした, すねた, 不機嫌な; 機嫌の悪そうな: a ～ face [expression] むっつりした顔[表情] / ～ silence 不機嫌な沈黙. **2 a** 〈天候・空・音など〉陰気な, 陰鬱な, 暗い, 荒れ模様の; ゆううつな, もの悲しい: a ～ landscape. **b** 〈色が〉くすんだ, 黒ずんだ (somber): ～ colors. **3** 言うことを聞かない, 扱いにくい (obstinate): a ～ ox. **4** 動きののろい, 緩慢な (sluggish): a ～ stream. **5** 《廃》〈星回りなど〉不吉な (malignant). — *n.* [通例 the ～s]《古》不機嫌. **～·ly** *adv.* **～·ness** *n.* 〘(1573–80)《変形》← ME *solein* sullen, solitary, single ◻ AF **solein* < VL **sōlānum* ← L *sōlus* alone: ⇨ sole[1], -an[1]〙

SYN 不機嫌な: **sullen** 不機嫌に黙っている《一時的な, あるいは気質的な不機嫌》: in a *sullen* mood 不機嫌に黙って. **glum** しょげて陰気に黙り込んでいる: He looked *glum*. 浮かぬ顔をしていた. **sulky** 不機嫌(そう)にむっつりしている《通例一時的な不機嫌》: a *sulky* girl よくすねる女の子. **cross**《略式》一時的に怒って機嫌が悪い: He got *cross* with me for being late. 彼は私が遅れて来たのでご機嫌が悪かった. **gloomy** 陰気にふさぎ込んでいる: He looks *gloomy*. 陰気な顔をしている.

Sul·li·van /sʌ́ləvən | -lɪ̆-/, Sir **Arthur** (**Seymour**) *n.* サリバン《1842–1900; 英国の作曲家; W. S. Gilbert の台本に作曲したサボイオペラ (Savoy operas) で有名》.
Sullivan, Ed(**ward Vincent**) *n.* サリバン《1902–74; 米国のジャーナリスト・放送タレント; テレビの The Ed Sullivan Show を司会した (1948–71)》.
Sullivan, Harry Stack *n.* サリバン《1892–1949; 米国の精神病医・精神分析学者》.
Sullivan, Louis Henri *n.* サリバン《1856–1924; 米国の建築家》.
Sul·lom Voe /súːləmvóu, sʌ́l- | -vә́u/ *n.* サラムボウ《スコットランドの Shetland 諸島中の Mainland 島にある入江; 英国北海油田最大の基地・輸出港》.
sul·ly /sʌ́li/ *vt.* **1** 〈名声・品性・功績などを〉汚す, よごす (soil, stain), …に汚点をつける, 泥を塗る, 傷つける (tarnish, defile): a reputation *sullied* by many crimes 多くの犯罪によって汚された名声. **2**《詩》汚す, よごす. — *vi.*《廃》汚れる, 汚点がつく, 傷がつく. — *n.*《廃》**1** 汚すこと. **2** 汚点, 汚れ (stain). 〘(1589–90) ◻ ? MF *souiller* 'to SOIL[2]'〙
Sul·ly /sʌ́li, sʌlíː | sʌ́li; *F.* syli/, **Maximilien de Bé·thune** /betyn/ *n.* シュリ《1560–1641; フランスの政治家; 称号 Duc de Sully》.
Sul·ly /sʌ́li/, **Thomas** *n.* サリー《1783–1872; 英国生まれの米国の肖像画家》.
Sul·ly-Pru·dhomme /sʌ́lipruːdɔ́(ː)m, sʌlíː-, -dʌ́m, sʌ́lipruːdɔ́m; *F.* sylipʀydɔm/, **René François Armand** *n.* シュリプリュドム《1839–1907; フランスの詩人・哲学者; Nobel 文学賞 (1901); *Les Solitudes*「孤独」(1869)》.
sul·ph- /sʌ́lf/ ＝sulf-[1,2].
sul·pha /sʌ́lfə/ *adj.*, *n.* 〖薬学〗＝sulfa.
sul·pha- /sʌ́lfə/ ＝sulfa-.
sùlpha·díazine *n.* 〖薬学〗＝sulfadiazine.
súlpha drùg *n.* 〖医学〗＝sulfa drug.
sùlpha·guánidine *n.* 〖薬学〗＝sulfaguanidine.
sul·pha·mer·a·zine /sʌ̀lfəmérəziːn, -zɪ̆n | -ziːn, -zɪn/ *n.* 〖薬学〗＝sulfamerazine.
sul·pha·meth·a·zine /sʌ̀lfəméθəziːn, -zɪ̆n | -ziːn, -zɪn/ *n.* 〖薬学〗＝sulfamethazine.
sùlpha·mèthyl·thíazole *n.* 〖薬学〗＝sulfamethylthiazole.
sul·phám·ic ácid /sʌlfǽmɪk-/ *n.* 〖化学〗＝sulfamic acid.
sul·pha·nil·a·mide /sʌ̀lfənɪ́ləmàɪd, -mɪ̆d | -maɪd/ *n.* 〖薬学〗＝sulfanilamide.
sulph·an·ti·mo·nide /sʌ̀lfǽntɪ̆mənàɪd, -nɪ̆d | -tɪmənaɪd, -nɪd/ *n.* 〖化学〗＝sulfantimonide.
sùlpha·pýrazine *n.* 〖薬学〗＝sulfapyrazine.
sùlpha·quinóxaline *n.* 〖薬学〗＝sulfaquinoxaline.
sulph·ar·se·nide /sʌlfɑ́əsənàɪd, -sn- | -fɑ́ːsɪ̆-, -sn-/ *n.* 〖化学〗＝sulfarsenide.
sulph·ars·phen·a·mine /sʌ̀lfɑəsfénəmìːn, -mɪ̆n | -fɑːsfénəmìːn, -mɪn/ *n.* 〖薬学〗＝sulfarsphenamine.
sul·pha·tase /sʌ́lfətèɪs, -tèɪz/ *n.* 〖化学〗＝sulfatase.
sul·phate /sʌ́lfeɪt | -feɪt, -fɪ̆t/ *n.*, *v.* ＝sulfate.
súlphate-resìsting cément *n.* ＝sulfate-resisting cement.
sùlpha·thíazole *n.* 〖薬学〗＝sulfathiazole.
sul·pha·tion /sʌlféɪʃən/ *n.* 〖化学・電気〗＝sulfation.
sul·phat·ize /sʌ́lfətàɪz/ *vt.* 〖化学〗＝sulfatize.
sulph·hy·dryl /sʌ̀lfháɪdrɪ̆l | -drɪl/ *n.* 〖化学〗＝sulfhydryl.
sul·phide /sʌ́lfaɪd/ *n.* 〖化学〗＝sulfide.
sul·phi·nyl /sʌ́lfənɪ̀l | -fɪ-/ *n.* 〖化学〗＝sulfinyl.
sul·phite /sʌ́lfaɪt/ *n.* 〖化学〗＝sulfite.
sul·pho- /sʌ́lfou | -fəu/ 〖化学〗＝sulfo-.
sul·phon- /sʌ́lfoun | -fəun/ 〖化学〗＝sulfon-.
sul·pho·nal /sʌ̀lfənǽl, ⏑–⏑/ *n.* 〖薬学〗＝sulfonal.
sul·phon·am·ide /sʌlfɑ́(ː)nəmàɪd, -fóun-, -mɪ̆d | sʌlfɔ́nəmàɪd/ *n.* 〖薬学〗＝sulfonamide.
sul·pho·nate /sʌ́lfənèɪt/ *n.*, *vt.* 〖化学〗＝sulfonate.
súl·pho·nat·ed óil /-tɪ̆d- | -tɪ̆d-/ *n.* 〖化学〗＝sulfonated oil.
sul·pho·na·tion /sʌ̀lfənéɪʃən/ *n.* 〖化学〗＝sulfonation.
sul·phone /sʌ́lfoun | -fəun/ *n.* 〖化学〗＝sulfone.
sùlphon·èthyl·méthane *n.* 〖薬学〗＝sulfonethylmethane.
sul·phon·ic /sʌlfɑ́(ː)nɪk, -fóun- | -fɔ́n-/ *adj.* 〖化学〗＝sulfonic.
sulphónic ácid *n.* 〖化学〗＝sulfonic acid.
sul·pho·ni·um /sʌlfóuniəm | -fә́u-/ *n.* 〖化学〗＝sulfonium.
sùlphon·méthane *n.* 〖薬学〗＝sulfonmethane.
sul·pho·nyl /sʌ́lfənɪ̀l/ *n.* 〖化学〗＝sulfonyl.
sul·pho·nyl·u·re·a /sʌ̀lfənɪljúəriə | -ljúər-/ *n.* 〖薬学〗＝sulfonylurea.
sulph·ox·ide /sʌlfɑ́(ː)ksaɪd, -sɪ̆d | -fɔ́ksaɪd, -sɪd/ *n.* 〖化学〗＝sulfoxide.
sul·phur /sʌ́lfə | -fə^r/ *n.* **1** ＝sulfur 1, 2. **2** 硫黄色, 黄緑色 (greenish yellow). **3** 〖昆虫〗シロチョウ科の黄色またはオレンジ色の翅に黒い縁どりのあるチョウの総称《アメリカモンキチョウ (clouded sulphur), ワタリオオキチョウ (cloudless sulphur) など; sulphur butterfly ともいう》. — *adj.* ＝sulfur. — *vt.* ＝sulfur. 〘*c*1380〙
sul·phu·rate /sʌ́lfjurèɪt, -fə-/ *vt.* 〖化学〗＝sulfurate. **sul·phu·ra·tion** /sʌ̀lfjuréɪʃən, -fə-/ *n.*
súl·phu·ràt·ed pótash /-tɪ̆d- | -tɪ̆d-/ *n.* 〖薬学〗＝sulfurated potash.
súl·phu·rà·tor /-tə | -tə^r/ *n.* 〖化学〗＝sulfurator.
súlphur-bòttom *n.* 〖動物〗シロナガスクジラ (*Balaenoptera musculus*)《南北氷洋に産する最大のクジラ; 現存哺乳動物中で最大; sulphur-bottom whale, blue whale, Sibbald's rorqual ともいう》. 〘腹部に黄色い斑点があることから〙
súlphur bútterfly *n.* 〖昆虫〗＝sulphur 3.
súlphur cándle *n.* 〖化学〗硫黄ろうそく《硫黄を主成分としたろうそくで, 火をともせば亜硫酸ガスを発生する》.
súlphur-crèsted cóckatoo *n.* 〖鳥類〗キバタン (*Kakatoe galerita*)《オーストラリア原産の体が白色で黄色の冠毛があるオウム科の鳥; 地上で種子や根を食べることもある; 日本で普通にいう「オウム」》.
sul·phu·re·ous /sʌlfjúəriəs | -fjúər-/ *adj.* 〖化学〗＝sulfureous. **～·ly** *adv.* **～·ness** *n.*
sul·phu·ret /sʌ́lfjurèt, -fə-/ *n.*, *vt.* 〖化学〗＝sulfuret.
súlphur flòwer *n.* 〖植物〗＝sulphur plant.
sul·phu·ric /sʌlfjúərɪk | -fjúər-/ *adj.* 〖化学〗＝sulfuric.
sulphúric ácid *n.* 〖化学〗＝sulfuric acid.
sulphúric anhýdride *n.* 〖化学〗＝sulfuric anhydride.
sulphúric éther *n.* 〖化学〗＝sulfuric ether.
sul·phu·rize /sʌ́lfjuràɪz, -fə-/ *vt.* 〖化学〗＝sulfurize. **sul·phur·i·za·tion** /sʌ̀lfjurɪ̆zéɪʃən, -fə- | -raɪ-, -rɪ-/ *n.*
súlphur mústard *n.* 〖化学〗＝sulfur mustard.
sul·phu·rous /sʌ́lfərəs, -fjʊ-, sʌlfjúər- | sʌ́lfə-, -fjʊ-/ *adj.* **1** 〖化学〗＝sulfurous 1. **2** ＝sulfurous 2. **3 a** 地獄の火の(ような); 地獄のような. **b** 熱狂した, 激昂(げっこう)した, 興奮した (heated, fiery): The atmosphere of the meeting became rather ～ toward the close. 集会の空気は終わりに近づいてかなり熱狂的になってきた. **c** 〈言葉が〉冒瀆(ぼうとく)的な, 不敬な (blasphemous); 痛烈な, 毒気を含んだ. **～·ly** *adv.* **～·ness** *n.* 〘1552〙
súlphurous ácid *n.* 〖化学〗＝sulfurous acid.
súlphurous anhýdride *n.* 〖化学〗＝sulfurous anhydride.
súlphur plànt *n.* 〖植物〗米国西部に産するタデ科 *Eriogonum* 属の黄金色の花をつける植物の総称《sulphur flower ともいう》.
súlphur pòint *n.* 〖化学〗＝sulfur point.
súlphur sprìng *n.* ＝sulfur spring.
súlphur trióxide *n.* 〖化学〗＝sulfur trioxide.
súlphur túft *n.* 〖植物〗ニガクリタケ (*Hypholoma fasciculare*)《硫黄色をおびた毒キノコ》. 〘1909〙
súlphur whále *n.* ＝sulphur-bottom.
sul·phur·y /sʌ́lfəri/ *adj.* ＝sulfury.
súlphur yéllow *n.* ＝sulphur 2.
sul·phur·yl /sʌ́lfjurɪl, -fə-/ *n.* 〖化学〗＝sulfuryl.
súlphuryl chlóride *n.* ＝sulfuryl chloride.

súlphuryl gròup *n.* 〖化学〗=sulfuryl group.

sul·phy·dryl /sʌlfáɪdrɪl | -drɪl/ *n.* 〖化学〗=sulfhydryl.

Sul·pi·cian /sʌlpíʃən/ *n.* 〖カトリック〗シュルピス会士《Jean-Jacques Olier /ʒɑ̃ʒɑːk ɔlje/ (1608–57) により, トリエント公会議の改革指針によって神学校を運営する目的で 1642 年フランスに設立された修道会の会士》. 〖(1786) □ F *sulpicien* ← *Saint-Sulpice* (この会堂区を中心に修道会の改革運動が行われたことから): ⇨ -ian〗

sul·tan /sʌ́ltn̩, -tən/ *n.* **1** イスラム教国君主, スルタン, サルタン. **2** [the S-] オスマン帝国の皇帝. **3** 黄色味を帯びたくすんだ赤. **4** [S-] サルタン《トルコ種の白色のニワトリ》. **5** 〖植物〗=sweet sultan. 〖(1555) □ F ~ □ ML *sultānus* □ Arab. *sulṭān* power, ruler〗 **sul·tan·ic** /sʌltǽnɪk/ *adj.*

sul·tan·a /sʌltǽnə, səl-, -tɑ́ːnə | -tɑ́ːnə/ *n.* **1** スルタン一家の女性; (特に)イスラム教国の王妃. **2** /sʌltǽnə, səltɑ́ːnə | -tɑ́ːnə/ 《英》サルタナ《小粒の種なし干しブドウ; プディング・ケーキなどに用いる》. **3** 濃深紅色. **4** 〖鳥類〗=sultana bird. 〖(1585) □ It. ~ (fem.) ← *sultano* sultan: ↑〗

sultána bìrd *n.* 〖鳥類〗**1** セイケイ (*Porphyrio porphyrio*)《旧世界の南半球に分布するクイナ科の鳥; 体は青色, 嘴(くちばし)と脚は赤色で美しい》. **2** ムラサキバン (*Porphyrula martinica*)《セイケイに似て青色の熱帯アメリカ産クイナ科の鳥》.

sul·tan·ate /sʌ́ltənɪ̀t, -nèɪt/ *n.* **1** スルタンの位[職権]. **2** スルタン国《サルタンの支配する国または領土》. 〖(1822) □ F *sultanat*: ⇨ -ate¹〗

sul·tan·ess /sʌ́ltənɪ̀s | -nɪ̀s, -nès/ *n.* 《廃》=sultana 1.

súltan·shìp *n.* =sultanate 1.

sul·try /sʌ́ltri/ *adj.* (**sul·tri·er; -tri·est**) **1 a** 〈天候など〉蒸し暑い, 暑苦しい: a ~ day. **b** 〈太陽・砂漠など〉焼けるような, 焼けつくように暑い. **2 a** 〈気質・ことばなど〉激しい (violent), 興奮した, 怒った. **b** 〈特に 女性(の声・顔など)が〉色っぽい, 熱情的な, 官能的な (sensual). **3 a** みだらな, 下品な. **b** 〈事件など〉ぞっとするような, 忌まわしい. **súl·tri·ly** /-trəli | -trɪ̀li/ *adv.* **súl·tri·ness** *n.* 〖(1594) ← 《廃》 *sulter* to swelter (《変形》← SWELTER) +-Y¹〗

su·lu /súːluː/ *n.* スル《Fiji 島人および Melanesia 諸島の住民が着る lavalava に似た腰に巻く民族服》. 〖(1850) □ Fijian ~〗

Su·lu /súːluː/ *n.* (*pl.* ~, ~s) **1 a** [the ~(s)] スル族《フィリピンの Moro 族中最も人口が多い; イスラム教を奉じ主に Sulu Archipelago に居住するマレー人》. **b** スル族の人. **2** スル語. **~·an** *adj.* 〖(1816) □ Austronesian (Sama) *sulu* 《原義》current〗

Súlu Archipélago *n.* [the ~] スル諸島《フィリピンの Mindanao 島と Borneo 島との間にある小群島; 面積 2,688 km², 主都 Jolo》.

Súlu Séa *n.* [the ~] スル海《フィリピン諸島と Borneo の間にある太平洋の大内海》.

sum /sʌ́m/ *n.* **1** (不定または特定の)金高, 金額: a large [small] ~ of money 多[少]額の金 / the ~ of 15 dollars 金 15 ドル / spend large ~s 大金を使う / lend small ~s 小金を貸す / a good [round] ~ かなりの大金, まとまった金 / the ~ insured 〖保険〗保険金額 / The expenses came to an enormous ~. 費用は巨大な金額に達した. **2** [単数扱い] **a** (数量の)合計, 総計, 総額, 総数 (total amount): ~, remainder, product, quotient 和, 差, 積, 商 / The sum of the three angles of a triangle is 180°. 三角形の 3 つの角の総和は 180° である / ⇨ sum total. **b** 総体, 全体: the ~ of a person's knowledge 知識全体. **3 a** 算数の問題: do a ~ [~s] (算数の問題を解く, 計算問題をする. **b** [*pl.*] 《口語》(特に, 学科としての)算数 (addition, arithmetic): be good at ~s 算数が得意だ. **4** [the ~] 概要, 大意 (substance, summary); 要点, 骨子 (essence, gist): *the* ~ of the whole matter 全体の骨子 / ⇨ *the* SUM *and substance*. **5** 〖数学〗**a** (差分法の)和分. **b** 和集合 (union). **6** [the ~] 《古》最高, 絶頂 (summit): *the* ~ of happiness 幸福の絶頂.

be gréater* [*móre*] *than the súm of its párts 部分の総和以上である, 全体としてより大きな力を発揮する. ***in súm*** 要するに, つまり, 約言すれば (in brief; in summary). (*c*1380) ***the súm and súbstance*** 要旨, 要点, 骨子 (gist): *the* ~ *and substance* of his opinions 彼の意見の(せんじつめた)要点. (1594) ***the súm of things*** (1) 最高の公利, 公共の利益. (2) 宇宙 (the universe). (1667)

súm of yéars' dígits mèthod [the —] 〖会計〗算術級数法《有形固定資産の減価償却の一方法》.

— *v.* (**summed; sum·ming**) — *vt.* **1 a** …の要点を述べる, 要約する (summarize) 〈*up*〉: ~ *up* facts, arguments, etc. / It can be ~*med up* in two words. こんなことはかいつまめば二語で言える / ~ *up* a situation 状況を概括する / That (about) ~*s it up*. 要点は(だいたい)そんなところです. **b** 〈人〉の性格を見てとる[見積もる] 〈*up*〉: He ~*med* her *up* as a spoiled child. 彼女はだだっ子だと彼は見てとった. **2** 足す, 合わせる (add up), 総計[合計]する, 締める; 計算する, 勘定する (reckon) 〈*up*〉: ~ *up* one's takings 売上げ高を合計する / ~ *up* advantages and disadvantages 利益と不利な点も皆数える. **3** 《廃》完全にする. — *vi.* **1 a** 約言する, 要約する 〈*up*〉. **b** 〈判事が〉(原告被告両者の申し立てを聴取後, 陪審員に)事件の要点を略説する[要領を述べる], 事件の要点を説示する 〈*up*〉. **2** 〖数学〗計算する; 和分する. **3** 《古》合計(…に)なる〔*to, into*〕: These instances ~ *to* several dozen. こんな例は総計数十に上る. ***to súm úp*** 要約すれば.

〖n.: (*c*1300) *summe, somme* □ OF < L *summam* (fem.) ← *summus* highest, topmost ← IE *(*s*)*uper* 'OVER' (L *super* above). — v.: (*a*1325) □ (O)F *sommer* // LL *summāre* ← *summa*〗

SYN 合計: **sum** 個々の単位を加えて得た数《手元にあるものの総数をいう》: The *sum* of two and three is five. 2 と 3 の和は 5 である. **aggregate** 個々の項目を集めた全部: the *aggregate* of all past experience 過去のすべての経験の総和. **total** 種々の小計を足した合計《通例大きな数量についていう》: The *total* came to $1000. 合計は千ドルになった. **whole** まとまりのある総計: Two halves make a *whole*. 半分が二つで一つにまとまる.

SUM /sʌ́m, ésjùːém/ 《略》surface-to-underwater missile.

sum. 《略》summary.

sum- /səm, sʌm/ *pref.* (m の前にくるときの) sub- の異形: *sum*mon.

su·mac /ʃúːmæk, súː- | ʃúː-, súː-, sjúː-/ *n.* (*also* **su·mach** /~/) **1** 〖植物〗**a** ウルシ《ウルシ属 (*Rhus*) の樹木の総称; ウルシ (Japanese sumac), ハゼノキ (*R. succedanea*), ヌルデ (*R. javanica*), poison sumac, staghorn sumac など; cf. squawbush 2》. **b** ウルシ属の樹木の木材. **2** 南欧産スマック (*Rhus coriaria*) の乾燥した葉の粉末《多量のタンニンを含み製革や染色に用いる》. 〖(*a*1400) ~ □ (O)F ~ □ Arab. *summāq*〗

súmac fàmily *n.* 〖植物〗ウルシ科 (Anacardiaceae).

súmac wàx *n.* =Japan wax.

su·ma·tra, S- /sʊmɑ́ːtrə | sʊ-, sjʊ-/ *n.* 〖気象〗スマトラ風《Malay 半島と Sumatra 島間の Malacca 海峡に起こる突風》. 〖1842〗

Su·ma·tra /sʊmɑ́ːtrə | sʊ-, sjʊ-; *Indon.* sumátrɑ/ *n.* スマトラ(島)《インドネシア, Malay 諸島中で第二に大きい島; 面積約 473,000 km²》.

Sumátra cámphor *n.* 〖化学〗スマトラ樟脳 (⇨ Borneo camphor). 〖1849〗

Su·ma·tran /sʊmɑ́ːtrən | sʊ-, sjʊ-/ *adj.* スマトラ島の; スマトラ島人の. — *n.* スマトラ島人. 〖1688〗

Sum·ba /súmbə, -bɑː; *Indon.* súmba/ *n.* スンバ(島)《インドネシア, 東インド諸島の小スンダ列島 (Lesser Sunda Islands) 中の一つ; 旧名 Sandalwood Island; 面積 11,153 km²; オランダ語名 Soemba》.

Sum·ba·wa /suːmbɑ́ːwə, -wɑː; *Indon.* sumbáwa/ *n.* スンバワ(島)《インドネシア, 東インド諸島の小スンダ列島 (Lesser Sunda Islands) 中の一島; 1815 年に Tambora 火山の猛烈な噴火があった; 面積 15,448 km²; オランダ語名 Soembawa》.

Su·mer /súːmə | -mə^(r)/ *n.* シュメール《メソポタミア南部, Euphrates 川下流地方の地名; ここに侵入した民族と文化の呼称でもある. 彼らは紀元前 3000 年ごろ人類最初の都市文明を形成したが, 紀元前 2000 年ごろバビロニア人によって征服された》.

Su·mer·i·an /suːmériən, -mí^(ə)r- | sʊmíər-, sʊmíər-, sjʊ-, -méər-/ *n.* **1** シュメール人《Euphrates 川下流地方に住んだ Babylonia の先住民で, セム族と推定されている; 世界最初の都市文明を形成した》. **2** シュメール語《くさび形文字で伝えられているが, アッシリア・バビロニア系ではないとされている》. — *adj.* **1** シュメール(人)の. **2** シュメール語の. 〖(1875): ⇨ ↑, -ian〗

Su·me·rol·o·gy /sùːmərɑ́(ː)lədʒi | sùːmərɔ́l-, sjùː-/ *n.* シュメール学《シュメール人の歴史・言語・考古学などの研究》. **Sù·me·ról·o·gist** /-dʒɪst | -dʒɪst/ *n.* 〖1897〗

Sum·ga·it /*Russ.* sumgaít/ *n.* Sumqayit のロシア語名.

súm·less *adj.* 無数の, 無量の (incalculable). 〖1599〗

sum·ma /súmə, sʌ́mə, -mɑː/ *n.* (*pl.* **sum·mae** /súmaɪ, súː-, -meɪ, sʌ́miː, -maɪ/) **1** 総合的研究書[論文], 大系, 集大成《特定の分野・題目を総合的に取り扱う[要する]包括的な研究》: *Summa Theologica*「神学大系」(Thomas Aquinas の著作). **2** 《まれ》大全, 集成《人知を要約・総合する作品》. 〖(1475) □ L ~: ⇨ sum〗

sum·ma·ble /sʌ́məbl/ *adj.* 〖数学〗**1** 加法が可能な. **2** 〈無限級数 (infinite series) が〉総和可能な. **3** 〈関数が〉有限なルベーグ積分 (Lebesgue integral) をもつ. 〖(1784) ← SUM+-ABLE〗

súm·ma cum láude /súmə-, súːmə-, sʌ́mə-/ *L. adv., adj.* 最高の栄誉をもって(の), 最高優等で(の) (cf. magna cum laude, cum laude): graduate ~. 〖(1900) □ L *summa cum laude* with highest praise〗

summae *n.* summa の複数形.

sum·mand /sʌ́mænd, ―⌐/ *n.* 〖数学〗被加数(量) (↔ addend). 〖(1893) □ ML *summandus* (gerundive) ← *summāre* 'to SUM'〗

sum·ma·rize /sʌ́məràɪz/ *vt.* …の要点をつまむ, 摘要する, 手短かに述べる, 約言する (sum up). — *vi.* 要約する[できる]. **súm·ma·riz·a·ble** *adj.* **sum·ma·ri·za·tion** /sʌ̀mərɪzéɪʃən | -raɪ-, -rɪ-/ *n.* **súm·ma·riz·er** *n.* **súm·mar·ist** *n.* 〖(1871): ⇨ ↓ (n.), -ize〗

sum·ma·ry /sʌ́m(ə)ri/ *n.* 摘要, 一覧, 摘要書; 要約, 概要, 抄録: give a ~ of …の大要を述べる. — *adj.* **1** 〖法律〗(正式の手続を略した)即決の, 略式の (cf. plenary 3 a): ~ conviction 即決処分《治安判事その他即決裁判所が陪審にかけずに行うもの》/ ~ justice 即決裁判 / ~ punishment 即決の刑罰. **2** 摘要の, 簡約した; 短い, 簡潔な: ~ reports 概略報告, 概報 / a ~ account 大体の話, 略説, 略述, 略記 / a ~ sketch [statement] 摘要書, 一覧 / in ~ 要約して, 要するに. **3** 略式の, 手っ取り早い, 即座の: ~ methods 略式, 略法. **sum·mar·i·ly** /sʌmérəli, sə-, sʌ́mərəli | sʌ́mərɪ̀li, sʌ́mrɪ̀li/ *adv.* **súm·ma·ri·ness** *n.* 〖(*c*1387) □ ML *summārius* ← L *summa* 'SUM': ⇨ -ary〗

SYN 摘要: **summary** 陳述や物語を短くまとめて要点のみを述べたもの: Give a *summary* of the following story in less than two hundred words. 次の話を 200 語以内で要約しなさい. **abridgement** 重要な部分のみを残し他は削除した省略本: an *abridgement* of a three-volume history 三巻物の歴史書の縮約本. **outline** 概要・要約《意味の広い語で箇条書きにしたものから一冊の本になるようなものまでを含む》: an *outline* of Chinese history 中国史の概要. **abstract** 書籍・論文・法廷記録などの要約: an *abstract* of a lecture 講義の摘要. **brief** 特に訴訟事件などの摘要書: make a *brief* for a lawyer 弁護士のために訴訟事件摘要書を作成する. **synopsis** 論文・小説などを要約したもの: A *synopsis* of the lecture was provided in advance. 講義の概要が予め用意された. **digest** 法律・文学・歴史・科学書などを簡潔に組織的に要約したもの《*synopsis* よりも包括的》: Some magazines contain *digests* of books. 雑誌の中には本の要約を載せているものもある. **précis** 記事・論文・小説などの大意・要約を作者以外の人が書いたもの: write a *précis* of a long passage 長い文章の大意を書く. **ANT** expansion.

súmmary cóurt-martial *n.* 《米》〖軍事〗即決軍法会議, 簡易軍事法廷《将校の判事 1 名から成り, 1 か月を越えない禁固, 45 日を越えない重労働などを課す権限をもつ; cf. general court-martial, special court-martial》. 〖1877–81〗

súmmary júdgment *n.* 〖法律〗略式判決, 即決.

súmmary jurisdíction *n.* 〖法律〗即決[略式]裁判権《略式裁判を行いうる裁判所の管轄権》. 〖1826〗

súmmary offénse *n.* 〖法律〗略式起訴犯罪, 軽犯罪 (cf. summary jurisdiction).

súmmary procéeding [procédure] *n.* 〖法律〗略式手続. 〖1826〗

sum·mat /sʌ́mət, súm-/ *adv., n.* 《方言》=somewhat.

sum·mate /sʌ́meɪt/ *vt.* 合計する; 要約する. 〖(1900) 《逆成》↓〗

sum·ma·tion /sʌméɪʃən, sə-/ *n.* **1** 合計すること (addition). **2** 和, 合計 (total). **3** 要約 (summing-up). **4** 〖数学〗求和, 加算, 加法. **5** 《米》〖法律〗**a** (陪審が評議に入る前に事件の要点を説明する)弁護人の最終弁論. **b** =summing-up 1. **~·al** /-ʃnəl, -ʃənl/ *adj.* 〖(1760) □ ML *summātiō(n-)* ← *summātus* (p.p.) ← *summāre* 'to SUM': ⇨ -ation〗

summátion tòne *n.* 〖音響〗加音《周波数の異なる二つの音の和の周波数をもつ音; cf. difference tone》. 〖1867〗

sum·ma·tive /sʌ́mətɪv, -meɪt- | -tɪv/ *adj.* 付加の, 累積的な (cumulative). 〖1881〗

sum·mer¹ /sʌ́mə | -mə^(r)/ *n.* **1** 夏, 夏季《天文学上は北半球では夏至から秋分まで, 南半球では冬至から春分まで; 通俗的には, 北半球では大体 6, 7, 8 月, 英国では 5, 6, 7 月とすることもある》: in (the) ~ 夏に(なると) / ⇨ Indian summer, St. Luke's summer, St. Martin's summer / One swallow does not make a ~. ⇨ swallow² 1. ★ ラテン語系形容詞: aestival. **2** (通例, 日差しの強い)暑い時期; (1 年 2 期として)暖かい方の半年, 日差しの強い時期: regions of everlasting ~ 常夏(とこなつ)の国. **3** 青春, 盛時, 盛り (prime): the ~ of life 壮年期. **4** [*pl.*; 数詞を伴って] 《詩》(通例, 若い人の)年齢, …歳 (cf. winter): a young woman of some twenty ~*s* 20 歳ぐらいの若い女性.

— *adj.* [限定的] **1** 夏の, 夏期の; 夏向きの[に行われる]: a ~ hat 夏帽子 / the ~ holidays [vacation] 夏期[暑中]休暇, 夏休み / a ~ resort 避暑地 / a ~ suit 夏服 / ~ sports 夏のスポーツ. **2** 〈小麦など〉春まきの《春にまいて同年に収穫されるものの》.

— *vi.* 夏を過ごす; 避暑をする: ~ in Switzerland.

— *vt.* **1** 〈家畜を〉(…に)夏中放牧する〔*at, in*〕. **2** 夏らしくする; 夏の暑さ[日差し]で一杯にする. ***súmmer and wínter*** (1) 1 年を過ごす[送る]. (2) いつでも大切[大事]にする, 常に…に忠実である, …に同じ態度をとる. (3) 《スコット》際限なくしゃべる, くどくどと説く. (cf. OE *wintres & summeres*)

〖OE *sumor* < Gmc **sumaraz* (Du. *zomer* / G *Sommer*) ← IE **sem-* (Skt *samā* (half-)year, season)〗

sum·mer² /sʌ́mə | -mə^(r)/ *n.* 〖建築〗**1** 大まぐさ《戸や窓の上部構造を支える大きな梁や桁; breastsummer ともいう》. **2** 笠(かさ)石, 冠石 (capstone). **3** 大梁(はり) (summertree ともいう). 〖(1324) ~ 'packhorse, beam' □ AF *sumer, somer*=OF *somier* (F *sommier*) < VL **saumārium*=LL *sagmārius* ← *sagma* packsaddle: ⇨ sumpter〗

summer càmp *n.* サマーキャンプ《夏の間の数週間, 子供たちを集めて運動や勉強をする林間学校や臨海学校など; cf. day camp》. 〖1893〗

súmmer complàint *n.* 〖病理〗=summer diarrhea.

súmmer cróokneck *n.* 〖園芸〗黄色いカボチャ (squash) の一種《長い首が曲がっていていぼがある; cf. winter crookneck》. 〖1890〗

súmmer cýpress *n.* 〖植物〗ホウキギ (*Kochia scoparia*)《南欧・アジア産のアカザ科の一年草, 観賞用; 枯枝でほうきを作る》. 〖1767〗

súmmer diarrhéa *n.* 〖病理〗夏期下痢. 〖1883〗

S

súmmer disèase *n.* 〖獣医〗=blue comb.
súmmer égg *n.* 〖動物〗夏卵, 急発卵《ある種の扁形動物で, 夏に作られる卵; cf. winter egg》. 〖1884〗
súmmer flóunder *n.* 〖魚類〗米国大西洋沿岸産のヒラメ属の食用魚 (*Paralichthys dentatus*).
súmmer grápe *n.* 〖植物〗北米東部産エスティバリス種のブドウ (*Vitis aestivalis*)《果肉は甘みに富み, 果粒は小さく黒色; pigeon grape ともいう》. 〖1814〗
súmmer háil *n.* 〖気象〗ひょう (cf. winter hail).
súmmer·hòuse *n.* **1** (庭園・公園などの中の)東屋(あずまや). **2** 《米》夏の別荘. 〖*c*1250〗
súmmer kìtchen *n.* 《米》暑い気候の時に台所に使う小さな建物[小屋]《通例母家に隣接している》. 〖1874〗
súmmer·less *adj.* 夏のない. 〖1879〗
súmmer lìghtning *n.* =heat lightning.
súmmer lílac *n.* 〖植物〗フジウツギ (buddleia).
súmmer·lìke *adj.* 夏のような, 夏らしい: ~ weather. 〖1530〗
súm·mer·ly *adj.* 夏のような, 夏らしい. — *adv.* 夏のように, 夏らしく. **súm·mer·li·ness** *n.* 〖OE *sumerlič*〗
Súmmer Pálace *n.* [the ~] 頤和(いわ)園《北京近郊にある旧皇帝の大庭園》.
súmmer plúmage *n.* 〖鳥類〗夏羽.
súmmer púdding *n.* 《英》サマープディング《パンの薄切りにベリーなどの夏の果実を詰めて作るプディング》. 〖1933〗
súmmer réntal *n.* 《米》夏の貸し別荘[マンション].
sum·mer·sault /sʌ́məsɔ̀ːlt, -sɑ̀ːlt | -sɔ̀ːlt, -sɔ̀lt/ *n., vi.* =somersault.
súmmer sáusage *n.* (長期保存ができるように)乾燥または薫製にした固いソーセージ. 〖1893〗
súmmer sávory *n.* 〖植物〗キダチハッカ (*Satureia hortensis*)《ヨーロッパ原産セリ科の一年草; 種子を調味料として利用; cf. savory[1]》. 〖1573〗
súmmer schòol *n.* 夏季講習会, 夏季学校《学生が欠席や不合格によって不足した単位を補うため, あるいは専門職業人の再教育や現職教育のために夏季に開設される講習[研修]会》. 〖1860〗
súmmer séason *n.* (多くの人が休暇を取る)夏季, サマーシーズン.
sum·mer·set /sʌ́məsèt | -məsèt, -sɪt/ *n., v.* = somerset.
súmmer sólstice *n.* [the ~] 〖天文〗**1** 夏至《6月21日または22日; cf. winter solstice》. **2** 夏至点《黄道上, 黄経が90度の点》. 〖1549〗
súmmer spóre *n.* 〖植物〗夏胞子《休眠しないサビ菌類の胞子; cf. winter spore》.
súmmer squásh *n.* 夏栽培して若取りするカボチャ《メキシコ原産で, 主にペポカボチャの亜種 (*Cucurbita pepo* var. *melopepo*) から品種改良されたカボチャの果実をいう; 家畜の飼料用, 時に装飾用に栽培; zucchini, cymling, summer crookneck などがある; cf. winter squash, vegetable marrow》. 〖1815〗
súmmer stóck *n.* 《米》[集合的] **1** (レパートリー劇団の)夏季の出し物《毎週出しものを変え, 少ない予算で費用は団員が負担する》. **2** 夏季劇場. 〖1927〗
súmmer swèet *n.* 〖植物〗=sweet pepperbush.
súmmer tánager *n.* 〖鳥類〗ナツフウキンチョウ (*Piranga rubra*)《米国産ホオジロ科のフウキンチョウの一種》. 〖1783〗
súmmer théater *n.* 夏季劇場《夏期だけ郊外や行楽地で, 毎週異なった劇や喜歌劇を上演する劇場》. 〖1801〗
súmmer·tìde *n.* 《詩》=summertime. 〖*c*1250〗
súmmer·tìme *n.* 夏期, 暑中. 〖*c*1378〗
Súmmer Tìme *n.* (*also* s- t-) 《英》夏時間, サマータイム (《米》daylight saving time)《もと, 夏期のみ英国標準時より1時間早めた時間にしたこと (1916–67); 2時間早めたものを double summer time といった (1941–45); 正式には British Summer Time といった; 略 S.T.》. 〖1916〗
súmmer·trèe *n.* 〖建築〗=summer[2] 3.
súmmer tríangle *n.* 〖天文〗夏の北天の夜空に輝く三角形をなす一等星の輝星群《Deneb, Vega, および Altair》.
súmmer-wéight *adj.* 〈衣服や布地が〉(薄手で)夏向きの: a ~ suit. 〖1883〗
súmmer·wòod *n.* 〖林業〗=latewood.
sum·mer·y /sʌ́məri/ *adj.* (more ~, most ~; -mer·i·er, -i·est) **1** 夏の(ような), 夏らしい; 夏を思わせる: *a* ~ day. **2** 夏向きの. **3** 温かな, 友好的な: *a* ~ smile. **súm·mer·i·ness** *n.* 〖(1824): ⇨ -y[4]〗
súm·ming *n.* **1** 合計, 総計; 計算, 算術. **2** 摘要. 〖*a*1387〗
sum·ming-up /sʌ̀mɪŋʌ́p/ *n.* (*pl.* **sum·mings-up**) **1** 〖法律〗(特に, 判事が陪審員に与える)事件要点の説示 (cf. summation 5). **2** 要約, 摘要. 〖(1790) ← *sum up* (⇨ sum (v.))〗
sum·mit /sʌ́mɪt | -mɪt/ *n.* **1 a** 頂上会談, 首脳会談, サミット: an economic ~ 経済首脳会談. **b** (外交官などの)頂上級, 最高レベル; (特に, 外交面での)国家元首, 首脳クラス: a meeting at the ~ 首脳会談. **2** 頂上, 絶頂, 頂, 頂点 (⇨ top SYN); 山頂: climb to the ~ 頂上まで登る. **3** 絶頂, 極致; 極点, 極度: at the ~ of power 勢力の絶頂で / reach the ~ of fame 名声の絶頂に達する. **4** 〖数学〗(錐体などの)頂点. — *adj.* 首脳レベル[クラス]の, 頂上級の: a ~ parley 首脳会談. **~·al** /-tl̩ | -tl/ *adj.* **~·less** *adj.* 〖(*a*1400) *somette* ← OF *som(m)et(t)e* (F *sommet*) (dim.) ← OF *som* top < L *summum* (neut.) ← *summus* highest: ⇨ sum, -et〗

súmmit canál *n.* =summit-level canal.
súmmit cònference *n.* =summit meeting.
sum·mit·eer /sʌ̀mɪtíə | -mɪtíə(r/ *n.* 《口語》首脳会談[サミット]の出席者. 〖(1957): ⇨ -eer〗
súmmit-lèvel *n.* 最高水準; (鉄道・運河などの)最高地点, 頂区. 〖1810〗
súmmit-level canál *n.* 土地の起伏に従って流路に段差をつけた運河《最高所から水が人工的に供給される; summit canal ともいう》.
súmmit mèeting *n.* 頂上[トップ]会談, 首脳会談. 〖1955〗
sum·mit·ry /sʌ́mɪtri | -mɪtri/ *n.* 首脳会談による国際問題協議《国際問題の解決を首脳[頂上]会談に求めること》: a round of international ~ 一連の国際首脳会議. 〖1958〗
sum·mon /sʌ́mən/ *vt.* **1 a** 〈人を〉呼び出す, 出頭させる, 召喚する (⇨ call SYN): ~ a servant 召使いを呼び出す / ~ a doctor 医者を呼ぶ. **b** 〔裁判所などへ〕〈人の〉出頭を命じる〔*to, into*〕, 〈出頭するように〉命ずる〈*to appear*〉: be ~*ed into* [*to*] the presence of ...の面前に呼び出される / He was ~*ed to* [*to appear* in] court. 出廷を命じられた. **2 a** 〈勇気などを〉奮い起こす〈*up*〉: ~ (*up*) all one's energy ありったけの元気を出す / ~ *up* one's courage [spirit] to do something [for an undertaking] ある事をしようと[仕事に取り掛かろうと]勇気を奮い起こす. **b** 〈亡霊などを〉呼び出す: ~ a ghost [spirit] 幽霊を呼び出す. **3** 〈会議などを〉招集する: ~ a conference, parliament, etc. **4** (しつこく命令的に)〈...するように〉要求する, 勧告する〈*to do*〉: ~ a garrison *to* surrender 守備隊に投降を要求する. **5** [通例受身で] 《婉曲》〈神が〉(あの世へ)召す: In the midst of his work he *was* ~*ed*. 仕事の真っ最中に天国に旅立った. **~·a·ble** *adj.* 〖(?*a*1200) *summe(n), somo(u)ne(n)* ← OF *somun-* (stem), *somondre* (F *semondre*) < VL **summonere*=L *summonēre* to remind secretly ← *sum-* 'SUB-'+*monēre* to remind〗
súm·mon·er *n.* **1** 召喚者. **2** 《古》法廷の呼出し係. 〖(*a*1325) *somunur* ← AF *somenour*: ⇨ ↑, -er[1]〗
sum·mons /sʌ́mənz/ *n.* (*pl.* ~·es, ~) **1** 召喚, 呼出し: answer one's ~ 召喚に応じる / receive a ~ to the court 法廷へ召喚される. **2** (裁判所への)出頭命令, (証人としての)出廷命令; 召喚状, 呼出し状: ⇨ WRIT[1] of summons / serve a ~ on [upon] a person=serve a person with a ~ 人に召喚状を送達する. **3** (協議会・議会などへの)招集. **4** 〈...せよとの〉要求, 勧告; 降服勧告, 勧降状〈*to do*〉: ~ *to* surrender 降伏勧告. — *vt.* 〈人に〉召喚状を送達する; 〈人を〉召喚する, 呼び出す (summon). 〖(?*c*1280) *somouns* ← OF *somonse* (F *semonce*) < VL **summonsam*=L *summonita* (fem.p.p.) ← *summonēre*: ⇨ summon〗
sum·mum bo·num /súməmbóunəm, sʌ́m- | -báu-, -bɔ́n-/ *L. n.* [the ~] 《文語》至高善, 最高善 (supreme good). 〖(1563) ← L ~: ⇨ ↓, bonus〗
súmmum gé·nus /-gíːnəs, -dʒíːnəs/ *n.* (*pl.* **sum·ma gen·er·a** /súməgénərə, sʌ́mədʒénərə/) [the ~] 〖哲学〗最高類, 最上類《もはやそれ以上の類概念の種概念とならない概念》. 〖(1592) ← NL ~ ← *summum* highest ((neut.) ← *summus*)+*genus* kind〗
Sum·ner /sʌ́mnə | -nə(r/ *n.* サムナー《男性名》. 〖ME *sumenor* 'church legal officer, SUMMONER'〗
Sum·ner /sʌ́mnə | -nə(r/, **Charles** *n.* サムナー《1811–74; 米国の政治家・奴隷制廃止論者で共和党の結成に貢献》.
Sumner, James Batch·el·ler /bǽtʃ(ə)lə | -tʃ(ə)lə(r, -tʃɪ-/ *n.* サムナー《1887–1955; 米国の生化学者; Nobel 化学賞 (1946)》.
Sumner, William Graham *n.* サムナー《1840–1910; 米国の社会学者・経済学者; *Folkways* (1907)》.
Súmner lìne *n.* 〖海事〗サムナーライン《一つの天体の高度を測定した結果得られる位置の線; 二つ以上の位置の線があればその交点で船位が得られる》. 〖← *Thomas H. Sumner* (19世紀の米国の船長)〗
su·mo /súːmou | -məu/ *n.* [しばしば S-] 相撲(すもう). 〖(1880) ← Jpn.〗
sump /sʌ́mp/ *n.* **1 a** (水などのたまった)穴, 深い水たまり, 集水孔. **b** 汚水溜(だ)め (cesspool). **2** 《英方言》沼地 (swamp, bog). **3** 〖鉱山〗**a** (坑底の)排水溜め, 坑内水溜め. **b** (本採掘坑の前方に掘る)立坑または横坑の前部. **4** 〖機械〗(自動車のエンジンなどの)油溜め, 潤滑油溜め, オイルパン. **5** 《英》〖機械〗=crankcase. 〖(*c*1425) *sompe* ← (M)LG & MDu. *sump* morass, pool: cf. swamp〗
sumph /sʌ́mf, súmf/ *n.* 《スコット》愚かな人; まぬけ. 〖(1719) ← ?: 擬音語か〗
súmp pùmp *n.* (水溜めの水[沈殿物])の排出ポンプ. 〖1899〗
sump·ter /sʌ́m(p)tə | -tə(r/ *n.* 《英古・米》**1** 駄馬, 荷馬 (packhorse). **2** 荷物運搬[荷車]用動物 (horse, mule, donkey など). **3** 《廃》荷馬の馬子. 〖(?*a*1300) ← OF *som(m)etier* < VL **saumatārium* ← LL *sagma* packsaddle ← Gk *ságma*: cf. summer[2]〗
sump·tion /sʌ́m(p)ʃən/ *n.* 〖論理〗仮定 (assumption); (三段論法における)大前提 (major premise). 〖(*c*1440) *sumpcion* ← ML *sumpsiō(n-)*=L *sumptiō(n-)* a taking ← *sūmere* (↓)〗
sump·tu·ar·y /sʌ́m(p)tʃuèri | -tjuəri, -tʃuəri/ *adj.* **1** 出費に関する; ぜいたくを取締りの: ~ regulations ぜいたく取締り令. **2** 〖法律〗奢侈(しゃし)禁止法の. **3** (道徳・宗教上の理由から)生活を規制する. 〖(1600) ← L *sumptuārius* ← *sumptus* expense (p.p.) ← *sūmere* to take, spend: ⇨ -ary: cf. assume〗

súmptuary láw *n.* 〖法律〗(衣食などの)奢侈(しゃし)禁止法. 〖1600〗
sump·tu·os·i·ty /sʌ̀m(p)tʃuɑ́(ː)səti | -tjuɔ́sɪti, -tʃu-/ *n.* ぜいたくなこと, 豪勢 (lavishness). 〖(1559) ← LL *sumptuōsitās*: ⇨ ↓, -ity〗
sump·tu·ous /sʌ́m(p)tʃuəs | -tʃuəs, -tjuəs/ *adj.* **1 a** 金のかかる, 高価な (costly). **b** 善美を尽くした, 立派な, 壮麗な, 豪勢な (⇨ splendid SYN). **2** ぜいたくな. **~·ly** *adv.* **~·ness** *n.* 〖(*c*1410) ← (O)F *somptueux* ← L *sumptuōsus* ← *sumptus* cost: ⇨ sumptuary, -ous〗
Sum·qay·it /sumkáɪt, sùmkɑːít/ *n.* スムカイト《アゼルバイジャン東部, カスピ海沿岸の工業都市》.
Sumter /sʌ́mtə/ *n.* ⇨ Fort Sumter.
súm tótal *n.* **1** 総計, 合計. **2** [the ~] **a** 一切合財, 全体: *the* ~ of one's wealth. **b** 要旨. 〖(*c*1395)《なぞり》← ML *summa tōtālis*〗
súm·ùp *n.* 《口語》要約, 摘要 (summing-up). 〖(1894) ← *sum up* (⇨ sum (v.))〗
Su·my /súːmi; *Ukr.* súmɪ, *Russ.* súmɨ/ *n.* スーミ《ウクライナ共和国北東部の都市》.
sun[1] /sʌ́n/ *n.* **1** 太陽: The ~ rises [sets]. 日が出る[沈む] / the rising [setting] ~ 昇る[沈む]太陽 / Let not the ~ go down upon your wrath. 怒りを日が沈むまで続けるな (*Eph.* 4:26) / Make hay while the ~ shines. ⇨ hay[1] *n.* 1 a / the empire on which the ~ never sets 日の没することのない帝国《かつての大英帝国のこと》/ rise with the ~ 早起きする / ⇨ midnight sun, mock sun. [日英比較] 昼間の太陽を描くのに日本の子供は主に赤色を使うが, 英米では黄色またはオレンジ色を使うことが多い. **2** 日光 (sunlight), 日なた (sunshine): sit in the ~ 日なたに座る / get the ~ 日に焼ける, 〈部屋などが〉よく日が当たる / expose ... to the ~ ...を日光にさらす / bathe [bask] in the ~=take the ~ 日光浴[日なたぼっこ]をする / exclude the ~ 日光をさえぎる / keep ... out of the ~ ...を日に当てない, 日陰に置く / let in the ~ 日光を入れる / a touch of the ~ 軽い日射病 / No ~ ever gets into his room. 彼の部屋へは日の差し込むことがない. **3** (惑星の有無によらず, 太陽と同様の)恒星 (fixed star) (cf. planet[1] 1). **4 a** 太陽に比すべきもの: the *Sun* of Righteousness 正義の太陽《キリスト (Christ) のこと; cf. *Mal.* 4:2》. **b** 太陽の図案[紋章], 日輪像《通例, 光線が放射していて人間の顔の形をしている》: the ~ in (his) splendor 日章. **5** 《文語》光輝, 華麗, 栄光; 全盛 (glory): His [Its] ~ is set. 彼の盛りは過ぎた[その全盛期は終わった]. **6** 《文語》気候, 風土 (climate). **7** 《詩》年 (year); 日 (day): a thousand ~*s* ago 千年前. **8** 《古》日の出; 日没: from ~ to ~=between ~ and ~ 日の出から日暮れまで, 一日中.
adóre* [*háil*] *the rísing sún 日の出の勢いの人につく, 新興勢力につく. ***agàinst the sún*** 〖海事〗太陽の運行方向と反対に, 右から左へ, 左回りに (counterclockwise) (cf. *with the* SUN). (1769) ***a* [*one's*] *pláce in the sún*** (1) 日の当たる場所. (2) 有利な地位[立場]; 順境; (世間の)注目. (1688) ***benéath the sún*** =*under the* SUN (1). ***cátch the sún*** (1) 日の当たる位置にいる. (2) 《英》日焼けする. ***have bèen in the sún*** 《俗》酔っている. (1770) ***hàve the sún in one's éyes*** (1) 日が目に差す, 太陽が目にちらつく. (2) 《俗》酔っている. (1840) ***in the sún*** (1) ⇨ 2. (2) 苦労もなく, のんきに: live *in the* ~. (3) 公衆の注目の的になって, 衆目にさらされて (cf. OE *on sunnan*). ***sée the sún*** 生まれる; 生きている. ***táke the sún*** (1) ⇨ 2. (2) 〖海事〗六分儀で正午の太陽高度を計る《緯度が分かる》. (1555) ***the sún dráwing wáter=the sún's éyelashes* [*báckstays*]** 〖海事〗雲間を漏れる光線で空間の微塵(みじん)が照らし出される現象 (cf. crepuscular ray). ***ùnder the sún*** (1) 天が下に, この世に: There is no new thing [nothing new] *under the* ~ (*L.* nil novi sub sole). 日の下には新しきものなし (cf. *Eccl.* 1:9). (2) [疑問詞を強めて] 一体全体 (in the world, on earth): Where *under the* ~ did he go? 一体全体彼はどこへ行ったのか (cf. OE *under sunnan*). ***with the sún*** 〖海事〗太陽の運行と同方向に, 左から右へ, 右回りに (clockwise) (cf. *against the* SUN). (1769) ***wórship the rísing sún*** =*adore the rising* SUN.
— *v.* (**sunned; sun·ning**) — *vt.* 日にさらす, 日光に当てる; 日に干す: ~ oneself 日なたぼっこをする, 日光浴をする. — *vi.* 日なたぼっこをする, 日光浴をする.
~·lìke *adj.* 〖OE *sunne* < Gmc **sunnōn* (Du. *zon* / G *Sonne*) ← IE **sāwel-* (L *sōl* / Gk *hēlios* / Skt *sūrya*)〗
sun[2] /sʌ́n/ *n.* =sunn.
Sun. 《略》Sunday.
sún-and-plánet *adj.* 〖機械〗遊星式の《太陽歯車とかみ合ってその周囲を回転する遊星歯車を利用することにいう》: ~ wheels 遊星歯車装置.
sún-and-plánet gèar *n.* 〖機械〗遊星歯車装置.
sún-and-plánet mòtion *n.* 〖機械〗遊星運動.
sún animálcule *n.* 〖動物〗太陽虫 (heliozoan).
Sún·a·pee tróut /sʌ́nəpìː-/ *n.* 〖魚類〗米国東部産のイワナの一種. 〖New Hampshire 州の Sunapee 湖に生息することから〗
sún·bàck *adj.* 〈衣服が〉背中をローカット (low cut) にした, 背を大きく開いた. 〖1933〗
sún·bàke *vi, n.* 《豪口語》=sunbathe.
sun·baked /sʌ́nbèɪkt/ *adj.* **1** 天日で焼いた: ~ bricks 天日がわら. **2** 日で焼けた, 日光で干からびた. 〖1628〗
sún·bàth *n.* 日光浴; 太陽灯浴. 〖1866〗
sun·bathe /sʌ́nbèɪð/ *vi.* 日光浴をする; 太陽灯浴をす

S

る. — *n.* 日光浴をする時間. **sún·bàth·er** *n.* 〘1600〙
sún·bàthing *n.* 日光浴(をすること), 日光浴療法; 太陽灯浴をすること. 〘1600〙
sún·bèam *n.* **1** 太陽光線, 日光. **2** 幸せを発散するもの; (特に)天真爛漫(らんまん)な子供. **3** 《豪俗》食卓で使わなかった食器類. **sún·bèamed, ~·y** *adj.* 〘lateOE *sun(ne)bēam*〙
sún bèar *n.* 〘動物〙マレーグマ, ヤシグマ (*Helarctos malayanus*) 《Sumatra, Borneo, Malay 半島などにすみ, 主に木の上で過ごし, ヤシの芽などを食べるクマ; 主として夜行性で, 昼間は日光浴などを好む》. 〘1842〙
sún·bèd *n.* **1** (折りたたみ式の)日光浴用のベッド (sunlounger). **2** 太陽灯つきの寝椅子. 〘1967〙
Sún·bèlt *n.* **1** [the ~] 《口語》(米国南部の)サンベルト, 太陽地帯 《Virginia 州から California 州南部に至る日照時間の多い地帯; cf. Snowbelt》. **2** [s-] 太陽のよくあたる気候の温暖な地域. 〘1969〙
sún·bèr·ry /-bèri | -b(ə)ri/ *n.* 〘植物〙イヌホウズキの実 (⇨ wonderberry).
sún·bìrd *n.* 〘鳥類〙 **1** タイヨウチョウ 《旧世界のアフリカ・アジア産タイヨウチョウ科の色彩の華やかな小鳥の総称》. **2** =sun-grebe. 〘1776〙
sún bìttern *n.* 〘鳥類〙ジャノメドリ, (旧名)サギモドキ (*Eurypyga helias*) 《中央アメリカからブラジルに生息するジャノメドリ科の鳥》. 〘1870〙
sún·blìnd *n.* 《英》日よけ, (特に, 窓の外に張る)ズックの日よけ (awning). 〘1847〙
sún blòck *n.* 日焼け止めクリーム. 〘1977〙
sún·bònnet *n.* (婦人用)日よけ帽. 〘1824〙

sunbonnet

sún·bòw /-bòu | -bəu/ *n.* 太陽の光線でできる局所的な虹(にじ) 《滝のしぶきなどに生じるもの; cf. rainbow》. 〘1816〙
sún·brèak *n.* **1 a** (日の出の)日光が差すこと, 御来光. **b** (雲の切れ目などから)突然に差す日光 (sunburst). **2** 〘建築〙=brise-soleil. 〘1826〙
sún·brèaker *n.* 〘建築〙=sunbreak 2.
sún·bròwned *adj.* 日焼けした, 日焼けして小麦色になった.
sún·bùrn *n.* **1** 日焼け 《太陽または太陽灯に当たり過ぎて生じる皮膚の炎症; cf. suntan》: ~ preventives 日焼け止め. **2** 日焼け色. **3** 〘植物〙 **a** ジャガイモの塊茎が陽光で緑化すること. **b** 果実が強過ぎる日照で褪色すること (sunscald). — *vt., vi.* (**sun·burned, -burnt**) 日に焼く[焼ける]. 〘(1530) v. 《逆成》↓〙
sún·bùrned *adj.* **1** 日焼けした; 日焼けして赤く炎症を起こした: a ~ neck 日焼けした首 / get ~ 日焼けする. **2** 日焼けして枯れた: a ~ lawn. 〘*c*1400〙
sún bùrner *n.* (昔大きな部屋を照らすのに用いた, 環状または束にした)ガスの火口. 〘1858〙
sún·bùrnt *adj.* =sunburned. 〘ME *suune ybrent*〙
sún·bùrst *n.* **1 a** (雲間から急に漏れ出る)強烈な日光. **b** (急に漏れ出る)強烈な日光を思わせるもの: a ~ of popularity 爆発的人気. **2** 日輪型宝石 《ダイヤモンドの周囲に光線状に小宝石をちりばめたブローチなど》. **3** (かつての)日本の軍艦旗, 旭日旗. **4** 日輪花火. — *adj.* 〈プリーツなど〉放射状になっている. 〘1816〙
súnbùrst pléats *n. pl.* 《米》サンバースト プリーツ (《英》sunray pleats) 《ウエストが狭くすそが広がったスカートのプリーツ》.
Sún·bur·y-on-Thámes /sʌ́nb(ə)ri-, -bèri- | -b(ə)ri-/ *n.* サンベリー オン テムズ 《イングランド南東部, Surrey 州にある都市》.
Sun Chung-shan /sú:ntʃʊ̀ŋʃá:n/ *n.* =Sun Wen.
Sún Cíty *n.* サンシティ 《米国 Arizona 州中南部 Phoenix 郊外の町; 1978 年に建設された退職者専用団地》.
sún crèam *n.* 《英》日焼け止めクリーム. 〘1966〙
sún·cùp *n.* 〘植物〙米国西部の草地に生えるアカバナ科マツヨイグサ属 (*Oenothera*) の数種の植物の総称; (特に)初夏に黄花をつける *O. ovata* (golden eggs ともいう).
sún-cùre *vt.* 〈たばこを〉直射日光に当てて乾燥する (cf. air-cure). 〘(1863) 《逆成》↓〙
sún-cùred *adj.* 〈肉類・果実・たばこなど〉日光に当てて乾燥した, 日干しにした. 〘1912〙
sun·dae /sʌ́ndeɪ, -di/ *n.* **1** サンデー 《チョコレート・果物・シロップ・泡立てた生クリーム・ナッツなどを添えたアイスクリーム》: a strawberry ~. **2** サンデー用のガラス容器. 〘(1897) 《変形》? ← *Sunday* (*ice cream*) an ice cream left over from Sunday and on sale later〙
Sún·da Íslands /sʌ́ndə-, sún-; *Indon.* súnda/ *n. pl.* [the ~] スンダ列島 《Malay 諸島中のインドネシアに属する大列島; Greater [Great] Sunda Islands と Lesser Sunda Islands とに分かれる》.
sún dànce *n.* 太陽踊り 《毎年夏至のころ米国の大草原地方 (Great Plains) のアメリカ先住民の間に太陽崇拝と関連して行われていた宗教的行事》. 〘1849〙
Sun·da·nese /sʌ̀ndəní:z, sùn-ˊ/ *a.* スンダ人[語]の. — *n.* (*pl.* ~) スンダ人; スンダ語.
Súnda Stráit *n.* [the ~] スンダ海峡 《Sumatra 島と Java 島との間にある; 幅の最狭部 32 km》.
Sun·day /sʌ́ndèɪ, -di/ *n.* **1** 日曜日 《一週の第一日; 略 Sun., S.》; (キリスト教会の)安息日 (Sabbath), 主日 (Lord's day): when two ~s come together [meet] 《方言・廃》[否定・強調する場合に用いて] 日曜が二つきたら, 正月が三度あったら / on ~ 日曜日に (★ on Sundays は「いつも日曜日に」の意に, on a Sunday はこれから先(またはこれまで)の「ある日曜日に」の意に用いられる; また on Sundays を Sundays, on Sunday を Sunday とのみいうのは口語または新聞での表現) / ⇨ Low Sunday, Laetare Sunday, Palm Sunday, Rogation Sunday, Show Sunday, Shrove Sunday. **2** [the ~s] 日曜新聞.
a mónth* [*wéek*] *of Súndays 《口語》[通例否定構文で] (非常に)長い間 (★ week の場合は 7 週間が原意): He hasn't written me once in *a month of ~s*. 彼は(随分)長い間一度も手紙をくれない / We haven't met for [in] *a week of ~s*. 私たちはもう随分会っていない.
— *adj.* [限定的] **1** 日曜日の[に関する, 特有の]: ⇨ Sunday supplement. **2 a** 日曜日に行われる[使われる], 日曜日だけの: a ~ golfer 日曜ゴルファー / ⇨ Sunday driver. **b** 素人の, アマチュアの: a ~ carpenter 日曜大工 / ⇨ Sunday painter. **3** よそ行きの, 一張羅(いっちょうら)の: ⇨ Sunday best. ***a Súnday sáint and éveryday sínner*** =Sunday saint.
— *adv.* 《口語》日曜日に: See you ~. (じゃあまた)日曜日に(ね). — *vi.* 《米俗》日曜日を過ごす.
〘OE *sunnandæg* 'DAY of the SUN'' < Gmc **sunnōndaʒaz* (Du. *zondag* / G *Sonntag*) 《なぞり》← L *diēs sōlis* 《なぞり》← Gk *hēméra hēlíou* 《原義》day of the sun〙
Sun·day /sʌ́ndi, -deɪ/, **William Ashley** *n.* サンディー (1862–1935; 米国の福音伝道者; 通称 Billy Sunday).
Sún·day bést /sʌ́ndeɪ-, -di-/ *n.* 《口語》(特に, 礼拝に行くときの)晴れ着, よそ行きの着物 (cf. EVERYDAY clothes): in one's ~.
Súnday clóthes *n. pl.* =Sunday best.
Súnday dríver *n.* 休日ドライバー 《不慣れで慎重のあまりのろのろ運転をするとされる》. 〘1925〙
Súnday-gò-to-méeting *adj.* [限定的] 《口語》日曜日に教会に行くのに適した; よそ行きの, 最上の (best): ~ clothes, manners, shoes, etc. 〘1831〙
Súnday létter *n.* =dominical letter. 〘1430〙
Súnday lúnch *n.* 日曜日の昼食 《ローストビーフが出される》.
Súnday obsérvance *n.* 〘キリスト教〙日曜日の遵守 《日曜日を休息と礼拝の日とする慣例; cf. *Exod* 20:7–11》. 〘1857〙
Súnday páinter *n.* 日曜画家 《暇な時に絵を描く素人画家》. 〘1925〙
Súnday páper *n.* [通例複数形で] (日曜日だけ発行の)日曜新聞, 日曜紙; (日刊紙の)日曜版.
Súnday púnch *n.* 《米口語》 **1** 〘ボクシング〙強打 (hard blow); (特に)ノックアウトパンチ. **2** (敵・相手に決定的打撃を与える)策略, 術策, 「切り札」. 〘1929〙
Sun·days /sʌ́ndeɪz, -diz/ *adv.* 日曜日に (on any Sunday), 日曜日ごとに (on every Sunday). 〘← -s² 1〙
Súnday sáint *n.* 《戯言》日曜聖人 《日曜日だけ信心深そうに[殊勝に]ふるまう人》.
Súnday schòol *n.* **1** 日曜学校 (1780 年 Robert Raikes が英国 Gloucester で開いたものに始まる; 通例毎日曜日に児童を対象として, 聖書や信仰について学び礼拝を行うために教会が開く学校): go to ~. **2** [集合的] 日曜学校の(先生と)生徒たち. 〘1783〙
Súnday súpplement *n.* 〘新聞〙日曜版付録. 〘1905〙
sún dèck *n.* **1** 〘海事〙日向(ひなた)甲板, 上甲板. **2** 《豪》(日光浴用)屋上, テラス, サンデッキ. 〘1897〙
sun·der /sʌ́ndə | -də(r)/ 《古・文語》 *vt.* (二つの部分に)分かつ, 離す, 裂く (⇨ separate SYN). — *vi.* 分かれる, 分離する, 離れる (part). — *n.* 分離 (separation). ★ 主に次の成句で: ***in súnder*** 《古・文語》ばらばらに.
~·a·ble /-d(ə)rəbḷ/ *adj.* **~·er** /-dərə | -rə(r)/ *n.* 〘lateOE *sundrian, syndrian* < Gmc **sundrōn* (cf. G *sondern*) ← IE **sen(i)-* apart (L *sine* without / Gk *áter*): cf. asunder〙
sun·der·ance /sʌ́ndərəns/ *n.* 《英》分離 (separation), 分裂, 切断 (severance). 〘(1435): ⇨ ↑, -ance〙
Sun·der·land /sʌ́ndələnd | -də-/ *n.* サンダーランド 《イングランド北東部 Newcastle upon Tyne の南東にある海港》. 〘OE *sundorland* 《原義》'separate LAND'': ⇨ sunder〙
sún·dèw 〘植物〙 *n.* モウセンゴケ (drosera). — *adj.* モウセンゴケ科の. 〘(1578) 《なぞり》← Du. *sondauw* & G *Sonnentau* 《なぞり》← L *rōs sōlis*〙
sún·dìal *n.* **1** 日時計 《ダイアルと指柱 (style) とから成り, 太陽によるダイアル上の指柱の影の位置で時刻が分かる》. **2** 〘植物〙北米東部産マメ科ハウチワマメ属ルピナスの一種 (*Lupinus perennis*). 〘1579〙
sún dìsk [**dìsc**] *n.* 〘文化人類学〙(宗教的象徴として用いる古代エジプトなどの)日輪像. 〘1877〙
sún dòg *n.* **1** 幻日 (parhelion). **2** 〘気象〙地平線近くに現れる小さな虹 《単に dog ともいう》. 〘(1635) ?〙
sún·dòwn *n.* **1** 日没, 夕暮れ時 (sunset) (cf. sunup). **2** 《米》つばの広い婦人帽の一種. **3** 明るい黄褐色 《シナモンより少し赤く明るい色》. 〘1620〙
sún·dòwn·er *n.* **1** 《豪口語》牧場に夕暮れ時に着いて宿泊する浮浪者 (tramp). **2** 《英口語》夕暮れ時の一杯(の酒). **3** 〘米海軍〙厳格な海軍士官 《上陸を許可した士官候補生を日没までに必ず帰艦させた》. **4** 《NZ俗》怠惰な牧羊犬. 〘1846〙
sún·drènched *adj.* 陽光の降りそそぐ: a ~ beach.
sún·drèss *n.* サンドレス 《胸や背中を大きく開けたノースリーブの夏用のドレス》. 〘1942〙
sún·drìed *adj.* **1** 天日で乾かした, 天日干しの: ~ bricks, raisins, etc. **2** 干上がった, 干からびた (dried up). 〘1600〙
sun·dries /sʌ́ndriz/ *n. pl.* **1** 雑多な物, 寄せ集め; 雑品, 雑貨, 小間物; 雑件, 雑費; 雑の部. **2** 〘簿記〙諸口 (various items). 〘(1755) (pl.) ← SUNDRY〙
súndries·man /-mən/ *n.* (*pl.* **-men** /-mən, -mèn/) 《英》雑貨商(人). 〘1885〙
sún·dròps *n.* (*pl.* ~) 〘植物〙マツヨイグサ属 (*Oenothera*) の昼咲きの植物の総称; (特に)北米産の *O. fruticosa*. 〘1784〙
sun·dry /sʌ́ndri/ *adj.* **1** 二つ以上の, いろいろの, 雑多の, 種々の: ~ goods 雑貨 / talk of ~ matters いろいろなことを話す. **2** 〘簿記〙諸口の. **3** 《廃》 **a** それぞれ違った. **b** 多様な, 種々異なった. — *pron.* [複数扱い] いろいろな人, みんな (everybody). ★ 主に次の成句で: ***áll and súndry*** だれもかれも, 各自みんな: extend a welcome to *all and* ~ だれもかれもみんな歓迎する. — *n.* [*pl.*] **1** = sundries. **2** 《豪》〘クリケット〙=extra *n.* 6. 〘OE *syndrig* apart, separate ← Gmc **sundriʒa-* ← IE **seni-*: ⇨ sunder〙
súndry shòp *n.* (マレーシアの)中国食品販売店.
Sunds·vall /sʌ́ntsva:l, súnts-/ *n.* スンツバル 《スウェーデン東部, Bothnia 湾に臨む港湾・商業都市》.
sún·fàst *adj.* 《米》〈染料・織維など〉(日光にあたっても)色があせない.
SUNFED /sʌ́nfɛd/ 《略》Special United Nations Fund for Economic Development 国際連合経済開発特別基金.
sún fìlter *n.* =sunscreen.
sún·fìsh *n.* 〘魚類〙 **1** マンボウ (ocean sunfish). **2** クサビフグ 《マンボウ科クサビフグ属 (*Ranzania*) の魚の総称》. **3** 北米産サンフィッシュ科レポミス属 (*Lepomis*) の偏平な淡水魚の総称 《pumpkinseed など》. 〘1629〙
sun·flow·er /sʌ́nflàuə | -flàuə(r)/ *n.* 〘植物〙 **1** キク科ヒマワリ属 (*Helianthus*) の植物の総称 《種子から食用のひまわり油が採れる》; (特に)ヒマワリ (common sunflower). ★ 米国 Kansas 州の州花. **2** =heliotrope 1 a, 5. 〘1562〙
súnflower chèst *n.* =Connecticut chest.
súnflower òil *n.* ひまわり油 (sunflower-seed oil ともいう). 〘1768〙
Súnflower Stàte *n.* [the ~] 米国 Kansas 州の俗称.
sung /sʌ́ŋ/ *v.* sing の過去形・過去分詞. 〘OE *sungon* (pret.) & ME *sunge* (p.p.)〙
Sung /súŋ | sʊŋ, sʌ́ŋ/ *n.* =Song².
sun·gar /sʌ́ŋgə | -gə(r)/ *n.* =sangar.
Sun·ga·ri /súŋgəri/ *n.* =Songhua Jiang.
sún·gàzer *n.* 〘動物〙オオヨロイトカゲ (*Cordylus giganteus*) (=giant zonure) 《アフリカ南部・東部産ヨロイトカゲ科ヨロイトカゲ属のトカゲ; 体長 20–40 cm; 太陽を見上げて日なたぼっこをしているような様子を見せる》.
sún gèar *n.* 〘機械〙太陽歯車 《遊星歯車装置を中心に配置された歯車; sun wheel ともいう》. 〘1935〙
Sung·kiang /sùŋgjá:ŋ/ *n.* =Songjiang.
sún·glàss¹ *adj.* サングラスの.
sún·glàss² *n.* 天火採りレンズ (burning glass). 〘1804〙
sún·glàsses *n. pl.* サングラス. 〘1927〙
sún·glòw *n.* 朝焼け; 夕焼け. 〘1845〙
súng máss, S- M- *n.* 〘カトリック〙歌ミサ (missa cantata). 〘1931〙
sún gòd *n.* 日の神, 太陽神 《Ra, Shamash, Helios など》. 〘1592〙
sún-gràzing cómet *n.* 〘天文〙太陽近接彗星 《太陽をかすめるようにして近日点を通過する彗星》.
sún-grèbe *n.* 〘鳥類〙アメリカヒレアシ (*Heliornis fulica*) 《熱帯アメリカやアフリカに生息するヒレアシ科の一種》.
sún hàt *n.* **1** 日よけ帽. **2** =sunbonnet. 〘1879〙
sún hèlmet *n.* 日よけ帽; (特に, 日よけにかぶる)ヘルメット帽 (cf. topee). 〘1879〙
sún hèmp *n.* =sunn.
su·ni /sú:ni/ *n.* 〘動物〙ジャコウアンテロープ (*Neotragus moschatus*) 《アフリカ南東部産》. 〘(1893) ◻ Chaga *suní*〙
sunk /sʌ́ŋk/ *v.* sink の過去形・過去分詞. — *adj.* **1** [叙述的] 《俗》負けた, 参って, 万事休して: Now we are ~. もうだめだ. **2** 水中に没した (sunken). **3** 肉の落ちた (sunken). **4** 〘海事〙〈船首楼・船尾楼など〉露天甲板より高いが甲板の一段分までは高くない: a ~ forecastle [poop] 低船首[船尾]楼. — *n.* 《スコット方言》地下室. 〘ME *sonk* (pret.) & ME *sunke* (p.p.)〙
súnk cósts *n. pl.* 〘会計〙埋没原価 《意思決定により, 将来その発生額が変化しない原価; cf. differential costs》.
sunk·en /sʌ́ŋkən/ *v.* sink の過去分詞. — *adj.* **1** 水中に沈没した, 水底の (submerged): ~ ships, treasures, etc. / a ~ continent 海底に沈んだ大陸 / a ~ reef 暗礁 / ~ rocks 岩礁. **2** 沈下した (subsided): a ~ wall, floor, etc. **3** くぼんだ, 落ち込んだ; 肉の落ちた, やせこけた (hollow): ~ eyes, cheeks, etc. **4** 普通[周囲]より低い(ところにある): a ~ bath (温泉場で見られるような)床面より低い浴槽 / a ~ living room 床が一段低くなった居間. **5** 滅入った, 沈んだ, 落ち込んだ: ~ spirits. 〘(p.p.): OE *suncen*. — adj.: (1375) ← (p.p.)〙
súnken córd *n.* 〘製本〙沈み緒, かくれ緒 《引き目の中の綴じ緒; cf. raised band》.
súnken gárden *n.* 沈床園, 低床園, サンクンガーデン 《周りにテラスなどを設けて一段低いところに作った庭園で, 主に花壇などに用いる; 西洋の幾何学的模様の庭園に源流が

ある; sunk garden ともいう). 〖1882〗
sun·ket /sʌ́ŋkɪ̀t, sʊ́ŋ-/ *n.* 《スコット・英方言》食物, (特に)うまい物 (fancy cake や tart など). 〖(1721) ▭ 《スコット》～ 'something' (変形) ← SOMEWHAT〗
súnk fénce *n.* (地境に設けた)沈め[隠れ]垣 (見通しを害さないために掘り下げて作る; ha-ha ともいう). 〖1762–71〗
súnk gárden *n.* ＝sunken garden.
Sún Kìng *n.* [the ～] 太陽王 (Louis XIV の通称). 〖(なぞり) ← F *Roi-Soleil*〗
sún·kìssed *a.* **1** 日光を十分に浴びた; 日焼けした. **2** 陽気な, 明るい. 〖1873〗
Sun·kist /sʌ́nkɪst/ *n.* 〖商標〗サンキスト (米国 Sunkist Growers 社製の柑橘(きつ)果実(レモン・オレンジ・グレープフルーツなど)とそのジュース).
súnk kéy *n.* 〖機械〗沈みキー (cf. saddle key).
súnk relíef *n.* 〖美術〗陰[凹]刻, 沈み彫り (high [low] relief などの陽刻に対するもので, 古代エジプトの彫塑などに見られる; cavo-relievo, intaglio ともいう).
sún làmp *n.* **1** (紫外線を放射する治療用の)太陽灯. **2** (放射線的反射鏡を用いた)映画撮影用大電灯. 〖1885〗
sún·less *adj.* **1** 日の射さない, 日の入らない. **2** 暗い (dark); 味気ない, わびしい, 陰気な. **～·ly** *adv.* **～·ness** *n.* 〖1589〗
sún lètter *n.* 〖文法〗(アラビア語の)太陽文字 (アラビア語で冠詞の al の l は, 直後に前舌音がくればこれに完全同化する; 太陽 (*šams*) と月 (*qámar*) とがそれぞれ前舌音, 非前舌音で始まるので, 前者を表す文字を太陽文字 (t, d, s, z, š /ʃ/ など), 後者を表す文字を月文字 (m, b など) と呼ぶ; cf. moon letter). 〖(なぞり) ← Arab. *(al-ḥurūf) aš-šamsīya*[h] the solar letters〗
sun·light /sʌ́nlàɪt/ *n.* **1** 日光, 日の光, 直射日光: an artificial ～ 太陽灯. **2** 日のよくあたる場所[時間]. 〖?*a*1200〗
sún·lìt *adj.* **1** 太陽に照らされた: a ～ park. **2** 太陽に照らされたような, 明るい, 希望に満ちた. 〖1822〗
sún lòunge *n.* 《英》＝sun parlor 1.
sún·lòung·er /-làʊndʒə | -dʒə^r/ *n.* サンラウンジャー, 日光浴用寝椅子 (金属枠にキャンバス布が張ってあり, 日光浴などに使用される折りたたみ式移動型の簡易ベッド).
sún-mỳth *n.* 太陽神話 (solar myth). 〖1865〗
sunn /sʌ́n/ *n.* **1** 〖植物〗サンヘンプ (*Crotalaria juncea*) (インド産マメ科タヌキマメ属の一年草繊維植物で古くから栽培). **2** サンヘンプ (サンヘンプの茎から採る繊維; 綱索・袋・製紙材料になる). (sunn hemp, sun hemp ともいう). 〖(1774) ▭ Hindi *san* ← Skt *śaṇa*〗
Sun·na, s- /sʊ́nə, sʌ́nə/ *n.* (*also* **Sun·nah, s-** /～/) スンナ (Muhammad の言行に基づいてできたイスラムの伝統の集大成). 〖1728〗 ▭ Arab. *súnna*[h] form, course, rule〗
Sun·ni /sʊ́ni | sʊ́ni, sʌ́ni/ *n. pl.* 〖イスラム教〗**1** スンニー派 (Muhammad の伝統 (Sunna) をコーランと同等に正典とみなす正統派イスラム教徒; cf. Shi'a, Shi'ite). **2** ＝Sunnite. ― *adj.* スンニー派の. 〖(1595) ▭ Arab. *sunnī* (adj.) ← *súnna*[h] (↑)〗
sun·nies /sʌ́niz/ *n. pl.* 《豪口》サングラス (sunglasses). 〖1981〗
Sun·nism /sʊ́nɪzm | sʊ́n-, sʌ́n-/ *n.* スンニー派 (Sunni) の教義. 〖1892〗
S **Sun·nite** /sʊ́naɪt | sʊ́n-, sʌ́n-/ *n.* スンニー派のイスラム教徒. 〖1718〗
sun·ny /sʌ́ni/ *adj.* (**sun·ni·er; -ni·est**) **1 a** 日のよく射す[照る], 陽光いっぱいの: ～ days [weather] 日のよく照る日[天候]. **b** 日当たりのよい: a ～ room. **2** 陽気な, 明るい, 快活な: a ～ disposition 明るい気質 / a ～ smile にこやかな微笑 / the ～ side (物事の)明るい面 / look on the ～ side of things 物事を楽観する (cf. dark *adj.* 6). **3 a** 太陽から出る, 太陽の: ～ beams 日光. **b** (色・形など)太陽のような. **sún·ni·ly** /-nəli, -nḷi | -nḷi, -nɪli/ *adv.* **sún·ni·ness** *n.* 〖(*a*1325): ⇨ sun¹, -y¹〗
súnny síde *n.* **1** 太陽が当たる側; 明るい面, 好ましい面: look on [see] the ～ of life 人生の明るい[よい]面だけを見る. **2** 《米口語》(ある年齢より)若い: Perhaps she is on the ～ of twenty. おそらく彼女は 20 歳前だろう.
súnny-side úp *adj.* (*also* **súnny síde úp**) 《米》〈卵が〉片面だけ焼かれた, 目玉焼きの (cf. over *adj.* 4): fry eggs ～ 卵を目玉焼きにする. 〖1901〗
Sun·ny·vale /sʌ́nivèɪl/ *n.* サニーベール (米国 California 州西部の都市; Silicon Valley にあり, エレクトロニクス産業の最先端).
sún pàn *n.* 〖窯業〗粘土泥漿(でいしょう)を流し込んで大気中にさらして乾燥させるための浅いタンク(くぼみ). 〖1723〗
sún pàrlor *n.* **1** 《米》日光浴室, サンルーム (《英》sun lounge). **2** ＝sun porch 2.
sún pìllar *n.* 〖天文〗太陽柱 (地球の大気に起因する現象で, 太陽(または月)の上方と下方に鉛直に柱状の光が見られること; cf. moon pillar). 〖1902〗
sún plànt *n.* 〖植物〗**1** マツバボタン (garden portulaca). **2** 陽生植物, 陽(地)植物 (cf. shade plant).
sún pòrch *n.* **1** サンポーチ (日光を多量にとり入れるためガラス張りにしたベランダまたはベランダ風の部屋). **2** (養鶏の)日光浴用台 (床と周囲は金網で地表より高い位置に設けられる). 〖1918〗
sún·pròof *adj.* 日光を通さない, 日光に当たっても色があせない. 〖1606〗
sún·rày *n.* **1** 太陽光線. **2** 〖美術〗太陽光線の描出. **3** [*pl.*] 人工太陽光線[灯] (医療用人工紫外線). 〖1829〗
súnray pléats *n. pl.* ＝sunburst pleats.
sun·rise /sʌ́nràɪz/ *n.* **1 a** 日の出: at ～ 日の出に. **b** 日の出時刻. **c** 朝焼け. **2** (ものの)初期, 初め: at ～ of this century 今世紀の初めに. 〖?*a*1300〗
súnrise clàm *n.* 〖貝類〗＝sunrise shell.
súnrise industry *n.* 成長産業 (先端技術に基づく新産業; cf. sunset industry).
súnrise sèrvice *n.* [時に S- S-] 〖キリスト教〗早天[日の出]礼拝 (日の出時に復活したとされるキリストを記念してしばしば屋外で行われる復活祭の礼拝).
súnrise shèll *n.* 〖貝類〗ニッコウガイ (二枚貝綱ニッコウガイ科の貝の総称; ニッコウガイ (*Tellinella virgatus*) など; sunset shell, sunrise clam ともいう).
sún·ròof *n.* 〖自動車〗サンルーフ (開閉できる天窓付きの屋根; sunshine roof ともいう). 〖1952〗
sún·ròom *n.* 日光浴室, サンルーム (sun parlor). 〖1917〗
sún·ròse *n.* 〖植物〗**1** ＝rockrose. **2** ＝sun plant 1. 〖1822〗
sún·scàld *n.* 日焼け (強すぎる日光または太陽熱の照射により葉・花・果実に生じるしみ). 〖1855〗
sun·screen /sʌ́nskrìːn/ *n.* 日焼け止めクリーム. 〖1738〗
sún·sèeker *n.* **1** (特に, 冬季における)温暖地域への旅行者, 避寒客. **2** 〖宇宙〗常に太陽に向くようにされた光電装置で飛翔体の航行システムの一部. 〖1954〗
sun·set /sʌ́nsèt/ *n.* **1 a** 日没 (sundown). **b** 日没時. **c** 夕焼け. **2** (ものの)終わり, 末; 晩年, 末路: the ～ of life 晩年. 〖*a*1393〗
Súnset Cráter *n.* サンセットクレーター (米国 Arizona 州中北部, Flagstaff の北東にある火口; Sunset Crater National Monument の中心).
súnset ìndustry *n.* 斜陽産業 (cf. sunrise industry).
súnset shèll *n.* 〖貝類〗＝sunrise shell.
sún·shàde *n.* **1 a** 日よけに用いるもの. **b** (店頭などに張る)日よけ (awning). **c** (婦人用)日傘. **d** (婦人帽の)ひさし, 日庇(ひさし); 広ぶち帽子. **e** (カメラレンズの)フード. **2** [*pl.*] 《俗》サングラス (sunglasses). 〖1851〗
sun·shine /sʌ́nʃàɪn/ *n.* **1 a** 日の輝き, (直射)日光. **b** 日当たり, 日なた. **2** 快活, にこやかさ; 晴々しくするもの, 明るくするもの. **3** 《英口語》やあ君, なあ, おい (親しげな, または時にぶしつけな[威嚇的な]呼びかけ): Hello, ～! やあ今日は. ***have bèen in the súnshine*** 《俗》酔っている. ― *adj.* 《米》サンシャイン法の, 議事公開法の. 〖*c*1250〗
súnshine làw *n.* 《米》サンシャイン法, 議事公開法 (政府機関に対して議事公開を義務づける法; Florida 州 (Sunshine State) で最初に施行されたことに由来).
súnshine-recòrder *n.* 日照計 (日照時間を測る器械). 〖1892〗
súnshine ròof *n.* 〖自動車〗＝sunroof.
Súnshine Stàte *n.* [the ～] 米国 Florida 州, New Mexico 州, South Dakota 州の俗称.
sún·shìn·y /-ʃàɪni/ *adj.* **1 a** 日光の, 日光のような. **b** 日のよく照る[射す], 日当たりのよい, 日なたの; 晴天の. **2** 明るい, 朗らかな, 晴々した (bright); 快活な, 陽気な (cheerful). 〖(1590) ← SUNSHINE, -Y¹〗
sún·shòwer *n.* 天気雨, 「きつねの嫁入り」.
sún sìght *n.* (海洋上で緯度・経度を求めるための)太陽観測.
sún sìgn *n.* 〖占星〗誕生宮 (birth sign). 〖1893〗
sún·snàke *n.* 〖考古〗サンスネーク, 太陽蛇(じゃ) (北欧先史時代の遺物中に見られる, 中心に小円形のある S 字形装飾).
sún spàce *n.* サンスペース: **1** サンルームや温室などのように, 太陽熱によって暖められる住宅内[住宅付属]の部屋. **2** 太陽光が当たる場所.
sún spìder *n.* 〖動物〗ヒヨケムシ (サソリに似たヒヨケムシ目 (*Solpugida*) のクモ形綱の動物の総称; 大きく発達したはさみと触毛でおおわれた細長い体をもち, オーストラリアを除く全世界の温暖地帯の砂漠や平原に生息する; camel spider, wind scorpion ともいう). 〖1959〗
sún·spòt *n.* **1** (太陽)黒点. **2** そばかす. **3** ＝sun lamp. **4** (口語) 温暖な気候の土地. 〖1818–20〗
súnspot cỳcle *n.* 〖天文〗黒点周期. 〖1922〗
súnspot nùmber *n.* 〖天文〗黒点数.
sún squìrrel *n.* 〖動物〗タイヨウリス (アフリカ産のタイヨウリス属 (*Heliosciurus*) の樹上生活をするリス数種の総称; 日なたぼっこをすることで知られる).
sún stàr *n.* 〖動物〗ニチリンヒトデ (ニチリンヒトデ科の, 特にニチリンヒトデ属 (*Solaster*) の棘皮(きょくひ)動物の総称; 8–13 本の腕がある).
sún·stòne *n.* 〖鉱物〗**1** 日長石, サンストン (赤鉄鉱などの微結晶を含む赤味がかった閃光を発する斜長石の一種; cf. moonstone). **2** ＝aventurine 3. 〖ME〗
sún·stròke *n.* 〖病理〗日射病 (cf. heat exhaustion). 〖1851〗
sún·strùck *adj.* **1** 日射病にかかった. **2** 太陽に彩られた, 陽光に映えた. 〖1794〗
sún·sùit *n.* サンスーツ (子供用の日光浴をしたり遊んだりするときに着る背の開いた遊び着). 〖1929〗
sún·tàn *n.* **1** (皮膚の)日焼け (小麦色に健康色に焼くこと; cf. sunburn 1): get a ～ 日焼けする. **2** 小麦色, カーキ色. **3** [*pl.*] カーキ色の夏用軍服. **sún·tànned** *adj.* 〖1904〗
súntan lòtion [òil] *n.* (日焼けしすぎずきれいに肌を焼くための)日焼けローション[オイル].
sún·tràp *n.* (特に, 風よけを施した庭やテラスなどの)日だまり. 〖1883〗
sún trèe *n.* 〖植物〗ヒノキ (*Chamaecyparis obtusa*) (fire tree, hinoki ともいう).
sún·ùp *n.* 《米口語》＝sunrise.
Sún Válley *n.* サンバレー (米国 Idaho 州中部の保養地).
sún vìsor *n.* 〖自動車〗サンバイザー, 日よけ, 直射日光遮光板 (⇨ car 挿絵). 〖1926〗
sun·ward /sʌ́nwəd | -wəd/ *adj.* 太陽の方の[に向かう]. ― *adv.* 太陽の方へ(向かって). 〖1611〗
sun·wards /-wədz | -wədz/ *adv.* ＝sunward.
Sun Wen /sʊ̀nwə́n; *Chin.* sūnuə́n/ *n.* 孫文(そんぶん) (1866–1925; 中国の政治家, 革命家; 中華民国初代臨時大総統 (1912); 中国国民党創設 (1919); 三民主義を提唱; 欧米では字(あざな)である逸仙により, Sun Yan-sen として知られる).
sún whèel *n.* 〖機械〗＝sun gear.
sún·wìse *adj.* 太陽の見かけの運行と同方向に, 左から右へ, 右回りに (clockwise). ― *adj.* 右回りの. 〖1864〗
sún-wòrship *n.* 太陽崇拝.
sún-wòrshiper *n.* 太陽崇拝者.
SUNY /súːni/ *n.* 《略》State University of New York (ニューヨーク州立大学).
Sun·ya·ta, s- /ʃúːnjətàː/ *n.* (*also* **Sun·ya** /ʃúːnjə/) 〖仏教〗空性(くうしょう) (固定的・実体的な本性をもたぬこと). 〖(1907) ▭ Skt *śūnyatā* ← *śūnya* empty〗
Sun Yat-sen /sʌ́njɑ̀ːtsén; *Cant.* ʃỳːn jɐtʃɪn/ *n.* 孫逸仙 (孫文の欧米での通称; 逸仙は字(あざな)) ⇨ Sun Wen).
Sun Yi·xian /sʊ́njìːʃjáːn/ *n.* ＝Sun Yat-sen.
su·o ju·re /súːoʊdʒʊ́ᵊri, -jʊ́ᵊreɪ | -əʊdʒʊ́əri, -júərer/ *L.* 彼[彼女, それ, 自分]自身の権利において. 〖▭ L *suō jūre* in his [her, its, one's] own right〗
súo ló·co /-lóʊkoʊ | -ləʊkəʊ/ *L.* 自分自身の(正しい)場所[立場]において. 〖▭ L *suō locō* in one's own or rightful place〗
Suo·mi /*Finn.* súomi/ *n.* スオミ (Finland のフィンランド語名).
sup¹ /sʌ́p/ *v.* (**supped; sup·ping**) ― *vt.* **1** 〈茶・スープなどを〉すする (sip), 少量ずつ食べる[飲む]. **2** 《スコット・北英方言》＝drink. ― *vi.* すする (sip), 少量ずつ食べる[飲む]: He must have a long spoon that ～*s* with the devil. 《諺》悪魔と食事をする者は長いスプーンが必要だ, 悪い奴を相手にするときは油断もすきもならない. ― *n.* (飲物の)一口, 一すすり (sip); 少量: take neither bit [bite] nor ～ of the food その食物は一口も食べない. 〖OE *sūpan* ← Gmc **sūp-* (Du. *zuipen* / G *saufen*) ← IE **seuə-* to take liquid (L *sūgere* 'to SUCK'): cf. soup, sop, soak〗
sup² /sʌ́p/ *v.* (**supped; sup·ping**) ― *vi.* **1** 《古》夕食を食べる: ～ out 外で晩飯を食べる. **2** 〔…を〕夕食に食べる〔*on, upon, off*〕. ― *vt.* 《まれ》…に夕食を供する. 〖(*c*1300) *soupe(n), suppe(n)* ▭ OF *s(o)uper* ← *soupe* 'piece of bread dipped in broth, SOUP'〗
sup³ /súːp | súːp, sjúːp/ *n.* 〖数学〗＝supremum.
sup. 《略》superfine; superior; superlative; supine; supplement; supplementary; supply; supra; supreme.
sup- /səp, sʌp/ *pref.* (p の前にくるときの) sub- の異形: *sup*port, *sup*press.
sup. ben. *n.* 《略》《口語》supplementary benefit.
supe¹ /súːp | súːp, sjúːp/ *n.* 《米》**1** ＝supernumerary. **2** 《俗》＝superintendent.
supe² /súːp | súːp, sjúːp/ *vt.* ＝soup.
su·per /súːpə | súːpə^r, sjúː-/ *adj.* 《口語》**1 a** すばらしい, すてきな, すごい. **b** 〈商品など〉特級品の, 飛切り上等の (superfine). **c** 巨大な, 超大型の, 特大の. **d** 超愛国的な: a ～ American. **2 a** (フィート・ヤードなどで表した)面積の, 表面の (superficial). **b** 平方尺の (in square measure): 120 ～ feet 120 平方フィート. ― *adv.* 《口語》**1** 非常に, 大変 (extremely): a ～ expensive hotel. **2** 過度に, ひどく (excessively). ― *n.* 《口語》**1 a** 監督, 取締まり; (アパートなどの)管理人 (superintendent). **b** 《米》警察本部長, 《英》警視. **2 a** 臨時雇いの出演者, エキストラ (supernumerary) (演劇・歌劇などの群衆の一人として出るだけで, せりふを言ったり歌ったりしない人). **b** 余計な人, 不要な人, 重要でない人. **3** スーパー(マーケット) (supermarket). **4** (ミツバチの巣の)重ね箱 (superhive). **5** 〖商業〗特等品, 特級品, 特大品. (《略》← SUPERFINE) **6** 〖製紙〗スーパー仕上げ紙 (supercalendered paper) (特別な光沢紙). **7** 〖製本〗寒冷紗(しゃ) (書籍の背の補強に使う粗布). **8** 〖農業〗＝superphosphate 2. **9** 《豪》老齢年金手当. **10** ハイオクタンのガソリン. ― *vt.* 〖製本〗〈本の背を〉寒冷紗で補強する. 〖n.: (1626) (略). ― v.: (1924). ― adj.: (1833). ― adv. : (1944)〗
super. 《略》superficial; superfine; superheterodyne; superintendent; superior; supernumerary.
su·per- /súːpə | súːpə^r, sjúː-/ 形容詞・名詞・動詞に付いて次の意味を表す連結形: **1** 「上に」(↔ subter-): *super*impose, *super*structure. **2** 「さらに, 付加的に」: *super*add, *super*fax. **3** 「極度に, 極めて」(cf. hyper-): *super*excellent, *super*sensitive. **4** 「過度に, …より以上」(cf. ultra-): *super*heat, *super*normal. **5** 「上位」: *super*intend, *super*visor. **6 a** 「高等の, 超越した, …より優れた, …以上の」(cf. hyper-): *super*class, *super*natural. **b** …より上の範疇の: *super*family. **7** 「第二級の; 二次的」: *super*parasite. **8** 「(位置が)…より上に」: *super*aqueous, *super*terrene. **9** 〖化学〗「per- より高い酸素状態の」: *super*phosphate, *super*oxide. 〖▭ L ～ *super* (adv. & prep.) 'above, beyond, OVER' ← IE **(s)uper*: cf. sur-²〗
su·per·a·ble /súːp(ə)rəbḷ | súː-, sjúː-/ *adj.* 打ち勝てる, 打ち負かせる, 打破できる. **～·ness** *n.* **sù·per·a·bíl·i·ty** *n.* **sú·per·a·bly** *adv.* 〖(1629) ▭ L

superābilis ← *superāre* to overcome ← *super* (↑)〗

su·per·abound /sùːpəəbáund | sùːp(ə)əb-, sjùː-/ *vi.* 〔場所などに〕あり余る〔*in*〕;〔物などが〕あり余る, 多過ぎる, 余分にある〔*in, with*〕: Fish ~*s in* the river.＝The river ~*s in* [*with*] fish. この川には魚が多過ぎるほどいる. 〖(*a*1400) □ LL *superabundāre*: ⇨ super-, abound〗

sùper·abúndance *n.* **1** あり余り, 多過ぎ: ~ of wealth. **2** 余分, 過剰, 剰余. 〖(*a*1425) □ LL *superabundantia*: ⇨ ↑, -ance〗

sùper·abúndancy *n.* ＝superabundance. 〖⇨ ↓, -ancy〗

sùper·abúndant *adj.* あり余る (abounding); 余計な, 多過ぎる, 過剰の (excessive). **~·ly** *adv.* 〖(*a*1410) □ LL *superabundantem* (pres.p.) ← *superabundāre* 'to SUPERABOUND': ⇨ -ant〗

sùper·ácid *n.* 〘化学〙 超酸《強酸より酸性度が強い》. 〖(1927): 初出例は形容詞〗

sùper·áctinide sèries *n.* 〘化学〙 スーパーアクチニド系列《89-103 番元素までのアクチニド系列以降の元素群, 超アクチニドのさらに後に現れると推定される超重元素の系列 122-153 番までの元素; cf. transactinide series》. 〖← SUPER-＋ACTINIDE〗

sùper·acúte *adj.* 極度に鋭い[鋭敏な]. 〖1679〗

sùper·ádd *vt.* **1** さらに加える, さらに足す, その上に加える. **2** 付言する, 言い足す. 〖(*a*1458) □ L *superaddere*: ⇨ super-, add〗

sùper·addítion *n.* **1** さらに加えること, 付加, 添加; 付言. **2** さらに加えた物, 付加物, 添加物. **~·al** *adj.* 〖(1609) □ LL *superadditiō(n-)*: ⇨ ↑, -tion〗

sùper·adiabátic *adj.* 〘気象〙 超断熱の《断熱状態で生じるよりも急な気温傾度を示す》. 〖1925〗

sùper·aerodynámics *n.* 〘物理〙 超空気[気体]力学《希薄気体の力学》. 〖1934〗

súper·àgency *n.* 《各種政府機関の調整・監督に当たる》統合的機関, 上部監督機関. 〖1943〗

sùper·álloy *n.* 〘冶金〙 超合金《耐熱・耐酸性に優れた合金》. 〖1948〗

sùper·áltar *n.* 〘カトリック〙 携帯用祭壇《聖別された石板で, これを聖別されていない祭壇の上敷きにする; altar stone ともいう》. 〖(*c*1380) □ ML *superaltāre*: ⇨ super-, altar〗

su·per·al·tern /sùːpəɔ́ːltən, -áːl- | sùːpə(r)ɔ́ːltən, sjùː-, -ɔ̀l-/ *n.* 〘論理〙《対当推理で関連する特称命題との対比における》全称命題. 〖(1921) ← SUPER-＋(SUB)AL-TERN〗

sùper·angélic *adj.* 天使以上の, 超天使的な. 〖1804〗

su·per·an·nu·ate /sùːpəǽnjuèɪt | sùːpə(r)ǽn-, sjuː-/ *vt.* **1** 〈人を〉《老齢・病弱のため》退職させる[を許す], 年金[恩給]を与えて退職させる, 定年退職させる (pension off). **2** 時代遅れ[古過ぎる]として拒絶する. ── *vi.* **1** 《老齢・病弱のために》引退する[不適格になる], 定年退職する. **2** 古臭くなる, 時代遅れになる. ── *n.* 老齢[定年]で引退した人. 〖(1647)《逆成》 ↓〗

su·per·án·nu·àt·ed /-tɪ̀d | -tɪ̀d/ *adj.* **1** 老齢[病弱]で職に耐えない. **2** 老齢[病弱]で退職した, 恩給をもらって退職した, 定年退職した: a ~ official 定年退職の公務員 / a ~ list 定年退職者名簿. **3** 時代遅れの, すたれた, 古臭くなった. 〖(1632) ← ML *superannuātus* ((p.p.) ← *superannuārī* be too old ← SUPER-＋*annus* year)＋-ED: cf. annual〗

su·per·an·nu·a·tion /sùːpəæ̀njuéɪʃən | sùːpə(r)æ̀nju-, sjùː-/ *n.* **1** 老齢[病弱]退職[退役], 定年退職. **2** 老齢[定年]退職年金[恩給]; 退職手当. 〖1658〗

súperannuation schème *n.* 《英》 退職者年金制度[計画].

su·per·aq·ual /sùːpəǽkwəl | sùːpə(r)ǽk-, sjùː-/ *adj.* 〘地質〙〈土壌など〉水面上にある (cf. subaqual). 〖← SUPER-＋AQUA＋-AL[1]〗

su·perb /suːpə́ːb, sə- | suːpə́ːb, sjuː-, su-, sju-/ *adj.* (**more ~, most ~; ~·er, ~·est**) **1** 《口語》 飛切り上等の, 最上等の, すばらしい, 無類の (excellent): a ~ collection [specimen] すばらしい収集[見本] / a ~ performance 絶妙の演技 / a ~ voice 天来の美声 / ~ courage 絶大な勇気 / a ~ dancer すばらしいダンサー. **2 a** 壮麗な (majestic): a ~ building, palace, etc. **b** 善美を尽くした, 目もあやな, 華麗な: ~ jewels, flowers, etc. / a ~ binding 豪華な装丁 / a ~ view 壮観, 絶景. **c** 〈鳥など〉色彩の華麗な. **~·ly** *adv.* **~·ness** *n.* 〖(1549) □ L *superbus* superior, proud, haughty ← IE *(*s)uper-bhwos* being superior to ← *(*s)uper*＋**bheuə*- 'TO BE': ⇨ super-〗

sùper·bazáar *n.* (*also* **sùper·bazár**) インドの大型デパート[スーパーマーケット]《特に協同組合方式により, 政府により開業されたもの》.

súper·bìke *n.* スーパーバイク《高性能オートバイ》. 〖1970〗

súper·blòck *n.* 大街区, 集団街区, 街区集団《通過交通のない一まとまりの大規模な街区》. 〖1928〗

súper·bòmb *n.* 超高性能爆弾; (特に)水素爆弾. 〖1940〗

súper·bòmber *n.* 超爆撃機《superbomb を搭載》.

Súper Bòwl *n.* [the ~] スーパーボウル《米国のプロフットボールの組織 NFL が行う王座決定戦; AFC と NFC の優勝者が対戦する》. 〖1966〗

súper·bùg *n.* スーパーバグ: **1** 抗生物質などに対し耐性をもつようになった細菌. **2** バイオテクノロジーなどで利用される細菌で, 遺伝子工学的に改良されて, 石油や廃棄物による環境汚染の浄化に役立てられるものなどがある. 〖1975〗

súper·càlender 〘製紙〙 *n.* スーパーカレンダー《紙に強光沢をつけるロール; cf. friction calender》. ── *vt.* スーパーカレンダーで〈紙を〉仕上げる, 〈紙を〉スーパー仕上げにする. 〖1888〗

sùper·cálendered *adj.* 〘製紙〙〈紙など〉スーパー仕上げの. 〖1888〗

súper·càpital *n.* 〘建築〙 アーチの迫り元と柱頭との中間部. 〖← SUPER-＋CAPITAL[2]〗

súper·càr *n.* スーパーカー《高性能スポーツカー》. 〖1920〗

súper·càrgo *n.* (*pl.* **~es, ~s**) 〘海事〙 (貨物)上乗(うわの)人《商船便乗の荷主代表で船荷の管理, 取引の監督などをする》. 〖(1697) *supracargo* □ Sp. *sobrecargo* ← *sobre* < L *super*: ⇨ super-, cargo〗

súper càrrier *n.* 超大型航空母艦.

sùper·cavitátion *n.* 〘海事・機械〙 超空洞現象《水中プロペラが急速回転した時に生じる真空状態で, 水をかかなくなり前進力が減殺される現象》.

su·per·cede /sùːpəsíːd | sùːpə-, sjùː-/ *vt.* ＝supersede.

sùper·celéstial *adj.* **1** 天[空]の上の[上にある, 上に住む]. **2** 超神聖な. 〖(1559) ← LL *supercaelestis*＋-AL[1]: ⇨ super-, celestial〗

súper·cènter *n.* (都市郊外の)巨大なショッピングセンター.

súper·chàrge *vt.* **1** …を〔感情, 緊張などで〕過度に充満させる〔*with*〕. **2 a** 〘機械〙〈内燃機関〉に過給する, 与圧する: a ~*d* engine. **b** 〘航空〙 ＝pressurize 1. **3** 〈液体〉に加圧する. ── *n.* **1** (感情などの)過度の充満. **2** (エンジンの)過給. 〖1766〗

súper·chàrged *adj.* **1** 〈エンジンが〉過給された《吸入する混合気の圧力を過給機で高めた》. **2** 《口語》より強力な, 高出力の. **3** 《口語》過剰に〔力・感情などを〕与えられた〔*with*〕.

súper·chàrg·er *n.* 〘機械〙 (エンジンの)スーパーチャージャー, 過給機 (blower, booster ともいう). 〖1921〗

súper·chip *n.* 〘電算〙 スーパーチップ《多数の集積回路 (integrated chip) を含む高密度のチップ》. 〖1978〗

súper·chùrch *n.* 〘キリスト教〙 巨大教会, スーパーチャーチ《いくつかの教派の教会が統合されてできた大教会》; 巨大建物でさまざまな設備を備えた大教会. 〖1970〗

supercilia *n.* supercilium の複数形.

su·per·cil·i·ar·y /sùːpəsíliὲri | sùːpəsíliəri, sjùː-ˈ⁻/ *adj.* 眉(まゆ)の[に関する, の近くの], 眉毛の, 目の上の (supraorbital). **2** 〘解剖・動物〙 ＝supraciliary. 〖(1732) ← NL *superciliāris* ← L *supercilium* (↓)〗

su·per·cil·i·ous /sùːpəsíliəs | sùːpə-, sjùː-ˈ⁻/ *adj.* 人を見くだすような, 高慢な, 尊大な. **~·ly** *adv.* **~·ness** *n.* 〖(*a*1529) □ L *superciliōsus* ← *supercilium* eyebrow, pride ← SUPER-＋*cilium* (lower) eyelid: ⇨ -ous〗

su·per·cil·i·um /sùːpəsíliəm | sùːpə-, sjùː-/ *n.* (*pl.* **-i·a** /-liə/) 〘建築〙 **1** (ローマ建築の)軒上端に施される平縁. **2** (古典主義建築の)柱礎に施される平縁. 〖(1563) □ L ~ (↑)〗

súper·cìty *n.* **1** 大都市圏《二つ以上の都市が結合してできた大都市地帯》. **2** 巨大都市, メガロポリス (megalopolis). 〖1925〗

súper·clàss *n.* 〘生物〙 上綱《分類学上の一単位, 綱 (class) の上, 門 (phylum) の下》. 〖1891〗

súper·clùster *n.* 〘天文〙 ＝supergalaxy.

súper·còil *n.* 〘生化学〙 ＝superhelix.

súpercòiled *adj.*

súper·collìder *n.* 〘物理〙 (大型で強力な)衝突型粒子加速器 (cf. particle accelerator). 〖1984〗

sùper·colóssal *adj.* 超巨大な. 〖1934〗

sùper·colúmnar *adj.* 〘建築〙 **1** 円柱の上に円柱を重ねた. **2** 重列柱の.

sùper·columniátion *n.* 〘建築〙 重列柱; 重列柱式の建築.

súper·compùter *n.* 〘電算〙 スーパーコンピューター《大量のデータをきわめて短時間に処理できる強力なコンピューター》. 〖1967〗

sùper·condúction *n.* 〘物理〙 超電導, 超伝導. 〖1940〗

sùper·condúctive *adj.* 〘物理〙 超電導性の, 超伝導性の. 〖1913〗

sùper·conductívity *n.* 〘物理〙 超電導, 超伝導. 〖1913〗

su·per·con·duc·tor /sùːpəkəndʌ́ktə, ˈ⁻⁻⁻ˈ⁻ | súːpəkəndʌ̀ktə(r, sjúː-/ *n.* 〘物理〙 超電導体, 超伝導体. 〖1913〗

sùper·cónscious 〘心理〙 *adj.* 人間の意識を超えた, 超意識的な. ── *n.* 超意識. **~·ness** *n.* 〖1884〗

súper·cóntinent *n.* 〘地質〙 超大陸《現在の大陸が, 過去の地質時代には一塊になっていたと考える場合に用いる語; protocontinent ともいう》. 〖1960〗

sùper·cóol *vt.* (凍らせずに)〈液体を〉氷点以下に冷却する, 過冷する (undercool). ── *vi.* 〈液体が〉氷点以下に冷却される, 過冷される. 〖1906〗

súper·còuntry *n.* 超大国 (superpower).

sùper·crítical *adj.* **1** 極端に厳格な. **2** 〘物理〙 臨界値より上の; 〈核分裂物質の量が〉(核分裂を起こす)超臨界値より多い. **~·ly** *adv.* 〖1610〗

súpercrìtical wíng *n.* 〘航空〙 超臨界翼《高亜音速のジェット機に使われる翼形状の一種で, できるだけ高いマッハ数まで音の障壁による抗力増加が起きないように工夫したもの》. 〖1969〗

súper·cùrrent *n.* 〘電気〙 超伝導電流, 超電導電流. 〖1940〗

súper·délegate *n.* 〘米政治〙 (民主党の)幹部代議員《予備選挙で党員から選出される代議員に対して党役員会で選任される全国大会への代表》.

sùper·dénse *adj.* 非常に緻密な, ぎっしり詰まった, すし詰めの. 〖1967〗

súper·dénse thèory *n.* 〘天文〙 ＝big bang theory.

sùper·dóminant *n.* 〘音楽〙 ＝submediant.

su·per·doo·per /sùːpədúːpə | sùːpədúːpə(r, sjùː-/ *adj.* ＝superduper.

sùper·dréadnought *n.* 〘軍事〙 超弩(ど)級艦 (dreadnought より大型で, 装甲も厚く, 火力を大幅に増大させた戦艦).

Súper·drùg *n.* スーパードラッグ《英国の医薬品・化粧品類の安売りチェーン店》.

su·per·du·per /sùːpədúːpə, -djúː- | sùːpədjúːpə(r, sjùː-/ *adj.* 《俗》 非常にすばらしい, 天下一品の; 超大型の, 巨大な: a ~ special (film). 〖(1940)《加重》 ← SUPER-〗

sùper·égo *n.* 〘精神分析〙 超自我《自我を監視する無意識的良心》. 〖(1919)《なぞり》 ← G. *Über-Ich*〗

sùper·elástic *adj.* 〘物理〙 超弾性の: a ~ collision 超弾性衝突《自由電子と励起電子との衝突》.

sùper·élevate *vt.* **1** 〘鉄道〙〈レールに〉カントをつける《鉄道がカーブする所で, 外側のレールを内側より高くする》. **2** 〘土木〙〈道路〉に片勾配をつける《道路がカーブする所で, 外側の路面を内側より高くする》. 〖1945〗

sùper·elevátion *n.* **1** さらに高く上げること. **2** 〘鉄道〙 カント《鉄道のカーブにおける外側軌条の高度》. **3** 〘土木〙 道路の片勾配. 〖1654〗

sùper·éminent *adj.* **1 a** 卓絶した, 卓越した, 抜群の. **b** 一際目立つ, 顕著な. **2 a** 非常に高い, そびえ立つ, すべてを眼下に見下ろす. **b** 高位の, 高官の. **sùper·éminence** *n.* **~·ly** *adv.* 〖(1555) □ LL *superēminentem* (pres.p.) ← *superēminēre*: ⇨ super-, eminent〗

sùper·empírical *adj.* 超経験的な《認識や知識が経験的手段を超えた仕方で得られた; cf. transcendent 2》.

sùper·encípher *vt.* 〈すでに暗号化されたものを〉さらに暗号化する.

su·per·er·o·gate /sùːpərérəgèɪt | sùːpərérə(ʊ)-, sjùː-/ *vi.* 義務以上に仕事する. 〖(1582) ← ML *superērogātus* (↓)〗

su·per·er·o·ga·tion /sùːpərèrəgéɪʃən | sùːpərèrə(ʊ)-, sjùː-/ *n.* **1** 〘神学〙 神の命じる以上の仕事《その功徳(くどく)によって死後その人の欠陥が補われるとされる》: works of ~ ⇨ work *n.* 14. **2** 義務以上の仕事. 〖(1526) □ ML *superērogātiō(n-)* ← *superērogātus* (p.p.) ← *superērogāre* ← SUPER-＋L *ērogāre* to perform beyond the call of duty (← *ē*- 'EX-[1]'＋*rogāre* to ask)〗

su·per·e·rog·a·to·ry /sùːp(ə)rɪ̀rɑ́(ː)gətɔ̀ːri | sùːp(ə)rɛrɔ́gətəri, sjùː-, -triˈ⁻/ *adj.* **1 a** 〘神学〙 神の命じる以上の仕事をする. **b** 義務以上に勤める. **2** 余分の, 余計な. **sù·per·e·róg·a·to·ri·ly** *adv.* 〖(1593) □ ML *superērogātōrius*: ⇨ -ory[1]〗

sùper·éthical *adj.* 倫理を超越した, 超倫理的な.

su·per·ette /sùːpərét | sùː-, sjùː-/ *n.* 《米》 小規模なスーパーマーケット, ミニスーパー. 〖(1938) ← SUPER (n. 3)＋-ETTE〗

sùper·éxcellent *adj.* 極めて優秀な, 極めて卓越した. **~·ly** *adv.* **sùper·éxcellence** *n.* 〖(1561) □ LL *superexcellentem* (pres.p.) ← *superexcellere*: ⇨ super-, excel〗

S

sùper·excitátion *n.* 過度の興奮[刺激].

sùper·expréss *adj.* 超特急の. ── *n.* 超特急(列車).

súper·fàmily *n.* 〘生物〙 上科, 超科《亜目 (suborder) に同じ, または亜目と科 (family) の間に位する分類学上の単位; cf. classification 1 b》. 〖1899〗

sùper·fátted *adj.* 〈石鹸が〉脂肪含有過多の. 〖1891〗

súper féatherweight *n.* ＝junior lightweight.

su·per·fec·ta /sùːpəféktə | sùːpə-, sjùː-/ *n.* 〘競馬〙 超連勝単式《1 着から 4 着まで予想する賭け》. 〖(1971)《混成》 ← SUPER-＋PERFECTA〗

sùper·fecundátion *n.* 〘生理・医学〙 過妊娠《一卵子受精後に他卵子が受精すること, また異なる男性によって二卵子がほぼ同時に受精すること》. 〖1855〗

súper·fémale *n.* 〘動物〙 超雌《第二次性徴は著しい雌の特徴を示すが, 生殖能力をもたないもの; cf. supermale》. 〖1922〗

sùper·fetátion *n.* **1** 〘生理〙 過受胎, 過受精; (異期)重複妊娠. **2** 過度に達した蓄積[累積的増大]. 〖(1603) □ ML *superfētātiō(n-)* ← L *superfētātus* (p.p.) ← SUPER-＋*fētāre* to impregnate (← *fētus* 'FETUS')〗

su·per·fi·cial /sùːpəfíʃəl, -ʃl | sùːpə-, sjùː-ˈ⁻/ *adj.* **1** 外面[表面]に現れた, 外面[表面]だけの, 見かけだけの; 浅薄な, 皮相の, 上滑りの, 深みのない (shallow); 思慮の足らない: ~ characteristics 表面に現れた[外から見ただけの]特徴 / a ~ observer [writer] 皮相な観察者[作家] / ~ knowledge 浅薄な知識 / ~ piety うわべの信心. **2** 表面の, 外面の: ~ color [appearance, resemblance] 外面の色彩[現れ, 類似] / a ~ wound 外傷. **3** 実質のない (insubstantial), 取るに足らない. **4** 面積の, 平方の (cf. solid *adj.* 9): 20 ~ feet [meters] 20 平方フィート[メートル]. **~·ly** *adv.* **~·ness** *n.* 〖(1392) □ LL *superficiālis* ← L *superficiēs* surface: ⇨ superficies, -ial〗

SYN 皮相的な: **superficial** 表面的で深みがない: a *superficial* knowledge of philosophy 哲学の薄っぺらな知識. **shallow** 〈人や精神が〉真剣に考えたり深く感じたりする能力がない: *shallow* writing 浅薄な書き物. **cursory**

急いでいて徹底していない: a *cursory* reading of a letter 手紙をそそくさと読むこと. **ANT** deep, profound.

---

súperfìcial cléavage *n.* 〘動物〙表割《初め卵黄の中心部にある核だけが分裂し，卵割が表面の細胞質の部位だけで行われるもの; cf. discoidal cleavage》.

súperfìcial fáscia *n.* 〘解剖〙浅筋膜, 皮下組織 (hypodermis).

su·per·fi·ci·al·i·ty /sùːpəfìʃiǽləṭi | sùːpəfìʃiǽlɪ̀ti, sjùː-/ *n.* **1** 浅薄, 皮相, なまかじり. **2** 浅薄[表面的]なもの. 〘*c*1400〙

su·per·fi·cies /sùːpəfíʃiːz, -fíʃiìːz | sùːpə-, sjùː-/ *n.* (*pl.* ～) **1** 表面, 外面; (幾何学的物体の)面: She seemed to grow a ～ of flesh and bone merely. 彼女はだんだん骨と皮ばかりになっていくようだった. **2** (本質に対して)外観, 外貌. **3** 〘ローマ法〙 **a** 地上物件. **b** 地上権. 〘(1530) ▫ L *superficiēs* ← SUPER-＋*faciēs* 'form, FACE'〙

sùper·fíne *adj.* **1** 〈品物など〉最上の, 極上の, 特級の, とびきりの. **2** 微細にわたり過ぎる, 几帳面過ぎる; あまり上品ぶる. **3** 非常に目の細かい; 微小の. — *n.* [*pl.*] 最上[高]級品, 特級品. 〘(*c*1440) ▫ ML **superfinus* ← SUPER-＋*finus* 'FINE[1]'〙

sùper·fínish *vt.* 〈工作物の表面を〉特別仕上げする, 磨きあげる.

su·per·fix /súːpəfɪks | súːpə-, sjúː-/ *n.* 〘音声〙上被, 接上辞《複合語などに共通して認められる強勢型; 複合名詞の ´ ` 型など》. 〘(1948) ← SUPER-＋(PER)FIX〙

sùper·flúid 〘物理〙 *n.* 超流体 (quantum liquid). — *adj.* 超流体の. 〘1938〙

sùper·fluídity *n.* 〘物理〙超流動. 〘1938〙

su·per·flu·i·ty /sùːpəflúːəṭi | sùːpəflúːɪ̀ti, sjùː-/ *n.* **1** 余分, 過剰 (superabundance): ～ of food. **2** 余計[余分]な物, なくてもよい(ぜいたくな)物, 不必要物, 冗物; あり余る財産: I have no money for *superfluities*. 余分な物を買うような金はない / give of one's ～ あり余る中から与える. 〘(*a*1387) ▫ (O)F *superfluité* ▫ LL *superfluitās*: ⇨ ↓, -ity〙

su·per·flu·ous /suːpə́ːfluəs, sʊ- | suːpə́ː-, sjuː-, sʊ-, sjʊ-/ *adj.* **1 a** むだな, 不必要な, なくてもよい. **b** 余分の, 余計な, あり余る. **2** 《廃》 **a** ぜいたくな (extravagant), むだ使いをする (wasteful). **b** 法外な (inordinate). **c** 異常な (abnormal). **～·ly** *adv.* **～·ness** *n.* 〘(*a*1398) ▫ L *superfluus* ← *superfluere* to overflow ← SUPER-＋*fluere* to flow〙

súper·flùx *n.* **1** 過剰. **2** 過度に流れること. 〘1604-05〙

súper·flỳ *adj.* 《米》《黒人俗》すばらしい, 好ましい, 魅力的な; 《米口》派手な, きざな《服など》. — *n.* 《米俗》麻薬の売人; 《米口》派手な[きざな]やつ. 〘(1971): 「薬の売人」の意は 1973 年から. 語義の転化は「良質の麻薬」←「映画の題名 (1972)」←「麻薬の売人」の順をたどる〙

Súper·fòrtress *n.* スーパーフォートレス《第二次大戦で対日戦に使用され, 広島・長崎への原爆投下も行った米軍の重爆撃機 B-29 の愛称》.

súper·fùel *n.* (エネルギー・性能において, 他のあらゆるエネルギー燃料を凌ぐ)超燃料.

súper·fùnd *n.* スーパーファンド: **1** 費用のかかる長期的な事業のための大型基金. **2** [S-] 有害廃棄物による汚染地域の環境浄化を資金的に支えるための米国連邦政府の計画.

su·per·fuse /sùːpəfjúːz | sùːpə-, sjùː-/ *vt.* **1** 〘化学〙〈液体を〉(凝固させないで)凝固点以下に過冷却する, 過融解する. **2** 《廃》〈液体を〉注ぎかける, ふりかける (sprinkle). 〘(1657) ← L *superfūsus* (p.p.) ← *superfundere* to pour over ← SUPER-＋*fundere* to pour: cf. fuse[1]〙

su·per·fu·sion /sùːpəfjúːʒən | sùːpə-, sjùː-/ *n.* 〘化学〙過融解. 〘(1657) ▫ L *superfūsiō(n-)*: ⇨ ↑, -sion〙

sùper Ǵ *n.* 〘スキー〙スーパー大回転 (super giant slalom)《滑降よりコースが短距離で, 大回転よりは旗門間の幅が狭い》.

súper·gàlaxy *n.* 〘天文〙超銀河系《非常に多くの銀河系外星雲が集まって作っていると考えられる銀河系に相当する星雲の大集団》. 〘1946〙

su·per·gene /súːpədʒìːn | súːpə-, sjúː-/ *adj.* 〘地質〙**1** 〈鉱床が〉浅成の (cf. hypogene): ～ deposit 浅成鉱床. **2** 〈鉱床が〉下降水によって富化された. — *n.* 〘生物〙超遺伝子《機能上関係がなくても同一染色体上にあって常に一緒に行動し, 共通な一単位として子孫に伝えられる遺伝子群》. 〘(1949) ← SUPER-＋-GENE〙

súper·gìant *n.* **1** 巨大な物体. **2** 〘天文〙超巨星《ベテルギウス (Betelgeuse), アンタレス (Antares) など, 直径が太陽の百倍以上, 明るさが太陽の百倍から一万倍の恒星; supergiant star ともいう》. 〘1926〙

sùper·glácial *adj.* **1** 氷河の表面の: ～ rivers. **2** 以前氷河の表面にあったと信じられている: ～ debris. 〘1886〙

súper·glùe *n.* スーパーグルー《シアノアクリレート (cyanoacrylate) 系の瞬間接着剤》. — *vt.* スーパーグルー[瞬間接着剤]で接着する.

súper·gòvernment *n.* 〘政治〙**1** 超国家機構《国家連合体で, 加盟国政府が形成する中央統治機構》. **2** 超政府的存在[団体]《一国内で合法的権限がないにもかかわらず, 合法的政府を動かす圧力団体, 陰の政府》. **3** 極端に大きな権限を有する政府.

súper·gràss *n.* 《英口語》大物情報提供者[密告者]《その情報が大勢の犯罪者の摘発につながる情報提供者》. 〘1978〙

sùper·grávity *n.* 〘物理〙超重力《超対称性と一般相対性理論を結合させた理論》. 〘1976〙

súper·gròup *n.* 〘音楽〙スーパーグループ《別々のグループで活躍していたメンバーのうち傑出したミュージシャンが集まって新しく編成したロックグループ》. 〘1943〙

súper·hèat *n.* **1** 過熱(状態[度]). **2** 過熱量. — /ˌ—ˈ—/ *vt.* **1** 熱し過ぎる, 過熱する (overheat). **2** 〘化学〙 **a** 〈液体を〉(蒸発させないで)沸騰点以上に熱する, 過熱する. **b** 〈気体を〉(液化させないで)熱する. 〘1859〙

súper·hèat·er *n.* 過熱器[装置]. 〘1861〙

sùper·héavy *adj.* 〘物理〙超重の: ～ nuclei 超重(原子)核《天然に存在するものより質量数の大きな原子核》. 〘1952〙

súper héavyweight *n.* (重量挙げの)スーパーヘビー級の選手 (⇨ weight 表). 〘1971〙

súper·hèlix *n.* 〘生化学〙スーパーヘリックス, 超らせん《環状二本鎖の DNA がさらにねじれたとき形成される構造; supercoil ともいう》. **sùper·hélical** *adj.* 〘1964〙

súper·hèro *n.* スーパーヒーロー: **1** 超売れっ子の人気タレント, スポーツのスター選手 (superstar). **2** 漫画などで悪を退治する超人的力を持った架空の英雄《女性は superheroine》. 〘1: (1965). 2: (1967)〙

su·per·het /sùːpəhèt | súːpə-, sjúː-/ *n.* 《口語》= superheterodyne.

sùper·héterodyne 〘通信〙 *n.* スーパーヘテロダイン, スーパー《受信装置; superheterodyne receiver ともいう》. — *adj.* スーパーヘテロダイン(装置)の. 〘(1922) ← SUPER(SONIC)＋HETERODYNE〙

súper·hìgh fréquency *n.* 〘通信〙超高周波《周波数 3–30 ギガヘルツの電波; 略 SHF; centimeter wave ともいう》. 〘1945〙

sùper·híghway *n.* **1** 《米》(幹線)高速自動車道路 (《英》 motorway). ⇨ highway [日英比較]. **2** 〘電算〙スーパーハイウェイ (information superhighway). 〘1925〙

súper·hìve *n.* = super 4.

sùper·húman *adj.* **1** 人間の能力以上の, 超人的な, 並はずれた. **2** 人間わざでない, 神わざの. **～·ly** *adv.* **～·ness** *n.* 〘(1633) ▫ LL *superhūmānus*: ⇨ super, human〙

sùper·humánity *n.* 人間以上, 超人性; 神わざ, 神性 (divinity). 〘1797〙

sùper·húmeral *n.* 〘キリスト教〙肩に着ける祭服 (amice, ephod, pallium, stole など). 〘(1606) ▫ LL *superhumerāle*: ⇨ super-, humeral〙

Su·pe·ri /súːpəràɪ, -rìː | súː-, sjúː-/ *n. pl.* 〘ローマ神話〙スペリ《天上の神々; cf. Inferi》. 〘▫ L *Superī* (pl.) ← *superus* (that) which is higher: ⇨ super〙

su·per·im·pose /sùːp(ə)rɪmpóʊz | sùːp(ə)rɪm-páʊz, sjùː-/ *vt.* **1** 〘映画・テレビ〙二重焼付けにする, スーパーインポーズする. **2** …の上に置く[載せる], …の上に建てる, 重ねる. **3** 〔…に〕付加する, 添加する〔*on, upon*〕: Anxiety was ～*d* on fear. 不安が恐怖の上に重なった.

sù·per·im·pós·a·ble *adj.* 〘1794〙

sù·per·im·pósed *adj.* 〘地質〙**1** 〈岩石が〉層を成した (layered). **2** 表成的の; 川が地表部の地層を刻みこんで, その下の基盤層中に達している: a ～ river 表生川. 〘1805–17〙

sùper·imposítion *n.* 〘映画・テレビ〙**1** 外国映画の字幕《画面の端に翻訳した台詞(せりふ)や解説を焼きつけたもの》. **2** スーパーインポーズ《一つの画面に他のカメラで撮った画面を重ねて新しい画面を作ること》.

sùper·impregnátion *n.* = superfetation.

su·per·in·cum·bent /sùːpərɪnkʌ́mbənt | sùːpə-rɪn-, sjùː-, -rɪŋ-ˈ/ *adj.* **1** 上にある; 上に横たわる, 上に載る. **2** 〈圧力など〉上から加わる. **sù·per·in·cúm·bence** /-bəns/ *n.* **sù·per·in·cúm·ben·cy** /-bənsi/ *n.* **～·ly** *adv.* 〘(1664) ▫ L *superincumbentem* (pres.p.) ← *superincumbere* to lie down on: ⇨ super-, incumbent〙

sùper·indivídual *adj.* 超個人的な. 〘1916〙

su·per·in·duce /sùːpərɪndúːs, -djúːs | sùːpərɪn-djúːs, sjùː-/ *vt.* **1** さらに生じさせる, さらにもたらす; さらに加える, 付け加える. **2** 余病として併発する, さらに誘発する: The chill ～*d* a pneumonic condition. 風邪がこじれて肺炎になった. **～·ment** *n.* 〘(1555) ▫ L *superindūcere*: ⇨ super-, induce〙

su·per·in·duc·tion /sùːpərɪndʌ́kʃən | sùːpərɪn-, sjùː-/ *n.* **1** 添加, 添付. **2** 余病誘発[併発]. 〘1626〙

sùper·inféction *n.* 〘病理〙重(複)感染. 〘1922〙

su·per·in·tend /sùːp(ə)rɪnténd | sùːp(ə)rɪn-, sjùː-/ *vt.* **1** 〈仕事・労働者などを〉指揮する, 監督する: ～ the workmen. **2** 〈公共機関・地域などを〉管理する. — *vi.* 監督する. 〘(*c*1615) ▫ LL *superintendere* (なぞり) ← Gk *episkopeîn*: ⇨ super-, intend〙

su·per·in·ten·dence /sùːp(ə)rɪnténdəns | sùː-p(ə)rɪn-, sjùː-/ *n.* 監督; 管理: under the ～ of …の監督の下に. 〘1603〙

su·per·in·ten·den·cy /sùːp(ə)rɪnténdənsi | sùː-p(ə)rɪn-, sjùː-/ *n.* **1** 監督地域[区域]. **2** 監督の地位[任務, 任期]. **3** = superintendence. 〘(1598) ⇨ ↓, -ency〙

su·per·in·ten·dent /sùːp(ə)rɪnténdənt | sùːp(ə)-rɪn-, sjùː-/ *n.* **1 a** 監督(者), 管理者 (manager); 指揮者 (director). **b** 《米》警察本部長; 《英》警視 (⇨ police 1 ★). **c** 《米》(建物の)管理人, 営繕係(《英》 caretaker). **d** 長官, 部長, 局長, 院長: the ～ of education [schools] 教育長. **e** 《米》工事監督者. **f** (陸海軍諸学校・日曜学校などの)校長, 所長. **g** 〘保険〙保険監督官. **2 a** 〘プロテスタント〙(一定地域の)監督者[地区長, 主任牧師]. **b** 《廃》= bishop. — *adj.* [限定的] 監督[支配, 管理]する. **～·shìp** *n.* 〘(1554) ▫ ML *superintendentem* ← (pres.p.) ← LL *superintendere*: ⇨ superintend, -ent〙

su·pe·ri·or /supíəriə, sə-, suː- | suːpíəriə[r], sjuː-, sʊ-, sjʊ-/ *adj.* (↔ inferior). **1 a** (質的に)まさった, 優秀な, 優等の, 上等の, 上質の (⇨ fine SYN): ～ cloth [leather] 上等の布地[革] / ～ persons 優秀な人々; [皮肉]お偉方 / of ～workmanship 仕上げ[出来栄え]のりっぱな / by ～ wisdom [cunning] うわ手の知恵[ずるさ]で / This brandy is very ～ stuff. このブランデーは大変品質がよい. **b** (数量的に)まさった, 多数の, 優勢な: ～ numbers (投票などの)多数, 優勢 / ～ forces 多数の軍勢. **2** (質的に)〔…よりも〕すぐれた, まさった: goods ～ *to* sample 見本より良い品物 / He feels himself ～ *to* such work. 自分はそんな(くだらない)仕事をするような人間ではないと思っている / This car is ～ in speed *to* any other machine. この車は速度の点で他のどんな車よりもまさっている. **3 a** 上級の, 高級の, 高位の: a ～ office [officer] 上級官庁[官吏] / ⇨ superior court. **b** 〔…より〕上級[上位]の〔*to*〕: A general is ～ *to* a colonel. 将官は大佐より上位である. **4** 偉ぶる, 高慢な, 傲慢(ごうまん)な: with a ～ air [smile] 偉ぶって, 高慢に[尊大な笑いを浮かべて] / I don't like his ～ manner. 彼の傲慢な態度が嫌いだ. **5** 〔…を〕超越した, 〔…に〕左右[支配]されない, 屈服しない〔*to*〕: ～ *to* hardship 困難に屈しない / ～ *to* temptation 誘惑に負けない / ～ *to* prejudice [bribery] 偏見[賄賂(わいろ)]に左右されない / rise ～ *to* …を超越する, …の影響を受けない. **6** 〘解剖・動物〙他の器官の上に付いた, 上の: the ～ wing (昆虫の)上翼 / ⇨ superior vena cava. **7** 〘印刷〙上付きの, 肩付きの (cf. subscript 2): a ～ figure [letter] 上付き数字[文字] (x^2, y^n などの ^{2}, ^{n} など; X, 2 superior, Y, N superior と読む; cf. reference mark). **8** (位置が)上の, 上方の, 上部の (upper): the ～ strata 上層地層. **9** (分類上)一層包括的な (more comprehensive), より一般的な〔*to*〕: A genus is ～ *to* a species. 属は種(しゅ)の上である. **10** 〘植物〙上生の; 〈萼(がく)が〉子房の上にある; 〈子房が〉萼の上にある: a ～ calyx [ovary] 上位萼[子房]. **11** 〘天文〙 **a** 〈惑星が〉地球の軌道外に軌道をもつ: ⇨ superior planet. **b** 〘天文〙〈合(ごう)が〉太陽に関して地球と反対側で起こる: ⇨ superior conjunction.
— *n.* (↔ inferior) **1** 上の人, 上官, 上役, 上司; 目上の人 (cf. equal): He is deferential to his ～*s*. 目上の人に腰が低い. **2** 才能(など)のすぐれた人, 優越者, うわ手: You are my ～ *in* ability. 才能では君は私のうわ手だ. **3** [S-; しばしば the Father [Mother] *Superior* として] 〘キリスト教〙修道院[会]長, (修道会の)上長. **4** 〘印刷〙上付き文字[活字], 肩文字[数字] (superscript).
～·ly *adv.* 〘(*a*1393) ▫ OF *superio(u)r* (F *supérieur*) ▫ L *superior* (compar.) ← *superus* upper ← *super*: ⇨ super-〙

Su·pe·ri·or /supíəriə, sə-, suː- | suːpíəriə[r], sjuː-, sʊ-, sjʊ-/ *n.* スペリオル市《米国 Wisconsin 州北西部の都市, Superior 湖畔にある》.

Superior, Lake *n.* スペリオル湖《米国とカナダの境にある五大湖中最北西の湖, 世界最大の淡水湖; 面積 82,367 km^2》. 〘▫ F *Lac Supérieur* 《原義》upper lake (Lake Huron に対して)〙

supérior ángle *n.* 〘数学〙優角 (⇨ major angle).

supérior conjúnction *n.* 〘天文〙外合《内惑星の合(ごう)が太陽に関して地球の反対側で起こること; cf. inferior conjunction》. 〘1833〙

supérior cóurt *n.* **1** 《英》上位裁判所《一般的管轄権をもつ裁判所; 貴族院・控訴院・高等法院・刑事法院がこれに当たる; cf. inferior court》. **2** 《米》上位裁判所; 高等裁判所《州によって名称は異なるが, 最高裁判所・中間上訴裁判所・一般的管轄権をもつ第一審裁判所がこれに当たる》. 〘1686〙

supérior géneral *n.* (*pl.* **superiors g-**) 〘教会〙修道会総会長. 〘1775〙

su·pe·ri·or·i·ty /supìəriɔ́(ː)rəṭi, sə-, suː-, -ɑ́(ː)r- | suːpìəriɔ́rɪ̀ti, sjuː-, sʊ-, sjʊ-/ *n.* **1** 優越, 卓越, 優位, 優勢〔*over, to*〕(↔ inferiority): social [numerical] ～ 社会的[数的]優越 / He has a ～ *over* the others. 他人よりすぐれている. **2** 高慢: assume an air of ～ 偉そうな風をする. 〘(1475) ▫ (O)F *supériorité* ▫ ML *superiōritās*: ⇨ superior, -ity〙

superiórity còmplex *n.* **1** 〘精神分析〙優越コンプレックス, 優越複合《自分が他人より優れているという潜在観念》. **2** 《口語》優越感. 〘1924〙

supérior plánet *n.* 〘天文〙外惑星《地球軌道の外側を運行する惑星; exterior planet ともいう; ↔ inferior planet; cf. outer planet》. 〘1583〙

supérior véna cáva *n.* (*pl.* **s- venae cavae**) 〘解剖〙上大静脈 (cf. vena cava).

su·pe·ri·us /səpíəriəs | suːpíər-, sjuː-/ *n.* 〘音楽〙スペリウス (cantus)《多声合唱の最高音声部》. 〘(1776) ▫ L ～ (neut.) ← *superior*: cf. superior〙

su·per·ja·cent /sùːpədʒéɪsənt, -snt | sùːpə-, sjùː-ˈ/ *adj.* 上にある, 上に横たわった (overlying). 〘(1610) ▫ L *superjacentem* (pres.p.) ← *superjacēre* to lie above or upon ← SUPER-＋*jacēre* to lie: cf. adjacent〙

súper·jèt *n.* 超音速ジェット機. 〘1958〙

superl. 《略》superlative.

su·per·la·tive /supə́ːləṭɪv, sə-, suː- | suːpə́ːlət-, sjuː-, sʊ-, sjʊ-/ *adj.* **1** 最高の, 最高度の; 最上の, 至上の, この上ない: ～ beauty, goodness, virtue, wisdom, etc. **2** 〘文法〙最上級の (cf. comparative 3, positive 15): the ～ degree 最上級. **3** 〈言葉・文体など〉誇張された; 過度の: ～ praise. — *n.* **1** [通例 *pl.*] 最上級の言葉; 誇張した表現[賛辞]: full of ～*s* 誇張たっぷりの /

speak [talk] in ～s 最上級の言葉で話す, 大げさに言う / His talk is all ～s. 彼の言い方は大げさだ. **2** [the ～] 〖文法〗 **a** 最上級 (superlative degree). **b** (形容詞, 副詞の)最上級の語(形). **3** 最高度, 極度 (utmost degree); 極致. **4** 最高[至上]のもの; 完璧(ｶﾝﾍﾟｷ)な人[もの]. **～·ly** *adv.* **～·ness** *n.* 〘(c1395) ☐ (O)F *superlatif* ☐ LL *superlātīvus* ← L *superlātus* (p.p.) ← *superferre* to carry over ← SUPER-＋*ferre* 'to BEAR'〙

sùper·láttice *n.* 〖化学·冶金〗 規則格子, 重格子, 超格子 (合金中で成分原子が, それぞれ特定の格子点に規則的に配列されてできた格子構造; 低温で安定な相に見られる; cf. superstructure 6). 〘1932〙

súper·lìner *n.* 大型高速豪華客船. 〘1919〙

súper·lòad *n.* 〖建築〗 (建築法則·構造計算などで使われる)理論的活荷重.

súper·lòng *adj.* 長すぎる, きわめて長い.

sùper·lúminal *adj.* 〖天文〗 超光速の. 〘1959〙

sùper·lúnar *adj.* ＝superlunary.

sùper·lúnary *adj.* **1** 月の上の, 月のかなたにある (cf. sublunary, translunary). **2** 天の, 天界の (celestial). 〘(1614) ← SUPER-＋L *lūna* moon＋-ARY: cf. lunar〙

súper·majòrity *n.* 超多数, (過半数をはるかに超えた) 圧倒的多数 (たとえば 60% 以上).

súper·màle *n.* 〖動物〗 超雄 (第二次性徴は著しい雄の特徴を示すが, 生殖能力をもたないもの: cf. superfemale). 〘1969〙

súper·màn /-mæ̀n/ *n.* (*pl.* **-men** /-mèn/) **1** 超人的な人, スーパーマン. **2** 〖哲学〗 (Nietzsche のいう)超人. **3** [S-] スーパーマン (アメリカの漫画の主人公). 〘(1903) (なぞり) ← G *Übermensch*: Nietzsche の用語を G. B. Shaw が英訳したもの〙

súper·màrket *n.* スーパー(マーケット). 〘1933〙

sùper·mássive *adj.* 〖天文〗 超大質量の: a ～ black hole. 〘1967〙

súper·mìcroscope *n.* 超高性能顕微鏡 (電子顕微鏡の一種). **sùper·microscópic** *adj.*

sùper míddleweìght *n.* ミドル級とライトヘビー級の間の重量のボクサー (最大体重 168 ポンド (76.20 kg)).

súper·mìni *n.* スーパーミニ: **1** スーパーミニコンピューター (大型コンピューター級の能力を持つ高速·強力なミニコンピューター). **2** 強力エンジンを搭載した小型車.

súper·mòdel *n.* スーパーモデル (高収入と地位を手に入れた世界的な人気ファッションモデル). 〘1977〙

súper·mòlecule *n.* 〖化学〗 超分子 (macromolecule). 〘1834〙

súper·mùltiplet *n.* 〖物理〗 超多重状態 (ハドロンや原子核などで, アイソスピンその他内部自由度に基づいて性質の似た状態を一まとめにしたもの). 〘1927〙

sùper·mundáne *adj.* 超俗界の, 超現世的な: ～ idealism. 〘(1677) ☐ LL *supermundānus*: ⇨ super-, mundane〙

su·per·nac·u·lar /sù:pənǽkjulə | sù:pənǽkjulə(r), sjù:-ˈ-/ *adj.* 〈酒が〉極上の, とびきりの, 最上等の. 〘(1848) ⇨ ↓, -ar¹〙

su·per·nac·u·lum /sù:pənǽkjuləm | sù:pə-, sjù:-/ *adv.* 一滴残さず. ★ 主に次の句で用いる: drink ～ (一滴も残さずに)飲み干す. **—** *n.* 極上の酒[ワイン]. 〘(1592) ← NL ～ (なぞり) ← G *auf den Nagel* 'on the NAIL': 最後の一滴を親指のつめにたらしてすするの意から〙

su·per·nal /supə́:nḷ, sə-, su:- | su:pə́:-, sju:-, su-, sju-/ *adj.* **1** 天の, 天上の; 天(上)からの (cf. infernal): ～ beings (天に住む)天使たち. **2** この世のものでない, 崇高な, 霊妙な (ethereal): ～ beauty / a ～ melody. **3** (まれ) **a** 天界[空]にある[からの]. **b** 頂上(の近く)にある. **～·ly** *adv.* 〘(1447) ☐ OF ～ ← L *supernus* supernal ← *super* above: ⇨ super-, -al¹〙

sùper·nátant *adj., n.* 表面に浮かぶ[浮いている](物質); 〖化学〗 上澄み(の). 〘(1661) ☐ L *supernatantem* (pres.p.) ← *supernatāre* to float ← SUPER-＋*natāre* to swim: cf. natant〙

sùper·nátional *adj.* **1** 極端に国粋的な, 熱狂的[超]国粋主義の. **2** 超国家的な, 国際的な (international). **～·ly** *adv.* 〘1898〙

sùper·nátionalism *n.* **1** 超国粋主義. **2** 超国家主義, 国際主義. 〘1917〙

sùper·nátionalist *n.* 超国粋主義者. 〘1941〙

su·per·nat·u·ral /sù:pənǽtʃ(ə)rəl | sù:pə-, sjù:-ˈ-/ *adj.* **1 a** 超自然の, 超自然的な; 異常な. **b** 神秘的な, 不可思議な, 神わざの, 神通の (divine): a ～ idea 神秘思想. **2** 超人的な; 極度の (extreme). **3** 幽霊[妖精, 妖怪]の(仕業による); 薄気味悪い, 魔法的な. **—** *n.* [the ～] **1 a** 超自然(的神秘); 超自然的現象. **b** 神わざ, 神通力, 不可思議. **2** 超自然的存在[なもの]. **～·ly** *adv.* **～·ness** *n.* 〘(?a1425) ☐ ML *supernātūrālis*: ⇨ super-, natural〙

sù·per·nát·u·ral·ìsm /-lìzm/ *n.* **1** 超自然力, 超自然性. **2** 超自然力信仰 (人事·自然現象·宗教的経験に超自然力の働きがあると信じること). 〘1799〙

sù·per·nát·u·ral·ist /-lɪ̀st | -lɪst/ *n.* 超自然論者; 超自然力を信仰[主唱]する者. 〘1650〙

su·per·nat·u·ral·is·tic /sù:pənæ̀tʃ(ə)rəlístɪk | sù:pə-, sjù:-ˈ-/ *adj.* 超自然的な; 超自然力信仰の[に関する]. 〘1841〙

su·per·nat·u·ral·ize /sù:pənǽtʃ(ə)rəlàɪz | sù:pə-, sjù:-/ *vt.* **1 a** 超自然的にする, 超自然化させる. **b** 超自然の働きと解釈する; 超自然と考える. **2** 異常なものにする. 〘1643〙

supernátural vírtues *n. pl.* 〖哲学·神学〗 超自然(的)徳 (⇨ theological virtues).

sùper·nórmal *adj.* **1** 通常[普通]以上の, 尋常でない, 異常な. **2** 人間の力を超えた, 普通には理解できない: a ～ experience. **sùper·normálity** *n.* **～·ly** *adv.* 〘1868〙

sùper·nó·va *n.* (*pl.* **-novae, ～s**) 〖天文〗 超新星 (太陽の 100 万倍から 1 億倍も明るい新星; cf. nova). 〘(1926) ← NL ～: ⇨ super-, nova〙

su·per·nu·mer·ar·y /sù:pənú:mərèri, -njú:- | sù:pənjú:m(ə)rəri, sjù:-ˈ-/ *adj.* **1** 規定数以上の, 定員外の. **2** 余分の, 余計な (additional, extra); 補助の, 補充の. **3** 〖生物〗 過剰の. **—** *n.* **1 a** 定員外の人, 余分な人, 冗員. **b** 過剰物. **2** 臨時雇い. **3** 〖演劇〗 (定員外の)雇い役者, 代役, エキストラ (大勢の人の出る場面などに出る). 〘(1605) ☐ LL *supernumerārius*: ⇨ super-, numerary〙

sùper·nutrítion *n.* 栄養過剰.

sùper·óctave *n.* (パイプオルガンの)スーパーオクターブ: **a** カプラー (coupler) 装置により鍵盤で弾いた音より 1 オクターブ上の音が同時に鳴ること. **b** 記符された音より 2 オクターブ上の音が出ること[音管]. 〘1884〙

súper·òrder *n.* 〖生物〗 上目(ｼﾞｮｳﾓｸ) (綱 (class) と目 (order) の間に位する分類学上の単位). 〘1890〙

sùper·órdinary *adj.* 普通以上の, 並以上の, 並はずれた, 上等な. 〘1630〙

su·per·or·di·nate /sù:pəɔ́:dənɪ̀t, -dn- | sù:pə(r)ɔ́:dɪ̀-, sjù:-, -dn-/ *adj.* **1** (状態·階級が)上級の, 上位の. **2** 〖論理〗 〈全称名題が〉(同じ名辞を含む特称命題に関して もつ)上位の. **—** *n.* **1** 上級の人[物]. **2** 上位語 (他の語(群)の意味を自らの意味の中に包含する語. たとえば red (赤色)は scarlet (緋色), vermilion (朱色), crimson (深紅色)に対して上位語である). **—** /sù:pəɔ́:dənèɪt, -dn- | sù:pə(r)ɔ́:dɪ̀-, sjù:-, -dn-/ *vt.* 上級[上位]にする; 上級の地位に昇進させる, 抜擢(ﾊﾞｯﾃｷ)する. 〘1620〙

sùper·ordinátion *n.* **1** 〖論理〗 上位(関係) (cf. superordinate *adj.* 2). **2** 〖教会〗 全称命題, 事前叙階 (後継者をあらかじめ叙階すること). 〘(1655) ☐ ML *superordinātiō(n-)*: ⇨ super-, ordination〙

sùper·orgánic *adj.* **1** 超有機的な, 形而上の, 霊的な, 精神的な (psychical). **2** 〖社会学〗 超有機体の (社会の個々のメンバーという立場を超えた文化的総合原理に基づく). **—** *n.* [the ～] 超有機体. 〘1862〙

sùper·orgánicism *n.* 〖社会学〗 超有機体説.

sùper·orgánicist *n.* 〘1899〙

sùper·órganism *n.* 〖昆虫〗 超生物体, 超生物 (アリ·ハチなどで, 個体が職能的に集合して, 各集団が生物器官に似た働きをしながら全体として形成する一つの社会的集団).

sùper·óvulate *vi.* 一度に普通の数以上の卵を産む.

sùper·ovulátion *n.* 〘1956〙

sùper·óxide *n.* 〖化学〗 超酸化物 (一般式 MO_2 で表される O_2^- イオンを含んだ化合物; hyperoxide ともいう). 〘(1847) ← SUPER-＋OXIDE〙

sùper·párasite *n.* 〖生物〗 ＝hyperparasite.

sùper·párasitism *n.* **1** 〖生物〗 ＝hyperparasitism 1. (⇨ ↑, -ism) **2** 〖昆虫〗 過寄生 (同一種の寄生体が単一の寄主に多数寄生すること; 多くは完全な発育を遂げられない). 〘(1899) ← SUPER-＋PARASITISM〙

sùper·pátriot *n.* 極端な愛国主義者, 超愛国主義者.

sùper·patriótic *adj.*

sùper·phósphate *n.* **1** 〖化学〗 過リン酸塩 (acid phosphate ともいう): ～ of lime 過リン酸石灰 (⇨ calcium superphosphate). **2** 〖農業〗 過リン酸肥料. 〘1797〙

sùper·phýsical *adj.* 物理学的には説明できない, 超物質的な (hyperphysical). 〘a1603〙

sùper·pigmentátion *n.* 〖医学〗 過度色素沈着.

sùper·plástic 〖化学〗 *adj.* **1** 超塑性の (弱い力で異常に大きな伸びを示す). **2 a** 超プラスチックの[に関する]. **b** 超プラスチック製の. **—** *n.* 超プラスチック (超塑性をもったプラスチック). **sùper·plástically** *adv.* 〘1947〙

sùper·plastícity *n.* 〖冶金〗 超塑性, 超伸展性 (ある種の金属[合金]が高温下で極端な程度にまで展延する性質). 〘1947〙

sùper·polýamide *n.* 〖化学〗 超ポリアミド (ε-アミノカプロン酸の脱水で生じた分子量約 3,000 の線状ポリアミド).

sùper·pólymer *n.* 〖化学〗 超重合体 (分子量 10,000 以上の鎖状高分子).

su·per·pos·a·ble /sù:pəpóuzəbḷ | sù:pəpə́uz-, sjù:-ˈ-/ *adj.* 上に置ける, 重ねられる. 〘1870〙

su·per·pose /sù:pəpóuz | sù:pəpə́uz, sjù:-/ *vt.* **1** (…の)上に置く, 重ねる, 累置する (*on, upon*): ～ his idea *upon* mine 私の考えの上に彼のを重ねる. **2** 〖物理〗 重ね合わせる, 重畳(ﾁｮｳｼﾞｮｳ)させる. **3** 〖数学〗 重ねる. 〘(1823) ☐ F *superposer*: ⇨ super-, pose¹〙

sù·per·pósed *adj.* **1** 〖植物〗 〈花の部分が〉上生の, 上位の. **2** 〖生物〗 〈組織や器官が〉重層した. 〘1823〙

superpósed varíety *n.* (母語以外の)第 2 言語, 共通方言.

su·per·po·si·tion /sù:pəpəzíʃən | sù:pə-, sjù:-/ *n.* **1** 〖物理〗 重ね合わせ (⇨ superposition principle). **2** 〖地質〗 地層累重 (堆積岩の上層は下層より新しいという原理). 〘1656〙

superposítion èye *n.* 〖動物〗 重複像眼 (甲殻類や夜行性昆虫などに見られる複眼で, 小網膜と円錐晶体とが離れて, 個眼が著しく長くなったもの; cf. apposition eye).

superposítion prìnciple *n.* 〖物理〗 重ね合わせの原理, 重畳原理 (a の原因に対し A の結果が, b の原因に対し B の結果が得られた場合, a＋b の原因に対しては A＋B になるという, 線形な系に対して成り立つ原理; principle of superposition ともいう).

su·per·pow·er /sù:pəpàuə | sú:pəpàuə(r), sjú:-/ *n.* **1** 並はずれた[強大な]力. **2 a** 超大国, 強大国 (super-country): a military ～ 軍事大国 / the industrial ～s of the world 世界の産業超大国. **b** (超大国を抑える)国際管理機関. **3** 超出力: a ～ plant [station] 大[超出力]発電所. **súper·pòwered** *adj.* 〘1921〙

súper·ràce *n.* 他より優れていると考えられている人種[民族]. 〘1912〙

sùper·rátional *adj.* 理性の範囲を越えた, 直覚的な. 〘1683〙

sùper·réalism *n.* 〖文芸〗 ＝surrealism.

sùper·réalist *n., adj.* 〖文芸〗 ＝surrealist.

sùper·regenerátion *n.* 〖通信〗 超再生(法) (受信感度を高める方法). 〘1922〙

sùper·regénerative *adj.* 〖通信〗 超再生の. 〘1922〙

súper róyal *n.* 〖製紙〗 スーパーローヤル(判): **a** 印刷用紙の大きさ ((米) では 22×28 インチ [558.8×711.2 mm]; (英) では 20 ½×27 ½ インチ [520.7×698.5 mm]). **b** 筆記用紙·画用紙の大きさ (19×27 インチ [482.6×685.8 mm]). 〘1612〙

sùper·sálesman *n.* (*pl.* **-men**) **1** ベテランセールスマン. **2** ベテランのまとめ役, 外交のうまい人. **～·shìp** *n.* 〘1934〙

sùper·sáturate *vt.* 〖化学〗 〈液体を〉過飽和する, 過度に満たす: a ～*ed* solution 過飽和溶液. 〘1788〙

sùper·saturátion *n.* 〖化学〗 過飽和. 〘1791〙

sùper·scálar *adj.* 〖電算〗 スーパースカラーの (複数の演算ユニットをもち, 各クロックサイクルごとに複数の演算を実行できるような, マイクロプロセッサーのアーキテクチャー): ～ architectures. 〘1991〙

Super·scope /sú:pəskòup | sú:pəskə̀up, sjú:-/ *n.* 〖商標〗 スーパースコープ (米国のテープレコーダー·ステレオ関連製品).

su·per·scribe /sú:pəskràɪb, ˌ-ˈ-ˋ- | sù:pəskráɪb, sjù:-, ˌ-ˈ-ˋ-/ *vt.* **1** …の上[上部]に書く[彫る]. **2** 〈手紙〉の上書き[宛名]を書く: ～ a letter. 〘(1472) ☐ L *superscribere* ← SUPER-＋*scribere* to write: ⇨ scribe¹〙

su·per·script /sú:pəskrɪ̀pt | sú:pə-, sjú:-/ *adj.* 〖印刷〗 **1** 肩付きの, 上付きの (superior) (文字などの横上に付けた a^2, C^n の ^{2,n} にいう; cf. subscript). **2** (スペイン語 ñ のティルデ (tilde) のように)文字などの真上に付けた, 上付きの. **—** *n.* **1** 〖印刷〗 上付き文字[記号], 肩文字 (superior) (字の上や肩に書く[印刷する]文字·数字·記号; cf. tilde, macron). **2** (廃) (手紙などの)上書き (superscription). 〘(1588) ☐ L *superscriptus* (p.p.) ← *superscribere* (↑)〙

su·per·scrip·tion /sù:pəskrípʃən | sù:pə-, sjù:-/ *n.* **1** 上に書く[彫る]こと, 表書き. **2 a** 上部に書かれたもの, 上書きされたもの. **b** 表題, 題目 (heading), 銘 (inscription). **c** (手紙の)上書き (address). **3** 〖薬学〗 (処方箋の上に書く)ラテン語 *recipe* (服用), またはその略号 R の記された部分. 〘(a1382) ☐ OF ～ // LL *superscrīptiō(n-)*: ⇨ ↑, -tion〙

su·per·sede /sù:pəsí:d | sù:pə-, sjù:-/ *vt.* **1** (有用なもの·新しいものとして)…に取って代わる (⇨ replace SYN); …に代わって就任する: The use of machinery has ～*d* manual labor. 機械の使用が手工業に取って代わった / Mr. Bennett has ～*d* Mr. Smith *as* chairman. ベネット氏がスミス氏に代わって議長に就任した. **2** 不用にする, 無効にする (annul); (不用なものとして)(…と)取り替える, 入れ替える (*with*): ～ the old statute *with* a new one 古い法令を破棄して新しいものに替える. **sù·per·séd·a·ble** /-dəbḷ | -də-/ *adj.* **sù·per·séd·er** /-də | -də(r)/ *n.* 〘(1456) ☐ OF *superseder* to postpone, desist from ☐ L *supersedēre* to sit above, desist from ← SUPER-＋*sedēre* 'to SIT'〙

su·per·se·de·as /sù:pəsí:diəs, -æ̀s | sù:pəsí:d-, sjù:-/ *n.* (*pl.* ～) 〖法律〗 訴訟停止[中止, 休止]令状. 〘(?a1387) ☐ ML *supersedeās* ← L *supersedeās* you shall desist (2nd sing. pres. subj.) ← *supersedēre* (↑)〙

su·per·se·dence /sù:pəsí:dəns, -dns | sù:pəsí:dəns, sjù:-, -dns/ *n.* ＝supersedure. 〘(1788): ⇨ -ence〙

su·per·se·dure /sù:pəsí:dʒə | sù:pəsí:dʒə(r), sjù:-/ *n.* **1** 取って代わる[代わられる]こと; 更迭. **2** 〖昆虫〗 (新旧女王バチの)交替. 〘⇨ -ure〙

sùper·sénsible *adj.* 五感での知覚を越えた, 超感覚的な. **sùper·sénsibly** *adv.* 〘1798〙

sùper·sénsitive *adj.* **1** 非常に敏感な, 過敏な. **2** 〈砲弾の発信管が〉高感度の. **3** 〖写真〗 〈感光乳剤が〉高感度の. **～·ness** *n.* **sùper·sensitívity** *n.* 〘1839〙

sùper·sénsitize *vt.* **1** 過敏にする. **2** 〖写真〗 〈感光乳剤を〉超色増感する, 強化増感する. **sùper·sensitizátion** *n.*

sùper·sénsory *adj.* **1** 感覚器官を越えた. **2** 感覚器官とは独立した. 〘1883〙

sùper·sénsual *adj.* **1 a** 感覚を超越した. **b** 精神的な, 霊的な (spiritual). **2** 極度に官能[肉欲]的な. 〘1683〙

sùper·sénsuous *adj.* ＝supersensual 1.

súper·sèrver *n.* 〖電算〗 (コンピューターネットワークをコントロールする)スーパーサーバーコンピューター.

sùper·sérviceable *adj.* おせっかいすぎる, 要らぬおせっかいをする. 〘1604〙

su·per·ses·sion /sù:pəséʃən | sù:pə-, sjù:-/ *n.* **1** 取って代わること, 取替え, 代用, 代任. **2** 廃棄, 廃止.

su·per·ses·sive /sù:pəsésɪv | sù:pə-, sjù:-ˈ-/ *adj.* 〘(1656) ☐ ML *supersessiō(n-)*: ⇨ supersede, -sion〙

S

súper·sèt *n.* 〘数学〙上位集合, 上位セット (opp. subset)《ある集合の要素をすべて含んだ上にさらに要素を追加したもの》: a ～ of the ASCII character set アスキー文字集合の上位セット. 〘1970〙

súper·sèx *n.* 〘生物〙超性《性染色体の比率が乱れた, 生殖能力を持たない中性の有機体; cf. supermale, superfemale》.

súper slùrper *n.* スーパースラーパー, 超吸収材料《それ自体の数千倍もの量の液体を吸収できる高分子化合物》.

sùper·smóoth *adj.* 〈金属やすりが〉油目の.

sùper·sólid *n.* 〘数学〙超立体《四次元(以上)の空間の立体》. 〘1904〙

su·per·son·ic /sùːpəsɑ́(ː)nɪk | sùːpəsɔ́n-, sjùː-ˊ/ *adj.* **1 a** 超音速の《航空機などの速度が音速を超えた; cf. sonic》: ～ speed 超音速 / ～ flight 超音速飛行. **b** 超音速で運行する[可能の]: a ～ airplane, jet, etc. **c** 超音速飛行機の: the ～ age. **2** 〘物理〙超音波の, 超可聴の《周波数が可聴極限である 20 キロヘルツ以上の; cf. sonic, hypersonic, infrasonic, ultrasonic》: ～ waves 超音波. ― *n.* 〘物理〙超音波. **sù·per·són·i·cal·ly** *adv.* 〘(1919): ⇨ super-, sonic〙

su·per·son·ics /sùːpəsɑ́(ː)nɪks | sùːpəsɔ́n-, sjùː-/ *n.* **1** 超音波学 (cf. ultrasonics). **2** 超音速学. 〘(1925): ⇨ ↑, -ics〙

súpersonic tránsport *n.* 超音速旅客機(略 SST; cf. Concorde). 〘1961〙

súper·sòund *n.* 〘物理〙＝ultrasound.

súper·spàce *n.* 〘数学〙超空間《物理的に可能なすべての三次元の空間を点とする数学的な空間》. 〘1971〙

sùper·spécies *n.* 〘生物〙上種《動物地理学上の立場から設けた単位で, 種の上の単位; cf. Artenkreis》. 〘1900〙

sùper·spèed *adj.* 超音速の, 超高速の: a ～ airplane.

sùper·spíritual *adj.* 非常に心霊的な, 過度に精神的な. **sùper·spirituálity** *n.*

su·per·star /súːpəstɑ̀ə | súːpəstɑ̀ː(r), sjúː-/ *n.* **1** 《スポーツ・芸能界などの》超大スター, スーパースター. **2** 〘天文〙電磁波の強力な発生源である天体. 〘1925〙

súper·stàte *n.* **1 a** 《従属諸国家を支配する強力な》超国家. **b** 超国家の政府. **2** 超大国. **3** 全体主義国家. 〘1918〙

su·per·sti·tion /sùːpəstíʃən | sùːpə-, sjùː-/ *n.* **1 a** 迷信. **b** 迷信的慣習[行為], 御幣かつぎ. **c** 《超自然的なもの・自然・神などに対する迷信から生じる》不合理な恐怖心[恐れ]. **2** 邪教; 偶像崇拝. **3** 盲信, 不合理な固定観念. 〘(?a1200) □ (O)F ～ ∥ L *superstitiō(n-)* 《原義》 a standing over a thing in amazement ← *superstāre* to stand over ← SUPER-＋*stāre* 'to STAND'〙

su·per·sti·tious /sùːpəstíʃəs | sùːpə-, sjùː-ˊ/ *adj.* **1** 迷信の[に関する, から生じる]: ～ beliefs, fears, customs, legends, etc. **2** 迷信深い, 御幣かつぎの: ～ people. **～·ly** *adv.* **～·ness** *n.* 〘(c1395) □ (O)F *superstitieux* ∥ L *superstitiōsus*: ⇨ ↑, -ous〙

su·per·store /súːpəstɔ̀ə | súːpəstɔ̀ː(r), sjúː-/ *n.* 《英》大型スーパー(マーケット), スーパーストア (hypermarket). 〘1943〙

súper·stràtum *n.* **1** 〘地質〙上層. **2** 〘言語〙上層(言語)《来住民の言語; cf. substratum 8》.

súper·strìng *n.* 〘物理〙超ひも《超対称性をもつ「ひも」と呼ばれる素粒子》.

súperstring thèory *n.* 〘物理〙超ひも理論, 超弦理論《素粒子を点状ではなく「ひも」状のものとして, 素粒子間に働く相互作用を統一して記述しようとする理論》. 〘1982〙

su·per·struct /sùːpəstrʌ́kt | sùːpə-, sjùː-/ *vt.* **1** 構築物の上に建てる. **2** 土台の上に建てる. 〘(1642) ← L *superstructus* (p.p.) ← *superstruere* to build on ← SUPER-＋*struere* to build〙

su·per·struc·ture /súːpəstrʌ̀ktʃə | súːpəstrʌ̀ktʃə(r), sjúː-/ *n.* **1 a** 《ある構築物の上に建てた》上部構造物, 上部構築物. **b** 社会機構の上層. **2** 〘造船〙上部構造(物)《上甲板上の構造物で, 船楼や甲板室など》. **3** 〘土木〙《橋の橋脚・橋台より上の》上部構造 (↔ substructure). **4** 〘鉄道〙線路の上部構造. **5** 〘哲学〙 **a** ある原理の上に立っている哲学(体系), 上部構造としての哲学. **b** 《マルクス主義における》上部構造《社会の下部構造としての経済構造の上に形成された政治・法律・文化などの意識形態またはその制度・組織》. **6** 〘化学・冶金〙規則構造, 超格子構造《溶質原子が規則正しく配列された固溶体の合金の結晶構造; cf. superlattice》. **sùper·strúctural** *adj.* 〘(1641) ← L *superstructus* (↑)＋-URE〙

súperstructure dèck *n.* 〘造船〙船楼甲板《船首や船尾の船楼の甲板など》.

sùper·súbmarine *n.* 超大型潜水艦.

sùper·substántial *adj.* 〈聖餐のパン・神の属性など〉超物質的な. 〘(1534) □ LL *supersubstantiālis*〙

sùper·súbtle *adj.* 細か過ぎる, 微細に過ぎる; 繊細すぎる (extremely subtle). **～·ty** *n.* 〘1599〙

Súper Súnday *n.* スーパーサンデー《NFL の王座決定戦が行われる毎年 1 月の最終日曜日; ⇨ Super Bowl》.

sùper·sýmmetry *n.* 〘物理〙超対称性《基本素粒子間に見られる仮想的な対称性》. 〘1974〙

súper·sỳstem *n.* 《組織の上に作られる》超組織. 〘1928〙

súper·tànker *n.* 超大型[マンモス]タンカー. 日英比較 日本語の「マンモスタンカー」という言い方は英語では用いられない.

súper·tàx *n.* **1** 所得税特別付加税《英国である限度以上の所得に対して付加した累進税 (1909–29); 以後 surtax となる》. **2** 付加税 (surtax). 〘1906〙

sùper·témporal[1] *adj.* 時を超越した; 永遠の. 〘1678〙

sùper·témporal[2] *adj.* こめかみの上の[にある]. 〘1854〙

sùper·terránean *adj.* ＝superterrene.

sùper·terréne *adj.* 地上の[に住む], 地表の[に住む] (cf. subterranean 1). 〘(1709) □ LL *superterrēnus*: ⇨ super-, terrene〙

sùper·terréstrial *adj.* ＝superterrene.

súper·tìtle *n.* スーパータイトル《外国語で上演されるオペラや演劇で舞台の上部のスクリーンに投影される歌詞の翻訳; surtitle ともいう》.

sùper·tónic *n.* 〘音楽〙《音階の》第二音, 上主音(の鍵[弦]). 〘1806〙

súper·tràmp *n.* 〘海事〙《少なくとも 12,000 重量トン以上の荷物を運ぶ》大型不定期船.

sùper·transuránic 〘化学〙 *adj.* 超超ウラン元素の《超ウラン元素よりも質量が大きい; cf. transuranic》. ― *n.* 超超ウラン元素《超ウラン元素よりも原子番号が大きい元素》.

Súper Túesday *n.* スーパーチューズデー《米国大統領選のある年の 3 月の第 2 火曜日; 予備選挙や党員集会が集中的に行われる》.

sùper·unléaded *adj.* 〘自動車〙無鉛プレミアムガソリンの, 無鉛ハイオクタンの. 〘1990〙

su·per·va·ca·ne·ous /sùːpəvəkéɪniəs | sùːpə-, sjùː-ˊ/ *adj.* 余分に付け加えられた; 余分の (superfluous), 不用の (unnecessary). 〘(c1555) □ L *supervacāneus* ← SUPER-＋*vacāre* to be empty: ⇨ -eous〙

su·per·vene /sùːpəvíːn | sùːpə-, sjùː-/ *vi.* **1** 〔…に〕引き続いて起こる, 続発する, 付随する; 併発する (ensue) 〔*on, upon*〕: pneumonia *supervening* on a bad cold ひどい風邪に続発する肺炎. **2** 思いがけなく起こる. ― *vt.* **1** …に引き続いて起こる, 続発する, 付随する. **2** …の結果として起こる. 〘(1647–48) □ L *supervenīre* ← SUPER-＋*venīre* 'to COME'〙

su·per·ve·nient /sùːpəvíːnjənt | sùːpəvíːniənt, sjùː-, -njənt ˊ/ *adj.* 続発的な, 付随的に[思いがけなく]起こる. **sù·per·vé·nience** /-njəns | -niəns, -njəns/ *n.* 〘(1594) □ L *supervenientem* (pres.p.) ← *supervenīre* (↑): ⇨ -ent〙

su·per·ven·tion /sùːpəvénʃən | sùːpə-, sjùː-/ *n.* 続発, 付随的発生. 〘(1649) □ LL *superventiō(n-)* ← *supervenīre* (↑)〙

su·per·vise /súːpəvàɪz | súːpə-, sjúː-/ *vt.* **1** 監督する, 指揮する, 指図する, 指示する (oversee). **2** 《廃》詳しく調べる, 精読する (peruse). ― *n.* 《廃》精読 (perusal). 〘(?a1475) ← ML *supervīsus* (p.p.) ← *supervidēre* ← SUPER-＋*vidēre* to see: ⇨ vision〙

súpervised stúdy [wórk] *n.* 教師の監督を伴う学習.

su·per·vi·sion /sùːpəvíʒən | sùːpə-, sjùː-/ *n.* 監督, 指揮; 監視, 管理: under the ～ of …の監督の下に. 〘(1604) □ ML *supervīsiō(n-)* ← *supervidēre* (⇨ supervise): ⇨ -sion〙

supervísion òrder *n.* 《英》保護監督命令《少年裁判所で保護処分を受けた児童・少年を保護観察官や民生委員が一定期間監督する》.

su·per·vi·sor /súːpəvàɪzə | súːpəvàɪzə(r), sjúː-/ *n.* **1** 監督者 (superintendent); 取締人, 管理人. **2** 《米》〘教育〙《公立学校の》指導主事《教授細目や教案作成および教授法などの指導・助言にあたる》; 《英》《大学の》指導教官. **3** 《米》《民選の》郡[町]政執行官. **4** 《英》鉄道保線係. **5** 〘電算〙スーパーバイザー《他のプログラムをコントロールする OS 内のプログラム》. **6** 《古》《書籍の》校訂者. **7** 《廃》見物人 (onlooker). 〘(1454) □ ML *supervisor*: ⇨ supervise, -or²〙

súpervisor càll *n.* 〘電算〙スーパーバイザーコール《特殊な処理を行うために OS 内にあるプログラムを呼び出すこと》.

súpervisor dìstrict *n.* ＝beat¹ 6.

súpervisor·shìp *n.* supervisor の地位[任務, 任期]. 〘1485〙

su·per·vi·so·ry /sùːpəváɪzəri | sùːpəváɪzəri, ˌ–ˌ–ˈ––/ *adj.* 監督の, 管理の, 監視する. 〘1847〙

supervisory bòard *n.* 経営管理運営委員会《非役職者が構成員となり, 経営管理の決定に監督権を持つ》.

súper·vòltage *n.* 〘電気〙超高圧《特に X 線用の 500 kV 以上の領域の電圧》. 〘c1950〙

súper·wàter *n.* 〘物理・化学〙スーパーウォーター (⇨ polywater).

súper·wèapon *n.* 超兵器, スーパーウェポン《超精密誘導兵器など, 通常兵器をはるかに超える威力を持つもの》.

súper·wòman *n.* 超人的な女性, スーパーウーマン《特に, 仕事と育児と家事をみごとにこなす女性》. 〘1906〙

su·pi·nate /súːpənèɪt | súːpɪ̀-, sjúː-/ *vt.* 〈手などを〉前方に伸ばして手の平を上向きにする, 回外する (↔ pronate). ― *vi.* 〈手などが〉回外する. 〘(1831) ← L *supīnātus* (p.p.) ← *supīnāre* to bend backward ← *supīnus* 'SUPINE²': ⇨ -ate³〙

su·pi·na·tion /sùːpənéɪʃən | sùːpɪ̀-, sjùː-/ *n.* 〘生理・解剖〙《手などの》回外(運動), 外転(作用); 外転位置 (↔ pronation). 〘(1666) □ L *supīnātiō(n-)*: ⇨ ↑, -ation〙

sú·pi·nà·tor /-tə | -tə(r)/ *n.* 〘解剖〙回外筋 (↔ pronator). 〘(1615) ← NL *supīnātor*: ⇨ -or²〙

su·pine[1] /suːpáɪn, ˌ–ˈ– | súːpaɪn, sjúː-, –ˈ–/ *adj.* **1** 仰向けの, 仰向けに寝た, 仰臥の (cf. prone¹) (⇨ prone SYN); 手の平を上に向けた: lie ～. **2** 怠惰な, 怠慢な, 無精な, 無気力な. **3** 《古》後ろに寄りかかった[傾いた]. **～·ly** *adv.* **～·ness** *n.* 〘(c1500) □ L *supīnus* ← SUPER-: ⇨ -ine¹〙

su·pine[2] /súːpaɪn | súː-, sjúː-/ *n.* 〘文法〙 **1** 《ラテン語の》動詞状名詞《対格または与格・奪格としてのみ現れる; 例えば *mīrābile dictū* wonderful to say における *dictū*》. **2** 《英語の》to つき不定詞. 〘(c1450) □ LL *supīnum* (neut.) ← L *supīnus* (↑)〙

su·plex /súːplɛks | súː-, sjúː-/ *n.* 〘レスリング〙スープレックス《相手の背後から胴に腕を回して後ろに倒す技》.

supp. 《略》supplement; supplementary.

Sup·pé /suːpéɪ | ˌ–ˈ–; G. zupéː, zúpe/, **Franz von** *n.* ズッペ (1819–95; オーストリアの作曲家; *Leichte Kavallerie*「軽騎兵」(1866)).

sup·per /sʌ́pə | -pə(r)/ *n.* **1 a** 夕食; 《特に, dinner を昼に食べた時の》晩飯. 日英比較 必ずしも日本語の「夕食」と同じではない. supper とは dinner すなわち「正餐」を食べた後の, 一日の最後の食事の意で, 通例昼食が dinner の場合の「夕食」, あるいは dinner の代わりに食べる「夕食」の意で用いられるが, 夜の観劇などの後で食べる「夜食」の意ともなる. また, supper は一品料理で, 日本では dinner とは異なり粗末な食事と考えられがちだが, dinner のように正式なコースによらない食事ということであって, 内容の質には関係ない. また dinner は「正餐」の意から「正餐に当たるもの」の意でも用いられ, パンと水だけの食事をしながら "This is my dinner." と言うことも可能である. さらに, 客を招待する食事は通例 dinner であるが, 多数の人を招くパーティーなどでは buffet supper (立食)が供されることが多い. ⇨ dinner 日英比較. **b** 《観劇後などの》軽い晩餐, 夜食. **c** 夕食会. **d** 夕食時: church ～. **2** [the S-] **a** ＝Last Supper. **b** ＝Lord's Supper. ***sing for one's súpper*** 《相手の恩恵に対して》その前[直後に]応分のこと[お返し]をする. ― *vt.* 《まれ》夕食を出す. ― *vi.* 《まれ》夕食を食べる. 〘(c1250) *soper, sup(p)er* □ OF *soper, super* (F *souper*) ← *so(u)per* 'to SUP²': ⇨ -er³〙

súpper clùb *n.* サパークラブ《食事・飲物を供する小規模な高級ナイトクラブ》. 〘1925〙

súpper·less *adj.* 夕食を食べない(で), 夕食抜きで: go ～ to bed 夕食をとらずに床につく. 〘1515〙

súpper·tìme *n.* 夕食時. 〘a1376〙

suppl. 《略》supplement; supplementary.

sup·plant /səplǽnt | -plɑ́ːnt/ *vt.* **1 a** …に取って代わる; 代える: Streetcars were ～*ed* by buses. 路面電車はバスに代わった. **b** 《策略・陰謀などを用いて》…に取って代わる, 押しのけて…に代わる (⇨ replace SYN). **2** 押しのける, 追い出す, 首にする. **3** 《廃》根こそぎ引き抜く (uproot). **sup·plan·ta·tion** /sʌ̀plæntéɪʃən | sʌ̀plɑːn-/ *n.* **～·er** /-tə | -tə(r)/ *n.* 〘(c1340) □ (O)F *supplanter* ∥ L *supplantāre* to overthrow ← SUB-＋*planta* sole of the foot: ⇨ plant〙

sup·ple /sʌ́pl̩/ *adj.* (**sup·pler, -plest; more ～, most ～**) **1** しなやかな, 柔軟な (flexible): ～ leather, canes, bows, etc. **2 a** 〈運動・動作など〉軽快な (limber), 自由に曲がる: ～ movements. **b** よどみない: a ～ voice. **3** 〈頭・精神など〉順応性のある, 柔軟な. **4** 言いなりになる (compliant), 素直な, 柔順な (docile). **5** 他人の機嫌を取る, おべっかを使う (fawning). ― *vt.* **1** しなやかにする, 柔軟にする. **2** 言いなりにならせる, 柔順にする. ― *vi.* 《古》 **1** しなやか[柔軟]になる. **2** 柔順になる. **～·ness** *n.* 〘(c1300) *souple* □ (O)F < L *supplicem, supplex* submissive, 《原義》bending under ← SUB-＋*plic-* (← *plicāre* to fold: cf. pliant)〙

súpple·jàck *n.* **1** 〘植物〙フジの類の攀縁(はんえん)植物の総称; 《主に》熱帯・亜熱帯の山野につるのように野生しているクマヤナギの類の植物 (*Berchemia scandens*). **2** 《その幹で作った》強くてしなやかなステッキ. 〘(1725): ⇨ ↑, Jack〙

sup·ple·ly /sʌ́pli, -pli/ *adv.* しなやかに; 柔順に, おとなしく. 〘1611〙

sup·ple·ment /sʌ́pləmənt | -lɪ̀-/ *n.* **1 a** 《書物・書類などの》補遺, 付録, 追録, 別冊; 補足: a ～ *to* the text. **b** 《新聞・雑誌などの》付録, 特集: The Times Literary *Supplement*. **c** 栄養補助食品, サプリメント. **2** 〘数学〙 **a** 補角《与えられた角と合わせて 180° になる角; supplementary angle ともいう; cf. complement 3 a》. **b** 補弧《与えられた円弧と合わせて半円弧になるような円弧; supplementary arc ともいう; cf. complement 3 b》. ― /sʌ́pləmɛ̀nt | sʌ́plɪ̀mɛ̀nt, ˌ–ˌ–ˈ–/ *vt.* **1** 補う, 補足する (⇨ complement SYN). **2** …に補遺[追録, 付録]をつける, 追加する. **súp·ple·mènt·er** /-tə | -tə(r)/ *n.* 〘(c1384) □ L *supplēmentum* ← *supplēre* 'to SUPPLY¹': ⇨ -ment〙

sup·ple·men·tal /sʌ̀pləméntl̩ | -lɪ̀méntl̩ˊ/ *adj.* **1** ＝supplementary. **2** 〘法律〙《訴答書・宣誓供述書などの》追補の, 補足の. ― *n.* 追加[補足](したもの). **～·ly** *adv.* 〘1605〙

súpplemental plúmage *n.* 〘鳥類〙副羽《基羽・代羽以外の羽装; cf. basic plumage》.

sup·ple·men·ta·ry /sʌ̀pləméntəri, -tri, -ménəri | -lɪ̀méntəri, -triˊ/ *adj.* **1** 補う, 補足の, 補充の; 追加の, 付録の; 補遺の; 仮の, 臨時の. **2** 〘数学〙補角の; 補弧の (cf. supplement 2, complementary): a ～ arc＝supplement 2 b. **3** 〘医学〙副の, 付随した, 補充的な: ～ motor area (脳の)補足運動野 / ～ respiration 代償性呼吸. ― *n.* 補充となる人[もの]. **sùp·ple·mén·ta·ri·ly** /-rəli | -rɪ̀li/ *adv.* 〘(1667) ← -ary〙

súpplementary ángle *n.* 〘数学〙＝supplement 2 a.

súpplementary bénefit *n.* 〘保険〙 **1** [the Supplementary Benefits] 生命保険の付随的特典《復活・不可争など》. **2** 《英》補足給付《一つの社会保障制度によって規定された給付が小額である場合に他の制度から補足的に

与えられる給付, 1988 年に所得援助 (income support) に変更). 〖1966〗

súpplementary únit *n.* 〖数学〗補助単位《ラジアン (radian) とステラジアン (steradian)》.

sup·ple·men·ta·tion /sʌ̀pləmɛntéɪʃən, -mən- | -plɪ̀mɪn-/ *n.* 補うこと, 補足, 補給: mineral ~ 〖医学〗ミネラルの補給. 〖1854〗

sup·ple·tion /səplíːʃən/ *n.* 〖言語〗補充法, 合成変化: **a** 語形変化の一項に異なった語幹の語を補充すること; 例えば go の過去形を 'goed' とせずに went とし, good の比較級を 'gooder' とせずに better とするなど. **b** 語幹は変わらないが変化語尾が通例のものと異なるものを代用すること; 例えば child の複数形を 'childs' とせず children とするなど. 〖(*a*1325) (1914) □ ML *supplētiō(n-)* act of supplementing ← L *supplētus* (p.p.) ← *supplēre* 'to SUPPLY[1]': ⇨ -tion: cf. ME *supplecioun* supplement □ OF〗

sup·ple·tive /səplíːtɪv, sʌ́plət- | səplíːtɪv, sʌ́plɪ̀t-/ *adj.* 〖言語〗補充法(的)の, 補充法による (cf. suppletion). **~·ly** *adv.* 〖(1816–30) □ LL *supplētivus* supplementary ← L *supplētus* (↑): ⇨ -ive〗

sup·ple·to·ry /səplíːtəri, sʌ́plətɔːri | səplíːtəri, sʌ́plɪ̀təri/ *adj.* 補充の, 補遺の (supplementary). **súp·ple·to·ri·ly** *adv.* 〖(1628) ← L *supplētus* (↑) + -ORY〗

Sup·plex /sʌ́plɛks/ *n.* 〖商標〗サプレックス《空気や水蒸気を通す伸縮性のある合成織物; スポーツ・アウトドア用衣類に用いる》.

sup·pli·ance[1] /səpláɪəns/ *n.* 補充すること, 補充(過程): ~ of a minute つかのまの慰め (Shak., *Hamlet* 1. 3. 9). 〖(1598): ⇨ supply[1], -ance〗

sup·pli·ance[2] /sʌ́pliəns/ *n.* 嘆願, 懇願, 哀願. 〖(*c*1611): ⇨ suppliant[1], -ance〗

sup·pli·an·cy /-liənsi/ *n.* =suppliance[2]. 〖1837〗

sup·pli·ant[1] /sʌ́pliənt/ *adj.* **1** 嘆願する, 懇願する, 哀願する. **2** 〈言語・動作など〉頼むような, すがりつくような. **—** *n.* 嘆願者, 哀願者. **~·ly** *adv.* 〖(?*a*1426) □ (O)F ~ (変形) ← OF *sopleiant* (pres. p.) ← *soupleier* to beg (cf. F *supplier*) ← L *supplicāre* 'to SUPPLICATE': ⇨ -ant〗

sup·pli·ant[2] /səpláɪənt/ *adj.* 《まれ》補充の (supplementary). 〖(1609–10): ⇨ supply[1], -ant〗

sup·pli·cant /sʌ́plɪ̀kənt/ *n.* 嘆願者 (suppliant). **—** *adj.* 嘆願する (supplicating). 〖(1586) □ L *supplicantem* (pres.p.) ← *supplicāre* (↓): ⇨ -ant〗

sup·pli·cate /sʌ́pləkèɪt | -plɪ̀-/ *vt.* **1** 嘆願する; 〈人〉に懇願する, 泣きつく, すがる (entreat, petition) 〔*for*〕 (⇨ appeal SYN); 〈人〉に〈…するように〉嘆願する 〈*to do*〉: ~ pardon 許しを乞う / ~ a person *for* pardon 人に許しを乞う / ~ a person *to* help 人に援助を懇願する. **2** 〈神〉に祈願する (pray). **—** *vi.* 嘆願する, 懇願する, 哀願する, 祈願する 〔*for*〕: ~ *for* mercy 人の慈悲を懇願する. 〖(1417) ← L *supplicātus* (p.p.) ← *supplicāre* ← *supplic-, supplex*: ⇨ supple〗

súp·pli·càt·ing /-tɪŋ | -tɪŋ/ *adj.* 懇願する, 哀願する, 嘆願する, 折入って頼む, 泣きつく. **~·ly** *adv.* 〖1649〗

sup·pli·ca·tion /sʌ̀pləkéɪʃən | -plɪ̀-/ *n.* **1** 嘆願, 懇願, 哀願. **2** 〖キリスト教〗祈願. 〖(*c*1384) □ (O)F ~ □ L *supplicātiō(n-)*: ⇨ supplicate, -ation〗

súp·pli·cà·tor /-tə | -tə(r)/ *n.* 嘆願者, 哀願者 (supplicant). 〖(1634–35) □ LL *supplicātor*: ⇨ -or[2]〗

sup·pli·ca·to·ry /sʌ́plɪ̀kətɔ̀ːri | sʌ́plɪ̀kətəri, -tri, -kèɪt-, sʌ̀plɪkéɪ-/ *adj.* 嘆願の, 懇願の, 哀願の. 〖(*c*1450) □ ML *supplicātōrius*: ⇨ -ory[1]〗

sup·pli·er /səpláɪə | -əˀ(r)/ *n.* **1** 供給[補充]する人[物]. **2** 原料供給国[地]. **3** 部品製造者. 〖1491〗

supplíes accòunt *n.* 〖会計〗消耗品勘定.

sup·ply[1] /səpláɪ/ *vt.* **1** 〈必要物・欠乏品などを〉与える; 〈必要物などを〉〈人・施設・場所などに〉供給する 〔*to, for*〕: ~ information [money] 情報を提供[金を支給]する / Cows ~ milk (*to* [*for*] us). 雌牛は牛乳を(人に)供給する / ~ fresh meat *for* the table 新鮮な肉を食卓に提供する / The company *supplies* electricity *to* the town. その会社は電気を町に供給している. **b** 〈人など〉に〔必要物などを〕支給する 〔*with*〕: Cows ~ us (*with*) milk. 雌牛は人に牛乳を供給する《★ with を省き二重目的語を従える構文を用いるのは《米》; cf. provide vt. 1 a》/ He *supplied* me the answer. 《米》彼が私に答を教えてくれた / Workers have been *supplied with* overalls. 作業員には作業服が支給されている. **c** …に配給[配達]する: Families *supplied* daily. ご注文品は毎日ご家庭までお届け致します《商店の広告文》. **2** 〈不足・損害を〉補う, 補充する, 埋め合わせる; 〈必要を〉満たす, 〈需要に〉応じる: ~ a deficiency [want] 欠乏[不足]を満たす / ~ a demand [need] 要求[必要]に応じる. **3** 〈地位・空位・講壇などを〉代わって占める; 〈人, (特に)牧師〉の代理[代行]をする: ~ an office [a pulpit] 代理として職につく[説教壇に立つ] / ~ a clergyman 牧師の代わりをする.

— *vi.* (牧師などの)代理を務める, 代役をする.

— *n.* **1 a** 供給, 支給, 補給, 配給: a base of ~ 補給基地 / the ~ of gas to the town 町へのガスの供給. **b** (電気・ガスなどの)供給源. **2** 供給[支給]量; 供給[支給]品[物(資)], (補給)用品: relief *supplies* 救援物資 / send an abundant ~ of food [water] 食糧[水]を十分に補給する. **3** 備え, 用意; 蓄え, 貯蔵; 在庫, 在荷: a small ~ of provisions 食糧品のわずかな蓄え / have a good ~ of reading matter 読み物を十分に備えている / lay in fresh *supplies of* dresses 婦人服を新たに仕入れる / Goods are in short ~. 品が払底している, 品薄である. **4** [通例 *pl.*] (貯蔵)生活必需品: lay in *supplies* for the winter 冬に備えて必要品を買い込む / economize the household *supplies* 家庭用品を節約する. **5** 〖経済〗(需要に対する)供給 (↔ demand): ~ and demand 需要と供給, 需給 日英比較 日本語では「需要と供給」というが, 英語では *supply* and demand と語順が逆になる / the law of ~ and demand 需要供給の法則 / *Supply* and demand plays an important part in economy. 需要と供給(の関係)は経済で重要な役割を果たす. **6 a** [通例 *pl.*] 《英》(議会の承認を経る)国費, 歳出. **b** [*pl.*] (個人の)支出; 仕送り, 送金: cut off the *supplies* 仕送りをやめる. **7** 代理; (特に)代理牧師; 《英》代用教員: on ~ 臨時雇[代理]として / be [go] on ~ 代理を務めている[務める]. **8** 《廃》助力, 援助; [しばしば *pl.*] 増援隊, 援兵. **9** [*pl.*] 〖軍事〗補給品《部隊が必要とする糧食・被服・武器弾薬・各種器材・資材・燃料等》: military [war] *supplies* 軍需品[物資].

— *adj.* [限定的] **1** 供給用の: a ~ pipe 給水[油]管. **2** (軍隊の)補給(係)の: a ~ officer, ship, etc. / a ~ depot [line] 補給部隊[線, 平站(へいたん)線]. **3** 代理の: a ~ pastor, preacher / ⇨ supply teacher.

〖(1375) *sup(p)l(i)e(n)* □ OF *so(u)pleer, souplier* (F *suppléer*) □ L *supplēre* ← *sup-* 'up, SUB-' + *plēre* to fill: ⇨ fill[1]〗

SYN 供給する: **supply** 必要物を〈人に〉供給する: The butcher *supplies* us with meat. 肉屋は我々に肉を供給する. **furnish** 必要品を供給する《*supply* とほぼ同義でより格式ばった語》: *furnish* a person with information 人に情報を提供する. **provide** ある事柄に備えて物を用意しておく: You must *provide* yourself with food for the journey. 旅行に備えて食料を用意しておかなければならない.

sup·ply[2] /sʌ́pli, -pli/ *adv.* =supplely.

supplý bìll *n.* 《英》予算案 (appropriation bill).

supplý chàin *n.* 〖商業〗サプライチェーン, 供給連鎖《製品の生産, 流通の流れを一貫したシステムとしてとらえる連鎖構造》.

sup·ply·ment /səpláɪmənt/ *n.* 《廃》補充, 供給. 〖(1589): ⇨ supply[1], -ment〗

supplý príce *n.* 提供価格《一定の条件で提供される商品の最低値段》. 〖1890〗

supplý réel *n.* (テープレコーダー・映画撮影カメラなどの)繰り出しリール《巻取りリールでテープ[フィルム]を巻くときテープ[フィルム]の入っているリール》.

supplý-side económics *n.* 供給側重視の経済(理論)《減税などの政策を通して企業の設備投資意欲や個人の勤労意欲などを促進し経済力を向上させようとする理論》.

supplý téacher *n.* 《英》臨時[代用]教員 (《米》substitute teacher).

sup·port /səpɔ́ət | -pɔ́ːt/ *vt.* **1** 〈物・人を〉支える, 倒れ[沈ま]ないようにしておく: ~ a person *home* 人を抱き支えて家まで送る / ~ oneself *with* a stick 杖で体を支える / The roof ~*s* a huge sign. 屋根には巨大な看板が出ている. **2 a** 〈家族などを〉扶養する, 扶助する, 養う: ~ oneself 自活する / I have a large family to ~. 養っていかなければならない大家族がある. **b** 〈施設などを〉(財政的に)支援する, 維持する: ~ a hospital by voluntary subscriptions 篤志家の寄付によって病院を維持する / They ~ the local theater. (よく観劇に出かけて)自分たちの土地の劇場を支援している. **3** 〈人・主義・理論などを〉支持する, 支援する, 擁護する (back, uphold), 〈政策・政党など〉に賛成する, 味方する: ~ a leader [cause, policy, motion] リーダー[主義, 政策, 動議]を支持する / ~ increasing wages 賃金の引上げに賛成する / He was ~*ed* on the first ballot. 彼は第 1 回目の投票で支持された. **4** 〈陳述などを〉証拠立てる, 裏書きする, 確認する (vindicate, confirm): ~ a statement [an argument, a claim] 陳述[議論, 主張]を確証する / Neighbors ~*ed* his alibi. 隣人たちが彼のアリバイを証明した / The theory is poorly ~*ed* by facts. その理論は事実の裏付けが貧弱だ. **5 a** 〈人を〉力づける, 元気づける (encourage): be ~*ed* by courage [hope] 勇気[希望]で力づけられる / What ~*ed* him was a glass of brandy. 彼を元気づけたのは一杯のブランデーであった. **b** 〈生命・気力などを支える, 維持する, 持続させる (maintain): ~ life [one's strength] 生命[力]を維持する. **6** …に耐える, 忍ぶ, 我慢する (endure, tolerate): I cannot ~ the fatigue [his insolence] any longer. この疲労[彼の無礼]にはもう耐えられない. **7** …に付き添う, 随行する, 補佐する. **8** 〖経済〗(買い付け・融資などによって)〈値を〉支える, 〈特定商品〉の値を支える: ~ a domestic price [basic crops] (*at* …) 国内価格[基本農作物の価格]を(…に)維持する. **9** 〖映画・演劇〗**a** 〈主演者を〉助演する, 〈スター〉のわき役を務める: ⇨ supporting actor, supporting part. **b** 〈役を〉(見事に)務める, 演じる. **10** 〖音楽〗…の伴奏をする, 前座演奏をする. **11** 〖電算〗〈システムが〉〈ある規格の製品を扱うことができる, サポートする, 対応している. **12** 〖トランプ〗(ブリッジでパートナーを)ビッドして助ける. **13** 〖軍事〗〈他の部隊・攻撃など〉を援護する, 支援する. **—** *n.* **1** 鼓舞; 支持, 援助, 後援, 賛助; 賛成: his ~ for the plan その計画に対する彼の支持[支援] / give ~ to …を支持[後援]する / get [receive] ~ from …の支持[後援]を得る. **2** 養育, 扶養 (maintenance); 衣食; 生活費 (⇨ livelihood[1] SYN); 財政的援助: a means of ~ 衣食の道《職業など》. **3** 支える[支えられる]こと; 支持, 維持: stand without ~ 支えなしに立つ. **4 a** 支持者, 援助者, たよりになる者: He is the chief ~ for the cause. 彼がその主義[運動]を支持する中心人物だ. **b** 支持物, 土台; 支柱: provide a structure with ~*s* 建物に支柱をする / The neck forms a ~ for the head. 首は頭の支えとなる. **5 a** 〖映画・演劇〗(主演者の)助演者(たち), わき役(陣); 助演. **b** 〖音楽〗伴奏. **6** 〖経済〗買い支え: ⇨ price support. **7** 〖軍事〗**a** 支援. **b** 支援部隊; (中隊)予備隊; (行進中に前方を警戒する)尖兵中隊; (駐止間の警戒部隊の一つの)前哨中隊. **8** (油絵用)画布, 木板. **9** 〖写真〗(感光剤を塗布する)フィルムベース, バライタ紙などの支持体. **10** 〖電算〗サポート, 対応 (cf. *vt.* 11). **11** 〖医学〗副木; 懸垂帯. **12** 運動用サポーター (jockstrap).

in suppórt (1) 支持[擁護, 賛成]して: speak *in* ~ *of* a motion 動議の賛成演説をする. (2) 〖軍事〗支援[予備]の: troops *in* ~ 支援[援護]部隊, 予備隊. 〖(1771)〗

〖(*c*1384) □ (O)F *supporter* □ L *supportāre* to carry, convey, (LL) endure ← SUB- + *portāre* to carry: ⇨ port[5]〗

SYN 支持する: **support** 〈人や事に〉援助・支持を与える: *support* a friend loyally 友人を忠実に支持する. **uphold** 〈攻撃されているものを〉言論などによって守る: *uphold* democracy 民主主義を守る. **sustain** 〈人や物を〉継続的に努力して積極的に支持する: He was *sustained* by his hope for the future. 将来への希望によって支えられた. **maintain** 良好な状態に保つ: *maintain* one's car very well 車を大変よく保守する. **back** 〈人や行動を〉背後から強力に支持する: *back* up a friend financially 友人を財政的に援助する.

sup·port·a·ble /səpɔ́ətəbl | -pɔ́ːt-/ *adj.* **1** 支えられる, 支持できる, 扶養できる. **2** 維持できる, 扶養できる. **3** 我慢できる, 辛抱できる. **~·ness** *n.* **sup·pòrt·a·bíl·i·ty** /-təbíləti | -təbílɪ̀ti/ *n.* **sup·pórt·a·bly** *adv.* 〖*c*1450〗

sup·por·tance /səpɔ́ətəns, -tns | -pɔ́ːtəns, -tns/ *n.* **1** 《まれ》支持 (support). **2** 〖スコット法〗特別の救済《死の直前 60 日以内になされた不動産譲渡を有効なものとするために, その間に市場に行くことができたと認定すること》. 〖(*c*1490) ← SUPPORT + -ANCE〗

suppórt àrea *n.* **1** 〖軍事〗前線補給基地. **2** 〖証券〗=support level.

sup·pórt·ed jóint /-tɪ̀d- | -tɪ̀d-/ *n.* 〖鉄道〗支え継ぎ (cf. suspended joint).

sup·port·er /səpɔ́ətə | -pɔ́ːtə(r)/ *n.* **1 a** 支持者, 支援者, 後援者, 維持者, 後ろ盾 (⇨ follower SYN); 扶養者; 擁護者; 賛成者, 味方; (スポーツチームの)応援をする人, ファン, サポーター: football ~*s* サッカーのファン[サポーター] / a ~ of the Democratic Party 民主党の支持者. **b** 付添人, 随行員, 介添え. **2 a** 支持物. **b** 支柱. **c** (運動用・保護用などの)サポーター: an athletic ~ =jockstrap 1. **d** (ガーターベルト・ガードルなどにとめる)靴下どめ, ガーター (garter). **e** 〖外科〗サポーター, 縛帯 (suspensory). **3** 〖映画・演劇〗助演者, わき役. **4** 〖紋章〗大紋章 (achievement) の盾を支えるもの《通例盾の左右にあるが, 片側だけのもの, 盾の背後にあるものなど一定ではなく, また人物・動物の他, 柱などの生物以外のものなどその種類は多様》. 〖*a*1425〗

suppórt gròup *n.* サポートグループ《共通の悩みや経験をもち支援し合う人々の集まり》.

suppórt hòse *n.* 〖医学〗(下肢静脈瘤などの庇護用に使う)弾性靴下. 〖1963〗

sup·pórt·ing /-tɪŋ | -tɪŋ/ *adj.* 支える, 援助[支援する]; 〖演劇〗脇役[ワキ]の. **~·ly** *adv.* 〖*c*1610〗

suppórting àctor [àctress] *n.* 〖映画・演劇〗助演男優[女優], わき役.

suppórting fílm [pícture] *n.* (主要長編映画に添えて上映する)補助(番組)映画《通例短編物; cf. supporting program》.

suppórting párt [róle] *n.* 〖映画・演劇〗わき役(役柄).

suppórting prógram *n.* **1** (主要番組と併映される)補助番組《映画番組なら通例短編などの補助映画; cf. first feature, supporting film》. **2** 補助出演者(全体), 前座.

sup·port·ive /səpɔ́ətɪv | -pɔ́ːt-/ *adj.* **1** 支える, 支持する. **2** 〖医学〗支持的, 支持療法の: ~ therapy [treatment] 支持療法. **~·ly** *adv.* **~·ness** *n.* 〖1593〗

suppórt·less *adj.* 支えのない, 支持[維持]するもののない, 後ろ盾[後援, 賛成]のない, 弁護[擁護]する者のない. 〖1643〗

suppórt lèvel *n.* 〖証券〗支持線, 買い支え値《価格が底まで下がってくると買いが増えて価格の下げが止まる価格水準; support area ともいう; ↔ resistance level》. 〖1953〗

suppórt nètwork *n.* =support system.

suppórt prìce *n.* (政府の補助金によって農家などに保障される)最低保障[維持]価格. 〖1943〗

suppórt sỳstem *n.* 支援体制, 支援者ネットワーク (support network).

suppos. 《略》〖処方〗*L.* suppositorium (=suppository).

sup·pos·a·ble /səpóuzəbl | -páuz-/ *adj.* 想像できる, 仮定できる: a ~ case [outcome] ありうべき場合[結果]. 〖1643〗 **sup·pós·a·bly** /-bli/ *adv.* 〖*a*1866〗

sup·pos·al /səpóuzəl, -zl | -páu-/ *n.* **1** =supposition. **2** 《廃》見解 (opinion). 〖(*c*1380) □ OF *supposail(l)e*: ⇨ ↓, -al[2]〗

sup·pose /səpóuz | səpáuz/ ★ 会話では I suppose … では /spóus | spáuz/ と発音されることが多い. *vt.* **1** [通例 *that*-clause, 目的語 + *to* be [do], 目的語 + 補語を伴って] 《口語》…と思う, 考える, 推定[推測]する (⇨ think SYN): I ~ *that's* the best way. まあそれが最良の方法だと

思う / I ～ you don't remember.=I don't ～ you remember. 君は覚えてはいないと思う(が) / You cannot [don't] ～ *that* ….=It is not to be ～*d that* …ということは考えられない / I don't ～ you can lend me some money, can you? お金を少し拝借できないでしょうね《婉曲な依頼》/ You don't ～ he will miss the train, do you? まさか彼は列車に乗り遅れたりしないでしょうね / Will you come?—I ～ (*so*) [*not*]. 一緒に来るかい—行くとするか[行きたくもないな] / We'd better try again, I ～. もう一度試したほうがよいと思うけど / I should [would] ～ …ではないかと思う, (多分)…だと思う《I ～ よりも遠慮した言い方》/ as you may ～ ご推察通り / Who do you ～ I met there? そこでだれに会ったと思いますか / What's that ～*d to* mean? 一体それはどういう意味ですか《相手の発言に困惑して[怒って]》/ I was able to ～ *how* upset he was from his looks. 彼の顔つきから彼がいかに動転していたかがうかがえた / They ～*d* him (*to* be) a bachelor. 彼らは彼が独身だと思っていた / Cats are (traditionally [generally]) ～*d to* have nine lives.=It is (traditionally [generally]) ～*d* that cats have nine lives. 猫には命が九つあると(伝統的に[一般的に])思われている / You are only *supposing* it on hearsay. 君はうわさだけでそう推測しているにすぎない / If he were really sorry, don't [wouldn't] you ～ he'd have said so? ほんとにすまないと思っているのなら彼はそう言っただろうとは思いませんか / Did you really ～ I was going to marry you? 私があなたと結婚するつもりだとほんとに思ったの. **2** [通例 *that*-clause, 目的語＋*to* do を伴って] 想像する, 仮定する: *Suppose* a line bisecting a plane. 平面を二等分する線を仮定せよ / Let us ～ (*that*) it is true.=Let us ～ it *to* be true. 仮にそれが真実であるとしよう / Let it be ～*d that* …だと仮定せよ / (Just) *Suppose* there were [is] a second earthquake! また地震があるとちょっと想像してみたまえ. **3** [命令法で *that*-clause を伴って] **a** [接続詞的に] もし…ならば; …だとしたら(どうだろう) (⇨ if SYN; cf. supposing): *Suppose* (*that*) you were left alone on a desert island, what would you do? 万一無人島に一人取り残されたらどうしますか / *Suppose* you have an accident! 事故にでも遭ってみたまえ(どうするんだ). **b** [提案を示して] …してはどうだろう, …しようではないか: *Suppose* we (=Let's) wait a while. ちょっと待ってみたらどうだろう / *Suppose* we go to bed. 寝るとするか. **4** 〈提議・学説などが想定する; 〈事実・事情などが〉必要条件として認める, …の仮定を必要とする (presuppose): This theory ～*s* life on the planet. この学説はその惑星上に生物の存在を想定している / Creation ～*s* a creator. 万物の創造は造物主の存在を意味する. **5** 《廃》信じる (believe).
— *vi.* 仮定する; 推測する; 考える.
be supposed to do ★ /s(ə)póʊs(t) | -pə́ʊs(t)/ と発音されることが多い. (1) ⇨ *vt.* 1. (2) …することになっている: This medicine *is* ～*d to* get rid of pain. この薬を飲めば痛みは消えるはずだ / You *are* ～*d to* be here at nine every day. 君は毎日 9 時出勤ということになっている / Every driver *is* ～*d to* wear [fasten] a seat belt. 運転者はみなシートベルトを締めるように定められている / You *were* ～*d to* be here at nine yesterday. 君は昨日 9 時にここに来ることになっていた(のに来なかった). (3) [否定構文で] …する義務[必要]はない; …してはいけないことになっている: You *are not* ～*d to* do it. 君はそれをしなくてよい / We *are not* ～*d to* smoke here. ここは禁煙だ / You *are not* ～*d to* complain. 不平は言わないはず, 泣き言は禁物だよ / You *weren't* ～*d to* know about it. そんなこと知らなくてもよかったのに.
— *n.* 《廃》予想 (expectation).

sup·pós·er *n.* 〖(*c*1303) ☐ (O)F *supposer* (*poser* to put と連想) ← L *suppōnere* to put under, (ML) suppose ← SUB-＋*pōnere* to put: cf. pose[1], position〗

sup·posed /səpóʊzd, -zɪ̀d | -pə́ʊz-/ *adj.* **1** [限定的] 想像された, 想定(上)の (imagined), 仮定の (hypothetical); 真実と思われている[信じられている]: a ～ case 仮定された場合, 仮定 / the ～ site (遺跡などの)推定上の位置 / the ～ efficiency (機械などの)推定効率 / his ～ profits 彼が予想していた[いる]利益 / His ～ illness was mere laziness. 病気だと思われていたのになまけていただけだった. **2** 《廃》にせものの (feigned). 〖1566〗

sup·pos·ed·ly /səpóʊzɪ̀dli | -pə́ʊz-/ *adv.* 想像上, 推定上; 多分, 恐らく (presumably): an article ～ written by …の書いたものと言われている記事 / He went back, ～ to take a thing left behind. 恐らく忘れ物を取りにであろう, 彼は引き返した / *Supposedly*, he is a rich man. 多分金持ちなのであろう. 〖1611〗

sup·pos·ing /səpóʊzɪŋ | -pə́ʊz-/ *conj.* もし…ならば; …だと仮定したら(どうだろう) (⇨ if SYN; cf. suppose *vt.* 3 a): *Supposing* (*that*) he declined, you might be right. 万一彼が断われば君(の言ったこと)が正しいことになる / *Supposing* that is the case (, what are we going to do?). もしそれが本当だとしたら(どうしよう). 〖1843〗

sup·po·si·tion /sʌ̀pəzíʃən/ *n.* 想像, 想定, 推定, 推測 (conjecture); 仮定, 仮説 (hypothesis): a very likely ～ 大いに考えられうること / be based on mere ～ 単なる想像に基づいている / confirm one's ～*s* 推測を確かめる / on the ～ *that* …と仮定した上で, とみなして / My ～ is *that* … 私の想像では…だ. 〖(*a*1398) ☐ (O)F ～ ∥ L *suppositiō(n-)* act of placing under, (LL) supposition ← *suppositus* (p.p.) ← *suppōnere* 'to SUPPOSE': ⇨ -tion〗

sùp·po·sí·tion·al /-ʃnəl, -ʃənlˉ/ *adj.* 想像上の, 想像に基づく; 仮定的な, 推測の. **～·ly** *adv.* 〖1662〗

sup·po·si·tious /sʌ̀pəzíʃəsˉ/ *adj.* **1** =supposititious. **2** =suppositional. 〖(1624) 1: 《略》↓〗

sup·pos·i·ti·tious /səpɑ̀(ː)zətíʃəs | -pɔ̀zɪ̀-ˉ/ *adj.* **1** **a** (不正に)すり替えた, にせの, 偽りの, 偽造の (spurious): ～ writings 偽書. **b** 〈子供が〉相続人に仕立てられた; 庶子の (illegitimate). **2** 想像上の; 推定の, 仮定の (hypothetical). **～·ly** *adv.* **～·ness** *n.* 〖(1611) ☐ L *supposititius*: ⇨ supposition, -itious〗

sup·pos·i·tive /səpɑ́(ː)zətɪv | -pɔ́zɪ̀t-/ *adj.* **1** 想像[仮定, 推定]の. **2** にせの, 偽りの. **3** 〖文法〗想像[仮定]を表す. — *n.* 〖文法〗想像[仮定]を表す語《例えば if, granting, granted, providing, provided, suppose》. **～·ly** *adv.* 〖(1605) ☐ LL *suppositīvus* ← L *suppositus* (↓): ⇨ -ive〗

sup·pos·i·to·ry /səpɑ́(ː)zətɔ̀ːri | -pɔ́zɪ̀təri, -tri/ *n.* 〖薬学〗座薬, 座剤. 〖(1392) ☐ ML *suppositōrium* (neut.) ← LL *suppositōrius* placed under ← L *suppositus*: ⇨ supposition, -ory[2]〗

sup·press /səprés/ *vt.* **1 a** 〈反乱・暴動などを〉(警察力・権力によって)鎮圧する, 静める, 鎮定する (subdue) (⇨ restrain SYN): ～ a revolt [heresy] 反乱[異端]を押さえる. **b** 〈人・団体などの〉活動を禁止する (abolish). **c** 〈慣行・風習などを〉禁止する, 禁圧する. **2 a** 〈感情・欲望などを〉抑制する, 抑える (restrain), 〈笑いを〉こらえる, 〈あくびなどを〉かみ殺す (smother): ～ a smile, groan, yawn, desire, etc. **b** 〈せき・出血などを〉止める (arrest): ～ hemorrhage. **c** 〈生体の機能・生長・繁殖などを〉抑制する, 止める. **3 a** 〈真相・証拠・名前などを〉公表しない, 隠す (conceal): ～ the truth [evidence, name] 真実[証拠, 名]を隠す. **b** …の公刊を禁止する, の発行を停止する, 発禁にする: ～ a newspaper, book, etc. **c** (発表しようとする) 〈文章などの文句を〉カットする, 削除する (eliminate): ～ a passage in a book 本の一節を削除する. **4** 〖精神分析〗意識的に〈欲求・観念・感情を〉抑制する. **5** 〖電気〗〈振動を〉抑制する. **6** 〖電子工学〗〈2 次電子放出を〉抑制する. **7** 〖植物〗〈植物の生長, 特に頂端生長を〉抑圧する. **8** 〖生物〗〈突然変異などの〉遺伝的発生を抑制する. 〖(1389) ← L *suppressus* (p.p.) ← *supprimere* to press down ← SUB-＋*premere* 'to PRESS[1]'〗

sup·pres·sant /səprésənt, -snt/ *n.* 〖医学〗抑制剤. 〖(1942): ⇨ ↑, -ant〗

sup·pressed *adj.* **1** 抑圧[鎮圧]された; 抑えられた, 抑制された: sounds of ～ laughter かみ殺した笑い声 / in a ～ tone of voice 声を殺して / a ～ passage 削除した[伏せ字の]一節. **2** 〈病気が〉普通の経過をとらない, こじれた: ～ measles. **3** 〖植物〗〈樹木が〉森林内で日照不足のため発育を阻害された. **sup·préssed·ly** /-stli/ *adv.* 〖1620〗

suppréssed cárrier modulàtion *n.* 〖電子工学〗搬送波抑圧変調.

sup·préss·er *n.* =suppressor.

sup·press·i·ble /səprésəbl | -sə-, -sɪ-/ *adj.* 抑圧[抑制]できる; 隠しうる; 禁止[削除]できる. 〖1837〗

sup·pres·sion /səpréʃən/ *n.* **1** 抑圧, 鎮圧, 抑制, 抑止. **2** 隠蔽(いんぺい); 公表[公刊]禁止, 発禁; 削除: ～ of evidence. **3** (せき・出血などを)止めること; (生体の機能などの)抑制, 停止. **4** 〖心理〗**a** 抑制《意識的に欲求・観念・感情を押えること; cf. repression 2》. **b** 抑制された記憶[観念, 衝動]. **5** 〖植物〗抑制, 抑止《分泌物が突然停止する現象; cf. suppressed 3》. **6** 〖電気〗抑制. 〖(1528) ☐ L *suppressiō(n-)*: ⇨ suppress, -sion〗

sup·pres·si·o ve·ri /səpréʃiòʊvéˀraɪ | -ə̀ʊvéəri-/ *L. n.* 〖法律〗真実の隠蔽(いんぺい) (cf. suggestio falsi). 〖(1755) ☐ L *suppressiō vēri* suppression of the truth: cf. very〗

sup·pres·sive /səprésɪv/ *adj.* **1** 抑圧する, 鎮圧する, 抑える; 〖精神医学〗抑制的な. **2** 隠す, 隠蔽する; 公表[公刊]を禁止する. **3** せき[出血など]を止めるのに役立つ: a ～ drug for cough せき止め薬. **～·ly** *adv.* **～·ness** *n.* 〖(1778): ⇨ suppress, -ive〗

sup·prés·sor /-sə | -səʳ/ *n.* **1** 抑圧者, 鎮圧者; 抑制者. **2 a** 公表しない人; 隠蔽(いんぺい)者. **b** 公表させない人; 公刊[発行, 発売]禁止者. **3** 抹殺者, 削除者. **4** (出血などを)止める人[物]. **5** 〖生物〗抑圧遺伝子. **6** 〖ラジオ・電子工学〗サプレッサー, 抑圧器《雑音や二次電子放出を防止する回路》. 〖(1560) ☐ LL *suppressor*: ⇨ -or[2]〗

suppréssor cèll *n.* 〖生化学〗=suppressor T cell.

suppréssor grìd *n.* 〖電子工学〗抑制格子. 〖1931〗

suppréssor T cèll *n.* 〖生化学〗サプレッサー T 細胞《免疫応答を抑制的に調節する T 細胞亜群》. 〖1972〗

Supp. Rev. Stat. 《略》Supplement to the Revised Statutes.

sup·pu·rate /sʌ́pjʊrèɪt/ *vt.* 化膿(かのう)させる. — *vi.* 化膿する, 膿(う)む. 〖(?*a*1425) (1656) ← L *suppūrātus* (p.p.) ← *suppūrāre* ← SUB-＋*pūr-*, *pūs* 'PUS'〗

sup·pu·ra·tion /sʌ̀pjʊréɪʃən/ *n.* **1** 化膿(かのう). **2** 膿(うみ). 〖(?*a*1425) ☐ L *suppūrātiō(n-)*: ⇨ ↑, -ation〗

sup·pu·ra·tive /sʌ́pjʊrətɪv, -rèɪt- | -rət-, -rèɪt-/ *adj.* 膿(う)む, 化膿(かのう)する; 化膿させる, 化膿性の. — *n.* 化膿促進剤. 〖1541〗

supr. 《略》superior; supreme.

su·pra /súːprə, -prɑː | súː-, sjúː-/ *L. adv.* (主にテクストの参照に用いて)上に (above) (cf. infra 2): ⇨ vide supra. 〖(1440) ☐ L *suprā* (cf. *super* over)〗

su·pra- /súːprə | súː-, sjúː-/ *pref.* 「上の, 上に」の意. ★ super- と同義であるが, 特に解剖学上の術語に用いることが多い: *supra*orbital, *supra*renal, *supra*segmental. 〖← L *suprā* (adv. & prep.) above, beyond: ↑〗

sùpra·céllular *adj.* 〖生物〗細胞以上の.

súpra·chiasmàtic núcleus *n.* 〖解剖〗視(神経)交差上核《視神経交差のすぐ背側にある神経細胞群》. 〖*suprachiasmatic* (*c*1950)〗

sùpra·cíliary *n.* 〖動物〗上睫板《トカゲ類やある種のヘビ類で, 眼の真上に並ぶ細かい鱗》. — *adj.* 上睫板の. 〖1828–32〗

sùpra·gingíval *adj.* 〖歯科〗歯肉(縁)上の.

sùpra·glóttal *adj.* 声門上部の. 〖1935〗

sùpra·glóttic *adj.* =supraglottal.

sùpra·hepátic *adj.* 〖解剖〗〈膿瘍(のうよう)など〉肝臓の上[表面]にある, 肝上の. 〖1848〗

su·pra·lap·sar·i·an /sùːprəlæpséˀriən | sùːprəlæpséər-, sjùː-ˉ/ 〖神学〗*n.* 堕罪[堕落]前予定論者, 前定論者. — *adj.* 堕罪前予定論(者)の. 〖(1633) ← SUPRA-＋L *lapsus* 'fall, LAPSE'＋-ARIAN〗

sù·pra·lap·sár·i·an·ism /-nɪzm/ *n.* 〖神学〗堕罪[堕落]前予定説《神の選択の予定はアダムの堕罪以前の人間を対象としているとする予定説の一つ; cf. infralapsarianism》. 〖1775〗

sùpra·líminal *adj.* 〖心理〗識閾(しきいき)上の, 意識内の (cf. subliminal 2 a). **～·ly** *adv.* 〖1892〗

sùpra·máxillary *adj.* **1** 上あごの[に関する]. **2** 下あごの上に広がる. 〖1847–49〗

sùpra·molécular *adj.* 〖物理〗**1** 超分子の, 分子よりもさらに複雑な. **2** 多くの分子の集合から成る. 〖1909〗

sùpra·mundáne *adj.* 超現世的な; 霊界の. 〖1662〗

sùpra·nátional *adj.* 超国家的な. **sùpra·nátionalìsm** *n.* **sùpra·nationálity** *n.* **sùpra·nátionally** *adv.* 〖1908〗

sùpra·nátural *adj.* 超自然的な. 〖1857〗

sùpra·núclear *adj.* 〖解剖〗核上の《脳の, 核よりも皮質側に位置する[原因がある]》. 〖1899〗

sùpra·óptic *adj.* 〖解剖〗視(神経)交差の上に位置する. 〖1921〗

sùpra·órbital *adj.* 〖解剖〗眼窩(がんか)の, 眼窩の上にある[に起こる]: a ～ headache 眼窩上頭痛. 〖(1828) ← NL *suprāorbitālis*: ⇨ supra-, orbital〗

sùpra·ór·di·nate /-ɔ́ədənɪ̀t | -ɔ́ːdṇ-/ *adj.* =superordinate.

sùpra·prótest *n.* 〖法律〗参加引受け, 名誉引受け《支払い人が拒絶した手形を振出し人の名誉のために第三者が引き受けること》. 〖(変形) ← It. *sopra protesto* upon protest〗

sùpra·rátional *adj.* 理性を超越した, 理性では理解できない. 〖1894〗

sùpra·rénal 〖解剖〗*adj.* 腎臓の上にある; (特に)副腎の (adrenal): ～ extract 副腎エキス. — *n.* =suprarenal gland. 〖(1828) ← NL *suprārēnālis* ← SUPRA-＋L *rēnēs* kidneys: ⇨ -al[1]〗

suprarénal glánd [bódy] *n.* 〖解剖〗副腎 (adrenal gland). 〖1876〗

su·pra·ren·a·lin /sùːprərénəlɪ̀n, -nl- | sùːprərénəlɪn, sjùː-, -nl-/ *n.* 〖薬学〗スプラレナリン《アドレナリン, エピネフリンの市販品》. 〖← SUPRARENAL＋-IN[2]〗

sùpra·segméntal *adj.* **1** 〖音声・言語〗超分節的な, かぶせの. **2** 断片[部分, 区画]より上の[を越えた, に付け加えた]. — *n.* 超分節素性 (suprasegmental feature). 〖1941〗

súprasegmèntal phóneme *n.* 〖音声・言語〗超分節音素, かぶせ音素《分節音素と共起し, 分節音素に覆いかぶさるように生じ, 独自な音韻論的意味をもつ音素で, 強勢 (stress)・音の高さ (pitch)・連接 (juncture) がある; cf. segmental phoneme》.

súpra·thèrmal íon detèctor *n.* 〖宇宙〗超熱イオン検出装置, 月面陽イオン探知器《太陽風のエネルギーを記録する目的で月面に設置された》.

sùpra·váginal *adj.* 〖解剖〗膣上部の. 〖1891〗

sùpra·ventrícular *adj.* 〖解剖〗上室性の, 心室より上部の[に由来する]. 〖1865〗

sùpra·vítal *adj.* 〖医学〗超生体の《生体から取り出し, 一定の条件下で生きている組織・細胞など》: ～ staining 超生体染色. **～·ly** *adv.*

su·prém·a·cist /-sɪ̀st | -sɪst/ *n.* 特定集団至上主義者; (特に)白人至上主義[優越論]者: a white ～ 白人至上主義者. 〖(1949) ⇨ ↓, -ist〗

su·prem·a·cy /səpréməsi, sʊ-, suː- | suːpréməsi, sjuː-, sʊ-, sjʊ-/ *n.* **1** 主権, 大権; 無上権, 最上権; 覇権, 支配権 (domination): naval ～ 海上制覇, 制海権 / a struggle for ～ 覇権争い, 勢力争い / contend ～ 覇を争う. **2 a** 至高, 至上, 最高, 無上. **b** 最上位, 最高位. 〖(1537) ← SUPREME＋-ACY〗

su·prem·a·tism, S- /səprémətɪ̀zm, sʊ-, suː- | suː-, sjuː-, sʊ-, sjʊ-/ *n.* 〖美術〗シュプレマティスム, (ロシアの)芸術絶対[至高]主義《絵画芸術における抽象的形態の配合と相互関係を扱う, K. S. Malevich が 1913 年に起こした運動; cf. constructivism 1》. **su·prém·a·tist** /-tɪ̀st | -tɪst/ *n.*, *adj.* 〖1933〗

su·preme /səpríːm, sʊ-, suː- | suːpríːm, sjuː-, sʊ-, sjʊ-/ *adj.* **1** 最高権威の, 最高位の: the ～ head, ruler, tribunal, etc. **2** 〈品質など〉至高の, 最高の, 最優秀の: ～ wisdom [courage, goodness] 至高の英知[勇気, 善良さ] / the ～ end 至上善. **3 a** 絶大の, この上ない, 極度の, 非常な: ～ devotion [folly] 絶大の信仰[愚劣の極み]. **b** 〈刑罰・犠牲など〉死を伴う: ⇨ supreme sacrifice. **4** 究極の (ultimate), 最後の (last): the ～ end 究極目的 / the ～ test of fidelity 忠誠の最後の試し / at the [a] ～ moment [hour] いよいよという時に, いまわの際に, (国家など)存亡の瀬戸際に. ***réign [rúle] suprême*** 最高位にある, (何の抵抗もなく)支配する. — *n.* **1** [the S-] =Supreme Being. **2** 最高度, 絶頂: the ～ of folly 愚の骨頂. **3** =suprême 2. **～·ly** *adv.* **～-**

ness *n.* 〖(c1485) ◻ L *suprēmus* (superl.) ← *superus* upper ← *super*: ⇨ super-〗

su·prême /supríːm, suː-, -prém, -préɪm | suː-, sjuː-, sʊ-, sjʊ- *F.* syprɛm/ *n.* **1** a シュプレームソース (sauce suprême). b シュプレームソースをかけて供するひな鶏の胸肉料理. **2** a 大きなはち付きの高脚シャーベットグラス. b それに入れて供するデザート. 〖(1813) ◻ F ～ < L *suprēmum* (↑)〗

Suprême Béing *n.* **1** [the ～] 神 (God) (cf. demiurge). **2** [s- b-] 絶対的存在; 絶対的権力. 〖1699〗

suprême commánder *n.* 最高司令官, 総指揮官.

suprême cóurt *n.* [the ～] 〖法律〗 **1** a (米国の)連邦最高裁判所 (9 名の判事から成る). b (米国以外の)最高裁判所. **2** (米国の多くの州の)州最高裁判所 (New York, Maryland および Kentucky の 3 州では Court of Appeals と呼ばれる).

Suprême Cóurt of Júdicature [the ―] 〖法律〗 (英国の)最高法院 (Court of Appeal, High Court of Justice と Crown Court で構成する最高司法機構). 〖1597〗

suprême góod *n.* =summum bonum.

suprême judícial cóurt, S- J- C- *n.* 〖法律〗 (米国 Maine 州, Massachusetts 州などの)州最高裁判所. 〖1773〗

suprême póntiff *n.* ⇨ pontiff.

suprême sácrifice *n.* [the ～] 最高の犠牲 (特に, 戦争などで自分の生命を捧げること; final sacrifice ともいう): make the ～ 一命を捧げる, 死ぬ. 〖1916〗

Suprême Sóviet *n.* **1** [the ～] (ソ連邦)最高会議 (ソ連邦の最高の権力機関・立法機関で連邦会議 (Soviet of the Union) と民族会議 (Council of Nationalities) から成る; 常時執行機関として最高会議幹部会 (Presidium) を選出する; 幹部会議長はソ連邦の元首). **2** (ソ連邦の)各共和国の最高議会. 〖1936〗

su·pre·mo, S- /səpríːmoʊ, sʊ-, suː- | suːpríːməʊ, sjuː-, sʊ-, sjʊ-/ *n.* (*pl.* **～s**) 〖英口語〗 最高支配者, 最高権威[実力]者; (特に)軍事独裁者. 〖(1937) ◻ Sp. & It. ～ < L *suprēmum* 'SUPREME'〗

su·pre·mum /səpríːməm, sʊ-, suː-, sjuː- | suː-, sjuː-, sʊ-, sjʊ-/ *n.* 〖数学〗 上限, 最小上界 (least upper bound) (sup ともいう). 〖(1940) ← NL ～ (neut.) ← L *suprēmus*: ⇨ supreme〗

Supt, supt (略) Superintendent.

suq /súːk; *Arab.* súːq/ *n.* スーク (イスラム教徒社会での市場). 〖(1826) ◻ Arab. *sūq* market〗

Su·qu·tra /səkóʊtrə | -kúː-/ *n.* =Socotra.

sur /sə́ː | sə́ː(r)/ *prep.* 〖法律〗 …に関する, …についての, …を理由とする (on, upon). ★ 主として判例集の中で用い, 訴訟手続きの名称などに冠する: a writ of entry ～ disseisin 不動産占有侵奪に基づく占有回復訴訟(令状). 〖◻ F ～ ◻ L *super-*: ⇨ super-〗

Sur /sʊ́ə | sʊ́ə(r)/ *n.* スル (Tyre のアラビア語名).

sur. (略) surface; surplus.

Sur. (略) Surrey.

sur-¹ /sər, sʌr, səːr | sər, sʌr, səːr/ *pref.* (r の前にくるときの) sub- の異形: *sur*reptitious.

sur-² /sər, sʌr, səːr | sər, sʌr, səːr/ *pref.* **1** Old French からの借入語では super- と同義: *sur*render, *sur*charge, *sur*face, *sur*loin. ★ super- と異なって多く比喩的な意味を表し, また *sur*prise, *sur*vive のように独立語ではなしに語幹に添えられることがある. **2** 学術用語では時に super-, supra- と同義: *sur*rebuttal / *sur*renal (=suprarenal). 〖ME ◻ (O)F ～ < L *super-*: ⇨ super-〗

su·ra /sʊ́ᵊrə | sʊ́ərə; *Arab.* súːrah/ *n.* 〖イスラム教〗 コーラン (Koran) の章 (chapter). 〖(1661) ◻ Arab. *sūrah* rank, sign〗

Su·ra·ba·ya /sʊ̀ᵊrəbáːjə, -báɪə | sʊ̀ər-; *Indon.* surabája/ *n.* (*also* **Su·ra·ba·ja** /～/) スラバヤ (インドネシア Java 島北東部の港市).

sur·ad·di·tion /sə̀ːrədíʃən | sə̀ːr-/ *n.* (Shak) 後から与えられた称号, 添え名. 〖(1609) ← SUR-²+ADDITION〗

su·rah¹ /sʊ́ᵊrə | sjʊ́ərə/ *n.* シュラー (柔らかい一種の綾(あや)絹またはレーヨン織; 婦人服・ネクタイ用). 〖(1873) (変形) ? ← SURAT〗

su·rah² /sʊ́ᵊrə | sʊ́ərə; *Arab.* súːrah/ *n.* 〖イスラム教〗 =sura.

su·ra·hi /suráːhiː/ *n.* (インド) スラーイー, スラーヒー (水を入れる首の長い素焼きの土器). 〖(1672) ◻ Urdu *ṣurāhī* ← Arab.〗

Su·ra·jah Dow·lah /səráːdʒədáʊlə/ *n.* =Siraj-ud-Daula.

Su·ra·kar·ta /sʊ̀ᵊrəkáːtə | sʊ̀ərəkáːtə; *Indon.* surakárta/ *n.* スラカルタ (インドネシア Java 島中央部の都市; Solo ともいう).

su·ral /sʊ́ᵊrəl | sjʊ́ər-, sjʊ́ər-/ *adj.* 〖解剖〗 腓腹(ひふく)の, ふくらはぎの[に関する]. 〖(1615) ← NL *sūrālis* ← L *sūra* calf of the leg: ⇨ -al¹〗

su·ra·min /sʊ́ᵊrəmɪn | sʊ́ərəmɪn/ *n.* 〖医学〗 スラミン (初期段階のアフリカ睡眠病の治療に静脈注射される殺トリパノソーマ薬). 〖(1941) ← ?〗

sur·ance /ʃʊ́ᵊrəns, ʃə́ːr- | ʃɔ́ːr-, ʃʊ́ər-/ *n.* (廃) =assurance. 〖(c1300) ◻ OF ～ ← *sur(e)* 'SURE'〗

su·rat /surǽt, sʊ́ᵊrət | surǽt, sjʊ-/ *n.* スラット (Bombay 地方産の下級綿布). 〖(1643) ↓〗

Su·rat /sʊ́ᵊrət, sərǽt | sʊ́ərət, súːr-, surɑ́ːt, surǽt; *Hindi* surət/ *n.* スラト (インド西部, Gujarat 州の海港; インドにおける英国最初の植民地 (1612)).

sur·base /sə́ːbèɪs | sə́ː-/ *n.* 〖建築〗 (円柱などの台座の) 頂部繰形(くりがた) (cf. subbase). 〖(1678) ← SUR-²+BASE¹〗

sur·based /sə́ːbèɪst | sə́ː-/ *adj.* 〖建築〗 **1** 頂部繰形(くりがた)のついた, 上礎のある. **2** くぼんだ (depressed), 平たくなった (flattened). **3** 〈アーチの高さが〉開口部の幅の半分以下の: a ～ arch 扁円アーチ. 〖(1763) ← F *surbaissé* (← SUR-²+*baissé* lowered)+-ED〗

sur·cease /sə̀ːsíːs, ─́─ | sə̀ːsíːs, ──́/ *v.* (古) ― *vi.* やむ (desist), 止まる. ― *vt.* やめる, よす (stop). ― *n.* やめること, 停止, 終止 (cessation). 〖(1428) *sursese(e)* ◻ OF *sursis* (p.p.) ← *surseoir* to refrain, delay < L *supersedēre* 'to SUPERSEDE': 今の形は CEASE の影響を受けた〗

sur·charge /sə́ːtʃàːdʒ | sə́ːtʃɑːdʒ, ──́/ *n.* **1** 追加(料)金, 割増金: add a ～ onto …に追加料金を加える. **2** 法外の代金請求. **3** (郵便などの不足料金に対する)不足税. **4** 〖法律〗 a (課税財産の不正申告に対する)加重課税 (罰金), 追徴金. b 〖英〗 不当支出の賠償額. **5** 積過ぎ, 過積載, 過重. **6** 〖電気〗 過充電. **7** 〖郵趣〗 a (郵便切手の)額面変更のための加刷 (overprint). b 額面改訂印付きの切手. c (まれ) 額面のほかの寄付金などの表示 (+5, +10 など). **8** 〖石工〗 載荷重. ― /sə́ːtʃàːdʒ, ──́ | sə̀ːtʃɑ́ːdʒ, ──́/ *vt.* **1** 追加料金を請求する: You'll be ～*d on* your extra baggage. 超過手荷物には追加料金をとられるでしょう. **2** 〈品物・人〉に法外の代金を請求する. **3** (計算書の)脱漏を指摘する, 無効にする. **4** (不正申告に対して)〈人〉に加重罰金を徴収する; 不当支出賠償として〈金高〉を徴収[請求]する. **5** a 積み過ぎる, 過載する. b …に精神的負担をかける, 圧倒する: His heart was ～*d with* regret. 後悔の念で胸がいっぱいだった. c [通例 p.p. 形で] 過剰に詰め込む (overcrowd): The rooms are ～*d*. 満室である. **6** 〖電気〗 過充電する. **7** 〖郵趣〗 〈切手など〉に額面改訂の印刷をする, 加刷[添刷]する. **8** 〖英〗 仕入れ過ぎる, 在庫過剰にする.

sur·charg·er /─́──| ──́─/ *n.* 〖(1429) ◻ (O)F *surcharger*: ⇨ sur-², charge〗

sur·cin·gle /sə́ːsɪŋɡl | sə́ː-/ *n.* **1** (馬衣の)腹帯; (競走鞍の)上腹帯 (通常の腹帯 (girth) の上に鞍の上から締める革または布製の帯). **2** (古) 帯; (特に)法衣 (cassock) の帯. ― *vt.* 〈馬〉に腹帯をかける; 〈毛布などを〉腹帯で結びつける. 〖(1390) *sursengle* ◻ OF *surcengle* ← SUR-²+*cengle* belt (< L *cingulam* ← *cingere* to gird)〗

sur·coat /sə́ːkòʊt | sə́ːkəʊt/ *n.* **1** (*also* **sur·cote** /～/) a (中世の男女が用いた)体にぴったりした外衣 (一般に丈が長く, 大きな長袖つき; 毛皮で裏打ちしたものが多い). b 〖甲冑〗 (13–14 世紀に鎖帷子(くさりかたびら)の上に着た)外衣. **2** (紳士・男児用)ジャケット (一般にヒップ丈, ベルト付). 〖(1295) *surcote* ◻ OF: ⇨ sur-², coat〗

sur·cu·lose /sə́ːkjʊlòʊs | sə́ːkjʊləʊs/ *adj.* 〖植物〗 〈マメダオシなど〉吸枝 (suckers) をもった. 〖◻ L *surculōsus* ← *surculus* sucker (dim.) ← *sūrvs* branch: ⇨ -ose¹〗

sur·cu·lous /sə́ːkjʊləs | sə́ː-/ *adj.* 〖植物〗 =surculose.

surd /sə́ːd | sə́ːd/ *adj.* **1** 〖数学〗 無理の, 不尽根の, 無理数の (irrational) (↔ rational): a ～ number 無理数, 不尽根数. **2** 〖音声〗 無声音の (voiceless) (cf. sonant 2 a). **3** 理不尽な. ― *n.* **1** 〖数学〗 不尽根数, 無理数 ($\sqrt{3}$, *π*, *e* など). **2** 〖音声〗 無声音 (cf. sonant 2). **3** 理性では割り切れない性質. **4** (米俗) まぬけ, とんま. 〖(?a1425) ◻ L *surdus* deaf, dull (なぞり) ← Arab. *jadhr aṣamm* surd root (なぞり) ← Gk *álogos* irrational, speechless〗

sure /ʃʊ́ə, ʃə́ː | ʃɔ́ː(r), ʃʊ́ə(r)/ *adj.* (**more ～, most ～; sur·er, -est**) **1** [叙述的] (主観的に)確信して, 確かで, 自信がある (convinced, confident) 〔*of, about*〕 〈*that, if, what*, etc.〉: I think he is forty-six, but I am not ～. 彼は 46 歳だと思うが確かではない / I am ～ *of* the fact. その事実を確信している / You may be ～ *of* a welcome. 君はきっと歓迎されるよ / I'm not ～ *about* tomorrow. 明日のことはよくわからない / Don't be too [so] ～. 自信を持ち過ぎるな, 余り確かそうなことは言うな / He feels [looks] very ～ *of* himself. 彼は大いに自信がある[ありそうだ] / You can never be quite ～ *of* him. 彼はあまり信頼できない / I am ～ (*that*) it is true. 確かにそれは本当だ / You may be ～ (*that*) he is honest. 彼の正直なことは確かだ / He is ～ *of* passing [(*that*) he will pass] his exam. 彼は試験に合格すると確信している (cf. 2) / The police are [feel] ～ he was murdered. 警察は彼が殺害されたものと確信している / I'm ～ I don't know.=(口語) I don't know, I'm ～. 私は本当に知らない / I'm not ～ *if* I can do it. できるかどうか自信がない / Are you quite ～ *what* it is? それが何か確かに自信があるのか / He was not ～ *how to* get there. そこへ行く行き方に自信がなかった. **2** [叙述的] 確かに[確実に]…する, きっと[必ず]…する (certain) 〈*to do, that*〉: You are ～ *to* win.=I am [We are] ～ (that) you will win. 君は必ず勝つ / He is ～ *to* pass [*to* have passed] his exam. 彼はきっと試験に合格する[している] (cf. 1) / Such a day is ～ *to* come. そういう日はきっと来る / It [The weather] is ～ *to* be wet. きっと雨になる / I thought he would be ～ *to* fail. 彼はきっと失敗すると私は思った / Be ～ *to* come early. 必ず早く来て下さい / Be ～ *to* write me, won't you? きっと便りを下さいね / Be ～ not *to* forget. 決して忘れるな / Be ～ you finish it. 必ず済ませなさい / Be ～ she gets home. 間違いなく彼女を家まで送り届けなさいよ. ★(口語) では *to* do の代わりに *and* do が用いられることもある: Be ～ *and* bring it. 必ず持って来なさい. **3** (客観的に)疑い[不確かさ]のない, 本当の, 真実の, 確実な, 確かな; 避けられない, 必至の (inevitable): a ～ sign 確かな徴候 / ～ proof 確かな証拠 / a ～ and certain hope (根拠のある)確かな希望 (cf. Prayer Book, *the Burial of the Dead*) / ～ grounds for belief 信念の確実な根拠 / make assurance doubly ～ 念には念をいれる (cf. Shak., *Macbeth* 4. 1. 83) / One thing is ～. (他は知らず)一事だけは確かだ / Death is ～. 死は避けられない. **4** 〈やり方・効果など〉間違いのない, 確かな, 確実な (certain, unfailing); 〈人など〉信頼できる, 当てになる (reliable, dependable): slow and [but] ～ のろいが確かな / a ～ shot [aim] 的を外さない射手[ねらい] / a ～ method [cure] 確実な方法[治療法] / a ～ source 信ずべき出所 / a ～ friend [messenger] 信頼できる友[使者] / the ～*st* way to succeed 最も確実な成功法 / by a ～ hand 確かな人の手を通して. **5** 確固とした, 丈夫な, しっかりした (firm, stable); 揺るぎない (steady), 強固な: a ～ footing しっかりした足場[立場] / a ～ foundation 強固な礎石, 確固とした基礎 (*Isa.* 28. 16) / a ～ faith [conviction] 強い信念[確信]. **6** (廃) 危険のない, 安全な (safe).

for súre (1) 確かに, 確実に, しかと (for certain): I saw it *for* ～. 確かにそれを見た / Was he there *for* ～? 彼は確かにそこにいましたか. (*a*1586) (2) 確かで: That's *for* ～. それは確かだ. (1971) ***màke súre*** (1) 確かめる, 念を押す (ascertain): *make* ～ *of* (knowing) one's facts [the time] 事実[時間]を確かめる / *make* ～ (*that*) the door is locked ドアに鍵がかかっているか確かめる / *make* ～ (of) which train to take どれが自分の乗る列車か確かめる / I believe so, but you'd better *make* ～. 確かそうだと思うが確かめてみた方がよい. (2) あらかじめ〔…を〕手に入れる〔*of*〕; 必ず〈…するように〉手配する 〈*that, to do*〉: *make* ～ *to* have a ticket [(*that*) one has a ticket] 切符を確保しておく / *Make* ～ she gets home all right. 彼女がちゃんと帰宅するようにしてください. (3) [過去時制で用いて] 確信する: He *made* ～ *of* succeeding [(*that*) he would succeed], but he didn't. 彼は自分はきっと成功すると思っていたがだめだった. (1472–73) ***to be súre*** (1) 確かに, もちろん (certainly): Are you happy?—*To be* ～. I am. 幸せですか—もちろん幸せです. (2) [後にくる but と呼応して譲歩句を作る] なるほど, いかにも(…だが): He is rich, *to be* ～, *but* (he is) very stingy. なるほど金持ちには違いないが, すごくけちだ. (3) [間投詞的に] これはこれは, おやまあ, なるほど: So it is, *to be* ～! なるほどそうだ / Well, *to be* ～! やれやれ, おやまあ. (1657) ***Wéll, I'm súre!*** [間投詞的に] これはこれは, これは驚いた.

― *adv.* **1** [強い肯定の返答に用いて] (口語) もちろん, いいとも (surely, certainly): May I use your phone?—*Sure!* 電話を拝借できますか—どうぞどうぞ / Can you swim?—I ～ can! 君泳げるかい—もちろん泳げるさ. **2** (口語) 疑いなく, 確かに, きっと (undoubtedly): That ～ was a good dinner. 本当にすばらしいごちそうだった / I'm ～ tired. 実際くたびれた / Boy, he ～ can [can ～] swim! いやー, まったく泳ぎがうまい. **3** (アイル) まったく, 実に: *Sure* and isn't she a picture standing there with the sun in her hair! 彼女が太陽を髪に受けて立っている姿は実に絵のようじゃないか.

(as) súre as déath [***fáte, nails,*** (口語) ***ánything,*** (米口語) ***shóotin'***] =***(as) súre as éggs (is*** [***are***] ***éggs)*** (口語) 絶対確実に, 本当に間違いなく (★ 二つ目の as のあとに you are living, I stand [I'm standing] here, my name's John, night follows day, God is in Gloucestershire など明白な事実を述べる節の形式が用いられることもしばしばある). (1857) ***sùre enóugh*** (口語) (1) 案の定(じょう), 果たして: I said he would come, and ～ *enough* here he comes. 彼は来るだろうと言ったが, 案の定ほらやって来た. (2) きっと, 本当に (certainly): That will happen ～ *enough*. そういうことは必ず起こる / Make me some ham and eggs!—*Sho'nuff* [*Sure enough*], boss! ハムエッグを作ってくれ—了解.

～·ness *n.* 〖(c1250) ◻ OF *sure* (F *sûr*) < L *sēcūrum*: SECURE と二重語〗

SYN 確信して: **sure** 自分の知っていることや信じていることに疑いを抱いていない (一般的な語): I'm *sure* of his success. 彼の成功は間違いないと思う. **certain** 完全に信じている (*sure* とほぼ同意で用いられることもあるが, *sure* が主観的判断を表すのに対して *certain* は客観的な事実や証拠に基づくことを意味する): I am *certain* about the time. 時間については確かだ. **confident** 確信をもってあることを予期している: He was *confident* that he would win. 勝利を得るものと確信していた. **positive** 自分の意見・結論が正しいと固く(時に独断的に)信じている: She is *positive* about the existence of God. 神の存在を確信している.
ANT doubtful, uncertain.

súre dráw *n.* **1** 確実に狐を狩り出せそうな茂み. **2** 相手の本音を確実に引き出せる言葉, 人を確実に釣り込む言葉 (cf. draw *n.* 5 b).

súre-enóugh *adj.* (米口語) 現実の, 実際の (real), 本物の (genuine): a ～ circus, cowboy, etc. 〖1846〗

súre·fìre *adj.* (米口語) 成功間違いなしの, 期待通りになる; 確実な (reliable): a ～ plan / a ～ winner for tomorrow's race 明日のレースで間違いなしの勝馬. 〖1909〗

súre·fóoted *adj.* **1** 足(元)の確かな, 足のしっかりした, 転ばない: a ～ horse. **2** 誤らない, 間違わない; 頼もしい, しっかりした. **～·ly** *adv.* **～·ness** *n.* 〖1633〗

súre-hánded *adj.* 腕の確かな, 有能な. **～·ness** *n.* 〖1930〗

sure·ly /ʃʊ́əli, ʃə́ː- | ʃɔ́ː-, ʃʊ́ə-/ *adv.* **1** [多く否定文の文頭・文尾に置き, 不信または確信の意を強めて] まさか, よもや; 確か, きっと, 必ずや: *Surely* there's [there must be] some mistake?=There's [There must be] some mistake, ～? まさか何か間違いがあるってことじゃないだろうね / *Surely* you don't mean it? まさか本気で言ってるんじゃな

S

かろうね / It ~ can't have been him. まさか彼であったはずがない / There is no truth in it, ~. それはよもやほんとうではあるまい / *Surely* this cold won't last much longer! どうしたってこの寒気はそう長く続くわけがない / *Surely* we (must) have met before. 確かに以前お会いしたことがありますね / He's the guilty one!—*Surely* not! 彼が犯罪者だ—絶対違う. **2** [強い肯定の返答に用いて]《米口語》いいですとも, もちろん (certainly, of course) (cf. sure *adv.* 1): Are you willing to try?—*Surely*. やってみたいかい—もちろん / May I ask you some questions?—*Surely*. 質問してもよろしいですか—ええどうぞ. **3** 疑いなく (undoubtedly, inevitably), 必ず, きっと: Truth must ~ triumph! 真理は必ず勝つ / The results are ~ satisfactory. 結果は確かに満足すべきものである. **4** 間違いなく, 必ず, 確実に: slowly but ~ ゆっくりとしかし確実に. **5** 安全に (safely), しっかりと (firmly): plant one's feet ~ on the ground 大地にしっかりと足を下ろす. 〖?c1300〗

Sû·re·té /sʊətéɪ | suə-, sjuə-; *F.* syʀte/, **la** /lɑː; *F.* la/ *F. n.* [the ~] (Paris 警視庁などの) 捜査課 (cf. CID). ★ 正式名 le Service de la Sûreté. 〖(1871) □ F ~ 'the SURETY'〗

súre thíng *n.*《口語》**1** (成功などの)確実なもの[人, 事] (certainty): bet on a ~ 間違いないものに賭ける. **2**《米》確実に[間違いなく]起こること: It is a ~ *that* .... …ということは確かである[決まっている]. **3** [副詞句として; しばしば間投詞的に用いて]《米》確かに, もちろん, ようし, オーケー (all right): *Sure thing*, I don't mind. 大丈夫, 気にしないよ / Will you be at the dance?—*Sure thing*. ダンスへ行くの—もちろん. 〖1836〗

sur·e·ty /ʃʊ́ᵊrəṭi, ʃɚ́ːrəṭi, ʃʊ́əṭi, ʃɚ́ːṭi | ʃɔ́ːrəti, ʃʊ́ər-, -rɪ-/ *n.* **1** 保証, 請合い; 抵当, 担保. **2**〘法律〙保証人, 身許引受人, 保釈保証人 (cf. principal 5 a): stand [act as a] ~ for …の保証人[引受人]になる / find [get] a ~ 保証人を立てる. **3**《古》**a** 確実なこと, 確実性 (sureness): with ~ 確実に. **b** (行動の)自信; 確信 (assurance). **4**《廃》安全 (safety). ***of* [*for*] *a súrety***《古》確かに, 確実に (certainly).
— *vt.*《廃》…の保証人になる.
〖(?c1300) surte □ OF (F *sûreté*) < L *sēcūritātem*: ⇨ sure, -ty: cf. security〗

súrety bònd *n.* (契約・義務遂行の)保証書, 証拠文書.

súrety·ship *n.* **1** 保証, 請合い, 担保; 保証人であること. **2**〘法律〙保証契約《主たる債務者である他人の金銭債務・債務不履行・不法行為に対して二次的に責任を負う旨の契約, 通常主たる債務者と共に同一の契約に拘束される; cf. guaranty》. 〖1535〗

surf /sɚ́ːf | sɔ́ːf/ *n.* **1 a** (海岸・砂浜に砕ける)打ち寄せる波 (⇨ wave SYN). **b** (打ち寄せる)波の泡[しぶき, 音]. **2** 打ち寄せる波を思わせるもの: a ~ of dust.
súrf and túrf〘料理〙(一皿に盛った)シーフードとステーキ《通常ロブスターとフィレミニョン》.
— *vi.* **1** (波乗り板 (surfboard) で)波乗りをする, サーフィンをする: go ~*ing* サーフィンに行く. **2** (打ち寄せる)波の中で泳ぐ[遊ぶ]. **3 a**〘電算〙(インターネットで)ホームページを次々に見て回る: ~ *through* Cyberspace サイバースペースを見て回る. **b** テレビのチャンネルをあちこち切り替える. **4**《口語》走る列車[車など]の屋根に乗って遊ぶ. — *vt.* 〈インターネットやテレビのチャンネルを〉見て回る: ~ the net インターネットで情報を探る / ~ TV channels. — *adj.*《米俗》すばらしい, 今風な.
~·lìke *adj.* 〖(1685)《変形》? ← 《廃》*suff* ← ?: *sur*- は SURGE の影響か〗

S

surf·a·ble /sɚ́ːfəbl | sɔ́ːf-/ *adj.* 〈波・海岸など〉サーフィン (surfing) に適する.

sur·face /sɚ́ːfɪs | sɔ́ː-/ *n.* **1** 表, 表面, 外面 (outside): on the ~ of the earth [ocean] 地球[大洋]の表面に / the upper ~ 上(表)面 / It has a smooth [an uneven] ~. 表面が滑らか[でこぼこ]だ. **2** うわべ, 見かけ, 外観, 皮相: He looks only at the ~ of men and things. 彼は人も物も表面だけしか見ない / look below [beneath] the ~ of things 事物の内面を見る / One never gets below the ~ with him. 彼の心中にまでは至れない. **3** (空輸・地下鉄輸送に対して)陸上[海上]輸送. **4**〘数学〙(曲)面: a plane [curved] ~ 平[曲]面 / a developable ~ 展開可能な曲面. **5**〘航空〙翼面 (airfoil). **6**〘印刷〙**a** = stone 6. **b** =printing surface.
cóme* [*ríse*] *to the súrface (1) 表面に出てくる, 浮かび上がる. (2) 露見する, 表面化する. ***of the súrface*** うわべだけの, 皮相的な: His kindness is only *of the* ~. 彼の親切はうわべだけだ. ***on the súrface*** (1) 表面上は, 見かけだけ(は), 外観は. (2) =*of the* SURFACE. ***ráise to the súrface*** (1) 浮上させる. (2) 表面化させる. ***scrátch the súrface*** ⇨ scratch 成句. ***skím the súrface*** 上っ面(だけ)を扱う[論ずる]. ***ùnder the súrface*** (1) 表面下では. (2) 内面では.
súrface of líght and sháde [the —]〘建築〙(図学製図での)陰影面.
súrface of projéction [the —]〘数学〙投影面《図形や立体が投影される平面》.
súrface of revolútion [the —]〘数学〙回転面《平面がその平面上にある直線 g を軸として一回転した時, その平面上の一つの曲線の描く曲面》.
— *adj.* [限定的] **1 a** 表面の, 外面の. **b** 水上[海上](航行)の: a ~ boat 水上艦[船, 艇] (cf. submarine 1 a) / a ~ force 水上部隊. **2 a** (空輸・高架・地下鉄輸送に対して)陸上[海上]輸送の, 陸路の, 路面の: ~ transportation 陸上[海上]輸送 / ⇨ surface car. **b** 陸[海]上郵便の[扱いの]: ⇨ surface mail. **3** 表面だけの, うわべだけの, 皮相の, 外観の (superficial): ~ appearance 外観 / ~ politeness うわべだけの丁寧さ / His information is of the most ~ kind. 彼の知識はきわめて皮相的なものだ. **4**〘鉱山〙(地下ではなく)地表(近く)[で働く]: ~ workers 坑外作業員.
— *vt.* **1 a** 〈紙などに〉(特別の)表[面]をつける. **b** 平ら[滑らか]にする; …の表面仕上げをする. **c** 〈路面を〉舗装する〔*with*〕. **2 a** 地表にもたらす[わき出させる]. **b** 〈潜水艦などを〉水面に浮かばせる, 浮上させる.
— *vi.* **1** 〈潜水艦・ダイバーなどが〉水面に出る, 浮上する: The fish ~*d* and jumped. その魚は浮き上がってきて跳ねた. **2** 〈隠れたものが〉知れ渡る, 表面化する, 露見する. **3**《口語》**a** 元の[本来の]生活に戻る. **b** 意識を取り戻す. **c** 目を覚ます; (目を覚まして)起きる; 〈病人が〉床を離れる. **d** (ひょっこり)姿を現す, 現れる. **4**〘鉱山〙地表(近く)で採鉱する; 地表[坑外]で働く.
~·less *adj.* 〖(1602) □ F ~ 《なぞり》← L *superficies*: ⇨ sur-², face〗

súrface acóustic wáve *n.*〘音響〙弾性表面波《固体表面近くにエネルギーが集中して伝わる弾性波》.

súrface-àctive *adj.*〘化学〙表面活性の, 界面活性の. 〖1920〗

súrface-àctive ágent *n.*〘化学〙界面活性剤《表面張力を著しく減少させる物質; 親水基と親油基をもつ物質; 例えば石鹸・洗剤; surfactant ともいう》.

súrface àrea *n.* [通例単数形で] 表面積.

súrface bùrst *n.* (爆弾の)地表面[水面]での爆発.

súrface càr *n.*《米》(高架・地下鉄道に対して)路面電車.

súrface chémistry *n.*〘化学〙界面化学《液体や気体など異なる相の境界で起こる物質の状態・変化などを対象とする》. 〖1926〗

súrface còlor *n.* (宝石などの)表面色 (cf. body color 1). 〖1899〗

súrface condènser *n.* 表面凝縮器《水蒸気を冷たいものの表面に触れさせて凝縮させる装置》. 〖1863〗

sur·faced *adj.* **1** 舗装した: a ~ road. **2** [しばしば複合語の第 2 構成素として] (…の)表面をした: a rough-*surfaced* stone 表面がざらざらした石. 〖⇨ -ed 2〗

súrface dénsity *n.*〘物理〙面密度, 表面密度. 〖1878〗

súrface-effèct shìp *n.*《米》水上ホバークラフト. 〖1962〗

súrface fèeder *n.*〘鳥類〙=dabbler 1 b.

súrface fríction dràg *n.*〘航空〙表面摩擦抗力《飛行機などの表面と回りの空気との接触によって生ずる空気抵抗力; skin friction drag ともいう》.

súrface gàuge *n.*〘機械〙トースカン《工作物に線を描くために用いる道具》.

súrface hàrden *vt.*〘冶金〙= face-harden.

súrface ìntegral *n.*〘数学〙面積分《曲面(の領域)上の積分》. 〖1875〗

súrface màil *n.* (航空便に対して)陸[海]上郵便(物), 船[鉄道, トラック]便: by ~. 〖1935〗

súrface·man /-mən/ *n.* (*pl.* **-men** /-mən, -mèn/) **1** 路面補修工夫. **2**〘鉄道〙保線工夫. **3**〘鉱山〙坑外(作業)夫. 〖1878〗

súrface-mòunt *adj.*〘電子工〙〈電子部品が〉面実装の《回路基板表面に簡単にはんだ付けして装置できる; cf. through-hole》.

súrface nòise *n.* 表面雑音, 針音《レコードの溝を針が通るとき摩擦によって生じる雑音; needle scratch ともいう》. 〖1921〗

súrface plàte *n.*〘機械〙定盤(じょうばん)《工作測定に使う平面規準; planometer ともいう》. 〖1825〗

súrface prìnting *n.*〘印刷〙**1** 凸版印刷 (letterpress). **2** 平版印刷 (planography). 〖1838〗

súr·fac·er *n.* **1** 表面仕上げをする人[もの]. **2**〘木工〙**a** 平かんな. **b** (表面を円滑に仕上げるための)下地塗料. **c** (石材の表面の)平滑機械. 〖1778〗

súrface ràilway *n.* 路面鉄道.

súrface resìstance *n.*〘電子工学〙表面抵抗.

súrface-rìpened *adj.* 〈チーズが〉表面が熟した. 〖1945〗

súrface sóil *n.*〘土壌〙表土 (cf. subsoil). 〖1709〗

súrface strùcture *n.*〘言語〙表面[表層]構造《深層構造に変形規則を適用して得られる構造; 表面構造に音韻規則を適用すると音声表示が得られる; cf. deep structure》. 〖1964〗

súrface ténsion *n.*〘物理〙表面張力, 界面張力. 〖1876〗

súrface-to-áir *adj.* 〈ミサイル・通信など〉地上[水上]から大気中の目標に飛ぶことができる, 地対空の: a ~ missile 地[艦]対空ミサイル (略 SAM). — *adv.* 地上[水上]から大気中の目標に, 地[艦]対空へ. 〖1949〗

súrface-to-súrface *adj.* 〈ミサイル・通信など〉地上[水上]から遠く離れた地上[水上]の目標へ飛ぶことができる, 地対地の, 艦対艦の (cf. ground-to-ground, land-to-land): a ~ missile. — *adv.* 地上[水上]から地上[水上]の目標へ, 地対地へ, 艦対艦へ.

súrface-to-únderwater *adj.* 〈ミサイル・通信など〉地上[水上]から水中の目標へ飛ぶことができる, 地[艦]対水中の: a ~ missile. — *adv.* 地上[水上]から水中の目標へ, 地[艦]対水中へ.

súrface wàter *n.* 地上水, 地表水 (cf. groundwater). 〖1793〗

súrface wave *n.*〘地震〙表面波 (cf. body wave). 〖1887〗

sur·fac·ing *n.* **1** 表面仕上げ, 正面削り. **2** 表面仕上げ材料. **3** 地表にある鉱石の採掘. 〖1859〗

sur·fac·tant /sə(ː)fǽktənt | sə(ː)-/ *n.*〘化学〙=surface-active agent. — *adj.* 界面活性剤の. 〖(1950) ← SURF(ACE)-ACT(IVE)+A(GE)NT〗

súrf·bird *n.*〘鳥類〙アワチドリ (*Aphriza virgata*)《Alaska に巣を作って冬は南国に渡るシギの一種》. 〖1839〗

súrf·bòard *n.* **1** サーフボード, 波乗り板 (cf. surfing 1). **2**〘レスリング〙サーフボード《相手の足首を両足で固め, 両腕や顔をつかんで, 自分の両ひざを相手の背中に当てて体を逆エビ状にそらせるホールド》. — *vi.* (サーフボードで)波乗りをする, サーフィンをする. **~·er** *n.* 〖*c*1826〗

súrf·bòard·ing *n.* サーフィン, 波乗り (surfing). 〖1934〗

súrf·bòat *n.* 磯船《打ち寄せる波を乗り切るために両端を高くして浮力を大きくした堅固な作りのボート》. 〖1856〗

súrf·bùm *n.*《俗》熱心なサーファー.

súrf·càst *vi.*〘釣〙(海で)投げ釣り[磯釣り]をする. **~·er** *n.* 〖1975〗

súrf·càst·ing *n.*〘釣〙投げ釣り, 磯釣り. 〖1928〗

súrf clàm *n.*〘貝類〙二枚貝綱バカガイ科の貝の総称《バカガイ (*Mactra chinensis*) など》. 〖1884〗

súrf dùck *n.*〘鳥類〙クロガモ (scoter), (特に)アラナミキンクロ (surf scoter). 〖1808–3〗

sur·feit /sɚ́ːfɪt | sɔ́ː-/ *n.* **1** [通例 a ~] 過度, 氾濫, 洪水〔*of*〕: *a* ~ *of* concerts [detective novels] 音楽会[探偵小説]の氾濫 / *a* ~ *of* advice [commercials] うんざりするほどの忠告[コマーシャル]. **2** [通例 a ~] 食い過ぎ, 飲み過ぎ; 食傷, 飽満 (satiety): A ~ of food makes one sick. 食い過ぎると気分が悪くなる. **3**《古》食べ[飲み]過ぎによる不快感[病気]. ***to* (*a*) *súrfeit*** 飽き飽き[うんざり]するほど(に).
— *vt.* **1** 〔…を〕…に食い[飲み]過ぎさせる〔*with*〕(⇨ satiate SYN). **2** 〔…を〕…で飽き飽きさせる, 食傷させる (satiate)〔*with*〕. **3** 〈物を〉…に供給しすぎる, 氾濫させる〔*with*〕. — *vi.* **1**《古》食い[飲み]過ぎる, 満腹する;《廃》食い[飲み]過ぎて病気[不快]になる. **2**《古》飽き飽きする. **3**《古》過度にふける.
~·er /-tə | -tə(r)/ *n.* 〖(*a*1325) □ OF ~ ← *surfaire* to overdo ← SUR-²+*faire* to do (< L *facere*): ⇨ FACT〗

súrf·er *n.* サーファー, 波乗りをする人. 〖1955〗

súrfer's knót *n.*〘サーフィン〙(サーフボードの摩擦により膝下や足の甲にできる)波乗りをする人のたこ.

súrf físh *n.*〘魚類〙**1** ウミタナゴ《北米太平洋岸の浅い海に生息するウミタナゴ科の胎生魚の総称; surfperch ともいう》. **2** 北米太平洋岸に生息するニベ科 *Umbrina* 属のがーがー鳴く croaker の総称. **3** =surf smelt. 〖1882〗

sur·fi·cial /sə:fíʃəl, -ʃl | sə:-/ *adj.* 地上の, 地表の. **~·ly** *adv.* 〖1892〗

surf·ie /sɚ́ːfi | sɔ́ː-/ *n.*《豪口語》サーフィン狂, 波乗り愛好家[野郎]. 〖1962〗

surf·ing /sɚ́ːfɪŋ | sɔ́ː-/ *n.* **1** 波乗り, サーフィン (surfriding). **2 a**〘電算〙(インターネット上での)情報探索, ネットサーフィン. **b**《米口語》=channel surfing. 〖1926〗

súrfing mùsic *n.* サーフィンミュージック《1960 年代の米国 California で始まったエレキギターをベースにしたロックンロール》.

súrf lífesaver *n.*《豪・NZ》(海岸の)監視員, 救助員 (lifesaver).

súrf·man /-mən/ *n.* (*pl.* **-men** /-mən, -mèn/) **1** 磯船 (surfboat) を扱うのがうまい人. **2** (米国沿岸警備隊の)救命艇員. 〖1880〗

súrf·màt *n.*《豪口語》サーフマット《サーフボード代わりに使われるゴム製波乗り用マットレス》.

súrf mùsic *n.* =surfing music.

surf-n'-turf /sɚ́ːfəntɚ́ːf | sɔ́ːfəntɔ́ːf/ *n.*〘料理〙= SURF and turf.

Sur·form /sɚ́ːfɔəm | sɔ́ːfɔːm/ *n.*〘商標〙サーフォーム《鋭い穿孔のある刃がついた木を削るための工具》.

súrf·pèrch *n.*〘魚類〙=surf fish 1.

súrf·rìder *n.* =surfer.

súrf·rìding *n.* =surfing.

súrf scòter *n.*〘鳥類〙アラナミキンクロ (*Melanitta perspicillata*)《北米産のクロガモの一種; surf duck ともいう》. 〖1835〗

súrf smèlt *n.*〘魚類〙米国 California 州沿岸の浅い海に生息するキュウリウオ科の魚 (*Hypomesus pretiosus*).

surf·y /sɚ́ːfi | sɔ́ː-/ *adj.* (**surf·i·er; -i·est**) **1** 押し寄せる波の(ような). **2** 押し寄せる波の多い. 〖1738〗

surg. 《略》surgeon; surgery; surgical.

surge /sɚ́ːdʒ | sɔ́ːdʒ/ *vi.* **1 a** 〈群衆・畑の作物などが〉波のように動く[揺れる], 波のように打ち寄せる, 殺到する: A big crowd ~*d* out of the baseball stadium. 野球場から大群衆がどっと出て来た / Blood ~*d* to his face. 彼の顔に血の気がさっと差した. **b** 〈感情などが〉沸き立つ, 渦巻く: Jealousy ~*d up* within her. 心中に嫉妬(しっと)心が沸き立った. **c** 波打つ, 波立つ: A wave ~*d* over him. 彼の上に波がかぶった. **2** 〈利益・需要・物価などが〉急増する, 急騰する. **3** 〈船が〉波に揺れる[もまれる]: A ship ~*s* at anchor. 船が錨につながれて波と共に動く. **4**〘電気〙〈電流・電圧などが〉急に増す, ひどく動揺する. **5**〘海事〙**a** 〈引き込み中の索が〉滑って後戻りする. **b** 〈錨巻上げ機などのロープが〉緩む. **6**〘機械〙〈管内の流体の圧力・流量などが〉周期的に変動する, サージする. — *vt.* **1**《まれ》波に翻弄(ほんろう)させる; 波のようにうねらせる. **2**〘海事〙〈ロープを〉滑らせて緩める. — *n.* **1** 波動, 動揺, 高まり; 渦巻き, 沸き立ち, 殺到: a ~ of smoke [flame] 渦巻く煙[火焔] / a ~ in prices 物価の急上昇 / A ~ of anger rushed over him. 彼は怒りが込み上げてきた. **2** 急騰, 急増: a ~ in prices 物価の急騰. **3 a** 大波, うねり波 (billow) (⇨ wave SYN). **b** 海のうねり, うねる海. **c** (山・丘などの)うねり. **4**〘電気〙(電流・電圧の)動揺, サージ. **5**〘海事〙

(引き込み中の索の)後戻り. **6** 〘海洋〙 **a** サージ《急激な気圧の変化》. **b** 風津波. **7** 〘機械〙 サージすること (cf. *vi.* 6). **8** 〘天文〙(太陽面爆発で生ずる一時的なガスの)噴出. **～·less** *adj.* **súrg·er** *n.* 〖n.: (1490) ← ? OF *sourge-* (stem) ← *sourdre* to rise, surge < L *surgere* ← *sur-* 'SUB-, up'＋*regere* to lead, rule: cf. regent. — v.: (1511) □ OF *sourgir* □ Cat. *sorgir* to anchor □ L *surgere*〗

súrge chàmber *n.* 〘機械〙 ＝surge tank.

súrge impédance *n.* 〘電気〙 波動インピーダンス, 特性インピーダンス, サージインピーダンス.

sur·geon /sə́ːdʒən | sə́ː-/ *n.* **1** 外科医 (cf. physician, internist). **2** 軍医; 船医. **3** 〘魚類〙 ＝surgeonfish. 〖(?c1300) *surg(i)en* □ AF (変形) ← OF *serurgien* (F *chirurgien*) ← *serurgerie* 'SURGERY': CHIRURGEON と二重語〗

sur·geon·cy /sə́ːdʒənsi | sə́ː-/ *n.* 《英》 軍医の職務[地位]. 〖(1792): ⇨ ↑, -cy〗

súrgeon déntist *n.* 歯科医, (特に)口腔外科医. 〖1776〗

súrgeon·fish *n.* 〘魚類〙 ニザダイ科の海産魚の総称《尾柄に可動性のとげがある有毒な熱帯魚; tang ともいう; cf. doctorfish》. 〖(1871) lancet に似たとげがあることから〗

súrgeon géneral *n.* (*pl.* **surgeons g-**) **1** 〘軍事〙 軍医総監. **2** [しばしば S- G-] (米国公衆衛生局 (Public Health Service) の)医務長官[局長]. 〖1706〗

súrgeon's knòt *n.* 〘医学〙 ＝surgical knot.

súrge protèctor *n.* 〘電気〙 サージプロテクター《サージから機器を保護するための回路[装置]; surge suppressor ともいう》.

sur·ger·y /sə́ːdʒ(ə)ri | sə́ː-/ *n.* **1 a** 外科(術); 外科的処置, 手術 (cf. medicine 2): antiseptic ～ 防腐手術 / clinical [plastic] ～ 臨床[形成]外科(術) / ⇨ tree surgery. **b** 抜本的な処置, 荒療治. **2** 《米》 手術室. **3** 《英》 **a** (開業医の)診療室, 診察室《診療と薬の処方をする》. **b** 診療時間. **4** 《英口語》 (下院議員・弁護士などの)面談時間; 相談所. 〖(?c1300) □ OF *surgerie* (短縮) ← *serurgerie, cirurgerie* ← *serurgie, cirurgie* □ L *chīrurgia* □ Gk *kheirourgía* ← *kheirourgós* working by hand ← *kheír* hand＋*érgon* 'WORK': CHIRURGERY と二重語: ⇨ -ery〗

súrge supprèssor *n.* サージ抑圧器 (surge protector).

súrge tànk *n.* 〘機械〙 サージタンク, 調圧[調整]水槽《圧力・水量などの不均衡や一時的変化を調整するタンク; surge chamber ともいう》. 〖1909〗

Surg. Gen. 《略》 Surgeon General.

sur·gi·cal /sə́ːdʒɪ̆kəl, -kl̩ | sə́ːdʒɪ-/ *adj.* **1 a** 外科の, 外科的な; 手術の; 手術上の, 外科的手術を要する (↔ medical); 整形[矯正]用の: a ～ operation 外科手術 / ～ treatment 外科的手当て[処置]. **b** 外科医の. **2** 外科用の: ～ instruments 外科[手術]用具. **3** 外科手術後[から]起こる: ～ fever / ～ risk 手術の危険度. **4** (爆撃が外科手術のように)正確な. **～·ly** *adv.* 〖(1770) ← SURG(EON)＋-ICAL〗

súrgical bóot *n.* 矯正靴《形成外科用の靴》.

súrgical knòt *n.* 〘医学〙 外科結び《通例こま結び, またはこま結びにして最初二かけする結び方》.

súrgical néedle *n.* (外科用の)縫合針.

súrgical shóe *n.* ＝surgical boot.

súrgical spírit *n.* 《英》 外科消毒用(変性)アルコール.

surg·y /sə́ːdʒi | sə́ː-/ *adj.* 《古》 大波の (billowy), 荒波の, うねりの高い; 大波の多い. 〖1582〗

su·ri·cate /súrɪ̆kèɪt | sjúərɪ̆-, sjúə-/ *n.* (*also* **su·ri·cat** /-kæ̀t/) 〘動物〙 スリカタ (*Suricata suricatta*) 《アフリカ南部産のマングースに似たジャコウネコ科スリカタ属の動物; meerkat ともいう》. 〖(1781–85) □ F *surikate* ← S-Afr. (現地語)〗

Su·ri·nam /súᵊrənɑ̀ːm, -næ̀m | sʊ̀ərɪ̆nǽm, sjʊ̀ər-, ⸗–⸗/ *n.* ＝Suriname.

Súrinam chérry *n.* **1** 〘植物〙 ピタンガ (*Eugenia uniflora*) 《ブラジル産の果樹; pitanga ともいう》. **2** ピタンガの実《黄または赤のさくらんぼに似た食用の酸っぱい実》. 〖1895〗

Su·ri·na·me /súᵊrənɑ̀ːm, -næ̀m | sʊ̀ərɪ̆nǽm, sjʊ̀ər-, ⸗–⸗; *Du.* syriná:mə/ *n.* スリナム《南米北東岸の共和国, もとオランダ自治領で Netherlands [Dutch] Guiana の呼ばれたが 1975 年 11 月独立; 面積 163,820 km², 首都 Paramaribo; 公式名 the Republic of Suriname スリナム共和国》.

Súrinam tóad *n.* 〘動物〙 コモリガエル (*Pipa pipa* [*americana*]) 《南米 Guiana 特産のカエル; 雌は背中の皮膚のへこみの中で卵を孵化(ふ)する; pipa ともいう》. 〖1774〗

sur·jec·tion /sə(ː)dʒékʃən | sə-/ *n.* 〘数学〙 全射《始域の像が終域と等しくなるような写像; onto mapping ともいう》. 〖(1964) ← ? F *sur* over (⇨ sur-²)＋(PRO)JECTION〗

sur·jec·tive /sə(ː)dʒéktɪv | sə-/ *adj.* 〘数学〙 全射的な《写像が全射 (surjection) であることについていう》. 〖1964〗

sur·loin /sə́ːlɔɪn | sə́ː-/ *n.* ＝sirloin.

sur·ly /sə́ːli | sə́ː-/ *adj.* (**more** ～, **most** ～; **sur·li·er, -li·est**) **1** (意地悪く)不機嫌な, むっつりした; 無愛想な, つっけんどんな: a ～ man, dog, etc. / ～ language, manners, etc. **2** 〈天候が〉荒れ模様の, 険悪な. **3** 《廃》 高慢な, 横柄な (haughty). **súr·li·ly** /-lɪ̆li/ *adv.* **súr·li·ness** *n.* 〖(1566) (変形) ← 《廃》 *sirly* (原義) lordly: ⇨ sir, -ly²〗

sur·mis·a·ble /səmáɪzəbl̩ | sə(ː)máɪz-, sə́ːmaɪz-/ *adj.* 推量される, 推測できる. 〖1817〗

sur·mise /səmáɪz | sə(ː)máɪz, sə́ːmaɪz/ *vt.* 推量する, 推測[臆測]する; 〈…かと〉思う 〈*that*〉: I ～*d that* he had failed in his business. 彼は事業に失敗したのだと推測した. — *vi.* 推量する, 推測する.
— /səmáɪz, sə́ːmaɪz | sə́ːmaɪz, —⸗, səmáɪz/ *n.* **1** 推量, 推測, 臆測. **2** 《古》 **a** 疑い (suspicion). **b** ごくわずか. **3** 《廃》 証拠のない申し立て (allegation).

sur·mísed·ly *adv.* **sur·mís·er** *n.* 〖(?c1400) ← OF *surmis(e)* (p.p.) ← *surmettre* to charge, accuse, (原義) to put upon □ LL *supermittere* ← SUPER-＋*mittere* to throw: cf. mission〗

sur·mount /səmáunt | sə(ː)-/ *vt.* **1** 〈困難・障害などを〉乗り越える, 克服する, 切り抜ける (⇨ conquer SYN): ～ barriers, obstacles, hardship, etc. **2 a** [しばしば p.p. 形で] …の上に〔…を〕置く, 載せる, 冠する (cap) 〔*with*〕: peaks ～*ed with* snow 雪を頂く峰. **b** …の上にそびえる[載っている]: A cross ～*s* the steeple of a church. 十字架が教会の尖塔の上に載っている. **3** 〈山を〉登る (climb); 乗り越える: ～ a hill. **4** 《廃》 …よりまさる, 卓越する (surpass). **～·er** /-tə | -tə(r)/ *n.* 〖(a1325) □ (O)F *surmonter*: ⇨ sur-², mount¹〗

sur·mount·a·ble /səmáuntəbl̩ | sə(ː)máunt-/ *adj.* 克服[打破]できる, 切り抜けられる. **～·ness** *n.* 〖1611〗

sur·mul·let /səːmʌ́lɪ̆t | sə:-/ *n.* (*pl.* **～s,** ～) 〘魚類〙 ＝goatfish. 〖(a1672) □ F *surmulet* < MF *sormulet* ← ? *sor* reddish brown＋*mulet* 'MULLET¹'〗

sur·name /sə́ːnèɪm | sə́ː-/ *n.* **1** 姓, 氏, 名字 (family name) (⇨ name 1, first name 日英比較). **2** (もと, 生地・住居・職業その他の特徴から洗礼名などに付加された)異名, あだ名, 通称, 称号《例えば William Rufus の Rufus (赤毛)》. — *vt.* **1** 〈人〉に異名を付ける: Alfred ～*d* the Great「大王」と呼称されるアルフレッド. **2** 〈人〉に姓を付ける. 〖(?a1300) (部分訳) ← AF *surnoun*＝(O)F *sornom* ← SUR-²＋*nom* 'NAME'〗

sur·pass /səpǽs | sə(ː)pɑ́ːs/ *vt.* **1 a** …よりまさる, すぐれる, …以上に出る, しのぐ (⇨ excel SYN): ～ all the competitors in speed 速さで全競争者をしのぐ / The result ～*ed* all our expectations. 結果は全く予想以上だった. **b** [～ *oneself* で] これまでにない手並みを見せる. **2** …の力量・範囲などを越す, 超越する: beauty ～*ing* all description 言いようのない美しさ / a task that ～*es* one's skill 力に余る仕事. **～·a·ble** *adj.* 〖(1555) □ (O)F *surpasser*: ⇨ sur-², pass¹〗

sur·páss·ing *adj.* 並はずれた, 卓越した (supereminent); 無比の (matchless): a woman of ～ beauty 絶世の美女. — *adv.* 《古・詩》 卓越して, ずば抜けて; とても, 非常に (exceedingly). **～·ly** *adv.* **～·ness** *n.* 〖c1580〗

sur·plice /sə́ːplɪ̆s | sə́ː-/ *n.* **1** サープリス, 短白衣《英国国教会やカトリック教会で聖職者が cassock の上に着る袖の広い短い白衣; 聖歌隊員なども着る》. **2** 前身頃(ごろ)を斜めに重ね合わせる衣服. — *adj.* ＝surpliced 2. 〖(?a1200) *surplis* □ AF＝OF *sourpelis* (F *surplis*) □ ML *superpellicium* ← SUPER-＋ML *pellicium* fur coat (← L *pellicius* made of skin ← *pellis* skin: cf. fell⁴)〗

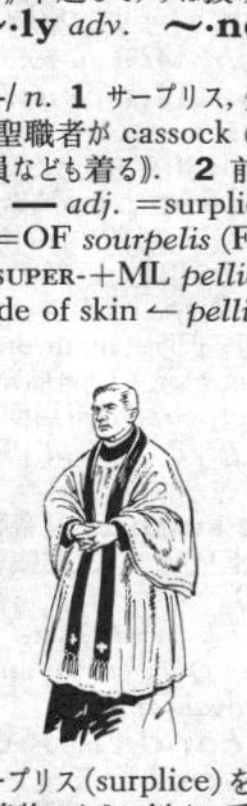

surplice 1

súr·pliced *adj.* **1** サープリス(surplice)を着た: the ～ choir. **2** ネックラインが着物のように斜めに重なった: a ～ neckline, sweater, etc. 〖(a1765): ⇨ ↑, -ed 2〗

súrplice-fèe *n.* 〘英国国教会〙 ころも代《結婚式・葬式などで牧師に出す謝礼》. 〖1725〗

sur·plus /sə́ːplʌs, -pləs | sə́ːpləs/ *n.* **1** 余り, 剰余, 余分, 過剰 (overplus): in ～ 余分に, 余計に, 残って, 余って. **2** 《英》 過剰量, 余分額. **3** 《米》 (政府が政策的に買い上げる)過剰[余剰]農産物. **4** 〘会計〙 剰余金. — *adj.* [限定的] 残りの, 余りの, 余剰の: the ～ food of America 米国の余剰食糧 / a ～ population 過剰人口 / ～ funds 剰余金. ***be súrplus to requirements*** 《英》 過剰である, 不要である. 〖(c1385) □ (O)F *so(u)rplus* □ ML *superplūs*: ⇨ super-, plus〗

sur·plus·age /sə́ːplʌsɪdʒ, -pləs- | sə́ːpləs-/ *n.* **1** 余分, 余剰, 過剰 (surplus). **2** (必要のない)余計な文句; 不必要な事項. **3** 〘法律〙 争点の判断に不必要な事実の主張 (cf. inducement 3 b). 〖(c1407) □ ML *surplūsagium*: ⇨ ↑, -age〗

súrplus válue *n.* 〘経済〙 (マルクス経済学での)剰余価値. 〖1816〗

sur·print /sə́ːprɪ̀nt | sə́ː-/ *vt.* **1** 〘印刷〙 (既に印刷したものの上に)〈名前・住所などを〉刷り込む, 重ね刷りする (overprint). **2** 〘写真〙 (現像した画像のあるフィルムを再び感光性にして)〈別の画像を〉重ね焼きする. — *n.* **1** 〘印刷〙 刷込み (overprint). **2** 〘写真〙 重ね焼きした像. 〖1917〗

sur·pris·al /səpráɪzəl, sə-, -zl̩ | sə-/ *n.* **1** 驚き, 仰天 (surprise). **2** 不意打ち, 奇襲. 〖(1591) ⇨ ↓, -al²〗

sur·prise /səpráɪz, sə- | sə-/ *vt.* **1 a** 驚かす, びっくりさせる, 意外がらせる: His conduct ～*d* me. 彼の行いにはあきれた. **b** [p.p. 形で, 形容詞的に] 驚く, びっくりする (cf. surprised): She was very [greatly] ～*d* by a knock at the door. ドアのノックの音にぎょっとした / She was more ～*d* than frightened. 恐ろしいよりむしろびっくりした / I wouldn't be ～*d* if it rains [rained]. 雨になっても別に驚きはしない《どうやら天気がくずれそうだ》 / I wouldn't be ～*d* if his heart was a bit weak. 彼の心臓が少々弱いといっても驚かないね / I am ～*d at* you [*at* [*by*] your behavior]. 君[君の行動]にはまったく驚いたね[あきれたもんだ] / It's [There's] nothing to be ～*d about* [*at*] (*in* his behavior). (彼のふるまいは)別に驚くにはあたらない / I was ～*d at seeing* [*to see*] him there. あそこで彼に会ってびっくりした / He was pleasantly ～*d to* hear the news. その知らせを聞いてうれしくもあったしびっくりもした / They are ～*d* (*that*) [It ～*d them that*] you have had an accident. 君が事故に遭ったので彼らはびっくりしている / You'll be ～*d how* kind he is.＝He's really kind: you'll be ～*d*. 彼の親切なのにびっくりするだろう. **2 a** (不意に)〔…をして〕驚かせる 〔*with, by*〕: We ～*d* him *with* [*by*] a visit [gift, party]. だしぬけに訪ねて行って[贈り物をして, パーティーを開いて]彼をびっくりさせた (cf. surprise party 1, SURPRISE visit). **b** 奇襲する, 不意打ちする: ～ the enemy's camp / Hijackers ～*d* the convoy. 強盗が護送隊を急襲した / They were ～*d* by the attack. 彼等は不意打ちの攻撃を受けた. **3** (現行犯で)〈人を捕える; 〈…しているところを〉押さえる 〈*doing*〉: ～ a pickpocket (in the act of) steal*ing* すりを現行犯で逮捕する / ～ robbers break*ing* into a bank 強盗が銀行に押し入る現場を押さえる. **4 a** 〈人を〉びっくりさせて(ある行動を)させる 〔*into*〕: He ～*d* me *into* consent [drop*ping* my book]. だしぬけにせきたてられて同意した[不意に驚かされて本を落とした]. **b** 不意打ちを食わせて〔人から〕〈秘密などを〉聞き出す 〔*from, out of*〕: They ～*d* the facts *from* [*out of*] him. 彼の意表を突いて事実を聞き出した. **5** 突然発見する: I ～*d* a flush on her face. 彼女の顔に赤みがさすのにふと気づいた.
— *n.* **1** [通例 a ～] 驚くべきこと[物], 意外な事[物]《事件・報道・贈物など》; 番狂わせ: a pleasing ～ 愉快な驚き, 意外な喜びごと / a game full of ～*s* 番狂わせ続出の試合 / His visit was a great ～ *to* me. 彼の訪問は思いがけないことであった / His visit comes as no ～ (to me). 彼の訪問は驚くにあたらない / give a person (quite) a ～ 人を(相当)驚かす / I have a ～ *for* you. びっくりさせるものがあるよ《贈り物・知らせなど》 / What a ～! これは驚いた. **2** 驚き, びっくり: with a look of ～ 驚いた顔つきで / exclaim *in* ～ 驚いて叫ぶ / show some [much] ～ (*at* …) (…に)少し[大いに]驚いた様子を示す / His ～ was visible. 彼の驚きははっきりと顔に現れた. **3** 不意打ち, 奇襲: capture a fortress by ～ 要塞を奇襲占領する.
an élement of surpríse 不意(を打つこと), 意外性. ***cátch by surpríse*** ＝*take by* SURPRISE (1). ***gét* [*háve*] *a surpríse*** 驚く. ***surpríse, surpríse*** 《口語》 《しばしば皮肉》 驚くなかれ, 案の定. ***Surpríse*(, *surpríse*)!** (1) (人に物をあげ[見せ]ながら)さあびっくりするぞ. (2) (予期せぬ人に出会って)おやまあ驚いた. ***táke by surpríse*** (1) びっくりさせる, 仰天させる: The news *took* Washington *by* ～. その報道は米国政府を震駭(しんがい)させた. (2) 奇襲する; …の油断している所を捕える; …の不意を襲う, …に不意打ちを食わせる. ***to one's surpríse***＝***to the surpríse of*** one 驚いたことには (cf. surprisingly): *To my* (great) ～ [(Much) *To my* ～], he failed the exam. 私の(非常に)驚いたことには彼は試験に落ちた.
— *adj.* [限定的] 突然の, 予告なしの: a ～ attack 奇襲 / a ～ ending (劇・小説の)どんでん返し / a ～ present 思いがけない贈り物 / a ～ search 抜き打ち捜査 / a ～ visit だしぬけの訪問; 臨検 / a ～ move 不意打ち / ⇨ surprise party.

sur·prís·er *n.* 〖n.: (c1457) □ (O)F ～ (fem. p.p.) ← OF *surprendre* to overtake < ML *surprehendre* ← SUR-²＋L *prehendere* to seize: ⇨ prehensile. — v.: (c1390) □ (O)F *surpris(e)* (p.p.) ← *surprendre* to surprise ← SUR-²＋*prendre* to take〗

SYN 驚かす: **surprise** 唐突・意外性のために人を驚かす《一般的な語》: His answer *surprised* me. 彼の返事にびっくりした. **astonish** 信じられないほど意外なため人を大いに驚かす: I am *astonished* at your conduct. 君のやり口には驚いた. **amaze** 知的混乱を引き起こすほど驚かす: I am absolutely *amazed* at you. 君には全く恐れ入ったよ. **startle** 跳び上がるほどびっくり仰天させる: The news of her disappearance *startled* us. 我々は彼女の失踪の知らせにびっくりした. **astound** 衝撃的な強い驚きの結果, 思考も行動もできない状態にする: The news *astounded* everybody. その報道にだれもが肝をつぶした. **stun** ショックで肝をつぶさせて茫然(ぼう)とさせる: We were *stunned* by the unexpected news. 我々は思いがけない知らせに茫然とした. **flabbergast** 《略式》 人を口も利けないほどびっくり仰天させる: I was *flabbergasted* at his deceit. 彼のぺてんにびっくり仰天した.

sur·prised /səpráɪzd, sə- | sə-/ *adj.* 驚いた, びっくりした (cf. surprise *vt.* 1 b): a ～ look 驚いた(ような)顔つき / look ～ 驚いた(ような)様子に見える. 〖1620〗

sur·prís·ed·ly /-zɪ̆dli, -zd-/ *adv.* 驚いて, びっくりして; 不意(打ち)を食らって. 〖1680〗

surpríse pàcket [pàckage] *n.* 《英》 びっくり包み《中から硬貨などが出て来る菓子袋など; cf. jack-in-the-box 1》. 〖1900〗

surpríse pàrty *n.* **1** 《米》 びっくりパーティー《友人たちがあらかじめ相談して食べ物などを用意して突然人の家などに押し掛け, そこでその人を主賓にして催すパーティー》. **2** (しばしば不愉快な)不意の[思わぬ]出来事. **3** 奇襲隊. 〖1841〗

sur·pris·ing /səpráɪzɪŋ, sə- | sə-/ *adj.* **1** 驚くべき,

S

びっくりさせる(ほどの), 意外な, 目覚ましい: make ~ progress めざましい進歩を遂げる / It is ~ *that* …ということは驚くべきことだ. **2** 不意の, 不意打ちの (unexpected). **3** 《古》すばらしい (admirable). **~·ness** *n.* 〖1580〗

sur·pris·ing·ly /səpráɪzɪŋli, sə- | sə-/ *adv.* **1** 驚くほどに, 大いに. **2** [文修飾語として] 驚いたことには, 意外にも: *Surprisingly for* him, John failed (in) the exam. 自分でも驚いたことにはジョンは試験に落ちた (★ この用法では for の目的語となる代名詞は主文の主語と同一でなければならない; cf. *to one's* SURPRISE) / not ~ 驚くにはあたらないが. 〖1661〗

sur·prize /səpráɪz, sə- | sə-/ *vt., n., adj.* =surprise.

sur·ra /súərə | súərə/ *n.* (*also* **sur·rah** /~/) 〖獣医〗 スラ (インド・ミャンマー地方で馬・牛・らくだ・象・犬などの伝染病で, トリパノソーマ科の原生動物 *Trypanosoma evansi* の寄生による悪性貧血症). 〖(1883) ☐ Marathi *sūra* wheezing sound〗

sur·re·al /sərí:əl, -rí:l | sərɪ́əl, -rí:l-/ *adj.* 〖文芸〗 超現実主義(的)の (surrealist). — *n.* [the ~] 超現実的なもの. 〖(1936) (逆成) ↓〗 **~·ly** *adv.*

sur·re·al·ism /sərí:əlɪzm, -rí:l- | sərɪ́əl-/ *n.* 〖文芸〗 超現実主義, シュールレアリスム (1920 年代初頭に A. Breton を中心として起こった文芸・芸術上の運動; 意識の底に潜むイメージを表現して, 理性の束縛を脱し, 精神の完全な解放をはかる). 〖(1925) ☐ F *surréalisme*: ⇨ sur-^{2}, realism〗

sur·ré·al·ist /-lɪst | -lɪst/ 〖文芸〗 *adj.* 超現実主義の. — *n.* 超現実主義(支持[信奉])者. 〖1918〗

sur·re·al·is·tic /sərì:əlístɪk, -rì:l- | sərɪ̀əl-, -rì:l-/ *adj.* 〖文芸〗 =surrealist. **sur·rè·al·is·ti·cal·ly** *adv.* 〖1930〗

sur·re·but /sə̀:rɪbʌ́t | sʌ̀rɪ-/ *vi.* (**-but·ted**; **-but·ting**) 〖法律〗 〈原告が〉第 4 回目の訴答 (pleading) をする. 〖(1726) ← SUR-^{2}+REBUT〗

sur·re·but·tal /sə̀:rɪbʌ́tl | sʌ̀rɪbʌ́tl/ *n.* 〖法律〗 (原告が行う)第 4 回目の訴答 (surrebutter) のための立証[証拠の提出] (被告の第 3 回目の訴答 (rebutter) に対するもの). 〖1866〗

sur·re·but·ter /sə̀:rɪbʌ́tə | sʌ̀rɪbʌ́tə^{r}/ *n.* 〖法律〗 (原告の)第 5 回目の訴答 (cf. pleading 2 c). 〖1601〗

sur·reined /sə́:reɪnd | sʌ́r-/ *adj.* 《Shak》〈馬が〉乗りつぶされた. 〖(1599): ⇨ sur-^{2}, rein〗

sur·re·join /sə̀:rɪdʒɔ́ɪn | sʌ̀rɪ-/ *vi.* 〖法律〗 〈原告が〉第 3 回目の訴答をする. 〖1594〗

sur·re·join·der /sə̀:rɪdʒɔ́ɪndə | sʌ̀rɪdʒɔ́ɪndə^{r}/ *n.* 〖法律〗 原告の第 3 回目の訴答 (被告の第 2 回目の訴答 (rejoinder) に対するもの; cf. pleading 2 c). 〖(1542–43) ← SUR-^{2}+REJOINDER〗

sur·ren·der /səréndə | -də^{r}/ *vi.* **1** 降参する, 降伏する, 屈従する; 自首する: ~ at discretion 無条件で降伏する / ~ *to* bail 〈保釈中の被告が〉出廷する. **2** 〔説得・圧力などに〕負ける; 〔…に〕身を委ねる, ふける 〔*to*〕: ~ *to* grief 悲嘆に暮れる. — *vt.* **1 a** (要求・強制によって)引き渡す, 手渡す, 明け渡す (deliver): ~ a fortress *to* the enemy 要塞を敵に明け渡す / ~ one's sword (降参のしるしに)剣を渡す / ~ a ticket at the exit 出口で切符を手渡す. **b** 譲り渡す: ~ one's place. **2** 〈地位・特権・希望などを〉放棄する: ~ comforts, hopes, freedom, etc. / ~ one's position, office, privilege, etc. **3** [~ *oneself* で] **a** (特に, 捕虜として)〔…に〕身を任せる, 降参する, 降伏する 〔*to*〕: ~ *oneself to* justice [the police] 自首する. **b** 〔習慣・感情・感化などに〕身を委(ゆだ)ねる[任す], ふける 〔*to*〕: ~ *oneself to* indolence [despair, grief] 怠惰にふける[がっくりと絶望する, 悲嘆に暮れる]. **4** 〖保険〗 (払込み保険料に基づく積立金の一部の払戻しを受けて)〈保険を〉解除する: ~ an insurance policy 保険を解約する. **5** 〖法律〗〈賃借権を〉期限切れ以前に放棄する. **6** 《廃》〈感謝などを〉ささげる; 返す.

— *n.* **1** 降伏, 開城. **2** 引渡し, 明け渡し; 譲渡: the ~ of a fugitive 逃亡犯人の引渡し. **3** 自首, 出頭. **4** 〖保険〗 (払込み保険料に基づく積立金の一部の払戻しを受けて行う)保険解約: ⇨ cash surrender value. **5** 〖法律〗 **a** 権利放棄 (生涯権 (estate for life)・賃借権 (estate for years) を有する者が, その権利を残余権者 (remainderman)・復帰権者 (reversioner) のために放棄し, 当該生涯権・賃借権の消滅させること). **b** (特許権者による)特許権の放棄. **c** 犯人の身柄引渡し (surrender by bail ともいう); 外国の官憲との間における逃亡犯人の引渡し. **d** 破産債務者による(破産債権者への)財産の譲渡. **~·er** *n.* 〖v.: (1441) ☐ OF *surrendre*: ⇨ sur-^{2}, render — n.: (1423) ☐ OF *surrendre* (不定詞の名詞用法)〗

surrénder chàrge *n.* 〖保険〗 解約控除.

surrénder vàlue *n.* 〖保険〗 解約返戻(へんれい)金. 〖1880〗

sur·rep·ti·tious /sə̀:rəptíʃəs, -rɛp- | sʌ̀r-/ *adj.* **1** 人目を忍んで[こっそり]得た[行った], 秘密の, 内密の, 内々の; こそこそする (⇨ secret SYN): a ~ glance 盗み見 / ~ pleasures [acts] 人目を忍んで行う快楽[行為] / a ~ negotiation 秘密交渉. **2** 不正の, こっそり作られた: a ~ copy of a book 海賊版の本. **3** 欺いて行った, だまして手に入れた. **~·ly** *adv.* **~·ness** *n.* 〖(1443) ☐ L *surreptitius* ← *surreptus* (p.p.) ← *surripere* to take away secretly ← SUB-+*rapere* to seize (cf. rapid): ⇨ ous〗

sur·rey /sə́:ri | sʌ́ri/ *n.* 《米》 **1** サリー型馬車 (軽快な 2 座席 4 人乗りの四輪馬車). **2** サリー型馬車に似た初期の自動車. 〖(1891) ↓: 最初の製造地〗

Sur·rey /sə́:ri | sʌ́ri/ *n.* サリー (イングランド南東部, London 南部に接する州; 面積 1,678 km^2; 州都 Kingston upon Thames). 〖OE *Sūperġē* ← *sūper* southern + *ieġ* land, district: cf. island〗

Sur·rey /sə́:ri | sʌ́ri/, Earl of *n.* サリー (1517?–47; 英国の詩人; 英国最初の無韻詩 (blank verse) を作り, また Sir Thomas Wyatt と共に最も早くソネット (sonnet) の形式を採り入れた; 本名 Henry Howard).

sur·ro·ga·cy /sə́:rəgəsi | sʌ́r-/ *n.* 代理母[父]を務めること; 代理母[父]親業 (surrogate motherhood [fatherhood]). 〖(1811) 1982〗

sur·ro·gate /sə́:rəgèɪt, -gɪ̀t | sʌ́r-/ *n.* **1 a** 代理人, 名代 (deputy). **b** 代わり, 代用物 〔*for, of*〕. **2** =surrogate mother. **3 a** 〖英国国教会〗 主教代理 (主教 (bishop) によって指命された, 予告 (banns) なしに結婚の許しを与える人). **b** (宗教裁判における)司教 (bishop) 代理. **4** 〖米法〗 代理官 (New York 等若干の州における遺言検認や後見管轄の判事(職員); cf. prerogative court 2). **5** 〖精神医学〗 (精神的な)代理人; (特に)親代りの人物 (例えば夢の中の王様は父親). — *adj.* [限定的] **1** 代理の, 代行する. **2** 代理母に関する: ~ contracts 代理母になるための契約. — /sə́:rəgèɪt | sʌ́r-/ *vt.* **1** …の代理を務める. **2** 〖法律〗 代位する, 代理をさせる, 後任を任命する (subrogate). **~·ship** *n.* **sur·ro·ga·tion** /sə̀:(r)əgéɪʃən- | sʌ̀r-/ *n.* 〖n.: (1430) — v.: (1533) ☐ L *surrogātus* (p.p.) ← *surrogāre* to substitute=*subrogāre* 'to SUBROGATE'〗

súrrogate fáther *n.* 代理父 (人工受精のための精子を提供する男性).

súrrogate móther *n.* 代理母 (子供のない夫婦のために子宮を貸して子供を生む女性). **súrrogate mótherhood** *n.* =surrogacy. 〖1976〗

súrrogate's cóurt *n.* 〖米法〗 (遺言)検認後見裁判所 (⇨ probate court).

sur·round /səráund/ *vt.* **1** 囲む, 取り囲む, 取り巻く (encircle); 《比喩》〈人を〉〈神秘・安らぎなどで〉包む: A crowd ~*ed* him.=He was ~*ed by* a crowd. 彼は群衆に取り囲まれた / ~ a park *with* a wall 公園の周囲に塀をめぐらす / The house is ~*ed by* [*with*] trees. 家は木々に取り囲まれている / She grew up ~*ed by* luxury. 彼女はぜいたくに囲まれて育った / He ~*s* himself *with* sycophants. 彼は追従(ついしょう)者に取り巻かれている[しか回りにおかない]. **2** 〖軍事〗 包囲する. — *n.* **1 a** 取り囲むもの. **b** 近郊, 周辺; [*pl.*] 周辺の環境: rural ~ 近郊の田園. **c** 《英》縁(ふち)飾り, 縁取り: a fireplace with a ~ of red brick 赤れんがの飾り縁がついた暖炉. **d** 《英》へり敷物 (壁とじゅうたんとの間に敷く). **2** 〖狩猟〗《米》 **a** 包囲猟法, 巻狩り (野生の動物を包囲するか逃げられないような地点に追い込んで狩りをする狩猟法). **b** 包囲猟法で獲物を囲った場所. 〖(1423) *surrounde(n)* to overflow ☐ OF *s(o)uronder* < LL *superundāre* ← SUPER-+*undāre* to rise in waves (← *unda* wave): ⇨ water: 現在の形と意味は ROUND^1 の影響を受けた〗

sur·round·ing /səráundɪŋ/ *adj.* [限定的] **1** 取り囲む, 取り巻く. **2** 周囲[周辺]の, 近郊[付近]の: the ~ country 周囲の田舎, 近郊. — *n.* **1** 取り囲むこと, 囲い込むこと. **2** [*pl.*] 周囲の状況, 環境, 周囲 (environment); 付近, 近所: luxurious [degraded, cultured, healthy] ~*s* ぜいたくな[自堕落な, 文化的な, 健康によい]環境 / in ugly ~*s* 近所[周囲]の悪い所に. 〖(15C) (廃) a overflowing〗 **3** [時に *pl.*] 取り巻き連中 (entourage). 〖1634〗

surróund sòund *n.* 〖音響〗 サラウンドサウンド (スピーカーへの信号配分を工夫して臨場感を高めるようにした再生音). 〖1969〗

sur·roy·al /sərɔ́ɪəl | sə-/ *n.* (雄鹿の)先端の枝角 (royal antler の先; crown antler ともいう). 〖(?a1400) ← SUR-^{2}+*royal* (*antler*)〗

sur·sum cor·da /súəsəmkɔ́ədə, sə́:-, -dɑ: | sə́:səmkɔ́:də, -sʊm-/ *L.* **1** 心を挙げて主を仰げ (ミサ序唱の文句). **2** 落胆するな, 勇気を奮い起こせ. 〖(1537) ☐ L ~ 'lift up your hearts'〗

sur·tax /sə́:tæks | sə́:-/ *n.* **1** 所得税特別付加税 (ある限度以上の所得に対して課する累進税). **2** (関税などの)付加税. — *vt.* …に付加税を課する, …から付加税を徴収する. 〖(1881) ☐ F *surtaxe*: ⇨ SUR-^{2}+TAX〗

Sur·tees /sə́:ti:z | sə́:-/, **Robert Smith** *n.* サーティーズ (1803–64; 英国の狩猟小説家; John Leech の挿絵と共に有名; *Jorrocks' Jaunts and Jollities* (1838)).

sur·ti·tle /sə́:tàɪtl | sə́:tàɪtl/ *n.* =supertitle.

sur·tout^1 /sətú:, -tú:t | sə́:tu:; *F.* syʀtu/ *n.* **1** 男子用の体にぴったりしたコート; (特に)フロックコート (frock coat). **2** (婦人用の)フード付きマント. 〖(1686) ☐ F ~ ← SUR-^{2}+*tout* all (< L *tōtum*): cf. total〗

sur·tout^2 /sətú:, -tú:t | sə́:tu:/ *adv., adj.* 〖紋章〗 紋章の中央に inescutcheon を置いた (augmentation, cadency など既存の紋章の上に小さな盾に描いた紋章を重ねる場合をいう). 〖☐ F ~ (↑)〗

Sur·tsey /sə́:tsèɪ, sə́:tsi | sə́:tsi; *Icelandic* sýrtseɪ/ *n.* シュルツィー (アイスランド南岸沖の島; 1963 年火山の爆発によって形成された; 65 年自然保護区に制定; 命名は神話の火の神 Surt にちなむ).

surv. 《略》 survey; surveying; surveyor; surviving.

sur·veil /səvéɪl | sə:-, sə-/ *vt.* =surveille.

sur·veil·lance /səvéɪləns, -lənts, -ljəns, -ljənts | sə(:)véɪləns, -lənts/ *n.* **1** (容疑者・囚人の)監視: have [place] the suspect under constant ~ 容疑者を常に監視する. **2** 見張り, 監督 (supervision): work under one's ~ 監督の下で働く. 〖(1802) ☐ F ~ ← *surveiller* to watch over (← SUR-^{2}+*veiller* to watch (< L *vigilāre* ← *vigil*))+-ANCE: ⇨ vigil〗

sur·veil·lant /səvéɪlənt, -ljənt | sə(:)véɪlənt/ *n.* 監督者, 監視者. — *adj.* 《まれ》監視[監督]する, 監視[監督]役の. 〖(1819) ☐ F ~ (pres.p.) ← *surveiller*: ⇨ ↑, -ant〗

sur·veille /səvéɪl | sə(:)-/ *vt.* 《米》監督する, 監視する. 〖(1960) (逆成) ← SURVEILLANCE〗

sur·vey /sə́:veɪ, sə(:)véɪ | sə́:veɪ, sə(:)véɪ/ *n.* **1** (詳細にわたる正式な)調査, 検討, 査察: do a ~ of the real state of our national hospitals 我が国の国立病院の実態調査をする. **2** 概括的に見ること, 概観, 通覧: make [do, conduct] a ~ of the situation 情勢を概観する. **3 a** 《英》(土地・家屋などの)測量, 測地, 検地, 実地踏査; 検分, 実地[立ち会い]調査: make [conduct, do] a rapid ~ of a house and grounds 家屋敷を大急ぎで検分する / Must you have a ~ done before you can get a mortgage? 住宅ローンを受ける前に検分を受けなければならないのですか. **b** 測量図, 実測図; 調査表[書]. **c** 測量部. **d** 測量箇所[地点]. **4** 一望すること, 見渡すこと: take [have] a ~ of the scene その光景を見渡す. **5** 〖統計〗 標本調査.

— /səvéɪ, sə́:veɪ | sə(:)véɪ, sə́:veɪ/ *v.* — *vt.* **1** (統計的に)実態[意識, 収入]調査をする: ~ FM listeners エフエム聴取者[率]を調査する. **2** (高い所から)見渡す, 一望する, 見晴らす: ~ a landscape 風景を見晴らす / We ~*ed* the beautiful scene below us. 眼下の美しい光景を眺めた / She ~*ed* the other guests with a certain disdain. 彼女はかなり見下した様子でほかの客を見回した / I am monarch of all I ~. 見渡す限りわが領土 (W. Cowper, *Alexander Selkirk* 1). **3** 概括的に見る, 概観する; 概説する: ~ the situation 情勢を概観する / ~ the history of a period ある時期の歴史を概観[概説]する. **4** 《英》(状態・価値などを確かめるために)〈家屋・地所などを〉検分する, 調査する (inspect); 査定する (appraise). **5** 測量する; …の陸地測量をする. **6** 〈船〉の耐航性を調査[検分]する. **7** 《廃》見る; 感じる. — *vi.* 土地(など)を測量する.

Súrvey of Énglish Úsage [the —] 〖言語〗 現代英語語法調査 (1959 年以来, London 大学で Lord Randolph Quirk の指導の下に行われている語法の実地調査). 〖(c1400) ☐ AF *surveier, surveir*=OF *so(u)rve(e)ir* < ML *supervidēre* ← SUPER-+L *vidēre* to look: cf. vision〗

sur·vey·a·ble /səvéɪəbl, sə́:veɪ- | sə(:)véɪ-, sə́:veɪ-/ *adj.* **1** 一望できる; 概観できる. **2** 測量[検分]できる. 〖1658〗

súrvey cóurse *n.* 《米》〖教育〗 サーベイコース (科目中心ではなく現代的問題を概括的に取り上げる大学での専門コース). 〖1916〗

sur·véy·ing *n.* **1** 測量(術); (特に)測量学. **2** 測量士の職, 測量業務. 〖1467–68〗

sur·vey·or /səvéɪə, sə:véɪə | sə(:)véɪə^{r}, sə́:veɪ-/ *n.* **1** 測量家, (特に, 土地の)測量技師. **2** 監視者, 監督者 (supervisor). **3 a** 《英》検査官: a ~ of weights and measures 度量衡検査官. **b** (売り家の)建物鑑定士. **c** 《米》(税関の)輸入品検査[調査]官. **d** (船の)耐航性検査官 (marine surveyor). **e** 《廃》〖建築〗の現場監督. **~·ship** *n.* 〖(1385) ☐ OF *surve(i)our*: ⇨ -or^2〗

Sur·vey·or /səvéɪə, sə́:veɪə | sə(:)véɪə^{r}, sə́:veɪ-/ *n.* 《米》〖宇宙〗 月面探査機, サーベイヤー (1966–68 年に米国が月面着陸させた一連の探査機; アポロ有人着陸の準備となった).

survéyor géneral *n.* (*pl.* **surveyors g-**, **~s**) **1** 《米》官[公]有地監督官. **2** 検査主任. 〖1515〗

survéyor's àrrow *n.* 〖測量〗 =chaining pin.

survéyor's chàin *n.* 〖測量〗 **1** (測量用)チェーン, 測鎖. **2** チェーンを単位とする測量単位. 〖1840〗

survéyor's còmpass [dìal] *n.* 測量コンパス (測量に用いる水平角測定器).

survéyor's lèvel *n.* (測量用)水準儀, レベル.

survéyor's mèasure *n.* (測鎖による)測量単位.

sur·viv·a·ble /səváɪvəbl | sə-/ *adj.* 生き残りうる (capable of surviving), 生き永らえる. **sur·viv·a·bíl·i·ty** /-vəbíləti | -lɪ̀ti/ *n.* 〖1879〗

sur·viv·al /səváɪvəl, -vl | sə-/ *n.* **1** 生き残ること, 生き残り, 残存; 存続: the ~ of medieval customs 中世の習慣の残存 / The chances of the crew's ~ are slight. 乗組員の生存の望みはわずかだ. **2** 残存者[物]; (特に, 古い時代の)遺物, 残存風習[儀式, 信仰など]: ~*s* of medieval customs 中世の遺風.

survíval of the fíttest [the —] 〖生物〗 適者生存 (cf. natural selection). (1864)

〖(1598): ⇨ -al^2〗

survíval bàg *n.* サバイバルバッグ (登山者が遭難したときなどに身を包むプラスチック製の袋). 〖1971〗

survíval cùrve *n.* 生存曲線 (放射線被曝者・癌患者など特定の集団の生存率を示す曲線グラフ). 〖1936〗

sur·viv·al·ism /səváɪvəlɪzm, -vl- | sə-/ *n.* **1** 生存主義, サバイバリズム (戦争や大災害に際して生き残るための実践またはその主義・主張). **2** サバイバルゲームを趣味とすること. 〖1952〗

sur·vív·al·ist /-lɪst | -lɪst/ *n.* **1** 生存主義者, サバイバリスト (待避施設を作ったり食糧の備蓄をして戦争や大災害に生き抜くことを実践・主張する人). **2** サバイバルゲームを趣味とする人. — *adj.* 生存主義(者)の.

survíval kìt *n.* 〖軍事〗 救命用具, サバイバルキット (ジャングル・海・孤立地帯・敵地に上陸[落下傘降下]した人が使用する医療品・糧食などの入った容器). 〖1944〗

survíval sùit *n.* 救命スーツ, サバイバルスーツ (浮揚性のウェットスーツ).

survíval vàlue *n.* 〖生物〗 生存価 (生物が生存競争において果す生体的特性やその有効性). 〖1912〗

sur·viv·ance /səváɪvəns | sə-/ *n.* **1** =survival. **2** 〘法律〙(財産または地位について, その財産・地位の保有者から生前に指名された)生残者の相続権. 〘(1623) □ F ～: ⇨ ↓, -ance〙

sur·vive /səváɪv | sə-/ *vt.* **1** …の死後も生き残る, より長生きする (⇨ outlive **SYN**): He ～*d* his wife by many years. 彼は妻の死後長い間生き永らえていた / ～ one's children 子供たちに先立たれる / He is ～*d* by his wife and children. 彼は妻子よりも先に亡くなった / ～ one's fame [usefulness] 長生きして名声をなくする[役に立たなくなる] / His mental faculties ～*d* his physical powers. 彼の身体はきかなくなっても精神力[頭脳]はしっかりしていた. **2** …にもかかわらず[の後も]生きている, 現存する, …から助かる: ～ all perils あらゆる危険を冒してなお生きている / ～ the storm 無事にあらしを切り抜ける / ～ a shipwreck [an invasion] 難船した[侵略された]が助かる / ～ an illness [an operation] 病気[手術]を乗り越える. **3** 《口語》〈激務などに耐える: ～ very hard work 非常に骨の折れる仕事に耐える. — *vi.* 生き延びる, 生き残る; 存在し続ける, 存続する: Only three ～*d* out of the whole party. 一行全体のうちわずか3人しか生き残らなかった / Only three of her paintings (still) ～. 彼女の絵画のうち3枚だけが(まだ)現存している / I know you feel pretty miserable now, but don't worry, you'll ～! 今はとても具合が悪いでしょうが心配いりません. 命は大丈夫です / The custom still ～*s*. その風習は今も残っている. ***survive on*** 〈食料・給料など〉で生きて行く: Her salary is barely enough to ～ *on*. 彼女の給料では生活するのがやっとだ.
〘(1473) □ (A)F *survivre* < L *supervīvere* ← SUPER-+*vīvere* to live: cf. vivid〙

sur·vív·er *n.* 《古》=survivor.

sur·vív·ing *adj.* 生き残っている, 残存している. 〘1456〙

sur·vi·vor /səváɪvə | səváɪvə(r/ *n.* **1 a** 生き残った人[物, 動物], (…よりも)長生きした人, 生存者, 残存者, 遺族: the ～*s* of the earthquake [war] 地震[戦争]に生き残った人々. **b** 残存物, 存続している物; 遺物. **c** 苦難にもへこたれない人, 逆境に強い人. **2** 〘法律〙(同一財産権共有者の中の)生残者. 〘1425〙

survívor·ship *n.* **1** 生残り, 存命; 存続. **2** 〘法律〙生残者権(共有財産権者の生残者が死亡者の権利を取得すること): ⇨ PRESUMPTION of survivorship. 〘1625〙

survívorship annúity *n.* 〘保険〙生残年金(年金受取人が被保険者よりも長生きする場合, その生存する間支払われる年金). 〘1838〙

survívorship cùrve *n.* 〘動物〙生存曲線 (survival curve). 〘1953〙

Sū·rya, Su·rya /súːriə/ *n.* 〘ヒンズー神話〙スーリヤ(太陽そのものを神に見立てた太陽神; 4ないし7頭の栗毛の馬に引かれた車に乗って天空を進むとされる). 〘□ Skt *Sūrya*〙

sus /sʌs/ 《英口語》*n.* **1** =suspicion. **2** =suspect. — *adj.* =suspicious. — *vt.* =suspect. ***sús óut*** 偵察する, 下検分する (investigate); 見抜く, かぎ出す. 〘(1936) 略〙

Sus. 《略》Sussex; 〘聖書〙Susanna.

sus- /səs, sʌs/ *pref.* (c, p, t で始まるラテン語系の語の前で用いる) sub- の異形: *sus*tain. ★ ただし c で始まる語の場合は suc- (*suc*ceed), p の場合は sup- (*sup*pose) となることが多い.

Su·sa /súːsə/ *n.* スーサ: **1** イラン西南部の廃都; 古代 Elam の首都; 聖書に Shushan と記されている都. **2** Sousse の別称.

Su·sah /súːzə/ *n.* スーサ (Sousse の別称).

Su·san /súːzn, -zn/ *n.* スーザン(女性名). 〘(略) Susanna〙

Súsan B. Ánthony Dày *n.* スーザン B アンソニー誕生日(2月15日; 婦人参政権運動の指導者 Susan Brownell Anthony の誕生日).

Su·sann /suːzǽn, sʊ-/, **Jacqueline** *n.* スーザン (1926–74; 米国の大衆小説家; 女優から作家に転身; *Valley of the Dolls* (1966)).

Su·san·na /suːzǽnə, sʊ-/ *n.* 〘聖書〙**1** スザンナ物語 (The History of Susanna) (外典 (Apocrypha) の一書; Daniel and Susanna ともいう). **2** スザンナ (「スザンナ物語」の中の貞女の名). 〘↓〙

Su·san·nah /suːzǽnə, sʊ-/ *n.* スザンナ(女性名; 愛称形 Sue, Susette, Susie, Susy, Suzie; 異形 Susan, Susanna, Susanne, Suzanne). 〘□ LL *Susanna* □ Gk *Sousánna* □ Heb. *šōšannā*ʰ, *šūšán* lily〙

Su·sanne /suːzǽn, sʊ-/ *n.* スーザン(女性名). 〘□ F (↑)〙

sus·cep·tance /səséptəns/ *n.* 〘電気〙サセプタンス(アドミタンス (admittance) の虚数分). 〘(1894) ⇨ ↓, -ance〙

sus·cep·ti·bil·i·ty /səsèptəbíləti | -təbíləti/ *n.* **1 a** 感じやすいこと, 感受性〔*to*〕: one's ～ *to* emotion 情にもろいこと. **b** 〔病気などに〕かかり[感染し]やすいこと; 〔印象などを〕受けやすいこと〔*to*〕: ～ *to* disease. **2** [*pl.*] 感情 (sensibilities): wound [offend] national *susceptibilities* 国民感情を害する. **3** 〘電気〙**a** 磁化率, 磁気感受率 (magnetic susceptibility ともいう). **b** 電気感受率 (electric susceptibility ともいう). 〘(1644) □ ML *susceptibilitās*: ⇨ ↓, -ity〙

sus·cep·ti·ble /səséptəbl | -tə-/ *adj.* **1** 感じやすい, 感受性の強い, 多感な, 敏感な: a ～ heart 敏感な心 / He is a ～ fellow where the ladies are concerned. 彼は女性のこととなると敏感だ. **2** [叙述的] **a** 〔…を〕許す, 〔…を〕いれる, 〔…が〕可能な〔*of, to*〕: wood ～ *of* a high polish 磨けばよく光沢の出る木 / The passage is ～ *of* [*to*] a number of interpretations. その章句はいろんな解釈ができる. **b** 〔…を〕受けやすい, 〔…に〕かかりやすい (liable), 感染しやすい, 動かされやすい (sensitive)〔*to*〕: a person ～ *to* flattery [female charms] おべっか[女性の魅力]に動かされやすい人 / be ～ *to* kind treatment 親切なもてなしにほだされる / be ～ *to* colds 風邪にかかりやすい. **sus·cép·ti·bly** *adv.* **～·ness** *n.* 〘(1605) □ LL *susceptibilis* ← L *susceptus* (p.p.) ← *suscipere* to take up ← SUB-+*capere* to take〙

sus·cep·tive /səséptɪv/ *adj.* **1** =receptive. **2 a** 感受性の強い, 敏感な: a ～ nature. **b** 〔…を〕受けやすい; 〔…を〕許す, 〔…の〕できる (susceptible)〔*of*〕. **～·ness** *n.* **sus·cep·tiv·i·ty** /sʌ̀sɛptívəti | -tívɪti/ *n.* 〘(?a1425) □ LL *susceptīvus*: ⇨ ↑, -ive〙

Su·sette /suːzét, sʊ-/ *n.* スゼット(女性名). 〘(dim.) ← SUSANNAH: ⇨ -ette〙

su·shi /súːʃi/ *n.* 鮨, 寿司. 〘(1893) □ Jpn.〙

Su·si·an /súːziən/ *n.* **1** スーサ (Susa) の住民. **2** エラム語 (⇨ Elamite 2). — *adj.* スーサ (Susa) の; スシアナ (Susiana) の. 〘1552〙

Su·si·a·na /sùːziáːnə, -ǽnə/ *n.* スシアナ: **1** 古代ペルシャの一地方; 古代エラムとほぼ同一地域. **2** =Elam.

Su·sie /súːzi/ *n.* スージー(女性名). 〘(dim.) ← SUSAN〙

sús [súss] láws /sʌ́s-/ *n. pl.* [the ～] 《英俗》容疑者法(疑わしい者は自由に逮捕・尋問できる浮浪者法の一部; 1824年に成立, 1981年に廃止).

sus·lik /sʌ́slɪk/; *Russ.* súsʲlʲik/ *n.* **1** 〘動物〙ジリス, ハタリス(ジリス属 (*Citellus* [*Spermophilus*]) のリスの総称). **2** ジリスの毛皮. 〘(1774) □ Russ. ～〙

Sus·lov /súːslɔ(ː)f, -lɑ(ː)f | -lɔf; *Russ.* súsləf/, **Mikhail Andreevich** *n.* スースロフ (1902–82; ソ連の政治家; Khrushchev 失脚に手をかした (1964)).

susp. 《略》suspend; suspended; suspension.

sus·pect /səspékt/ *v.* — *vt.* **1** …に感づく, 気づく, 薄々知る: ～ danger [a plot, a disease] 危険[策略, 病気]に気づく / ～ nothing 何も気づかない / I ～*ed* the presence of fire from the odor. においで火の気を感じた. **2** …に〔…の〕疑いをかける〔*of*〕; 〈人などを〉〈…であると〉疑う〈*to be*〉; 怪しむ, 疑(うたが)る: chemicals ～*ed of* causing cancer 癌(がん)を誘発する疑いありと見られている化学薬品 / He ～*ed* his wife *of* infidelity. 妻が不倫をしているのではないかと疑った / The police ～ him *to be* [*of being*] an arsonist. 警察は彼が放火犯人であろうとにらんでいる / The ignorant ～ everybody. 無知な人はすべての人を疑る / He was the one who did it!—I ～*ed* as much! 彼がそれをやったのだ—そうじゃないかと思った. **3** 〈動機・信憑(しんぴょう)性などを〉疑う, 信用しない: ～ sweeping generalizations 十把一からげの一般論は信用しない / ～ the authenticity of a document 文書が本物かどうか疑う. **4** [通例 *that*-clause, 目的語を伴って] …ではないかと思う, 推測する; 《口語》[*that*-clause を伴って] …と思う, 考える (suppose): They (strongly) ～*ed that* he had been murdered. 彼がすでに殺されているのではないかと(強く)思った / I ～ that's true.=That's true, I ～. 《口語》それは本当だと思う / You, I ～, don't care. 《口語》君はかまわないね. — *vi.* 疑る, 疑いをかける.
— /sʌ́spekt/ *n.* 容疑者, 注意人物; 疑わしい物: the prime ～ in the case その事件の重要容疑者 / a murder ～ 殺人の容疑者 / a political ～ 政治上の要注意人物 / The ～*s* were interrogated. 容疑者たちは尋問された.
— /sʌ́spekt/ *adj.* [叙述的] 疑うべき, 疑わしい, 怪しい, うろんな (cf. suspicious; suspected): His fitness [statement, judgment] is ～. 彼の適性[供述, 判断]は信用できない / a ～ drug 効能の怪しい薬.
～·er *n.* **sús·pect·less** *adj.* 〘adj.: (a1325) □ (O)F ～ // L *suspectus* (p.p.) ← *suspicere* to look up to, suspect ← *sus-* 'SUB-'+*specere* to look (⇨ spy). — v.: (a1450) ← L *suspectus*〙

sus·pect·a·ble /səspéktəbl/ *adj.* 疑いをかけられる, 疑わしい, 怪しまれる, 怪しい. 〘1748〙

sus·péct·ed *adj.* [限定的] 疑わしい, 怪しい (cf. suspect *adj.*): a ～ case 擬似患者 / a ～ criminal [person] 容疑者 / ～ bribery 贈[収]賄の嫌疑. **～·ly** *adv.* **～·ness** *n.* 〘1559〙

sus·pend /səspénd/ *vt.* **1 a** 〈決定などを〉(しばらく)見合わせる, 保留にする; 〈刑罰などの執行を〉一時延期[停止]する, 猶予(ゆうよ)する (⇨ delay **SYN**): ～ judgment 判断を一時延期する / ～ one's disbelief 不信感を一時保留にする / ～ a sentence 刑の執行を猶予する / He got six months' ～*ed* (sentence). 執行猶予半年の判決を受けた **b** 〈事業・活動・効力を〉(一時)中止[停止]する: ～ business [publication, rail service] 営業[刊行, 列車の運転]を一時停止する / ～ a license 免許を停止する / ～ a law [rule, privilege] 法律[規則, 特権]を一時停止する / ～ payment ⇨ payment 1. **2 a** 停職させる, 停学させる〔*from*〕: ～ a clergyman 牧師を停職処分にする / ～ a student *from* school 学生を停学処分にする. **b** 〈会員などの資格を一時停止する, 〈選手などを〉出場を停止(処分)にする: ～ a tennis player for six months. **3 a** つるす, 掛ける, つり下げる (hang): ～ a lamp from the ceiling 天井からランプをつるす / a chandelier (hanging) ～*ed* from the ceiling 天井からつるされたシャンデリア. **b** [主に p.p. 形で] (沈みも落ちもしないで)ぶら下がったような状態にしておく, 宙に浮かせておく, (空中や水中に)浮遊させる[漂わせる]: I saw dust ～*ed* in the air. 塵が空中を漂っているのが見えた / particles ～*ed* in a solution 溶解液中に浮遊している粒子. **4 a** 〈人〉の気をもませる, 〈人を〉(精神的に)宙ぶらりんにさせる: He was ～*ed* between hope and despair. 希望と絶望の間をさまよった. **b** 《まれ》(驚きなどで)動けなくする. **5** 〘物理化学〙懸濁(けんだく)する. **6** 〘音楽〙〈音符を〉掛留(けいりゅう)させる(次の和音まで音を延ばす; ⇨ suspension 10). **7** 〘電算〙(節電のため)サスペンドさせる(不使用時にシステムを停止させる). — *vi.* **1** (一時)停止する, 中止する. **2** 〈商会・銀行などが〉支払いを停止する, 負債が払えなくなる. **3** 〔…から〕ぶら下がっている〔*from*〕. **4** 〘物理化学〙(液体や気体中に)懸濁している. ★ 名詞は suspense, suspension. **sus·pénd·i·ble** /-dəbl | -dɪ-/ *adj.* **sus·pènd·i·bíl·i·ty** /-dəbíləti | -dɪbílɪti/ *n.* 〘(c1300) □ (O)F *suspendre* // L *suspendere* ← SUB-+*pendere* to hang: ⇨ pend〙

sus·pen·da·tur per col·lum /sʌspéndətùəpə-kɑ́(ː)ləm, -pɛə- | -tùəpəkɔ́l-, -pɛə-/ *L. n.* 〘法律〙= suspensio per collum. 〘□ L *suspendātur per collum* let him be hanged by (the) neck〙

sus·pénd·ed *adj.* **1** つるした, ぶら下がった, 掛かった (pendent). **2** (一時)中止した, 停止した; 止まった; 停職[停学]になった. **3** 〘化学〙懸濁(けんだく)した: ～ matter 懸濁物. 〘1535〙

suspénded animátion *n.* 〘生理〙仮死 (asphyxia), 人事不省 (unconsciousness). 〘1795〙

suspénded cádence *n.* 〘音楽〙=deceptive cadence.

suspénded céiling *n.* 〘建築〙つり天井(構造体の下面に一段低く張られた天井). 〘1933〙

suspénded jóint *n.* 〘鉄道〙掛け継ぎ (cf. supported joint). 〘1889〙

suspénded séntence *n.* 〘法律〙執行猶予. 〘1884〙

sus·pénd·er *n.* **1 a** [*pl.*] 《米》ズボンつり (《英》 braces): a pair of ～*s* ズボンつり一組. **b** 《英》靴下留め (garter). **2** ぶら下がっている人[物]. **3** 〘土木〙サスペンダー, ハンガー(つり橋で橋板を主ケーブルに留めるつりケーブル). 〘1524: ⇨ -er¹〙

suspénder bèlt *n.* 《英》=garter belt. 〘1926–27〙

sus·pense /səspéns, -pénts/ *n.* **1 a** (精神的に)宙ぶらりんの状態, あやふや, どっちつかず; (結果がわからないための)不安, 気がかり: I cannot endure the ～. 宙ぶらりんの不安に耐えることができない / keep a person in ～ 人をどっちつかずの(不安の)状態にしておく, 人をはらはらさせる. **b** (小説・芝居などで)高まる興味[興奮, 緊張感], サスペンス: ～ story サスペンスに富む物語. **2** 未決, 未定(状態): hold one's judgment in ～ 意見[判断]などを決めずにおく / For some days matters hung in ～. 数日間事態は宙ぶらりんだった. **3** (権利の一時的)停止. 〘(1402) □ AF & OF ～ (fem.) □ ML *suspensum* (neut.), **suspensa* (fem.) ← L *suspensus* (p.p.) ← *suspendere* 'to hang (up), SUSPEND'〙

suspénse accóunt *n.* 〘簿記〙仮勘定, 未決算勘定(仮払金 a/c, 仮受金 a/c など). 〘1879〙

sus·pense·ful /səspénsfəl, -fl/ *adj.* サスペンスいっぱいの, サスペンスに満ちた: a ～ novel, film, etc. **～·ly** *adv.* 〘1637〙

sus·pen·si·ble /səspénsəbl | -sə-, -sɪ-/ *adj.* つるさせる, 掛けられる; 浮かべられる, 浮動性の. **sus·pèn·si·bíl·i·ty** /-səbíləti | -sɪbílɪti/ *n.* 〘(1827): ⇨ -ible〙

sus·pen·sion /səspénʃən, -péntʃən/ *n.* **1 a** 未決, 未決定; 延期; (法律・特権などの)一時停止. **b** (一時的な)中止, 休止, 停止, 不通: ～ of arms [hostilities] 停戦. **c** (支払い不能による銀行の)支払い停止, (業務の)停止, 中断. **2** 停職; 停学; (ローマカトリックの)聖職停止: under ～ 停学[出場停止]処分を受けて / a boy under the ban of ～ 停学処分を受けている少年. **3** どっちつかずの状態, (精神的な)宙ぶらりん. **4** つるす[つるされる]こと, 掛ける[掛けられる]こと, 懸垂. **5 a** つるすもの. **b** 掛け具, つり具. **c** (自動車・列車などの)車体懸架装置, サスペンション (suspension system). **d** つり下がっているもの, 掛かっているもの. **e** (時計の)振り子[はずみ車]が掛かっている装置. **6** [しばしば in ～ として] (固体粒子の)浮遊(状態): dust particles *in* ～ in the air 空中に浮遊する塵埃(じんあい). **7** 〘物理化学〙懸濁(けんだく), 懸濁液(固体粒子の分散している液体; cf. emulsion 2 b); 懸濁物質, 分散相: mechanical [colloidal] ～ 機械的[膠(こう)質]懸濁液. **8** 浮流(岩屑が河川を浮遊しながら流れること). **9** 〘電気〙(動く部分をつるしておく)つるし線[針金, 繊糸]. **10** 〘音楽〙**a** 掛留(けいりゅう)(先行和音の一部が後続和音の拍に引き継がれ, 後続和音に遅れて解決すること). **b** 掛留音(掛留で延ばされた音). **11** (語頭部分の文字に他の省略部分を示す略号を添えた)略語(例: IHS). **12** 〘修辞〙懸延法, サスペンス(前置きの繰り返しなどによって主題や主文[節]を遅らせて読者の期待や不安を高める技巧).
suspénsion of disbelief [the ―] 〘文学〙不信の停止(読者が作品を読むときに虚構の内容を一時的に真実として受け入れること; Coleridge, *Biographia Literaria* XIV). 〘1817〙
suspénsion of júdgment [the ―] 〘哲学〙判断中止 (⇨ epoche). 〘1568〙
〘(1421) □ (O)F ～ // L *suspēnsiō(n-)*: ⇨ suspense, -sion〙

suspénsion brìdge *n.* つり橋. 〘1821〙

suspénsion cólloid *n.* 〘物理化学〙=suspensoid 1.

suspénsion fèeder *n.* 〘動物〙懸濁物食者(水中の懸濁物を摂食する水生動物; 特に底生生活をする濾過摂食者). 〘1925〙

suspénsion pòints [pèriods] *n. pl.* 《米》〘印刷〙スリードット, 省略符(文中の省略を示すために通例…と3点を打つ, ただし文尾の場合は….と4点を打つ; 例: He said ... well, he really said nothing, and then ....; breaks, ともいう; cf. ellipsis 2). 〘1919〙

S

suspénsion sỳstem *n.* 車体懸架装置 (suspension).

suspénsion vàse *n.* つり下げ花瓶《つるすための柄が付いている》.

sus·pen·si·o per col·lum /səspénsiòupəkɑ́(ː)ləm | -ʃiupə(ː)kɔ́l-/ *L. n.*【法律】絞殺の刑, 絞殺刑宣告書 (略 sus. per coll.). 〖◻ L *suspensiō per collum* hanging by the neck〗

sus·pen·sive /səspénsɪv/ *adj.* **1** 未決の, 未決定の: (未決定のために)不安な, あやふやな, どっちつかずの, 宙ぶらりんの. **2** 〈言葉・物語など〉人の心を不安にさせる; サスペンスのある[に富む]: a ～ novel. **3** 一時的に中止[休止, 停止]する. **～·ly** *adv.* **～·ness** *n.* 〖(*c*1550) ◻ ML *suspensīvus*: ⇨ suspense, -ive〗

sus·pen·soid /səspénsɔɪd/ *n.*【物理化学】**1** 懸濁(ﾀﾞｸ)質, 懸濁コロイド (suspension colloid)《液体中に固体粒子がコロイド状に分散している状態》. **2** 懸濁液.
～·al /-dḷ | -dl/ *adj.* 〖(1909)《混成》← SUSPENS(ION)＋(COLL)OID〗

sus·pen·sor /səspénsə | -sə(r)/ *n.* **1**【医学】＝suspensorium. **2**【植物】胚柄(ﾊｲﾍｲ)《シダ植物・種子植物の胚発生初期にみられる細胞(群)》. 〖(1: (1746); 2: (1832)) ◻ ML ～ ← L *suspensus*: ⇨ suspense, -or²〗

sus·pen·so·ri·um /sʌ̀spensɔ́ːriəm/ *n.* (*pl.* **-ri·a** /-riə/)《廃》つり包帯, 提睾包带. **sus·pen·so·ri·al** /sʌ̀spensɔ́ːriəl⁻/ *adj.* 〖(1758) ← NL ～: ⇨ ↓, -ium〗

sus·pen·so·ry /səspéns(ə)ri/ *adj.* **1** つる, つり下げる, 懸垂の: a ～ bandage つり包帯 / a ～ muscle 懸垂筋. **2** (一時的に)停止させる. **3**【医学】つり包帯の. ― *n.* **1**【医学】**a** 懸垂筋. **b** つり包帯. **2** (陰嚢(ｲﾝﾉｳ)を保護する)メッシュのサポーター. 〖(1541) ← L *suspensus* (⇨ suspense)＋-ORY〗

suspénsory lígament *n.*【医学】提靱(ｼﾞﾝ)帯《特に水晶提靱帯と毛様小帯》. 〖1831〗

sus. per coll. /sʌ́spəkɑ́l | -pə(ː)kɔ́l/《略》【法律】suspensio per collum. 〖1560〗

sus·pi·cion /səspíʃən/ *n.* **1 a** (罪などの)嫌疑, 疑い: a *suspicion*-laden atmosphere 疑惑に満ちた空気 / There is a strong ～ against him. 彼に濃い嫌疑がかかっている. **b** 疑念, 怪しみ, うさん臭く思う気持ち (⇨ uncertainty SYN): (regard) with ～ 疑って, [怪しんで](見る) / arouse [raise] ～ 疑惑を生む / I have grave [serious] ～*s* of [about] his integrity. 彼の廉潔を大いに疑っている / I have a (sneaking) ～ that my clerk is dishonest. 書記が不正を働いているのではないかと(何となく)疑っています / I don't know for certain, but I have my ～*s* (about what really happened). 確かなことはわかりませんが(何が実際に起きたかに関しては)疑念を持っています. **2** 感づくこと, 気づくこと (inkling): The disguise was so good that I had no ～ of his real identity. 変装が実に巧みだったので彼の正体には全然気がつかなかった. **3** [a ～] ほんの感づく程度のもの, ほんの少し, 少しばかり, 気味 (touch)〔*of*〕: He has not *a* ～ *of* humor. 彼は少しもユーモアを解さない / *a* ～ *of* brandy [garlic] 少量のブランデー[ガーリック] / without *a* ～ *of* dissatisfaction 少しも不満はなく. **4**《廃》疑わしい状況.
abòve suspícion 疑い[非難]の余地のない, 正しく, 公正で: a person (whose conduct is) *above* ～ (行為に)疑わしいところのない人. (1850) ***on* [*upon*] *suspícion* (*of* …)** という嫌疑で: He was arrested *on* ～ (*of* being the murderer [stealing the treasure]). (殺人犯の[宝物を盗んだ])疑いで逮捕された. (1586) ***thrów suspícion on*** *a person* 人に疑いをかける. ***ùnder suspícion*** 嫌疑を受けて[た]: a person *under* ～ 容疑者, 嫌疑者 / come [fall] *under* ～ 疑いをかけられる
― *vt.*《方言》…に嫌疑をかける, 怪しむ (suspect).
～·less *adj.* 〖(*c*1400) ◻ OF ～ // L *suspiciō(n-)* ← *suspicere* 'to SUSPECT' ∞ (?*a*1300) *suspecioun* ◻ AF *suspecion* (変形) OF *sospeçon* (F *soupçon*) < ML *suspectiōnem*) ← L *suspectus*〗

sus·pí·cion·al /-ʃnəl, -ʃənḷ/ *adj.* (病的に)疑い深い. 〖1890〗

sus·pi·cious /səspíʃəs/ *adj.* **1 a** 〔…を〕疑う〔*of, about*〕: be ～ *of* a stranger 見知らぬ人を疑う / I was ～ *of* his words. 彼の言葉に疑惑を抱いた. **b** 疑い深い, (容易に)信じない (⇨ doubtful SYN): a ～ nature 疑い深い性質 / The ignorant are ～. 無知な者は疑い深い. **2** 嫌疑を起こさせる, 怪しい, うさん臭い, 疑わしい (questionable, doubtful): a ～ character 怪しい人物 / ～ actions 怪しい行為 / under ～ circumstances 嫌疑を受けそうな事情の下で. **3** 疑念を表している, 疑っているらしい: a ～ glance 疑う目つき. **～·ness** *n.* 〖(1340) ～, *suspecious* ◻ AF & OF *suspicieus, suspecious* ◻ L *suspiciōsus* ← *suspiciō(n-)*: ⇨ suspicion, -ous〗

sus·pi·cious·ly *adv.* **1** 怪しむように, うたぐるように: glance ～ at …をうたぐるように[うさん臭そうに]見る. **2** 怪しげに: act [behave] ～ 怪しげな行動をする. ***look* [*sound*] *suspiciously like*** 〈物が〉…そっくりだ, まるで…のようである. 〖1472〗

sus·pi·ra·tion /sʌ̀spəréɪʃən | -pɪ̀-/ *n.* 嘆息, 長大息. 〖(*c*1485) ◻ L *suspīrātiō(n-)*: ⇨ ↓, -ation〗

sus·pire /səspáɪə | -páɪə(r)/ *vi.*《詩・まれ》**1** 嘆息する, ため息をつく (sigh); 呼吸する (respire). **2** 〔…を〕憧(ｱｺｶﾞ)れる〔*for, after*〕. 〖(*a*1500) ◻ L *suspīrāre* ← SUS-＋*spīrāre* to breathe: cf. spirant〗

Sus·que·han·na /sʌ̀skwəhǽnə | -kwɪ̀-/ *n.* [the ～] サスケハナ川《米国 New York 州中部に発し Pennsylvania, Maryland 両州を貫流して Chesapeake 湾に注ぐ川 (715 km)》. 〖《古形》*Sasquesahanough* ← N-Am.-Ind.《原義》? 'river of *Susque* (部族名)'〗

suss *n., adj., vt.*《英口語》＝sus.

Suss.《略》Sussex.

sussed /sʌ́st/ *adj.*《英口語》〈人が〉よく知っている, 知り尽くしている: get … ～ (out) …を知り尽くす. 〖⇨ sus〗

Sus·sex /sʌ́sɪks, -seks | -sɪks/ *n.* サセックス: **1** イングランド南部にあった Saxons の古王国; cf. heptarchy 2 b. **2** イングランド東南部の旧州; 行政上 East Sussex と West Sussex とに分かれていたが, 1974 年それぞれ 1 州として独立. **3 a** 英国産の一品種の肉牛. **b** 英国産肉の一品種の鶏. **4** ＝Sussex spaniel. 〖OE *Sūþ Seaxe* South Saxons (⇨ south, Saxon): cf. Essex, Middlesex〗

Sússex spániel *n.* サセックススパニエル《英国産の猟犬; 鮮やかな金色がかった赤褐色の被毛で, 耳たぶが大きく垂れ尾をよく動かす》. 〖1856〗

sus·so /sʌ́sou | -səu/ *n.* (*pl.* ～**s**)《豪廃口語》**1** 失業手当: on (the) ～. **2** 失業手当受給者. 〖(1941) ← *sus(tenance)*《豪》(大恐慌下の)失業者扶助＋-o〗

sus·tain /səstéɪn/ *vt.* **1** 〈行動などを〉続ける; 〈施設などを〉維持する (maintain): ～ efforts 努力を続ける / ～ conversation for hours 数時間談話を続ける / ～ an institution 公共施設を維持する. **2 a** 耐える, こらえる, 忍ぶ (endure, bear): ～ a shock 衝撃に耐える / They will not ～ comparison with him. 彼らは彼とはまるで比較にならない. **b** 〈被害・損傷などを〉受ける, こうむる, …に遭う (undergo): ～ injuries 損害を受ける / He ～*ed* the loss of two sons in the war. 戦争で二人の息子を失った. **3** 〈家族などを〉養う, 扶養する (nourish); 〈生計を〉支える: ～ a family 家族の生計を支える. **4** …に(軍事援助などの)支持を与える, 支援する (⇨ support SYN). **5** 力づける, 励ます: be ～*ed* by hope 希望に励まされる / ～ the spirits 元気づける. **6** …の重みを支える; …の重さに耐える: pillars that ～ the arch アーチを支えている柱. **7** 〈法廷などが〉確認する (uphold); 〈陳述・主義・学説などを〉支持する (bear out), 立証する, 確認する (confirm): The court ～*ed* the applicant's claim [the appliant in his claim]. 法廷は申立人の要求を支持した / ～ the objection 異議を取り上げる[聴許する] / Objection ～*ed*. 異議申し立てを受理する《裁判官のことば》/ The recently discovered facts ～ this contention. 新発見の事実によりこの論争の主張が立証される. **8** 〈役をりっぱにやって[こなして]いく, 〈劇などの人物を〉生かしていく: ～ the character of Hamlet ハムレットの役をうまくこなす / ～ one's role 役を十分に生かす. **9**【音楽】〈音符を〉(音価いっぱいに)長く響かせる. 〖(*c*1280) *suste(i)ne(n)* ◻ OF *s(o)ustenir* (F *soutenir*) ◻ L *sustinēre* ← SUS-＋*tenēre* to hold: cf. tenor²〗

sus·tain·a·bil·i·ty /səstèɪnəbíləti | -lɪ̀ti/ *n.* (資源を枯渇させない開発の)持続可能性. 〖1972〗

sus·tain·a·ble /səstéɪnəbḷ/ *adj.* **1** 支持できる, 支えられる; 維持できる; 〈開発など〉資源や自然環境を保ちながら続けられる, 持続可能な: ～ economic growth. **2** 耐えられる, 忍べる. **3** 確認できる, 立証できる. 〖1611〗

sus·táined *adj.* 持続した, 弱まらない, だれない (unflagging): a ～ note 続いた音 / ～ efforts 不断の努力.

sus·táin·ed·ly /-nɪ̀dli, -nd-/ *adv.* 〖(1796): ⇨ -ed 2〗

sustáined-reléase *adj.* 〈肥料・製剤が〉徐放性の《活性成分の溶解に時間差がでるようになっていて, 効果が持続する》. 〖1956〗

sustáined yíeld *n.* 持続的生産《木材や魚など生物資源の収穫した分が次の収穫以前に再び生育するように管理すること》. **sustáined-yíeld** *adj.* 〖1919〗

sus·táin·er *n.* **1** 支持[支援, 維持, 持続]する人[物]. **2**【ラジオ・テレビ】＝sustaining program. **3**【宇宙】サステーナー: **a** 多段ロケットのうちブースター以外の段のロケット. **b** そのエンジン. 〖*a*1400〗

sus·táin·ing *adj.* **1 a** 支持するのに役立つ. **b** 体に元気をつける: The food was good and ～. その食べ物は体にとても力をつけてくれた. **c** 持久する, 耐えられる: ～ power 耐久力, 持久力. **2** (特別会費を払って)会を維持する: a ～ member 維持会員. **3**【ラジオ・テレビ】自主番組 (sustaining program) の: a ～ feature. 〖(*c*1383): ⇨ -ing²〗

sustáining fòod *n.* スタミナ食. 日英比較 日本語の「スタミナ食[料理]」に当たる stamina food という言い方は英語にはない.

sustáining pèdal *n.* **1** サステイニングペダル, 伸音ペダル (damper pedal). **2** ＝sostenuto pedal. 〖1889〗

sustáining prògram [shòw] *n.*《米》【ラジオ・テレビ】自主番組, サスプロ《スポンサーがなく放送局みずからが企画製作および放送を行う非商業番組》; cf. sponsor program). 〖1931〗

sus·táin·ment *n.* **1** 支えること, 支持. **2** 支える物, 支え (support). 〖?*c*1450〗

sus·te·nance /sʌ́stənəns | -tɪ̀-/ *n.* **1** 生計, 暮らし (livelihood): How shall we get ～? どうして生計費を稼いでいこうか. **2 a** 生命[活力]を維持するもの; 食物 (⇨ food SYN); 活力, 希望: without ～ of any kind 何の食物もなくて. **b** 栄養物, 滋養物, 栄養 (nourishment): There is no ～ in it. それには少しも栄養がない. **3** 支持, 維持; 耐久, 持久, 持続: Food is necessary for the ～ of our life. 生命の維持には食物が必要である. 〖(?*a*1300) ◻ AF *sustenaunce*＝OF *so(u)stenance* ← *so(u)stenir, sustenir* 'to SUSTAIN': ⇨ -ance〗

sustentacula *n.* sustentaculum の複数形.

sus·ten·tac·u·lar /sʌ̀stentǽkjulə, -tən- | -lə(r⁻)/ *adj.*【解剖】支えの, 支持する (supporting): ～ ligaments 提靱(ﾃｲｼﾞﾝ)帯. 〖(1890) ⇨ ↓, -ar¹〗

sus·ten·tac·u·lum /sʌ̀stentǽkjuləm, -tən-/ *n.* (*pl.* **-u·la** /-lə/)【解剖】載(距)突起《踵骨(ｼｮｳｺﾂ)の突起で距骨(ｷｮｺﾂ)を支える》. 〖(1838) ◻ L *sustentāculum* support ← *sustentāre* (↓): ⇨ -ulum〗

sus·ten·ta·tion /sʌ̀stəntéɪʃən, -ten- | -ten-, -tən-/ *n.* **1** 支持, 活動[存在]の維持, 生命[活力, 元気]の維持. **2** 生計の支え, 扶助. **3 a** 食物. **b** 滋養, 栄養 (sustenance). **sus·ten·ta·tive** /sʌ́stəntèɪtɪv, səsténtət- | sʌ́stentèɪt-, səsténtət-/ *adj.* 〖(*c*1384) ◻ (O)F ～ // L *sustentātiō(n-)* ← *sustentātus* (p.p.) ← (freq.) ← *sustinēre* 'to SUSTAIN': ⇨ -ation〗

sustentátion fùnd *n.*【長老派教会】伝道師扶助基金. 〖*a*1640〗

sus·ten·tion /səsténʃən/ *n.* 支持, 維持. 〖(1868) ← SUSTAIN: DETENTION, RETENTION, etc. にならった造語〗

sus·ti·ne·o a·las /sʌstíniòuéɪlæs | -əu-/ *L.* われは翼を支える《米空軍の標語》. 〖◻ L *sustineō ālās* I sustain the wings〗

su·su¹ /súːsuː/ *n.*【魚類】ガンジスカワイルカ (*Platanista gangetica*). 〖(1801) ◻ Oriya *śuśo*, Bengali *susuk* ◻ Skt *śiśuka*〗

su·su² /súːsuː/ *n.* ＝sou-sou.

Su·su /súːsuː/ *n.* (*pl.* ～, ～**s**) **1 a** [the ～(s)] スス族《マリ・ギニア・シエラレオーネなどに住む農耕民族》. **b** スス族の人. **2** スス語《スス族の話す Mande 語》. 〖((1670)) (1786) ◻ Susu ～〗

su·sur·rant /susə́ːrənt | suːsʌ́r-, sjʊ-/ *adj.* ささやく. 〖(1791) ◻ L *susurrantem* (pres.p.) ← *susurrāre*: ⇨ susurration〗

su·sur·rate /susə́ːreɪt | s(j)uːsʌ́r-, sjʊ-/ *vi.* ささやく (whisper); さらさら鳴る[音を立てる] (rustle). 〖(1623) ← L *susurrātus* (↓)〗

su·sur·ra·tion /sùːsəréɪʃən | sùː-, sjùː-/ *n.* ささやき (whisper). 〖(*a*1400) ◻ L *susurrātiō(n-)* ← *susurrātus* (p.p.) ← *susurrāre* to whisper ← *susurrus* whisper《擬音語》: ⇨ -ation〗

su·sur·rous /susə́ːrəs | suːsʌ́r-, sjʊ-/ *adj.* ＝susurrant. 〖(1859) ◻ L *susurrus* (↑): ⇨ -ous〗

su·sur·rus /susə́ːrəs | susʌ́r-, sjʊ-/ *n.* ささやき声; さらさらいう音. 〖(1859) ◻ L ～〗

Su·sy /súːzi/ *n.* スージー《女性名》. 〖(dim.) ← SUSAN〗

Su·sy-Q /súːzikjúː/ *n.*【ダンス】スージーキュー《黒人間でよく行われるダンス》. 〖?〗

Suth.《略》Sutherland(shire).

Suth·er·land /sʌ́ðələnd | -ðə-/ *n.* サザーランド《スコットランド北部の旧州, 面積 4,499 km²; 州都 Dornoch /dɔ́ːnə(ː)k, -nək | dɔ́ːnɔk, -nək, -nɔx, -nəx/》. 〖ME *Suthemelande*《原義》southern land〗

Súth·er·land /sʌ́ðələnd | -ðə-/, **Earl Wilbur, Jr.** *n.* サザーランド《1915–74; 米国の生理学者; Nobel 医学生理学賞 (1971)》.

Sútherland, Graham *n.* サザーランド《1903–80; 英国の画家; 宗教壁画・戦災画・肖像画などで有名》.

Sutherland, Dame **Joan** *n.* サザーランド《1926– ; オーストラリア生まれのソプラノ; オペラ歌手》.

Sútherland Fálls *n. pl.* [the ～] サザーランド滝《ニュージーランド南島南西部にある滝; 高さ 580 m》.

Suth·er·land·shire /sʌ́ðələndʃə, -ʃɪə | -ðələndʃə(r), -ʃɪə(r)/ *n.* ＝Sutherland.

ŚÙ(3) sýmmetry *n.*【物理】(ハドロンの) SU (3) 対称性《ハドロンの示す近似的な対称性であって, アイソスピン (2 次元)とストレンジネス (strangeness) の三つの自由度についての対称性を指す; cf. eightfold way》. 〖← *S(pecial) U(nitary)* (group in 3 dimensions) *symmetry*〗

Sut·lej /sʌ́tlɛdʒ | -lɪdʒ, -lɛdʒ/ *n.* [the ～] サトレジ(川)《チベットに源を発し, インド北部, パキスタン東部を流れる川; Indus 川の源流の一つ (1,450 km)》.

sut·ler /sʌ́tlə | -lə(r)/ *n.* 酒保商人, 従軍商人《もと, 軍隊について行き, 食料品や酒類を売った商人; cf. camp follower 1 a》. **～·ship** *n.* 〖(1590) ◻ Du.《廃》*soeteler* ◻ MLG *suteler, sudeler* ←《廃》*soetelen* to follow a low trade ← Gmc **suð-* 'to SEETHE'〗

su·tra /súːtrə/ *n.* **1**【バラモン教・ヒンズー教】スートラ, 経, 修多羅(ｼｭﾀﾗ)《古代インドで, 宗教または学術の基本を極めて短い文章にしたもの》. **2**【仏教】経; 経典《釈尊の教説を文章にまとめたもの》. **3**【サンスクリット文法】Panini によるサンスクリット語文法規則《約 4,000 条から成り, 格言の形をもつ》. 〖(1801) ◻ Skt *sūtra* thread, string of rules: cf. sew〗

Su·tro /súːtrou | -trəu/, **Alfred** *n.* スートロー《1863–1933; 英国の劇作家・演出家: *The Walls of Jericho* (1904)》.

sut·ta /sʊ́ṭə | -tə/ *n.* ＝sutra.

sut·tee /sʌtíː, ⌐⌐ | sʌ́tiː, sətíː, *Hindi* səṭiː/ *n.*【ヒンズー教】**1** 妻の殉死《昔, インドで夫の死体と共に妻が生きながら焼かれた風習》. **2** 夫に殉死する妻, 貞女. 〖(1786) ◻ Skt *satī* faithful wife ← *sat* existing, good〗

sut·tée·ism /-ɪzm/ *n.*【ヒンズー教】＝suttee 1. 〖1846〗

Sut·ter /sʌ́ṭə, súː- | -tə(r)/, **John Augustus** *n.* サッター《1803–80; 米国 California 州の開拓者》.

Sútter's Míll *n.* サッターズミル《米国 California 州中部, Sacramento 市北東部の地; 1848 年その付近で金が発見されたため有名な 1849 年の gold rush を現出した》. 〖*Sutter* (↑) 所有の鉱山であったことから〗

Sutt·ner /zʊ́tnə, sʌ́t- | -nə(r); *G.* zʊ́tnɐ/, **Bertha von** *n.* ズットナー《1843–1914; オーストリアの女流小説家・平和運動家; Nobel 平和賞 (1905); *Die Waffen nieder!*「武器を捨てよ」(1889); 通称 Baroness von Suttner》.

Sut·ton /sʌ́tn/ *n.* サットン《London 南部の自治区》. 〖OE *Sūþtūn*: ⇨ south, -ton〗

Sútton Cóld·field /-kóʊłdfiːłd | -káʊld-/ *n.* サットン コールドフィールド《イングランド中部 Birmingham 郊外の住宅地》.

Sútton Hóo /-húː/ *n.* サットンフー《イングランド Suffolk 州の遺跡; 1939 年ここで発見された長さ 80 フィートの船は王の記念碑として 670 年ごろアングロサクソン人によって埋められたものという》.

Sútton-in-Ásh·field /-ǽʃfiːłd/ *n.* サットン イン アッシュフィールド《イングランド中北部, Nottinghamshire 州西部の町》.

su·tur·al /súːtʃərəł | súːtʃər-, sjúː-, -tjər-/ *adj.* **1** 〖解剖〗(骨の)縫合の. **2** 〖生物〗縫合の[に関する]. **3** 〖外科〗縫合の[による]. — *n.* (頭蓋(ずがい)の継ぎ目に見られる)小骨. **~·ly** /-rəli/ *adv.* 〖(1819) □ F ~ // NL *sūtūrālis*: ⇨ ↓, -al¹〗

su·ture /súːtʃə | súːtʃə(r, sjúː-, -tjə(r/ *n.* **1** 〖解剖〗(二つの骨, 特に頭蓋(ずがい)の)縫合線. **2** 〖生物〗縫合(線), 縫い目, 継ぎ目《動物の場合では骨と骨との合わさり目や巻貝の各層の接する線; 植物の場合では果皮と心皮の継ぎ目》. **3** 〖外科〗**a** (傷口などの)縫合, 縫い目 (stitch). **b** (縫合用の)縫糸. **c** 縫合術. **4 a** 縫合わせ(ること). **b** 縫い目 (seam). — *vt.* 縫い合わせる, 縫合する. 〖(?a1425) □ (O)F ~ // L *sūtūra* ← *sūtus* (p.p.) ← *suere* 'to SEW¹': ⇨ -ure〗

sù·um cúi·que /súːəmk(w)áɪkwiː, -kwíːkiː/ 各人にその分を; 各人に応分の物を与えよ. 〖□ L ~ ← *suum* one's own (property) ((neut.) ← *suus*)+*cuique* (to) each ((dat.) ← *quisque*)〗

SUV *n.* =sport utility vehicle.

Su·va /súːvə/ *n.* スバ《Fiji 諸島中の Viti Levu 島の海港で同国の首都》.

Su·vo·rov /suvɔ́(ː)rɔ(ː)f, -vá(ː)r-, -rɑ(ː)f, -vɔ́rəf; *Russ.* suvórəf/, **Aleksandr Vasilievich** *n.* スボーロフ《1729–1800; ロシアの陸軍元帥; 露土戦争 (1787–91) やポーランド鎮圧 (1794) に功があった.》.

Su·wan·nee /səwɑ́(ː)ni, -wɔ́(ː)ni, swɑ́(ː)ni, swɔ́(ː)ni | səwɔ́ni, swɔ́ni/ *n.* [the ~] スワニー(川)《米国 Georgia, Florida 両州を流れて Mexico 湾に注ぐ川 (400 km); S. C. Foster の曲で知られる; Swanee ともつづる》. 〖← N-Am.-Ind. (Creek ?)〗

Su·won /súːwɑ(ː)n | -wɒn; *Korean* suwʌn/ *n.* 水原(スウォン)《韓国北西部, Seoul の南にある都市》.

sux·a·me·tho·ni·um /sʌ̀ksəmɛθóʊniəm | -θóʊ-/ *n.* 〖薬学〗スキサメトニウム《白色・無臭の結晶性粉末; 筋弛緩剤として静脈に注射する; succinylcholine のこと》. 〖(1953) ← *sux-* (← SUCC(INYL))+*-a-*+*methonium* (← METHO-+(AMM)ONIUM)〗

Su·zan /súːzṇ/ *n.* スーザン《女性名》. 〖《変形》← SUSAN〗

Su·zann /suːzǽn, sʊ-/ *n.* スーザン《女性名》. 〖《変形》← SUSANNE〗

Su·zan·na /suːzǽnə, sʊ-/ *n.* スザンナ《女性名》.

Su·zanne /suːzǽn, sʊ-; *F.* syzan/ *n.* スーザン《女性名》. 〖↑〗

su·ze·rain /súːzərɨn, -rèɪn | s(j)úːzərèɪn, -rən/ *n.* **1** (属国に対する)宗主(権). **2** (昔の)封建藩主. — *adj.* 宗主権をもつ: a ~ state 宗主国. 〖(1807) □ F ~ < ? VL *subsvorsu(m)* turned upward ← L *sub(s)-* from below, up+*vorsum* (=*versum* (p.p.) ← *vertere* to turn: ⇨ VERSE)〗

su·ze·rain·ty /súːzərɨnti, -rèɪn- | súːzərèɪn-, sjuː-, -rən-/ *n.* **1** (属国に対する)宗主権, 領主権. **2** (昔の)封建藩主の地位[権力]. 〖(c1470) (1823): ⇨ ↑, -ty〗

Su·zhou /sùːdʒóʊ | -dʒə́ʊ; *Chin.* sūtʂōu/ *n.* 蘇州(スーチョウ)《中国江蘇省 (Jiangsu) 南部の都市》.

Su·zie /súːzi/ *n.* スージー《女性名》. 〖(dim.) ← SUSAN: ⇨ -ie〗

Suz·man /sʊ́zmən/, **Helen** *n.* スズマン《1917–2009; 南アフリカ共和国の政治家; 反アパルトヘイトの国会議員として保守派と対立した》.

Su·zú·ki mèthod /səzúːki-/ *n.* 〖音楽〗鈴木メソード《日本の鈴木鎮一 (1898–1998) が創始したバイオリンの才能教育法》.

SV 《記号》El Salvador《URL ドメイン名》.

SV 《略》*L.* Sancta Virgō (=Holy Virgin); *L.* Sanctitās Vestra (=Your Holiness); Sons of Veterans.

s.v. 《略》sailing vessel; saves; sievert; 〖自動車〗side valve; sub verbo; sub voce.

Sval·bard /sváːłbɑə | svǽłbɑːd, sváːł-, -bɑː(r; *Norw.* sváːlbaːr/ *n.* スバルバル(諸島)《Spitsbergen 諸島などを含むノルウェー領の諸島群; 面積 62,050 km²》.

sva·ra·bhak·ti /svɑ̀ːrəbáːkti, sfùːr- | svʌ̀rəbák-, svɑ̀ːrə-, svæ̀r-, -bǽk-; *Hind.* svərbʰkṭi/ *n.* 〖言語〗母音挿入, 母音嵌入(かんにゅう)《サンスクリットで子音結合(特に r または l と直後の子音)の間に母音が加わる現象; その他の言語での類似の現象も指す; cf. epenthesis》. 〖(1880) □ Skt ~ ← *svara* sound, vowel+*bhakti* division〗

svas·ti·ka /swɑ́(ː)stɨkə | swɔ́sti-/ *n.* =swastika.

svc., SVC 《略》service; supervisor call.

svce. 《略》service.

sved·berg /svédbəːg, -bɛri | svédbəːg, -bɛri; *Swed.* svěːdbærj/ *n.* 〖化学〗スベードベリ《コロイド溶液の沈降係数の単位; $=10^{-13}$ 秒; svedberg unit ともいう; 記号 S》. 〖(1942) ← *The Svedberg* (↓)〗

Sved·berg /svédbəːg, -bɛri | svédbəːg, -bɛri; *Swed.* svěːdbærj/, **The** /téː/ *or* **Theodor** *n.* スベードベリ《1884–1971; スウェーデンの化学者; Nobel 化学賞 (1926)》.

svelte /svɛ́lt, sfɛ́lt/ *adj.* (**svelt·er**; **-est**) **1** 〈姿が〉すんなりした; (特に)〈女性が〉すらっとして美しい, しなやかな (lissome), たおやかな (willowy), ほっそりした (slim). **2** 人当たりのやわらかい, 柔和な (suave), 洗練された, あか抜けした (sophisticated). **~·ly** *adv.* **~·ness** *n.* 〖(c1817) □ F ~ □ It. *svelto* (p.p.) ? ← *svellere* to pull out, stretch out < VL **exvellere* ← EX-¹+*vellere* to pull〗

Sven /svɛ́n/ *n.* Sweyn の異形.

Sven·ga·li /svɛŋgáːli, sfɛŋ-/ *n.* (邪悪な心で)他人を意のままに操ろうとする人《George Du Maurier の小説 *Trilby* (1894) に登場する催眠術師より》.

Sverd·lovsk /sfɛədlɔ́ːfsk, -lɑ́(ː)fsk | sfɛədlɔ́fsk, -lɔ́vsk, ˌ-ˌ-ˈ-; *Russ.* svʲirdlófsk/ *n.* スベルドロフスク《(Yekaterinburg の旧名》. 〖□ Russ. ~: ロシアの政治家 Y. M. Sverdlov (1885–1919) にちなむ〗

Sver·drup /svɛ́ədrəp | svɛ́ə-; *Norw.* svǽrdrup/, **Otto** /ɔ̀tːuː/ *n.* スベルドルップ《1855–1930; ノルウェーの北極探検家; スベルドルップ諸島を発見》.

Svérdrup Íslands *n. pl.* [the ~] スベルドルップ諸島《カナダ北部北極海の Ellesmere 島の西に位置する島群; 一年の大半は氷雪に覆われる》.

Sve·ri·ge /*Swed.* svǽrjə/ *n.* スヴァリエ《Sweden のスウェーデン語名》.

Sve·tam·ba·ra /ʃwɛtáːmbərə/ *n.* 〖ジャイナ教〗白衣派《ジャイナ教の一派; 空衣派 (Digambara) に対し, 白衣の着用を許すなど空衣派の厳格主義を緩和している》. 〖□ Skt *śvetāmbara* ← *śveta* 'WHITE'+*ambara* garment〗

Sve·vo /svéɪvoʊ | -vəʊ; *It.* zwɛ́ːvo/, **I·ta·lo** /íːtalo/ *n.* ズベーボ《1861–1928; イタリアの小説家; イタリアにおける心理小説の開拓者; James Joyce と親交を結ぶ; 本名 Ettore Schmitz /éttore ʃmíts/》.

SVGA 《略》Super VGA《IBM PC および同互換機用のビデオ規格の一つ; 一画面の表示ピクセル数を VGA の 600×480 ドットに対して 800×600 または 1024×768 とした》.

svgs 《略》savings.

Ś-VHS /ɛ́s-/ *n.* S-VHS《ホームビデオ VHS 方式の高画質規格; 水平解像度は VHS の 240 本に対して 420 本にふえている》. 〖S: 《略》← S(UPER)〗

Sviz·ze·ra /*It.* zvíttsera/ *n.* ズビッツェラ《Switzerland のイタリア語名》.

Svo·bo·da /svɑ́(ː)bədə | svɔ́b-; *Czech* svɔ́bɔda/, **Lud·vík** /lúdviːk/ *n.* スボボダ《1895–1979; チェコスロバキアの政治家・軍人; 大統領 (1968–75)》.

s.v.p. 《略》*F.* s'il vous plaît (=if you please).

SW¹ /ɛ́sdʌ́bljuː/ 《略》southwest, southwestern; South-West(ern)《ロンドン郵便区の一つ》.

SW² 《略》Senior Warden; shipper's weight; shortwave; South Wales.

sw. 《略》switch.

Sw. 《略》Sweden; Swedish; Swiss.

s/w 《略》seaworthy.

s.w. 《略》salt water; seawater; southwest; southwestern; specific weight.

SWA 《略》〖自動車国籍表示〗Namibia; South-West Africa.

swab /swɑ́(ː)b, swɔ́(ː)b | swɔ́b/ *vt.* (**swabbed**; **swab·bing**) **1** (モップ (mop) などで)ふく, ふき取る; …にぞうきんがけをする: ~ (down) the deck 甲板をモップで掃除する. **2** 〈水分を〉モップでふき取る: ~ (*up*) water. **3** 《米》〖医学〗〈のどなどを〉綿棒でふく[塗る]. — *n.* **1** (甲板ふきなどに使う)モップ. **2 a** (病人の口などをふいたり薬剤をつけたりする)綿棒. **b** スワブ《細菌実験用に綿棒で集められた病的分泌物》. **3** (棒の先に吸収性の物質をつけた)銃[砲]口掃除具. **4** 《米俗》水夫 (sailor); (特に)米海軍の水兵. **5** 《古》不器用者, のろま. **6** 《英俗》(海軍士官の)肩章 (epaulet). 〖v.: (1440) □ MLG *swabben* to splash in water. — n.: (1659) 《短縮》← *swabber* mop for cleaning a ship's deck □ Du. *zwabber* mop〗

Swab. 《略》Swabia; Swabian.

swáb·ber *n.* **1 a** モップで掃除する人. **b** モップ (mop). **2 a** 掃除係の船員. **b** 《米俗》水夫 (sailor). **3** 《まれ》=swab 5. 〖1592: ⇨ swab, -er¹〗

swab·bie /swɑ́(ː)bi, swɔ́(ː)bi | swɔ́bi/ *n.* 《米俗》= swab 4. 〖⇨ swab, -ie〗

swábbing anesthésia *n.* 〖医学〗塗布麻酔.

swab·by /swɑ́(ː)bi, swɔ́(ː)bi | swɔ́bi/ *n.* =swabbie.

Swa·bi·a /swéɪbiə/ *n.* シュワーベン《ドイツ語名 Schwaben》: **1** ドイツ南西部にあった中世の公国 (duchy); 現在の Württemberg, Baden, Hesse, および Bavaria 南西部などの地を含んだ. **2** (現在は) Bavaria 南西部の地方; 主都 Augsburg.

Swa·bi·an /swéɪbiən/ *adj.* シュワーベン (Swabia) の: the ~ emperors ホーエンシュタウフェン (Hohenstaufen) 家のドイツ皇帝 (1138–1254). — *n.* **1** シュワーベン人. **2** (高地ドイツ語の)シュワーベン方言.

swacked /swǽkt/ *adj.* 《米口語》酔っ払った (drunk). 〖(1932) ← 《スコット》~ (p.p.) ← *swack* to drink deeply < ME *swakke(n)* to fling 《擬音語》〗

swad·die /swɑ́(ː)ḍi | swɔ́di/ *n.* =swaddy.

swad·dle /swɑ́(ː)dḷ | swɔ́dḷ/ *vt.* **1** 〈新生児を〉(動かさないように産着または襁褓(むつき)で)くるむ, 包む. **2** 〈物を〉ひもで巻く, くるむ. **3** (保護するように)制止する, 拘束する (restrict). **4** 《古》打つ, たたく (beat). — *n.* **1** 《米》= swaddling clothes 1. **2** 《古》包帯 (bandage). 〖(1491) ← SWATHE+-LE³〗

swád·dling bànds /-dlɪŋ-, -dl-/ *n. pl.* =swaddling clothes 1. 〖*a*1325〗

swáddling clòthes [clòuts] *n. pl.* **1 a** (もと, 新生児に巻き付けた)細長い布. **b** (未経験者・未熟者に対する)束縛するもの[力]. **2** (幼児の丈(たけ)の長い)産着. **3** 幼年期 (infancy): still in [hardly out of] ~ まだ年のいかない子供で, (ほんの子供で)親の目が離せない. 〖1535〗

swad·dy /swɑ́(ː)ḍi | swɔ́di/ *n.* 《英俗》兵士 (soldier). 〖(1812) ← 《方言》*swad* soldier, bumpkin (? ← Scand.)+-Y²〗

Swa·desh /swáːdɛʃ/, **Morris** *n.* スワデシ《1909–67; 米国の言語学者・人類学者; 音素理論の発展に貢献》.

Swa·de·shi, s- /swɑːdéɪʃi, -déʃi | -déɪʃi/ *n.* (もと, インドの)外国製品(特に, 英国製品)の不買運動, 英貨排斥運動, 国産品奨励運動《swaraj の一手段として行う; cf. khaddar》. — *adj.* インド製の. 〖(1905) □ Bengali *svadesī* own country ← Skt *svadeśin* native ← *sva* one's own+*deśa* country〗

swag /swǽg/ *v.* (**swagged**; **swag·ging**) — *vi.* **1 a** (重々しくまたは不安定に)揺れる. **b** 〈船などが〉傾(かし)ぐ; よろめく (lurch). **2** 《英》(重々しく)だらりと垂れる; (中が)たるむ (sag). **3** 《豪口語》身回り品袋を持って旅に出歩く. — *vt.* **1 a** ぶらぶらさせる. **b** 〈船などを〉傾かせる; よろめかせる. **2** ぶらりと垂らす, たるませる. **3** 〈衣服などを〉花綱(はなづな)飾りで飾る. **4** 《豪》身回り品袋に入れて持ち歩く (~ it). — *n.* **1 a** ぶらりと垂れ下がる[揺れる]こと. **b** よろめき, 揺れ動き. **2 a** 房状に垂れ下がった花[果実], 垂れ下がった小枝. **b** 花綱飾り (festoon). **3** 《俗》**a** 強奪品 (booty); 盗品. **b** 貴重品. **c** 金銭, 金, ぜに (money). **d** 多量. **4** 《英方言》(鉱山の地盤沈下あとに水のたまった)窪地. (swale¹ 2). **5** 《豪》身回り品袋《放浪者・坑夫・山地旅行者などの携える身回り品を入れた丸く細長い包み》: ⇨ HUMP (*one's* [*the*]) *swag*. ***go on the swág*** 浮浪者になる. ***a swág of*** =***swágs of*** 《豪口語》たくさんの (lots of). 〖(1303) ← ? Scand. (cf. Norw. *svage* to sway)〗

swág-béllied *adj.* 太鼓腹の, 布袋(ほてい)腹の. 〖(1604): ⇨ ↑, belly, -ed 2〗

swage /swéɪdʒ/ *n.* 〖機械〗**1** (かじ屋の使う)火造(ひづくり)型, スエージ, タップ《その上に載せたりその下に入れたりしてハンマーで打って材料を適当な形にする道具》. **2** 装飾用の鋳型, 据え込み加工の金型. **3** =swage block. — *vt.* **1** スエージ[タップ]で曲げる[形をつける, 造る]. **2** 〈金属・プラスチックなどを〉高速ハンマーで打ち伸ばす, テーパーする. **swág·er** *n.* 〖(1374) □ OF *souage* (F *suage*)〗

swáge blòck *n.* 〖機械〗(かじ仕事に用いる)蜂の巣(金敷き). 〖1843〗

swag·ger¹ /swǽgə | -gə(r/ *vi.* **1** 威張って歩く, 肩で風を切って歩く, ふんぞり返って歩く 〈*about, in, out*〉. **2** ほらを吹く; 自慢する (boast, brag): ~ about one's exploits, possessions, etc. — *vt.* 《まれ》威張りちらして[脅しつけて]…させる: ~ a person *into* [*out of*] doing … 脅しつけて人に…させる[するのをやめさせる]. — *n.* **1** 威張った歩き振り, 闊歩(かっぽ). **2** 威張った[気取った]態度; 見せびらかし. — *adj.* [限定的]《英口語・まれ》**1** めかした, しゃれた: a ~ young person. **2** 〈コートが〉肩の線からゆるくたっぷり広がった: ⇨ swagger coat. **~·er** /-gərə | -rə(r/ *n.* 〖(1595–96) ← ? SWAG+-ER⁴〗

swag·ger² /swǽgə | -gə(r/ *n.* =swagman.

swágger càne *n.* 《英》=swagger stick. 〖1889〗

swágger còat *n.* 〖服飾〗スワガーコート《肩が張ってすそにフレアーが入り裾開きになった婦人コート》. 〖1933〗

swág·ger·ing /-g(ə)rɪŋ/ *adj.* **1** 威張って歩く, 闊歩する. **2** ほらを吹く; 威張る, 自慢する. **~·ly** *adv.* 〖(1596): ⇨ swagger, -ing²〗

swágger stìck *n.* 〖軍事〗(陸軍将校や兵士の外出用)ステッキ《指揮棒のような細い短いつえで, 通例皮で覆われている; 《英》では swagger cane ともいう》. 〖1887〗

swag·gie /swǽgi/ *n.* 《豪口語》=swagman.

swág·man /-mən/ *n.* (*pl.* **-men** /-mɛn, -mən/) 《豪》**1** 放浪者 (trmap), 浮浪者 (hobo); 渡り労働者. **2** (キャンパー (camper) や探鉱師 (prospector) など)旅行中身回り品袋を携行する人. 〖1851〗

swágs·man /-mən/ *n.* (*pl.* **-men** /-mɛn, -mən/) 《豪》=swagman. 〖1869〗

Swa·hi·li /swɑːhíːli | swɑː-, swə-; *Swahili* swahíli/ *n.* (*pl.* ~, ~**s**) **1 a** [the ~(s)] スワヒリ族《アフリカの Zanzibar 地方に住むアラビア人の血を引く Bantu 人》. **b** スワヒリ族の人. **2** スワヒリ語《東アフリカで用いられる混合語; Bantu 語派の代表的言語》. — *adj.* スワヒリ族[語]の. **~·an** /-liən/ *adj.* 〖← Arab. *sawāḥil* ((pl.) ← *sāḥil* coast)+*-ī* belonging to〗

swain /swéɪn/ *n.* 《古・詩》**1** 田舎の若者; 羊飼い (shepherd). **2 a** 田舎のだて男[色男]. **b** 《戯言》求婚者; 女性を慕う若者, 恋人, 愛人. 〖(*a*1121–60) (1579) ~, *swein* boy, servant □ ON *sveinn*: cf. boatswain〗

swáin·ish /-nɪʃ/ *adj.* 田舎の若者風, 田舎者らしい; 洗練されていない (rustic). **~·ness** *n.* 〖(1642): ⇨ ↑, -ish¹〗

Swáin·son's háwk, s- /swéɪnsənz-, -sṇz-/ *n.* (*also* **swáinson háwk**) 〖鳥類〗ムナオビノスリ (*Buteo swainsoni*)《米国産の茶灰色のワシタカ科ノスリ属のタカ》. 〖(1895) ← *William Swainson* (1789–1855: 英国の博物学者)〗

Swáinson's thrúsh *n.* 〖鳥類〗=olive-backed thrush.

Swáinson's wárbler *n.* 〖鳥類〗チャカブリアメリカムシクイ (*Limnothlypis swainsonii*)《黄緑色の背と白っぽい胸をもち, 米国南東部に生息する》.

SWAK /swǽk/ 《略》sealed with a kiss《ラブレターの末尾・封筒裏に》. 〖1925〗

Swa·ka·ra /swáːkərə, swəkáːrə/ *n.* スワカラ《カラクル羊 (karakul) に似た, 南西アフリカに生息する羊の子の毛[肉]》. 〖(1966) ← *S(outh) W(est) A(frican) kara-(kul)*〗

swale¹ /swéɪł/ *n.* 《米》**1** 草の生え茂った湿地帯. **2** (砂丘と砂丘の間などの)谷状の低地. **3** 《英方言》日の当

S

たらない場所. 〖(1440) ～ 'shade, shady place' ← Scand. (cf. ON *svalr* cool)〗

swale² /swéɪl/ *v.* 《方言》=sweal.

Swale·dale /swéɪldeɪl/ *n.* 〘動物〙スウェイルデール《イングランド北部で飼育される羊; 粗い羊毛がツイードやカーペットに用いられる》. 〖(1916): North Yorkshire の地名〗

SWALK /swɔ́ːlk, swɑ́ːlk | swɔ́ːlk/ 《略》sealed with a loving kiss《ラブレターの末尾・封筒裏に書く》.

swal·let /swɑ́(ː)lɪ̀t | swɔ́l-/ *n.* 《英方言》**1** (鉱夫などが掘り当てる)地下水流; 地下水の流れ出る岩間. **2** 吸い込み穴《水流が地下に吸い込まれる穴; cf. swallow¹ 4》. 〖(1668) ← SWALL(OW)¹ (n.)＋-ET〗

swal·low¹ /swɑ́(ː)loʊ | swɔ́ləʊ/ *vt.* **1** 〈食物・飲物などを〉飲み下す[込む]〈*down, up, in*〉: ～ oysters whole カキを丸のみする / ～ several mouthfuls 数口飲み込む / ⇨ *swallow the* BAIT¹. **2 a** 吸い込む, 引き入れる (absorb); 見えなくする〈*up*〉: The water ～*ed* them *up*. 彼らは水に吸い込まれた. **b** 包む, 覆う (envelop)〈*up*〉; 気づかれないようにする: be ～*ed up* in the mist 霧に包まれる. **c** 使い尽くす, 平らげる, なくす; 消費する (exhaust)〈*up*〉: The expenses ～*ed up* most of the profits. 費用倒れだった. **3** 《口語》〈人の話などを〉うのみにする, すぐ真(ま)に受ける: He is so credulous that he ～*s* anything you tell him. 彼はとても信じやすいので人の言うことは何でもうのみにする / Such stories are rather hard to ～. そういう話はなかなか真に受けられない. **4 a** 〈怒り・笑いなどを〉ぐっとのみ込む, 抑える (suppress): ～ a laugh [sob] 笑い[すすり泣き]をこらえる / ～ one's pride 自尊心を抑える / ～ a yawn あくびをかみ殺す. **b** 〈無礼・侮辱などを〉忍ぶ, 我慢する, 胸に納める (put up with): ～ an insult 侮辱を忍ぶ. **5** 〈前言を〉取り消す (take back): ～ one's words =*eat one's* WORDS. **6** 口ごもって言う, もぐもぐ言う: ～ (one's) words.

― *vi.* **1** 飲む, 飲み込む; ぐっと飲み込む: ～ at a gulp 一口に飲む. **2** 〈緊張などで〉のどをごくりとさせる; 我慢する: ～ hard ぐっとこらえる.

swállow úp (1) ⇨ *vt.* 1, 2. (2) 〈大地・森などが〉すっぽり包み込む. (3) 〈企業などを〉吸収する. ***swállow whóle*** (1) ⇨ *vt.* 1. (2) 《口語》(よく考えないで)…をうのみにする.

― *n.* **1** 飲むこと, 一飲み: *in* [*at, with*] one ～ 一飲み[一口]に. **2** 一飲みにした物; 一飲みの量 (mouthful): take [have] a ～ of water 水を一口飲む. **3 a** 飲み込む能力; 食欲. **b** 食道 (gullet): have a small ～ 食道が狭い. **4** 《英》〘地質〙吸い込み穴, 水を吸い込む穴 (sink)《石灰岩地域にできる地表から地下に通じる水を吸い込む穴; swallow hole, ponor ともいう; cf. swallet 2》. **5** 〘海事〙通索孔, スワロー《滑車の枠と心車との間にあるロープの通る穴; crown, throat ともいう》.
〖OE *swelgan* < Gmc **swelʒan* (G *schwelgen*) ← IE **swel(k)-* to eat, drink〗

swal·low² /swɑ́(ː)loʊ | swɔ́ləʊ/ *n.* 〘鳥類〙**1** ツバメ《ツバメ科の鳥類の総称; ツバメ (barn swallow), ショウドウツバメ (bank swallow) など; cf. martin》: One ～ does not make a summer. 《諺》つばめ一羽で夏にはならぬ《一つの事例で物事を判断するのは危険だ, など》. ★ ラテン語系形容詞: hirundine. **2** エントツアマツバメ (chimney swift) のようなツバメに似た数種の鳥類の総称《ヒメウミツバメ (sea swallow), モリツバメ (wood swallow) など》. **3** 愛玩用のイエバトの一種《青と白の羽毛を持つ; fairy swallow ともいう》. 〖OE *sweal(e)we* < Gmc **swalwōn* (G *Schwalbe*) ← ?〗

swal·low·a·ble /swɑ́(ː)loʊəbl | swɔ́ləʊ-/ *adj.* **1** 飲み込める, 飲み下せる. **2** 信じられる (believable). **3** 忍べる, 耐えられる. 〖1818〗

swállow dìve *n.* 《英》〘水泳〙=swan dive. 〖1898〗

swál·low·er *n.* **1** 飲み込む人[もの]. **2** 大食家 (glutton). 〖(1513): cf. OE *swelgere*〗

swállow hòle *n.* 《英》〘地質〙=swallow¹ 4. 〖1661〗

swállow·lìke *adj.* ツバメのような; とても早い. 〖1582〗

swállow shrìke *n.* 〘鳥類〙=wood swallow. 〖1887〗

swallow·tail /swɑ́(ː)loʊtèɪl | swɔ́ləʊ-/ *n.* **1** ツバメの尾. **2 a** (ツバメの尾状に)末端が二またに割れたもの[形]. **b** 太やじり (broadhead). **c** 《口語》燕尾(えんび)服 (tailcoat, swallow-tailed coat, swallowtail coat ともいう). **d** 長旗の末端の切込み(など). **3** 〘木工〙蟻(あり)継ぎ (dovetail). **4** 〘築城〙燕尾外堡(がいほ)《前面が凹(へこ)形になっている》. **5** 〘昆虫〙アゲハチョウ《アゲハチョウ科の後翅がツバメの尾のように細長くのびたアゲハ属 (*Papilio*) のチョウの総称; トラフアゲハ (tiger swallowtail), アメリカタイマイ (zebra swallowtail) など》; (特に)キアゲハ (*P. machaon*) (swallowtail butterfly ともいう). **6** 〘鳥類〙エンビハチドリ, エンビトビなどのように二またに割れた尾をもつ鳥類の総称. 〖(1545) ← SWALLOW²＋TAIL¹ // 《なぞり》← F *queue d'aronde* // G *Schwalbenschwanz*〗

swállow-tàiled *adj.* **1** 燕尾(えんび)(形)の. **2** = dovetailed 2. 〖(1697): ⇨ ↑, -ed 2〗

swállow-tailed cóat *n.* 燕尾(えんび)服 (dress coat).

swállow-tailed kíte [háwk] *n.* 〘鳥類〙エンビトビ (*Elanoides forficatus*)《尾がツバメに似たトビ》.

swállow-tailed móth *n.* 〘昆虫〙タイリクツバメエダシャク (*Ourapteryx sambucaria*)《ヨーロッパ産シャクガ科の淡黄色のガ; 後翅に短い尾状突起がある》. 〖1743〗

swállow-tánager *n.* 〘鳥類〙ツバメフウキンチョウ (*Tersina viridis*)《熱帯アメリカ産ホオジロ科の淡青色の鳴鳥》.

swallow·wort /swɑ́(ː)loʊwə̀ːt, -wɔ̀ət | swɔ́ləʊwə̀ːt/ *n.* 〘植物〙**1** クサノオウ (celandine). **2** =soma² 1. **3** ガガイモ科カモメヅル属 (*Cynanchum*) の数種の植物《*C. nigrum, C. vincetoxicum* など; 根を薬用とする》. **4** トウワタ (milkweed) の類の植物. **5** ヤナギトウワタ (butterflyweed). 〖1: (1578)《なぞり》← Du. *zwaluwkruid*. 4: (1548)《なぞり》← G *Schwalbenwurtz*: さやの形が翼を広げたツバメに似ていることにちなむ〗

swam /swǽm/ *v.* swim¹·² の過去形, swim¹ の《方言》過去分詞. 〖OE *swamm*〗

swa·mi /swɑ́ːmi; *Hindi* svɑːmi/ *n.* **1 a** [しばしば S-] (インドのヒンズー教で)学者・宗教家などに対する尊称, スワーミー (lord, pundit). **b** 《古》ヒンズー教の偶像. **2** 学者ぶる人, 学者先生. **3** ヨガ行者 (yogi). 〖(1773) □ Hindi *svāmī* master ← Skt *svā-min* owner, lord ← *sva* one's own〗

swamp /swɑ́(ː)mp, swɔ́(ː)mp | swɔ́mp/ *n.* 沼沢地, 低湿地 (bog, marsh)《通例水に浸っている低地で, 改良工事のない限り農耕に適さない》. ★ ラテン語系形容詞: paludal. ― *vt.* **1** 水浸しにする, 浸す (flood). **2 a** [通例受身で]〔…で〕圧倒する (overwhelm), …に洪水のように押し寄せる〔*with, in*〕: *be* ～*ed with* [*in*] invitations [letters, applications] 招待[手紙, 申込み]攻めに合う / I *am* ～*ed with* work. 仕事で忙殺されている. **b** 《米》徹底的にやっつける, 敗北させる, 無効にする. **3 a** (木や下生えを取り払って, 木材を運ぶ)〈道を〉切り開く〈*out*〉. **b** (木を滑らせるために)〈切り倒した木の〉小枝を払う. **4** 〘海事〙〈船を〉水浸しにする; 〈舟〉に水を一杯入れて沈ませる. ― *vi.* **1** 〈ボートなどが〉水浸しになって沈む. **2** (沼などに)沈む, はまり込む. **3** 《豪》**a** (運送)馬車の助手をする. **b** (手伝いをする代わりに)車[馬車]に乗せてもらう. ― *adj.* 沼地の; 沼地に生息[繁殖]する. **～·less** *adj.* 〖(1624) □? MLG *sump* marsh // MDu. *somp* morass〗

swámp azàlea *n.* 〘植物〙米国東部産のツツジの一種 (*Rhododendron viscosum*)《香りのよい白い花をつける; swamp honeysuckle, white swamp honeysuckle ともいう》. 〖1796〗

swámp bày *n.* 〘植物〙**1** =sweet bay 2. **2** クスノキ科アボカド属の低木 (*Persea borbonia*)《米国南東部の湿地に生える》.

swámp bìrch *n.* 〘植物〙米国東部の湿地に生えるカバノキの一種 (*Betula pumila*)《low birch ともいう》.

swámp blàckbird *n.* 〘鳥類〙=redwing.

swámp bòat *n.* 《米》=air boat 2.

swámp bùggy *n.* 《米》沼沢地で使う乗り物: **a** 水陸両用トラクター[自動車]. **b** プロペラ装備の平底船《swamp glider ともいう》. 〖1941〗

swámp bùttercup *n.* 〘植物〙湿地に生えるキンポウゲ科ウマノアシガタ属の多年草 (*Ranunculus septentrionalis*)《北米産; 黄色の花をつける》.

swámp càbbage *n.* 〘植物〙=skunk cabbage.

swámp càndles *n.* (*pl.* ～) 〘植物〙北半球の湿地に生えるサクラソウ科クサレダマの一種 (*Lysimachia terrestris*).

swámp cỳpress *n.* 〘植物〙**1** ラクウショウ(落羽松), ヌマスギ (bald cypress). **2** メキシコラクウショウ, メキシコヌマスギ (*Taxodium mucronatum*)《中央メキシコ産の落葉針葉樹; 湿地の造林に適する; ahuehuete ともいう》. 〖1876〗

swámp dèer *n.* 〘動物〙バラシンガジカ (*Cerus duvaucelis*)《インド・インドシナに生息するバラシンガジカ亜属のシカ; 角には 4–8 本の枝があり, 第 1 枝が長い; 夜行性で草を主食とする; barasingha ともいう》. 〖1874〗

swámp·er *n.* **1** 《米》**a** 沼沢地に住む人. **b** 沼沢地に働く[通じている]人. **2 a** 雑用をする男, 召使, 助手 (handyman). **b** 《古》らばの列[らくだの隊商]の御者[助手]. **3 a** (木材を運ぶ)道を切り開く人 (cf. swamp *vt.* 3). **b** 切り倒した木の小枝を払う人. **4** 《豪》**a** (運送)馬車の助手. **b** 手伝いをする代わりに車[荷車]に乗せてもらう人. 〖(1775): ⇨ swamp, -er¹〗

swámp féver *n.* **1** 〘獣医〙馬伝染性貧血 (equine infectious anemia). **2** 《米》=malaria. 〖1870〗

swámp·fìsh *n.* 〘魚類〙サケスズキ目メクラサケスズキ科の小さな魚 (*Chologaster cornutas*)《純淡水産の観賞魚》.

swámp fòrest *n.* 湿地林.

swámp gàs *n.* =marsh gas.

swámp glìder *n.* =swamp buggy b.

swámp hàre *n.* 〘動物〙=swamp rabbit.

swámp·hèn *n.* 〘鳥類〙大形のバン《セイケイ (coot) やバン (gallinule) など, 体色は紫から白ですべて単一の種セイケイ (*Porphyrio porphyrio*) に属すると考えられている》. 〖1848〗

swámp hìckory *n.* 〘植物〙=bitternut.

swámp hòneysuckle *n.* 〘植物〙=swamp azalea. 〖1856〗

swámp·ish /-pɪʃ/ *adj.* 沼沢地のような. 〖(1725): ⇨ -ish〗

swámp·lànd *n.* 沼沢地, 低湿地. 〖1662〗

swámp làurel *n.* 〘植物〙**1** カルミア, ホソバハナガサシャクナゲ (*Kalmia polifolia*)《北米原産の小低木》. **2** =sweet bay 2. 〖1743〗

swámp lìly *n.* 〘植物〙**1** =atamasco lily. **2** アメリカハマユウ (*Crinum americanum*)《北米産のハマユウの一種で, 黄白色の花をつける》. **3** =lizard's-tail. 〖1737〗

swámp lòcust *n.* 〘植物〙=water locust. 〖1829〗

swámp lòosestrife *n.* 〘植物〙アメリカミズヤナギ (*Decodon verticillatus*)《北米東部の湿地に生え, 深紅色の花が咲くミソハギ科の多年草; swamp willow, water willow, wild oleander ともいう》.

swámp magnòlia *n.* 〘植物〙=sweet bay 2.

swámp mahògany *n.* 〘植物〙オオバユーカリ, テリハユーカリ (*Eucalyptus robusta*)《オーストラリア東部原産の長い葉と暗褐色の繊維質の樹皮をもつユーカリ》. 〖1884〗

swámp màllow *n.* 〘植物〙アメリカフヨウ, クサフヨウ (⇨ rose mallow).

swámp màple *n.* 〘植物〙=red maple.

swámp mìlkweed *n.* 〘植物〙北米湿地帯に自生するガガイモ科トウワタ属の一種 (*Asclepias incarnata*)《ばら色の花をつけ, 植物体に白い乳液がある》.

swámp òak *n.* **1** 〘植物〙トキワギョリュウ, モクマオウ (*Casuarina equisetifolia*)《オーストラリア産モクマオウ属の高木》. **2** トキワギョリュウ材《赤色の堅木で家具の製造に用いる; beefwood ともいう》. **3** =pin oak.

swámp òre *n.* 〘鉱物〙=bog iron ore.

swámp òwl *n.* 〘鳥類〙=barred owl.

swámp pàrtridge *n.* 〘鳥類〙=spruce grouse.

swámp pìnk *n.* 〘植物〙**1** =swamp azalea. **2** = pinxter flower. **3** 北米原産ラン科カロポゴン属の紫赤色の花をつける植物 (*Calopogon pulchellus*). 〖1840〗

swámp prìvet *n.* 〘植物〙米国南部の湿地に生えるモクセイ科の低木 (*Forestiera acuminata*).

swámp ràbbit *n.* 〘動物〙ヌマチウサギ (*Sylvilagus aquaticus*)《北米の沼地・湿地に生息する; swamp hare ともいう》.

swámp ràt *n.* 〘動物〙湿地の繁茂した植生にすむアフリカ産のネズミ《ヤブカローネズミ属 (*Otomys*) (vlei rat), オオアシヌマネズミ属 (*Malacomys*) のネズミなど》. 〖1941〗

swámp ròbin *n.* 〘鳥類〙**1** =towhee. **2** 米国に生息するヒタキ科のツグミ類の鳥《オリーブチャツグミ (*Catharus ustulatus*), チャイロコツグミ (*C. guttatus*), モリツグミ (*Hylocichla mustelina*) など》.

swámp ròse *n.* 〘植物〙北米東部産の桃色の花をつけるノバラ (*Rosa palustres*). 〖1785〗

swámp ròse mállow *n.* 〘植物〙アメリカフヨウ (rose mallow).

swámp snàke *n.* 〘動物〙クロハラヌマヘビ (*Hemiaspis signata*)《オーストラリア東海岸沿いの沼地や湿地にすむコブラ科のオリーブ色の毒ヘビ》.

swámp spàrrow *n.* 〘鳥類〙ヌマウタスズメ (*Melospiza georgiana*)《北米東部の沼沢地に多いホオジロ科の鳥》. 〖1811〗

swámp splèenwort *n.* 〘植物〙北米東部産のメシダ属のシダ (*Asplenium pycnocarpon*).

swámp sprùce *n.* 〘植物〙=black spruce 1.

swámp sùnflower *n.* 〘植物〙**1** =sneezeweed 1. **2** 米国東部の湿地帯に産するヒマワリの一種 (*Helianthus angustifolius*).

swámp wàllaby *n.* 〘動物〙オグロワラビー (*Wallabia bicolor*)《オーストラリア東部の森林や湿地のやぶにすむ大形のワラビー》. 〖1904〗

swámp whìte óak *n.* 〘植物〙北米東部産のブナ科ナラ属の落葉高木 (*Quercus bicolor*)《材質が堅く建築資材に使われる》.

swámp wìllow *n.* 〘植物〙=swamp loosestrife. 〖1765〗

swamp·y /swɑ́(ː)mpi, swɔ́(ː)m- | swɔ́mpi/ *adj.* (**swamp·i·er; -i·est**) **1** 沼沢地の, 低湿地の; 沼沢地に似た[から成る]. **2** 沼沢地に多い. **swámp·i·ness** *n.* 〖(1697): ⇨ swamp, -y⁴〗

swa·my /swɑ́ːmi/ *n.* =swami.

swan¹ /swɑ́(ː)n, swɔ́(ː)n | swɔ́n/ *n.* (*pl.* **～s, ～**) **1** 〘鳥類〙ハクチョウ《ガンカモ科ハクチョウ属 (*Cygnus*) 大形の水鳥の総称; コクチョウ (black swan), コブハクチョウ (mute swan), ナキハクチョウ (trumpeter swan), コハクチョウ (whistling swan), オオハクチョウ (whooper swan) など; この鳥は死に臨んで美妙な声で鳴くとの伝説がある; cf. swan song》: All his geese are ～*s*. 何でも自分の物はいいと思っている. **2 a** すばらしく美しい[りっぱな]人[物], すばらしい人[物]. **b** 《まれ》歌人, 詩人, 歌手: the (sweet) *Swan* of Avon エイボンの白鳥《Shakespeare のあだ名》/ the Mantuan *Swan* マントバの白鳥《Vergil のあだ名》. **3** [the S-] 〘天文〙はくちょう(白鳥)座 (⇨ Cygnus). ― *vi.* 《英口語》あてもなくさまよう[行く], ぶらぶら歩く〈*off, around*〉. 〖OE ～ < Gmc **swanaz* (G *Schwan*), **swanōn*《原義》singer (G《方言》*Schwane*) ← IE **swen-* to sound (L *sonere, sonāre* 'TO SOUND¹')〗

swan² /swɑ́(ː)n, swɔ́(ː)n | swɔ́n/ 《米方言》*v.* (**swanned; swan·ning**) ― *vi.* 断言する, 誓う (swear)《主に驚きを表す》: I ～! ― *vt.* 驚かす (surprise). 〖(1823)《転訛》←《北部方言》(*I*) *s'wan* (I) swear〗

Swan /swɑ́(ː)n, swɔ́(ː)n | swɔ́n/ *n.* [the ～] スワン川《オーストラリア Western Australia 州南西部の川で, インド洋に注ぐ (241 km); 上流は Avon 川と呼ばれる》.

Swan /swɑ́(ː)n, swɔ́(ː)n | swɔ́n/, Sir **Joseph Wilson** *n.* スワン (1828–1914; 英国の物理学者・化学者・発明家; エジソンと別に 1880 年に白熱電球を発明).

swán bàse *n.* 〘電気〙差し込口金 (⇨ base¹ n. 15).

swán bòat *n.* スワンボート《遊園地などで使われる白鳥の形をしたボート; 自転車のペダルを踏むようにして進ませる》. 〖1953〗

swán dìve *n.* 《米》〘水泳〙前飛び伸び型飛込み, スワンダイブ (《英》swallow dive)《両腕を広げ伸ばして頭から水中に飛び込む飛込み型; cf. jack knife 2》. 〖1898〗

Swa·nee /swɑ́(ː)ni, swɔ́(ː)ni | swɔ́ni/ *n.* [the ～] = Suwannee. ***gó dówn the Swánee*** 《俗》むだ[おじゃん]になる, 破滅[破産]する.

swánee whistle *n.* 〘音楽〙スワニーホイッスル《ピストンで操作する簡単な木管楽器; トラッドジャズのレコーディングに使用》. 〖1930〗

swang *v.* 《方言》swing の過去形. 〖OE〗

swán gòose *n.* 〘鳥類〙サカツラガン (*Anser cygnoides*)《東部シベリアで繁殖し, 冬期日本で越冬するガンの一種; シ

ナガチョウの原種とされる). 〖1678〗
swán grèbe *n.* 〖鳥類〗クビナガカイツブリ, アメリカカイツブリ (*Aechmophorus occidentalis*) 《北米西部産; western grebe ともいう》.
swán·hèrd *n.* 白鳥の番人[世話係]. 〖1482〗
swán-hòpper *n.* =swan-upper.
swán-hòpping *n.* =swan-upping.
swank /swǽŋk/ 《口語》 *vi.* **1** 〈態度・服装・言葉などで〉気取る, 見えをはる, 見せびらかす (show off); 威張る (swagger). **2** 威張って歩く. — *vt.* **1** 飾り立てる, 着飾らせる (doll up). **2** 冷たく扱う. **3** [~ it として] =*vi.* 1. — *n.* **1** 尊大, 高慢; 見えをはること, 気取り, 見せびらかし. **2 a** めかし込み, おしゃれ. **b** 《米》(お)上品. **3** 《英》見え坊; 気取り屋. — *adj.* (~·er; ~·est) **1** 派手な (showy). **2** 《米》〈ホテルなど〉ハイカラな, 一流の. **3** うぬぼれの強い, 気取った. **~·er** *n.* 〖(1809) ← ?: cf. MHG *swanken* to sway, swag ← *swank* flexible〗
swán knìght *n.* 〖ゲルマン伝説〗白鳥の騎士 《中世伝説の騎士 Lohengrin などのように, 人間が変身した白鳥に助けられて使命を果たす》. 〖1911〗
swánk·pòt *n.* =swank 3. 〖1914〗
swank·y /swǽŋki/ *adj.* (**swank·i·er; -i·est**) = swank. **swánk·i·ly** /-kəli/ *adv.* **swánk·i·ness** *n.* 〖1508〗
Swán Láke *n.* [The ~] 白鳥の湖 《Tchaikovsky 作曲のバレエ (1877)》.
swán·lìke *adj.* 白鳥のような. 〖1591〗
swán màiden *n.* 〖ゲルマン伝説〗白鳥の乙女 《魔法の衣によって白鳥になったり人間になったりすることのできた古代伝説の少女; 日本の羽衣伝説の天女もこの類》. 〖(1859) 《なぞり》← G *Schwanenjungfrau*〗
swán·màrk *n.* 白鳥の目印 《白鳥の上くちばしに刻んだ所有主の記号》. 〖*c*1560〗
swán mùssel *n.* 〖貝類〗ホンドブガイ (*Anodonta cygnea*) 《ヨーロッパ産イシガイ科の淡水産大型二枚貝; 幼生は魚に寄生する》. 〖1777〗
Swann·dri /swɑ́(ː)ndraɪ, swɔ́(ː)n- | swɔ́n-/ *n.* (*pl.* ~s) 《NZ》〖商標〗スワンドライ 《全天候型の厚手のウールシャツ; swannie ともいう》.
swán-nèck *n.* **1** (白鳥の首を思わせるような)優美な白いうなじ. **2 a** 白鳥の首を思わせるもの. **b** (色々な細工物に用いる)雁(がん)首状の器具[排水管など] (gooseneck). **c** 雁首形通風穴. **3** 〖建築〗**a** (曲り階段の親柱近くの)曲がった手摺(すり). **b** 呼び樋(とい), 鮟鱇(あんこう) 《横樋と竪樋をつなぐ曲がった樋(とい)》. 〖1686〗
swan·ner·y /swɑ́(ː)nəri, swɔ́(ː)n- | swɔ́n-/ *n.* 白鳥飼養所. 〖(1570): ⇨ swan¹, -er¹, -ery〗
swan·nie /swɑ́(ː)ni, swɔ́(ː)ni | swɔ́ni/ *n.* =Swanndri.
Swán Rìver dáisy *n.* 〖植物〗ヒメコスモス, ヒメヨメナ (*Brachycome iberidifolia*) 《オーストラリア原産のキク科の一年草; コスモスに似た美しい花をつけ観賞用》. 〖(1873) ← *Swan River* (Western Australia 州南西部の河川名)〗
Swán Rìver everlásting *n.* 〖植物〗ヒロハノハナカンザシ, ローダンテ (*Helipterum manglesii*) 《白またはピンクの花が咲くオーストラリア産の一年草で, 花はドライフラワーにする》. 〖↑〗
Swáns·combe mán /swɑ́(ː)nzkəm- | swɔ́nz-/ *n.* 〖人類学〗スウォンズカム人 《英国 Kent 州 Swanscombe で発見された化石人類の一つ》. 〖1940〗
swáns·dòwn *n.* **1** 白鳥の綿毛 《衣服のへり取りやおしろいのパフなどに用いる》. **2** けばの立った柔らかい厚地ウール地. **3** けば立てた厚手の綿ネル. 〖1606–7〗
Swan·sea /swɑ́(ː)nzi, -si | swɔ́nzi/ *n.* スウォンジー 《ウェールズ南東部 Bristol Channel に臨む海港》. 〖ME *Sweynesse* ← ON *Sveinn* (人名)+ON *sǽr* 'SEA' // -s²+ON *ey* 'ISLAND'〗
swán shìft *n.* 〖ゲルマン伝説〗白鳥の羽毛で織った羽衣 《これを着る者を白鳥に変えるという》. 〖1880〗
swán shòt *n.* がんだま 《白鳥などを撃つ散弾; 普通の玉より大きい》. 〖1719〗
swán·skìn *n.* **1** 羽毛付きの白鳥の皮. **2** =swansdown 3. 〖1610〗
swán's nèck *n.* =swan-neck.
swán's nèck pédiment *n.* 〖建築・家具〗スワンネックペディメント 《ペディメントの輪郭が中央部で切断され, その中心部に頂華を飾ったブロークンペディメントの一種》.
Swan·son /swɑ́(ː)nsən, swɔ́(ː)n- | swɔ́n-/ *n.* 〖商標〗スワンソン 《米国製のテレビディナー; アルミホイル皿入り即席冷凍食品》.
Swan·son /swɑ́(ː)nsən, swɔ́(ː)n- | swɔ́n-/, **Gloria** *n.* スワンソン (1899–1983; 米国の映画女優; *Sunset Boulevard* (サンセット大通り, 1950)).
swán sòng *n.* **1** 白鳥の歌 《白鳥が死に臨んで歌うといわれる美妙な歌; cf. DYING swan》. **2** (詩人・作曲家などの)最後の作[曲]; 辞世, 絶筆, 最後の功業. **swán-sòng** *adj.* 〖(1831) 《なぞり》← G *Schwanenlied*〗
swán-ùp·per /-ʌ́pə | -ʌ̀pə^(r)/ *n.* 《英》(白鳥調べ (swan-upping) のために)白鳥を捕える人, 白鳥調べ人.
swàn-úp·ping /-ʌ́pɪŋ/ *n.* 《英》**1** 白鳥調べ 《白鳥の子を捕えてくちばしに所有者のしるしをつけること》. **2** Thames 川で行われる白鳥調べ 《王室所有のしるしをつける年中行事》. 〖(1810): *upping* (⇐) ← UP (*v.*)〗
swap /swɑ́(ː)p | swɔ́p/ *v.* (**swapped; swap·ping**) — *vt.* **1** (物々)交換する, 取り換える (exchange): ~ hats 帽子を取り換える / ~ jokes (*with* him) (彼と)冗談を交わす / ~ *a penknife for* a notebook ナイフをノートと交換する / Will you ~ places? 場所を換えてくれませんか / Never ~ horses while crossing the stream. 《諺》流れを横切っている間に馬を取り換えるな 《危機が去るまでは(制度や指導者などを換えずに)現状維持で押し通せ》. **2** 〈データを〉スワップにより動かす 《メモリーの有効利用のため, 一時的に不要なデータをディスクに書き出したり, 再度メモリーに読み込んだりする》. — *vi.* **1** 交換する, 取り換える, 物々交換する 〔*with*〕. **2** 〖経済〗(為替の)スワップ取引きをする. **3** 〖電算〗スワップする. **4** 《卑》夫婦交換をやる, スワッピングする. ***swáp róund* [*óver*]** 《英口語》〈2 人が〉席[場所]を取り替える. — *n.* **1 a** (物々)交換, 取り換え (exchange): a good ~ 得な交換 / Shall we try a ~? 交換しようか. **b** 交換に適した物, 交換品. **2** 〖経済〗(為替の)スワップ 《直買い先売り, または直売り先買いのこと》. **3** 《卑》夫婦交換, スワッピング.
swáp·per *n.* 〖(?*a*1200) *swappe(n)* to hit, strike hands (in closing a bargain): cog. G *schwappen* to splash, whack: 《擬音語》?〗
swáp agrèement *n.* 〖経済〗スワップ協定 《為替相場安定を図るため, 二国間の中央銀行が自国通貨の預託と引換えに相手国通貨の融通を受ける取決め》.
swáp fìle *n.* 〖電算〗スワップファイル 《仮想メモリー上で, RAM に入りきれないデータを一時的に書き出すためのディスク上の隠しファイル》.
swáp mèet *n.* 古物交換会. 〖1973〗
SWA·PO, Swa·po /swɑ́(ː)pou | swɑ́(ː)pəʊ, swɔ́p-/ *n.* スワポ, 南西アフリカ人民機構 《南アフリカ共和国からナミビアの独立を目指した解放組織; 1958 年に発足》. 〖《頭字語》← *S(outh)-W(est) A(frica) P(eople's) O(rganization)*〗
swáp shòp *n.* (中古品)の販売店, 交換所.
swap·tion /swɑ́(ː)pʃən | swɔ́p-/ *n.* 〖金融〗スワップション 《スワップ (swap) とオプション (option) の組合わせ; スワップを一定期間内に行う権利の売買で, 現在は金利スワップ (interest rate swap) が中心》. 〖(*c*1985) 《混成》← SWAP+(OP)TION〗
swa·raj /swərɑ́ːdʒ; *Hindi* suəraːdʒ/ *n.* **1** (インドの)独立自治 《もとインド国民党の標語; cf. purna swaraj》. **2** [S-] スワラジ 《もと英領インドでの独立自治党》. 〖(1907) ◻ Hindi *svarāj* selfruling ← *svārājya* independent rule ← *sva* one's own+*rājya* rule〗
swa·ráj·ism /-dʒɪzm/ *n.* (もと英領インドでの)独立自治主義[運動].
swa·ráj·ist /-dʒəst | -dʒɪst/ *n.* (もと英領インドでの)独立自治主義者. — *adj.* 独立自治主義[運動]の. 〖(1908): ⇨ -ist〗
sward /swɔ́əd | swɔ́ːd/ *n.* 草地; 芝生 (turf). — *vt.* 芝で覆う, 芝生にする. **~·ed** /-dəd | -dɪd/ *adj.* 〖(OE) (*c*1450) *sweard, swearþ* skin, hide, rind: cog. G *Schwarte* rind〗
sware *vt.* 《古》swear の過去形. 〖ME *swar*〗
swarf /swɔ́əf | swɔ́ːf/ *n.* (金属・木などの)切れ端; (レコードなどの)削りくず (sludge). 〖(1566) ← Scand. (cf. ON *svarf* file dust, *sverfa* to file): ⇨ swerve〗
swarm¹ /swɔ́əm | swɔ́ːm/ *n.* **1 a** (巣別れ[分封(ぶんぽう)]する)蜂の群れ (⇨ group SYN). **b** (昆虫の移動する)群れ, うじゃうじゃした群れ: a ~ [~s] of insects, mosquitoes, etc. **2** (移動する大勢の人・動物・物の)群れ, 群衆, 大勢 〔*of*〕 (⇨ crowd¹ SYN): a ~ [~s] of sightseers [refugees, children] うようよしている見物人[避難者, 子供] / a ~ *of* letters [stars] たくさんの手紙[星]. **3** 〖生物〗浮遊細胞[生物]群. **4** 〖地質〗(同じ地質的特徴をもった)群: a dyke ~ 岩脈群 / an earthquake ~ 群発地震. ***in swárms* [*a swárm*]** 群れをなして, うじゃうじゃして[した]. — *vi.* **1 a** 〈蜜蜂が〉(巣別れの用意に)女王蜂の周囲に群がる. **b** 〈蜜蜂が〉巣別れする, 分封する 〔*off*〕. **2** うじゃうじゃ動く, 群がって行く[来る] 〈*round, about, over*〉: A crowd of people ~*ed* to the spot. 群衆が現場にうようよ寄って来た / Children came ~*ing* round. 子供たちがわんさと集まって来た. **3** 群をなす, たくさん集まる; 〈場所が〉(…で)充満する, いっぱいになる, うようよする 〔*with*〕: Hikers are ~*ing* in the mountains. ハイカーたちが山に群れている / a garden ~*ing with* bees 蜜蜂の群がる庭 / a bed ~*ing with* fleas のみのたかったベッド / the hills ~*ing with* rebels 反逆者の立てこもっている山 / The road ~*s with* cars. 道路は車でいっぱいだ. **4** 〖生物〗〈細胞・生物が〉群がって浮遊する. — *vt.* **1** …に群集する; (…で)満ちる 〔*with*〕: The house is ~*ed with* rats. 家にはねずみがうようよいる. **2** 〈蜜蜂を〉巣に集める; 〈巣箱〉に蜜蜂の群れを入れる.
〖OE *swearm* < Gmc **swarmaz* (G *Schwarm*) ← IE **swer-* to buzz, whisper (L *susurrus* 'SUSURRATION')〗
swarm² /swɔ́əm | swɔ́ːm/ *vi.* (木や棒などに)抱きついて上る, よじ上る: ~ *up* a tree. — *vt.* 〈木など〉によじ上る: ~ a tree, pole, rope, etc. 〖(16C) ← ?〗
swárm cèll *n.* 〖植物〗=zoospore. 〖1882〗
swárm·er *n.* **1** うようよ群がる人[物]. **2** 巣別れ間近の蜜蜂の群れ. **3** 〖植物〗=swarm spore. 〖(1844): ⇨ swarm¹, -er¹〗
swárm spòre *n.* 〖植物〗=zoospore. 〖1859〗
Swa·rov·ski /swɑːrɑ́(ː)fski | -rɔ́f-; *G.* svarɔ́fski/ *n.* 〖商標〗スワロフスキー 《オーストリアの Daniel Swarovski Corp. 製のクリスタルガラス製品》.
swart /swɔ́ət | swɔ́ːt/ *adj.* **1** 《古・方言》浅黒い, 黒ずんだ (swarthy). **2** 悪性の, 有害な (malignant). **~·ness** *n.* 〖OE *sweart* ← Gmc **swartaz* (G *schwarz*) ← IE **swordo-* (L *sordēre* to be dirty: cf. sordid)〗
swart ge·vaar /swɑ́ətxəfɑ́ə | swɑ́ːtxəfɑ́ː^(r); *Afrik.* swártxəfáːr/ *n.* 《南ア》黒禍 《黒人の勢力伸長に対して白人層がいだくという恐怖感》. 〖(1939) ◻ Afrik. ~ 'black peril' ← Du. *zwart* (↑)+*gevaar* peril〗
swarth /swɔ́əθ | swɔ́ːθ/ *n.* **1** 草地; 芝生 (sward). **2** 《方言》皮膚, 皮 (skin). — *adj.* 《古・方言》=swarthy.
~·ness *n.* 〖OE *swearð* skin, rind: ⇨ sward〗
swarth·y /swɔ́əði, -θi | swɔ́ːði/ *adj.* (**swarth·i·er; -i·est**) 〈皮膚・顔など〉浅黒い, 黒ずんだ (dusky), 日に焼けた (sunburnt). **swárth·i·ly** /-ðəli, -θəli | -ðəli/ *adv.* **swárth·i·ness** *n.* 〖(1577) 《変形》← 《廃》*swarty*: ⇨ swart, -y¹〗
Swárt·krans ápe-man /sfɑ́ətkrɑːnz- | sfɑ́ːt-krʌns-/ *n.* 〖人類学〗スワートクランス猿人 (⇨ Australopithecus). 〖← *Swartkranz* (南アフリカ共和国 Johannesburg 付近の発見地)〗
swartz·ite /swɔ́ətsaɪt | swɔ́ː-/ *n.* 〖鉱物〗スウォーツァイト ($CaMg(UO_2)(CO_3)_3 \cdot 12H_2O$) 《緑色のウラニウム鉱石》. 〖← *George K. Swartz* (1861–1949: 米国の地質学者)+-ITE¹〗
swash¹ /swɑ́(ː)ʃ, swɔ́(ː)ʃ | swɔ́ʃ/ *vi.* **1** 〈水が〉(岩などに当たって)ざぶんという; じゃぶじゃぶ水をはねかける. **2** 〈物・刃などが〉激しくぶつかる; 物が激しくぶつかるような大きな音を立てる. **3** 《古》威張りちらす, から威張りする (swagger). — *vt.* **1 a** 〈水などを〉はねかける, はね飛ばす. **b** …に液体をはねかける. **2** 〈液体を〉(容器の中で)ばちゃばちゃいわせる. — *n.* **1** 水の激しくぶつかること[音], ばしゃばしゃ, ざぶん: the ~ of waves against a pier 突堤にぶつかる波の音. **2** (波の)うねり, 奔流 (cf. backwash). **3** 《古》**a** から威張り, 威張り散らすこと (swagger). **b** =swash-buckler. **4 a** (川口の)浅瀬. **b** 砂洲(す), 砂嘴(し) (sandbar). **c** 《米》(砂洲を通るまたは砂洲と陸との間にある)水路. 〖(1538) 《変形》← WASH〗
swash² /swɑ́(ː)ʃ, swɔ́(ː)ʃ | swɔ́ʃ/ 〖印刷〗 *n.* (ひげ文字などの)巻きひげ. — *adj.* 巻きひげの: ⇨ swash letter. 〖(1680) ← 《廃》*swash* slanting ← ?〗
swásh·bùckle *vi.* 向こう見ずで自信満々にふるまう. 〖(1897) 《逆成》↓〗
swásh·bùckler *n.* **1** 向こう見ずで自信満々な人[冒険家, 戦士]. **2** (1 のような人間が活躍する)冒険[ヒーロー]活劇. 〖(1560) ← SWASH¹ (vi.) 2+BUCKLER〗
swásh·bùck·ler·ing /-klərɪŋ, -kl-/ *n., adj.* = swashbuckling. 〖*a*1693〗
swásh·bùckling *n.* **1** 向こう見ずで自信満々なふるまい. **2** (映画が)冒険とスリル満点. — *adj.* **1** 向こう見ずで自信満々な. **2** 冒険とスリルに富んだ.
swash bùlkhead *n.* 〖海事〗制水隔壁 《液体船荷の自由移動に抵抗を与えるため, 船首尾方向に垂直に取り付けた隔壁》.
swásh·er *n.* =swashbuckler. 〖1589〗
swásh·ing *adj.* **1** =swashbuckling. **2 a** 激しくぶつかり合う音を立てる: a ~ blow 強打. **b** ざぶんと音を立てる. **~·ly** *adv.* 〖(1556): ⇨ -ing²〗
swásh lètter *n.* 〖印刷〗巻きひげ文字 《装飾用の斜体大文字》. 〖1683〗
swásh plàte *n.* **1** 〖機械〗回転斜板. **2** 〖海事〗= swash bulkhead. 〖*a*1877〗
swash·y /swɑ́(ː)ʃi, swɔ́(ː)ʃi | swɔ́ʃi/ *adj.* (**swash·i·er; -i·est**) ぬかるんだ, 泥だらけの. 〖1796〗
swas·ti·ka /swɑ́(ː)stɪkə | swɔ́stɪ-/ *n.* **1** 卍(まんじ), 卐 《変形十字; fylfot ともいう》. **2** (ドイツのナチス及び第三帝国の紋章として用いられた)鉤(かぎ)十字章 (⇨ Hakenkreuz). 〖(1854) ◻ Skt *svastika* a sign of good luck ← *svasti* welfare ← *su-* well+*asti* he is〗
swat¹ /swɑ́(ː)t | swɔ́t/ 《口語》 *vt.* (**swat·ted; swat·ting**) **1** 〈はえなどを〉ぴしゃりと打つ, たたく (hit). **2** 〖野球〗長打する. — *n.* **1** ぴしゃりと打つ[たたく]こと: give a person a ~. **2** 〖野球〗長打 (long hit); (特に)ホームラン. **3** はえたたき (swatter). 〖(1615) 《変形》← SQUAT. — n.: (*a*1800) — v.〗 S
swat² /swɑ́(ː)t | swɔ́t/ *v.* 《廃》sweat の過去形・過去分詞. 〖(*c*1290) *swatte* < OE *swætte* (pret.) & *swat* < OE *ġeswætt* (p.p.)〗
swat³ /swɑ́(ː)t | swɔ́t/ *v.* (**swat·ted; swat·ting**) = swot².
Swat /swɑ́(ː)t | swɔ́t/ *n.* **1** スワート 《もとインド北西部の藩王国; 現在はパキスタンの一部》. **2** (*pl.* ~, ~s) **a** [the ~(s)] スワート族 《パキスタン北部の回教徒》. **b** スワート族の人. **3.** [the ~] スワート川 《パキスタン中部の Kabul 川に注ぐ; 全長 644 km》.
SWAT /swɑ́(ː)t | swɔ́t/ *n.* 〖米軍〗特別機動隊, 特殊攻撃隊, スワット. 〖《頭字語》← *S(pecial) W(eapons) a(nd) T(actics)*〗
swatch /swɑ́(ː)tʃ, swɔ́(ː)tʃ | swɔ́tʃ/ *n.* **1 a** (布地・革などの小さく切った)見本, 見本の切れ. **b** (布地などの)見本帳. **2** 小片 (patch), 少数, 少量: a ~ of land 一片の土地. 〖(1512) ?〗
Swatch /swɑ́(ː)tʃ, swɔ́(ː)tʃ | swɔ́tʃ/ *n.* 〖商標〗スウォッチ 《スイスのクオーツ式腕時計のメーカー, その製品; 斬新でカラフルなデザインの新製品を矢継ぎばやに出すので有名》.
swath¹ /swɑ́(ː)θ, swɔ́ːθ | swɔ́θ, swɔ́ːθ/ *n.* (*pl.* ~s /swɑ́(ː)ðz, swɔ́ːðz, swɑ́(ː)θs, swɔ́ːθs | swɔ́θs, swɔ́ːθs, swɔ́ðz, swɔ́ːðz/) **1 a** (大鎌で牧草を刈った)一刈りの幅, 刈り幅. **b** 一刈り分の牧草. **2 a** (刈取人・収穫機が)ある方向に最後まで刈り取った)牧草地[麦畑など]の一直線の刈跡. **b** (そのようにして)刈り倒されてある牧草[小麦など]の列. **3** 細長い土地[物].
cút a* (*wíde*) *swáth (1) 派手にふるまう, 人目を引く; 見えを切る (splurge). (2) ひどく[派手に]破壊する: The typhoon *cut a* (*wide*) ~ *through* the district. 台風はその地方に大きな爪痕を残した. 《1848》
〖((OE)) (?*c*1475) *swæþ, swaþu* track ← Gmc **swaþ-* (G *Schwad(e)*)〗
swath² /swɑ́(ː)θ, swɔ́ːθ | swɔ́θ, swɔ́ːθ/ *n.* =swathe¹.
swathe¹ /swéɪð, swɑ́(ː)ð | swéɪð/ *vt.* **1** 包帯する. **2 a** 〔布などで〕包む, くるむ 〔*in*〕: His arm was ~*d in* ban-

dages. 腕には包帯が巻かれていた. **b** 〈包帯・ロープなどを〉巻く. **3** (包帯をしたように)包む, くるむ (envelop): The fog ~*d* the whole city. 霧が市全体を包んでいた / The skyscrapers were ~*d in* a pinkish fog. 摩天楼がピンク色の霧に包まれていた. — /swéɪð/ *n.* **1** 包帯, 包布 (bandage). **2** [*pl.*] 《古》 =swaddling clothes.
swáth·er *n.* **swáth·a·ble, swáthe·a·ble** *adj.* 〖late OE *swaþian*? ← IE **swei-* to turn, bend: cf. OE *swaþum* bandages ← ?〗

swathe[2] /swéɪð/ *n.* =swath[1].

swáth·ing bànds *n. pl.* =swaddling clothes.

Swa·ti /swáːṭi | -ti/ *n.* (*pl.* ~, ~**s**) =Swat[1] 2.

Swa·tow /swàːtáu | swɔ̀tàu/ *n.* =Shantou. 〖1925〗

swats /swáː(ː)ts, swɔ́(ː)ts | swɔ́ts/ *n. pl.* 《スコット》飲み物, (特に)新しいエール. 〖(1508) ← OE *swatan* (pl.) beer〗

swat·ter /swáː(ː)ṭə | swɔ́tə[r]/ *n.* **1** ぴしゃりと打つ[たたく]人[もの]; はえたたき (flyswatter). **2** 〖野球〗強打者. 〖(1912) ← SWAT[1]+-ER[1]〗

Ś wàve *n.* 〖地震〗S 波 《通常地球内部を伝わる横波; 観測点に 2 番目に到達するので secondary wave ともいう; cf. L wave, P wave》. 〖(1908) ← *shear wave*〗

sway /swéɪ/ *vi.* **1 a** (前後に)揺れる, 揺らぐ, 動揺する (⇨ swing SYN): Branches ~*ed* in the wind. 枝が風に揺れた / The bridge ~*ed* as the truck passed over it. トラックが通ると橋は揺れた. **b** (ある方向に)傾く, 動く 〔*to*〕: ~ *to* the left 左に傾く. **2** 〈気持ちなどが〉傾く; 〈意見などが〉動揺する, 揺らぐ (fluctuate). **3** 《詩》権力を振るう, 支配[統治]する. **4** 《廃》(…をめざして)進む. — *vt.* **1 a** 〈人・意見などを〉動揺させる; (ある方向に)傾かせる, 動かす, 左右する (⇨ affect SYN): He is too much ~*ed* by the needs of the moment. 彼は目先の必要に動かされすぎる / His speech ~*ed* the votes. 彼の演説は投票を左右した. **b** (目的・方針から)そらせる (divert) 〔*from*〕: Nothing could ~ him *from* his study. ひたすら研究に励んだ. **2 a** 前後[左右]に動かす, 揺さぶる, 振る (waver), 振り動かす: The wind ~*s* the branches. 風で枝が揺れる / ~ one's hips 腰を揺する / ~ oneself 体を揺さぶる / ~ one's head 首を振る. **b** 一方[ある方向]に動かす[倒す]: The pillars were ~*ed* by a storm. 嵐で柱が傾いた. **3** 《古》 **a** 〈剣などを〉振るう (wield): ~ a weapon 武器を振るう / ~ the scepter 笏(しゃく)を振るう; 支配する. **b** 支配する, 統治する (control): ~ the realm 領土を支配する. **4** 〖海事〗〈帆げた・マストなどを〉揚げる (hoist) 〈*up*〉: ~ *up* a topmast. — *n.* **1** 左右する[動かす]力, 勢力 (influence): under a person's ~ 人の勢力下で[にある] / own love's ~ ほれたと自白する. **2** 揺れること, 揺れ, 揺らぎ, 動揺. **3** 支配, 統治 (⇨ power SYN); 支配権, 主権: King Alfred held ~ over all England. アルフレッド王は英国全体を支配した. **4** 《廃》回転 (rotation).
~·a·ble *adj.* **~·er** *n.* 〖v.: (*c*1300) (*c*1500) *sweye(n)*, *sweghe(n)* to go (down), swoon □ ? ON *sveigja* to bend, sway: ⇨ swathe[1] — n.: (*c*1175) (*c*1385) *sweiȝe* (n) (v.).〗

swáy·bàck *n.* **1** 〖獣医〗 **a** (馬の)脊柱変曲症; くぼんだ背 (cf. camelback 2). **b** 流行性運動失調症 《羊・やぎのコバルト欠乏症; enzootic ataxia ともいう》. **2** 〖病理〗脊柱前湾症 (lordosis). — *adj.* =swaybacked. 〖1874〗

swáy·bàcked *adj.* **1** 〖獣医〗 **a** (馬の)脊柱変曲症の. **b** 流行性運動失調症の 《羊・やぎのコバルト欠乏症の》. **2** 〖病理〗脊柱が前湾した. **3** 〈建物が〉中央がへこんだ. 〖(1680): cf. Da *sveibaget*〗

swáy bàr *n.* 〖自動車〗スウェイバー (stabilizer bar). 〖1801〗

swayed /swéɪd/ *adj.* =swaybacked. 〖1577〗

Swa·zi /swáːzi; *Zulu* swáːzi/ *n.* (*pl.* ~, ~**s**) **1 a** [the ~(s)] スワージ族 《アフリカ Swaziland に住む Zulu 系 Bantu 先住民》. **b** スワージ族の人. **2** スワージ語 《スワージ族の言語; Bantu 語派の一つ; Siswati ともいう》. 〖(1872) ← (*Nguni*) *Mswati* (スワージ族の先王の名)〗

Swa·zi·land /swáːzilæ̀nd/ *n.* スワジランド 《アフリカ南東部モザンビークと南アフリカ共和国との間にある英連邦内の王国; もと英国の保護領であったが 1968 年独立; 面積 17,366 km², 首都 Mbabane; 公式名 the Kingdom of Swaziland スワジランド王国》.

SWB 《略》 short wheelbase.

swbd. 《略》 switchboard.

SWbS 《略》 southwest by south.

SWbW 《略》 southwest by west.

sweal /swíːl/ 《方言》 *vi.* **1** 〈ろうそくが〉溶ける (melt). **2** 衰退する. — *vt.* 〈木の茂みなどを〉焼く; 焦がす (singe). 〖OE *swelan* (vi.) to burn & *swǣlan* (vt.) to cause to burn ← Gmc **swel-* to be subjected to heat (G *schwelen* to burn slowly): cf. swelter〗

swear /swéə | swéə[r]/ *v.* (**swore** /swɔ́ə | swɔ́ː[r]/, 《古》 **sware** /swéə | swéə[r]/; **sworn** /swɔ́ən | swɔ́ːn/) — *vi.* **1** (By God!, Jesus Christ! など) みだりに神・キリストの名を呼ぶ, 罰当たりなことを言う; (Damn it!, Fuck you! など) 口ぎたなくののしる, 毒づく (curse): ~ like a trooper 盛んに毒づく / ~ *at* a person (for being idle) (怠けていると言って)人に毒づく[人をののしる] / It is enough to make a person ~. それではだれだってののしりたくなる / It's rude to ~. 口ぎたない言葉を用いるのは無礼だ / You can ~ till you're black [blue] in the face, but I won't give in. 顔色が変わるまで毒づいたってかまわないが私は屈服しない. **2** (神・聖書などにかけて)誓う, 宣誓する: ~ *by* [*to*] God [Heaven] 神にかけて[の前で]誓う / ~ *by* [*on*, *upon*] one's honor [the Bible] 名誉にかけて誓う[聖書に手を置いて宣誓する]. **3 a** 宣誓して証言[陳述]する: ~ *to* a person's identity 本人に相違ないと宣誓して証言する. **b** [通例, 否定・疑問構文で] 《口語》〔…と〕誓って言う, 断言する (vow) 〔*to*〕: I *wouldn't* [*couldn't*] ~ to it [having seen him there]. そうである[そこで彼を目撃した]と断言する自信はない / Can you ~ *to* its authenticity? 君はそれが本物であると誓えるか. — *vt.* **1** 〈誓いを〉立てる (take an oath, utter a swearword): ~ an oath 誓う, 宣誓する; 毒づく, ののしる. **2 a** 誓う, 宣誓する; [*to* do, *that*-clause を伴って] 誓って言う, 神かけて誓言する, 宣誓して述べる[証言する]: ~ allegiance [eternal friendship] 忠誠[終生の友情]を誓う / I ~ *by* Almighty God *to* tell the truth. 全能の神に誓って真実を証言いたします 《法廷での宣誓》 / I could have *sworn* it was Smith. それがスミスであったことは神かけて誓言できる / I solemnly ~ *that* I will faithfully execute the office (of …). (…の)職務を忠実に遂行することを慎んで宣誓します / He *swore on* his mother's grave *that* he would mend his ways. 心を入れ替えますと母親の墓にかけて誓った. **b** [*to* do, *that*-clause を伴って] 誓って[固く]約束する (vow): ~ *to* pay the money back soon 金はすぐ返すと固く約束する / I ~ I'll never go there again. 二度とそこへは行かないと約束します. **c** [*that*-clause を伴って] 《口語》…だと断言する, 言明する (assert): I ~ it is past endurance. 全くのところそれでは我慢ができない / ~ black is white ⇨ black 成句. **3 a** …に誓わせて〔…を〕守らせる〔*to*〕; 宣誓の上で〔…に〕入れる, 就任させる 〔*into*, *to*〕: ~ a person *to* secrecy [silence] 人に秘密[沈黙]の厳守を誓わせる / ~ a person *into* a club 宣誓して人をクラブに入会させる / He was *sworn* to the bar. 宣誓の上で弁護士に任命された. **b** …に宣誓させる, 誓わせる (swear in): ~ a jury [witness] 陪審員[証人]に宣誓させる. **c** 宣誓して訴える: ~ a charge [《古》 treason] *against* a person 宣誓して人を告訴する[人に利敵行為があると訴える] / ~ the peace *against* a person ⇨ peace 成句. **4** ののしって(ある状態に)至らせる: ~ one's life *away* ののしったあまり命を落とす / They both *swore* themselves hoarse. 二人とも毒づき合って声をからしてしまった. **5** 《廃》〈神などに〉呼びかける, を呼び出す (invoke).

enóugh to swéar bỳ 《口語》ほんの少し[わずか]. (1756) ***I could have swórn that …*** 確か…のはずだ. ***I'll be swórn.*** 《古》きっとだ. ***swéar at*** (1) ⇨ *vi.* 1. (2) 〈色などが〉…と調和しない: The hat ~*s at* her blond hair. その帽子は彼女の金髪に合わない. (1680) ***swéar blind (that)*** 《英口語》 =SWEAR *up and down (that)*. ***swéar by*** (1) ⇨ *vi.* 2. (2) ⇨ *vt.* 2 a. (3) 《口語》…を信じ切る, 盲信する, 大いに推奨する: He ~*s by* his doctor [the medicine]. かかりつけの医者[その薬]を絶対に信頼している. (*c*1220) ***swéar for*** …を保障する, 受け合う (vouch for, guarantee): ~ *for* a person's sincerity. (1579) ***swéar ín*** 宣誓の上で就任させる (cf. *vt.* 3): The jury was *sworn in*. 陪審員は宣誓の上で任命された / The President was *sworn in* by the Chief Justice. 大統領は最高裁判所長官によって宣誓の上で任命された. (*a*1700) ***swéar óff*** 〈酒などを〉誓って断つ (renounce): ~ *off* drink(ing) / ~ *off* (smoking) cigarettes. (1698) ***swéar óut*** 《米》誓言して出してもらう: ~ *out* a warrant (for a suspect's arrest) (容疑者の逮捕)令状を宣誓の上で出してもらう. (*c*1665) ***swéar up and down (that)*** 《米》…だと断言する, 言い張る (《英》 swear blind (that)).

— *n.* **1** 誓い, 誓約 (oath, swearword). **2** 《口語》ののしり, 悪口; ののしりの言葉: relieve one's feelings by a hearty ~ 思いきりののしってさっぱりした気持ちになる.
~·er /swéᵊrə | swéərə[r]/ *n.* 〖OE *swerian* < Gmc **swarjan* (G *schwören*) ← IE **swer-* to speak: cf. answer〗

swear·ing /swéᵊrɪŋ | swéər-/ *n.* **1** 宣誓; 誓言. **2** ののしり, 悪たれ口 (⇨ blasphemy SYN). 〖*c*1200: ⇨ -ing[1]〗

swéaring-ín *n.* 宣誓就任(式).

swéar·wòrd *n.* 不敬の言葉, 罰当たりの[卑猥な]言葉, 悪口, ののしり. 〖1883〗

sweat /swét/ *n.* **1 a** 汗 (perspiration): be running [dripping, covered] with ~ 汗をたらして[流して, いっぱいかいて]いる / wipe the ~ off one's brow 額の汗をふく. **b** 汗を流すこと, 一汗かくこと, 発汗(状態); (医療処置などで)発汗させること, 発汗作用; [a ~] ひとしきりの汗, 一汗(ひとあせ): in *a* ~ 汗をかいて, 汗だくになって / A good ~ often cures a cold. うんと汗をかくとよく風邪が治る / A ~ will do him good. 一汗かくとよくなるだろう / ⇨ cold sweat. **c** [しばしば *pl.*] (運動・病気などでの)異常な発汗: night ~*s* 寝汗. **2** (物の表面に出る)汗, 水蒸気, 水滴, 結露 (condensation): walls covered with ~ 全面結露した壁. **3** [*pl.*] =sweat suit, sweatpants. **4** 《口語》不安, いらだち (anxiety): be in a ~ 心配[いらいら]している / get in [into] a ~ 心配[いらいら]する / He is in a terrible ~ about it. そのことでひどくいらいらしている. **5** 骨の折れる[つらい]仕事; 骨の折れること, つらさ: a horrible [an awful] ~ ひどく骨の折れる仕事 / I cannot stand the ~ of it. その骨折りにはとても耐えられない. **6** [old ~ として] =old sweat. **7** 発汗剤 (sudorific). **8** (たばこなどを)汗をかかせて発酵させること. **9** 〖競馬〗(出走の前に行う)馬の予備運動, 練習走り, 試走.

áll of a swéat 《口語》汗だくになって; ひやひやして. (1791) ***be in a cóld swéat*** 冷汗をかく; ひやひや[びくびく]する. (1706) ***by [in, with] the swéat of one's brów [fáce]*** 額に汗して; 正直に働いて (cf. *Gen.* 3:19). (1535) ***nò swéat*** 《口語》(cf. no PROBLEM) (1) 容易に, 楽々と. (2) [間投詞的に] 平気だ, 何でもない, 平ちゃらだ. (1955)

— *v.* (~ 《米》, ~**·ed**) — *vi.* **1** 汗をかく, 汗ばむ, 発汗する (perspire): ~ with fear [emotion] 恐ろしさのあまり[感極まって](冷)汗をかく / ~ at night 寝汗をかく / ~ from a nightmare 悪夢にうなされて寝汗をかく / ~ profusely [heavily] ぐっしょり汗をかく. **2** 〈壁・窓などが〉露を結ぶ, 表面に水玉[水滴]がたまる, 汗をかく, 結露する: The walls began to ~ after the rain. 雨のあと壁は汗をかき始めた. **3** 〈たばこの葉などが〉発酵する (ferment). **4** 《口語》汗を流して[精出して]働く; (低賃金で)酷使され, 搾取される: ~ at one's job 精を出して仕事をする. **5** 《口語》ひどい目に遭う, ひどく苦しむ, 不安になる: You shall ~ for it. 後でひどい目に遭うぞ 《後悔するな》. **6** 分泌物が滲(にじ)出する. **7** 《古》罰を受ける, 罰せられる. — *vt.* **1** 〈汗・水分を〉出す, 流す; (表面などから)〈滴・水滴などを〉したたらす, にじみ出させる. **2** 〈人・馬などに〉汗をかかせる, 発汗させる: ~ a horse 馬に汗をかかせる / ~ a patient 〈医者が〉患者に発汗療法を施す. **3 a** 汗をかいて[出させて]〈体重を〉なくさせる[減量する] 〈*away*, *off*〉: ~ *off* a pound in a sauna サウナ風呂で汗を出して 1 ポンド体重を減らす. **b** 発汗させて〈風邪などを〉なくす[治す] 〈*out*〉: ~ *out* a cold 汗をかいて風邪を治す. **4** 汗でぬらす[汚す]: ~ one's collar. **5 a** (製造過程の一つとして)汗をかかせる, 湿気を帯びさせる. **b** 〈たばこの葉などを〉発酵させる (ferment). **6** 〈労働者を〉酷使する, こき使う. **7** 汗水たらして稼ぎ出す, 苦心してつくり出す[得る]. **8** (袋などに入れて振り動かし摩擦させて)〈貨幣・特に金貨〉から粉末を取る: ~ gold coins. **9** 《俗》 **a** 〈人から〉〈金銭を〉ゆする, 巻き上げる 〔*from*〕. **b** 〈人〉から金を巻き上げる. **10** 《口語》 **a** 厳しく尋問する; 拷問する. **b** (尋問して)〈自白を〉強要する: The policeman ~*ed* a confession *out of* him. 警官は彼を厳しく尋問し自白を強要した. **11** 《米口語》〈ある事〉に気をもむ, 心配する: Don't ~ the small stuff. つまらぬことに心配するな / ⇨ SWEAT *it*. **12** 〖冶金〗 **a** 加熱して可溶物を分ける. **b** 〈はんだなどを〉溶解するまで熱する. **c** (はんだをつけてから)〈金属部を〉加熱接合する. **13** 〖料理〗〈野菜や肉を〉とろ火でいためたり[蒸したり]して汁を出す.

swéat blóod ⇨ blood 成句. ***swéat dówn*** 《米俗》ひどく圧縮する. ***swéat it*** 《米口語》(1) 気をもむ, 心配する; いらいらする: Don't ~ *it*. 気に[心配]するな. (2) = SWEAT *it out*. ***swéat one's gúts òut*** ⇨ gut 成句. ***swéat it óut*** 《口語》(1) (最後まで)がまんする[がんばる], 持ちこたえる. (2) 激しい運動をする. (1876) ***swéat óut*** (1) ⇨ *vt.* 3 b. (2) 《米俗》心配して待ちわびる. (3) 《米俗》〈問題などを〉苦労して解く[解決する], 〈目的などを〉苦心の末[じっとがまんして]やりとげる.

~·less *adj.*
〖v.: OE *swǣtan* < Gmc **swaitjan* (Du. *zweeten* / G *schwitzen* to fuse) ← **swaitaz* (OE *swāt* / G *Schweiss*) ← IE **sweid-* sweat (L *sūdor* / Gk *hidrṓs*). — n.: (?*a*1200) *swe(e)t* ← (v.) ← *swote* < OE *swāt*〗

swéat·bànd *n.* **1** (帽子の内側につけた)覆革(すべりがわ). **2** (額・手首の)汗止めバンド. 〖1891〗

swéat bèe *n.* 〖昆虫〗コハナバチ 《汗によって引き寄せられるコハナバチ科の数種のハチの総称》. 〖1894〗

swéat·bòx *n.* **1 a** たばこの葉[いちじく, 干しぶどう]の発酵装置. **b** (動物の)生皮の発汗室. **2 a** 囚人懲罰部屋[独房]. **b** 訊問室. **3** 豚の速成飼育おり. **4** 発汗室. 〖1870〗

swéat clòth *n.* 汗ふき 《布・ハンカチ》. 〖1872〗

swéat còoling *n.* 〖航空・宇宙〗しみ出し冷却 《ロケット・ノズルなど高温にさらされる部分に冷却液をしみ出させて行う冷却法》. 〖1948〗

swéat·ed /-ṭɪd | -tɪd/ *adj.* **1** 悪条件の[低賃金]下で働かされる: ~ labor 被搾取労働, 低賃金労働(者たち). **2** 苦汗労働制度 (sweating system) のもとで生産された: ~ goods. 〖(1883): ⇨ -ed 1〗

swéat èquity *n.* 《米》労働提供により得た所有権 《入居者が住居として維持していくための労働力を提供することを前提として荒廃住宅に低賃金で居住させ最終的にその所有権を与える政策に関していう》; (住居に対する)提供労働; (労働提供により生まれた住居の)付加価値. **swéat-èquity** *adj.* 〖1966〗

sweat·er /swéṭə | -tə[r]/ *n.* **1 a** セーター. **b** (運動競技用の)厚地のセーター 《もとは汗をかかせて体重を減らすために用いた》. **2 a** 汗をかく人[物]. **b** 汗をかかせるもの, 発汗剤 (sudorific). **3** 従業員をこき使う雇い主, 低賃金で従業員を酷使する人; 労働搾取者 (cf. sweating system). **4** 《口語》骨の折れる[つらい]仕事 (cf. sweat *n.* 5). 〖(*a*1529): ⇨ -er[1]〗

swéater gìrl *n.* 《口語》(通例体にぴったりしたセーターを着ている)バストの発達した若い女性. 〖1940〗

swéat glànd *n.* 〖解剖〗汗腺. 〖1845〗

swéat·hòuse *n.* =sweat lodge.

swéat·ing-bàth /-ṭɪŋ- | -tɪŋ-/ *n.* 蒸し風呂. 〖1617〗

swéating-ròom *n.* (蒸し風呂・チーズ乾燥用などの)発汗室. 〖1741〗

swéating sìckness *n.* **1** 《廃》〖病理〗粟粒(ぞくりゅう)熱 《15–16 世紀に流行した伝染性発汗性熱病; cf. miliary fever》. **2** 〖獣医〗アフリカ南部の子牛の熱性疾患. 〖1502〗

swéating sỳstem *n.* [the ~] 苦汗労働制度 《家内労働者など未組織労働者に対して不健康な環境において低賃金で長時間の労働を強制する制度》. 〖*a*1851〗

swéat·lèt *n.* (手首の)汗止めバンド.

swéat lòdge *n.* (アメリカインディアンの)スチームバス (sweathouse). 〖1973〗

swéat·pànts *n. pl.* 《米》スウェットパンツ 《冷えを防ぎ, 運動中発汗を促すためにはく緩やかなズボン》. ⇨ training pants 日英比較.

sweat·shirt /swétʃə̀ːt | -ʃɜ̀ːt/ *n.* スウェットシャツ 《運動選手が冷えを防ぐために競技の前後に着る厚地のゆったりした長袖のシャツ; 綿ジャージー製で裏が起毛されている》. ⇨ trainer 日英比較. 〖1964〗

swéat·shòp *n.* 苦汗労働工場《苦汗労働制度 (sweating system) の行われている工場》.〖1892〗
swéat sòck *n.* [通例 *pl.*]《米》スウェットソックス《汗を吸いやすい厚手のスポーツ・レジャー用のソックス》.
swéat sùit *n.* スウェットスーツ《sweatpants と sweatshirt から成る一組の運動着》.〖1929〗
sweat·y /swéṭi | -ti/ *adj.* (**sweat·i·er; -i·est**) **1 a** 汗まみれの, 汗びっしょりの; 汗臭い. **b** 汗のような. **c**〈缶・グラスなどが〉汗をかいたような. **2** 汗をかかせる: a ~ day. **3** 骨の折れる (laborious). **swéat·i·ly** /-ṭəli, -ṭḷi | -tḷi, -tɪli/ *adv.* **swéat·i·ness** *n.*〖(*c*1380): ⇨ -y¹〗
Swed.《略》Sweden; Swedish.
Swede /swíːd/ *n.* **1** スウェーデン人. **2**〖Sweden から Scotland に輸入されたのにちなむ〗[しばしば s-]《英》〖植物〗カブハボタン《Swede turnip ともいう; ⇨ rutabaga 1》.〖(1614) ▭ MLG & MDu. ─ ▭ ? ON *Svíþjóð* ← *Svíar* Swedes + *þjóð* people〗
Swe·den /swíːdn/ *n.* スウェーデン《Scandinavia 半島東部の王国; 面積 449,793 km²; 首都 Stockholm; 公式名 the Kingdom of Sweden スウェーデン王国; スウェーデン語名 Sverige》.〖(1503) ▭ MDu. & MLG ~〗
Swe·den·borg /swíːdnbɔ̀ːəg | -bɔ̀ːg; *Swed.* svèːdenbɔ̀rj/, **Emanuel** /emǽnuːel/ *n.* スウェーデンボリ《1688–1772; スウェーデンの神秘主義哲学者・神学者・科学者; 本名 Emanuel Svedberg》.
Swe·den·bor·gi·an /swìːdnbɔ́əʤiən, -ʤən, -giən | -bɔ́ː-ˊ/ *adj.* スウェーデンボリ(学説)の. **—** *n.* スウェーデンボリ派の人, スウェーデンボリの神秘説信奉者《この人々の集団を New Jerusalem Church といった》.〖(1791) ↑〗
Swè·den·bór·gi·an·ism /-nìzm/ *n.* (*also* **Swe·den·bor·gism**) スウェーデンボリの学説.〖(1807): ⇨ ↑, -ism〗
Swéde sáw *n.*《主にカナダ》スウェーデンのこぎり《手挽きのこの一種で, 弓形の管状フレームがある》.〖1934〗
Swéde túrnip, s- t- *n.*〖植物〗=rutabaga 1.〖1851〗
swedge /swéʤ/《スコット・口語》*n.* けんか, 口論. **—** *vi.* けんか[口論]する.〖← ?: SWAG との関係を想定する説もある〗
Swed·ish /swíːdɪʃ | -dɪʃ/ *adj.* **1** スウェーデンの; スウェーデン風[式, 流]の. **2** スウェーデン人[語]の. **—** *n.* **1** スウェーデン語《ゲルマン語派の北ゲルマン語群に属する; 略 Swed.; cf. Old Swedish》. **2** [the ~; 集合的] スウェーデン人.〖(1632): ⇨ -ish¹〗
Swédish gymnástics [éxercises] *n. pl.*〖スポーツ〗スウェーデン体操《P. H. Ling (1776–1839) の考案, 近代の各種体操形式の母体となった》.〖1890〗
Swédish masságe *n.* (スウェーデン体操を応用した)スウェーデン式マッサージ.〖1911〗
Swédish míle *n.* スウェーデンマイル《スウェーデンで現用の長さの単位; =10 km》.
Swédish móvements *n. pl.*〖スポーツ〗スウェーデン式運動《衛生・治療を目的とする筋肉運動》.
Swédish túrnip *n.*〖植物〗=rutabaga 1.
Swee·ney /swíːni/ *n.* [the ~] **1**《英俗》(警察の)特別機動隊 (flying squad)《the Sweeney Todd ともいう》. **2** [しばしば s-]《俗》特別機動隊員.〖(1936)《押韻俗語》: ↓〗
Swéeney Tódd *n.* スウィーニー トッド《英国の伝説の登場人物で, 客ののどを切り裂いて殺し, 死体をミートパイにするべく売り払う悪魔の床屋 ('demon barber of Fleet Street')》.
swee·ny /swíːni/ *n.* (*also* **swee·ney** /~/)《米》〖獣医〗(馬の肩の)筋肉萎縮(いしゅく), 筋萎縮症.〖(1813) ? ← Penn.-G. *Schwinne* ← (v.) to waste away〗
sweep /swíːp/ *v.* (**swept** /swépt/) **—** *vt.* **1 a** 掃除する 〈*out*〉 (⇨ clean SYN): ~ (*out*) a room, chimney, etc. / ~ a road / ~ a kitchen [house] clean 台所[家]をきれいに掃除する. **b** 〈ちり・ほこりなどを〉払う, 掃(は)く 〈*away, up, off*〉: ~ *away* dust, rubbish, snow, etc. / ~ *up* the mess 散らかっているものを掃き(集めて)取る / ~ the dirt *off* (the floor [the table]) (床[テーブル]の)ごみを掃き取る / ~ the crumbs *into* a dustpan パンくずをちりとりに掃き入れる / ~ everything *into* one's net 何でも自分のもとに取り込む; 欲張る / I *swept up* all the documents and ran off with them. 書類をかき集めて持って逃げた. **c** 掃いて〈通り道などを〉作る: ~ a passage *through* the snow 雪を掃きのけて通路を作る. **2 a** さっと動かす, さっと払う: ~ one's brush *across* a canvas 絵筆をカンバスにさっと走らせる / ~ one's hand *through* one's hair 髪を手でとかす / ~ the chessmen *off* the board チェスの駒を盤からさっと払う. **b** さっと通る, さっとなでる; 〈衣服(のすそ)が〉…の上をすっと引きずる: a searchlight ~*ing* the sky 空をさっと横切る探照灯の光 / Willow branches *swept* the surface of the water. 柳の枝が水面をさっとなでた / Her dress *swept* the floor. 彼女の服のすそが床の上を引いて行った. **3 a** 〈手・指・人が〉〈楽器などを〉かき鳴らす: Her hands *swept* the keyboard. 彼女の手はなでるように鍵盤を打った / His fingers *swept* the strings of the guitar. 彼の指はギターの弦をかき鳴らした. **b** 楽器をかき鳴らして〈音楽を〉奏でる. **4 a** 見渡す, 見回す: ~ the faces of an audience with a glance 一目でさっと聴衆の顔を見渡す / ~ the horizon with one's binoculars 双眼鏡で地平線を見渡す / His eyes *swept* the room. 彼の視線が部屋の中をぐるっと一渡り走った. **b** (見渡すために)〈目・望遠鏡などを〉ぐるっと動かす. **c** 徹底的に捜す, くまなく見回る (roam): The Coast Guard *swept* the harbor (for sings of the enemy). 沿岸警備隊は(敵の気配を求めて)湾内をくまなく回った. **5 a** 〈波・急流・なだれ・風などが〉押し流す, 洗い流す 〈*along, away, down*〉; 吹き飛ばす 〈*away, off*〉; (押し流すように)運び去る: The flood *swept away* the bridge. 洪水が橋を押し流した / A gust *swept* his hat *off* (his head). 一陣の突風で彼の帽子が吹き飛ばされた / He *swept* his audience *along with* him. 彼は聴衆の人気をさらった / They were *swept along* in the crowd [excitement]. 彼らは群衆にもまれて[興奮して]行った / The election *swept* him *back* into power. 選挙の結果彼は再び政権の座に返り咲いた. **b**〖スポーツ〗〈シリーズ戦などに〉全勝[完勝]する: ~ a series [doubleheader] シリーズ戦[ダブルヘッダー]に連勝する. **c** 〈選挙〉に圧倒的に勝つ; 〈ある地区〉の選挙に大勝する: ~ an election / ~ a constituency 選挙区で大勝する / The Democrats *swept* the nation. 民主党が全国で圧倒的勝利を得た. **6 a** 〔不必要なものを〕…から一掃する, 取りのける (clear)〔*of*〕: ~ the sea clear [clean] *of* enemy ships [mines] 海から敵艦[機雷]を一掃する / ~ the country *of* crime 国内から犯罪を一掃する. **b** 〈水域〉から機雷を除去する: ~ a channel 海峡を掃海する. **7** 〈激浪が〉〈甲板を〉洗う; 〈風・火災・洪水などが〉〈ある地域を〉吹き通る, 吹きまくる, 焼き尽くす, 襲う, 荒らす; 〈疫病・騒乱などが〉…に荒れ狂う, 蔓延する; 〈流行などが〉風靡(ふうび)する: Heavy seas *swept* the deck. 激浪が甲板をざっと洗った / A typhoon *swept* the island. 台風が島中を吹き荒れて通った / The fire *swept* the downtown area. 火は商業地区をなめ尽くした / the political campaign now ~*ing* China 目下中国を席捲中の政治運動 / Cellphones are ~*ing* the country. 携帯電話が全国に大流行している / A sense of earthquake *swept* the country. 激しい怒りの感情が国中に渦巻いた. **8** すらりと[あでやかに]〈お辞儀を〉する: She *swept* him a bow [curtsy]. 彼にしとやかにお辞儀をした. **9** 〈川・池などの底を〉さらう (drag): ~ a lake *with* a dragnet 引き網で湖底をさらう. **10**〖陸軍〗〈砲列・砲台などが〉〈ある区域を〉掃射できる位置を占める (command), 掃射する (rake): The battery *swept* the whole field. 砲列が原野を一面に睥睨(へいげい)していた. **11**〖海事〗〈はしけ・帆船などを〉長柄のオールでこぐ (cf. *n.* 16 a). **12** 〈部屋・電話線などの〉盗聴装置の有無を調べる. **13** 〈線・区域の範囲などを〉描く, トレースする. **14**〖クリケット〗〈ボールを〉スイープで打つ (cf. *n.* 22).
— *vi.* **1** 掃除する, 掃く, 払う, きちんと掃除する / A new broom ~*s* clean. ⇨ broom *n.* 1. **2 a** さっと動く, さっと行く, さっと過ぎる: Children *swept in* [*out*]. 子供たちがさっと中へ入ってきた[外へ出て行った] / The car *swept past* [*around* the corner]. 車はさっと通り過ぎて[町角を回って]行った / The conservatives *swept in* [*into* power]. 保守党が再び政権の座に戻った. **b** 〈雨などが〉勢いよく降る, 〈風が〉吹きまくる, 〈情報などが〉駆け巡る, 〈疫病が〉猛威をふるう, 〈軍隊などが〉襲う: A strong wind *swept along* (the street). 強い風が(通りを)さっと吹き抜けていった / The flame *swept on*. 火はどんどん広がっていった / The rain *swept down* in torrents. 雨が滝のように降った / An epidemic *swept through* the country. 疫病が国中に蔓延した / The cavalry *swept down* on the enemy. 騎兵隊は敵に襲いかかった. **c** 〈感情が〉襲う: Concern *swept into* her eyes. 彼女の目に心配の色が浮かんだ / He felt fear ~ *over* him. 恐怖がわが身を襲うのを感じた / A sense of outrage *swept across* the country. 激しい怒りの感情が国中を駆け巡った. **3 a** 〈正装した女性などが〉衣服のすそを引いて歩く; 〈衣服などが〉すそを引く (trail). **b** あたりを払って堂々と進む[出る]: She *swept into* [*from, out of*] the room. あたりを払うように堂々と部屋に入ってきた[から出て行った]. **4** 〈平野・海岸・道などが〉広がる; 〈山が〉すそを引く; 〈道路が〉曲線を描いている: The plain ~*s away* to the sea. 平野ははるか海まで広がっている / A flight of curving stairs ~*s up* to the floor above. 階段が弧を描いてずっと階上へ続いている. **5** 〈目が〉届く, 見渡す: as far as the eye can ~ 目の届く限り / His eyes [glance] *swept* slowly *around* the room. 彼の視線がゆっくりと部屋を一巡した. **6**〖クリケット〗ボールをスイープで打つ (cf. *n.* 22).
swéep áll [éverything] befóre one 破竹の勢いで進む, 向かうところ敵がない; 阻まれることなく大成功を収める. ***swéep alóng*** (*vt.*) 押し流す; 〈群衆などが〉〈人を〉押しやる; 〈熱意などが〉〈人を〉押し動かす (cf. *vt.* 5 a). (*vi.*) ⇨ *vi.* 2 b. ***swéep asíde*** (1) さっと払いのける: ~ the curtains *aside* カーテンをさっと両脇へ開く. (2) 〈批判・反対などを〉一蹴する: ~ *aside* criticism, doubts, objections, etc. (1908) ***swéep awáy*** (*vt.*) (1) ⇨ *vt.* 1 b, 5 a. (2) 〈制度・習慣などを〉すみやかに廃止する: ~ *away* inequality [corrupt practices, all obstacles in one's path] 不平等[汚職, 通り道の障害物]を一掃する. (3) [通例 p.p. 形で] (感情的に)圧倒する: He was *swept away* by her charm. 彼は彼女の魅力に圧倒された. (*vi.*) ⇨ *vi.* 4. (1560) ***swéep báck*** 〈髪を〉後ろの方になでつける (cf. swept-back 1): have [wear] one's hair *swept back* 髪が後ろになでつけてある. ***swéep ìnto [tò] pówer [víctory]*** (*vi.*) 〈政党などが〉楽勝して[圧倒的人気で]政権につく. (*vt.*) 〈政党などを〉圧勝させて政権につかせる. ***swéep óff*** (1) ⇨ *vt.* 1 b, 2 a, 5 a. (2) 〈疫病などが〉〈多数の人〉の命を奪う: ~ *off* thousands. (3) =SWEEP away (3). ***swéep a person òff his féet*** ⇨ foot 成句. ***swéep óut*** (*vt.*) 〈部屋などを〉きれいに掃除する; 〈船などを〉(沖に)押し流す. ***swéep the bóard*** (1) (卓上の)賭金を全部さらう. (2) 賞品(など)を一手に占める, 圧勝する. (1680) ***swéep ùnder the cárpet [rúg]*** ⇨ carpet 成句. ***swéep úp*** (*vt.*) (1) 〈床・部屋などを〉掃く; 〈ごみなどを〉掃き集める; 〈小銭などを〉かき集める. (2) 〈子供などを〉さっと抱き上げる. (3) =SWEEP *back*. (*vi.*) (床・部屋などを)掃く. ***swépt and gárnished*** 掃き清め飾り立てて (cf. *Matt.* 12: 44; *Luke* 11: 25).
— *n.* **1 a** 掃くこと, 掃除: give a room a good ~ (out) 部屋をきれいに掃除する. **b** 一掃, 全廃: ⇨ *make a clean* SWEEP *of*. **c** (水域の)掃海. **2** (土地の)広がり, 連続, 一帯 (stretch); (及ぶ)範囲, 区域 (range): the great ~ of the plains 広々と展開する平原 / within [beyond] the ~ of the telescope [the eye, human intelligence] 望遠鏡[目, 人知]の及ぶ範囲内[及ばない所]に / a full 360° ~ 360 度全面の広がり / The subject is stupendous in its ~. この問題は及ぶ範囲がきわめて広い. **3**〖軍事〗**a** (特定区域の)偵察, 査察 (reconnaissance); 哨戒 (patrol). **b** 攻撃, 掃射 (attack); 掃討; (一編隊機による敵地上空の)掃飛: make [carry out] artillery and aerial ~*s* 砲兵隊と空軍による一斉射撃を行う. **4** (風・水などの)速く強い継続的な流れ; 吹きつけ, 吹きまくり: the ~ of the wind, waves, etc. **5** 進歩, 発達, 前進: the onward ~ of civilization 文明の進歩. **6 a** (手・刀・オール・大鎌(おおがま)などを)さっと動かすこと, 一振り, 一薙(な)ぎ: a ~ of the oar オールの一漕(こ)ぎ / with [in, at] one [a] ~ 一撃で, 一挙に, 一遍に / with a ~ of one's hand [sword, scythe] 手[刀, 大鎌]を一振り振って. **b**〖天文〗掃天 (彗星(すいせい)などを発見するために望遠鏡で空を規則的に見回すこと). **7** (衣服などの)すそを引くこと. **8 a** 長く緩やかな曲線, 曲がり, 湾曲: the graceful ~ of her hair [the arch] 彼女の髪[アーチ]の優雅で緩やかな曲線. **b** 緩やかな曲線状の階段. **c** 曲がった道; (特に, 門内の)馬車回し, 車寄せ (driveway). **9** 掃除人夫, (特に)煙突掃除人 (chimney-sweep): (as) black as a ~ (煙突屋みたいに)真黒で. **10** [通例 *pl.*] 掃き寄せた[集めた]もの; (特に)金銀細工工場のやすりくず. **11** はねつるべ; (はねつるべの)さお (cf. shadoof). **12** 風車の羽根. **13 a** (選挙などでの)大勝, 圧勝. **b** (コンテスト・競技などでの)連勝, 全勝, 完勝; 賞の独占: a clean ~ *for* Japan 日本勢の圧勝 / a ~ of the three highest places 上位三つの独占. **14**《口語》=sweepstakes. **15**〖農業〗(耕運機の三角形の)除草づめ. **16**〖海事〗**a** 長柄のオール《はしけでまたは凪(なぎ)の時など帆船で立って漕ぐ》. **b**《豪》長柄のオールでサーフボートをあやつる人. **c** 掃海索. **17**〖トランプ〗**a** (whist で) 総取り, 完勝《13 組全部取ること; cf. slam²》. **b** (casino で) 場札一掃《卓上の札を一度に全部取ること; 役点 1 がつく》. **18**〖金属加工〗=sweeping board. **19**〖アメフト〗=end run 1. **20**〖電子工学〗**a** 掃引《ブラウン管の輝点の位置を規則的に動かすこと》. **b** 掃引を起こす電圧[電流]. **21**〖航空〗=sweepback. **22**〖クリケット〗スイープ《ひざを曲げてバットを水平に振ってボールを打つ打法》. **23** [通例 *pl.*]《口語》〖テレビ・ラジオ〗**a** 視聴率調査. **b** 視聴率調査期間.
dò a swéep of =make a SWEEP *of*. ***màke a cléan swéep of*** (1) …を一掃[全廃]する; 〈古物などを〉一まとめに処分する; 〈従業員・組織などを〉大整理する; 〈負債などを〉さっぱりと清算する. (2) …の完全勝利を得る, …に圧勝する. (1848) ***màke [dò] a swéep of*** …を捜索する; …を見回す.
〖v.: (*a*1325) *swepe(n)* ← OE *swēop* (pret.) ∽ *swōpe(n)* < OE *swāpan*: ⇨ swoop. — n.: (*c*1250) ← (v.)〗
swéep·bàck *n.*〖航空〗後退(角)《水平面における翼の前縁あるいは後縁の後方への傾き(の角度); 単に sweep ともいう》.〖1914〗
swéep chèck *n.*〖アイスホッケー〗スイープチェック《相手競技者からパックを奪い取ること》.
swéep cìrcuit *n.*〖電子工学〗掃引回路, スイープ回路.
sweep·er /swíːpə | -pə(r)/ *n.* **1** 掃除器; じゅうたん掃除器: a lawn ~. **2** 掃除人: ⇨ chimney sweeper. **3** 玄関番, 管理人 (janitor). **4** 掃海艇 (minesweeper). **5**《口語》〖サッカー〗スイーパー《ゴールキーパーの前で守備をする選手》.〖(1440): ⇨ -er¹〗
swéep·fòrward *n.*〖航空〗=ANGLE¹ of sweep-forward.
swéep hànd *n.*〖時計〗=sweep-second.〖1948〗
sweep·ing /swíːpɪŋ/ *adj.* **1 a** 広範囲に及ぶ, 広く見渡す: a ~ glance / have a ~ view of the country 田園を広く見渡す. **b** 広く包括する, 十把一からげの, 大ざっぱな: a ~ generalization [statement] 大ざっぱな概括[所説]. **2 a** 大きな[緩やかな]カーブを描いて動く. **b** 吹きまくる, 押し流す; 破竹の勢いの, すさまじい; 一掃する: with a ~ stroke 一打ちに. **3** 大々的な, 徹底的な, 完全な: a ~ victory 完勝 / ~ changes 全面的[抜本的]な改革 / ~ reductions (特売などでの)大割引. **—** *n.* **1** 掃除; 一掃; 掃滅: give a room a good ~ 部屋の大掃除をする. **2** [*pl.*] (掃き寄せた)ごみくず (rubbish): the ~*s* of the gutter. **~·ly** *adv.* **~·ness** *n.*〖*n.*: (*c*1480). — adj.: (1610)〗
swéeping bòard *n.*〖金属加工〗かき板《断面の半分の型板で, 回転して円柱状の鋳型を作るときに用いる; 単に sweep ともいう》.
swéeping pàttern *n.* =sweep mold.
swéeping scóre *n.*〖カーリング〗スイーピングスコア《目標 (tee) の中心を通る線; ⇨ curling 挿絵》.
swéep mòld *n.* かき型(鋳物).
swéep nèt *n.* **1** 大引き網《sweep seine ともいう》. **2** 捕虫網.〖1605〗
sweep·o /swíːpou | -pəu/ *n.* (*pl.* **~s**) =broomie.
swéep-sàw *n.* 回し引きのこ《曲線を切る刃の薄いのこぎり》.
swéep-sécond *n.*《米》〖時計〗中央秒針 (center-second).〖1948〗
swéep-sècond hànd *n.* =sweep-second.
swéep sèine *n.* =sweep net 1.〖1856〗

S

swéep·stàke *n.* =sweepstakes.

swéep·stàkes *n. pl.* [単数または複数扱い] **1 a** 総賭け競争, 総賭けの勝負事《参加者全員が賞金を出し合って賭う競技; ステークス競馬 (stake(s) race). **b** その賞金. **c** 〘競馬〙宝くじ式賭け競馬《勝馬投票と宝くじを合わせたもの》. **2** (賞金をかけた)勝負, 勝負事. **3** 富くじ, 宝くじ. 〘(*a*1495)》《1773》← SWEEP¹+STAKE²+-s¹〙

sweep·y /swíːpi/ *adj.* (**sweep·i·er; -i·est**) 《詩》(形・動きなど)大きな曲線を描いて伸びる[進む]. 〘《1679》: ⇨ -y⁴〙

sweer /swíə | swíə(r/ *adj.* 《スコット・北英》 **1** のろい; 怠惰な (indolent). **2** 気の進まない (reluctant). 〘OE *swǣr(e)*, *swār* grievous ← Gmc **swǣr(j)a-* (G *schwer*) ← IE **swer-* heavy: cf. serious〙

sweet /swíːt/ *adj.* (~·er /-tə | -tə(r/; ~·est /-tɪst | -tɪst/) **1 a** (砂糖・蜂蜜などのように)甘い, 甘みの: ~ cakes / ~ stuff [things] 甘い物, 菓子類 / It tastes rather ~. 甘過ぎる / She likes her tea ~. 紅茶に砂糖をたくさん入れたのが好きだ. **b** 〈酒が〉甘口の, 甘みの強い (↔ dry); 〈カクテルが〉スイートな: ~ sherry [wine] / a ~ Manhattan. **2 a** 香りのよい, 芳香の (fragrant): a ~ flower / a ~ smell よい香り / The graden is ~ with roses. 庭はばらの香りが立ち込めている / It smells ~. いい香りがする. **b** 味のよい, おいしい: ~ dishes おいしい料理. **c** 〈音・声など〉調子のよい, 甘美な, 快い (melodious): a ~ voice / ~ music / ⇨ sweet singer / Her voice sounds ~. 彼女は声がいい. **d** (見た目に)柔らかな, ぎらぎらしない; 美しい: a ~ color, sight, etc. **e** 《口語》きれいな (pretty), かわいらしい (lovely), 魅力的な (charming): a ~ face 美しい顔 / a ~ young thing かわいらしい娘 / ~ sixteen (鬼も十八の)娘盛り. ★ 特に, 女性語として: What a ~ mustache! まあ, なんて魅力的なおひげだこと / Doesn't this hat look ~? この帽子すてきじゃない. **3 a** 快い, 気持ちのいい, 楽しい, 愉快な (delightful): ~ sleep 快い睡眠 / ~ love 甘い恋 / ~ toil 好きでする仕事 / a ~ hour of prayer 静けき祈りの時《賛美歌の文句》/ It is ~ to hear oneself praised. 人に褒められるのは気持ちがいいものだ / Life [Revenge] is ~. 《諺》人生[復讐]は楽しい / the ~ smell of success 成功の甘美な香り. **b** (親切・同情心があって)優しい, 気立てのいい, 親切な (amiable, kind); しとやかな (gracious): a ~ temper 優しい気質, 気立てのよさ / a ~ woman [smile] 優しい女性[微笑] / ~ words 親切な言葉 / a ~ manner しとやかな態度. ★ 特に, 女性語として: He was very ~ *to* me. 私にとても親切にしてくれたわ / That's ~ *of* you. ほんとにお優しいのね / How ~ *of you to* let me come! お招き下さって本当にありがとう. **4 a** 最愛の, いとしい (dear): one's ~ wife 最愛の妻 / ~ one [呼び掛けとして] あなた, まあお前. **b** 《古》[呼び掛けとして] 敬愛する (respected). **5** 甘ったるい, 感傷的な (sentimental); (甘ったるくて)鼻につく (cloying). **6 a** 嫌な味[臭い]のついていない, 腐っていない (wholesome, fresh) (cf. sour 2): Is the milk still ~? 牛乳はまだ大丈夫ですか. **b** 塩気のない (not salted [salty]); 硬水でない, 淡水の (fresh) (cf. salt 1 a): ⇨ sweet butter / ~ water (新鮮な)真水. **c** 〘農業〙〈土地が〉酸性でない, 耕作に適する (cf. sour 5). **7** 《口語》**a** 骨折らずに操作できる; なだらかに進む: a ~ schooner 操縦の容易なスクーナー船 / It was ~ going. 道路がよくて[車が快調で]気持ちよく進めた / This clutch is real ~ when you step on it. このクラッチはすごく操作しやすい. **b** 腕のいい, 上手な (skillful): a ~ pilot. **c** 見事な, 完璧な: a ~ shot. **8** 《反語》すごい, ひどい (severe) (cf. fine¹ 2 c): You'll have a ~ time persuading him. やつを説得するのは骨だぞ / I gave him a ~ one on the head. 頭に一発がつんと食らわせてやった. **9** 〘化学〙**a** 腐食性[酸性]物質のない. **b** 〈石油・天然ガスなどが〉硫黄化合物を含まない (cf. sour 4). **10** 〘ジャズ〙即興演奏を入れずに一定のテンポでメロディ主体で演奏する. **11** 《豪俗》申し分のない (all right, satisfactory).

at one's own sweet will ⇨ will² 成句. ***be swéet on*** 《口語》…にほれている: He *is* ~ *on* her. 彼女に夢中になっている. 《1740》 ***cléan and swéet*** ⇨ clean *adj.* 成句. ***gò one's own swéet wày*** ⇨ way¹ 成句. ***in one's own swéet wáy [tíme]*** 自分の好きなように[好きなだけ時間をかけて]. ***shórt and swéet*** ⇨ short *adj.* 成句. ***kéep a person swéet*** 《英口語》人に取り入る. ***sickly swéet*** (1) ひどく甘ったるい (cf. sweet *adj.* 5): *sickly* ~ sentimentality ひどく甘ったるい感傷. (2) 胸が悪くなるほど甘い: a *sickly* ~ smell むせ返るような甘いにおい. ***swéet and twénty*** 二十(はたち)の美人 (cf. Shak., *Twel N* 2. 3. 52). 《1601》

sweet spírit(s) of nítre 〘薬学〙亜硝酸エチル酒精剤 (⇨ ethyl nitrite spirit).

— *adv.* (~·er; ~·est) 甘く; 快く.

— *n.* **1 a** [*pl.*] 《英》砂糖菓子, キャンディー (《米》candy) 《ボンボン・ドロップ・トフィー・あめ玉・チョコレートなど》: roll a ~ on one's tongue 舌でキャンディーを転がしながら食べる. **b** 《英》(食事の後で出す)甘い物 (dessert) (cf. savory¹): Is there a ~? デザートはあるんですか / Should the ~ come before or after the savory? デザートはセイボリーより前にしましょうか後にしましょうか. **c** [*pl.*] 《英》(シロップなどで)甘くしたぶどう酒(など). **d** 《米口語》=sweet potato 1. **2** [通例 *pl.*] 気持ちのよい物, 快い物, 楽しみ, 楽しいこと (delights), 快楽, 愉快 (pleasures): the ~*s* and bitters [the ~ and the bitter] of life 人生の苦楽 / taste the ~*s* of victory 勝利の喜びをかみしめる. **3** [通例, one's ~ として, 呼び掛けに用いて] いとしい人, おまえ, あなた (darling): Yes, *my* ~. **4** 甘いこと, 甘さ, 甘み: a palate for ~ and sour 甘い酸いの味覚. **5** 《古》**a** よい香り, 芳香 (fragrance). **b** [*pl.*] よい香りのもの: ~*s* to the sweet 愛らしい乙女にかぐわしい花を (Shak., *Hamlet* 5. 1. 243).
〘OE *swēte* ← Gmc **swōtz*, **swōtjaz* (G *süß*) ← IE **swād-* sweet, pleasant (L *suāvis* pleasant / Gk *hēdús* sweet): cf. suave, hedonic〙

Sweet /swíːt/, **Henry** *n.* スウィート《1845–1912; 英国の音声学者・英語学者; *A Handbook of Phonetics* (1877), *A New English Grammar* (1892–98)》.

swéet álmond *n.* **1** 〘植物〙スイートアーモンド, 甘扁桃 (*Prunus amygdalus* var. *dulcis*) 《いわゆるアーモンド; cf. bitter almond》. **2** 甘扁桃の仁《食用》. 《1719》

swéet álmond òil *n.* 〘化学〙甘扁桃油 (⇨ almond oil 1).

swéet alýssum *n.* 〘植物〙ニワナズナ (*Lobularia maritima*) 《アブラナ科の園芸植物; alison, snowdrift ともいう》. 《1822》

swéet-and-sóur *adj.* **1** (砂糖・酢・レモン汁などに香辛料を加えて)甘酸っぱく調味した, 甘酢の (sweet-sour): ~ pork 酢豚. 《1594》

swéet bálm *n.* 〘植物〙セイヨウヤマハッカ (⇨ lemon balm).

swéet básil *n.* 〘植物〙メボウキ, バジル (*Ocimum basilicum*) 《シソ科メボウキ属の草本; 料理用ハーブとして葉を利用する; 単に basil ともいう》. 《1647》

swéet báy *n.* 〘植物〙 **1** ゲッケイジュ (laurel). **2** アメリカタイサンボク (*Magnolia virginiana*) 《swamp bay, swamp laurel, swamp magnolia ともいう; cf. evergreen magnolia》. **3** =red bay. 《1716》

swéet bírch *n.* 〘植物〙ベツラ レンタ (*Betula lenta*) 《カバノキ科の落葉高木; 北米東部原産》. 《1796》

swéet·brèad *n.* **1** (子牛などの)胸腺(きょうせん)《食用》. **2** 膵臓(すいぞう)《食用; cf. beef bread》. 《1565》

sweet·brier /⸗⸗(⸗)/ *n.* (*also* **swéet·briar**) 〘植物〙ヨーロッパの路傍などに咲く普通の赤色単弁のノバラ (*Rosa eglanteria*) 《eglantine ともいう》. 《1538》

swéet bútter *n.* (新鮮な低温殺菌クリームで作る)無塩バター.

swéet cálabash *n.* 〘植物〙西インド諸島産のトケイソウ (passionflower) の一種 (*Passiflora maliformis*) 《果実は食用になる》. 《1796》

swéet cassáva *n.* 〘植物〙アマカッサバ (⇨ cassava 1).

swéet chérry *n.* 〘植物・園芸〙セイヨウミザクラ, 甘果オウトウ (*Prunus avium*) 《ヨーロッパ原産のオウトウの一種; 果実は黒赤色で甘く生食用; black [dessert] cherry ともいう; 栽培種はハート群 (heart cherries) とビガロー群 (bigarreaus) に分かれる; cf. mazzard 2, sour cherry》. 《*c*1901》

swéet chéstnut *n.* 〘植物〙ヨーロッパグリ (Spanish chestnut). 《1818》

swéet cícely *n.* 〘植物〙 **1** ヨーロッパ産のセリ科の白い花をつけ香りの高い根をもつ植物 (*Myrrhis odorata*) 《葉は料理用香辛料》. **2** アメリカヤブニンジン (⇨ sweetroot 1). 《1668》

swéet cíder *n.* **1** 《米》りんごの果汁, りんごジュース (cf. cider 1, hard cider). **2** 《英》砂糖入りリンゴ酒.

swéet clóver *n.* 〘植物〙シナガワハギ (⇨ melilot). 《1868》

swéet cóltsfoot *n.* 〘植物〙=butterbur. 《1874》

swéet cóneflower *n.* 〘植物〙北米産キク科オオハンゴンソウ属の黄色い花をつける植物 (*Rudbeckia subtomentosa*).

swéet còrn *n.* **a** 〘園芸〙甘味種トウモロコシ, スイートコーン (*Zea mays saccharata*) 《トウモロコシ (Indian corn) の一変種で種子が甘い; sugar corn ともいう》; その種子《食用》. **b** 未熟のやわらかいスイートコーン (green corn) 《食用》. 《1646》

sweet·en /swíːtn̩/ *vt.* **1** (砂糖などを入れて)甘くする: ~ the tea. **2** 〈音・香り・色などを〉よくする, 甘美にする. **3 a** 〈性質・怒りなどを〉和やかにする, 和らげる. **b** 〈悲しみ・労働などを〉軽減する, 軽くする, 減じる. **4** 愉快にする, 楽しくする: ~ life 人生を楽しくする / His company ~*ed* all our pleasures. 彼がいたことは我々の楽しさを増した. **5 a** 〈食物〉の辛みなどを和らげる, 味をなじませる. **b** 〈食物〉の塩味を薄める, 水などで薄める. **c** 〈海水など〉から塩分をとる. **6** 《口語》〘金融〙**a** 〈融資〉の価値を増す. **b** 〈条件などを〉一層魅力的にする[有利にする], …の価値を高める 〈*up*〉. **7** 清める, 消毒する: ~ a room. **8** 〈土壌など〉の酸性度を下げる, 〈胃〉の酸性を弱める. **9** 《英》**a** 《口語》なだめすかす, 懐柔する 〈*up*〉. **b** 《俗》…に賄賂を贈る (bribe). **10** 《俗》〘トランプ〙(poker で)〈場を〉味増しする, 肥やす《前の場が流れた場合, その賭金にさらに場代を追加して次のゲームを始める》. **11** 〘化学〙(悪臭と腐食性を低下させるため)〈ガソリン・天然ガス〉の硫化物を変質させる. — *vi.* **1** 甘くなる; 味がよくなる. **2** 〈香り・音・調子など〉がよくなる, 甘美になる. **3** 愉快になる, 楽しくなる. 〘《1552》: ⇨ -en¹〙

swéetened condénsed mílk *n.* 加糖練乳 (condensed milk).

swéet·en·er /-tnə, -tnə | -tnə(r, -tn-/ *n.* **1** (しばしば人工)甘味料: an artificial ~. **2** 《英俗》賄賂 (bribe). 〘《*a*1649》: ⇨ ↑, -er¹〙

swéet·en·ing /-tnɪŋ, -tn-/ *n.* **1** 甘くすること, 甘みをつけること. **2** (食物などを)甘くする物, 甘味料. 〘《1591》: ⇨ sweeten, -ing¹〙

Sweet·ex /swíːtɛks/ *n.* 〘商標〙スウィーテックス《英国 Crookes Anestan 社製の合成甘味料》.

swéet FÁ *n.* =sweet Fanny Adams.

swéet Fànny Ádams *n.* 《英口語・婉曲》何もないこと (nothing at all) (⇨ Fanny Adams). 《1919》

swéet fénnel *n.* 〘植物〙=Florence fennel.

swéet férn *n.* 〘植物〙北米産ヤマモモ科の低木 (*Comptonia peregrina*) 《葉はシダ状で芳香がある》. 《1654》

swéet·fìsh *n.* 〘魚類〙アユ (⇨ ayu).

swéet flág *n.* 〘植物〙ショウブ (*Acorus calamus*) 《サトイモ科ショウブ属の植物; calamus, sweet rush ともいう》. 《*c*1784》

swéet gále *n.* 〘植物〙ヤチヤナギ (*Myrica gale*) 《湿原に生えるヤマモモ科の小低木; Scotch gale, bog myrtle, sweet willow ともいう》. 《1640》

swéet galíngale *n.* 〘植物〙カヤツリグサ属の一種 (galingale).

swéet gràss *n.* 〘植物〙 **1** =manna grass. **2** セイヨウコウボウ (*Hierochloe odorata*) 《高さ 50 cm ぐらいになるイネ科の多年草; 地下茎はかごを作るのに用いる; Seneca grass, vanilla grass ともいう》. 《1577》

swéet gúm *n.* **1** 〘植物〙モミジバフウ (*Liquidambar styraciflua*) 《北米産マンサク科フウ(楓)属の植物; 樹脂から一種のバルサムを採る; bilsted, red gum, copalm ともいう》. **2** モミジバフウ材《赤褐色でマホガニーの代用として家具に使用される》. **3** モミジバフウから採るバルサム (storax). 《1700》

swéet háw *n.* 〘植物〙=black haw 1.

sweet·heart /swíːthɑ̀ət | -hɑ̀ːt/ *n.* **1** [呼び掛け] かわいい[いとしい]人, おまえ, あなた, ねえ (darling). **2** 恋人, 愛人《特に, 女性; やや古風な語; cf. love 6, lover 1 a, heart 6 b》: one's old ~ 昔の恋人 / America's *Sweetheart* アメリカの恋人《Mary Pickford のこと》. **3** 《口語》とてもいい人, 魅力的な人; すてきな物. — *vi.* 《口語》恋をする, 恋人をもつ; 求婚する (court): go ~*ing* 求愛する. — *vt.* 《口語》…に恋する, 言い寄る. — *adj.* **1** 《米口語》〘労働〙なれ合いの. **2** スイートハートネックラインの. 〘*c*1300〙

swéetheart còntract [agrèement, dèal] *n.* 《米口語》〘労働〙なれ合い賃金協定《労使代表の共謀によってなされる雇用者側に有利な低賃金協定》. 《1946》

swéetheart nèckline *n.* スイートハートネックライン《胸元をハート形に大きくくったネックライン》. 《1968》

swéetheart ròse *n.* 《米》〘園芸〙スイートハートローズ《小さなピンク, 白または黄色の花をつけるポリアンタ系のバラ; つぼみが特に愛らしい》.

sweet·ie /swíːti | -ti/ *n.* 《口語》 **1** [しばしば呼び掛け] 恋人, 愛人, いとしい人 (sweetheart). **2** とてもいい人, 魅力的な人. **3** [通例 *pl.*] 《英》=sweetmeat. **4** スウィーティー《種なしグレープフルーツの一品種》. 〘《1721》: ⇨ -ie〙

swéetie pìe *n.* 《口語》=sweetheart. 《1928》

swéetie·wìfe *n.* (*pl.* **-wives**) 《スコット》 **1** おしゃべりな人. **2** 砂糖菓子を売る女. 〘1: 《1963》. 2: 《1793》〙

sweet·ing /swíːtɪŋ | -tɪŋ/ *n.* **1** 甘いりんごの一品種. **2** 《古》愛人, 恋人 (sweetheart). 〘《*a*1250》: ⇨ -ing³〙

swéet·ish /-tɪʃ | -tɪʃ/ *adj.* **1** やや甘い. **2** 甘ったるい. **~·ly** *adv.* **~·ness** *n.* 《1580》

swéet ítch *n.* 〘獣医〙夏癬(かせん)《馬に発生するアレルギー性慢性皮膚炎》.

swéet Jóhn *n.* 《古》〘植物〙細葉のアメリカナデシコ (sweet william). 〘《1573》: ⇨ John〙

swéet·lèaf *n.* 〘植物〙米国南部産ハイノキ属の植物 (*Symplocos tinctoria*) 《香りのよい黄色の花をつけ染料を採る; horse sugar ともいう》. 《1829》

swéet·lìps *n.* (*pl.* ~) 〘魚類〙 **1** フエフキダイ《フエフキダイ属 (*Lethrinus*) の魚の総称; インド洋・太平洋の熱帯産; 吻(ふん)が突き出ている》, (特に)ハマフエフキ (scavenger). **2** コショウダイ《インド洋・太平洋産イサキ科コショウダイ属 (*Plectorhynchus*) などの魚; 幼魚から成魚にかけての体色・斑紋の変化が著しい; シマコショウダイ (oriental sweetlips) など; sweetlip ともいう》.

sweet·ly *adv.* **1** 甘く; うまく, 味よく. **2** 香りよく, 芳しく. **3** いい音[声]で, 調子よく: sing ~. **4** 人をそらさずに, 愛想よく, 優しく, 親切に: reply [speak] ~. **5** 美しく, 愛らしく (charmingly): ~ pretty. **6** (切れ味などが)よく, 容易に (easily): The saw cuts ~. そののこぎりは切れ味がいい. **7** 気持ちよく, 心地よく; 静かに, なめらかに (smoothly): The bicycle runs ~. 自転車が滑るように走る. 〘OE *swētlīċe*〙

swéet·màn *n.* (*pl.* **-men**) 《カリブ》(女に養われる)ひも. 《1942》

swéet márjoram *n.* 〘植物〙マヨラナ (⇨ marjoram). 《1565》

swéet márten *n.* 〘動物〙マツテン (pine marten).

swéet·mèal *adj.* 〈ビスケットが〉砂糖と全粒粉製の.

swéet·mèat *n.* [通例 *pl.*] 砂糖のたっぷり入った食物; 砂糖菓子 (candy), 果物の砂糖漬け, ボンボン(など). 〘《*c*1480》: cf. OE *swētmettas* delicacies〙

swéet mílk *n.* (バターミルクに対して)新鮮な全乳.

sweet·ness /swíːtnɪs/ *n.* **1** 甘さ, 甘味, 美味; 甘い物: Out of the strong came forth ~. 強き者より甘き物出でたり (*Judges* 14:14). **2 a** 芳香. **b** (音・声の)美しさ, 微妙. **3** 愉快, 快さ. **4** 親切, (心の)優しさ, 柔和. **5** 美しさ, 愛らしさ.

swéetness and líght (1) 甘美と光明, 優美と明知《美と知性の調和で教養の理想》. (2) 温和(な), 優しさ[い]; (打って変わった)愛想のよさ; (いやに)愛想のいい(人): be all ~ *and light* ご機嫌である; 快適である. (3) 和気(あいあい); 友好《Swift, *The Battle of the Books* (1704) の中の句; 後に M. Arnold, *Culture and Anarchy* (1869) において (1) の意に用いられた》.
〘OE *swētnes*〙

Sweet'N Low /swíːtn̩lóu | -lə́u/ *n.* 〘商標〙スイートンロウ《米国 Cumberland Packing 社製のダイエット用人工甘味料》.

swéet nóthings *n. pl.* (ささやかれる)愛の言葉, 睦言(むつごと). 《1900》

S

swéet òil *n.* オリーブ油 (olive oil). 〖*a*1585〗
swéet oleánder *n.* 〘植物〙キョウチクトウ(夾竹桃) (*Nerium indicum*). 〖1886〗
swéet órange *n.* 〘植物〙アマダイダイ (*Citrus sinensis*) 《最も普通の食用オレンジで, blood orange, navel orange などはこの変種》. 〖1785〗
swéet pèa *n.* 〘植物〙スイートピー (*Lathyrus odoratus*) 《マメ科の園芸植物》. 〖1732〗
swéet pépper *n.* **1** 〘植物〙アマトウガラシ (*Capsicum frutescens* subsp. *grossum*). **2** アマトウガラシの果実, シシトウガラシ, ピーマン《肉厚で辛みがない; bell pepper ともいう; cf. green pepper, red pepper, hot pepper》. 〖1923〗
swéet pépperbush *n.* 〘植物〙アメリカリョウブ (*Clethra alnifolia*) 《米国南部原産リョウブ科の芳香性の花が咲く落葉低木》. 〖1814〗
swéet potàto *n.* **1 a** 〘植物〙サツマイモ (*Ipomoea batatas*) (《NZ》 kumera). **b** サツマイモの根茎《食用》. **2** 《口語》オカリーナ (ocarina). 〖1750〗
swéet rócket *n.* 〘植物〙ハナダイコン (dame's violet).
swéet ròll *n.* 《米》 **1** =bun[1] 2. **2** =coffee roll.
swéet·ròot *n.* 〘植物〙 **1** アメリカヤブニンジン (*Osmorhiza longistylis*) 《北米産のセリ科の多年草; sweet cicely ともいう》. **2** カンゾウ (licorice). **3** オーストラリア産キョウチクトウ科の材用の木 (*Alyxia buxifolia*). **4** ショウブ (sweet flag).
swéet rùsh *n.* 〘植物〙 **1** ショウブ (sweet flag). **2** =camel grass. 〖1598〗
swéet-scènted *adj.* 香りのよい, 香気のある, 芳香のある. 〖1591〗
swéet·shòp *n.* 《英》菓子屋 (《米》 candy store). 〖1877〗
swéet sínger *n.* **1** (感傷的な)人気歌手[作家]. **2** 宗教詩人. 〖1560〗
swéet-smélling dáphne *n.* 〘植物〙ジンチョウゲ (⇨ daphne).
swéet·sòp *n.* **1** 〘植物〙バンレイシ (*Annona squamosa*) 《熱帯アメリカ産のバンレイシ科の果樹; sugar apple, custard apple ともいう》. **2** バンレイシの果実 (cf. soursop). 〖*c*1756〗
swéet sórghum *n.* 〘植物〙サトウモロコシ 《*Sorghum dochna* と *S. caffrorum* で多くの変種があり, 糖蜜や砂糖の原料となる; sorgo ともいう》. 〖1867〗
swéet-sóur *adj.* =sweet-and-sour.
swéet spót *n.* 〘スポーツ〙スイートスポット《ラケット・バット・クラブなどのボールが当たると一番よく飛ぶ部分》. 〖*c*1949〗
swéet súltan *n.* 〘植物〙ニオイヤグルマ (*Centaurea moschata*) 《キク科ヤグルマギク属の観賞用多年草; 花は香気があり黄色で美しい》. 〖1706〗
swéet-tàlk 《口語》 *vi.* 甘言を用いる. — *vt.* 甘言でだます, …におべっかを言う (coax): ~ a person *into* working 人をおだてて働かせる. 〖1936〗
swéet tàlk *n.* 《口語》甘言, おべっか (soft soap). 〖1945〗
swéet-témpered *adj.* 気立ての優しい, 柔和な, 人好きのする (amiable). 〖1632〗
swéet tòoth *n.* 《口語》甘い物[菓子]が好きなこと, 甘党: have a ~ 甘い物が好きだ, 甘党だ. **swéet-tòothed** *adj.* 〖*a*1393〗
swéet tréfoil *n.* 〘植物〙=blue melilot.
swéet·veld /swíːtfɛlt/ *n.* 《南ア》よい牧草の生えた放牧地. 〖(1785) (部分訳) ← Du. *zoetveld* 'sweet field'〗
swéet vérnal gráss *n.* 〘植物〙ハルガヤ (*Anthoxanthum odoratum*) 《ヨーロッパ北部・北米などに産するイネ科の芳香に富む多年草; vernal grass ともいう》. 〖1845〗
swéet vibúrnum *n.* 〘植物〙=sheepberry 1.
swéet víolet *n.* 〘植物〙ニオイスミレ (*Viola odorata*) 《ヨーロッパ原産の香りのよいスミレ; English violet ともいう》.
swèet wílliam, s- W- *n.* 〘植物〙アメリカナデシコ, ビジョ(美女)ナデシコ (*Dianthus barbatus*) 《アメリカ産の観賞用多年草; snowflake ともいう》. 〖1562〗
swèet wílliam cátchfly *n.* 〘植物〙ムシトリナデシコ, ハエトリナデシコ (*Silene armeria*) 《葉や茎に粘液があり小虫が付着する; corn catchfly ともいう》.
swéet wíllow *n.* 〘植物〙ヤチヤナギ (sweet gale). 〖1597〗
swéet wóodruff *n.* 〘植物〙セイヨウクルマバソウ(車葉草) (*Asperula odorata*) 《ヨーロッパ産アカネ科の一年草; 花は白, 葉は輪生し乾燥すると芳香に富む》. 〖1800〗
swéet wórmwood *n.* 〘植物〙クソニンジン (*Artemisia annua*) 《強烈な悪臭を放つヨモギ属の雑草》.
sweet·y /swíːṭi | -ti/ *n.* 《英》=sweetie 3.
swell /swɛ́l/ *v.* (~**ed**; ~**ed, swol·len** /swóulən | swə́ʊ-/) — *vi.* **1 a** 〈…(の容積)が〉膨れる, 膨張する, 大きくなる: A tire ~*s* as it is filled with air. タイヤは空気が入ると膨れる. **b** 〈手足・腫物(しゅもつ)などが〉腫(は)れる, 腫れ上がる 〈*up*〉: The boil [injured wrist] ~*ed* (*up*). おでき[怪我した手首]が腫(は)れ(上がった). **c** 〈帆などが〉はらむ, 膨らむ: The sails ~*ed* (*out*) in the wind. 帆は風をはらんで膨らんだ. **2 a** 〈…(の数量・力・強さなど)が〉かさむ, 増える, 大きくなる, 増加する, 増大する: The membership ~*ed to* 100. 会員が増加して 100 名となった / The book has ~*ed* [*swollen*] *to* monstrous size. その本は(ページが増えて)膨大な大きさになった. **b** 〈河川などが〉増水する, 水かさを増す; 〈潮が〉さす: Rain made the river ~. 雨で川が増水した / the ~*ing* tide 上げ潮. **c** 〈音・声などが〉だんだん高く[強く]なる: The murmur ~*ed into* [*to*] a roar. 小声のささやきが高じて怒号となった / The music ~*ed to* a climax. 音楽は高まってクライマックスに達した. **3 a** 〈大波が〉うねる: The sea is ~*ing*. 海は波がうねっている. **b** 〈土地が〉隆起する: The ground ~*s into* an eminence. 土地が隆起して丘になっている. **c** 〈樽・太鼓腹などが〉出っ張る, 突き出る (protrude): A barrel ~*s* in the middle. 樽は胴が膨れている / His paunch ~*ed out* beneath his jacket. 布袋(ほてい)腹が上着の下から出っ張っていた. **4 a** 〈感情が〉湧く, 高まる: Anger [Hate] ~*ed* (*up*) *in* him [his heart]. 怒り[憎しみ]が胸に込み上げた. **b** 〈人・胸が〉(感情で)いっぱいになる, 張り裂けんばかりになる 〔*with*〕: He [His heart] ~*ed* (*up*) *with* grief [anger]. 悲しみ[怒り]で胸がいっぱいだった. **c** 〈泉・涙などが〉湧き出る, あふれ出る. **5 a** 得意になる, 反り返る, 威張る; 得意げに[もったいぶって]話す: ~ like a turkey-cock (七面鳥のように)得意がる (cf. (as) PROUD as a peacock). **b** しゃれ者[名士]ぶる (cf. *n.* 5). — *vt.* **1** 膨らます, 膨張させる (⇨ expand SYN); 腫(は)らす, 腫れ上がらせる: The wind ~*s* the sails. 風が帆を膨らませる / Her eyes were *swollen* with tears. 彼女は目を泣き腫らしていた. **2 a** 〈…(の量・数など)を〉増す, 増大させる, 増やす: ~ the population 人口を増加させる / ~ the ranks of …の数を増す / Their extravagance ~*ed* the expenditure. 彼らの贅沢で出費がかさんだ / a crowd *swollen by* [*with*] curiosity seekers 野次馬でふくれた群衆. **b** 増水させる: The river is *swollen by* [*with*] melted snow. 雪解けで川が増水した. **c** 〈音・声量など〉を次第に高める[強める]: ~ a note 音を高く弾じく[歌う] / ~ the chorus of admiration [disapproval] 賛美[反対]者の群に加わる. **3** [通例 p.p. 形で] 得意にする, 尊大にする, 威張らせる: ⇨ swelled head / a man *swollen with* pride 威張った人 / He is *swollen with* his own importance. 自分が偉いつもりでうぬぼれている.
— *n.* **1 a** (あらしの後などの波の)うねり, 大波: a heavy ~ after the storm / rock in the ~ 〈船が〉大波にもまれる. **b** (次第に高くなっていく土地の)隆起, 丘陵. **2 a** 大きくする[なる]こと, 膨れること; (手足などが)腫れること; 腫れ上がり, むくみ. **b** 膨張, 増加, 増大: a ~ *in* population 人口の増大. **3 a** (音・声などの)高まり, 強まり: the ~ of the organ オルガンの音の高まり. **b** 感情の高まり. **4** 盛り上がり, 膨れた部分, 突出部, 張出し部: the ~ of a pot / the ~ of her breasts 彼女の胸の盛り上がり. **5** 《口語》 **a** ハイカラ, しゃれ者, めかし屋 (dandy). **b** 名士, 大立者 (nob): a ~ in politics=a political ~ 政界の名士 / bishops and other ~*s* 主教その他のお歴々. **c** 名手, 達人, 大家 (expert): a ~ *at* tennis=a tennis ~ テニスの名手 / a ~ *on* birds 鳥類の大家. **6** 〘音楽〙 **a** (音量の)増減; 増減記号 (<, >). **b** (主としてオルガンの)音量増減装置, スウェル部; スウェル手鍵盤(けんばん).
— *adj.* (~·**er**; ~·**est**) 《口語》 **1** 《米》一流の, すばらしい, すてきな (excellent): a ~ hotel [car] 飛び切り上等のホテル[車] / I feel ~. 天にも昇る心地だ / That's really ~! すっごくすてき. **2 a** ハイカラな, しゃれた(服装をした) (stylish): ~ clothes しゃれた服装 / You look ~. 粋な格好をしてるね. **b** 上流の, 身分の高い (distinguished).
〖OE *swellan* < Gmc **swellan*, **swalljan* (G *schwellen*) ← ?〗
swéll bòx *n.* (オルガンの)スウェルボックス《ある音栓のパイプを仕切りで囲い, 正面の格子を開閉して音量を調節する装置》. 〖*c*1801〗
swéll-bútted *adj.* 〈木が〉下部が大きく膨らんだ.
swell·dom /swɛ́ldəm/ *n.* 《口語》上流社会 (high society). 〖(1855): ⇨ swell, -dom〗
swélled *v.* swell の過去分詞. — *adj.* 膨れた; 腫れ(上がった): a ~ column 真ん中が膨らんでいる円柱 / a ~ face 腫れ(上がった)顔. 〖1609-10〗
swélled héad *n.* 《口語》思い上がり, ひどいうぬぼれ: get [have] a ~ ひどくうぬぼれる[うぬぼれている]. 〖1862〗
swélled-héaded *adj.* 《口語》思い上がった, うぬぼれた (conceited), 尊大な (arrogant). **~·ness** *n.* 〖1817〗
swéll·fìsh *n.* 〘魚類〙フグ (globefish). 〖1839〗
swéll frónt *n.* (たんす・家などの)前部凸(とつ)状面《bow front ともいう; cf. bombé》. 〖1860〗
swéll·hèad *n.* 《口語》虚栄心の強い人, うぬぼれ屋, 天狗. **~ed** *adj.* 〖1845〗
swell·ing /swɛ́lɪŋ/ *n.* **1** 〘病理〙腫(は)れ上がり, 腫脹(しゅちょう), 腫大; 腫物(しゅもつ) (tumor). **2 a** 膨らんだもの[部分]. **b** (たるなどの)張り出した部分, 突出部. **c** (土地の)隆起(部) (prominence), 丘陵 (hillock). **d** (波の)うねり. **3** 増大, 増加; (河川の)増水. **4** 膨らませる[膨らむ]こと, 膨張. — *adj.* **1** 膨らむ, 膨らんだ (enlarging); 腫れる, 腫れた: the ~ sails 風をはらんだ帆. **2 a** 〈潮が〉高まる, 高まった: the ~ tide 上げ潮. **b** 〈土地が〉起伏する, 高低のある, 隆起した: the ~ turf 盛り上がった芝生. **3** 突き出た, 張り出した: the ~ sides of a ship 船の張出し部. **4** 〈音・声など〉高まる, 高まった: the ~ roar 高まるどよめき[怒号]. **5 a** 思い上がった, うぬぼれた: ~ in victory 勝って思い上がった. **b** 感情の盛り上がった. **c** 〈言葉など〉誇張的な, 大げさな (bombastic): ~ oratory 美辞麗句をもてあそぶ演説. 〖OE *swelling* (n.), *swellende* (adj.)〗
swéll·ish /-lɪʃ/ *adj.* 《口語》しゃれた, 粋な (stylish). **~·ness** *n.* 〖(1820): ⇨ -ish[1]〗
swéll kéyboard *n.* (オルガンで swell box 装置のついた)スウェル手鍵盤(けんばん).
swéll mób *n.* [集合的] 《英俗》紳士を装った犯罪者[すり]集団. 〖1836〗
swéll-móbsman *n.* (*pl.* **-men**) 《英俗》紳士を装った犯罪者[すり]. 〖1843〗
swéll òrgan *n.* **1** スウェルオルガン《音量増減装置をもつパイプオルガン》. **2** スウェル部《オルガンの機構の中で音量調節が可能な部分; swell box 内の音栓, それに接続する鍵盤(けんばん)などを指す》.
swéll pèdal *n.* 〘音楽〙スウェルペダル《オルガンの音量調節ペダル》.
swel·ter /swɛ́ltə | -tə(r)/ *vi.* **1** 暑さにうだる, うだるように暑い: The city ~*ed* in the desert. 砂漠の中にあってその都市はうだるように暑かった. **2** 汗だくになる. — *vt.* **1** 暑さにうだらせる, 汗だくにする. **2** 《古》〈毒液などを〉汗のように出す, だらだら流す (exude). — *n.* **1** うだるような暑さ, 汗だく(の状態), 炎熱, 炎暑: the ~ of the Indian night インドの夜のうだるような暑さ. **2** 興奮状態.
in a swélter (1) 汗だくで. (2) 興奮して.
〖(*c*1403) *swelt(e)re(n)* (freq.) ← *swelte(n)* < OE *sweltan* to die < Gmc **sweltan* 《原義》? to be overcome with heat ← IE **swel-* to burn (without flame) (Gk *helénē* torch): ⇨ -er[4]〗
swél·ter·ing /-tərɪŋ, -trɪŋ/ *adj.* **1** 暑さにうだっている; うだるような: a ~ day / in a ~ room 暑苦しい部屋で. **2** [副詞的に] うだるほど: a ~ hot day うだるような暑い日. **~·ly** *adv.* 〖1575〗
swel·try /swɛ́ltri/ *adj.* (**swel·tri·er**; **-tri·est**) = sweltering. 〖(1576): ⇨ swelter, -y[4]〗
swept /swɛ́pt/ *v.* sweep の過去形・過去分詞. — *adj.* 〘航空〙〈翼が〉後退角のついた (cf. sweepback): a ~ wing 後退翼. 〖(16C) ~ ∞ ME *swepid*〗
swépt-báck *adj.* **1** 〈髪が〉後ろの方になでつけてある. **2** 〘航空〙 **a** 〈翼が〉後退角 (sweepback) のついた: a ~ wing 後退翼. **b** 〈航空機・ミサイルなど〉後退翼をもった. 〖1914〗
swépt déck *n.* 〘造船〙湾曲式木甲板 (⇨ laid deck).
swépt-fórward *adj.* 〘航空〙〈翼が〉前進角 (sweepforward) のついた.
swépt-ùp *adj.* =upswept.
swépt vólume *n.* =volumetric displacement.
swépt·wíng *adj.* 〘航空〙後退翼 (swept-back wing) のついた. 〖1947〗
swerve /swə́ːv | swə́ːv/ *vi.* **1** (まっすぐな進路から, 急に)それる, はずれる, 曲がる, 方向を変える (turn aside) (⇨ deviate SYN): The bird [ball] ~*d* in the air. 鳥[球]が空中で方向を変えた. **2** 正道を踏みはずす, 曲がったことをする; 〔…から〕はずれたことをする 〔*from*〕: ~ *from* the path of duty 本務からはずれたことをする, 本分を誤る. — *vt.* そらす, はずれさす, 踏みはずさせる, ゆがませる: ~ a ball. — *n.* **1** それること, はずれ, 踏みはずし (deviation); 曲がり, ゆがみ. **2** 〘クリケット〙曲球, カーブ. **swérv·a·ble** /-vəbl/ *adj.* **swérv·er** *n.* 〖(*c*1200) < ? OE *sweorfan* to file away, wipe, rub ← Gmc **swerban* (Du. *zwerven* to rove) to turn〗
swérve·less *adj.* **1** それない, はずれない, 曲がらない. **2** 踏みはずさない, ひたむきな. 〖1863〗
swev·en /swɛ́vən/ *n.* 《古》幻影 (vision), 夢 (dream). 〖OE *swef(e)n* < Gmc **swefnaz* (ON *svefn*) ← IE **swep-* to sleep (L *somnus* sleep: ⇨ somni-)〗
Sweyn /swéɪn/ *n.* スウェイン (?-1014; 通称 'Sweyn Forkbeard'; デンマーク王 (987?-1014), イングランドを征服 (1013)).
SWG 《略》standard wire gauge. 〖1911〗
swid·den /swɪ́dn/ *n.* 焼き畑《雑木などを焼き払った一時的耕作地》. — *vt.* 〈土地を〉焼き畑にする. 〖(1866) 《異形》← 《方言》*swithen* to burn〗
swift /swɪ́ft/ *adj.* (~·**er**; ~·**est**) (↔ slow) **1** すばやく行われる[起こる], 早速の, 即座の, たちどころの, たちまちの (speedy): a ~ response 即答 / a ~ revenge [retribution] すみやかな復讐[報復] / He has a ~ wit. 彼には当意即妙の機知がある / ⇨ (as) *swift as* THOUGHT[2]. **2** すぐ〈…する〉, 〈…し〉やすい (prompt, ready) 〈*to do*〉: be ~ *to* act 直ちに行動する / be ~ *to* take offense すぐに怒る, 怒りやすい / Be ~ *to* hear, slow to speak. 耳はさとく口は遅かれ. **3 a** 速く動く(ことのできる); 速い, すみやかな (⇨ fast[1] SYN): ~ running / a ~ runner, horse, ship, etc. / be ~ *of* foot 《文語》足が速い. **b** 速く経過する, つかの間の, すぐ経(た)つ: ~ years. — *adv.* (~·**er**; ~·**est**) **1** 《詩》速く, すみやかに (swiftly). **2** [複合語の第 1 構成素として]: *swift*-coming[-passing] すぐ来る[過ぎ去る] / *swift*-moving[-changing] すみやかに動く[変わる]. — *n.* **1** 〘鳥類〙 **a** アマツバメ《鳥類中最も飛翔力があるアマツバメ科の鳥類の総称; ヨーロッパアマツバメ (common swift) など; cf. salangane, chimney swift, swiftlet》. **b** カンムリアマツバメ (tree swift). **2** 〘動物〙ハリトカゲ (spiny lizard). **3** 〘動物〙スイフトギツネ (*Vulpes velox*) 《米国西部およびカナダ南部平原にすむ小形のキツネ; swift fox ともいう》. **4** 〘昆虫〙コウモリガ (⇨ ghost moth) 《swift moth ともいう》. **5** 〘紡織〙 **a** ふわり《糸の巻取り枠の一種》; ふわり台, 立糸枠. **b** (亜麻の繊維をすく機械の)主要シリンダー. **~·ly** *adv.* **~·ness** *n.* 〖OE ~ ← Gmc **swipt-* (OE *swifan* to move quickly) ← IE **swei-* to turn, bend: cf. swoop〗
Swift /swɪ́ft/, **Jonathan** *n.* スウィフト (1667-1745; アイルランド生まれの英国の文人・諷刺作家; Dublin の St. Patrick 教会の dean; *Gulliver's Travels* (1726); 通称 Dean Swift).
swift·er /swɪ́ftə | -tə(r)/ *n.* 〘海事〙 **1** スウィフター《車地(しゃち)棒 (capstan bars) が作業中抜けないように車地棒の外端の穴に次々と通してしめた小索》. **2** (マストの両側の横支索の前方に補強的に付加した)特別横支索. **3** 《廃》(防舷(げん)物として)船体の周囲に水平に取り付けた太索. 〖(*a*1625) ← (スコット) *swift* to tie fast ▭ Scand. (cf. ON *svipta* to reef (sails)): ⇨ -er[1]〗
swíft-fóoted *adj.* 足の速い, 飛ぶように走る. 〖1593〗
swíft fóx *n.* 〘動物〙=swift 3.

S

swíft-hánded *adj.* **1** 手の速い. **2** 行動がすばやい: ～ justice 迅速な裁判[処罰] / ～ vengeance たちどころの復讐. 〖1840〗

Swift·i·an /swíftiən/ *adj.* **1** スウィフト (Jonathan Swift) の[に関する]. **2** スウィフト的な; 痛烈な皮肉をこめて諷刺する: a ～ satire. 〖(1762): ⇨ -ian〗

swift·ie /swífti/ *n.* 《主に豪俗》ごまかし (trick), 策略 (ruse). 〖1945〗

swift·let /swíftlɪ̀t/ *n.* 〘鳥類〙アナツバメ《洞窟などに営巣するアマツバメ科アナツバメ属 (*Collocalia*) の鳥類の総称; 唾液だけで食用となる巣を作るショクソウ(食巣)ツバメ (*C. francica*) などを含む; cf. edible bird's nest》. 〖(1892) ← SWIFT＋-LET〗

swíft móth *n.* 〘昆虫〙＝swift 4. 〖1870〗

Swíft's disèase /swífts-/ *n.* 〘病理〙スウィフト病, 肢端疼痛症. 〖← W. Swift (20 世紀オーストラリアの医者)〗

swíft-wínged *adj.* 速く飛ぶ. 〖1589〗

swift·y /swífti/ *n.* ＝swiftie.

swig /swíg/ *v.* (**swigged; swig·ging**)《口語》 **— *vt.*** 〈酒などを〉一気にがぶがぶ飲む, 痛飲[鯨飲]する 〈*away, off*〉. **— *vi.*** 痛飲する 〔*at*〕. **— *n.*** **1** がぶ飲み, 一飲み (drink): take a ～ at [of] …をがぶがぶ飲む, あおる, 痛飲する. **2** 酒 (liquor). **～·ger** *n.* 〖(1548) ← ?〗

swill /swíl/ *vt.* **1** がぶがぶ飲む, 牛飲する, 鯨飲する, 痛飲する (guzzle): ～ beer. **2** 水を注いで洗う, ゆすぐ, すすぐ, 洗い流す (rinse) 〈*out*〉: ～ the decks. **3** 〈豚などに〉台所の流し水[残飯, 残菜]をやる. **— *vi.*** **1** がぶがぶ飲む, 大酒を飲む. **2** ざぶざぶ音を立てて流れる (swash). **— *n.*** **1** (酒などを)がぶがぶあおること, 痛飲, 鯨飲. **2 a** (動物にやる)半流動飼料《特に豚にやる水やミルクを混ぜた台所の余り物》. **b** 残飯を思わせるもの; 不快なもの. 《1553》 **3** 水を注いで洗う[ゆすぐ, すすぐ]こと, 洗い流し: give it a ～ それを洗う[ゆすぐ]. ***swéll swíll*** 《米俗》(1) すばらしい台所のごみ《贅沢な生活程度がわかる》. (2) 贅沢な飲食物. **～·er** /-lə | -lə(r)/ *n.* 〖OE *swillan, swilian* to wash out < Gmc *sweljan ← IE *swel(k)-: ⇨ swallow[1]〗

swim[1] /swím/ *v.* (**swam** /swǽm/, 《方言》**swimmed, swum; swum** /swʌ́m/, 《方言》**swam, swimmed; swim·ming**) **— *vi.*** **1** 泳ぐ, 水泳する: ～ on one's back [chest, side] 背[平, 横]泳ぎする / fish ～*ming* in the water [*under* our boat] 水中[舟の下]を泳いでいる魚 / ～ across the river 川を泳いで渡る / ～ *around* in the sea 海を泳ぎ回る / go ～*ming* in the river [pool] 川[プール]に泳ぎに行く / ～ like a stone からきし泳げない / swans ～*ming in* [*across*] a lake 湖を泳いで[渡って]いる白鳥 / Dogs and even horses can ～. 犬や馬でさえ泳げる; だれでもできる. **2** (泳ぐように)すーっと行く[来る], 〈船・星などが〉走る, 滑るように進む (cf. sail *vi.* 3): She *swam* into the room. すーっと部屋に入ってきた. **3** 〔液体などに〕ひたる, つかる 〔*in*〕; 〔…で〕あふれる, いっぱいになる (overflow) 〔*with*〕: a floor ～*ming in* blood 血まみれの床 / The floor was positively ～*ming in* [*with*] water. 床はまったく水でびしょびしょだった / a salad ～*ming in* dressing ドレッシングがたっぷりとかかったサラダ / He is ～*ming in* [*with*] money. 金に埋まっている / The boy *swam in* his coat. その子はだぶだぶの上着を着ていた / eyes that *swam with* tears 涙にあふれた目. **4** 浮かぶ, 浮流する; (空中などに)浮動する, ちらつく (float): Oil ～*s* on water. 油は水に浮かぶ / The leaf is ～*ming* down the stream 木の葉が小川を流れていく / specks of dust that ～ in sunbeams 陽光の中に浮遊するちりほこり. **— *vt.*** **1** 〈競泳〉に加わる; …と競泳する: ～ a race 競泳する / I will ～ you 100 yards. 君と 100 ヤードの競泳をしよう. **2 a** 泳いで行く[渡る, 横断する]: ～ the Channel イギリス海峡を泳いで渡る / When was the Channel first *swum*? イギリス海峡を最初に泳いで渡るのに成功したのはいつだったか / ～ ten lengths (of the pool) (プールを縦に) 10 回分 [5 往復]泳ぐ. **b** 〈…泳ぎを〉する: ～ the backstroke 背泳ぎをする / I cannot ～ a stroke. まるで泳げない. **3** 〈馬・犬などを〉泳がせる, 水中を行かせる: ～ one's horse *across* a river 馬に川を泳いで渡らせる. **4** 水に浮かす: ～ a boat / ～ eggs (悪いのを選ぶために)卵を水に浮かす.
swim with [***agàinst***] ***the stréam*** [***tíde, cúrrent***] 時流に乗る[逆らう].
— *n.* **1** 泳ぐこと, (ひと)泳ぎ, 水泳: go for a ～ (in the lake [pool]) (湖[プール]へ)泳ぎに行く / have [take] a ～ in the swimming pool プールで泳ぐ / a long [two-mile] ～ 遠泳 [2 マイルの泳ぎ] / an exhausting [a bracing] ～ 疲れきる[さわやかな汗の]水泳. **2** すらすらと動くこと, 滑走. **3** (魚がたくさんいる)淵(ふち). **4** [the ～] (事柄の)主潮, 大勢, 時流. ★ 通例 *in* [*out of*] *the* SWIM で用いる. **5** ＝swim bladder. **6** スウィム(ダンス)《泳ぐような動作のダンス》. ***in*** [***out of***] ***the swim*** (1) 実情に通じて[暗くて]. (2) 時流に乗って[からそれて], 流行にそって[はずれて]. (3) 〈事業など〉調子よくいって[調子が悪くて], 羽振りがよくて[悪くて]. 《1869》
— *adj.* [限定的]《米》水泳(用)の (swimming): a ～ meet 水泳大会, 競泳会 / ～ trunks 水泳パンツ.

swím·ma·ble /-məbl̩/ *adj.* 〖OE *swimman* < Gmc *swemjan (G *schwimmen*) ← IE *swem- to move, stir, swim: cf. sound[4]〗

swim[2] /swím/ *n.* 目まい, 気絶 (swoon). **— *vi.*** (**swam** /swǽm/; **swum** /swʌ́m/; **swim·ming**) **1** 〈物が〉回るように見える, ちらつく: Everything *swam* before my eyes. すべてがぐるぐる回っているように見えた. **2** 〈頭が〉くらくらする, 目まいがする (reel): have one's head ～ 頭がくらくらする / My head *swam*. 目まいがした. 〖(1702) ← SWIM[1] ∞ ME *swime* < OE *swīma* dizziness ← Gmc *swim- ← IE *swei- to bend (cf. swift)〗

swím blàdder *n.* (魚の)浮袋 (air bladder) 《単に swim ともいう》. 〖1837〗

swím·fèeder *n.* 〘釣〙スイムフィーダー, こませかご《まき餌を詰める穴のあいたプラスチックの管》.

swím fìn *n.* (スキンダイバーが使う)足ひれ (flipper). 〖1947〗

swím màsk *n.* (スキンダイバーが使う)潜水マスク[眼鏡].

swim·mer /swímə | -mə(r)/ *n.* 泳ぐ人[物], 泳ぎ手, 水泳者: a poor [good] ～ 泳ぎの下手な[上手な]人[鳥, 獣など]. 〖*c*1378〗

swim·mer·et /swìmərét, ⸗⸗⸗/ *n.* 〘動物〙(甲殻類の)腹脚, 遊泳脚 (pleopod). 〖(1840): ⇨ ↑, -et〗

swímmer's ítch *n.* 〘病理〙＝schistosome dermatitis. 〖1928〗

swim·mie-talk·ie /swímitɔ́:ki, -tá:- | -tɔ́:-/ *n.* 〘軍事〙耐水性携帯(用)無線電話機 (cf. walkie-talkie).

swim·ming[1] /swímɪŋ/ *n.* **1** 泳ぐこと, 遊泳, 水泳; 水泳術: an expert at ～ 水泳の名人. **2** [形容詞的に] 水泳(用)の; 水泳に適した[のための]: a ～ teacher. **— *adj.*** **1** 泳ぐ, 水泳中の; 遊泳性の, 浮遊性: a ～ bird. **2** あふれる (overflowing): one's ～ eyes 涙にあふれた目. **3** 流れるような, すらすらした: at a ～ rate とんとん拍子に. 〖*c*1378〗

swím·ming[2] *n.* 目まい, 頭がふらふら[ぐらぐら]すること (giddiness): He has a ～ in the head. 頭がぐらぐらする. **— *adj.*** 目まいのする, ふらふらする: a ～ brain, sensation, etc. 〖(1530): ⇨ swim[2]〗

swímming bàth *n.* [しばしば *pl.*]《英》屋内プール. 〖1742〗

swímming bèll *n.* 〘動物〙(クダクラゲ類の)泳鐘(えいしょう). 〖1861〗

swímming-bèlt *n.* 水泳ベルト《水泳用浮袋の一種》. 〖1856〗

swímming blàdder *n.* ＝swim bladder. 〖1713〗

swímming càp *n.* 水泳帽.

swímming còstume *n.* 《英》＝swimsuit.

swímming cráb *n.* 〘動物〙ワタリガニ《最後歩脚の指節が遊泳用であるワタリガニ科のカニの総称》.

swímming gàla *n.* 水泳競技会.

swímming hòle *n.* (川中の)水泳可能な深み. 〖1867〗

swím·ming·ly *adv.* とんとん拍子に, すらすらと, 首尾よく: go [get] on ～ どんどん進む, すらすらといく. 〖(1622): ⇨ swimming[1], -ly[1]〗

swímming pòol *n.* (水泳用)プール. 〖1899〗

swímming-pòol reáctor *n.* 〘原子力〙水泳プール型原子炉 (cf. water boiler reactor).

swímming stòne *n.* 〘岩石〙＝floatstone 1.

swímming sùit *n.* ＝swimsuit. 〖1926〗

swímming trùnks *n. pl.* 海水[水泳]パンツ, スイミングトランクス (swim trunks).

swim·my /swími/ *adj.* **1** 目まいのする, 目まいを起こしそうな. **2** 〈目が〉ぼやけた, かすんだ. **swím·mi·ly** /-mɪ̀li/ *adv.* **swím·mi·ness** *n.* 〖(1836): ⇨ swim[2], -y[4]〗

swím pòol *n.* ＝swimming pool. 〖1964〗

swim·suit /swímsù:t | -sù:t, -sjù:t/ *n.* (女性用の)ワンピース型の水着 (bathing suit). 〖1926〗

swím trùnks *n. pl.* ＝swimming trunks.

swím·wèar *n.* 海辺にいるときや水泳をするときのための衣服《水着・ビーチコートなど》.

Swin·burne /swínbə:n, -bən | -bə:n, -bən/, **Algernon Charles** *n.* スウィンバーン (1837–1909; 英国の詩人・批評家; *Atalanta in Calydon* (1865), *Poems and Ballads* (1866, '78, '89)). **Swin·burn·i·an** /swɪnbə́:niən | -bə́:-/ *adj.*

swin·dle /swíndl̩/ *vt.* **1** 〔人から〕〈金などを〉だまし取る 〔*out, of*〕: ～ a person *out of* money＝～ money *out of* a person 人から金を巻き上げる. **2** 〈人〉から金などを詐取する; だます, かたる (cheat): ～ a person. **— *vi.*** 詐欺を働く. **— *n.*** **1** 詐取, 詐欺, ぺてん (fraud). **2** 食わせ物, にせ物, いかさま物. 〖(1782)《逆成》← SWINDLER〗

swín·dled *adj.* 〈宝石が〉スウィンドルの《直径が大きく厚みの薄い》.

swín·dler /-dlə, -dl̩ə | -dlə(r), -dl-/ *n.* 詐欺師, ぺてん師. 〖(1774) □ G *Schwindler* ← *schwindeln* to be dizzy, swindle < OHG *suintilōn* (freq.) ← *swintan* to languish, lose consciousness ← Gmc *swī- : cf. swim[2]〗

swíndle shèet *n.* 《俗》(税算定上の)必要経費 (expense account). 〖1923〗

swín·dling /-dlɪŋ, -dl-/ *adj.* だます, いんちきをやっている; 詐欺的な (fraudulent). **～·ly** *adv.* 〖(1795): ⇨ -ing[2]〗

Swin·don /swíndən/ *n.* スウィンドン《イングランド南部 Bristol と London の間にある都市; 鉄道工場やマイクロエレクトロニクス産業で有名》.

swine /swáɪn/ *n.* (*pl.* ～) **1** 〘動物〙 **a** [通例集合的] 豚 (hogs): a herd of ～ 豚の一群 / several ～ 数頭の豚 / throw [cast] pearls before ～ ⇨ pearl[1] *n.* 1. ★《英》では《詩・文語》または〘動物・農業〙; また今では単数としては通例 pig または hog を用いる. **b** イノシシ (wild boar). **2** (*pl.* ～, ～s)《口語》 **a** (豚のような)下等な男, 卑劣漢; 貪欲な男, 好色漢: You ～! この豚野郎. **b** 不愉快な物. **～·like** *adj.* 〖OE *swīn* < Gmc *swīnam (G *Schwein*) ← IE *sū- pig: ⇨ sow[2]〗

swíne-drùnk *adj.* 泥酔した. 〖1592〗

swíne erysípelas *n.* 〘獣医〙豚丹毒《豚丹毒菌 (*Erysipelothrix rhusiopathiae*) による豚の急性・慢性の感染症; 単に erysipelas ともいう; cf. erysipeloid》. 〖1898〗

swíne fèver *n.* 〘獣医〙豚コレラ (hog cholera). 〖1898〗

swíne flú *n.* 〘病理〙豚インフルエンザ《このウイルスは豚から初めて分離された》.

swíne·hèrd *n.* 豚飼い, 豚番(人). 〖lateOE *swȳnhyrde*〗

swíne plàgue *n.* 〘獣医〙豚疫《豚のパスツレラ菌感染症; cf. hemorrhagic septicemia》. 〖1891〗

swíne·pòx *n.* **1** 《古》〘医学〙水疱瘡(ほうそう), 水痘 (chicken pox). **2** 〘獣医〙豚痘. 〖1530〗

swin·er·y /swáɪnəri/ *n.* **1** 養豚場 (piggery). **2** [集合的] 豚 (hogs). **3** 不潔な状態[行為]. 〖(1778): ⇨ swine, -ery〗

swíne's créss *n.* 〘植物〙＝wart cress.

swíne's-snòut *n.* 〘植物〙タンポポ (dandelion).

swíne vesícular diséase *n.* 〘獣医〙豚水疱(すいほう)病《舌やひづめに水疱ができるウィルス性の急性伝染病》.

swing /swíŋ/ *v.* (**swung** /swʌ́ŋ/, 《方言》**swang** /swǽŋ/; **swung**) **— *vi.*** **1 a** (前後に)振れる, 揺れる, ぶらぶら動く, 振動する (sway): let one's legs ～ 脚をぶらぶら動かす / ～ (back and forth) like a pendulum 振り子のように揺れる / a temperament that ～*s* between despair and rapture 今喜んでいたかと思うともう心配し始めるという性質. **b** ぶらんこをする, ぶらんこに乗る. **2 a** ぶら下がる, ぶら下がりながら進む: a lamp ～*ing* from a hook かぎにぶら下がっているランプ / ～ apelike from branch to branch 猿のように枝から枝へぶら下がっていく. **b** 《英口語》絞首刑になる: He'll ～ for it! あんなことをして縛り首になるぞ / I'd ～ for you, you bastard! このばかめ, お前のおかげで縛り首になっちまう. **3** 〈蝶番式のドアが〉(さっと)開く[閉じる]: The door *swung* open [shut, back to]. 戸はさっと開いた[閉まった]. **4 a** ぐるっと回る[向きを変える], 弧を描いて動く: ～ *(a)round* a corner 角をぐるりと回る / ～ *(a)round* on one's heel かかとでくるりと向き直る / He *swung (a)round* on me [to face me]. 彼はぐるっと振り向いて私を見た / The car *swung* right and stopped. 車は右へカーブを切ると止まった / The plane *swung* low over our heads. 飛行機は低く弧を描くように我々の頭上を飛んで行った. **b** 〈道など〉弧を描いて続く: The highway ～*s* (to the) south here. ハイウエーはここで緩やかなカーブを描いて南へ延びている. **c** (振り子のように)急に態度[意見]を変える: Many people [The newspapers] *swung* (over) against him [((a)round) to his support]. 多くの人々[新聞]が一変して彼に反対[を支持]する方へ回った. **d** 〘クリケット〙〈ボールが〉カーブする. **5** 〈船が〉〈錨を下ろして〉風や潮のままに揺れる: A ship *swung* in the roadstead. (錨を下ろした)船が停泊地で風や潮のままに揺れていた. **6 a** (物につかまって)体を勢いよく動かす: ～ aboard a bus [train] (手すりにつかまり)身を躍らせてバス[電車]に飛び乗る. **b** (体を左右に振って)威勢よく動く[行く, 進む]: The troops went ～*ing* down the street. 軍隊が元気よく通りを行進して行った / A car *swung* into sight. 車がすっと視界に入ってきた / The car *swung* completely (a)round after it skidded. 車はスリップして完全に後ろ向きになった / They *swung* into action. 彼らはさっと行動に移った / The value of the dollar *swung* downward(s). ドルの価値が急落した. **c** (スキーで)スイングする (cf. *n.* 2 b). **7** (腕を振って)打つ, 狙う, (野球・ゴルフ・ボクシングなどで)スイングする: He *swung* at me, but missed. 私になぐりかかったがはずれた / The batter *swung* at a fast ball. バッターは速球をスイングして打った. 日英比較 「スイングアウト」は和製英語. 英語では strike out *swinging* という. **8 a** 〈詩・音楽などが〉律動[躍動]的なリズムをもつ. **b** 〈バンドが〉スイングを演奏する (cf. *n.* 5); スイング感のある演奏[歌唱]をする, スイングする. **9** 《俗》 **a** 活動的で時流の先端をいく, 洗練されて流行に遅れない: London really *swung* in the 60s! ロンドンは 60 年代には時代の先端だった. **b** フリーセックス[スワッピング]をする.
— *vt.* **1 a** 振る, 振り動かす, ぶらぶらさせる[動かす]: ～ a bat [an ax] バット[おの]を振る / ～ one's arms [legs, hips] 腕[脚, おしり]を振り動かす / He *swung* himself *out of* bed [*from* branch *to* branch]. 身を躍らせてベッドから飛び起きた[枝から枝へ飛び移った]. **b** 〈棒などを〉振り回す, 振る: ～ Indian clubs (体操用の)インディアンクラブを振り回す / There's no [not (enough)] room to ～ a cat (in). ⇨ room *n.* 3 a. **c** 〘航空〙〈プロペラを〉〈エンジン始動のため〉手で回転させる. **2** ぶら下げる, つり下げる, つるす, 掛ける: ～ a bag on one's arm 腕にバッグをぶら下げる / ～ a hammock between the trees 木の間にハンモックをつるす. **3 a** 振って(さっと)上げる: ～ cargo *up* 〈クレーンが〉積み荷をさっとつり上げる / ～ a child onto one's shoulders 子供を肩の上に振り上げて乗せる. **b** ぶらんこ[ハンモック]に乗せて(て揺する). **4** 〈蝶番式のドアを〉(さっと)開ける[閉じる]: A gust *swung* the door open [shut, 《英》to]. 突風が吹いて戸がばたんと開いた[閉まった]. **5 a** ぐるっと回す, …の向きを変える: ～ a person *(a)round* 人をぐるっと振り向かせる / ～ a boat completely *(a)round* 船の向きを 180 度変える / He *swung* the car into a byroad. さっとカーブを切るとわき道へ車を走らせた. **b** 〈意見・関心などを〉変える; …の意見[関心など]を変えさせる: Can you ～ him *(a)round* to your point of view? 彼をうまく君の意見に同調させることができるかな. **c** 〘クリケット〙〈ボールを〉カーブさせる. **6** (コンパスの自差修正のために)〈船・飛行機を〉回す. **7 a** 望み通りに動かす, 左右する: ～ an election [the voting, a jury] 選挙[投票, 陪審]を思う通りに動かす. **b** 《米》うまく操る[処理する] (get): ～ a job [sale, deal] 仕事[販売, 取引]をうまくやってのける. **8** 〘音楽〙〈曲・歌を〉スイング風に演奏する[歌う]: Can you really ～ a Bach fugue? ほんとにバッハのフーガをスイングスタイルで演奏できるのですか. ***swing aróund*** (*vi.*) (1) 向きを変える, 向き直る (cf. *vi.* 4 a). (2) 〈風・議論・話などが〉向きが変わる, 〔…に〕向かう 〔*to*〕 (cf. *vi.* 4 c). (*vt.*) …の向きを変える (cf. *vt.* 5 a, b). ***swing bóth wáys*** 《俗》男女の両方とセックスをする. ***swing by*** 《米》(…に)ちょっと立ち寄る. ***swing róund*** =*swing around*. ***swing the léad*** ⇨ LEAD² 成句.

— *n.* **1 a** 振れる[振る]こと, 振動, 揺れ, 前後[往復]運動: the ～ of the tides 潮の干満 / be on the ～ 揺れている / give a rope a ～ ロープを左右に振る. **b** 振動範囲, 振幅: a 3-inch ～ =a ～ of 3 inches 3 インチの振幅. **2 a** 体を揺すって[大手を振って]歩くこと: walk with a ～ (in one's step) 体を揺すって歩く. **b** (スキーで)スイング《回転の際, 体を上下左右に振り動かすこと》. **3 a** 回ること, 回転; (武器などを)振り回す[打ち振る]こと, 振り回して打つこと: He took a ～ at me with a sword. 彼は私に向かって刀を振り回した / a wild ～ at a ball ボールに向かっての無茶振り[大振り]. **b** (ゴルフ・野球・ボクシングなどで)振り[打ち]方, スイング: a batter with a powerful ～ スイングの強力なバッター. **4** ぶらんこ; ぶらんこに乗ること: go on a ～ =ride [sit] in [on] a ～ ぶらんこに乗る / have a (ride on) a ～ ぶらんこに乗って遊ぶ / Give me a ride on the ～*s*, daddy! パパ, ぶらんこに乗せて / You lose on the ～*s* what you make [gain] on the roundabouts. 回転木馬でもうけてぶらんこで損をする,「元の木阿弥(もくあみ)」になる / What one loses on the ～*s* one gains [wins] on the roundabouts. 《英諺》一方で損をして他方でもうけ[埋め合わせ]る,「苦あれば楽あり」/ ⇨ SWINGS *and roundabouts*. **5 a** 〘音楽〙スイング《しばしばビッグバンドによって演奏されるなめらかな律動感をもつジャズ音楽; 1930 年代中期から 1940 年代中期に流行した; swing music ともいう》. **b** (ジャズ音楽の)揺れるような律動[躍動]感, スイング(感). **c** 〘ダンス〙スイング《2 人のダンサーが手か腕を組んで行う旋回運動》. **6** (株価・景気・世論・得点などの)(大)変動, 動揺: a ～ in prices [public opinion] 物価[世論]の変動 / ～*s* between [of] prosperity and depression 好況と不況の繰り返し / A 3% ～ [A ～ of 3%] gave them a majority. 3% の動きで彼らが大勢を占めた / a last-minute ～ away from [(back) to] the government 土壇場の政府からの離反[への再支持] / suffer from mood ～*s* 気持ちの揺れに苦しむ. **7** (仕事・事態などの)進行, 前進: ⇨ *in full* SWING / get into the ～ of things [one's work] 情勢をのみこむ[仕事に油が乗ってくる]. **8** (詩・音楽などの躍動的な)律動, 音律, 調子 (rhythm): His style has neither ～ nor vigor. 彼の文体には律動もなければ迫力もない / music with a (bit of) ～ (*in* [*to*] it) (少しばかり)律動感のある音楽. **9** 自由な活動範囲, 活動の自由: let it have its ～ =give full [free] ～ to it それを思うままに活動させる, そのするまま[自由]にしておく / give a person full [free] ～ in a matter 事を自由にやらせる. **10 a** 曲線コース: make a wide ～ 大きくカーブする. **b** 〘クリケット〙(ボールの)カーブ. **c** (周遊)旅行: a ～ through the United States 合衆国周遊旅行 / a ～ (a)round the circle 《米》(候補者の)選挙区遊説旅行 (cf. *swing (a)round the* CIRCLE). **11** 〘機械〙(旋盤の)振り《切削可能な最大直径》. **12** 《米口語》(24 時間操業の工場などで)(準夜間の)交替勤務の時間 (cf. swing shift); 《米俗》(労働者の)休憩時間. **13** 〘アメフト〙スイング《レシーバーがパスを取るため外側に走ること》. ***gó with a swíng*** 〈詩・音楽などが〉調子がよい; 〈仕事などが〉スムーズに運ぶ, すらすらいく; 〈会などが〉調子よく運ぶ, 盛会である. ***in fúll swíng*** (1) 最高潮で, 真最中で, 真盛りで, たけなわで; どんどん進行中で. (2) 最高速度で. 《1861》 ***swings and róundabouts*** 差引き損得なしの状況 (cf. *n.* 4): Life is all ～*s and roundabouts*, isn't it? 《英》人生は塞翁(さいおう)が馬だよ. ***táke a swíng at*** (1) ⇨ 3 a. (2) 〈人などに〉なぐりかかる. ***the*** [***a, anóther***] ***swíng of the péndulum*** (1) 振り子の運動. (2) (振り子の揺れに似た, 人心・世論などの)両極端の間を揺れ動く傾向, 浮動. (3) (政党間の)政権交替の趨勢; 勢力の浮沈. 《1933》

— *adj.* [限定的] **1** (前後に)揺れる, 回転する. **2** ぶら下がった, つり下げられる: a ～ lamp. **3** ぶらんこ(用)の: a ～ rope. **4** スイング(音楽)の: ～ fans [musicians, bands]. **5** (選挙などで)結果を左右する: the ～ vote (決定的となりうる)浮動票 / ～ voters 浮動票層. **6** 臨時に交替する, 交替要員の (relief).

～·a·ble /-ŋəbl/ *adj.* **～·a·bly** *adv.*

〘((OE)) (*a*1400) *swingan* to strike, fling oneself < Gmc **swiŋʒan* (G *schwingen* to brandish, shake) ← IE **sweng-*, **swenk-* to swing, turn, toss〙

SYN 揺れ動く: **swing** 〈一方の端を留めた物が〉左右・前後に弧を描いて動く: let one's legs *swing* 足をぶらぶらさせる. **sway** 〈柔軟な, または安定性を欠く物が〉左右または上下に揺れる: The branches *sway* in the breeze. 風で枝が揺れる. **oscillate** 振り子のように左右に揺れる: *oscillate* between two opinions 二つの意見の取捨に迷う. **rock** ゆっくりと規則的に前後または左右に揺れる[揺らす]: The baby's mother *rocked* it to sleep. 母親は赤ん坊を揺すって寝かしつけた. **undulate** 波のように揺れる《格式ばった語》: The ground *undulated* from the earthquake. その地震で地面は波のように揺れた.

swíng accòunt *n.* 〘金融〙振子勘定《相互にクレジットを一定限度まで供与し合うこと》.

swíng·alòng *adj.* 《口語》落着きのない, 軽薄な.

swíng·bàck *n.* (政治などで, 意見や勢力の)逆戻り〔*to*〕. 《1924》

swíng·bòat *n.* 《英》(遊園地などの)舟形のぶらんこ. 《1861》

swíng brìdge *n.* **1** 旋回橋, 旋開橋《船を通すため橋の中央部で回転して開閉する橋; swing drawbridge, pivot bridge, swivel bridge, turn bridge ともいう》. **2** 《NZ》歩行者専用つり橋. 《1791》

swíng·bỳ *n.* 〘宇宙〙スイングバイ《目的とする惑星または中途の惑星の重力の場を利用してコースまたは軌道を制御する宇宙船の飛行経路》. 《1965》

swíng còat *n.* 〘服飾〙スイングコート《動くと軽やかに揺れるコート》.

swíng dòor *n.* (前後に開き自然に閉じる)自在戸, 自在ドア, スイングドア (swinging door ともいう). 《1833》

swíng dràwbridge *n.* =swing bridge.

swinge¹ /swíndʒ/ *vt.* (～**d**; ～·**ing**) 《古・方言》**1** 打ちたたく[のめす] (thrash). **2** 〈人を〉懲らしめる, 罰する. 〘(*a*1529) *swenge(n)* < OE *swengan* to shake, shatter < Gmc **swaŋgwjan* ← IE **sweng-*: ⇨ swing〙

swinge² /swíndʒ/ *vt.* (～**d**; ～·**ing**) 《古・方言》焦がす (singe). 〘(1590) 《変形》← SINGE: ↑との類推による〙

swínge·bùckler 《廃》=swashbuckler. 〘(1579): ⇨ swinge¹〙

swinge·ing /swíndʒɪŋ/ *adj.* 《英口語》**1** (打撃の)ひどい, したたかな, 強い (strong): a ～ blow. **2** ばかに大きい[たくさんな]; 途方もない, すごい: a ～ lie [majority] 途方もないうそ[圧倒的な大多数] / ～ damages 莫大な賠償(金) / ～ taxation 重税. **3** [副詞的に] とても, すごく (very). 〘(*c*1590): ⇨ swinge〙

swing·er¹ /swíŋə | -ŋə(r)/ *n.* **1** 振る人. **2** 《俗》**a** 活発で時流[流行]の先端をいく人. **b** フリーセックス[スワッピング]をする人. 〘⇨ swing〙

swing·er² /swíndʒə | -dʒə(r)/ *n.* **1** むち打つ人, 懲らす人. **2** 《口語》すばらしいもの, 巨大なもの. 〘⇨ swinge〙

swíng gàte *n.* 旋回ゲート, 自在扉門.

swing·ing¹ /swíŋɪŋ/ *n.* **1** 振れること; 振動. **2** 《俗》フリーセックス, スワッピング. — *adj.* **1 a** 揺れる, 振動する, 揺れ動く. **b** 調子の早い, 軽快な: a ～ melody [rhythm]. **2 a** 威勢よく歩く: a ～ stride 大また. **b** 活発な, 活気にあふれた: a ～ party. **3** 《俗》**a** 華やかで時流[流行]の先端をいく; すてきな: a ～ chick 流行の最先端をいくシックな女の子 / ～ London 時流の先端をいく活気に満ちた華やかなロンドン《1960 年代後期のロンドンをいう》. **b** フリーセックス[スワッピング]をする. **～·ly** *adv.* 〘(?*a*1200): ⇨ swing, -ing¹〙

swing·ing² /swíndʒɪŋ/ *adj.* 《英口語》=swingeing. 〘*a*1560〙

swíng·ing bòom /swíŋɪŋ-/ *n.* 〘海事〙係船桁(げた)《投錨(とうびょう)と同時に両舷側に水平に出す電柱のような円材; ボートをつないでおくためのもの》. 《1840》

swínging bùoy *n.* 〘海事〙回頭浮標《錨で固定されており, これに船首をつないで船の向きを変え, ドック入りや自差修正に利便を与える》.

swínging cómpass *n.* 〘海事〙回頭羅針儀《自差修正で回頭するとき使う補助コンパス》.

swínging dóor *n.* =swing door.

swínging póst *n.* 〘建築〙門柱 (gatepost).

swínging vóter *n.* 《豪口語》=floating voter.

swíng jàck *n.* 〘機械〙=traversing screw jack. 《1875》

swin·gle¹ /swíŋgl/ *n.* **1** 麻打ち棒[具]. **2** (殻竿(からざお) (flail) の)振り棒. — *vt.* 麻打ち棒[具]で打つ[打って精製する]. 〘(*c*1325) *swingel*, *swengil* □ MDu. *swinghel*: cog. OE *swingel* rod, blow (⇨ swing, -le¹)〙

swin·gle² /swíŋgl/ *n.* 《米俗》独身のプレイボーイ[ガール]. 〘(1967) 《混成》← *swinging*+*single*〙

swíngle·bàr *n.* 《英》=whippletree. 《1849》

swíng lèg *n.* (テーブルの垂れ板を支える蝶番(ちょうつがい)つきの)回転脚.

swíngle·trèe *n.* 《英》=whippletree. 〘*c*1462〙

swíng·màn *n.* (*pl.* **-mèn**) 〘バスケットボール〙(フォワードとガードの両方できる)万能選手.

swíng mùsic *n.* =swing *n.* 5 a.

swing·om·e·ter /swɪŋɑ́(:)mətə | -ɔ́mɪ̀tə(r)/ *n.* 〘テレビ〙(総選挙中の)政党間の票の動きを示す装置. 〘(1965) ← SWING+-O-+-METER〙

swíng-òver *n.* (意見・態度などの)転換, 切換え, 変更. 《1927》

swíng plòw [**plòugh**] *n.* 〘農業〙**1** 一輪すき. **2** =swivel plow. 《1733》

swíng sèt *n.* 《米》ぶらんこセット《通例滑り台つきの, 上に乗って遊べるぶらんこ枠》.

swíng shìft *n.* 《米口語》**1** (24 時間操業の工場で)午後交替番(勤務時間, 準夜勤) (《英》back shift) 《通例午後 3–4 時から深夜の 12 時まで; cf. day shift, night shift》. **2** [集合的] 準夜勤の労働者たち. 《1940》

swíng shìfter *n.* 《米口語》準夜勤の人.

swíng tìcket *n.* (商品にひもで付けられた)タグ《内容説明などを記載》.

swíng vòte *n.* 《米》〘政治〙(選挙結果を左右する)浮動票. 〘(1970) 《逆成》? ← *swing voter* (1966)〙

swíng wing *n.* 〘航空〙**1** 可変後退(角)翼《低速から超音速までの広い速度範囲で良好な空気力学的効率を保つために, 飛行中に後退角を変えられるようにした翼; variable-sweep wing ともいう》. **2** 可変後退翼機. — *adj.* 〘航空〙可変後退翼の[を用いた]. 《1965》

swing·y /swíŋi/ *adj.* (**swing·i·er**; **-i·est**) 揺れる, 揺れ動く (swinging): 〈衣服が〉動くと揺れ動くように〉ゆったりとした. 〘(1933): ⇨ -y⁴〙

swin·ish /swáɪnɪʃ/ *adj.* 豚のような, 豚らしい; 意地きたない, 食い意地の張った; きたない, 下品な, 好色な. **～·ly** *adv.* **～·ness** *n.* 〘(*a*1200): ⇨ swine, -ish¹〙

swink /swíŋk/ 《古》*vi.* 骨折る, 汗水たらして働く (toil). — *n.* 骨折り, 労働 (toil). **～·er** *n.* 〘OE *swincan*: ⇨ swing〙

Swin·ner·ton /swínətən, -tn | -nətən, -tn/, **Frank Arthur** *n.* スウィナートン《1884–1982; 英国の小説家・批評家; *Nocturne* (1917)》.

swin·ney /swíni/ *n.* 〘獣医〙=sweeny.

swipe /swáɪp/ *n.* **1** 《口語》(クリケットなどで)大振りに打つこと, 力いっぱいの強打. **2** 鋭い皮肉[批評]. **3** ぐい飲み, 一飲み (draft). **4** 《口語》(レース場での)馬丁. **5** 《英方言》(井戸の)はねつるべのさお (sweep). ***tàke*** [***hàve, màke***] ***a swípe at*** …を打つ; …を非難する. — *vt.* **1** 《口語》大振りに打つ, 力いっぱいに打つ. **2** 《口語》…をぐい飲みする. **3** 《俗》かっぱらう, 盗む (⇨ steal SYN). **4** 〈クレジットカードなどを〉読取り機に入れる[通す]. — *vi.* 《口語》**1** 〔…を〕強打する, 猛烈に打ってかかる〔*at*〕. **2** 一口に飲む[あおる]. **swíp·er** *n.* 〘(*a*1807) 《変形》? ← SWEEP (n.)〙

swípe càrd *n.* (読取り機に swipe させる) 磁気カード. 《1992》

swipes /swáɪps/ *n. pl.* 《英俗》水っぽい[弱い]ビール; ビール (beer). 〘(*c*1796) ← ? SWIPE (n.) 3〙

swip·le /swípl/ *n.* (*also* **swip·ple** /～/) =swingle¹ 2. 〘(*a*1450) ← ? SWEEP〙

swirl /swə́ːl | swə́ːl/ *vi.* **1** 〈水流・雪・風・ちりなどが〉渦を巻く, 渦巻く (whirl). **2** 〈頭が〉ふらふらする, ぐらぐらする, めまいする. — *vt.* …に渦を巻かせる. — *n.* **1** (水・空気・雪などの)渦, 渦巻き; 回転運動, 旋回. **2** 渦巻形; 巻毛 (curl); 髪飾り. **3** (めまいがするような)混乱. **4** 《英》(遊戯場の)方向転換自由の自動車の乗り物. **～·ing** *adj.* **～·ing·ly** *adv.* 〘(*c*1425) 《スコット》*swyrl(l)e* 《擬音語》? : cf. Du. *zwirrelen* to whirl〙

swirl·y /swə́ːli | swə́ːli/ *adj.* (**swirl·i·er**; **-i·est**) **1 a** 渦巻く; 渦巻形の. **b** 渦の多い. **2** 《スコット》よじれた, もつれた (twisted). 〘(1785): ⇨ -y⁴〙

swish /swíʃ/ *vt.* **1** 〈杖・むち・尾などを〉振り回す, 打ち振る, ひゅーひゅー振る (flourish): ～ a cane, whip, tail, etc. **2** 〈草などを〉(杖などで)打ち切る, 杖などを振り回して切る 〈*off*〉: ～ *off* the grass with a sickle 大鎌で草を刈る. **3** むちで打つ (flog). **4** 〘バスケット〙〈ボールを〉リングにノータッチで入れる. **5** 〈うがい薬などを〉口の中でごろごろさせる. — *vi.* **1** 〈振り回した杖などが〉ひゅーと音がする; 〈鳥が〉(空を飛ぶとき)しゅっしゅっと風を切る; ひゅーという; (鎌で草を切るとき)しゅっと音がする. **2** 〈絹などがさらさらと音を立てる, 衣摺れの音がする (rustle). **3** 〘バスケット〙〈ボールが〉リングにノータッチで入る. — *n.* **1 a** (杖・むちなどの)ひゅーひゅー[しゅっしゅっ]いう音. **b** (水などの)しゅーっと飛ぶ音; 衣摺れの音. **2 a** (杖・むち・尾などの)一振り: a ～ of a cow's tail. **b** むち打ち. **c** (打つための)杖, 棒. **3** 《英口語》スマートさ, ハイカラ. **4** 《米俗》(女性的な男の)同性愛者. **5** (西アフリカの)スイッシュ《モルタルに泥か紅土を混ぜた建築材料; 現在ではセメントと土を用いる》. — *adj.* **1** 《英口語》粋な, ハイカラな (smart). **2** 《米俗》(女性的な男の)ホモの. 〘← ? : cf. 《方言》*swash* gaudy, showy〙 **～·er** *n.* **～·ing** *adj.* **～·ing·ly** *adv.* 〘(1756) ← 擬音語〙

swish-swish *n.* =swish 1. 《1833》

swish·y /swíʃi/ *adj.* (**swish·i·er**; **-i·est**) **1** ひゅーひゅー[しゅっしゅっ]音を立てる; 衣摺れの音がする. **2** 《米俗》〈男が〉ホモの. 〘(1828) ← SWISH+-Y⁴〙

S

Swiss /swís/ *adj.* **1** スイス (Switzerland) の. **2** スイス人の; スイス産[製]の, スイス流[風]の. — *n.* **1** (*pl.* ～) **a** スイス人. **b** [the ～; 集合的] スイス人《全体》. **2** (*pl.* ～·**es**) [しばしば s-] スイスモスリン《浮出しまたは染付模様のある堅い薄地モスリンカーテン・洋服などにする; Swiss muslin, dotted swiss ともいう》. **3** (*pl.* ～·**es**) =Swiss cheese. 〘(1515) □ (M)F *Suisse* // MHG *Swīz* (G *Schweiz*): ⇨ Switzer〙

Swíss ármy knífe *n.* スイスアーミーナイフ《ナイフ・はさみ・缶切りなどの道具を折りたたみ式に収める; Swiss army penknife ともいう》.

Swíss chárd *n.* 〘植物〙フダンソウ (⇨ chard). 《1832》

Swíss chéese *n.* **1** スイスチーズ《通例, 半脱脂牛乳で作った穴の多い堅いチーズ; Swiss ともいう》. **2** [形容詞的に] 穴の多い, 欠陥だらけの. ***hàve móre hóles than Swíss chéese*** 《米》〈理論などが〉欠陥だらけである. 《1822》

Swíss chéese plánt *n.* 〘植物〙=ceriman.

Swíss Confederátion *n.* [the ～] スイス連邦 《Switzerland の公式名》.

Swíss dárning *n.* 〘服飾〙スイスかがり《編物に色糸で模様をあとから縫い込む技法》.

Swiss·er /swísə | -sə(r)/ *n.* 《廃》=Swiss 1. 〘□ MDu. *Switser* // MHG *Swīzer*: ⇨ Switzer〙

Swíss fránc *n.* スイスフラン《ユーロ導入前の旧スイスの通貨単位; 記号 SFr; =100 centimes》. 《1934》

Swíss Frénch *n.* スイスフランス語《Franco-Provençal の一つ》.

Swíss Gérman *n.* スイスドイツ語《Alemannic の一つ》. 〘《なぞり》← Swiss-G *Schwyzertütsch*〙

Swíss Guárd, S- g- *n.* [the ～] スイス人の護衛兵《昔フランスなどにあったスイスの雇い兵の護衛兵; 今はローマ教皇庁に残っている; cf. Switzer 2》. 〘*a*1700〙

Swíss lápis *n.* 〘鉱物〙スイスラピス《宝石に用いる》.

Swíss mílk *n.* 甘いコンデンスミルク. 《1889》

Swíss múslin *n.* =Swiss 2. 《1832》

Swíss píne *n.* 〘植物〙シモフリマツ (*Pinus cembra*) 《Alps 山脈などユーラシア大陸の山岳地帯に生えるマツ; 実は食用; arolla (pine) ともいう》. 《1896》

Swíss róll *n.* スイスロール《薄く焼いたスポンジケーキにジャ

ムやクリームなどを塗って巻き込んだもの; cf. jelly roll 1》.

Swíss stéak *n.* スイス風ステーキ《小麦粉を両面につけて焼きトマトやタマネギなどのソースとともに蒸煮にした厚切りのステーキ》. 〖1932〗

Swíss tóurnament *n.* 〘チェス〙スイストーナメント《各ラウンドごとに得点によって組み換えを決める方式》.

Swit. 《略》Switzerland.

switch /swítʃ/ *n.* **1** 〘電気〙開閉器, 転換器, スイッチ. **2 a** (急な)転換, 振替え; 変更: a ～ of the conversation to another topic 会話を別の話題に変えること / make a sudden policy ～ 急激な政策転換をする. **b** 交換, すりかえ; 夫婦交換 (swap). **3** 《米》〘鉄道〙**a** 転轍(てん)器, 入換器, ポイント (《英》point). **b** 側線, 待避線 (sidetrack). **4** 〘電話〙交換台. **5 a** 若枝; (木から切り取った)細いしなやかな小枝; (乗馬用のむちに用いる)小枝. **b** 《米》(子供を懲らす)むち (cane); 乗馬用むち (riding crop). **6** むち打ち, 折檻 (lash). **7 a** (女性の)ヘアピース, 入れ毛, かもじ. **b** (牛・ライオンなどの)尾の先の長い房毛. **8** 〘トランプ〙(bridge などで)シフト《打出し (lead) またはビッド (bid) の過程でスーツ (suit) を変えること; cf. *vi.* 4》. **9** 〘バスケット〙スイッチ《ディフェンスの仲間 2 人がマークする相手を相互に交換すること》. **10** 《豪口語》＝switchboard.

asléep at the swítch 《米》(1) (鉄道の)転轍器の入れ替え作業をするべきときに寝ていて. (2) 《口語》油断して, うっかりして. ***máke the swítch*** こっそり取り替える. ***púll a swítch on*** *a person* (急に変更して)人を欺く, あっといわせる. ***Thát's a swítch.*** 《米》それは珍しい《普段と違う行動に関して》.

— *vt.* **1 a** 〈考え・話などを〉〈他の問題に〉導く, 変える, 移す, そらす (shift) 〔*to*〕: ～ conversation from a painful subject *to* another 会話を痛ましい話題から別の話題に移す / Let's ～ the subject. 話題を変えよう / Let's ～ the radio *to* another station. ラジオを別の局に変えよう / ～ a heater to high [low, on, off] ヒーターを強[低]に換える[入れる, 切る] / ⇨ SWITCH *off* [*on*] / Everything has been ～*ed* around. すべてが配置換えされた. **b** 交換する (exchange), 転換する (divert): ～ methods, plans, careers, etc. / The two officials have ～*ed* places [jobs]. 2 人の職員は互いに席[仕事]を交換した. **2** 〘電気〙〈電流を〉スイッチで転換する: ⇨ SWITCH *off* [*on*]. **3** 《米》〘鉄道〙**a** 〈列車・車両を〉転轍(てん)する, 入れ換える (shunt). **b** 〈車両を〉切り離す, つなぐ; 〈列車を〉仕立てる: ～ cars, a train, etc. **4** 〘野球〙交替させる: ～ flingers 投手を交替させる. **5** むちで打つ, ぴゅーぴゅー[ひゅーひゅー]打つ; (罰として)折檻する (lash): ～ a boy with a cane 少年を杖でむち打つ. **6** 振る, 振り回す (swing): ～ a cane [fishing line] 杖[釣り糸]を振り回す / ～ a tail 〈動物が〉尾を振る. **7** 《英》引ったくる, かっぱらう, 引っさらう (snatch): He ～*ed* it out of my hand. 彼はそれを私の手から引ったくった. **8** 〘トランプ〙(bridge で)〈あるスーツやビッドを〉〈別なスーツやビッドに〉変える (cf. *vi.* 4). **9** 〘映画・テレビ〙(撮像角度やカットを変えるために)〈カメラなどを〉切り替える. **10** 〘競馬〙〈馬を〉他の名で[名を取り替えて]競馬に出す. — *vi.* **1 a** 転換[変換]する, 交換する (shift): ～ *from* one subject *to* another 次から次へと話題を変える / ～ *from* English *to* [*into*] Japanese 英語から日本語に移る / ～ *from* Republican *to* Democrat 共和党から民主党にくらがえする. **b** 〔…に〕乗り換える〔*to*〕; 〔…に〕転轍する〔*to*〕: ～ *to* another bus 別のバスに乗り換える. **2** 転じる, 切り替える. **3** しなやかなむちで打つ, ひゅーひゅー打つ. **4** 〘トランプ〙(bridge で) **a** シフトする《自分またはパートナーが直前に出したスーツと別なスーツを打出す》. **b** (パートナーの直前のビッドと)違うスーツをビッドする. **5** 〘バスケット〙スイッチする (⇨ *n.* 9). **6** 《米》〘鉄道〙転轍する.

I'll be switched (*if* …) 《米口語》[否定・驚きの意を強く表して] (…とは)とんでもない, 断じて…ない. 《1838》 ***switch*** (*a*)***róund*** (*vt.*) 〈席・仕事などを〉取り替える (cf. *vt.* 1 a). (*vi.*) 交替[交換]する. ***switch óff*** (*vt.*) (1) 〈電灯・電流などの〉スイッチを切る; 〈人〉との電話を切る: ～ *off* a light [radio]＝～ a light [radio] *off* (スイッチをひねって)電灯[ラジオ]を消す / ～ *off* the electricity supply 電源を切る / ～ a person *off* 人との電話を切る. (2) 《俗》〈人〉の元気[興味]をなくさせる, 〈人を〉退屈させる. (*vi.*) (1) 〈電灯・電流などが〉切れる: The heater must have ～*ed off* automatically. ヒーターは自動的に切れたに違いない. (2) 《口語》〈人が〉興味を失う, 退屈する, 話を聞かなくなる: I try to keep her interested, but she just ～*es off.* 私は彼女の興味をつなぎ止めようとするのだが, 彼女は退屈してしまう. 《1853》 ***switch ón*** (*vt.*) (1) 〈電灯・電流などの〉スイッチをつける; 〈人〉に電話をつなぐ: ～ *on* a light [radio]＝～ a light [radio] *on* (スイッチをひねって)電灯[ラジオ]をつける / ～ *on* the electricity supply 電源を入れる / ～ a person *on* 人に電話をつなぐ. (2) 《口語》〈涙などを〉(突然・自然に)流す. (3) 《俗》[通例 p.p. 形で] 興奮させる, 幻覚状態にならせる; 麻薬に引き入れる; (麻薬を使って)幻覚状態になる (turn on). (4) 《俗》[通例 p.p. 形で] 時代の最先端をいく; 最新の流行を追う (cf. switched-on): She is really ～*ed on.* 彼女は本当に時代の先端をいっている. (*vi.*) 〈電灯・電流などが〉入る: The heater must have ～*ed on* automatically. ヒーターは自動的にオンになったにちがいない. 《1881》 ***switch óver*** (*from óne to anóther*) (一方から他へ)転換する, 鞍替えする (cf. switchover); テレビのチャンネルを変える. ***switch róund*** ＝SWITCH *around*.

～·a·ble *adj.* **～·er** *n.* **～·like** *adj.* 〖《1595–96》□? MDu. *swijch* bough, twig ∥ LG *swutsche* long thin stick〗

Switch /swítʃ/ *n.* 《英》〘商標〙＝Switch Card.

switch·bàck *n.* **1** Z 字型山岳道路[鉄道]. **2** 《英》＝roller coaster. **3** 〘鉄道〙転向線, スイッチバック. **4** 上り下りの多い道. **5** 〘映画〙切返し, スイッチバック, カットバック. 〖1887〗

switchback ráilway *n.* 《英》 **1** Z 字型山岳鉄道. **2** ＝switchback 2. 〖1887〗

switch·bàr *n.* 〘鉄道〙転換レバー, 転換てこ. 〖1837〗

switch·blàde *n.* 《米》飛び出しナイフ (《英》flick knife) 《switchblade knife, switch knife ともいう》. 〖1950〗

switch·bòard /swítʃbɔ̀ːd | -bɔ̀ːd/ *n.* (電気の)配電盤; (電話・電話の)交換台. 〖1873〗

switch bòx *n.* 配電箱, 開閉器箱. 〖1940〗

switch càne *n.* 〘植物〙米国南部産の湿地に生えるメダケ属のタケの一種 (*Arundinaria tecta*). 〖1845〗

Switch Càrd *n.* 《英》〘商標〙スイッチカード《デビットカード》.

switched-ón /swítʃt-/ *adj.* 《俗》現代[先端]的なものを取り入れた; すごく現代的で流行を追う: a ～ art. 〖1964〗

switched-stár *adj.* 〘テレビ〙〈ケーブルテレビが〉スター形交換網の《視聴者には一つか二つのチャンネルのみが供給され, 他のチャンネルを見る場合には中央交換機の切換えによって行う; cf. tree-and-branch》.

switch èngine *n.* 〘鉄道〙(操車場内の)車両転轍(てん)用機関車 (cf. road engine). 〖1896〗

switch·er·oo /swìtʃərúː/ *n.* (*pl.* **～s**) 《米俗》(態度・立場・性格など)一変すること, 急変, どんでん返し. 〖《1933》《変形》← SWITCH〗

switch·gèar *n.* 〘電気〙開閉器[装置]. 〖1901〗

switch·gìrl *n.* 《豪口語》電話交換手. 〖1943〗

switch·gràss *n.* 〘植物〙米国南部産イネ科キビ属の植物(*Panicum virgatum*). 〖《1840》《変形》← *quitch grass*〗

switch-hít *vi.* 〘野球〙〈打者が〉スイッチで打つ《投手が左投げのとき右打席で, 右投げのとき左打席で打つ》.

switch-hìtting *n.* 〖1938〗

switch-hìtter *n.* **1** 〘野球〙スイッチヒッター《右打ち左打ちのいずれでも打てる打者》. **2** 《俗》両性愛者. **3** 《口語》2 つの仕事[役割]をこなせる有能な人. 〖1948〗

switch knìfe *n.* ＝switchblade. 〖1950〗

switch·lèver *n.* **1** 〘電気〙スイッチのてこ. **2** 〘鉄道〙＝switch-bar. 〖1875〗

switch·man /-mən/ *n.* (*pl.* **-men** /-mən, -mèn/) **1** (電信・電話の)交換器修理係. **2** 《米》〘鉄道〙**a** 転轍(てん)手 (《英》pointsman). **b** (操車場の)車両の切換え助手. 〖1843〗

switch·òver *n.* 転換, 切換え: the ～ of war industries to peace ones 戦時産業の平和産業への切換え. 〖1928〗

switch plàte *n.* (配電箱の)スイッチ板.

switch plùg *n.* (電気アイロンなどで, 本体とコードとを接続する)スイッチ付プラグ. 〖1901〗

switch pòint [**ràil**] *n.* 〘鉄道〙先端レール, 尖端軌条, 可動軌条 (tongue rail ともいう). 〖1797〗

switch sèlling *n.* おとり販売《安価な品を見せておいてから高価なものを売りつける売り方》. 〖1960〗

switch-sìgnal *n.* 〘鉄道〙転轍(てん)信号, 分岐信号機. 〖1838〗

switch stànd *n.* 〘鉄道〙転換器. 〖1875〗

switch tìe *n.* 〘鉄道〙分岐枕木.

switch tòwer *n.* 《米》〘鉄道〙信号塔. 〖1897〗

switch·yàrd *n.* **1** 《米》〘鉄道〙操車場, 列車仕立て場. **2** 〘電気〙開閉所《発[変]電所などの系統切換装置を屋外に設置した場所》. 〖1888〗

swith /swíθ/ *adv.* (*also* **swithe** /～/) 《古方言》直ちに (immediately), 急いで (quickly). 〖OE *swīðe* (adv.) strongly ← Gmc **swinð-* (G (*ge*)*schmind* fast) ← IE **swento-* healthy, strong: cf. sound²〗

swith·er /swíðə | -ðə(r/ 《英方言・スコット》*vi.* 疑う (doubt); ためらう (hesitate). — *n.* 疑い (doubt); 躊躇(ちゅうちょ) (hesitation); 困惑 (quandary). 〖《v.: 1501; n.: 1719》?〗

Swith·in /swíðɪn, -θɪn/ *n.* スウィジン《男性名》. 〖← OE *swīþ* strong: St. Swithun (↓) の誤綴: ⇨ swith〗

Swith·in /swíðɪn, -θɪn/, Saint *n.* 聖スウィズン (?–862; 英国 Winchester の主教 (852–62); Wessex 王 Egbert の信任厚く, その子の師; cf. St. Swithin's Day).

Swith·un /swíðən, -θən/, Saint *n.* ＝Saint SWITHIN.

Switz. 《略》Switzerland.

Switz·er /swítsə | -tsə(r/ *n.* **1** 《古》スイス人 (Swiss). **2** (ローマ教皇庁の)スイス人護衛兵 (cf. Swiss Guard). 〖《1530》□ MHG *Swizer* (G *Schweizer*) ← *Swiz* Switzerland: ⇨ -er¹〗

Switz·er·land /swítsələnd | -ts(ə)-/ *n.* スイス《ヨーロッパ中部の連邦共和国; 面積 41,288 km², 首都 Bern; 公式名 the Swiss Confederation スイス連邦; ラテン語名 Helvetia, フランス語名 la Suisse, ドイツ語名 die Schweiz》. 〖← MHG *Swizer* (↑)＋LAND¹〗

swive /swáɪv/ 《古》*vt.*, *vi.* 交わる, 関係する. 〖OE *swīfan* (↓)〗

swiv·el /swívəl, -vɪ/ *n.* **1 a** 回り継ぎ手, 自在軸受け, (俗に)さる環(かん). **b** (小銃の)叉(さ)銃環, 床尾環. **2 a** 旋回砲, 回転砲. **b** (旋回砲の)旋回装置. **3** (回転いすの)台座. **4 a** 縫取り[刺繍]織機. **b** 縫取りシャトル. — *v.* (**swiv·eled, -elled; -el·ing, -el·ling**) — *vt.* **1** 旋回[回転]させる: ～ one's eyes 目玉をぐるりと動かす. **2** 回り継ぎ手[さる環]をつける[で留める]. — *vi.* 旋回[回転]する《(*a*)*round*》. **～ed, swív·elled** *adj.* **～·lìke** *adj.* 〖《1307–8》*swyvel, swevill* ← OE *swīfan* to revolve (cf. swift): ⇨ -le¹〗

swível brìdge *n.* 旋回橋, 旋開橋 (swing bridge). 〖1754〗

swível chàir *n.* 回転いす. 〖1860〗

swível-èye *n.* 《英口語》やぶにらみ, 斜視 (squint-eye). 〖1765〗

swível-èyed *adj.* 《英口語》やぶにらみの, 斜視の (squint-eyed). 〖1781〗

swível gùn *n.* 旋回砲[銃], 回転砲[銃]. 〖1712〗

swível-híp *vi.* 尻を振って歩く. 〖《1943》《逆成》↓〗

swível-hipped *adj.* 尻を振って歩く, おおげさに尻を振る. 〖1947〗

swível hòok *n.* 〘機械〙回りフック《回り継手 (swivel joint) のついた鉤(かぎ)》. 〖1788〗

swível jòint *n.* 〘機械〙回り継手[接ぎ手].

swível pìn *n.* ＝kingbolt 1.

swível plòw *n.* 〘農業〙互用プラウ《うねを起こすのに用いる》. 〖1875〗

swível shùttle *n.* ＝swivel 4 b. 〖1894〗

swível tàble *n.* 〘機械〙自在テーブル《旋回し得る工作台》.

swível vìse *n.* 〘機械〙回り万力, 旋回万力 (cf. universal vise).

swível wèaving *n.* 縫取り[刺繍]織り. 〖1894〗

swiv·et /swívɪt | -vɪt/ *n.* (*also* **swiv·vet** /～/) 極度の精神の動揺, 逆上, いらだち. ★ 通例次の句に用いて: in a ～ 動揺して, 取り乱して. 〖《1892》?〗

swizz /swíz/ *n.* (*also* **swiz** /～/) (*pl.* **swiz·zes**) 《英口語》**1** 詐欺 (swindle). **2** 失望 (disappointment). ***Whát a swízz!*** 《英口語》ひどいよ, そんなのなしよ《落胆・抗議》. 〖?〗

swiz·zle /swízɪ/ *n.* **1** スウィズル《ラムまたはジン, レモンまたはライム果汁, 砕き氷, 砂糖などをシェイクしたカクテル》. **2** 《米》シェイクしないカクテル. **3** 《英口語》＝swizz. — *vt.* **1** 攪拌棒でかき回す. **2** 《英口語》だます.

swíz·zler *n.* 〖《1813》《転訛》? ← *switchel* (米) molasses and water〗

swízzle stìck *n.* (カクテル用の)攪拌棒, かき回し棒. 〖1879〗

swob /swɑ́(ː)b, swɔ́(ː)b | swɔ́b/ *vt.*, *n.* ＝swab.

swob·ber /swɑ́(ː)bə, swɔ́(ː)bə | swɔ́bə(r/ *n.* ＝swabber.

swol·len /swóʊlən | swə́ʊ-/ *v.* swell の過去分詞. — *adj.* **1 a** 膨れた, 膨張した (puffy); 腫(は)れ上がった: a ～ hand 腫れた手. **b** 増大した (inflated); 増水した: ～ estimates 膨張した予算 / a ～ city 膨れ上がった都市 / a ～ river 増水した川. **2 a** 感情でいっぱいになった; (特に)思い上がった, 高慢な: one's ～ heart 感極まった胸(のうち) / ～ by success 成功に思い上がった[て]. **b** 誇張された, 大げさな. **～·ly** *adv.* **～·ness** *n.* 〖《c1325》(p.p.) ← *swelle*(*n*) '*to* SWELL'〗

swóllen héad *n.* ＝swelled head. 〖1899〗

swóllen-héaded *adj.* ＝swelled-headed. 〖1928〗

swoon /swúːn/ 《文語》*vi.* **1 a** 気が遠くなる, 失神[気絶, 卒倒]する (faint): ～ with pain 痛くて気絶する. **b** 恍惚(こう)となる: ～ for joy うれしくて気が遠くなる. **2** 〈音などが〉徐々に消えていく, 弱くなる, かすれる. — *n.* **1 a** 気が遠くなること, 失神, 気絶: in a ～ 失神[気絶]して, 気が遠くなって / fall into a ～ 失神[気絶]する. **b** 恍惚. **2** 仮死状態. **3** 徐々に弱くなること. **～·er** *n.* 〖《c1250》*swowene*(*n*), *swoune*(*n*)《逆成》? ← *swowening, swouning* (ger.) ← *iswowen, swoun* in a swoon ＜ OE *ġeswōgen* (p.p.) ← *-swōgan* to choke〗

swóon·ing *adj.* **1 a** 気が遠くなる, 失神[気絶]しそうな. **b** 恍惚(こう)としている. **2** 徐々に薄れる[衰える, 消える]. **～·ly** *adv.* 〖《1646》: ⇨ ↑, -ing¹〗

swoop /swúːp/ *vi.* **1** 〈鳥などが〉空から舞い降りて〈獲物に〉飛びかかる〔*on, upon*〕: The eagle ～*ed* (*down*) *upon* a hare. 鷲が野兎めがけて舞い降りて飛びかかった. **2** 〔…を〕急襲する, 襲う 〈*down*〉〔*on, upon*〕: An airplane ～*ed* (*down*) *on* the enemy. 飛行機が(急降下して)敵を襲撃した. **3** さっと動く[通り過ぎる]. — *vt.* 引っさらう, かっぱらう, 引ったくる (snatch) 〈*up, away, off*〉. — *n.* **1** (猛禽(もう)などの)急降下; (警官隊などの)急襲〔*on*〕: make a ～ *on* …を急襲する. **2** (飛びかかってする)引ったくり〔*at*〕: make a ～ *at* … …に飛びかかって引ったくろうとする. ***in*** [***at***] ***óne*** (***féll***) ***swóop*** (ひとたまりもない)恐ろしい襲来で, 一挙に (Shak., *Macbeth* 4. 3. 219). 《1606》 〖《1544–45》← ? ME *swope*(*n*) to sweep ＜ OE *swāpan*: cf. sweep〗

swoose /swúːs/ *n.* 〘鳥類〙ハクチョウとガン[ガチョウ]の合の子. 〖《1920》《混成》← SW(AN)¹＋(G)OOSE〗

swoosh /swúʃ/ *n.* **1** しゅっ[びゅん]という音. **2** しゅっと動く[走る]こと, 疾走. — *vi.* **1** しゅっと音を立てる. **2** しゅっと音を立てて走る. **3** ざあざあ流れ出る, ほとばしる. — *vt.* しゅっという音を立てて発射する[運ぶ]. 〖《1867》《擬音語》: cf. swish〗

swop /swɑ́(ː)p, swɔ́(ː)p | swɔ́p/ *v.* (**swopped; swopping**) ＝swap.

sword /sɔ́əd | sɔ́ːd/ *n.* **1** 剣, 刀: a cavalry ～ 騎兵のサーベル / a court [dress] ～ 礼服に着用する剣. **2 a** 刀状のもの. **b** メカジキ (swordfish) の(上)嘴 (beak). **3** [通例 the ～] **a** 武力, 兵力, 兵馬の権: ～ and purse 武力と財力 / appeal to *the* ～ 武力に訴える / The pen is mightier than *the* ～. ⇨ pen¹ 2 b. **b** 懲罰[司法]権; 主権, 大権: *the* ～ of justice 司法権. **4** 死[破壊]の手段; 戦争: ⇨ FIRE *and sword*. **5** 〘軍俗〙銃剣 (bayonet).

at swórds' pòints ⇨ point 成句. ***be at swórds dráwn with*** …と戦って[にらみ合って]いる. ***béat*** *one's* ***swórds into plówshares*** 剣を打ちかえて鋤(すき)の刃にする; 武器を捨てて平和的な仕事に就く (*Isa.* 2: 4, *Mic.* 4: 3). 《1924》 ***cróss swórds*** (1) 〔…と〕剣を交える, 渡り合う,

戦う〔with〕. ⦅1816⦆ (2) 〔…と〕激しく議論を戦わす〔with〕. ⦅1886⦆ ***dráw the swórd*** 戦端を開く. ***dráw the swórd agàinst*** 〈権威者など〉に反抗する, …を攻撃する (attack). ***méasure swórds*** (決闘の前に)剣の長さを調べる; 〔…と〕決闘する, 戦う〔with〕. ***pérish by the swórd*** ⇨ perish vi. 1. ***pút to the swórd*** 切り殺す, 虐殺する. ⦅1338⦆ ***pút úp [shéathe] the swórd*** (1) 剣[刀]をさやに納める. (2) 講和する. ***thrów one's swórd into the scále*** 要求(など)を貫くために武力で決定を左右する. ***wórry the swórd*** 〘フェンシング〙 しきりに剣を動かして相手を悩ます.

swórd and sórcery 剣と魔法 ⦅超自然的な魔法や怪物の存在する異世界を舞台に, 超人的な剣士が邪悪な敵と戦うというファンタジー文学の一ジャンル; heroic fantasy ともいう⦆.
swórd of Dámocles, S- of D- [the —] ⇨ Damocles.
swórd of mércy [the —] =curtana. ⦅1429⦆
swórd of státe [the —] 御剣, 宝剣 ⦅大礼に英国国王の前に捧持する剣⦆. ⦅1483⦆
swórd of the Spírit, s- of the s- [the —] 神の言葉 (cf. *Eph.* 6:17).
～·less *adj.* 〖OE *sw(e)ord, swyrd* < Gmc **swerðam* (G *Schwert*) ← ? IE **swer-* to cut, pierce: -w- の消失については SO, SUCH, TWO を参照〗

sword 1
1 blade
2 hilt
3 pommel
4 bow
5 guard

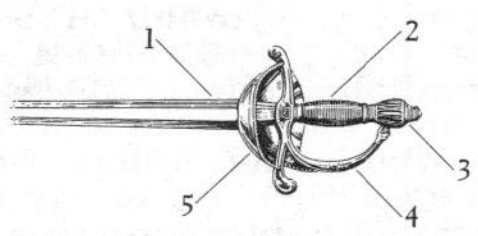

swórd àrm *n.* **1** (剣を振るう)右腕 (right arm) (cf. sword-hand). **2** 武力, 武力行為. 〖1692〗
swórd bàyonet *n.* (剣としても使える刀身と柄を備えた昔の)銃剣. 〖1844〗
swórd bèan *n.* 〘植物〙 ナタマメ (*Canavalia gladiata*) ⦅saber bean ともいう⦆. 〖1875〗
swórd-bèarer *n.* 《英》 剣持, 太刀持 ⦅儀式の際に御剣 (sword of state) を捧持する役人⦆. 〖1431〗
swórd bèlt *n.* 剣帯, 刀帯. 〖1521〗
swórd·bìll *n.* 〘鳥類〙 ヤリハシハチドリ (*Ensifera ensifera*) ⦅南米産のハチドリ; くちばしが身長以上に長い⦆. 〖1861〗
swórd-bìlled húmmingbird *n.* 〘鳥類〙 = swordbill. 〖*swordbill*: ⦅1861⦆〗
swórd càne *n.* 仕込み杖 ⦅swordstick ともいう⦆. 〖1837〗
swórd·cràft *n.* **1** 刀剣の知識, 剣術(の腕前). **2** 《まれ》 用兵術, 戦術; 戦力. 〖1855〗
swórd-cùt *n.* **1** 刀傷, 剣傷. **2** 刀傷の跡. 〖1818〗
swórd dànce *n.* 剣(つるぎ)の舞, 剣舞 ⦅剣を振って, また立てて置いた剣の間を巧みに踏んで, 踊るものなど⦆. **swórd dànc·er** *n.* **swórd dànc·ing** *n.* 〖1604〗
swórd fèrn *n.* 〘植物〙 タマシダ ⦅タマシダ属 (*Nephrolepis*) の植物の総称⦆; (特に)ヤンバルタマシダ (*N. exaltata*) ⦅観葉植物⦆. 〖1829〗
swórd·fìsh *n.* **1** 〘魚類〙 メカジキ (*Xiphias gladius*) ⦅メカジキ科の回遊魚; 上あごが極端に長く剣状の吻(ふん)は全長の3分の1に達する; 成魚は 2–3.5 m 位だが大きいものは 5 m もあり 500 kg を超える; broadbill ともいう; cf. marlin^1 1⦆. **2** [the S-] 〘天文〙 かじき(旗魚)座 (⇨ dorado 3). 〖*c*1400〗
swórd·flàg *n.* 〘植物〙 キショウブ (yellow iris). 〖1884〗
swórd gràss *n.* 〘植物〙 **1** 細いへりにとげのある葉をもつ各種の草の通称: **a** 《豪》 =cutting grass. **b** シシキリガヤなど *Cladium* 属の植物の総称. **2** クサヨシ (reed canary grass). 〖1598〗
swórd-guàrd *n.* 刀のつば.
swórd-hànd *n.* (剣を振るう)右手 (right hand). 〖1531〗
swórd knòt *n* (剣の柄につけた)つかふさ, 下げ緒. 〖1694〗
swórd-làw *n.* 武断政治, 軍政; 戒厳令. 〖1667〗
swórd·like *adj.* 刀剣状の, 刀剣に似た. 〖1578〗
swórd lìly *n.* 〘植物〙 グラジオラス (gladiolus). 〖1786〗
swórd·man /-mən/ *n.* (*pl.* **-men** /-mən/) 《廃》 = swordsman. 〖(*a*1387) 1602–3〗
swórd·plày *n.* **1** フェンシング, 剣術(の妙技), 剣さばき (fencing). **2** 議論上手, 巧妙な即答の才 (repartee). 〖⦅1627⦆: cf. OE *sweordplega* fight〗
swórd·plàyer *n.* 《古》 剣客. 〖15C〗
swórd·pròof *adj.* 刀を通さない[の通らない]. 〖*a*1593〗
swórds·man /-mən/ *n.* (*pl.* **-men** /-mən/) **1** 剣士, 剣客; 剣術家, 剣の名手 (fencer). **2** 《古》 兵士, 軍人, 武人, 武士 (soldier). 〖(*a*1680): ⇨ -s^2 2〗
swórdsman·ship *n.* 剣士の腕前[であること]; 剣術, 剣道, 剣さばき (swordplay). 〖⦅1851–2⦆: ⇨ -ship〗
swórd·stìck *n.* =sword cane. 〖1705〗
swórd-swàl·low·er *n.* 剣を飲み込む曲芸師. 〖1827〗
swórds·wòman *n.* 女性の剣客, 女流剣術家. 〖1883〗
swórd·tàil *n.* **1** 〘動物〙 カブトガニ (king crab). **2** 〘昆虫〙 **a** 樹上にすむ *Uroxiphus* 属のカメムシの総称. **b** 長い剣状の産卵管をもったキリギリス類の総称 ⦅オナガササキリ (*Conocephalus maculatus*) など⦆. **3** 〘魚類〙 ソードテール, ツルギメダカ (*Xiphophorus helleri*) ⦅メキシコ地方産の卵胎生の淡水小魚; 雄の尾びれの下端が剣状に伸びている; 色彩が美しいので観賞用に飼育される; 性の転換を行う⦆. 〖1858〗

swore *v.* swear の過去形. 〖OE *swōr*〗
sworn /swɔ́ən | swɔ́ːn/ *v.* swear の過去分詞. — *adj.* 誓った; 誓って保証した: ⇨ sworn brothers [friends] / ～ enemies [foes] 不倶戴天(ふぐたいてん)の敵 / ～ evidence 宣誓して提出した証拠. 〖*c*1250〗
swórn bróthers [fríends] *n. pl.* (もと騎士道の掟に従って)互いに禍福を分かち合うことを誓った戦友; 盟友, 刎頸(ふんけい)の友. 〖⦅*c*1380⦆ ← ⦅*c*1250⦆ *breðre sworen*〗
swot^1 /swɑ́(ː)t, swɔ́(ː)t | swɔ́t/ *v.* (**swot·ted; swot·ting**) *n.* =swat^1.
swot^2 /swɑ́(ː)t, swɔ́(ː)t | swɔ́t/ 《英口語》 *v.* (**swot·ted; swot·ting**) — *vi.* がり勉する; 〔…を〕がむしゃらに[こつこつ]勉強する 〔*at, for*〕: ～ *at* German / ～ *for* an exam がむしゃらに試験勉強する. — *vt.* がり勉する, こつこつ勉強する. ***swót úp*** (学科などを)必死[がむしゃら]に勉強する; にわか勉強をする: ～ (a subject) *up*. ⦅1913⦆ — *n.* **1** がり勉. **2** がり勉家, がんばり屋. **swót·ty** *adj.* 〖⦅1850⦆ 《変形》 ← SWEAT〗
SWOT /swɑ́(ː)t, swɔ́(ː)t, ɛ́sdʌ̀bljuːòutíː | swɔ́t, ɛ́sdʌ̀bljuːəutíː/ *n.* 〘経済〙 スウォット, SWOT ⦅製品を市場に出す前に行う分析項目; 新商品の強み, 弱み, (販売)機会 (時宜を得た商品であるかどうか), 脅威(当該商品に対する外的マイナス要因や競争相手によるもの)⦆: a ～ analysis スウォット分析. 〖⦅*c*1975⦆ 《頭字語》 ← *s(trengths) w(eaknesses) o(pportunities) t(hreats)*〗
swot·ter /swɑ́(ː)tə, swɔ́(ː)tə | swɔ́tə(r/ *n.* =swot^2 2. 〖1919〗
swound /swáund, swúːnd/ *vi., n.* 《古》 =swoon. 〖⦅*c*1440⦆ 《変形》 ← SWOON: cf. bound^3, sound^1〗
swounds /zwáundz, zwúːndz/ *int.* (*also* **'swounds** /～/) 《古》 =zounds. 〖1589〗
SWP /ɛ́sdʌ̀bljuːpíː/ 《略》 Socialist Workers Party.
Ś wrènch *n.* S 形スパナ.
swtg 《略》 switching.
swum *v.* swim^{1,2} の過去分詞, swim^1 の《方言》過去形. 〖OE *(ġe)swummen*〗
swung /swʌ́ŋ/ *v.* swing の過去形・過去分詞. 〖OE *swungen* (p.p.)〗
swúng dàsh *n.* スワングダッシュ, 波形記号 (～). 〖1951〗
swy /swáɪ/ *n.* 《豪》 =two-up. 〖⦅1924⦆ ▭ G *zwei* 'TWO'〗
Sx 《略》 Sussex.
sy 《記号》 Syria (URL ドメイン名).
Sy /sáɪ/ *n.* サイ ⦅男性名⦆. 〖(dim.) ← SEYMOUR // SILAS // SIMON〗
SY 《略》 steam yacht; 〘自動車国籍表示〙 Seychelles.
sy- /sɪ, sə/ *pref.* ('s＋子音' および z の前にくるときの) syn- の異形: system, syzygy.
-sy /si/ *suf.* 《口語・俗》 軽蔑的・戯言的に用いられる名詞・形容詞・副詞語尾: top*sy*-turvy, tip*sy*, pop*sy*. 〖← ?: ARSY-VARSY または BETSY からの類推か〗
Syb·a·ris /síbərɪ̀s | -rɪs/ *n.* シバリス ⦅イタリア南部にあった古代ギリシャの都市; その富と奢(しゃ)りで有名; 紀元前 510 年滅亡⦆.
Syb·a·rite /síbəràɪt/ *n.* **1** シバリス (Sybaris) 人. **2** [しばしば s-] 奢(おご)って遊び暮らす人, 奢侈(しゃし)逸楽にふける者 (voluptuary). 〖⦅1555⦆ ▭ L *Sybarīta* ▭ Gk *Subarítēs* ← *Súbaris*: ⇨ -ite^1〗
Syb·a·rit·ic /sɪ̀bərítɪk | -rít-←/ *adj.* **1** シバリス (Sybaris) 人の. **2** [しばしば s-] 奢(おご)って遊び暮らす. 〖⦅1619⦆ ▭ L *Sybarīticus* ▭ Gk *Subaritikós* ← *Subarítēs* (↑)〗
Sỳb·a·rít·i·cal /-tɪ̀kəl, -kl̩ | -tɪkəl, -kl̩/ *adj.* =Sybaritic. **～·ly** *adv.* 〖*a*1617〗
sýb·a·rìt·ism /-tɪzm/ *n.* ぜいたくな暮らし, 奢侈(しゃし)逸楽主義. 〖⦅1840⦆: ⇨ Sybarite, -ism〗
syb·il, S- /síbəl, -bl̩ | -bɪ̀l, -bl̩/ *n.* =sibyl.
Syb·il /síbəl, -bl̩ | -bɪ̀l, -bl̩/ *n.* シビル ⦅女性名⦆. 〖⦅変形⦆ ← SIBYL〗
syb·il·line /síbəlàɪn, -lìːn, -lɪ̀n | síbɪlàɪn, sɪbílaɪn/ *adj.* =sibylline.
sy·bo /sáɪbou/ *n.* (*also* **sy·boe, sy·bow**) (*pl.* **sy·boes, sy·bows**) 《スコット》 〘植物〙 =spring onion. 〖⦅1574⦆ ← F *ciboule* 'CIBOL'〗
syc·a·mine /síkəmàɪn, -mɪ̀n/ *n.* 〘聖書〙 くわの木 (mulberry) (cf. *Luke* 17:6). 〖⦅1526⦆ ← L *sycamīnus* ▭ Gk *sūkáminos* ▭ Phoenician *shiqmīn* (pl.)〗
syc·a·more /síkəmɔ̀ə | -mɔ̀ː(r/ *n.* 〘植物〙 **1** エジプトイチジク (*Ficus sycomorus*) ⦅エジプト・シリアなど小アジア産の食用の果実をつけるイチジクの木; sycamore fig ともいう⦆. **2** 《英》 セイヨウカジカエデ (*Acer pseudoplatanus*) ⦅sycamore maple ともいう⦆. **3** 《米》 アメリカスズカケノキ (⇨ buttonwood). 〖⦅*c*1350⦆ *sicamour* ▭ OF *sicamor* (F *sycomore*) ▭ L *sȳcomorus* ▭ Gk *sūkómoros* (*sûkon* fig＋*móron* (mul)berry) ← Heb. *šiqmā́h* mulberry〗
syce /sáɪs/ *n.* **1** (マレーシアで)(お抱え)運転手. **2** (インドで)馬丁 (groom). 〖⦅1653⦆ ▭ Hindi *sā'is* ▭ Arab. *sā́'is* ← *sus* horse〗
sy·cee /saɪsíː; *Cant.* ʃɐiʃiː/ *n.* (もと, 中国で用いられた)絞銀, 紋銀, 宝紋, 銀錠, 馬蹄(ばてい)銀 ⦅秤量(ひょうりょう)貨幣; sycee silver ともいう; cf. shoe 4⦆. 〖⦅1711⦆ ▭ Cant. *shai shi* (絲細): 純銀は伸展性に富むことから〗
syc·o·more /síkəmɔ̀ə | -mɔ̀ː(r/ *n.* 〘聖書〙 =sycamore 1.
sy·con /sáɪkɑ(ː)n | -kɔn/ *n.* 〘動物〙 シコン型 ⦅海綿動物の体内をめぐる水溝系の一型; アスコン型 (ascon) とリューコン型 (leucon) の中間の構造⦆. **sy·co·noid** /sáɪkənɔ̀ɪd/ *adj.* 〖⦅1845⦆ ← NL ～ ← Gk *sûkon* fig〗
sy·co·ni·um /saɪkóuniəm | -kə́u-/ *n.* (*pl.* **-ni·a** /-niə/) 〘植物〙 陰頭花序 ⦅イチジクなどの果実⦆. 〖← NL ～ ← Gk *sûkon* fig: ⇨ -ium〗

syc·o·phan·cy /síkəfənsi, sáɪk-, -fæn-/ *n.* **1** へつらい, おべっか, お世辞 (servile flattery); おべっか根性. **2** 悪口, 中傷; (特に, 古代アテネで行われた)密告行為, 告げ口. 〖⦅1622⦆ ▭ L *sȳcophantia* ▭ Gk *sūkophantía*: ⇨ ↓, -ancy〗
syc·o·phant /síkəfənt, sáɪk-, -fænt/ *n.* **1** へつらい者, おべっか使い, ごますり. **2** 中傷する人; (特に, 古代アテネの)告げ口をする人, 密告者. **3** 《廃》 うそつき (liar). — *adj.* =sycophantic. 〖⦅*a*1548⦆ ▭ F *sycophante* // L *sȳcophanta* ▭ Gk *sūkophántēs* informer, false accuser ← *sûkon* fig＋*phaínein* to show: 原義は「親指を中指と人さし指の間に挟んでみせる軽蔑の仕草 (⇨ fig^1 5) をする人」か〗
syc·o·phan·tic /sìkəfǽntɪk, sàɪk- | sɪ̀kə(ʊ)fǽntɪk←/ *adj.* **1** へつらう, おべっかを使う, ぺこぺこする. **2** 中傷する, 中傷的な. 〖⦅1676⦆ ▭ Gk *sūkophantikós*: ⇨ ↑, -ic^1〗
sỳc·o·phán·ti·cal /-tɪ̀kəl, -kl̩ | -tɪkəl, -kl̩←/ *adj.* =sycophantic. **～·ly** *adv.* 〖*a*1566〗
syc·o·phant·ish /sɪ̀kəfǽntɪʃ, sàɪk- | -tɪʃ/ *adj.* = sycophantic. **～·ly** *adv.* 〖1821〗
sýc·o·phant·ism /-tɪzm/ *n.* =sycophancy. 〖1821〗
sy·co·sis /saɪkóusɪ̀s | -kə́usɪs/ *n.* (*pl.* **-co·ses** /-siːz/) 〘病理〙 毛瘡(もうそう). 〖⦅1580⦆ ← NL ～ ← Gk *sū́kōsis* ← *sûkon* fig: ⇨ -osis〗
Syd. 《略》 Sydney.
Syd·en·ham /sídənəm, -dn̩- | -dən-, -dn̩-/, **Thomas** *n.* シドナム ⦅1624–89; 英国の医師; 現代臨床医学の創始者; 時に English Hippocrates と呼ばれる⦆.
Sýdenham's choréa *n.* 〘病理〙 シドナム舞踏病 ⦅リューマチ熱に起こる神経障害; 小児に多い; St. Vitus's dance ともいう⦆.
Syd·ney^1 /sídni/ *n.* シドニー: **1** オーストラリア南東部の海港, New South Wales 州の州都. **2** カナダ南東部, Cape Breton 島の海港. 〖← *Viscount Sydney I* (1733–1800: この海港発見当時の英国植民地担当大臣)〗
Syd·ney^2 /sídni/ *n.* シドニー ⦅男性名・女性名⦆. 〖⦅変形⦆ ← SIDNEY〗
Syd·ney /sídni/, Sir **Philip** *n.* =Sir Philip SIDNEY.
Syd·ney·sid·er /sídnisàɪdə | -də(r/ *n.* Sydney の住民, Sydney 生まれの人. 〖1865〗
Sýdney sílky *n.* テリア犬の一種 ⦅オーストラリア原産; cf. silky terrier⦆.
Sy·e·ne /saɪíːni/ *n.* シエネ ⦅Aswan の古名⦆.
sy·e·nite /sáɪənàɪt | sáɪɪ̀-/ *n.* 〘岩石〙 閃長岩(せんちょうがん). 〖⦅1796⦆ ▭ F *syénite* // G *syenit* ▭ L *Syēnītēs* (*lapis*) (stone) of Syene (現名 Aswan): ⇨ -ite^1〗
sy·e·nit·ic /sàɪənítɪk | sàɪɪ̀nít-←/ *adj.* 〘岩石〙 閃長岩の. 〖⦅1799⦆: ⇨ ↑, -ic^1〗
SYHA 《略》 Scottish Youth Hostels Association.
syke /sáɪk/ *n.* **1** 《スコット・北英》 =sike. **2** 〘紋章〙 = fountain 7.
Syk·tyv·kar /sɪ̀ktɪfkáə | -káː(r; *Russ.* siktɨfkár/ *n.* スィクトゥイフカル ⦅ロシア連邦北西部, Komi 共和国の首都⦆.
syl. 《略》 syllable; syllabus.
syl- /sɪ̀l/ *pref.* (l の前にくるときの) syn- の異形: *syl*lepsis.
syl·i /síli/ *n.* (*pl.* ～, ～s) =sily.
syll. 《略》 syllable; syllabus.
syl·la·bar·i·um /sɪ̀ləbɛ́əriəm | -bɛ́ər-/ *n.* (*pl.* **-i·a** /-iə/) =syllabary. 〖1850〗
syl·la·bar·y /síləbèri | -bəri/ *n.* (alphabet に対して) 字音表; 音節文字表: the Japanese ～ 日本語の五十音図, かな表, いろは. 〖⦅1586⦆ ← NL *syllabārium* ← L *syllaba* 'SYLLABLE': ⇨ -ary〗
syllabi *n.* syllabus の複数形.
syl·lab·ic /sɪ̀lǽbɪk/ *adj.* **1** 音節の, つづりの; 音節に分ける. **2** 音節を表す: a ～ character [symbol] 音節文字[符号] ⦅漢字・かななど⦆. **3** 各音節を発音する, 鮮明に発音した, 発音が鮮明な: one's ～ style of speaking はっきりした言い方. **4** 〘詩学〙 (詩行の構成が音の強弱や長短によらずに)音節の数に基づく: ～ verse. **5** 〘音楽〙 シラビックな ⦅歌詞の一音節に旋律の一音が当てられている; 特に, グレゴリオ聖歌などに用いる⦆. **6** 〘音声〙 **a** 音節主音的な, 成節的な ⦅音節のなかで最も強く聞こえる; ↔ nonsyllabic⦆: The sound 'l' is ～ in *battle* /bǽtl̩ | bǽtl̩/. / ～ sounds 音節主音 ⦅一音節中で最も強く響く音; 例えば sudden /sʌ́dn̩/ では /ʌ/ と /n̩/⦆ / ～ consonants 音節主音的[成節的]子音 ⦅例えば saddle /sǽdl̩ | -dl̩/, prism /prízm̩/, button /bʌ́tn̩/ における /l̩/, /m̩/, /n̩/; 特に, それを示すにはその子音符号の下に (ˌ) を付ける⦆. **b** (二重母音の構成要素中で)強勢をもつ. — *n.* **1** 音節を表す文字. **2** 〘音声〙 音節主音 (syllabic sound). **3** [*pl.*] 音節詩 (syllabic verse). **syl·láb·i·cal·ly** *adv.* **syl·la·bic·i·ty** /sɪ̀ləbísəti | -sɪ̀ti/ *n.* 〖⦅1728⦆ ▭ ML *syllabicus* ▭ Gk *sullabikós*: ⇨ syllable, -ic^1〗
syl·lab·i·cate /sɪ̀lǽbəkèɪt | -bɪ-/ *vt.* =syllabify. 〖⦅1654⦆ 《逆成》 ↓〗
syl·lab·i·ca·tion /sɪ̀lǽbəkéɪʃən | -bɪ-/ *n.* (つづりを)音節に分けること, 分節, 分綴(ぶんてつ)法. 〖⦅1631⦆ ▭ ML *syllabicātiō(n-)* ← *syllabicāre* to form into syllables ← LL *syllabicus* 'SYLLABIC': ⇨ -ation〗
syl·lab·i·fi·ca·tion /sɪ̀lǽbəfɪkéɪʃən | -bɪ̀fɪ-/ *n.* = syllabication. 〖⦅1838⦆ ▭ ML *syllabificātiō(n-)* ← *syllabificāre* to syllabify: ⇨ syllable, -fication〗
syl·lab·i·fy /sɪ̀lǽbəfàɪ | -bɪ̀-/ *vt.* 〈つづりを〉音節に分ける, 分節する, 分綴(ぶんてつ)する. 〖⦅1926⦆ 《逆成》 ↑〗
syl·la·bism /síləbɪzm/ *n.* **1** 音節文字書記法 ⦅アルファベット式文字の代わりに漢字やかなのような音節文字[記

S

号]を用いて言葉を写す書記法). **2** =syllabication. 〖(1883) ← L *syllaba* 'SYLLABLE'+-ISM〗
syl·la·bize /síləbàɪz/ *vt.* **1** =syllabify. **2** 〖詩学〗(詩行の韻律構造を明示するために)〈詩を〉音節を区切って読む. 〖(1656) □ ML *syllabizare* □ Gk *syllabízein*: ⇨ ↓, -ize〗
syl·la·ble /síləbl/ *n.* **1** 〖音声〗音節, シラブル: a word of two ～s 二音節語. **2** 音節を表す文字, つづり. **3** [通例否定構文で] 一言, 片言: *Not* a ～! 一言も口をきくな / He *never* uttered [breathed] a ～ of all this. このことはただの一言も口に出さなかった / I *don't* understand a ～ of what you say. 君の言うことはちっともわからない. **4** (単音節語の意味を強調して)語 (word). **5** 〖音楽〗**a** = syllable name. **b** [集合的] 視唱綴字 (sol-fa syllables): sing by ～ (歌詞でなく)ドレミファで歌う.
in wórds of óne sýllable 率直なことばで, 一言で: explain things *in words of one* ～.
— *vt.* **1** 音節で[ごとに]発音する; はっきり発音する. **2** 音節に切って示す. **3** 〈詩〉言う.
〖(*c*1380) *sillable* □ AF (変形) ← OF *sillabe* (F *syllabe*) □ L *syllaba* □ Gk *sullabḗ* ← *sullambánein* to put together, spell together ← *sul-* 'SYN-'+ *lambánein* to take〗
sýl·la·bled *adj.* [複合語の第 2 構成素として] 音節の: a four-*syllabled* word 四音節語. 〖(1843): ⇨ -ed 2〗
sýllable nàme *n.* 〖音楽〗階名, 固定綴字(ᵗᵉᵢ)(ドレミファ唱法 (solmization) のド, レ, ミ, ファ…など; 例えば, ドはハ・嬰(ᵉᵢ)ハ・変ハ音, レはニ・嬰ニ・変ニ音に対し一定しており, また調が変っても綴字は一定しているので fixed syllable ともいう).
sýllable-tìmed *adj.* 〖音声〗〈言語が〉音節によるリズムをもった, 音節拍の (音節の長さがほぼ同じであるため規則的な時間をおいて連続するようなリズム; cf. stress-timed). 〖1947〗
syl·lab·o·gram /sɪ̀lǽbougræ̀m | -bə(ʊ)-/ *n.* 音節文字. 〖← *syllab-* (← L *syllaba* 'SYLLABLE')+-O-+-GRAM〗
syl·la·bog·ra·phy /sìləbá(:)grəfi | -bɔ́g-/ *n.* =syllabism. 〖← *syllab-* (↑)+-O-+-GRAPHY〗
syl·la·bub /síləbʌ̀b/ *n.* **1** シラバブ (牛乳またはクリームにぶどう酒・りんご酒などを混ぜ砂糖と香料を加えて泡立てた飲料, またはこれを冷やし固めたデザート). **2** シラバブ用グラス. 〖(1537) (古形) *solybubbe* ← ?〗
syl·la·bus /síləbəs/ *n.* (*pl.* **-la·bi** /-bàɪ/, ～**·es**) **1 a** (講義・論文・試験要綱などの)摘要, 要目, 大要; 教授細目. **b** 《英》(あるコースの)全授業科目(一覧表). **2** 〖法律〗**a** (判例集に付けた判決理由の概要を示す)頭注 (headnote). **b** (学生用の)判例要覧. **3** [しばしば S-] 〖カトリック〗**a** (ローマ教皇 Pius 九世により誤謬(ᵍᵒ)があると宣告された 80 項目の)謬論表. **b** (ローマ教皇 Pius 十世が誤りであると処断した 65 項目の近代主義命題の)謬論表.
Sýllabus of Érrors 〖カトリック〗=syllabus 3.
〖(1656) ← ML ～ (混成) ? ← L *sillybus* (□ Gk *sílIubos*)+L *sittybās* ((acc. pl.) ← *sittyba* □ Gk *sittúba* book title, table of contents)〗
syl·lep·sis /sɪlépsɪs | -sɪs/ *n.* (*pl.* **-lep·ses** /-si:z/) **1** 〖修辞〗兼用法, 一軛双叙(法) (一つの語を同時に主に字義的意義と比喩的意義との両義に用いること; 例: His temper was as *short* as his coattails. / He *lost* his hat and his temper.). **2** 〖文法〗=zeugma. **syl·lep·tic** /sɪléptɪk/ *adj.* **syl·lép·ti·cal·ly** *adv.* 〖(1550) □ L *syllēpsis* □ Gk *súllēpsis* a taking together ← *sullambánein*: ⇨ syllable〗
syl·lo·gise /sílədʒàɪz/ *v.* 《英》=syllogize.
syl·lo·gism /sílədʒìzm/ *n.* **1** 〖論理〗**a** 三段論法 (major premise (大前提), minor premise (小前提), および conclusion (結論)から成る推論式): a false ～ 不当な[偽の, えせ]三段論法, 詭弁 / a categorical [hypothetical, disjunctive] ～ 定言的[仮言的, 選言的]三段論法. **b** 演繹(ᵉᵏ)(法) (deductive method) (cf. induction 2). **2** ずるい[こじつけの, 人をだます]議論, 詭弁 (crafty argument). 〖(*a*1387) *silogi(s)me* □ OF *sil(l)ogisme* (F *syllogisme*) // L *syllogismus* □ Gk *sullogismós* ← *sullogízesthai* ← *sul-* 'SYN-'+*logízesthai* to reckon, calculate (← *lógos* word, account)〗
sýl·lo·gist /-dʒɪst | -dʒɪst/ *n.* **1** 三段論[演繹(ᵉᵏ)]法を用いる人 (三段論法による推理の応用者またはその熟達者). **2** 詭弁を弄する人. 〖(1799): ⇨ -ist〗
syl·lo·gis·tic /sìlədʒístɪk⁻/ *n.* [しばしば *pl.*] **1** 三段論法を扱う論理学. **2** 三段論法の推理 (syllogistic reasoning). — *adj.* 三段論法の(ような), 三段論法的な. 〖(*c*1449) □ L *syllogisticus*: ⇨ ↑, -ic¹〗
sỳl·lo·gís·ti·cal /-tɪkəl, -kl | -tɪ-⁻/ *adj.* **1** =syllogistic. **2** 三段論法を扱う[で推論される]. **～·ly** *adv.* 〖*a*1529〗
syl·lo·gize /sílədʒàɪz/ *vi.* 三段論法を使う. — *vt.* 三段論法で論じる[推論する]. **syl·lo·gi·za·tion** /sìlədʒəzéɪʃən | -dʒaɪ-, -dʒɪ-/ *n.* **sýl·lo·giz·er** *n.* 〖(*c*1420) *sylogyse(n)* □ OF *silogiser* // LL *syllogizāre* □ Gk *sullogízesthai*: ⇨ syllogism, -ize〗
sylph /sílf/ *n.* **1** (もと Paracelsus が空中に住むと考えた) 空気の精 (cf. nymph, undine). **2** ほっそりした優美な女性[少女]. **3** 〖鳥類〗南米に生息する数種のハチドリ (hummingbird) の総称 (アオフタオハチドリ (*Aglaiocercus kingi*) など). 〖(1657) ← NL (pl.) *sylphes* // G *Sylphen* (pl.) (混成) ? ← L *sylvestris* of the woods+*nympha* 'NYMPH'〗
sylph·ic /sílfɪk/ *adj.* 空気の精の(ような). 〖1821〗
sylph·id /sílfɪd | -fɪd/ *n.* 小さな[若い]空気の精.
— *adj.* =sylphic. **sýlph·id·ìne** /-dàɪn/ *adj.* 〖(1680) □ F *sylphide*: ⇨ sylph, -id²〗
sýlph·ish /-fɪʃ/ *adj.* =sylphlike.
sýlph·lìke *adj.* 空気の精 (sylph) のような.
Syl·phon /sílfɑ(:)n | -fɒn/ *n.* 〖商標〗シルフォン (金属製ふいごおよびそれを用いた種々の装置の商品名; 温度[圧力]調整器・伸縮継手など). 〖1906〗
sylph·y /sílfi/ *adj.* =sylphlike.
syl·va /sílvə/ *n.* (*pl.* **～s, syl·vae** /-vi:/) **1** =silva. **2** 《古》詩集, 文集. ★ 主に書名に用いる. 〖(1636) □ L ～=*silva*: ⇨ silva〗
Syl·va /sílvə; *Rom.* sílva/, **Carmen** *n.* シルバ (ルーマニア女王 Elizabeth の筆名).
sylvae *n.* sylva の複数形.
syl·van /sílvən/ *adj.* **1** 森の, 森林に関する. **2** 森に住む, 森の中にある. **3** 森林のある, 樹木[森]の多い, 木の茂った. **4** 森のような, 木の形をした. **5** 牧歌的な. — *n.* **1** 森の精. **2** 森林に住む[よく出かける]人[動物, 鳥]. 〖(1565) □ F *sylvain*, **silvain* // L *sylvānus*, *silvānus* ← L *sylva*, *silva* forest: ⇨ silva, -an¹〗
Syl·van·a /sɪlvǽnə/ *n.* シルバナ (女性名). 〖(異形) ← SYLVIA〗
Syl·van·er /sɪlvá:nə, -vǽn- | -nə⁽ʳ⁾/ *n.* =Silvaner.
Syl·va·ni·a /sɪlvéɪniə/ *n.* 〖商標〗シルバニア (米国 GTE 社製の照明器具; 電燈・自動車用ライトなど).
syl·van·ite /sílvənàɪt/ *n.* 〖鉱物〗シルバナイト, 針状テルル鉱 ((Au, Ag) Te_2). 〖(1796) □ F ～ ← (*Tran*)*sylvan* (*ia*) (ルーマニアのその発見地): ⇨ -ite¹〗
Syl·va·nus /sɪlvéɪnəs/ *n.* =Silvanus.
syl·vat·ic /sɪlvǽtɪk | -vǽt-/ *adj.* **1** =sylvan. **2** 野生の動物に起こる[かかる]: ⇨ sylvatic plague. 〖□ L *sylvāticus*, *silvāticus*: ⇨ sylva, -atic〗
sylvátic plágue *n.* 〖獣医〗森林ペスト (北米西部および南米西部に見られる森林動物の疾病). 〖1931〗
Syl·ves·ter /sɪlvéstə | -tə⁽ʳ⁾/ *n.* シルベスター (男性名). 〖(変形) ← SILVESTER〗
Sylvéster II *n.* シルベステル二世 (940?–1003; フランスの聖職者・学者; ローマ教皇 (999–1003); 本名 Gerbert of Aurillac).
Syl·vés·ter's dialýtic méthod /sɪlvéstəz- | -təz-/ *n.* 〖数学〗シルベスターの消去法 (⇨ dialytic method). 〖← *J. J. Sylvester* (1814–97: 英国の数学者)〗
syl·ves·tral /sɪlvéstrəl/ *adj.* 森の, 森に住む, 森の中にある. 〖(1858) ← L *sylvestr-*, *sylvester*, *sil-* ← *silva* 'SYLVA'〗
Syl·vi·a /sílviə/ *n.* シルビア (女性名; 愛称形 Silvie; 異形 Silvia, Sylvana). 〖← L *silva* wood: ⇨ silva, -ia¹〗
sýl·vi·an fissure, S- f- /sílviən-/ *n.* 〖解剖〗シルビウス裂溝 (⇨ lateral fissure). 〖((1828)) (1849) ← *Sylvius* (ラテン語名) ← *François de la Boe* (1614–72: フランドルの医者・解剖学者): ⇨ -an¹〗
sýl·vic ácid /sílvɪk-/ *n.* 〖化学〗シルビン酸 (abietic acid). 〖(*a*1836) *sylvic*: □ F *sylvique*: ⇨ sylva, -ic¹〗
syl·vics /sílvɪks/ *n.* =silvics.
syl·vi·cul·ture /sílvəkʌ̀ltʃə | -vɪkʌ̀ltʃə⁽ʳ⁾/ *n.* =silviculture. 〖1880〗
syl·vin /sílvɪn | -vɪn/ *n.* (*also* **syl·vine** /sílvi:n/) 〖鉱物〗=sylvite. 〖(1850) □ F *sylvine*: ⇨ ↓, -ine³〗
syl·vin·ite /sílvənàɪt | -vɪ-/ *n.* 〖鉱物〗シルビナイト (カリ岩塩と岩塩の混合物). 〖(1896) □ G *Sylvinit*: ⇨ sylvite〗
syl·vite /sílvaɪt/ *n.* 〖鉱物〗カリ岩塩 (KCl). 〖(*c*1868) ← NL (*sal digestivus*) *Sylvii* (digestive salt) of Sylvius: ⇨ -ite¹〗
sym. 《略》symbol; symmetrical; symphony; symptom.
sym-¹ /sɪm/ *pref.* (b, p, m の前にくるときの) syn- の異形: *symphony*, *symmetry*.
sym-² /sím/ [通例イタリック体で] 〖化学〗「対称の (symmetrical)」の意の連結形.
sým-állylene *n.* 〖化学〗シムアリレン (allene).
sy·mar /sɪmá: | sɪmá:⁽ʳ⁾/ *n.* =simar.
sym·bi·on /símbiɑ̀(:)n, -bi- | -ɒn/ *n.* 〖生物〗=symbiont. 〖← NL ～ ← Gk *sumbiôn* (pres.p.) ← *sumbioûn*: ⇨ symbiosis〗
sym·bi·ont /símbiɑ̀(:)nt, -baɪ- | -ɒnt/ *n.* 〖生物〗共生体 (共生生活をする生物). **sym·bi·on·tic** /sìmbiá(:)ntɪk, -baɪ- | -ɒ́nt-⁻/ *adj.* **sym·bi·ón·tic·al·ly** *adv.* 〖(1887) □ Gk *sumbiount-*, *sumbiôn* (↓)〗
sym·bi·o·sis /sìmbióusɪs, -baɪ- | -áʊsɪs/ *n.* (*pl.* **-o·ses** /-si:z/) **1** 〖生物〗**a** 共生 (2 種類の生物が, 相互間で利害を共にしながら一緒に生活している様式; 寄生 (parasitism), 片利共生 (commensalism) など). **b** 相利共生 (2 種類の生物が, 双方が共に利益を得ながら一緒に生活している様式; mutualism ともいう). **2** 〖社会学〗共生 (人と人, 集団と集団との関係によるもちつもたれつの共同生活). 〖(1622) ← NL ～ ← Gk *sumbíōsis* a living together ← *sumbioûn* to live together ← *sum-* 'SYN-'+*bíos* life: ⇨ -osis〗
sym·bi·ote /símbiòut, -baɪ- | -ə̀ut/ *n.* (*also* **sym·bi·ot** /-ɑ̀(:)t | -ɒ̀t/) 〖生物〗=symbiont. 〖(1897) □ F ～ □ Gk *sumbiōtḗs* companion ← *sumbioûn* (↑)〗
sym·bi·ot·ic /sìmbiá(:)tɪk, -baɪ- | -ɒ́t-⁻/ *adj.* 〖生物〗共生の (cf. parasitic 3, free-living 2): a ～ relation. 〖1882〗
sỳm·bi·ót·i·cal /-tɪkəl, -kl | -tɪ-⁻/ *adj.* 〖生物〗= symbiotic. **～·ly** *adv.*
sym·bol /símbəl, -bl/ *n.* **1** 象徴, 表象, シンボル (emblem): White is the ～ of purity. 白は純潔の象徴 / the ～ of the State 国家の象徴. [日英比較] 日本語の「シンボルマーク」は和製英語. 英語では *symbol*, mark, emblem などという. **2 a** 符号, 記号, しるし (mark): a chemical ～ 化学記号 / a phonetic ～ 音声記号, 音標文字. **b** 〖通信〗シンボル (モデムによって変調されたデジタル信号の電気的状態). **3** 〖神学〗信経 (creed). **4** 〖精神分析〗(夢などに現れる)抑圧されたコンプレックスの象徴. — *v.* (**symboled, -bolled; -bol·ing, -bol·ling**) — *vt.* =symbolize. — *vi.* 象徴[記号]を用いる. 〖(*c*1434) □ L *symbolum* sign, token □ Gk *súmbolon* ← *sumbállein* to throw together, compare ← *sum-* 'SYN-'+ *bállein* to throw〗
sym·bol·ic /sɪmbá(:)lɪk | -bɔ́l-/ *adj.* **1 a** 象徴の, 象徴する[された]; 象徴的な: ～ meaning 象徴された意味. **b** (…の)象徴となる, (…を)表象[象徴]する, 表す (*of*): mysterious figures ～ *of* death 死を象徴する神秘的な形象 / The lion is ～ *of* courage. ライオンは勇気を象徴する. **2** 象徴主義的な: a ～ poem. **3** 記号[符号]を用いる, 記号的な: ⇨ symbolic language. **4** 〖言語〗音表象の: ⇨ symbolic words. 〖(1656) □ F *symbolique* // LL *symbolicus* □ Gk *sumbolikós*: ⇨ ↑, -ic¹〗
sym·ból·i·cal /-lɪkəl, -kl | -lɪ-/ *adj.* 象徴的な; 記号を用いる. **～·ly** *adv.* **～·ness** *n.* 〖(1607): ⇨ ↑, -ical〗
symbólic [symbólical] bóoks, S- B- *n. pl.* 〖キリスト教〗(宗派・教派の)信条集. 〖1764〗
symbólic códe *n.* 〖電算〗擬似コード (pseudo-code).
symbólic interáction *n.* 〖社会学〗象徴的相互作用 (象徴を媒介にした意味の交換過程). 〖1937〗
symbólic interáctionism *n.* 〖社会学〗象徴的相互作用理論 (慣習化された意味をもつことば・身振りなどの象徴によって人間の相互作用が容易にされるという理論).
symbólic lánguage *n.* (数学・論理学・情報処理などに用いられる)記号言語.
symbólic lógic *n.* 記号論理学 (特に, 19 世紀末から急速に発展した, 数学的な記号表記や演算・証明法を駆使する論理学; mathematical logic ともいう). 〖1856〗
sym·bol·ics /sɪmbá(:)lɪks | -bɔ́l-/ *n.* **1** 〖キリスト教〗信条学; 宗教的象徴論. **2** 〖文化人類学〗儀式研究; 象徴研究. 〖(1847): ⇨ symbol, -ics〗
symbólic wórds *n. pl.* 〖言語〗音表象語 (頭韻的または脚韻的効果を有し意味上共通要素をもつ語群; 例えば glare, glass, glance, glitter, glimmer など(いずれも「ちらり」「きらきら」などの意味を含む)や bounce, flounce, pounce, trounce など(いずれも急速な運動の感じを与える)の語群; cf. phonestheme, symbolism 3). 〖1871〗
sym·bol·ise /símbəlàɪz/ *v.* 《英》=symbolize.
sym·bol·ism /símbəlìzm/ *n.* **1** 象徴的に表すこと; 象徴的意義, 象徴性. **2** 符号[記号]で表すこと, 符号使用; 記号[符号]体系. **3** 〖言語〗表象, 象徴: sound ～ 音表象 (cf. symbolic words). **4** [しばしば S-] 〖文芸・芸術〗象徴主義, サンボリスム (19 世紀後半に自然主義やリアリズムの外面的写実的手法に対する反動としてフランスやベルギーに起こった詩と美術の一派; 印象・直観・感覚を手がかりに形而上的または神秘的内容を描写するよりは暗示して喚起しようとする; Mallarmé, Valéry, Verlaine, Rimbaud, Maeterlinck などが中心的人物). **5** 〖キリスト教〗= symbolics 1. 〖(1654): ⇨ symbol, -ism〗
sým·bol·ist /-lɪst | -lɪst/ *n.* **1** 符号使用者, 符号[記号]学者. **2** 〖□ F *symboliste*〗**a** [通例 S-] 〖文芸・芸術〗(19 世紀後半の)象徴派詩人, 象徴派画家, サンボリスト. **b** 象徴主義者. **3** [しばしば S-] 〖神学〗**a** (聖餐の実体変化 (transubstantiation) を否定しその象徴性を主張する)象徴論者. **b** (宗教儀式での)象徴使用[推進]者. **4** 記号論理学者. — *adj.* =symbolistic. 〖(1585–87) ← SYMBOL+-IST〗
sym·bol·is·tic /sìmbəlístɪk⁻/ *adj.* 象徴主義的な.
sỳm·bol·ís·ti·cal·ly *adv.* 〖1864〗
sym·bol·i·za·tion /sìmbələzéɪʃən | -laɪ-, -lɪ-/ *n.* **1** 象徴化. **2 a** 記号で表すこと, 記号化. **b** 人間の記号化の能力. 〖1603〗
sym·bol·ize /símbəlàɪz/ *vt.* **1** 象徴する, 表す: A dove ～s peace. ハトは平和を象徴する. **2** 符号[記号]で表す, 象徴化する: How shall we ～ this idea? この思想をどういう象徴で表せばよいか. **3** 象徴的に見る[扱う], 象徴としてみる[解釈する]. — *vi.* **1** 象徴[符号, 記号]を用いる. **2** 《古》合致する, 調和する (concur, harmonize). **sým·bol·iz·er** *n.* 〖(1591) □ (M)F *symboliser* □ ML *symbolizāre*: ⇨ symbol, -ize〗
sym·bo·lo- /símbəlou | -ləu/ 「象徴; 記号 (sign)」の意の連結形. 〖← Gk *súmbolon*: ⇨ symbol〗
sym·bol·o·gy /sɪmbá(:)lədʒi | -bɔ́l-/ *n.* **1** 象徴学, 表象学, 象徴解釈学; 記号論. **2** 象徴[記号, 符号]使用, 象徴[記号, 符号]表示法. **sym·bo·log·i·cal** /sìmbəlá(:)dʒɪkəl, -kl | -lɔ́dʒɪ-⁻/ *adj.* **sỳm·bo·lóg·i·cal·ly** *adv.* 〖(1840): ⇨ ↑, -logy〗
sýmbol retàiler *n.* 共通商標加盟小売店 (スーパーなどに対抗するために卸売業者や生産者から安価で仕入れる目的で結成された小売業者の任意団体の加盟者; しばしば共通の名称やシンボルを用いる; voluntary retailer ともいう).
sym·met·al·lism /sɪmmétəlìzm, -tl- | -təl-, -tl-/ *n.* 〖経済〗合成本位制, 複本位制 (二つまたはそれ以上の金属(例えば金・銀)の合金を通貨単位とする制度; cf. monometallism, bimetallism). 〖(1895) ← SYN-+(BI)METALLISM〗
sym·met·ric /sɪmétrɪk/ *adj.* =symmetrical.
sym·met·ri·cal /sɪmétrɪkəl, -kl | -trɪ-/ *adj.* **1** (左右)相称的な, 対称的な, 釣合いのとれた (balanced); 調和した, 均整の取れた. **2** 〖論理・数学〗対称(的)の. **3** 〖植

物》相称の (actinomorphic); 〈花が〉輪生体の. **4** 〘物理・化学〙対称の. **5** 〘医学〙〈病気が〉対称性の, 対称的に発症する. **～·ly** *adv.* **～·ness** *n.* 〘(1751) ← SYMMETRY＋-ICAL〙

symmétric dífference *n.* 〘数学〙対称差《二つの集合の相対補集合の和》.

symmétric fúnction *n.* 〘数学〙対称式《変数をどのように入れ替えても値の変わらない多項式 (polynomial); cf. alternating function》.

symmétric gróup *n.* 〘数学〙対称群《有限個のものの置換全体の作る群; cf. alternating group》. 〘1897〙

symmétric mátrix *n.* 〘数学〙対称行列《転置しても不変であるような行列; cf. alternating matrix》. 〘*c*1949〙

sym·me·trize /símətràɪz | -mɪ̀-/ *vt.* (左右)相称的にする, 対称的にする, …の釣合いをよくする, 均整をとらせる, 調和させる. **sym·me·tri·za·tion** /sìmətrɪ̀zéɪʃən | -mɪ̀traɪ-, -trɪ-/ *n.* 〘(1749): ⇨ -ize〙

sym·met·ro·pho·bi·a /sìmətrəfóubiə | -mɪ̀trə(ʊ)fəʊ-/ *n.* 〘建築〙対称忌避, 均整嫌い《古代のエジプト建築や日本風の構図などに見られる真四角な建物を忌むようなこと》. 〘(1809) ← NL ～: ⇨ ↓, -phobia〙

sym·me·try /símətri | -mɪ̀tri/ *n.* **1** (左右)相称, 対称, 左右の釣合い (balance). **2** (部分と全体または部分と部分の)釣合いのよいこと, 均整(美), 調和(美). **3** 〘生物〙相称, 対相, 対称 (cf. bisymmetry): ⇨ bilateral symmetry, radial symmetry. **4** 〘数学〙対称変換, 鏡像. **5** 〘物理・化学〙対称(性)《物理系の力学がある変換(空間回転・荷電反転・アイソスピン空間での回転など)に対し不変なこと》. 〘(1541) □ F *symmétrie (F symmétrie) // L symmetria □ Gk summetría ← súmmetros* proportionable, symmetrical ← *sum-* 'like, same, SYN-'＋*métron* measure: ⇨ meter[1]〙

sýmmetry brèaking *n.* 〘物理〙対称性の破れ《自然法則が対称性をもっていても, 実現された系の状態がその対称性をもたないこと》. 〘1961〙

sýmmetry clàss *n.* 〘結晶〙結晶群 (point group).

sýmmetry èlement *n.* 〘結晶〙対称要素.

sýmmetry plàne *n.* 〘結晶〙対称面 (reflection plane)《映進面 (glide plane) を含めることもある》.

Sy·monds /sáɪməndz, sím-/, **John Ad·ding·ton** /ǽdɪŋtən | -dɪŋ-/ *n.* シモンズ《1840–93; 英国の批評家・詩人; *History of the Renaissance in Italy* (1875–86)》.

Sy·mons /sáɪmənz, sím- | sáɪ-/, **Arthur** (**William**) *n.* シモンズ《1865–1945; 英国の詩人・評論家; *Silhouettes* (1892), *The Symbolist Movement in Literature* (1899)》.

Symons, Julian (**Gustave**) *n.* シモンズ《1912–94; 英国の詩人・伝記作家・ミステリー作家》.

sym·pal·mo·graph /sɪmpǽlməgræ̀f | -grɑ̀ːf, -græ̀f/ *n.* 〘物理〙(調和振動を合成する)音響曲線表示器. 〘(1895) ← SYN-＋Gk *palmós* vibration＋-GRAPH〙

sym·pa·thec·to·mize /sìmpəθéktəmàɪz/ *vt.* 〘外科〙…の交感神経を切除する. 〘(1928): ⇨ ↓, -ize〙

sym·pa·thec·to·my /sìmpəθéktəmi/ *n.* 〘外科〙交感神経切除(術). 〘(1900) ← SYMPATH(ETIC) (n.)＋-ECTOMY〙

sym·pa·thet·ic /sìmpəθétɪk | -tɪk⁻/ *adj.* **1** 同情の; 同情のある, 同情的な, 思いやりのある (⇨ tender[1] SYN): a ～ person [look, nature] 同情ある人[顔つき, 性質] / ～ words 同情的な言葉 / in a ～ voice 思いやりのある声で / ～ but powerless 同情的ではあるが無力な / ⇨ sympathy strike. **2** 《古》(趣味・気持ち・気性など)一致した, 気に合った, 気に入った (congenial): live in ～ surroundings 自分の気に合った環境に住む. **3** 〔…に〕同意する, 賛成する, 好意的な (approving) 〔*to, toward*〕: He is ～ *to* the project. 彼はこの計画には好意をもっている. **4** 〘解剖・生理〙交感的な, 交感する, 共感の, 感応する, 感応的な; 交感神経(性)の: ⇨ sympathetic nerve / a ～ pain 同情苦痛《他人の苦痛を見て起こす苦痛》; 交感苦痛《身体のある部分の苦痛が交感作用に他部にも引き起こす苦痛》. **5** 〘物理〙〈振動音など〉共振[共鳴]する: ⇨ sympathetic vibration / ～ resonance [sounds] 共鳴. — *n.* **1** 〘解剖〙交感神経 (sympathetic nerve). **2** (催眠術などに)かかりやすい人. 〘(1644) ← NL *sympatheticus* ← Gk *sumpathētikós* ← *sumpátheia* 'SYMPATHY': ⇨ -ic[1]〙

sỳm·pa·thét·i·cal·ly *adv.* **1** 同情して[的に], 共鳴して; 好意的に: speak [write] ～. **2** 交感[感応]的に; 共感的に. **3** 共鳴[共振]して. 〘1621〙

sýmpathetic cóntact *n.* 〘社会学〙同情的接触《集団的属性よりも個人的資質に基づく人間同士の交流; cf. categoric contact》.

sýmpathetic ínk *n.* ＝secret ink. 〘1721〙

sympathétic introspéction *n.* 〘心理〙同情的内省《自己を行為者の位置において考察する人間行為の研究》.

sýmpathetic mágic *n.* 交感魔術, 共感呪術《二人の間の交感的な関係により離れていても相互に影響を与えうるという信念に基づいて行う魔術; 例えば蠟人形に針を刺して人を呪うなど; cf. imitative magic》.

sýmpathetic nérve *n.* 〘解剖・生理〙交感神経 (cf. parasympathetic nerve). 〘1769〙

sýmpathetic nérvous sỳstem *n.* 〘解剖・生理〙**1** 交感神経系《副交感神経系と共に自律神経系を構成する; cf. parasympathetic nervous system》. **2** 《古》自律神経系 (autonomic nervous system). 〘*c*1891〙

sympathétic opthálmia *n.* 〘眼科〙交感性眼炎.

sýmpathetic stríke *n.* ＝sympathy strike. 〘1901〙

sýmpathetic stríng *n.* 共鳴弦《実際には弾かず, 他の弦を弾いたときに共鳴振動して特有の音色を出す弦》. 〘1888〙

sympathétic sỳstem *n.* 〘解剖・生理〙交感神経系. 〘1873〙

sympathétic vibrátion *n.* 〘物理〙共振. 〘1898〙

sym·pa·thin /símpəθɪ̀n | -θɪn/ *n.* 〘生化学〙シンパチン《交感神経の刺激によって血行中に分泌される物質》. 〘(1931) ← SYMPATH(ETIC)＋-IN[2]〙

sym·pa·thique /sæ̃(m)pætík, sæ̀m-; *F.* sɛ̃patik/ *adj.* 感じのよい (congenial); (感性的に)芸術のわかる. 〘(1859) □ F ～〙

sym·pa·thise /símpəθàɪz/ *vi.* 《英》＝sympathize.

sym·pa·thize /símpəθàɪz/ *vi.* **1 a** 〔…に〕同情する, 〔…を〕気の毒に思う (commiserate) 〔*with*〕: I ～ heartily *with* you. 君に心から同情する / I ～ *with* your grief. 君の悲しみをお気の毒に思います / We ～ *with* him in his afflictions. 我々は彼の苦境に同情する. **b** 〔…を〕弔慰する, 慰める, 〔…に〕悔やみを言う (condole) 〔*with*〕. **2** 〔…に〕同感する, 共鳴する; 同意[同調]する, 賛成する (agree, accord) 〔*with*〕: ～ *with* a person in his point of view [*with* a person's point of view] 人の意見に賛成[共鳴]する / My father never ～*d with* my desire to become an actor. 父は私が俳優になりたいという気持ちに決して同意してくれなかった. **3** 〔…に〕感応する, 〔…と〕一致する (correspond), 合体する, 融合する 〔*with*〕: The poet ～*d with* the calm of nature. その詩人は自然の平穏に感応した. — *vt.* 《廃》…に感応する, …に同情を示す. 〘(1591) □ (M)F *sympathiser*: ⇨ sympathy, -ize〙

sym·pa·thiz·er /símpəθàɪzə | -zə[r]/ *n.* **1** 賛成者, 味方, 同志, 同調者, シンパ (cf. card-carrying). **2** 同情者, 思いやりのある人. **3** 〘眼科〙交感眼. 〘(1851): ⇨ ↑, -er[1]〙

sým·pa·thìz·ing·ly *adv.* 同情して, 思いやって; 共鳴[同意, 賛成]して. 〘1840〙

sym·pa·tho·lyt·ic /sìmpəθoulítɪk | -θə(ʊ)lít-⁻/ 〘薬学〙*adj.* 〈薬学が〉交感神経遮断(性)の. — *n.* 交感神経遮断薬. 〘(1947) ← SYMPATHETIC＋-O-＋-LYTIC〙

sym·pa·tho·mi·met·ic /sìmpəθoumɪ̀métɪk, -maɪ- | -θə(ʊ)mɪ̀mét-, -maɪ-⁻/ *adj.* 〘薬学〙〈薬物が〉交感神経(様)作用をもつ. — *n.* 交感神経作用薬. 〘1910〙

sym·pa·thy /símpəθi/ *n.* **1 a** [しばしば *pl.*] (苦しみ・悲しみなどに対する)同情, 思いやり (fellow feeling) (⇨ pity SYN): out of ～ 同情のあまり (cf. 3) / have [feel] ～ *for* the bereaved 遺族に同情する / You have my deepest [heartfelt] ～ [*sympathies*].＝Accept my *sympathies*. ご同情申し上げます / excite [win] a person's ～ 人の同情を買う[得る] / move a person to ～ 人に同情を起こさせる / Our *sympathies* go out to him in his loss. 彼の不幸に対し我々は同情を寄せる / Popular *sympathies* are on his side. 世間の同情は彼の方にある / show (one's) ～ by words and deeds ことばと行為で同情を示す / a gesture of ～ 同情の意思表示. **b** 弔慰, 弔問, 悔み (condolence); 慰問 (consolation) 〔*for, with*〕: a letter of ～ 悔やみ状 / express ～ *for* [*with*] …に見舞いを言う, …を慰問する. **2 a** 共感, 共鳴, (趣味・気持ち・気性などの)一致: a person of broad *sympathies* 理解の広い人 / one's *sympathies* are [lie] with …に共鳴する / Perfect ～ should exist between husband and wife. 《古》夫婦間は完全に気性が合わねばならない. **b** 《古》一致, 調和; 呼応 (correspondence, accordance) 〔*with*〕: Prices are low in ～ *with* the general depression. 一般の不況に応じて物価も安い. **3** 同感, 同意, 好意, 好感; 賛成 (favor, approval) 〔*with*〕: I have a great deal of [a certain] ～ *with* [no ～ *with*, no ～ *for*] this movement. この運動には大いに[いくらか]賛成している[賛成していない] / be in [out of] ～ *with* a plan 計画に賛成する[しない] / They struck [came out] in ～ *with* the rail workers. 彼らは鉄道従業員に対して同情[支援]ストをやった[支持を表明した]. **4** 〘心理〙共感, 同情. **5** 〘生理・病理〙交感, 共感, 交感作用. **6** 〘物理〙共振, 共鳴. 〘(1579) □ L *sympathīa* □ Gk *sumpátheia* ← *sumpathḗs* having common feelings ← *sum-* 'SYN-'＋*páthos* feeling): cf. pathos〙

sýmpathy càrd *n.* お悔やみカード《家族をなくした人に送る》.

sýmpathy strìke *n.* 同情罷業, 同情スト, 支援スト《sympathetic strike ともいう》: call a ～ 同情[支援]ストを指令する. 〘1937〙

sym·pa·ti·co /sɪmpáːṭɪkou, -pǽṭ- | -pǽtɪkəʊ, -páːt-/ *n.* ＝simpatico.

sym·pat·ric /sɪmpǽtrɪk, -péɪtr-/ *adj.* 〘生物〙同所性の (cf. allopatric). **sym·pát·ri·cal·ly** *adv.* 〘(1904) ← SYN-＋Gk *pátrā* fatherland＋-IC[1]〙

sym·pat·ry /símpətri/ *n.* 〘生物〙同所性 (cf. allopatry). 〘(1904) ↑〙

sym·pet·a·lous /sɪmpétələs | -tə-/ *adj.* 〘植物〙**1** 合生花弁の, 合弁の (gamopetalous). **2** 合弁花類の. **sym·pét·a·ly** /-təli, -tḷi | -təli, -tḷi/ *n.* 〘(*c*1877) ← SYN-＋PETALOUS〙

sym·phile /símfaɪl/ *n.* 〘昆虫〙社会性昆虫共生者《ハネカクシのようにアリに飼養されアリに分泌液を提供している昆虫; cf. synoecete》. 〘(1910)《逆成》← *symphily* 〘生態〙友好共存 □ G *Symphilie* □ Gk *sumphilía* mutual friendship〙

sym·phi·lid /símfəlɪ̀d | -fɪ̀lɪd/ *adj.*, *n.* 〘動物〙結合綱 (*Symphyla*) の(節足動物). 〘← *Symphyla* (← SYN-＋Gk *phûlē* kind, species)＋-ID[2]〙

sym·pho·nette /sìmfənét/ *n.* 〘音楽〙シンフォネット, 小編成の交響楽団. 〘(1947): ⇨ symphony, -ette〙

sym·pho·ni·a /sɪmfóuniə | -fəʊ-/ *n.* **1** 音の調和; (特に)音楽的調和. **2** シンフォニア《中世に hurdy-gurdy をはじめさまざまな楽器に用いられた名称》. **3** 〘音楽〙＝sinfonia. 〘(1579) □ L *symphōnia*: ⇨ symphony〙

sym·phon·ic /sɪmfá(ː)nɪk | -fɔ́n-/ *adj.* **1** シンフォニーの, 交響曲の; 交響的な. **2** 協和音的な, 和声の (harmonious). **sym·phón·i·cal·ly** *adv.* 〘(1856) ← SYMPHONY＋-IC[1]〙

symphónic bállet *n.* シンフォニックバレエ《演奏会用の交響曲をバレエ化したもの; 振付師 L. Massine が試み, バレエに新しいジャンルを打ち立てた》. 〘1946〙

symphónic póem *n.* 〘音楽〙交響詩《幻想的な物語や詩的情緒を管弦楽によって表現しようとする標題音楽の一種で, 通例 1 楽章のみからなる; 19 世紀の半ばごろ F. Liszt によって命名され, その後 R. Strauss などによってさらに発展させられた; tone poem ともいう》. 〘(1873)《なぞり》← G *symphonische Dichtung*〙

sym·pho·nie con·cer·tante /sæ̃(m)founíː-kɔ̃ː(n)sɛətɑ́ː(n)t, sæ̀nfouníːkɔ̀(ː)nseətáːnt | -fə(ʊ)-, -sɛə-; *F.* sɛ̃fɔnikɔ̃sɛʁtɑ̃ːt/ *n.* (*pl.* **sym·pho·nies con·cer·tantes** /～/; *F.* ～/) ＝sinfonia concertante.

sym·pho·ni·ous /sɪmfóuniəs | -fəʊ-/ *adj.* 《まれ》〈音が〉調和する, 協和音的な (harmonious). **～·ly** *adv.* 〘(1652) ← SYMPHONY＋-OUS〙

sým·pho·nist /-nɪ̀st | -nɪst/ *n.* **1** 交響曲作者. **2** 交響楽団員. 〘1656〙

sym·pho·nize /símfənàɪz/ *vi.* 〈音が〉協和[交響]する (harmonize). 〘1491〙

sym·pho·ny /símfəni/ *n.* **1** 〘音楽〙**a** 交響曲, シンフォニー. **b** ＝ritornello 1. **c** ＝sinfonia 2. **2** 《米》＝symphony orchestra. **3** 《口語》交響楽団の行うコンサート. **4** 調和的組合わせ; 音の調和; 色彩の調和; (絵画など)調和のとれたもの. **5** 〘ギリシャ音楽〙**a** 協和音 (consonance) (cf. diaphony). **b** ユニゾンの音程. **6** 《古》一致 (concord), 調和 (harmony). 〘(*c*1300) *symphonie* □ OF *simphonie* (F *symphonie*) □ L *symphōnia* □ Gk *sumphōnía* ← *súmphōnos* harmonious ← *sum-* 'SYN-'＋*phōnḗ* sound: ⇨ -phone, -y[1]〙

sýmphony òrchestra *n.* 交響楽団 (symphony) (cf. orchestra 1). 〘*c*1881〙

sym·phy·lid /símfəlɪ̀d | -fɪ̀lɪd/ *adj.*, *n.* 〘動物〙＝symphilid.

sym·phy·sis /símfəsɪ̀s | -fɪ̀sɪs/ *n.* (*pl.* **-phy·ses** /-sìːz/) **1** 〘解剖・動物〙(骨の)結合, 癒合(ゆごう), 癒着; 結合[癒合, 癒着]線. **2** 〘植物〙合着 (coalescence). **sym·phy·se·al** /sìmfəsíːəl, sɪmfízi- | -fɪ̀síː-, -fízi-⁻/ *adj.* **sym·phys·i·al** /sɪmfíziəl/ *adj.* **sym·phýs·tic** /-fístɪk/ *adj.* **sym·phýt·ic** /-fíṭɪk | -tɪk/ *adj.* 〘(1578) ← NL ～ ← Gk *súmphusis* a growing together ← *sumphúein* to make grow together ← *sum-* 'SYN-'＋*phúein* to make grow〙

Sym·phy·ta /símfəṭə | -fɪtə/ *n. pl.* 〘昆虫〙＝Chalastogastra. 〘← NL ← Gk *súmphutos* (p.p.) ← *sumphúein* (↑)〙

sym·plasm /símplæzm/ *n.* 〘植物〙共原形質体の細胞質. **sym·plas·mic** /sɪmplǽzmɪk/ *adj.* 〘(1916) ← SYM-[2]＋PLASM〙

sym·plast /símplæst/ *n.* 〘植物〙シンプラスト《隣り合った細胞の細胞壁を通して結びついている原形質系》. **sym·plas·tic** /sɪmplǽstɪk/ *adj.* 〘((1894)) (1938): ⇨ syn-, -plast〙

Sym·pleg·a·des /sɪmplégədìːz/ *n. pl.* 〘ギリシャ神話〙シュンプレガデス(岩) (⇨ Clashing Rocks). 〘□ L ～ □ Gk *Sumplēgádes* (*pétrai*) the clashing (rocks) ← SYN-＋*plḗssein* to strike〙

sym·po·di·um /sɪmpóuḍiəm | -di-/ *n.* (*pl.* **-di·a** /-ḍiə | -diə/) 〘植物〙仮軸《側軸が主軸に変わったため単軸分枝から二次的に生じたもの; cf. monopodium》. **sym·pó·di·al** /-ḍiəl | -di-/ *adj.* **sym·pó·di·al·ly** *adv.* 〘(1862) ← NL ～: ⇨ syn-, podium〙

symposia *n.* symposium の複数形.

sym·po·si·ac /sɪmpóuziæ̀k | -pəʊ-/ *adj.* シンポジウム (symposium) の[にふさわしい]. — *n.* 《古》＝symposium. 〘(1581) □ L *symposiacus* □ Gk *sumposiakós*: ⇨ symposium, -ac〙

sym·po·si·al /sɪmpóuʒiəl, -ʒəl | -póuziəl, -ʤəl/ *adj.* ＝symposiac. 〘1775〙

sym·po·si·arch /sɪmpóuziɑ̀ək | -páuziɑ̀ːk/ *n.* **1 a** 酒宴の長(おさ), 宴主; 宴会の主人公. **b** 《戯言》乾盃[祝盃]係 (toastmaster). **2** 談話会[シンポジウム]の司会者[主宰者]. 〘(1603) □ Gk *sumposiárkhos*: ⇨ symposium, -arch[1]〙

sym·po·si·ast /sɪmpóuziæ̀st, -ziəst | -pəʊ-/ *n.* **1** 宴会の客. **2** 談話会[シンポジウム]参加者. 〘(1656) ↓〙

sym·po·si·um /sɪmpóuziəm | -pəʊ-/ *n.* (*pl.* **-si·a** /-ziə/, ～s) **1 a** シンポジウム, 談話会, 談論会《特定の論題についてさまざまな角度から自由に意見を発表し, 質疑討論する会; cf. panel discussion》: organize a ～ *on* the modernization of Asia アジアの近代化についてのシンポジウムを組む. **b** シンポジウムの記録. **c** (特定の問題に対する)諸家寄稿の論集. **2** 討論. **3** 饗宴(きょうえん)《古代ギリシャで, 通例会食に続いて行われた酒を酌み交しながら音楽を楽しみ談論に興じた集い》. **4** [The S-]「饗宴篇」(Plato の対話篇の一つ; Platonic love などを論じたもの; The Banquet ともいう). 〘(*c*1580) □ L ～ □ Gk *sumpósion* ← *sum-* 'SYN-'＋*pósis* drink: cf. potion〙

symp·tom /sím(p)təm/ *n.* **1** 〘病理〙症状, 徴候, 症候; 自覚症状 (cf. sign 7): have [show] all the ～*s* of malaria マラリアの全症状が出る / an objective [a subjec-

S

tive] ~ 他覚[自覚]症状. **2** 徴候, 兆し, しるし (indication) (⇨ sign SYN): premonitory ~*s* of an earthquake 地震の前兆 / We have not yet a reassuring ~ of peace. 心強い平和の兆しはまだ見えない. **3** 病原体に対する植物の反応. 〖((1541)) □ LL *symptōma* □ Gk *súmptōma* chance, accident, symptom ← *sumpíptein* to fall upon ← *sum-* 'SYN-'＋*píptein* to fall ∽ ((*a*1398)) *synthoma* □ ML (変形) ← LL〗

symp·tom·at·ic /sìm(p)təmǽtɪk | -tɪk⁻/ *adj.* **1** 徴候[症候]的な, 前兆となる; 〔…の〕しるしとなる, 〔…を〕表す, 示す (indicative) 〔*of*〕. **2** 〖病理〗 **a** 〔ある病気の〕徴候[症候]となる, 〔ある病気を〕示す〔*of*〕: gummas ~ *of* syphilis 梅毒の症候であるゴム腫. **b** 徴候[症候]の[による]: a ~ treatment 対症療法. 〖((1698)) □ F *symptomatique* // LL *symptōmāticus* ← *symptōmat-*, *symptōma* (↑): ⇨ -ic¹〗

sỳmp·tom·át·i·cal /-tɪ̀kəl, -kl̩ | -tɪ-⁻/ *adj.* = symptomatic. **~·ly** *adv.* 〖1586〗

sýmptomatic ánthrax *n.* 〖獣医〗 =blackleg 3.

symp·tom·a·tize /sím(p)təmətàɪz/ *vt.* …の徴候である, …の兆しを示す. 〖1794〗

symp·tom·a·tol·o·gy /sìm(p)təmətá(ː)lədʒi | -tɔ́l-/ *n.* 〖医学〗 **1** 症候学. **2** [集合的] (ある病気の)全症候. **sỳmp·tom·at·o·lóg·ic** /-mətəlá(ː)dʒɪk | -lɔ́dʒ-⁻/ *adj.* **sỳmp·tom·at·o·lóg·i·cal** *adj.* **sỳmp·tom·at·o·lóg·i·cal·ly** *adv.* 〖((1804)) ← NL *symptōmatologia*: ⇨ symptom, -logy〗

sýmptom·less *adj.* 徴候を示さない, 症候を表さない: a ~ disease. 〖1886〗

symp·to·sis /sɪmptóʊsɪ̀s | -tə́ʊsɪs/ *n.* (全身または臓器の)段階的消耗, 漸弱; やつれ, 憔悴(しょうすい). 〖□ Gk *súmptōsis* a falling together ← *súmptōma* 'SYMPTOM'＋-SIS〗

sýmpto-thèrmal méthod *n.* 〖医学〗 症候体温法 (女性の基礎体温と排卵期を組み合わせた避妊法で, 月経期の妊娠しやすい期間をより正確に特定できる). 〖((*c*1950)): *sympto-thermal* ← SYMPTO(M)＋THERMAL〗

syn /sáɪn, sín/ *adv., prep., conj.* 《スコット》 =syne¹.

syn- /sɪn, sɪŋ/ *pref.* com-, co-¹ と同様に「共に, 同時に, 似た」などの意を表し, ギリシャ語系の語に付く. ★1の前では syl-, b, m, p の前では sym-, s の前では sys-, 's＋子音' および z の前では sy- となる. 〖ME ~, *sin-* □ (O)F ~ // L ~ □ Gk *sun-* ← *sún* with, together, alike〗

syn. (略) synchronize; synonym; synonymous; synonymy.

syn·aer·e·sis /sɪ̀nérəsɪ̀s, -níᵊr- | -níərɪ̀sɪs/ *n.* (*pl.* **-e·ses** /-siːz/) =syneresis.

syn·aes·the·sia /sɪ̀nesθíːʒə, -nɪ̀s-, -ʒiə | -niːsθíːziə, -nes-, -ʒiə/ *n.* 〖心理〗 =synesthesia. 〖1891〗

syn·aes·the·sis /sɪ̀nesθíːsɪ̀s, -nɪ̀s- | -niːsθíːsɪs, -nes-/ *n.* 〖心理〗 =synesthesia. 〖((1881)) ← NL ~ ← Gk *sunaísthēsis*: ⇨ syn-, aesthesia〗

syn·aes·thet·ic /sɪ̀nesθétɪk, -nɪ̀s- | -niːsθét-, -nes-⁻/ *adj.* 〖心理〗 =synesthetic. 〖1920〗

syn·a·gogue /sínəgɑ̀(ː)g, -nɪ-, -gɔ̀(ː)g | -nəgɔ̀g/ *n.* (*also* **syn·a·gog** /~/) 〖ユダヤ教〗 シナゴーグ: **1** ユダヤ教会堂. **2** (礼拝・祈禱のための)信徒の会衆[集会]. **3** ユダヤ教. **syn·a·gog·al** /sɪ̀nəgɑ́(ː)gəl, -nɪ-, -gɔ́(ː)g- | -nəgɔ́g-⁻/ *adj.* **syn·a·gog·i·cal** /sɪ̀nəgɑ́(ː)dʒɪkəl, -nɪ-, -kl̩ | -nəgɔ́dʒɪ-⁻/ *adj.* 〖?lateOE *sinagoge* □ OF (F *synagogue*) // LL *synagōga* □ Gk *sunagōgḗ* assembly ← *sunágein* to bring together ← *sun-* 'SYN-'＋*ágein* to lead (cf. agent)〗

syn·a·le·pha /sɪ̀nəlíːfə/ *n.* 〖文法〗 =synaloepha.

syn·al·gia /sɪ̀nǽldʒə, -dʒiə | sɪn-/ *n.* 〖病理〗 =referred pain. 〖← SYN-＋-ALGIA〗

syn·al·lag·mat·ic /sɪ̀nəlægmǽtɪk | -mǽt-⁻/ *adj.* 〖ローマ法〗 〈契約など〉双務的な (bilateral): a ~ contract 双務契約 (cf. commutative contract, UNILATERAL contract). 〖((1792)) □ Gk *sunallagmatikós* of a contract ← *sunállagma* contract ← *sunallássein* to enter into a contract ← *sun-* 'SYN-'＋*allássein* to exchange (← *állos* other)〗

syn·a·loe·pha /sɪ̀nəlíːfə/ *n.* 〖文法〗 母音前語尾母音消失 (語尾の母音が次にくる語頭母音と混交して消滅すること; 例: th' (=the) omnipotent; cf. elision 2). 〖((1540)) □ L ~ ← Gk *sunaloiphḗ* ← *sunaleíphein* to smear or melt together, unite two syllables ← *sun-* 'SYN-'＋*aleíphein* to anoint〗

syn·an·gi·um /sɪ̀nǽndʒiəm | sɪn-/ *n.* (*pl.* **-gi·a** /-dʒiə, -dʒə/) 〖植物〗 (シダ類のリュウビンタイ科に見られる)聚囊(じゅのう). 〖((1875)) ← NL ~ ← SYN-＋-*angium* (← Gk *aggeîon* (⇨ angi-))〗

Syn·a·non /sínənɑ̀(ː)n | -nɔ̀n/ *n.* 《米》 **1** シナノン(財団) (米国の主要な都市にある麻薬患者の社会復帰を助ける会; 正式には Synanon Foundation という). **2** [s-] (シナノン方式の)麻薬患者集団療法.

syn·a·phe·a /sɪnəfíːə/ *n.* (*also* **syn·a·phei·a** /~/) 〖古典詩学〗 格調連繫 (行末の音節が次行の頭音節にまたがって1詩脚をなし, 韻律を継続させること). 〖((1827)) □ LL ~ □ Gk *sunápheia* connection ← *sunaphḗs* connected ← *sun-* 'SYN-'＋*háptein* to fasten〗

sy·nap·o·mor·phy /sɪnǽpəməfi | -pə(ʊ)mɔ̀ː-/ *n.* 〖生物〗 子孫形質共有 (二種の生物が, 共通の祖先の同一の特質から派生した特質を共有していること); 共有派生形質. 〖((1966)) ← SYN-＋APO-＋-MORPHY〗

syn·apse /sínæps, sɪ̀nǽps | sáɪnæps, sín-, sɪnǽps/ *n.* **1** 〖生理〗 シナプス, 接合(部) (神経興奮を伝達するときの二つの神経細胞の接合部). **2** 〖生物〗 =synapsis 1.

— *vi.* 〖生理〗 シナプスを形成する; シナプスで接合する.

syn·ap·tic /sɪ̀nǽptɪk | sɪ-/ *adj.* 〖((1899)) ← NL *synapsis*: ⇨ synapsis〗

synapses *n.* synapsis の複数形.

syn·ap·sis /sɪ̀nǽpsɪ̀s | sɪnǽpsɪs/ *n.* (*pl.* **-ap·ses** /-siːz/) **1** 〖生物〗 シナプシス, 対合 (減数分裂 (meiosis) における核変化の初期; この時期に相同染色体 (homologous chromosomes) が互いに並んで接着する). **2** 〖生理〗 =synapse 1. 〖((1895)) ← NL ~ ← Gk *súnapsis* connection ← *sunáptein* to join together ← *sun-* 'SYN-'＋*háptein* to fasten〗

sy·nap·te /siːnɑ̀ːptíː | -næp-; *Mod.Gk.* sinaptíː/ *n.* (*pl.* **-nap·tai** /-téɪ; *Mod.Gk.* -tái/) 〖東方正教会〗 連禱 (西方の litany に相当する東方式典礼の一連の祈禱). 〖□ MGk *sunaptḗ* (fem.) ← Gk *sunaptós* joined together〗

syn·ap·tene /sɪ̀nǽptiːn | sɪn-/ *n.* 〖生物〗 =zygotene. 〖((1900)) ← NL *synapt-*, *synapsis* 'SYNAPSIS'＋-ENE〗

syn·ap·tic /sɪ̀nǽptɪk | sɪ-/ *adj.* **1** シナプス (synapse) の. **2** シナプシス (synapsis) の. 〖((1985)) ← NL *synapt-* (↑)＋-IC¹〗

syn·áp·ti·cal /-tɪ̀kəl, -kl̩ | -tɪ-/ *adj.* =synaptic. **~·ly** *adv.*

syn·ap·to·né·mal còmplex /sɪ̀næptoʊníːməl-, -ml̩ | sɪnæptə(ʊ)-/ *n.* 〖生物〗 対合複合体, 対合糸構造, シナプトネマ構造 (減数分裂の初期にみられる相同染色体が対合した構造). 〖((1958)): *synaptonemal* ← *synapto-* (⇨ synapsis)＋Gk *nêma* thread＋-AL¹〗

syn·ap·to·some /sɪ̀nǽptəsòʊm | sɪnǽptəsəʊm/ *n.* 〖生理〗 シナプトソーム (神経組織の軸索から分離された神経終末の粒子). **syn·ap·to·som·al** /sɪ̀næptəsóʊməl, -ml̩ | sɪnæptəsə́ʊ-⁻/ *adj.* 〖((1964)) ← SYNAPTIC＋-O-＋-SOME²〗

Syn·ar·chism /sínɑəkìzm̩ | -nɑː-/ *n.* (*also* **Syn·ar·quism** /~/) =Sinarquism.

syn·ar·chy /sínəki, -nɑə- | -nə-/ *n.* 共同支配. 〖((1732)) □ Gk *sunarkhía* ← *sunarkheîn* to rule jointly: ⇨ syn-, -archy〗

syn·ar·thro·di·a /sɪ̀nɑəθróʊdiə | -nɑːθrə́ʊd-/ *n.* (*pl.* **~s, -di·ae** /-dìiː/) 〖解剖・病理〗 =synarthrosis. **sỳn·ar·thró·di·al** /-diəl | -di-⁻/ *adj.* **~·ly** *adv.* 〖← NL *synarthrōdia*: ⇨ syn-, arthro-, -ode¹, -ia¹〗

syn·ar·thro·sis /sɪ̀nɑəθróʊsɪ̀s | -nɑːθrə́ʊsɪs/ *n.* (*pl.* **-thro·ses** /-siːz/) **1** 〖解剖〗 不動結合. **2** 〖病理〗 関節癒合(ゆごう)症. 〖((1579)) ← NL ~ ← Gk *sunárthrōsis*: ⇨ syn-, arthrosis〗

syn·as·try /sɪ̀nǽstri | sɪ-/ *n.* 〖占星〗 2人の人物に対する星の位置[影響]の一致. 〖((1657)) □ LL *synastria* □ Gk *sunastría* ← *sun-* 'SYN-'＋*astr-*, *astḗr* star: ⇨ -y¹〗

sy·na·xa·ri·on /sɪ̀nəkséᵊriɑ̀(ː)n, sìːnɑːksáːriɔ̀(ː)n | sɪ̀nækséəriɔ̀n, sìːnɑːksáːriɔ̀n/ *n.* (*pl.* **-ri·a** /-séᵊriə, -riə̀ | -séəriə, -riə̀ː/) 〖東方正教会〗 祝日表順聖人略伝; 聖書および聖人伝抄. 〖((1850)) □ MGk *sunaksárion* ← *súnaksis* a meeting (for celebration of the Eucharist) ← *sunágein* to gather together〗

syn·ax·a·ri·um /sɪ̀næksέᵊriəm | -séər-/ *n.* (*pl.* **-ri·a** /-riə/) 〖東方正教会〗 =synaxarion. 〖((1911)): ⇨ ↑, -arium〗

sync /síŋk/ 《口語》 **1** 〖映画・テレビ〗 *n.* 一致, 同調 (synchronization): in [out of] ~ (with) (…に)同期[同調]して[しないで]. **2** 協調関係. — *v.* (**synced** /~t/) = synchronize.

syn·carp /sínkɑəp | -kɑːp/ *n.* 〖植物〗 多花果, 集合果 (multiple fruit) (cf. apocarp). 〖((1826–34)) ← SYN-＋-CARP〗

syn·car·pous /sɪnkɑ́əpəs, sɪŋ- | -kɑ́ː-/ *adj.* 〖植物〗 **1** 多花果の, 集果(性)の, 集合果の. **2** 合成[集合]心皮をもつ (↔ apocarpous). 〖((1830)) ← NL *syncarpus*: ⇨ ↑, -ous〗

syn·car·py /sínkɑəpi | -kɑː-/ *n.* 〖植物〗 集果性. 〖((1869)): ⇨ ↑, -y¹〗

syn·cat·e·gor·e·mat·ic /sɪnkæ̀tɪgɔ̀(ː)rəmǽtɪk, -gɑ̀(ː)r- | -təgɔ̀rəmǽt-⁻/ *adj.* 〖論理〗 共義的な (接続詞・副詞のように, アリストテレス的諸範疇には算入されないが, その範疇のものとともに用いられて意味をもつ). 〖((1827)) ← Gk *sugkatēgorēmat-*, *-katēgórēma* ← *sugkatēgoreîn* to predicate jointly〗

sýnc-gènerator *n.* 〖テレビ〗 同期信号発生回路[装置] (送・受信双方の走査を時間的に一致させるための信号を発生させる装置).

synch /síŋk/ *n., v.* 〖映画・テレビ〗 =sync.

syn·chon·dro·sis /sɪ̀nkɑ(ː)ndróʊsɪ̀s, sɪŋ- | -kɔndróʊsɪs/ *n.* (*pl.* **-dro·ses** /-siːz/) 〖外科〗 軟骨結合, 軟骨縫合. 〖((1615)) ← NL ~ ← Gk *sugkhóndrōsis* ← *sun-* 'SYN-'＋*khóndros* cartilage＋-OSIS〗

syn·chro /síŋkroʊ, sín- | -krəʊ/ *n.* (*pl.* **~s**) 〖電気〗 = selsyn. — *adj.* 同時調整の; 同調に適した. 〖((1943)) 《略》 ← SYNCHRONOUS〗

syn·chro- /síŋkroʊ, sín- | -krəʊ/ 「同時(性)の, 同時に起こる (synchronous)」の意の連結形. 〖← SYNCHRONIZED // SYNCHRONOUS〗

sỳnchro·cýclotron *n.* 〖物理〗 シンクロサイクロトロン (米国の物理学者 McMillan が考案した可変周波数サイクロトロン (cyclotron); 一定磁場中でイオンの質量がエネルギーの増加とともに相対論的に増大することを補うため, 加速電場の周波数を変化させる方式のサイクロトロン; FM cyclotron ともいう). 〖1947〗

sýnchro·flàsh 〖写真〗 *n.* シンクロフラッシュ (シャッターの開きと閃光球 (flashbulb) の発光が同調する装置). — *adj.* シンクロフラッシュの. 〖1939〗

syn·chro·mesh /síŋkrəmèʃ, sín-, -kroʊ- | síŋkrə(ʊ)mèʃ, sín-, ⌐ー⌐/ 〖自動車〗 *adj.* 等速かみ合いの, (変速装置の)シンクロメッシュの. — *n.* シンクロメッシュ, 同期かみ合い装置, 等速かみ合い歯車[装置]. 〖((1929)) ← SYNCHRO-＋MESH〗

syn·chro·nal /síŋkrənl̩, sín-/ *adj.* =synchronous. 〖((1660)) ← SYNCHRO-＋-AL¹〗

syn·chron·ic /sɪnkrɑ́(ː)nɪk, sɪŋ- | -krɔ́n-/ *adj.* **1** = synchronous. **2** 〖((1922)) □ F *synchronique*〗 〖言語〗 共時的な (ある時期の言語事実を静止した体系として記述的に扱う; ↔ diachronic). **3** 〖生物〗 〈分類単位が〉同時代に生じた. 〖((1833)) ← SYNCHRO-＋-IC¹〗

syn·chrón·i·cal /-nɪ̀kəl, -kl̩ | -nɪ-/ *adj.* =synchronic. **~·ly** *adv.* 〖1652〗

syn·chro·nic·i·ty /sìŋkrənísəti, sìn- | -sɪ̀ti/ *n.* **1** 〖心理〗 (意味のある関連があるように見えて因果関係は判明しない2つ以上の出来事の)同時発生, 同時性, 共時性. **2** 同時発生, 同時性 (synchronism). 〖1953〗

synchrónic linguístics *n.* 〖言語〗 共時言語学.

syn·chro·nism /síŋkrənìzm̩, sín-/ *n.* **1** 同時的なこと, 同時発生, 同時性, 同期, 併発. **2 a** (歴史上の諸事件などを)同時的に扱うこと; (歴史的事件・人物などを)年代によって総合対照表示すること. **b** 対照歴史年表. **3** 〖映画・テレビ〗 映像と音声・音響との同期[一致]. **4** 〖物理・電気〗 同期状態. **5** 〖美術〗 シンクロニズム (時(代)の異なる事件を一つの絵の中に示すこと). **6** 〖言語〗 共時的研究法.

syn·chro·nis·tic /sìŋkrənístɪk, sìn-⁻/ *adj.* =synchronous. **sỳn·chro·nís·ti·cal** *adj.* **sỳn·chro·nís·ti·cal·ly** *adv.* 〖((1588)) ← NL *synchronismus* ← Gk *sugkhronismós* ← *súgkhronos* 'SYNCHRONOUS': ⇨ -ISM〗

syn·chro·ni·za·tion /sìŋkrənɪ̀zéɪʃən, sìn- | -naɪ-, -nɪ-/ *n.* **1** 同時(に起こること); 同期(させること). **2** 〖映画・テレビ〗 **a** 画面と音声の同期[同調]. **b** 同時録音. 〖1828〗

syn·chro·nize /síŋkrənàɪz, sín-/ *vi.* **1** 同時性をもつ; 〔…と〕同時である, 同時に起こる 〔*with*〕. **2** 〈二つ以上の時計が〉標準時[一定時]を示す, 同じ時間を示す. **3** 〖映画・テレビ〗 〈映像と音声・音響が〉一致する, 同期[同調]する. — *vt.* **1** 同時にさせる, …に同時性をもたせる; (歴史などで)同時[同時代]であることを示すように〈事件を〉並べる. **2** 〈二つ以上の時計〉の時を合わせる, 等時にする: ~ two clocks. **3** 〖映画・テレビ〗 〈音声・音響を〉映像と同期[一致]させる. **4** 〖写真〗 〈シャッターの開きを〉閃光球の発光と同調させる. 〖((*c*1624)) ← LL *synchronus* 'SYNCHRONOUS'＋-IZE〗

sýn·chro·nized shífting *n.* 〖自動車〗 (変速装置の)同期ギヤシフト, 同期ギヤ変え. 〖1932〗

sýnchronized swímming *n.* シンクロナイズドスイミング (音楽のリズムに合わせて泳ぐ一種の水中バレエ競技; cf. aquacade, water ballet). 〖1950〗

sýn·chro·nìz·er *n.* **1** 同時性をもたせる人[物]. **2** 等時にさせる(標準)時計. **3** 〖写真〗 シンクロナイザー (フラッシュの発光とカメラのシャッターの開閉を同期[一致]させる装置). 〖1883〗

syn·chron·o·scope /sɪ̀nkrɑ́(ː)nəskòʊp, sɪŋ- | -krɔ́nəskəʊp/ *n.* 〖航空〗 =synchroscope 2. 〖⇨ ↓, -o-, -scope〗

syn·chro·nous /síŋkrənəs, sín-/ *adj.* **1** 同時の, 同時性の, 同時に起こる (⇨ contemporary SYN). **2** 同一速度で同時に動く. **3** 〖物理・電気〗 同一周波数の, 同位相の, 同期の. **4** 〖電算〗 〈計算機が〉同期的な. **5** 〖宇宙〗 〈人工衛星が〉静止軌道を回る (geostationary). **6** 〖言語〗 =synchronic 2. **~·ly** *adv.* **~·ness** *n.* 〖((1669)) □ LL *synchronus* □ Gk *súgkhronos* ← *sun-* 'SYN-'＋*khrónos* time: ⇨ chronic, -ous〗

sýnchronous condénser *n.* 〖電気〗 同期調相機 (rotary condenser ともいう).

sýnchronous convérter *n.* 〖電気〗 同期変流機.

sýnchronous machíne *n.* 〖電気〗 同期機.

sýnchronous mótor *n.* 〖電気〗 同期電動機. 〖*c*1897〗

sýnchronous órbit *n.* 〖宇宙〗 同期軌道 (geostationary orbit). 〖1964〗

sýnchronous sátellite *n.* 〖宇宙〗 同期[静止]衛星 (geostationary satellite) 〖1961〗

sýnchronous spéed *n.* 〖電気〗 周期速度.

syn·chro·ny /síŋkrəni, sín-/ *n.* **1** =synchronism 1. **2** 〖言語〗 **a** 共時態[相] (cf. diachrony). **b** 共時的分析[研究], (特に)共時(的)言語学. 〖((1848)): ⇨ -y¹〗

syn·chrop·ter /sɪnkrɑ́(ː)ptə, sɪŋ- | -krɔ́ptə(r)/ *n.* 〖航空〗 交叉回転翼ヘリコプター. 〖← SYNCHRO-＋(HELICO)PTER〗

syn·chro·scope /síŋkrəskòʊp, sín- | -skəʊp/ *n.* **1** 〖電気〗 **a** 同期検定器. **b** シンクロスコープ (高性能のオシロスコープ (oscilloscope)). **2** 〖航空〗 同期装置 (多発機において全エンジンの回転数を同期させる装置; これによって回転数の不揃いによる振動などを避ける). 〖((1908)) ← SYNCHRO-＋-SCOPE〗

syn·chro·tron /síŋkrətrɑ̀(ː)n, sín- | -krə(ʊ)trɔ̀n/ *n.* 〖物理〗 **1** シンクロトロン (磁場を強くすると共に加速周波数も変えて軌道半径を一定に保つ方式の加速器; 電子シンクロトロン・陽子シンクロトロンなどがある). **2** =synchrotron radiation. 〖((1945)) ← SYNCHRO-＋-TRON〗

sýnchrotron radiàtion *n.* 〖物理〗 シンクロトロン放射(光) (高エネルギーの電子(や陽電子)が磁場の中で曲げられ

るとき放出する電磁波).〘1956〙

sýnchro ùnit *n.*〘電気〙同期電動機の一組《遠隔地の電動機を同じ構造の電動機で同期的に回転させる場合にその一組の同期電動機をいう》.

syn·clas·tic /sɪnklǽstɪk, sɪŋ-/ *adj.*〘数学〙《曲面上の点で》主曲率が同符号の, 全面凸(とつ)[全面凹(おう)]の (↔ anticlastic).〘(1867) ← SYN-+Gk *klastós* broken + -IC¹: ⇨ clastic〙

syn·cli·nal /sɪnkláɪnḷ, sɪŋ-/ *adj.* **1** (相会するように)反対方向から互いに傾斜した. **2**〘地質〙向斜状の (cf. anticlinal 1): the ~ axis 向斜軸 (⇨ ANTICLINAL axis 挿絵) / a ~ fold=syncline. — *n.*〘地質〙=syncline. **~·ly** *adv.*〘(1833) ← SYN-+Gk *klīnein* 'to LEAN¹' +-AL¹〙

syn·cline /sínklaɪn, síŋ-/ *n.*〘地質〙向傾, 向斜褶曲 (cf. anticline 1).〘(1873)《逆成》↑〙

syn·cli·no·ri·um /sɪŋklənɔ́ːriəm, sɪn-/ *n.* (*pl.* **-ri·a** /-riə/)〘地質〙複向斜 (cf. anticlinorium).〘(1880): ⇨ ↑, -orium〙

Syn·com /sínkɑ(ː)m | -kɔm/ *n.* シンコム《米国の静止通信衛星; 1963 年に第 1 号, 1964 年に初の静止軌道 (geostationary orbit) に乗せることに成功し, 東京オリンピックを世界中継した》.〘← *Syn(chronous) com(munication satellite)*〙

syn·co·pate /síŋkəpèɪt, sín-/ *vt.* **1 a**〘言語〙語中音を省略する, 中約する《例: every>ev'ry / pacificist>pacifist / Gloucester>Gloster》. **b** 短くする, 省略する (abbreviate). **2**〘音楽〙切分(せつぶん)する, …に切分法を行う (⇨ syncopation 2).〘(1605) ← LL *syncopātus* (p.p.) ← *syncopāre* ← LL *syncopē*: ⇨ syncope〙

sýn·co·pàt·ed /-tɪ̀d | -tɪ̀d/ *adj.* **1**〘音楽〙〈リズム・メロディーなど〉シンコペーション[切分音]の特徴をもつ. **2** 短く切った, 短くした (abbreviated).〘(1665): ⇨ ↑, -ed 2〙

syn·co·pa·tion /sɪ̀ŋkəpéɪʃən, sɪ̀n-/ *n.* **1**〘言語〙=syncope 1. **2**〘音楽〙 **a** シンコペーション, 切分(せつぶん)(法)《弱拍の位置にある音符と強拍の位置にある音符が結ばれ, それによってアクセントの位置が前者に移行すること; 一般に通常のアクセントがずれること》. **b** シンコペーションのリズム. **3**〘詩学〙シンコペーション《詩行で一定の韻律強勢と異なる強勢を用いること》.〘(*c*1532) □ ML *syncopātiō(n-)*: ⇨ syncopate, -ation〙

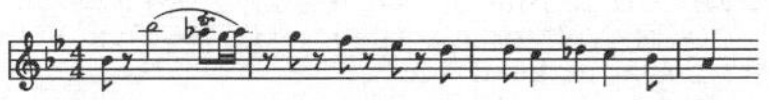

syncopation
(Mozart: *Sonata for Violin and Piano, No 40; K 454*).

sýn·co·pà·tor /-tə | -tə^(r)/ *n.*〘音楽〙シンコペーションを用いる人; (特に)ジャズ演奏者.〘1926〙

syn·co·pe /síŋkəpi, sín-, -pìː | -pi/ *n.* **1**〘言語〙語中音消失 (cf. aphaeresis, apocope). **2**〘音楽〙切分(せつぶん)音. **3**〘病理〙(急激な血圧降下などからくる)失神, 卒倒 (faint). **syn·co·pal** /síŋkəpəl, sín-, -pḷ/ *adj.* **syn·cop·ic** /sɪnkɑ́(ː)pɪk, sɪŋ- | -kɔ́p-/ *adj.*〘(*a*1400) □ LL *syncopē* □ Gk *sugkopḗ* ← *sugkóptein* to cut short ← *sun-* 'SYN-'+*kóptein* to cut off〙

syn·cot·y·le·don·ous /sɪnkɑ̀(ː)təlíːdənəs, sɪŋ-, -tḷ-, -dṇ- | -kɔ̀tɪlíːdən-ˈ/ *adj.*〘植物〙合同子葉の[をもつ].〘(1898) ← SYN-+COTYLEDONOUS〙

syn·cret·ic /sɪnkrétɪk, sɪŋ- | -kríːt-, -krét-/ *adj.* **1**〈哲学・宗教など〉諸説[諸派]統合の. **2**〘言語〙融合の.〘(1840): ⇨ ↓, -ic¹〙

syn·cre·tism /síŋkrətɪ̀zm, sín- | -krɪ̀-/ *n.* **1 a** (哲学・宗教などの)諸説[諸派]統合. **b** [軽蔑的に] 矛盾する主義[信仰]を受け入れる無節操. **2**〘言語〙融合《文法的に異なった機能をもつ二つ(以上)の語形が一つの形になること; 例えば近代英語の名詞の通格 (common case) が古期英語の主格・対格・与格の三格の機能を兼ねるようになったことなど》. **3**〘社会学〙混交, 習合《社会や文化を構成する諸部分が新しいシステムに化合ないし融合すること》.〘(1618) □ F *syncrétisme* // ← NL *syncrētismus* ← Gk *sugkrētismós* union ← *sugkrētízein* to unite against a common enemy ← ?: ⇨ syn-〙

sýn·cre·tist /-tɪst | -tɪst/ *n.* (哲学・宗教などの)諸説[諸派]統合主義者.〘1758〙

syn·cre·tis·tic /sɪ̀ŋkrətístɪk, sɪ̀n- | -krɪ̀-ˈ/ *adj.* 諸説[諸派]統合主義(者)の.〘(1764): ⇨ ↑, -istic〙

syn·cre·tize /síŋkrətàɪz, sín- | -krɪ̀-/ *vt.*〈哲学・宗教の反対説[派]などを〉統合[融合]しようとする. — *vi.* **1** 統合[融合]する. **2** 諸説[諸派]統合に賛成する. **syn·cre·ti·za·tion** /sɪ̀ŋkrətɪ̀zéɪʃən, sɪ̀n- | -krɪ̀taɪ-, -tɪ-/ *n.*〘(1675) ← NL *syncrētizāre* □ Gk *sugkrētízein* to combine〙

syn·cri·sis /síŋkrəsɪ̀s, sín- | síŋkrɪsɪs/ *n.*《廃》〘修辞〙比較対照法《異なるまたは反対のものをあげて修辞的効果をあげること; cf. antithesis 2》.〘(1657) □ LL ~ □ Gk *súgkrisis* ← *sugkrínein* to compare ← *sun-* 'SYN-'+ *krínein* to judge〙

syn·cy·ti·um /sɪnsíʃiəm, -ʃəm | sɪnsíʃiəm, -tiəm/ *n.* (*pl.* **-cy·tia** /-ʃiə, -ʃə | -ʃiə, -tiə/)〘生物〙シンシチウム《多核体の一つで, 2 個以上の細胞が癒合したもの》. **syn·cý·ti·al** /-ʃiəl, -ʃəl | -ʃiəl/ *adj.*〘(1877) ← NL ~: ⇨ syn-, cyto-, -ium〙

synd /sáɪnd/ *vt.*《スコット》=syne².

synd.《略》syndicate.

syn·dac·tyl /sɪndǽktḷ, -tɪl | sɪn-/ (*also* **syn·dac·tyle** /~/)〘動物〙 — *adj.* 指 (digits) が癒着した, 合指の. — *n.* 癒着した指のある鳥類[哺乳動物].〘(1836) □ F *syndactyle* ← SYN-+Gk *dáktulos* finger: ⇨ dactyl〙

syndactyli *n.* syndactylus の複数形.

syn·dác·ty·lìsm /-tḷɪ̀zm/ *n.*〘動物〙指の癒合.〘1889〙

syn·dac·tyl·ous /sɪndǽktḷəs | sɪn-/ *adj.*〘動物〙=syndactyl.〘1835〙

syn·dac·ty·lus /sɪndǽktḷəs | sɪn-/ *n.* (*pl.* **-ty·li** /-làɪ/)〘医学〙合指症患者.〘← SYN-+Gk *dáktulos* finger〙

syn·dac·ty·ly /sɪndǽktḷi | sɪn-/ *n.*〘動物〙=syndactylism.〘(1864) ← NL *syndactylia*: ⇨ syndactyl〙

syn·de·re·sis /sɪ̀ndəríːsɪs | -sɪs/ *n.* **1**〘倫理〙良知, 良能《特に, キリスト教で道徳意識に内在し善を求め悪を避けるように導く生来の能力; cf. syneidesis》. **2**〘キリスト教〙神と一致する霊魂の本質.〘(*c*1400) ← NL ~ ← MGk *suntḗrēsis*: ⇨ synteresis〙

syn·de·sis /síndəsɪs | -dɪsɪs/ *n.* **1**〘生物〙=synapsis 1. **2**〘文法〙 **a** 接続詞を含んだ構文の使用 (cf. syndeton). **b** =polysyndeton.〘(1909) ← NL ~ Gk *sundeîn* to bind together+-SIS: ⇨ syndetic〙

syn·des·m- /sɪndézm, -désm/ (母音の前にくるときの) syndesmo- の異形.

syn·des·mo- /sɪndézmoʊ, -dés- | -məʊ/「靭帯(じんたい)(ligament); 結合 (contact)」の意の連結形. ★ 母音の前では通例 syndesm- になる.〘← Gk *súndesmos* (↓)〙

syn·des·mo·sis /sɪ̀ndɛzmóʊsɪs, -dɛs- | -məʊsɪs/ *n.* (*pl.* **-mo·ses** /-siːz/)〘解剖〙靭帯結合. **syn·des·mot·ic** /sɪ̀ndɛzmɑ́(ː)tɪk, -dɛs- | -mɔ́t-ˈ/ *adj.*〘(1726) ← NL ~ ← Gk *súndesmos* ligament ← *sundeîn* (⇨ syndetic): ⇨ -osis〙

syn·det /síndɛt/ *n.* 合成洗剤.〘← *syn(thetic) de(t)ergent*〙

syn·det·ic /sɪndétɪk | sɪndét-/ *adj.* **1** 接続する, 連結する (connective). **2**〘文法〙節を接続詞で結んだ; 接続詞で結ばれた (cf. asyndetic).〘(1621) □ Gk *sundetikós* ← *súndetos* bound together ← *sundeîn* to bind together ← *sun-* 'SYN-'+*deîn* to bind〙

syn·dét·i·cal /-tɪkəl, -kḷ | -tɪ-/ *adj.* =syndetic. **~·ly** *adv.*〘1891〙

syn·de·ton /síndətɑ̀n | sɪn-/ *n.*〘文法〙接続詞を含んだ構文 (cf. asyndeton).〘(1954)《逆成》← ASYNDETON, POLYSYNDETON〙

syn·dic /síndɪk/ *n.* **1** 地方行政長官 (magistrate)《国または地方により権限に差がある》. **2**《英》(大学などの)理事, 評議員; (Cambridge 大学などの)特別評議員. **~·ship** *n.*〘(1601) □ F ~ □ LL *syndicus* □ Gk *súndikos* court assistant ← *sun-* 'SYN-'+*díkē* judgment〙

syn·di·cal /síndɪkəl, -kḷ | -dɪ-/ *adj.* **1** 地方行政官の; 理事の; 理事会の. **2** サンディカリスム (syndicalism) の.〘(1864) □ F ~: ⇨ ↑, -al¹〙

syn·di·cal·ism /síndɪkəlɪ̀zm | -dɪ-/ *n.* **1** サンディカリスム《ゼネスト (general strike)・サボ (sabotage) などの直接行動によって生産と分配の, ひいては社会の支配権をその手に収めようとする, フランス起源の労働組合運動; cf. criminal syndicalism》. **2** 労働者が産業を所有し管理する経済組織. **3** 地域代表ではなくて職域代表を基盤とした政治理論.〘(1907) □ F *syndicalisme* ← (*chambre*) *syndicale* trade union ← *chambre* 'CHAMBER'+ *syndicale* of a trade union (⇨ syndic): -ism〙

sýn·di·cal·ist /-lɪst | -lɪst/ *n., adj.* サンディカリスム信奉者(の).〘(1907) □ F *syndicaliste*: ⇨ -ist〙

syn·di·cal·is·tic /sɪ̀ndɪkəlístɪk | -dɪ-ˈ/ *adj.* サンディカリスム (syndicalism) 的な[擁護の].〘(1912): ⇨ ↑, -ic¹〙

syn·di·cate /síndɪkɪ̀t, -kèɪt/ *n.* **1**〘経済〙シンジケート, 企業連合 (⇨ monopoly SYN). **2**〘ジャーナリズム〙 **a** 新聞・雑誌記事配信業《ニュース・記事・漫画などを買い上げまたは専属作家に書かせたりして同時掲載するよう新聞・雑誌などに供給する事業》. **b** 同一経営下の新聞連合; 数新聞の同一経営. **c** テレビ・ラジオのローカル放送用のスクリプト (script) を提供する機関. **3** (大学などの)理事会; (Cambridge 大学などの)特別評議員会. **4** ギャング組織, ギャング団, シンジケート: a crime ~. **5**〘金融〙債券[株式]引受組合[銀行団], シンジケート. — /síndəkèɪt | -dɪ-/ *v.* — *vt.* **1** シンジケート(組織)にする, …のシンジケートを作る. **2**〘ジャーナリズム〙 **a** (同時掲載のために)新聞・雑誌社などに〈記事を〉配信する: ~*d* news. **b**《米》〈番組を〉地方のテレビ・ラジオ局に売る. — *vi.* シンジケートを組織する. **sýn·di·cà·tor** /-tə | -tə^(r)/ *n.*〘n.: (1624) □ F *syndicat* □ ML *syndicātus* ← LL *syndicus*: ⇨ syndic, -ate^(1,3). — v.: (1610) ← ML *syndicātus* (p.p.)〙

sýndicated resèarch /-kèɪtɪd- | -tɪd-/ *n.*〘経営〙大規模な市場調査.

syn·di·ca·tion /sɪ̀ndəkéɪʃən | -dɪ-/ *n.* シンジケートを組織すること; シンジケート組織.

syn·di·o·tac·tic /sɪndàɪoʊtǽktɪk | -dàɪə(ʊ)-ˈ/ *adj.*〘化学〙シンジオタクチックの: ~ polymer シンジオタクチックポリマー《主鎖に対し側鎖が交互に反対方向に配列されている重合体; 立体特異性重合体 (stereospecific polymer) の一種; cf. isotactic》.〘(1956) ← Gk *súnduo* two together (← *sun-* 'SYN-'+*dúo* 'TWO')+ITATIC〙

syn·drome /síndroʊm, -drəm | -drəʊm, -drəm/ *n.* **1**〘病理〙症候群. **2** …症候群《ある状況で特徴的に起こりがちな特定の感情・ふるまいのパターン》: ⇨ empty-nest syndrome. **3** 同時発生した一連のもの[事件, 行動].

syn·drom·ic /sɪndróʊmɪk, -drɑ́(ː)m- | -drəʊm-, -drɔ́m-/ *adj.*〘(1541) ← NL ~ ← Gk *sundromḗ* a running together, concurrence ← *sun-* 'SYN-'+ *drameîn* to run〙

syne¹ /sáɪn/ *adv., prep., conj.*《スコット》 **1** 前に, 以前に (since, ago): auld lang ~ 往時, 今は昔. ★ この場合は /záɪn, sáɪn | sáɪn, záɪn/ の発音が普通. **2** その後 (since then).〘(14C) *seine* (短縮) ← *sethen, sitthen* < OE *siþþan* ? ON *sīþan* ← *sīþ* 'SINCE'〙

syne² /sáɪn/《スコット》*vt.* すすぐ. — *n.* すすぎ.〘(1807) *sine* (変形) ← *synd(e), sind* < ME *sinde(n)* ← ?: cf. ON *synda* to swim〙

syn·ec·do·che /sɪnékdəki, -kìː | sɪnékdəki/ *n.*〘修辞〙提喩(ていゆ)法, 代喩《一部で全体を, 特殊で一般を表す技巧; まれにその逆に用いられることがある; 例: blade (=sword) / sail (=ship) / spring (=year) / a Caesar (=dictator) / creature (=man); cf. metonymy》. **syn·ec·doch·ic** /sɪ̀nɛkdɑ́(ː)kɪk | -dɔ́k-ˈ/ adj. **sỳn·ec·dóch·i·cal** *adj.* **sỳn·ec·dóch·i·cal·ly** *adv.*〘(*c*1395) □ L *synecdochē* □ Gk *sunekdokhḗ* ← *sunekdékhesthai* to receive jointly ← *sun-* 'SYN-'+ *ekdékhesthai* to take up (← EX-¹+*dékhesthai* to take)〙

syn·ech·i·a /sɪnékiə, -níːk- | sɪ-/ *n.* (*pl.* **-i·ae** /-kiìː/)〘医学・病理〙癒着(ゆちゃく)(症).〘(1842) ← NL ~ ← Gk *sunékheia* continuity ← *sunekhḗs* continuous ← *sun-* 'SYN-'+*ékhein* to hold: ⇨ -ia¹〙

syn·e·chism /sínəkɪ̀zm | -nɪ-/ *n.*〘哲学〙シネキズム, 連続主義《連続性を最も重要な哲学的仮説として力説する C. S. Peirce の説》.〘(1892) ← Gk *sunékheia* (↑)+ -ISM〙

syn·e·cious /sɪníːʃəs | sɪ-/ *adj.*〘生物〙=synoecious.

syn·e·col·o·gy /sìnikɑ́(ː)lədʒi, -nɪk-, -nɛk- | -kɔ́l-/ *n.* 群(集)生態学《種と環境の関係を研究する生態学 (ecology) の一部門; cf. autecology》. **syn·ec·o·log·ic** /sɪ̀nɛkəlɑ́(ː)dʒɪk, -nɛk- | -lɔ́dʒ-ˈ/ *adj.* **sỳn·ec·o·lóg·i·cal** /-dʒɪkəl, -kḷ | -ɪk-ˈ/ *adj.* **sỳn·ec·o·lóg·i·cal·ly** *adv.*〘(1910) □ G *Synökologie*: ⇨ syn-, ecology〙

syn·ec·tic /sɪnéktɪk | sɪ-/ *adj.* 創造工学の, シネチックスの. **syn·éc·tic·al·ly** *adv.*〘(1888): ⇨ synechia, -ic¹〙

syn·ec·tics /sɪnéktɪks | sɪ-/ *n.* [単数扱い] 創造工学, シネチックス《さまざまな人が想像力を自由に駆使し討論し合って問題の解決や新しい発見をしたりする》.〘(1961) ← ? SYN-+(DIAL)ECTICS〙

synéctics gròup *n.* 創造工学[シネチックス]グループ[集団]《想像力を自由に働かせ, 諸要因を結びつけることにより問題の創造的解決のために集まった種々の分野の人々》.

syn·ei·de·sis /sɪ̀naɪdíːsɪs | -sɪs/ *n.*〘倫理〙(内省的)意識; 良識《普遍的な道徳律に対する生来の適応能力; cf. synderesis 1》.〘(1620) □ ML ~ □ Gk *suneídēsis* consciousness ← *suneidénai* to be conscious of〙

syn·er·e·sis /sɪnérəsɪs, -níᵊr- | -níərɪsɪs/ *n.* (*pl.* **-e·ses** /-siːz/) **1**〘文法〙合音《二重母音 (diphthong) または二音節を一つに縮めること; 特に, 二母音を縮めて一つの二重母音にすること; 例: (n)ever>(n)e'er / over>o'er / taken>ta'en; ↔ diaeresis》. **2**〘文法・詩学〙=synizesis 1. **3** /sìnəríːsɪs, -səs | -sɪs/〘物理化学〙シネレシス, 離液《ゲル (gel) を放置するとき, 自然に液体を分離して収縮する現象; cf. coagulation 1, imbibition 2》.〘(1577) □ LL *synaeresis* □ Gk *sunaíresis* ← *sunaireîn* to take or draw, contract ← *sun-* 'SYN-'+*haireîn* to take: ⇨ -sis〙

S

syn·er·get·ic /sɪ̀nədʒétɪk | -nədʒét-ˈ/ *adj.* =synergic. **sỳn·er·gét·i·cal·ly** *adv.*〘(1836) □ Gk *sunergētikós* ← *sunergeîn* to work together ← *sunergós*: ⇨ synergism, -ic¹〙

syn·er·gic /sɪnə́ːdʒɪk | sɪnə́ː-/ *adj.* 共に働く, 共働の.〘(1859) ← NL *synergicus* ← Gk *sunergós, sunergeîn* (↑)〙

syn·er·gid /sɪnə́ːdʒɪ̀d, sínə- | sɪnə́ːdʒɪd, sínə-/ *n.*〘植物〙助(胎)細胞.〘(1882) ← NL *synergida* ← Gk *sunergeîn*+-ID²: ⇨ synergetic〙

syn·er·gism /sínədʒɪ̀zm | -nə-/ *n.* **1**〘神学〙神人共働説, 神人協力主義《霊的更生は人間の意志と神意との共働によるという説; cf. monergism》. **2**〘生理・薬学〙(二つ(以上)の器官または医薬の)協力[同時]作用, 共働(作用), 相乗効果《個々の効果を合わせた以上の効果が出ると考える; synergy, synergistic effect ともいう; cf. antagonism 2》. **3** (商店・会社などの)共働, 協同(効果).〘(1764) ← NL *syneygismus* ← Gk *sunergós* working together ← *sun-* 'SYN-'+*érgon* 'WORK': ⇨ -ism〙

sýn·er·gist /-dʒɪst | -dʒɪst/ *n.* **1**〘神学〙神人共働論者. **2**〘解剖〙共力器官; 共力[協力]筋 (cf. agonist 2 a). **3**〘薬学〙共働[協力, 共力]薬, 佐薬 (adjuvant). — *adj.* =synergistic.〘(1657) ← NL *synergista*: ⇨ ↑, -ist〙

syn·er·gis·tic /sɪ̀nədʒístɪk | -nə-ˈ/ *adj.* **1**〘神学〙神人共働説[論者]の. **2**〘生理・薬学〙〈他の器官・薬など〉共に作用する (cooperative), 共働(作用)の, 協同の; 共働薬の: a ~ muscle / a ~ effect. **3** 互いに作用し合う, 依存し合う. **sỳn·er·gís·ti·cal·ly** *adv.*〘(1818): ⇨ ↑, -ic¹〙

syn·er·gy /sínədʒi | -nə-/ *n.* **1** (全体的効果に寄与する各機能の)共同作用, 共働 〔*between*〕. **2**〘生理・薬学〙=synergism 2. **3**〘社会学〙無意識の共働.〘(1600) ← NL *synergia* ← Gk *sunergós*: ⇨ synergism〙

syn·e·sis /sínəsɪs | -nɪsɪs/ *n.* (*pl.* **-e·ses** /-siːz/)〘文法・修辞〙意味構文《文法形式の一致よりも意味に重きを置いた非論理的構文; 例えば These kind of things や Neither of them are right. における数の不一致など》.〘(*c*1891) ← NL ~ ← Gk *súnesis* union, intelligence

← *suniénai* to bring together, understand ← *sun-* 'SYN-'＋*hiénai* to send〗

syn·es·the·sia /sìnɛsθíːʒə, -nɨ̀s-, -ʒiə | -niːsθíːziə, -nɛs-, -ʒiə/ *n.*〖心理〗共感覚《二つの違った感覚を同時に経験すること; 例えばある一定の音を聞くと, それに一定の色が感覚される色聴など》.〖((1891)) ← NL ～: ⇨ syn-, esthesia〗

syn·es·thet·ic /sìnɛsθɛ́ţɪk, -nɨ̀s- | -niːsθɛ́t-, -nɛs-⁺/ *adj.*〖心理〗共感覚の, 通感覚の.〖((1910)) ↑ (なぞり) ← *anaesthetic*〗

syn·fu·el /sínfjùːəl, -fjùːl | -fjùːəl, -fjùəl/ *n.* 《米》合成燃料 (synthetic fuel).〖1975〗

syn·ga·my /síŋgəmi, sín-/ *n.*〖生物〗配偶子合体; 有性生殖 (sexual reproduction). **syn·gam·ic** /sɪŋgǽmɪk, sɪŋ-/ *adj.* **syn·ga·mous** /síŋgəməs, sín-/ *adj.*〖((1904)) ← SYN-＋-GAMY〗

sýn·gàs *n.* (石炭から得られる)合成ガス (synthetic gas).〖1975〗

Synge /síŋ/, **John Mil·ling·ton** /mílɪŋtən/ *n.* シング《1871-1909; アイルランドの劇作家・詩人; *The Playboy of the Western World* (1907)》.

Synge, Richard Laurence Millington *n.* シング《1914-94; 英国の生化学者; Archer J. P. Martin と共同で Nobel 化学賞 (1952)》.

syn·ge·ne·ic /sìndʒəníːɪk | -dʒɨ̀-⁺/ *adj.*〖生物〗同質遺伝子的な《遺伝子組成が同じことにいう; cf. allogeneic》.〖((1961)) ← Gk *sungéneia* kinship＋-IC¹: ⇨ syn-, genus〗

syn·gen·e·sis /sɪndʒénəsɨ̀s | -dʒénɨ̀sɪs/ *n.*〖生物〗**1** 有性生殖 (sexual reproduction). **2** ＝encasement 3.〖((1836-9)) ← NL ～: ⇨ syn-, -genesis〗

syn·ge·net·ic /sìndʒənéţɪk | -tɪk⁺/ *adj.* **1**〖生物〗有性生殖の. **2**〖地質〗《鉱床が》同生の《母岩と同時期にできた》.〖((1864)) ← SYN-＋GENETIC〗

syn·i·ze·sis /sìnəzíːsɨ̀s | -nɪzíːsɪs/ *n.* **1**〖文法・詩学〗母音融合《隣接した2母音(後続の一つが二重母音 (diphthong) のこともある)が融合して1音節となること; 例えば L. *de inde* from thence, from then ＞ *deinde* then, next, thence》. **2**〖生物〗収縮期, 縮合期《減数分裂 (meiosis) において相同染色体 (homologous chromosomes) が核の中心またはー方に収縮して固まる時期》. **3**〖生理〗＝synapsis 2.〖((1820)) □ LL *synizēsis* □ Gk *sunízēsis* 《原義》collapse ← *sunízein* to collapse ← *sun-* 'SYN-'＋*hízein* to sit down〗

syn·kar·y·on /sɪnkǽriɑ̀(ː)n, -kér-, -riən | -kǽriɔ̀n, -riən/ *n.* (*also* **syn·kar·i·on** /～/)〖生物〗融合核 (cf. fertilization 3, pronucleus). **syn·kar·y·on·ic** /sɪnkæ̀riɑ́(ː)nɪk, -kèr- | -kæ̀riɔ́n⁺/ *adj.*〖((1904)) ← NL ～ ← SYN-＋Gk *káruon* nut〗

syn·ne·ma /sɨ̀níːmə | sɪ-/ *n.* (*pl.* **-ma·ta** /～ţə | ～tə/)〖植物〗束状体 (coremium).〖← NL ～ ← SYN-＋*nēma* thread〗

syn·od /sínəd, -nɑ(ː)d | -nəd, -nɔd/ *n.* **1**〖キリスト教〗**a** 教会会議 (ecclesiastical council): a diocesan ～ 主教(管)区会議, 司教区会議 / a national [provincial] ～ 全国[地方]教会会議. **b** (長老教会で)大会《数地方合同の会議で presbytery (中会)と general assembly (全国総会)との中間的会議》. **c** (東方正教会で最高の)主教会議. **d** (ルーテル派などプロテスタントの)全国[地方]組織. **e** synod の管轄区. **2** 会議 (council). **3** 《古》〖天文〗(惑星の)合, 相合 (conjunction).

S

Sýnod of Whítby [the ―] ウィットビーの宗教会議《664年に(イングランドの)ウィットビーで開かれた宗教会議; ローマ方式の復活祭の日付がイングランドにも受入れられた》.

～·al /-dl | -dl/ *adj.*〖((*a*1211)) □ LL *synodus* □ Gk *súnodos* meeting ← *sun-* 'SYN-'＋*hodós* way, journey〗

syn·od·ic /sɨ̀nɑ́(ː)dɪk | -nɔ́d-/ *adj.* ＝synodical.〖1640〗

syn·od·i·cal /sɨ̀nɑ́(ː)dɨ̀kəl, -kl | -nɔ́dɪ-/ *adj.* **1** 教会会議の. **2**〖天文〗合の, 相合 (conjunction) の. **～·ly** *adv.*〖((1561)) ← LL *synodicus* (⇨ synod)＋-ICAL〗

synódic [synódical] mónth *n.*〖天文〗太陰月, 朔望月《新月から次の新月までの期間; 29日12時間44分2.8秒; lunar month ともいう》.〖1654〗

synódic períod *n.*〖天文〗会合周期《2つの惑星間の, 合から次の合, または衝から次の衝までの期間》.

Syn·o·don·ti·dae /sìnədɑ́(ː)nţədìː | -dɔ́ntɪ-/ *n. pl.*〖魚類〗エソ科〖← NL ～ ← *Synodont-*, *Synodus* (属名: ⇨ syn-, -odus)＋-IDAE〗

syn·oe·cete /sɨ̀níːsiːt | sɪ-/ *n.*〖昆虫〗(アリなどの巣にすむ)片利共生者 (cf. symphile).〖((1910)) □ Gk *sunoikétēs* house-fellow ← *sunoikeîn* to live together: ⇨ synoicous〗

syn·oe·cious /sɨ̀níːʃəs | sɪ-/ *adj.*〖生物〗**1** 雌雄同株[同体]の. **2** ＝synoicous. **～·ly** *adv.* **～·ness** *n.*〖((1863)) ← SYN-＋(DI)OECIOUS〗

syn·oe·kete /sɨ̀níːkiːt | sɪ-/ *n.*〖昆虫〗＝synoecete.

syn·oi·cous /sɨ̀nɔ́ɪkəs | sɪ-/ *adj.*〖植物〗《苔が》同一總苞内に造卵器 (archegonia) と蔵精器 (antheridia) を備えた.〖((1863)) □ Gk *súnoikos* dwelling together ← *sun-* 'SYN-'＋*oîkos* house: ⇨ -ous〗

syn·o·nym /sínənɪm/ *n.* **1** (同一言語内の)類(義)語, 同義語, 同意語, シノニム (cf. antonym, heteronym, homonym 1): an imperfect ～ 不完全同義語《同じものを意味するがその用法は文脈に左右されるもの; 例: pig と swine / outlive と survive》/ a partial ～ 部分同義語《その語の種々の意味のうちある意味だけが一致するもの; 例: vessel と ship》. **2** (他国語の)相当語, 対応語. **3** 別名, 異名; 換喩 (metonymy): A country curacy is a ～ of starvation. 田舎の牧師補だというのは飢餓に瀕(ひん)しているということだ. **4**〖生物〗(同物)異名, シノニム (cf. homonym 3, synonymy 5).〖((?*a*1425)) □ L *synōnymum* □ Gk *sunōnumon* (neut. sing.) ← *sunṓnumos* 'SYNONYMOUS'〗

syn·o·nym·ic /sìnənímɪk⁺/ *adj.* **1** 同義[同意]語の, 類語の; 同義の, 意味の同じ. **2** 同義語を使用した.

syn·o·ným·i·cal /-mɨ̀kəl, -kl | -mɪ-⁺/ *adj.*〖((1816)): ⇨ ↑, -ic¹〗

syn·o·nym·ics /sìnənímɪks/ *n.* 同義[同意]語研究.〖((1909)): ⇨ ↑, -ics〗

syn·on·y·mist /sɨ̀nɑ́(ː)nəmɨ̀st | sɪnɔ́nɨ̀mɪst/ *n.* 同義語研究者.

syn·o·nym·i·ty /sìnəníməţi | -mɨ̀ti/ *n.* 同(意)義, 同義性.

syn·on·y·mize /sɨ̀nɑ́(ː)nəmàɪz | -nɔ́nɨ̀-/ *vt.* **1** 〈ある語などに〉同義語を与える, 同意語で言い換える. **2** 異名[シノニム]で〈名を〉つける. ― *vi.* 同義語で表現する; 同義語を使用する.〖*c*1595〗

syn·on·y·mous /sɨ̀nɑ́(ː)nəməs | -nɔ́nɨ̀-/ *adj.* 同義[同意]語の, 類語の; 同義の; 同じ意味の; 〔…と〕同じことを意味する〔*with*〕: 'High' is ～ *with* 'lofty'. 「high」は「lofty」と同義である. **～·ly** *adv.* **～·ness** *n.*〖((1610)) □ ML *synōnymus* □ Gk *sunṓnumos* ← *sun-* 'SYN-'＋*ónuma*, *ónoma* 'NAME': ⇨ -OUS〗

syn·on·y·my /sɨ̀nɑ́(ː)nəmi | -nɔ́nɨ̀-/ *n.* **1** 同義(性), 意味の類似(性). **2** (強調のための)同意語畳用, 同義語反復 (例: in any shape or form / if and when). **3** 同義[同意]語研究, 類語研究. **4** 同義[同意]語集, 類語体系. **5**〖生物〗(解説または異同弁付きの)同一種属科に対する異名集 (cf. synonym 4).〖((1609)) □ LL *synōnymia*: ⇨ synonym, -y¹〗

synop. (略) synopsis.

syn·oph·thal·mi·a /sìnɑ(ː)fθǽlmiə | -nɔf-/ *n.*〖病理〗単眼症, 合眼症 (cyclopia).〖← SYN-＋OPHTHALMIA〗

syn·op·sis /sɨ̀nɑ́(ː)psɨ̀s | -nɔ́psɪs/ *n.* (*pl.* **-op·ses** /-siːz/) **1** 梗概(こうがい), 適用, 綱要, 綱領, 大意, あらすじ (⇨ summary SYN). **2** (全体を通観する)一覧(表), 対照表. **3**〖文法〗簡略化した動詞の変化表. **4** 共観福音書 (Matthew, Mark, Luke) が1頁に3列になって印刷されている本.〖((1611)) □ LL ～ □ Gk *súnopsis* ← *sun-* 'SYN-'＋*ópsis* view: cf. optic〗

syn·op·size /sɨ̀nɑ́(ː)psaɪz | -nɔ́p-/ *vt.* …の梗概(こうがい)[要約]を作る, 要約する.〖((1882)) ← SYNOPSIS＋-IZE〗

syn·op·tic /sɨ̀nɑ́(ː)ptɪk | -nɔ́p-/ *adj.* **1** 梗概(こうがい)の, 綱要の, 大意の; 一覧的な, 通観的な. **2** **a** [しばしば S-]〖聖書〗〈福音書が〉共観的な; 共観福音書の (cf. harmony 4): ⇨ synoptic Gospels. **b** (比較しやすいように)複数のテキスト[資料]を並べて提示している (cf. synopsis 4). **3**〖気象〗総観的な: ⇨ synoptic chart, synoptic meteorology. ― *n.* [しばしば S-] 共観福音書の一つ(の著者).〖((1763)) ← NL *symopticus* □ Gk *sunoptikós* ← *súnopsis*: ⇨ synopsis, -ic¹〗

syn·óp·ti·cal /-ţɨ̀kəl, -kl | -tɪ-/ *adj.* ＝synoptic. **～·ly** *adv.*〖1664〗

synóptic chárt *n.*〖気象〗総観気象図, 天気図.〖1887〗

synóptic Góspels *n. pl.* [the ～, しばしば the S-] 共観福音書《内容とその排列順序・表現等対応している共通点が多い Matthew, Mark, Luke の三福音書》.〖1861〗

synóptic meteorólogy *n.*〖気象〗総観気象学《天気図をもとに広い地域の気象状態を解析し, 総合する気象学の一部門》.〖1939〗

syn·op·tist /sɨ̀nɑ́(ː)ptɨ̀st | -nɔ́ptɪst/ *n.* 共観福音書の著者 (Matthew, Mark, Luke の一人).〖((1846)): ⇨ synoptic, -ist〗

syn·os·te·o·sis /sɨ̀nɑ̀(ː)stióʊsɨ̀s | -nɔ̀stiə́ʊsɪs/ *n.* (*pl.* **-o·ses** /-siːz/)〖解剖〗＝synostosis.〖1848〗

syn·os·to·sis /sìnɑ(ː)stóʊsɨ̀s | -nɔstə́ʊsɪs/ *n.* (*pl.* **-to·ses** /-siːz/)〖解剖〗骨癒合(ゆごう), 骨質結合. **syn·os·tot·ic** /sìnɑ(ː)stɑ́(ː)ţɪk | -nɔstɔ́t-⁺/ *adj.*〖((1848)) ← NL ～: ⇨ syn-, -ostosis〗

sy·no·vi·a /sɨ̀nóʊviə, saɪ- | saɪnə́ʊ-, sɪ-/ *n.*〖生理・解剖〗滑液, 関節滑液. **sy·nó·vi·al** /-viəl/ *adj.* **sy·nó·vi·al·ly** *adv.*〖((1661)) ← NL ～: Paracelsus の恣意的造語〗

sy·no·vi·tis /sàɪnəváɪţɨ̀s, sìn- | -nə(ʊ)váɪtɪs, sìn-/ *n.*〖病理〗(関節)滑膜炎. **sy·no·vit·ic** /sàɪnəvíţɪk, sìn- | -saɪnə(ʊ)vít-, sìn-⁺/ *adj.*〖((1835-36)) ← NL ～: ⇨ ↑, -itis〗

syn·roc /sínrɑ(ː)k | -rɔk/ *n.* シンロック, 核廃棄用合成岩石《核廃棄物を高圧と高熱で固めた岩石》.〖((1978)) ← SYN(THETIC)＋ROC(K¹)〗

syn·sac·rum /sɪnséɪkrəm, -sék- | -séɪk-, -sæk-/ *n.*〖鳥類〗複合仙骨 (cf. sacrum).〖((1903)) ← NL ～: ⇨ syn-, sacrum〗

syn·sep·al·ous /sɨ̀nsépələs/ *adj.*〖植物〗＝gamosepalous.〖← SYN-＋-SEPALOUS〗

syn·tac·tic /sɨ̀ntǽktɪk | sɪn-/ *adj.* **1**〖言語〗シンタックスの, 統語法的な, 統語上の. **2**〖論理〗構文論の (cf. syntax 2).〖((1828-32)) ← NL *syntacticus* ← Gk *suntaktikós* putting together ← *suntássein*: ⇨ syntax, -ic¹〗

syn·tác·ti·cal /-ţɨ̀kəl, -kl | -tɪ-/ *adj.*〖言語〗＝syntactic. **～·ly** *adv.*〖((1577)) ← NL *syntacticus* (↑)＋-ICAL〗

syntáctic constrúction *n.*〖言語〗統語的構造《その直接構成要素 (immediate constituent) が自由形態 (free form) で複合語でないもの; cf. morphological construction》.

syntáctic fóam *n.*〖化学〗シンタクチックフォーム《合成樹脂中にガラスの細かい小球を分散して作った水に浮く物質; 深海潜水艇・宇宙飛行船に用いる》.〖1955〗

syn·tac·tics /sɨ̀ntǽktɪks | sɪn-/ *n.*〖論理〗＝syntax 2.〖((1938)): ⇨ syntactic, -ics〗

syn·tagm /síntæm/ *n.*〖言語〗＝syntagma.

syn·tag·ma /sɨ̀ntǽgmə | sɪn-/ *n.* (*pl.* **～s**, **-ma·ta** /～ţə | ～tə/) **1**〖言語〗シンタグマ《発話の中で統合的関係をもつ語(句)》. **2** 陳述[命題]の体系的な集積.〖(((1644)) (1937)) □ Gk *súntagma* ← *suntássein*: ⇨ syntax〗

syn·tag·mat·ic /sìntægmǽţɪk | -tɪk⁺/ *adj.*〖言語〗**1** 統合的な《文・句・語を構成する連続した語要素の相互関係に関する; cf. paradigmatic 3》. **2** ＝syntactic.〖1937〗

syntagmátic relátion *n.*〖言語〗統合的関係《一定の順序で配列された語[文]を形成する諸要素の関係》.〖1956〗

syn·tag·mic /sɨ̀ntǽgmɪk | sɪn-/ *adj.* ＝syntagmatic.

syn·tal·i·ty /sɨ̀ntǽləţi | sɪntǽlɨ̀ti/ *n.*〖心理〗集団のもつ行動特性.〖← SYN-＋(MEN)TALITY〗

syn·tax /síntæks/ *n.* **1**〖言語〗シンタックス, 統語論[法], 構文論[法] (cf. accidence 1, morphology 3). **2**〖論理〗**a** 構文論(的方法)《論理・数学的表現の真偽や意味を問わず, 純粋に形式的な記号結合とその変形によって演繹的体系の構成を企てる立場・方法; cf. semantics 2》. **b** 構文論《記号論 (semiotics) の一分野で, 使用者としての主体や対象との関係を離れて, 記号表現の論理的・文法的構造だけを問題にする; cf. pragmatics, semantics 2》. **3**〖数学〗シンタックス《形式的(記号)体系の代数的定義, ならびにその代数的研究》. **4**〖電算〗シンタックス, 構文《コンパイラ言語におけるステートメントの文法構造》. **5** 体系的配列.〖((1574)) □ F *syntaxe* ∥ LL *syntaxis* □ Gk *súntaxis* ← *suntássein* to put in order, arrange ← sun- 'SYN-'＋*tássein* to arrange: ⇨ taxis〗

sýntax lànguage *n.*〖哲学〗構文(論的)言語《研究対象となる言語の構文論的特性や構造を述べるために使われるメタ言語 (metalanguage)》.〖1935〗

syn·ten·ic /sɪnténɪk/ *adj.*〖遺伝〗〈遺伝子が〉シンテニックの《同一の染色体上に生じる》.〖((1971)) ← SYN-＋Gk *tainía* band, bond＋-IC¹〗

syn·te·re·sis /sìnţəríːsɨ̀s | -tɪríːsɪs/ *n.* ＝synderesis.〖((1594)) □ ML *syntērēsis* □ Gk *suntḗrēsis* ← *suntēreîn* to keep, guard ← *sun-* 'SYN-'＋*tēreîn* to guard〗

syn·tex·is /sɨ̀ntéksɨ̀s | sɪntéksɪs/ *n.*〖地質〗シンテクシス《岩石の超変成作用で再生岩漿(がんしょう)を生じる過程の一つ; 特に異種岩石の再溶融の場合に用いる》.〖((1911)) □ Gk *súntēxis* ← *suntḗkein* to melt together〗

synth /sínθ/ *n.* ＝synthesizer.

syn·thase /sínθeɪz/ *n.*〖生化学〗シンターゼ, 合成酵素《逆方向にリアーゼ (lyase) 反応をする酵素》.

syn·the·sis /sínθəsɨ̀s | -θɨ̀sɪs/ *n.* (*pl.* **-the·ses** /-siːz/) **1** **a** 総合, 統合, 合成, 組立て (↔ analysis). **b** 総合[統合, 合成]体. **2**〖化学〗人工的製法, 人造, 合成. **3**〖哲学・論理〗**a** 総合 (⇨ HEGELIAN dialectic). **b** (分析と対立する)統合, 総合(の働き, 成果) (cf. analysis 8). **c** (一般原理からの個々の事例の)演繹的推論. **4**〖言語〗**a** (言語が)総合的なこと, 総合(性)《2つ(以上)の言語要素を結合して一つの新しい単位を作ること; cf. analysis 7; synthetic language》. **b** 融合《語の合成, 合成[派生]語を作ること》.〖((1550)) □ L ～ □ Gk *súnthesis* a putting together ← *suntithénai* to put together ← *sun-* 'SYN-'＋*tithénai* to put: cf. thesis〗

sýnthesis gàs *n.*〖化学〗合成ガス《石油系炭化水素・石炭・メタンより製造される一酸化炭素と水素よりなるガスで, 化学製品の原料に使用》.〖1941〗

syn·the·sist /sínθəsɨ̀st | -θɨ̀sɪst/ *n.* 総合者, 統合者; 合成者 (↔ analyst).〖((1863)): ⇨ ↓, -ist〗

syn·the·size /sínθəsàɪz | -θɨ̀-/ *vt.* **1** 総合的に扱う. **2** 総合する, 統合する, 組み立てる. **3**〖化学〗合成する: ～*d* fertilizer 合成肥料. **4**〖論理・哲学〗…に総合法を用いる. ― *vi.* 総合する.〖((1830)) ← SYNTHESIS＋-IZE〗

syn·the·siz·er /sínθəsàɪzə | -θɨ̀sàɪzə(r/ *n.* **1** (各種の)合成器, シンセサイザー《言語音・楽器音などを電気的に模倣合成する装置; cf. Moog synthesizer》. **2** 統合[総合]する人[もの].〖((1869)): ⇨ ↑, -er¹〗

syn·the·tase /sínθəţèɪs, -tèɪz | -θɨ̀-/ *n.*〖生化学〗シンセターゼ (⇨ ligase).〖((1947)): ⇨ ↓, -ase〗

syn·thet·ic /sɨ̀nθéţɪk | sɪnθét-/ *adj.* **1** **a** 人工的に製造した, 合成の, 人造の (⇨ artificial SYN): a ～ drug 合成薬剤 / ～ indigo 合成インジゴ / ～ fruit juice 合成果汁. **b** 《口語》本物でない, にせの (spurious); 人為的な (artificial): ～ enthusiasm 見せかけの熱意. **c** 〈宝石が〉合成の《天然産と全く相等しく化学的に製造されたものにいう》. **2** 総合の, 総合的な, 統合の, 統合的な (↔ analytic). **3**〖言語〗〈言語が〉総合的な (⇨ analytic): ⇨ synthetic language. **4**〖哲学〗〈判断・陳述・命題などが〉総合的な《経験的に確かめてみて通例蓋然的に真である; cf. analytic 5》: ～ a priori judgment 先天的総合判断. ― *n.* **1** 合成物質《主に医薬用の有機化合物》. **2** 合成[化学]繊維.〖((1697)) □ F *synthétique* ∥ ← NL *syntheticus* ← Gk *sunthetikós* constructive ← *synthetós* compounded ← *suntithénai*: ⇨ synthesis, -ic¹〗

syn·thét·i·cal /-ţɨ̀kəl, -kl | -tɪ-/ *adj.* ＝synthetic. **～·ly** *adv.*〖1620〗

Synthétic Cúbism, s- c- *n.* 〖美術〗総合的キュービズム《キュービズムの後期の一傾向; cf. Analytical Cubism》. 〚1947〛
synthétic detérgent *n.* 合成洗剤《単に syndet ともいう》.
synthétic divísion *n.* 〖数学〗組立除法《多項式 (polynomial) を一次式で割るのに, 係数の表の操作に還元して行う方法》. 〚*c*1904〛
synthétic equípment *n.* 〖航空〗総合的地上訓練 (synthetic training) に必要な設備.
synthétic fíber *n.* 合成繊維.
synthétic geómetry *n.* 〖数学〗総合幾何学《座標を使わない幾何学; cf. analytic geometry》. 〚1889〛
synthétic júdgment *n.* 〖哲学・論理〗総合(的)判断《主語に潜在しない述語を主語に加えて知識を拡張する判断; 経験との照合によって真偽が決定される蓋然的判断; cf. analytic judgment》.
synthétic lánguage *n.* 〖言語〗総合的言語《ギリシャ語・ラテン語のように語尾変化によって文法的関係を表す言語; cf. analytic language》.
synthétic philósophy *n.* 〖哲学〗(Herbert Spencer の) 総合哲学 (Spencerianism).
synthétic proposítion *n.* 〖論理〗総合命題.
synthétic résin *n.* 合成樹脂 (cf. natural resin). 〚*c*1924〛
synthétic rúbber *n.* 合成ゴム (cf. natural rubber).
synthétic tráining *n.* 〖航空〗(飛行士の)総合的地上訓練.
Syn·the·tism, s- /sínθətìzm | -θɪ̀-/ *n.* 〖美術〗サンテティスム, 総合主義《1890 年ごろ E. Bernard, P. Gauguin を中心に試みられた画法観念の総合を主張し, 自然主義的写実を拒否した絵画理論; cf. Nabis》. **sýn·the·tist** /-tɪ̀st | -tɪst/ *n.*
syn·the·tize /sínθətàɪz | -θɪ̀-/ *vt.* =synthesize.
syn·the·ti·za·tion /sìnθətɪ̀zéɪʃən | -θɪ̀taɪ-, -tɪ-/ *n.* 〚(1828-32) □ Gk *sunthetízesthai* ← *sunthetós*: ⇨ synthetic, -ize〛
syn·thol /sínθɔ(:)l | -θɒl/ *n.* 〖化学〗シントール《水性ガスを高圧触媒上で加熱して得られる合成燃料油》. 〚(1924) ← SYNTHET(IC)+-OL¹〛
syn·thon /sínθɑn | -θɒn/ *n.* 〖化学〗シントン《合成の基礎とみなされる分子の構成部分》. 〚(1967) ← SYN-TH(ETIC)+(I)ON (⇨ -on²)〛
syn·ton·ic /sɪ̀ntɑ́(:)nɪk | sɪntɒ́n-/ *adj.* **1** 〖電気〗同調の, 合調の. **2** 〖精神医学〗同調的な, 同調性の. 〚(1892) ← Gk *súntonos*+-IC¹: ⇨ syntony〛
syn·tón·i·cal /-nɪ̀kəl, -kl | -nɪ-/ *adj.* =syntonic. **~·ly** *adv.*
syntónic cómma *n.* 〖音楽〗シントニックコンマ《大全音と小全音との間に存在する音程の差; comma syntonum ともいう; cf. comma 4》. 〚1944〛
syn·to·ni·za·tion /sìntənɪ̀zéɪʃən | -tənaɪ-, -nɪ-/ *n.* 〖電気〗合調, 同調. 〚1898〛
syn·to·nize /síntənàɪz | -tə-/ *vt.* 〖電気〗合調させる, 同調する. 〚(1892): ⇨ syntonic, -ize〛
sýn·to·nìz·er *n.* 〖電気〗合調装置. 〚1900〛
syn·to·nous /síntənəs | -tə-/ *adj.* =syntonic. 〚1789〛
syn·to·ny /síntəni | -tə-/ *n.* **1** 〖精神医学〗同調性. **2** 〖電気〗同調, 合調. 〚(1892) □ Gk *suntonía* agreement ← *súntonos* being in harmony ← *sun-* 'SYN-'+*tónos* voice, pitch: cf. tone〛
syn·troph·o·blast /sɪ̀ntrɑ́fəblæ̀st | sɪntrɒ́f-/ *n.* 〖生物〗栄養膜合胞層 (cf. cytotrophoblast). 〚← SYN-+TROPHOBLAST〛
syn·type /síntàɪp/ *n.* 〖生物〗**1** 等価基準標本, 総基準標本. **2** 副模式標本 (paratype). **syn·typ·ic** /sɪ̀ntípɪk | sɪn-/ *adj.* 〚(1909) ← SYN-+TYPE〛
syn·u·si·a /sɪ̀nú:ʒiə, -njú:-, -ʒə | sɪnjú:ziə, -ʒiə/ *n.* (*pl.* **-si·ae** /-ʒiì: | -ziì:, -ʒiì:/) 〖生態〗**1** シヌシア, 種社会《動物の社会》. **2** シヌシア《同じ生活形をもった種類で構成されている植生の単位》. **syn·ú·si·al** /-ʒiəl, -ʒəl | -ziəl, -ʒiəl/ *adj.* 〚(1924) ← NL ~ ← Gk *sunousía* society ← *sun-* 'SYN-'+*ousía* being〛
Sý·on Hóuse /sáɪən-/ *n.* サイオンハウス《ロンドンの Brentford の近くにある大邸宅》.
syph /síf/ *n.* 《俗》=syphilis. 〚1914〛
sy·pher /sáɪfə | -fə(r)/ *vt.* 〖建築〗そぎはぎする. **sý·pher·ing** /-f(ə)rɪŋ/ *n.* 〚(1841) 《変形》← CIPHER〛
sýpher-jòint *n.* 〖建築〗そぎはぎ. 〚1875〛
syph·il- /sɪ́fəl | -fɪl/ (母音の前にくるときの) syphilo- の異形.
syph·i·lis /síf(ə)lɪ̀s | sífɪlɪs/ *n.* 〖病理〗梅毒 (lues)《性病 (venereal disease) の一つ》: ⇨ primary syphilis, secondary syphilis, tertiary syphilis. 〚(1718) ← NL ~ ← *Syphilus* ← ? (神を冒瀆した天罰として, この病気に最初にかかった羊飼いの名; Verona の医師・天文学者・詩人の Girolamo Fracastoro (*d.* 1553) 作のラテン詩 *Syphilis sive Morbus Gallicus* ('Syphilis or the French disease') (1530) 中の人物) 《原義》friend of swine ← *sûs* swine+*phílos* friend: ⇨ sow², philo-〛
syph·i·lise /sífəlàɪz | -fɪ-/ *vt.* 《英》=syphilize.
syph·i·lit·ic /sɪ̀fəlítɪk | -fɪlít-ˊ/ *adj.* 梅毒の, 梅毒性の, 梅毒に感染した. **—** *n.* 梅毒患者. **sỳph·i·lít·ic·al·ly** *adv.* 〚1786〛
syph·i·li·za·tion /sɪ̀fəlɪ̀zéɪʃən | -fɪlaɪ-, -lɪ-/ *n.* **1** 梅毒感染. **2** 梅毒接種. 〚1854〛
syph·i·lize /sífəlàɪz | -fɪ-/ *vt.* **1** 梅毒に感染させる. **2** …に梅毒を持ち込む. 〚(1854): ⇨ syphilis, -ize〛
syph·i·lo- /sífəloʊ | -fɪləʊ/「梅毒 (syphilis)」の意の連結形. ★ 母音の前では通例 syphil- になる. 〚← NL ~: ⇨ syphilis〛
syph·i·loid /sífəlɔ̀ɪd | -fɪ-/ *adj.* 梅毒のような, 梅毒状の. 〚(1813): ⇨ syphilis, -oid〛
sỳph·i·lól·o·gist /-dʒɪ̀st | -dʒɪst/ *n.* 梅毒学者. 〚1890〛
syph·i·lol·o·gy /sɪ̀fəlɑ́(:)lədʒi | -fɪlɒ́l-/ *n.* 梅毒学. 〚(1890) ← SYPHILO-+-(O)LOGY〛
syph·i·lo·ma /sɪ̀fəlóʊmə | -fɪlə́ʊ-/ *n.* (*pl.* **~s, -ma·ta** /~tə | ~tə/) 〖病理〗梅毒腫; ゴム腫. 〚(1864-79): ⇨ syphilis, -oma〛
sy·phon /sáɪfən/ *n.*, *v.* =siphon.
SYR 〖自動車国籍表示〗Syria.
Syr. 《略》Syria, Syriac, Syrian.
Syr·a·cuse¹ /sírəkjù:s, -kjù:z/ *n.* シラキュース《New York 州中部の都市; 大学がある》.
Syr·a·cuse² /sírəkjù:z | sáɪ(ə)rəkjù:z, sír-/ *n.* シラクーザ, シラクサ《Sicily 島南東部(実際は本島ではなく Ortygia 島)の海港; イタリア語名 Siracusa》.
Sy·rah /sɪrɑ́:; *F.* siʁa/ *n.* シラー《フランス原産の赤ワイン用のブドウの一品種》.
Syr Dar·ya /sɪ́ədɑ́:rjə | sɪ́ə-; *Russ.* sirdarʲjá/ *n.* [the ~] シルダリヤ(川)《中央アジア, カザフスタン共和国南部を流れる川; Tien Shan 山脈に源を発し北西に流れ Aral 海に注ぐ; (2,212 km); 古名 Jaxartes》.
sy·ren /sáɪrən | sáɪ(ə)r-/ *n.*, *adj.*, *vi.* =siren.
Syr·ette /sɪrét/ *n.* 〖商標〗シレット《救急処置に用いる注射液を入れた滅菌注射器》. 〚(1941) 《商標》← SYR(INGE)+-ETTE〛
Syr·i·a /síriə/ *n.* **1** シリア《アジア西部, 地中海東側の共和国; 1958 年エジプトと合邦してアラブ連合共和国 (United Arab Republic) の一州となったが 1961 年同共和国から離脱; 面積 185,180 km²; 首都 Damascus; 公式名 the Syrian Arab Republic シリアアラブ共和国》. **2** 同地方のもとフランス委任統治領 (1922-44; Syria, Lebanon 両共和国を含んだ). **3** (古代)シリア《アジア南西部の古国; ローマ帝国の一部で現在の Syria, Lebanon, Palestine その他を含んでいた》. 〚← L ~ □ Gk *Suría*〛
Syr·i·ac /síriæ̀k/ *n.* シリア語《キリスト教社会で話されていたアラム語 (Aramaic) の一方言》; 古代シリア語《東方教会で公用語として用いられた》. **—** *adj.* シリア語の[で書かれた]. 〚(1602) □ L *Syriacus* □ Gk *Suriakós* ← *Suría*〛
Syr·i·a·cism /síriəsìzm/ *n.* 古代シリア語風[語法]. 〚(1645): ⇨ -ism〛
Syr·i·an /síriən/ *adj.* **1** シリア(人)の. **2** シリア教会の. **—** *n.* **1** シリア人. **2** シリア教会の信徒. **3** =Syrian Desert. 〚(?*a*1400) *sirien* □ OF (F *syrien*) □ L *syrius* syrian □ Gk *súrios*: ⇨ -AN¹〛
Sýrian Désert *n.* [the ~] シリア砂漠《アジア西部の砂漠; シリア南東部・サウジアラビア北部・ヨルダン北東部・イラク西部に及ぶ》.
Sýrian hámster *n.* 〖動物〗=golden hamster.
sy·ring- /sɪrɪ́ŋ/ (母音の前にくるときの) syringo- の異形.
sy·rin·ga /sɪ̀ríŋgə/ *n.* 〖植物〗**1** ハシドイ《モクセイ科ハシドイ属 (*Syringa*) の低木; cf. lilac》. **2** =mock orange 1. ★ 米国 Idaho 州の州花. 〚(1664) ← NL ~ ← Gk *sûrigg-*, *sûrigx* pipe, tube〛
sy·ringe /sɪ̀ríndʒ, sír̀ɪndʒ | sɪ̀ríndʒ, sírɪndʒ/ *n.* **1** 注射器具[筒]: a hypodermic ~ 皮下注射器. **2** 洗浄器; スポイト, 注入器; 灌腸(かんちょう)器. 日英比較「スポイト」はオランダ語に由来する. **3** 水まき器. **—** *vt.* **1** (スポイト・洗浄器で)洗浄する, 洗う, 注入する. **2** (注射器で)〈体の一部〉に注射する. **3** 〈植物など〉に水をかける. 〚(*a*1398) *siryng* □ LL *syringa* □ Gk *sûrigg-*, *sûrigx* (↑)〛
sy·rin·ge·al /sɪ̀ríndʒiəl/ *adj.* 〖鳥類〗鳴管 (syrinx) の. 〚(1872) ← L *syring-*, *syrinx* 'SYRINX'+-AL¹〛
sy·ringe·ful /sɪ̀ríndʒfʊ̀l, sírɪ̀ndʒ- | sɪ̀ríndʒ-, sírɪndʒ-/ *n.* 注射器[洗浄器]一杯, 一回の注射[洗浄, 灌腸(かんちょう)]量. 〚1733〛
syringes *n.* syrinx の複数形.
syr·in·gi·tis /sìrɪndʒáɪtɪ̀s | -tɪs/ *n.* 〖病理〗耳管炎. 〚⇨ ↓, -itis〛
sy·rin·go- /sɪ̀ríŋgoʊ | -gəʊ/「管 (tube)」の意の連結形. ★ 母音の前では通例 syring- になる. 〚□ Gk *sûrigg-*, *sûrigx*: ⇨ syringa〛
sy·rin·go·my·e·li·a /sɪ̀rɪ̀ŋgoʊmaɪí:liə | -gə(ʊ)-/ *n.* 〖医学〗脊(せき)髄空洞症. **sy·rin·go·my·el·ic** /sɪ̀rɪ̀ŋgoʊmaɪélɪk | -gə(ʊ)-ˊ/ *adj.* 〚(1880) ← NL ~: ⇨ ↑, myelo-, -ia¹〛
syr·inx /sírɪŋks/ *n.* (*pl.* **sy·rin·ges** /sɪ̀ríndʒi:z/, **~·es**) **1** [S-] 〖ギリシャ神話〗シューリンクス《Arcadia の川の精 (nymph); 自分を慕って来るパン (Pan) から逃れるため葦 (reed) に化したが, パンはそれを手折って panpipe を作ったと伝えられる》. **2** =panpipe. **3** 〖鳥類〗鳴管. **4** 〖考古〗古代エジプトの墓《岩をトンネル状に掘ってある墓》. 〚(1606) □ L *syrinx* □ Gk *sûrigx* pipe, tube〛
Sy·ro- /sáɪroʊ, sír- | sáɪ(ə)rəʊ/「シリア(人); シリア(語)と…との」の意の連結形: *Syro*-Phoenician シリアフェニキアの. 〚□ L ~ □ Gk *Suro-* ← *Súros* Syrian〛
syr·phi·an /sə́:fiən | sə́:-/ *n.*, *adj.* 〖昆虫〗=syrphid.
syr·phid /sə́:fɪ̀d, sɪ́ə- | sə́:fɪd/ *adj.*, *n.* 〖昆虫〗ハナアブ科の(ハエ). 〚(*c*1891) ↓〛
Syr·phi·dae /sə́:fədì:, sɪ́ə- | sə́:fɪ-/ *n. pl.* 〖昆虫〗(双翅目)ハナアブ科. 〚← NL ~ ← Gk *súrphos* gnat+-IDAE〛
sýrphid flỳ *n.* 〖昆虫〗=syrphus fly.
sýr·phus flỳ /sə́:fəs- | sə́:-/ *n.* 〖昆虫〗ハナアブ, ヒラタアブ, 食蚜蠅(しょくがばえ)《ハナアブ科の各種のハエの総称》. 〚(1879) *syrphus*: ← NL ~ ← Gk *súrphos* gnat〛
syr·tak·i /sə:tǽki | sə:-/ *n.* =sirtaki.
syr·tis /sə́:tɪ̀s | sə́:tɪs/ *n.* **1** [the S-] シルチス《地中海に面するアフリカ海岸にある砂(さ)砂漠》: ⇨ Syrtis Major, Syrtis Minor. **2** (*pl.* **syr·tes** /-ti:z/)《古》流砂 (quicksand). 〚(1526) □ L *Syrtis* □ Gk *Súrtis* ← *súrein* to drag, sweep away: the Syrtis Major と the Syrtis Minor を指す古名〛
Sýrtis Májor *n.* [the ~] 大シルチス: **1** Sidra 湾の旧名. **2** 火星の北半球の目立って黒く見える地域.
Sýrtis Mínor *n.* [the ~] 小シルチス《Gàbes 湾の旧名》.
syr·up /sírəp, sə́:r- | sír-/ *n.* **1** シロップ《砂糖と水を濃厚に煮詰めたもの; 種々の香料を加えたものもあり製菓用に用いる》: ⇨ simple syrup 1. **2** 液体の甘味料《糖蜜 (molasses), corn syrup, maple syrup など》. **3** 感傷的なこと, 甘さ. **4** 〖薬学〗**a** シロップ剤. **b** =simple syrup 2.
sýrup of fígs 〖薬学〗イチジクシロップ《干しイチジクから製した緩下薬のシロップ剤; センナと駆風薬を加えることが多い》.
— *vt.* **1** シロップにする[作る]. **2** …にシロップをかける[入れる], シロップで甘くする.
~·lìke *adj.* 〚(*a*1398) □ (O)F *sirop* // ML *siropus*, *sirupus* □ Arab. *šarāb* beverage, syrup ← *šariba* to drink: cf. sherbet, shrub〛
syr·up·y /sírəpi, sə́:r- | sír-/ *adj.* **1** シロップの(ような); どろどろした, べたべたした. **2** 感傷的な, センチメンタルな, 甘ったるい. 〚(1707): ⇨ ↑, -y⁴〛
sys- /sɪ̀s/ (s- の前にくるときの) syn- の異形: *sys*sarcosis.
sys·op /sísɑ(:)p | -sɒp/ *n.* 〖電算〗システムオペレーター (system operator). 〚1983〛
sys·sar·co·sis /sìsɑəkóʊsɪ̀s | -sɑ:kə́ʊsɪs/ *n.* (*pl.* **-co·ses** /-si:z/) 〖解剖・医学〗筋骨連結. **sys·sar·cot·ic** /sìsɑəkɑ́(:)tɪk | -sɑ:kɒ́tɪk-ˊ/ *adj.* 〚(1676) ← NL ~ ← Gk *sussárkōsis* the state of being overgrown with flesh ← *sussarkôsthai* to be likewise overgrown with flesh ← *sun-* 'SYN-'+*sárx* flesh: ⇨ -osis〛
syst. 《略》system; systematic.
sys·tal·tic /sɪ̀stǽltɪk, -tɔ́:l-, -tɑ́:l- | -tǽl-, -tɔ́:l-/ *adj.* 〖生理〗律動的に収縮する; 交互に収縮膨張する; 心臓収縮の (pulsing). 〚(1676) □ LL *systalticus* □ Gk *sustaltikós* ← *sustéllein* to draw together: ⇨ systole, -ic¹〛
sys·tem /sístəm/ *n.* **1 a** 体系的[組織的]方法, 方式; 順序, 手順: a sales ~ 販売法 / a ~ of numbering [measurement] 計算[測量]法 / the decimal [metric] ~ 十進法[メートル法] / arrangement without ~ 不規則な配列 / He has no ~ in his work. 彼の仕事には方式[順序]がない / What ~ do you go by [use]? 君はどういう方式でやっていますか. 日英比較「システム家具」「システムキッチン」の「システム」は和製英語. 英語では unit furniture, unit kitchen という. **b** 分類法: the Linnean ~ リンネの(植物)分類法 / ⇨ artificial system, natural system. **2 a** (複雑な要素から構成されながら一つの統一体を作っている)組織, 系, 組立て, 系統, 網 (network); 体系: a rail ~ 鉄道系統; [集合的] (一地方の)鉄道 / a telephone ~ 電話網 / a mountain ~ 山系 / a river ~ 河川系; [集合的] (一地方の)河川 / a ~ of philosophy [grammar] 哲学[文法]体系 / ⇨ solar system. **b** 宇宙: the great [this] ~ 宇宙. **3 a** (社会・経済・政治などの組織的な)制度, 機構: a ~ of government 統治[政治]制度 / the feudal ~ 封建制度 / an educational ~ 教育制度 / the capitalist ~ 資本主義制度. **b** [the ~] (支配)体制 (the Establishment)《変革の企てを抑圧する社会・経済・政治構造[組織]》: beat *the* ~ 体制を打ち破る. **4** 調和のとれた配列, 秩序 (order): bring ~ out of chaos 混乱から秩序をもたらす. **5** 〖電算〗**a** =operating system. **b** 大規模なプログラム. **6 a** [通例 the ~] (人間・動物の)身体 (body): *the* (human) ~ 人体 / The poison has passed into *the* ~. 毒が全身に回った / Too much tea is bad for *the* [your] ~. 茶を飲み過ぎるのは体によくない / quite a shock to *the* [my] ~ 身体に相当なショック[衝撃]. **b** [one's ~ として]《口語》感情面: ⇨ *get out of one's* SYSTEM. **7** 説; 仮説 (hypothesis); 体系: ⇨ Ptolemaic system, Copernican system. **8** (サイバネティクスにおける)システム, 制御系. **9** 〖生物〗(器官)系: the nervous [muscular, digestive, reproductive] ~ 神経[筋肉, 消化, 生殖]系統. **10** 〖地質〗(地層の)系《地質時代の「紀」(period) に当たる; cf. series》: the Devonian ~ デボン系 (⇨ Devonian 2). **11** 〖鉱物〗系: ⇨ crystal system. **12** 〖音楽〗**a** 音[和声]組織. **b** 譜表《特にピアノ譜やオーケストラ総譜のように 2 段以上の五線譜を括弧で連繋したもの》. **13** 〖物理・化学〗**a** 周囲の物から隔離して考えた物質. **b** 平衡位相にある一つまたは一つ以上の素成物から成った物質: ⇨ binary system 2. **14** 〖チェッカー〗チェス盤の半分《4 列で黒ます 16 個》. **15** 〖古典詩学〗韻律組織《音節・詩脚・行・節などが韻律・修辞上関連のあるグループをなすこと》.
(It's) Áll sýstems (are) gó! 《口語》すべて準備完了 (⇨ go¹ *adj.* 1). ***gèt óut of one's sýstem*** 《口語》〈わだかまりなどを〉捨てる, 〈人〉の影響を断ち切る; (言いたいことをぶちまけたりして)さっぱりした気持ちになる: *get* the anger *out of one's* ~ 怒りを捨てる / Let him cry: he's got to *get* it [her] *out of* his ~. 泣かせてやれ. その[彼女の]ことを忘れなきゃいけないんだ. ***pláy the sýstem*** 制度を悪用する.
sýstem of Pétra Sáncta /pétrə sǽŋ(k)tə/ 〖紋章〗ペトゥラサンクタの色彩表現方法《紋章図形を無彩色で表現するため, or は点, argent は無地, その他の原色は線によって示す方法; 1638 年 Petra Sancta によって考案され, 現在も文献やコインの紋章に使用されている; cf. azure 3, gules, purpure, sable 4 a, sanguine 4, vert, tenné》.
— *adj.* [限定的] システム全体の, システム分析の: ~*s*

S

failure 〖電算〗 システムの故障 / ~*s* management システム管理.
〖(1619) □ F *système* // LL *systēma* □ Gk *sústēma* ← *sunistánai* to combine ← *sun-* 'SYN-'+*histánai* to place: ⇨ stand〗

sýstem admìnistrator *n.* (コンピューターの)システム管理者.

sys·tem·at·ic /sìstəmǽtɪk | -tɪk⁻/ *adj.* **1** 組織的な, 体系的な; 組織立った, 系統的な, 規則正しい, 整然とした (⇨ orderly SYN): a ~ course of study 組織立った学習課程 / a ~ worker 整然と仕事する人 / ~ habits 規則的な習慣 / ⇨ systematic theology. **2** 《英》(悪い意味で) 計画的な, 故意の (intentional): ~ intrigues / a ~ liar わざとうそを言う人. **3** 〖生物〗 分類上の, 分類学的な: ~ botany [zoology] 分類植物学[動物学], 植物[動物]分類学 / the ~ names of plants 植物の分類学的名称 《学名》 / the ~ nomenclature 分類的命名法. **4** 〖古典詩学〗 韻律組織 (system) をなす. 〖(*a*1680) □ F *systématique* □ LL *systēmaticus* □ Gk *sustēmatikós*: ⇨ ↑, -ic[1]〗

sỳs·tem·át·i·cal /-təkəl, -kḷ | -tɪ-⁻/ *adj.* =systematic. **~·ly** *adv.* 〖1661〗

systemátic desensitizátion *n.* 〖心理〗 系統的脱感作法 《不安を主とする神経症に対して徐々に原因となる事態に触れさせて過敏性を除去してゆく療法》.

sýstematic érror *n.* 〖統計〗 定誤差, 系統誤差 《原因が明確で, 補正することが可能な誤差; ↔ random error》. 〖1891〗

systemátic phonétics *n.* 体系的音声学 (⇨ linguistic phonetics).

sys·tem·at·ics /sìstəmǽtɪks | -tɪks/ *n.* **1** 系統学. **2** 分類研究, 分類学. **3** 組織的な計画. 〖1888〗

systemátic theólogy *n.* 〖神学〗 組織神学 《一般には神学の中で教義学・倫理学・弁証学を含んだ, いわゆる理論部門の総称; 従来, 教義学 (dogmatics) とほとんど同義に使われてきた》. 〖1836〗

sys·tem·a·tism /sístəmətɪzm/ *n.* **1** 系統を立てること, 組織[順序]立てること, 系統[組織, 体系]化. **2** 系統[組織]偏重; 分類重視[固守]. 〖1846〗

sýs·tem·a·tist /-təst | -tɪst/ *n.* **1** 系統[組織]立てる人, 組織者. **2** 分類学者 (taxonomist). **3** 組織[系統]固守者. 〖(1700): ⇨ -ist〗

sys·tem·a·ti·za·tion /sìstəmətəzéɪʃən | -taɪ-, -tɪ-/ *n.* 系統[組織, 体系]化; 分類. 〖1811–13〗

sys·tem·a·tize /sístəmətàɪz/ *vt.* 組織立てる, 系統[組織, 体系]化する; 順序立てる, 分類する. **sýs·tem·a·tìz·er** *n.* 〖(1764–67) ← LL *systemat-*, *systēma* 'SYSTEM'+-IZE〗

sys·tem·a·tol·o·gy /sìstəmətɑ́(ː)lədʒi | -tɔ́l-/ *n.* 系統学, 体系学.

sýstem bùilding *n.* 〖建築〗 組み立て式工法, プレハブ式工法. **sýstem bùilt** *adj.*

sýstem disk *n.* 〖電算〗 システム ディスク 《起動時に必要なシステムファイルを格納したディスク》.

sýstem diskètte *n.* 〖電算〗 システム ディスケット 《マイクロプロセッサーの基本的操作プログラムを入れてある小型ディスク》.

Sys·tème In·ter·na·tio·nal d'U·ni·tés /siːstémǽ(n)tɛənæʃənáːldjuːnɪtéɪ, -æn- | -tɛə-; *F.* sistɛmɛ̃tɛʁnasjɔnaldynite/ *n.* 国際単位系 (International System of Units) (⇨ SI unit).

sys·tem·ic /səstémɪk | sɪstém-, -tíːm-/ *adj.* **1** 〖生理・病理〗 全身的な, 全身を侵す (cf. local[1] 4): the ~ arteries 全身動脈 / a ~ disease 全身病 / ⇨ systemic circulation. **2** 〈殺虫剤などが〉植物体の全体にわたって浸透し効果を発揮する. **3** 系統[組織, 体系]の. **—** *n.* 浸透殺虫剤. **sys·tém·i·cal·ly** *adv.* 〖(1803) ← SYSTEM+-IC[1]〗

systémic circulátion *n.* 〖生理〗 大循環, 体循環 (greater circulation) 《血液が心臓の左心室より動脈を通って組織に入り, 組織呼吸を行ったあと, 静脈を通って右心房に戻る循環経路》.

systémic grámmar [linguístics] *n.* 〖言語〗 体系文法[言語学] 《M. A. K. Halliday の言語分析と言語記述の理論; 言語の社会的機能を重視し, 階層組織的構造と特定の条件の下で話者に利用可能な相互排除的選択の体系によって文法を記述しようとするもの; cf. transformational grammar, case grammar.》. 〖1968〗

systémic páinting *n.* 〖絵画〗 システミックペインティング 《minimal art および color-field painting の絵画》.

sýstem ìntegrator *n.* 〖電算〗 システムインテグレーター 《ソフトウェア・ハードウェアのシステム構築を請け負う会社; (systems) integrator ともいう》.

sys·tem·i·za·tion /sìstəməzéɪʃən | -maɪ-, -mɪ-/ *n.* =systematization. 〖1853〗

sys·tem·ize /sístəmàɪz/ *vt.* =systematize. **sýs·tem·ìz·er** *n.* 〖1835〗

sýstem·less *adj.* **1** 系統[組織, 体系]のない, 無系統[組織, 体系]の; 順序のない; 方式[方法]のない. **2** 分類しない, 無分類の. 〖1851〗

sýstem-on-chíp *adj.* 〖電子工〗 システム オン チップの 《メモリーと演算回路を一つの半導体チップの上に組み込む; 略 SOC》.

sýstem òperator *n.* 〖電算〗 システム管理者, システムオペレーター 《systems operator, sysop ともいう》. 〖1982〗

sýstems anàlysis *n.* システム分析 《複雑な技術的[社会的, 生物学的]問題を基本的要素と下位組織に分解し, それらの相互関係を数学・コンピューターなどを利用して評価し完全なまとまった体系に秩序立てる工業技術》. 〖1950〗

sýstems ànalyst *n.* システム分析者. 〖1953〗

sýstems cùe *n.* 〖放送〗 ローカル局識別番号.

sýstems desìgn *n.* 〖電算〗 システム設計 《応用目的に適合したコンピューターシステムを構成すること》. 〖1960〗

sýstems engineèr *n.* システムエンジニア. 〖1955〗

sýstems engineèring *n.* システム工学[エンジニアリング] 《交通網など複雑なシステムを最も有効適切に設計・計画する方法を研究する学問》. 〖1952〗

sýstems ìntegrator *n.* =system integrator.

sýstems òperator *n.* =system operator.

sýstems thèory *n.* 〖経営〗 システム理論 《経営システムの論理的・数学的関係を追求する理論》.

sys·to·le /sístəliː, -li | -təli, -təʊl/ *n.* **1** 〖病理〗 心(臓)収縮(期) (cf. diastole 1). **2** 〖古典詩学〗 音節短縮 (cf. diastole 2). **sys·tol·ic** /səstɑ́(ː)lɪk | sɪstɔ́l-/ *adj.* 〖(1577) □ LL *systolē* □ Gk *sustolḗ* contraction ← *sustéllein* to contract ← *su-* 'SYN-'+*stéllein* to place, send〗

sys·tyle /sístaɪl/ 〖建築〗 *adj.* 集柱式の 《柱間内法(うちのり)が柱の太さの 2 倍のものにいう》. **—** *n.* 集柱式. 〖(1704) ← L *systȳlos* □ Gk *sústūlos* ← *su-* 'SYN-'+*stûlos* column〗

sys·ty·lous /sístələs | -tɪ-/ *adj.* 〖植物〗 花柱密着の. 〖(1863) ← NL *systylus* (← SYN-+Gk *stûlos* (↑))+-OUS〗

SYT 《略》 sweet young thing.

sy·ver /sáɪvə | -və(r)/ *n.* 《スコット》 **1** (道路のわき)排水渠; そのふた. **2** (道路の)側溝. 〖(1606) □ ? ONF *sewier* 'SEWER[1]'〗

Syz·ran /sízrən; *Russ.* sízrənʲ/ *n.* シズラニ 《ロシア西部の Volga 川に臨む港市》.

syz·y·gy /sízədʒi | -zɪ-/ *n.* **1** (正反対のもので)対をなす二つのもの. **2** 〖天文〗 **a** 朔望(さくぼう). **b** 三つの天体がほぼ一直線になること 《それらが太陽・地球・惑星(月を含む)の場合, 太陽・惑星・地球または惑星・太陽・地球の順となったとき(惑星と太陽の赤経差が 0) を合 (conjunction), 太陽・地球・惑星(惑星と太陽の赤経差が 12 時)のときを衝 (opposition) という》. **3** 〖古典詩学〗 2 詩脚併合 《二つの詩脚が一つに結合されたもの》. **sy·zyg·i·al** /səzídʒiəl | sɪ-/ *adj.* **syz·y·get·ic** /sìzədʒétɪk | -zɪdʒét-⁻/ *adj.* 〖(1656) □ LL *sȳzygia* □ Gk *suzugía* yoke, pair ← *su-* 'SYN-'+*zugón* 'SYKE[1]'〗

sz 《記号》 Swaziland 《URL ドメイン名》.

sz. 《略》 size.

Sza·bad·ka /*Hung.* sɔ́bɒtkɒ/ *n.* ソボトコ 《Subotica のハンガリー語名》.

Szcze·cin /ʃtʃétʃiːn; *Pol.* ʃtʃétɕin/ *n.* シチェチン 《ポーランド北西部の港市; Oder 川に臨む; ドイツ語名 Stettin》.

Sze·chwan /sétʃwáːn, sèɪ-/ *n.* =Sichuan.

Sze·ged /séɡed; *Hung.* séɡɛd/ *n.* セゲド 《ハンガリー南部, Tisza 川と Mureç 川の合流地点にある工業都市》.

Szell /sél, zél; *Hung.* séːl/, **George** *n.* セル 《1897–1970; ハンガリー生まれの米国の指揮者・ピアニスト》.

Sze·ma Ts'ien /sɨ́ːmàːtʃíén/ *n.* =Ssu-ma Chien.

Szent-Györ·gyi von Nagy·ra·polt /sèɪn(t)dʒɔ́ːdʒ(i)fɑ(ː)nnáːdʒráːpoʊlt | -dʒɔ́ːdʒ(ɪ)fɔnnáːdʒráːpəʊlt; *Hung.* séntɟørɟifonnɔ́ɟrɒpolt/, **Albert** *n.* セントジェルジ 《1893–1986; ハンガリー生まれで米国に在住の生化学者; Nobel 医学生理学賞 (1937)》.

Szi·ge·ti /síɡɪti, sɪɡéti | -ti; *Hung.* síɡɛti/, **Joseph** *n.* シゲティ 《1892–1973; ハンガリー生まれの米国のバイオリン奏者》.

Szi·lard /sílaəd | -lɑːd; *Hung.* síla:rd/, **Leo** *n.* シラード 《1898–1964; ハンガリー生まれの米国の原子物理学者; 米政府に原爆製造を勧告したが, 戦後は原子力の平和利用を力説》.

Szold /zóʊld | zə́ʊld/, **Henrietta** *n.* ゾウルド 《1860–1945; 米国の女性シオニズム指導者; Hadassah の創設者 (1912)》.

Szom·bat·hely /sóʊmbɑːthèɪ | sɔ́um-; *Hung.* sómbɒthɛj/ *n.* ソンバトヘイ 《ハンガリー西部の都市》.

Szy·ma·now·ski /ʃiːmɑːnɔ́(ː)fski | -nɔ́f-; *Pol.* ʂimanɔ́fskʲi/, **Karol** *n.* シマノフスキー 《1882–1937; ポーランドの作曲家》.

S

T t

T, t /tíː/ *n.* (*pl.* **T's, Ts, t's, ts** /～z/) **1** 英語アルファベットの第 20 字. ★ 通信コード Tango. **2** (活字・スタンプなどの) T または t 字. **3** [T] **a** T [丁] 字形(のもの): ⇨ T bandage / T cloth 天竺(てんじく)木綿《商標として T 字を記した英国産アジア向けの木綿》/ ⇨ T connection / a T pipe T 状管. **b** 〖アメフト〗=T formation. **4** 文字 t が表す音《time, heart などの [t]》. **5** (連続したものの)第 20 番目(のもの); (J を数に入れない時は)第 19 番目(のもの). **6** 〖写真〗=T-number. **7** [通例 T] (中世ローマ数字の) 160.

cróss the [*one's*] *t's* /tíːz/ ⇨ DOT[1] *the i's and cross the t's.* *márked with a T* /tíː/ 《英古》〈罪人が〉重罪犯人と告知された. 〚*T*: 《略》← THIEF: 昔盗賊の親指の爪に T の烙印を押したことから〛 *to a T* /tíː/ 正確に, ぴったりと, かっきりと, ちょうど (exactly): suit [fit] *to a T* ぴったりと合う / hit it off *to a T* ぴったり一致する. 〚1693《短縮》← *to a tittle*: または 'T 定規 (T-square) で測ったようにぴったり' の意から〛 ★ to a tee とも書く.

〚OE *T, t* □ L (Etruscan を経由) □ Gk *T*, *τ* (*taû*) □ Phoenicain × (フェニキアアルファベットの最終文字): cf. Heb. ת (*tāw*)《原義》mark〛

t 《記号》〖統計〗(Student's) t distribution; thickness; 〖気象〗thunder.

T 《記号》**1** 〖物理化学〗absolute temperature; 〖物理〗(surface) tension; 〖数学〗term(s); 〖電気〗tesla; 〖自動車国籍表示〗Thailand; 〖広告〗third of a page; 〖物理〗time reversal; 〖化学〗tritium; Turkish pound(s). **2** 〖米軍〗trainer 練習機: *T*-38.

t, T 《略》technical; terminal; ton(s); tonne(s); target; teeth; telephone; temperature; *L.* tempore (=in the time of); tenon; *It.* tenore (=tenor); territorial; territory; tertiary; time; tome; *L.* tomus (=volume); town; township.

t. 《略》table; tabulated; (ラグビーなどで) tackle; 〖商業〗tare; teaspoon; teaspoonful(s); tempo; 〖文法〗tense; tera-; thaler(s); that; tonneau; transit; transitive; troy; tun; turn.

T. 《略》tablespoon(s); tablespoonful(s); 〖音楽〗*It.* tace (=be silent); tanker; 〖音楽〗*It.* tasto (=key); teacher; telegraph; telegraphic; temporary; Testament; thermometer; Thursday; tiler; torpedo; transaction; translation; transport; transportation; Treasury; Trinity; 〖海事〗True; Tuesday; Turkish; 〖音楽〗*It.* tutti (=all (instruments)).

t'[1] /t/ *prep.* 《古》(母音で始まる不定詞に付くときの) to の略: *t'*attempt=to attempt.

t'[2] /tə (子音の前), t (母音の前)/ *definite article* 《方言》the の略: *t'*bottle=the bottle / *t'*other=the other.

't /t/ *pron.* 動詞などの前または後に来るときの it の略: '*t*is=it is / '*t*was=it was / '*t*will=it will / do'*t*=do it / see'*t*=see it / on'*t*=on it. ★ 形式ばった用法ではあまり用いられない.

t- 《略》〖化学〗[通例イタリック体で] tertiary: *t*-alcohol 第三アルコール.

-t[1] /t/ *suf.* 動詞の過去形または過去分詞形語尾 (cf. -ed 1 ★ (1)): learn*t*, spoil*t*. 〚p.p.: ME *-t*, *-(e)d* < OE *-od*. ― pret.: ME *-te*, *-(e)de* < OE *-ode*: ⇨ -ed〛

-t[2] /t/ *suf.* =-est[2]: shal*t*, wil*t*, wer*t*. 〚《短縮》← -EST[2]〛

-t[3] /t/ *suf.* 動詞派生の抽象名詞を造る: drif*t*, fligh*t*, sigh*t*. 〚OE *-t* < Gmc **-t* < IE **-t-*〛

-t[4] /t/ *suf.* =-TH[2]: drough*t*, heigh*t*. 〚OE *-t* 《変形》← *-þ* '-TH[2]'〛

ta /tάː/ *int.*, *n.* 《英口語》ありがとう: *Ta* muchly [ever so]. どうもあんがと / You must say *ta*. 坊や, あんがとを言うんですよ. ★ 小児語または成人が小児語をまねて用いる. 〚(1772)《転訛》← *thank* (*you*)〛

Ta 《記号》〖化学〗tantalum.

TA 《略》teaching assistant; telegraphic address; 《英》Territorial Army.

Taal[1] /tάːl/ *n.* [the ～] タール語《Afrikaans の古称》. 〚(1896) □ Afrik. ～ □ Du. *taal* language, speech: cf. tale[1]〛

Ta·al[2] /tαάːl, tάːl; *Tagalog* taál/ *n.* タール(山)《フィリピン Luzon 島南西部の Taal 湖中央にある活火山 (311 m)》.

taa·ta /tάːtαː/ *n.* 《アフリカ東部》father の小児語.

tab[1] /tǽb/ *n.* **1** 《米口語》**a** (飲食店などの)勘定書, つけ (bill); 費用, 値段. **b** 勘定 (account), 帳合い (check). **2 a** (衣服などの)垂(た)れ, 垂れ飾り. **b** (カードや書類の)タブ, 耳, つまみ《分類整理に都合がよいように縁につけた出っ張り》; 《米》つまみ, タブ《英》ring-pull《缶ビール[ジュース]などのふたをあける口金》. **c** 〖電算〗タブ《カードのタブに擬した, GUI のページ選択ボタン》. **d** 《英方言》靴のつまみ革; (靴ひもなどの)ひも先の金具 (tag); 靴ひも. **e** (小児服の)垂れそで. **f** (帽子の)耳覆い (ear tab). **3** 付け札, 張札, ラベル (tag, label). **4** 〖英軍〗**a** (陸軍将校の)襟章. **b** 《英軍俗》幕僚, 参謀将校 (staff officer). **5** 〖演劇〗**a** (舞台の一部を隠す)小型の垂れ幕. **b** =tableau curtains. **6** 〖航空〗タブ《舵面の後縁部の一部を舵面とは独立にまたは連動して動かせるようにしたもので, トリム調整用あるいは補力用に用いる; cf. trimming tab》. **7** (弓の)タブ《引き手の指を保護する皮製の防具》.

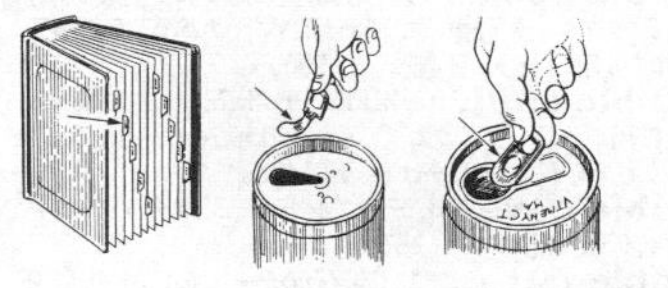

tab 2 b　　stay-on tab

hàve the tábs on=*keep* (*a*) TAB [TABS] *on* (2). *kèep* (*a*) *táb* [*tábs*] *on* (1) …に気を付ける, …を見張る: an Orwellian system of *keeping* ～*s on* citizens オーウェルが描いたような市民監視組織. (2) …を勘定する, 確かめる (keep account of): *keep* close ～ *on* daily sales 日々の売上げを厳密に計算する. (1889) *pìck úp the táb* 《米口語》(会などの)勘定[費用]を払う[もつ] (*for*). *thròw úp a táb* 《米口語》借金を重ねる.

― *vt.* (**tabbed; tab·bing**) **1** …に垂れ[垂れ飾り]を付ける. **2** 選び出す, 指名する; 〈…と〉呼ぶ: They ～*bed* him (*as*) a tyrant. みんなが彼を暴君と称した. 〚(1607) ← ?: cf. tablet〛

tab[2] /tǽb/ *vt.* (**tabbed; tab·bing**) 《口語》…の一覧表を作る; 記録する (record). 〚(1924)《略》← TABULATE[1]〛

tab[3] /tǽb/ *n.* **1** 《口語》=tabloid 1 a. **2** 《米俗》LSD カプセル. **3 a** =tab key. **b** =tabulator. **4** 《スコット・北英方言》たばこ. **5** 《俗》年輩の女性; 《豪俗》若い女性 (tabby). ― *vi.* (**tabbed; tab·bing**) タブ キーを押す (tabulate). 〚略; 2 は tablet からか〛

Tab[1] /tǽb/ *n.* タブ《男性名》. 〚← OHG *Tabbert*《原義》brilliant among the people // ← ME *tabreur* drummer (⇨ tabor)〛

Tab[2] /tǽb/ *n.* 〖商標〗タブ《米国 Coca-Cola 社製の低カロリー清涼飲料》.

TAB /tíːèibíː/ 《略》**1** typhoid-paratyphoid A and B vaccine TAB ワクチン《腸チフスとパラチフスの混合ワクチン》. **2** 《豪》Totalizator Agency Board.

tab. 《略》table; 〖処方〗tablet; tabulated; tabulation; tabulator.

ta·ban·ca /təbǽŋkə/ *n.* 《カリブ》失恋による傷心《精神のバランスを欠いて暴力的になった状態》. 〚← ? Cariban: cf. Macusi *tabangke* wonder〛

ta·ba·nid /təbéɪnɪ̀d, -bǽn- | -nɪd/ 〖昆虫〗*adj.* ウシアブの, アブ(科)の. ― *n.* ウシアブ, アブ《アブ科に属するアブの総称》. 〚(1891) ↓〛

Ta·ban·i·dae /təbǽnədìː | -nɪ-/ *n. pl.* 〖昆虫〗(双翅目)アブ科. 〚← NL ～ ← *Tabānus* (属名: ← L *tabānus* gad fly) + -IDAE〛

tab·ard /tǽbəd | -bɑːd, -bəd/ *n.* **1** (中世騎士がよろいの上に着た袖の短い紋章付きの)陣中着 (cf. COAT of arms). **2** 伝令官 (herald) [官吏]の官服《国王または領主の紋章が付いていた》. **3** (中世の一般に用いられた)一種の外套(がいとう). **4** タバード《中世に陣中着に似た婦人用チョッキ; 一般にわきが離れている》. **5** (軍隊のらっぱに付ける)特別の紋章の付いた矩形の絹の垂(た)れ飾り. 〚(*a*1300) □ OF *tabart* (F *tabar*(*d*)) ← ?〛

tab·a·ret /tǽbərɪ̀t/ *n.* **1** タバレット織《繻子縞(しゅすじま)の丈夫な絹織物; 椅子張りなどに用いる》. **2** 刺繍(ししゅう)枠の一種. 〚(1790)《商品名》← ? TABBY[1]〛

Ta·bas·co[1] /təbǽskou | -kəu; *Am. Sp.* taβásko/ *n.* タバスコ(州)《メキシコ南東部 Campeche 湾沿岸の一州; 面積 25,338 km², 州都 Villahermosa》.

Ta·bas·co[2] /təbǽskou | -kəu/ *n.* 〖商標〗タバスコ《トウガラシから作る辛みの強いソース; Tabasco sauce ともいう》. 〚(1876) ↑〛

tab·a·sheer /tæ̀bəʃíə | -ʃíə[r]/ *n.* (*also* **tab·a·shir** /～/) 〖薬学〗竹みそ《熱帯産の竹の節にたまった水液を乾燥したもので珪酸(けいさん)を含む; インドなどで小児が引き付けを起こしたとき内服させる》. 〚(1598) □ Arab. *ṭabāšīr* chalk, mortar〛

tab·bi·net /tǽbənèt | -bɪ-/ *n.* =tabinet.

tab·bou·leh /təbúːlə, -li/ *n.* 〖料理〗タッブーラ《ブルグア (bulgur) に細かく刻んだパセリ・トマト・ネギなどを加えオリーブ油とレモン汁であえたシリア・レバノンのサラダ》. 〚(1955) □ Arab. *tabbūlaʰ* ← *tabbála* to spice, season〛

tab·by[1] /tǽbi/ *n.* **1** =tabby cat. **2 a** 《英》オールドミス (old maid). **b** 意地の悪いおしゃべり女, 金棒引き. **c** 《豪俗》女, 娘. **3** 《古》タビー織《無地または波紋のある taffeta または moreen の類の織物》; その織物で作ったドレス. **4** =plain weave. ― *adj.* **1** ぶちの: ⇨ tabby cat. **2 a** 〈織物が〉波紋のある (watered): ～ weave. **b** タビー織の: a ～ gown, dress, etc. ― *vt.* 〈絹などに〉波紋を付ける. 〚(1638) □ (O)F *tabis*, 《廃》*atabis* □ Arab. *ʿattābī* rich watered silk ← *Attābīyaʰ* (Baghdad 市の織物産地)〛

tab·by[2] /tǽbi/ *n.* 《米南東部》タビー《石灰・砂利・貝殻・水を等分にまぜたコンクリートの一種》. 〚(1802) □ Gullah *'tabi* ← Afr.〛

tábby càt *n.* **1** ぶち猫, とら猫. **2** 飼猫, (特に)雌猫 (cf. tomcat). 〚(1695) ← TABBY[1]〛

tab·e·fac·tion /tæ̀bəfǽkʃən | -bɪ̀-/ *n.* 《まれ》病気やせ [やつれ] (emaciation). 〚(1658) □ L *tābefactiō*(*n-*) ← *tābefacere* to cause to waste ← *tābēre* to waste, melt: ⇨ -faction〛

tab·erd·ar /tǽbədὰə | -bədὰː[r]/ *n.* 《英》(Oxford 大学の) Queen's College の奨学生. **～·ship** *n.* 〚(1566) (1648) ← *taberd* 《変形》← TABARD) + -AR[2]: もとは tabard を着た〛

tab·er·na·cle /tǽbənæ̀kḷ | -bə-/ *n.* **1 a** 礼拝堂; (特に, 大会衆を入れる)教会堂《英国では軽蔑的に非国教派の会堂をいう》: the Metropolitan *Tabernacle* メトロポリタン教会堂《C. H. Spurgeon のために建てられた London 南部にあるバプテスト派の会堂》. **b** [T-] タバナクル《米国 Utah 州 Salt Lake City にあるモルモン教の大会堂; 1867 年完成》. **2** [しばしば T-] 〖ユダヤ教〗**a** 幕屋《ユダヤ人が Palestine に最後の居住を定めるまで荒野をさまよった際の移動神殿; tent of meeting ともいう; cf. *Exod.* 25–27》: ⇨ FEAST of Tabernacles. **b** ユダヤ神殿 (synagogue). **3** (聖像などを安置する)天蓋付き壁龕(へきがん). **4** 〖教会〗聖櫃(せいひつ)《祭壇上に設けられた聖体保存のための箱形の容器》. **5** 住居; 住所. **6** 《古》仮小屋, テント小屋. **7** 《古》(霊の仮の宿としての)身体, 人体. **8** 〖海事〗**a** (帆走ボートなどの)檣根(しょうこん)受け《起倒式帆柱の基部を保持する短い柱または箱形のもの》. **b** 倒したマストをデッキ上に支える受け台. ― *vi.* **1** 仮屋に宿る, 仮住まいする. **2** 〈霊魂などが〉肉体に宿る. ― *vt.* **1** …の仮住まいとなる. **2** 《古》聖櫃に祭る. 〚(*c*1250) □ (O)F ～ // L *tabernāculum* tent, booth ← *taberna* hut: ⇨ tavern, -cle, -cule〛

tábernacle clòck *n.* 天蓋付き時計《屋根の付いたケース・枠に入った小型時計》.

táb·er·nà·cled *adj.* (木または石の)天蓋飾りを付けた. 〚?1468〛

tábernacle mìrror *n.* =Constitution mirror.

tábernacle wòrk *n.* 〖建築〗天蓋造り《教会堂の聖職者席 (stalls) の上などに設け, 多数の小尖塔(しょうせんとう) (pinnacles) をあしらったもの》. 〚1774〛

tab·er·nac·u·lar /tæ̀bənǽkjulə | -bənǽkjʊlə[r]/ *adj.* **1** 天蓋造りの. **2** 《軽蔑》〈言葉遣いが〉(非国教派の)秘密集会 (conventicle) じみた, 秘密集会ででも使いそうな. 〚(1678) ← L *tabernāculum* 'TABERNACLE' + -AR[1]〛

ta·bes /téɪbiːz/ *n.* (*pl.* ～) 〖病理〗**1** =tabes dorsalis. **2** 癆(ろう) (phthisis), 消耗. 〚(1651) □ L *tābēs* a wasting away, decay ← *tābēre* to waste away〛

ta·bes·cent /təbésənt, -sṇt/ *adj.* 消耗性の, やせ衰える, やつれる. **ta·bés·cence** /-səns, -sṇs/ *n.* 〚(1890) □ L *tābēscentem* (pres.p.) ← *tābēscere* to waste away: ⇨ ↑, -ent〛

tábes dor·sá·lis /-dɔəséɪlɪ̀s | -dɔːséɪlɪs, -sάːl-/ *n.* 〖病理〗脊髄癆(せきずいろう)《脊髄梅毒; 運動失調を起こす locomotor ataxia ともいう》. 〚(1681) ← NL *tābēs dorsālis* 'TABES of the back': ⇨ dorsal[1]〛

ta·bet·ic /təbétɪk | -tɪk/ *adj.* 脊髄癆(せきずいろう)の, 癆(性)の. ― *n.* 脊髄癆患者. 〚(1847) ← TAB(ES) + -ETIC〛

tab·id /tǽbɪ̀d | -bɪd/ *adj.* **1** やせこけた. **2** 《古》=tabetic. 〚(1651) □ L *tābidus* wasting: cf. tabes〛

tab·i·net /tǽbənèt | -bɪ-/ *n.* タビネット織《ポプリンに似た絹毛交織で波紋のある織物; 室内装飾用》. 〚(1611) ← ? 《廃》*tabine* (⇨ tabby[1], -ine[5]) + -ET〛

Tab·i·tha /tǽbɪ̀θə/ *n.* タビサ《女性名》. 〚□ LL ～ □ Gk *Tab*(*e*)*itha* □ Aram. *ṭabhyᵉthā* ← *ṭabhyā* roe, gazelle〛

táb kèy *n.* タブ キー. 〚*tab*: 《略》← TABULATOR〛

ta·bla /tάːblə, -blα; | tǽblə; *Hind.* ṭablaː/ *n.* タブラ《インドの小太鼓; 二つ一組で両手で奏する》. 〚(1865) □ Hindi *tablā* □ *Arab. ṭabl* drum: ⇨ atabal〛

tab·la·ture /tǽblətʃə, -tʃùə, -tjùə, -tùə | -blətʃə[r], -tjùə[r]/ *n.* **1** 〖音楽〗タブラチュア《文字・数字または他の記号で楽曲を書き表した楽譜, その記譜法; 古くはオルガンやリュートの音楽に多く用いられたが, tonic sol-fa 楽譜もこの一種と見なされる》. **2** 《古》**a** 銘板 (tablet). **b** 絵画. **c** 心象. 〚(1574) □ F ～ □ ML *tabulātūra* ← LL *tabulāre* to board ← L *tabula* plank, writing tablet: ⇨ ↓, -ure〛

T

ta·ble /téɪbl̩/ *n.* **1** テーブル, 卓, 机《食事・会議・事務・ゲームなどに用いる; ⇨ desk 日英比較》. **2** 食卓; 食卓上の食べ物, 食事: the pleasures of the ～ 飲食の快楽 / at the ～ =《主に英》at ～ 食事中で[に] / for the ～ 食(卓)用の[に] / lay [set, spread] the ～ 食卓の用意をする / sit down at (the) ～=sit down to ～ 食卓につく / leave the ～ =rise from (the) ～ (食べ終わって)食事の席を立つ / wait (on) ～(*s*) =《英》wait at ～(*s*) 食事の給仕をする, ウェーター[ウエートレス]をする《★《米》では on を省くほうが一般的》/ clear the ～ 食事の後片付けをする / a humble [poor] ～ 粗末な食事 / a liberal [bountiful] ～ 豊富なごちそう / keep a good ～ (来客に)いつもごちそうを食べさせる / keep an open ～ (食卓を開放して)客を歓迎する / ⇨ table manners. 日英比較 (1) 日本語の「テーブルスピーチ」は和製英語.「会食などの席上で行う簡単な演説」は英語では単に speech, 宴会後に行う場合は after-dinner speech. (2) 日本語の「テーブルチャージ」は和製英語. 英語では cover charge という. **3** 台, 仕事台, 裁ち台, 細工台, 遊戯台(など); 手術台: a billiard ～ 玉突き台 / die on operating ～ 〈患者が〉手術中に死ぬ〉/ ⇨ card table, dressing table, gambling table, green table. **4 a** 表, 一覧表, 目録, 計算表 (scheme) (⇨ list[1] SYN): a ～ of logarithms 対数表 / a ～ of contents (本の)目次; (物の)内容目録 / a ～ of descent 系図 / a ～ of interest 利息[利回り]表 / a ～ of weights and measures 度量衡表 / a ～ of rates 税率表 / in *Table* 1 表 1 に. **b** [*pl.*] (学校で教わる)計算表《掛け算表 (multiplication table)・度量衡表など》: learn one's ～*s* 計算表を覚える / know one's (… times) ～*s* (…の段の)掛け算表が言える. **5** [集合的] (食事・勝負事・会議などのために)テーブルを囲む人々, 一座; 委員会; 会議[交渉]の席: keep the ～ amused 一座のとりもちをする / set the ～ in a roar 満座を爆笑させる / a ～ of bridge ブリッジのテーブルを囲む人々 / a ～ of sheriffs《英》州長官委員会. **6** =tableland; water table 1. **7** [the T-]《天文》テーブル山座 (⇨ mensa 2). **8 a** (木・石・金属などの)彫り板: the two ～*s*=the ～*s* of stone=the ～*s* of the law [covenant, testimony] 律法[契約, 約束]の板, 証(あかし)の石板《Moses がシナイ山 (Mount Sinai) で受けた十戒 (Ten Commandments) を記したもの》. **b**《廃》(木・石・金属の)平板, 薄板. **9** [*pl.*] (ギリシャ・ローマの法典を銘刻した)表《青銅または木》; 法典 (laws): ⇨ Twelve Tables. **10**《建築》**a** 額板, 笠板(かさいた)《彫刻などを施した大理石などの長方形の飾板; fireplace や戸口の上部などにはめ込む》. **b** 胴蛇腹《壁面から突き出た水平の帯》. **11**《解剖》(頭骨などの)骨板, 板. **12**《音楽》(楽器の)表板(おもていた), 表甲《共鳴胴の表面》. **13**《宝石》**a** テーブル《ブリアントカットなどの上部を成す平らな小面; cf. table cut》. **b** テーブルのある宝石《特に, ダイヤモンド》. **14**《手相》掌(たなごころ), 手のひら (cf. Shak., *Merch* V 2. 2. 158). **15**《印刷》インク練り盤《slab ともいう》. **16** [通例 the Lord's ～, the Holy ～ として]《キリスト教》**a** 聖餐(せいさん)台. **b** 聖餐 (the Communion): go to the ～ 聖餐を受ける. **17 a** (バックギャモンの折り畳み式盤の一枚: the inner [outer] ～ 内[外]板. **b** [*pl.*] バックギャモン (backgammon).

on* [*upón*] *the táble (1) 卓上に出して: ⇨ *put* (*all*) *one's* CARDS *on the table.* (2) 隠しだてのない, おおっぴらで. (3)《米》〈議案などが〉無期延期[棚上げ]になって: lay [put] a motion *on the* ～ 動議を握りつぶす. (4)《英》討議にかけて, 〈議案などが〉提出[上程]されて: lay [put] a bill *on the* ～ 議案を上程する / ⇨ *lay* PAPERS *on the table.* 《1646》 ***sérve tábles*** (1) 食卓に仕える《心の糧を措(お)いて飲食や身の回りのことを先にする; *Acts* 6: 2》. (2) (貧しい者などに)食物を施す. ***swéep the táble*** ⇨ sweep 成句. ***túrn the tábles*** 形勢[局面]を逆転する, 主客転倒する; (人に)逆襲を食わす《*on, upon*》: *The* ～*s are turned.* 形勢は逆転した / We may *turn the* ～*s on* them next time. 今度は彼らに一矢を報いることができるかもしれない《バックギャモンで対局者の位置を逆にするところから》.《1634》 ***ùnder the táble***《口語》(1) 賄賂(わいろ)として, そでの下を使って; こっそりと: give money *under the* ～ to make a contract 契約を結ぶために賄賂を使う. (2) 泥酔して, 酔いつぶれて: He drank all his companions *under the* ～. 連れをみな酔いつぶれさせた.《1949》

táble of (kíndred and) affínity=táble of prohíbited [forbídden] degrées [the ―]《教会法》(相互の結婚を禁じた)親等(一覧)表, 婚姻禁止近親表.

táble of organizátion《軍事》(隊の)編制表.

― *adj.* [限定的] **1** 卓上の, 机の, テーブルの: ～ decoration 食卓の装飾 / a ～ center テーブルセンター / a ～ radio 卓上ラジオ. **2** 食卓用の, 食用の: ～ oil 食卓油 / ～ fruit 食卓用果物 / a ～ bird 食用に飼育された鳥 / ～ butter 食卓用バター / ～ glass 食卓用ガラス器 / a ～ napkin 食卓用ナプキン《おしめの意味のナプキンと区別していう》. **3** 頂部が平らな; (特に)〈宝石が〉頂部を平らに仕上げた: ～ rock, reef, etc. / a ～ diamond, ruby, etc.

― *vt.* **1 a**《米》〈議案などを〉無期延期にする, 棚上げする (shelve): ～ a proposal, resolution, etc. **b**《英》〈議案などを〉提出する, 上程する (present): ～ a bill, motion, etc. **2** 卓上に置く, 台の上に置く: ～ a card トランプの札を机の上に出す. **3** 表に載せる, 表にする (tabulate): ～ the results of the experiments 実験の結果を表にする. **4**《古》《木工》=scarf[2] 1. **5**《海事》〈帆〉に広いへりを付けて補強する. **6**〈金を〉支払う (pay). **7**〈人〉に食物を出す (feed).

〖ME □ (O)F ～ < L *tabula* board, tablet ∽ OE *tabu, tabule* □ L〗

tab·leau /tǽbloʊ, ―́―̀ | tǽbləʊ/ *n.* (*pl.* ～**x** /～z/, ～**s**) **1** 劇的場面: *Tableau!* 何たる光景《描写の後に感嘆的に用いる; cf. Curtain! ⇨ curtain 2 a》. **2** タブロー, 絵画的描写, 絵 (picture). **3** =tableau vivant. **4**《トランプ》タブロー, 台札《solitaire 系のゲームで, 最初に並べる置き札 (layout) のうち, 後から新しい札を付け加えていくもととなる部分; 今日では foundation という》. **5**《論理》=semantic tableau. 〖(1699) □ F ～ 'picture' (dim.) ← *table* (↑)〗

tábleau cùrtains *n. pl.*《演劇》(劇場用の)引き幕《通常, 中央で合うように舞台の左右から引き寄せる》. 〖1881〗

tábleau vi·vánt /-viːvɑ́ː(ŋ), -vɑ́ːŋ; *F.* tablovivɑ̃/ *n.* (*pl.* **tableaux vi·vants** /～/) 活人画《生きた人が扮装(ふんそう)して人形のように静止した姿勢で名画や歴史的場面などを現出すること》. 〖(1817) □ F ～ 《原義》'living TABLEAU'〗

tableaux *n.* tableau の複数形.

Táble Báy *n.* テーブル湾《南アフリカ共和国南西部の湾; Cape Town の港のある入江》.

táble-bòard *n.* **1** 食卓の板. **2**《米》(部屋を借りずに)賄(まかな)いだけしてもらうこと (cf. ROOM *and board*). **3** ゲーム台, 賭博台 (gaming table). 〖1483〗

táble bòok *n.* **1** (応接室に置く)卓上装飾用書籍. **2** タブレット《蠟(ろう)で覆われた古代の筆記用の板》. **3**《廃》(メモ用)ノート, 手帳. 〖1596〗

ta·ble·cloth /téɪblklɔ̀(ː)θ, -klɑ̀(ː)θ | -klɒ̀θ/ *n.* (食事中に用いる)テーブルクロス: spread a ～ on the table テーブルクロスをテーブルにかける. 〖1438〗

táble còver *n.* テーブル掛け《厚地のラシャなどで作った装飾用のもの》. 〖1848〗

táble-cùt *adj.* **1**〈宝石が〉テーブルカットの. **2**〈手袋が〉あつらえの (custom-made). 〖1688〗

táble cùt *n.*《宝石》テーブルカット《ダイヤモンドの八面体の一方の先端を横に切り, この四角な面をテーブル状に磨く古い磨き方; cf. table 13 a》. 〖1891〗

ta·ble d'hôte /tɑ́ːbl̩dóʊt, tǽbl̩- | tɑ́ːbl̩dəʊt; *F.* tabl∂doːt/ *n.* (*pl.* ～**s** /～(s)/, **ta·bles d'hôte** /～; *F.* ～/) (ホテルの食堂やレストランの)定食《本来, ホテルなどで一定の時間に一定数の客に出していたもの; cf. à la carte, prix fixe》: a ～ lunch, dinner, etc. 〖(1617) □ F ～ 'host's table'〗

tá·bled jóint *n.*《石工》かみ合わせ継ぎ, 食込み継ぎ.

táble èngine *n.*《機械》テーブルエンジン《シリンダーが鉛直に配置された陸上固定蒸気機関で, シリンダーの上部にあるクロスヘッドから連結棒を経てシリンダーの下部にあるクランクシャフトを回転させる形式のもの》.

táble flàp *n.* =drop leaf.

ta·ble·ful /téɪblfʊ̀l/ *n.* **1** (*pl.* ～**s, ta·bles·ful**) 一食卓分(の数量). **2** 一食卓を囲める人数. 〖1535〗

táble gàrden *n.* =kitchen garden.

táble-hòp *vi.*《口語》(レストランなどで友人と談話をするため)席をあちこちと変える, テーブルから別のテーブルへと移動する. **táble-hòp·per** *n.* 〖1942〗

táble-knìfe *n.* 食卓用ナイフ. 〖*a*1457〗

táble làmp *n.* 卓上ランプ[電気スタンド]. 〖1849〗

táble·lànd *n.* 台地, 高原 (plateau). 〖1697〗

táble-lèaf *n.* **1** テーブル補助板《extension table に用いる》. **2** =drop leaf.

táble lìcence *n.*《英》(食事と一緒に出す場合に限っての)酒類販売許可(証).

táble-lìfting *n.*《心霊》=table turning.

táble lìnen *n.* 食卓用白布《テーブルクロス・ナプキンなど》. 〖1680〗

táble mànners *n. pl.* テーブルマナー, 食事の作法. 〖1867〗

táble màt *n.* テーブルマット《食卓で熱い料理の皿などの下に置く木製・布製などの下敷》.

táble·màte *n.* 食事を共にする人.

táble mòney *n.* **1**《英》接待費手当《将官に特別に支給される》. **2** (クラブの)食堂使用料. **3** =cover charge. 〖1835〗

táble·mòunt *n.*《地質》=guyot.

Táble Móuntain *n.* **1** テーブル山《南アフリカ共和国の Cape Town 背後の山 (1,087 m)》. **2** [the ～]《天文》テーブル山座 (⇨ mensa 2). 〖(1791): ⇨ table 6: 頂上が平らなところから〗

táble-mòving *n.*《心霊》=table turning.

táble nàpkin *n.* テーブルナプキン. 〖1564〗

táble ràpping *n.* =spirit rapping.

táble sàlt *n.* 食塩, 食卓塩. 〖1878〗

táble sàw *n.* テーブルソー《テーブルの下に丸鋸(まるのこ)を取り付けたもので, 刃の一部分だけが上に出ている》.

táble skìttles *n.* [*sing.*] テーブルスキットルズ《ひもにつるしたボールを揺らして盤上のピンを倒すゲーム》.

ta·ble·spoon /téɪblspùːn/ *n.* **1** テーブルスプーン《卓上で食べ物をよそるために用いる大きなスプーン (serving spoon)》. **2** 大さじ《小さじ (teaspoon) 3 杯 (15cc) の容量》: stir with a ～ 大さじでかき回す. **3** =tablespoonful. 〖1763〗

ta·ble·spoon·ful /téɪblspùːnfʊ̀l/ *n.* (*pl* ～**s, ta·ble·spoons·ful**) 大さじ一杯(分)《*of*》. 〖1772〗

táble-spòrt *n.*《Shak.》食卓での笑いの種. 〖1597〗

táble stàke *n.*《トランプ》(ポーカーで)定(さだ)め賭け《ゲームに先立ち, 自分が勝ちたいと思う総額を賭金として卓上に出す方式; またその賭金》. 〖1885〗

táble sùgar *n.* 白砂糖, (特に)グラニュー糖. 〖1958〗

tab·let /tǽblɪt/ *n.* **1** 錠剤: throat ～*s* 喉の薬の錠剤 / three ～*s* of aspirin アスピリン 3 錠. **2**《米》(一つづりの)便箋(びんせん)(pad). **3** (型に入れて作った石鹸・チョコレートなどの)一固まり (cake): a ～ of soap 石鹸一個 / a ～ of chocolate 板チョコ. **4** (金属・石・木の)平板《その上に銘などを書いたり彫ったりする》; 銘板, 刻板: a memorial ～ 記念牌(はい) / a votive ～ (祈願成就などの感謝を表して献納する)奉納額, 絵馬(えま). **5**《建築》**a** 笠石(かさいし)《tabling ともいう》. **b** =table 10. **6** 書字板, 書冊《蠟(ろう)などを塗った木・象牙(ぞうげ)などの薄板, 多くは 2 枚またはそれ以上をとじ合わせたもので, 古代人が stylus でその上に書き写したもの; cf. diptych 1, triptych 1》;《電算》タブレット《感圧型入力装置の一つ; 板面をペンでなぞって位置指定・画像入力などを行う》. ― *vt.* **1** 平板に記す[刻む]. **2** 錠剤[小球など]にする. 〖(*c*1300) *tablet(te)* □ OF *tablete* (F *tablette*) □ ML *tablēta* (dim.) ← L *tabula* 'TABLE': ⇨ -et〗

táble tàlk *n.* **1** 食卓での雑談. **2** 食卓での会話にふさわしい話題. **3** (書物に載った)有名人の座談[談話]. 〖*a*1569〗

táble tàpping *n.* =spirit rapping.

táblet-àrm chàir *n.* タブレットチェア《一方のひじ掛けが広く平らになっていて, その上でものが書ける椅子; tablet chair, writing chair ともいう》.

táblet chàir *n.* =tablet-arm chair.

táble tènnis *n.* 卓球. 〖1887〗

táble tìlting [tìpping] *n.*《心霊》=table turning.

táble·tòp *n.* **1** テーブルの上面(に似たもの). **2**《写真》卓上写真《テーブルの上にミニチュアのセットなどを作って撮影するもの》. ― *adj.* [限定的] **1** 卓上の, 卓上用の: a ～ water heater 卓上湯沸かし器. **2**《写真》卓上写真の: ～ photography. 〖1807〗

táble-top sále *n.*《英》テーブルトップ セール《参加者が不用になった持物をテーブルに並べて売る古物市; 収益(の一部)が慈善事業にまわされる》.

táble trìpod *n.*《映画・テレビ》(背の低い)カメラ用三脚台.

táble tùrning *n.*《心霊》(降霊術の)テーブル傾転現象《数人の人がテーブルに手を載せるとテーブルが自然に動き出して一方に傾くこと; 心霊の力によるとされる》; (一般に)心霊術, 念力. 〖1853〗

táble·wàre *n.* [集合的] 食卓用器具《陶器・ガラス器・銀器など》. 〖1772〗

táble-wàter *n.* 食卓用鉱泉水. 〖1895〗

táble wìne *n.* テーブルワイン, 食中酒《食事中に飲むアルコール度 14% 以下のワイン; light wine ともいう; cf. aperitif wine, dessert wine》. 〖1673〗

tab·li·er /tǽblièɪ; *F.* tablije/ *n.* **1** (婦人服の)エプロン風装飾. **2** (エプロンのような後ろ開きの)オーバードレス (overdress). 〖(1474) □ F ～ 'apron' ← *table* 'TABLE'〗

ta·bling /téɪblɪŋ, -bl-/ *n.* **1 a**《建築》=table 10 b. **b**《建築》=tablet 5 a. **c**《木工》かみ合わせ. **2** =table linen. **3**《海事》(帆のふちに縫い付けた補強用の)縁布(ふちぬの). **4**《古》表にすること. 〖*c*1450〗

tab·loid /tǽblɔɪd/ *n.* **1 a** タブロイド版新聞《記事を要約し写真版を入れたもので普通の新聞の半分位の大きさ》. **b** (煽情的記事・写真がたくさん載っている)大衆紙. **2** タブロイド版の刊行物: a company ～ (タブロイド版の)社内報. **3** 概要 (digest), 要約 (summary). ― *adj.* [限定的] **1** タブロイド版の: ～ size タブロイド版 / a ～ newspaper [paper] タブロイド版新聞 / the ～ press [集合的]《軽蔑》小型新聞. **2** 要約した, 圧縮した: a ～ play 寸劇 / in ～ form 要領よく圧縮して. **3** 煽情的な, 卑俗な: ～ reporting 煽情的なルポ. 〖(1901) *tabloid journalism* ← *Tabloid* (英国の Messrs. Burroughs, Wellcome & Co. 製の薬品の商標名) (1884) ← TABL(ET)+-OID〗

ta·boo /təbúː, tæ-/ *n.* (*pl.* ～**s**) **1** (社会的な)タブー, タブー視されている事[もの], 禁制, 法度(はっと)(ban)《*about, on, against*》; 禁句: ⇨ taboo word / break [violate] a ～ タブーを犯す / put the ～ *on* something=put something *under* (a) ～ある物を禁制にする. **2** (宗教的な)禁忌, タブー《元来はポリネシアや南洋の先住民の間で, 特定の人や物を神聖または不浄とて触れることや口にすることを禁じる風習を言う》: lay a ～ on the trees その木をタブーにする / Names of great chiefs and gods are *under* (*a*) ～. 偉大な長(おさ)や神の名(を口にすること)はタブーになっている. **3** タブー扱い, 村八分 (ostracism): They found themselves placed in a ～ at Rome. 彼らはローマでは村八分にされた. **4** タブー信仰, 迷信. ― *adj.* **1** (社会的に)タブーの, タブー視されている; 禁制の, 禁断の (banned): Such topics are ～ in decent society. 品位のある人々との交際にそんな話題は禁物である. **2** (神聖または不浄なものとして)タブーの, 禁忌の: a ～ animal. ― *vt.* **1** タブー[禁忌]とする, 忌む, タブー視する (⇨ forbid SYN): Wine drinking is ～*ed* among Moslems. イスラム教徒の間では飲酒はタブーとされている. **2** 禁制する, 厳禁する (prohibit): The topic was ～*ed.* その話題は厳禁されていた. **3**〈人を〉村八分にする, 追放する. 〖(1777) □ Tongan *tabu*〗

tabóo wòrd *n.* 忌み言葉, 禁忌語, タブー語, 禁句: The so-called four-letter words have been regarded as ～*s* for centuries. いわゆる四文字語は何世紀もの間禁忌語と見なされてきた.

ta·bor /téɪbə | -bə(r, -bɔː(r/ *n.* テーバー《英国で中世に用いられた小太鼓; 同一人が右手でこれをたたき, 左手で小笛を奏する; cf. pipe 4 c》. 《方言》テーバー[小太鼓]を打ち鳴らす. ― *vt.*《古》繰り返したたく. **～·er** *n.* 〖(*a*1300) □ OF *tab(o)ur* (F *tambour*) □ Arab. *ṭubūl* (pl.) ← *ṭabl* drum: cf. tambour〗

Ta·bor /téɪbə, -bɔə | -bə(r/**, Mount** *n.* タボル山《イスラエル北部 Nazareth 東方の山 (588 m); キリストの変容 (Transfiguration) が起こったと伝えられている》.

tab·o·ret /tæ̀bərét, ―́―̀― | tǽbərɪt, -rèt/ *n.* **1 a** 低い床几(しょうぎ)(stool). **b** (鉢などを置く)低い台. **2** 刺繡

(じょう)枠. **3** 小太鼓 (small tabor). 〖1, 2: ((1656)) □ F *tabouret* (dim.) ← OF *tabour* (↑): 形の類似から. — 3: ((1464)) *taberett* ← *taber* 'TABOR' + *-ett* '-ET'〗

tab·o·rin /tǽbərɪn | -rɪn/ *n.* =tabret 1. 〖((c1500)) □ F *tabourin* ← OF *tab(o)ur* 'TABOR' + *-in* '-INE[5]'〗

Ta·bor·ite /téɪbəràɪt/ *n.* タボル派の信徒 (15 世紀ボヘミアで Huss の考えを信奉し, Tábor /tá:bɔə | -bɔ:ʳ; Czech tá:bɔr/ に本拠を置いた戦闘的な集団の一員). 〖((1646)) ← *Tábor* (ボヘミアの町名) + -ITE[1]〗

ta·bour /téɪbə | -bəʳ, -bɔ:ʳ/ *n., v.* =tabor.

tab·ou·ret /tæ̀bərét, ⸗⸗⸗ | tǽbərɪt, -rèt/ *n.* =taboret.

tab·ret /tǽbrɪt | -rɪt/ *n.* **1** 小太鼓 (small tabor). **2** (廃) 小太鼓手. 〖((a1377)): ⇨ TABOR, -ET〗

Ta·briz /tɑ:brí:z, tə- | tæ-/ *n.* **1** タブリーズ (イラン北西部, Azerbaijan 地方の主都; 古名 Tauris). **2** タブリーズ (円形模様のあるペルシャじゅうたん).

ta·bu /təbú:, tæ-/ *n., adj., vt.* =taboo.

tab·u·la /tǽbjʊlə/ *n.* (*pl.* **-u·lae** /-lì:/) **1** 筆記板, 書字板. **2** 〖解剖・動物〗骨板, 板; (化石サンゴ類などの)床板. 〖((1845)) □ L ~ 'TABLE'〗

tab·u·lar /tǽbjʊlə | -ləʳ/ *adj.* **1** 表の, 表にした; 表によって算出した: in a ~ diagram 図表にして. **2** 平面の, 平板状の: a ~ crystal 板状の結晶. **3** 薄板から成る, 薄層の. **4** 〈台地・高原が〉平坦で広い: a ~ hill. **~·ly** *adv.* 〖((1656)) □ L *tabulāris* (cf. F *tabulaire*) ← *tabula* 'TABLE': ⇨ -ar[1]〗

tábula rá·sa /-rá:zə, -sə/ *L. n.* (*pl.* **tabulae ra·sae** /-zi:, -si:/) **1** 文字などの刻まれていない書字板 (tablet). **2** タブラ ラサ, (心の)白紙状態 (Locke の哲学で, まだ外界から何の観念をも受けていない心の状態をいう). 〖((1535)) □ L ~ 'erased TABLET': ⇨ erase〗

tábular bérg *n.* 〖地理〗=barrier berg.

tábular cáshbook *n.* 〖会計〗多欄式金銭出納簿 (仕訳帳と元帳を合わせたもの).

tábular dífference *n.* 〖数学〗表差 (数表の隣り合う二つの数値の差で, 補間 (interpolation) のために表にのせてあるもの).

tábular íceberg *n.* 〖地理〗=barrier berg.

tab·u·lar·ize /tǽbjʊləràɪz/ *vt.* =tabulate[1].

tab·u·late[1] /tǽbjʊlèɪt/ *v.* — *vt.* **1** 表にする, …の一覧表を作る: ~ data [statistics] 資料[統計]を表で示す / a ~*d* quotation 相場表. **2** 平面にする, 平らにする. — *vi.* 要約する, まとめる (condense). — /-lɪt, -lèɪt/ *adj.* **1** 平らな, 平面の. **2** 〖動物〗床板 (tabulae) のある. 〖((1596)) ← L *tabulātus* boarded, planked ← *tabulāre*: cf. tablature〗

tab·u·late[2] /tǽbjʊlèɪt/ *vi.* (タイプライターの)タビュレーターをセットする, タブキーを押す. 〖(逆成) ← TABULATOR〗

tab·u·la·tion /tæ̀bjʊléɪʃən/ *n.* 表にすること, 表作成 〔*of*〕; (その結果できた)表 (table): the ~ *of* statistics 統計表作成. 〖1658〗

táb·u·là·tor /-tə | -təʳ/ *n.* **1** 作表者, 図表作成者. **2** (タイプライターなどの)タビュレーター (図表作成用装置). **3** 〖電算〗タビュレーター, タブ, 自動図表作成装置 (パンチカードの情報を整理し, 作表する装置). 〖1885〗

ta·bun /tá:bʊn | tɑ:bú:n/ *n.* 〖化学〗タブン ($C_5H_{11}N_2O_2P$) (神経ガスの一種; 毒性が強い; 1930 年代にドイツで開発). 〖□ G *Tabun* ← ?〗

Ta·bun Bog·do /tɑ:bu:nbɔ́(:)gdoʊ, -bá(:)g- | -bɔ́gdəʊ; *Mong.* tábənbɔ́gdə/ *n.* タブーンボーグド (モンゴル北西部の Altai 山脈にある山塊).

TAC /tǽk/ (略) 〖米空軍〗Tactical Air Command 戦術空軍.

tac·a·ma·hac /tǽkəməhæ̀k/ *n.* (*also* **tac·a·ma·hac·a** /tæ̀k(ə)məhǽkə, -há:-/) **1** タカマハック樹脂 (熱帯産樹木から採取する芳香樹脂). **2** 〖植物〗タカマハック樹脂を産する樹木 (特に, アメリカポプラ (balsam poplar), *Bursera gummifera* (熱帯アメリカ産カンラン科), *Calophyllum tacamahaca* (マダガスカル産オトギリソウ科) 等). 〖((1577)) □ Sp. *tacama(ha)ca* □ N-Am.-Ind. (Nahuatl) *tacamaca* (原義) stinking copal〗

TACAN /tǽkən, -kæn/ *n.* 〖航空〗タカン (戦術用の航空機用航法援助システムで, 固定した地上局または空母のような移動局からの方位と距離を極超短波で味方の航空機に知らせる; cf. VOR/DME, VORTAC). 〖((1955)) (頭字語) ← *tac(tical) a(ir) n(avigation system)*〗

tac-au-tac /tǽkoʊtǽk | -kəʊ-/ *n.* 〖フェンシング〗受け流して突くこと; 丁々発止(と切り結ぶこと). 〖((1907)) □ F ~ 'clash for clash' ← *tac* (擬音語)〗

Tac·ca·ce·ae /tækéɪsiì:/ *n. pl.* 〖植物〗タシロイモ科. **tac·cá·ceous** /-ʃəs/ *adj.* 〖← NL ~ ← *Tacca* (属名: □ Malaya *takah* (原義) notched) + -ACEAE〗

tace[1] /tǽs, téɪs/ *n.* 〖甲冑〗=tasse.

ta·ce[2] /téɪsi:/ *vi.* [命令形で] 黙れ: *Tace* is Latin for a candle. 口外するな[しない] (決まり文句). 〖((1697)) □ L *tacē* (imper.) ← *tacēre* to be silent〗

ta·cet /téɪsɛt, tǽs-/ *L. vi.* [命令形で] 〖音楽〗休止せよ (演奏歌唱の中止の命令). 〖((1724)) □ L ~ '(it) is silent' ← *tacēre* (↑)〗

tach[1] /tǽk/ *n.* =tachometer.

tach[2] *n.* =tache[3].

tache[1] /tǽʃ, tɑ:ʃ/ *n.* (口語) =mustache.

tache[2] /tǽʃ | tɑ:ʃ, tæʃ/ *n.* **1** 〖医学〗斑点(はんてん), 斑紋; そばかす, あざ. **2** (スコット) きず, 欠点 (blemish). 〖((a1338)) □ OF *teche* (F *tache*) □ Frank. **tēkan* sign < Gmc **taiknum* 'TOKEN'〗

tache[3] /tǽtʃ/ *n.* (*also* **tach** /~/) (古) 鉤(かぎ); 締め金. 〖((a1400)) □ OF ~ 'a large nail': TACK[1] と二重語〗

tach·e·o- /tǽkioʊ | -kiəʊ/ =tachy-.

tach·e·om·e·ter /tæ̀kiá(:)mətə | -ɔ́mɪtəʳ/ *n.* 〖測量〗=tachymeter 1. 〖((1876)) □ F *tachéomètre* ← *taché-* (← Gk *tákhos* speed) + *-o-* + *-mètre* '-METER[1]'〗

tach·e·om·e·try /tæ̀kiá(:)mətri | -ɔ́mɪ-/ *n.* 〖測量〗=tachymetry.

tách·i·na flỳ /tǽkənə- | -kɪ-/ *n.* 〖昆虫〗ヤドリバエ, ハリバエ, 寄生蠅 (その幼虫は主として鱗翅目の幼虫の内部に寄生する). 〖*tachina*: ← NL *Tachina* ← Gk *takhinē* (fem.) ← *takhinós* swift〗

tach·i·ol /tǽkiɔ̀(:)l | -ɔ̀l/ *n.* 〖化学〗=silver fluoride.

tach·ism /tǽʃɪzm/ *n.* [しばしば T-] =tachisme.

ta·chisme /tæʃí:sm; F. taʃism/ *n.* [しばしば T-] 〖美術〗タシスム (抽象表現主義の画法で, 画面に無作為に絵の具をしたたらせたりはねさせたりしてイメージを描出する; 米国では action painting ともいう). 〖((1955)) □ F ~: ⇨ tache[2], -ism〗

ta·chiste /tæʃí:st; F. taʃist/ [しばしば T-] (*also* **tach·ist** /~/) *n.* タシスム画家, タシスト (cf. tachisme). — *adj.* タシスムの, タシストの. 〖1891〗

ta·chis·to·scope /təkístəskòʊp | -skəʊp/ *n.* 〖心理〗瞬間露出器 (色・文字・単語・部品などを瞬間的に(約 1/5 秒間)被験者に見せるための実験心理学用器械). **ta·chis·to·scop·ic** /təkɪstəská(:)pɪk | -skɔ́p-⸗/ *adj.* **ta·chis·to·scóp·i·cal·ly** *adv.* 〖((1890)) ← Gk *tákhistos* swiftest ((superl.) ← *takhús*: ⇨ tachy-) + -SCOPE〗

tach·o /tǽkoʊ | -kəʊ/ *n.* (*pl.* **~s**) (口語) =tachometer.

tach·o- /tǽkoʊ | -kəʊ/ 「速度 (speed)」の意の連結形: *tach*ogram. 〖← Gk *tákhos* speed〗

tach·o·gram /tǽkəgræ̀m/ *n.* タコグラム (タコグラフの記録).

tach·o·graph /tǽkəgræ̀f | -kə(ʊ)grɑ:f, -græf/ *n.* **1** タコグラフ, 記録回転計, 回転速度記録計. **2** =tachogram. 〖1909〗

ta·chom·e·ter /tækɑ́(:)mətə, tə- | -kɔ́mɪtəʳ/ *n.* **1** タコメーター, 回転速度計 (高速度に回転する物体の回転数[速度]を測る機械). **2** 血流計, (水流などの)流速計.

tach·o·met·ric /tæ̀kəmétrɪk | -kə(ʊ)-⸗/ *adj.* **tàch·o·mét·ri·cal** /-trɪkəl, -kl | -trɪ-⸗/ *adj.* **tàch·o·mét·ri·cal·ly** *adv.* 〖1810〗

ta·chom·e·try /tækɑ́(:)mətri, tə- | -kɔ́mɪ-/ *n.* 回転速度測定; 流速測定, 血行速度測定. 〖1891〗

tach·y- /tǽkɪ, -ki/ 「急速な (swift, quick)」の意の連結形: *tachy*cardia. 〖← Gk *takhús* swift: cf. tacho-〗

tàchy·auxésis *n.* 〖生物〗優成長 (全体に比べてある特定の部分の成長が速いこと; cf. bradyauxesis). **tàch·y·auxétic** *adj.* 〖← NL ~〗

tàchy·cárdia *n.* 〖病理〗頻脈(ひんみゃく), 頻拍. **tàchy·cárdiac** *adj.* 〖((1889)) ← NL ~〗

tach·y·graph /tǽkɪgræ̀f | -kɪgrɑ:f, -græf/ *n.* **1** 早書き[続け書き, 省略書き]文書. **2** =tachygrapher. 〖1810〗

ta·chyg·ra·pher /tækígrəfə, tə- | tækígrəfəʳ/ *n.* 速記者 (stenographer), (特に, 古代ギリシャ・ローマの)公証人 (notary). 〖1887〗

ta·chyg·ra·phist /tækígrəfɪst, tə- | tækígrəfɪst/ *n.* =tachygrapher.

ta·chyg·ra·phy /tækígrəfi, tə- | tæk-/ *n.* **1** 速記法; (特に, 古代ギリシャ・ローマの)早書き法. **2** (中世におけるギリシャ語・ラテン語の)続け書き法; 省略書法.

tach·y·graph·ic /tæ̀kɪgrǽfɪk⸗/ *adj.* **tàch·y·gráph·i·cal** /-fɪkəl, -kl | -fɪ-⸗/ *adj.* 〖1641〗

tàchy·kínin *n.* 〖生化学〗タキキニン (平滑筋を速やかに収縮させる作用をもつ一群のペプチド (peptide)).

tach·y·la·li·a /tæ̀kɪléɪliə | -kɪ-/ *n.* 〖言語〗速語癖 (聴者が聞き取れないほど速くかつ不明瞭に話すこと). 〖← NL ~: ⇨ tachy-, -lalia〗

tach·y·lite /tǽkɪlàɪt | -kɪ-/ *n.* (*also* **tach·y·lyte** /~/) 〖岩石〗=basalt glass. **tach·y·lit·ic** /tæ̀kɪlítɪk | -kɪlít-⸗/ *adj.* 〖((1868)) ← TACHY- + -LYTE': 酸の中で直ちに分解することから〗

ta·chym·e·ter /tækímətə | -mɪtəʳ/ *n.* **1** 〖測量〗タキメーター, スタジア測量機, 視距器. **2** 速度表示器. 〖1860〗

ta·chym·e·try /tækímətri | -mɪ-/ *n.* 〖測量〗スタジア測量, 視距測量. **tach·y·met·ric** /tæ̀kɪmétrɪk | -kɪ-⸗/ *adj.* **tàch·y·mét·ri·cal** /-trɪkəl, -kl | -trɪ-⸗/ *adj.* **tàch·y·mét·ri·cal·ly** *adv.* 〖1900〗

tach·y·on /tǽkiɑ̀(:)n | -kiɒn/ *n.* 〖物理〗タキオン (光よりも速い速度をもつといわれる仮説的素粒子). 〖((1967)) ← TACHY- + -ON[2]: cf. anion, cation, ion〗

tach·y·phy·lax·is /tæ̀kɪfɪlǽksɪs | -kɪfɪlǽksɪs/ *n.* (*pl.* **-lax·es** /-si:z/) 〖医学〗タキフィラキシー, 速成耐性. 〖((1911)) ← NL ~ ← TACHY- + *-phylaxis* (cf. anaphylaxis)〗

tach·y·pne·a, -pnoe·a /tæ̀kɪ(p)ní:ə | -kɪ-/ *n.* 〖医学〗頻呼吸, 呼吸促迫. 〖((1898)) ← NL ~: ⇨ tachy-, -pnea〗

ta·chys·ter·ol /tækístərɔ̀(:)l | -rɒl/ *n.* 〖生化学〗タキステロール ($C_{28}H_{43}OH$) (ergosterol に紫外線を照射すると得られ, さらに照射するとビタミン D_2 となる). 〖1933〗

tach·y·tel·y /tǽkɪtèli | -kɪ-/ *n.* 〖生物〗急進化 (cf. bradytely). **tach·y·tel·ic** /tæ̀kɪtélɪk | -kɪ-⸗/ *adj.* 〖← TACHY- + Gk *télos* end, state of maturity + -Y[1]〗

tac·it /tǽsɪt | -sɪt/ *adj.* **1** 暗黙の, 暗に示された (implied): a ~ agreement 黙約 / a ~ understanding 暗黙の了解 / ~ approval 黙認 / a ~ consent 黙諾. **2** 口に出さない, 心の中での (unspoken): a ~ prayer 黙禱(もくとう) / There was a ~ thankfulness in his look. 彼の表情には無言の感謝が見て取れた. **3** 〖法律〗黙示の (implied): a ~ mortgage 黙示抵当. **4** (古) 黙っている, ものを言わない (silent): ~ spectators of the event 鳴りを静めてその事件を見物している人々. **~·ness** *n.* 〖((c1575)) □ L *tacitus* (p.p.) ← *tacēre* to be silent〗

Tac·i·ta /tǽsɪtə | -sɪtə/ *n.* タシタ (女性名; 異形 Tace). 〖□ L ~ (fem.) ← *tacitus* (↑)〗

Tac·i·te·an /tæ̀sətí:ən | -sɪ-⸗/ *adj.* タキトゥス (Tacitus) の; 〈文体など〉タキトゥス風の. 〖1890〗

tác·it·ly *adv.* 黙って; 暗黙のうちに, 暗々裡に.

tac·i·turn /tǽsətə̀:n | -sɪtə̀:n/ *adj.* **1** (習性的に)無口な, 寡言(かげん)の, 寡黙の, 口数の少ない (reticent) (⇨ silent SYN): a morose and ~ man 陰気で口数の少ない男 / He is rather ~. どちらかといえば口数は少ない方だ. **2** 無表情な, 無愛想な: ~ misanthropy 無愛想な人間ぎらい. **~·ly** *adv.* 〖((1771)) □ F *taciturne* // L *taciturnus* quiet: cf. tacit〗

tac·i·tur·ni·ty /tæ̀sətə́:nəṭi | tæ̀sɪtə́:nɪti/ *n.* **1** 無口, 寡言(かげん), 寡黙, 沈黙. **2** 〖スコット法〗(債権者の)沈黙による権利放棄の黙示. 〖((c1460)) □ (O)F *taciturnité* // L *taciturnitātem*: ⇨ ↑, -ity〗

Tac·i·tus /tǽsətəs | -sɪt-/, **Publius Cornelius** *n.* タキトゥス (55?–?120; ローマの歴史家; *Annales*「年代記」, *Historiae*「歴史」, *Germania*「ゲルマーニア」).

tack[1] /tǽk/ *n.* **1** 鋲(びょう), 画鋲 (thumb tack), (敷物などの)留め鋲: a brass ~ 真鍮の鋲 / a carpet ~ カーペットの留め鋲 / a thumb ~ 画鋲. **2** (従来と変わった)方針, やり方: be on the right [wrong] ~ 方針を誤っていない[誤っている] / try [go on] another ~ 別なやり方を試みる / take a new ~ 方針を改める / We must change our ~. 方針を変えなければならない. **3 a** 〖服飾〗とじ付け, 仕付け, 仮縫い. **b** [通例 *pl.*] 〖製靴〗タックス (靴の釣込みに用いる釘). **4** 〖海事〗帆の風上下隅(かど)索; 横帆の風上下隅; 縦帆の前部下隅; 補助帆の外方下隅を下方の補助帆用の帆桁(けた)に張る索. **5** 〖海事〗**a** 開き (風向きに対する帆の位置): sail on the port [starboard] ~ 左[右]舷(げん)開きで帆走する. **b** 開きの転換. **c** 同一の開きで帆走した区間, 針路. **6** 〖海事〗上手(うわて)回し, 間切り (風を斜め前から受けてジグザグに風上に帆船を進めること; cf. wear[2]). **7** (陸上の)ジグザグの動き: He scaled the acclivity in a series of ~s. 何度もジグザグに動いて上り坂を登って行った. **8** (ワニス・印刷インキなどの)粘性, 粘着度: tape with good ~ よくつくテープ. **9** 付加物; 〖英議会〗付加条項. **10** (鞍(くら)・手綱などの)馬具, 馬具一式. **11** (方言) 頑張り, 根性 (endurance).

gèt* [*còme*] *dówn to bráss tácks ⇨ brass tacks 成句. ***táck and hálf táck*** 〖海事〗あるいは長くあるいは短く間切って. ***táck and táck*** 〖海事〗間切りに間切って.

— *vt.* **1** (鋲で)留める, 取り付ける (attach), 〈敷物などを〉鋲で留める, 鋲留めにする 〈*down, up, together*〉: ~ the cloth *down* to the floor 床にクロスを鋲で留める / ~ boards *together* 板を鋲留めしてくっつける / ~ (*up*) a notice *on* the wall 掲示を壁に(鋲で留めて)張りつける. **2** とじ合わせる, 縫い付ける, 仮縫いする (baste): ~ *down* a fold ひだを仕付ける / ~ sleeves *on* (to a shirt) (シャツに)そでを縫い付ける. **3 a** 〈付属物を〉〔…に〕付ける, 添える, 付加する 〔*to, on, onto*〕: ~ a postscript *on* a letter 手紙に追伸を添える / ~ extra charges *onto* a hotel bill ホテルの勘定書に追加料金を加える. **b** 〖英議会〗〔法案に〕〈追加条項などを〉付け加える (append) 〔*to, on, onto*〕: ~ a provision *to* an appropriation bill 歳出予算案に一条項を付加する. **4** 〈離れているものを〉〔…に〕結び付ける, 連結する (connect) 〔*to, on*〕: The island is ~*ed to* the mainland by a bridge. その島は橋で本土に連結されている. **5** 〖英法〗〈抵当権を〉結合する; 〈後順位抵当を〉優先させる (cf. tacking 4). **6** 〖海事〗〈帆船を〉上手(うわて)回しする, (上手回しを繰り返して)間切って進ませる.

— *vi.* **1** 〖海事〗〈船が〉上手回しになる, (上手回しを繰り返して)間切る 〈*about*〉 (cf. wear[2], beat[1] *vi.* 9): ~ *about* 間切りながら進む / ~ *to* port 左舷開きで進む. **2** 方針[政策]を変える. **3** ジグザグに進む. **4** 〔人のあとに〕ついて行く 〔*on to*〕: ~ *on to* a person. **5** (裁縫で)仕付けをする; 仮縫いをする (baste). **6** 馬に馬具を付ける, 馬の準備を整える 〈*up*〉.

~·less *adj.* 〖n.: ((1283)) □ AF *taque* clasp, nail = OF *tache* point ← ? Gmc (cf. MLG *tacke* pointed instrument / ON *tac, tak* seizure). — v.: ((a1387)) ← (n.): TACHE[1] と二重語〗

tack[2] /tǽk/ *n.* **1** (口語) 食物, 食料 (food, fare): ⇨ hardtack. **2** (軽蔑) がらくた, くず. ***on the tack*** (俗) 酒をやめて, 禁酒して. 〖((1804–12)) ← ?: cf. (方言) *tack* pasture let on hire〗

tack[3] /tǽk/ *n.* (口語) みすぼらしさ, むさくるしさ, 卑しさ. 〖((1986)) (逆成) ← TACKY[1]〗

tack[4] /tǽk/ *n.* (スコット) **1** (農地などの)借地契約; 貸牧草地. **2** 一網の漁獲. 〖((1392)) *tak* ← *take(n)* 'to TAKE'〗

táck·bòard *n.* (コルクなどでできた)掲示板. 〖1927〗

táck clàw *n.* 鋲(びょう)はずし (鋲をはずす道具). 〖1876〗

táck còat *n.* タックコート (道路工事で, 上層を結合させるために, 下層にタールまたはアスファルトを薄く散布したもの). 〖1949〗

táck dòwn wìnd /-wínd/ *n.* 〖海事〗追風間切り (追風でヨットなどが走るとき, 右舷開きにしたり左舷開きにしたりして針路をわずか変えながら進む方式で, スピンネーカーを張ったりして直進する方式に対していう).

táck-drìver *n.* 自動鋲(びょう)打ち器.

táck·er *n.* **1** 鋲(びょう)を打つ人; 鋲打ち器. **2** 仮縫いをする人. **3** 〖英史〗財政案に付加してある法案を通そうとする

T

人; 特に, 18 世紀初頭, 非国教徒が一時的に国教徒を装うのを阻止する法案をこの手段で通そうとした人. 〖1704〗

tack·et /tǽkɪ̀t/ *n.* 《スコット・北英方言》 釘; 特に(靴底に打つ)頭の大きな鉄釘. 〖(1295): ⇨ tack¹ -et〗

tack·ey /tǽki/ *adj.* =tacky¹.

táck hàmmer *n.* 鋲槌(びょうづち) (軽い鋲打ちハンマー; 磁化されていて鋲を吸い付けるものが多い). 〖1865〗

tack·ies /tǽkiz/ *n. pl.* 《南ア口語》 テニスシューズ; ゴム底のズック靴. 〖(1913) ← ?: cf. tacky²〗

táck·i·fì·er *n.* (にかわ・ワニスの)粘着付与剤. 〖1942〗

tack·i·fy /tǽkəfàɪ | -kɪ̀-/ *vt.* 〈にかわ・ワニス・ゴムなどの〉粘着性を増す. 〖(1942) ← TACKY²+-FY〗

táck·ing *n.* **1** 鋲留め; 仮縫い, 仕付け; 取り付けた接合物: ~ threads 仕付け糸. **2** 〘海事〙 **a** 上手(うわて)回し, タッキング. **b** 間切り (ジグザグに風上に帆走すること; cf. beating 9). **3** (法案への)条項の付加. **4** 〘英法〙 (抵当権の)結合, 後順位抵当優先 (例えば, 第二抵当権を知らずに第三抵当権者となった者は第一位の抵当を譲り受け, それに結合させて, 第二抵当権者を後順位に回すことができる). 〖1675〗

tack·le /tǽkɫ/ *vt.* **1** 〈困難な仕事など〉と[に]取り組む: ~ a task, problem, difficulty, etc. / ~ inflation インフレに取り組む. **2** 〘ラグビー・サッカー〙 …にタックルする (⇨ *n.* 1): ~ the player with the ball ボールを持った敵にタックルする. **3** 〔ある問題で〕〈人〉と渡り合う (confront) 〔*about, on, over*〕: ~ the landlady *about* a high rent 高い家賃のことで下宿のおかみと交渉する / I ~*d* him *on* [*over*] the subject. その問題について彼と大いに論じ合った. **4** 捕える, つかむ (seize), …に組みつく: He ~*d* his antagonist (to the ground). 相手に組みつい(て倒し)た. **5** 滑車で固定する[引き上げる]. **6** 〈馬〉に馬具を付ける (harness) 〈*up*〉. **7** 《口語》 勢いよく食べる (attack): ~ dinner. — *vi.* 〘ラグビー・サッカー〙 敵にタックルする (⇨ *n.* 1). ***táckle tó*** 《まれ・方言》 熱心に[本気で]仕事に取りかかる, 元気よく始める.

— *n.* **1** タックル: **a** 〘ラグビー・アメフト〙 球を持った敵に飛びついたりして倒し, 球の処理を妨げること. **b** 〘サッカー〙 敵の動きを阻止して球を奪うこと: a sliding ~. **2** 〘アメフト〙 タックル (センターの両側, ガードとエンドの間に配置されている 2 名の選手のうちの 1 名). **3 a** 道具, 用具, 仕掛け (gear): sports ~ スポーツ用具 / shaving ~ ひげそり用具. **b** 釣り(道)具 (fishing tackle). **c** 弓術道具. **d** 馬具. **4** 複滑車 (数個の定滑車と動滑車を組み合わせたもので重い物体を引き上げる装置; cf. pulley 1): a differential ~ 差動滑車 / a single [compound] ~ 単[複]車地(しゃち). **5** /しばしば téɪkɫ/ 〘海事〙 **a** 船の索具, (特に)動索の通っている滑車装置, テークル. **b** 《古》 船具 (gear), 艤装(ぎそう)品 (equipment). **6** 《英卑》 男性性器, 一物 (wedding tackle).

táck·ler /-klə, -klə | -klə^(r), -kl-/ *n.* 〖n.: (c1250) *takel* □ ? (M)LG *takel* equipment ← *taken* to seize. — v.: (c1340) ← (n.): ⇨ tack¹, -le¹ 2〗

táckle blòck *n.* 枠付き滑車. 〖1793〗

táckle fàll *n.* (滑車装置の)通索. 〖1698〗

táck·ling /-klɪŋ, -kl-/ *n.* **1 a** 〘海事〙 滑車装置, 綱具, テークリング. **b** 《古》 滑車仕掛け (tackle). **2** 用具, 道具 (tackle): fishing ~ 釣り道具. **3** (フットボールの)タックル(の動作). 〖1294–95〗

táckling bàg *n.* (アメリカンフットボール・ラグビーなどの)ダミー (タックル練習用具). 〖1892〗

táck ròom *n.* (厩舎(きゅうしゃ)の)馬具収納室, 厩務員室 (しばしば優勝額や優勝カップも置かれている).

tacks·man /tǽksmən/ *n.* (*pl.* **-men** /-mən, -mɛ̀n/) 《スコット》 借地人; (特に Highlands で)転借人, 中間借地人. 〖(1533): ⇨ tack⁴, -s³, -man: cf. *subtack* 〘スコット法〙 a subordinate lease〗

táck wèld *n.* タック溶接, 仮付け溶接 (本溶接前に暫定的に固定する溶接). 〖1964〗

tack·y¹ /tǽki/ *adj.* (**tack·i·er; -i·est**) 《米口語》 **1** 悪趣味な, やぼったい, あかぬけしない (dowdy); 〈人が〉卑俗な, 下品な (common): ~ coiffure やぼったい髪型. **2** みすぼらしい, 見苦しい (shabby): a small ~ house. **3** 派手で俗っぽい (gaudy): a ~ costume. **táck·i·ness** *n.*

táck·i·ly /-kɪ̀li/ *adv.* 〖(1862) ← *tacky* 《廃》 hill-billy ← ?〗

tack·y² /tǽki/ *adj.* (**tack·i·er; -i·est**) 〈にかわ・ワニスなど〉粘着性の; べとべとする. **táck·i·ly** /-kɪ̀li/ *adv.*

táck·i·ness *n.* 〖(1788): ⇨ tack¹, -y⁴〗

tac·ma·hack /tǽkməhæ̀k/ *n.* =tacamahac.

Tac·na /tǽknə; *Am.Sp.* tákna/ *n.* タクナ (ペルー最南部の地方; 面積 14,767 km²).

Tácna-A·rí·ca /-əríːkə; *Am.Sp.* -aríka/ *n.* タクナアリカ (南米西部の沿海地方; 久しくチリ・ペルー両国の紛争の地で, 1883 年以来チリに占領されていたが, 1929 年米国の調停によって Tacna はペルーの, Arica はチリの領土となる).

tac·node /tǽknoud | -nəud/ *n.* 〘数学〙 接触接点 (曲線の二つの分枝が接する点). 〖(1852) ← L *tactus* touch (⇨ tact)+NODE〗

ta·co /táːkou | tá:kəu, tǽk-; *Am.Sp.* táko/ *n.* (*pl.* **~s** /~z; *Sp.* ~s/) 〘料理〙 タコス (トルティーヤ (tortilla) にひき肉・野菜・チーズなどをはさんで食べるメキシコ料理). 〖(1934) □ Mex.-Sp. ~ □ Sp. ~ 'bung, pad, snack' ← ?〗

Tá·co Béll /táːkou- | -kəu-/ *n.* 〘商標〙 タコベル (米国 Taco Bell 社系列のタコス (taco) を中心とするメキシコ料理のチェーン店).

táco-bènder *n.* 《米俗・軽蔑》 メキシコ人, メキシコ系の人.

táco chìp *n.* 〘料理〙 タコスチップ (トルティーヤ (tortilla) をチリとスパイスで味付けしたスナック).

Ta·co·ma /təkóumə | -kəu-/ *n.* タコマ (米国 Washington 州西部, Puget Sound に臨む港市). 〖← N-Am.-Ind. ~ (原義) snowy peak〗

Tacoma, Mount *n.* タコマ山 (⇨ Mount RAINIER).

TACOMSAT /tækɑ́(ː)msæ̀t | -kɔ́m-/ (略) 《米》 tactical communications satellite 戦術用通信衛星, タコムサット.

Ta·cón·ic Ránge /təkɑ́(ː)nɪk- | -kɔ́n-/ *n.* タコニック山脈 (米国北東部, New York 州, Massachusetts 州, Vermont 州にまたがる山脈; 最高峰 Equinox 山 (1,163 m)).

tac·o·nite /tǽkənàɪt/ *n.* 〘岩石〙 タコナイト (米国 Superior 湖地方に産する含鉄チャート (chert)). 〖(1892): ⇨ ↑, -ite¹〗

táco stànd *n.* 《米俗》 うすぎたない場所, しけた店.

tac·point /tǽkpɔ̀ɪnt/ *n.* 〘数学〙 同族接触点 (同じ曲線族に属する 2 曲線が接する点). 〖← *tac-* (⇨ tacnode)+POINT〗

tac·rine /tǽkriːn/ *n.* 〘薬学〙 タクリン ($C_{13}H_{14}N_2$) (抗コリンエステラーゼ; 塩酸塩の形で, アルツハイマー病初期の患者の認識機能の改善に用いる; tetrahydroaminoacridine, THA ともいう). 〖← T(ETRA-)+ACR(ID)INE〗

TACSAT /tǽksæt/ (略) ⇨ TACOMSAT.

tact /tǽkt/ *n.* **1** (人をそらさない)気転, 思いやり, 如才なさ: She had the ~ to avoid tender subjects of conversation. 彼女は如才なく人を傷つけるような話題を避けた. **2** 臨機応変の才, 手際, こつ (skill): He has ~ in dealing with difficult situations. 難局に対処する手際を心得ている. **3** 感受性 (sensitivity), 趣味 (taste): He has exquisite ~ in his use of color. 彼は色彩の使い方にすばらしいセンスがある. **4** 〘音楽〙 (指揮棒の)一振り (stroke). **5** 《古》 手触り, 触感, 触覚. 〖(1609) □ (O)F ~ ∥ L *tactus* (sense of) touch, effect (p.p.) ← *tangere* to touch: cf. tangent〗

SYN 機転: **tact** 人を傷つけないような如才なさ・気配り: exercise *tact* 気配りを示す. **poise** 厄介な状況で落ち着きを失わないこと: maintain one's *poise* 落ち着きを失わない. **diplomacy** 人に対する外交的な扱いの巧妙さ (格式ばった語): use much *diplomacy* 外交手腕を大いにふるう. **address** 事を処理する巧妙な手際: He can solve problems with *address*. 手際よく問題を解決することができる.
ANT awkwardness.

---

tact·ful /tǽktfəl, -fl/ *adj.* **1 a** 如才ない, 気転のきく, 思いやりのある: a ~ person / a ~ speech そつのない話しぶり. **b** 臨機応変の才のある, 手際のよい: *It is* ~ *of* you *to* have everything ready. 用意万端整えているなんて君も手際がいいね[気転がきくね]. **2** 適切な (fitting). **~·ly** *adv.* **~·ness** *n.* 〖1864〗

tac·tic /tǽktɪk/ *n.* **1 a** 戦術の一部[細目], 用兵, 戦法, 作戦, 策略: an unusual ~ 異常な作戦. **b** [*pl.*] ⇨ tactics. **2** (目的達成の)計画, 戦術: He used a new ~ in his struggle for power. 権力闘争において新手の戦術を用いた. — *adj.* **1** 順序の, 配列の. **2** 《古》 = tactical. **3** 〘生物〙 走性の(ある). 〖n.: (1570) □ L *tactica* □ Gk *taktikḗ* (*téknē*) (the art) of arrangement (fem.) ← *taktikós* (adj.). — adj.: (1604) ← NL *tacticus* ← Gk *taktikós* of arrangement or tactics ← *taktós* ordered ← *tássein* to set in order: cf. F *tactique*〗

-tac·tic /tǽktɪk/ 次の意味を表す形容詞連結形: **1** 「配列(型)の」: homo*tactic*. **2** 「走性の」: photo*tactic*. 〖← Gk *taktikós* (↑)〗

tac·ti·cal /tǽktɪ̀kəl, -kɫ | -tɪ-/ *adj.* **1** 〈人・行為など〉策略のうまい, 駆け引きの上手な, 抜け目のない: a ~ statesman. **2** 〘軍事〙 **a** 戦術の, 戦術上の, 戦術的な: a ~ point 戦術上の要点 / ~ nuclear weapons 戦術核兵器 / ⇨ tactical unit. **b** 〈空軍が〉地上[海上]の作戦の援護を目的とする, 戦術的な (cf. strategic 3): ~ aircraft 戦術航空機 / a ~ air force 戦術航空部隊. **3** 便宜的な, 一時しのぎの: a ~ alliance 便宜的な同盟. **~·ly** *adv.* 〖1570〗

Táctical Áir Commànd 《米》 戦術航空軍団 (略 TAC).

táctical diámeter *n.* 〘海事〙 旋回径 (船が直進していて, ある角度の舵を一方に取った時, これによって船が 180° 旋回するまでに, 原針路から横方向へ重心が移動した距離).

táctical únit *n.* 〘軍事〙 戦術部隊, 戦術単位 (単一の部隊として戦闘機能を果たすことができるように編成された部隊). 〖1879〗

táctical vóting *n.* 策略的投票 (ある特定の候補を落とすために支持しない人[党]に投票すること). 〖1974〗

tac·ti·cian /tæktíʃən/ *n.* **1** 戦術家. **2** 策略家, 策士. 〖(1798) □ F *tacticien*: ⇨ tactic, -ian〗

tac·tics /tǽktɪks/ *n.* **1** 〘軍事〙 **a** [単数または複数扱い] (戦闘における)戦術, 用兵術, 兵学 (実戦において, 敵前で部隊を配置したり動かしたりする方策; cf. strategy 2, logistics 1) (⇨ strategy SYN): grand ~ 高等戦術[用兵術] / minor ~ 局地[支隊, 初級, 小]戦術 / Strategy wins wars; ~ wins battles. 戦略は戦争の勝利をもたらし, 戦術は戦闘の勝利をもたらす. **b** [複数扱い] (個々の)戦術. **2** [複数または単数扱い] 策略, 術策, 駆け引き (artful devices): The opposition's filibustering ~ are deplorable. 野党側の議事妨害戦術は遺憾だ. **3** [単数または複数扱い] 〘言語〙 配列論, 結合論 (音素配列論 (phonotactics), 形態素配列論 (morphotactics) を含む). 〖(1626) (なぞり) ← NL *tactica* ← Gk (*tà*) *taktiká* (原義) (matters) pertaining to arrangement (neut.pl.) ← *taktikós* 'TACTIC': ⇨ -ics〗

tac·tile /tǽktɪ̀, -taɪl | -taɪl/ *adj.* **1** 触覚の, 触感の: ~ anesthesia 触覚消失[まひ] / ~ impression 触感 / ~ perception [sensation, sense] 触覚 / a ~ organ 触覚器官 / the ~ proboscis (昆虫の)触吻(しょくふん) / The cat's whiskers are ~. 猫のひげには触覚がある. **2** 触れることのできる, 触知できる (tangible): ~ symbols for the blind 盲人のための触知記号. **3** 〘絵画・彫刻〙 実体の感じのある: ~ values 触覚値. — *n.* 〘心理〙 触覚的心象が特に鮮明な人 (cf. audile, motile, visualizer). 〖(1615) □ F *tactile* ∥ L *tactilis* tangible ← *tangere* to touch: ⇨ tangent, -ile¹〗

táctile córpuscle *n.* 〘生物〙 触小体. 〖1873〗

táctile háir *n.* (動物の)触毛.

tac·til·i·ty /tæktíləṭi | -lɪ̀ti/ *n.* 触知できること, 触知性. 〖1659〗

tac·tion /tǽkʃən/ *n.* 《廃》 触れること; 接触 (contact). 〖(1623) □ L *tactiō(n-)* ← *tactus* 'TACT': ⇨ -tion〗

tact·ism /tǽktɪzm/ *n.* 〘生物〙 =taxis 2. 〖(1623) ← Gk *taktós* ordered (⇨ tactic)+-ISM〗

táct·less *adj.* **1** 気転のきかない, 気配りのない, 不手際な, へまな: a ~ person / a ~ answer 気のきかない返事 / *It was* ~ *of* you not *to* report it to the police. 警察に知らせなかったのは不手際だぞ. **2** あからさまな (blunt): in ~ truth あからさまに言うと. **~·ly** *adv.* **~·ness** *n.* 〖1847〗

tac·to·sol /tǽktəsɔ̀(ː)l | -sɔ̀l/ *n.* 〘物理化学〙 タクトゾル (自然に平行に配列する性質のある非球状粒子を含むゾル; 光学的異方性を示す). 〖← Gk *taktós* ordered (⇨ tactic)+SOL⁴: cf. G *Taktosol*〗

tac·tu·al /tǽktʃuəl | -tʃuəl, -tjuəl/ *adj.* **1** 触覚の, 触感の (tactile): a ~ sense 触感. **2** 感触による, 接触による: ~ tests 触感による検査 / ~ luxury 贅美な触感. 〖(1642) ← L *tactus* a touch (⇨ tact)+-AL¹〗

tác·tu·al·ly /-tʃuəli | -tʃuə-, -tjuə-/ *adv.* 触れてみて, 触感で, 感触上. 〖1855〗

TACV (略) tracked air-cushion vehicle 空気浮上式超高速鉄道 (hovertrain など).

tad /tǽd/ *n.* 《米口語》 **1** 少量, 微量 (bit); [a tad として; 副詞的に] 少し: He is a ~ taller than me 私より少し背が高い. **2** 男の子, 少年 (boy). 〖1: (1940). 2: (1845): ← ?: tadpole の短縮とする説もあるが不詳〗

Tad /tǽd/ *n.* タッド (男性名). 〖(dim.) ← THADDEUS〗

ta-da, ta-dah /tədáː/ *int.* じゃじゃーん (人が華やかに登場したり, 物を発表したりするときの発声). 〖擬音語〗

Tad·de·o /tɑːdéɪou | -déɪəu; *It.* taddɛ́ːo/ *n.* タデーオ (男性名). 〖□ It. ~〗

Ta·djik /tɑːdʒíːk, táːdʒɪk/ *n.* **1** =Tajik. **2** =Tadzhikistan.

Tad·mor /tǽdmɔə | -mɔː^(r)/ *n.* 〘聖書〙 =Palmyra 1. 〖□ LL ~ □ Heb. *Tadhmōr* (原義) city of palm-tree〗

Tad·mur /tǽdmuə | -muə^(r)/ *n.* タドムル (Palmyra 1 の別称).

tad·pole /tǽdpòul | -pəul/ *n.* **1** オタマジャクシ. **2** [通例 T-] 米国 Mississippi 州人 (あだ名). 〖(c1450) *taddepol* ← *tad*(*de*) 'TOAD'+*pole* 'POLL¹'〗

tádpole-fìsh *n.* 〘魚類〙 北大西洋産タラ科の頭が平たくてオタマジャクシに似た魚 (*Raniceps raninus*). 〖1832〗

Ta·dzhik /tɑːdʒík, tə-, -dʒíːk | tɑːdʒɪk, tɑːdʒíːk/ *n.* = Tajik.

Ta·dzhik·i·stan /tɑːdʒíkɪstæ̀n, -dʒíːk-, -stàːn | tædʒìːkɪstáːn, -dʒɪk-, -stǽn/ *n.* =Tajikistan.

tae¹ /tə; téɪ/ *prep., adv.* 《スコット》 =to.

tae² /téɪ/ *adv.* 《スコット》 =too.

tae³ /téɪ/ *n.* 《スコット》 =toe.

tae·di·um vi·tae /tíːdiəmváɪtiː, táɪdiəmwíːtaɪ | -diəmwíːtiː/ *L. n.* (自殺傾向を伴う)生への倦怠(けんたい), 厭世(えんせい). 〖(1759) □ L *taedium vitae* weariness of life〗

Tae·dong /tædúŋ, tàɪ-; *Korean* tɛdoŋ/ *n.* [the ~] 大同(だいどう)江, テドンガン (北朝鮮を南西に流れて西朝鮮湾に注ぐ川 (322 km)).

Tae·gu /táɪguː, ─́─ | tèɪgúː; *Korean* tɛgu/ *n.* 大邱, テーグ (韓国南東部の都市).

Tae·jon /tædʒɔ́(ː)n, taɪ-, -dʒɑ́(ː)n | -dʒɔ́n; *Korean* tɛdʒʌn/ *n.* 大田, テージョン (韓国中部の都市).

tae kwon do, T- K- D- /tàɪkwɑ(ː)ndóu, ─́──́ | tàɪkwɒndə́u, ─́──́; *Korean* tʰɛkwʌndo/ *n.* 跆拳(テコン)道, テコンドー (日本の空手に似た朝鮮の武道). 〖(1967) □ Korean ~〗

tael /téɪl/ *n.* **1** 両(テール), 平両 (東アジア, 特に中国の重量単位; 通常 $1^1/_3$ オンス(約 38 グラム)に当たる). **2** 両(テール), 銀両 (中国の旧通貨単位, 銀 $^1/_2$ オンス(約 14 グラム)). ★ 現行の通貨単位は元 (yuan). 〖(1588) □ Port. ~ □ Malay *tahil* weight〗

ta'en /téɪn/ *v.* 《古・詩》 =taken. 〖ME (*y*)*tan* (中音消失) ← (*y*)*taken* 'TAKEN'〗

tae·ni- /tíːni/ (母音の前にくるときの) taenio- の異形.

tae·ni·a /tíːniə/ *n.* (*pl.* **-ni·ae** /-niìː, -niì: | -niì:/, **~s**) **1** (古代ギリシャの)ひも状の髪飾り, リボン, はち巻き (headband, fillet). **2** 〘建築〙 タエニア, 平縁(ひらぶち) (ドリス式建築で architrave と frieze とを分かつ帯状の繰形). **3** 〘解剖〙 ひも状器官, ひも状構造. **4** 〘動物〙 条虫 (テニア属 (*Taenia*) の条虫の総称). 〖(1563) □ L ~ □ Gk *tainía* band, ribbon〗

tae·ni·a·ci·dal /tìːniəsáɪdl | -dɪ̀l-/ *adj.* 〘薬学〙 条虫を殺す. 〖⇨ ↑, -cidal〗

tae·ni·a·cide /tíːniəsàɪd/ 〘薬学〙 *adj.* =taeniacidal. — *n.* 条虫駆除薬. 〖(1857) ← TAENIA+-CIDE〗

táenia cóli *n.* (*pl.* **taeniae coli**) 〘解剖〙 結腸ひも (大腸の外側を縦走する 3 本の筋肉の帯). 〖*coli*: □ L *colī* (gen.) 'of the COLON²'〗

taeniae *n.* taenia の複数形.

tae·ni·a·fuge /tíːniəfjùːdʒ/ 〘薬学〙 *adj.* 条虫駆除の. — *n.* 条虫駆除薬. 〖(1857) ← TAENIA+-FUGE〗

tae·ni·a·sis /tìːnáɪəsɪ̀s | -sɪs/ n. 〖病理〗条虫症. 〘《(1890)》← NL ～: ⇨ taenia, -asis〙

tae·ni·o- /tíːnioʊ | -niəʊ/ 1「リボン」の意の連結形. 2「条虫」の意の連結形. ★ 母音の前では通例 taeni- になる. 〘← L taenia 'TAENIA'〙

tae·ni·o·dont /tíːnioʊdɑ̀(ː)nt | -ə(ʊ)dɔ̀nt/ n. 〖動物〗ティアニドン(紐歯(ちゅうし))目 (Taeniodonta) の哺乳動物; 北米の暁新世および始新世に生息した貧歯目に近縁の哺乳類). 〘《(1933)》: ⇨ ↑, -odont〙

Tae·ni·o·glos·sa /tìːniəglɑ́(ː)sə, -glɔ́(ː)sə | -glɔ́sə/ n. pl. 〖貝類〗紐舌(ちゅうぜつ)目 (中腹足目 (Mesogastropoda) ともいう). **tàe·ni·o·glós·sate** /-glɑ́(ː)sɪ̀t, -glɔ́(ː)s-, -seɪt | -glɔ́s-ˉ/ adj. 〘← NL ～: ⇨ taenio-, -glossa〙

tae·ni·oid /tíːniɔ̀ɪd/ adj. 1 ひも[りぼん]状の (ribbon-shaped). 2 〖動物〗テニア属 (Taenia) 条虫の[様の]. 〘《(1836–39)》: ⇨ taenio-, -oid〙

TAF /tíːèɪéf/ 《略》〖生化学〗tumor angiogenesis factor 腫瘍脈管形成因子; Tactical Air Force 戦術空軍.

TAFE /tǽfi/ n. 《豪》技術[職業]継続教育(学校). 〘《頭字語》← T(echnical) a(nd) F(urther) E(ducation)〙

Taff /tǽf/ n. 《英俗》ウェールズ人(の男) (Taffy). 〘《(1929)》: 略〙

taf·fa·rel /tǽf(ə)rəl/ n. (also **taf·fe·rel** /～/) 《古》〖海事〗=taffrail. 〘□ Du. taffereel panel (dim.) ← tafel □ L tabula 'TABLE'〙

taf·fe·ta /tǽfɪ̀tə | -tə/ n. タフタ, こはく《光沢のあるやや堅い平織絹》; タフタに似た種々の織物. — adj. [限定的] タフタ[こはく]の, タフタ[こはく]に似た (cf. Shak., *1 Hen IV* 1. 2. 10). 〘《(1355)》□ (O)F *taffetas* □ OIt. *taffetà* □ Turk. *tafta* □ Pers. *tāftah* woven ← *tāftan* to spin: cf. tapestry〙

táffeta wèave n. =plain weave.

taf·fe·tized /tǽfətàɪzd | -fɪ̀-/ adj. 〈生地が〉タフタ[こはく]仕上げの. 〘(1949)〙

taf·fe·ty /tǽfəṭi | -fɪ̀ti/ n. =taffeta.

taf·fi·a /tǽfiə/ n. =tafia.

taff·rail /tǽfreɪl, -rɪ̀l/ n. 〖海事〗1 (特に, 彫刻などの装飾を施した, 木造船の)船尾の上部. 2 船尾手すり. 〘《(1704)》《変形》← TAFFEREL: *-rel* を RAIL[1] と誤解〙

táffrail lòg n. 〖海事〗曳航(えいこう)測程器《船尾手すり (taffrail) に指示器 (register) があり, それから編みひも (log line) で長くローテイター (rotator) を曳航する方式の測程器で, 船の航程, ひいては速力を測る計器; patent log ともいう; cf. chip log, harpoon log》.

taf·fy /tǽfi/ n. 《米》1 タフィー《黒砂糖・糖蜜・バターを煮つめて練って作ったキャンディー; 英国では toffee, toffy という》. 2 お世辞, おべっか. 〘《(1817)》□ ? F *tafia* 'TAFFIA'〙

Taf·fy /tǽfi/ n. タフィー: 1 男性名. 2 女性名. 3 《口語》ウェールズ人のあだ名 (cf. John Bull). 〘《(1682)》□ Welsh *Teifi* 《変形》← *Dafydd, Dewi* 'DAVID'〙

táffy pùll n. 《米》タフィーパーティー《集まってみんなで taffy を作る会》. 〘(1883)〙

taf·i·a /tǽfiə/ n. タフィア(酒)《西インド諸島産の砂糖きび液を蒸留して造った安価なラム酒》. 〘《(1763)》□ Creol-F ～: cf. Malay *tāfīa* spirit distilled from molasses〙

Ta·fi·lelt /tɑːfɪ̀lɛlt, tɑ̀ːfiléɪt/ n. (also **Ta·fi·la·let** /tɑ̀ːfilɑ́ːlɛt | tǽf-/) タフィレルト《モロッコ南東部のオアシス地域; 面積 1,380 km², 中心都市 Bou-Am》.

TAFN 《略》〖電算〗That's all for now (E メールで).

Taft /tǽft | tǽft, tɑ́ːft/, **Lo·ra·do** /lərέɪdoʊ | -dəʊ/ n. タフト (1860–1936; 米国の彫刻家).

Taft, Robert A(lphonso) n. タフト (1889–1953; 米国の政治家・上院議員 (1939–53): ⇨ Taft-Hartley Act).

Taft, William Howard n. タフト (1857–1930; 米国の法律家; 第 27 代大統領 (1909–13), 第 10 代最高裁判所長官 (1921–30); R. A. Taft の父).

Táft-Hárt·ley Àct /-hɑ́ːətli- | -hɑ́ːt-/ n. [the ～] 〖米法〗タフト ハートレー法《労働関係調整法 (Labor Management Relations Act, 1947) の俗称; 上院議員 R. A. Taft と下院議員 F. A. Hartley (1903–69) が上院と下院の各委員長となって法案審議に当たったのでこの名がある; closed shop 制の制限など労働組合の不当労働行為制度, 緊急時の争議中止と冷却期間の設定, 共産党員の組合幹部就任禁止などを含む労働立法》.

tag[1] /tǽg/ n. 1 a 付け札, 下げ札, 付箋(ふせん) (label) 《定価札・荷札など; また大会などの際に所属団体や姓名などを書いて胸に下げるものなど》: ⇨ dog tag, price tag, tag day / a license ～ 鑑札 / a name ～ 名札. b 《米》(自動車の)ナンバープレート. c (場所・位置を示す)目印, 旗. 2 (服・リボンなどの)垂れ下がり, 垂れ下がった端, 垂れ飾り. 3 (靴ひもなどの)ひも先の金具 (tab, aglet); (ジッパーなどの)つまみ.

tag 1 a, 2, 3

4 あだ名, レッテル: the ～ of murderer 人殺しというレッテル. 5 電子タッグ (electronic tag) 《所在を把握するために人や物に付けられる電子標識; 万引きその他の犯罪防止のために用いられるものは offender's tag という》. 6 (靴の)つまみ革; (上着の襟(えり)裏に付いている)襟吊り (hanger). 7 (動物の)尾の先; (特に)キツネの白い尾先: a white ～ of the tail. 8 a (文章・演説などの終わりに加える)紋切り型の引用語句: a Latin ～ 紋切り型のラテン語の引用句. b きまり文句 (hackneyed phrase). c (詩歌の)押韻した折り返し (refrain): the ～ of an old song 古歌の折り返し. d 話の終わりに付ける教訓 (moral). e (演劇の)納め口上 (epilogue). f 〖文法〗(1) =tag question. (2) ((1) 以外で文につける)付加語句. g 〖ジャズ〗タッグ《ジャズの曲で通例, 即興的な終結部; cf. coda 1》. 9 〖電算〗= flag[1] 11; 〖電算〗タグ《HTML などのマークアップ言語でテキストの構造や体裁などを示す標識として用いる文字列》. 10 (主として検査の目的で微量を化合・混入させた)放射性同位元素, 標識元素. 11 (劇で次の役者のせりふに対する)きっかけ (cue). 12 交通違反カード[チケット] (traffic ticket). 13 〖釣〗(フライ)タッグ《毛針の根元に付ける金・銀箔(はく)のきらきらするもの》. 14 (文字の最後の)渦巻き風の飾り書き (flourish). 15 毛の房, 巻き毛; (羊の)縮れ毛, もつれ毛. 16 《米俗》逮捕状. 17 《俗》尾行者《スパイ, 刑事など》. 18 《廃》下層民, やじ馬, 暴徒の群れ (rabble).

tág and rág=tág, rág, and bóbtail 《廃》=tagrag.

— vt. (**tagged; tag·ging**) 1 …に垂れ[金具, つまみ]を付ける; …に付箋[荷札]を付ける: ～ a shoelace 靴ひもの先に金具を付ける / He ～*ged* his trunk *with* his name and address. トランクに住所氏名を記した札を付けた. 2 〔…に〕〈付加物を〉付ける, 付加する, 添える (append) 〔*to, on to*〕: ～ a flower *to* one's jacket 上着(の襟)に花を付ける / ～ *on* a postscript *to* a letter 手紙に追伸を書き加える / ～ moral *on to* a story 物語に教訓を添える. 3 〔引用語句を〕〈文章・演説などに〉添える 〔*with*〕: He ～*ged* his speech *with* poetry. 演説に詩の引用を添えた. 4 〔…の罪を〕〈人に〉なすりつける 〔*for*〕; 〔罪を〕〈人〉のせいにする 〔*with*〕: He was ～*ged for* theft. 盗みの罪を着せられた / I was ～*ged with* the defeat. 私は敗戦の責めを負わされた. 5 …に[…の]値をつける 〔*at*〕: They ～*ged* the radio *at* £50. そのラジオに 50 ポンドの値をつけた. 6 [しばしば目的補語を伴って] …にあだ名[名称]をつける, レッテルを張る (label), 〔…と〕称する 〔*as*〕: We may ～ this grammar traditional. この文法は伝統的と称してよい / He was ～*ged as* a tool of labor unions. 労組の手先というレッテルを張られていた. 7 《米口語》〈運転者〉に交通違反チケットを渡す; 〈車〉に交通違反チケットを張る: ～ a driver *for* speeding 運転者にスピード違反のチケットを渡す / His car was ～*ged for* illegal parking. 違法駐車で車に違反チケットを張られた. 8 〈羊〉のもつれ毛を刈り取る: ～ sheep. 9 《口語》…の後を追う[つける], 後につきまとう (dog): ～ a person *around* あちこちと人につきまとう / He ～*ged* himself on to me all the morning. 午前中ずっと私にくっつき回った / He was ～*ged* at his heels by death. 彼は死につきまとわれていた. 10 〖電算〗〈データ〉に(識別用の)タグを付ける. 11 〈人・商品など〉に電子タッグを付ける. 12 〖物理〗(識別のために)〈元素・原子〉に標識を付ける. 13 〈詩・脚韻を〉つなぐ, つなぎ合わせる: ～ a couplet 二行連句をつなぐ.

— vi. 《口語》後について行く, つきまとう: ～ *after* a person / ～ *at* a person's heels 人のすぐ後について行く / He ～*ged (on) behind*. 後からついて来た / You always ～ *on to* us all the time. 君はいつも我々につきまとうのだね / She ～*s around with* him quite a lot. しょっちゅう彼と付き合っている.

tág alóng (人に)ついて行く, 盲従する: She always ～*s along with* them. いつも彼らについて行っている. 《(1900)》

〘《a1400》← ? ON (Swed. *tagg* spike, prickle, tooth) 《□ MLG *tagge, tacke* branch, twig: cf. tack[1] / G *Zacke* jag: または TATTER[1] と RAG[1] との混成か〙

tag[2] /tǽg/ n. 1 鬼ごっこ: play ～ 鬼ごっこをする / long ～ 一人狙いをして長追いする鬼ごっこ / ⇨ cross tag, squat tag. ★ 鬼は 'it' または 'tagger' という. 2 〖野球〗タッチアウト: put the ～ on a runner ランナーをタッチアウトにする. 3 (プロレスの)タッグ《tag match で交代するときになされるタッチ》: ⇨ tag team.

— vt. (**tagged; tag·ging**) 1 (鬼ごっこで, 鬼になって)追う; 〈鬼が〉…にさわる, つかまえる. 2 〖野球〗a [しばしば ～ out として] 〈走者〉にタッチしてアウトにする: ～ a runner (*out*). b 《口語》〈ボールを〉痛打する. c 《口語》〈投手〉から〔安打・点を〕奪う 〔*for*〕: The pitcher was ～*ged for* five runs in the third inning. 投手は 3 回に 5 点を奪われた. 3 a 《口語》激しく打つ (strike). b 〖ボクシング〗〈相手〉に痛烈な一撃を浴びせる, 一発食らわせる. 4 選び出す.

tág úp 〖野球〗〈走者が〉タッチアップする《犠牲フライで進塁するためにひとまずベースにつく》. 《(1942)》

〘《(1738)》《転用》? ← TAG[1]: cf. L *tangere* to touch〙

Tag. 《略》Tagalog.

TAG 《略》the adjutant general.

Ta·gal /təgɑ́ːɫ/ n. =Tagalog 1.

Tag·a·log /təgɑ́ːlɔ(ː)g, -gǽl-, -lɑ(ː)g, -lɑg | -lɔg, -lɔg/ n. (pl. ～, ～s) 1 a [the ～(s)] タガログ族《Manila を中心に Luzon 島 Marinduque 島, Mindoro 島などに居住するフィリピンの主要民族》. b タガログ族の人. 2 タガログ語《マライポリネシア語族インドネシア語(派)の一言語; 1946 年にフィリピン共和国の公用語となり, さらに 1959 年に Pilipino と改称された》. — adj. タガログ語[族]の. 〘《(1704)》□ Tagalog ～ ← *taga* native+*-ilog* river〙

tág·alòng n. (盲従的に)人につきまとう人, 腰ぎんちゃく. 〘《(1935)》← TAG[1] *along*〙

Tag·a·met /tǽgəmɛt/ n. 〖商標〗タガメット《米国 Smithkline Beckman 社製の抗潰瘍剤; 一般名はシメチジン (cimetidine)》.

Ta·gan·rog /tǽgənrɑ̀(ː)g, -rɔ̀(ː)g | -rɔ̀g; *Russ.* təganrók/ n. タガンログ《ロシア連邦南西部, Azov 海の Taganrog 湾に臨む港市; Peter 一世がこの地に海軍基地・要塞を築いた (1698 年)》.

ta·ga·ti /təgɑ́ːṭi | -ti/ n. (pl. ～, **a·ba·ta·ga·ti** /ɑ̀ːbə-təgɑ́ːti | -təgɑ́ːti/) (南アフリカの一部の民族で)魔女, 魔法使い; 魔法. — vi. (南アフリカの一部の民族で)魔法を使う. — vt. 〈人〉に魔法をかける. 〘《(1836)》← Bantu (Xhosa & Zulu) *umthakathi* wizard〙

tág·bòard n. 《米》(下げ札やポスター用の)丈夫なボール紙. 〘(1904)〙

tág dày n. 《米》(慈善事業などのための)街頭募金日《寄付者の襟に tag (小札)を付けてやることから; cf. button day, flag day》. 〘(1908)〙

tág énd n. 1 《米》[通例 pl.] 端切れ, 切れっぱし (fag end). 2 最後, どんじり (tail end): at the ～ of the nineteenth century 19 世紀の終わりに. 〘(1807)〙

tag·e·tes /tədʒíːtiːz/ n. 〖植物〗センジュギク《キク科センジュギク属 (*Tagetes*) の植物の総称; センジュギク (African marigold), マンジュギク (French marigold) など》. 〘《(1792)》← NL ～ ← ? *Tages* (古代 Etruria の神)〙

Tag·gard /tǽgəd | -gɑd/, **Genevieve** n. タガード (1894–1948; 米国の詩人・教育家).

tagged átom /tǽgd-/ n. 〖物理〗標識原子《放射性原子核をもつ原子; 特有の放射能により識別できる》. 〘(1945)〙

tag·ger[1] n. 1 tag を取り付ける人[道具]. 2 [pl.] 〖金属加工〗薄鉄片, 薄ブリキ: black ～s (すずめっきをしてない)薄鉄板, 薄鋼板. 〘(1648)〙

tág·ger[2] n. (鬼ごっこの)鬼 (it) (cf. tag[2] 1 ★). 〘(1891)〙

ta·gine /tədʒíːn/ n. 〖料理〗タジン《高い円錐形のふたのついた浅い土鍋に肉や野菜を入れ, 香料を加えて煮込む, 北アフリカ地方の料理》. 〘← Arab.〙

ta·glia·tel·le /tɑ̀ːljətéli | tæljətéli, tæglia-; *It.* taʎʎatélle/ n. 〖料理〗タリアテッレ《パスタ (pasta) の一種で, 幅の狭いリボン状をしている》. 〘《(1899)》□ It. ～ (pl.) ← *tagliatella* ← *tagliare* to cut < LL *tāliāre* (⇨ tailor): ⇨ -ella〙

Ta·glia·vi·ni /tɑ̀ːljɑvíːni; *It.* taʎʎavíːni/, **Fer·ruc·cio** /ferrúttʃo/ n. タリアビーニ (1913–95; イタリアのテノール歌手).

tág lìne n. 1 (芝居・物語などの)締めくくり(の一行), 結末, 落ち. 2 (反復使用されて人や商品の代名詞のようになった)標語, キャッチフレーズ: develop ～s 〈芸能人などが〉キャッチフレーズを考え出す. 3 〖機械〗(起重機のバケットを吊り下げている)支索. 〘《(1926)》: ⇨ tag[1]〙

Ta·glio·ni /tɑːljóʊni | tæljəʊ-; *It.* taʎʎóːni/, **Filippo** n. タリオーニ (1777–1871; イタリアの舞踏家・振付師).

Taglioni, Maria n. タリオーニ (1804–84; イタリアの舞踏家; Filippo Taglioni の娘).

tag·ma /tǽgmə/ n. (pl. ～**·ta** /～ṭə | ～tə/) 〖動物〗合体節《互いに近似する構造をもつ体節群》. 〘《(1885)》← NL ～: ⇨ tagmeme〙

tág màtch n. (プロレスの tag team が行う)タッグマッチ.

tag·meme /tǽgmiːm/ n. 〖言語〗1 タグミーム, 文法素《意味をもつ文法上の最小単位; Bloomfield の用語》. 2 タグミーム《主語・述語・目的語などのような文法機能を示すスロット (slot) と, そのスロットを満たす名詞・動詞などのような形態類とが一つの文法単位として相関的に組み合わさったもの; tagmemics の用語》. 〘《(1933)》← Gk *tágma* arrangement (← *tássein*: ⇨ tactic)+-EME〙

tag·mé·mic grámmar /tægmíːmɪk-/ n. =tagmemics.

tag·me·mics /tægmíːmɪks/ n. 〖言語〗タグミーミックス《文法分析の基本単位を tagmeme とし, その連鎖がさまざまの構造を作るとする理論; K. L. Pike の創始になる》.

tag·mé·mi·cist /-məsɪ̀st | -mɪsɪst/ n. 〘《(1947)》: ⇨ TAGMEME, -ICS〙

Ta·gore /təgɔ́ə | -gɔ́ː[r]; Bengali tʰakur/, **Sir Ra·bin·dra·nath** /rəbíːndrənɑ̀ːt | -bín-/ n. タゴール (1861–1941; インドのベンガル語による詩人; Nobel 文学賞 (1913); *Gitānjali*「ギーターンジャリ」(1912)).

tág quèstion n. 〖文法〗付加疑問(文)《平叙文の後に簡単に添えられる反復的構造の疑問文; 例: That's queer, *isn't it?* / So I've found you at last, *have I?*》. 〘(1933)〙

tag·rag /tǽgræ̀g/ n. 1 下層民, 野次馬(連中) (riffraff, rabble). 2 (着物から)ぶら下がっているぼろ (tatter).

tágrag and bóbtail 下層民, 野次馬(連中), 有象無象(うぞうむぞう). 《(1645)》

〘《(1609)》← TAG[1]+RAG[1]〙

tág sàle n. =garage sale.

tág tèam n. (プロレスの)タッグチーム《2 人で作る》: ～ wrestling タッグレスリング. 〘(1952)〙

tag·ua /tǽgwə/ n. (アメリカ)ゾウゲヤシの実果 (ivory nut). 〘《(1830)》□ Am.-Sp. ～ ← S-Am.-Ind. (Quechua)〙

ta·guan /tǽgwæn/ n. 〖動物〗ムササビ《インド・東南アジア産のリス科ムササビ属 (*Petaurista*) の動物, オオアカムササビ (*P. petaurista*) またはインドオオムササビ (*P. philippensis*)》. 〘《(1807)》: フィリピン諸島における名称の一つか〙

Ta·gus /téɪgəs/ n. [the ～] タホ(川)《スペイン・ポルトガル両国の中部を西流して Lisbon の近くで大西洋に注ぐ川 (1,007 km); スペイン語名 Tajo /táxo/, ポルトガル語名 Tejo /tέʒu/》.

ta·hi·ni /təhíːni, tɑː- | tɑː-, tə-/ n. (also **ta·hi·na** /-nə/) タヒニ《中東料理で使われるゴマで作るペースト》. 〘《(1950)》□ ModGk *takhíni* ← Turk.〙

Ta·hi·ti /təhíːṭi, tɑː- | -ti; F. taiti/ n. タヒチ(島)《太平洋南部のフランス領 Society 諸島の主島, 中心都市は Papeete; 面積 1,042 km²》. 〘(1861)〙

Ta·hi·tian /təhíːʃən, tɑː-, -tiən | -híː-ʃən/ adj. 1 タヒチ島の; タヒチ島人の. 2 タヒチ語の. — n. 1 タヒチ島人《特にポリネシア系原住民》. 2 タヒチ語《マライポリネシア語族ポリネシア語派の一言語》. 〘《(1822)》: ⇨ ↑, -an[1]〙

T

Tahl·tan /tάːltən, tǽɫ-/ *n.* (*pl.* ~, ~s) **1 a** [the ~(s)] タールタン族《カナダ British Columbia 州北西部に居住する先住民》. **b** タールタン族の人. **2** タールタン語《Athabascan 語族に属する》.

Ta·hoe /tάːhoʊ | -həʊ/, **Lake** *n.* ターホー湖《米国 Sierra Nevada 山脈中の湖; California, Nevada 両州にまたがる; 沿岸は避暑地; 長さ 35 km, 幅 19 km; 海抜 1,899 m》. 〖□ N-Am.-Ind. (Hokan) *tahoo* lake〗

tahr /tάə | tάː(r)/ *n.* 〘動物〙タール《ヒマラヤ産ウシ科タール属 (*Hemitragus*) の野生ヤギの総称; ヒマラヤタール (*H. jemlahicus*) など》. 〖(1835) □ Nepali *thār*〗

tah·sil /tɑːsíːl/ *n.* 《インド》タシール《行政[税務]管轄支区》. 〖(1846) □ Hindi *taḥṣīl* □ Arab. *taḥṣīl* collection of tax〗

tah·sil·dar /təsíːldɑə | -dɑː(r)/ *n.* 《インド》収税吏, 税務官. 〖(1799) □ Hindi *taḥṣīldār* ← Arab. *taḥṣīl* (↑) + Pers. *-dār* (agent suf.)〗

tai /tάɪ/ *n.* (*pl.* ~) 〘魚類〙タイ科タイ属 (*Pagrus*) またはそれに近縁の太平洋に生息する数種の海産魚類の総称; (特に)マダイ (red tai). 〖(1620) □ Jpn〗

Tai /tάɪ; *Thai* tʰaɪ/ *n.* (*pl.* ~) **1** タイ系諸族《Thai 族・Lao 族・Shan 族などインドシナおよび中国南西部に広く分布する諸族; cf. Thai》. **2** タイ語派《Thai, Laos, Shan などを含むシナチベット語族の一語派》; タイ語派の諸言語. — *adj.* タイ語派の(言語を話す諸族の). 〖1693〗

tai·a·ha /tάɪəhɑː/ *n.* 《NZ》タイアハー《マオリ族の杖の形をした武器で, 現在は宗教的儀式の中で象徴的に用いられる》. 〖(1842) □ Maori ~〗

tai chi chüan /tάɪtʃìːtʃwάːn, -dʒìː-; *Chin.* tàɪtɕí-tɕʰyɛ́n/ *n.* 太極拳《スローモーションの踊りのような動きをする中国の拳法・体操; 単に tai chi ともいう》. 〖(1954) □ Chin. *taijiquan* (太極拳)〗

Tai·chung /tàɪtʃúŋ, -dʒúŋ; *Chin.* tʰáɪtʂūŋ/ *n.* (*also* **T'ai-chung** /~/) 台中(ﾀｲﾁｭｳ)《台湾中西部の商業都市》.

Ta'if /tάːɪf/ *n.* ターイフ《サウジアラビア中西部の都市; Mecca の東南東の高地にあり, 同国の代表的な避暑地》.

taig /téɪg/ *n.* 《北アイル・軽蔑》カトリック教徒. 〖(1971) (変形) ← *Teagne* (廃) an Irishman ← Ir.-Gael. *Teadhg* (昔 アイルランド人のカトリック教徒の男子に多かった名前)〗

tai·ga /tάɪgə, -gɑː; *Russ.* tajgá/ *n.* タイガ, 北方針葉樹林, 亜寒帯林《北欧・シベリア・北米北部の亜寒帯針葉樹林帯》. 〖(1888) □ Russ. *taĭga* ← Altaic〗

taig·lach /téɪgləx, tάɪg-, -ləx/ *n. pl.* [単数または複数扱い] =teiglach.

tai·ho·a /tάɪhoʊə | -həʊə/ *int.* 《NZ》待て, あわてるな. 〖(*c*1826) ← Maori〗

tail[1] /téɪl/ *n.* **1** (動物の)尾, しっぽ (cf. head 1, trunk 1, limb[1] 1). ★ ラテン語系形容詞: caudal. **2 a** 末尾, 後部, 尻 (end, back); 末期, 終わり: the ~ of a cart, procession, etc. / close on a person's ~ 人のすぐ後に迫って / the ~ of a gale 強風の終わり《静まりかける時》/ It's wearing on the ~ of May. 5 月の末に近づいている. **b** (語・文・談話の)終わり, 結尾 (conclusion): in the ~ of his letter 彼の手紙の末尾に. **c** 〘詩学〙尾部《sonnet の末尾に加えられた数行の結句, tail-rhyme stanza の付加詩行》. **3 a** 尾状物. **b** (洋服の)垂れ, 燕尾(ｴﾝﾋﾞ); (ガウンのような長い衣服の)すそ: the ~s of a raincoat レインコートのすそ / He wore his shirt with the ~ (hanging) out. シャツのすそを出したまま着ていた. **c** 凧(ﾀｺ)の尾. **d** 〘天文〙彗星(ｽｲｾｲ)の尾. **e** 〘音楽〙(音符の)符尾 (stem). **f** 〘印刷〙尾, テール《文字の並び線より下に出ている部分》: the ~ of 'g' or 'y'. **g** (アゲハチョウの)後翅の突起. **4 a** 供回り, 従者, 随行員 (retinue, suite). **b** 《俗》尾行者《刑事・探偵など》: We had [put] a ~ on him. 彼に尾行をつけた. **c** (行軍部隊の)最後尾; 〘軍俗〙(各部隊の)非戦闘班, 軍属連. **5** お下げ髪 (plait): She wears her hair plaited in long ~s. 髪を長いお下げに編んでいる. **6** (順番を待つ人などの)列, 行列 (queue). **7** 下の方の人, 下っ端, 末輩 (inferior members): the ~ of a team, class, etc. / the ~s of a political party 政党の陣笠連. **8** (水流の)末端(のよどみ), (水車の)放水路 (tailrace): the ~ of a canal lock 運河水門の下. **9** [*pl.*] 残り, かす. **10** [*pl.*] 《口語》燕尾(ｴﾝﾋﾞ)服, モーニング (tailcoat); (男性の夜会用)正装: *in* ~*s* and white tie 正装しネクタイを締めて / wear ~s 燕尾服を着る, 正装する / go into ~s 〈子供が〉大きくなって燕尾服(など)を着始める. **11** [通例 *pl.*] (貨幣の)裏, 緩面(ﾕﾙ) (⇨ head 9 b; cf. tails): *Tails*, you win. (銭投げで)裏が出れば君の勝ち. **12** 馬尾章 (horsetail)《昔のトルコ高官の標章, 位が高いほど数を増した》. **13 a** 〘機械〙尾部. **b** 〘航空〙(飛行機の)尾部《empennage, tail group, tail unit ともいう》; ロケット[ミサイル]の尾部. **14** 〘建築〙(瓦・スレートなどの)葺(ﾌ)き足《露出している部分》. **15 a** 〘印刷〙地, 罫下《印刷ページの下部余白; 組版で下部余白となる部分; bottom, foot ともいう》. **b** 〘製本〙地, 下小口 (⇨ foot 9). **16** [*pl.*] 〘醸造〙後留《蒸留の最後に得られる留分; cf. head 29》. **17** [集合的] 〘クリケット〙=tail end 2. **18 a** 《俗》尻: sit on one's ~ 座る. **b** 《卑》女性性器; 性交; [a piece [bit] of ~ として] (性交の対象としての)女性. **19** 〘釣〙=tail fly.

gèt** one's **táil ùp** [**dòwn**]* 元気づく[しょげる]. (1874) ***have** one's **tail between** one's **légs 〈人が〉打ちのめされている, しょげかえっている. ***hàve*** [***kéep***] *one's **táil ùp** [**dòwn**]* 元気がいい[しょげている]. (1917) ***màke héad or táil of***… ⇨ head 成句. ***on a person's táil*** 人を尾行して. ***the táil of the*** [*one's*] ***éye*** 目尻: glance at a person from [with, out of] *the* ~ *of the* [*one's*] *eye* 人を横目でちらりと見る. (1802) ***the táil wágging the dóg*** 主客転倒. ***túck** one's **táil*** 恥をかく; 狼狽(ﾛｳﾊﾞｲ)する. ***túrn táil*** (1) (恐怖などで)くるりと後ろを向く; 逃げ出す: *turn* ~ and run (*a*1586; もとは鷹狩りの用語). (2) 〔…を〕見捨てる〔*on, upon*〕. ***twist a person's táil*** 人を怒らせるようなことをする: I'll *twist his* ~ for him. 彼にいやがらせをしてやろう / ⇨ *twist the* LION*'s tail*. (1909) ***with the*** [*one's*] ***tail between the*** [*one's*] ***légs*** (1) 〈犬などが〉しっぽを巻いて. (2) 縮み上がって, おじけづいて, しょげて. (*c*1400)

— *adj.* [限定的] **1** 後方から来る: a ~ wind 追い風. **2** 後部にある, 後尾の: ⇨ taillight.

— *vt.* **1** 《口語》尾行する (shadow): Two detectives ~*ed* him. 二人の刑事が彼を尾行した. **2** …に尾[端]を付ける: ~ a kite 凧(ﾀｺ)に尾を付ける / ~ one's name *with* esquire 名前の終わりに esquire を付ける. **3** 〈行列など〉の末尾を成す, 後につく, しんがりとなる: The Mickey Mouse float ~*ed* the procession. ミッキーマウスの山車(ﾀﾞｼ)が行列の最後についていた. **4** …の尾を引っ張る[つかむ]: ~ an otter カワウソの尾をつかむ. **5** 〔…の後に〕くっつける〔*to*〕: ~ one folly *to* another 次々と愚行を続ける. **6** 〈小羊など〉の尾を切る; 〈植物など〉の端を切り落とす (↔ top): ~ a lamb / ~ turnips かぶらの端を切り落とす. **7** 尾部でつなぐ, 船尾で結合する, 〔…の〕尾端につぐ〔*on, to, on to*〕: ~ a ship *to* a dock. **8** 〘建築〙〔壁などに〕〈タイル・れんが・材木〉の端をはめ込む, 差し込む〔*into*〕/ 〈*in*〉: ~ tiles *into* a wall. **9** 《豪》〈羊・牛〉の番をする. **10** 《俗》〈女性と〉性交する.

— *vi.* **1 a** 後[尻]について行く, ぞろぞろついて行く; 列をなす: ~ closely *behind* a person / He ~*ed along* with the crowd. 群集のあとについて行った / He always ~*s after* his mother. いつも母親のあとについて歩いている. **b** [通例 ~ *out* として] 〈列になっている者が〉分散する (disperse): The demonstrators ~*ed out* in small groups. デモの参加者は三々五々分散していった. **2** 〘海事〙**a** 〈停泊中の船が〉船尾をある方向に振り向けている: The ship ~*ed into* the wind. 船は船尾を風上に振り向けていた. **b** [~ *aground* として] 〈船が〉船尾から座礁する: The ship ~*ed aground* on a sandbank. 船は船尾を砂洲に乗り上げてしまった. **3** 〈魚が〉尾を水面に現す: Trout are ~*ing*. **4** 〘建築〙〈タイル・れんが・材木が〉はめ込みになる〔*into*〕. **5** 〈水・炎などが〉逆流する 〈*back*〉. **6** (列から)落伍する (fall away). **7** 〈川が〉注ぐ〔*into*〕.

táil awáy (1) ばらばらの長い列になって落伍する. (2) 次第に少なくなって[消えて]いく (diminish): The noise ~*ed away*. 騒音は次第に消えていった. ***táil báck*** 《英》〈車が〉渋滞の列を作る, 渋滞する. ***táil óff*** [***óut***] (*vt.*) (1) 次第に細くする. (2) 〈他の競争者などを〉追い抜く. — (*vi.*) (1) 次第に細る; 次第に減っていく; 次第に小さく[かすかに]なる, 次第に消える, 徐々に変わる〈*into*〉: His enthusiasm ~*ed off*. 情熱が次第に薄れていった / His voice ~*ed off into* an absent-minded mutter. 声が小さくなって上の空のつぶやきになった. (2) 《口語》逃げる; 退去する. ***táil ón*** (1) 付け加える. (2) しんがりにつく. (1825) ***táil to the tíde=táil úp and dówn the stréam*** 〈停泊中の船が〉潮流[河流]のままに船尾を振り向ける.

〖OE *tæg̃(e)l* (n.) < Gmc **tazlaz* tuft of hair (G 《方言》 *Zagel*) ← IE **doklo-* (Skt *daśā* fringe of cloth)〗

tail[2] /téɪl/ 〘法律〙 *n.* 限嗣不動産: an estate in ~ = estate tail / ⇨ HEIR in tail. — *adj.* 継嗣限定の: fee ~ 限嗣相続財産 / ⇨ estate tail. 〖n.: ((1321–22)) (1373–75) *tayl(e)* □ (O)F *taille* notch, cutting ← OF *taillier* to cut: cf. tailor[1], entail. — adj.: (1427) □ AF *tailé*=OF *taillié* (p.p.) ← *taillier*〗

táil àrea *n.* 〘航空〙尾翼面積. 〖1957〗

táil assèmbly *n.* 〘航空〙=empennage.

táil·bàck *n.* **1** 〘アメフト〙テールバック (I formation で最後尾に位置するバック). **2** 《英》(事故などで)渋滞した車の列. 〖1930〗

táil·bànd *n.* 〘製本〙=footband 2.

táil bày *n.* **1** 〘建築〙梁(ﾊﾘ)と壁の間の空間. **2** (運河の)閘門(ｺｳﾓﾝ)のすぐ下の狭い水域.

táil bèam *n.* 〘建築〙=tailpiece 4 a.

táil blòck *n.* 〘機械〙テールブロック, ひもつき滑車. 〖1769〗

táil·bòard *n.* (トラック・荷馬車などの)尾板《ちょうつがいで動かせ, また取りはずせる; endgate ともいう》. 〖1805〗

táil·bòne *n.* 〘解剖〙**1** 尾椎. **2** 尾骨. 〖1548–77〗

táil bòom *n.* 〘航空〙=boom[2] 2 a.

táil·còat *n.* 燕尾(ｴﾝﾋﾞ)服; モーニング. 〖1847〗

táil·còated *adj.* 燕尾服を着た: a ~ headwaiter. 〖1850〗

táil còmb *n.* テールコーム《整髪するのに使う尾部のついた櫛(ｸｼ)》. 〖1782〗

táil còne *n.* 〘航空〙テールコーン《機体尾部の円錐形構造物》.

táil còvert *n.* (鳥の)尾の雨覆(ｱﾏｵｵｲ)羽, 尾筒. 〖1815〗

táil cùps *n. pl.* 〘航空〙テイルカップ《係留気球の尾部に綱で付けた海錨に似た装置》.

táil-dòwn *adj., adv.* 〘航空〙〈飛行機が〉尾部を降ろした[て]: fly ~ / ~ landing 尾部下げ着陸, (尾輪式航空機の)三点着陸.

táil-drágger *n.* 〘航空〙テールドラッガー《機首を上げ, 尾輪[尾そり]から着地して着陸滑走をする飛行機》. 〖1971〗

tailed *adj.* **1** 尾のある. **2** 端を切り取った: a ~ turnip. **3** [通例複合語の第 2 構成素として] 尾が…の: long-*tailed* 尾の長い. 〖*?a*1300〗

táiled sónnet *n.* 〘詩学〙有尾ソネット《末尾に数行の結句を加えたソネット》.

táil énd *n.* **1** [通例 the ~] **a** 尾端, 末端, 尻 (last part): *the* ~ of a procession 行列の後部[尻]. **b** 終わり, 終末 (finish): *the* ~ of a speech 演説の終わり(の部分). **2** [集合的] 〘クリケット〙(打撃順位の)下位打線[打者]. **3** 《口語》尻 (buttocks). 〖*c*1378〗

táil-ènd Chárlie *n.* 《英空軍俗》(軍用機の)後部砲手[射撃手], 後部銃手; 《英俗》最後尾の者. 〖1941〗

táil·ènd·er /-dɚ | -də(r)/ *n.* 《口語》(人・チームなどの)最下位, びり. 〖1885〗

táil·er /-lɚ | -lə(r)/ *n.* 尾行者; しんがり. 〖1838〗

táil fàn *n.* 〘動物〙(ザリガニやエビの)扇状尾《泳いで後退するのに用いる》. 〖1893〗

táil-fèather *n.* (鳥の)尾羽. 〖1774〗

táil fìn *n.* **1** 〘魚類〙=caudal fin. **2** 〘自動車〙=fin[1] 3. **3** 〘航空〙=fin[1] 2. 〖1681〗

táil·fírst *adv.* 尾(部)を先にして, 後ろ向きに.

táil flỳ *n.* 〘釣〙枝針にしたリーダー[鉤素(ﾊﾘｽ)]の最後のフライ[毛針]. 〖1883〗

táil·fóremost *adv.* =tailfirst.

táil gàs *n.* テールガス《発生するガスから精油所で硫黄などを回収したあとに残ったガス》. 〖1948〗

táil·gàte *n.* **1 a** (トラックまたはステーションワゴンの)尾板 (tailboard), 後部開閉板, テールゲート《積み降ろしに便利なように取りはずしたり外側に落としたりするようにしてある》. **b** 《米》=tailgate party. **2** 後扉《閘門(ｺｳﾓﾝ)の下流側の扉》. **3** 〘音楽〙テールゲート《ジャズで旋律を対位法的に, グリッサンドをまじえてトロンボーンで奏する演奏形態》. — *adj.* **1** 《米》飲食物がステーションワゴンのテールゲートから出される. **2** 〘音楽〙テールゲートの. — *vt., vi.* **1** (危険なほど接近して前の車の)直後を運転して行く. **2** 《米》ステーションワゴンのテールゲートから飲食物を出して野外食事をする.

táil·gàt·er /-tɚ | -tə(r)/ *n.* 〖(1868): n. 3 は 楽隊がパレードするとき, トロンボーン奏者が普通トラックのテールゲートに座ることから〗

táilgate pàrty *n.* 《米》テールゲートパーティー《フットボールの試合などの始まる前に, 駐車場でステーションワゴンのテールゲートを開けて行う戸外食事会》.

táil gràb *n.* 〘宇宙〙尾部グラブ《ロケットが十分な推力を得るまで発射台にとどめておく装置》.

táil gròup *n.* 〘航空〙=tail[1] 13 b.

táil gùn *n.* (飛行機の尾部に据え付けた)尾砲.

táil-hèavy *adj.* 〘航空〙〈航空機が〉テイルヘビーの《重心が後方にある状態をいう; cf. nose-heavy》. 〖1916〗

tail·ing /téɪlɪŋ/ *n.* **1** 《口語》(刑事・探偵などの)尾行. **2** (物の)最後の部分 (last part). **3** 〘建築〙積込みじり《壁面から突出して積まれたれんがなどの壁面に埋め込まれた部分》. **4** 〘染色〙(サラサ染めの)染めすぎ. **5** [通例 *pl.*] **a** ふるいを通らなかった砂利. **b** (鉱石の)選鉱くず, かす, 尾鉱. **c** くず穀, (穀物の)はき寄せ; くず粉; コーヒーのくず豆. **6** [*pl.*] (蒸留の工程で残る)おり, かす (foots). 〖1703〗

táil làmp *n.* =taillight.

taille /téɪl | tάɪ; *F.* tɑːj/ *n.* **1** 〘フランス史〙(フランスの封建時代に国王・領主の課した)租税, 人頭税. **2** 〘服飾〙(婦人服の)胴部; 胴部の合わせ具合. 〖(1533) □ F ~ ← *taillier* to cut: ⇨ tail[2]〗

táil·less *adj.* 尾[尾部]のない: a ~ dog, deer, etc. **~·ly** *adv.* **~·ness** *n.* 〖1550〗

táilless áirplane *n.* 〘航空〙無尾翼機《普通の飛行機に見られるような胴体や尾翼がなく貨物室・乗客室・爆弾倉などが主翼の中に収容されているもの》.

tail·leur /tɑːjə́ː | -jɜ́ː(r); *F.* tajœːʁ/ *n.* (*pl.* ~**s** /~z; *F.* ~/) タイユール(テーラー仕立ての婦人服). 〖(1923) □ F ~ 《原義》'TAILOR[1]'〗

táil·light *n.* (列車・自動車などの)尾灯, テールライト[ランプ], 後尾灯 (tail lamp, 《英》rear lamp).

táil màle *n.* **1** (馬, 特にサラブレッドの)雄系, 父系. **2** 〘法律〙財産権[所有権]承継範囲の男性子孫への限定.

táil màrgin *n.* 〘印刷〙地《本のページの下部余白》. 〖1844〗

táil-òff *n.* (特に需要の)落ち込み, 先細り.

tai·lor[1] /téɪlɚ | -lə(r)/ *n.* **1** 洋服屋; 洋服仕立て屋, 裁縫師, テーラー《主に紳士服や婦人のコート・スーツを注文で作る人; cf. dressmaker》; 〘軍事〙縫工兵: go to the ~'s to be measured for a suit 洋服屋へ行って寸法を取ってもらう / ride like a ~ 乗馬がへたである / sit ~ fashion あぐらをかく (cf. tailor's chair) / Nine ~s go to [make] a man. 《諺》仕立て屋は九人で男一人前《仕立て屋のひ弱さをあざけっていう; cf. NINTH part of a man》/ The ~ makes the man. 《諺》馬子にも衣装. ★ ラテン語系形容詞: sartorial. **2** 〘魚類〙**a** アミキリ (*Pomatomus saltator*)《はさみのような歯をもったオーストラリア産のアジの類》. **b** = bluefish 1. — *vt.* **1** 〔要求・条件などに〕適合するように建てる, 向くように造る[変える]〔*to*〕: Her novel is ~*ed to* popular tastes. 彼女の小説は大衆に受けるように書かれている / The vacation plans are ~*ed to* fit our needs. 休暇の計画は我々の要求に合うように練られている. **2 a** [しばしば二重目的語を伴って]〈服を〉仕立てる: He ~*ed* me a tweed suit. ツイードの服を仕立ててくれた / His suit is well ~*ed*. 彼の服は仕立てがよい. **b** 〈人のために服を仕立てる: He is well ~*ed*. 彼の服は仕立てがよい. **3** 〈婦人服などを〉男仕立てにする. **4** 《米軍》〈軍服を〉あつらえる, 〈既製の制服を〉〈体に合うように〉仕立て直す. — *vi.* **1** 服を仕立てる; 洋服屋を営む. **2** 〈生地が〉仕立てられる: Wool ~s well. ウール地は仕立て上がりがよい. 〖(*c*1300) □ AF *taillour*=OF *tailleor* (F *tailleur*) cutter < VL **tāliātōre(m)* ← LL *tāliāre* to cut ← L *tālea* a cutting, twig: ⇨ tail[2], -or[2]〗

tai·lor[2] /téɪlɚ/ *n.* 弔いの鐘, 弔鐘. 〖《変形》← TELLER: 通俗語源による〗

tai·lor[3] /téɪlɚ | -lə(r)/ *int.* 《Shak.》こん畜生, くそっ (cf. *Mids N D* 2. 1. 54). 〖(1595) ← ? TAIL[1] 'posterior, arse'〗

táilor·bìrd *n.* 〘鳥類〙サイホウチョウ《アジア産サイホウチョウ属 (*Orthotomus*) の小鳴鳥の総称; 葉を縫い合わせてその中に巣を造る; オナガサイホウチョウ (*O. sutorius*) など》. 〘1769〙

tai·lored /téɪləd | -ləd/ *adj.* **1 a** 服屋仕立ての, あつらえの; 仕立てが…の: an expensively ~ suit 高価な仕立ての服 / a well-*tailored* overcoat 仕立てのよいオーバー. **b** 〈婦人服が〉男仕立ての, テーラー(メード)の: her ~ gray-blue tweed 彼女のテーラー仕立てのグレーブルーのツイード. **2** まるであつらえたような; 仕上がりの立派な; すっきりと整った (stylish): have the ~ look きちっとした服装をしている / a neatly ~ garden きちんと整った庭園. **3** こざっぱりと簡素で直線的な: ~ curtains. 〘1856〙

tai·lor·ess /téɪlərɪ̀s | tèɪlərés, téɪlərɪ̀s, -rès/ *n.* 男子服を仕立てる女性. 〘1654〙

táilor·fìsh *n.* 〘魚類〙 =bluefish 1.

tái·lor·ing /-lərɪŋ/ *n.* **1** 洋服仕立て業, 仕立て職. **2** (服の)仕立て方; 仕上がりの質; 仕立て物. **3** (特別の用途に適合させるための)改造, 改作, 変更 (adaptation). 〘1662〙

tai·lor-made /téɪləméɪd | -lə-⌐/ *adj.* **1** 特別あつらえの[で作った] (made-to-order): ~ fuels / a sofa ~ *for* a small room 小部屋用に作ったソファー / a college ~ *to* the needs of the community 地域社会の要求に合わせて作られた大学. **2 a** テーラーによって仕立てられた; あつらえの, 注文仕立ての: a ~ suit. **b** 〈婦人服が〉テーラー仕立ての《男子服のようにさっぱりとしてきっちり身に合い, 仕上げのよいことにいう; cf. dressmaker》. **3** テーラー仕立ての服を着た: a ~ lady. **4** 《俗》〈巻きたばこが〉(手巻きでなく)工場製の (factory-made). **— *n.* 1** 注文服; (特に)テーラー仕立ての婦人服. **2** 《俗》工場製の巻きたばこ. 〘1832〙

táilor-máke *vt.* 特別用途[個人の必要など]に適合するように作る[変える] (↔ mass-produce): ~ a tour, vacation plan, etc. 〘1946〙

táilor's cháir *n.* (背があって脚のない)仕立て屋椅子《仕立て屋はその上にあぐらをかく》.

táilor's chàlk *n.* テーラーズチョーク,「チャコ」《洋裁で布に印をつけるのに用いる》.

táilor's táck *n.* テーラーズタック《縫い目・ダーツなどの配置を型紙から布地へ写すための(目印としての)ゆるい仕付け》.

táilor's twíst *n.* テーラーズツイスト《洋服屋が用いる太く強い絹糸》. 〘1873〙

táil·pìece *n.* **1** 尾片, (各種の物の尾部に付けた)付属物 (appendage). **2 a** 〈書き物・物語などの〉末尾に加えられた部分, 付け足し〔*to*〕. **b** 〘印刷〙章末飾り《書物の章末などの余白を飾る小カット; cf. headpiece 6》. **3** (弦楽器の下端にある)緒止め板. **4** 〘建築〙 **a** 半端根太(はんぱねだ). **b** =lookout 6. **5** (Windsor chair の背を補強する二本の本柱を支える)座席後方の突出し. 〘1601〙

táil·pìpe *n.* **1 a** (自動車の)テールパイプ《後部下方に取り付けられた排気管》. **b** (単発ジェット機の機尾の)排気管. **2** (ポンプの)尾管, 尾筒, 吸込み管 (suction pipe). 〘1883〙

táilpipe búrner *n.* 〘航空〙 =afterburner 1.

táil·plàne *n.* 〘航空〙水平尾翼《安定板 (stabilizer) と昇降舵 (elevator) より成るものと, 両者が一体になって尾翼面全体が動くものとがある; 《米》 horizontal stabilizer ともいう》. 〘1909〙

táil·ràce *n.* **1** (水車・発電所などの)放水路《afterbay ともいう; cf. headrace, millrace》. **2** 〘鉱山〙鉱石くずの流し路. 〘1776〙

táil rhỳme *n.* 〘詩学〙尾韻. 〘1838〙

táil ròd *n.* 〘機械〙(ピストンの)先棒. 〘1894〙

táil ròtor *n.* 〘航空〙(ヘリコプターの)尾部ローター, テイルローター. 〘1944〙

tails /téɪlz/ *adj., adv.* (銭投げで)〈貨幣が〉裏向きになった[なって], 裏が出た[出て] (↔ heads): *Tails!* 裏 / The coin came down [up] ~. 投げたらコインの裏が出た (cf. toss *vt.* 3). 〘(1684): ⇨ -s² 1〙

táil shàft *n.* 〘造船〙プロペラ[スクリュー]軸《プロペラ[スクリュー]を取り付ける軸の最後端の部分》. 〘1888〙

táil skìd *n.* **1** 〘航空〙(飛行機の)尾橇(そり) (cf. wing skid). **2** (自動車の)後輪の滑り. 〘1913〙

táil slìde *n.* 〘航空〙尾すべり《飛行機が後下方へ滑空すること》. 〘1916〙

táil·spìn *n.* **1** 〘航空〙きりもみ落下, きりもみ: We went into a ~. 我々の飛行機はきりもみを始めた. **2** (経済的)混乱, 不景気: send Japan's economy into a ~ 日本の経済を混乱に陥れる. **3** 意気消沈; 狼狽(ろうばい): The news sent me into a ~. その知らせで私はがっかりした. 〘1917〙

táil spìndle *n.* 〘機械〙心押し軸.

táil·stòck *n.* 〘機械〙(工作機械の)心押し台. 〘1864〙

táil sùrface *n.* 〘航空〙尾翼《水平・垂直両安定板および昇降舵(だ)・方向舵》.

táil tùrret *n.* (軍用機の)尾部(回転)銃座.

táil ùnit *n.* 〘航空〙 =tail¹ 13 b.

táil-wàgging *n.* 〘スキー〙 =tempo turn.

táil·wàter *n.* **1** (発電所などの放水路を流れる)放水; ダムの下流の水. **2** (灌漑用水の)あふれ水. 〘1759〙

táil whèel *n.* 〘航空〙(飛行機の)尾輪. 〘1910〙

táil wìnd /-wìnd/ *n.* 《飛行機や船の後ろから吹く》追い風 (cf. head wind). 〘1897〙

tai·men /táɪmən/ *n.* 〘魚類〙シベリア・東アジアに広く分布するサケ科イトウ属の食用魚 (*Hucho taimen*). 〘□ Russ. *taimen'*〙

Tai·mýr Península /taɪmíə- | -míə-; *Russ.* tajmír-/ *n.* [the ~] タイミル半島《ロシア連邦北部の Kara 海と Laptev 海との間にある半島; 面積 400,000 km²; Taimir [Taymyr] Peninsula ともいう》.

tain /téɪn/ *n.* **1** 薄いスズ板. **2** (鏡の裏に張る)スズ箔(はく). 〘(1858) □ F ~ 《変形》← *étain* tin < L *stannum*: cf. ME *teyne* plate / ON *teinn* twig〙

Tai·nan /tàɪnáːn; *Chin.* tʰáinán/ *n.* (*also* **T'ai-nan**) 台南(タイナン)《台湾西南部の都市》.

Tai·na·ron /táɪnərɑ̀(ː)n, -rɔ̀(ː)n | -rɔ̀n; *Mod. Gk.* táinaron/, **Ak·ra** /ákra/ *n.* テナロン岬《ギリシャ南部, Peloponnesus 半島南端の岬; 英名 Cape Matapan》.

Taine /téɪn, tén; *F.* tɛn/, **Hippolyte Adolphe** *n.* テーヌ《1828–93; フランスの文芸批評家・文学史家; *Histoire de la littérature anglaise*「英文学史」(1864)》.

Tai·no /táɪnoʊ | -nəʊ/ *n.* (*pl.* ~, ~s) **1 a** [the ~(s)] タイノー族《北米先住民の Arawakan 族で, 西インド諸島の Bahama 諸島や Haiti などに住んでいたが, 現在は絶滅》. **b** タイノー族の人. **2** タイノー語. 〘(1895) □ Sp. ~ ← Am.-Ind.〙

taint /téɪnt/ *vt.* **1** 〈名誉・評判を〉汚す (sully): His reputation was ~*ed* by scandal. 彼の評判はスキャンダルのために汚されていた. **2** (道徳的に)毒する, 腐敗[堕落]させる (defile, corrupt): Pornography ~*s* the young mind. ポルノは青年の心を毒する. **3** 〔悪などに〕感染させる, 染ませる, 毒する (infect)〔*with, by*〕(⇨ contaminate SYN): He is ~*ed with* skepticism. 懐疑主義に染まっている / The transaction is ~*ed with* fraud. その取引きは詐欺のにおいがする. **4** 汚す, 汚染する: the air ~*ed by* [*with*] smog スモッグで汚れた空気. **5** 腐らせる, いたませる: The meat is ~*ed*. 肉はいたんでいる. **6** 《廃》…に色をつける, 染める (tint). **— *vi.* 1** 腐る, いたむ (rot). **2** 《廃》活気[勇気]を失う: Till Birnam wood remove to Dunsinane I cannot ~ with fear. バーナムの森がダンシネンに向かってくるまでは, 恐怖にひるむことはない (Shak., *Macbeth* 5. 3. 2–3).
— *n.* 1 汚れ, 汚染 (contamination); 汚点, 汚名, きず (blemish): the ~ of scandal 醜聞という汚名 / a ~ on his character 性格上の汚点. **2** 腐敗, 堕落 (corruption); 悪影響, 害毒, 弊害: meat free from ~ 腐って[汚染されて]いない肉 / The moral ~ had spread among all classes. 病弊は社会の各方面に及んでいた. **3** (不名誉なものの)気味, 痕跡(こんせき) (trace, tinge): a ~ *of* insanity, vulgarity, etc. **4** 《廃》色, 色合い (color, tinge).
〘v.: (a1388) □ AF *teninter* ← *teint* (p.p.) ← OF *teindre* < L *tingere* 'to TINGE'. — n.: (c1400) □ OF *tainte, teinte* (fem. p. p.) ← *teindre*.〙

'taint /téɪnt/ 《方言・俗》it isn't, it hasn't の略. 〘1818〙

táint·ed /-tɪ̀d | -tɪ̀d/ *adj.* 汚染された, 汚れた; 腐った, 腐敗した: ~ meat いたみかけた肉 / ~ blood 汚れた血, 悪い血筋 / a ~ family 血統の悪い家 / ~ goods 〘労働〙不浄商品《組合と争議中の経営者の生産物; 組合員がその輸送・販売等に協力してはならない, とされる》/ ~ money (不正手段でもうけた)不浄の金. 〘1577〙

táin·ter gàte /téɪntə- | -tə-/ *n.* 〘土木〙テンターゲート (⇨ radial gate). 〘← *Jeremiah B. Tainter* (19 世紀のアメリカの発明家)〙

táint·less *adj.* **1** 汚れのない, 汚点のない. **2** 腐敗していない (uncorrupted); 純潔な (pure). **3** 病毒のない, 無毒[無害]の. **~·ly** *adv.* **~·ness** *n.* 〘1590〙

tai·pan¹ /táɪpæn, ⌐—⌐, ⌐—; *Cant.* taːipāːn/ *n.* 大班《旧中国における外国商社の支配人・経営者》. 〘(1834) □ Cant. *tai paan*〙

tai·pan² /táɪpæn/ *n.* 〘動物〙タイパン (*Oxyuranus scutellatus*)《オーストラリア北部およびその付近の島々に生息するコブラ科の毒ヘビ》. 〘(1933) ← Austral. (Wik-Mungkan)〙

Tai·pei /tàɪpéɪ; *Chin.* tʰáipěi/ *n.* (*also* **Tai·peh, T'ai-pei** /~/) 台北(タイペイ)《台湾の首都》.

Tai·ping /tàɪpíŋ; *Chin.* tʰàipʰíŋ/ *n.* (中国の)太平天国農民革命参加者, 長髪賊《洪秀全 (Hong Xiuquan) が清朝に対して起こした太平天国の乱の参加者》. **— *adj.*** 太平天国の, 長髪賊の: the ~ Rebellion 太平天国の乱 (1850–64). 〘(1853) □ Chin. ~ (太平)〙

Tai·wan /tàɪwáːn | -wáːn, -wǽn; *Chin.* tʰáiuān/ *n.* 台湾《台湾および周辺の島からなる; 面積 35,961 km²; 首都台北 (Taipei); 旧名 Formosa; 公式名 the Republic of China (中華民国)》. **Tài·wán·i·an** /-niən/ *adj., n.*

Tai·wan·ese /tàɪwəníːz, -wɑː-, -níːs | -níːz⌐/ *adj.* 台湾の, 台湾人の. **— *n.*** (*pl.* ~) 台湾人, 台湾の住民. 〘1942〙

Táiwan Stráit *n.* [the ~] 台湾海峡《台湾と中国大陸福建省 (Fujian) との間の海峡; Formosa Strait ともいう》.

Tai·yuan /tàɪjuáːn; *Chin.* tʰàiyǽn/ *n.* 太原(タイユワン)《中国山西省 (Shanxi) の省都》.

Ta·'izz /tæíːz | teɪíːz, taɪíːz/ *n.* タイズ《イエメン南西部の都市》.

taj /táːʒ, táːdʒ/ *n.* (*pl.* ~·es) (イスラム僧のかぶる)円錐(えんすい)形の帽子. 〘(1851) □ Pers. *tāj* crown〙

Ta·jik /tɑːdʒíːk, tə-, tɑːdʒík, tɑːdʒíːk/ *n.* (*pl.* ~, ~s) (*also* **Tadzhik**) タジク人《タジキスタンおよびその付近に居住するイラク系民族の人》. 〘1815〙

Ta·ji·ki /tɑːdʒíki, -dʒíːki | tædʒíki/ *n.* タジク語《タジク人の話すイラン語》.

Ta·jik·i·stan /tɑːdʒíkɪstæ̀n, -dʒíːk-, -stɑ̀ːn | tɑːdʒìːkɪstɑ́ːn, -dʒìk-, -stǽn; *Russ.* tədʒikʲistán/ *n.* (*also* Tadzhikistan) タジキスタン《中央アジアの共和国; 南部でアフガニスタン, 東部で中国に接する; 1991 年のソ連邦解体に伴い独立し独立国家共同体 (CIS) に参加; 首都 Dushanbe; 公式名 Republic of Tajikistan》.

Taj Ma·hal /tɑ́ːdʒməhɑ́ːl, tɑ́ːʒ-; *Hindi* tɑːdʒməhəl/ *n.* [the ~] タージマハル《インドの Agra にある白大理石の霊廟(れいびょう); Mogul 帝国第 5 代皇帝 Shah Jahan が妻のために建造 (1632–52)》. 〘(1858) 《転訛》← Pers. *mumtāz-i-mahall* eminent one of the Palaces (皇后の称号)〙

Ta·jo /*Sp.* táxo/ *n.* タホ(川) 《Tagus のスペイン語名》.

ta·ka /táːkə, -kɑː/ *n.* (*pl.* ~s, ~) **1** ターカ《バングラデシュの通貨単位; =100 paisa》. **2** 1 ターカ白銅貨[紙幣]. 〘(1972) □ Bengali *ṭākā*〙

ta·ka·he /táːkəhìː, -kɑː-/ *n.* 〘鳥類〙 =notornis. 〘(1851) ← Maori〙

take /téɪk/ *v.* (**took** /túk/; **tak·en** /téɪkən/)
— *vt.* 1 [方向の副詞語句を伴って] **a** 〈物を〉持っていく, 携帯する (⇨ bring SYN): I *took* the letter *to* him=I *took* him the letter. 手紙を彼のところへ持って行った / *Take* your umbrella *with* you. 傘を持って行きなさい / You can't ~ it *with* you. 《口語》(いくら大事にしていても)墓場まで持って行けはしないよ. **b** 〈人などを〉連れて行く, 案内する (conduct); 〈道路・階段・乗物などが〉導く (lead): ~ a person fishing [hunting, swimming] 人を魚釣り[猟, 泳ぎ]に連れて行く / ~ a girl *to* a dance [*to* dinner] 少女を舞踏会へ案内する[夕食に連れて行く] / You can't ~ the boy anywhere. その子は(行儀が悪いので)安心してどこにでも連れて行けるわけではない / *Take* me *with* you. 一緒に連れて行って下さい / He promised to ~ his children *to* the south of Ireland. 子供たちをアイルランドの南部へ連れて行ってやると約束した / Will this road ~ me *to* the station [*through* the forest]? この道を行けば駅に出ますか[森を通り抜けられますか] / This bus will ~ you *to* the village [*into* town]. このバスに乗ればその村へ行けます[町へ入れます] / The stairs *took* me *up to* the attic. その階段を昇ると屋根裏部屋に着いた / I'm just *taking* the dog *for* a walk. ちょっと犬を散歩に連れて行くところです / ~ a person *for* a drive 人をドライブに連れて行く / He *took* her *around* [*about*] the city. 彼女を町中案内した / ~ a person *through* a book 人を導いて本を一冊読ませる. **c** 〈仕事・努力などが〉〈人を〉(…へ)行かせる, 到達させる: Business *took* him (*from* York) *to* London. 仕事で(ヨークから)ロンドンに出かけた / Diligence *took* her *to* the top of the class. 勤勉によって彼女はクラスで一番になった. **d** 〈問題などを〉持ち込む (bring): ~ a problem *to* an adviser 相談役に問題を持ち込む / ~ a case *to* court 事件を法廷に持ち込む.
2 (手・腕・道具などで)取る, つかむ, 握る, 抱く (grasp, grip): ~ arms [one's pen, a cigar, one's hat] 武器[ペン, 葉巻, 帽子]を取る / ~ the railing 手すりにつかまる / ~ a thing *with* one's fingers 指で物をつまむ / ~ a person *in* one's arms 人を両腕に抱く / ~ a lantern *in* one's hand カンテラを手に取る / ~ a thing *between* one's knees ひざの間に物をはさむ / ~ a person *to* one's arms [heart, breast] 人を抱える; 人を心に受け入れる / She *took* the baby *on* her lap. 彼女は赤ん坊をひざに抱いた / He *took* my hand and led me away. 彼は私の手を取って連れていった. ★ 把握の対象を目的語とし, その部分を「by＋the＋名詞」で示す慣用法がある (cf. *vt.* 25c): He *took* me *by the* hand [arm, shoulders]. 私の手を取った[腕を取った, 両肩をつかまえた] / I *took* the dog *by the* [*its*] tail. その犬の尾をつかんだ.
3 a 〔…から〕取り去る, 取り除く, 抜き取る (remove); 引き離す (withdraw)〔*from, out of, off*〕: *Take* the knife (away) *from* the baby. 赤ん坊からナイフを取り上げなさい / She began to ~ the pins *out of* her hair. 髪からピンを抜き始めた / His gibe *took* the smile *off* her face. 彼のあざけりで彼女の顔から笑いが消えた / She never *took* her eyes *off* his face. 彼女は決して彼の顔から目を離さなかった / ~ a record player *to* pieces [bits] レコードプレーヤーを分解する. **b** 〈他人の物などを〉取る, 持ち去る, 盗む: Someone must have ~*n* my fountain pen. だれか私の万年筆を持って行ったに違いない / Who has ~*n* that book *from* [*out of*] the library? だれが図書館からあの本を持ち出したのだろうか.
4 a 〈鳥獣を〉捕える, つかまえる; 〈犯人などを〉取り押さえる, 逮捕する, 捕虜にする: ~ hares, fish, etc. / ~ a person [people] captive 人をとりこにする; 人を魅する / be ~*n* prisoner [hostage] 捕虜[人質]になる / The rebels must be ~*n* alive. 反逆者たちは生け捕りにしなければならない / Deuce [The Devil] ~ him! 悪魔にとっつかまるがいい. **b** 〈とりで・都市・国を〉奪取する, 乗っ取る, 攻め取る, 占領する, 占拠する; 〈敵船などを〉拿捕(だほ)する (capture): ~ a town, fortress, country, etc. / ⇨ *take by* STORM. **c** 〘法律〙〈財産を〉取得する, 接収する (confiscate): ~ lands compulsorily 土地を強制的に接収する. **d** 〘チェス〙〈相手の駒を〉取る: ~ an opponent's piece / Bishop ~*s* pawn. ビショップでポーンが取れる. **e** 〘トランプ〙(相手より強い札を出して)〈相手の札を〉取る (win): ~ an opponent's card. **f** 〘野球〙〈打球を〉捕える (catch), 捕えて投げ返す (field). **g** 〘クリケット〙〈打者〉の打球を捕えてアウトにする (catch out); 〈投手が〉〈三柱門を〉打ち倒す (cf. wicket 6): He was ~*n* at cover point by Lucas. 彼は後衛の所でルーカスに打球を捕えられてアウトにした.
5 〔…から〕減じる, 引く (subtract, take away)〔*from*〕; 〔値段から〕引く, 負ける (deduct)〔*off*〕: If one ~*s* 8 *from* 15, that leaves 7. 15 から 8 を引けば 7 が残る / We can ~ ten percent *off* the price for cash. 現金払いの場合値段から 1 割お引きします / ⇨ TAKE *away* (*vt.*) (4).
6 a 〈場所を〉取る, 占める, 〈時間を〉かける, 〈時間〉がかかる (use up): The box ~*s* little room. その箱は場所を取らない / The work *took* a long time to complete. その仕事を完成するのに長いことかかった / *Take* as long as you like. =*Take* your time. ごゆっくり. ★ しばしば "*It* ~*s*...*to* do" の構文に用いられ, 時に人を指す間接目的語を伴うこと

T

がある: *It took* a long time *to* complete the work. その仕事を完成するのに長いことかかった / *It took* him ten minutes *to* solve the problem.＝He *took* ten minutes to solve the problem. 彼がその問題を解くのに10分かかった / How long does *it* ～ you *to* walk from the station to the school? 駅から学校まで歩いてどのくらいかかりますか.
b 〈労力・条件などを〉必要とする (require, need): *It* ～*s* courage *to* do that.＝That ～*s* courage.＝Do*ing* [*To* do] that ～*s* courage. それをするには勇気がいる / *It* ～*s* patience and industry *to* master a foreign language. 外国語の習得には忍耐と勤勉が必要である / *It* ～*s* two *to* make a quarrel. 《諺》一人だけではけんかはできない《一方だけが悪いということはない》/ This letter ～*s* a 200-yen stamp. この手紙には200円の切手がいる / It ～*s* a lot of [some, much] doing. それはなかなか骨が折れる / He has what it ～*s*. 彼には(成功に)必要な素質が備わっている. **c** 〈人が〉〈特定のサイズの靴などを〉身につける, 用いる; 〈機械などが〉〈燃料などを〉使用する, 使う (consume): She ～*s* a six *in* shoes [～*s* size 6 shoes]. 彼女はサイズ6の靴を履く / He ～*s* a large size *in* hats. 大きなサイズの帽子をかぶる / This machine ～*s* only coins. この販売機は硬貨しか使えない / How much oil does your car ～? あなたの車はオイルをどれくらい使いますか.
7 〈忠言などを〉入れる, …に従う (follow); 〈治療・テストなどを〉受ける (undergo); 〈虐待・処罰・非難などを〉甘受する, 耐え忍ぶ (submit to, put up with), …に耐え抜く (withstand): ～ a person's advice 人の忠告を入れる / (cf. *vt.* 10 a) / ～ censure [criticism] 非難[批判]に甘んじる / ～ a hint [suggestion] 示唆に従う, ほのめかしに感づく / ～ one's punishment 罰を受ける / ～ a test テストを受ける / ～ hard [rough] usage 酷使に耐える / I will ～ no affront. 侮辱されて黙っていられない / I will ～ no refusal. いやとは言わせない / He *took* the lashing without a whimper. 悲鳴もあげずそのむちをこらえた / You don't have to ～ anything from him. 君は何も彼の仕打ちを黙って受けていなければならないということはない / I doubt if [whether] the dam will ～ these heavy flood waters. ダムがこの大水に耐え切れるかが心配だ / ⇨ TAKE *it* (2).
8 受ける, もらう, 受け取る (accept), 受諾する (⇨ receive SYN); 〈栄誉・学位・賞などを〉獲得[取得]する; 〈被害などを〉受ける, 被る: ～ a gift 進物を受ける / ～ a telephone call 電話を受ける / ～ a bribe 収賄する / ～ a bet [wager] 賭けに応じる / ～ a degree 学位を取得する / ～ 100,000 yen a month 月に10万円もらう[もうける] / After deductions, she ～*s* $1,000 a week. 控除後, 彼女の週給の手取りは千ドルだ / Don't ～ lifts *from* strangers. 知らない人の車に乗せてもらってはいけない / What [How much] will you ～ *for* this bicycle? この自転車はいくらで売るのですか / *Take* that! (相手を打ちながら)これでもくらえ / He *took* a bullet *through* the lungs. 弾丸が肺を貫通した (cf. *vt.* 25 c) / I've ～*n* insults *from* him. 何度も彼から侮辱を受けた / ⇨ TAKE *it* (1).
9 a 〈意味・人を〉理解する, 解する, 解釈する (interpret): You must ～the writer's meaning correctly. 著者の意図するところを正確に理解しなければならない / He failed to ～ the passage as it was intended. その一節を本来の意味通りに解釈することができなかった / if I ～ you rightly お言葉を誤解していないとすれば / I ～ your point. ご趣旨のほどはよくわかりました. **b** 〔…と〕みなす, 思う (consider)〔*as*〕; 〔…だと〕考える (assume); 間違える (mistake)〔*for*〕; [目的語＋*to be* を伴って] 〈…であると〉思う; [～ *it that* …として] 〈…と〉思う (suppose) (cf. *vt.* 31 b): She apparently *took* my remark *as* an insult. どうやら彼女は私の言葉を侮辱と受け取ったらしい / I naturally *took* the matter *as* settled. 当然その件は解決済みと考えた / That is what you are to ～ him *as* doing. そんなことは彼がしているとみるべきだ / I ～ it *for* granted. それは当然[もちろん]のことと思う (cf. *take … for* GRANTED) / She is often ～*n for* a boy. 彼女はよく男の子と間違えられる / She *took* his silent listening *for* interest. 彼女は彼が黙って聞いているのを興味をもっているものと思い込んだ / What do [would] you ～ me *for*? 私を何者だと思っているのですか《そんなばか[卑劣漢]だと思っているのか》/ Do you ～ me *for* a fool? 私をばかだと思っているのか / Many people ～ the story *to be* true [the truth, false, a lie]. その話を本当[真実, 偽り, うそ]だと考えている人が多い / I ～ *it that* you are well aware of it. そのことは先刻ご承知のことと思う. **c** 〔…と〕受け止める (accept), (概算して)〔…と〕見る (reckon)〔*at*〕: ～ a report *at* face value 報告を額面通りに受け止める[頭から信用する] / He *took* me *at* my word. 私の言うことを言葉どおりに受け入れた.
10 a 選んで取る, 選ぶ (choose); 〈機会などを〉捕える, 利用する; 〈手段・方法を〉採る, 講じる, 〈方針・態度を〉決める, …による: ～ one's pick [choice] えり抜く, より取りする / *Take* your partners for the next dance! 次のダンスのパートナーを選びなさい / ～ the opportunity *to* do 機会を捕えて…する, 機に乗じて…する / ～ the initiative ⇨ initiative 1 / ～ the offensive 攻勢に出る / ～ a moderate course 中道を行く / ～ medical [legal] advice 医師の診察を受ける [弁護士の意見を求める] (cf. *vt.* 7) / You can only let the matter ～ its own course. その事は成り行きにまかせておくより仕方がない / *Take* whichever you wish. どちらでも好きな方を取りなさい / Which route shall we ～? どっちの道を行きましょうか / I *took* the time to do the sights of the town. その時間を利用してその町を見物して回った. **b** (道具として)〔…に〕用いる〔*to*〕 (cf. *vt.* 6 c): ～ a mop *to* the floor モップで床をふく / I'll ～ scissors *to* that long hair of yours. お前のその長い髪をはさみで切ってやる / *Take* a stick *to* him! 棒でやつをぶってやれ. **c** 〈隠れ場〉へ入る, …に逃げ込む, 隠れる: ～ shelter [refuge] 避難する / ～ sanctuary 聖域に逃げ込む / ～ cover ⇨ cover *n.* **d** 〈道路などへ〉入る, 通る (enter): *Take* the second street to [on] the right. 2番目の通りを右へおいでなさい / ⇨ *take the* FIELD.
11 買う, 購買する (buy); 購読する (subscribe to); (契約して)借りる, 予約する (hire): ～ lodgings 宿を取る / I will ～ this hat. この帽子をもらおう[買おう] / I've ～*n* a seat for you at the theater. 劇場の座席を予約してあります / He *took* a house by the sea. 海辺の家を借りた / What papers do you ～? お宅ではどの新聞を取っていますか (cf. TAKE *in* (12)) / We ～ three pints of milk a day. うちでは1日に牛乳を3パイント取っている.
12 〈乗物〉に乗る, …に乗車[乗船]する (go on board): ～ a car, taxi, train, plane, boat, etc. / ～ ship 乗船する / I *took* a train [bus] *to* London. 汽車[バス]でロンドンへ行った / He *took* the airliner *for* San Francisco at 10 last night. 彼は昨夜10時にサンフランシスコ行きの定期旅客機に乗った.
13 a (体内に)摂取する, 食べる; 服用する; すする; 吸入する; 吸う; かぐ; 〈食事を〉する (partake of, ingest): ～ food, soup, lunch, etc. / ～ a cup of tea 《英》紅茶を飲む / ～ one's medicine / ～ drugs 麻薬を常用する[やる] / This lotion is not to be ～*n* internally. この外用薬は服用してはいけない / He died by *taking* poison [gas]. 服毒[ガス]自殺をした / ～ a deep breath 深呼吸をする / ～ a pinch of snuff かぎたばこを一つまみかぐ / He ～*s* too much. 彼は食べ[飲み]過ぎる / He does not ～ sugar in his coffee. コーヒーに砂糖を入れない / He ～*s* his coffee black. 彼はコーヒーをブラックで飲む / I usually ～ meals at home. 《英》ふだんは家で食事をする / She hasn't ～*n* any food [anything] for several days. 彼女は数日間何も食べていない. **b** 〈日光・外気〉に体をさらす, 浴する: ～ the [some] sun on the lawn 芝生の上で日光浴をする / They were staying there for their daughter to ～ the sea air for her cough. 彼らは娘が海の風に当たってせきが治るようにとそこに来ていた.
14 a 書き取る, 書きつける (write down); …の記録を取る (record): ～ notes of …のノートを取る / ～ a copy 写しを取る / ～ the attendance 出席を取る / ～ a speech in shorthand 演説を速記する / She told her secretary to ～ a letter. 彼女は秘書に手紙を書き取るように言いつけた / ～ a person's name and address 人の名前と住所を書き留める / ⇨ TAKE *down* (3). **b** 写す, 描く; (特に) 〈写真を〉撮る, 写す, …の写真を撮る (photograph); [形容詞＋名詞の目的語を伴って] 〈写真〉によく[悪く, など]撮れる (cf. *vi.* 6): ～ a photograph [picture] / ～ a snapshot スナップを撮る / ～ a person in cap and gown 大学の正装をした人を写す / I had my picture ～*n*. 私は写真を撮ってもらった / She ～*s* a good picture [photo] (＝She takes well). 彼女は写真うつりがよい. **c** 刷り取る, 刷り写す: ～ a proof 校正刷りを取る / ～ a person's fingerprints 人の指紋を取る / He *took* a rubbing of the ancient inscription. その昔の碑銘の拓本を取った.
15 〈ゲーム・競争などを〉勝ち取る, …に勝つ (win); 〈競技相手を〉打ち負かす (beat): ～ first place in the race そのレースで1等となる / ～ a trick at bridge ブリッジで1回勝つ / They *took* the second set 6–4. 6対4で第2セットを取った.
16 〈人を〉受け入れる, 採用する (adopt); 入れる, 入会させる (admit); 〈弟子などを〉取る; 〈下宿人などを〉置く; 〈妻を〉めとる; (家族の一人として)引き取る, 世話する, 扶養する: ～ pupils 生徒を取る / ～ lodgers 下宿人を置く / ～ a lover 〈女性が〉恋人ができる / ～ a person *into* a company 人を会社に採用する / ～ a new member *into* a society 新会員を入会させる / ～ a person *into* one's confidence 人を信頼する / ～ it *into* one's head to do… ふと…しようと思い立つ / ～ a person *in* marriage 人を夫[妻]にする / ～ a woman *to* wife 《古》女を妻にする[めとる] / ～ a boy *in* charge＝～ charge of a boy 男の子を預かる / He has ～*n* a wife. 妻を迎えた.
17 〈席・位置〉に着く: ～ a seat 着席する / ～ a person's place 人に取って代わる / I *took* the chair that was offered me. 勧められた椅子に腰を下ろした / He *took* the (witness) stand. 証人席についた / Is this seat ～*n*? この席はふさがっていますか.
18 a 〔根源から〕得る, 取ってくる, 取り出す (derive)〔*from*〕: The machine *took* its name *from* the inventor. その機械は発明者の名を取って呼ばれた. **b** 〔…から〕引用する, 借用する (borrow), 〈情報などを〉入手する〔*from*〕; 〔…から〕〈模範などを〉引き出す (deduce)〔*by*〕: These two lines are ～*n from* Shakespeare. この2行はシェークスピアから引用されている / English has ～*n* a great many words *from* other languages. 英語は他の言語から多数の語を借用している / ～ one's example *from* another 他人の例にならう / All my information is ～*n from* publicly available documents. 情報はすべて公に利用できる文書から得たものだ.
19 a 〈生命を〉奪う, 亡き者にする: ～ one's own life 自殺する / The bloodshed *took* the lives of thirty people in one week. その流血の惨事で1週のうちに30名の人命が失われた. **b** …の生命を奪う, 殺害する: Our son was ～*n* from us. うちの息子は亡くなってしまった / That summer the blight *took* the plants and vegetables. その夏には胴枯れ病で植物や野菜が枯れた.
20 飛び越す, 渡る (jump over, pass through), 〈障害物などを〉乗り越える: ～ a corner (too fast) (急いで)角を曲がる / ～ a ditch in one stride 溝をひとまたぎで越える / ～ a hedge with an easy jump 垣根(かき)をやすやすと飛び越す / ～ a slope 坂を登る.
21 〈休息・休暇などを〉取る (enjoy, have): ～ a rest, a vacation, etc. / ～ one's ease 休む, くつろぐ / ～ a holiday 休暇を取る / ～ a day off 一日休暇をとる / ～ a (five-minute) break (5分間)休憩する / ⇨ TAKE *five* [*ten*].
22 a 〈ある行動を〉する, 行う (perform, make): ～ a walk 散歩をする / ～ a step 一歩踏み出す / ～ a flight 飛行する / ～ a leap (一回)跳躍する / ～ a look ちょっと見る / ～ a look around 一わたり見回す / ～ a trip 旅行する / ～ a turn on the beach 海岸を散歩する / ～ a bath 風呂に入る / ～ a shower シャワーを浴びる / ～ a nap 昼寝をする / ～ a sip ちびちび飲む / ～ a decision 《英》決定[決心]する / ～ vengeance [revenge] 復讐する, 仇を返す / ～ counsel 相談する. **b** 《口語》〔…に〕〈打撃などを〉加える (direct)〔*at*〕: ～ a jab *at* a person ぐいと人を突く / ～ a punch [poke] *at* a person 人に(こぶしで)殴りかかる / He *took* a swipe *at* his opponent. 敵を力いっぱい殴った. **c** 〈訴訟を〉起こす (institute): ～ legal action 訴訟行為を開始する / ～ proceedings 訴訟を起こす. **d** 〈異議を〉申し立てる (raise): ～ exception *to* …に異議を申し立てる. **e** 〈別れを〉告げる (bid): ～ one's leave 別れを告げる.
23 a 〈注意・見方などを〉する, 〈判断などを〉働かせる (exercise): ～ no notice [note] of …を心に留めない, 顧みない / ～ care [heed] 注意する / ～ prudence 大事を取る / ～ pity [compassion] *on* …を哀れむ[同情する] / ～ a different [gloomy, grave] view of …に対し違った[悲観的な, 深刻な]見方をする. **b** 〈感情などを〉感じる, 経験する: ～ comfort 慰めを得る, 安んじる / ～ courage [heart] 勇を鼓する, 元気を出す / ～ delight in …に喜びを感じる, …を楽しむ / ～ a dislike *to* …をきらう / ～ a fancy *to* …が気に入る / ～ an interest in …に興味を持つ / ～ offense [umbrage] (*at* …) (…に)怒る, 立腹する / ～ pleasure *in* doing… 喜んで…する / ～ fright ぎょっとする, おびえる.
24 a (調査・測定・観測によって)確かめる (ascertain), 調査する, 測定する: ～ a person's measurements 〈洋服屋などが〉人の寸法を取る / ～ the dimensions of a house 家の大きさ(間口・奥行など)を測る / ～ a person's temperature 体温を測る / ～ a person's pulse 人の脈を取る / ～ the height of the sun 太陽の高度を測定する. **b** 〈調査・観測を〉行う (conduct): ～ a reading on the dial ダイヤル目盛を読む / ～ soundings 水深測量をする; 意向を探る / ～ a census [poll] 国勢[世論]調査をする.
25 a 〈病気・危害・発作や考え・気分などが〉〈人などを〉とらえる, 襲う (seize, attack); [受身で]〔…に〕襲われる, かかる〔*with*〕; [受身で, 補語としての形容詞を伴って] 襲われてある状態に陥る, (急に)…になる: Plague ～ him! あの野郎疫病に取りつかれてしまえ, いまいましいやつめ / He admires as the humor ～*s* him. 気が向けばほめる / He *was* ～*n with* a fit of coughing. 急にせきの発作に襲われた / I *was* ～*n with* an intense weariness. 激しい疲労感に襲われた / She *was* ～*n* ill. 彼女は病気になった / I *was* ～*n* hoarse at the last moment. 《古》いよいよというときに声がかすれてしまった. **b** 〈人を〉(ある情況のもとで, ある行為中に)襲う, 不意打ちする, 取り押さえる (catch): ～ a person by surprise 人の不意を打つ, 人を奇襲する / ～ a person *at* a disadvantage 人に不意打ちを食わせる / He was ～*n in* the very act of stealing. 盗みの現行犯で取り押さえられた / ～ a person napping ⇨ nap[1] *vi.* 2. **c** [しばしば二重目的語を伴って] 〈人〉の〔体の一部を〕打つ, …に打ち当たる (hit), 〔…に〕〈一撃を〉加える〔*on, in, over, to*〕: He *took* me a box *on* the ear. 彼は私の横っ面を張った / John *took* Jack a sharp jab *to* the ribs. ジョンはジャックの胸元に鋭いジャブをくらわした / The blow *took* him *in* the face. その一撃が彼の顔に当たった.
26 〈人などが〉〈病気・発作など〉に襲われる, かかる (catch) (cf. *vt.* 25 a): ～ cold 風邪(かぜ)を引く.
27 〈染料などを〉吸収する, …で染まる; 〈磨きなど〉がきく: Cotton does not ～ dyes kindly. 木綿は染まりがよくない / The stone ～*s* a high polish. その石はよく磨きがきく / It won't ～ a shine. それは磨きがきかない / ～ paint [the color] ペンキ[色]に染まる / ～ the ink インキがつく[しみる].
28 a (記章・象徴として)身に着ける, 用いる (assume, adopt); 〈議長席・王座など〉に着く (cf. *vt.* 17): ～ an assumed name 仮名を用いる / ⇨ *take the* VEIL, *take the* GAVEL[1] / ～ the throne [crown] 王位に就く / ～ the habit 修道僧となる / ～ the gown 聖職者となる / ～ the ball (クリケットで)投手になる / ～ an oar 漕ぎ始める / ～ the chair 議長席に着く. **b** 〈役職・役割などを〉務める, 果たす, 担当する (perform); 〈責任・義務などを〉負う, 引き受ける (undertake): ～ the consequences 結果に対する責任を負う / ～ the chairmanship of a committee 委員会の議長の役を引き受ける / ～ command 指揮をとる / ～ the lead 指導役を務める / ～ orders 聖職に就く, 聖職者となる / ～ a rehearsal リハーサルの監督[指導]をする / This year Miss Nelson will ～ our class [French with freshmen]. 今年はネルソン先生が私たちのクラス[新入生のフランス語]を教えて下さる / The governor *took* office on April 1st. 知事は4月1日に就任した / For many years he has ～*n* the responsibility of keeping order in this city. 多年にわたり彼はこの市の治安維持の責務を負って来た / The actor *took* the role of the fool in *King Lear*. その俳優は「リア王」で道化師の役を演じた / The curate was going to ～ the morning service. 牧師補が朝の礼拝式を執行しようとするところだった (cf. *take* SERVICE[1]). **c** (進んで) 〈労を〉取る, 〈骨折りを〉する: ～ pains 骨を折る (⇨ pain *n.* 3) / ～ the trouble to do 労をいとわず…する, わざわざ…する (⇨ trouble *n.*). **d** 〈誓いを〉立てる: ～ a vow [a pledge, an oath] 誓う. **e** (抗争・争議などで)〔…の側〕につく, 味方する: ～ a person's side 人に味方する / Some *took* part with me. 何人かは私に味方をした. **f** (論拠として)…による, 〈立場を〉取る: ～ one's stand on …に立脚

する / Your point is well ~*n*. 君の議論は正しい. **g** (当然のもののように)自分のものとする (appropriate): ~ (the) credit for another's work 人の功をわがものとする / ~ the liberty of doing something 勝手にある事をする / ~ liberties with ⇨ liberty 成句.
29 〈形・性質を〉帯びる (assume); …の性質を帯びる: The tendency has ~*n* a definite form. その傾向は明確な形を取って現れている / Liquid ~*s* the shape of the vessel containing it. 液体はその容器と同じ形になる, 水は方円の器に従う / The butter has ~*n* the flavor of tea. バターに茶のにおいが移った.
30 a 〈問題・事態を〉取り上げる, 取り扱う (treat); 考慮する (consider); (例として)取り上げる; 〈敵を〉相手にする: ~ a matter into [under] consideration ある事を考慮に入れる / He was a man, ~ him for all in all. 彼はどの点から見てもまことの男であった (Shak., *Hamlet* 1. 2. 186) / *taking* one thing with another あれこれ考え合せてみると / *Taken* together, these circumstances are quite serious. 諸般を考え合わせると事態はきわめて深刻だ / *Taken* all together, …全体から見れば…, 概して… / *Take* (the case of) Japan for instance. 日本を例に挙げよう / ~ two enemies in succession 次々に二人の敵と取り組む. **b** 〈稽古事などを〉習う, 〈学科を〉勉強する (study); (学校で)〈課程〉にはいる, 取る, 履修する (enroll in): ~ ballet バレエを習う / ~ music [tennis] lessons 音楽[テニス]のレッスンを受ける / I am *taking* German in college. 大学ではドイツ語を取っています.
31 a [副詞語句を伴って] (よく, 悪く)取る, 受ける (receive); (そのままに)受け入れる: ~ it easy (あることに対して)のんきに構える / ~ something well [kindly, in good part] あることをよく[善意に]取る / ~ something ill あることを悪く取る / ~ a joke in good part 冗談を善意に解する / ~ something to heart ある事を気にする / ~ something as it comes [as they come] あることをそのまま受け取る / ~ a person [things] as you find [one finds] him [her, it, them] 人[物事]をありのまま受け入れる / ~ something as it is [as they are] あることをあるがままに受け取る / You must ~ her as she is. 彼女をあるがままに受け入れなければならない / We *took* it pretty hard [badly]. ちょっとつらく感じた / He *took* the situation calmly [coolly]. 彼は事態を冷静に受け止めた / He doesn't ~ women seriously. 女というものにまともに取り合わない. **b** (本当と)思い込む, 信じる (believe); [~ *it that*…として]〈…と〉信じる (cf. *vt.* 9 b): *Take* [You can ~] it from me. 私が言うのだから本当だ; 確か[本当]だ / *Take* my word for it. それについては私の言うことを信じてほしい / You can ~ *it that* he is fully acquainted with the facts. 間違いなく彼は十分事実を知っているんだよ.
32 〈人目・関心を〉引く (attract); [通例受身で]〈人〉の心を引きつける, 魂を奪う, 〈人を〉うっとりさせる (captivate, charm) (cf. taking *adj.* 1): ~ a person's eye 人の目を引く / ~ a person's attention 人の注意を引く / ~ a person's fancy 人の気に入る / He *was* much [very] ~*n* *with* [*by*] her beauty. 彼女の美しさにすっかり参ってしまった / I *was* ~*n* *with* [*by*] the car on sight. 一目見てその車が気に入ってしまった.
33 a 〈場所が〉収容する, …がはいる (accommodate); …の宿泊設備をもつ: This elevator ~*s* six persons. このエレベーターには 6 人乗れる / We cannot ~ so many guests. 私どもではそんなに大勢のお客様をお泊めできません. **b** 〈船が〉〈水を〉しみ入らせる, 浸入させる (admit) (cf. TAKE *in* (13)): The boat *took* a lot of water over the bow. 船にへさきからたくさん浸水した.
34 〖文法〗 **a** 〈語尾を〉取る, (格・法などで)〈特殊の語形〉に変化する; 〈アクセント〉が付く: Most English nouns ~ s in the plural. 英語の名詞は複数形ではたいてい語尾に s が付く / This word ~*s* an accent on the second syllable. この語は第二音節にアクセントが付く. **b** 〈動詞が〉〈目的語などを〉取る, 要する, 〈名詞などが〉〈一致した形態の動詞を〉取る: This verb ~*s* an object. この動詞は目的語を取る / A singular pronoun ~*s* a singular verb. 単数の代名詞は単数形の動詞と用いられる.
35 《俗》だます, 欺く (cheat); だまして〈…を〉奪う 〔*for*〕: I was badly ~*n*. まんまとだまされた / He *took* her *for* $5,000. 彼は彼女から 5 千ドルだまし取った / ⇨ TAKE *in* (6).
36 〈女性〉と性交する.
37 《米》〖野球〗〈打者が〉〈投球を〉見送る: The batter *took* the first pitch. 打者は第一球を見送った.
38 《スコット》〈水が〉(…まで)沈める, 埋没させる (submerge): The water *took* me *over* the head [*up to* the knees]. 頭の上[膝のところ]まで水でつかった.
— *vi.* 1 a 〈薬などが〉効く (operate, work); 〈種痘が〉つく: The vaccine did not ~. 種痘はつかなかった. **b** 《まれ》〈燃料などが〉火がつく; 〈火が〉つく (catch): Benzine ~*s* easily. ベンジンは火がつきやすい / The fire *took* quickly. 火はすぐについた. **c** 《米・カナダ》凍る (freeze): The rivers began to ~. 川が凍り始めた.
2 a 〈植物が〉根づく (take root), 〈種が〉芽を出す: Cedars ~ well. ヒマラヤスギは根づきがよい / The seeds have ~*n*. 種が芽を出した. **b** 〖外科〗〈移植組織などがつく, うまく移植される[融合する], 生着する: Has the graft [transplant] ~*n*? (皮膚)移植はつきましたか.
3 〈インク・染料・色などが〉付く, のる, よくしみ込む (be absorbed): The ink ~*s* well *on* cloth. そのインクは布地によく付く.
4 a 取る, 捕える (capture): The queen ~*s* at any distance in a straight line. (チェスで)クイーンは遠近にかかわらずまっすぐ先の駒が取れる. **b** 〈魚が〉餌につく (bite): Fish will ~ best after rain. 魚は雨のあとに一番よく釣れる. **c** 〖法律〗財産(権)を取得[相続]する (obtain possession): The eldest son *took*. 長男が財産を相続した.
5 a 〈本・劇・俳優などが〉人気を博する, 〔読者・観客に〕受ける 〔*with*〕: The book *took* well. その本は人気を博した[よく売れた] / This play ~*s* *with* a certain class. この劇はある階級には受ける / The actor did not ~ *with* the public. その俳優は大衆受けしなかった. **b** 《まれ》〈計画などが〉成功する, 当たる (succeed): The treachery *took*. 裏切りは成功した. **c** 《古》人の心を魅する, 魔術[呪文]をかける (charm, seize): then no planets strike, No fairy ~*s*, nor witch hath power to charm その時には星も妖精も祟(たた)らず魔女も通力を失ってしまう (Shak., *Hamlet* 1. 1. 162–3).
6 [副詞語句を伴って] (写真に)撮れる (cf. *vt.* 14 b): She ~*s* better standing (=She takes a better photograph standing). 彼女は立っている方がよく撮れる / This color ~*s* well. この色は写真のうつりがよい.
7 〈…の価値を〉減じる, 落とす (detract) 〔*from*〕: Nothing *took from* our sense of happiness. 何物にも我々の幸福感は奪われなかった / The size of her hat ~*s* *from* her height. 大きな帽子のせいで彼女は背が低く見える.
8 《口語》[補語を伴って] (病気に)なる (become, fall): She *took* ill [sick] and died. 病気になって死んだ.
9 〈機械・装置などが〉引っかかる, かみ合う (catch, engage) 〔*into*〕: These pins ~ *into* holes in the plate. これらの鋲はプレートの穴にうまく引っかかる.
10 [種々の副詞語句を伴って] 引き分けられる, 分解される (come): This toy ~*s to* pieces. このおもちゃは分解できる / ⇨ TAKE *apart* (1), TAKE *off* (*vi.*) (6).
11 [方向の副詞語句を伴って] 行く, 進む: ~ *across* fields 野を横切る / ~ *down* [*up*] the hill on a run 一走りに丘を下る[上る] / ⇨ TAKE *after* (2), TAKE *off* (*vi.*) (3), TAKE *out* (*vi.*).
12 《米方言》[~ *and* …として] (勢いよく, 進んで)…する. ★ 強意語としてまたは冗語的に用いる (cf. go and… ⇨ go[1] *vi.* 1 d): He *took and* ran after the boy. さっと少年のあとを追いかけて行った / I'll ~ *and* tell father. お父さんに言いつけるぞ.
be tàken abáck ⇨ aback 成句.
be tàken shórt ⇨ short *adv.* 成句.
be tàken úp with …に心[注意]を奪われている, 没頭[熱中]している (cf. *vt.* 32, TAKE up (*vt.*) (14)): She *was* entirely ~*n* *up with* her clothes. 彼女は衣装のことで頭が一杯だった.
take about 〈人を〉連れて[案内]して回る.
táke áfter (1) (容姿・性質・ふるまいなどで)〈親など〉に似る (resemble); …のやり方に倣(なら)う, まねる: She ~*s* *after* her father's family. 彼女は父方の家族に似ている / I'm going to ~ *after* my mother. 母を見習おうと思っている. (2) 《米口語》…を追う: A pack of wolves *took after* her. 狼の群れが彼女を追って来た.
táke agáinst 《主に英》…に反抗する, …と対立する (oppose); …に(頭から)反感を抱く, …を嫌う(ようになる) (↔ take to).
táke alóng 〈人を〉連れて行く, 〈物を〉持って行く: Will you ~ me *along* (with you) to the party? パーティーへ一緒に連れて行ってくれないか.
táke a lòt óut of =TAKE *it out of* (2).
tàke amíss ⇨ amiss 成句.
táke apárt (*vt.*) (1) 〈機械などを〉ばらばらにする, 分解する; 〈家具などが〉分解できる: ~ a bicycle *apart* 自転車を分解する. (2) 〈理論などを〉分析する, 検討する, 吟味する. (3) 《口語》〈人・相手チーム・作品などを〉ひどく攻撃する[やっつける], 酷評する; 〈人を〉ひどい目に遭わせる: He was *taken apart*. (4) 〈人を〉(内密な話などのため)わきへ連れて行く (take aside). (5) 《俗》〈人を〉八つ裂きにする, ばらす (murder). (6) 〈部屋・家などを〉徹底的に捜索する. — (*vi.*) 〈家具などが〉分解できる: This piano ~*s* *apart* for packing. このピアノは分解して梱包(こんぽう)できる.
táke asíde 〈人を〉(ないしょ話のために)わきへ連れて行く: I *took* him *aside* for a few words in private. ないしょでちょっと話すために彼をわきへ連れて行った.
táke awáy (*vt.*) (1) 運び去る, よそに移す (remove); 〈仕事などが〉〈人を〉出かけさせる; 連れ去る, 連行する: He *took* his son *away from* the boarding school. 息子に寄宿学校をやめさせた / That will ~ your mind *away from* your troubles. それで気が紛れて心配事も忘れるだろう. (2) 《英》=TAKE *out* (*vt.*) (2). (3) 〈感情・痛み・損失などを〉取り除く, 取り去る; 〈権利などを〉奪う 〔*from*〕: Love ~*s* *away* all your ability to enjoy it. 恋愛はそれを楽しむ能力のすべてを失わせる / It *took* her appetite *away*. それで食欲が無くなってしまった. (4) 減じる (subtract): *Take away* 73 *from* 100, and how much have you got left? 100 から 73 を引けばいくつ残りますか. (5) 〈印象・思い出などを〉〔…から得る 〔*from*〕. (6) 無視する. (7) [*a lot* などを目的語として]〔…の価値・見映えなどを損う. — (*vi.*) (1) 食卓を片付ける. (2) 〔…の〕価値[効果]を落とす 〔*from*〕.
táke báck (1) 〈借り出した本・買った品などを〉返す, 返却する (return); 送って帰らせる; 〈…を〉〔元の状態に〕戻す 〔*to*〕: These books must be ~*n* *back to* the library. この本は図書館へ返さなければならない / It's time you *took* the children *back* in your car. もう子供たちを車に乗せて送って行く時間だ. (2) 〈前言・約束などを〉取り消す, 撤回する (retract): ~ *back* one's words 前言を取り消す / One cannot ~ *back* what's been done やってしまったことは取り返すことができない. (3) 取り戻す 〔*from*〕; 〈返品を〉引き取る; 〈解雇した使用人・家出した夫や妻などを〉再び迎え[受け]入れる, 仲直りして受け入れる: Will you ~ *back* this book, which I bought last week? 先週買ったこの本を引き取ってくれますか / She was ready to ~ her husband *back*. 彼女はすぐにでも夫を迎え入れようと思っていた. (4) 〈物事・人が〉〔過去を〕〈人〉に思い起こさせる, よみがえらせる (carry back) 〔*to*〕: The music *took* me *back to* my childhood. その音楽を聞いていると子供の頃が思い出された. (5) 《主に米》〈抵当を〉かたに金を貸す.
táke dówn (*vt.*) (1) 〔棚・かぎなどから〕取り降ろす[はずす], 下げる (lower) 〔*from*〕; 〈ズボンなどを〉ずり降ろす; 〈旗などを〉おろす: ~ *down* the hem of a skirt スカートのへりを下げる / ~ *down* a picture *from* the wall 壁から絵を取りはずす. (2) 〈建物・足場・飾り付けなどを〉取りこわす[はずす] (pull down); 〈樹木などを〉切り倒す (cut down); 〈髪などを〉ほどく (unfasten); 〈銃などを〉分解する (disassemble); 〖印刷〗解版する (distribute): ~ *down* Christmas decorations クリスマスの飾り付けを取りはずす / The standing type has been ~*n* *down*. 組み置きの活字は解版してしまった. (3) 書きつける, 書き留める, 記す (write down); 〈講義・講演などを〉ノートする, 記録する 〔*in, on*〕; 〈音楽・劇などを〉録音する (record): I *took down* his name and address. 彼の住所氏名を書き留めた / I listened, *taking down* every word he said. 彼の言う一言一句をノートしながら聞いた. (4) 階下の(食堂)へ案内する (escort down); (離れた所に)連れて行く, 持って行く: He *took* her *down to* dinner. 彼は彼女を階下の食堂へ案内した. (5) 〈薬などを〉飲み込む, 飲み下す (swallow). (6) 〈光・音などを〉弱める, 小さくする (reduce). (7) 《口語》〈人〉の高慢の鼻をひしぐ (humble): He must be ~*n* *down* a peg [notch] or two. 少し彼の高慢の鼻をひしいでやらなければならない. (8) [受身で] 〔病気で〕倒す (lay low) 〔*with*〕: He *was* ~*n* *down with* the flu. インフルエンザで床に就いていた. — (*vi.*) 〔病気などで〕倒れる, 冒される 〔*with*〕: She *took down with* fever. 彼女は熱病で倒れた.
***tàke fíve* [*tén*]** 《米口語》(5 分間 [10 分間])休憩する.
táke for 《まれ》…に味方する, …を支持する.
táke in (1) 理解する (understand), 〈意味を〉のみ込む (grasp); 覚えている; 〈トリックなどを〉真に受ける: He was listening to the lecture without *taking* it *in*. わからぬままにその講演を聞いていた / She stared at him, not seeming to ~ *in* what he meant. 彼の言う言葉の意味がのみ込めぬらしくじっと彼の顔を見詰めた. (2) (瞬間的に)気づく, 見てとる (perceive); じっくり見る (observe keenly); 聞きほれる: His eyes *took in* everything. 彼の目は何一つ見逃さなかった / He *took in* the situation at once [at a glance]. すぐに[一目で]その場の状況を見てとった / I stood a moment *taking in* the grandeur of the scene. 一瞬その光景の雄大さに見入ってたたずんだ. (3) 〈客・同居人を〉泊める (receive); 〈下宿人・使用人を〉置く; 〈犬・猫などを〉家に入れて世話する; 〈病院・学校などが〉〈人を〉受け入れる 〔*to*〕: In this neighborhood many households ~ *in* lodgers. この近所には下宿家が多い / They added to their income by *taking in* students. 彼らは学生を下宿させて収入の足しとした / She *took* an orphan *in*. 一人の孤児を引き取った / She was ~*n* *in* as a partner in the law firm. 彼女はその法律事務所にパートナーとして雇われた. (4) 屋[室]内へ案内する, (特に)〈女性を〉食堂へ案内する: He *took* Mary *in* to supper. メアリーを夕食に招じ入れた. (5) 〈罪人を〉収監する, 〈被疑者を〉(警察へ)拘引する. (6) 《口語》[通例受身で] だます, 欺く (cheat, deceive): She was ~*n* *in* by his apparent kindness. 彼女は親切そうな彼の口車に乗せられた. (7) 《主に米》〈ある金額を〉稼ぐ, …の収入がある, (収益・配当金として)得る. (8) 《口語》旅程に入れる, 訪ねる, 見物する (visit); 《主に米》〈映画・芝居などを〉見に行く (attend): We *took in* the Tower of London on our weekend. 我々の週末旅行の旅程にロンドン塔を入れた / I *took in* a movie last night. 夕べ映画を見に行った. (9) 〈衣服などを〉小さくする, 詰める; 〈たるみなどを〉引き締める (tighten); 〈帆を〉畳む (furl): ~ a dress *in* ドレスの寸法を詰める / ~ *in* the slack of a rope ロープのたるみを引き締める / ~ a sail *in* 縮帆する. (10) 〈洗濯物・縫い物などを〉自宅で引き受ける, (家で)内職としてする: She *took in* washing [sewing, mending]. 洗濯[縫い物, 修理]の内職をした. (11) 〈値段・旅程などが〉含む, 包含[包摂]する, 取り入れる (include): The observation ~*s* *in* all the subsidiary factors. その観察は副次的要因もすべて取り入れている. (12) 《英》〈新聞・雑誌・牛乳などを〉取る, 購読する (subscribe to) (cf. *vt.* 11): How many daily papers do you ~ *in*? 日刊新聞はいくつお取りですか. (13) 〈船が〉〈水を〉入れる, 浸入させる (cf. *vt.* 33 b); 詰め込む, 積み込む, 積載する: The boat was *taking* a little water *in*. 船は少し浸水していた / The ship *took in* provisions for two months. 船は 2 か月分の食料品を積み込んだ. (14) 《英》〖証券〗〈売株〉の繰延べ料 (backwardation) を受け取る. (15) 〈土地を〉併合する (annex), 囲い込む (enclose). (16) 〈動植物が〉摂取する, 吸収する. (17) 〈車などを〉修理のため持ち込む.
táke it (1) 受諾する, 承諾する (accept): ~ *it* or leave it ⇨ TAKE *or leave* (1). (2) 《口語》(試練・侮辱・批判・罰などに)耐える, 頑張り抜く, やり抜く: You can ~ *it*. 君ならやっていける / ~ *it* lying down 甘んじて屈辱に耐える / ⇨ *take it on the* CHIN, *take it from the* TOP[1]. (3) 考える, 理解する (assume, understand) (cf. *vt.* 9 b): You're not interested, I ~ *it*. どうやら興味をお持ちでないようですね.
Tàke it awáy. [命令文として] 〖ラジオ・テレビ〗本番願います (You're on the air. または The mike is yours. に近い表現; cf. Start performing now!).
táke it óut of 《口語》(1) 〈人〉に腹いせをする, 痛い目に遭わせる, 〈人〉に罰を科する (penalize). (2) 〈人を〉疲れさせる, がっくりさせる, 参らせる (exhaust): The summer heat *took it out of* him. 夏の暑さに彼は参ってしまった. 《1890》

T

táke it óut on 《口語》腹いせに〈人〉に辛く当たる, 〈人〉に八つ当たりする: Don't ～ *it out on* me. 私に八つ当たりしないでくれ.
tàke kíndly to ⇨ kindly² 成句.
táke óff (*vt.*) (1) (…から)〈服・帽子・靴などを〉脱ぐ; 〈化粧を〉落とす (↔ put on); 〈ブレーキなどを〉緩める (release): He *took off* his glasses. 眼鏡をはずした / ～ the brake *off* ブレーキを緩める. (2) (休暇として)取る: He *took* a week *off* (work [from work]). 休暇を1週間取った. (3) 連れて[持って]行く, 連れ去る (lead away): He was ～*n off* to prison. 刑務所へ連れて行かれた / ～ oneself *off* 立ち去る. (4) 《口語》まね, のまねする (mimic): The comedian *took off* the Premier to perfection. その喜劇俳優は首相をそっくりにまねた. (5) 〈バス・飛行機・劇などの〉運行[公演]を打ち切る, 中止する (discontinue): They *took* two buses *off*. 会社はバスを2便廃止した / The night-flight service was ～*n off* at the end of last month. その夜行飛行便は先月末で運行停止となった / The play was ～*n off* after two performances. その劇の公演は2回だけで打ち切られた. (6) 〈船・島から〉救出する: The crew of the tanker were ～*n off* by helicopter. 油槽船の乗組員はヘリコプターで救出された. (7) (…から)取り去る, 持ち去る, 取り除く (remove) (⇨ *vt.* 3 a); 削除する; 外す; 〈手足などを〉切断する; 〈体重を〉減じる: The leg had to be ～*n off* above the knee. 脚は膝の上から切断しなければならなかった / He *took off* ten pounds during the summer. 夏の間に10ポンドやせた. (8) 〈…の〉勤務を免じる, 転勤させる; 〈選手などを〉引っ込める. (9) 〈金額を〉まける, 割引く (deduct). (10) 〈税を〉免じる, 〈制限などを〉解除する (↔ put on): What taxes will be ～*n off* in the next budget? 今度の予算案にはどんな免税があるだろうか. (11) 〈…の命〉を取る, 殺す: Many people were ～*n off* by the earthquake. その地震で多くの人命が失われた. (12) 飲み込む, 飲み干す (take down): ～ a pint of beer *off* 1パイントのビールを飲み干す. (13) 複写[複製]する (reproduce); 描く, 写生する (portray): ～ *off* 500 copies コピーを500部とる. (14) 〈通信を〉(受信機から)とる. (15) 《米俗》〈…から強奪する, 襲う (rob). (16) 《米》〈病気が〉〈…の命〉を奪う.
— (*vi.*) (1) 〈飛行機・パイロット・ロケットなどが〉離陸[離水]する, 〈鳥などが〉飛び立つ〔*from*〕; 《スポーツ》跳躍を開始する, 踏み切る, 跳び上がる. (2) 《口語》〈景気が〉著しく上昇する, 〈製品が〉売れ行きがよくなる; 〈物事が〉うまくいき始める; 〈パーティーなどが〉盛り上がる: The economy is now *taking off* again. 景気がまた上向きになりかけている. (3) 《口語》(急に)出発する, 出かける (leave): ～ *off after* …を追いかける / I'm thinking of *taking off for* Hawaii for a month's vacation. ひと月の休暇を取ってハワイへ行って来ようと思っている. (4) 〈潮が〉減退する, 〈嵐が〉静まる, 〈風・雨が〉やむ (abate): The rain *took off*. 雨がやんだ. (5) 〔主流などから〕分岐する, 〔本筋から〕脱線する (branch off)〔*from*〕; 端を発する, 発生する (stem)〔*from*〕. (6) 取りはずせる. (7) 〔…に〕夢中になる〔*on*〕.
táke … òff — (1) 〈列車・バスなどを〉〔運行路線〕から外す. (2) 〈…を〉〔船など〕から救出する. (3) 〈名前などを〉〔リストなど〕から削除する; 〈料理を〉〔メニュー〕から外す; 〈体重を〉—から減らす; 〈心配などを〉〔心〕からぬぐい去る: They have ～*n* steak *off* the menu. メニューからステーキが削られている / It will ～ a lot (of worry) *off* your mind. そうすればずっと心配が無くなりますよ. (4) [しばしば受身で]〈…を〉〔仕事・職など〕から外す: The detective was ～*n off* the murder case. 刑事はその殺人事件の担当を解かれた. (5) 〈金額を〉〔商品の価格〕からまける (⇨ *vt.* 5). (6) 〈…に〉〔薬・食べ物など〕をやめさせる. (7) 〈…を〉〔市場〕から引き上げる. (8) 〈視線などを〉—からそらす (⇨ *vt.* 3). (9) 〈…を〉—から奪う.
táke ón (*vt.*) (1) 〈仕事・責任などを〉引き受ける (undertake); 〈医師・弁護士などが〉〈患者・依頼人などの〉世話を引き受ける: ～ *on* a contract 仕事を請け負う / You'd better not ～ any more responsibility *on*. これ以上責任を背負い込まないほうがよい / The lawyer *took* her *on* as a client. その弁護士は彼女を依頼人として引き受けてくれた. (2) 〈外観・性質・音調などを〉身につける, 帯びる (assume); 〈意味を〉もつようになる (acquire); 〈風習などを〉採用する (adopt): The London afternoon began to ～ *on* the misty yellows of evening. ロンドンの午後のたたずまいは霧に黄ばんだ夕べの情景を帯び始めた / His voice *took on* enthusiasm. 話す声に熱が入ってきた / In this context the word ～*s on* a new meaning. この文脈ではその語は新しい意味をもつようになる. (3) 雇う (hire); 〈志願者を〉入学させる (enroll): They had to ～ *on* some extra workers. 彼らは臨時職員を雇い入れなければならなかった. (4) (競技などで)…の挑戦を受けて立つ; …と戦う, 喧嘩する, 取り組む (tackle): I'll ～ *on* anybody at chess. チェスならだれの相手でもしよう. (5) 〈体重・筋肉などを〉身につける (add): ～ weight *on* 体重が増える. (6) 〈船・飛行機などに〉積み込む, 搭載(とうさい)する; 〈バスなどが〉〈乗客を〉乗せる (take aboard): The pilot refused to ～ any more passengers *on*. 操縦士はそれ以上乗客を乗せようとしなかった. (7) 〈ローンなどを〉背負い込む. (8) 〈家を〉借りる.
— (*vi.*) (1) 《口語》騒ぎ立てる, わめき散らす; 悲嘆に暮れる: Don't ～ *on* so! そう悲しむな, まあ落ち着きなさい. (2) 気取る, 威張る. (3) 《口語》〈思想・歌などが〉人気を得る, はやりだす (catch on). (4) 〔…と〕つきあう〔*with*〕.
táke or léave (1) 受け入れるか拒むかどちらかにする, (とっさに)採否[諾否]を決める: You must ～ it *or leave* it. 受諾するか拒絶するかのどちらかしかない《いやならやめてもらうだけさ》. (2) [命令法で] (金額・日数など)…の出入り[過不足]はあるとして (give or take): the expenditure of $500,000, ～ *or leave* a few hundred dollars 数百ドルの出入りはあるとしてまず50万ドルの経費. 《1664》
táke óut (*vt.*) (1) 取り出す, 取り除く, 取り去る (cf. *vt.* 3 a, b); 〈税金などを〉差し引く (deduct), 除外する (exclude); 〈盲腸などを〉切除する; 〈しみなどを〉抜き取る; 〈本を〉借り出す; 〈金を〉引き出す: He *took out* a small notebook *from* his pocket. ポケットから手帳を取り出した / He *took out* a cigarette and lit it. たばこを取り出して火をつけた / Ammonia is good for *taking* stains *out*. アンモニアはしみ抜きによい / That ～*s* all the fun *out of* it. それでは全く興ざめだ / There were 21 working days, *taking out* weekends and holidays. 週末と休日を除いて仕事日が21日あった / ～ *out* a tooth 歯を抜く. (2) 《米》(レストランなどから家での食事用に)〈軽食を〉買って持ち帰る (take away). (3) 連れて出かける, 連れ出す, 案内する (lead forth, conduct); 《口語》〈女性を〉(パーティー・観劇などへ)案内する (escort), デートの相手として連れ歩く〔*to*〕: I *took* the dog *out* for a run. 犬をちょっと散歩に連れて出た / He used to ～ me *out* for drives. 彼はよく私をドライブに連れて行ってくれたものでした / John has begun to ～ Kate *out*. ジョンはケートをデートの相手に連れ歩き始めた. (4) 《口語》〈借金・払い戻しなどを〉〔品物・クーポン券・サービスなどで〕受け取る〔*in*〕: The storekeeper asked me to ～ the cost *out in* trading stamps. 店主はその経費をクーポン券で受け取ってほしいと言った. (5) 〈障害物などを〉排除する (get rid of); 殺す, やっつける; 《軍事》〈敵の要塞などを〉壊滅する, 一掃する (destroy): ～ *out* an enemy aircraft 敵の飛行機を打ち落とす. (6) 〈怒り・情熱などを〉〔…に〕浴びせかける, 吐露する, 注ぐ (vent)〔*on, upon*〕: He *took out* his anger *on* the dog. =He *took* his anger *out on* the dog. 腹立ちを犬にぶちまけた. (7) 〈証書・免許状などを〉受領する, 取得する, (届け出て)もらう; 〈購読の申し込みをする; 〈保険に〉加入する, かける; 〈抵当権・ローンなどを〉設定する: ～ *out* an annual subscription 一年分の購読の手続きを済ます / ～ *out* life [fire] insurance 生命[火災]保険をかける / ～ out a patent 特許を取得する. (8) 《法律》〈召喚状・令状などを〉〔…に〕発行する〔*against*〕: The police *took out* a summons *against* him. 警察は彼に召喚状を発行した. (9) 《口語》〈時間を仕事以外に充てる, 休みにする; 《英》休学する. (10) 殴って気絶させる. (11) 〈物を〉ひっくり返す, 〈人を〉倒す; 《アメフト》ブロックする. (12) 《トランプ》(ブリッジで)〈パートナー(のビッド)を〉受けてそれとは別なスーツまたはノートランプで答える (cf. raise *vt.* 20 b). (13) 《廃》写し取る (copy): *Take* me this *out*. この模様を写し取ってくれ (Shak., *Othello* 3. 4. 180). (14) 《豪口語》〈競技などに〉勝つ: ～ *out* an opposing player 相手の選手をやっつける. — (*vi.*) 出発する, 出かける (set out): ～ *out after* …のあとを追う / We *took out for* home. 我々は帰途に就いた.
táke a person óut of himsèlf 人の気を紛れさせる, 心配事[苦労]を忘れさせる: A vacation should *take* you *out of yourself*. 休暇を取れば気が紛れるはずです. 《1890》
táke óver (*vt.*) (1) 〈事務などを〉引き継ぐ; 〈店などを〉譲り受ける, (代わって)〈会社などの〉経営[管理]を始める, 乗っ取る, 買収する; (責任を負って)〈役割・仕事を〉引き受ける〔*as*〕; 〈軍が〉〈建物などを〉接収する, 〈工場・観光地などを〉占拠する: He *took over* the business *from* his father. 父から商売を引き継いだ / Spain *took over* the Sahara in 1884. スペインはサハラ砂漠を1884年に領有した / Tourists seem to have ～*n over* the best beaches. 旅行者たちは一番よい浜辺を占領したように思われる. (2) 〈感情・考え・活動などが〉〈…の〉関心を奪う. (3) (不在中など)〈部屋・アパートなどを〉使う. (4) 《印刷》…を次の行へ送る. (5) 送り届ける; (川向こうなどまで)運んで行く (convey across): I'll ～ her *over to* her house. 彼女を家まで送って行こう. (6) 〈生活様式などを〉借用[採用, 模倣]する. (7) 《俗》だます, ぺてんにかける (cheat). — (*vi.*) (1) 〔人のあとを継ぐ, 〔人に代わって〕担当する〔*from*〕; 取って代わる, 優勢となる: The director has suddenly resigned, and I've got to ～ *over* (*from* him). 取締役が急に辞任したので, 私があとを継がなければならないことになった / A new life style is *taking over*. 新しい生活様式が芽生え出している. (2) 〈感情などが〉圧倒する, とまらなくなる. (3) あれこれと口を出す.
táke … òver — (1) 〈時間・手間などを〉—にかける. (2) 〈…が〉〔台詞・学科など〕を練習[勉強]するのを手伝う. (3) 〈…に〉〔場所〕を案内して回る.
táke onesèlf (1) 行く, 進む: He *took himself to* bed. 床に就いた. (2) 《古》〔…に〕身を捧げる, 専心する〔*to*〕: I *took myself to* the task. その仕事に専心した.
táke the cáke [《英》***biscuit, bún***] 《口語》 (1) 1位を占める (rank first). (2) 〈人・事が〉(馬鹿らしさ・厚かましさなどで)何ものにも引けをとらない (surpass all): He [That] ～*s the cake for* stupidity. ばかさかげんでは天下一品だ《あきれる》. 《1884》
táke to (1) …が好きになる (↔ take against): We *took to* each other instantaneously. すぐさまお互いが好きになった. (2) [しばしば doing を伴って] …に没頭する, 専心するよう になる; 習慣として…するようになる, 習慣的に…を用いるようになる: ～ *to* one's studies 研究に身を入れる / ～ *to* drink(*ing*) 飲酒の癖がつく, 酒におぼれる / ～ *to* drugs 麻薬にふけるようになる / ～ *to* thieving 盗み癖がつく, 盗みをするようになる / He *took to* evil ways. 悪の道に入り込んだ / He has ～*n to* striped ties. 彼はしまのネクタイを着けるようになった / She has recently ～*n to* glasses [wearing a wig]. 彼女は最近眼鏡をかける[かつらを付ける]ようになった. (3) …に順応する, なじむ (adapt oneself to); …がすぐに上手になる: The tree ～*s* well *to* this soil. その木はこの土によくなじむ / ⇨ *take* KINDLY² *to*. (4) 〈隠れ場所・休み場などへ〉行く; (前進の手段として)…に頼る, 訴える (have recourse to): ～ *to* (one's) bed 病気で寝付く / ～ *to* the boats (本船を捨てて)ボートに乗り移る / ～ *to* the skies 飛行機で飛び立つ, 機上の人となる / ～ *to* the hill ⇨ hill 成句. (5) 《方言》…を世話する, …の面倒を見る (take care of).
táke úp (*vt.*) (1) 取り上げる, 拾い[抱き, 持ち]上げる (lift, pick up); 取り除く[払う]: ～ *up* a handful of earth 土を一握り拾い上げる / ～ *up* a book [one's pen] 本[ペン]を手に取る / ～ the carpet *up* じゅうたんをはがす / He bent down and *took* her *up* in his arms. 彼は身をかがめて彼女を抱え上げた. (2) (趣味などとして)始める, (習慣的に)行う[用いる]ようになる; 〈原則・思想などを〉採用する (adopt): ～ *up* smoking [gardening, riding, rabbit farming] たばこ[庭いじり, 乗馬, うさぎの飼育]を始める / You'd better ～ *up* some outdoor sport. 何か屋外のスポーツを始めた方がよい. (3) 〈問題などを〉取り上げる, 論じる, 〈提案などを〉検討する; 〈問題などを〉〔…に〕持ち出す, (取り上げて)〔…と〕相談する〔*with*〕: I suggest that we ～ *up* one problem at a time. 問題は一度に一つずつ取り上げていくことを提案します / You'd better ～ the matter *up with* the teacher. その問題は先生に相談してみたほうがよい. (4) 〈仕事・職業・研究などに〉取りかかる, 着手する (engage in); 〈職責を〉引き受ける, 〈任〉に就く (assume): She *took up* teaching as a profession. 彼女は職業として教師を始めた / I wished I had ～*n up* history. 歴史をやっておけばよかったと思った / He *took up* the duties of the mayoralty that year. その年彼は市長に就任した. (5) 〈賭け・挑戦・申し込み・チャンスなど〉に応じる (accept); 《口語》〈人〉の〔申し出・挑戦など〕に応じる〔*on*〕: ～ *up* a bet [the challenge] 賭け[挑戦]に応じる / If your offer still holds good, I would like to ～ you *up on* it. いつぞやのお話, まだよろしいのでしたらお受けしたいのですが. (6) 〈場所・時間・手間などを〉取る, ふさぐ (fill up): The work *took up* much of my time. その仕事で私はひどく時間を取られた / The large bed *took up* nearly all the floor space. その大きな寝台が床のほとんど全部を占めていた. (7) 〈位置〉につく, 〈立場〉に立つ; 〈住所・宿所を〉定める: ～ *up* a [one's] position (守備・攻略のための)位置につく; (討論で)立場を取る / ～ *up* (one's) residence 住居を定める, 住まう / He again *took up* his quarters at the Athletic Club. 彼は再び運動家クラブに宿泊し始めた. (8) 〈列車などが〉〈人を〉乗せる, 〈船が〉〈荷物を〉積み込む (take aboard): The train stopped to ～ us *up*. 列車が止まると我々は乗り込んだ. (9) 〈中断されたことを〉再開する (resume), 〈話〉の穂を継ぐ: He *took up* the story just where I had left it [left off]. 彼はちょうど私がやめたところから引き継いで物語のあとを話した. (10) 捕縛する, 拘引する, 逮捕する (arrest): He was ～*n up* for theft. 盗みの罪で逮捕された. (11) 〈切れた血管・解けた縫い目などを〉縛る, くくり合わせる, とじつける; 〈糸巻き・巻き枠が〉〈糸・テープ・フィルムなどを〉巻きつける: ～ a dropped stitch *up* ほぐれた縫い目をくくりつける / the reel which ～*s up* the film フィルムを巻きつけるリール. (12) 〈たるみなどを〉引き締める (tighten); 〈衣服など(の寸法)を〉詰める, 縮める (shorten): The sailors began to ～ *up* the slack in the ropes. 水夫らは索のたるみを引き締め始めた / This dress needs *taking up* at the hem. この服はすそを詰める必要がある. (13) 〈動植物が〉〈水分・養分などを〉吸収する, 〈紙などが〉吸う (absorb): Blotting paper ～*s up* ink. 吸取紙はインキを吸い取る. (14) 〈心・注意などを〉引きとめる, 集中させる (engross); [受身で]〈人が〉〔…に〕没頭する, 熱中する〔*with*〕(⇨ *be* TAKEN *up* with): ～ *up* a person's attention 人の注意を引きとめる. (15) 《古》〈態度を〉取る, 装う (assume): ～ *up* an aggressive attitude 攻勢に出る. (16) 〈歌・合唱など〉に唱和する (join in): He started the song, and everyone *took* it *up*. 彼がその歌を歌い始めると皆がそれに唱和した. (17) (異議とか批判のために)…の話をさえぎる; 鋭く非難する, 叱責(しっせき)する (rebuke): When she said that, he *took* her *up* sharply. 彼女がそれを言ったとき, 彼は鋭くなじった. (18) 〈芸術家・芸能人などの〉後援者となる, 後援する, 保護[庇護(ひご)]する: He *took up* a girl whom everybody neglected. みんなにほったらかしにされていた少女を保護した. (19) 〈道路を〉掘り起こす: ～ *up* a pavement. (20) 〈公債など〉に応募する (subscribe to): ～ *up* a new loan 新しい公債に応募する. (21) 〈借金を〉皆済する, 〈手形・株などを〉買い取る; (借金を返済して)〈抵当を〉受け戻す (pay off). (22) 《豪》〈未開の土地を〉所有[占有]する, 開拓する; 〈ダフ屋などが買い占める (buy up): ～ *up* one's land 土地を所有する. (23) 《米・スコット》〈寄付金・献金などを〉募る (gather in): ～ *up* a collection 寄付を募集する. (24) 《スコット》〈洒落・諷刺などを〉解する, 理解する (appreciate). (25) 《廃》〈けんか・口論〉の調停をする (cf. Shak., *As Y L* 5. 4. 99). (26) 《廃》立ち向かう, 対峙(たいじ)する (cf. Shak., *2 Hen IV* 1. 3. 72–73).
— (*vi.*) (1) 詰まる, 縮まる, 引き締まる (shrink, draw together): The rope *took up*. ロープが縮まった. (2) 〈巻き枠などが〉巻きつけをする (cf. (*vt.*) (11)). (3) (他の人がやめたところから)引き継ぐ, 再び始める (resume) (cf. (*vt.*) (9)): Let's ～ *up* where we left off last week. 先週やめたところから始めることにしよう. (4) 《米》〈授業が〉始まる: School *took up*. 授業が始まった. (5) 〈バス・汽車などが〉乗客を乗せる: The train stops to ～ *up* for London. 汽車はロンドン行きの乗客を乗せるために停車する.
take úp for 《米》…の味方をする, …の肩を持つ (side with, stand up for).
táke a person úp on (1) 〈人と〉…について議論[論争]する, 〈人〉に…をただす. (2) 《口語》人の〈申し出・賭けなど〉に応じる.
táke úp with (1) 《口語》〈思わしからぬ相手〉と交際しだす, …と親しくする (associate with); 関係する: She has ～*n up with* a disreputable man. 彼女は評判のよくない

T

男と親しくなった. (2) …に興味をもつ, 没頭する. (3) 《古》〈説などを〉採る, 支持する (adopt), …に賛成する (agree with): ～ *up with* the theory その説に賛成する. (4) 《廃》…を忍ぶ, 我慢する (put up with).
tàke úp … with ― (1) 〈…を〉〔責任者・上司などと相談[検討]する, 〈…で〉―に意見を求める (consult). (2) [通例受身で]〈…を〉―に没頭させる, 夢中にさせる; 〈…の〉関心を―に引きつける.
táke upòn [*on*] *onesélf* (1) (自分から進んで)…の責任を負う, 引き受ける, 〈…する〉任に当たる 〈*to do*〉: She *took* the blame *upon herself*. 自らその責めを負った / He *took* it *upon himself to do* it. 自らそれをする任を買って出た. (2) 《古》ふりをする, 知っているふりをする.
táke with 《廃》(1) …が気に入る, …を好む (like). (2) …を忍ぶ, 我慢する (put up with). (3) 〈罪などを〉認める (admit).
― *n.* **1** 〘映画・テレビ〙(連続した)一シーンの撮影, 一ショット; (一回分の)撮影シーン[場面]. **2** (演奏などの)録音(取り) (recording), テイク; 一回分の録音; 試し録音 (trial recording): dozens of ～*s* 何十回分もの録音. **3** (獲物・魚などの一回の)捕獲; (一回の)捕獲高 (catch), 猟, 漁 (haul) 〔*of*〕: a large ～ *of* fish 大漁 / the yearly ～ *of* furs 一年間の毛皮の取り高. **4** 《俗》**a** 収益, 利得 (proceeds); 売上高, (入場料の)上がり高 (the gate), 収穫額: the tax ～ last year 昨年の税収額. **b** (競馬・競輪の賭け金などからの)分け前, 収益率 (cut). **5** (心的な)反応, 呼応, 察し具合 (response); 見解〔*on*〕: a boy with a quick ～ 反応の速い男の子. **6** 取る[受ける]こと, 取得 (cf. give-and-take); (チェスなどで)駒を取ること. **7** 《口語》〘医学〙種痘[植皮, 接いだ骨]がつくこと; (植皮の)癒着. **8** 〘印刷〙(印字機係または植字工が引き受ける)一回分の原稿; (論説・講演などの)一回分: the first ～ of copy which fell to our share 我々の担当になった最初の一回分の原稿. **9** 《俗》試み (attempt): on the third ～ 3度やってみて, 3度目に.
on the táke 《米俗》(1) (人に乗じたりする)機会をねらって. (2) 私利に汲々として. (3) 賄賂を受け取って[欲しがって].
《(1930)》
ták·a·ble /-kəbl̩/ *adj.* **táke·a·ble** *adj.*
〖lateOE *tacan* ◻ ON *taka* to touch, seize ← ? IE **dēg-* to lay hold of ∽ OE *níman* to take (⇨ numb)〗

SYN つかむ: **take** (手で)取る, つかむ《最も一般的な語》: *take* a book from the shelf 棚から本を取る. **seize** 突然(特に強引に)手でつかむ: The policeman *seized* the thief by the arm. 警官は泥棒の腕をぐいとつかんだ. **grasp** つかまえてしっかりと握る: *grasp* a rope ロープをしっかりと握る. **grip** しっかりと握って離さない《*grasp* よりも意味が強い》: *grip* a handle ハンドルをしっかりつかむ. **snatch** 急につかみ取る: The thief *snatched* the old man's wallet and ran. どろぼうは老人の札入れをひったくって逃げた. **grab** 乱暴にまたは無法につかむ: The dog *grabbed* the meat and ran. 犬は肉をくわえて逃げ出した. ⇨ receive.

---

táke-àll *n.* 〘植物病理〙麦類立枯病《*Ophiobolus graminis* 菌による穀物の疾病; whiteheads ともいう》. 〖1880〗
táke·awày *n., adj.* [限定的]《英》=takeout.
táke·dòwn *n.* **1** 取りはずし; 分解できる部分, 部分品. **2** (機械などの)分解; 組立て式機械; 分解(式)火器 (ライフル銃・ショットガンなど). **3** 《口語》(だまして)鼻をあかすこと, 参らせること (humiliation). **4** 〘レスリング〙テークダウン《アマチュアレスリングで立った状態で組み合い, 相手をマットに倒し, 自分が優勢な立場になること; 得点 2 点; cf. reversal 4, escape 7》. ― *adj.* [限定的] 取りはずし式の, 分解式の: a ～ shack 組立てバラック / a ～ rifle 分解式ライフル銃. 〖1893〗
táke-hòme *adj.* 〈テストなど〉生徒が家に持ち帰って行う.
táke-hòme pày *n.* (所得税などを差し引いた)手取り給料 (take-home, take-home wages ともいう). 〖1943〗
táke-home sàle *n.* 《英》=off-sale.
táke-ìn *n.* **1** 収容[吸収]数量. **2** 《口語》ぺてん, 詐欺 (deception, fraud). **3** 《英俗》(晩餐(ばんさん)会などの)エスコート役. 〖1778〗
tak·en /téɪkən/ *v.* take の過去分詞. 〖《*c*1340》 *itaken, ytakyn*: cf. OE *getacen* (p.p.) ← *tacan* 'to TAKE'〗
take·off /téɪkɔ̀(ː)f, -ɑ̀(ː)f | -ɔ̀f/ *n.* **1** (航空機の)離陸(点), 離水(点): a ～ pad (ヘリコプターの)離着陸場. **2** 《口語》(おどけた)物まね; パロディー (parody), 戯画 (caricature): We roared with glee at the ～ he did *of* the Prime Minister. 彼の首相の物まねで大笑いした. **3** 出発 (start): ～ hour 出発時刻. **4** (馬術・陸上競技で)跳躍の踏切り (rise, leap); 跳躍点: a good [bad] ～. **5** 放水路. **6** 欠点 (drawback). **7** 《米》(急速な経済成長の)出発点, 初期の段階. **8** 〘機械〙(主シャフトにギヤで接続される)補助機構を動かすシャフト, 伝導装置. **9** (管や電線などの)分枝, 支線. **10** (建築に先立って行う必要資材一切の)見積もり調査, 積算: plumbing ～ 水道工事の見積もり調査. **11** (馬券の)売上げからの控除金. 〖1826〗
tákeoff fìeld lèngth *n.* 〘航空〙離陸滑走路長.
tákeoff rùn *n.* 〘航空〙離陸滑走距離. 〖1981〗
take·out /téɪkàʊt/ *n.* **1** 《米》持ち帰り用の軽食; 持ち帰り用の軽食を売るレストラン[食堂] (《英・NZ》 takeaway). **2** 取り出すこと. **3** 取り出したもの, 持ち出したもの. **4** (雑誌などの)とじ込み部分《小説・写真などを掲載して他をいためずにそっくり取りはずせる部分》. **5** 〘機械〙(加工処理後の製品の)取出し装置. **6** 〘トランプ〙テイクアウト: **a** (ブリッジで)パートナーのビッド (bid) またはダブル (double) を受け, 別なスーツ (suit) をビッドすること (cf. raise *vt.* 20 b). **b** (ポーカーで)ゲームを始めうる最低の賭け金. ― *adj.* [限定的]《米》〈軽食が〉持ち帰り用の; 〈店が〉持ち帰り用の軽食を売る (《英》 takeaway): ～ coffee, meals, etc. 〖1908〗
tákeout dòuble *n.* 〘トランプ〙(ブリッジで)テイクアウトダブル《敵方がビッドした時, 自分の手が強いことを示してパートナーに何らかのビッドを要請するためのダブル; informatory double ともいう; cf. forcing bid, penalty double》. 〖1944〗
take·o·ver /téɪkòʊvə | -òʊvə(r)/ *n.* **1** (管理・支配・所有などの)乗っ取り, テークオーバー: a Moroccan ～ of the Sahara サハラ砂漠をモロッコが乗っ取ること / attempt a ～ of a company. 会社の乗っ取りを企てる. **2** 〘陸上競技〙(リレーの)バトンタッチ (changeover). 〖1917〗
táke-over bíd *n.* 《英》〘証券〙=tender offer.
tak·er /téɪkə | -kə(r)/ *n.* **1** 取る人, つかみ手, 捕獲者 (captor). **2** 受取り人, 受け手 (acceptor): a bribe ～ 賄賂を受け取る人. **3** (切符などを)集める人; (ノートを)取る人: a ticket ～. **4** 賭けに応じる人: No ～*s* at 5 to 3. 5 対 3 では応じる者がない. **5** 購読者. **6** 飲用者, (薬の)服用者; 消費者: a drug-*taker* 麻薬の常用者. **7** 賃借人, 借地人, 借家人. 〖*c*1350〗
táker-òff *n.* 〘建築〙見積もりをする人, 積算士. 〖1825〗
táke-ùp *n.* **1** (政府などの提供する給付金などの)受け取り(率), 請求. **2** (フィルム・テープの)巻取り装置. **3** ぴんと張ること, 締めること. **4** 〘機械〙(糸・なわなどの)引っ張り装置, 締め道具, 糸締め器. **5** (織物・壁紙などの)巻揚げ装置. **6** (織物の)縮充, 縮み. 〖1825〗
táke-up rèel *n.* =take-up 4.
takht /tɑ́ːkt/ *n.* (アジア諸国で)長椅子, ベッド. 〖《1786》 ◻ Pers. ～〗
ta·kin /tɑ́ːkiːn/ *n.* 〘動物〙ターキン (*Budorcas taxicolor*) 《Assam 北部, チベット山地にすむカモシカに似たウシ科の動物》. 〖《1850》 ◻ Tibetan *ta kyin* 《原義》horse ibex〗
tak·ing /téɪkɪŋ/ *n.* **1** [*pl.*] 収益, 上がり高, 売上げ高 (earnings, receipts): the day's ～*s* of a shop 店のその日の売上げ. **2** 捕獲高, 漁獲高. **3** 取得, 獲得, 捕獲〔*of*〕. **4 a** 《古》騒ぎ, 動揺 (agitation), 興奮 (excitement); 困惑 (perplexity): He was in a great ～. 非常に気をもんでいた. **b** 《スコット》みじめな情況 (plight). **5** 《廃》魔力, たたり: Bless thee from whirlwinds, star-blasting, and ～! あんたもつむじ風, 星の災い, 悪魔のたたりに気をつけるんだな (Shak., *Lear* 3. 4. 59–60).
for the táking (欲しければ)自由に, ただで: The leaflets are yours [there] *for the* ～. リーフレットは自由にお取り[お持ち]下さい.
― *adj.* **1** 《古》人の心を引く, 魅力のある, 愛敬(あいきょう)のある, 人好きのする: in a ～ manner ほれぼれするような物腰[言い方]で. **2** 《廃》うつる, 伝染性の (infectious, catching): a ～ disease.
～·ly *adv.* **～·ness** *n.* 〖*a*1325〗
Ta·kla Ma·kan /tɑ̀ːkləməkɑ́ːn/ *n.* (*also* **Ta·kla-ma·kan, Ta·kli·ma·kan** /～/) [the ～] タクラマカン(砂漠)《中国新疆(しんきょう)ウイグル自治区 (Xinjiang Uyghr Autonomous Region) 南部の Tarim 盆地中部にある砂漠》.
Takoradi *n.* ⇨ Sekondi-Takoradi.
tak·y /téɪki/ *adj.* 《口語》魅力的な, 人を引きつける. 〖⇨ take (vt.) 32〗
tal. 《略》〘処方〙L. *tālis* このように (such, like this).
ta·la[1] /tɑ́ːlə, -lɑː/ *n.* (*pl.* ～, ～*s*) **1** タラ《サモアの通貨単位; =100 sene; 記号 WS$》. **2** 1 タラ貨. 〖《1967》 ◻ Samoan ～ ◻ E DOLLAR〗
ta·la[2] /tɑ́ːlə/ *n.* 〘音楽〙ターラ《インド音楽の打楽器が奏する強弱のリズム型, 拍子》. 〖《1891》 ◻ Skt *tāla* hand-clapping 《変形》← *tāḍa* beating〗
Ta·laing /tɑːlάɪŋ/ *n.* =Mon.
tal·a·poin /tǽləpɔ̀ɪn/ *n.* **1** 〘動物〙タラポインモンキー (*Miopithecus talapoin*) 《アフリカ西部のマングローブ湿地にすむグエノン (guenon) の最小の種類》. **2** (ミャンマー・タイなどの)仏教修行僧(の尊称). 〖《1586》 ◻ F ～ ◻ Port. *talapão* ◻ Burmese *tala poi* our lord〗
tal·a·ri /tǽləri/ *n.* タラリ《昔のエチオピアの銀貨》.
ta·lar·i·a /təlέ(ə)riə | -léər-/ *n. pl.* 〘ギリシャ・ローマ神話〙(Mercury, Iris などのくるぶしに付いた)翼のあるサンダル. 〖《1593》 ◻ L *tālāria* ankles, winged shoes (neut. pl.) ← *tālāris* of the ankle ← *tālus* ankle: ⇨ -ia[2]〗
Ta·la·ve·ra de la Rei·na /tɑ̀ːləvέ(ə)rədələréɪnə | -véərədə-; *Sp.* talaβeɾaðelaréina/ *n.* タラベラデラレイナ《スペイン中部の Tagus 川に臨む町; 半島戦争 (the Peninsular War) で英国・スペイン連合軍がフランス軍を破った地》.
ta·la·yot /təlɑ́ːjoʊt | -jəʊt/ *n.* (Balearic Islands, 特に Majorca, Minorca に残る)青銅器時代末, B.C. 1500 年から紀元ごろまでに作られた石塔. 〖《1893》 ◻ Catalan ～ ◻ Sp. *atalaya* ◻ Arab. *ṭalā'i'* (pl.) ← *talī'ah* sentinel〗
Tal·bot[1] /tɔ́ːlbət, tɑ́ːl-, tǽl- | tɔ́ːlbət, tɔ́l-/ *n.* **1** タルボット《bloodhound に似て耳の長い猟犬; 今は絶滅》. **2** 〘紋章〙(紋章図形として多用されている)タルボット. 〖《*c*1381》 ← ? ME ～ (英国の旧家名: ⇨ Charles TALBOT; その家紋にこの犬の姿がある〗
Tal·bot[2] /tǽlbət | tɔ́ːl-, tɔ́l-/ *n.* トールボット《男性名》. 〖← OF *talebot* pillager ← *taillier* to cut (⇨ tail[2]) + *botte* faggot〗
Tal·bot /tɔ́ːlbət, tɑ́ːl-, tǽl- | tɔ́ːl-, tɔ́l-/, **Charles** *n.* トールボット《1660–1718; 英国の政治家; 大蔵長官 (1714); 称号 Duke of Shrewsbury》.
Talbot, William Henry Fox *n.* トールボット, タルボット《1800–77; 英国の物理学者; ネガポジ写真法 (calotype) の開発者》.
Tálbot dòg [**hòund**] *n.* =Talbot[1] 1.
talc /tǽlk/ *n.* **1** 〘鉱物〙タルク, 滑石 ($H_2Mg_3(SiO_3)_4$) 《滑剤などに用いる》. **2** 雲母 (mica). **3** 〘薬学〙=talcum powder. ― *vt.* (**talcked, ～ed** /～t/; **talck·ing, ～·ing** /～ɪŋ/) 滑石でこする, 滑石で処理する. 〖《1582》 ◻ F ～ // ML *talcum* ◻ Arab. *ṭalq* ◻ Pers. *talk*〗
Tal·ca /tɑ́ːlkə; *Am.Sp.* tálka/ *n.* タルカ《チリ中部の都市》.
Tal·ca·hua·no /tæ̀lkəwɑ́ːnoʊ, tɑ̀ːlkɑː- | tæ̀lkəwɑ́ː-nəʊ; *Am.Sp.* talkawáno/ *n.* タルカワノ《チリ中南部の太平洋岸の港市》.
talck·y /tǽlki/ *adj.* 滑石質[性]の, 滑石から成る. 〖《1676》 ← TALC + -Y[4]〗
talc·oid /tǽlkɔɪd/ *adj.* 滑石の, 滑石状の. 〖《1891》: ⇨ -OID〗
talc·ose /tǽlkoʊs | -kəʊs/ *adj.* 滑石の, 滑石を含む. 〖《1796》: ⇨ -OSE[1]〗
talc·ous /tǽlkəs/ *adj.* 滑石から成る, 滑石に似た. 〖1735〗
tal·cum /tǽlkəm/ *n.* **1** =talcum powder. **2** 〘鉱物〙=talc 1. ― *vt.* …にタルカムパウダーをつける. 〖《1558》 ◻ ML ～: ⇨ talc〗
tálcum pòwder *n.* **1** 滑石粉《製紙・化粧品・絹などの脱脂料に用いる》. **2** タルカムパウダー《滑石粉にホウ酸末・香料などを加えたもの; 汗止め, ひげそりあとなどに用いる》. 〖1890〗
tale[1] /téɪl/ *n.* **1** (事実・伝説・架空の)話, 物語 (narrative) (cf. fiction 1 a) (⇨ story[1] **SYN**); 昔話: the ～ of Troy トロイ物語 / old Greek ～*s* ギリシャの昔話 / ⇨ fairy tale / a twice-told ～ ⇨ twice-told 1 / a ～ of a roasted horse 作り話 / a ～ that is told たわいのない[むなしい]話; 陳腐な[ありふれた]事柄, はかないこと (cf. *Ps.* 90 : 9) / a ～ told by an idiot (痴人の話すような)たわいのない[くだらない, 無意味な]事柄 (Shak., *Macbeth* 5. 5. 26–27) / travelers' ～*s* ほら話 / tell the ～ of one's adventures 自分の冒険談をする / tell one's ～ 身の上話をする; 自分の言い分を述べる, 〈使いなどが〉口上を言う / take up the ～ 語り始める / All this is now a ～. それもこれも皆昔話になってしまった / It tells its own ～. それはおのずからその由来を物語っている《言わなくても明らかである》/ His ～ is [has been] told. 彼はもうだめだ《運がつきた》/ (And) thereby hangs a ～. ⇨ thereby 2. **2 a** [しばしば *pl.*] うわさ (rumor, report); 悪口, 陰口, 告げ口: ⇨ *tell* TALES / carry ～*s* to a person 人に告げ口をする / if all ～*s* be true… うわさが全部本当なら…, 本当かどうか知らないが…《うわさ話を始めるときの言葉》. **b** (たわいない)むだ話; うそ (falsehood, lie): ⇨ old wives' tale / a ～ of nought つまらない事[物] / ⇨ *a* TALE *of a tub* / There was more of ～ than of truth in those things. そういう事柄には真実よりもうその方が多かった. **3** 《古》計算, 勘定 (count, tally); 総数, 全額 (total): The shepherd tells his ～. 羊飼いが羊の頭数を数える / The ～ is complete. 数がそろっている / the ～ of dead and wounded 死傷者総数. **4** 《古》類 (category): one and the same ～ 同じ事 / jump in one ～ 一致する / in a [the same] ～ (with …) (…と)同一で, 一致して. **5** 《廃》会話 (discourse), 談話 (talk).
a tále of a túb たわいない話. 《1532》 *by tále* 数で: by ～ and not by weight 目方でなく数で. 《?*a*1200》 *live* [*survive*] *to téll the tále* (そのことの)生き証人となる.
téll a tále (1) 話をする. (2) (何か)いわくがある: That *tells a* ～. それには何か事情がある. *téll its* [*their*] *ówn tále* 説明を要しない, 自明である. *téll táles* (1)告げ口をする; 中傷する 〔*about*〕: *tell* ～*s* behind a person's back 人の陰口をきく[たたく] / Dead men *tell* no ～*s*. 《諺》死人に口なし (cf. dead *adj.* 1). (2) =*tell* TALES *out of school*. (3) うそを並べ立てる, 作り話をする. *téll táles out of schóol* 内の秘密を外に漏らす, 恥を外にさらす. (2) うそをつく. 《1530》 *téll the tále* 《俗》大変な[驚くべき]話をする; (特に, 同情を呼ぶため)哀れっぽく話す.
Táles from the Viénna Wóods ウィーンの森の物語 《Johann Strauss 作のワルツ (1868)》.
Tále of Génji /géndʒi/ [the ―]「源氏物語」(1004?–?11).
Tále of Twó Cíties [A ―]「二都物語」《Dickens の歴史小説 (1859)》.
〖OE *talu* story, number < Gmc **talō* incision (Du. *taal* speech / G *Zahl* number) ← ? IE **del-* to recount, count (L *dolāre* to chip, cut out)〗
tale[2] /téɪl/ *n.* =tael.
tále·bèarer *n.* 人の秘事[悪いうわさ]を言いふらす人, 金棒引き; 告げ口屋 (informer). 〖1478〗
tále·bèaring *n.* うわさの言いふらし. ― *adj.* うわさを言いふらす. 〖1571〗
ta·leg·gio /tɑːlédʒoʊ | -dʒəʊ; *It.* taléddʒo/ *n.* タレッジョ《牛乳から造るイタリア産の軟質チーズ》. 〖◻ It. ～: Bergamo にある谷の名から〗
tal·ent /tǽlənt/ *n.* **1 a** [しばしば *pl.*] (特殊な)才能〔*for*〕: He has no [not much] ～ *for* acquiring foreign languages. 外国語習得の才能が全然[あまり]ない / develop one's dramatic ～*s* 演劇の才能を伸ばす / He early showed ～ *for* music. 幼時から音楽の才が現れていた. **b** (一般的な)才能, 能力 (ability): a man of ～ 才人 / a scholar with many ～*s* 多才な学者. **2 a** (特殊な)才能のある人; 有能な人, タレント: younger ～*s* 才能ある若者たち / one of Hollywood's most luminous ～*s* ハリウッドの最も輝かしいタレントの一人. 日英比較 日本語の「タレント」は「テレビなどの芸能人・司会者」を意味するが, 英語の *talent* は「すぐれた才能(の持ち主)」を意味する.「テレビタレント」は英語では TV personality, TV star, TV

T

[media] celebrity などという. **b** [集合的] 才能ある人々, 人材; タレントたち: look out for local ~ 地域の人材を探す / discover new ~ 新人タレントを見出す. **3** (発達させて世のために役立てるように神から与えられたと考えられる)素質, 才能《*Matt.* 25:14-30 のたとえ話から》: hide one's ~ in a napkin 自分の才能を持ち腐れにする. **4** [しばしば the ~; 集合的]《俗》**a**《英》性的魅力のある人, 若くていい女[男]たち: *the* local ~ 土地のいかす女[男]たち (cf. 2 b). **b**《古》《競馬》(人気を変えてしまうほどの影響力をもつ)眼力のある賭師(ﾄﾞ)たち. **5** タラント《古代ギリシャ・ローマ・ヘブライなどの量衡および通貨の単位; 時・所によって異なる》. **6**《古》傾向 (inclination), 性向 (disposition). **7**《まれ》(鳥獣などの)爪, (人間の)ぐいとつかんだ指 (talon) (cf. Shak., *Love's L L* 4. 2. 63). **8**《廃》富, 財宝, 豊富 (tallent): these ~*s* of their hair この豊かな髪の毛 (cf. Shak., *A Lover's Complaint* 204) 〖1-5: OE *talente* ◻ OF *talente* will, desire < L *talentum* ◻ Gk *tálanton* balance, weight, sum of money representing a talent of silver ← IE **telə-* to lift, weigh (L *tollere* lift up). 6: 《?*a*1300》◻ OF *talente* (F *talent*) < L *talentum* (ML) inclination, desire〗

SYN 才能: **talent** 特定の仕事に対する生まれつきの才能《鍛錬によってさらに発達させられるもの》: a *talent* for music 音楽の才. **gift** 努力して身につけたのではなく, 生まれつき持っている特殊な能力: a *gift* for languages 語学の才. **faculty** 先天的または後天的な特殊な能力で, 特別な苦労なく即座に発揮できるもの: the *faculty* for making friends easily すぐ友達を作る才能. **genius** 後天的に習得不可能な例外的にすぐれた知的または芸術的な天与の能力: the *genius* of da Vinci ダビンチの天才. **aptitude** ある特別の仕事に対する生まれつきの適性: mathematical *aptitude* 数学の才能.

---

tal·ent·ed /tǽləntɪ̀d | -tɪ̀d/ *adj.* 才能のある, 有能な, 手腕のある: a ~ actor, musician, etc. / a very ~ teacher / She isn't particularly ~ on the violin. 格別バイオリンの才能があるわけではない. 〖1422〗

tálent·less *adj.* 才能のない, 無能な, 手腕に欠ける. 〖1831〗

tálent-mòney *n.* タレントマネー《特に, 野球・クリケットのプロ選手の優秀な成績に対する特別賞金》. 〖1859〗

tálent scòut *n.* タレントスカウト《芸能界やプロスポーツ界で有望なタレントを探し出す人》. 〖1936〗

tálent shòw *n.* タレントショー《タレント志望のアマチュア歌手・ダンサーなどが登場する新人発掘ショー》. 〖1953〗

tálent-spòt *vi.*《口語》タレントをスカウト[発掘]する.

tálent spòtter *n.* =talent scout.

ta·ler /tɑ́ːlə | -lə(r; *G.* tάːlɐ/ *n.* (~, ~**s**) ターラ《昔のドイツ諸州の各種大型銀貨》. 〖《1905》◻ G *Taler*: ⇨ dollar〗

ta·les /téɪliːz, téɪlz | téɪliːz/ *n.* (*pl.* ~)《法律》**1** [複数扱い] 補欠陪審員《陪審員に欠員が生じたとき法廷で列席者または傍聴人の中から補欠として選ばれる》. **2** [単数扱い] 補欠陪審員召集令状. 〖《1495》◻ ML *tālēs* (*dē circumstantibus*) such persons (from those standing about) (召集令状の最初の語) ← L (pl.) ← *tālis* such〗

táles·man /-mən, -mæ̀n/ *n.* (*pl.* **-men** /-mən, -mèn/) (傍聴人などから選び出された)補欠陪審員. 〖《1679》: ⇨ ↑, man〗

tále-tèller *n.* **1** (物語の)話し手, 語り手 (narrator). **2** =talebearer. 〖*c*1378〗

tále-tèlling *adj.* [限定的] 他人の秘密[うわさ]を言いふらす. — *n.* 他人の秘密を言いふらすこと, うわさをまくこと. 〖1556〗

taleysim *n.* tallith の複数形.

tali *n.* talus¹ の複数形.

tal·i- /tǽlɪ̀, -li/「足首 (ankle)」の意の連結形: *tali*grade. 〖← L *tālus* 'TALUS¹'〗

Tal·i·a·có·tian operátion /tæ̀liəkóuʃən- | -kə́u-/ *n.*《外科》タリアコッチ法[手術]《隆鼻術の一種》. 〖《1821》*Taliacotian*: ← NL *Taliacotius* (ラテン語化) ← *Gasparo Tagliacozzi* (1546-99; イタリアの外科医)〗

Ta·li·ban /tɑ́ːləbɑ̀ːn, -bæ̀n, ⌐ ⌐ ⌐ | -lɪ̀-; *Pashto.* tɑ́ːlɪbɑːn/ *n.* [the ~] タリバーン, タリバン《アフガニスタンのイスラム原理主義武装勢力; 1996 年首都 Kabul を制圧し, 2001 年までアフガニスタンの実効支配勢力となった; 最高指導者は Muhammad Omar》. 〖◻ Pashto *tālebān* (pl.) ← *tāléb* student of theology in a Koranic school ∥ Arab. *ṭālib* pursuer, seeker, student〗

Ta·lien /tɑ̀ːljén/ *n.* =Dalian.

Tal·i·es·in /tæ̀liésɪ̀n | -sɪn; *Welsh* taljésɪn/ *n.* **1** タリエシン《6 世紀のウェールズの吟遊詩人》. **2** タリアセン《F. L. Wright が 1925 年から米国 Wisconsin 州 Spring Green の近くに建てた別荘兼建築学校; Taliesin East (または North) ともいう; 1938 年から Arizona 州 Paradise Valley に同様の Taliesin West を建設》.

tal·i·grade /tǽləgrèɪd | -lɪ̀-/ *adj.*《動物》足の外側に体重をかけて歩行する. 〖← TALI- + -GRADE〗

tal·ik /tǽlɪk; *Russ.* tálʲɪk/ *n.*《地質》タリク《永久凍土内またはその上下の融解層》. 〖◻ Russ. ~ ← *tayut'* to melt〗

tal·i·on /tǽliən/ *n.*《法律》=lex talionis. **tal·i·on·ic** /tæ̀liɑ́(ː)nɪk | -liɔ́n-⌐/ *adj.* 〖《*a*1420》◻ (O)F ~ ∥ L *tāliō(n-)* retaliation in kind ← *tālis* such (cf. retaliate): ⇨ tales, -ion〗

tal·i·ped /tǽləpèd | -lɪ̀-/ *adj.* 湾足の (clubfooted). — *n.* 湾足の人[動物]. 〖《1898》← NL *tālipedem* (↓)〗

tal·i·pes /tǽləpìːz | -lɪ̀-/ *n.*《医学》湾足《足の変形の総称; cf. clubfoot 1》. 〖《1841》← NL *tālipēs, tālipedem*: ⇨ tali-, pes〗

tal·i·pot /tǽləpɑ̀(ː)t | -lɪ̀pɔ̀t/ *n.* **1**《植物》タリポットヤシ (*Corypha umbraculifera*)《インド南部・セイロン島・ミャンマーなどに産する扇状葉を有する巨大なヤシの木; その葉はアンペラむしろに編んだり, 扇・かさ・屋根覆い・紙の代用品となる; talipot palm ともいう; cf. buntal》. **2** タリポットヤシの澱粉. 〖《1681》◻ Bengali *tālipot* palm leaf ← Skt *tālī* book palm + *pat(t)ra* leaf (cf. feather)〗

tal·is·man /tǽlɪ̀smən, -lɪ̀z- | -lɪ̀z-, -lɪ̀s-/ *n.* (*pl.* ~**s** /~z/) **1** 護符, お守り, まじない札, 魔よけ (charm, amulet)《石や輪などに像や文字などを刻んだもので, それが作られたときに優勢であった天体の影響によって, それを身に着けている人に福をもたらしたり, その人の禍を取り除いたり, 病を治したりする力があると信じられた》. **2** 不思議な力のあるもの. 〖《1638》◻ F ~ ∥ Sp. *talismán* ∥ It. *talismano* ◻ Arab. *ṭilsamān* (dual) ← *ṭilsám* ◻ LGk *télesma* completion, initiation, incantation ← *teleîn* to complete (← *télos* end) + *-ma* (n. suff.)〗

tal·is·man·ic /tæ̀lɪ̀smǽnɪk, -lɪ̀z- | -lɪ̀z-, -lɪ̀s-⌐/ *adj.* 護符の, 魔よけの; 魔力のある, 不思議な (magical). **tàl·is·mán·i·cal·ly** *adv.* 〖1678〗

tàl·is·mán·i·cal /-nɪ̀kəl, -kl̩ | -nɪ-⌐/ *adj.* =talismanic.

talk /tɔ́ːk, tάːk | tɔ́ːk/ *vi.* **1 a** 口をきく, しゃべる, 話す, 語る (⇨ speak SYN): ~ *about* [*of*] old times [one's family, the weather] 昔[家族, 天気]のことを話す《★ of の方が形式張った表現》/ ~ *to* [*with*] a person 人と話をする《★(1) with は主に《米》. (2) to の場合「人に話す[話しかける]」の意にもなる; cf. *vi.* 2, 3》/ How dare you ~ *to* me like that? よくもそんな風に私に言えたものだ / We're not ~*ing* (*to* each other) anymore. 私たちはもう(お互いに)口をきかない《けんかしたため》/ He is the man I ~*ed to* you *about*. 彼が君に話した男だ / ~ *against* a person 人を非難する[悪く言う] / ~ *into* a microphone マイクに向かって話す / ~ *on* [*over*] the telephone 電話で話す / ~ *in* Spanish スペイン語で話す / ~ *in* one's sleep 寝言を言う / ~ *from* [*off*] the point (話が)脱線する / Our child is learning to ~. うちの子は物を言い始めた / Parrots can ~. おうむはものが言える / Now you're ~*ing*.《口語》それなら話がわかる, そうこなくっちゃ / He knows what he is ~*ing* about. 自分が話していることをよく心得ている《専門家だ》/ He ~*s* quite sensibly. 本当に物のわかった話をする / They ~ pretty tough, but they're really softies. 彼らはかなり強硬なことを言うが, 本当は気の弱い人たちだ. **b**〈金などが物を言う (carry weight): Money ~*s*.《諺》金が物を言う《人間万事金の世の中》.

2 話し[語り]合う (converse), 相談する (consult): She wants someone to ~ *to* [*with*]. 彼女は話し相手を欲しがっている / For years they have ~*ed about* [*of*] moving to the country. 数年来彼らは田舎に引っ越すことについて話し合っていた (cf. TALK *of* (2)) / My father and I ~*ed* in detail *on* [*about*] the subject. 父と私はその問題について詳細に話し合った / Have you ~*ed together* yet? もう相談をしましたか.

3 話をする, 講演する, 講義をする (lecture): I ~*ed to* a small gathering for ten minutes. 小人数の集まりで 10 分間ほど話をした / The professor ~*ed on* current trends in economics. 教授は経済学の最近の動向について講演された.

4 a ぺらぺら[ぺちゃくちゃ]しゃべる, おしゃべりをする (chatter, prate): Stop ~*ing*! / He loves to (hear himself) ~. おしゃべりが大好き. **b** うわさ話をする (gossip) 〔*about, of*〕《★ about の方が普通》: People will ~. 人の口に戸は立てられぬ; 世間は口がうるさいもの; 物議をかもすだろう / get (oneself) ~*ed about* うわさの種になる / I don't want to be ~*ed about*. 人にとやかく言われたくない / *Talk of* the devil, and he is sure to appear.《諺》うわさをすれば影がさす. **c** 秘密を明かす, 自白する: The FBI made the suspect ~. FBI は容疑者に口を割らせた.

5〈物・動物などが〉話し声に似た音[鳴き声]を出す: The birds were ~*ing* loudly. 鳥が大声でさえずっていた.

6〔合図・信号などで〕意思を通じる, 知らせる〔*by*〕; 〔…と〕(無電で)通信する〔*with*〕; 〔…に〕合図[信号]を送る〔*to*〕: ~ *by* [*with*] signs [looks] 手まね[目つき]で語る / ~ *with* [*to*] a shore station 沿岸無電局と交信する / The light began to ~ *to us*. 光が我々に合図を送り始めた / That picture really ~*s to* me! あの絵は本当に語りかけてくるよ.

— *vt.* **1** 話す, 語る (say): ~ sense ⇨ sense A 1 / ~ nonsense ばかげたことを言う / ~ rubbish くだらないことを話す / ~ scandal 醜聞を話す / ~ treason [blasphemy] 大逆罪[冒瀆]に当たる事を話す / ~ dirty《口語》卑猥なことをいう. **2** …のことを話す[語る, 論じる]; 自信ありげに[自慢して]話す: ~ books [sports] 本[スポーツ]の話をする / ~ business 商売の話をする / ~ philosophy [politics] 哲学[政治]を論じる / We're ~*ing* ten thousand dollars for the project.《口語》その企画には 1 万ドルが必要だろう / ⇨ *talk* CHURCH, *talk* SHOP, *talk* (*cold*) TURKEY. **3 a**〈外国語などを〉話す, 使う, しゃべる (speak): He can ~ three languages. 3 か国語をしゃべる / ~ slang [Somerset] 俗語[サマセット方言]を使う / ~ Greek [Hebrew, double Dutch, gibberish] わけのわからないことをしゃべる. **b** …の口調で話す. ★ 次のような句で: ~ sailor 船乗りの言葉を使う / ⇨ *talk* BABY. **4 a** [しばしば ~ *oneself* + 目的補語の形で] …に話して〈ある状態に〉する, 説得して…させる: ~ the time [one's fears] *away* 話をして時を費やす[恐怖を紛らす] / ~ a person *down* 人をしゃべり負かす / ~ a child *to* sleep 話をして子供を寝かしつける / I'm afraid I'm ~*ing* you *to* sleep. つまらない話ばかりして眠気を誘っているようだね / She ~*ed* her parents *into* letting her leave school. 彼女はしつこく両親に頼んで退学させてもらった / I ~*ed* him *into* agreement [agreeing]. 彼を説得して同意させた / I must ~ him *out of* that foolish idea. 彼を説得してあの馬鹿げた考えを思いとどまらせなければならない / He ~*ed himself* hoarse [out of breath]. あまり話をしすぎて声がかれて[息切れして]しまった / That night we ~*ed ourselves* tired. その夜は話し疲れるほど語り明かした / ⇨ TALK *around*, TALK *over* (2). **b** 〔~ one's way として〕〔困難な状況から〕巧みに言い逃れる〔*out of*〕: ~ *one's way out of* trouble やっかいなことを言葉で切り抜ける, うまく言い訳[説明]して面倒を免れる.

Lóok who's tálking!《口語》君だって大きなこと[人のこと]はいえないよ, 君だって同じようなものさ. ***tálk about*** (1) ⇨ *vi.* 1 a, 2, 4 b. (2) [命令形で]《口語》(誇張的に)…とはこのことだ; (反語的に誇張して)…どころか(とんでもない): *Talk about* (fine) weather! 正に絶好の日和(ﾋﾞﾖﾘ)だ / *Talk about* luck! 全く運がいい / *Talk about* honesty! (彼が)正直だなんて聞いてあきれる. ***tálk agàinst tíme*** ⇨ *against* TIME. ***tálk a gòod gáme*** = ***tálk a gréat báll gàme***《米口語》(口先だけで)うまいことを言う: He ~*s a good game*, but I don't trust him. 彼は口ではうまいことを言うが, どうも信用できない. ***tálk** a person's **árm** [**éar, lég**] **òff***《俗》のべつ幕なしに話して人をうんざりさせる. ***tálk aróund*** (1) 〈人を〉口説き落とす (talk over), 説得する (persuade): He managed to ~ them *around*. 何とか彼らを説得することができた. (2) …のことを回りくどく言う, …で言を左右にする: He always ~*s around* the subject. その問題になるといつも言を左右にする. ***tálk at** a person* (1)〈人〉に聞こえよがしに言う, 当てつけて言う. (2)《口語》〈人〉にのべつ幕なしに[執拗(ｼﾂﾖｳ)に]話しかける, 〈人〉に向かってしゃべり立てる. ***tálk awáy*** (1) 話し続ける, べらべらしゃべる. (2) 話をして過ごす[紛らす] (cf. *vt.* 4 a). ***tálk báck*** (1)〔…に〕つっけんどんな返事をする, 口答えをする〔*to*〕: Don't ~ *back* (*to* your mother) like that. そんな風に(母親に対して)口答えをしてはいけない. (2)《ラジオ・テレビ》トークバック (talk-back) に応答する. (3)〈視聴者などが〉(テレビ・ラジオの番組に)(電話などで)答える, 反応する. ***tálk bíg***《俗》得意そうに話す, 自慢する. ***tálk dówn*** (1)〔人に〕調子を下げて[程度を落として]話す〔*to*〕: He always ~*s down to* his audience. いつも聴衆にレベルを下げて話す. (2)〔人に〕横柄に[見下したように]話す〔*to*〕. (3)《航空》トークする《計器着陸方式の一種で, 地上の管制官がレーダーで進入してくる航空機を監視し, 無線でパイロットに指示を与えて着陸させる》. (4)〈特に 飛び降り自殺志願者などを〉説得して高所から降ろす. (5)〈相手を〉一層大きな声で[激しくまくし立てて]圧倒する[言い負かす, 黙らせる] (cf. *vt.* 4 a). (6)《主に英》(実際よりも)悪く言う, けなす, 見下す: 〈自分の成果などを〉卑下して言う: ~ *down* a person's success 人の成功をけなす. (7)《主に英》〈価格・賃金などを〉下げさせる, 値切る; 〔…まで〕〈人〉に値引き[負け]させる〔*to*〕. 《1901》 ***tálk** a person's **éar òff*** =TALK *a person's arm off*. ***tálk ín***《航空》=TALK *down* (3). ***Tálking of*** …と言えば, …の話ついでだが (speaking of): *Talking of* beer, aren't you getting thirsty, too? ビールといえば君もそろそろのどがかわいてきたんじゃない. ***tálk** a person's **lég òff*** =TALK *a person's arm off*. ***tálk of*** (1) ⇨ *vi.* 1a, 4 b. (2) [doing を伴って] …する意志があると言う (talk about): He used to ~ *of* giving up his job. いつも職を辞めようかと言っていた. (3) =TALK *about* (2). ***tálk ón*** 話し続ける. ***tálk óut*** (1)〈問題などを〉徹底的に論じる (cf. TALK *oneself out*). (2) 思いのままに語る[打ち明ける]: ~ one's mind [anxieties] *out to* a friend 友人に思いのたけを語る[心配事を打ち明ける]. (3)《英議会》〈議案・動議などを〉閉会時間まで討議を引き延ばして審議未了にする (cf. filibuster 2). ***tálk óver*** (1)〔人と〕相談する, (徹底的に)話し合う〔*with*〕: ~ the matter *over* = ~ *over* the matter その件を話し合う / I ~*ed it over with* my teacher. そのことを先生と相談した. (2)〈人を〉説き伏せる, 説得する, 説いて考えをひるがえさせる: He ~*ed* me *over to* his viewpoint. 彼は私を説得して自分の考え方に同調させた. ***tálk òver** a person's **héad*** ⇨ *over a person's* HEAD (1). ***tálk róund***《英》=TALK *around*. ***tálk onesèlf óut*** 語り尽くす. ***tálk the bárk òff a trée***《米口語》激しくののしる. ***tálk the hínd lég(s) òff a dónkey***《口語》しゃべりまくる, のべつ幕なしにしゃべる. ***tálk thróugh*** (1)《映画・演劇》〈監督などが〉(リハーサルの間に)…に演技指導をする (cf. talk-through): ~ an actor *through* (his scene) (リハーサルの時に)俳優に(出演場面での)演技を指導する. (2)〔…を〕徹底的に議論する〔*with*〕. ***tálk to*** (1) ⇨ *vi.* 1 a, 2, 6. (2) …に談じこむ, 意見する, …を叱る (cf. talking-to): I'll have to ~ *to* my butcher *about* this meat. こんな肉を売るなんて肉屋によく言ってやらなければならない / He needs to be ~*ed to*. 彼によく言って聞かせなければならない. (3)《米中部》…に言い寄る, 求愛する. ***tálk to déath*** (1)〈人〉をうんざりさせるほどしゃべりまくる: ~ a person *to death*. (2) (議事妨害のため)際限なく討議を引き延ば(したり)して〈議案を〉葬る: ~ a subject *to death*. ***tálk to onesèlf*** ひとり言を言う (cf. SAY² *to oneself*). ***tálk úp*** (1)〈本・試合などを〉好意的に批評する[論じる], ほめる (commend); 〈法案などを〉推進する (promote); 〈候補者などを〉支援する (support). (2) 大声で[ためらわずに]はっきり言う; 〔目上の者に〕なまいき[反抗的]な口のきき方をする〔*to*〕. ***Yóu can tálk!*** = ***You're a fíne one to tálk!***《口語》(1) 君ならそう言える[心配いらない]. (2) =*You can't* TALK. ***Yóu can't tálk.***《口語》君だって大きなことは言えないよ. ***Yóu should tálk!*** = ***Whó are yóu to tálk?***《米口語》(そんなこと)よく言えるよ.

— *n.* **1 a** 話, 談話, 座談: small ~ 世間話, 雑談 /《口語》big [tall] ~ 大ぶろしき, 大ぼら, 放言 / idle ~ むだ

話 / have a long friendly ～ with …とゆっくり親しく話をする / I've really enjoyed our little ～. 私たちの雑談を真から楽しんだ / That's the ～! そうだそうだ, その通り. **b** むだ話, 空言: That's just [only] ～. それは空言にすぎない. **2** 〔…についての〕(略式の短い)講演 (lecture), 講話〔*on, about*〕(⇨ speech SYN); (ラジオ・テレビなどでの)話, 講話《談話風の短いもの》: give a ～ *to* the students *on* the "Women's Lib" movement 学生に「ウーマンリブ」の運動について講演をする / She's given [done] several ～*s* on the radio [several radio ～*s*]. 彼女はラジオでいくつか講話をした. **3 a** [しばしば *pl.*] 話し合い, 会談, 協議 (conference): preliminary ～*s on* a peace treaty 平和条約に関する予備会談 / have a long ～ with …と長時間協議する. **b** (実りのない)議論, 空論: We've had enough ～. 議論はし尽くした《もう実行すべき時だ》/ It will end in ～. 議論だけに終わるだろう / He is all ～. しゃべるだけで実行力がない. **4 a** (世間の)話 (report); うわさ(話), 風説 (rumor, gossip): There is (some) ～ *of* his returning. 彼が帰って来るといううわさがある / There has been serious ～ *of* bankruptcy. このところ倒産のうわさが深刻だ / I heard it in ～. それをうわさに聞いた. **b** 話の種, 話題 (topic): That will make a ～. 話の種[評判]になるだろう / It was the ～ of the village. それは村中のうわさになっていた / It's common ～ all over the place. その事はここではだれも知らないものがいない. **5 a** 話し方, 口調 (way of talking): ⇨ baby talk. **b** (特定社会の)用語, 言語, ことば (jargon): prison ～ 囚人用語 / campus ～ 学生用語. **6** (動物や機械などが立てる)人語に似た音.
áll tálk and nó cíder 《米口語》しゃべるばかりで何の結論も出ないこと. ***hàve a tálk with*** さとす, 警告する. ***tálk the tálk*** 人々が(必要と)期待することを口にする, 人々を喜ばせることを言う (cf. *walk* the WALK). ***wálk one's tálk*** 自分で実行する.
〖(?*a*1200) *talke(n)* (freq.)? ← OE *talian* to reckon < Gmc **taljan* ← **talō* 'TALE[1]': cf. Fris. *talken* to talk, chatter: 反復を表す *-k-* については STALK[2] を比較〗

talk·a·ble /tɔ́ːkəbl, tάːk- | tɔ́ːk-/ *adj.* **1** 〈物・事が〉話題になり得る: a ～ incident. **2** 〈人が〉気安く話のできる: a ～ person. **talk·a·bil·i·ty** /tɔ̀ːkəbíləṭi, tὰːk- | tɔ̀ːkəbíl̩ti/ *n.* 〖*a*1800〗

talk·a·thon /tɔ́ːkəθὰ(ː)n, tάːk- | tɔ́ːkəθɔ̀n/ *n.* **1** (議事妨害のための)引き延ばし演説[討論] (filibuster). **2** (テレビ・ラジオによる候補者との)長時間にわたる一問一答《選挙運動の一つ》. 〖(1934) ← TALK＋(MAR)ATHON: cf. dancathon〗

talk·a·tive /tɔ́ːkəṭɪv, tάːk- | tɔ́ːkətɪv/ *adj.* 話し好きな, おしゃべりな, 多弁な (chatty, loquacious): a ～ child, wife, etc. / When he drinks, he becomes as ～ as may be. 酒が入るとむやみと多弁になる. **～·ly** *adv.* **～·ness** *n.* 〖*c*1400〗

SYN おしゃべりの: **talkative** 長々と話すのが好きな《一般的な語で意味は中立的》: a merry, *talkative* old man 陽気でおしゃべりな老人. **glib** ぺらぺらよくしゃべる《軽蔑; 皮相・欺瞞を暗示する》: a *glib* shopkeeper 口のうまい商店主. **loquacious** ぺらぺらとしゃべり続ける性向のある《格式ばった語》: a *loquacious* hostess 饒舌な女主人. **garrulous** つまらない事柄についてうんざりするほどよくしゃべる: a *garrulous* old woman 多弁な老婦人.

tálk·bàck *n.* **1** 〖ラジオ・テレビ〗トークバック《スタジオ内の人間に拡声機またはヘッドフォンを通じて指令室[副調整室]から指示を与えたり連絡するための通信設備; 中継放送などの場合の指令・連絡用電話システムのことを指す場合もある》. **2** (視聴者などの電話による)反応, 応答. 〖1933〗

tálk·bòx *n.* ＝voice box 2.

tálk·dòwn *n.* (航空機に対する)無線による着陸指示.

tálked-abòut *adj.* 話題の, 論議の的の.

talk·ee-talk·ee /tɔ́ːkitɔ́ːki, tάːkitάːki | tɔ́ːkitɔ́ːki/ *n.* **1** (西インド諸島の黒人などの)片言英語 (broken English). **2** おしゃべり, 多弁. 〖(1808) ◻ West Indies Pidgin E ～《反復形》← TALK＋-EE[2]: *-ee* は 'broken English' を暗示したもの〗

tálk·er *n.* **1** 話す人, 話し手, 談話者, 演説家, 弁士: a good ～ 話上手, 座談の名人 / a fast ～ 早口に話す人 / a poor ～ 話下手. **2** おしゃべり, (実行の伴わない)空論家: a mere ～ 単なる空論家 / Great ～*s* are little doers. 《諺》多弁な人に実行は伴わない. 〖*c*1390: ⇨ -er[1]〗

talk·fest /tɔ́ːkfest, tάːk- | tɔ́ːk-/ *n.* **1** 懇談会, 会談. **2** (社会的関心事についての)長々しい討論(会). 〖(1906) ← TALK＋-FEST〗

talk·ie /tɔ́ːki, tάːki | tɔ́ːki/ *n.* 《口語》トーキー, 発声映画. 〖(1913) ← TALK＋(MOV)IE〗

tálk-in *n.* **1** トークイン, 抗議討論集会 (cf. teach-in). **2** くだけた講義[話]. **3** 会議 (conference), 討議 (discussion). 〖(1966) ← TALK＋-IN[3]〗

tálk·ing *n.* 話, 談話, おしゃべり; 討論. ***dò the tálking*** (一同の)代表者として話す: We three went to the teacher, and I *did the* ～. 我々 3 人は先生のところへ行って私が(代表で)話をした. ― *adj.* **1 a** 物を言う, 物が言える: a ～ parrot / a ～ doll おしゃべり人形. **b** 口数の多い, おしゃべりな (talkative). **2** 表情のある, 表情に富んだ: ～ eyes (口ほどに)物を言う目. 〖(*c*1300): ⇨ -ing[1]〗

tálking blúes *n.* トーキングブルース《歌詞を語るように歌うスタイルのブルース》. 〖1969〗

tálking bóok *n.* 話す本, トーキングブック《盲人用に書物・雑誌などを音読して録音した CD やテープ》. 〖1932〗

tálking drúm *n.* トーキングドラム《西アフリカで, 音調言語を伝達するときにたたくドラム; それぞれ異なるピッチをもつドラムを 1 セットにして使う》. 〖1897〗

tálking fílm *n.* ＝talkie.

tálking héad *n.* 《軽蔑》〖テレビ〗肩から上が大写しでカメラに向かって話す人《ニュースキャスターなど》. 〖1968〗

tálking machìne *n.* 《古》＝phonograph.

tálking pícture *n.* ＝talkie.

tálking pòint *n.* **1** (議論・提案にとって)有利な点[事実]. **2** 売り込みに役立つ特長[議論]. 〖1914〗

tálking shòp *n.* 《口語・軽蔑》おしゃべりの場, 談話会《特に議会, 国会など》. 〖1912〗

tálking-tò *n.* (*pl.* ～s) 《口語》小言, お目玉 (scolding): I gave him a good ～. うんと叱(しか)ってやった. 〖1875〗

tálk jòckey *n.* 《米》トークジョッキー《電話による聴取者参加番組の司会者》.

tálk rádio *n.* 《米》トークラジオ《司会者のゲストへのインタビューに聴取者が電話で参加するラジオ番組》.

tálk shòw *n.* **1** (テレビ・ラジオの)有名人インタビュー番組, トークショー (《英》chat show). **2** ＝phone-in. 〖1965〗

tálk-tàlk *n.* 《米俗》おしゃべり, うわさ話.

tálk-thròugh *n.* 〖映画・演劇〗(リハーサル中の監督などによる)演技指導.

tálk·tìme *n.* 〖通信〗(携帯電話の)通話時間《特にバッテリーの持続時間をいうときの用語; cf. standby time》.

talk·y /tɔ́ːki, tάːki | tɔ́ːki/ *adj.* (**talk·i·er**; **-i·est**) **1** ＝talkative. **2** 《米》〈劇・小説など〉語り[会話]の多すぎる: a ～ novel, play, etc. / ～ talk おしゃべりのためのおしゃべり, つまらない話. 〖(1815): ⇨ -y[4]〗

tall /tɔ́ːl, tάːl | tɔ́ːl/ *adj.* (～·er; ～·est) **1 a** 〈人が〉(平均よりも)身長の高い, 丈の高い, 〈物が〉(細長く)高い (↔ short) (cf. high 1 a) (⇨ high SYN): a ～ man, animal, tree, grass, chimney, etc. / a ～ window 縦に細長い窓 (cf. high 1 b) / ～, dark, and handsome 〈男性が〉背が高く色浅黒くハンサムな; とても魅力的な / He is ～ for his age. 年の割には背が高い / He stands a head ～*er* than I. 私より頭だけ背が高い. ⇨ high 日英比較. **b** 高さ[身長]が…の: a man six feet ～ 身長 6 フィートの人 / How ～ is that boy [tower, building]? ★ 身長の数字を言うときは, 《英》では six feet high のように high を用いることもある (cf. high 1 c, d). **c** 〈書物・ページが〉天地の長い; 〈靴下など〉(普通より)長めの: a ～ book / ～ pages / ～ stockings. **d** 〈飲み物が〉丈の高いコップに入れて供される: ⇨ tall drink. **e** 〖植物〗特に高く伸びる種類[変種]の. **2** 《口語》(数量・程度の)大きな, すばらしい (grand, excellent): a ～ price 高い値段 / a ～ dinner すばらしいごちそう / have a ～ time (of it) とても愉快に過ごす. **3** 《口語》(程度の)法外な, 途方もない (extravagant); 大げさな, 誇大な, 仰々しい (high-flown): a ～ story [tale] ほら(話), ありそうもない話 / ～ talk ⇨ talk *n.* 1 / a ～ order ⇨ order *n.* A 3. **4** 《廃》**a** 勇気のある, 勇ましい. **b** 適切な, ふさわしい. **c** 身だしなみのよい. **d** きれいな, 端麗な. ― *adv.* 《口語》法外に, 大げさに; 偉そうに: talk ～ ほらを吹く, 大ぶろしきを広げる / walk ～ 威張っている, 気位が高い. ***stánd táll*** 《米》自信満々である, 堂々としている.
～·ness *n.* 〖ME *tal(l)* docile, seemly < ? OE *ġetæl* prompt, swift (OHG *gizal* quick / Goth. *untals* disobedient) ← IE **del-* to recount: cf. tale[1], tell[1]: adj. 1 の語義は (16C)〗

tal·lage /tǽlɪdʒ/ 〖歴史〗*n.* **1** (ノルマン朝や初期のアンジュー朝の英国王が領地・都市に恣意的に課した)租税. **2** (14 世紀ごろ英国の荘園で領主が自由民でない小作人 (villein) に課した)租税, 小作税. ― *vt.* …に租税を課す. 〖(*c*1290) *taillage* ◻ OF ← *taillier* to cut, tax < VL **talliāre*: ⇨ -age: cf. tail[2], tailor[1], tally[1]〗

Tal·la·has·see /tæ̀ləhǽsi←/ *n.* タラハシー《米国 Florida 州北部の都市で同州の州都》. 〖← N-Am.-Ind. (Muskogean)〗

táll·bòy *n.* **1** 《英》衣装だんす (clothespress). **2** 《英》高脚付き洋だんす (《米》highboy). **3** (煙突頂部の)通風管 (chimney pot). **4** 高脚のグラス. **5** 重ねだんす (chest-on-chest). 〖1676〗

táll bùttercup *n.* 〖植物〗ウマノアシガタ (*Ranunculus acris*) 《北米東部産のキンポウゲ科の多年草》.

táll-càse clóck *n.* ＝long-case clock.

Tall·chief /tɔ́ːltʃiːf, tάːl- | tɔ́ːl-/, **Maria** *n.* トールチーフ (1925–2013; 米国 New York City Ballet のプリマバレリーナ (1948–65)).

táll cópy *n.* 〖印刷〗(天地をたっぷりあけた)トール本. 〖1807〗

táll coreópsis *n.* 〖植物〗北米東部産のキク科ハルシャギク属の多年草 (*Coreopsis tripteris*).

táll drínk *n.* トールドリンク《リキュールなどにソーダ水・果汁などを加えた飲み物; 通例 丈の高いグラスに入れて供する》.

tal·lent /tǽlənt/ *n.* 《廃》＝talent.

tal·let /tǽl̩t/ *n.* 《英西部》(馬屋・納屋の)二階 (hayloft). 〖(1586) ← Welsh *taflod* loft (cf. Gaul. taflod) ◻ L *tabulātum* floor (dim.) ← *tabula*: ⇨ table〗

Tal·ley·rand-Pé·ri·gord /tǽlirǽn(d)pérɪgɔ̀ə | -gɔ̀ː(r; F. talɛʀɑ̃peʀigɔːʀ, talɛʀɑ̃-/, **Charles Maurice de** *n.* タレーラン ペリゴール (1754–1838; フランスの政治家・外交官; 単に Talleyrand ともいう).

táll fèscue [gràss] *n.* 〖植物〗ヒロハノウシノケグサ (*Festuca arundinacea*) 《ヨーロッパ原産イネ科ウシノケグサ属の多年草; 牧草》.

táll hát *n.* シルクハット (top hat). 〖1890〗

Tal·linn /tǽlɪn, tάːl- | tǽlɪn, tǽlɪn, -lìːn; *Eston.* tάllinn/ *n.* (*also* **Tal·lin** /～/) タリン《エストニア共和国の首都, フィンランド湾 (the Gulf of Finland) に臨む海港; 旧名 Reval》.

Tal·lis /tǽl̩s | -lɪs/, **Thomas** *n.* タリス (1505?–85; 英国のオルガン奏者・教会音楽作曲家).

tall·ish /tɔ́ːlɪʃ/ *adj.* やや丈が高い, 身長が高めの. 〖1748〗

tal·lith /tǽl̩θ, tάː-; *Hebrew* taːlíːt/ *n.* (*pl.* **tal·li·thim** /tὰːləsíːm, -tíːm, -θíːm | -lɪ-/, **ta·ley·sim** /təléɪs̩m | -sɪm/) (*also* **tal·lis** /-l̩s/) タリス: **1** 〖ユダヤ教〗(会堂で朝の礼拝の時ユダヤ人男子が用いる)肩衣(かたぎぬ). **2** 1 より小さく, ユダヤ人男子が上着の下に着用するもの. 〖(1613) ◻ Mish.Heb. *ṭallīth* covering, sheet ← Aram. *ṭelál* to cover〗

táll méadow rùe *n.* 〖植物〗セイタカカラマツソウ (*Thalictrum polygamum*) 《白または紫の花が咲くキンポウゲ科カラマツソウ属の多年草》.

táll óat gràss *n.* 〖植物〗オオカニツリグサ (*Arrhenatherum elatius*) 《ユーラシア大陸産イネ科オオカニツリ属の草本; まぐさ用; tall meadow oat ともいう》.

táll òil /tάːl-/ *n.* トール油《木材パルプ製造の際生じる油状の副産物; グリース・工業用石鹸・ペンキ・乳剤などの製造に用いる》. 〖(1926) 《部分訳》← G *Tallöl* 《部分訳》← Swed. *tallolja* ← *tall* pine＋*olja* 'OIL'〗

tal·low /tǽloʊ | -ləʊ/ *n.* **1** 獣脂 (animal fat). **2** 牛脂 (beef tallow), 羊脂 (sheep tallow)《溶かしてろうそく・石鹸・人造バター製造や潤滑油として用いる》. **3** 油脂状の物質: ⇨ vegetable tallow. ― *vt.* **1** …に獣脂を塗る. **2** 〈羊などを〉肥やす (fatten). ― *vi.* 獣脂を生じる. 〖(?*a*1300) *tal(u)gh, talow* ◻ MLG *talg, talch* (G *Talg*) < Gmc **talʒaz* ← IE **del-* to drip: cf. OE *tælġ* color〗

tállow càndle *n.* 獣脂ろうそく (cf. wax candle). 〖1428–29〗

tállow-cátch *n.* 《Shak》(あぶり焼きした肉の)脂汁受け; 《軽蔑》太った人間, でぶ: obscene greasy ～ 助平で脂ぎったでぶ (Shak., *1 Hen IV* 2. 4. 228). 〖(1596) ← TALLOW＋*catch* (《廃》← KETCH)〗

tállow-chàndler *n.* 獣脂ろうそく製造(販売)人. 〖1406〗

tállow dròp *n.* タロードロップ《片面または両面をドーム形にした宝石のカット》. 〖1798〗

tállow-fàce *n.* 《まれ》《軽蔑》青白い顔, 青白い顔をした人: You ～! この青瓢箪野郎! (Shak., *Romeo* 3. 5. 157). 〖1595〗

tállow-fàced *adj.* 顔の青白い. 〖1592〗

tal·low·ish /tǽloʊɪʃ | -ləʊ-/ *adj.* やや脂肪性の; ＝tallowy. 〖1552〗

tállow pòt *n.* 《米俗》(機関車の)火夫. 〖1914〗

tállow trèe *n.* 〖植物〗＝Chinese tallow tree.

tállow wòod *n.* 〖植物〗ユーカリプトス ミクロコリス (*Eucalyptus microcorys*) 《オーストラリア東部原産フトモモ科の常緑樹; 材は堅く, 油性樹脂を含む》.

tal·low·y /tǽloʊi | -ləʊi/ *adj.* **1** 獣脂質の, 脂のような (greasy); 獣脂を塗った. **2** 蠟(ろう)色の, 青白い. 〖(?*a*1425): ⇨ -y[1]〗

táll póppy *n.* 《豪口語》(羨望される)成功者, 名声[地位, 財産などを]成した人.

táll póppy sỳndrome *n.* 《豪口》名声や富を得た人を非難する傾向, '出る杭は打とう' 症候群.

táll shíp *n.* 大型帆船; (特に) ＝square-rigger. 〖(*a*1548): マストが高いことから〗

táll tímber *n.* **1** 《米》無人の森. **2** [the ～s] **a** 《米俗》(ショービジネスで)田舎, 地方(都市), 山奥. **b** 《野球俗》＝minor league. 〖1: (1845)〗

Tal·lu·lah /təlúːlə/ *n.* タルーラ《女性名; 愛称形 Tally; 米国にみられる名》. 〖← N-Am.-Ind. (Choctaw) *talula* leaping water〗

tal·ly[1] /tǽli/ *n.* **1** 割符, 割札, 符節, 符契, 合札《負債または支払いの額を示す刻み目をつけた棒; 縦に二つに割り借り手(支払いの証拠として)と貸し手(記録として)とが各々その一つを保有した; cf. notch *n.* 1 a》. **2** 勘定, 計算 (account); (負債などの)記録, (競技の)得点: pay the ～ 勘定を払う / a ～ register 計数器 / make [earn] a ～ in a game ゲームで得点する / keep a daily ～ of accidents 毎日の(交通)事故件数を記録する. **3** 符号物, 対の片方 (counterpart, duplicate); 対応, 符号: One twin is the ～ *of* the other. 双生児の一方は他方と瓜二つだ / the ～ between fact and fancy 事実と空想との符号. **4** 付札, 木札, 金札 (label, tag): horticultural *tallies* 園芸植物の付札. **5** (物品受渡しの際の)計算単位, 束《5 個・1 ダース・100 個など》: buy goods by the ～ 品物を一山[一束]いくらで買う. **6** (個数を数えながら記録する)マーク, しるし《5 を表す 卌 など》.

tallies
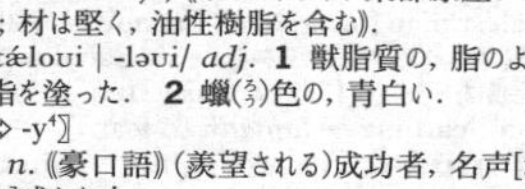
5 22

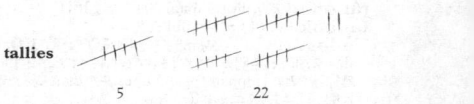

7 計算単位の最後の数. ★ 受渡しの際, 20 個単位で 1 個ずつ数えるときは 18, 19, *tally* と呼び, 100 個単位で 2 個ずつ数えるときは, 96, 98, *tally* のように呼ぶ. **8** 《豪》一定期間内に毛を刈った羊の総数.
live (on) tálly 《英古俗・北英》同棲(どうせい)する: *live* ～ *with* a man 男と同棲する. (1864) ***stríke tálly*** 符合する, ぴったり合う.
― *vt.* **1** 数える, 総計する 〈*out, up*〉: ～ *up* the election returns 選挙結果報告書を集計する. **2** 〈品物などを〉束で数える, 勘定する; 束で記録する. **3** (割符などに)〈数などを〉刻む〈*down*〉; 記録する (record). **4** (揚げ降ろしの際に)〈船荷〉の数を調べる, 照合する (check): ～ the cargo 船荷を照合する. **5** 〈船荷など〉に付札を付ける.

6 合わせる, 符号させる. **7** 〈競技などの得点を〉記録する. **—** *vi.* **1** 〔…と〕符合する, 一致する〔*with*〕(⇨ agree SYN): The goods do not ~ *with* the invoice. 品物が送り状と合わない / The two stories do not ~. 二人の話に食い違いがある. **2** 得点する (score). ***tálly úp to*** … の額に上る, 帰するところ…となる (amount to).

tál·li·er *n.* 〖(1440) □ AF *tallie* // ML *tallia*=L *tālea* rod, slip of wood: cf. tail²〗

tal·ly² /tǽli/ *vt.* 〖海事〗(追風で横帆船が走る時)〈両側のシート(と帆の下端を留める索)を〉後方へ引き留める. 〖(*c*1450) ← ?〗

tálly bòard *n.* 勘定板 (勘定をチョークなどで記入する). 〖1849〗

tálly càrd *n.* =tally sheet.

tálly clèrk *n.* **1** 《米》(選挙の)投票計算係. **2** =tallyman 2. 〖1890〗

tal·ly·ho /tæ̀lihóu | -hə́u/ *int.* 狐狩などでハンターが獲物を認めて犬にかける掛け声. **—** *n.* (*pl.* **~s** /~z/) **1** tallyho という掛け声. **2** 《英》急行の乗合馬車; 四頭立ての遊覧馬車. **—** *vi., vt.* (**~ed, ~'d**) (猟犬に) tallyho と掛け声をかける. 〖(1772) 《変形》← F *taïaut* (鹿狩の犬をけしかける声) < OF *taho, tïelau*: n. 2 は London–Birmingham 間を往復していた乗合馬車の名 *Tally-ho* から〗

tálly·man /-mən/ *n.* (*pl.* **-men** /-mən, -mɛ̀n/) **1** 《英》分割払い販売人 (cf. tallyshop). **2** (荷役)検数員. **3** 《英俗》内縁の夫 (cf. *live* (*on*) TALLY¹). 〖1654〗

tálly plàn *n.* 《英》分割支払い購入(法) (installment plan).

tálly shèet *n.* **1** 勘定書; 記数紙. **2** 《米》計数カード (score card); (特に, 選挙の)投票数記入紙. 〖1889〗

tálly·shòp *n.* 《英》分割払い販売店 (cf. tallyman 1). 〖1851〗

tálly sỳstem [tràde] *n.* 《英》(売り手と買い手の両方で勘定書を持っている)分割払い販売法 (cf. installment plan). 〖1850〗

tálly·wòman *n.* **1** 《英》分割払い販売をする女性 (cf. tallyman 1). **2** 《英俗》内縁の妻 (cf. *live* (*on*) TALLY¹). 〖1727〗

tal·ma /tǽlmə/ *n.* タルマ外套(がいとう) (19 世紀に男女が着た大きいケープや短くゆったりとした外套). 〖(1852) ← *F. J. Talma* (1763–1826: フランスの悲劇俳優)〗

tál·mi gòld /tǽlmi-/ *n.* タルミ金, 金着せ真鍮(しんちゅう) (装飾品に用いる). 〖(1868) □ G *Talmigold* (部分訳) ← F *Talmior* (短縮) ← *Tallois-demior* (原義) Tallois half gold (Tallois は発明者の名)〗

Tal·mud /tɑ́ːlmud, tǽl-, -məd, -mʌd | tǽl-/ *n.* [the ~] タルムード (本文 Mishnah とその注解 Gemara から成るユダヤ人の生活・宗教・道徳に関する律法の集大成; 400 年頃 Palestine で編集されたパレスチナ[エルサレム]タルムード (Palestinian [Jerusalem] Talmud) と 500 年頃 Babylon で編集されたバビロニアタルムード (Babylonian Talmud) の二つがある). 〖(1532) □ Mish.Heb. *talmūdh* instruction, learning ← *lāmādh* to learn〗

Tal·mud·ic /tælmúːdɪk, tɑːl-, -mjúːd-, -mʌ́d- | -dɪk/ *adj.* **1** タルムードの. **2** タルムード編集者[信奉者, 学者]の: He records temperatures with ~ attention. 彼はタルムード編集者のような細心さで気温の記録を取っている. 〖(1611): ⇨ -ic¹〗

Tal·múd·i·cal /-dɪ̀kəl, -kḷ | -dɪ-/ *adj.* =Talmudic.

Tal·mud·ism /tɑ́ːlmudɪzm, tǽl-, -mə- | tǽl-/ *n.* タルムードの教え; タルムードの教えを信奉すること. 〖1883〗

Tál·mud·ist /-dɪ̀st | -dɪst/ *n.* **1** タルムード編集者の一人. **2** タルムード信奉者. **3** タルムード学者[研究家]. 〖1569〗

Tal·mud·is·tic /tæ̀lmudístɪk, tɑ̀ːl-, -mə- | tæ̀l-⁻/ *adj.* =Talmudic.

Tálmud Tórah *Heb. n.* **1** 〖ユダヤ教〗律法研究. **2** (ユダヤ教の)教区付属学校 (初等学校の生徒を対象にヘブライ語・聖書・ユダヤ史, それにユダヤ教の基礎を正規の学校の放課後に教える学校). 〖(1844) □ ModHeb. *talmúd torā́ʰ* (原義) study of the Torah: ⇨ Talmud, Torah〗

tal·on /tǽlən/ *n.* **1 a** [通例 *pl.*] (鳥獣, 特に猛鳥または竜・怪獣などの)爪 (claw) (cf. pounce¹ 2 a, nail 2). **b** (人の)指, 手. **2** (刀の)柄元(つかもと) (heel). **3** (錠前の)舌 (ボルト (bolt) の鍵と食い合う部分). **4** (債券に付いた)利札引替券. **5** 〖トランプ〗**a** 山札, 積み札 (stock). **b** (一人トランプの)捨て山 (わきにのけて積んでおく不要札の山; wastepile ともいう). **6** 〖建築〗葱花(そうか)線繰形 (S 字形のように反転曲線をもつ繰形). 〖(?*a*1400) □ (O)F ~ 'heel' < VL **tālō*(*n*-) ← L *tālus* 'heel, TALUS¹'〗

tál·oned *adj.* 爪 (talon(s)) のある. 〖1611〗

ta·look /tɑːlúk/ *n.* =taluk.

Ta·los /téɪlɑ(ː)s | -lɒs/ *n.* 〖ギリシャ神話〗タロス: **1** Daedalus の甥(おい); 発明の才をねたまれて彼に殺された. **2** Crete 島守護のため Hephaestus が Minos 王のために造った青銅人間. 〖□ L ~ □ Gk *Tálōs*〗

tal·pa·ta·te /tɑ̀ːlpɑtɑ́ːṭi | -ti; *Am.Sp.* talpatáte/ *n.* 〖地質〗パルパターテ: **a** 火山灰または火山礫(れき)と混ざった主に方解石 (calcite) から成る岩石. **b** 多少とも凝固した火山灰から成るやせた土壌. 〖□ Am.-Sp. *talpetate, tepetate* □ Nahuatl *tepetatl* ← *tetl* stone+*petatl* mat〗

tal. qual. (略) *L.* tālis quālis (=such as; just as they come).

ta·luk /tɑ́ːlʊk, —⁄/ *n.* (*also* **ta·lu·ka, ta·loo·ka** /tɑːlúːkə/) 《インド》**1** 世襲的保有地. **2** (徴税官の所管下の)徴税地区. 〖(1799) □ Urdu *ta'alluq* □ Arab. *ta'ālluq* estate, linkage ← *'āliqa* to cling〗

ta·lus¹ /téɪləs/ *n.* (*pl.* **ta·li** /-laɪ/) **1** 〖解剖〗距骨(きょこつ) (anklebone, astragalus). **2** 足首 (ankle). 〖(1693) □ L *tālus* ankle(bone)〗

ta·lus² /téɪləs, tǽl-/ *n.* (*pl.* **~·es**) **1 a** 斜面 (slope). **b** 〖築城〗(城壁の)斜面. **2** 〖地質〗崖錐(がいすい) (風化作用などのために崖下に崩れ落ちた砕石の堆積(たいせき); cf. scree). 〖(1645) □ F ~ < ? L *tālūtium* slope indicating presence of gold under the soil ← ? Iberian〗

Ta·lus /téɪləs/ *n.* 〖ギリシャ神話〗=Talos 2.

tal·weg /tɑ́ːlvɛg/ *n.* =thalweg.

Tal·win /tǽlwɪ̀n | -wɪn/ *n.* 〖商標〗タルウィン (米国製のペンタゾシン (pentazocine) 製剤; 鎮痛剤).

Tal·ys /tǽlɪ̀s | -lɪs/, **Thomas** *n.* =Thomas TALLIS.

tam /tǽm/ *n.* =tam-o'-shanter.

Tam /tǽm/ *n.* タム (男性名). 〖(スコット) ~ (dim.) ← THOMAS〗

Tam. (略) Tamil.

TAM /tǽm/ (略) Tactical Air Missile; 《英》Television Audience Measurement. 〖1958〗

tam·a·ble /téɪməbḷ/ *adj.* 〈野獣など〉ならすことのできる: *Tamable* if taken young. 幼獣の時に捕えればならすこと可能. **~·ness** *n.* **tam·a·bil·i·ty** /tèɪməbɪ́ləṭi | -lɪ̀ti/ *n.* 〖1552〗

Tamachek *n.* =Tamashek.

ta·ma·le /təmɑ́ːli, -leɪ/ *n.* タマーリ (とうもろこし粉の生地と調味したひき肉などをとうもろこしの皮に包んで蒸したメキシコ料理). 〖(1854) □ Mex.-Sp. *tamal,* (pl.) *tamales* □ Nahuatl *tamalli*〗

Tam·al·pa·is /tæ̀məlpáɪəs/, **Mount** *n.* タマルペーズ山 (米国 California 州西部 San Francisco の北西方の山).

tam·an·du /tǽməndùː/ *n.* 〖動物〗=tamandua.

ta·man·du·a /təmǽnduə, -mæ̀nduɑ́ː | tæ̀məndúːə/ *n.* 〖動物〗コアリクイ (*Tamandua tetradactyla*) (熱帯アメリカ産樹上性の動物; 夜行性でアリ・ミツバチなどを食べる). 〖(1614) □ Port. *tamanduá* □ S-Am.-Ind. (Tupi) ← *taixi* ant+*mondé* to catch〗

Ta·mang /tɑːmɑ́ːŋ | tæmǽŋ/ *n.* (*pl.* **~, ~s**) **1** [the ~(s)] **a** タマン族 (ネパールの Kathmandu 盆地の北・東の山地に居住する民族; チベット仏教を信仰している). **b** タマン族の人. **2** タマン語 (チベット-ビルマ語派に属する). 〖← Nepali〗

tam·a·noir /tǽmənwɑ̀ə | -nwɑ́ː(r; *F.* tamanwaːʀ/ *n.* 〖動物〗=ant bear 1. 〖(1785) □ F ~ □ Carib *tamanoà* □ S-Am.-Ind. (Tupi) *tamanduá* 'TAMANDUA'〗

Ta·mar /téɪmə, -mɑə | -mə(r, -mɑː(r/ *n.* [the ~] テーマー川 (イングランド南西部 Devon 州北西部から南東に流れ, Plymouth 湾へ注ぐ).

ta·ma·ra /təmɑ́ːrə/ *n.* タマーラ (クローブ (clove)・シナモン (cinnamon)・コリアンダー (coriander)・アニス (anise)・ウイキョウ (fenna) の実を粉にして混ぜ合わせたイタリアの香辛料). 〖?〗

Ta·mar·a /təmɛ́ərə, -mɑ́ːrə, tǽmərə | təmɛ́ərə, -mɑ́ːrə, tǽmərə/ *n.* タマラ (女性名). 〖□ Heb. *Tāmār* (原義) palm tree: cf. tamarind〗

tam·a·rack /tǽməræ̀k/ *n.* 〖植物〗**1 a** アメリカカラマツ (*Larix americana*) (American larch, black larch, hackmatack ともいう). **b** アメリカカラマツ材. **2** 北米西部乾燥地産のクロマツ (*Pinus contorta, P. murrayana* など; tamarack pine ともいう); その材. 〖(1805) ← ? N-Am.-Ind. (Algonquian)〗

tam·a·rau /tɑ̀ːməráu, tæ̀m- | tǽməràu/ *n.* (*also* **tam·a·rao** /tɑ̀ːməráu, tæ̀m-/) 〖動物〗タマラウ, ミンドロスイギュウ (*Bubalus mindorensis*) (Philippine 諸島中の Mindoro 島産ウシ亜科の小形のスイギュウ). 〖(1898) □ Tagalog *tamaráw, timaraw*〗

ta·ma·ri /təmɑ́ːri/ *n.* たまり, たまり醤油 (tamari (soy) sauce ともいう). 〖(1977) □ Jpn 溜〗

tam·a·ril·lo /tæ̀mərílou | -ləu; *Am.Sp.* tamaríjo/ *n.* (*pl.* **~s**) 〖植物〗**1** コダチトマト, トマトノキ (*Cyphomandra betacea*) (熱帯アメリカ産のナス科の常緑低木; 栽培される; tree tomato ともいう). **2** コダチトマトの果実, タマリロ (卵形で食用). 〖(1965): 恣意的造語〗

tam·a·rin /tǽmərɪ̀n, -ræ̀n | -rɪn, -ræ̀n/ *n.* 〖動物〗タマリン (南米産マーモセット科タマリン属 (*Saquinus*) およびライオンタマリン属 (*Leontopithecus*) のキヌザル (marmoset) のうち長い牙のあるサルの総称; cf. silky tamarin). 〖(1780) □ F ~ ← Carib (方言)〗

tam·a·rind /tǽmərɪ̀nd | -rɪnd/ *n.* 〖植物〗**1** タマリンド, チョウセンモダマ (*Tamarindus indica*) (熱帯地方産のマメ科の常緑高木). **2** タマリンドの実 (清涼飲料・緩下剤の原料). 〖(1533) □ Sp. & Port. *tamarindo* □ Arab. *tamr Hindī* Indian date: cf. Heb. *tāmār* palm tree〗

tam·a·risk /tǽmərɪ̀sk | -rɪsk/ *n.* 〖植物〗ギョリュウ (ギョリュウ属 (*Tamarix*) の樹木の総称; ギョリュウ (*T. chinensis*) など). 〖(*a*1400) □ LL *tamariscus* ← L *tamarix* tamarisk ← ?〗

ta·mas /tɑ́məs/ *n.* 〖インド哲学〗タマス, 翳質(えいしつ) (数論(すろん)派 (Sankhya) の説く自然の三要素 (gunas) の一つ). 〖□ Skt ~ 'darkness'〗

ta·ma·sha /təmɑ́ːʃə/ *n.* (東インド諸島で)見世物, 催し物, 式典. 〖(1623) □ Anglo-Ind. *tamāshā* walking about for recreation □ Arab. *tamāššā* to walk about〗

Tam·a·shek /tǽməʃɛ̀k/ *n.* (*also* **Tam·a·chek** /~/) タマシェク語 (北アフリカ Sahara 地方の Tuareg 族の話す Berber 語). 〖(1885) ← Berber〗

Tam·a·sine /tǽməsìːn/ *n.* トマシーン (女性名; Cornwall にみられる名). 〖← THOMASIN〗

Ta·ma·tave /tɑ̀ːmətɑ́ːv, -mə-; *F.* tamataːv/ *n.* タマターヴ (Toamasina の旧名).

Ta·mau·li·pas /tɑ̀ːmaulíːpəs, -pɑːs; *Am.Sp.* tamaulípas/ *n.* タマウリパス(州) (メキシコ北東部, メキシコ湾沿岸の州; 面積 79,829 km², 州都 Ciudad Victoria /sjuðáðβiktórja/).

Ta·ma·yo /təmáɪou | -jəu; *Am.Sp.* tamájo/, **Rufino** /rufíːno/ *n.* タマヨ (1899–1991; メキシコの画家).

tam·bac /tǽ(ː)mbæk | tɔ́m-/ *n.* 〖冶金〗=tombac.

tam·ba·la /tɑːmbɑ́ːlə, -lɑː | -lə/ *n.* (*pl.* **~, ~s**) **1** タンバラ (マラウィの通貨単位; =¹⁄₁₀₀ kwacha). **2** 1 タンバラ硬貨. 〖(1970) □ Malawi ~ (原義) cockerel〗

tam·ber /tǽmbə | -bə(r/ *n.* =timbre. 〖変形〗

tam·bo, T- /tǽmbou | -bəu/ *n.* minstrel show の端にいて時々 tambourine を鳴らす座員 (Mr. Tambo ともいう; cf. bone¹ 7). 〖(1848) (短縮) ← TAMBOURINE〗

Tam·bo /tǽmbou | -bəu; *Afrik.* támbo/, **Oliver** *n.* タンボ (1917–93; 南アフリカの政治家; ANC 議長 (1977–91)).

Tam·bo·ra /tæmbɔ́ːrə; *Indon.* tambóra/ *n.* タンボラ(山) (インドネシア Sumbawa 島北部の活火山 (2,850 m)).

tam·bo·tie /tæmbúṭi, -búː- | -ti/ *n.* 《南ア》アフリカ産トウダイグサ科の木本 (*Spirostachys africana*) (材は芳香を発し, 樹液は毒性をもつ). 〖(1852) ← Bantu (Xhosa) *um-Thombothi* (原義) poison-tree〗

tam·bour /tǽmbuə, —⁄ | tǽmbuə(r, -bɔː(r/ *n.* **1** (低音の)太鼓. **2** 太鼓手, 鼓手. **3** (円形の)刺繍(ししゅう)枠; (それで作った)刺繍, 縫取り. **4** 〖家具〗(キャビネットなどの)よろい戸, シャッター (小さな板切れをよろい状に布にのり付けし, 全体が溝に沿って開閉する方式). **5** 〖建築〗太鼓石 (円柱を構成する円筒形石材); 鼓胴部 (ドーム下部の円筒形の部分); (防風のために教会の玄関に設けるしおり戸のある)通廊. **6** 〖築城〗(門や道路を防護する)防柵(さく). **7** (コートテニス (court tennis), ファイブズ (fives) の)突き出た壁. **8** 〖魚類〗**a** =drum¹ 9. **b** =globefish 1. **—** *adj.* よろい戸式の. **—** *vt., vi.* (刺繍枠を用いて)刺繍する, 縫取りする. **~·er** /tǽmbuərə, —⁄— | tǽmbuərə(r, -bɔːrə(r/ *n.* 〖(1484) □ F ~ 'drum': ⇨ tabor〗

tam·bou·ra /tæmbú(ə)rə | -búərə, -bɔ́ː-/ *n.* タンブーラ (インド・トルコなどの小丸胴・長棹のリュート属の撥(ばち)弦楽器; tambura ともいう). 〖(1585) □ Pers. *ṭambūra* □ Arab. *ṭunbūr*〗

támbour clòck *n.* タンブール時計 (ドラム形ケースに入ったかぎ巻き時計).

tam·bou·rin /tǽmbərɪ̀n, -ræ̀n | -rɪn; *F.* tɑ̃buʀɛ̃/ *n.* **1** タンブラン (Provence 地方の細長い太鼓). **2 a** タンブラン舞踊 (タンブランの伴奏がついた Provence 地方の古い 2 拍子の速い踊り). **b** タンブラン舞曲. 〖(1797) □ F ~ (dim.) ← *tambour* 'TAMBOUR'〗

tam·bou·rine /tæ̀mbəríːn/ *n.* **1** タンバリン (一枚皮の手太鼓). **2** 〖鳥類〗シロハラマミジロバト (*Tympanistria tymphanistria*) (熱帯アフリカに分布する, 背がオリーブ褐色で腹と目の上が白い地上生のハト). **tàm·bou·rín·ist** /-ríːnɪ̀st | -nɪst/ *n.* 〖(1579) □ F *tambourin* (↑): ⇨ -ine³〗

Tam·bov /tɑːmbɔ́(ː)f, -bɔ́(ː)v, -bɑ́(ː)f, -bɑ́(ː)v | -bɔ́f; *Russ.* tambóf/ *n.* タンボフ (ロシア西部, Moscow の南東の都市).

tam·bu·ra /tæmbú(ə)rə | -búərə/ *n.* =tamboura.

tam·bu·rit·za /tæmbúrɪtsə, tæ̀mbərítsə; *Serb.* / *Croat.* tămburitsa/ *n.* タンブリッツァ (形はギターに, 音はマンドリンに似たユーゴスラビアの撥(ばち)弦楽器). 〖(1941) □ Serb. / Croat. tamburica ← Pers. *ṭambūra*: ⇨ tambour〗

Tam·bur·laine /tǽmbəlèɪn | -bə-/ *n.* =Tamerlane.

Támburlaine the Gréat *n.* 「タンバレン大王」(Christopher Marlowe 作の悲劇; 上演 1587, '88, 出版 1590).

tame /téɪm/ *adj.* (**tam·er; -est**) **1** 〈動物が〉ならされた, 飼いならされた (domesticated) (↔ wild): a ~ bear, monkey, etc. **2** 〈人・性格が〉従順な, 素直な (docile, pliant); 意気地のない, 無気力な (poor-spirited): ~ submission ふがいない服従 / a ~ husband ふがいない亭主 / (as) ~ as a cat ひどくおとなしい (cf. tame cat). **3** 精彩を欠く (flat); 平板で単調な, 退屈な (dull); 〈流れなどが〉ゆっくりと動く: a ~ description 精彩のない叙述 / a ~ existence 平凡な人生 / ~ scenery 趣のない景色 / a ~ book 退屈な本 / Now he finds life ~. 今や彼は人生を退屈なものと考えている. **4** 《戯言》〈道化役など〉専属の, おかかえの (kept): a ~ fool / Hitler's ~ professors ヒトラーの御用学者たち. **5** 《米》〈土地・資源など〉(自然のままでなくて)耕された, 利用できるようにされた; 〈植物が〉(野生でなくて)栽培された (cultivated): ~ land / ~ plants / a ~ and useful river 制御されて有用になった川. **6** 《Shak》(物に)なれ親しんだ (cf. Shak., *Troilus* 3. 3. 10).
— *vt.* **1** 〈鳥獣を〉ならす, 飼いならす (domesticate): ~ a tiger. **2** 〈山地を〉耕作できるようにする (cultivate); 〈資源などを〉利用できるようにする (harness): ~ a wild plant / ~ a savage soil. **3** 〈人を〉服従させる, おとなしくさせる 〈*down*〉(subdue); 〈勇気・熱情などを〉制する, 抑える, くじく (curb, crush), へこます (humble): ~ a person *down* 人をおとなしくさせる / ~ the fierce grief 激しい悲しみを抑える. **4** 〈色彩・調子などを〉和らげる, 弱める 〈*down*〉: ~ (*down*) some of his startling statements 彼のショッキングな言明の一部を和らげる. **—** *vi.* なれる; おとなしくなる 〈*down*〉: Leopards will not ~. ヒョウは人になれない.
Táming of the Shréw [The —] 「じゃじゃ馬馴らし」(Shakespeare 作の喜劇 (1593–94)).
〖adj.: OE *tam* < Gmc **tamaz* (Du. *tam* / G *zahm*) ← IE **domə-, *demə-* to constrain, force (L *domāre*). — v.: (*c*1315) (転用) ← (adj.) ∽ ME *temie*(*n*) < OE *temian*〗

tame·a·ble /téɪməbḷ/ *adj.* =tamable.

táme cát *n.* 1 (山猫に対して)飼い猫. 2 (飼い猫同様に)重宝がられるお人好し. 〖1878〗

táme·less *adj.* なれていない (untamed); ならすことのできない (untamable). **~·ly** *adv.* **~·ness** *n.* 〖1597–98〗

táme·ly *adv.* 1 おとなしく (docilely). 2 ふがいなく, 意気地なく (spiritlessly). 〖1598〗

táme·ness *n.* 1 なれていること. 2 従順, 素直 (docility). 3 ふがいなさ, 無気力; 精彩を欠くこと. 〖1530〗

tám·er *n.* ならし手, 調教者: a ~ of wild animals / a lion ~ ライオン使い. 〖1530〗

Tam·er·lane /tǽməlèɪn | -mə-/ *n.* チムール, タメルラン (帖木児) (1336?–1405; アジア西半を征服し Samarkand を都として世界統一を企てたモンゴルの征服者; 別称 Tamburlaine, Timour, Timur). 〖(*a*1579) (廃) *Tamberlan(e)* ◻ Tartar *Timur lenk* lame Timur〗

Tam·il /tǽmɪl, tá:m- | tǽm-/ *n.* (*pl.* ~, ~s) 1 タミ(ー)ル人 (インド南部および Ceylon 島に住むドラビダ族の人; cf. Dravidian). 2 タミ(ー)ル語 (Tamil Nadu 以南および Ceylon 北東部などで使われる; ドラビダ語族の最大の言語). 3 タミ(ー)ル文字. — *adj.* タミ(ー)ル人[語]の. 〖(1579) ◻ Dravidian *Tamiḷ* (変形) ← *Tamiṛ*: cf. Skt *Dramiḷa, Dramiḍa*〗

Ta·mil·i·an /təmíliən/ *adj.* タミ(ー)ル人[語]の. 〖1764〗

Támil Ná·du /-ná:du:/ *n.* タミルナドゥ(州) (インド南部の州; 面積 129,966 km²; 州都 Madras).

Támil Tígers *n. pl.* [the ~] タミルのトラ (スリランカの北部・東部州を統合した独立国家 (Eelam)の建設を目指す過激派組織タミル・イーラム解放のトラ (Liberation Tigers of Tamil Eelam, LTTE) の通称).

tam·is /tǽmi, -mɪs | -mi, -mɪs/ *n.* 濾過(ろか)布, 濾(こ)し袋, 裏濾(うらご)し. 〖(1601) ◻ F ~ 'sieve' ← ? Frank.〗

Tam·la Mo·town /tǽmləmóʊtaʊn | -məʊ-/ *n.* タムラモータウン (黒人 R&B と soul music 専門の米国のレコード会社).

Tamm /tá:m, tǽm; *Russ.* tám/, **Igor Yev·ge·nye·vich** /jivgʲénʲivʲitʃ/ *n.* タム (1895–1971; 旧ソ連の物理学者; Nobel 物理学賞 (1958)).

Tam·ma·ny /tǽməni/ *n.* タマニー派 (1789 年 New York 市に友愛慈善組合 (Tammany Society) として設立された民主党の政治団体; しかし 1868–71 にかけて政界のボス W. M. Tweed のもとで同市の政治と財政を腐敗と混乱に陥れた; cf. Tammany Hall). — *adj.* タマニー派的な, (ボス政治によって)市政などを牛耳ろうとする. 〖(1683) (廃) *Tamanen* ← *Tamanend* (17 世紀の北米 Delaware 族の首長の名, 白人と親しく交わり Saint Tammany と戯称された)〗

Támmany Háll *n.* 1 タマニーホール (1930 年初頭まで Tammany 派が本部として使用した New York 市の会館). 2 =Tammany. 〖1793〗

Tam·ma·ny·ism /tǽmənìɪzm/ *n.* タマニー主義[政綱], タマニー派的行為. 〖1903〗

Tam·ma·ny·ite /tǽmənìàɪt/ *n.* タマニー主義[政綱]信奉者. 〖1882〗

Támmany Society *n.* [the ~] タマニー協会 (⇨ Tammany).

tam·mar /tǽmə | -mə(r)/ *n.* 〘動物〙 ダマヤブワラビー (*Marcropus eugenii*) (オーストラリア産の灰色がかった褐色の小形ワラビー).

Tam·mer·fors /*Swed.* tămːerfɔ̂ʂ:/ *n.* タンメルフーシュ (Tampere のスウェーデン語名).

Tam·muz /tá:muz | tǽmu:z, -muz/ *n.* 1 (ユダヤ暦の) 4 月 (グレゴリオ暦の 6–7 月に当たる; ⇨ Jewish calendar). 2 〘バビロニア神話〙 タンムズ (春と植物の神; Ishtar の息子で夫; 死後地下の世界から再来したが, それは春における植物の再生を表す). 〖(1535) ◻ Heb. *Tammûz* ◻ Akkad. *Du'ūzu, Dūzu* ← *Dumuzi* Tammuz: 1 は Mish.Heb. から〗

tam·my¹ /tǽmi/ *n.* タミー (光沢のある混合織維の織物; 通例裏地・下着などに用いる). 〖(1665) ← F (廃) *tamise*: pl. とみた逆成? (変形)? ← (廃) *tamin* worsted ← F (廃) *estamine* (F *étamine*) < ML *stāminia* stamen warp, thread: cf. stamen〗

tam·my² /tǽmi/ *n.* 濾(こ)し袋, 裏濾(うらご)し (strainer). — *vt.* 〈ソース・スープなどを〉濾し布でこす. 〖(1769) (短縮) ← TAMIS: ⇨ -y²〗

tam·my³ /tǽmi/ *n.* =tam-o'-shanter. 〖(1894): 短縮〗

Tam·my /tǽmi/ *n.* タミー (女性名). 〖(dim.) ← THOMASIN〗

ta·mo /tá:moʊ | -məʊ/ *n.* (*pl.* ~s) =Japanese ash 2. 〖◻ Jpn.〗

tam-o'-shan·ter /tǽməʃæntə, ⌐–⌐–⌐ | tæməʃǽntə(r)/ *n.* (スコットランド人の用いる円形で平らな)ふちなし帽 (ウール製で通例, 毛糸の玉 (pompon) が上についている; tammy ともいう). 〖(1840–50) ← *Tam o' Shanter*: Robert Burns 作の同名の詩の主人公である農夫の名, その常用の帽子から〗

ta·mox·i·fen /təmá(:)ksəfən | -mɔ́ksɪ-/ *n.* 〘薬学〙 タモキシフェン ($C_{26}H_{29}NO$) (癌細胞のエストロゲンレセプター (estrogen receptor) をふさぐ抗腫瘍薬; 閉経後の女性の乳癌治療に使用する). 〖(1972) ← ? T(RANS-)+AM(IN-) +*oxi*- (← OXY-¹)+-*fen* (← PHENYL)〗

tamp¹ /tǽmp/ *vt.* 1 〘鉱山〙 (火薬を詰めた後)粘土などで〈発破孔を〉詰める 〔*with*〕: The hole was ~*ed with* dry clay to the top. 発破孔には乾いた粘土がいっぱいに詰められた. 2 a (とんとんと)突き固める 〈*down*〉 (pound); 〔…に〕詰める 〈*down*〉 〔*in*〕: ~ the gravel 砂利を突き固める / He ~*ed down* the tobacco *in* [*into*] his pipe. パイプにたばこを詰めた. b …にたばこなどを詰める: He ~*ed* his pipe. パイプにたばこを詰めた. — *n.* (たばこなどを)詰める道具. 〖(1819) (逆成) ← TAMPION // ← F *tamper* to stamp, punch < OF *estamper*: ⇨ stamp〗

tamp² /tǽmp/ (南ウェールズ方言) *vt.* 〈ボールを〉弾ませる. — *vi.* 〈雨が激しく降る 〈*down*〉. 〖← ? TAMP¹〗

Tam·pa /tǽmpə/ *n.* タンパ (米国 Florida 州西部の港市, Florida 半島中西部, Tampa Bay に臨む).

tam·pal·a /tæmpǽlə/ *n.* 〘植物〙 ハゲイトウ (*Amaranthus tricolor*) (熱帯アジア産のヒユ科の観葉植物). 〖← ? Bantu (Tswana)〗

tam·pan /tǽmpæn/ *n.* 〘動物〙 ナガヒメダニ (*Argas persius*) (後気門亜目ヒメダニ科のニワトリに寄生するダニ). 〖(1861) ← ? Bantu (Tswana)〗

Tam·pax /tǽmpæks/ *n.* 〘商標〙 タンパックス (米国 Tambrands 社製の生理用タンポン).

tam·per¹ /tǽmpə | -pə(r)/ *vi.* 1 〔物を〕いじり回す 〔*with*〕 (meddle); 〔…に〕干渉する 〔*with*〕: ~ *with* a lock 錠をこじ開けようとする / ~ *with* electrical circuits 電気回路をむやみにいじくる. 2 〔遺言状・文書などに〕みだりに手を入れる, 不正な変更を加える 〔*with*〕, 〔書類・通信などの〕中身をいじくる: ~ *with* a document, text, etc. / ~ *with* an illness (医者が)不正手段で病気を長引かせる. 3 〔人を〕不正手段(賄賂・恐喝など)で動かす 〔*with*〕: ~ *with* voters, a witness, etc. 4 (古) もくろむ, たくらむ, 画策する (machinate): ~ *in* a plot 陰謀をたくらむ / ~ *for* [*to* do] something ある事のために[をしようと]画策する. — *vt.* みだりに変更する, 改竄(かいざん)する: ~ a document, text, etc. **~·er** /-pərə | -rə(r)/ *n.* 〖(1567) ◻ OF *temprer* to mix, meddle // (変形) ← TEMPER〗

tamp·er² /tǽmpə | -pə(r)/ *n.* 1 (発破孔に)粘土を詰め[込め]る人; (枕木の下のバラスなどを)突き固める人. 2 込め棒, 突き棒; (土・コンクリートの)締固め機, 突き固め機, タンパー. 3 〘原子力〙 (原子爆弾などで)核分裂物質, タンパー, 反射体 (核分裂生成物や中性子もれを防ぎ, 圧力を高めて爆発力を大きくするための詰め物[容器]). 〖(1864) ← TAMP+-EP¹〗

Tam·pe·re /tá:mpəreɪ, tǽm- | tǽm-; *Finn.* támpere/ *n.* タンペレ (フィンランド南西部の工業都市; スウェーデン語名 Tammerfors).

támper-évident *adj.* 〈包装などが〉中身をいじくった跡が判明するように工夫された.

támper·pròof *adj.* いじくることができない; 改竄(かいざん)の恐れのない; 不正手段で動かされる恐れのない. 〖1886〗

támper-resìstant *adj.* 〈包装が〉いたずらしにくい.

Tam·pi·co /tæmpí:koʊ, tɑ:m- | tæmpí:kəʊ; *Am. Sp.* tampíko/ *n.* タンピコ (メキシコ中東部, Mexico 湾に臨む港市).

tamp·ing *n.* 1 a 充填(じゅうてん). b 〘土木〙 締固め, 突き固め. 2 充填材料. — *adj.* [通例名詞の後に置いて] (南ウェールズ方言) 怒り狂った (tamping mad ともいう). 〖1828〗

támping bàr *n.* 〘鉄道〙 タンピングバー, 突き棒 (枕木の下のバラスを突き固める長い柄のついた器具). 〖1838〗

támping pìck *n.* 〘鉄道〙 タンピングピック, ビーター (枕木の下のバラス突き固め用のつるはし).

tam·pi·on /tǽmpiən, tá:m-/ *n.* 1 (銃口・砲口などの)木栓(きせん) (使用しない時に詰めておく); 砲[銃]口蓋(がい) (金属または布製の覆い). 2 (オルガンの音管の)上端栓. 〖(1400) ME *tamp(i)oun* ◻ (O)F *tampon* (鼻音化変形) ← *tapon* ← *tape* plug: ⇨ tap¹〗

tam·pon /tǽmpɑ(:)n | -pɒn, -pən/ *n.* 1 タンポン, 綿球, 止血栓(せん): a gauze ~ ガーゼタンポン. 2 〘音楽〙 (大太鼓のロール奏法に用いられる)両頭のばち. — *vt.* …にタンポンを挿入する, タンポンで栓をする. 〖(1848): ◻ F ~: TAMPION と二重語〗

tam·pon·ade /tæ̀mpənéɪd/ *n.* 1 〘医学〙 (止血などのための)タンポン挿入, タンポナーデ. 2 〘病理〙 =cardiac tamponade. 〖(1890): ⇨ ↑, -ade〗

tam·pon·age /tǽmpɑ(:)nɪdʒ, -pən- | -pɒn-, -pən-/ *n.* =tamponade.

Tam·sin /tǽmzɪn, -sɪn | -zɪn, -sɪn/ *n.* タムジン (女性名; Cornwall にみられる名). 〖(変形) ← THOMASIN〗

tam-tam /tʌ́mtʌ̀m, tǽmtæ̀m/ *n.* 1 タムタム, どら (gong) (音高不定の金属打楽器). 2 =tom-tom. 〖(1782) (転訛) ← TOM-TOM ◻ Hindi *ṭam-ṭam*〗

Tam·worth /tǽmwə(:)θ | -wə(:)θ/ *n.* タムワース: 1 イングランド Staffordshire 州南東部の町. 2 オーストラリア New South Wales 州中東部の都市. 3 [しばしば t-] イングランド Tamworth で改良された赤豚の一品種; 主にベーコン用.

tan /tǽn/ *v.* (**tanned; tan·ning**) — *vt.* 1 〈顔・身体などを〉日に焼く: ~ the skin / He is deeply ~*ned* (*with* [*by*] the sun). ひどく日焼けしている. 2 a 〈獣皮を〉なめす: ~ calfskin 子牛の皮をなめす. b 〈蛋白質を〉レザーに変える. 3 〈帆・網などに〉渋を引く. 4 (口語) 〈人を〉ひっぱたく, むち打つ, 打つ (beat): ⇨ *tan a person's* HIDE¹. — *vi.* 日焼けする: I ~ easily [quickly]. 私はすぐ日焼けする. — *n.* 1 日焼け(の色): get [have] a ~ 日焼けする. 2 タン皮 (tanbark); タン皮がら (spent tan) (タンニン酸を抽出した後のタン皮; 競走路・道路などに敷く). 3 〘化学〙 タンニン (tannin). 4 黄褐色, 淡褐色 (yellowish brown). 5 [*pl.*] 黄褐色の衣料品; (特に)タン皮色の靴 (tan shoes). 6 [the ~] (英俗) 曲芸場, 乗馬学校の床 (どちらにもタン皮がらが敷いてある). ***kiss the tán*** (英俗) 落馬する. — *adj.* (**tan·ner; tan·nest**) 1 黄褐色の, 渋色の: ~ shoes / a ~ sweater. 2 皮なめし(用)の. **~·na·ble** 〖*v.*: OE *tannian ◻ OF *tanner* // ML *tannāre* ← *tannum* tanbark ← Celt. — *n.*: (1604) ◻ F ~ ◻ ML *tannum*〗

tan /tǽn/ (略) tangent.

ta·na¹ /tá:nə/ *n.* =thana.

ta·na² /tá:nə/ *n.* 〘動物〙 1 フォーク(コビト)キツネザル (*Phaner furcifer*) (Madagascar 島産の小さなキツネザル). 2 オオツパイ (*Tupaia tana*) (Borneo 島・Sumatra 島産の大形のツパイ). 〖1: ← ?. 2: ← Malay〗

Ta·na¹ /tá:nə/ *n.* [the ~] タナ(川) (ケニア共和国の中央部に源を発し, インド洋に注ぐ川 (708 km)).

Ta·na² /tá:nə; *Norw.* tá:na/ *n.* タナ(川) (ノルウェー北東部, フィンランドとの国境を流れ, 北極海に注ぐ (320 km)).

Ta·na³ /tá:nɑ:, -nə/, **Lake** *n.* タナ湖 (エチオピア北西部の湖, 青ナイル (Blue Nile) の水源; 面積 2,850 km²).

Ta·nach /tɑ:ná:x/ *Heb.* *n.* ユダヤ教聖書, タナハ (Law, Prophets, Writings の三部から成る; cf. Torah 2 ★). 〖◻ MHeb. *t(a)n(a)kh* (頭字語) ← *tōrāh* law + *nᵉbhī'īm* prophets + *kᵉthūbhīm* writings〗

tan·a·ger /tǽnɪdʒə | -dʒə(r)/ *n.* 〘鳥類〙 フウキンチョウ (中米・南米産の羽毛の美しいフウキンチョウ科の小鳥の総称; アカフウキンチョウ (scarlet tanager), キムネフウキンチョウ (western tanager) など). 〖(1614) ← NL *tanagra* ◻ Port. *tangará* ◻ S-Am.-Ind. (Tupi) *tangara*〗

Tan·a·gra /tǽnəgrə, tənǽg- | tǽnəgrə/ *n.* 1 タナグラ (古代ギリシャの Boeotia の都市, スパルタ軍がアテネ軍を破った古戦場 (457 B.C.); テラコッタ人形の発掘で有名): a ~ statuette [figurine] タナグラ小像 (1874 年タナグラ地方の古墳から発掘された terra cotta の小土器像). 2 タナグラ小像. 〖(1893) ◻ Gk *Tánagra*〗

tan·a·grine /tǽnəgrɪn | -grɪn/ *adj.* フウキンチョウ (tanager) の. 〖(1887) ← TANAGER+-INE¹〗

Tá·nai·ste /tɔ́:nɪʃtə; *Irish* tá:nʲiʃtʲə/ *n.* (アイルランド共和国の)副首相 (cf. Taoiseach). 〖(1938) ◻ Ir.-Gael. *tānaiste* (原義) second, next〗

Tan·a·na /tǽnənɔ:, -nà: | -nà:/ *n.* [the ~] タナナ(川) (米国 Alaska 州にある Yukon 川の支流 (765 km)).

Ta·na·na·rive /tənǽnərí:v; *F.* tananaʀi:v/ *n.* タナナリブ (Antananarivo の旧名).

Tan·a·quil /tǽnəkwɪl/ *n.* 〘ローマ伝説〙 タナクイル (ローマを支配したエトルリア人の王 Tarquinius Priscus の妻; 夫の死後, 家僕であった Servius Tullius を擁立して王位につけた).

tán·bàlls *n. pl.* タン皮がら (spent tan) の玉 (燃料). 〖1882〗

tán·bàrk *n.* 1 タン皮, 皮なめし用樹皮 (oak, hemlock などタンニンに富む樹皮; 機械で引きつぶして皮なめしに用いる; 使用後のかす (spent tanbark) は競走路・道路などに敷く). 2 (曲芸場など)タン皮のかすを敷いた場所. 〖1779〗

tánbark òak *n.* 〘植物〙 タン皮を採るカシ; (特に)米国太平洋岸のカシ (*Lithocarpus densiflora*).

Tan·cred¹ /tǽŋkrɪd | -krɪd, -kred/ *n.* タンクリッド (男性名). 〖◻ F ~ ◻ OHG *Thancharat* ← *thanc* to think+*radi* counsel〗

Tan·cred² /tǽŋkrɪd | -krɪd, -kred/ *n.* タンクリッド (1078?–1112; 第一回十字軍を指揮したフランス Normandy の勇士).

T and A (略) 〘医学〙 tonsillectomy and adenoidectomy.

T & AVR (略) (英) Territorial and Army Volunteer Reserve.

tan·dem /tǽndəm | -dəm, -dem/ *n.* 1 =tandem bicycle. 2 タンデム: a 縦並びに馬につないだ二頭の馬 (cf. randem). b 縦並びの二頭引き馬車. 3 タンデム車 (トレーラーやトラックで重量物運搬用として車軸を接近して車輪を複数にしたもの ⇨ TANDEM TRAILER). 4 (二人(以上)の)協力関係, 協同.

tandem 2 b

in tándem (1) 縦列をなして. (2) 〔…と〕協同して, 連合して 〔*with*〕.
— *adv.* 1 〈二頭の馬が縦に並んで (↔ abreast), 〈自転車の座席が〉二つ(以上)縦に並んで: drive ~ 馬車馬を縦につないで駆る / ride ~ (自転車に)二人(以上)前後に乗って走る. 2 〘電気〙 直列に. — *adj.* 1 〈二人(以上)乗りの自転車・小舟など縦に座席の並んだ, 縦並びに乗れる. 2 (二人(以上)の人が)協同している. 3 (英) 〈電話交換局などが〉中継の. 〖(1785) ◻ L ~ 'at length' ← *tam* so (much)+-*dem* (demonstrative suf.): at length の意味を lengthwise にとった戯言的転用〗

Tan·dem /tá:ndəm; *G.* tándɛm/, **Carl Felix** *n.* Carl SPITTELER の筆名.

tándem bícycle *n.* (縦列座席の)二人[数人]乗り自転車. 〖*c*1890〗

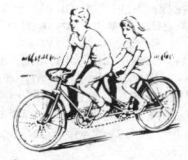

tandem bicycle

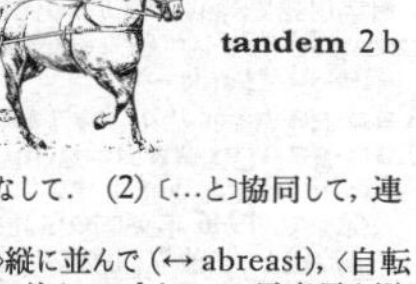

tándem còmpound *n.* 〘機械〙 タンデム連成の蒸気機関[タービン]. 〖1901〗

tándem èngine *n.* 〘機械〙 タンデム[串形]機関 (2 個以上のシリンダーを串形に配列した蒸気機関). 〖1878〗

T

tándem òffice *n.* 〔通信〕(電話の)中継局. 〘1924〙

tándem propéller *n.* 〔航空〕タンデムプロペラ《牽引および推進プロペラを同一軸線に配置した形式の飛行機のプロペラ》.

tándem róller *n.* 〔土木〕タンデムローラー, 二輪輾圧(ﾃﾝｱﾂ)機.

tándem rótor *n.* 〔航空〕タンデムローター《ヘリコプターにおいて機体の前後に配した1組のローター; 互いに逆方向に回転させてトルクを打ち消すため, 一般のヘリコプターのような後部ローターはない》: a ~ helicopter.

tándem tràiler *n.* タンデムトレーラー《縦に連結した2台のトレーラーと牽引用トラックから成る; double-bottom ともいう》.

T&G 《略》Transport and General Workers' Union 運輸一般労組.

Tan·djung·pri·ok /tὰːndʒuŋprióːk, -áːk | tæ̀n-dʒuŋpríːɔk/ *n.* (*also* **Tan·jung·pri·ok** /~/) タンジュンプリオク《インドネシアの首都 Jakarta の北東 8 km にある港》.

t. & o. 《略》taken and offered.

tan·door /tɑːndúə | tændúə^(r), -dɔː^(r)/ *n.* (*pl.* **~s, -doo·ri** /tɑːndú^əri | tændúəri, -dɔ́ːri/) タンドール《インドで用いる円筒形の粘土製のかまど》. 〘(1662)〙(1840) ◻ Hindi *tandūr*〙

tan·doo·ri /tɑːndú^əri | tændúəri, -dɔ́ːri/ *adj.* タンドールで料理した: ~ chicken タンドーリチキン. — *n.* タンドール料理, タンドーリ. 〘(1958) ◻ Hindi *tandūrī* ← *tandūr* (↑)〙

Tan·dy /tǽndi/, **Jessica** *n.* タンディー《1909–94; 英国生まれの米国の女優; A Streetcar Named Desire (1948) などの舞台で高く評価されたが, 映画でも活躍; Driving Miss Daisy (1989)》.

tane /téɪn/ *v.* 《廃》=taken (cf. ta'en).

Ta·ney /tɔ́ːni, tάː- | tɔ́ː-/, **Roger B(rooke)** *n.* トーニー《1777–1864; 米国の政治家・法律家; 第5代最高裁判所長官 (1836–64)》.

Tan·ez·rouft /tæ̀nəzrúːft/ *n.* タネズルフト《アルジェリア南西部とマリ北部の乾燥地帯; Sahara 砂漠の西部地域にあたる》.

tang[1] /tǽŋ/ *n.* **1** 刀根, 小身(ｺﾐ), 中子(ﾅｶｺﾞ)《剣・小刀・のみなどの柄に入る部分》. **2 a** (舌に残る)強い味, 強い風味. **b** 残り香, 移り香; 鼻をつく臭気, 強いにおい: a strong ~ of onion たまねぎの鼻をつく強いにおい / the fresh salt ~ in the air at sea 海辺の大気中に漂うさわやかな磯の香り. **3** 〔…の〕気味, 風味 (smack) 〔*of*〕: The language has a ~ *of* Milton. その言葉遣いにはミルトンの趣きがある. **4** 独特の味, 持ち味, 特質: the French ~ フランス的な特質. **5** 《米》〔魚類〕=surgeonfish. — *vt.* **1** …に刀根[中子]を付ける. **2** …に〔…の〕においを付ける〔*with*〕: breeze ~*ed with* roses ばらの香りのする微風. **tanged** *adj.* 〘(*a*1350) ◻ ON *tange* point, spit of land, tang of a knife (cf. ON *tunga* 'TONGUE'): cf. OE *tange* pair of tongs〙

tang[2] /tǽŋ/ *n.* (鐘や弦の)がーん[びーん]という音 (ring, twang). — *vt.* **1** 〈鐘・弦などを〉がーん[びーん]と鳴らす. **2** 《Shak》〈言葉・内容を〉響くように話す (cf. *Twel N* 2. 5. 150). **3** 《方言》がーんという音を立ててくミツバチを〉静める: ~ bees. — *vi.* がーん[びーん]と鳴る. 〘(1556)《擬音語》〙

tang[3] /tǽŋ/ *n.* 〔植物〕大形の海藻の総称; (特に)ヒバマタ属 (*Fucus*) の岩藻(ｲﾜﾓ). 〘(1547) ◻ Norw. ~〙

Tang[1] /tάːŋ | tæŋ; *Chin.* tʰáŋ/ *n.* 唐(ﾄｳ), 唐朝 (618–907). 〘(1669) ◻ Chin. ~ (唐)〙

T **Tang**[2] /tǽŋ/ *n.* 〔商標〕タン《米国製のオレンジ味の粉末飲料; 元は宇宙食用に開発された》.

tan·ga[1] /tǽŋgə/ *n.* タンガ《小さな布地をひもで結んだビキニ》. 〘((1912)) (1975) ◻ Port. ~ ← Bantu: 元来は人類学用語で, 熱帯アメリカの先住民の下帯を指す〙

tan·ga[2] *n.* タンガ《タジキスタンの通貨単位; =$^1/_{100}$ ruble》. 〘(1988) ◻ Tajik ~〙

Tan·ga /tǽŋgə/ *n.* タンガ《タンザニア北東部の港市》.

Tan·gan·yi·ka /tæ̀ŋgənjíːkə, -níː- | -gənjíː-, -gæ-; *Swahili* taŋgaɲíka/ *n.* タンガニーカ《旧ドイツ領東アフリカの大部分で, 1946年英国の信託統治領; 1961年英連邦内の自治国として独立; 面積 945,203 km²; 1964年 Zanzibar と合邦して Tanzania となる》. **Tàn·gan·yí·kan** /-kən˞/ *adj., n.*

Tanganyika, Lake *n.* タンガニーカ湖《アフリカ中東部, タンザニアとコンゴ民主共和国の間にある世界最長の淡水湖; 長さ 680 km, 幅 16–72 km; 面積 32,893 km²》.

tan·ga·ta whe·nu·a /tǽŋɑ̀ṭəfénuːə | -tə-/ *n. pl.* 《NZ》土地の人《特定の土地のマオリ人, またはニュージーランドの先住民としてのマオリ人》. 〘((1877)) (1949) ◻ Maori *tangata whenua* natives ← *tangata* people + *whenua* land〙

Táng Dýnasty *n.* [the ~] 唐朝 (618–907). 〘1831〙

tan·ge·lo /tǽndʒəlòu | -lə̀u/ *n.* (*pl.* **~s**) タンジェロー《柑橘(ｶﾝｷﾂ)類の果物でミカン類とグレープフルーツやザボンなどとの雑種》. 〘(1904)《混成》← TANG(ERINE) + (POM)ELO〙

tan·gen·cy /tǽndʒənsi/ *n.* 接触 (touching): a point of ~ 接触点. 〘(1819): ⇨ ↓, -cy〙

tan·gent /tǽndʒənt/ *adj.* **1** 〔数学〕 **a** 〔…に〕(一点において)接する, 接触する〔*to*〕: a straight line ~ *to* a curve 曲線に接する直線. **b** 〈同一平面上の 2 曲線・2 空間曲線・曲面と空間曲線が〉一点で共通接線をもつ. **c** 〈2 曲面が〉一点で共通の接平面をもつ. **2** (元来の目的から)はずれている.

— *n.* **1** 〔数学〕 **a** =tangent line. **b** タンジェント, 正接《略 tan; cf. sine¹, cosine》. **2** 〔測量〕(鉄道線路・道路の)直線区間. **3** 〔音楽〕タンジェント《クラビコード (clavichord) の鍵の先端の打弦用の金属片》.

flý* [*gó*] *óff at* [*on*] *a tángent 〈人が〉考え[方針, 話題など]を急に変える; 急に脱線する.

〘(1594) ◻ L *tangentem* (pres.p.) ← *tangere* to touch: cf. tact: デンマークの数学者 Th. Fincke の用語 (1583)〙

tan·gen·tal /tændʒéntḷ, tændʒén- | -tḷ/ *adj.* =tangential. **tan·gen·tal·ly** /tændʒéntəli, -tḷi | -təli, -tḷi/ *adv.*

tángent bàlance *n.* 正接ばかり《分銅を用いず, 目盛りを付けた弧形によって重量を表示するもの》.

tángent galvanómeter *n.* 〔電気〕正接検流計. 〘1873〙

tan·gen·tial /tændʒénʃəl, -ʃḷ/ *adj.* **1** 〔…に〕接する〔*to*〕, 接線の, 接面の, 正接の; 〈力・運動などが〉接線に沿って動く: a ~ plane 接平面 / ~ coordinates 接線座標. **2** 付随的な (incidental), 周縁的な (peripheral): He had only ~ relations with it. 彼はそれにはほんのちょっと関係しただけであった. **3** それる, 脱線する, 本題を離れた: ~ information. **tan·gen·ti·al·i·ty** /tændʒènʃiǽləti | -lɪ̀ti/ *n.* **~·ly** *adv.* 〘1630〙

tangéntial fórce *n.* 〔機械〕接線力. 〘1709〙

tangéntial mótion *n.* 〔天文〕接線運動《太陽に対する星の位置の変動で, 視線に垂直な方向に測った距離》. 〘1768〙

tangéntial stréss *n.* **1** 〔機械〕接線応力, 剪断(ｾﾝﾀﾞﾝ)応力. **2** 〔地質〕横圧力《横方向からの圧力》.

tángent lìne *n.* 〔数学〕接線《曲線や曲面などに一瞬ふれ合う直線》.

tángent plàne *n.* 〔数学〕接平面《曲面と一点でふれ合う平面》. 〘1856〙

tángent-sáw *vt.* 〔木工〕〈丸太を〉縦鋸(ﾀﾃﾉｺ)にかける《丸太を縦挽(ﾋﾞ)きにして何枚もの(同じ厚さの)板材を作る; plain-saw ともいう; cf. quartersaw》.

tángent scréw *n.* 〔機械〕 **1** ウォーム (worm). **2** (測量器械などの)微動ねじ, 接線ねじ. 〘1862〙

tángent sìght *n.* (銃砲の照準器の)正接目盛り板, 表尺. 〘1908〙

Tan·ger /*F.* tɑ̃ʒe/ *n.* タンジェ (Tangier のフランス語名).

tan·ge·rine /tæ̀ndʒəríːn, ⌐—⌐/ *n.* **1 a** 〔植物〕タンジェリン, ポンカン (*Citrus reticulata*) 《米国・アフリカ南部に多く産する濃い橙(ﾀﾞｲﾀﾞｲ)色の ミカン》. **b** タンジェリンの果実, ポンカン. **2** 濃い橙色, 赤橙色. — *adj.* 濃い橙色をした, 赤橙色の. 〘(1710): ↓〙

Tan·ge·rine /tæ̀ndʒəríːn˞/ *adj.* タンジール (Tangier) の. — *n.* タンジール人. 〘(1710) ← TANGIER + -INE¹〙

tan·ghin /tǽŋgɪn | -gɪn/ *n.* タンジン: **a** 〔植物〕=ordeal tree. **b** ordeal tree の核果から採った毒. 〘(1788) ◻ F ~ ◻ Malagasy (*voa*) *tanging*〙

tang·i /tǽŋi/ *n.* 《NZ》(マオリ族の)葬儀; 《口語》哀悼歌. 〘(1835) ◻ Maori ~〙

tan·gi·bil·i·ty /tæ̀ndʒəbíləti | -dʒɪ̀bɪ́lɪ̀ti/ *n.* 触れられること, 触知できること; 明白, 確実. 〘1665〙

tan·gi·ble /tǽndʒəbḷ | -dʒɪ̀-/ *adj.* **1** (想像的でなく)真実の, 現実の (real); (漠然となく)明白な, 明確な, 確実な (definite) (⇨ perceptible SYN): ~ advantages 明白な利点 / ~ benefits (会社などの)実質的な利益 / produce ~ evidence 確実な証拠を出す. **2** 実質のある, 実態的な (substantial); 有形の (corporeal): ~ (fixed) assets 〔会計〕有形(固定)資産 (cf. intangible fixed assets). **3** 触れることのできる, 触知できる, 触れてわかる (palpable). — *n.* **1** 触知できるもの. **2** [しばしば *pl.*] 有形資産[財産]. **~·ness** *n.* **tán·gi·bly** *adv.* 〘(1589) ◻ F ~ // LL *tangibilis* ← L *tangere* to touch: ⇨ tangent, -ible〙

tángible próperty *n.* 〔法律〕有形財産. 〘1814〙

Tan·gier /tændʒíə | tændʒíə^(r), ⌐—⌐/ *n.* (*also* **~s** /~z/) タンジール《モロッコ北部, Gibraltar 海峡に近い港市; フランス語名 Tanger》.

tang·i·le /tάːŋɪ̀li/ *n.* =tanguile.

tan·gle[1] /tǽŋgḷ/ *vt.* **1** 〈糸・頭髪・木の枝などを〉もつれさせる 〈*up*〉 (intertwine); 〔…を〕…にからませる〔*with, in*〕 (entangle): ~ (*up*) wires 針金を(すっかり)もつれさせる / The hedges were ~*d with* wild rose bushes. 垣根には野ばらがからみついていた / His legs got ~*d up in* his dogs' leashes. 彼の足が犬の革ひもにからまった / The trees and bushes were all ~*d together*. 高木や低木がみなからみ合っていた. **2** 〈事を〉入り組ませる, 錯綜[紛糾]させる (complicate): He ~*d* things *together*. 事を紛糾させてしまった. **3** 〈人を〉〔論争・混乱などに〕巻き込む (involve) 〔*in*〕: He got ~*d in* the controversy [quarrel]. 彼はその論争[口論]に巻き込まれた. **4** 網[わな]に掛ける, 陥れる (entrap): He ~*d* himself in his own snare. 自分がしかけたわなに掛かってしまった.

— *vi.* **1** もつれる: My fishing line ~*d in* the weeds. 釣り糸が草にからまった. **2** 紛糾する, 錯綜する. **3** 《口語》 **a** 〔…と; …のことで〕争う, 議論する〔*with; over*〕: She ~*d with* the Gas Board *over* excessive charges. 高すぎる料金のことでガス公社に抗議した. **b** 〔…と〕取っ組み合う〔*with*〕: I ~*d with* him in the yard. 庭で彼と取っ組み合いのけんかをした.

— *n.* **1** もつれ, こんがらかり (confused mass): a ~ *of* threads, cables, branches, briars, hair, wool, etc. / in a ~ *of* streets 入り組んだ町並み / get one's hair *in* a ~ 髪をもつれさせる. **2** 紛糾, ごたごた, 混乱 (confusion): an enormous ~ of facts ごたごたした多くの事実 / The traffic got *in* a frightful ~. 交通は著しく混乱した. **3** 《口語》〔…との〕論争 (argument), 衝突, 紛争〔*with*〕: the Mideast ~ 中東紛争 / get into a ~ *with* …と論争[衝突]する. **4** 〔動物〕海底動物採集器《モップ状のもので海底の小動物をからませて採集する》.

tán·gler /-glə, -glə | -glə^(r), -gl-/ *n.* 〘(*c*1340) *ta(n)gile(n)* ← ? ON (cf. Swed. 《方言》 *taggla* to disarrange)〙

tan·gle[2] /tǽŋgḷ/ *n.* 〔植物〕大形の海藻; (特に)コンブ属のカラフトコンブ (*Laminaria saccharina* または *L. digitata*) (tangleweed ともいう). 〘(1536) ← ? ON *þöngull*: cf. Norw. *taangel*〙

tángle·bèrry /-bèri | -b(ə)ri/ *n.* 〔植物〕=dangleberry. 〘← *tangle* something that is hanging (← ? TANGLE¹: 意味は DANGLE の影響) + BERRY〙

tán·gled *adj.* **1** もつれた, こんがらかった: ~ threads. **2** 紛糾した, 錯綜した, 込み入った (mixed up): ~ affairs, politics, etc. 〘1590〙

tángle·fòot *n.* (*pl.* **~s**) **1** 《米俗》強い酒; (特に)安ウイスキー. **2** 込み入ったこと. **3** 〔植物〕=heath aster. — *adj.* 込み入った, 複雑な. 〘1860〙

tángle·lègs *n. pl.* [単数または複数扱い] 《米》 **1** = hobblebush. **2** 《俗》強い酒 (tanglefoot).

tán·gle·ment *n.* もつれ, からみ合い, 紛糾. 〘1831〙

tan·gle·some /tǽŋglsəm/ *adj.* もつれた, 錯綜した. 〘1823〙

tángle·wèed *n.* 〔植物〕=tangle².

tan·gly /tǽŋgli, -gli/ *adj.* (**tan·gli·er; -gli·est**) もつれた, 錯綜した, 込み入った (tangled). 〘1813〙

tan·go[1] /tǽŋgou | -gəu; *Am.Sp.* táŋgo/ *n.* (*pl.* **~s**) **1** タンゴ《特に, 19世紀後半にアルゼンチンから広まった, 歯切れのよい2拍子系のリズムを持つダンスとその音楽; アフリカ系黒人の音楽やハバネラなどが融合して生まれた》. **2** [T-] 〔通信〕タンゴ《文字 t を表す通信コード》. — *vi.* タンゴを踊る (dance the tango). ***It tàkes twó to tángo.*** 両方に責任がある. **~·ist** *n.* 〘(1896) ◻ Am.-Sp. ~ ← ? Niger-Congo (cf. Ibibio *tamgu* to dance)〙

tan·go[2] /tǽŋgou | -gəu/ *n.* 《英古》赤みの強いオレンジ色, 赤橙色. 〘(1913) ← TANGERINE; 語形は tango¹の影響か〙

tan·gor /tǽndʒɔə, tǽŋgɔə | tǽndʒɔː^(r), tǽŋgɔː^(r)/ *n.* 〔園芸〕タンゴール《柑橘(ｶﾝｷﾂ)の仲間で, ミカンとオレンジの交雑種; イヨカンなど; cf. temple¹ 9, Murcott》. 〘← TANG(ERINE) + OR(ANGE)〙

tán·go·recèptor /tǽŋgou- | -gəu-/ *n.* 〔生理〕触受容器, 触覚受容体 (touch receptor). 〘(1906) ← *tango-* (← L *tangere* to touch) + RECEPTOR: cf. tangent〙

tan·gram /tǽŋgrəm | -græm/ *n.* 〔遊戯〕タングラム, 知恵の板《正方形の厚紙[板]を切って三角形5個, 正方形1個と平行四辺形1個とに分けた中国のパズル; 種々の形に並べて遊ぶ》. 〘(1864) ← ? TANG + (ANA)GRAM, (CRYPTO)GRAM〙

Tang·shan /tὰːŋʃάːn, dὰː- | tæ̀ŋʃǽn; *Chin.* tάŋʂān/ *n.* 唐山《中国河北省東部の工業都市》.

Tang Tai Zong /tάːŋtàɪdzúŋ; *Chin.* tʰάŋtʰàɪtsʊ̄ŋ/ *n.* (唐の)太宗(ﾀｲｿｳ) (600–649; 本名李世民 (Li Shimin); 中国唐朝の第2代皇帝 (626–649)).

tang·ui·le /tάːŋəli | -ŋɪ̀-/ *n.* **1** 〔植物〕タンギール (*Shorea polysperma*) 《アカラワン類の一種》. **2** タンギール材《赤茶色で材質は堅く家具・合板製造用; cf. red lauan 2》. 〘◻ Tagalog *tangīli*〙

Tan·guy /tɑː(ŋ)gíː, tɑːŋ- | tæŋgi; *F.* tɑ̃gi/, **Yves** *n.* タンギー《1900–55; フランス生まれの米国の画家; surrealism の代表者の一人》.

tang·y /tǽŋi/ *adj.* (**tang·i·er; -i·est**) 強い味のある, 風味[香気]の強い; 強臭のある, 異臭のある: the ~ taste of garlic ニンニクの強い味. 〘(1875) ← TANG¹ + -Y⁴〙

tanh 《略》hyperbolic tangent.

tán hòuse *n.* なめし革工場. 〘15C〙

Ta·nis /téɪnɪ̀s | -nɪs/ *n.* タニス《古代エジプトの Nile 川の三角洲(ｽ)地帯にあった都市; 古代エジプト第2中間期の Hyksos 王朝の首都 Avaris /əvéə^rɪ̀s | əvéərɪs/ と同一とも考えられている; 聖書では Zoan と呼ばれる》.

tan·ist /tǽnɪ̀st | -nɪst/ *n.* (古代アイルランド人およびケルト人の)族長後継者 (cf. tanistry). 〘(1538) ◻ Ir.-Gael. *tānaiste* second (person) in rank < OIr. *tānaise*〙

tan·ist·ry /tǽnɪ̀stri/ *n.* (古代アイルランド人およびケルト人の)族長後継者選定制《族長の在世中にその親族中の最も有能で賢明な男子を選挙で決めた》. 〘(1589): ⇨ ↑, -ery〙

tan·i·wha /tάniːfuː, tǽnəwɑː/ *n.* 《NZ》(マオリ族の伝説上の)水にすむ魔物. 〘(1822) ◻ Maori〙

Tan·jore /tændʒɔ́ə | -dʒɔ́ː^(r)/ *n.* =Thanjavur.

Tan·jung·ka·rang /tὰːndʒuŋkərάːŋ | tæ̀ndʒun-kərǽŋ/ *n.* タンジュンカラン《インドネシア Sumatra 島南部の港湾都市》.

Tanjungpriok *n.* =Tandjungpriok.

tank /tǽŋk/ *n.* **1 a** (水・油・ガスなどを入れる)大桶(ｵｹ), タンク, 水[油]槽 (cistern), ガス溜(ﾀﾒ) (gasometer); (機関車の)炭水車の水槽, (飛行機の)補助燃料タンク. **b** 〔写真〕現像タンク; バット《現像・定着などに用いる大皿》. **c** =tankful. **2** タンク, 戦車: a female [male] ~ =a light [heavy] ~ 軽[重]戦車. **3 a** 《インド》溜池(ﾀﾒｲｹ), 貯水池 (reservoir). **b** 《英方言・米》池, 湖 (pond, lake). **4** 《米俗》 **a** (囚人を一緒に入れる)雑居房, 囚人収容所. **b** =drunk tank. **5** 《豪》(掘削によって造った)ダム.

— *vt.* **1** タンクに満たす[ためる]. **2** (脂肪を採取するため)〈くず肉などを〉タンクで処理する. — *vi.* タンク[戦車]のように動く.

tánk úp (1) 《口語》〔ガソリンを〕満タンにする〔*with*〕; 〈車などに〉ガソリンを満タンにする. (2) 《俗》〔…を〕たらふく食べる[飲む]〔*on*〕; (特に)酒をしこたま飲む; [通例受身で] …に酒をしこたま飲ませる: ~ *up on* beer ビールをしこたま飲む / get [be] completely ~*ed up* (*on* whiskey) (ウイスキーを)飲み過ぎてすっかり酔っぱらう[酔っぱらっている].

~·less *adj.* **~·lìke** *adj.* 〘(*c*1616) ◻ Port. *tan-*

que《頭音消失》← *estanque* ← *estancar* to stop a flow < VL **stanticāre* 'to cause to stand, STANCH¹': n. 2 は 1915 年に初出で，英軍が製造中に機密保持のため水運搬用 tank と偽称したことから: n. 3 は Gujarati *tānkh* pond, cistern (← ? Skt *taḍāga* ← Dravidian) からか》

tan·ka¹ /tάːŋkə | tǽŋ-/ *n.* タンカ《チベットを中心とするラマ教文化圏で使われる画布・宗教絵巻；堂内に掲げて礼拝する一方，宗教儀礼のために巻いて持ち運ぶこともできる》. 〘《1925》□ Tibetan *taṅka*〙

tan·ka² /tάːŋkə | tǽŋ-, tάːŋ-/ *n.* (*pl.* ~, ~s) 短歌. 〘《1877》□ Jpn〙

tank·age /tǽŋkɪdʒ/ *n.* **1** (水などの)タンク貯蔵；タンク使用料；タンク設備. **2** タンクの容量. **3** タンクかす《くず肉・内臓などをタンクに入れて蒸し，脂肪を採取した残りかす；肥料や飼料にする》. 〘1866〙

tan·kard /tǽŋkəd | -kəd/ *n.* (取っ手・ふた付きの金属製・陶製の)大コップ；その一杯(の量): a ~ of ale. 〘《1310》□ (M)Du. *tanckaert* // OF *tanquart* liquid measure ← *tant quart* as much as a quarter: cf. tantamount, quart¹〙

tankard

tánk·bùster *n.* 《俗》対戦車砲搭載機.
tánk càr *n.* 〘鉄道〙タンク車《液体またはガスを輸送する貨車》. 〘1874〙
tánk cìrcuit *n.* 〘通信〙タンク回路《微弱電波信号などを蓄えるのに用いる LC 並列共振回路》. 〘1928〙
tánk destròyer *n.* 〘軍事〙自走対戦車砲，戦車駆逐車《戦車破壊兵器を備えた高速装甲車》. 〘1941〙
tánk dràma *n.* **1** (水難救助などの場面に水槽の水を使って)俗受けをねらった安芝居. **2** 凝った装置の安芝居.
tanked *adj.* **1** タンクに貯蔵した. **2** 《俗》酔っぱらった，べろべろの (drunk). 〘1893〙
tánk èngine *n.* 〘鉄道〙=tank locomotive.
tank·er /tǽŋkə | -kə(r)/ *n.* **1** タンカー，油槽船 (tankship). 日英比較 日本語の「タンカー」は船に限られるが，英語の *tanker* は石油やガスなどを輸送する交通機関すべてに用いる. また日本語の「タンクローリー」に相当する英語は *tanker*,《米》tank truck, *tanker* truck, oil *tanker*. **2** 油[水]送車 (cf. tank trailer, tank truck)；給油(飛行)機；空中給油機. **3** 〘軍事〙戦車[装甲車]隊員 (tankman).
~·ful /-fʊ̀l/ *adj.* 〘1900〙
tánk fàrm *n.* 石油タンク集合地域. 〘1932〙
tánk fàrming *n.* 〘農業〙水耕，水栽培 (⇨ hydroponics).
tánk fìghter *n.* 《俗》八百長ボクサー.
tank·ful /tǽŋkfʊ̀l/ *n.* タンク一杯分. 〘1887〙
tánk fùrnace *n.* 〘ガラス製造〙タンク窯，槽窯《一端から原料を入れ他端からガラス種を取り出す形式のガラス融解窯》. 〘1879〙
tánk glàss *n.* 〘ガラス製造〙タンクガラス: **a** タンク窯で溶かしたガラス. **b** タンク溶融に適したガラス.
tánk kìller 〘軍事〙タンクキラー，戦車攻撃機[車]，対戦車砲[ミサイル]搭載機[ヘリコプター]，対戦車ミサイル.
tánk locomòtive *n.* 〘鉄道〙タンク機関車《蒸気機関車で燃料や水を機関車自体に積載するもの》.
tánk·man /-mən/ *n.* (*pl.* **-men** /-mən, -mèn/) **1** = tanker 3. **2** (工場の)タンク係. **3** (水族館の)水槽係. 〘1891〙
tánk·shìp *n.* =tanker 1.
tánk stàtion *n.* 《米》給水停車場.
tánk sùit *n.* (ワンピースの)婦人用水着. 〘1940〙
tánk tòp *n.* 〘服飾〙タンクトップ《袖なしのランニングシャツスタイルのセーターやシャツ》. 〘《1968》: tank suit の上部に形状が似ていることから〙
tánk tòwn *n.* 《米》**1** (汽車が)給水のため停車する町，給水駅のある町. **2** 小さな田舎町. 〘1906〙
tánk tràiler *n.* タンクトレーラー《石油・ガス等を輸送するトレーラー》.
tánk tràp *n.* タンクトラップ，対戦車障害物.
tánk trùck *n.* 《米》タンク車《ガソリン・油その他の液体を輸送するトラック》. 〘1904〙
tánk wàgon *n.* 《英》=tank car.
tan·ling /tǽnlɪŋ/ *n.* 《まれ》日焼けした者. 〘《1609–10》← TAN+-LING¹〙
tán lìquor *n.* なめし液.
tann- /tæn/ (母音の前にくるときの) tanno- の異形.
tan·na /tάːnɑː/ *n.* (*pl.* **ta·na·im** /tɑ̀ːnɑːím, -íːm/) [しばしば T-] 〘ユダヤ教〙タンナ《1–2 世紀の Palestine のユダヤ教の律法学者；その教説は Mishnah に記されている》. 〘《1718》□ Mish.Heb. *tannā* teacher〙
tan·na·ble /tǽnəbl/ *adj.* なめすことができる. 〘1879〙
tan·nage /tǽnɪdʒ/ *n.* **1** 皮なめし. **2** なめした革. 〘1662〙
tannaim *n.* tanna の複数形.
tan·nate /tǽneɪt/ *n.* 〘化学〙タンニン酸塩[エステル]. 〘《1802》□ F ~: ⇨ tannic, -ate¹〙
tanned *adj.* **1** 日に焼けた (sunburnt)；褐色の，黄褐色の (tawny). **2** なめされた: ~ leather なめし革. **3** タンがら (spent tan)を敷いた: a ~ enclosure. 〘OE *ġe-tanned*: ⇨ tan, -ed〙
Tan·nen·baum /tǽnənbàʊm; *G.* tánənbaʊm/ *G. n.* クリスマスツリー (Christmas tree).
Tan·nen·berg /tǽnənbə̀ːg | -bə̀ːg; *G.* tánənbɛʁk/ *n.* タンネンベルク《ポーランド北部の村，もと東プロイセンに属した；第一次大戦で Hindenburg 麾下(きか)のドイツ軍がロシア軍に対して圧倒的勝利を得た (1914 年 8 月) 戦跡地；ポーランド語 Stębark》.
tán·ner¹ *n.* 皮なめし工，製革業者. 〘OE *tannere* ← *tannian* to tan hides: ⇨ tan, -er¹〙
tan·ner² /tǽnə | -nə(r)/ *n.* 《英俗》タナー《旧制度の 6 ペンス銀貨 (sixpence)》. 〘《1811》← ?〙
tan·ner·y /tǽn(ə)ri/ *n.* **1** 皮なめし所，製革所. **2** 皮なめし法. 〘《?c1400》← TANNER¹+-ERY: cf. lateME *tanery* tannage〙
Tann·häu·ser /tάːnhɔɪzə, tǽn- | tǽnhɔɪzə(r), -haʊ-; *G.* tánhɔʏzɐ/ *n.* **1** [Der ~] タンホイザー《13 世紀のドイツの吟遊詩人，中高ドイツ語による叙情詩の作者；Venusberg で Venus の色香に迷ったあと，懺悔(ざんげ)の生活を送ったと伝えられる》. **2**「タンホイザー」《Tannhäuser を主題とする Wagner 作三幕の歌劇 (1844)》. 〘□ G ~ < MHG *Tanhûser*《原義》forest-dweller〙
tan·nic /tǽnɪk/ *adj.* 〘化学〙タンニン性の；タンニンから得た. 〘《1836》□ F *tannique*: ⇨ tannin, -ic¹〙
tánnic ácid *n.* 〘化学〙タンニン酸. 〘1836〙
tan·nie /tǽni/ *n.* 《南ア》おばさん《血縁上のおばだけでなく，しばしば自分より年長の女性に対する呼び掛け語；'auntie' に相当》. 〘《1958》□ Afrik. ~ (dim.) ← *tante* aunt □ Du. □ F: ⇨ aunt〙
tan·nif·er·ous /tænífərəs/ *adj.* タンニン酸を含む[生じる]. 〘《1878》← TANNO-+-FEROUS〙
tan·nin /tǽnɪn | -nɪn/ *n.* 〘化学〙タンニン，タンニン酸《カシワ・ナラの類の樹皮やふし(五倍子)などから採り，皮なめし・インキ製造・製革に用いる；tannic acid ともいう》. 〘《1802》□ F *tan(n)in* ← *tanner* 'to TAN': ⇨ -in²〙
tán·ning *n.* **1** なめし法，製革(法)，皮なめし. **2** 日焼け. **3** 《口語》むち打ち. **4** 〘生物〙硬化《脱皮の直後，昆虫の外皮が自然に黒っぽく硬くなること》. 〘1481〙
tan·nish /tǽnɪʃ/ *adj.* やや黄褐色の. 〘1935〙
tan·no- /tǽnoʊ/ 「タン皮 (tan)；タンニン酸 (tannin)」の意の連結形. ★ 母音の前では通例 tann- になる. 〘← F *tan(n)in* 'TANNIN'〙
Tan·noy /tǽnɔɪ/ *n.* **1** 〘商標〙タンノイ《英国製のスピーカー》. **2** [t-]《英》場内放送システム. — *vi.* 《英》場内放送をする.
Ta·no /tάːnoʊ | -nəʊ/ *n.* (*pl.* ~s) **1** [the ~s] タノ族《米国 New Mexico 州に住む Pueblo 族に属するアメリカインディアン；現在はほとんど残っていない；cf. Pueblo 2》. **2** タノ族の人. 〘□ Sp. ~ ← N-Am.-Ind. (Tewa)〙
tán òak *n.* 〘植物〙北米太平洋地域に産するブナ科マテバシイ属の木 (*Lithocarpus densiflora*)《樹皮からタンニン (tannin) を採る》. 〘1925〙
Ta·no·an /tənóʊən, tάːnoʊ- | tάːnəʊ-/ *n.* **1** タノ語族《米国 New Mexico 州中部に住むアメリカインディアンの一語族》. **2** タノ語. — *adj.* タノ族の；タノ語の. 〘1891〙
tan·pu·ra /tʌnpúːrə/ *n.* =tamboura.
Tan·que·ray /tǽŋkərèɪ, -ri | -ri, -rèɪ/ *n.* 〘商標〙タンカレー《英国製のジン；ボトルの形は London の旧式消火栓を模したもの》. 〘← *Charles Tanqueray* (19C: 製造販売元の創業者)〙
tan·rec /tǽnrɛk/ *n.* 〘動物〙=tenrec.
Tan·sen /tǽnsɛn/ *n.* ターンセン (c1500–89; ムガル朝の Akbar 大帝のもとで宮廷音楽家として活躍した北インドの声楽家・作曲家；Tansen は「巨匠」を意味する称号).
tan·sy /tǽnzi/ *n.* 〘植物〙ヨモギギク (*Tanacetum vulgare*). 〘《a1300》*tan(e)s(e)y* □ OF *tanesie* (F *tanaisie*)《転訛》← *athanasie* □ ML *athanasia* □ Gk *athanasía* immortality ← A-⁷+*thánatos* death: 中世に不老長寿薬として用いられたため〙
tánsy rágwort *n.* 〘植物〙ヨーロッパ産のキク科の多年草 (*Senecio jacobaea*) (yellowweed ともいう). 〘1900〙
Tan·ta /tάːntə | tǽntə/ *n.* タンタ(ー)《エジプト北部 Nile 川の三角州にある都市；巡礼地として有名》.
tan·ta·late /tǽntəlèɪt, -tl- | -təl-, -tl-/ *n.* 〘化学〙タンタル酸塩[エステル]. 〘《1849》← TANTALUM+-ATE¹〙
tan·tal·ic /tæntǽlɪk/ *adj.* 〘化学〙タンタル (tantalum) の. 〘《1842》: ⇨ -ic¹〙
tantálic ácid *n.* 〘化学〙タンタル酸 ($Ta_2O_5 \cdot nH_2O$). 〘1842〙
tan·ta·lite /tǽntəlàɪt, -tl- | -təl-, -tl-/ *n.* 〘鉱物〙タンタル石，タンタル鉄鉱 ($(FeMn)(TaNb)_2O_6$)《タンタルの原料》. 〘《1805》□ Swed. *tantalit*: ⇨ tantalum, -ite¹〙
tan·ta·lize /tǽntəlàɪz, -tl- | -təl-, -tl-/ *vt.* 〈人・動物〉に Tantalus の責め苦を味わせる，(望みの物を手の届きそうな所に見せつけて)〔…で〕じらして苦しめる (torment)〔*with*〕(⇨ worry SYN). **tan·ta·li·za·tion** /tæ̀ntəlɪzéɪʃən, -tl- | -təlaɪ-, -lɪ-, -tl-/ *n.* **tán·ta·lìz·er** *n.* 〘《1597》← TANTALUS+-IZE〙
tán·ta·lìz·ing *adj.* じりじりじらす，人じらしの，じれったい: a ~ puzzle, smell, smile, etc. **~·ly** *adv.* 〘1657–83〙
tan·ta·lous /tǽntələs, -tl- | -təl-, -tl-/ *adj.* 〘化学〙三価のタンタル (Ta^{3+}) を含む. 〘《1868》: ⇨ ↓, -ous〙
tan·ta·lum /tǽntələm, -tl- | -təl-, -tl-/ *n.* 〘化学〙タンタル《金属元素の一つ；記号 Ta，原子番号 73，原子量 180.9479》. 〘《1802》← TANTAL(US)+-(I)UM 2: 酸に浸しても溶けないので鉱物からの抽出が困難を極めたことから〙
tan·ta·lus /tǽntələs, -tl- | -təl-, -tl-/ *n.* **1** (通例三つ組の)酒注ぎ飾り瓶 (decanter) 台《瓶は見えるが鍵がないと取り出せない仕掛けのもの》. **2** 〘鳥類〙=wood ibis. 〘《1888》: ↓〙
Tan·ta·lus /tǽntələs, -tl- | -təl-, -tl-/ *n.* 〘ギリシャ神話〙タンタロス: **1** Zeus とニンフ Pluto との息子で Pelops と Niobe の父，富裕な Phrygia の王；自分の子を神々の食膳に供したり，Zeus の秘密を漏らしたために地獄の湖中につながれ，あごまで水につかりながら，のどが渇いて飲もうとすれば水は退き，飢えて頭上に垂れている果物に手を伸ばせばそれもまた退いて食べることができず，焦燥の苦しみをなめさせられたという. **2** Thyestes の息子で Clytemnestra の最初の夫. 〘《c1369》□ L ~ □ Gk *Tántalos*《原義》the Bearer or Sufferer < **Táltalos* ← IE **telə-* to lift, support: cf. talent〙
tan·ta·mount /tǽntəmàʊnt | -tə-/ *adj.* 〘叙述的〙〔…と〕同等の価値[効力，意義]のある，ほとんど〔…に〕等しい (equivalent)〔*to*〕(⇨ same SYN): an invitation (which is) ~ *to* a command ほとんど命令に等しい招待 / This is ~ *to* refusing. これはほとんど拒絶も同然だ. 〘《1641》□ F《廃》~ ← AF *tant amunter* ← (O)F *tant* (< L *tantum* so much)+OF *amounter* 'to AMOUNT'〙
tan·ta·ra /tǽntərə, tæntǽrə, -tάːrə | tæntərə, tǽntərə, tæntάːrə/ *n.* らっぱ・角笛などの吹奏[音]；それに似た音 (tarantara, taratantara ともいう). 〘《c1537》《略》← TARATANTARA〙
tan·tiv·y /tæntívi/ *n.* 《古》**1** 疾駆 (rapid gallop)，突進 (rush). **2** (1660–1688 年の英国の)高教会派[トーリー党]の一員 (あだ名). — *adv.* 疾駆して (at full gallop): ride ~ 疾駆する. — *adj.* **1** 疾駆の，突進する (swift, rushing). **2** 高教会派[トーリー党員]の. — *int.* **1** 早駆け《狩猟で追跡が全速力の時の叫び声》. **2** 《俗用》=tantara. 〘《1641》: 馬蹄の擬音語?〙
tant mieux /tά:(m)mjə́ː, tάːmmjə́ː; *F.* tɑ̃mjø/ *F.* なおさらよい (so much the better) (cf. tant pis). 〘《1754》□ F ~〙
tan·to /tάːntoʊ | tǽntəʊ; *It.* tánto/ *It. adv.* 〘音楽〙はなはだ，あまりに，そんなに (too much): allegro non ~ あまり急速でなく. 〘《1876》□ It. ~ < L *tantum* so much ← *tam* so〙
tán·to·ny pìg /tǽntəni- | -tə-/ *n.* **1** 一腹子の中で最小の子豚. **2** 追従者. 〘*tantony*: 《1659》← *St. Anthony*: 豚飼いの守護聖人であることから〙
tant pis /tά:(m)píː, tάːm-; *F.* tɑ̃pi/ *F.* なおさら悪い (so much the worse) (cf. tant mieux). 〘《1782》□ F ~〙
Tan·tra, t- /tǽntrə, tʌ́n-/ *n.* 〘宗教〙タントラ《ヒンズー教・仏教などにおける秘儀的傾向を持つ聖典の名；7–17 世紀に編纂され，主に Siva と Shakti との対話形式をとっている；仏教タントラは「儀軌(ぎき)」と漢訳された》. 〘《1799》□ Skt ~ 'loom, warp' ← *tanoti* he stretches, weaves: cf. tend¹〙
Tan·tric /tǽntrɪk, tʌ́n-/ *adj.* (*also* **Tan·trik** /~/) 〘宗教〙タントラの. 〘1905〙
Tán·trism /-trɪzm/ *n.* 〘宗教〙タントラ教《タントラに基づく実践を説くインドの秘儀的宗教；Siva と Shakti の結合によって窮極の真理に達しようとする；シャクティズム (Shaktism) と密接な関係をもつ》. 〘1877〙
Tán·trist /-trɪst | -trɪst/ *n.* 〘ヒンズー教〙タントラ派の人. 〘1891〙
tan·trum /tǽntrəm/ *n.* 《口語》立腹，むかっ腹，かんしゃく，不機嫌: a temper ~ 〘病理〙かんしゃくの発作 / be in (one of) one's ~*s* (またぞろ)不機嫌である / throw [have] a ~ =go [fly, get] into a ~ むかっ腹を立てる. 〘《1714》← ?〙
Tan-tung /tὰːntʊ́ŋ, dὰːndʊ́ŋ/ *n.* =Dandong.
Tan·ya /tάːnjə, tǽn-; *Russ.* tánʲə/ *n.* タニヤ《女性名》. 〘(dim.) ← TATIANA〙
tán·yàrd *n.* (なめし革工場の)なめし桶(おけ)置き場. 〘1666〙
Tan·za·ni·a /tæ̀nzəníːə | tænzəníːə, tænzéɪniə; *Swahili* tanzaníːa/ *n.* タンザニア《アフリカ東部にある共和国；1964 年 Tanganyika と Zanzibar とが合併したもの；面積 945,087 km²；首都 Dar es Salaam (cf. Dodoma)；公式名 the United Republic of Tanzania タンザニア連合共和国》.
Tan·za·ni·an /tæ̀nzəníːən | tænzəníːən, tænzéɪniən/ *n.* タンザニア人. — *adj.* タンザニアの，タンザニア人の. 〘1965〙
tan·za·nite /tǽnzənàɪt/ *n.* 〘鉱物〙タンザナイト《ゾイサイト (zoisite) の濃紺色の変種；宝石として使用》. 〘《1968》← *Tanzania*+-ITE¹〙
Tao /táʊ, dáʊ; *Chin.* tàʊ/ *n.* **1** 〘道教〙道《万物の存在，万物の変化が生ずる宇宙の原理》. **2** 〘儒教〙道《道徳的生活の道，真理，宇宙の道理》. 〘《1736》□ Chin. *dao* (道)〙
Tao Chien /táʊtʃíɛ́n/ *n.* =Tao Qian.
Taoi·seach /tíːʃək, -ʃəx; *Irish* tʲíːʃəx/ *n.* (アイルランド共和国の)首相. 〘《1938》□ Ir.-Gael. ~ 'chief, leader' < OIr. *toisech* chief (n.); first (adj.)〙
Tao·ism /táʊɪzm, dáʊ- | táʊ-, dáʊ-, téɪəʊ-, tάːəʊ-/ *n.* 道教《中国の宗教；老子の教えを取り入れる》. 〘1838〙
Táo·ist /-ɪst | -ɪst/ *n.* 道教信者，道教徒. — *adj.* 道教の；道教信者の，道教徒の. 〘1838〙
Tao·is·tic /taʊístɪk, daʊ-/ *adj.* =Taoist.
ta·on·ga /tɑ(ː)ɔ́(ː)ŋgə | -ɔ́ŋ-/ *n.* 《NZ》高く評価されるもの，貴重なもの. 〘《1863》□ Maori ~〙
Tao Qian /táʊtʃíɛ́n; *Chin.* tʰáʊtɕʰiɛ́n/ *n.* 陶潜(とうせん) (365–427)《中国東晋・宋代の詩人；字(あざな)は淵明》.
Ta·or·mi·na /tὰʊəmíːnə | tàʊə-; *It.* taormíːna/ *n.* タオルミーナ《イタリア Sicily 島北東部の保養地》.
Taos /táʊs/ *n.* (*pl.* ~) **1** **a** [the ~] タオス族《New Mexico 州に住むアメリカインディアンの一種族》. **b** タオス族の人. **2** タオス語. 〘《1844》□ Sp. ~ (pl.) □ Am.-Ind. ~ ? 'willow people'〙
Tao Tê Ching /táʊtɛ̀ɪtʃíŋ, dáʊdədʒíŋ/ *n.* =Daode Jing.
tap¹ /tǽp/ *n.* **1** (樽(たる)の)呑口(のみくち)，樽口，栓(せん)；給水栓，

T

蛇口(じゃぐち), コック (faucet, cock): turn the ～ on [off] 栓をひねって口を開ける[閉める]. **2** (樽から出した)酒. **3 a** 酒の種類[たち], (種類を表す)口: It's a precious good ～. / You know the ～ before. この口(の酒)は前に飲んだことがあるでしょう. **b** 特質, 持ち味: Sentiment wasn't his ～. 感傷は彼の特質ではなかった. **4** =taproom; taphouse. **5** =taphole. **6** (ナットの)雌ねじ切り. **7** (支管を差し込むためにあけた)管の穴. **8** 《米》〘電気〙タップ《コイル・抵抗器などで, 端末以外の点で行われる結線》. **9** 盗聴(装置): put ～s on a home telephone 家庭用の電話に盗聴器を仕掛ける. **10** 〘外科〙穿刺(せんし). **11** 《俗》(借金・寄付などの)要請, 請求, せびり.
on táp 《口語》 (1) 〈樽が〉呑口(のみくち)を付けて, 〈酒が〉いつでも出せるように用意されて: whiskey *on* ～. (2) 準備されて, いつでも使える, 手元にあって (on hand): The dictionaries are *on* ～. 辞書類はいつも手元にある. (3) 〈国債など〉いつでも制限なく買える.
— *vt.* (tapped; tap·ping) 1 〈樽〉に呑口(のみくち)を付ける; 〈樽〉の口を切る; 〈樽から〉〈酒を〉出す 〈*off*〉〔*from*〕: ～ a cask 樽に呑口を付ける / ～ (*off*) beer *from* a cask 呑口を付けて樽からビールを出す. **2** …の口をあけて液体を出す; 〈腫物(はれもの)〉の口をあける; (幹に刻み目を付けて)…の樹液を採る; 〔…から〕〈液を〉採る 〈*off*〉〔*from*〕: ～ maple trees カエデの樹液を採る / They ～*ped* liquid from his knee. 彼の膝から水を抜いた. **3** 《英口語》〔物・金などを〕〈人〉に請う, せびる (solicit) 〔*for*〕: ～ a person *for* advice [information] 人に助言[情報]を求める / ～ a person *for* a subscription [a tip] 人に寄付を求める[チップをせびる]. **4** 〈通信・会話などを〉盗聴[傍受]する: ～ a telegraph [telephone] wire / ～ a phone / The conversation ～*ped* from the telephone sounded metallic. 電話から盗聴された会話の響きは金属的だった. **5** (支管・支線を付けるために)本管・本線から口を開ける; (本管・本線から導いて)水道やガスを)引く; 〈電流を〉つなぐ; …のタップに電線を接続する. **6** 開拓する, 開発する (open up): ～ a country, district, mineral vein, etc. / ～ trade 商売の道を開く / ～ a subject ある話題を切り出す. **7** …の雌ねじを切る (cf. thread 4): ～ a nut. **8** 〘トランプ〙(table stake 方式のポーカーで, 自分の所持金が相手の賭け金以下の時は)〈自分〉の所持金全部を賭ける, (相手の賭け金以上の時は)〈相手〉の賭け金と同額を賭ける.
táp into …〈資源・成果など〉を活用する, 開発する.
táp the ádmiral ⇨ admiral 成句.
táp·pa·ble /-pəbl/ *adj.*
〖n.: OE *tæppa* < Gmc **tappōn* (G *Zapfen*). — v.: OE *tæppian* ← (n.): cf. tip¹〗

tap² /tǽp/ *v.* **(tapped; tap·ping) — *vt.* 1 a** 軽くとんとんたたく[打つ]; 〔…で〕こつこつ打つ〔*with*〕: ～ a typewriter タイプをたたく / ～ a person *on* the shoulder 人の肩をたたく / ～ the door *with* one's knuckles 拳骨(げんこつ)でドアをとんとんたたく / He ～*ped* his forehead knowingly. 彼はしたり顔に額をぽんと打った. **b** 〔…を〕…で軽くとんとたく[打つ]〔*on, against*〕: ～ one's foot *on* the floor impatiently じりじりして床を足でとんとん踏み鳴らす / ～ a fork *against* a glass フォークでコップをちんちんたたく. **c** とんとんたたいて打ち出す[打ち落とす]: ～ a lid *down* とんとんたたいてふたをする / ～ a nail *in* 釘を打ち込む / ～ a nail *into* a stool 釘を床几にとんとんと打ちつける / ～ a tablet *out of* the packet ぽんとたたいて箱から錠剤を出す / ～ the ashes *from* the cigar 葉巻の灰をぽんと落とす. **2** [通例 ～ *out* として]とんとんと軽く打って打ち出す[作る]: ～ *out* a beat [rhythm] とんとんとたたいて拍子[リズム]をとる / ～ *out* Morse signals とんとんとモールス信号を打つ / He ～*ped out* a letter on the typewriter. タイプで手紙を打ち上げた. **3** 《米》〈靴〉に張替え革を打ちつける: The shoe wants ～*ping*. その靴は張り替える必要がある. **4** 《米》〔クラブの会員に〕選ぶ, 指名する〔*to, for*〕: ～ a person *to* [*for*] membership 人を会員に選ぶ. **5** 〘バスケットボール〙タップする《空中のボールを軽打してパスしたりシュートしたりする》. **— *vi.* 1** 〔…で〕軽く打つ[たたく], こつこつたたく (rap)〔*with*〕: ～ *at* [*on*] the door ドアをたたく. **2** ぱたぱた音を立てて歩く; すたすた歩く. **3** タップダンスをする.
be tápped óut 《口語》文無しである. ***táp in*** 〈文字・数字などを〉打ち込む, 入力する. ***táp úp*** ドアをたたいて〈人を〉起こす: I was ～*ped up* by Bessy. 私はベッシーにドアをたたいて起こされた.
— *n.* 1 とんとん打つこと, こつこつたたく音: I hear a ～ at the door. / There was a ～ on [at] the door. ドアをこつこつたたく音がした. **2** 〘医学〙打診. **3** 《米》(靴底修繕の)張替え革 (half sole) (tap sole ともいう). **4** [*pl.*] (タップダンス用靴のつま先やかかとに付ける)金具; タップダンス用の靴; タップダンス (tap dance). **5** 〘バスケットボール〙タップ《ボールを指先で打つこと》. **6** [主に否定構文で] 微量: She didn't do a ～ of work. 彼女は仕事を少しもしなかった. **7** 〘音声〙=flap 9 a.
táp·pa·ble /-pəbl/ *adj.* 〖(?a1200) ▭ (O)F *taper* to strike, slap: 擬音語?〗

tap³ /tǽp/ *n., vt., vi.* 《スコット》=top¹.

TAP /tíːèɪpíː/ 《略》Transports Aéreos Portugueses ポルトガル航空(記号 TP); Tunis Afrique Presse チュニジアアフリカ通信《チュニジアの通信社》.

ta·pa¹ /táːpə, tǽpə/ *n.* **1** 〘植物〙カジノキ (⇨ paper mulberry). **2** タッパ布《南太平洋諸島の原住民がカジノキの皮を石で打ち繊維だけにして作る紙布; 敷物・掛布などに用いる; tapa cloth ともいう》. 〖(1823) ▭ Polynesian (Tahitian & Marquesan) ～〗

ta·pa² /táːpə; *Sp.* tápa/ *n.* [通例 ～s] (特にスペイン語圏の)酒のつまみ. 〖(1953) ▭ Sp. ～ 《原義》cover, lid ← ? Gmc: cf. tap¹〗

tápa clòth *n.* =tapa¹ 2.

tap·a·co·lo /tæ̀pəkóuloυ | -káυləυ/ *n.* (*pl.* ～**s**) (*also* **tap·a·cu·lo** /-kúːloυ | -ləυ/) 〘鳥類〙オタテドリ《チリ・アルゼンチンに分布するオタテドリ科の小鳥の総称; ムナフオタテドリ (*Scelorchilus albicollis*) など》. 〖(1839) ▭ Am.-Sp. ～ 《原義》one that covers its hindparts ← Sp. *tapar* to (↓)＋*culo* backside〗

tap·a·de·ro /tæ̀pədέᵊroυ | -déərəυ/ *n.* (*pl.* ～**s**) (*also* **tap·a·de·ra** /-rə/) 《米南西部》(足を保護するための)革製あぶみ覆い. 〖(1844) ▭ Sp. *tapadera* lid, cover ← *tapar* to cover, conceal ← tapa: ⇨ tapa²〗

Ta·pa·jós /tàːpəʒɔ́(ː)s | -ʒɔ́s; *Braz.* tapaʒɔ́s/ *n.* (*also* **Ta·pa·joz** /～/) [the ～] タパジョス(川)《ブラジル北部, Amazon 川の支流 (1,298 km)》.

ta·pas /tɑ́pəs/ *n.* 〘ヒンズー教〙 **1** 苦行《食事・睡眠・休息などを厳しく調整して体を最高の状態にもっていくこと》. **2** (苦行の結果, 苦行者に宿る)神秘力. 〖(1810) ▭ Skt ～ 'heat': cf. topaz〗

táp bèll *n.* タップベル《エレベーターが階に接近したことを知らせて「チン」と一回鳴るベル》.

táp bòlt *n.* 〘機械〙押さえボルト, ねじ込みボルト《金属の穴にねじ込むボルト; cap screw, tap screw ともいう》. 〖1864〗

táp bònd *n.* タップ債 (《英》tap stock) 《遊資吸収目的で発行する米国の国債; tap issue ともいう》. 〖1942〗

táp bòrer *n.* 呑口(のみくち)あけ, 栓錐(せんきり). 〖1877〗

táp chànger *n.* 〘電気〙タップ切換器. 〖1931〗

táp-dànce *vi.* タップダンスを踊る. **táp-dàncing** *n.* 〖1931〗

táp dànce *n.* 〘ダンス〙タップダンス. 〖1928〗

táp dàncer *n.* タップダンサー. 〖1927〗

táp drìll *n.* 〘機械〙ねじ下きり.

tape /téɪp/ *n.* **1 a** (録音・録画用)磁気テープ (magnetic tape): put [record] music *on* ～ 音楽をテープに録音する / have … on ～ (テープに)…を録音[録画]してある. **b** カセットテープ, ビデオテープ; 録音[録画]したテープ (tape recording): a blank ～ 未使用のテープ / play a ～ of the concert コンサートのテープをかける. **c** 〘電算〙(データなどの読込み用)紙テープ, 穿孔テープ (paper tape); (情報記憶用の)磁気テープ. **d** 〘通信〙送信[受信]用テープ (paper tape): ⇨ ticker tape. **2 a** =adhesive tape. **b** (絶縁用)テープ (friction tape). **3** 平打ちひも, さなだひも, テープ: ⇨ red tape. 日英比較 「テープカット」は和製英語. 英語では cut the *tape* at the opening ceremony のように説明的にいうしかない. **4** (決勝線の)テープ: breast the ～ テープを切る《一着になる》. **5** 巻き尺 (tape measure). **6** (機械の)調べ帯. **7** 〘動物〙=tapeworm. **8** 《英俗》酒 (liquor). **9** 《英軍俗》袖章 (stripe).
— *adj.* [限定的] **1** テープに録音した: ～ music. **2** 磁気テープを入れる: a ～ cartridge.
— *vt.* 1 テープに録音[録画]する (tape-record). **2 a** 平打ちひも[テープ]でくくる[結ぶ, 塞(ふさ)ぐ], テープで張る[付ける]: ～ (*up*) a split 割れ目をテープで塞ぐ / ～ *down* a carpet カーペットをテープで留める / ～ two things *together* 二つの物をテープで結びつける / Her mouth was ～*d* (*up*) with adhesive. 彼女は口に粘着テープで さるぐつわをされた. **b** 〈本の各部分を〉とじ合わせる. **3** …に平打ちひも[テープ]を付ける, …にテープを巻く. **4** …に絶縁用テープを被(き)せる. **5** 巻き尺で測る. **6** 〈決勝線〉にテープを張る. **— *vi.*** テープ録音[録画]する.
have (gòt) táped (óut) 《英俗》〈人・物事を〉見抜く, 十分に理解する (size up): I've *got* you ～*d*. 君がどんな人物かわかった / You've *got* all this ～*d out* wrong. 君はこのことをすっかり誤解している.
～·lìke *adj.* 〖ME *tap(p)e* < ? OE *tæppe* fillet: cf. OFris. *tapia* to tug / MLG *teppen* to pluck〗

tápe dèck *n.* **1 a** テープデッキ《増幅器とスピーカーをもたないテープレコーダー; 単に deck ともいう》. **b** テープデッキ, テープ駆動機構《磁気テープがテープデッキのヘッドを通過するよう駆動する機構》. **2** =tape player. 〖1949〗

tápe-delày *n.* テープディレー: **1** テレビ・ラジオの生放送番組における録画・録音時と放送時とのわずかなずらし; 不都合箇所のカットに利用される. **2** 〘音楽〙ライブで演奏を同時録音しながら, それをわずかにずらして生演奏に重ねる手法.

tápe drìve 〘電算〙テープドライブ《磁器テープの読み取り・書き込みを行う装置》.

tápe gràss *n.* 〘植物〙セキショウモ (*Vallisneria spiralis*) 《淡水中に生える葉の長い多年草; eelgrass, water celery, wild celery ともいう》. 〖1818〗

tápe hìss *n.* 〘音響〙テープヒス《テープ録音再生時の, 録音とは無関係の高周波背景雑音》. 〖1962〗

tápe·lìne *n.* =tape measure.

tápe machìne *n.* **1** 《英》=ticker 2. **2** =magnetic tape recorder. 〖1891〗

tápe·man /-mən/ *n.* (*pl.* **-men** /-mən, -mèn/) 〘測量〙テープ係《測量テープまたはチェーンを張る人》.

tápe mèasure *n.* 巻き尺《布または金属製》. 〖1845〗

ta·pe·nade /tàːpənáːd | tæ̀p-; *F.* tapenad/ *n.* タペナード《黒オリーブ・ケーパー・アンチョビーなどを材料にしたペースト》. 〖(1952) ▭ F ～ ▭ Prov. *tapendo* ← *tapeno* caper〗

tápe plàyer *n.* テーププレーヤー《再生専用装置》. 〖1961〗

ta·per¹ /téɪpə | -pə^(r)/ *n.* **1 a** (もとは)小蠟燭(ろうそく). **b** (長い芯に薄く蠟をかけた)細蠟燭《蠟燭やガス灯などに点火するために用いる; cf. spill² 2》. **2** 《詩・文語》弱い光を放つもの. **3** 次第に先が細くなる[とがる]こと, 先細り. **4** 尖塔(せんとう), 尖錐(せんすい) (spire). **5** (力・容積などの)漸減. **6** (細長い物体の厚さ・直径・幅などの)逓減(ていげん)度[率]. **7** (鋳物工の用いる)こて.
— *adj.* 1 《詩・文語》先細の (tapering): ～ fingers 先細の指. **2** 累進的な, 段階別の (graduated): ～ freight rates 段階別貨物運賃表. **3** 《口語》〈資源など〉だんだん乏しくなる: Things are growing very ～. 物資がだんだん乏しくなってきた.
— *vi.* 1 先が細る, 次第にとがる, 先細りになる 〈*away, off*〉: ～ (*off*) *to* a point 先が細くなってとがっている. **2** 次第に少なくなる, 漸減する 〈*down*〉.
— *vt.* 1 先細りにする, 次第にとがらす 〈*away, off*〉: ～ (*off*) a stick a bit 棒の先を少しとがらせる. **2** 次第に減らす, 漸減する (reduce gradually) 〈*off*〉: ～ *off* production, unemployment, etc. / I tried to ～ *off* the daily amount of drink. 毎日の酒量を減らそうとした.
táper óff (*vi.*) (1) ⇨ *vi.* 1. (2) 〈嵐などが〉次第にやむ; 〈団体・協会などが〉次第に消滅する: The fighting ～*ed off* at week's end. 週末には戦闘は次第に収まった / The siren ～*ed off into* silence. サイレンの音が小さくなって聞こえなくなった. (3) (飲酒の習慣などを)次第にやめる: ～ *off to* five cigarettes a day たばこを1日5本に減らす. — (*vt.*) ⇨ *vt.* 1, 2.
〖OE *taper, tapur* 《異化》← ? L *papȳrus* 'PAPYRUS'〗

táp·er² *n.* 平打ちひもをかける工具[機械]. 〖1881〗

tápe-recòrd *vt.* (磁気)テープに録音[録画]する, テープ録音[録画]する. 〖1950〗

tápe recòrder *n.* テープレコーダー: a cassette ～ カセットテープレコーダー / play a ～ テープレコーダーをかける / record on a ～ テープレコーダーで記録する.

tápe recòrding *n.* **1** テープ録音[録画]. **2** (磁気)録音[録画]テープ. **3** 録音[録画]された曲[画像]. 〖1940〗

tá·pered *adj.* 先が次第に細くなった, 先細の: a ～ flagpole, pipe, spire, etc. / a jar with a ～ bottom 尖底つぼ. 〖1669〗

tápered wíng *n.* 〘航空〙テーパー翼, 先細翼.

tá·per·er /-pərə | -pərə^(r)/ *n.* (宗教的行列で)小蠟燭(ろうそく)を持つ人. 〖?c1450〗

tá·per·ing /-p(ə)rɪŋ/ *adj.* **1** 先が次第に細る[とがる], 先細の: a narrow, ～ blade of a knife. **2** 漸減的な. **～·ly** *adv.* 〖a1625〗

tápering ràil *n.* 〘鉄道〙先端レール (《英》points).

táper jàck *n.* =wax jack.

táper pìn *n.* 〘機械〙テーパーピン, 勾配(こうばい)ピン.

táper·stìck *n.* 小蠟燭(ろうそく)立て. 〖1546〗

tápe strèamer *n.* 〘電算〙テープストリーマー《大容量ハードディスクのデータを磁気テープに高速バックアップする装置》.

táp·es·tried *adj.* **1** タペストリーを掛けた[で飾った]: a ～ hall. **2** タペストリーの中に描かれた. 〖1769〗

tap·es·try /tǽpɨ̀stri/ *n.* **1** タペストリー, 綴織(つづれおり); 綴錦(つづれにしき)《麻や絹の縦糸に手で金銀糸や色糸を織り込んで絵模様を表したもの; 壁掛け等の室内装飾に用いる》. **2** 機械織のタペストリー. **3** (デザインの複雑さ・豊かさの点で)タペストリーに似たもの. **4** =needlepoint. **— *vt.*** タペストリーに描く[で飾る]. **～·like** *adj.* 〖(1397) *tapiserye* ▭ (O)F *tapisserie* ← *tapissier* to hang with tapestry ← OF *tapis* tapestry, carpet: ⇨ tapis〗

tápestry càrpet *n.* タペストリーカーペット《織る前に図案を糸に色染めにしておく》. 〖1852〗

tápestry mòth *n.* =carpet moth.

tapeta *n.* tapetum の複数形.

tápe trànsport *n.* (計算機・録音機などの)テープ駆動機構. 〖1954〗

tápe trànsport méchanism *n.* =tape transport.

ta·pe·tum /təpíːtəm | -təm/ *n.* (*pl.* **ta·pe·ta** /-tə | -tə/) **1** 〘植物〙(芽胞[胞子]嚢(のう))膜, 絨氈(じゅうせん)層. **2** 〘解剖・動物〙壁板, 内面層, 皮膜, 膜層. **ta·pé·tal** *adj.* 〖(1713) ← NL ～ ← L *tapēte, tapēs* carpet ▭ Gk *tápēs*: ⇨ tapis〗

tápe ùnit *n.* 〘電算〙テープ装置.

tápe·wòrm *n.* 〘動物〙条虫, (俗に)さなだむし《扁形動物門条虫綱の多種を含む動物の総称; 無鉤(こう)条虫 (beef tapeworm), 有鉤条虫 (pork tapeworm) など》. 〖(1752): その形から〗

tápeworm plànt *n.* 〘植物〙=centipede plant.

taph·e·pho·bi·a /tæ̀fəfóubiə | -fɨ̀fəυ-/ *n.* 〘精神医学〙生体埋葬恐怖(症). 〖← NL ～ ← Gk *taphḗ* grave ＋-PHOBIA〗

táp hòlder *n.* 〘機械〙タップホールダー《タップの保持具》.

táp·hòle *n.* **1** (樽などの)栓(せん)をする穴, 樽口. **2** 〘冶金〙湯出し口, 出銑口. 〖1594〗

ta·phon·o·my /təfɑ́(ː)nəmiː, tæf- | -fɔ́n-/ *n.* 化石生成(論). **taph·o·nom·ic** /tæ̀fənɑ́(ː)mɪk | -nɔ́m-⁻/ *adj.* 〖(1940) ← Gk *táphos* grave, tomb＋-NOMY〗

táp·hòuse *n.* (生ビールを売る)居酒屋, 飲み屋; 酒場 (taproom). 〖(1500–01): ⇨ tap¹〗

Ta·pies /táːpjes; *Sp.* tápjes/, **An·to·ni** /antoni/ *n.* タピエス (1923–2012; スペインの抽象画家).

táp-ìn *n.* 〘バスケットボール〙=tip-in¹. 〖(1948): ⇨ tap²〗

táp·ing pìn /téɪpɪŋ-/ *n.* 〘測量〙=chaining pin.

tap·i·o·ca /tæ̀pióukə | -óυ-/ *n.* **1** タピオカ《カッサバ (cassava) の根から製した食用・糊(のり)用の澱粉; 粉・薄片・粒・小球状タピオカ (pearl tapioca) のものがある》. **2** タピオカ入りの料理《プディングなど》. **3** 〘植物〙=tapioca plant. 〖(1707) ▭ Port. & Sp. ～ ▭ S-Am.-Ind. (Tupi) *typýóca* cassava juice ← *ty* juice＋*pýa* heart, pith＋*ocó* to be removed〗

tapióca plànt *n.* 〘植物〙=cassava 1.

tap·i·o·lite /tǽpiəlàɪt/ *n.* 〘鉱物〙タピオライト ($FeTa_2O_6$) 《タンタルの原鉱の一つ》. 〖(1868) ▭ Swed. *tapiolit*

T

← Tapio (フィンランドの森の神)＋-lit '-LITE': 発見地のフィンランドにちなむ〗

ta·pir /téɪpə, -pɪə | -pə^(r), -pɪə^(r)/ *n.* (*pl.* ～, ～s) 〖動物〗バク (バク科バク属 (*Tapirus*) の動物の総称; アメリカバク (*T. terrestris*) (熱帯アメリカ産で黒茶色), マレーバク (Indian tapir) など). 〚(1568) (1774) □ S-Am.-Ind. (Tupi) *tapiira*〛

tap·is /tǽpi:, -pi; *F.* tapi/ *F. n.* (*pl.* ～) 《廃》毛氈(もうせん) (carpet), テーブル掛け (table cover). ★ 今は次の成句にのみ用いる: ***on* [*upon*] *the tápis*** 審議[討議]中で (under consideration). 《(なぞり) ← F *sur le tapis* 《原義》 on the tablecloth》 〚(1494) □ (O)F ～ 'carpet, tapestry' < VL **tappētium*＝LL *tapētium* □ Gk *tapḗtion* (dim.) ← *tápēs* cloth wrought with figures ← ? Iran. **tap-* ← IE **temp-* to stretch.〛

táp ìssue *n.* ＝tap bond.

táp-òff *n.* 〖バスケットボール〗＝tip-off². 〚(1932): ⇨ tap²〛

ta·pote·ment /təpóʊtmənt | -páʊt-/ *n.* 〖医学〗たたき法, 叩打(こうだ)法 (マッサージの一法). 〚(1889) □ F ～ ← *tapoter* to tap ← OF *taper* to strike with the flat of the hand: ⇨ tap², -ment〛

táp pànts *n. pl.* タップパンツ 《昔のタップダンス用のズボンに似た女性のゆったりした下着》.

Tap·pan Zee /tæpənzí:/ *n.* [the ～] タパン海 《米国 New York 州南東部の Hudson 川下流の拡幅部; 中幅 3–5 km, 長さ 19 km; zee は「海」の意のオランダ語》.

táp·per¹ *n.* **1** 軽く打つ者. **2** 〖通信〗(電信機の)電鍵(でんけん) (key). **3** 〖電気〗(弱界磁制御用の)タップ制御スイッチ. **4** 靴直し(屋). **5** (鐘などの)たたき具. **6** 〖英方言〗(斑点のある小形の)キツツキ (woodpecker). **7** ＝tap dancer. 〚(1810) ← TAP²＋-ER¹〛

táp·per² *n.* **1** 樹液採取者[器]. **2** 〖機械〗(ナットに雌ねじを切る)ねじ立て盤; (パイプ・ナットなどに)雌ねじを切る職工. 〚(1884) ← TAP¹＋-ER¹: cf. OE *tæppere* tapster〛

tápper tàp *n.* 〖機械〗マシンタップ (ナットに雌ねじを切るタッピングマシンに使用するねじ切りタップ).

tap·pet /tǽpɪ̀t/ *n.* 〖機械〗タペット, 凸子(とつし). 〚(1745) ← TAP²＋-ET〛

táppet lòom *n.* 〖機械〗タペット織機 (ハンマーがタペットで運動させられる機構の織機).

táppet ròd *n.* 〖機械〗タペット棒. 〚1824〛

táp·ping¹ *n.* **1** 電信[電話]の盗聴. **2** (樽に)呑口(のみくち)をあけること; (樹皮にきずをつけて)樹液を採ること. **3** 口をあけて引き出したもの; (木から採った)樹液. **4** 雌ねじ切り, 雌ねじ立て. **5** 〖外科〗＝paracentesis. 〚1597〛

táp·ping² *n.* 軽打, こつこつ[とんとん]たたくこと[音]. 〚*c*1440〛

tápping machìne *n.* 雌ねじ切り機, 雌ねじ立て盤.

táp·pit hèn /tǽpɪ̀t- | -pɪt-/ *n.* 《スコット》 **1** 冠毛のあるめんどり. **2** (ふたの中央につまみの付いている)大型コップ. 〚(1721) *tappit* 《スコット》 *tappit* (変形) ← *topped*〛

táp ràte *n.* 《英》(国庫債券などの)時価相場. 〚1922〛

táp rìvet *n.* 〖機械〗＝screw rivet.

Ta·pro·ba·ne /təprɑ́(ː)bənì: | -prɔ́b-/ *n.* タプロバネー(島) (Ceylon 島のギリシャ・ラテン語名). 〚□ L *Taprobanē* □ Gk *Taprobánē*〛

táp·ròom *n.* (ホテル・宿屋・居酒屋の)酒場 (barroom). 〚(1807): ⇨ tap¹〛

táp·ròot *n.* **1** 〖植物〗直根, 主根 (cf. fibrous root, tuberous root). **2** 《比喩》成長の原因. 〚(1601): cf. tap¹〛

taps /tǽps/ *n. pl.* [通例単数扱い] 〖米軍〗 **1** 消灯[就寝]らっぱ[太鼓] (cf. tattoo² 1). **2** (軍隊葬, 時に慰霊祭の)葬送らっぱ. **3** (キャンプファイヤーなどの)閉会の歌. 〚(1824) ← TAP² // (変形) ← 《廃》 *taptoo* 'TATTOO²'〛

TAPS /tǽps/ 《略》 Trans-Alaska Pipeline System.

tap·sal·tee·rie /tǽpsəltí:ri/ *adv.* 《スコット》＝topsy-turvy.

táp scrèw *n.* 〖機械〗押さえねじ (⇨ tap bolt). 〚1891〛

táp shòe *n.* タップシュー 《タップダンス用の靴で, 靴底のつま先とかかとに金属板 (taps) を付けるか, または特別な硬い靴底をもつ》.

táp sòle *n.* ＝tap² 3.

tap·ster /tǽpstə | -stə^(r)/ *n.* **1** 《まれ》(酒場の)酒出し男, 給仕人, バーテン (bartender). **2** 《アフリカ西部》ヤシ酒製造販売人. 〚OE *tæppestre* female tapster: ⇨ tap¹, -ster〛

táp stòck *n.* 《英》＝tap bond.

tap·stress /tǽpstrɪ̀s | -strɪ̀s, -strɛs/ *n.* (酒場の)酒出し女, 酌婦. 〚(1631): ⇨ tapster, -ess¹〛

táp-táp *n.* とんとん[ぱたぱた](たたく音). **— *vi.*** とんとん[ぱたぱた]音を立てる. **— *adv.*** とんとん[ぱたぱた]と音を立てて. 〚(1837) (加重) ← TAP²〛

ta·pu /tá:pu:/ *adj.* 《NZ》神聖な (sacred); 禁じられた (taboo). 〚(1793) □ Maori ～: cf. taboo〛

Ta·pu·ya /təpú:jə; *Braz.*/ *n.* (*pl.* ～, ～s) **1** [the ～(s)] タプーヤ族 《もとブラジル中部に居住していた原住民》. **2** タプーヤ族の人. **Ta·pú·yan** /-jən/ *adj.* 〚(1613) □ Port. ～ □ S-Am.-Ind. (Tupi) *tapuia* savage, enemy〛

táp wàter *n.* 生水 《水道の蛇口から出たままの, 消毒や煮沸を行わない水》. 〚1881〛

táp wrènch *n.* 〖機械〗タップ回し. 〚1815〛

ta·que·ri·a /tɑ̀:kərí:ə; *Am.Sp.* takería/ *n.* タコス (taco) の専門店. 〚□ Mex.-Sp. *taquería*〛

tar¹ /tɑ́ə | tɑ́:^(r)/ *n.* **1** コールタールピッチ (coal-tar pitch) 《道路舗装用》. **2** タール 《石炭・木材などを乾留して得る黒色の油状液》: ⇨ coal tar, wood tar. **3** (たばこの)タール, やに: ～s in tobacco smoke たばこの煙の中のやに. ***béat* [*knóck, whále*] *the tár òut of*** 《米口語》…を打ちのめす. ***scáre the tár òut of*** …をひどくおびえさせる. **— *adj.*** [限定的] **1** タールの. **2** タールを塗った. **— *vt.*** (**tarred; tar·ring**) **1** …にタールを塗る: ～ a telegraph post 電信柱にタールを塗る. **2** 〔…で〕汚す, よごす (stain) 〔*with*〕. ***tár and féather*** 〈人〉の体に熱したタールを一面に塗り鳥の羽毛をくっつけてかつぎまわる 《私刑の一種》. ***tárred with the sáme brúsh* [*stíck*]** (*as a person*) (他の人と)同様の欠点がある, 同罪[同類]で. 〚ME *tarr, terr* < OE *te(o)ru* ← Gmc **terw-, *trew-* (G *Teer* / ON *tjara* / Dan. *tjære* tar) ← IE **drew-* 'TREE'〛

tar² /tɑ́ə | tɑ́:^(r)/ *n.* 《口語》水夫, 水兵, 船乗り (sailor): a jolly ～ 愉快な船乗り / an old ～ 老水夫 / ⇨ jack-tar. 〚(1676) 《略》 ? ← TARPAULIN〛

tar³ /tɑ́ə | tɑ́:^(r)/ *vt.* そそのかす, けしかける 〈*on*〉. 〚ME *terre(n)* to irritate < OE **terw(i)an*＝*tergan*: cf. (M)Du. *tergen* / G *zergen*〛

ta·ra /tɑrá:/ *int.* ＝ta-ta.

Tar·a /tǽrə, tέrə | tá:rə, tέərə/ *n.* タラ: **1** アイルランド Meath 県にある遺跡; 古代の宗教・政治の中心地. **2** Margaret Mitchell 作 *Gone with the Wind* のヒロイン Scarlett O'Hara の生まれ育った農園.

Ta·ra·bu·lus al Gharb /tərá:bələsælgá:b/ *n.* Tripoli 1 のアラビア語名.

Ta·ra·bu·lus ash Sham /tərá:bələsæʃʃǽm/ *n.* Tripoli 3 のアラビア語名.

Tar·a·ca·hi·tian /tæ̀rəkəhí:ʃən, tὲr- | tæ̀r-⁻/ *n., adj.* タラカイティ諸族[諸語](の) (Cahita, Cora などを含むメキシコ先住民諸族; またそれらの話すユートアステク (Uto-Aztecan) 語族に属する言語群).

tár ácid *n.* 〖化学〗タール酸 《コールタール中の酸性物の総称》. 〚1909〛

tar·a·did·dle /tǽrədìdḷ, tèr-, ⁻⁻⁻⁻ | tǽrədìdḷ/ *n.* 《口語》 **1** たわいないうそ (fib). **2** もったいぶったでたらめ, うそっぱち. 〚(1796) ← ?: cf. diddle²〛

tar·a·ki·hi /tæ̀rəkí:hi, tèr- | tǽrəkì:hi/ *n.* 〖魚類〗ニュージーランド産の食用魚 (*Dactylopagrus macropterus*) (terakihi ともいう). 〚(1873) ← Maori〛

ta·ra·ma /tǽrəmə, tέr- | tǽr-/ *n.* ＝taramasalata.

ta·ra·ma·sa·la·ta /tɑ́:rəməsəlɑ̀:tə, ⁻⁻⁻⁻⁻⁻⁻ | tæ̀rəməsəlɑ́:tə, tɑ̀rə:m-; *Mod.Gk.* tarəməsəláta/ *n.* (*also* **ta·ra·mo·sa·la·ta** /～/) タラモサラダ 《タラなどの魚卵にパン粉・オリーブ油・レモン汁・タマネギなどを混ぜペースト状にしたギリシャ風オードブル》. 〚(1910) □ ModGk *taramosaláta* ← *taramás* preserved roe＋*saláta* salad〛

Ta·ra·na·ki /tæ̀rənǽki, tèr- | tæ̀r-⁻/ *n.* タラナキ: **1** Mt. Egmont のマオリ語名. **2** ニュージーランドの北島西部の一地方. **— *adj.*** [t-] 《NZ口語》タラナキ地方風の: a ～ gate 針金と小割材でできた門.

tar·an·ta·ra /tæ̀rəntǽrə, tèrəntέrə | tæ̀rəntǽrə/ *n.* ＝tantara. 〚(変形) ← TARATANTARA〛

ta·ran·tass /tɑ̀:rəntá:s; *Russ.* tərantás/ *n.* タランタース 《ロシアの旅行用大型四輪馬車; 雪が積もれば車体を車からはずしてそりにのせる》. 〚(1850) □ Russ. *tarantas*〛

tar·an·tel·la /tæ̀rəntélə, tèr- | tæ̀r-/ *n.* タランテラ: **a** 《二人で行う快活な南イタリアの代表的な踊りで, 3/8 または 6/8 拍子で踊られる; 昔は舞踏狂 (tarantism) を治すといわれた》. **b** その曲. 〚(1782) □ It. ～ ← TARANTO＋-ELLA: TARANTULA と連想し '舞踏グモ' にかまれた者のような踊り方をするの通俗語源〛

tar·an·telle /tæ̀rəntélə, tèr- | tæ̀r-/ *n.* ＝tarantella.

Tar·an·ti·no /tæ̀rəntí:noʊ, tèr- | tæ̀rəntí:nəʊ/, **Quentin (Jerome)** *n.* タランティーノ (1963– ; 米国の映画監督・脚本家・俳優; *Reservoir Dogs* (1992), *Pulp Fiction* (1994)).

tar·an·tism /tǽrəntɪzm, tèr- | tǽr-/ *n.* 〖病理〗(毒グモの一種 tarantula にかまれて起こるといわれた)舞踏狂 (15–17 世紀ごろ南イタリアで流行した; dancing disease ともいう). 〚(1638–56) ← NL *tarantismus* ← It. *tarantismo* ← TARANTO: ⇨ -ism〛

Ta·ran·to /tɑ́:rəntoʊ, tərǽntoʊ | tərǽntəʊ; *It.* tá:ranto/ *n.* ターラント 《イタリア南東部, 地中海 Taranto 湾沿岸の港市・海軍基地》. 〚□ It. ～ < L *Tarentum* □ Gk *Tarant-, Tárās*〛

Taranto, the Gulf of *n.* ターラント湾 《イタリア半島南東部のイオニア海の入江》.

ta·ran·tu·la /tərǽntʃ(ə)lə, -tʃʊlə, -tjʊlə, -ṭələ, -ṭḷə | -tjʊlə, -tʃʊ-/ *n.* (*pl.* ～s, **-tu·lae** /-lì:/) 〖動物〗 **1** タランチュラコモリグモ, (俗に)舞踏グモ (*Lycosa tarentula*) 《イタリア南部地方にすむ毒グモ; 実際は毒性は極めて低い; 舞踏病 (tarantism) を引き起こすと思われていた》. **2** オオツチグモ, トリクイグモ, トリグモ 《トリクイグモ科の大きな毛の多いクモの総称; 毒はほとんどない》. 〚(1561) □ ML ～ □ It. *tarantola* ← TARANTO (この地方に毒ぐもが多いことから)〛

taràntula háwk [kíller] *n.* 〖昆虫〗米国南部からアメリカ大陸熱帯域にかけて生息するベッコウバチ科 (Pompilidae) *Pepsis* 属の大型のベッコウバチ (tarantula (トリクイグモ)を狩って卵を産みつけ, 幼虫の餌とする). 〚1878〛

Taràntula nébula *n.* 〖天文〗タランチュラ星雲 《大マゼラン雲中にみられる》.

Tá·ra·ru·a bíscuit /tá:rərù:ə-/ *n.* 《NZ口語》ハイカー[徒歩旅行者]用のカロリーの高い自家製ビスケット. 〚(1982): ← *Tararua* (ニュージーランド北島南部の山脈)〛

ta·ra·ta /tərá:ṭə | -tə/ *n.* (*also* **ta·ra·tah** /～/) 〖植物〗トベラ属の常緑小高木 (Pittosporum eugenioides) (＝wild lemon) 《ニュージーランド産; 樹皮は白く, 花は緑黄色で芳香がある》. 〚(1855) □ Maori ～〛

tar·a·tan·ta·ra /tæ̀rətæntǽrə, tèr-, tɑ̀:r-, -tá:rə, -térə | tæ̀r-/ *n.* ＝tantara. 〚(1553) □ L ～ (擬音語): cf. tantara, tarantara〛

tá·ra vìne /tá:rə-/ *n.* サルナシ (*Actinidia arguta*) 《日本・東アジア産のつる性落葉低木, 果実は美味》. 〚*tara*: ← Jpn 楤木〛

Ta·ra·wa /tərá:wə, tǽrəwà:, tέr- | tərá:wə/ *n.* タラワ(島) (太平洋中西部 Gilbert 諸島にあるキリバス (Kiribati) 共和国の島; キリバスの首都 Bairiki の所在地).

ta·rax·a·cin /tərǽksəsɪ̀n, -sṇ | -sɪn/ *n.* 〖薬学〗タラクサシン (taraxacum から採る苦味物質). 〚(1857): ⇨ ↓, -in²〛

ta·rax·a·cum /tərǽksəkəm/ *n.* **1** 〖植物〗タンポポ属 (*Taraxacum*) の各種の草本の総称 (セイヨウタンポポ (dandelion) など). **2** 〖薬学〗その乾燥した根 (薬用). 〚(1706) ← NL ～ ← Arab. *ṭarakhšaqūn* □ Pers. *talkh chakōk* 《原義》 bitter herb〛

tár bàby *n.* 抜き差しならない状況 《米国の作家 J. C. Harris の *Uncle Remus* (1881) に登場する Brer Rabbit を捕えるために仕掛けたタール人形にちなむ》.

tár bàse *n.* 〖化学〗タール塩基 《コールタール中に含まれる有機塩基の総称》. 〚1921〛

Tar·bell /tɑ́əbɛl, -bəl | tá:-/, **Ida M(inerva)** *n.* ターベル (1857–1944; 米国の著述家・ジャーナリスト).

Tarbes /tɑ́əb | tá:b/ *n.* タルブ 《フランス南西部 Hautes-Pyrénées 県の県都》.

tár·bòard *n.* タール板紙 《タールをしみ込ませた丈夫な板紙》. 〚1877〛

tar·boosh /tɑəbú:ʃ, ⁻⁻ | tɑ:bú:ʃ/ *n.* ターブーシュ 《イスラム教徒が着用するトルコ帽に似た縁なし帽で, 通例, 赤いフェルト製; 時にはターバンの一部となることもある; cf. fez; tarbush, tarboush, tarbouche ともいう》. 〚(1702) □ Arab. *ṭarbūš* ← Turk. *ter* sweat＋Pers. *pūshīdān* to cover〛

tár bòy *n.* 《豪口語》タール係の少年 《毛刈りの際, 羊が受けた傷にタールを塗る》.

tár·brùsh *n.* **1** タール刷毛(はけ). **2** 《俗》[通例軽蔑的に] 黒人の血(統) (Negro blood). ***a touch* [*lick, dash*] *of the tárbrush*** (血統に)黒人の血が混じっていること. 〚1711〛

tár bùcket *n.* 《米俗》(軍の)正帽.

tar·butt·ite /tɑ́əbətàɪt | tá:-/ *n.* 〖鉱物〗ターブッタイト, ターブット石 ($Zn_2PO_4(OH)$) (三斜晶系, 無色・淡黄色・褐色・赤あるいは緑の鉱物). 〚(1907) ← *Percy C. Tarbutt* (20 世紀のオーストラリアの鉱山技師): ⇨ -ite¹〛

tar·da·men·te /tɑ̀ədəménṭi | tà:dəménti; *It.* tardaménte/ *It. adv.* 〖音楽〗遅く, ゆるやかに. 〚□ It. ～ ← *tardare* to slow down ← L *tardus* slow: cf. tardo〛

Tarde /tɑ́əd | tá:d; *F.* taʁd/, **Gabriel** *n.* タルド (1843–1904; フランスの社会学者・犯罪学者).

Tar·de·noi·sian /tɑ̀ədənɔ́ɪʒən, -nwá:ziən | tà:dɪnɔ́ɪziən, -nwá:-⁻/ *adj.* 〖考古〗(ヨーロッパの中石器時代 (Mesolithic era) の一時期である)タルドノワ期(文化)の. 〚(1912) ← *La Fèreen-Tardenois* (この時期を代表する主に幾何学形細石器 (geometric microlith) を中心とする遺物を出したフランス北東部の地名): ⇨ -an¹〛

Tar·dieu /tɑədjǿ: | tɑ:-; *F.* taʁdjø/, **André Pierre Gabriel A·mé·dée**/amede/ *n.* タルデュー (1876–1945; フランスの政治家, 首相 (1929–30, 30, 32)).

Tar·dig·ra·da /tɑədígrəḍə | tɑ:dígrədə/ *n. pl.* 〖動物〗 **1** 緩歩類 (古い分類名; 現在のナマケモノ科 (Bradypodidae) に相当). **2** 緩歩動物門 (クマムシの類のナガチョウメイムシ (*Macrobiotus hudelandii*) などを含む). 〚← NL ～ (neut. pl.) ← L *tardigradus* (↓)〛

tar·di·grade /tɑ́ədəgrèɪd | tá:dɪ-/ *adj.* **1** 鈍い, 遅い, 遅鈍な (sluggish). **2** 〖動物〗緩歩類の; 緩歩動物門の. **— *n.*** 〖動物〗緩歩動物門の動物の総称. 〚(1623) □ F ～ // L *tardigradus* slow-paced ← *tardus* slow＋*gradus* step: ⇨ tardy, -grade〛

tar·dive /tɑ́əḍɪv | tá:dɪv/ *adj.* 発達の遅い, 遅発性の. 〚(1905) □ F ～ (fem.) ← *tardif*: ⇨ tardy〛

tárdive dyskinésia *n.* 〖病理〗遅発性ジスキネジア 《抗精神薬の長期服用により顔や手足に起こる痙攣(けいれん)》. 〚1964〛

tar·do /tɑ́ədoʊ | tá:dəʊ; *It.* tárdo/ *It. adj.* 〖音楽〗遅い. 〚(1843) □ It. ～ < L *tardum* (↓)〛

tar·dy /tɑ́əḍi | tá:di/ *adj.* (**tar·di·er; -di·est**) **1** 遅い, のろい (slow, sluggish): make ～ progress 進歩が遅い. **2 a** 遅れた, 遅ればせの (behindhand): a ～ arrival / a ～ reform 遅まきの改善 / He was ～ *in* answering [his answer]. 返事が遅れた. **b** 《米》〔会合・学校などに〕遅刻した (late) 〔*for, to*〕: a ～ student 遅刻した学生 / I was ～ *for* [*to*] school. 学校に遅刻した. **3** ぐずぐずの, 不承不承の, いやいやながらの, 渋々の (reluctant): a ～ consent 渋々の承諾 / He was ～ *to* shed blood. 彼は流血を好まなかった. **— *n.*** (学校などでの)遅刻. **— *vt.*** 《まれ》遅らせる (cf. Shak., *Winter's* 3. 2. 163). **tár·di·ly** /-ḍəli, -ḍḷi | -dəli, -dḷi/ *adv.* **tár·di·ness** *n.* 〚(1483) *tardive* □ (O)F *tardif* < VL **tardīvum* ← L *tardus* slow, late ← ?〛

SYN 遅れた: **tardy** 指定の時よりも遅れてくる[起こる]: He was *tardy* in coming. 彼は来るのが遅れた. **late** 動きが遅いため, 通常の[予定の]時に来ない: The train was *late* this morning. 今朝は列車が遅れた. **overdue** 到着・支払いが規定の時を越えた: The train is *overdue*. 列車の到着が遅れている / an *overdue* bill 支払い期限の切れた請求書. **behindhand** 特に借金の支払いが遅れている: He is always *behindhand* with his rent. いつも家賃が滞っている. **ANT** prompt.

T

tar·dy·on /tɑ́ədiɑ̀(ː)n | tɑ́ːdiɔ̀n/ *n.* 〘物理〙ターディオン《光速より遅い速度で動く素粒子; cf. tachyon》. 〖(1969): ⇨ ↑, -on²〗

tare¹ /tέə | tέə^(r)/ *n.* **1** 〘植物〙マメ科ソラマメ属 (*Vicia*) の総称 (⇨ vetch). **2** [*pl.*]〘聖書〙毒麦《普通 darnel と考えられている; cf. *Matt.* 13:25, 27, 36》. **3** [*pl.*] 害毒 (bane). 〖(?a1300) ← ?: cf. MDu. *tarwe* wheat ← IE **derwā-* kind of grain (Gk *dáratos* bread)〗

tare² /tέə | tέə^(r)/ *n.* **1** 風袋(ふうたい); (差し引くべき)風袋の目方. **2** 車体重量《積荷・乗客などを除いた重量》. **3** 〘化学〙タラ《物質の質量を量るときの容器の重さ》. — *vt.* …の風袋を量る. 〖(1379-80) ▭ (O)F ～ 'waste, deficiency' ▭ ML *tara* ▭ Arab. *ṭárḥa^h* what is rejected ← *ṭáraḥa* to throw: cf. mattress〗

tare³ *v.* 《古》tear¹ の過去形・過去分詞. 〖OE *tær*〗

Ta·ren·tum /tərέntəm | -təm/ *n.* タレントゥーム《Taranto の古名》.

Tar·ey·ton /tέəɪtən, tέr-, -tn | tέərɪtən, -tn/ *n.* 〘商標〙タレイトン《米国製の紙巻きたばこ》.

tar·fu /tɑ́əfuː | tɑ́ː-/ *n., adj.* 《米俗》めちゃくちゃ(の), 大混乱(の). 〖(1942-45)〘頭字語〙← *things are really fucked up*〗

targe /tɑ́ədʒ | tɑ́ːdʒ/ *n.* 《古》(16 世紀の歩兵や弓兵が用いた)小さい円盾. 〖(?a1300) ▭ (O)F ～ ▭ Frank. **targa* shield < Gmc **targō* ← IE **dergh-* to grasp ∽ OE *targa* ▭ ON *targa* 《原義》edge of a shield: cf. OHG *zarga* frame〗

tar·get /tɑ́əgɪt | tɑ́ːgɪt/ *n.* **1** 的, 標的, 目標 (mark). **2** (生産・募金・貯蓄などの)目標額: an export ～ 輸出目標額 / a savings ～ 貯蓄目標額 / realize [exceed, miss] the ～ 目標額に達する[を超える, 達しない]. **3** 〔批評などの〕的; 〔物笑いの〕種, 笑い草 (laughingstock) 〔*of, for*〕: the ～ *of* [*for*] bitter criticism 酷評の的 / a prime ～ *for* theft 盗みの絶好の目標 / the ～ *of* the crowd's sneers 群衆の冷笑の的. **4** 《米》(転轍(てつ)機の)円形信号機《転轍機の開閉を標示する》. **5** 《米》〘測量〙ターゲット, 視準標, (水準標尺の)ねらい板. **6** 〘物理〙**a** ターゲット《X 線管の陰極線を受ける白金またはタングステン電極; anticathode ともいう》. **b** テレビ[レーダー]スクリーンの蛍光物質. **7** 〘物理〙標的, ターゲット《核反応を起こさせるため高エネルギー粒子の衝撃を受ける物質》. **8** 子羊の首から胸にかけての肉. **9** 《古》= targe. **10** 〘フェンシング〙有効面, ターゲット《相手の体のうちでタッチ (touch) が得点になる部分》. ***hit a target*** (1) 的に当てる[たる]. (2) 目標額に達する. ***off target*** 的はずれの, 適切[的確]でない. ***on target*** 的を射ている, 的確な; 目標に向かっている.
— *vt.* **1** 攻撃[爆撃]目標にする. **2** 〔…を〕…の的[目標]にする, 目標として設定する〔*for*〕: ～ steel production *for* 10 million tons a year 年 1 千万トンの鉄鋼生産を目標とする. **3** 《米》円形信号機で〈転轍機の位置などを〉合図する.
〖(c1300) ▭ OF *targ(u)ete* (F *targette*) (dim.) ← *targe* (↑): ⇨ -et¹: /g/ 音は OF の影響か〗

tar·get·a·ble /tɑ́əgɪtəbl | tɑ́ːgɪt-/ *adj.* 〈主に核弾頭が〉目標に向けられる. 〖1964〗

target àrea *n.* 〘軍事〙(砲撃・爆撃のため部隊などに割り当てられた)目標地域. 〖1936〗

target-càrd *n.* 〘アーチェリー〙射的カード《射手の得点を記録する, 標的の形に印刷したカード》. 〖1875〗

target cèll *n.* 〘病理〙標的赤血球. 〖1938〗

target dàte *n.* 《米》目標達成日時. 〖1945〗

target dày *n.* (アーチェリークラブの)アーチェリー大会(日).

T

target dròne *n.* 〘航空〙無人標的機.

tár·get·ed /-tɪd | -tɪd/ *adj.* 《古》小盾[円盾]をもっている. 〖1653〗

tar·ge·teer /tɑ̀əgɪtíə | tɑ̀ːgɪtíə^(r)/ *n.* 民兵, 武装市民《targe と剣で武装した 16 世紀のロンドン市民》. 〖1586-88〗

target fìgure *n.* 目標額 (cf. target 2). 〖1978〗

target lànguage *n.* 目標言語: **a** 学習・研究の対象としての外国語. **b** (原文に対して)訳文となる言語 (cf. source language). 〖1953〗

tárget·less *adj.* 目標のない.

target màn *n.* 〘サッカー〙ターゲットマン《味方がセンタリングなどを向ける攻撃の中心になる選手; 特に長身のフォワード》.

target òrgan *n.* 〘生理〙標的器官《ホルモン・薬物が作用して効力を発揮する器官》. 〖1947〗

target pràctice *n.* (標的を狙っての)射撃訓練[演習]. 〖1844〗

target rìfle *n.* 射撃訓練[演習]用ライフル銃. 〖1901〗

target shìp *n.* 標的艦[船]. 〖1901〗

target shòoting *n.* 標的射撃, 射撃訓練[演習]. 〖1855〗

Tar·gum /tɑ́əgum, -guːm | tɑ́ː-/ *n.* (*pl.* ～**s**, **Tar·gu·mim** /tɑ̀əgumíːm, -gu:- | tɑ̀ː-/) タルグム《旧約聖書のアラム語による部分訳》. **Tar·gum·ic** /tɑəgúmɪk, -gúːm- | tɑː-/ *adj.* 〖(1587) ▭ Mish.Heb. *targūm* ← Heb. *tirgēm* to interpret: cf. Aram. *targēm* to interpret〗

Tár·gum·ist /-mɪst | -mɪst/ *n.* タルグム (Targum) 訳者[研究者]. 〖1642〗

Tar·heel /tɑ́əhiːl | tɑ́ː-/ *n.* 《口語》米国 North Carolina 州人《あだ名》. 〖(1864) ← TAR¹+HEEL¹: 州の主要産物が tar であることから〗

Tár·heel·er /-lə | -lə^(r)/ *n.* = Tarheel.

Tárheel [Tár Hèel] Stàte *n.* [the ～] 米国 North Carolina 州の俗称.

tar·iff /tǽrɪf, tέr- | tǽrɪf/ *n.* **1** 関税; 関税表, 税率表; 税率: conventional ～*s* 協定税率 / preferential ～*s* 特恵税率 / statutory ～*s* 国定税率 / ⇨ retaliatory tariff / the ～ *on* cotton 木綿の関税(率). **2** 《口語》(鉄道・電信などの)料金表, 運賃表; (料理屋・旅館の)料金表: the railway [telegraph] ～ / ～ rates 税率; (保険などの)協定率. **3** 《英》(ガス・電気などの公共料金の)料金請求方式. **4** 《英》(レストランなどの)料金表, メニュー. — *vt.* **1** …に対する関税表を制定する, …の税率を定める: ～ goods 商品に対する税率を定める. **2** …の料金を定める: ～ service サービス料金を定める. 〖(1591) ▭ It. *tariffa* ▭ Arab. *ta'rīf* notification, instruction ← *'árafa* to know: cf. F *tarif*〗

táriff refòrm *n.* 関税改革《英国では自由貿易反対, 米国では保護貿易反対の意味合いがある》. 〖1859〗

táriff wàll *n.* 関税障壁《輸入を阻止するための高関税》: raise a high ～ against …に対して高い関税障壁を設ける. 〖1889〗

Ta·rim /dɑ̀ːríːm, tɑ̀ː- | tɑ̀ː-/ *n.* [the ～] タリム(川)《中国新疆(しんきょう)ウイグル自治区 (Xinjiang Uygur Autonomous Region) 東部の Tarim 盆地の北側を流れ, Takla Makan 砂漠の多数の湖に注ぐ川 (2,179 km)》.

Tárim Básin *n.* [the ～] タリム盆地《中国新疆ウイグル自治区南部の乾燥盆地》.

Tar·king·ton /tɑ́əkɪŋtən | tɑ́ː-/, **(Newton) Booth** *n.* ターキントン《1869-1946; 米国の小説家・劇作家; *Alice Adams* (1921)》.

Tar·lac /tɑ́əlɑːk | tɑ́ː-/ *n.* タルラク《フィリピン Luzon 島中部の州; その州都》.

tar·la·tan /tɑ́ələtən, -tn | tɑ́ːlətən, -tn/ *n.* (*also* **tar·le·tan** /～/) 薄紗(しゃ), 薄地モスリン《舞踏服・ほこりカバーなどに用いる》. 〖(1727-41) ▭ F *tarlatane* 《異化》← *tarnatane* ← ? Ind.〗

tar·mac /tɑ́əmæk | tɑ́ː-/ *n.* **1** [T-]〘商標〙ターマック《道路の瀝青膠着(れきせいこうちゃく)材の一種; cf. asphalt》. **2** 《英》ターマック舗装エプロン[滑走路, 道路]: The plane was waiting on the ～. 飛行機はターマックエプロンで待機していた. — *vt.* (**-macked; -mack·ing**) ターマックで舗装する. 〖(1903)《略》← TARMACADAM〗

tár·macádam *n.* **1** 〘土木〙タールマカダム舗装《砕石を敷いた上にタールを流してローラーで固めるもの》. **2** タールマカダム《タールと骨材を混合した道路舗装材料》. 〖(1882) ← TAR¹+MACADAM〗

tarn¹ /tɑ́ən | tɑ́ːn/ *n.* 山中の小湖; (特に)氷食でできた小さい池沼. 〖(1256) *terne* ▭ ON **tarnu*, *tjörn* small lake, 《原義》hole filled with water < Gmc **ternō* water hole ← IE **der-* to split〗

tarn² /tɑ́ən | tɑ́ːn/ *n.* 《方言》〘鳥類〙= tern¹.

Tarn /tɑ́ən | tɑ́ːn; *F.* taʁn/ *n.* **1** タルヌ《フランス南西部の県; 面積 5,752 km², 県都 Albi》. **2** タルヌ(川)《フランス南西部を西流して Garonne 川に注ぐ》.

tar·nal, 'tar·nal /tɑ́ənl | tɑ́ː-/ 《米方言》*adj.* いまいましい, べらぼうな (damnable). — *adv.* べらぼうに. **～·ly** *adv.* 〖(1790)《頭音消失》← ETERNAL〗

tar·na·tion /tɑənéɪʃən | tɑː-/ 《米方言》*n.* = damnation. ★ 通例, 次のような表現に用いられる: What *in* ～ is it? 一体何だ. — *int.* 畜生, いまいましい (damned). — *adj.* = tarnal: Why are you in such a ～ hurry? どうしてそんなにべらぼうに急ぐんだい. — *adv.* = tarnal. 〖(1784)《混成》← TARN(AL)+(DAMN)ATION〗

Tarn-et-Ga·ronne /tɑ́əneɪgərɑ́(ː)n, -rɔ́(ː)n | tɑ́ːneɪgærɔ́n; *F.* taʁnegaʁɔn/ *n.* タルヌエガロンヌ《フランス南西部の県; 面積 3,730 km²; 県都 Montauban /mɔ̃tobɑ̃/》.

tar·nish /tɑ́ənɪʃ | tɑ́ː-/ *vt.* **1** 〈純潔・名誉などを〉汚す, 傷つける (sully); 台無しにする, …の価値を下げる (spoil): ～ one's name, honor, reputation, etc. / ～ the naval glory of England 英国海軍の栄光を傷つける. **2** 〈金属・ガラスなどの〉光沢を曇らせる (discolor); 変色させる (fade): polish ～*ed* spoons 光沢を失ったスプーンを磨く / Her clothes were ～*ed*. 彼女の衣服は色あせていた. — *vi.* **1** 曇る; 変色する: Silver ～*es* rapidly. 銀器はすぐ曇る. **2** 汚れる; 価値が下がる: seek for images that never ～ 決して汚れないイメージを求める.
— *n.* **1** 曇り, くすみ, 汚れ, 変色: ～ *on* silver 銀器の曇り. **2** 汚点, 汚れ, 傷 (blemish). **3** (価値などの)低下. **tár·nish·er** *n.* 〖(?a1439) ▭ F *terniss-*, *ternir* to tarnish (cf. *terne* dull, dark) ← ? Gmc **tarnjan* (MHG *ternen* to darken)〗

tar·nish·a·ble /tɑ́ənɪʃəbl | tɑ́ː-/ *adj.* 曇りやすい, 変色しやすい. 〖1885〗

tár·nished *adj.* 曇った; 変色した; 汚れた: ～ silverware / a ～ reputation 名折れ. 〖1716〗

tárnished plánt bùg *n.* 〘昆虫〙ミドリメクラガメ (*Lygus oblineatus*)《植物の汁液を吸って被害を与えるメクラカメムシ科の昆虫》. 〖1890〗

tarn·kap·pe /tɑ́ənkæ̀pə | tɑ́ːn-; *G.* tάʁnkapə/ *n.* (Nibelungenlied で)魔法の外套(がいとう)《Siegfried が Nibelungs から手に入れた外套で, これを着た者は姿が見えなくなり, 12 人力を得る》. 〖▭ G *Tarnkappe* ← *Tarn-* mask, camouflage+*Kappe* hooded cloak〗

Tar·no·pol /*Pol.* tarnɔ́pɔl/ *n.* タルノポリ《Ternopol のポーランド語名》.

Tar·nów /tɑ́ənuːf | tɑ́ː-; *Pol.* tárnuf/ *n.* タルヌフ《ポーランド南部の工業都市》.

ta·ro /tɑ́ːrou, tǽ°r- | tɑ́ːrəu/ *n.* (*pl.* ～**s**) 〘植物〙**1** タロイモ (*Colocasia antiquorum* var. *esculenta*)《太平洋諸島で栽培されるサトイモの原種》. **2** タロイモ《タロイモの根茎; 熱帯地方で主食にする; elephant's ear, dasheen eddo, Chinese eddo ともいう》. 〖(1769) ▭ Tahitian ～〗

ta·roc /tǽrɑ(ː)k, tέr- | -rək, -rɔk/ *n.* (*also* **ta·rock** /～/) = tarok.

tá·ro·ga·tó /tɑ́ːrougətòu | -rəugətəu; *Hung.* tάːrogɒtoː/ *n.* (*pl.* ～**s**) ターロガトー《ハンガリーの木管楽器で, 現在ではシングルリードのマウスピースを用いる》. 〖(1970) ▭ Hung. *tárogató*〗

tár òil *n.* 〘化学〙タール油. 〖1891〗

tar·ok /tǽrɑ(ː)k, tέr- | -rək, -rɔk/ *n.* タロック《22 枚の tarot に 32 枚のカードを足して行うカードゲーム; 足すカードの数は 42, 52, 56 といろいろある; 14 世紀にイタリアで始められた》. 〖(1739) ▭ It. *tarocchi* (pl.), *tarocco* (↓)〗

tar·ot /tǽrou, tέr-, ⸗⸗ | tǽrəu; *F.* taʁo/ *n.* (*pl.* ～**s** /～z; *F.* ～/) **1 a** タロー, タロット《22 枚の寓意画を描いた絵札を含む 78 枚 1 組のカード; 主として占いに用いる》: read one's future in the ～ タロットで未来を占う. **b** タロットの絵札の 1 枚. **2** [通例 *pl.*] = tarok. 〖(1598) ▭ F *tarots* (pl.) ▭ It. *tarocchi* (pl.) ← *tarocco* ← ? Arab. *ṭáraḥa* to throw〗

tarp /tɑ́əp | tɑ́ːp/ *n.* 《米口語・豪口語》= tarpaulin. 〖略〗

tar·pan /tɑəpǽn | tɑː-; *Russ.* tarpán/ *n.* 〘動物〙タルパン《ロシアの草原地産の野生の小馬; 19 世紀に絶滅》. 〖(1841) ▭ Russ. ～ ▭ Kirghiz ～〗

tár pàper *n.* タール紙, アスファルトルーフィング《屋根の下張りに用いるタールをしみ込ませた紙》. 〖1891〗

tar·pau·lin /tɑəpɔ́ːlɪn, -pɑ́ː-, tɑ́əpə- | tɑːpɔ́ːlɪn/ *n.* **1** (タールなどを塗った)防水帆布; 防水シート[カバー]. **2** (船乗りの用いるつば広の)防水帽; 防水服. **3** 《古》水夫, 船乗り (sailor). 〖(1605) *tarpaul(l)ing*, *tarrpawlin(g)* ← ? TAR¹+*pawling* covering (ger.) ← *pawl* 'to PALL², cover'〗

Tar·pe·ia /tɑəpíːjə | tɑː-/ *n.* 〘ローマ伝説〙タルペーイア《ローマ防衛総督 Tarpeius の娘;「門をあけたら腕に帯びるものを与える」という約束に惑わされてサビニ人 (Sabines) に城門を開いたが, 期待していた腕輪ではなく盾を投げつけられて殺された》. 〖▭ L *Tarpēia* (fem.) ← *Tarpēius* (ローマの人名)〗

Tar·pe·ian /tɑəpíːjən | tɑː-/ *adj.* タルペーイアの岩 (Tarpeian Rock) の. 〖(1607) ← L *Tarpēia* (↑)〗

Tarpéian Róck *n.* [the ～] タルペーイアの岩《ローマの Capitoline Hill の崖(がけ); 昔国事犯人をここから突き落として処刑した》. 〖(1607)《なぞり》← L *saxum Tarpēium*, *rūpēs Tarpēia* 'rock [cliff] of TARPEIA': Tarpeia がそのふもとに埋められたとする故事にちなむ〗

tár pìt *n.* タール坑《天然アスファルトが集まっている穴》. 〖1839〗

tar·pon /tɑ́əpɑ(ː)n, -pən | tɑ́ːpɔn, -pən/ *n.* (*pl.* ～, ～**s**) 〘魚類〙ターポン (*Megalops atlanticus*)《米国の大西洋南岸および西インド諸島海域に生息するイセゴイ属の銀色のうろこのある全長 2 メートルもある大魚; 釣りの対象; silver king ともいう》. 〖(1685) ▭ Du. *tarpoen* ← ?〗

tarpon

Tar·quin /tɑ́əkwɪn | tɑ́ː-/ *n.* 〘ローマ伝説〙タルクィニウス《ローマ初期の伝説的な Tarquin 王家の王; 最も有名なのは五代目の Tarquinius Priscus (在位 616-578 B.C.) とその息子七代目(最後)の Tarquinius Superbus (在位 534-510 B.C.; 通称 Tarquin the Proud); cf. Lucretia》.

tar·ra /tərɑ́ː/ *int.* = tarrah.

tar·ra·did·dle /tæ̀rədídl, tèr-, ⸗⸗⸗ | tæ̀rədídl/ *n.* = taradiddle.

tar·ra·gon /tǽrəgɑ̀(ː)n, tέr-, -gən | tǽrəgən/ *n.* **1** 〘植物〙タラゴン, エストラゴン (*Artemisia dracunculus*)《シベリア原産ヨモギ属の宿根草; estragon ともいう》. **2** タラゴンの葉《芳香があるので香味料に用いる》. 〖(1538) *taragon* ▭ Sp. *taragona* // F *targon* ▭ ML *tarc(h)on* ▭ Arab. *ṭarkhūn* ← ? Gk *drákōn* 'DRAGON'〗

Tar·ra·go·na /tæ̀rəgóunə, tèr- | tæ̀rəgə́u-; *Sp.* taraɣóna/ *n.* **1** タラゴナ《スペイン北東部, 地中海に臨む港市; ローマの城塞, ロマネスクゴシックの大聖堂で有名》. **2** [t-] タラゴナワイン《スペインの Catalonia 産の甘口ワイン》.

tar·rah /tərɑ́ː/ *int.* 《英口語》バイバイ (tarra ともいう; ⇨ ta-ta). 〖(1958)《変形》← TA-TA〗

tar·ras /tərǽs/ *n.* 〘岩石〙= trass.

Tar·ra·sa /tərɑ́ːsə | -rǽsə; *Sp.* tárasa/ *n.* タラサ《スペイン北東部 Barcelona の北北西にある工業都市》.

tarre /tɑ́ə | tɑ́ː^(r)/ *vt.* 《廃》= tar³.

tarred *adj.* タールを塗った. 〖1615〗

tar·ri·ance /tǽriəns, tέr- | tǽr-/ *n.* **1** 《古》遅延 (delay). **2** 《古》滞在, 逗留(とうりゅう). **3** 《廃》待機. 〖(1410): ⇨ tarry¹, -ance〗

tár·ri·ness *n.* **1** タール質. **2** タールで汚れていること. 〖1892〗

tar·rock /tǽrək, tέr- | tǽr-/ *n.* 《英方言》〘鳥類〙数種の海鳥の総称《キョクアジサシ (Arctic tern), ミツユビカモメ (kittiwake), カモメ (gull), guillemot など》. 〖▭ ? Inuit (Greenlandic) *tâteraq*〗

tar·ry¹ /tǽri, tέri | tǽri/ *vi.* 《文語》**1** 遅れる, 遅い, 暇どる (⇨ loiter SYN): Why ～ the wheels of his chariots? どうして彼の車の歩みがはかどらないのか (*Judges* 5:28). **2** 留まる, 滞在する (remain): ～ *at* home, *in* the country, etc. **3** 〔…を〕待つ (wait) 〔*for*〕: ～ (behind) *for* a person (後に残って)人を待つ. — *vt.* 《文語》待つ (await): She *tarried* her husband's return. 彼女は夫の帰りを待った. — *n.* 《米》滞在 (stay, sojourn): He made some little ～ in this town. この町にほんのしばらく滞在した. **tár·ri·er** *n.* 〖(a1375)《混成》? ← ME *tarie(n)* (< OE **tærgan*, *tergan* to vex (cf. Du. *tergen* / G *zergen*))+ME (《?*a*1200》 *targe*(*n*) to delay (◻ OF *targ*(*i*)*er* < VL **tardicāre* (freq.) ← L *tardāre* to delay: cf. tardy)》

tar·ry² /tάːri/ *adj.* (**tar·ri·er**; **-ri·est**) **1** タールの, タール質[状]の. **2** タールを塗った[で汚れた]: ~ fingers タールで汚れた手; 手癖の悪いこと. 〘1552〙

tárry stóol *n.* 〘病理〙 (腸管出血時などの)タール(様)便.

Tar·ry·town /tǽritàun, tér- | tǽri-/ *n.* タリータウン《米国 New York 州南東部, Hudson 河畔の小都市; Washington Irving の故郷》. 〘← ? *Tarry* (姓) (cf. Terry), *Theodoric*+TOWN〙

tars- /tɑəs | tɑːs/ (母音の前にくるときの) tarso- の異形.

tar·sal /tάəsəl, -sl | tάː-/ 〘解剖・動物〙 *adj.* **1** 足根骨の, 足根部の. **2** 瞼(ᵏᵃ)板の. — *n.* 足根骨; 足根骨関節 (tarsal joint). 〘《1817》← NL *tarsālis*: ⇨ tarsus, -al¹〙

tár sànd *n.* 〘地質〙 瀝青(ᵉᵏˢᵉⁱ)質の砂, 瀝青砂岩. 〘1899〙

tar·seal /tάəsìːl | tάː-/ *n.* (NZ) **1** アスファルト舗装道路. **2** [the ~] 主要高速道路. — *vt.* アスファルトで舗装する. **tár·sèaled** *adj.* 〘《1935》: ⇨ tar¹〙

Tar·shish /tάəʃɪʃ | tάː-/ *n.* タルシシ《スペイン南部の Cadiz 付近にあったと伝えられる古国; 金・銀・象牙(ᵍᵉ)などの貿易で知られる; 地の果ての楽園と想像された; cf. *1 Kings* 10:22》.

tarsi *n.* tarsus の複数形.

tar·si·a /tάəsiə, tɑəsíːə | tάːsiə/ *n.* 〘木工〙 (15 世紀ごろイタリアで流行した)寄せ木細工, 象嵌(ᵍᵃⁿ), はめ木細工. 〘《1665》◻ It. ~ ◻ Arab. *tarṣī*ʿ ← *rάṣṣaʿa* to inlay〙

tar·si·er /tάəsiə, -sièɪ | tάːsiə^(r); *F.* taʀsje/ *n.* (*pl.* ~**s** /~z; *F.* ~/) 〘動物〙 メガネザル《インドネシア・フィリピンの森林にすむメガネザル科メガネザル属 (*Tarsius*) の夜行性の動物の総称; specter lemur ともいう》. 〘《1774》◻ F ~ ← *tarse* 'TARSUS': ⇨ -er¹: 足の構造から〙

tarsier

tar·so- /tάəsou | tάːsəu/ 次の意を表す名詞連結形: **1** 「足根 (tarsus); 足根骨と…との (tarsal and ...)」: *tarso*metatarsus. **2** 「瞼(ᵏᵃ)板」. ★ 母音の前では通例 tars- になる. 〘← TARSUS〙

tàrso·metatársus *n.* 〘鳥類〙 (鳥の)跗蹠(ᶠᵘˢʰᵒ)骨. **tàrso·metatársal** *adj.* 〘《1854》← NL ~: ⇨ tarso-, metatarsus〙

tar·sus /tάəsəs | tάː-/ *n.* (*pl.* **tar·si** /-saɪ, -siː | -saɪ/) 〘解剖・動物〙 **1 a** 足首 (ankle). **b** 足根(骨). **2** (鳥の)跗蹠(ᶠᵘˢʰᵒ)骨 (tarsometatarsus). **3** 跗節《昆虫の足の第五番目で最後の肢節》. **4** 瞼(ᵏᵃ)板, 瞼板軟骨. 〘《1676》← NL ~ ← Gk *tarsós* the flat of the foot, the rim of the eyelid ← IE **ters-* to dry out.〙

Tar·sus /tάəsəs | tάː-/ *n.* **1** タルスス, タルソス《トルコ南部, Cydnus 河畔の都市; 古代 Cilicia の主都; 聖パウロ (Saint Paul) の生地》. **2** タルスス(川)《トルコ南東部の川 (153 km); 古名 Cydnus》. 〘(◻ L ~ ◻ Gk *Tarsós*〙

tart¹ /tάət | tάːt/ *n.* **1** タルト《果物入りの小型で薄いパイの一種; 米国では上にパイ生地をかぶせないものをいう場合が多い》: an apple ~ リンゴ入りタルト. **2** 《俗》身持ちの悪い娘[女], (特に)売春婦 (prostitute). — *vt.*, *vi.* [~ *up* として] 《英口語》ごてごて[安っぽく]飾り立てる[着飾る]: ~ *up* streets / ~ oneself *up* =get ~*ed up* 安っぽく着飾る. 〘《?*a*1370》◻ (O)F *tarte* open tart 《変形》← OF *torte* (F *tourte*) < LL *tortam* round bread, 《原義》 twisted ← L *torquēre* to turn, twist: OF *tarte* は Prov. *tarta* の影響〙

tart² /tάət | tάːt/ *adj.* (~**·er**; ~**·est**) **1** 《気質・言葉・態度など》刺すような, 辛辣(ˢʰⁱⁿ)な, 激しい (biting, caustic): a ~ disposition, manner, remark, reply, etc. **2** 酸い, 酸っぱい (acid) (⇨ sour SYN): ~ apples. **~·ly** *adv.* **~·ness** *n.* 〘OE *teart* acid, rough ← Gmc **tert-* ← IE **der-* to split: cf. OE *teran* 'to TEAR¹'〙

tart. 《略》 tartaric.

tar·tan¹ /tάətn̩ | tάː-/ *n.* **1 a** タータン《主にスコットランド高地人が kilt や plaid に用いる格子縞(ᵍᵒ)の綾織毛織物; 各氏族は特有の格模様をもつ; cf. clan》. **b** それに似た格子柄の布地. **2 a** 格子柄, クランタータン《スコットランド高地人の各氏族に特有の格子柄》 日英比較 「格子柄」のことを日本語で「タータンチェック」というが, 英語では単に *tartan* あるいは check という. **b** それに似た格子柄. **3** タータン柄の衣服. **4** スコットランド高地人; スコットランド兵. — *adj.* **1** 格子柄の. **2** 格子柄の布地で作った: ~ plaid タータンの肩掛け. 〘《1454》◻ ? (O)F *tiretaine* linsey-woolsey ← *tiret* kind of cloth ← *tire* silk cloth ◻ ML *tyrius* cloth from Tyre ← L *Tyrus* Tyre (古代フェニキアの首都).〙

tar·tan² /tάətn̩ | tάː-/ *n.* 〘海事〙 タータン《地中海で使われる大三角帆と船首三角帆とを有する一本マストの小型帆船》. 〘《1621》◻ F *tartane* ◻ It. *tartana* ◻ ? Arab. *ṭarrāda*ʰ cruiser ← *ṭarada* to pursue〙

Tár·tan Túrf /tάətn̩- | tάː-/ *n.* 〘商標〙 タータンターフ《競技場用の人工芝》.

tar·tar /tάətə | tάːtə^(r)/ *n.* **1** 歯石 (calculus). **2** 酒石《ワイン製造の際沈澱(ᵈᵉⁿ)する不純な酒石酸水素カリウム; これを精製して酒石酸を造る》: ⇨ CREAM of tartar. 〘《*c*1387–95》 *tartre*, ~ ◻ OF *tartre* ∥ ML *tartarum* ◻ MGk *tártaron* ← ? Arab.〙

Tar·tar /tάətə | tάːtə^(r)/ *n.* **1 a** [the ~s] タタール族《もとアジア北東部に遊牧していたツングース族; 13 世紀のモンゴル帝国の西方発展以後はヨーロッパではモンゴル人を含めてこの名で呼び, さらにその勢力下にあった南ロシア一帯に散居しているトルコ人をも含めて呼ぶ》. **b** タタール人, 韃靼(ᵈᵃᵗˢᵘ)人. **2** タタール語《中央アジア西部, 特に, Uzbek 地方のチュルク語派の言語》. **3** [しばしば t-] 強暴な人間, 手に負えない人, 始末に困る者. **4** [t-] 思いのほか手強(ᵗᵉᵍᵒ)い[厄介な]やつ: a young *tartar* 始末に負えない子供. **5** [t-] あばずれ女 (shrew). **6** =Tatar. ***cátch a Tártar*** 手強い相手[厄介なもの]に出会う, 相手が手強くててこずる. — *adj.* **1** タタール人(風)の; タタール語の. **2** 強暴な. 〘《*c*1395》 *Tartre* ◻ (O)F *tartare* ∥ ◻ ML *Tartarus* (L *Tartarus* hell と連想?) ◻ Pers. *Tātār* ← *Tata* (9 世紀にロシアを侵略したモンゴル人の名)〙

Tar·tar·e·an /tɑətéəriən, -tǽr- | tɑːtéər-/ *adj.* タルタロス (Tartarus) の; 地獄の (infernal). 〘《1623》← L *Tartareus* of the infernal regions+-AN¹: cf. Tartarus〙

tártar emétic *n.* 〘化学〙 吐酒石(ᵗᵒˢʰᵘˢᵉᵏⁱ) ($K(SbO)C_4H_4O_6 \cdot {}^1/_2 H_2O$)《有毒の白色結晶塩, 媒染剤・薬用; antimonyl potassium tartrate ともいう》. 〘1704〙

tár·tare sàuce /tάətə- | tάːtə-/ *n.* =tartar sauce.

tártare stèak *n.* =tartar steak.

Tártar fóx *n.* 〘動物〙 =corsac.

Tar·tar·i·an /tɑətériən, -tǽr- | tɑːtéər-/ *adj.* タタール(人)の. 〘《*c*1400》◻ OF *Tartarien*: ⇨ Tartar, -ian〙

Tartárian áster *n.* 〘植物〙 シオン (*Aster tataricus*) 《シベリア原産のキク科シオン属の多年草》.

Tartárian búckwheat *n.* 〘植物〙 ダッタンソバ, ニガソバ (*Fagopyrum tataricum*) 《中央アジア原産のソバに似た植物で, 時に栽培される; India wheat, duck wheat ともいう》.

Tartárian dógwood *n.* 〘植物〙 シロミノミズキ, シラタマミズキ (*Cornus alba*) 《アジア原産のミズキ科の低木》.

Tartárian hóneysuckle *n.* 〘植物〙 スイカズラ科の落葉低木 (*Lonicera tatarica*) 《アジア原産で白または桃色の花が咲く; bush honeysuckle ともいう》. 〘1811〙

tar·tar·ic /tɑətǽrɪk, -tér- | tɑːtǽr-/ *adj.* 〘化学〙 酒石の. 〘《1790》: ⇨ tartar〙

tartáric ácid *n.* 〘化学〙 酒石酸 (HOOC·CH(OH)·CH(OH)COOH). 〘1810〙

tar·tar·ize /tάətəràɪz | tάːtə-/ *vt.* 〘化学〙 酒石化する; 酒石で処理する. **tar·tar·i·za·tion** /tὰətərɪ̀zéɪʃən | tὰːtəraɪ-, -rɪ-/ *n.* 〘1706〙

tar·tar·ous /tάətərəs | tάːtə-/ *adj.* 酒石の, 酒石を含んだ, 酒石による, 酒石から得られた. 〘1601〙

tár·tar sàuce /tάətə- | tάːtə-/ *n.* タルタルソース《マヨネーズソースに, 刻んだピクルスやケーパー (caper)・たまねぎ・パセリなどを加えて混ぜたソース; tartare sauce ともいう》. 〘《1855》◻ F *sauce tartare*〙

tártar stèak *n.* タルタルステーキ《粗く挽いた牛肉の赤身を塩・胡椒(ᵏᵒˢʰᵒ)で調味し, 卵黄・たまねぎ・パセリ・ケーパー (caper) などを添えて生のまま食べる; steak tartare, beef tartare, tartare steak ともいう》.

Tártar Stráit *n.* [the ~] =Tatar Strait.

Tar·ta·rus /tάətərəs | tάːt-/ *n.* **1** 〘ギリシャ神話〙 タルタロス《黄泉(ᵏᵒ)の国 (Hades) の下の暗い底無し淵(ᶠᵘᶜʰⁱ); Zeus が Titans を幽閉した所》. **2** 悪人の懲罰所; 地獄 (Hades, hell). **3** 〘ギリシャ神話〙 タルタロス《母 Gaia と交わって怪物 Typhon の父となる》. 〘《1508》◻ L ~ ◻ Gk *Tártaros* ← ?〙

Tar·ta·ry /tάətəri | tάːt-/ *n.* タタール地方, 韃靼(ᵈᵃᵗˢᵘ)地方《東欧からアジアにわたる地方を指す歴史的名称; Tatary ともいう》. 〘《*c*1369》◻ F *Tartarie* ◻ ML *Tartaria* land of the Tartars〙

tarte Ta·tin /tάəttætǽ(ŋ), -tάːŋ | tάːt-/ *n.* 〘菓子〙 タルトタタン《カラメル味アップルパイ; 型に砂糖を敷いて焼き, 焼き上がったらひっくり返して供する; tarte des demoiselles Tatin ともいう》. 〘◻ F ~ ← *tarte* 'TART¹'+*Tatin* (20 世紀初め, Orléans 近郊のレストランでこの菓子を出して, 一般に広めた姉妹の名字)〙

Tar·ti·ni /tɑətíːni | tɑː-; *It.* tartíːni/, **Giuseppe** *n.* タルティーニ (1692–1770; イタリアのバイオリン奏者・作曲家).

tárt·ish /-tɪʃ | -tɪʃ/ *adj.* やや酸っぱい; やや辛辣(ˢʰⁱⁿ)な. **~·ly** *adv.* 〘《1712》← TART²+-ISH¹ 4〙

tart·let /tάətlɪ̀t | tάːt-/ *n.* 《英》 タルトレット《一人用の小さいタルト》. 〘《*a*1399》◻ (O)F *tartelette* (dim.) ← *tarte* 'TART¹'〙

tar·trate /tάətreɪt | tάː-/ *n.* 〘化学〙 酒石酸塩[エステル]. 〘《1794》◻ F ~: ⇨ tartar, -ate¹〙

tár·trat·ed /-tɪ̀d | -tɪ̀d/ *adj.* 〘化学〙 酒石 (tartar) と化合した, 酒石を含む; 酒石酸から誘導した, 酒石酸と化合した. 〘1794〙

tar·tra·zine /tάətrəziːn, -zn̩ | tάːtrəziːn, -zɪn/ *n.* 〘化学〙 タルトラジン ($C_{16}H_9N_4Na_3O_9S_2$) 《黄色酸性染料・飲食物着色用》. 〘《1894》← *tartr-* (← TARTAR)+(HY-DR)AZINE〙

Tar·tu /tάətuː | tάː-; *Eston.* tártuː/ *n.* タルトゥ《エストニア共和国中東部の都市》.

Tar·tuffe /tɑətúf, -túːf | tɑː-; *F.* taʀtyf/ *n.* (*pl.* ~**s** /~s; *F.* ~/) (*also* **Tar·tufe** /~/) (タルチュフのように)信心家ぶる偽善者; 偽善家. **Tar·túf·fi·an** /-fiən/ *adj.* 〘《1676》◻ F *Tartufe* (Molière の喜劇 *Le Tartufe* (1669) の主人公の名) ◻ It. *Tartufo* ← *tartufo* 'TRUFFLE'〙

Tar·tuf·fer·y /tɑətúfəri, -túːf- | tɑː-/ *n.* (*also* **Tar·tuf·fer·ie** /~/; *F.* taʀtyfʀi/) タルチュフ的ふるまい[性格]; 偽善 (hypocrisy). 〘《1851》◻ F *tartufferie*: ⇨ ↑, -ery〙

Tar·túf·fism /-fɪzm̩/ *n.* =Tartuffery.

tar·tu·fo /tɑətúːfou | tɑːtúːfəu; *It.* tartúːfo/ *n.* **1** 食用キノコ, 《特に》トリュフ (truffle). **2** タルトゥーフォ《クリーム状のムースに似たイタリアのチョコレートデザート》. 〘◻ It. ~ ← ? VL **tūfer*(*a*): ⇨ truffle〙

tart·y /tάəti | tάːti/ *adj.* 《口語》 **1** 売春婦の(ような). **2** 安っぽく飾り立てた (gaudy). **tárt·i·ness** *n.* 〘《1918》← TART¹+-Y⁴〙

Tar·vi·a /tάəviə | tάː-/ *n.* 〘商標〙 タルビア《コールタールから作った道路舗装用材料》. 〘1912〙

tár wàter *n.* タール水溶液《以前は薬として調合された》.

tár·wèed *n.* 〘植物〙 米国 California 州原産のキク科 *Madia* 属, *Grindelia* 属などの草本の総称. 〘← TAR¹+WEED¹; 樹脂を含有し, においも強いことから〙

tár·whìne *n.* (*pl.* ~) 〘豪〙〘魚類〙 ヘダイ (*Rhabdosargus sarba*). 〘《*c*1790》← ? Austral.: cf. Dharuk *darawayn* a fish〙

Tar·zan /tάəzən, -zn̩, -zæn | tάː-/ *n.* **1** ターザン《米国の Edgar Rice Burroughs (1875–1950) 作の一連の物語の主人公; 白人の少年でアフリカの野獣の間で成長する》. **2** [しばしば t-] [しばしば皮肉・戯言] (ターザンのように)たくましく敏捷(ᵇⁱⁿˢʰᵒ)な男. 〘1: 《1914》. 2: 《1919》〙

TAS /tíːèɪés/ 《略》 telephone answering service; 〘航空〙 true airspeed 真対気速度.

Tas. 《略》 Tasmania; Tasmanian.

Ta·sa·day /tάːsədàɪ/ *n.* **1** タサダイ人《フィリピン Mindanao 島の山地で孤立した生活を営んでいたマノボ族の小集団; かつては石器時代の生活様式を継承する孤立民族と考えられたこともある》. **2** タサダイ語《マライ-ポリネシア語族》. 〘《1971》◻ Tasaday ~: 原義は「内陸の人」か〙

ta·sa·jil·lo /tὰːsəhíːjou | -jəu; *Am.Sp.* tasahíjo/ *n.* (*pl.* ~**s**) 〘植物〙 タサヒヨ (*Opuntia leptocaulis*) 《米国南西部およびメキシコ産のサボテン科の緑黄色の花が咲く多年草》. 〘◻ Mex.-Sp. ~ (dim) ← Sp. *tasajo* a slice of dried meat〙

tas·ca /tǽskə, -kɑː; *Sp.* táska, *Port.* táʃkɐ, *Braz.* táska/ *n.* 《スペイン・ポルトガル》居酒屋, 酒場. 〘◻ Sp. & Port. ~〙

Ta·ser /téɪzə | -zə^(r)/ *n.* 〘商標〙 テーザー(銃)《電流コードのついた矢を発射し, 相手を一時的に麻痺させる》. — *vt.* テーザー(銃)で撃つ. 〘〘頭字語〙← *Thomas A. Swift's Electric Rifle* (架空の武器)〙

tash /tǽʃ/ *n.* 《英口》 =mustache.

Tá·shi Láma /tάːʃi-/ *n.* =Panchen Lama.

Tash·kend /tæʃkɛ́nt, tɑːʃ-, -kɛ́nd | tæʃ-/ *n.* =Tashkent.

Tash·kent /tæʃkɛ́nt, tɑːʃ- | tæʃ-; *Russ.* taʃkʲént/ *n.* タシュケント《ウズベキスタン共和国の首都》.

tash·lich /tάːʃlɪx/ *n.* (*also* **tash·lik** /~/) 〘ユダヤ教〙 タシュリフ《新年祭 (Rosh Hashanah) の午後, 流れの近くで祈りを捧げ, パンを水に投げ込むことで象徴的に罪を清める儀式》. 〘《1880》◻ ModHeb. *tašlīkh* ← Heb. *tašlīkh* you shall throw ← *šālákh* to throw〙

Ta·si·an /tάːsiən/ *adj.* (Upper Egypt のバダリ文化 (Badar) より古い, 新石器時代後期の農耕文化である)タサ文化の. 〘《1929》← *Deir Tasa* (エジプト中部, ナイル東岸にある村の名)〙

ta·sim·e·ter /təsɪ́mətə | -mɪ̀tə^(r)/ *n.* 微圧計《抵抗変化などを利用して微小な変形や圧力を電気的に測定する装置》. 〘《1878》← Gk *tásis* tension ← IE **ten-* to stretch): ⇨ -meter¹〙

tas·i·met·ric /tæ̀səmɛ́trɪk | -sɪ̀-ˈ-/ *adj.* 微圧測定の, 微圧計上の.

ta·sim·e·try /təsɪ́mətri | -mɪ̀tri/ *n.* 微圧測定.

task /tǽsk | tάːsk/ *n.* **1 a** (課せられた)仕事; 職務, 務め (duty): a home ~ 《英》宿題 / set a ~ before oneself 自らに仕事を課する / take a ~ upon oneself 仕事を引き受ける / He has done [performed] his ~. 彼は仕事を済ませた / My father set [gave] me the ~ of weeding the garden. 父は私に庭の草取りをさせた. **b** 《古》宿題 (cf. 1 a). **2** 仕事: be (busy) at one's ~ (忙しく)仕事をしている. **3** 骨折り仕事, 骨折り, 労苦: Answering letters was quite a ~. 返信を書くのはなかなか大変だった. **4** 《廃》租税, 賦課金 (tax, impost). **5** 〘米軍〙 (ある部隊に課せられた特定の)任務. **6** 〘電算〙 タスク《コンピューターの行う仕事[処理]》.

táke* [*cáll, bríng*] *a person to tásk 〔…のことで〕〈人〉の責任を問う, 人をしかる, とがめる 〔*for*〕: I *took* him *to* ~ *for* his carelessness. 彼の不注意をしかってやった.

— *vt.* **1** 〈人〉に仕事を課する. **2** 酷使する, …に無理を強いる (overtax): ~ one's energies 全力を傾ける / Mathematics always ~*s* my brain. 数学ではいつも苦労する / He ~*s* his mind *with* petty details. 彼は細かい事柄で頭を悩ます. **3** 《廃》〔…のことで〕〈人を〉非難する, とがめる (accuse) 〔*with*〕. **4** 《廃》…に租税[賦課金]をかける. **tásk·er** *n.* **tásk·less** *adj.* 〘《lateOE》 *taske*, *tasque* ◻ ONF *tasque* 《変形》← OF *tasche* (F *tâche*) ◻ ML *tasca* 《音位転換》← *taxa* 'TAX': cf. Manx〙

SYN 仕事: **task** しなければならない仕事で, 困難なまたは不愉快なもの: He has the *task* of answering letters. 彼には返信を書く仕事がある. **duty** 道徳的または法律的にしなければならないこと: do [perform] one's *duty* 本分を尽くす **assignment** 権限を持つ人から割り当てられた特定の仕事: today's *assignment* きょうの課題. **chore** 特に掃除・洗濯・皿洗いなどの家庭内の毎日の仕事: do domestic *chores* 家事をする. ⇨ work.

T

tásk fòrce *n.* 《米》 **1** 〖軍事〗任務部隊, 機動部隊, 支隊 《ある特定の作戦任務を遂行するため一指揮官のもとに一時的または半永久的に編成された部隊》. **2** 特別調査委員会, 専門調査団 《特定の問題の調査・分析を行うため組織された専門家たちから成る委員会》. 〖1941〗

tásk mànagement *n.* 〖経営〗課業管理 (⇨ Taylor system).

tásk·màster *n.* 仕事を割り当てる人, (工事)監督 (overseer); (特に)厄介な仕事を割り当てる人, 酷使者. 〖1530〗

tásk·mìstress *n.* 女性の taskmaster. 〖1603〗

tásk wàge *n.* 請負賃金 (cf. piecework).

tásk·wòrk *n.* **1** 割り当て仕事, 強制労働 (forced labor). **2** 不愉快な[嫌な]仕事. **3** 《まれ》賃仕事, 請負仕事 (piecework). 〖*a*1472〗

Tasm. 《略》 Tasmania; Tasmanian.

Tas·man /tǽzmən; *Du.* tásman/, **A·bel Jans·zoon** /ábəl jánso:n/ *n.* タスマン 《1603–59; オランダの航海家; Tasmania, New Zealand, その他太平洋南部の諸島を発見した (1642–43)》.

Tas·ma·ni·a /tæzméɪniə, -njə/ *n.* タスマニア 《オーストラリア南東の島で, 付近の島々を合わせてオーストラリア連邦の一州; 面積 68,332 km², 州都 Hobart; 旧名 Van Diemen's Land》. 〖⇨ ↑, -ia¹〗

Tas·ma·ni·an /tæzméɪniən, -njən/ *adj.* タスマニア (Tasmania) の. — *n.* タスマニア人. 〖1842〗

Tasmánian dévil *n.* 〖動物〗タスマニアデビル, フクログズリ, フクロアナグマ (*Sarcophilus harrisii*) 《Tasmania 島産フクロネコ科の, 体は黒く, 首に白斑がある, 小型だが凶暴な有袋類; ursine dasyure ともいう》. 〖1867〗

Tasmanian devil

Tasmánian wólf [tíger] *n.* 〖動物〗タスマニアオオカミ, フクロオオカミ (*Thylacinus cynocephalus*) 《Tasmania 島特産の食肉性の有袋類で背には黒い横縞がある; 今では絶滅したとみられる; thylacine, marsupial wolf [tiger] ともいう》. 〖1890〗

Tasmanian wolf

Tásman Séa *n.* [the ~] タスマン海 《ニュージーランドの西岸とオーストラリア南東部との間の海域》.

tass /tǽs/ *n.* 《スコット》 **1** (酒の)杯 (cf. tassie). **2** 一杯(の酒), 一口: a ~ of brandy. 〖(*c*1483) □ (O)F *tasse* cup □ Arab. *ṭās*, drinking vessel, bowl □ Pers. *tast* cup, goblet: cf. tazza〗

Tass, TASS /tǽs, tá:s | tǽs; *Russ.* tás/ *n.* タス通信社 《ソ連の国営通信社, 1992 年改組してロシア国営通信社(ロシア情報電報通信社, 略 ITAR) となった》. 〖(1925) 《頭字語》 ← Russ. *T(elegrafnoe) A(gentstvo) S(ovetskogo) S(oyuza)* Telegraph Agency of the Soviet Union〗

T

tás·sa drùm /tǽsə-/ *n.* 《カリブ》タサドラム 《首に掛けて 2 本のばちで演奏する山羊皮の片面太鼓; 特に結婚式や祭礼で奏される》. 〖*tassa*: ← ? Pers.〗

tasse /tǽs/ *n.* 〖甲冑〗(鎧の)草摺(くさずり) 《15 世紀の鉄板一枚造りのもの; tuile ともいう; cf. tasset》. 〖(1454) □ OF *tasse* purse, pouch □ MHG *tasche* < OHG *tasca* □ ML *tasca* 'TASK, money pouch'〗

tas·sel¹ /tǽsəl, -sl/ *n.* **1 a** 房(ふさ); (衣服・帽子・旗・カーテン・座ぶとん・靴ひもなどの)飾り房, タッセル. **b** 〖建築〗房飾り, 飾りひも. **2** 房状の物; とうもろこし(など)の房毛 (silk). **3** (書物にとじ込んだ)しおりひも, はさみひも. — *v.* (**tas·seled, -selled; -sel·ing, -sel·ling**) — *vt.* **1** …に房(飾り)を付ける, 房(飾り)で飾る. **2** 房にする. **3** (実りをよくするため)(とうもろこしの)毛を取る. — *vi.* 《米》〈とうもろこしなどが〉房を出す 〈*out*〉. **tás·sel·ly** *adj.* 〖(?*c*1300) □ OF *tas(s)el* clasp < ? VL **tassellum* 《変形》 ← L *taxillus* small die (dim.) ← *tālus* gaming die; ankle: cf. talus¹〗

tas·sel² /tǽsəl, -sl/ *n.* 《廃》〖鷹狩〗 = tiercel.

tas·sel³ /tǽsəl, -sl/ *n.* 〖建築〗 = torsel.

tás·seled *adj.* 房(ふさ)のついた, 房飾りのある. 〖1611〗

tássel flòwer *n.* 〖植物〗 = love-lies-bleeding.

tássel-géntle *n.* 《廃》〖鷹狩〗雄鷹 (tiercel). 〖1486〗

tas·set /tǽsɪt | -sɪt/ *n.* 〖甲冑〗草摺(くさずり) 《16 世紀以後の鎧造りのもの; cf. tasse; ⇨ armor 挿絵》. 〖(1834) □ F *tassette*: ⇨ tasse, -et〗

tass·ie /tǽsi/ *n.* 《スコット》小杯 (small cup) (cf. tass 1). 〖(18C) ← TASS＋-IE 1〗

Tas·sie /tǽzi/ *n.* (*also* **Tas·sy** /~/) 《豪口語》 **1** = Tasmania. **2** Tasmania の住民. 〖1892〗

Tas·so /tá:sou, tǽs- | tǽsəu; *It.* tásso/, **Tor·qua·to** /torkwá:to/ *n.* タッソ 《1544–95; イタリアの叙事詩人; *Gerusalemme Liberata* (Jerusalem Delivered) (1575)》.

tast·a·ble /téɪstəbl/ *adj.* = tasteable.

taste /téɪst/ *n.* **1** 味覚, 味感; (味覚によって知った)(…の)味, 風味 (flavor, gust) 〔*of*〕: a fine ~ *in* wines ワイン類に対する鋭敏な味覚 / It is bitter to the ~. それは苦い味がする / A cold dulls one's ~. 風邪を引くと口がまずくなる / It has a sweet [bitter] ~. それは甘い[苦い] / It has a faint ~ *of* onions. かすかにたまねぎの味がする.
2 [通例 a ~] **a** (飲食物の)少量, 一なめ, 一口 (bit, morsel) 〔*of*〕: have a (small) ~ *of* …を(ほんの)一口味わってみる / Won't you have a ~ *of* this brandy? このブランデーを少しやってみませんか. **b** 〔物事の〕気配, 気味 (touch) 〔*of*〕: The cold wind had a ~ *of* snow in it. その冷たい風には雪の気配があった / There was just a ~ *of* sadness in his remarks. 彼の言葉にはどこか寂しいところがあった.
3 〔貧苦などの〕味, 経験 (experience) 〔*of*〕: a ~ *of* adventure [adversity, freedom, triumph] 冒険[逆境, 自由, 勝利]の味 / Give him a ~ *of* the whip. 彼にむちの味を知らせよ / You'll get a ~ *of* it one of these days. 近いうちに君もその味を味わうだろうよ.
4 a 〔…に対する〕(個人の)好み, 趣味 (liking) 〔*for, in*〕: a matter of ~ 趣味の問題, 人の好き好き / add sugar *to* ~ 好みに応じて[適宜に]砂糖を入れる (cf. *to a person's* TASTE) / have a ~ *for* music 音楽に趣味をもつ / lose one's ~ *for* books 本を読む興味を失う / She has good ~ *in* dress. 彼女は服装の趣味がよい / *Tastes* differ. 《諺》人によって趣味が違う / There is no accounting for ~*s*. 《諺》「蓼(たで)食う虫も好き好き」. **b** (ある時代・社会の)好み, 好尚: The features of his pictures were very much *to* the American ~. 彼の絵の特徴はアメリカ的な好みによく合っていた.
5 (文学・美術などの)鑑賞力, 審美眼: a man *of* refined ~ (文芸などを解する)趣味の洗練された人 / be *out of* ~ 風流を解しない, 雅趣のない / show a cultivated ~ *in* painting 絵に対する鑑賞力を示す.
6 a (装飾・服飾などの)趣, 風情(ふぜい), 品(ひん): Her dress is *in* good [bad] ~. 彼女の服装は上品[下品]だ / The room was furnished *in* very good ~. 部屋の家具は非常に趣味のよいものであった. **b** (言葉遣い・ふるまいなどの)慎重さ, 分別, 品 (delicacy): His jokes are *in* bad [poor] ~. 彼の冗談は品がない / It is bad ~ to give such a party. そんなパーティーをやるなんて悪趣味[無分別]だ. **c** (ある芸術家・文化圏の好んで用いる)様式, 流儀 (manner, style): a room decorated *in* the Victorian ~ ビクトリア朝風に装飾された部屋.
7 《廃》 **a** 味見, 試食, 試飲. **b** 試み (test). **c** 触ること, 触角.
give a person a táste of one's quálity ⇨ quality 11.
in the bést [wórst] of [póssible] táste 非常に趣味がよく[悪く]て, とても上品[下品]で. ***léave a násty [bád, bitter] táste in the [a person's] móuth*** 〈物事が〉(人に)後味の悪い思いをさせる: His novels *leave a nasty* ~ *in my mouth*. 彼の小説は何とも後味が悪い. ***to a person's táste*** 人の好みにかなって[かなう(ように)] (cf. *n.* 4 a): She found no ribbons completely *to her* ~. 彼女の好みにぴったり合うリボンが見つからなかった / a mansion constructed *to his* own perfectionist ~ 彼なりの完全主義的好みにかなうように建てられた邸宅 / Every man *to his* ~. 《諺》人それぞれに好みあり. ***to the king's [quéen's] táste*** (どんな気むずかしい人の好みにもかなうほど)申し分ない[なく], 完全な[に].
— *vt.* **1** 〈飲食物を〉味わう; 味わって[飲んで]みる, 試食[試飲, 毒味]する, …の塩梅(あんばい)をみる: ~ cheese, food, salad, etc. / *Taste* this wine to see if you like it. このぶどう酒がお口に合うか飲んでみて下さい / She ~*d* the soup before adding salt. 彼女は塩を入れる前にスープの味加減をみた / He ~*s* teas for Jones & Co. ジョーンズ商会に勤めて紅茶の味利きをしている. **2** [主に否定構文で]〈飲食物を〉(小量)口にする, 食う, 飲む: I have not ~*d* food for two days. 私は二日間何も食べていない. **3** …の味を感じる, の味がわかる, 味わい分ける: I (can) ~ rum in this cake. このケーキはラム酒の味がする / We can ~ nothing when we have a cold. 風邪を引くと味がわからなくなる. **4** (初めて)経験する, 味わう (experience): ~ great sorrow [the joys of freedom] 大きな悲しみ[自由の喜び]を味わう / ~ the fear of death 死の恐怖を経験する / He has ~*d* the sweets and bitters of life. 彼は酸(す)いも甘いもかみ分けている. **5** 《方言》感知する, 認知する (perceive). **6** 《古》好む, おもしろく味わう (like, appreciate): He cannot ~ a joke against himself. 彼は自分に対する冗談を好まない. **7** 《廃》 **a** …に触れてみる (touch). **b** ためす, 試みる (try, test). **8** 《廃》肉体的快楽を味わう, 〈異性〉とベッドを共にする (cf. Shak., *Cymb.* 2. 4. 57).
— *vi.* **1 a** 味わう, 味をみる: I cannot ~ or smell because of a cold. 風邪を引いているので物の味もにおいもわからない. **b** 味がする: White arsenic does not ~. 白砒(はくひ)は味がない. **2** 〔…を〕少し食べる[飲む], 試食[試飲, 毒味]する 〔*of*〕: He ~*d* slyly of the wine. そのぶどう酒を少しばかりこっそり飲んだ. **3 a** [補語として形容詞, p.p. 形, *of*-phrase などを伴って]〈飲食物が〉…の味がする, …の風味がある (savor): This food ~*s* good [fine]. この食べ物はうまい / This milk ~*s* rather sour. この牛乳は少々酸っぱい味がする / Good medicine ~*s* bitter to the mouth. 《諺》良薬は口に苦し / The coffee ~*d* burned. そのコーヒーは焦げ臭い味がした / The tea ~*d of* orange blossom. その茶はオレンジの花の味がした / The wine ~*s like* port. そのぶどう酒はポートワインのような味がする. **b** 〈物が〉〔…の〕気味がある (smack) 〔*of*〕: His writings ~ *of* the schools. 彼の書く物は学問くさい. **4** 〔…を〕経験する 〔*of*〕: ~ *of* poverty 貧乏の味を知る / ~ *of* danger 危険を経験する / The valiant never ~*s of* death but once. 勇者にとって死の経験はただ一度しかない (Shak., *Caesar* 2. 2. 33).
〖v.: (?*a*1300) *taste(n)* to examine by touch, test, taste □ OF *taster* (F *tâter*) to feel, taste, < VL **tastāre* (freq.) ← L *taxāre* to touch, feel (freq.) ← *tangere*: 一説では VL 形は L *tangere* to touch と *gustāre* to taste との混成? — n.: (1292) □ OF *tast* touch(ing) ← *taster*〗

taste·a·ble /téɪstəbl/ *adj.* 味わうことのできる, 賞味できる; 風味のよい, うまい. 〖*c*1400〗

táste bùd *n.* 〖解剖・動物〗(舌にある)味蕾(みらい). 〖1879〗

taste·ful /téɪstfəl, -fl/ *adj.* **1** 趣のある, 風雅な, 凝った, 渋い: ~ decorations. **2** 趣味を解する, 審美眼のある: a ~ artisan. **3** 《まれ》 = tasty 1. **~·ly** *adv.* **~·ness** *n.* 〖1611〗

táste·less *adj.* **1** 味のない (insipid): ~ food. **2** 趣[趣味]のない, 無味乾燥な (dull): a ~ comedy. **3 a** 〈人・物が〉没趣味の, 無風流な, 殺風景な: ~ people, decorations, etc. **b** 悪趣味な, 俗悪な. **4** 《まれ》味覚のない. **~·ly** *adv.* **~·ness** *n.* 〖1591〗

táste·màker *n.* 人気[流行]をつくる人. **táste·màk·ing** *n.* 〖1954〗

tast·er /téɪstə | -tə(r)/ *n.* **1 a** 味わう人, 味をみる人; (ワイン・茶などの)味の鑑定者: a wine ~ ワインの鑑定者[味利き(役)]. **b** (昔の)毒見役. **c** テースター 《フェニルチオ尿素 (phenylthiourea) の味がわかる人, つまり味盲(みもう)者でない人》. **2** (ワインの味利き用の)鑑定杯, 見本抜き(バターまたはチーズの内部から見本を抜き取るのに用いる長柄のさじ; cf. sampler 4); 検見器; 味利き用の少量の飲食物. **3** = pipette. **4** = copy-taster. **5** 《英口語》浅いガラス器に盛ったアイスクリーム. 〖(*a*1387) □ AF *tastour* = OF *tasteur* ← *taster*: ⇨ taste, -er¹〗

taste·vin /téɪstvæ̃(ŋ), -væŋ; *F.* tastvɛ̃/ *n.* タストヴァン 《ソムリエがワインの利き酒に使う銀製の猪口(ちょこ)》. 〖(1952) □ F *taste-vin*, *tâte-vie* ← *tâter* to test, touch＋*vin* wine: F taste- は古形の復活〗

tást·ing *n.* 試食[試飲]会.

tast·y /téɪsti/ *adj.* (**tast·i·er; -i·est**) **1** 味のよい, 美味の, 風味のある, おいしい (savory) (⇨ delicious **SYN**): a ~ pie / ~ black bread おいしい黒パン. **2** 《英》〈女性が〉魅力的な. **3** 《まれ》趣のある, 風雅な, 上品な; 渋い, 凝った (tasteful). **4** 《口語》〈ニュースなどが〉すこぶる魅力的な[おもしろい]: a ~ bit of gossip とてもおもしろいゴシップ. — *n.* [通例 *pl.*] おいしい物 (goody). **tást·i·ly** /-təli, -tli | -təli, -tli/ *adv.* **tást·i·ness** *n.* 〖(1617): ⇨ -y¹〗

tat¹ /tǽt/ *vi., vt.* (**tat·ted; tat·ting**) 糸をかがって作る, タッチング (tatting) で作る; 編糸細工をする. 〖(1882) 《逆成》 ← TATTING〗

tat² /tǽt/ *n.* 軽打 (tap): ⇨ TIT³ *for tat*. — *vi., vt.* (**tat·ted; tat·ting**) 《方言》軽く触る[触れる, たたく]. 〖(1556) 《擬音語?》〗

tat³ /tǽt/ = tattoo³. 〖略〗

tat⁴ /tǽt/ *n.* [*pl.*] 《俗》(4, 5, 6 の三数だけの)賽(さい); いかさま賽. 〖(1668) ← ?〗

tat⁵ /tǽt/ *n.* 《英口語》粗末なもの, 安物. 〖(1839) ← ?: cf. tatty¹〗

TAT /tí:èɪtí:/ 《略》 Thematic Apperception Test.

ta-ta /tɑ:tá: | tətá:, tætá:/ *int.* 《口語》バイバイ, さよなら (goodbye). — *n.* 《英小児語》散歩 (walk): go for a ~ = go ~*s* 散歩に行く. 〖(1823) ← ?: もと小児語〗

ta·ta·mi /tɑ:tá:mi, tæ-, tə-/ *n.* (*pl.* ~, ~**s**) 畳. 〖(1614) □ Jpn〗

Ta·tar /tá:tə | -tə(r); *Russ.* tatár/ *n., adj.* **1** タタール人(の) 《ヨーロッパ・ロシアに多く住むトルコ系住民》. **2** タタール語(の) 《現代トルコ系諸語(チュルク語群 (Turkic)) の一つ》. **Ta·tar·i·an** /tɑ:té(ə)riən | -téər-/ *adj.* **Ta·tar·ic** /tɑ:tǽrɪk, -tér- | -tǽr-/ *adj.*

Ta·tar·stan /tæ̀təstǽn, -stá:n | tɑ̀:təstá:n, -stǽn; *Russ.* tatárstan/ *n.* タタールスタン 《ロシア連邦西部の共和国; 首都 Kazan; 面積 68,000 km²》.

Tátar Stráit *n.* [the ~] 間宮海峡, タタール海峡 《樺太 (Sakhalin) とアジア大陸との間の海峡》.

Ta·ta·ry /tá:təri | -tə-/ *n.* = Tartary.

tat·beb /tǽtbɛb/ *n.* (古代エジプト人の用いた)サンダル. 〖□ F ~ ← Egypt. *tebtebti* (two) sandals〗

Tate /téɪt/, **Sir Henry** *n.* テート 《1819–99; 英国の実業家; 角砂糖の製法を開発して財を成す; 美術収集家; ⇨ Tate Gallery》.

Tate, (John Or·ley /ɔ̀əli | ɔ́:li/**) Allen** *n.* テート 《1899–1979; 米国の詩人・批評家》.

Tate, Nahum *n.* テート 《1652–1715; 英国の詩人・劇作家; 桂冠詩人 (1692–1715)》.

Táte Gallery /téɪt-/ *n.* [the ~] テート美術館[ギャラリー] 《London にある国立美術館の一つで, Constable, Turner などの作品で知られる; 寄贈者 Sir Henry Tate》.

ta·ter /téɪtə | -tə(r)/ *n.* 《方言》 = potato. 〖(1759) 《頭音消失・変形》 ← POTATO: ⇨ -er¹〗

ta·tha·ta /tʌ́tətɑ̀ | -tə-/ *n.* 〖仏教〗 = suchness 2. 〖□ Pali *tathatā* ← *tathā* thus ← Skt〗

Ta·ti /tɑ:tí: | tæ-; *F.* tati/, **Jacques** *n.* タチ 《1908–82; フランスの映画監督・コメディアン; *Mon Oncle*「ぼくの伯父さん」(1958)》.

Ta·ti·an /téɪʃiən, -ʃən/ *n.* タティアノス 《2 世紀後半のシリア生まれのキリスト教弁証家; ラテン名 Tatianus /tèɪʃiéɪnəs/; cf. Diatessaron》.

Ta·tia·na /tætjá:nə | tætiá:-; *Russ.* tatʲjánə/ *n.* タティアーナ 《女性名》. 〖□ Russ. ~〗

tat·ie /téɪti | -ti/ *n.* 《英方言》 = potato. 〖(1788) 《変形》〗

Ta·tius /téɪʃəs/ *n.* 〖ローマ伝説〗タティウス 《Sabine 人の王; Sabine 人の女性たちが辱(はずか)められたのでローマに進攻するが, のちに和解して Romulus と共同支配を行う; Titus ともいう》. 〖□ L ~〗

Tat·ler /tǽtlə | -lə(r)/, **The** *n.*「タトラー」《英国のジャーナリスト Steele が Addison と共に週 3 回ずつ編集発行した雑誌 (1709–11)》. 〖《変形》 ← TATTLER〗

ta·tou /tɑːtúː/ *n.* アルマジロ (armadillo), 《特に》オオアルマジロ. 〖《1568》□ F ～ ∥ Port. *tatu* ← S-Am.-Ind. (Tupi)〗

tat·ou·ay /tǽtuèɪ, tɑ̀ːtuáɪ | -tu-; *Am.Sp.* tatwái/ *n.* 〘動物〙ジュウイチオビアルマジロ (*Cabassous unicinctus*) 《熱帯南米産のアルマジロの一種》. 〖《1834》□ Sp. *tatuay* □ S-Am.-Ind. (Guarani) *tatuaí* ← *tatu* armadillo＋*aí* worthless: その肉が食用にならないため〗

tat·pur·u·sha /tætpʊ́rəʃə, tʌt-/ *n.* 〘サンスクリット文法・言語〙「依主釈(えしゅしゃく)」, 格限定複合語 《第一要素の名詞が第二要素の名詞の意味を限定し, 格関係によって結ばれているもの; 例: horserace, racehorse》. 〖《1846》□ Skt *tatpuruṣa* 《原義》 his servant ← *tat-* that one (← *tad-* (neut. demonstrative pron.))＋*puruṣa* man, servant〗

Tá·tra Móuntains /tάːtrə- | tάːtrə-, tǽtrə-/ *n. pl.* [the ～] タトラ山脈 《スロバキア北部とポーランド南部に連なる山脈; Carpathian 山脈中部の最高部; ポーランド語名 Ta·tri /tάtri/, スロバキア語名 /tάtri/》.

tat·ter[1] /tǽtə | -tə^(r)/ *n.* **1** ぼろ, ぼろ切れ (rags): tear to ～*s* ずたずたに裂く[破る]; 〈議論などを〉完膚なきまでに論破する. **2** [*pl.*] ぼろ着: be *in* ～*s* [*in* rags and ～*s*] 〈衣類が〉破れてぼろぼろになっている; 〈人が〉ぼろを着ている. **3** 《古》 ＝tatterdemalion. **4** ＝tatterer. — *vt.* ずたずたに裂く, ぼろぼろに破る. — *vi.* ずたずたに裂ける, ぼろぼろになる. 〖n.: 《*a*1400》□ ON **taturr*: cf. Icel. *tötturr* / OE *tætteca* rag. — v.: 《*c*1400》← (n.)〗

tát·ter[2] /-tə | -tə^(r)/ *n.* タッチング (tatting) をする人. 〖《1881》← TAT[1]＋-ER[1]〗

tat·ter·de·ma·lion /tæ̀tədɪ̀méɪljən, -mǽl-, -liən | -tədɪ̀-^/ *n.* 《まれ》 ぼろを着た人: a filthy ～. — *adj.* **1 a** 〈人が〉ぼろを着た; 〈服が〉おんぼろの: a ～ garment. **b** 〈建物など〉おんぼろの: a ～ warehouse. **2** 浅ましい, いかがわしい. 〖《1608》← TATTER[1]＋*-demalion* (← ?: cf. rapscallion)〗

tat·tered /tǽtəd | -təd/ *adj.* **1** 〈衣類が〉ぼろぼろの (ragged): ～ garments / a ～ mattress. **2** 〈人が〉ぼろを着た: an aged and ～ man. **3** 粉砕された, 崩壊した (shattered): his ～ army. **4** 〈船・建物など〉お粗末な, おんぼろの: ～ ships. 〖1340〗

tát·ter·er /-tərə | -tərə^(r)/ *n.* 《英俗》 ぼろを集めて歩く人, くず屋 (rag gatherer).

tat·ter·sall /tǽtəsɔ̀ːl, -sɑ̀ːl | -təsɔ̀ːl, -səl, -sl/ *n.* タターサル 《目立つ 2, 3 色の格子縞(じま)のチェック》; タターサル模様の毛織物[プリント地] (tattersall check ともいう). — *adj.* タターサル模様の. 〖《1891》↓: ここで派手な色模様の毛布が馬覆いに使われたのにちなむ〗

Tat·ter·sall's /tǽtəsɔ̀ːlz, -sɑ̀ːlz | -təsɔ̀ːlz, -səlz, -slz/ *n.* **1** (London の)タターソール馬市場 《1766 年創設; cf. corner 15》: He knows his ～ better than his Greek Testament. 彼は(ギリシャ語の新約聖書のような, まじめな)課業をよそに競馬の賭け事に夢中になっている. **2** 《豪》 タターソールズ 《オーストラリア Melbourne を本拠地とする競馬の賭けくじ; 《口語》 Tatt's ともいう》. **3** 《豪》 スポーツマンクラブに使われる名称. 〖《1795》← *Richard Tattersall* (1724–95: 市場の創立者)〗

tat·ter·y /tǽtəri | -tə-/ *adj.* ぼろぼろの, ぼろぼろに破れた (tattered, ragged): an ill-bound ～ book 装丁の悪いぼろぼろの本. 〖*c*1843〗

tat·tie /tǽti | -ti/ *n.* 《英方言》 ＝potato.

táttie-bógle *n.* 《スコット》 かかし.

táttie-pée·lin /-píːlɪn/ *adj.* 《スコット》 もったいぶった, 気どった.

tat·ting /tǽtɪŋ | -tɪŋ/ *n.* 〘服飾〙 **1** タッチング 《シャトル (shuttle) に巻き付けた糸で結び目をつくりながら編むレース編みの一種》. **2** タッチングで作ったレース. 〖《1842》← ? 《方言》 *tat* to tangle〗

tat·tle /tǽtl | -tl/ *vi.* **1** むだ口をきく, べちゃくちゃしゃべる (chatter): He ～*d* on. いつまでもむだ口をたたいていた. **2** 〔…の〕告げ口をする, 秘密をしゃべる (tell tales) 〔*on*〕: ～ *on* a friend 友人の告げ口をする. — *vt.* しゃべり散らす, しゃべって漏らす: ～ a secret / She ～*d herself* out of breath. しゃべり散らして息が切れた. — *n.* **1** むだ口, おしゃべり (cf. tittle-tattle). **2** 告げ口 (talebearing). 〖《1481》□ MDu. *tatelen*: cf. MLG *tatelen* to babble, *tattle* / MDu. *tateren* to stammer 《擬音語》〗

tát·tler /-tlə, -tlə | -tlə^(r), -tl-/ *n.* **1** おしゃべり, むだ口をきく人; 金棒引き (telltale). **2** 〘鳥類〙 (人を警戒して)大声で鳴く小型のシギの総称 《特に キアシシギ属 (*Heteroscelus*) のキアシシギ (*H. brevipes*), メリケンキアシシギ (*H. incanus*)》: ⇨ wandering tattler. **3** 《俗》 目覚まし時計. **4** 〘魚類〙 西インド諸島産スズキ科の小型の魚 (*Prionodes phoebe*). 〖《1550》: ⇨ -er[1]〗

táttle·tàle *n.* 《米》 (子供の間で)おしゃべり, 告げ口屋 (informer). — *adj.* [限定的] 秘密を漏らす (telltale), (真相を)暴露する (revealing). 〖《1888》: ⇨ tattle, tale[1]〗

táttletale gráy *n.* 灰色がかった白, オフホワイト. 〖《1943》: キアシシギ (tattler) の羽の色から〗

tát·tling·ly /-tlɪŋli, -tl- | -tl-, -tl-/ *adv.* むだ口をたたいて, べちゃくちゃと.

tat·too[1] /tætúː | tə-, tæ-/ *n.* (*pl.* ～**s**) **1** 入れ墨をすること; 入れ墨. **2** 入れ墨による模様. — *vt.* …に入れ墨をする, …の入れ墨をする: ～ the skin / ～ a flower on one's arm 腕に花の入れ墨をする / He was ～*ed with* an elaborate pattern round the wrists. 手首の回りに精巧な模様が入れ墨してあった. 〖《1769》 *tattow* □ Tahitian *tatau*〗

tat·too[2] /tætúː | tə-, tæ-/ *n.* (*pl.* ～**s**) **1** 帰営らっぱ[太鼓] (cf. taps 1): beat [sound] the ～ 帰営太鼓[らっぱ]をたたく[吹く]. **2** 太鼓の音; どんどんたたく音: a loud ～ on the door どんどんと戸をたたく音 / beat a ～ on the table テーブルをこつこつたたく. **3** 《英》 (夜間の催しとして野外で行われる)軍楽行進 《たいまつを使うので torchlight tattoo ともいう》. ***béat the dévil's tattóo*** ⇨ devil's tattoo. — *vt.* 〈太鼓などを〉たたく, こつこつ[とんとん]たたく. — *vi.* こつこつ[とんとん]たたく: ～ *on* the door. 〖《1579》《変形》 ← 《1644》 *taptoo* □ Du. *taptoe* ← *Tap toe!* (酒場を閉店にするときの合図) ← *tap* the tap (of a cask)＋*toe* to (i.e., closed, shut)〗

tat·too[3] /tǽtuː/ *n.* (*pl.* ～**s**) インド原産の小馬. 〖《1784》□ Hindi *ṭaṭṭū* pony〗

tat·tóoed *adj.* 入れ墨をした.

tat·tóo·er *n.* 入れ墨師. 〖1789〗

tat·too·ist /tætúːɪst | tətúːɪst, tæ-/ *n.* ＝tattooer. 〖1894〗

tat·ty[1] /tǽti | -ti/ *adj.* **1** 《口語》 おんぼろの, 薄ぎたない, みすぼらしい. **2** 《口語》 **a** けばけばした, あくどい. **b** 安っぽい, 下等な. **3** 《スコット》 **a** 〈毛が〉もつれた, からみ合った (matted). **b** 〈動物・皮膚が〉毛むくじゃらの (shaggy).

tát·ti·ly /-təli, -tli | -tɪli, -tli/ *adv.* **tát·ti·ness** *n.* 〖《*a*1513》← ? OE *tætteca* rag: cf. tatter[1]〗

tat·ty[2] /tǽti | -ti/ *n.* 《インド》 むしろすだれの一種 《芳香のある khuskhus の根で作ったもの; 涼を取るためぬらして戸口や窓に掛ける》. 〖《1792》□ Hindi *ṭaṭṭī* wicker frame ← ? Skt *tantra* 'thread, TANTRA'〗

tat·ty[3] /tǽti | -ti/ *n.* ＝tattie.

Ta·tum /téɪtəm | -təm/, **Art**(**hur**) *n.* テータム 《1910–56; 米国の盲目のジャズピアニスト》.

Tatum, Edward Law·rie /lɔ́ːri/ *n.* テータム 《1909–75; 米国の生化学者; Nobel 医学生理学賞 (1958)》.

Ta·tung /tɑ̀ːtʊ́ŋ, dɑ̀ː- | tɑ́ːtʊŋ/ *n.* ＝Datong.

tau /táʊ, tɔ́ː, tάː | tɔ́ː, táʊ/ *n.* **1** タウ 《ギリシャ語アルファベット 24 字中の第 19 字; *T*, *τ* (ローマ字の T, t に当たる); ⇨ alphabet 表》. **2** T 字形, T 印, T 十字: ⇨ tau cross. **3** T 字形の模様のある魚[蛾]. **4** 〘物理〙 ＝tau particle. **5** ＝taw[3]. 〖《*a*1325》□ Gk *taû* □ Heb. *tāw* 《原義》 sign, mark (ヘブライ文字最後の字)〗

Tau·ber /táʊbə | -bə^(r); G. táʊbɐ/, **Richard** *n.* タウバー 《1891–1948; オーストリア生まれの英国のオペラ歌手; モーツァルトやレハールの喜歌劇を得意とした》.

Tauch·nitz /táʊknɪts; G. táʊxnɪts/ *n.* タウフニッツ英米作家双書本 《ドイツ Leipzig 市の Tauchnitz 書店(出版社)が 1841 年以来発行の廉価な双書本》: a ～ edition タウフニッツ版. 〖← *Christian Bernard von Tauchnitz* (1816–95: その出版者)〗

táu cròss *n.* T 形の十字 (St. Anthony's cross). 〖1885〗

taught /tɔ́ːt, tάːt | tɔ́ːt/ *v.* teach の過去形・過去分詞. 〖OE *tǣhte* (pret.), **(ge)tǣht* (p.p.)〗

táu lépton *n.* 〘物理〙 タウレプトン (⇨ tau particle).

táu neutrìno *n.* 〘物理〙 タウ粒子(型)ニュートリノ 《弱い相互作用においてタウ粒子と対になるニュートリノ; 記号 ν_τ; cf. muon neutrino》.

taunt[1] /tɔ́ːnt, tάːnt | tɔ́ːnt/ *vt.* **1** (皮肉にまたは罵(ばり)って)なじる, 詰責する (reproach); 〔…だと言って, …のことで〕あざける, なぶる 〔*for, with; about*〕 (⇨ ridicule **SYN**): ～ a person *with* cowardice [*being* a coward] 卑怯だと言って人をあざける. **2** あざけって〔ある動作を〕させる 〔*into*〕: We ～*ed* him *into* losing his temper. 彼をあざけったのでとうとう怒った. — *n.* **1** 痛烈な皮肉, あざ笑い (jeer, gibe). **2** 《古》 物笑いの種: He became the ～ *to* his neighbors. 彼は近所の人の物笑いになった. **～·er** /-tə | -tə^(r)/ *n.* **～·ing** /-tɪŋ | -tɪŋ/ *adj.* **～·ing·ly** /-tɪŋli | -tɪŋ-/ *adv.* 〖《1438》〗 □ ? F *tanter* 《変形》 ← *tenter* < OF *tempter* 'to TEMPT': cf. F *tant* (*pour tant*) so much for so much〗

taunt[2] /tɔ́ːnt, tάːnt | tɔ́ːnt/ 〘海事〙 *adj.* 〈マストが〉(非常に)高く整備のよい. — *adv.* 全装帆で, 本格的な帆装で. 〖《*c*1500》 《頭音消失》 ? ← ATAUNT〗

Taun·ton /tɔ́ːntn, tάːn-, tǽn-, -tən | tɔ́ːntən/ *n.* トーントン: **1** 米国 Massachusetts 州南東部の都市. **2** イングランド Somerset 州の州都. ★ 現地の発音は /tάːn-tən/. 〖OE *Tantun* 《原義》 'village on the river *Tone* (← Welsh *tan* fire)': ⇨ -ton〗

táu pàrticle *n.* 〘物理〙 タウ (τ) 粒子 《荷電をもち, 質量 1.81 Gev/c² の不安定な軽粒子の一つ; 電子の 3,500 倍の質量を持つ; 通例 τ-particle と書く; 記号 τ》. 〖1980〗

taupe /tóʊp | tóʊp/ *n.* 暗灰色. 〖《1911》□ F ～ < L *talpam* mole〗

Tau·po /táʊpoʊ | -pəʊ/, **Lake** *n.* タウポ湖 《ニュージーランド北島中央部にある同国最大の湖》.

taur- /tɔːr, tɑːr | tɔːr/ (母音の前にくるときの) tauro- の異形.

Tau·rang·a /taʊrǽŋə/ *n.* トーランガ 《ニュージーランド北島北岸の都市》.

Tau·re·an /tɔ́ːriən, tɔːríːən/ *n., adj.* おうし座 (Taurus) 生まれの(人).

tau·ri- /tɔ́ːrɪ, -ri/ tauro- の異形 (⇨ -i-).

Tau·ri /tɔ́ːraɪ/ *n. pl.* タウロイ 《Crimea 半島南部に住んだ古代民族》. 〖□ L ～ □ Gk *Taûroi*〗

tau·ri·form /tɔ́ːrəfɔ̀ːm | tɔ́ːrɪ̀fɔ̀ːm/ *adj.* 雄牛の形をした, 雄牛の頭[角]の形をした. 〖1721〗

tau·rine[1] /tɔ́ːraɪn, -rɪn | -raɪn, -rɪn/ *adj.* **1** 雄牛の(ような); 牛類の (bovine). **2** 〘占星〙 金牛宮 (Taurus) の. 〖《1613》□ L *taurīnus* pertaining to a bull: ⇨ Taurus, -ine[1]〗

tau·rine[2] /tɔ́ːriːn, -rɪn | -riːn, -rɪn/ *n.* 〘生化学〙 タウリン ($H_2NCH_2CH_2SO_3H$) 《動物の胆汁中に含まれているアミノエチルスルフォン酸》. 〖《1842》← TAURO-＋-INE[3]: 牛の胆汁中に発見されたことから〗

Tau·ris /tɔ́ːrɪs, tάː- | tɔ́ːrɪs/ *n.* タウリス 《Tabriz の古名》.

tau·ro- /tɔ́ːroʊ | -rəʊ/ 「雄牛 (bull); 雄牛の(ような) (taurine)」の意の連結形: *tauro*bolium. ★ 時に tauri-, また母音の前では通例 taur- になる. 〖← LL *taurus* ∥ Gk *taûros* bull〗

tau·ro·bo·li·um /tɔ̀ːrəbóʊliəm | -bə́ʊ-/ *n.* (*pl.* **-li·a** /-liə/) **1** (古代地中海沿岸地方での) 《Mithra 神または Cybele 神信仰の儀式で, 雄牛を殺し, 新改宗者にその血で洗礼を施した》. **2** 〘美術〙 (Mithra 神信仰の)雄牛犠牲の図[描写]. 〖《1845》□ LL ～ □ Gk *taurobólion* ← *taûros* bull＋*-bolion* (← *bállein* to throw)〗

tàuro·chólic *adj.* 〘化学〙 タウロコール酸の. 〖↓〗

táurocholic ácid *n.* 〘化学〙 タウロコール酸 ($(HO)_3$-$C_{23}H_{36}CONHCH_2CH_2SO_3H$) 《複合胆汁酸の一種》. 〖《1857》 *taurocholic*: ⇨ taurine[2], cholic〗

tau·rom·a·chy /tɔːrά(ː)məki | -rɔ́m-/ *n.* 《古》 闘牛 (bullfighting); 闘牛術. **tau·ro·ma·chi·an** /tɔ̀ːrəméɪkiən | -rə(ʊ)-^/ *adj.* 〖《1846》□ Sp. *tauromaquia* □ Gk *tauromakhía*: ⇨ ↓, -machy〗

Tau·rus /tɔ́ːrəs/ *n.* **1** 〘天文〙 おうし(牡牛)座 《北天の星座; the Bull ともいう》. **2** 〘占星〙 **a** 牡牛座, 金牛宮 《黄道 12 宮の第 2 宮; the Bull ともいう; cf. zodiac》. **b** 牡牛座生まれの人. — *adj.* 牡牛座生まれの. 〖《*c*1390》□ L ～ 'bull': cf. Gk *taûros* bull〗

TAURUS /tɔ́ːrəs/ 《略》 Transfer and Automated Registration of Uncertificated Stock.

tau-sa·ghyz /tàʊsəgíːz/ *n.* 〘植物〙 キク科フタナミソウ属の植物 (*Scorzonera tau-saghyz*) 《根にゴム質を含み, 中央アジアで栽培される》. 〖□ Russ. *tau-sagyz* □ Turk. *tau-sagiz* ← *tau* mountain＋East Turk. *sagiz* rubber〗

Taus·sig /táʊsɪg/, **Frank William** *n.* タウシッグ 《1859–1940; 米国の経済学者》.

taut[1] /tɔ́ːt, tάːt | tɔ́ːt/ *adj.* (～·**er**; ～**est**) **1** 〈索・帆など〉ぴんと張られた (⇨ tight **SYN**): a ～ rope. **2** 〈筋肉・神経など〉〔…で〕緊張した, 張りつめた (tense) 〔*with*〕: ～ nerves / His voice was ～ *with* tension. 彼の声は緊張で張りつめていた. **3** きちんとした, 整然とした; 〈人が〉身なりの整った (neat): a ～ ship (乗組員の訓練が行き届いた)整然とした船 / a ～ story 構成の緊密な物語 / She looked ～ and trim. 彼女はさっぱりときれいに見えた. **4** 厳格な (rigorous), 厳しい (severe): a ～ hand 厳格な士官; やかまし屋. ***sét táut*** 〘海事〙 〈索・帆を〉ぴんと張る, たぐり込む 《ロープを引くために前もって緩み分をたぐり込む》: They *set* the shrouds ～. 横静(よこしずか)索をぴんと張った.

～·ly *adv.* **～·ness** *n.* 〖《*c*1250》 *taught, tought* ← 《*c*1325》 *togt, toht* tight (p.p.) ← *togen, towen* 'to pull, TOW[1]'〗

taut[2] /tɔ́ːt, tάːt | tɔ́ːt/ *vt.* 《スコット》 〈髪・羊毛などを〉もつれさせる (tangle). 〖《1782》← ?〗

Taut /táʊt; G. táʊt/, **Bruno** *n.* タウト 《1880–1938; ドイツの建築家》.

taut. 《略》 tautological; tautology.

taut- /tɔːt, tɑːt | tɔːt/ (母音の前にくるときの) tauto- の異形.

taut·en /tɔ́ːtn, tάːtn | tɔ́ːtn/ *vt.* ぴんと張る; 緊張させる. — *vi.* ぴんと張る; 緊張する. 〖《*a*1814》: ⇨ taut[1], -en[1]〗

tau·to- /tɔ́ːtoʊ, tάː- | tɔ́ːtəʊ/ 「同じ (same)」の意の連結形: *tauto*chrone. ★ 母音の前では通例 taut- になる. 〖← Gk *tauto-*, *tautó* ← *tò autó* the same: cf. tautology〗

tau·to·chrone /tɔ́ːtəkròʊn, tάː- | tɔ́ːtə(ʊ)kràʊn/ *n.* 〘数学〙 等時曲線 《重力の場で質点がある曲線に沿って動くとき, どこから出発しても一定点に到達するのに必要な時間が同じであるような曲線》. 〖《*a*1774》□ F ～: ⇨ ↑, chrono-〗

tau·toch·ro·nism /tɔːtά(ː)krənɪzm, tɑː- | tɔːtɔ́k-/ *n.* 〘数学〙 等時性. 〖1842〗

tau·toch·ro·nous /tɔːtά(ː)krənəs, tɑː- | tɔːtɔ́k-/ *adj.* 〘数学〙 等時性の: the ～ curve 等時性曲線. 〖1846〗

tau·tog /tɔ́ːtɔ(ː)g, tάː-, -tɑ(ː)g, —⌐ | tɔ́ːtɔg, —⌐/ *n.* 〘魚類〙 米国北大西洋岸産ベラ科の食用魚 (*Tautoga onitis*). 〖《1643》□ N-Am.-Ind. (Narraganset) *tautauog* (pl.) ← *taut* sheep-sheads〗

tau·to·log·ic /tɔ̀ːtəlά(ː)dʒɪk, tɑ̀ː-, -tl- | tɔ̀ːtəlɔ́dʒ-, -tl-^/ *adj.* ＝tautological.

tau·to·log·i·cal /tɔ̀ːtəlά(ː)dʒɪkəl, tɑ̀ː-, -tl-, -kl | tɔ̀ːtəlɔ́dʒɪ-, -tl-^/ *adj.* 同義語[類語]反復の. **～·ly** *adv.* 〖1620〗

tau·tol·o·gism /tɔːtά(ː)lədʒɪzm, tɑː- | tɔː-/ *n.* 《まれ》 同義語[類語]の反復使用; 同義語[類語]反復の例. 〖1815〗

tau·tól·o·gist /-dʒɪst | -dʒɪst/ *n.* 同義語[類語]反復をする人. 〖1702〗

tau·tol·o·gize /tɔːtά(ː)lədʒàɪz, tɑː- | tɔːtɔ́l-/ *vi.* 同義語[類語]を繰り返す, 重複して述べる. 〖1607〗

tau·tol·o·gous /tɔːtά(ː)ləgəs, tɑː- | tɔːtɔ́l-/ *adj.* **1** ＝tautological. **2** 〘哲学〙 ＝analytic 5. **～·ly** *adv.* 〖1714〗

tau·tol·o·gy /tɔːtά(ː)lədʒi, tɑː- | tɔːtɔ́l-/ *n.* **1** 〘修辞〙 同義[同語]反復 《例: the modern university of today における modern と of today; pleonasm ともいう; cf. periphrasis 1》. **2** 〘論理〙 同語反復, トートロジー 《自己同一性「A は A である」のように形式的には真であるが実質的には無内容な命題》; 恒真式 《命題論理で真理関数的に真である式; ↔ contradiction》. **3** 類語反復的な陳述. **4** (動作・経験の)反復. 〖《1574》□ LL *tautologia* □ Gk *tautología*: ⇨ tauto-, -logy〗

T

tau·to·mer /tɔ́ːtəmə, tɑ́ː- | tɔ́ːtəmə⁽ʳ⁾/ *n.* 〖化学〗互変異性体. 〘(1903) ← TAUTO-＋-MER〙

tau·to·mer·ic /tɔ̀ːtəmérɪk, tɑ̀ː- | tɔ̀ːtə-⁻/ *adj.* 〖化学〗互変体の. 〘1890〙

tau·tom·er·ism /tɔːtɑ́(ː)mərɪzm, tɑː- | tɔːtɔ́m-/ *n.* 〖化学〗互変異性《ある化合物が容易に相互に変化し得る異性体として存在する現象; それぞれの異性体を互変異性体 (tautomer) という》. 〘1890〙

tau·tom·er·i·za·tion /tɔːtɑ̀(ː)mərɪ̀zéɪʃən, tɑː- | tɔːtɔ̀məraɪ-, -rɪ-/ *n.* 〖化学〗互変異性化. 〘(1934): ⇨ ↓, -ation〙

tau·tom·er·ize /tɔːtɑ́(ː)məràɪz, tɑː- | tɔːtɔ́m-/ 〖化学〗 *vi., vt.* 互変異性化する[させる]. 〘(1934): ⇨ tautomer, -ize〙

tau·to·nym /tɔ́ːṭənɪm, tɑ́ː-, -tn- | tɔ́ːtən-, -tṇ-/ *n.* 〖生物〗**1** 反復名《属名と種名とが同一の学名; *Cygnus cygnus* (オオハクチョウ)のように動物学では正式の学名とるが, 植物学では禁止されている》. **2** 3語から成る学名で, 主要な変種を示すのに種名を反復したもの. **tau·to·nym·ic** /tɔ̀ːtənɪ́mɪk, tɑ̀ː- | tɔ̀ːtə-⁻/ *adj.* **tau·ton·y·mous** /tɔːtɑ́(ː)nəməs, tɑː- | tɔːtɔ́nɪ̀-/ *adj.*

tau·ton·y·my /tɔːtɑ́(ː)nəmi, tɑː- | tɔːtɔ́nɪ̀-/ *n.* 〘(1899) □ Gk *tau-tṓnumos* of same name ← TAUTO-＋*ónuma, óno-ma* 'NAME'〙

tau·to·phon·i·cal /tɔ̀ːtəfɑ́(ː)nɪ̀kəl, tɑ̀ː-, -kḷ | tɔ̀ːtəfɔ́nɪ-⁻/ *adj.* 同音反復の. 〘1847〙

tau·toph·o·ny /tɔːtɑ́(ː)fəni, tɑː- | tɔːtɔ́f-/ *n.* 同音反復. 〘1847〙

tàuto·syllábic *adj.* 同一音節に属する, 同音節の《shipment /ʃɪ́pmənt/ の /ɪ/ と /p/ の関係など》. 〘1888〙

tav /tɑ́ːf, tɑ́ːv/ *n.* ＝taw³.

T.-à-v. 《略》 *F.* Tout-à-vous 敬具《手紙の結辞》.

Ta·vel /tɑːvél; *F.* tavɛl/ *n.* タヴェルワイン《フランス南部 Rhône 峡谷で製造される上質のロゼワイン》. 〘Nîmes 北東の村の名から〙

tav·ern /tǽvən | -vən/ *n.* **1** 居酒屋. **2** 宿屋, 旅籠(はたご) (inn). **3** 《米・NZ》酒類販売許可店. — *vi.* 居酒屋に出入りする. 〘(1286) □ (O)F *taverne* < L *tabernam* hut, booth, tavern (異化)? ← **traberna* ← *trabs* beam, roof: cf. tabernacle〙

ta·ver·na /təvə́ːnə, tə-, -véə- | təvə́ː-, tæ-; *Mod. Gk.* tavɛ́rna/ *n.* タベルナ《ギリシャの旅館・レストラン》. 〘(1914) □ ModGk *tavérna* < LGK *tabérna* □ L *taberna* (↑)〙

táv·ern·er /-vənə, -və- | -vənə⁽ʳ⁾/ *n.* **1** 《古》居酒屋[宿屋]の主人. **2** 《廃》居酒屋の常連. 〘(?c1300) □ AF *taverner*＝(O)F *tavernier* □ L *tabernārius*: ⇨ ↑, -er¹〙

Tav·er·ner /tǽvənə, -və- | -vənə⁽ʳ⁾, **John** *n.* タバナー (1490?–1545; 英国の教会音楽の作曲家).

távern tàble *n.* (18世紀ごろ使われた)居酒屋の小型テーブル.

TAVR 《略》 Territorial and Army Volunteer Reserve.

taw¹ /tɔ́ː, tɑ́ː | tɔ́ː/ *n.* **1 a** はじき石[玉]. **b** はじき石遊び (ringtaw). **2 a** (おはじき遊びの)はじき出し線. **b** (競技の)出発点. **3** (大きいしまなどのある)おはじき(石). **4** (スクエアダンスの)パートナー. **5** 賭け金 (stake).
cóme [*bríng*] *to táw* (競技の)出発点に立つ[立たせる].
báck to táws 《豪口語》出発点にもどって.
— *vi.* はじき石を投げる.
〘(1709) ← ?〙

taw² /tɔ́ː, tɑ́ː | tɔ́ː/ *vt.* **1** 明礬(みょうばん)なめしをする, 白なめしをする. **2** 《古》〈原料品を〉仮処理する (dress). **3** 《古・方言》打つ (beat). **～·er** *n.* 〘OE *tawian* to prepare, dress (some raw material) for use < Gmc **tawōjan, *tawjan* to do, make, prepare (Du. *touwen*): cf. tool〙

taw³ /tɑ́ːf, tɔ́ːf, tɑ́ːv, tɔ́ːv/ *n.* タウ《ヘブライ語アルファベット 23 字中の第 23 字; ת (ローマ字の T に当たる); ⇨ alphabet 表》. 〘(1701): ⇨ tau〙

ta·wa¹ /tɑ́ːwə/ *n.* クスノキ科アカハダクスノキ属の樹木 (*Beilschmiedia tawa*)《ニュージーランド産; 軽くて軟らかい木材となる; スモモのような実は食用》. 〘(1835) ← Maori〙

ta·wa² /təwɑ́ː/ *n.* 《インド》ターワー《チャパティ (chapati) などを焼くための円い鉄板》. 〘(c1843) □ Hindi *tavā*〙

ta·wai /tɑ́ːwaɪ/ *n.* (*also* **ta·whai** /～/) ニュージーランド産ブナ科ナンキョクブナ属 (*Nothofagus*) の種々の樹木. 〘(1841) ← Maori〙

taw·dry /tɔ́ːdri, tɑ́ː- | tɔ́ː-/ *n.* 安ぴか物. — *adj.* (**taw·dri·er; -dri·est**) 〈宝石・衣装などけばけばしい, いやに派手な, 安ぴかの (⇨ gaudy¹ SYN): a ～ necklace / ～ clothes. **taw·dri·ly** /-drəli | -drɪ̀li/ *adv.* **táw·dri·ness** *n.* 〘(1612) 《略》 ← *tawdry lace. tawdry*: 《異分析》 ← *St. Audrey* /sənt ɔ́ːdri/ 《転訛》 ← ETHELDREDA: (St. Audrey は Ely Cathedral の patron saint で, その祭日に Isle of Ely の市で安ぴかのレースの首巻きが売られたことから)〙

taw·ie /tɔ́ːi, tɑ́ːi | tɔ́ːi/ *adj.* 《スコット》＝tractable. 〘← TAW²＋-IE〙

táw·lìne *n.* ＝taw¹ 2.

taw·ney /tɔ́ːni, tɑ́ːni | tɔ́ːni/ *adj., n.* (**taw·ni·er; -ni·est**) ＝tawny.

Taw·ney /tɔ́ːni, tɑ́ː- | tɔ́ː-/, **Richard Henry** *n.* トーニー (1880–1962; 英国の経済史家).

taw·ny /tɔ́ːni, tɑ́ː- | tɔ́ː-/ *adj.* (**taw·ni·er; -ni·est**) 黄褐色の: a ～ lion / a ～ complexion 黄褐色の顔色.
— *n.* **1** 黄褐色. **2** 黄褐色の布[衣服]. **táw·ni·ly** /-nəli, -nḷi | -nɪ̀li, -nḷi/ *adv.* **táw·ni·ness** *n.* 〘(1345–49) □ AF *taune* ∥ OF *tané* (F *tanné*) (p.p.) ← *tanner* 'to TAN'〙

táwny éagle *n.* 〖鳥類〗ソウゲンワシ (*Aquila rapax*) 《アフリカ・中央アジアのサバンナやステップにすむ》. 〘1850〙

táwny grisétte *n.* 〖植物〗橙褐色の傘をもつテングタケ科の食用キノコ (*Amanita fulva*).

táwny òwl *n.* **1** 〖鳥類〗モリフクロウ (*Strix aluco*) 《ヨーロッパや北米の林などにすむ夜行性の鳥; brown owl, wood owl ともいう》. **2** [T- O-] 《英口》トーニーアウル《Brownie Guides の成人アシスタント》. 〘1768〙

táwny pípit *n.* 〖鳥類〗ムジタヒバリ (*Anthus campestris*) 《スズメ目セキレイ科の鳥; ヨーロッパ・中央アジア・北アフリカ産》.

táwny pórt *n.* トーニーポート《数種のビンテージ (vintage) を混合した褐色のポートワイン》. 〘1848〙

taw·pie /tɔ́ːpi, tɑ́ː- | tɔ́ː-/ (*also* **taw·py** /～/) 《スコット》 *n.* ばか[無思慮]な娘[女]: an idle ～ おひきずり. — *adj.* 《まれ》〈娘・女がばかな, 軽率な. 〘(1728) ← Scand. (cf. Norw. *tåpe* simpleton): ⇨ -ie〙

taws /tɔ́ːz, tɑ́ːz | tɔ́ːz/ (*also* **tawse** /～/) 《スコット》 *n.* (*pl.* ～) **1** こまを回すための鞭(むち), 革紐(かわひも). **2** (学校や家庭で子供を懲らしめるのに用いる先の分かれた)革紐, 鞭. — *vt.* 鞭で打つ (whip). 〘(1513) (pl.) ← 《廃》*taw* tawed leather, thong: cf. taw²〙

tax /tǽks/ *n.* **1** 税, 租税, 税金 (duty): lay [levy] a ～ *on* beer ビールに税をかける / pay ($100 in) one's ～*es* 税金(として 100 ドル)を支払う / cut [raise] ～*es* 減税[増税]する / an additional ～ 付加税 / the interest-equalization ～ 利子平衡税 / national [local] ～*es* 国[地方]税 (cf. rate¹ 5 b) / the business ～ 営業税 / the land ～ 地租 / ～ reform 税制改革 / ⇨ direct tax, income tax, indirect tax, inheritance tax, single tax / free of ～ 無税で[の], 免税で[の]. **2** [a ～] 〔…への〕重荷, 負担, 過酷な要求 (strain, burden) 〔*on, upon*〕: a ～ *on* the brain 頭脳の負担 / a heavy ～ *upon* a person's health 人の健康にさわるような無理な仕事 / It will be a great ～ *upon* his time, energy, and attention. それは彼に多大の時間と精力と注意力を要求することだろう. **3** 《米》会費, 分担金. **4** 《廃》非難, 中傷: *Tax* of impudence 恥知らずの女だという非難 (Shak., *All's W* 2. 1. 170).
àfter táx 税引きで, 手取りで (cf. aftertax); 課税後の: the price *after* ～ 税込み価格 / one's income *after* ～ 手取り収入. *before táx* 〈収入が〉税込みで, 税引き前で (cf. beforetax); 課税前の〈価格〉.
— *vt.* **1 a** 〈物品・人〉に税を課する, 課税する: ～ sugar 砂糖に税をかける / ～ the rich heavily 金持ちに重税を課す. **b** 《英》〈自動車〉の使用税を払う. **2 a** …に重荷[負担]を負わせる; 〈人〉に〔…の〕重責を負わせる〔*with*〕: We will not ～ the patience of the reader. 読者に無理やりに辛抱してもらうことはしまい. **b** 〈知恵を〉絞る: ～ one's ingenuity 工夫を凝らす. **3** 〈人を〉〔…のかどで〕非難する, 責める (censure) 〔*with*〕: I do not mean to ～ her *with* falsehood. 彼女がうそをいったとして責めるつもりはない. **4** 〖法律〗〈訴訟費用を〉査定する: These costs on both sides were ～*ed*. 当事者双方の訴訟費用が査定された. **5** 《米口語》〈代金を〉〈人〉に請求する: What will you ～ me *for* this? これはいくらですか. **6** 《廃》〈名前を〉調査登録する.
～·er *n.* 〘(c1300) □ (O)F *taxer* □ L *taxāre* to estimate, compute, censure, ML to impose a tax (freq.) ← *tangere* to touch: ⇨ tangent〙

tax- /tæks/ (母音の前にくるときの) taxo- の異形.

taxa *n.* taxon の複数形. 〘*etyma—etymon* からの類推〙

tax·a·ble /tǽksəbḷ/ *adj.* **1 a** 〈収入など〉課税できる, 課税対象となる〔*on*〕: ～ articles 課税品. **b** 税算定の基礎となる: the ～ year 納税年. **2** 〖法律〗(訴訟当事者に対して裁判所が訴訟費用として法的に)当然請求できる: ～ costs. — *n.* [通例 *pl.*] 課税対象者[物]. **táx·a·bly** *adv.* **～·ness** *n.* **tax·a·bil·i·ty** /tæ̀ksəbɪ́ləti | -lɪ̀ti/ *n.* 〘(1474) □ AF ～ ← *taxer* 'to TAX': ⇨ -able〙

Tax·a·ce·ae /tæksérsiː/ *n.* 〖植物〗イチイ科. **tax·á·ceous** /-séɪʃəs/ *adj.* 〘← NL ～: ⇨ taxus, -aceae〙

táx allòwance *n.* 税控除額.

tax·a·tion /tækséɪʃən/ *n.* **1** 課税, 徴税; 税制: progressive ～ 累進課税 / heavy ～ 重税 / a ～ system 税制 / exempt from ～ 免税の / be subject to ～ 課税される. **2** 租税(額); 課税率. **3** 租税収入, 税収. **4** 〖法律〗訴訟費用査定. **5** 《まれ》要求, 催促. **6** 《廃》非難, 中傷, あら探し.
taxátion of lánd vàlues 〖経済〗土地単一課税《社会的公正のため土地のみに課税せよとの主張; 米国では Henry George が主張; cf. single tax》.
〘(1297) □ AF *taxacioun* ∥ (O)F *taxation* □ L *taxātiō(n-)*: ⇨ tax, -ation〙

tax·á·tion·al /-ʃnəl, -ʃənl/ *adj.* 課税の, 課税に関する. 〘1879〙

táx avòidance *n.* (合法的な)節税, 課税のがれ. 〘1927〙

táx brácket *n.* (特定の)課税枠.

táx brèak *n.* 税制上の優遇措置, 減税措置.

táx certìficate *n.* 《米》条件付売却決定書《税金滞納のため公売される財産の買い主に対して発行される決定書; 期間内に滞納者が受け戻しを行わない場合, 決定書の保有者がその財産の所有権者となる》.

Tax·co /tɑ́ː(k)skou | -kəu; *Am. Sp.* tásko/ *n.* タスコ《メキシコ南部 Guerrero 州の都市; 正式名 Taxco de Alarcón》.

táx còde *n.* 《英》〖税法〗課税コード《被雇用者の収入のうち非課税部分を表すコード番号; 課税当局が指定するもので, 源泉徴収 (PAYE) 方式において雇用者が控除税額を算定する時に使う》. 〘1961〙

táx collèctor *n.* 収税吏. 〘1833〙

táx crèdit *n.* 〖税法〗税額控除《納入済み税額を別個の賦課税額から控除すること》. 〘1946〙

táx cùt *n.* 減税.

táx dày *n.* 納税期日.

táx-dedùctible *adj.* 所得控除できる. 〘1954〙

táx dedùction *n.* 所得控除(額). 〘1942〙

táx dèed *n.* 《米》土地公売証明書《税金滞納のため公売された土地の買い主に対して, 政府が発行する所有権証明書》.

táx-deférred *adj.* 《米》課税猶予の.

táx dìsc *n.* 《英》(自動車税の)納税済証票《車のフロントグラスに張る丸いステッカー》.

táx dòdge *n.* 税金のがれ. 〘1962〙

táx dòdger *n.* (合法的または不正に)税金のがれをする人. 〘1876〙

táx dùplicate *n.* 〖税法〗**1** (税務署提出用)不動産評価証明書. **2** 税務謄本《税額決定の際の基礎資料》.

táxed cárt *n.* (昔の)免税荷馬車《英国でかつて農夫・商人が使っていた二輪一頭立て荷馬車; 最初は軽い税が課せられたが後には無税になった》. 〘1795〙

tax·eme /tǽksiːm/ *n.* 〖文法〗文法特性素《語順・語類選択・抑揚・音声変化など文法的配列の単位; Bloomfield の用語》. **tax·e·mic** /tæksíːmɪk/ *adj.* 〘(1933) ← TAXO-＋-EME〙

taxes *n.* taxis の複数形.

-taxes -taxis の複数形.

táx evàsion *n.* (虚偽の申告による)脱税: He was found guilty of ～. 彼の脱税行為が発覚した. 〘1922〙

táx-exémpt *adj.* **1** 非課税の, 免税の, 税金のかからない: ～ institutions 非課税の公共施設. **2** 〈債券など〉利子に所得税のかからない: ～ bonds. 〘1923〙

táx èxile [**expàtriate**] *n.* 税金のがれに国外へ脱出する人. 〘1969〙

táx-fàrmer *n.* 徴税[納税取立]請負人.

táx-fìxing *n.* 税の閣(やみ)交渉.

tax-free /tǽksfríː⁻/ *adj.* 無税[非課税, 免税]の, 税金のかからない. — *adv.* 無税[免税で].

táx·gàtherer *n.* 《古》＝tax collector.

táx hàven *n.* 租税回避地, タックスヘイブン《外国資本に対し税制上の優遇措置が与えられる国[地域]; 自国の税金のがれのために住む低課税国》.

tax·i /tǽksi/ *n.* (*pl.* **～s, ～es**) **1** タクシー: go *by* ～ / take a ～ タクシーに乗る. **2** ＝taxiplane. — *v.* (**～ed; tax·i·ing, tax·y·ing; ～s, ～es**) — *vi.* **1** 〈飛行機が〉地上[水上]を自らの動力で移動する, タキシングする; 〈パイロットが〉飛行機をタキシングさせる: The plane ～*ed* to a halt. 飛行機は滑走して止まった. **2** タクシーで行く[に乗る]. — *vt.* **1** タクシーで運ぶ, タクシーに乗せる. **2** 〈飛行機を〉(駐機場から滑走路へ[滑走路から駐機場へ])自力で)滑走させる, タキシングさせる. 〘(1907) 《略》 ← TAXICAB〙

tax·i- /tǽksɪ̀, -si/ taxo- の異形 (⇨ -i-).

táxi·càb *n.* ＝taxi 1. 〘(1907) 《略》 ← *taximeter cab*〙

táxi dàncer *n.* (ダンスホールで時間・曲数に応じて料金を取って客の相手をする)職業ダンサー. 〘(1927) TAXI のように短時間雇われることから〙

táxi dàncing *n.* (ダンスホールなどで) taxi dancer をパートナーにして踊るシステム.

tax·i·der·mal /tæ̀ksɪ̀də́ːməl | -də́ː-⁻/ *adj.* ＝taxidermic.

tax·i·der·mic /tæ̀ksɪ̀də́ːmɪk | -də́ː-⁻/ *adj.* 剥製(はくせい)術の. 〘1847〙

tax·i·der·mist /tǽksɪ̀dəːmɪ̀st | tǽksɪ̀dəːmɪst, ⌐—⌐—/ *n.* 剥製(はくせい)師. 〘1828〙

tax·i·der·my /tǽksɪ̀dəːmi | -dəː-/ *n.* 剥製術. 〘(1820) ← TAXO-＋-DERM＋-Y¹〙

táxi drìver *n.* タクシー運転手. 〘1907〙

Tax·i·la /tǽksələ | -sɪ̀-/ *n.* タキシラ《パキスタン Rawalpindi 近郊の古代都市遺跡; 紀元前 7 世紀頃から紀元 7 世紀頃までにこの地に四つの都市が興亡を繰り返した; 多数の仏教寺院跡がある》.

táxi·man /-mən/ *n.* (*pl.* **-men** /-mən/) ＝taxi driver.

táxi·mèter *n.* (タクシーなどに取り付ける)料金計, メーター. 〘(1890) □ F *taximètre* ← *taxe* 'charge, TAX'＋*-mètre* '-METER¹': cf. G *Taxameter*〙

tax·ine /tǽksiːn, -sɪ̀n | -siːn, -sɪn/ *n.* 〖化学〗タキシン ($C_{37}H_{51}NO_{10}$) 《イチイの葉に含まれる淡黄色鱗(うろこ)状結晶; アルカロイドの一種; 有毒》. 〘(1888) ← (N)L *taxus* yew ＋-INE³〙

táx·ing *adj.* 重荷になる, 厄介な (onerous): a ～ job. **～·ly** *adv.* 〘1798〙

táxing-màster *n.* 《英》訴訟費用を課する役人.

táx inspèctor *n.* 《英》税査察官《inspector of taxes ともいう》.

táxi·plàne *n.* 空のタクシー《賃貸しの軽飛行機》. 〘1920〙

táxi rànk *n.* 《英》タクシー乗り場 (cab rank).

tax·is /tǽksɪ̀s | -sɪs/ *n.* (*pl.* **tax·es** /-siːz/) **1** 〖外科〗(ヘルニアなどの)整復法[術], 還納術. **2** 〖生物〗走性《外部からの刺激に反応して起こした運動のうち, 方向性が認められるもの; cf. kinesis》. **3** 〖文法・修辞〗配列, 順序: ⇨ hypotaxis, parataxis. **4** (古代ギリシャの)軍隊の区分, 分隊. **5** 〖建築〗(建造物の)全体の目的に応じて各部分を配置すること. 〘(1727–41) □ Gk *táxis* arrangement, order ← *tássein* to arrange〙

-tax·is /-tǽksɪ̀s | -sɪs/ (*pl.* **-tax·es** /-siːz/) 次の意味を表す名詞連結形: **1**「配列 (arrangement)」: hypo*taxis*, para*taxis*. **2**「走性 (taxis)」: chemo*taxis*. 〖← NL ～ ← Gk *táxis* (↑)〗

táxi squàd *n.* 〘アメフト〙練習用チーム.

táxi stànd *n.* タクシー乗り場. 〖1922〗

táxi strìp *n.* 〘航空〙＝taxiway. 〖⇨ strip[1]〗

tax·ite /tǽksaɪt/ *n.* 〘岩石〙タクサイト《破砕状の外観を呈する火山岩》. **tax·it·ic** /tæksítɪk | -tɪk/ *adj.* 〖□ G *Taxit*: ⇨ taxo-, -ite[1]〗

táxi tràck *n.* 《英》〘航空〙＝taxiway.

táxi trùck *n.* 《豪》運転手付き貸しトラック.

táxi·wày *n.* 〘航空〙(飛行場の)誘導路《taxi strip, peritrack ともいう》. 〖1933〗

táx·less *adj.* 無税の, 免税の. **～·ly** *adv.* **～·ness** *n.* 〖1615〗

táx lòss *n.* 税務上の欠損金, 節税効果のある損失《キャピタルゲイン税・法人税において, 課税対象利益から差し引くことのできる損失》.

táx·màn *n.* (*pl.* **-men**) **1** 収税吏. **2** 《英口語》内国歳入庁, 国税当局《擬人化したもの》. 〖1803〗

tax·o- /tǽksoʊ | -səʊ/「配列 (arrangement)」の意の連結形. ★ 時に taxi-, また母音の前では通例 tax- になる. 〖← Gk *táxis* 'TAXIS'〗

táx òffice *n.* 税務署.

Tax·ol /tǽksɔ(ː)l | -sɒl/ *n.* 〘商標〙タクソール《イチイの樹皮から得られる抗癌薬パクリタクセル (paclitaxel) 製剤; 米国 Bristol-Myers Squibb 社製》. 〖← L *taxus* yew〗

tax·ol·o·gy /tæksɑ́(ː)lədʒi | -sɔ́l-/ *n.* ＝taxonomy 1. 〖(1860) ← TAXO-＋-LOGY〗

tax·on /tǽksɑ(ː)n | -sɒn/ *n.* (*pl.* **tax·a** /-sə/) 〘生物〙分類単位, 分類群, タクソン《生物分類学上の単位; 同様な個体の集まりが種 (species), 種の集まりが属 (genus) で, さらに科 (family), 目 (order), 綱 (class), 門 (phylum, division) などがある》. 〖(1929)《逆成》← TAXONOMY: ETYMON と類推〗

taxon. 《略》taxonomic; taxonomy.

tax·o·nom·ic /tæ̀ksənɑ́(ː)mɪk | -nɔ́m-˝/ *adj.* 分類学[法]の. 〖1852〗

tàx·o·nóm·i·cal /-mɪ̀kəl, -kl̩ | -mɪ-˝/ *adj.* ＝taxonomic. **～·ly** *adv.* 〖1875〗

tax·ón·o·mist /-mɪ̀st | -mɪst/ *n.* 分類学者. 〖1877〗

tax·on·o·my /tæksɑ́(ː)nəmi | -sɔ́n-/ *n.* **1** 分類法. **2** 分類学; (特に)生物分類学. **tax·ón·o·mer** /-mə | -mə(r)/ *n.* 〖(1813) □ F *taxonomie*: ⇨ taxo-, -nomy〗

tax·payer /tǽkspèɪə | -pèɪə(r)/ *n.* **1** 納税者: high-income ～s 高額所得納税者たち. **2** (不動産税支払に充当するためにその土地に建てた)一時的[仮設]賃貸建物. 〖1816〗

táx-pàying *adj.* 納税の[に関する]. 〖1832〗

táx pòint *n.* 《英》〘税金〙(付加価値税の)課税時期《課税が始まる取引日》. 〖1972〗

táx ràte *n.* 税率.

táx relief *n.* 《英》所得税控除: get ～ on …に対して所得税控除を受ける. 〖1916〗

táx retùrn *n.* 納税申告(書).

táx revòlt *n.* 納税者の反乱《特に急激な増税に対する引き下げ運動》.

táx sàle *n.* (不動産の)公売, 競売《滞納税額に充当するために行う》.

táx sèlling *n.* 税金対策としての証券売却《証券の売買益にかかる税金を軽減するために, 買い値より値下がりしている証券を売って損失を出すこと》. 〖1963〗

táx shèlter *n.* 税金対策, 節税手段《投資・退職年金積立など》. **táx-shèltered** *adj.* 〖1952〗

táx stàmp *n.* 納税印紙. 〖1929〗

táx tìtle *n.* 《米》〘法律〙租税未納のために公売された物件の買受人の得た権利《一定期間は買い戻される可能性がある》.

tax·us /tǽksəs/ *n.* (*pl.* ～) 〘植物〙イチイ属 (*Taxus*) の植物の総称《セイヨウイチイ (English yew) など》. 〖(1535) ← NL ～ ← L ～ 'yew': cf. Gk *tóxon* a bow〗

-tax·y /-tæksi/ ＝-taxis. 〖□ Gk *-taxia* ← *tássein* to arrange: ⇨ -y[1]〗

táx yèar *n.* 課税年度《米国では 1 月 1 日, 英国では 4 月 6 日から》.

tax·y·ing /tǽksiɪŋ/ *v.* taxi の現在分詞.

tay /téɪ/ *n.* 《アイル》＝tea.

Tay /téɪ/ *n.* [the ～] テイ(川)《Tay 湖を通り Perth 近くで Tay 湾に注ぐスコットランド中東部の川 (193 km)》. 〖ME *Taye* 《原義》? the powerful (river) ← ? OIr. *teo* force (cf. Gk *taús* / Skt *tavas* strong): Devonshire の Taw (川)と同根語〗

Tay, Loch *n.* テイ湖《Tay 川上流にある湖》.

Tay, the Firth of *n.* テイ湾《スコットランド南東岸にある入江; 長さ 40 km》.

tay·ber·ry /téɪbèri | -b(ə)ri/ *n.* テイベリー《ラズベリーとブラックベリーをかけ合わせた大粒の赤紫色の果物》. 〖(1977): ⇨ Tay (河川)〗

Ta·yg·e·te /teɪídʒəti | -dʒɪt-/ *n.* 〘ギリシャ神話〙タユゲテ《Pleiades 七姉妹の一人》. 〖□ L *Tāygetē* □ Gk *Tāügetē*〗

Tay·lor /téɪlə | -lə(r)/ *n.* テーラー《米国 Michigan 州南東部 Detroit 郊外の市》.

Tay·lor /téɪlə | -lə(r)/, **Alan John Percivale** *n.* テーラー《1906–90; 英国の歴史学者; 外交史・中欧史を中心に研究を行い *The Origins of the Second World War* (1961) などの著作を残す》.

Taylor, Brook *n.* テーラー《1685–1731; 英国の数学者》.

Taylor, Edward *n.* テーラー《1642?–?1729; 英国生まれの米国の牧師・詩人》.

Taylor, Dame **Elizabeth** (**Rosemond**) *n.* テーラー《1932–2011; 英国生まれの米国の女優》.

Taylor, Frederick Winslow *n.* テーラー《1856–1915; 米国の工場技師; Taylor system の創始者》.

Taylor, (**James**) **Bayard** *n.* テーラー《1825–78; 米国の詩人・随筆家・ジャーナリスト》.

Taylor, Jeremy *n.* テーラー《1613–67; 英国国教会の主教・著述家; *Holy Living* (1650), *Holy Dying* (1651)》.

Taylor, (**Joseph**) **Deems** /díːmz/ *n.* テーラー《1885–1966; 米国の作曲家》.

Taylor, Maxwell (**Davenport**) *n.* テーラー《1901–87; 米国の将軍・外交官》.

Taylor, Tom *n.* テーラー《1817–80; 英国の劇作家・編集者》.

Taylor, Zachary *n.* テーラー《1784–1850; 米国の将軍・政治家; 第 12 代大統領 (1849–50)》.

Tay·lor·ism[1] /téɪlərɪzm/ *n.* 〘神学〙テーラー主義《Calvin 主義の系列で, 人間には自由意志があるとし, 人間の原罪のための堕落性と人間が自らの意志で犯す罪とを区別・調和する考え方; New Haven theology ともいう》. 〖(1882–83) ← *Nathaniel William Taylor* (1786–1858: 米国の神学者): ⇨ -ism〗

Táy·lor·ìsm[2] *n.* 〘経営〙**1** ＝Taylor system. **2** 科学的経営管理 (scientific management).

Táylor's sèries *n.* 〘数学〙テーラー級数《$x=a$ で無限回微分可能な関数 $y=f(x)$ に対して $f(a)+f'(a)(x-a)+f''(a)(x-a)^2/2!+\ldots$ なる級数をいう; $x=a$ の近くで $y=f(x)$ を近似するのに用いられる; Taylor series ともいう》. 〖(1842) ← *Brook Taylor*〗

Táylor sỳstem *n.* [the ～] 〘経営〙テーラーシステム《労働者の正式な 1 日の作業量, すなわち課業を科学的に決定し, これを基準として作業の時間的管理を企てたもの; task management ともいう; cf. scientific management》. 〖(1911) ← *F. W. Taylor*〗

Tay·mýr Península /taɪmíə- | -míə-/ *n.* ＝Taimyr Peninsula.

tay·ra /táɪrə | táɪərə/ *n.* 〘動物〙タイラ (*Tayra barbara*)《メキシコから南米熱帯地域に分布するイタチ科タイラ属の動物》. 〖(1854) □ Port. *taira* & Sp. *tayra* □ S-Am.-Ind. (Tupi) *taira*〗

Táy-Sáchs disèase /téɪsǽks-/ *n.* 〘病理〙テイザックス病《家族性黒内障性白痴》. 〖(1907) *Tay-Sachs*: ← W. *Tay* (1843–1927: 英国の医師) & *B. Sachs* (1858–1944: 米国の神経病学者)〗

Tay·side /téɪsaɪd/ *n.* テイサイド《スコットランド東部の旧州》.

Tays·tee /téɪstiː/ *n.* 〘商標〙テイスティー《米国 American Bakeries 社製の食パン》.

taz·za /tɑ́ːtsə; *It.* táttsa/ *n.* (*pl.* **～s, taz·ze** /tɑ́ːtseɪ; *It.* táttse/) 高台付き大皿. 〖(1824) □ It. ～ 'cup, mug' □ Arab. *ṭāsa[h]* (fem.) ← *ṭās* 'TASS'〗

tb 《略》tablespoon; tablespoonful.

Tb 《記号》〘化学〙terbium.

TB /tìːbíː/ *n.* 〘病理〙肺結核 (tuberculosis). 〖(1912) ← *t*(*ubercle*) *b*(*acillus*)〗

TB 《略》torpedo boat; torpedo bomber; training battalion; treasury bill.

t.b. 《略》〘簿記〙trial balance; true bearing; tubercle bacillus; tuberculosis.

t.b.a. 《略》to be announced.

T́-bàck *n.* (下着・水着の) T バック.

T́-bàll *n.* 〘商標〙T ボール《腰の高さの棒 (tee) の上に載せたボールを打って飛ばし, 野球のように遊ぶ子供のゲーム; Tee-ball ともいう》.

T́ bàndage *n.* T 字帯. 〖1783〗

T́-bàr *n.* **1** T 形材, T 形鋼. **2** T 字形レンチ. **3** ＝T-bar lift. **4** ＝T-strap. 〖1889〗

T́-bar líft *n.* (スキーヤーを運ぶ二人掛けの) T 字型リフト.

T́ bèam *n.* ＝T-bar.

T́ bèvel *n.* 〘木工〙T 字形角度定規.

Tbi·li·si /təbɪ̀ljíːsíː, tæ̀bl̩jíːsi, təbíl̩jə- | təbl̩jíːsi, təbíl̩jə-; *Russ.* tbʲilʲísʲi, dbʲilʲísʲi/ *n.* トビリシ《グルジア (Georgia) 共和国の首都; Kura 川に臨む; 旧名 Tiflis》.

T́-bìll *n.* 《口語》＝treasury bill.

T́ bòlt *n.* T (形)ボルト.

T́-bòne *n.* **1** T 字形の骨. **2** T 字形の骨付きステーキ《牛の腰部 loin を, ヒレ肉 (fillet) の一部をつけて切り取ったもの; cf. porterhouse 2》. 〖1916〗

T́-bòne stéak *n.* ＝T-bone 2.

TBS 《略》〘海事〙talk between ships 船舶間通話(装置)《近距離にある船舶が交信するための無線電話》.

tbs. 《略》tablespoon(s); tablespoonful(s).

tbsp. 《略》tablespoon(s); tablespoonful(s).

tc 《略》tierce(s).

Tc 《記号》〘化学〙technetium.

TC 《略》Tank Corps; teachers college; technical college; temporary constable; terra-cotta; till countermanded; Town Council; Town Councillor; traveler's check; twin carburetors.

TCBM 《略》transcontinental ballistic missile.

TCC 《略》Trinity College, Cambridge.

TCCB 《略》Test and Country Cricket Board.

TCD 《略》Trinity College, Dublin.

TCDD *n.* 〘化学〙＝tetrachlorodibenzo-*p*-dioxin (⇨ dioxin).

Tce 《略》《英》Terrace《しばしば通りの名に用いられる》.

T́ cèll *n.* 〘免疫〙T 細胞《胸腺に入った造血幹細胞が分化してできたリンパ球; 遅延型アレルギーや細胞傷害反応などの細胞媒介性免疫に関与するほか, B 細胞の抗体産生細胞への分化を助けるなどの機能をもつ; T lymphocyte ともいう》. 〖(1970)《略》← (*thymus-derived*) *cell*〗

tch /tʃ/ *int.* チッ《舌打ち音》. 〖1898: 擬音語〗

Tchad /F. tʃad/ *n.* チャド《Chad のフランス語名》.

tchag·ra /tʃǽgrə/ *n.* 〘鳥類〙チャイロヤブモズ《アフリカ産チャイロヤブモズ属 (*Tchagra*) の各種のモズ; 主に地上で採餌し, 背が茶色で, 眼に黒い縞がある》. 〖?擬音語〗

Tchai·kov·sky /tʃaɪkɔ́(ː)fski, -kɑ́(ː)f- | -kɔ́f-, -kɔ́v-; *Russ.* tʃʲijkófskʲij/, **Pëtr Ilich** *n.* チャイコフスキー《1840–93; ロシアの作曲家; *Swan Lake* (1876), *Eugene Onegin* (1878), *The Pathetic Symphony* (1893)》.

Tchai·kóv·ski·an /-skiən/ *adj.*

Tche·by·chéff equàtion /tʃəbɪʃɔ́(ː)f- | -ʃɔ́f-; *Russ.* tʃʲibiʃóf-/ *n.* 〘数学〙＝Chebyshev equation.

Tchebychéff polynòmial *n.* 〘数学〙＝Chebyshev polynomial.

Tchebychéff's inequálity *n.* 〘統計〙＝Chebyshev's inequality.

Tche·khov /tʃékɔ(ː)f, -kɑ(ː)f | -kɒf; -kɒv; *Russ.* tʃʲéxəf/ *n.* ＝Chekhov.

tcher·vo·netz /tʃəvɔ́ːnɪ̀ts | tʃɛəvɔ́ːnɪ̀ts; *Russ.* tʃʲirvónʲits/ *n.* (*pl.* **tcher·von·tzi** /-vɔ́ːntsi-; *Russ.* -vóntsi/) ＝chervonets.

tchick /tʃík/ *n.* ちっ《馬を励ますための舌打ちの音》. **—** *vi.* (馬に)ちっと舌打ちする. 〖(1823): 擬音語〗

tchotch·ke /tʃɑ́(ː)tʃkə | tʃɔ́tʃ-/ *n.* 《米口語》**1** ちゃちな飾り物, 装飾小物. **2** かわいい娘[女性]. 〖(1968) □ Yid. *tsatske* ← Slav.: cf. Russ. *tsatska*〗

tchóuk·bàll /tʃúːk-/ *n.* 〘スポーツ〙チュークボール《9 人のプレーヤーによって行われるハンドボールに似た球技; 一方のチームによって相手方の弾力性のあるネット目がけてボールが投げ込まれ, 相手は跳ね返ったボールが地面に落ちないように捕球する》. 〖考案者のスイスの生物学者 Hermann Brandt (d. 1972) による造語: tchouk- はボールが跳ね返るときの音を表す擬音語〗

t'cht ★ 発音については ⇨ tut[1]. *int.* (*also* **t'ck**) ＝tut[1]. 〖1893〗

T́ connèction *n.* 〘電気〙T 結線《三相電力を二相電力に, またはその逆に交換するための変圧器巻線の結線; Scott connection ともいう》.

TCP /tíːsìːpíː/ *n.* 〘商標〙TCP《英国製の, ちょっとした傷口やうがいなどに用いる弱い消毒液》. 〖《略》trichlorophenylmethyliodisalicyl〗

TCP/IP /tíːsìːpíː áɪpíː/ *n.* 〘インターネット〙ティーシーピーアイピー《ネットワーク上の異なる端末間でファイル転送などを可能にする通信規約》. 〖《頭字語》← *T*(*ransmission*) *C*(*ontrol*) *P*(*rotocol*) / *I*(*nternet*) *P*(*rotocol*)〗

td 《記号》Chad《URL ドメイン名》.

TD 《略》Tactical Division; 《アイル》Teachta Dála; Telegraph Department; Telephone Department; Territorial Decoration; 〘アメフト〙touchdown(s); 〘チェス〙tournament director; Traffic Director; Treasury Department.

t.d. 《略》tank destroyer; technical data; technical drawing; 〘処方〙*L.* ter in diē (＝three times a day); test data.

TDC, t.d.c 〘機械〙top dead center.

TDE *n.* 〘化学〙ティーディーイー (⇨ DDD) 〖《略》← *t*(*etrachloro*)*-d*(*iphenyl*)*-e*(*thane*)〗

t́ distribùtion *n.* 〘統計〙t 分布《正規母集団の標準偏差が未知の場合, 平均値についての仮説の検定に用いられる分布; Student's t distribution ともいう》. 〖1957〗

tdm 《略》time-division multiplex.

TDN 《略》total digestible nutrients.

TDR 《略》time domain reflectometry.

TDY 《略》〘軍事〙temporary duty.

te /téɪ, tíː | tíː/ *n.* 〘音楽〙＝ti[1].

Te /téɪ; *Chin.* tɤ́/ *n.* 〘哲学〙徳. 〖□ Chin. *de* 徳〗

Te 《記号》〘化学〙tellurium.

TE 《略》table of equipment; telecommunications engineering; Topographical Engineer.; trailing edge.

tea /tíː/ *n.* **1** (飲料としての)茶; (特に)紅茶: a cup of ～＝a tea お茶一杯 / cold ～ 冷やした(紅)茶, アイスティー / ～ with milk [lemon] ミルク[レモン]ティー / strong [weak] ～ 濃い[薄い]茶 / offer [serve] ～ to a visitor 訪問客にお茶を出す / the first infusion of ～ 茶の出花 / make ～ 茶をいれる[立てる] / I like well-brewed ～. よく出たお茶が好きです / This ～ is stewed. このお茶は出過ぎている. 日英比較 英米で *tea* といえば普通は black *tea* (紅茶)のことである.「緑茶」は green *tea* という. **2** 茶の葉, 茶 (tea leaves), 茶の木《加工法によって black, green, oolong などがある》: pick [gather] ～ 茶を摘む / coarse ～ 番茶 / dust ～ 粉茶 / tile ～＝brick tea. **3** 〘植物〙チャ (*Thea sinensis*)《tea-plant ともいう》. **4** (茶に類する)煎(せん)じ汁: ⇨ herb tea, sage tea, beef tea. **5 a** 《英》ティー, 午後のお茶《昼食と正餐(せいさん)との間(午後 4 時から 5 時ごろ)の軽食付きのお茶; afternoon tea, five-o'clock tea ともいう》: be at ～ ティーの最中である / early (morning) ～ (朝食前の)早朝の軽食 ⇨ high tea / ask a person to ～ 人をティーに招く. **b** お茶の会《午後の喫茶社交会》. **c** [one's ～ として]《口語》＝*one's cup of* TEA. **6** 《英・豪》夕食 (dinner). **7** 《俗》マリファナ.

a cúp of téa [通例修飾語を伴って]《口語》もの, 人: That's another [*a different*] *cup of* ～. それは全く別のこと[話]だ / She's *a* nice old *cup of* ～. 彼女は感じのいいおばあさんだ. ***óne's cùp*** [《古》***dìsh***] ***of téa*** [通例, 否定構文で]《口語》気に入るもの, 性に合うもの: Golf [She] *isn't my cup of* ～. ゴルフ[彼女]は私には合わない. ★ 略して単に one's tea [dish] ということもある. ***nót for áll the téa in China*** 《口語》どんなこと[理由, 利益]があっても絶対に…しない: I would*n't* do it *for all the* ～ *in China!* どん

T

なことがあってもそんなことは絶対にしない. **tàke téa with** 《英俗》…と交際する (associate with); …に冷淡に接する, …と渡り合う. 〚(1888)〛 **téa and sýmpathy** 《口語》お茶と同情《不幸な人々へのいたわり》. 〚1956〛
— *adj.* [限定的] **1** 茶の; 茶を扱う: a ~ merchant / a ~ plantation 茶の栽培場[園] / ⇨ tea set, tea lady. **2** 茶に用いられる: ⇨ tea ball.
— *vi.* 茶を飲む; 軽食をとる. — *vt.* 〈人〉に茶を出す.
〚(1598) ◻ Du. *tee* ◻ Chin. 《福建方言》 *te*=*ch'a* (茶): cf. F *thé* / Sp. *té* / G *Tee*〛

Téa Àct *n.* [the ~] 《米史》茶条令《1773 年に英国議会を通過した茶の課税に関する条令で, アメリカの商人には不公平な茶の独占を生ぜしめ, Boston Tea Party の主な原因となった》. 〚1746〛

téa bàg *n.* ティーバッグ. 〚1930〛

téa bàll *n.* 茶こし球《多数の小孔のある金属球, 中に茶を入れ熱湯につけて茶を煎(せん)じ出す》. 〚1895〛

téa bàsket *n.* 《英》(ピクニックなどの)弁当入れバスケット.

téa·bèr·ry /-bèri | -b(ə)ri/ *n.* 《植物》=wintergreen 1. 〚(1818) その葉を茶に用いるところから〛

téa bìscuit *n.* 《英》(通例甘味をつけた)柔らかくて丸い小型のビスケット《午後のお茶の時出される》.

téa·bòard *n.* (木製の)茶盆. 〚1748〛

téa·bòwl *n.* 取っ手のない紅茶茶碗. 〚1886〛

téa bòy *n.* 《英》(職場や工場の)お茶くみの給仕.

téa brèad *n.* ティーの時に出す小型のパン.

téa brèak *n.* 《英》仕事中の休憩, 茶飲み時間《午前または午後の作業の合い間に, 手を休めてお茶を飲んだりする時間》. 〚1948〛

téa càddy *n.* 茶入れ, 茶筒(ちゃづつ). 〚1790〛

téa·càke *n.* **1** 《米》(お茶の際に食べる)クッキー. **2** 《英》茶菓子《午後のお茶の際トーストして, バターを付けて食べる小型菓子パン》. 〚1832〛

téa·cànister *n.* =tea caddy.

téa càrt *n.* 《米・カナダ》=tea wagon.

téa cèremony *n.* [(the) ~] (日本の)茶の湯, 茶会 (chanoyu). 〚1886〛

teach /tíːtʃ/ *v.* (**taught** /tɔ́ːt, tɑ́ːt | tɔ́ːt/) — *vt.* **1** [しばしば二重目的語, 目的語+*that*-clause を伴って] 教える, 教授する: ~ grammar [sociology, riding, sculpture, music] 文法[社会学, 乗馬, 彫刻, 音楽]を教える / ~ children [apprentices, postgraduates] (*about* …について) 子供[弟子, 院生]に教える / ~ (the) violin [piano] バイオリン[ピアノ]を教える《★《米》では the を省くことがある》/ ~ school 《米》学校の教師をする / Miss Nelson ~*es* five classes a day. ネルソン先生は一日に 5 クラス授業する / ~ oneself French フランス語を独習する / ~ pupils the three R's=~ the three R's *to* pupils 生徒に読み・書き・算数を教える / Taste cannot be *taught*. 人の好みは教えようがない / He decided to ~ his child the trade. 子供に商売を教えることにした / There's nothing you can ~ him *about* computers. コンピューターについて彼に教えることは何もない / He is being *taught* all sorts of things.= All sorts of things are being *taught* (*to*) him. いろいろな事を教わっている / We were *taught that* the earth is [was] round. 地球は丸いと教わった. 日英比較 日本語の「教える」には大きく分けて (1) 学問・技術などを教える, (2) 情報などを与えるという二つの意味があるが, 英語の *teach* には (1) の意味しかない. したがって英語では「道を教える」「秘密[理由]を教える」などには tell を用いる. たとえば「なぜだか教えて下さい」は Tell me why.
2 [通例, 目的語+*to* do, 目的語+*wh*-word+*to* do を伴って] 〈…するように, 仕方を〉…に教える, 仕込む, しつける, ならす (train, accustom): ~ *a dog to* sit up and beg 犬にちんちんを教え込む / ~ the ear *to* distinguish sounds 音を聞き分けられるように耳をならす / He was *taught to* swim. 泳ぎを教わった / He *taught* me *how to* swim [*how* the word was spelled]. 私に泳ぎ方[その単語のつづり方]を教えてくれた《★ *teach* swimming [*riding, typing, etc.*] のように動名詞を目的語にするときは vt. 1 に属し,「科目・教科などとして教える」の意》.
3 《口語》[目的語+*to* do を伴って] (脅迫的に)…に教えてやる, 目にもの見せてやる: I'll ~ you *to* meddle in my affairs! いらぬおせっかいをすると承知しないぞ.
4 [通例, 二重目的語, 目的語+*to* do, 目的語+*that*-clause を伴って] 〈事実・経験などが教える, 悟らせる: That will ~ him [a lesson [a thing or two]]! 《口語》あれで奴にもいい薬になるさ / That'll ~ you (not) *to* meddle in my affairs! 《口語》いらぬおせっかいをするものじゃないと思い知るよ (cf. vt. 3) / This will ~ you *to* tell the truth [not *to* tell the lies]. 《口語》さあうそをつくとこうだぞ《折檻(せっかん)するとき》/ Experience ~*es* us our limitations [us *that* our powers are limited]. 経験によって人は自分の力の限界を知る.
— *vi.* **1** 教える, 教授する (give instruction); 教師[先生]をする: ~ *for* a living / ~ *at* a college / You can't see her now: she's ~*ing*. 彼女は今授業をしているのでお会いすることはできません. **2** 教えられる: This textbook ~*es* easily. この教科書は教えやすい.
— *n.* 《米俗》[通例呼び掛けで] 先生,「先公」(teacher).
〚ME *teche*(*n*) < OE *tǣcan* (cf. OE *tāc*(*e*)*n* 'TOKEN, sign') < Gmc **taikjan* (G *zeigen* to show) ← IE **deik-* to show: cf. diction〛

SYN 教える: **teach** 学習者に知識・技術を伝える《一般的な語》: She *teaches* us English. 私たちに英語を教えてくれる. **instruct** 通例, 特定の科目を系統立てて教授する: *instruct* a person in mathematics 人に数学を教授する. **tutor** 1 対 1 の個人授業で教える: *tutor* a girl in French 女の子にフランス語の家庭教師をする. **educate** 特に高等教育で, 人の持つ潜在的な能力と才能を秩序だった教授法によって発達させる: He was *educated* at Oxford. 彼はオックスフォードで教育を受けた.

Teach /tíːtʃ/, **Edward** *n.* ⇨ Blackbeard.

teach·a·bil·i·ty /tìːtʃəbíləṭi | -lɪ̀ti/ *n.* **1** 教育用に適していること. **2** 学習能力 (teachableness).

teach·a·ble /tíːtʃəbl̩/ *adj.* **1 a** 教えることができる: The stoics held that virtue was ~. ストア学派は徳は教えることができると信じていた. **b** 〈人など〉よく覚える, 仕込みやすい, おとなしい (docile): a ~ pupil. **2** 〈学科・芸など〉教えやすい, 教えるのに適した: a ~ subject. **~·ness** *n.* **téach·a·bly** *adv.* 〚1483〛

teach·er /tíːtʃə | -tʃə(r)/ *n.* **1** 教える人, 教師, 先生, 師匠 (instructor, tutor): a capable [competent] ~ 有能な教師 / a primary school ~ 小学校教員 / a ~ of English 英語の教師 / be one's own ~ 独習[独学]する / great ~*s* like Buddha and Confucius 釈迦(しゃか)や孔子のような偉大な師. 日英比較 日本語の「先生」は敬称として用いられることがあるが, 英語の *teacher* にはそのような用法はない. したがって呼び掛けには Mr., Ms., Dr. などをつけ *teacher* は用いない. **2** 《モルモン教》教師《アロン神権 (Aaronic priesthood) の職の一つ》. **3** [擬人化して]教訓となる物事. **~·less** *adj.* 〚?a1300〛

téacher bìrd *n.* 《鳥類》 **1** 《米方言》=ovenbird 1. **2** =red-eyed vireo. 〚*teacher*: 擬音語〛

teach·er·ly *adj.* 教師[先生]らしい, 教師[先生]にふさわしい.

Tea·cher's /tíːtʃəz | -tʃəz/ *n.* 《商標》ティーチャーズ《スコットランド産のブレンデッドウイスキー》.

téachers' cèntre *n.* 《英》教員研修センター.

téachers còllege *n.* 《米》 **1** (通例 4 年制の)教員養成大学. **2 a** (総合大学の中の)教員養成学部. **b** [T- C-] (Columbia 大学教育学大学院で)教員志望専攻科. 〚1911〛

téachers' còuncil *n.* 教員協議会.

téacher·shìp *n.* 教師の職, 教職. 〚1846〛

téachers' ínstitute *n.* 教員講習会.

téacher's pét *n.* **1** 先生のお気に入り. **2** 権威におもねる人. 〚1914〛

téacher tèaching *n.* 教員教育[養成].

téacher tráining còllege *n.* =teachers college.

téa chèst *n.* **1** =tea caddy. **2** 《英》茶箱. 〚1740〛

téach-in *n.* ティーチイン《大学の教授と学生などによって政治・社会問題に関して, 主に抗議行動として長時間にわたって行われる講演会; 一般的にも使う》. 〚(1965): ⇨ -in[3]〛

teach·ing /tíːtʃɪŋ/ *n.* **1** 教えること, 教授: go into [take up] ~ 教職につく, 教員になる / English language ~ 《英》英語教育[教授法] (略 ELT). **2** [しばしば *pl.*] 教え, 教訓 (instruction); 教義, 教旨 (doctrine, precept): It is the ~ of history. それは歴史の教えるところである / the ~*s* of the Church 教会の教義.
— *adj.* 教授する, 教職の: ~ staff 教職員 / the ~ profession 教職.
〚lateOE *tǣching, tecunge*: ⇨ teach, -ing[1]〛

téaching àid *n.* 教具, 補助教材. 〚1966〛

téaching assìstant *n.* 《米》ティーチングアシスタント, 教育助手《学部生の授業を補佐する大学院生; 略 TA》.

téaching èlder *n.* (長老派教会の)牧師. 〚1642〛

téaching fèllow *n.* 《米》(教職にも従事する大学院の)特別研究生 (cf. teaching fellowship). 〚1936〛

téaching fèllowship *n.* 《米》(大学院生で教職にも従事する者に支給される)特別研究生給費, その地位.

téaching hòspital *n.* (医学学習のための)教育総合病院. 〚1951〛

téaching machìne *n.* 教育機器, ティーチングマシーン《あらかじめプログラムされた項目を学習者に答えさせ, 正解をフィードバックし, 必要ならさらに余分の問題を与えるコンピューターなどによる装置》. 〚1958〛

téaching pràctice *n.* 教育実習.

Teach·ta Dá·la /tjá(ː)xtədɔ́ːlə | tjɔ́x-; *Irish* tʲáxtədáːlə/ *n.* (*pl.* **Teach·ti Dá·la** /-ti-/) 《アイル》下院議員 (略 TD). 〚◻ Ir.-Gael. ~ 'member of the Dail'〛

téach·wàre *n.* 視聴覚教材.

téa clìpper *n.* 《海事》(19 世紀中葉の)茶輸送専門の快速帆船.

téa clòth *n.* **1** (tea table に用いる小型の)テーブル掛け. **2** 茶布巾《茶道具をふくのに用いる》. 〚1770〛

téa còzy *n.* ティーポットカバー《茶がさめないようにティーポットに被せる綿入れの袋》.

téa·cùp *n.* **1** (通例, 受け皿付きの)紅茶茶碗, ティーカップ (cf. breakfast cup): They were gossiping over the ~*s*. お茶を飲みながら雑談していた. **2** =teacupful.
a stórm in a téacup「コップの中あらし」, つまらぬ事で大騒ぎすること, から騒ぎ. 〚1700〛

tea·cup·ful /tíːkʌpfʊ̀l/ *n.* (*pl.* **~s, tea·cups·ful**) 紅茶茶碗一杯(分). 〚1705〛

téa dànce *n.* 午後遅くお茶の時刻に催す舞踏会. 〚1885〛

téa fìght *n.* 《口語》=tea party.

téa gàrden *n.* **1** 茶畑. **2** 《英》茶店のある公園. 〚1802〛

Tea·gar·den /tíːgàədn̩ | -gàː-/, **Wel·don** /wéldn̩/ **John** *n.* ティーガーデン (1905–64; 米国のジャズトロンボーン奏者・歌手; 通称 Jack).

téa gòwn *n.* 茶会服《午後の家庭での茶会に着るゆるやかな婦人服》. 〚1878〛

Teague /tíːg/ *n.* 《軽蔑》アイルランド人《あだ名》. 〚(1583) 《英語化変形》← Ir. *Tadhg* /téːg, tíːg, táɪg/ (アイルランドで普通な人名): cf. Taffy〛

téa guìld *n.* 茶業組合.

téa·hòuse *n.* **1** (特に, 中国・日本の)茶房, 喫茶店; (茶道の)茶室. **2** 《英》軽食堂. **3** 《英》茶の輸入会社. 〚1689〛

teak /tíːk/ *n.* **1** チーク材: This table is (made of) ~. このテーブルはチーク材でできている. **2** 《植物》チーク (*Tectona grandis*) 《ミャンマー・タイなどに自生するクマツヅラ科の高木》. **3** チークに類似の木[木材]. **4** 褐色. 〚(1698) *teke* ◻ Port. *teca* ◻ Malayalam *tēkka*〛

téa·kèttle *n.* 湯沸し, やかん. 〚1705〛

téak·wòod *n.* =teak 1. 〚(1783) 《古形》 *tekewood*: ⇨ teak, wood[1]〛

teal /tíːl/ *n.* (*pl.* **~, ~s**) **1** 《鳥類》ガンカモ科マガモ属 (*Anas*) の小形のカモの総称《ミカヅキシマアジ (blue-winged teal), アメリカコガモ (green-winged teal) など》. **2** 暗青緑色. 〚(?a1300) *tele*: cf. Du. *taling, teling*〛

téa làdy *n.* 《英》(職場や上司の)お茶くみの女性: work as a ~.

téal blúe *n.* =teal 2.

téa lèad /-lèd/ *n.* (もと, 茶箱の内張りに用いた)固くて丈夫な鉛箔(なまりはく). 〚1815〛

téa lèaf *n.* **1** 茶の葉. **2** [*pl.*] 茶がら: read *tea leaves* in a cup カップに残った茶の葉で(人の)運勢を占う. **3** 《英・豪俗》泥棒, ぬすっと《thief の押韻俗語》. 〚1756〛

team /tíːm/ *n.* **1** (野球・フットボール・綱引などの)組, チーム, 団: a ~ *of* baseball players 野球チーム, (野)球団 / Is he *on* [《英》*in*] your ~? 彼は君のチームの選手ですか. 日英比較 日本語で「チームの個性や特色」の意味で用いる「チームカラー」は和製英語. 英語の team color はチーム旗やユニフォームの色をいう.「チームカラー」は英語では the character of the ~ という. **2** (共同作業・研究などの)班, 団, チーム《医師・学者・職人・工員などの》. **3 a** (車や犂(すき)などを引く 2 頭以上の)一連の馬[牛, 犬など], 連畜: a ~ *of* horses 一連の馬 / a sledge drawn by a dog ~ 一連の犬が引くそり. **b** 車とそれを引く(一頭またはそれ以上の)動物: a loaded ~ 荷を積んだ車とそれを引く動物. **4** 《方言》(豚やアヒルなどの)一腹の子. **5** 《廃》子孫 (offspring); 種族, 氏族.
a whóle* [*fúll*] *téam 《米》すぐれた人物: He is *a whole ~ at* anything. 彼は何をやらせても見事にやってのける.
— *adj.* [限定的] チームの, チームで行う: a ~ race 団体競走 / ~ sports チームでするスポーツ.
— *vt.* **1 a** 組にする〈*up*〉. **b** 〈2 頭以上の牛・馬などを〉車につなぐ. **2** 一連の馬[牛]で運ぶ. **3** 《廃》〈仕事を〉請負人[組頭]に出す. — *vi.* **1** 協同する (cooperate), 協同作業をする〈*up*〉: ~ *up* together 一緒に協力する / We ~*ed up* (*with* others) *on* [*for*] the project. (他の人々と)協同して計画に当たった. **2** 〈色などが〉調和する〈*up*〉: These colors do not ~ *up*. これらの色は調和しない. **3** 一連の馬[牛]を御する (drive a team); 一連の馬[牛]の御者をやる.
〚ME *tem*(*e*) < OE *tēam* offspring, team of oxen ← Gmc **taumaz* 《原義》 that which pulls (G *Zaum* bridle, rein) ← IE **deuk-* to lead (L *dūcere*): cf. tow[1], tug[1], duke〛

téa màker *n.* 茶漉(こ)し《小さい穴のあいたスプーン状で穴あきの蓋(ふた)がついている》. 〚1814〛

tea·man /tíːmæ̀n/ *n.* (*pl.* **-men** /-mɛ̀n/) **1** 茶商(人). **2** 《米俗》マリファナの売人; マリファナを吸う人. **3** 《英俗・廃》毎晩紅茶を飲むことが許されている囚人.

téam·er *n.* =teamster.

téam fòul *n.* 《バスケットボール》チームファウル《personal foul をチーム全体のファウルの数として勘定した場合にいう; 認められた数 (offence のファウルは入らない)を超えて犯すと, その都度相手チームに特別なフリースローが与えられる; プロでは 1 クォーター (quarter) で四つの team foul が認められる》.

téam gàme *n.* チーム[団体]競技.

téam hàndball *n.* 《球技》ハンドボール《サッカーから発達したゲームで, 各 7 人ずつの二つのチームが手を使ってボールをスローしたり, キャッチしたりドリブルしたりするもの》. 〚1970〛

téam·ing *n.* (牛馬などを)連結すること; 一連の馬[牛]を御すること. 〚1733〛

team·mate /tíːmmèɪt/ *n.* チーム仲間: One of my ~*s* is a world champion. 私のチーム仲間の一人は世界チャンピオンだ. 〚1915〛

téam mínistry *n.* 《英国国教会》司牧団《主任司祭 (rector または vicar) の下でいくつかの教区に合同で司牧する役付きの聖職者グループ》. 〚1964〛

téam pláy *n.* **1** チームプレー: skillful ~ in basketball バスケットボールの巧みなチームプレー. **2** 一致協力. 〚1895〛

téam pláyer *n.* チームプレーをする[のできる]人, 協調性のある人. 〚1886〛

téam spírit *n.* チーム精神《個人の利益よりもチームの利益を優先する》. 〚1928〛

team·ster /tíːmstə | -stə(r)/ *n.* **1** 一連の馬[牛]の御者. **2** 《米》トラック運転手. 〚1777〛

téam téaching *n.* 《教育》チーム指導《複数の教師がチームを組んで, 生徒を大・中・小集団に弾力的に編成しながら生徒および教師の個人差に応じた学習指導をする協力的教授方法》. 〚1960〛

téam·wìse *adv.* 一連の馬[牛]のように一組になって[並んで].

téam·wòrk *n.* **1** チームワーク, 統制ある共同動作 (cooperation), 協力. **2** 集団作業, 共同でする仕事. 〚1828〛

T

Te·an /tíːən/ *adj.* =Teian.

téa-of-héaven *n.* 〖植物〗アマチャ, オオアマチャ (*Hydrangea macrophylla* var. *thunbergii*) 《日本原産ユキノシタ科アジサイ属の植物; この葉を乾燥して甘茶を製する》.

téa òil *n.* 椿油, 山茶花(さざんか)油, 茶油 《ツバキ属の数種の種子から採った油; 中国・日本で利用する》. 〖1837〗

téa pàrty *n.* **1** (午後の)お茶の会, 茶話会, ティーパーティー. **2** 擾乱(じょうらん), 紛争. 〖(1778): 2 は the Boston Tea Party から〗

téa-plànt *n.* 〖植物〗チャ (*Thea sinensis*). 〖1727-41〗

téa plànter *n.* 茶栽培者, 茶園経営者.

tea·pot /tíːpɑ̀(ː)t | -pɔ̀t/ *n.* ティーポット, 急須(きゅうす): serve tea from a ~ ティーポットからお茶を注ぐ.
a tempest in a téapot 《米》 =*a storm in a* TEACUP. 〖1616〗

tea·poy /tíːpɔɪ/ *n.* **1** (18 世紀に使用された 3 脚式[時に 4 脚式]の主として喫茶用の)小テーブル. **2** (小テーブルに置く)茶入れ. 〖(1828) ◻ Hindi *tipāī* three-legged table ← Skt *tri* 'THREE'+*pāda* foot: 現在の意味は TEA との連想から〗

tear¹ /téə | téə^(r)/ *v.* (**tore** /tɔ́ə | tɔ́ː^(r)/, 《古》 **tare** /téə | téə^(r)/; **torn** /tɔ́ən | tɔ́ːn/, 《古》 **tare**) — *vt.* **1 a** 〈布・紙・着物などを〉裂く, 引き裂く, 破る (rend, rip) 〈*up*〉: ~ one's coat *on* a nail 釘に引っかけて上着を破る / ~ *up* a letter 手紙をずたずたに引き裂く / ~ a sheet of paper *in* half [two] 紙を二つに裂く / He angrily *tore* the photo *to* small pieces. 彼は腹を立てその写真をずたずたに引き裂いた / He *tore open* the envelope [the letter]. その封筒[手紙]を破って開けた. **b** 〈場所・家などを〉(引き裂くように)破壊する (shatter): ~ a house *apart* 家をばらばらにこわす / The bridge was *torn to* pieces by the explosion 橋は爆発でこなみじんになった. **c** 〈音が〉つんざく (rend): The shout *tore* the sky. その叫びは空をつんざいた.
2 a 裂いて…に傷をつける (lacerate): ~ one's hands *on* barbed wire 有刺鉄線で手に裂き傷をつける / A piece of glass *tore* my skin. ガラスの破片で皮膚を傷つけた. **b** 裂いて〔…に〕〈穴などを〉あける, こわして〔…に〕〈裂け目などを〉作る 〔*in*〕: He [The nail] *tore* a hole *in* his trousers. 彼は[釘が]ズボンにかぎ裂きを作った. **c** [~ one's way として](障害を排して)しゃにむに進む: We *tore our way through* the jungle. 密林の中をかき分けるようにして進んだ.
3 〈筋肉・靭帯(じんたい)などを〉痛める, 断裂する.
4 [方向の副詞語句を伴って] 無理に引き離す, 引きちぎる, むしり取る, もぎ取る: ~ *away* a notice [wallpaper] 掲示[壁紙]を引きはがす / ~ paper *along* a dotted line 点線に沿って紙をちぎる / ~ *down* an enemy's flag 敵の旗を引きおろす / ~ *off* a page *from* a calendar 暦を一枚はぎ取る / ~ a page *out* (of a book) (本の) 1 ページをちぎる / ~ *up* a tree *by* the [its] roots 木を根こそぎにする / ~ oneself free 身を振りほどく / The baby was *torn from* her parents. 赤ん坊は無理やりに両親から引き離された / I was unable to ~ myself *away from* her. 彼女を振り切って立ち去ることができなかった.
5 [通例受身で] **a** 〈国などを〉分裂させる, 乱す (disrupt): The country was *torn* by civil war. 国は内乱で分裂していた. **b** 〈人(の心)を〉悩ます, かき乱す (agitate): My heart *is torn* (*asunder* [*apart*]) by grief [*with* conflicting emotions]. 心は悲しみでかき乱されている[胸は千々に思い乱れている] / He [His mind] *was torn between* the two choices. 彼[彼の心]はどっちにしようかと悩んだ.
— *vi.* **1 a** 裂ける, 破れる: My shirt has *torn* (*on* a nail). シャツが(釘に引っかかって)破れた. **b** 〈筋肉・靭帯などが〉痛くなる, 断裂する.
2 引き裂く; かきむしる 〔*at*〕: ~ *at* the cover of a package 小包の包み紙を引きはがす[引きはがそうとする] / The sight *tore at* my heart. その光景を見て胸をかきむしられる思いがした.
3 [方向の副詞語句を伴って] 駆ける, 突進する (rush), 暴れる: ~ *away* [*off*] (大急ぎで)走り去る / ~ *home* (走るように)急いで家に帰る / ~ *around* in excitement 興奮して暴れ回る / ~ *across* a road (*after* a person) (人の後について) 道を突っ走って渡る / A flash of lightning *tore across* the darkness of the night. 稲妻がぴかっと夜の暗闇の中に突き抜けた / ~ *along* the street 通りをひた走りに走る / ~ *down* a hill 丘を駆け下りる / ~ *up* the steps 階段を駆け上がる / ~ *into* [*out of*] the house 家に駆け込む[から走り出る] / She *tore* free of his grip. 彼女は素早く彼の手を振りほどいた.
téar a cát ⇨ cat 成句. ***téar acróss*** (*vt.*) 二つに引き裂く: He *tore* the letter angrily *across*. 怒ってその手紙を真っ二つに引きちぎった. (*vi.*) ⇨ *vi.* 3. ***téar apárt*** (1) 引き裂く[破る]. (2) 〈建物などを〉取り壊す. (3) (物を捜すために)〈室内などを〉引っかき回す: They *tore* the whole house *apart* to find the evidence. 証拠を捜すために家中を引っかき回した. (4) 〈紛争などが〈国などを〉分裂させる; 〈悲しみなどが〉〈人〉の心をかき乱す. (5) 《口語》 けなす; 叱る. ***téar aróund*** (1) (怒りや興奮で)騒ぎ[暴れ, うろつき]回る (cf. *vi.* 3). (2) 乱脈な生活を送る. ***téar at*** (1) ⇨ *vi.* 2. (2) …にかぶりつく: ~ *at* an apple. ***téar awáy*** (*vt.*) (1) 〔…から〕無理に引き離す (cf. *vt.* 4) 〔*from*〕: ~ a child *away from* a comic book 子供に漫画本を読むのをやめさせる. (2) 〈仮面・ベールなどを〉剝(は)ぎ取る. — (*vi.*) ⇨ *vi.* 3. 《1699》 ***téar dówn*** (*vt.*) (1) 引きはがす[おろす] (cf. *vt.* 4). (2) 破壊する, 取りこわす (demolish): ~ *down* a wall, building, barrier, etc. (3) 分解する (disassemble, strip down): ~ *down* an engine. (4) 〈評判などを〉傷つける, 台なしにする (vilify); 〈人を〉謗(そし)る, 悪く言う (disparage); 〈相手の議論〉に論駁(ろんばく)する (controvert). — (*vi*) ⇨ *vi.* 3. 《1614》 ***téar one's háir*** ⇨ hair 成句. ***téar ínto*** (*vt.*) (1) 〈壁・山腹などに〉穴を開ける. (2) …を激しく攻撃する: ~ *into* one's challenger / ~ *into* a steak ステーキにかぶりつく. (3) 《口語》 …を激しく非難する, 酷評する: The politician *tore into* his opponents. その政治家は敵を激しく非難した. — (*vi.*) ⇨ *vi.* 3. ***téar it*** 《英俗》 計画[目的, 望み, チャンス]をだめにする, めちゃめちゃにする: That's *torn it*. それでおじゃんだ. ***téar óff*** (*vt.*) (1) 引き離す, ちぎり取る (cf. *vt.* 4). (2) 〈着物などを〉急いで脱ぐ; 〈偽装などを〉剝(は)ぎ取る (tear away): ~ *off* one's coat. (3) 急いで書き上げる[やってのける] (dash off): He *tore off* a letter on a train. 列車の中で手紙を 1 通さっと書き上げた. — (*vi.*) ⇨ *vi.* 3. ***téar a person óff a strìp*** ⇨ strip¹ 成句. ***téar óut*** (*vt.*) (1) 引きはがす[ちぎる] (cf. *vt.* 4). (2) …から(大急ぎで)走り出る. ***téar to píeces*** [***shréds, bíts***] (1) 〈物を〉ずたずたに引き裂く (cf. *vt.* 1). (2) 〈人・議論・作品などを〉こきおろす, 酷評する; 〈望みなどを〉打ちくだく. ***téar úp*** (*vt.*) (1) ずたずたに破る[引き裂く] (cf. *vt.* 1 a); 〈木などを〉根こそぎにする (cf. *vt.* 4). (2) 〈道路・床などを〉掘り起こす, …に穴を開ける: ~ *up* a road, floor, etc. (3) 〈契約・条約などを〉破棄する, 反故(ほご)にする: ~ *up* an agreement. — (*vi.*) ⇨ *vi.* 3. 《1699》
— *n.* **1** 裂け目, 破れ目, 引き裂けた穴, ほころび (rent): have [got] a ~ *in* one's coat 上着がほころびる. **2** 引裂き, 破損. ★ 主に次の句で: wear and ~ ⇨ wear¹ *n.* 4. **3 a** 狂暴; 激怒 (rage). **b** 突進, 大急ぎ: *at* [*in*] a ~ 猛烈な速度で; 大急ぎで / start off *with* a ~ 急に飛び出す. **4** 《米俗》 ばか騒ぎ (spree, frolic): be [go] on a ~ ばか騒ぎをする. ***fúll téar*** まっしぐらに.
~·er /téᵊrə | téərə^(r)/ *n.* **téar·a·ble** /téᵊrəbl | téər-/ *adj.* **~·lìke** *adj.* 〖OE *teran* < Gmc **teran* (Du. *teren* / G *zehren* to destroy, consume / Goth. *gatairan* to destory) ← IE **der-* to rend, flay (Gk *dérein* to flay): cf. derma, drape〗

SYN 引き裂く: **tear** 意図的・非意図的にぐいと引っ張って裂いたり穴を開けたりする: *tear* a newspaper in half [two] 新聞を半分[二つ]に破る. **rip** 縫い目や直線にそって強く破る: *rip* the sleeves out of a coat 上着の両袖をちぎり取る. **split** 縦にまっすぐに, または木目や層に沿って引き裂く: *split* logs 丸太を割る. **cleave** 《文語》 斧などで切り裂く: *cleave* a block of wood in two 角材をまっぷたつに裂く.

---

tear² /tíə | tíə^(r)/ *n.* **1** 涙(のひとしずく) (teardrop): ~*s* of joy 喜びの涙 / bitter ~*s* 悲痛な涙 / with ~*s* in one's eyes [voice] 目に涙を浮かべて[涙声で] / be close to [on the verge of] ~*s* 泣きそうである / bring ~*s* to a person's eyes 人を涙ぐませる / brush the ~*s* away 涙をぬぐう / burst [break] into ~*s* わっと泣き出す / come close to ~*s* 泣きそうになる / dissolve in ~*s* 泣きくずれる / draw [force] ~*s* from a person 人の涙を誘う / dry one's ~*s* with a handkerchief ハンカチで涙をふく / fight [keep] back one's ~*s* 涙をこらえる / laugh away one's ~*s* 涙を笑いにまぎらす / reduce a person to ~*s* 人を泣かせる / shed [weep] ~*s* 涙を流す, 泣く / drop [shed] a ~ over [for] …を悲しむ, …(のため)に涙を流す / squeeze out a ~ お義理に涙を流す / without shedding a ~ 涙一滴こぼさず / *Tears* stood [gathered, welled up] in her eyes. 彼女の目に涙が宿った / His eyes filled with ~*s*. 彼の目に涙があふれた / He is easily moved to ~*s*. 涙もろい / She was all ~*s*. 涙にくれていた / Her eyes were swimming with ~*s*. 目に涙を一杯ためていた / The ~*s* fell [rolled] down her cheeks. 涙がほおを伝った / She wept glad ~*s* over her daughter. 娘のことでうれし涙を流した. **2** 涙のような物, 雫(しずく), 水玉, 露滴, (ガラス・琥珀(こはく)・樹脂などの)透き通る小球: ~*s* of amber 琥珀玉 / ~*s* of Eos 朝露 / ~*s* of strong wine (ポートワインなどの)強いぶどう酒を半ば注いだコップの内側に結ぶ露. **3** [*pl.*] 悲哀, 悲嘆 (sorrow, grief).
énd in téars 《英》 不幸[困難]な結末となる 《しばしば警告》: It'll (all) *end in* ~*s*. あとで泣くことになるよ. ***in téars*** 涙を流して, 泣いて (weeping): She found the child *in* ~*s* over her broken doll. 女の子は人形がこわれたといって泣いていた. ***withòut téars*** 涙なしの, 易しく学べる: French *without* ~*s* 涙なしのフランス語.
— *vi.* 〈目が〉涙を浮かべる, 涙を流す (shed tears): Her eyes ~*ed up* again. 彼女の目にはまた涙が浮かんできた.
〖OE *tēar*, *teagor* < Gmc **taχr-* (OHG *zahar* (G *Zähre*) / ON *tār* / Goth. *tagr*) ← IE **dakru-* tears (OL *dacruma* (L *lacrima* / Gk *dákru*)〗

téar·awày /téə- | téə(r)-/ 《英》 *n.* 突進する人; ひどく向こう見ずな人; 暴れん坊, ちんぴら (hooligan). — *adj.* [限定的] 猛烈な, 熱烈な, 性急な (impetuous). 〖1833〗

téar bòmb /tíə- | tíə-/ *n.* 催涙(ガス)弾. 〖1929〗

téar bòttle /tíə- | tíə-/ *n.* 〖美術〗 涙つぼ (⇨ lacrimatory). 〖1658〗

téar-dìmmed /tíə- | tíə-/ *adj.* 涙でかすんだ. 〖1811〗

téar·dòwn /téə- | téə-/ *n.* 分解, 取りはずし. 〖1976〗

téar·dròp /tíə- | tíə-/ *n.* **1** 涙(の玉), 涙滴. **2** (耳飾り・首飾りなどに付けた)涙滴状のつり宝石. **3** ガラスの中の気泡. — *adj.* [限定的] 涙滴状の, 涙形の: ~ jewelry, design, etc. / a ~ line 流線形. 〖1789〗

téar dùct /tíə- | tíə-/ *n.* 〖解剖〗 =lacrimal duct.

tear-fáll·ing /tìəfɔ́ːlɪŋ, -fɑ́ː-l- | tìəfɔ́ːl-ˈ-/ *adj.* 《Shak》 涙を催す. 〖1592〗

tear·ful /tíəfəl, -fl | tíə-/ *adj.* **1** 涙で一杯の, 涙をためた, 涙ぐんだ: ~ eyes. **2** 落涙させる(ような); 悲しい, 悲惨な (sad): ~ news 悲報 / The parting was ~. 別れは悲しいものだった. **~·ly** *adv.* **~·ness** *n.* 〖*a*1586〗

téar-gàs /tíə- | tíə-/ *vt.* …に催涙ガスを浴びせる. 〖1927〗

téar gàs /tíə- | tíə-/ *n.* 催涙ガス 《lacrimator ともいう》.

téar gràss /tíə- | tíə-/ *n.* 〖植物〗 =Job's tears 1.

téar grenàde /tíə- | tíə-/ *n.* =tear bomb.

tear·ing¹ /téᵊrɪŋ | téər-/ *adj.* **1** 引き裂く(ような), かきむしる(ような), とても苦しい (harrowing): a ~ cough, headache, groan, etc. **2** 猛烈な, すさまじい, 激しい (violent): a ~ hurry, rage, rush, gale, storm, propaganda, etc. **3** 《英口語》 すばらしい (splendid): a ~ beauty すばらしい美人. **4** [副詞的に] 《口語》 恐ろしく, ひどく (furiously): be ~ mad, angry, etc. 〖1607〗

tear·ing² /tíᵊrɪŋ | tíər-/ *n.* 〖病理〗 流涙(症). 〖15C〗

téar·jèrker /tíə- | tíə-/ *n.* 《口語》 (映画・小説などの)お涙ちょうだいもの. 〖1921〗

téar·jèrking /tíə- | tíə-/ *adj.* お涙ちょうだい式: ~ plot. 〖1941〗

tear·less /tíə- | tíə-/ *adj.* 涙のない, 涙を流さない. **~·ly** *adv.* **~·ness** *n.* 〖1603〗

téar-òff /téə- | téə(r)-/ *n.* (切取線に沿って)はぎ取られる紙片. — *adj.* [限定的] はぎ取り式の: a ~ calendar =a calendar with ~ leaves はぎ取り式のカレンダー. 〖1889〗

téa·ròom *n.* **1** (女性客向きの)レストラン, 喫茶店 《紅茶・コーヒー・軽食を出す》. **2** 《南ア》 食品雑貨, 菓子, たばこを売ったり, 時に軽食を出す小さな店. 〖*c*1702〗

téa ròse *n.* 〖園芸〗 **1** ティーローズ 《コウシンバラや中国原産の *Rosa odorata* などから作り出されたバラの一系統; 株バラ・四季咲で, ハイブリッドティー系の育成以後栽培は減少; cf. hybrid tea rose》. **2** ティーローズ色 《黄色がかったピンク色》. 〖1850〗

téar shèet /téə- | téə-/ *n.* 裂き取りページ 《新聞・雑誌等に掲載した証拠として広告主に送るための広告の載っている切り取りページ》. 〖1924〗

téar shèll /tíə- | tíə-/ *n.* 催涙弾 (tear bomb). 〖1916〗

téar·smòke *n.* 《南ア》 (暴徒鎮圧用)催涙弾.

téar·stàin /tíə- | tíə-/ *n.* 涙の跡.

téar·stàined /tíə- | tíə-/ *adj.* 涙にぬれた; 涙の痕跡(こんせき)がある, 泣いた跡がある: a ~ face. 〖1590〗

téar strìp /téə- | téə-/ *n.* 開封帯 《缶や包装紙などに付けて開けやすくする》.

téar tàpe /téə- | téə-/ *n.* 開封帯 《包装で, 糊付けしたテープの一端をはみ出させておき, これを引くと包装が開くようになっているもの》.

tear·y /tíᵊri | tíəri/ *adj.* (**tear·i·er**; **-i·est**) 《口語》 **1** 涙の(ような): a ~ shower. **2** 涙にぬれた, 涙をたたえた (tearful): ~ eyes. **3** 涙を催させる, 哀れな (pathetic): a ~ story. **téar·i·ly** /-rəli | -rɪ̩li/ *adv.* 〖(*c*1385): ⇨ -y⁴〗

Teas·dale /tíːzdeɪl/, **Sara** *n.* ティーズデール 《1884-1933; 米国の女流詩人》.

tease /tíːz/ *vt.* **1** いじめる, 悩ます (annoy, vex); からかう, なぶる, 冷やかす (banter) (⇨ worry **SYN**): ~ a person *about* his old hat 古ぼけた帽子のことで人をからかう. **2** じらして悩ます; じらして性的に興奮させる. **3** …に〔…を〕うるさくねだる, 催促する 〔*for*〕; …にく…してくれと〉しつこくせがむ (importune) 〈*to do*〉: ~ a person *for* [*to do*] something 人に物をくれ[ある事をしてくれ]とせがむ. **4 a** 《米》 (調髪のため)〈髪〉に逆毛を立てる (backcomb). **b** 〈羊毛・麻などを〉すく (comb, card): ~ wool, flax, etc. **c** 〈ラシャ〉にけばを立てる (teasel): ~ cloth. **d** ずたずたに裂く; (特に, 顕微鏡で検査するために)〈組織・見本を〉細片にする. — *vi.* からかう, なぶる; じらして性的に興奮させる.
tease óut (1) 〈羊毛などを〉すく. (2) 〈情報などを〉なんとか手に入れる: ~ a piece of information *out* of a person. 〖1821〗 ***tease úp*** ちょっと手を加えて改良する: ~ *up* a picture 絵にちょっと手を加える.
— *n.* **1** いじめ[いじめられること], 悩ます[悩まされる]こと. **2** 《口語》 いじめ屋, 悩ます人 (tormentor); 性的に思わせぶりの人[女性]; 面倒な事. **3** 《俗》 金, ぜに (money).
〖OE *tǣsan* to tear up, pull apart < WGmc **taisjan* (Du. *teezen* to pull / OHG *zeisan*): cf. touse: 1 と 2 の意味は 17C から〗

tea·sel /tíːzəl, -zl/ *n.* **1** 〖植物〗 オニナベナ, ラシャカキグサ (⇨ fuller's teasel). **2** チーズル, けば出し機, アザミ起毛機 《オニナベナの乾燥した果穂(針金製の代用品もある); いがだらけの小さなまり状のもので, ラシャのけば立てに用いる》.
— *vt.* (**tea·seled**, **tea·selled**; **-sel·ing**, **-sel·ling**) (チーズルで)〈ラシャ〉にけばを立てる, 起毛する. **~·er** /-z(ə)lə, -zlə | -z(ə)lə^(r), -zl-/ *n.* 〖OE *tǣs(e)l*: ⇨ ↑, -le¹〗

téasel gòurd *n.* 〖植物〗 =hedgehog gourd.

téas·er *n.* **1** 《口語》 (クイズの中の)難物, 難問 (poser). **2** いじめる人, 困らせる人; (男を性的に)じらす女性; 《ボクシング俗》 手ごわい相手. **3** 《米》 好奇心をそそる広告. **4** (羊毛の)すき器, 毛立て器. **5** 〖劇場〗 舞台上部の額し幕. **6** 〖電気〗 ティーザー (T 結線 (T connection) を形成する二つのコイルまたはトランスの一つ). **7** 〖印刷・ジャーナリズム〗 =kicker 8. 〖1350-51〗

téaser àdvertising *n.* ティーザー広告 《商品や企業名をわざと隠したりして興味を喚起する広告》.

téa sèrvice *n.* 茶道具(一式), 茶器(一組) (cf. coffee set 1). 〖1809〗

téa sèt *n.* 茶器(一式), 紅茶セット.

téa shòp *n.* 《英》 **1** =tearoom. **2** 簡易食堂, 軽食堂 (lunchroom). 〖1856〗

téas·ing *adj.* いじめる, 悩ます, からかう; 厄介な, うるさい (annoying, harassing). **~·ly** *adv.* 〖1694〗

T

tea·sle /tíːzl/ *n.*, *vt.* =teasel.
Teas·made /tíːzmeɪd/ *n.* 〖商標〗ティーズメイド《英国製の自動紅茶沸かし機》.
tea·spoon /tíːspùːn/ *n.* **1** 茶さじ, 小さじ《容量は tablespoon の約 ¹/₃》: a heaping ~ of sugar 小さじ山盛りの砂糖 / stir with a ~ 茶さじでかき混ぜる. **2** =teaspoonful. 〖1686〗
tea·spoon·ful /tíːspuːnfùl/ *n.* (*pl.* ~**s**, **tea·spoons·ful**) **1** 茶さじ一杯《大さじ一杯 (tablespoonful) の約 ¹/₃, 5 cc.; 略 t., tsp.》: a ~ of sugar 茶さじ一杯の砂糖. **2** 少量, ちょっぴり. 〖1731〗
téa stràiner *n.* 茶こし (strainer).
teat /tíːt/ *n.* **1** (哺乳動物の)乳首, 乳頭 (nipple, mammilla). **2 a** 乳頭状の物. **b** 《英》(哺乳びんの)乳首. 〖(*c*1250) *tete* ▭ OF (F *tette*) ← Gmc **titta* ∽ OE *tit(t)* (cf. G *Zitze*): cf. tit²〗
téa tàble *n.* **1** ティーテーブル《喫茶用の方形・円形・矩形などの板と 3 脚または 4 脚の脚を備えた小型テーブル》. **2** お茶の集い. — *adj.* 〈話などが〉取るに足らない, たわいのない 〖1688〗
téa-tàster *n.* 茶質鑑定人. 〖1858〗
téat·ed /-tɪ̣d | -tɪ̣d/ *adj.* 乳頭のある. 〖(1661): ⇨ -ed 2〗
téa·thìngs *n. pl.* 茶器, 茶道具. 〖1747〗
téa·tìme *n.* (午後の)お茶の時間. 〖1741〗
téa tòwel *n.* ふきん (dish towel). 〖1863〗
téa tràу *n.* 茶盆.
téa trèe *n.* 〖植物〗**1** =tea-plant. **2** オーストラリア・ニュージーランド・マレーシア産フトモモ科ネズモドキ属 (*Leptospermum*) の低木・小高木《時に葉で茶をいれる》; 特にギョリュウバイ (*L. scoparium*) (manuka). **3** ナガバクコ (*Lycium barbarum*) (=Duke of Argyll's tea tree)《ナス科クコ属の一種で, 地中海沿岸から中国にかけて分布》. 〖1760〗
téa tròlley *n.* 《英》=tea wagon.
téa-ùrn *n.* 湯沸かし, 茶釜. 〖1786〗
téa wàgon *n.* 《米》ティーワゴン《脚輪付き茶道具運搬台》. 〖1840〗

tea wagon

tea·zel /tíːzəl, -zl/ *n.*, *vt.* (**tea·zeled, tea·zelled; -zel·ing, -zel·ling**) =teasel. ~·**er** /-z(ə)lə, -zlə | -z(ə)lə^(r), -zl-/ *n.*
téaze tènon /tíːz-/ *n.* 〖木工〗重ね枘(ほぞ), 違い枘. 〖(1703) *teaze*: (変形)? ← TEASE〗
tea·zle /tíːzl/ *n.*, *vt.* =teasel.
Te·bet /teɪvéɪt, -véɪθ, téɪvès/ *n.* (*also* **Te·beth** /~/) (ユダヤ暦の)10 月《グレゴリオ暦の 12–1 月に当たる; ⇨ Jewish calendar》. 〖(*c*1382) ▭ Heb. *Ṭēbhēth* ▭ Akkad. *Ṭebētu* (原義)? month of sinking in, muddy month〗
tec¹ /ték/ *n.* =tech. 〖1906〗
tec² /ték/ *n.* 《俗》探偵, デカ. 〖(1879) (略) ← (DE)TEC(TIVE)〗
tec. 《略》technical; technician.
TEC /ték, tíːiːsíː/ *n.* TEC, テック《1990 年代に英国政府が設立した, 若者や失業者に職業訓練を行う団体》. 〖(頭字語) ← *T(raining and) E(nterprise) C(ouncil)*〗
tech /ték/ *n.* (*also* **tec**)《口語》**1** 《英》=technical college. **2** =technology. **3** =technician.
tech. 《略》technical; technically; technician; technological; technology; 《英口語》technical school; technical institute.
teched /tétʃt/ *adj.* 少し気のふれた (touched). 〖(1921) (変形) ← TOUCHED〗
tech·ie /téki/ *n.* 《口語》**1** 専門学校[工科大学]の学生. **2** (特にコンピューター関係の)専門技術者. 〖(1982): ⇨ tech, -ie〗
tech·ne·ti·um /tekníːʃiəm, -ʃəm | -ʃiəm, -si-, -ʃəm/ *n.* 〖化学〗テクネチウム《人工的に作られた最初の元素で, モリブデンにサイクロトロンで加速した重陽子を照射して作った; 記号 Tc, 原子番号 43, 原子量 98》. 〖(1946) ← NL ~ ← Gk *tekhnētós* artificial: ⇨ technic, -ium〗
tech·ne·tron·ic /tèknətrá(ː)nɪk | -nɪ̣trɔ́n-⁻/ *adj.* 〈社会が〉情報化時代の. 〖(1967) (混成) ← TECHN(O-LOGICAL) + E(LEC)TRONIC〗
tech·nic /téknɪk/ *n.* **1** [*pl.*] 専門語 (technical term). **2** /《米》ではまた tekníːk/ [通例 *pl.*; 単数または複数扱い] 手法, 技巧 (technique). **3** [*pl.*] ⇨ technics. — *adj.* =technical. 〖(1612) ▭ L *technicus* ▭ Gk *tekhnikós* pertaining to art ← *tékhnē* art, skill: ⇨ -ic¹: n. 2 は F *technique* のなぞり〗
tech·ni·cal /téknɪ̣kəl, -kl | -nɪ-/ *adj.* **1** 技術的[上]の, 学術(上)の, 専門的[特殊]技術の; 専門的見地から見た: ~ skill 技巧 / ~ details 技術的細部 / a ~ adviser 技術顧問 / a ~ expert 専門技術家. **2** 〈教育が〉専門的な, 専門(上)の (cf. classic 5, academic 5, liberal 4 a): ⇨ technical education, technical college / a ~ school 実業学校. **3** 専門語を用いる, 専門的題目を取り扱う: a ~ term 専門語, 術語 / a ~ book 専門書 / a book too ~ for the general reader 一般読者には余りに専門的に難し過ぎる本. **4** 厳密な法解釈による; 法律[規則]上成立する: a ~ assault 法律的に見て成立する殴打(未遂) / ⇨ technical knockout. **5** 工業の, 工芸の: ~ analysis [chemistry] 工業分析[化学]. **6** 〖化学〗コマーシャルベース[大量生産]の[による]. **7** 〖証券〗株式市場の内部要因による. ~·**ness** *n.* 〖1617〗
téchnical còllege *n.* 《英》テクニカルカレッジ《義務教育修了者に情報技術・応用科学・農業などを教える》.
téchnical dìfficulty *n.* **1** 法律手続上の困難. **2** 技術上の困難. **3** (テレビ・ラジオの)送信異常.
téchnical dráwing *n.* (特に教科としての)製図《略 TD》.
téchnical educátion *n.* 技術[技能]教育 (cf. vocational education).
téchnical fóul *n.* 〖球技〗テクニカルファウル《バスケットボールなどで故意にプレーの進行を遅らせるなどスポーツマンシップに反した反則; cf. personal foul》. 〖1929〗
tech·ni·cal·i·ty /tèknəkǽləṭi | -nɪ̣kǽlɪ̣ti/ *n.* **1** 専門的なこと[性質]. **2** [通例 *pl.*] (一般人にはわからない)専門的事項[方法, 手続き]; (特に, 規則解釈上の)専門的事項: go into the *technicalities* 専門的な事項を論じる / *on* a (legal) ~ 厳密な(法的)解釈によって. **3** 専門(用)語 (technical term). **4** 専門的な手続き[用語]の使用. 〖1814〗
tech·ni·cal·ize /téknɪ̣kəlàɪz | -nɪ-/ *vt.* 専門化する. **tech·ni·cal·i·za·tion** /tèknɪ̣kəlɪ̣zéɪʃən | -nɪkəlaɪ-, -lɪ-/ *n.* 〖1852〗
téchnical knóckout *n.* 〖ボクシング〗テクニカルノックアウト《選手が負傷し, 試合続行が不可能と判断された場合にレフリーが宣するノックアウト(の判定); 略 TKO》. 〖1868〗
tech·ni·cal·ly /téknɪ̣kəli, -kli | -nɪ-/ *adv.* **1** 技術[専門]的に(言えば): These operations are ~ impossible. これらの作業は技術的には不可能である. **2** 法的手続上(からは): *Technically*, they were still married, though they hadn't lived together. 彼らは一緒に住んではいなかったが, 法律上はまだ結婚していた. **3** 術語で(言えば). **4** 大量生産的に; 工業的に. 〖*a*1652〗
téchnical sérgeant *n.* **1** 〖米陸軍〗一等軍曹(ぐんそう)《今は platoon [sergeant] first class という; ⇨ sergeant 1 ★》. **2** 〖米空軍〗二等軍曹《staff sergeant の上, master sergeant の下の下士官》. **3** 〖米海兵隊〗二等軍曹《今は staff sergeant という》. 〖1956〗
téchnical stúdies *n.* 《英》(中等教育教科の)技術.
tech·ni·cian /tekníʃən/ *n.* **1** 専門家, 専門技術者; (絵画・音楽などの)技巧家. **2** (試験場, 科学施設などの)技官. **3** 〖米陸軍〗特技[技術]下士官《今は specialist という》. 〖1833〗
tech·ni·cism /téknəsìzm | -nɪ̣-/ *n.* 技術至上主義. 〖(1932) ← TECHNIC, TECHNICAL〗
tech·ni·cist /téknəsɪ̣st | -nɪ̣sɪst/ *n.* =technician.
Tech·ni·col·or /téknəkʌ̀lə | -nɪ̣kʌ̀lə^(r)/ *n.* **1** 〖商標〗テクニカラー《カラー映画技術の一種; 同一場面を三原色フィルターを用いて別々に撮影しこれを一つの陽画にまとめて自然色を出す》. **2** [t-] 鮮明な色彩; どぎつい[けばけばしい]色調. — *adj.* [t-] 鮮明な色彩の; 色調のけばけばしい, どぎつい. 〖(1917) ← TECHNI(CAL) + COLOR〗
téch·ni·còl·ored *adj.* =technicolor.
téchnicolor yàwn *n.* 《俗》げろ, 嘔吐(物): throw a ~ げろを吐く.
tech·nics /téknɪks/ *n.* **1** =technology 1. **2** 応用科学. 〖1826〗
tech·ni·kon /téknɪ̣kà(ː)n | -nɪkɔ̀n/ *n.* 《南ア》テクニコン《第三段階[大学レベル]の技術・職業教育を提供する教育機関》.
tech·ni·phone /téknəfòun | -nɪ̣fəun/ *n.* =dumb piano.
tech·nique /tekníːk/ *n.* **1** (専門)技術, 手法; (特に, 芸術作品における)手法, 技法, 芸風, 画法, (音楽の)演奏法: master a ~ 技法を習得する / a movie ~ *of* [*for*] projecting multiple images 多数の映像を同時に映写する映画の技法. **2** (科学的研究の)方法, 技術. **3** 《口語》腕まえ, 力量; (恋愛の)手練手管(てれんてくだ). 〖(1817) ▭ F (*la*) ~ (形容詞の名詞的用法) ▭ Gk *tekhnikós* 'TECHNIC'〗

SYN 技術: **technique** 広く一般に用いられる方法としての専門的な技術: learn a *technique* 技術を習得する. **art** 何かを作ったり, したりする技術で,「こつ」という感じの意味: Johnson defines grammar as the *art* of using words properly. ジョンソンは文法を語を適切に使う技術であると定義している. **skill** あることを巧みにする特殊な能力《特に学習や練習によって身に付けたもの》: He has great *skill* in handiwork. 手細工が非常にうまい. **craft** 機織・陶芸などのような手を使う技術: He is only an artisan plying *craft*. 技術を使う職人にすぎない.

tech·no /tèknou | -nəu/ *n.* 〖音楽〗テクノ《シンセサイザーなどを多用した電子音楽》. — *adj.* テクノ(サウンド)の. 〖(1987): ⇨ technopop〗
tech·no- /téknou | -nəu/「技術, 技巧 (technic); 科学技術 (technology)」の意の連結形. 〖▭ Gk *tekhno-* ← *tékhnē* art〗
téchno·bàbble *n.* テクノバブル《しろうとが聞いてもわけがわからないテクノロジー関係の専門用語・業界用語》.
tèchno·chémistry *n.* 工業化学 (industrial chemistry).
tech·noc·ra·cy /tekná(ː)krəsi | -nɔ́k-/ *n.* **1** [しばしば T-] テクノクラシー, 技術家政治《専門技術家に一国の産業資源の支配と統制をゆだねようとする, 1932 年ごろ米国で提唱された政治思想》. **2** テクノクラシーの可能性を研究する技術者の組織. **tech·no·crat·ic** /tèknəkrǽṭɪk | -nə(ʊ)krǽt-⁻/ *adj.* **tèch·no·crát·i·cal·ly** *adv.* 〖(1917) 米国の発明家・技師 W. H. Smyth の造語〗
tech·no·crat /téknəkræ̀t | -nə(ʊ)-/ *n.* **1** テクノクラット, 技術家政治 (technocracy) 主唱者. **2** 技術者[科学者]出身の行政官[管理者]. 〖1932〗
tech·no·fear /téknoufɪə | -nə(ʊ)fɪə^(r)/ *n.* =technophobia. 〖1980〗
tech·nog·ra·phy /tekná(ː)grəfi | -nɔ́g-/ *n.* 技術工芸記載学《美術工芸品や民具について, 特にその使用民族・種族の分布・歴史的発展過程を中心に記述する学問》. 〖1881〗
technol. 《略》technological; technologically; technology.
tech·no·lith·ic /tèknəlíθɪk | -nə(ʊ)-⁻/ *adj.* 〖人類学〗技工石器の《明らかに意図をもって作られた石器についていう》.
tech·no·log·ic /tèknəlá(ː)dʒɪk | -lɔ́dʒ-⁻/ *adj.* =technological.
tech·no·log·i·cal /tèknəlá(ː)dʒɪ̣kəl, -kl | -lɔ́dʒɪ-⁻/ *adj.* **1** (科学)技術的な: ~ innovation 技術革新. **2** 技術的要因による, (生産)技術革新による: ~ unemployment 技術革新による失業. ~·**ly** *adv.* 〖1627〗
technológical univérsity *n.* =COLLEGE of Advanced Technology.
tech·nol·o·gist /tekná(ː)lədʒɪ̣st | -nɔ́lədʒɪst/ *n.* 科学技術者. 〖1859〗
tech·nol·o·gize /tekná(ː)lədʒàɪz | -nɔ́l-/ *vt.* (科学)技術化する. 〖1954〗
tech·nol·o·gy /tekná(ː)lədʒi | -nɔ́l-/ *n.* **1 a** テクノロジー, 科学技術, 工業技術. **b** 工学, 応用科学 (applied science). **2** [集合的] 専門語, 術語. 〖(1615) ▭ Gk *tekhnología* systematic treatment: ⇨ techno-, -logy〗
technólogy agrèement *n.* **1** (国家間・企業間などの)技術協定. **2** 〖労働〗新技術導入に関する協定《新技術導入によってひき起こされる雇用の変化に対応するため, 労働組合が使用者との交渉用にまとめた枠組》.
technólogy assèssment *n.* テクノロジーアセスメント《新しい科学技術が社会に与える影響を前もって評価し予測しようとする試み》. 〖1966〗
technólogy pàrk *n.* =science park.
technólogy trànsfer *n.* (発展途上国への)技術援助, 技術移転.
tech·no·ma·ni·a /tèknəméɪniə, -njə | -nə(ʊ)-/ *n.* (環境に対する影響を考えない)科学技術心酔[盲信]. 〖1969〗
téchno·phìle *n.* テクノロジーに強い関心をもつ人, ハイテクマニア[愛好家]. 〖1968〗
tech·no·pho·bi·a /tèknəfóubiə | -nə(ʊ)fəu-/ *n.* **1** (社会や環境への悪影響を恐れる)科学技術恐怖症. **2** (特にコンピューターに関する)新技術使用の恐怖症. **tech·no·phobe** /téknəfòub | -nə(ʊ)fəub/ *n.*, **tech·no·phob·ic** /tèknəfóubɪk | -nə(ʊ)fəu-⁻/ *adj.* 〖1965〗
tech·nop·o·lis /tekná(ː)pəlɪ̣s | -nɔ́pəlɪs/ *n.* 技術支配社会, 技術集積都市, テクノポリス. **tech·no·pol·i·tan** /tèknəpá(ː)lətn | -pɔ́lɪtn⁻/ *adj.* 〖1965〗
tech·no·pop /téknəpà(ː)p | -nə(ʊ)pɔ̀p/ *n.* 〖音楽〗テクノポップ《シンセサイザーなどの電子楽器[機器]を多用して演奏されるポップミュージック》. 〖(1980): *techno-* (← TECHNOLOGICAL) + POP¹〗
téchno·spèak *n.* =technobabble.
téchno·strèss *n.* テクノストレス《コンピューター業務などに従事する労働者にみられる憂鬱感・不安感・焦燥感など》. 〖1983〗
téchno·strùcture *n.* 〖経営〗テクノストラクチャー, 専門技術者管理階級《大企業において, 専門化した知識・情報・技術をもつ人たちが集団で意志決定を行う組織》. 〖1967〗
-tech·ny /←→tèkni/「技術的専門化 (technical specialization)」の意の名詞連結形. 〖▭ F *-technie* ← Gk *tékhnē* art: ⇨ -y¹〗
tech·y /tétʃi/ *adj.* (**tech·i·er; -i·est**) =tetchy. **téch·i·ly** /-tʃɪ̣li/ *adv.* **téch·i·ness** *n.*
tec·no- /téknou | -nəu/「子供 (child)」の意の連結形: *tecnology*. 〖▭ Gk *tekno-* ← *téknon* child: ⇨ thane〗
tec·nol·o·gy /tekná(ː)lədʒi | -nɔ́l-/ *n.* =pedology² 1. 〖⇨ ↑, -logy〗
tecta *n.* tectum の複数形.
tèc·ti·bránch *n.* 〖動物〗隠鰓(いんさい)目 (*Tectibranchia*) の軟体動物. 〖(*a*1839) ← NL *Tectibranchia* ← L *tectus* ((p.p.) ← *tegere* to cover) + -I- + *branchia* 'BRANCHIA'〗
tec·tite /téktaɪt/ *n.* 〖鉱物〗=tektite.
tec·to·gene /téktədʒìːn/ *n.* 〖地質〗造山帯や島弧を生じるもとになったと考えられる仮説的な地殻の下方屈曲. 〖(1937) ← *tecto-* (← Gk *tektaínein* to frame, build ← *téktōn* carpenter) + -GENE〗
tec·to·log·i·cal /tèktəlá(ː)dʒɪ̣kəl, -kl | -lɔ́dʒɪ-⁻/ *adj.* 〖生物〗組織形態学の.
tec·tol·o·gy /tektá(ː)lədʒi | -tɔ́l-/ *n.* 〖生物〗組織形態学《進化や発生の種々の段階の形態上の単位が異なった組合わせを作ることにより, 異なった生物が生じるという見解に立つ形態学の一分科》. 〖(1883) ▭ G *Tektologie* ← Gk *téktōn* (↓): ⇨ -logy〗
tec·ton·ic /tektá(ː)nɪk | -tɔ́n-/ *adj.* **1** 構造の, 築造の; 構築の (constructive, architectural). **2** 〖地質〗地質構造上の, 地質構造の変形によって起こる[できた]: a ~

earthquake 構造地震 / ～ geology 構造地質学 / a ～ lake [basin] 構造湖[盆地]. **3** 〘生物〙構造の，構成の. **tec·tón·i·cal·ly** *adv.* 〚((1656)) ▭ LL *tectonicus* ▭ Gk *tektonikós* skilled in building ← *téktōn* carpenter, builder: ⇨ -ic¹〛

tectónic pláte *n.* 〘地球物理〙＝plate 11.

tec·ton·ics /tɛktɑ́(ː)nɪks | -tɔ́n-/ *n.* **1** 構造学，構築学 (architectonics). **2 a** 構造地質学 (structural geology). **b** 〘地質〙地質構造. **c** 〘地質〙＝diastrophism. 〚((1850)): ⇨ tectonic, -ics〛

tec·ton·ism /tɛ́ktənɪ̀zm/ *n.* 〘地質〙＝diastrophism. 〚((1948)): ⇨ tectonic, -ism〛

tec·to·ri·al /tɛktɔ́ːriəl/ *adj.* 〘解剖〙蓋(ふた)の，被蓋(ひがい)の，覆いになる (covering). 〚((1890)) ← L *tēctōrius* (← *tēctus* (p.p.) ← *tegere* to cover)＋-AL¹〛

tectórial mémbrane *n.* 〘解剖〙蓋膜(がいまく). 〚1890〛

tec·to·sil·i·cate /tɛ̀ktousílɪ̀kèɪt, -kɪ̀t | -tə(ʊ)-/ *n.* 〘鉱物〙テクトケイ酸塩 (SiO₄ 四面体の頂点の共有が三次元的な骨格構造をなしているもの; cf. cyclosilicate). 〚((1947)) ← TECTUM＋-O-＋SILICATE〛

tec·trix /tɛ́ktrɪks/ *n.* (*pl.* **tec·tri·ces** /tɛ́ktrəsìːz, tɛktráɪsìːz | tɛ́ktrɪ̀sìːz, tɛktráɪsiːz/) 〘鳥類〙雨覆(あまおおい)羽 (covert). **tec·tri·cial** /tɛktríʃəl, -ʃl/ *adj.* 〚((1874)) ← NL *tēctrix* one that covers ← *tēctus*: ⇨ tectorial〛

tec·tum /tɛ́ktəm/ *n.* (*pl.* **tec·ta** /-tə/) 〘解剖・動物〙被蓋(ひがい)，天蓋 (屋根のような構造をもつ); (特に)中脳蓋. **tec·tal** /tɛ́ktl/ *adj.* 〚((1905)) ← NL ～ ← L *tēctum* roof, dwelling, building (neut.) ← *tēctus*: ⇨ tectorial〛

Te·cum·seh /tɪ̀kʌ́msə, -si/ *n.* (*also* **Te·cum·tha** /-θə/) テカムセ (1768?–1813; アメリカインディアン Shawnee 族の首長). 〚← N-Am.-Ind. *Tikamthi* (原義)? he springs〛

ted /tɛ́d/ *vt.* (**ted·ded; ted·ding**) 〈干し草などを〉広げて干す，ばら干しにする. 〚((*a*1300)) ▭ ? ON *teðja* ((p.p.) *taddr*) to spread manure: cf. OHG *zetten* to scatter〛

Ted /tɛ́d/ *n.* **1** テッド (男性名). **2** 《英》＝Teddy boy. 〚((14C)) (変形) ← ED (dim.) ← EDWARD¹: cf. Ned, Teddy〛

ted·der /tɛ́də | -də(r)/ *n.* 乾燥機，テッダー (干し草などを広げて干す器械). 〚15C〛

Ted·der /tɛ́də | -də(r)/, **Arthur William** *n.* テダー (1890–1967; 英国空軍の元帥; 第二次世界大戦中 Eisenhower のもとで西ヨーロッパ連合国軍副指令官 (1944–45)).

ted·dy /tɛ́di | -di/ *n.* **1** ＝teddy bear. **2** [通例 *pl.*; 時に単数扱い] テディ (女性用のワンピース形式の下着; 上身ごろとゆるいパンツが組み合わされている). 〚((1924)) ?〛

Ted·dy /tɛ́di | -di/ *n.* テディー (男性名; 米国に多い名). 〚(dim.) ← THEODORE // EDWARD¹〛

téddy bèar *n.* ぬいぐるみの熊，テディベア. 〚((1906)) ← TEDDY: 狩猟好きの Theodore Roosevelt (米国第 26 代大統領)が子熊を見逃してやるところを描いた漫画から〛

Téddy bòy, t- b- *n.* 《英口語》**1** テディボーイ (Edward 七世時代の華美な服装を愛用する，特に 1950 年代および 60 年代初めの英国の非行青少年). **2** (一般に)非行少年. 〚((1954)) ← TEDDY (Edward の愛称)〛

Téddy girl, t- g- *n.* 《英口語》テディガール (Teddy boy の女性版). 〚1955〛

Te De·um /tèɪdéɪəm, -əm, tìːdíːəm/ *n.* **1** テデウム，賛美の頌[歌]，感謝頌 (カトリック教会の朝課や英国国教会の早禱でまた感謝の聖歌として歌われる): sing ～ 賛美の歌を歌う; 欣喜する. **2** 「テデウム」の曲. **3** 「テデウム」を歌う感謝式. 〚OE ▭ LL *tē deum* (*laudāmus*) thee, God, (we praise): St. Ambrose 作とされる聖歌の起句〛

te·di·ous /tíːdiəs | -di-/ *adj.* **1** 〈仕事・旅行など〉退屈な，飽き飽きする (dull, tiresome): a ～ discourse [journey] 退屈な長談義[旅行] / He waited for three ～ hours. 退屈しながら 3 時間待った. **2** 〈話・話し手など〉冗長な，くどい，長たらしい (prolix): a ～ speaker. **3** 《廃》ゆっくり進行する. **～·ly** *adv.* **～·ness** *n.* 〚((*a*1420)) ▭ LL *taediōsus* ← L *taedium*: ⇨ ↓, -ous〛

te·di·um /tíːdiəm | -di-/ *n.* **1** 飽き飽きすること，退屈: He beguiled [kept away, relieved] the ～ *of* waiting by reading a magazine. 待つ間の退屈を雑誌を読んで紛らした. **2** 退屈な時. 〚((1662)) ▭ L *taedium* weariness ← *taedēre* to disgust, weary〛

te·di·um vi·tae /tíːdiəmváɪtiː, téɪdiəmwíːtaɪ | -di-/ *L. n.* ＝taedium vitae.

tee¹ /tíː/ *n.* **1** 〘ゴルフ〙**a** ティー(グラウンド) (各ホールの第一打を打つ場所; teeing ground ともいう). **b** ティー (第一打を打つ際に球を載せる小さなゴム・プラスチック・木製のくさび状のもの). **2** 〘サッカー・アメフト〙ティー (キックオフおよびプレースキック (placekick) の際に球を載せるプラスチック製の台).

déad from the tée 打球の狙いたがわず.

— *vt.* (**～d; ～·ing**) **1** 〘ゴルフ〙〈球を〉ティーに載せる 〈*up*〉. **2** 準備[手配]する 〈*up*〉: It's (all) ～*d up*.

— *vi.* 〘ゴルフ〙球をティーに載せる 〈*up*〉.

tée óff (1) 〘ゴルフ〙ティーから第一球を打ち出す，ティーオフする. (2) 《口語》〔…から〕始める，(…の)火ぶたを切る 〔*with*〕. (3) 《米俗》〈人を〉叱りつける〔*on*〕. (4) 《俗》〘野球・ソフトボール〙(長打で)大量得点を挙げる; 〈相手を〉痛打する〔*on*〕. (5) 《俗》〘ボクシング〙強打する. (6) [しばしば受身で] 《米俗》怒らせる，いら立たせる. 〚1895〛

〚((1673)) (-*z* を pl. 語尾とみた逆成) ← (古形) *teaz* ← ?: T 字形目標からか〛

tee² /tíː/ *n.* **1** T または t の字. **2** T 字形の物: **a** T 字管. **b** ＝T-bar. **3** 〘カーリング〙(house の中心の)標的 (mark) (⇨ curling 挿絵). ***to a tée*** ＝*to a* T ⇨ T 成句. **—** *adj.* T 字形の. 〚((1494–95)) T の字の名〛

tee³ /tíː/ *n.* 傘形飾り，請花(うけばな) (塔・五重塔などの頂上に設けた多く金色の傘形の飾り，周端に鈴を下げることもある). 〚((1800)) ▭ Burmese *h'ti* umbrella〛

Tée-bàll *n.* ⇨ T-ball.

tée connèction *n.* 〘電気〙**1** ＝T connection. **2** ＝tee joint.

tee-hee /tìːhíː/ *int., n., vi.* ＝te-hee.

tée·ing gròund /tíːɪŋ-/ *n.* 〘ゴルフ〙ティーグラウンド (⇨ tee¹ 1 a). 〚1890〛

tée jòint *n.* 〘電気〙T 字形接続，T 分岐接続 (tee connection). 〚1888〛

teel /tíːl/ *n.* 〘植物〙＝til.

teem¹ /tíːm/ *vi.* **1 a** 〈場所などが〉〔…に〕満ちる，富む (abound) 〔*with*〕: This pond ～*s with* fish. この池には魚が多い / His head is ～*ing with* good ideas. 彼の頭はすばらしい考えでいっぱいだ / The streets are ～*ing with* people. 通りは人であふれている. **b** 〈場所などに〉満ちる，たくさんいる 〔*in*〕: Fish ～ *in* Japanese waters. 日本近海は魚類に富む / Good ideas ～ *in* his head. 名案が彼の頭にぎっしり詰まっている. **2** 《廃》妊娠する; 子を産む. **—** *vt.* 《古》〈子を〉産む; 生じる. 〚OE (Anglian) *tēman* (＝WS *tieman*) to breed < Gmc **taumjan* ← **taumaz* family, offspring: ⇨ team〛

teem² /tíːm/ *vt.* **1** 《方言》〈容器〉の中身をあける (empty). **2** 〘冶金〙〈溶けた金属を〉型に注ぐ. **—** *vi.* **1** 〈水が〉どっと注ぐ (flow). **2** [しばしば it を主語として] (雨が)激しく降る (pour) 〈*down*〉: It's ～*ing* (with rain).＝The rain is ～*ing* (*down*). どしゃ降りだ. 〚((*a*1325)) *teme*(*n*) ▭ ON *tæma* to pour out ← *tōmr* empty: ⇨ toom〛

teem·ful /tíːmfəl, -fl/ *adj.* 実りの多い，豊富な. 〚(OE) 1755〛

téem·ing *adj.* **1** (うようよするほど)たくさんいる，込み合っている (swarming): a ～ station 人波でごった返す駅 / the ～ population of the slums スラム街に住んでいるたくさんの人間. **2** 多産の，実を結ぶ (prolific): a ～ brain (思想の)豊かな頭脳. **～·ly** *adv.* **～·ness** *n.* 〚((1535)) ← TEEM¹〛

teen¹ /tíːn/ *adj.* 《口語》＝teenage. **—** *n.* ＝teenager; [*pl.*] ＝teens. 〚((1604)) ← -TEEN〛

teen² /tíːn/ *n.* **1** 《古》悲哀，悲嘆 (grief); 不幸 (misfortune): An hour's joy is wrack'd with a week of ～ 一時間の喜びは，続く一週間の悲しみに打ちこわされ (cf. Shak., *Rich III* 4. 1. 96). **2** 《スコット》怒り，腹立ち (anger). **3** 《廃》危害 (injury)，損傷 (damage). 〚OE *tēona* injury, grief < Gmc **tinnō* ← IE **dāu-* to burn〛

-teen /⌐—(—)tíːn⌐/ *suf.* 「10 …」の意で，13 から 19 までの基数の名詞を造る. 日英比較 「ローティーン」「ハイティーン」は和製英語. 英語ではそれぞれ (in one's) early teens, (in one's) late teens という. 〚OE *-tēne, -týne* 'TEN': cf. G *-zehn*〛

Tee·na /tíːnə/ *n.* ティーナ (女性名). 〚(dim.) ← ALBERTINA // BETTINA // CHRISTINA〛

téen·àge *adj.* **1** 十代の，十代の若者の: a ～ boy, girl, party, etc. **2** 〈映画・雑誌・音楽など〉十代の若者向けの. 〚1921〛

téen àge *n.* 十代の年齢 (-teen で終わる 13 から 19 までの間の年齢): girls of ～ 十代の少女 (cf. teenager). 〚1934〛

téen·àged *adj.* ＝teenage.

teen·ag·er /tíːnèɪdʒə | -dʒə(r)/ *n.* 十代の少年[少女]，ティーンエージャー: a TV program aimed at ～*s* 十代をねらったテレビ番組. 〚1939〛

teen·er /tíːnə | -nə(r)/ *n.* ＝teenager.

tee·nie-wee·nie /tìːniwíːni/ *adj.* 《小児語》＝teeny.

teens /tíːnz/ *n. pl.* **1** (年齢の)十代 (-teen で終わる 13–19 歳); (特に，連続した)13 から 19 までの数; (世紀の)10 年代: a girl *in* her ～ 十代の少女 / *in* one's last ～ 十代の最後に / *in* one's early ～ 十代前期で[の]，ローティーンの / *in* one's late ～ 十代後期で[の]，ハイティーンの / She is just *out of* her ～. 十代を抜けた [20 歳になった]ばかりだ / enter one's ～ 13 歳になる / pass one's ～ 十代から抜ける，二十代になる. **2** 十代の若者たち. 〚((1604)): ⇨ teen¹, -s¹〛

teen·sie-ween·sie /tìːnsiwíːnsi/ *adj.* ＝teeny.

teen·ster /tíːnstə | -stə(r)/ *n.* ＝teenager.

teen·sy /tíːnsi/ *adj.* (**teen·si·er; -si·est**) ＝teeny. 〚1899〛

teen·sy-ween·sy /tìːnsiwíːnsi/ *adj.* ＝teeny. 〚((1906)) (変形) ← TEENY-WEENY〛

teent·sy /tíːntsi/ *adj.* (**teent·si·er; -si·est**) ＝teeny.

teent·sy-weent·sy /tìːntsiwíːntsi/ *adj.* ＝teeny.

tee·ny /tíːni/ *adj.* (**tee·ni·er; -ni·est**) 《口語》ちっちゃい (tiny): I'll give you one ～ bit of advice. ちょっとアドバイスしてあげよう. **—** *n.* ＝teenager. 〚((1825)) (変形) ← TINY: WEENY などの類推から〛

teen·y·bop·per /tíːnibɑ̀(ː)pə | -bɔ̀pə(r)/ *n.* 《口語》**1** ティーンエージャー (少女). **2** ティーニーボッパー (しきりに流行を追いロックに凝り，麻薬に興味をもつティーンエージャーの女の子，時に男の子). **téen·y·bop** /-bɑ̀(ː)p | -bɔ̀p/ *adj.* **téeny·bòp·per·ish** /-pərɪʃ/ *adj.* 〚((1966)) ← TEEN¹＋-Y²＋BOPPER〛

téeny-tíny *adj.* 《口語》とってもちっちゃい. 〚((1867)) (加重)〛

téeny-wéeny *adj.* ＝teeny. 〚1879〛

tee·pee /tíːpiː/ *n.* ＝tepee.

tée-pìece *n.* ＝T-piece.

tée-plàte *n.* ＝T-plate.

Tees /tíːz/ *n.* [the ～] ティーズ(川) (イングランド北部，Pennine Chain の北方に発し，東流して，Middlesbrough で北海に注ぐ川 (110 km)). 〚OE **Tēs*(*e*) (原義)? boiling or surging river: cf. Welsh *tes* heat, sunshine〛

tée shìrt *n.* ＝T-shirt.

tée shòt *n.* 〘ゴルフ〙ティーショット (ティーから打ち出す打球). 〚1862〛

tée squàre *n.* ＝T square.

Tees·side /tíːzsaɪd/ *n.* ティーズサイド (イングランド北東部 Tees 下流・河口域の旧特別市 (county borough) (1968–74)).

tee·tee /tíːtiː/ *n.* 〘動物〙＝titi¹.

tee·ter /tíːtə | -tə(r)/ *vi.* **1 a** 動揺する，よろめく (tooter): ～ in high-heeled shoes ハイヒールを履いてよろめく / be ～*ing* on the brink of bankruptcy 破産に瀕している. **b** ためらう (waver): ～ *on* a decision [*between* two courses] 決心がつきかねて[二つの進路の取捨に]ためらう. **2** 《米》シーソーする (seesaw). **—** *vt.* (シーソーのように)上下に動かす: He ～*ed* the fretting baby on his knee. むずかる幼児を膝に乗せて上下にゆすった. **—** *n.* **1** 動揺，ためらい (vacillation). **2** 《米》シーソー. 〚((1843)) (変形) ← (古) *titter* to totter, seesaw < ME *titere*(*n*) to totter, sway: cf. G *zittern* to tremble, quiver〛

téeter·bòard *n.* 《米》**1** ＝seesaw 1 a. **2** ティーターボード (支えの上に載せた板で，一方の端に人が飛び乗ると他方の端に立っている人が空中に飛び上がるようになっている). 〚1855〛

tee·ter-tot·ter /tíːtətɑ̀(ː)tə | -tətɔ̀tə(r)/ 《米》*n.* シーソー (seesaw). **—** *vi.* **1** シーソーをする. **2** よろめき進む，揺れ動く，ためらう. 〚((1888)) (変形) ← (方言) *titter-totter* (pastime of playing) seesaw: ⇨ teeter, totter¹〛

tee·te·ry /tíːtəri | -tə-/ *adj.* 《米》＝tottery.

teeth /tíːθ/ *n.* tooth の複数形. 〚OE *tēþ*〛

teethe /tíːð/ *vi.* 歯を生じる; 〈小児が〉歯がはえる (cut teeth). 〚((?*a*1300)): ⇨ teeth: BLEED, FEED などからの類推か〛

téeth·er /tíːðə | -ðə(r)/ *n.* (歯生期の幼児用)おしゃぶり. 〚((1946)): ⇨ ↑, -er¹〛

téeth·ing /tíːðɪŋ/ *n.* **1** 乳歯の萌出，歯のはえること (dentition). **2** 歯の萌出に伴う現象. 〚1732〛

téething pròblems *n.* ＝teething troubles.

téething rìng *n.* 《米》(歯生期の幼児に与える通例ゴムまたはプラスチック製の)輪形のおしゃぶり. 〚1872〛

téething tròubles *n. pl.* (企業などの)当初の困難. 〚1937〛

téeth·rìdge *n.* 〘音声〙歯槽突起，歯茎 (alveolar ridge). 〚1928〛

tee·to·tal /tìːtóutl | tìːtə́ʊtl⌐, ⌐—⌐/ *adj.* **1** 絶対禁酒(主義)の: a ～ pledge 絶対禁酒誓約 / a ～ society 禁酒会 / ～ drink アルコールを含まない飲料，清涼飲料. **2** 《米口語・方言》絶対的な，全くの (total の強意語): ～ ignorance 絶対的な無知. **—** *vi.* (**tee·to·taled, -to·talled; -tal·ing, -tal·ling**) 禁酒を唱える，禁酒を実行する. **～·ly** *adv.* 〚((1834)) ← T(OTAL)＋TOTAL (ABSTINENCE): 強調のため語頭の t を重ねたもの〛

tée·tò·tal·er /-tələ, -tlə | -tələ(r), -tl-/ *n.* 絶対禁酒(主義)者. 〚1834〛

tée·tò·tal·ìsm /-təlɪzm, -tl- | -təl-, -tl-/ *n.* 絶対禁酒主義. 〚1834〛

tée·tò·tal·ist /-təlɪ̀st, -tl- | -təlɪst, -tl-/ *n.* ＝teetotaler.

tée·tò·tal·ler /-tələ, -tlə | -tələ(r), -tl-/ *n.* ＝teetotaler.

tee·to·tum /tìːtóutəm | tìːtə́ʊtəm, ⌐—⌐, tìːtəʊtʌ́m/ *n.* 《古》**1** 指で回す小ごま: like a ～ くるくると(回って). **2 a** (賭け勝負用の)四角ごま (指で心棒をひねって回す小ごま; 側面に T (take all), H (half), N (nothing), P (put down 賭け金を今一度積め)の文字があり，倒れたとき上面に出た文字によって勝負をする). **b** ＝put-and-take. 〚((1720)) *T-totum* ← TEE¹＋L *tōtum* the whole (stakes) ((neut.) ← *tōtus* 'whole, TOTAL'): こま(独楽)の一角に *totum* '(take) all' の頭文字の T が刻んであることから〛

tee·vee /tìːvíː/ *n.* テレビ (television). 〚((1949)): TV の発音綴り〛

teff /tɛ́f/ *n.* 〘植物〙テフ (*Eragrostis abyssinica*) (アフリカ北部産のイネ科の穀物; teff grass ともいう). 〚((1790)) ▭ Amharic *ṭēf*〛

te·fil·lin /təfílɪ̀n | -lɪn/ *n. pl.* [時に単数扱い] 〘ユダヤ教〙聖句箱 (⇨ phylactery 1). 〚((1613)) ▭ Mish.Heb. *tᵉphillín* (pl.) ← *tᵉphillāʰ* prayer〛

TEFL /tɛ́fl/ (略) 〘教育〙Teaching English as a Foreign Language.

Tef·lon /tɛ́flɑ(ː)n | -lɒn/ *n.* 〘商標〙テフロン (耐薬品性・耐熱性にすぐれる四フッ化エチレンの重合体からなるフッ素樹脂の商品名で，絶縁材料やコーティング材として用いられる). 〚((1945)) ← (POLY)TE(TRA)FL(UOROETHYLENE)＋*-on* (合成物を表す語尾字)〛

Tef·nut /tɛ́fnuːt/ *n.* 〘エジプト神話〙テフヌート (湿気の女神; Ra と Hathor の娘で Shu と双子の姉妹; 円盤と蛇形章を頭につけ，ライオンの頭と人体をもつ). 〚▭ Egypt. *tfnw.t*〛

teg /tɛ́g/ *n.* **1** 《英》2 歳の羊; 2 歳の羊の毛. **2** 2 歳の鹿の雌. 〚((*a*1529)) ← ?: cf. Swed. *tacka* ewe〛

t.e.g. (略) 〘製本〙top edge(s) gilt 天金 (cf. g.e.).

tegg /tɛ́g/ *n.* ＝teg.

teg·men /tɛ́gmən/ *n.* (*pl.* **teg·mi·na** /-mənə | -mɪ̀nə/) **1** 覆い (covering)，外被 (integument). **2** 〘植物〙内種皮. **3** [*pl.*] 〘昆虫〙(甲虫の)翅鞘(ししょう)，さやばね; (直翅(ちょくし)類の)硬い前ばね. **teg·mi·nal** /tɛ́gmɪnl | -mɪ̀-/

adj. 〖(1807) ← NL ～ ← L *teg(u)men* covering ← *tegere* to cover: cf. thatch〗

teg·men·tum /tɛgméntəm | -təm/ *n.* **1** 〚植物〛芽鱗(がん), 苞 (bud scale). **2** 〚解剖〛被蓋(ふい). **teg·men·tal** /tɛgméntl | -tl/ *adj.* 〖(1832) ← NL ～ ← L ～, *tegumentum*: ⇨ tegument〗

tegmina *n.* tegmen の複数形.

Te·gu·ci·gal·pa /tɛgùːsəgǽlpɑː, -gáːl- | tɛgùːsɪgǽl-; *Am.Sp.* teɣusiɣálpa/ *n.* テグシガルパ《中米ホンジュラスの南中部にある同国の首都》.

teg·u·la /tɛ́gjʊlə/ *n.* (*pl.* **-u·lae** /-lìː/) 〚昆虫〛肩板《蜂・蝶・蛾などの前翅(せん)関節膜を覆っているもの》. 〖(1826) □ L *tēgula* (↓)〗

teg·u·lar /tɛ́gjʊlə | -lə(r)/ *adj.* **1** 瓦(かわら)状の, 瓦のように並べた. **2** 〚昆虫〛肩板の, 瓦状片の. **～·ly** *adv.* 〖(1796) ← L *tēgula* tile (← *tegere* to cover)+-AR¹〗

teg·u·lat·ed /tɛ́gjʊlèɪtɪ̀d | -tɪ̀d/ *adj.* 〈甲冑が〉瓦(かわら)状に並べた札(さね)から成る: ～ armor. 〖1834〗

teg·u·ment /tɛ́gjʊmənt/ *n.* 覆(おお)い, 外被. **teg·u·men·tal** /tɛ̀gjʊméntl | -tl/ *adj.* **teg·u·men·ta·ry** /tɛ̀gjʊméntəri | -tə-/ *adj.* 〖(*c*1440) □ L *teg(u)mentum* a covering ← *tegere* to cover: cf. tegmen〗

te·gu·ri·um /təgjʊ́ᵊriəm | -gjʊ́ə-/ *n.* (*pl.* **-ri·a** /-riə/) (古代ローマの建築で)祭壇や石棺を覆う屋根. 〖□ LL ～ 'covering, shrine', L hut, cottage ← ? *tegere* to cover〗

Teh /téɪ/ *n.* =Te.

te-hee /tíːhíː/ *int.* ひっひ《笑う声》. —— *n.* ひっひという笑い声 (titter, giggle). —— *vi.* (～**d**; ～**·ing**) ひっひと笑う. 〖(*c*1300): 擬音語〗

Te·he·ran /tɛráːn, tə-, tɛə-, tèr(ə)-, -rǽn | tɛəráːn, -rǽn, tɛhəráːn, tèrə-, -rǽn/ *n.* (*also* **Te·hran** /～/) テヘラン《イラン北部にある同国の首都》.

teh·sil /tɑsíːl/ *n.* =tahsil.

Te·huan·te·pec /təwáːntəpɛ̀k | -tə-; *Am.Sp.* tewántepek/, **the Gulf of** *n.* テワンテペック湾《メキシコ南部, 太平洋側の湾》.

Tehuantepec, the Isthmus of *n.* テワンテペック地峡《メキシコ南部, 太平洋側の Tehuantepec 湾と大西洋側の Campeche 湾との間の地域, 運河開設の候補地; 南北の幅 200 km》.

Te·huel·che /təwéltʃi, -tʃeɪ; *Am.Sp.* tewéltʃe/ *n.* (*pl.* ～, ～**s**) **1** [the ～(s)] テウェルチェ族《アルゼンチンの南部 Patagonia 地方の長身の狩猟民》. **2** テウェルチェ族の人. **3** テウェルチェ語. 〖□ S-Am.-Ind. (Araucanian) ～ 《原義》(people of) the southeast〗

Te·ian /tíːən/ *adj.* **1** (Ionia の古都) Teos の. **2** (Teos に生まれたギリシャの詩人) Anacreon の. 〖(1646) ← L *Tēius* (□ Gk *Tḗios* ← *Téōs*)+-AN¹〗

Téich·mann's crýstal /táɪkmənz-; *G.* táɪçman-/ *n.* 〚生化学〛タイヒマンの結晶《hemin 結晶の一種; 血液の臨床検査の時検出される》. 〖← *L. K. Teichmann-Stawiarski* (1823–1895; ドイツの解剖学者)〗

tei·chó·ic ácid /taɪkóʊɪk- | -kəʊ-/ *n.* 〚生化学〛テイコ酸, テイコイン酸, タイコ酸《グラム陽性菌の細胞表面にある強酸性のポリマー》. 〖(1958): *teichoic*: ← Gk *teîkhos* wall〗

Tei·de /téɪdi | -di; *Sp.* téiðe/, **the Pico de** /píːkoʊdeɪ | -kəʊ-/ *n.* テイデ山《Canary 諸島中の Tenerife 島の火山 (3,718 m); the Pico de Tenerife, the Pico de Teyde ともいう》.

te ig·i·tur /tèɪídʒɪtʊ̀ə | -tʊ̀ə(r)/ *n.* 〚カトリック〛ミサの典文 (Canon of the Mass) の第一節. 〖(1819) □ L *tē igitur* thee therefore〗

teig·lach /téɪglək, táɪg-, -lɑx/ *n. pl.* [単数または複数扱い] テイグラック《生姜(しょうが)風味の小麦粉の生地をひも状にし, 小さく切って砂糖と蜂蜜のシロップで煮たユダヤの菓子》. 〖□ Yid. *teyglekh* (dim.) ← *teyg* 'DOUGH' □ MHG *teig*〗

tei·id /tíːɪ̀d | -ɪd/ *adj.*, *n.* 〚動物〛テグトカゲ科の(トカゲ). 〖(1956) ↓〗

Tei·i·dae /tíːədìː | tíːɪ-/ *n. pl.* 〚動物〛テグトカゲ科. 〖← NL ～ ← *Teius* (属名: ← Port. *tejú* ← Tupi & Guarani)+-IDAE〗

Teil·hard de Char·din /teɪjáːədəʃɑədǽ(ŋ), -dǽŋ | -jáːdəʃɑː-; *F.* tɛjaʀdəʃaʀdɛ̃/, **Pierre** *n.* テイヤール ド シャルダン (1881–1955; フランスの古生物学者・地質学者・神学者; 諸科学の総合によって統一的世界観を求め, 科学と信仰の調和を図った).

Teil·hard·i·an /teɪjáːədiən | -jáːd-/ *adj.* テイヤールの[学説の]. —— *n.* テイヤール学説信奉者. 〖↑〗

téil trèe /tíːl-/ *n.* 〚植物〛=linden 1. 〖*teil*: (1589) □ OF *til*, *teil* (F *tilleul*) // L *tilia* linden tree ← ?〗

te·in /téɪn/ *n.* テイン《カザフスタンの通貨単位; =¹/₁₀₀ tenge》.

teind /tíːnd/ *n.* 《スコット》=tithe. —— *adj.* =tenth. 〖ME *tende* 'TENTH': cf. ON *tiund*〗

Tei·re·si·as /taɪríːsiəs/ *n.* 〚ギリシャ伝説〛=Tiresias.

tej /tɛ́dʒ/ *n.* テジ《エチオピアの蜂蜜酒 (mead); 同国の国民的飲料》. 〖(1853) ← ? Amharic〗

Te·ja·no /tɛháːnoʊ, tə- | -nəʊ/ *n.* (*pl.* ～**s**) 《米南西部》**1** (軽蔑的に) テキサス州人, メキシコ系テキサス州人, テハーノ. **2** テハーノ, テックスメックス (Tex-Mex)《アコーディオン中心のメキシコ(系テキサス)民謡から発展したポップミュージック》. 〖(1925) □ Am.-Sp. ～ (変形) ← *Texano* Texan〗

Te·jo /*Port.* tɛ́ʒu/ *n.* テージョ川 (Tagus のポルトガル語名).

Tek·a·kwith·a /tɛ̀kəkwíθə/, (**Catherine** or **Ka·te·ri** /káːtəri | -tə-/) *n.* テカクイサ (1656–80; アメリカインディアンの女性宗教家; ローマカトリックに改宗; 通称 the Lily of the Mohawks).

Te Ka·na·wa /tikáːnəwə, tɪ̀-/, Dame **Ki·ri** /kíri/ (**Janette**) *n.* テ カナワ (1944– ; ニュージーランド生まれのソプラノ歌手).

tek·non·y·my /tɛknáːnəmi | -nɒ́nɪ̀-/ *n.* 〚文化人類学〛テクノニミー《「…の父」「…の母」のように子の名前を軸として親を呼ぶ呼称法》. **tek·non·y·mous** /tɛknáːnəməs | -nɒ́nɪ̀-/ *adj.* 〖← Gk *téknon* child+-ONYMY〗

tek·tite /téktaɪt/ *n.* 〚岩石〛テクタイト《オーストラリア・インドネシア・チェコなどに産する黒曜石に似た岩石で, 地球外からの飛来物という説がある; cf. microtektite》. **tek·tit·ic** /tɛktítɪk | -tɪk/ *adj.* 〖(1909) ← Gk *tēktós* molten (← *tḗkein* to melt)+-ITE¹〗

tel /tɛ́l/ *n.* 〚考古〛=tell².

TEL 《略》〚化学〛tetraethyl lead.

tel. 《略》telegram; telegraph; telegraphic; telephone.

tel-¹ /tɛl/ (母音の前にくるときの) tele-¹ の異形: *tel*autograph.

tel-² /tɛl/ (母音の前にくるときの) teleo- の異形: *tel*encephalon.

te·la /tíːlə/ *n.* (*pl.* **-lae** /-liː/) 〚解剖〛組織. 〖← NL *tēla* ← L ～ 'web': ⇨ toil²〗

tel·aes·the·si·a /tɛ̀lɛsθíːʒiə, -ʒə | -lɪ̀sθíːziə, -liːs-, -ʒiə/ *n.* 〚心霊〛=telesthesia.

tel·a·mon /tɛ́ləmən, -mɑ̀(ː)n | -mən, -mɒn/ *n.* (*pl.* **tel·a·mo·nes** /tɛ̀ləmóʊniːz | -məʊ-/) 〚建築〛(支柱となる)男性像 (atlas), テラモン (cf. caryatid). 〖(1706) □ L ～ □ Gk *telamṓn* strap ← *tlênai* to bear: cf. talent〗

Tel·a·mon /tɛ́ləmən, -mɑ̀(ː)n | -mən, -mɒn/ *n.* 〚ギリシャ伝説〛テラモン《Salamis の王; Ajax と Teucer の父; Argonauts の一人》. 〖↑〗

Tel·a·nai·pu·ra /tɛ̀lənaɪpʊ́ᵊrə | -pʊ́ərə/ *n.* テラナイプラ《インドネシア Sumatra 島中南部の都市; Jambi 州の州都; 旧名 Jambi》.

tel·an·gi·ec·ta·si·a /tələ̀ndʒiɛktéɪʒiə, -ʒə | -ziə, -ʒiə/ *n.* 〚病理〛末梢(まっしょう)血管拡張(症), 毛細(血)管拡張(症). **tel·an·gi·ec·tat·ic** /tələ̀ndʒiɛktǽtɪk | -tɪk/ *adj.* 〖(1876) ← NL ～ ← TELEO-+ANGIO-+ECTASIA〗

tel·an·gi·ec·ta·sis /tələ̀ndʒiéktəsɪ̀s, tɛ- | tɛlǽndʒiéktəsɪs/ *n.* (*pl.* **-ta·ses** /-sìːz/) 〚病理〛=telangiectasia. 〖(1831) ← NL ～: ↑, -sis〗

tel·an·thro·pus /tələ́nθrəpəs, tɛ̀lənθróʊ- | tɛlǽnθrə-, tɛ̀lənθrə́ʊ-/ *n.* 〚人類学〛テラントロプス《アフリカ南部 Johannesburg 近郊の Swartkrans 地方で発見された 2 個の下顎骨片によって知られるテラントロプス属 (*Telanthropus*) の化石人類の総称; cf. Sinanthropus, Homo erectus》. 〖(1949) ← NL ～: ⇨ teleo-, -anthropus〗

te·la·ry /tíːləri/ *adj.* くもの巣の, くもの巣をかける. 〖(1646) ← L *tēla* web+-ARY〗

tel·au·to·gram /tɛlɔ́ːtəgræ̀m, -láː- | -lɔ́ːtə-/ *n.* テロートグラフ (telautograph) で受信された画面[文字, 図面, 写真]. 〖(1895): ⇨ ↓, -gram〗

Tel·Au·to·graph, Tel·a- /tɛlɔ́ːtəgræ̀f, -láː- | -lɔ́ːtəgrɑ̀ːf, -græ̀f/ *n.* 〚商標〛テロートグラフ《手書きの文字・図画を電気信号に変えて伝送再現する書字電信装置》. 〖(1884) (商品名): ⇨ tele-¹, autograph〗

tel·au·tog·ra·phy /tɛ̀lɔːtáːgrəfi, -lɑː- | tɛ̀lɔːtɒ́g-/ *n.* 書字電信法. **tel·au·to·graph·ic** /tɛlɔ̀ːtəgrǽfɪk, -lɑː- | -lɔ̀ːtə-/ *adj.* 〖1884〗

Tel A·viv /tɛ̀ləvíːv | -víːv, -vív/ *n.* テルアビブ《イスラエル中部, 地中海岸の港市; もと同国の首都 (1948–50); 1950 年 Jaffa と合併して Tel Aviv-Jaffa となる》.

Tél Avív-Jáffa *n.* テルアビブヤファ《イスラエル中部地中海岸の港市; ⇨ Tel Aviv, Jaffa 1》.

tel·co /télkoʊ | -kəʊ/ *n.* (*pl.* ～**s**) 《米》テレコミュニケーション関連会社. 〖《略》← *tel(ecommunications) co(mpany)*〗

tel·e /téli/ *n.* 《英俗》テレビ (television) (cf. telly). 〖(1836): 略〗

tel·e-¹ /tɛ́lɪ̀, -li/「遠距離(操作); 電信・電送」の意の連結形: *tele*graph, *tele*scope, *tele*vision. ★ 時に telo-, また母音の前では通例 tel- になる. 〖← NL ～ ← Gk *têle* far off, at a distance ← IE *kʷel- far〗

tel·e-² /tɛ́lɪ̀, -li/「テレビ (television)」の意の連結形: *tele*picture, *tele*play. 〖《略》← TELE(VISION)〗

tel·e-³ /téli, tíːliː/ teleo- の異形.

téle·àd *n.* 電話で掲載を申し込む広告. 〖(1976) ← TELE(PHONE)+AD¹〗

tel·e·ar·chics /tɛ̀liáːəkɪks | -áː-/ *n.* 〚航空〛航空器遠隔操縦法. 〖← TELE-¹+ARCH-¹+-ICS〗

téle·bànking *n.* テレバンキング (⇨ telephone banking).

téle·càmera *n.* **1** 望遠写真機 (telephotographic camera). **2** =television camera. 〖1910〗

tel·e·cast /téləkæ̀st | -kɑ̀ːst/ *vi.*, *vt.* (～, ～**·ed**) テレビ放送する. —— *n.* テレビ放送; テレビ番組. **～·er** *n.* 〖(1937) ← TELE-²+(BROAD)CAST〗

télecast stàtion *n.* テレビ放送局. 〖cf. telecasting station (1945)〗

téle·cènter *n.* =telecottage.

tel·e·cep·tor /téləsɛ̀ptə | -lɪ̀sɛ̀ptə(r)/ *n.* 〚心理〛遠受容器《末端器の下位区分の一つ; 刺激が生体から遠く離れていても認知できるような受容器; 例えば, 視覚や聴覚などの受容器》. 〖← TELE-¹+(RE)CEPTOR〗

tel·e·chir /tɛ́lɪ̀kɪə | -kɪə(r)/ *n.* テレキア《宇宙飛行や地下採鉱などで用いられる遠隔操作装置》. 〖(1980): ⇨ tele-¹, chiro-〗

tele·chir·ics /tɛ̀lɪ̀kírɪks/ *n.* [単数扱い] 遠隔操作科学. 〖(1963): ⇨ ↑, -ics〗

tèle·cín·e /-síni/ *n.* 〚テレビ〛**1** テレシネスタジオ, フィルムスタジオ《生番組ではなく録画した番組や映画を放映するスタジオ》. **2** 録画番組, テレビ映画. **3** 録画[テレビ映画]放送装置. 〖(1935) ← TELE-²+CINE(MATOGRAPH)〗

tèle·cinematógraphy *n.* テレビ映画術《映画フィルムをテレビで放送するための技術》.

tele·com /téləkɑ̀(ː)m | télɪ̀kɒm/ *n.* =telecommunication(s).

tele·com·mu·ni·ca·tion /tɛ̀ləkəmjùːnəkéɪʃən | tɛ̀lɪ̀kəmjùːnɪ̀-/ *n.* **1** (電話・電信・ラジオ・テレビなどによる)遠距離電気通信; [*pl.*] 遠距離電気通信手段: a ～*s* satellite 通信衛星 (cf. Intelsat). **2** [通例 *pl.* 単数扱い] 電気通信学. 〖(1932) □ F *télécommunication*〗

tèle·commúte *vi.* (コンピューター端末機を会社と結んで)在宅勤務をする. **téle·commùting** *n.* **téle·commùter** *n.*

tèle·compúter *n.* 〚電算〛テレコンピューター《telecomputing に用いるコンピューター》.

tèle·compúting *n.* テレコンピューティング《ネットワーク接続などによって遠距離通信のできるコンピューターを利用して, 情報・データのやり取りや処理などを行うこと》.

tèle·cónference *n.* 遠隔地間会議, テレコンファレンス《テレビ電話などを利用した遠隔地間の会議》. —— *vi.* 遠隔地間会議をする.

tèle·connéction *n.* 〚気象〛遠隔相関, テレコネクション《遠く離れた地点の気象現象・自然環境現象が相関関係を示すこと》. 〖1934〗

Tele·cop·i·er /téləkɑ̀(ː)piə | télɪ̀kɒ̀piə(r)/ *n.* 〚商標〛テレコピアー《米国 Xerox 社製の電話利用のファクシミリ装置》.

téle·còttage *n.* テレコテージ《農村において, 最新の電算・通信技術を利用できる施設》.

téle·còurse *n.* 《米》テレビ通信教育講座《単位を取得できるもの》. 〖1950〗

tèle·diagnósis *n.* 遠隔診断. 〖1961〗

téle·dràma *n.* テレビドラマ.

tel·e·du /tɛ́lədùː | -lɪ̀-/ *n.* 〚動物〛スカンクアナグマ (*Mydaus javensis*)《Java, Sumatra および Borneo 産のスカンクに似た小動物》. 〖(1821) □ Malay *ēledu*〗

tèle·facsímile *n.* テレファクシミリ《印刷物を電話回線を用いて遠隔地に電送する方法》. 〖1952〗

tel·e·fax /tɛ́ləfæ̀ks | -lɪ̀-/ *n.* [T-] 〚商標〛テレファクス《ファクスによる文書の電送》; テレファクスで送られた文書; [t-] ファクス. —— *vt.* [通例 p.p.] 〈通信文を〉ファクスで送る.

tel·e·fer·ic /tɛ̀ləférɪk | -lɪ̀-/ *n.*, *adj.* 空中ケーブル(の), テルハ (telpher) (の); スキーリフト(の). 〖(1916) □ It. *teleferica* & F *téléférique*: ⇨ tele-¹, -fer, -ic¹〗

tel·e·fe·rique /tɛ̀ləfəríːk | -lɪ̀-/ *n.* =telepherique.

téle·fìlm *n.* テレビ映画. 〖(1939): ⇨ tele-²〗

teleg. 《略》telegram; telegraph; telegraphic; telegraphy.

te·le·ga /təlégə | tɛléɪgə; *Russ.* tʲilʲigá/ *n.* ロシアの四輪荷馬車. 〖(1558) □ Russ. ～ ← ?〗

tel·e·gen·ic /tɛ̀lədʒénɪk | -lɪ̀-/ *adj.* テレビ向きの, テレビ写りのよい (cf. photogenic 3, radiogenic 2): ～ actors, qualities, etc. **tèl·e·gén·i·cal·ly** *adv.* 〖(1939) ← TELE-²+-GENIC²〗

tel·eg·no·sis /tɛ̀lənóʊsɪ̀s, -lɛgnóʊ- | -lɪ̀náʊsɪs, -lɛgnə́ʊ-/ *n.* 超自然的認識; 千里眼, 透視 (clairvoyance). **tel·eg·nos·tic** /tɛ̀lɛgnáːstɪk | -nɒ́s-/ *adj.* 〖(1911) ← NL ～: ⇨ tele-¹, -gnosis〗

Te·leg·o·nus /tɪ̀légənəs/ *n.* 〚ギリシャ伝説〛テレゴノス: **1** Odysseus と Circe の息子《図らずもその父を殺し Penelope を娶(めと)る》. **2** Proteus の子, Io の夫《格闘競技で Hercules に殺される》. 〖□ L *Tēlegonus* □ Gk *Tēlégonos* 《原義》born afar: ⇨ tele-¹, genus〗

te·leg·o·ny /tɪ̀légəni/ *n.* 〚生物〛先夫遺伝, 感応遺伝《ある純粋種の雌が初めの雄に似た子を別の雄によって産むという説; 古くから畜産家に信じられてきたが今は誤りとされる》. **tel·e·gon·ic** /tɛ̀ləgáːnɪk | -lɪ̀gɒ́n-/ *adj.* **tel·e·gon·ous** /tɪ̀légənəs/ *adj.* 〖(1893) ← TELE-¹+-GONY〗

tel·e·gram /tɛ́ləgræ̀m | -lɪ̀-/ *n.* 電報 (telegraphic message): a collated [an urgent] ～ 照合[至急]電報 / a ～ form [《米》blank] 電報発信紙, 頼信紙 / a ～ in cipher [plain language] 暗号[平文]電報 / a ～ to follow 追尾電報 / by ～ 電報で / send [dispatch, forward] a ～ 電報を打つ. 日英比較 日本語の「電報」は「送られるメッセージ」および「電報という通信手段・設備・制度」の両者の意で用いられるが, 英語では前者に *telegram* を使い, telegraph は両者に用いる. —— *v.* (**tel·e·grammed**) =telegraph. **tel·e·gram·mat·ic** /tɛ̀ləgrəmǽtɪk | -lɪ̀grəmǽt-/ *adj.* **tel·e·gram·mic** /tɛ̀ləgrǽmɪk | -lɪ̀-/ *adj.* 〖(1852) ← TELE-¹+-GRAM: 米国法律家 E. P. Smith の造語〗

tel·e·graph /tɛ́ləgræ̀f | -lɪ̀grɑ̀ːf, -græ̀f/ *n.* **1** 電信装置; 電報 (telegram), 電信: a duplex [quadruple] ～ 二重[四重]電信機 / by ～ 電信で, 電報で / submarine ～ 海底電信 / a ～ corps 電信隊 / a ～ office [station] 電報局 / a ～ form [slip] 頼信紙, 電報発信紙. **2** 〚海事〛船橋と機関室との交信装置. **3** 信号機 (semaphore). **4** =telegraph board. —— *vt.* **1** 〈ニュースなどを〉電信で報じる, 打電する, 〈人に〉電報を打つ: ～ a message *to* a person 人に電報を打つ / *Telegraph* me the result. その結果を電報で知らせて下さい / *Telegraph* him *that* everything is O.K. [*to* come at once]. 万事 O.K. だと[すぐ来いと]彼に電報を打て. **2** 電報で頼んで送る: ～ money 電信[電報]為替(かわせ)で送金する / She ～*ed* flowers *to* a sick friend. 病気の友人に電報で注文して花を送った. **3** (信号·合図·目配せで)知らせる[伝える]; 〈手の内を〉知られる, 読まれる: She ～*ed* a nod of assent. うなずいて承知の旨を知らせた. **4** 〖ボクシング〗《口語》(相手がそれと分かる動作で)パンチを送るのを感づかせる. **5** 〈得点などを〉速報掲示板で示す. **6** 《カナダ口語》身代り投票をする. **— *vi.*** **1** 電報を打つ, 打電する: ～ *to* one's father 父に電報を打つ / ～ *off for* money 金送れと電報を打つ / I ～*ed for* my wife. 電報を打って妻を呼び寄せた. **2** 信号[合図]で伝える; 目配せする〔*to*〕. 〘《1794》◻ F *télégraphe*〙

télegraph bòard *n.* (競馬場·競技場などの)速報掲示板 (score board). 〘1868〙

télegraph càble *n.* 電信ケーブル. 〘1855〙

te·leg·ra·pher /təlégrəfə | tɪ̣légrəfə^r, tɛ-/ *n.* 電信技手, 電信技術者 (telegraphist). 〘1795〙

telégrapher's crámp *n.* 〖病理〗電信技手痙攣(けいれん). 〘1890〙

tel·e·graph·ese /tèləgræfíːz, -grə-, fíːs | -lɪ̣grɑː-fíːz, -græ-, -grə-⁻/ *n.* **1** (簡約した)電文体. **2** 《戯言》(London の *Daily Telegraph* 紙に見られるような)誇張的文体. **— *adj.*** **1** 電文体の. **2** 《戯言》誇張的文体の. 〘《1885》← TELEGRAPH＋-ESE〙

tel·e·graph·ic /tèləgræ̀fɪk | -lɪ̣-⁻/ *adj.* **1** 電信装置の. **2** 電送の, 電信[電報]の[による]: a ～ address 電信宛名(あて) / a ～ code (特に, Morse 式の)電信符号 / ～ instructions 訓電 / ～ instruments 電信機 / ～ brevity 電文体の簡潔さ / a ～ message 電信, 電報 / a ～ form 頼信紙 / a ～ picture 電送写真 / a ～ money order 電信[電報]為替(かわせ). **3** (目配せなどによる)合図の: a ～ glance 目配せ. **4** 電文体の; 短い, 簡潔な (concise): His speech was ～. 彼の言葉は電文のように簡潔だった. 〘1794〙

tèl·e·gráph·i·cal /-fɪ̣kəl, -kl̩ | -fɪ-⁻/ *adj.* ＝telegraphic.

tèl·e·gráph·i·cal·ly *adv.* 電信[電報]で; 信号[合図]で; 簡潔に (concisely). 〘1808〙

telégraphic óperator *n.* 《米》＝telegrapher.

telégraphic tránsfer *n.* 《英》＝cable transfer.

te·leg·ra·phist /tɪ̣légrəfɪ̣st | tɪ̣légrəfɪst, tɛ-/ *n.* 《英》＝telegrapher. 〘《1847》◻ F *télégraphiste*〙

telégraphist's crámp *n.* 〖病理〗＝telegrapher's cramp.

télegraph kèy *n.* 電鍵(でんけん). 〘1877〙

télegraph lìne *n.* 電(信)線. 〘1847〙

te·leg·ra·phone /tɪ̣légrəfòun | tɪ̣légrəfəun, tɛ-/ *n.* **1** (旧式の)磁気録音装置. **2** 録音電話機 (電話と録音機とを兼ねたもので, 受話器で記録してこれを必要に応じて再生する). 〘《1890》◻ Dan. *telegrafon*: ⇨ tele-¹, grapho-, -phone〙

télegraph-òperator *n.* ＝telegraphist.

tel·e·graph·o·scope /tèləgræ̀fəskòup | -lɪ̣grɑ́ː-fəskəup, -græ̀f-/ *n.* (初期の)写真電送機.

télegraph plànt *n.* 〖植物〗マイハギ (*Desmodium gyrans*) 《インド原産のマメ科の小低木; 小葉が旋回運動するので有名; clock plant ともいう》. 〘1884〙

télegraph pòle [pòst] *n.* 電柱. 〘1851〙

télegraph wìre *n.* 電(信)線, 電話線. 〘1848〙

te·leg·ra·phy /tɪ̣légrəfi | tɪ̣-, tɛ-/ *n.* 〖通信〗電信, 電信術: electric wave ～ 無線電信術. 〘1795〙

Tel·e·gu /téləgùː/ *n.* (*pl.* ～, ～s) ＝Telugu.

tèle·guíde *vt.* 遠隔誘導する: a ～*d* antiair missile 遠隔誘導対空ミサイル. 〘《1954》: ⇨ tele-¹〙

tèle·kinésis *n.* **1** 念動, テレキネシス (距離を隔てて, 物理的媒介なしに物体を動かすこと). **2** 念動力. 〘《1890》← NL ～: ⇨ tele-¹, kinesis〙

tèle·kinétic *adj.* 念動の: a ～ phenomenon 念動現象. **tèle·kinétically** *adv.* 〘1890〙

téle·lècture *n.* **1** 電話線につないだ拡声器. **2** telelecture を利用して行う講義[講演]. 〘《1968》: ⇨ tele-¹〙

Te·lem·a·chus /tɪ̣léməkəs | tɪ̣lém-, tɛ-/ *n.* 〖ギリシャ伝説〗テレマコス (Odysseus と Penelope との息子). 〘◻ L *Tēlemachus* ◻ Gk *Tēlémakhos* (原義) fighting from afar: ⇨ tele-¹, -machy〙

téle·màn /-mæ̀n/ *n.* (*pl.* **-men** /-mèn/) 下士官信号兵 (海軍の下士官で, 信号文の送受·通信業務などを担当する). 〘⇨ tele-¹〙

Te·le·mann /téləmɑ̀ːn | -mæ̀n; *G.* téːləman/, **Georg Phi·lipp** *n.* テレマン (1681–1767; ドイツの作曲家).

tel·e·mark /téləmɑ̀ək | -lɪ̣mɑ̀ːk; *Norw.* téːləmaʀk/ *n.* **1** 〖スキー〗[時に T-] テレマーク(回転) (外側スキーを前に出し後端を開いて回転動作をする; Telemark turn ともいう). **2** 〖ダンス〗テレマーク (かかとで回転するステップ). **— *vi.*** テレマーク(回転)をする. 〘《1904》◻ Norw. ～ ← *Telemark* (ノルウェー南部の地名)〙

tèle·márketer *n.* telemarketing を行う人.

téle·màrketing *n.* 電話による販売[宣伝, マーケティング].

tel·e·mat·ics /tèləmǽtɪks | -lɪ̣mǽt-/ *n.* [単数扱い] 〖電子工学〗テレマテックス (コンピューターを利用した遠距離通信を扱う情報技術(分野)). 〘《1979》← TELE-¹＋(IN-FOR)MATICS〙

téle·mechànics *n.* (機械の)遠隔操縦(法), 無線操縦法. 〘1909〙

téle·mèdicine *n.* 遠隔医療 (遠隔測定機器·電話·テレビ電話などによって行なう医療).

Téle·mèssage *n.* 〖商標〗テレメッセージ (電話または telex で送る電報; 英国では 1981 年に従来の telegram に取って代わった).

te·lem·e·ter /təléməṭə, téləmìː- | tɪ̣lémɪ̣tə^r, tɛ-, tɛ́-lɪ̣mìː-/ *n.* **1** 測距儀 (range finder). **2** 〖電気〗遠隔測定器, テレメーター (ある量を遠距離の所に電送する仕掛け). **— *vt.*, *vi.*** (測定値を)遠隔測定器で送信する. 〘1860〙

té·lem·è·ter·ing /-tərɪŋ | -tə-/ *n.* 〖測量〗遠隔測定 (測定対象から離れた場所で測定値の読み取りまたは記録を行う測定法). 〘1929〙

te·lem·e·try /təléməṭri | tɪ̣lémɪ̣tri, tɛ-/ *n.* **1** 遠隔測定工学. **2** 遠隔測定器で送信されたデータ. **3** ＝bio-telemetry. **tel·e·met·ric** /tèləmétrɪk | -lɪ̣-⁻/ *adj.* **tèl·e·mét·ri·cal·ly** *adv.* 〘1885〙

téle·mòtor *n.* 〖海事〗テレモーター, (電気·水圧などによる)遠隔かじ取り機. 〘1890〙

tel·en·ceph·a·lon /tèlɛnséfəlɑ̀(ː)n, -lən-, -lən | tèlɛnkéfəlɔ̀n, -séf-, -lən/ *n.* 〖解剖〗終脳, 端脳 (前脳 (forebrain) の前半部; endbrain ともいう). **tel·en·ce·phal·ic** /tèlɛnsɪ̣fǽlɪk | -kɪ̣f-, -sɪ̣f-⁻/ *adj.* 〘《1897》← TELEO-＋ENCEPHALON〙

téle·nèws *n.* テレニュース (テレビのニュース放送).

tele·no·ve·la /tèlənouvèlə | -lɪ̣nəu-/ *n.* (ラテンアメリカ)(テレビの)ソープオペラ, 連続メロドラマ. 〘◻ Sp. ～ ← *tele*(*visión*) television＋*novela* 'novel¹'〙

tel·e·o- /téliou, tíːl- | -liəu/「目的; 完全; 末端」の意の連結形: *teleology, teleosaurus*. ★ 時に tele-, telo-, また母音の前では通例 tel- になる. 〘◻ Gk ～ ← *téle*(*i*)*os* complete, ended ← *télos* end, completion ← **kʷel-* to revolve: cf. telesis〙

tel·e·o·log·ic /tèliəlɑ́(ː)dʒɪk, tìːl- | -lɔ́dʒ-⁻/ *adj.* ＝teleological.

tel·e·o·log·i·cal /tèliəlɑ́(ː)dʒɪ̣kəl, tìːl-, -kl̩ | -lɔ́dʒɪ-⁻/ **— *adj.*** 目的論の, 目的論的な: ～ judgment 〖哲学〗目的論的判断 / ～ necessity 〖哲学〗目的論的必然性. **～·ly** *adv.* 〘1798〙

téleological árgument *n.* 〖哲学〗＝ARGUMENT from design.

téleological éthics *n.* 〖倫理〗目的論的倫理 (目的論 (teleology) の立場をとる倫理学説で, 利己主義·功利主義等に細分化される; cf. axiological ethics). 〘1966〙

tèl·e·ól·o·gìsm /-dʒɪzm/ *n.* 目的論信奉. 〘1889〙

tèl·e·ól·o·gist /-dʒɪ̣st | -dʒɪst/ *n.* 目的論者. 〘1864〙

tel·e·ol·o·gy /tèliɑ́(ː)lədʒi, tìːl- | -ɔ́l-/ *n.* 〖哲学〗 **1** 目的(原因)論 (人間の行為のみならず自然も目的によって規定されているとする説; ↔ dysteleology; cf. fortuitism, tychism). **2** 〖倫理〗目的論 (行為の義務·正邪の基準をその結果·目的におく倫理的立場; cf. deontology). **3** 〖生物〗目的論 (生物の生成と変化はすべてある目的によって規定されているという説). 〘《1728》← NL *teleologia*: ⇨ teleo-, -logy: ドイツの哲学者 Christian von Wolff の造語〙

tel·e·on·o·my /tèliɑ́(ː)nəmi, tìːl- | -ɔ́n-/ *n.* 〖生物〗目的論説 (生物の全機能·構造が生存競争上何らかの目的·価値をもつ(ゆえに現存している)とすること). 〘《1958》← TELEO-＋-NOMY〙

tèle·operátion *n.* テレオペレーション (機械の電子工学的遠隔操作).

tèle·óperator *n.* 遠隔操作式記録装置, リモコン操作ロボット[装置].

tèle·órdering *n.* テレオーダリング (電話による商品の注文; 書店から出版社へのコンピューターによる書籍注文).

tel·e·o·saur /téliəsɔ̀ə | -liə(u)sɔ̀ː^r/ *n.* 〖古生物〗テレオサウラス (中世代ワニ目のうち海生の中鰐類テレオサウラス属 (*Teleosaurus*) の爬虫類の総称). 〘《1841》← TELEO-SAURUS〙

tel·e·o·sau·ri·an /tèliəsɔ́ːriən | -liə(u)-⁻/ 〖古生物〗 *adj.* テレオサウラス属の. **— *n.*** ＝teleosaur. 〘1841〙

tel·e·o·sau·rus /tèliəsɔ́ːrəs/ *n.* 〖古生物〗 **1** [T-] テレオサウラス属. **2** ＝teleosaur. 〘《1839》← NL ～: ⇨ teleo-, -saurus〙

tel·e·ost /téliɑ̀(ː)st, tíːl- | -ɔ̀st/ 〖魚類〗 *n.* 真骨上目 (Teleostei) の魚類の総称 (サメなどを除く大半の魚類; その骨格はほとんど全部硬骨から成る; cf. elasmobranch). **— *adj.*** 真骨上目の. 〘《1862》《逆成》← NL *teleostei* (pl.) ← Gk *tele-* 'TELEO-'＋*ostéon* bone〙

tel·e·os·te·an /tèliɑ́(ː)stiən, tìːl- | -ɔ́s-⁻/ *adj.*, *n.* 〖魚類〗＝teleost. 〘《1859》: ⇨ ↑, -an¹〙

Tel·e·os·tei /tèliɑ́(ː)stiài, tìːl- | -ɔ́s-/ *n. pl.* 〖魚類〗真骨上目. 〘← NL ～ ← TELEO-＋*-ostei* (《1844》← Gk *ostéon* bone)〙

tel·e·o·stome /téliəstòum, tíːl- | -stəum/ *n.* 〖魚類〗＝teleost. 〘《1896》↓〙

Tel·e·os·to·mi /tèliɑ́(ː)stəmài, tìːl- | -ɔ́s-/ *n. pl.* 〖魚類〗 **1** 真口亜綱. **2** 硬骨魚綱. 〘《1872》← NL ～: ⇨ teleo-, -stoma¹〙

tel·e·path /téləpæ̀θ | -lɪ̣-/ *n.* ＝telepathist 2. **— *vi.*** ＝telepathize. 〘略〙

tel·e·path·ic /tèləpǽθɪk | -lɪ̣-⁻/ *adj.* テレパシーの[による]: ～ clairvoyance [communication] テレパシーによる透視[伝達]. **tèl·e·páth·i·cal·ly** *adv.* 〘1884〙

te·lép·a·thist /-θɪ̣st | -θɪst/ *n.* **1** テレパシー研究家. **2** 精神感応力を有する人. 〘1894〙

te·lep·a·thize /təlépəθàɪz | tɪ̣-, tɛ-/ *vt.* テレパシーで伝える; 以心伝心的に知らせる. **— *vi.*** 精神感応術を行う. 〘《1895》: ⇨ ↓, -ize〙

te·lep·a·thy /təlépəθi | tɪ̣-, tɛ-/ *n.* テレパシー, 精神感応 (心の内容が知覚によらずに直接伝わる現象); 以心伝心. 〘《1882》← TELE-¹＋-PATHY〙

tel·e·phe·rique /tèləfəríːk | -lɪ̣-; *F.* telefeʀik/ *n.* 空中ケーブル, ロープウェー; スキーリフト.

tel·e·phone /téləfòun | -lɪ̣fəun/ *n.* 電話機; 電話; [the ～] 電話(通信)組織 (cf. phone): a ～ operator 電話交換手 / a ～ call 電話の呼出し, 通話 / a ～ message 通話 / a ～ set 電話機 / ～ lines 電話線 / a ～ pole 電柱 / a ～ subscriber 電話加入者 / a public [pay] ～ 公衆電話 / a radio ～ 無線電話機 / a mobile ～ 移動[携帯]電話 / a car [cordless] ～ 自動車[コードレス]電話 / by ～ 電話で / answer *the* ～ 電話口に出る / call a person (up) *on the* ～＝call a person *to the* ～ ＝get a person *on the* ～ 人を電話(口)に呼び出す / get *on the* ～ *to* a person (頼み事などがあって)人に電話をかける / pick up *the* ～ 受話器を取り上げる[手にする] / speak to a person *on* [*over*] *the* ～ 電話で人と話す (★ on の方が普通) / You are wanted *on the* ～. 君に電話がかかっている / She is *on the* ～ just now. 今電話中です / Do you have a ～? ＝ 《英》Are you *on the* ～? お宅には電話がありますか.

日英比較 日本語の「テレホンサービス」は「電話で情報を提供するサービス」を意味するが, 英語の *telephone* service は通常の電話業務.「テレフォンサービス」は英語では *telephone* information service.

— *vt.* **1** 〈人〉に電話を掛ける; 〈ニュース·注文などを〉電話で(…に)伝える〔*to*〕: ～ one's mother / ～ a person *for* advice 人に電話して忠告を求める / I ～*d* him the news. ＝I ～*d* the news *to* him. 彼にそのニュースを電話で知らせた / He ～*d* me *to* come at once [*that* everything was all right]. すぐ来るようにと[万事 O.K. だと]私に電話してきた. **2** 電話で頼んで〈人〉に〈電報を〉送る.

— *vi.* **1** 電話を掛ける, 電話で話す: ～ to say that … 電話を掛けて…と言う. ★ 単に「(人)に電話をする」の意では ～ *to* a person の形は比較的まれ (cf. *vt.* 1). **2** 〔…を〕電話で注文する[呼ぶ]〔*for*〕: ～ *for* pizzas, books, etc. / They ～*d for* a doctor [taxi]. 電話で医者[タクシー]を呼んだ.

télephone in 〔家·本部などに〕電話を入れる〔*to*〕: ～ a report *in to* the head office 本社に一報を入れる.

〘《1834》◻ F *téléphone* (原義) voice from afar: ⇨ tele-¹, -phone: フランスの科学者 Sudré が聴話器に名づけた造語 (1834), のち A. G. Bell が 1876 年その発明した電話機の名称に用いた〙

télephone ánswering machìne *n.* 留守番電話 (answering machine).

télephone bànking *n.* 〖商業〗テレフォンバンキング (電話を通じた機械による手続きで, 銀行との取引を行うこと; telebanking ともいう).

télephone bòok *n.* 電話(番号)帳. 〘1915〙

télephone bòoth *n.* (公衆)電話ボックス. 〘1895〙

télephone bòx *n.* 《英》(公衆)電話ボックス. 〘1904〙

télephone dirèctory *n.* ＝telephone book.

tel·e·phon·ee /tèləfouníː | -lɪ̣fəu-/ *n.* 電話をかけられる人. 〘⇨ -ee¹〙

télephone exchànge *n.* 電話交換局. 〘1879〙

télephone kìosk *n.* 《英》(公衆)電話ボックス. 〘1931〙

télephone nùmber *n.* 電話番号: What's your ～?—(It's) 03-3261-7734. あなたの電話番号は何番ですか—03-3261-7734 です. ★ 電話番号の 0 は O(h) /óu | áu/ と読む. このほか 《米》では zero, 《英》では nought と読むこともある. 他の番号は three two six one のように棒読みにする. ただし最後の 2 けたの数を 10 の位の数にして sixty-one のように言うこともある. 77 のように同じ数字が二つ重なるときには double seven のように読むことが多い. 〘1885〙

télephone òperator *n.* 《米》電話交換手. 〘1894〙

tél·e·phòn·er *n.* 電話をかける人. 〘1918〙

télephone recèiver *n.* 電話受話器. 〘1884〙

télephone tàg *n.* テレフォンタッグ (電話でなかなかつかまらない相手をつかまえようとすること).

télephone tàpping *n.* 電話盗聴 (phone tapping).

télephone tèlegram *n.* 〖通信〗電話電報 (phonogram).

télephone thèory *n.* 〖生理〗電話説 (耳は空気の振動を電気的振動に変換するマイクロフォンのようなものであり, 聴神経はこの電気的振動を大脳に伝える電話のような機能をもち, 音の分析は大脳で行われるとする説).

télephone transmìtter *n.* 電話送話器. 〘1884〙

tel·e·phon·ic /tèləfɑ́(ː)nɪk | -lɪ̣fɔ́n-⁻/ *adj.* **1** 電話(機)の; 電話での: ～ communication 電話による通信, 通話. **2** 音を遠方に伝える. **tèl·e·phón·i·cal·ly** *adv.* 〘1834〙

tel·e·phon·ist /tɪ̣léfənɪ̣st, téləfòu- | tɪ̣léfənɪst, tɛ-/ *n.* 《英》電話技手; 電話交換手. 〘1880〙

tel·e·pho·ni·tis /tèləfənáɪṭɪ̣s | tèlɪ̣fə(u)náɪtɪs/ *n.* 《戯言》電話魔[中毒]. 〘《1935》: ⇨ -itis〙

te·leph·o·ny /tɪ̣léfəni, téləfòuni | tɪ̣léfəni, tɛ-/ *n.* 電話術: wireless ～ 無線電話. 〘1835〙

tel·e·pho·to /tèləfóuṭou | tèlɪ̣fə́utəu⁻/ *adj.* **1** 望遠(写真)の (telephotographic). **2** 望遠の: ⇨ telephoto lens. **— *n.*** (*pl.* ～s) **1** 望遠レンズ. **2** 望遠写真. **3** 〖通信〗＝telephotography 1. 〘《1895》《略》← TELE-PHOTO(GRAPHIC)〙

Tel·e·pho·to /téləfòuṭou | tèlɪ̣fə́utəu/ *n.* 〖商標〗テレフォト (米国製の写真電送装置·電送写真).

tèle·phótograph *n.* **1** 電送写真. **2** 《まれ》望遠写真. **— *vt.*** 望遠レンズ(付きカメラ)で撮影する. 〘1881〙

tèle·photográphic *adj.* **1** 写真電送の; 電送写真の. **2** 望遠写真の: a ～ lens 望遠レンズ / a ～ camera 望遠写真機 (telecamera). 〘1881〙

tèle·photógraphy *n.* **1** 〖通信〗写真電送 (phototelegraphy). **2** 望遠写真術. 〘1881〙

télephoto léns *n.* 望遠レンズ: a 300 mm ～.

T

〖(1892): cf. telephotographic lens〗
tèle·photómeter *n.* **1** 遠隔物光度測定器. **2** 〘気象〙透過率計 (transmissometer). 〖1930〗
tel·e·plasm /téləplæ̀zm | -lɪ̀-/ *n.* 〘心霊〙=ectoplasm 2. **tel·e·plas·mic** /tèləplǽzmɪk | -lɪ̀-ˈ/ *adj.*
téle·plày *n.* 《米》テレビドラマ. 〖1952〗
tél·e·pòrt /téləpɔ̀ət | -lɪ̀pɔ̀ːt/ *vt.* 〘心霊〙念力で動かす[移動する]. — *n.* **1** 〘通信〙テレポート《通信衛星などを使って世界中に通信を送ったり受けたりする地上のセンター》. **2** 〘心霊〙念力移動. 〖(1953) ← TELE-¹+PORT⁵〗
tel·e·por·ta·tion /tèləpəətéɪʃən | -lɪ̀pɔː-/ *n.* 〘心霊〙念力移動. 〖1931〗
tèle·présence *n.* テレプレゼンス《遠隔制御装置のオペレーターの得る臨場感》.
téle·prìnter *n.* =teletypewriter.
tèle·prócessing *n.* 《電算機による》遠隔データ操作. 〖1961〗
Tel·e·Promp·Ter /téləprɑ̀(ː)m(p)tə | -lɪ̀prɔ̀m(p)tə(r)/ *n.* 〘商標〙テレプロンプター《米国製の autocue の商品名》. 〖(1951): ⇨ tele-², prompter〗
tel·e·ran /télərǽn/ *n.* 〘航空〙テレラン《空港周辺における航法の一種で, 地上のレーダーが周辺空域を走査し, その結果を航空機に送ってパイロットが近くの空域にいるすべての航空機の位置を知ることができるようにしたシステム》. 〖← *Tele(vision) Ra(dar) N(avigation)*〗
téle·recòrd *vt.* 〘テレビ〙録画する. — *n.* テレビ録音[録画]. 〖1955〗
téle·recòrding *n.* (テレビの)録画; 録画番組(など). 〖1953〗
tel·er·gy /télə(ː)dʒi | -lə(ː)-/ *n.* 遠隔精神作用. 〖(1884)《混成》← TEL(EPATHIC)+(EN)ERGY〗
téle·sàles *n.* [単数扱い] 電話による販売《telephone selling ともいう》.
tel·e·scope /téləskòup | -lɪ̀skə̀up/ *n.* **1 a** 望遠鏡: a binocular ~ 双眼鏡 / an equatorial ~ 赤道儀 / a sighting ~ 照準望遠鏡《銃砲などに付属した照準用の地上望遠鏡》/ ⇨ astronomical telescope, reflecting telescope, refracting telescope, terrestrial telescope. **b** 電波望遠鏡 (radiotelescope). **2** [the T-] 〘天文〙ぼうえんきょう(望遠鏡)座 (⇨ Telescopium). **3** =telescope bag.
— *adj.* [限定的] はまり込み式の, 入れ子式の: ⇨ telescope bag, telescope box.
— *vt.* **1** (入れ子式に)はめ込む, (順次に)たたみ込む: ~ five paper cups 紙コップを5つ重ねる. **2** (列車などが衝突して)〈前後の車両を〉押し潰(つぶ)す: The cars were ~*d* by the collision. その衝突で車両が押し潰された. **3** 簡単にする (simplify), 縮める (shorten), 凝縮[縮約]する〔*into*〕: ~ a long play *into* a one hour program 長い芝居を1時間番組に短縮する. **4** 〈二つ(以上)の語を〉混交させる (blend) (cf. telescope word). — *vi.* **1** (入れ子式に)はまり込む: This fishing rod ~*s* (into its handle). この釣りざおは(取っ手の中に収まる)伸縮式だ. **2** (衝突して)潰れる, めり込む: Two of the carriages ~*d*. 車両が二つ(前後に)ぺしゃんこになった. **3** 短縮される, 短くなる, 縮まる.
〖(1619) ← NL *telescopium* // It. *telescopio* ← Gk *tēleskópos* far-seeing: ⇨ tele-¹, -scope〗
télescope bàg *n.* (一方が他方にすっぽりかぶさる)行李(こうり)式の旅行かばん. 〖1885〗
télescope bòx *n.* かぶせぶた式の箱.
télescope gòldfish *n.* 〘魚類〙デメキン(出目金).
télescope sìght *n.* (測量器・鉄砲の)眼鏡照準具, 望遠照尺. 〖1715〗
télescope wòrd *n.* 〘言語〙混成語, かばん語 (blend, portmanteau word). 〖1909〗
tel·e·scop·ic /tèləskɑ́(ː)pɪk | -lɪ̀skɔ́p-ˈ/ *adj.* **1** 望遠鏡の: a ~ lens / ⇨ telescopic sight. **2** 望遠鏡使用による; 望遠鏡で見た; 〈天体が〉望遠鏡によってだけ見られる: ~ observations 望遠鏡による観測 / ~ stars 望遠鏡によってのみ見える星 / a ~ object 望遠鏡的物体. **3** 遠目のきく, 先見の明のある (farseeing): a ~ eye. **4** 入れ子式の, (順次)はめ込みのできる, 伸縮自在の: a ~ joint 入れ子式継ぎ手. **tèl·e·scóp·i·cal** /-pɪ̀kəl, -kl | -pɪ-ˈ/ *adj.* **tèl·e·scóp·i·cal·ly** *adv.* 〖1705〗
télescopic rífle *n.* 眼鏡[望遠照尺]付きライフル. 〖1983〗
télescopic síght *n.* =telescope sight.
té·les·co·pist /tɪ̀léskəpɪ̀st | tɪ̀léskəpɪst, tɛ-/ *n.* 望遠鏡使用(熟練)者, 望遠鏡観測家. 〖1870〗
Tel·e·scop·i·um /tèləskóupiəm | -lɪ̀skə́u-/ *n.* 〘天文〙ぼうえんきょう(望遠鏡)座《南天の小星座; the Telescope ともいう》. 〖← NL ~: ⇨ telescope〗
te·les·co·py /tɪ̀léskəpi | tɪ̀-, tɛ-/ *n.* **1** 望遠鏡使用法[製造法]. **2** 望遠鏡による調査[観測]. 〖1861〗
téle·scrèen *n.* テレビ(受像機)のスクリーン[画面].
tel·e·seism /téləsàɪzm | -lɪ̀-/ *n.* 〘地球物理〙遠隔地震による微動. 〖(1905) ← TELE-¹+-SEISM〗
tèle·seismólogy *n.* 遠隔地震学. 〖⇨ ↑, -logy〗
téle·sèlling *n.* =telesales.
téle·shòpping *n.* **1** 電話によるショッピング, テレフォンショッピング. **2** テレビまたはコンピューターのディスプレー装置の情報によるショッピング, テレビショッピング.
tel·e·sis /téləsɪ̀s | -lɪ̀sɪs/ *n.* (*pl.* **-e·ses** /-sìːz/) (知的に計画された)進歩; 自然・社会の作用の(知的利用による)目的達成. 〖(1896) ← NL ~ ← Gk *télesis* event, completion ← *teleîn* to complete ← *télos* end: cf. teleo-〗
tèle·sóftware *n.* 《英》〘電算〙テレソフトウェア《ネットワークやテレビ通信網などを通じて配信されるソフトウェア》.
tèle·spéctroscope *n.* 〘天文〙望遠分光器《天体スペクトル用》. 〖1871〗
tèle·stéreoscope *n.* 望遠実体鏡. 〖1882〗
tel·es·the·sia /tèlɛsθíːʒə, -ʒiə | -lɪ̀sθíːziə, -lɛs-, -ʒiə/ *n.* 〘心霊〙遠隔透視. **tel·es·thet·ic** /tèlɛsθétɪk, -lɪs- | -lɪ̀ːs-, -lɛs-ˈ/ *adj.* 〖(1882) ← NL ~: ⇨ tele-¹, esthesia〗
te·lés·tial glóry /tɪ̀léstʃəl-, -tʃl-, -tiəl- | -tiəl-/ *n.* 〘モルモン教〙星の光栄《3種の光栄の最も下位の状態; cf. celestial glory》. 〖*telestial*: ← TELE-¹+(CEL)ESTIAL〗
te·les·tich /tɪ̀léstɪk/ *n.* 〘詩学〙テレスティック, 行末語呂合わせ《各行の末字を取ってその順につづり合わせると, その詩の題名などを表す語句になる詩; cf. acrostic 1》. 〖(1637) ← TELEO-+Gk *stíkhos* row, line (cf. stich): acrostic にならった造語〗
Tel·e·tex, t- /télətèks | -lɪ̀-/ *n.* 〘商標〙テレテックス《英国の, telex の高機能版》.
téle·tèxt *n.* テレテクスト, 文字多重放送《多重放送を利用してテレビ画面で文字情報を伝達する方法; cf. viewdata》. 〖1975〗
tèle·thermómeter *n.* 〘物理〙遠隔温度計, 電気温度計. 〖1891〗
tèle·thermómetry *n.* 〘物理〙遠隔温度測定法.
tèle·thérmoscope *n.* 〘物理〙=telethermometer.
tel·e·thon /téləθɑ̀(ː)n | -lɪ̀θɔ̀n/ *n.* 《米》テレソン《基金募集などのための長時間テレビ番組》. 〖(1949) ← TELE-²+(MARA)THON: cf. talkathon〗
tèle·transcríption *n.* **1** 〘テレビ〙(番組などを)ビデオテープ(など)に録画すること; 番組などの録画映画. **2** =kinescope 2. 〖← TELE-²+TRANSCRIPTION〗
Tel·e·type /télətàɪp | -lɪ̀-/ *n.* **1** 〘商標〙テレタイプ《米国の teletypewriter の商品名》. **2** テレタイプ通信. — *vt.*, *vi.* [時に t-] テレタイプで送信する. **tél·e·tỳp·er** *n.* 〖(1904) ← TELE-¹+TYPE(WRITER)〗
Tèle·týpesetter *n.* 〘商標〙テレタイプセッター《電送式植字機》. **tèle·týpe·set·ting** *n.* 〖1928〗
tèle·týpewriter *n.* 《米》電信タイプライター, テレタイプ《一台のタイプライターで打つと電信により遠方の他のタイプライターが印字する装置》. 〖1903〗
téle·tỳpist *n.* teletypewriter を操作する人.
te·leu·to·so·rus /tɪ̀lùːṭəsɔ́ːrəs | -lùːtə-, -ljùː-/ *n.* (*pl.* **-so·ri** /-raɪ/) 〘植物〙=telium. 〖(1905) ← NL ~: ⇨ ↓, sorus〗
te·leu·to·spore /tɪ̀lúːṭəspɔ̀ə | tɪ̀lúːtəspɔ̀ː(r, tɛ-, -ljúː-/ *n.* 〘植物〙teliospore の旧称. **te·leu·to·spor·ic** /tɪ̀lùːṭəspɔ́ːrɪk | tɪ̀lùːtə-, tɛ-, -ljùː-ˈ/ *adj.* 〖(1874) ← Gk *teleutḗ* completion, end +-o-+-SPORE〗
tel·e·van·ge·lism /tèlɪ̀vǽndʒəlìzm | -dʒɪ̀-/ *n.* 《米》テレビ伝道.
tèl·e·ván·ge·list /-lɪ̀st | -lɪst/ *n.* 《米》テレビ伝道者《特にペンテコスト派 (Pentecost) の牧師; テレビのショー番組で司会し, 教会のメッセージを伝える者》.
tel·e·view /téləvjùː | -lɪ̀-/ *vt.* テレビで見る. — *vi.* テレビを見る. **~·er** *n.* 〖1935〗
tel·e·vise /téləvàɪz | -lɪ̀-/ *vt.* [通例受身で] テレビで放送[放映]する; テレビで受像する: a ~*d* debate テレビで放送された討論 / The game was ~*d* live nationwide. その試合は生で全国に放映された. — *vi.* テレビで放送する, 放映する. 〖(1927)《逆成》← TELEVISION〗
télevising stàtion *n.* テレビ放送局.
tel·e·vi·sion /téləvìʒən | tɛ́lɪ̀vìʒən, ˌ-ˌ-ˈ-/ *n.* **1** テレビ受像機 (television set): buy a new ~. **2** テレビジョン, テレビ(放送)《略 TV》: by ~ / watch (the) ~ テレビを見る / watch boxing *on (the)* ~ テレビでボクシングを見る / appear *on* ~ テレビに出る / I saw it *on* ~. テレビで見た / She looks young *on* ~. テレビに出ると若く見える / What's *on* (the) ~ tonight? 今夜はテレビでどんな番組があるだろう / ⇨ two-way television. 日英比較 「テレビ」と略するのは和製英語. 英語では TV, または《英》telly. **3** テレビ(放送)産業; テレビ関係(の仕事): We are in ~. テレビ関係の仕事をしている. **4** テレビ番組(として)の質《適・不適》: It was [will be] good ~. — *adj.* [限定的] テレビの[による]: ~ commercials / a ~ station テレビ(放送)局.
tel·e·vi·sion·al /tèləvíʒnəl, -ʒənl | -lɪ̀-ˈ/ *adj.* **tèl·e·ví·sion·al·ly** *adv.* **tel·e·vi·sion·ar·y** /tèləvíʒənèri | -lɪ̀víʒ(ə)nəriˈ/ *adj.* 〖(1904) ◻ F *télévision*: ⇨ tele-¹, vision〗
télevision càmera *n.* テレビカメラ (telecamera). 〖1928〗
télevision lìcence *n.* 《英》テレビ受信許可証.
télevision recèiver [sèt] *n.* テレビ受像機. 〖1927〗
télevision stàtion *n.* テレビ(放送)局.
télevision transmìtter *n.* テレビ送信機. 〖1928〗
télevision tùbe *n.* 〘テレビ〙受像管 (picture tube). 〖1937〗
tel·e·vi·sor /téləvàɪzə | -lɪ̀vàɪzə(r/ *n.* **1** テレビ送信[受信]装置. **2** テレビ放送者; テレビ受信者. 〖(1926) ← TELEVISE+-OR²〗
tèle·vísual *adj.* **1** テレビの. **2** =telegenic. 〖1926〗
téle·wòrk *vi.* =telecommute. **téle·wòrker** *n.*
téle·wrìter *n.* 《英》=telautograph.
tel·ex /télɛks/ *n.* **1** テレックス, 加入電信《加入電話のようにダイアルによって外国などの加入者を呼び出し交信できる電信システム》: send a reply by ~ テレックスで返事を送る. **2** テレプリンター (teletypewriter). **3** テレックスによる通信文. — *vt.* **1** テレックスで〈通信を〉送る. **2** …とテレックスで交信する. 〖(1932)《混成》← TEL(EPRINTER)+EX(CHANGE)〗
tel·fer /télfə | -fə(r/ *n.*, *adj.*, *vt.* =telpher.
tel·fer·age /télfərɪdʒ/ *n.* =telpherage.
tel·ford /télfəd | -fəd/ *adj.* テルフォード式舗装の《割石の間に砕石をつめ, 小石の層を置き, ローラーで固めならす道路舗装にいう》: ~ pavement. 〖(1896) ← *Thomas Telford* (1757–1834: スコットランドの土木技師)〗
Tel·ford /télfəd/ *n.* テルフォード《イングランド中西部にある都市; 1963年にニュータウンの一つに指定された》.
tel·har·mo·ni·um /tèlhɑəmóuniəm | -hɑːmə́u-/ *n.* 音楽電送器, 遠距離音楽器《鍵盤楽器の一種》. 〖1906〗
telia *n.* telium の複数形.
te·li·al /tíːliəl/ *adj.* 〘植物〙冬(とう)胞子堆(たい) (telium) の: the ~ stage (サビキン類の)冬胞子期. 〖← TELIUM, -AL¹〗
tel·ic /tíːlɪk, tél- | tél-/ *adj.* **1** 〘文法〙 **a** 目的を示す: a ~ clause 目的節. **b** 〈相が〉完了の (perfective); 瞬時的な (↔ atelic). **2** 目的のある (purposive). **tél·i·cal·ly** *adv.* 〖(1846) ◻ Gk *telikós* final ← *télos* end: ⇨ teleo-, -ic¹〗
Te·li·don /télədn̩ | -lɪ̀-/ *n.* 〘商標〙テリドン《カナダの, テレビを使った情報検索システム》.
te·li·o·spore /tíːliəspɔ̀ə | -spɔ̀ː(r/ *n.* 〘植物〙冬(とう)胞子《サビキン類の生活史の最終段階に生じる, 厚い膜を有し越冬して翌春発芽として担子胞子を作る胞子; winter spore ともいう》. **te·li·o·spor·ic** /tìːliəspɔ́ːrɪkˈ/ *adj.* 〖(1905) ← NL *telium* (↓)+-o-+SPORE〗
te·li·um /tíːliəm/ *n.* (*pl.* **te·li·a** /-liə/) 〘植物〙(サビキン類の)冬(とう)胞子堆(たい)《冬胞子 (teliospore) の集合体》. 〖(1905) ← NL ~: ⇨ teleo-, -ium〗
tell¹ /tél/ *v.* (**told** /tóuld | tə́uld/) — *vt.* **1** [《二重》目的語, *wh*-clause, 目的語+*that*-clause, 目的語+*wh*-clause, 目的語+*wh*-word+*to* do などを伴って] 〈人に〉告げる, 知らせる, 報じる, 伝える, 教える (report) (⇨ notify SYN): ~ the time = 《米》~ time (時計を見て)時間を言う (cf. 7) / If he asks, ~ him. もし聞かれたら話しなさい / What shall we do?—How should I know. You ~ me! どうしましょうか—分かるはずがないでしょう. (どうしたらいいか)あなたが言って! / I will ~ you. 話してあげよう, まあお聞きなさい / I keep ~*ing* myself I will win next time. 次回には勝つぞとずっと自分に言い聞かせている / Don't ~ *how* he escaped. 彼がどのようにして逃げたか(だれにも)言ってはいけない / ~ a person one's name 人に自分の名を告げる / I will ~ you the shortest way. 一番の近道を教えてあげよう / I will (be happy to) ~ you all that I know. 知っていることをすっかり(喜んで)話そう / I have been *told* the whole truth.=The whole truth has been *told (to)* me. 真相を残らず教えてもらった / ~ the news *to* everyone そのニュースを皆に知らせる / ~ a person *about* [*of*] an accident 人に事故を報じる《★ of の方が形式張っている》/ He *told* me *(that)* you were coming. 君が来ることは彼から聞いた《★ この構文における受動態は I *was told* that … で, It *was told (to)* me that …は《まれ》》/ Never [Don't] ~ me (that …)! まさか(…ではないでしょう), ご冗談でしょう / So he *tóld* me.=So I've *been* [I'*m*] *tóld*. そう彼は私に言った《★ so は *that*-clause に代わる語》/ I *tóld* you so!=*Tóld* you.=Didn't I ~ you so? 言わないことじゃない, それごらん / *Tell* me *why* you don't like it. どうして嫌いなのか言って下さい / *Tell* me *how* it happened. 事の次第を話して下さい / *Tell* me *what to* do. どうしていいのか教えて下さい. ⇨ teach 日英比較.
2 [しばしば間接目的語を伴って] 話す, 語る, 物語る (recount): I'll ~ you an interesting adventure [story]. おもしろい冒険談[話]をしてあげよう / He often ~*s back to* you the story you have *told to* him. 彼はよく人から聞いた話をそのままその人に言って聞かせることがある / These pictures ~ their own story. これらの絵はそれぞれ自身の物語を語っている / ⇨ *tell a* TALE¹, *tell* TALES *(out of school)*, *tell the* TALE¹.
3 [しばしば間接目的語を伴って] **a** 言葉に表す, (口に出して)言う, 述べる (utter) (⇨ say¹ SYN): ~ (a person) one's thoughts [feelings] (人に)考え[気持ち]を述べる / ~ (a person) the truth [a lie] (人に)真実[うそ]を言う / ⇨ *to tell the* TRUTH / ~ a person good-by 《米》人にさよならを言う, いとまごいをする / I cannot ~ half of what I feel [*how* happy I am]. 自分の気持ちを半分も[どんなに幸せか口では]言い表せない. **b** 〈秘密などを〉打ち明ける, 漏らす; 〈陰口などを〉たたく; 〈運勢を〉告げる (disclose, divulge): ~ (a person) a secret (人に)秘密を漏らす / ~ one's love 恋する心を打ち明ける / ~ fortunes ⇨ fortune *n.* 4.
4 [目的語+*to* do を伴って] 〈人〉に〈…せよと〉命じる, 言いつける (order): *Tell* him *to* come at once. 彼にすぐ来るように言いなさい / I was *told to* wait [not to wait]. 私は待つ[待たない]ように言われた / Do as I ~ you [as you're *told*]! 私が言う通りに[言われた通りに]しなさい《★ you の後に to do が略されている》.
5 [特に can, could などを伴って] **a** [*wh*-word+to do, *wh*-clause, *that*-clause などを伴って] 〔…で〕知る, わかる (make out) 〔*by*, *from*〕(cf. *vi.* 2): I *can* ~ it *from* your eyes [*by* the look in your eyes]. それは君の目でわかる / She *couldn't* ~ *what to* do. 彼女にはどうしたらよいかわからなかった / There is no ~*ing* [Nobody *can* ~] *what* may happen. どんな事が起こるか予知できない / *Whether* it was true or not, there was no way to ~. それが本当だったかどうかということは知るすべもなかった / You *can't* ~ anything *from* what's happened so far. これまでに起こったことからは何もわからない / *Can* you ~ *where* he is? 彼がどこにいるかわかりますか. **b** 見分ける, 識別する (distin-

guish): ~ right *from* wrong 正邪を識別する / ~ the true *from* the false 真偽を見分ける / I *can't* ~ the difference between them. その二つの区別はつかない.
6 [しばしば挿入的に用いて]《口語》〈人に〉断言[明言, 保証]する (assure): It is not so easy, let me ~ you. 実際の話, それはそんなに楽じゃないよ / I did listen, I can ~ you! 本当にちゃんと聞いてました / I ~ you (,) I'm fed up with it. 全くのところそれにはうんざりだ.
7 〈物が〉告げる (announce), 表す, 示す (reveal): Clocks ~ the time. 時計が時刻を告げる (cf. 1) / ~ a person the time 人に時刻を知らせる / Your face ~*s* it all [quite a tale]. 君の顔にすべて書いてある / *How* well that works only time will ~. それがどれだけうまくいくかは時がたってみないとわからない / This fact ~*s* a great deal *about* his steadfast character. この事実が彼の堅実な性格を雄弁に物語っている / His road map *told* him *that* it was eighty miles to the town. 道路地図からその町まであと 80 マイルだということがわかった.
8 a《古》数える, 勘定する (count) (cf. teller 1, 2): ~ one's beads ⇨ bead *n.* 2 b / ~ noses=*count* NOSES / all *told* ⇨ 成句 / He ~*eth* the number of the stars. エホバもろもろの星をかぞう (*Ps.* 147 : 4). **b**《英》(下院で)〈票〉の数をよむ.
— *vi.* **1 a** 話す, 語る, 報じる〔*about, of*〕: I love you more than words *can* ~. 言葉には言い表せないほど私はあなたを愛している / ~ *about* [*of*] one's experiences [bygone days] 経験談をする[過ぎし日を語る]《★ of の方が形式張った言い方; cf. *vt.* 1》/ ~ *of* an accident 事故を報じる / Do ~!《口語》何とおっしゃる, まさか. **b**《文語》〈物が〉〔…を〕示す, 証明する〔*of*〕: ruins ~*ing of* an ancient city 古代都市の存在を物語る廃墟 / The lines on his face *told of* great weariness and misery of spirit. 彼の顔に見えるしわが大きな精神的疲労と苦痛の跡を物語っていた.
2 [特に can, could などを伴って; 通例, 否定・疑問構文で] わかる, 見分ける (cf. *vt.* 5): How *can* I ~? どうして私にわかりましょう《わかりません》/ Nobody can ~.=Who *can* ~? だれにもわからない / You *never can* [*can never*] ~. わからぬものですよ《予想や外観はあてにはできない》/ You *never can* ~ with women. 女性というものはわからないものだ / It is difficult to ~ at this distance [from the evidence]. こんな距離[その証拠]からではなかなかわからない[見分けがつかない] / There is *no* ~*ing about* the weather. 天気のことはわからぬものだ / as far as one [I] *can* ~ (証拠から)言える限りでは / I *can* ~ by the look in your eyes. 君の目でわかる.
3 a《口語》〈他人のことを〉告げ口する, 言いつける (inform against)〔*on, of*〕: I'll ~ *on* you to the teacher.=I'll ~ the teacher *on* you. 君のこと先生に言いつけるぞ / They know the truth, but are not ~*ing*. 彼らは事実を知ってはいるが, 告げ口はしていない. **b**《英方言》しゃべる, 雑談する (talk, chat).
4 効果を表す, 効き目がある; 〈打撃などが〉当たる, 命中する; 〔人・健康などに〕こたえる, 悪く影響する〔*on, upon*〕; 不利[有利]に働く〔*against, in favor of*〕: It is character that ~*s*. 物をいうのは性格です / Every shot *told*. 百発百中だった / The strain *told on* his health [nerves]. 無理が体[神経]にこたえた / He is unusually short-tempered. His lack of sleep must be beginning to ~. 彼はいつになく短気だ. 寝不足がこたえてきているに違いない / His age has begun to ~ (*up*)*on* him. 彼も年には勝てなくなってきた《年は争えない》/ Everything *told against* him. すべてが彼にとって不利だった / This fact will ~ *in his favor*. この事実は彼にとって有利に働くだろう.
áll tóld (1) 合計で, 全部で (in all): There were thirty people *all told*. 全部で 30 人いた. (2)《口語》全体的に見て, 要するに (altogether): *All told,* it had been one of my most thrilling experiences. 要するにそれは最もぞくぞくするような経験の一つだった. ***Are you télling me?*** 《口語》(言わずとも)よく承知している. ***hèar téll*** ⇨ hear 成句. ***I'll téll you sómething*** [***óne thíng, anóther thíng***]《口語》(はっきり)言っておくけどね《異論を唱えるときの前置き》. ***(I [I'll]) téll you whát.***《口語》あのね話があるんだが, こうしたらどうだろうか《提言する時のことば》. ***I'm télling you!***《口語》(後続の話を強めて)本当なんですよ; 本当なんだが. ***téll apárt*** ⇨ apart 成句. ***téll awáy***《方言》呪文を唱えて〈痛みなどを〉取り去る. ***téll dówn***《スコット》〈金を〉勘定して払う: ~ *down* money. ***téll it líke*** [***hów***] ***it ís***《俗》(どんなに不愉快なことでも)事実をありのままに伝える, 本当のことを言う. ***Téll me.***《口語》あの, それでね《質問の前置き》. ***Téll me about it!***《反語》(言われなくても)百も承知だ: I'm overworked and underpaid.—*Tell me about it!* 私は過労で給料は不当に安い—百も承知だよ. ***Téll me anóther*** (《米》***óne***)***!***《口語》そんなばかな, 信じられないよ. ***téll óff*** (1) 数え分ける (count off) (cf. *vt.* 8): ~ *off* the sheep. (2) 数え分けて(仕事に)割り当てる (assign); 点呼して〔任務を果たすために〕特派する (detail)〔*for*〕: Two men were *told off for* guard duty [*to* get food]. 2 人の名が呼ばれて見張りの任務を与えられた[食料の調達に派遣された]. (3)《口語》しかりつける (reprimand): He got *told off* severely *for* being rude. 彼は無作法だと言ってこっぴどくしかられた. 《1804》 ***téll óut***=TELL *away*. ***téll a person whére to get óff*** ⇨ get[1] 成句. ***Thát would be télling.*** 《口語》(秘密なので)それは答えにくいね. ***You're tèlling mé!***《口語》(言わなくても)百も承知だ; 全くその通りだ; 《反語》まさか, よく言うよ.
— *n.*《方言》話 (talk), うわさ (gossip): according to their ~ うわさによれば / I've a ~ for you. 君に話したい(耳寄りな)ことがある.
〖OE *tellan* to reckon, narrate < Gmc **taljan* (Du. *tellen* to reckon, count / G *zählen* to count / ON *telja* to tell, count) ← **talō* 'TALE[1]'〗

SYN 話す: **tell** あることについて情報を与える《一般的な語》: *Tell* me about it. そのことを話してください. **relate** 自分が体験したことを順序正しく詳細に話す: He *related* his adventures. 自分の冒険談をした. **recount** 物語などを詳細に話す《格式ばった語》: *recount* one's experiences 自分の経験を物語る. **narrate** 順序立てて小説風に物語る《格式ばった語》: The discovery is *narrated* with all the exaggerations of romance. その発見はロマンスのように誇張して物語られている. **report** 自分が調査したことを報告する: He *reports* that he reached the pole. 極地に到着したと報じた. ⇨ reveal.

tell[2] /tél/ *n.* (*also* **tel** /~/)〘考古〙(エジプト・中東の)テル, 遺丘《時代を異にしてその地に存在したいくつかの集落の遺構・遺物が長年の間に堆積してできた人工の丘; エジプト・中東の地名の一部にしばしば使われる語; Tel Aviv など》. 〖《1864》□ Arab. *tall*: cog. Heb. *tēl* mount, hill〗
Tell /tél; G. tɛ́l/, **Wilhelm** *or* **William** *n.* ⇨ William Tell.
tell·a·ble /téləbl̩/ *adj.* 話せる, 話になる, 話すに適した; 話すに足る. 〖*?c*1475〗
Tell el A·mar·na /tɛ́lɛləmɑ́ːnə | -mɑ́ː-/ *n.* テル エル アマルナ《エジプト中部, Nile 河岸の古代遺跡; Amenhotep 四世時代の首都; アマルナ文書発見 (1887 年)の地》.
tell·er /télə | -lə[r]/ *n.* **1** (銀行の)金銭出納(すいとう)係; 窓口係, 計算係: a deposit [savings] ~ 預金係 / a paying [receiving] ~ 支出[収納]係. **2** (議会などの)投票計算係. **3** 話し手, 語り手, 告げる人 (narrator): a ~ of stories 物語作家 / ⇨ story-teller. 〖*a*1300〗
Tel·ler /télə | -lə[r]/, **Edward** *n.* テラー (1908–2003; ハンガリー生まれの米国の核物理学者; 水爆の父といわれる).
téller·shìp *n.* 出納係 (teller) の職. 〖1788〗
Té·llez /téljeθ/; *Sp.* téʎeθ/, **Gabriel** *n.* テリェス (1583–1648; スペインの劇作家; 筆名 Tirso de Molina).
tel·lin /télɪ̀n | -lɪn/ *n.*〘貝類〙ニッコウガイ科 (Tellinidae) の貝. 〖← NL *Tellina* (← Gk *tellínē* a kind of shellfish)〗
tell·ing /télɪŋ/ *n.* **1** 話 (narration); 言いつけ, 命令: take a ~ (早速)言われた通りにする. **2** 数えること, 計数.
— *adj.* **1 a** 手ごたえのある, 有効な, 効きめのある (effective), 強烈な (forcible): a ~ argument 手ごたえのある議論 / a ~ blow 激しい一撃 / ~ evidence 有力な証拠 / with ~ effect 極めて効果的に. **b** 苦しい, 骨の折れる: a ~ climb きつい(山)登り. **2** 多くを物語る, 大そう手掛かりになる (revealing): a ~ look 意味ありげな目つき / a ~ coincidence 大いに手掛かりになる符合.
***Thàt's télling*(*s*).**《口語》そんなこと言うと秘密をばらすことになる, それは秘密だ. 《1837》
~·ly *adv.* 〖n.: 《?*a*1300》; adj.: 《1851》〗
tèlling-óff *n.*《英口語》叱責: get a severe ~ for …のためにひどくしかられる.
tell·tale /téltèɪl/ *n.* **1** 人の秘密をしゃべる人 (talebearer); 告げ口する人, 密告者 (informer). **2** (内実・内情などを)暴露するもの, あかし, 証拠 (sign, evidence). **3** 自動表示器, 指数器, 登録器; タイムレコーダー (time clock). **4**〘鉄道〙警簾(けいれん)《貨車の上に乗っている乗員に陸橋やトンネルなどが近付いたことを知らせるためにその手前の線路の上方に垂れ下げた縄の列》. **5**〘海事〙**a** 舵角(だかく)表示器. **b** 吊羅針儀(つりらしんぎ)《船長室などに下向きにつってある羅針儀; これによって室内にいながら寝台の中からでも操舵(そうだ)の具合や針路などを察知できる; telltale compass ともいう》. **6**〘音楽〙(オルガンの)風圧[空気量]表示器. **7**〘ヨット〙(左右舷や船尾の支索類に付ける)風向指示用リボン, 吹きながし. **8**〘球技〙テルテール《racquets や squash で, 前壁の床上 2–2½ フィートのところに付けられている金属の帯; 球はこの帯の上に当てなければならない》.
— *adj.* **1** われ知らず出る, 隠しても隠しおおせぬ (betraying): a ~ blush (隠そうとしても)おのずと現れる赤面 / The ~ clay on his shoes shows whence he came. 靴に付いている粘土でどこから来たか自然とわかる. **2** 〈装置・器械など〉注意を与える, 警告を与える (warning): a ~ clock 目覚まし時計の一種.
〖《*a*1548》← TELL[1]+TALE[1]〗
télltale cómpass *n.*〘海事〙=telltale *n.* 5 b.
tel·lur- /tɛlʊ́ər, tɪ̀l- | -lʊ́ər, -ljʊ́ər/ (母音の前にくるときの) telluro- の異形.
tel·lu·ral /tɛlʊ́ərəl, tɪ̀l- | -lʊ́ər-, -ljʊ́ər-/ *adj.*《まれ》地球の, 地上の; 地球住民の. 〖《1847》: ⇨ telluro-, -al[1]〗
tel·lu·rate /téljʊrèɪt/ *n.*〘化学〙テルル酸塩[エステル]. 〖1826〗
tel·lu·ret /téljʊrɪ̀t/ *n.*《廃》〘化学〙=telluride. 〖《1842》: ⇨ telluro-, -uret〗
tél·lu·ret·ted /-tɪ̀d | -tɪ̀d/ *adj.*《古》〘化学〙=tellurized. 〖1819〗
tel·lu·ri- /tɪ̀lʊ́ərɪ̀, tɛ-, -ri | -lʊ́ər-, -ljʊ́ər-/ telluro- の異形 (⇨ -i-).
tel·lu·ri·an[1] /tɛlʊ́əriən, tɪ̀l- | -lʊ́ər-, -ljʊ́ər-/ *adj.* 地球の, 地上の (earthly); 地球に住む. **— *n.*** 地球住民. 〖《1846》← TELLURO-+-IAN〗
tel·lu·ri·an[2] /tɛlʊ́əriən, tɪ̀l- | -lʊ́ər-, -ljʊ́ər-/ *n.* (地球の公転・自転を示す)地動儀. 〖《1831》《変形》← TELLURION〗
tel·lu·ric /tɛlʊ́ərɪk, tɪ̀l- | -lʊ́ər-, -ljʊ́ər-/ *adj.* **1** 地球の (terrestrial). **b** 自然電流の. **2** 土の, 土[土地]から生じる. **3**〘化学〙テルルの[を含む]; (特に)六価のテルル (Te^{VI}) を含む (cf. tellurous). 〖《1836》← TELLURO-+-IC[1]〗
tellúric ácid *n.*〘化学〙テルル酸: **1** オルトテルル酸 (H_6TeO_6)《等軸晶系と単斜晶系の二つの結晶形のあるきわめて弱い酸; orthotelluric acid ともいう》. **2** アロテルル酸 ($(H_2TeO_4)_n$)《オルトテルル酸を封管中で溶融すると得られるシロップ状物質; allotelluric acid ともいう》. 〖1842〗
tel·lu·ride /téljʊràɪd/ *n.*〘化学〙テルル化物: hydrogen ~ テルル化水素. 〖《1849》: ⇨ telluro-, -ide[2]〗
tel·lu·rif·er·ous /tèljʊrɪ́f(ə)rəs˝/ *adj.*〘化学〙テルル (tellurium) を含有[産出]する.
tel·lu·ri·on /tɛlʊ́əriɑ̀(ː)n, tɪ̀l- | -lʊ́əriɒn, -ljʊ́ər-/ *n.* = tellurian[2]. 〖《1831》← NL ~ ← TELLURO-+Gk *-ion* (dim. suf.)〗
tel·lu·rite /téljʊràɪt/ *n.* **1**〘化学〙亜テルル酸塩 (M_2TeO_3). **2**〘鉱物〙酸化テルル鉱 (TeO_2). 〖《1799》← TELLURO-+-ITE[1,3]〗
tel·lu·ri·um /tɛlʊ́əriəm, tɪ̀l-, | -lʊ́ər-, -ljʊ́ər-/ *n.*〘化学〙テルル《銀白色の半金属元素の一つ; 記号 Te, 原子番号 52, 原子量 127.60》. 〖《1800》← NL ~ ← L *tellūr-*, *tellūs* earth+-IUM (cf. uranium)〗
tel·lu·rize /téljʊràɪz/ *vt.* [通例 p.p. 形で]〘化学〙テルルと化合させる, テルル化する.
tél·lu·rized *adj.*〘化学〙テルルと化合した, テルルを含む: ~ hydrogen テルル化水素.
tel·lu·ro- /tɪ̀lʊ́əroʊ, tɛ- | -lʊ́ərəʊ, -ljʊ́ər-/ 次の意味を表す連結形: **1**「地球 (earth)」: *tellur*ian / *telluro*meter. **2 a** テルル (tellurium): *tellur*iferous. **b**「酸素に代わって二価のテルルを含む」. ★ 時に telluri-, また母音の前では通例 tellur- になる. 〖1: ← L *tellūs* earth ← **tel-* earth. 2: ← TELLURIUM〗
tel·lu·rom·e·ter /tɛ̀ljʊrɑ́(ː)mətə | -rɒ́mɪ̀tə[r]/ *n.* テルロメーター《マイクロ波を用いて距離を測定する装置》. 〖《1957》: ⇨ ↑, -meter[1]〗
tel·lu·rous /téljʊrəs/ *adj.*〘化学〙亜テルルの; (特に)四価のテルル (Te^{IV}) を含む (cf. telluric 3). 〖1842〗
téllurous ácid *n.*〘化学〙亜テルル酸 (H_2TeO_3)《きわめて弱い不安定な酸》. 〖1849〗
Tel·lus /téləs/ *n.*〘ローマ神話〙テルス《大地の女神; 結婚と豊穣を司った; 別称 Terra Mater》. 〖□ L *Tellūs*: *tellūs* earth の擬人化〗
tel·ly /téli/ *n.*《英口語》**1** [通例 the ~] テレビ (cf. tele). **2** テレビ受像機: turn the ~ on テレビをつける. 〖《1939》《短縮・変形》← TELEVISION: ⇨ -y[2]〗
Tel·net /télnèt/ [しばしば t-] *n.*〘電算〙テルネット《遠方のコンピューターにログインし, プログラムの実行なども含めて手元にある感覚で利用できるようにするプロトコル(通信手順)またはそれを実現するシステム》. **— *vi.*** テルネットで接続する〔*to*〕. 〖《1969》← TEL(E-[1])+NET(WORK)〗
tel·o-[1] /télou, tíːl- | -ləʊ/ tele-[1] の異形: *telo*dynamic.
tel·o-[2] /télou, tíːl- | -ləʊ/ teleo- の異形: *telo*phase.
tèlo·céntric〘生物〙*n.* 端部動原体型《動原体が染色体の末端にある》. **— *adj.*** 端部動原体型の: a ~ chromosome 端部動原体型染色体. 〖《1939》← TELEO-+CENTRO(MERE)+-IC[1]〗
tèlo·dynámic *adj.* 動力遠距離伝達の: ~ transmission 動力伝達送電. 〖《1870》: ⇨ tele-[1]〗
tél·o·gen pháse /télədʒən-/ *n.*〘生理〙(毛が発育し脱けるまでの周期の)休止期《単に telogen ともいう; cf. anagen phase》. 〖《1926》: *telogen*: ⇨ teleo-, -gen〗
tèlo·lécithal *adj.*〘生物〙端黄の《卵黄顆粒(かりゅう)が卵の一方の極にかたよって分布している; 爬虫(はちゅう)類・鳥類の卵など; cf. centrolecithal》. 〖《1880》: ⇨ telo-〗
tel·ome /télooum, tíːl- | -ləʊm/ *n.*〘植物〙テロム《維管束植物の構造単位》. **te·lom·ic** /tɪlóʊmɪk, tiː-, -lɑ́(ː)m- | -lə́ʊm-, -lɒ́m-/ *adj.* 〖《1935》□ G *Telom*: ⇨ teleo-, -ome〗
tel·o·mere /téləmɪ̀ə, tíːl- | -mɪ̀ə[r]/ *n.*〘生物〙テロメア, 末端小粒《染色体の末端部にある特殊な DNA 配列》. 〖《1940》← TELEO-+-MERE〗
telo·mer·i·za·tion /tèləmərɪ̀zéɪʃən | -lɒməlaɪ-, -lɪ-/ *n.*〘化学〙短鎖重合, テロメル化《連鎖移動剤存在下の低重合度の重合反応》. 〖《1948》← *telomer* (テロマー: 分子末端に反応性基をもつ低分子量重合体: この反応で得られる): ⇨ teleo-, -mer, -ize, -ation〗
te·lom·e·ter /tɛlɑ́(ː)mətə, tiː- | -lɒ́mɪ̀tə[r]/ *n.* =telemeter.
télome thèory *n.*〘植物〙テロム説《茎と葉との分化に関する学説で, 高等植物の体はすべてテロムの発展したものとみる》.
tel·o·phase /téləfèɪz, tíːl-/ *n.*〘生物〙**1** (有糸分裂の)終期, 末期 (cf. prophase, metaphase, anaphase). **2** 減数分裂の初期に相当する段階. **te·lo·phas·ic** /tìːləféɪzɪk, tèl-˝/ *adj.* 〖《1895》: ⇨ teleo-〗
te·los /télɑ(ː)s, tíːl- | -lɒs/ *n.* 終局. (*pl.* **-loi** /-lɔɪ/) 〖《1904》□ Gk *télos* end; cf. teleo-〗
tel·o·tax·is /tèloutǽksɪ̀s, tìːl- | -lə(ʊ)tǽksɪs/ *n.*〘生物〙目標走性, 保目標性《カメラ眼を備える各種動物が一つの刺激源(光点)に向かって定位・前進する走光性の一種》. 〖《1934》← NL ~: ⇨ teleo-, taxis〗
tel·o·type /télətàɪp, tíːl-/ *n.* **1** 印字電信機. **2** 印字電報. 〖1850〗
tel·pher /télfə | -fə[r]/〘鉄道〙*n.* **1** テルハー《高架軌道に懸垂して走る電気駆動の小型の巻上機のついた手小荷物や貨物などの運搬車》. **2** [限定的] テルハー(運搬)の: a ~ car テルハー運搬車 / a ~ line テルハー路線 / a ~ railway テルハー鉄道 / a ~ ropeway テルハーロープウェー. **— *vt.*** テルハーで運ぶ. **tél·pher·ic** /-fərɪk/*adj.* 〖《1884》: ⇨ tele-[1], -pher〗
tel·pher·age /télfərɪdʒ/ *n.* テルハー運搬(装置)《telpher line, telpher ともいう》. 〖《1833》: ⇨ ↑, -age〗
tel·son /télsən, -sn/ *n.*〘動物〙尾節《エビその他の甲殻類の最後部の体節で, 大きな扇状をなしている部分》. **tel-**

son·ic /tɛlsά(:)nɪk | -sɔ́n-/ *adj.* 〖(1855) ← NL ～ ← Gk *télson* limit〗

Tel·star /télstὰə | -stὰ:ʳ/ *n.* テルスター《米国電信電話会社の計画で打ち上げた通信衛星》. 〖← TELE-¹＋STAR〗

Tel·u·gu /téləgù:, -lʊ-/ *n.* (*pl.* ～, ～**s**) **1 a** [the ～(s)] テルグ族《インド南東部の Andhra Pradesh 州を中心に広く分布する一種族》. **b** テルグ族の人. **2** テルグ語《インドの南部で用いられるドラヴィダ語族の一大言語》. — *adj.* テルグ族の, テルグ語の. 〖1731〗

Te·luk·be·tung /təlùkbətúŋ/ *n.* (*also* **Te·loek·be·toeng** /～/) テルクベトゥン《インドネシア Sumatra 島南部, Sunda 海峡に臨む港湾都市》.

TEM /tém/《略》transmission electron microscope 透過型電子顕微鏡.

Te·ma /tí:mə/ *n.* テ(ー)マ《ガーナ南東部の港湾都市; 1962 年に開港され, 石油精製で知られる》.

te·maz·e·pam /tɪ̆mǽzɪ̆pæm, tɛ-, -méɪz-/ *n.*〖薬学〗テマゼパム《ベンゾジアゼピン系の精神安定剤》. 〖(1970) ← *tem-* (← ?)＋*-azepam* (← OXAZEPAM)〗

Tem·bi /*Mod.Gk.* tébi/ *n.* テビ《Tempe の現代ギリシャ語名》.

tem·blor /témblə, -blɔə | -blɔ:ʳ, -blɔ:ʳ; *Am.Sp.* témblor/ *n.* (*pl.* ～**s**, **tem·blo·res** /tɛmbló:res; *Am.Sp.* temblóres/)《米》地震 (earthquake). 〖(1876) □ Sp. ～ ← *temblar* 'to TREMBLE' < VL **tremulāre*: cf. terrible〗

Tem·bu /témbu:; *Xhosa* témbu/ *n.* (*pl.* ～, ～**s**) **a** テンブー族《南アフリカ共和国南部に住む Bantu 族; コーサ語 (Xhosa) を話す》. **b** テンブー族の人. — *adj.* テンブー族の. 〖(1827) ← Bantu (Xhosa)〗

tem·e·nos /témənὰ(:)s | -nɔ̀s/ *n.* (*pl.* **-e·ne** /-nì:/)《古代ギリシャの》神殿の境内, 聖域; 一区画の土地. 〖(1820) □ Gk *témenos* sacred enclosure ← *témnein* to cut〗

Tem·e·nus /témənəs/ *n.*〖ギリシャ神話〗テメノス: **1** Hercules の後裔; Argos の王. **2** Pelasgus の息子; Hera を育てたとされる. 〖□ L *Tēmenos* □ Gk *Témenos*《原義》holy precinct (↑)〗

tem·er·ar·i·ous /tèməréᵊriəs | -réər-⁻/ *adj.*《文語》向こう見ずの, 無鉄砲な. **～·ly** *adv.* **～·ness** *n.* 〖(1532) □ L *temerārius* ← *temere* rashly,《原義》? in the dark ← IE **temə-* dark: ⇨ -arious〗

te·mer·i·ty /təmérəṭi | tɪ̆mérɪ̆ti, tɛ-/ *n.* **1** 向こう見ず, 無鉄砲 (recklessness); 厚顔, 無遠慮 (audacity): have the ～ to *do* 無鉄砲[無遠慮]にも…する. **2** 向こう見ずな行い, 暴挙. 〖(?*a*1425) □ L *temeritātem* ← *temere* (↑): ⇨ -ity〗

SYN 無鉄砲: **temerity** 危険を見くびり, その結果無鉄砲·無遠慮なことをすること《格式ばった語》: He had the *temerity* to criticize his teacher. 無謀にも師を批判した. **audacity** しきたり·礼儀·権威などをおおっぴらに無視すること《格式ばった語》: His sheer *audacity* took my breath away. 彼の全くの無鉄砲さに息をのんだ. **hardihood** 向こう見ずで図々しいこと: He had the *hardihood* to ask me for money. 図々しくも金をくれと言った. **effrontery**《悪い意味で》礼儀などを無視する図々しさ《格式ばった語》: He apologized with calm *effrontery*. 厚かましくもしゃあしゃあと謝った. **ANT** caution.

Te·mes·vár /*Hung.* témɛʃvaːr/ *n.* テメシバル《Timișoara のハンガリー語名》.

Tém·in énzyme /témɪ̆n- | -mɪn-/ *n.*〖生化学〗テミン酵素《RNA を鋳型にして DNA を合成する酵素; reverse transcriptase ともいう; cf. transcriptase》. 〖*Temin*: ← *Howard M. Temin* (1934–94: 米国の生化学者でその発見者)〗

T

Tem·in·ism /témənɪzm | -mɪ̆-/ *n.*〖生化学〗テミン理論《逆転写ともいわれ, RNA を鋳型にして DNA が合成される場合のあることを実験的に示したもの; cf. central dogma》. 〖← *Howard M. Temin* (↑)＋-ISM〗

Tem·ne /témni/ *n.* (*pl.* ～, ～**s**) **1 a** [the ～(s)] テムネ族《西アフリカのシエラレオネ北部に住む民族》. **b** テムネ族の人. **2** テムネ語《ニジェールコンゴ語族大西洋沿岸語群に属する》. 〖(1791) ← Temne〗

tem·no·spon·dyl /tèmnouspά(:)ndɪl | -nə(ʊ)spɔ́n-/ *n.*〖古生物〗切椎目 (*Temnospondyli*) の化石両生類《石炭紀から三畳紀まで栄えた》. 〖(1901) ← NL *Temnospondyli* (亜目名) ← *temno-* (← Gk *témnein* to cut) ＋*-spondyl* vertebra (⇨ spondylo-)＋*-i* (pl. suf.)〗

temp /témp/ *n.*《口語》臨時雇《秘書など; cf. temporary》. — *vi.* 臨時雇で働く. 〖1932〗

temp. /témp/ *adv.* (…の)時代に, (…の)御世(みよ)に: ～ Charles II チャールズ二世の時代に. 〖(1658)《略》← L *tempore* in the time of〗

temp. 《略》temperance; temperate; temperature; template; temporal; temporary.

Tem·pe /témpi/ *n.* テンピー《米国 Arizona 州中南部, Salt 川に臨む, Phoenix 郊外の都市》.

Tem·pe /témpi/, **the Vale of** *n.* (古代ギリシャの)テンペの渓谷《Thessaly 北東の Olympus と Ossa 両山の間にある Peneus 川の渓谷で景色がよい; 長さ約 8 km; Apollo にゆかりの聖地》. 〖(1594) □ L *Tempē* □ Gk *Témpē*〗

Tem·pe·an /témpiən/ *adj.* テンペの渓谷 (the vale of Tempe) の(ような), 風光明媚な, 絶景の. 〖1864〗

tem·peh /témpeɪ/ *n.* テンペー《大豆をクモノスカビ (rhizopus) で発酵させて造ったインドネシアの食物》. 〖(1961) □ Indonesian *tempé*〗

Tem·pel·hof /témpəlhòuf | -hὰuf; *G.* témpəlho:f/ *n.* テンペルホーフ《ドイツの Berlin 南部の地区; 1974 年まで国際空港があった》.

tem·per /témpə | -pəʳ/ *n.* **1** [通例 a ～] かんしゃく, 短気, 怒気 (irritation, anger, passion): *in* a ～ 短気を起こして / *in* a fit of ～ 腹立ち紛れに / get [go, fly] *into* a ～ (急に)怒り出す, かんしゃくを起こす / show ～ 怒り出す, かんしゃくを起こす. **2** (特定時の)気分, 機嫌(きげん) (⇨ mood¹ SYN): a hot [quick, short] ～ 短気, かんしゃく / ⇨ ill temper / *in* a bad [good] ～ 不機嫌[上機嫌]で / He was not in the best of ～*s* at breakfast. 朝食時に必ずしも飛び切りの上機嫌ではなかった. **3** (挑発を受けた場合の)落着き, 沈着, 平静 (composure): lose one's ～＝get *out of* ～ 堪忍袋の緒が切れる, 怒り出す / keep [control] one's ～ (怒らないで)我慢する / recover [regain] one's ～ 怒りが和らぐ, 平静を取り戻す / put a person *out of* ～ 人を怒らす / I have never seen him *out of* ～ with anyone. 彼が人に対して腹を立てたのを見たことがない. **4** (習性的な)気質, 気性 (disposition) (⇨ temperament SYN): a man *of* a soft [sweet] ～ 気立ての優しい[柔和な]人 / a stubborn ～ 頑固(がんこ)な気性 / a fiery [placid] ～ 激しやすい[穏やかな]気性 / an equal [even] ～ かんしゃくなどを起こさない)平静な気質. **5** 傾向 (tendency), 趨勢(すうせい) (trend): the conservative ～ of the times 時代の保守的な趨勢 / the present public ～ 現代の一般民衆の傾向. **6**〖冶金〗**a** (鋼鉄などの)鍛え, 鍛え加減; 硬度, 弾性: the ～ of steel. **b** (鉄鋼中の)炭素含有量. **7**〖化学〗調質用添加剤《物質の性質を変化させるために添加される物; 砂糖の清澄剤としての石灰など》; (合金の)添加剤. **8** 革の味(あじ)《手ざわり, やわらかさ, かたさなど》. **9** スズと銅の合金《白鑞(しろめ)製造用》. **10**《古》中庸 (mean, medium); 妥協 (compromise). **11**《廃》**a** (物質の)組成 (constitution). **b** (非物質的なものの)性質, 特質.

Témper, témper! 怒らない, 怒らない.

— *vt.* **1** 調節[緩和, 軽減]する, 緩(ゆる)める, 和らげる (mitigate): ～ justice *with* mercy 正義に慈愛を加味する, 情状酌量(しゃくりょう)する / God ～*s* the wind *to* the shorn lamb.《諺》弱者には不幸も軽い. **2 a**〖冶金〗〈鋼鉄などを〉焼き戻す. **b**〈ガラスを〉(比較的低い温度から急激に冷却して)強化する, 焼き入れする (toughen). **3**〈ピアノ·オルガンなどを〉調律する (tune), 〈声を〉調節する. **4**〈粘土·しっくいなどを〉機械で練る. **5**《古》〈酒などを〉割って適度にする〔*with*〕: ～ wine *with* water ぶどう酒を水で割る. **6**〈革を〉味(あじ)する《湿気·水蒸気などで革の硬さを和らげることをいう》. **7**《古》なだめる, 静める (mollify). **8**《古》支配する, 抑制する (control). **9**《廃》(熱で)溶かす, 柔らかくする. **10**《Shak》＝tamper.

— *vi.* **1** 適度になる; 和らぐ, 柔軟になる. **2**〈鋼(はがね)などが〉鍛れる, 鍛えられる.

〖v.: OE *temprian* to mingle, moderate □ L *temperāre* to regulate, be moderate ← *tempus* time, due season. — n.: (*a*1387) ← (v.)〗

tem·per·a /témpərə/ *n.* **1** テンペラ画(法)《水彩顔料を卵白·蜜·膠(にかわ)などの媒剤で溶いて描く画法; 中世からルネサンス初期までの絵画は大部分これで描かれた》. **2** テンペラ絵の具. **3** ポスターカラー. 〖(1832) □ It. (*pingere a*) *tempera* (to paint in) distemper ← *temperare* to temper < L *temperāre* (↑)〗

tem·per·a·ble /témp(ə)rəbl̩/ *adj.* 和らげられる, 調和できる; 鍛えられる. 〖*c*1400〗

tem·per·al·i·ty /tèmp(ə)rǽləṭi | -lɪ̆ti/ *n.*《Shak》＝temper (2 *Hen IV* 2. 4. 23).

tem·per·a·ment /témp(ə)rəmənt, -pəm- | -p(ə)rəm-/ *n.* **1** 気質, 気性, 性分 (temper): the artistic ～ 芸術家的気質 / the poetic ～ 詩人肌 / He is *of* a nervous ～. 神経質だ / He is excitable [placid] *by* ～. 気性が興奮しやすい[冷静である]. **2** 激しい気性, 熱情的な気質, かんしゃく: a woman lacking in ～ 情熱的なところのない女性 / a display of ～ かんしゃくを起こすこと. **3** (昔の生理学で四体液 (humors) の調合によって生じると考えられた)体質; (体質による)気質: a choleric ～ 胆汁質 / a phlegmatic ～ 粘液質 / a melancholic ～ 憂鬱(ゆううつ)質 / a sanguine ～ 多血質. **4**〖音楽〗音律《楽音の音高の相互関係を数学的に決定したもの》: ⇨ equal temperament. **5**《古》調節, 妥協 (adjustment, compromise); 中道, 中庸 (mean). **6**《古》**a** 温度 (temperature). **b** 気候 (climate). 〖(*a*1398) □ L *temperāmentum* disposition, constitution, due mixture ← *temperāre* 'to mix, TEMPER': ⇨ -ment〗

SYN 性質: **temperament** 思考や行動に影響を及ぼす人の総合的な性質: He has a poetical *temperament*. 彼は詩人肌だ. **disposition** 性格·行動の特定の傾向: He has a quarrelsome *disposition*. けんか好きなたちだ. **temper** 感情面から見た人の性質: a hot [calm] *temper* 短気な[穏やかな]性質. **character** 他人との違いを生じさせる精神的·道徳的な性質: He has a strong *character*. 強い性格をしている (★ 修飾語のないときは, 正直で信頼される性格を表す: a man of *character* 人格者). **nature** 人の生まれながらの性質や物の本質: a stubbon *nature* 頑固な性質. **trait** 人の性格の特徴: Cheerfulness is his finest *trait*. 快活さが彼の最もすぐれた特徴だ. **personality** ある人を人間として特徴づける精神的·感情的特質の総和: He has a forceful *personality*. 彼は強い個性の持ち主だ.

---

tem·per·a·men·tal /tèmp(ə)rəménṭl̩, -pəm- | -p(ə)rəméntl̩⁻/ *adj.* **1** 気難し屋の, 癇(かん)の強い, 不機嫌(ふきげん)な (moody); 気まぐれ性の (fickle). **2** 性質の, 気質(上)の, 性分による: I have a ～ preference for facts. 性分として事実を好む傾向がある. **3**《口語》〈物が〉気まぐれに動く; あてにならない: a ～ sewing machine あてにならないミシン. 〖1646〗

tèm·per·a·mén·tal·ly /-ṭəli, -ṭli | -təli, -tli/ *adv.* 性質上, 気分的に, 性分で: He is ～ disinclined for work. 仕事ぎらいの性分である. 〖1861〗

tem·per·ance /témp(ə)rəns, -pəns | -p(ə)rəns/ *n.* **1** (飲食の)節制 (moderation): ～ *in* eating and drinking 飲食の節制. **2** 自制, 克己 (self-restraint). **3** 禁酒 (sobriety). **4** (天候の)穏やかさ. **5**《Shak》貞節 (chastity). — *adj.* **1** [限定的に用いて] 禁酒の; アルコール分を含まない: ～ drinks 無酒精性飲料 / a ～ hotel (酒を一切出さない)禁酒ホテル / a ～ pledge 禁酒の誓い / a ～ league [meeting, movement, society] 禁酒同盟[演説会, 運動, 会]. **2** [叙述的]《口語》禁酒主義の: He was very ～. 〖(*c*1340) □ AF *temperaunce* □ L *temperantia* moderation: ⇨ temper, -ance〗

tem·per·ate /témp(ə)rɪ̆t/ *adj.* **1** 〈気候·季節など〉温和な (mild): a ～ climate, region, season, etc. / ⇨ Temperate Zone. **2** 〈温度がほどよい: ～ warmth ほどよい暖かさ. **3** 節制する, 度を越さない, 控え目な (⇨ moderate SYN): a man of ～ habits 節制家 / ～ living 節制生活 / be ～ *in* eating and drinking 飲食に節度がある. **4** 節酒の, 禁酒の (abstinent). **5** 中庸を得た, 〈言葉遣い·思想·意見など〉穏やかな, 穏健な, 適度の (moderate): a ～ statement 穏やかな意見 / a ～ speaker 平静に語る演説者 / His conduct was more ～. 彼の行為の方がより穏やかであった. **6**〖生物〗弱力の, 溶原性の: ～ phages 溶原性ファージ. **7**《Shak》貞淑な. **～·ly** *adv.* **～·ness** *n.* 〖(*c*1310) □ L *temperātus* (p.p.) ← *temperāre* 'to TEMPER': ⇨ -ate²〗

Témperate Zòne *n.* [the ～]〖地理〗温帯 (⇨ zone 挿絵): ⇨ North Temperate Zone, South Temperate Zone. 〖1551〗

tem·per·a·ture /témpətʃə, -pə-, -p(ə)rə-, -tʃʊə | -p(ə)rɪ̆tʃə/ *n.* **1** 温度, 寒暖: at a ～ of absolute zero 絶対零度で / atmospheric ～ 気温 / effective ～ 有効温度 / ⇨ absolute temperature / Few people go swimming at very low ～*s*. とても低い気温で泳ぎに行く人はほとんどいない. **2**〖生理·病理〗**a** 体温: take a person's ～ 体温を計る / Normal body ～ is 98.6°F. in America and 98.4°F. in Britain. 平常体温はアメリカでは カ氏 98.6 度, イギリスではカ氏 98.4 度だ. **b**《口語》(平温以上の)熱, 発熱状態 (fever): have [run] a (high) ～ 〈病人が〉熱がある / He was running a ～ (of 102). (102 度の)熱を出していた / He has no ～. 熱はない. **3** (感情·関心などの)強さ, 度合: The ～ of the debate is rising. 討論の熱気が高まっている. **4**《廃》(気候の)適度, 温和 (mildness). **5**《廃》気質, 性質 (temperament). **6**《廃》妥協, 中庸 (compromise). **7**《廃》節制, 控え目 (temperance).

rún a témperature (1) ⇨ 2 b. (2)《俗》興奮する, 怒る; 熱烈である; ほれる.

〖(*c*1450) □ L *temperātūra*: ⇨ temperate, -ure〗

témperature coeffìcient *n.*〖物理化学〗温度係数. 〖1902〗

témperature cùrve *n.*〖気象〗気温曲線. 〖1899〗

témperature gràdient *n.*〖気象〗気温傾度《高度が増すに従って温度が変化する率; cf. lapse rate》. 〖1978〗

Témperature-Humídity Índex *n.*〖気象〗温湿指数《もと discomfort index と呼んだ; 略 THI》.

témperature invèrsion *n.*〖気象〗温度逆転《下層大気中で高度が増すに従って温度が上がる現象》. 〖1921〗

témperature nòise *n.*〖電気〗温度雑音.

témperature scàle *n.* **1** 温度計の目盛. **2** (セ氏·カ氏等の)温度標準.

témper còlor *n.*〖冶金〗焼戻し色《鋼(はがね)を焼戻した際表面に現れる酸化膜の色; cf. blue heat》.

tém·pered *adj.* **1** [通例複合語の第 2 構成要素として] (…の)気質の: good-*tempered* 気立てのよい / hot-[short-]*tempered* 怒りっぽい[短気な] / ⇨ even-*tempered*. **2** 調節された, 緩和された, 適度にされた (moderated); 鍛錬された: I listened to his ～ speech. 彼の穏やかな言葉に耳を傾けた / ～ steel 鍛鋼. **3**〖音楽〗**a** (平均律に従って)整律[調律]された (cf. temperament 4). **b**〈音程の幅が純正律より広い[狭い]. 〖*c*1375〗

tèmpered gláss *n.* 強化ガラス《焼き入れを行ったガラス; safety glass の一種》.

tém·per·er /-pərə | -rəʳ/ *n.* **1** 鍛え手; 練り手; 焼き入れ工. **2** (しっくいやセメントなどの)ミキサー. 〖1617〗

tém·per·ing /-p(ə)rɪŋ/ *n.*〖冶金〗(鋼(はがね)の)焼き戻し《焼き入れしたものを比較的低い温度で加熱し冷却する操作; cf. annealing 1, hardening 1 a》. 〖1382〗

tem·per·some /témpəsəm | -pə-/ *adj.* 怒りっぽい, 短気な. 〖(1875): ⇨ -some¹〗

témper strùcture *n.*〖冶金〗焼き戻し組織.

témper tàntrum *n.* ＝tantrum.

tem·pest /témpɪ̆st/ *n.* **1** 大あらし, 暴風雨, 暴風雪, 大荒れ (violent storm): The ～ roared. **2** 大騒ぎ, 大騒動, 大動揺 (tumult): a ～ in the breast 激しい胸騒ぎ / a ～ of cheering 万雷のかっさい / a ～ of laughter 大笑い, 爆笑 / Helen was very silent during this paternal ～. こうして父親が怒り狂っている時ヘレンはじっと黙っていた.

a témpest in a téapot《米》＝*a storm in a* TEACUP.

— *vt.* **1** 激しく荒れさせる, …に騒乱を起こす. **2**《古》動揺[動転]させる (upset). — *vi.* (あらしのように)荒れる, 荒れ狂う (rage). 〖(*c*1250) □ OF *tempeste* (F *tempête*) < VL **tempestam*＝L *tempestas* portion of time, season, weather, storm ← *tempus* time, season〗

Tem·pest /témpɪ̆st/, **The** *n.*「大あらし」,「テンペスト」《Shakespeare 作のロマンス劇 (1611)》.

témpest-tóssed *adj.* (*also* **témpest-tóst**) あらしにもてあそばれた; 心を激しくかき乱された; 浮き世の荒波にもまれた (cf. Shak., *Romeo* 3. 5. 138, *Macbeth* 1. 3. 25). 〘1595–96〙

tem·pes·tu·ous /tɛmpéstʃuəs | tɛmpéstʃuəs, təm-, -tju-/ *adj.* **1** あらしのような, 大あらしの, 大しけの, 大荒れの (stormy); あらしの多い, よく荒れる: a ～ wind 大暴風 / ～ weather 大荒れの天気 / a ～ day 大あらしの一日. **2** 激しい, かんしゃく持ちの, 狂暴な, すさまじい (violent): a child with a ～ nature 癇(かん)の強い子供 / in a ～ state 動乱状態で. **～·ly** *adv.* **～·ness** *n.* 〘(*c*1385) ☐ LL *tempestuōsus*: ⇨ tempest, -ous〙

tempi *n.* tempo の複数形.

Tem·plar /témplə | -plə(r)/ *n.* **1** テンプル騎士団員 (⇨ Knight Templar 1). **2** [しばしば t-] (英国の法学院のうち Inner Temple, Middle Temple に事務所のある) バリスター (barrister), 法学生 (cf. temple¹ 7). **3** ＝Knight Templar 2. **4** ＝Good Templar. 〘(*c*1290) ☐ (O)F *templier* ☐ ML *templārius* ← *templum* 'TEMPLE¹': ⇨ -ar²〙

tem·plate /témplɪt | -plɪt, -pleɪt/ *n.* **1** 型取り工具, 型板, 指形(さし) 《金属・石・木などを切り取る時, またはひき物細工などの型として用いる》. **2** 〘建築〙梁(はり)受け, 桁(けた)受け. **3** 〘造船〙(造船時に竜骨と盤木との間に打ち込む) 盤木用くさび. **4** 〘生化学〙鋳型 《DNA や RNA が合成される時に必要とされる相補的な DNA》. **5** 〘電算〙テンプレート: **a** フローチャートなどを書くときに使用する定規. **b** 表計算などで用いるテーブルで, 特定の命令をセットした枠組. **c** ワープロや表計算ソフトで, 書式などの枠組みだけのファイル. **6** 〘軍事〙＝overlay 6. 〘(1677) 《変形》 ← 《古形》 *templet* ☐ ? F *templet* stretcher (dim.) ← (O)F *temple* < L *templum* 'small rafter, TEMPLE¹': -ate の形は PLATE¹ との連想による〙

tem·ple¹ /témpl/ *n.* **1** (キリスト教以外の宗教で神を祭りこれを礼拝する) 聖堂, 神殿, 宮, 寺院: the *Temple* of Apollo at Delphi デルポイのアポロの神殿 / the *Temple* of Artemis アルテミスの神殿 《小アジアの古都 Ephesus にあった; Seven Wonders of the World の一つ》 / the *Temple* of Heaven 天壇 《中国北京にある円形大理石造建物; 歴代の皇帝はここで天地の神を祭った》 / the *Temple* of Horus ホルス寺院 (⇨ Edfu) / a Shinto ～ (神道(しんとう)の) 神社. **2** [the T-] (Solomon, Zerubbabel, Herod がそれぞれエルサレムに建てた) 神殿. **3 a** (キリスト教の) 聖堂, 教会堂, (特に) 大聖堂. **b** (フランスにおける新教徒の) 教会堂. **c** (米) ＝synagogue. **4** (モルモン教の) 神殿, 礼拝堂 《特に, 1853–92 年に米国 Utah 州の Salt Lake City に建てられたもの》. **5 a** (特別の目的に捧げた) 殿堂: a ～ of music [science] 音楽[科学]の殿堂. **b** (思想・価値・信条などの) 金字塔. **6** 宮 《神のいますと見なされる所》; (特に) キリスト教信者の身体: the ～ of the Holy Ghost 聖霊の宮 (cf. *1 Cor.* 6:19). **7** [the T-] **a** London にある法学院 (Inns of Court) のうち Inner Temple または Middle Temple. **b** Paris にあったテンプル騎士団の本部. **8** (米国の) ナイトテンプラー (Knight Templar) 団の建物. **9** [T-] 〘園芸〙テンプル 《品質優良なタンゴール (tangor) の品種名》. **témple-lìke** *adj.* 〘OE *templ*, *tempel* ☐ L *templum* consecrated place, shrine, 《原義》 something cut off ← IE **tem-* to cut: ME 期に (O)F *temple* (< L *templum*) の影響あり〙

tem·ple² /témpl/ *n.* **1** こめかみ, 側頭(部): She felt a tiny stab of pain in her ～. こめかみが少しずきずきした / He flushed to the ～s. こめかみの所までまっ赤になった. **2** (米) (眼鏡の) つる. 〘(*c*1310) ☐ OF ～ (F *tempe*) < VL **tempulam* (dim.) 《変形》 ← L *tempora* (pl.) ← *tempus* temple of the head〙

tem·ple³ /témpl/ *n.* (織機で織布を張って置く) 伸子(しんし). 〘(1426) *tempylle* ☐ (O)F *temple* 'TEMPLATE'〙

Tem·ple /témpl/ *n.* テンプル 《米国 Texas 州中央部, Waco の南部の都市》.

Tem·ple /témpl/, **Frederick** *n.* テンプル 《1821–1902; 英国の高位聖職者; Canterbury の大主教 (1896–1902)》.

Temple, Shirley *n.* テンプル 《1928– ; 米国の映画女優; 子役として活躍; 後に外交官となる》.

Temple, William *n.* テンプル 《1881–1944; 英国の神学者・哲学者, Canterbury 大主教 (1942–44); *Mens Creatrix* (1917), *Nature, Man and God* (1934), *Christianity and Social Order* (1942)》.

Temple, Sir **William** *n.* テンプル 《1628–99; 英国の政治家・外交官・著述家; Swift のパトロンとしても知られる》.

Témple Bár *n.* テンプル門 《City of London 西端にあった正門で, 国王といえども City に入るにはここで Lord Mayor から許可を受けなければならなかった; the Temple (⇨ temple¹ 7 a) の近くにあったが 1878 年郊外に移された》. 〘1354〙

témple blòck *n.* テンプルブロック, 木魚 《中空の木塊の打楽器》. 〘1929〙

tem·pled *adj.* **1** 聖堂[神殿, 寺院]のある. **2** 聖堂[神殿, 寺院]に祭られた. 〘1610〙

tem·plet /témplɪt/ *n.* ＝template.

tem·plon /témplɑ(ː)n | -plɒn/ *n.* 〘東方正教会〙＝iconostasis. 〘☐ MGk *témplon* reredos, iconostasis ☐ L *templum* 'TEMPLE¹'〙

tem·po /témpoʊ | -pəʊ/ *n.* (*pl.* **～s, tem·pi** /témpiː/) **1** 速さ, 速度, テンポ: the fast ～ of city life 都会生活の急速なテンポ. **2** 〘音楽〙(楽曲演奏の) テンポ, (緩急) 速度 (pace): ～ di marcia [minuetto] 行進曲[メヌエット]の速度 / ～ primo 最初の速度で. **3** 〘チェス〙テンポ, 調子. ***in témpo*** テンポの合った. ***òut of témpo*** テンポの合わない. 〘(1639) ☐ It. ～ < L *tempum* time: TENSE² と二重語〙

tem·po·ral¹ /témp(ə)rəl/ *adj.* **1** (聖職者・教会に対して) 世俗の, 俗界の (secular, lay) (cf. spiritual 2 c): ～ lords＝lords ～ 《英》 聖職以外の上院議員 (⇨ lord temporal) / the ～ power of the Pope 教皇の俗事上の権力. **2** この世の, 現世の, 浮世の (earthly): ～ prosperity 現世の繁栄. **3** 一時的な, 暫時の, 束(つか)の間の, はかない (transient). **4** 時の, 時間の, 時間的な (cf. spatial): a vast amount of ～ and spatial experience 膨大な時間的空間的な経験. **5** 〘文法〙時を表す; 時制の: a ～ adverb, clause, conjunction, etc. — *n.* [通例 *pl.*] 世俗の物事, 世事, 俗事, 俗務; 俗事上の権力 (temporal power); 世俗的所有物[財産] (temporal possession). **～·ly** *adv.* **～·ness** *n.* 〘(*c*1340) ☐ L *temporālis* belonging to time, lasting only for a time ← *tempor-*, *tempus* time ← IE **temp-* to stretch: ⇨ temper, -al¹〙

tem·po·ral² /témp(ə)rəl/ 〘解剖〙 *adj.* 側頭(部)の. — *n.* 側頭部. 〘(1541) ☐ F ～ ‖ L *temporālis* ← *tempor-*, *tempus* 'TEMPLE²': ⇨ -al¹〙

témporal bòne *n.* 〘解剖〙側頭骨 (⇨ skull¹ 挿絵). 〘1771〙

tem·po·ra·le /tèmpəréɪliː/ *n.* 〘カトリック〙聖務日課書 (breviary) とミサ典書 (missal) の中各節の特定典礼文を載せた部分 (cf. sanctorale). 〘(15C) ☐ ML *temporāle* (neut.) ← L *temporālis*: ⇨ temporal¹〙

témporal hóur *n.* 〘天文〙(ローマ帝国・オットマン帝国で採用した) 時間単位 《昼間を一年を通じて同じ時間数に分割したため, 1 時間の長さが夏は長く, 冬は短くなった》. 〘1594〙

tem·po·ra·lis /tèmpəréɪlɪs | -lɪs/ *n.* 〘解剖〙側頭筋 《側頭窩にあって下顎を上げる筋肉》. 〘(1676): ⇨ temporal²〙

tem·po·ral·i·ty /tèmpərǽləti | -lɪti/ *n.* **1** 一時的なこと, 一時性, はかなさ (↔ perpetuity). **2** [しばしば *pl.*] 〘キリスト教〙教会の不動産[収入] (cf. spirituality 3). **3** [通例 *pl.*] 俗事, 俗人, 俗界. **4** 〘法律〙一時的所有[収入](など). 〘1: (?*a*1387) ☐ LL *temporālitātem* ← *temporālis* 'TEMPORAL¹'. 2, 3: (?*a*1387) *temporalite* ☐ ML *temporālitātem*: ⇨ -ity〙

tem·por·al·ize /témp(ə)rəlàɪz/ *vt.* **1** 時間的に位置づける, 時間の枠にはめる. **2** 世俗化する. 〘1828〙

témporal lòbe *n.* 〘解剖〙側頭葉. 〘1891〙

témporal summátion *n.* 〘心理〙時間的加重 《単独に与えられると知覚できない弱い刺激を二つ, 短い時間間隔で与えると知覚を生じること》. 〘1950〙

tem·po·ral·ty /témp(ə)rəlti/ *n.* **1** [the ～; 集合的] 俗人 (the laity) (cf. spirituality 2). **2** [しばしば *pl.*] ＝temporality 2. 〘(1378) ☐ (O)F *temporalité* ← *temporel*: ⇨ temporal¹, -ty²〙

tem·po·rar·i·ly /tèmpərérəli, ⸗⸗⸗⸗ | témp(ə)rərəli, tèmpərér-/ *adv.* **1** 少しの間, ほんのしばらく: She just went ～ insane. 一時的に気が狂った. **2** 仮に, 一時的に, 間に合わせに. 〘1534〙

tem·po·rar·y /témpərèri | -p(ə)rəri/ *adj.* **1** 一時の, 束(つか)の間の, はかない, かりそめの (transient): ～ insanity 一時的な発狂 / provide ～ relief 束の間の気晴らしを提供する / a ～ filling in a tooth 歯の一時的充填物 / ～ solutions 当座しのぎの解決策 / ～ expedients 一時しのぎの便法 / a ～ magnet 一時磁石 / ～ parasitism 一時(的)寄生. **2** 仮の, 暫定的な, 臨時の, 間に合わせの: a ～ dwelling 仮家, 仮寓 / a ～ account [business, license] 仮勘定[営業, 免許] / a ～ depot [office] 仮置場[事務所] / ～ needs 急場の入用 / ～ work 臨時の仕事 / ～ workers 臨時雇いの人. **3** 《廃》現世の, 俗事の: a ～ meddler 俗事にお節介をやく人物 (Shak., *Measure* 5. 1. 145). — *n.* 臨時雇. **tém·po·ràr·i·ness** *n.* 〘(1547–64) ☐ L *temporārius* only for a time ← *tempor-*, *tempus* (period of) time: ⇨ -ary〙

SYN 臨時の: **temporary** 短期間だけ続く: a *temporary* job 臨時の仕事. **provisional** 当座だけ任命された 《特に政府など》: a *provisional* government 臨時政府. **acting** 正式の役職者などの不在中, その権限を一時的に代行する: an *acting* president 学長代理.
ANT permanent.

---

témporary cártilage *n.* 〘解剖〙骨化性軟骨 《後に骨に変わる軟骨》.

témporary dúty *n.* 〘軍事〙派遣勤務 《一時的に所属部隊以外の場で任につくこと; 略 TDY》. 〘1945〙

témporary hárdness *n.* 〘化学〙一時硬度, 炭酸塩硬度 《カルシウム・マグネシウムなどの重炭酸塩による水の硬度で, 加熱によって硬度が減少する; cf. permanent hardness》. 〘1895〙

témporary lífe annùity *n.* 〘保険〙定期終身年金 《被保険者の死亡または支払い期限満了のいずれか早い方で打ち切られる年金》.

témporary wílting *n.* 〘植物〙一時的しおれ, 一時的凋萎(ちょうい) 《一度しおれた状態になった植物が給水によって回復できる状態》.

tem·po·ri·za·tion /tèmpərɪzéɪʃən | -raɪ-, -rɪ-/ *n.* 妥協; 一時しのぎ; 時間稼ぎ; 日和見(ひよりみ).

tem·po·rize /témpəràɪz/ *vi.* **1** 一時しのぎをする; ぐずぐずする, 日和見(ひよりみ)をする (vacillate). **2** (時間かせぎに) 交渉する 〔*with*〕. **3** 折り合う, 妥協する (compromise) 〔*with, between*〕: ～ *with* a person 人と折り合う / ～ *between* churches 教会を互いに歩みよらせる.

tém·po·riz·er *n.* 〘(1555) ☐ (O)F *temporiser* to pass one's time ☐ ML *temporizāre* ← *temporāre* to delay ← L *tempor-*, *tempus* time: ⇨ -ize〙

tém·po·rìz·ing *n.* ＝temporization. — *adj.* 一時しのぎの, 妥協的な; 日和見的な; 迎合的な: a ～ politician. **～·ly** *adv.* 〘1600〙

tem·po·ro-¹ /témpəroʊ | -rəʊ/ 「時間(的)」の意の連結形. 〘← L *tempor-*, *tempus* time: cf. temporal¹〙

tem·po·ro-² /témpəroʊ | -rəʊ/ 「こめかみ, 側頭」の意の連結形. 〘← L *tempor-*, *tempus* 'TEMPLE²'〙

tèmporo·mandíbular *adj.* 〘医学〙側頭(骨および)下顎骨の.

témporomandibular jóint *n.* 〘医学〙顎関節 (略 TMJ).

tèmporo·máxillary *adj.* 〘解剖〙側頭(骨および)上顎骨の. 〘1842〙

tèmporo·spátial *adj.* 時間的空間的な.

témpo rubáto *n.* 〘音楽〙＝rubato.

témpo tùrn *n.* 〘スキー〙テンポターン 《速度を落とさずに大きな半円を描いてスキーのテールを振るようにして行う平行回転; high-speed turn, parallel turn または俗には tail-wagging ともいう》.

Tem·pra·ni·llo /tèmprəníːjoʊ, -ljoʊ | -jəʊ, -ljəʊ; *Sp.* tempraníjo/ *n.* テンプラニーヨ 《リオハ (Rioja) ワインを造るのに用いるスペイン産のブドウ》. 〘スペイン北部の村名から〙

temps le·vé /tɑ́ː(n)ləvéɪ, tɑ́ːn-; *F.* tɑ̃ləve/ *n.* (*pl.* **temps le·vés** /～; *F.* ～/) 〘バレエ〙タンルヴェ 《バレエの基礎技術の一つ, 第 1 ポジションと第 2 ポジションから行われる小跳躍で, 両足で始めて両足で終わる跳躍と, 両足で始めて片足で終わる跳躍》. 〘(*c*1973) ☐ F ～ 《原義》 raised motion〙

temps lié /tɑ́ː(n)ljéɪ, tɑ́ːn-; *F.* tɑ̃lje/ *n.* (*pl.* **temps liés** /～; *F.* ～/) 〘バレエ〙タンリエ 《バレエの基礎技術の一つ; 足の基本となる第 4, 第 5, 第 2 の三つのポジションを基盤とした脚と腕の動きの組合わせ》. 〘(1947) ☐ F ～ 《原義》 bound motion〙

tempt /tém(p)t/ *vt.* **1** 〔悪事・快楽に〕〈人を〉誘惑する, 唆(そそのか)す (seduce) 〔*to, into*〕 / 〈*to* do〉 (⇨ lure¹ **SYN**): The serpent ～*ed* Eve. へびはイブを誘惑した / Nothing could ～ him *to* evil. どんなに誘惑されても彼が悪事を働くはずがない / The sight ～*ed* him *to* steal [him *into* steal*ing*]. 彼はそれを見るとふと魔がさして盗んだ. **2** …する気にさせる, …するように…に勧める (induce, persuade) 〈*to* do〉: The fine weather ～*ed* me *to* go out [～*ed* me *out*]. よい陽気に誘われて戸外へ出た / Can't I ～ you *to* (have) another helping? もう一つ[一杯]召し上がりませんか / I feel [am] ～*ed to* try. 試してみたくてしょうがない. **3** 〈物・事が〉〈人の心・食欲などを〉そそる: This dish ～*s* me [the appetite]. この料理はうまそうだ[食欲をそそる] / The sight ～*ed* his cupidity. その有様は彼の欲心をそそった / His offer strongly ～*ed* me. 彼の申し出に強く心をそそられた. **4** 《文語》…の危険を冒す; …に挑む (defy): ～ the sea [storm, flood] 海[嵐, 洪水]の危険を冒す. **5** 《古》試みる, ためす (try, test): God did ～ Abraham. 神アブラハムを試みぬ (*Gen.* 22:1).
témpt Gód [***próvidence, fáte***] 神意[運命]に逆らう, 神[運命]を恐れぬようなこと[冒険]をする, (そんなことをしたら)ろくなことはない: Don't ～ *God.* / It's ～*ing providence* to climb that cliff. あの絶壁をよじのぼるとは無茶な話だ. (*a*1340)
〘(?*a*1200) ☐ OF *tempter* (F *tenter*) to try, tempt < L *temptāre* to attempt ← ?〙

tempt·a·ble /tém(p)təbl/ *adj.* 誘惑できる; 誘惑されやすい, 唆(そそのか)されやすい. 〘1628〙

temp·ta·tion /tɛm(p)téɪʃən/ *n.* **1** 誘惑: fall into [yield to] ～ 誘惑に陥る[負ける] / lead a person into ～ 人を誘惑に陥れる / put [place, throw] ～ in a person's way 人を誘惑しようとたくらむ / resist the ～ *to* tell a lie うそをつきたい誘惑に耐える. **2** 誘惑物, 誘惑の魔手, 人の心を引きつけるもの (allurement): a ～ of drink 飲酒の誘惑 / Many ～*s* beset the young. 青年を陥れる誘惑は多い / I am so comforable here that there is no ～ *to* leave. ここは居心地がいいので帰る気が起こらない. **3** [the T-] 〘聖書〙(キリストが悪魔から受けた) 荒野の試み (cf. *Matt.* 4). 〘(?*a*1200) ☐ OF *temptaciun* (F *tentation*) ☐ LL *temptātiō(n-)* ← *temptāre* to handle, touch, try: ⇨ tempt, -ation〙

témpt·er *n.* **1** 誘惑者; 誘惑物. **2** [the T-] 悪魔, サタン (the Devil). 〘(?*c*1350) *temptour* ☐ OF *tempteur* ☐ L *temptātōrem*: ⇨ tempt, -er¹〙

tempt·ing /tém(p)tɪŋ/ *adj.* **1** 誘惑的な, 唆(そそのか)す[そそる]ような: a ～ demon 人を誘惑する鬼神. **2** うっとりさせる; 心[味覚]をそそる (alluring): a ～ offer 心そそられる申し出 / This roast beef looks very ～. このローストビーフはとてもうまそうだ. **～·ly** *adv.* **～·ness** *n.* 〘?*c*1380〙

tempt·ress /tém(p)trɪs/ *n.* 誘惑する女性, 妖婦(ようふ). 〘1594〙

tem·pu·ra /témpʊrə, -rɑː, tɛmpʊ́ᵊrə | témpərə, tɛmpʊ́ərə/ *n.* (日本料理の) てんぷら. 〘(1920) ☐ Jpn. ← ? Port.〙

tem·pus fu·git /témpəsfjúːdʒɪt | -pəsfjúːdʒɪt, -pus-, -gɪt/ *L.* 光陰矢のごとし. 〘☐ L ～ 'time flies'〙

Te·mu·co /teɪmúːkoʊ | -kəʊ; *Am.Sp.* temúko/ *n.* テムコ 《チリ南部の交易都市》.

te·mu·lent /témjʊlənt/ *adj.* 《古》 **1** 酔った, 夢中になっている. **2** 酔わせる, 夢中にする. 〘(1628) ☐ L *tēmulentus* drunken ← *tēmētum* strong liquor ← ?〙

ten /tén/ *n.* **1** 10; 10 個; 10 人; 10 歳; 10 時; 10 分: a child of ～ 10 歳の子供 / come at ～ 10 時に来る / ～ past six 6 時 10 分過ぎ / ～*s* of thousands (of …) 幾万も(の). **2** 10 [X] の記号[数字]. **3** 10 人[個]一組: arrange things in ～*s* 物を 10 個ずつそろえる. **4** (トランプ

T

などの)10の札 (bridge では honor card の最下位; bézique, six-bid solo などではエースに次いで2位): the ～ of hearts ハートの 10. **5** 《英口語》10 ポンド紙幣; 《米口語》10 ドル紙幣. **6** 10 番サイズの衣料品: wear a ～. **7** [通例 *pl.*] 〖数学〗10 の位(の数[字]) (ten's place ともいう). **8** 《口語》10 分休み, 短い休憩: take ～ 10 分間の休憩をする; 一休みする (cf. *take* FIVE).
háng tén ⇨ hang *v.* 成句. ***tén (for) a pénny*** ⇨ penny 成句. ***tén out of tén*** 《英》(10 点)満点; 完璧なでき. ***tén to óne*** 十中八九まで, 九分九厘: *Ten to one* [It's ～ *to one* that] he will be elected. きっと彼は当選する. ***the úpper tén*** ⇨ upper ten.
— *adj.* **1** 10 の, 10 個の, 10 人の; [叙述的に用いて]10 歳で: ～ thousand=10,000 / one in ～ thousand 万に一つ / ～ or twelve 十一, 二[十そこら]の (twelve とするのは頭韻のため) / He is ～ (=ten years old). 彼は 10 歳です. **2** (漠然と)たくさんの: ⇨ TEN *times*.
tén tímes 十倍(も), はるかに: be ～ *times* as big as …の十倍も大きい / He is ～ *times* the man you are. 彼は君の十倍も偉い人物だ / I'd ～ *times* rather stay at home. 家に居る方がずっとましだ.
〖OE *tēn, tīen* < Gmc **teχan*, **teχun* (G *zehn* / Goth. *taihun*) < IE **dekm̥* (L *decem* / Gk *déka* / Skt *daśa*)〗

ten. 《略》tenement; tenor; 〖音楽〗tenuto.

ten- /tɛn/ (母音の前で) teno- の異形.

ten·a·ble /ténəbl̩/ *adj.* **1** 守ることができる, 攻撃に耐えられる: a ～ fortress [position] 守りの堅い要塞(ようさい)[陣地]. **2** 〈言明・意見など〉主張することのできる, 支持しうる, 条理にかなっている, 筋の通った (logical): a ～ argument, opinion, theory, etc. / His theory is no longer ～. 彼の説はもはや支持しうるものではない. **3** 〈地位・官職など〉維持[継続]できる: a scholarship ～ for three years 3 年間受けられる奨学金. **ten·a·bil·i·ty** /tènəbíləṭi | -l̩ɪti/ *n.* **tén·a·bly** *adv.* **～·ness** *n.* 〖《1579》□ F ～ ← *tenir* < L *tenēre* to hold, keep: ⇨ tenor², -able〗

ten·ace /ténɛɪs, —́—, tén̩s/ *n.* 〖トランプ〗(bridge, whist で)穴あきオナーズ (一つの手に配られた 2 枚の同種札のオナーズ (honor cards) で中間のカードが一つ飛んでいるもの): ⇨ major tenace, minor tenace. 〖《1655》□ F ～ □ Sp. *tenaza* 《原義》forceps, pincers (referring to cards) < L *tenācia* (neut. pl.) ← *tenāx* 'TENACIOUS'〗

te·na·cious /tənéɪʃəs, tɛ-/ *adj.* **1** 〔主義・意見などを〕固執する (holding fast) 〔*of*〕; 執拗(しつよう)な, 頑固(がんこ)な (obstinate): He is ～ *of* his opinions [rights]. 自説を[権利に]固執する / He is quick in opposition and ～ *in* defence. すばやく反対し辛抱強く防ぐ. **2** 〔…を〕しっかり押えて[固く握って]放さない, しっかり付いて離れない〔*of*〕; 〈記憶など〉強い (retentive): a ～ grip 固い握り / The frog is so ～ *of* life. カエルはなかなか死なない / a ～ memory 強記. **3 a** 粘り強い (tough): a hard and ～ alloy 堅くて強い合金. **b** 粘着力の強い, 粘質の (sticky): ～ clay, mud, etc. **～·ly** *adv.* **～·ness** *n.* 〖《1607》← L *tenac-*, *tenāx* holding fast, sticky (← *tenēre* to hold) + -IOUS〗

te·nac·i·ty /tənǽsəṭi, tɛ- | -sɪti/ *n.* **1** (意見・主義・目的などの)堅持, 固執 (persistence) (⇨ perseverance SYN); 頑固(がんこ) (stubbornness): ～ of prejudice 偏見の強さ. **2** 保持の固さ; しっかり付いて離れない力, 固く握って離さない力. **3** 粘り強さ (toughness). **4** 粘着力, 粘着性 (stickiness). **5** 強い保持力, 強記 (retentiveness): a memory of uncommon ～ 並はずれた強記. 〖《?a1425》□ (O)F *tenacité* // L *tenācitātem* ← *tenāx*: ⇨ ↑, -ity〗

tén·àcre blóck *n.* 《NZ》10 エーカー区画 (農地を細分化した一区画; 通例都会に通勤可能な所にあり, 半農生活を可能にする).

te·nac·u·lum /tənǽkjuləm, tɛ-/ *n.* (*pl.* **-u·la** /-lə/, ～**s**) **1** 〖外科〗支持鉤(こう). **2** 〖昆虫〗(叉状)腹管, 吸盤, 保(護)器 (粘管目の種類の第 3 腹節にある静止の際に粘管を保護する役目をするもの). **3** 〖生物〗テナキュラ (藻類の細胞が変形した付着細胞). 〖《1693》← (N)L *tenāculum* ← L *tenēre* to hold + *-aculum* (「道具」の意を表す接尾辞): cf. tenacious〗

te·naille /tənéɪl, tɛ-, -náɪl; F. tənaːj/ *n.* (*also* **te·nail** /～/) 〖築城〗凹角堡(おうかくほ). 〖《1589》□ F ～ 'pincers, forceps' < L *tenācula* (pl.) ← *tenāculum* (↑)〗

te·na·im /tənáː(j)ɪm, -(j)əm, -naːíːm/ *n. pl.* [単数または複数扱い] **1** (ユダヤ人社会の婚約パーティーで親同士で取り決める)結婚の諸条件, 結婚の了解. **2** (ユダヤ人社会の)婚約発表のパーティー. 〖□ Yid. *tnoyim* □ MHeb. *tᵉnāʾīm* engagement (pl.) ← *tᵉnay* condition.〗

te·na koe /tənáːkwɔɪ/ *int.* 《NZ》テナコエ (一人の人に対する; マオリ族のあいさつ). 〖《1840》← Maori〗

ten·an·cy /ténənsi, -nəntsi/ *n.* **1** (土地家屋の)借用, 保有 (tenure). **2** (土地・家屋・事務所などの)借用期間, 借地[借家]期間; 小作年期. **3** 《古》借地, 小作地, 借家. **4** (肩書・権利などによる)地位の占有[保有]; 地位, ポスト: his ～ as professor of philosophy 哲学教授としての地位. 〖《1423》: ⇨ ↓, -cy〗

ten·ant /ténənt/ *n.* **1 a** 借地人, 小作人, 借家人 (cf. landlord 2, 3). 日英比較 日本語の「テナント」は特にビルの事務所などの借り手をいうが, 英語の *tenant* はあらゆる種類の借家・借地人を指す. **b** 〖法律〗(不動産回復訴訟の)被告. **2** (封建制度下の, 土地を保有した)領臣. **3** 住人, 住民, 居住者 (dweller): ～*s* of the woods [trees] 森[樹木]の居住者 (鳥類).
ténant at wíll 〖法律〗任意(終了)不動産権権利者 (通告なしに当事者の意思でいつでも追い立てられうる).
ténant in cáp·i·te /-kǽpɪṭi | -pɪti/ [**chíef**] (国王から直接領地を授けられた)国王直属の領臣, 直属受封者, 直臣. 《1844》
— *adj.* 《まれ》=tenent.
— *vt.* [通例受身で]〈土地・家屋を〉借用する, (借用して)居住する: The house is ～*ed* by a schoolmaster. その借家には学校の先生が住んでいる. — *vi.* (借家人として)居住する〔*in*〕.

ténant-lìke *adj.* 〖《?c1300》□ (O)F ～ (pres.p.) ← *tenir* to hold < L *tenēre*: cf. tend¹〗

ten·ant·a·ble /ténənṭəbl̩ | -tə-/ *adj.* 〈土地・家屋など〉借用[賃借]することのできる; 住める. 〖1453〗

ténant fàrmer *n.* 小作人; 小作農. 〖1748〗

ténant fàrming *n.* 借地耕作; 小作. 〖1861〗

ténant·less *adj.* 借地[家]人のない, あいている, 空地[家]の. 〖1594〗

ténant rìght *n.* 《英》(土地・家屋などの)借有権, 借地権, 小作権, 借家人の権利. 〖1527〗

ten·ant·ry /ténəntri/ *n.* **1** [集合的] 借地人, 小作人, 借家人. **2** 借地人[小作人, 借家人]であること; 土地[家屋]の借用. **3** (借家[地]人に)貸している財産. 〖1385〗

ténants assocìation *n.* テナント組合 (借地・借家人の会; cf. community association, residents association).

ténant's chàrter *n.* 《英》テナント憲章 (住まいを安く購入したり, 下宿人を置いたりする権利などを定めてある借地・借家人の法的権利を一括したもの).

ténant·shìp *n.* =tenancy.

Ten·cel /ténsɛl/ *n.* 〖商標〗テンセル (木質パルプを無害な溶剤に溶かして糸にしたセルロース繊維で, 生分解性がある; 英国 Courtaulds 社が開発); テンセル織物.

tén·cént *adj.* 《米口語》安物の, お粗末な (sorry).

tén·cènt stòre *n.* 《米口語》安物(雑貨)店 (five-and-ten). 〖1901〗

tench /téntʃ/ *n.* (*pl.* ～, ～**·es**) 〖魚類〗テンチ (*Tinca tinca*) (ヨーロッパ産コイ科の淡水魚の一種). 〖《1289》□ OF *tenche* (F tanche) < LL *tincam* ← Celt.〗

Tén Commándments *n. pl.* [the ～] 〖聖書〗十戒 (神が Sinai 山の山頂で Moses に託してイスラエルの民に与えた十箇条の訓戒 (cf. *Deut.* 5:6–21); the Decalogue ともいう). 〖c1375〗
★ Exod. (20:2–17) は次の通り (AV; 新共同訳):
1 Thou shalt have no other gods before me. あなたには, わたしをおいてほかに神があってはならない.
2 Thou shalt not make unto thee any graven image. あなたはいかなる像も造ってはならない.
3 Thou shalt not take the name of the Lord thy God in vain. あなたの神, 主の名をみだりに唱えてはならない.
4 Remember the sabbath day, to keep it holy. 安息日を心に留め, これを聖別せよ.
5 Honour thy father and thy mother. あなたの父母を敬え.
6 Thou shalt not kill. 殺してはならない.
7 Thou shalt not commit adultery. 姦淫してはならない.
8 Thou shalt not steal. 盗んではならない.
9 Thou shalt not bear false witness against thy neighbour. 隣人に関して偽証してはならない.
10 Thou shalt not covet thy neighbour's house. 隣人の家を欲してはならない.

tend¹ /ténd/ *vi.* **1** 〔…の〕傾向がある〔*to, toward*〕/ 〈*to* do, *to* be〉…しがちである: This portrait ～*s to* [*toward*] caricature. この肖像画はどうも戯画的だ / Most of the refugees ～ *to* be conservative, as often ～*s* to be the case. よくありがちだが, 亡命者は大抵保守的になりがちである / Too much smoking ～*s to* damage health. たばこを吸い過ぎると健康を損ないがちだ / I ～ *to* believe [*to* the belief] that she's right. どうも彼女の言う通りであるように思われる / windy ～*ing to* [*toward*] stormy 風強く暴風になりそう. **2** 〈道・進路などが〉〔…の方へ〕向く, 向かう, 至る, 行く (lead) 〔*to, toward*〕: Prices are ～*ing downward* [*upward*]. 物価は下落[上昇]の傾向を見せている / Where is the modern world ～*ing*? 現代世界はどこへ向かっているのか. **3** 〔…に〕資する, 貢献する (conduce) 〔*to, toward*〕; 〈…するのに〉役立つ (serve) 〈*to* do〉: measures ～*ing to* the improvement of [*to* improve] working conditions 労働条件の改善に資する方策. **4** 〖海事〗〈錨(いかり)泊中の船が〉潮流[風向き]に沿って振れる, 風[潮]にかかる. 〖《a1330》□ (O)F *tendre* < L *tendere* to stretch, direct one's course: cf. Gk *teínein* / Skt *tanoti* he stretches: cf. tender²〗

tend² /ténd/ *vt.* **1 a** 〈家畜・機械・店など〉の番をする, 気をつける, 管理をする (attend to): ～ sheep 羊の番をする / ～ a fire [machine] 火[機械]の番をする / ～ the bar バーテンを務める (cf. bartender) / Who's ～*ing* the store? だれが店番をしているのか. **b** 〈植物など〉の手入れをする, 手入れして育てる (cultivate): ～ roses. **2** 〈病人・子供など〉の世話をする, 看護する, 介抱する (watch over): ～ the sick and wounded 傷病者を看護する. **3** 〖海事〗(停泊中錨鎖(びょうさ)がからまない[ロープ作業でもつれない]ように)番をする (stand and watch): ～ a vessel. **4** 《方言》…に出席する (attend). **5** 《古》…に伴う: The cares … ～ the crown. 心労が王冠には伴う (Shak., *Rich II* 4. 1. 199). **6** 《廃》…に耳を傾ける (listen to). — *vi.* **1** 《米》〔…に〕気をつける, 注意する, 心を配る (attend) 〔*to*〕: Why don't you ～ *to* your own business? どうして君は自分のことに専念しないのだ. **2** かしずく, 仕える (wait) 〔*on, upon*〕. **3** 《Shak》準備して待つ, 待ち構える (cf. Shak., *Hamlet* 1. 3. 83). 〖《?a1200》《頭音消失》← ATTEND〗

ten·dance /téndəns/ *n.* **1** 世話, 看護, 介抱, 付添い (care). **2** 《古》[集合的]召使, 従者 (attendants). 〖《1573》《頭音消失》← ATTENDANCE〗

tend·en·cious /tɛndénʃəs/ *adj.* =tendentious.

ten·den·cy /téndənsi, -dəntsi/ *n.* **1** 傾向, 傾き, 風潮 (trend, drift) 〈*to* do〉: the ～ of society 社会の風潮 / Juvenile delinquency shows a marked ～ *to* increase. 青少年の非行は増加の著しい傾向を示している / Prices are showing a strong downward [upward] ～ = Prices are showing a strong ～ downward [upward]. 値下がり[値上がり]の傾向が強く見られる / The ～ of events is *toward* peace. 事態は和平の方向に向かって進みつつある. **2** (体質的)傾向; 性向, 性癖 (inclination, bent) 〔*to, toward*〕; 〈…する〉傾向, 性向 〈*to* do〉: He has a ～ *to* fatness [baldness, absentmindedness, depression]. 彼には太る[はげる, ぼんやりする, 憂鬱に陥る]傾向がある / She had a natural ～ *to* flippancy. 彼女には生まれつき軽薄なところがあった / She has strong [marked] left-wing *tendencies*. 彼女は強い[著しい]左翼的傾向がある / A ～ *toward* exaggeration is his characteristic. 物事をおおげさに言う傾向が彼の特徴だ / a ～ *to* drink too much 深酒をする癖. **3** (文学作品などのもつ社会的・政治的な)特殊な意図, 特定の傾向: a ～ play [novel] 傾向劇[小説] (社会思想などを主張する劇や小説). 〖《1628》□ ML *tendentia* ← *tendentem* (pres.p.) ← *tendere*: ⇨ tend¹, -ency〗

SYN 傾向: **tendency** 人や物が特定の方向に進む傾向: Prices show a rising *tendency*. 物価は上昇の傾向を示している. **trend** 不規則で曲折している進路, にもかかわらず大体の方向を示す動き: a recent *trend* in American literature アメリカ文学の最近の動向. **current** 変化することがあるが, 明確な方向を示す進路: the *current* of public opinion 世論の趨勢. **drift** (特に悪い)あるものに着実に向かう傾向: a *drift* toward nationalism 民族主義への傾向.

téndency tòne *n.* 〖音楽〗傾向音 (自然に上がるか下がるかしてしまう不安定な音程; 上がり[下がり]がちの音程).

ten·den·tious /tɛndénʃəs/ *adj.* 《軽蔑》〈記述・書物など〉偏向的な, 特別な目的のある, 底意のある: a false and ～ account 偽りの底意のある記述. **～·ly** *adv.* **～·ness** *n.* 〖《1900》← TENDENCY + -IOUS: cf. G *tendenziös*〗

ten·der¹ /téndə | -də(r)/ *adj.* (～**·er**; ～**·est**) **1** 優しい, 思いやりのある, 親切な, 情深い (compassionate): ～ parents 優しい[子供に甘い]両親 / the ～ passion [sentiment] 愛情, 恋情 / He wasn't very ～ *of* [*with*] her. 彼女にあまり優しくなかった / feel ～ *toward* [have a ～ feeling for] a person 人に対して愛情を抱く, 人を憎からず思う / He is ～ to weakness. 彼は優し過ぎる / The Lord is of ～ mercy. 主はあわれみあるものなり (cf. *James* 5:11) / leave to the ～ mercies [mercy] of ⇨ mercy 成句. **2** 〈肉など〉柔らかい (⇨ soft SYN): ～ meat, grass, etc. **3** 若い, 年端のいかない, 未熟の (youthful): boys and girls of ～ age [years] 年端のいかない少年少女たち / the ～ period of youth うら若い頃. **4** こわれやすい, 弱い, もろい (fragile); 〈花・幼児など〉虚弱な, かよわい, きゃしゃな; 〈動・植物が〉(寒暑に)傷みやすい (weak): a ～ structure 弱い構造物 / a ～ skin 弱い皮膚 / a ～ shoot [blossom] かよわい芽[花] / a ～ plant かよわい木 (育ちにくい木); 手のかかる人. **5** 〈色・光・音調・感触など〉柔らかな, 弱い (delicate); 穏やかな (mild): ～ green 新緑 / ～ pink 新紅 (初花などの色) / the ～ touch of a girl's hand 少女の手の柔らかな感触 / ～ irony 穏やかな皮肉. **6** 敏感な, 痛みを感じやすい, さわると痛い (sensitive): a ～ spot [tooth] 痛む所[歯] / My bruise is still ～. 打ち傷がまださわると痛い. **7** 感動しやすい, 感じやすい (easily touched, susceptible): a ～ person, heart, etc. / a ～ conscience 感じやすい良心. **8** 〔…を〕心配する, 〔…に〕心を遣う (considerate); 傷つけまいと気にする, 〔…しはしないかと〕気遣う, 恐れる (afraid) 〔*of, for*〕: be ～ *of* hurting a person's feelings 人の感情を傷つけまいと心を遣う / He was ～ *for* his honor. 名誉を傷つけまいと気にしていた. **9** 〈話題・事態など〉慎重な取扱いを要する, 扱いにくい, 面倒な: a ～ topic [subject] (人の感情を傷つけかねない)難しい話題[問題] / a ～ situation めんどうな事態. **10** 〖海事〗〈船が〉傾きやすい, 転覆しやすい, 不安定な, 重頭船の (crank). **11** 《廃》いとしい, 大切な (cf. Shak., *Two Gent* 5. 4. 37).
— *vt.* **1** 和らげる. **2** 《古》優しく扱う, 大切にする.
— *vi.* 柔らかくなる.
— *n.* 《廃》**1** 優しさ (tenderness). **2** (優しい)配慮, 考慮 (consideration) (cf. Shak., *Lear* 1. 4. 211).
～·ly *adv.* 〖《adj.: ?a1200; v.: a 1393》□ (O)F *tendre* < L *tenerum*, (nom.) *tener* tender, susceptible ← IE **tenero-* ← **ten-* to stretch.〗

SYN 優しい: **tender** 他人に対して優しく思いやりのある: She has a *tender* heart. 彼女は優しい心をしている. **sympathetic** 他人の気持ちをくみ取り, それと同調する能力のある: I feel *sympathetic* toward him. 彼に同情的だ. **warm** 優しさのみでなく愛情がこもり, 友好的な: a *warm* welcome. 心からの歓迎. **warm-hearted** 優しく愛情深い (*warm* よりも強意的): a *warm-hearted* old lady 心の温かい老婦人. **ANT** callous, severe.

ten·der² /téndə | -də(r)/ *vt.* **1** (正式に)差し出す, 提出する (present): ～ one's card 名刺を差し出す / ～ one's resignation (*to* the chief) (上司に)辞表を提出する. **2** (正式に)提供する, 申し出る (⇨ offer SYN): ～ one's thanks [apologies] お礼[詫(わ)び]を言う / They ～*ed* their

services *to* us. 彼らは我々に奉仕を申し出た[便宜を提供した] / We ~*ed* him a reception. 我々は彼のために歓迎会を開いた. **3** 〈謁見などを〉許す, 与える (give). **4** 〘法律〙(債務の弁済・義務の履行として)〈金品を〉提供する: ~ some money in satisfaction of a claim 賠償要求に応じて金を払う. **5** 売りに出す: ~ stock 株を売りに出す.
— *vi.* 入札する (make a tender) 〔*for*〕: ~ *for* the construction of a new freeway 新しい高速道路の建設に入札する.
— *n.* **1** (正式な)提出, 提供, 申しいで, 申し込み. **2 a** 〘商業〙請負見積り書, 入札: invite ~*s* for …の入札を募(つの)る / put the work out for ~ その工事の入札を募る / win the ~ for the work その工事を落札する. **b** 〘証券〙=tender offer. **3** 〘法律〙(弁償・弁済・賠償などの)提供; 弁償金, 賠償金, 弁済金: legal ~ 法定貨幣, 法貨. **4** 〘スコット法〙弁済金, 賠償金.
~·er /-d(ə)rə | -rə(r)/ *n.* 〘(1542–43) □ (O)F *tendre* < L *tendere* to stretch: TEND[1] と二重語〙

tend·er[3] /téndə | -də(r)/ *n.* **1** 世話する人, (病人の)看護人, (子供の)おもり, 見張り人, 番人, 監督: ⇨ bartender. **2** 〘海事〙(大型艦船専属の雑役用)給仕船, 艀(はしけ); (沖に停泊中の船や漁場にある漁船・捕鯨船などと陸上との間の連絡や雑役に当たる)専属船. **3** 〘鉄道〙(機関車の)炭水車 (⇨ locomotive 挿絵). **4** 〘軍事〙母艦 (兵站(へいたん))支援用の補助艦艇): a submarine ~ 潜水艦母艦. **5** (雑巾(ぞうきん)・箒(ほうき)などに付けた)給水器. **6** (スタジオ外放送のような機動操作が必要なときに物品を提供する)補助車両.
— *vt.* 艀に積み込む. 〘(*c*1470) ← TEND[2]+-ER[1]〙

ten·der·a·ble /téndərəbl/ *adj.* 〈金品など〉弁済に提供しうる. 〘(1868) ← TENDER[2]+-ABLE〙

ténder ánnual *n.* 〘植物〙霜に弱い一年生植物 (cf. hardy annual). 〘1769〙

ténder-dýing *adj.* 《Shak》若死にする: ~ eyes 幼くして死神に取りつかれた目 (*1 Hen VI* 3. 3. 48). 〘1589–90〙

ténder-éyed *adj.* **1** 優しい目をした. **2** 目の弱い. 〘1535〙

ténder·fòot *n.* (*pl.* **-fèet, ~s**) **1** (米国南西部の牧場・鉱山などの荒い仕事に不慣れの)新参者, 新米; 未経験者. **2** (Boy Scouts や《米》Girl Scouts の)初級スカウト (⇨ boy scout). 〘(1849): ⇨ tender[1]〙

ténder·héarted *adj.* 心の優しい, 感じやすい, 情にもろい, 同情心のある. **~·ly** *adv.* **~·ness** *n.* 〘1470〙

ténder-héfted *adj.* 《古》=tenderhearted. 〘(1604–05) ← TENDER[1]+*hefted* (← *heft* (《変形》) ← HAFT)+-ED 2)〙

ten·der·ize /téndəràɪz/ *vt.* 〈肉などを〉柔らかくする. **ten·der·i·za·tion** /tèndərɪzéɪʃən | -raɪ-, -rɪ-/ *n.* 〘1733〙

tén·der·ìz·er *n.* 食肉軟化剤 (食肉中の堅い繊維や結合組織を分解して柔らかくするもの; 特に, 植物性酵素パパイン (papain)). 〘1958〙

ténder·lòin *n.* **1** テンダーロイン (牛・豚の腰肉の下部の非常に柔らかい部分; ⇨ pork 挿絵); ヒレ肉 (cf. fillet 1 a). **2** [しばしば the T-]《米》(もとは New York 市の, 今は各大都市の警官の買収が盛んで悪徳が横行する)盛り場, 歓楽街 (tenderloin district). 〘(1828): ⇨ tender[1]〙

ténder-mínded *adj.* **1** 理想主義の (idealistic), 楽天的な (optimistic); 独断的な (dogmatic); (特に)不快な現実を直視できない. **2** 気が弱い, 傷つきやすい. 〘1605〙

ténder·ness *n.* **1** 優しさ, 親切 (kindness), 思いやり (considerateness). **2** 敏感さ. **3** 壊れやすさ, もろさ (fragility). **4** 〘病理〙圧痛. **5** 〘海事〙(船の)不安定性. 〘(*a*1325): ⇨ tender[1]〙

ténder òffer *n.* 《米》〘証券〙(会社乗っ取りなどのための)株式の公開買い付け (一定の条件を公表の上, 特定会社の株を市価より高い価格で買い集めること; 《英》では take-over bid という). 〘1964〙

ten·der·om·e·ter /tèndərá(:)mətə | -rɔ́mɪtə(r)/ *n.* 〘植物〙(市場向けまたは缶詰用の果物や野菜の)成熟度測定装置. 〘(1938) ← TENDER[1]+-O-+-METER[1]〙

ten·di·ni·tis /tèndənáɪtɪs | -dɪnáɪtɪs/ *n.* 〘病理〙腱炎(けんえん). 〘(1900) ← NL ~ ← *tendin-*, *tendō* (⇨ tendon)+-ITIS〙

ten·di·nous /téndənəs | -dɪ-/ *adj.* **1** 腱(けん)の(ような), 腱質(性)の. **2** 腱から成る: ~ tissue 腱組織. 〘(1658) ← NL *tendinosus* ← *tendin-*, *tendō* (↓)+*-osus* '-OUS'〙

ten·don /téndən/ *n.* **1** 〘解剖〙腱(けん): ~ of Achilles=Achilles' tendon. **2** (prestressed concrete の)補強用鋼線. 〘(1543) □ ML *tendō(n-)* (L *tendere* to stretch の影響による変形) ← LL *tenōn* □ Gk *ténōn* sinew〙

ten·don·i·tis /tèndənáɪtɪs | -tɪs/ *n.* =tendinitis.

téndon òrgan *n.* 〘解剖〙腱器(けんき) (腱の中にある感覚受容器で, 伸張に応じてインパルスを中枢神経系に伝える). 〘1923〙

tèn·do·vaginítis /tèndoʊ- | -də(ʊ)-/ *n.* 〘病理〙腱鞘(けんしょう)炎. 〘← NL ~: ⇨ tendon〙

ten·dresse /tɑ̃:(n)drés, tɑ:n-; *F.* tɑ̃dʀɛs/ *n.* 優しさ; 愛情. 〘(*a*1393) □ F ~ ← *tendre* 'TENDER[1]'〙

ten·dril /téndrəl | -drɪl/ *n.* **1** 〘植物〙巻きひげ. **2** 巻きひげに似たもの: a ~ of hair 巻き毛. **~·ed** *adj.* 〘(1538) *tendrel* ← ? 《廃》F *tendrillon* tender shoot (dim.) ← *tendron* tender part, shoot < OF *tendrun* < L *tenerum* 'TENDER[1]'〙

ten·dril·lar /téndrələ | -drɪlə(r)/ *adj.* =tendrilous.

ten·dril·ous /téndrələs | -drɪ-/ *adj.* 巻きひげ(状)の. 〘1857〙

ten·du /tɑ̃:(n)dú:, tɑ:n-, -djú:; *F.* tɑ̃dy/ *adj.* 〘バレエ〙伸ばした動きの, タンデュの. 〘(1922) □ F ~ (p.p.) ← *tendre* to stretch: ⇨ tend[1]〙

ten·dú lèaf /tendú:-/ *n.* テインデュー葉 (インド・スリランカ産のカキノキ属の落葉小高木ボンベイコクタン (*Diospyros melanoxylon*) の葉で, インドでは安いたばこの代用品にする). 〘*tendu*: □ Hindi *tendū*〙

-tene /←– ti:n/「…糸期」の意の名詞連結形: diplo*tene*, pachy*tene*. 〘← L *taenia* ribbon □ Gk *tainía*: cf. taenia〙

Ten·e·brae /ténəbrèɪ, -brì:, -bràɪ | -nɪ-/ *n. pl.* [単数または複数扱い]〘カトリック〙テネブレ (復活祭前週の聖木曜日・聖金曜日・聖土曜日の 3 日間行うキリスト受難記念の朝課と賛課; その勤行(ごんぎょう)中にろうそくを 1 本ずつ消して室内を次第に暗くし, 最後の 1 本は祭壇のすみに隠してキリストの死と復活とを表象する). 〘(*c*1280) □ L ~ 'shadows, darkness'〙

ten·e·brif·ic /tènəbrífɪk | -nɪ-ˊ/ *adj.* **1** 暗黒を生じる: ~ stars 暗い光を放って夜をもたらすと信じられた星. **2** 《俗》=tenebrous 1. 〘(1785): ⇨ ↑, -fic〙

te·ne·bri·o·nid /tɪnébriənɪd, tènəbráɪ- | tɪnébriənɪd/ *n.* 〘昆虫〙ゴミムシダマシ (ゴミムシダマシ科に属する甲虫の総称). — *adj.* ゴミムシダマシ(科)の. 〘(1902) ↓〙

Te·ne·bri·on·i·dae /tɪnèbriá(:)nədi: | -ɔ́nɪ-/ *n. pl.* 〘昆虫〙(鞘翅目)ゴミムシダマシ科. 〘← NL ~ ← *Tenebrio(n-)* (属名: 《原義》one who shuns light ← L *tenebrae* darkness)+-IDAE〙

te·neb·ri·ous /tɪnébriəs | tɪnéb-/ *adj.* =tenebrous.

Ten·e·brism, t- /ténəbrìzm | -nɪ-/ *n.* 〘美術〙明暗対比画法 (16 世紀後期から 17 世紀初頭の画法で, イタリアバロック画家 Caravaggio により代表される; 後世の画家, 特に Rembrandt に強い影響を与えた). **Tén·e·brist, t-** /-brɪst | -brɪst/ *n.* 〘(1954) ← L *tenebrae* darkness+-ISM〙

ten·e·brose /ténəbròʊs | -nɪbrəʊs/ *adj.* =tenebrous.

ten·e·brous /ténəbrəs | -nɪ-/ *adj.* 《古》**1** 暗い, 暗黒の, 陰気な (gloomy): a ~ night, cave, etc. **2** 難解な, 曖昧な (obscure): a ~ philosophy [philosopher] 難解な哲学[哲学者]. **ten·e·bros·i·ty** /tènəbrá(:)səti | -nɪbrɔ́sɪti/ *n.* **~·ness** *n.* 〘(?*a*1425) □ OF *tenebrus* (F *ténébreux*) □ L *tenebrōsus* dark ← *tenebrae* (pl.) darkness: ⇨ -ous〙

Ten·e·dos /ténədà(:)s, -dòʊs | -nɪdɔs/ *n.* テネドス(島) (エーゲ海 Dardanelles 海峡の西側入口に近いトルコ領の小島; トルコ語名 Bozcaada).

tén-éighty *n.* (*also* **1080**) 〘化学〙=sodium fluoroacetate. 〘(1945): 研究室における識別用番号から〙

ten·e·ment /ténəmənt | -nɪ-/ *n.* **1** 共同住宅 (tenement house). **2** (単独生活ができるようになった)貸家の一部分, 貸室. **3 a** 家屋, 建物. **b** 《詩》すみか, 住居 (abode): the soul's ~=the ~ of clay 肉体. **4** 借地, 借家. **5 a** 保有物, 享有物 (土地・家屋・収益権・爵位など一定期間または終身保有する物). **b** [*pl.*] 自由保有不動産権. **ten·e·ment·al** /tènəméntl | -nɪméntl/ *adj.* **ten·e·men·ta·ry** /tènəméntəri, -tri | -nɪméntəri, -tri/ *adj.* **~·ed** *adj.* 〘(*c*1303) □ OF ~ (F *tènement*) ← *tenir* to hold < L *tenēre* (cf. tenant): ⇨ -ment〙

ténement dìstrict *n.* 貧民街.

ténement hòuse *n.* (下層階級の人々の住む都会の荒れた)共同住宅, 棟割長屋 (cf. apartment house). 〘1858〙

ten·ent /ténənt/ *adj.* 〘動物〙(昆虫やクモの足の粘毛のように)付着に適した, 粘着性のある: ~ hairs 粘毛, 抱合毛. 〘(1861) □ L *tenentem* (pres.p.) ← *tenēre* to hold〙

Ten·er·ife /tènərí:f, -ríf | -rí:f; *Sp.* tenerífe/ *n.* (*also* **Ten·er·iffe** /tènəríf, -rí:f | -rí:f/) テネリフェ(島) (アフリカ北西海岸沖, Canary 諸島中の最大島; Santa Cruz de Tenerife がある; 面積 2,058 km^2).

Tenerife, the Pico de *n.* ⇨ the Pico de TEIDE.

te·nes·mus /tɪnézməs, tɛ-/ *n.* 〘病理〙しぶり, テネスムス, 裏急後重(りきゅうこうじゅう): a vesical ~ 膀胱(ぼうこう)のしぶり. **te·nés·mic** *adj.* 〘(1527) □ ML *tēnesmus* □ Gk *teinesmós* ← *teínein* to stretch: ⇨ tend[1]〙

ten·et /ténɪt | ténɪt, tí:n-/ *n.* (宗教・哲学・政治・学芸などの)主義 (principle), 信条 (belief), 教義 (⇨ doctrine SYN): the basic ~*s* of structural linguistics 構造言語学の基本的な教義. 〘(1413) □ L ~ 'he holds' ← *tenēre* to hold, maintain〙

tén·fòld *adj.* **1** 十部分[部門, 要素]のある, 十重(とえ)の. **2** 10 倍の. — *adv.* 十重に; 10 倍に. 〘lateOE *tienfeald*: ⇨ ten, -fold〙

tén-fóur *int.* (*also* **10-4**)《米俗》**1** [特に, 無線交信の最後に用いて] 了解 (cf. roger[2]): *Ten-four.* 了解. **2** オーケー, その通り. 〘(1962) もと警察などの無線交信手が使った符号〙

tén-gàllon hát *n.* 《米》テンガロンハット (⇨ cowboy hat). 〘(1927): 深く大きくて ten-gallon も入るの意から〙

ten·ge /téŋgeɪ/ *n.* (*pl.* ~, ~*s*) テンゲ: **a** カザフスタンの通貨単位; =100 teins. **b** トルクメニスタンの通貨単位; =$^1/_{100}$ manat. 〘□ Kazakh & Turkmen ~〙

Têng Hsiao-ping /tʌŋʃàʊpíŋ, dʌŋ-/ *n.* ⇨ Deng Xiaoping.

Ten·gri Khan /téŋ(g)riká:n/ *n.* =Khan-Tengri.

Ten·gri Nor /téŋ(g)rinɔ́ə | -nɔ́:(r)/ *n.* テングリノル(湖) (⇨ Nam Co).

te·ni·a /tí:niə/ *n.* (*pl.* **te·ni·ae** /-niì:/, ~**s**) =taenia.

te·ni·a·cide /tí:niəsàɪd/ *n.* 〘医学〙=taeniacide.

ténia cóli *n.* (*pl.* **teniae coli**) 〘解剖〙=taenia coli.

teniae *n.* tenia の複数形.

te·ni·a·fuge /tí:niəfjù:dʒ/ *adj.*, *n.* 〘医学〙=taeniafuge.

te·ni·a·sis /ti:náɪəsɪs | -sɪs/ *n.* 〘病理〙=taeniasis.

Te·niers /təníəz, téniəz | téniəz; *F.* tenje, *Flem.* təni:rs/, **David** *n.* テニールス, テニエ: **1** (1582–1649) フランドルの風俗画家; 通称 Teniers the Elder. **2** (1610–90) 1 の息子で同じく画家; 通称 Teniers the Younger.

tén mínute rùle *n.* 10 分ルール (英国下院で国会議員が短い演説後に提出する法案の審議規則で, 演説は 10 分以内に限られる). 〘1908〙

Tenn. (略) Tennessee.

ten·nant·ite /ténəntàɪt/ *n.* 〘鉱物〙テンナント鉱, 砒黝(ひゆう)銅鉱 ($(Cu, Fe)_{12}(AsS_3)_4S_{0-1}$). 〘(1839) ← *Smithson Tennant* (1761–1815: 英国の化学者): ⇨ -ite[1]〙

ten·né /téni/ *n.* 〘紋章〙黄褐色, オレンジ色 (無彩色図では fess lines (横線)と bend sinister lines (向かって右上からの斜線)で示す). 〘(1562) □ F 《廃》~ ← *tanné* (p.p.) ← *tanner* 'to TAN'〙

ten·ner /ténə | -nə(r)/ *n.* 《口語》**1** 《米》10 ドル紙幣. **2** 《英》10 ポンド紙幣. 〘(1845) ← TEN+-ER[1]〙

Ten·nes·se·an /tènəsí:ən | -nɪ-ˊ/ *adj.* (米国) Tennessee 州(人)の. — *n.* Tennessee 州人. 〘1815〙

Ten·nes·see /tènəsí: | -nɪ-ˊ/ *n.* **1** テネシー (米国南東部の州 (⇨ United States of America 表)). **2** [the ~] テネシー(川) (同州東部を南西流して Alabama 州の北部を西流し, 再び Tennessee 州の西部を北流して Kentucky 州 Paducah /pəd(j)ú:kə | -djú:-/ 付近で Ohio 川に合流する川 (1,049 km)). 〘□ N-Am.-Ind. (Cherokee) *Tanasi* (村名)〙

Ten·nes·see·an /tènəsí:ən | -nɪ-ˊ/ *adj.*, *n.* =Tennessean.

Tennessée-Tombígbee Wáterway *n.* [the ~] テネシー トムビグビー水路 (米国 Alabama 州西部にある全長 376 km の水路; Tennessee 川と Black-Warrior-Tombigbee Waterway とを連絡する).

Ténnessee Válley Authòrity *n.* [the ~] テネシー渓谷(けいこく)開発公社 (1933 年米国政府によって New Deal の一環として設立された独立行政機関で, Tennessee 川の利用による低廉な電力供給・治水・灌漑(かんがい)・航行・硝酸塩の生産などを目的とする; 略 TVA).

Ténnessee wálker *n.* =Tennessee Walking Horse.

Ténnessee Wálking Hòrse, T- w- h- *n.* 《米》テネシーウォーキングホース種(の馬) (Standardbred 種と Morgan 種交配でつくられた乗用馬, 速い歩様が特徴; Tennessee walker ともいう).

Ténnessee wárbler *n.* 〘鳥類〙マミジロアメリカムシクイ (*Vermivora peregrina*) (北米産の黄緑色で胸の白いアメリカムシクイ科の小鳥).

Ten·niel /ténjəl | -njəl, -niəl/, **Sir John** *n.* テニエル (1820–1914; 英国の漫画・挿絵画家; Lewis Carroll の *Alice's Adventures in Wonderland* (1865) の挿絵は特に有名).

ten·nies /téniz/ *n. pl.* 《米口語》テニスシューズ, スニーカー. 〘(1969) ← *tenn(is shoe)*+-IE+-s[1]〙

ten·nis /ténɪs | -nɪs/ *n.* **1** テニス, 庭球 (lawn tennis). **2** =court tennis. — *adj.* [限定的] テニスの; テニス用の: a ~ player / ~ flannels テニス用フランネル運動服 / ~ lawn テニス用芝生 / ~ sets テニス用具 / a ~ marker (テニスコートの)線引き器. 〘(1345–46) *tenis, tenetz* □ ONF *tnetz* =(O)F *tenez* (imper.) ← *tenir* to hold, take < L *tenēre* to hold: サーバーの掛け声から〙

ténnis àrm *n.* テニス腕.

ténnis bàll *n.* テニスボール. 〘*c*1425〙

ténnis còurt *n.* テニスコート. 〘1564〙

ténnis èlbow *n.* 〘病理〙テニス肘(ひじ) (テニスが原因の肘関節の炎症). 〘1883〙

ténnis ràcket *n.* テニスラケット.

ténnis shòe *n.* テニスシューズ. 〘1886〙

ten·nist /ténɪst | -nɪst/ *n.* テニスをする人, テニス選手. 〘1932〙

Ten·ny·son /ténəsən, -sn | -nɪ-/, **Alfred** *n.* テニソン (1809–92; 英国の詩人; 桂冠(けいかん)詩人 (1850–92); *In Memoriam* (1850), *Idylls of the King* (11 巻) (1859–85); 1st Baron Tennyson または Alfred, Lord Tennyson ともいう).

Ten·ny·so·ni·an /tènəsóʊniən | -nɪsəʊ-ˊ/ *adj.* Tennyson の, Tennyson の作[作風]の. — *n.* Tennyson 崇拝者[研究家]. 〘1846〙

ten·o- /ténoʊ | -nəʊ/「腱(けん) (tendon)」の意の連結形. 〘← Gk *ténōn* tendon〙

Te·noch·ti·tlán /teɪnɔ̀(:)tʃti:tlá:n, -nà(:)tʃ- | -nɔ̀tʃ-; *Am.Sp.* tenotʃtitlán/ *n.* テノチティトラン (Aztec 王国の首都; 1325 年創建, 1521 年スペイン人によって破壊, 現在その跡に Mexico City がある).

ten·on /ténən/ *n.* 〘木工〙枘(ほぞ) (⇨ mortise 挿絵). — *vt.* **1** …に枘を造る; 枘にする. **2** 枘で結合する. **3** しっかりと結合する. **~·er** *n.* 〘(?*c*1380) □ F ~ ← *tenir* (⇨ tenant)+*-on* (< L *-ōnem* (n. suf.))〙

ten·o·ni·tis /tènənáɪtɪs | -tɪs/ *n.* 〘病理〙テノン嚢(のう)炎 (テノン嚢[眼球鞘]の炎症). 〘(1890) ← NL ~ ← *Tenon's capsule* (テノン嚢, 眼球鞘) ← *J. R. Tenon* (1724–1816: フランスの病理学者・眼科医): ⇨ -itis〙

ténon sàw *n.* 枘(ほぞ)びきのこ.

ten·or[1] /ténə | -nə(r)/ *n.* 〘音楽〙**1** テナー, テノール (男声高音(域); alto と baritone との間; ⇨ alto). **2** テナー歌手. **3** テナー声部 (グレゴリオ聖歌や初期多声音楽の基礎となる声部はこの音域に置かれている; 定旋律 (cantus firmus) を受けもつことが多い). **4** テナー楽器 (同種の楽器

T

中テナー音域をもつもの; 例えば弦楽器の viola). **5** 一組の鐘 (peal) の中の最低音の鐘. **— *adj.*** [限定的] テナーの; テナー歌手の: a ~ voice / a ~ bell (一組の鐘の中で) 最低音の鐘. 〖(?1388) □ OF ~ (F *ténor*) □ It. *tenore* // ML *tenor* tenor, 《原義》 holder ← L *tenēre* (↓); 定旋律を受けもつ (hold) ことから〗

ten·or² /ténə | -nə^(r)/ *n.* **1** 趣意, 主旨, 大意 (purport); (一般的な)性格, 性質: the ~ of a letter [story] 手紙[物語]の主旨. **2** 方針, 行路, 進路, 《働き·活動などの》流れ (course): the homely ~ of one's life 地味な人生行路. **3** 〖法律〗(文書の)文面; 写し. **4** 〖修辞〗(隠喩における二つの要素の一つとしての)主意 (I.A. Richards の用語; たとえば Time is money. という隠喩の場合, Time が tenor で money が vehicle). **5** 《廃》性質, 性格 (nature); 状態 (state). 〖(?a1300) □ AF *tenur* // OF *teno(u)r* (F *teneur*) □ L *tenor* course, import of a law ← *tenēre* to hold〗

ténor cléf *n.* 〖音楽〗テノール記号 (⇨ C clef). 〖1806〗

ténor drúm *n.* テナードラム, 中太鼓 (吹奏楽で愛用される snare drum に似た太鼓; 響線はない). 〖1888〗

te·no·re /teɪnɔ́ːreɪ; *It.* tenóːre/ *It. n.* (*pl.* **te·no·ri** /-riː; *It.* -ri/) 〖音楽〗=tenor¹. 〖(1740) □ It. ~: ⇨ tenor¹〗

ten·o·ri·no /tènəríːnoʊ | -nəʊ; *It.* tenoríːno/ *It. n.* (*pl.* **-ri·ni** /-niː; *It.* -ni/) 〖音楽〗 **1** 仮声テナー, 仮声による男声高音 (falsetto). **2** 仮声テナー歌手 (falsettist). 〖(1867) □ It. ~ (dim.) ← *tenore* 'TENOR¹': ⇨ -ine⁵〗

tén·or·ist /-nərɪst | -rɪst/ *n.* テナー (tenor) 楽器の演奏者; テナー歌手. 〖1865〗

ten·o·rite /ténəràɪt/ *n.* 〖鉱物〗黒銅鉱, テノーライト (CuO) (銅の酸化鉱物). 〖(1865) □ It. ~ ← G. *Tenore* (1780–1861: ナポリ学士院院長): ⇨ -ite¹〗

ténor·less *adj.* 趣意のない. 〖1810〗

te·nor·rha·phy /tɪ̆nɔ́(ː)rəfi, te-, -nɑ́(ː)r- | -nɔ́r-/ *n.* 〖外科〗腱(けん)縫合(術). 〖(1890) ← TENO-+*-rrhaphy* (← Gk *-rhaphía* sewing)〗

ténor víol *n.* =viola da braccio.

ténor violín *n.* **1** =viola¹ 1. **2** =violotta.

tèno·synovítis *n.* 〖医学〗腱(けん)滑膜炎. 〖1860〗

te·not·o·mize /tɪ̆nɑ́(ː)təmàɪz, te- | -nɔ́t-/ *vt.* …に腱(けん)切除術を行う. 〖(1891) ↓〗

te·not·o·my /tɪ̆nɑ́(ː)təmi, te- | -nɔ́t-/ *n.* 〖外科〗腱(けん)切除術. **te·nót·o·mist** /-mɪ̆st | -mɪst/ *n.* 〖(1842) ← TENO-+-TOMY: cf. F *ténotomie*〗

ten·pence /ténpéns | ténpəns/ ★ 発音·用法その他については ⇨ penny 1. *n.* (*pl.* ~, **-penc·es**) (英国の)10 ペンス(の価). 〖*c*1592〗

ten·pen·ny /ténpéni, -píː⁻, ténp(ə)ni, -pṇi/ ★ 発音·用法その他については ⇨ penny 1. *adj.* **1** 10 ペンスの. **2** 〈釘が〉3 インチ(の長さ)の. (100 本につき 10 ペンスしたことから) **— *n.*** (英国の)10 ペンス白銅貨[紙幣]. 〖1592〗

tén·percént·er /ténpəséntə | -pəséntə^(r)/ *n.* 《俗》(俳優の)代理人, 事務代行者, マネージャー. 〖(1926): 依頼者の収入の 10% を報酬としてもらうことから〗

tén·pìn *n.* **1** [*pl.*; 単数扱い] 《米·カナダ》十柱戯 (ボウリングに類する遊戯; 10 本のピンを使用; cf. ninepin 1, candlepin, duckpin). **2** 十柱戯に用いるピン. 〖1807〗

ténpin bówling *n.* =tenpin 1.

ten·pound·er /ténpáʊndə | -də^(r)/ *n.* **1** 10 ポンドの(重さの)物: **a** 〖魚類〗暖海に生息するカライワシ科のうろこが銀色の大形食用魚 (*Elops saurus*) (ladyfish ともいう). **b** 十ポンド砲. **2** 価 10 ポンドの物, 10 ポンド紙幣. **3** 〖英史〗10 ポンド選挙人 (年 10 ポンドの価値を生む土地·財産を占有することによって選挙権を有する人). 〖1695〗

ten·rec /ténrek/ *n.* 〖動物〗テンレック (*Tenrec ecaudatus*) (Madagascar 島産のハリネズミに似たテンレック科の食虫哺乳動物). 〖(1729) □ F *tanrac, tanrec* □ Malagasy *tàndraka*〗

Ten·rec·i·dae /tenrésədìː | -sɪ-/ *n. pl.* 〖動物〗テンレック科. 〖← NL ~ ← *Tenrec* (属名: ↑)+-IDAE〗

TENS /ténz/ *n.* 経皮的通電神経刺激法[器械] (疼痛(とうつう)部位に電気刺激を与え疼痛を治療する方法またはその器械). 〖(頭字語) ← *t(ranscutaneous) e(lectrical) n(erve) s(timulation)* [*s(timulator)*]〗

tense¹ /téns, ténts/ *adj.* (**tens·er, -est**) **1 a** 〈情況が〉緊張を起こさせるような, 緊迫した (stiff): a moment of ~ silence 緊迫した沈黙の一瞬. **b** 〈神経·感情·顔つきなど〉張り詰めた, 〈人が〉緊張した (strained): a face ~ *with* anxiety 心配でこわばった顔 / He is ~ before an exam. 試験を控えて緊張している / He was too ~ to smile. 緊張しすぎて微笑できなかった. **2 a** 〈筋肉など〉張った: muscles ~ *from* exercise 運動で固く張った筋肉. **b** 〖音声〗緊張した, 筋肉の張った (cf. lax¹ 6): a ~ vowel 緊張母音 (英語の /iː/ /uː/ など). **3** 《綱など》ぴんと張った, 張り切った (⇨ tight SYN). **— *vt.*** ぴんと張る, 緊張させる 〈*up*〉: be [get] ~*d up* 緊張する. **— *vi.*** 張り詰める, 緊張する 〈*up*〉. **~·ly** *adv.* **~·ness** *n.* 〖(1670) □ L *tensus* (p.p.) ← *tendere* to stretch: ⇨ tend¹〗

tense² /téns/ *n.* 〖文法〗(動詞の)時制 (cf. time *n.* 1 a): ⇨ present tense, past tense. **ténse·less** *adj.* 〖((*a*1333)) (*c*1395) □ OF *tens* (F *temps*) < L *tempus* time: cf. tempo〗

ten·seg·ri·ty /tenségrəti | -rɪ̆ti/ *n.* 〖建築〗テンセグリティ (各部材の最大有効性を求めたシステム; R. B. Fuller の提唱する構造). **— *adj.*** [限定的] テンセグリティの. 〖(1959) ← TENS(IONAL)+(INT)EGRITY〗

ténse lógic *n.* 〖論理〗時制論理学 (様相論理学 (modal logic) の一部門で, 真理値の決定を時間に依存する命題を扱う).

ten·si·bil·i·ty /tènsəbíləti | -sɪbílɪ̆ti/ *n.* 伸長性. 〖1676〗

ten·si·ble /ténsəbḷ | -sɪ̆-/ *adj.* 張ることのできる, 引き伸ばすことのできる (tensile). **~·ness** *n.* **tén·si·bly** *adv.* 〖(1626) □ LL *tensibilis* ← *tensus*: ⇨ tense¹, -ible〗

ten·sile /ténsḷ, -saɪl | -saɪl/ *adj.* **1** 緊張の, 伸張の, 張力の: ~ force 張力 / ~ stress 〖物理〗引っ張り内力 (物体内に誘起されるひずみ). **2** 張ることのできる, 引き伸ばすことのできる (ductile). **3** 《まれ》(弦楽器の)緊張弦から音を発する. **~·ly** *adv.* **~·ness** *n.* 〖(1626) ← NL *tensilis* ← L *tensus*: ⇨ tense¹, -ile¹〗

ténsile stréngth *n.* 〖物理〗引っ張り強さ, 抗張力 (略 t.s.; cf. compressive strength).

ten·sil·i·ty /tensíləti | -lɪ̆ti/ *n.* 緊張性, 伸張性, 張力. 〖1864〗

ten·sim·e·ter /tensímətə | -mɪ̆tə^(r)/ *n.* ガス[蒸気]張力計. 〖(1907) ← TENSI(ON)+-METER¹〗

ten·si·om·e·ter /tènsiɑ́(ː)mətə | -ɔ́mɪ̆tə^(r)/ *n.* **1** 張力計. **2** 土壌中の水分量をその表面張力で測定する計器. **3** テンシオメター ((液体)表面張力計). 〖(1912) ← TENSIO(N)+-METER¹〗

ten·si·om·e·try /tènsiɑ́(ː)mətri | -ɔ́mɪ̆-/ *n.* 張力測定学 (張力·引っ張り強さを扱う物理学の一分野). **ten·si·o·met·ric** /tènsioʊmétrɪk | -siə(ʊ)-⁻/ *adj.* 〖1965〗

ten·sion /ténʃən, téntʃən/ *n.* **1 a** (情勢·関係などの) 切迫, 緊張(状態): the relaxation of international ~ 国際間の緊張緩和 / racial ~*s* 人種間の緊張(状態) / the ~ *between* great powers 大国間の緊張(状態) / The ~ is mounting [subsiding]. 緊張が高まり[静まり]つつある. **b** (利害などの)対立, 拮抗(きっこう) 〈*between*〉: reduce the ~ *between* freedom and control 自由と統制の間の対立を和らげる. **2** (精神·神経などの)緊張: nervous ~ 精神的緊張, 心労 / premenstrual ~ 月経前緊張 / a ~ headache 緊張性頭痛 / under ~ 緊張して / His nerves were at their highest ~. 彼の神経は緊張の極に達していた. **3** 緊張, 伸張: the ~ of the muscles=muscle [muscular] ~. **4** 〖物理〗張力, (弾性体の)応力, 内力, 歪力(わいりょく) (stress); (気体の)膨張力, 圧力 (pressure): surface ~ 表面張力. **5** 〖電気〗電圧; 動電力 (electromotive force): a high-*tension* wire 高圧電線 / a ~ fuse 電圧ヒューズ. **6** 〖力学〗引っ張り. **7** 〖機械〗引っ張り装置, 伸張器, 伸子(しんし). **8** (編み物などの)目の詰み具合. **9** 〖文学〗テンション (新批評の用語; wit, paradox, irony などの作用によって生じる詩の効果的な統一). **— *vt.*** 〖建築〗〈鋼索などに〉張力をかける, ぴんと張る. **~·al** /-ʃnəl, -ʃənḷ/ *adj.* **~·er** *n.* 〖(1533) □ F ~ // L *tensiō(n-)* ← *tensus* (p. p.) ← *tendere* to stretch: ⇨ tense¹: n. 9 は, 提唱者の意図としては, 論理学用語の extension, intension の接頭辞を落とした形〗

tén·sioned *adj.* 緊張した: ~ nerves. 〖1950〗

ténsion·less *adj.* 緊張のない; 張力のない. 〖1905〗

ténsion mèter *n.* 〖建築〗荷重計 (構造物に荷重を加えて実験するときに荷重を測定する計器).

ténsion pùlley *n.* 〖機械〗テンションプーリー, 張り車 (ベルトの緩みをとるためベルトに張力を与えるようにばねやおもりで引っ張り力を与えたプーリー). 〖1844〗

ten·si·ty /ténsəti | -sɪ̆ti/ *n.* =tenseness. 〖(1658) □ ML *tensitātem* ← L *tensus* 'TENSE¹': ⇨ -ity〗

ten·sive /ténsɪv/ *adj.* 緊張感を生じる, 緊張感のある. 〖(1702) □ F *tensif*: ⇨ tense¹, -ive〗

ten·som·e·ter /tensɑ́(ː)mətə | -sɔ́mɪ̆tə^(r)/ *n.* =tensiometer 1. 〖1937〗

ten·son /ténsən, -sṇ/ *n.* 〖詩学〗タンソン, 論争詩 (二人の詩人が恋愛·騎士道などについて交互の連 (stanza) で言い争う troubadour の対話詩; cf. débat, partimen). 〖(1840) □ F ~=Prov. *tensoun, tenso* a poetical contest □ L *tensiō(n-)*: ⇨ tension: cf. contention〗

ten·sor /ténsə, -sɔə | -sə^(r), -sɔː^(r)/ *n.* **1** 〖解剖〗張筋. **2** 〖数学〗テンソル: ~ analysis [algebra] テンソル解析[代数]. **ten·so·ri·al** /tensɔ́ːriəl/ *adj.* 〖(1704) ← NL ~: ⇨ tense¹, -or²〗

tén-spèed *n.* 10 段変速(機付き)の自転車.

tén's plàce *n.* 〖数学〗=ten 7. 〖1937〗

tén-spòt *n.* 《俗》 **1** (トランプの)10 点札. **2** 10 ドル紙幣. 〖1844〗

tén-strìke *n.* 《米》 **1** 〖ボウリング〗ストライク (第一投で 10 ピン全部を倒すこと). **2** 大成功, 大当たり. 〖1840〗

tent¹ /tént/ *n.* **1** 天幕, テント: a bell ~ 鐘形[円錐(えんすい)形]テント / an oxygen ~ 〖医学〗酸素テント / pitch [strike, take down] a ~ テントを張る[はずす]. **2** テント状の物; 住居, 住家: the thick ~ of arching boughs overhead 頭上にうっそうとテント状に伸びている大枝. **3** 〖昆虫〗テンマクケムシ (tent caterpillar) の巣.

pítch one's ténta 居を定める, 落ち着く (settle) (cf. *Gen.* 12:8).

tént of méeting 〖ユダヤ教〗=tabernacle 2 a.

— *vt.* **1** テントの中に泊まらせる. **2** テントのように覆う. **— *vi.*** テントを張る, テントに泊まる (encamp). 〖(?*a*1300) □ (O)F *tente* < VL **tenta* (fem.) ← L *tentus* (p.p.) ← *tendere* to stretch: cf. tend¹〗

tent² /tént/ *n.* 《英》テント(ワイン) (スペイン産の濃紅色の甘口のワイン; 特に, 聖餐(せいさん)式に用いる). 〖(1542) □ Sp. (*vino*) *tinto* dark red (wine) < L *tinctum* (p.p.) ← *tingere* to dye: cf. tinct, tinge〗

tent³ /tént/ 〖外科〗*n.* 栓塞(せんそく)子 (もと傷口を広げておいたり, うみなどを吸収するため用いられた, 丸く巻いた脱脂綿や海綿など). **— *vt.*** 《古》 **1** 栓塞子を入れて〈傷口などを〉あけておく. **2** 《Shak》探りを入れる (cf. *Hamlet* 2. 2. 597). 〖(*a*1325) □ (O)F *tente* ← *tenter* to try, test < L *temptāre*: ⇨ tempt〗

tent⁴ /tént/ 《スコット》 *n.* 注意 (attention), 用心 (care). **— *vt.*** **1** …に注意を払う, 用心する (heed). **2** …の世話をする, 後見する (tend). **3** 観察する, 見守る (watch). 〖(*a*1325) 《頭音消失》 ← ATTENT〗

ten·ta·cle /téntəkḷ, -tɪ- | -tə-, -tɪ-/ *n.* **1** 〖動物〗触角, 触手 (腔腸(こうちょう)動物などの口辺にある細長い感覚器官); 触腕 (イカ類の足の中の長い 2 本). **2** 〖植物〗(モウセンゴケなどの)腺毛(せんもう), 触毛. **3** [*pl.*] (政府·会社などが及ぼす好ましくない)影響, 支配[拘束]力 **~·like** *adj.* 〖(1762) ← NL *tentāculum* ← L *tentāre* to feel, handle: ⇨ -cle〗

tén·ta·cled *adj.* 触手[腺毛(せんもう)]のある. 〖1857〗

ten·tac·u·lar /tentǽkjʊlə | -lə^(r)/ *adj.* 触手[腺毛(せんもう)]状の; 触毛[腺毛]を備えた. 〖(1828) ← NL *tentāculum* (⇨ tentacle)+-AR¹〗

ten·tac·u·late /tentǽkjʊlɪ̆t/ *adj.* 〖動物〗 **1** 触手[腺毛(せんもう)]のある. **2** 有触手綱の. 〖(1846) ← NL *tentaculatus*: ⇨ tentacle, -ate²〗

ten·tac·u·lat·ed /tentǽkjʊlèɪtɪ̆d | -tɪ̆d/ *adj.* =tentacled. 〖1804〗

ten·tac·u·lo·cyst /tentǽkjʊloʊsɪ̀st | -lə(ʊ)-/ *n.* 〖動物〗触手胞 (クラゲ類の傘縁に垂下する平衡器). 〖(1880) ← NL *tentāculum* (⇨ tentacle)+-o-+-CYST〗

ten·tac·u·loid /tentǽkjʊlɔ̀ɪd/ *adj.* 触角[触手]様の. 〖(1892): ⇨ tentacle, -oid〗

tent·age /téntɪdʒ | -tɪdʒ/ *n.* **1** [集合的] テント (tents). **2** テント設備. 〖(1603) ← TENT¹+-AGE〗

ten·ta·tion /tentéɪʃən/ *n.* **1** 〖機械〗試し調整 (幾度も試験して機械の調子を整えること). **2** 《古》誘惑 (temptation). 〖(1877) □ L *tentātiō(n-)* ← *tentātus* (p.p.) ← *tentāre* 'to try, TEMPT'〗

ten·ta·tive /téntəṭɪv, ténə- | -tət-/ *adj.* **1** 試みの, 試しの, 試験的な, 仮の (provisional): a ~ method 実験法 / a ~ theory 仮説 / sign a ~ agreement 仮の同意書に署名する. **2** 確かでない, ためらいがちな, 煮え切らない: a ~ smile おずおずとした微笑. **— *n.*** 試み, 試し (attempt); 試案; 仮説. **~·ly** *adv.* **~·ness** *n.* 〖(1588) □ ML *tentātīvus* ← L *tentātus* (p. p.) ← *tentāre* to try: ⇨ tempt〗

téntative búdget *n.* 暫定予算.

tént bèd *n.* テント型の天蓋(てんがい)のついた四柱式ベッド. 〖1752〗

tént càterpillar *n.* 〖昆虫〗テンマクケムシ (カレハガ科オビカレハ属 (*Malacosoma*) の昆虫の総称; 成虫(オビカレハ)はサクラ·ウメなどの樹枝に指輪状に産卵し幼虫は共同の幕状の網の中に群居する; cf. fall webworm). 〖1854〗

tént còat *n.* テントコート (肩から裾(すそ)にかけてフレアがたっぷり入った三角形のシルエットのコート). 〖1961〗

tént drèss *n.* テントドレス (肩から裾にかけてフレアがたっぷり入った三角形のシルエットのドレス).

tént·ed /-tɪ̆d | -tɪ̆d/ *adj.* **1** テントを張った, テントに覆われた. **2** テントを宿舎とする: ~ Arabs. **3** テント状の: ~ hills テント状の山. 〖1604〗

ten·ter¹ /téntə | -tə^(r)/ *n.* **1** 〖紡績〗張り枠, 幅出し機, テンター (加工された織物の横幅を均一に整える工程に用いられる). **2** 《古》=tenterhook.

on the ténters 《古》=*on* TENTERHOOKS.

— *vt.* 〈織物を〉幅出し機にかける, 張り枠に張る: a ~*ing* machine (織物の)幅出し機. **— *vi.*** 張り枠に張れる. 〖(*c*1390) *tentour* (変形) ← ? ML *tentura* ← L *tentus* (⇨ tent¹)+*-ura* '-URE'〗

tent·er² /téntə | -tə^(r)/ *n.* 《英》番人, 見張り人; (特に工場の)機械監視人, 機械係 (tender). 〖(1828) ← 《スコット》*tent* to attend (← TENT⁴)+-ER¹: cf. tend²〗

ténter·hòok *n.* 張り枠 (tenter) の釘. ***on ténterhooks*** 気をもんで, やきもき[はらはら]して: The author keeps the reader *on* ~*s.* 作者は終始読者をはらはらさせる. (1748) 〖1480〗

ténth flỳ *n.* テントの上覆い (テントの上に張って雨や強い天日を防ぐ帆布). 〖1849〗

tenth /ténθ, téntθ/ *adj.* **1** 第 10 の, 10 番目の, 10 度目の (10th). **2** 10 分の 1 の: a ~ part 10 分の 1. **— *n.*** (*pl.* ~**s** /ténθs, téntθs, ténts/) **1** [the ~] 第 10, 10 番目, 第 10 位; (月の)第 10 日: *the* ~ [10th] of March 3 月 10 日. **2** 10 分の 1: a [one] ~ / 3 ~*s* 10 分の 3. **3 a** 10 分の 1 ガロン (ワインを量る単位). **b** 10 分の 1 ガロン入りのワインびん. **4** (十進記数法における)小数(点以下)第一位 (tenth's place ともいう). **5** 〖音楽〗第十音; 十度; 十度音程. **6** 〖英法〗(国王への) 10 分の 1 奉納金 (1272–1624 年, 英国民に賦課された; 初めは所有動産の 10 分の 1 であった). **— *adv.*** =tenthly. 〖(*a*1150) *tenðe* (⇨ ten, -th¹) ∞ ME *teþe* < OE *tēoða*: ⇨ tithe〗

Ténth Commándment *n.* [the ~] (十戒の)第十戒 (⇨ Ten Commandments).

ténth·ly *adv.* 第 10 に, 10 番目に, 10 度目に. 〖1623〗

ténth-ráte *adj.* (性格·性質が)最低の. 〖1834〗

ténth's plàce *n.* =tenth 4.

tent·ie /ténti | -ti/ *n.* =tenty.

tént·less *adj.* テントのない; 避難所のない. 〖1814〗

tént·màker *n.* テントの製造人[業者]. 〖1565〗

ten·to·ri·um /tentɔ́ːriəm/ *n.* (*pl.* **-ri·a** /-riə/) 〖動物〗幕状骨 (昆虫の頭部の U 字形の内骨格). **ten·to·ri·al** /tentɔ́ːriəl/ *adj.* 〖(1661) ← NL ~ ← L *tentus* (⇨ tent¹)+-ORIUM〗

tént pèg *n.* テントの留め杭(くい) (テントの支索を地面に留める杭). 〖1869〗

tént pègging *n.* 杭(くい)抜き騎馬術 (疾駆しながら長槍でテント杭をしごき抜く騎馬術; インドで始まった). 〖1878〗

tént pòle *n.* テントの支柱. 〘1706〙

tént shòw *n.* 小屋がけショー《サーカスなど》. 〘1878〙

tént slìde [slìp] *n.* (テントの)張り綱調節装置.

tént stìtch *n.* 〖服飾〗テントステッチ《短く斜めに刺していくステッチ; cf. petit point》. 〘1639〙

ténttràiler *n.* テントトレーラー《自動車に引かせる2輪トレーラーでテント用具を積む》. 〘1963〙

tent·y /ténṭi | -ti/ *adj.* 《スコット》注意深い (careful, watchful). 〘(*c*1555)《変形》← 《古形》*tentif* □ OF ← *atentif* 'ATTENTIVE'〙

ten·u·is /ténjuɪs | -ɪs/ *n.* (*pl.* **-u·es** /ténjuìːz, -èɪs | -ìːz, -èɪz/) 〖言語〗細音《古典文法や比較言語学で無声無気閉鎖音 [p] [t] [k] の名称》. 〘(1650) □ L ~ 'thin, slight' (なぞり) ← Gk *psīlón* unaspirated (stop): cf. tenuous〙

te·nu·i·ty /tənúːəṭi, tɛ-, -njúː- | -njúːɪti/ *n.* **1** (文体・証拠・知性などの)貧弱, 薄弱 (meagerness): intellectual ~ 知性の乏しさ. **2** (物の)薄いこと, 薄っぺら. **3** (髪などの)細いこと, 細さ; (液体・気体などの)希薄 (rarity). 〘(?*a*1425) *tenuite* □ (O)F *ténuité* ‖ L *tenuitātem* thinness, slenderness ← *tenuis* (↑): ⇨ -ity〙

ten·u·ous /ténjuəs/ *adj.* **1** 薄弱な, 貧弱な (meager), 薄っぺらな: a ~ argument, plot, etc. **2** 曖昧な, はっきりしない (vague): It is impossible to analyze all the ~ factors at work. ここに介在している微妙な要因のすべてを分析することは不可能だ. **3** 薄い, 細い (slender): the ~ web of a spider 細いくもの巣. **4** 〈液体・気体など〉薄い, 希薄な (rarefied): ~ air. **~·ly** *adv.* **~·ness** *n.* 〘(1597) ← L *tenuis* (⇨ tenuis)+-OUS〙

ten·ure[1] /ténjə, -njʊə | -njə^(r), -njʊə^(r)/ *n.* **1** (不動産の)保有, 保有権; 保有期間; 保有条件: alodial ~ 自由土地保有(権) / feudal ~ 封建的土地保有(権) / military ~ 軍役による土地保有(権) / On what ~? どんな条件で. **2** 保有, 保持 (holding), 保有期間; 在職期間, 任期: a long ~ of office 長期在任 / his slight ~ of life 彼の短い寿命 / *during* one's ~ of office 在職期間中 / He holds his life *on* a precarious ~. 明日をも知れない命だ. **3** (大学教授などの)終身在職権《ふつう associate professor 以上》.

ténure for life (1) 終身土地保有権. (2) (終身官の)終身地位保有.

〘(1414) □ OF *ten(e)ure* ← *tenir* < L *tenēre* to hold: ⇨ -ure: cf. tenable, tenant〙

ten·ure[2] /ténjə | -njə^(r)/ *n.* 《廃》 =tenor[2]. 〘1593–94〙

tén·ured *adj.* 〈職・人が〉終身在職権のある: ~ professors. 〘1965〙

ténure-tràck *adj.* [限定的]《米》〈教職など〉いずれ終身的地位が認められる, 終身的身分につながるコースにある. 〘1979〙

ten·u·ri·al /tenjʊ́əriəl, tɪ- | tenjʊ́ər-, tɪ-/ *adj.* 土地保有上の. **~·ly** *adv.* 〘1896〙

te·nu·to /tənúːtoʊ, tɛ- | -toʊ; *It.* tenúːto/ 〖音楽〗 *adv., adj.* テヌートの, (音符の時価を十分に)持続して[た]《音符の上に略語 *ten.* または水平線を付してその記号とする; cf. staccato 1》. — *n.* (*pl.* **~s, te·nu·ti** /-tiː; *It.* -ti/) 持続記号. 〘(1762) □ It. ~ 'held' (p.p.) ← *tenere* < L *tenēre* to hold: ⇨ tenor[1]〙

tén-wéek stòck *n.* 〖植物〗コアラセイトウ (*Matthiola incana* var. *annua*)《南ヨーロッパ原産アブラナ科の一年草》. 〘(1785) 種をまいてから 10 週間で花が咲くといわれたことから〙

Ten·zing Nor·gay /ténzɪŋnɔ́əgeɪ | -nɔ́ː-/ *n.* テンジン《1914–86; ネパールの登山家; シェルパ; E. Hillary と Mt. Everest 初登頂 (1953)》.

ten·zon /ténzən, -zn/ *n.* 〖詩学〗 =tenson.

te·o·cal·li /tìːəkǽli | tìːə(ʊ)-; *Am.Sp.* teokáli/ *n.* 丘上神殿《中央アメリカのアステカ人が截頭(せっとう)ピラミッド状の丘を築いてその上に設けた祭壇》. 〘(1578) □ N-Am.-Ind. (Nahuatl) ~ 'house of the god' ← *teotl* god+*calli* house〙

Te·o·do·ro /tèɪədɔ́ːroʊ | -rəʊ; *It.* teodɔ́ːro/ *n.* テオドーロ《男性名》. 〘□ It. ~ 'THEODORE'〙

te·o·na·na·catl /tèɪoʊnɑ̀ːnəkɑ́ːtl | -ə(ʊ)nɑ̀ːnəkɑ́ːtl/ *n.* 〖植物〗メキシコのマヤ文明時代から神事に用いられてきたシビレタケ属 (*Psilocybe*) などのキノコの総称《psilocybin という幻覚剤を含み, 巫女(みこ)がこれを食べて神と交流した》. 〘(1875) □ N-Am.-Ind. (Nahuatl) ~ ← *teotl* god+*nanacatl* mushroom〙

Te·os /tíːɑ(ː)s | -ɒs/ *n.* テーオス《小アジア西岸, Ionia の古都; Anacreon の生誕地》.

te·o·sin·te /tèɪoʊsínṭi | -əʊsínti/ *n.* 〖植物〗ブタモロコシ (*Euchlaena mexicana*)《メキシコ・中央アメリカ産のトウモロコシに似たイネ科の雑草; 家畜飼料となる》. 〘(1877) □ N-Am.-Ind. (Nahuatl) *teocintli* (原義) divine maize ← *teotl* god+*cintli* ear of maize〙

Te·o·ti·hua·cán /tèɪoʊtìːwəkɑ́ːn | tèɪəʊ-; *Am.Sp.* teotiwakán/ *n.* テオティワカン《Mexico City の北東にある町; 紀元前 3 世紀–紀元 7 世紀にわたる古代文化の中心地》.

te·pa /tíːpə/ *n.* 〖化学〗テパ ($C_6H_{12}N_3OP$)《制癌剤の一種; 白血病などに用いる》. 〘(1953) ← T(RI)-+E(THYLENE)+P(HOSPHORO)-+A(MIDE)〙

te·pa·ch·e /təpɑ́ːtʃi/ *n.* テパチェ《パイナップルと水と未精製糖を混ぜて発酵させたメキシコの飲み物》. 〘(1926) □ Mex.-Sp. ~ ← Nahuatl〙

tep·al /tépəl, tíːp-, -pl/ *n.* 〖植物〗花被片《花被の構成要素》. 〘(1840) □ F *tépale* (混成)? ← *pétale* 'PETAL'+*sépale* 'SEPAL'〙

tép·a·ry bèan /tépəri-/ *n.* 〖植物〗米国南西部・メキシコ原産マメ科インゲン属の一年生つる植物 (*Phaseolus acutifolius* var. *latifolius*). 〘(1912) *tepary*: ← ?〙

te·pee /tíːpiː, -pi/ *n.* ティーピー《北米平原地方インディアンのテント小屋; 数本の棒を立てそれを頂点で結び合わせて獣皮を張る; cf. wigwam 1》. 〘(1743) □ N-Am.-Ind. (Sioux) *tipi* tent, dwelling ← *ti* to dwell+*pi* used for〙

tepee
1 cover
2 poles
3 flaps
4 outside poles
5 pins
6 pegs

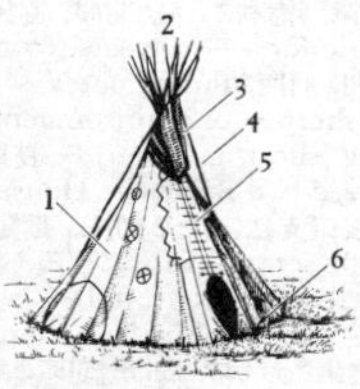

tep·e·fy /tépəfàɪ | -pɪ-/ *vt., vi.* 微温化する, なまぬるくする[なる]. **tep·e·fac·tion** /tèpəfǽkʃən | -pɪ-/ *n.* 〘(1656) ← L *tepefacere* to make tepid ← *tepēre* to be lukewarm: ⇨ -fy: cf. tepid〙

Te·pe Gaw·ra /tépegaʊrɑ́ː/ *n.* テペガウラ《イラク北部 Mosul 北東約 25 km にある遺跡; 高さ約 22 m, 長径約 168 m のテル (tell[2]) をなす; 発掘の結果ウバイド期からフルリ期に至る 20 の層位が明らかにされた》.

teph·i·gram /téfɪgrǽm/ *n.* 〖気象〗テピグラム《断熱図の一つ; 横軸に温度, 縦軸に温位の対数をとり, 等圧線, 飽和断熱線, 等飽混合比線が引いてある》. 〘(1929) ← TE(E[2]) (← *T*: 温度を表す記号)+*phi* (← *ϕ*: エントロピーを表す記号)+(DIA)GRAM〙

te·phil·lin /təfílɪn | -lɪn/ *n. pl.* 〖ユダヤ教〗 =tefillin.

teph·ra /téfrə/ *n.* 〖地質〗砕屑(さいせつ)性火山物質, 火山灰《噴火により排出され空中に吹き上げられる》. 〘(1944) □ Gk *téphra* ashes〙

teph·rite /téfraɪt/ *n.* 〖岩石〗テフル岩, 灰色玄武岩. **teph·rit·ic** /tɛfríṭɪk | -tɪk/ *adj.* 〘(1879) □ Gk *tephrós* ash-colored (← téphra (↑))+-ITE[1]〙

téph·ro·chronólogy /tèfroʊ- | -rə(ʊ)-/ *n.* 〖地質〗テフラ年代学, テフロクロノロジー《tephra による編年》. 〘(1944): ⇨ tephra, -o-〙

teph·ro·ite /téfroʊàɪt | -rəʊ-/ *n.* 〖鉱物〗テフロ石, 灰色マンガン鉱物 (Mn_2SiO_4)《鮮紅色ないし灰色の斜方晶系鉱物》. 〘(1868) □ G *Tephroit* ← Gk *tephrós* (⇨ tephrite): ⇨ -ite[1]〙

Te·pic /teɪpíːk, tɛ-; *Am.Sp.* tepí(k)/ *n.* テピク《メキシコ中西部, Nayarit 州の州都; 農業・貿易・加工の中心地》.

tep·id /tépɪd | -pɪd/ *adj.* **1** 〈液体が〉微温の, なまぬるい (lukewarm) (cf. warm): ~ water ぬるま湯 / a ~ bath 微温湯浴 / ~ tea なまぬるいお茶. **2** 〈感情など〉微温的な, 熱のない: a ~ reception 熱のない迎え方 / have a ~ interest in jazz ジャズには大して関心がない. **~·ly** *adv.* **~·ness** *n.* 〘(*a*1400) □ L *tepidus* lukewarm ← *tepēre* to be lukewarm〙

tep·i·dar·i·um /tèpədέ^(ə)riəm | -pɪdέər-/ *n.* (*pl.* **-i·a** /-riə/) (古代ローマの)微温浴室 (cf. caldarium, frigidarium). 〘(1585) □ L *tepidārium*: ⇨ ↑, -arium〙

te·pid·i·ty /tɪpídəṭi, tɛ- | -pídɪti/ *n.* 微温的であること, なまぬるさ. 〘(*a*1631) ← LL *tepiditātem*: ⇨ tepid, -ity〙

te·poy /tíːpɔɪ/ *n.* =teapoy.

TEPP /tìːìːpìːpíː/ 《略》〖化学〗 tetraethyl pyrophosphate.

te·qui·la /təkíːlə teɪ- | tɪ-, tɛ-; *Am.Sp.* tekíla/ *n.* **1** テキーラ《テキーラリュウゼツの茎の汁を発酵させ, 蒸留して造るメキシコの酒》. **2** 〖植物〗テキーラリュウゼツ (*Agave tequilana*)《メキシコ産のリュウゼツランの一種》. 〘(1849) □ Am.-Sp. ~: メキシコ中西部の原産地の名から: もとは Nahuatl 語〙

tequíla slámmer *n.* テキーラスラマー《テキーラとシャンパンまたは炭酸飲料で作るカクテル》.

tequíla súnrise *n.* テキーラサンライズ《テキーラ・オレンジジュース・グレナディンのカクテル》. 〘1965〙

ter /tə́ː | tɑ́ː^(r)/ *L. adv.* 〖処方〗3 度, 3 回《t. と略して使うことが多い; 例: t.i.d.》. 〘(1600) □ L ~ 'thrice': cf. tri-〙

ter. 《略》〖処方〗 *L* tere (=rub); terrace; territory.

ter- /tə́ː | tɑ́ː^(r)/「3 度 (thrice, three times)」の意の連結形: *ter*centenary. 〘← L *ter* thrice〙

ter·a- /térə/「1 兆(倍), 10^{12}(倍), テラ; 〖電算〗2^{40}(倍) (約 1 兆)」の意の連結形 (cf. kilo-, mega-, giga-): *tera*ton. 〘← Gk *téras* monster〙

téra·bìt *n.* 〖電算〗テラビット《記憶容量の単位; $=2^{40}$ bits, 約 1 兆ビット》. 〘(1971): ⇨ bit[5]〙

téra·bỳte *n.* 〖電算〗テラバイト《記憶容量の単位; $=2^{40}$ bytes, 約 1 兆バイト》. 〘⇨ byte〙

téra·cỳcle *n.* 〖電気〗テラサイクル《1 兆 [10^{12}] サイクル; 略 Tc》.

téra·elèctron vólt *n.* 〖物理〗テラ電子ボルト《1 兆 [10^{12}] 電子ボルト》. 〘1974〙

téra·flòps *n.* 〖電算〗テラフロップス (TFLOPS).

ter·ag·lin /tərǽglən | -glɪn/ *n.* 〖魚類〗ニベ (*Atractoscion aequidens*)《ニベ科 (Sciaenidae) の食用魚; アフリカ南部, オーストラリア産》. 〘(1880) ← ? Austral.〙

téra·hèrtz *n.* 〖電気〗テラヘルツ《1 兆 [10^{12}] ヘルツ; 記号 THz》. 〘1970〙

te·rai /tərάɪ/ *n.* タライ帽《亜熱帯地方で用いられる広つばのフェルト帽; terai hat ともいう》. 〘(1888) ↓〙

Te·rai /tərάɪ/ *n.* タライ《ネパール南部, インド Ganges 川の北方, ヒマラヤ山脈のふもとにある低湿地帯》. 〘(1852) □ Hindi *tarai* moist (land) ← *tar* moist, damp〙

terái hàt *n.* =terai. 〘1888〙

ter·a·ki·hi /tèrəkíːhi/ *n.* 〖魚〗 =tarakihi.

ter·a·phim /térəfɪm/ *n. pl.* (*sing.* **ter·aph** /térəf/) [しばしば単数扱い] (古代ヘブライ人の)家神像《祖先崇拝・子孫繁栄の祈願・占いなどに用いられたと考えられるもの; cf. *Gen.* 31:19, 30》. 〘(*c*1384) *t(h)eraphyn, -ym* □ LL *theraphim* (Vulgate), Gk *theraphín* (Septuagint) □ Heb. *t^e rāphīm* idol □ Hittite-Hurritic *tarpiš* ghost, demon: cf. Heb. *r^e phā'īm* shades, ghosts〙

ter·at- /térət/ (母音の前にくるときの) terato- の異形.

ter·a·tism /térətɪzm/ *n.* **1** 〖生物・医学〗奇形, 奇形胎児. **2** 怪奇趣味, 怪物崇拝. 〘(1901): ⇨ ↓, -ism〙

ter·a·to- /térətoʊ | -təʊ/ 〖生物・医学〗「奇形…; 怪物的」の意の連結形: *terato*logy. ★ 母音の前では通例 terat- になる. 〘□ Gk *terat-, téras* monster, marvel〙

tèrato·carcinóma *n.* 〖医学〗奇形癌《特に 精巣に生ずるもの》.

ter·at·o·gen /tərǽṭədʒən | -tə-/ *n.* 〖医学〗奇形生成因子; 催奇(形)物質《薬品やウイルスなど》. 〘1959〙

tèrato·génesis *n.* 〖生物〗奇形生成. **tèrato·génic** *adj.* **tèrato·genétic** *adj.* 〘1901〙

ter·a·to·ge·nic·i·ty /tèrəṭoʊdʒənísəṭi | -tə(ʊ)dʒɪnísɪti/ *n.* 〖生物・医学〗奇形生成性, 催奇形性. 〘(1959) ← TERATO-+-GENIC[1]+-ITY〙

ter·a·toid /térətɔ̀ɪd/ *adj.* 〖生物〗**1** 奇形状の. **2** 奇形腫 (teratoma) の特徴を示す. 〘1876〙

tèr·a·tól·o·gist /-dʒɪst | -dʒɪst/ *n.* 奇形学者.

ter·a·tol·o·gy /tèrətɑ́(ː)lədʒi | -tɔ́l-/ *n.* **1** 〖生物〗奇形学. **2** 怪物譚(たん), 怪談(集). **ter·a·to·log·i·cal** /tèrəṭəlɑ́(ː)dʒɪkəl, -kl | -təlɔ́dʒɪ-ˊ/ *adj.* **ter·a·to·lóg·ic** *adj.* 〘(1678) □ Gk *teratología*: ⇨ terato-, -logy〙

ter·a·to·ma /tèrətóʊmə | -təʊ-/ *n.* (*pl.* **~s, ~·ta** /~ṭə | ~tə/) 〖生物〗奇形腫. **~·tous** /~ṭəs | ~təsˊ/ *adj.* 〘(1879) ← NL ~: ⇨ terato-, -oma〙

ter·a·to·sis /tèrətóʊsɪs | -tóʊsɪs/ *n.* 〖生物・医学〗 = teratism 1. 〘← NL ~: ⇨ terato-, -osis〙

téra·wàtt *n.* 〖電気〗テラワット《$=10^{12}$ watts, 100 万メガワット》. 〘1970〙

téra·wòrd *n.* 〖電算〗テラワード《記憶容量の単位; =1 兆 words》.

ter·bi·a /tə́ːbiə | tə́ː-/ *n.* 〖化学〗酸化テルビウム (Tb_2O_3)《非晶質の白色粉末》. 〘(1907) ← NL ~: ⇨ terbium, -ia[2]: cf. erbium〙

ter·bic /tə́ːbɪk | tə́ː-/ *adj.* 〖化学〗テルビウムの.

ter·bi·um /tə́ːbiəm | tə́ː-/ *n.* 〖化学〗テルビウム《希土類金属元素の一つ; 記号 Tb, 原子番号 65, 原子量 158.9254》. 〘(1843) ← NL ~ ← *Ytterby* (スウェーデンの発見地): ⇨ -ium: cf. erbium〙

térbium mètal *n.* 〖化学〗テルビウム金属《希土類元素 (rare-earth elements) の一つ》.

térbium óxide *n.* 〖化学〗 =terbia.

Ter Borch /təbɔ́ək | təbɔ́ːk; *Du.* tɛrbɔ́rx/ (*also* **Ter·borch** /~/), **Ge·rard** *n.* テルボルフ《1617–81; オランダの風俗画家》.

Ter·brug·ghen /təbrúːgən | tə-; *Du.* tɛrbrʏ́ɣə/, **Hendrik** *n.* テルブリュッヘン《1588–1629; オランダの風景・宗教画家》.

terce /tə́ːs | tə́ːs/ *n.* [しばしば T-] 〖カトリック〗(聖務日課の)3 時課《午前 9 時の祈り; cf. canonical hour 1》. 〘(*c*1375) 《変形》← TIERCE〙

Ter·cei·ra /təséᵊrə, -sí^ə rə | tə(ː)séɪrə; *Port.* tɯrsɐ́iɾɐ/ *n.* テルセイラ(島)《北大西洋ポルトガル領 Azores 諸島中の一島; 面積 397 km^2》.

ter·cel /tə́ːsəl, -sl | tə́ː-/ *n.* 〖鷹狩〗 =tiercel.

terce·let /tə́ːslɪt | tə́ːs-/ *n.* 〖鷹狩〗 =tiercel.

ter·cen·ten·a·ry /tə̀ːsenténəri, təːséntɪnèri, -tn- | tə̀ːsentíːnəri, -tén-, təːséntɪn-ˊ/ *adj.* 三百年の, 三百年間の; 三百年記念の. — *n.* 三百年記念; 三百年祭. 〘(1844) ← TER-+CENTENARY〙

ter·cen·ten·ni·al /tə̀ːsenténiəl | tə̀ː-ˊ/ *adj., n.* = tercentenary. 〘1872〙

ter·cet /tə́ːsɪt, -set, təːsét | tə́ːsɪt, -set, təːsét/ *n.* **1** 〖詩学〗三行連句 (triplet)《通例, 同一の押韻が連続した 3 行詩句; 主に Italian sonnet の結尾の六行連句 (sestet) の半分をいう》. **2** 〖音楽〗三連音符 (triplet). 〘(1598) *terset* □ It. *terzetto* (dim.) ← *terzo* < L *tertium* third: ⇨ -et〙

ter·e·bene /térəbìːn | -rɪ-/ *n.* 〖化学〗テレベン《テレベンチン油 (turpentine) から得るテルペン混合物; 塗料・防腐剤用》. 〘(1857) □ F *térébène*: ⇨ terebinth, -ene〙

te·reb·ic /tərébɪk, -ríːb- | tɛ-/ *adj.* 〖化学〗テレビン酸の[からできる]. 〘(1857) ← TEREB(INTH)+-IC[1]〙

terébic ácid *n.* 〖化学〗テレビン酸 ($C_7H_{10}O_4$)《α-ピネンなどを酸化して得られる》.

ter·e·binth /térəbɪnθ | -rɪ-/ *n.* 〖植物〗テレビンノキ, トクノウコウ (*Pistacia terebinthus*)《地中海沿岸地方産のウルシ科の樹木; 樹幹を傷つけてテレビン油を採る》: oil of ~ テレビン油 (turpentine). 〘(*c*1384) □ OF *t(h)erebint(h)e* □ L *terebinthus* □ Gk *terébinthos*〙

ter·e·bin·thi·nate /tèrəbínθənèɪt | -rɪbínθɪ-ˊ/ *adj.* テルペンチン (turpentine) の[に類似した]: a ~ odor. 〘(1680) □ ML *terebinthinātus*: ⇨ ↓, -ate[2]〙

ter·e·bin·thine /tèrəbínθɪn | -rɪbínθaɪnˊ/ *adj.* **1** =terebinthinate. **2** テレビンノキ (terebinth) の. 〘(1513) ← L *terebinthinus* 'of the TEREBINTH'+-INE[1]〙

terebinth trée *n.* 〖植物〗 =terebinth. 〘1572〙

te·re·bra /tərίːbrə, térə-/ *n.* 〖昆虫〗穿孔器《産卵管のこと》. **te·ré·brant** /-brənt/ *adj.* 〘(1611) □ L ~ 'borer, gimlet' ← *terere* to rub+-*bra* (「道具」を表す接尾辞)〙

T

ter·e·brat·u·lid /tèrəbrǽtjʊl̩d | -lɪd/ *n.* 〖動物〗ホオズキガイ目 (Terebratulida) の腕足動物《デボン紀に出現した主に化石からなる一目で, 短い肉茎と触腕を支えるらせん腕骨をもつ》. 〖← NL *Terebratulida* ← *Terebratula* (模式属) ← L *terebrat- terebrāre* to bore: ⇨ ↑, -ule, -id²〗

teredines *n.* teredo の複数形.

te·re·do /təríːdoʊ, tɛ-, -réɪ- | -dəʊ/ *n.* (*pl.* **~s, te·red·i·nes** /-dəniːz | -dɪn-/) 〖貝類〗=shipworm. 〖(*a*1398) □ L *terēdo* □ Gk *terēdṓn* woodworm〗

te·re·fah /tərérfə/ *adj.* =tref. 〖□ MHeb. *ṭᵉrēphā́ʰ*〗

Ter·ence¹ /tɛ́rəns/ *n.* テレンス《男性名; 愛称形 Terri, Terry》. 〖□ L *Terentius* (もとローマの氏族名) ← ?〗

Ter·ence² /tɛ́rəns/ *n.* テレンティウス《190?–159 B.C.; ローマの喜劇詩人; ラテン語名 Publius Terentius Afer /təréntʃiəs ǽfə, -fəs/》.

Te·ren·tia /tərénʃə | tərénʃiə, tɛ-, -ʃə/ *n.* テレンシャ《女性名》. 〖(fem.) ← TERENCE¹〗

ter·eph·thal·ate /tèrɛfθǽleɪt, -lət/ *n.* 〖化学〗テレフタル酸塩[エステル]. 〖(1868): ⇨ ↓, -ate¹〗

tér·eph·thàl·ic ácid /tèrɛfθǽlɪk-, -rəf-/ *n.* 〖化学〗テレフタル酸 ($C_6H_4(COOH)_2$)《白色結晶のジカルボキシル酸; ポリエステル系合成繊維・フィルムなどの製造原料》. 〖(1857) *terephthalic*: ← TERE(BENE)+PHTHALIC〗

Te·re·sa /təríːsə, -réɪ-, -zə | təríːzə, tɛ-, -réɪ-/ *n.* テレサ《女性名; 愛称形 Terri, Terry, Tess, Tessa, Tessie; 異形 Theresa, Tracy》. 〖⇨ Theresa〗

Te·re·sa /təríːsə, -zə | -réɪzə, -sə/, **Mother** *n.* (マザー)テレサ《1910–97; マケドニア生まれのインドのカトリック修道女; Calcutta を中心に貧困者・病人の救済に献身; 通称 Mother ~ of Calcutta; 本名 Agnes Gonxha Bojaxhiu; Nobel 平和賞 (1979)》.

Te·re·sa /təríːsə, -réɪ-, -zə | təríːzə, tɛ-, -réɪ-; *Sp.* teɾésa/, **Saint** *n.* テレジア《1515–82; スペインのカルメル会の修道女・神秘家・著述家; 聖テレジア派を創立; Teresa of Avila /ɑ́ːvɪlə | -vɪ-; *Sp.* ábila/ ともいう》.

Te·resh·ko·va /tèrəʃkóʊvɑː, -kɑ́(ː)v-, -kóʊv- | -kɒ́v-, -kə́ʊv-; *Russ.* tʲɪrʲɪʃkóvə/, **Va·len·ti·na Vla·di·mi·rov·na** /vəlʲɪntʲínə vlɐdʲímʲɪrəvnə/ *n.* テレシコワ《1937– ; 1963 年女性で世界で初めて宇宙を飛行したロシアの宇宙飛行士》.

Te·re·sian /təríːʒən | təríːziən, tɛ-, -ʒiən, -ʒən/ *n.* カルメル会聖テレジア派の修道女[士]の一員. — *adj.* カルメル会聖テレジア派に属する. 〖1629〗

Te·re·si·na /tèrəzíːnə; *Braz.* tèɾezínɐ/ *n.* テレジナ《ブラジル北東部 Piauí 州 Parnaíba 河畔の港市》.

tér·es májor /tɛ́riːz-/ *n.* 〖解剖〗大円筋《肩甲骨から上腕骨の上部へと延びる厚く平らな筋肉で, 腕の内転や, 曲げた腕の伸展をになう》. 〖(1713): *teres*: □ L ~ 'smooth, rounded'〗

téres mínor *n.* 〖解剖〗小円筋《肩甲骨から主に上腕骨の大結節へと延びる長い円筒形の筋肉で, 腕を外転させる》. 〖(1713) ↑〗

te·rete /təríːt, tɛ- | tɛ-/ *adj.* 〖植物〗〈茎・葉身・さやなど〉円筒状の; 少し先のとがった円筒形の. 〖(*a*1616) □ L *teret-, teres* rounded (*off*), smooth, (原義) rubbed ← *terere* to rub〗

Te·re·us /tíᵊriəs, -rjuːs | tíəriəs/ *n.* 〖ギリシャ神話〗テレウス《トラキアの王で Procne の夫; Procne の妹 Philomela を犯し, その罰としてヤツガシラ (hoopoe) に変えられた》. 〖□ L *Tēreus* □ Gk *Tēreús*〗

T

terga *n.* tergum の複数形.

ter·gal /tə́ːgəl, -gl̩ | tə́ː-/ *adj.* 背の, 背部の (dorsal). 〖(1860) ← L *tergum* back+-AL¹〗

ter·gem·i·nate /təːdʒémənət, -nèɪt | təːdʒémɪ-/ *adj.* 〖植物〗〈葉が〉三回双生の. 〖(1793) ← L *tergeminus* triple+-ATE²〗

ter·gite /tə́ːdʒaɪt | tə́ː-/ *n.* 〖動物〗背板, 背被《昆虫その他の節足動物の各体節(特に腹部体節)の背面を覆うキチン (chitin) 板; cf. notum》. 〖(1885) ← L *tergum* back+-ITE¹〗

ter·gi·ver·sate /tə́ːdʒɪvəsèɪt | tə́ːdʒɪvə(ː)sèɪt/ *vi.* **1** 言い紛らす, 逃げ口上を言う, ごまかす (shuffle, equivocate). **2** 変節する, 豹変(ひょうへん)する (apostatize). **ter·gi·ver·sant** /tə́ːdʒəvəsənt, -snt | tə́ːdʒɪvə(ː)-/ *n.* **tér·gi·ver·sà·tor** /-tə | -tə(r)/ **ter·gi·ver·sa·to·ry** /təːdʒɪvə́ːsətɔ̀ːri | təːdʒɪvə́ːsətəri/ *adj.* 〖(1654) ← L *tergiversātus* (p.p.) ← *tergiversārī* to turn one's back ← *tergum* back+*versāre* to turn: ⇨ -ate²〗

ter·gi·ver·sa·tion /tə̀ːdʒɪvəséɪʃən | tə̀ːdʒɪvə(ː)-/ *n.* **1** 言い紛らし, ごまかし, 逃げ口上 (subterfuge). **2** 変説, 変節 (apostasy). **ter·gi·ver·sá·tion·àr·y** /-ʃənèri | -ʃ(ə)nəri/ *adj.* 〖(1570) □ L *tergiversātiō(n-)* evasion: ⇨ ↑, -ation〗

ter·gum /tə́ːgəm | tə́ː-/ *n.* (*pl.* **ter·ga** /-gə/) **1** 〖動物〗**a** 背部. **b** =tergite. **2** 〖昆虫〗=notum. 〖(*c*1826) □ L ~ 'back'〗

te·ri·ya·ki /tèrijɑ́ːki | -riǽki/ *n.* 照り焼き; 照り焼きのたれ (teriyaki sauce). 〖□ Jpn.〗

term /tə́ːm | tə́ːm/ *n.* **1 a** [*pl.*] 言い方, 表現 (phraseology): *in* high ~*s* ほめちぎって / *in* plain ~*s* 平易な言葉で, 平たく言えば / *in* set ~*s* きっぱりと, 明確に / *in* ~*s* of approval [reproach] 賛成[非難]して, 賛成[非難]の言葉をもって / *in* the (very) highest ~*s* of praise 激賞して[の言葉で]. **b** 言葉, 語, 辞; (特に)術語, 専門語, 用語: technical [scientific] ~*s* 専門[学術]語 / business ~*s* 商業用語 / ~*s* of law [golf] 法律[ゴルフ]用語 / Hero is hardly the ~ to apply to him. 英雄という言葉はとても彼には当てはまらない. **2 a** (学校の)学期 (cf. quarter A 2 c, semester 2): the first [spring] ~ 一[春]学期 / at the end of (the) ~ 学期の終わりに《★《英》では冠詞を省く》/ keep a ~ 一学期間出席する. **b** (裁判所の)開廷期, 開期: ⇨ Easter term, Trinity term, general term. **c** 〖法律〗(権利の)存続期間; 賃貸借期間; 定期借地: let a house for a ~ of years (⇨ TERM of years). **3** 期間, 任期, 刑期: during one's ~ of office [service] 任期中 / a short ~ of imprisonment 短期間の禁固 / in the long [short, medium] ~ 長期[短期, 中期]的には / He served two ~*s* in the House. 議員を 2 期務めた. **4 a** 期限; (支払いなどの)期日, 勘定日, 節季 (cf. quarter day): set a ~ to …に期限を付ける / ⇨ *be near one's* TERM. **b** [しばしば full ~ として] 妊娠期間の終結, 出産予定日: a healthy baby born *at full* ~ 月満ちて生まれた健康な赤ん坊, 満[正]期産の健康乳児. **5** [*pl.*] (契約・支払い・値段・料金・賃金などの)条件 (conditions); 要求額, 料金, 値段 (price): *under* favorable ~*s* 有利な条件で / *Terms* cash. 現金払い / the ~*s* of peace 講和条件 / *on* even ~*s with* …と五分五分で, 対等で / *on* equal ~*s*=*on* ~*s* of equality 対等の条件で / *on* a person's own ~*s* 人の言う通りの条件で / set ~*s* 条件を付ける[定める] / *Terms*, two guineas a week. 料金は一週 2 ギニー / The ~*s* were 'no cure no pay.'「治らなければ払わない」という条件だった. **6** [*pl.*] 協約, 約定 (agreement): keep ~*s with* …と談判[交渉]を続ける / make ~*s* (*with* …) (…と)話がつく, まとまる, 妥協する / be *in* ~*s* 談判中[交渉中]である. **7** [*pl.*] 間柄, 仲, 関係; 親しい間柄, 友好関係: *on* good [friendly] ~*s with* …=*on* ~*s* of intimacy *with* …と仲よく[親しく]して / *on* bad ~*s* 仲が悪く, 折合いがよくなく / *on* the best of ~*s* ごく親密で / be *on* visiting [writing] ~*s with* …と往来(ゆきき)[文通]する間柄である / ⇨ *on* [*upon*] *speaking* TERMS / They are *on* ~*s* of perfect equality. 完全に平等な間柄だ / Since when have you been *on* Christian name ~*s*? いつからクリスチャンネームで呼び合うような間柄になったのか. **8** 〖数学〗**a** 項《式や数列などの成分》: ⇨ absolute term, general term 2. **b** 限界点[線, 面]. **9** 〖論理〗**a** 項《関係の項である個体記号やそれらをさらに項とした関数記号等》. **b** 名辞《命題の主辞または賓辞; 三段論法の二前提と結論にわたって用いられる主要な三つの概念の一つ》: ⇨ major term, middle term, minor term. **10** 〖建築〗**a** (古代ローマなどの)境界柱《上部は境界神 (Terminus) の像になっていた; terminal figure, terminal statue ともいう》. **b** 台座付き胸像. **11** 《豪》(フットボールの)クォーター (quarter). **12** 《古》終末, 終極 (end); 限界, 境界 (boundary). **13** [*pl.*] 《廃》状態, 情況, 事情 (situation).

at térm (特定の)期間の終わりに: *at* full ~ ⇨ *n.* 4 b. ***be néar one's térm*** (1) 〈契約・支払いなどが〉期限が迫っている. (2) 〈女性が〉出産予定日が近い. ***bríng a person to térms*** 人を承服[同意]させる, 降参させる. (*a*1729) ***cóme to térms*** (1) 〔…と〕折り合う, 協定[話]がまとまる 〔*with*〕. (2) 〔…に〕甘んずる, 〔…を〕甘受する; 〔…に〕慣れる 〔*with*〕. (*a*1734) ***éat one's térms*** 《英口語》(法学院で)バリスター (barrister) を目指して勉強する, 法学院で勉強する (cf. *eat one's* DINNERS)《法学院学生が修業期間中に一定回数の会食をすることから》. (1834) ***for térm of one's life*** 一生涯, 終身. (1544) ***in térm*** (1) 学期中に. (2) (裁判所の)開廷期間中に. (1619) ***in a pérson's tèrms*** 人の考え方[言い方]で. ***in térms of*** …によって (by means of); …に換算して; …に関して (concerning); …の点から (from the standpoint of) (cf. 1 a): *in* ~*s of* sales 売上げに関しては / express an idea *in* ~*s of* action 思想を行動によって表す / see life *in* ~*s of* money 人生を金銭の観点から見る / think [talk] *in* ~*s of* doing (今後の方針として)…することを考える[計画する]. (1743) ***nót upòn ány térms*=*upòn nó térms*** どうあっても…しない. (1629) ***on* [*upòn*] *spéaking térms*** (1) 〔…と〕言葉を交わす間柄で 〔*with*〕: He is *on speaking* ~*s with* her. 彼女とは言葉を交わす仲だ. (2) [否定構文で] 〔…と〕会って言葉を交わすほどの間柄でもない, 会って口をきかない, けんか[仲たがい]している 〔*with*〕: They were *not on speaking* ~*s* for years. 何年も互いに口をきくことがなかった. (1881) ***on térms*** (1) 条件付きで (conditionally) (cf. 5). (1611) (2) 〔…と〕親しくして 〔*with*〕(cf. 7): He lived *on* ~*s with* tools generally. いろいろな道具と親しんで暮らしていた. (1864)

térm for yéars 《米》=**térm of yéars** 《英》〖法律〗一定期間の不動産権; 借用期間 (cf. 2 c).

térms of réference 《英》委託された権限, 委任事項. (1892)

térms of tráde 《英》〖経済〗交易条件《輸出物価指数と輸入物価指数の比》.

— *vt.* [目的補語を伴って] 名づける, 称する, 呼ぶ (name, call): He ~*ed* this gas argon. このガスをアルゴンと命名した / His life may be ~*ed* happy. 彼の生活はまあ幸福と呼んでよかろう / She was what might be ~*ed* a difficult woman. 彼女はいわゆる扱いにくい女というやつだった. 〖(?*a*1200) □ (O)F *terme* < L *terminum* limit, boundary: TERMINUS と二重語〗

term. 《略》terminal; termination; terminology.

ter·ma·gan·cy /tə́ːməgənsi | tə́ːm-/ *n.* (通例, 女性の)気性の荒々しいこと, 口やかましさ. 〖(1709): ⇨ ↓, -ancy〗

ter·ma·gant /tə́ːməgənt | tə́ːm-/ *n.* **1** 口やかましい女, がみがみ女, けんか好きな女 (virago, shrew): a ~ of a wife 山の神. **2** [T-] (中世の宗教劇中の)荒神《キリスト教徒がイスラムの神と信じていた想像上の騒がしい神; cf. Shak., *Hamlet* 3. 2. 13》. — *adj.* 〈女性(の性質)が〉がみがみ言う, 口やかましい, 荒々しい (shrewish): a ~ wife, voice, etc. **~·ly** *adv.* 〖(?*a*1200) *Termaga(u)nt, Tervaga(u)nt* □ OF *Tervagan(t)* (原義) god wandering in three different names □ It. *Trivigante* ← ? L TRI-+*vagāns* ((pres.p.) ← *vagārī* to wander)〗

Ter·man /tə́ːmən | tə́ː-/, **L(ewis) M(adison)** *n.* ターマン《1877–1956; 米国の心理学者》.

térm bìll *n.* =term draft.

térm dày *n.* 支払い期日, 満期日, 勘定日; 四季支払い日 (quarter day). 〖*c*1300〗

térm dràft *n.* 〖金融〗期限付手形《支払猶予期限を付した手形》.

térm·er *n.* [刑期などの限定詞を伴って] (刑務所の)服役者: a first [second, third] ~ 初犯[再犯, 三犯]服役者. 〖1556〗

ter·mi·na·bil·i·ty /tə̀ːmənəbíləti | tə̀ːmɪnəbílɪti/ *n.* 有期性. 〖1884〗

ter·mi·na·ble /tə́ːmənəbl̩ | tə́ːmɪn-/ *adj.* (一定期間の後)終止することのできる; 有期の: a ~ annuity 有期年金. **tér·mi·na·bly** *adv.* **~·ness** *n.* 〖(1423) ← 《廃》*termine(n)* to bound (⇨ terminate)+-ABLE〗

ter·mi·nal /tə́ːmənl̩ | tə́ːmɪ-/ *adj.* **1 a** 〈病気・病人が〉末期の: ~ pneumonia 末期肺炎 / a ~ patient 末期的患者. **b** 〈状況が〉末期的な: The political party is in a ~ decline. その政党は末期的凋落(ちょうらく)状態にある. **c** 《口語》極度の, どうしようもない, ひどい: ~ boredom 全くの退屈. **2** 終端の[をなす], 末端の; 結末の, 終末の (⇨ last¹ SYN): the ~ stage 末期 / a ~ syllable 末尾音節. **3 a** 終点の, 終着(駅)の: a ~ station 終着駅. **b** 空港(周辺)の: a ~ building 空港ビル. **c** (鉄道・倉庫などでの)貨物取扱いの: ~ charges 荷揚げ・荷下ろし料金, 発着手数料 / a ~ service 貨物取扱い業務. **4 a** 一期間の, 毎期[季]の, 定期の; 毎学期の, 学期中[末]の: ~ payments 毎季の支払い / a ~ fee 一学期分の授業料 / ~ examinations 学期末試験. **b** 〈課程など〉(上級学校への進学準備をしない)完成教育の. **5** 境界の[にある]: a ~ landmark 境界標. **6** 〖植物〗〈花・芽が〉頂生の (cf. lateral 3): a ~ flower [bud] 頂生花[芽]. **7** 〖建築〗境界神 (Terminus) の. **8** 〖論理〗項の; 名辞 (term) の. **9** 〖化学〗末端の: a ~ group 末端基.

— *n.* **1 a** (鉄道・大型バス・船・飛行機の)終着[始発]駅, 発着所, 終点, ターミナル (cf. terminus 1 a). **b** 空港ビル. **c** 空港行きバス発着所. **d** ターミナル都市 (terminus). 日英比較 英語の *terminal* は建物も含む (cf. *adj.* 3). また, ターミナルホテルやターミナルデパートに相当する英語の表現もない. **2** 〖電算〗端末, ターミナル, (データ通信の)端末装置. **3** 〖電気〗電極, 端子, ターミナル: the positive [negative] ~ of the battery 電池の陽極[陰極]の端子. **4** 末端, 終端, 終末, 終点 (extremity, end). **5** 学期末試験. **6** 〖建築〗先端装飾《柱などの頂上の装飾; cf. finial 1 a》; (境界神の胸像の載った)境界柱 (term). **7** [通例 *pl.*] =terminal charge(s) (⇨ *adj.* 3 c). **8** 〖生理〗神経末端(部). **9** 最後の文字[音, 音節, 単語]. **10** 〖生理〗**a** 毛細血管に分岐する前の小動脈. **b** 視床周辺の血管を大脳内部の血管に注ぐ血管. **c** 肺胞に再分化される直前の細気管支. 〖(1459) □ L *terminālis*: ⇨ term, -al¹〗

términal bóard *n.* 〖電気〗端子盤.

términal cóntour *n.* 〖言語〗末尾曲線 (⇨ terminal juncture).

términal fígure *n.* 〖建築〗=term 10 a.

términal júncture *n.* 〖言語〗末尾連接《アメリカ構造言語学の術語で, 文の終わりを示す音調型をいう; terminal contour ともいう; cf. juncture 3, internal open juncture, close juncture》. 〖1956〗

términal léave *n.* 《米》除隊休暇《兵役中の未使用休暇の集計に相当する》. 〖1944〗

tér·mi·nal·ly /-nəli, -nl̩i/ *adv.* **1 a** 〖医学〗末期[終末]的に: ~ ill 末期的病状で. **b** 終末に, 末端に, 終端に. **2** 定期に, 毎期に; 学期末に: Accounts must be paid ~. 勘定は節季ごとに支払わなければならない. 〖1657〗

términal márket *n.* (農産物などの集結する)中央卸売市場. 〖1895〗

términal moráine *n.* 〖地質〗末端氷堆石. 〖1860〗

términal nóde *n.* 〖電算〗(データ処理における)端末ノード.

términal plátform *n.* (パイプラインで石油・ガスをそこからポンプで陸揚げするための)沖合掘削作業基地.

términal státue *n.* 〖建築〗=term 10 a.

términal stríng *n.* 〖文法〗終端記号列《句構造文法により生成される構造に語彙の挿入されたもの》. 〖1956〗

términal velócity *n.* **1** 〖物理〗終端速度《雨滴などが落下する際に, ある速度に達すると重力と抵抗が平衡して等速運動をするようになる, その速度をいう》. **2** (ミサイル・発射体が目標に到達した時点での)速度. **3** (ロケット・ミサイル・放物線状の飛行経路で飛ぶ砲弾の)最大速度. **4** (抗力の総計で決められる)航空機の最大速度. 〖1832〗

términal vóltage *n.* 〖電気〗端子電圧.

términal VÓR *n.* ターミナル VOR, 空港 VOR.

términal wárd *n.* [the ~] 末期患者病棟.

ter·mi·nate /tə́ːmənèɪt | tə́ːmɪ-/ *v.* — *vt.* **1 a** 終える, やめる, 済ます, 終結させる, 〈契約などを〉終わらせる, 解消する (⇨ end¹ SYN): ~ a controversy [an argument] 論争[議論]を終結させる. **b** …の終わりをなす: Hearty thanks for her civilities ~*d* the visit. 彼女の親切に心からの感謝を述べて訪問が終わった. **c** 解雇する (discharge): ~ workers 労働者を解雇する. **d** 〖電算〗

〈ネットワークなどへの接続を〉切る, 切断する. **2** (空間的に)限る, …の端にある: The view was ～*d* by the sea. その景色の端には海があった. — *vi.* **1 a** 終わる, 終結する, 落着する, 〈契約などが〉切れる (end): The meeting ～*d* at 11 o'clock [*with* the conclusion of a peace treaty]. 会談は 11 時に[平和条約の締結で]終わった. **b** 〘電算〙〈ネットワークなどへの接続が〉切れる. **2** 〔…で〕終わる (end)〔*in*〕: a path *terminating in* woods 森の中で終わっている道 / This noun ～*s in* -ity. この名詞は -ity で終わっている. **3** 〈列車・バスが〉終点に着く, 〔…を〕終点とする〔*at*〕: This train ～*s at* Victoria Station. この列車はビクトリア駅が終点です. **4** 〘数学〙(十進法の展開式で)有限の桁数をもつ. — /tɜ́ːmənɪ̀t | tɜ́ːmɪ̀-/ *adj.* **1** 有限の (limited): a ～ decimal = terminating decimal. **2** 〘文法〙動作の全体を示す, 終止(相)の (cf. ingressive 2): the ～ aspect 終止相. 〘(?*a*1425) ← L *termināt us* (p.p.) ← *termināre* to set bounds to, bring to an end: ⇨ term, -ate³〙

tér·mi·nat·ing décimal /-nèɪtɪŋ- | -tɪŋ-/ *n.* 〘数学〙有限小数 (cf. recurring decimal). 〘1909〙

ter·mi·na·tion /tɜ̀ːmənéɪʃən | tɜ̀ːmɪ̀-/ *n.* **1 a** 終わり, 終結, 終末〔*of*〕: the ～ *of* an adventure [a quarrel, a game, a journey] 冒険[けんか, 競技, 旅行]の終わり[結末] / the ～ *of* an agreement 契約の満了 / the ～ *of* one's life 一生の終わり / bring … to a ～ …を終結させる, 終える / put a ～ to …を終了する, 終える. **b** 《米》解雇; 暗殺. **2** 結末, 結果: a satisfactory [happy] ～ 満足な[幸福な]結末. **3** 限界 (limit); 終端, 末端 (end, extremity): the ～ of a line 線の末端. **4** 〘医学〙妊娠中絶 (abortion). **5** 〘文法〙 **a** 語末 (語末音節または語末字). **b** 接尾辞 (suffix), 語尾 (ending); (特に)屈折語尾. **6** 〘電気〙成端, 終端. **7** 《Shak》言葉, 表現 (cf. *Much Ado* 2. 1. 249). **～·al** /-ʃnəl, -ʃənl/ *adj.* 〘(1395) ☐ OF ～ ∥ ☐ L *terminātiō(n-)*: ⇨ terminate, -ation〙

ter·mi·na·tive /tɜ́ːmənèɪtɪv | tɜ́ːmɪ̀nətɪv, -nèɪt-/ *adj.* **1** 終止的な, 終末となる, 終結の, 決定的な. **2** 〘文法〙〈動詞が〉終止相の; 〈接尾辞など〉方向を指示する: the ～ case 方向格. **～·ly** *adv.* 〘(?*a*1425) ☐ ML *terminātīvus*: ⇨ terminate, -ative〙

tér·mi·nà·tor /-tə | -tə(r)/ *n.* **1** 終止者[物]. **2** 〘天文〙(月・惑星の)明暗界線. 〘(1770) ☐ LL *terminātor*: ⇨ terminate, -or²〙

ter·mi·na·to·ry /tɜ́ːm(ə)nətɔ̀ːri | tɜ́ːmɪ̀nətəri, -tri/ *adj.* 末端の; 終端をなす (terminal). 〘1756〙

ter·mi·ner /tɜ́ːmɪ̀nə | tɜ́ːmɪ̀nə(r)/ *n.* 〘法律〙⇨ OYER and terminer. 〘(1414) ☐ AF ～ =F *termineur* < L *termināre*: ⇨ terminate〙

termini *n.* terminus の複数形.

ter·mi·nism /tɜ́ːmənɪzm | tɜ́ːmɪ̀-/ *n.* **1** 〘神学〙恩恵有限[有期]説 (神の定めた悔い改めの時期を過ぎれば救いの機会を失うという 17 世紀の教説で, 正統的なルター派からは激しい反対を受けた). **2** 〘哲学〙名辞論, 唯名論 (nominalism) (14 世紀に Occam によって唱えられた). 〘(1878): ⇨ ↓, -ism〙

tér·mi·nist /-nɪ̀st | -nɪst/ *n.* 〘神学〙恩恵有限[有期]論者; 〘哲学〙名辞論者. 〘(1727–41) ← NL *terminista*: ⇨ terminus, -ist〙

ter·mi·no·log·i·cal /tɜ̀ːmɪ̀nəlɑ́(ː)dʒɪ̀kəl, -nl-, -kl | tɜ̀ːmɪ̀nəlɔ́dʒɪ-/ *adj.* **1** 術語学(上)の. **2** 術語の, 用語上の: ～ inexactitude 用語上の不正確 《戯言的に「虚偽」を指す; Winston Churchill の議会演説中の言葉》. **～·ly** *adv.* 〘1906〙

tèr·mi·nól·o·gist /-dʒɪ̀st | -dʒɪst/ *n.* 術語学者. 〘1894〙

ter·mi·nol·o·gy /tɜ̀ːmənɑ́(ː)lədʒi | tɜ̀ːmɪ̀nɔ́l-/ *n.* **1** [集合的] (ある学問分野の)術語, 学術用語 (nomenclature): the ～ of zoology 動物学術語 / technical ～ 専門語. **2** 術語学; 専門用語論. 〘(1801) ☐ G *Terminologie* ← L *terminus* 'TERM': ⇨ -o-, -logy〙

térm insùrance *n.* 〘保険〙定期保険 《保険期間が有限の死亡保険》. 〘1897〙

ter·mi·nus /tɜ́ːmənəs | tɜ́ːmɪ̀-/ *n.* (*pl.* **-mi·ni** /-nàɪ, -nìː | -nàɪ/, **～·es**) **1 a** 《英》(鉄道・路線バス・航空路線などの)終点 (terminal); 終着駅, ターミナル, ターミナル都市. **b** 終点, 終端, 末端; 起点. **2** 目的地 (goal). **3** 境界 (boundary); 境柱, 境界標. **4** [T-] 〘ローマ神話〙境界神. **5** 〘建築〙=term 10 a. 〘(*a*1555) ☐ L ～ 'boundary (line), limit': TERM と二重語〙

términus ad quém /-ædkwém/ *L. n.* **1** (議論・政策などの)目標点, 到達点 (terminal point). **2** 最終期限. 〘(*a*1555) ← NL ～ 《原義》limit to which〙

términus àn·te quém /-ænti- | -ti-/ *n.* 終了時, 期限. 〘(1930) ☐ L ～ 'term before which'〙

términus a quó /-ɑːkwóu | -kwáu/ *L. n.* (議論・政策などの)出発点 (starting point). 〘(*a*1555) ← NL ～ 《原義》limit from which〙

términus pòst quém /-pòust- | -pàust-/ *n.* 開始時. 〘(1936) ☐ L ～ 'term after which'〙

ter·mi·tar·i·um /tɜ̀ːmətɛ́ᵊriəm | tɜ̀ːmɪ̀tέər-/ *n.* (*pl.* **-tar·ia** /-riə/) シロアリの巣. 〘(1863) ← NL ～: ⇨ termite, -arium〙

ter·mi·tar·y /tɜ́ːmətèri, -maɪ- | tɜ́ːmɪ̀təri/ *n.* = termitarium. 〘1826〙

ter·mite /tɜ́ːmaɪt | tɜ́ː-/ *n.* 〘昆虫〙シロアリ(白蟻) 《等翅(とうし)目の昆虫の総称; white ant ともいう》. 〘(1781) ← NL *termites* (pl.) ← *termes* (← LL ～ 'woodworm') + -ITE¹〙

ter·mit·ic /təːmítɪk | təːmít-/ *adj.* シロアリの, シロアリが作った. 〘1881〙

térm·less *adj.* **1** 期限のない, 無期限の; 際限のない, 無限の (boundless): ～ joy. **2** 無条件の (unconditional): ～ peace. **3** 《Shak》名状し難い (inexpressible): that ～ skin 得も言われぬ肌 (*Lover's Complaint* 94). 〘*c*1541〙

térm·ly 《古》*adj.* 定期の, 毎期の. — *adv.* 定期的に, 毎期. 〘*a*1450〙

ter·mor /tɜ́ːmə | tɜ́ːmə(r)/ *n.* 〘法律〙定期または終身借地人. 〘(*a*1325) *termurre* ☐ AF *termer* ← OF *terme* 'TERM' + AF *-er* (⇨ -er¹ 2)〙

térm páper *n.* 《米》(学生が提出する)学期末リポート[論文]. 〘1926〙

térm pòlicy *n.* 〘保険〙定期保険(証券) 《保険期間が, 例えば 10 年というように, 有限の保険契約(証券)》. 〘1896〙

térm·tìme *n.* (学校・大学の)学期中の期間; (法廷の)開廷期間中の時期. 〘1426〙

tern¹ /tɜ́ːn | tɜ́ːn/ *n.* 〘鳥類〙アジサシ 《カモメ科アジサシ属 (*Sterna*) に属する中形の海鳥の総称; アジサシ (*S. hirundo*) など》. 〘(1678) ← Scand.: cf. Dan. *terne* / Norw. *terna* < ON *þerna*〙

tern² /tɜ́ːn | tɜ́ːn/ *n.* **1** 《まれ》三つ組, 三つ揃(ぞろ)い (trio). **2** (組合わせになっている)当たりくじの三つの数字; その賞品. **3** 〘海事〙3 本マストの縦帆スクーナー船. — *adj.* = ternate. 〘(?*a*1300) ☐ (O)F *terne* ∥ ← L *ternī* three each ← *ter* thrice)〙

ter·na /téənə, tɜ́ː- | téə-, tɜ́ː-/ *n.* 〘カトリック〙(空位の司教職などの)候補者名簿 《教皇に提出されるもので, 候補者 3 名の名が記載される》. 〘(1885) ← NL *terna* (*nomina*) three (names) together ← L *terna* (neut. pl.) ← *ternī* (↑)〙

ter·nal /tɜ́ːnl | tɜ́ː-/ *adj.* 三つから成る, 三つ組の, 三つ揃(ぞろ)いの (threefold). 〘(1599) ← ML *ternālis* ← L *ternī*: ⇨ tern², -al¹〙

ter·na·ry /tɜ́ːnəri | tɜ́ː-/ *adj.* **1 a** 三つから成る, 三つ組の (threefold) (cf. binary). **b** 〘植物〙〈花弁が〉3 枚ずつ配置された. **2** 第三位の, 3 番目の. **3** 〘物理化学〙三元の, 三成分の: ⇨ ternary system. **4** 〘数学〙 **a** 3 個の変数を有する, 三元の. **b** 三進の: the ～ scale 三進(記数)法. **c** 〈対数が〉3 を底とする. **5** 〘冶金〙3 成分の: a ～ alloy 三元合金. — *n.* 《廃》三つから成るもの, 三つ組 (trio). 〘(*c*1430) ☐ L *ternārius* made up of three: ⇨ tern², -ary〙

térnary fórm *n.* 〘音楽〙三部形式 《二部形式と共に主な楽曲構成原理の一つ; 第三部は第一部の反復; song form ともいう》. 〘1875〙

térnary sýstem *n.* 〘物理化学〙三成分系, 三元系.

ter·nate /tɜ́ːneɪt, -nɪ̀t | tɜ́ː-/ *adj.* **1** 三つの, 三つ組の, 三つ揃(ぞろ)いの. **2** 〘植物〙三出の: a ～ leaf 三出葉. **～·ly** *adv.* 〘(1760) ☐ NL *ternātus* (p.p.) ← ML *ternāre* to treble ← L *ternī*: ⇨ tern², -ate²〙

Ter·na·te /tənɑ́ːteɪ | tɜːnɑ́ːti/ *n.* テルナテ(島) 《インドネシア Moluccas 諸島北部の小島 (106 km²)》.

terne /tɜ́ːn | tɜ́ːn/ *n.* **1** = terne metal. **2** = terneplate. 〘(1891) 《略》← TERNEPLATE: *terne* ☐ F ～ 'dull, lusterless' ← *ternir* 'to TARNISH'〙

térne mètal *n.* ターンメタル 《スズ 1 と鉛 4 の割合の合金; ターンプレートを造るのに用いる》.

térne·plàte *n.* ターンプレート 《軟鋼板を鉛とスズの合金でめっきしたもの; 屋根ぶき等に使用する》. 〘1858〙

térn fòot *n.* (椅子などの)脚先が三つの渦巻模様になった脚.

Ter·ni /téəni | téə-; *It.* térni/ *n.* テルニ 《イタリア中部 Umbria 州の工業都市; ローマ時代の人工の滝で有名》.

ter·ni·on /tɜ́ːniən | tɜ́ː-/ *n.* **1** 《まれ》三つ一組, 三つ組, 三つ揃(ぞろ)い (triad). **2** 〘製本〙三列丁 《三紙葉を二つ折りにして, 一つの折丁としたもの》. 〘(1587) ☐ L *terniō(n-)* ← *ternī* three each〙

tern·let /tɜ́ːnlɪ̀t | tɜ́ːn-/ *n.* 〘鳥類〙(豪・NZ・インド) 小さなアジサシ 《ハイイロアジサシ (*Procelsterna cerulea*) など》. 〘⇨ tern¹〙

Ter·no·pol /tənóupəl | tənɑ́u-; *Ukr.* ternópilʲ/ *n.* テルノーポリ 《ウクライナの都市; 以前はポーランドの統治下にあった; ポーランド語名 Tarnopol》.

ter·o·tech·no·lo·gy /tèroutɛknɑ́(ː)lədʒi | -rə(u)-tɛknɔ́l-/ *n.* テロテクノロジー, 総合設備工学, 設備診断工学 《機械・プラント・装置・建築物等, 一般に設備と呼ばれるものの使用期間中の全費用を最も経済的にするために設備の信頼性・保全性・運転費等, 関係するすべてを考慮して最適化することを研究する工学》. 〘(1970): *tero-* ← Gk *tēreîn* to watch over, take care of + -o-〙

ter·pene /tɜ́ːpiːn | tɜ́ː-/ *n.* 〘化学〙テルペン ($(C_5H_8)_n$ の組成の炭化水素およびその誘導体の総称; 松などの樹脂に含まれる芳香のある液体). **ter·pe·nic** /təːpíːnɪk, -pén- | təː-/ *adj.* 〘(1873) ☐ G *Terpen* ← *Terp(entin)* 'TURPENTINE' + *-en* '-ENE'〙

térpene·less *adj.* 〘化学〙テルペン含量の低い[を含まない]. 〘1921〙

ter·pe·noid /tɜ́ːpənɔ̀ɪd | tɜ́ːpɪ̀-/ 〘化学〙*adj.* テルペン類似の. — *n.* テルペノイド 《テルペン類似化合物; $(C_5H_8)_n$ 組成の炭化水素およびこれから誘導される含酸素化合物(アルコール・アルデヒド・ケトン)など》. 〘1933〙

ter·pin /tɜ́ːpɪ̀n | tɜ́ːpɪn/ *n.* (*also* **ter·pine** /-pɪ̀n, -piːn | -pɪn, -piːn/) 〘化学〙テルピン ($C_{10}H_{18}(OH)_2$) 《単環式モノテルペンに属する二価アルコール》. 〘(1848) ← TERP(ENE) + -IN¹〙

ter·pi·nene /tɜ́ːpənìːn | tɜ́ːpɪ̀-/ *n.* 〘化学〙テルピネン ($C_{10}H_{16}$) 《単環式モノテルペンの一つ; α, β, γ の 3 種の異性体がある; menthadiene ともいう》. 〘(1902) ⇨ ↑, -ene〙

ter·pin·e·ol /təːpíniɔ̀(ː)l | təːpíniɔ̀l/ *n.* 〘化学〙テルピネオール ($C_{10}H_{17}OH$) 《天然には精油に含まれるが人工的に合成できる; 香料用; α, β, γ の異性体がある》. 〘(1894) ← TERPINE + -OL¹〙

térpin hýdrate *n.* 〘薬学〙抱水テルピン ($C_{10}H_{18}(OH)_2 \cdot H_2O$) 《白色の結晶粉末; 去痰(きょたん)剤に用いられる》. 〘1868〙

ter·poly·mer /tɜːpɑ́(ː)ləmə | tɜːpɔ́lɪ̀mə(r)/ *n.* 〘化学〙ターポリマー, 三元(共)重合体 《単量体 3 分子の重合体》. 〘(1947) ← TER- + POLYMER〙

Terp·sich·o·re /təːpsíkəri, -rìː | təːpsíkəri/ *n.* **1** 〘ギリシャ神話〙テルプシコレ 《舞踏と合唱をつかさどる; cf. Muse 1》. **2** [t-] 振り付け, 踊り方 (choreography). **3** [t-] 女性ダンサー. 〘(1598) ☐ L *Terpsichorē* ☐ Gk *Terpsikhórē* 《原義》dance-enjoying ← *térpein* to delight + *khorós* 'dance, CHORUS'〙

terp·si·cho·re·an /tɜ̀ːpsɪ̀kəríːən, təːpsɪ̀kóːriən | tɜ̀ːpsɪkəríːən, -kɔr-, -kɔ́ːriən/ *adj.* **1** [T-] テルプシコレ (Terpsichore) の. **2** 舞踏の: the ～ art 舞踊芸術. — *n.* 《戯言》踊り子, ダンサー. 〘1825〙

terr. 《略》terrace; territorial; territory.

ter·ra /térə/ *n.* (*pl.* **ter·rae** /-riː, -raɪ/) **1** 土 (earth); 地, 大地 (the earth, land); [T-] (SF で) 地球, テラ. **2** [T-] テラ 《古代ローマで大地の(女神としての)擬人化》. **3** (月面の)陸地 (cf. mare³). 〘(1615) ☐ L ～ 'dry land, (the) earth' ← IE **ters-* to dry (OE *þurst* thirst / L *torrēre* to dry, parch (⇨ torrid))〙

térra ál·ba /-ǽlbə/ *n.* 白土 《絵の具としての粉末石膏(せっこう); 紙の目に混ぜるカオリン (kaolin), 苦土 (magnesia) など》. 〘(1871) ← NL ～ 'white earth'〙

ter·race /térɪ̀s/ *n.* **1** 《英》(何軒かつながった)連続住宅, テラスハウス. **2 a** (家に接して庭に突き出した)テラス **b** (庭園の趣のある)以沿いの舗道部分. **3 a** (段々になった)台地, 段庭 《広いひな段のように造った公園や庭園の一趣向; その側面は石垣や芝生になっている》; 段々畑, 棚田. **b** 段々坂道. **4** 台町, 坂町 《台地に家の並んだ町; 通りより一段と高く家の並んだ町, または傾斜地の両側に段状式に並んだ町》. ★ しばしば町名に用いられる. **5** (スペインや東洋風の家の)陸(ろく)屋根; 平屋根 (flat roof). **6** 《米》= median strip. **7** [通例 *pl.*] **a** (サッカー競技場などの)屋根しの(外野の)観客席. **b** [集合的] その観客(たち). **8** 〘地質〙(河岸・湖岸・海岸・海底などの)段丘 《階段型の地形》. — *vt.* 〈土地を〉段々にする; 〈家を〉陸(ろく)屋根にする; 〈家〉にテラスを付ける. 〘(1515) ☐ OF ～ 'pile of earth, platform' (F *terrasse*) < VL **terrāceam* (fem.) ← L *terrāceus* earthen ← *terra* (⇨ TERRA): cf. It. *terrazza*〙

ter·raced /térɪ̀st/ *adj.* 〈台地など〉広い段々になった; 〈屋根が〉平らに造られた; 〈家が〉テラスの付いた: a ～ walk 段庭道 / ～ fields 段々畑 / a ～ roof 陸(ろく)屋根 / a ～ house = terrace house. 〘1644〙

térrace hòuse *n.* 〘建築〙テラスハウス: **a** 《英》同一構造の家が何軒も横につながった連続住宅; 道路に面して建ち裏が庭になるのが普通. **b** 《米》二階・三階が順次後退して屋上がテラスになった集合住宅 (row house, town house ともいう). 〘1817〙

tér·rac·er *n.* 台地[排水用の水路]を造る機械.

tér·rac·ing *n.* **1** 段丘構造, ひな段形式. **2** 段丘形成. 〘1826〙

ter·ra·cot·ta /tèrəkɑ́(ː)tə | -kɔ́tə/; *It.* terrakótta/ *n.* **1** テラコッタ 《無釉, 焼成粘土製の建築物用ブロックおよび装飾物の構成要素》. **2** テラコッタ人形. **3** テラコッタ色, 赤褐色. — *adj.* [限定的] **1** テラコッタ(製)の: a ～ pipe 土管. **2** 赤褐色の. 〘(1722) ☐ It. *terra cotta* 《原義》baked earth ← *terra* (< L *terram*: ⇨ terra) + *cotta* (< L *coctam* (fem. p.p.) ← *coquere* 'to COOK')〙

terrae *n.* terra の複数形.

ter·rae fil·i·us /tèriːfíliəs, tèraɪfíliʊs/ *L. n.* (*pl.* **-i·i** /-fíliàɪ, -liìː/) **1** 《古》生まれの卑しい人, 賤民(せんみん). **2** (もと Oxford 大学で)選ばれて学位論文口述試験の際に諷刺演説を行った学生 (cf. prevaricator 2). 〘(1621) ☐ L ～ 《原義》son of the soil〙

térra fír·ma /-fɜ́ːmə | -fɜ́ː-/ *n.* (水・空気に対して)大地, 陸地. 〘(1605) ← NL ～ 'solid earth'〙

térra·fòrm *vt.* (SF で) 〈惑星を〉地球に似せて変える, 地球化する. **～·er** *n.* 〘1949〙

ter·rain /təréɪn, tɛ-, térein | tɪ̀réɪn, tɛ-, téreɪn/ *n.* **1 a** 地形, 地勢 《多く軍事上の観点からいう》; 地域 (territory). **b** 土地 (ground). **2** 〘地質〙= terrane 1. **3** 分野, 領域, 範囲 (field): the whole ～ of linguistics 言語学の全分野. **4** 環境 (environment). 〘(1727) ☐ F ～ 'land, ground' < VL **terrānum* ← L *terrēnum* made of earth ← *terra* earth: cf. terrene〙

terra in·cog·ni·ta /-ɪnkɑ(ː)gníːtə, -ɪnkɑ́(ː)gnə- | -ɪnkɔ́gnɪ̀tə, -ɪnkɔgníːtə/ *L. n.* (*pl.* **terrae in·cog·ni·tae** /-ɪnkɑ(ː)gníːtaɪ, -ɪnkɑ́(ː)gnətàɪ | -ɪnkɔ́gnɪ̀ti, -ɪnkɔgníː-/) 未知の国[世界], 人跡未踏の地 (unexplored area); (学問などの)未知の分野: a ～ *to* scientists 科学者未踏の分野. 〘(1616) ☐ L ～ 'unknown land'〙

térrain fòllowing *n.* 〘航空〙超低空飛行 《レーダーの探知を避けるために地形の起伏に沿って地面から一定の高度を保って飛ぶこと》. 〘1970〙

ter·ra·ma·ra /tèrəmɑ́ːrə; *It.* terramáːra/ *n.* (*pl.* **-ma·re** /-mɑ́ːriː; *It.* -ri/) **1** (イタリアの Po 川流域にある)アンモニア性の沈積土 《肥料となる》. **2** テラマーレ(文化) 《北イタリア Po 川流域の低湿地帯に分布する, 杭上住居を特徴とする青銅器時代中・後期の文化》. 〘(1866) ☐ It. ～ ← *terra* (< L *terram*: ⇨ terra) + (方言) *mara* 《変形》← *marna* ☐ *marne* 'MARL¹'〙

Ter·ra Ma·ter /tèrəméɪtə | -tə(r)/ *n.* 〘ローマ神話〙テラマーテル, 母なる大地 《Tellus の別称》.

Ter·ra·my·cin /tèrəmáɪsɪn, -sn̩ | -sɪn/ *n.* 〖商標〗テラマイシン《oxytetracycline の商品名》. 〖(1864) ← TERRA＋-MYCIN〗

Ter·ran, t- /térən/ *n.* =earthman. 〖(1953) ← TERRA＋-AN[1]〗

ter·rane /təréɪn, tɛ-, téreɪn | tɪréɪn, tɛ-, téreɪn/ *n.* **1** 〖地質〗系統, 層(群)《特定の岩石が多く分布する地域》. **2** =terrain 1. 〖(1864)《異形》← TERRAIN〗

ter·ra·ne·ous /təréɪniəs, tɛ- | tɪ-, tɛ-/ *adj.* 陸上の, 地球の (terrestrial). 〖(*a*1711): ⇨ terra, -aneous〗

tér·ra né·ra /tèrənéɪrə; *It.* térranéːra/ *It. n.* 黒土《古代画家の用いた黒色の顔料》. 〖(1882) □ It. ~ 'black earth'〗

ter·ra·pin /térəpɪn | -pɪn/ *n.* **1** 〖動物〗イリエガメ属 (*Malaclemys*) のカメの総称; (特に) =diamondback terrapin《water tortoise ともいう》. **2** [通例 T-] 米国 Maryland 州人《あだ名》. **3** [T-] 〖商標〗テラピン《平屋プレハブ建築のタイプ》. 〖(1613) □ N.-Am.-Ind. (Algonquian) ~ (dim.) ← ? *torope* tortoise〗

ter·ra·que·ous /terέɪkwiəs, tər-, -rǽk-/ *adj.* 水陸から成る, 水陸の: The earth is a ~ globe. 地球は水陸から成る球体である. 〖(1658) ← L *terra* earth＋AQUEOUS〗

ter·rar·i·um /təréᵊriəm | tɪréər-, tɛ-/ *n.* (*pl.* **-i·a** /-riə/, **~s**) **1** 陸生動物飼育場, 飼育箱 (cf. aquarium, vivarium). **2** 植物栽培用ガラス容器. 〖(1890) ← NL ~ ← L *terra* earth＋-ARIUM: cf. aquarium〗

terrarium 2

térra rós·sa /-rɔ́(ː)sə, -rɑ́(ː)sə | -rɔ́sə; *It* -róssa/ *n.* 〖地質〗紅土, テラロッサ《石灰岩の風化によってできた紅色土壌》. 〖(1882) □ It. ~ 'red earth'〗

térra sig·il·lá·ta /-sɪdʒəlɑ́ːtə, -gəléɪ- | -dʒɪlɑ́ːtə, -gɪléɪ-/ *n.* 〖窯業〗テラ シギラタ: **a** Lemnos および Samos の島々からとれる白色の土《これを山羊の血と混ぜ, 錠剤に成形し Diana その他の神聖な象徴として多く病気の特効薬に用いた》. **b** 古代ローマその他の赤色粘土で造った各種の容器のうちで表面がわずかに光沢を示すもの. 〖(1392) ← ML ~《原義》sealed earth〗

Ter·ras·sa /tərɑ́ːsə | -rǽsə/ *n.* =Tarrasa.

térra vér·de /-vέədeɪ | -véə-; *It.* -vérde/ *n.* =terre verte. 〖(1658) □ It. ~ 'green earth'〗

ter·raz·zo /tərɑ́ːtsou, tə-, -rɑ́ːzou | terǽtsəʊ, tɪ-; *It.* terráttso/ *n.* 〖建築〗テラゾー《大理石などの砕石を散りばめた研ぎ出しモルタル; 通例, 床に用いる》. 〖(1897) □ It. ~ 'terrace, balcony': ⇨ terrace〗

Terre A·dé·lie /*F.* tɛʁadeli/ *n.* テールアデリー《Adélie Land のフランス語名》.

Ter·re Haute /térəhóut, -hɑ́t | térəháʊt/ *n.* テレホート《米国 Indiana 州西部の Wabash 川に臨む工業都市》. 〖□ F ~《原義》high land〗

ter·rene /teríːn, tə-, téríːn | tériːn, —⌐/ *adj.* **1** 地球の (terrestrial). **2** 地上の, 現世の, 俗世の (earthly). **3** 《古》土地の, 陸地の; 土の, 土質の (earthy). — *n.* **1** 地球; 陸地. **2** 国, 地方 (land). **~·ly** *adv.* 〖(?*a*1300) □ AF ~ □ L *terrēnus* of (the) earth ← *terra* earth〗

T

ter·re·plein /térəplèɪn/ *n.* **1** 〖築城〗塁道《塁上の大砲を置く平地》. **2** 上方が平たくなっている土手. 〖(1591) □ F *terreplein* □ It. *terrapieno* ← *terrapienare* to fill up with earth ← *terra* earth＋*pieno* (< L *plēnum* full)〗

ter·res·tri·al /tɪréstriəl, tɛ-/ *adj.* **1** 〖生物〗**a** 陸上にすむ, 陸生の: ~ animals, birds, etc. **b** 陸生生物の. **2** 地球の, 地球上の, 地上の (cf. celestial): ⇨ earthly SYN): the ~ ball [globe] 地球 / ~ gravitation 地球引力 / ~ heat 地熱. **3** 〈テレビ放送が〉通信衛星ではなく地上放送による. **4** (空気・水に対して)陸地の, 陸上の: a ~ journey 陸上旅行 / ~ parts of the world 世界の陸地の部分. **5** 現世の, この世の, 俗世の, 世俗の (earthly): ~ aims [interests] 名利(ᵐᵉⁱʳⁱ)心. **6** 〖天文〗〈惑星が〉地球型の. **7** 《廃》土の, 土質の. — *n.* **1** 陸上動物, 陸生植物. **2** 地上に住むもの, (特に)人間. **3** 《戯言・まれ》(魂をいやす聖職者と対比して)医者, 先生 (cf. Shak., *Merry W* 3. 1. 106). **~·ly** *adv.* 〖(*c*1387) ← L *terrestris* pertaining to earth (← *terra* earth)＋-AL[1]〗

terréstrial cúrrent *n.* 地電流.

terréstrial equátor *n.* 〖天文〗(地球の)赤道 (cf. celestial equator).

terréstrial glóbe *n.* 地球儀.

terréstrial glóry *n.* 〖モルモン教〗月の光栄《3 種の光栄の 2 番目の状態; cf. celestial glory》.

terréstrial guídance *n.* 〖航空〗地球基準誘導《地磁気・重力などの強さ・方向に基づいて行うミサイル・ロケットの誘導》.

terréstrial látitude *n.* 〖天文〗地球緯度.

terréstrial lóngitude *n.* 〖天文〗地球経度.

terréstrial mágnetism *n.* 地磁気.

terréstrial télescope *n.* 地上望遠鏡 (cf. astronomical telescope). 〖1815〗

ter·ret /térɪt/ *n.* **1** 〖馬具〗(鞍の手綱通し輪. **2** (犬の首輪の)鎖などをつなぐ環. 〖(1486) *teret*《変形》← *toret* □ OF *toret* ring for falcon's leash (dim.) ← *to(u)r* a round, circumference〗

terre verte /téəvèət | téəvɜ̀ːt; *F.* tɛʁvɛʁt/ *n.* 緑土; 緑色絵の具《原料は緑砂 (glauconite) など; green earth, green ocher ともいう》. — *adj.* 緑土色の. 〖(1658) □ F ~ 'green earth'〗

Ter·ri /téri/ *n.* =Terry.

ter·ri·bi·li·ta /tèrəbìːlətɑ́ː | -rɪbìːlɪ-; *It.* terribilitá/ *It. n.* 〖美術〗(Michelangelo の作品などに見られる)圧倒的迫力, すさまじい躍動感. 〖(1883) □ It. *terribilità* terribleness ← *terribile* 'TERRIBLE' < L *terriblem*〗

ter·ri·ble /térəbl̩ | -rɪ-/ *adj.* **1** 恐ろしい (awesome), すさまじい, ものすごい (⇨ horrible SYN); 悲痛な (grievous); 荘厳な: a ~ foe [weapon] 恐るべき敵[兵器] / ~ news 痛ましいニュース / He is ~ in anger. 彼は怒ると怖い. **2 a** 厳しい, つらい (severe); ひどい, 大変な: a ~ winter [ordeal] 厳しい冬[試練] / ~ heat ひどい暑気 / a ~ bore ひどく退屈な男 / the ~ twos 扱いの大変な 2 歳 / in a ~ hurry 恐ろしく急いで / I've got a ~ headache. ひどく頭痛がする. **b** [feel, look などに伴って] とても具合の悪い, みじめで; 悔やんで: *feel* [*look*] ~ ひどく具合悪く[みじめに]感じる[見える] / I *feel* ~ *about* forgetting your birthday. 誕生日を忘れたのはとても悪いと思っている. **3** 《口語》ぞっとするような, 実にいやらしい; 実にまずい[へたな], とてもひどい: a ~ smell ひどい悪臭 / a ~ whiskey to drink 飲むのが大変なウイスキー / ~ coffee ひどくまずいコーヒー / her ~ table manners 彼女のひどい食事の作法 / His English was ~. 彼の英語はひどいものだった. — *adv.* 《口語》恐ろしく, ひどく (terribly, very): a ~ hot night. — *n.* [通例 *pl.*] 恐ろしい人[もの]. **~·ness** *n.* 〖(*a*1387) □ (O)F ~ // L *terribilis* dreadful, frightful ← *terrēre* to frighten: ⇨ -ible〗

térrible-lòoking *adj.* 恐ろしそうな. 〖1906〗

ter·ri·bly /térəbli | -rɪ-/ *adv.* **1** 《口語》ひどく, 恐ろしく (extremely): I was ~ hungry. ひどく空腹だった / She cooks ~ well. 料理がすごくうまい. **2** 恐ろしく, すさまじく, ものすごく (horribly): He was ~ shocked. 恐ろしい衝撃を受けた. 〖(*a*1450): ⇨ -ly[1]〗

ter·ric·o·lous /teríkələs, tə- | tɛ-, tɪ-/ *adj.* 〖生物〗= terrestrial 1《特に土壌生物についていう》. 〖(1835–36) ← L *terricola* earth dweller (← *terra* earth＋*colere* to inhabit)＋-OUS〗

ter·ri·er[1] /tériə | -riə^(r)/ *n.* **1** テリア《狐狩りやうさぎ狩りに用いた猟犬の総称; 獲物を穴に追いつめたり, 外に駆り立てたりする; 後, 飼い犬として飼われるようになった; fox terrier, Scottish terrier, Yorkshire terrier などの種類がある》. **2** [T-] 《英口語》国防義勇軍兵士 (Territorial). 〖(*c*1410) *terrere* □ (O)F (*chien*) *terrier* burrowing (dog) ← *terrier* of earth < ML *terrārium* ← L *terra* earth: cf. terrier[2]〗

ter·ri·er[2] /tériə | -riə^(r)/ *n.* 〖法律〗土地台帳《借地人の名前と保有条件・奉仕態様・賃料などを詳細にリストしたもの; また, 個人および法人(とりわけ教会)所有の土地の位置・境界・面積を記録したもの》. 〖(1477) *terrere* □ (O)F (*papier*) *terrier* □ ML (*librum*) *terrārium* (book) relating to land: cf. terra〗

ter·rif·ic /tərífɪk | tɪ-/ *adj.* **1** 《口語》すばらしい (great, wonderful): a ~ view / feel absolutely ~ 最高にいい気分である / You look ~! すてきだよ. **2** 《口語》ひどい, 激しい, すごい (extraordinary): a ~ scandal ひどいスキャンダル / I'm a ~ fan of hers. 彼女のすごいファンだ / She's really a ~ cook. 全くすごく料理がうまい. **3** ぞっとするような, 恐ろしい, ものすごい (appalling): a ~ hurricane [thunderclap] すさまじい暴風[雷鳴]. **ter·ríf·i·cal·ly** *adv.* 〖(1667) □ L *terrificus* causing terror, frightful ← *terrēre* to frighten: ⇨ -fic〗

ter·ri·fied /térəfàɪd | -rɪ-/ *adj.* **1** 恐れた, 怖がった, おびえた (⇨ afraid SYN): ~ people 恐怖に駆られた人々 / She is ~ of dogs. 犬をとても怖がる. **2** [叙述的] 心配で, 不安で (worried)〔*of*〕: He is ~ *of* being laughed at. 笑われないかと心配でたまらない. 〖(1821): ⇨ ↓, -ed〗

ter·ri·fy /térəfàɪ | -rɪ-/ *vt.* **1** 恐れさせる, 怖がらせる, 脅かす, 驚かす (⇨ frighten SYN): The dread of failure *terrified* him. 失敗を恐れて彼はおびえた / You ~ me! 驚かしちゃいけないよ / He was *terrified at* the scene [*by* the shadow]. 彼はその光景を見て[その物影に]ぎょっとした / be *terrified* of ...⇨ terrified. **2** 怖がらせて[...に]陥らせる (scare)〔*into*〕; ぞっとさせて[...を]失わせる〔*out of*〕: ~ a person *into* compliance 人を驚かして承諾させる / The burglar's threats *terrified* him *into* handing over the safe key. 強盗の脅迫におびえて彼は金庫の鍵を渡してしまった / They were *terrified out of* their wits. 彼らは驚いて肝(きも)をつぶした / That *terrified* the breath *out of* me. それには思わずぎょっとして息も止まるほどだった. **tér·ri·fi·er** *n.* 〖(1575) ← L *terrificāre* to frighten ← *terrificus* 'TERRIFIC': ⇨ -fy〗

ter·ri·fy·ing /térəfàɪɪŋ | -rɪ-/ *adj.* **1** 恐ろしい, 怖い, ものすごい (frightening): the ~ North Face of the Eiger アイガーのぞっとするような北壁. **2** 恐るべき, 大変な: his ~ erudition 彼の大変な博識. **~·ly** *adv.* 〖(*c*1586): ⇨ ↑, -ing[2]〗

ter·rig·e·nous /terídʒənəs, tə- | terídʒɪ-, tɪ-/ *adj.* **1** 地から生じる, 地生の (earthborn), 陸性の, 近海性の: ~ metals 土金属《アルミニウムなど》. **2** 〖地質〗陸地に由来する, 陸成の, 大陸源の: ~ deposits 陸源堆積(たいせき)物. 〖(1684) ← L *terrigenus* born of the earth: ⇨ terra, -genous〗

ter·rine /teríːn | te-, tə-; *F.* tɛʁin/ *n.* **1** (長方形や楕円形の)陶器の蒸し焼き用容器. **2** テリーヌ《1 の容器にすりつぶして調味した肉・魚・家禽などを入れ蒸し焼きにして冷ました料理; そのまま食卓に出す》. **3** =tureen. 〖(1706) □ F ~ earthenware dish (fem.) ← OF *terrin* of earth, earthen < VL*terrīnu(m) ← L *terra* earth: ⇨ terra, -ine[1]〗

ter·rit /térɪt/ *n.* 〖馬具〗=terret.

ter·ri·to·ri·al /tèrətɔ́ːriəl | -rɪ-⌐/ *adj.* **1** 領土の, 領地の: ~ acquisitions [rights] 領土獲得[権] / ~ air 領空 / ~ expansion 領土拡張 / ~ integrity 領土保全 / ~ sovereignty 領土主権 / ⇨ territorial sea / ~ principle 〖国際法〗属地主義. **2 a** 土地の; 《今はまれ》土地を所有する (landed): ~ property 土地財産 / a ~ owner 土地所有者 / the ~ class 地主階級. **b** 私有地からの. **3** 〖生態〗縄張りを守る習性のある: ~ animals. **4 a** 地方の, 地域的な (local). **b** 〖スコット法〗(判事の)担当地区の. **5** [しばしば T-] 〖軍事〗地方守備の: ⇨ Territorial Army. **6** [しばしば T-] (米国・カナダ・オーストラリアなどで)準州の: a ~ government 準州政府.

Territórial and Ármy Volunteer Resèrve [the —] ⇨ Territorial Army. (*c*1970)

— *n.* **1** [T-] 《英》国防義勇軍兵士. **2** 地方軍兵士, 地方守備兵; 属領編成部隊員. **~·ly** *adv.* 〖(1625) □ LL *territōriālis* ← L *territōrium* 'TERRITORY': ⇨ -al[1]〗

Térritorial Ármy *n.* [the ~] (英国の)国防義勇軍《もとの militia を改組したもの; 1908–67 年までの地方別志願制予備軍; 今は Territorial and Army Volunteer Reserve (地方軍及び陸軍義勇予備軍)という》. 〖1907〗

térritorial cóurt *n.* 米国の準州裁判所. 〖1857〗

Térritorial Fórce *n.* [the ~] =Territorial Army.

territórial impérative *n.* 〖生態〗縄張り意識. 〖1968〗

tèr·ri·tó·ri·al·ìsm /-lìzm/ *n.* **1** 地主制 (landlordism)《地主の優越を認める制度》. **2** 〖生態〗=territoriality 3. **3** 地方(守備)軍[国防義勇軍]制度. **4** 〖教会〗(教会制の)領主主義《その土地の支配者がその土地の住民の宗教的最高支配者であるとする説》. **5** [しばしば T-] ユダヤ人自治区獲得運動. 〖(1873): ⇨ -ism〗

tèr·ri·tó·ri·al·ist /-lɪst | -lɪst/ *n.* **1** 地主. **2** territorialism の主唱者. 〖(1865): ⇨ -ist〗

ter·ri·to·ri·al·i·ty /tèrətɔ̀ːriǽləti | -rɪtɔ̀ːriǽlɪti/ *n.* **1** 土地所有; 領土権. **2** 領地であること, 属地性. **3** 〖生態〗縄張り制. 〖(1894): ⇨ -ity〗

ter·ri·to·ri·al·ize /tèrətɔ́ːriəlàɪz | -rɪ-/ *vt.* **1** ...の領地を拡張する. **2** 領土とする, 領土に加える. **ter·ri·to·ri·al·i·za·tion** /tèrətɔ̀ːriəlɪzéɪʃən | -rɪtɔ̀ːriəlaɪ-, -lɪ-/ *n.* 〖(1818): ⇨ -ize〗

territórial jurisdíction *n.* 〖国際法〗領土管轄権, 属地管轄権. 〖1838〗

térritorial séa *n.* 領海 (cf. inland sea 1; high sea 1). 〖1955〗

térritorial wáters *n. pl.* [通例 the ~] 領海《国家主権の及ぶ領土に接続する水域, 特に沿岸海(領海); 沿岸から 3 海里, 12 海里, 200 海里と国によって見解が異なっていたが, 1982 年の海洋法に関する国際連合条約で 12 海里に統一された》. 〖1841〗

Ter·ri·to·ri·an /tèrɪtɔ́ːriən/ *n.* 《豪》Northern Territory の住民.

ter·ri·to·ry /térətɔ̀ːri, -tɔri, -tri | -rɪtəri, -tri/ *n.* **1 a** (領海をも含めて)領土, 領地, 版図: a leased ~ 租借地 / neutral ~ 中立地域[地帯] / the acquisition of ~ 領土の獲得. **b** 統治地域: ⇨ trust territory. **2** 広大な地域, 地方 (region, tract); 土地 (land): the most fertile ~ 最も地味の肥えた地域. **3** (科学などの)領域, 分野 (province): the ~ of social history 社会史の領域 / unknown ~ 未知の領域 / a person's chosen ~ 人が選んだ分野. **4** 〖生態〗(野鳥・哺乳動物などの)縄張り, テリトリー, 領分 (cf. home range). **5 a** (セールスマンなどの)担当区域, 縄張り. **b** 〖スコット法〗(判事の)担当地区. **6** 〖スポーツ〗(各チームの)陣地. **7** [しばしば T-] (行政上の下位区分としての)地方; (米国・カナダ・オーストラリアなどの)準州《まだ州に昇格していない地域》.

gó [cóme] with the térritory 《口語》〈嫌なことがその仕事[職業, 地位など]にはつきものである, 避けられない: Good fathers have to change diapers: *it goes with the* ~. よい父親はおむつを替えねばならない. それはよい父親には当たり前のことなのだから. ***tàke in tóo mùch térritory*** 極端に走る; 十把(じっぱ)一からげに言いすぎる.

〖(*c*1398) □ L *territōrium* domain, district ← *terra* earth: ⇨ terra, -orium〗

Ter·ri·to·ry /térətɔ̀ːri | -rɪtəri, -tri/ *n.* [the ~] 《豪》=Northern Territory.

térritory wòol *n.* 米国 Mississippi 川以西産羊毛《もと準州だった地域, 特に Washington 州や Rocky 山脈付近の州で産する羊毛; cf. bright wool》.

ter·ron /təróun | terɔ́n/ *n.* (*pl.* **ter·ro·nes** /-niːz/) 日干しれんが《牧草地の土を日干しにして固めたれんが; Rio Grande 川流域で用いる》. 〖□ Mex.-Sp. *terrón* ← Sp. *terrón* clod, lump of earth < L *terram* earth〗

ter·ror /térə | -rə^(r)/ *n.* **1** (非常な)恐怖 (⇨ fear SYN): a novel of ~ 恐怖小説 / be stupefied with ~ 恐怖のあまりぼかんとしている / in ~ びっくり仰天して / in ~ of ...をひどく恐れて / go in ~ of ...をひどく恐れている / live in ~ of ...をひどく恐れる[心配する] / have a ~ of ...をひどく恐れる[怖がる] / strike ~ into a person's heart 人を恐怖におののかせる. **2 a** 恐ろしさ, すさまじさ. **b** 恐怖の種, 恐ろしい人[もの]: the ~s of a storm 嵐の惨状 / be a ~ to evildoers 悪人どもに恐れられる / Superman is the ~ of criminals. スーパーマンは犯罪者の恐怖の的である / He was a ~ when he was drunk. 酔っ払うと手がつけられなかった / the king of ~s 死 (cf. *Job* 18:14). **3** 《口語》あきれたや

つ; いまいましいもの; いたずらっ子: a perfect [real] ～ 全くあきれた[ひどいやつ] / a holy ～ ⇨ holy *adj.* 3 b. **4 a** 恐怖政治 (terrorism): rule by ～ 恐怖政治を行う / ⇨ Red Terror, White Terror. **b** [the T-] =REIGN of Terror (1). **5** テロリスト集団; テロ, テロ計画: a Protestant ～ group プロテスタントのテログループ.
hàve [hòld] nó térrors for *a person* 〈事が〉人をなんら恐れさせない: Flying *holds no* ～*s for* me any more. 飛行機旅行はもはや私にとって少しも怖くない. ***in térror of one's life*** 殺されはしないかと恐れて.
～·less *adj.* **～·ful** /-fəl, -fl/ *adj.* 〘(*c*1375) *terrour(e)* □ AF *terrour* (F *terreur*) < L *terrōrem* great fear ← *terrēre* to frighten: ⇨ -or¹〙

ter·ror·ism /térərìzm/ *n.* **1** 威嚇政策, 恐怖政治; テロ行為[手段]. **2** (テロ行為による)恐怖(状態). 〘(1795) □ F *terrorisme*: ⇨ ↑, -ism〙

ter·ror·ist /térərɪst | -rɪst/ *n.* **1** テロリスト《政治目的達成のために敵対者を恐怖手段によって圧倒しようとする者; 特に, フランス革命期恐怖政治時代のジャコバン党員 (Jacobin), ロシア 19 世紀の急進主義者など以降の者》. **2** 人騒がせをする者 (alarmist). ── *adj.* テロリストの: a ～ party. 〘(1795) □ F *terroriste*〙

ter·ror·is·tic /tèrərístɪk/ *adj.* 暴力主義の, テロの, テロを行う. 〘1884〙

ter·ror·i·za·tion /tèrərɪzéɪʃən | -rəraɪz-, -rɪz-/ *n.* (恐怖手段による)威嚇, 弾圧. 〘(1889): ⇨ -ization〙

ter·ror·ize /térəràɪz/ *vt.* **1** …に恐怖を起こさせる, 脅嚇する (terrify): He ～*d* her *into* silence by means of threats. 脅して彼女を沈黙させた. **2** 恐怖政策で支配する, …にテロ手段を採る. **tér·ror·iz·er** *n.* 〘(1823): ⇨ -ize〙

térror-strìcken [-strùck] *adj.* 恐怖におびえた, びくびくした. 〘1799〙

ter·ry /téri/ *n.* **1** (ビロード・じゅうたん等の)けばの輪. **2** テリー織《けばを輪にして織り出した厚地織物》. ── *adj.* [限定的] けばの輪のある: a ～ towel テリータオル《けばが輪になっている普通のタオル》/ ～ velvet けばを切ってないビロード. 〘(1784) 《変形》 ←? F *tiré* (p.p.) ← *tirer* to draw: cf. terret〙

Ter·ry /téri/ *n.* テリー: **1** 男性名. **2** 女性名. 〘(dim.) 1: ← TERENCE¹ // THEODORIC. 2: ← T(H)ERESA〙

Ter·ry /téri/, Dame **Ellen Alicia [Alice]** *n.* テリー《1847–1928; 英国の女優》.

térry clòth *n.* =terry *n.* 2. 〘1921〙

Ter·ry's /tériz/ *n.* 〘商標〙 テリーズ《英国 Kraft Foods 社製のチョコレート; ペパーミント入りシュガークリームの入った丸いチョコレートが人気; もとは同社に買収された Terry's of York 社 (1767 年創業)のブランド》.

Ter·sanc·tus, t- /tə:sǽŋ(k)təs, tɛə- | tə:-, tɛə-/ *n.* 〘キリスト教〙 =Sanctus. 〘(1832) ← NL ～ ← L *ter* thrice + *sanctus* holy〙

terse /tə́:s | tə́:s/ *adj.* (**ters·er; ters·est**) **1** 簡単な, 手短な (brief), そっけない: a ～ answer 手短な返事. **2** 〈文体・表現・話者など〉巧みに簡潔な, 簡明な (succinct): a ～ writer [speaker] きびきびした文を書く[話をする]人.
～·ly *adv.* **～·ness** *n.* 〘(1599) □ F *ters* clean // □ L *tersus* clean, neat (p.p.) ← *tergēre* to rub off, polish〙

ter·tial /tə́:ʃəl, -ʃl | tə́:-/ 〘鳥類〙 *adj.* 三列の, 後列の: ～ feathers 三[後]列風切羽. ── *n.* 三列風切羽. 〘(1836) ← L *tertius* third + -AL¹〙

ter·tian /tə́:ʃən | tə́:ʃən, -ʃiən/ *adj.* **1** 〘病理〙 〈マラリアなど熱発作が〉三日目[約 48 時間]ごとに起こる (cf. quartan): a ～ fever 三日熱. **2** [T-] 〘カトリック〙 第三修練期の: a *Tertian* Father=tertian *n.* 2. **3** 〘音楽〙 3 度音栓(ｵﾝｾﾝ)《長 3 度の間隔で調律された 2 列のパイプよりなるオルガンの複合音栓》. ── *n.* **1** 〘病理〙 三日熱. **2** 〘カトリック〙 (叙任後の)第三修練期のイエズス会士. **3** (Aberdeen 大学などの)三年生. 〘(*a*1376) *tercian* □ L (*febris*) *tertiāna* tertian (fever) ← *tertius* third: ⇨ -an¹〙

tértian malária *n.* 〘病理〙 =vivax malaria.

tértian·shìp *n.* 〘カトリック〙 第三修練期. 〘1855〙

ter·ti·ar·y /tə́:ʃièri, -ʃəri | tə́:ʃəri, -ʃiə-/ *adj.* **1 a** 第三の, 三位の (third) (cf. primary, secondary). **b** 〈産業が〉第三次の, サービス部門の: ⇨ tertiary sector. **2** 〘化学〙 第三級の, 第三の (略 *t*-): a ～ carbon atom 第三級炭素原子 / a ～ salt 第三塩. **3** 〘病理〙 〈梅毒などが〉第三期の: ⇨ tertiary syphilis. **4** [T-] 〘地質〙 第三紀[系]の: the *Tertiary* period [system] 第三紀[系]. **5** 〘鳥類〙 =tertial. **6** 〘カトリック〙 第三会 (third order) の (cf. *n.* 3). **7** 〘言語〙 第三強勢の: a ～ stress 第三強勢. **8** 〘文法〙 三次語(句)の (⇨ *n.* 4). ── *n.* **1** [the T-] 〘地質〙 第三紀《新生代 (Cenozoic era) の前期; cf. quaternary》. **2** 〘鳥類〙 =tertial. **3** 〘カトリック〙 《修道会員で俗籍にある》第三会 (third order) の会員: a regular ～ 律修第三会員《修道会で生活する者》/ a secular ～ 在俗第三会員《修道院内で生活しない者》. **4** 〘文法〙 三次語(句)《副詞および副詞相当語句; ⇨ primary 16》. **5** [*pl.*] 〘病理〙 第三期梅毒(の徴候). **6** 〘美術〙 =tertiary color. 〘(*a*1550) □ L *tertiārius* of third part or rank ← *tertius* third: ⇨ -ary〙

tértiary álcohol *n.* 〘化学〙 第三アルコール《第三炭素原子に水酸基が結合した形のアルコール; 例えば $(CH_3)_3C\text{-}OH$》.

tértiary búrsary *n.* 《NZ》 大学入試に合格した生徒全員に授与される奨学金.

tértiary cóllege *n.* 《英》 高等専門学校《中等学校の第六学年と職業課程を組み入れたもの》.

tértiary cólor *n.* 〘美術〙 (2 種の等和色 (secondary color) の混色による)第三色. 〘1864〙

tértiary consúmer *n.* 〘生態〙 三次消費者《小型肉食動物を食う大型肉食動物; ⇨ food chain》.

tértiary educátion *n.* 《英》 第三次教育《中等学校に続く, 大学および職業専門教育の総称; cf. further education, higher education》.

tértiary índustry *n.* 〘経済〙 第三次産業《サービス産業》. 〘1975〙

tértiary prodúcer *n.* 〘生態〙 三次生産者《大型肉食動物に食われる小型肉食動物; cf. food chain》.

tértiary quálity *n.* 〘哲学〙 第三性質《価値判断の対象としての物の性質; cf. primary [secondary] quality》.

tértiary séctor *n.* 〘経済〙 第三次部門《第三次産業 (tertiary industry) にかかわる部門》.

tértiary strúcture *n.* 〘生化学〙 三次構造《蛋白(ﾀﾝﾊﾟｸ)質の折りたたみと共有結合架橋により形成される立体構造》.

tértiary sýphilis *n.* 〘病理〙 三期梅毒《脳・脊髄・心臓・肝臓などが冒される》. 〘1875〙

tértiary wínd·ing /-wàɪndɪŋ/ *n.* 〘電気〙 (変圧器の)三次巻線.

ter·ti·o¹ /tɛ́əʃiòu | tɛ́əʃiəu/ *n., adj.* 〘音楽〙 第 3 部(の) (cf. primo¹). 〘□ L *tertius* (↓)〙

ter·ti·o² /tə́:ʃiòu | tə́:ʃiəu/ *L. adv.* 第三に (thirdly) 《3° と略記; cf. primo²》. 〘□ L *tertiō* ← *tertius* 'THIRD'〙

ter·ti·um quid /tə́:ʃiəmkwíd, -ʃiəm- | tə́:ʃiəm-, -tiəm-/ *n.* **1** 第三のもの, 中間物《例えば物質と精神の中間物など》; どっちつかずのもの. **2** (三角関係の)三人目の人物: a man, his wife and a ～. 〘(1724) □ LL ～ 'third something' 《なぞり》 ← Gk *tríton ti*〙

ter·ti·us /tə́:ʃiəs, -tiəs | tə́:ʃi-, -ti-/ *adj.* 《英》 **1** 第三の: ～ gaudens /gɔ́:dənz, gáu- | gɔ́:dənz/ 漁夫の利を占める第三者 (glad third). **2** (男子 public school で同姓の 3 人の生徒中, 年長順や学年順により)第三の, 最年少の (cf. primus¹ 2): Smith ～. 〘(1818) □ L ～ 'THIRD'〙

Ter·tul·li·an /tə(:)tʌ́liən | tə(:)-/ *n.* テルトゥリアヌス《160?–?220; カルタゴ生まれのキリスト教神学者; ラテン語名 Quintus Septimius Florens Tertullianus /septímiəs flɔ́:rɛnz tə:tʌ̀liéɪnəs | -flɔ́:rɛnz tə:-/》.

ter·va·lent /tə:véɪlənt | tə:-/ *adj.* 〘化学〙 **1** 三価の (trivalent). **2** 三つの異なる原子価を有する: ～ cobalt. 〘(1903) ← TER- + -VALENT〙

Ter·y·lene /térəlì:n | -rɪ-/ *n.* 〘商標〙 テリレン《terephthalic acid と ethylene glycol を縮合して溶融紡糸したポリエステル系合成繊維の商品名》. 〘(1946) ← TER(EPHTHALATE) + (POLYETH)YLENE〙

ter·za ri·ma /tɛ́ətsərí:mə | tɛ́ə-, tá:-; *It.* tɛrtsarí:ma/ *n.* (*pl.* **ter·ze ri·me** /tɛ́ətseɪrí:meɪ | tɛ́ə-; *It.* tɛrtserí:me/) 〘詩学〙 テルツァリーマ, 三韻句法《三行連句 (tercet) の iambic 体で, a b a, b c b, c d c, …のように押韻する; Dante の神曲 (*La Divina Commedia*) の詩形はその代表的なもの》. 〘(1819) □ It. ～ 'third or triple rhyme' ← *terza* (fem.), *terzo* (↓) + *rima* 'RHYME'〙

ter·zet·to /tɛətsétou | tɜ:tsétəu, tɛə-; *It.* tertsétto/ *n.* (*pl.* ～**s, -zet·ti** /-ti:; *It.* -ti/) (*also* **ter·zet** /tɛ́ətset | tɛ́ə-/) 〘音楽〙 三重唱(曲); 《まれ》 三重奏(曲) (trio). 〘(1724) □ It. ～ (dim.) ← *terzo* < L *tertium* third〙

TES /tí:ì:és/ 《略》 Times Educational Supplement.

Tes·co /téskou | -kəu/ *n.* テスコ《英国のスーパーマーケット・チェーン; 1947 年設立; Tesco's ともいう》.

Té·shu Láma /téɪʃu:-/ *n.* =Panchen Lama. 〘1774〙

TESL /tésl/ 《略》 〘教育〙 Teaching English as a Second Language.

tes·la /téslə/ *n.* 〘電気〙 テスラ《磁束密度の単位: 1 ウェーバー / m²; 記号 T》. 〘(1958) ← *N. Tesla* (↓)〙

Tes·la /téslə/, **Ni·ko·la** /níkoulə | -kə(u)-/ *n.* テスラ《1856–1943; ユーゴスラビア生まれの米国の発明家》.

Tésla cóil [transfórmer] *n.* 〘電気〙 テスラコイル[変圧器]《火花放電を利用して高電圧を得るための空心変圧器》. 〘(1896) ↑〙

TESOL /tí:sɑ(:)l, tésl | -sɔl/ Teaching (of) English to Speakers of Other Languages; Teachers of English to Speakers of Other Languages.

Tess /tés/ *n.* テス《女性名》. 〘(dim.) ← TERESA〙

Tes·sa /tésə/ *n.* テッサ《女性名》. 〘(dim.) ← TERESA〙

Tessa, TESSA /tésə/ 《略》 《英》 Tax-Exempt Special Savings Account 免税特別貯蓄口座, テッサ《日本のマル優に相当する少額貯蓄非課税制度; 1991 年に導入》.

tes·sar- /tésər/ (母音の前にくるときの) tessara- の異形.

tes·sa·ra- /tésərə/ 「四 (four)」の意の連結形: *tessaraglot*. ★ 時に tessera-, また母音の前では通例 tessar- になる. 〘□ L ～ ← Gk *téssara, téssera* (neut.) ← *téssares, tésseres* four〙

tes·sa·ra·glot /tésərəglɑ̀(:)t | -glɔ̀t/ *adj.* 《まれ》 4 か国語を使用する[含む]. 〘(1716): ⇨ ↑, -glot〙

tes·sel·lae /tɪséli: | tɛ-/ *n. pl.* 〘美術〙 モザイク片. 〘(1693) □ L ～ (pl.) ← *tessella* (↓)〙

tes·sel·lar /tésələ | -sɪlə(r)/ *adj.* 切りばめ細工の, モザイク式嵌石(ｶﾝｾｷ)状の. 〘(1847) ← L *tessella* little cube (dim.) ← *tessera*: ⇨ tessera, -ella, -ar¹〙

tes·sel·late /tésəlèɪt | -sɪl-/ *vt.* 〈床・舗道などを〉切りばめ細工にする, モザイク式嵌石(ｶﾝｾｷ)にする. ── *vi.* 〈同一の形が〉互いにぴったりと合う. ── /tésəlɪt, -lèɪt | -sɪ-/ *adj.* =tessellated. 〘(1789) ← L *tessellātus* (p.p.) ← *tessellāre* to construct from mosaic work: ⇨ ↑, -ate³〙

tés·sel·làt·ed /-tɪd | -tɪd/ *adj.* **1** 切りばめ細工の, 嵌石(ｶﾝｾｷ)床の, モザイク模様の: a ～ pavement モザイク式道[舗装] / a ～ ceiling 格(ｺﾞｳ)天井. **2** 〘生物〙 規則正しい市松模様の. 〘(1695) ← L *tessellātus* // It. *tessellato*: ⇨ -ed〙

tes·sel·la·tion /tèsəléɪʃən | -sɪl-/ *n.* 切りばめ法; 切りばめ細工, 嵌石(ｶﾝｾｷ)細工; モザイク. 〘(1660): ⇨ -ation〙

tes·se·ra /tésərə/ *n.* (*pl.* **-se·rae** /-rì:, -ràɪ/) **1** 切りばめ細工用の嵌石(ｶﾝｾｷ)《大理石・象牙(ｿﾞｳｹﾞ)・ガラスなどのモザイク用の四角い小片》. **2** 骨・象牙・木などの小片《古代ローマ時代に切符・札・鑑札などに用いた》. 〘(1647) □ L ～ 'square piece, cube': ⇨ tessara-〙

tes·se·ra- /tésərə/ =tessara-.

tes·ser·act /tésəræ̀kt/ *n.* 〘数学〙 四次元立方体《通常の立方体を四次元空間へ拡張したもの》. 〘(1888) ← Gk *tésseres* four + *aktís* ray〙

tesserae *n.* tessera の複数形.

tes·ser·al /tésərəl/ *adj.* **1** =tessellar. **2** 〘結晶〙 等軸の, 等軸晶系の: the ～ system 等軸晶系. 〘(1846) ← TESSERA + -AL¹〙

Tes·sie /tési/ *n.* テッシー《女性名》. 〘(dim.) ← TERESA: ⇨ -ie〙

Tes·sin /*F.* tesɛ̃; *G.* tɛsí:n/ *n.* テサン, テシーン《Ticino のフランス語名・ドイツ語名》.

tes·si·tu·ra /tèsətú(ə)rə | -sɪtúərə, -tjúər-; *It.* tessitú:ra/ *n.* (*pl.* ～**s, -tu·re** /-reɪ; *It.* -re/) 〘音楽〙 テッシトゥーラ《最高音と最低音を除いた, 順当な歌唱の可能な声域》. 〘(1884) □ It. ～ 'TEXTURE'〙

test¹ /tést/ *n.* **1 a** (知識・学力などの)試験, テスト, 考査; (機械・製品などの)試験, 検査 (⇨ trial¹ SYN): a ～ *in* English=an English ～ 英語の試験 / an oral ～ 口頭試問 / ⇨ achievement test, intelligence test, mental test / pass [fail] a ～ 試験に合格[失敗]する / get a good grade on the ～ 《米》=get a good mark in the ～ 《英》 テストでよい点を取る / do [run, conduct] ～*s* on machines [products] 機械[製品]を検査する / a strength [an efficiency] ～ 強度[能率]試験 / put [bring] … to the ～ …を試験[吟味]する / stand the ～ 試験に耐える, 考査[検査]に合格する / ⇨ *stand the* TEST *of time* / It stood up well under ～ conditions. それは検査条件によく耐えた. **b** (医療などでの)検査, 調査: a tuberculosis ～=a ～ for tuberculosis 結核の検査 / ⇨ blood test 1 / run [carry out] a ～ *for* AIDS [an AIDS ～] エイズ検査をする / ～ results 検査結果. **2** 試(ﾀﾒ)すもの, 試金石 (touchstone), 試練, 試験の手段 〔*of*〕: face a real ～ 真の試練に直面する / The strike is a ～ of strength for both union and management. ストライキは労働組合と経営者の両方にとって力を試すものである / Poverty is a ～ *of* character. 貧困は性格の試金石である / What is a fair ～ of the quality of a dictionary? 辞書の質の公平な試金石は何か. **3** 〘化学〙 **a** 試験, 分析, 鑑識 (analysis): a ～ *for* radioactivity 放射能検査. **b** 試薬 (reagent). **c** (試薬によって検出した)証跡 (evidence). **4** 《英口語》 =test match. **5** 〘英史〙 (審査法 (Test Act) に基づいて行った官吏の)就任宣誓: take the ～ 就任宣誓する. **6** 《英》 〘冶金〙 (灰吹法で用いる骨灰製の)灰皿, 骨灰坩堝(ﾙﾂﾎﾞ) (cupel), 灰吹炉床.
stánd [withstánd, survíve] the tést of tíme 時の試練に耐える[耐えて残る]: His novels will *stand* [*survive*] *the* ～ *of time.* 彼の小説は時の試練に耐えて残るだろう.
── *vt.* **1 a** 〈人・学力などを〉試験する, テストする, 考査する; 〈物質・機械・製品などを〉検査する, テスト[実験]する; 〈物事が〉〈力などを〉試す, …の試練となる: ～ a person *in* English 人に英語の試験をする / ～ people *for* jobs 人に就職試験をする / ～ a person's strength 体力を試す / ～ the water in a well 井戸水を検査する / ⇨ *test the* WATER(*s*) / ～ A against B B に照らして A を吟味する / ～ a car tire *for* a puncture パンクしていないか車のタイヤを調べる / The pistol was ～*ed for* fingerprints. ピストルは指紋検査された / A hypothesis must be ～*ed* by experiments. 仮説(の真偽)は実験によって検証しなければならない. **b** (医療などで)〈人・視力などを〉検査[テスト]する: ～ a person *for* a disease 病気はないか人を検査する / get one's eyes ～*ed* (*for* glasses) (眼鏡を作るために)視力検査を受ける[検眼してもらう]. **2** 〘化学〙 試験する, 鑑識する, 分析する: ～ ore *for* gold 鉱石を分析して金の有無を調べる. **3** 《英》 〘冶金〙 〈金・銀などを〉(灰吹法で)精錬する (refine). ── *vi.* **1 a** 検査をする; 〔…の分析・診断のために〕試験[テスト]を行う 〔*for*〕: ～ *for* allergies [impurities] アレルギー体質[不純物]をテストする / *Testing*, ～*ing* (one, two, three)—can you hear me? ただ今マイクのテスト中(一, 二, 三)—聞こえますか. 日英比較 マイクの試験で日本語の「本日は晴天なり」に相当するのが "One, two, three." **b** [補語を伴って] 検査の結果が…となる: He ～*ed* positive [negative] *for* HIV. 彼は HIV の検査結果が陽性[陰性]であった. **2** [副詞または副詞句を伴って]テストの結果[成績]が…である: He ～*s* high. 成績が良好である. **3** テスト[試験]を受ける, 受験する 〔*for*〕: He is ～*ing for* (the role of) Hamlet. ハムレット役のテストを受けている.
Júst tésting. (1) (知っているかどうか)ちょっと聞いただけさ. (2) 試しに言ってみただけさ《指摘された自分の誤りをごまかして》. ***tést óut*** (*vt.*) 〈製品などを〉テストする 〔*on*〕; 〈理論などを〉実際に試みる (try out). (*vi.*) 検査の結果が…となる (cf. *vi.* 1 b): He ～*ed out* positive [negative]. 彼は検査結果が陽性[陰性]であった / The blood sample ～*ed out* positive [negative]. その血液検査の結果は陽性[陰性]であった.
〘n.: (*c*1395) *teste* 'cupel' □ OF *test* (F *têt*) < L *testum* earthen pot, (ML) one for refining metals in 《変形》 ← *testa* tile, earthen vessel: cf. testa. — v.: (1604) ← (n.)〙

test² /tést/ *n.* **1** 〘動物〙 (無脊椎(ｾｷﾂｲ)動物の)外殻, 殻 (shell), よろい (lorica). **2** 〘植物〙 =testa. 〘(1842) □ L *testa* piece of earthenware, potsherd, shell: cf. test¹〙

test. 《略》 testamentary; testator; testatrix; testimonial; testimony.

Test. 《略》 Testament; Testamentary.

tes·ta /téstə/ *n.* (*pl.* **tes·tae** /-tiː, -taɪ/) 〚植物〛種皮, 種殻 (種子を包む皮膜; episperm ともいう). 〖(1796) □ L ～: ⇨ test²〗

test·a·ble¹ /téstəbl/ *adj.* 試験[検査, 分析]することのできる; 試すことのできる, 検証可能な. **test·a·bil·i·ty** /tèstəbíləṭi | -lɪ̀ti/ *n.* 〖(1647) ← TEST¹＋-ABLE〗

test·a·ble² /téstəbl/ *adj.* 《廃》〚法律〛遺言で譲ることのできる; 遺言[証言]能力のある. 〖(1611) ← L *testābilis* ← *testārī*: ⇨ testate, -able〗

Tes·ta·ce·a /tɛstéɪʃiə, -ʃə/ *n. pl.* 〚動物〛有殻アメーバ目. 〖← NL ～ ← L *testācea* (neut.pl.) ← *testāceum* shelled animal ← *testa* 'TEST²': cf. testaceous〗

tes·ta·ce·an /tɛstéɪʃiən, -ʃən/ *adj., n.* 〚動物〛有殻アメーバ目の(原虫). 〖(1842): ⇨ ↑, -an¹〗

tes·ta·ceous /tɛstéɪʃəs/ *adj.* **1** 〚生物〛れんが色の. **2** 殻をもった: a ～ animal 有殻動物. **3** 殻[石灰質の物質]から成る: the ～ matter of marine shell 貝殻の石灰質の物質. 〖(1646) □ L *testāceus* shell-covered: ⇨ test², -aceous〗

Tést Àct *n.* [the ～]〚英史〛審査法, 審査律 (公職就任の際, 王への忠順と国教信奉の宣誓をさせた法律; 1673 年に制定され, 1828 年廃止). 〖1708〗

tes·ta·cy /téstəsi/ *n.* 〚法律〛遺言してあること, 有効な遺言書のあること. 〖(1864) ← TESTA(TE)＋-CY〗

testae *n.* testa の複数形.

tes·ta·ment /téstəmənt/ *n.* **1 a** 証左, 証(あかし) (testimonial): firsthand ～ *to* one's statements 自分の陳述に対する直接の証. **b** 信条(告白) (credo): a political ～ 政治的信条. **2** 〚法律〛(死後の財産処分に関する)遺言(書) (will): one's last will and ～ 死後の財産処分の遺言書 / make one's ～ 遺言書を作成する / a military ～ (口頭の)軍人遺言 (cf. nuncupative). **3** [T-] 聖書: the Old [New] *Testament* 旧約[新約]聖書 / the Greek *Testament* ギリシャ語新約聖書. **4** [the T-] 《口語》(旧約聖書と区別して)新約聖書 (the New Testament). **5** 《古》(神と人との間の)誓約, 聖約 (covenant). 〖(*a*1325) □ L *testāmentum* covenant with God, holy scripture, will, declaration of one's will ← *testārī* to witness, testify ← *testis* a witness ← IE **tristi* ← **trei-* 'THREE'＋**stā-* 'to STAND': ⇨ -ment: 「聖書」の意味は Gk *diathḗkē* last will, covenant, arrangement の誤訳から〗

tes·ta·men·tal /tèstəméntl | -tl⁻/ *adj.* ＝testamentary. 〖1606〗

tes·ta·men·ta·ry /tèstəméntəri, -tri | -təri, -tri⁻/ *adj.* **1** 遺言の: ～ capacity 遺言をする資格. **2** 遺言による[基づく]; 遺言で指定した: ～ dispositions 遺言で指定された財産分与. **3** 旧約[新約]聖書の. 〖(1456) □ L *testāmentārius*: ⇨ testament, -ary〗

tes·ta·mur /tɛstéɪmə | -mə(r)/ *n.* 《英》(大学での)試験合格証. 〖(1840) □ L *testāmur* (原義) we testify ← *testārī* to testify〗

tes·tate /tésteɪt, -tɪ̀t/ *adj.* **1** 遺言した (cf. intestate): die ～ 遺言書を残して死ぬ. **2** 遺言書で定められた: ～ property. — *n.* 遺言書を残して死んだ人 (testator). 〖(*c*1450) □ L *testātus* (p.p.) ← *testārī, testāre* to testify, make a will〗

tes·ta·tion /tɛstéɪʃən/ *n.* **1** 〚法律〛遺言による遺産処理, 遺贈. **2** 《廃》立証, 証明, 証言. 〖(1642) □ L *testātiō(n-)*: ⇨ testate, -ation〗

tes·ta·tor /tésteɪṭə, ⸺⸺ | testéɪtə(r)/ *n.* 遺言書を残して死んだ人, 遺言者. 〖(*a*1400) □ AF *testatour* (F *testateur*) ∥ L *testātor* ← *testātus* (p. p.) ← *testārī*: ⇨ testate, -or²〗

tes·ta·trix /tésteɪtrɪks, ⸺⸺ | ⸺⸺/ *n.* (*pl.* **-ta·tri·ces** /tèstéɪtrəsiːz, tèstətráɪsiːz | testéɪtrɪ̀siːz/) 女性の testator. 〖(1591) □ LL *testātrix* (fem.) ← *testātor* (↑)〗

tést bàn *n.* (大気圏内の)核実験禁止[停止]協定. 〖1958〗

tést bèd *n.* 〚航空〛(エンジンの)試験台, テストベッド (⇨ flying test bed). 〖1914〗

tést blànk *n.* 〚教育・心理〛(問題を印刷した)テスト用紙.

tést càrd *n.* 《英》〚テレビ〛＝test pattern. 〖1962〗

tést càse *n.* **1** 〚法律〛試訴 (その結果が他の類似の事件の先例となるもの). **2** 〚法律〛テストケース (ある制定法の合憲性をテストするために当事者が合意の上で提起した事件). **3** 初めての試み(となるもの), テストケース. 〖1894〗

tést certìficate *n.* 《英》車検証.

tést-cròss 〚生物〛 *n.* 検定交雑 (ヘテロの雑種を劣性ホモの個体と交雑し, ヘテロの遺伝子型を調べる交雑). — *vt.* …に検定交雑を行う. 〖1934〗

tést-drìve *vt.* 〈自動車を〉試運転する, …に試乗する. — *n.* (自動車の)試運転, 試乗, テストドライブ. 〖1954〗

tést-drìver *n.* (自動車の)テストドライバー.

tést·ed *adj.* [しばしば複合語の第 2 構成素として] 試験済みの: a well-*tested* modesty 十分に試された慎み深さ. 〖1604〗

test·ee /tɛstíː/ *n.* 受験者, 被験者. 〖(1930) ← TEST¹＋-EE¹〗

test·er¹ /téstə | -tə(r)/ *n.* **1** 試験者, 検査人, 吟味者, 分析者: a drug ～ 薬品検査官. **2** 試験器, 試験装置, テスター: a battery ～ バッテリーテスター. **3** (香水などの)試供品, テスター. **4** 〚電気〛＝circuit tester. 日英比較 日本語では「テスター」を主に電気関係の計器に用いるが, 英語の *tester* はもっと意味が広いので前述の日本語の「テスター」は multimeter あるいは circuit tester と言わなくてはならない. 〖(1661) ← TEST¹＋-ER¹〗

tes·ter² /tíːstə, tés- | téstə(r)/ *n.* (寝台・祭壇などの上の)天蓋(てんがい) (canopy). 〖(?*c*1360) 'headpiece' □ ML *testerium* ← L *testa* skull, head ∥ OF *testière* (F *têtière*) head covering ← *teste* head < LL *testam* skull, (L) pot, shell: ⇨ test¹, -er¹〗

tes·ter³ /téstə | -tə(r)/ *n.* 〚英史〛テスター: **a** 1504 年 Henry 七世発行の 12 ペンス銀貨 (teston). **b** 1553 年スコットランドで発行の 5 シリング銀貨. **c** 《俗》硬貨, 小銭. 〖《古形》*testorn, -tern* (変形) ← TESTON〗

tes·tern /téstən | -tən/ *vt.* 《Shak》チップを与える, はした金をやる (cf. *Two Gent* 1. 1. 145). 〖(1594): ⇨ ↑, -EN¹〗

testes *n.* testis の複数形.

tést-fìre *vt.* 〈ロケット銃などを〉試験発射する, 試射する: ～ a gun. 〖1947〗

tést flìght *n.* 試験飛行. 〖1912〗

tést-flỳ *vt.* …の試験飛行をする. 〖1936〗

tést glàss *n.* 〚化学〛試験杯. 〖1827〗

tes·ti·cle /téstəkl, -tɪ-/ *n.* 〚解剖・動物〛睾丸(こうがん), 精巣. 〖(?*a*1425) □ L *testiculus* (dim.) ← TESTIS〗

tes·tic·u·lar /tɛstíkjulə | -lə(r)/ *adj.* **1** 〚解剖〛睾丸(こうがん)の, 精巣の. **2** 〚植物〛＝testiculate 2. 〖(1656): ⇨ ↑, -ar¹〗

testícular feminizátion *n.* 〚遺伝子〛精巣性[睾丸(こうがん)性]女性化(症). 〖1953〗

tes·tic·u·late /tɛstíkjulɪ̀t, -lèɪt/ *adj.* **1** 睾丸(こうがん)状の. **2** 〚植物〛〈ランが〉睾丸状の根茎をもつ. 〖(1760) □ LL *testiculātus*: ⇨ testicle, -ate²〗

tes·ti·fi·ca·tion /tèstəfɪkéɪʃən | -tɪ̀fɪ-/ *n.* 立証; 証言; 証拠 (evidence). 〖(*c*1450) □ OF ～ ∥ L *testificātiō(n-)*: ⇨ -ification〗

tés·ti·fì·er *n.* 立証者, 証明者, 証言者 (witness). 〖(1611): ⇨ ↓, -er¹〗

tes·ti·fy /téstəfàɪ | -tɪ̀-/ *vi.* **1 a** 〈人が〉(…を)証言する, 立証する 〔*to*〕: ～ *to* a person's competency 人の適格を証明する / ～ *to* the fact that …という事実を証言する / He *testified to having* seen her leaving the building. 彼は彼女がそのビルから出るのを見たと証言した. **b** 〈事柄が〉(…の)証拠となる 〔*to*〕: This book *testifies to* the author's profound erudition. 本書は著者の博識を証するものである. **2** 〚法律〛(法廷で証人として)宣誓証言する (declare on oath): ～ in court 法廷で宣誓証言する / ～ *against* [*for*] a person 人に不利な[有利な]証言をする. — *vt.* **1** 〈…だと〉証言する (attest) 〈*that*〉: The letter *testifies that* he is a reliable person. 手紙には彼が信頼できる人間であると証言されている. **2** …の証拠となる: Acts ～ intent. 行為は意志のあったことの証拠である. **3** 〚法律〛(法廷で)宣誓の下に証言する 〈*that*〉: ～ *that* one saw it それを目撃したと誓って証言する. **4** 《古》 **a** 〈同意・希望・遺憾などの意を〉表す (show): ～ one's respect for a person 人に対する敬意を表する. **b** 〈信念などを〉公言する (profess): ～ one's faith in Christianity openly キリスト教の信仰を公言する. 〖(*c*1378) □ L *testificārī* to bear witness ← *testis* witness: ⇨ testament, -fy〗

tes·ti·mo·ni·al /tèstəmóuniəl | -tɪ̀məʊ-⁻/ *n.* **1 a** (人物・資格・品質などの)証明書, 推薦状. ⇨ reference 日英比較. **b** (売薬などの使用者からの)礼状, 推奨文. **2 a** 感謝状, 表彰状, 賞状 (written tribute); (感謝状などを付けて贈る)功労表彰の贈り物, 記念品. **b** ＝testimonial match [game]. **3** 証拠 (proof) 〔*to*〕: The work is a ～ *to* his industry. この本は彼の努力の証(あかし)である. — *adj.* [限定的] **1** 証明書の. **2** 感謝の, 表彰の: a ～ dinner for the retiring professors 退職する教授たちのための謝恩晩餐(ばんさん)会. 〖(*c*1421) □ (O)F ～ ∥ L (*literae*) *testimōniālēs* (letters) containing testimony: ⇨ testimony, -al¹〗

téstimonial ádvertising *n.* 権威者に商品の有効性を語らせる形式の広告.

tes·ti·mo·ni·al·ize /tèstəmóuniəlàɪz | -tɪ̀məʊ-/ *vt.* **1** …に(人物・資格などの)証明書[推薦状]を書く. **2** …に感謝状を贈る, 記念品を贈って表彰する. 〖(1852): ⇨ -ize〗

téstimonial lètter *n.* 推薦状; 感謝状.

téstimonial mátch [gáme] *n.* (チケット売上げの一部を特定の選手に与えるために催される)記念試合, 表彰試合.

tes·ti·mo·ny /téstəmòuni | -tɪ̀məni/ *n.* **1** 〚法律〛(法廷で行う)宣誓証言 (⇨ proof SYN); (一般に)証明, 立証 (attestation): I can bear ～ *to* his good character. 彼が立派な人物であることを証明します / We have his ～ *for* that. それについては彼の証言がある. **2** 証拠, しるし (evidence) 〔*to, of*〕: in ～ *of* our respect and affection 我々の尊敬と愛情のしるしとして / produce ～ *to* [*of*] …の証拠を提出する / His poverty is a ～ *to* his honesty. あんなに貧乏しているのが彼の正直な証拠だ. **3** (信仰などの)声明, 公言, 宣言 (profession). **4** 証明書 (certificate). **5** 〚聖書〛 **a** (Moses の)十戒 (the Decalogue): the two tables [tablets] of ～ 十戒を記した二枚の石板. **b** [the ～] 約櫃(やくひつ) (⇨ ARK of Testimony; cf. *Exod.* 25:16). **c** [通例 *pl.*] 神の教え (precepts). **6** 《古》抗議 (protest): bear (a) strong ～ *against* …に対して強く抗議する. ***càll in téstimony*** 〈人〉を証人に立たせる (cf. 1); 〈神〉に照覧を請う.
— *vt.* 《Shak》証拠から判断する, 証明する (cf. *Measure* 3. 2. 144).
〖(*c*1384) □ L *testimōnium* evidence, attestation; (Vulgate) Decalogue (この語義は Heb. *'ēdûth* witness, testimony of the Decalogue から) ← L *testis* witness: ⇨ testament〗

téstimony mèeting *n.* ＝experience meeting.

test·ing /téstɪŋ/ *n.* **1** テスト(すること), 試験, 実験: nuclear ～ 核実験. **2** [形容詞的に] 試験をする, 実験の(ための): ⇨ testing ground. — *adj.* 最大限の努力[能力]を必要とする, 難しい: a very ～ question まさに最大限の努力を要する問題. 〖(1687) ← TEST¹＋-ING¹·²〗

tésting gròund *n.* (製品・アイデアなど, 特に兵器の)実験[試験]場. 〖1872〗

tésting machìne *n.* 材料試験器 (材料の強度を試験する装置). 〖1877〗

tésting stàtion *n.* 《NZ》自動車検査証発行所.

tes·tis /téstɪ̀s/ *n.* (*pl.* **tes·tes** /-tiːz/) 〚解剖・動物〛睾丸(こうがん), 精巣. 〖(1681) □ L ～ 'witness (of virility), testicle': L *testa* pot と結びつける説もある〗

tést-màrket *vt.* 試験的に市場に導入する, テストマーケティングをする.

tést màrket *n.* ＝test marketing.

tést màrketing *n.* (商品の受け入れられ方を見るための)試験的市場導入, テストマーケティング.

tést màtch *n.* (クリケット・ラグビーなどの)国際戦; (特に, 英・豪間の)クリケット国際戦. 〖1862〗

tést mèal *n.* 〚医学〛試験食 (検査の目的で与える一定の成分と量の食事). 〖1891〗

tést òbject *n.* **1** 〚光学〛(顕微鏡の)拡大率試験物体. **2** 被験物体. 〖1830〗

tes·ton /téstɑ(ː)n | -tɒn/ *n.* テストン銀貨: **a** Louis 十二世の時のフランスの銀貨 (＝¼ ecu). **b** ＝tester³. **c** Milan の古銀貨; Sforze 公の時代に初めて発行された; 表面に Milan 公爵の胸像が刻まれていた (testone ともいう). 〖(1536) □ F 《廃》～ □ It. 《廃》*testone* ← *testa* head < LL *testam* skull, (L) shell, tile: これらの銀貨は皆表面に人の顔がついていた〗

tes·to·ne /tɛstóuneɪ | -tə́ʊ-/ *n.* ＝teston c.

tes·toon /tɛstúːn/ *n.* ＝teston.

tes·tos·ter·one /tɛstɑ́(ː)stəròun | -tɒ́stərəʊn/ *n.* **1** 〚生化学〛テストステロン ($C_{19}H_{28}O_2$) (動物の睾丸(こうがん)から得られる男性ホルモンの一種). **2** 〚薬学〛テストステロン剤 (もとは牛の睾丸から抽出したが, 現在は合成して作られる男性ホルモン剤). 〖(1935) ← *testo-* (連結形) ← TESTIS)＋STER(OL)＋-ONE〗

tést pàper *n.* **1** 試験問題紙; 答案用紙. **2** 〚化学〛試験紙 (紙に試薬を塗布したもの; リトマス試験紙・沃度(ようど)カリ澱粉(でんぷん)紙・鉛糖紙など). 〖1827〗

tést pàttern *n.* 〚テレビ〛テストパターン (テレビの映像調整のため送られる固定した画面). 〖1946〗

tést pìece *n.* (コンクールなどの)課題曲[作品]. 〖1876〗

tést pìlot *n.* テストパイロット (新しい航空機の試験飛行を行う操縦士). 〖1917〗

tést pìt *n.* 〚鉱山〛試掘坑. 〖1896〗

tést plàte *n.* 〚鉱物〛検光板, 検板 (顕微鏡の光路中に入れるガラス板に雲母(うんも)などの特殊な結晶の薄片を張り付けたもの; 偏光顕微鏡用).

tést rìg *n.* (機器の性能評価用の)試験装置. 〖1957〗

tes·tril /téstrəl | -trɪ̀l/ *n.* 《まれ》6 ペンス (cf. Shak., *Twel N* 2. 3. 33). 〖(1601) ← TESTER³〗

tést rùn *n.* 試運転 (trial run).

tést stànd *n.* 〚宇宙〛(ロケットの性能測定用の)地上燃焼試験台.

tést strìp *n.* 〚写真〛テストストリップ (小さく切った試し焼き用の印画紙; 段階露出を行って露出時間を評価する). 〖1940〗

tést-tùbe *adj.* 試験管の中で作られた; 合成の, 実験的な. 〖1886〗

tést tùbe *n.* 〚化学〛試験管. 〖1846〗

tést-tùbe bàby *n.* 試験管ベビー, (正確には)体外受精児; 人工受精児. 〖1935〗

tést tỳpe *n.* 〚眼科〛視力表用の文字. 〖1864〗

tes·tu·di·nal /tɛstúːdənəl, -tjúː-, -dn- | -tjúːdɪ̀nl/ *adj.* リクガメの[に似た]; べっ甲の[に似た] (testudinary, testudinarious ともいう). 〖(1823) ← L *testūdin-*, *testūdō* 'TESTUDO'＋-AL¹〗

tes·tu·di·nate /tɛstúːdənɪ̀t, -tjúː-, -nèɪt | -tjúːdɪ̀n-/ 〚動物〛 *adj.* **1** (カメの甲状に)弓状をした (arched, vaulted). **2** カメの, カメ目に属する. — *n.* カメ (tortoise). 〖(1847) □ LL *testūdinātus*: ⇨ ↓, -ate²〗

tes·tu·din·e·ous /tèstudíniəs, -tju- | -tjuː-⁻/ *adj.* **1** カメの甲に似た. **2** 〈歩みが〉(カメのように)のろい: a ～ pace. 〖(1652) ← L *testūdineus* ← *testudin-*, *testūdō* 'TESTUDO': ⇨ -eous〗

testudines *n.* testudo の複数形.

tes·tu·do /tɛstúːdou, -tjúː- | -tjúːdəʊ/ *n.* (*pl.* ～**s**, **-tu·di·nes** /-dənìːz, -dn-, -nèɪz | -dɪ̀nìːz, -nèɪz/) **1** 〚動物〛リクガメ (カメ科リクガメ属 (*Testudo*) のカメの総称; ナンベイリクガメ (*T. denticulata*) など). **2** 〚ローマ史〛亀甲(きっこう)形状掩蓋(えんがい): **a** 城攻めの際使用された装甲車の一種で, 通例不燃性の弓形の屋根がついていた. **b** 敵の城壁の直下に迫る時, 一隊の兵士が各自の盾を護身用に頭上にかざして連ねたもの. **3** 〚建築〛(古代ローマの)亀甲型屋根[天井]. **4** 〚医学〛亀甲帯. **5** (亀甲で作られることも多かった)古代ギリシャの竪琴 (lyre). 〖(*a*1400) □ L *testūdin-*, *testūdō* tortoise, tortoise shell, arch, shelter ← *testa* shell: ⇨ test²〗

tést wòrking *n.* (機械の)試運転.

tes·ty /tésti/ *adj.* (**tes·ti·er**; **-ti·est**) **1** 〈人が〉短気な, 怒りっぽい, 性急な, 癇癪(かんしゃく)の (irritable): He got ～ with his staff. スタッフに当たり散らした. **2** 〈言葉・行動が〉つっけんどんな, 辛辣(しんらつ)な: ～ words 辛辣な言葉. **tés·ti·ly** /-tɪ̀li, -tli/ *adv.* **tés·ti·ness** *n.* 〖(*c*1385) □ AF *testif* headstrong＝OF *testu* (F *têtu*) heady ← *teste* (F *tête*) < LL *testam* skull, (L) shell〗

Tet /tét; *Viet.* tétː/ *n.* テト《ベトナム地方の旧正月の祭り; 3 日間続く》. 〖(1885) ◻ Vietnamese *tét*〗

tet·a·nal /tétənḷ, -tṇḷ, -tṇəl | -tənḷ, -tṇḷ, -tṇəl/ *adj.* 〖病理〗破傷風の[による]. 〖1939〗

te·tan·ic /tetǽnɪk, tɪ̀- | tɛ-, tɪ̀-/ *adj.* **1** 〖病理〗破傷風(性)の; 強直(性)の: a ~ spasm [convulsion] 強直痙攣(けいれん). **2** 〖医学〗〈神経薬が〉筋肉の強直を促す. — *n.* 〖薬学〗強直痙攣誘起剤《ストリキニンなど》. 〖(1727) ◻ L *tetanicus* ◻ Gk *tetanikós* suffering from tetanus: ⇨ tetanus, -ic¹〗

te·tán·i·cal /-nɪ̀kəl, -kḷ | -nɪ-/ *adj.* =tetanic. **~·ly** *adv.* 〖1656〗

tet·a·nize /tétənàɪz, -tṇ- | -tən-, -tṇ-/ *vt.* 〖生理〗〈筋肉に〉強直痙攣(けいれん)を起こさせる. **tet·a·ni·za·tion** /tètənɪ̀zéɪʃən, -tṇ- | -tənaɪ-, -nɪ-, -tṇ-/ *n.* 〖(1849) ← TETANUS+-IZE〗

tet·a·noid /tétənɔ̀ɪd | -tə-/ *adj.* 〖病理〗破傷風様の; 強直性の. 〖(1856): ⇨ ↓, -oid〗

tet·a·nus /tétənəs, -tṇ- | -tən-, -tṇ-/ *n.* **1 a** 〖病理〗破傷風, テタヌス《筋の強直・発作的痙攣・高熱などを伴う; 本症による開口障害を俗に lockjaw という》. **b** 〖細菌〗破傷風菌 (*Clostridium tetani*). **2** 〖生理〗(激烈な)筋肉の強直[攣縮(れんしゅく)]: artificial ~ 人為的痙攣《ストリキニンなどで起こる》. 〖(*a*1392) ◻ L ~ ◻ Gk *tétanos* stretching, spasm (of muscles) ← *teínein* to stretch〗

tet·a·ny /téṭəni, -tṇi, -tni | -təni, -tṇi/ *n.* 〖病理〗テタニー, 強直, 強縮. 〖(1885) ← NL *tetania*: ⇨ ↑, -y¹〗

te·tart- /tɪ̀tɑ́ət | tɪtɑ́ːt/ (母音の前にくるときの) tetarto- の異形.

te·tar·to- /tɪ̀tɑ́əṭou | tɪtɑ́ːtəu/「四分の一」の意の連結形. ★ 母音の前では通例 tetart- になる. 〖◻ Gk *tetarto-* ← *tétartos* fourth〗

te·tar·to·he·dral /tɪ̀tɑ̀əṭouhíːdrəl | tɪtɑ̀ːtə(ʊ)híː-drəl, -hédrəl⁻/ *adj.* 〖結晶〗四半面像の (cf. holohedral): a ~ form 四半面像. **~·ly** *adv.* 〖(1858): ⇨ ↑, -hedral〗

te·tàr·to·hé·drism /-drɪzm/ *n.* 〖結晶〗四半面性《対称性から出現し得る面のうち四分の一だけが結晶外形に現れる性質》. 〖1858〗

tetched /tétʃt/ *adj.* (方言・戯言) =teched.

tetch·y /tétʃi/ *adj.* (**tetch·i·er**; **-i·est**) (英口語)〈人・性格・行動が〉神経過敏の, いらいらした, 怒りやすい, 気難しい (touchy, irritable, testy): a ~ temper 怒りっぽい気質 / I was a little ~ under his bantering. 彼のからかいで少しいらいらした. **tétch·i·ly** /-tʃɪ̀li/ *adv.* **tétch·i·ness** *n.* 〖(1592) (古形) *techy* ← ? OF *tache* speck, blemish+-Y⁴: cf. tache², touchy〗

tête-à-tête /téɪṭətéɪt, tèṭətét | tèɪtɑːtéɪt, -tə-, tètətét⁻; *F.* tɛtatɛt/ *n.* **1** 対談, 密談, 内緒話, 打解け話: I had the pleasure of a delightful ~ *with* him. 彼と差し向かいで楽しく話し合った. **2** (米) (二人が差し向かいで掛けることのできる) S 字形長椅子.

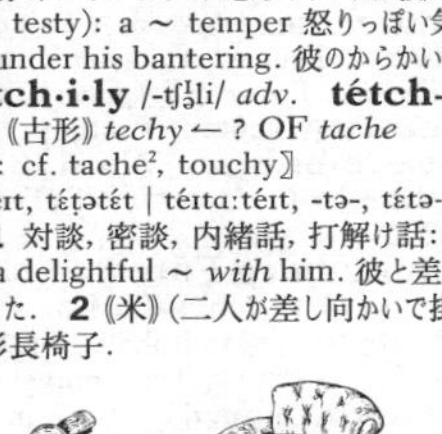

tête-à-tête 2

— *adv.* 差し向かいで (face to face), 二人だけで, 内密に (privately): sit ~ / I dined ~ *with* John. ジョンと差し向かいで夕食を取った. — *adj.* 二人だけの, 差し向かいの, 内密の (private): a ~ dinner 差し向かいの晩餐(ばんさん). 〖(1697) ◻ F ~ 'head to head': F *tête* < OF *teste* < LL *testam* skull, (L) shell〗

tête-bêche /téɪtbéʃ, tét-, -béɪʃ; *F.* tɛtbɛʃ/ *F. adj.* 〖郵趣〗テートベーシュの《ペアの切手が意図的に互いに反対向きに印刷された》. 〖(1874) ◻ F ~ ← *tête* head+*bêche* (《短縮》 ← OF *bechevet* head against foot ← *bes-* (⇨ bi-¹)+*chevet* bedhead)〗

tête de cu·vée /téɪtdəkjuːvéɪ, tét-; *F.* tɛtdəkyve/ *n.* (*pl.* **têtes de cuvées** /~/) テートドキュヴェ《最初に搾られたぶどう汁から造られたワインで, 最上級の品質とされる》; 村の地域で最上のワインを産するブドウ園. 〖(1908) ◻ F ~ (原義) head of the vatful〗

tête-de-pont /téɪtdəpɔ̃ː(ŋ), tét-, -pɔ́ːŋ; *F.* tɛtdəpɔ̃/ *n.* (*pl.* **têtes-** /~/) 〖軍事〗橋頭堡 (bridgehead). 〖(1794) ◻ F ~ (原義) head of bridge〗

teth /tét, téθ, téɪs/ *n.* テース《ヘブライ語アルファベット 22 字中の第 9 字: ט; ⇨ alphabet 表》. 〖(1823) ◻ Heb. *ṭēth*〗

teth·er /téðə | -ðə(r/ *n.* **1** (牛馬などをつないで草を食わせる)つなぎ縄(なわ), つなぎ鎖. **2** 束縛 (bonds): the matrimonial ~ 夫婦の縁. **3** (知識・財源・権限などの)範囲, 限界 (scope, extent): his short ~ of understanding 彼の知識の乏しさ. ***beyònd one's téther*** 力の及ばない; 権限外で. (1627) ***the énd of one's téther*** ⇨ end¹ 成句.

— *vt.* **1** つなぎ縄[鎖]でつなぐ, つなぎ留める (fasten): ~ a horse *to* a tree 馬を木につなぐ. **2** 拘束する, 束縛する (confine).

〖(1376–77) *tethir* ◻ ? ON *tjóðr* tether〗

téther·bàll *n.* テザーボール《直立した棒の先にひもでつりさげた球を二人の競技者がラケットで互いに反対方向に打つことにより, どちらがひもを棒に完全に巻きつけるかを競う球技》. 〖1900〗

Te·thy·an /tíːθiən/ *adj.* テチュス海 (the Tethys) の. 〖1893〗

Te·thys /tíːθɪ̀s | -θɪs/ *n.* **1** 〖ギリシャ神話〗テテュス《Uranus の娘で海神 Oceanus の妻》. **2** [the ~] テチュス海《アフリカ大陸とユーラシア大陸とを分離していたと考えられる, 古生代頃からの大海; 地中海はその名残りと考えられている》. **3** 〖天文〗テテュス, テチス《土星 (Saturn) の第 3 衛星》. 〖(1893) ◻ L *Tēthys* ◻ Gk *Tēthús*〗

Tét·ley /tétli/ *n.* 〖商標〗テトリー《英国の紅茶》.

Te·ton /tíːtɑ(ː)n, -tṇ | -tṇ, -tɒn/ *n.* (*pl.* ~, **~s**) **1 a** [the ~(s)] テトン族《米国西部の Dakota 族の支族》. **b** テトン族の人. **2** テトン語 (Dakota 語の一方言). 〖(1806) ◻ ← N-Am.-Ind. (Dakota)〗

Téton Ránge *n.* [the ~] ティートン山脈《Wyoming 州北西部に大部分がある山脈; 最高峰 Grand Teton (4,196 m)》.

Téton Síoux *n.* =Teton.

Té·touan /tetwɑ́ːn; *F.* tetwɑ̃/ *n.* ⇨ Tetuán.

tetr- /tɛtr/ (母音の前にくるときの) tetra- の異形.

tet·ra /tétrə/ *n.* 〖魚類〗テトラ《カラシン科の美麗な各種の南米淡水産の熱帯魚の総称; 観賞用》. 〖(1931) (短縮) ← NL *Tetra*(*gonopterus*) (旧属名): ⇨ tetragon, -pterous〗

tet·ra- /tétrə/ 次の意味を表す連結形: **1**「四」. **2** 〖化学〗「四原子[基, 原子団]をもつ」. ★ 母音の前では通例 tetr- になる. 〖◻ Gk *tetra-* ← *téttares, téttara* four〗

tètra·básic *adj.* 〖化学〗**1** 四塩基性の. **2** 四原子の一価金属をもつ. **3** 水酸基を四つもつ. **tètra·ba·sícity** *n.* 〖1863–72〗

tètra·bórate *n.* 〖化学〗四ホウ酸塩[エステル] ($M^I_2B_4O_7$). 〖⇨ ↓, -ate¹〗

tètra·bòric ácid *n.* 〖化学〗四ホウ酸, テトラホウ酸 ($H_2B_4O_7$). 〖(1888) *tetraboric*: ← TETRA-+BORIC〗

tet·ra·brach /tétrəbræ̀k/ *n.* 〖古典詩学〗四短格 (⏑⏑⏑⏑). 〖◻ Gk *tetrábrakhus* ← TETRA-+*brakhús* short〗

tet·ra·branch /tétrəbræ̀ŋk/ 〖動物〗*adj.* 四鰓(さい)亜綱の. — *n.* 四鰓亜綱の軟体動物, オウムガイ類. 〖(1851) ↓〗

Tet·ra·bran·chi·a /tètrəbrǽŋkiə/ *n. pl.* 〖動物〗四鰓(さい)亜綱《オウムガイ類を含む》. 〖← NL ~: ⇨ tetra-, branchia〗

tet·ra·bran·chi·ate /tètrəbrǽŋkiɪ̀t, -kièɪt⁻/ *adj., n.* 〖動物〗四鰓亜綱(の). 〖(1835–36) ← NL *Tetrabranchiāta*: ⇨ ↑, -ate²〗

tétra·brómo·éthane *n.* 〖化学〗テトラブロモエタン ($C_2H_2Br_4$) (2 種の異性体がある).

tet·ra·caine /tétrəkèɪn/ *n.* 〖薬学〗テトラカイン ($C_{15}H_{24}N_2O_2$)《プロカインに類似した作用を示す局所麻酔薬》. 〖(1935) ← TETRA-+(PRO)CAINE〗

tètra·cárbonyl *n.* 〖化学〗テトラカルボニル《鉄・ニッケルなどの金属原子と 4 個のカルボニル基 CO との作る基を含む化合物; 例えば, テトラカルボニル鉄 (II) 酸ナトリウム ($Na_2[Fe(CO)_4]$)》.

tet·ra·cene /tétrəsìːn/ *n.* 〖化学〗テトラセン ($H_2NC-(NH)NHNHN=NC(NH)NHNHNO$)《淡黄色の結晶; 雷管の点火薬に用いる; tetrazene ともいう》. 〖(異形) ← TETRAZENE〗

tètra·chlóride *n.* 〖化学〗四塩化物. 〖1866〗

tètra·chlóro·dibènzo·pàra·dióxin *n.* =dioxin.

tètra·chloroéthane *n.* 〖化学〗テトラクロロエタン, 四塩化アセチレン ($CHCl_2CHCl_2$)《重い液体; 不燃性溶剤; acetylene tetrachloride ともいう》. 〖1871〗

tètra·chloroéthylene *n.* 〖化学〗テトラクロロエチレン, 二塩化炭素, 四塩化エチレン ($CCl_2=CCl_2$)《無色の液体で不燃性; 洗浄剤・脂肪や油脂の溶剤として用いられる; perchloroethylene ともいう》. 〖1911〗

tètra·chlorométhane *n.* 〖化学〗テトラクロロメタン (⇨ carbon tetrachloride).

tet·ra·chord /tétrəkɔ̀əd | -kɔ̀ːd/ *n.* 〖音楽〗**1** 四音音階《4 個の全音階的音から成る音列》. **2** テトラコルドン《古代の四弦琴》. **tet·ra·chor·dal** /tètrəkɔ́ədḷ | -kɔ́ːdḷ⁻/ *adj.* 〖(1603) ◻ Gk *tetrákhordon* (neut.) ← *tetrákhordos* four-stringed: ⇨ tetra-, -chord〗

tètra·chó·ric /-kɔ́ːrɪk⁻/ *adj.* 〖統計〗四分の《二つの確率変数 X, Y の値をそれぞれ 2 階級に分けて, X, Y の相関を調べる方法に関連していう》. 〖1910〗

tètra·chromátic *adj.* 4 色の; 4 原色の. 〖1902〗

te·trac·id /tetrǽsɪ̀d | -sɪd/ 〖化学〗*adj.* (*also* **te·tra·cid·ic** /tètrəsídɪk | -dɪk⁻/) 酸度四の, OH 基を四つもつ. — *n.* 四酸.

tètra·cóccus *n.* 〖細菌〗四連球菌. 〖1907〗

tétra·cỳano·plátinate *n.* 〖化学〗テトラシアノ白金 (II) 酸塩[エステル].

tétra·cỳano·platìnic ácid *n.* 〖化学〗テトラシアノ白金 (II) 酸 ($H_2Pt(CN)_4$)《水溶液はかなり強い酸; 固体は無色透明の安定な結晶; platinocyanic acid ともいう》.

tètra·cýclic *adj.* **1** 4 サイクルの. **2** 〖化学〗4 環の. **3** 〖植物〗〈花が〉四輪の, 四花輪の.

tet·ra·cy·cline /tètrəsáɪkliːn, -klɪ̀n | -kliːn, -klɪn/ *n.* 〖薬学〗**1** テトラサイクリン ($C_{22}H_{24}N_2O_8$)《抗生物質の一種》. **2** テトラサイクリンから誘導した物質《chlortetracycline, oxytetracycline など》. 〖(1952) ← TETRA-+CYCLO-¹+-INE³〗

Tet·ra·cyn /tétrəsɪ̀n, -sṇ | -sɪn/ *n.* 〖商標〗テトラシン《tetracycline の商品名》.

tet·rad /tétræd | -træd, -trəd/ *n.* **1** 四数. **2** 4 個(一組), 四人組, 四つ組, 四つ揃(そろ)い. **3** 〖化学〗四価元素. **4** 〖生物〗**a** 四分(ぶん)子《減数分裂に伴う 2 回の核分裂の結果できる四つの娘細胞; cf. dyad》. **b** 四分染色体. **te·trad·ic** /tetrǽdɪk | -dɪk/ *adj.* 〖(1653) ◻ Gk *tetrad-, tetrás* group of four ← *téttares* four〗

tet·ra·dac·tyl /tètrədǽktɪ̀l, -tḷ⁻/ *adj.* 〖動物〗四指の. — *n.* 四指動物. 〖(1835) ◻ Gk *tetradáktulos*: ⇨ tetra-, dactylo-〗

tètra·dáctylous *adj.* 〖動物〗=tetradactyl. 〖1828〗

tétra·dec·a·nò·ic ácid /tétrədèkənòʊɪk- | -nəʊ-/ *n.* 〖化学〗テトラデカン酸 (⇨ myristic acid). 〖*tetradecanoic*: ← TETRA-+DECANOIC¹〗

tet·ra·drachm /tétrədræ̀m/ *n.* (古代ギリシャの) 4 ドラクマ銀貨. 〖(1579–80) ◻ Gk *tetrádrakhmon*: ⇨ tetra-, drachm〗

tètra·dráchma *n.* =tetradrachm. 〖↑〗

te·trad·y·mite /tetrǽḍəmàɪt | -dɪ-/ *n.* 〖鉱物〗テルル蒼鉛(そうえん)鉱 (Bi_2Te_2S). 〖(1850) ◻ G *Tetradymit* ← Gk *tetrádumos* fourfold: ⇨ -ite¹: 複合双晶中にみられることから〗

tet·ra·dy·na·mous /tètrədáɪnəməs⁻/ *adj.* 〖植物〗四長[四強]雄蕊(ずい)の《6 本の雄蕊がありそのうち 4 本が他より長い》. 〖(1830) ← TETRA-+DYNAMO-+-OUS〗

tètra·éthyl *adj.* 〖化学〗エチル基を 4 個もつ. 〖1923〗

tétraethyl léad /-léd/ *n.* 〖化学〗四エチル鉛, テトラエチル鉛 ($Pb(C_2H_5)_4$)《ガソリンに添加してそのオクタン価を高めるアンチノック剤; 略 TEL; lead tetraethyl ともいう》. 〖1923〗

tetraéthyl pyrophósphate *n.* 〖化学〗テトラエチルピロリン酸 ($(C_2H_5)_4P_2O_7$)《殺虫・殺鼠剤; 略 TEPP》. 〖1947〗

tét·ra·èthyl·thi·ú·ram disúlfide /-θaɪjúə-ræm- | -jʊ́ər-/ *n.* 〖薬学〗テトラエチルチウラム ジスルフィド ($C_{10}H_{20}N_2S_4$)《クリーム色の結晶; アルコール中毒の対症薬; disulfiram ともいう》. 〖*tetraethylthiuram*: ← TETRA-ETHYL+THIOUR(EA)+AM(YL)〗

tètra·flúoride *n.* 〖化学〗四フッ化物. 〖1869〗

tétra·flùoro·éthylene *n.* 〖化学〗テトラフルオロエチレン, 四フッ化エチレン ($CF_2=CF_2$)《無色無臭の気体; 空気中で燃焼する; フッ素樹脂の原料; 略 TFE》. 〖1933〗

tètra·fúnctional *adj.* 〖化学〗四官能性の.

tet·ra·gon /tétrəgɑ̀(ː)n | -gən/ *n.* (まれ)〖数学〗四角形, 四辺形 (quadrangle, quadrilateral): a regular ~ 正方形. 〖(*a*1626) ◻ LL *tetragōnum* ◻ Gk *tetrágōnon* quadrangle (neut.) ← *tetrágōnos*: ⇨ tetra-, -gon〗

te·trag·o·nal /tetrǽgənḷ/ *adj.* **1** 〖数学〗四角[四辺]形の. **2** 〖結晶〗正方晶系の (dimetric): a ~ pyramid 正方錐(すい). **~·ly** *adv.* **~·ness** *n.* 〖(1571) ◻ LL *tetragōnalis*: ⇨ ↑, -al¹〗

tetrágonal sỳstem *n.* 〖結晶〗正方晶系. 〖1879〗

tet·ra·gram /tétrəgræ̀m/ *n.* **1** 4 字の語. **2** [しばしば T-] =Tetragrammaton. **3** 〖数学〗四辺形. 〖(1870) ◻ Gk *tetrágrammon* four-letter (word): ⇨ tetra-, -gram〗

Tet·ra·gram·ma·ton, t- /tètrəgrǽmətɑ̀(ː)n | -tən, -tɒn/ *n.* (*pl.* **-ma·ta** /-məṭə | -tə/) 4 文字の語; (特に)ヘブライ語で「神名」を示す 4 字《母音なしに JHVH, JHWH, YHVH, YHWH など, 英語では通例母音を補って Jehovah ないし Yahweh と書かれる; ユダヤ人は神の名を口にするのは畏れありとしてこの代わりに Adonai または Elohim を代用していた》. 〖(?*a*1400) ◻ Gk *tetragrámmaton* (word) of four letters (neut.) ← *tetragrámmatos* having four letters ← TETRA-+*gramma*(*t-*) letter (cf. grammatical)〗

tètra·gýnous *adj.* 〖植物〗四雌蕊(しずい)の; 四心皮の. 〖1860〗

tetrahedra *n.* tetrahedron の複数形.

tet·ra·he·dral /tètrəhíːdrəl | -híːdr-, -hédr-⁻/ *adj.* 〖数学・結晶〗四面の; 四面体の: a ~ prism. **~·ly** *adv.* 〖1794〗

tet·ra·he·drite /tètrəhíːdraɪt | -híːdr-, -hédr-/ *n.* 〖鉱物〗黝(ゆう)銅鉱 ($(Cu, Fe)_{12}Sb_4S_{13}$). 〖(1868) ◻ G *Tetraëdrit*: ⇨ ↓, -ite¹〗

tet·ra·he·dron /tètrəhíːdrən | -híːdr-, -hédr-/ *n.* (*pl.* **~s, -he·dra** /-drə/) **1** 〖数学・結晶〗四面体: a regular ~ 正四面体 (cf. polyhedron). **2** 四面体に似た物体. 〖(1570) ← NL ~ ← Gk *tetráedron* (neut. adj.) four-sided (figure): ⇨ tetra-, -hedron〗

tètra·hýdrate *n.* 〖化学〗四水化物. 〖1886〗

tètra·hýdrated *adj.* 〖化学〗四水化物を含む.

tètra·hýdric *adj.* 〖化学〗〈アルコールフェノールが〉水酸基を 4 個もつ (cf. tetrahydroxy). 〖1888〗

tet·ra·hy·dro- /tètrəháɪdroʊ | -drəʊ/ 〖化学〗「水素原子 4 個を含む(化合物)」の意の連結形. 〖← TETRA-+HYDRO-〗

tétra·hỳdro·ámino·ácridine *n.* 〖薬学〗テトラヒドロアミノアクリジン (=tacrine).

tètrahydro·bénzene *n.* 〖化学〗テトラヒドロベンゼン (⇨ cyclohexene).

tètrahydro·bórate *n.* 〖化学〗=borohydride.

tètrahydro·can·náb·i·nol /-kənǽbənɔ̀(ː)l | -bɪnɒl/ *n.* 〖化学〗テトラヒドロカンナビノール ($C_{21}H_{30}O_2$)《インド麻から得られる樹脂中に含まれる無色の液体; マリファナの主要成分; 略 THC》. 〖(1940) ← TETRAHYDRO-+CANNABIN+-OL¹〗

tètrahydro·fúran *n.* 〖化学〗テトラヒドロフラン (C_4H_8O)《O を含む 5 員環化合物; エーテル様の臭気をもつ無色可燃性の液体; 溶剤, ナイロンの合成原料に用いる; 略 THF》. 〖1908〗

tètrahydro·náphthalene *n.* 〖化学〗テトラヒドロナフタリン ($C_{10}H_{12}$)《無色油状の液体; ペンキ・ラッカーなどの溶剤に用いる; 略 THF》. 〖1887〗

tètrahydro·pýrrole *n.* 〖化学〗テトラヒドロピロール (⇨ pyrrolidine).

T

tètrahydro·thíophen *n.* テトラヒドロチオフェン, チオラン (C_4H_8S)《刺激臭をもつ液体; ガスににおいをつけるために使用される》.

tet·ra·hy·drox·y /tètrəhaɪdrá(ː)ksi | -drɔ́ksi⁻/ *adj.* 【化学】〈分子が〉4 水酸基を含む (cf. tetrahydric). 〘← TETRAHYDRO-＋OXY(GEN)〙

tetrahydróxy·adíp·ic ácid *n.* 【化学】テトラヒドロキシアジピン酸 (⇨ mucic acid). 〘⇨ ↑, adipic acid〙

tet·ra·hy·droz·o·line /tètrəhaɪdrá(ː)zəlìːn, -lı̥n | -drɔ́zəliːn, -lɪn/ *n.* 【薬学】テトラヒドロゾリン ($C_{13}H_{16}N_2$)《塩酸塩の形で, 鼻腔粘膜充血の際の血管収縮用に使用》. 〘← TETRA-＋HYDRO-＋(IMIDA)ZOLE＋-INE³〙

tet·ra·hy·me·na /tètrəháɪmənə | -mı̥-/ *n.* 【動物】テトラヒメナ《繊毛虫類 *Tetrahymena* 属の原虫の総称; 完全合成培地を用いて増殖可能な *T. pyriformis* など》. 〘(1962) ← NL ～: ⇨ tetra-, hymen〙

tètra·iòdo·pýrrole *n.* 【薬学】テトラヨードピロール (C_4I_4NH)《防腐剤》.

Tet·ra·lin /tétrəlı̥n | -lɪn/ *n.* 【商標】テトラリン《tetrahydronaphthalene の商品名》. 〘1920〙

tet·ral·o·gy /tɛtrǽlədʒi, -trá(ː)l- | -trǽl-/ *n.* **1** (戯曲・歌劇・小説などの)四部作. **2** 【ギリシャ劇】四部劇《Dionysus の祭りの時アテネで演じられたもので, 悲劇三つと狂言劇一つから成る》. **3** 【病理】四徴, 四候《ある病気を特徴づける四つの徴候》; (特に) =TETRALOGY of Fallot.

tetrálogy of Fal·lót /-fælóu | -lɔ́u; *F.* -falo/ 【病理】ファローの四徴症《肺動脈狭窄・心室中隔欠損・大動脈右方転位・右心室肥大の四つの病変が併存する心臓の奇形》. 〘(1927) *Fallot*: ← E. L. A. Fallot (1850–1911: この病気を記載したフランスの医師)〙

〘(1656) ◻ Gk *tetralogía* series of four dramas: ⇨ tetra-, -logy〙

tet·ra·mer /tétrəmə | -mə^(r)/ *n.* 【化学】**1** 四つの同一の分子から構成される分子. **2** 四量体《四つの同じ単量体から誘導される重合体 (polymer)》. 〘(1929) ← TETRA-＋-MER〙

tet·ram·er·al /tɛtrǽmərəl/ *adj.* =tetramerous.

tet·ra·mer·ic /tètrəmérɪk⁻/ *adj.* =tetramerous.

tet·ram·er·ous /tɛtrǽmərəs/ *adj.* **1** 4 部分から成る[に分かれた]. **2** 【植物】〈花が〉4 分裂の, 4 片の, 四部花の《しばしば 4-merous と書く; cf. trimerous》: a ～ flower 四片花. **te·trám·er·ism** /-rɪzm/ *n.* 〘(1826) ← NL *te-tramerus* ← Gk *tetramerḗs* four-parted: ⇨ tetra-, -merous〙

tet·ram·e·ter /tɛtrǽmətə | -mı̥tə^(r)/【詩学】*n.* **1** (英詩の)四歩格(の詩)《1 行四詩脚から成る詩行; cf. meter³ 1 b》. **2** (古典詩の)四複詩脚(の詩), 八歩格. **— *adj.*** 四歩格の. **tet·ra·met·ric** /tètrəmétrɪk⁻/ *adj.* **tèt·ra·mét·ri·cal** /-trı̥kəl, -kḷ | -trɪ-⁻/ *adj.* 〘(1612) ◻ L *tetrametrus* ◻ Gk *tetrámetron* (neut.) ← *tetrámetros* having four measures: ⇨ tetra-, -meter²〙

tètra·méthyl *adj.* 【化学】テトラメチルの《分子内にメチル基が 4 個ある》.

tètra·mèthyl·di·ar·sine /-daɪáəsiːn | -áː-/ *n.* 【化学】テトラメチルジアルシン (⇨ cacodyl 1). 〘⇨ ↑, di-¹, arsine〙

tètra·méthylene *n.* 【化学】**1** テトラメチレン ($-CH_2CH_2CH_2CH_2-$)《メチレン基 4 個から成る 2 価の原子団》. **2** =cyclobutane. 〘1885〙

tètramethylene cýanide *n.* 【化学】シアン化テトラメチレン (⇨ adiponitrile).

tètra·méthylene·díamine *n.* 【生化学】テトラメチレンジアミン (⇨ putrescine).

tètramethyl léad /-léd/ *n.* 【化学】四メチル鉛, テトラメチル鉛 ($Pb(CH_3)_4$)《アンチノック用ガソリン添加剤》. 〘1964〙

tétra·mèthyl·thi·ú·ram disúlfide /-θaɪjúᵊræm- | -júər-/ *n.* 【化学】テトラメチルチウラム ジスルフィド ($[(CH_3)_2NCS]_2S_2$)《白色の結晶; ゴム加硫促進剤・防黴剤・農業用種子殺菌剤に用いる; 略 TMTD; thiram ともいう》. 〘*tetramethylthiuram*: ← TETRAMETHYL＋THI(O)UR(EA)＋AM(YL)〙

tet·ra·morph /tétrəmɔ̀əf | -mɔ̀ːf/ *n.* 【キリスト教】四福音書記者の形像《四福音書記者 (マタイ・マルコ・ルカ・ヨハネ)を象徴する有翼の組合わせ形像; 獅子(じ)・牛・鷲(し)・人面など》. 〘(1848) ◻ Gk *tetrámorphon* (neut.) ← *tetrámorphos* of four shapes: ⇨ tetra-, -morph〙

te·tran·drous /tɛtrǽndrəs/ *adj.* 【植物】四雄蕊(ずい)の. 〘(1806) ← TETRA-＋-ANDROUS〙

tètra·nítrate *n.* 【化学】四硝酸塩.

tètra·nìtro·méthane *n.* 【化学】テトラニトロメタン ($C(NO_2)_4$)《有毒な重い液体; 爆発性がある》.

tètra·pétalous *adj.* 【植物】四花弁の, 四弁の. 〘1697〙

tètra·phýllous *adj.* 【植物】四葉のある. 〘1731〙

tet·ra·ple·gi·a /tètrəplíːdʒiə, -dʒə/ *n.* 【病理】四肢麻痺 (quadriplegia). **tèt·ra·plé·gic** /-plíːdʒɪk⁻/ *adj.* 〘1911〙

tet·ra·ploid /tétrəplɔ̀ɪd/【生物】*adj.* 〈細胞・核などの〉染色体が四倍性の, 四倍体の. **— *n.*** 四倍体 (cf. genome). **tet·ra·ploi·dic** /tètrəplɔ́ɪdɪk | -dɪk⁻/ *adj.* 〘(1912) ← TETRA-＋-PLOID〙

tet·ra·ploi·dy /tétrəplɔ̀ɪdi | -di/ *n.* 【生物】四倍体《染色体数が基本数の 4 倍になっているような状態》. 〘(1918): ⇨ ↑, -y¹〙

tet·ra·pod /tétrəpà(ː)d | -pɔ̀d/ *n.* **1** 【動物】四足獣《主に陸生高等脊椎動物に用いる》. **2** [T-]【商標】テトラポッド《コンクリート製の四脚消波ブロック》. **3** (小卓・椅子などの)支柱が四つに分かれた脚. **— *adj.*** 【動物】四足の, 足が 4 本ある. 〘(1826) ← NL *tetrapodus* ← Gk *tetrapod-* *tetrápous* four-footed: ⇨ tetra-, -pod¹〙

Te·trap·o·da /tɛtrǽpədə | -də/ *n. pl.* 【動物】四肢動物上綱. 〘← NL ～ ← Gk *tetrápoda* (neut. pl.: ↑)〙

te·trap·o·dal /tɛtrǽpədḷ | -dḷ/ *adj.* **1** =tetrapod. **2** 〈支柱など〉四脚の.

te·trap·o·dous /tɛtrǽpədəs | -dəs/ *adj.* 【動物】=tetrapod.

te·trap·o·dy /tɛtrǽpədi | -di/ *n.* 【詩学】四歩格, 四脚律 (tetrameter). **tet·ra·pod·ic** /tètrəpá(ː)dɪk | -pɔ́d-⁻/ *adj.* 〘(1846) ◻ Gk *tetrapodía*: ⇨ tetra-, -pod¹〙

te·trap·ter·ous /tɛtrǽptərəs/ *adj.* **1** 〈昆虫が〉四翅(し)の《翼が四つある》. **2** 【植物】四つの翼状体のある. 〘(1826) ◻ Gk *tetrápteros*: ⇨ tetra-, -pterous〙

tètra·pýlon *n.* (古代ローマの都市の街路の交差点に見られるような)四つの門のある建造物, 四塔門建築. 〘(1904) ◻ Gk *tetrápūlon*: ⇨ TETRA-, PYLON〙

tètra·pýrrole *n.* 【化学】テトラピロール《4 個のピロールが鎖状または環状に結合したものをいう; クロロフィルなどにある》. 〘1928〙

tet·rarch /tétrɑək, tíː- | -trɑːk/ *n.* **1** (古代ローマ帝国の)一州の四分の一つの守護, 四分領太守. **2** (属領の)小王, 小君. **3** マケドニアの phalanx の指揮官 (⇨ phalanx 1 b). **4** 四頭政治の統治者の一人. **te·trar·chic** /tɛtrɑ́əkɪk, ti- | -trɑ́ː-/ *adj.* **te·trár·chi·cal** /-kı̥kəl, -kḷ | -kɪ-/ *adj.* 〘(lateOE) ◻ LL *tetrarcha*=L *tetrarchēs* ◻ Gk *tetrárkhēs* ruler of one of four (parts): ⇨ tetra-, -arch¹〙

tet·rarch·ate /tétrɑəkèɪt, tíː- | -trɑː-/ *n.* =tetrarchy. 〘(1651): ⇨ ↑, -ate¹〙

tet·rarch·y /tétrɑəki, tíː- | -trɑ̀ː-/ *n.* **1** (古代ローマなどの)四分領太守の職[領地]. **2** 4 人による共同統治. **3** 四分領の 4 人の領主. 〘(?a1425) ◻ L *tetrarchia* ◻ Gk *tetrarkhía*: ⇨ tetra-, -archy〙

tet·ra·some /tétrəsòum | -sə̀um/ *n.* 【生物】四染色体《種に固有な染色体数に, さらに 1 対の相同染色体が加わって生じた 2 対(4 本)の相同染色体》. **tet·ra·so·mic** /tètrəsóumɪk | -sə́u-⁻/ *adj.* 〘(1921) ← TETRA-＋-SOME³〙

tètra·sporángium *n.* (*pl.* **-gia**) 【植物】四分胞子嚢(のう). 〘1890〙

tet·ra·spore /tétrəspɔ̀ə | -spɔ̀ː^(r)/ *n.* 【植物】四分胞子[芽胞]《紅藻類などに見られる 1 個の母細胞から減数分裂によって生じた 4 個の胞子; cf. monospore》. **tet·ra·spor·ic** /tètrəspɔ́ːrɪk⁻/ *adj.* **tet·ra·spo·rous** /tètrəspɔ́ːrəs⁻/ *adj.* 〘1857〙

tètra·spórophyte *n.* 【植物】四分胞子植物. 〘⇨ ↑, -o-, -phyte〙

tet·ra·stich /tétrəstɪk/ *n.* 【詩学】四行連(句) (quatrain). **te·tras·ti·chal** /tɛtrǽstı̥kəl, -kḷ | -tɪ-/ *adj.* **te·tras·tich·ic** /tètrəstíkɪk⁻/ *adj.* 〘(1580) ◻ L *tetrastichon* ◻ Gk *tetrástikhon* (neut.) ← *tetrástikhos* consisting of four lines: ⇨ tetra-, stich¹〙

te·tras·ti·chous /tɛtrǽstı̥kəs/ *adj.* 【植物】〈花が〉4 列の. 〘(1866) ◻ NL *tetrastichus*: ⇨ tetra-, -stichous〙

tet·ra·style /tétrəstàɪl/【建築】*adj.* 〈portico など〉(正面に) 4 本の円柱をもつ, 四柱式の (cf. distyle). **— *n.*** 四柱式の portico. 〘(1704) ◻ L *tetrastȳlos*: ⇨ tetra-, -style¹〙

tet·ra·sty·los /tètrəstáɪlɑ(ː)s | -lɔs/ *n.* 【建築】(古代ギリシャの神殿など)四柱式建築. 〘(1860) ↑〙

tètra·syllábic *adj.* 4 音節からなる. 〘1775〙

tètra·syllábical *adj.* =tetrasyllabic. 〘1656〙

tétra·sỳllable *n.* 4 音節語[詩脚]. 〘(1589): cf. Gk *tetrasúllabos*〙

tet·rath·lon /tɛtrǽθlən, -lɑ(ː)n | -lɔn/ *n.* 四種競技《特に 馬術・射撃・水泳・競走》. 〘(1959) ← TETRA-＋Gk *âthlon* contest: pentathlon, decathlon にならって〙

tet·ra·tom·ic /tètrətá(ː)mɪk | -tɔ́m-⁻/ *adj.* 【化学】**1** 〈分子が〉4 原子の, 4 個の原子をもった. **2** 〈原子価が〉四価の. **3** 4 個の置換しうる原子[原子団, 基]をもった. 〘(1862) ← TETRA-＋ATOMIC〙

tet·ra·va·lent /tètrəvéɪlənt⁻/ *adj.* **1** 【化学】四価の (quadrivalent). **2** 【生物】四価の, 相同染色体 (homologous chromosomes) が 4 個ある. **— *n.*** 【生物】四価染色体《四倍体の生物の減数分裂の際に現れる 4 本の相同染色体が接合した染色体》. 〘1868〙

tet·ra·zene /tétrəziːn/ *n.* 【化学】**1** テトラゼン ($H_2NN=NNH_2$ なる化合物). **2** =tetracene. 〘← TETRA-＋AZO-＋-ENE〙

tet·ra·zine /tétrəziːn, -zı̥n | -ziːn, -zɪn/ *n.* 【化学】テトラジン《6 原子複素環内に 4 個の窒素原子をもつアジン; 3 種の異性体が可能》. 〘← TETRA-＋AZINE〙

tet·ra·zole /tétrəzòul | -zə̀ul/ *n.* 【化学】テトラゾール (CH_2N_4)《環内に 4 個の窒素原子と 1 個の炭素原子を含む複素環化合物; 無色の結晶》. 〘(1892) ← TETRA-＋AZOLE¹〙

tet·ra·zo·li·um /tètrəzóuliəm | -zə́u-/ *n.* 【化学】テトラゾリウム ($CH_3N_4^+RX^-$)《テトラゾールの窒素がアンモニウム形になった化合物》. 〘(1895) ← NL ～: ⇨ ↑, -ium〙

te·traz·zi·ni, T- /tètrəzíːni⁻/ *adj.* 【料理】テトラッツィーニの《パスタ・マッシュルーム・クリームソースを使い, パルメザンチーズを振りかけてオーブンで焼いたもの》. 〘(1951) ↓: その米国での人気にあやかって San Francisco で創作されたとする説, Escoffier によるとする説などがあるが不詳〙

Te·traz·zi·ni /tètrəzíːni; *It.* tetrattsíːni/, **Lu·i·sa** /luíːzɑ/ *n.* テトラッツィーニ (1871–1940; イタリアのコロラトゥーラソプラノ).

tet·rode /tétroud | -trəud/ *n.* 【電子工学】四極真空管, 四極管 (cf. pentode). 〘(1902) ← TETRA-＋-ODE²〙

tet·ro·do·tox·in /tètrədoutá(ː)ksı̥n | -də(u)tɔ́ksɪn/ *n.* 【化学】テトロドトキシン ($C_{11}H_{17}O_8N_3$)《ふぐ毒の成分で神経系統を麻痺(まひ)させる》. 〘(1911) ← *tetrodo-* (← NL *Tetrodon*=*Tetraodon* (フグ科の模式属): ⇨ tetra-, -odon)＋TOXIN〙

tet·rose /tétrous, -trouz | -trəus/ *n.* 【化学】四炭糖, テトロース ($C_4H_8O_4$). 〘(1904) ← TETRA-＋-OSE²〙

te·trox·ide /tɛtrá(ː)ksaɪd | -trɔ́k-/ *n.* 【化学】四酸化物. 〘(1866) ← TETRA-＋OXIDE: cf. F *tétroxide*〙

tet·ryl /tétrəl | -trı̥l/ *n.* 【化学】テトリル ($C_7H_5N_5O_8$)《trinitrophenylmethylnitramine の略称; 強力な爆薬で雷管に用いる; nitramine ともいう》. 〘1857〙

tet·ter /tétə | -tə^(r)/ *n.* 【病理】皮疹(ひん)《田虫・湿疹・疱疹(ほう)などを広く指した俗称的な語》: honeycomb ～ 黄癬(せん) (favus) / moist [humid] ～ 湿疹 / scaly ～ 乾癬. **～·ous** /-tərəs | -tə-/ *adj.* 〘OE *teter* ringworm, skin disease ← Gmc **tetru-* ← IE **dedru-* (freq.) ← **deru-* torn skin ← **der-* to split, peel (Skt *dadru* a kind of skin disease)〙

tétter·wòrt *n.* 【植物】**1** =bloodroot 1. **2** =celandine. 〘(15C): もと TETTER の薬と考えられた〙

tet·ti·go·ni·id /tètəgóuniı̥d | -tɪgə́unɪɪd⁻/【昆虫】*n.* キリギリス《ツユムシ, クツワムシ, ウマオイなどを含むキリギリス科の各種の昆虫の総称》. **— *adj.*** キリギリス(科)の. 〘(1921) ↓〙

Tet·ti·go·ni·i·dae /tètəgənáɪədìː | -tɪgənáɪɪ-/ *n. pl.* 【昆虫】(直翅目)キリギリス科. 〘← NL ～ ← *Tettigonia* (属名: ← L *tettigonium* grasshopper ◻ Gk *tettigónion* leafhopper (dim.) ← *téttix* cicada)＋-IDAE〙

Te·tuán /tɛtwɑ́ːn; *Sp.* tetwán/ *n.* テトワン《モロッコ北東部地中海沿岸の海港; もとスペイン領 Morocco の主都》.

Tet·zel /tétsəl; *G.* tɛ́tsl/, **Johann** *n.* テッツェル (1465?–1519; ドイツのドミニコ会修道士; 免罪符を販売して Luther の宗教改革の導因を作った).

Teu·cer /túːsə, tjúː- | tjúːsə^(r)/ *n.* 【ギリシャ伝説】テウクロス: **1** Troy の初代王. **2** Telamon の庶子; *Iliad* に弓の名手として登場する. 〘◻ L ～ ◻ Gk *Teûkros*〙

teuch·ter /túːxtə, tjúː- | tjúːxtə^(r)/ *n.* [時に T-]《スコット・軽蔑》高地人 (Highlander)《Lowlands 地方の人による表現》.

Teu·cri·an /túːkriən, tjúː- | tjúː-/ *adj.* トロイ人の; テウクロス (Teucer) の. **— *n.*** トロイ人 (Trojan). 〘← L *Teucrus* Trojan (← *Teucer* 'TEUCER')＋-IAN〙

Teut. 《略》Teuton; Teutonic.

Teu·to·bur·ger Wald /*G.* tɔ́ʏtobʊʁgɐvàlt/ *n.* [the ～] トイトブルガーヴァルト《Teutoburg Forest のドイツ語名》.

Téu·to·burg Fórest /túːtəbə̀ːg-, tjúː- | tjúːtə(u)bə̀ːg-; *G.* tɔ́ʏtobʊʁk/ *n.* [the ～] トイトブルクの森《ドイツ North Rhine-Westphalia 州北西部の山林; 最高地点 450 m; ドイツ語名 Teutoburger Wald》.

Teu·ton /túːtn̩, tjúː- | tjúː-/ *n.* **1** チュートン人《ゲルマン民族の一派で Elbe 川の北に住み, 紀元前 110 年ごろにローマ共和国を攻撃した民族の人》. **2** (ゲルマン語派に属する言語を話す)ゲルマン人; (特に)ドイツ人 (German). **— *adj.*** =Teutonic. 〘(1727–41) ◻ L *Teutonēs, Teutoni* (pl.) (種族名) ← Gmc **þeuda-* people, race; cf. Dutch〙

Teu·to·nes /túːtənìːz, tjúː-, -tn̩- | tjúːtən-, -tn̩-/ *n. pl.* 昔 Jutland に居住したチュートン[ケルト]族. 〘↑〙

Teu·ton·ic /tuːtá(ː)nɪk, tjuː- | tjuːtɔ́n-/ *adj.* **1 a** 古代チュートン人の. **b** チュートン[ゲルマン]民族の. **2** ドイツ人の, ドイツ民族の. **3** チュートン[ゲルマン]語の (Germanic): a sleepy voice with a ～ accent ドイツ語なまりのある眠そうな声. **4** 《廃》=Nordic 1, 2. **— *n.*** チュートン語, ゲルマン語. **Teu·tó·ni·cal·ly** *adv.* 〘(1605) ◻ L *Teutonicus* ← *Teutonēs*: ⇨ Teuton, -ic¹〙

Teu·tón·i·cìsm /-nəsìzm/ *n.* チュートン人風, (特に)ドイツ人風; チュートン[ゲルマン]語風. 〘(1842): ⇨ ↑, -ism〙

Teutónic Knights *n. pl.* [the ～] ドイツ騎士団《第 3 回十字軍のころ (1190 年) 聖地 Palestine に創立されたキリスト教徒の医療組織が起源; のち宗教騎士団となり, 異教民族を圧迫して中世ドイツの東方進出に力を尽くした; ドイツ語名 Deutscher Orden》. 〘1586〙

Teutónic Órder *n.* [the ～] =Teutonic Knights. 〘1617〙

Téu·ton·ìsm /-nìzm/ *n.* =Germanism. 〘1854〙

Téu·ton·ist /-nı̥st | -nɪst/ *n.* =Germanist. 〘1882〙

Teu·ton·ize, t- /túːtənàɪz, tjúː-, -tn̩- | tjúːtən-, -tn̩-/ *v.* =Germanize. **Teu·ton·i·za·tion, t-** /tùːtənı̥zéɪʃən, tjùː-, -tn̩- | tjùːtənaɪ-, -tn̩-, -tənɪz-, -tn̩ɪz-/ *n.* 〘1845〙

Teu·to·phil /túːtəfɪl, tjúː- | tjúːt-/ *n., adj.* チュートン[ドイツ](人)びいき(の), 親独家(の). 〘← TEUTON＋-PHIL〙

Teu·to·phile /túːtəfàɪl, tjúː- | tjúːt-/ *n., adj.* =Teutophil.

Teu·to·phobe /túːtəfòub, tjúː- | tjúːtəfə̀ub/ *n., adj.* チュートン[ドイツ]人恐怖症の(人); 恐独家(の), (極端な)ドイツ嫌いの(人). 〘← TEUTON＋-PHOBE〙

Teu·to·pho·bi·a /tùːtəfóubiə, tjùː- | tjùːtəfə́u-/ *n.* (極端な)ドイツ(人)嫌い, ドイツ恐怖症. 〘← TEUTON＋-PHOBIA〙

TeV 《略》【物理】teraelectron volt.

TEV 《略》【聖書】Today's English Version (⇨ Good News Bible).

T

Te·ve·re /It. té:vere/ n. [the ～] テーベレ(川)《Tiber のイタリア語名》.
Te·vet /téɪveɪt/ n. ＝Tebet.
tew /tú:, tjú: | tjú:/ vt. 《廃》＝taw². ― vi. 《英方言》 **1** 一生懸命に働く. **2** やきもきする, 心配する (worry). 〖ME *tewe(n)*《異形》← *tawe(n)* 'TAW²'〗
Te·wa /téɪwə, tí:-/ n. (*pl.* ～, ～s) **1 a** [the ～(s)] テワ族《米国 New Mexico 州の Pueblo 族に属するアメリカインディアン》. **b** テワ族の人. **2** テワ語《テワ族の用いるタノ語族 (Tanoan) の言語》. 〖(1865) ← ? Keresan ～《原義》moccasins〗
Tewkes·bur·y /tú:ksbɛri, tjú:ks-, -b(ə)ri | tjú:ks-b(ə)ri/ n. テュークスベリー《イングランド南西部 Gloucestershire 州の Severn 川と Avon 川の合流点にある町; ばら戦争で Lancaster 家が最後の決戦 (1471) に敗れた戦跡》. 〖OE *Tēodechesberie*《原義》*Tēodic's* burg: *Tēodic* は古い愛称名 (cf. Theodoric)〗
Tex /téks/ n. テックス《繊維糸の太さの単位; ISO (国際標準化機構)で制定; 長さ 1000 m の質量(グラム数)で示す》. 〖《略》← TEXTURE〗
TeX /ték/ n. 〖電算〗テック, テフ《Stanford 大学の Donald E. Knuth が開発したテキストベースの組版システム》. 〖ギリシア文字 *τεχ* から: technology の語源にちなむ命名〗
Tex. 《略》Texan; Texas.
Tex·a·co /téksəkòʊ, -sɪ- | -kəʊ/ n. 〖商標〗テキサコ《米国 New York 州 White Plains に本社がある石油会社; またそのブランド》.
Tex·an /téksən, -sn/ adj. (米国) Texas 州(人)の. ― n. Texas 州人. 〖(1832) ← TEXAS＋-AN¹〗
Tex·ar·kan·a /tèksəkǽnə, -sɑə- | -sə-, -sɑ:-/ n. テクサーカナ《Texas 州と Arkansas 州の州境上にある都市; 行政上は州境をはさんで隣接する同名の 2 都市》. 〖← TEX(AS)＋ARK(ANSAS)＋(LOUISI)ANA〗
tex·as /téksəs/ n. (*pl.* ～, ～·es)《米》〖海事〗(川蒸気船の)最高甲板室《操舵(そうだ)室・高級船員室・特別客室などに分かれている》. 〖(1853) ↓: Mississippi 川の蒸気船の上等船室に, 広大な面積をもつ Texas の名をつけたことから〗
Tex·as /téksəs/ n. テキサス《米国南西部の州 (⇨ United States of America 表)》. 〖□ N-Am.-Ind. (Caddoan) *techas*《原義》allies, friends〗
Téxas cítrus mìte n. 〖動物〗テキサスミカンハダニ (*Eutetrarychus banksi*)《北・南米に分布し, 柑橘(かんきつ)類の葉液を吸う害虫; ミカンハダニ (citrus red mite) と同様な害虫》.
Téxas Cíty n. テキサスシティ《米国 Texas 州南東部, Galveston 湾に臨む港市》.
Téxas féver n. 〖獣医〗テキサス熱《マダニによって伝染する疫病で, *Babesia bigemina* という原生動物が血液中に繁殖して牛や馬の赤血球を破壊する; tick fever, tristeza, babesiasis ともいう》. 〖1866〗
Téxas Indepéndence Dày n. [the ～] テキサス独立記念日 (3 月 2 日; 1836 年メキシコからの独立を記念する). 〖1928〗
Téxas júјube n. 〖植物〗熱帯の荒れ地に生じるクロウメモドキ科ナツメ属の低木 (*Ziziphus mauritiana*)《黒い小果は食用になる》.
Téxas léaguer n. 〖野球〗テキサスヒット《内野手と外野手の中間に落ちるポテンヒット》. 日英比較 日本語の「テキサスヒット」は和製英語. 〖(1905) ← *Texas Leaguer's hit*: テキサス州出身の選手がよくこの種のヒットを打ったことにちなむ〗
Téxas lónghorn n. ＝longhorn 2 b. 〖1908〗
Téxas Ránger n. テキサス(州)騎馬警官《もとは先住民と戦うために移民で組織された半官半民の警備隊の隊員》. 〖1846〗
Téxas ságe n. 〖植物〗ベニバナサルビア (*Salviastrum texanum*)《米国南西部産のシソ科の多年草》.
Téxas spárrow n. 〖鳥類〗北米南部産ホオジロ科の小鳥 (*Arremonops rufivirgatus*).
Téxas Tówer, T- t- n. 〖米軍〗テキサスタワー, 早期警戒用レーダー塔《外域警戒網の一環として北大西洋の大陸棚上に設置されたレーダー塔の俗称》. 〖(1954): Texas の石油掘削装置と似ていることから〗
Tex·el /téksəl, -sɫ; Du. tésəl/ n. **1** テセル《オランダ領 West Frisian 諸島の島; North Holland 州の commune の一つ》. **2** 〖畜産〗テクセル種(の羊)《Texel 島原産の大形で白い長毛の肉用種》.
Tex-Mex /téksméks⁻/ adj. (米口語)〈音楽・食べ物・衣服などが〉テキサスとメキシコ混交の: ～ cooking [music]. ― n. **1** テキサスとメキシコ混交の音楽[料理]. **2** 英語的要素の混じったメキシコのスペイン語. 〖1949〗
text /tékst/ n. **1 a** (前付け・後付け・付録・注釈などに対して)本文; (挿絵に対して)本文 (letterpress): correct errors in a ～ 本文中の誤りを訂正する. **b** (作品の原文, 原文の字句, 文言(もんごん); (翻訳に対する)原文, 原典: keep strictly to the ～＝go strictly by the ～ 厳密に原文の字句を守る / a full ～ 全文. **c** (校訂した)本文; テクスト, テキスト: Robinson's ～ of Chaucer ロビンソン版チョーサー(校訂本) / a good [bad] ～ 良い[悪い]テクスト / a corrupt ～ 乱れたテクスト / a revised ～ 改訂版 / a critical ～ 批評テクスト. **2** (討論・演説などの)題目, 主題, 論題 (theme): stick to one's ～ (話などが)脱線しない. **3 a** (曲譜に対して)歌詞 (words). **b** (印刷された音楽作品の)総譜, スコア. **4** (説教の題目に引用した)聖書の原句, 聖句; (聖書・ことわざからの)引用, (引用された)名文句 (cf. Shak., *Romeo* 4. 1. 21): The preacher named his ～. 説教者は聖句の名前をあげた / ⇨ golden text. **5 a** ＝textbook. **b** (情報・知識などの)典拠. **6** [*pl.*] (研究のための)指定図書. **7** 〖言語〗テクスト, 文章 (word, sentence より高次の文法単位). **8** 〖印刷〗 **a** (新聞・雑誌などの)本文活字. **b** ＝black letter. **9** 〖電算〗テキスト《文字や数字の列として伝えられる情報》. **10** 〖古文書〗＝text hand. ― vt. **1** 《俗》(携帯電話の文字通信機能を使って)送る. **2** 《廃》(テクスト書体・大文字で)書き込む (cf. Shak., *Much Ado* 5. 1. 183). 〖(1369) □ (O)F *texte* □ ML *textus* wording (of the gospel), (L) literary composition, 《原義》woven thing (p.p.) ← *texere* to weave〗
text·book /tékstbʊ̀k/ n. **1** 教科書, テキスト; 教則本, 教本: Open your ～s to [《英》at] page ten. テキストの 10 ページを開きなさい. 日英比較 「教科書」の意味で日本語では「テキスト」というが, 英語ではふつう *textbook* という. ただし英語の text が「教科書」の意味で用いられることもある. **2** [形容詞的] 教科書的な, 模範的な; 典型的な: a ～ case [example] 典型的な例. 〖1730〗
téxt·bòok·ish adj. 〈文体が〉教科書的な. 〖1914〗
téxt edition n. 〖製本〗教科書版 (cf. trade edition). 〖1895〗
téxt èditor n. 〖電算〗文書編集プログラム, テキストエディター (editor ともいう). 〖1975〗
téxt hànd n. 〖古文書〗テクスト(書)体《かなり大き目で整った手書き書体》. 〖(1542): もと写本の本文を書き込みと区別するのに用いたことから〗
tex·tile /tékstaɪl, -tɪl, -tɫ | -taɪl/ n. **1** 織物, テキスタイル (woven fabric). **2** 織物原料. **3** [*pl.*] 繊維産業. ― adj. [限定的] 織物の, 織物用の; 織物に関する: ～ fabrics 織物 / ～ arts 織物の技術 / ～ fibers 織物用繊維 / the ～ industry 繊維工業. 〖(1626) □ L *textilis* woven (adj.), *textile* woven fabric (n.) ← *textus* (↑): ⇨ text, -ile¹〗
téxt linguístics n. テクスト言語学《sentence の段階を越えて text の構造を研究する》. 〖1977〗
téxt méssaging n. (携帯電話の)文字通信機能.
téxt prócessing n. 〖電算〗テキスト[文書]処理.
text. rec. 《略》textus receptus.
tex·tu·al /tékstʃuəl, -tʃəl | -tjuəl, -tʃəl, -tjuəl, -tjʊl/ adj. **1** 本文の, 原文の; 文字の: a ～ error 原文の誤り. **2** 聖書原典の, 聖書の字句上の. **3** (聖書の)原文そのままの: an exactly ～ quotation 正確に原文通りの引用文. **4** 教科書の. **～·ly** adv. 〖(*c*1390) □ (O)F *textuel* ← *texte* 'TEXT': ⇨ -al¹〗
téxtual crític n. 本文[作品分析]批評家. 〖1938〗
téxtual críticism n. **1** (文書, 特に聖書の)本文批評《種々な本文を考証して正しい原典を見出そうとする研究; cf. higher criticism, lower criticism》. **2** 作品分析批評《テクストの精読分析を強調する批評的文学研究; cf. New Criticism》. 〖1859〗
téx·tu·al·ìsm /-lɪzm/ n. **1** (聖書の)原文(尊重)主義. **2** 原文研究; 原文批評. 〖(1863): ⇨ -ism〗
téx·tu·al·ist /-lɪ̣st | -lɪst/ n. **1** (聖書の)原文(尊重)主義者. **2** (聖書の)原文学者, 原文批評家; 聖書の本文に明るい人. 〖(1629): ⇨ -ist〗
tex·tu·al·i·ty /tèkstʃuǽləṭi | -tʃuǽlɪ̣ti, -tju-/ n. **1** 〖言語〗テキスト性《話し言葉に対する書き言葉としての言語特性[使用]》. **2** (特に聖書の)原文(尊重)主義 (textualism). 〖1836〗
tex·tu·ar·y /tékstʃuèri | -tjuəri/ adj. ＝textual. ― n. ＝textualist 2. 〖(1608) □ ML *textuārius* ← *textus*: ⇨ -ary〗
tex·tur·al /tékstʃərəl/ adj. 組織[構造]上の; 織地の. **～·ly** adv. 〖(1835-36): ⇨ ↓, -al¹〗
tex·ture /tékstʃə | -tʃə^(r)/ n. **1 a** (布地・皮膚・木材・岩石などの)肌理(きめ), 手触り, 感触; 材質: Her skin is of a velvety ～. 彼女の皮膚は肌理がなめらかだ. **b** (飲食物の)口当たり, 舌ざわり, 歯ごたえ: This cheese has a crumbly ～. このチーズはぼろぼろする. **2** 織り方, 組織: cloth of (a) loose [coarse, rough, close] ～ 目のゆるい[粗い, ざらざらした, つんだ]切れ地. **3** 織地, 生地; 織物 (woven fabric). **4** 組織, 構成, 構造, 組立; (構成の与える)感じ: the whole ～ of the fable この寓話の全体の構成. **5 a** (精神的な)気質, 性格: The poet has a mind of fine ～. その詩人は細やかな心の持ち主である. **b** 特性, 特質, 本性, 性質 (nature): the very ～ of this epistle この書簡の性質そのもの / Her thoughts were of a tender ～. 彼女の思いは優しいたぐいのものであった. **6** (比喩や韻律など詩の)文体(的要素), 響き, 味わい. **7** 〖美術〗質感, (絵や彫刻の)肌合い; 〖電算〗(CG で) 質感, テクスチャー. **8** 〖音楽〗(各パートが一体となって醸(かも)し出す)基調, テクスチャー: contrapuntal ～ 対位法的テクスチャー. **9** 〖地質〗組織, 石理《岩石を構成する鉱物の形・大きさ・配列状態などによって示される様相》.
― vt. **1** 織って作る; 織り成す. **2** …に織り目を出す. **3** 〖電算〗…にテクスチャー付けする.
～·less adj. 〖(?*a*1425) □ (O)F ～ // □ L *textūra* web, fabric, structure: ⇨ text, -ure〗
tex·tured /tékstʃəd | -tʃəd/ adj. **1** 〈表面が〉ざらざらした: ～ wallpaper ざらざらした壁紙. **2** [しばしば複合語の第 2 構成素として] 織り方が…の, …織りの: rough-*textured* 織り方の粗い.
téxtured végetable prótein n. (大豆蛋白(たんぱく)による)人造肉. 〖1968〗
téxture màpping n. 〖電算〗テクスチャーマッピング《CG で, 平面上に構成した紋様を立体表面へ写像することによる質感表現技術》.
téxture pàint n. (建物壁面用の)砂入り仕上げ塗料.
téx·tur·ing /-tʃərɪŋ/ n. (音楽・絵画・インテリアデザインなどで)(素材の)質感の表現. 〖1882〗
tex·tur·ized /tékstʃəràɪzd/ adj. 〈合成繊維などが〉特殊加工された《織物の感触などを出すために》.
tex·tus re·cep·tus /tékstəsrɪ̣séptəs/ n. 〖聖書〗公認本文《例えば新約聖書のギリシャ語原典》. 〖(1856) ← NL ～《原義》received text〗
Tey·de /téɪdi | -di; Sp. téjðe/, **the Pico de** n. ⇨ Teide.
Tez·el /tétsəl; G. tétsl/, **Johann** n. ＝Johann TETZEL.
t.f. 《略》till forbidden.
TF 《略》tank forces; task force; Territorial Force.
TFE 《略》〖化学〗tetrafluoroethylene.
TFLOPS /tí:flɑ(:)ps | -flɒps/ n. 〖電算〗テラフロップス, TFLOPS (teraflops) (10^{24} (＝2^{40}＝約 1 兆) 浮動小数点演算毎秒). 〖← T(ERA-)＋FLOPS〗
T́ formàtion /tí:-/ n. 〖アメフト〗ティーフォーメーション《center の直後に quarterback, quarterback の直後に fullback が一直線に並び, その両側に halfback が並ぶ攻撃隊形; 単に T ともいう; cf. I formation》. 〖1930〗
tfr 《略》〖金融〗transfer.
TFT 〖電子工学〗thin film transistor 薄膜トランジスター《液晶ディスプレーのスイッチングデバイスとして用いられている》.
tg 《記号》Togo (URL ドメイン名).
TG 《略》〖生物〗type genus; 〖言語〗transformational (generative) grammar; 〖自動車国籍表示〗Togo.
TG 《記号》⇨ THAI.
TGIF 《略》Thank God it's Friday《通例間投詞に用いて, 1 週間の仕事[勉強]からの解放感を表す》.
T́-gròup n. **1** 〖心理〗T グループ《訓練を受けた指導者の下で, 自己洞察, 他人への配慮, 人間関係の理解などを深めるための集団》. **2** ＝encounter group. 〖(1950)《略》← *t(raining) group*〗
tgt 《略》target.
TGV /tí:dʒì:ví:; F. teʒeve/ 《略》train à grande vitesse《フランス国鉄の超高速列車》.
TGWU 《略》Transport and General Workers' Union (英国)運輸一般労働組合.
th 《記号》Thailand (URL ドメイン名).
Th 《記号》〖化学〗thorium.
TH 《略》Territory of Hawaii; town hall; true heading.
Th. 《略》Theater; Theology; Thermal; Thomas; Thursday.
-th¹ /θ/ suf. 1, 2, 3 を除く序数語尾: four*th*, ten*th*, thirteen*th*, hundred*th*, million*th*. ★ -ty に付く時は *-tieth* となる: thirtie*th*. 〖OE *-(o)þa*, *-(o)þe* < IE **-tos* (L *-tus* / Gk *-tos*)〗
-th² /θ/ suf. 形容詞または少数の動詞から抽象名詞を造る (cf. -ness): true → tru*th* / broad → bread*th* / foul → fil*th* / grow → grow*th* / steal → steal*th* / till → til*th*. 〖OE *-þu*, *-þo*, *-þ* < Gmc **-iþō* < IE **-itā* (L *-ta* / Gk *-tē* / Skt *-tā*)〗
-th³ /θ/ suf. 《古・詩》動詞の三人称単数直説法現在語尾 (現代英語の -s, -es に当たる): do*th* (＝does) / ha*th* (＝has) / hope*th* (＝hopes). 〖OE *-þ*: cf. -eth¹〗
TH 227, Th-227 《記号》〖化学〗トリウム 227《トリウムの質量数 227 の同位体核種; cf. radioactinium》.
tha /ðə/ pron. 《北英方言》＝thee; thou; thy.
THA 《略》tetrahydroaminoacridine.
Tha·ba·na-Ntle·nya·na /tɑ:bá:nəntlémjənə/ n. タバナヌトレンヤナ《アフリカ南部のレソトにある山; Drakensberg 山脈の最高峰 (3,482 m); Thadentsonyane ともいう》.
Thack·er·ay /θǽkəri/, **William Makepeace** /méɪkpi:s/ n. サッカレー (1811-63; 英国の小説家; *Vanity Fair* (1847-48), *Henry Esmond* (1852)).
Thack·er·ay·an /θǽkəriən/ adj. サッカレー(風)の. ― n. サッカレー研究家[心酔者]. 〖(1857): ⇨ ↑, -an¹〗
Thad·de·us /θǽdiəs | θǽdiəs, θædí:əs/ n. **1** サディアス《男性名; 愛称形 Tad, Thaddy, Thady》. **2** [(Saint) ～] 〖聖書〗タダイ《十二使徒の一人であるユダ (⇨ Judas 2) の別名; 略 Thad.; cf. *Matt.* 10:3》. 〖□ L *Thaddaeus* □ Gk *Thaddaîos* □ Talmudic Heb. *Taddáy* □ Aram. *tᵉdhayyā́* (pl.) breasts〗
Tha·den·tso·nya·ne /tà:dəntsá(:)njənə | tà:dəntsɒ́n-/ n. ＝Thabana-Ntlenyana.
Thad·y /θǽdi | -di/ n. サディ《男性名》. 〖(dim.) ← THADDEUS〗
thae /ðéɪ/ pron. 《スコット》＝those, these. 〖OE *þā* (pl.) ← *þæt* 'THAT'〗
Thai /táɪ; Thai. tʰaɪ/ n. (*pl.* ～, ～s) **1** タイ人 (Thailander ともいう); [the ～(s)] タイ国民. **2** タイ語《タイの公用語; 旧称シャム語 (Siamese)》. **3** ＝Tai 2. ― adj. **1** タイ国の. **2** ＝Tai. 〖1808〗
THAI /táɪ/ 《略》Thai Airways International, Ltd. タイ国際航空 (記号 TG).
Thai. 《略》Thailand.
Thai·land /táɪlænd, -lənd/ n. タイ《アジア南東部にある王国; 面積 514,000 km², 首都 Bangkok; 公式名 the Kingdom of Thailand タイ王国; 旧名 Siam》.
Tháiland, the Gulf of n. ⇨ Siam.
Thai·land·er n. タイ国人.
Tha·ïs /θéɪɪ̣s; F. tais/ n. タイス《紀元前 4 世紀のアテネの遊女で, Alexander 大王の東征に同行; 大王の死後は Ptolemy 一世の妾(めかけ)となった》. 〖← NL ～ ← Gk *Thaïs*〗
Thái stick n. タイスティック《アジア産の強いマリファナを巻きつけた細い棒》. 〖1976〗
thal·a·men·ceph·a·lon /θæləmɪ̣nséfəlɑ(:)n | -mən-, -mɪn- | -menkéfəlɒn, -mən-, -séf-, -lən/ n. (*pl.* ～s, -a·la /-lə/) 〖解剖〗 **1** 視床脳. **2** ＝diencephalon. **thàl·a·mèn·ce·phál·ic** /-sɪ̣fǽlɪk | -kɪ̣f-, -sɪ̣f-⁻/ adj. 〖(1875) ← NL ～: ⇨ thalamus, encephalon〗

T

thalami n. thalamus の複数形.
thalamia n. thalamium の複数形.
tha·lam·ic /θəlǽmɪk/ adj. thalamus の. **tha·lám·i·cal·ly** adv. 〖(1860): ⇨ ic¹〗
tha·la·mi·um /θəléɪmiəm/ n. (pl. **-mi·a** /-miə/) = thalamus 3. 〖(1861) ← NL ~ (dim.): ⇨ ↓, -ium 3〗
thal·a·mus /θǽləməs/ n. (pl. **-a·mi** /-màɪ/) **1** 〖解剖〗視床. **2** 〖植物〗花托(たく) (torus); 葉状体 (thallus). **3** (古代ギリシャの家の)深窓, 女性用私室 (thalamium ともいう). 〖(1753) ← NL ~ ← Gk *thálamos* inner chamber〗
thal·ass- /θǽləs/ (母音の前にくるときの) thalasso- の異形.
thal·as·se·mi·a /θæ̀ləsíːmiə/ n. (also 《英》 **thal·as·sae·m·i·a** /~/) 〖病理〗サラセミア, 地中海貧血 (地中海沿岸諸国に多く見られる遺伝性の溶血性貧血; 別名 Cooley's anaemia). **thal·as·se·mic** /θæ̀ləsíːmɪk⁻/ adj. 〖(1932) ← NL ~ : ⇨ thalasso-, -emia〗
tha·las·sic /θəlǽsɪk/ adj. **1** 海の, 海洋の (marine); (大洋・外洋に対して)近海の, 内海の, 湾内の (cf. oceanic). **2** 〖生態〗海にすむ, 海産の (marine); 深海の: ~ fishes 深海魚. 〖(1860) □ F *thalassique*: ⇨ thalasso-, -ic¹〗
tha·las·so- /θəlǽsoʊ | -səʊ/「海 (sea)」の意の連結形: *thalassography*. ★ 母音の前では通例 thalass- になる. 〖← Gk *thálassa* sea + -o-〗
thàlasso·chémistry n. 海洋化学. **thàlasso·chémical** adj.
thal·as·soc·ra·cy /θæ̀ləsɑ́(ː)krəsi | -sɔ́k-/ n. 制海権 (maritime supremacy, thalattocracy). 〖(1846) □ Gk *thalassokratía*: ⇨ thalasso-, -cracy〗
thal·as·so·crat /θəlǽsəkræ̀t/ n. 制海権を握る人. 〖(1846) ↑: cf. -crat〗
thal·as·sog·ra·phy /θæ̀ləsɑ́(ː)grəfi | -sɔ́g-/ n. (湾・入江などを扱う)海洋学. **thal·as·sog·ra·pher** /θæ̀ləsɑ́(ː)grəfə | -sɔ́grəfə(r)/ n. **thal·as·so·graph·ic** /θəlæ̀səgrǽfɪk | -sə(ʊ)-⁻/ adj. 〖(1888) ← THALASSO- + -GRAPHY〗
tha·lás·so·phile élements /θəlǽsəfàɪl-/ n. pl. 〖化学〗親海元素 (塩素・臭素・ホウ素・ナトリウムなど, 海水に集まりやすい元素). 〖*thalassophile*: ⇨ thalasso-, -phile〗
thàlasso·thérapy n. 〖医学〗海治療法, 海洋療法 (海岸での生活・海水風呂・航海などを組織的に取り入れた病気の治療法).
tha·lás·so·xene élements /θəlǽsəksìːn-/ n. pl. 〖化学〗疎海元素 (鉄・アルミニウムなど加水分解を受けやすい元素). 〖*thalassoxene*: ⇨ thalasso-, -xene〗
thal·at·toc·ra·cy /θæ̀lətɑ́(ː)krəsi | -tɔ́k-/ n. = thalassocracy.
thale-cress /θéɪlkrɛs/ n. 〖植物〗シロイヌナズナ (*Arabidopsis thaliana*). 〖(1778): *thale*: ← *John Thal* (1542–83: ドイツの医師)〗
tha·ler /tɑ́ːlə | -lə(r)/ n. (pl. ~, ~s) = taler. 〖(1787) □ G *T(h)aler*: cf. dollar〗
Tha·les /θéɪliːz/ n. タレス (640 (または 624)?–?546 B.C.; Miletus 生まれの哲学者; ギリシャ七賢人の一人; 水を万物の本源とした; cf. Seven Sages). **Tha·le·sian** /θeɪlíːʒən | -ziən, -ʒjən/ adj.
tha·li /tɑ́ːli/ n. 〖インド〗ターリー (金属性の盆; 食器として用いる); 盆に盛った料理. 〖(1969) □ Hindi *thālī*〗
Tha·li·a /θəláɪə, θéɪliə | θǽliə, θəláɪə, θéɪliə/ n. 〖ギリシャ神話〗タレイア: **1** ミューズ (Muses) の一人で喜劇をつかさどる. **2** 美の三女神 (Graces) の一人 (cf. grace 10). 〖(1656) □ L *Thalia* □ Gk *Tháleia* Muse of comedy and bucolic poetry, (原義) blooming ← *thállein* to bloom〗
Tha·li·an /θəláɪən/ adj. **1** (喜劇をつかさどる女神)タレイア (Thalia) の. **2** [時に t-] 喜劇の (comic).
tha·lid·o·mide /θəlídəmàɪd, θæ- | -də-/ n. 〖薬学〗 **1** サリドマイド ($C_{13}H_{10}N_2O_4$) (催眠薬). **2** [形容詞的] サリドマイドの(影響を受けた): a ~ baby [child] サリドマイド(奇形)児. 〖(1958) ← (PH)THAL(IC ACID) + (IM)IDO- + (I)MIDE〗
thall- /θæl/ (母音の前にくるときの) thallo- の異形.
thalli n. thallus の複数形.
thal·li- /θǽlɪ, -li/ thallo- の異形 (⇨ -i-).
thal·lic /θǽlɪk/ adj. 〖化学〗タリウム (III) の, 三価のタリウム (Tl^{+++}) を含む (cf. thallous). 〖(1868): ⇨ thallium, -ic¹〗
thal·li·ous /θǽliəs/ adj. 〖化学〗= thallous. 〖1868〗
thal·li·um /θǽliəm/ n. 〖化学〗タリウム (金属元素の一つ; 記号 Tl, 原子番号 81, 原子量 204.37). 〖(1861) ← NL ~ ← Gk *thallós* green shoot: ⇨ -ium: スペクトルに現れるその美しい緑線にちなむ〗
thállium oxysúlfide n. 〖化学〗酸化硫化タリウム (Tl_2SO).
thállium súlfate n. 〖化学〗硫酸タリウム (硫酸タリウム (I) (Tl_2SO_4), 硫酸タリウム (III) ($Tl_2(SO_4)_3$), 硫酸タリウム (I, III) ($Tl_2SO_4 \cdot Tl_2(SO_4)_3$) があるが, 硫酸タリウム (I) を指すことが多い).
thal·lo- /θǽloʊ | -ləʊ/ 次の意味を表す連結形: **1** 〖植物〗 **a**「若枝 (young shoot)」. **b**「葉状体 (thallus)」. **2** 〖化学〗「タリウム (thallium)」. ★ 時に thalli-, また母音の前では通例 thall- になる. 〖← Gk *thallós*: ⇨ thallus〗
thal·loid /θǽlɔɪd/ adj. 〖植物〗葉状体 (thallus) の. 〖(1857): ⇨ ↑, -oid〗
Thal·loph·y·ta /θəlɑ́(ː)fətə | -lɔ́fɪtə/ n. pl. 〖植物〗葉状植物門 (葉状体 (thallus) を有する植物類で, 藻(そう)類・菌類・地衣類・蘚苔(せんたい)類などを含む; cf. Cormophyta). 〖← NL ~ : ⇨ ↓, -a²〗
thal·lo·phyte /θǽləfàɪt/ n. 〖植物〗葉状植物 (葉状植物門 (Thallophyta) に属する植物). **thal·lo·phyt·ic** /θæ̀ləfítɪk | -tɪk⁻/ adj. 〖(1854) ← THALLO- + -PHYTE〗
thal·lous /θǽləs/ adj. 〖化学〗タリウム (I) の, 一価のタリウム (Tl^+) を含む (cf. thallic). 〖(1888) ← THALLO- + -OUS〗
thállous súlfate n. 〖化学〗= thallium sulfate.
thal·lus /θǽləs/ n. (pl. **thal·li** /-laɪ, -liː/, ~·es) 〖植物〗葉状体 (茎・葉・根が明らかに分化しないで, 全体が一様の葉状を成す植物体; cf. cormus). 〖(1829) ← NL ~ ← L ~ □ Gk *thallós* young shoot ← *thállein* to bloom〗
thal·weg /tɑ́ːlvɛg, -veɪk; G. tá:lve:k/ n. **1** 〖地理〗凹線(おうせん), 谷線. **2** 〖国際法〗(国境線となる)主要航行水路の中央線. 〖(1831) □ G *T(h)alweg* ← *T(h)al* valley (⇨ dale) + *Weg* 'WAY¹'〗
Thames¹ /témz/ n. [the ~] テムズ(川) (イングランド南西部を東流し, London を通って北海に注ぐ川 (338 km); cf. Isis²). ***sét the Thámes on fíre*** ⇨ fire 成句. 〖OE *Temes(e)* □ L *Tamesis, Tamēsa* ∥ Celt. *Tamēsā* (原義) dark river: cf. L *tenebrae* darkness / Skt *tamasa* dark: *Th-* の綴字は Gk *θ* を *th* と綴り /t/ と発音したラテン語の習慣による〗
Thames² /témz/ n. [the ~] テムズ(川) (カナダ南東部 Ontario 州を南西に流れ, St. Clair 湖に注ぐ川 (260 km)).
Thames³ /θéɪmz, téɪmz, témz/ n. [the ~] テムズ(川) (米国 Connecticut 州南東部, New London を通って南へ流れ, Long Island Sound に注ぐ川; 実際には, Shetucket, Yantic の両川が合流してできた河口域部分に当たる (25 km)).
Thámes Embánkment /témz-/ n. [the ~] テムズ河畔通り (London のテムズ川の左岸 Westminster Bridge から Blackfriars /blǽkfràɪəz | -fráɪəz/ Bridge まで約 2 km にわたる美しい London の河岸通り; Victoria Embankment ともいう).
Thámes·lìnk /témz-/ n. テムズリンク (London を通って駅間の乗換えをすることなく Thames 両岸を結ぶ英国の鉄道路線 (1988 年開通)).
Thámes mèasurement /témz-/ n. 〖海事〗テムズトン測定法 (特に, ヨットのトン数測定に用いる; トン数は, フィートで表した艇の長さと幅の差に, 幅の 2 乗の 1/2 を乗じた積の 94 分の 1 で表される).
Thámes tònnage /témz-/ n. 〖海事〗テムズ トン (ヨットのトン数をテムズトン測定法で算定したもの).
Tham·muz /tɑ́ːmʊz | tǽmuːz, -mʊz/ n. = Tammuz 1.
than¹ /(弱) ðən; (強) ðǽn/ conj. **1** [比較級の形容詞・副詞の後に続いて] …よりも, …に比して; …というよりは(むしろ): I see him more often ~ (I see) you [more often ~ you (see him)]. 私はあなたによりも彼に会う方が多い[あなたよりも私の方がよく彼に会う] / A is *bigger* [*stronger, more, less*] ~ B (is). A は B より大きい[強い, 多い, 少ない] / He is *taller* ~ I (am). 彼は私よりも背が高い (★ ~ I は《文語》;《口語》では than *me* が好まれる (cf. *prep.* a ★)) / I know you /júː/ *better* ~ (I know [I do]) him /hím/. 私は彼を知っている以上に君を知っている (★ ~ him は《口語》では ~ I know him のみでなく, ~ he does の意味でも使われ, まぎらわしいので, ~ him は避けるのがよい) / I like cats *better* [*more*] ~ dogs. 犬よりも猫の方が好きだ / I love long life *better* ~ figs. わたしはイチジクより長生きが好きなのよ (Shak., *Antony* 1. 2. 34) / He has *more* money ~ (he has) sense. 彼は分別より金がある / The sea is *deeper* ~ the mountains are high. 山は高いが海の方がそれよりもっと深い / He is no *happier* ~ (he was) before. 以前と比べてちっとも幸福でない (相変わらず不幸だ) / I am *wiser* ~ to believe that. それを信じるようなばかではない / I desire nothing *more* ~ that you should come [for you to come]. 何よりも望むことはあなたがおいで下さることです / I am much *happier* ~ if I were rich. 金持ちである場合よりもずっと幸せだ / He arrived *sooner* ~ (he was) expected. 彼は思ったよりも早く到着した / It is much *colder* today ~ (it was) yesterday. 今日は昨日よりもずっと寒い / You'd be *better* off with me ~ with her. 彼女よりも私と一緒の方がいいよ / I am *more* angry ~ (I am) hurt. 私は気を悪くしているというよりむしろ怒っているのです / He succeeded *more* by luck ~ (by) judgment. 彼は思慮分別によりよりも幸運で成功した.
2 [関係代名詞的に用いて] …よりも: Ann worries more ~ is good for her. アンは体によくないほど心配する / They sent more ~ he had ordered. 彼が注文したより多く送ってきた.
3 [rather, sooner などの後に続いて] …するよりは, …するくらいなら(いっそ): I would *rather* [*sooner*] die ~ disgrace myself. 恥をかくくらいならむしろ死んだ方がましだ / I would do anything *rather* ~ let him get off [~ that he should get off]. 彼を去らせるくらいならどんなことでもする.
4 [other, otherwise, else, 《口語》 different, 《口語》 differently などの後に続いて] …より外の, …以外には, …と違う: I have no *other* friend ~ you. 君の外には友人はない / He is *otherwise* ~ I thought. 彼は私が思っていた人間とは違う / It is nothing *else* ~ (=nothing (*else*) but) nonsense. それは全くのたわごとだ / It was none [no] *other* ~ the king. だれあろう王御自身であった (It was the king himself.) / It is not known *elsewhere* ~ in Japan. それは日本以外では知られていない / The house was a good deal *different* ~ (=from how, from the way, 《英》 to how, 《英》 to the way) he remembered it. 家は彼の記憶とは大分違っていた / He's *different* now ~ (=from, 《英》 to) before. 彼は今では以前とは違う / He's acting *differently* now ~ (=from, 《英》 to) before. 彼のふるまいは今では以前とは違う.
5 《俗用》 [prefer, preferable, preferably の後に用いて] …よりもむしろ (rather than): I *prefer* to read ~ watch television. テレビを見るよりも読書をする方がいい. ★ … rather than watch television の方が慣用的 (⇨ prefer).
6 《古》 …よりほかに (other than, but): I had no alternative ~ to fight. 戦うほか仕方がなかった. **7** 《俗用》 [scarcely, hardly, barely と共に用いて] =when: I had *scarcely* uttered the word ~ I regretted it. その言葉を発するや否や後悔した. ★ これは no sooner … than と混同したもの: I had *no sooner* uttered the word ~ I regretted it.
— /ðən/ prep. …よりも, 以上に: **a** 《口語》 [目的格の人称代名詞を伴って]: He is younger ~ *me*. 彼は私よりも若い. ★ もと接続詞の than に導かれる省略構文で, than に続く代名詞が目的語(または目的補語)の場合ばかりでなく主語(または主格補語)の場合にも目的格で用いられるようになったことに由来する; 《口語》では than I は pedantic に感じられ, than *me* の方が普通. **b** [数量・時間などを示す語を伴って]: more [less, fewer] ~ five [a third] 5 [1/3] 以上[足らず] / Don't arrive later [earlier] ~ three o'clock. 3 時以後[以前]に到着するな / It happened no longer ago ~ last week [no more recently ~ last year]. それが起こったのはつい先週[それはもう去年]のことだ. **c** 《文語》 [~ whom として]: Here is my son, ~ *whom* a better does not exist. ここに息子がいるが私にはこれ以上良い者はない.
〖ME *than(ne), then(ne), thene, thonne* < OE *þanne, þonne, þænne* than, then: cf. then / G *denn*〗
than² /ðǽn/ adv. 《廃》 =then¹.
tha·na /tɑ́ːnə/ n. **1** 《インド》警察署. **2** (英国植民地時代のインドの)軍事基地. 〖□ Hindi *thānā* ← Skt *sthāna* place of standing, post: cf. state〗
than·age /θéɪnɪdʒ/ n. 〖英史〗 **1** thane の土地保有権. **2** thane の領地. **3** thane の身分[地位]. 〖(15C): ⇨ thane, -age〗
than·at- /θǽnət/ (母音の前にくるときの) thanato- の異形.
than·at·ism /θǽnətìzm/ n. 霊魂死滅説.
than·a·to- /θǽnətoʊ | -təʊ/「死 (death)」の意の連結形: *thanatosis*. ★ 母音の前では通例 thanat- になる. 〖← Gk *thánatos* death〗
than·a·toid /θǽnətɔ̀ɪd/ adj. 死のような (deathlike), 仮死(状態)の; 致命的な (deadly). 〖(1857): ⇨ ↑, -oid〗
than·a·tol·o·gy /θæ̀nətɑ́(ː)lədʒi | -tɔ́l-/ n. 死亡学 (死と死にまつわる事柄についての科学的研究). **than·a·to·log·i·cal** /θæ̀nətəlɑ́(ː)dʒɪkəl, -tl- | -təlɔ́dʒɪ-, -tl-⁻/ adj. **thàn·a·tól·o·gist** /-dʒɪst | -dʒɪst/ n.
than·a·to·pho·bi·a /θæ̀nətəfóʊbiə | -tə(ʊ)fəʊ-/ n. 〖精神医学〗死亡恐怖(症), 死恐怖(症). 〖(1974) ← THANATO- + -PHOBIA〗
than·a·top·sis /θæ̀nətɑ́(ː)psɪs | -tɔ́psɪs/ n. 死の考察, 死観. 〖(1816) ← THANATO- + Gk *ópsis* view: W. C. Bryant の造語〗
Than·a·tos /θǽnətɑ̀(ː)s | -tɔ̀s/ n. **1** 〖ギリシャ神話〗タナトス (死の擬人化; cf. Mors). **2** 〖精神分析〗タナトス, 死の本能 (生命活動を原始的な死・無の状態へ復帰させようとする根本的な衝動; cf. Eros 2). **Than·a·tot·ic** /θæ̀nətɑ́(ː)tɪk | -tɔ́t-⁻/ adj. 〖(1935) □ Gk *Thánatos*: *thánatos* death の擬人化〗
than·a·to·sis /θæ̀nətóʊsɪs | -táʊsɪs/ n. **1** 〖病理〗壊死(えし) (necrosis). **2** 〖動物〗擬死 (動物が急激な刺激に反応してあたかも死んだような姿勢を示すこと). 〖(1860) ← NL ~: ⇨ thanato-, -osis〗
than·a·tot·ic /θæ̀nətɑ́(ː)tɪk | -tɔ́t-⁻/ adj. 死の本能の, 死に関する.
thane /θéɪn/ n. **1** 〖英史〗(アングロサクソン時代の)武士 (軍役奉仕によって王や豪族から土地を保有したが, 後には世襲貴族と騎士に転化した). **2** 〖スコット史〗氏族の長; 領主, 藩主; 豪族: Macbeth, ~ of Glamis グラームズの領主マクベス. 〖ME *thain* < OE *þeg(e)n* soldier, retainer < Gmc **þeʒnaz* (G *Degen* servant, warrior) ← IE **tekno-* descendant ← **tek-* to beget, give birth to (Gk *téknon* child)〗
tháne·dom /-dəm/ n. thane の領地. 〖(c1425): ⇨ -dom〗
tháne·hòod n. thane の地位[職]; [集合的] 豪族階級. 〖(1897): ⇨ -hood〗
tháne·shìp n. =thanage. 〖1766〗
Than·et /θǽnɪt/, **the Isle of** n. サネット (イングランド Kent 州北東部の一地区; Stour 川の 2 支流によって本土から分離されている島; Dane 人の侵入地; 面積 110 km²). 〖*Thanet*: OE *Tanett* (原義) bright island, fire island ← OWelsh *tan* fire〗
Than·ja·vur /tʌ̀ndʒəvúə | -vúə(r)/ n. タンジャブル (インド南部 Tamil Nadu 州の都市; Tanjore ともいう).
thank /θǽŋk/ vt. **1** 〔…に対して〕〈人〉に感謝する, 礼を言う[述べる], 謝意を表する 〔*for*〕: He ~*ed* me heartily. 心から私に礼を言った / How can I ever ~ you enough? なんとお礼を申してよいのやら / I ~*ed* him *for* his kindness. 彼に親切にしてもらったお礼を述べた / Please ~ him *for* me [*for* helping me]. 私に代わって[私を助けてくれたことに対して]彼にお礼を言って下さい / You'll ~ me. そのうち感謝する日がくるさ / He has you to ~ *for* his failure. 《皮肉》失敗したのは君のおかげだと言ってるぞ (cf. *vt.* 3) /

Thanking you in advance. まずはお願いまで《依頼の手紙の結句》. **2** [通例 will ～ の形式で] **a** (あらかじめ)〈人〉に礼を言う: *Thank* (=I'll ～) you *for* that ball. すみませんがそのボールを拾ってください. **b** 《皮肉・反語》〈人〉に(…して)もらいたい (request)〈*to* do〉: *I'll* ～ you *to* be a little more polite. もう少し丁寧にしてくれても罰は当たるまい / I'll ～ you to keep out of my affairs. 私のことはほっといて / I *will* ～ you *to* mind your own business! 余計な世話を焼かないでもらいたい. **3** 《皮肉》〔…については〕…のせいにする, …に責任がある (hold responsible)〔*for*〕(cf. *vt.* 1): You have only yourself to ～ (*for* your failure). (君の失敗は)自業自得だよ.

No(,) thank you. ありがとう, でもけっこうです; いいえ, よろしゅうございます《申し出を辞退する言葉》: Would you like more coffee?—*No,* ～ *you.* コーヒーをもっといかがですか.—いいえ, けっこうです.

Thánk Gód* [*Héaven(s), góodness*]*!*＝*Gód* [*Héaven*] *be thánked! [挿入句] ああありがたい, しめた: *Thank God* I'm safe! ありがたい, 助かった / Everything is ready, ～ *goodness!* 万歳, これで用意万端整った.

thánk* one's *(lúcky) stárs ⇨ star *n.* 5 b.

Thánk you. ありがとう (cf. *vt.* 2 a; thank-you) ありがとう, お願いします (Yes, please)《申し出を受ける場合》; これで終わります, 以上です《講演・訓示などの後で言う場合》; [you に強勢を置いて] いやこちらこそ《相手の Thank you. に対する答え》: Will you have some more?—Yes, ～ *you* (=Yes, please) [No, ～ you]. もっといかがですか—ええ, いただきます[いえ, けっこうです] (⇨ No(,) THANK *you.*) / Please sit down.—*Thank you.* どうぞおかけください—どうも / *Thank you* very [(ever) so] much. どうもありがとう / *Thank you* just the same [anyway]. とにかくありがとう / No more, ～ *you.* もうたくさんです / *Thank you for* helping me. ご協力ありがとう / *Thank you for* nothing. 《皮肉》大きにお世話さま.

— *n.* [通例 *pl.*] 謝意 (gratitude); 感謝の言葉, 謝辞, 礼; [間投詞的に] ありがとう (cf. THANK *you.*): with ～*s* 感謝して, 謝辞を述べて / decline with ～*s* 体(てい)よく断る / bow [smile] one's ～*s* お辞儀をして[微笑して]謝意を表する / express [extend] one's ～*s* (*to* a person *for* a thing) (人にある事の)礼を言う / get [receive] ～*s* 感謝される / Is that all the ～*s* I get? 私が感謝されるのはそれだけですか / Much ～*s* I got *for* it. 大層お礼を言われたよ; 《反語》お礼を言われるどころではなかった (Small thanks I got for it.) / give [return] ～*s to* …に礼を述べる; 〈乾杯〉に対し答辞を述べる; (食前食後に)〈神〉に感謝を捧(ささ)げる / I owe him ～*s.* 彼にお礼を言わなければならないことがある / Please accept my best [warmest, most sincere] ～*s.* どうもありがとうございます / Please give her my ～*s* (*for* helping me). (私を手伝ってくれて)ありがとうと彼女に伝えて下さい / *Thanks* be *to* God! ああありがたい; しめた / A thousand ～*s.*＝Many ～*s.*＝*Thanks* a million.＝*Thanks* (very much).＝*Thanks* a lot. どうもありがとう / *Thanks* anyway [just the same]. とにかくありがとう / *Thanks* muchly. 《戯言》どうもありがとう / *Thanks* a bunch! 《英》＝Thanks a lot! 《皮肉》どうもありがとう / *Thanks for* your help [*for* helping me]. 手伝ってくれてありがとう

Nó(,) thànks. いやけっこう, いやたくさんです (cf. No(,) THANK you.); ありがた迷惑だよ: How about some coffee?—Oh, *no thanks.* コーヒーはどう—あ, いえ, けっこう / Thanks but *no* ～*s.* ありがとう, でもけっこうです.

nó* [*smáll*] *thánks to …の力によらないで (not owing to, not because of): I managed somehow, (but) *no* ～*s to* you. なんとか切り抜けたが君のおかげではない / No ～*s to* him though. だって何も彼の世話になりゃしない.

thánks to …のおかげで (with the help of); …の結果, のために (owing to, because of): *Thanks to* you, I was saved from drowning. あなたのおかげで溺(おぼ)れずにすんだ / The plane was delayed two hours, ～*s to* bad weather. 悪天候のために飛行機が 2 時間遅れた. 《1737》

～·er *n.* 〖n.: OE *þanc, þonc* thanks, gratitude, 《原義》thoughtfulness, thought, grace < Gmc **þaŋkaz* **þaŋk* **þeŋk* (*Du.* dank / G Dank). — v.: OE *þancian* < Gmc **þaŋkōjan* (Du. & danken) ← (n.)〗

thank·ee /θǽŋki/ *int.* 《方言》ありがとよ (Thank you). 〖《1824》← *thank ye* (=*you*): ⇨ ↑, ye[1]〗

thank·ful /θǽŋkfəl, -fl/ *adj.* **1** 〈人が〉感謝して(いる), ありがたく思っている (⇨ grateful SYN); 非常にうれしい: be ～ *to* a person *for* a thing ある事で人に感謝している / I am ～ *to* know that he is safe. 彼が無事だと知ってとてもうれしい / I am ～ *that* I saw her before she died. 彼女の死に目に会えてありがたく思っている. **2** 〈心・言動・態度など〉感謝に満ちた, 感謝の念を表す: ～ service 感謝のこもった奉仕 / with a ～ heart 感謝の心で. **～·ness** *n.* 〖OE *þancfull*: ⇨ thank, -ful〗

thánk·ful·ly /-fəli/ *adv.* **1** [文修飾語として] ありがたいことに, 幸いにも. **2** 感謝して, ありがたく思って. 〖OE *þancfullīce*〗

thánk·ing *n.* [*pl.*] 謝辞, 感謝 (thanks). 〖OE *thankunge*: ⇨ -ing[1]〗

thánk·less *adj.* **1** 〈人が感謝を知らない, 恩知らずの, 忘恩的な (ungrateful): How can you be ～ *to* your best friend? あなたの親友に感謝しないとはどういうことですか. **2** 〈仕事など〉感謝されない, 割の悪い (unappreciated): a ～ task [job] 割の悪い仕事, 縁の下の力持ち. **～·ly** *adv.* **～·ness** *n.* 〖《1536》: ⇨ -less〗

thánk òffering *n.* **1** 【聖書】(レビ記の律法による)(神への)感謝の捧(ささ)げ物 (cf. *Lev.* 7:12–13). **2** 感謝の捧げ物[贈物]. 〖1530〗

thánks·gìver *n.* 感謝を捧(ささ)げる人, 謝恩者. 〖1621〗

thanks·giv·ing /θæ̀ŋksgívɪŋ, ←—←| ←—←, ←—←/ *n.* **1** 感謝の表示, 謝恩; (神への)感謝. **2** 感謝の祈り: a [the] General *Thanksgiving* 一般に用いる感謝の祈り《Book of Common Prayer にあるもの》. **3** 神恩感謝祭, 謝恩祭: harvest ～ 収穫感謝祭. **4** [T-] (米国・カナダの)感謝祭日 (Thanksgiving Day): a *Thanksgiving* dinner 感謝祭のごちそう / a *Thanksgiving* turkey 感謝祭のごちそうの七面鳥. 〖《1533》← *thanks* ((pl.) ← THANK)+GIVE+-ING[1]〗

Thanksgíving Dày *n.* **1** (米国の)感謝祭日《現在は 11 月第 4 木曜日; 国民一般が神恩に感謝の意を表する法定休日》. **2** (カナダの)感謝祭日《10 月第 2 月曜日で法定休日》. 〖1674〗

thánk·wòrthy *adj.* 感謝に値する, 感謝すべき, ありがたい (worthy of thanks). 〖*c*1385〗

thánk-yòu *adj.* 感謝の: a ～ letter お礼の手紙, 礼状. **—** *n.* 「ありがとう」の言葉, 感謝の言葉: a hearty ～ 心からのありがとうの言葉. 〖《1792》← *(I) thank you*〗

thánk-you-mà'am *n.* 《米口語》道路を斜めに横切る小溝(こみぞ)《雨水排除のため丘の坂道などに設けたもの》. 〖《1849》: 車が通るときに揺れて, 乗っている人にひょっこり頭を下げさせることから〗

Thant, U *n.* ⇨ U Thant.

Thap·sus /θǽpsəs/ *n.* タプスス《アフリカ北海岸(今のチュニジア)にあった古都; Julius Caesar が大勝を博した戦跡 (46 B.C.)》.

thar[1] /tάə | tάː(r)/ *n.* 【動物】=tahr.

thar[2] /θάə | θάː(r)/ *adv.* 《北英方言》=there.

Thár Désert /tάə-, tʌ- | tάː-/ *n.* [the ～] タール砂漠《インド北西部からパキスタン南東部にわたる大砂漠; 面積 約 260,000 km²; Great Indian Desert ともいう》.

Thar·ge·li·a /θὰəgíːliə, -dʒi- | θὰː-/ *n.* [時に複数扱い] タルゲリア《古代アテネおよびイオニアで 5 月に行われたアポロ神の祭》. 〖□ Gk *Thargḗlia*〗

Tha·sos /θéɪsɔ(ː)s, θéɪ-, -sɑ(ː)s | θéɪsɔs; *Mod. Gk.* θásos/ *n.* ターソス(島)《エーゲ海最北の島; ギリシャ領; 面積 379 km²》.

that[1] /ðǽt/ *demons. pron.* (*pl.* **those** /ðóuz | ðə́uz/) **1** それ, あれ, その事, あの事, あの人, その人 (★ this に対してやや離れている, または今話に出た人や事物を指す): Give me ～. それを下さい / Do you see ～? あれが見えますか / Do it like ～. そういうふうにしなさい / Who was ～? あれはだれでしたか / Who is ～ (, please)? [電話で]《英》どちら様でしょうか (⇨ this 1 a) / (Is) ～ you, John? ジョン, 君かい / *That* is the duchess. あれが公爵夫人です / after ～ その後(は) / before ～ その時以前に / by ～ その時までには / upon ～ ここにおいて, そこですぐ / if ～ were the case そういう訳なら / only ～ ただそれだけのこと / Not ～ (again)! (またそんなことだめ / ～ being so そういう訳で / *That*'s about [the size of] it. まあそんなところだ / *That*'s all. それで全部; それだけのこと / *That*'s fine! それはけっこうだ / *That*'s right! よろしい; 《口語》その通り, さようで (Just so.); 賛成, 謹聴 (Hear, hear) / (Is) ～ so [a fact]? そうですか / *That*'s so. その通り (Yes, it is so.); それでよし / *That*'s it. ⇨ it[1] 2 / *That*'s the (very) thing. それがおあつらえ向きだ / *That*'s the man for me! それこそ私にうってつけの人だ / *That* will do. それでけっこう / *That*'s enough! それで十分だ[もうたくさんだ] / What was all ～ about? それはいったいなんのことだったのか / Will you help him?—*That* I will! [=《アイル》I will ～!] 彼を助けてくれますか—助けますとも / They are fine girls.—They are ～ [*That* they are]! いい娘たちですよ—その通り / I'm really sorry, ～ I am. 全く申し訳ない, 本当に / *That*'s what I want to know. それが[は]私の知りたいことです / *That*'s what men are (like)! 男ってそういうものなんです / (So) *that*'s what it is! (じゃあ)まさにその通り / *That*'s why I dislike him. だから彼が嫌いなのだ / Do you call ～ the behavior of [worthy of] an officer and a gentleman? あんなものが将校で紳士のふるまいだと言えるのかね / "Take ～!" said Superman as he hit him. 「これでもくらえ!」と言いながらスーパーマンは彼をなぐりつけた. ★《口語》で子供のする行為をほめたり奨励したりする場合, 次の形式の言い方が用いられる (cf. there *adv.* B 5): *That*'s a good boy [a good girl, a dear, the boy]. いい子だね, いい子だから / Hurry up, ～'s a good boy. さっさとしなさいよ, いい子だから. 日英比較 日本語には「これ」「それ」「あれ」すなわち近称・中称・遠称の三つの指示代名詞があるが, 英語には this と *that* との二つしかない. 日英の対応関係は次のとおりである.

英　語	日本語
this	こ れ
that	そ れ
	あ れ

英語の this は日本語の「これ」にほぼ対応し, 話し手から近いところにあるものを指す. 英語の *that* は日本語の「それ」「あれ」の両方に対応し, 日本語の「それ」のように話し相手のところにあるものも, 日本語の「あれ」のように話し手と話し相手の両方から離れたところにあるものも指す. なお, 英語の it は人称代名詞であって, 指示代名詞ではなく, 指示機能はない.

2 [特に that of … の形式で, 前出の "the＋単数名詞＋of …" の反復を避けるための代名詞として (cf. those *pron.* 1 ★)] 《文語》(…の)それ: Which house?—*That* (=the one) with a veranda. どの家—ベランダのある家です / The climate of this country is like ～ (=the climate) *of* Japan (★ … is like Japan's とも言える). この国の気候は日本(の気候)に似ている.

3 [this と相関的に] **a** あれ: Which will you have, *this* or ～? どちらを取りますか, これですかあれですか / Is *this* problem really as hard as ～? この問題は本当にあの問題と同じほど難しいですか (cf. that *adj.* 3). **b** 《古》(後者に対して)前者 (the former), (一者に対して)他者: Work and leisure are both necessary to health: *this* (=leisure) gives us rest, and ～ (=work) gives us energy. 仕事と余暇とは健康に必要である, 後者は休息を与え前者は活力を与える. **c** [不定的に] あれ: ⇨ THIS *and* [*or*] *that*; THIS, *that, and the other.*

4 [関係代名詞の先行詞として] (…する)こと, もの (the thing), 人 (the one); 何か(…する)もの (something) (cf. those *pron.* 2) (★ この場合関係代名詞は特に目的語の場合しばしば省略される): *That which* (=What) you told me to do I did. やれと言われたことはしました (★ that which は《文語》; what は《口語》にも用いる) / What was ～ (*that*) you said? 君が言ったのは何でしたか / Who is ～ (*that*) I see? 向こうに見えるのはだれかしら / There was ～ in him *which* commanded respect. 彼には尊敬を集めずにはいられないところがあった.

áll thát ⇨ all *adj.* 成句. ***and* (*áll*) *thát*** ⇨ and 成句.

and thát (1) [前文全部を繰り返す代わりに用いて強意的に] しかも: He makes mistakes, *and* ～ very often. 彼は間違いをする, しかもしょっちゅう / It was necessary to act, *and* ～ promptly. 行動することが必要だった, しかも速やかに. (2) 《英口語》=AND *all that.* ***at thát*** 《口語》(1) おまけに(驚いたことに), しかも (moreover): The tea was 1,000 yen, and not very good tea *at* ～. 茶は千円で, しかも良い茶ではなかった. (2) あれこれ考えてみて, もしかして: He says you dislike her.—Maybe he's right [I do] *at* ～. 君は彼女が嫌いだと言っている—なるほどそういえばそうかもしれない. (3) その点で; そのままで: ⇨ LEAVE[1] *it at that* / We'll let it go *at* ～. それくらいにしておこう. (4) = WITH *that.* (5) それでも; それにしても. 《1830》 ***for áll thát*** ⇨ for[1] *prep.* 成句. ***nót càre* [*give, wòrth*] *thát*** (ぱちんと指を鳴らしながら)これっぽっちも構わない[出さない, 値打ちがない]: I would*n't give* ～ for it. そんなものにはこれっぽっちも出せるものか / It's *not worth* ～. これっぽっちの値打ちもない. ***thàt is*** (1) すなわち, (つまり)正確にいえば (that is to say) (略 i.e.): I'll come with you, ～ *is* if you don't mind [if you don't mind, ～ *is*]. ご一緒しますが, お嫌でなければですが / We went to Washington—Washington State, ～ *is.* 我々はワシントン, つまりワシントン州に行きました. (2) つまりその, いやその (I mean), …ではなくて《前の語句を訂正するときに用いられる》: Mr. Hart—Mr. Heath, ～ *is.* ハート氏, 失礼, ヒース氏です / We went to Washington—Baltimore, ～ *is.* 我々はワシントン, いやつまりボルティモアに行きました. (3) たとえば (for example). ***thàt is to sày*** (1) すなわち, 換言すると (namely): next Wednesday, ～ *is to say,* the 15th 次の水曜日, つまり 15 日 / We went to Washington—～ *is to say* [*that's to say*] Washington State. 我々はワシントン, つまりワシントン州に行きました. (2) =THAT *is* (2). (3) 少なくとも (or at least): I haven't met her, ～ *is to say,* I don't remember that I have. 彼女には会ったことがない, 少なくとも会った覚えがない. 《*c*1175》 ***Thát's* (*just*) *abóut it* [*áll*].** 《口語》まあそんなところだ. ***thát as mày bé*** それはともかくとして. ***Thàt's … for you*** …とはそういうものだ: *That's* life *for you.* それが人生というものだ.

Thát's thát 《口語》(この事は)それで決まった[終わりだ]: I won't go and ～'*s* ～. 行かないと言ったら行かないのだ / So ～'s ～! じゃあそれはそれ[これ]までだ《事がしばしば残念ながら)決まった[終わった]こと, 断定[拒否]の意志, 話[仕事]の終わったことを示す言い方》. ***this and* [*or*] *thát*** ⇨ this *demons. pron.* 成句. ***with thát*** ⇨ with 成句.

— /ðǽt/ *demons. adj.* (*pl.* **those** /ðóuz | ðə́uz/) (cf. this) **1** [やや離れている, あるいは今話に出た人や事物を指して] その, あの, あちらの: ～ man there あそこにいるあの人 / What was ～ noise? 今の音は何でしたか / I don't like all ～ noise [pushing and shoving]. 私はあんな騒音[押し合いへし合い]はいやだ / I only saw him (just) ～ once. あの時会っただけだ / ～ day あの日 / from ～ hour (on) その時から. ★ しばしば後続の関係詞と相関的に先行詞の限定語として用いられる (cf. those *adj.* 語法 (1)): I've decided to take ～ room (*that*) you showed me first. 初めに見せてもらったあの部屋を借りることにしました.

2 《よく知られている》あの (★ しばしば軽蔑・賞賛などの感情的色彩を伴う; cf. those *adj.* 語法 (2)): ～ sort of people [person] その手の人々[人] / It's ～ (same, very same) dog again! またあの犬だ / I hate ～ Johnson. 私はあのジョンソンという男は大嫌いだ / Well, how's ～ leg *of yours?* ところで, 君のあの脚はどう / ～ pretty wife *of his* 彼のあのきれいな細君 / ～ pride *of hers* 彼女あの気位の高さ / Ah! *That* voice—I'd know it anywhere! ああ, あの声だ. どこでも私にはそれとわかる / ～ stately bearing *which* we know so well 例のあの堂々たる風采(ふうさい) / ～ courage *which* you boast of 例の君の自慢する勇気 / Where's ～ book I lent you last week? 先週あなたに貸したあの本はどこにありますか.

3 [this と相関的に] あの, 別の (another): Shall it be *this* one (here) or ～ one (there)? (ここの)これにしましょうか, (それとも)(あちらの)あれにしましょうか / Is this problem as hard as ～ one? この問題はあの問題と同じほど難しいですか / He is always quarreling with *this* man or ～. 彼は始終だれかと争っている / He went to *this* doctor and ～. 彼はあちこちといろいろな医者にかかってみた.

4 [後続の接続詞 that と相関的に] 《方言・口語》そんな, …するような (such (a)): He has ～ confidence in his theory *that* he would put it into practice tomorrow. 明日にも実行しかねないほど自説に自信をもっている.

***thát thère* [*'ere*]** 《方言・俗》あの (that) (cf. THIS *here*;

T

⇨ there *adj.*): ～ *there* dog あの犬. ***thát wáy*** ⇨ way¹ 成句.

— /ðǽt/ *adv.* **1** [量・程度を示す語を修飾して]《口語》それほど, それだけ, そんなに (to that extent, so): I can't walk ～ far [～ much farther]. そんなに遠くまで歩けない / I've done only ～ much. 私はそれだけしかしなかった / He never caught a fish ～ big [～ big a fish]. あんな大きな魚を捕ったことはなかった / We need four times ～ many. 4倍の数が必要だ / Does she want to have ～ many children (=as many children as that)? そんなにたくさん子供を欲しがっているのか / Is it ～ funny? (=Is it as funny as that?) そんなにおかしいか / Oh come on! It's not ～ hard (=as hard as that)! さあさあ, そんなに難しくはないったら.

2 [形容詞または副詞+結果の clause を伴って]《方言・口語》(…する)ほど…, 非常に…な(ので…) (so, to such an extent)《★ この場合後続する clause を導く接続詞 that は通例省かれる》: He was ～ angry he could have hit me. 彼は非常に怒っていたので私は殴られるところだった / I'm ～ sleepy I can't keep my eyes open. どうにも眠くて目をあけていられない.

áll thát ⇨ all *adv.* 成句.

〘OE *þæt* that, the < Gmc **þat* (G *das* & *dass*) ← IE **tod-* ← **to-* (Gk *tó*): 指示代名詞・定冠詞の中性 (cf. OE *sē* (masc.), *sēo* (fem.)): 関係代名詞, 接続詞は指示代名詞からの発達〙

that² /ðət/ *rel. pron.* **1** [制限的関係詞節を導いて](…する, …である)ところの《人・物など》.

語法 (1) 先行詞が物の場合でも人の場合でも用いられる. 先行詞が "the+最上級の形容詞", the only, the very, all など限定性の強い修飾語を含んでいる場合は who, which も使われるが that も使われる. (2) 目的語の場合略されることが多い; there [here] is …, it is … (⇨ 3) などの後では主格でも, 特に《口語》で略されることがある: This is the house (～) Jack built. これはジャックが建てた家です / These are the books (～) you lent me. これらは君が私に貸してくれた本です / the house (～) we live in 我々の住んでいる家 (cf. the house *in which* we live) / the play (～) you are talking about 君が話している劇

The only thing ～ can be done now is to resign. この際できることは辞任することだけである / He is the greatest scientist ～ has ever lived. 彼こそ不世出の大科学者である / This is all ～ matters. 問題になるのはただこれだけです / That's all (～) there is to say about it. それについて言うべきことはそれだけです《★ この構文では that が省かれるのが普通》/ Fool ～ I am! 私は何というばかなんだろう / Wicked man ～ he was, he would not consent. なにしろ意地の悪い男なので承諾しなかった / Like the Japanese ～ he was, he remained calm despite the provocation. さすが日本人だけあって挑発されても泰然としていた / There is no one ～ [《口語》(～)] has such good taste as he. 彼ほどによい趣味をもっている者はない.

2 [関係副詞的に用いて](…する, …である)ところの (when, why, where)《時・理由・様態など》: You gave me this book the last time (that) I saw you. この本はこの前お会いしたときに下さった / She got married the year (～) she graduated. 彼女は卒業した年に結婚した / The moon shone very clearly the night (～) we went to see the play. 劇を見に行った晩には月は実に明るかった / He went everywhere (～) we went. 彼は私たちが行くところはどこにでも行った / I'll compete with you every way (～) I can. できるだけの方法で君と競争するつもりだ / One reason ～ (=why) he consented to the proposal was that he judged it significant. 彼がその提案に賛成した一つの理由はそれを有意義なものと判断したことだった / I did not like the way ～ [《口語》(～)] he stared at me. 彼が私をじろっと見た態度は嫌でした.

3 [強意形式 It is … that …における用法 (cf. that³ 7)]: *It was* a book (～) I bought yesterday. 私が昨日買ったのは本でした / It is I ～ (=who) am to blame. 悪いのは私だ ★《口語》では It is me who is to blame. または I am the one who is to blame. という / Who was it ～ [《口語》(～)] said so? そう言ったのはだれだ.

4 [非制限的用法]《まれ・文語》(そして)それ[その人]が (which, who): The waterwheel turns the shaft, ～ turns the stones. 水車が車軸を回し, その車軸が石臼(いしうす)を回す.

5 [否定構文の主節に続いて]…する限りでは (so far as): He has never seen Mary, ～ I know (of). 私の知っているところでは彼はメアリーに会ったことはない / He is not here, ～ I can see. 私にわかる限りでは彼はここにいない / No one knows anything about it, ～ I can see. 私の知る限りではだれもそのことは知らない.

6 [複合関係代名詞]《古・詩》(…する, …である)ところの物[人] (what, he who): Keep ～ thou hast unto thyself. なんじの持ち物はなんじがこれを持て (*Gen.* 33:9) / I am ～ I am. われはありてあるものなり (*Exod.* 3:14) / Handsome is ～ [as] handsome does. ⇨ handsome 1 a.

thàt is to bé 未来の: Miss Mary Brown, Mrs. Jones ～ *is to be* メアリーブラウン嬢, 未来のジョーンズ夫人. ***thàt wás*** もとの: Mrs. Jones, Mary Brown ～ (=《英口語》as) *was* ジョーンズ夫人, 旧名メアリーブラウン / Iran, ～ *was* Persia イラン, 旧名ペルシャ.

that³ /ðət/ *conj.* **1** [主語・目的語・補語・同格としての節を導いて]…ということ (cf. how¹ *adv.* B): *That* he will come [came] is certain.=*It* is certain ～ he will come [came]. 彼が来る[来た]ことは確かだ (cf. it¹ *pron.* 5) / I know (～) it is impossible. それが不可能であることを知っています / I take it (～) he'll do it. 彼がそれをすると思う / He said (～) he would do it. 彼はそれをすると言った / He let it be known ～ he would do it. 彼はそれをするつもりだということを知らせた / He regards it as shameful ～ you did it. 君がそれをしたのを彼は恥ずべきことと考えている / The truth is (～) she is not fit for the job. 実は彼女はその仕事に向いていない (cf. The truth is, she is not fit for the job.) / The trouble is ～ he is awfully careless. 困ったことには彼はとても不注意だ / The fact ～ he is here makes no difference. 彼がここにいることは重要ではない.

語法 (1)《口語》では文の中間に用いられる目的語節・補語節などを導く that はしばしば省略される. (2) しばしば主語としての *that*-clause が should を伴って判断の基準となる事柄を表すことがある (cf. 6): It is right [wrong] ～ you *should* do so. 君がそうするのは当然だ[間違っている] / It is impossible ～ he *should* have made [has made] such a mistake. 彼がそんな誤ちをしたとは考えられないことだ / *That* humans (*should*) do such things is a scandal. 人間がそんなことをするなどということは恥さらしだ. (3) 前項の *that*-clause が独立して詠嘆的な意味の省略構文を成すことがある: *That* it *should* ever come [has come] to this! こんな体(てい)たらくになるなんて / *That* a brother *should* be so perfidious! 血を分けた兄弟がかくも不信であるとは (Shak., *Tempest* 1. 2. 67–68). (4) 意欲動詞 (demand, insist, order, propose, recommend, suggest など)の目的語節を導いて, "should+原形" か, または特に《米》では(今では《英》でも), 仮定法現在形の動詞,《英》では直説法の動詞を含む *that*-clause が用いられる: We proposed to him ～ he *admit* [*should* admit,《英》*admitted*] all applicants. 彼に申込者を全員受け入れるように提案した《★ 否定の not が加わる場合は次の形をとる: We proposed to him ～ he *not* admit [should *not* admit,《英》didn'*t* admit] all applicants.》/ He suggested ～ the railroad *be* [*should* be] improved. 鉄道を改良すべきだと提議した.

2 [自動詞, "be+形容詞または p.p. 形", "他動詞+目的語" などに続く節を導いて](…である)ことを, (…である)ことについて, …して: I am glad (～) we have won. 勝ってうれしい / I don't wonder (～) she refused. 彼女が断ったのも無理はない / I am afraid (～) he will not come. 彼は来ないのではないかしら / We were sorry (～) you couldn't join us. あなたが加われなくて残念だった / I am pleased (～) my daughter has passed the examination. 娘が試験に合格してくれて喜んでいる / He was convinced (～) he had achieved his end. 目的が達成できたものと思い込んだ / She flattered herself ～ she was the most beautiful girl in the class. クラス一の美人とうぬぼれていた / I assured him ～ he would succeed in the end. 彼に最後には必ずうまく行くと保証してやった (cf. I assured him *of* his eventual success).

3 [理由・根拠]…だから, …のゆえに (because): If I criticize you, it is ～ I want you to do better in the future. 君を批判するのも君にこれからよりよくしてほしいからだ. ★ 特に It is not that …, Not that … の形式で, 前出の陳述に対する否定の理由・根拠を付け加え, あるいはさらに対照的に肯定の理由・根拠を but (it is) that … の形式で述べる場合に用いられる: *It is not* ～ [*Not* ～] I want it. といってそれが欲しいというわけではない / They didn't invite me—*not* ～ I cared [wanted them to]! 招待されなかった. だが気にしている[そうしてもらいたかった]というのじゃない / *Not* ～ I loved Caesar less, *but* ～ I loved Rome more. シーザーを愛せること薄きに非ず, ローマを愛せること深きが故である (Shak., *Caesar* 3. 2. 22) / I want to go, but its just ～ I'm a bit tired. 失礼させてもらうよ. いやちょっと疲れてるもんでね.

4 [目的: so (that) [(in order) that] … can [could, may, might, should] などとして](…する)ために, (…できる)ように: Speak more slowly *so* (～) I *can* understand you. 私にわかるようにもっとゆっくり話してください / I stepped aside *so* (～) he *could* go in. 彼が中に入れるようにわきに寄った / Send me away, ～ I *may* go unto mine own place. われを帰して故郷(ふるさと)に行かしめよ (*Gen.* 30:25) / I would give a thousand pounds ～ he *might* prove the man. 彼が真の男だということがわかれば千ポンド出してもよいのだが / They advertised the concert *in order* ～ everyone *might* [*should, would, could*] know about it. 皆に知らせるように音楽会の広告をした. ★ so that よりも that は文語的であり, in order that はより形式ばっていて目的の観念が強い; 節内の助動詞としては may, might, should に比べ can, could, will, would が口語的.

5 a [結果: so … that, such … that として](非常に…なので)…である: I am *so* tired (～) I cannot go on. 疲れてしまってもう続けられない / He ran *so* quickly (～) I could not catch him. ひどく速く走ったので捕まえることができなかった / It is *such* a tiny thing (～) it is little use to us. とても小さなものでほとんど我々の役には立たない. ★ 特に《口語》では that がしばしば省略される. **b** [so that として] それゆえ, 従って (⇨ so¹ *that* (2)).

6 [判断の基準]…とは. ★ しばしば主節が疑問文または否定文をなし, *that*-clause に should が用いられる (cf. 1 語法 (2) (3)): Are you mad ～ you *should* do such a thing? そんなことをするとは気でも狂ったのか / We are *not* pigeons ～ we *should* eat dry peas. 干した豆など食えるものか, 鳩(はと)じゃあるまいし / What's the matter with you ～ you are so silent? そんなに黙りこくっていてどうしたというのか.

7 [It is … that … の形式で副詞語句を強調する (cf. that² 3)]: *It was* here ～ he fell. 彼が転んだのはここだった / *It was* yesterday ～ I bought a book. 私が本を買ったのは昨日でした / *It was* on this condition ～ I went. こういう条件で私は行ったのだ.

8 [主節と *that*-clause の双方に否定表現を含んで] =but that, but: *Not* a year goes by ～ he does*n't* write to us. 彼が手紙をよこさない年は一年もない. ★ 今日では普通この文意は次のように表現される: Not a year goes by *without* his writing to us.

9 [副詞 now または前置詞 in, except, but, notwithstanding, save などに伴い, 複合的接続詞をなして節を導く]: *Now* (～) he has gotten well, he ought to come and see us. もうよくなったのだから訪ねて来てもよいはずだ / Men differ from animals *in* ～ they can think and speak. 人はものを考えまた言うことができる点で動物と異なる / It's a very nice hat, *except* ～ it doesn't fit me. 至極けっこうな帽子なのだが, ただ頭に合わないというだけだ / I do not doubt (*but*) ～ you are surprised. きっと君はびっくりしたろう. ★ 古くは他の前置詞 after, before, for, since, till, until や接続詞 because, how, if, lest, though, when などの後にも用いられた: The people also met him, *for* ～ (=because) they heard that he had done this miracle. 群衆のまたイエスを迎えたるは, かかる徴(しるし)を行いたまいしことを聞きたるによりてなり (*John* 12:18) / *When* ～ the poor have cried, Caesar hath wept. 貧民が叫んだときシーザーは泣いた (Shak., *Caesar* 3. 2. 96).

10 [O that または Would that で始まり, 願望・祈願を表して]《文語》…だとよいのに: O ～ it were (only) possible! ああそれが可能だったら(よいのだが) [I wish it were possible!) / O [Would] ～ it might be the last! どうかこれが最後であってくれるとよいが.

11 [条件: so that として]《古》…ならば, …さえすれば (⇨ so¹ *that* (3)) (cf. 4).

12《古》…なので (because).

that·a·way /ðǽtəwèɪ | -tə-/ *adv.*《方言》あの方向へ; あの[その]ように (cf. thisaway). 〘《1839》《変形》← *that way*: *-a-* は音調上の添加 (cf.《方言》*away* along): cf. hereaway, thisaway〙

thatch /θǽtʃ/ *n.* **1** 草[かや, わら]ぶき屋根. **2** (わら・かや・しゅろの葉などの)屋根ふき材料: The house had a roof of ～. その家は草ぶき屋根だった. **3 a** 草[かや, わら]ぶき屋根に似た物, 覆い. **b**《口語》(濃い)頭髪: a ～ of white hair. **4** (植物の根元付近の土壌に堆積した)落ち葉, 朽ち葉. **5**〘植物〙=thatch palm. **—** *vt.* (かや・わらなどで)〈屋根〉をふく. **～·er** *n.* **～·less** *adj.* 〘v.: OE *þeċċ(e)an* to cover, roof < Gmc **þakjan* (G *decken* to cover) ← IE **(s)teg-* to cover (L *tegere* to cover). — n.: 《a1325》*þacche*: 現在の語形は OE *þæc* roof, *þacian* to thatch (cf. G *Dach, dachen*) との同化による〙

thatched /θǽtʃt/ *adj.* **1** 草[かや, わら]ぶき(屋根)の: a ～ roof [cottage]. **2** 草[かや, わら]ぶき屋根に覆われたような: the brooding eyes under the ～ brows もじゃもじゃした眉の下の思案がちな目. 〘《a1422》: ⇨ ↑, -ed〙

Thatch·er /θǽtʃə | -tʃə^r/, **Margaret** (**Hilda**) *n.* サッチャー《1925–2013; 英国の保守党党首 (1975–90), 首相 (1979–90)》.

Thatch·er·ism /θǽtʃərìzm/ *n.* サッチャー主義《Thatcher 元首相の政治経済政策; 通貨政策の重視・公共支出の厳格な管理・自由市場資本主義の推進・企業民営化を骨子として英国経済を活性化した》. 〘1979〙

Thatch·er·ite /θǽtʃəràɪt/ *adj.* サッチャー(主義)の. **—** *n.* サッチャー政策の支持者. 〘1976〙

thátch·ing *n.* **1** 屋根ふき. **2** =thatch 1. 〘《1350–51》: ⇨ -ing¹〙

thátch pàlm *n.*〘植物〙葉を屋根ふき用に使う熱帯アメリカ産のヤシ《ホソエクマデヤシ属 (*Thrinax*), サバルヤシ属 (*Sabal*), *Inodes* 属などのもの》. 〘1866〙

thatch·y /θǽtʃi/ *adj.*《まれ》ふきわらの多い. 〘《1864》: ⇨ -y⁴〙

that'd /(強) ðǽtəd; (弱) ðət- | -təd/《口語》**1** that would の縮約形. **2** that had の縮約形.

that'll /(強) ðǽtl̩; (弱) ðətl̩ | -tl̩/《口語》that will の縮約形.

that·ness /ðǽtnɪ̀s/ *n.*〘スコラ哲学〙=quiddity 1 b. 〘《1643》← THAT¹+-NESS: cf. thisness〙

that's /(強) ðǽts; (弱) ðəts/《口語》**1** that is の縮約形. **2** that has の縮約形.

thau·mat- /θɔ́ːmət, θɑ́ː- | θɔ́ː-/ (母音の前にくるときの) thaumato- の異形.

thau·ma·tin /θɔ́ːmətɪ̀n, θɑ́ː- | θɔ́ːmətɪn/ *n.*〘生化学〙タウマチン《熱帯アフリカ産の植物の一種の果実から採れる蛋白(たんぱく)質; 蔗糖の 3000 倍甘い》. 〘《1972》← *Thaumatococcus danielli*) (これが採取されるクズウコン科の植物)+-IN²〙

thau·ma·to- /θɔ́ːmətou, θɑ́ː- | θɔ́ːmətəu/「驚異 (wonder); 奇跡 (miracle)」などの意の連結形. ★ 母音の前では通例 thaumat- になる. 〘← Gk *thaumat-, thaûma* wonder, marvel, juggler's trick: ⇨ -o-〙

thau·ma·tol·o·gy /θɔ̀ːmətɑ́(ː)lədʒi, θɑ̀ː- | θɔ̀ːmətɔ́l-/ *n.* 奇跡学, 奇跡論. 〘《1851》: ⇨ ↑, -logy〙

thau·ma·trope /θɔ́ːmətròup, θɑ́ː- | θɔ́ːmətrəup/ *n.* びっくり盤《円盤の, 例えば一面に鳥かご, 他面に小鳥を描き, これを急速に回転させれば小鳥がかごの中にいるように見える目の残像現象応用のおもちゃ》. **thau·ma·trop·i·cal** /θɔ̀ːmətrɑ́(ː)pɪ̀kl̩, θɑ̀ː- | θɔ̀ːmətrɔ́pɪ-/ *adj.* 〘《1827》← Gk *thaûma* wonder+-TROPE〙

thau·ma·turge /θɔ́ːmətə̀ːdʒ, θɑ́ː- | θɔ́ːmətə̀ːdʒ/ *n.* 奇跡を行う人《聖徒・奇術師など》. **thau·ma·tur·gic** /θɔ̀ːmətə́ːdʒɪk, θɑ̀ː- | θɔ̀ːmətə́ː-/ *adj.* **thàu-**

ma·túr·gi·cal /-ʤɪ̀kəl, -kl̩ | -ʤɪ-⌐/ *adj.* 〘(1715) ▭ ML *thaumatūrgus* ← Gk *thaumatourgós* ← *thaumat-*, *thaûma* wonder＋*-ourgos* -working〙

thaumaturgi *n.* thaumaturgus の複数形.

tháu·ma·tùr·gist /-ʤɪ̀st | -ʤɪst/ *n.* 奇跡を行う人, (特に)奇術師 (magician). 〘(1829): ⇨ -ist〙

thau·ma·tur·gus /θɔ̀ːmətə́ːgəs, θɑ̀ː- | θɔ̀ːmətə́ː-⌐/ *n.* (*pl.* **-tur·gi** /-ʤaɪ/) 奇跡を行う人. 〘(1730): ⇨ THAUMATURGE〙

thau·ma·tur·gy /θɔ́ːmətə̀ːʤi, θɑ́ː- | θɔ́ːmətə̀ː-/ *n.* 魔術, 魔法, 奇術 (⇨ magic SYN). 〘(1727) ▭ Gk *thaumatourgía*: ⇨ thaumaturge, -y[1]〙

thaw /θɔ́ː, θɑ́ː | θɔ́ː/ *vi.* **1** 〈雪・氷・凍結した物などが〉解ける (⇨ melt SYN); 〈冷凍食品などが〉解凍する, 解凍状態になる 〈*out*〉: The ice is ～*ing*. / The pond has ～*ed out.* 池の氷が解けた / The pipe ～*ed.* 凍りついた導管が解けた. **2** [it を主語として] 氷[霜]が解ける, 雪解けの陽気になる: *It* ～*s* in March here. ここでは 3 月に雪が解ける. **3** 《口語》〈冷淡な人・態度・感情などが〉和らぐ, 次第に打ち解ける, にこやかになる (unbend) 〈*out*〉: I talked to him in the friendliest way, but he would not ～. とても親しく話しかけたが, 彼は打ち解けなかった / She gradually ～*ed to* him. 次第に彼に打ち解けてきた. **4** 〈冷えた体が〉しだいに暖まる 〈*out*〉: I am ～*ing.* — *vt.* **1** 〈雪・氷・凍結した物など〉を解かす (melt); 〈冷凍食品など〉を解凍する 〈*out*〉: ～ (*out*) frozen meat 冷凍肉をもどす. **2** 打ち解けさせる 〈*out*〉: She may be ～*ed* (*out*) by kindness. 親切にすれば打ち解けるかもしれない / His pleasant manner ～*ed* her *into* a corresponding amiability. 彼の感じのよい態度に打ち解けて彼女も同様に愛想よくなった. **3** (…の冷えた体を)暖める 〈*out*〉: I was ～*ed* (*out*) by the fire. 火で体が暖まった.

— *n.* **1** 雪解け, 霜解け (thawing). **2** 雪[霜]解けの陽気, 温暖: A ～ has set in. 雪解けの候となった. **3** 打ち解けること,「雪解け」. **4** [the ～] 解氷日 (港や河川の氷が解けて初めて航行可能になる日).

〘OE *þāwian* < Gmc **pawōjan* (Du. *dooien* / G *tauen* ← IE **tā-* to melt (L *tābēre* to waste away, melt / Gk *tḗkein* to melt)〙

tháw·er *n.* 解かす人[物, 装置]. 〘(1630): ⇨ ↑, -er[1]〙

tháw·less *adj.* 雪解けしない, 〈雪など〉少しも解けない. 〘(1813): ⇨ -less〙

thaw·y /θɔ́ːi, θɑ́ːi | θɔ́ːi/ *adj.* (**thaw·i·er**; **-i·est**) 霜[雪]解けする, 解ける: ～ weather. 〘(1728): ⇨ -y[4]〙

Thay·er /θéɪə, θéə | θéɪə(r), θéə(r)/, **Syl·va·nus** /sɪlvéɪnəs/ *n.* セアー (1785–1872; 米国の陸軍将校・教育家; West Point の陸軍士官学校の改革者).

ThB 《略》*L.* Theologiae Baccalaureus (＝Bachelor of Theology).

THC 〘化学〙 tetrahydrocannabinol; 《NZ》Tourist Hotel Corporation. 〘1967〙

ThD 《略》*L.* Theologiae Doctor (＝Doctor of Theology).

the /(弱)(子音の前) ðə, (母音の前) ði; (強) ðíː/ ★ これが教育上の規則であるが, 実際には《米》《英》ともに母音の前でも /ðə/ を使う人がいる. また《米》では (強) として /ðʌ́/ を使う人もいる. また特に若い人の間では(強)に /ðʌ́/ を使う人が増えている. — *definite article* **A** [限定用法]: **1 a** [場面上特定なものを指して (cf. a[2] 1 a)] その, 例の, 問題の: We have a dog. We are all fond of ～ dog. 私たちは犬を飼っている. 私たちはみなその犬が好きだ / What's ～ matter now? 一体どうしたのか / *The* trouble is that he cannot speak English. 困ったことには彼は英語が話せない / *The* pity of it is that we got there too late. 残念なことに我々はそこに着くのが遅れた / Shut ～ door, please. ドアを閉めて下さい / Turn ～ light [gas] off. 電灯[ガス]を消しなさい / You are wanted on ～ telephone. 電話ですよ / He's gone to ～ post office. 彼は郵便局へ行きました / *The* stars were shining. 星が輝いていた / *The* clouds looked threatening. 雲行きがあやしくなっていた / *The* wind is blowing from ～ north. 風は北から吹いている (cf. There is *a* north wind.) / *The* weather [day] seems fine. 天気はよさそうだ. [日英比較] 英語の *the* は単に前出のものとの照応関係を示すだけで, 指示代名詞の that や日本語の「その」のように人や物を指示する働きはない. したがって日本語の「その…」に相当する語は英語では *the* ではなく that であることがしばしばある. ⇨ it[1] [日英比較]. **b** [文脈上限定的な修飾語句を伴う名詞に付いて]: ～ right answer 正しい答え / ～ greatest possible weight ありうる最大の重量 / He tried for ～ third time. 3 度目をやってみた (cf. a[2] 2 d) / He is ～ better boy *of* the two. 二人のうちでは彼のほうがよい少年である / ～ color of her hair 彼女の髪の色 / *The* pencil *in* your hand is mine. 君が手に持っている鉛筆は私のです / George is ～ man *for* the job. ジョージこそその仕事の適任者だ / Who is ～ girl sitt*ing* in the corner? 隅の所に座っている少女はだれですか / He is not ～ man *to* betray a friend. 彼は友を裏切るような男ではない (★ He is not *a* man to … とも言える) / This is ～ book I talked about the other day. これが先日話をした本です. ★ 次のような構造で不可算名詞の前に用いる the は enough の意味を表す: He had ～ kindness *to* show me the way. 彼は親切にも道を案内してくれた / I wonder you have ～ impudence (*to* ask for it). (それをくれなんて) 君の厚かましいのに驚くね / I didn't have ～ time *to* read all those books. その本を全部読む時間がなかった / She hasn't got ～ money *for* [*to* afford] a new dress. 彼女には新しい服を買う金がない. **c** [形容詞の最上級・比較級または序数詞に付き名詞句を成して]: ～ *best* (of the three) / ～ *first* (of January) / a turn for ～ *better* 快方に向かうこと. **d** [感嘆的に用いて]: *The* insolence of that man! あの男の傲慢さといったら! / But yet ～ pity of it, Iago! O! Iago, ～ pity of it, Iago! だが, それにしても, あわれだなあ, イアーゴウ! ああ, イアーゴウ, あわれだなあ, イアーゴウ! (Shak., *Othello* 4. 1. 205) / *The* troubles I've seen in my life! 私が人生でなめてきた苦労といったら!

2 a [時を表す名詞について] 現在の, 目下の, 当時の (this, that); 今[その時]から見ての: the questions of ～ day 今日の問題 / He is the hero of ～ hour. 彼は時の英雄である / I am at a loss for ～ moment. 今のところ途方に暮れている / In ～ future you must be more careful. 今後はもっと気をつけなさい / He came back five days later, on ～ Monday. 《英》5 日後の月曜に彼は戻って来た / Will you have a drink?—Well, just one [《英》(～) one]. 一杯やりますか—それじゃあ, 一杯だけ. **b** 《スコット》[day, night などに付いて]今の, この: ～ day ＝today / ～ night ＝tonight / ～ year＝this year.

3 a [一日の時間区分を表す名詞について]: in ～ morning 朝[午前]に / in ～ evening 夕方に / I woke up in (～ middle of) ～ night. 夜中に目を覚ました (cf. at NIGHT). **b** [-ties で終わる複数形の数詞に付いて] (世紀の)…十年代; (個人の生涯の)…十代: The energy crisis started in ～ seventies. エネルギー危機は 70 年代に始まった / *The* mid-fifties can be a disturbing age for a man. 50 歳代半ばは男性にとって厄介な年齢になりうる.

4 a [所有格人称代名詞に代わって, 人の身体または衣服の一部を表す名詞について]: I took her by ～ hand. 彼女の手を取った (I took her hand.) / He patted me on ～ shoulder. 私の肩をたたいた (He patted my shoulder.) / Somebody grabbed him by ～ collar. だれかが彼の襟首をつかんだ (Somebody grabbed his collar.). ★ 次のような your, my に相当する用法は《口語》(cf. B 4 ★): How's ～ (＝your) arm this morning? 腕の具合は今朝はどうですか / *The* (＝My) leg is much better today. 今日は脚の具合がずっとよい. **b** 《口語》[my, our, your などに代わって, 人の所有物・家族(の者)などを表す名詞に付いて]: *The* baby [dog] is sleeping. うちの赤ん坊[うちの犬]は寝ている / I must consult ～ wife. 《英俗用》家内[かみさん]に聞いてみなければならない / He's taking ～ (whole) family along. 家族を一緒に連れて行こうとしている.

5 a [-ing 形の名詞について, 特定の場面で行われる動作を示す]: Do ～ washing [packing], please. 洗濯[荷造り]をして下さい / The meat will shrivel in ～ cook*ing*. そんな火の入れ方をしては肉が縮んでしまうよ. **b** [*on the*＋動詞派生名詞の慣用句を成して, 継続中の動作の状態を示す]: *on* ～ move 移動中で, 進行中で / *on* ～ prowl うろつき回って / He caught the ball *on* ～ fly. その飛球を捕らえた.

6 [唯一物を指して]: ～ sun / ～ solar system 太陽系 / ～ moon / ～ earth / ～ sea / ～ sky / ～ air / ～ world / ～ Almighty 全能の神 / ～ Lord 神 / (～) (Lord) Buddha 仏陀 / ～ Gospel 福音 / ～ Bible / ～ abyss [pit] 地獄 (hell) / ～ Devil 魔王 / ～ Emperor / ～ King / ～ House (of Representatives) 下院 / ～ Senate 上院 / ～ House (of Commons) 下院 / ～ Tower ロンドン塔 (the Tower of London) / ～ Channel イギリス海峡 (the English Channel) / ～ Continent (of Europe) ヨーロッパ大陸 / ～ mainland 本土 / ～ Flood ノアの洪水 / ～ Reformation 宗教改革 / ～ First [Second] World War 第一[二]次大戦 (World War I [II]) / the flowers that bloom in ～ spring 春咲く花 (★ ただし四季名は無冠詞で用いることが多い).

7 [固有名詞について] **a** 複数形(まれに単数形)の山・島・地方などの名前に: ～ Alps アルプス山脈 / ～ Matterhorn (ドイツ語名)マッターホルン (cf. Mont Cervin) / ～ Canaries カナリア諸島 / ～ Midlands (イングランド)中部地方 / ～ Netherlands ネーデルランド, オランダ / ～ United States (アメリカ)合衆国 / ～ Commonwealth of Massachusetts マサチューセッツ州 / (～) Sudan スーダン(共和国) / ～ Crimea クリミア(半島). **b** 海洋・港湾・河川・砂漠, 特定の街路や駅・市(区)などの名の前に: ～ Pacific (Ocean) 太平洋 / ～ Bay of Tokyo 東京湾 (Tokyo Bay) / ～ (River) Thames テムズ川 / ～ Mississippi (River) ミシシッピー川 / ～ Amazon アマゾン川 / ～ Erie Canal エリー運河 / ～ Sahara サハラ砂漠 / (～) Oxford Road オックスフォード街道 (cf. Oxford Street) / (～) High Street 《英》/ ～ Gare du Nord /F. gar dy nɔːr/ (パリの)北駅 / The Hague ハーグ市 / *The* Bronx ブロンクス《New York 市の一区》/ ～ City (London の)シティー / Let's see a movie in ～ city. 映画を見に町へ行きましょう《最寄りの中心都市, また New York City の他の 4 区の人にとっては中心区である Manhattan を指す》. **c** 船舶・列車・航空路の名の前に: ～ Normandie ノルマンディー号 / ～ Orient Express オリエント特急 / ～ Trans-Pacific Line 太平洋横断航空路. **d** 公共の施設・建造物の名の前に: ～ Ritz リッツホテル / ～ Savoy サボイホテル / ～ Globe (Theatre) グローブ座 / ～ British Museum 大英博物館 / ～ Vatican バチカン宮殿 (cf. Buckingham Palace) / ～ University of London (略称 London University) / ～ Comédie Française コメディフランセーズ / ～ Washington Monument (ジョージ)ワシントン記念塔. **e** 書物・新聞・雑誌の名称の前に: *The Oxford English Dictionary* / *The New York Times* ニューヨークタイムズ / *The Economist* エコノミスト / *The Atlantic* (*Monthly*) アトランティックマンスリー. **f** 特定の場合の国語名の前に: a new translation directly from (～) Hebrew ヘブライ語から直接の新訳 / What is ～ English (word) for (～) Japanese "hana"? 日本語の「花」に当たる英語は何か / ～ King's [Queen's] English 純正英語. **g** 尊称・爵位など, 修飾語を伴った人名, または人名に続く同格語の前に: ～ Duke of Edinburgh エジンバラ公爵 / ～ Marquis of Salisbury ソールズベリー侯爵 / ～ Right Hono(u)rable ～ Earl of Pembroke ペンブルック伯爵閣下 / ～ Hono(u)rable James Jones ジェームズ ジョーンズ閣下 / ～ [《米》(～)] Reverend John Smith ジョンスミス師 / ～ poet Byron 詩人バイロン / ～ huntress Diana 狩猟の女神ダイアナ / ～ ambitious Napoleon 大望を抱(いだ)くナポレオン (★ ただし dear, honest, good, great, noble, cruel, poor など感情のこもった一般的な形容詞に修飾された人名は無冠詞: Honest John / poor little Nancy) / (～) Lady Rowena ローウィーナ姫 / (～) Lord Quirk クワーク閣下 (★ 無冠詞の場合よりも形式ばった呼称) / William ～ Conqueror 征服王ウィリアム / Sindbad ～ Sailor 船乗りシンドバッド / Alfred ～ Great アルフレッド大王 / Elizabeth ～ Second エリザベス二世. **h** アイルランドおよびスコットランドの氏族 (clan) の族長 (chieftain) の姓の前に: ～ Chisholm チザム氏 / ～ MacNab マクナブ氏 / ～ O'Conor Don オコナドン氏. **i** 人気のある女優・女性歌手などの名の前に: a picture starring ～ Hepburn ヘップバーン主演の映画.

8 a 典型的な (the typical), 真の, 随一の; [人名について] …という名の人として最も著名な (★ しばしば書記上でも *the* と斜字体で表され, 発音では強形が使われる): This is ～ drink for hot weather. これこそ暑い時の格好の飲み物だ / Do you mean ～ Thomas Hardy? 君の言うのはあの(文豪の)トマス ハーディーのことか. **b** [act または play の目的語としての人を指す名詞について]: act ～ man [～ fool] 男らしく[ばかのように]ふるまう / play ～ soldier [～ knave] 軍人[悪党]らしくふるまう.

B [総称用法]: **1 a** [普通名詞の単数形でその類総体を代表させる場合] …なるもの, …というもの: *The* dog is a faithful animal. 犬は忠実な動物である (★ 同じ意味はまた A dog is a faithful animal. (cf. a[2] 6) または Dogs are faithful animals. でも表されるが, このうち最後の複数構造の文が最も口語的で, the を用いた文が最も形式ばっている) / *The* lion is the king of beasts. ライオンは百獣の王である / *The* sapphire is next in hardness to ～ diamond. サファイアは堅いことではダイヤモンドに次ぐ / We will compare ～ medieval student with his modern successor. 中世の学生とその現代の後継者とを比較してみよう / She can play ～ piano. ピアノが弾ける / She plays ～ piano [《米》(～) piano] for a living. 彼女はピアノを弾いて暮らしをたてている / I'm learning to use ～ typewriter. タイプを打つ練習をしているところです / Edison invented ～ phonograph. エジソンは蓄音機を発明した / He is interested in ～ theater [cinema, opera, law]. (演)劇[映画, オペラ, 法学]に興味をもっている / They were dancing ～ waltz. 彼らはワルツを踊っていた. **b** [具体物を指す単数名詞の前につき, その類に共通の属性・機能を表して]: It is pleasant to ～ eye. 見て美しい / He is at home in ～ saddle. 彼は鞍(くら)[乗馬]に慣れている / *The* pen is mightier than ～ sword. ⇨ pen[1] 2 / *The* mother in her awoke. 彼女の母性本能が目覚めた.

2 [独立的に用いた形容詞について] **a** [人々の総体を表して]: *The* rich should help ～ poor. 金持ちは貧しい者を援助すべきである / *The* beautiful are easy to love. 美人は愛されやすい / a lack of communication between (～) young and (～) old 若い者と年寄りとの間の意志疎通の欠如.

[語法] (1) 対句をなす場合には the はしばしば省略される: Education should be for both *rich* and *poor*. 教育は貧富を問わず万人のためにあるべきだ. (2) 次のように単数の意味をなすのは《まれ》(★ ただし *the* accused (被告人), *the* deceased (故人)などは単数扱いにもなる): Let ～ wicked forsake his way. 悪(あ)しき者はその道を捨てよ (*Isa.* 55:7).

b 《文語》[抽象概念を表して]: *The* beautiful is higher than ～ true. 美は真よりも尊い (Beauty is higher than truth.) / The grammarian deals with ～ general rather than ～ particular. 文法学者は特殊(な事項)よりもむしろ一般(的な事項)を扱う / You are attempting ～ impossible. 君は不可能なことをやろうとしている.

3 [集合体を総括して] **a** [複数名詞について]: ～ Americans, English, French, etc. / ～ industrious Dutch 勤勉なオランダ人 / ～ Stuarts スチュアート一家 (cf. *a* Stuart ⇨ a[2] 4 b) / I prefer ～ Smiths *to* ～ Joneses. 私はジョーンズ家の人たちよりスミス家の人たちの方が好きだ / a plant not yet known to (～) botanists まだ植物学者に知られない植物 / What would become of us without (～) newspapers? この世に新聞がなかったらどうなるだろうか. **b** [階級・階層を表す集合名詞について]: ～ aristocracy 貴族(階級) / ～ elite エリート / ～ rabble 下層社会.

4 [病名につけて; 一般に古風で非専門的用法; 特に《口語》で複数形の名詞と共に用いられる]: ～ itch 皮癬(ひぜん) / ～ smallpox 《古》天然痘 / (～) mumps おたふくかぜ / (～) measles はしか / He's got ～ jitters [fidgets]. 《口語》ひどくいらいら[せかせか]している. ★ 次の口語用法は A 4 a ★ の用法に準じる: How's ～ toothache [～ cough]? 歯[せき]はどんな具合ですか.

5 [単位を示して] **a** [前置詞なしに]…につき, …ごとに (per, for every) (cf. a[2] 7): at 12 dollars ～ sack ひと袋 12 ドルで. **b** [*to* または *by* に導かれて]: This car does 30 miles *to* ～ gallon. この車は 1 ガロンで 30 マイル走る / The house is rented *by* ～ month. その家はひと月いくらで貸している / Eggs are sold *by* ～ dozen. 卵は 1 ダースいくらで売っている / They were killed or injured by ～ hundreds [thousands]. 何百[千]人という死傷者が出た.

— *adv.* **1** それだけ(いっそう), かえって, ますます (to that extent): **a** [形容詞・副詞の比較級の前につけて]: If you start now, you will be back ～ *sooner.* 今出かければそれ

T

だけ早く帰れる / I was none ~ *better for* [after] seeing him. 彼に会っても結局同じことだった[何にもならなかった] / It was none ~ *worse for* wear. 長く使用しても少しも傷んでいなかった / The watch was (*all*) ~ *more* precious to her *because* it was her mother's. その時計は母のものであるだけに彼女にはいっそう大事なものだった. ★ この "the＋比較級" は all または so much によって強調されることがある: I love him *all* ~ *better for* his faults. 彼は欠点があるからかえって好きだ / If you don't like it, *so much* ~ *worse* for you [~ *more* fool you]! それが好きでないとすれば, なおさら君にとっていけない[ばかだなおまえは] / I'm worried—(*all*) ~ *more* so *because* this is taking so much time. 私は心配だ—これがこんなに時間がかかっているのでなおさらそうだ.
b [相関的に形容詞・副詞の比較級の前につけて] …すればする[であればある]ほどますます…: *The more* you have, ~ *more* you want. 《諺》たまればたまるほどほしくなる / *The more*, ~ *merrier*. 人多ければ楽しみ多し / *The sooner* ~ *better*. 早ければ早いほどよい.

語法 (1) この構文における初めの the は関係副詞で 'by how much' の意, 後の the は指示副詞で 'by so much' の意. (2) 次のように従節の比較級のあとに that がはいることがある: *The* older *that* we get, ~ wiser we become. 年をとればとるほど賢くなる. (3) 時に次のように従節を後に表すこともある, この場合しばしば主節の the が落ちる: I play (~) *worse*, ~ *more* I practice. 練習すればするほどますます下手になる / The situation got *worse* and *worse the* ~ he said. 彼が言えば言うほど事態はますます悪くなった.

---

2 [副詞の最上級の前につけて] (…のうちで)どれよりも: Of all I like this ~ *least* [*best, most*]. すべてのうちでこれが一番好きでない[好きだ]. ★ 主として口調によるが, 今は この the はつけない方が普通; この "the＋最上級" は定冠詞としての用法 A 1 c の副詞的用法に由来する.
〖article: lateOE *þe* 《変形》 ← *sē* (masc.) (cf. *sēo* (fem.), *þæt* (neut.)): OE でも本来は指示代名詞: cf. G *der, die, das*. — adv.: OE *þē* ← *þȳ* (instr.) ← *sē*: ⇨ that¹〗

the- /θiː | θiː, θi/ (母音の前にくるときの) theo- の異形.

The·a /θíːə | θíːə, θíə/ *n*. **1** スィーア《女性名》. **2** 〘ギリシャ神話〙 ⇨ Theia. 〖← Gk *Theá* 《原義》 goddess ∥ (dim.) ← ALTHEA〗

The·a·ce·ae /θiéɪsiìː/ *n. pl*. 〘植物〙 ツバキ科. **the·á·ceous** /-ʃəs/ *adj*. 〖← NL ~ ← *Thea* (属名: ⇨ tea)＋-ACEAE〗

the·an·dric /θiǽndrɪk/ *adj*. 神人に属する, 神人両性を有する. 〖(1612) □ Gk *theandrikós* ← *theós* god＋*andr-* (⇨ andro-): ⇨ -ic¹〗

the·an·throp·ic /θiːænθrɑ́(ː)pɪk | -θrɔ́p-⁻/ *adj*. 神人の, 神人両性を有する: a ~ image of Christ 神人的キリスト観. 〖(1652) ← LGk *theánthrōpos* god and man (=Jesus Christ): ⇨ theo-, anthropo-, -ic¹〗

the·an·thro·pism /θiǽnθrəpɪ̀zm/ *n*. **1** 〘神学〙 神人一体説; (特に)キリスト神人説. **2** 〘神話〙 神に人性を賦与すること, 擬人論 (anthropomorphism). 〖(1817): ⇨ ↑, -ism〗

the·án·thro·pist /-pɪ̀st | -pɪst/ *n*. 神人一体[キリスト神人]説の主唱者. 〖(1816): ⇨ -ist〗

the·ar·chy /θíːɑəki | -ɑːki/ *n*. **1** 神の統治, 神政 (theocracy); 神政国. **2** 神々の階級[序列]: the Olympian ~. **the·ar·chic** /θiɑ́ːkɪk | θiɑ́ː-/ *adj*. 〖(1643) □ Gk *thearkhía* ← *theós* god＋*-arkhía* '-ARCHY'〗

T

theat. 《略》 theater; theatrical.

the·a·ter, 《英》 **the·a·tre** /θíːəṭə, θíə- | θíətə^(r), θíːə-, θiét-/ ★《米南部》では /θíːeɪtə, θiéɪ-/ の発音が聞かれるが, 教育の低い人の発音とみなされることが多い. *n*. **1 a** 劇場, 芝居小屋 (playhouse); 《米・豪》 映画館 (《英》 cinema): a movie ~ 《米》 映画館 / ⇨ patent theater / go to the ~ 観劇に行く / build a new ~ 新しい劇場を建てる / *theater*-lovers 観劇愛好者. **b** (古代ギリシャ・ローマの)野外劇場.

語法 (1) 劇場名には《米》でも 'theatre' のつづりを用いたものが多い. (2) theater が映画館を意味するのは《英》でも皆無ではない.

---

2 [(the) ~] 劇, 演劇 (the drama, the theatrical profession); [集合的] (ある国・作家などの)劇作品 (dramatic works); 演劇界: *the* Elizabethan ~ エリザベス朝演劇 / (*the*) Greek ~ ギリシャ劇 / the Kabuki [Noh] ~ 歌舞伎[能] / Goethe's ~ ゲーテの劇作 / (*the*) modern ~ 近代劇 / work in (the) ~ 演劇界で働く / ⇨ legitimate drama. **3** [the ~; 集合的] (劇場の)観客: The whole ~ roared its approval. 全観客が称賛の呼び声をあげた. **4 a** 階段講堂[教室] (階段式の座席のある解剖・手術などの教室): a lecture ~ 階段講堂. **b** [theatre] 《英》 手術室 (operating theatre): in ~ / ⇨ theatre nurse [sister]. **5** 活動の舞台 (theater of operation), (出来事などの)現場 (scene): the ~ of public life 公的生活の舞台 / the ~ of war 交戦圏, 戦域; 戦争の舞台, 戦場 / He saw action in the Pacific [European] ~. 太平洋[ヨーロッパ]戦域で戦闘を経験した. **6** 劇としての効果 (適・不適): The play was [made] good ~. あの芝居は上演ばえがした. **7** 《古》 段丘 (terrace).
dò a théater 《口語》 芝居見物に行く.
theater of chánce [the —] 偶然演劇 (言葉や行動の偶発性を重んじる演劇).
theater of crúelty [the —] 残酷演劇. 《1954》
théater of despáir [the —] 絶望演劇.
théater of fáct [the —] 事実演劇 (事件の記事などをつなぎ合わせた一種のコラージュ演劇). 《1966》
théater of invólvement [the —] 参加演劇 (観客に強く働きかけ, 彼らを覚醒させようとする演劇).
théater of operátions 〘軍事〙 作戦地域[地区]: the European ~ *of operations* ヨーロッパ作戦地域. 《1879》
théater of prótest [the —] 抗議演劇.
théater of the absúrd [the —] 不条理演劇 (1950 年代ヨーロッパに現れた, 人間の行動や経験を無目的なものと見, 合理性を拒否した方法で造型する演劇). 《1961》
théater of the stréets [the —] 街頭演劇 (street theater).
théater of víolence [the —] 暴力演劇.
〖(*c*1380) □ OF *t(h)eatre* (F *théâtre* ∥ L *theātrum* □ Gk *théātron* seeing place ← *théā* sight, spectacle〗

théater·gòer *n*. よく芝居見物に行く人, 好劇家, 芝居通 (playgoer) (cf. filmgoer). 〖1870〗

théater·gòing *n*. 観劇, 芝居見物. — *adj*. 芝居へ行く, 芝居好きの: the ~ public 好劇家連. 〖1846〗

théater-in-the-róund *n*. 《特に米》 =arena theater.

théater·lànd *n*. 《口語》 (都市の)劇場街; [集合的] 演劇人, 演劇界. 〖1905〗

théater pàrty *n*. 観劇会. 〖1883〗

théater wéapons *n. pl*. 戦域兵器 (特に(核兵器搭載の)ミサイル).

The·a·tine /θíːətàɪn, -tìːn/ *n*. 〘カトリック〙 **1** テアティノ会修道士 (1524 年にイタリアで設立された道徳向上を標榜(ひょう)するローマカトリックの修道会の一員). **2** テアティノ会修道女 (1583 年にイタリアでテアティノ会の指導を受けて設立された女子修道会の一員). — *adj*. テアティノ修道会(士[女])の. 〖(1597–98) ← NL *Theatinus* ← L *Teatinus* of Chieti ← *Teate* Chieti (イタリアの地名): ⇨ -ine¹〗

the·a·tre /θíːəṭə, θíə- | θíətə^(r), θíːə-, θiét-/ *n*. = theater.

Thé·âtre-Fran·çais /*F*. teatʀfʀɑ̃sɛ/ *n*. [the ~] フランス座 (Comédie Française の正式名).

théatre nùrse [sìster] *n*. 《英》 手術室付看護婦. 〖1934〗

the·at·ric /θiǽtrɪk/ *adj*. =theatrical. 〖(1656) □ LL *theātricus* □ Gk *theātrikós* of theater: ⇨ theater, -ic¹〗

the·at·ri·cal /θiǽtrɪ̀kəl, -kl | -trɪ-/ *adj*. **1** 劇場の, 劇場風の; 劇の, 演劇的な: ~ effect 劇的効果 / ~ performances 演劇, 劇, 芝居 / ~ scenery (芝居の)書割り / a ~ agent 芸能人斡旋(あっ)業者 / a ~ company 劇団. **2** わざとらしい, 偽りの (unreal): ~ greatness 偽りの偉大さ. **3** 〈挙止・言動など〉芝居がかりの[もどきの], 芝居[狂言]じみた (⇨ dramatic SYN): with ~ gestures 芝居がかりのしぐさで / She sobbed in a rather ~ manner. 少し芝居もどきにすすり泣いた. — *n*. **1** [*pl*.] (素人の)芝居, 演芸: private [amateur] ~*s* 素人芝居 / student ~*s* 学生演劇. **2** [*pl*.] 演劇技法 (dramatics). **3** [*pl*.] 芝居がかったしぐさ, わざとらしさ. **4** (職業的)舞台俳優. **~·ness** *n*. 〖(1558) ← LL *theātricus* (↑)＋-AL¹〗

the·át·ri·cal·ìsm /-lìzm/ *n*. 劇演出の仕方, 劇的表現法; 大見え, 芝居がかり, 芝居もどき (staginess). 〖(1854): ⇨ ↑, -ism〗

the·at·ri·cal·i·ty /θiæ̀trəkǽləṭi | -trɪkǽlɪ̀ti/ *n*. (行動・様子などの)芝居がかり, 芝居もどき (theatricalness). 〖(1837): ⇨ -ity〗

the·at·ri·cal·ize /θiǽtrɪ̀kəlàɪz | -trɪ-/ *vt*. **1** 芝居がかり[劇的]にする. **2** 劇化する (dramatize). — *vi*. 出演する, 芝居をする. **the·at·ri·cal·i·za·tion** /θiæ̀trɪ̀kəlɪ̀zéɪʃən | -trɪ̀kəlaɪ-, -lɪ-/ *n*. 〖(1778): ⇨ -ize〗

the·at·ri·cal·ly *adv*. **1** 劇のように, 劇的に. **2** 芝居がかりに, 芝居もどきに; 気取って (affectedly). 〖(1647): ⇨ -ly¹〗

the·a·tri·cian /θìːətrɪ́ʃən/ *n*. 舞台芸術家, 演劇専門家. 〖← THEATER＋-ICIAN〗

the·at·ri·cism /θiǽtrəsɪ̀zm | -trɪ-/ *n*. =theatricalism. 〖1872〗

the·at·rics /θiǽtrɪks/ *n. pl*. **1** [単数扱い] 演劇, 芝居. **2** [複数扱い] =theatrical *n*. 3. 〖(1807): ⇨ theater, -ics〗

The·ba·id /θíːbeɪɪ̀d | -beɪɪd/ *n*. [the ~] テーベ地方 (古代エジプトまたは古代ギリシャの都市 Thebes 付近の地方). 〖(1727–41) □ L *Thēbaid-, Thēbais* □ Gk *Thēbaíd-, Thēbaís* of Thebes〗

the·ba·ine /θíːbəìːn, θɪ̀béɪiːn/ *n*. 〘化学〙 テバイン ($C_{19}H_{21}NO_3$) (アヘン中に存在する白色結晶質のアルカロイドの一種). 〖(1835) ← NL *thēbaia* (herb of) Thebes, Egyptian opium ← Gk *Thēbai* Thebes: ⇨ -ine³〗

The·ban /θíːbən/ *adj*. (古代エジプトまたはギリシャの都市)テーベ (Thebes) の. — *n*. テーベ人. 〖(?*a*1300) □ L *Thēbānus* ← *Thēbae* □ Gk *Thêbai* Thebes: ⇨ -an¹〗

the·be /tébeɪ, θéɪbeɪ | tíːbeɪ, téb-/ *n*. (*pl*. ~) テーベ (ボツワナ共和国の通貨単位; =$\frac{1}{100}$ pula; ⇨ pula). 〖□ Bantu (Tswana) ~ 《原義》 shield〗

Thebes /θíːbz/ *n*. テーベ: **1** エジプト, カイロの南約 675 km, Nile 中流にあった古代都市; 中・新王国時代に首都として栄え, 東岸にカルナック神殿・ルクソール神殿, 西岸にデルエルバハリ神殿・王家の谷など遺跡が多い. **2** 古代ギリシャ Boeotia の都市国家; Athens および Sparta と勢力を競って前 4 世紀前半 Epaminondas の下に全ギリシャを支配するに至ったが, 後に マケドニアの Alexander 大王の軍に滅ぼされた (現代ギリシャ語名 Thívai).
Séven agàinst Thébes [the —] ⇨ seven.

The·ba·ic /θɪ̀béɪɪk/ *adj*.

thec- /θiːk/ (母音の前にくるときの) theco- の異形.

the·ca /θíːkə/ *n*. (*pl*. **the·cae** /θíːsiː, θíːkiː/) **1** 〘植物〙 (蘚類の)蒴(さく) (capsule), (苔(こけ)類の)子嚢(のう). **2** 〘動物〙 包膜 (昆虫のさなぎの外殻). **the·cal** /θíːkəl, -kl/ *adj*. 〖(1662) □ L ~ □ Gk *thḗkē* case〗

thé·ca fol·líc·u·li /-fəlɪ́kjʊlàɪ/ *n*. 〘解剖〙 卵胞膜 (グラーフ卵胞 (Graafian follicle)の外皮). 〖(1857): ⇨ *folliculi* □ L *folliculī* (gen.) 'of a FOLLICLE'〗

the·cate /θíːkeɪt/ *adj*. theca のある, theca の中に入っている. 〖(1891): ⇨ -ate²〗

the·ci- /θíːsɪ̀, -si/ theco- の異形 (⇨ -i-).

-the·ci·um /θíːsiəm/ (*pl*. **-ci·a** /-siə/) 〘生物〙 「小内包組織」の意の名詞連結形: endo*thecium*. 〖← NL ~ ← Gk *thēkíon* small case (dim.) ← *thḗkē* case〗

the·co- /θíːkoʊ | -kəʊ/ 「theca」の意の連結形. ★ 時に theci-, また母音の前では通例 thec- になる. 〖← NL ~ ← L *theca* case: ⇨ theca〗

thec·o·dont /θíːkədɑ̀(ː)nt | -kə(ʊ)dɔ̀nt/ 〘動物〙 *adj*. 槽生歯をもった; 槽生歯の[に関する]. — *n*. 槽生歯動物 (歯が顎骨の溝または穴に挿入されている特徴をもつ動物; 爬虫類の祖先の杯竜類など). 〖(1840): ⇨ ↑, -odont〗

The·da /θíːḍə | -də/ *n*. スィーダ《女性名》. 〖(dim.) ← THEODORA〗

thé dan·sant /téɪdɑ̃ː(n)sɑ́ː(ŋ), -dɑːnsɑ́ːŋ; *F*. tedɑ̃sɑ̃/ *F*. *n*. (*pl*. **thés dan·sants** /~/) =tea dance. 〖(1845) □ F ~ 'dancing tea (party)'〗

thee /(強) ðiː; (弱) ði/ *pron*. 《古》 thou の目的格. ★《英方言》およびクエーカー教徒の用法では Thee has (= You have) のように主語としても用いられ, その場合動詞は三人称単数形をとる. — *vi*. thee と呼び掛ける. 〖(i) OE *þē* (dat.) < Gmc **þez* (G *dir*) < IE **tes* (acc.) ← **tu-*. (ii) OE *þēc* (対格) < Gmc **þeke* (G *dich*) < IE **tege* (L *tē* / Gk *sé*) (acc.) ← **tu-*: ⇨ thou¹〗

theek /θíːk/ *vt*. 《スコット》 〈家〉の屋根をふく (thatch). 〖(1387) *theke* ← ? OE *þeccan* 'to THATCH'〗

thee·lin /θíːlɪ̀n | -lɪn/ *n*. 〘生化学〙 テーリン (⇨ estrone). 〖(1930) ← Gk *thêlus* female＋-IN²〗

thee·lol /θíːlɔ(ː)l | -lɒl/ *n*. 〘生化学〙 テーロール (⇨ estriol). 〖(1931): ⇨ ↑, -ol¹〗

theft /θéft/ *n*. **1 a** 盗み, 窃盗 (stealing). **b** 〘法律〙 窃盗罪 (cf. larceny). **2** 《まれ》 盗品. **3** 〘野球〙 盗塁. **~·less** *adj*. 〖OE *þēoft, þēofð* < Gmc **þeuƀiþō* ← **þeuƀaz* 'THIEF'＋*-*iþō* '-TH²': -*t* は -*þ* が -*f*- との異化によって生じたもの〗

SYN 盗み: **theft** 他人の物を同意を得ずにこっそりと取ること (一般的な語). **larceny** 《古風》 窃盗罪に対する法律用語であるが, 現在では *theft* が用いられる. **burglary** 特に盗みの目的で他人の家に不法に押し入ること. **robbery** 他人の財産をその身柄から暴力で奪うこと. **holdup** 《略式》 銀行, 列車などでのピストル強盗.

---

théft insùrance *n*. 〘保険〙 盗難保険.

théft·pròof *adj*. 盗難防止の.

thegn /θéɪn/ *n*. =thane. **~·ly** *adj*. 〖(1848) 異形〗

Thei·a /θíːə, θáɪə/ *n*. 〘ギリシャ神話〙 テイア (Hyperion の妹で妻, Helios の母). 〖□ Gk *Theía*〗

Thei·ler /táɪlə | -lə^(r)/, **Max** *n*. タイラー (1899–1972; 南アフリカ共和国生まれの米国の医学者; Nobel 医学生理学賞 (1951)).

the·ine /θíːiːn, -ɪ̀n | -iːn, -ɪn/ *n*. 〘化学〙 テイン, 茶素 (⇨ caffeine). 〖(1838) ← NL *theina* ← *thea* tea＋-INE³〗

their /(強) ðéə | ðéə^(r); (弱) ðə | ðə^(r)/ ★《英》では弱形は通例母音の前だけで使われる. *pron*. (they の所有格; cf. theirs) **1** 彼ら[彼女ら, それら]の: ~ wives / ~ book(s) / We mourn ~ loss. 彼らを失ったことは悲しい / Is ~ smoking cigars all right? 彼らが葉巻を吸うのはいいのですか. ★《口語》では anyone, everybody などの単数の不定代名詞, または or で結ばれる通性の単数名詞を受けて, his, her または his or her に代わって用いられる (cf. they¹ 2): Let us give *everybody* [*every student*] ~ due. 各人[各学生]それぞれの長所を認めてやりましょう. **2** 彼ら[彼女ら]なりの: They know ~ Greek. 彼らは彼らなりのギリシャ語を知っている / They love ~ Devon. 彼らは彼らなりにデボン州を愛している. **3** [しばしば T-; 複数形の敬称を伴って]: *Their* Majesties ⇨ majesty 4. **4** 《古》 [関係詞と先行詞として] =of those: ~ lot who fled 逃げた人々の運命. 〖(?*c*1200) □ ON *þeir(r)a* of those (gen. pl.) ∽ OE *hiera* their: cf. they¹〗

theirn /ðéən | ðéən/ *pron*. 《方言》 =theirs. 〖1836〗

theirs /ðéəz | ðéəz/ *pron*. (they に対する所有代名詞) **1** 彼ら[彼女ら, それら]のもの: That house is ~. あの家は彼らのものです / I will do my best if everybody else will do ~. 他の者が皆ベストを尽くすのなら私もそうする (cf. their 1 ★). **2** [… of ~ の形式をなして (⇨ mine¹ 1 b ★)] 彼ら[彼女ら]の…: a child of ~ 彼らの子供. 〖(?*c*1200) ME *þayres, þeires*: ⇨ their, -s² 4〗

their·self /ðeəsélf | ðeə-/ *pron*. 《非標準》 =theirselves.

their·selves /ðeəsélvz | ðeə-/ *pron*. 《非標準》 = themselves. 〖ME *their self*: ⇨ their, selves: HERSELF, MYSELF との類推による〗

the·ism /θíːɪzm/ *n*. 〘哲学〙 **1** 有神論 (一般に神の存在を認める立場; ↔ atheism). **2** (キリスト教のように世界を超越した唯一の創造主である人格神を認める)一神論 (monotheism), 人格神論 (cf. polytheism, pantheism, deism). 〖(1678) ← Gk *theós* god＋-ISM〗

-the·ism /-̀ ─ θìːɪzm, -́ θìɪzm/「有神論」の意の名詞連結形: mono*theism*, pan*theism*. 〖□(O)F *-théisme* (↑)〗

the·ist /θíːɪ̆st | -ɪst/ *n.* **1** 有神論者 (↔ atheist). **2** 一神論者, 人格神論者 (cf. deist, polytheist, pantheist). 〖(1662) ← Gk *theós* god＋-IST〗

-the·ist /-̀ ─ θìːɪst, -́ θìɪ̆st | -ɪst/「有神論者」の意の名詞連結形: pan*theist*. 〖□(O)F *-théiste* (↑)〗

the·is·tic /θiːístɪk/ *adj.* **1** 有神論(者)の. **2** 一神論(者)の; 人格神論(者)の. **the·is·ti·cal** /-tɪ̆kəl, -kl̩ | -tɪ-/ *adj.* **the·is·ti·cal·ly** *adv.* 〖(1780) ← THEIST＋-IC[1]〗

the·li·tis /θɪ̆láɪtɪ̆s | θɪ̆láɪtɪs/ *n.* 〖病理〗乳頭炎. 〖← NL ～ ← Gk *thēlḗ* nipple＋-ITIS〗

Thel·ma /θélmə/ *n.* セルマ《女性名》. 〖《変形》? ← SELMA: Marie Corelli の造語〗

The·lon /θíːlɑ(ː)n | -lɔn/ *n.* [the ～] シーロン(川)《カナダ北部, Northwest Territories の東部を北東に流れ, Nunavut 準州で Baker 湖に注ぐ (885 km)》.

thel·y- /θéli/「雌 (female)」の意の連結形: *thely*toky. 〖□ Gk *thēlu-* ← *thêlus* female〗

thel·y·ot·o·kous /θèliá(ː)təkəs | -ɔ́t-⌐/ *adj.* 〖生物〗＝thelytokous. 〖異形〗

thel·y·ot·o·ky /θèliá(ː)təki | -ɔ́t-/ *n.* 〖生物〗＝thelytoky.

the·lyt·o·kous /θɪ̆lítəkəs | -tə-/ *adj.* 〖生物〗雌性産生単為生殖 (thelytoky) の (↔ arrhenotokous). 〖(1877) □ Gk *thēlutókos*: ⇨ ↓, -ous〗

the·lyt·o·ky /θɪ̆lítəki | -tə-/ *n.* 〖生物〗雌性産生単為生殖《雌のみ発生する単性生殖; ↔ arrhenotoky》. 〖(1895) □ Gk *thēlutokía* ← *thêlus* female＋*tókos* offspring＋-*ia* '-Y[1]'〗

them /(弱) ðəm; (強) ðém/ ★ them の弱形として《口語》ではしばしば 'em /əm/ が使われる. *pron.* (they の目的格) **1** 彼ら[彼女ら, それら]を[に, へ]: We like ～. / We paid ～ the money. / some [many, both, none, neither] of ～ / He lived with ～. / Not another one of ～! それらはもうたくさんだ / There are no objections to ～ smoking. 彼らがたばこを吸うのに異存はない (★ ... to *their* smoking. よりも口語的). ★《口語》では単数の不定代名詞などを受けて him, her に代わって用いられる (cf. they[1] 2): If *anybody* comes, tell ～ to wait. だれか来たら待つように言いなさい. **2** [be 動詞の補語, また than, as の後などに用いて]《口語》＝they (cf. me[1] 2, him 2, her 2 b, c, us 3): That's ～. 彼ら[やつら]だ / You are younger *than* ～. 君の方が彼らより年下だ / Did they help you?—Not ～! 助けてくれたかい—いいや. **3**《米》[間接目的語として] ＝themselves: They got ～ a new leader. **4**《方言・俗》**a** [指示形容詞的] ＝those: some of ～ apples そのりんごのいくつか. **b** [主格として] ＝those: *Them* are the women I meant. あれが私の言った女たちだ. ★ 呼応する動詞が単数のこともある: *Them*'s my sentiments. ⇨ sentiment 1 a. 〖(?c1200) *þe(y)m* (cf. OE *þǣm* (dat.) ← *þā* those) □ ON *þeim* to those (dat. pl.) ∽ OE *him* (dat. pl.) ← *hīe* 'THEY'〗

Th-Em (記号)〖化学〗thorium emanation.

the·ma /θíːmə/ *n.* (*pl.* ～·**ta** /～tə | ～tə/) **1** (談話・論文の)主題, 論題. **2** ＝theme 6. **3** ＝theme 3. 〖(1531) □ L *thēma*: ⇨ theme〗

thém-and-ús *adj.* 連中と我々の《権力のある側と権力の支配下にある側との間の緊張などに用いる》: The *them-and-us* mentality prolongs conflict. やつら対おれたちという考え方が衝突を長引かせる. 〖1966〗

the·mat·ic /θiːmǽtɪk, θɪ- | θɪmǽt-, θiː-/ *adj.* **1** 主題[論題, テーマ]の: ～ relation 主題関係. **2**〖音楽〗主題の; 主旋律の: a ～ catalog [index, summary] 主題目録[索引]. **3**〖文法〗**a** 〈母音が〉語幹を形成する: ～ vowels 語幹形成母音, 幹母音《屈折語尾の直前にある母音》. **b** 〈動詞・名詞の語幹が〉語幹形成母音をもつ: ～ verbs 幹母音動詞. **4**〖言語〗(生成文法で)主語[主題]を示す (cf. theme 5 b). **5**《英》〖郵趣〗主題別収集の, テーマチックの. — *n.* **1**《英》〖郵趣〗主題別収集[テーマチック]の切手. **2** [～s] **a** [単数または複数扱い] 主題, テーマ, 論題. **b** ⇨ thematics. **3**〖文法〗語幹形成母音《連結形の psycho- の o など》. **the·mát·i·cal·ly** *adv.* 〖(1697) □ Gk *thematikós*: ⇨ theme, -ic[1]〗

thematic apperception test, T- A- T- *n.* 〖心理〗課題統覚検査《一連の絵を見せてそれについて被験者に自由に物語をさせてその人のパーソナリティー諸特性, 無意識の欲求などを投射させるテスト; 略 TAT》. 〖1935〗

thematic róle *n.* 〖言語〗主題役 (theta role)《名詞句が動詞との関係で果たす意味上の役割; 動作主 (agent), 場所 (location), 着点 (goal) など; Chomsky の用語》.

the·mat·ics /θiːmǽtɪks, θɪ- | θɪmǽt-, θiː-/ *n.* 〖郵趣〗主題別収集, テーマチック《一定のテーマを立てて切手を集める方法》.

the·ma·ti·za·tion /θìːmətɪ̆zéɪʃən | -taɪ-, -tɪ-/ *n.* 〖言語〗主題化.

the·ma·tize /θíːmətàɪz/ *vt.* 主題として示す, 主題に選ぶ, 主題化する;〖言語〗主題化する《注目させるために語や句を文頭に置く》. 〖1959〗

theme /θíːm/ *n.* **1 a** (議論・思考などの)題目, 主題, 論題, 話題 (⇨ subject SYN): economic ～*s* 経済に関する話題. **b** (文学・美術の)主題, テーマ: Love is the constant ～ of the poet. 愛がこの詩人の不断のテーマである. **c** (ある民族の文化を支配する)主導観念. **2**〖音楽〗主題, テーマ, 主旋律 (melodic subject)《短いがそれ自体完結した楽想で, 楽曲[楽章]全体の性格を決定する》: a ～ and variations 主題と変奏曲. **3**〖ラジオ・テレビ・映画〗＝theme song. **4**《米》(学生に課せられる)作文, 小論文 (essay): a college ～. **5**〖言語〗**a** ＝stem[1] 3. **b** (生成文法で)主題《話し手が提示し, それについて何かを述べるもの; 純粋に意味機能を表す概念で, すべての文に必ず含まれる要素; 深層構造で主語となるもの》. **6** (ビザンチン帝国の)行政 29 区画の一つ. — *vt.* (テーマに沿って)デザイン[創造, 構成, 配列]する. 〖(a1325) *t(h)eme* □ OF *tesme* // L *thēma* □ Gk *théma* proposition ← *tithénai* to place: cf. F *thème* / G *Thema* / It. *tema*〗

théme mùsic *n.* 主題曲; テーマ音楽. 〖1957〗

théme pàrk *n.* テーマパーク《一つのテーマで統一した遊園地; 宇宙旅行・おとぎの国など》. 〖1960〗

théme sòng *n.* **1**〖ラジオ・テレビ・映画〗(番組・作品・登場人物(の性格)を特徴づける)主題曲[歌], テーマソング (signature tune)《1928 年の米国映画 *The Singing Fool* が先駆をなした》. **2** (人やグループの)決まり文句, お定まりの主張[不平]. 〖1929〗

théme tùne *n.* 主題曲; テーマ音楽.

The·mis /θíːmɪ̆s | θíːmɪs, θé-/ *n.* **1**〖ギリシャ神話〗テミス《Uranus の娘; 法律・秩序・正義の女神》. **2** [しばしば t-] 正義, 法. 〖(1656) □ L ～ □ Gk *Thémis* (原義) law, right〗

The·mis·to·cles /θəmístəklìːz | θɪ̆-, θɛ-/ *n.* テミストクレス《527?–?460 B.C.; アテネの政治家・将軍; Salamis の海戦 (480) でペルシャ王 Xerxes の率いる艦隊を撃破した》.

them·self /ðəmsélf, ðɛm-/ *pron.* 《非標準》**1** ＝themselves. **2** ＝himself; herself (⇨ themselves *pron.* 1 ★).

them·selves /ðəmsélvz, ðɛm-/ ★ themselves の文中のアクセントについては ⇨ oneself 〖語法〗. *pron.* (三人称複数複合代名詞; ⇨ oneself, himself) **1** [再帰用法] 彼ら[彼女ら, それら]自身を: They are deceiving ～. 彼らは自分を欺いている / They were ashamed of ～. 彼らは自らを恥じていた. ★《口語》では単数の不定代名詞を受けて himself または herself に代わって用いられる (cf. their 1 ★): Everyone [Every person] likes to keep such things to ～. だれもがそのようなものをひとり占めしたがる[他言したがらない]. **2** [強意用法] 彼ら[彼女ら, それら]自身, 彼ら[彼女ら, それら]自ら: They ～ must do it.＝They must do it ～. 彼らは自分でそれをしなければならない / They had to see it *for* ～. 彼らは独力でそれがわからねばならなかった / They had to do it *by* ～. 彼らは自分たちだけでそれをしなければならなかった / The children were afraid to be left *by* ～. 子供たちは自分たちだけで取り残されるのを怖がった / Though ～ afraid [afraid ～], they had to inspire confidence in others. 自分たちは怖がっていたが他の人には自信を吹き込まねばならなかった. **3** (身体的・精神的に)いつもの[正常な]彼ら: They were ～ again. 彼らもいつもの調子[状態]に戻っていた / They were coming to ～. 彼らは正気に戻りつつあった. 〖(?c1200) *theim self* (⇨ them, self) ∽ ME *hemselve(n)*: 現在の形は 16 世紀に確立〗

then[1] /ðén/ *adv.* **1** (過去・未来の)その時, そのころ(には); あの時は, 当時 (↔ now): Prices were not so high ～. あのころは物価はそんなに高くなかった / Prices will be lower ～. そのころには物価が下がっているだろう. **2** [しばしば first と対照的に] 次には, 今度は (next); それから(すぐ) (directly after that): Take a hot drink and ～ go to bed. 熱いものを一杯飲んで床にお入りなさい / First you borrow, ～ you beg. 一度借りると, 次は物乞いをすることになる / He ～ made off. 彼はそれから急いで立ち去った. **3** [しばしば if または when と相関的に] それなら, それでは (in that case, if so, so): well ～ それでは; では, ねえ / What ～?＝*Then* what? そうしたらどうなる(というのだ) / Have it your own way, ～. それでは好きなようにしなさい / *Then* you mean to say I am a liar. では君は私がうそつきだと言うんだね / Oh, all right [very well] ～, do what you like. ああ, ではよろしい, 好きなようにしなさい / *Then* what about this watch? ＝What about this watch, ～? それならこの時計はどうしたのだ / So you knew it all the time, ～! それでは君にはそれがずっとわかっていたんじゃないか / If you did go, ～ you saw it all. 君が行ったのならすべてを見ているわけだ / This ～ [This, ～,] is my conclusion. それでは以上が私の結論です / Right, ～, who's next? よろしい, では次はだれですか / Is this goodbye, ～? ではこれでお別れですか. **4** それに, その上, さらにまた (besides, moreover): (And) *Then* there's the general to be invited. それに[それからまた]将軍も招待しなければならない.

and thén sòme ⇨ some *pron.* 成句. ***but* [*and*] *thén* (*agáin*) ...** ⇨ but[1] *conj.* 成句. **(*èvery*) *nów and thén*** ⇨ now *adv.* 成句. ***nów thèn*** ⇨ now *adv.* 成句. ***nòw ... thén ...*** ⇨ now *adv.* 成句. ***thén and nót till thén*** その時初めて. ***thén and ónly thén*** その時[そうして]初めて. ***thén and thére*＝*thére and thén*** その時その場で, 立ちどころに (at once): His petition was granted ～ *and there*. 彼の請願は立ちどころに許された. 〖1496〗

— *adj.* [限定的] その時の (then existing) (cf. present[1] 1): the ～ conditions その当時の情況 / the ～ president 当時の大統領 / The ～ current of opinion was against it. 当時の世論はこれに反対であった.

— *n.* [主に前置詞の目的語として] その時 (that time): before ～ それ以前に / by ～ その時までに, それまでには / since ～ その時以来 / from ～ on [onward(s)] それ以来ずっと / till ～ その時まで / up to ～ それまで / Now would be better than ～. 今の方があの時よりもよろしいでしょう / Is ～ a good time for you? その時はあなたにとって楽しいひとときですか.

〖OE *þænne, þonne* ← Gmc **þana-* ← **þa-* ← IE **to-*: ⇨ the, that[1]: もとは THAN と同一語で, この分化は 17 世紀に確立, 同様の過程は G *dann, denn* にも見られる〗

then[2] /ðən; ðén/ *conj.* 《廃》＝than[1].

thèn·abòuts *adv.* ほぼそのころ (about then). 〖1589〗

the·nar /θíːnɑə, -nə | -nɑː(r, -nə(r/ 〖解剖〗*n.* 拇指球《親指の付け根の盛り上がった部分》. **2** 手のひら (palm); (時に)足の裏 (sole). — *adj.* 手のひらの; 拇指球の: the ～ eminence 拇指球. 〖(1672) ← NL ～ ← Gk *thénar* palm of the hand, sole of the foot〗

the·nard·ite /θɪ̆nɑ́ədaɪt, tə- | θɪ̆nɑ́ː-, tɪ-/ *n.* 〖鉱物〗テナルダイト, 芒(ぼう)硝石 (Na_2SO_4)《天然産の無水の硫酸ナトリウム》. 〖(1842) ← L. J. *Thénard* (1777–1857: フランスの化学者): ⇨ -ite[1]〗

The·nárd's blúe /θɪ̆nɑ́ədz-, tə- | ténɑːz, -nɑːdz/ *n.* 〖顔料〗テナール青 (⇨ cobalt blue). 〖(1837) ← *L. J. Thénard* (↑)〗

thence /ðéns/ *adv.* 《文語》★ しばしば from thence として用いる. **1** そこから (from there): We went to London and (*from*) ～ to Oxford. われわれはロンドンへ行きそこからオクスフォードへ行った / start *from* ～ そこから出発する. **2** それから, その時から (thenceforth): a year ～ それから一年 (cf. hence 3) / *from* ～ to the present time その時から今日まで. **3** そこで, それゆえ (for that reason, therefore): A discrepancy ～ results. それゆえ不一致が生じる / It ～ appears that ... それによって見ると…であるらしい / *Thence* it follows that ... だから…ということになる. 〖(?a1250) *thennes, thannes* ← *thenne* (＜ OE *þanon* thence: cf. G *dannen*)＋-s[2] 1〗

thènce·fórth *adv.* [しばしば from ～]《文語》**1** その時から, それ以来 (from that time onward). **2** そこから: *Thenceforth* was he carried. そこから運ばれて行った. 〖(c1380) *thennes forth*〗

thènce·fórward *adv.* ＝thenceforth. 〖1456–57〗

thènce·fórwards *adv.* ＝thenceforth. 〖1684〗

The·o /θíːoʊ | θíːəʊ/ *n.* スィーオ《男性名》. 〖(dim.) ← THEOBALD, THEODORE, THEODORIC〗

Theo. 《略》Theodore; Theodosia.

the·o- /θíːoʊ, θiɑ́(ː)- | θíːəʊ/「神」の意の連結形: *theo*logy, *Theo*dore. ★ 母音の前では通例 the- になる. 〖← Gk *theós* god〗

The·o·bald /θíːəbɔ̀ːld, -bɑ̀ːld | θíːəbɔ̀ːld, θíəbɔːld; G. téːobalt/ *n.* スィーオボールド《男性名》. 〖□ ML *Theobaldus* □ OHG *Theudobald, Theodbold* (cf. OE *þeodbeald*) ← *theuda* folk, people＋*bald* 'BOLD'〗

The·o·bald /θíːəbɔ̀ːld, -bɑ̀ːld | θíːəbɔ̀ːld, θíəbəld/, **Lewis** *n.* ティボルド《1688–1744; 英国の劇作家; Shakespeare 全集 (1734) の編纂者》.

the·o·bró·ma óil /θìːəbróʊmə- | θìːəbráʊ-, θìə-/ *n.* ＝cocoa butter. 〖*theobroma*: ← NL *Theobrōma* (カカオ属) ← THEO-＋Gk *brôma* food〗

the·o·bro·mine /θìːəbróʊmiːn, -mɪ̆n | -bráʊmiːn, -mɪn/ *n.* 〖薬学〗テオブロミン ($C_7H_8N_4O_2$)《ココアの種子の中に含まれる結晶粉末; 神経興奮作用がある》. 〖(1842): ⇨ ↑, -ine[3]〗

the·o·cen·tric /θìːəséntrɪk⌐/ *adj.* 神中心の: a ～ view of the world 神中心の世界観. **the·o·cen·tric·i·ty** /θìːəsɛntrísəṭi | -sɪ̆ti/ *n.* **the·o·cén·trism** /-trɪzm/ *n.* 〖(1886) ← THEO-＋-CENTRIC〗

the·oc·ra·cy /θiɑ́(ː)krəsi | -ɔ́k-/ *n.* **1 a** 神政, 神政政治《神または神的権威をもつものによる統治》. **b** [the T-] (古代ユダヤの)神権政治時代, 祭政一致制. **2** 神政政治国家, 神政国《古代 Egypt, Israel, Islam など》. **3** (神の委任によるという)聖職[僧職]政治《教皇政治など》. 〖(1622) □ Gk *theokratía*: ⇨ theo-, -cracy〗

the·oc·ra·sy /θiɑ́(ː)krəsi | -ɔ́k-/ *n.* **1** 諸神混同崇拝. **2**〖哲学〗(黙想による)神人融合. 〖(1816) □ Gk *theokrāsia* ← THEO-＋*krâsis* a mixing: ⇨ -y[3]〗

the·o·crat /θíːəkræ̀t | θíːə-, θíə-/ *n.* **1** 神政政治家; 神政政治の下に暮らす人. **2** 神政主義者. 〖(1827) ← THEO-＋-CRAT: cf. theocracy〗

the·o·crat·ic /θìːəkrǽṭɪk | θìːəkrǽt-, θìə-⌐/ *adj.* 神政の, 神政政治的な. **thè·o·crát·i·cal** /-ṭɪ̆kəl, -kl̩ | -tɪ-⌐/ *adj.* **thè·o·crát·i·cal·ly** *adv.* 〖(1690): ⇨ ↑, -ic[1]〗

The·oc·ri·te·an /θiɑ̀(ː)krətíːən | -ɔ̀krɪ-⌐/ *adj.* (*also* **The·oc·ri·tan** /θiɑ́(ː)krəṭən | -ɔ́krɪ-/)〈田園生活描写が〉テオクリトス (Theocritus) 風の, 牧歌的な (idyllic). 〖(1846): ⇨ ↓, -ean〗

The·oc·ri·tus /θiɑ́(ː)krəṭəs | -ɔ́krɪt-/ *n.* テオクリトス《紀元前 270 年ごろのギリシャの詩人, 牧歌の創始者と見なされる》. 〖□ L ～ □ Gk *Theókritos*〗

Theoderic *n.* ＝Theodoric.

the·od·i·cy /θiɑ́(ː)dəsi | -ɔ́dɪ̆-/ *n.* 〖キリスト教〗神義論, 弁神論《悪の存在が神の全能と善とに矛盾するものでないことを弁証するもの》. 〖(1797) □ F *théodicée* (Leibnitz の著書名 *Théodicée* (1710) より) ← Gk *theós* god＋*díkē* justice〗

the·od·o·lite /θiɑ́(ː)dəlàɪt, -dl̩- | -ɔ́dəl-, -dl̩-/ *n.* 〖測量〗**1** セオドライト, 経緯儀《鉛直角および水平角を測定するのに用いる器械; cf. transit 6》. **2** ＝phototheodolite. 〖(1571) ← NL *theodelitus* ← ? *the alidade* (⇨ alidade): 英国の数学者 Leonard Digges /dígz/ (*d.* 1571) の造語〗

the·od·o·lit·ic /θiɑ̀(ː)dəlíṭɪk, -dl̩- | -ɔ̀dəlít-, -dl̩-⌐/ *adj.* セオドライトの[で測った]. 〖(1864): ⇨ ↑, -IC[1]〗

The·o·dor /θíːədɔ̀ə | θíːədɔ̀ː, θíədɔː(r; *G.* téːodoːɐ, *Swed.* téːodɔr/ *n.* スィーオドア, シオドア, セオドア《男性名》. 〖□ G ～ 'THEODORE'〗

The·o·dó·ra /θìːədɔ́ːrə | θìːə-, θìə-/ *n.* **1** スィーオドーラ《女性名》. **2** テオドラ《508?–548; ビザンチン帝国の Justinian I の妃》. 〖□ Gk *Theodṓra* (fem.): ⇨ Theodore〗

The·o·do·ra·kis /θiɑ̀(ː)dərɑ́ːkɪ̆s | -ɔ̀dərɑ́ːkɪs; *Mod.*

Gk. θjoðoɾácis/, **Mi·kis** /mícis/ *n.* テオドラキス《1925– ; ギリシャの作曲家・政治家》.

The·o·dore /θíːədɔ̀ə | θíːədɔ̀ː(r, θíədɔː(r; *G.* teodóːɐ/ *n.* スィーオドア, シオドア, セオドア《男性名; 愛称形 Ted, Teddy, Theo》. 〘□ L *Theodōrus* □ Gk *Theódōros* ← *theós* god＋*dôron* gift〙

Thé·o·dore /tèɪoudɔ́ə | -ə(ʊ)dɔ́ː(r; *F.* teɔdɔːʀ/ *n.* テオドール《男性名》. 〘□ F ～ (↑)〙

Théodore Róosevelt Ísland /θíːədɔ̀ə- | -dɔ̀ː-/ *n.* セオドア ローズベルト島《米国 Washington, D.C. の Potomac 川の島; 面積 0.36 km²》.

The·o·do·ric /θiá(ː)dərɪk | -ɔ́d-/ *n.* **1** セオドリック《男性名; 異形 Theodorick》. **2** テオドリック(大王)《454?–526; 東ゴート王国の建設者で王 (493–526); 493 年イタリアを征服し Ravenna に都した; 通称 Theodoric the Great》. 〘□ LL *Theodōricus* □ Goth **þiudoreiks* ← *þiuda* folk, people＋**reiks* ruler, leader: ⇨ Teuton, regal¹〙

The·o·do·si·a /θìːədóʊʃiə, -ʃə | θìːədə́ʊsiə, θìə-/ *n.* スィーオドシア《女性名》. 〘□ Gk *Theodosía* ← *theós* god＋*dósis* gift (⇨ dose)〙

The·od·o·si·an /θìːədóʊʃiən, -ʃən | θìːədə́ʊsiən, θìə-/ *adj.* **1** テオドシウス一世 (Theodosius I) の. **2** テオドシウス二世 (Theodosius II) の: the ～ Code テオドシウス法典. 〘(1765): ⇨ ↓, -an¹〙

The·o·do·si·us I /θìːədóʊʃiəs-, -ʃəs- | θìːədə́ʊsiəs-, θìːə-/ *n.* テオドシウス一世《346?–395; ローマ帝国の最後の皇帝 (379–395), その死後ローマ帝国は東西に分裂した; Flavius Theodosius; 通称 Theodosius the Great》.

Theodosius II *n.* テオドシウス二世《401–450; テオドシウス一世の孫で, 東ローマ帝国皇帝 (408–450); *the Theodosian Code* (*Codex Theodosianus*) (16 巻)を 438 年発布》.

the·og·o·nist /θiá(ː)gənɪ̀st | -ɔ́gənɪst/ *n.* 神統系譜学者. 〘(1678): ⇨ ↓, -ist〙

the·og·o·ny /θiá(ː)gəni | -ɔ́g-/ *n.* 神々の起源[系譜]; 神統系譜学, 神統紀《Hesiod のものが有名》. **the·o·gon·ic** /θìːəgá(ː)nɪk | -gɔ́n-˶/ *adj.* 〘(1612) □ Gk *theogonía* genealogy of the gods: ⇨ theo-, -gony〙

theol. 《略》 theologian; theological; theology.

the·ol·a·try /θiá(ː)lətri | -ɔ́l-/ *n.* 神を崇拝すること, 神の崇拝. 〘(1806) ← THEO-＋-LATRY〙

the·o·log /θíːəlɔ̀(ː)g, -lɑ̀(ː)g | -lɔ̀g/ *n.* 《米口語》＝ theologue 2.

the·ol·o·gate /θiá(ː)ləgɪ̀t, -gèɪt | -ɔ́l-/ *n.* 〖カトリック〗(イエズス修道会の)神学校 (seminary). 〘(1879): ⇨ theologue, -ate¹〙

the·o·lo·gian /θìːəlóʊdʒən, -dʒiən | -lə́ʊ-/ *n.* **1** 神学者 (divine). **2** 〖カトリック〗《哲学研究の後で神学研究をしている》神学生. 〘(1483) □ (O)F *théologien* ← *théologie* 'THEOLOGY': ⇨ -ian〙

the·o·log·ic /θìːəlá(ː)dʒɪk | -lɔ́dʒ-˶/ *adj.* ＝theological. 〘(1477) □ (O)F *théologique* ∥ L *theologicus*: ⇨ theology, -ic¹〙

the·o·log·i·cal /θìːəlá(ː)dʒɪ̀kəl, -kl̩ | -lɔ́dʒɪ-˶/ *adj.* **1** 神学(上)の; 神学的(性質)の; 神学を研究する: a ～ college 神学校, 神学大学 / ～ education 神学教育 / ～ debate 神学的な論争 / a ～ student 神学生. **2** 聖書に基づく, 神の言葉として見た: ⇨ theological virtues. **～·ly** *adv.* 〘(1484) □ ML *theologicālis*: ⇨ ↑, -al¹〙

theológical séminary *n.* 《米》神学校, 神学大学.

theológical vírtues *n. pl.* [the ～]〖哲学・神学〗対神徳, 神学的徳《faith, hope, charity の三元徳をいう; supernatural virtues ともいう; cf. *1 Cor.* 13: 13; Plato やストア学派の cardinal virtues に対する》. 〘1526〙

the·ól·o·gist /θiá(ː)lədʒɪ̀st | -ɔ́lədʒɪst/ *n.* ＝theologian 1. 〘(*a*1638) □ ML *theologista*: ⇨ theology, -ist〙

the·ol·o·gize /θiá(ː)lədʒàɪz | -ɔ́l-/ *vi.* 神学を研究する[論じる]. ― *vt.* 神学的に取り扱う. **the·ol·o·gi·za·tion** /θiɑ̀(ː)lədʒɪ̀zéɪʃən | -ɔ̀lədʒaɪ-, -dʒɪ-/ *n.* **the·ó·lo·gìz·er** *n.* 〘(1649): ⇨ -ize〙

the·o·logue /θíːəlɔ̀(ː)g, -lɑ̀(ː)g | θíːəlɔ̀g/ *n.* **1** ＝ theologian 1. **2** 《米口語》(聖職に就く準備をしている)神学生. 〘(*c*1425) □ L *theologus* □ Gk *theológos*: ⇨ theo-, -logue〙

the·ol·o·gy /θiá(ː)lədʒi | -ɔ́l-/ *n.* **1** 神学 (divinity)《神の本質と属性, 神と人間および世界との関係を研究する学問》. **2** (特定の)神学, 神学体系: comparative ～ 比較神学 / dogmatic ～ 教義[教理]神学 / ⇨ natural theology, pastoral theology, revealed theology, speculative theology. **3** 信念. **4** 〖カトリック〗(カトリック系の主要神学校における司祭になるための通例 4 年間の)神学コース. 〘(*a*1376) *theologie* □ (O)F *théologie* ∥ L *theologia* □ Gk *theología*: ⇨ theo-, -logy〙

the·om·a·chy /θiá(ː)məki | -ɔ́m-/ *n.* **1** 神々の戦い[抗争]《例えば Homer の *Iliad* に描かれているものを指す》. **2** 《廃》神々[神]への反逆, 神意に逆らうこと. 〘(1570–76) □ Gk *theomakhía*: ⇨ theo-, -machy〙

the·o·man·cy /θíːoʊmæ̀nsi, θíːə- | θíːə(ʊ)-/ *n.* 神託占い. 〘(1651) □ Gk *theomanteía*: ⇨ theo-, -mancy〙

the·o·ma·ni·a /θìːouméɪniə, θìːə-, -njə | θìːə(ʊ)-/ *n.* 〖精神医学〗神狂症《自分を神と信じる誇大妄想》. 〘(1857): ⇨ theo-, -mania〙

the·o·mor·phic /θìːəmɔ́əfɪk | θìːəmɔ́ːfɪk˶/ *adj.* 神の姿をした, 神に似た, 神の形の: the ～ conception of man 人間が神に似ているという考え. **thè·o·mór·phism** /-fɪzm̩/ *n.* 〘(1870) ← Gk *theómorphos* of divine form: ⇨ theo-, -morp, -ic¹〙

the·on·o·mous /θiá(ː)nəməs | -ɔ́n-/ *adj.* 神に支配される, 神が統治する. **～·ly** *adv.* 〘(1947) ← THEO-＋(AUTO)NOMOUS〙

the·on·o·my /θiá(ː)nəmi | -ɔ́n-/ *n.* 神政, 神による支配. 〘(1890) □ G *Theonomie*: ⇨ theo-, -nomy〙

the·op·a·thy /θiá(ː)pəθi | -ɔ́p-/ *n.* (宗教的黙想による)神人融合感, 神意に感応すること[力]. **the·o·pa·thet·ic** /θìːoʊpəθétɪk | -tɪk˶/ *adj.* **thè·o·páth·ic** /-pǽθɪk˶/ *adj.* 〘(1748) ← THEO-＋-PATHY: cf. Gk *theopátheia* suffering of God〙

the·oph·a·gy /θiá(ː)fədʒi | -ɔ́f-/ *n.* 神食《神から力を授かるためあるいは神と交わるために聖餐(せいさん)の一部にあずかること》. 〘(1875) ← THEO-＋-PHAGY〙

the·oph·a·ny /θiá(ː)fəni | -ɔ́f-/ *n.* **1** 神の顕現《神が目に見える姿で人の前に姿を現すこと》. **2** 顕現した神, 神の顕現とされるもの. **the·o·phan·ic** /θìːəfǽnɪk˶/ *adj.* **the·oph·a·nous** /θiá(ː)fənəs | -ɔ́f-/ *adj.* 〘(*a*1633) □ ML *theophania* □ Gk *theopháneia* ← THEO-＋*phaínein* to show: ⇨ -y¹〙

The·oph·i·la /θiá(ː)fələ | -ɔ́fɪ̀-/ *n.* スィオフィラ《女性名》. 〘(fem.) ← THEOPHILUS〙

thèo·philanthrópic *adj.* 敬神博愛主義の. 〘1797〙

thèo·philánthropism *n.* 敬神博愛主義, 神人愛主義《当時公式に否認されていたキリスト教の代わりに 1796 年フランスに起こった理神論的一派; 敬神と人類愛を強調した; カトリックの復権と共にその基盤を失う》. **thèo·philánthropist** *n.* 〘(1804) □ F *théophilanthropisme*: ⇨ ↓, -ism〙

thèo·philánthropy *n.* ＝theophilanthropism. 〘(1798) □ F *théophilanthropie* love to god and man: ⇨ theo-, philanthropy〙

The·oph·i·lus /θiá(ː)fələs | -ɔ́fɪ̀-/ *n.* スィオフィラス《男性名》. 〘□ L ～ □ Gk *Theophílos* loved by gods: ⇨ theo-, -philous〙

the·o·pho·bi·a /θìːəfóʊbiə | -fə́ʊ-/ *n.* 神恐怖(症). 〘← THEO-＋-PHOBIA〙

the·o·phor·ic /θìːəfá(ː)rɪk, -fɔ́(ː)r- | -fɔ́r-˶/ *adj.* 神の名を戴いた. 〘(1891) ← Gk *theophóros*: ⇨ theo-, -phore, -ic¹〙

the·o·pho·rous /θìːəfɔ́ːrəs/ *adj.* ＝theophoric.

The·o·phras·tus /θìːəfrǽstəs, θìːoʊ- | θìːə-/ *n.* テオフラストス《372?–288 (または 287) B.C.; ギリシャの哲学者; 「人さまざま」(*Characters*) は I. Casanbon のラテン語訳によって性格短描のモデルとして, ヨーロッパに流布した》.

Thè·o·phrás·tian /-frǽstʃən | -tiən, -tʃən˶/ *adj.*

the·oph·yl·line /θìːəfílìːn, -lɪ̀n | -liːn, -lɪn/ *n.* 〖薬学〗テオフィリン ($C_7H_8N_4O_2$)《茶の葉から抽出される白色結晶質のアルカロイドで, theobromine の異性体; 筋肉弛緩剤・血管拡張剤として用いる》. 〘(1894) ← THEO(BROMINE)＋PHYLLO-＋-INE³〙

theóphylline ethylenedíamine *n.* 〖薬学〗＝aminophylline.

the·op·neust /θíːɑ(ː)pnùːst, -njùːst | -ɔpnjùːst/ *adj.* (神の)霊感を受けた. 〘(1647) □ Gk *theópneustos*〙

the·op·neus·tic /θìːɑ(ː)pnúːstɪk, -njúːs- | -ɔpnjúːs-˶/ *adj.* ＝theopneust. 〘(1827) ← Gk *theópneustos* (↑): ← THEO-＋*pneîn* to breathe: ⇨ -ic¹〙

the·op·neus·ty /θíːɑ(ː)pnùːsti, -njùːs- | -ɔpnjùːs-/ *n.* 霊感 (divine inspiration). 〘(1837) □ G *Theopneustie* ∥ F *théopneustie*: ⇨ theopneust, -y¹〙

theor. 《略》 theorem.

the·or·bo /θiɔ́əbou | -ɔ́ːbəʊ/ *n.* (*pl.* **～s**)〖楽器〗テオルボ《変型 lute の一つで, 二つの糸蔵をもつ; 17 世紀ごろ使用された》. 〘(1605) □ F *t(h)éorbe* □ It. *tiorba* □ ? Venetian《方言》*tiorba, tuorba* traveling bag □ Slovenian *torba* □ Turk. *torba* bag〙

The·o·rell /tèɪərél | θɪə-; *Swed.* teɔrélː/, **(Ax·el** /ǎksel/**) Hugo Theodor** /húːgʊ téːɔdɔr/ *n.* テオレル《1903–82; スウェーデンの生化学者; Nobel 医学生理学賞 (1955)》.

the·o·rem /θíːərəm, θíᵊr-, -rɛm | θíər-/ *n.* **1** 〖論理・数学〗定理: the polynomial ～ 多項定理 / ⇨ binomial theorem. **2** 一般原理, 法則 (rule); 理論 (theory). **the·o·re·mat·ic** /θìːərəmǽtɪk, θɪ̀ᵊr- | θɪ̀ərɪ̀-mǽt-˶/ *adj.* **the·o·re·mic** /θìːərémɪk, θɪ̀ᵊr- | θɪ̀ə-˶/ *adj.* 〘(1551) □ LL *theōrēma* □ Gk *theṓrēma* sight, speculation, theory ← *theōreîn* to look at, inspect ← *theōrós*: ⇨ theory〙

the·o·ret·ic¹ /θìːərétɪk, θɪ̀ᵊr- | θɪərét-˶/ *adj.* ＝theoretical. 〘(1656) □ LL *theōrēticus* □ Gk *theōrētikós* contemplative: ⇨ theory, -ic¹〙

the·o·re·tic² /θìːərétɪk, θɪ̀ᵊr- | θɪərét-˶/ *n.* ＝theoretics. 〘(1656) □ LL *theōrētica* (fem.: ↑)〙

the·o·ret·i·cal /θìːərétɪ̀kəl, θɪ̀ᵊr-, -kl̩ | θɪərétɪ-˶/ *adj.* **1** 理論(上)の, 学理的な, 純理的な (↔ practical): ～ physics [linguistics] 理論物理学[言語学]. **2** 理論上にのみ存在する, 仮定上の (hypothetical): an animal whose existence is only ～ 理論上存在するにすぎない動物. **3** 〈人が〉思索的な, 理論好きな, 空論的な (speculative): ～ writers 理論好きな著作家たち. **～·ly** *adv.* 〘(1616) ← L *theōrēticus*: ⇨ theoretic¹, -al¹〙

the·o·re·ti·cian /θìːərətíʃən, θɪ̀ᵊr- | θɪ̀ərɪ̀-, -rɛ-/ *n.* 理論家 (theorist). 〘(1886) ← THEORETIC¹＋-IAN〙

the·o·ret·ics /θìːərétɪks, θɪ̀ᵊr- | θɪərét-/ *n.* [単数または複数扱い] (芸術・科学の)理論. 〘(1706): ⇨ -ics〙

the·or·ic /θíːərɪk/ *n.* (*also* **the·o·rique** /θìːəríːk, θɪ̀ᵊr- | θɪər-, θìːər-˶/)《古》理論. ― *adj.* (古代ギリシャの)興行物の, 見せ物の: the ～ fund (アテネの)貧民観劇基金. 〘n.: (1391) *theorik(e), theorique* □ OF *théorique*: ⇨ theory, -ic¹. ― adj.: (*a*1393) □ Gk *theōrikós* ← *theōría* a viewing〙

the·o·rist /θíːərɪ̀st, θíᵊr- | θíərɪst/ *n.* **1** 学説[理論]を立てる人. **2** 理論家, 空論家. 〘(1594) ← THEORY＋-IST〙

theorique *n.* ＝theoric.

the·o·rize /θíːəràɪz, θíᵊr- | θíər-/ *vi.* 学説を立てる, 理論を構築する〔*about*〕. ― *vt.* **1** 理論化する. **2** 理論上想定する〈*that*〉. **the·o·ri·za·tion** /θìːərɪ̀zéɪʃən, θɪ̀ᵊr- | θɪ̀əraɪ-, -rɪ-/ *n.* **thé·o·riz·er** *n.* 〘(1638) □ ML *theōrīzāre* ← LL *theōria*: ⇨ ↓, -ize〙

the·o·ry /θíːəri, θíᵊri | θíəri, θíːəri/ *n.* **1** (学説的な)論, 説, 学説 (general principle) (cf. hypothesis): Darwin's ～ of evolution ダーウィンの進化論 / ⇨ atomic theory / the ～ of gravitation 引力論 / a ～ that smoking is a cause of cancer 喫煙はがんの原因であるという説. **2** (実際に対して)理論, 学理 (↔ practice): I'll talk facts but not *theories*. 理論ではなく事実を語ろう / It is very well *in* ～, but will it work in practice? 理屈は至極けっこうだが, しかし実際にはうまくいくだろうか. **3** 理屈, 空論 (speculation) (↔ praxis): No induction can take you beyond ～. いくら説いても君のは依然として机上の空論に過ぎない. **4** 推測, 憶測 (conjecture); 持論, 意見, 考え (opinion): My ～ is that it was an act of revenge. それは報復行為であったというのが私の意見だ. **5** (学問の)理論, 原理: the ～ of music＝music ～ 音楽理論. **6** 〖数学〗…論: the ～ of probability 確率論 / ⇨ number theory. **7** 《古》洞察力 (insight).

theory of epigénesis [the ―]〖生物〗後成説.

theory of equátions [the ―]〖数学〗方程式論. 《1799》

theory of gámes [the ―] ゲームの理論《各種室内ゲームにおける最も合理的な行動を経済・軍事・外交上などの分析に応用しようとする理論; game(s) theory ともいう》. 《1951》

theory of númbers [the ―]〖数学〗＝number theory. 《1811》

theory of preformátion [the ―]〖生物〗前成説 (⇨ preformation 2).

theory of séts *n.* [the ―]〖数学〗＝set theory. 〘(1597) □ LL *theōria* □ Gk *theōría* spectacle, contemplation ← *theōrós* spectator ← *theâsthai* to view, contemplate〙

SYN 理論: **theory** ある現象を説明する一般原理: the *theory* of relativity 相対性理論. **hypothesis** さらに実験するための基礎として試験的に立てた原理: a working *hypothesis* 作業仮説. **law** 一定の条件の下では必ず一定の結果が生じるとする規則: the *law* of gravity 引力の法則.

théory-láden *adj.* 特定の学説でのみ理解できる.

theos. 《略》 theosophical; theosophist; theosophy.

the·o·soph /θíːəsɑ̀(ː)f | -sɔ̀f/ *n.* ＝theosophist 1. 〘(1822) □ F *théosophe* □ ML *theosophus*: ⇨ theosophy〙

the·os·o·pher /θiá(ː)səfə | θiɔ́səfə(r/ *n.* ＝theosophist. 〘(1647) ← ML *theosophus*: ⇨ ↑, -er¹〙

Theosóphical Society *n.* [the ～] 神智学会《バラモン教と仏教に基づく折衷宗教を唱える宗教団体; 1875 年 Blavatsky 夫人らにより New York に創立》.

the·os·o·phism /θiá(ː)səfɪzm̩ | -ɔ́s-/ *n.* 神智学を信じること.

the·ós·o·phist /-fɪ̀st | -fɪst/ *n.* **1** 神智学者, 接神論者. **2** [通例 T-] 神智学会 (Theosophical Society) 会員. 〘(1656): ⇨ ↓, -ist〙

the·os·o·phy /θiá(ː)səfi | -ɔ́s-/ *n.* **1** 神智学, 接神論《神秘的直観によって自然の奥底に徹し, 神の啓示に触れようとする宗教的立場; cf. anthroposophy》. **2** [通例 T-] (米国の Theosophical Society で唱える仏教とバラモン教に基づく)一種の汎神論的輪廻(りんね)説. **the·o·soph·i·c** /θìːəsá(ː)fɪk | θìːəsɔ́f-, θìːə-˶/, **thè·o·sóph·i·cal** /-fɪ̀kəl, -kl̩ | -fɪ-˶/ *adj.* **thè·o·sóph·i·cal·ly** *adv.* 〘(1650) □ ML *theosophia* □ LGk *theosophía* knowledge of divine things ← THEO-＋*sophía* wisdom (← *sophós* wise)〙

The·o·to·có·pu·li /*Sp.* teotokópuli/, **Domingo** *n.* ⇨ El Greco.

The·o·to·kos, -cos /θiá(ː)təkɑ̀(ː)s | -ɔ́təkɔ̀s/ *n.* [the ～]〖神学〗テオトコス, 神の母 (Mother of God)《聖母マリアの尊称; 日本の正教会では生神女(しょうしんじょ)と訳している》. 〘(1874) □ Gk *theotókos* ← THEO-＋*tókos* childbirth: cf. toko-〙

ther- /θɪᵊr | θɪər/ (母音の前にくるときの) thero- の異形.

-ther /ðə | ðə(r/ *suf.* 本来比較・区別の意を表す形容詞・代名詞などの語尾: *other, either, neither, further, whether.* 〘OE *-þer* < Gmc **-þar* < IE **-tero-* (比較級語尾) (L *-terus* / Gk *-teros*): cf. after, presbyter〙

The·ra /θíᵊrə | θíərə; *Mod.Gk.* θíra/ *n.* テラ, ティーラ《エーゲ海の Cyclades 諸島最南端の島; ミノス文明の都市遺跡で知られる; Thíra ともいう; 旧名 Santorin, Santorini》.

therap. 《略》 therapeutic; therapeutics.

ther·a·peu·sis /θèrəpjúːsɪ̀s | -sɪs/ *n.* ＝therapeutics. 〘(1857)《逆成》← THERAPEUTIC; Gk の *-sis* (n.), *-tikos* (adj.) の関係にならって〙

ther·a·peut /θérəpjùːt/ 《略》 therapeutic; therapeutics.

ther·a·peu·tic /θèrəpjúːtɪk | -tɪk˶/ *adj.* 治療上の, 治療法(上)の (curative); 健康維持のためによい. **thèr·a·péu·ti·cal** *adj.* **thèr·a·péu·ti·cal·ly**

T

adv. 〘(1541) ← NL *thearpeuticus* ← Gk *therapeutikós* attentive, able to cure ← *therapeúein* to serve, treat medically←?〙

therapéutic abórtion *n.* 〘医学〙治療的流産《母体の治療手段としての流産》.

therapéutic commúnity *n.* 〘精神医学〙治療社会《医師・看護婦・患者という病院内の階層構造を打破し, 自治制度により治療効果を目指した 1940 年代以降の精神医療》. 〘1964〙

thérapeutic índex *n.* 〘医学〙(薬剤の)治療指数. 〘1926〙

ther·a·peu·tics /θèrəpjúːtɪks | -tɪks/ *n.* [単数または複数扱い] 治療学, 治療法. 〘(1671) (pl.) ← *therapeutic* (n.) ← NL *therapeutica* (fem.) ← *therapeuticus*: ⇨ therapeutic, -ics〙

thèr·a·péu·tist /-tɪ̈st | -tɪst/ *n.* =therapist.

ther·a·pist /θérəpɪ̈st | -pɪst/ *n.* **1** 治療専門家《病人の治療・障害者の社会復帰・心理的問題の解決などを助ける》: a speech ～. **2** 療法士, セラピスト: an occupational [a physical] ～ 作業[理学]療法士. 〘(1886): ⇨ therapy, -ist〙

the·rap·sid /θɪ̈rǽpsɪ̈d | θɪrǽpsɪd/ *adj.*, *n.* 〘古生物〙獣弓目の(動物). 〘(1912) ↓〙

The·rap·si·da /θɪ̈rǽpsədə | θɪrǽpsɪdə/ *n. pl.* 〘古生物〙(爬虫綱)獣弓目. 〘(1905) ← NL ～ ← Gk *théraps* attendant (← *therapeúein* to attend)+-IDA〙

ther·a·py /θérəpi/ *n.* **1** [しばしば複合語の第 2 構成素として] 治療, 療法: surgical ～ 外科的療法 / hormonal and other *therapies* ホルモンその他の療法 / ⇨ hydrotherapy, radiotherapy. **2** =psychotherapy. **3** (社会的)緊張を解きほぐすための活動[仕事]. **4** 治療力[効果]. **5** 物理療法. 〘(1846) ← NL *therapīa* ← Gk *therapeía* attendance, healing ← *therapeúein* to attend, treat: ⇨ -y¹〙

Ther·a·va·da /θèrəvάːdə | -də/ *n.* 〘仏教〙上座部 (Hinayana)《いわゆる小乗仏教の部派の一つ》. 〘(1882) ☐ Pali *theravāda* 《原義》doctrine of the elders ← *thera* elder+*vāda* speech〙

ther·blig /θə́ːblɪg | θə́ː-/ *n.* **1** サーブリック, 動素《時間・動作研究の術語で, 作業動作を構成する最小単位を指す; cf. micromotion》. **2** サーブリック記号《サーブリックを表す 17 種の記号の一つ》. 〘(1921)《逆つづり》← *F. B. Gilbreth* (1868–1924: 米国の技師)〙

there *adv.* **A** /(弱) ðə(r, ðə | ðə(r, ðə(r/ [場所の観念はなく動詞 be または存在・往来・受身の動詞を導く用法]: *There's* a sermon every Sunday. 毎週日曜日に説教がある / *There* is a shrine on the island. / *Is* ～ anyone here? / *There being* no moon, … 月がなかったので… / God said, Let ～ *be* light: and ～ *was* light. 神が光あれと言いたまいければ光ありき (*Gen.* 1:3) / *There was* a drop in the temperature. 温度が下がった / What *is* ～ to say? 何か言うことがあるか / *There are* several pages missing. 数ページ落丁がある / *There was* no money left in my purse. 財布には全然お金が残っていなかった / *There was* a child *born* to them. 彼らに子供が生まれた / *There was heard* a rumbling noise. ごろごろという音が聞こえてきた / *There appeared* [*will appear*] a light on the horizon. 水平線上に明かりが現れた[現れるだろう] / *There came* to Japan a young Frenchman. 日本へ一人の若いフランス人がやって来た《★ A young Frenchman came to Japan. に比べ文語調》/ *There comes* a time when …するときが到来する / *There* once *lived* a great king.=Once upon a time ～ *lived* a great king. / *There remains* only the happy task of announcing the winners. あとは勝者を発表する楽しい務めが残っているだけです.

[語法] (1) 場所の意を示す there (⇨ B 1) と併用することもある: *There is* a shrine there. そこに神社がある. (2) There is [was] …の構文で時に名詞に特定のものが用いられるが, それは既知のものに注意を喚起して問題の確認とか例挙・例示などをする場合, またはこの構文を用いた質問に対して答える場合である: And *there are the children* (to consider). それに子供のことがある / Finally, *there's the question* of getting the money. 最後にその金を手に入れるという問題がある / Who can we ask?—*There's* John, or Tom, or Mary. / *Is there* anyone coming?—Yes, *there's* John.

B /ðéə | ðéə(r/ [場所・方向の副詞] **1** そこに[で], あそこに[で] (in that place) (cf. here): ⇨ HERE *and there* / ～ or thereabouts ⇨ 成句 / Put it down ～. それそこに置きなさい / We will stay ～ all winter. 我々は冬中そこに滞在します / I liked it ～. そこが気に入りました / What is that dog doing *over* ～? あの犬はあそこで何をしているんだろう (cf. *pron.* 1 ★) / Where is it?—*There!* どこだ—あそこだ / *There* it is—under the desk. あそこにある—机の下に / *There* he was, standing by the phone box. 彼はそこに—電話ボックスのそばに—立っていた / Hello, is John ～? もしもしジョンですか / Are you ～? もしもし[聞こえますか]《電話で相手の声が聞こえなくなったときなど》/ Where there's a will ～'s a way. 《諺》決意のあるところに道が開ける,「精神一到何事か成らざらん」. ★ 時に, 指示代名詞, 指示形容詞付き名詞のあとに付加されることがある (cf. *adj.*): *those* ～ そこにいる人々 / *that* girl ～ / You ～! 《口語》おーい, きみ(たち). [日英比較] 日本語では話し手に近いところを「ここ, こちら」, 話し相手のいるところを「そこ, そちら」, 話し手からも, 話し相手からも離れているところを「あそこ, あちら」というが, 英語では話し手の近くを here, 日本語の「そこ, そちら」「あそこ, あちら」の両方に当たる場所を *there* という. その対応関係は次の通りである.

英　語	日本語
here	ここ，こちら
there	そこ，そちら
	あそこ，あちら

なお over を付けて over here, over *there* のようにいうと, 二者の間の距離を強調する. ⇨ that [日英比較].

2 そこへ, あそこへ (thither): Take it ～. そこへ持って行きなさい / I've never been to Paris, but I'm going ～ at Christmas. パリへは行ったことがないがクリスマスに行きます / Look ～! あちら[向こう, あれ]をごらん / I have not yet reached your intellectual position, but I may get ～ in time. 私はまだあなたほど知的ではありませんが, そのうちにはそこまで達するでしょう.

3 [be ～ として] 存在して (present), 〈…するために〉いる 〈*to* do〉: The pain *was* still ～ when he woke up. 目を覚ましたときもまだ痛みがあった / The critic *is* ～ not to feel but to judge. 批評家は感じるためにではなく評価するためにいる.

4 a (談話・事件・動作などの進行中)そこで[に] (at that point): Don't stop ～, go on please. そこでやめずにもっと続けて下さい. **b** その点で (in that respect): *There* I cannot agree with you. その点は賛成できません / *There* he failed. その点で彼は失敗した.

5 [ある事物に注意を呼ぶ用法 (cf. *int.*)]: *There* they go. おやあそこを行きますよ / *There* go John and Mary. おやあそこをジョンとメアリーが行きますよ / *There* goes the bell! ほら鐘が鳴る / *There* it goes! あれ, 落ちる[壊れる, 見えなくなる] / ⇨ THERE *it is!*, THERE *you are!* THERE *someone goes (again)*, THERE *you go* / *There* he is [*There's* John] mowing his lawn again! そら彼[ジョン]がまた自分の芝生を刈っている / You have [You've got] me ～. 《口語》これは参った / *There's* a good boy [a fine fellow]! おお感心感心, いい子だ; いい子だからね(…しておくれ) / *There's* a fine fellow for you! あれこそりっぱな男ですよ《賞賛または皮肉》/ Get a move on ～! おい, 急げ.

áll thére ⇨ all 成句. ***dówn thére*** (1) そこで[に]は; あの低い所で (cf. B 1). (2) 《米》南の方で. ***gét thére*** ⇨ get¹ 成句. ***have bèen thére (befóre)*** 《口語》実地を踏んできた, 体験して知っている, その事は十分心得ている: I've been ～ before. ***in thére*** (1) ⇨ *pron.* 1. (2) たゆまず(戦って, 努力して): They were always *in* ～ trying. 彼らはいつもたゆまず努力していた. ***nèither hére nor thére*** ⇨ here *adv.* 成句. ***Pút it thére!*** ⇨ put 成句. ***thére and báck*** 往復で (⇨ back¹ *adv.* 成句). 〘1772〙 ***thére and thén*** ⇨ then 成句. ***There is [are] ∴ and ∴=There is [are] ∴ and there is [are] ∴*** [… に同じ名詞を繰り返して] …にもいろいろある: *There are* books and books.=*There are* books *and there are* books. 本といってもピンからキリまである. ***Thére gò [gòes] …*** ⇨ B 5. ***There is nó dóing*** …することはできない (It is impossible to do): *There is no* telling [knowing] when he will arrive. いつ彼が到着するのかさっぱりわからない. 〘1560〙 ***Thére it ís!*** (1) 《口語》さあそこだ, そこが問題だ; それより仕方がない, 処置なしだ. (2) (ほら)あった[これだ]. ***thére or thereabóuts*** その辺のところに[で]《場所・時間・値段など》: Was it ten years ago?—*There or thereabouts.* 十年も前のことでしたかね—その辺でした. 〘*a*1696〙 ***Thére someone góes (agáin).*** 《口語》[非難・軽蔑などを示して] ほら(また)いつものことが始まった, あれ, (また)あんな[そんな]ことをする[言う]: *There they go again*—doing the same old thing! ほら彼らがまた同じことをこりずにやりだした. ***Thére you áre!*** 《口語》(1) [相手に物を手渡すときに] さあ[はい]これです, さあどうぞ. (2) それごらん(言った通りだろう). (3) (残念ながら)実情はこの通りだ, 仕方がないんだ. (4) (さあ)これでおしまい[できた], これであとは OK. 〘1857〙 ***Thére you gó.*** 《口語》(1) [相手に物を手渡すときに] はい[さあ]どうぞ, はいこれです: *There you go,* sir: it's all right now. (お客などに対して)はいどうぞ, もう大丈夫ですよ. (2) ほら言ったでしょう, それごらん. (3) (残念ながら)実状はこの通りだ, 仕方がないさ; 予想されたことだ. (4) [説明などをして] それでいいんです, これで OK; そうなんです. (5) [激励して] いいぞ, その調子. ***úp thére*** (1) あそこで, あそこの上の所で. (2) 《米》北の方で. (3) [be up there with …で]《口語》…と同等である, …に匹敵する.

— *adj.* [限定的]《方言・俗》[強調的に指示形容詞のあとに用いて (cf. *adv.* B 1 ★)] あの (⇨ THAT *there*): Ask *that* ～ man. ほら, あの人に聞いてごらん.

— *pron.* **1** [しばしば前置詞のあとに用いて] そこ, あそこ: He comes *from* ～ too. 彼もそこの出だ / *up to* ～ そこまで / He is working *in* ～. 彼はあの中で働いている. ★ この例の in there は, もと副詞と副詞との結合 (cf. out there (⇨ out *adv.* 1 c), OVER *there*, in here (⇨ in *adv.* 1 b), etc.) / When did you leave ～ to come here? ここに来るためにいつそこを出発しましたか / Is ～ really better than here? そこは本当にここよりもいいですか / *There's* the difficulty.=*There* is where the difficulty is. そこがむずかしいところだ. **2** [呼び掛けに用いて] そちらの人: Hello ～! 今日は, そこの人.

— *int.* [満足・激励・慰め・挑戦などを表して (cf. *adv.* B 5)] それ, そら見ろ, そーら(ごらん), これはしたり, しっかり: *There,* I told you so. それごらん, 言ったとおりだろう / *There* now! それどうだ / *There* now, it has turned all right after all! それ見たまえ, やっぱり何ともなかった / *There, There!* You'll soon be better. まあまあ[よしよし], すぐ良くなるよ / But ～! しかしまあ, ね[我慢するさ].

sò thére ⇨ so *adv.* 成句.

〘ME < OE *þǣr, þār, þēr* < Gmc **þǣr* there (Du. *daar* / G *da*) ← **þa-* (⇨ that¹, the)+*-r* (adv. suf.: cf. where)〙

there- /ðéə | ðéə(r/「that (place), that (time)」の意で副詞・前置詞と結合する連結形: *thereof*=of it [them], of that [those]. 〘↑〙

thère·abóut /ðɛ̀ərəbáut, ‿‿‿ | ðɛ̀ərəbáut, ‿‿‿/ *adv.* =thereabouts. 〘OE *þǣr abūtan*: ⇨ there, about〙

there·a·bouts /ðɛ̀ərəbáuts, ‿‿‿ | ðɛ̀ərəbáuts, ‿‿‿/ *adv.* **1** その辺[近所]に (near that place): He lives in the Bronx *or* ～. 彼はブロンクスあたりに住んでいる. **2** 〈時間・数量・程度が〉(…か)そのあたりに[で], (…か)そこら: in three hours *or* ～ 3 時間かそこらで / from the year 1660 *or* ～ 1660 年のころから / a girl of 17 *or* ～ 17 歳かそこいらの娘. 〘(*c*1400): ⇨ ↑, -s² 1〙

there·aft·er /ðɛ̀ərǽftə | ðɛ̀ə(r)áːftə(r/ *adv.* **1** その後; それ以来 (after that): He died a year ～. その後 1 年して死んだ. **2** 《古》それに従って. 〘OE *þǣr æfter*: ⇨ there, after〙

thère·agáinst *adv.* 《古》それに反して, 反対に (against that). 〘(1450) *ther agenst* ∽ (*c*1380) *thereageyns*: ⇨ there, against〙

there·a·nent /ðɛ̀ərənént | ðɛ̀ər-/ *adv.* 《スコット》そのことについて[関して]. 〘(*a*1325) ← THERE+ANENT〙

thère·át *adv.* 《古》**1** そこで[に] (at that place); その時 (at that time). **2** そのために, そこで (because of that): They wondered greatly ～. そのことを大いにいぶかしがった. 〘OE *þǣræt*: ⇨ there, at¹〙

there·by /ðɛ̀əbái, ‿‿ | ðɛ̀ə-, ‿‿/ *adv.* **1** それによって, そのために (by that, by that means): I gave him my advice, and I hope he may profit ～. 私は彼に忠告をしたが彼はそれで得してもらいたい / He wandered in the woods, ～ losing his way. 森の中をさまよって道に迷った. **2** それについて[関して] (connected with that): *Thereby* hangs a tale. それにはちと曰(いわ)くがある (Shak., *As Y L* 2. 7. 28). **3** 《古・方言》その辺りに, その近くに: How did you come ～? どうしてそれを手に入れたか. **4** 《スコット》〈数・量・程度が〉その位. 〘OE *þǣrbī*: ⇨ there, by〙

there'd /ðɛəd, ðəd | ðɛəd, ðəd/ 《口語》**1** there would の縮約形. **2** there had の縮約形.

thère·fór *adv.* 《古》**1** そのために (for that); それの代わりに (in exchange for that): the common substitute ～ それの普通の代用品. **2** その故に (for that reason): He was fined ～. そのために罰金を課された. 〘?lateOE *þerfor(e)*: ⇨ there, for〙

there·fore /ðɛ́əfɔə | ðɛ́əfɔː(r/ *adv.* **1** その結果, 従って, それゆえに (consequently): I think, ～ I am. ⇨ think *vi.* 1. **2** 《廃》=therefor 1. 〘(?*a*1200) *therfore* 《異形》← *therfor* (↑)〙

thère·fróm *adv.* 《古》そこから, それから (from there or that): the streams that flow ～ そこから流れ出る川. 〘(?*a*1200) *ther from*: ⇨ there, from〙

there·in /ðɛ̀ərín | ðɛ̀ə(r)-/ *adv.* 《古》**1** その場に, そこに, その中に: the universe and the things that are ～ 宇宙とその中に存在するもの. **2** その点で (in that respect): *Therein* lies our problem. そこに我々の問題がある. 〘OE *þǣrin*: ⇨ there, in〙

thèrein·áfter *adv.* (公式書類などで)後文に, 以下. 〘1818〙

thèrein·befóre *adv.* (公式書類などで)前文に. 〘1827〙

there·in·to /ðɛ̀ərɪ́ntuː, ðɛ̀ər- | ðɛ̀ə(r)ɪ́ntuː/ *adv.* 《古》その場に, その中へ, そこへ. 〘(*a*1400) *ther into*: ⇨ there, into〙

there'll /ðɛəl, ðəl | ðɛəl, ðəl, ðl/ 《口語》there will の縮約形.

ther·e·min /θérəmɪ̈n | -mɪn/ *n.* テルミン《2 個の真空管によってうなりを起こさせて音を発する一種の電子楽器》. 〘(1927) ← *Leon Theremin* (1896–1993: その発明者であるロシア人)〙

thère·óf *adv.* 《文語》**1** それを, それについて (of that, of it): Do not eat ～. それを食べるな. **2** それから (from that): Sufficient unto the day is the evil ～. ⇨ sufficient 1. 〘OE *þǣrof*: ⇨ there, of¹〙

thère·ón *adv.* 《古》**1** それに, その上に (on that, on it): the sand strewed ～ その上にまかれた砂. **2** そこにおいて, そこでさっそく (thereupon). 〘OE *þǣron*: ⇨ there, on〙

thère·óut *adv.* 《古》それから (from that). 〘OE *þǣrūt(e)*: ⇨ there, out〙

there're /ðərə | ðɛərə(r/ 《口語》there are の縮約形.

there's /ðəz; ðɛəz | ðəz; ðɛəz/ 《口語》**1** there is の縮約形. **2** there has の縮約形.

The·re·sa /tərí:sə, -réɪ-, -zə | tɪ̈ríːzə/ *n.* テレサ《女性名》. 〘☐ F *Thérèse* ∥ L *Thērasia* ☐ Gk *Thērasía* (Crete および Sicily 付近の島の名): cf. Gk *therízein* to reap〙

The·re·sa /tərí:sə, -réɪ-, -zə | tɪ̈ríːzə; *Sp.* teɾésa/, **Saint** *n.* =Saint TERESA.

Thérèsa of Li·sieux /-lìːzjə́ː/, **Saint** *n.* リジューの聖テレサ, テレーズドリジュー《1873–97; フランスのカルメル会修道女; 自叙伝 *The Story of a Soul* (1897, *L'Histoire de d'une âme*); 祝日 10 月 3 日; 通称 the Little Flower of Jesus; フランス語名 Thérèse de Lisieux /teʀezdəlizjø/.

thère·thróugh *adv.* 《古》それを通って; それによって, そのために. 〘?lateOE *þer þurh*: ⇨ there, through〙

thère·tó *adv.* **1** 《古》そこへ (to that place), それに, それへ (to that, to it): the means ～ そのための手段. **2**

《古・詩》それに加えて, かてて加えて (besides): with usury ~ その上高利を加えて. 〘OE *pǣrtō*: ⇨ there, to〙

thère·to·fóre *adv.* 《古》それより先, その前に (before that time): the laws ~ made それより先につくられた法. 〘(*a*1375) *per tofore*: ⇨ there, to, fore¹〙

thère·únder *adv.* 《文語》**1** その下に (under that, under it). **2** (年齢・数が)...以下で: They were thirty years old and ~. 彼らは 30 歳およびそれ以下だった. **3** その項目の下に (under that head); そのような条件のもとで[に]: royalties paid ~ そういう条件で払った印税. 〘OE *pærunder*: ⇨ there, under〙

thère·únto *adv.* =thereto. 〘(*c*1303) *ther unto*: ⇨ there, unto〙

there·up·on /ðɛ̀ərəpɑ́(ː)n, -pɔ́(ː)n | ðɛ̀ərəpɔ́n/ *adv.* **1** そこでさっそく[直ちに] (immediately after that). **2** それ故に (therefore): *Thereupon* he accepted the duel. そこですぐ決闘を承諾した. **3** それに関して[ついて]: I wish to know your sentiments ~. それについてのご感想をうかがいたい. **4** 《古》その上に (upon that, upon it): the good laden ~ その上に積まれた商品. 〘?lateOE *per up(p)on*: ⇨ there, upon〙

there've /ðɛəv, ðəv | ðɛəv, ðəv/ 《口語》there have の縮約形.

there·with /ðɛ̀əwíθ, -wíð | ðɛ̀əwíð, -wíθ/ *adv.* 《古》**1** それをもって, それと共に (with that, with it): every person connected ~ それに関係のある全部の人. **2** そこで(直ちに) (thereupon): *Therewith* they kissed each other. ★ thereupon ほどには用いない. **3** その上に, おまけに (in addition to that, besides): He is a liar, and a fluent liar ~. 彼はうそつきだ, しかもすらすらとうそをつく. 〘OE *pǣr wiþ*: ⇨ there, with〙

thère·withál *adv.* 《古》**1** それと共に (with that, with it); その上 (moreover). **2** =therewith 2. 〘(*a*1300) *ther withal*: ⇨ there, withal〙

The·re·zi·na /tèrəzíːnə; *Braz.* tèrezínə/ *n.* = Teresina.

The·ri·a /θíᵊriə | θíər-/ *n. pl.* 〘動物〙真獣亜綱. 〘(1897) ← NL ~ ← Gk *thēría* (↓)〙

-the·ri·a /θíᵊriə | θíər-/「動物 (animal); 野獣 (beast)」の意の名詞連結形. 〘← NL ~ ← Gk *thēría* (pl.) ← *thēríon*: ⇨ theriaca〙

the·ri·ac /θíᵊriæ̀k | θíər-/ *n.* =theriaca.

the·ri·a·ca /θɪ̀ráɪəkə/ *n.* **1** テリアカ《糖蜜で舐剤(しざい)に製した解毒剤; 70 種の薬物の合剤》. **2** 《英》=treacle 1.

the·ri·a·cal /-kəl, -kl̩/ *adj.* 〘(1562) ← NL ~ ← LL *thēriaca* ◻ Gk *thēriakḗ* (*antídosis*) reptilian (antidote) ← *thēríon* (venomous) animal (dim.) ← *thḗr* wild beast (⇨ thero-) ∞ (*c*1450) *tyriake* < OE *tyriaca* ◻ LL: cf. treacle〙

the·ri·an /θíᵊriən | θíər-/ *adj., n.* 〘動物〙真獣亜綱の(動物). 〘(1960) ← THERIA+-AN¹〙

the·ri·an·throp·ic /θìᵊriænθrɑ́(ː)pɪk | θìəriæn-θrɔ́p-ˊ/ *adj.* 半人半獣の(姿の): a ~ deity 半人半獣神. 〘(1886) ← Gk *thēríon* wild beast+*ánthrōpos* man+-IC¹〙

the·ri·an·thro·pism /θìᵊriǽnθrəpɪ̀zm | θìər-/ *n.* (Centaur のような)半人半獣神崇拝. 〘1895〙

the·rid·i·id /θɪ̀rídiɪ̀d | -dɪd/ *adj., n.* 〘動物〙ヒメグモ科の(クモ). 〘↓〙

The·ri·di·i·dae /θèrədáɪədìː | -rɪdáɪɪ-/ *n. pl.* 〘動物〙ヒメグモ科. 〘← NL ~ ← *Theridion* (属名: ← Gk *thērídion* (dim.) ← *thḗr* wild beast)+-IDAE〙

T

the·ri·o- /θíᵊriou | θíəriəu/「野獣 (beast)」の意の連結形: *theriolatry*. 〘◻ Gk *thērio-* ← *thēríon*: ⇨ theriaca〙

the·ri·ol·a·try /θìᵊriɑ́(ː)lətri | θìəriɔ́l-/ *n.* 動物[獣神]崇拝. 〘(1897) ← THERIO-+-LATRY〙

thèrio·mórphic *adj.* 〈神など〉獣の姿をした, 獣形の: ~ gods. **thério·mòrph** *n.* 〘1882〙

thèrio·mórphous *adj.* =theriomorphic.

-the·ri·um /θíᵊriəm | θíər-/「動物 (animal), 野獣 (beast)」の意の名詞連結形; 絶滅した哺乳動物の属の名に用いる: Titano*therium*. 〘← NL ~ ← Gk *thēríon*: ⇨ theriaca〙

therm /θə́ːm | θə́ːm/ *n.* 〘物理化学〙サーム《熱量の単位》: **a** =calorie 1 b. **b** =calorie 1 a. **c** 1,000 大カロリー. **d** 10 万 Btu. 〘(1888) ◻ Gk *thérmē* heat ← *thermós* hot, warm〙

therm. 《略》thermometer.

therm- /θəːm | θəːm/ (母音の前にくるときの) thermo- の異形.

-therm /ˊ-θəːm | -θəːm/ 次の意味を表す名詞連結形: **1**「...の温度に慣れている植物」: mega*therm*. **2**「...の体温をもつ動物」: ecto*therm*. **3**「温度線 (thermic line)」: isobathy*therm*. 〘⇨ therm〙

Ther·ma /θə́ːmə | θə́ː-/ *n.* ⇨ Salonika.

ther·mae /θə́ːmiː | θə́ː-/ *n. pl.* (古代ギリシャ・ローマの)公衆浴場. 〘(1600) ◻ L ~ 'hot springs' ◻ Gk *thérmai* (pl.) ← *thérmē* heat〙

thèrm·aesthésia *n.* 〘生理〙=thermesthesia. 〘1899〙

ther·mal /θə́ːməl, -ml̩ | θə́ː-/ *adj.* **1** 熱の, 温度の: ~ insulation 熱の絶縁 / ⇨ British thermal unit. **2** 熱い (hot): ~ burns やけど. **3** 温泉の, 温浴の: ~ regions 温泉地帯 / ⇨ thermal spring. **4** 《米》〈下着が〉保温のよい網目織りの. **5** 《まれ》熱烈な, 熱情的な (passionate). — *n.* 〘気象〙サーマル《地表で熱せられた空気の小さい上昇気塊》, 熱気泡. **~·ly** *adv.* 〘(1756) ← Gk *thérmē* (⇨ therm)+-AL¹〙

thérmal agitátion *n.* 〘物理化学〙熱運動《物体の温度は分子などのランダムな運動の激しさを表している; その熱による分子などの運動を熱運動という》. 〘1927〙

thérmal ámmeter *n.* 〘電気〙熱形電流計.

thérmal análysis *n.* 〘物理化学〙熱分析, 熱解析《相転移・化学変化を物体の加熱・冷却の際の温度変化から調べる方法》. 〘1925〙

thérmal bárrier *n.* 〘航空・宇宙〙熱障壁: **a** ロケットなど超高速の物体が生じる高温高熱から自身を保護するための断熱壁. **b** 超音速の物体と地球大気との摩擦により生じる高温のために航空機やロケットの速度が制限されること; heat barrier ともいう (cf. sonic barrier). 〘1951〙

thérmal bláck *n.* 〘化学〙サーマルブラック《天然ガス・アセチレンなどの熱分解によって得られるカーボンブラックの一種; ゴム配合用に使われる; furnace thermal black ともいう; cf. acetylene black》.

thérmal bréeder *n.* 〘原子力〙熱中性子増殖炉《熱中性子核分裂を利用した増殖炉; トリウム 232–ウラン 233 サイクルをとるものが考えられる; cf. fast breeder》.

thérmal capácity *n.* 〘物理化学〙熱容量 (⇨ heat capacity). 〘1880〙

thérmal coagulátion *n.* 〘化学〙熱凝固《蛋白質などが熱を受けて凝固すること》.

thérmal cólumn *n.* 〘原子力〙熱中性子柱. 〘1950〙

thérmal conductívity *n.* 〘物理〙熱伝導率[度]. 〘1880〙

thérmal convérter *n.* 〘電気〙熱変換器.

thérmal crácking *n.* 〘化学〙熱分解《熱によって化合物を分解する過程で, 主として石油の熱分解をいう; cf. catalytic cracking》.

thérmal decomposítion *n.* 〘物理化学〙熱分解. 〘1936〙

thérmal devélopment *n.* 〘写真〙熱現像《写真潜像の熱による現像複写器等に応用される》.

thérmal diffúsion *n.* 〘物理化学〙熱拡散, 温度拡散《温度勾配による気体[液体]の拡散; その結果混合気体[液体]の成分が分離される》. 〘1916〙

thérmal diffusívity *n.* 〘物理化学〙=diffusion coefficient. 〘1880〙

thérmal effíciency *n.* 〘物理化学〙(熱機関の)熱効率. 〘1910〙

thérmal equátor *n.* **1** 〘気象〙熱赤道《地表面で年平均気温が約 27°C の等温線で囲まれた地域; 南米北部とアフリカ・インドの大部分から成る》. **2** 熱赤道《地球表面で最高温度の線》. 〘1837〙

thérmal equilíbrium *n.* 〘物理化学〙熱平衡《系の各部が同一温度で熱の移動も相の変化も起こらない状態》.

thérmal expánsion *n.* 〘物理化学〙熱膨張《温度の上昇に伴って物体の体積が増加すること》.

thérmal féver *n.* 〘病理〙熱射病 (heatstroke).

therm·al·ge·si·a /θə̀ːmælʤíːʒiə | θə̀ːmælʤíːziə, -ʒiə/ *n.* 〘医学〙温熱性痛覚過敏. 〘← THERMO-+AL-GESIA〙

thérmal ím·ag·er /-ímɪʤə | -ʤə(r/ *n.* 〘物理〙熱画像装置.

thérmal ímaging *n.* 〘物理〙熱画像法《物体の発する熱を利用してその形状を画像化したり位置を特定したりする方法》.

ther·mal·ize /θə́ːməlàɪz, -ml- | θə́ː-/ *vt.* 〘物理〙〈中性子を〉(減速させて)熱中性子化する. 〘(1956): ⇨ cf. thermalization (1950)〙

thérmal néutron *n.* 〘原子力〙熱中性子. 〘1938〙

thérmal nóise *n.* 〘電子工学〙熱雑音《抵抗体の内部で熱運動をしている伝導電子のゆらぎにより生じる電気的雑音; Johnson noise ともいう; cf. shot effect》. 〘1930〙

thérmal páper *n.* (thermal printer で使用する)感熱紙.

thérmal pollútion *n.* 熱汚染《火力・原子力発電所などの廃水が昇温したまま河川や海に放流され, 環境・生態系に変化をもたらし, また動植物に被害を与えること; heat pollution, calefaction ともいう》. 〘1965〙

thérmal pówer plànt [stàtion] *n.* 〘電気〙火力発電所. 〘1957〙

thérmal prínter *n.* 〘電算〙感熱式プリンター.

thérmal radiátion *n.* 〘物理化学〙熱放射《物体から熱エネルギーが電磁波として放出される現象》. 〘1932〙

thérmal reáctor *n.* 〘原子力〙熱中性子炉. 〘1949〙

thérmal resístance *n.* 〘化学〙耐熱性.

thérmal shóck *n.* 〘物理〙熱衝撃《物体に加えられた急激な温度変化》: ~ resistant 熱衝撃抵抗性の. 〘1962〙

thérmal shrínkage *n.* 〘化学〙熱収縮《延伸された高分子固体に熱を加えたときある温度で急に収縮する現象》. 〘1933〙

thérmal spríng *n.* 温泉 (hot spring). 〘1800〙

thérmal stréss *n.* 〘物理〙熱応力, 温度応力《温度変化が原因となって物体中に起こる歪力(ひずみ)》. 〘1954〙

thérmal únit *n.* 〘物理化学〙熱量単位, 熱単位 (cf. British thermal unit). 〘1853〙

thèrm·anesthésia *n.* 〘病理〙温(度)覚消失. 〘1885〙

ther·man·ti·dote /θəːmǽntɪ̀dòut | θəːmǽntɪ-dəut/ *n.* 室内冷却器《インドで用いる一種の換気扇》. 〘(1840) ← THERMO-+ANTIDOTE〙

therme /θə́ːm | θə́ːm/ *n.* 〘物理化学〙=therm.

therm·el /θə́ːmel | θə́ː-/ *n.* 〘電気〙=thermoelectric thermometer. 〘← THERMO-+EL(ECTRIC)〙

thèrm·esthésia *n.* 〘生理〙温覚, 温度(感)覚 (thermal sensation).

ther·met·te /θəːmét | θəː-/ *n.* 《NZ》野外用の急速湯沸かし器. 〘(1937): 商標〙

ther·mic /θə́ːmɪk | θə́ː-/ *adj.* 熱の, 熱による: ~ rays 熱線. **thér·mi·cal·ly** *adv.* 〘(1842): ⇨ therm, -ic¹〙

Ther·mi·dor /θə́ːmədɔ̀ə | θə́ːmɪdɔ̀ː(r; *F.* tɛʁmi-dɔːʁ/ *n.* 熱月, テルミドール《フランス革命暦の第 11 月; ⇨ Revolutionary calendar》. 〘◻ F ~ ← Gk *thérmē* heat+*dôron* gift〙

Ther·mi·do·re·an /θə̀ːmədɔ́ːriən | θə̀ːmɪ-ˊ/ (*also* **Ther·mi·do·ri·an** /~/) *n.* (フランス革命の際の)熱月党員《1794 年の Thermidor の第 9 日 (7 月 27 日) に Robespierre の打倒に参加した人》. — *adj.* **1** 熱月の. **2** 熱月党員の. 〘(1801) ◻ F *thermidorien*: ⇨ ↑, -ian〙

therm·i·on /θə́ːmiən, -ɑ̀(ː)n | θə́ːmiən/ *n.* 〘電気〙熱電子, 熱イオン《白熱体から発する電子またはイオンのような帯電粒子群》. 〘(1909) ← THERMO-+-ION〙

therm·i·on·ic /θə̀ːmiɑ́(ː)nɪk, -maɪ- | θə̀ːmiɔ́n-ˊ/ *adj.* 〘電気〙熱電子の. **thèrm·i·ón·i·cal·ly** *adv.* 〘(1909): ⇨ ↑, -ic¹〙

thermiónic cúrrent *n.* 〘電気〙熱電子[熱イオン]電流. 〘1909〙

thermiónic emíssion *n.* 〘電気〙熱電子[熱イオン]放出《加熱された物質の表面から電子が放出される現象; cf. field emission, photoemission》.

therm·i·on·ics /θə̀ːmiɑ́(ː)nɪks, -maɪ- | θə̀ːmiɔ́n-/ *n.* 熱電子学, 熱イオン学. 〘(1909): ⇨ thermion, -ics〙

thermiónic túbe *n.* 〘電子工学〙熱電子管; (ラジオ用)真空管 (thermionic valve ともいう).

thermiónic válve *n.* 《英》=thermionic tube. 〘1920〙

ther·mis·tor /θəːmístə | θəːmístə(r, ˊ-ˋ-/ *n.* 〘電子工学〙サーミスター《温度制御用の半導体感温素子の一種》. 〘(1940) ← THERMO-+(RES)ISTOR〙

Ther·mit /θə́ːmɪ̀t | θə́ːmɪt/ *n.* 〘商標〙テルミット (thermite の商品名).

ther·mite /θə́ːmaɪt | θə́ː-/ *n.* 〘化学〙テルミット《粉末アルミニウムと酸化鉄との等量混合物; セ氏約 3,000 度の高温を出すので溶接などに応用する》. 〘(1900) ← THERMO-+-ITE¹〙

thérmite pròcess *n.* 〘冶金〙=aluminothermy.

Thérmit pròcess *n.* 〘冶金〙=aluminothermy.

ther·mo- /θə́ːmou | θə́ːməu/ 次の意味を表す連結形: **1**「熱 (heat)」: *thermo*dynamics. **2**「熱電気の (thermoelectric)」: *thermo*pile. ★ 母音の前では通例 therm- になる. 〘← Gk *thermós* hot ← *thérmē* heat ← IE **gʷher-* to heat〙

thèrmo·ámmeter *n.* 〘電気〙熱電電流計.

thèrmo·anesthésia *n.* 〘病理〙=thermanesthesia.

thèrmo·bálance *n.* 〘化学〙熱天秤《温度の関数として物質の質量を測定する天秤》.

thèrmo·bárograph *n.* 〘物理〙自記温度気圧計. 〘1891〙

thèrmo·barómeter *n.* 〘物理化学〙温度気圧計. 〘1864〙

thèrmo·báttery *n.* 熱電池. 〘1849〙

thèrmo·cáutery *n.* 〘外科〙焼灼(しょうしゃく)器. 〘1879〙

thermochem. 《略》thermochemical; thermochemistry.

thèrmo·chémical *adj.* 熱化学の. **~·ly** *adv.* 〘1871〙

thèrmo·chémist *n.* 熱化学者. 〘(1890)《逆成》↓〙

thèrmo·chémistry *n.* 熱化学. 〘1844〙

ther·mo·cline /θə́ːməklàɪn | θə́ːmə(ʊ)-/ *n.* 〘地質〙温度躍層《海水・湖水で, ある深度で急に水温が低下する部分; 水深 1 m につき少なくとも 1°C 以上低下する; また水質も著しい変化を示すことから変水層 (metalimnion) ともいう; cf. epilimnion, hypolimnion》. 〘1898〙

thèrmo·coagulátion *n.* 〘医学〙熱凝固(法). 〘1933〙

thérmo·còuple *n.* 〘電気〙熱電対(つい)《異種金属の接合を用いた感温素子》. 〘1890〙

thèrmo·cúrrent *n.* 〘電気〙熱電流. 〘1849〙

thèrmo·diffúsion *n.* 〘物理化学〙=thermal diffusion. 〘1899〙

ther·mo·dur·ic /θə̀ːmoudúᵊrɪk, -djúᵊr- | θə̀ː-mə(ʊ)djúər-ˊ/ *adj.* 〘生物〙〈微生物が〉耐熱性の. 〘(1927) ← *thermo-*+L *dūrāre* to harden+-IC¹〙

thèrmo·dynámic *adj.* 熱力学の; 熱量を動力に利用する. **thèrmo·dynámical** *adj.* **thèr-mo·dynámically** *adv.* 〘1849〙

thermodynámic effíciency *n.* 〘機械〙熱力学的効率, 機関効率《ある熱機関において, 一定量のガスから実際に得られる仕事量と熱力学理論から期待される仕事量との比》.

thermodynámic equilíbrium *n.* 〘物理化学〙熱力学平衡《熱力学的系において各成分・各相の化学ポテンシャルが等しい平衡状態; 単に equilibrium と略すことがある》.

thermodynámic poténtial *n.* 〘物理化学〙熱力学ポテンシャル (⇨ Gibbs free energy).

thèrmo·dynámics *n.* 熱力学. **thèrmo·dy-námicist** *n.* 〘1854〙

thermodynámic sýstem *n.* 〘物理化学〙熱力学系.

thermodynámic témperature *n.* 〘物理〙熱力学的温度《absolute temperature ともいう》.

thèrmo·elástic *adj.* 〖物理化学〗熱弾性の. 〖1903〗
thèrmo·eléctric *adj.* 〖物理〗熱電気の (cf. pyroelectric): a ~ current 熱電流 / a ~ pile 熱電堆(たい) / a ~ couple 熱電対(つい) / ⇨ thermoelectric thermometer. 〖1823〗
thèrmo·eléctrical *adj.* =thermoelectric. **~·ly** *adv.* 〖1830〗
thermoeléctric cóuple *n.* =thermocouple.
thermoeléctric efféct *n.* 〖電気〗熱電効果.
thèrmo·electrícity *n.* **1** 熱電気. **2** 熱と電気エネルギーの関係を研究する学問 (cf. Seebeck effect, Peltier effect). 〖1823〗
thermoeléctric pówer *n.* 〖電気〗熱電能《単位温度差あたりの熱起電力の大きさ》.
thermoeléctric refrigerátion *n.* 〖電気〗熱電冷却, 電子冷凍《ペルチエ効果 (Peltier effect) によって冷却する方法》.
thermoeléctric séries *n.* 〖電気〗熱電列《各種金属の熱電能の序列》.
thermoeléctric thermómeter *n.* 〖電気〗熱電温度計《熱電対を応用した温度計》.
thèrmo·electrómeter *n.* 〖電気〗熱電流計. 〖1842〗
thèrmo·electromótive *adj.* 熱電流を起こす, 熱起電力の.
thérmoelectromotive fórce *n.* 〖電気〗熱起電力, 熱動電力. 〖1890〗
thèrmo·eléctron *n.* 〖電子工学〗熱電子. 〖1926〗
thèrmo·élement *n.* 〖電気〗熱電対(つい); (真空)熱電対《電熱線と熱電対とを真空中に封入した熱電形計器; cf. thermoammeter》. 〖(1920) ← THERMO(COUPLE) + ELEMENT〗
ther·mo·form /θɚ́ːməfɔ̀ɚm | θə́ːmə(ʊ)fɔ̀ːm/ *n.* 熱成形. — *vt.* (熱と圧力を加えて)〈プラスチックなどを〉熱成形する. **thér·mo·fòrm·a·ble** /-məbl̩/ *adj.* 〖1956〗
thèrmo·fòrming *n.* 熱成形《熱可塑性をもつ材料を加熱し, 型の上で形を与える工程》.
thèrmo·galvanómeter *n.* 〖電気〗熱電検流計《電流計と熱電対(つい)とを合わせた器械》. 〖1867〗
thèrmo·génesis *n.* 熱発生《特に生理的作用による動物体の体温の発生》. **thèrmo·genétic** *adj.* 〖1891〗
thèrmo·génic *adj.* 熱を発する; (特に)体温を生じる. 〖1877〗
ther·mog·e·nous /θɚmɑ́(ː)dʒənəs | θəːmɔ́dʒɪ̀-/ *adj.* 熱を発生する (thermogenetic). 〖1860〗
thèrmo·geógraphy *n.* 温度地理学《温度の地理的分布と変化を研究する》.
ther·mo·gram /θɚ́ːməgræ̀m | θə́ːmə(ʊ)-/ *n.* **1** 温度記録図. **2** (thermography の) 熱測定[温度分布]記録. 〖1883〗
ther·mo·graph /θɚ́ːmougræ̀f, -mə- | θə́ːmə(ʊ)gràːf, -græ̀f/ *n.* **1** 自記温度計, 記録温度計. **2** = thermogram. 〖1840〗
ther·mog·ra·pher /θɚmɑ́(ː)grəfɚ | θəːmɔ́grəfə^(r)/ *n.* サーモグラフィーによる熱測定者.
ther·mog·ra·phy /θɚmɑ́(ː)grəfi | θəːmɔ́g-/ *n.* **1** サーモグラフィー《赤外線などを利用して物体の温度分布を画像化して解析する方法; 病気の診断などに用いられる》. **2** 〖印刷〗盛り上げ印刷, 隆起印刷《画線を加熱隆起させる印刷方法》. **ther·mo·graph·ic** /θɚ̀ːmougrǽfɪk, -mə- | θə̀ːmə(ʊ)-ˈ-/ *adj.* **thèr·mo·gráph·i·cal·ly** *adv.* 〖1840〗
thèrmo·gravímetry *n.* 〖物理化学〗熱重量分析. **thèrmo·gravimétric** *adj.* 〖1951〗
ther·mo·ha·line /θɚ̀ːmouhéɪlaɪn, -hǽl- | θə̀ːməʊ-ˈ-/ *adj.* 〖海洋〗熱塩の《温度と塩分による》. 〖(1942) ← THERMO- + Gk *háls* 'SALT[1]' + -INE[1]〗
thérmo·jèt *n.* サーモジェット《普通のジェットエンジン》.
thèrmo·júnction *n.* 〖電気〗熱電接点《熱電対(つい)の接合点》. 〖1889〗
thérmo·kàrst *n.* 〖地質〗サーモカルスト《カルストに似た周氷河地形; 永久凍土が選択的に融解してできた凹地が見られる》. 〖1943〗
thèrmo·kinemátics *n.* 熱運動学.
thèrmo·lábile *adj.* 〖生化学〗熱に侵されやすい, 非耐熱性の (↔ thermostable). **thèrmo·labílity** *n.* 〖1904〗
ther·mol·o·gy /θɚmɑ́(ː)lədʒi | θəːmɔ́l-/ *n.* 熱学. 〖(1838) □ F *thermologie*: ⇨ thermo-, -logy〗
thèrmo·luminéscence *n.* 〖光学〗熱ルミネセンス, 温度冷光《特殊な物質を少し温めまたは冷やすと光を放つ現象》. **thèrmo·luminéscent** *adj.* 〖1897〗
thermoluminéscent [thermoluminéscence] dàting *n.* 熱ルミネセンス年代測定(法).
ther·mol·y·sis /θɚmɑ́(ː)ləsɪ̀s | θəːmɔ́lɪ̀sɪs/ *n.* **1** 〖生理〗体温発散. **2** 〖化学〗熱分解, 熱解離. **ther·mo·lyt·ic** /θɚ̀ːməlítɪk-ˈ-/ *adj.* 〖(1875) ← THERMO- + LYSIS: cf. G *Thermolyse*〗
thèrmo·magnétic *adj.* 〖電気〗熱磁気の: ~ effect 熱磁気効果. **thèrmo·magnétically** *adv.* 〖1823〗
thèrmo·mágnetism *n.* 〖電気〗熱磁気. 〖1828〗
ther·mom·e·ter /θɚmɑ́(ː)mətɚ, θə- | θəmɔ́mɪ̀tə^(r)/ *n.* 温度計, 寒暖計, 検温器: a centigrade [Celsius] ~ セ氏温度計《氷点 0 度; 沸騰点 100 度》/ a Fahrenheit ~ カ氏温度計《氷点 32 度, 沸騰点 212 度》/ a Reaumur ~ レ氏温度計《氷点 0 度, 沸騰点 80 度》/ a clinical ~ 体温計 / a combination ~ 対照温度計《セ氏・カ氏・レ氏温度計を兼ね, 互いに対照できるようにしたもの》/ a maximum [minimum] ~ 最高[最低]温度計 / ⇨ resistance thermometer. 〖(1633) □ F *thermomètre*: ⇨ thermo-, -meter[1]〗
ther·mo·met·ric /θɚ̀ːməmétrɪk | θə̀ːmə(ʊ)-ˈ-/ *adj.* 温度計上の; 温度測定の. **thèr·mo·mét·ri·cal** *adj.* **thèr·mo·mét·ri·cal·ly** *adv.* 〖1784〗
thermométric titrátion *n.* 〖化学〗温度滴定, 熱滴定《滴定溶液の温度変化により終点を検知する滴定》.
ther·mom·e·try /θɚmɑ́(ː)mətri, θə- | θəmɔ́mɪ̀tri/ *n.* **1** (物理学の一分野としての)温度測定学. **2** 温度測定. **3** 温度計学《温度計の構造・利用に関する学問》. 〖1858〗
thèrmo·mótive *adj.* **1** 熱によって生じた運動の, 熱動力の, 熱動の. **2** 熱機関 (thermomotor) の.
thèrmo·mótor *n.* 熱(気)機関.
ther·mo·nas·ty /θɚ́ːmənæ̀sti | θə́ːmə(ʊ)-/ *n.* 〖植物〗傾熱性《温度変化が刺激になって起こる傾性運動》. 〖1936〗
ther·mo·nu·cle·ar /θɚ̀ːmounúːkliɚ, -njúː- | θə̀ːmə(ʊ)njúːkliə^(r)-ˈ-/ *adj.* 〖原子力・物理〗高温による原子核(融合)反応の: a ~ bomb 熱核爆弾, 水素爆弾 / ~ burning 熱核燃焼 / the ~ club 水爆保有国仲間 / a ~ explosion 熱核爆発《水素爆弾などの爆発》/ ~ reaction 熱核反応, 核融合反応 / a ~ reactor 核融合炉 / a ~ test 熱核実験 / ~ transformation 熱核変換 / a ~ weapon (水爆などの)熱核兵器 / a ~ warhead 熱核弾頭. 〖1938〗
thérmo·nùke *n.* 《米口語》熱核兵器.
thérmo·pàne *n.* 〖商標〗サーモペイン《米国製の二重断熱ガラス》.
thèrmo·penetrátion *n.* 〖医学〗熱透過, ジアテルミー (diathermy).
thèrmo·périod *n.* 〖生物〗温度周期, 温周期《日夜・四季のような変化する温度条件の下に生育する期間; cf. photoperiod》.
thèrmo·periodícity *n.* 〖生物〗温(度)周期性. 〖1944〗
thèrmo·périodism *n.* 〖生物〗温度周期現象《外界の温度の周期的変化に応じる生物体の反応; cf. photoperiodism》. 〖*c*1937〗
ther·mo·phile /θɚ́ːməfàɪl | θə́ː-/ *n.* 〖生物〗(*also* **ther·mo·phil** /-fɪl/) 好熱性細菌. — *adj.* =thermophilic. 〖(1896) ↓〗
ther·mo·phil·ic /θɚ̀ːməfílɪk | θə̀ːmə(ʊ)-ˈ-/ *adj.* 〖生物〗〈細菌が〉好熱性の《4°C–75°C で発育できる; cf. psychrophilic》: ~ bacteria 好熱性細菌. 〖(1894): ⇨ thermo-, -philic〗
ther·moph·i·lous /θɚmɑ́(ː)fələs | θəːmɔ́fɪ̀-ˈ-/ *adj.* 〖生物〗=thermophilic. 〖1899〗
thérmo·phòne *n.* 〖電気〗サーモフォン《マイクロフォンの校正に使用する電気音響変換器》. 〖1878〗
ther·mo·phore /θɚ́ːməfɔ̀ɚ | θə́ːməfɔ̀ː^(r)/ *n.* 伝熱装置, 加熱器. 〖(1900): ⇨ thermo-, -phore〗
thèrmo·phosphoréscence *n.* 〖光学〗=thermoluminescence.
thèrmo·phýsical *adj.* 〖物理化学〗熱物理の. 〖1957〗
thérmo·pìle *n.* 〖物理〗サーモパイル, 熱電対(つい)列《多数の熱電対を直列に接続したもので, 赤外線など放射エネルギーの測定に使用》. 〖(1849): ⇨ pile[1]〗
thèrmo·plástic 〖化学〗*adj.* 熱(可)塑性の. — *n.* 熱(可)塑物質, 熱可塑性樹脂. **thèrmo·plastícity** *n.* 〖1883〗
thermoplástic résin *n.* 〖化学〗熱可塑性樹脂《加熱すると軟らかくなり, 冷やすと硬くなるポリエチレン・塩化ビニールなど》. 〖1937〗
ther·mo·ple·gi·a /θɚ̀ːmouplíːdʒiə, -dʒə | θə̀ːmə-/ *n.* 〖病理〗熱射病 (heatstroke). 〖(1909): ⇨ -plegia〗
thèrmo·polymerizátion *n.* 〖化学〗熱重合.
Ther·mop·y·lae /θɚ(ː)mɑ́(ː)pəlìː, -li | θə(ː)mɔ́pɪ̀li, -liː/ *n.* テルモピレー《ギリシャ北東部から Thessaly に通じる海辺の峡路; スパルタの王 Leonidas の率いる 1,000 人がペルシャの大軍を迎え全滅した場所 (480 B.C.)》.
thèrmo·recéptor *n.* 〖生理〗温度受容器. 〖1937〗
thèrmo·régulate *vi.* 温度[体温]調節をする. — *vt.* …の温度[体温]を調節する. 〖1917〗
thèrmo·regulátion *n.* **1** 温度調節. **2** 〖生理〗体温調節(機能). 〖1927〗
thèrmo·régulator *vi.* 温度調節器, 整温器. 〖1875〗
thèrmo·régulatory *adj.* 〖生理〗体温調節(性)の. 〖1949〗
thèrmo·rélay *n.* 〖電気〗熱電継電器.
thèrmo·rémanence *n.* 〖物理〗熱残留磁気; 熱残留磁気年代測定(法).
thèrmo·rémanent *adj.* 〖物理〗熱残留の: ~ magnetization 熱残留磁化. 〖1951〗
Ther·mos, t- /θɚ́ːməs | θə́ːməs, -məs/ *n.* 〖商標〗サーモス《魔法瓶 (vacuum bottle) の商品名; Thermos bottle [flask, jug] ともいう》: a ~ of tea お茶を入れたサーモス[魔法瓶]. ⇨ jar 日英比較. 〖(1907) ← Gk *thermós* hot〗
ther·mo·scope /θɚ́ːməskòup | θə́ːməskə̀ʊp/ *n.* 〖物理化学〗温度験(けん)[器], 測温器, 温度測定器《二物体の温度差を見る器械》. **ther·mo·scop·ic** /θɚ̀ːməskɑ́(ː)pɪk | θə̀ːməskɔ́p-ˈ-/ *adj.* **thèr·mo·scóp·i·cal** *adj.* **thèr·mo·scóp·i·cal·ly** *adv.* 〖1656〗
thèrmo·sénsitive *adj.* 〖化学〗熱感性の, 熱[温度変化]に感応する[敏感な]. 〖1918〗
thérmo·sèt 〖化学〗*adj.* 熱硬化性の; 熱で硬化した. — *n.* 熱硬化性物質. 〖(1936) ← THERMO- + SET (vt. 18) (p.p.)〗
thérmo·sètting 〖化学〗*adj.* 〈可塑物など〉熱硬化性の. — *n.* 熱硬化性. 〖1929〗
thérmosetting résin *n.* 〖化学〗熱硬化性樹脂《メラミン・フェノール樹脂など熱すると硬くなる樹脂》.
Thérmos flàsk *n.* 〖商標〗=Thermos.
thèrmo·síphon *n.* 熱サイフォン《温度差などの熱の不均衡によって生じるサイフォン作用》. 〖1834〗
Thérmos jùg *n.* 〖商標〗=Thermos.
thèrmo·sóftening *adj.* 〖化学〗熱軟化性の.
ther·mo·sphere /θɚ́ːməsfɪɚ | θə́ːməsfɪə^(r)/ *n.* [the ~] 〖気象〗熱圏《大気の中間圏 (mesosphere) より上の部分の総称》. **ther·mo·spher·ic** /θɚ̀ːməsférɪk, -sfíɚr- | θə̀ːmə(ʊ)sfér-ˈ-/ *adj.* 〖1924〗
thèrmo·stáble *adj.* 〖生化学〗耐熱性の (↔ thermolabile). **thèrmo·stabílity** *n.* 〖1904〗
ther·mo·stat /θɚ́ːməstæ̀t | θə́ːmə(ʊ)-/ *n.* 〖電気〗サーモスタット, 温度調節器《一定の温度に達すると熱源を自動的に制御する装置; cf. cryostat》. — *vt.* **1** …にサーモスタットを付ける. **2** サーモスタットで調温する. **ther·mo·stat·ic** /θɚ̀ːməstǽtɪk | θə̀ːmə(ʊ)stǽt-ˈ-/ *adj.* **thèr·mo·stát·i·cal·ly** *adv.* 〖(1831) ← THERMO- + -STAT〗
thèrmo·státics *n.* 〖物理化学〗静熱力学, 熱平衡学. 〖1871: HYDROSTATICS との類推から〗
thérmo·tànk *n.* サーモタンク《強制通風による冷暖房用タンク》. 〖1909〗
ther·mo·tax·is /θɚ̀ːmoutǽksɪ̀s | θə̀ːmə(ʊ)tǽksɪs/ *n.* 〖生物・生理〗温度走性, 走熱性. **ther·mo·tac·tic** /θɚ̀ːmətǽktɪk | θə̀ːmə(ʊ)-ˈ-/ *adj.* **thèr·mo·táx·ic** /-tǽksɪk-ˈ-/ *adj.* 〖(1891) ← THERMO- + -TAXIS〗
thèrmo·ténsile *adj.* 〖物理化学〗熱張力の. 〖1891〗
thèrmo·thérapy *n.* 〖医学〗温熱療法 (cf. cryotherapy). 〖1899〗
ther·mot·ro·pism /θɚmɑ́(ː)trəpɪ̀zm | θəːmɔ́t-/ *n.* 〖生物〗屈熱性, 向熱性: negative [positive] ~ 背熱[向熱]性. **ther·mo·trop·ic** /θɚ̀ːmətrɑ́(ː)pɪk | θə̀ːmətrɔ́p-ˈ-/ *adj.* 〖1898〗
ther·mot·ro·py /θɚmɑ́(ː)trəpi | θəːmɔ́trə-/ *n.* 〖化学〗熱互変《熱によって起こる可逆的な結晶形の転移》.
-ther·mous /θɚ́ːməs | θə́ː-/「…の熱をもつ」の意の連結形: homo*thermous*.
thérm wíndow *n.* 〖建築〗=Diocletian window.
-ther·my /θɚ̀ːmi | θə̀ː-/「熱」の意の名詞連結形: dia*thermy*. **-ther·mic** /θɚ́ːmɪk | θə́ː-/, **-thér·mal** /-məl, -ml̩/ *adj.* 〖← NL *-thermia* ← Gk *thérmē* heat: ⇨ -therm, -y[1]〗
the·ro- /θíɚrou | θíərəʊ/「野獣」の意の連結形. ★ 母音の前では通例 ther- になる. 〖← Gk *thēro-* ← *thḗr* wild animal ← IE **ghwer-* wild beast〗
the·roid /θíɚrɔɪd | θíər-/ *adj.* (性状が)獣のような, 野獣性の. 〖(1867) □ Gk *thēroeidḗs*: ⇨ ↑, -oid〗
the·rol·o·gy /θɪrɑ́(ː)lədʒi | θɪ(ə)rɔ́l-/ *n.* 《まれ》哺乳類学 (mammalogy). 〖(1882) ← THERO- + -LOGY〗
The·ro·mor·pha /θìɚrəmɔ́ɚfə | θìərəmɔ́ː-/ *n. pl.* 〖古生物〗獣形上目 (⇨ Pelycosauria). 〖(1901) ← NL ~: ⇨ thero-, -morpha〗
the·ro·phyte /θíɚrəfàɪt | θíər-/ *n.* 〖植物〗一年生[一季生]植物. 〖(1913) ← *thero-* (← Gk *théros* summer) + -PHYTE〗
the·ro·pod /θíɚrəpɑ̀(ː)d | θíərəpɔ̀d/ *adj.*, *n.* 〖古生物〗獣脚亜目の(恐竜). 〖↓〗
The·rop·o·da /θɪ̀ɚrɑ́(ː)pədə | θɪərɔ́pədə/ *n. pl.* 〖古生物〗《爬虫類竜盤目》獣脚亜目. 〖← NL ~: ⇨ thero-, -poda〗
the·rop·o·dous /θɪ̀ɚrɑ́(ː)pədəs | θɪərɔ́pədəs/ *adj.* 〖古生物〗=theropod. 〖(1889): ⇨ ↑, -ous〗
Ther·si·tes /θɚ(ː)sáɪtiːz | θə(ː)-/ *n.* 〖ギリシャ伝説〗テルシーテース《*Iliad* 中でギリシャ人中最も醜悪で意地悪く口汚ない男として描かれている人物; Achilles や Odysseus をののしったが, 結局 Achilles に殺された》. 〖□ L *Thersītēs* □ Gk *Thersī́tēs*《原義》bold (of speech) ← *thérsos* courage, audacity〗
ther·sit·i·cal /θɚ(ː)sítɪ̀kəl, -kl̩ | θə(ː)sítɪ-/ *adj.* 口の悪い, 口汚い (scurrilous, abusive). 〖(1650) ↑〗
THES 《略》Times Higher Education Supplement.
Thes. 《略》Thessalonians (新約聖書の)テサロニケ書.
thesauri *n.* thesaurus の複数形.
the·sau·ro·sis /θìːsɔːróusɪ̀s | -rə́ʊsɪs/ *n.* 〖病理〗蓄積症, 沈着症, 貯蔵症《類脂体・蛋白質・炭水化物または他の生体成分が異常に細胞内に蓄積する代謝病; storage disease ともいう》. 〖(1958) ← NL ~ ← Gk *thēsaurós* storeroom (↓) + -OSIS〗
the·sau·rus /θɪsɔ́ːrəs | θɪ̀-/ *n.* (*pl.* **-sau·ri** /-raɪ, -riː | -raɪ/, **~·es**) **1** 知識の宝庫《辞書・百科辞典など》, 宝典, 辞典 (lexicon); (特に)類義語辞典. **2** 宝庫 (treasury), 倉庫 (storehouse). **3** 〖電算〗シソーラス《コンピューターに記憶された情報の索引》. **the·sáu·ral** /-rəl/ *adj.* 〖(1823) □ L ~ □ Gk *thēsaurós* 'TREASURE, storehouse' ← ?〗
these /ðíːz/ *demons. pron.* [this の複数形] これらの物[人]: *These* are my children. これが子供たちです / I prefer ~ to the others. 私は他のものよりこれらの方がいい. — *demons. adj.* [this の複数形] **1** これらの; このごろの, 現時の (cf. those); [特に過去時制で] そのころの: (all) ~ books, houses, people, etc. / ~ United States この合衆国 (Whitman) / (in) ~ days このごろは, 最近, 現今; その[あの]ころの《★ in を用いるのはやや古い用法で普通は略す》

T

/ one of ~ days 近日 / ~ times このごろ, 当節; あのころ, 当時 / *These* days, I nagged about fitness. そのころ, 私は健康のことでがみがみ言った / It wasn't easy to get out of bed ~ cold mornings. あのころの寒い朝ベッドから出るのは楽ではなかった / Oh, ~ women! ああ, この女たちといったら / *These* our actors この俳優たちは (Shak., *Tempest* 4. 1. 148) (★ These actors of ours に相当する; cf. this 1 ★).

語法 (1) He has been studying French ~ twenty years. (この 20 年間フランス語を研究している)に見られる *these* twenty years という言い方は古い用法で, 現在は for the past [last] twenty years や (for) twenty years を用いる. (2) one of these はしばしば軽蔑的に用いられる (cf. *a* SORT *of*, KIND *of*): He's *one of* ~ artist chaps. やつはへぼ絵かきだ.

---

2 《口語》[話者の念頭にある未出の特定の人や物を指して] ある (some) (cf. this *adj.* 3): I heard ~ footsteps behind me, and I looked back. 私は後ろに足音がするので振り返った.
3 [よく知られている, または大きな話題になっている人や物を指して] これらの…というもの (cf. this *adj.* 4): ~ space shuttles [structuralists] このスペースシャトル[構造主義者]というもの.
〖ME *þese* ← *þis* 'THIS'＋-*e* (pl. suf.) ∽ ME *pās, pōs* ＜ OE *ðās* 'THOSE'〗

these'll /ðíːzl/ 《口語》 these will の縮約形.

theses *n.* thesis の複数形.

The·se·us /θíːsiəs, -suːs | -sjuːs, -siəs/ *n.* 〘ギリシャ神話〙 テーセウス 《アテネの王 Aegeus の子, 立憲的王制を樹立して Attica の諸都市をアテネに統一した; また Crete 島の迷宮を突破して Minotaur を殺し, Hercules の Amazon 征伐に参加した》. **The·se·an** /θɪsíːən/ *adj.* 〖◻L *Thēseus* ◻Gk *Thēseús* ← ?〗

the·sis /θíːsɪ̀s | -sɪs/ *n.* (*pl.* **the·ses** /-siːz/) **1** 論題; (作文・論文の)題目 (subject); 作文. **2** 学位論文, 卒業論文 (dissertation) 〔*on*〕: a doctor's [doctoral] ~＝a ~ for the doctorate 博士論文 / a graduation ~ 卒業論文. **3 a** 〘論理〙(論証さるべき)命題, 定立, テーゼ: a ~ *that* sound laws admit of no exceptions 音法則には例外なしという命題. **b** 想定 (assumption), 仮定 (postulate). **c** 〘哲学〙 措定(そてい), 定位, 定立 《推論の前提として使用される, まだ証明されていない命題; cf. HEGELIAN dialectic, antithesis 3》. **4** 〘音楽〙 下拍, 強拍 (downbeat) (↔ arsis). **5** /θíːs-, θés- | θés-, θíːs-/ 〘詩学〙 (英詩の)弱音部[節] (cf. arsis 1, ictus 1); (古典詩の)揚音部, 強音部. 〖《*a*1398》◻L ～◻Gk *thésis* an arranging, sitting down, something set down, proposition ← *tithénai* to place: cf. theme〗

thésis plày *n.* テーマ劇 《ある特定の主張を展開したり擁護したりする劇》. 〖1904〗

Thes·mo·pho·ri·a /θèsməfɔ́ːriə | -fɔ́ːr-/ *n.* [時に複数扱い] テスモフォリア 《古代ギリシャの女性による祭で, 農業・家族の守護女神 Demeter のために行われた》. 〖《1788》◻L ～◻Gk *thesmophória* (pl.) ← *thesmóphoros* giving laws ← *thesmós* law, ordinance (← *tithénai* to put, lay down)＋-*phoros* '-PHORE'〗

thesp. 《略》 thespian.

Thes·pi·an /θéspiən/ *adj.* **1** テスピス (Thespis) の. **2** [時に t-] 悲劇の (tragic); 戯曲の, 演劇の (dramatic): the ~ art 戯曲, 劇 (the drama). — *n.* [時に t-] 《戯言》 悲劇役者 (tragedian); 俳優, 役者 (actor or actress). 〖《1675》: ⇨ ↓, -an[1]〗

T

Thes·pis /θéspɪ̀s | -pɪs/ *n.* テスピス 《紀元前 6 世紀のギリシャの伝説的悲劇詩人; ギリシャ悲劇の祖と言われる》. 〖◻L ～◻Gk *Théspis* ← *théspis* inspired by the gods 《短縮》← *thespésios* divinely sounding, divine〗

Thess. 《略》 Thessalonians (新約聖書の)テサロニケ書.

Thes·sa·li·a /*Mod.Gk.* θesalía/ *n.* テッサリア (Thessaly の(現代)ギリシャ語名).

Thes·sa·li·an /θesélian, θɪ̀- | -/ *adj.* テッサリア (Thessaly) の; テッサリア人[語]の. — *n.* テッサリア人[語]. 〖《1595–96》← L *Thessalius* 'of THESSALY': ⇨ -an[1]〗

Thes·sa·lo·ni·an /θèsəlóuniən | -ləu-/ *adj.* テサロニケ (Thessalonica) の. — *n.* **1** テサロニケ人. **2** [*pl.*; 単数扱い] (新約聖書の)テサロニケ人への手紙, テサロニケ(人への)書 (The First [Second] Epistle of Paul to the Thessalonians) 《前・後二書から成る; 略 Thess.》. 〖← *Thessalonica* (↓)＋-AN[1]〗

Thes·sa·lo·ni·ca /θèsəlɑ́(ː)nɪkə | -lɔ́n-/ *n.* テサロニケ (Salonika の古名). 〖◻L *Thessalonica* ◻Gk *Thessaloníkē*〗

Thes·sa·lo·ní·ki /*Mod.Gk.* θesaloníci/ *n.* テサロニキ (Salonika [Salonica] のギリシャ語公式名; Thessalonike ともつづる).

Thes·sa·ly /θésəli/ *n.* テッサリア 《ギリシャ北東部の一地方; 古代ギリシャの一州; 面積 13,940 km²》. 〖◻L *Thessalia* ◻Gk *Thessalía*〗

the·ta /θéɪtə, θíː- | θíːtə/ *n.* **1** テータ 《ギリシャ語アルファベット 24 字中の第 8 字: Θ, θ; ⇨ alphabet 表》. **2** 無声 th 音を表す発音記号 (cf. edh). 〖《1603》◻Gk *thêta* ◻Heb. *ṭēth*〗

théta pìnch *n.* 〘物理〙 テータ [θ] ピンチ 《プラズマ柱の円周方向(これをテータ方向という)に流れる電流と軸方向に印加されている磁場との相互作用によりプラズマ柱が細いひも状に絞られる現象; cf. zeta pinch》. 〖1959〗

théta ròle *n.* 主題役 (thematic role).

théta wàve *n.* 〘生理〙 θ[シータ]波 (1 秒当たり 4–8 Hz の脳波). 〖《1944》 1972〗

Thét·ford Mínes /θétfəd- | -fəd-/ *n.* セットフォードマインズ 《カナダ Quebec 州南部の都市; 石綿産業で有名》.

thet·ic /θétɪk | -tɪk/ *adj.* **1** 断言的な, 恣意的な (dogmatic). **2** 〘詩学〙 **a** thesis をなす: a ~ syllable. **b** thesis で始まる: a ~ line. 〖《1678》◻Gk *thetikós* fit for placing, positive ← *thetós* (verbal adj.) ← *tithénai* to place: ⇨ -ic[1]〗

thét·i·cal /-tɪ̀kəl, -kl̩ | -tɪ-/ *adj.* ＝thetic 1. **～·ly** *adv.* 〖1653〗

Thet·is /θétɪ̀s, θíː- | θétɪ-/ *n.* 〘ギリシャ神話〙 テティス 《海神 Nereus の 50 人の娘 (Nereids) の一人; Peleus の妻で Achilles の母》. 〖《1422》◻L ～◻Gk *Thétis*〗

the·ur·gic /θiə́ːdʒɪk | θiə́ː-/ *adj.* **1** 奇跡の. **2** 魔法の. 〖《1610》◻LL *theurgicus* ◻Gk *theourgikós* magical: ⇨ theurgy, -ic[1]〗

the·úr·gi·cal /-dʒɪ̀kəl, -kl̩ | -dʒɪ-/ *adj.* ＝theurgic. **～·ly** *adv.* 〖1569〗

the·ur·gist /θíːəːdʒɪ̀st | -əːdʒɪst/ *n.* **1** 奇跡を行う人. **2** 魔術師 (magician). 〖1652〗

the·ur·gy /θíːəːdʒi | θíːəː-/ *n.* **1** 神業, 奇跡. **2** (エジプトの新プラトン学派の行った)神的秘術, 魔術 (sorcery). 〖《1569》◻LL *theūrgia* ◻Gk *theourgía* miracle, sorcery ← *theourgós* doing the works of a god ← THEO-＋*érgon* work: ⇨ ergon, -y[3]〗

thew /θúː, θjúː | θjúː, θúː/ *n.* **1** [通例 *pl.*] 筋肉, 腱(けん) (sinew). **2** [*pl.*] **a** 筋力, 腕力, 体力. **b** 《古》 精神力, 気力. **3** 活力 (vitality). 〖OE *þēaw* custom, usage ＜ Gmc **þawaz* (OS *thau*) ← IE **teu-* to pay attention to, turn to: cf. OHG *dau* discipline〗

thewed *adj.* [複合語の第 2 構成素として] (…な)筋肉をもつ: strong-*thewed*. 〖《*c*1200》↑〗

théw·less *adj.* 《スコット》 無気力な (inactive). 〖*a*1327〗

thew·y /θúːi, θjúːi | θjúːi, θúːi/ *adj.* (**thew·i·er; -i·est**) 筋力のたくましい (sinewy). 〖《1845》← THEW＋-Y[4]〗

they[1] /ðeɪ; ðéɪ/ *pron.* (人称代名詞, 三人称複数主格; 所有格 **their**, 目的格 **them**) **1** 彼ら, 彼女ら, それら, あの人々, あれら, それら: *They* are my cousins [books]. ★ they who [that] … (＝those who [which] …) という形は古体. 日英比較 日本語の「彼ら」には「あそこにいる人たち」と指示している指示機能があるが, 英語の they には指示機能はない. 英語で「あそこにいる人たち」は those people という. ⇨ I, she, it 日英比較. **2** 《口語》 [anyone, everybody など単数の不定代名詞や each, every に続く名詞を受けて] ＝he, she: *Nobody* ever admits that ~ are to blame. 自分が悪いと認める人はだれもいない / *Nobody* knows the answer, do ~! だれもその答えはわからないんだね / Place yourself behind the door, and you'll be able to see *everyone* [*every* guest] as ~ come in. 戸の後ろに隠れていなさい, そうすれば入って来る人[客]が皆わかります / When a person assumes an alias, ~ often use *their* first name. 偽名を使う人の多くは自分の名を姓として使う. ★ 性差別を避けるため he or she を使うが, 簡潔さを欠くため口語では they で受けることが多い. **3 a** 世人, 人々 (people) (cf. one *pron.* 3 a, we *pron.* 2, you *pron.* 2): *They* say (that) the government is going to resign. 内閣は辞職するということ[うわさ]だ (★ 《口語》では It is said that … よりも好まれる) / In America ~ speak English. アメリカでは英語が話される. **b** (軍または民間の)お偉方, 当局. **4** 《英方言》 [指示形容詞的] ＝those: some of ~ workers その労働者の何人か. 〖《?*a*1200》 ME *þei* ◻ON *þeir* those (pl. masc.) ← *sā, sū, þat* 'THAT' ∽ OE *hī, hie* they (pl.): cf. OE *þā* (pl.) ← *þæt* 'THAT[1]'〗

they[2] /ðéɪ/ *adv.* 《方言》 ＝there.

they'd /ðéɪd/ 《口語》 **1** they would の縮約形. **2** they had の縮約形.

théy-gròup *n.* 〘社会学〙 かれら集団, 外集団 (⇨ outgroup).

they'll /ðéɪl/ 《口語》 **1** they will の縮約形. **2** they shall の縮約形.

they're /ðéɪə, ðéə | ðéɪə[r], ðéə[r]/ 《口語》 they are の縮約形.

they've /ðeɪv, ðéɪv/ 《口語》 they have の縮約形.

THF 《略》〘化学〙 tetrahydrofuran.

THI 《略》〘気象〙 Temperature-Humidity Index.

thi- /θaɪ/ (母音の前にくるときの) thio- の異形: *thiazine*.

thi·a·ben·da·zole /θàɪəbéndəzòul | -zəul/ *n.* 〘薬学〙 チアベンダゾール ($C_{10}H_7N_3S$) 《回虫駆除その他に用いる》. 〖《1961》← THIA(ZOLE)＋BEN(ZO-)＋(IMI)D(E)＋AZOLE〗

thi·a·cet·a·zone /θàɪəsétəzòun | -təzəun/ *n.* 〘薬学〙 チアセタゾン ($C_{10}H_{12}N_4OS$) 《淡黄色の結晶; 抗結核剤》. 〖⇨ ↓, -azo-, -one〗

thí·a·cè·tic ácid /θàɪəsìːtɪk-, -æs-, -sèt- | -sèt-, -sìːt-/ *n.* 〘化学〙 ＝thioacetic acid. 〖*thiacetic*: ← THIO-＋ACETIC〗

thi·a·min /θáɪəmɪ̀n | -mɪn/ *n.* 〘生化学〙 ＝thiamine.

thi·am·i·nase /θaɪǽmənèɪs, θáɪəm-, -nèɪz | -mɪnèɪs/ *n.* 〘生化学〙 チアミナーゼ 《チアミンを分解する酵素; 生の魚に含まれ, 多量の生魚を食べるとチアミン不足を引き起こす原因となる》. 〖⇨ ↓, -ase〗

thi·a·mine /θáɪəmɪ̀n, -miːn | -miːn, -mɪn/ *n.* 〘生化学〙 チアミン ($C_{12}H_{17}ClN_4OS$) 《vitamin B_1 の国際的名称; 抗神経炎性または抗ベリベリ病性のビタミン; aneurin ともいう》. 〖《(1886)》 (1937) ← THIO-＋AMINE〗

thi·a·sus /θáɪəsəs/ *n.* (*pl.* **-a·si** /-sàɪ/) **1** (古代ギリシャで)特定の守護神 (通例 Dionysus) を崇拝しその祭礼を行う集団[講中]. **2** 〘ギリシャ神話〙 ティアソス 《Dionysus に従う巫女(みこ) (maenads) や森の神 (satyrs) などの群れ》. 〖《1820》◻L ～◻Gk *thíasos* the Bacchic dance, religious guild ← ?〗

thi·a·zide /θáɪəzàɪd, -zɪ̀d | -zàɪd, -zɪd/ *n.* 〘薬学〙 チアザイド 《利尿剤・血圧降下剤》. 〖《1959》← THIO-＋(DI)-AZ(INE)＋(DIOX)IDE〗

thi·a·zine /θáɪəzìːn | -ziːn, -zɪn, -zàɪn/ *n.* 〘化学〙 チアジン (C_4H_5NS) 《N を含む複素環化合物の一種; 1, 4-チアジンが知られている》. 〖《1900》← THIO-＋AZINE〗

thi·a·zole /θáɪəzòul | -zəul/ *n.* (*also* **thi·a·zol** /-zɔ̀(ː)l | -zɔ̀l/) 〘化学〙 **1** チアゾール (C_3H_3NS) 《ピリジン臭のある液体》: ~ dye チアゾール染料. **2** チアゾール 《1 の誘導体の総称; 炎症の治療薬・反応促進剤》. 〖《1888》← THIO-＋AZOLE〗

Thi·baud /tɪ̀bóu | tɪbə́u; *F.* tibo/, **Jacques** *n.* ティボー (1880–1953; フランスのバイオリン奏者).

Thi·bet /tɪ̀bét | tɪ-/ *n.* ＝Tibet.

Thi·bet·an /tɪ̀bétn | tɪ-/ *adj., n.* ＝Tibetan.

thick /θík/ *adj.* (~**·er**; ~**·est**) **1 a** 厚い, 厚みのある (↔ thin); 太い, 肉太の (↔ slim): a ~ carpet 厚いカーペット / a ~ lump of butter バターの厚い塊 / ~ lips 厚い唇 / a ~ neck [finger, bough] 太い首[指, 枝] / ~ type 肉太の活字. **b** 〈人・動物が〉ずんぐりした (thickset): He was somewhat ~. ややずんぐりしていた.
2 厚さ…の: The board is 2 inches ~. 板は厚さ 2 インチある / How ~ is it? 厚さはどのくらいあるか / a rope one inch ~ 太さ 1 インチのロープ.
3 〈人や物の集まりが〉密な, 密集した, 茂った, こんもりした, 濃い (⇨ close[2] SYN); 〈髪が〉濃い, 豊かな (luxuriant) (↔ sparse): a ~ forest [wood] 密林 / ~ brown hair 濃い褐色の髪の毛 / ~ eyebrows 濃い眉毛 / be ~ *with* grass 草が茂っている / The crowd grew ~*er*. 群衆はだんだん密になってきた.
4 〈煙・霧など〉深い, 濃い (dense): ~ smoke / a ~ mist [fog] 濃霧 / ~ clouds 密雲 / a ~ snow 降りしきる雪. 日英比較 日本語では「太い」「厚い」「密な, 濃い」と使い分けるが, 英語ではいずれも *thick* である.
5 〈液体など〉濃い, 濃厚な, 半固体の (semisolid): (a) ~ soup [syrup] 濃いスープ[シロップ] (cf. clear soup) / (a) ~ paste 濃い糊(のり).
6 〔…で〕いっぱいの, 〔…を〕かぶった, …だらけの 〔*with, in*〕; 込み合った, たくさんの; ひっきりなしの (frequent): a park ~ *with* people 人で込み合った公園 / desks and chairs ~ *with* dust ほこりをかぶった机や椅子 / The room was ~ *in* [*with*] dust. 部屋にはほこりが厚く積もっていた / The sky was ~ *with* stars. 満天の星が輝いていた / an atmosphere ~ *with* hostility 敵意に満ちた雰囲気 / with honors ~ upon one 数多(あまた)の栄誉を一身に浴びて.
7 〈音・声など〉不鮮明な; しゃがれた; こもった; 低くて太い (throaty) (cf. clear 2 a); 〈なまり・方言など〉目立つ, ひどい: a ~ voice だみ声 / He had a ~ German accent. ひどいドイツ語なまりがあった (cf. He had a broad Dorset accent. 彼はドーセットなまりまる出しだった).
8 濁った, 混濁した (turbid, muddy): The river looked ~ after the rain. 雨上がりで川の水は濁っていた.
9 a 《口語》 〈知力・人が〉鈍い, ばかな, 愚鈍な (obtuse): be ~ / have a ~ head [skin] 頭が鈍い[鈍感な] / (as) ~ as two (short) planks 《英口語》 ひどく頭の鈍い. **b** 《方言》 (感覚の)鈍い: be ~ *of* hearing 耳が遠い / My sight was ever ~. おれの目は以前から悪い (Shak., *Caesar* 5. 3. 21).
10 〈天候が〉曇った, どんよりした, はっきりしない, 霧深い (foggy, misty): The weather proved ~ and hazy. 天気はどんよりしてもやが深かった.
11 〈夜・闇(やみ)など〉濃い, 深い (deep): ~ darkness 濃い暗闇 / ~ gloom 深い闇.
12 [叙述的] 《口語》 親密な, 仲のよい (intimate) 〔*with*〕: (as) ~ as thieves 離れられないほどの仲で / They're very ~ (*together*). お互いにとても仲がいい / He was quite ~ *with* his pastor. 牧師と大の仲よしだった.
13 《口語・英》 もて余すほど多い, ひどい, たまらない (hardly tolerable): That's rather ~. それはひどい / This is a bit [a little] (too) ~. これはちょっとひど過ぎる. ★ この語義は多分 lay it on thick (⇨ lay[2] *v.* 成句)から.
a thick 'un 《英俗》 ソブリン金貨; (もとはまた) 5 シリング銀貨 (*'un* ⇨ un). 《1888》 ***gét* [*gíve*] *a thíck éar*** ⇨ ear[1] 成句. ***the thíck énd of*** 《英口語》 〈ある金額・時間などの〉ほとんど, 大部分. ***thíck on the gróund*** たくさんで (plentiful) (cf. THIN *on the ground*). 《1893》
— *adv.* (~**·er**; ~**·est**) ＝thickly: The snow lay ~ on the ground. 雪が地上に厚く積もった / ~ and fast＝fast and ~ どんどん; しきりに / spread the butter ~ バターを厚く塗る / The snow was falling ~. 雪が降りしきっていた / Doubts came ~ upon him. 大きな疑惑が湧いてきた / The porridge stirs [sets] ~. かゆをかきまぜるとどろどろする[かゆが濃く固まる] / ⇨ LAY[2] *it on thick*.
— *n.* **1** [the ~] (前腕・ふくらはぎ・バットなどの)最も太い[厚い]部分: the ~ *of* the thigh 腿(もも)の一番太い部分. **2** [the ~] (林などの)茂み (thicket): the ~ *of* a wood. **3** [the ~] 最も人の集まる所; 〔戦いなどの〕最も激しい所, まっただ中 〔*of*〕: in *the* ~ *of* a crisis [fight, battle] 危機[激戦]のまっ最中に. **4** 《学校俗》 鈍物, ばか: He is not a ~. ばかじゃない.
thróugh thíck and thín 万難を排して; よい時も悪い時も, 終始変わらず (cf. thick-and-thin): We'll stand by you *through* ~ *and thin*. どんなことがあろうとも君を援助しよう. 〖*c*1386〗
— *vt.* 《古》 濃密にする, 厚くする (cf. Shak., *Winter's* 1. 2. 171).
〖ME *thikke* ＜ OE *þicce* ← Gmc **þeku-*, **þekwia-*

(Du. *dik* thick / G *dick*) ← ? IE *tegu- thick, fat (OIr. *tiug*)〙
thíck-and-thín *adj.* 水火も辞さない, 終始変わらない (constant), 身命をささげた (devoted): ~ supporters, admirers, friends, etc. 〘(1822): ⇨ ↑, thin: 《原義》 thicket and thin wood〙
thíck-bráined *adj.* 頭の悪い, 愚鈍な. 〘1619〙
thíck-cóming *adj.* 押し寄せる: ~ fancies 押し寄せてくる妄想 (Shak., *Macbeth* 5. 3. 38). 〘1606〙
thick·en /θíkən/ *vt.* **1** 濃くする, どろどろにする, 濃密にする: ~ soup *with* flour スープに小麦粉を加えてとろみをつける / ~*ed* oil 濃化油, スタンド油. **2** 厚くする; 太くする. **3** 〈言葉などを〉不鮮明[不明瞭]にする, 聞きとりにくくする (blur). — *vi.* **1** 濃くなる, どんよりする; どろどろになる, 濃密になる; (生地の)目が詰まる: The gloom ~*ed into* one gray curtain. 夕闇が濃くなって一枚の灰色のとばりになった / The crowd ~*ed.* 次第に人込みが多くなった. **2** 厚くなる; 太くなる. **3** 複雑になる: The plot ~*s.* 筋[事]が一層込み入ってくる, 話がいよいよ面白くなる (cf. George Villiers, *The Rehearsal*). **4** 〈言葉などが〉不鮮明になる. **5** 繁くなる; 激しく[たけなわに]なる: The battle ~*ed.* 戦闘がたけなわになった. 〘(*a*1398) ← THICK (adj.)＋-EN[1]〙
thíck·en·er /-k(ə)nə | -nə(r)/ *n.* 濃くするもの; 沈澱(ちんでん)装置, 濃縮器. 〘(1652): ⇨ ↑, -er[1]〙
thíck·en·ing /-k(ə)nɪŋ/ *n.* **1** 厚くする[なる]こと, 太くする[なる]こと, 肥大, 肥厚; 太く[厚く]なった部分. **2** 濃くする[なる]こと, 濃化; 濃(密)化, 稠密(ちゅうみつ)化. **3** 濃化剤[材料]. **4** 〖料理〗 =liaison 4. 〘(1580) ← THICKEN＋-ING[1]〙
thick·et /θíkɪ̆t/ *n.* **1** やぶ, 茂み, 雑木林. **2** ごたごたしている様子, 混乱状態 (jumble): a ~ of cables もつれた太綱. **thick·et·y** /θíkɪ̆ti | -ti/ *adj.* 〘OE *þiccet* ← *þicce* 'THICK'〙
thíck·et·ed /-tɪ̆d | -tɪ̆d/ *adj.* やぶ[茂み]のある: a ~ hill. 〘(*c*1624): ⇨ -ed 2〙
thick film *n.* 〖電子工学〗厚膜(あつまく) 《集積回路 (IC) を作るのに用いる比較的厚い導電材料などの層; cf. thin film》.
thíck·hèad *n.* **1** 頭の鈍い人, 鈍物, 愚物 (blockhead). **2** 〖鳥類〗 =whistler 3 b. 〘(1824) 《逆成》 ↓〙
thíck·hèaded *adj.* **1** 〈動物が〉頭部が太い 《特に, 動物名に用いる》. **2** 頭の鈍い, 愚鈍な (stupid). **~·ness** *n.* 〘1707〙
thick·ie /θíki/ *n.* (*pl.* **-ies**) 《英俗》 =thicky.
thíck·ish /-kɪʃ/ *adj.* やや厚い, 厚みのある, やや太い; やや濃い (rather thick). 〘1545〙
thíck-knèe *n.* 〖鳥類〗イシチドリ (⇨ stone curlew). 〘1816〙
thíck·lèaf *n.* (*pl.* **-leaves**) 〖植物〗多肉の葉をもつベンケイソウ科フチベニベンケイ属 (*Crassula*) の草本の総称.
thíck-lèaved *adj.* **1** 葉の茂った. **2** 厚い葉をもった, 葉の厚い. 〘1582〙
thíck-lìpped *adj.* 唇の厚い. 〘*a*1529〙
thíck·lìps *n. pl.* [単数扱い] 唇の厚い人. 〘1604〙
thíck·ly *adv.* **1** 厚く, 濃く, 密に, こんもりと (closely, densely): *thickly*-powdered おしろいをごてごてと塗りたてた / The ground was ~ covered with snow. 地面は厚く雪に覆われていた. **2** おびただしく (abundantly); 繁く (frequently): *thickly*-peopled[-populated] 人口の密な. **3** (言葉などが)不鮮明に, だみ声で (indistinctly): speak ~. 〘(*c*1303): ⇨ -ly[1]〙
thíck-nécked *adj.* 首の太い. 〘1591〙
thíck·ness *n.* **1 a** 厚いこと, 厚さ; 厚み, 太さ; 厚い[太い]部分: a ~ of ten feet 10 フィートの厚さ / be 2 inches *in* ~ 厚さ 2 インチある. **b** (壁などの)内部: in the ~ of a wall 壁の内部に. **2** 濃さ, 濃厚; 濃度, 濃密: the ~ of population 人口稠密(ちゅうみつ). **3** 密集, 繁茂; 頻繁(ひんぱん) (frequency). **4** 頭の鈍さ, 愚鈍 (dullness): ~ of intellect. **5** 混濁 (turbidness). **6** 曇って[どんよりして]いること. **7** (言葉などの)不分明, 不鮮明: ~ of speech. **8** (一定の厚さの材料の)一枚, 一層 (layer): Three ~*es* of cardboard will do. ボール紙 3 枚重ねれば十分だ. — *vt.* 〈板などを〉同じ厚さに仕上げる, …の厚さをそろえる. 〘OE *þicness*: ⇨ thick, -ness〙
thíckness gàge [gàuge] *n.* シックネスゲージ, 隙間ゲージ (⇨ feeler 5).
thíckness pìece *n.* 〖劇場〗見込み 《背景に立体感をつけるためドア・窓などに輪郭をつける細長い板》.
thick·o /θíkou | -kəu/ *n.* (*pl.* **~s**) 《口語》 ばか, あほ, うすのろ. 〘(1976): ⇨ thick (adj. a), -o〙
thíck règister *n.* 〖音楽〗 =chest register.
thíck-rìbbed *adj.* 丈夫な肋骨をもった, 厚く覆われた: ~ ice 厚い氷 (*Measure* 3. 1. 122). 〘1604〙
thíck·sét *adj.* **1 a** 密な, 生い茂った (dense): a ~ hedge [wood] 茂った垣根[林]. **b** けばの詰んだ. **2** 〔…で〕所狭きまでの, いっぱいで (thickly studded) 〈*with*〉: a wild country ~ *with* bushes やぶの茂った荒野. **3** がっしりした, ずんぐりした, むっくりした, 太くて短い (stocky): one's ~ body / a short, ~ man 背の低いずんぐりした男. — /ˊ-ˋ-/ *n.* 《まれ》 やぶ, 茂み (thicket); 茂った垣根. 〘(?*a*1400) ← THICK＋SET (p.p.)〙
thíck-síghted *adj.* よく見えない, 近眼の (cf. Shak., *Venus* 136). 〘1592–93〙
thíck-skínned *adj.* **1** 皮膚の厚い (↔ thin-skinned). **2** 鈍感な, 無神経な, 鈍重な (callous). 〘1545〙
thíck·skúlled *adj.* =thickheaded. 〘*a*1653〙
thíck-tàiled ráy *n.* 〖魚類〗ガンギエイ亜目のエイ類の総称 《ガンギエイ (skate), サカタザメ (guitarfish) など》.
thíck-wìtted *adj.* 頭の悪い, 愚鈍な (stupid). **~·ly** *adv.* **~·ness** *n.* 〘1634〙
thick·y /θíki/ *n.* (*pl.* **-ies**) 《英俗》 愚鈍な人, ばか, とんま. 〘(1968) *thickie*: ⇨ thick (adj. 9 a)〙
thief /θíːf/ *n.* (*pl.* **thieves** /θíːvz/) **1** 盗人, 窃盗, 泥棒 (⇨ robber SYN): Stop ~! 泥棒待て / like a ~ in the night (夜盗のように)こっそりと (cf. *1 Thess.* 5: 2) / There is honor among *thieves.* 《諺》 盗賊にも仁義 / Set a ~ to catch a ~. 《諺》 泥棒は泥棒に捕えさせよ, 「蛇(じゃ)の道はへび」/ (as) thick as *thieves* ⇨ thick 12 / fall among *thieves* ⇨ fall *vi.* 15. **2** 《口語》 (ろうそくの)芯のこぶ 《そのため蠟が流れて損になる》. 〘(1568) OE *þīof, þēof* < Gmc **þeu-baz* (Du. *dief* / G *Dieb*) ← ? IE **teup-* to crouch (Gk *entupás* crouchingly)〙
thíef ànt *n.* 〖昆虫〗他のアリの巣の近くに巣を造ってそこから食物を盗む小形のアリ (*Solenopsis molesta*). 〘1904〙
Thiers /tjéə | tjéə(r); F. tjɛːʀ/, **Louis Adolphe** *n.* ティエール 《1797–1877; フランスの政治家・歴史家; 第三共和制初代の大統領 (1871–73)》.
thieve /θíːv/ *vt.* 〈物を〉盗む (steal). — *vi.* 盗みをする, 窃盗を働く. **thíev·ing** *adj., n.* 〘OE *þēofian* ← *þēof* 'THIEF'〙
thíeve·less *adj.* 《スコット》 **1** 心のこもらない, 冷淡な. **2** 気乗りのしない (listless). 〘(1725) 《変形》 ← ? *theweless* 'THEWLESS': 誤読による変形?〙
thiev·er·y /θíːv(ə)ri/ *n.* **1** 盗み, 窃盗 (stealing, theft). **2** 《古》 盗品. 〘(1568) ← THIEF＋-ERY〙
thieves /θíːvz/ *n.* thief の複数形.
thíeves' kítchen *n.* 《英俗》 泥棒のたむろする所.
thíev·ish /-vɪʃ/ *adj.* **1** 手癖の悪い, 盗癖の, 泥棒の: have ~ habits 手癖が悪い / ~ living 盗人(ぬすと)渡世. **2** 泥棒のような, 隠れて[こっそり]やる, こそこそする (stealthy, furtive). **3** 《廃》 〈場所などが〉泥棒に荒し回される, 泥棒の出る: walk in ~ ways 泥棒の出る道を歩く (cf. Shak., *Romeo* 4. 1. 79). **~·ly** *adv.* **~·ness** *n.* 〘(*a*1398) ← THIEF＋-ISH[1]〙
thig /θíg/ *vt., vi.* (**thigged; thig·ging**) 《スコット》 (施し・食べ物などを)請う (beg). 〘(*a*1300) *thigge* ▭ ON *þiggja* to receive ∞ OE *þicg(e)an* to take (food)〙
thíg·ger *n.* 《スコット》 こじき (beggar). 〘(1424): ⇨ ↑, -er[1]〙
thigh /θáɪ/ *n.* **1** もも, 大腿(だいたい) (⇨ leg 挿絵), (動物のあと足の)上部. ★ ラテン語系形容詞: femoral **2** 大腿骨 (femur, thighbone): break one's ~. **3** 〖昆虫〗腿節 (femur). **4** 〖鳥類〗腿部, もも 《皮膚や羽毛に覆われた腿骨のある部分をいう場合と, 外部から見える腓骨(ひこつ)・脛骨(けいこつ)部分をいう場合がある》. 〘OE *þēoh, þīoh* < Gmc **þeuχam* 《原義》 swollen part (of the leg) (Du. *dij* / OHG *dioh* / ON *þjō*) ← IE **tēu-* to swell (L *tumēre* to swell)〙
thígh·bòne *n.* 大腿(だいたい)骨 (femur) (⇨ skeleton 挿絵). 〘*c*1450〙
thígh·bòot *n.* (ひざ上までの)ロングブーツ.
thighed *adj.* [通例複合語の第 2 構成素として] (…の)ももの ある, ももの…な: large-*thighed* ももの太い. 〘*c*1600〙
thígh-hìgh *n., adj.* ひざ上までの(ストッキング[ブーツ]).
thígh-slàpper *n.* 《口》 すごくおもしろい話[ジョーク, 出来事]. **thígh-slàpping** *adj.* 〘1965〙
thig·mo·tac·tic /θìgmətǽktɪk⁻/ *adj.* 〖生物〗 = stereotactic 1. 〘(1900) ↓〙
thig·mo·tax·is /θìgmətǽksɪ̆s | -mə(ʊ)tǽksɪs/ *n.* 〖生物〗 =stereotaxis 1. 〘(1900) ← NL ~ ← *thigmo-* (← Gk *thígma* touch)＋-o-＋-TAXIS〙
thig·mot·ro·pism /θɪgmɑ́(ː)trəpɪzm | -mɔ́trə-/ *n.* 〖生物〗 =haptotropism, stereotropism. **thig·mo·trop·ic** /θìgmətrɑ́(ː)pɪk | -trɔ́p-⁻/ *adj.* 〘(1900) ← NL *thigmo-* (↑)＋-TROPISM〙
thill /θíl/ *n.* (馬車の)轅(ながえ), 梶棒(かじぼう). 〘(*a*1325) *thylle* < OE *þille* plank ← ?IE **tel-* something flat (L *tellus* earth): cf. OE *þel* plank / OHG *dil(o), dilla* (G *Diele* deal, board, plank)〙
thill·er /θílə | -lə(r)/ *n.* 轅(ながえ)馬; 後馬 (wheeler). 〘(1552): ⇨ -er[1]〙
thíll hòrse *n.* =thiller. 〘*a*1325〙
thim·ble /θímbḷ/ *n.* **1** 指ぬき 《裁縫をするとき中指を保護する》; 指ぬきの類似物. **2** 〖海事〗はめ輪, シンブル 《索端や帆にはめた擦れ止めの金具》. **3** 〖機械〗はめ輪, 継ぎ輪; はめ筒, シンブル. **~·like** *adj.* 〘((lateOE)) (*a*1398) *þȳmel* thumbstall ← *þūma* 'THUMB'＋-*el* '-LE[1]'〙
thímble·bèr·ry /-bèri | -b(ə)ri/ *n.* 〖植物〗クロミキイチゴ (*Rubus occidentalis*) 《米国産のキイチゴ (raspberry) の一種》. 〘1788〙
thímble còupling *n.* 〖機械〗はめ輪継ぎ手. 〘1882〙
thím·bled *adj.* 指ぬきをはめた. 〘(1812): ⇨ -ed 2〙
thímble·flòwer *n.* 〖植物〗 **1** =self-heal. **2** = purple foxglove. **3** タマザキヒメハナシノブ (*Gilia capitata*) 《北米原産のハナシノブ科の一年草, 淡青色の花が咲く》.
thim·ble·ful /θímbḷfʊ̀l/ *n.* 指ぬきに入るぐらいの量(の液体), 少量 (dram): a ~ of brandy. 〘1607〙
thímble jòint *n.* 〖機械〗はめ輪継ぎ手. 〘1877〙
thímble-pìe *n.* (罰として)指ぬきをはめた指で頭を打つこと. 〘1828〙
thim·ble·rig /θímbḷrìg/ *n.* **1** 指ぬき手品, 杯芸 《三つの指ぬき (thimble) 状の杯を伏せその中どれかに豆(時には小球)を隠し, 杯を動かしてその豆を移し, 観客にどの杯に豆が入っているかを賭けさせる香具師(やし)のトリック》. **2** 指ぬき手品師 (thimblerigger). **3** 巧みな詐欺師. — *v.* (**-ble·rigged; -rig·ging**) — *vt.* 指抜き手品をしてだます; 小手先のわざでだます. — *vi.* 指ぬき手品をする.
thím·ble·rìg·ger *n.* 〘(1825) ← THIMBLE＋RIG[2]〙
thím·ble·rìg·ging *n.* =thimblerig 1. 〘1839〙
thímble·wèed *n.* 〖植物〗まんじゅう形に盛り上がった花托(かたく)をもつ植物の総称 《アネモネ (anemone), オオハンゴンソウ (rudbeckia) など》. 〘1833〙
thímble·wìt *n.* 《米》 愚鈍な人, うすのろ. **~·ted** *adj.*
Thim·bu /θímbuː/ *n.* ティンブー 《ブータン西部にある同国の首都》.
thi·mer·o·sal /θaɪmə́ːrəsæ̀l, -mə́r- | -mə́ː-/ *n.* 〖薬学〗チメロサール ($C_9H_9HgNaO_2S$) 《殺菌消毒薬》. 〘(1949) ← THIO-＋MER(CURY)＋-O-＋SAL(ICYLATE)〙
Thim·phu /θímfuː/ *n.* =Thimbu.
thin /θín/ *adj.* (**thin·ner; thin·nest**) **1 a** 細い, 細長い, ほっそりした (slender, slim): a ~ person ほっそりした人 / a ~ wire, rope, branch, finger, etc. / ~ arms and legs 細い腕と脚. **b** やせた, やせこけた (lean, gaunt): be ~ in the face 顔がやせている / look ~ after an illness 病後でやつれている / His ~ frame quivered. 彼のやせた体がぶるぶる震えた. **c** 〈土地が〉やせた (infertile). **2** 薄い (↔ thick): a ~ board [slice] 薄い板[薄片] / ~ clothes 薄手の衣服 / a ~ layer of butter 薄く塗ったバター / ~ paper 薄紙 / a ~ blanket 薄手の毛布 / ~ mouths [lips] (唇の)薄い口[薄い唇] / wafer-*thin* ウエハースのように薄い / cut meat very ~ 肉をごく薄く切る / Is there really only a ~ line between genius and madness? 天才と狂気は本当に紙一重ですか / The ~ line of British soldiers held out against a stronger enemy. 少数のイギリス兵たちはより強力な敵に持ちこたえた. **3 a** 〈液体・気体・空気など〉薄い, 希薄な (rarefied), 水っぽい, 弱い (weak): ~ soup [porridge, paste, blood] 薄いスープ[かゆ, 糊(のり), 血液] / ~ air 希薄な空気 / a ~ mist [haze] 薄もや. **b** 〈酒が〉こくのない (weak): a very ~ wine ひどくこくのないワイン. **4** まばらな, 薄い (sparse) (↔ dense); 〈集会など〉入りの少ない (not full): ~ hair [beards] 薄い頭髪[あごひげ] / I'm getting a bit ~ on top. 《口語》 頭髪が薄くなってきた / ~ vegetation まばらに生えている植物 / The population is ~. 人口が希薄である / A ~ rain began to fall. こぬか雨が降り出した / a ~ house 入りの少ない劇場 / a ~ meeting [audience] 寄りの悪い会合[少ない聴衆]. [日英比較] 日本語では「細い」「薄い」「まばらな」と使い分けるが, 英語ではいずれも *thin* である. **5 a** 実のない, 浅薄な, うわすべりの (shallow, unsubstantial): ~ eloquence [humor, jokes] 実のない雄弁[滑稽, 冗談] / The matter of the book is rather ~. その本の内容はかなり貧弱である / a ~ story 実の少ない話, 薄弱な説明. **b** 〈口実・言い訳など〉見えすいた (flimsy): a ~ disguise [excuse] 見えすいた仮面[言い訳] / That's too ~. 《口語》 あまりに見えすいている. **6** 〈音・声などが〉か細い; 細くてかん高い: a ~ voice [screech, noise]. **7** 〈供給など〉乏しい, 少ない, わずかな (slight, poor, feeble): a ~ supply わずかな供給 / a ~ pittance わずかな手当 / a ~ diet 乏しい食物 / a ~ purse さびしい懐 / a ~ year 不景気な年, 凶年 / These days you can't be too rich—or too ~! 今日では金持ちすぎることも, また貧しすぎることもあり得ない. **8** 〈色が〉薄い, 鈍い (↔ deep): a very ~ color. **9** 《口語》 つまらない, 不愉快な, 嫌な (uncomfortable, wretched): give a person a ~ time 人に不愉快な思いをさせる / have a ~ time (of it) 不愉快[嫌]な目に遭う[思いをする]. **10** 〖写真〗〈陰画・印画が〉全体に濃度が薄い, 力の弱い, コントラストが弱い. **11** 〖登山〗(手や足を掛ける所が)少なくて小さい.
thin on the ground 数の少ない, わずかで (cf. THICK *on the ground*). 《1951》 ***wear thin*** (1) すり減って[使い古して]薄くなる; 〈物を〉使ってすり減らす: The coin has *worn* ~. 硬貨はすり減って薄くなった / Her shoes have *worn* ~. 彼女の靴(のかかと)はすり減っている / My patience is *wearing* ~. 私は次第に我慢がしきれなくなってきた / These socks are *worn* ~. この靴下はすり減ってしまった. (2) 〈話などが〉興味をもたれなくなる, 新味を失う, 飽きられる.
— *adv.* (**thin·ner; thin·nest**) [通例複合語の第 1 構成素として] =thinly: *thin*-clad 薄着をした / *thin*-lipped 薄い唇の.
— *n.* ⇨ *through* THICK *and thin.*
— *v.* (**thinned; thin·ning**) — *vt.* **1** 希薄にする (dilute); 弱くする (weaken) 〈*down*〉: ~ our population 人口をまばらにする / ~ wine *with* water ワインを水で薄める. **2** 細くする; やせさせる: Hunger had ~*ned* his cheeks. 飢えのため彼のほおはこけた. **3** まばらにする, 透かす, 間引く 〈*out*〉: ~ the branches of a tree 木の枝を透かす. **4** 〖ゴルフ〗〈ボールの〉上部を打つ. — *vi.* **1** まばらになる, 減少する 〈*out*〉; 〈毛髪が〉薄くなる, 薄らぐ: The people in the restaurant were ~*ning out.* レストランの客が少なくなってきた / Traffic ~*ned out* early every afternoon. 毎日午後早くに交通量が減った / His hair is ~*ning.* =He has ~*ning* hair. 髪の毛が薄くなってきた. **2** 薄くなる 〈*out, off, away*〉: The smoke ~*ned away.* 煙が薄くなった. **3** 細くなる; やせる 〈*down*〉: Her face ~*ned down.* 彼女の顔はやせこけてしまった. **4** 希薄になる; 弱くなる 〈*out*〉: The afterglow ~*ned into* dusk. 残光が薄れて夕闇になった.
~·ly *adv.* **~·ness** *n.* 〘adj.: ME *thyn(ne)* < OE *þynne* < Gmc **þunnuz* 《原義》 stretched (Du. *dun* / G *dünn*) ← IE **ten-* to stretch, extend (L *tenuis* thin). — v.: OE *þynnian* ← *þynne* (adj.)〙

SYN 薄い: **thin** 二つの表面間の距離が少ない; 比喩的には, 〈人が〉肉付きが少なくやせている; 充実・中身がないことを暗示する: *thin* paper 薄い紙 / a *thin* argument 中身のない議論. **slim** ほっそりした《時にひ弱さ・やつれを暗示する》; 比喩的には, *slender* よりさらに不十分な: a *slim* waist ほっそりした腰 / a *slim* chance 乏しいチャンス. **slender** 《よい意味で》〈人や体が〉優美にほっそりした; 比喩的には, 僅少・薄弱を意味する: a *slender* woman ほっそりした女性 / a *slender* income わずかな収入. **slight** 〈物事が〉ほんのわずかな; 〈人が〉非常にほっそりしてひ弱そうな: a *slight* difference ほんのわずかな違い / a *slight* woman きゃしゃな女性. **ANT** thick.

---

thín blúe lìne *n.* [the ~] (警察・軍隊などによる)最後の防衛ライン《thin red line ともいう》.

thín·clàd *n.* トラック競技選手. 〖← THIN＋CLAD[1]〗

thín-fàced *adj.* ほそおもての (cf. Shak., *Twel N* 5. 1. 207).

thine /ðáɪn/ *pron.* 《古》 **1** [thou の所有代名詞 thy の独立形; 単数または複数扱い] なんじ[そなた, あなた]のもの: Lend me ~. / The blame is ~. 悪いのはなんじ[そちら]だ. **2** [母音または [h] 音で始まる名詞の前] =thy: ~ ear, heart, etc. 〖OE *þīn* ((gen.) ← *þū* 'THOU[1]') < Gmc **þīnaz* (G *dein*) ← IE **t(w)eino-* (L *tuus* thy, thine) ← **tū-* 'THOU[1]'〗

thín fílm *n.* 〚電子工学〛 薄膜(はくまく)《集積回路 (IC) などに用いられる薄い材料の層; cf. thick film》.

thing[1] /θíŋ/ *n.* **1 a** 物, 事物: all ~*s* 万物 / take ~*s* off the table 卓上の物を片付ける / make ~*s* with a knife ナイフで物を作る / Can you reach me that (round) ~ over there? あそこの(あの丸い)物を取ってください / That's a lovely ~ you're wearing—what is it? あなたの着ているそれはかわいらしいですね—何ですか / There is a name for every ~. あらゆる物には名前がある / A ~ of beauty is a joy forever. 美わしき物は永遠(とわ)に喜びなり (Keats) / prefer people [ideas] to ~*s* 物より人々[考え]を好む. **b** (生き物に対して)無生物, 物体: become a mere ~ (人間が)単なる物になりさがる. **c** [通例形容詞を伴って] 生き物, 動物 (living being) (cf. 7); 草木: a living ~ 生き物, 生物 / dumb ~*s* (物の言えない)動物 / creeping ~*s* 蛇 (*Gen.* 7:14) / green and growing ~*s* 青々とした草木 / all ~*s* that breathe すべて生あるもの. **d** 物質; (特に)飲食物(など): chocolate ~*s* チョコレート類 / eat [drink] some warm ~*s* 何か温かい物を食べる[飲む] / Sweet ~*s* are bad for the teeth. 甘い物は歯によくない / I've made a fish and vegetable ~ for dinner. 夕食に魚と野菜の料理を作りました. **e** 事実, 実体, 実存 (reality): the philosophy of ~*s* 事実の哲学 / ⇨ thing-in-itself.

2 a [one's ~*s* として] 携帯品, 所持品, 身の回りの品 (personal belongings, effects): He is busy packing up *his* ~*s*. (携帯品の)荷造りに忙しい / Put *your* ~*s* away. 身の回りの物を片付けなさい. **b** [通例 *pl.*] 衣類, 衣服 (apparel, clothes)《特に, 女性が外出時に身に着けるもの》: one's outdoor [walking] ~*s* 外出[散歩]着 / get one's ~*s* wet 服をぬらす / Do take off your ~*s*. どうぞ外套(がいとう)(など)をお脱ぎ下さい / I haven't got a ~ to wear to the dance. ダンスパーティーへ着ていくものが何もない. **c** [*pl.*] 道具, 用具 (utensils, equipment); 家宝 (heirlooms), 記念品 (memorabilia): swimming ~*s* 水泳用品 / cricket ~*s* クリケット用具 / household ~*s* 調度, 家具 / kitchen ~*s* 台所道具 / tea ~*s* 茶道具 / childhood [family] ~*s* 幼年期[家族]の記念品. **d** [*pl.*] 〚法律〛 財産, 物件, 有体物 (goods, possessions): ~*s* personal [real] 動[不動]産 / ~*s* mortgaged 抵当物. **e** [名詞を前に伴って] 《口語》 …のような物[こと]: Can you reach me that screwdriver ~ [those screwdriver ~*s*] over there? あそこのあのねじ回しのようなものを取ってください / do the college ~ 《米》 大学関係のことをする / this "open government" ~ you keep talking about あなたたちが話し続けているこの「開かれた政府」のようなこと.

3 a (心にかかる)仕事, 用事 (affair): get a ~ over (and done) with (嫌な)仕事を片付ける / I have many ~*s* to do. することがたくさんあります. **b** [通例 do の目的語として] 行い, 行為 (act, deed), 所為 (accomplishment): *do* the right [wrong] ~ (ある状況下で)適切[不適切]なことをする / *do* the decent [handsome, right] ~ by a person 人を寛大に[正しく]遇する, 人に親切を施す / the best ~ to *do* 一番よいこと, 最良の手段 / What's the next ~ to *do*? 次にする事は何ですか / That's a nice ~! 《皮肉》 (怒って)そいつはけっこうだよ《とんでもない》 / That was a silly ~ to *do*. そんな事をしたのはばかげている / We expect great ~*s* of you. 君はえらいことをやるだろうと期待している. **c** 言う事, 聞く事; 主題, 題目 (subject): I have another ~ to say to you [to ask you about]. もう一つ君に言いたい[尋ねたい]ことがある / He spoke of many ~*s*. 彼はいろいろな事を話した. **d** 事項, 点 (item, particular): the first [last, next] ~ on the list リストの最初[最後, 次]の事項 / an understood ~ 了解事項 / perfect in all ~*s* あらゆる点で完全な / the ~ I don't like about her 彼女について私の気に入らない点 / Not a ~ escaped her attention. 何ひとつとして彼女は見逃さなかった. **e** 《口語》 大変な事: Now there's a (funny [strange]) ~! ところでもう一つ大変な(おかしな[不思議な])事がある.

4 a [*pl.*] 事情, 事態 (matters): as [the way] ~*s* are [stand] 目下の形勢では, 現状では / as ~*s* go 目下の様子では, 世の常として / take ~*s* easy [too seriously, as they are] 事態[物事]を楽観する[まじめに考えすぎる, あるがままに受け取る] / make ~*s* difficult [easy] (わざと)事を面倒[簡単]にする / to make ~*s* worse ⇨ worse *adj.* 2 a / make the best of ~*s* ⇨ *make the* BEST *of* (1) / *Things* went wrong right from the start. しょっぱなから事態はうまくいかなかった / *Things* have changed greatly. 事情が大分変わってきた / How are ~*s* (with you [at home])? (ご機嫌)いかがですか; (景気は)どうですか. **b** (特定の)情勢, 情況 (situation): Let's look at the ~ from another point of view. その情況を別の観点から見てみよう / This whole ~ has gotten out of hand. 全情況が手に負えなくなった / It's the same old ~ again: too much work, too little time. また例の情況だ, 仕事が多すぎて時間が足りない. **c** 出来事, 事件 (event): a ~ of the past 過去のこと / The earthquake was a terrible ~. その地震は大変な出来事だった / It's a strange ~ that he doesn't write to me. 彼が手紙をよこさないのはどうも変だ / It's [Life is] just one damn ~ after another. [人生は]まさにどうしようもないことの連続だ.

5 a 物事, 事柄: ~*s* of the mind 精神的な事柄 / think ~*s* over 物事[事態]をよく考えてみる / What are your favorite ~*s*? あなたのお気に入りのものは何ですか / the good ~*s* of [in] life この世のよいもの, 人生に幸福をもたらすもの / in [by] the nature of ~*s* 事の本質上, 本来, もともと / Ignorance is an odious ~. 無知は忌まわしいものだ / Don't forget there are such ~*s* as honesty and keeping your promises. 正直や約束を守るといったことがあるのを忘れるな. **b** [*pl.*; 形容詞をあとに従えて] 風物, 文物; (一切の)事柄. ★ この表現法はしばしば戯言的含意を伴う: ~*s* Japanese [foreign] 日本[外国]の風物 / ~*s* political [feminine] およそ政治[女性]に関する事柄.

6 a 考え, 意見, 観念 (idea, opinion, notion): say the right ~ 適切な事を言う / put ~*s* in a person's head 人の頭にいろいろな事を詰め込む, 人に入れ知恵する. **b** ニュース, 情報 (news, information): She goes around saying ~*s* (behind my back). (私の陰で)いろいろな事を言いふらして歩く / Reporters couldn't get a ~ out of the Prime Minister. 記者たちは首相からひと言も情報が得られなかった.

7 《口語》 [形容詞に修飾されて] (感情的に見た)人, 者, やつ (being, individual, creature) (cf. 1 c) 《軽蔑・非難・哀れみ・親愛などの気持ちを込めていう》: a pretty little ~ かわいい子[娘] / a dear old ~ かわいいやつ / Old ~. 《英口語》 ねえ君《親しい者へのふざけた[親しみをこめた]呼び掛け》 / You stupid ~! このばかめ / The poor little ~! =Oh, poor ~! まあかわいそうにあの子は / a ~ like him 彼みたいなやつ / The poor ~ lost her husband in a traffic accident. かわいそうにあれは交通事故で夫を亡くした / She is a spiteful ~. あの女は意地悪だ / ⇨ *be no great* THING.

8 [the ~] **a** [叙述的] 当を得た[うってつけの, 正しい]こと: It is hardly *the* (done) ~ to stare at people. 人をじろじろ見るのは失礼(なこと)だ / It's just *the* ~. 正にそれだ, それこそおあつらえ向きだ / A good night's sleep will be *the* very ~ for you. 一晩ぐっすり眠るのが君には一番いい. **b** 特別[重要]なこと, (特に)必要なこと: *The* (main [most important]) ~ is to make a start, at all events. 大事なこと[当面の問題]はとにかく踏み出すことだ / *The* (only) ~ is, we can't raise enough money. (ただ)問題なのは, 十分な資金が集められないことだ. ★ 《口語》 ではしばしば The thing is が遊離して文の主節に対し副詞的に用いられる: *The* ~ *is*, can we raise enough money? 肝心[問題]なのは, 十分な資金が集められるかだ (cf. *The* ~ *is* whether we can raise enough money). **c** 流行(のもの): *the* latest [last] ~ *in* swimsuits 水着の最新型 / These bathing suits are quite *the* ~ this season among young girls. この水着が今シーズンは若い女性たちの間で大流行だ. **d** 《英》 正常な健康状態: I am not (feeling) quite *the* ~ today. 今日はどうも体の具合がよくない.

9 (芸術)作品 (artistic composition): a little ~ of mine 拙作 / the most popular ~ Wagner produced ワーグナーが作曲した最も有名な作品[楽曲] / I have a ~ in prose, written a few years ago. 数年前に書いた散文が1編ある.

10 《口語》 **a** 強い好悪(こうお)の情, 大嫌い, 大好き: ⇨ *have a* THING *about*. **b** 恋愛, 情事, 性的関係: Yes, I did have a ~ (going) *with* her a while back—but I swear it's all over now! ええ, 確かにしばらく前に彼女と関係を持ったが, 誓って言うがもうすっかり終わった.

11 《口語》 [しばしば do の目的語として] 一番好きな[得意な]こと: I want to *do* my (own) ~ on vacation. 休日には一番好きなことをしたい.

12 [T-] 《英口語》 なんとかいう人: Mrs. *Thing* [Gladys *Thing*] rang today—you know who I mean. なんとか夫人[グラディスなんとかさん]から今日電話がありました—誰のことかわかるでしょう.

above all things =*above* ALL. ***a clóse thing*** =*a near* THING. ***a góod thing*** (1) けっこうな事態: It was *a good* ~ you came along when you did! 君はあのときにやって来てよかった / He came five minutes early—and *a good* ~, too! 彼は5分早く来たが, 好都合でもあった. (2) 《口語》 =good thing: She was [got] on to [onto] *a good* ~ and made a fortune! 彼女はめっけものをして金持ちになった / We had *a good* ~ going until you spoiled it. 君がぶちこわすまでは我々はうまい仕事にありついていた. ***amòng óther things*** ⇨ among 成句. ***and anóther thing*** [接続副詞的に] さらにいま一つ, なおその上 (moreover). ***... and things*** 《口語》 …など (and the like): a Japanese room with mats *and* ~*s* たたみ敷きの日本間など. 《1593》 ***a néar thíng*** 《口語》 (1) =narrow escape. (2) (勝敗など)きわどいところ, すれすれ. ***a thing of the pást*** ⇨ past 成句. ***a thing or twó*** 《口語》 (1) (知る[言う]に値する)多少の物事: know [be up to] *a* ~ *or two* 《口語》 抜け目がない, 如才ない, 万事よく心得ている / know *a* ~ *or two* about literature 文学についてはいささか[大いに]通じている / learn *a* ~ *or two* 多少物を知る[学ぶ] / show a person *a* ~ *or two* 人に多少物事を教えてやる. (2) 率直な忠告, ちょっとした小言(こごと)[苦言]: Let me tell you *a* ~ *or two* (about it). (それについて)一言苦言を言わせてもらおう. ***be áll things to áll men*** 皆の気に入るように努める (cf. *1 Cor.* 9:22); (俗に)「八方美人」である. ***be nó gréat thíng*** 《口語・方言》 〈人・物が〉大したものではない. 《1816》 ***be ón to a góod thing*** ⇨ good thing. ***dó one's (ówn) thíng*** 《口語》 (1) ⇨ 11. (2) (社会の規範などに拘束されずに)好き勝手にふるまう. ***fírst thìngs fírst*** ⇨ first *adv.* 成句. ***for óne thìng (…, for anóther)*** 一つには(…, また一つには); まず第一に (また次には): *For one* ~ he drinks; *for another* he gambles. 一つには酒を飲むし, 一つにはギャンブルをやる. 《1790》 ***hàve [gèt] a thíng abòut [with, for]*** 《口語》 (1) …に取りつかれている, …が大好きである: *have a* ~ *for* movie stars 映画スターが大好きである. (2) …を毛嫌いする, …が大嫌いである. 《1936》 ***héar thìngs*** ⇨ *see* THINGS. ***màke a góod thíng (òut) of*** 《口語》 …で利益を得る, もうける; 〈事態・経験などを〉有利に利用する: We have *made a good* ~ *of* coming over here. ここまでやって来ただけのかいがあった《無駄骨は折らなかった》. 《1819》 ***màke a (bíg) thíng of [abòut]*** 《口語》 …を問題にする, 騒ぎたてる (fuss about, make a song and dance about). 《1934》 ***nèither óne thíng nor the óther*** 〈事物が〉どっちつかずで. ***nòt a thíng*** (1) 全然…しない[ない] (nothing at all): He didn't do *a* ~ to help me. 援助のえの字もしてくれなかった / I don't know *a* ~ about philosophy [skiing]. 哲学[スキー]は全然わかりません. (2) ⇨ 2 b; 3 d. ***nót gèt a thíng òut of*** (1) ⇨ 6 b. (2) …を理解できない, 楽しめない: I can*not get a* ~ *out of* ballet. バレエの面白さがちっともわからない. ***nót knòw the fírst thíng abòut*** …を何も知らない, …については全くの素人だ: I don't *know the first* ~ *about* skiing. スキーについてはずぶの素人だ. 《1935》 ***of áll thìngs*** こともあろうに. 《1925》 ***óne of thóse thìngs*** 《口語》 (説明はつかないが)どうしようもない[仕方のない]事(柄): It's (just) *one of those* ~*s*. 《1934》 ***óne thìng ... anóther*** (1) あれこれと: Taking [What with] *one* ~ with *another*, … あれこれと[いろいろと]考えてみて… (2) (…と…とは)別物: A man of parts is *one* ~, and a pedant *another*. 才能ある人と学識を衒(てら)う人とは別物だ. 《*a*1678》 (3) あれやこれや: spend all evening speaking [talking] of [about] *one* ~ and *another* 一晩中あれやこれや話して過ごす. ***sée [héar] thìngs*** 幻視[幻聴]を起こす. ***sùch ... thíng(s)*** そんなこと[もの]: Have you ever heard [seen] *such a* ~ (in your life)? これまでにそんなこと[もの]を聞いた[見た]ことがありますか / There's no *such* ~ as a unicorn. =There are no *such* ~*s* as unicorns. 一角獣のようなものはいない / Do you have *such a* ~ as a pair of scissors? はさみのようなものを持っていますか. ***(the) fírst thíng*** [副詞句をなして] 真っ先に, 何をおいても: I will do it (*the*) *first* ~ tomorrow morning. 明朝第一に[起きぬけに]それをしよう. 《1935》 ***(the) fírst thíng one knóws*** 気がついてみると, いつの間にか: *The first* ~ you *know*, you will catch cold. (気をつけないと)今に風邪を引くぞ. ***(the) lást thíng*** [副詞句をなして] 最後に: He did it (*the*) *last* ~ at night. 夜最後にそれをした. 《1848》 ***(the) néxt thíng*** [副詞句をなして] 第二に, 次に: *The next* ~ he knew he was safe in his bed. 次に気がついてみると彼はちゃんと自分のベッドに寝ていた. ***Thère is ónly óne thíng for it.*** それしか他に方法はない. ***thíngs that gò búmp in the níght*** 《戯言》 夜中に起こる(とされる)変な物音, 超常現象.

〖ME < OE *þing* public assembly, affairs, matters, thing < Gmc **þeŋʒam* (Du. *ding* / G *Ding* affair, thing / ON *þing* assembly, thing) ← IE **tenk-* to extend (in space or in time) (L *tendere* to stretch / Gk *teínen*)〗

thing[2], T- /θíŋ, tíŋ/ *n.* (かつてスカンジナビア諸国での)公共の集会 (public meeting); (特に)議会, 法廷. 〖《1840》 □ ON *þing* (↑)〗

thing·a·bob /θíŋəbɑ̀(ː)b | -bɔ̀b/ *n.* =thingumbob.

thing·a·ma·bob /θíŋəməbɑ̀(ː)b | -bɔ̀b/ *n.* =thingumbob.

thing·a·ma·jig /θíŋəmədʒɪ̀g/ *n.* =thingumbob.

thing·a·my /θíŋəmi/ *n.* =thingumbob.

Ť hìnge *n.* T 形ちょうつがい.

thing·ie /θíŋi/ *n.* 《英》 =thingumbob.

thing-in-itsélf *n.* (*pl.* **things-in-themselves**) 〚カント哲学〛 物(それ)自体 (Ding an sich). 〖《1798》 《なぞり》 ← G *Ding an sich*〗

thing·ism /θíŋɪzm/ *n.* 即物主義《文学や美術において物体に対し関心を寄せること》. 〖《1961》 《なぞり》 ← F *chosisme* ← *chose* thing: ⇨ -ism〗

thíng-lànguage *n.* 〚哲学〛 物言語《Carnap の用語で, 四次元的限定のように純粋に感覚的な所与に対する加工・構成を含み, 日常の物や物理的対象について語るときの言語; cf. sense-datum language》.

thíng·màker *n.* 《口語》 ものを作り出す人, 生産者.

thíng·ness *n.* 事物性, (事物的な)客観的実在性. 〖1896〗

thing·stead /θíŋstɛ̀d, tíŋ-/ *n.* (スカンジナビア諸国で)公共集会場, 議場. 〖← THING[2]＋STEAD 3〗

thing·um·a·bob /θíŋəməbɑ̀(ː)b | -bɔ̀b/ *n.* =thingumbob.

thing·um·a·jig /θíŋəmədʒɪ̀g/ *n.* =thingumbob.

thing·um·bob /θíŋəmbɑ̀(ː)b | -bɔ̀b/ *n.* 《口語》 [知らない, または忘れた名の代用で] 何とかいう物 (what-do-you-call-it) (cf. dingus, doohickey), 何とかいう人 (what's-his-name): Mr. *Thingumbob* 何とかさん. 〖《1751》 ← THING[1]＋*umbob* (無意味の suf.)〗

thing·um·my /θíŋəmi/ *n.* =thingumbob.

thing·y /θíŋi/ *adj.* **1** 物の, 物体の, 物質的な (material). **2** 現実の, 実際の, 実際的な (real, practical): a ～ person 実際家. **—** *n.* [T-]《英口語》=thing¹ 12: Mrs. *Thingy* [Gladys *Thingy*] rang for you. なんとか夫人[グラディスなんとかさん]からあなたに電話がありました. 〘(1891) ← THING¹+-Y⁴〙

think /θíŋk/ *v.* (**thought** /θɔ́ːt, θɑ́ːt | θɔ́ːt/) **—** *vt.* **1 a** [通例 *that*-clause を伴って]〈…だと〉思う, 考える (suppose, believe), 〈…だと〉思う (expect): Do you ～ (*that*) it is true? それは本当だと思いますか / It's true, don't you ～? 本当ですよね / Do you ～ you could move over a little? 少し席を詰めていただけますか / I ～ he'll come. 彼は来ると思う / I should [would] ～ he's arrived by now. 彼はもう着いていると思います / I shouldn't [wouldn't] ～ he's arrived by now. 彼はまだ着いていないと思います / I should [would] have *thought* he'd have arrived by now. 当然彼はもう着いていると思っていたのに / I shouldn't [wouldn't] have *thought* he'd have arrived by now. 当然彼はまだ着いていないと思っていたのに / You would ～ [would have *thought*] he'd be here by now. 彼はもうここに来ているとお思いでしょう[お思いだったでしょうに] / I don't ～ it will be hot. 暑くはならないと思う (★《口語》では I ～ it will *not* be hot. より普通; ただし明瞭な否定が相手に好意的なことを表す場合は別: I ～ (*that*) your time will *not* be misspent. お時間は無駄にはならないと思います) / It is (generally) *thought that* he will accept the post. 彼はその職を引き受けるだろうと(一般に)予想されている / I *thought* (*that*) I might come and see you later. もう少し遅くお伺いしようと思っていますが《相手の意向を尊重する丁寧な言い方》/ I *thought* (*that*) you said so yesterday. きのう君がそう言ったと思うのだが《相手に遠慮しながら注意などを促す場合》/ They *thought that* the earth was flat. 彼らは地球は平たいと考えていた / I ～ so. 私もそう思う / I hardly [don't really] ～ so. ほとんど[本当に]そうは思わない / I ～ not. そうでないと思う / I should [would] ～ so [not]. 多分そうだと思っています; そうでしょうとも《★ so は相手のことばが肯定文のときに, not は否定文のときに用いる》/ It's going to rain, I ～. ひと雨来そうですね / "It's going to rain," I *thought* (to myself).「ひと雨来そうだ」とひそかに思った / Who the hell do you ～ you are? 君は自分を一体何様だと思っているんだ / What do you ～ happened next? 次に何が起こったと思いますか / Where do you ～ we should go? 我々はどこへ行くべきだと思いますか. **b** [目的語＋補語または *to be* [do] を伴って]〈…だと〉思う, 信じる (consider, regard as): I *thought* the matter very important. その事は非常に重要だと思った / I ～ her (to be) a charming girl. 彼女は魅力的な娘だと思っている / You must ～ me a fool [foolish] (to talk like this [for talking like this]). (このように話すとは)私は愚かだとあなたは思うに違いない / He ～*s* himself all-important. 自分をひどく偉いものだと思って(威張って)いる / If you ～ it necessary to do so [that you should do so], … そうすることが必要だとお考えなら… / I ～ it a pity that you didn't try harder. 君がもっと頑張らなかったのは残念だ / I ～ it possible [likely, probable] that he will come. 彼が来るだろうと思う / It is not *thought* fair. それは公正であるとは考えられていない / It is *thought to* be [have been] a bribe. それは賄賂(わいろ)だ[だった]と思われている. ★ I ～ it (*to be*) true. は I ～ *that* it is true. (⇨ *vt.* 1 a) よりも形式ばった構文.
2 [*that*-clause を伴って]〈…しようと〉思う, 思っている (have in mind); [*to* do を伴って]〈…する〉つもりでいる (intend): I ～ I'll try. やってみようと思う / Don't ～ *to* outwit me yet again. また出し抜こうと思うな. ★ think がこの意味で to 不定詞を従えるのは古風な語法 (cf. *vt.* 4).
3 [*wh*-clause, *wh*-word＋*to* do を伴って] **a** [しばしば進行形で用いて]〈どうしようかなどと〉考える, 思案する (reflect): I'm ～*ing where to* go next. 次はどこへ行こうかと考えているところだ / He was ～*ing* (to himself) *how* nice it would be to go abroad. 外国へ行けたら何とすてきだろうと(心の中で)考えていた / (Just) *Think how* nice it would be to go abroad! 外国へ行けたら何とすてきかまあちょっと考えてごらんなさい / My God! (Just) *Think what* we're doing! 何ですって! ちょっと我々が何をしているか考えてみたまえ. **b** [通例 cannot, could not に伴って] わかる, 考えつく, 想像する: I *cannot* ～ *what* he means. 彼がどういうつもりなのか私にはわからない / You *cannot* ～ *how* glad I am. 私がどんなにうれしいか想像がつくまい / He *couldn't* ～ *what to* give the children for Christmas. クリスマスに子供たちに何をプレゼントしたらよいのか思案がつかなかった.
4 [通例, 否定・疑問構文で] **a** [*that*-clause, *to* do を伴って] 予期する, 予想する (expect, imagine): *Little* did I ～ [I never *thought*] *that* he would return safe. 彼が無事に帰るとは夢にも思っていなかった / To ～ *that* she's become a doctor! 彼女が医者になったと思うと[なったなんて] / Who would have *thought to* see you here? ここで君に会おうとはだれも予想しなかっただろう. **b** [*to* do を伴って]〈…すること〉に気づく, 思いつく (remember): I *never thought to* look in the directory. 住所録を調べてみるということには全然気がつかなかった / Did he ～ *to* lock the door, I wonder? 彼は忘れずにドアに鍵をかけたかな.
5 a 考える, 心に抱く, 想像する, 思い描く (conceive): Who would (ever) have *thought* it? だれがそれを思っただろうか / I cannot ～ the infinite [unthinkable, impossible]. 無限[想像を絶すること, 不可能なこと]は考えることができない / That's what you ～ [he ～*s*]. それは君[彼]だけの考え[意見]だ / What [Who] do you ～? それが何だ[だれだ]と思う《挿入節として驚くようなことを述べる前に》/ Frankly, I don't know what to ～. 率直にいって, どう考えていいかわからない. ★ しばしば同族目的語として thought を従える: ～ base [sad, great] *thoughts* 下品な[悲しい, 偉大な]ことを考える / They sat silent, each ～*ing* the same *thought*. 二人とも同じ事を考えながら無言のまま座っていた. **b**〈悪いことなど〉に気づく (suspect): ～ no harm 害を受ける[危険がある, 悪い]とは思わない. **c**〈ある感情を〉自覚する, 感じる (feel): ～ shame (to do)《英方言》(…するのを)恥とする / ～ scorn (of [to do])《古》(…を)軽蔑する (scorn).
6 [目的語の後に副詞・前置詞付きの句・形容詞などを従えて; しばしば ～ *oneself* で] 考えて〈ある状態に〉至らせる: He tried to ～ *away* his toothache. 考えごとをして歯の痛みを忘れようとした / She seemed to have *thought herself into* a fever. あまり考え過ぎて熱を出したようだった / ～ *oneself out of* a difficulty 考えて困難を切り抜ける / ～ *oneself* stupid 考え過ぎて頭がぼんやりする.
7 …のことばかり考えている; …の観念に取りつかれている: He ～*s* nothing but business. 彼は商売のことばかり考えている.
— *vi.* **1** 考える, (思考力・判断力を働かせて)思う: Be quiet! I'm ～*ing*! 静かにしてくれ. 考えごとをしているんだから / ～ aloud [out loud] 考えごとを口に出して言う, 思わずひとり言をいう / ～ fast (火急な場合に)頭を機敏に働かす, 急いで考える / ～ hard しきりに[一心に]考える / ～ and ～ とくと考える, 考え抜く / ～ in English 英語で考える, 考えが英語で浮かぶ / learn to ～ clearly 明確な考え方を学ぶ / I *thought* differently [otherwise]. そうは考えなかった / ～ *ahead* 先のことを考える (cf. *vi.* 3) / ～ *back* ふり返って考える / ～ *back to* those days あのころのことを思い起こす / Let me ～ a minute. ちょっと考えさせて下さい / I ～, therefore I am. 我思う, ゆえに我あり (L *Cogito, ergo sum.* (Descartes) ⇨ 巻末) / Only (Just) ～! まあ考えてもごらん. ★ しばしば進行形で用いられる: *I'm* ～*ing about* [*of*] my childhood days. 子供だったころのことを考えています / What [Who] *are* you ～*ing about* [*of*]? 何[誰]のことを考えているの / What could you possibly have been ～*ing of* [*about*] when you did it? あのとき, 一体君は何のことを考えていたのでしょうか.
2〔…のことを〕よく考える, 思案する, 熟慮する (deliberate, meditate)〔*about, of, over*〕: *Think* before you speak. よく考えてから口をききなさい / I'll ～ *about* it. まあよく考えておきましょう《しばしば体(てい)のいい謝絶》/ when [if] you ～ about it よくよく考えてみると / He *thought about* quitting his job. 仕事を辞めようかと考えた / I have a hundred and one things to ～ *about* [*of*]. 思案しなければならないことが山ほどある / He only ever ～*s about* [*of*] himself. 彼はいつも自分のことを考えてばかりいる / Your book gave me a lot to ～ *about*. 君の本にはいろいろ考えさせられた / The idea of another earthquake (just) doesn't bear ～*ing about*! また地震かと思うと考えるのも嫌だ / ⇨ THINK *over*, GIVE *a person* (*furiously*) *to think*.

語法 (1) しばしば be *thinking of* [*about*] *doing* が 'be going to do'「…しようかなどと思う」の意味で用いられる: We *are* ～*ing of* [*about*] (moving to) another house. 別の家に引っ越そうかと[別の家のことを]思っている. (2) 前置詞として *on, upon* は《古》: Whatsoever things are true, … ～ *on* these things. おおよそ真(まこと)なること, これを思え (*Philip.* 4:8).

3 予期する, 予想する: when you least ～ 君が思ってもいないときに.
I dón't thìnk《口語》(しばしば皮肉な文などに添えて)(…とは)全く(思わない)ね: You're very generous, *I don't* ～. あなたは実に気前がいい, なあーんて / She is a pattern of virtue, *I don't* ～. 彼女が貞女の鑑(かがみ)だなんてどうかな. 〘(1837)〙 ***I thóught sò*** [*as mùch*]. そんなことだと思っていたよ《予想通りのまずい結果だ》. ***thínk abòut*** (cf. THINK *of*) (1) …のことを(よく)考える[熟考する], …を思いめぐらす (cf. *vi.* 1); …のことを検討する (consider) (cf. *vi.* 2). (2) …のことを〈…と〉考える: What do you ～ *about* [*of*] it? それについて[それを]どうお考えですか. 〘(1804)〙 ***think agáin*** 考え直す, 考えを変える. 〘(1911)〙 ***think (àll) the wórld of*** ⇨ world 成句. ***thìnk bétter of*** (1)〈人〉を見直す, …をもっと立派な人と考える: Now I ～ *better of* you. 君を見直すよ《お見それしました》/ I *thought* the *better of* you for having stood up to him. 彼に勇敢に立ち向かったので君を見直した. (2) 考え直してやめる: He was going to hand in his resignation, but he *thought better of* it. 辞表を出そうかと思ったが考え直してやめた. 〘(1607)〙 ***thínk (it) fít*** [***góod, próper***] (*to dó*) (…するのを)適当と思う, (…して)然るべきだと思う: He didn't ～ *fit* to do what I suggested. 私の提案したことはしないほうがよいと判断した / if you ～ *fit* そのほうがよいとお思いだったら. 〘(1611)〙 ★ この表現法で to do が続く場合は, 通例 fit などの前に形式上の目的語 it を用いない; なお think の代わりに see を用いることもある. ***thínk for onesèlf*** 自分(の頭)で考える. 〘(1735)〙 ***thínk lóng***《英方言》あこがれる, 恋い焦がれる (yearn). 〘(*c*1380)〙 ***thínk nóthing of*** ⇨ nothing 成句. ***thínk of*** (cf. THINK *about*) (1) …のことを考える;〈…しようかと〉思う (intend)〈*doing*〉(cf. *vi.* 1★, 2 語法 (1)). (2) …のことを想像する (imagine): Just [To] ～ *of* it! 考えてもごらんなさい《驚くでしょう》/ Just ～ *of* the expense [fun]! ちょっとその費用[おもしろさ]を想像してごらんなさい / To ～ *of* her becoming a doctor. 彼女が医者になるなんて(とても考えられない) / To ～ *of* me [my] hav*ing* to apologize! 私がわびなければならないなんて(とんでもない)《★ この構文で do*ing* の前に所有格でなく目的格が用いられる場合, その目的格はやや強調的となる》/ *Think of* what would happen if another big earthquake struck Tokyo. もし万一東京にまた大地震が起きたらどうなるか考えてもごらんなさい / I'm ～*ing of* [*about*] where to go next. 次はどこへ行こうかと考えているところだ. (3) [通例, 否定構文で] …を夢想[予想]する (dream of): In those days a welfare state had *not* been *thought of*. 当時は福祉国家など夢にも考えられなかった / She just would*n't* ～ *of going* with you. 君と一緒に行くなんて夢にも思わないだろう / Don't even ～ *of* parking in my driveway! うちの車道に駐車しようなどと考えないで. (4) …を思い出す (recall): Now I ～ *of* it. さあ思い出したぞ / I can't ～ *of* his name. 彼の名前が思い出せない / He could not ～ *of* anything to say. 言うべきことを何も思いつくことができなかった / Do you expect me to ～ *of* everything? 私が何もかも思い出すと思うのですか. (5) …を考え出す (devise), 提唱する (suggest): What will they ～ *of* next? 彼らは次に何を考え出そうとしているのか / I'm still trying to ～ *of* a better idea. もっとよい考えがないかとまだ思案中だ / *Think of* a number from 1 to 10. Now double it. 1 から 10 までの数のうち 1 つ思い浮かべなさい. それを 2 倍しなさい / Can you ～ *of* a good hotel in London? ロンドンのよいホテルをどこか教えていただけませんか. (6) …のことを思いやる (have regard for): ～ *of* a person's feelings 人の気持ちを思いやる / She has her family to ～ *of* [*about*]. 彼女には面倒を見なければならない家族がある. (7) …を〔…と〕みなす〔*as, like*〕: He *thought of* himself *as* a genius. 自分が天才だと考えた / He *thought of* her *like* [*as*] a daughter. 彼女のことを娘のように考えていた. (8) [what を目的語とし, または分量・程度を示す副詞を伴って] …のことを〈…と〉思う, 評価する: What do you ～ *of* it? それをどう思いますか / I don't ～ *much of* him as a scholar. 彼が学者として大したものだとは思わない. ★ much を伴う場合は通例否定文 / He *thought* too *much of* himself. 彼は自分を過信していた / ～ *little* [*poorly*] *of* …を軽んじる, 軽蔑する / ～ *little of doing* …をするくらいは何とも思わない (cf. *think* NOTHING *of*) / ～ *highly* [*well, a lot, a great deal*] *of* …を尊敬[尊重]する / The book is *well* [*highly*] *thought of* everywhere [by the critics]. その本はどこでも[批評家たちから]重んじられている / ～ *badly* [*ill*] *of* …を悪く思う / ～ *lightly* [*meanly*] *of* …を見下げる, 軽蔑する. (9)〈人〉を〔ある地位に〕ふさわしいと考える,〔…の〕候補と考える〔*for*〕: We are ～*ing of* you *for* the position. 私たちはあなたがその地位にふさわしい方だと考えています. 〘(*c*1200)〙 ***think óut*** 考え出す, 工夫する; 考え抜く; (一歩一歩)よく考えて(…の計画を)立てる: We must ～ *out* our course of action. 取るべき道を考えねばならない / That needs ～*ing out*. それはよく考える必要がある. 〘(*c*1384)〙 ***think òut lóud*** ⇨ *vi.* 1. ***think óver*** よく考える, 熟考する;〈過去の事などを〉考えてみる, 考え直す: I will ～ it *over*. その事を十分検討します / Please ～ *over* what I have said before you decide. 決心する前に私の言ったことをよく考えておいて下さい. 〘(*c*1340)〙 ***think the bést*** [***wórst***] ***of a person*** 人のよい[悪い]ところだけを見る. ***think thróugh*** (結論に達するまで)とくと考える, 考え抜く: He always ～*s* problems *through*. いつも問題を十分に考えてみる. 〘(1922)〙 ***think to onesèlf*** ひそかに[心の中で]思う (cf. *vt.* 1 a, 3 a). ***think twíce*** ⇨ twice *adv.* 成句. ***think úp***《口語》〈口実・案・話などを〉考え出す (devise): ～ *up* an idea, an excuse, an answer, a scheme, etc. 〘(1855)〙 ***think wéll of*** …をよく思う, …に感心する (⇨ THINK *of* (8)).
— *n.*《口語》一考(すること); 考え; 意見 (opinion): have a long hard ～ (about something) (あることについて)長い間しきりに考える / Let me have another ～ about it. それについてもう一度考えさせて下さい.
have (gòt) anóther thìnk cóming =have (got) another GUESS coming. 〘(1937)〙
— *adj.* [限定的]《口語》**1** 思考の, 思考に関する; 考えさせられる, 心に訴える: a ～ book 考えさせられる本. **2** 解説記事 (think piece) を書く: a ～ columnist.
〘(*a*1150) *thinke(n), thenke(n)*: OE *þyncan* to seem (⇨ methinks) が ME 期に OE *þenċ(e)an* to think ((caus.) ← *þynċ(e)an* < Gmc **þaŋkjan* (Du. & G *denken*) ← IE **tong-* to think, feel: cf. thank) と過去形 (前者 *þuhte*, 後者 *þohte*) を介して融合した結果生じたもの: 語形は前者, 語義は後者から. — n.: (1834); adj.: (1906) ← v.)〙

SYN 思う: **think** 心の中で意見を持つ: He *thinks* he is a genius. 天才だと思っている. **judge** 評価し, 見積もってから思う: I *judge* it better not to tell her. 彼女に言わないほうがよいと思う. **suppose** 真実だと思うが, 確信はない: Will it rain this afternoon?— I *suppose* so. 午後から雨が降るだろうか—たぶん降るだろう. **guess** suppose とほぼ同意だが, より略式的な語: I *guess* he can do it. 彼はそれができると思う. **imagine** 心の中にイメージを浮べながら思う: I *imagine* she will come. 彼女は来ると思う.

-think /θìŋk/ *n.* [複合語の第 2 構成素として] …で[に]考えること: groupthink 集団思考.

think·a·ble /θíŋkəbl/ *adj.* **1** 考えられる, 想像がつく (conceivable): Is white blackness ～? 白い黒さなんてものが考えられるか. **2** 可能と考えられる (conceivably possible): a ～ project 実現可能と思われる案. **—** *n.* 考えられる物[事], 実現可能と思われる物[事]. **～·ness** *n.*
thínk·a·bly *adv.* 〘1805〙

think·er /θíŋkə | -kə(r)/ *n.* **1** 考える人, 思索家, 思想家: He is one of the world's great ～*s*. 彼は世界の偉大な思想家の一人だ. **2** (特定の)考え方をする人: a deep ～ 深くものを考える人 / an original ～ 独創的なものの考え方をする人 / ⇨ freethinker. **3** 頭, 頭脳 (brain). 〘1440〙

T

thínk fàctory n. 《米》=think tank 1. 〖1959〗
think·ing /θíŋkɪŋ/ n. **1 a** 判断, 意見 (opinion): wishful ～ 希望的観測 / to my (way of) ～ 私の考えでは / He is of my way of ～. 彼は私と同意見だ. **b** (時代・集団・人などの)考え方, 思想, 思潮: current ～ (among students) 当世の(学生の)考え方 / modern [economic] ～ 近代[経済]思想. **2** 思案, 思考, 熟考: philosophical ～ 哲学的思考 / plain living and high ～ ⇨ living n. 2 / You had better do some hard ～ (about it). (それについて)もう少しよく考えなさい. **3** 《古》[*pl.*] 思い, 瞑想 (meditations).
pút ón one's thinking càp ⇨ cap[1] n. 成句.
— *adj.* **1** 考える, 思索[思案]する, 思考力のある: a ～ reed ⇨ reed[1] n. 1 / Man is a ～ animal. 人間は考える動物である. **2** 道理のわかる (rational), 考え深い, 思慮のある (thoughtful): all ～ people 心あるものは皆, あらゆる識者 / the ～ public 考える民衆.
〖(adj.: 1678; n.: a1300): ⇨ think, -ing[1,2]〗
think·ing·ly *adv.* よく考えて; (特に)思案[承知]の上で. 〖(1847): ⇨ -ly[1]〗
thínking pàrt n. 《演劇》だんまり役. 〖1890〗
thínk pìece n. 《新聞・雑誌》解説記事 (事実関係のニュースとは区別して, 通例記者の署名入りで政治・経済・外交問題などの分析・背景説明・論評を扱った記事). 〖1947〗
thínk-sò n. 独断的な意見. 〖(1666) ← (I) *think so*〗
thínk-tànk *adj.* [限定的] シンクタンク所属の: ～ researchers. 〖1968〗
thínk tànk n. **1** 《口語》頭脳集団, シンクタンク (think factory ともいう). **2** 《米俗》頭, 脳味噌 (the brain). 〖1905〗
thínk-tànk·er n. シンクタンクの一員. 〖1971〗
thín-làyer chromatógraphy n. 《化学》薄層クロマトグラフィー (シリカゲルなどの粉末吸着剤を薄層にして用いる; cf. gas-liquid chromatography). **thín-làyer chromatográphic** *adj.* 〖1957〗
thín·ner n. **1** 薄くする人[もの]. **2** (ペンキなどに入れる)希釈剤[液], シンナー. **3** 除草[枝透き]人夫. 〖(1832) ← THIN+-ER[1]〗
thín·nings n. pl. 間引いた苗[木, 実]. 〖1771〗
thín·ning shèars n. pl. 毛透きばさみ.
thín·nish /-nɪʃ/ *adj.* **1** やや薄い, やや希薄な: ～ hair. **2** やや細い. **3** ややまばらな. **4** やや弱い; 少しやせた: a ～ woman. 〖(1545) ← THIN+-ISH[1]〗
thín réd líne n. [the ～] =thin blue line.
thín règister n. 《音楽》=head register.
thín séction n. ((電子)顕微鏡検査用の岩石・組織の)薄片 (section). — *vt.* (検査用に)薄片にする. 〖1858〗
thín-skínned *adj.* **1** 皮[皮膚]の薄い (↔ thick-skinned). **2** (批判などに)感じやすい, 傷つきやすい, 敏感な; 激しやすい, 怒りっぽい (sensitive, touchy): a ～ person. 〖1598〗
thín stróke n. 《活字》=hairline 4 a.
thi·o /θáɪoʊ | -əʊ/ *adj.* 《化学》硫黄を含んだ. 〖↓〗
thi·o- /θáɪoʊ | -əʊ/「硫黄を含んだ, チオ」の意の連結形. ★ 母音の前では通例 thi- になる. 〖← Gk *theio-* ← *theîon* brimstone, sulphur〗
thìo·acétic *adj.* 《化学》チオ酢酸の, チオ酢酸から生じる. 〖1854〗
thíoacetic ácid n. 《化学》チオ酢酸 (CH_3COSH). 〖1854〗
thío ácid n. 《化学》チオ酸 (酸素酸の酸素原子の代わりに硫黄原子が入っているもの; 例えばチオ硫酸 ($H_2S_2O_3$) は硫酸 (H_2SO_4) の O を S で置き換えたもの). 〖c1891〗
thìo·álcohol n. 《化学》チオアルコール (アルコールの OH の O を S に換えたもの; 悪臭のある無色の液体).
thìo·áldehyde n. 《化学》チオアルデヒド (–CHS 基を含む有機化合物の総称).
thìo·antímonate n. 《化学》チオアンチモン酸塩[エステル].
thìo·antimònic ácid n. 《化学》チオアンチモン酸 (塩のみで遊離の酸 (H_3SbS_4) は知られていない).
thìo·antimònious ácid n. 《化学》チオ亜アンチモン酸 (塩のみで遊離の酸 (H_3SbS_3) は知られていない).
thi·o·an·ti·mo·nite /θàɪoʊǽntɪmənàɪt | -əʊǽntɪ-/ n. 《化学》チオ亜アンチモン酸塩[エステル].
thìo·ársenate n. 《化学》チオヒ酸塩[エステル].
thìo·arsènic ácid n. 《化学》チオヒ酸 (塩のみで遊離の酸 ($HAsS_3$) は知られていない).
thìo·arsènious ácid n. 《化学》チオ亜ヒ酸 (塩のみで遊離の酸 (H_3AsS_3) は知られていない).
thìo·ársenite n. 《化学》チオ亜ヒ酸塩[エステル].
thìo·bácillus n. 《細菌》硫黄菌. 〖1951〗
thìo·bactérium, T- n. (*pl.* **-bacteria**) 《細菌》=sulfur bacterium. 〖1900〗
thìo·cárbamide n. 《化学》チオカルバミド (⇨ thiourea). 〖1878〗
thìo·car·ba·níl·ide /-kɑ̀ːbənílaɪd | -kɑ̀ː-/ n. 《化学》チオカルバニリド ($CS(NHC_6H_5)_2$) (ゴムの加硫促進剤用; diphenylthiourea ともいう). 〖← THIO-+CARBO-+ANIL(INE)+-IDE[2]〗
thìo·cárbonate n. 《化学》チオ炭酸塩[エステル] (炭酸 (H_2CO_3) の酸素を硫黄で置き換えた H_2CS_3). 〖1883〗
thìo·carbònic ácid n. 《化学》チオ炭酸 (炭酸 ($CO(OH)_2$) の O を S に換えた形の酸の総称; ただし遊離の酸として知られているのはトリチオ炭酸 ($CS(SH)_2$)).
thio·chrome /θáɪəkròʊm | -krəʊm/ n. 《生化学》チオクローム ($C_{12}H_{14}N_4OS$) (酵母の中に含まれる; チアミン (thiamine) すなわちビタミン B_1 の酸化によって得られる螢光物質). 〖(1935) ← THI(AMINE)+-O-+CHROME〗

thi·óc·tic ácid /θaɪɑ́(ː)ktɪk- | -ɔ́k-/ n. 《生化学》=lipoic acid. 〖← THIO-+OCT(ANO)IC ACID〗
thìo·cýanate n. 《化学》チオシアン酸塩[エステル] (俗に rhodanate ともいう). 〖1877〗
thìo·cyánic *adj.* 《化学》チオシアン酸の, チオシアン酸から生じる. 〖1877〗
thíocyanic ácid n. 《化学》チオシアン酸 (HSCN). 〖1877〗
thìo·cýano *adj.* 《化学》チオシアン基を含む. 〖(逆成) ↓〗
thìo·cyánogen n. 《化学》チオシアノーゲン ($(SCN)_2$).
thiocýano gròup n. 《化学》チオシアン基 (チオシアン酸から誘導される 1 価の原子団 –SCN).
thìo·éster n. 《化学》メルカプタン類のエステル. 〖1952〗
thìo·éther n. 《化学》チオエーテル (エーテルの酸素原子を硫黄原子で置き換えた一般式 RSR をもつ化合物の総称).
thío·èthyl álcohol n. 《化学》チオエチルアルコール (⇨ ethyl mercaptan).
thìo·flávine, T- n. 《化学》チオフラビン (黄色塩基性染料).
thìo·fú·ran n. 《化学》=thiophene.
thìo·guánine n. 《薬学》チオグアニン ($C_5H_5N_5S$) (白血球増加病の治療用).
thìo·índigo n. 《化学》チオインジゴ ($C_{16}H_8O_2S_2$) (インジゴ系の赤色染料).
Thi·o·kol /θáɪəkɔ̀(ː)l | -kɔ̀l/ n. 《商標》チオコール (幾種類かの多硫化物系耐油性合成ゴムの商品名).
thi·ol /θáɪɔ(ː)l | -ɔl/ n. 《化学》**1** チオール (化学構造上アルコール類似の化合物で, アルコールの酸素原子の代わりに硫黄原子の入ったもの (RSH); mercaptan ともいう). **2** –SH で表される一価の基. 〖(c1890) ← THIO-+-OL[1]〗
thìol·acétic *adj.* 《化学》=thioacetic.
thi·ol·ic /θaɪɑ́(ː)lɪk | -ɔ́l-/ *adj.* 《化学》カルボンチオール酸の.
thiólic ácid n. 《化学》チオール酸.
thi·o·mer·sal /θàɪoʊmə́ːsæl, -sl | -ə(ʊ)mɑ́ː-/ n. 《薬学》チオメルサール (thimerosal). 〖(1958) ← THIO-+MER(CURY)+SAL(ICYLATE)〗
thi·on- /θáɪən/ (母音の前にくるときの) thiono- の異形.
thi·o·nate /θáɪənèɪt, -nɪt/ n. 《化学》チオン酸塩[エステル]. — /-nèɪt/ *vt.* 加硫する. **thi·o·na·tion** /θàɪənéɪʃən/ n. 〖(1878) ← THIONO-+-ATE[1]〗
thi·on·ic /θaɪɑ́(ː)nɪk | -ɔ́n-/ *adj.* 《化学》チオン酸の. 〖(1880) ← THIONO-+-IC[1]〗
thiónic ácid n. 《化学》**1** チオン酸 ($H_2S_nO_6$ (n=2–6)). **2** カルボン酸の酸素原子を硫黄で置換した形の酸; RCO·OH の代わりに RCS·OH. 〖1880〗
Thi·o·nine /θáɪəniːn, -nɪn | -niːn, -nàɪn/ n. (*also* **thi·o·nin** /-nɪn | -nɪn/) 《商標》**1** チオニン (紫色塩基性染料 ($C_{12}H_9N_3S$) の商品名で, 細菌の染色に使われる). **2** [t-] チオニン類の染料. 〖(1886) ← THIONO-+-INE[3]〗
thi·o·no- /θáɪənoʊ | -nəʊ/「硫黄 (sulfur)」の意の連結形. ★ 母音の前では通例 thion- になる. 〖← Gk *theîon* sulphur〗
thi·o·nyl /θáɪənɪl, -nìːl | -nɪl/ n. 《化学》チオニル (SO で表される二価の基; 有機化合物の場合は sulfinyl ということが多い). 〖(1866): ⇨ ↑, -yl〗
thíonyl chlóride n. 《化学》塩化チオニル ($SOCl_2$) (無色刺激性の液体).
thi·o·pen·tal /θàɪoʊpéntæl, -tɔːl |-ə(ʊ)-/ n. 《薬学》チオペンタール ($C_{11}H_{18}N_2O_2S$) (催眠薬・麻酔薬). 〖(1947) ← THIO-+PENTA-+-AL[3]〗
thíopental sódium n. 《薬学》チオペンタールナトリウム ($C_{11}H_{17}N_2NaO_2S$) (バルビツール酸塩の一種; 短時間の全身麻酔に用いられる; thiopentone sodium, sodium thiopenthal ともいう).
thi·o·pen·tone /θàɪoʊpéntoʊn | -əʊpéntəʊn/ n. 《英》《薬学》=thiopental. 〖(1945): ⇨ thiopental, -one〗
thíopentone sódium n. 《薬学》チオペントンナトリウム (thiopental sodium).
thi·o·phen /θáɪəfɪn, -fèn | -fɪn, -fèn/ n. 《英》《化学》=thiophene.
thi·o·phene /θáɪəfiːn/ n. 《化学》チオフェン (C_4H_4S) (コールタールから得た benzene 中に存在し, その物理的性状も benzene に似た無色の液体; 溶媒, 合成原料). 〖(1883) ← THIO-+PH(ENYL)+-ENE〗
thìo·phénol n. 《化学》チオフェノール (C_6H_5SH) (ニンニクのような匂いがする無色の液体; 有機合成に用いる; phenyl mercaptan ともいう). 〖1899〗
thìo·phósphate n. 《化学》チオリン酸塩[エステル].
thìo·phosphòric ácid n. 《化学》チオリン酸 (H_3PO_3S) (リン酸 (H_3PO_4) の酸素を硫黄で置換した酸).
thi·o·rid·a·zine /θàɪərídəziːn, -zɪn | -dəziːn, -zɪn/ n. 《薬学》チオリダジン (不安症状の緩和, 分裂病の治療に用いる精神安定剤). 〖← THIO-+(PIPE)RID(INE)+(PHENOTHI)AZINE〗
thi·o·sin·am·ine /θàɪəsɪnǽmɪn, -oʊsínəmìːn | -ə(ʊ)sínəmìːn, -sɪnǽmɪn/ n. 《化学》チオシナミン ($CH_2=CHCH_2NHCSNH_2$) (allylthiourea ともいう). 〖(1853) ← THIO-+L *sin(āpis)* mustard+AMINE〗
thìo·súlfate n. 《化学》チオ硫酸塩[エステル] ($M_2S_2O_3$); (特に) =sodium thiosulfate. 〖1873〗
thìo·sulfúric *adj.* 《化学》チオ硫酸の[から生じる]. 〖1873〗
thíosulfuric ácid n. 《化学》チオ硫酸 (塩のみで遊離の酸 ($H_2S_2O_3$) は知られていない). 〖1873〗
thìo·súlphate n. 《化学》=thiosulfate.
thío·sulphùric ácid n. 《化学》=thiosulfuric acid.

thio·te·pa /θàɪətíːpə/ n. 《化学》チオテパ ($C_6H_{12}N_3PS$) (テパ ($C_6H_{12}N_3OP$) の O を S に換えた制癌剤). 〖(1953) ← THIO-+TEPA〗
thìo·úracil n. 《薬学》チオウラシル ($C_4H_4N_2OS$) (甲状腺(せん)ホルモンを抑制する作用をもつ白色・無臭の結晶状化合物). 〖(1905) ← THIO-+URACIL〗
thìo·uréa n. 《化学》チオ尿素 ($SC(NH_2)_2$) (thiocarbamide ともいう). 〖(1894) ← NL ～: ⇨ thio-, urea〗
Thí·ra /θíːrə | θíərə/ n. =Thera.
thi·ram /θáɪræm | θáɪ(ə)r-/ n. 《化学》サイラム (⇨ tetramethylthiuram disulfide). 〖(1950) (変形) ← ? *thiuram* ← ? THIOUREA+*-amyl* (⇨ carbamyl)〗
third /θə́ːd | θə́ːd/ *adj.* **1** 第 3 の, 3 番目の (3rd): Henry the *Third* ヘンリー三世 (Henry III とも書く) / in the ～ place 第 3 に, 3 番目に / *Third* time lucky.=The ～ time is lucky [does the trick, pays for all]. 《諺》「三度目の正直」. **2** 3 分の 1 の: the ～ part of a ton 1 トンの 3 分の 1. **3** (自動車などのギアの)第 3 速の.
third láw of thermodynámics [the ―] 《物理化学》熱力学第三法則 (⇨ LAW of thermodynamics).
— *n.* **1** [the ～] 第 3, 3 番目, 第 3 位; (月の)(第) 3 日: *the* ～ [3rd] of March 3 月 3 日. **2** 3 分の 1: He lost a ～ of his money. 彼は金の 3 分の 1 を失った. **3** (自動車などのギアの)第 3 速, サード (third gear): do a hill in ～ ギアをサードに入れたまま丘を上がる / She changed up into ～. (変速ギアを)サードに上げた. **4** [*pl.*] (まれ) 《法律》 **a** 夫の動産の 3 分の 1 (当然寡婦に与えられるべきもの). **b** 《俗》寡婦産 (dower). **5** 《音楽》三度, 三度音程; 第三音. **6** 《野球》三塁 (third base). **7** (時間・角度の) 1 秒の 1/60. **8** [通例 *pl.*] 《商業》三等品. **9** 《英》=third class 4.
— *adv.* **1** 第 3 に, 3 番目に: finish ～ 3 着になる / come ～ 3 番目になる[来る]. **2** 三等で: go [travel] ～.
— *vt.* **1** 3 等分する. **2** (第 3 者として動議などを)支持する.
〖OE *þirda* (音位転換) ← *þridda* < Gmc *þriðjōn (Du. *derde* / G *dritte*) ← IE *tritjō- (L *tertius* / Gk *trítos* / Skt *tṛtīyas*) ← *trei- 'THREE'〗
third áge n. 老年期.
third-àngle projéction n. 《製図》第三角法 (第三角(第三象限)において投影面に正投影する製図方式).
third báse n. 《野球》三塁, サード; 三塁の守備位置. 〖1845〗
third báseman n. 《野球》三塁手. 〖1857〗
third-bést *adj.* 3 番目によい, 3 番手の, 第 3 位の (cf. second-best). **third bést** n.
third·bòrough /-bə̀ːroʊ | -bərə/ n. 《古》警官, 警吏 (Shak., *Shrew* Ind. 1–12). 〖?a1500〗
third-cláss *adj.* **1** 〈列車など〉三等の: a ～ passenger 三等乗客 / a ～ compartment (列車の)三等個室. **2** 《米・カナダ》《郵便》第三種の: ～ matter 第三種郵便物 (第二種の認可を得た新聞・雑誌以外の書類・印刷物など). **3** =third-rate 2. — *adv.* **1** 三等で: go [travel] ～ 三等で行く[旅行する]. **2** 《米・カナダ》《郵便》第三種で. 〖1839〗
third cláss n. **1** 三等; 三等品. **2** 三等(船室). ★ 客船では現在は tourist class といい, もとの steerage をこういう. **3** 《米・カナダ》《郵便》第三種郵便物 (third-class matter). **4** 《英》(大学の優等試験で)第三級(の学生) (三種の等級の中で最低のもの). 〖1844〗
Third Commándment n. [the ～] (十戒の)第三戒 (⇨ Ten Commandments).
third cóuntry n. 第三世界 (Third World) の国.
Third Dáy n. (クエーカー教徒間で)火曜日 (Tuesday). 〖1677〗
third déck n. 《海事》第三甲板.
third-degrée *vt.* 《米》拷問にかける. 〖1928〗
third degrée n. **1** [the ～] 《口語》(警察などの)精神的[肉体的]拷問 (torture) (フリーメーソンで第三級 (master mason) に昇格するために課せられた肉体的苦痛に由来するといわれる): give a person *the* ～. **2** 《フリーメーソン》第三級 (master mason の階級). 〖1772〗
third-degrée búrn n. 《病理》第三度熱傷 (壊死(えし)性火傷; cf. burn 1 a). 〖1930〗
third diménsion n. **1** 第三次元 (幅・長さに対して深さ・厚み). **2** 現実味を高めるもの; 迫真性: give a ～ to a story 話に生彩を与える. **third-diménsional** *adj.* 〖1858〗
third estáte, T- E- n. [the ～] 平民; (特に, フランス革命以前の, 聖職者・貴族以外の)第三身分. 〖1604〗
third éye n. **1** 《動物》=pineal eye. **2** 直観, 直覚 (intuition). 〖1810〗
third éyelid n. 《動物》=nictitating membrane.
third flóor n. **1** 《米》 **a** 三階 (cf. first floor 1, ground floor 1). **b** (地階がある建物の)四階. **2** 《英》四階. **third-flóor** *adj.*
third fórce n. 第三勢力: **a** [the T- F-] (もと)フランスの共産党とドゴール派との中間派. **b** 極左・極右両派に属さない中道派, 相対立する政治勢力の中間にある勢力・国家. 〖(1936) (なぞり) ← F *troisième force*〗
third·hánd *adj.* **1** 二人の人の仲介を経た; また聞きの (cf. at third HAND (1)): ～ information. **2 a** 二人の持ち主を経て手に入れた; 再中古の: a ～ typewriter. **b** 再中古品を扱う: a ～ dealer. — *adv.* **1** 二人の所有者の手を経て, 再中古で. **2** 何人かの手を経て, 間接的に. 〖(1599) ← *thirdhand* (n.) (1553)〗
third hóuse n. 《米》第三院 (立法に影響を与えるロビーイスト (lobbyist) 集団を指す). 〖1849〗
third inténtion n. 《外科》三次[三期]癒合 (⇨ healing).

Thírd Internátional *n.* [the ~] 第三インターナショナル (⇨ international *n.* 2).

third·ly /θə́ːdli | θə́ːd-/ *adv.* 第3に, 3番目に (in the third place): Firstly, I haven't enough money; secondly, I'm too old; and ~ I don't like a plane. 第1に私にはお金がない. 第2に年を取りすぎている. 第3に飛行機が嫌いだ. 〘(1509) ← THIRD+-LY[1]〙

thírd mán *n.* **1** 〘クリケット〙第三手《捕手の横のやや深い off 側の守備位置(の野手); ⇨ cricket[1] 挿絵》; 第三手の位置. **2** 〘《なぞり》← Gk *trítos ánthrōpos*〙〘哲学〙第三の人間《Plato のイデア論に内在する背理的問題をいう言葉; 個別的人間のほかに抽象概念としての人間のイデアを認めると, このイデアと個別的人間との間にさらに共通の三番目の人間のイデアが生まれ, 無限後退に陥るという問題》. 〘1801〙

thírd márket *n.* 《米》〘証券〙第三市場《上場株の店頭取引; cf. fourth market》. 〘1964〙

thírd máte *n.* ⇨ mate[1] *n.* 3 a.

thírd mólar *n.* 〘歯科〙第三大臼歯.

thírd órder, T- O- *n.* 〘カトリック〙第三会《修道会士で俗籍にある人々の団体; 修道会の規則に従いながら教育に従事したり, 病人の看護などの目的をもつ団体に組織されることがある; cf. tertiary *n.* 3》. 〘1629〙

thírd párty *n.* **1** (当事者以外の)第三者. **2** 〘政治〙 **a** (二大政党制下の)第三党. **b** 少数党 (minor party). 〘1801〙

thírd-párty insùrance *n.* 〘保険〙第三者保険《被保険者以外の第三者の傷害に対する保険》. 〘1901〙

thírd pérson *n.* **1** 第三者 (third party). **2** 〘文法〙第三人称(の語形)《英語では he, she, they; cf. person 8》. **3** (小説の記述などの)第三人称. 〘1530〙

thírd posítion *n.* [the ~] 〘バレエ〙第三ポジション《両つま先を外側に向け, 前の足のかかとが後ろの足の土踏まずに合わさるよう前後に足を重ねる》.

Thírd Prógramme *n.* [the ~] 《英》BBC のラジオ第三放送番組《高度の教養番組; その後この種の番組は Radio Three (音楽)と Radio Four (教育講座など)に分けられた》; [形容詞的に] インテリ向きの, インテリ的な. 〘1946〙

thírd quárter *n.* 〘天文〙 **1** 下弦《満月から半月までの期間》. **2** 下弦の月.

thírd ráil *n.* 〘鉄道〙(電車線路の)第三レール, 第三軌条《地下鉄・電車などに給電するレール》. 〘1867〙

thírd-ráte *adj.* **1** 三等の, 三級の, 三流の: a ~ boarding school 三流の寄宿制学校. **2** 下等な, 劣等な (inferior). 〘(1649) ← THIRD+RATE[1]〙

thírd-ráter *n.* 三流の人. 〘1820〙

thírd réading *n.* 〘議会〙第三読会 (cf. first reading, second reading): **a** (米国議会で)第二読会 (second reading) を経て浄書された議案を採否に付する前に名称だけを読み上げる. **b** (英国議会で)報告審議 (report stage) を経た議案を採否に付する前に討議する. 〘?1571〙

Thírd Réich *n.* [the ~] 第三帝国《1933–45 年の Hitler 治下の全体主義的ドイツ; ⇨ Reich》. 〘(1930) 《部分訳》← G *das dritte Reich* the third Empire〙

Thírd Repúblic *n.* [the ~] フランス第三共和制《1870 年から, 1940 年 7 月ドイツ占領により Vichy 政府が成立するまで》. 〘《なぞり》← F *La Troisième République*〙

thírd séx *n.* [the ~; 集合的] 第三の性, 同性愛者 (homosexuals).

thírd stóry *n.* =third floor. 〘1679〙

thírd-stréam *adj.* 〘音楽〙サードストリームミュージック (third stream) の. 〘1963〙

thírd stréam *n.* 〘音楽〙サードストリームミュージック《古典音楽とジャズの要素を取り入れた音楽》. 〘1960〙

thírd-stríng *adj.* 《米》〈スポーツ選手が〉三流の.

thírd tìer márket *n.* =third market.

thírd véntricle *n.* 〘解剖〙第三脳室《四つある脳室のうちの一つで, 両半球の中間にある》. 〘*c*1860〙

thírd wáy *n.* 第三の道《両極端に代わる第三の選択肢; 特に左翼・右翼いずれとも一線を画した中道的かつ合意に基づく政策》. 〘1949〙

Thírd Wórld, t- w- *n.* [the ~] 第三世界: **1** 共産圏・非共産圏のいずれにも属さない発展途上国《アジア・アフリカ・ラテンアメリカの国など; cf. First World 1》. **2** 先発発展途上国《比較的工業化の進んでいる国; インド・パキスタン・アラブ連合など; cf. Fourth World》. **3** 優勢な文化の内部の少数集団の総体. 〘(1965) 《なぞり》← F *tiers monde*〙

Thírd Wórld·er /-də | -dəʳ/ *n.* 第三世界に属している人, (特に)アジア人, アフリカ人. 〘1970〙

Thírd Wórld·ism /-dɪzm/ *n.* 第三世界主義《西側または共産圏のいずれにも属さず独自性を主張するアジア・アフリカ・ラテンアメリカ諸国の方針》. 〘1975〙

thirl[1] /θə́ːl | θə́ːl/ 《英方言》 *n.* 穴 (hole). — *vt.* **1** 刺し貫く, …に穴をあける (pierce, drill). **2** 激しい感動でぞくぞく[わくわく]させる. 〘OE *þyrlian* ← *þȳrel* hole ← *þurh* 'THROUGH': cf. nostril, thrill〙

thirl[2] /θə́ːl | θə́ːl/ *n.* 《スコット》=thirlage. — *vt.* 《スコット》〈人を〉隷属させる; 束縛する. 〘(1564) ← 《スコット》*thirl* to bind to a servitude ← *thrill* (↓)〙

thirl·age /θə́ːlɪdʒ | θə́ː-/ *n.* 〘スコット法〙水車利用義務《一定の土地の借地人(主に隷農)に課せられたその土地から生産された穀物を特定の水車場を利用して製粉しその使用料を支払わなければならない義務》; その製粉代. 〘(1513) 《音位転換》← 《廃》*thrillage* bondage ← ME 《スコット》*thril* 'THRALL'+-AGE〙

Thirl·mere /θə́ːlmɪə | θə́ːlmɪəʳ/ *n.* サールミア(湖)《イングランド北西部の湖; Manchester の水源; 全長 6 km》.

thirst /θə́ːst | θə́ːst/ *n.* **1** のどの渇(かわ)き, 渇 (thirstiness); 脱水状態: a ~ *for* cool fresh water 冷たい水を求める渇き / slake [quench, relieve, satisfy] one's ~ 渇をいやす / cause [produce] ~ 渇を覚えさせる / have a ~ 《口語》一杯飲みたい. **2** 渇望, 熱望 (strong desire) 〔*for*, 《文語》*after*, 《古》*of*〕: a strong [unquenchable] ~ *for* knowledge [pleasure, adventure, revenge] 知識[快楽, 冒険, 復讐]に対する強い[抑えがたい]渇望 / the ~ *to* learn 学習欲 / He had lost his ~ *for* money. 金銭欲を失った. **3** =thirstland. — *vi.* **1** 渇望する, 熱望する (crave): ~ *for* knowledge, adventure, power, battle, revenge, blood, etc. / hunger and ~ *after* righteousness 《文語》義に飢え渇く (*Matt.* 5:6) / She was upon me, ~*ing for* information. いろいろ聞き出そうと私に迫った / ~ *to* overturn a government 政府の転覆を渇望する. **2** のどが渇く: be ~*ing for* a drink 一杯飲みたくてたまらない / I ~. 《古》=I am thirsty.

~·er *n.* 〘ME < lateOE *þurst* < Gmc **þurstuz* (Du. *dorst* / G *Durst*) ← IE **ters-* to be dry (L *torrēre* to parch & *terra* earth / Gk *térsesthai* to become dry / Skt *tṛṣyati* he thirsts). — v.: ME *thirste(n)* < OE *þyrstan* ← *þurst* (n.)〙

thírst-áid stàtion *n.* 《米俗》酒を売る店, 酒屋.

thírst·lànd *n.* 水の無い地帯, 砂漠. 〘1878〙

thírst·less *adj.* のどが渇(かわ)かない, 渇することのない. 〘1591〙

thírst quèncher *n.* 渇きをいやすもの, 飲み物.

thirst·y /θə́ːsti | θə́ːs-/ *adj.* (**thirst·i·er**; **-i·est**) **1** 渇した, のどの渇(かわ)いた: I am [feel] ~. のどが渇いた / That food [work] made me ~. その食べ物[仕事]でのどが渇いた / a ~ car ガソリンを食う車. **2** 《口語》酒好きの: a ~ soul 酒好きな男, 飲み助. **3 a** 〈土地・草木など〉乾燥した, 乾(かわ)ききった (dry, parched): ~ plains. **b** 吸湿性の強い. **4** 渇望する, 熱望する, 切望する 〔*for*〕: be ~ *for* [《文語》*after*] knowledge [news] 知識[ニュース]を渇望する / power-*thirsty* 力を渇望する. **5** 《口語》〈仕事・食べ物など〉渇を覚えさせる, のどが渇くような. **thírst·i·ly** /-təli, -tḷi | -təli, -tḷi/ *adv.* **thírst·i·ness** *n.* 〘ME *thirsti* < OE *þyrstiġ*: ⇨ thirst, -y[4]〙

thir·teen /θə̀ːtíːn | θə̀ː-ˊ/ *n.* **1** 13; 13 個, 13 人; 13 歳. **2** 13 [XIII] の記号[数字]. **3** 13 人[個]一組. **4** 13 番サイズの衣料品. ***the thirteen superstition*** 13 を不吉とする迷信《特に, 食卓・部屋の番号などで》. — *adj.* 13 の, 13 個の, 13 人の; [叙述的] 13 歳で. 〘OE *þrēotiene*: cf. G *dreizehn*: ⇨ three, -teen〙

thírteen-líned gróund squìrrel *n.* 〘動物〙ジュウサンセンジリス (*Citellus tridecemlineatus*)《北米西部に広く分布する灰褐色の毛皮に白い縞(しま)が何本も縦に走っているジリスの一種; thirteen-lined gopher, leopard squirrel, striped ground squirrel ともいう》.

thir·teenth /θə̀ːtíːnθ | θə̀ː-ˊ/ *adj.* **1** 第 13 の, 13 番目の (13th). **2** 13 分の 1 の: a ~ part 13 分の 1. — *n.* (*pl.* ~**s**) **1** [the ~] 第 13, 13 番目, 第 13 位; (月の)(第) 13 日: *the* ~ [13th] of June 6 月 13 日. **2** 13 分の 1. **3** 〘音楽〙 **a** 13 度(の音程). **b** =thirteenth chord. **~·ly** *adv.* 〘(16C) ← THIRTEEN+-TH[1] ∽ OE *þrēotēoða*, etc.: cf. G *dreizehnte*〙

thírteenth chórd *n.* 〘音楽〙十三の和音《属音上に 3 度を 6 回重ねて得られる和音; ジャズなどで用いられる》.

thir·ti·eth /θə́ːtiɪθ | θə́ːti-/ *adj.* **1** 第 30 の, 30 番目の (30th). **2** 30 分の 1 の: a ~ part 30 分の 1. — *n.* **1** [the ~] 第 30, 30 番目, 第 30 位; (月の)(第) 30 日: *the* ~ [30th] of March 3 月 30 日. **2** 30 分の 1. 〘OE *þritigoða*: ⇨ thirty, -th[1]〙

thir·ty /θə́ːti | θə́ːti/ *n.* **1** 30; 30 個, 30 人; 30 歳: a man of ~ 30 歳の人 / die at ~ 30 で死ぬ. **2** 30 [XXX] の記号[数字]. **3** 30 人[個]一組. **4** 30 番サイズの衣料品: He wears a ~. **5** [*pl.*] 30 代, 30 年代[歳代]: during the *thirties* 30 年代の間 (1830–39 年, 1930–39 年の間など)に / a man in his *thirties* 30 代の人 / just out of one's *thirties* 30 代を出たばかりで[の]. **6** =30-dash. **7** 〘テニス〙サーティー《2 点目の得点; cf. fifteen 5》. **8** 30 口径機関銃《通例 .30 と書く》. — *adj.* 30 の, 30 個の, 30 人の; [叙述的] 30 歳で. 〘OE *þritiġ*: cf. G *dreissig*: ⇨ three, -ty[1]〙

30-dàsh /θə́ːti- | θə́ːti-/ *n.* 《米》〘印刷〙30 ダッシュ《—30—, —XXX—, —0— などと記して原稿・物語などの終わりを示す》.

.38 /θə́ːtiéɪt | θə́ːti-/ *n.* (*pl.* **.38s, .38's**) 38 口径ピストル (cf. revolver 1) 《thirty-eight ともつづる》.

thírty·fòld *adj.* 30 倍の; 30 の部分[相]をもった. — *adv.* 30 倍に. 〘lateOE *þrittig-feald*〙

Thírty-nine Árticles *n. pl.* [the ~] 〘英国国教会〙三十九か条《16 世紀制定の英国国教の教義で, 聖職に就く者は任命式の際これに同意を表明しなければならない》. 〘16C〙

.30-'06 /θə́ːtiòusíks | θə́ːtiəʊ-/ *n.* (*pl.* **.30-'06s, .30-'06's**) 30 口径 06 改良型ライフル《1903 年開発, 1906 年改良の軍用ライフル; 現在は狩猟用》.

thírty·pènny *adj.* 〈釘が〉$4\frac{1}{2}$ インチ(の長さ)の. 〘(*c*1850) もと 100 本につき 30 ペンスしたことから〙

thírty-sécond nòte *n.* 〘音楽〙三十二分音符. 〘*c*1890〙

thírty-sécond rèst *n.* 〘音楽〙三十二分休(止)符. 〘*c*1903〙

.30-30 /θə́ːtiθə́ːti | θə́ːtiθə́ːti/ *n.* (*pl.* **.30-30s, .30-30's**) 30 グレインの発射薬を用いる 30 口径ライフル.

thírty·sòmething *n.* 《口語》30 代《特に 1980 年代半ばに 30 代にさしかかったベビーブーム世代》. — *adj.* 30 代の. 〘1981〙

thírty-thrée *n.* 33 回転盤《毎分 $33\frac{1}{3}$ 回転のレコード; 通例 33 と書く》.

.32 /θə́ːtitúː | θə́ːti-/ *n.* (*pl.* **.32s, .32's**) 32 口径ピストル (cf. revolver 1).

thírty-twó·mo /-mou | -məʊ/ *n.* (*pl.* ~**s**) 三十二折(判); 三十二折本. — *adj.* 三十二折(判)の; 三十二折本の. 〘(1771) ← *thirty-two*+-MO〙

thírty-yèar rúle *n.* [the ~] 三十年規定《公的記録は三十年を経れば公開してもよいとする原則》.

Thírty Yéars' [Yéars] Wár *n.* [the ~] 三十年戦争《主としてドイツを舞台に新・旧教諸侯の間で 30 年間 (1618–48) にわたって行われた宗教戦争 cf. PEACE of Westphalia》.

Thir·za /θə́ːzə | θə́ː-/ *n.* サーザ《女性名; 異形 Thirzah, Tirzah, Thyrza》. 〘□ Heb. *Tirṣāh* 《原義》? acceptance; a kind of tree〙

this /ðɪs/ *demons. pron.* (*pl.* **these** /ðíːz/) **1 a** [時間的・空間的・心理的に近いものを指して] これ, この物, この人 (cf. that[1]): for all ~ これにもかかわらず / I don't like ~ at all. こういうのは困る / What's all ~ I've been hearing about you and Max? 君とマックスについていろいろと聞いているが一体どういうことか / all ~ pushing and shoving こんなにひどい押し合いへし合い / What's all ~ (about)? ⇨ all *adv.* 1 d / What's ~ on the floor? 床の上のこれは何か / How much is ~ [does ~ cost]? これはいくらですか / Is ~ the man you saw yesterday? こちらが君がきのう会った人ですか / *This* is (the place) where it happened. ここでそれが起こったのです / *This* is Thomas speaking. [電話・放送で] こちらはトマスです / *This* is he [she]. [電話で] (だれだれさんですかと聞かれたときの返事として)そうです, 私です / Who is ~(, please)? [電話で] 《米》どちら様でしょうか (《英》=Who is that(, please)?) / *This* is my husband Max. こちらが夫のマックスです / *This* is a free country. ここは自由な国だ / Help! Get me out of ~! 助けてくれ. これから救い出してくれ / *This* will never do. これではとてもだめだ / You mustn't behave like ~. こういうふるまいをしてはいけない. ⇨ that[1] 日英比較. **b** 次のこと: Do it like ~. このように[これから言う通りに]しなさい / It was [happened] like ~. 次のようであった[次のように起こった] / Answer me ~. さあこれに答えてくれ / The question is ~, that … 問題はこうだ, すなわち… / [*This* is (《口語》=That's)] true. それ[このこと]は本当です.

2 今, ただ今, この日, 今日, 今度 (this time): *This* is Monday. 今日は月曜日です / What day of the month is ~? 今日は何日ですか / long before [after] ~ これよりずっと前に[後に].

3 [that と対照的に用いて] **a** ⇨ … THIS *and* … *that*, THIS *and* [*or*] *that*. **b** 《古》後者 (the latter): Tobacco and alcohol are both bad for you; ~, however, less so than *that*. たばこも酒も有害であるが, 後者[酒]はまだ前者[たばこ]よりも害が少ない.

at this これを聞いて[見て], ここにおいて (cf. WITH this): *At* ~, he got up and went out. これを見ると[聞くと]彼は立ち上がって出て行った. ***… this and … that*** 一にも二にも…, 二言目には…: It was Miss Smith ~ *and* Miss Smith *that*. 一にも二にもスミス嬢でもちきりだった. ***this and* [*or*] *that*** あれこれ, あれやこれや, だれかしら, 何かしら: put ~ *and that* together あれこれ総合して考える / We drank tea, talking about ~ *and that*. あれこれと話しながらお茶を飲んだ. (1581) ***this, thát, and the óther*** あれやこれや, 種々様々の物[人]: He would do ~, *that*, *and the other*. 彼はあれこれといろいろなことに手を出すのであった. (1824) ***with this*** ⇨ with 成句.

— *demons. adj.* (*pl.* **these** /ðíːz/) **1** [空間的・時間的・心理的に近いものを指して] この (cf. that[1]): ~ book / ~ country / ~ man here この人 / I don't like ~ one. これは好かない / ~ life 現世, この世 / by ~ time この時までには / ~ broad land of ours この広い我が国《決まり文句》. ★ *this our* のように, 指示形容詞が所有格の人称代名詞と直結する表現は古風で, 現在は代わりに *this … of ours* の形式を用いるのが普通.

2 /ðɪs, ðɪs, ðəs | ðɪs, ðɪs/ 今の, 現在の (cf. last[1] 1 a, next): ~ time 今度 / ~ time tomorrow [last] night 明日[昨日]の晩の今ごろ / ~ day 本日, 今日 / from ~ day forth [on] 今日から(ずっと) / ~ day week 先週[来週]の今日 / ~ morning [afternoon, evening, Thursday] 今朝[今日の午後, 今晩, 今週の木曜日] / ~ year, month] 今週[年, 月] / all ~ week 今週いっぱい / ~ coming week [Thursday] 来週[今度の木曜日] / ~ past week [Thursday] この一週間[この前の木曜日] / ~ very moment たった今 / to ~ day 今日に至るまで / He has been waiting ~ half hour. 彼はもう 30 分も前から待っている / turning ~ way and that あちこちへ方向を変えて.

3 《口語》[話者の念頭にある未出の特定の人や物を指して] (ある)一人の, 一つの (a certain, a) (cf. these *adj.* 2): There was ~ boy I used to go to school with. もと一緒に通学していた男の子がいました. ★ 聞き手へ親近感を与えるため特に物語体に用いられる.

4 [よく知られている, または大きな話題になっている人や物を指して] この…というもの (cf. these *adj.* 3): All ~ structuralism of yours doesn't amount to much. あなたがたのこの構造主義というやつは大して役に立たない. ★ 時に軽蔑的な含みをもつ.

(for) this once ⇨ once 成句. ***this hère*** [ˈère] 《方言・俗》=this (cf. THAT[1] *there*): ~ *here* man (ここにいる)この男. ***this wáy*** ⇨ way[1] 成句.

— *adv.* **1** 《口語》[止めて程度・量を示す形容詞・副詞を修飾して] この程度まで, これだけ (to this extent, so) (cf. that[1] *adv.*): ~ far [high] この距離[高さ]まで / ~ long こんなに長い間 / ~ early こんなに早く / I know ~ much.

T

これだけ知っている / ~ much longer [more important] これだけより長く[より重要な] / I've never seen ~ many lions [=as many lions as ~] at one time. こんなにたくさんライオンを一度に見たのは生まれて初めてだ. **2** 《廃》このように, こうして (cf. Shak., *Venus* 205).
〖ME < OE *þis* (neut. sing.; cog. G *dies*), *þes* (masc. sing.), *þēos* (fem. sing.) ← (WGmc) **þa-* (⇨ the, that¹)+*-*se*, *-*si* (指示性を強調する suf.)〗

thís·awày *adv.* 《米方言》このように; こちらの方へ. 〖((1834)) 《変形》← *this way*: ⇨ thataway〗

This·be /θízbi/ *n.* **1** ティズビ《女性名》. **2** 《ギリシャ・ローマ伝説》ティスベー (⇨ Pyramus). 〖□ L ~ □ Gk *Thísbē*〗

this'll /ðísl/ 《口語》 this will の縮約形.

this·ness /ðísnəs/ *n.* 《スコラ哲学》 =haecceity. 〖((1643)) 《なぞり》← ML *haecceitās* (⇨ this, -ness): cf. thatness〗

this·tle /θísl/ *n.* **1** 《植物》アザミ《キク科の, 特にヤハズアザミ属 (*Carduus*), アザミ属 (*Cirsium*), オオヒレアザミ属 (*Onopordum*) の植物の総称; ノアザミ (*Cirsium japonicum*) など; その一種のオオヒレアザミ (*O. acanthium*) (Scotch thistle) はスコットランドの国花および badge; cf. shamrock, leek》. **2** [the T-] (英国の)あざみ勲位[勲章] (⇨ ORDER of the Thistle).
grásp the thístle fírmly 敢然として難局に当たる.
〖OE *þistel* < Gmc **þistilaz* (Du. *distel* / G *Distel*) ← ? IE *(*s*)*teig-* 'to pick, STICK²; a point'〗

thistle 1
(*Cirsium japonicum*)

thístle bùtterfly *n.* 《昆虫》 =painted lady 1. 〖1836〗

thístle·dòwn *n.* **1** あざみの冠毛: (as) light as ~ きわめて軽い. **2** あざみの冠毛に似た物. 〖1561〗

thístle fùnnel [tùbe] *n.* (通例ガラス製の)じょうご, 漏斗(ろうと) 《安全漏斗》.

this·tly /θísli, -sli/ *adj.* **1** あざみの多い, あざみのおい茂った: ~ ground. **2** (あざみのように)とげのある (prickly). 〖((1598)) ← THISTLE+-Y¹〗

thís-wórldly *adj.* 現世的な, 俗世間的な. **thís-wórldliness** *n.* 〖1883〗

thith·er /θíðə, ðíðə | ðíðə(r)/ 《文語》 *adv.* そこへ, あそこへ (there); あちら[そちら]の方へ: hither and ~ ⇨ hither. **—** *adj.* [限定的] 向こう側の, 対岸の, 向こうの (farther): the ~ side [bank] of the river 川の対岸 / on the ~ side of sixty 60 を越えて. 〖OE *þider*, *þæder* ← Gmc **þaðra-* (ON *þaðra* there) ← IE **to-*: cf. that¹, the, hither〗

thither·to /ˌ—ˌ—, ˌ—ˌ—/ *adv.* 《文語》その時まで (up to that time). 〖*c*1449〗

thith·er·ward /θíðəwəd, ðíðə- | ðíðəwəd/ *adv.* 《古》 =thither. 〖OE *þiderweard*: ⇨ thither, -ward〗

thíth·er·wards /-wədz | -wədz/ *adv.* 《古》 =thitherward. 〖OE *þiderweardes*: ⇨ ↑, -wards〗

T

Thí·vai /*Mod.Gk.* θíve/ *n.* ティーヴェ, シィーヴェ《ギリシャの Thebes の現代ギリシャ語名》.

thix·o·trop·ic /θìksətrá(ː)pɪk | -trɔ́p-ˈ/ *adj.* 《化学》チキソトロピーの, 揺変性の: ~ ink. 〖((1927)) ↓〗

thix·ot·ro·py /θɪksá(ː)trəpi | -sɔ́trə-/ *n.* 《化学》チキソトロピー, シキソトロピー, 揺変性《揺れるとゲル (gel) から流動性のゾル (sol) に変化するが, 静止すると再びゲルに戻る性質; 水酸化鉄やある種の粘土にみられる》. 〖((1927)) ← Gk *thíxis* a touching (← *thiggánein* to touch: cf. touch)+-O-+-TROPY〗

ThL 《略》 Theological Licentiate.

ThM 《略》 *L.* Theologiae Magister (=Master of Theology).

tho /ðoʊ, ðòʊ, ðóʊ | ðəʊ, ðə́ʊ/ *conj.*, *adv.* (*also* **tho'** /~/) 《口語・詩》 =though. 〖((*a*1325)) 《略》〗

Tho. 《略》 Thomas.

Tho·as /θóʊəs | θə́ʊ-/ *n.* 《ギリシャ・ローマ神話》トアス: **1** Hercules に殺された Gigantes の一人. **2** Hypsipyle と Jason との息子. **3** Ariadne と Dionysus との息子; Tauri 族の王で Iphigenia の恩人. **4** (*Iliad* で) トロイ戦争でギリシャ軍を援助した Helen の求婚者. 〖□ L ~ □ Gk *Thóas*〗

thole¹ /θóʊl | θə́ʊl/ *vt.* **1** 《古》受ける, 苦しむ, 被る (suffer). **2** 《スコット・北英方言》耐え忍ぶ, 我慢する (bear, endure). 〖OE *þolian* ← Gmc **þul-* (ON *þola* / G *dulden*) ← IE **telə-* to lift, support, weigh (L *tolerāre* to bear, support): cf. tolerate〗

thole² /θóʊl | θə́ʊl/ *n.* **1** (船ばたの穴にさす木製あるいは金属製の)櫂栓(かいせん), オール受け《これにオールをはめて漕ぐための力点》. **2** 栓 (pin), 留めくぎ (peg). 〖OE *þol*(*l*) rowlock < Gmc **þulnaz* (ON *þollr* fir-tree, tree / Dan. *tol* / Swed. *tull* / Du. *dol*) ← ?IE **tul-* (Gk *túlos* peg) ← **tēu*(*ə*)- to swell〗

tho·lei·ite /θóʊliàɪt, tóʊ- | θə́ʊli-, tə́ʊ-/ *n.* 《岩石》ソレアイト《アルカリ成分に乏しい玄武岩の一種》. **tho·lei·it·ic** /θòʊliáɪtɪk, tòʊ- | θəʊliáɪt-, təʊ-ˈ/ *adj.* 〖((1866)) □ G *Tholeiit* ← *Tholei* (ドイツの Saarland にある村): ⇨ -ite¹〗

thóle·pìn *n.* =thole². 〖((1440)): ⇨ pin〗

tholi *n.* tholus の複数形.

thol·o·bate /θá(ː)ləbèɪt | θɔ́l-/ *n.* 《建築》円形のドームを支える下部構造. 〖((1831)) ← Gk *thólos* round building with a conical or vaulted roof+-BATES〗

tho·los /θóʊlɑ(ː)s | θə́ʊlɔs/ *n.* (*pl.* **tho·loi** /-lɔɪ/) トロス, トルス: **a** 《建築》(古代ギリシャ建築で)円形建築物《ドーム天井を架ける場合が多い》. **b** 《考古》(Mycenae 時代の)丸天井式地下墳墓. 〖(((1644)) (1832) □ Gk *thólos* (原義) rotunda〗

tho·lus /θóʊləs | θə́ʊ-/ *n.* (*pl.* **tho·li** /-laɪ/) =tholos. 〖((1644)) □ L ~ □ Gk *thólos* (↑)〗

Thom·as /tá(ː)məs | tɔ́m-; *G.* tóːmas/ *n.* **1** トマス《男性名; 愛称形 Tom, Tommy, (スコットランド) Tam, Tammie》. **2** (英陸軍の)兵士 (Tommy Atkins). **3** [(Saint) ~] 《聖書》トマス《十二使徒の一人; 疑い深く, イエスの復活の証拠を要求した; 祝日 12 月 21 日; cf. *John* 20: 24–29; cf. doubting Thomas》. 〖□ LL *Thōmās* □ Gk *Thōmâs* □ Aram. *tᵉʾōmā* twin □ ? Sem. *w-ʾ-m* to tally〗

Tho·mas /toumá: | təu-; *F.* tɔma/, **Ambroise** *n.* トーマ《1811–96; フランスの作曲家; *Mignon* (1866)》.

Thomas /tá(ː)məs | tɔ́m-/, **Clarence** *n.* トマス《1948– ; 米国の法律家; 合衆国最高裁判所陪席判事 (1991–)》.

Thomas, Dyl·an /dílən/ (**Mar·lais** /máːleɪ | máː-/) *n.* トマス《1914–53; ウェールズ生まれの英国の詩人; *Deaths and Entrances* (1946)》.

Thomas, Lowell (**Jackson**) *n.* トマス《1892–1981; 米国の著述家・ジャーナリスト・探検家》.

Thomas, Norman (**Mattoon**) *n.* トマス《1884–1968; 米国の社会主義指導者》.

Thomas, (**Philip**) **Edward** *n.* トマス《1878–1917; 英国の詩人・著作家; *Collected Poems* (1920)》.

Thomas, Seth *n.* トマス《1785–1859; 米国の時計製造業者》.

Thomas, Theodore *n.* トマス《1835–1905; ドイツ生まれの米国の指揮者》.

Thom·a·sa /tá(ː)məsə | tɔ́m-/ *n.* トマサ《女性名》. 〖(dim.) ← THOMAS〗

Thomas à Becket *n.* ⇨ Becket.

Thomas à Kempis /tá(ː)məsəkémpɪs | tɔ́məsə-kémpɪs/ *n.* トマス ア ケンピス《1380?–1471; ドイツの聖職者・著述家; *De Imitatione Christi*「キリストのまねび」(?*c.* 1424); 本名 Thomas Hamerken von Kempen or Thomas Hämmerlein》.

Thómas A·quí·nas /-əkwáɪnəs, -æk-, -næs/, Saint *n.* トマス アクィナス《1225?–74; イタリアのカトリック教会の神学者で 13 世紀最大のスコラ哲学者; 異名 the Angelic Doctor; *Summa Theologiae*「神学大全」(1265–73)》.

Thómas Átkins *n.* (英陸軍の)兵士. ★ Tommy Atkins または Tommy のほうが一般的.

Thómas Cóok *n.* トマスクック《Thomas Cook が創設した英国の旅行会社; 正式名 Thomas Cook and Son》.

Thom·a·sin /tá(ː)məsɪn | tɔ́məsɪn/ *n.* トマシーン《女性名; 異形 Thomasina, Thomasine》. 〖(fem. dim.) ← THOMAS〗

Thómas Jéfferson's Bírthday *n.* トマス ジェファーソン生誕記念日《4 月 13 日; Alabama, Missouri, Oklahoma, Virginia の諸州では法定休日》. 〖*c*1928〗

Thómas of Ér·cel·doune /-ə́ːsəldùːn, -sl- | -ə́ː-/ *n.* アースルドゥーンのトマス《1220?–?1297; スコットランドの詩人・予言者; 通称 Thomas the Rhymer》.

Thómas of Wóod·stock /-wúdstɑ(ː)k | -stɔk/ *n.* ウッドストックのトマス《1355–97; 英国王 Edward 三世の子; Richard 二世に反抗し, のち亡命; 称号 Duke of Gloucester》.

Thómas the Tánk Èngine *n.* きかんしゃトーマス《小さな青いタンク機関車 Thomas とその仲間たちを主人公とする英国の絵本・テレビ番組・映画など; 登場する機関車たちはそれぞれ正面が人の顔になっている》.

tho·mi·sid /θóʊməsɪd | θə́ʊməsɪd/ *adj.*, *n.* 《動物》カニグモ科の(クモ). 〖↓〗

Tho·mis·i·dae /θoʊmísədìː | θəʊmísɪ-/ *n. pl.* 《動物》カニグモ科. 〖← NL ~ ← Gk *thômînx* string+-IDAE〗

Tho·mism /tóʊmɪzm | tə́ʊ-/ *n.* トマス主義《Thomas Aquinas の哲学および神学説》. 〖((1727–41)) ← *Thom*(*as Aquinas*)+-ISM〗

Thó·mist /-mɪst | -mɪst/ *n.* トマス主義者. **—** *adj.* =Thomistic. 〖1533〗

Tho·mis·tic /toumístɪk | təu-/ *adj.* トマス主義の, トマス主義の信奉者の. **~·al** /-tɪkəl, -kl | -tɪ-/ *adj.* 〖1811〗

Thomp·son /tá(ː)m(p)sən, -sn | tɔ́m-/ *n.* トムソン (⇨ Thompson submachine gun).

Thomp·son /tá(ː)m(p)sən, -sn | tɔ́m-/, Sir **Benjamin** *n.* トムソン《1753–1814; 米国生まれの英国の物理学者・政治家; Royal Institution の創立者; 称号 Count von Rumford》.

Thompson, David *n.* トムソン《1770–1857; 英国生まれのカナダの探検家; カナダや Mississippi 川源流地方を探検・紹介した》.

Thompson, Francis *n.* トムソン《1859–1907; 英国の詩人; *The Hound of Heaven* (1893)》.

Thómpson séedless *n.* 《園芸》トムソンシードレス《ブドウの一品種; 黄色で種なし; 干しぶどうにする》. 〖← *W. B. Thompson* (1869–1930: 米国の園芸家)〗

Thómpson's gazélle *n.* 《動物》 =Thomson's gazelle.

Thómpson submachíne gùn *n.* 《商標》(45 口径の)トムソン式短[小型]機関銃; 単に Thompson, また Tommy gun ともいう》. 〖((1920)) ← *John T. Thompson* (1860–1940: 発明者の米陸軍将校)〗

Thom·sen /tá(ː)msən, -sn | tɔ́m-; *Dan.* támsən/, (**Hans Peter Jör·gen** /jœ́ən/) **Ju·li·us** /júːlius/ *n.* トムセン《1826–1909; デンマークの化学者》.

Thomsen, Vil·helm /vílhɛlˈm/ **Ludvig** /lúðˈvi/ **Peter** /péːˈdʌ/ *n.* トムセン《1842–1927; デンマークの言語学者》.

Thom·son /tá(ː)msən, -sn | tɔ́m-/, Sir **George Paget** *n.* トムソン《1892–1975; 英国の物理学者; J. J. Thomson の子; Nobel 物理学賞 (1937)》.

Thomson, James *n.* トムソン: **1** (1700–48) スコットランド生まれの英国の詩人 (cf. Rule, Britannia); *The Seasons* (1726–30), *The Castle of Indolence* (1748). **2** (1834–82) 英国の詩人; *The City of Dreadful Night* (1874); 筆名 Bysshe Vanolis または B. V. は Percy *Bysshe* Shelley と Novalis からの合成.

Thomson, J(**ohn**) **Arthur** *n.* トムソン《1861–1933; スコットランドの生物学者・著述家》.

Thomson, Sir **Joseph John** *n.* トムソン《1856–1940; 英国の物理学者; G. P. Thomson の父; Nobel 物理学賞 (1906)》.

Thomson, Roy Herbert *n.* トムソン《1894–1976; カナダ生まれの英国の実業家; *The Times* の社主で新聞王と呼ばれた; 称号 1st Baron Thomson of Fleet》.

Thomson, Virgil Garnett *n.* トムソン《1896–1989; 米国の作曲家》.

Thomson, Sir **William** *n.* ⇨ Kelvin.

Thómson effèct [hèat] *n.* 《電気》トムソン効果《温度が一様でない導体または半導体に電流を流すとき, ジュール熱以外の熱の発生または吸収が起こる現象; Kelvin effect ともいう》. 〖((1878)) ← *Sir William Thomson, Lord Kelvin*〗

Thómson of Fléet, 1st Baron *n.* Roy Herbert Thomson の称号.

Thómson's gazélle *n.* 《動物》トムソンガゼル (*Gazella thomsoni*) 《アフリカ東部に大きな集団をなして生息するレイヨウ》. 〖← *J. J. Thomson*〗

thon /ðɔ́(ː)n, ðá(ː)n | ðɔ́n/ *adj.* 《スコット》 =yon. 〖((1804)): that などの影響による変形か〗

-thon /θɑ(ː)n | θɔn, θən/ *suf.* (母音の後にくるときの) -athon の異形: tele*thon*.

Thon Bu·ri /tɑnbúəri, tɔːnburí: | tɔ́nburíː; *Thai* tʰonburi/ *n.* トンブリー《タイの都市; Chao Phraya 川をはさんで Bangkok に対する》.

thon·der /ðá(ː)ndə | ðɔ́ndə(r)/ *adj.*, *adv.* 《スコット》 = yonder. 〖((1879)): cf. thon〗

thong /θɔ́(ː)ŋ, θá(ː)ŋ | θɔ́ŋ/ *n.* **1** 革ひも《獣皮またはなめし革の細長いひもで, 物を縛ったりむちなどに用いる》. **2** (革以外の)ひも, 亭縄(ていじょう). **3** 《米・カナダ・豪》(革ひも製の)サンダル. **—** *vt.* …に革ひもなどを付ける; 革ひもなどで打つ. **~ed** *adj.* 〖OE *þwong*, *þwang* < Gmc **þwanʒaz-* to restrain (G *zwang* force) ← IE **twengh-* to press in on: cf. twinge〗

Thon·ga /θá(ː)ŋgə | θɔ́ŋ-/ *n.* (*pl.* ~, ~**s**) =Ronga.

Tho·ön /θóʊɑ(ː)n | θə́ʊɔn/ *n.* 《ギリシャ・ローマ神話》 = Thoas 1.

Thor /θɔ́ə | θɔ́ː(r)/ *n.* **1** ソア《男性名》. **2** 《北欧神話》トール《アースの神々の中の一神; 人間の住む世界, 地上界 (Midgard) の守護者; 雷・天候・豊穣の支配者; cf. Mjollnir》. 〖((*a*1020)) □ ON *Þōrr* < *þunroz*=OE *þunor* 'THUNDER': cf. Thursday〗

Tho·ra /θɔ́ːrə/ *n.* ソーラ《女性名》. 〖(fem.) ← THOR〗

tho·rac- /θɔ́ːræk/ (母音の前にくるときの) thoraco- の異形.

tho·ra·cal /θɔ́ːrəkəl, -kl | θɔ́ːr-/ *adj.* =thoracic.

tho·ra·cec·to·my /θɔ̀ːrəséktəmi/ *n.* 《外科》肋骨切除. 〖← THORACO-+-ECTOMY〗

thoraces *n.* thorax の複数形.

tho·ra·ci- /θɔ́ːrəsɪ, -si/ thoraco- の異形 (⇨ -i-).

tho·rac·ic /θɔːrǽsɪk, θər- | θɔːr-, θɔr-, θər-/ *adj.* 《解剖・動物》胸の, 胸部の, 胸郭の. **tho·rác·i·cal·ly** *adv.* 〖((1656)) □ ML *thōrācicus*: ⇨ thoraco-, -ic¹〗

thorácic cávity [cáge] *n.* 《解剖》胸腔(きょうこう) (rib cage).

thorácic dúct *n.* 《解剖》胸管. 〖*c*1727〗

thorácic nérve *n.* 《解剖》胸神経, 胸郭神経.

tho·ràc·i·co·lúmbar /θɔːræ̀sɪkoʊ-, θər- | θɔː-ræ̀sɪkəʊ-, θɔr-, θər-/ *adj.* **1** 胸腰部(胸と腰の部分)の. **2** =sympathetic 4. 〖((1899)) ← THORACIC+-O-+LUMBAR〗

thorácic vértebra *n.* 《解剖》胸椎(きょうつい) 《dorsal vertebra ともいう》.

tho·ra·co- /θɔ́ːrəkoʊ | -kəʊ/ 次の意味を表す連結形: **1**「胸, 胸部 (chest, thorax)」: *thoraco*lumbar. **2**「胸[胸部]と…」: *thoraco*plasty. ★ 時に thoraci-, また母音の前では通例 thorac- になる. 〖← Gk *thōrāk-*, *thṓrāx* 'corslet, chest, THORAX'+-O-〗

thòraco·lúmbar *adj.* =thoracicolumbar. 〖1918〗

tho·ra·cop·a·gus /θɔ̀ːrəká(ː)pəgəs | -kɔ́p-/ *n.* (*pl.* ~**·es**, **-a·gi** /-pədʒàɪ/) 《病理》胸結合体, 胸部癒着双生児 (cf. Siamese twins). 〖((1894)) ← NL ~: ⇨ thoraco-, -pagus〗

tho·ra·co·plas·ty /θɔ́ːrəkoʊplæ̀sti | -kəʊ-/ *n.* 《外科》胸郭形成(術), 胸成術. 〖1890〗

tho·ra·co·scope /θɔ̀ːrəkəskòup | -skə̀up/ n. 胸腔(きょう)鏡. 〖1895〗

tho·ra·cot·o·my /θɔ̀ːrəkɑ́(ː)təmi | -kɔ́t-/ n. 〘外科〙開胸(術).

tho·rax /θɔ́ːræks/ n. (pl. ~·es, **tho·ra·ces** /θɔ́ːrəsìːz/) **1 a** 〘解剖・動物〙胸, 胸腔(きょう), 胸郭 (⇨ breast SYN). **b** (昆虫などの)胸部. **2** 〘甲冑〙(古代ギリシャの)胸よろい, 胸当て (cuirass, breastplate). 〖(1392) □ L *thōrāx* □ Gk *thṓrāx* breastplate, chest: cf. Gk *thrónos* seat〗

Tho·ra·zine /θɔ́ːrəzìːn/ n. 〘商標〙ソラジン (chlorpromazine 製剤). 〖(1954) (商標) ← *thor-* (← ?)+(CHL ORPROM)AZINE〗

Tho·reau /θəróu, θɔː-, θɔ́ːrou | θɔːróu, θə-, θɔ́ːrəu/, **Henry David** n. ソーロー (1817–62; 米国の超絶主義者・著述家; *Civil Disobedience* (1849); *Walden* (1854)).

Tho·reau·vi·an /θəróuviən | θɔːróu-, θə-/ adj. ソーロー (Thoreau) の, ソーロー風の. — n. ソーローの思想・実践に追随する人. 〖(1927): ⇨ ↑, -ian〗

Tho·rez /tɔːréz; F. tɔʁɛːz/, **Maurice** n. トレーズ (1900–64; フランスの政治家; 共産党の指導者).

tho·ri·a /θɔ́ːriə/ n. 〘化学〙トリア (⇨ thorium oxide). 〖(1847) ← NL ~ ← THORI(UM)+-A³: cf. magnesia〗

tho·ri·a·nite /θɔ́ːriənàɪt/ n. 〘鉱物〙方トリウム石 (ThO_2) (放射能のある重要な鉱石). 〖(1904): ⇨ thorium, -ite¹: -n- は口調をよくするための無意味の連結音〗

thor·ic /θɔ́ːrɪk/ adj. 〘化学〙トリウム (thorium) の. 〖(1891) ← THOR(IUM)+-IC¹〗

tho·rite /θɔ́ːraɪt/ n. 〘鉱物〙トーライト, ケイトリウム鉱 ($ThSiO_4$). 〖(1832) □ Swed. *thorit* ← NL *thorium* (↓): ⇨ -ite¹〗

tho·ri·um /θɔ́ːriəm/ n. 〘化学〙トリウム (アクチノイド元素の一つ; 記号 Th, 原子番号 90, 原子量 232.0381). 〖(1832) ← NL ~ ← THOR+-IUM〗

thórium dióxide n. 〘化学〙二酸化トリウム (⇨ thorium oxide).

thórium emanátion n. 〘化学〙=thoron.

thórium nítrate n. 〘化学〙硝酸トリウム ($Th(NO_3)_4$).

thórium óxide n. 〘化学〙酸化トリウム (ThO_2) (白色耐火性の結晶粉末; ガスマントルの材料・光学ガラスの原料・触媒などに用いる; thorium dioxide, thoria ともいう).

thórium sèries n. 〘化学〙トリウム系列 (天然に存在する放射性元素の壊変系列の一つで, トリウムから始まるもの). 〖1913〗

thorn /θɔ́ən | θɔ́ːn/ n. **1** (植物の)とげ, 針 (spine, prickle): Roses have ~s. =No rose without a ~. (諺) とげのないばらはない, ばらにとげあり, 「楽あれば苦あり」/ ⇨ *a* BED *of thorns*. **2** 〘植物〙 **a** イバラ (トゲのあるバラ科サンザシ類やマメ科サイカチ類の植物の総称): the crown of ~s (キリストが十字架にかけられる前にかぶらされたと伝えられる)いばらの冠, 苦難 (affliction) (cf. *John* 19:5). **b** その木材. **c** 〘動物〙とげ, 針 (動物の硬いとげ状の突起). **3** 苦痛を与えるもの, 悩みの種: be [sit, stand, walk] (up)on ~s 絶えず不安におののく / a ~ in the [one's] flesh [side] 苦痛[心配]のもと, 苦労の種 (cf. 2 *Cor.* 12:7). **4** ソーン (古期英語および中期英語初期に使用されていたルーン文字の þ の名称; 現代英語の *th* に相当し音声記号としては [θ] を表し, 今なおアイスランド語に残る; cf. eth). **5** 〘昆虫〙=thorn moth. — vt. とげ[針]で刺す; 悩ます. 〖OE *þorn* ← Gmc *þurnuz (Du. *doorn* / G *Dorn* / ON *þorn*) < IE *tr̥nu- ← *(s)tern- name of a thorny plant〗

Thorn /G. tɔ́ʁn/ n. トールン (Toruń のドイツ語名).

thórn àpple n. 〘植物〙 **1** ナス科チョウセンアサガオ属 (*Datura*) の植物の総称; (特に)ヨウシュ(洋種)チョウセンアサガオ (*D. tatula*) (その蒴(さく)にとげがある; cf. stramonium). **2** サンザシの実 (haw). 〖1578〗

thórn·bàck n. **1** 〘魚類〙 **a** イボガンギ (*Raja clavata*) (ガンギエイ科のエイ). **b** ソーンバック (*Platyrhinoidis triseriata*) (太平洋の暖海に分布するウチワザメ科のエイ). **2** 〘魚類〙イトヨ (three-spined stickleback). **3** 〘動物〙クモガニ科ケアシガニ属のカニの一種 (*Maja squinado*) (ヨーロッパで食用になる). 〖(*c*1300) *thornebakk*: ⇨ thorn, back¹〗

thórn·bìll n. 〘鳥類〙 **1** 南米産のハチドリ科トゲハシハチドリ属 (*Ramphomicron*), コバシハチドリ属 (*Chalcostigma*) の鳥の総称. **2** オーストラリア産のヒタキ科トゲハシムシクイ属 (*Acanthiza*) の鳥の総称 (thornbill warbler ともいう). 〖1861〗

thórn·bùsh n. **1** とげのある低木. **2** (熱帯地方などの)いばらのやぶ. 〖*c*1330〗

thórn dèvil n. 〘動物〙トゲトカゲ (moloch).

Thorn·dike /θɔ́əndaɪk | θɔ́ːn-/ n. ソーンダイク (男性名). 〖OE *þorndīc* ditch covered with thorns: ⇨ thorn, dike¹〗

Thorn·dike /θɔ́əndaɪk | θɔ́ːn-/, **Edward Lee** n. ソーンダイク (1874–1949; 米国の心理学者・辞書編集家).

Thorndike, Dame **Sybil** n. ソーンダイク (1882–1976; 英国の女優・劇場経営者).

Thorn·dyke /θɔ́əndaɪk | θɔ́ːn-/ n. ソーンダイク (男性名). 〖⇨ Thorndike〗

Thorndyke, Dr. n. ソーンダイク博士 (R. Austin Freeman の一連のミステリー (1907–42) に登場する法医学者; 化学薬品などを入れた緑のケースを携行し, 科学的に捜査を進める).

thorned adj. とげのある, とげ[針]の多い, とげだらけの. 〖(1893) ← THORN+-ED 2〗

thórn·hèad n. 〘魚類〙キチジ (北太平洋に生息するカサゴ科キチジ属 (*Sebastolobus*) の魚類の総称). 〖1890〗

thórn-hèaded wórm n. 〘動物〙鉤頭虫(こうとうちゅう) (鉤頭虫類 (Acanthocephala) の無脊椎動物の総称). 〖1886〗

Thorn·hill /θɔ́ənhɪl | θɔ́ːn-/, Sir **James** n. ソーンヒル (1676?–1734; 英国のバロック風装飾画家; London の Greenwich Hospital と St. Paul's Cathedral に代表作が納められている).

thórn·less adj. とげのない. 〖1776〗

thórn lètter n. =thorn 4. 〖1902〗

thórn·lìke adj. とげのような. 〖1899〗

thórn lìzard n. 〘動物〙トゲトカゲ (moloch).

thórn mòth n. 〘昆虫〙シャクガ科のガ (特にキリバエダシャク (*Ennomos autumnaria*) に代表される).

thórn·tàil n. 〘鳥類〙ミドリトゲオハチドリ (*Popelairia conversii*) (長い尾の先が針状をなす南米産ハチドリ (hummingbird) の一種). 〖← THORN+TAIL¹〗

Thorn·ton /θɔ́əntn̩ | θɔ́ːntən/ n. ソーントン (男性名). 〖OE *þorntun* thorny enclosure: ⇨ thorn, -ton〗

Thorn·ton /θɔ́əntn̩ | θɔ́ːntən/, **William** n. ソーントン (1759–1828; 英領西インド諸島生まれの米国の建築家・発明家).

thórn trèe n. 〘植物〙=hawthorn. 〖1483〗

thorn·veld /θɔ́ənvèlt | θɔ́ːn-/ n. (南ア) とげのある樹木が主な植生をなす地域. 〖(1878) ← THORN+Afrik. *veld* area, field〗

thorn·y /θɔ́əni | θɔ́ːni/ adj. (**thorn·i·er; -i·est**) **1** とげのある, とげの多い, とげだらけの, 針のある (spiny, prickly); とげ[針]のような (thornlike): ~ fins (スズキなどの)とげの付いたひれ. **2** いばらのおい茂った: a ~ bush [country]. **3** 痛い, 苦しい (painful); つらい, めんどうな, 困難な (difficult): ~ cares つらい心労 / a ~ subject [question] 難問 / tread a ~ path いばらの道[困難な道]をたどる. **4** 鋭い. **thórn·i·ly** /-nəli, -nɪli | -nəli, -nɪli/ adv. **thórn·i·ness** n. 〖lateOE *þornig*: ⇨ thorn, -y⁴〗

thórny dévil n. 〘動物〙トゲトカゲ (moloch). 〖1899〗

thórny-hèaded wórm n. 〘動物〙=thorn-headed worm.

thórny lócust n. 〘植物〙=honey locust.

thórny óyster n. 〘貝類〙ウミギクガイ科 (Spondylidae) の二枚貝 (暖海産).

thor·o /θɔ́ːrou, -rə | θʌ́rə/ adj., adv., prep., n. (俗) =thorough.

tho·ron /θɔ́ːrɑ(ː)n | θɔ́ːrɔn/ n. 〘化学〙トロン (radon の放射性同位体で, thorium の崩壊によって生じる; 質量数 220; 古くは記号 Tn で表した). 〖(1918) ← *thoro-* THORIUM: NEON にならった造語〗

thor·ough /θɔ́ːrou, -rə | θʌ́rə/ adj. **1** 完全な, 徹底的な; 綿密な, 周到な; 間然するところのない, 完璧な: a ~ cleaning 徹底的な掃除 / a ~ search 徹底的な捜査 / make a ~ examination 徹底的に検査する / a ~ translator 周到な翻訳者 / a ~ rest 絶対安静 / ~ work 徹底的な仕事 / be ~ *in* one's research 調査[研究]が徹底している. **2** [限定的] 全くの (out-and-out, complete, unqualified): (He is [I felt like]) a ~ fool. / a ~ scoundrel 根っからの悪党 / He's made a ~ pest of himself. 彼は全く迷惑なまねをした / (a) ~ delight 全くの大喜び / a ~ professional 全くの専門家. **3** (古) 貫く, 貫通する (going through). — prep., adv. (古) =through. — n. 徹底的な政策[行動]; (特に) [T-] (英国の)徹底的弾圧政策 (Charles 一世時代に Strafford 伯と Laud 大主教の採った圧制政策). **~·ness** n. 〖ME *thorow* < lateOE *þuruh* (強調) ← *þurh* 'THROUGH'〗

thórough·bàss /-bèɪs/ n. 〘音楽〙 **1** 通奏低音 (⇨ continuo). **2** 数字付き低音. **3** (俗用) 和声学 (science of harmony). 〖(1662): ⇨ ↑, bass³〗

thórough·bràce n. (米) **1** 馬車などの車体を支える革ひも, 貫革, 貫帯. **2** 貫革で車体を支えた乗り物[馬車]. 〖1837〗

thorough·bred /θɔ́ːroubrèd, -rə- | θʌ́rə-/ adj. **1** (動物, 特に馬が)純血種の (purebred) (cf. cross¹ adj. 6). **2** [通例 T-] サラブレッド種の. **3** (人が)元気のよい, 威勢のいい (high-spirited); 優雅な, おっとりした (elegant); 教養のある, しつけのよい. **4** 優秀な, 第一級の (excellent). — n. **1** 純血種の動物. **2** [T-] **a** サラブレッド (もと英国種牝馬(ひんば)とアラブ産種牡馬(ぼば)との交配によって, 17 世紀末以来, 英国で育てられた優秀な競走馬の種属). **b** サラブレッド種の馬. **3 a** 育ちのよい人, 良家の生まれの人. **b** 最優秀車(など). 〖(1701) ← THOROUGH+BRED〗

thor·ough·fare /θɔ́ːroufɛ̀ə, -rə- | θʌ́rəfɛ̀ə(r)/ n. **1** 往来, 街道, 公道 (public road); (特に)大通り, 主要道路 (main street) (cf. cul-de-sac 1): a busy ~ 往来の激しい大通り. **2** 通行 (passage): No ~. [掲示] 通行禁止, 通り抜けお断わり. **3** (船の交通を許す)水路 (海峡・河川など). 〖(*c*1385) *thurghfare*: ⇨ through, fare (n.)〗

thórough·góing adj. 徹頭徹尾の, 徹底的な (out-and-out); 完全な, 純然たる (complete, unqualified): a ~ reform [disciplinarian] 徹底的な改革[規律に厳格な人] / a ~ scoundrel 全くの悪党 / in a ~ way [manner] 徹底的に, 十分に. **~·ly** adv. **~·ness** n. 〖1800〗

thor·ough·ly /θɔ́ːrouli, -rə- | θʌ́rə-/ adv. **1** 十分に, 徹底的に, すっかり; 全然, 徹頭徹尾: ~ reliable 十分信用のおける / I am ~ tired. すっかり疲れた / I examined it ~. 私は徹底的にそれを調べた. **2** あくまで, 全く: a ~ bad man 全くの悪人. 〖(*c*1300): ⇨ thorough, -ly¹〗

thórough·pàced adj. **1** (馬が)すべての歩調にならされた (cf. paced). **2** 全くの, 徹底的な (out-and-out): a ~ rascal 全くの悪漢. **3** (人が)熟達した, 老練な: a ~ politician / He was ~ *in* three tongues. 三か国語に熟達していた. 〖1646〗

thórough·pìn n. 〘獣医〙飛節軟腫. 〖(1789) 止め針状のものが関節を貫いているように見えるのにちなむ〗

thórough stòne n. 〘建築〙=perpend². 〖1805〗

thórough·wàx n. 〘植物〙 **1** =hare's-ear. **2** =boneset. 〖1548〗

thórough·wòrt n. 〘植物〙ヒヨドリバナ属 (*Eupatorium*) の植物; (特に)フジバカマ (⇨ boneset). 〖(1814) ← THOROUGH+WORT²〗

thorp /θɔ́əp | θɔ́ːp/ n. (*also* **thorpe** /~/) (古) 村, 小村, 村落 (village, hamlet). ★ 現在は地名に残っているだけ: Althorp, Scunthorpe, etc. 〖OE *þorp, þrop* < Gmc *þurpam (G *Dorf* / ON *þorp* village) ← ? IE *treb- dwelling (L *trabs* beam, timber & *taberna* hut)〗

Thorpe /θɔ́əp | θɔ́ːp/, **Jeremy** n. ソープ (1929– ; 英国の政治家; 自由党党主 (1967–76)).

Thorr /θɔ́ə | θɔ́ː(r)/ n. (まれ) =Thor.

Thór's hámmer n. 〘北欧神話〙トールのハンマー (⇨ Mjollnir).

Thors·havn /tɔ́əshaun | tɔ́ːs-; Dan. tóɐ̯shaw'n/ n. トアスハウン (デンマーク Faeroe 諸島の中心である港町).

thort·veit·ite /tɔ́ətvaɪtaɪt, θɔ́ət- | tɔ́ːt-, θɔ́ːt-/ n. 〘鉱物〙ソートベイタイト, トルトバイト石 ($(Sc,Y)_2Si_2O_7$) (イットリウム・スカンジウムなどを含む珪酸(けいさん)塩鉱物). 〖(1912) □ G *Thortveitit* ← *Olaus Thortveit* (発見者である 20 世紀ノルウェーの鉱物学者): ⇨ -ite¹〗

Thor·vald·sen /θɔ́əwɔːlsən, tɔ́ə-, túəvɑːl-, -sn̩ | θɔ́ː-, tɔ́ː-; Dan. tóʊval'sən/ (*also* **Thor·wald·sen** /~/), **(Albert) Ber·tel** /bǽɐ̯dəl/ n. トーバルセン (1768–1844; デンマークの彫刻家).

Thos. (略) Thomas.

those /ðóuz | ðə́uz/ demons. pron. [that¹ の複数形] **1** それらのもの[人]: *Those* are violets [my children]. あれはすみれ[私の子供たち]です / Ah, ~ were the days! ああ, 全くあのころはよかった / I prefer ~ (that [which] are) on the table to ~ (that [which] are) in the drawer. 引出しの中のものよりもテーブルの上のがいい. ★ しばしば those of ... として前出の "the+複数名詞+of ..." の反復を避けるために用いられる (cf. that¹ pron. 2): The houses of the rich are larger than ~ *of* the poor [(that [which]) the poor have]. 富者の家は貧者の家より大きい.

2 [形容詞(句)や分詞句を伴い, または関係代名詞 who の先行詞として] (...する)人々 (the people, some people): ~ present 出席者 / ~ applying for the post その職を志望する人々 / Of ~ expected only a few turned up. 予期していた人々のうちで姿を見せたのはほんの数人だった / Let ~ try *who* [*that*] choose. =Let ~ *who* [*that*] choose try. やってみたい人たちにやらせてみよ / *Those* (*who* [*whom*, *that*]) I spoke to made no answer. 私が話しかけた人たちは何の返答もしなかった / Of course, there are ~ *who* [*that*] would disagree. もちろん異議のありそうな人もいる.

— demons. adj. [that¹ の複数形] それらの, あの, その (cf. these 1): Who are ~ people? あの人たちはだれですか / in ~ days あのころ[当時]は / Ah, ~ eyes, that hair! ああ, あの眼(め), あの髪!

語法 (1) しばしば後続の関係詞と相関的に先行詞の限定語として用いられる (cf. that¹ adj. 1 ★): In most children ~ parts of the brain *which* control language are fully developed by the age of 9. 大抵の子供の場合言語を支配する頭脳の部分は 9 歳までに十分な発達を遂げる. (2) しばしば軽蔑などの感情的色彩を伴って用いられる (cf. that¹ adj. 2): (Just) look at ~ big feet *of his*. 彼のあの大きな足をごらん / ~ lovely eyes of yours 君のそのかわいい眼.

〖ME *thas(e), thoos, those* < OE *þās* these (pl.) ← *þes* 'THIS' ∽ *þā* those (pl.) ← *þæt* 'THAT¹': cf. these〗

Thoth /θóuθ, tóut | θə́uθ, táut, θɔ́θ/ n. 〘エジプト宗教〙トート (体は人間で頭はトキ (ibis) またはヒヒ (baboon) の神; 神々の書記役で数字・文字の発明者, 学問・知恵・技術・芸術・魔法の神; ギリシャの Hermes に当たる). 〖□ L ~ □ Gk *Thóth* □ Egypt. *Ṭeḥuti*〗

Thoth·mes /θɑ́(ː)θmiːz, -mes | θɔ́θ-/ n. =Thutmose.

thou¹ /ðaʊ, ðáʊ/ pron. (古・詩・英方言) [二人称単数形主格人称代名詞] (所有格 **thy** /ðaɪ, ðáɪ/; 目的格 **thee** /ði, ðiː, ðíː/; 複数 **ye** /ji, jìː, jíː/) なんじ[そなた, あなた](は). ★ 現在は神に祈るときやクエーカー教徒間で, また (方言) および古雅な散文や詩などに用いられ, 一般にはすべて you を用いる; なおクエーカー教徒間でも単数の場合は thou の代わりに thee を用いる; thou に伴う動詞は are が art, have が hast ともなるなどのほかは -st, -est の語尾をつける: When ~ prayest, ~ shalt not be as the hypocrites are. なんじら祈るとき, 偽善者のごとくあらざれ (*Matt.* 6:5). — v. (~**ed**, ~**'d**) — vi. 談話に thou を用いる. — vt. …に thou と呼び掛ける: He ~'d me. 〖OE *þū* < Gmc *þū (G & MDu. *du*) ← IE *tu- thou (L *tū* / Gk *sú, tú*)〗

thou² /θáʊ/ n. (pl. ~, ~s) (口語) **1** 1,000 ドル. **2** 1,000 ポンド. **3** 1 インチの 1,000 分の 1. 〖(1867) (略) ← THOUSAND〗

though /ðou, ðóu | ðəu, ðə́u/ conj. ★ although との相違については ⇨ although 語法. **1 a** …だが, …だけれども, …にもかかわらず (notwithstanding that): *Though* he knew the risks, he (still) went. 危険はわかっていたが彼は出かけて行った.

語法 (1) 導く従節の主語が主節の主語と同じである場合, その主語と be 動詞とは省略されることがある: *Though* (he is) poor, he is generous. 貧乏だが気前はよい. (2) 次の構文も可能である (cf. as¹ *conj.* 8): Poor ～ he is, he is generous. 彼は貧乏だが気前はよい / Surprising ～ it may appear [appears], she actually won first prize. 驚くべきことかも知れないが, 彼女は実際に一等賞を得た / Strange ～ it seemed [may have seemed] at first, we soon got used to it. 最初は不思議に思えた[かも知れない]が, 我々は間もなくそれに慣れた.

b [等位接続詞的に用いて] …だが (but, nevertheless): a small ～ comfortable house 小さいが住み心地のよい家. **2** たとえ…でも, よし…にもせよ (even if): It is worth attempting (even) ～ we fail. たとえ失敗してもやってみる価値はある. ★ 次のように従節内に仮定法の動詞を用いるのは古風な語法: Even ～ I *were* starving, I would not ask a favor of him. たとえ飢えてもやつの世話にはならない / *Though* he *slay* [*slays, should slay*] me, yet will I follow him. たとえ殺されてもついて行く. **3** [従節が主節のあとに従って] (読み下して)とはいっても…だが, もっとも…であるが: We may escape, ～ I think not. あるいは助かるかもしれない, とてもだめとは思うが.
as thòugh ⇨ as¹ *conj.* 成句. ***thòugh I sáy it* [*sò*] *mysélf*** (自慢するようで)私が言うのも変[何]だが. ***Whát thòugh …?* [*!*]** ⇨ what *pron.* 成句.
— /ðóʊ | ðəʊ/ *adv.* やっぱり, でも, しかし, もっとも (however). ★ この場合は決して文頭に置かない: It was quite true, ～. やはり全く本当でした / I'll come and see you this evening—I can only stay a few minutes, ～. 今晩お訪ねします, もっともちょっとの間しかいられないでしょうけれども / Did he, ～! やっぱりそうだった[した, 言った]かい.
〖ME *tho(u)gh, thoh* ◻ ON **þóh* ← *þó* ∽ OE *þēah, þāh* ← Gmc **þa-* (pron. base: ⇨ the, that¹)+**-χ* (cf. Goth. *-uh* / L *-que* also / Gk *te* and)〗

SYN …けれども: **though** 事実・仮定のどちらの譲歩にも用いる《一般的な語》: *Though* he is poor, he is satisfied with his condition. 貧乏だが, 境遇に満足している / We will not defer our trip, *though* it rains tomorrow. あす雨でも旅行を延期しない. **although** 事実についての譲歩を表す《従節が文頭にくるときに好まれる; *though* より格式ばった語》: *Although* my room is small, it is comfortable. 私の部屋は小さいけれども快適です.

thought¹ /θɔ́ːt, θάːt | θɔ́ːt/ *v.* think の過去形・過去分詞. 〖OE *þōhte* (pret.) & *ġeþōht* (p.p.) ← *þenċ(e)an* 'to THINK'〗
thought² /θɔ́ːt, θάːt | θɔ́ːt/ *n.* **1 a** 思考, 思索 (thinking, cogitation); 思案, 沈思黙考 (meditation); 考慮, 熟考 (serious consideration) 〔*of*〕: after much [further, serious] ～ よく[なお, とくと]考えた上で / at first ～ ちょっと考えると / on second thought(s) ⇨ second thought / be lost [sunk, absorbed, buried, deep] in ～ 考え事にふけっている, 思案に暮れている / in deep [profound] ～ 深いもの思いに沈んで, じっと考え込みながら / with one's brow furrowed in ～ 眉間(みけん)にしわを寄せて考え込みながら / without a moment's ～ 即座に / act without ～ (of the consequences) (結果のことなど)考えもしないで行動する / take ～ 熟考する (cf. 4) / think base [great] ～s ⇨ think *vt.* 5 a ★ / give a ～ to …を一考する / He didn't give it another ～. それを考え直してみなかった / It's all right: don't give it another ～! よろしい, くよくよ悩むことないよ / He was too busy to give the new project much ～. 忙しくてその新しい計画のことをよく考える暇もなかった / My heart was light and happy at the ～ *of going* to an unknown land. 未知の国へ行くことを思うと私の胸ははずんだ / I didn't like the ～ *of being* laughed at. 笑いものになるなど考えただけでもいやだった / The mere ～ *that* he might fail terrified him. しくじるかもしれないと考えただけでぞっとした / *Thought* is free. 《諺》人は何を考えようと自由だ[勝手だ, かまわない]. **b** 思考力 (reasoning power); 想像力 (imagination): be endowed with ～ 思考力が備わっている / blessings beyond ～ 想像を絶する幸運. **c** 《古》回想, 思い出 (remembrance). **2 a** 考え; 趣向, 思い付き (⇨ idea SYN): *Thoughts* have wings. 趣向には羽根がある / a happy ～ うまい趣向, 妙案 / What a ～! 何という妙案か / an essay full of original ～s 独創的な考えに満ちた論文 / collect one's ～s 考えをまとめる / put one's ～s (down) on paper 考えを書きとめる / Now that's [there's] a ～! それは妙案だ[妙案がある] / Listen: it's only [just] a ～, but couldn't we …? ねえ, 思い付きに過ぎないが, …できないだろうか / without a ～ in his head 考えもなく / Sorry—my ～s must have been somewhere else. すみません—私はうわの空だったに違いない. **b** [通例 *pl.*] 意見, 見解, 思う所 (belief, opinion): keep one's ～s to oneself 自分の気持ちを人に話さない / read a person's ～s 人の心を読む / speak one's ～s freely 思う所を自由に述べる / Tell me your ～s on the matter. その件に関する君の意見を聞かせて欲しい / ⇨ *a* PENNY *for your thoughts*. **3** [しばしば否定構文で] **a** (…する)考え, 所存, 意向 (intention): It's the ～ that counts (—not the gift). 大切なのは意向である(—才能ではない) / My only [one] ～ was to escape. 逃げることばかり考えていた / I had *no* ～*s* of it then. その時そのつもりは少しもなかった / He had *no* ～ *of offending* you. 彼には君を怒らせるつもりはなかった / I had to abandon [give up] all ～(*s*) *of going* to college. 私は大学に進学するという考えをすっかり捨てなければならなかった. **b** 予想, 期待 (expectation) 〔*of*〕: I had no ～ *of seeing* him there. まさかあそこで彼に会おうとは思わなかった. **4** 〔…への〕思いやり, 配慮, 心配 (concern, consideration, care) 〔*of, for*〕: have no ～ *of* [*for*] one's appearance 身なりをかまわない[気にしない] / with no ～ *for* …のことなど気にもとめずに / *take* ～ *for* …を心配する, 気にかける, 思いやる (cf. 1 a) / Take therefore no ～ *for* the morrow. このゆえにあすのことを思い煩うな (*Matt.* 6:34) / You are always in my ～s. 君のことは片時も忘れません / I appreciate your kindly ～. ご親切なご配慮に感謝いたします. **5** (時代・民族・学派などの)考え方, 思想, 思潮: modern [Western, Greek, Chinese] ～ 近代[西洋, ギリシャ, 中国]思想 / scientific ～ in the 20th century＝20th-century scientific ～ 20 世紀の科学思想. **6** [a ～; 副詞的に用いて] ちょっと, 少々, 心持ち(だけ) (a little): He seems to me (just) *a* ～ arrogant. 私には彼はいささか尊大に思える / Please be *a* ～ more careful in the future. これからはもう少し注意して下さい.
(as) quick* [*swift*] *as thóught 直ちに, たちまち, 見る間に. 《?*a*1200》 ***at* [*like, upòn, with*] *a thóught*** 直ちに, すぐに. 《1572》 ***Pérish the thóught!*** ⇨ perish 成句. ***pút a person in thóught of …*** 人に…を思い出させる[思い起こさせる]. ***The véry thóught!*** まあひどい, (それは)無茶だ. ***a person's thóught túrn to …*** 人が…のことを考え始める.
Thóughts of Chàirman Máo [The ―]「毛主席語録」,「毛沢東語録」《毛沢東思想のエッセンスを集めた語録 (1964 年初版発行); その体裁から little red book ともいう》.
〖OE *þōht, ġeþōht* ← Gmc **ʒaþanχt-* (G *Gedächtnis* memory) ← **þaŋkjan* 'to THINK'〗
thóught contròl *n.* (国家による)思想統制. 〖1935〗
thóught·crìme *n.* 思考犯罪《犯罪とみなされたり社会的に容認されないような, 非正統的な考え方や問題視される思想》. 〖《1949》: George Orwell *1984* 中の表現〗
thóught disòrder *n.* 〖精神医学〗思考障害《話が飛んだり, 話の筋が乱れたりする思考混乱の症状》.
thought·ed /-tɪ̥d | -tɪd/ *adj.* [複合語の第 2 構成素として] 考えが…の: deep-*thoughted* 深い考えの. 〖《1592》: ⇨ thought², -ed 2〗
thought·en /θɔ́ːtn̩, θάːtn̩ | θɔ́ːtn̩/ *adj.* 《Shak》ある考えや信念をもった, 確信した: For me, be you ～ That I came with no ill interest. 信じて下さい, よこしまな目的でここに来たのではないことを (*Pericles* 4. 6. 108–9). 〖1607–08〗
thóught-èxecuting *adj.* 《Shak》思い立ったらすぐさま行動に移す: ～ fires 一瞬にして燃え立つ炎 (*Lear* 3. 2. 4). 〖1604–05〗
thóught expèriment *n.* 〖物理〗思考実験《理想の装置を用い, 理想の条件の下で起こると考えられる現象を理論にもとづいて思考的に追求すること; Gedankenexperiment ともいう》. 〖1945〗
thóught fòrm *n.* [しばしば *pl.*] 思考形式《特にキリスト教神学で, 特定の時代・地域において一般的な前提条件・イメージ・語彙(ごい)の総体であり, あるテーマに関する考え方の背景を成す》. 〖1890〗
thought·ful /θɔ́ːtfəl, θάːt-, -fl | θɔ́ːt-/ *adj.* **1** 考え込む, 考えにふける, 思索する, 沈思する (contemplative): a ～ person, face, expression, etc. / in a ～ voice 物思いにふけっているような声で / one's ～ walks 考えごとをしながらの散歩 / He remained [looked] ～. 考え込んだままだった[ように見えた] / I gave his question ～ consideration. 彼の質問をじっくりと考えてみた. **2** 〔…に対して〕思いやりのある, 情深い (considerate) 〔*of*〕: a ～ gift 心づくしの贈り物 / be ～ *of* others 他人に思いやりがある / He was ～ enough to remind me. 親切なことに私に気づかせてくれた / It is very ～ *of* you to say so. そうおっしゃってくださるとは本当に思いやりのあるお方です / That was very ～ of you. 本当にありがとう. **3** 思慮に富んだ, 思想の豊かな: a ～ mind, writer, lecture, book, etc. / ～ eyes. **4** 注意する, 用心する (attentive, careful): He was very ～ *of* [*about*] my safety. 私の安全にひどく気をつかってくれた.
～·ness *n.* 〖《?*c*1200》: ⇨ thought², -ful〗

SYN 思いやりのある: **thoughtful** 他人の気持ちを察して, 思いやりを示す: He is very *thoughtful* of his mother. とても母思いだ. **considerate** 他人の感情・立場を考慮し, 苦痛・不愉快を与えないようにする: She is *considerate* of the comfort of old people. 老人をいたわって不自由のないようにする. **attentive** 常に周到な気配りを示す: an *attentive* nurse よく気のつく看護婦.

thought·ful·ly /θɔ́ːtfəli, -fḷi/ *adv.* **1** 考え込んで, 思いにふけって: He paused ～. 彼は考えごとをして立ち止まった / She gazed ～ into the distance. 彼女は思いにふけって遠くを見つめた. **2** 思いやりを込めて, 親切に: My husband ～ offered to take the children a movie. 夫は気をつかって子供を映画に連れて行くと言ってくれた. **3** 思慮深く, 思想豊かに. 〖1611〗
thought·less *adj.* **1** 思いやりのない, 不親切な (inconsiderate): ～ words / be ～ *of* others 他人に思いやりがない / It is ～ *of* you to forget. 忘れてしまうなんて君も思いやりがないね. **2** 思慮のない, 軽率な, 不注意な (heedless): a ～ action / be ～ *of* [*for*] one's health 健康に気をつけない. **3 a** 《まれ》分別のない, 愚かな (stupid): a ～ land boom 馬鹿げた土地ブーム. **b** 思考力のない, 非情の (insensate): the ～ forces of nature 無情な自然の力.
～·ly *adv.* **～·ness** *n.* 〖1592〗
thóught-óut *adj.* 考え抜いた上の, 周到な: a hard ～ play よくよく考え抜いた戯曲. 〖1870〗
thóught pàttern *n.* **1** 思考[考え方]のパターン. **2** ＝thought form. 〖1937〗
thóught polìce *n.* 思想警察. 〖1945〗
thóught-provòking *adj.* 人を考えさせる; 〈論文など〉示唆に富む: a ～ book. 〖1916〗
thóught-rèad /-rìːd/ *vt.* (顔の表情またはテレパシーで)〈人〉の心を読み取る. **～·er** /-rìːḍɚ | -də(r)/ *n.* 〖1898〗
thóught-rèading *n.* 読心術. 〖1855〗
thóught refòrm *n.* (特に, 共産主義中国における)思想改造. 〖1959〗
thóught-sìck *adj.* 《廃》心配事に悩んだ: compound mass … Is ～ at the act. 堅い大地もこの行為に憂い悩む (Shak., *Hamlet* 3. 4. 49–51). 〖1598〗
thóught transfèrence *n.* 思考伝達《言語・動作・表情などを用いずに思想を他人に伝達すること》; (特に) ＝telepathy. 〖1884〗
thóught-úp *adj.* 考えついた[出した], 思いついた: a quickly ～ pretext 急いででっちあげた口実.
thóught-wàve *n.* **1** 心波《伝心現象を説明するための仮定》. **2** 思想の感応波動. 〖*a*1930〗
thóught·wày *n.* (特定のグループ・時代・文化の)思考様式. 〖1943〗
thou·sand /θáʊzənd, -zn̩d/ *n.* (*pl.* **～s, ～**) **1** 1,000; 千個, 千人: a [one] ～ 一千 / three ～ 三千 / three ～ five hundred 三千五百 / three ～ and five [《米》 three ～ five] 三千五百 / a hundred ～ 十万 / one in a ～ 千に一つ, 千人に一人, 不世出の英雄, 絶世の美人 / ⇨ upper ten thousand / Bricks are sold by the ～. れんがは千個単位で販売される. ★ 数詞の後では複数形をとらない (cf. hundred). **2** 1000 [M] の記号[数字]. **3** 千人[個]一組. **4** [通例 *pl.*] 〖数学〗1,000 の位の数[数字] 《thousands(') place ともいう》. **5** [*pl.*] 無数, 多数 (a great number): ～*s* of times [people] 何千回[人]も / They were their in ～*s* [《英》 their ～*s*]. そこに幾千となくあった.
a thóusand to óne (1) ほとんど間違いのない, 確実な (cf. TEN *to one*): It is *a* ～ *to one* (against you [that you won't succeed, that you'll fail]). ほとんど絶対的に君に不利だ[君は成功しない] / The odds are *a* ～ *to one* against you. たぶんほとんど確実に君に不利だろう. (2) 千に一つの見込みもない. 《1668》 ***by the thóusand*＝*by the thóusands*** 幾千となく. 《1668》
— *adj.* **1** 千の, 千個の: a ～ people 千人. **2** (漠然と)無数の, 多数の (many): a ～ times 何度も何度も / It's a ～ times easier. そのほうがはるかにたやすい / I have told you a ～ times not to do that. そうするなと何度も君に言ってある / A ～ thanks [pardons, apologies]. ほんとうにありがとう[どうもすみません] / A ～ pities he's never married. 一度も結婚したことがないとは気の毒千万だ.
(a) thóusand and óne 無数の (cf. *a* HUNDRED *and one*): He made a ～ *and one* apologies. 彼は七重(ななえ)の膝を八重(やえ)に折って詫(わ)びた. 《1832》 ***It is a thóusand nuts to an orange pip.*** ほとんど絶対的だ (＝It is a thousand to one.).
〖ME < OE *þūsend* < Gmc **þus- undi* 《原義》swollen (i.e., many) hundred (Du. *duizend* / G *tausend*) ← IE **tēu-* to swell (L *tumēre* to swell): cf. OE *hund* 'HUNDRED'〗
Thóusand and Óne Nights, The *n.* 「千一夜物語」(⇨ Arabian Nights' Entertainments). 〖1839〗
thóusand·fòld ★ 通例 a または数詞に伴って用いられる. — *adj.* **1** 千倍の: a ～ increase. **2** 千の要素[部分]から成る. — *adv.* 千倍に: increase a ～ [ten ～] 千倍に[一万倍に]ふえる. 〖lateOE *þūsendfeald*: ⇨ thousand, -fold〗
Thóusand Guíneas *n.* [the ～; 単数扱い] 〖競馬〗ワンサウザンドギニー (⇨ One Thousand Guineas).
thóusand-hèaded kále *n.* 〖植物〗アブラナ科ハボタンの類の植物 (*Brassica oleracea* var. *fruticosa*) 《家畜のえさにする》. 〖1887〗
Thóusand Ísland *adj.* Thousand Islands の.
Thóusand Ísland dréssing *n.* 《米》サウザン アイランド ドレッシング《マヨネーズソースに刻んだピクルス, ピーマン, チリソース (chili sauce) などを加えたソース》. 〖《1924》 ← ? *Thousand Islands*〗
Thóusand Íslands *n. pl.* [the ～] サウザンド アイランズ《米国 New York 州とカナダ Ontario 州とにまたがる, Ontario 湖の出口の St. Lawrence 川にある約 1,500 の小島群; 避暑地》.
thóusand-légger *n.* 〖動物〗＝millipede. 〖1914〗
Thóusand Óaks *n.* サウザンド オークス《米国 California 州南西部の都市》.
thóusand's plàce *n.* 〖数学〗＝thousand *n.* 4.
thou·sandth /θáʊzəndθ, -zn̩-, -tθ/ *adj.* **1** 第千の, 千番目の (1000th): I told him for the ～ time. 何度も何度も彼に言ってある《これで千度目だ》. **2** 千分の一の: one ～ 千分の一. — *n.* (*pl.* **～s** /-zən(t)θs, -zən(d)θs, -zn̩-/) **1** [the ～] 第千, 千番目. **2** 千分の一 (cf. tenth 2). **3** 〖数学〗少数(点以下)第 3 位《thousandth's place ともいう》. 〖《1552》: ⇨ thousand, -th¹〗
thóusandth's plàce *n.* 〖数学〗＝thousandth *n.* 3.
thow·less /θáʊlɪ̥s/ *adj.* 《スコット》気乗りしない, 活気のない, ぐうたらな. 〖《1375》 *thowles* 《異形》← *thewles* 'THEWLESS'〗
thp 《略》〖物理〗thrust horsepower.
thr. 《略》their; through.
Thrace /θréɪs/ *n.* トラキア: **1** Balkan 半島南東部に当たるギリシャ Macedonia 北東地方の古名; 後にはローマ領となった. **2** Balkan 半島南東部の地方で 1 の南部; 西部はギリシャ領(面積 8,578 km²), 東部はトルコ領(面積 24,011 km²). 〖◻ L *Thrācia* ◻ Gk *Thráikē*〗
Thra·cian /θréɪʃən | -ʃən, -ʃiən/ *adj.* トラキア(人)の.

— *n.* **1** トラキア人. **2** トラキア語《印欧語族に属する古代語》. 〚(1569): ⇨ ↑, -ian〛

Thra·co- /θréɪkou | -kəu/「トラキア(人, 語)と…との」の意の連結形. 〚⇨ Thrace, -o-〛

Thràco-Illýrian *adj., n.* トラコイリュリア語派(の)《古代トラキア語とイリュリア語がなすと想定される一語派》.

Thràco-Phrýgian *adj., n.* トラコフリギア語派(の)《古代トラキア語とフリギア語がなすと想定される一語派》. 〚1924〛

thral·dom /θrɔ́:ɫdəm, θrά:ɫ- | θrɔ́:ɫ-/ *n.* =thralldom.

Thrale /θréɪl/, **Hester Lynch** *n.* スレール《1741–1821; 英国の著述家; Samuel Johnson の友人; 通称 Mrs. Thrale; *Anecdotes of Dr Johnson* (1786)》.

thrall /θrɔ́:ɫ, θrά:ɫ | θrɔ́:ɫ/ *n.* **1 a** (古代北欧の)奴隷; 農奴 (serf). **b** 〔悪徳などの〕奴隷, とりこ (slave) 〔*to*〕: a ~ *to* vice 悪習のとりこ. **2** 奴隷の身分, 束縛 (servitude): in ~ 奴隷の身で / in the ~ of a habit 習慣に束縛されて.

in thráll (to) (…に)縛られて; (…に)とらわれて.

— *vt.* 《古》奴隷にする (enslave), とりこにする (enthrall).

— *adj.* 《古》奴隷にされた, 束縛された.

〚OE *þræl* □ ON *þræll* < Gmc **praχilaz* ← **praχ-*, **preχ* to run (Goth. *þragjan* to run): cf. OHG *dregil* servant, runner〛

thráll·dom /-dəm/ *n.* 奴隷の身分[境遇]; 束縛 (servitude). 〚?lateOE *thraldom*: ⇨ ↑, -dom〛

thra·neen /trəní:n/ *n.* 《アイル》つまらないもの; ごくわずか: care not a ~ 少しも気にかけない. 〚(1837) ← Ir.-Gael. *trāithnīn* withered stalk of meadow grass〛

thrang /θrǽŋ/ 《スコット》*n., v., adj.* =throng.

thrap·ple /θrǽpɫ/ *n.* 《スコット》のど, のど笛. **—** *vt.* …ののどを締める, 締め殺す (strangle). 〚(1375) ← ?〛

thrash /θrǽʃ/ *vt.* **1** (罰として, 棒・むち・こぶしなどで)打ちすえる, むち打つ (⇨ beat[1] **SYN**); むち打って…させる: ~ a person soundly [well] 人をしたたかに打ちすえる / ~ the truth *out of* a person 人を打ちすえて本当のことを言わせる. **2** (戦い・ゲームなどで)決定的に[手ひどく]打ち負かす: I ~*ed* him *at* billiards. ビリヤードで彼を手ひどく負かした. **3 a** 〈穀物を〉(からざおなどで)打つ, 脱穀する (thresh): ~ wheat. **b** 〈腕などを〉(からざおのように)振り回す[動かす]. **4** 〈問題などを〉練りに練る, 検討する 〈*over*〉: ⇨ THRASH *over*. **5** 〚海事〛 **a** 〈船を〉風や潮流に抗して押し進める: The captain ~*ed* his boat through the deep. 船長は風や潮流に逆らって大海に船を進めた. **b** [~ one's way として]〈船・水夫が〉風や潮流に逆らって進む: The ship ~*ed her way* up the river. 船は流れに逆らって川上に進んで行った.

— *vi.* **1 a** 穀物をからざおで打つ. **b** 〔…を〕(からざおでするように)打つ〔*on, at*〕. **2** 転(ころ)げ回る, のたうち回る: The shark ~*ed about* in great agony. 鮫(さめ)はひどく苦しんでのたうち回った. **3** 〚海事〛〈船・水夫が〉風や潮流に逆らって進む: ~ to windward.

thrásh óut 〈問題などを〉議論の末に解決する, 徹底的に検討する: We'll have to ~ this issue *out* before we can go further. この問題を徹底的に検討してから次に進む必要がある. (1882) ***thrásh óver*** 〈問題などを〉詳細に検討する. ***thrásh the life óut of*** 《口語》〈人〉を打ちのめす. (1873)

— *n.* **1** 打つこと; 負かすこと. **2** 〚水泳〛(クロールの)ばた足. **3** 〚海事〛風や潮流に逆らって船を押し進めること. **4** =thrash metal. **5** 《口語》(強烈な音楽とダンスを伴った)パーティー.

〚《変形》← THRESH〛

thrásh·er *n.* **1 a** むち打つ人. **b** 脱穀機, 脱穀者 (thresher). **2** 〚《変形》? ← THRUSH[1]: THRASHER 1 の影響による変形か〛〚鳥類〛ツグミモドキ《米国産 *Toxostoma* 属のモノマネドリに類するツグミに似た鳥; チャイロツグミモドキ (brown thrasher) など》: ⇨ sage thrasher. (1808–14) **3** 〚魚類〛=thresher 2. 〚(1632)《変形》← THRESHER〛

thrash·ing /θrǽʃɪŋ/ *n.* **1** (試合で)〈相手を〉打ちのめすこと: get a ~ 大敗する / give the Tigers a ~ タイガースに大勝する. **2** (罰として)打ちすえること; むち打ち. **3** 脱穀. 〚(c1384): ⇨ -ing[1]〛

thráshing flòor *n.* 〚農業〛脱穀場 (threshing floor). 〚1697〛

thráshing machìne *n.* 〚農業〛脱穀機. 〚1775〛

thrásh métal *n.* 〚音楽〛スラッシュメタル《パンクロックにヘビーメタルの要素を取り入れたロックミュージック》.

thra·son·ic /θreɪsά(:)nɪk, θrə- | θrəsɔ́n-/ *adj.* =thrasonical.

thra·son·i·cal /θreɪsά(:)nɪ̀kəɫ, θrə-, -kɫ | θrəsɔ́nɪ-/ *adj.* 《まれ》自慢する, ほらを吹く (bragging). **~·ly** *adv.* 〚(1564) ← L *Thrasōn-, Thrasō* (Terence 作の喜劇 *Eunuchus* 中の大ほら吹きの軍人の名) ← Gk *Thrásōn* ← *thrasús* overbold: ⇨ -ical〛

Thras·y·bu·lus /θræ̀səbjú:ləs | -sɪ-/ *n.* トラシュブロス (?–?389 B.C.; アテネの愛国者・海将; 暗殺された).

Thrau·pi·dae /θrɔ́:pədì:, θrά:- | θrɔ́:pɪ-/ *n. pl.* 〚鳥類〛フウキンチョウ科. 〚← NL ~ ← *Thraupis* (属名: ← Gk *thraupís* small bird)+-IDAE〛

thrave /θréɪv/ *n.* 《スコット・北英方言》 **1** 穀物・わらの単位《通常 24 束》. **2** 多数, 多量. 〚OE *þrefe* □ ? ON *þrefi*〛

thraw /θrɔ́:, θrά: | θrɔ́:/ *vt.* **1** 《英方言》=throw. **2** 《スコット》 **a** よる (twist); ねじる. **b** 邪魔する, 怒らせる.

— *vi.* 《スコット》 **1** ねじれる, 曲がる. **2** 一致しない, 食い違う. **—** *adj.* 《スコット》=thrawn 1. **—** *n.* 《スコット》 **1** ねじれ, 曲がり. **2** 不機嫌, 立腹. 〚(?a1200) *thrawe* < OE *þrawu* 'THROE'〛

thra·wart /θrά:wət | -wət/ *adj.* 《スコット》 **1** つむじ曲がりの (perverse). **2** ねじれた (twisted). 〚(c1470)《変形》← FROWARD: THRAW, THRAWN の影響による〛

thrawn /θrɔ́:n, θrά:n | θrɔ́:n/ *adj.* 《スコット・北英方言》 **1** ねじれた, 曲がった, 歪んだ. **2** つむじ曲がりの, 怒りっぽい. **3** 不愉快そうな, 不機嫌な. **~·ly** *adv.* **~·ness** *n.* 〚(c1450)《変形》← THROWN: cf. thraw〛

thread /θréd/ *n.* **1 a** (木綿・麻・毛・絹などの)糸, より糸: cotton [silk, nylon] ~ 木綿[絹, ナイロン]糸 / gold [silver] 金[銀]糸 / a needle and ~ 糸を通した針 / a pool [《英》reel] of ~ 一巻きの糸 / a ~ of cotton 木綿糸 1 本. **b** (織物の)横糸と縦糸; (服地の)糸: be bare to a ~ 〈服が〉すり切れている / a suit worn to the (last) ~ 糸が見えるほどにすり切れた服. **c** 一本の糸. **2** (話などの)つながり, 連絡, 脈絡, 続き, 筋道 (course, sequence): gather up the ~*s* (別々に取り扱った問題・部分などを総合する) / ⇨ *pick* [*take, gather*] *up the* THREADS / He completely lost the ~ of his argument. 彼は議論の脈絡を全く失ってしまった. **3 a** (全体を流れる)一貫した特徴: A historical ~ runs through Sydney's sonnets. シドニーのソネットには歴史的特徴が一本通っている / Menace runs through the novel like a red ~. 脅威が一筋の赤い糸のようにその小説を貫いている. **b** (糸のように全体を)つなぎ合わせるもの, 靭帯(じんたい): a ~ uniting all the different parts of the legend その伝説のさまざまな部分を結ぶ靭帯. **4 a** 糸状のもの: silver ~*s* among the gold (of her hair) (彼女の)金髪にまじった銀髪. **b** (ガラス・プラスチック・ゴム・金属などの)線, 繊条, 細線 (filament, fiber). **c** (くも・かいこなどの吐く)糸: the ~*s* of a cobweb くもの巣の糸. **d** 液体[気体]の細い流れ; (川の)中流; 色彩の細い線; (鉱石の)細脈, 糸状脈: a ~ of light (穴などから漏れる)光線. **e** 〚機械〛ねじすじ, ねじ山: If you screw it too tight, you'll ruin the ~. あまりひどくねじると山がつぶれる. **f** (シロップが煮詰まって引く)糸. **5** [*pl.*] **a** 種々の糸. **b** 《米俗》服, スーツ; 衣類 (clothes). **6** 人間の寿命: the ~ of life 寿命, 玉の緒(お)《運命の三女神 (the Fates) が紡ぎ, 長さを定め, そして断ち切るといわれる》/ cut (short) one's mortal ~ 玉の緒を絶つ, 自殺する. **7** (Crete 島の迷路で Theseus を導いたような迷路・窮境などでの)導きの糸: I have in my hand that ~ of knowledge, which might extricate me thence. 私は知識の糸を手中にしている. その糸が私をそこから救い出してくれるかもしれない. **8** スレッド《木綿の織糸の長さの単位 ($^1/_{80}$ lea)》. **9** 織り合わされた一要素: There is a ~ of truth in this theory. この説には一筋の真理が含まれている. **10** 微弱な脈拍. **11** 〚電算〛スレッド: **a** ニュースグループなどで, あるメッセージとそれに関するコメントなどを順次リンクさせたもの. **b** プロセッサー中で独立した処理の流れの一つ.

háng by [*on, upòn*] ***a*** (***síngle***) ***thréad*** ⇨ hang 成句. ***hàve nót a*** [***óne***] ***drý thréad on*** *one* ずぶ濡れである: He *has not a dry* ~ *on* him. 彼はずぶ濡れだ. (1600) ***pick*** [***táke, gáther***] ***up the thréads*** 《口語》〔話の〕穂を継ぐ, 〔中断した仕事・生活様式などの〕よりを戻す, やめたところから再開する〔*of*〕: *pick* [*take*] *up the* ~ *of* a story 話の穂を継ぐ (★ the thread と単数形のこともある) / They set about *picking up the* ~*s of* their marriage (again). 二人はもう一度結婚生活のよりを戻すことに取りかかった. (1907) ***thréad and thrúm*** 《古》縦糸としね糸; 一切合財, 玉石混交. (1595–96) ***thréads and thrúms*** 《古》縦糸のくず; がらくた. (1654)

— *vt.* **1 a** 縫うようにして通る: ~ a narrow passage, forest, crowd, etc. **b** [~ one's [its] way [course] として]〈道を〉拾って通る: ~ *one's way through* a maze [street, crowd] 迷路[街路, 込み合った場所]を縫うように通る / The cars ~*ed their way through* the streets of the bazaar. 車は商店街の通りを縫うように通った. **2 a** 〈針〉に糸を通す; 〈数珠(じゅず)玉などを〉糸に通す[でつなぐ]: ~ a needle, beads, etc. **b** 〈ミシンなど〉に糸をかける; 〈テープ・フィルムなど〉を〔…に〕入れる〔*into*〕: ~ the sewing machine ミシンに糸をかける / ~ film *into* a camera カメラにフィルムを入れる / ~ wire *through* [*over, onto, around*] something あるものに針金を通す[かける] / ~ beads *on(to)* a string ビーズを細ひもに通す. **c** 〈管など〉に〔…を〕通す〔*with*〕: ~ a pipe *with* wire パイプに針金を通す. **3** 〔…を〕…に織り混ぜる (interweave) 〔*with*〕: Her black hair began to be ~*ed with* silver. 彼女の黒髪に銀髪が混じり始めた. **4** 〈ねじくぎ・ナットなど〉にねじ(山)を切る (cf. tap[1] 7). **5** …に一貫して通っている: A note of hope ~*ed* the story. 物語全体に一脈の希望が貫いていた. **6** 糸を張って覆う: ~ one's crocuses 糸を張ってクロッカスを覆う.

— *vi.* **1** 縫うようにして通る, 縫って行く, 道を拾って通る (thread one's [its] way): ~ *between* obstacles 障害物の間を縫って行く / A stream ~*s through* the middle of the field. その畑の真ん中を縫って小川が流れている / A note of hope ~*ed through* the story. 物語全体に一脈の希望が貫いていた. **2** 〈シロップが〉(煮詰まって)糸を引く. ***thread out*** 〈道を〉拾って.

〚n.: OE *þrǣd* < Gmc **þrǣðuz* (Du. *draad* / G *Draht*) ← IE **terə-* to rub (by turning) (L *terere* to rub away). — v.: (c1350) ← (n.): cf. throw〛

thread·bare /θrédbὲə | -bὲə[r]/ *adj.* **1** 〈織物・衣服などが〉すれて糸の見える, すり切れた, 着古した (worn-out): a ~ overcoat. **2** すり切れた服を着た, ぼろをまとった (shabby); みすぼらしい, 貧弱な: a ~ little old man / a ~ diet お粗末な食事. **3** 陳腐な, 古臭い: a ~ subject, joke, etc. **~·ness** *n.* 〚(a1376): ⇨ ↑, bare[1]〛

thréad blight *n.* 〚植物病理〛髪の毛病《温帯・熱帯の樹木(茶・カカオ・オレンジ)の葉や茎にオチバタケ属などの菌糸束が糸状に伸びて種々の影響を与える》.

thréad·ed /-dɪ̀d | -dɪd/ *adj.* **1** 糸を通した, 糸でつづった, 糸模様の: a ~ needle 糸を通した針 / ~ beads 糸でつづったビーズ / gold-*threaded* brocade 金糸の錦, 金襴(きんらん). **2** ねじ(やま)を切った. 〚(1541): ⇨ -ed 2〛

thréaded gláss *n.* 〚ガラス製造〛糸模様ガラス《いろいろな色彩のガラス繊維が模様を織りなす装飾ガラス》.

thréad èel *n.* 〚魚類〛=snipe eel.

thread·en /θrédṇ/ *adj.* 《古・方言》糸で織られた (cf. Shak., *Hen V* 3. Ch. 10). 〚(c1400): ⇨ -en[2]〛

thréad·er /-də | də[r]/ *n.* **1** 糸通し器. **2** ねじ切り盤. 〚(c1430): ⇨ -er[1]〛

thread escùtcheon *n.* (かぎ穴が中央にあいた金属製の)かぎ座金.

thréad·fìn *n.* 〚魚類〛ツバメコノシロ《胸びれの先端が糸状に分かれているツバメコノシロ科の魚類の総称》. 〚c1890〛

thréad·fìsh *n.* 〚魚類〛 **1** イトヒキアジ (*Alectis ciliaris*). **2** ツバメコノシロ (threadfin). 〚1885〛

thread gàge *n.* 〚機械〛ねじゲージ.

thréad·ing machìne /-dɪŋ- | -dɪŋ-/ *n.* =threader 2.

thréading tòol *n.* 〚機械〛ねじ切りバイト.

thread ìnsert *n.* 〚機械・建築〛ねじ付インサート《雄ねじあるいは雌ねじが切ってある金具; 軽金属鋳物・プラスチックスに鋳込んで使用する》.

thread làce *n.* 糸製のレース. 〚1581〛

thréad-lègged búg *n.* 〚昆虫〛アシナガサシガメ (⇨ spider bug).

thréad·less *adj.* 糸[ねじ山, 脈絡]のない. 〚1822〛

thréad·lìke *adj.* 糸のような; ほっそりした: a ~ pulse 糸様脈. 〚1774〛

thréad-lìne fìshing *n.* 〚釣〛スピンフィッシング (spin fishing) の別名 (⇨ spinning 5).

thread màrk *n.* 糸すき入れ《紙幣の偽造を防ぐため紙に着色した繊維をすき込んだもの》.

thread mìller *n.* 〚機械〛ねじフライス盤.

thread-nèedle *n.* **1** 〚遊戯〛「針に糸通す」《一列に手をつなぎ合わせ, その一端の一人が他の端の二人の脇下をくぐり抜け, 他の者も順次にこれにならう子供の遊戯》. **2** 「針に糸通す」遊戯の動きに似たダンスの動作. **—** *vi.* **1** 「針に糸通す」遊びをする. **2** (ダンスで)「針に糸通す」の動作をする. 〚1751〛

Thread·née·dle Strèet /θrèdní:dɫ-, ⌐–⌐–– | -dɫ-/ *n.* スレッドニードル街《London のシティーの街路名; 角にイングランド銀行がある》.

Óld Lády of Threadnéedle Strèet [the —] ⇨ old lady. 〚1924〛

thread pàper *n.* **1** 糸束を包む薄い紙. **2** ひょろ長い人, 細長いもの: a ~ of a boy ひょろ長い少年. 〚((1746)) (1761)〛

thread rólling *n.* 〚機械〛ねじ転造《素材をねじ形の凹凸のある 2 個のダイスの間にはさんで力を加えてもみ, 削らないでねじを作ること》.

thréad·wòrm *n.* 〚動物〛=pinworm 1. 〚1802〛

thread·y /θrédi | -di/ *adj.* (**thread·i·er**; **-i·est**) **1** 糸から成る, 糸のような[に似た]; 糸状の, 細い (slender): a ~ beard / ~ roots 繊維状の根. **2** 〈声など〉か細い (thin): his ~ old voice. **3** 〈液体など〉ねばねばの, 糸を引く (stringy, viscid). **4** 〈脈拍が〉微弱な (feeble): a ~ pulse 糸様脈. **5** すり切れた: a ~ carpet. **thréad·i·ness** *n.* 〚((c1425)) (1594) ← THREAD+-Y[4]〛

threap /θrí:p/ 《スコット・北英方言》*vt.* **1** 譴責(けんせき)する, なじる (rebuke). **2** [通例目的節を伴って] 強く[しつこく]主張する. **—** *vi.* 口論する, 言い争う. **—** *n.* けんか, 口論; 非難. **~·er** *n.* 〚OE *prēapian* to blame ← ?〛

T

threat /θrét/ *n.* **1 a** 脅し, 脅迫, 恐喝(きょうかつ): make ~*s* 脅す / a ~ *to* expose a person 正体をばらすぞという脅し / a ~ *that* a person would be murdered 命が無いぞという脅迫 / ~*s against* the life of a person 人の命を取ろうという脅し / on a mere ~ 単に脅迫されただけで / under (the) ~ *of* force [punishment, exposure] 力で[罰するぞと, 暴露するぞと]脅されて / try ~*s of* violence 暴力に訴えるぞと脅してみる / put one's ~ into execution 脅しを実行する. **b** 脅威 (menace) 〔*to*〕: pose [present, represent] a serious [grave] ~ *to* freedom of speech 言論の自由に対する重大な脅威となる / The flood [tiger, tyrant] was a ~ *to* our village. あの洪水[虎, 暴君]は我々の村にとっては脅威だった / The child needs help because he [she] perceives anything new as a ~ (to his [her] security). 新しいものは何でも(自分の安全に対する)脅威と取るのでその子には助けが必要だ. **c** 脅威を与える人[物], 危険人物. **2** 〔危険・災い・あらしなどの〕兆し, 恐れ, 前兆 〔*of*〕: the ~ *of* war [overpopulation] 戦争[人口過剰]の兆し / preserve the dynasty from the ~ *of* extinction 王朝を消滅の脅威から守る / There was a ~ *of* rain. 一雨来そうな様子だった. **3** 《俗》〚スポーツ〛(相手に脅威を与える)強敵. **—** *v.* 《古》=threaten. 〚n.: OE *þrēat* crowd, calamity, threat ← Gmc **þraut-*, **preut-*, **prut-* (ON *þrjōta* to fail / G *verdriessen* to trouble) ← IE **treud* to press, push (L *trūdere* to thrust, push): cf. OE *þrēotan* to afflict, urge. — v.: OE *þrēatian* ← *þrēat* (n.)〛

threat·en /θrétṇ/ *vt.* **1 a** 脅す, 脅迫する; 〈…するぞと〉威嚇する (intimidate) 〈*to do*〉: ~ an opponent (*with* violence [exposure]) 相手を(暴力を振るうぞ[暴露するぞ]と言って)威嚇する / ~ a person's life 人の命を奪うと脅す / ~ (the) management *with* a strike ストライキをするぞと経営者側を脅す / He ~*ed to* murder me. 殺すぞと言って私を脅迫した. **b** 〈処罰・仕返しなどを〉するぞと脅す: ~ punishment [exposure] 処罰する[暴露する]と言って脅す / ~ a general strike ゼネストをするぞと脅す. **2** (不吉

な, 思わしからぬ現象について)…の恐れがある (portend); …しそうである ‹to do›: The clouds ~ rain. あの雲では今にも雨になりそうだ / It is ~*ing to* rain. 雨になりそうだ / The trade deficit ~*s to* reach $3 billion. 貿易の赤字が30億ドルにも及びそうである. **3** ‹危険・災いなどが›…に脅威を与える (menace); 〈災害などで〉脅かす 〔*with, by*〕: The current controversy ~*s* the very existence of the CIA. 現今の論議は CIA の存在そのものを脅かしている / Some species of birds have been ~*ed with* [*by*] extinction. 鳥類の中には絶滅に瀕(ひん)しているものもある / The company is ~*ed* with bankruptcy. その会社は破産の恐れがある / the ~*ed* public-spending cuts 予想される公共支出の削減 / The country appeared ~*ed by* civil war. その国は内乱の危機をはらんでいるように見えた. — *vi.* **1** 脅す, 脅迫する: Do not ~. 人を脅すものではない. **2** ‹危険・災いなどが›来そうである, 迫っている: A storm is ~*ing*. 嵐が来そうだ / We are aware that danger ~*s*. 危険が迫っていることに気がついている.

~·er /-tṇə, -tnə | -tṇə(r, -tnə(r/ *n.* 〖lateOE *prēatnian* to compel ← *prēat* (↑): ⇨ -en¹〗

SYN 脅す: **threaten** 命令を聞かなければ罰するぞと言って脅す: They *threatened* to kill him. 彼を殺すぞと言って脅した. **menace** 危険にさらす《格式ばった語》: The country was *menaced* by war. その国は戦争に脅やかされていた. **intimidate** 自分の思いどおりのことをさせるために相手を脅す: The robbers *intimidated* the bank clerks into silence. 強盗は銀行員を脅して黙らせた. **blackmail** 金品を巻き上げるために秘密をばらすと言って脅す: *blackmail* a person about his [her] private life 私生活をばらすと言って脅す.

thréat·ened abórtion *n.* 〖病理〗切迫流産.

thréatened spécies *n.* 絶滅の危機に直面している種.

threat·en·ing /θrétṇɪŋ, -tn-/ *adj.* **1** 脅す, 脅迫する, 脅かす: a ~ letter [note] 脅迫状 / a ~ call 脅迫電話. **2** ‹悪いことが来そうな, 迫ってくる: a ~ danger. **3** ‹空模様が›険悪な, あぶない: a ~ sky 険悪な空模様 / The weather looks ~. 天気が荒れ模様だ. **~·ly** *adv.* 〖(1530): ⇨ threaten, -ing²〗

three /θríː/ *n.* **1** 3; 三つ, 3個, 3人; 3歳; 3時: a child of ~ 3歳の子供 / a father of ~ 3人の子供の父 / come home at ~ 3時に帰宅する / ~ and six (英国の旧通貨制度での) 3シリング6ペンス (3s. 6d.) / ~ foot [feet] ~ 3フィート3インチ (3 ft. 3 in.) / ~ ten 3ポンド10ペンス (£3 10p.). **2** 3 [III] の記号[数字]. **3** 3人[個]一組. **4** (トランプの) 3の札; (さい (die) の) 3の目; 半面に3個の点のあるドミノの牌. **5** 〖スケート〗3の字型曲すべり. **6** 3番サイズの衣料品: wear a ~. **7** [*pl.*] 3分利付公債. **8** 〖ラグビー〗=three-quarter.

Three in Óne [the —] 〖神学〗三位一体 (the Trinity). 《1849》

thrée of a kínd 〖トランプ〗スリーカード《ポーカーで同位札の3枚ぞろい; ⇨ poker¹》.

— *adj.* 3の, 3人の, 3個の; [叙述的] 3歳で: ⇨ *three* PARTS / the ~ (golden) balls ⇨ ball¹ 1 b / the ~ Fates =the *Three* Sisters 運命の三女神 (⇨ fate 4) / the ~ Graces 3人の美の女神 (⇨ grace 10) / the *Three* Wise Men =the Magi / ⇨ three times three / *Three* women make (up) a market. 《諺》女三人市をなす,「女三人寄ればかしましい」.

Thrée Sígns of Béing [the —] 〖仏教〗三修(さんしゅ)《無常 (anicca), 苦諦 (dukkha), 無我 (anatta) という, 全生物に共通に見られる特徴》.

〖OE *þrī(e)* (masc.), *þrēo* (fem., neut.) < Gmc **prejʒ(ez)* (Du. *drie* / G *drei*) < IE **treyes* ← **trei-* (L *trēs, tria* / Gk *treîs, tría* / Skt *trí*)〗

three- *pref.*「3つ[3人]だけ…がある[いる]」の意.

thrée-áct *adj.* 三幕物の: a ~ play. 〖1825〗

thrée-and-a-hálfpenny *adj.* 〖木工〗‹釘が› 1³/₈ インチ(の長さ)の《柿(こけら)葺きの屋根用》.

thrée-àrm protráctor *n.* 〖測量〗三脚分度器《海図上で自己の位置を求めるために用いる分度器》.

thrée-bágger *n.* 《野球俗》=three-base hit. 〖1881〗

thrée-bàll mátch *n.* 〖ゴルフ〗スリーボールマッチ《3人がそれぞれの球を打ちながら一緒にラウンドする試合方式》. 〖1839〗

thrée-bàse hít *n.* 〖野球〗三塁打《triple ともいう》.

thrée-bòttle mán *n.* (一度にぶどう酒三本を飲みほす男性の)酒豪, 大酒家.

thrée-càrd mónte *n.* 〖トランプ〗三枚賭博《クイーンを含む3枚のカードを巧みな手さばきで卓上に伏せ, 2対1の確率で客にクイーンを当てさせるゲーム; しばしば仲間と組んで客をだます目的で行われる; Find the Lady ともいう》. 〖1854〗

thrée-card póker *n.* 〖トランプ〗三枚ポーカー《3枚のカードを1枚ずつ伏せて配られるポーカーで, 1枚もらうごとに賭け, 3枚目で勝負 (show down) する; three of a kind が最高位》.

thrée-card tríck *n.* 〖トランプ〗=three-card monte.

thrée-cèntered árch *n.* 〖建築〗三心アーチ, 三心迫持(せりもち)《共軸線が三心円のアーチ》.

thrée-chórd *adj.* ‹音楽が› 3つのコードから成る; 単調な.

thrée-còlor *adj.* **1** 三色を用いた. **2** 〖印刷〗《写真製版で原色製版法による)三色の (cf. trichromatic): ~ printing 三色版印刷. **3** 三色カラー写真法の. 〖1893〗

thrée-color photógraphy [prócess] *n.* 三色カラー写真法《3原色を用いる普通のカラー写真法》.

thrée-córnered *adj.* **1** 三角の (triangular): a ~ hat 三角帽. **2** 3人の選手でする, 三つ巴(どもえ)になって争う; 三角関係の: a ~ fight 三つ巴の戦い / a ~ relation 三角関係. **3** いこじな, 意地の悪い (cross-grained): a ~ hard, ~ family 無情で意地の悪い一家. 〖*a*1398〗

3-D /θríːdíː←/ *n.* 立体, 立体写真[映画]. — *adj.* **1** 三次元の. **2** 〖映画〗立体(映画)の: ~ movies 立体映画. 〖(1951) *D*: 《略》← DIMENSIONAL〗

thrée-dày evént *n.* (3日間の)総合馬術競技会《ドレサージ・クロスカントリー・障害飛越を含む》.

thrée-dày féver *n.* 〖病理〗三日熱 (⇨ sandfly fever). 〖1897〗

thrée-dày méasles *n.* 〖病理〗三日ばしか (rubella).

thrée-dày wéek *n.* 週3回勤務(の週).

thrée-décker *n.* **1** 〖海事〗**a** 三層甲板船. **b** (昔の)三層甲板艦《上中下各甲板に砲を備えた》. **2** 大人物, 重要な人物. **3 a** 三部から成るもの. **b** 三段の説教壇. **c** 三部作小説. **d** 《口語》パンを三枚重ねたサンドイッチ. **e** 三段にすそひだをとったスカート. 〖1792〗

three-dimensional /θríːdʒ̩ménʃnəl, -daɪ-, -ʃənḷ, -méntʃ- | -daɪ-, -dɪ-←/ *adj.* **1** 三次元の: ~ space. **2** ‹写真・映画が›立体の, 立体的な幻覚を起こさせる《3-D ともいう》: ~ movies 立体映画. **3** 十分に述べられている, 多角的な; 迫真的な (lifelike). **4** 〖軍事〗陸海空三方からの: ~ warfare 立体戦. **thrée-dimensionálity** *n.* **~·ly** *adv.* 〖1878〗

thrée·fòld *adj.* **1** 三部分[部門, 要素]のある, 三重の: ~ conditions 三重の条件. **2** 3倍の. — *adv.* 三重に, 3倍に. 〖lateOE *þrīfeald*: ⇨ three, -fold〗

thréefold púrchase *n.* 〖機械〗三重複滑車(かっしゃ)《三重滑車2組からなる複滑車》.

thrée-fóur *n.* 〖音楽〗4分の3拍子.

three fóurths *n. pl.* 4分の3; 大部分. 〖(1777) ← (1600) *three foure parts*〗

thrée-fóur tíme *n.* 〖音楽〗=three-four.

thrée-gáited *adj.* 《米》〖馬術〗三種歩様訓練ずみの《常歩 (walk), 速歩 (trot), 普通駆歩 (canter) が行えるように訓練した; cf. five-gaited》. 〖1948〗

thrée-hálfpence *n.* (*pl.* ~, **-penc·es**) 1ペンス半 (1¹/₂d.). 〖(1483): ⇨ three, *halfpence* (⇨ halfpenny (n.) 1 b)〗

thrée-hálfpennyworth *n.* 1ペンス半の値打のもの. 〖1440〗

thrée-hánd *adj.* =three-handed. 〖1719〗

thrée-hánded *adj.* ‹遊戯などが› 3人でする《特にトランプで本来4人でするゲームについていう; cf. cut-throat 3》: ~ bridge, canasta, etc. 〖1680〗

thrée·há'porth *n.* 《英口語》=three-halfpennyworth. 〖1901〗

Thrée Hóurs *n. pl.* 〖教会〗三時間御苦悶(くもん)追憶式《十字架上のキリストの苦悩を記念する教会の様式で Good Friday の正午から午後3時まで行う; Three Hours' Agony [Service] ともいう》. 〖*c*1891〗

Thrée Hóurs' Ágony [Sérvice] *n.* 〖教会〗= Three Hours.

thrée húndred hítter *n.* 〖野球〗3割打者.

thrée ísland shìp *n.* 〖海事〗三島船《船首楼・中央船室部・船尾楼をもつ貨物船; 横から見ると水線上に3つの島があるように見える》.

thrée-làne *adj.* ‹道路が›三車線の: a ~ road. 〖1929〗

thrée-légged *adj.* **1** 三脚の: a ~ stool 三脚(腰掛け). **2** 《口語》‹スクーナー船が›三本マストの. 〖1593–94〗

thrée-lègged ráce *n.* 二人三脚(レース). 〖1876〗

thrée-lìne óctave *n.* 〖音楽〗三点音《高音部譜表で上第二線のハ音から上第五線のロ音までの音》.

thrée-lìne whíp *n.* 《英》⇨ whip *n.* 2 b.

Thrée Líttle Pígs *n.* [The ~]「三匹の子豚」《英国の民話に基く Walt Disney の短編漫画映画》.

3M /θríːém/ *n.* 〖商標〗スリーエム《米国の Minnesota Mining & Manufacturing 社の略; そのブランド; スコッチテープ・磁気テープ・シールなど》.

thrée-martíni lúnch *n.* [時に the ~] 《米口語》マティーニを3杯飲むような昼食《企業管理職などの豪華な昼食》. 〖1972〗

thrée-máster *n.* 〖海事〗三本マストの船. 〖1827〗

Thrée Míle Ísland *n.* スリーマイル島《米国 Pennsylvania 州中部の川にある島; 1979年ここの原子力発電所が大事故を起こした》.

thrée-mìle límit *n.* 〖国際法〗海岸から3マイル以内の限界, 3海里幅《領海の限界; 海洋交通の自由や海洋利用の利益などの点から狭い領海の幅員を提唱する先進海洋国側からの主張; cf. twelve-mile limit》. 〖1889〗

thrée-mìnute gláss *n.* =egg timer. 〖1857〗

thrée-mónthly *adj.* 3か月に1回発行の, 季刊の. — *n.* 3か月に1回発行の雑誌, 季刊もの (quarterly). 〖1818〗

Thrée Musketéers *n.* [The ~]「三銃士」《Dumas (父)の冒険歴史小説 (1899)》.

thrée-nòoked *adj.* 《Shak》三角の, 三つどもえの: the ~ world 世界の三隅 (*Antony* 4. 6. 5) 〖1606–07〗

three old cat /θríːəkǽt, θríːoʊ-, ⌣⌣⌣ | θríːə(ʊ)kǽt, ⌣⌣⌣/ *n.* (*also* **three o'cat** /~/) 〖遊戯〗スリーアキャット《ベース三つ, 打者3人で行う one old cat》.

thrée-on-óne *n.* 〖バスケットボール・ホッケー〗3対1の攻撃.

thrée-on-thrée *n.* 〖バスケットボール〗3対3で1つのゴールでやるゲーム.

threep /θríːp/ *vt.* =threap.

thrée-pàir *adj.* [限定的]《古》4階の (up three pair of stairs) (⇨ two-pair 2). 〖1788〗

thrée-pàrt *adj.* [限定的] 3部の, 3部から成る. 〖1854〗

thrée-part tìme *n.* 〖音楽〗3拍子(系の拍子) (⇨ triple time).

thrée-péat 《米》*n.* (スポーツの) 3連勝, 3連覇. — *vt., vi.* (に) 3連勝する, (に) 3連覇する. 〖(1988) ← THREE+(RE)PEAT〗

three·pence /θrípəns | θríːpəns, -píː←, θrépəns, θríp-, θrʌ́p-, -pṇs/ ★発音・用法その他については ⇨ penny 1. *n.* (*pl.* ~, **-penc·es**) **1** (英国の) 3ペンス(の価). **2** (昔の) 3ペンス銀貨; 3ペンス銅貨 (1971年9月1日廃止). 〖(1589): ⇨ three, pence〗

three·pen·ny /θrípəni | θríːpəni, -píː←, θrép(ə)ni, θríp-, θrʌ́p-, -pṇi/ ★発音・用法その他については ⇨ penny 1. *adj.* **1** 3ペンスの. **2** つまらない, 安っぽい. **3** ‹釘が› 1¹/₄ [1¹/₈] インチ(の長さ)の《100本につき3ペンスしたことから》. 〖(1426–27): ⇨ three, penny〗

thréepenny bìt [pìece] *n.* (昔の) 3ペンス硬貨.

thrée-percént *adj.* **1** 百分の3の, 3パーセントの. **2** 3分利付きの. — *n.* [*pl.*] **1** 3分利付き公債. **2** 《英》整理公債 (⇨ consols). 〖1753〗

thrée-phàse *adj.* 〖電気〗三相の: a ~ motor 三相電動機. 〖1892〗

thrée-píece *adj.* ‹家具などが›三点セットの; ‹衣類が›三つ揃(そろ)いの, スリーピースの《女性の coat, skirt, blouse, 男性の jacket, vest, trousers など》; 〖音楽〗‹バンドなど›三人編成の, スリーピースの: a ~ set (家具などの)三点セット / a ~ suit. — *n.* スリーピースの服, 三つ揃い (cf. coordinate 1 a); 〖音楽〗三人編成[スリーピース]のバンド. 〖1908〗

thrée-pìle *adj.* =three-piled¹. — *n.* 三重の高さのパイルをもった上等のビロード. 〖1607〗

thrée-píled¹ *adj.* **1** ‹ビロードなど›三重の高さのパイルをもった. **2** 《廃》極上の. 〖1594–95〗

thrée-píled² *adj.* 三段積みの, 三層の, 三重の (threefold). 〖1656〗

thrée-plý *adj.* **1** 三重の; 三枚合わせの: ~ cloth 三重織物 / ~ plywood 三枚合わせの合板. **2** ‹綱が› 3本撚(よ)りの, 3本の: ~ yarn 3本撚り合わせ糸.

thrée-póinter *n.* 〖バスケットボール〗3点シュート.

thrée-point lánding *n.* **1** 〖航空〗三点着陸《2個の主輪と尾輪または前輪が同時に接地する着陸; cf. two-point landing》. **2** 《口語》(事業などの)上首尾. 〖1926〗

thrée-point pláy *n.* 〖バスケットボール〗スリーポイントプレー《成功したシュートの途中でのファウルに対して与えられるフリースローにも成功して合計3点をあげるプレー》.

thrée-point próblem *n.* 〖測量〗三点法, 三点観測法《三角形の三辺の長さを知って頂点の位置を定める方法》.

thrée-point stánce *n.* 〖アメフト〗3点スタンス《ボールがスナップされる前にラインメンのとる姿勢; 両足を開いて上体をかがめ, 片手を地面につける》.

thrée-point túrn *n.* 《英》〖自動車〗3点方向転換《狭い場所などでハンドルを切りながら前進・後退・前進と車を動かしてその方向を転換すること》. 〖1957〗

thrée-póst·er /-póʊstə | -pə́ʊstə(r/ *n.* 〖海事〗3本マストの帆船.

thrée-próng *adj.* (コンセントが) 3つ穴の《アース用の穴がある》.

thrée-prónged *adj.* **1** 三叉(さんさ)の: a ~ fork 三叉フォーク. **2** 三地点に関する: a ~ attack 〖軍事〗三方面からの攻撃. 〖1711〗

three-quar·ter /θríːkwɔ́ːtə, -kwɔ́ː- | -kwɔ́ːtə(r←/ *adj.* **1 a** 4分の3の. **b** ‹服など›(通常の) 4分の3の長さの, 七分(ぶ)の: a ~ sleeve 七分袖. **2 a** ‹写真など›七分身の《頭から尻の所まで》: a ~ portrait. **b** ‹顔が›半横向きの《fullface と profile との間》. — *n.* 〖ラグビー〗スリークォーター《center three-quarter と wing three-quarter の各2名のプレーヤーの一人; ⇨ Rugby football 挿絵》. ***to the extént of three-quárter*** ほとんど. 〖1470〗

thrée-quàrter báck *n.* 〖ラグビー〗=three-quarter. 〖1880〗

thrée-quarter bínding *n.* 〖製本〗四分(の)三装, 七分装; 四分(の)三革(装) (three-quarter leather); 四分(の)三クロス(装) (three-quarter cloth) (cf. full binding). 〖1897〗

thrée-quarter bóund *adj.* 〖製本〗‹本が›四分三装の. 〖*c*1951〗

thrée-quarter-flóating áxle *n.* 〖自動車〗四分の三浮動式車軸《駆動輪後車軸の一形式で, 半浮動式車軸と全浮動式車軸の中間的構造》.

thrée-quarter léngth *adj.* =three-quarter 1 b. 〖1712〗

thrée-quarter nélson *n.* 〖レスリング〗スリークォーターネルソン《片腕を背後から相手の体の下に入れ, もう一方の腕をわきの下から首の後ろに伸ばして組み合わせた首攻め法; cf. half nelson》.

thrée-quárters *adj.* =three-quarter.

thrée-quárter tíme *n.* 〖音楽〗=three-four.

thrée-rìng bínder *n.* 3つ穴シート用のバインダー.

thrée-rìng[-rìnged] círcus *n.* **1** 《米》(三つの舞台で)三つのショーのできる大サーカス. **2** 大混乱, てんやわんや, 目まぐるしいもの[人]. 〖1904〗

Thrée Rívers *n.* スリーリバーズ《カナダ Quebec 州南部, St. Lawrence 河畔の工業都市; フランス語名 Trois-Rivières /tʁwarivjɛːʁ/》.

T

thrée Ŕ's /-áəz | -á:z/ *n. pl.* [the ～] 1 読み・書き・算術《小学校の基礎学科; three Rs ともいう》. 2 基本技術. 〘(1828) 無学だったロンドン市長 Sir William Curtis (1752–1829) が宴席で "I will give you *the three R's*—writing, reading, and arithmetic." といったのにちなむという〙

thrée·scóre《英古・米》*adj., n.* 60 (の); 60 歳(の) (sixty) (cf. fourscore): ～ (years) and ten (人の寿命) 70 (cf. *Ps.* 90: 10). 〘(?*a*1350)〙

thrée-séater *n.* 3 人乗りの自動車; 三座(飛行)機.

360 /θrí:síksti/ *n.*〘スケートボード〙360 度のターン.

three·some /θrí:səm/ *adj.* 1 3 の, 三重の: do one's hair in a ～ plait 髪を三つ編にする. 2 3 人でする[行う]: a ～ dance. — *n.* 1 三つ組, 3 人組. 2 3 人で行うもの, 3 人競技. 3〘ゴルフ〙スリーサム《一人対二人で行う競技; 二人組は 1 個のボールを使う》. 〘(1375): ⇨ three, -some[2]〙

thrée-spìned stíckleback *n.*〘魚類〙イトヨ (*Gasterosteus aculeatus*)《背に 3 本のとげのあるトゲウオ科の魚; 淡水型と降海型とある; threespine stickleback ともいう》. 〘1769〙

thrée-spòt *n.* ＝three 4.

thrée-squáre *adj.*〈やすり・きりなど〉断面が正三角形の: a ～ file 三角やすり. 〘*c*1440〙

thrée-stár *adj.*〈ホテル・レストランなど〉上質の, 標準の, 三つ星の《一つ星が最低, 五つ星が最高》: ～ brandy / a ～ hotel. 〘1879〙

thrée-stíck·er /-stíkə | -kə(r)/ *n.*《口語》3 本マストの帆船.

Thrée Stóoges *n. pl.* [the ～] 三ばか大将, スリーストゥージズ《米国のコメディートリオ》.

thrée-súited *adj.*《Shak》年 3 枚のお仕着せをもらう (cf. *Lear* 2. 2. 16).

thrée-stríkes làw *n.*《米》'三振アウト'法《一部の州で重罪を 3 度犯すと自動的に終身刑とする法律》. 〘1984〙

thrée-tíer *adj.*〈学校制度が〉3 つの学校を連続して経る《例えば 5 歳から infant school, 8 歳から junior school, 12 歳から中学校という 3 種類の学校で義務教育を終える》.

thrée tìmes thrée *n.* 万歳三唱の三度繰返し: give a person ～ 人のために万歳三唱を三度繰り返す.

thrée-tòed slóth *n.*〘動物〙ミツユビナマケモノ (*Bradypus tridactylus*)《前肢後肢とも 3 本の爪をもったナマケモノ; cf. sloth 1》. 〘1879〙

thrée-tòed wóodpecker *n.*〘鳥類〙ミユビゲラ《寒帯に生息する足指が 3 本のキツツキ》. 〘1772〙

thrée-tòothed cínquefoil *n.*〘植物〙＝crystal tea 1.

thrée-válued *adj.*〘論理〙三値の《真・偽の二値ではなく三つの値をもった; cf. many-valued 2》: ～ logic 三値論理学. 〘1932〙

thrée-vólum·er *n.*《英》三巻物の小説.

thrée vówels *n. pl.*《俗》(略式の)借用証《IOU のこと; cf. vowel *vt.* 2》.

thrée-wày *adj.* 1 三方向に通過できる: a ～ intersection [cock] 三叉(さ)交差点[活栓]. 2 三様の: ～ ambiguity 三様の曖昧性. 3 三人の参加者でする: a ～ civil war 三勢力入り乱れての内戦. 〘1587〙

thrée-way búlb *n.* (明るさを)三段階に切り換えられる電球.

thrée-way swítch *n.*〘電気〙三路スイッチ.

thrée-whéeler *n.* 1 サイドカー付オートバイ. 2 三輪車. 3 三輪自動車. 〘1886〙

thrée-wíre génerator *n.*〘電気〙三線式発電機.

thrée-wíre sỳstem *n.*〘電気〙三線式《三本の電線からなる送配電方式で, 中性線を用いない三相三線式, 100 V・200 V 共用の単相三線式, 直角二相用三線式などがある》. 〘1898〙

Thrée Wíse Mónkeys *n. pl.* (日本の)見ざる聞かざる言わざる, 三猿.

threm·ma·tol·o·gy /θrèmətá(:)lədʒi | -tɔ́l-/ *n.*《まれ》〘生物〙動植物育成学, 飼育学, 繁殖学. 〘(1888) ← Gk *thremmat-*, *thrémma* nursling＋-o-＋-LOGY〙

threne /θrí:n/ *n.* 悲歌, 挽歌. 〘(?*a*1425) □ LL *thrēnī* (pl.) □ Gk *thrênoi* (pl.) ← *thrênos* lament, dirge: cf. drone〙

thre·net·ic /θrɪnétɪk | θrɪnét-/ *adj.* 悲しむ, 悲嘆の, 哀悼の (mournful); 悲歌の, 哀歌の. 〘(1656) □ Gk *thrēnētikós* ← *thrênos* (↑)〙

thre·nét·i·cal /-tɪkəl, -kl | -tɪ-/ *adj.* ＝threnetic.

thre·node /θrí:noud, θrén- | -nəud/ *n.* ＝threnody. 〘(1858)《変形》← THRENODY (ODE の影響あり)〙

thre·no·di·al /θrɪnóudiəl, θrə- | θrɪnə́udjəl, -diəl/ *adj.* 悲歌の, 挽歌の, 哀悼の. 〘1817〙

thre·nod·ic /θrɪná(:)dɪk | θrɪnɔ́d-/ *adj.* ＝threnodial. 〘1891〙

thren·o·dist /θrénədɪst | θrénədɪst, θrí:n-, -nəu-/ *n.* 悲歌[挽歌]の作者[を歌う人]. 〘(1827): ⇨ ↓, -ist〙

thren·o·dy /θrénədi | θrénədi, θrí:n-/ *n.* 悲歌, (特に)葬送歌, 挽歌 (dirge). 〘(1634) □ Gk *thrēnōidía* ← *thrênos* dirge＋*ōidḗ* song: cf. threne ode〙

thre·o·nine /θrí:əni:n, -nɪn | -nì:n/ *n.*〘生化学〙トレオニン, スレオニン ($C_4H_9NO_3$)《無色の結晶質のアミノ酸で, 栄養上重要な要素》. 〘(1936) ← NL *thre(ose)* an artificial sugar＋-ON(E)＋-INE[3]〙

threp·sol·o·gy /θrɛpsá(:)lədʒi | -sɔ́l-/ *n.* 栄養学. 〘(1857) ← Gk *thrépsis* feeding＋-o-＋-LOGY〙

thresh /θréʃ/ *vt.* 1 〈穀物を〉からざおで打つ, 脱穀する. 2 〈案などを〉(徹底的に)検討する, 練る 〈*out, over*〉: ～ a problem *out* [*over*] in one's mind 問題を心の中で検討する / I ～*ed* the matter *out* with him. その件を彼と検討した. 3 打つ (beat, flog). — *vi.* 1 からざおで打つ, 脱穀する. 2 転(ころ)げ回る (toss about). — *n.* 脱穀. 〘OE *presċan, perscan* < Gmc **perskan*《原義》to tramp or stamp heavily with the feet (G *dreschen*) ← IE **tersko-* ← **terə-* to rub (L *terere* to rub away): cf. thrash〙

thrésh·er *n.* 1 脱穀者[機]. 2〘魚類〙オナガザメ属の一種 (*Alopias vulpinus*)《fox shark, thresher shark ともいう》. 〘(1381): ⇨ ↑, -er[1]〙

thrésher shàrk *n.*〘魚類〙＝thresher 2.

thrésh·ing flòor *n.* 打穀場, 脱穀場. 〘(*a*1398): ⇨ thrashing floor〙

thréshing machìne *n.* 脱穀機. 〘(1812): ⇨ thrashing machine〙

thresh·old /θréʃ(h)òuld | -(h)əuld/ *n.* 1 敷居 (sill); 入口, 門口 (entrance, gate): cross one's ～ 敷居をまたぐ, 家に入る / *on* the ～ 戸口に. 2 始め, 出発点, 発端 (outset): *at* the ～ *of* the space age 宇宙時代の出発点に / *on* the ～ *of* adulthood [old age, fame] 大人[老齢, 有名]になりかけて / approach the ～ of political power あと少しで政権を取るという段階にさしかかる. 3 a (国・土地などの)境 (border), 境界線: the ～ of England イングランドの境界線[玄関口]《Sussex の海岸線のこと》. b (着陸する滑走路の)先端. 4〘心理〙閾(いき)《刺激が知覚できなくなる限界点; cf. limen, subliminal 2》: the ～ of consciousness 意識閾, 識閾《意識作用の生起と消失との境》/ the ～ of discrimination 弁別閾, 識別閾 / the ～ of sensation 感覚閾. 《(なぞり) ← G *Schwelle*》 5〘生理〙閾(しきい), 閾(いき)(値), 限界(値), 臨界値《生体現象を起こさせるに必要な刺激》: have a high [low] pain ～ 痛みを感じにくい[感じやすい]. ★ ラテン語形容詞: liminal. 6〘物理〙閾(しきい)値《反応その他を起こさせるため系に加えなければならない物理量の最小値》.

láy** one's **síns at** another's **thréshold ⇨ sin[1] 成句.

〘OE *presċold, -wold*《音位転換》← *persċold, -wold*《原義》something to tread upon ← *persċan* 'to tread, trample, THRESH': cf. ON *preskjöldr*〙

thréshold agréement *n.*〘労働〙敷居協約, 賃金のスライド協定《賃金の上昇を消費者物価指数に連動させる協定》.

thréshold fréquency *n.*〘電気〙限界周波数.

thréshold swítch *n.*〘電子工学〙限界スイッチ《電圧などがある限界値を超えると動作する》.

thréshold válue *n.*〘生理〙閾(いき)値, 域値, 限界値《生体現象を起こさせるに足る限界の値》.

threw /θrú:/ *v.* throw の過去形. 〘OE *prēow* (pret.) ← *prāwan* 'to THROW'〙

thrice /θráɪs/ *adv.*《文語》1 三たび (three times) (cf. twice). 2 3 倍に. 3 大いに, 非常に, きわめて (extremely): *thrice*-blessed [-happy, -favored] 非常に恵まれた[幸福な, 幸運な]. 〘(?*a*1200) *thries* ← *prie* thrice (< OE *priga* ← *priwa* ← Gmc **pri-* 'THREE')＋-s[2] 1〙

thrid /θríd/ *vt., vi.* (**thrid·ded; thrid·ding**)《古》縫うように通る, 通り抜ける, (道を)拾って通る (thread). 〘(16C)《変形》← THREAD〙

thrid·ace /θrídeɪs/ *n.*《まれ》レタスの煮詰め汁《鎮静剤》. 〘(1831) ← NL *thridacium* ← Gk *thrídax* lettuce〙

thrift /θríft/ *n.* 1 節倹, 倹約 (economy, frugality); けち, しみったれ (stinginess). 2《米》貯蓄機関 (thrift institution)《相互貯蓄銀行 (mutual savings bank), 貯蓄貸付組合 (savings and loan association), 信用組合 (credit union) の総称》. 3 (植物などの)盛んな生長, 繁茂. 4〘植物〙ハマカンザシ, アルメリア (*Armeria vulgaris*)《イソマツ科の多年草でピンクの花をつける; 花壇の縁植え用》. 5 a《英方言》繁栄の手段, 仕事, 労働. b《主にスコット》もうかる仕事. 6《古》蓄え (savings); もうけ, 稼ぎ: my well-won ～ おれのまっとうな稼ぎ (Shak., *Merch V* 1. 3. 50). 7《廃》繁栄 (prosperity), 成功 (success). 〘(?*a*1300) □ ON *prift* prosperity ← *prifask* 'to THRIVE'〙

thríft accòunt *n.*《米》＝savings account.

thríft·less *adj.* 1 締まりのない, ずぼらな; 貯蓄心のない, 金遣いの荒い, 浪費する (extravagant, wasteful). 2《古》役に立たない, 無価値な. **～·ly** *adv.* **～·ness** *n.* 〘*c*1400〙

thríft shòp *n.* 中古品特価販売店《特に, 慈善のための中古衣料を扱うもの》. 〘1944〙

thríft stòre *n.*《米》＝thrift shop.

thrift·y /θrífti/ *adj.* (**thrift·i·er; -i·est**) 1 節約する, 倹約する, つましい, 貯蓄心のある (frugal): a ～ wife, family, etc. 2 繁茂する, 元気に育つ: a ～ plant, colt, etc. 3《まれ》(刻苦精励で)繁盛する (prosperous).

thríft·i·ly /-tə-, -tli | -tɪli, -tli/ *adv.* **thríft·i·ness** *n.* 〘(*c*1375): ⇨ thrift, -y[4]〙

SYN 倹約する: **thrifty** 勤勉で上手にやりくりして多少の貯金をする: a *thrifty* housewife やりくり上手な(専業)主婦. **frugal** 極めて質素な食事や衣服で我慢する: *frugal* habits 質素な習慣. **sparing** なるべく金や物資を使わないようにする: a *sparing* use of sugar 砂糖を控えめに使うこと. **economical** 金銭や物資を慎重に管理して浪費を避ける《*thrifty* よりも適用範囲が広い》: be *economical* of time and energy 時間と精力を節約する.
ANT lavish.

thrill /θríl/ *vt.* 1 感動[感激, 興奮]させる, …の血を沸かす, ぞくぞく[わくわく]させる (stir, excite): The game ～*ed* the spectators. その試合は見物人をわくわくさせた / ～ a person *with* delight [horror] 人を喜びでわくわく[恐怖でぞくぞく]させる / be ～*ed at* a prospect 期待に胸がはずむ. 2 震えさせる: An earthquake ～*s* the planet. 地震で地球が震動する.
— *vi.* 1 a (うれしさ・恐怖などで)ぞっと[ぞくぞく, わくわく]する; 感動する, 感激する〈*at, with*〉: She ～*ed at* the news [seeing him alive]. その知らせを聞いて[彼の無事な姿を見て]彼女は胸を震わせた / He was ～*ing with* excitement *at* the prospect. その期待に興奮してわくわくしていた / She ～*ed to* his voice. 彼の声に胸をときめかせた. b 〈恐怖・感激などが〉体中を突き抜ける, 身にしみわたる〈*through*〉: A sudden horror ～*ed through* my veins. 突然ぞっとするような恐怖が体中を走った. 2 震える (vibrate): Her voice ～*ed with* emotion. 彼女の声は感動で震えた.

be thrílled to bíts 大喜びする.

— *n.* 1 a (感激・愉快・恐怖のため)ぞっと[ぞくぞく, わくわく]する感じ, スリル, 身震い, 戦慄(せんりつ), 快感: a ～ of delight [anticipation] わくわくするような喜び[期待] / a ～ of terror [disgust] ぞっとするような恐怖[嫌悪] / the ～ of speed スピードの快感[スリル] / full of ～*s* スリル満点の / A ～ went through her. 彼女は体中がぞっとした / This film lacks ～. この映画にはスリルがない. b ぞくぞく[わくわく]するような経験: It's a ～ to visit London again. またロンドンへ行けるなんて胸がわくわくする. c《俗》＝thriller 1. 2 震え, 震動 (tremor): the ～ of indignation in one's voice 憤りの震え声 / the ～ of the land (地震などによる)地面の震動. 3〘医学〙(触診で手に感じる)震顫(しんせん), 振盪(しんとう)音 (fremitus).

thrílls and spílls《口語》はらはらどきどきのスリル, 急にうまくいったかと思うとまた急に落ち込んだりするスリル.

〘(?*a*1200) (1604–05) *thrille(n)* to pierce《音位転換》← *thirlen* to pierce: ⇨ thirl[1] (v.): 現在の語義は Shakespeare 以後〙

thrill·er /θrílə | -lə(r)/ *n.* 1《口語》スリラー(もの)《煽情的でハラハラさせるような小説・劇・映画など》: a spy ～. 2 人をぞくぞく[ぞっと]させるもの. 〘(1889): ⇨ -er[1]〙

thrill·ing /θrílɪŋ/ *adj.* 1 ぞくぞく[わくわく, ぞっと]させる, 身の毛のよだつような, 血沸き肉踊る, スリル満点の, 感激[感動]させる: a ～ news / a ～ joy, adventure, experience, etc. 2 震える (vibrant): a ～ voice. 3 身震いするように冷たい: a ～ coldness. **～·ly** *adv.* **～·ness** *n.* 〘(1579): ⇨ -ing[2]〙

thríll-sèeker *n.* 危険なスリルを味わうのが好きな人.

thrim·ble /θrímbl/ *vt.*《英》〈金などを〉おずおずといじくる. 〘(1513)《変形》? ← *thrumble* ← *thrum*《廃》to compress: cf. OE *prym* crowd〙

thrip·pence /θrípəns/ *n.*《英口語》＝threepence. 〘変形〙

thrip·pen·ny /θríp(ə)ni/ *adj.*《英口語》＝threepenny. 〘変形: ⇨ penny 1〙

thrips /θríps/ *n.* (*pl.* ～)〘昆虫〙アザミウマ, スリップス《総翅[アザミウマ]目の微小な昆虫の総称; 植物の害虫; thunderbug, thunderfly ともいう》. 〘(1795) □ L ～ □ Gk *thríps* woodworm ← ?〙

thrips
(*Aeolothrips fasciatus*)

thrive /θráɪv/ *vi.* (**throve** /θróuv | θrə́uv/, (まれ) **thrived**; **thriv·en** /θrívən/, (まれ) **thrived**) 1 繁盛する, 繁栄する, 栄える (prosper); 成功する, 盛んになる; 金持ちになる: His business is *thriving*. 彼の商売は繁盛している / Wickedness of all kinds ～*s* in big cities. 大都会にはあらゆる種類の悪が栄える / First ～ and then wive.《諺》まず商売を繁盛させてから妻をめとれ. 2 a 〈動物・植物が〉生い茂る, はびこる: Cotton does [Sheep do] not ～ in Japan. 綿[羊]は日本ではよく育たない. b (…で)丈夫に育つ, 成長する (⇨ succeed SYN); (悪い条件なのに)かえって頑張る〈*on*〉: ～ *on* meat 肉を食べて育つ / Christianity *throve on* suffering. キリスト教は迫害によって発展した / She ～*s on* compliments. お世辞を生きがいにしている. **thrív·er** *n.* 〘(?*c*1200) *prife(n)* □ ON *prifask* to grasp for oneself, thrive (refl.) ← *prífa* to grasp (suddenly) ← ?〙

thriv·en /θrívən/ *v.* thrive の過去分詞. 〘(*c*1300) *priuen* (p.p.): cf. ON *prifinn*〙

thrív·ing *adj.* 繁盛する, 繁栄する, 繁華な, 栄える (flourishing); 盛んな, 盛大な (successful): a ～ town, business, etc. **～·ly** *adv.* 〘((?*c*1380)) (1607): ⇨ thrive, -ing[2]〙

-thrix /θrìks/「毛を有するもの」の意の名詞連結形. 〘← NL ～ ← Gk *thríx* hair: ⇨ trichina〙

thro /θru:, θrú:/ *prep., adv., adj.* (*also* **thro'** /～/)《古》＝through.

throat /θróut | θrə́ut/ *n.* 1 のど, 咽喉(いんこう); のどもと, のど笛: a dry ～ のどの渇き / a sore ～ 咽喉痛[炎] / have a sore ～ のどが痛い / a clergyman's (sore) ～ 慢性咽喉炎 / full (up) to the ～ 動けないほど満腹で / fill (up) to the ～ 満腹になるほど詰め込む / spring [fly] at the ～ of … 躍りかかって…ののどを絞めようとする / A lump was (rising) in his ～. 彼は胸が一杯になった ⇨ *a* LUMP *in the throat* / I've got something stuck in my ～. のどに何かが引っかかった. 2 a のど状の物. b (器物・器官などの)首, 口: the ～ of a vase. c 狭い通路: the ～ of a cave. d (暖炉の)炉喉(ろこう). e (テニスラケットの)スロート《ヘッドと柄とを結ぶ部分》. f (靴の爪皮(つまかわ)の)足の甲に当たる上

端. 3 声 (voice): at the top of one's ～ 声を限りに. 4 〘海事〙 =swallow[1] 5. 5 〘海事〙 **a** スロート 《肘(ひじ)(knee) の内側の部分; cf. breech 4》. **b** スロート 《四角い縦帆の前部上端; nock ともいう》. **c** =jaw[1] *n.* 5. **d** 錨喉(びょうこう). 6 〘金属加工〙 のど厚 《溶接部の溶着盛り上がりを除いた部分の厚さ; throat depth ともいう》.
be at èach óther's thróat(s) 激しく争う, 論争する: Government and opposition *were at each other's* ～*s* over the threatened cuts in public spending. 政府と野党は予想される公共支出の削減に関して激しく争った. ***cléar*** *one's* ***thróat*** (話を始める前などに)せき払いをする. ***clútch*** *one's* ***thróat*** 首に手をあてて息をのみ込む《女性の驚きのしぐさ》. ***cút*** *a person's* ***thróat*** 人ののどを切る; 《口語》(不当な競争手段で)人を経済的に破滅させる. 《(*c*1380)》 ***cút òne anòther's*** [***èach òther's***] ***thróats*** 互いののどを切り合う, 激しく戦う; 《口語》(安売り競争などで)共倒れになる. 《(1685)》 ***cút*** *one's* ***ówn thróat*** (***with*** *one's* ***ówn knífe***) のどを突く; 《口語》自滅を招く. 《(1583)》 ***cút the thróat of*** 〈計画など〉をだいなしにする, ぶちこわす. ***gíve*** *a person* ***the líe in*** *his* ***thróat*** ⇨ lie[2] *n.* 成句. ***júmp dówn*** *a person's* ***thróat*** 《口語》(議論などで)人を激しくののしる, 人に食ってかかる: He *jumped down my* ～ at the mere mention of it. そのことをちょっと口にしただけで彼は食ってかかってきた. 《(1806)》 ***líe in*** *one's* ***thróat*** ⇨ lie[2] *v.* 成句. ***póur*** [***sénd***] ***dówn the*** [*one's*] ***thróat*** 〈財産・金を〉飲み食いでつぶす. 《(1610)》 ***stíck in*** *a person's* ***thróat*** 〈骨などが〉のどに引っかかる; 〈言葉などが〉なかなか出てこない; 気に食わない. ***táke*** [***cátch, háve, hóld, séize***] *a person* ***by the thróat*** 人ののどを絞める. ***thrúst*** [***crám, fórce, púsh, rám, shóve***] ***dówn*** *a person's* ***thróat*** 《口語》人に〈意見などを〉押しつける, むりやりに承知させる. 《(1724)》
— *vt.* 1 …に溝を付ける. 2 ぶつぶつ言う (mutter). 3 《古》しわがれ声で言う[歌う].
〘OE *þrote, þrotu* ← Gmc **þrut-* (cf. OE *þrūtian* to swell / G *Drossel*) ← ? IE **(s)treu-* something stretched or swollen (L *strūma* thick neck) ← **(s)ter-* stiff: cf. throttle〙

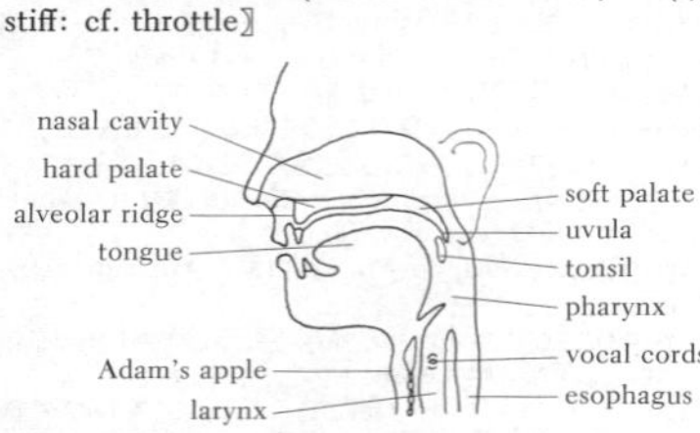

throat

thróat-cùtting *n.* のどをかき切ること; 《口語》(競合している状況で自分の利益のために)他者の息の根を止める行為. 《(1655): 比喩的な意は 1888 年初出》
thróat dòctor *n.* 《口語》咽喉科医.
thróat·ed /-tɪ̬d | -tɪd/ *adj.* [通例複合語の第 2 構成素として] (…の)のどをもった: red-*throated* のどの赤い. 《(1530): ⇨ ↑, -ed 2》
thróat hályard *n.* 〘海事〙 スロートハリヤード 《ガフ (gaff) のスロートを吊り上げる揚げ綱》.
thróat·ing /-tɪŋ | -tɪŋ/ *n.* 〘建築〙 水切り 《蛇腹などの下面に設けられた小さい溝; 雨水が伝わるのを防ぐ》. 《(1825): ⇨ -ing[1]》
thróat·làsh *n.* =throatlatch.
thróat·làtch *n.* 1 (馬の)のど革. 2 **a** (馬の首の)のど革の通る部分. **b** 他の動物のこれに対応する部分: the ～ of a fish 魚ののど元. 《1794》
thróat mìcrophone [**mìke**] *n.* のど当てマイクロホン《のどに当ててその振動を音声に変えるマイクロホン》. 《1945》
thróat règister *n.* 〘音楽〙 喉声声域 (cf. register 5 b).
thróat swèetbread *n.* 〘解剖〙 =thymus.
thróat·wòrt *n.* 〘植物〙 ホタルブクロ属 (*Campanula*) の総称《ユーラシア産, キキョウ科; ヒゲキキョウ (*C. trachelium*) など, の喉の荒れによいといわれる》. 《1578》
throat·y /θróʊti | θrə́ʊti/ *adj.* (**throat·i·er**; **-i·est**) 1 喉音(こうおん)の (guttural); しわがれた, しわがれ声の: a ～ scream. 2 〈牛・犬などが〉のどが大きく垂れ下がっている. **thróat·i·ly** /-təli, -tli | -tɪli, -tli/ *adv.* **thróat·i·ness** *n.* 《(*c*1645): ⇨ throat, -y[4]》
throb /θrɑ́(ː)b | θrɔ́b/ *vi.* (**throbbed**; **throb·bing**) 1 **a** 〈脈が〉(平常に)打つ, 〈心臓が〉鼓動する (beat): His heart had ceased to ～. 彼は事切れていた. **b** (恐怖・苦痛・動揺などで)激しく動悸(どうき)を打つ, どきどきする, びくびくする (palpitate): Her heart was ～*bing with* emotion [shock]. 彼女の心は感情が高まって[ショックを受けて]どきどきしていた / His head [tooth] ～*bed* (*with* pain). 頭[歯]が(痛みで)ずきずきした. 2 震える, 震動する (vibrate); 色めく, 感動する: He ～*bed with* desire. 欲望に打ち震えた / a town ～*bing with* business activity 商業で躍動している町 / They ～*bed at* the expectation. 期待に胸を躍らせた. 3 〈機械などが〉振動する; 〈汽船が〉エンジン音を響かせながら進む: The steamer ～*bed* (*away*) up the river. 汽船はエンジン音を響かせながら川上へのぼって行った.
— *n.* 1 **a** 鼓動; 激しい動悸, どきどき (palpitation): My heart gave a ～. 心臓がどきんとした. **b** (感動の)うずき; 感動, 興奮: ～*s* of joy 喜びの興奮. 2 振動, 鼓動 (vibration): the ～ of an engine エンジンの振動.
thrób·ber *n.* 〘(*a*1387) *throbbe*(*n*), 断不詳: 擬音語?〙
thrób·bing *adj.* 1 動悸(どうき)のする, どきどきする; ずきずきする: ～ pain. 2 躍動する: the ～ life of a big city 大都会の活気に満ちた生活. **～·ly** *adv.* 〘(*a*1376): ⇨ ↑, -ing[2]〙
throe /θróʊ | θrə́ʊ/ *n.* 1 [*pl.*] ひどい苦しみ, 苦悶(くもん) (agony): That sent me into ～*s* of despair. それで私は激しい絶望に陥った. 2 [*pl.*] 産みの苦しみ, 陣痛 (pains of childbirth); (作り出す)努力, 苦闘: a nation *in* the ～*s of* political rebirth 政治的再生の苦しみをなめている国民 / be *in* the ～*s of* an examination [*of* spring-cleaning] 試験に苦しんでいる[汗を流して春の大掃除のまっ最中である]. 3 [通例 *pl.*] 死の苦しみ, 断末魔: The Government was in its death ～*s*. 政府は断末魔の苦しみにあった. 4 発作的な激情. — *vi.* 《まれ》ひどく苦しむ, 苦悶する. 〘(?*a*1200) *throw*(*e*), *thraw*(*e*) < OE *þrawu* threat, oppression, punishment ← ?〙
Throg·mór·ton Strèet /θrɑ(ː)gmɔ́ətn-, ⌐⌐⌐- | θrɒgmɔ́ːtn-, ⌐⌐⌐-/ *n.* 1 スログモートン街 《London 市の City の中心の街路名》. 2 (そこにある)ロンドン証券取引所, ロンドンの証券市場 (cf. Lombard Street, Wall Street). 〘(1900) ← *Sir Nicholas Throckmorton* (1515–71: 英国の外交官)〙
thromb- /θrɑ(ː)mb | θrɒmb/ (母音の前にくるときの) thrombo- の異形.
throm·bec·to·my /θrɑ(ː)mbέktəmi | θrɒmbέk-/ *n.* 〘外科〙 血栓(けっせん)摘出(術). 〘(1910) ← THROMBO- + -ECTOMY〙
thrombi *n.* thrombus の複数形.
throm·bin /θrɑ́(ː)mbɪ̀n | θrɔ́mbɪn/ *n.* 〘生化学〙 トロンビン《血液の凝固にあずかる酵素様物質》. 〘(1898) ← THROMBO- + -IN[2]〙
throm·bo- /θrɑ́(ː)mboʊ | θrɔ́mbəʊ/ 「血栓(けっせん) (blood clot), 血液の凝固; 血小板 (thrombocyte)」の意の連結形: *thrombogen*. ★ 母音の前では通例 thromb- になる. 〘← Gk *thrómbos* clot〙
throm·boc·la·sis /θrɑ(ː)mbɑ́(ː)kləsɪ̀s | θrɒmbɔ́kləsɪs/ *n.* 〘医学〙 =thrombolysis. 〘↑, -clasis〙
throm·bo·cyte /θrɑ́(ː)mbəsàɪt | θrɔ́m-/ *n.* 〘解剖〙 血小板, 栓球(せんきゅう) (⇨ blood platelet); 紡錘細胞. **throm·bo·cyt·ic** /θrɑ̀(ː)mbəsítɪk | θrɒ̀mbəsít-⌐/ *adj.* 〘(1893) ← THROMBO- + -CYTE〙
throm·bo·cy·the·mi·a /θrɑ̀(ː)mboʊsaɪθíːmiə | θrɒ̀mbə(ʊ)-/ *n.* 〘医学〙 血小板血症《血小板数の異常な増加をもたらす病気; 血栓症・出血の危険性を高める》. 〘(1966): ⇨ ↑, -hemia〙
throm·bo·cy·to·pe·ni·a /θrɑ̀(ː)mbəsàɪṭəpíːniə | θrɒ̀mbəsàɪtə(ʊ)-/ *n.* 〘病理〙 血小板減少(症). **throm·bo·cy·to·pe·nic** /θrɑ̀(ː)mbəsàɪṭəpíːnɪk | θrɒ̀mbə(ʊ)sàɪtə(ʊ)-⌐/ *adj.* 〘(1923) ← NL ～: ⇨ thrombocyte, -o-, -penia〙
thròmbo·émbolism *n.* 〘病理〙 血栓(けっせん)塞栓症. **thròmbo·embólic** *adj.* 〘1907〙
throm·bo·gen /θrɑ́(ː)mbədʒɪ̀n, -dʒèn | θrɔ́mbədʒèn, -dʒən/ *n.* 〘生化学〙 トロンボゲン (⇨ prothrombin). 〘(1899) ← THROMBO- + -GEN〙
throm·bo·gen·ic /θrɑ̀(ː)mboʊdʒénɪk | θrɒ̀mbə(ʊ)-⌐/ *adj.* 血栓形成性の. **throm·boge·nic·i·ty** /θrɑ̀(ː)mboʊdʒɪ̀nísəṭi | θrɒ̀mbə(ʊ)dʒɪ̀nísɪti/ *n.* 〘(1899) ← THROMBO- + -GENIC〙
thròmbo·kínase *n.* 〘生化学〙 トロンボキナーゼ《組織や血液中にありプロトロンビン (prothrombin) を活性化し, したがって凝血を促進する物質》. 〘1908〙
Throm·bol·y·sin /θrɑ(ː)mbəláɪsɪ̀n, -boʊ-, -sn | θrɒ̀mbə(ʊ)láɪsɪn/ *n.* 〘商標〙 トロンボリシン《fibrinolysin 2 の商品名》.
throm·bol·y·sis /θrɑ(ː)mbɑ́(ː)ləsɪ̀s | θrɒmbɔ́lɪ̀sɪs/ *n.* 〘医学〙 血栓(けっせん)崩壊[溶解]. **throm·bo·lyt·ic** /θrɑ̀(ː)mbəlíṭɪk | θrɒ̀mbə(ʊ)lít-⌐/ *adj.* 〘← THROMBO- + -LYSIS〙
throm·bo·pe·ni·a /θrɑ̀(ː)mboʊpíːniə | θrɒ̀mbə(ʊ)-/ *n.* 〘病理〙 血小板減少(症) (thrombocytopenia). **throm·bo·pe·nic** /θrɑ̀(ː)mboʊpíːnɪk | θrɒ̀mbə(ʊ)-⌐/ *adj.* 〘(1915) ← THROMBO- + -PENIA〙
thròmbo·phlebítis *n.* 〘病理〙 血栓(けっせん)(性)静脈炎. 〘1896〙
thròmbo·plástic *adj.* 〘生化学〙 血栓形成(性)の, 血液凝固促進性の. **thròmbo·plástically** *adv.* 〘1911〙
throm·bo·plas·tin /θrɑ̀(ː)mboʊplǽstɪ̀n, -tn | θrɒ̀mbə(ʊ)plǽstɪn/ *n.* 1 〘生化学〙 トロンボプラスチン《牛などの脳の組織細胞または血小板から採る凝血促進物質》. 2 〘薬学〙 トロンボプラスチン剤. 〘(1911): ⇨ ↑, -in[2]〙
throm·bose /θrɑ́(ː)mboʊz, -boʊs | θrɔ́mbəʊz, -bəʊs/ 〘病理〙 *vt.* 血栓(けっせん)にさせる. — *vi.* 血栓形成する; 血栓症になる. **thróm·bosed** *adj.* 〘(1910) 《逆成》 ↓〙
throm·bo·sis /θrɑ(ː)mbóʊsɪ̀s | θrɒmbə́ʊsɪs/ *n.* 〘病理〙 血栓(けっせん)症. **throm·bot·ic** /θrɑ(ː)mbɑ́(ː)ṭɪk | θrɒmbɔ́t-/ *adj.* 〘(1706) ← NL ～ ← Gk *thrómbōsis* clotting, curdling: ⇨ thrombus, -osis〙
throm·box·ane /θrɑ(ː)mbɑ́(ː)kseɪn | θrɒmbɔ́k-/ *n.* 〘生化学〙 トロンボキサン《最初血小板から単離された一群の細胞機能調節物質の総称; 血小板を凝固させ, 血管を収縮させる》. 〘(1975) ← THROMBO- + OXO- + -ANE[2]〙
throm·bus /θrɑ́(ː)mbəs | θrɔ́m-/ *n.* (*pl.* **throm·bi** /-baɪ/) 〘病理〙 血栓(けっせん). 〘(1693) ← NL ～ ← Gk *thrómbos* clot, lump〙
throne /θróʊn | θrə́ʊn/ *n.* 1 王座, 玉座: a speech from the ～ 《英》議会開院式[閉院式]の勅語 / the ～ (of grace) 神の御座 (mercy seat). 2 (cathedral にある)司教[主教, 監督]座, (司教)高座; 教皇聖座. 3 [the ～] 王位, 帝位, 王権; 国王, 皇帝, 君主 (king, sovereign): lose [claim] *the* ～ 王位を失う[要求する] / come to [mount, second] *the* ～ 即位する / set a person on *the* ～ 人を王位につかす. 4 司教[主教, 監督]の地位. 5 (モデルの座る)高い腰掛け. 6 《俗》 =toilet seat. 7 [*pl.*; しばしば T-] 〘神学〙 座天使《天使の九階級中第三階級の天使; ⇨ angel 1 a》. — *vt.* 王位につかせる, 即位させる (enthrone). — *vi.* 王位につく, 即位する (be enthroned). 〘(*c*1300) □ L *thronus* □ Gk *thrónos* high seat, chair ← IE **dher(ē)-* to hold, support ∽ (?*a*1200) *trone* □ OF (F *trône*) □ L〙
thróne·less *adj.* 王座のない, 王座を失った. 〘1814〙
thróne ròom *n.* 1 (王座のある)謁見の間. 2 実権のありか. 〘1864〙
throng /θrɔ́(ː)ŋ, θrɑ́(ː)ŋ | θrɔ́ŋ/ *n.* 1 群衆, 人だかり (⇨ crowd[1] **SYN**): ～*s* of people 人の群れ / ～*s* of demonstrators デモをする人々の群れ. 2 (群衆の)殺到, 雑踏: The ～ was great at the entrance of the gate. 門の入口の所ではひどい雑踏だった. 3 《物の集合 (collection), 多数 (host) 〔*of*〕: a ～ *of* dreams 数多くの夢 / a ～ *of* confused notions 数多くの混乱した考え. 4 《方言》〔仕事の〕圧迫, 多忙 〔*of*〕: a great ～ *of* business 大変な仕事の多忙さ.
— *vi.* [方向の副詞語句を伴って] 群がる, 込み合う, 殺到する (crowd): Legions of fans ～*ed around* him [*to* see him]. 大勢のファンが彼を取り巻いた[彼を一目見ようと殺到した] / People ～*ed to* the big cities in search of jobs. 人々は仕事を探して大都市に殺到した / Surmises ～*ed into* her mind. いろいろな憶測が頭の中へ殺到してきた.
— *vt.* 1 〈場所〉に群がる; …に押しかける, 殺到する: ～ the church 教会に押し掛ける / Shoppers ～*ed* the wide sidewalks. 買物客が広い歩道にあふれていた / The station was ～*ed with* commuters. 駅は通勤客でごった返していた. 2 かき分けて進む, 強く押す (cf. Shak., *Lucrece* 1042).
— *adj.* 《スコット》 1 雑踏した, 混雑した (crowded). 2 〈期間・季節など〉なすべき事がいっぱいの, 忙しい (busy): a very ～ time とても忙しい時期.
〘OE (*ġe*)*þrang* < Gmc **þranʒa-* (Du. *drang* / G *Drang*): cf. OE *þringan* to crowd〙
throp·ple /θrɑ́(ː)pl̩ | θrɔ́pl̩/ *n.* 《方言》 (馬の)のど (throat). 〘(1375) *throppill* < ? OE *þrotbolla*: ⇨ throat, bowl[1]: cf. throttle〙
thros·tle /θrɑ́(ː)sl̩ | θrɔ́sl̩/ *n.* 1 〘鳥類〙 ウタツグミ (⇨ song thrush). 2 《英》 (旧式な木綿・羊毛の)紡績機. 〘OE *þrostle* < Gmc **þrustalō* (Du. *drossel* / G *Drossel*) ← IE **trozdo-* (L *turdus* 'THRUSH[1]'): cf. -le[1]〙
throt·tle /θrɑ́(ː)ṭl̩ | θrɔ́tl̩/ *n.* 1 〘機械〙 **a** =throttle valve: at half ～ / on full ～ スロットルバルブを全開させて, 全速力で. **b** =throttle lever. 2 《口語・方言》のど (throat), のど, のど笛 (windpipe).
at full thróttle = ***with the thróttle against the stóp*** 全速力で (at full speed). 《(1936)》
— *vt.* 1 …ののどを締めつける; 絞め殺す (strangle); 窒息させる (choke): ～ a chicken. 2 〈表現・活動を〉抑えつける, 抑圧する (suppress): ～ discussion 討論を封じる / ～ trade 貿易を抑える. 3 〘機械〙 (絞り弁で)〈蒸気・燃料など〉の流れを抑える, 絞る; (そのようにして)〈エンジンなど〉の速度を落とす. 4 巻きつけて圧迫する: ～ a finger 指を(指輪をはめて)締めつける. — *vi.* 窒息する (choke).
thróttle báck [***dówn***] (*vt.*) (1) 〈自動車・エンジンなど〉の速力を落とす: He ～*d* the car *down*. 車のスピードを落とした. (2) 〈発展・発達などを〉阻止する, 抑制する (cf. *vt.* 2): ～ *down* economic growth 経済の成長を抑える. — (*vi.*) (エンジンの)速度を落とす: The driver ～*d back* a bit. 運転手は少し速度を落とした. 《(1932)》
thrót·tler /-ṭlə, -tlə-, | -tlə[r], -tl-/ *n.* 〘*n.*: (*a*1547) (dim.) ← ME *throte* 'THROAT'. — *v.*: (?*a*1400) *throtele*(*n*): ⇨ throat, -le[1]〙
throt·tle·a·ble /θrɑ́(ː)ṭləbl̩ | θrɔ́tl̩-/ *adj.* 〘宇宙〙 〈ロケットが〉(飛行中に)推力を変化させることができる. 〘1960〙
Thróttle·bòttom, t- *n.* 無能だが無害な[毒にも薬にもならない]役人. 〘← *Alexander Throttlebottom* (G. S. Kaufman & Morris Ryskind の音楽喜劇 *Of Thee I Sing* (1932) の登場人物にちなむ)〙
thróttle·hòld *n.* 発展[運動]の自由を制約[妨害]する勢力 (stranglehold). 〘(1935) ← THROTTLE + HOLD[1]〙
thróttle lèver *n.* 〘機械〙 (機関の)絞り弁レバー, スロットルレバー. 〘1864〙
thróttle vàlve *n.* 〘機械〙 絞り弁, スロットルバルブ. 〘1824〙
through /θruː, θrúː/ *prep.* 1 〈物体・表面〉の一方の端[側, 表面]から反対の端[側, 表面]まで通り抜けて, …を貫いて, …を通して: bore a hole [hammer a nail] (straight, right, all the way, 《英》right the way) ～ the plank 板に穴を開ける[釘を打つ] / break ～ the cloud 〈日光が〉雲間を漏れる / creep [push, get] ～ the hedge 〈犬などが〉垣根をくぐる[押し分けて進む] / march ～ the streets 〈行列が〉通りを練って行く / flow ～ the city 〈川が〉市中を流れる / pass ～ the town [tunnel] 町[トンネル]を通り抜ける / An arrow passed ～ his hat. 矢が彼の帽子を貫いた / He got a bullet [got shot] ～ the head. 弾丸に頭を射抜かれた / There is a path ～ the woods. 森を通り抜ける道がある / Their noise came ～ the wall. =I could hear their noise [them making noise] ～ the wall. 彼らの騒ぐ音が壁を通して聞こえた.
2 [通行・通路] …の中を[に]通って (along within); …を通して (by way of); …を押し分けて; 〈赤信号など〉を無視して:

T

fly ～ the air 空中を飛んでいく / look ～ the window (at a rain-soaked garden) 窓から(雨にぬれた庭を)見る / listen ～ a keyhole 鍵(かぎ)穴から聞く / ⇨ *look through one's* FINGERS *at* / run one's fingers ～ one's hair 指で髪をすく / swim ～ the water 水中を泳ぐ / wander ～ the jungle ジャングルの中をさまよう / walk [push, get] ～ the long grass たけの高い草を押し分けて歩く / see ～ the fog 霧を通して見る / ⇨ *see through a brick* WALL / smile ～ one's tears 涙の中に微笑をたたえる / speak ～ one's nose 鼻声で話す / wade ～ slaughter to a throne 多数の人を殺して王座につく / She spoke ～ her tears. 涙ながらに話した / He drove ～ a red light. 赤信号を無視して車を走らせた.
3 [場所] …中(じゅう)を[に], …の至る所を[に], …をくまなく (throughout, all over): travel ～ France フランス中をあまねく旅行する / walk [go, pass] ～ every room in the house 家の中の各部屋をくまなく歩く / Fragrance diffused ～ the air. 芳香があたりに漂った / A thrill ran ～ my veins. 体中がぞくっとした / The poison passed ～ his system. 毒が体中に回った.
4 a [経過・通過・終了] …を通って; …し終わって, し抜いて, し通して: pass [come] ～ dangers 危険を切り抜ける / see ～ a person's designs 人の企(たくら)みを見破る / break ～ all restraints 束縛を打ち破る / flip ～ the pages ページをパラパラとめくる / get ～ an examination 試験を首尾よく切り抜ける / get ～ one's task 仕事をし終える / go ～ an operation 手術を受ける / go [look, search] ～ the accounts 会計を調べる / go ～ college 大学の課程を終了する / go ～ the drawers looking for documents 引き出しの中の書類を捜す / go ～ an undertaking 事業を完成する / go ～ one's fortune 財産を使い果たす / They've passed [gone, been] ～ a crisis. 彼等は危機を切り抜けた / ⇨ SIT *through* / No one knows the anxiety I have been ～. 私が味わったような不安はだれにもわかってもらえない. **b** [*be* ～ として] …を終了する; 〈試験〉にパスする: I *am* half [half-way] ～ the poem. その詩は半分読み[書き]終えた / *Is* he ～ his examination? 彼は試験にパスしたのですか.
5 a [手段・媒介] …を通じて, …により (by means of): look at a thing ～ a telescope [microscope] 望遠鏡[顕微鏡]で物を見る / It was ～ him that I knew her. 私が彼女を知ったのは彼を通じてでした / I heard of you ～ Jones. 君のことはジョーンズから聞いた / I obtained my position ～ a friend. 友人の世話で今の地位を得た / I succeeded ～ your help. 君の援助のおかげで成功した / I sent the check to you ～ the mail. 郵便で小切手を送りました. **b** …経由で (by way of, via): She passed ～ London en route to New York. 彼女はニューヨークへ向かう途中ロンドンを通った.
6 [時間] …中(じゅう), …を通じて (throughout) (cf. *adv.* 4): stay ～ the (whole) summer 夏中滞在する (cf. 7) / enjoy health ～ life 一生健康で通す / ～ all ages 万世にわたって, 永遠に / ～ long years 長年の間 / (all [right]) ～ the year 1 年中 / The rain lasted (all [right]) ～ the night. 雨は夜通し降り続いた / He won't last [live] ～ the night. 彼は朝までもつまい.
7 《米》(…から)…まで (to the end of): Monday ～ Friday 月曜日から金曜日まで / (*from*) January 1st ～ 31st 1 月 1 日から 31 日まで (31 日いっぱい) / It will be on display ～ April 30. それは 4 月 30 日まで展示される / stay ～ (the end of) the summer 夏中滞在する (cf. 6).
8 [原因・理由・動機] …のために, …から, …のかどで (by reason of, because of): run away ～ fear 怖くて逃げる / ～ shame 恥ずかしさのあまり / He lost his place ～ neglect of duty. 職務怠慢のために免職になった.
9 〈人手・機械など〉を経て: ～ a machine 機械で加工されて / It has passed ～ many hands since then. その時以来それは多くの人の手を経ている.
10 〈遠いまたはかすかな音が〉〈近くのまたは大きい音〉にもかき消されずに: A voice was heard ～ rolling drums. 鳴り響く太鼓の音にもかき消されずにだれかの声が聞こえた.
thróugh and thróugh …をすっかり通り抜けて (entirely through): A second shot went ～ *and* ～ his body. 2 番目の弾丸は彼の体を貫通した. 《*c*1400》
— /θrúː/ *adv.* **1** 通して, 貫いて, 貫通して, …通す, …抜く (from end to end): shoot [pierce] something (right, all the way, 《英》 right the way) ～ 物を射抜く[貫く, 突き通す] / Anger pierced her ～. 怒りが体中にこみ上げてきた.
2 a 初めから終わりまで; 終わりまで, 完成まで: read a book (right, straight) ～ (to the end) 本を通読する / sing a song ～ 歌を終わりまで歌う / look something ～ (徹底的に)物を調べる / carry one's plans ～ 計画を完成する / ⇨ SEE[1] *through* (1). **b** 首尾よく通って[終えて]; 〔…を〕終えて〔with〕(cf. *adj.* 1): How was the course? Did you get ～? コースはどうだった. うまくいった / get ～ *with* one's work 仕事を終える.
3 途中ずっと (all the way), 目的地まで: This train goes (right, all the way) ～ *to* London. この列車はロンドンへ直通だ / Get the ticket ～ *to* Reading. レディングまでの通し切符を買いなさい / She got ～ to the fourth round. 彼女は 4 回戦まで進んだ / You can go ～ (to her office) now, sir. (彼女の部屋に)直接入って下さい / Let me ～. It's emergency! 通して下さい. 緊急なんです.
4 [時間] …中(じゅう), ぶっ通して, ずっと (cf. *prep.* 6): sleep all night ～ 一晩眠り通す / He stayed there the whole summer ～. 夏中ずっとそこに滞在した / The sound lasted all ～. 音はその間ずっと続いた.
5 直径…で, さしわたし…で: The mast is [measures] 30 inches ～. マストは直径 30 インチある.
6 全く, 徹底的に, すっかり (entirely): She [Her dress] was wet ～ (with perspiration). (汗で)全身[服が]びっしょりぬれていた / I am chilled ～. 体中冷え切った / The food was warmed ～. 食べ物は十分に温めてあった.
7 《電話》つながって (connected) 〔to〕: I will put you ～ (*to* Mr. Smith). (スミスさんに)おつなぎします.
thróugh and thróugh 全く, どこからどこまで; 徹頭徹尾, 徹底的に: look a person ～ *and* ～ 人を穴のあくほどじろじろ見つめる / We were wet ～ *and* ～. ずぶぬれになった / He is a bad man ～ *and* ～. 全くの悪人だ / I know it ～ *and* ～. 熟知している. 《*c*1410》
— /θrúː/ *adj.* **1 a** [叙述的] 〔…が〕終わって〔with〕; 〔友人などと〕手が切れて (finished) 〔with〕; だめになって; 〔…(すること)に〕うんざりして, 飽き飽きして〔with〕: Wait till I'm ～. 私が終わるまで待って下さい / He is not ～ yet. まだ仕事が終わらない / I am ～ for the day. 今日の仕事は済んだ / My work is ～. 仕事は終わった / When will you be ～ *with* the book? その本をいつ読み終えますか / I am ～ *with* that fellow. あの男とは手を切った / His girlfriend told him they were ～ [she was ～ *with* him]. 彼のガールフレンドはもう終わりねと言った / As a boxer, he is ～. ボクサーとしてはもうだめだ / I'm ～ *with* being pushed around! もうこき使われるのはたくさんだ. **b** 首尾よく通って; (試験に)パスして: Is he ～? パスしましたか. **2** [叙述的] 《電話》 **a** 《米》(通話が)終わって: Are you ～? 通話は終わりましたか. **b** 《英》〔…に〕つながって〔to〕: You are ～. お出になりました.
3 [限定的] **a** 〈列車・船・飛行機など〉直通の, 直行の: a ～ passenger 通し[直行]旅客 / ⇨ through ticket, through train. **b** 〈道路が〉通しの, 通り抜けられる: a ～ road / No ～ road. [掲示] 通り抜けできません. **c** 《土木》橋構造の下部に通路がある (cf. deck *adj.*): ⇨ through bridge.
《(*a*1300) *þrugh* (音位転換) ← ME & OE *þurh* < (WGmc) **þurχ* (Du. *door* / G *durch* / Goth. *þairh*) ← IE **terə-* to pass through (L *trāns* 'across, TRANS-'): cf. thorough》
thróugh bàll *n.* 《サッカー》スルーボール 《相手ディフェンスの隙間を抜くフォワードパス》. 《1966》
thróugh bòlt *n.* 《機械》通しボルト. 《1837》
thróugh brìdge *n.* 《土木》下路橋(かろきょう) 《通路が橋桁の下部にある橋; cf. deck bridge》.
thróugh chèck *n.* 《チェス》王手駒取り 《チェックをかけてキングを移動させ無防備になった駒を取ること》.
thróugh-compósed *adj.* 《音楽》〈歌曲が〉通作の 《詩の各節が異なる旋律で歌われる; cf. strophic 2》: a ～ song 通作歌曲. 《(1884) (なぞり) ← G. *durchkomponiert*》
thróugh·fàll *n.* 林内雨 《森林への降水の一部で, 植生に受け止められてから地表に落ちるもの》.
thróugh·fàre *n.* 《古》=thoroughfare.
thróugh·flòw *n.* 通過する液体[気体]の流れ, 貫流.
thróugh-hòle *adj.* 〈電子部品が〉挿入実装の 《リードを基板の穴に通して背面からはんだ付けする方式の; cf. surface-mount》.
through·ith·er /θrúːɪðə | -ðə^r/ *adv., adj.* 《スコット》混乱して[した], 乱雑に[な]. 《← THROUGH＋*itur* (変形) ← OTHER》
thróugh·ly *adv.* 《古》=thoroughly. 《*c*1440》
thróugh·òther *adv., adj.* =throughither. 《1596》
through·out /θruːáut/ *prep.* **1** [場所] …中(じゅう), …全体にわたって, …の隅から隅まで, 至る所に: ～ the country [the world] 国中[世界中]至る所で / ～ the length and breadth of the land 全国至る所に, 津々浦々までも / ～ her book 彼女の本の至る所に. **2** [時間] …中, …を通じて: ～ a person's life [the night, the war] 一生を通じて[夜通し, 戦争中ずっと] / ～ the year 年から年中.
— *adv.* **1** くまなく, 隅から隅まで (everywhere): The house was searched ～. 家はくまなく捜索された. **2** 初めから終わりまで, ずっと: sit perfectly still ～ 終わりまでじっと静かに座っている / Today has been fine ～. 今日は一日中天気がよかった. **3** 全部, 徹頭徹尾: revise a dictionary ～ 辞書を全面的に改訂する / He is an honest man ～. 彼はあくまで正直な人だ. **—** *adj.* 《紋章》〈十字などが〉盾一杯に描かれた (cf. couped 1). 《lateOE *þruh ūt*: ⇨ through, out》
thróugh pàss *n.* 《サッカー》=through ball.
thróugh·pùt *n.* **1** 一定時間内に処理[加工]される原料の量. **2** 《電算》スループット 《コンピューターで単位時間に処理できる情報の量》. 《1808》
thróugh stòne[1] *n.* 《建築》つなぎ石, 控え石 (bondstone, perpend) 《壁の全厚みを貫いている石》. 《1805》
thróugh stòne[2] *n.* 《スコット》平たい墓石. 《(*a*1325) *throgh* stone ← OE *þrūh* pipe, coffin, (ME) flat gravestone》
thróugh strèet *n.* **1** 優先道路 《交差点で進入または横断車両に対して優先権が通過車両に与えられている街路; cf. stop street》. **2** 通り抜け(可能な)道路. 《1930》
Thróugh the Lóoking-Glàss *n.* 「鏡の国のアリス」《Lewis Caroll の物語 (1872); 「不思議の国のアリス」の続編》.
thróugh tìcket *n.* 通し切符.
thróugh-tìcket·ing *n.* 通し切符システム 《いくつかの異なった鉄道網を経由する旅程を一枚の通し切符で済ませるシステム》.
thróugh tràffic *n.* 通過交通 《高速道路本線の交通など》.
thróugh tràin *n.* 直通列車.
thróugh·wày *n.* **1** 《米》高速道路 (expressway). **2** =through street. 《1934》
throve /θróuv | θrə́uv/ *v.* thrive の過去形. 《ME *prof(e)*, *praf(e)* (pret.) ← *prive(n)* 'THRIVE'》
throw /θróu | θrə́u/ *v.* (**threw** /θrúː/; **thrown** /θróun | θrə́un/) **— *vt.*** **1 a** 投げる, ほうる (cast, fling): ～ a ball *up* [*back*, a long way, around] ボールをほうり上げる[投げ返す, 遠くへ投げる, 投げて回す] / ～ litter *around* ごみを投げ散らかす / We were just ～*ing* some ideas *around* when she came up with something really good. いろいろアイディアを出し合っていると, 彼女は本当にいい考えを思いついた / ～ one's goods *into* the sea 積荷を海へ投げ捨てる / ～ *out* a lifeline 救命索を投げてやる / ～ a person *out* [*to* the floor] 人を外へほうり出す[床へ投げつける] / I *threw* the bone *to* the dog [*threw* the dog the bone]. その犬に骨を投げてやった / He *threw* a stone *at* the dog. 犬を目がけて石を投げつけた / Can you solve a problem by just ～*ing* money *at* it? 金を使うことで問題は解決するのか / *Throw* me that magazine, please. その雑誌を投げてくれないか / ～ a cigarette *on* the sidewalk たばこを歩道に投げ捨てる / Will older workers be (fired and) *thrown on* the rubbish heap? 年配の労働者は(解雇されて)ゴミのように捨てられるのか / He *threw* his clothes all *over* the room. 部屋中に服を脱ぎ散らかした. **b** [～ *oneself* で] 〈身を〉投げかける: He *threw himself into* a chair. どっかと椅子に腰かけた / He *threw himself (down) on* the sofa. どっと身を投げるようにソファーへ横になった / She *threw herself into* his arms. 彼女はどっと身を投げ彼の腕に抱かれた; 彼の妻[愛人]になった (cf. *throw oneself into the* ARMS *of*) / She *threw herself at* his feet. 彼女は彼の足元に身を投げた / She thought of ～*ing herself off* a bridge. 橋から身投げでもしようかと思った. **c** 《スポーツ》〈槍・円盤などを〉投げる, 投擲(とうてき)する: ～ the discus [javelin] 円盤[槍]投げをする. **d** 《釣》〈投網・釣り糸などを〉投げる, 投げ込む (cast): ～ a net [line] 網[釣り糸]を投げる / ～ a fly 毛鉤(けばり)で釣りをする. **e** 《クリケット》急に肘を伸ばして〈球を〉投げる 《反則》. **f** 〈波・風が〉〈海岸・岩などに〉打ち上げる 〔*on, upon*〕: The boat was ～*n upon* dry land. 船は陸地に打ち上げられた. **g** ほうり出す (hurl), 投げる (toss): The blast *threw* me clear of the oncoming cars. 突風に飛ばされて向かってくる車から逃れることができた.
2 a 〈馬が〉〈乗り手を〉振り落とす (unseat). **b** 《レスリング》〈相手を〉投げる, 倒す, 投げ倒す: ～ one's opponent 相手を投げ倒す. **c** 〈建物・木を〉倒す.
3 a 〈弾丸・ミサイル・人工衛星などを〉発射する; 〈噴水・ポンプなどが〉〈水などを〉噴出[射出]する (project): ～ a missile, satellite, etc. / This big gun can ～ a heavy shell. この大きな大砲は重い弾丸を発射できる / a machine by which water is ～*n upon* fires 火事に放水する機械. **b** 〈打撃・パンチなどを〉加える (deliver): ～ a punch *at* one's opponent (ボクシングで)相手にパンチを浴びせる.
4 〈手・足などを〉(激しく)動かす (jerk): ～ one's legs and arms *around* (水中で)手足をばたばたさせる / ～ one's head *back* 頭をのけぞらせる / ～ *up* one's hands ⇨ hand 成句 / She *threw* her arms *(a)round* my neck. 私の首に抱きついた.
5 a 〈衣服などを〉急いで着る, 引っかぶる 〈*on*〉, かなぐり捨てる 〈*off*〉: ～ *off* [*on*] one's coat 上着をさっと脱ぐ[着る] / ～ a cloak *(a)round* one 外套(がいとう)をさっと身にまとう / She *threw* the shawl *over* her head. 彼女はさっと頭にショールを掛けた. **b** 〈ヘビが〉〈皮を〉脱ぐ (cast off); 〈鳥が〉〈羽毛を〉落とす; 〈馬が〉〈蹄鉄を〉落とす: There the snake ～*s* her enamell'd *skin*. そこでヘビが五彩に光る皮を脱ぐ (Shak., *Mids N D* 2. 1. 255). **c** 〈分別・道徳感などを〉かなぐり捨てる (abandon): ～ caution [restraint] *to* the winds 警戒心[慎み]をすっかりかなぐり捨てる (cf. *cast to the (four)* WINDS (2)).
6 a [時に二重目的語を伴って] 〈光・影などを〉〔…に〕投げる, 投げかける (cast) 〔*on, upon, over*, etc.〕; 〈視線を〉向ける (direct): ～ (new, fresh) light *on* …に新たな光を投じる; …を明らかにする / ～ the emphasis [stress, accent] *on* [*to*] a different aspect [syllable] 別の面[シラブル]に強調[ストレス, アクセント]を置く / ～ a luster *over* …に光輝を添える / A bed lamp *threw* an amber glow *on* the sheet. 寝台用電灯がシーツに琥珀色の光を投げかけていた / The poplars *threw* their long reflections [shadows] *on* the stream. ポプラの木々は小川に長々とした影を落としていた / The projector *threw* images *onto* the screen. プロジェクターがスクリーン上に映像を映し出した / The king's death *threw* gloom *over* the country. 国王の死が国中を憂鬱(ゆううつ)にした / He *threw* an angry look *at* me [*threw* me an angry look]. 私をにらみつけた / She *threw* her eyes *to* the ground. 急に地面に目を向けた / He *threw* her a quick glance. ちらと彼女に視線を走らせた. **b** 〔…に〕〈疑いなどを〉投げかける (cast), 〈罪を〉着せる (lay) 〔*on*〕: ～ doubt *on* a person's veracity 人の誠実さに疑いをかける / ～ the blame *on* a person 人に罪をかぶせる. **c** 〈言葉などを〉(投げ)かける (direct), 差しはさむ (insert): ～ a question *at* a person 人に質問を投げかける / ～ a greeting *to* a person 人に挨拶の言葉をかける / ～ an outrageous comment *into* the discussion 討論中に途方もない意見を差しはさむ / ～ a person a kiss 人に投げキスをする / She *threw* me a nod. 私にちょっと会釈をした / ⇨ THROW *in* (2).
7 [前置詞句や目的補語を伴って] 〈ある位置・状態などに〉投じる, 向ける, 陥らせる (put, turn); 〈他国語に〉翻訳する 〔*into*〕: ～ a person *into* prison 人を投獄する / ～ one's soul [heart, spirit, efforts, energies] *into* …に全力を投入する / ～ troops *into* action 軍隊に行動を起こさせる / ～ a meeting *into* confusion 会を混乱に陥らせる / The news will ～ her *into* a state of despair. その事を耳にすれば彼女は絶望してしまうだろう / The king's death *threw*

T

the country *into* uncertainty. 王の死はその国を不安定な状態にした / ～ a person *out of* work [a job] 人を失業させる / ～ a student *out of* college 学生を退学させる / ～ a squadron *across* a river 一隊の兵を川向こうへ移動させる / ～ a cordon (*a*)*round* ...の回りに非常線を張る / ～ obstacles *before* ...の邪魔をする, ...を妨害する / ～ a person *off* (his) guard 人を油断させる / ～ investigators *off* the track [trail] 調査担当者をまく / ～ the switch *to* 'on' 急にスイッチを「オン」にする / The scene *threw* my mind *back to* those happy days. その光景を眺めていると, ふと楽しかったあのころのことを思い出した / He *threw* the window open [*threw* open the window]. 窓をさっと開けた / The garden [competition] was *thrown open* to the public. その庭園は一般に公開された[その試合にはだれでも参加できた].

8 〈橋・ダムなどを〉(急いで)かける, 造る (build): ～ a bridge *across* [*over*] the river 川に橋を急設する.

9 a 〘窯業〙〈陶工が〉手でろくろ成形する (shape): ～ pots on one's wheel. **b** 〘紡織〙〈生糸を〉撚(よ)る, 〈生糸〉に撚りをかけて糸にする (twist). **c** 〈材木などを〉(旋盤に取り付けて)回転させる.

10 a 〈犬・うさぎ・鳩などが〉〈子を〉産み落とす, 産む. **b** 〈畑が〉〈作物を〉産する, 作る: ～ a good crop.

11 〘トランプ〙〈札を〉出す (play); (特に)〈手札を〉捨てる (discard, throw away [out]): ～ a card 札を出す[捨てる] / You can ～ your queen *on* the ace. エースに対してクイーンを出してもよい.

12 a 〈さいを〉投げる, 振る (cast): ～ dice さいを投げる. **b** (さいを投げて)〈目を〉出す: ～ a six さいを振って 6 を出す.

13 〈票を〉投じる (cast): ～ one's vote 投票する.

14 a 〈声を〉明瞭に響かせる, はっきりと出す (project): ～ one's voice so that everyone can hear 皆が聞こえるように大声を張り上げる. **b** (腹話術などで)〈声を〉別のところから聞こえてくるようにする: ～ one's voice (as a ventriloquist does) (腹話術師のように)どこから声が出ているかわからないように話す.

15 《口語》〈競技・競走など〉に八百長で勝ちをゆずる, 〈ボクシングで〉わざと負ける: ～ a contest, fight, game, race, etc.

16 《口語》〈パーティーなどを〉催す, 挙行する (hold, give): ～ a (cocktail) party (for a worthy cause [an engaged couple]) (しかるべき理由があって[婚約したカップルのために])(カクテル)パーティーを開く.

17 〈発作・癇癪(かんしゃく)などを〉起こす (have): ～ a fit 発作を起こす; びっくりする, かんかんに怒る / ～ a tantrum むかっぱらを立てる.

18 《口語》狼狽(ろうばい)させる, 仰天させる (disconcert): This problem completely *threw* me. この問題にはまったく参った.

19 〈自動車(のギヤ)を〉(...に)入れる 〔*into*〕: ～ the car [gear] *into* high [reverse] 車のギヤをトップ[バック]に入れる. **20** 〘機械〙〈機械・クラッチ・スイッチなどの各部を連結[遮断(しゃだん)]するために〉〈レバーを〉動かす. **b** (レバーを動かして)〈クラッチ・スイッチなどを〉連結[遮断]する.

— *vi.* 1 a 投げる, 投じる, ほうる: ～ well うまく投げる / ～ a hundred yards 100 ヤード投げる. **b** 弾丸などを発射する: This gun'll ～ about a mile. この砲は 1 マイルくらい弾丸が飛ぶ. **c** 投網[釣り糸など]を投げる. **2** さいを投げる[振る] (cast dice): ～ for high stakes 大ばくちを打つ. **3** 《スコット》(...と)争う, けんかをする (quarrel) 〔*with*〕. **4** 〈溶液が〉沈殿物を生じる.

***thrów aróund* [*abóut*]** (*vt.*) (1) 投げ散らかす (scatter) (cf. *vt.* 1 a). (2) 振り回す (cf. *vt.* 4). (3) 《口語》〈金を〉浪費する (spend recklessly [lavishly]): ～ one's money *around* 金銭を浪費する. — (*vi.*) 〘海事〙〈船が〉針路を変える (tack). 《c1378》

thrów asíde 〈計画・友人などを〉捨てる (cast), 顧みない (neglect). 《1530》

thrów awáy (1) 投げ捨てる, 廃棄する; 〘トランプ〙〈札を〉捨てる (discard, throw out): ～ *away* a card [an empty can] 札[空き缶]を捨てる. (2) 〈好機などを〉見逃す, 棒に振る (miss): ～ *away* an advantage [an opportunity, a college education] 有利な地歩[好機, 大学教育]を棒に振る. (3) 〈金銭・一生などを〉無駄にする, 浪費する (waste); [～ *oneself away* で] 〔配偶者・恋人などのために〕一生を無駄に費やす 〔*on*〕; [受身で] 〈忠告などが〉〈人に〉無駄である 〔*on, upon*〕: ～ one's savings *away* 貯金を使い果たす / She is simply ～*ing herself away on* such a man. 彼女はあんな男にだまされているだけだ / Kindness [Any advice] is ～*n away* (*up*)*on* him. 彼には親切を尽くしても[どんな忠告をしても]無駄だ. (4) (芝居・放送などで)〈せりふ・言葉などを〉わざとさりげなく言う: ～ *away* a line, remark, word, etc. 《c1384》

thrów báck (*vt.*) (1) 投げ返す (cf. *vt.* 1 a); 〈頭を〉のけぞらせる (cf. *vt.* 4); 〈光・熱などを〉反射する (reflect). (2) 〈寝具などを〉さっと引きはがす; 〈カーテンなどを〉さっと引いて開ける. (3) 遅らせる, 阻止する (check); 撃退する (repel): ～ *back* an enemy 敵の前進を阻止する; 敵を撃退する / My cold *threw* me *back* a week at school. 風邪で学校の勉強が一週間遅れた. (4) [しばしば受身で] 〔...に〕頼らせる, 依存させる 〔*on, upon*〕: He has *been* ～*n back on* his own resources. (頼む所がなく)自分でやるよりほかに道がなくなった. (5) 《口語》〈過去の失敗などを〉思い起こさせる; 〔自分を非難した相手に〕非難し返す 〔*at*〕: Why should you of all people ～ my words *back at* me? 人もあろうに君から私の言ったことについてとやかく言われる筋がどこにあろう. (6) 《口語》急いで飲む: ～ *back* a shot of whiskey 一杯ひっかける. — (*vi.*) 〘生物〙〈動植物などが〉先祖返りをする. 《*a*1822》

thrów bý 捨てる, 廃棄する. 《1611》

thrów dówn (1) 投げ倒す (cf. *vt.* 1 b). (2) 投げ捨てる: ～ *down* a book / ～ *down* one's arms 武器を投げ捨てる《降服する》. (3) 〈銅像・建物などを〉引き倒す (upset), 〈都市などを〉破壊する (destroy): houses ～*n down* by an earthquake 地震で倒壊した家屋. (4) 〈友人などを〉見捨てる, はねつける (reject). (5) 〈挑戦状を〉突きつける (issue): ～ *down* a challenge (to one's opponents) (相手に)挑戦状を突きつける. 《c1250》

thrów ín (*vt.*) (1) 投げ込む; 注入する (inject). (2) 〈言葉などを〉差しはさむ (insert, interject) (cf. *vt.* 6 c): He listened, ～*ing in* an occasional question or interjection. 時々質問や合いづちを差しはさみながら聞いていた. (3) おまけに添える: If you'll take ten copies, I'll ～ *in* another. 10 部お買いになれば 1 部おまけいたします / If you buy a meal there, you get a bottle of wine ～*n in* (free). そこで食べ物を買えばワイン 1 本が(ただで)もらえます. (4) 〈歯車を〉かみ合わせる (mesh), 〈クラッチを〉つなぐ (engage). (5) (サッカー・バスケットボールなどで)スローインする (⇨ throw-in 1). 《1887》 — (*vi.*) (1) 《口語》仲間にはいる, 仲間入りする (join) 〔*with*〕: ～ *in with* bad company 不良の仲間にはいる. (2) 〘トランプ〙ポシャにする, 流す (cf. PASS[1] *out* (*vt.*) (3)). 《?*a*1225》

thrów in a person's fáce 〈人の言動または人を〉面と向かって[公然と]非難[侮蔑(ぶべつ)]する: I don't like to ～ anyone's past *in his face*. 過ぎた事をその人に面と向かってなじるようなことはしたくない / He *threw* my age *in my face*. この老いぼれめと私をののしった.

***thrów in one's hánd* [*cárds*]** (1) 〘トランプ〙(負けそうなので)よす, おりる. (2) 《口語》(物事から)手を引く.

thrów óff (*vt.*) (1) 急いで脱ぐ (cf. *vt.* 5 a); 〈仮面・偽装などを〉脱ぎ捨てる; 〈拘束・考えなどを〉かなぐり捨てる: ～ *off* one's shirt / ～ *off* every restraint あらゆる束縛を振り捨てる. (2) 〈厄介なものを〉お払い箱にする; ...との関係を絶つ (get rid of); 〈追手・客引きなどを〉まく (elude); 〈猟犬〉に臭跡を見失わせる: ～ *off* a dependent 食客をお払い箱にする. (3) 〈病気・くせなどを〉治す (shake off): ～ *off* a cold, an illness, a bad habit, etc. (4) 《口語》〈詩・しゃれなどを〉即座に作る[言う] (knock off): ～ *off* a poem [an epigram] 即座に詩を作る[警句を発する]. (5) 〈煙・におい・火花などを〉出す, 発散させる (emit). (6) 予定の針路から逸脱させる; 誤解させる (mislead); 狼狽させる, あわてさせる (confuse): My mistake *threw* me *off* a bit. 間違いをしたために予定がいささか狂った / His appearance had ～*n* me *off*. 風采に釣られて彼を誤解してしまっていた / The speaker was ～*n off* by the hoots and jeers. 講演者は散々やじられてかっとなってしまった. — (*vi.*) (1) 猟を始める; 始める (start) (cf. throw-off). (2) 悪口を言う, 中傷する 〔*on*〕: ～ *off on* one's neighbors 近所の人の悪口を言う. (3) 《豪口語》あざける, 嘲笑する 〔*at*〕. 《1447》

thrów ón (1) 急いで着る (cf. *vt.* 5 a). (2) 急に〈ブレーキを〉かける. 《c1385》

thrów ópen ⇨ open *adj.* 成句.

thrów óut (1) 投げ出す (cf. *vt.* 1 a); 捨てる, 廃棄する (discard, throw away): ～ *out* old magazines 古雑誌を捨てる / ⇨ *throw out the* BABY *with the* bathwater. (2) 《口語》(力ずくで)追い出す, 追放する (expel); (急に)罷免する, 放校する (dismiss): The drunk got ～*n out* (*of* the bar). 酔っぱらいは(酒場から)つまみ出された. 《1526》 (3) (それとなく)言う, (試みに)言ってみる, (ふと)口に出す (utter): I just wanted to ～ *out* a few suggestions. ただ自分の考えをひとこと言ってみたかっただけだった. 《1611》 (4) 〈光熱・においなどを〉発散する, 放射する (emit); 〈芽・枝などを〉出す (put forth): The plants began to ～ *out* new leaves. 木々が若葉を出し始めた. 《1750》 (5) 増築する, つぎ足す, 伸ばす, 張り出す (extend): ～ *out* a new wing *to* a building 建物に新しい翼部を増築する[張り出させる]. (6) 〈案・考えなどを〉持ち出す, 提案する: ～ *out* a new proposal 新しい提案をする. (7) 考慮に入れない; 〈議案・提案などを〉否決する, 無効にする (reject): The bill was ～*n out* of the house. その議案は議院で否決されてしまった / Her testimony was ～*n out* by the judge. 彼女の証言は裁判官によって却下された. 《1824》 (8) 〈計画・予定などを〉台なしにする, 狂わせる (put out); 〈人を〉狼狽(ろうばい)させる, ...の気を散らせる (confuse): It *threw* the whole plan [my calculations] *out*. そのために計画全体[計算]がだめになってしまった / Don't ～ me *out* in my calculations. 計算をしているのだから気を散らさないでくれ. 《1871》 (9) 〘クリケット〙〈打手を〉アウトにする; 〘野球〙送球して〈走者を〉アウトにする[刺殺する]. 《1713》 (10) 〘スポーツ〙走り抜く, 引き離す (outdistance). (11) 〈胸を〉張る: ～ *out* one's chest. (12) 〈信号・旗などを〉掲げる (display). (13) 際立たせる, 目立たせる. 《1834》 (14) 〘軍事〙〈斥候を〉出す (send out); 〈戦列を〉前面に進める, 展開させる (extend). (15) 〈クラッチを〉切る (disengage). (16) 〘トランプ〙カードを出す (discard, throw, play): ～ *out* an ace 切り札を出す. (17) 〘野球・クリケット〙アウトにする: The runner was ～*n out* at third (base). ランナーはサードでアウトになった. 《1508》

thrów óver 《口語》(1) 〈恋人・友人・政党などを〉見捨てる (desert): He has ～*n* Kate *over for* her sister. 彼はケートを捨ててその妹に乗り換えた. (2) 〈説・計画などを〉捨てる, 排除する (reject). 《1835》

thrów onesélf at (1) ...に激しく突進する. (2) 〈人〉の関心を引こうとやっきになる: She *threw herself at* any young man she came across. 彼女はだれかれの見境なく若い男に色目を使った. 《1789》

thrów onesélf ínto (1) ...に身を投じる (cf. *vt.* 1 b). (2) ...に勢いよく[熱心に]従事する: She began to ～ *herself* wholeheartedly *into* (doing) the work. 全身全霊を傾けてその仕事に取りかかった. 《1847》

***thrów onesélf on* [*upón*]** (1) 〈人・恩情などに〉すがる, ...を頼(り)にして身を寄せる): He *threw himself on* [*upon*] the mercy of the court. 法廷の情けにすがった. (2) 〈敵など〉を激しく攻撃する; 〈食べ物〉を勢いよく食べ始める: He *threw himself on* the pie. 《1650》

throw ... sideways ...に衝撃[悪影響]を与える.

thrów togéther 《口語》(1) 〈仕事・仕立て・着こなしなどを〉いい加減にやる; 〈作品などを〉寄せ集める, 寄せ集めてでっち上げる: This desk was ～*n together* quickly. この机は急ごしらえしたものだった / I have ～*n together* such reflections as occurred to me on that subject. その題目について頭に浮かんできた感想を寄せ集めてまとめてみた. (2) 〈人々を〉偶然会わせる[一緒にする]: They had been ～*n together* as children. 彼らは子供のころ偶然会った.

thrów trúe ⇨ true *adv.* 3.

thrów úp (1) 投げ上げる (cf. *vt.* 1 a, 4). (2) 〈窓を〉押し上げ(て開け)る. (3) (*vt.*, *vi.*) (食べた物を)戻す, 吐く (vomit): *Throw up* what you've swallowed. 飲み込んだ物を吐き出しなさい / When he *threw up*, nothing but bile came up. 吐いたら胆汁しか出なかった. 《1732》 (4) 《口語》〈職場・任官・仕事などを〉放棄する, やめる (abandon, reject): ～ *up* one's job 辞職する / ～ *up* a wonderful opportunity すばらしい好機を見送る. (5) (対照によって)目立たせる, 引き立たせる. 《1882》 (6) 急いで建てる, 急造する (build [pile] up hastily): Barricades were ～*n up*. バリケードが急造された. (7) 作り出す (produce): The present generation will ～ *up* more leaders [discoveries] of this kind. 今日の世代からはこの種の指導者[発明]がますます生み出されよう. (8) 〈人に〉指摘して(しつこく)非難[批判]する 〔*to, at*〕: I won't have an old scandal ～*n up to* [*at*] me. 古い醜聞など探し出してきてとやかく言ってもらいたくない. (9) 〈鳥が〉〈新しい羽毛を〉生やす. 《c1420》

thrów úp one's éyes ⇨ eye[1] 成句.

***thrów one's wéight aròund* [*abòut*]** ⇨ weight 成句.

— *n.* 1 a 投げること (cast, fling); (球技の)投球; (弾丸の)発射: Give us a ～ (of the ball). ボールを投げて / make [get off] a good [straight] ～ よい球[直球]を投げる / the hammer ～ ハンマー投げ / a record ～ with [of] the javelin 槍投げの記録的な投擲(とうてき). **b** さいを振ること; 振り出したさいの目: It's your ～. 今度は君の振る番だ / Have another ～. もう一度振ってみな. **c** 〘釣〙釣り糸[投網]を投げること, 投げ込み. **d** 〘レスリング・柔道〙投げ, 投げわざ. **e** 〘バドミントン〙=sling[1] 5. **f** 〘クリケット〙投手が急に肘を伸ばして球を投げること《反則》. **2** 投げて届く所[距離]: *at* [*within*] a stone's ～ (*of* [*from*] ...) (...から)石を投げれば届く距離に, ごく近いところに. **3** 《口語》冒険, 運 (venture, chance): He had ventured his all on this [one] ～. 彼は一切をこの運にかけていた. **4** 《米》**a** (女性の)肩掛け, スカーフ (scarf). **b** 軽い上掛け〈ベッドカバー (bedspread), 毛糸編みの毛布 (afghan) など〉. **c** (イーゼルなどのほこりよけの)掛け布. **5** 〘機械〙**a** 行程, 動程: the ～ of an eccentric 偏心距離. **b** =crank web. **6** 〘地質〙**a** (断層の)垂直落差: ⇨ downthrow, upthrow. **b** =dislocation 4. **7** 〘窯業・鉱山〙(陶工の)ろくろ. **8** 映写距離, 開き《映写機とスクリーンの距離》; (講堂などの)拡声器と聴衆の距離. **9** 照射距離; 〘劇場〙スポットライトの照射距離[範囲]: a spotlight with a ～ of 450 feet 照射距離 450 フィートのスポットライト. **10** 《米口語》1 個, 1 杯, 1 回, 1 足(など) (unit, piece): Catalogs can be obtained at $2 a ～. カタログは 1 部 2 ドルで入手できる. **11** 《古》=throe.

〚lateOE *þrāwan* to (cause to) turn, twist, hurl < (WGmc) **þrējan* (Du. *draaien* / G *drehen* to twist, twirl) ← IE **terə-* to rub, turn, twist (L *terere* to rub / Gk *tríbein* to rub & *teírein* to rub): 現在の中心語義 to cast, hurl は to throw by a turn or twist of the arm を経て ME から〛

SYN 投げる: **throw** 投げる《一般的な語》: *throw* the book away 本を投げ捨てる. **toss** 通例, 軽い物を狙いをつけず上または横に軽くほうり上げる: *toss* a bone to a dog 犬に骨をぽいと投げる. **hurl** 強く投げて, ある距離を迅速に飛ばす: *hurl* a spear 槍を投げる. **fling** しばしば怒りなどの感情にかられて非常に勢いよく投げる《相当の力である表面にぶつかることを暗示する》: She *flung* the book to the floor. 本を床にたたきつけた. **pitch** 的を狙って投げる: *pitch* a ball ボールを投げる.

thrów·awày *n.* **1** (広告の)びら, ちらし, パンフレット《街路で配ったり戸の隙間(すきま)に差し込んでいくもの》. **2** (芝居などで)さりげなく[投げやりに]言われたせりふ. **3** 使い捨ての物. **— *adj.*** [限定的] **1** 使い捨ての: a ～ song すぐ忘れられる歌 / ～ cans 使い捨ての缶 / a ～ society 使い捨て社会 / ～ mentality 彼らの使い捨ての心理. **2** (芝居のせりふなど)さりげなく[投げやりに]言われた; ふとした, ぞんざいな: his ～ remark. 〚(1903) ← *throw away* (⇨ throw (v.) 成句)〛

thrów·bàck *n.* **1** 投げ返し. **2** 〘映画〙=flashback 1 a. **3** 後戻り, 逆転 (setback, reversion). **4** 先祖返り, 隔世遺伝 (atavism). 〚(1856) ← *throw back* (⇨ throw (v.) 成句)〛

thrów·dòwn *n.* **1** 拒絶 (refusal). **2 a** (レスリングなどの)フォール (fall). **b** 《俗》敗北 (defeat). **3** 〘サッカー〙スローダウン《審判がボールを両チームの間の地面に落としてゲームを開始すること》. **4** 《俗》(音楽やダンスつきの)パーティー. 〚(1896) ← *throw down* (⇨ throw (v.) 成句)〛

thrów·er *n.* **1** 投げる人, 投げ手; 投げる物. **2** 生糸を撚(よ)る人, 撚り糸工 (throwster). **3** (陶器の)ろくろ工. **4** 爆雷発射装置; 擲(てき)弾筒. **5** 〘機械〙=flinger 4.

6〘野球〙[軽蔑的に] 投手 (pitcher). 〘(*c*1450): ⇨ -er[1]〙

throw-in /θróʊìn | θrə́ʊ-/ *n.* **1** スローイン: **a**〘サッカー〙タッチラインから出たボールを投げ入れること. **b**〘野球〙外野手による内野への投球. **c**〘ポロ〙レフェリーによってボールが, フィールド中央にゴロで投げ入れられること. **d**〘バスケットボール〙コートの外からコート内のプレーヤーにボールを投げ入れること. **2**〘俗〙おまけ《無償でくれるもの》. **3**〘トランプ〙(ブリッジで)ほうりこみ, 打って返し《endplay の一つ; わざと相手に手を渡し, 不利な打ち出しをするよう仕向ける戦術》. 〘(1864) ← *throw in* (⇨ throw (v.) 成句)〙

thrów·ing pòwer *n.*〘電気〙投入電力, スローイングパワー《スイッチを入れる時に送り出される電力》. 〘1922〙

thrówing-spèar *n.* 投げ槍 (javelin). 〘1900〙

thrówing stàr *n.* 星型手裏剣《death star ともいう》.

thrówing-stìck *n.* **1**〘文化人類学〙槍投げ器《投げ矢・投げ槍の発射器具; throwing-board, dart thrower, spear-thrower ともいう》. **2**〘豪〙ブーメラン (boomerang). 〘1770〙

thrown /θróʊn | θrə́ʊn/ *v.* throw の過去分詞. — *adj.* **1** 〈生糸が〉撚(よ)ってある: ~ silk 絹撚り糸. **2**〘音楽〙(バイオリン等の運弓で弓の重心を利用した)投げ弾きの: ~ staccato ジュテ. 〘(1463–64) *throwen* (p.p.): ⇨ THROW〙

thrów-òff *n.* **1**〘狩猟〙(猟の)開始. **2** 開始, 出発: at the first ~ 出発の当初に. 〘(1843) ← *throw off* (⇨ throw (v.) 成句)〙

thrów-òut *n.* **1** 投げ出すこと. **2** 拒否された人[物]. **3** (製品の)不合格品. **4** 捨てる物[くず]. **5**〘機械〙クラッチ[ギヤ]を切る装置. 〘(1894) ← *throw out* (⇨ throw (v.) 成句)〙

thrów-òver *adj.* スローオーバーの《家具にゆったりとかける装飾用のベッドカバーなどについていう》.

thrów rùg *n.* =scatter rug. 〘1952〙

throw·ster /θróʊstə | θrə́ʊstə(r)/ *n.* **1** (生糸の)撚(よ)り糸工. **2**〘廃〙さい (die) を振る人. 〘(1455) ← THROW (vt.)+-STER〙

thrów wèight *n.* (核ミサイルの)投射重量《投射できる弾頭の重量》.

thru /θru:, θrú:/ *prep.*, *adv.*, *adj.* [限定的]〘米〙= through. 〘(14C) 異形〙

thrum[1] /θrʌ́m/ *v.* (**thrummed**; **thrum·ming**) — *vt.* **1** 〈ギターなどを〉つまびきする, かき鳴らす: ~ a guitar, harp, etc. **2** 〈机などを〉こつこつたたく (tap): ~ the table. **3** 単調に話す, 平板な調子で朗読する. — *vi.* **1 a** 〈ギターなどを〉かき鳴らす: ~ *on* a mandolin マンドリンをつまびく. **b** 〈ギターなどが〉つまびきの音を出す; 〈機械・エンジンなどが〉ぶんぶん[どくどく]音を立てる: Spinning wheels are ~*ming*. 紡ぎ車がぶんぶんいっている. **2** 〔テーブルなどを〕こつこつたたく〔*on*〕: ~ *on* a table. **3** 平板な調子で話す[朗読する]. **4**〘方言〙〈猫が〉ごろごろとのどを鳴らす. — *n.* **1** つまびき, かき鳴らすこと[音]. **2**〘方言〙(猫の)ごろごろとのどを鳴らす音. **thrúm·mer** *n.* 〘(1592) 擬音語?〙

thrum[2] /θrʌ́m/ *n.* **1** (織機から織物を切り離したときに織機に残る)糸の切れはし. **2** [通例 *pl.*] **a** (布の端の)ほぐれ糸のふさ (tuft), 織り端; くず糸: thread and ~ ⇨ thread 成句. **b** くず, 残り物 (odds and ends). **3** [通例 *pl.*]〘海事〙スラム《毛や古縄の繊維を帆布に差し通して表面をもじゃもじゃにしたもの》. — *vt.* (**thrummed**; **thrum·ming**) **1** …に織り端[ふさ]を付ける. **2**〘海事〙(すれ止め用として)〈帆布などに〉ステムを縫い付ける. — *adj.* くず糸で作った. 〘(1346) *throm* end-piece < OE **þrum* ligament ← Gmc **þrum-*, **þram-* (G *Trumm* / ON *þrǫmr* edge) ← IE **tr̥m* ← **ter-* peg, post, boundary marker (L *terminus* end / Gk *térma* 'end, TERM')〙

thrúm-éyed *adj.*〘植物〙短柱花の《頭柱が葯(やく)よりも下にある; 特にサクラソウについていう》(cf. pin-eyed). 〘↑〙

thrúm·ming *n.* (ギターなどの)つまびき, かき鳴らし. 〘(*a*1625) ← THRUM[1]+-ING[1]〙

thrum·my /θrʌ́mi/ *adj.* (**thrum·mi·er**; **-i·est**)〘まれ〙**1** くず糸の[で作った]: a ~ cap. **2** (表面が)けば立った (shaggy). 〘(1597) ← THRUM[2]+-Y[4]〙

thrump /θrʌ́mp/ *n.* どどーんどどーん, ずしんずしん《モーターの回転音, 砲撃の響き, 行進の足音など重い反復音》. 〘(1871) 擬音語〙

thru·out /θru:áʊt/ *prep.*, *adv.*〘米〙=throughout.

thru(p)·pence /θrʌ́pəns/ *n.* =threepence. 〘1895〙

thrú(p)·pen·ny bìt /θrʌ́p(ə)ni-/ *n.* =threepenny bit.

thrush[1] /θrʌ́ʃ/ *n.* **1**〘鳥類〙ツグミ《ツグミ科の各種の小鳴鳥の総称; (特に)ツグミ属 (*Turdus*) のウタツグミ (song thrush), ヤドリギツグミ (mistle thrush) など》: ⇨ gray-cheeked thrush, hermit thrush. ★ ラテン語系形容詞: turdine. **2**〘鳥類〙ツグミに類似の小鳥. **3**〘米俗〙女性流行歌手. 〘ME *thrusche* < lateOE *þrysće* (∽ OE *þræsće* < Gmc **þrauskōn*) < Gmc **þruskjōn* ← IE **trozdo-* thrush: cf. throstle〙

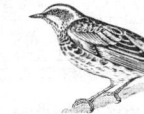

thrush[1]
(*Turdus sp.*)

thrush[2] /θrʌ́ʃ/ *n.* **1**〘病理〙口腔カンジダ症, 鵞口瘡(がこうそう). **2**〘獣医〙蹄叉腐爛(ていさふらん), 腐叉(ふさ). **3** = sprue[2]. 〘(1665) ← ?: cf. Dan. *troske* / Swed.〘方言〙*trosk* rotten wood〙

thrúsh nìghtingale *n.*〘鳥類〙ヤブサヨナキドリ, ヨナキツグミ (*Erithacus luscinia*)《ヒタキ科コマドリ属の鳴鳥; サヨナキドリ (nightingale) に近縁で, 東ヨーロッパから西アジアに分布する》. 〘1840〙

thrust /θrʌ́st/ *v.* (**thrust**) — *vt.* **1 a** [方向の副詞語句を伴って] ぐい(ぐい)と押す, 押し出す (⇨ push SYN); 突っ込む, 突き出す (shove): ~ a person *aside* 人を押しのける / ~ *away* a plate 皿を向こうへ押しやる / ~ a chair *forward* 椅子を前方に押し出す / ~ *off* a dog 犬を押しのける / ~ *out* one's tongue 舌を突き出す / ~ a person *out* (室内などから)人を追い出す / ~ one's fist *at* a person's face 人の顔面に拳骨を突き出す / ~ one's hands *in*(*to*) one's pockets 手をポケットに突っ込む / ~ a large piece of beefsteak *into* one's mouth 大きなステーキを口の中へ押し込む / ~ one's foot *into* the shoe 片足を靴に押し入れる / He ~ his cane *at* me. ステッキで突きかかってきた / ~ oneself *forward into* a train 人を押し分けて列車に乗る / ~ one's head *out of* a window 顔を窓から突き出す / He ~ the thought *away*. その考えを捨てた. **b** [~ one's way として] (押し分けて)進む: He ~ *his way through* the crowd. 人込みの中をかき分けて進んだ. **2** ぐいと突く, 刺す, 刺し通す (stab, pierce): ~ a knife *home* ナイフを深く突き刺す / ~ a dagger *into* a person =~ a person *with* a dagger 短剣で人を突き刺す / The bayonet ~ him *through*. 銃剣が彼の体を突き抜いた. **3** 〈根・枝などを〉伸ばす, 広げる (extend): a tree ~*ing* its roots deep [its branches high] 根を深く張って[枝を高く伸ばして]いる木. **4 a** 強いて取らせる, 無理に押しつける〔*into, on, upon*〕: He ~ a coin *into* the porter's hand. ポーターの手に硬貨を一枚(無理に)握らせた / The florist ~ a bouquet *into* her hands. 花屋は彼女の手に花輪を握らせた / ~ extra work [full responsibility] *on* a person 余計な仕事[全責任]を人に押しつける / I don't like to have greatness ~ *upon* me. 人に担ぎ上げられるようなことはしたくはない (cf. Shak., *Twel N* 4. 5. 158). **b** [方向を表す副詞語句を伴い, しばしば ~ *oneself* で] 無理やり(ある状態・地位に)つける[おく]: ~ *oneself forward* でしゃばる / ~ *oneself into* danger 危険に身をさらす / ~ *oneself into* a well-paid position 強引に高給の取れる地位につく / He would ~ *himself into* her presence. しゃにむに彼女の面前に出ようとした / He ~ *himself upon* her. 彼は彼女に対し押しつけがましい態度に出た. **5** 〈言葉を〉横合いから差しはさむ〈*in*〉: ~ (*in*) a question 質問を差しはさむ. — *vi.* **1** 押す, 突く (push, shove); 突きかかる: He ~ *at* me *with* his umbrella. 傘で私に突きかかってきた. **2** 突進する, 押し分けて進む: A woman ~ *in*. 一人の女が勢いよく入って来た / ~ *through* a crowd 人込みの中を押し分けて通る / A white bar of light ~ *through* the window. きらきらした光線が窓から差し込んでいた. **3** 〈樹林・鉄道などが〉伸びる (extend); 〈岩・建物などが〉突き出る (project): a crowd of skyscrapers ~*ing* boldly *into* the air 空にくっきりとそびえ立つ高層建築の群れ. — *n.* **1 a** 急な押し; 突き, 刺し, 突っ込み (violent push): a ~ with a sword 剣の一突き / I made a ~ *at* him. 彼に突きかかった. **b** (言葉による)攻撃 (verbal attack)〔*at*〕; (敵陣への)攻撃 (assault): a shrewd ~ (*at* an author) (筆者に対する)批評の痛い一突き[鋭いほこ先] / a home ~ ⇨ home *adj.* 3 / the ~ and parry of barrister and witness 弁護人と証人との鋭い言葉のやり取り / They made a ~ deep *into* the enemy's line. 彼らは敵陣へ深く突進した. **2**〘機械〙スラスト, 推力. **3** 推進力, 躍進力, 精力, 迫力 (impetus, energy). **4** (発言などの)要点, 趣旨, 趣意 (gist, point). **5**〘地質〙衝上(しょうじょう)断層. **6 a**〘建築〙押圧力, 推圧, 推力. **b**〘鉱山〙天井の崩落, 落盤; 岩盤にかかってくる力. **7** (人々の集団の)移動, 進行. 〘(?*a*1200) *thruste*(*n*), *thryste*(*n*) ▭ ON *þrýsta* < Gmc **þrūstjan* ← IE **treud-* to squeeze (L *trūdere* to push: cf. intrude)〙

thrúst augmentàtion *n.*〘宇宙〙推力増強《特に, ターボジェットや小型のロケットを併用して一時的にジェットエンジンの推力を増強すること》. 〘1956〙

thrúst augmèntor *n.*〘航空・宇宙〙=augmentor 2. 〘1933〙

thrúst bèaring [blòck] *n.*〘機械〙スラスト軸受け, 推圧軸受け. 〘1858〙

thrúst chàmber *n.* ロケットの燃焼室. 〘1962〙

thrúst coeffìcient *n.*〘宇宙〙スラスト定数《ロケットエンジンの推力係数であり, 推力の燃焼室圧力ノズル開口部面積の積との比で表される》.

thrúst dedùction *n.*〘海事〙(船尾を過ぎ後方へ流れる水を原因とする)推進力低下.

thrúst·er *n.* **1** 突く人, 刺す人. **2**〘英〙〘狐狩〙(猟犬を追って)とかく先頭に出たがる狩猟家. **3**〘口語〙でしゃばり屋 (pusher). **4 a** =vernier engine. **b** =reaction engine. **5** (船の)補助エンジン. **6** スラスター《スピードが上がり, 操作性にもすぐれたサーフボード・セールボード》. 〘(1597): ⇨ -er[1]〙

thrúst fàce *n.*〘海事〙=driving face.

thrúst fàult *n.*〘地質〙衝上(しょうじょう)断層, 逆断層 (cf. gravity fault). 〘1889〙

thrust·ful /θrʌ́stfəl, -fl/ *adj.*〘英〙押しの強い, でしゃばりな (aggressive); 意欲的な, 積極的な. **~·ness** *n.* 〘1907〙

thrúst hòe *n.*〘園芸〙押しくわ (scuffle hoe). 〘1822〙

thrúst hòrsepower *n.* **1**〘機械〙スラスト馬力. **2**〘航空〙推力パワー, 有効パワー《推進の有効パワーで推力×速度で表され, エンジンパワー×プロペラ効率に等しい》.

thrúst·ing *n.* 自己主張[押し]の強い (aggressive); 攻撃的な; いやにいばる.

thrúst kèy *n.* =push key.

thrús·tor *n.* **1** =reaction engine. **2** =vernier engine. 〘⇨ thrust, -or[2]〙

thrúst revèrser *n.*〘航空〙逆スラスト装置, スラストリバーサー《航空機にブレーキ力を与えるために, ジェットエンジンの噴流を前方に向ける機構》. 〘1954〙

thrúst shàft *n.*〘海事〙スラスト軸《長いプロペラ軸のうちスラスト軸受を通じてプロペラの推力を船体に伝える部分》. 〘1893〙

thrúst slìce *n.*〘地質〙スラストスライス《ほぼ並行している2つの衝上断層にはさまれた比較的薄く, 広がりの大きい岩体》.

thrúst stàge *n.*〘劇場〙**1** 張り出し舞台《三方を観客に囲まれている舞台》. **2** プロセニウムの前に臨時に設けられた張り出し. 〘(1965) ← *thrust* (p.p.)〙

thrutch /θrʌ́tʃ/〘北英〙*vt.* **1** 押す, 押しつぶす; 集まる, 群がる. **2** 押しやる, 突く. — *vi.* 押し込める. — *n.* 峡谷, 山峡. 〘v.: OE *þryććan* ← (WGmc): cf. G *drücken*. — n.: (*c*1390) *thrich*(*che*) thrust ← *thrich-che*(*n*) < OE *þryććan*〙

thrú·wày *n.*〘米〙=throughway 1. 〘(1943) ← THRU +WAY〙

thrym·sa /θrímzə, -sə/ *n.* スリムザ (Anglo-Saxon の金貨; 3 ペンスに相当). 〘OE *þrymsa* (変形) (*þrie* 'THREE' の影響による) ← *trym*(*e*)*sa* (gen.pl.) ← *trymes* ▭ LL *trēmis* third part of an aureus ← L *trēs* three: L *-mis* は *semis* half にならったもの〙

Thu. (略) Thursday.

Thu·ban /θú:bæn, θjú:- | θjú:-, θú:-/ *n.*〘天文〙ツーバン《(りゅう)竜)座 (Draco) の α 星で 3.6 等星》. 〘▭ Arab. *al-thuban* the dragon〙

Thu·cyd·i·des /θu:sídədì:z, θju:- | θju:sídɪ̀-, θu:-/ *n.* ツキディデス (460?–?400 B.C.; ギリシャの歴史家; *History of the Peloponnesian War*). **Thu·cyd·i·de·an** /θu:sìdədí:ən, θju:- | θju:sìd-, θu:-ˊ/ *adj.*

thud /θʌ́d/ *n.* どしん, どさっ, どたん, ばたん《重い物の落ちるまたは重々しい打撃の音; cf. thump 1》; どしんという打撃: the ~ of horses' hoofs 馬のひづめの音 / the ~ of blows in boxing ボクシングの打撃の音 / An apple fell with a ~. りんごがぼとりと音を立てて落ちた. — *v.* (**thud·ded**; **thud·ding**) — *vt.* どんと打つ. — *vi.* どさっと落ちる〈*down*〉; どしんと鳴る: His heart was ~*ding* with excitement. 彼の心臓は興奮でどきどきしていた. 〘((OE)) (1513) *þyddan* to strike ← ?. — n.: (1513) ← v.〙

thug /θʌ́g/ *n.* **1** 凶漢, 刺客, 暴漢 (assassin, ruffian). **2** [しばしば T-] 昔インド北部で人を絞殺した殺人強盗団の一員《13 世紀に起こり 1828–35 年間に全滅させられた》. 〘(1810) ▭ Hindi *ṭhag* (原義) thief ← Skt *sthaga-* rogue ← *sthagati* he conceals: cf. thatch〙

thug·gee /θʌ́gi:, θʌgí:/ *n.* [しばしば T-] (インドの Thugs による) 殺人強盗行為. 〘(1837) ▭ Hindi *ṭhagī* robbery ← *ṭhag* (↑)〙

thug·ger·y /θʌ́gəri/ *n.* **1** 暗殺, 殺人. **2** 暴行 (lawless violence). 〘(1839) ← THUG+-ERY〙

thúg·gish /-gɪʃ/ *adj.* **1** 暗殺の, 殺人の. **2** 暴行の. 〘(1953) ← THUG+-ISH[1]〙

thug·gism /θʌ́gɪzṃ/ *n.* **1** Thugs の習慣と主義. **2** =thuggee. 〘1856〙

thu·ja /θú:dʒə, θjú:- | θjú:-, θú:-/ *n.*〘植物〙ヒノキ科クロベ属 (*Thuja*) の植物の総称《コノテガシワ (*T. orientalis*) など》; (特に)ニオイヒバ (arborvitae). 〘(1760) ← NL *Thuja* (属名) ← Gk *thúia* a kind of cedar〙

Thu·le[1] /θú:li, θjú:- | θjú:li:, θú:-/ *n.* **1** ツーレ《古代の航海家が考えた極北の地; 現在の Shetland Islands, アイスランドまたはノルウェーなどに当たる》. **2** [特に, ultima ~ として] 世界の果て. **3** [時に t-] **a** 極端, 極限. **b** はるかなる目的[目標]. 〘(1598) ▭ OE *Tyle* ▭ L *Thūlē*, *Thȳlē* ▭ Gk *Thoúlē*, *Thūlē* ← ?〙

Thu·le[2] /tú:li; *Icel.* tú:lə/ *n.* トゥーレ《Greenland 北東部のイヌイット居住地; 米空軍基地がある》.

thu·li·a /θú:liə, θjú:- | θjú:-, θú:-/ *n.*〘化学〙酸化ツリウム (Tm_2O_3). 〘(1886) ↓: *-ia* は *thoria*, *yttria* などにならったもの〙

thu·li·um /θú:liəm, θjú:- | θjú:-, θú:-/ *n.*〘化学〙ツリウム《希土金属元素の一つ; 記号 Tm, 原子番号 69, 原子量 168.9342》. 〘(1879) ← NL ~: ⇨ Thule[1], -ium〙

thumb /θʌ́m/ *n.* **1** (手の)親指, 母指 (⇨ hand 挿絵; cf. big toe, finger 1 a). 日英比較 日本語では「親指」も指の一つだが, 英語の *thumb* は普通は finger とはいわない. したがって「指は十本ある」に当たる英語は We have eight fingers and two *thumbs*. ただし, We have ten fingers. のようにいうこともある. **2** (手袋の)親指. **3**〘建築〙まんじゅう繰形(くりがた) (ovolo). **4** =thumbnail.

àll* (*fingers and*) *thúmbs 〘口語〙ぎこちない, 不器用で: His fingers are [He's] *all* ~*s* in mechanical matters. 機械の事では不器用な男だ. (1870) ***(a) rule of thúmb*** ⇨ rule *n.* 成句. ***bíte one's thúmb at*** (親指のつめで歯をはじいて)…を侮辱する. (1573) ***gét the thúmbs dòwn* [*úp*]** 〘口語〙〈提案・演技などが〉受け入れられない[られる], 承認されない[される]〔*from*〕. ***gèt one's thúmb òut of a person's mòuth*** 人[人の魔手]からのがれる. (1481) ***give ... the thúmbs dòwn* [*úp*]** 〘口語〙〈提案などを〉受け入れない[入れる], 承認しない[する]. ***hàve a gréen thúmb*** ⇨ green thumb. ***hàve tén thúmbs*** =be *all* THUMBS. ***hóld thúmbs*** 〘南ア〙⇨ *keep one's* FINGERS *crossed*. ***it is thúmbs dòwn* [*úp*] *for ...*** 〈提案などが〉受け入れられない[られる]. ***pút úp* [*dòwn*] *the thúmb*(*s*)** =*turn up* [*down*] *the* THUMB(*s*). ***Pút***

your thúmbs úp! 《俗》しっかりしろ, 元気を出せ. ***ráise* [*hóld úp*] *one's thúmb(s)*** =*turn up the* THUMB(*s*). ***stick* [*stánd*] *óut like a sóre thúmb*** ⇨ STICK *out vi.* 2. ***thúmb of góld*=*gólden thúmb*=*míller's thúmb*** 金のなる木, ドル箱. 《*c*1387-95》 ***Thúmbs dówn!*** 《俗》だめだ, なってないぞ. 《1906》 ***Thúmbs úp!*** 《俗》いいぞいいぞ, うまいぞ《満足の間投句》. 《1907》 ***túrn úp* [*dówn*] *the thúmb(s)*** 満足[不満]の意を表す, ほめる[けなす]《古代円形闘技場で闘技者に対する満足・不満足を観客が親指で示したことから; cf. pollice verso》. 《1887》 ***twíddle* [*twírl*] *one's thúmbs*** (両手の指を 4 本ずつ組んで)親指をくるくる回す《退屈しているしぐさ》; (何もしないで)ぶらぶら[のらくら]している. 《1846》 ***ùnder* a person's *thúmb*=*ùnder the thúmb of* a person** 人の言いなりになって, 人に抑えつけられて: He has been very much *under his father's* ～. 彼はひどく父親に抑えつけられてきた. 《1754》 ***wéigh the thúmb*** 《米俗》目方をごまかす.

— *vt.* **1** 《口語》(親指を行きたい方向へ向けて)ヒッチハイクで〈便乗を〉求める[させてもらう]; 〈走って来る車〉にヒッチハイクの合図をする: [～ one's way として] ヒッチハイクする 〈*to*〉: He managed to ～ a ride [lift] most of the way to Chicago. シカゴまでの道のりをほとんどヒッチハイクで行った / He ～*ed his way to* New York. ニューヨークまでただで乗せてもらった. **2 a** 〈本・書類〉のページのすみを親指でよごす: a badly ～*ed* dictionary 親指でひどくよごれた辞書. **b** 〈本のページを〉(親指で)手早くめくる: He picked up a book and ～*ed* its pages. 本を取り上げて手早くページをめくった. **c** 反復して読む: Novels are ～*ed* more than Kant. カントよりも小説の方がよく読まれている. **3** 〈仕事などを〉下手に[不器用に, まずく]やる (handle clumsily). **4** 〈楽器を〉親指で弾く. **5** 親指で検査する[さわる, 押す, 指す, 攻撃するなど]: I ～*ed* him in the eye. 親指で彼の目を突いた. **6** [方向の副詞語句を伴って] 親指を動かして[当てて](ある状態に)する: She ～*ed* her glasses *off* her forehead. 額に上げていた眼鏡を親指で(元の位置に)押し戻した / The umpire ～*ed* him *out of* the game. 審判は親指を動かして彼をゲームからはずした.

— *vi.* 《口語》(親指を行きたい方向へ向けて)ヒッチハイクをする.

thúmb* one's *nóse at ⇨ nose 成句. ***thúmb thróugh*** 〈本などを〉手早くめくって目を通す. 《1966》

～·less *adj.* **～·lìke** *adj.*

〖OE *þūma* < Gmc **þūmōn* (原義) swollen (i.e., thick) finger (Du. *duim* / G *Daumen*) ← IE **teu(ə)-* to swell (L *tumēre* to swell / Gk *túlos, túlē* knot, callus): -*m* の後の -*b* は 13 C 末の添加〗

thúmb·blùe *n.* 藍玉(あいだま)《洗濯用青味剤》. 〖1858〗

thumbed /θʌ́md/ *adj.* **1** 〈本など〉手あかのついた. **2** [複合語の第 2 構成素として] 親指が…の: black-*thumbed*. 〖(*a*1529): ⇨ -ed 2〗

thúmb·er /-mə | -məʳ/ *n.* 《口語》ヒッチハイカー. 〖(1935): ⇨ -er¹〗

thúmb·hòle *n.* **1** 親指を入れる穴; (特に)ふたを開けやすくするための容器の半円形の穴. **2** (管楽器の)親指孔《親指で開閉する楽器の穴》. 〖1859〗

thúmb·ìndex *vt.* 〈辞書など〉に切込み[爪掛け]をつける[入れる]. 〖1903〗

thúmb ìndex *n.* 爪掛け, 切込み, インデックス《必要な部分を開くのに便利なように, 辞書などの前小口につけた半円形の切込み》. 〖1903〗

thúmb knòt *n.* =overhand knot.

thúmb làtch *n.* 親指で押し開ける掛け金, 押し錠. 〖1761〗

thúmb·màrk *n.* (ページをめくる時に付いた)親指の跡; (人物同定の資料とする)親指の指紋. 〖1845〗

thúmb·nàil *n.* **1** 親指の爪. **2** (親指の大きさに書くほどの)ごく小さい[簡単な]もの《スケッチ・小論文など》. **3** (印刷広告で)どんなアイデアの広告表現かを示した大まかなスケッチ. **4** 〖電算〗サムネイル《プレビュー用の縮小画像》.
— *adj.* [限定的] **1** 親指の爪ほどの. **2** ごく小さい, 短い (short): a ～ sketch (人の経歴などの)寸描; 小さい略図. — *vt.* …の略図を作る; 略記[略述]する. 〖1604〗

thúmb nùt *n.* 〖機械〗蝶ナット, つまみナット.

thúmb piàno *n.* (mbira, kalimba などのような) アフリカ起源の体鳴楽器. 〖1952〗

thúmb·pìece *n.* (容器の取っ手で)親指のかかる部分; (蓋(ふた)付き容器の蓋を開ける)指押しノブ[ボタン]. 〖1759〗

thúmb·print *n.* **1** 親指の指紋; 拇印(ぼいん). **2** 特徴. 〖1900〗

thúmb·scrèw *n.* **1** ねじで親指を締めつける昔の拷問具; その拷問. **2** 〖機械〗(親指と人差し指で締める)つまみねじ, 蝶ねじ. 〖1794〗

thúmbs-dówn /θʌ́mz-/ *n.* [通例 the ～] 《口語》不満, 不賛成, 拒否. 〖1889〗

thúmb·stàll *n.* (親指にはめる革製の)指サック, (靴屋の)指ぬき. 〖(1589): ⇨ stall¹〗

thúmb stìck *n.* サムスティック: **1** 親指が置けるように最上部が二叉になっている長いステッキ. **2** オーディオ・テレビ機器のコントロールレバー. 〖1945〗

thúmb·sùcker *n.* **1** いつも親指をしゃぶっている子供. **2** 《ジャーナリズム俗》(政治記者の書く, しばしば 私見を交えた)分析記事. 〖1: (1891); 2: (1974)〗

thúmb·sùcking *n.* 親指を吸う癖, 指しゃぶり.

thúmbs-úp *n.* [通例 the ～] 《口語》承認, 了承, 賛成: give it *the* ～ (sign) 認める. 〖1917〗

thúmb·tàck *n.* 《米》画鋲(がびょう)(《英》drawing pin).
— *vt.* 画鋲で留める[取り付ける]. 〖(1884): ⇨ tack¹〗

thúmb·whèel *n.* 指回し式円形板《装置の穴から一部が出ている円形板ダイヤルで, 指で回して調節[操作]する》. 〖1967〗

Thum·mim *n. pl.* 〖ユダヤ教〗⇨ Urim and Thummim. 〖1539〗

thump /θʌ́mp/ *n.* **1** (棍棒や拳骨などで)ごつん[どしん, どん]と打つこと, 強い一撃; ごつん[どしん, どん]という音 (thud ほど鈍くはない): with a ～ ごつんと, どしんと. **2** [*pl.*; 単数扱い] 〖獣医〗(若豚の)しゃっくり《豚肺虫症等に見られる症状》. **3** 〖電気〗サンプ《電話回路に起こる強い雑音》.
— *vt.* **1** (拳骨・棍棒などで)ごつん[どしん, どん]と打つ (pound): ～ a cushion [the pulpit] 〈説教者が〉講壇の聖書台をたたいて力説する / The dog ～*s* the floor *with* his tail [his tail *on* the floor]. 犬が尾で床をばたばた打つ / ～ a pillow [cushion] flat 枕[クッション]をたたいて平らにする. **2** 〈物を〉(…に)ごつん[どしん, どん]とぶつける 〔*on*〕; 〈物が〉…にごつん[どしん, どん]とぶつかる: He ～*ed* his baggage *down on* the floor. 手荷物を床の上にがたんと置いた. **3** 《口語》こっぴどくなぐる, ひっぱたく (thrash severely); 徹底的に負かす: ～ the French very well フランス軍を見事に打ち負かす. **4** 〈楽器を〉がたがた鳴らす; 〈メロディーを〉機械的に演奏する[作り出す] 〈*out*〉: ～ a drum ドラムをどんどん打つ / She ～*ed out* a tune *on* the old piano. 古ピアノでぼんぼんと曲を弾いた. **5** [方向の副詞語句を伴って] ごつん[どしん, どん]と打って…させる: ～ a person *forward* [*off, out*] 人をごつんと打って追い立てる[追いやる, 追い出す]. — *vi.* **1** ごつん[どしん, どん]と突き当たる; ひどくなぐる, ひっぱたく 〔*at, on, against, etc.*〕: ～ *at* the door どんどん戸をたたく / ～ *on* a drum ドラムをどんどんたたく. **2** 〈心臓が〉どきどきする, 動悸(どうき)を打つ: His heart ～*ed* with fear. 恐怖で彼の胸はどきどきした. **3** どしんどしん歩く: He ～*ed* down the street. 通りをどしんどしん歩いて行った. **4** 〔…を〕強力に支持する 〔*for*〕: I've got a couple of friends to ～ *for* me. 私には強力に支持してくれる友人が二, 三人いる. — *adv.* ごつん[どしん]と. 〖(*c*1548): 擬音語〗

thúmp·er *n.* **1** ごつん[どしん, どん]と打つ人[物]. **2** 《口語》巨大な人, 巨大な物; 途方もないうそ[ほら] (whopper). **3** サンパー, 月面起震装置《月面の構造を調べるために浅い地震波を起こさせる装置》. 〖(*c*1537): ⇨ -er¹〗

thump·ing /θʌ́mpɪŋ/ *adj.* **1** 《口語》巨大な (very large), 途方もない, すごい (whopping): This is a ～ lie. これは途方もないうそだ. **2** 《口語》[副詞的に] 猛烈に, すごく (extremely): a ～ great house すごく大きな家 / a ～ good dinner すばらしいごちそう. **3** ごつん[どしん, どん]という. **～·ly** *adv.* 〖(1576): ⇨ -ing²〗

thum·ri /tʊ́mriː/ *n.* 《インド》トゥムリー《18 世紀に宮廷文化の爛熟した Lucknow ではやった, 愛をテーマにした歌の一形式》. 〖(1834) ◻ Hindi *ṭhumrī*〗

Thun /túːn; G. túːn/ *n.* トゥーン《スイス中部, Aare 河畔の都市》.

Thun, the Lake of *n.* トゥーン湖《スイス中部の湖; Aare 川の流路にある湖; 長さ 19 km》.

thun·ber·gi·a /θʌnbə́ːdʒiə | -bə́ː-/ *n.* キツネノマゴ科ツンベルギア属 (*Thunbergia*) の総称《直立または茎が巻きつくつる性の多年草または低木; アフリカ・アジア産》. 〖(1797) ← NL *Thunbergia* (属名) ← C. P. Thunberg (1743-1822: スウェーデンの植物学者)〗

thun·der /θʌ́ndə | -dəʳ/ *n.* **1** 雷, 雷鳴: a clap [peal] of ～ 雷鳴 / The farmer's wife says that the ～ turns the milk. 百姓のおかみさんは雷が鳴ると牛乳が腐るという. 日英比較 日本語では雷鳴も稲妻も合わせて雷というが, 英語では普通ははっきりと分けて用いる. *thunder* は「雷鳴」で, lightning が「稲妻」であり, 落雷するのは lightning の方である (cf. be struck by lightning). なお, thunderbolt は雷鳴, 稲妻を合わせたものをいう. **2** 雷のような音[声, とどろき]: ～*s* of applause from the galleries 天井桟敷(さじき)からの割れるような大喝采(かっさい) / the ～ of a cataract 滝のとどろき. **3** 《まれ》[しばしば *pl.*] 威嚇(いかく) (threat); 激しい非難 (denunciation); 怒号, 熱弁: the ～*s* of the Pope 教皇の激怒《破門など》/ tempt [draw] Jove's ～*s* 大神の怒りに触れる. **4** 《古》落雷. **5** 《口語》[軽いののしりを表して]: *Thunder!* =By ～! まあ, いまいましい, 畜生 / What *in* ～ (and blazes) is that? 一体全体あれは何だ.
hàve a fáce lìke thúnder 《英》かんかんに怒っ(た顔をし)ている. ***stéal* [*rún awáy with*] *a person's thúnder*** 人の工夫[発明]を横取りする, お株を奪う; 人の先手を打つ, 人を出し抜く《英国の劇作家 John Dennis が自分の考案した雷鳴の舞台効果を盗まれたときの言葉から》. 《1900》 ***thúnder and líghtning*** (1) 雷電, 雷鳴と電光. (2) 弾劾(だんがい), 攻撃, 非難, 悪口 (denunciation). (3) 濃いねずみ色ラシャ (Oxford mixture). (4) [形容詞的に] 〈衣服がきわめて対照的な色彩の; 目のさめるような色の: ～ *and lightning* neckties. 《1638》
— *vi.* **1 a** [it を主語として] 雷が鳴る: *It* ～*ed* yesterday. / *It* is ～*ing*. 雷が鳴っている. **b** [神・天・雲・空などを主語として] 雷を鳴らせる; 雷でとどろく: Then heaven ～*ed*. 続いて天が雷でとどろいた. **2** 大声で話す; 大きな音を立てる; 轟音をとどろかせながら通過する[行く, 進む]: ～ *at* the door 破れるように戸をたたく / a cataract ～*ing* vertically *into* a gorge 大音響を立てて垂直に山峡に流れ落ちる滝 / The train ～*ed past* [*across* an iron bridge]. 列車がごうごうと通り過ぎた[鉄橋を渡って行った]. **3** どなる; 口をきわめて非難する, 弾劾する: ～ *at* a servant 召使をどなりつける / ～ *against* corruption [gambling] 汚職[ギャンブル]を弾劾する.
— *vt.* **1** どなる, 大声で言う 〈*out*〉: ～ *out* one's indignation 怒ってどなりつける / ～ *out* threats *at* a person 人を大声でおどしつける / ～ words of warning *in* a person's ears 人に強く警告する. **2** 大きな音を立てて打つ[打ち込む, 攻撃する], (大音響を立てて)発射する: ～ a drum どんどんとドラムをたたく / Guns ～*ed out* a salute. 大砲は礼砲を発射した / ～ blows *upon* …をごつんごつんとたたきつける.
〖n.: OE *þunor* < Gmc **þunaraz* (Du. *donder* / G *Donner* / ON *Þórr* 'THOR') ← IE **(s)tenə-* to stretch, resound (L *tonāre* to thunder & *tonitrus* thunder / Skt *tanyati* it sounds). — v.: OE *þunrian* ← (n.): -*d*- は 13 C 半ばごろの添加 (cf. sound¹)〗

thun·der·a·tion /θʌ̀ndəréɪʃən/ *n.* [間投詞的に] 《米口語》うぬ, 畜生, いまいましい《軽いののしりを表す; cf. thunder n. 5》: What in ～ do you mean? 一体全体どういう意味だ. 〖(1836): ⇨ ↑, -ation〗

Thún·der Báy /θʌ́ndə- | -də-/ *n.* サンダーベイ《カナダ Ontario 州西部の Superior 湖畔の港市; 1970 年に Fort William と Port Arthur が合併したもの》.

thúnder·bèarer *n.* 雷神, ジュピター (Jupiter) (cf. Shak., *Lear* 2. 4. 227). 〖1604〗

thúnder·bìrd *n.* **1** 〖鳥類〗オーストラリア産モズヒタキ科の鳥 (*Pachycephala pectoralis*). **2** 《米》かみなり鳥《西部アメリカインディアンの伝説で雷鳴・電光・雨を起こすことができるという巨鳥》. **3** [the Thunderbirds]「サンダーバード」《英国のテレビ SF シリーズ (1965-69); 未来世界で救助隊一家が活躍する子供向けの人形劇》. **4** サンダーバード《米国製のスポーツカー》. 〖*a*1827〗

thúnder·bòlt *n.* **1** 雷, 雷電, 霹靂(へきれき), 落雷《昔 Jupiter が地上に投げつける石矢のために雷鳴が起こると考えたため》: It came upon me like a ～.=It was a regular ～ to me. 私には全く青天の霹靂[寝耳に水]であった. **2** =thunderstone. **3** 乱暴な[破壊的な]ことをする人物, 雷将軍: ～*s* of war. **4** 激しい非難[威嚇]: ～*s* of excommunication 破門の威嚇. **5** 〖紋章〗雷電《Jupiter の象徴; Jupiter's thunderbolt ともいう; Napoleon の紋章の鷲 (Imperial Eagle) はこれを踏まえていることで知られる》. 〖*c*1440〗

thúnder·bòx *n.* 《俗》(地面の穴の上に設置する)携帯用便器.

thúnder·bùg *n.* 〖昆虫〗アザミウマ (thrips). 〖1837〗

thúnder·clàp *n.* **1** 雷鳴, 霹靂(へきれき) (crash of thunder): a ～ of talk 雷鳴のような話し声. **2** 青天の霹靂, 寝耳に水(の出来事, 報道): It was a great ～ to me. 私には全く青天の霹靂だった. 〖*c*1390〗

thúnder·clòud *n.* **1** 雷雲, 積乱雲. **2** 暗雲, 脅威を感じさせるもの. 〖1697〗

thúnder ègg *n.* 〖鉱物〗玉髄の球塊.

thún·der·er /-dərə, -drə | -dərəʳ, -drəʳ/ *n.* **1** 大声を発する人, どなる人. **2** [the T-] 〖ローマ神話〗=Jupiter. **3 a** 有力新聞(の論説). **b** [the T-] London のタイムズ (*The Times*) 紙(の異名). 〖(*c*1380): ⇨ -er¹〗

thúnder·flàsh *n.* 閃光を伴った大爆発; (そのような爆発をする)ブリキ製空砲弾.

thúnder·flỳ *n.* 〖昆虫〗アザミウマ (thrips).

thúnder·hèad *n.* 〖気象〗 **a** 入道雲. **b** =incus 2. 〖1851〗

thún·der·ing /-dərɪŋ, -drɪŋ/ *adj.* **1** 雷鳴する, 雷のようにとどろく: a ～ voice, drum, waterfall, etc. **2** 《口語》途方もない, 大変な, 大した (remarkable): a ～ lie [mistake, rogue] ひどいうそ[間違い, 悪党]. — *adv.* 《口語》非常に, すてきに, 滅法, ひどく: I was ～ glad of it. それが非常にうれしかった. **～·ly** *adv.* 〖adj.: 1530; adv.: 1809〗

Thúndering Légion *n.* [the ～] 雷軍団《ローマの第 12 軍団の異名 (ラテン語名 Legio Fulminans); Marcus Aurelius 帝の時代 Quadi 族等と交戦中, その軍団のキリスト教徒の兵士が祈りをささげると, 急に雷雨が起こり敵の多数は落雷で死んだという》. 〖1650〗

thúnder·less *adj.* 雷を伴わない, 雷が鳴らない. 〖1855〗

thúnder lìzard *n.* 〖古生物〗雷竜 (⇨ brontosaur). 〖(*c*1960) 《なぞり》← NL *brontosaurus*〗

thun·der·ous /θʌ́ndərəs, -drəs/ *adj.* **1** 雷のような, 雷のようにとどろく: amid ～ cheers 万雷のような喝采の中を. **2** 〈雲など〉雷を生じる, 〈天候など〉雷の来そうな (thundery). **～·ly** *adv.* 〖1582〗

thúnder·pèal *n.* 雷鳴. 〖1804〗

thúnder shèet *n.* サンダーシート《雷鳴の効果音を出すのに用いる大きな金属板》.

thúnder·shòwer *n.* 雷雨. 〖*a*1699〗

thúnder snàke *n.* 〖動物〗 **1** =milk snake. **2** ミミズヘビ (*Carphophis amoena*)《米国東部産のミミズに似た小形で赤色のヘビ》. 〖1800〗

thúnder·squàll *n.* 雷電を伴うスコール.

thúnder·stìck *n.* =bull-roarer. 〖1918〗

thúnder·stòne *n.* **1** 雷石《神が雷鳴を起こすために地上に投げた石矢だと俗に信じられている古代の石器や化石など; cf. belemnite》. **2** 《古》雷鳴, 落雷 (thunderbolt) (cf. Shak., *Caesar* 1. 3. 49). 〖1598〗

thun·der·storm /θʌ́ndəstɔ̀əm | -dəstɔ̀ːm/ *n.* 激しい雷雨, (雷を伴った)あらし: The dark skies preceded a ～. 雷雨になる前に空が暗くなった. 〖1652〗

thúnder·strìcken *adj.* =thunderstruck. 〖*a*1586〗

thúnder·strìke *vt.* (**thúnder·strùck; -strùck, -strìcken**) **1** 驚愕させる, 仰天させる (astonish, dumbfound). **2** 《古》雷で打つ, …に落雷する. 〖(1613) 《逆成》? ← THUNDERSTRICKEN〗

thúnder·stròke *n.* 雷撃, 落雷. 〖1587〗

thúnder·strùck *adj.* **1** 驚愕した, 仰天した: I was ～ by his words. 彼の言葉を聞いて仰天した. **2** 《まれ》雷に打たれた. 〖1613〗

thúnder·thìghs *n. pl.* 《俗・戯言・軽蔑》太い腿(もも).

thun·der·y /θʌ́ndəri, -dri/ *adj.* **1** 〈天候が〉雷の来そうな, 雷鳴のする: ～ weather. **2** 今にも怒り出しそうな, 怒ったような, 形勢不穏な: a ～ countenance. 〖(1598): ⇨ -y¹〗

Thü·nen /túːnən, tjúː- | tjúː-; G. týːnən/, **Johann Heinrich von** n. チューネン《1783–1850; ドイツの農業経済学者》.

thunk /θʌ́ŋk/ n. どすん, がしっ, ずしん《木の幹に斧を打ち込むときのような急激でこもった音》. — vi. どすん[がしっ, ずしん]と音がする. 〖《1952》擬音語〗

Thur. 《略》Thursday.

Thur·ber /θə́ːbə | θə́ːbə(r/, **James (Gro·ver)** /gróuvə | gráuvə(r/ n. サーバー《1894–1961; 米国のユーモア作家・諷刺漫画家; 雑誌 *The New Yorker* で活躍》.

Thur·gau /túəgau | tʊ́ə-; G. túːɐgau/ n. トゥールガウ(州)《スイス北東部の州; 面積 1,006 km², 州都 Frauenfeld /fráuənfɛ̀lt/》.

thu·ri·ble /θʊ́ᵊrəbl̩, θjʊ́ᵊr-, θə́ːr- | θjʊ́ərɪ̀bl̩, θjɔ́ːr-/ n. 〖教会〗=censer. 〖《1440》*turrible, thoryble* ◻(O)F ~ // L *t(h)ūribulum* censer ← *t(h)ūr-, t(h)ūs* frankincense ◻ Gk *thúos* sacrifice ← *thúein* to sacrifice (⇨ thyme)〗

thu·ri·fer /θʊ́ᵊrəfə, θjʊ́ᵊr-, θə́ːr- | θjʊ́ərɪ̀fə(r, θjɔ́ːr-/ n. 〖教会〗(儀式の際の)香炉持ち. 〖《1853》← LL *thūrifer* ← *thūr-* (↑)+-I-+-*fer* bearing〗

thu·rif·er·ous /θuᵊríf(ə)rəs, θjʊr- | θjuər-, θjɔːr-/ adj. 乳香 (frankincense) を生ずる. 〖《1656》: ⇨ ↑, -ferous〗

thu·ri·fi·ca·tion /θʊ̀ᵊrəfɪ̀kéɪʃən, θjʊ̀ᵊr-, θə̀ːr- | θjʊ̀ərɪ̀fɪ-, θjɔ̀ːr-/ n. 香をたくこと, 焼香. 〖《1496》◻ LL *thūrificātiō(n-)* ← *thūrificā-tus* (p.p.) ← *thūrificāre* to burn incense: ⇨ thurible, -fication〗

Thü·ring·en /G. týːʁɪŋən/ n. チューリンゲン (Thuringia のドイツ語名).

Thü·rin·ger /θʊ́ᵊrɪ̀ŋdʒə, θjʊ́ᵊr- | θjʊ́ərɪndʒə(r; G. týːʁɪŋɐ/ n. チューリンゲンソーセージ《薄味の生または燻製(くんせい)のソーセージ》. 〖《1923》《略》← G *Thüringerwurst* Thuringian sausage〗

Thüringer Wàld /-vàːlt; G. -vált/ n. [the ~] チューリンゲンの森 (Thuringian Forest のドイツ語名).

Thu·rin·gi·a /θʊríndʒiə, θjʊr-, -dʒə | θjʊr-/ n. チューリンゲン《ドイツ中部の州; 州都 Erfurt; ドイツ語名 Thüringen》.

Thu·rin·gi·an /θʊríndʒiən, θjʊr-, -dʒən | θjʊr-/ adj. **1** チューリンゲン (Thuringia) の, チューリンゲン族の. **2** (ゲルマン語の)チューリンゲン方言の. — n. **1** (古代の)チューリンゲン族の人. **2** チューリンゲン地方の住民. 〖《1607》: ⇨ ↑, -an¹〗

Thurìngian Fórest n. [the ~] チューリンゲンの森《Thuringia 地方の山岳森林地帯; ドイツ語名 Thüringer Wald》.

thurl /θə́ːl | θə́ːl/ n. (牛の)股(こ)関節. 〖← ? 《英方言》 ~ 'gaunt'〗

thurm /θə́ːm | θə́ːm/ vt. 〈テーブルの脚などの木片を〉ろくろ細工風に木目と交差して刻む[仕上げる]. 〖《音位転換による変形》← ? THRUM²〗

Thur·rock /θə́ːrək | θʌ́r-/ n. サロック《イングランド南東部 London の東に隣接する副都心区》. 〖OE *Þurruc(ca)* ← *þurruc* bilge of a ship ← ?: この地が Thames 川の湾曲部に位置していることからか〗

Thurs. 《略》Thursday.

Thurs·day /θə́ːzdi, -deɪ | θə́ːz-/ n. 木曜日 (略 Thur., Thurs., Th.). — adv. 《口語》木曜日に (on Thursday). 〖lateOE *Þōrsdæg* ◻ ON *Þórsdagr* ∞ OE *Þunresdæg* 'DAY of THOR' (cf. Du. *donderdag* / G *Donnerstag*) 《なぞり》← LL *diēs Jovis* 《原義》Jupiter's day (cf. F *jeudi*)〗

Thúrsday Ísland n. 木曜島《オーストラリア北東部, York 岬西方の小島; 真珠貝の産地; 戦前日本人の出漁者が多かった; 面積 3¹/₃ km²》.

Thurs·days /θə́ːzdeɪz, -diz | θə́ːz-/ adv. 《米》木曜日に (on any Thursday), 木曜日ごとに (on every Thursday). 〖⇨ -s² 1〗

Thur·so /θə́ːsou | θə́ːsəu/ n. サーソー《スコットランド北部 Highland 州(本土)北端の町・海港; Thurso 川の河口に位置する》.

Thur·stan /θə́ːstən, -tn̩ | θə́ːs-/ n. サースタン《男性名》. 〖◻ Dan. *Thorstein* ← THOR+*stein* 'STONE'〗

thus /ðʌ́s/ adv. 《文語》**1 a** このように, かように, こんな風に (in this way): He began ~. 彼はこんな風に切り出した / ~ and ~=《米》~ and so かようかように, これこれしかじかと. **b** 《古・詩》[thus says [said] の省略語法として] かく言う[言った]: *Thus* the king. 王かく言えり. **2** こうして, 従って (accordingly), だから, ゆえに (so, therefore): It ~ appears that …だから一見…だと思われる / *Thus* we are no further forward. こういうわけで少しも前進していない. **3** これだけ, この程度まで (to this extent): ⇨ *thus* FAR / *Thus* much is certain. これだけは確かだ / Why are you ~ bold with me? なぜにかくも厚かましくするのか. **4** 例えば (for example). 〖OE *þus* (Du. *dus*) ← ?: cf. this, the, that〗

thús·ly adv. 《口語》=thus. 〖《1865》: ⇨ ↑, -ly¹〗

thús·ness n. **1** 《戯言》こんな風であること: Why this ~? どうしてこうなんだろう. **2** 〖仏教〗=suchness 2. 〖1867〗

Thut·mo·se /θutmóusə, θuːt-, -mous | -máusə, -məus/ n. トトメス《古代エジプト第 18 王朝の王; Thutmose I (在位 c1525–c1512 B.C.), Thutmose III (在位 1504–1450 B.C.) など》.

thu·ya /θúːjə, θjúː- | θúː-, θjúː-/ n. 〖植物〗=thuja.

thwack /θwǽk/ vt. (平たいまたは重い物で)びしゃり[ばしっ]と打つ, ひっぱたく (whack). — n. (平たいまたは重い物で)びしゃりと打つこと[音], ひっぱたくこと[音] (whack). — adv. ぺたん[ばたん, ばしっ]と. — int. ぺたん[ばたん, ばしっ]. **~·er** n. 〖《a1530》: 擬音語: *thack* 《方言》to pat (< OE *þaccian*) または whack の方言的変形か〗

thwaite /θwéɪt/ n. 《英》森林を切り開いた耕地, 荒地を耕した牧草地, 開拓地. ★ 今はイングランド北部の地名と家名に残る: Rost*thwaite*, Seat*hwaite*, Stone*thwaite*, etc. 〖◻ ON *þveit(i)* a piece of land, 《原義》cut-piece: cf. whittle〗

thwart /θwɔ́ət | θwɔ́ːt/ vt. **1** 〈人・計画・目的・意思などを〉妨げる, 妨害する, 邪魔する (oppose, hinder); 挫(くじ)く, …の裏をかく (⇨ frustrate SYN): ~ a person's wish, purpose, etc. / He ~*s* me *in* everything I do. 私がするすべての事をじゃまする. **2** 《古》横切る (pass across); 横切って広がる[伸びる] (extend across). — vi. **1** 反対する, 衝突する (clash). **2** 《古》斜めに行く[伸びる]. — adv. 《古》横切って, 横断して, 横たわって (across, athwart); 逆らって. — prep. 《古》…を横切って, 横断して, …に横たわって (across, athwart); …に逆らって. — adj. **1** 横たわる, 横切っている, 横断の (transverse). **2** 〈物が〉不利な, 都合の悪い (unfavorable). **3 a** 《古》〈人が〉意地の悪い (perverse): a ~ reviewer 意地の悪い書評家. **b** 頑固[強情]な. — n. /θwɔ́ət, θɔ́ət | θwɔ́ːt, θɔ́ːt/ 〖海事〗(ボート・丸木舟の)こぎ手座, 腰掛梁(はり). **~·er** /-tə | -tə(r/ n. **~·ly** adv. **~·ed·ly** /-tɪ̀d- | -tɪ̀d-/ adv. 〖《c1250》*thwert* (adv.) ◻ ON *þvert* across (neut.) ← *þverr* transverse < Gmc **þwerχwaz* (OE *þwe(o)rh* cross) ← IE **terkʷ-* to turn, twist (L *torquēre* to twist)〗

thwárt·ing /-tɪŋ | -tɪŋ/ adj. ひねくれた, つむじ曲がりの, 邪魔する (perverse, contradictory). **~·ly** adv. 〖c1430〗

thwárt·shìp adj. 〖海事〗船を横切る, 竜骨の線に直交する, 横置きの. 〖1829〗

thwárt·shìps adv. 〖海事〗船を横切って, 竜骨の線に直交するように, 横置きに (across a ship). 〖a1625〗

thy /ðaɪ, ðáɪ/ pron. 《古・詩・方言》[thou の所有格] なんじの, そなたの, あなたの (cf. thine): It was ~ merit. それはそなたの手柄であった. 〖《a1175》*thi, þi* < lateOE *þȳ* (弱形) ← *þīn* 'THINE'〗

Thy·es·te·an, -ti- /θaɪéstiən, θàɪestíːən⁻/ adj. テュエステース (Thyestes) の; 人肉を食べる, 人食いの: a ~ banquet 人肉食宴. 〖《1667》: ⇨ ↓, -ean〗

Thy·es·tes /θaɪéstiːz/ n. 〖ギリシャ伝説〗テュエステース《Pelops の息子; 兄 Atreus の妻を誘惑したため, Atreus はその報復として Thyestes の息子たちを殺しその肉を彼に食わせた》. 〖◻ L *Thyestēs* ◻ Gk *Thuéstēs*〗

thy·la·cine /θáɪləsàɪn, -sn̩ | -siːn, -sàɪn/ n. 〖動物〗=Tasmanian wolf. 〖《1838》← NL *Thȳlacinus* (属名) ← Gk *thúlakos* pouch: ⇨ -ine¹〗

thy·la·koid /θáɪləkɔ̀ɪd/ n. 〖生物〗チラコイド, シラコイド《植物細胞の葉緑体内にある偏平な袋状の構造; 膜面にクロロフィルや蛋白質が並び, 光合成の明反応がここで行われる》. 〖《1962》◻ G *Thylakoid* ← Gk *thulakoidēs* pouch-like ← *thúlakos* (↑)+-OID〗

thym-¹ /θaɪm/ (母音の前にくるときの) thymo-¹ の異形.

thym-² /θaɪm/ (母音の前にくるときの) thymo-² の異形.

thyme /táɪm/ ★《米》では綴字発音で /θáɪm/ と発音する人がいる. n. 〖植物〗タイム, タチジャコウソウ (*Thymus vulgaris*) 《シソ科イブキジャコウソウ属の植物; 葉を香味料に用いる》. 〖《a1398》◻ (O)F *thym* // L *thymum* ◻ Gk *thúmon* ← *thúein* to sacrifice, 《原義》cause to smoke〗

thy·mec·to·my /θaɪméktəmi/ n. 〖外科〗胸腺摘出(術). **thy·méc·to·mìze** /-màɪz/ vt. 〖1905〗

Thym·e·lae·a·ce·ae /θɪ̀məleɪéɪsiiː, θɪ̀m- | -mɪ̀-/ n. 〖植物〗ジンチョウゲ科. **thỳm·e·lae·á·ceous** /-ʃəs⁻/ adj. 〖← NL ~ ← *Thymelaea* (属名) ← Gk *thumelaía* ← *thúmon* 'THYME'+*elaía* olive-tree: ⇨ -aceae〗

thymi n. thymus の複数形.

-thy·mi·a /θáɪmiə/「(…の)精神・意志状態」の意の名詞連結形: schizo*thymia*. 〖← NL ~ ← Gk *thūmós* spirit, mind: ⇨ -ia¹〗

thy·mic¹ /táɪmɪk; ⇨ thyme ★/ adj. タイム (thyme) の. 〖1868〗

thy·mic² /θáɪmɪk/ adj. 〖解剖〗胸腺 (thymus) の. 〖1656〗

thy·mi·co·lymphátic /θàɪmɪ̀kou- | -mɪ̀kə(ʊ)-⁻/ adj. 〖解剖・生理〗胸腺リンパ質[性]の. 〖← THYMIC²+-O-+LYMPHATIC〗

thy·mi·dine /θáɪmədiːn, -dn̩ | -mɪ̀diːn/ n. 〖生化学〗チミジン ($C_{10}H_{14}N_2O_5$) 《生物体内に存在する結晶性ヌクレオシド》. 〖《1912》《混成》← THYMINE+-ID⁵〗

thý·mi·dyl·ic ácid /θáɪmədɪlɪk- | -mɪ̀-/ n. 〖生化学〗チミジル酸《DNA の成分として含まれる, デオキシリボヌクレオチドの一つ》. 〖《1951》: ⇨ ↑, -yl, -ic¹〗

thy·mine /θáɪmiːn, -mn̩ | -miːn, -mɪn/ n. 〖生化学〗チミン ($C_5H_6N_2O_2$) 《生物体内に存在するピリミジン誘導体の一種》. 〖《1894》◻ G *Thymin*: ⇨ thymo-², -ine³〗

thy·mi·tis /θaɪmáɪtɪ̀s | -tɪs/ n. 〖医学〗胸腺炎. 〖《1848》: ⇨ thymus, -itis〗

thy·mo-¹ /θáɪmou | -məu/「タイム (thyme)」の意の連結形. ★ 母音の前では通例 thym- になる. 〖← L *thymum*: ⇨ thyme〗

thy·mo-² /θáɪmou | -məu/「胸腺 (thymus)」の意の連結形. ★ 母音の前では通例 thym- になる. 〖← NL *thymus*: ⇨ thymus〗

thy·mo·cyte /θáɪməsàɪt/ n. 〖解剖〗胸腺細胞; (特に)胸腺リンパ球. 〖《1929》: ⇨ ↑, -cyte〗

thy·mol /θáɪmɔ(ː)l | θáɪmɔl/ n. 〖化学〗チモール ($(CH_3)_2CHC_6H_3(CH_3)(OH)$) 《たちじゃこうそう油の主成分; 殺菌剤・防腐剤》. 〖《1857》← THYMO-¹+-OL¹〗

thýmol blúe n. 〖化学〗チモールブルー ($C_{27}H_{30}O_5S$) 《青色のスルフォンフタレイン系色素; 酸塩基指示薬; 変色域が二つある》.

thỳmol·phthálein n. 〖化学〗チモールフタレイン ($C_{28}H_{30}O_4$) 《無色の結晶; 酸塩基指示薬; アルカリ性で, 無色から青色に変わる》.

thy·mo·ma /θaɪmóumə | -máʊ-/ n. (pl. **~s, thy·mo·ma·ta** /-mətə | -tə/) 〖医学〗胸腺腫. 〖《1919》: ⇨ thymo-², -oma〗

thýmo·nuclèic ácid n. 〖生化学〗胸腺核酸《子牛の胸腺から抽出した核酸で, 主に deoxyribonucleic acid》. 〖1904〗

thy·mo·sin /θáɪməsɪ̀n | -sɪn/ n. 〖生化学〗チモシン, サイモシン《胸腺から分泌されるホルモン》. 〖《1966》: ⇨ thymo-², -in²〗

thy·mus /θáɪməs/ n. (pl. **~·es, thy·mi** /-maɪ/) 〖解剖〗胸腺《年齢とともに退化する内分泌腺; 子羊や子牛の thymus で食用になるものは sweetbread という; thymus gland ともいう》. — adj. 胸腺の. 〖《1693》← NL ~ ← Gk *thúmos*〗

thym·y /táɪmi; ⇨ thyme/ ★ adj. (**thym·i·er; -i·est**) タイム (thyme) の多い; タイムのにおいのする. 〖《1727》: ⇨ -y⁴〗

thyr- /θaɪr | θaɪ(ə)r/ (母音の前にくるときの) thyro- の異形.

thy·ra·tron /θáɪrətrɑ̀(ː)n | θáɪ(ə)rətrɔ̀n/ n. 〖電子工学〗サイラトロン, 熱陰極格子制御放電管《格子制御によりオンオフ的電流制御を行う放電管》. 〖《1929》《商標》← *Thyratron* ← Gk *thúra* door+-TRON〗

thy·re·o- /θáɪriou | θáɪ(ə)riəu/ =thyro-.

thy·re·o·trop·ic /θàɪriətrɑ́(ː)pɪk | θàɪ(ə)ri(ʊ)trɔ́p-⁻/ adj. 〖医学〗=thyrotrophic.

thy·ris·tor /θaɪrɪ́stə | -tə(r/ n. 〖電子工学〗サイリスター《サイラトロン (thyratron) と同様な特性をもたせた半導体の電力用スイッチング素子; silicon controlled rectifier ともいう》. 〖《1958》← Gk *thúra* door+(TRANS)ISTOR〗

thy·ro- /θáɪrou | θáɪ(ə)rəu/「甲状腺 (thyroid)」の意の名詞連結形: *thyro*toxicosis. ★ 母音の前では通例 thyr- になる. 〖← Gk *thureós* shield〗

thỳro·calcitónin n. 〖生化学〗チロカルシトニン (⇨ calcitonin). 〖1963〗

thỳro·glóbulin n. 〖生化学〗チログロブリン《甲状腺の中で蛋白質の形で見出されるチロキシン》. 〖c1905〗

thy·roid /θáɪrɔɪd | -r-/ adj. 〖解剖〗**1 a** 甲状腺の: the ~ gland [body] 甲状腺. **b** 甲状腺疾患を思わせる. **2** 甲状軟骨の. — n. **1** 甲状腺 (thyroid gland). **2** 甲状軟骨 (thyroid cartilage). **3** 甲状腺動脈[静脈, 神経]. **4** 〖薬学〗甲状腺剤《動物の甲状腺から作った製剤; thyroid extract ともいう》. **thy·roi·dal** /θaɪrɔ́ɪdl̩ | -dl/ adj. 〖《1726–41》◻ F 《廃》*thyroide* (F *thyréoïde*) // ← NL *thyroidēs* ← Gk *thureoeidḗs* shield-shaped: ⇨ thyro-, -oid〗

thýroid ártery n. 〖解剖〗甲状腺動脈. 〖1840〗

thýroid cártilage n. 〖解剖〗甲状軟骨. 〖1726–41〗

thy·roid·ec·to·mize /θàɪrɔɪdéktəmàɪz | θàɪ(ə)-rɔɪd-/ vt. 〖外科〗…に甲状腺切除[摘出]を施す. 〖《1932》: ⇨ ↓, -ize〗

thy·roid·ec·to·my /θàɪrɔɪdéktəmi | θàɪ(ə)-/ n. 〖外科〗甲状腺切除[摘出](術). 〖1889〗

thýroid glànd n. 〖解剖〗甲状腺. 〖1726–41〗

thýroid hórmone n. 〖生理〗甲状腺ホルモン.

thy·roid·i·tis /θàɪrɔɪdáɪtɪ̀s | θàɪ(ə)rɔɪdáɪtɪs/ n. 〖病理〗甲状腺炎. 〖《c1885》← NL ~: ⇨ thyroid, -itis〗

thýroid·less adj. 甲状腺のない. 〖1908〗

thýroid-stìmulating hòrmone n. 〖生理〗甲状腺刺激ホルモン (thyrotrophin) (略 TSH). 〖c1956〗

thýroid véin n. 〖解剖〗甲状腺静脈. 〖1831〗

thỳro·prótein n. 〖化学〗チロプロテイン, チロ蛋白質《甲状腺に存在するヨードを含む蛋白質》. 〖1899〗

thy·ro·tome /θáɪrətòum | θáɪ(ə)rətəum/ n. 〖外科〗甲状軟骨切開刀.

thy·rot·o·my /θaɪrɑ́(ː)təmi | -rɔ́t-/ n. 〖外科〗**1** 甲状軟骨切開(術), 喉頭(こうとう)切開(術) (laryngotomy). **2** =thyroidectomy. 〖1880〗

thy·ro·tox·ic /θàɪroutɑ́(ː)ksɪk | θàɪ(ə)rə(ʊ)tɔ́k-⁻/ adj. 〖病理〗甲状腺中毒(性)の. 〖1904〗

thỳro·toxicósis n. 〖病理〗**1** 甲状腺中毒(症). **2** =hyperthyroidism. 〖1911〗

thỳro·trópic adj. =thyrotropic.

thy·ro·tro·phin /θàɪrətróufɪ̀n | θàɪ(ə)rə(ʊ)tráufɪn/ n. =thyrotropin.

thy·ro·tro·pic /θàɪrətróupɪk, -trɑ́(ː)p- | θàɪ(ə)rə(ʊ)-trɔ́p-⁻/ adj. 〖医学〗甲状腺刺激(性)の, 向甲状腺性の: ~ hormone (下垂体の)甲状腺刺激ホルモン. 〖c1923〗

thy·ro·tro·pin /θàɪrətróupɪ̀n | θàɪ(ə)rətráupɪn/ n. 〖生化学〗甲状腺刺激ホルモン《下垂体前葉ホルモンの一種で, 甲状腺ホルモンの分泌を支配する》. 〖《1939》: ⇨ ↑, -in²〗

thyrotrópin-relèasing hòrmone [fàc·tor] n. 〖生化学〗甲状腺刺激ホルモン放出ホルモン[因子] (略 TRH, TRF). 〖1980〗

thy·rox·ine /θaɪrɑ́(ː)ksiːn, -sn̩ | -rɔ́ksiːn, -sɪn/ n. (*also* **thy·rox·in** /~/) **1** 〖生化学〗チロキシン ($C_{15}H_{11}O_4NI_4$) 《甲状腺ホルモン》. **2** 〖薬学〗甲状腺ホルモン剤《甲状腺腫(せんしゅ)・クレチン病 (cretinism) などの治療に用いる》. 〖《1918》← THYRO-+OXY-¹+-INE³〗

thyrse /θə́ːs | θə́ːs/ n. 〖植物〗密錐(みっすい)花(序). 〖《1603》◻ F ~ // L *thyrsus*〗

thyrsi n. thyrsus の複数形.

T

thyr·soid /θə́ːsɔɪd | θə́ː-/ *adj.* 〘植物〙密錐(すい)花(序) (thyrse) に似た. 〘((1830)) □ Gk *thursoeidḗs* thyrsus-like: ⇨ thyrsus, -oid〙

thyr·soi·dal /θəːsɔ́ɪdḷ | θəːsɔ́ɪdḷ/ *adj.* 〘植物〙=thyrsoid. 〘((1864)): ⇨ ↑, -al¹〙

thyr·sus /θə́ːsəs | θə́ː-/ *n.* (*pl.* **thyr·si** /-saɪ, -siː | -saɪ/) **1** 〘美術〙テュルソスの杖(つえ) ((キヅタまたはブドウの葉で巻いた杖に松かさをのせたもので, 酒神 Dionysius (Bacchus) や彼に仕える者たちが携えた)). **2** 〘植物〙=thyrse. 〘((1591)) □ L ~ □ Gk *thúrsos* light wand (Bacchic staff), stem of a plant ← ?〙

thy·san- /θáɪsən, θís-/ (母音の前にくるときの) thysano- の異形.

thy·sa·no- /θáɪsənoʊ, θís- | -nəʊ/「房(ふさ) (tassel); 房飾り (fringe)」の意の連結形. ★ 母音の前では通例 thysan- になる. 〘← NL ~ ← Gk *thúsanos* tassel ← ?〙

Thy·sa·nop·ter·a /θàɪsənɑ́(ː)ptərə, θìs- | -nɔ́p-/ *n. pl.* 〘昆虫〙総翅目, アザミウマ目. 〘((1858)) ← NL *Thysanoptera*: ⇨ ↑, -ptera〙

thy·sa·nop·ter·an /θàɪsənɑ́(ː)ptərən | -nɔ́p-/ *adj., n.* 〘昆虫〙総翅[アザミウマ]目 (*Thysanoptera*) の(昆虫).

thỳ·sa·nóp·te·rous /-rəs⁻/ *adj.* 〘((1891)): ⇨ ↑, -an¹〙

Thy·sa·nu·ra /θàɪsənʊ́ᵊrə, θìs-, -njʊ́ᵊrə | -njʊ́ərə/ *n. pl.* 〘昆虫〙総尾目, シミ目. 〘← NL *Thysanūra*: ⇨ thysano-, -ura〙

thy·sa·nu·ran /θàɪsənʊ́ᵊrən, θìs-, -njʊ́ᵊr- | -njʊ́ər-/ *adj., n.* 〘昆虫〙総尾[シミ]目 (Thysanura) の(昆虫).

thỳ·sa·nú·rous /-rəs⁻/ *adj.* 〘((1835)): ⇨ ↑, -an¹〙

thy·self /ðaɪsέlf, ―⁻/ *pron.* ((古)) [二人称単数複合代名詞 (cf. yourself)] なんじ自身: Know ~. なんじ自身を知れ. 〘((?a1200)) *þi self* ∽ OE *þē sylf* (dat.): ⇨ thee, thy, self〙

THz ((略))〘電気〙terahertz.

ti¹ /tíː/ *n.* 〘音楽〙**1** (階名唱法の)「シ」((全音階的長音階の第 7 音; te ともいう; ⇨ do⁵)). **2** (固定ド唱法の) (B) 音 ((ハ調長音階の第 7 音; te ともいう)). 〘((*c*1845)) ((変形)) ← SI〙

ti² /tíː/ *n.* 〘植物〙ニオイシュロラン (*Cordyline australis*) ((太平洋諸島産のヤシに似たユリ科センネンボク属の高木; cabbage tree, ti palm ともいう; cf. ti tree)). 〘((*c*1839)) □ Polynesian *ti(-ti)*〙

Ti ((記号))〘化学〙titanium.

TIA /tíːèɪéɪ/ ((略))〘医学〙transient ischemic attack 一過性脳虚血発作. 〘1978〙

Ti·a·hua·na·can /tìːəwənáːkən⁻/ *adj.* 〘考古〙=Tiahuanaco. 〘⇨ ↓, -an¹〙

Ti·a·hua·na·co /tìːəwənáːkoʊ | -kəʊ; *Am.Sp.* tjawanáko/ *adj.* 〘考古〙ティアワナコ文化の ((100 B.C.–A.D. 900 頃形成期後期から後古典期にかけてのペルー・ボリビア一帯の文化; 特に石工技術が高度に発達した)). 〘その文化の遺跡が発見された西部ボリビアの村名〙

Ti·a Ma·ri·a /tìːəmərίːə/ *n.* 〘商標〙ティアマリア ((ブルーマウンテンの風味のあるジャマイカ産のリキュール)). 〘□ Sp. *Tía María* ((原義)) Aunt Mary〙

Ti·a·mat /tíːəmæt | tíə-, tiáː-/ *n.* 〘バビロニア神話〙ティアマト ((原初の海の化身である竜; Apsu の妻で神々の母となった)). 〘← Akkad.〙

tian /tjɑ́ː(ŋ), tjɑ́ːŋ; *F.* tjɑ̃/ *n.* ティヤン: **1** 〘料理〙細かく切った野菜をオリーブオイルでいためて焼いたグラタン. **2** 1 に使われる大きな, 楕円形の素焼き鍋. 〘□ Prov. ~: Prov. は Gk *tḗganon* frying pan にさかのぼる〙

Tian'an·men /tjɑ́ːnɑːnmɪn, tiǽnə- | tiǽnənmέn, -mín⁻; *Chin.* tʰiɛ̄nānmə́n/ *n.* 天安門(テンアンモン) ((中国の北京にある旧紫禁城の正門; 1949 年 10 月 1 日中華人民共和国成立が宣せられた場所)).

Tián'anmen Squáre *n.* 天安門広場 ((北京の中心広場; 1989 年 6 月 4 日ここで民主化を要求していた学生・市民に政府が武力鎮圧を行って多数の死傷者を出した)).

Tian·jin /tìɑːndʒín | tiæn-; *Chin.* tʰiɛ̄ntɕīn/ *n.* 天津(テンシン) ((中国北部の中央直轄市; 大商工業都市)).

Ti·an Shan /tìɑːnʃɑ́ːn/ *n.*; *Chin.* tʰiɛ̄nʂān/ *n.* [the ~; 複数扱い] 天山山脈 ((中国新疆(しんきょう)ウイグル自治区 (Xinjian Uygur Autonomous Region) とキルギス共和国とにまたがるアジア中部の山脈; 最高峰 Pobedy Peak /*Russ.* pabʲédi-/ (7,439 m))).

ti·ar·a /tiǽᵊrə, -ǽrə, -áːrə | tiáːrə/ *n.* **1** 〘カトリック〙ローマ教皇の三重冠 ((現世・霊界・煉獄(れんごく)をつかさどる表象; the triple tiara [crown] ともいう)). **2** [the ~] 教皇職; 教皇の職権. **3** ティアラ ((宝石をちりばめた女性の頭飾り)): a ~ of diamonds [pearls]. **4** 古代ペルシャ人などの用いた冠. 〘((1555)) □ L *tiāra* □ Gk *tiā́ras* ← ? Pers.: cf. It. *tiara* the papal crown〙

ti·ar·aed *adj.* (*also* **ti·a·ra'd**) tiara をかぶった. 〘((1822)): ⇨ -ed 2〙

ti·a·re /tiáːreɪ/ *n.* (*pl.* ~) 〘植物〙Tahiti 島に生育するクチナシの一種. 〘((1888)) ← F ~ 'tiara'〙

ti·a·rel·la /tìːərέlə | tìːə-, tɪə-/ *n.* 〘植物〙北米産ユキノシタ科ズダヤクシュ属 (*Tiarella*) の植物の総称. 〘((1759)) ← NL *Tiarella* (属名) ← L *tiara*: ⇨ tiara, -ella〙

Tib /tíb/ *n.* **1** ティブ ((女性名; cf. Shak., *All's* W 2. 2. 23)). **2** [t-] 田舎娘. 〘((1533)) (dim.) ← ISABEL〙

Tib·bie /tíbi/ *n.* ティビ ((女性名; 猫の名に用いるようになったのは *Reynard the Fox* による)). 〘((スコット)) (dim.) ← ISABEL // ← OFlem. *Tybalt*〙

Ti·ber /táɪbə | -bə⁽ʳ/ *n.* [the ~] タイバー(川), テーベレ(川) ((イタリア中部の川, アペニン山脈中に発し Rome 市を貫流して地中海に注ぐ (405 km); イタリア語名 Tevere)).

Ti·be·ri·as /taɪbíᵊriəs | -bíəriæs, -riəs/, **the Sea of** *n.* テベリヤの海 (⇨ the Sea of GALILEE).

Ti·be·ri·us /taɪbíᵊriəs | -bíər-/ *n.* ティベリウス ((42 B.C.–A.D. 37; ローマの第二代の皇帝 (A.D. 14–37); 本名 Tiberius Claudius Nero Caesar)).

Ti·bes·ti /tɪbέsti | tɪ-/ *n.* [the ~] ティベスティ(山地) ((チャド北西部, Sahara 砂漠にある山系; 最高峰 3,415 m; Tibesti Mountains, Tibesti Massif, Tibesti Highlands ともいう)).

Ti·bet /tɪbέt | tɪ-/ *n.* チベット ((中国南西部, ヒマラヤ山脈北方の自治区; 古くから Dalai Lama に支配されてきたが, 1965 年自治区となった; 海抜 4,200–5,200 m; 面積 1,221,700 km², 主都 Lhasa (拉薩); 中国語名 Xizang)). 〘((1827)) □ Arab. *Tibat, Tóbbat* □ Tibet *Töbhöt* ((原義)) 'highlands of *Bod* (=fortress)'〙

Ti·bet·an /tɪbέtṇ | tɪ-/ *adj.* チベットの, チベット人[語]の. — *n.* チベット人[語]. 〘((1806)) ∽ ((1747)) *Tibetian*: ⇨ ↑, -an¹〙

Tibétan ántelope *n.* 〘動物〙=chiru.

Tibétan Búddhism *n.* チベット仏教 (Lamaism).

Tibétan mástiff *n.* チベタン マスチフ ((チベット原産の番犬; 大形で被毛が粗く, 毛は黒および黄褐色, 耳が垂れている)). 〘1905〙

Tibétan spániel *n.* チベタンスパニエル ((チベット原産のスパニエル; 短脚胴長の犬; 愛玩用)). 〘1930〙

Tibétan térrier *n.* チベタンテリア ((チベット原産の頭部の長い毛が前に垂れて目にかぶさっている old English sheepdog の小形のものに似たイヌ)). 〘1905〙

Ti·bet·o- /tɪbέtoʊ | tɪbέtəʊ/「チベット(人, 語)と…との (Tibetan and …)」の意の連結形. 〘← TIBET＋-o-〙

Tibèto-Búrman *n.* **1** チベットビルマ語族 ((チベット語・ボド語・ビルマ語を含む)). **2** チベットビルマ語系諸族の人. — *adj.* **1** チベットビルマ語族の. **2** チベットビルマ語系人の. 〘1878〙

Tibèto-Burmése *n.* =Tibeto-Burman. 〘1954〙

tib·i·a /tíbiə | tíbiə, táɪb-/ *n.* (*pl.* **-i·ae** /-bìː, -biàɪ | -bìː/, ~s) **1** 〘解剖〙脛骨(けいこつ) (shinbone) (⇨ skeleton 挿絵). **2 a** 〘動物〙脛骨. **b** 〘昆虫〙脛節(脚の第 4 肢節). **3** (古代のダブル[シングル]リードの)笛. **tíb·i·al** /-biəł/ *adj.* 〘((*c*1706)) □ L *tibia* shinbone, flute ← ?〙

tib·i·al·is /tìbiéɪlɪs | -lɪs/ *n.* (*pl.* **-al·es** /-liːz/) 〘解剖〙脛骨筋 ((ふくらはぎの二つの筋肉)): **a** 外側顆と骨幹から出て第一楔状骨と第一中足骨にいたる筋肉; 足を背側へ屈曲し, 内反する作用をもつ (tibialis anterior [anticus]). **b** 脛骨・腓骨・骨間膜・筋間中部から出て舟状骨・第一楔状骨にいたる筋肉; 足を底側へ屈曲し, 内反する作用をもつ (tibialis posterior [posticus]). 〘((*c*1875)) ← NL *tibiālis* relating to a tibia ← L *tibia* (↑)〙

tibiális antérior *n.* 〘解剖〙前脛骨筋 (⇨ tibialis a).

tibiális an·tí·cus /-æntáɪkəs/ *n.* 〘解剖〙=tibialis a.

tibiális postérior *n.* 〘解剖〙後脛骨筋 (⇨ tibialis b).

tibiális pos·tí·cus /-pɑ(ː)stáɪkəs | pɔs-/ *n.* 〘解剖〙=tibialis b.

tib·i·o·fib·u·la /tìbioʊfíbjʊlə | -ə(ʊ)-/ *n.* 〘動物〙(カエルやガマの)脛腓骨(けいひこつ). 〘((1835–36)) ← NL ~: ⇨ tibia, fibula〙

tib·i·o·tar·sus /tìbioʊtáːsəs | -ə(ʊ)táː-/ *n.* (*pl.* **-tar·si** /-saɪ/) 〘鳥類〙脛骨(けいこつ) ((脚部の主要な骨で, 足根部に幾つかの足根骨が融合したもの)). 〘((1883)) ← NL ~: ⇨ tibia, tarsus〙

Ti·bul·lus /tɪbʌ́ləs, -bʊ́l- | tɪ-/, **Al·bi·us** /ǽłbiəs/ *n.* ティブッルス ((48?–19 B.C.; 哀歌 (elegy) を書いたローマの詩人)).

Ti·bur /táɪbə | -bə⁽ʳ; *It.* tíːbur/ *n.* ティブール ((Tivoli の旧名)).

tic /tík/ *n.* **1** 〘病理〙チック ((随意筋, 特に顔面筋の病的な不随意痙攣(けいれん))). **2** (性格・行動に)しつこく現れる特徴, 頑癖. 〘((1800)) □ F ~ ((擬音語))?〙

ti·cal /tɪkáːl, -kɔ́ːl/ *n.* (*pl.* ~s, ~) **1** ティカル ((タイの旧通貨単位; 1928 年 baht に変更)). **2 a** 昔のタイの銀貨 ((約 1 rupee)). **b** その目方 ((約半オンス)). 〘((1662)) □ Thai ~ □ Malay *tikal* a monetary unit: cf. Hindi *takā* weight〙

tic dou·lou·reux /tíkdùːlərúː, -rə́ː | -duːlərə́ː; *F.* tikduluʁø/ *n.* 〘病理〙三叉(さんさ)神経痛性チック, 疼痛(性)チック (trigeminal neuralgia ともいう). 〘((1800)) □ F ~ 'painful tic'〙

tice /táɪs/ *n.* **1** 〘クリケット〙=yorker. **2** 〘クロッケー〙タイス ((相手にボールを狙うように誘う打撃)). **3** =enticement. — *vt.* ((英)) =entice. 〘*n.*: ((1843)) ← ((廃)) *tice* to entice < ME *tyce(n)* ← (vt.). — vt.: ((*c*1275)) *tyce(n)* □ ?OF *atisier*: cf. entice〙

tich /títʃ/ *n.* ((英俗)) ちび (small man). 〘((1934)) ← *little Tich*: 喜劇役者のあだ名〙

tich·y /títʃi/ *adj.* =titchy.

Ti·ci·no /tɪtʃíːnoʊ | -nəʊ; *It.* titʃíːno/ *n.* **1** ティチーノ(州) ((スイス南部の州; 面積 2,810 km², 州都 Bellinzona /bellintsóːna/)). **2** [the ~] ティチーノ(川) ((スイス南部に発し, イタリア北部で Po 川に合流する川)).

tick¹ /tík/ *n.* **1** かっちかっち, かちかち ((時計などの音)). **2** (照合のための)チェック印, 合印(あいじるし) (check) ((✓, / など)). **3** ((英口語)) 瞬間 (moment, instant): do it in three [two, a couple of] ~s すぐにそれをする / come in a ~ すぐ来る / Half a ~! ちょっと待って. **4** 〘馬術〙(馬の脚の)障害物接触 ((障害物を倒しはしないが, 減点される)).

to [*on*] *the tick* ((英)) 時間どおりに. 〘1913〙

— *vi.* **1 a** 〈時計などが〉かちかちいう, 〈メーターなどが〉かちゃっと音を立てる: The clock ~*ed away* in the hall. ホールの柱時計がかちかちいい続けていた. **b** 〈時が〉かちかち音を立てるように過ぎる, 〈人生などが〉刻々と過ぎる 〈*away, by, on*〉. **c** 〈ニュースなどが〉刻々と起こる[入電してくる]: news ~*ing in from* all parts of the world 世界中から刻々と入ってくるニュース. **2** ((口語)) [隠れた時計仕掛けのように]作動する; 不可解な行動をする: What makes him [it] ~? 何で彼はあんな風にふるまうのか[あれはあんな風になるのか]. — *vt.* **1** かちかち音を立てて送る[知らせる] 〈*off, out*〉; 〈時計が〉かちかち〈時を〉刻む 〈*off, away*〉: The meter ~*ed off* my fare. タクシーのメーターがかちゃっかちゃっと料金を表示した / The telegraph ~*ed out* a message. 電信機はかちかちと音信を打ち出した / The clock was ~*ing away* the time. 時計はかちかちと時を刻んでいた. **2** [通例 ~ *off* として] …に(点検済みの)チェック印[合印]を付ける, チェックする (check): ~ *off* the articles [names] on the list リストに記載されている品物[名前]をチェックする. **3** 〘馬術〙〈馬が〉〈障害物〉に軽く接触する.

tick óff (1) ⇨ *vt.* 1. (2) ⇨ *vt.* 2. (3) ((口語)) 確認する (identify): I ~*ed* him *off* as soon as I saw him. 彼を見るとすぐ彼だとわかった. (4) ((俗)) 怒らせる, いらいらさせる: His impudence ~*ed* me *off*. 彼の厚かましさには腹が立った. (5) ((口語)) しかる (scold): get ~*ed off* しかられる / The boss ~*ed* him *off for* his laziness. 上司は彼の怠惰をしかった. 〘1854〙 ***tick óver*** (1) 〈エンジン・自動車などが〉遊転する, アイドリングする. (2) ((口語)) 〈人が〉どうやらやっていく, 〈商売などが〉まあまあはかどる. 〘1916〙

〘n.: ((1440)) *tek* a light touch, pat ← ((擬音語)): cf. Du. *tik* a touch, pat / LG *tikk* a touch, moment. — v.: ((1546)) ← n.〙

tick² /tík/ *n.* **1** 〘動物〙マダニ ((ダニ目の後気門亜目またはマダニ亜目の吸血性のダニの総称; ウシマダニ (cattle tick), アメリカイヌカクマダニ (dog tick) など; cf. mite²)): (as) full as a ~ 満腹して. **2** 〘昆虫〙ヒツジシラミバエ (sheep ked) など翅のない寄生性の双翅類の昆虫の総称. **3** ((口語)) 不愉快な[軽蔑すべき]人, いやなやつ. 〘OE *ticia*, **tica*, **ticca* < (WGmc) **tekkōn* (Du. *teek* / G *Zecke*) ← IE **deigh-* insect〙

tick³ /tík/ *n.* **1** (ふとん・まくらの)皮(かわ). **2** ((口語)) ふとん皮地 (ticking). 〘((1342)) *tikke* □ MDu. *tēke, tike* (Du. *tijk*) < (WGmc) **tīka* (G *Zieche*) □ L *tēca, thēca* □ Gk *thḗkē* case ← IE **dhē-* to place〙

tick⁴ /tík/ *n.* ((英口語)) **1** 借り, つけ, 勘定 (account): He had a long ~ at the pub. パブでつけがたまっていた. **2** 掛け, 掛け買い, 掛売り, 信用貸し (credit, trust): *on* ~ 掛けで / go (on) ~ =run *on* ~ 掛けで買う, 借りがかさむ / give ~ (信用して)掛けで売る. — *vi.* ((廃)) 掛けで売る[買う]. 〘((1642)) ((略)) ← TICKET〙

tíck·bèan *n.* (実がダニの形をした)ソラマメ. 〘1744〙

tíck bìrd *n.* 〘鳥類〙ウシツツキ (oxpecker). 〘1850〙

tíck-bòrne *adj.* マダニから伝染する: a ~ disease. 〘1921〙

tíck-borne týphus *n.* =Rocky Mountain spotted fever.

tíck clòver *n.* 〘植物〙=tick trefoil.

ticked *adj.* **1** (点検済みの)合印の付いた. **2** 〈犬・鳥などが〉斑点[斑紋]のついた (flecked); 〈毛髪が〉(二色またはそれ以上の)まだらの. **3** [時に ~ off として] ((米俗)) 怒った, 立腹した, ぷっとふくれた. 〘((1688)) ← TICK¹＋-ED 2〙

tick·er /tíkə | -kə⁽ʳ/ *n.* **1** かちかちいう物, かっちかっち音のする物; 印をつける物. **2** チッカー, (株式)相場表示機 [速報機] (tape machine). **3** (時計の)振子. **4** ((俗)) 時計. **5** (電信の)受信機. **6** ((俗)) 心臓 (heart). 〘((1821)) ← TICK¹ (v.)＋-ER¹〙

tícker tàpe *n.* **1** チッカー (ticker) から自動的に出てくるテープ ((刻々の株式相場やニュースが印字されている)). **2** (ticker tape などの) 紙吹雪, 紙テープ ((人を歓迎する際, ビルの窓などからこれを投げる)): The whole town gave a welcome with brass and ~*s*. 町中が楽隊を仕立て, テープの雨を降らせて歓迎した. 〘1902〙

tícker-tàpe paràde *n.* ((米国 New York 市伝統の)紙吹雪[テープ]の舞うパレード ((ticker-tape reception ともいう)). 〘1972〙

tícker-tape wèlcome *n.* 紙吹雪の大歓迎: The general received a ~. 将軍はテープをまいての大歓迎を受けた. 〘1980〙

tick·et /tíkɪt | -kɪt/ *n.* **1 a** 切符, 入場券, 乗車券, チケット: a railroad [a bus, a train, an air] ~ / a concert [theater] ~ / a one-way [round-trip, through] ~ 片道[往復, 通し]切符 / a ~ *on* the Hikari ひかり号の切符 / buy [reserve] ~*s for* the theater [concert, game, Beatles] 劇場[コンサート, 試合, ビートルズ]のチケットを買う[予約する] / get a ~ *to* Paris パリまでの切符を買う / Admission by ~ only. 切符所有者に限り御入場のこと / *Tickets*, please. 切符を拝見します / show [surrender, honor] a ~ 切符を見せる[手渡す, 有効とする]. **b** ((英)) 図書借出券. **2 a** (値段・品質などを示す)札, 正札, 定価札, ラベル (label, tag); 質札: a price ~ 正札 / a pawn ~ 質札 / a lottery ~ 宝くじ. **b** (窓に出す)貸家札. **3** (交通違反者などに対する)切符, 呼出し状 (traffic ticket): a parking [speeding]~ 駐車[速度]違反の切符 / issue [get] a ~ 交通違反切符を切る[もらう] / give a person a ~ for illegal parking 違法駐車の切符を渡す. **4** ((米)) **a** 公認候補者名簿 (slate); (候補者の名を列記してある)投票用紙: ⇨ split ticket, straight ticket / vote a ~ (ある政党の)公認候補に投票する / run ahead of [behind] one's ~ 自党の他候補よりも多く[少なく]得票する / on the Republican ~ 共和党公認候補として / ⇨ SPLIT *the ticket* / The whole Republican ~ was elected. 共和党候補は全部当選した. **b** (政党の)政綱, 綱領. **5** [the ~] ((英口語)) 適当な[望ましい]物; おあつらえ向きの事 (proper thing): That's *the* ~. それはあつらえ向きだ, その

通りだ / A little rest will be just *the* ～ *for* you. 少し休養するのが君には一番いい. **6** 《口語》〔望ましい物を〕手に入れる手段,〔…への〕切符 〔*to*〕: the ～ *to* popularity 人気者になれる手段 / Industry is your ～ *to* success. 勤勉こそ成功への切符です / Your plan would be a one-way ～ to disaster. 君の計画通りにすれば破滅だ. **7** (商船士官・航空パイロットなどの)免状, 資格証書 (certificate, license). **8** (略式の)伝票《後で正式の帳簿に記帳する; cf. slip² 1 c》: a deposit ～ 預金伝票 / a sales ～ 売上げ伝票. **9** 《英》 **a** (兵士・水夫の)給料支払伝票. **b** 《軍事》除隊命令 (discharge): get one's ～ 除隊になる / work one's ～ 《古口語》(仮病などを使って)うまく除隊になる. **c** 《古》仮出獄許可状[書] (ticket of leave). **10** 《古》張り紙, プラカード (placard). **11** 《英方言》(訪問用)名刺 (visiting card). **12** 《廃》覚書, メモ.
have (gòt) tíckets on onesèlf 《豪口語》うぬぼれている.
wríte one's ówn tícket 《口語》自分の好きなように方針[計画]を立てる, 望み通りの職業(など)を選ぶ. 《1928》
tícket of léave 《英古》仮出獄許可状[書] (cf. parole 1): out on ～ *of leave* 仮出獄中で. 《1732》
— *vt.* **1 a** …に札を付ける,《商品》に正札を付ける (label). **b** …に〔…の〕レッテルを張る,〔…と〕称する 〔*as*〕: He's ～*ed as* a fanatic. 狂信者というレッテルが張られている. **c** 〔特定の目的・地位などに〕指名する 〔*for*〕: She is ～*ed for* the post. そのポストに指名されている. **2 a** 《米》…に切符を発行する (book): passengers ～*ed* on flights to Paris パリ行き便の航空券を持った乗客. **b** 《口語》…に交通違反切符を渡す: I was ～*ed for* speeding. スピード違反切符を渡された.
～·er /-tə | tə^(r)/ *n.* **～·less** *adj.* 〖《1528》□ OF *etiquet* (F *étiquett(e)*) ticket, label, 《原義》something stuck up: ⇨ etiquette〗
tícket àgency *n.* 切符取次販売所《日本の旅行代理店・プレイガイドを兼ねたもの》. 日英比較 「プレイガイド」は和製英語. 〖1923〗
tícket àgent *n.* 切符(取次)販売人. 〖1861〗
tícket bàrrier *n.* =ticket gate.
tícket collèctor *n.* (乗車券などの)集札係. 〖1850〗
tícket dày *n.* 《英》《証券》(London 証券取引所で)株式取引計算日, 伝票回付日《買方の会員が決済のため銘柄・株数・代金・買主の氏名などを記した紙片を売方の会員に渡す日で, 決済処理期間 (settlement) の第 2 日; name day ともいう; cf. settlement 9》. 〖1858〗
tíck·et·ed /-tɪ̣d | -tɪ̣d/ *adj.* チケット[ラベル]に記されている; 切符[チケット]を発行されている. 〖1611〗
tícket gàte *n.* 《米》改札口.
tícket hòlder *n.* 入場券[チケット]を買った人.
tíck·et·ing /-tɪŋ | -tɪŋ/ *n.* チケット発行, 券売.
tícket machìne *n.* 切符自動販売機.
tícket òffice *n.* 《米》(鉄道・劇場などの)切符売場, 出札所 (《英》booking office). 〖1666〗
tícket-of-léave màn *n.* (もと英国の)仮出獄者. 〖1807〗
tícket-pòrter *n.* (昔の London のシティーの) 公認ポーター《免許バッジを付けていた》. 〖1646〗
tícket tòut *n.* 《英》=tout 3.
tícket wìcket *n.* 《米》(駅の)改札口.
tick·et·y-boo /tɪ̀kɪ̣tibúː | -ti-/ *adj.* 《英俗》申し分のない, うまくいっている (fine). 〖《1939》← (That's the) ticket (⇨ ticket (n.) 5)+-Y²+BOO: 小児語からか〗
tick·ey /tíki/ *n.* 《南アフ口語》3 ペンス銀貨 (threepenny piece). 〖《1877》《変形》? ← TICKET // Du *stukje* little piece〗
tíckey bòx *n.* 《南アフ口語》硬貨投入式の公衆電話ボックス.
tick·ey-draai /tíkidràɪ/ *n.* 《南アフ》ティッキードラーイ: **a** 男女が手をつなぎ, その場で速く回る動きのあるダンス. **b** これを踊るときの速く, リズミカルな音楽. 〖《1926》《部分訳》← Afrik. *tiekiedraai* ← *tiekie* 'TICKY'+*draai* turn (□ Du. ← *draaien* to turn: ⇨ throw)〗
tíck fèver *n.* **1** 《病理》ダニ熱《マダニが媒介するロッキー山紅斑(こう)熱 (Rocky Mountain spotted fever) など》. **2** 《獣医》 **a** =Texas fever. **b** ダニ熱. 〖1901〗
tick·i·cide /tíkəsàɪd | -kɪ̣-/ *n.* マダニ駆除剤. 〖← TICK²+-I-+-CIDE〗
tíck·ing¹ *n.* かちかちいうこと, かちかち(の音). 〖《1746-47》← TICK¹ (v.)+-ING¹〗
tíck·ing² *n.* ふとん皮(がわ)地, マットレスカバー地《縞(しま)木綿・しまズックなど》. 〖《1649》← TICK³+-ING¹ 2〗
tíck·ing³ *n.* (犬・鳥などの)斑点, 斑紋, (毛髪の)まだら (cf. ticked). 〖← TICK¹+-ING¹〗
tícking-óff *n.* (*pl.* **tickings-off**) 《英口語》=telling-off.
tick·le¹ /tíkḷ/ *vt.* **1 a** くすぐる (titillate); むずむず[ちくちく]させる: ～ a person *under* the arm(s) 人のわきの下をくすぐる / We can cause laughing by *tickling* the skin. 皮膚をくすぐって人を笑わせることができる. **b** 《弦楽器など》に軽くさわる, 軽く動かす: The harpist ～*d* the strings. ハープ奏者は弦に軽やかに触れた. **2** 《人・感覚など》を喜ばせる, 満足させる, (人気に)投じる (please, gratify): ～ a person's [the] palate 味覚を満足させる / ～ a person's heart 人の心を満足させる / ～ a person's fancy ⇨ fancy *n.* 1 a / I was vastly ～*d* by his compliment. 彼のお世辞で大いに気をよくした. **3** 《人》をおもしろがらせる, 楽しませる, 笑わせる (amuse): be ～*d* by a person's stories 人の話をおもしろがる / I was greatly ～*d at* the notion. そのことを考えるとおかしくてたまらなかった. **4** 《釣》《鱒(ます)など》を手づかみにする《指をえらにさし入れて捕える》. **5** 〈すぐって[くすぐるようにして]動かす, くすぐって[おだてて]〔ある状態に〕させる 〔*into*〕: ～ one's feet *into* slippers 室内ばきをつっかける / ～ a person *into* consent [saying yes] 人をおだてて同意させる. **6** 鼓舞する, 刺激する (stir up) 〈*up*〉: ～ *up* the crazy minds of the multitude 大衆の狂気じみた心を刺激する. **7** 《反語》打つ, 懲らしめる (chastise): These little rogues should be well ～*d with* the birch. このいたずら小僧どもはむちでうんと懲らしめねばならない.
— *vi.* **1** くすぐったい, むずがゆい, むずむずする (itch, tingle): My ear [back, foot, throat, nose] ～*s*. 耳[背中, 足, のど, 鼻]がむずがゆい. **2** くすぐる: Don't ～.
tíckle a person's pálm ⇨ palm 成句. ***tíckle a person pínk*** [しばしば受身で] 《口語》《人を》非常に喜ばせる: All *were* ～*d pink at* the clown's antics. 道化師の滑稽な演技に一同抱腹絶倒した. 《1922》 ***tíckle to déath*** [しばしば受身で] 《口語》死ぬほどくすぐる; 抱腹絶倒させる; 非常に喜ばせる: He will *be* ～*d to death to* hear the news. その知らせを聞けば彼も大喜びすることでしょう. 《1834》
— *n.* **1** くすぐり: ⇨ SLAP¹ *and tickle* / give a person a ～ 人をくすぐる. **2** くすぐるもの, 喜ばせる[満足させる]もの: The dinner was a ～ of the palate. 夕食は味覚を満足させるものであった. **3** くすぐったい心地, むずがゆさ: a ～ in the nose.
— *adj.* 《まれ》ぐらつく, ふらふらする (cf. Shak., *Measure* 1. 2. 172).
〖《*a*1338》 *tikelle(n)* (freq.) ← TICK¹ 《廃》 to touch lightly (cf. -le⁴) // 《音位転換》← KITTLE²: cf. OE *tinclian* to tickle / G *kitzeln*〗
tick·le² /tíkḷ/ *n.* 《カナダ》瀬戸, 水道. 〖← ? TICKLE¹〗
tick·le³ /tíkḷ/ *adj.* 《古》 **1** 気まぐれな, 移り気な. **2** 不安定な. **3** 危険な. **4** =ticklish. 〖《*c*1390》 *tikel* ← *tikelle(n)* 'to TICKLE¹'〗
tíckle-bràin *n.* 《古》強いリキュール; (それを出す)飲み屋の女将 (cf. Shak., *1 Hen IV* 2. 4. 396). 〖1596-97〗
tíck·ler /-klə, -klə | -klə^(r), -kl-/ *n.* **1 a** くすぐる人, くすぐる物. **b** (祭やカーニバルで)通行人の顔や襟元(えりもと)などをくすぐるおもちゃ[仕掛け]. **2** 《口語》(人や物について)難問, 難物; ややこしい事情 (ticklish situation). **3** 《米》 **a** 手帳, 覚え帳, 備忘帳 (tickler file). **b** (銀行の)単式控え帳《支払い期日などを書き込む》. **4** 《電子工学》=tickler coil. 〖《1680》: ⇨ tickle¹, -er¹〗
tíckler còil *n.* 《電子工学》チクラー線輪, 再生線輪《三極真空管のプレート回路に入れたコイルで, これと結合したコイルで格子に正帰還をかけるためのもの》. 〖1940〗
tick·lish /tíklɪʃ, -klɪʃ/ *adj.* **1** くすぐったがりの. **2** 気むずかしい, 怒りっぽい (touchy): He is ～ *on* such points. そういうことはひどく気にする. **3** 不安定な (unsteady); 《ボートなど》すぐひっくり返る: a ～ boat. **4** 《問題・事態など》扱いにくい, ややこしい: a ～ question [situation] 慎重を要する問題[事態]. **5** 《天候・気質など》当てにならない, 変わりやすい: ～ weather / ～ disposition. **～·ly** *adv.* **～·ness** *n.* 〖《1581》: ⇨ tickle¹, -ish¹〗
tíck·ly *adj.* (**tick·li·er, -li·est**) =ticklish. 〖《1530》: ⇨ tickle³, -y⁴〗
Tick·nor /tíknə, -nɔə | -nə^(r), -nɔː^(r)/, **George** *n.* ティクナー《(1791–1871; 米国の文学史家)》.
tíck-òver *n.* 《英》(エンジンの)遊転, アイドリング.
tíck·sèed *n.* 《植物》 **1** 種子が衣服につく植物の総称《オオキンケイギク (coreopsis) など》. **2** =tick trefoil. 〖《*c*1562》 // ← TICK²+SEED〗
tíckseed súnflower *n.* 《植物》キク科タウコギ属 (*Bidens*) の植物の総称《瘦果(そうか)には逆さとげがあって衣類などに付着する; cf. bur marigold》.
tick·tack /tíktæ̀k/ *n.* **1** (時計などの)こちこち, かちかち, チクタク(いう音) (ticking). **2** 心臓の鼓動, 動悸(どうき). **3** こつこつ音を立てる装置《Halloween などに子供がいたずらに窓や戸のかたわらに小さい重い物をつるし長い糸を付けて遠くから引っぱる仕掛けなど》. **4** 《小児語》時計 (watch, clock). **5** 《英》(競馬の)賭元同士が手で交わす合図.
— *vi.* かちかちと音を立てる. 〖《1549》《加重》← TICK¹: cf. Du. *tiktak* / G *ticktack* / F *tic-tac*〗
tícktack màn *n.* 《英》手や身振りで合図を交わし(競馬の)賭けの状況を知らせる賭元の助手. 〖1899〗
tick·tack·toe /tìktæktóu | -tə́u/ *n.* 《米》《遊戯》 **1** 三目並べ《一人は○じるし, 他は×じるしを九つの枠の中へ交互に書き込んでいき, 先に三つの連続した枠を占めた者が勝ちとなる五目並べに似た子供の遊び; crisscross, ticktack too, また《英》では noughts-and-crosses ともいう》. **2** 目を閉じて並んだ数字を鉛筆で指しその得点数で勝負を決める子供の遊び. 〖《1884》← TICKTACK+TOE〗
tick·tock /tíktɑ̀(ː)k | -tɔ̀k/ *n.* (大時計などの)かちかち[こちこち]いう音: the slow ～ of the wall clock 柱時計のゆっくりとこちこちいう音. **— *vi.*** 《大時計などが》かちかちいう, 音を出す. 〖《n.: 1848; v.: 1921》擬音語〗
tick tréfoil *n.* 《植物》マメ科ヌスビトハギ属 (*Desmodium*) の植物の総称 (tick clover, bush trefoil ともいう). 〖《1853》← TICK²: その実が衣服や動物の毛に付着することから〗
tick·y /tíki/ *n.* =tickey. 〖1877〗
tick·y-tack·y /tíkitæ̀ki/ 《米口語》 *n.* 月並みで安っぽい材料. **— *adj.*** 月並みで安っぽい材料を使った. 〖《1962》《加重》← TACKY²: Malvina Reynolds (1900–78: 米国の作詩・作曲家)の造語〗
Ti·con·der·o·ga /tàɪkɑ(ː)ndəróugə | -kɒndərə́u-/ *n.* タイコンデローガ《米国 New York 州北東部, Champlain 湖畔の村; もと砦(とりで)があり, 独立戦争に Ethan Allen が攻略した (1775)》. 〖□ N-Am.-Ind. (Iroquoian) 《原義》between two lakes〗
tic·po·lon·ga /tìkpəlɔ́(ː)ŋgə, -lɑ́(ː)ŋ- | -lɔ́ŋ-/ *n.* 《動物》ラッセルクサリヘビ (Russell's viper). 〖《1825》□ Sinhalese *tikpolangā* ← *tik* spot+*polangā* viper〗
tic·tac /tíktæ̀k/ *n., vi.* =ticktack.
tic-tac-toe /tìktæktóu | -tə́u/ *n.* (*pl.* ～**s**) =ticktack-toe.
TID, t.i.d. 《略》《処方》 *L.* ter in die (=three times a day). 〖1885〗
tid·al /táɪdḷ | -dḷ/ *adj.* **1** 潮の, 潮の影響を受ける, 潮のさす, 潮によって生じる, 干満のある: a ～ harbor 潮港, 高潮港《満潮時にのみ船が出入りできる港》/ ～ erosion 潮による浸食 / a ～indicator 検潮儀. **2** 潮の状態[満潮時]に依存する: a ～ boat [steamer] 満潮時に出帆する船 / a ～ train (tidal boat に連絡する) 臨港列車. **3** 周期的な (periodic), 間欠的な (intermittent): a ～ recurrence 周期的な再発. **4** 《氷河が》海に達して氷山[浮氷]になる.
～·ly /-dəli, -dḷi | -dəli, -dḷi/ *adv.* 〖《1807》← TIDE¹+-AL¹〗
tídal àir *n.* 《生理》一回換気量, 一回呼吸(気)量. 〖1872〗
tídal ámplitude *n.* 《海洋》潮位振幅《高潮と標準海面との高さの差》.
tídal bàsin *n.* 潮泊渠(きょ)《通例水門によって水位の調節ができるようにして潮水と連絡しているドック》.
tídal bénch màrk *n.* 潮汐(ちょうせき)観測の基準点.
tídal bóre *n.* 《海洋》=bore⁴.
tídal cùrrent *n.* 潮流. 〖1830〗
tídal dàtum *n.* 《測量》=datum plane.
tídal flàt *n.* (潮汐(ちょうせき)の出入りによって)潟 (lagoon) の内部に形成された干潟(ひがた).
tídal frìction *n.* 《海洋》潮汐(ちょうせき)摩擦《潮流が海底との間に呈する摩擦現象》. 〖1911〗
tídal pówer *n.* (発電に使われる)潮汐力, 潮力.
tídal pówer plànt [stàtion] *n.* 《電気》潮力発電所.
tídal river *n.* 感潮河川, 有潮河川《満潮時に海水が入り込むかないしは水面が高まる川の下流部分》. 〖1878〗
tídal vòlume *n.* **1** 満潮時の水量. **2** =tidal air.
tídal wàter *n.* =tidewater 1. 〖1807〗
tídal wàve *n.* **1** (大風などのために岸に押し寄せる)高波, 大波. **2** 《俗用》(地震などによって起こる)津波. **3** 潮波《太陽または月の起潮力によって起こされる長波》. **4** (感情・世論などの)激動, 大波乱. 〖1830〗
tid·bit /tídbɪ̀t/ *n.* 《米》 **1** うまい物の一口[一片] (choice morsel). **2** 面白いニュースの一片, 豆記事: a ～ of information about the accident その事故についてのちょっとした情報. 〖《1640》← 《方言》 *tid* delicate+BIT²〗
tid·dle·dy·wink /tídḷdiwɪ̀ŋk | -dḷ-/ *n.* [*pl.*; 単数扱い] 《遊戯》=tiddlywink 1. 〖《1870》《変形》← TIDDLY-WINK: disks が小さいことと, disks を押す時に wink をし合うことからか〗
tid·dler /tídlə, -dlə | -dlə^(r), -dl-/ *n.* 《英小児語・口語》 **1** 小魚; (特に)とげうお (stickleback). **2** 異常に小さい物. **3** (年齢の割に)小柄な子供. 〖《1885》← ? TIDDLY+-ER¹〗
tid·dly /tídḷi, -dli | -dḷi, -dli/ 《英俗》 *adj.* (*also* **tid·dley** /～/) **1** ほろ酔いで (intoxicated). **2** 一流の, 上等な, スマートな. **3** ちっちゃな (tiny). **— *n.*** 酒: on the ～ 酔って. 〖《1859》← ?: もと《海俗》〗
tid·dly·wink /tídliwɪ̀ŋk, -dli- | -dḷi-, -dli-/ *n.* **1** 《遊戯》 **a** [*pl.*; 単数扱い] 平たい面からいくつかの小円盤 (disk) をはじいてカップなどに入れる遊戯. **b** 同上に使う小円盤. **2** 《英方言》もぐりのパブ. 〖《1844》← ? TIDDLY+WINK〗
tid·dy og·gy /tídiɑ́(ː)gi, -ɔ́(ː)gi | -dɪ́ɒgi/ *n.* =Cornish pasty. 〖← ?〗
tide¹ /táɪd/ *n.* **1 a** 潮, 潮汐(ちょうせき), 潮の干満: ebb ～ 干潮 / half ～ 間潮 / the flowing [rising] ～ 上げ潮 / the ebbing [falling] ～ 下げ潮, 落潮 / ⇨ flood tide, high tide, low tide, neap tide, spring tide / on the ～ 潮に乗って / The ～ is making [ebbing]. 潮がさして[引いて]いる / The ～ is in [out, down]. 今満潮[干潮]だ. **b** [the ～] =flood tide 1 a. **2 a** 潮流 (tidal current). **b** 《詩》流れ (stream). **3** 風潮, 形勢, 気運 (tendency): on a ～ of patriotic fervor 熱狂的な愛国主義の気運に乗って / the ～ of social conservatism 社会の保守的風潮 / turn the ～ 形勢を一変させる / The ～ of events turns. 形勢が一変する, 情勢が変わる / The ～ turned to [against] him. 形勢が彼に有利[不利]になってきた. **4** 盛衰, 栄枯 (rise and fall): the full ～ of pleasure 快楽[歓楽]の絶頂 / the high [ebb] ～ of fortune 好運の絶頂[運勢の下り坂]. **5** [通例複合語の第 2 構成素として] **a** 《古》時, 季節 (time, season): ⇨ noontide, springtide / Time and ～ wait for no man. 《諺》歳月人を待たず. **b** (宗教上の)節, 祭: Christmas*tide*, Easter*tide*, holy*tide*, Shrove*tide*, Whitsun*tide*, yule*tide*. **c** 《北英方言》休日 (holiday). **6** 《古》好機, 潮時, ころあい (opportunity): take fortune at the ～=take the ～ at the flood 好機に乗じる / lose one's ～ 好機を逸する.
agàinst the tíde 潮流に逆らって; 時流に逆らって: go [swim] *against the* ～ 時流に逆らう, 時勢に逆行する / row *against the* ～ ⇨ row² 成句. 《1705》 ***sáve the tíde*** ⇨ save¹ *vt.* 12. ***with the tíde*** 流れに従って; 時流に従って: go [drift, swim] *with the* ～ 時勢に従う, 時流に順応する. 《1712》 ***wórk dóuble tides*** 昼夜兼行で働く. 《1788》
— *vt.* **1** 潮と共に流し去る; (潮のように)さっと運び去る. **2** [～ one's way として] (潮に乗じて)進んで行く.
— *vi.* 潮のように流れる; 潮に乗じて行く, 潮と共に流れる 〈*on, onward, over*〉.
tíde óver (1) 《金・仕事などが》《人》に(困難(な時期)を)首尾よく通過させる, 乗り切らせる: The loan will ～ me *over* this month. そのローンで何とか今月を切り抜けられる

T

だろう / Will this money be sufficient to ～ you *over* until payday? これだけあれば給料日までなんとかやっていけますか. (2) 〈人が〉〈困難など〉をしのぐ, 乗り越す, 乗り切る (overcome): ～ *over* a crisis [hard times] 急場をしのぐ[不景気を乗り越える]. 〘1821〙

～·lìke *adj.* 〘OE *tīd* time < Gmc **tīðiz* (Du. *tijd* / G *Zeit* time) ← IE **dā-* to divide, cut up (Gk *daíesthai* to divide (⇨ geodesy) & *dêmos* 'DEME, DEMOS'): cf. time〙

tide² /táɪd/ *vi.* 《古》起こる (betide). 〘((OE)) (*a*1121–60) (*ge*)*tīdan* ← *tid* (↑)〙

tíde·bòund *adj.* 〘海事〙〈船が〉干潮で動きがとれない, 潮待ち状態の. 〘1910〙

tide·ful /táɪdfəl, -fl/ *adj.* 潮の満ちている. 〘(*a*1300) 1622〙

tíde gàge [(英) **gàuge**] *n.* 検[験]潮儀, 検[験]潮器《潮位を自動的に記録する装置》.

tíde gàte *n.* **1** 防潮門, 潮門《上げ潮の時に開き, 下げ潮の時に自動的に閉じる》. **2** 潮路, 水道. 〘1755〙

tíde-gènerating fórce *n.* 〘地震〙起潮力《太陽と月が地球の潮に影響を与える力; cf. neap tide, spring tide, tide》.

tíde·hèad *n.* (内陸水路に流入している)潮の境界線[限界].

tíde·lànd /-lænd, -lənd/ *n.* **1** 干潟(ひがた)《満潮の時は水をたたえ干潮の時は露出する土地》. **2** [しばしば *pl.*] 潮標より沖の領土水域. 〘1787〙

tíde·less *adj.* 潮の干満のない, 潮汐(ちょうせき)のない: a ～ port. 〘1779〙

tíde·lìne *n.* =tidemark.

tíde lòck *n.* 潮水閘(こう), 潮閘《運河やドックと潮の満干によって水面の上下する港湾との間の水門》. 〘1808〙

tíde·màrk *n.* **1** 水準点[線], 基準点[線]. **2** 潮汐(ちょうせき)点; 潮標, 潮[量]水標. **3** 《英口語》 **a** 《浴槽の》水位の跡. **b** 体の洗った所とよごれている所の境目. 〘1799〙

tíde mìll *n.* 潮力による水車場; 潮水を排出する水車.

tíde pòol *n.* 潮だまり.

tíde ràce *n.* **1** 強い潮流. **2** 潮路 (tideway). 〘1883〙

tíde règister *n.* =tide gage. 〘1856〙

tíde rìp *n.* **1** 潮衝, 激潮 (⇨ rip³). **2** 速い潮流. 〘1830〙

tíde-ròde /-ròud | -rəud/ *adj.* 〘海事〙〈停泊中の船が〉潮がかりの《風向に関係なしに潮の力にかかっていることにいう; cf. wind-rode》. 〘((1823)) ← TIDE¹+《方言》*rode* ((p.p.) ← RIDE)〙

tíde tàble *n.* 潮汐(ちょうせき)表. 〘1594〙

tíde·wàiter *n.* **1** (往時の)乗船税関監吏. **2** 世論の形勢を見る人, 日和見(ひよりみ)主義者. 〘1699〙

tíde·wàter *n.* **1** 潮水《潮汐(ちょうせき)と共に動く水; 満潮の時に地面にみなぎる水》. **2** 《米》低い沿岸地帯 (seacoast). **3** [T-] 米国 Virginia 州の東部地方の方言. — *adj.* [限定的] **1** 潮水の. **2** 《米》沿岸地方の. 〘1772〙

tíde wàve *n.* =tidal wave 3. 〘1833〙

tíde·wày *n.* **1** 潮路《潮流の通る路》. **2** 潮の流れ. **3** =tideland. 〘1798〙

tid·ing /táɪdɪŋ | -dɪŋ/ *n.* **1** [通例 *pl.*] 《文語》便り, 通知, 音信, 消息 (report): glad ～*s* 福音, 喜びのおとずれ / sad ～*s* 悲報 / good [evil] ～*s* よい[悪い]便り. ★ tidings は複数扱い, ただし《古》では単数形のこともある (cf. news). **2** 《古》事件 (event). 〘ME *tidinge, tiðende* < OE *tīdung* ◻ ON *tíðendi* events, tidings (neut. pl.) ← *tíðr* (adj.) happening (← *tíð* time)+*-endi* (nominal suf.): cf. G *Zeitung* news〙

tid·ol·o·gy /taɪdɑ́(ː)lədʒi | -dɔ́l-/ *n.* 潮汐(ちょうせき)学. 〘((1834)) ← TIDE¹+-O-+-LOGY〙

ti·dy /táɪdi | -di/ *adj.* (**ti·di·er; -di·est**) **1** 〈家・部屋など〉きちんとした, さっぱりした, こぎれいな, 整頓(せいとん)された (⇨ neat SYN); 〈人が〉きれい好きな: a ～ room きちんと片付いた部屋 / the *tidiest* woman in the world 世界中で一等きれい好きな女. **2** 《口語》 **a** (量・程度が)かなりの, かなり大きな: a ～ income, price, etc. / a ～ sum of money かなりの金額 / a ～ penny かなりの大金. **b** ほどよい, 満足な, なかなかよい (fairly good); 〈人が〉よい (nice): a ～ solution 満足すべき解決策 / a ～ chap いいやつ. **3** 〈考え方など〉整然とした, 正確な (precise): ～ thinking 整然とした思考 / a ～ mind 明晰な知力. **4** 《方言》器量よしの (comely); 太った (fat), 健康な (healthy): She was bonny and ～. かわいく健康だった.

— *vt.* きちんとする, 片付ける, 整頓する 〈*up*〉: ～ (*up*) oneself 身づくろいをする, 身なりをきちんとする / ～ *up* the room [the table] 部屋[食卓]を片付ける / ～ *up* one's flower garden 花壇をきちんと手入れする.

— *vi.* 片付ける 〈*up*〉: ～ *up* after the meal 食事の後片付けをする / ～ *up* after a person 人がちらかした物の後片付けをする.

tídy awáy 片付ける, しまう: ～ *away* one's clothes. 〘1867〙 ***tídy óut*** 〈机・引き出しなど〉の中を整頓する: ～ *out* drawers [a desk] 引き出し[机]を整頓する.

— *n.* **1** 《米》椅子(など)の背覆い. **2 a** 小物入れ《袋・容器》, がらくた入れ: a toilet ～ / a hair ～. **b** (台所の流しの三角の)水切り篭(かご). **3** 《英》整頓, 片付け (tidy-up).

tí·di·ly /-dəli, -dḷi | -dɪli, -dli/ *adv.* **tí·di·ness** *n.* **tí·di·er** *n.* 〘((*c*1250)) *tidi* 《原義》timely ← *tid* 'time, TIDE¹'+-Y⁴: cf. G *zeitig*〙

tídy·tìps *n.* (*pl.* ～) 〘植物〙《米国 California 州産の》黄色の花をつけるキク科 *Layia* 属の植物の総称 (*L. elegans, L. platyglossa* など). 〘← TIDY+TIP¹+-S¹〙

tídy-ùp *n.* 整頓(せいとん), 片付け (tidy).

tie /táɪ/ *v.* (**tied; ty·ing**) — *vt.* **1** 《縄・ひも・綱などで》縛る, くくる, ゆわえる, 束ねる (bind); 〔…で〕縛り[くくり]つける (fasten) 〔*with*〕; 〘外科〙〈血管などを〉結紮(けっさつ)する: ～ a package 小包を縛る / ～ *back* one's hair 髪を後ろで束ねる / ～ a crate *down* 木わくを縛りつける / ～ a horse *to* a tree 木に馬をつなぐ / ～ a scarf *around* one's neck 首にスカーフを巻きつける / ～ a stake *against* a fruit tree 果樹に添え木をくくりつける / ～ a person's hands *behind* his back 人(の両手)を後ろ手に縛る / ～ *up* a skiff 小舟をつなぎ留める / ～ *up* one's things *in* a bundle 身の回りの物を包みにする / ～ old magazines *together with* a piece of string 古雑誌をひもで束ねる / a cup ～*d with* a red ribbon 赤いリボンをゆわえつけたカップ / be ～*d* hand and foot 手足を縛られる; 行動の自由を失う / He ～*d* the bundle tight. 束をぎゅっと束ねた.

2 a 〔…のひもを〕結ぶ, ひもなどで結ぶ: ～ one's shoes [shoelaces] 靴のひもを結ぶ / ～ one's bathrobe バスローブのひもを結ぶ. **b** 〈リボン・ネクタイなどを〉結ぶ, 〈結び目を〉作る: ～ one's necktie / ～ a knot [bow] (*in* something) (何かに)結び目[蝶結び]を作る / *Tie* it *in*(*to*) a bow. 蝶結びに結びなさい.

3 a 〔…に〕関係づける, 結びつける (connect) 〔*to*〕: They were ～*d* by common interests. 彼らは共通の利害で結ばれていた / Nitrates in smoked fish have been ～*d to* the high incidence of stomach cancer. 燻製魚に含まれる硝酸塩が胃癌(がん)の高い発生率に関連づけられている. **b** 《方言》結婚させる.

4 〈ある境遇に〉〈人を〉束縛する, 縛りつける, 拘束する (bind) 〔*to*〕: I am much ～*d*. ちっとも暇がない, 自由がきかない / I am ～*d to* [*for*] time. 期限を切られている《定刻までにある事を果たさなければならない》/ Illness ～*d* me *to* my bed. 病気で寝ていなければならなかった / Are they ～*d to* this option or can they choose another? 彼らはこのオプションに拘束されているのですか, 他を選ぶことができるのですか.

5 〘スポーツ〙 **a** [しばしば受身で] (競技で)…と同点[タイ]になる: Oxford was ～*d with* Cambridge *for* second place. オックスフォードはケンブリッジと2位を分けあった / The two teams are ～*d* two-all. 両チームは2対2の同点だ. **b** 〈試合・得点などを〉同点にする: ～ a record タイ記録にする / His run ～*d* the game. 彼の1点で試合は同点になった. **6 a** 〘音楽〙〈音符を〉(タイで)結合する (cf. *n.* 7). **b** 〘建築〙〈たる木などを〉(横木で)結合[接合]する. **c** 〘電気〙〈発電所・送電系統などを〉連結する. **d** 《米》〘鉄道〙〈線路〉に枕木を敷設する. **7** 〘釣〙〈毛針を〉巻く, つくる. **8** 《廃》保証する, 確信する (cf. Shak., *Hen VIII* 3. 2. 250).

— *vi.* **1** 結ぶ; 結べる, 縛れる: ～ well 〈ひもなどが〉よく結べる / This sash ～*s* in front. この帯は前で結ぶ. **2** (競技・選挙などで)同点になる, 互角である 〔*with*〕: ～ *with* the visiting team (2–2) 遠征チームと(2対2で)引き分け[同点]になる / They ～*d for* first place in the tournament. 彼らは選手権大会で同点で首位となった. **3** 《口語》関連する 〔*to*〕: This fact ～*s to* no other. この事実は他の事実とは関連がない. **4** 《米口語》〔…を〕頼みにする 〔*to*〕: He's a man to ～ *to*. 彼は頼れる男だ.

ride and tie ⇨ ride 成句. ***tie dówn*** (1) しっかり縛りつける (cf. *vt.* 1); 立てないように縛りつける: ～ dogs *down* 犬を縛りつける. (2) (条件・義務などで)拘束[束縛]する (restrict) (cf. *vt.* 4): My duties ～ me *down* all day. 一日中仕事に縛られている / be ～*d down to* conditions [a schedule] 条件[予定]に縛られている / I can't ～ them *down to* a definite date. 彼らを決まった期日に縛りつけることはできない / I don't want to ～ myself *down* by getting married. 結婚で縛られたくない / I hated being ～*d down to* an office desk. 事務所の机に縛りつけられているのがいやだった. (3) 〘軍事〙…の行動を妨げる. 〘1699〙 ***tie ín*** (*vt.*) (1) 結合する (join). (2) 関係づける; 調和[適合]させる (coordinate) 〔*with*〕. (3) (広告で)抱き合わせに使う (cf. tie-in). (4) 〘測量〙位置を定める. — (*vi.*) 調和[一致]する (match) 〔*with*〕: Your story ～*s in* perfectly *with* what they told me. 君の話は彼らが言っていたことと完全に一致する. 〘1793〙 ***tie ínto*** (1) 〈仕事など〉に精力的に取り組む. (2) 〈食事〉をむさぼり食う. (3) 〘野球〙〈ボール〉を痛打する; 〈投手〉を連打する. (4) …を入手する, 〈獲物〉を捕獲する (catch). (5) 《俗》〈人〉をきつく叱る. 〘1904〙 ***tie óff*** (1) 〘外科〙〈血管など〉をしばる, 結紮(けっさつ)する. (2) 《米俗》黙る. 〘1903〙 ***tie ón*** (ひもなどで)結び[ゆわえ]つける: ～ one's bonnet *on* ボンネットを(あごの下に)結びつける. ***tie òne ón*** 《俗》酔っ払う (get drunk). ***tie the knót*** 《口語》結婚する: When are John and Lucy going to ～ *the knot*? ジョンとルーシーはいつ結婚するのか. ***tie togéther*** 結び合わせる: ～ a person's legs *together* 人の両足を縛り合わせる. ***tie úp*** (*vt.*) (1) 固くくくる, 縛り上げる; 〈船を〉つなぎ留める, もやう; 結び合わせる, 束ねる; 包装する, 荷造りする (cf. *vt.* 1). (2) …に包帯する (bind up): ～ *up* a wound, a person's head, etc. (3) 《口語》[通例受身で]〈人を〉動きがとれなくさせる, 拘束する, 忙しくさせる: I was ～*d up with* work [visitors] all afternoon. 午後ずっと仕事[訪問者]で忙殺された. (4) 〈電話などを〉独り占めする: She ～*d up* the phone for about an hour. 彼女は一人で1時間ほど電話を使っていた. (5) 動けなくする, 不通にする (block), (…の進行・操業を)停止させる (obstruct): Traffic was ～*d up* until noon. 交通は昼まで不通になっていた. (6) (売買などのできないように)〈財産の遺贈〉に条件を付ける; (他に流用できないように)〈資本などを〉固定させる 〔*in*〕: Her money is ～*d up in* land. 彼女の金は土地に投資して他に使えないようにしてある. 〘1822〙 (7) 連合させる, 提携させる, タイアップさせる (link) 〔*with*〕: Our firm is ～*d up with* an American company. わが社はアメリカの会社と提携している / His sudden disappearance may be ～*d up with* the theft of the money. 彼の突然の失踪はその金の盗難と関連があるかもしれない. (8) 《口語》完了させる, 片付ける (complete): ～ *up* the arrangements for a holiday 休日の準備万端を整える. — (*vi.*) (1) 船をつなぎ留める; 〈船が〉停泊する, ドックに入る (dock). 〘1853〙 (2) 〔…と〕関連する, 関係がある; 〔…と〕関係を結ぶ, 提携する, タイアップする 〔*with*〕. 〘1530〙

— *n.* **1 a** 結び, 結び目 (knot, loop), 飾り結び. **b** = bride² 1. **2 a** (結ぶために用いる)ひも, 縄 (cord, string); (特に)靴ひも (shoelace). **b** 〘海事〙=tye. **3 a** ネクタイ (necktie): ⇨ old school tie. **b** 毛皮の小さい襟巻(えりまき). **4** 《米》靴ひもで結ぶ靴. **5 a** つながり, 縁, 絆(きずな); 義理 (bond): a business ～ 商売上のつながり / family ～*s* 家族の縁 / ～*s* of blood 血のつながり / the ～*s* of marriage 結婚の絆 / keep clear of domestic ～*s* 家庭というしがらみに縛られないようにする. **b** 拘束[束縛]するもの; 足手まとい, 厄介物 (burden): legal ～*s* 法的拘束 / Children were a great ～ *on* her. 子供は彼女にとって非常な足手まといであった. **c** (民族・国家間などの)(親交)関係, 提携: They want friendly ～*s with* America. 彼らはアメリカとの友好関係を望んでいる / The country has cut [extended] its ～*s with* the Arab world. その国はアラブ世界との関係を絶った[拡張させている] / promote closer ～*s to* [*with*] …との提携をいっそう増進する. **6 a** (競技・選挙などで)同点, タイ; 引分け (draw); 引分け試合 / The game [competition] ended in a (2–2 [scoreless, 《英》goalless]) ～. ゲーム[試合]は(2対2の[0対0の])引き分けだった. **b** 《英》(引分け後の)優勝決定戦: play [shoot] off a ～ 決戦試合をする. **c** (二人または二組で勝負して敗者が次々と抜けていく)勝抜き試合, トーナメント (cf. round robin 2): ⇨ cup tie. **7** 〘音楽〙タイ《同じ音高の音符を結ぶ弧線; ひとつの音として演奏される; cf. slur 4》. **8 a** 《米》〘鉄道〙枕木 (《英》sleeper). **b** 〘建築〙つなぎ材. **9** 〘測量〙(測量位置決定のための)つなぎ線. 〘OE *tī(e)gan* to bind ← *tēag-, teāh* rope < Gmc **tauʒō* ← **tauχ-* (G *ziehen* to draw / ON *taug* rope & *teygja* to draw) ← IE **deuk-* to lead: cf. tow¹〙

SYN 結びつける: **tie** ひもやロープでしばしば固定したものに結びつける: *tie* a dog to a post 犬を柱につなぐ. **bind** ひもや布切れなどで二つ以上のものをいっしょにしてしっかりと結びつける: *bind* a person's hands 人の手をしっかりと縛る. **truss** ひもやロープで体を非常にきつくぐるぐる巻きにする: *truss* (up) a person with a rope and gag his mouth 人をロープでぐるぐる巻きにしてさるぐつわをはめる.
ANT untie.

tíe-and-dýe *n.* 〘染色〙=tie-dyeing. 〘1928〙

tíe·bàck *n.* **1** 留め飾り《カーテンなどを片側に寄せて留める飾り帯・リボン・テープなど》. **2** [通例 *pl.*] 留め飾りつきカーテン. 〘1880〙

tíe bàr *n.* =tie clasp.

tíe bèam *n.* 〘建築〙つなぎ梁(はり), 小屋梁 (⇨ beam 挿絵). 〘1823〙

tíe-brèak *n.* 《英》〘テニス〙タイブレイク (《米》tie breaker). 〘1970〙

tíe brèaker *n.* 《米》〘テニス〙タイブレイカー《ゲームカウントが6対6または8対8になった場合にそのセットの勝者を決めるために一定の条件のもとで行われる延長ゲーム; cf. sudden death 1 a》; 同点に決着をつけるもの《くじ引きなど》. 〘1961〙

Tieck /tíːk; G. tíːk/, (**Johann**) **Ludwig** *n.* ティーク (1773–1853; ドイツの作家・文学者).

tíe clàsp *n.* ネクタイ留め. 〘1955〙

tíe clìp *n.* =tie clasp.

tied /táɪd/ *adj.* **1** 〘郵趣〙〈切手が〉消印を押された. **2** 《英》〈店が〉特定会社の商品だけを売る, 特約の; 〈国家間の融資が〉ひも付きの: ⇨ tied house. 〘1594〙

tíed cóttage *n.* 《英》(雇主の持ち家で)雇人[小作人]用貸家. 〘1899〙

tíed hóuse *n.* 《英》 **1** タイドハウス, 特約居酒屋《特定の醸造所のビールだけを販売するパブまたは居酒屋; cf. free house》. **2** =tied cottage.

tíe-dòwn *n.* 固定用具, 取り付けひも; 縛りつけること, 取り付け.

tíe-dỳe 〘染色〙 *n.* 絞り染め (tie-dyeing); 絞り染めした衣服[生地]. — *vt., vi.* くくり染め[絞り染め]にする (cf. bandhnu). 〘1939〙

tíe-dỳed *adj.* くくり染め[絞り染め]にした. 〘1904〙

tíe-dỳeing *n.* 〘染色〙くくり染め, 絞り染め. 〘1904〙

tief /tíːf/ 《カリブ》 *vt.* 盗む, 取る. — *n* 泥棒, 盗人 (thief). 〘((変形)) ← THIEF〙

tíe-ìn 〘商業〙 *adj.* 抱き合わせの; 条件付き購入の: a ～ sale 抱き合わせ販売. — *n.* **1** 抱き合わせ販売. **2** 抱き合わせで売られる品; (製造元と小売店とのような)抱き合わせ広告. **3** (何か秘密の)つながり, 関連: Is there a ～ between smoking and cancer? 喫煙と癌(がん)との間に何か関係があるだろうか. 〘((1925)) ← *tie in* (⇨ tie (v.) 成句)〙

tíe lìne *n.* 《米》〘電話〙(PBX 方式で)2本以上の内線を連結する線. 〘1923〙

tie·mann·ite /tíːmənàɪt/ *n.* 〘鉱物〙セレン水銀鉱, チーマンナイト (HgSe). 〘((1868)) ← W. *Tiemann* (19世紀のドイツの科学者): ⇨ -ite¹〙

ti·en·da /tiéndə/ *n.* 《米南西部》店, 商店, 小売店. 〘((1844)) ◻ Sp. ～ 'shop, TENT¹' ◻ ML *tenda* ← L *tendere*〙

Ti·en Shan /tiènʃɑ́ːn/ *n.* =Tian Shan.

tien·to /tiéntou | təu; *Sp.* tjénto/ *n.* (*pl.* ～**s**) 〘音楽〙

ティエント《16 世紀スペインの模倣的対位法による器楽曲の形式; オルガン曲が多い; 同時代イタリアのリチェルカーレ (ricercar) に類似している》. 〖((1905)) ◻ Sp. ～《原義》touch ← *tentar* to touch < L *temptāre*: ⇨ temptation〗

Ti·en·tsin /tìèntsín, tìn- | tjèntsín/ *n.* =Tianjin.

tíe-òn *adj.* 〈札などが〉結びつけられる(ひも付きの).

tíe·pin *n.* 《まれ》(ネク)タイピン (stickpin). 日英比較 「ネクタイピン」は和製英語. 〖1780〗

tíe-plàte *vt.* 〈線路〉にタイプレートを挿入する.

tíe plàte *n.* **1** 〖海事〗帯板(おびいた)《甲板の木板を支える骨材のうちの一つ; 帯状の鉄材》. **2** 〖鉄道〗タイプレート《枕木とレールの間に挿入する金属板》. 〖1874〗

tíe plùg *n.* 〖鉄道〗込み栓, 埋め木《まくら木を繰返し用いる時に, もとの犬釘の穴に詰める木の栓》.

Tie·po·lo /tiéıpəlòu | -lɔ̀u; *It.* tjɛ́:polo/, **Gio·vanni Bat·tis·ta** /battísta/ *n.* ティエポロ《1696–1770; イタリアバロックの代表的画家; ベネチアで活躍》.

tier¹ /tíə | tíə^(r)/ *n.* **1 a** (上下に並んだ)列, 段, 階, 層 (row, range): five ～*s* of seats 五段に並んだ座席 / a classroom *in* ～*s* 階段教室 / be arranged *in* ～*s* 段々に並べられる. **b** (制度・機構などの)層: a three-～ system 三段階システム. **2** 《米》(地図の上で隣り合わせに並んだ)一連の州[郡]など: a ～ *of* counties 一連の諸郡. **3** 《豪》山脈. **4** 階級 (class): the lower ～ of society 社会の下層階級. **5** 〖服飾〗段[層]になったラッフルやフラウンスの一列. **— *vt.*** 段々に積む, 積み重ねる〈*up*〉. **— *vi.*** 段々に積み重なる, 段々になっている. 〖((?a1450)) *tire* ◻ (O)F row, rank, sequence ← *tirer* to draw < VL **tirāre* ← ?: cf. ON *tirr* & OE *tīr* glory / G *Zier* adornment〗

ti·er² /táıə | táıə^(r)/ *n.* **1** 結ぶ人. **2** (米国 New England 地方で)子供のエプロン, 前掛け. **3** 〖海事〗巻き収めた帆を結わえる綱. 〖((1633)) ← TIE (v.)+-ER¹〗

tierce /tíəs | tíəs/ *n.* **1** ティアス《昔の容量単位; =⅓ pipe》; 1 ティアス入りの樽. **2** 〖カトリック〗=terce. **3** /《英》tɜ:s, tíəs/ 〖トランプ〗(ピケット (piquet) で)同種札の 3 枚続き. **4** 〖フェンシング〗ティエルス, 第 3 の構え《8 種の受け構えの一つ; cf. guard *n.* 6★》: ～ and quart フェンシングの練習. **5** 《廃》3 分の 1. **6** 〖音楽〗=third 5. 〖((c1375)) *terse* ◻ (O)F *tierce, terce* < L *tertiam* (fem.) < *tertius* 'THIRD'〗

tierced /tíəst | tíəst/ *adj.* 〖紋章〗〈盾が〉三等分された《三等分された各部分は必ず異なる三色で彩色される》. 〖⇨ ↑, -ed 2: cf. F *tiercé*〗

tierce de Pi·car·die /tjɛ̀əsdəpì:kaədí: | tjɛ́əsdəpì:kɑ:-; *F.* tjɛʁsdəpikaʁdi/ *n.* =Picardy third.

tier·cel /tíəsəl, -sl | tɜ́:-, tíə-/ *n.* 〖鷹狩〗雄の鷹《ハヤブサ・オオタカなど; cf. falcon 2》. 〖((c1380)) ◻ OF ～, *tercel* < VL **tertiōlum* (dim.) ← L *tertius* 'THIRD' (第 3 の卵が雄びなになると信じられた)〗

tier·ce·ron /tíəsərən | tíə-/ *n.* 〖建築〗枝リブ, 放射状リブ, ティエルスロン《ヴォールト天井で, 柱と柱を結ぶ主要な肋(ろく)材 (rib) 以外に枝分かれして伸びる肋材》. 〖((1842–76)) ◻ F ～ ← TIERCE+-*r*- (←?)+-*on* '-OON'〗

tier·cet /tíəsıt | tíə-/ *n.* 〖語学・音楽〗=tercet.

tiered /tíəd | tíəd/ *adj.* 段[層]になった: a ～ skirt 段切り替えのスカート, 横はぎのスカート. 〖1807〗

Tier·nan /tíənən | tíə-/ *n.* ティアナン《男性名》. ★ アイルランドに多い. 〖◻ Ir.-Gael. *Tierghamān* 《原義》lord〗

tíe ròd *n.* **1** タイロッド, 控え桿; 控え棒. **2** 〖自動車〗タイロッド, 前輪連結棒《左右前輪のナックルアームを連結する操舵用の機構》. 〖1839〗

Tier·ra del Fue·go /tiérədèlfjuéıgou, -fju-, -fwéıgou | -fwéıgəu, -fuéı-; *Am.Sp.* tjéraðelfwéɣo/ *n.* **1** ティエラデルフエゴ(諸島)《南米南端の諸島; Magellan 海峡をはさんでアルゼンチンに対し, その最南の島の南端が Cape Horn; アルゼンチン領とチリ領とに分かれる; Magellan の命名》. **2** フエゴ島《ティエラデルフエゴ中の主島》. 〖◻ Sp. ～ 'land of fire'〗

tiers é·tat /tjéəzeıtá:, tjɛ́əz-; *F.* tjɛʁzeta/ *F. n.* =third estate. 〖◻ F ～ 'third estate'〗

tíer tàble /tíə- | tíə-/ *n.* (円形のトップが 2 段以上ついた)小型の円テーブル[台].

tíe sìlk *n.* タイシルク《腰・反発性があり, 結んだ際にすべらない絹織物で, ネクタイ・ブラウス・アクセサリーに用いる》. 〖1915〗

tíe tàck [tàc] *n.* **1** タイタック《ネクタイとシャツを突き通してピンの留め具で留める装飾つきのピン》. **2** 浮かし留め《スカートなどの表地と裏地をつなぐ編糸や共布の細ひも》. 〖1954〗

tíe-ùp *n.* **1** 行き詰まり, 停滞 (stoppage). **2** 《米》 **a** (ストライキ・悪天候・事故などのための業務・交通などの)休業, 不通. **b** 交通渋滞. **3 a** 提携, 協力, タイアップ〔*with, between*〕: a technical ～ 技術提携. **b** 〔悪人・悪事などとの〕結びつき, 掛かり合い〔*with*〕. **4 a** 《米》(ボートの)係留所. **b** 牛舎; (牛舎内の)一頭分のつなぎ場. 〖((1851)) ← *tie up* (⇨ tie (v.) 成句)〗

tiff¹ /tíf/ *vi.* 《インド》(⇨) =tiffin. 〖《略》〗

tiff² /tíf/ *n.* **1** (恋人・友人間などの)小さなけんか, いさかい: a labor ～ 労働争議 / have a ～ *with* …といさかいをする. **2** 不機嫌, むかっ腹: be *in* a ～ むかっ腹を立てている. **— *vi.*** **1** むかっ腹を立てる, 機嫌が悪い. **2** いさかいをする〔*with*〕. 〖((1727)) ←《スコット・北部方言》*tift* a puff of wind《擬音語》?〗

tiff³ /tíf/ *n.* 《古》(酒の)ちょっと一杯. 〖◻ ? ON *þéfr* a smell & *þéfa* to sniff〗

TIFF 《略》〖電算〗tagged image file format《ビットマップによる画像データ形式》.

tif·fa·ny /tífəni/ *n.* **1** 薄い絹織物《紗(しゃ)の一種; 造花用》. **2** 目のあいた綿平織物《チーズ用クロス》. 〖(((c1290)) (a1633)) ◻ OF *tifanie* Epiphany < LL *theophaniam* manifestation of God (その祝日に着るところから): ⇨ theophany〗

Tif·fa·ny /tífəni/ *n.* ティファニー: **1** 男性名. **2** 女性名. 〖↑〗

Tif·fa·ny /tífəni/, **Charles Lewis** *n.* ティファニー《1812–1902; 米国の宝石商》.

Tiffany, Louis Com·fort /kʌ́mfət | -fət/ *n.* ティファニー《1848–1933; 米国の装飾芸術家・ガラス工芸家; C. L. Tiffany の子》.

Tíffany glàss *n.* =Favrile glass.

Tíffany's *n.* ティファニー宝石店《米国 New York 市の Fifth Avenue にある》.

Tíffany sètting [mòunting] *n.* 《米》〖宝石〗ティファニーセッティング[マウンティング]《6 本または 8 本のつめで 1 個のダイヤを台に留めた指輪セットの型》. 〖← *C. L. Tiffany*〗

tif·fin /tífın | -fın/ 《英》 *n.* 昼食, 昼飯 (luncheon). ★ 初めインドなどアジア地域在住の英国人の間で用いられた語. **— *vi.*** 昼食をする, 昼飯を食べる. **— *vt.*** …に昼食を出す. 〖((1785)) 《略》← *tiffing* (ger.) ← 《廃》*tiff* to sip ← (n.) weak liquor ← ?〗

tíffin càrrier *n.* 《主にインド》昼食用容器セット《各容器についている蝶番(ちょうつがい)式の金具の枠に入れて順に載せていく浅い金属容器のセット》. 〖1960〗

Tif·lis /tíflıs | -lıs; *Russ.* tʲiflʲís/ *n.* ティフリス《Tbilisi の旧名》.

tig /tíg/ *n.* (子供の)鬼ごっこ (tag) 〖(((1721)) (1816)) ←《スコット》*tig* to touch lightly or playfully〗.

ti·ger /táıgə | -gə^(r)/ *n.* (*pl.* ～s, ～) **1** 〖動物〗トラ (*Panthera tigris*): work like a ～ 猛烈に働く / fight like a ～ (自己防衛などのために)猛然と攻撃する. ★ 雌は tigress. **2 a** とらのような男, 残忍な男, 暴れ者. **b** 猛烈な活動家: He's a ～ for work. 仕事の鬼だ. **3** 〖動物〗トラに類似の動物の総称: **a** 剣歯虎 (saber-toothed tiger). **b** =jaguar. **c** =tiger cat. **d** 《豪》=Tasmanian wolf. **4** 《英古》(仕着せを着た)少年馬丁. **5** 《口語》(テニス・クリケット・ゴルフなどでの)強敵, 手ごわい相手. **6** 《米》(万歳を三唱した後)おまけにつける 'tiger' という喝采(かっさい): three cheers and a ～ (for a person). **7** 〖魚類〗サメ・フカなどの獰猛(どうもう)な魚類の総称《イタチザメ (tiger shark) など》. **8 a** とらの印のバッジ. **b** [T-] とらの印をバッジとする団体[協会]; そのメンバー. **9** [the ～] とらのような獰猛な性質. **10** 《米俗》〖トランプ〗=faro. **11** =blind tiger. **12** =tiger moth.

búck the tíger 《米俗》(トランプの) faro をやる. ***fight the tiger*** 《米俗》(トランプの) faro で賭ける. ***gèt óff the tíger* [*the tíger's báck*]** 《口語》危険から逃れる, 虎口を脱する. ***hàve a tíger by the táil*** 《米》予期せぬ苦境に立つ. ***ríde the* [*a*] *tíger*** 危険を冒す, 虎の尾を踏む.

～·like *adj.* 〖OE *tigras, -es* (pl.) ◻ L *tigris, tigris* ◻ Gk *tígris* 《原義》swift animal ◻ OPers. *tigra-* pointed ← IE **(s)teig-* to prick, stick, pierce〗

Tí·ger bálm /táıgə- | -gə-/ *n.* 〖商標〗タイガーバーム, 虎標萬金油《マレーシア製のメンソールを含んだ万能軟膏》.

tíger bèetle *n.* 〖昆虫〗ハンミョウ《ハンミョウ科の昆虫の総称; 他の昆虫を襲う》. 〖1826〗

tíger bìttern *n.* 〖鳥類〗トラフサギ《中南米産サギ科 *Tigrisoma* 属の鳥の総称; 淡黄色または褐色の地に黒い横じま斑がある》. 〖1785〗

tíger càt *n.* 〖動物〗**1** ジャガーネコ (*Felis tigrina*)《中・南米産のヤマネコの一種》. **2** オオフクロネコ (*Dasyurus maculatus*)《オーストラリア産のフクロネコ; cf. native cat》. **3** (しまや斑点のある)トラネコ. 〖1699〗

tíger ecònomy *n.* タイガーエコノミー《経済成長を続ける東アジアの小さな国》.

tíger·èye *n.* **1** 〖鉱物〗虎眼石《黄褐色; 飾り石に利用》. **2** 〖窯業〗砂金石釉の特種な型で虎眼石風の紋様のもの. 〖1891〗

tíger físh *n.* 〖魚類〗**1** タイガーフィッシュ (*Hydrocyon goliath*)《アフリカ産カラシン科の獰猛(どうもう)な魚; 体重 50 kg にも達する》. **2** ヤガタイサギ (*Therapon jarbua*). 〖((1893)): 非常に大食なことと体にある 3 条の黒褐色の縦帯にちなむ〗

tíger-flòwer *n.* 〖植物〗中米産の虎斑(とらふ)模様のあるアヤメ科トラユリ属 (*Tigridia*) の植物の総称《トラユリ (*T. pavonia*) など》. 〖1797〗

tíger-fóoted *adj.* 獰猛(どうもう)ですばしこい (cf. Shak., *Corio* 3. 1. 310). 〖1607–08〗

ti·ger·ish /-gərıʃ/ *adj.* **1** とらのような. **2** 凶暴な, 残忍な (cruel, fierce), 血に飢えた (bloodthirsty), すさまじい. **～·ly** *adv.* **～·ness** *n.* 〖1573〗

tí·ger·ism /-gərızm/ *n.* 《古》大見栄を切ること, 威張ること (swagger). 〖1836〗

tíger lìly *n.* 〖植物〗**1** オニユリ (*Lilium lancifolium*)《東アジア原産で花はオレンジ色》. **2** オニユリに類似したユリ. 〖1824〗

ti·ger·ling /táıgəlıŋ | -gə-/ *n.* 小トラ. 〖⇨ -ling¹〗

tíger màple *n.* 虎紋カエデ(材)《トラの毛皮のような不規則な模様のあるカエデ材; 主に家具用》.

tíger mòth *n.* 〖昆虫〗ヒトリガ《鱗翅目ヒトリガ科のガの総称》. 〖1816〗

tíger nùt *n.* 〖植物〗ショクヨウカヤツリ (chufa).

tíger pràwn *n.* 〖動物〗=tiger shrimp.

tíger sálamander *n.* 〖動物〗トラフサンショウウオ (*Ambystoma tigrinum*). 〖1909〗

tíger's-èye *n.* 〖鉱石〗=tigereye 1.

tíger shàrk *n.* 〖魚類〗イタチザメ (*Galeocerdo cuvier*)《暖海産の大形のサメ》. 〖1785〗

tíger shrìmp *n.* 〖動物〗ブラックタイガー (*Penaeus monodon*)《太平洋・インド洋産の食用のエビ; 日本のクルマエビ (*Penaeus japonicus*) の近縁種; 養殖が盛んに行われている》.

tíger snàke *n.* 〖動物〗タイガースネーク (*Notechis scutatus*)《オーストラリアおよび Tasmania に広く分布する褐色に黒い縞模様のあるコブラ科の毒ヘビ》. 〖1869〗

tíger swàllowtail *n.* 〖昆虫〗トラフアゲハ (*Papilio glaucus*)《北米東部産のアゲハチョウの一種》. 〖1890〗

tíger swèat *n.* 《米俗》安い酒, 強い酒.

tíger·wòod *n.* 斑(ふ)入りの美しい家具用材; (特に)熱帯アフリカ産センダン科の樹木 (*Lovoa klaineana*) の木材. 〖((1858)) ← TIGER+WOOD¹〗

tíger wòrm *n.* 〖動物〗シマミミズ (brandling).

tight /táıt/ *adj.* (～·er; ～·est) **1 a** 〈衣服など〉ぴったりと合った; (特に)きつい, 窮屈な (cf. loose 3 c, easy 6): a ～ collar, dress, hat, etc. / ～ gloves, trousers, pants, etc. / ～ boots きついブーツ / This coat is ～ under the arms. この上着は両腕の下のところがきつい / It is a ～ fit. これは窮屈だ. **b** 〈胸の感じなど〉締めつけられるような (constricted): a ～ feeling / My throat was ～ with emotion. 感動でのどが締めつけられるようだった.

2 堅く結んだ, 堅い, きつい (firm): a ～ knot 堅い結び目 / a ～ drawer きつい引出し / a ～ little bud (まだ)堅い小さなつぼみ / a ～ squeeze 固い握手, 強い抱擁 (cf. 5 c, 7) / a ～ grip [grasp, hold] 強く握ること / a ～ little group 小さくまとまった集団 / The cork is ～ in the bottle. コルクが瓶にきつく入っている.

3 厳しい, 厳格な (severe): ～ control, discipline, etc. / keep a ～ hold [grip] over a person 人を厳格に監督する.

4 a 〈綱など〉張り切った, ぴんと張った (taut) (↔ slack, loose): a ～ rope / ⇨ tightrope / (as) ～ as a drum 〈腹の皮など〉太鼓のようにぴんと張った; 満腹した (cf. 12). **b** 〈微笑など〉引きつった, こわばった: a ～ smile.

5 a 〈布地など〉織り目の詰んだ, 目の詰んだ: a ～ weave 目の詰んだ織り. **b** 〈袋・予定など〉一杯になった, ぎっしり詰まった: a ～ bale 一杯に詰まった俵 / a ～ schedule ぎっしり詰まった予定,「ハードスケジュール」/ It'll be a bit ～ if we want to get there on time. 時間どおりにそこに着くのは少しきつい. **c** ぎゅうぎゅう詰めの, 身動きもならない: It was a ～ squeeze. まったくすし詰めだった (cf. 2, 7).

6 a 《口語》けちな, 締まり屋の (close-fisted): He is ～ with money. 彼は締まり屋だ. **b** 誠実な, 堅い (faithful). **c** 《俗》親しい, 好意的な.

7 〈立場など〉厄介な, 難しい, 取り扱いにくい (difficult): a ～ situation / a ～ squeeze のっぴきならない立場, 窮地 (cf. 2, 5 c) / be in a ～ place [corner, spot] 進退極まる, 窮地に陥る.

8 a すき間のない, 空気[水など]の漏らない: a cask, roof, etc. / ⇨ tight ship **b** /táıt/ ⇨ -tight.

9 a 〖商業〗〈商品が〉手に入れにくい, 払底の; 〈金・金融が〉詰まった, ひっぱくした (straitened) (↔ easy): a ～ budget 切り詰めた予算 / The money market is ～. 金融がひっぱくしている. **b** 〈商売・取引が〉あまりもうからない, マージンの少ない: a ～ bargain.

10 〈曲線・弧・カーブなど〉急な, (カーブの)きつい (sharp): take [negotiate] a ～ corner [bend in a road] 急カーブを曲がる. **11** 《口語》〈競走・試合など〉ほとんど互角の (close): a ～ race [match] 接戦. **12** 《口語》酔った (⇨ drunk SYN): get ～ 酔っぱらう / (as) ～ as a drum ぐでんぐでんに酔って (cf. 4 a). **13** 《方言》**a** 上手な, 器用な, うまい, 有能な (dexterous). **b** 《まれ》格好のいい; 姿のよい, 顔立ちのよい. **c** きちんと着飾った; きちんとした, きちんとした (trim): a ～ little vessel こちんまりした船. **14** 〈文体が〉圧縮された, ひどく堅苦しい; 〈美術作品が〉調子のかたい, 描写が細かすぎて余裕のない. **15** 〖印刷〗語間[行間]の詰まった; 〈ページが〉ぎっしり詰まった. **16** 〖新聞〗**a** (広告が多くて)記事の紙面がほとんどない. **b** ニュースが紙面に載せきれないほどたくさんある. **17** 〖アメフト〗〈フォーメーションが〉すき間のない, 固い, タイトな (compact) (cf. loose 13 a): a ～ formation. **18** 《口語》〖野球〗〈投球が〉〈打者に対して〉近めの, インサイドの. **19** 〈木材が〉腐ってなくひびも入っていない.

úp tíght =uptight.

— *adv.* (～·er; ～·est) **1** 堅く, しっかりと, きつく; ぎっしりと: squeeze [hold] it ～ きつく締めつける[しっかりと持つ] / She held on ～ for fear of falling off [losing the package]. 落ちないように[荷物をなくさないように]彼女はしっかりつかんだ / fit ～ 〈衣服などが〉ぴったり合う, 窮屈である / shut the door ～ ドアをしっかりと閉める / pack a bag ～ 袋にぎっしり詰め込む. **2** ぐっすりと (soundly): Good night. Sleep ～. おやすみ. ぐっすり寝て下さい.

sit tíght (1) しっかり腰をすえる, 一歩も動かない; (隠れて)じっとしている. (2) 《口語》時機を待つ, 行動を起こさない. (3) 《口語》主張を曲げない, 強硬にねばる, 固執する. (4) (馬のくらに)正座する.

— *n.* **1** 《俗》窮地, 窮境, 苦境: pull a person out of a ～ 人を苦境から救い出す. **2** [しばしば the ～] 《英》〖ラグビー〗タイト《フォワードが散開しないで展開するプレー; cf. loose 2》.

～·ly *adv.* **～·ness** *n.* 〖((c1325)) *ti(g)ht, thight* ◻ ON *þéttr* (water)tight, solid < Gmc **þiŋχtaz* (G *dicht* thick) ← **þiŋχ-* to grow ← IE **tenk-* to be thick or strong〗

SYN ぴんと張った: **tight** 〈服・靴などが〉きつい: *tight* shoes きつい靴. **taut** 〈ロープ・ひも・帆などが〉ぴんと張った《2 点間にぴんと張った状態を言うには *tight* よりも適切》: a *taut* rope ぴんと張ったロープ. **tense** ぴんと引っ張られてい

る《比喩的に筋肉・精神などについてしばしば用いられる》: a *tense* wire ぴんと張った針金.
ANT loose, slack, lax.

-tight /tàɪt/ *adj.* [通例複合語の第 2 構成要素として] …の通らない, 漏れない, 防…, 耐…(cf. -proof): air*tight*, gas*tight*, water*tight*, wind*tight*. 〖← TIGHT〗
tíght·àss *n.* 《俗》堅物(かたぶつ), くそ真面目な人.
tíght·àssed *adj.* 《俗》くそ真面目な.
tíght báckbone [báck] *n.* 〖製本〗タイトバック, 硬背(かたせ)《堅牢な表紙の背に, 中身の背をぴったりと張り付けた装丁法; fastback ともいう; cf. hollow back》.
tight·en /táɪtn/ *vt.* **1** しっかりと締める, 固くする, 張る 〈*up*〉: ~ (*up*) the rope 綱をぴんと張る / ~ one's bootlace 靴ひもを締め直す / ~ one's grip 一層きつくつかむ / ~ the reins 手綱を引き締める / ~ *down* hatch covers ハッチの蓋(ふた)をしっかり締めつける / She ~*ed* her lips. (怒って)口を固く結んだ / ⇨ *tighten one's* BELT[1]. **2** 〈統制・政策などを〉引き締める, 厳しくする, 強化する 〈*up*〉: ~ sentences 文章を引き締める / ~ monetary policy 金融政策を引き締める / ~ *up* economic controls 経済統制を強める. — *vi.* しっかりと締まる, 固くなる, 窮屈になる; 一層厳しくなる, 強化する 〈*up*〉: ~ *up on* the legal protection of wildlife 野生生物の法的保護を強化する / His face muscles ~*ed*. 顔の筋肉が引き締まった. **~·er** /-tnə, -tnə | -tnə(r), -tnə(r)/ *n.* 〖(1725): ⇨ tight, -en[1]〗
tíght énd *n.* 〖アメフト〗タイトエンド《タックルから 2 ヤード以内の位置につくエンド》. 〖1962〗
tíght·físted *adj.* けちな, 握り屋の (close-fisted). **~·ness** *n.* 〖1844〗
tíght fít *n.* 〖機械〗締まりばめ《穴と軸との間に必ず締めしろのあるはめあい; cf. loose fit》.
tíght·fítting *adj.* 〈衣服など〉ぴっちりした, 窮屈な: a ~ sweater 体にぴったりしたセーター.
tíght héad *n.* 〖ラグビー〗タイトヘッド《スクラム最前列のフッカー (hooker) の右側にいるプロップ (prop)》.
tíght jóint *n.* 〖製本〗突き付け《表紙の平と背との間に溝を作らない形式のもの; smooth joint ともいう; cf. open joint》.
tíght júnction *n.* 〖生物〗密着結合, タイトジャンクション《隣接した細胞の細胞膜が密着している細胞間結合様式》. 〖1961〗
tíght-knít *adj.* しっかり組み立てられた, 緊密に統合された: a ~ organization 緊密に組み立てられた組織. 〖1946〗
tíght-láced *adj.* **1** きついコルセットを着けた. **2** 堅苦しい, 杓子(しゃくし)定規の.
tíght-lípped *adj.* **1** 口を固く閉じた: He answered in ~ anger. 怒って口をへの字に結んで答えた. **2** 容易に口を開かない, 口数の少ない. 〖1876〗
tíghtly-knít *adj.* =tight-knit.
tíght móney *n.* 金融引締め政策; 金詰まり(状況), 金融逼迫(ひっぱく); 《特に高金利で》金詰まりのときの金, 得にくい金; =hard money.
tíght-móuthed /-máʊðd, -máʊθt | -máʊðd˜/ *adj.* =closemouthed.
tight·rope /táɪtròʊp | -rəʊp/ *n.* **1** 綱渡りの綱, 張り綱 (cf. slack rope): a ~ dancer 綱渡り芸人 / ⇨ tightrope walker / perform on the [a] ~ 〈軽業師が〉綱渡りをする. **2** 困難[危険]な状態. ***wálk [tréad] a tíghtrope*** (1) 綱渡りをする. (2) 危ない[きわどい]ことをする, 危ない橋を渡る. — *vt.* [~ one's way [course, etc.] として] 綱渡りで進む; 綱渡りのように歩いて行く[進む]. — *vi.* 綱渡りをする; 危ない橋を渡る. 〖1801〗
tíghtrope wálker *n.* 綱渡りの曲芸師, 綱渡り師 (cf. wire-walker).
tights /táɪts/ *n. pl.* **1** タイツ. **2** (昔, 男子が正装に用いた)ぴったりした半ズボン (breeches). 〖(1833) ← TIGHT + -S[1]〗
tíght shíp *n.* 《口語》(軍艦なみに)組織的・効率的に管理運営されている機関[会社].
tíght síde *n.* (合板用)薄板の表側.
tight·wad /táɪtwɑ̀(ː)d, -wɔ̀(ː)d | -wɔ̀d/ *n.* 《米俗》けちんぼう, 握り屋 (miser, niggard). 〖(1906) ← TIGHT + WAD[1]〗
tíght·wíre *n.* ワイヤー製の綱渡りの綱. 〖1928〗
Tig·lath-pi·le·ser I /tíglæθpaɪlíːzə-, -pɪ̀- | -paɪlíːzə-, -pɪ̀-/ *n.* ティグラト ピレセル一世 (1116?–?1093 B.C.; アッシリアの王; ユーフラテス川上流にまで領土を拡張し, バビロニア王を撃破した).
Tiglath-pileser III *n.* ティグラト ピレセル三世 (?–727 B.C.; アッシリアの王 (745–727 B.C.); 欽定訳聖書では Tilgath-pilneser /tìlgæθpɪlníːzə | -zə(r)/ (テルガテ ピルネセル)と呼ばれる; cf. *1 Chron.* 5:6).
tig·lic /tíglɪk/ *adj.* 〖化学〗チグリン酸の[から生じる]. 〖← NL (*Croton*) *tiglium* croton-oil plant ← ML *tiglium* seed of that tree: ⇨ -ic[1]〗
tíglic ácid *n.* 〖化学〗チグリン酸 ($CH_3CH=C(CH_3)-COOH$)《ローマカミツレ花の精油や, クロトン油中に存在する; 医薬用》.
ti·glon /táɪglən/ *n.* 〖動物〗=tigon.
ti·gnon /tíːnjɑ(ː)n | -njɔn/ *n.* ティニョン《Louisiana 育ちのクレオールの女性がターバン風に頭に巻く布》. 〖(1884) ☐ Louisiana F ~ =F 《古》~ 'chignon' ← 《方言》*tigne* scalp disease, moth (異形) ← *teigne*: cf. tinea〗
ti·gon /táɪgən/ *n.* 〖動物〗タイゴン, トラシシ《トラの雄とライオンの雌との交配による雑種; cf. liger》. 〖(1926) (混成) ← TIG(ER) + (LI)ON〗
Ti·gray /tiːgréɪ | tígreɪ/ *n.* ティグレ《エチオピア北部の歴史的地方・州; 古代には Aksum 王国の中核を成した; 1975–91 年中央政府との間にゲリラ戦が続き, 80 年代には旱魃・飢饉で大きな被害を出した》.
Ti·gré /tiːgréɪ | tígreɪ/ *n.* **1** ティグレ (Tigray). **2** ティグレ語《西部エリトリアを中心とするセム語派の言語》.
ti·gress /táɪgrəs | -grɛs, -grəs/ *n.* **1** 雌のトラ. **2** (雌トラのような)残忍な女, たけだけしい女. 〖(1611) ☐ F *tigresse*: ⇨ tiger, -ess[1]〗
ti·grid·i·a /taɪgrídiə | -diə/ *n.* 〖植物〗アヤメ科チグリジア[トラユリ]属 (*Tigridia*) の球根植物《特に中南米産のトラユリ (*T. pavonia*) が知られる》. 〖(1866) ← NL *Tigridia* (属名) ← Gk *tigrid-*, *tígris* tiger〗
ti·grine /táɪgrɪn, -graɪn | -grɪn, -graɪn/ *adj.* とらの(ような); 虎斑(とらふ)の. 〖☐ L *tigrīnus*: ⇨ tiger, -ine[1]〗
Ti·gri·nya /tɪgríːnjə | tɪgrín-, -gríːn-/ *n.* ティグリニャ語《北部エチオピアのセム語派の一言語》.
Ti·gris /táɪgrɪs | -grɪs/ *n.* [the ~] ティグリス(川)《トルコ南東部に発しイラクを貫流して Euphrates 川と合流し, Shatt-al-Arab 川となってペルシャ湾 (Persian Gulf) に注ぐ (全長 1,900 km)》. 〖☐ L ~ ☐ Gk ~ ☐ OPers. *Tigra* (原義) the swift river: cf. tiger〗
ti·grish /táɪgrɪʃ/ *adj.* =tigerish.
Ti·gua /tíːgwə; *Am.Sp.* tíɣwa/ *n.* (*pl.* ~, ~s) =Tiwa.
TÍG wèlding /tíg-/ *n.* 〖冶金〗TIG 溶接《電極にタングステンを用いる》. 〖(1960): *TIG*: ← *t(ungsten) i(nert) g(as)*〗
TIH 《略》Their Imperial Highnesses.
Ti·hwa /tìː(h)wáː/ *n.* (*also* **Ti·hua** /~/) =Dihua.
Ti·jua·na /tìːəwáːnə, tiːwáː-; *Am. Sp.* tihwána/ *n.* ティワナ《メキシコ北西部, 米国国境に面した都市》.
ti·ka /tíːkə/ *n.* ティーカ《ヒンズー教徒が額につける通例赤い小斑点(はんてん); tilak ともいう》. 〖(1884) ☐ Hindi *ṭīkā* & Panjabi *ṭikkā*〗
Ti·kal /tɪkáːl; *Am.Sp.* tikál/ *n.* ティカル《グアテマラ北部にある古代マヤの都市遺跡》.
tike /táɪk/ *n.* =tyke.
ti·ki /tíːkiː/ *n.* **1** [しばしば T-] 《ポリネシア神話の》地上の人間の始祖, ティキ. **2** tiki 1 の彫像《首輪にして下げる》. 〖(1777) ← Maori〗
ti·ki·a /tíkiəː/ *n.* 〖料理〗ティキア《味付けした肉またはマッシュポテトを平たくして揚げたインド料理》. 〖☐ Hindi *ṭikiyā*〗
tik·ka /tíkə, tíːkə/ *n.* 〖料理〗ティッカ《鶏肉または羊肉をスパイスに漬けて下味をつけ, 土の天火で焼いたインド料理》. 〖(1955) ☐ Hindi *tikkā*〗
tik·o·loshe /tìkəlɔ́(ː)ʃ, -lɔ́(ː)ʃ | -lɔ́ʃ(i)/ *n.* =tokoloshe.
til[1] /tíl, tíːl/ *n.* ごま (sesame). 〖(1840) ☐ Hindi ~ ← Skt *tila*〗
til[2] /(弱) tɪl/ *prep., conj.* (*also* **'til**) =till[1].
ti·lak /tílək/ *n.* (*pl.* ~s, ~) ティラク《ヒンズー教徒が宗派の標識として額につける赤い小斑点(はんてん)》. 〖☐ Skt *tilaka*: cf. Skt *tila* sesame〗
ti·la·pi·a /təláːpiə, -léɪ- | -lǽp-, -léɪp-/ *n.* 〖魚類〗テラピア《アフリカ産カワスズメ科カワスズメ属 (*Tilapia*) の淡水魚の総称; 受精卵を口の中で育て, 危険が迫ると子魚を口に避難させるテラピア (*T. mossambica*), *T. nilotica* など》. 〖(1849) ← NL *Tilapia* (属名) ← ?〗
Til·burg /tílbəːg | -bəːg; *Du.* tílbʏrx/ *n.* ティルブルフ《オランダ南部, Noord Brabant 州の都市; 毛織物産業の中心地》.
til·bur·y /tílbəri | -b(ə)ri/ *n.* 覆いのない二輪軽装馬車《19 世紀初めに流行した》. 〖(1796) ← *Tilbury* (ロンドンの馬車製造業者でその考案者)〗
Til·bur·y /tílbəri | -b(ə)ri/ *n.* ティルブリ《イングランド南部 Thurrock の Thames 川に臨む一地区; London 港の主要港湾施設がある》. 〖OE *Til(l)aburg* (原義) burg of *Tila* (人名): ⇨ burgh〗
Til·da /tíldə/ *n.* ティルダ《女性名》. 〖(dim.) ← MATILDA〗
til·de /tíldə | tíldə, -di, -deɪ, tíld; *Sp.* tílde/ *n.* **1** ティルデ《スペイン語で n の上に付ける記号; señor, cañon などの ˜ で [ɲ] 音を表す》. **2** ティルド《ポルトガル語で母音の上につける鼻母音記号; pão [pɐ̃ũ] などの ˜》. **3** (省略を表す)波ダッシュ. **4** 〖論理・数学〗(否定を表す)波型記号 (~). **5** 〖数学〗ティルダ《Ã のように記号の上につけてプライム (prime) と同じ目的に用いるもの》. 〖(1864) ☐ Sp. ~ ☐ L *titulus* 'TITLE'〗
Til·den /tíldən, -dn | -dən/, **Samuel Jones** *n.* ティルデン (1814–86; 米国の政治家).
Tilden, William Ta·tem /téɪtəm | -təm/, **Jr.** *n.* ティルデン (1893–1953; 米国のテニス選手; 通称 Big Bill).
tile /táɪl/ *n.* (*pl.* ~s, 1, 2 ではまた ~) **1** 瓦(かわら), タイル, 化粧タイル: a roofing ~ 屋根瓦 / a plain ~ 平[板]瓦 / ⇨ pantile. **2** (麻雀の)牌(パイ), パイ: wash the ~s 牌をかきまぜる. **3 a** 空洞れんが. **b** 下水土管. **4** 《口語》シルクハット (top hat). ***have a tile loose*** 《俗》少々気がふれている (cf. *have a* SLATE[1] *loose*). ***(òut) on the tiles*** 《俗》遊び[飲み]回って, 夜遊びをして《交尾期の猫が夜屋根に上ることから》. 〖1887〗
— *vt.* **1** 瓦でふく, …に瓦を敷く, タイルを張る: ~ a house [roof] 家[屋根]を瓦でふく / ~ a floor 床にタイルを張る. **2** 〈Freemason の集会所〉に見張番を置く. **3** …に秘密を誓わせる; 〈会議などを〉極秘にする. **4** …に土管を敷く; 土管で排水する.
~·like *adj.* 〖OE *tigele* (cog. G *Ziegel*) ☐ L *tēgula* ← IE *(s)teg- to cover (L *tegere* to cover): cf. thatch〗
tiled *adj.* **1** 瓦(かわら)を敷いた, タイル張りの. **2** 部外者を入れない, 極秘の. **3** 土管を敷いた; 土管で排水する.
tíle·fìsh *n.* 〖魚類〗**1** 大西洋産の色彩の鮮美な食用魚 (*Lopholatilus chamaeleonticeps*). **2** アマダイ科の魚類の総称. 〖(1881) ← *tile-* (← NL (*Lophola*)*tilus* (属名)) + FISH: 鮮やかな色が装飾用タイルの色と似ていることから〗
tíle hànging *n.* 〖建築〗(外壁などの垂直面の)平瓦(かわら)ふき.
tíle hàt *n.* シルクハット.
tíle pìpe *n.* 〖土木〗陶管.
til·er /-lə | -lə(r)/ *n.* **1** 瓦(かわら)製造人, 瓦職; タイル職人. **2** (Freemason の集会所の見張人. 〖(?a1300): ⇨ -er[1]〗
til·er·y /táɪləri/ *n.* 瓦(かわら)焼場, タイル製造所. 〖⇨ -ery〗
tíle·stòne *n.* 〖岩石〗タイル石, 石瓦(いしがわら)《薄くはいで屋根瓦などに用いる石》. 〖OE *tigelstān*〗
tíle tèa *n.* =brick tea.
Til·i·a·ce·ae /tìliéɪsiìː/ *n.* 〖植物〗シナノキ科. **til·i·á·ceous** /-ʃəs˜/ *adj.* 〖← NL ~ ← *Tilia* (属名) ← L *tilia* linden tree: ⇨ -aceae〗
til·ing /-lɪŋ/ *n.* **1** 瓦(かわら)をふくこと, タイル張り(工事). **2** [集合的] 瓦, タイル (tiles). **3** 瓦屋根; タイル面. 〖(1440): ⇨ -ing[1]〗
till[1] /(強) tɪl, tɪ́l; (弱) tl̩, tə̩l | tl̩, tɪl/ *prep.* **1** 〈特定の時〉まで(ずっと) (cf. since, by[1] 7): be true ~ death 死ぬ[最後]まで誠実である / ~ now 今まで / ~ then その時まで / ~ next week 来週まで / sleep ~ noon 正午まで眠る / Wait ~ tomorrow [~ his arrival]. 明日まで[彼の帰るまで]待て / They traveled from dawn ~ dusk. 夜明けから夕方まで旅を続けた / *Till* when will you be staying, sir? いつまでご滞在ですか. 日英比較 (1) 日本語の「まで」と違いその日を含まない. (2) 場所の「…まで」は as far as または to で表す. **2** [否定語の後に用いて]〈特定の時〉…まで(…しない), …に至って(…する) (before): He did *not* return ~ ten o'clock [~ after ten]. 10 時[10 時過ぎ]まで帰らなかった / It was *not* ~evening that I knew the fact. 夕方になってやっとその事実を知った. **3** 《スコット》[場所] …まで, …へ (to, unto).
— /tɪl, tɪ̀l/ *conj.* **1** …(する時)まで, …してついに…: I slept ~ it was light. 明るくなるまで眠った / She laughed ~ (at last) the tears ran down her cheeks. 涙が出るほど笑った, 笑いすぎてとうとう涙がこぼれた. **2** [否定語の後に用いて] …するまでは(…しない), …して初めて(…する) (before): Don't start ~ I give the word. 追って命じるまで出発するな / People do *not* know the value of health ~ they lose it. 健康は失って初めてその真価がわかる.
★ till と until との使い分けについては ⇨ until.
〖OE (Northumbrian) *til* ☐ ON *til* to (adv.) ← ? Gmc **tilam* (⇨ till[3])〗
till[2] /tíl/ *n.* **1 a** (商店・銀行などの)現金入れ引出し, 現金箱. **b** (銀行などの出納(係のいる))窓口. **2 a** 現金箱に入れた金. **b** 手元にある現金. **3** (戸棚・たんすなどの貴重品)引出し. **4** (机上に置く)整理棚, 書類分類ケース. ***have one's fingers in the till*** 《口語》勤め先の金を盗む. ***with one's fingers in the till*** 《口語》勤め先の金に手をつけて(いるところを), 現行犯で.
〖(1452) *tylle* (逆成) ← ME *tyllen* to draw < OE *-tyllan* ← ?〗
till[3] /tíl/ *vt.* **1** 耕作する, 耕す (cultivate, plow): ~ the land. **2** 培う, 開発する: ~ the mind [a virtue] 精神[徳]を培う / ~ a field of knowledge ある知識分野を研究する. — *vi.* 土地を耕す. 〖OE *tilian* to strive for attempt, obtain < Gmc **tilōjan*, **tilējan* (Du. *telen* to breed, cultivate / G *zielen* to aim) ← **tilam* aim, goal (OE *till* fixed point, station / G *Ziel* end) ← ? IE **ad-* to order, establish〗
till[4] /tíl/ *n.* 〖地質〗**1** 漂粘土, 漂礫(ひょうれき)土《氷河で運ばれた土砂や礫が氷河が溶けるとともに積もったもの》. **2** 《スコット》硬粘土. 〖(1765) ← ?: cf. ME *thill* underclay〗
till[5] /tíl/ *n.* 〖印刷〗角筒支え《昔の手動印刷機の角筒を支えるための横板》. 〖← ? G *Tülle* socket, mouth of a pitcher〗
till·a·ble /tíləbl/ *adj.* 耕すことのできる, 耕作に適する.
till·age /tílɪdʒ/ *n.* **1** 耕すこと, 耕作. **2** 耕地. **3** 農作物. ***in tillage*** 耕作されて: land *in* ~ 耕作されている土地. 〖(1488–89) ← TILL[3] + -AGE〗
til·lands·i·a /təlǽndziə/ *n.* 〖植物〗熱帯およびアメリカ産パイナップル科ティランジア属 (*Tillandsia*) の植物の総称《サルオガセモドキ (Spanish moss) など》. 〖(1759) ← NL *Tillandsia* (属名) ← *Elias Tillands* (1640–93: フィンランドの植物学者): ⇨ -ia[1]〗
till·er[1] /-lə | -lə(r)/ *n.* 耕夫, 耕作者, 農夫 (farmer); 耕運機. 〖(c1250) *tiliere* ∞ OE *tilia*: ⇨ till[3], -er[1]〗
til·ler[2] /tílə | -lə(r)/ *n.* **1** 〖海事〗舵柄(だへい). **2** (一般に)方向を決める舵(かじ): be at the ~ (of …) =*be at the* HELM[1] (of …). 〖(a1325) *tiler* ☐ AF *telier* weaver's beam < ML *tēlārium* ← L *tēla* web // ← ME *tille(n)* to draw, pull (cf. till[2]) + -ER[1]〗
til·ler[3] /tílə | -lə(r)/ *n.* **1** (切株から生えた)ひこばえ (shoot). **2** 若木 (sapling). — *vi.* (切株から)ひこばえが生える. 〖OE *telgor* twig, shoot〗
tíller·man /-mən | -lə-/ *n.* (*pl.* **-men** /-mən, -mɛ̀n/) 操舵(そうだ)手. 〖1934〗
Til·let /tílɪt | -ɪt/, **Benjamin** *n.* ティレット (1860–1943; 英国の労働組合指導者・政治家; ドック作業員らの組合を設立し (1887–1922), 1889 年のストライキを組織; 労働党議員 (1917–24, 1929–31)).
til·leul /tiːjɜ́ːl; *F.* tijœl/ *n.* 〖植物〗シナノキ (lime, linden tree); シナノキの花を入れた茶《もとは頭痛を和らげるために使われた》. 〖(1530) ☐ F ~ < VL **tiliolus* (dim.) ← **tilius*=L *tilia* lime tree〗

Till Eu·len·spie·gel /tíləʊlənʃpìːgəl, -gl; G. tíləʊlŋ̩ʃpiːgl/ *n.* ティルオイレンシュピーゲル《14 世紀ドイツの伝説的人物で, いたずら好きの道化者・遍歴職人; 多くの物語の題材となった》.

Til·ley /tíli/, **Vesta** *n.* ティリー《(1864–1952; 英国の女優; 1870 年代から 1920 年まで男役・歌手・喜劇役者として活躍; 本名 Matilda Powles)》.

Tíl·ley làmp /tíli-/ *n.* 〘商標〙テリーランプ《かつて建築現場や船上で用いられた携帯用灯油ランプ》.

Til·lich /tílɪk; G. tílɪç/, **Paul** (**Johannes**) *n.* ティリヒ《(1886–1965; ドイツ生まれの米国の哲学者・神学者)》.

til·li·cum /tílɪkəm | -lɪ-/ *n.* 《米口語》友人. 〖(1869) ◻ Chinook Jargon *tilikum* people ← N-Am.-Ind. (Chinook)〗

Til·lie /tíli/ *n.* ティリー《女性名; 異形 Tilly》. 〖(dim.) ← MATILDA〗

till·ite /tílaɪt/ *n.* 〘地質〙漂礫(ひょうれき)岩, 氷礫岩《氷河によってできた漂礫土の固結したもの》. 〖← TILL[4]+-ITE[1]〗

tíll mòney *n.* 〘銀行〙(金庫室に保管の金と区別して)出納係の手元にある金.

Til·lot·son /tílətsən, -tsn̩/, **John** *n.* ティロットソン《(1630–94; 英国の聖職者; 雄弁な説教者; カンタベリー大主教 (1691–94))》.

tíll-tàpper *n.* 《俗》売上げ金泥棒.

tíll-tàpping *n.* 《俗》売上げ金盗み[着服].

Til·ly /tíli/ *n.* ティリー《女性名》. 〖⇨ Tillie〗

Til·ly /tíli; G. tíli/, **Johann Tser·claes** /tsɛʁklá:s/ **Graf von** *n.* ティリー《(1559–1632; 三十年戦争の際に活躍したドイツの旧教徒の将軍)》.

til·ly-val·ly /tílivæli/ *int.* 《廃》ばかばかしい, くだらない (fiddlesticks) (cf. Shak., *2 Hen IV* 2. 4. 83). 〖(*a*1529) ← ?〗

Til·sit /tílzɪt | -zɪt; G. tílzɪt/ *n.* **1** ティルジット《ヨーロッパロシア西端, リトアニアをはさんだ飛び地にある都市; Neman 川に臨む; もと東プロイセン領, 1807 年この地で Napoleon 一世とプロイセン・ロシアとの間に平和条約が締結された; 現在は Sovetsk》. **2** ティルジットチーズ《全乳製の薄黄色の柔らかいチーズ; Tilsit cheese ともいう》.

tilt[1] /tílt/ *vi.* **1** 傾く, かしぐ (slant) 〈*up, over*〉: The table is apt to ~ *over.* そのテーブルはかしぎやすい. **2** 論争する 〔*with*〕; 諷刺する, 攻撃する 〔*at, against*〕: ~ *at* wrongs 悪弊を攻撃する. **3** (槍で)突きかかる, 突く 〔*at*〕: ~ *at* the ring (馬を走らせて)高くつるした輪を手槍で取る《昔行われた一種の武技》/ ⇨ *tilt at* WINDMILLS. **4** 上下に動く; (特に)〈船が〉上下に揺れる: The boat ~*ed* (up and down) on the waves. **5** 馬上槍試合をする (joust). **6** 突進する (rush): ~ *out* / ~ *into* a room. **7** 〈地層が〉急角度で傾動する. **8** カメラをティルティングする[上下に傾ける].

— *vt.* **1 a** 傾ける, かしげる (tip) 〈*up, over*〉: ~ a cask *up* [*over*] たるを傾ける[倒す] / ~ one's head *back against* the wall 頭を壁に寄りかける / ~ one's head on one side 頭を一方にかしげる / ~ Japan's policy *toward* the Arabs 日本の政策をアラブ諸国寄りにする. **b** 傾けて〈容器〉の中身をあける: ~ a dust cart / He ~*ed* his second cocktail. 二杯目のカクテルを飲み干した. **2** 〈槍を〉繰り出す, (槍で)突く (thrust): ~ a lance. **3** 襲う, 攻撃する: ~ an adversary 敵を攻撃する. **4** tilt hammer で鍛える[打つ]. **5** (撮影のため)〈カメラを〉ティルティングする[上下に傾ける].

— *n.* **1** 傾けること; 傾き, 傾斜, かしぎ (slant): give a ~ to a barrel 樽をかしげる / on the ~ 傾いて / have a ~ to the left [east] 左[東]へ傾く / adjust one's hat to a more rakish ~ 帽子を動かして一層伊達男風にかしげる. **2 a** (中世騎士の)馬上槍試合 (joust) (cf. tournament 2). **b** 馬上槍試合大会 (jousts). **3 a** 試合 (contest). **b** 論争 (dispute). **c** (丸太・カヌー・ボートなどの上で行う)馬上槍試合に似たスポーツ《長い棒で相手を突き落とす》. **4** (槍などの)突き; 攻撃: have a ~ *at* [*against*] …を攻撃する, 論駁(ろんばく)する. **5** 〘釣〙細長いトップの付いた穴釣用の浮き. **6** 〘金属加工〙=tilt hammer. **7** 〘写真〙(空中撮影で)カメラの方向(光軸)が垂直でないこと; 垂直線との角度; カメラや映写機を垂直平面内で傾けること.

(*at*) *fúll tílt* 全速力で, まっしぐらに, 全力で: come [go, run] *full* ~ into [at] …に突進する. 〖(?*a*1600)〗 ***at tilt*** = atilt.

~·er /-tə | -tə(r)/ *n.* **~·a·ble** /-təbl̩ | -tə-/ *adj.*

〖ME *tylte*(*n*) < OE **tyltan, *tieltan* ← *tealt* unsteady, shaky: cf. Norw. *tylten* unsteady〗

tilt[2] /tílt/ *n.* (馬車・舟・屋台店などの)雨覆い, 雨よけ, 日覆い. — *vt.* 〈舟・車などに〉雨よけ[日覆い]をかける. 〖(1440) 《変形》← ME *tild* < OE *teld* tent, pavilion, covering < Gmc **teldam* (G *Zelt* tent) ← IE **del-* to split, carve (L *dolēre* to suffer)〗

tílt àngle *n.* 〘宇宙〙(発射されたロケット・ミサイルの垂直線に対する)傾斜角.

tílt càb *n.* ティルトキャブ《トラックなどの前へ傾けることができる運転台》.

tilth /tílθ/ *n.* **1 a** 耕すこと, 耕作; 耕作状態 (tillage): the ~ of the ground 土地の耕作 / land in good ~ よく耕した土地. **b** (精神などの)涵養(かんよう): the ~ of the mind. **2** 耕した土, 土壌. **3** 耕地, 田畑 (tilled land). 〖OE *tilþ* ← *tilian*: ⇨ till[3], -th[2]〗

tílt hàmmer *n.* 〘金属加工〙チルトハンマー (⇨ helve hammer).

tílt·hèad *n.* 〘写真〙(三脚の)可動式カメラ取付部《水平方向へは自由に, 垂直方向へはある程度まで回転してカメラの傾斜を調整できるもの》.

tílt·ing chèst *n.* 馬上槍試合の光景を描いてある中世の櫃(ひつ).

tílting lèvel *n.* 〘測量〙(望遠鏡を正確に調整するための)微動ねじ付き水準器.

tílting yàrd *n.* =tiltyard.

tílt·mèter *n.* 〘測量〙傾斜計《地面の傾き角を測る器具》. 〖1932〗

tílt-ròtor *n.* 〘航空〙ティルトローター(機)《垂直離着陸機の一種; 翼に取り付けたプロペラが垂直方向を向く》.

tílt-tòp tàble *n.* =tip-top table.

tílt·yàrd *n.* (中世の)馬上槍試合場. 〖(1528) ← TILT[1] (n.) 2+YARD[2]〗

Tim /tím/ *n.* ティム《男性名》. 〖(dim.) ← TIMOTHY〗

Tim. 《略》Timothy (新約聖書の)テモテ書.

tim·a·rau /tìmərάu/ *n.* 〘動物〙=tamarau.

Tim·a·ru /tímərù:/ *n.* ティマルー《ニュージーランド南部, South Island 東岸の港市; 保養地》.

tim·bal /tímbəl, -bl̩/ *n.* **1** =kettledrum 1. **2** 〘昆虫〙(セミなどの)振動膜. 〖(1680) ◻ F *timbale* 《変形》← 《廃》*tamballe* ◻ Sp. *atabal* Moorish drum: ⇨ atabal〗

tim·bale /tímbəl, -bl̩, tɪmbά:l, tæm- | tæmbά:l, tɪm-; F. tɛ̃bal/ *n.* **1** =timbale iron. **2** タンバル《タンバル型 (timbale iron) に入れるか, タンバル型に作ったパイケース (timbale case) などに魚や鶏肉・野菜・チーズなどを入れて仕上げた料理》. **3** [*pl.*] =timbales. 〖(1824) ◻ F ~ (↑) (形が似ているところから): cf. Sp. *timbal* kettledrum〗

tímbale ìron *n.* タンバル型《底面が丸く, 側面がまっすぐか少し斜めになった深みのある型; 金属か陶製で, timbale を作るために用いる》.

tim·bales /tæmbά:lz/ *n. pl.* ティンバレス《アフリカ系キューバ音楽で用いる 2 個一組の小太鼓; ボンゴに似るが, 直径が大きく, ばちで演奏する; timbales creoles ともいう》. 〖(1928) ◻ F ~ (pl.) ← *timbale*: ⇨ timbal〗

tim·ber[1] /tímbə | -bə(r)/ *n.* **1** (家・橋・船などの建造に用いられる)材木, 木材《伐採したものにもそうでないものにもいう》. **2 a** (建築用に製材した)材木, 製材《専門的には米国では 5 インチ角以上のもの, 英国では 4 1/2×6 インチ以上のもの》. **b** 《英》用材, 挽材, 板材 (《米・カナダ》lumber). **3** [集合的] (建築用に用いられる)樹木; 立木 (growing trees): standing ~ 立木. **4** 《米》(材木を採るための)森林地, 林地 (wooded land). **5** 人物, 人柄, 素質 (caliber): men of John's ~ ジョンのような人柄の人々. **6** [*pl.*] 〘海事〙船材, 肋(ろく)材 (rib). **7** 《俗》**a** 〘馬術〙木造障害物《門や垣根》. **b** (クリケットの)三柱門. **8 a** 木製の楽器. **b** 《俗》脚 (leg).

Shiver* [*Dásh*] *my tímbers!* = *My tímbers! 《海事俗》これは驚いた; ちくしょう, いまいましい (cf. 6). 〖1835〗

— *vt.* 材木で支える[覆う]. — *vi.* 木材を切り出す.

— *int.* 「木が倒れるぞ」《伐木の際に木材切出し人夫が近くの人に警告する叫び声》.

〖OE ~ 'building, timber' < Gmc **timram* (G *Zimmer* room / ON *timbr* timber) < IE **demrom* ← **dem-* to build; house (L *domus* house / Gk *dómos* house & *démein* to build)〗

tim·ber[2] /tímbə | -bə(r)/ *n.* 〘商業〙(シロテン (ermine), クロテン (sable) などの)毛皮の一束《40 枚》. 〖◻ OF *timbre* ∥ ML *tembrium* ◻ LG *timmer*〗

tim·ber[3] /tǽmbə, tím- | -bə(r)/ *n.* =timbre.

tim·ber·doo·dle /tìmbədú:dl̩ | -bədú:dl̩/ *n.* 〘鳥類〙=woodcock 1 b. 〖← TIMBER[1]+*doodle* cock (cf. cock-a-doodle-doo)〗

tím·bered *adj.* **1** [しばしば複合語の第 2 構成素として] 立木のある, 樹木の生い茂った (wooded): well-*timbered* land. **2 a** 木造の: ~ houses. **b** [複合語の第 2 構成素として] (…の)木材を使ってある, 造りが…材の, 木口が…の. **3** 〈壁が〉材木をむき出しにした. 〖← TIMBER[1]+-ED 2〗

tímber-fràme *a.* 木骨の《家屋などの骨組が木造の》.
— *n.* (建築用にあらかじめ組み立てられた)木の骨組み.

tímber-fràmed *adj.* **tímber-fràming** *n.* 〖1703〗

tímber-gètter *n.* 《豪》きこり (logger, lumberjack).

tímber·hèad *n.* 〘海事〙**1** 肋(ろく)材の上端. **2** 肋材延長部; (同部を利用した)係柱 (bollard). 〖1794〗

tímber-hèaded *adj.* 《俗》愚鈍な (stupid).

tímber hìtch *n.* 〘海事〙ねじり結び《円材などに索の端を結びつける時の結び型の一種》. — *vt.* …をねじり結びで結ぶ. 〖1815〗

tím·ber·ing /-bərɪŋ/ *n.* **1** [集合的] 建築用材, 木材. **2** 木組み (timberwork). 〖? lateOE *timbrung*: ⇨ timber[1], -ing[1]〗

tímber·jàck *n.* きこり, 樵夫(しょうふ), 木材切出し人夫.

tímber·lànd *n.* 《米》森林地. 〖1654〗

tímber·less *adj.* 立木のない.

tímber·lìne *n.* 《米》〘生態〙(高山または北極・南極の)高木限界線, 樹木限界線 (tree line ともいう). 〖1867〗

tímber·man /-mən/ *n.* (*pl.* **-men** /-mən, -mèn/) =lumberman.

tímber mìll *n.* (建築用木材の)製材所.

tímber ràttlesnake *n.* 〘動物〙ヨコシマガラガラヘビ (*Crotalus horridus horridus*)《米国東部に広く分布するガラガラヘビ》. 〖1895〗

tímber rìght *n.* 伐採権.

tímber tòe *n.* 《口語》**1** 木の義足. **2** 木の義足を着けた人.

tímber-tòes *n.* =timber toe 2.

tímber wòlf *n.* 〘動物〙シンリンオオカミ (*Canis lupus lycaon*)《カナダ森林地帯・米国北部産の大形のオオカミ; オオカミ (gray wolf) の亜種》. 〖1860〗

tímber·wòrk *n.* **1** 木組. **2** [*pl.*] 材木工場. 〖1390〗

tímber·yàrd *n.* 《英》**1** 木材置場, 木場 (《米・カナダ》lumberyard). **2** 《俗》〘クリケット〙打手側の三柱門 (batsman's wicket): hear a row in one's ~ 三柱門に球が当たる. 〖15C〗

tim·bre /tǽmbə, tím- | tǽmbə(r); F. tɛ̃:bʁ/ *n.* **1** 〘音声〙**a** 音色, 音質《その強さや高さは相等しくても発音体・発音方式が違うと異なった感じを起こさせる特性》. **b** 声色《高さと強さが同じで共鳴の質を異にさせる母音の特性》. **2** 〘音楽〙音色《特定の楽器や声の音の特性》. **3** 特色, 特質: an author's personal ~ 作家の個人的特質.

tím·bral /-brəl/ *adj.* 〖(1849) ◻ F ~ 《原義》bell struck with hammer, tambourine < VL **timbano* ◻ MGk *tímbanon* = Gk *túmpanon* timbrel, kettledrum: TIMPANI, TYMPANUM と二重語〗

tim·brel /tímbrəl/ *n.* ティンブレル《鈴付きの手打ち小太鼓; tambourine など》. **tím·brelled** *adj.* 〖(1500) (dim.) ← ME *timbre* ◻ (O)F *timbre* (↑)〗

Tim·buk·tu /tìmbʌktú:, -bək-/ *n.* (*also* **Tim·buc·too** /~/) **1** ティンブクトゥ《アフリカ西部, マリ中部, Niger 川付近の町; 12–15 世紀には文化と通商の中心地; フランス語名 Tombouctou》. **2** 遠隔地, 僻(へき)地: from here to ~ ここからずっと遠い所へ[まで].

time /táɪm/ *n.* **1 a** (過去・現在・未来と続く)時, 時間 (cf. place[1] *n.* 1 b, tense[2]); 時の経過, 歳月: ~ and space 時間と空間 / stand the test of ~ 時の試練に耐える / *in* ~*s* to come 将来に / with [given] ~ 時がたつにつれて, やがて / in the course of ~ 時がたつにつれて / at this point in ~ この時点で / travel in ~ (SF などで, 現在から過去・未来へ)時間旅行をする (cf. time travel) / ~ is on a person's side 時が人に味方している, 時がたてば人に有利に事が運ぶ / have ~ on one's side 時を味方にしている / *Time* will tell [show] which is right. 時がたてばどちらが正しいかわかる / *Time* hangs [lies] heavy on my hands. 時間を持て余している, 退屈で仕方がない / *Time* and tide wait for no man. 《諺》歳月人を待たず / *Time* flies. 《諺》光陰矢の如し (cf. tempus fugit) / *Time* is money. 《諺》時は金なり / *Time* cures every disease [all ills]. 《諺》時はあらゆる病を癒(いや)す / *Time* stood still. 時の流れが[も]止まった《恍惚(こうこつ)などの境地にある時の描写に用いる表現》. **b** [T-] =Father Time. **c** 〘演劇〙時間(の統一)《三統一の一つ; cf. unity 9》.

2 時刻, …時(じ): *at* any ~ いつでも (cf. anytime 2) / It may happen any ~ now. 今にも起きるだろう / at no ~ 一度も[決して]…ない / at some ~ いつか (cf. sometime 1 a) / ⇨ *at this* TIME *of* (*the*) *day* / by this ~ この時までに, 今時分は / this ~ tomorrow [副詞的に] あすのこの時間(に) / It will remain a crime until such ~ as the law is [shall be] changed. 法が改正されない限りそれは罪である / The ~ was midnight. 時刻は真夜中だった / The child can tell (the) ~. あの子は時計の見方を知っている / What ~ is it? = What is the ~? 今何時ですか / What ~ do you have [make it]? = Do you have the ~? = What do you make the ~? (あなたの時計では)今何時ですか / What [*At* what] ~ do you get up? 何時に起きますか / How's the ~? = How are we off for ~? 時間はどうかね(まだ間に合うかね) / Look at the ~. (予想外に遅くなっていることに気がついて)もうこんな時間だ.

3 a (ある決まった)時, (…する[した])時; 期日, 日取り (the proper time); 時機, 機会, 折 (⇨ opportunity SYN): curtain ~ 開演時間 (⇨ closing time, opening time) / *at* a set ~ [at set ~*s*] 予定の時に / (even) *at* the best of ~*s* 一番いい時でさえも / I was absent *at* the [that] ~. その時私は留守でした / *for* the first ~ 初めて / *for* the last ~ (それ[これ]を)最後に[として] / *for* the second [third] ~ 2 [3] 回目に / ninety-nine [99] ~*s* out of a hundred [100] まず決まって, ほとんどいつも / He will have finished it *by* the ~ we reach home. 家に着くまでには彼はそれをし終えているだろう / bide [watch] one's [the] ~ 時機をうかがう / ask for the ~ of the next bus 次のバスの発車時刻を聞く / a ~ not *for* words but *for* action [deeds] 議論ではなく行動すべき時 / come at the right [wrong] ~ タイミングよく[折悪く]生じる / fix a ~ *for* a call 訪問の時間を決める / the ~ is ripe for …の機が熟している / There is a ~ (and a place) *for* everything [all things]. 物事にはすべて時(と所)というものがある (cf. *Eccles.* 3: 1) / Now is the ~ [The ~ has come] *to* invest. 今こそ投資の好機である / It's ~ *for* the news now. もうニュースの時間だ / It is (high [about]) ~ *for* me *to* go [I was [were] going]. もうおいとまする時間です (★ あとに clause を従える構造では, しばしば接続詞の that が省かれ, clause 内の述語動詞には過去形(しばしば仮定法)が用いられる) / (and) about ~ (too) = not before ~ 《口語》もうそろそろだと思っていたんだ, 遅いくらいだ / The ~ will come *when* videophones are in general use. 将来テレビ電話が一般に普及する時が来るだろう / This is the first ~ I've been here. ここへ来たのは今度が初めてです / That was the last ~ I saw her alive. あの時が存命中の彼女に会った最後だった. ★ 次のような句はしばしば副詞的に用いられ, また接続詞的に副詞節を導くものもある: this ~ 今度(だけは) / each ~ 毎度, 毎回 / ⇨ *every* TIME / next ~ 次回(に), 今度 / *Each* ~ (that) I see him, I dislike him more and more. 会うごとにますます彼が嫌になる / Bring it to me (the) *next* ~ you come. 今度来る時に持って来なさい. **b** 《英》(パブ (pub) の)閉店時間: *Time*, gentlemen, please! 皆さん, 看板[閉店]です.

4 標準時, …時間: It's 3 o'clock local [New York] ~. この地域の時間[ニューヨーク時間]で 3 時である. / ⇨ Greenwich Time, summer time, daylight-saving time, standard time, local time.

5 (一定の長さの)時間; 期間, 間 (period): *for* a short

[long] ～ 短時間[長い間] / *for* a ～ 一時(は), 当分(は) / (*for*) some (considerable) ～ しばらく(の間) / *after* a ～ しばらくすると / *in* a short ～ 間もなく / for all ～ いつも; いつまでも / for some ～ to come (これから先)しばらくの間 / most of the ～ しょっちゅう, ほとんどいつも / over ～ ある期間の間に; 時が経つにつれて; 徐々に / quite a [some] ～ かなりの時間 / He was told to appear before the committee *in* one week's ～. 1 週間以内に委員会に出頭するようにと言われた / She is coming *in* about half an hour's ～. 30 分もすれば彼女はやって来ます《★ この 2 例における in …'s time は単純な in … より経過する時間の長さを漠然と指す意味が強い》/ He takes ～ *to* speak. 彼はものを言うのに時間がかかる[手間取る] / This work will take a long ～ *to* complete. この仕事は完成に長時間を要するだろう / It will take you all your ～ (to do this). 《口語》(これをするには)随分時間がかかるだろう / I can do it in half the ～ you can. 君の半分の時間でそれができる / ⇨ *take one's (own)* TIME / It'll be a long ～ before I go back there again. しばらくはあそこに再び戻らない / What a (long) ～ you have been! 随分手間取ったね / It was no ～ (at all) before he was back. =He was back in no ～ (at all [flat]). 《口語》(行ったかと思ったら)すぐに戻って来た, いつの間にか帰っていた.

6 a [しばしば *pl.*] 時代, 年代, 代 (age, era): ancient [modern, former] ～*s* 古代[現代, 昔] / in past ～*s*=in ～*s* past 以前 / a ～ of troubles 動乱の時代 / the good old ～*s* 古き良き時代, 懐かしい昔《★ the good old days の方が普通》/ *in* the ～ of Queen Victoria ビクトリア女王の時代に / *in* prehistoric ～*s* 有史以前に / of all ～(*s*) 古今を通じての / Those were ～*s*! 思えば実に愉快な時代だった / *Times* change. 《諺》時代は変わる[移る] / The ～ is out of joint. ⇨ *out of* JOINT. **b** [通例 *pl.*] 時勢; 景気: hard [bad] ～*s* 不景気 / good ～*s* 好景気 / move [go, march] with the ～*s*=keep up with the ～*s* 時代と共に動く / follow the trend [signs] of the ～*s* 時代の趨勢(すうせい)に従う. **c** [the ～] 現代, 当世 (cf. hour 3 b, period 3): the important issues of *the* ～ 現代[当時]の重要問題.

7 [a ～ とし, 時に無意味な of it を伴って] (経験する)時間, 経験; とても楽しい[不愉快な]ひと時: have *a* good ～ (*of it*) =*have a good* TIME (1) / He had *a* bad [rough, difficult, tough] ～ at the dentist('s). 歯医者でつらい[痛い]目に遭った / We had *a* hard ～ getting him here. 彼をここに連れて来るのに骨が折れた / give a person *a* hard [rough] ～ (*of it*) 人をひどい[つらい]目に遭わせる / have *an* easy ～ (*of it*) 苦労なしに過ごす, 楽な仕事[生活]をする / fall on hard ～*s* 落ちぶれる.

8 (…するのに必要な, または…するのに与えられた)時間; 余暇, 暇: the cooking ～ *for* …を作るのに必要な調理時間 / find (the) ～ *for* a trip 旅行する暇を見つける / I have no ～ *for* reading. 読書の暇がない / This is no ～ *for* trifling. ぐずぐずしている場合でない / give a person (more [extra]) ～ 人に時を貸す, 猶予を与える / be pressed for ～ 時間に追われている, 忙しくて寸暇もない / ask for ～ *to* consider 考える時間が欲しいと言う / have all the ～ in the world (あることに)好きなだけ時間をかけることができる / with ～ to spare (予定より)早く, 時間の余裕をもって / Have I got the [enough] ～ *to* catch the train? 列車に間に合うだろうか / Don't worry. You've got lots [plenty] of ～. 心配するな. 時間は十分ある / I need some free ～ [～ for myself, ～ to myself, ～ off (work)]. 自由な時間が欲しい / You can't do that in [《米》 on] company ～. Do it in [《米》 on] your own ～. 仕事中は駄目だ. 自由時間にせよ / I have no ～ *to* spare. 忙しくて割(さ)く時間がない / There is no ～ *to* lose. ぐずぐずしてはいられない / The ～ of the bus trip is two hours. バス旅行の時間は 2 時間です / spend [waste] ～ 時間を無駄にする / The ～ is up. 時間が来た[尽きた].

9 a [通例副詞句をなして] (何)度, (何)回: many ～*s*= many a ～《文語》幾度も / many and many a ～《文語》=many a time and oft [often]《詩・文語》幾度も幾度も / ～*s* out of [without] number 数え切れないほど何度も / three ～*s* a day 日に 3 度 / ⇨ *at a* TIME, TIME *after time*. **b** /tàɪm/ [*pl.*] (何)倍: three ～*s* smaller [larger] 3 倍も小さい[大きい] / five [many] ～*s as* large (*as* …) (…の) 5 倍[幾倍も]大きい / ten ～*s* the size of … の 10 倍の大きさ / An ant can lift 50 ～*s* its own weight. ありは自分の重さの 50 倍もの物を持ち上げることができる / One ～*s* one is one. 1 掛ける 1 は 1 / Three ～*s* four is [are] twelve. 3×4=12《★ 数式では times を掛け算符号 (×)で置き換えるだけで表す》/ 6 ～*s* 5 is [are] 30 (6×5= 30). **c** 順番 (turn): four ～*s* at bat 4 回の打席 / It's my ～ at bat. 打順が回ってきた.

10 a 時節, 季節 (season): harvest ～ 刈入れ季節 / It is very cold for this [the] ～ of year. 今時分にしてはとても寒い. **b** [通例複合語の第 2 構成素として] (…の)時間, 期間: dinner-[lunch-]*time* 食事[昼食]時間 / examination-[vacation-]*time* 試験[休暇]の期間.

11 [通例 one's ～] 一生 (lifetime); (人の関係していた)期間, ころ: *in one's* ～ 盛んなころに(は), 若いころに(は) / The house will last *my* ～. この家は私の一生の間もつだろう / He was no longer president of the university *in my* ～. 私の(いた)ころは彼はもう学長ではなかった / The trouble happened before *his* ～. 事件は彼がまだいない時に起こった / Of all the strange things I've seen in my ～, that was the strangest. これまでの人生でこんな不思議なことは経験したことがない.

12 a 《廃》(奉公の)年季: He has now served his ～. 年季がすんだ. **b** (兵役の)期間: serve one's ～ in the army [navy] 陸軍[海軍]で兵役に服する. **c** 刑期: serve (one's) ～=《口語》do (one's) ～ 服役する / He served his full ～. 刑期を務め上げた / He is doing ～ (for manslaughter) at Sing Sing. シンシン刑務所で(殺人の罪で)服役中である.

13 a 勤務[就業]時間, 勤務[就業]日数: ⇨ full time, part time, short time. **b** (時間・日割などに基づく)給料, 賃金: pay double ～ for overtime work 超過勤務に対して 2 倍の賃金を払う / ⇨ straight time, TIME and a half. **c** 未払い給料[賃金]《解雇時や退職時に支払われる前回の給料日以後の分》: get one's (back) ～ 未払いの賃金を受け取る.

14 [one's ～] **a** 死期, 臨終 (time of death): near *one's* ～ 臨終が近い (cf. b) / *one's* ～ is up [drawing near] 死期が近づいている[今わの際だ] / *His* ～ has come. いよいよ彼の最期が来た. **b** 《生物》懐妊期; 分娩(ぶんべん)期: She is near *her* ～. お産が近い (cf. a). **c** 生理, メンス: Is it her ～ of the month? 彼女は生理なの.

15 『ラジオ・テレビ』放送[放映]時間: buy [sell] radio [TV] ～ ラジオ[テレビ]の時間帯を買う[売る].

16 『スポーツ』 **a** (競技の)所要時間, 計測時間, タイム: do the mile in poor [record] ～ 1 マイル競走を不満足[記録的]なタイムで走る. **b** 休止, タイム (time-out)《競技の一時中断》: call ～ 〈審判が〉タイムを宣する. **c** 「始め」《審判の合図》.

17 『写真』タイム露出.

18 a 『音楽』拍子 (measure); 速度 (tempo); 律動 (rhythm); ⇨ time value: waltz [three-quarter] ～ ワルツの[4 分の 3] 拍子 / *in* slow [true, good] ～ ゆるやかな[正しい, いい]拍子で / beat ～ 拍子を取る / ⇨ *keep* TIME (1). **b** 『軍事』行進歩度: quick ～ 速足 / slow ～ 並足 / ⇨ double time 1 a, *mark* TIME (1). **c** 『詩学』韻律の単位 (mora)《1 短音節の時間に相当》.

19 『馬術』(個々のまとまった)動作, 演技.

abréast of the tímes 時世に遅れないで, 時事に明るく: be [keep] *abreast of the* ～*s*. ***agàinst tíme*** (1) 時計と競争で[にらめっこで], 全速力で: work *against* ～. (2) 《米口語》(時間切れまで)時をかせぐために: talk *against* ～. (3) (勝つだけでなく)記録を破るために: race *against* ～. ***ahéad of tíme*** (定刻[予定]より)早く, 早めに (early) (↔ behind time): be [arrive] *ahead of* ～. ***ahéad of one's tíme*** 〈人が〉時代に先んじていて, 進歩的で: He was born *ahead of his* ～. 彼は早く生まれすぎた《世間は彼の考えについていけなかった》. ***áll in gòod tíme*** 時が来れば, 時節を待てば (cf. *in good* TIME (2)). 《1440》 ***áll the tíme*** [副詞的に] (1) いつでも (at all times, all of the time): He is a businessman *all the* ～. 常に商売は忘れない. (2) その間ずっと: It was sunny *all the* ～ we were there. 私たちがそこにいた時はずっと晴れていた. ***Ány tíme.*** 《口語》どういたしまして《お礼のことばに対して》. ***at áll tímes*** いつも, 常に (always). ***at ány óne tíme*** (1) いつの時点でも. (2) 一度に. ***at a tíme*** 一度に, 一時に(…ずつ): Do one [One] thing *at a* ～. 一時に二つの事をするな / I started up [took] the stairs two *at a* ～. 一度に 2 段ずつ階段を上り出した. ***at óne tíme*** (1) かつて, ひところは, 昔(は) (once). (2) 一度に, 同時に (at once). 《a1225》 ***(at) óne tíme and anóther*** 前後とり合わせて; いろいろの折に. ***at óther tímes*** (1) またある時は. (2) ふだんは, 平素は. ***at the sáme tíme*** (1) 同時に (simultaneously). (2) ではあるが, やはり (nevertheless): It will cost a lot of money. *At the same* ～ we need it. 大分金はかかるがやっぱり必要だ. 《1705》 ***at thís tíme of (the) dáy [níght]*** 今ごろになって, 今さら, こんな時[段階]に. ***at tímes*** 時々, 折々 (now and then). ***béat a pérson's tíme*** 《俗》人の恋人を横取りする. ***befóre one's [a pérson's] tíme*** (1) =*ahead of one's* TIME. (2) 時ならず, 尚早に (prematurely); 天寿を全うせずに; 月足らずで. (3) ⇨ *n.* 11. ***behínd the tímes*** 時世に遅れて, 時代遅れで (old-fashioned): The present members are *behind the* ～*s*. 現在のメンバーは時代遅れだ. 《1921》 ***behínd tíme*** (1) 《古》(定刻より)遅れて, 遅刻して (late) (↔ ahead of time): be [arrive] *behind* ～. (2) 《古》〈時計が〉遅れて (slow). (3) 〈人が〉〈支払いなどに〉滞って (behindhand)〔*with*〕: be *behind* ～ *with* one's payments 支払いが滞っている. 《1846》 ***betwèen tímes*** ⇨ between 成句. ***búy tíme*** (1) 時間をかせぐ, (決断・決行を避けて)時機を待つ (stall): *buy* ～ against the day when … その日の到来まで時をかせぐ. (2) 『ラジオ・テレビ』 ⇨ *n.* 15. ***by tímes*** =*at* TIMES. ***èvery tíme*** (1) 毎度 (each time); 《口語》いつでも, 例外なしに, 必ず (certainly): You can rely on him *every* ～. 彼はいつでも頼りにできる. ★ しばしば独立的に強調の応答として用いる: Will you do it for her?—*Every* ～! 彼女のためにそうしてくれるね—大丈夫だ. (2) [接続詞的に; cf. *n.* 3 ★] (…する)度(たび)ごとに (whenever): *Every* ～ I call him, he is out. いつ電話しても彼は留守だ. ***for the tíme (béing)*** 当分(の間), さし当たり (for the present). 《1486》 ***from tíme to tíme*** 時々, 折々 (once in a while). 《1423》 ***gáin tíme*** (1) 時をかせぐ, 事を引き延ばす (cf. *play for* TIME). (2) 〈時計が〉進む (↔ lose time). ***hálf the tìme*** 《口語》しばしば, ほとんどいつも, たいてい (nearly always). ***hàve a góod tíme*** (1) 楽しい思いをする, 愉快に過ごす (enjoy oneself). (2) 《米俗》〈男女同士が〉楽しむ, 「遊ぶ」. ***have sèen bétter tímes*** =*have seen better days* ⇨ day 成句. ***hàve … tíme for*** 《口語》好む (like): I *have no* ～ *for* racism [racists]. 人種差別主義[者]は嫌いだ / I *have a lot of* ～ *for* decent people like her. 彼女のようなたしなみのある人が好きだ. ***in góod tíme*** (1)〔…に〕十分間に合って〔*for*〕; 早めに, いい頃合いに: I got there *in good* ～ *for* his train. 彼の乗っている列車に十分間に合う時刻に着いた. (2) そのうちに, 時節が来れば; やがて(めでたく): All *in good* ～. 待てば海路の日和(ひより)あり. (3) ⇨ *n.* 18 a. ***in nó tíme*** 直ちに, すぐさま: *In no* ～ (at all) the story was all over town. たちまち話は町中に広まった. ★ この句の変形または強調形として *in next to no time* (at all), *in less than no time* (at all) が用いられることがある. ***in one's ówn gòod [swéet] tíme*** 自分なりの速度[調子]で, マイペースで. ***in one's ówn tíme*** (1) =*on one's own* TIME. (2) =*in one's own good* TIME. ***in plénty of tíme*** =*in good* TIME (1). ***in tíme*** (1) ちょうどよい時に, (ゆっくり)間に合って (early enough) (↔ late) (cf. *on* TIME (1)): Were you *in* ～ *for* [*to* catch] the last train? 終列車に間に合いましたか. (2) 時節を待てば, 早晩, やがて (sooner or later): He will learn that *in* ～. 今にそれがわかるだろう. (3) 調子が合って[を合わせて]: Slowly he came down the staircase *in* ～ *to* the music. ゆっくりと音楽に調子を合わせて階段を下りて来た. (4) ついに, 結局 (eventually). 《c1450》 ***kèep tíme*** (1) (手などで)拍子を取る; 拍子[歩調]を合わせる: *keep* ～ *to* the music [*with* one's partner] 音楽に[パートナーと]調子を合わせる. (2) 時間を記録する; 〈時計が〉時を刻む: *keep* good [bad] ～ 〈時計が〉きちんと合う[合わない]. ***kíll tíme*** 時間をつぶす, 退屈をしのぐ. 《1768–74》 ***knów the tíme of dáy*** 何もかも心得ている: not *know the* ～ *of day* 《口語》全然何も知らない. ***líve on bórrowed tíme*** はからずも長生きする, 奇跡的に生き延びる. ***Lóng tíme nó sée.*** (おどけて)お久しぶり: Well, if it isn't Bill Wallace. *Long* ～ *no see*. ビル ウォレスじゃないか. 久しぶりだね. ***lóse nò tíme*** 一刻も猶予しない, ぐずぐずしない: I shall *lose no* ～ (*in*) beginning work. 早速仕事を始めます / He *lost no* ～ *on* it. そのことにぐずぐずしなかった. ***lóse tíme*** (1) 〈時計が〉遅れる (↔ gain time). (2) 時間を損する[無駄にする]: ⇨ *lose no* TIME. ***màke a tíme*** 《米口語》大騒ぎする〔*over, about*〕. ***màke tíme*** (1) (…するのに)時間を繰り合わせる: *make* ～ *for* doing [*to* do] something 繰り合わせてある事をする. (2) 〈列車などが〉(遅れを取り戻すために)スピードを出す. (3) 《米口語》〈異性と〉デートする, 〔…を〕くどく; 性交する〔*with*〕. (4) (ある速度で)進行する; 進行がはかどる: We *made* (good [excellent]) ～ between New York and here. ニューヨークからここまでは道がはかどった. 《1887》 ***márk tíme*** (1) 『軍事』足踏みする. (2) 〈物事が〉進行しない, 停頓している; 静観する, (商売などを)手控える. 《1837》 ***on [upòn] a tíme*** 《廃》一度, ある時 (once). ***ónce upòn a tíme*** 昔々《おとぎ話の切出しの文句》. ***óne tíme*** =*at one* TIME (1). 《1732》 ***on one's ówn tíme*** 《米》 (1) (労働時間以外の)余暇に, 暇な時に. (2) 無報酬で. ***on tíme*** (1) 時間通りに[で] (on schedule); 時刻をたがえずに (punctually) (cf. *in* TIME (1)): arrive *on* ～ 定刻に着く / Be *on* ～. 時間を守りなさい. (2) 《米》『商業』後払いで, 賦払いで (《英》 on hire purchase): buy a car *on* ～ 月賦で車を買う. 《1821》 ***óther tímes*** =*at other* TIMES. ***óut of tíme*** (1) 〔…と〕調子はずれに[の]〔*with*〕. (2) 時候はずれの (unseasonable). (3) 《古》遅れて, 遅すぎて (too late). ***páss the tíme of dáy*** 朝晩の挨拶をする[交わす]〔*with*〕. 《1836》 ***pláy [stáll] for tíme*** (1) 時をかせごうとする, (事の)引き延ばしを図る (cf. *gain* TIME (1)). (2) 『スポーツ』(リードしているチームが)(勝利間際に)時間かせぎをする. 《1906》 ***pláy óut tíme*** 〈守勢のチームが〉相手に得点を許さずにゲームの最後まで持ちこたえる. ***séll tíme*** 『ラジオ・テレビ』 ⇨ *n.* 15. ***sérve the tíme*** 時勢に迎合する, 日和見(ひよりみ)をする (temporize) (cf. timeserving). ***sòme óther tíme*** いつかまた. ***sóme tíme or òther*** 早晩, いつかは. ***spár for tíme*** =*play for* TIME. ***stáll for tíme*** =play for time. ***táke one's (ówn) tíme*** (1) ゆっくり[急がず]やる: *Take your* ～ (*over* [*about*] it). (そのことなら)どうぞごゆっくり / Don't be nervous. *Take your* ～. 神経質にならずにどうぞごゆっくりに. (2) ぐずぐずする (dawdle). ***táke tíme by the fórelock*** ⇨ forelock[1] 成句. ***tàke tíme óff*** 休む: *take* ～ *off* (*from* one's) work 仕事を休む. ***tàke tíme óut*** ⇨ time-out 1. ***tálk agàinst tíme*** ⇨ *against* TIME. ***(the) tíme of dáy*** (1) 時刻: *at this* TIME *of (the) day*: ask a person what ～ *of day* it is 人に何時かと聞く. (2) (その時の)情勢: ⇨ *know the* TIME *of day*: It depends on *the* ～ *of day*. その場の情勢次第だ. (3) 《口語》[通例否定構文で] 最小限の注意: He wouldn't give me *the* ～ *of day*. 私のことなど見向きもしなかった. ***the tíme of one's lífe*** 《口語》一生の最良の経験, またとない楽しいひと時: We had *the* ～ *of our lives* on our trip to America. アメリカ旅行はこの上もなく楽しかった. 《1887》 ***the whóle tíme*** =all the TIME (2). ***tíme abóut*** 《スコット》交互に, 順番に. ***tíme àfter tíme***=***tíme and (tíme) agáin*** しばしば, たびたび; 何度も, 繰り返し, 再三再四. 《1864》 ***tíme enóugh*** 《口語》まだ早い(うちに) (early enough): We got there ～ *enough for* [*to see*] the show. ショーに[を見るのに]十分間に合うようにそこへ着いた. ***one's tíme of lífe*** 年齢 (age): at *your* ～ *of life* 君の年では. ***tíme on one's hánds***=***tíme to kíll*** 退屈な[持て余す]時間, 無聊(ぶりょう) (cf. *n.* 1 a): She has a lot of ～ *on her hands*. 彼女は時間を持て余している. ***tíme óut of mínd*** (1) [副詞的に] 太古から, いつの世からともなく (from time immemorial). (2) 太古, 大昔: from ～ *out of mind* 大昔から, ずっと前から. ***Tíme was whén*** … …という時代が(昔)あった (There used to be a time when …). 《1549》 ***to tíme*** 《英》 (1) 時間を限って: write *to* ～ 期限つきの原稿を書く. (2) 時間(表)通りに (on schedule): The buses on this route seldom run *to* ～. この路線のバスときたら定刻通りに動く[来る]ことはまずない. 《1874》 ***úp to tíme*** =*on* TIME (1). ***whát tíme*** 《詩・古》=when, while (*conj.*). ***when it cómes tíme***

to dó =***when the tíme còmes to*** *dó* 《米》いざ…する時になって, さて…する段になると: *When it came* ～ *to* leave, he became ill. いよいよ出発という時になって彼は病気になった / *When it comes* ～ *to* make a decision, he always hesitates. 決断を下す時になるといつもちゅうちょする. ***with the tímes*** =*abreast of the* TIMES.

tíme and a hálf (時間外労働などに対する) 5 割増賃金 [手当].

tíme and mótion stùdy 時間動作研究《労働の生産能率増大を目的として, 作業の時間と動作とを調査分析する時間管理方法; time study, time-motion study ともいう》.

tíme of flíght 〖化学〗(イオンなどの)飛行時間.

— *adj.* [限定的] **1 a** 時の, 時間の経過を示す: ～ sense 時間感覚 / a ～ cue (放送や映画で)時間の経過を示す合図 (cf. autocue). **b** 時間[時刻]を記録する: a ～ register 時間記録器. **2** 時限装置の: ⇨ time bomb. **3** 〖金融〗約定の期日[間]に支払うべき, 定期の: ⇨ time deposit. **4** 分割払い[割賦購入]の: ～ payment [sales] 割賦払い[販売].

— *vt.* **1** 〈行動・事件などの〉の時刻[日時, 時機]を定める, よい時機に合わせる, 頃合を見計らって行う: ～ one's punches 〈ボクサーが〉適切にパンチを打つ / ～ one's arrival opportunely ちょうどよい時刻に到着するようにする / ～ one's vacation *to* miss the busy season 盛りのシーズンを避けるように見計らって休暇を取る / They ～*d* their coup *for* August 15. 彼らはクーデターの決行を 8 月 15 日と定めた / His remark was well [badly, perfectly] ～*d*. 彼のことばは時宜によくかなっていた[よくかなっていなかった, 全くかなっていた] / ⇨ ill-timed, well-timed. **2** 〈競走などの〉の時間を計る: ～ a race [runner] レース[ランナー]のタイムを取る / I ～*d* her at three minutes exactly. 彼女のタイムは 3 分きっかりだった. **3 a** (時刻表に合わせて)〈列車・船などの〉の時間[スピード]を調節する; 〈時計〉の時刻を合わせる: The bomb is ～*d to* go off at 6:30. 爆弾は 6 時半に爆発するようにセットされている. **b** …の時間[速さ]を定める: ～ the exam *at* [*for*] thirty minutes 試験の時間を 30 分にする / ～ one's exposure *for* three seconds 露出を 3 秒に合わせる. **c** …の間(*)[リズム]を定める; …の拍子を合わせる: ～ one's strokes *at* ten per minute 毎分 10 回のピッチでオールを漕ぐ / ～ one's footsteps *to* the march 歩調を行進曲に合わせる.

— *vi.* 《まれ》拍子を取る (keep time); 〔…と〕拍子を合わせる 〔*with*〕.

〖OE *tīma* < Gmc **tīmon* (ON *tími*) ← **tī-* to stretch, extend (cf. tide[1]) (← IE **dā-* to divide (Gk *daíein*)) + **-mon-* (abstract suf.)〗

Time /táɪm/ *n.* 「タイム」《米国のニュース週刊誌; 1923 年創刊》.

tíme ázimuth *n.* 〖海事〗時辰(じん)方位法《クロノメーター[時辰儀]によって正確な時刻を知り, その時の天体の方位を計算する方法》.

tíme bàll *n.* 報時球, 標時球《英国では午後 1 時, 米国では正午に測候所でさおから落とす; 今はすたれた》.

tíme bàrgain *n.* 〖商業〗定期売買[取引き]《将来の一定の期日を受渡期日と定めた一種の先物取引き》.

tíme bàse *n.* 〖電子工学〗**1** 時間軸《オシロスコープ・オシログラフなどで垂直軸に現象信号を, 水平軸に時間信号を与えて波形を直接に表示する場合の水平軸》. **2** タイムベース《時間に比例した電圧を発生する電子回路》.

tíme bèlt *n.* =time zone.

tíme-béttering *adj.* 《Shak》新しいもので満ちあふれている. 〖1593–99〗

tíme bìll *n.* **1** 《英》(列車などの)時間表 (timetable). **2** 〖金融〗定期払い約束手形.

tíme-bìnding *n.* 経験を世代から世代へ記号を用いて伝える人間特有の活動.

tíme bòmb *n.* **1** 時限爆弾. **2** (時限爆弾のような)危険な情勢, 一触即発の危機. **3** 〖電算〗時限爆弾, タイムボム《一定時間経過後にシステムをダウンさせるコンピューターウイルス》. 〖1893〗

tíme bòok *n.* 就業時間表, 作業時間記録.

tíme càpsule *n.* タイムカプセル《将来の発掘を予期して現在の文書・物品等を収納し基石などに埋め込むための容器》. 〖1938〗

tíme càrd *n.* **1** 就業[執務]時間記録票, タイムカード. **2** [通例 timecard] 列車時間表 (timetable). 〖1891〗

tíme chàrt *n.* **1** 時差表, 世界時差表. **2** (特定の時代の)年表. 〖1830〗

tíme chàrter *n.* 期間[定期]用船契約(条件[文書]).

tíme clòck *n.* 時間記録時計, タイムレコーダー: punch a ～ タイムレコーダーを押す. 〖1887〗

tíme còde *n.* タイムコード (VTR 編集を容易にするための, 時刻表示によるテープ位置情報信号).

tíme cònstant *n.* 〖電気〗時定数《現象の速さを表す量の一つ》.

tíme-consùming *adj.* 時間のかかる; 時間浪費の. 〖1890〗

tíme còpy *n.* 〖ジャーナリズム〗予備記事《必要に応じて使えるよう活字組みしてとっておく記事; cf. filler[1] 2 a》.

tímed *adj.* **1** 時限の; 定期の. **2** [主に複合語の第 2 構成素として] 時期が…の: ⇨ ill-timed, well-timed. 〖1628〗

tíme depòsit *n.* 〖銀行〗定期性預金《定期預金・据置預金・定期積立金など》.

tíme dìfference *n.* 時差.

tíme dilàtion [dilatàtion] *n.* 〖物理〗時間膨張《相対論的効果により, 運動座標系に固有な時間の進行が遅れること》. 〖1934〗

tíme dìscount *n.* 〖金融〗期限割引き《満期にならぬ手形などを銀行が買い入れる際に一定率の割引料を差し引くこと》.

tíme divìsion *n.* 〖通信〗時分割《多重通信の一方式; 複数の信号を少しずつずれた短い時間間隔でサンプルし, 一度に送るもの; cf. frequency division》.

tíme-divìsion múltiplex *n.* 〖通信〗(同一回路による)時分割多重化.

tíme domàin *n.* 〖物理〗時間領域, タイムドメイン《周波数スペクトルでなく時間変化として現象をみるときの時間変数》.

tíme domàin reflectómetry *n.* 〖物理〗時間分解反射測定法 (略 TDR). **tíme domàin reflectómeter** *n.*

tíme dràft *n.* 《米》〖金融〗一覧後定期払い手形.

tímed-reléase *adj.* 〖薬学〗〈製剤が〉徐放性の (sustained-release)《顆粒や錠剤が被膜の施し方の違いにより, 薬物の溶解に時間差ができ, これによって薬効を持続させることができる》. 〖cf. *time-release* (1977)〗

tíme-expìred *adj.* 〖軍事〗〈兵士・水兵など〉満期の, 兵役期間満了の.

tíme expòsure *n.* 〖写真〗**1** (瞬間露出のシャッターを用いない)タイム露出《普通 ½ 秒または 1 秒以上》. **2** タイム露出による写真. 〖1893〗

tíme fràme *n.* 時間の枠.

time·ful /táɪmfəl, -fl/ *adj.* 《古》折よい, 都合のよい. 〖ME〗

tíme fùze *n.* 時限信管 (cf. fuze 1).

tíme gùn *n.* 〖軍事〗時砲, 午砲.

tíme-hònored *adj.* 昔からの, 由緒(ゆいしょ)のある: a ～ custom. 〖1593〗

tíme immemórial *n.* **1** (記録にも人の記憶にもない)太古, 大昔: from ～ 太古[大昔]から. **2** 〖英法〗超記憶的時代《法律上は Richard 一世の治世第一年 (1189) 以前の時代》. **3** [副詞的に] 太古[大昔]から. 〖1602〗

time·kèeper *n.* **1** (競技などの)計時係, 時間記録係; 時間記録器. **2** 時計 (timepiece): a good [bad] ～ 正確[不正確]な時計. **3** 作業時間係. **4** 拍子を取る人. **5** 時間厳守の従業員. 〖1686〗

time·kèeping *n.* 計時.

tíme kìller *n.* **1** 暇を持て余している人. **2** 暇つぶしになるもの, 慰み. 〖1751〗

tíme làg *n.* **1** (二つの関連した事象の間の)時間のずれ, 遅れ, 遅滞量, 減速度《time lapse ともいう》. **2** =cultural lag. 〖1892〗

tíme làmp *n.* (17–18 世紀の)一定の割合で油が燃焼して時刻を知らせるオイルランプ《ガラス製の油タンクに時間を示す目盛りが刻んである》.

tíme-làpse *adj.* [限定的] 〖写真〗低速度撮影の, コマ抜きの《植物の生長などを記録映画にする時の手法で, コマ撮りの露出間隔を長くし映写は普通の速度で行う》: ～ photography 低速度撮影写真. 〖1927〗

time·less /táɪmlɪs/ *adj.* **1** 無窮の, 永遠の, 永久の: the ～ beauty of a great painting 名画の持つ永遠の美. **2** 特定の時間を示さない, 超時的な, 無時的な《文法で現在時制が不変の真理を示す場合など》: The classics are ～. 古典は時を超越している. **3** 《古》時ならぬ, 時を得ない, 折悪い (untimely). **～·ly** *adv.* **～·ness** *n.* 〖1560〗

tíme lìmit *n.* **1** 時間的制限, タイムリミット. **2** 〖心理〗時間制限《一定時間内の個人作業量を調べる場合の時間枠; cf. amount limit》.

tíme lìne *n.* **1** (ある時代に関する)歴史年表 (time chart). **2** [通例 timeline] 予定表, スケジュール表. 〖1890〗

tíme lòan *n.* 〖金融〗定期貸金 (time money).

tíme-lòck *vt.* 〈ドアなど〉に time lock をかける.

tíme lòck *n.* **1** 《米》時限[時計]錠《時計仕掛けの錠で, 定められた時刻が来るまで開かない》. (1871) **2** 〖電算〗使用期限設定《体験版ソフトウェアなどで, 一定の日数がたつと使えなくなる仕組み》.

time·ly /táɪmli/ *adj.* (**time·li·er; -li·est**) **1** 時を得た, 時宜にかなった, 臨機の, 折よい, ちょうど間に合った (seasonable): ～ help [warning] 時宜にかなった援助[警告] / a ～ hit 〖野球〗適時打 / a ～ joke うまい冗談 / Their arrival was ～. 彼らはちょうどよいときに来た. 日英比較 野球で「タイムリー」を「タイムリーヒット」の意で用いるが英語では *timely* だけではこの意味にならない. また「タイムリーエラー」は和製英語. 英語では run-scoring error という. **2** 《古》早い (early). — *adv.* 《古》**1** 時を得て, 好機に, 折よく (opportunely). **2** 早く (early, soon). **tíme·li·ness** *n.* 〖(?a1200): ⇨ time, -ly[2]〗

SYN 時を得た: **timely** 適当な時に起こる: a *timely* warning 時宜にかなった警告. **opportune** 特に適切な時期にやってくるのでふさわしい《格式ばった語》: an *opportune* remark 適切な言葉. **seasonable** 時・機会に適した《格式ばった語》: *seasonable* advice 時機を得た助言. **well-timed** 最も適切な時になされた: his *well-timed* arrival 彼の適時の到着. **ANT** untimely, unseasonable.

tíme machìne *n.* (SF などで)タイムマシン. 〖H. G. Wells の小説 *The Time Machine* (1895) より〗

tíme mòney *n.* 〖金融〗定期貸金 (time loan).

tíme-mótion stùdy *n.* =TIME and motion study.

ti·men·o·guy /taɪménəgàɪ/ *n.* 〖海事〗(動索が障害物にからんだり擦れたりするのを防ぐために張った)張索. 〖(1794) ← F *timon* tiller, helm + GUY[1]〗

tíme nòte *n.* 〖金融〗=time draft.

tíme óff *n.* 仕事休みの時間, 休暇.

tíme-of-flíght *adj.* 飛行時間型の, 飛行時間計測式の《一定の長さの真空分析管を通り抜けるのに要する時間が分子[イオンなど]によって異なることを利用して, その分子の質量分析を行なう器具についていう》: a ～ mass spectrometer 飛行時間型質量分析計. 〖1945〗

tíme ón *n.* 《豪》〖スポーツ〗=extra time.

time·ous /táɪməs/ *adj.* 《スコット》**1** 時を得た, 好時機の (timely). **2** 早い (early). **～·ly** *adv.* 〖(c1470): ⇨ time, -ous〗

time-out /táɪmáut/ *n.* (*pl.* **time-outs, times-out**) **1** [通例 time out] (活動の)小休止, 中断, 休憩: take ～ *for* [*to* have] a cup of tea 仕事をちょっと休んで紅茶を一杯飲む. **2** 《米》〖スポーツ〗タイムアウト《試合中チームが要求する休息または協議のための短い競技中断時間》. **3** 〖電算〗時間切れ(処理[信号]), タイムアウト《プログラムが入力待ち状態を一定時間が経過したあとに打ち切ること; それをプログラムに知らせる割込み信号》. 〖1926〗

Tíme Óut *n.* 「タイムアウト」《週刊の London のタウン情報誌》.

time·pìece *n.* 時計, 時刻を指示する装置. 〖1765〗

time·plèaser *n.* 《廃》=timeserver.

tíme pòlicy *n.* 〖海上保険〗期間保険.

tim·er /táɪmə | -mə(r)/ *n.* **1** タイマー《設定した時刻に自動的に動いたり音が出たりする装置》; an egg ～ ゆで卵タイマー. **2** タイマー (timekeeper)《時間を計ったり, 記録したり, 知らせたりする人》. **3** (内燃機関の)点火時調整器. **4** =time switch. 〖(c1500): ⇨ time, -er[1]〗

tíme ràte *n.* [通例 *pl.*] 〖経済〗**1** 時間賃率, 時間給 (cf. piece rate, timework). **2** 時間帯別放送料率. **3** 期限付為替相場.

tíme recòrder *n.* タイムレコーダー (time clock).

tíme-reflèction sýmmetry *n.* 〖物理〗時間反転の対称(性).

tíme-relèase *adj.* =timed-release.

tíme-resòlved *adj.* 〖物理〗時間分解された《スペクトルなどが時間変化を追って得られた》. 〖1956〗

tíme revèrsal *n.* 〖物理〗時間反転《時間の向きを逆転させること; cf. time reversal invariance》. 〖1955〗

tíme revèrsal invàriance *n.* 〖物理〗時間反転不変性《物体の運動や状態の変化を記述する方程式において, 時間の向きを逆転させて得られる方程式が元の方程式と同等であるという性質》.

times /táɪmz/ *vt.* 《口語》掛ける, …倍にする (multiply): ～ this figure by 4 この数字に 4 を掛ける. 〖← TIMES (n. 9 b)〗

Times /táɪmz/, **The** *n.* 「タイムズ」《英国の代表的な日刊新聞紙, 1785 年創刊, 1788 年から The Times という名になる》: write to *The* ～ タイムズに投書する《苦情などを公表して世に訴える》.

time·sàver *n.* 時間の節約になるもの.

time·sàving *adj.* 時間節約の: ～ devices, methods, etc. 〖1865〗

time·scàle *n.* **1** 割当て時間. **2** (一連の出来事の)時間範囲. **3** 時間の尺度.

tíme sèries *n.* 〖統計〗時系列《時間 *t* の進行につれて変化していくある量の値の系列 *x*(*t*) のこと》. 〖1892〗

tíme-sèrved *adj.* 〈職人などが〉年季を務めあげた; 熟練した.

time·sèrver *n.* **1** その場の都合のよいように行動する人, 御都合主義者. **2** 世論に迎合する人, 事大[日和見(ひよりみ)]主義者. 〖1584〗

time·sèrving *adj.* 御都合主義の; 世の風潮に従う, 世論に迎合する, 事大主義の, 日和見(ひよりみ)的な, 無節操な: ～ morality 事大主義の倫理 / a ～ rogue 無節操な悪党. — *n.* 御都合主義; 世の風潮への追随, 世論への迎合, 事大主義, 日和見, 無節操. 〖1621〗 T

tíme-shàre *vi.* 〖電算〗〈システム・プログラムが〉時分割する. — *vt.* 〖電算〗時分割方式で使用する. — *n.* = time-sharing 2 《timeshare, time share ともつづる》.

tíme-shàrer *n.*

tíme-shàred *adj.* 〖電算〗時分割方式で使用される.

tíme-shàring *n.* **1** 〖電算〗タイムシェアリング, 時分割《一定の時間内に相互に関連のない複数の使用者がコンピューターを共同使用して, 処理を進める方式》. **2** (休暇用賃貸住宅の)共同所有[賃借]方式《時間分割方式により共同利用する方法》. 〖1953〗

tíme shèet *n.* タイムシート《就業時間・各仕事所要時間の総計などを記録するカード》. 〖1893〗

tíme-shìft *n.* **1** (演劇・映画で)時代を移す[変える]こと. **2** (不在時のテレビ番組の) ビデオ録画, 留守番録画. — *vi.* 時代を移す, 時を変える. — *vt.* (不在時に)〈テレビ番組を〉ビデオで録画する. **tíme-shìfting** *n.*

tíme sìgnal *n.* 〖ラジオ〗時報信号, 時刻放送.

tíme sìgnature *n.* 〖音楽〗拍子記号. 〖1875〗

tíme slìce *n.* 〖電算〗コンピューターの利用割当て時間.

Tímes Líterary Súpplement, The *n.* 「タイムズ紙文芸付録」《1902 年創刊の週刊新刊書評新聞; 略 TLS》.

tíme slòt *n.* 〖テレビ・ラジオ〗ある番組が一日の番組表で占める位置.

tíme spàce *n.* 時空《四次元の世界》.

tíme spàn *n.* (特定の)時間の長さ 〔*of*〕.

tíme spìrit *n.* 時代精神. 〖《なぞり》← G *Zeitgeist*〗

tímes sìgn *n.* 乗法を示す符号 (×). 〖1948〗

Tímes Squáre *n.* タイムズ スクエア《New York 市の Manhattan 中央部 Broadway と 7 番街との交差点を中心とする西 42 丁目から 47 丁目あたりまで; 付近には劇場やレストランなどが多い》. 〖*The New York Times* 社の旧所在地〗

tíme-stàmp *vt.* …にタイムスタンプを押す.

tíme stàmp *n.* タイムスタンプ《特に, 手紙や文書の発進・受信の日付と時間を記録するもの》. 〚1892〛
tíme stùdy *n.* ＝TIME and motion study.
tíme swìtch *n.* 〖電気〗タイムスイッチ, 時限スイッチ.
time·table /táɪmtèɪbl/ *n.* **1** 行事予定表; (列車・飛行機・船舶などの発着)時刻表: read a ～ 時刻表を見る / check [consult] the ～ before buying a ticket 切符を買う前に時刻表にあたる. 日英比較 日本語で列車の時刻表を「ダイヤ」というが英語の train diagram は鉄道会社の使用する列車の運行図表で, 一般の人用のものは train *timetable* という. **2** 《英》(学校の)時間割, 講義要綱. **—** *vt., vi.* 《英》(…の)時間割[行事予定表]を作る. 〚1820〛
tíme·tàbling *n.* 予定表を作ること.
tíme-tèsted *adj.* 時の試練を経た: ～ methods. 〚1930〛
tíme tràin *n.* 〖時計〗調速輪列《調速機に関連し針を動かしている歯車列; cf. going train》.
tíme tràvel *n.* (SF などで)時間旅行, タイムトラベル.
tíme tràveler *n.*
tíme trìal *n.* **1** タイムトライアル《スタートをずらして個別に出発しタイムの優劣を競う(スキー・自動車などの)レース》. **2** 仕事[活動]の所要時間の測定. **tíme trìaling** *n.* **tíme trìalist** *n.* 〚1949〛
tíme vàlue *n.* 〖音楽〗時価 (⇨ value 8, time 18 a).
tíme wàrp *n.* **1** 時間のゆがみ《SF にみられるような時間の停止・変則的な流れ》. **2** (人生で)何の変化[進歩]もない時期.
tíme-wàsting *n.* 時間かせぎ《試合の終盤に相手が得点するのを妨害する作戦》. **—** *adj.* 時間をむだにする.
tíme-wàster *n.*
tíme·wòrk *n.* 時間(払い)仕事 (cf. piecework).
～·er *n.* 〚1829〛
tíme·wòrn *adj.* **1** 古くなっていたんだ, 古ぼけた: ～ steps. **2** 古来の, 古風な: ～ superstition. **3** 陳腐な, 言い古された: a ～ joke. 〚1729〛
Ti·mex /taɪmɛks/ *n.* 〖商標〗タイメックス《米国製の腕時計》.
tíme zòne *n.* 時間帯《Greenwich を基準におおむね経線方向に分割された同一標準時を用いる地帯; cf. standard time》. 〚1892〛
tim·id /tímɪd | -mɪd/ *adj.* (～·er, ～·est; more ～, most ～) **1** 〈人が〉臆病(おくびょう)な, 気の小さい, おずおずした, 内気な (timorous, shy): (as) ～ as a hare きわめて臆病な / He is ～ *of* praise. 賞賛に対して臆病だ. **2** 〈言動など〉大胆さの欠けた, おどおどした: ～ counsel 大胆さの欠けた忠告 / a girl with ～ eyes おどおどした目つきをした少女.
～·ly *adv.* **～·ness** *n.* 〚(1549) □ L *timidus* frightened ← *timēre* to fear, 《原義》be in the dark: ⇨ -id[1]〛

SYN 臆病な: **timid** 勇気や大胆さが欠けている《過度の用心深さと冒険を怖がる気持ちを暗示する》: He is *timid* by nature. 生まれつき臆病だ. **cowardly** 勇気がなくて危険なことを怖がる: You shouldn't be so *cowardly*. そんなに臆病ではいけない. **timorous** 非常にびくびくしてありもしないことまで想像して怖がる《一時的な気分にもいう; 格式ばった語》: *timorous* girlhood ひどく気弱な少女時代. **fainthearted** ばかげた程臆病で意気地がない: He is too *fainthearted* to speak in public. 彼は臆病で人前で話ができない.

T

ti·mid·i·ty /tɪmídəṭi | tɪmídɪti/ *n.* 臆病(おくびょう), 小胆, 小心; 内気, はにかみ. 〚(1598): ⇨ ↑, -ity〛
tim·ing /táɪmɪŋ/ *n.* **1** 潮どき(の選び方), タイミング: good [bad] ～ うまい[まずい]タイミング. **2** 〖演劇・音楽〗タイミング《演出の最大効果をあげるための演奏または所作(しょさ)スピードの調節; そのようにして得られた効果》. **3 a** 〖スポーツ〗タイミング《適当なときにスピードが出せるような動作の速さの調節》. **b** 〖野球〗バットを投球に合わせること: The batter's ～ was off. バッターのタイミングはずれていた. **4** (ストップウォッチなどによる)時間の計測, 計時. 〚(*c*1250): ⇨ time, -ing[1]〛
tíming gèars *n. pl.* 〖機械〗(弁軸)調時歯車.
tíming vàlve *n.* 〖機械〗(ガスエンジンの)点火調節弁.
Ti·mi·şoa·ra /tìːmiʃwáːrə; *Rom.* timiʃoaɾa/ *n.* ティミショワラ《ルーマニア西部の都市》.
tim·ist /táɪmɪst | -mɪst/ *n.* [通例 good [poor] などの限定詞を伴って] 拍子[調子]が…の人: a good [poor] ～ 拍子[調子]のうまい[まずい]人.
Tim·mins /tímɪnz | -mɪnz/ *n.* ティミンズ《カナダ Ontario 州北東部の都市》.
Tim·my /tími/ *n.* ティミー: **1** 男性名. **2** 女性名. 〚(dim.) 1: ← TIMOTHY. 2: ← TIMOTHEA〛
ti·moc·ra·cy /taɪmá(ː)krəsi | -mɔ́k-/ *n.* **1** (プラトン哲学で)名誉欲が支配的動機となるような政治形態. **2** (アリストテレス哲学で)金権政治《政治権力が所有財産に比例するような政治形態》. **ti·mo·crat·ic** /tàɪməkrǽṭɪk | -tɪk⁻/ *adj.* **ti·mo·crát·i·cal** /-ṭɪkəl, -kl | -tɪ-⁻/ *adj.* 〚(1586) *timocratie* □ (O)F // ML *tīmocratia* □ Gk *tīmokratía* ← *tīmḗ* price, honor ＋-*kratía* '-CRACY'〛
tim·o·lol /tíməlò(ː)l | -lɔ̀l/ *n.* 〖薬学〗チモロール ($C_{13}H_{24}N_4O_3S$)《ベータ受容体遮断薬; マレイン酸塩をアンギナ (angina)・高血圧・緑内障の治療に用いる》. 〚(1973) ← *tim-* (← ?)＋(PROPRAN)OLOL〛
Ti·mon /táɪmən | -mən, -mɔn/ *n.* **1** ティモン《(320?–?230 B.C.; 人間ぎらいで有名なアテネの人》. **2** タイモン《Shakespeare 作の悲劇 *Timon of Athens* の主人公》. 〚□ Gk *Tímōn*〛
Tí·mon·ìsm /-nɪ̀zm/ *n.* 人間ぎらい (misanthropy).
Tímon of Áthens *n.* 「アセンズ[アテネ]のタイモン」《Shakespeare 作の悲劇 (1607–08)》.
Ti·mor /tíːmɔə, ─⁻ | tíːmɔː(r), táɪ-; *Port.* timóɾ, *Indon.* tímoɾ, timóɾ/ *n.* チモール島《Malay 諸島中の一島, Lesser Sunda Islands 中の最大・最東端の島; 面積 30,775 km²; 西部のインドネシア領チモール (Indonesian Timor) と東部および西部の一部のポルトガル領チモール (Portuguese Timor) に分かれていた; 後者は 1976 年インドネシアが併合して East Timor となったが, 1999 年独立を選択》. **Ti·mor·ese** /tìːmɔːríːz, -ríːs | -ríːz⁻/ *adj., n.*
Tímor dèer *n.* 〖動物〗チモールジカ, ルサジカ (rusa).
tim·o·rous /tím(ə)rəs/ *adj.* 〈人・言動が〉臆病な, 小胆な, 気の弱い, 腰抜けの, ふがいない 〔*of*〕 (⇨ timid SYN).
～·ly *adv.* **～·ness** *n.* 〚(*c*1450) □ (O)F *temoros, timoureus* □ ML *timōrōsus* fearful ← *timor* fear ← *timēre*: ⇨ timid, -ous〛
Tímor pòny *n.* チモールポニー《Timor 原産種の小形でがっしりした体型をしたポニー; オーストラリアの牧場で広く飼育されている》.
Tímor Séa *n.* [the ～] チモール海《インド洋中オーストラリア北西沿岸と Timor 島との間の部分; 幅約 483 km》.
Ti·mo·shen·ko /tìməʃéŋkou | -kəu; *Russ.* tʲɪməʃénkə/, **Semyon Konstantinovich** *n.* ティモシェンコ《1895–1970; ソ連の軍人; 元帥; 第二次大戦初期のドイツ軍の攻撃に対する防衛に貢献》.
Tim·o·tei /tímətèɪ/ *n.* 〖商標〗ティモテ《英国製のシャンプー・コンディショナー》.
Ti·mo·the·a /tɪmóuθiə | tɪməu-/ *n.* ティモースィア《女性名; 愛称形 Timmie, Timmy》. 〚(fem.) ← TIMOTHY〛
tim·o·thy[1] /tíməθi/ *n.* 《米》〖植物〗チモシー, オオアワガエリ (*Phleum pratense*)《優良なイネ科の牧草; timothy grass ともいう》. 〚(1747) ← *Timothy Hanson* (これを New England から南部諸州に移入したと伝えられる 18 世紀の米国の農夫)〛
tím·o·thy[2] /tíməθi/ *n.* 《豪俗》売春宿. 〚(1953) ← ?〛
Tim·o·thy /tíməθi/ *n.* **1** ティモシー《男性名; 愛称形 Tim, Timmy》. **2** 〖聖書〗テモテ《パウロの協力者; cf. *Acts* 15》. **3** (新約聖書の)テモテへの手紙, テモテ(への)書 (The First [Second] Epistles of Paul to Timothy)《前・後二書から成る; 略 Tim.》. 〚□ F *Timothée* // L *Timotheus* □ Gk *Timótheos* (原義) honoring God ← *timḗ* honor, respect＋*theós* god〛
Ti·mour /tɪmúə | tɪmúə(r)/ *n.* チムール(帖木児) (⇨ Tamerlane).
tim·ous /táɪməs/ *adj.* 《英》＝timeous. 〚← TIME＋-OUS〛
tim·pa·ni /tímpəni, -nìː/ *n. pl.* [時に単数扱い] ティンパニ (⇨ kettledrum 1)《timpany ともいう》. 〚(1740) □ It. ～ (*pl.*) ← *timpano* kettledrum □ L *tympanum* 'TYMPANUM'〛
tím·pa·nist /-nɪst | -nɪst/ *n.* ティンパニ奏者. 〚1906〛
tim·pa·no /tímpənòu | -nəu/ *n.* timpani の単数形. 〚□ It. ～: ⇨ timpani〛
timps /tímps/ *n. pl.* 《口語》＝timpani. 〚(1934) 略〛
Tim·rod /tímrɑ(ː)d | -rɔd/, **Henry** *n.* ティムロッド《1828–67; 米国の詩人》.
ti·mu·cu /tɪmúːkə, tímjukjùː | tɪmúːkə, tímjukjùː/ *n.* 〖魚類〗西大西洋の暖海にすむダツ科の魚 (*Strongylura timucu*). 〚《変形》← *Timoco, Timucua* (ティムクア族; Florida 州東岸に住んだインディアン; 18C に絶滅)〛
Ti·mur /tɪmúə | tɪmúə(r)/ *n.* ＝Timour.
tin /tín/ *n.* **1** すず(錫), 〖化学〗スズ《金属元素の一つ; 記号 Sn, 原子番号 50, 原子量 118.69》: ⇨ SALT[1] of tin / a cry of ～＝～ cry すずを曲げるとき発する音. **2** 《英》**a** すず製容器, すず缶. **b** ブリキ缶, (缶詰の)缶 (can): a ～ for biscuits ビスケットの缶. **c** 缶詰め; 缶一杯(の量) (can): eat a whole ～ of sardines [biscuits] いわしの缶詰[ビスケット]を一缶食べる / ⇨ LIVE[1] *out of tins*. **d** 《英》(ブリキ型で焼いた)四角いパン. **3** ブリキ (tinplate): a box (made) of ～ ブリキ製の箱. **4** 《英俗》金銭. **5** ＝telltale 8. **6** 《英・豪》波形のトタン板.
fill her tins 《NZ》ケーキやビスケットなどを家庭で焼いて作る. ***on the tins*** 《口語》〖クリケット〗得点掲示板に.
straight from the tin 源からすぐに; 真新しい.
— *adj.* [限定的] **1** すず製の. **2** ブリキ製の; 安っぽい (worthless): a ～ box [cup] ブリキの箱[水飲みコップ].
pút the [a] tin lid on ⇨ lid 成句.
— *vt.* (**tinned; tin·ning**) **1** 《英》缶詰にする (can).
2 〖金属加工〗すずで覆う, …にすずをきせる, すずめっきする.
3 …にはんだ付け (solder) の用意をする.
〚OE ＜ Gmc **tinam* (Du. *tin* / G *Zinn*) ← ?〛
Ti·na /tíːnə/ *n.* ティーナ《女性名; 異形 Teena》. 〚← ALBERTINA // BETTINA // CHRISTINA〛
tin·a·mou /tínəmùː/ *n.* 〖鳥類〗シギダチョウ《中南米産のウズラに似たシギダチョウ科の鳥の総称》. 〚(1783) □ F ～ □ Galibi *tinamu*〛
tín ásh *n.* 〖化学〗スズ灰《酸化スズと金属スズ粉末の混合物; cf. stannic oxide》.
tín béard *n.* 《俗》(俳優のメーキャップで)とってつけたようなあごひげ.
Tin·ber·gen /tínbəːgən | -bɜː-; *Du.* tínbɛrxən/, **Jan** *n.* ティンバーゲン《1903–94; オランダの経済学者; Nobel 経済学賞 (1969)》.
Tinbergen, Ni·ko·las /níkəlas/ *n.* ティンバーゲン《1907–88; オランダ生まれの英国の動物学者; Jan Tinbergen の弟; Nobel 医学生理学賞 (1973)》.
tinc. 《略》tincture.
tin·cal /tíŋkəl, -kl/ *n.* 〖鉱物〗天然硼砂(ほうしゃ)《以前はホウ素化合物の主な原料》. 〚(1635) □ Malay *tingkal* ← Skt *ṭaṅkana-*〛
tín cán *n.* **1** ブリキ缶. **2** 《米俗》**a** (旧式の)駆逐艦 (destroyer). **b** (初期フォードなどの)安い小型車. 〚1770〛
tín·clàd *n.* 軽装甲の砲艦.
tinct /tíŋ(k)t/ *vt.* **1** …に色[色合い]をつける (color). **2** しみ込ませる (imbue). **—** *adj.* 《詩》色をつけた, 染めた (dyed). **—** *n.* **1** 《詩》色, 色合い (tint, color). **2** 《廃》(卑金属を貴金属に変える)錬金薬 (cf. Shak., *All's W* 5. 3. 102). 〚(1579) □ L *tinctus* dyeing (p.p.) ← *tingere* to wet, dye, color: cf. tinge〛
tinct. 《略》tincture.
tinc·tion /tíŋkʃən/ *n.* 色づけ, 着色. 〚((1657)) (1888)〛
tinc·to·ri·al /tɪŋ(k)tɔ́ːriəl/ *adj.* 着色の, 染色の; 色の; 色が染まる. **～·ly** *adv.* 〚(1655) ← L *tinctōrius* (← *tinctor* dyer ← *tinctus* (p.p.) ← *tingere* to dye)＋-AL[1]〛
tinc·ture /tíŋ(k)tʃə | -tʃə(r)/ *n.* **1** 色, 色合い, 色気 (tinge, trace, tint): a ～ of red 赤み. **2** 気味, 臭み, 少々…な所 (trace, smack): a faint ～ *of* tobacco [vanilla] かすかなたばこ[バニラ]のにおい / a ～ *of* French manners フランス臭のある行儀. **3** 上面(うわべ), 付焼刃(つけやきば), 表面だけ…な所 (veneer): some ～ *of* education [good breeding] 薄っぺらな教育[教養]. **4** 〖薬学〗チンキ剤《アルコール溶媒に解いた薬品》: ～ of iodine [quinine] ヨード[キニーネ]チンキ. **5** [通例 *pl.*] 〖紋章〗紋章に用いる metals (金属), color (原色), furs (毛皮模様)の総称. **6** 《口語》アルコール飲料, 強い酒. **7** 《廃》染料 (dye), 顔料 (pigment). **—** *vt.* **1** 染める, …に着色する; …に〔…の〕色合いをつける (tinge) 〔*with*〕: the cloth ～*d with* red 赤い色合いのついた布. **2** …に風味[臭み]を帯びさせる; …に〔…の〕色彩[気味]を帯びさせる 〔*with*〕: be ～*d with* prejudice [humanity] 偏見を帯びる[人間味がある]. 〚(*a*1400) □ L *tinctūra* dyeing: ⇨ tinct, -ure〛
tin·dal /tíndl/ *n.* 《インド》(インド人の)水夫の小頭(こがしら) (serang の下役). 〚(1698) □ Hindi *ṭaṇḍail* □ Malayalam *taṇḍal* □ Telugu *taṇḍelu*〛
Tin·dale /tíndl/, **William** *n.* ＝William TYNDALE.
tin·der /tíndə | -də(r)/ *n.* **1** 火口(ほくち)《通例麻布を焦がしたものに硝石を混ぜて作り, 昔, 火打ち石と火打ち金で打ち出した火花を捕えるのに用いた》: burn like ～ よく火がつく[燃える]. **2** 火のつきやすい乾燥したもの. 〚OE *tynder* ← *-tendan* to kindle ← Gmc **tund-* (p.p.) ← **tend-* to burn, kindle (Du. *tonder* / G *Zunder*)〛
tínder·bòx *n.* **1** 火口(ほくち)箱. **2** 燃えやすい[火のつきやすい]物; 怒りっぽい人. **3** (戦争・トラブルの)火種, 導火線. 〚1530〛
tínder-drý *adj.* 〈植生が〉火口になるくらいに乾燥している. 〚1891〛
tínder fùngus *n.* 〖菌類〗ホクチタケ《火口にする菌》, (特に)ツリガネタケ (*Fomes fomentarius*)《ブナやカバノキの樹幹に発生し, 材に害を及ぼす》. 〚1895〛
tin·der·y /tíndəri/ *adj.* 火口(ほくち)のような; 火のつきやすい; 燃えやすい.
tine[1] /táɪn/ *n.* (フォークなどの)歯, 叉(さ); (鹿の角の)叉, 枝 (prong)《tyne ともいう》. 〚(15C) *tyne* (語尾消失) ← ME & OE *tind* ← Gmc **tind-* point (OHG *zint* sharp point / ON *tindr* point, tooth): cf. tooth〛
tine[2] /táɪn/ *v.* (～**d**, **tint** /tínt/) 《英方言》 **—** *vt.* 失う (lose). **—** *vi.* 滅びる, 死ぬ (be lost, die). 〚ME *tine(n)* □ ON *týna* to lose, destroy: cf. teen[2]〛
tine[3] /táɪn/ *adj.* 《廃》[通例 little ～ として] ごくちっぽけな, さきいな (tiny): he that has ... a *little* ～ 知恵のないやつ (Shak., *Lear* 3. 2. 74). 〚(?*a*1400) ← ?〛
tin·e·a /tíniə/ *n.* 〖病理〗輪癬(りんせん), 頭部皮疹 (ringworm): ～ alba 白癬. **tín·e·al** /-niəl/ *adj.* 〚(*a*1398) □ L ～ 'gnawing worm'〛
tin·e·a bar·bae /tíniəbáəbiː | -báː-/ *n.* ＝barber's itch.
tínea crú·ris /-krúərɪs | -krúərɪs/ *n.* 〖病理〗頑癬(がんせん), いんきんたむし. 〚(1923) ← NL ～ 'crural tinea'〛
tín éar *n.* 《口語》**1** 《口語》(音楽・言葉の微妙な違いを)聴き分けられないこと: have a ～ 音痴である. **2** ＝cauliflower ear. 〚1923〛
tined *adj.* [通例複合語の第 2 構成素として] 歯[枝]のある, (…の)歯の: a three-*tined* fork. 〚← TINE[1]＋-ED 2〛
tin·e·id /tíniɪd | -ɪd/ *n.* 〖昆虫〗ヒロズコガ, イガ(衣蛾)《ヒロズコガ科に属する小蛾の総称》. **—** *adj.* ヒロズコガ(科)の, イガの. 〚← TINE(A)＋-ID[2]〛
Ti·ne·i·dae /tɪníːɪdìː | tɪníːɪ-/ *n. pl.* 〖昆虫〗(鱗翅目) ヒロズコガ科. 〚← NL ～ ← *Tinea* (属名: ← TINEA)＋-IDAE〛
tíne tèst *n.* 〖医学〗穿孔式ツベルクリンテスト《ピルケ穿孔器で皮膚を軽く傷つけて行う》.
tín físh *n.* 《俗》魚雷 (torpedo).
tín·fòil *n.* すず[アルミ]箔(はく), (チョコレートやたばこを包む)銀紙. **—** *vt.* …にすず[アルミ]箔を着せる, すず箔[銀紙]で覆う[包む]. 〚1467–68〛
tin·ful /tínfùl/ *n.* 《英》缶一杯(の量) (canful) 〔*of*〕. 〚1896〛
ting[1] /tíŋ/ *n.* ちりんちりん, りんりん, 鈴の音 (tinkle).
— *vt., vi.* ちりんちりん[りんりん]鳴らす[鳴る]. 〚(1495) 《擬音語》: cf. tinkle〛
ting[2] /tíŋ/ *n.* [しばしば T-] ＝thing[2].
Ting /tíŋ/, **Samuel C(hao) C(hung)** *n.* ティン《1936– ; 米国の物理学者; 中国系, 漢字では丁肇中; Nobel 物理学賞 (1976)》.
ting-a-ling /tíŋəlìŋ, ⁻⁻⁻/ *n.* 鈴の音. 〚(1833): 擬音語〛

tinge /tíndʒ/ *vt.* (**tinge·ing, ting·ing**) **1** 染める; …に〔…の〕色合いをつける (color)〔*with*〕: ～ the sky *with* a rosy flush 空をあかね色に染める / His cheek was ～*d with* color. 頬に赤みがさしていた. **2** 加味する; …に〔…の〕風味を帯びさせる, 気味を添える〔*with*〕: His words were ～*d with* irony. 彼の言葉には皮肉の気味があった. **—** *n.* **1** 色合い (tincture) (⇨ color SYN): a ～ of red 赤の色合い. **2** 〔…の〕気味, 臭み, …じみた所 (touch)〔*of*〕: have a ～ *of* hypocrisy [malice] 偽善じみた所[意地悪な所]がある / There was a ～ of hysteria in the laugh. その笑いにはヒステリーじみた所があった. 〘(1477) □ L *tingere* to dye, color ← IE **teng-* to moisten, soak: cf. tinct〙

tinged *adj.* (色・気味の)混じった〔*with*〕.

tín glàze *n.* 〘窯業〙すず釉(ゆう)《酸化すずを加えて造られる不透明な釉薬》.

tin·gle[1] /tíŋgl/ *vi.* **1** 〔寒さ・打撃などのため〕ひりひりする, きりきり[ちくちく]痛む, うずく〔*with*〕: ears *tingling with* the cold 寒さでうずく耳 / My cheek ～*d with* shame. 恥かしさで頬がちくちくした / His conscience began to ～. 彼の良心がうずき出した. **2** 〔興奮などで〕うずうずする〔*with*〕: I was *tingling with* anger. 怒りでうずうずしていた. **3** 震動する, 余韻が残る (vibrate, throb): The air still ～*d with* the sound of distant bells. 遠くの鈴の音の余韻がまだ残っていた. **4** 軽い連続音を立てる, ちりんちりん[りんりん]鳴る (tinkle): A little shrill bell kept *tingling*. 小さな鐘がかん高い音を立ててちりんちりん鳴り続けた. **—** *vt.* 〈耳などを〉ちくちくさせる. **—** *n.* **1** ひりひり[ぴりぴり], きりきり]する痛み, うずき: feel a ～ in the cheek ほおがひりひり痛む. **2** うずうず[ぞくぞく]する感じ; 興奮. **3** 《まれ》ちりんちりん[りんりん]いう音 (tinkle). **tín·gler** /-glə, -glə | -glə(r, -gl-/ *n.* 〘(c1384) *tingle(n)* 《変形》← TINKLE // (freq.) ← TING[1]〙

tin·gle[2] /tíŋgl/ *n.* ティングル《ガラス・瓦を支えるために用いるS字型の留め金具》. 〘(1292) ← ? MDu. *tengeliser, tengelspikel* nail for lathing // ← ? OE **ting-* to fasten (cf. ON *tengja*)+-LE[1] 2: 初出例を含め初期は very small nail の意で, tingle nail の形が普通〙

Ting·ley /tíŋli/, **Katherine Augusta** *n.* ティングリー (1847–1927; 米国の Theosophy の女性指導者; 旧姓 Westcott /wés(t)kət/).

tin·gling·ly /tíŋglɪŋli, -gl-/ *adv.* ひりひり[ぴりぴり, ちくちく]して. 〘1889〙

tin·gly /tíŋgli, -gli/ *adj.* ひりひりする[させる], うずく, うずかせる, 刺激的な. 〘1898〙

tín gód *n.* 《口語》**1** 偶像. **2** 食わせ者: a little ～ 地位や立場のゆえに偉ぶる小者, おだてられていい気になっている人. 〘1886〙

tíng wàre, T- w- /tíŋ-/ *n.* 〘窯業〙定窯(ていよう)《宋王朝 (960–1279) の中期頃作られた磁器; 主に深皿や皿が有名; 彫刻や刻印で花模様の絵柄をつけ乳白色の釉(ゆう)をかけてある》. 〘(1915) ↓〙

tíng yáo, T- y- /-jáʊ/ *n.* 〘窯業〙=ting ware. 〘(1904) □ Chin. Ding Yao (定窯)〙

tín hát *n.* 《口語》**1** (兵士・労働者などのかぶる)鉄かぶと (steel helmet) (cf. brass hat). **2** [*pl.*] 《海事》酔いどれ. ***pùt the* [*a*] *tín hát on*** =put the [a] tin LID on. (1919) 〘1903〙

tin·hòrn 《米俗》*adj.* はったりの, 見せかけの: a ～ person. **—** *n.* はったり屋, はったり賭博師. 〘1885〙

tin·kal /tíŋkəl, -kl/ *n.* 〘鉱物〙=tincal.

tin·ker /tíŋkə | -kə(r/ *n.* **1** (通例回って歩く)鋳掛け屋. **2** 《スコット・アイル》ジプシー; 旅役者, 旅商人, こじき. **3** 繕い, 直し (patching); いじり回し (botching): have a ～ at …を(直そうと)いじり回す. **4** 《英口語》いたずらっ子. **5** 《米》よろず屋, 何でも屋 (jack-of-all-trades). **6** 下手な職人 (bungler). **7** 《米》〘魚類〙米国大西洋岸に生息するサバ科のホシサバ・ゴマサバに似た魚 (*Pneumatophorus grex*). **—** *vi.* **1** 鋳掛けをする, 鋳掛け屋をする. **2** 〈機械・器具などを〉いじり回す, もてあそぶ; 下手な繕いをやる, 間に合わせの修繕をする〔*at, with*〕: ～ *away* (*at* a clock) (直そうと)時計を)いじりくり回す / ～ (*around*) *with* one's car 自分の車をいじり回す. **—** *vt.* **1** 〈なべ・かまを〉修繕する. **2** 下手に繕う, どうにか間に合うようにする〈*up*〉. **～·er** /-kərə | -rə(r/ *n.* 〘(a1376) *tinkere* ← ? *tinke(n)* 'to TINKLE': なべなどをたたいてふれ回るところから〙

Tín·ker Bèll /tíŋkə- | -kə-/ *n.* ティンカーベル (*Peter Pan* に登場する小さな妖精).

tínker·bird *n.* 〘鳥類〙ヒメゴシキドリ《アフリカ産ゴシキドリ科ヒメゴシキドリ属 (*Pogoniulus*) の鳥の総称; 金属的で単調な声でやかましく鳴く》. 〘a1884〙

tin·ker·ly /tíŋkəli | -kə-/ *adj.* ぞんざいな, 下手な, 不細工な. 〘1586〙

tínker's cúss [**cúrse**] *n.* 《英俗》=tinker's damn.

tínker's dámn [**dám**] *n.* 《米俗》[否定構文で] 全く価値の無いもの: *not* care [give] a ～ ちっとも構わない, 何とも思わない / It *isn't* worth a ～. 全く値うちがない. 〘(1839) 鋳掛け屋は冒瀆的な言辞を好むと信じられていたことから〙

Tin·ker·toy /tíŋkətɔ̀ɪ | -kə-/ *n.* 〘商標〙ティンカートイ《米国製の, 棒や円盤形の部品を用いて自由な形に組み立てられる玩具》.

tin·kle /tíŋkl/ *n.* **1** ちりんちりん, りんりん, ちんちん (jingle): a silver ～ of cowbells カウベルの澄んだちりんちりんという音. **2** 《英口語》電話(をかけること) (telephone call): give a person a ～ 人に電話する. **3** (詩や散文の)調子のよい響き. **4** 《婉曲》おしっこすること: go for a ～. **—** *vi.* **1** ちんちん[りんりん]と鳴る. **2** 〈鍵盤楽器を〉単調に弾く, 味気なく弾く. **3** 《英口語・小児語》おしっこする (urinate). **—** *vt.* **1** ちんちん[りんりん]と鳴らす: ～ a bell. **2** ちんちん[りんりん]鳴らして呼ぶ[注意を促す]: ～ *out* the hour of nine 〈時計が〉鳴って9時を知らせる. 〘(c1390) (freq.) ← ME *tinke(n)* 《擬音語》: ⇨ -le[3]: cf. tinker〙

tin·kler /-klə, -klə | -klə(r, -kl-/ *n.* **1** りんりんと鳴らす人[物]. **2** 《口語》小鈴, りん (small bell). 〘1600〙

tin·kling /-klɪŋ, -kl-/ *n.* ちんちん, りんりん, ちりんちりん. **—** *adj.* ちんちん[りんりん]鳴る. 〘c1440〙

tin·kly /tíŋkli, -kli/ *adj.* ちりんちりん[りんりん]鳴る. 〘(1892): ⇨ -y[4]〙

tink·tink·ie /tɪŋktíŋki/ *n.* 《南ア》〘鳥類〙ゴマフハウチワドリ《アフリカ南部産》. 〘(1874) □ Afrik. ～: 擬音語〙

tín lìquor *n.* 〘化学・染色〙塩化第一スズ溶液《以前媒染染料の媒染剤として使用》.

tín líz·zie /-lízi/ *n.* 《米古俗》安[中古]自動車. 〘(1915) ← *Tin Lizzie* (Model T フォード車の愛称): ⇨ tin, Lizzie〙

tín·man /-mən/ *n.* (*pl.* **-men** /-mən, -mèn/) =tinsmith.

tinned /tínd/ *adj.* **1** 《英》缶詰の[にした] (canned): ～ salmon さけの缶詰 / ～ goods 缶詰類 / ～ air 《海事》人工通風. **2** すずめっきをした; すず[ブリキ]を張った: a ～ box 内部にすず[ブリキ]を張った箱. **3** はんだ (solder) のついた. 〘(c1380): ⇨ -ed[1]〙

tinned dóg *n.* 《豪俗》缶詰肉.

tín·ner *n.* **1** =tinsmith. **2** すず鉱夫. **3** 《英》=canner. 〘1512〙

tin·ner·y /tínəri/ *n.* **1** すず鉱山. **2** すず[ブリキ]工場 (tinworks). 〘(1769): ⇨ -ery〙

Tin·név·el·ly sénna /tɪnévəli-, tínəvèli- | tɪnév-əli-, tínəvèli-/ *n.* 〘植物〙ホソバセンナ (*Cassia angustifolia*) (⇨ senna 2). 〘← *Tinnevelly* (Madras にある地名)〙

tin·nie /tíni/ *n.* 《豪俗》=tinny.

tin·ni·ent /tíniənt/ *adj.* 澄んだ音のする, ちりんちりん[かちん]と鳴る. 〘(1668) □ L *tinnientem* (pres.p.) ← *tinnīre* to ring, jingle 《擬音語》〙

tín·ning *n.* **1** すずめっき, (鉄板を溶けたすずに浸す)ブリキ板の製造. **2** すずめっきすること, すず張り. **3** 《英》缶詰. 〘1440〙

tin·ni·tus /tɪnáɪtəs, tínɪ- | -təs/ *n.* 〘病理〙耳鳴り, 耳鳴(じめい). 〘(1843) □ L *tinnitus* (p.p.) ← *tinnīre* to jingle〙

tin·ny /tíni/ *adj.* (**tin·ni·er; -ni·est**) **1** すずの, すずのような. **2** すずを含む[産する], すずの多い. **3** 〈音・声が〉金属的な, きんきんした: a ～ sound, piano, etc. / ～ music ブリキ缶をたたくような音楽. **4** (すずのように)軽い, もろい (fragile), ぴかぴかしている. **5** 〈缶詰食品など〉缶の味[におい]がする. **6** 〈話など〉薄っぺらな, 内容に乏しい. **7** 〘美術〙〈光沢が〉金属的な. **8** 《豪口語》幸運な, ラッキーな. **—** *n.* 《豪俗》缶ビール (tinnie ともいう). **tín·ni·ly** /-nəli, -nli | -nɪli, -nli/ *adv.* **tín·ni·ness** *n.* 〘(1552): ⇨ -y[1]〙

tín òpener *n.* 《英》缶切り (can opener).

tín-pàn *adj.* ブリキのような音を出す, がんがん鳴る, やかましい (clanging, noisy). 〘←《方》*tin-pan* shivaree: ⇨ tin, pan[1]〙

Tín Pàn Álley *n.* 《米》**1** ティン パン アレー《ポピュラー音楽の作曲家・出版者の集まる地域; (特に) New York 市 28 丁目近辺をいう》. ★ ただし New York 市の出版会社は現在は住宅地帯 (uptown) および Radio City 方面に散在するに至った. **2** [集合的] ポピュラー音楽作曲家[演奏家, 出版社]連. **3** 《軽蔑》(ショービジネス・ポピュラー音楽の)商業面. 〘1908〙

tin-pan·ny /tínpǽni/ *adj.* =tin-pan.

tín pánts *n. pl.* 《米》(きこりや漁夫の)丈夫な防水ズボン《パラフィンに浸したズック製》.

tín pèst [**plàgue**] *n.* すずペスト《すず製の器が北欧など厳寒期に白色すずから同素体転移を起こして無定形の灰色すずになり, 遂には全体が崩れてしまう現象》.

tín·plàte *n.* (鉄板にすずめっきをした)ブリキ. 〘1677〙

tín-plàte *vt.* 〈鉄板などに〉すずめっきをする, (すずめっきをして)ブリキにする. **tín-plàt·er** /-tə | -tə(r/*n.* 〘1890〙

tín-pót *adj.* [限定的] 《英口語》**1** 粗悪な, 安物の, お粗末な (inferior): ～ information about …についてのお粗末な情報. **2** 重要でない, 取るに足らぬ. 〘1838〙

tín pyrítes *n.* 〘鉱物〙黄錫(おうしゃく)鉱 (⇨ stannite 2).

tin·sel /tínsəl, -sl/ *n.* **1** (芝居や踊りの衣装などに付ける)ぴかぴか光る金属片, スパンコール (spangle); 金ぴか. **2** (刺繍(ししゅう)などに用いる)金銀糸; ラメ (lamé). **3** 安ぴか物 (showy pretence). **4** 《廃》金銀糸の織物. **—** *adj.* **1** 金ぴかの, ぴかぴか光る. **2 a** 見かけ倒しの, 安ぴかの. **b** 見せかけの (specious): ～ promises. **—** *vt.* (**tin·seled, -selled; -sel·ing, -sel·ling**) 金ぴか[金銀糸]で飾る; 安ぴか物で飾り立てる, 金ぴかにする. 〘(c1448) □ F *étincelle* spark, flash < OF *estincelle* spark < VL **stincilla(m)* ← L *scintilla*: SCINTILLA と二重語〙

tín·seled *adj.* 《米俗》偽造[変造]した, にせの〈小切手など〉.

tin·sel·ly /tínsəli, -sli/ *adj.* 安ぴかの. 〘1811〙

tin·sel·ry /tínsəlri, -sl-/ *n.* 安ぴかの材料[飾り, 外観, 見せかけ]. 〘(1830): ⇨ -ry〙

Tin·sel·town /tínsəltàʊn, -sl-/ *n.* 安ぴかの町 (Hollywood の俗称). 〘1975〙

tín shèars *n. pl.* 《米》金切りばさみ.

tins·man /-mən/ *n.* (*pl.* **-men** /-mən, -mèn/) = tinsmith.

tín·smith *n.* ブリキ職, すず細工師, 板金工. 〘(1812): cf. goldsmith, silversmith〙

tín·smithy *n.* ブリキ職の仕事場.

tín·snips *n. pl.* 板金用はさみ.

tín sóldier *n.* **1** (ブリキ製の)おもちゃの兵隊. **2** 兵隊ごっこをする人.

tín spirit *n.* [しばしば *pl.*] 〘化学・染色〙スズ精《第一錫塩を含む溶液; 羊毛の染色に用いる》.

tín·stòne *n.* 〘鉱物〙スズ石 (⇨ cassiterite). 〘1602〙

tint[1] /tínt/ *n.* **1** 色合い (hue), 色, (赤み・黄みなどの)…み (slight tinge) (⇨ color SYN): autumnal ～*s* 秋色 / red of [with] a blue ～ 青みがかった赤色. **2** 毛染め剤, 白髪(しらが)染め. **3** 色彩の配合, 映り, 濃淡《白色を混ぜて出す濃淡の色合い; cf. shade 3 a》: in all ～*s* of red 濃淡様々の赤色で. **4** ほのかな色, 淡色《白色を含んだ各色》. **5** 〘エッチング〙線ぼかし, 隅(くま), 影, 毛羽(けば)《並行線で陰影を表すこと; cf. hatching[2] 1》: crossed [ruled] ～ 交差[平行]線陰影. **6** 性質; 〔…の〕気味 (tinge)〔*of*〕: His virtue was of the purest ～. 彼の徳は極めて純粋なものであった / a ～ of envy そねみの気み. **7** 〘印刷〙チント《小切手・挿絵などの下刷用の淡い色》. **—** *vt.* **1** …に色合いをつける, 染める (tinge): The sunset ～*s* the rocks. 入日が岩を染める. **2** …に陰影をつける; ぼかす. **3** …に多少の影響を与える. **—** *vi.* ほのかに色がつく. 〘(1717) 《変形》← TINCT (It. *tinta* の影響あり): ⇨ taint〙

tint[2] *v.* tine[2] の過去形・過去分詞.

tín·tàck *n.* 《英》すずめっきの鋲(びょう)[小釘] (tin-plated tack).

Tin·tág·el Héad /tɪntǽdʒəl-, -dʒl-/ *n.* ティンタジェル岬《イングランド南西部, Cornwall 州西海岸の岬; Arthur 王の生誕地といわれる Tintagel Castle の遺跡がある》. 〘← *Tin-* (←《Cornwall 方言》*dun* hill, fort)+*-tagel* (← ?)〙

tínt blòck *n.* 〘エッチング〙隅(くま)を刷る版, 地色刷版, 地色版.

tínt·ed /-tɪd | -tɪd/ *adj.* **1** 色づいた, 着色の: ～ paper 色紙 / ～ spectacles 色めがね. **2** [通例複合語の第 2 構成素として] …色の: the orange-*tinted* sky オレンジ色の空. 〘1756〙

tínt·er /-tə | -tə(r/ *n.* **1** 色合いをつける人[物], 染色者. **2** (幻灯に使う)色ガラス. 〘1823〙

Tin·tin /tíntɪn | -tɪn; F. tɛ̃tɛ̃/ *n.* タンタン《ベルギーの漫画家 Hergé 作の漫画, その主人公の少年新聞記者》.

tínt·ing /-tɪŋ | -tɪŋ/ *n.* 色付け, 着色. 〘1841〙

tínting strèngth *n.* 着色力.

tintinnabula *n.* tintinnabulum の複数形.

tin·tin·nab·u·lar /tɪ̀ntənǽbjʊlə | -tɪnǽbjʊlə(r/ *adj.* =tintinnabulary.

tin·tin·nab·u·lar·y /tɪ̀ntənǽbjʊlèri | -tɪnǽbjʊləri/ *adj.* 〈鈴・金属板など〉ちりんちりん鳴る; 鈴の(ような). 〘(1787): ⇨ tintinnabulum, -ary〙

tin·tin·nab·u·la·tion /tɪ̀ntənæ̀bjʊléɪʃən | -tɪ-/ *n.* **1** 鈴を鳴らすこと. **2** ちりんちりん, りんりん, ちんちん, 鈴の音. 〘(1831): ⇨ tintinnabulum, -ation〙

tin·tin·nab·u·lous /tɪ̀ntənǽbjʊləs | -tɪ-ˊ/ *adj.* =tintinnabulary. 〘⇨ ↓, -ous〙

tin·tin·nab·u·lum /tɪ̀ntənǽbjʊləm | -tɪ-/ *n.* (*pl.* **-u·la** /-lə/) 小さな鈴[りん]. 〘(a1398) □ L *tintinnābulum* bell ← *tintinnāre* to jingle, ring ((freq.) ← *tinnīre* 《擬音語》)+*-bulum* (「道具」を表す接尾辞)〙

tínt·less *adj.* 色のつかない, 無(着)色の. 〘1789〙

tin·to /tíntoʊ | -təʊ; *Sp.* tínto, *Port.* tĩtu/ *n.* (*pl.* **～s**) ティント《スペインまたはポルトガル産の赤ワイン》. 〘(1599) □ Sp. (*vino*) *tinto* & Port. (*vinho*) *tinto* 《原義》tinted wine: cf. tent[2]〙

Tint·om·e·ter, t- /tɪntá(ː)mətə | -tɔ́mɪtə(r/ *n.* 〘商標〙ティントメーター《英国の The Tintometer Limited 製の比色[色調]計; cf. colorimeter》. **tin·to·met·ric** /tɪ̀ntəmétrɪk | -tə-ˊ/ *adj.* **tin·tom·e·try** /tɪntá(ː)mətri | -tɔ́mɪtri/ *n.* 〘(1889) ← TINT[1]+-O-+-METER[1]〙

Tin·to·ret·to /tɪ̀ntərétoʊ | -tərétəʊ, -tɔr-; *It.* tintorétto/, **Il** /il/ *n.* ティントレット (1518–94; イタリアのベネチア派の画家; 本名 Jacopo Robusti /jáːkopo robústi/).

tínt tòol *n.* 〘エッチング〙(彫版で用いる)陰影線彫刻刀.

tint·y /tínti | -ti/ *adj.* べたべた色を塗りすぎた, (色彩が)不調和な. 〘1883〙

tín·tỳpe *n.* 《米》〘写真〙鉄板写真 (ferrotype). 〘1864〙

tín·wàre *n.* ブリキ[すず]細工品. 〘1758〙

tín wédding *n.* すず婚式《結婚の 10 周年の記念式[日]; ⇨ wedding 4》. 〘1863〙

tín whístle *n.* =penny whistle.

tín-white *adj.* すず色の, 青みがかった白色の.

tín·wòrk *n.* **1** すず製品, ブリキ製品. **2** [*pl.*; 単数または複数扱い] すず工場, ブリキ(細工)工場; すず製品製作所. 〘1475〙

ti·ny /táɪni/ *adj.* (**ti·ni·er; -ni·est**) ごく小さい, ちっぽけな (minute), 豆… (⇨ small SYN): little ～=～ little ちっちゃな / a ～ baby [tot] ごく小さい赤ん坊[子供] / This ～ fishing village receives a lot of visitors in summer. 夏は大勢の人がこの小さな漁村を訪れる. **—** *n.* 《英》幼児, 赤ちゃん (infant). **tí·ni·ly** /-nəli, -nli | -nɪli, -nli/ *adv.* **tí·ni·ness** *n.* 〘(1598) ← TINE[1]+-Y[4]: cf. teeny〙

-tion /ˊ ʃən/ *suf.* 動詞から名詞を造り, 状態・動作または具体的な事例(人・物)・結果を表す: combina*tion*, determina*tion*, tempta*tion*. 〘□ F ～ (< OF *-cion*) // L *-tiō(n)* (*-t-* は p.p. 語幹, *-iō* は名詞語尾): cf. -ation, -cion, -ion, -sion, -xion〙

-tious /ˊ ʃəs/ *suf.* -tion に終わる名詞から形容詞を造り「…な, …を有する, …である」の意を表す: ambi*tious*, cau*tious*, ficti*tious*. 〘□ F *-tieux* // L *-tiōsus*: ⇨ ↑, -ous〙

tip[1] /típ/ *n.* **1** 先, 先端 (pointed end): the ～ of the

T

ear [nose, finger] 耳[鼻, 指]の先 / the ~ of a cigarette 巻きたばこの先 / the ~ of the iceberg 氷山の一角, (あることの)小さな[表面的な]一部 / at the eastern ~ of Texas テキサス州の東端に / walk on the ~s of one's toes つま先で歩く / The bird measures 15 inches from ~ to ~. その鳥は翼の先から先まで 15 インチある. **2** 先端に付ける金具, 金輪, 金たが, (刀剣のさやの)こじり, (杖やこうもり傘の)石突き (ferrule). **3** (靴の)先革 (⇨ shoe 挿絵); (装飾用)毛皮・羽毛の末端; 釣りざおの先端部. **4** 《廃》頂上, 頂, 頂点 (summit, apex): a mountain ~. **5** 〘航空〙(飛行機の)翼端 (wingtip); (プロペラの)翅端(しょ). **6** 金箔刷毛(きんぱく). **7** 〘製本〙(地図・図版・正誤表などの)張り込み別丁 《製本する前にのり付けする; tip-in, tip-on ともいう》. **8** [*pl.*] **a** (茶・たばこなどの)葉芽. **b** 《俗》たばこ: a packet of ~s たばこ一箱. **9** 〘音声〙舌先 (apex) (cf. point 22 b, blade 7).
from tip to tóe 端から端まで, どこからどこまで, すっかり: be fashionably dressed *from* ~ *to toe* どこからどこまでりっぱに着飾っている. *hàve something at the típs of one's fíngers* [*at one's fínger tìps*] 〈ある事を〉よく知っている. *on the típ of one's tóngue* 口から出かかって: I had it *on the* ~ *of my tongue.* そのことが口の先まで出かかっていた / It was *on the* ~ *of his tongue* to tell her that he loved her. 彼女を愛しているという言葉が口の先まで出かかっていた. 《1722》 *to the típs of one's fíngers* = *to one's fínger tìps* 徹頭徹尾, あくまで, すっかり (through and through).
— *vt.* (**tipped; tip·ping**) **1** …に先を付ける 〈*with*〉; …の先となる, …の端を飾る: ~ missiles *with* nuclear warheads ミサイルに核弾頭を付ける / have one's cane ~*ped* ステッキの先に金具を付けさせる. **2** 《米》〈新芽などの先を〉切り取る: ~ a bush 木を刈り込む / have one's hair ~*ped* 頭髪を刈り込ませる. **3** (外見をよくするために)〈毛皮の〉毛先を染める.
tip in [*ínto, ón*] 〘製本〙〈地図・図版などを〉張り込む.
~·less *adj.* 〘《?a1200》 *typ* ◻ ON *typpi* (n.), *typpa* (v.) ← Gmc **tupp-* 'TOP[1]' (Du., Dan. & LG *tip* / G *Zipfel*)〙

tip[2] /típ/ *v.* (**tipped; tip·ping**) — *vt.* **1** 傾ける, 傾かせる, かしげる (incline): ~ (*up*) a barrel [cart] 樽[荷車]をかしげる. **2** 覆す, ひっくり返す (overturn) 〈*over, up*〉: a seat that can be ~*ped up* 上げ起こしできる座席 / She ~*ped* the pot *over.* ポットをひっくり返した. **3** 《英》かしげて〈中身を〉あける, 捨てる (dump) 〈*out*〉: ~ rubbish *out* (*of* a cart) (手押し車をかしげて)ごみをあける. **4** 挨拶のために〈帽子〉にちょっとさわる: ~ one's hat [《英俗》lid] *to* a person 帽子にちょっと手を触れて人に会釈する. **5** 〈人を〉ほうり出す 〈*out*〉: He was ~*ped out of* the car *into* the river. 車がひっくり返って川の中へほうり出された. **6** 《方言》〈酒を〉一息に飲む. — *vi.* **1** 傾く, 傾斜する, かしぐ (incline). **2** 覆る, ひっくり返る, 転覆する, 転ぶ (topple) 〈*over*〉: The boat ~*ped over.*
tip (*óver*) *the pérch* ⇨ perch[1] *n.* 成句. *tip the bálance* = *tip the scále*(*s*) ⇨ scale[2] 成句.
— *n.* **1** 《英口語》ごみ捨て場 (dump): a coal ~ ボタ(山). **2** 傾ける[かしげる]こと, 傾斜.
tip·pa·ble /-pəbl/ *adj.* 〘《?c1380》 *type*(*n*) to overthrow ← ?: 現在の語形の短母音は *tipt*(*e*) (pret.) の影響: cf. tip[1]〙

tip[3] /típ/ *n.* **1** チップ, 心付け, 祝儀 (gratuity): give a ~ to a servant 召使にチップをやる / I gave the girl fifty pence for [as] a ~. その女性にチップとして 50 ペンスやった / He left a large ~. 多額のチップを残した. **2** (その道の人, 特に競馬・投機などの)暗示, ヒント, 助言 (piece of advice), 内報, 予想 (hint, steer): the straight ~ 確かな助言, 信頼できる内報 / a ~ *that* a raid on the train is planned 列車強盗が計画されているという情報 / give [get] the ~ 内報する[内報に接する] / Police received telephoned ~*s on* where he might be hidden. 警察はその男の潜伏場所について電話による内報を受けた / He gave me the ~ *to* buy those shares. その株を買うようにと内報[助言]してくれた / Take my ~. 私の言うとおりにしなさい. **3** 〘商業〙月報. **4** よい思いつき (good idea); 秘訣(ひけつ), 秘法 (recipe): a ~ *for* extracting grease spots 油のしみ抜き法.
miss one's tip やまがはずれる, 失敗する.
— *v.* (**tipped; tip·ping**) — *vt.* **1** 〈召使・給仕など〉にチップをやる, 心付けをする: ~ a porter, waiter, etc. / He ~*ped* me (《まれ》*with*) a dollar. 私に 1 ドルの心付けをくれた. **2** 《口語》〈情報屋などが〉内報する, 密告する; …に内報する: ~ a winner 勝馬を知らせる / He was ~*ped* two days in advance. 2 日前に内報に接していた. **3** 《口語》[しばしば二重目的語を伴って] 与える, 伝える (give, bestow, communicate): He ~*ped* me a significant nod. 意味ありげに私にうなずいてみせた / *Tip* us a song [yarn]. 一つ歌を歌って[話をして]聞かせて下さい / *Tip* us your fist [fin]. 《俗》手を出したまえ, 握手しよう / ~ a person the wink = ~ the wink to a person 人にこっそり知らせる / He ~*ped* a sharp glance in my direction. 私の方に鋭い一瞥(いちべつ)を投げた.
— *vi.* **1** チップをやる, 心付けをする: ~ freely [handsomely] ふんだんに[たんまり]チップを出す. **2** 《口語》(競馬・投機などの)内報をする.
tip óff 《口語》(1) 〈人に〉密告して逃亡させる. (2) 〈人〉に警告する, 内報する, ちょっと知らせる: We were ~*ped off that* …という情報が入った.
〘《1610》← ?TIP[4]: もと隠語?〙

tip[4] /típ/ *n.* **1** 軽打 (tap): He gave me a ~ on the shoulder. 私の肩をぽんとたたいた. **2** 〘野球・クリケット〙チップ.
— *vt.* (**tipped; tip·ping**) **1** 軽打する. **2** 〘野球・クリケット〙〈球を〉チップする. — *vi.* つま先で歩く.
tip óff 〘バスケット〙ティップオフする (⇨ tip-off[2]).
típ and rún 《英》チップアンドラン 《バットに球が当たれば打者はすぐ走らなければならないクリケットに類したゲーム》.
〘《c1450》← ?: cf. tap[2] / LG *tippen* / G *tappen* to touch lightly〙

Tip. 《略》Tipperary.
tí pàlm *n.* 〘植物〙= ti[2].
típ-and-rún *adj.* **1** 〘クリケット〙球に触れればすぐ走る. **2** 《英》さっと急襲してはさっと引き上げる: a ~ raid. 〘1891〙
típ·bùrn *n.* 〘植物病理〙葉の先枯れ 《強い日照りなどによりトマト・チシャなどの葉の先が乾燥・焼焦げを生じること》.
típ·càr *n.* = tipcart.
típ·càrt *n.* (積荷台を傾けて砂利・土などを落とすことのできる)放下車 (cf. dumpcart). 〘1877〙
típ·càt *n.* 〘遊戯〙**1** 棒打ち遊び 《両端がとがった木片 (cat) を棒で打っておどり上がらせ地に落ちないうちに同じ棒で打って遠くへ飛ばす子供の遊戯》. **2** 棒打ち遊びに用いる木片 (cat). 〘《1676》← TIP[4] + CAT〙
ti·pi /tí:pi:/ *n.* 《米》= tepee.
típ-ìn[1] *n.* 〘バスケットボール〙指先ではたくようにしてリバウンドボールの方向を変えて得点すること.
típ-ìn[2] *n.* 〘製本〙= tip[1] 7. 〘1948〙
típ làyering *n.* 〘園芸〙先取り法 《取り木法の一つ; 枝を曲げ先端を土に埋め発根させて苗とする; キイチゴに多く用いる》.
típ·less *adj.* 〈ホテルなど〉チップ不要の. **~·ness** *n.* 〘1903〙
típ lòrry *n.* 《英》= dump truck.
típ-òff[1] *n.* 《口語》**1** 内報, (内々の)情報; (競馬などで)秘密予想: an anonymous ~ (警察への)匿名の情報. **2** 警告, 助言, 注意. 〘《1901》← *tip off* (⇨ tip[3] 成句)〙
típ-òff[2] *n.* 〘バスケット〙ティップオフ 《ジャンプボール (jump ball) でレフェリーがボールを投げ上げてプレーを開始させること》. 〘《1922》← TIP[4]〙
típ-òn *n.* 〘製本〙= tip[1] 7.
Tip·pe·ca·noe /tìpikənú:/ *n.* **1** ティピカヌー(川) 《米国 Indiana 州北部に発し, Wabash 川に注ぐ川 (289 km)》. **2** ティピカヌー 《William Henry Harrison のあだ名》. 〘← N-Am.-Ind. (Algonquian) 《原義》place of buffalo fish〙
tipped *adj.* 先端についた; 先のかぶさった.
típ·per[1] *n.* **1** (こうもり傘などの)金具付け手. **2** 〘製本〙(図版などの)張り込み工 (tipper-in ともいう). 〘《1819》← TIP[1] + -ER[1]〙
típ·per[2] *n.* 傾ける人[物]; 放下車 (tipcart) を扱う人; 《英》ダンプカー (《米》dump truck). 〘← TIP[2] + -ER[1]〙
típ·per[3] *n.* **1** 内報者, 密告者 (tipster). **2** 心付けをする人. 〘《1819》← TIP[3] + -ER[1]〙
Tip·pe·rar·y /tìpərɛ́əri | -réəri/ *n.* **1** ティペレアリー: **a** アイルランド共和国南部, Munster 地方の州; 面積 4,255 km^2, 州都 Clonmel /klá(:)nmeɫ, ─ ─ | klɔ́nmeɫ, ─ ─/. **b** 同州の町. **2** ティペレアリーの歌 《第一次大戦中英国兵士が行軍歌として愛唱した 'It's a long way to Tipperary.' で始まる歌》.
tipper-ín *n.* 〘製本〙= tipper[1] 2. 〘← TIP-IN[2]: ⇨ -er[1]〙
típper trùck [lòrry] *n.* 《英》ダンプカー (《米》dump truck).
tip·pet /típɪt | -pɪt/ *n.* **1** (婦人の)ケープ; 肩掛け 《毛皮・布地などのもので両端を前に垂らす》. **2** (裁判官・聖職者の)一種の肩衣. **3** (フード・袖などの)細長く垂れ下がった部分. **4** 〘釣〙**a** ティペット 《はりす (leader) の先端の細い部分》. **b** (毛針の尾にする)羽枝. **5** 鳥の首回りの環状の毛 (ruff). 〘《c1300》(dim.) ← TIP[1]: cf. OE *tæppet* / L *tapētum* cloth, tapestry〙
Tip·pett /típɪt | -pɪt/, Sir **Michael Kemp** *n.* ティペット (1905–98; 英国の作曲家).
Tip·pex /típeks/ *vt.* [しばしば t-] 《英》(修正液で)〈誤字などを〉修正する 〈*out*〉.
Tipp-Ex /típeks/ *n.* 《英》〘商標〙ティペックス 《ドイツ製の誤字修正液》.
típ·ping cènter *n.* 〘造船〙浮面心 (⇨ CENTER of floatation).
tip·ple[1] /típl/ 《口語》*vt.* 〈(強い)酒を〉ちびちび飲む. — *vi.* (習慣的または過度に)(強い)酒を飲む. — *n.* (強い)酒. 〘《1544》《逆成》? ← TIPPLER[1]: cf. tip[2]〙
tip·ple[2] /típl/ *n.* 《米》**1** (車を傾けて積荷を下ろす)放下装置. **2** 傾けて車の積荷を下ろす場所 《石炭の選別場・ごみ捨て場など》. 〘← TIP[2] + -LE[1] 2〙
tip·ple[3] /típl/ 《英方言》*vt.* 転ばす, ひっくり返す. — *vi.* 転ぶ, ひっくり返る. 〘《1847–78》(freq.) ← TIP[2]〙
típpl·er[1] /-plə, -plə | -plə^r, -pl-/ *n.* 酒豪, 飲んべえ. 〘《1396》*tipeler* tavern-keeper ← ?: cf. Norw. 《方言》*tipla* to dip slowly〙
típpl·er[2] /-plə, -plə | -plə^r, -pl-/ *n.* 放下装置; 選炭夫; 宙返りバト (tumbler) の一種. 〘《1831》← TIPPLE[2] + -ER[1]〙
Tip·poo Sa·hib /típu:sá:ɪb/ *n.* = Tipu Sahib.
tip·py /típi/ *adj.* (**tip·pi·er; -pi·est**) 《口語》転げそうな, ひっくり返りそうな, 不安定な: a ~ boat. 〘《1886》← TIP[2] (v.) + -Y[4]〙
típpy·tòe *n., adj., adv., v.* (**~d; ~·ing**) 《口語》= tiptoe. 〘⇨ tiptoe〙
típ shèet *n.* (競馬などの)予想紙, 出馬表, 競馬専門紙.
tip·si·fy /típsəfàɪ | -sɪ-/ *vt.* 酔わせる. 〘《1830》← TIPSY + -FY〙
típ spèed *n.* (車輪の)外縁速度, (プロペラの)先端速度.

típ·stàff *n.* (*pl.* **tip·staves, ~s**) **1** 《廃》先端に金具を付けたつえ 《ある種の役人の職務づえ》. **2** 《古》tipstaff を持ち歩いた役人 《法廷使丁・執達吏・巡査など》. 〘《1541–42》← *tipped staff*: ⇨ tip[1]〙
típ stàll *n.* 〘航空〙翼端失速.
tip·ster /típstə | -stə^r/ *n.* 《口語》(競馬・投機などの)内報者, 助言者, 予想屋; 密告者. 〘《1862》← TIP[3] + -STER〙
típ·stòck *n.* 銃床の先端部 《銃を左手で支える部分; cf. buttstock》.
tip·sy /típsi/ *adj.* (**tip·si·er; -si·est**) **1** ほろ酔いの (⇨ drunk SYN). **2** (酔いのため)転びそうな, よろよろする (unsteady): a ~ lurch 千鳥足 / get ~ 酔っぱらう. **3** かしいだ, ゆがんだ. **típ·si·ly** /-səli/ *adv.* **típ·si·ness** *n.* 〘《1577》← TIP[2] + -s- (無意味の連結音) + -Y[4]〙
típsy càke *n.* 《英》ティプシーケーキ 《カスタードやジャムをはさんで酒に浸したスポンジケーキ; 泡立てた生クリームや刻んだ木の実を飾る; cf. trifle 4》. 〘1806〙
típ tàble *n.* = tip-top table.
típ-tàp *n.* とんとん[こつこつ](たたく音). 〘《1604》《加重》← TIP[4]: cf. tap[2]〙
típ-tìlted *adj.* 〈鼻など〉先の反(そ)った.
tip·toe /típtòu | -təu/ *n.* [集合的] つま先.
on tiptoe (1) つま先で; こっそりと, 忍び足で, 抜き足差し足で (stealthy): stand [walk] *on* ~ つま先で立つ[歩く]. (2) 大いに期待して, 待ち設けて (eagerly expectant): *on* ~ *to* win やっきになって勝とうとして / be *on* (the) ~ *of* expectation 首を伸ばして待つ.
— *adj.* **1** つま立てて立つ[歩く]; こそこその, 忍び足の (stealthy). **2** 大いに期待している.
— *adv.* **1** つま立ちで, つま先で (on tiptoe); こっそりと, 用心して (quietly, warily): stand ~. **2** 期待して, 待ち設けて (expectantly).
— *v.* (**~d; ~·ing**) — *vi.* **1** つま先で歩く; 静かに[こそこそと]歩く: ~ into a room. **2** つま先で立つ.
— *vt.* [~ one's way として] つま先で進む: He ~*d his way* to the bathroom. つま先で浴室へそっと行った.
tiptoe (*a*)*róund* 〈問題など〉(の処理)を避ける.
〘《c1390》《逆成》← *tiptoon* (pl.) ← TIP[1] + *toon* (< OE *tān* (pl.) ← *tā* 'TOE')〙
típ·tòp *n.* **1** 絶頂, 頂上 (top): the ~ of the mast マストの頂上. **2** 《口語》極上, とびきり, 全盛 (crown, pinnacle): cry at the ~ of one's voice 声を限りに叫ぶ. **3** [通例 *pl.*] 《英口語》最上層階級. — *adj.* **1** 頂上[絶頂]にある. **2** 《口語》最上の, 極上の, とびきりの (first-rate): a ~ lecture [concert] すばらしい講演[演奏会] / be in ~ condition 最上のコンディションである / I'm a ~ man at this sort of thing. この種のことに関しては第一人者だ. **3** 《米》〘釣〙(さおの)穂先のガイド 《釣りざおの先端にある糸の案内環》. — *adv.* 《口語》申し分なく (perfectly). 〘《1702》← TIP[1] + TOP[1]〙
típ·tòp tàble *n.* ティップトップ式テーブル 《使用しない時は天板が垂直に傾けられる台座付きテーブル; tilt-top table, tip table ともいう》.
Tip·tron·ic /tɪptrá(:)nɪk | -trɔ́n-/ *n.* 〘商標〙ティプトロニック 《自動車のオートマチック変速機構》.
típ trùck *n.* = tipper truck.
típ-ùp *adj.* 上げ起こし式の: a ~ seat (劇場などの)上げ起こし式座席 / a ~ table (天板が二つに折れる台座つきの)上げ起こしテーブル. 〘《1884》: ⇨ tip[2] (vt.) 2〙
Ti·pu Sa·hib /típu:sá:ɪb/ *n.* ティプースルタン 《1749–99; 南インドの王国 Mysore の王 (1782–99); 英国のインド植民地化に反抗して殺された; Tipu Sultan の名でも知られる; Tippoo Sahib ともつづる》.
TIR 《略》F. Transport International Routier (= International Road Transport).
ti·rade /táɪreɪd, ─ ─ | taɪréɪd, tɪ-, tɪrá:d/ *n.* **1** 長い熱弁, 長広舌; 長い攻撃演説, 弾劾(だんがい)演説. **2** 《米》tɪrá:d, tə-/ 〘音楽〙《バロック音楽の装飾音の一種で跳躍進行の間を埋める急速な経過音》. **3** 《まれ》(詩などで)単一テーマに終始する節. 〘《1801》◻ F ~ 'draught, shot' ◻ ? It. *tirata* a pulling, volley ← *tirare* to draw < VL **tirāre* (cf. tier[1]): ⇨ -ade〙
ti·rail·leur /tì:raɪjə́: | -jə́:^r; *F.* tiʀajœ:ʀ/ *n.* 狙撃兵 (sharpshooter). 〘《1796》◻ F ~ ← *tirailler* to fire at random ← *tirer* to shoot, draw: ⇨ tier[1]〙
ti·ra·mi·su /tìrəmi:su: | -mɪsú:; *It.* tiramisú/ *n.* ティラミス 《コーヒーやブランデーに漬けたスポンジケーキと mascarpone を重ね, ココアパウダーをかけたイタリアのデザート》. 〘《1982》◻ It. ~ ← *tira mi su* pick me up ← *tira* ((imper.) ← *tirare* to pick, pull) + *mi* me + *su* up〙
Ti·ran /tɪrá:n/, **the Strait of** *n.* ティラン海峡 《Aqaba 湾と紅海との間の海峡; 長さ 16 km, 幅 8 km》.
Ti·ra·na /tɪrá:nə/ *n.* ティラナ 《アルバニア中部にある同国の首都; アルバニア語名 Tiranë /tiránə/》.
tire[1] /táɪə | táɪə^r/ *vt.* **1** 疲れさせる, くたびれさせる (fatigue): ~ oneself *out* へとへとに疲れる / Walking ~*s* me. 歩くと私は疲れる / He was ~*d out* by his journey. 旅行でくたくたに疲れ(ていた). **2** 飽きさせる, うんざりさせる (bore): The subject [Your importunity] ~*s* me. その話ならもう飽き飽きだ[君のしつこさにはうんざりする] / Don't ~ me *with* the details. いちいち細かい事まで言ってうんざりさせないでくれ. **3** 〈土壌・ゴムなどを〉(使い過ぎて)疲れさせる (wear out). — *vi.* **1** 疲れる, 疲労する, くたびれる: Our horses ~*d* (*out*). 馬が(とても)疲れた. **2** 〔…に〕飽きる, いやになる〔*of*〕: I never ~ *of* reading Dickens. ディケンズはいくら読んでも飽きない / I shall never ~ *of* your company. 君とならいつまで一緒でも飽きない. **3** 《Shak》むさぼり食う; 〔考え・行為に〕夢中になる〔*upon*〕(cf. *Cymb* 3. 4. 94).

T

tíre dówn (疲れて動けなくなるまで)〈獲物を〉追い詰める (cf. RUN[1] *down* (*vt.*) (5)). ***tíre óut*** ⇨ *vt.* 1, *vi.* 1.
— *n.* 《英方言・口語》疲労 (fatigue).
〖OE (*ġe*)*tȳrian*, *tēorian* to fail, be tired < ? Gmc **teuzōn* to stay behind ← IE **deu-* to cease: cf. tarry[1]〗

tire[2] /táɪə | táɪə⁽ʳ⁾/ *n.* **1** (車の)輪金. **2** 《米》(ゴム製の)タイヤ (《英》tyre) (⇨ bicycle, car 挿絵): a pneumatic ~ (空気入り)ゴムタイヤ / a solid ~ 中実タイヤ / peel ~*s* ⇨ peel[1] 成句. — *vt.* …にタイヤ[輪金]を付ける. 〖(1485) *tyre* 《廃》 curved plating for the rim of a wheel, 《原義》 the attire of the wheel: tire[3] の特別用法〗

tire[3] /táɪə | táɪə⁽ʳ⁾/ *n.* **1** (女性の)かぶり物, 頭飾り (headdress). **2** 《廃》衣装, 着物 (attire, dress). **3** 《米》前掛け, エプロン. **4** 《古》家具, 寝具 (cf. Shak., *Pericles* 3. 2. 22). — *vt.* **1** 《古》〈頭・髪を〉頭飾りで飾る. **2** 《廃》装う (attire, dress). 〖(?c1300) *tyr*(*e*) 《頭音消失》← *atir* 'ATTIRE (n.)'〗

tíre chàin *n.* 《米》(すべり止めにタイヤに巻く)鎖, タイヤチェーン (単に chain, または skid chain ともいう).

tired[1] /táɪəd | táɪəd/ *adj.* (**more ~, most ~; ~·er, ~·est**) **1 a** [叙述的] 疲れた, 疲労した, くたびれた (weary): feel ~ 疲労を覚える / look ~ *out* へとへとに疲れている様子だ / be ~ to death へとへとに疲れる / dance [talk] oneself ~ 踊り[話し]疲れる / The housework made her ~. 彼女は家事で疲れた / I was very ~ *from* [*after*] my trip. 旅行でひどく疲れていた / My arms got ~ (*from*) carrying my heavy baggage. 重い荷物を持って腕が疲れた / He was a little ~ *after* his long drive. 長いドライブをして来て少々疲れていた / I was a ~ man when I got home. 家に着いたときはくたくただった. **b** [限定的]〈声・表情などが〉疲れたような: a ~ voice / a middle-aged man with a ~ face 疲れた顔をした中年の男. **2** [叙述的]〔…に〕飽きた, うんざりした,〔…が〕嫌になった (bored, disgusted)〔*of*〕: get [be] ~ *of* life [one's daily round] 世の中[毎日の決まった仕事]が嫌になる / I'm ~ *of being* ordered around every day. 毎日ああしろこうしろとこき使われるのはもううんざりだ / You make me ~. (つまらぬ話ばかりして)君にはうんざりする[愛想がつきる]よ / You can shout till you are ~. 嫌になるまでわめくがいい. **3** [限定的] **a**〈冗談・句・話などが〉聞き飽きた, 陳腐な, 古臭い (stale, hackneyed): a ~ joke, sermon, theme, etc. **b**〈物が〉くたびれた, 古ぼけた (dilapidated, wilted): a ~ chair, hat, house, etc.
tired and emótional 《英戯言》酒に酔った.
〖(?a1400): ⇨ tire[1], -ed 1〗

SYN 疲れた: **tired** 体力・興味などがなくなって心身ともに休養を必要としている (一般的な語): I am *tired* from overwork. 仕事のしすぎで疲れている. **weary** 努力や緊張の結果ひどく疲れている (*tired* よりも格式ばった語): He was *weary* from his long walk. 遠道の散歩で疲れていた. **exhausted** 困難な登山の後などのように疲れ果てている: He was too *exhausted* to sleep. 疲労しすぎて眠れなかった. **worn-out** つらい仕事や難しい仕事の後で疲れはてる (*exhausted* とほぼ同じ意味だがよりくだけた語; 述語用法ではしばしば worn out とつづられる): He was *worn out* after hard work. つらい仕事のあとで疲れはてた. **fatigued** 過労や過度の緊張のために疲れて仕事が継続できない (精神的な疲れを強調する; 格式ばった語): I am *fatigued* to death. 死ぬほど疲れた.

tired[2] /táɪəd | táɪəd/ *adj.* [通例複合語の第 2 構成素として] (…の)タイヤ[輪金]を付けた: rubber-*tired* ゴムタイヤの付いた. 〖(1894): ⇨ tire[2], -ed 2〗

tíred·ly *adv.* 疲れて. 〖1659〗

tíred·ness *n.* 疲労; 倦怠(けんたい).

Tíred Tím *n.*「ものぐさ太郎」(怠け者につけるあだ名).

Tíred Tímothy *n.* =Tired Tim.

Ti·ree /taɪríː/ *n.* タイリー(島) (スコットランド西沿岸の沖合, Inner Hebrides にある島; 面積 78 km²).

tíre gàge *n.* タイヤゲージ(圧を測る).

tíre ìron *n.* タイヤ着脱用てこ, タイヤレバー.

tire·less[1] /táɪələs | táɪə-/ *adj.* **1**〈人が〉疲れをを知らない (unwearied), 精力的な, 勤勉な (industrious): a ~ worker [laborer]. **2**〈行為・活動が〉疲れの見えない (unwearing), 衰えない, 不断の: ~ energy, zeal, etc.
~·ly *adv.* **~·ness** *n.* 〖1591〗

tíre·less[2] *adj.*〈車が〉タイヤ[輪金]のない. 〖1862〗

Ti·re·si·as /taɪríːsiəs | -siæs, -siəs/ *n.* 《ギリシャ伝説》テイレシアス (Thebes の予言者; 水浴中の Athene を見たため盲にされたが, 後には彼女の怒りが解け, 道案内をするつえと鳥の言葉を理解する力と予言の力とを与えられた). 〖◻L *Tīresias* ◻Gk *Teiresías*〗

tire·some /táɪəsəm | táɪə-/ *adj.* **1** 《口語》やっかいな, 面倒な, いやな; 腹立たしい, いまいましい: *It's* ~ *of* her *to* nag all day long. 一日中がみがみ小言ばかり言っていやな女だ. **2** 退屈な, 飽き飽きする, うんざりする (tedious): a ~ job, lecture, sermon, etc. **~·ly** *adv.* **~·ness** *n.* 〖(1500): ⇨ tire[1], -some[1]〗

tíre stòre *n.* 《カナダ》自動車部品販売店.

tíre-váliant *n.* 《古》奇抜な頭飾り. 〖1597〗

tíre·wòman *n.* **1** 劇場の衣装係の女性. **2** = dressmaker. **3** 《古》侍女 (lady's maid). 〖(1615) ← TIRE[3]+WOMAN〗

Tîr·gu Mu·reş /tɔ́ːguːmúːrɛʃ | -múər-; *Rom.* tɨ́rgumúreʃ/ *n.* トゥルグ ムレシュ (ルーマニア中部の産業・文化都市).

Ti·rich Mir /tiːrɪtʃmíə | -míə⁽ʳ⁾/ *n.* ティリッチミル (パキスタン北部の Hindu Kush 山脈中の最高峰 (7,692 m)).

tir·ing /táɪ(ə)rɪŋ | táɪər-/ *adj.* **1**〈仕事など〉疲れさせる, 骨の折れる, やっかいな: a ~ job / I have had a ~ day. 今日は一日きつかった. **2**〈人・話など〉退屈な, うんざりする (tedious, boring). 〖(1588) ← TIRE[1]+-ING[2]〗

tíring-hòuse *n.* 《演劇》(エリザベス朝および王政復古期の, 舞台裏の)楽屋. 〖1590〗

tíring-ròom *n.* 《古》(劇場の)楽屋 (dressing room). 〖(1623): ⇨ tire[3]〗

tirl /tɔ́ːl | tɔ́ːl/ 《スコット》 *vi.*〈ドアの掛け金・かんぬきが〉がたがたと音を立てる. — *vt.* =twirl. 〖(c1500) 《音位転換》← TRILL〗

Tir na n'Og /tíənənóug | -tíənænóug; *Irish* tʲírnənóug/ *n.* 《アイル伝説》不老不死の国. 〖(1889) ◻Ir.-Gael. *Tīr na n-Ōg* ← *tir* land+*na* (*n*-) (def. art., gen. pl.) of the+*ōg* young〗

ti·ro /táɪrou | táɪ(ə)rəu/ *n.* (*pl.* ~**s**) =tyro.

ti·ro·cin·i·um /tàɪrousíniəm | tàɪ(ə)rə(ʊ)-/ *n.* 手ほどき, 入門 (apprenticeship); 未熟 (inexperience). 〖(1651) ◻L *tīrōcinium* the first service of a young soldier ← *tīrō* beginner+-*cinium* (abstract n. suf.)〗

Tir·ol /tɪróul, taɪróul, tírоul, -rɑ(ː)l | tɪróul, tírəl, -rəul; *G.* tiʀóːl/ *n.* =Tyrol.

Ti·ro·le·an /tɪróuliən, taɪ-, tìrəlíːən | tìrəulíːən⁻, tɪróuli-/ *adj.*, *n.* =Tyrolean.

Tir·o·lese /tìrəlíːz, -líːs | tìrəulíːz⁻/ *adj.*, *n.* (*pl.* ~) =Tyrolese.

T̀ ìron *n.* (自在かぎとして用いる) T 形鉄棒.

Ti·ros /táɪrous | táɪ(ə)rəus/ *n.* タイロス (米国の打上げた一連の気象衛星). 〖(頭字語) ← *T*(*elevision and*) *I*(*nfra-*) *R*(*ed*) *O*(*bservation*) *S*(*atellite*)〗

Tir·pitz /tɔ́ːpɪts, tíə- | tɔ́ːpɪts, tíə-; *G.* tíʀpɪts/, **Alfred von** *n.* ティルピッツ (1849–1930; ドイツの提督・政治家).

tir·ra·lir·ra /tìrəlírə/ *n.* ひばり[こまどり]の鳴き声; それに似た陽気な歌の調子. 〖(1610–11) 《擬音語》〗

tir·rit /tírɪt | -rɪt/ *n.* 《まれ》恐怖, 狼狽(ろうばい): these ~*s* and frights こんな恐ろしい状態 (Shak., *2 Hen IV* 2. 4. 205). 〖(1598) 《変形》← TERROR〗

tir·ri·vee /tɔ́ːrəviː | tɔ́ːrɪ-/ *n.* 《スコット》癇癪(かんしゃく); 騒動. 〖1813〗

Tir·so de Mo·li·na /tíəsoudeɪməlíːnə | tíəsəu-; *Sp.* tírsoðemolína/ *n.* ティルソ デ モリーナ (⇨ Téllez).

Ti·ru·chi·rap·pal·li /tìrutʃərɑ́ːpəli | -tʃə-/ *n.* ティルチラパリ (インド南部, Tamil Nadu 州中部の都市).

Ti·ru·nel·ve·li /tìrunélvəli/ *n.* ティルネルベリ (インド南部 Tamil Nadu 州の織維工業都市; 聖フランシス ザビエルのインドでの最初の布教地).

Ti·ryns /tírɪnz, táɪr- | tírɪnz, táɪ(ə)r-/ *n.* ティリンス (ギリシャ南部 Peloponnesus 半島東部のミュケナイ時代の城塞都市; 紀元前 468 年に破壊され, その廃墟が H. Schliemann により最初に発掘された).

'tis /tíz, tɪz/ 《詩・古》it is の縮約形.

Ti·sa /*Serb./Croat.* tîsa, *Rom.* tísa/ *n.* =Tisza.

ti·sane /tɪzǽn | tiː-, tɪ-/ *n.* 《廃》=ptisan. 〖◻F ~ 'barley water' ◻L *ptisana* 'PTISAN'〗

Tisch·en·dorf /tíʃəndɔ̀əf | -dɔ̀ːf; *G.* tíʃndɔʀf/, (**Lo·be·gott** /lóːbəgɔt/ **Friedrich**) **Konstantin von** *n.* ティッシェンドルフ (1815–74; ドイツの新約本文批評学者; シナイ写本 (⇨ Sinaiticus) の発見者).

Ti·se·li·us /tɪséɪliəs | tɪ-; *Swed.* tɪséːlɪʊs/, **Ar·ne** /ɑ́ːɳe/ *n.* ティセーリウス (1902–71; スウェーデンの生化学者; Nobel 化学賞 (1948)).

Tish·ah b'Ab /tíʃəbɑ́ːb, -bɔ́ːb/ *n.* (*also* **Tish·ah b'Av** /-bɑ́ːv, -bɔ́ːv/) 《ユダヤ教》神殿滅亡記念日, アブの 9 日 (Ab 月 9 日に起こったソロモン神殿の滅亡 (586 B.C.) とヘロデ神殿の滅亡 (70 A.D.) を記念して断食して, 祈る日; cf. Jewish holidays). 〖(1902) ◻MHeb. *tiš'āh bᵉ'ābh* ninth of Ab〗

tish·ew /tíʃuː/ *int.*, *n.* =atchoo. 〖擬音語〗

Tish·ri /tíʃri/ *n.* (ユダヤ暦の) 7 月 (グレゴリオ暦の 9–10 月に当たる; ⇨ Jewish calendar). 〖(1771) ◻Mish. Heb. *Tišrī* ◻Akkad. *Tašrītu* 《原義》beginning ← *šurrū* to begin, open〗

tis·ick /tízɪk/ *n.* 《古・方言》(肺結核による)せき (phthisis). 〖(1601–02) 《変形》← PHTHISIC〗

Ti·siph·o·ne /tɪsífəniː | tɪ-/ *n.* 《ギリシャ・ローマ神話》ティーシポネー (復讐(ふくしゅう)の女神 Furies の一人). 〖◻L *Tīsiphonē* ◻Gk *Tisiphónē* 《原義》avenger of murder ← *tísis* payment, vengence (← *tínein* to pay a price, avenge)+*phónos* murder〗

Tis·sot /tiːsóu | tíːsəu; *F.* tiso/, **James Joseph Jacques** *n.* ティソー (1836–1902; フランスの画家; 華やかな風俗描写を得意とした).

tis·sue /tíʃuː | tíʃuː, tísjuː/ *n.* **1** 《生物》組織: muscular [nervous] ~ 筋肉[神経]組織 / ⇨ adipose tissue, connective tissue. **2 a** 薄葉(うすよう)紙 (cf. tissue paper). **b** ティッシュ, 薄く柔らかい化粧用のちり紙 (cf. cleansing tissue): face ~ / toilet ~. **c** 《写真》カーボン印画紙 (carbon paper). **3 a** 薄い織物. **b** 《古》(金糸銀糸を織り込んだ)薄絹, 金銀紗(しゃ). **4** (うそ・ばかげたことなどの)織り交ぜ, 連続, かたまり: a ~ *of* falsehood [lies] うそ八百 / a ~ *of* myths 作り話のかたまり. **5** カーボン複写用薄紙, 複写用紙. — *vt.* **1** 《まれ》(金銀糸で)織る[刺しゅうする]. **2** ティッシュで〈洗顔クリームなどを〉ふき取る. **3** 薄織物[薄葉紙]で飾る[を着せる]. **tis·su·ey** /tíʃuːi, -ʃui | -ʃuːi, -sjuːi/ *adj.* 〖(c1385) ◻OF *tissu* woven (fabric) (p.p.) ← *tistre* to weave < L *texere* to weave: cf. text, texture〗

tíssue cùlture *n.* 《生物》組織培養(でできた組織). 〖1912〗

tís·sued *adj.* 金[銀]を織り込んだ. 〖1584〗

tíssue flùid *n.* 《生物》組織液. 〖1900〗

tíssue pàper *n.* (包装・保護カバーなどに用いる)薄葉(うすよう)紙. ★「ちり紙」の意では用いない. ちり紙の「ティッシュペーパー」は和製英語. 〖1777〗

tíssue tỳping *n.* 《外科》組織適合試験, 組織型別(合わせ) (臓器移植の供与者の組織と受容者のそれとの適合性の型別, またはそれを調べること). **tíssue tỳpe** *n.*

tíssue-tỳpe *vt.* 〖1965〗

tíss·wòod /tís-/ *n.* 《植物》=snowdrop tree. 〖← *tiss* (← ?)+WOOD[1]〗

Ti·sza /tísɔː, -sɑː; *Hung.* tísɒ/ *n.* [the ~] ティサ(川) (ハンガリーおよびユーゴスラビアを貫流し Danube 川に合流する川 (1,287 km); セルビアクロアチア語・ルーマニア語名 Tisa).

tit[1] /tít/ *n.* **1** 《鳥類》[しばしば限定詞を伴って] シジュウカラ科の小鳥の総称 (titmouse): ⇨ blue tit, coal tit. **2** 《軽蔑》小娘, 若い女: a little ~. **3** 《俗》卑劣な[見下げはてた]やつ, 不快なやつ. **4** 《古・方言》やせた小馬; やくざ馬 (nag). 〖(1548) *tit-* ← Scand. (cf. ON *tittr* bird, titmouse, small thing / Norw. 《方言》*titta* little girl) // ← 《擬音語》: cf. titmouse〗

tit[2] /tít/ *n.* **1** 《卑》(女性の)乳頭, 乳首 (teat). **2** [*pl.*] 《俗》(女性の)胸, おっぱい (breasts): a girl with big ~*s*. ***gèt on a pérson's títs*** 《英俗》人をひどくいらいらさせる. 〖OE ~ (G *Zitze* / MD & LG *titte*): ⇨ teat〗

tit[3] /tít/ *n.* 軽打, しっぺ返し (tap).
(*a*) ***tit for tát*** (1) しっぺ返し (blow for blow): give [pay] ~ *for tat* しっぺ返しをする, 売り言葉に買い言葉を言う. (2) 《英俗》帽子 (hat) (通例略して titfer という; (derby) hat の押韻俗語から). 〖1556〗
〖(1556) 《変形》← ? *tip* (*for tap*): ⇨ tip[4]: cf. F *tant pour tant*〗

tit. 《略》title.

Tit. 《略》Titus (新約聖書の)テトス書.

Ti·tan /táɪtn/ *n.* **1 a** 《ギリシャ神話》タイタン, ティーターン (Uranus (天) と Gaea (地) を父母とする大力の巨人族の一人; タイタン族はオリンポスの神々 (Olympian gods) に背いて戦ったが (cf. Titanomachy), 破れて Tartarus に落とされた): the weary ~ 疲れたタイタン (大空を肩にかつぐ Atlas のこと). **b** (英国その他の)老大国 (その地上の重責を負うことを天空を負う Atlas に比している). **2** [the ~] 《ギリシャ神話》太陽神 Helios (巨人 Hyperion の子). **3** 《天文》タイタン (土星 (Saturn) の第 6 衛星). **4** [通例 t-] 巨大な人, 大力無双の人, (学会・芸術界・政界などの) 巨匠, 巨星, 大立物. **5** 《機械》=titan crane.
— *adj.* [時に t-] 巨人的な, 巨大な (titanic, gigantic): ~ strength. 〖(c1385) ◻L *Tītān* ◻Gk *Tītā́n* 《原義》god of the sun ← *títō* sun〗

ti·tan- /taɪtǽn, tɪ-, -téɪn | taɪtǽn, tɪ-/ (母音の前にくるときの) titano- の異形.

ti·ta·nate /táɪtənèɪt, -tn- | -tən-, -tn-/ *n.* 《化学》**1** チタン酸塩[エステル]. **2** 一般式 $Ti(OR)_4$ で表されるチタンエステル. 〖(1839) ← TITANO-+-ATE[1]〗

tí·tan cráne /táɪtn-/ *n.* 《機械》タイタンクレーン, 仁王起重機 (機台の上を水平に旋回する起重機).

Ti·tan·esque /tàɪtənésk, -tn- | -tən-, -tn-⁻/ *adj.* タイタン (Titan) の(ような); (タイタンのように)巨大な (titanic).

Ti·tan·ess /táɪtənɪs, -tn- | -tənɪs, -nès, -tn-/ *n.* **1** 女性の Titan. **2** [通例 t-] 大力無双の女, 大女. 〖(1596): ⇨ -ess[1]〗

ti·ta·ni·a /taɪtéɪniə, tɪ- | taɪ-, tɪ-/ *n.* **1** 《化学》= titanium dioxide. **2** チタニア (⇨ rutile 2). 〖(1922) ← NL ~: ⇨ titanium〗

Ti·ta·ni·a /tɪtéɪniə, tɪtɑ́ː-, -tɑ́ːn- | tɪtɑ́ːniə, taɪ-, -téɪ-/ *n.* **1** ティターニア (Shakespeare 作 *A Midsummer Night's Dream* の中の人物; Oberon の妻で妖精(ようせい)の国の女王). **2** 《ギリシャ・ローマ神話》Diana, Pyrrha, Latona, Circe などの添え名. **3** 《天文》タイタニア (天王星 (Uranus) の第 3 衛星; 内側から 4 番目).

ti·tan·ic[1] /taɪtǽnɪk/ *adj.* **1** [T-] Titan の(ような). **2** [時に T-] 巨大な, 大力無双の (gigantic): the ~ figure of Napoleon ナポレオンの巨大な姿. **ti·tán·i·cal·ly** *adv.* 〖(1656) ◻Gk *Tītānikós*: ⇨ Titan, -ic[1]〗

ti·tan·ic[2] /taɪtǽnɪk, tɪ-, -téɪ- | taɪtǽn-, tɪ-/ *adj.* 《化学》チタンの; (特に)チタン (IV) の, 四価のチタン (Ti^{++++}) を含む (cf. titanous). 〖(1826): ⇨ titanium, -ic[1]〗

Ti·tan·ic /taɪtǽnɪk/ *n.* [the ~] タイタニック号 (1912 年 4 月 New York 港へ向けての処女航海の途上, Newfoundland の南方において氷山と衝突して沈没し, 1,500 名余の犠牲者を出した英国の豪華客船). 〖(1915) ⇨ titanic[1]〗

titánic ácid *n.* 《化学》チタン酸.

titánic óxide *n.* 《化学》酸化チタン (IV) (titanium dioxide).

ti·ta·nif·er·ous /tàɪtəníf(ə)rəs, -tn- | -tən-, -tn-⁻/ *adj.* チタンを含む[生じる]. 〖(1828) ← TITANO-+-I-+-FEROUS〗

Ti·tan·ism /táɪtənìzm, -tn- | -tən-, -tn-/ *n.* **1** (伝統・因襲・秩序などへの)反逆. **2** 巨大な力. 〖1851〗

ti·tan·ite /táɪtənàɪt, -tn- | -tən-, -tn-/ *n.* 《鉱物》チタナイト (⇨ sphene). 〖(1858) ◻G *Titanit*: ⇨ titano-, -ite[1]〗

ti·ta·ni·um /taɪtéɪniəm, tɪ- | taɪ-, tɪ-/ *n.* 《化学》チタン, チタニウム (金属元素の一つ; 記号 Ti, 原子番号 22, 原子量 47.90). 〖(1796) ← NL ~ ← Gk *Tītā́n* 'TITAN'+-IUM〗

titánium dióxide *n.* 《化学》二酸化チタン (TiO_2). 〖1877〗

titánium óxide *n.* 《化学》酸化チタン, (特に)=titanium dioxide. 〖1885〗

titánium tetrachlóride *n.* 〖化学〗四塩化チタン ($TiCl_4$).

titánium white *n.* 〖顔料〗チタン白(ぱく), チタンホワイト《二酸化チタンを主成分とする白色顔料・絵の具》. 〘1920〙

ti·tan·o- /taɪtǽnoʊ, tʌ̀-, -téɪ- | taɪtǽnəʊ, tɪ-/ 〖化学〗「チタン・チタニウム (titanium)」の意の連結形. ★ 母音の前では通例 titan- になる. 〘← NL *titanium* (⇨ titanium)＋-o-〙

Ti·tan·om·a·chy /tàɪtənɑ́(ː)məki, -tṇ- | -tənɔ́m-, -tṇ-/ *n.* 〖ギリシャ神話〗タイタン族 (Titans) とオリンポスの神々 (Olympian gods) との戦争《Thessaly で行われたこの戦いで, Zeus の率いるオリンポス神族の軍勢が大勝し, タイタン族は Tartarus に投げ込まれた》. 〘(1887) □ Gk *Tītānomakhía*: ⇨ Titan, -o-, -machy〙

ti·tan·o·saur /taɪtǽnəsɔ̀ə | -sɔ̀ː$^{(r)}$/ *n.* 〖古生物〗チタノサウルス《白亜(はくあ)紀の地層に発見されたチタノサウルス属 (*Titanosaurus*) の竜脚類の恐竜》. 〘(1892)↓〙

Ti·tan·o·sau·rus /taɪtæ̀nəsɔ́ːrəs/ *n.* 〖古生物〗チタノサウルス属 (⇨ titanosaur). 〘← NL *Titānosaurus* (属名): ⇨ Titan, -o-, -saurus〙

ti·tan·o·there /taɪtǽnəθɪə | -θɪə$^{(r)}$/ *n.* 〖古生物〗タイタノシア《ブロントテリウム科 (Brontotheriidae) に属するサイに似た奇蹄目の哺乳動物; 始新世と漸新世の時代に北米に生息した; cf. chalicothere》. 〘(1862) ← NL *Titānotherium* (属名): ⇨ Titan, -o-, -therium〙

ti·tan·ous /taɪtǽnəs/ *adj.* 〖化学〗チタンの; (特に)三価のチタン (Ti^{III}) を含む (cf. titanic²). 〘(1866) ← TITANO-＋-OUS〙

ti·ta·ra·ku·ra /tíːtaːrɑkùːrə/ *n.* (NZ) ＝cockabully.

tit·bit /títbɪt/ *n.* (英) ＝tidbit.

titch /tɪtʃ/ *n.* (英口語) ちび (tich).

titch·y /títʃi/ *adj.* (英口語) 大そう小さい, わずかの (tichy ともいう): a ～ bit of milk. 〘(1950): ⇨ ↑, -y⁴〙

ti·ter, (英) **ti·tre** /táɪtə | -tə$^{(r)}$/ *n.* 〖化学〗**1** 力価. **2** 規定濃度. **3** タイター《水に不溶性の脂肪酸の凝固点》. 〘(1839) □ F *titre* fineness: ⇨ title〙

tit·fer /títfə | -fə$^{(r)}$/ *n.* (英俗) 帽子 (hat); 山高帽 (bowler). 〘(1930)《短縮》← *tit for tat* (⇨ tit³ 成句)〙

tith·a·ble /táɪðəbḷ/ *adj.* 〈土地が〉十分の一税を課することができる. 〘*c*1450〙

tithe /táɪð/ *n.* **1** **a** [しばしば *pl.*] 十分の一(教区)税《牧師・教会の費用に充当するため教区の住民が所得の 10 分の 1 を納めた; 古くは主に物納であったが, のちに金納となり, 20 世紀に廃止されるまでその過程は種々変遷した (フランスでは 18 世紀, ドイツでは 19 世紀に廃止; cf. *Gen.* 14: 20, *Lev.* 27: 30)》: mixed ～*s* 混合十分の一税《personal tithe と praedial tithe との 2 種を混ぜ合わせたもの》/ personal ～*s* 勤労所得十分の一税 / ⇨ praedial tithe. **b** 十分の一税; (小額の)税, 年貢(ねんぐ). **2** 十分の一 (tenth); [a ～] 小部分, わずか (one bit) 〔*of*〕: I cannot remember *a* ～ *of* it. その事はちっとも思い出せない.
páy títhe of mínt (and ánise) and cúmmin はっか(・アニス)・クミンの十分の一を納める (*Matt.* 23: 23); 小事にこだわって大事を怠る.
— *vt.* …に十分の一税を課する[納める]: ～ one's goods, earnings, etc. — *vi.* 十分の一税を支払う.
títhe mínt and cúmmin ＝*pay* TITHE *of mint and cummin.*
〘n.: OE *tēoþa* 《短縮》← *teogoþa* tenth part (ON *tiunde* / OHG *zehanto* tenth): ⇨ ten, -th¹. —v.: OE *tēoþian, teogoþian* ← (n.)〙

títhe bàrn *n.* (昔の)十分の一税の穀物を貯蔵した納屋.

títhe·less *adj.* 十分の一税のない[を受け取っていない]. 〘1615〙

títhe pìg *n.* 十分の一税として納める豚《しばしば 10 頭中最悪の豚》. 〘1555〙

títh·er *n.* **1** 十分の一税を納める人. **2** 十分の一税を取り立てる人; 十分の一税支持者. 〘*c*1395〙

tith·ing /táɪðɪŋ/ *n.* **1** 十分の一税(の徴収). **2** 〖古英法〗十人組《近くに住む 10 人の自由土地保有者 (freeholder) とその家族を一組にして, その行動について連帯の責任を負わせた; cf. frankpledge 2》. **3** **a** (イングランドの)農村部の小行政区画《もと hundred の $^1/_{10}$ であった; cf. hundred 9 a》. **b** 《古》地方, 田舎 (cf. shak., *Lear* 3. 4. 134). 〘OE *tigeðing, tēoðung* group of ten (men): ⇨ tithe, -ing¹˒³〙

ti·tho·ni·a /tɪθóʊniə, taɪ- | tɪθə́ʊ-, taɪ-/ *n.* 〖植物〗メキシコ原産キク科ニトベギク属 (*Tithonia*) の植物の総称《ニトベギク (*T. diversifolia*), ヒロハヒマワリ (*T. rotundifolia*) など》. 〘(1940) ← NL *Tithōnia* (属名) ← ? L *Tithōnis* Aurora, wife of Tithonus (↓)〙

Ti·tho·nus /tɪθóʊnəs | tɪθə́ʊ-/ *n.* 〖ギリシャ神話〗ティトノス《トロイ王 Laomedon の息子, 暁の女神 Eos [Aurora] に愛され, 不死を求めて与えられたが, 老いぼれていつまでも生き長らえていたので, せみに姿が変わったという》. 〘□ L *Tithōnus* □ Gk *Tithōnós*〙

ti·ti¹ /tɪtíː | tɪ-/ *n.* 〖動物〗ティーティーモンキー《南米産オマキザル科 *Callicebus* 属の尾が長く毛深い小型のサルの総称; エリマキティーティー (*C. torquatus*) など》. 〘(1832) □ Sp. *tití* □ Aymara *titi* 《原義》a little cat〙

ti·ti² /tíːtiː/ *n.* 〖植物〗米国南部産のキリラ科の常緑低木 (*Cliftonia monophylla*) 《沼地に産して芳香のある白色の花をつける》. 〘(1827) □ Am.-Sp. ～ □ Aymara ～〙

ti·ti³ /tíːtiː/ *n.* (NZ) 〖鳥類〗＝sooty shearwater. 〘← Maori〙

ti·tian, T- /tíʃən | -ʃən, -ʃiən/ *adj.* 〈頭髪が〉黄褐色の, 金褐色の. 〘(1824) ← *Titian* (↓): Titian が描いた人物の頭髪にこの色を好んで用いたところから〙

Ti·tian /tíʃən | -ʃən, -ʃiən/ *n.* ティツィアーノ (1477?–1576; イタリアのベネチア派の画家; 盛期ルネサンスの代表者の一人; イタリア語名 Tiziano Vecellio /tittsjáːno vetʃéllio/).

Ti·tian·esque /tɪ̀ʃənésk | -ʃə-, -ʃiə-/ *adj.* ティツィアーノ (Titian) 風の.

Ti·ti·ca·ca /tɪ̀tɪkɑ́ːkə, tɪ̀ː-, -kɑː | tɪ̀tɪkɑ́ːkɑː, -kə; *Am. Sp.* titikáka/, **Lake** *n.* チチカカ湖《ペルー南東部とボリビア西部との間, Andes 山脈中の湖; 海抜 3,810 m (世界最高位), 面積 9,064 km²》.

tit·i·hoy·a /tɪtɪhɔ́ɪə | -tɪ-/ *n.* (南ア) ハグロゲリ (black-winged plover). 〘(1948) ← Bantu (Zulu): 擬音語〙

tit·il·late /títəlèɪt, -tḷ- | -tɪl-, -tḷ-/ *vt.* **1** くすぐる (tickle). **2** 〈味覚・想像などを〉快く刺激する, …の官能をくすぐる, …の興をそそる: ～ one's imagination 想像をそそる. 〘(1620) ← L *titillātus* (p.p.) ← *titillāre* to tickle〙

tít·il·làt·ing /-tɪŋ | -tɪŋ/ *adj.* 快く刺激する, 官能をくすぐる, 興をそそる: ～ reading 興をそそる読物. **～·ly** *adv.* 〘1714〙

tit·il·la·tion /tɪ̀təléɪʃən, -tḷ- | -tɪl-, -tḷ-/ *n.* **1** くすぐること, くすぐり; くすぐったさ. **2** 快い刺激, 感興. 〘(?*c*1425) □ L *titillātiō(n-)* ← *titillāre* (⇨ titillate)〙

tit·il·la·tive /títəlèɪtɪv, -tḷ- | -tɪlèɪt-, -tḷ-/ *adj.* くすぐる, くすぐったがらせる; 興をそそる.

tit·i·vate¹ /títəvèɪt | -tɪ̀-/ 《口語》*vt.* [しばしば ～ one*self* で] (外出前に)ちょっとめかす, おつくりする, 飾る (spruce) 〈*off, up*〉. — *vi.* 飾る, めかす. **tít·i·và·tor** /-tə | -tə$^{(r)}$/ *n.* 〘(1805) ← 《古》*tid(d)ivate* ← TIDY＋-*vate* (cf. cultivate)〙

tit·i·vate² /títəvèɪt | -tɪ̀-/ *vt.* ＝titillate. 〘変形〙

tit·i·va·tion /tɪ̀təvéɪʃən | -tɪ̀-/ *n.* 《口語》身ぎれいにすること, おめかし. 〘(1805): ⇨ titivate¹, -ation〙

tít·làrk *n.* 〖鳥類〗＝pipit. 〘(1668) ← TIT¹＋LARK¹〙

ti·tle /táɪtḷ | -tḷ/ *n.* **1** 表題, 題目, 題名: the ～ of a book [chapter, poem, painting] 書名[章の見出し, 詩題, 画題]. **2** **a** (本の)表題紙, 題扉 (title page); 背の書名. **b** 本 (book), 出版物 (publication): The catalog(ue) contains over 3,000 ～*s* of fiction. そのカタログは 3,000 点以上の小説を含んでいる. **3** **a** 肩書, 称号, 官職名, 学位, 爵位, 敬称 《たとえば King, Duke, Earl, Baron, Baroness, Justice, Rector, Professor, Sir, General, Admiral, Captain, Lady, Lord, Mr., Mrs., Miss, Ms., His [Your] Majesty など》: a man of ～ 肩書のある人, 貴族. **b** 《口語》肩書のある人, 貴族. **c** 呼称 (appellation): This gained (for) him the ～ (of) 'father of modern linguistics'. このために「現代言語学の父」と称せられるに至った. **4** (正当な)権利, 権利の根拠, (主張しうる)資格 (claim) 〈*to*〉/〈*to* do〉: He has many ～*s to* distinction. 彼は高名となるべき多くの資格を有している / You have no ～ *to* expect obedience. 服従を期待する権利はない. **5** 〖スポーツ〗タイトル, 選手権 (championship): defend [lose, hold, retain] one's [a] ～ タイトルを防衛する[失う, 所有する, 保持する] / play for the ～ / a ～ favorite 優勝候補(者) / the world heavyweight ～ 世界ヘビーウェイト級タイトル / ⇨ titleholder. **6** 〖法律〗財産(特に, 不動産)の権原; (不動産の)権利証書 (title deed): The ～ of the house passed to a bank. 家の権利証書はある銀行へ移った. **7** [通例 *pl.*] 〖映画・テレビ〗字幕, タイトル (cf. caption 2, subtitle 2); クレジットタイトル (credit title). **8** (カラットで表す)金位, 金質. **9** 〖教会〗聖職資格《一定の職務と収入》. **10** 〖カトリック〗名義聖堂《枢機卿(すうききょう)がその名義上の主任司祭となっているローマ近郊の各自のカトリック聖堂; cf. suburbicarian》. **11** 〖法律〗法律書の区分の題名; 訴状の件名.
ùnder the títle of … (1) …という題目[表題]で. (2) …の[という]肩書で.
— *adj.* [限定的] **1** 表題と同名の: the ～ essay, poem, story, etc. / ⇨ title role. **2** 〖映画・テレビ〗字幕[タイトル]の[にかかわる, と共に用いられる]: ～ music テーマ音楽, 主題曲.
— *vt.* **1** **a** …に表題を付ける (entitle). **b** [目的補語を伴って] 〈…を〉〈…と〉呼ぶ: ～ oneself Emperor 自らを皇帝と称する. **2** …に肩書を与える, 称号[爵位]を与える (cf. titled). **3** [通例 p.p. 形で] 称号[敬称]で呼ぶ. **4** 〖映画・テレビ〗〈フィルムに〉字幕を入れる.
〘n.: ((*c*1290)) (?*c*1421) □ OF ～ (F *titre*) < L *titulum* inscription, label ← ? ∞ OE *titul* □ L. —v.: (*a* 1325) □ OF *titler* (F *titrer*) □ L *titulāre*: TITTLE と二重語〙

títle bàr *n.* 〖電算〗タイトルバー《ウインドウ上部の, アプリケーション名やファイル名を表示する横長の領域》.

títle càtalog *n.* 〖図書館〗書名目録《書名を検索の手がかりとする目録; cf. author catalog》.

títle chàracter *n.* ＝title part.

ti·tled /táɪtḷd | -tḷd/ *adj.* 肩書のある, 位階を有する; 有爵の, 華族[貴族]の: ～ members 有爵議員: She is a ～ lady. 彼女は貴族です. 〘1593〙

títle dèed *n.* 〖法律〗不動産権利証書. 〘1768〙

títle èntry *n.* 〖図書館〗書名記入《目録で, 書名を見出し語とする記入; 普通は書名(冠詞を除く)のアルファベット順に配列されている》.

títle fìght *n.* ボクシングの選手権試合.

títle·hòlder *n.* 肩書[称号]所有者; (特に)選手権保持者 (champion). **títle·hòlding** *adj.* 〘1904〙

títle ìndex *n.* 書名索引.

títle insùrance *n.* 〖保険〗タイトル インシュアランス, 権原保険《不動産の購入者などがその不動産の権原の瑕疵(かし)によって被る損害の保険》.

títle·less *adj.* 称号[肩書]のない. 〘*c*1390〙

títle lìning *n.* 〖印刷〗見出し用活字[大文字]並び線そろえ, タイトルライニング (cf. art lining, standard lining).

títle màtch *n.* 〖スポーツ〗選手権試合, タイトルマッチ.

títle pàge *n.* (書物の)標題紙, (本)扉, 題扉《書物の題名・編著者名・出版社・出版地・出版年などが印刷してある》. 〘1594〙

títle pàrt *n.* 主題役《例えば *Macbeth* 劇中の Macbeth 役のような役; name part ともいう》.

títle pìece *n.* **1** (選集などの)表題作(品) (name piece). **2** 〖製本〗題簽(だいせん), 題箋, 張り外題(げだい)《書名を記して本の表紙または背に張付する通例革のラベル》.

tí·tler /-tḷə, -tlə, | -tḷə$^{(r)}$, -tl-/ *n.* **1** 映画のタイトルを書く人. **2** タイトル撮影のためカメラ前にタイトルカードを支えるための枠型の装置. 〘⇨ -er¹〙

títle ròle *n.* ＝title part.

títle tràck *n.* (アルバムの)タイトル曲: the ～ of one's album.

ti·tling¹ /táɪtḷɪŋ, -tl- | -tḷ-, -tl-/ *n.* (書物の背の)箔(はく)押し, (金箔による)文字入れ; 文字入れ文字. 〘(15C): ⇨ -ing¹〙

tit·ling² /títlɪŋ/ *n.* 〖鳥類〗**a** ＝titlark. **b** ＝titmouse.

títling lètter *n.* 〖印刷〗見出し用活字, タイトリング.

ti·tl·ist /táɪtḷɪst, -tl- | -tḷɪst, -tl-/ *n.* 《米》＝titleholder.

tit·man /títmən/ *n.* (*pl.* **-men** /-mèn/) 一腹の豚のうち最小のもの. 〘(1849): ⇨ tit¹〙

tit·mouse /títmàʊs/ *n.* (*pl.* **tit·mice** /-màɪs/) 〖鳥類〗シジュウカラ科シジュウカラ属 (*Parus*) の種々の小鳥の総称《シジュウカラ (great tit), アメリカコガラ (chickadee), アオガラ (blue tit), ヒガラ (coal tit) など》. 〘(*a*1325) *titmose* ← TIT¹ little＋*mose* (< OE *māse* < (WGmc) **maisōn*) titmouse〙

Ti·to /tíːtoʊ | -təʊ; *SCr.* tîto/ *n.* チトー《1892–1980; ユーゴスラビアの政治家・元帥; 首相 (1945–53), 大統領 (1953–80); 本名 Josip Broz》.

Ti·to·grad /tíːtoʊgræ̀d, -grɑ̀ːd | -təʊ-; *SCr.* tîtograːd/ *n.* ティトーグラード《Podgorica の旧名》.

Tí·to·ìsm /-toʊìzm | -təʊ-/ *n.* チトー主義《1948 年ユーゴスラビアの Tito 大統領が Stalin と対立して以来同国の政策を指す国家主義的・修正主義的共産主義》. 〘1949〙

Tí·to·ist /-toʊɪst | -təʊɪst/ *n.* チトー主義者. — *adj.* チトー主義(者)の.

ti·trant /táɪtrənt/ *n.* 〖化学〗滴定剤《定量分析における標準液》. 〘(1939) ← TITER＋-ANT〙

ti·trat·a·ble /táɪtreɪtəbḷ | -tə-/ *adj.* 〖化学〗滴定し得る.

ti·trate /táɪtreɪt/ *vt., vi.* 〖化学〗滴定する. 〘(1859) ← F *titrer* to titrate (← *titre*: ⇨ title)＋-ATE³〙

ti·tra·tion /taɪtréɪʃən/ *n.* 〖化学〗滴定(法)《容量分析において試料溶液の一定量と過不足なく反応する既知濃度の試薬の量からその物質を定量する方法》. 〘(1859): ⇨ ↑, -ation〙

ti·tra·tor /-tə | -tə$^{(r)}$/ *n.* 滴定液.

ti·tre /táɪtə | -tə$^{(r)}$/ *n.* 《英》〖化学〗＝titer.

tí trèe /tíː-/ *n.* 〖植物〗**1** ニオイシュロラン (ti²). **2** ＝tea tree (⇨ tea-plant). 〘(1820): *ti*: □ Maori ～ 'ti tree': 2 は音形の類似による混用〙

ti·tri·met·ric /tàɪtrəmétrɪk | tàɪtrɪ̀-/ *adj.* 〖化学〗滴定による. **tì·tri·mét·ri·cal·ly** *adv.* 〘1902〙

títs-and-áss[-búm] *adj.* 《卑》〈雑誌・新聞が〉女性ヌードが呼び物の.

tit-tat-toe /tɪ̀ttættóʊ | -tə́ʊ/ *n.* 〖遊戯〗＝ticktacktoe. 〘変形〙

tit·ter /títə | -tə$^{(r)}$/ *vi.* くすくす笑う (giggle); くすくす笑いながら言う. — *n.* くすくす笑い, 忍び笑い (⇨ laugh SYN). **～·er** /-tərə | -tərə$^{(r)}$/ *n.* 〘(*a*1619): 擬音語: cf. Swed. 《方言》*tittra* to giggle〙

tit·ter·ing·ly *adv.* くすくす笑って.

tit·tie /títi | -ti/ *n.* 《スコット》＝sister. 〘(1700)《小児語》← SISSY〙

tit·ti·vate /títəvèɪt | -tɪ̀-/ *v.* ＝titivate¹.

tit·ti·va·tion /tɪ̀təvéɪʃən | -tɪ̀-/ *n.* ＝titivation.

tit·tle /títḷ | -tḷ/ *n.* **1** (文字の上の)小点, 点画 (i の点, á の ´ など): to a ～ きっちり, きちんと, 正確に. **2** [通例否定構文で] ぽっちり, 微少, みじん (whit): There is *not* a ～ *of* evidence against him. 彼に不利な証拠はみじんもない / *not* a [one] jot or ～ ⇨ jot 成句. 〘(*c*1384) *titel* □ ML *titulus* superscription, (L) 'TITLE': TITLE と二重語〙

tit·tle·bat /títḷbæ̀t | -tḷ-/ *n.* 《英方言》〖魚類〗トゲウオ (stickleback). 〘(1820)《転訛》← STICKLEBACK: もとは小児語〙

tit·tle-tat·tle /títḷtæ̀tḷ | -tæ̀tḷ/ *vi.* ぺちゃくちゃしゃべる, むだ話をする, 雑談する; うわさ話をする (gossip). — *n.* おしゃべり, むだ話; うわさ話 (cf. tattle 1).

tít·tle-tàt·tler /-tḷə, -tlə | -tḷə$^{(r)}$, -tl-/ *n.* 〘(*a*1529)《加重》← TATTLE: cf. LG *titel-tatlen*〙

tit·tup /títəp | -təp/ *vi.* (**tit·tupped, -tuped; -tup·ping, -tup·ing**) **1** 跳(と)び回る, はね回る, 踊り歩く (prance, caper) 〈*about, along*〉. **2** 〈馬・乗手が〉軽がけする (canter), 踊るように走る, 騰躍する (curvet). **3** 〈ボートが〉揺れる. **4** 《俗》〖海事〗(飲み代をつくるため)銭投げのかけ (toss-up) をする. — *n.* **1** 踊り回り, はね回り, 跳び回り (caper). **2** (馬・乗手の)軽がけ, 騰躍. **3** 〖海事〗(飛び上がるような)揺れ. **4** 《方言》生意気な女 (hussy). **5** ハイヒールの靴音. 〘(1703) 擬音語: 馬のひづめの音から // 《転訛》← ? TITUBATE〙

tit·tup·py /títəpi | -tə-/ *adj.* **1** 陽気な, はしゃぐ, はね回る, 跳(と)び回る (frolicsome). **2** 揺れる, 動揺する, ぐらつく (shaky). 〘(1798): ⇨ ↑, -y⁴〙

tit·ty¹ /títi | -ti/ *n.* ＝tittie.

tit·ty² /títi | -ti/ *n.* 《小児語・卑》＝tit². 〘(1746) (dim.) ← TIT²: ⇨ -ie 1〙

tit·u·bate /títʃʊbèɪt | -tju-/ *vi.* 《まれ》 **1** よろめく, よろよろする (reel, totter). **2** どもる (stammer). 〖(1575) ← L *titubātus* (p.p.) ← *titubāre* to stagger, stammer: ⇨ -ate³〗

tit·u·ba·tion /tìtʃʊbéɪʃən | -tju-/ *n.* **1** よろめく[よろけること. **2** 〖病理〗よろめき《小脳障害による歩行の乱調》. 〖(1641) □ L *titubātiō(n-)*: ⇨ ↑, -ation〗

tit·u·lar /títʃʊlə | -tjʊlə(r)/ *adj.* **1** 表題の, 題名の: ～ words 題詞 / a ～ character 主題役. **2** 肩書[称号, 尊称]の: a ～ distinction 肩書による栄誉 / a ～ rank 爵位. **3** 名だけの, 名義上の, 有名無実の (nominal) (↔ real, actual): a ～ sovereign, prince, leader, head, etc. **4** 正当な権利を有する[による]: ～ possessions 有権所有物. **5** 〖カトリック〗〈聖人・聖物など〉教会などの名の由来となっている; 〈枢機卿(すうききょう)が〉名義上の主任司祭である (cf. title *n.* 10); 〈教会が〉名義聖堂である: a ～ saint 教会の守護聖人《その名を取って教会に命名する》. — *n.* **1** 肩書のある人, 称号を有する人. **2** 名義[肩書]だけの人, 名誉職の人. **3** 〖カトリック〗=titular bishop. **～·ly** *adv.* 〖(1591) ← NL *titulāris* ← L *titulus* 'TITLE': ⇨ -ar¹〗

títular bíshop *n.* 〖カトリック〗名義司教《今は異教国あるいは異端・分派の支配する地域となっている教区の名義だけの司教》. 〖1767〗

tit·u·lar·y /títʃʊlèri | títjʊləri/ *adj., n.* 《古》=titular. 〖(1606) ← L *titulus* 'TITLE' +-ARY〗

Ti·tus /táɪtəs | -təs/ *n.* **1** タイタス《男性名》. **2** 〖聖書〗 **a** テトス《パウロの友人; パウロは彼にあてて「テトス書」を書いたとされている》. **b** (新約聖書中の)テトスへの手紙, テトス(への)書 (The Epistle of Paul to Titus) (略 Tit.). **3** 〖ローマ伝説〗=Tatius. **4** ティトゥス《40?–81; ローマ皇帝 (79–81); 本名 Flavius Sabinus Vespasianus》. 〖□ L ～ □ Gk *Títos*〗

Títus An·drón·i·cus /-ændrá(ː)nɪkəs | -drɔ́nɪ-/ *n.* 「タイタス アンドロニカス」《Shakespeare の作とされる悲劇 (1593–94)》.

Tit·y·re–tu /tìtəreɪtúː, -tjúː | -treɪtjúː/ *n.* 〖英史〗ティテュルス団員《17 世紀末, 特に Charles 二世のころ London を荒らした良家の不良青年の一団の一人; cf. Mohock》. 〖(1623) □ L *Tityre, tū* Tityrus, thou: Virgil の Eclogues の最初の 2 語〗

Ti·u /tíːuː/ *n.* 〖ゲルマン神話〗ティーウ《空と戦争の神; 北欧神話の Tyr に相当》. 〖OE *Tīw* god of war < Gmc **Tiwaz* (OHG *Zīo* / ON *Týr*) ← IE **dyeu-* ← **deiw-* to shine (L *deus* god / Gk *Zeús*): cf. Tuesday〗

Tiv /tív/ *n.* (*pl.* ～, ～**s**) **1** **a** [the ～(s)] ティブ族《ナイジェリアの Benue 川下流地域の部族》. **b** ティブ族の人. **2** ティブ語《ティブ族の話すニジェールコンゴ語群 (Niger-Congo) の言語》. 〖1939〗

Ti·vo·li *n.* ティボリ: **1** /tívəli; *It.* tíːvoli/ イタリア中部, Rome の東方にある町; 古代ローマ人の別荘の遺跡がある. **2** /tíːvəli; *Dan.* tívʊli/ デンマークの Copenhagen にある公園でレクリエーションセンター.

Tiw /tíːuː/ *n.* =Tiu.

Ti·wa /tíːwə/ *n.* (*pl.* ～, ～**s**) **1** **a** [the ～(s)] ティワ族《米国 New Mexico 州に住むタノ語族のアメリカインディアン》. **b** ティワ族の人. **2** ティワ語. 〖□ Sp. *tigua* ← N-Am.-Ind.〗

ti·yin /tiːjín/ *n.* (*pl.* ～, ～**s**) ティイン: **1** キルギスタンの通貨単位; =$^1/_{100}$ som. **2** ウズベキスタンの通貨単位; 100 sum. 〖□ Kazakh *tıyın*〗

Tiz·ard /tízəd | -zəd/, Sir **Henry Thomas** *n.* ティザード《1885–1959; 英国の科学者; 1930 年代の航空学に貢献》.

tizz /tíz/ *n.* 《英口語》=tizzy¹.

tizz·wazz /tízwɑ̀(ː)z, -wɔ̀(ː)z | -wɔ̀z/ *n.* 《英口語》=tizzy¹.

tiz·zy¹ /tízi/ *n.* 《俗》興奮[狼狽(ろうばい)]状態 (dither): in a ～ そわそわ[びくびく]して / all of a ～ すっかりそわそわ[びくびく]して. 〖(1935) ← ?〗

tiz·zy² /tízi/ *n.* 《英廃》6 ペンス銀貨 (sixpence). 〖(1804) 《転訛》← TESTER³〗

tj 《記号》Tajikistan (URL ドメイン名).

Tjir·e·bon /tʃɪrəbɔ́(ː)n, -bɑ́(ː)n | tʃíərəbɔ̀n/ *n.* チルボン《インドネシアの Java 島北部, Java 海に臨む港市; 1946 年オランダと同国との独立協定の結ばれた場所; Cheribon ともいう》.

T̍ jòint *n.* 〖機械〗T 継ぎ手.

T̍-jùnction *n.* T 字形三叉路; (パイプなどの) T 字形接合部.

tk ★ 発音については ⇨ tut¹. *int.* =tut¹.

tk 《略》tank; truck.

TKO, t.k.o. /tíːkèɪóʊ | -áʊ/ 《略》〖ボクシング〗technical knockout.

tkt 《略》ticket.

Tl 《記号》〖化学〗thallium.

TL 《略》total loss; trade-last; trade list; truckload.

TL 《記号》⇨ TMA; 〖貨幣〗Turkish pound(s).

T/L 《略》time loan.

Tlax·ca·la /tlɑːskɑ́ːlə | tlə-, tlæ-; *Am.Sp.* tlaskála/ *n.* トラスカラ: **1** メキシコ中部の州; 面積 4,027 km². **2** 同州の州都; アメリカ全大陸中最古の教会 San Francisco (1521) がある; 公式名 Tlaxcala de Xicoht'encal.

TLC /tíːèlsíː/ 《略》 **1** 《口語》tender loving care 優しい世話: get ～. **2** thin-layer chromatography.

Tlem·cen /tlɛmsén; *F.* tlɛmsɛn/ *n.* トレムセン《アルジェリア北西部の都市》.

Tlin·git /tlíŋgɪt | -gɪt/ *n.* (*pl.* ～, ～**s**) **1** **a** [the ～(s)] トリンギット族《Alaska 南部および British Columbia 北部の海岸地方に住むアメリカインディアンの諸族》. **b** トリンギット族の人. **2** トリンギット語《同地方のアメリカインディアンの一語系》. 〖(1865) □ N-Am.-Ind. (Tlingit) *Lingit* 《原義》people〗

Tlin·kit /tlíŋkɪt | -kɪt/ *n.* (*pl.* ～, ～**s**) =Tlingit.

TLO 《略》〖保険〗total loss only 全損のみ担保.

tlr 《略》tailor; teller; trailer.

TLS 《略》The Times Literary Supplement; typed letter signed.

T̍ lỳmphocyte *n.* 〖医学〗T リンパ球 (T cell の別称).

tm 《記号》Turkmenistan (URL ドメイン名).

Tm 《略》〖化学〗thulium; 〖聖書〗Timothy.

TM 《略》technical manual; Their Majesties; transcendental meditation; trademark.

t.m. 《略》trademark; trench mortar; true mean.

TMA 《略》Trans-Mediterranean Airways トランスメディタレニアン航空 (記号 TL).

T̍-màn /-mæ̀n/ *n.* (*pl.* **-men** /-mɛ̀n/) 《米口語》(米国財務省の)特別税務調査員. 〖(1937) ← *T(reasury) man*: *G-man* の類推による造語〗

tme·sis /t(ə)míːsɪs | -sɪs/ *n.* (*pl.* **tme·ses** /-siːz/) 〖文法・修辞〗分語法, 合成語分割《合成語などの間に他語を挿入して分割すること; 例えば *to us-ward, what place soever, abso-blooming-lutely* など; cf. toward *prep.* 1 語法 (2)》. 〖(1550) □ Gk *tmêsis* cutting ← *témnein* to cut: cf. tome〗

TMO 《略》telegraph money order 電信為替.

TMTD 《略》〖化学〗tetramethylthiuram disulfide.

TMV 《略》tobacco mosaic virus.

tn 《略》ton; town; train.

tn 《記号》Tunisia (URL ドメイン名).

Tn 《記号》〖化学〗thoron.

TN 《略》〖米郵便〗Tennessee; true north; 〖自動車国籍表示〗Tunisia.

TNB 《略》〖化学〗trinitrobenzene.

T̍ nétwork *n.* 〖電気〗T 形回路網.

TNF 《略》theater nuclear forces.

tng 《略》training.

TNM 《略》tactical nuclear missile.

tnpk. 《略》turnpike.

TNT /tíːɛ̀ntíː/ 《略》〖化学〗trinitrotoluene.

T̍-nùmber *n.* 〖写真〗T ナンバー, T 絞《実際にレンズを透過する光量を測定して, それと同光量を通過させる円の直径で焦点距離を割った数値で F ナンバーを透過率の平方根で割った値になり, F ナンバーよりやや大きな値となる; cf. f-number》. 〖← *t(otal light transmission)*+NUMBER〗

TNW 《略》〖軍〗theater nuclear weapon.

to /(弱)(子音の前) tə, tʊ, (母音の前) tu, (句・節・文の終わり) tuː; (強) túː/ *prep.* **1** **a** [運動の方向・到着] …へ, …に, …まで, …の方へ (↔ from): go *to* the south [exit] 南方[出口の方]へ行く / go from west *to* east 西から東へ行く / the way *to* glory 栄光[名誉]への道 / come *to* the house 家に着く / He returned *to* London. ロンドンへ帰った / Come here *to* me. 私のところまで来なさい / a trip *to* the moon 月への旅行 / get *to* Nagoya 名古屋に着く / go *to* law [war] 法律[戦争]に訴える / go *to* sea 船乗りになる / go *to* school [church, college, town, 《英》university, 《英》hospital]. **b** [命令文で go その他の運動の動詞を省略して]: *To* arms! 武器を取れ / All hands *to* work [pumps]! 全員仕事につけ[全員総力を挙げて奮闘せよ] / *To* horse! 馬に乗れ. **c** 《古》[法助動詞の後で go その他の運動の動詞を省略して]: I'll [I must] *to* bed. 床に着くことにしよう.

2 [方向] …の方を[へ], の方向に (toward): turn (*to* the) right 右の方へ向く, 右へ曲がる / keep (*to* the) right 右側を行く; [掲示] 右側通行 / on one's [the] way *to* the station 駅へ行く途中で / He pointed *to* a tree. 一本の木の方を指さした / The house opens *to* the south. その家は南向きだ / Where are you going (*to*)? どこへ行くのですか / from place *to* place あちらこちらに, ところどころに / An extensive range of pasturage lay *to* the west. 広々とした牧場が西方にあった / He turned his face *to* the wall. 壁の方へ顔を向けた.

3 [執着・付着] …へ, …に: hold [adhere] *to* one's opinion 自分の意見を固執する / He was sincerely attached *to* the Established Church. 彼は心から英国国教に帰依(きえ)していた / Ivy clings *to* wood or stone. つたは木や石にからみ付く.

4 [行為・性質等の影響を受ける対象] …に, にとって, に対する, …への, …のために, の手に: be good [kind, nice] *to* a person 人に対して親切である / a son born *to* him 彼の息子 / little waves sparkling *to* the moonbeams 月光を受けて輝く小波 / attend *to* the business 仕事にかかる / drink *to* a person 人のために[人を歓迎または祝福して]乾杯する / dedicate a book "*To* those Who Understand" 本を「理解してくれる人に」謹呈する / drink *to* a person's health 人の健康を祝して乾杯する / Here's *to* Japanese-American friendship. 日米友好のために乾杯 (⇨ here *adv.* 成句) / keep [have, get] the room *to* oneself 部屋を独占する / leave the management *to* a person 人に管理を一任する / give [send] a book *to* a person 人に本を与える[送る] / Tell it *to* me. そのことを話してくれ / talk *to* oneself 独り言を言う / do harm *to* a person 人に害を与える / listen *to* the radio ラジオを聞く / reply *to* a letter 手紙に対して返事を出す / Instead of marrying the lady, he has more mind *to* her niece. 彼はその女性と結婚するよりむしろその姪(めい)の方に乗り気だ / It is nothing *to* me. 私にとっては何でもない / What is that [does it matter] *to* you? それが君にとってどうだと言うのだ / What will he say *to* this? これに対して彼は何と言うだろうか / It means a great deal *to* him. それは彼にとっては大変重要なことだ / a claim [title] *to* the name その名を得る資格[に対する正当の権利] / disobedience *to* one's superiors 上司に対する不服 / duty *to* one's parents 親に対する義務.

5 [適用の方向・範囲] …に対して, にとって, …に: be alive *to* the value of one's wares 自分の品物の値打ちを十分心得ている / apply a rule *to* the case 規則をその場合に適用する / apply soap *to* a towel タオルに石鹸をつける / his father's unmerciful use of the whip *to* him 父が彼に無慈悲なむちを加えたこと / known *to* the world 世間[世界]に知れて / familiar *to* them 彼らになじみ深い / necessary *to* education 教育に必要な / His attitude is open *to* attack. 彼の態度には非難される余地がある.

6 **a** [時間の終点] …まで (until): from Saturday *to* Monday 土曜日から月曜日まで / from day *to* day 連日 / from month *to* month 毎月毎月 / The business hours are from ten *to* six. 営業時間は 10 時から 6 時まで / *to* her dying day 彼女の臨終の日まで / be conscious *to* the last 最後まで意識がある / *to* this day 今日に至るまで / stay *to* the end of June 六月末まで滞在する / All were ten *to* fifteen years younger than him [he]. 全員 10 から 15 くらい彼より若かった. **b** 〈何時〉(…分)前 (《米》of) (↔ past): (a) quarter [ten (minutes)] *to* four 4 時 15 分[10 分]前. **c** (定刻)通りに.

7 [付属・付加] …に, …の上に, …に加えて, に付く[付ける]: add A *to* B A を B に加える / a kite with a tail *to* it 尾の付いている凧(たこ) / an adviser *to* the Foreign Office 外務省顧問 / (a) nephew *to* the king 王の甥(おい) / It belongs *to* me. それは私のものです / without clothing *to* his back, or shoes *to* his feet 着るに服なく, 履くに靴なく / Wisdom he has, and *to* his wisdom, courage. 《古》知恵はあるし, その上に勇気もある / That's all there is *to* it. 《米口語》単にそれだけのことだ / There's nothing *to* him. ただあれだけの男だ.

8 [結果・効果] …したことには, …にも, 結局…を招く: *to* one's cost 結局損をして[迷惑して] / *to* a person's credit 人の名誉になるように, 人をほめて / *to* no purpose むなしく, いたずらに / *to* one's delight [surprise] 喜んだ[驚いた]ことには / *to* one's great distress 大変困ったことには / tear a letter *to* pieces 手紙をずたずたに引き裂く / pull a flower *to* pieces 花をずたずたに引きちぎる.

9 [状態・境遇の変化] …へ, …に, …の方へ: change [go, turn] from bad *to* worse [(from solid) *to* liquid] ますます悪化する[(固体から)液体に変わる] / reclaim a sinful woman *to* virtue 罪深い女性を教化する / rise *to* wealth and honor 富貴の地位にのぼる / sink *to* misery [poverty] みじめな境遇[貧困]に陥る / stand *to* attention 気を付けの姿勢を取る.

10 [限度・程度] …まで, …に至るまで, …するほどに: be rotten *to* the core 芯(しん)まで腐っている / an Englishman *to* the core 心からの英国人 / The thermometer has risen *to* above 32°. 温度計は 32 度以上に上がった / It is eleven miles *from* Oxford *to* Witney. オックスフォードからウィットニーまでは 11 マイルだ / be expressed *to* a nicety 微妙な点まで表現される / *to* a degree ⇨ degree 成句 / He loves you *to* distraction. 彼は気も狂うほどあなたを愛している / *to* that [this] extent その[この]程度まで / *to* perfection 完全に, 十分に / *to* the full *to* the full 十分, 完全に, 心行くまで / *to* the end 最後まで / be sick *to* death 死ぬほどいやだ / be wet [drenched] *to* the skin ずぶぬれになる / stripped *to* the waist 腰のところまで[上半身]裸になって / punctual *to* the [a] minute 1 分と違わず時間通りに / goods *to* the value of $10,000 1 万ドルに上る品物 / It comes *to* ten pounds. 勘定は 10 ポンドになる / The park extends *to* 3,000 acres. 公園は広さ 3,000 エーカーに及ぶ / The room was hot *to* the point of suffocation. 部屋は息ができないほど暑かった / three months ago *to* the day きっかり 3 か月前.

11 [目的・計画] …のために: *to* that end その目的のために / *to* the end that … のために / He came *to* our rescue. 我々を救いに来た / He was brought up *to* joinery. 指物師に仕立てられた / I went back *to* writing at the desk. 再び机に向かって書き物にとりかかった.

12 [比較・対比] …と比べて, …対, …につき (cf. with *prep.* 7): superior [inferior, senior, junior] *to* …よりもすぐれている[劣っている, 年上である, 年下である] / All former wars were mere child's play compared *to* [《英》child's play *to*] World War II. 第二次世界大戦に比べれば以前の戦争は皆児戯に類するものだった / He's a rich man compared *to* [《英》a rich man *to*] what he used to be. 以前に比べれば今は彼はずっと金持ちだ / Three is *to* nine as [what] nine is *to* twenty-seven. 3 の 9 に対する比は 9 の 27 に対する比に等しい (3 : 9 = 9 : 27) / ten pence *to* the pound 1 ポンドにつき 10 ペンス / do 50 miles *to* the gallon 1 ガロン当たり 50 マイル走る / The score was 9 *to* 5. スコアは 9 対 5 であった.

13 [随伴] …に合わせて, につれて: sing *to* the guitar [piano] ギター[ピアノ]に合わせて歌う / We danced *to* the sound of a banjo. バンジョーの音に合わせてダンスした.

14 [接近・対立] …に向かい合って, に相対して: I sat down *to* table. 食卓に向かった / be opposed *to* all kinds of reform あらゆる改革に反対である / face *to* face 面と向き合って / Traffic was bumper *to* bumper all the way *to* the exit. 出口まで車が連なっていた / fight hand *to* hand 接戦する, 白兵戦をする / clutch something *to* one's bosom 胸に押しつける.

15 [適合・一致] …に合わせて, に応じて, …通りの[に]: a poem *to* one's liking 好みに合った詩 / an occupation *to* one's taste 趣味に合った仕事 / drawn *to* the life 生き写しで / This coat is made *to* order. この上着はあつらえ仕立てです / The dog came *to* his whistle. 犬は彼の口笛にこたえてやって来た / *to* all appearance(s) どう見ても / *to* all

T

intents and purposes すべての点において，あらゆる意味において，どう見ても / *to* my mind 私の意見では / *to* my (way of) thinking 私の考え方からすれば / *to* the best of my (knowledge and) belief 私の(知っているまた)信じる限りでは．

16 〘予定・運命〙…に: be born *to* the purple [a bitter fate] 高貴な身分に生まれる[悲運に生まれつく] / sentence a person *to* transportation 人を流刑に処する．

17 〘資格・役割〙…として，…に (as, for): call [take] a person *to* witness 人に証人になってもらう / take a woman *to* wife 《古》女を妻にめとる / He has a duke *to* his father-in-law. 《古》彼は公爵を義父にもっている．

18 [attest, confess, subscribe, swear, testify などの動詞に伴って] …であると，…を認めて: *confess* (*to*) a crime 罪を犯したと白状する / He *swore to* the miracle. その奇跡は本当にあったのだと彼は言った / That is a problem *to* which I can *speak*. その問題については私から一言申し上げたい．

19 〘場所〙《方言》…で (at): I got this *to* Brown's. これはブラウンの店で買った / He's *to* home. 彼は家にいる．★ G. *zu* Berlin (=in Berlin), *zu* Hause (=at home) などと比較せよ．

20 〘口語・方言〙〘材料〙…で (cf. with 12): a patch planted *to* beans.

21 〘数学〙…乗した，冪数(べき)が…の: five *to* the third (power) 5 の 3 乗．

22 /(弱) (子音の前) tə, tʊ, (母音の前) tu, (句・節・文の終わり tuː/ [不定詞を導く] ★ 前後の関係で明らかな時には *to* のみが残って不定詞の代用をすることがある (cf. pro-infinitive): **a** [名詞的] …すること: *To* err is human, *to* forgive divine. 過(あやま)つは人の常，許すは神の道 (Pope, *Essay on Criticism*) / *To* defy the law is a crime. 法律は無視するのは犯罪だ / It is foolish *to* read such a book. そんな本を読むのはばかげている / I like *to* think so. 私はそう考えたい / I want *to* visit him. 彼を訪問したい / I would like *to* (do it). (そう)したいものです / She came in because I asked her *to*. 私が頼んだので彼女は入って来た / My object was *to* know his mind. 私の目的は彼の本心を知ることであった / All you have to do is (*to*) go. 君はただ行きさえすればいい．★ 最後の例のような構文の場合，特に《米》ではしばしば原形不定詞を用いる． **b** [形容詞的] …する，するための，…すべき: a house *to* let [rent] 貸家 / water *to* drink 飲み水 / have nothing *to* do 何もすることがない / the first man *to* come 最初に来る[来た]人 / in days *to* come 来たるべき日に，未来に． **c** [副詞的] …するために，するには，…して，…するとは《目的・結果・原因・限定・判断の根拠などを表す》: I have come *to* see you. 君に会いに来た / We eat *to* live. 生きんがために食う / I am sorry *to* hear that. それはいけないね / She is wise enough *to* know it. 賢いからわからないはずがない / It is good *to* eat. それは食用に適する / It was good of you *to* come. よくお出で下さいました / She is beautiful *to* look at. 見るからに美しい / What a fool he must be *to* say such a thing! そんなことを口にするとはあの人も何というばかだろう / *to* tell the truth [独立不定詞] 本当を言えば / *To* return to our earlier subject [独立不定詞] 本題に立ち返って / *To* be frank [honest] 率直に言えば[正直なところ]. **d** [種々の補足構造をなして]: He seems *to* be happy. 幸福そうだ / Sun and rain cause the grass *to* grow. 太陽と雨によって草が生長する / I asked her (not) *to* come in. 彼女に入って(来ないで)くださいと言った / I like boys *to* be quiet. 子供たちが静かにしているのが好きだ．★ 知覚動詞 (see, hear, feel, etc.)，使役動詞 (let, make, have) および help などの後には原形不定詞を用いる; ただし受動の際には *to* を用いる: I saw him enter the house. 彼が家にはいるのを見た / He was seen *to* enter the house. / Make him repeat it. 彼にそれを繰り返させなさい / He was made *to* repeat it. / Help me (*to*) lift it. それを持ち上げるのを手伝っておくれ．

— /túː/ *adv*. **1** 正常の[必要な]状態に[へ]，(特に)停止[閉鎖]の状態へ: bring a ship *to* 〈軍艦が〉船に進行停止を命じる / come *to* 〈気絶した人が〉正気づく / ⇨ HEAVE *to*, LIE[1] *to* (2) / push [shut] the door *to* 戸を閉める. **2** 活動状態に[へ]，仕事に: fall *to* 食い始める; 殴り合いを始める / turn *to* (仕事に)着手する / ⇨ SET *to*. **3** [close *to* の形で] 近くに (at hand): We came *close to*. すぐそばに来た. ***tó and fró*** あちらこちらに，右往左往して (cf. to-and-fro): I was watching the crowd passing *to and fro*. 群衆が右往左往しているのを見ていた．〖OE *tō* (adv. & prep.) < (WGmc) **tō* (adv.) (Du. *toe* / G *zu* / Goth. *du*) ← IE **dō-*, **de-* (L *dōnec* while & *quando* when): TOO と二重語〗

to 《記号》 Tonga 《URL ドメイン名》.

TO /tíːóʊ | -óʊ/ 《略》 table of organization; Telegraph Office; 〘文法〙 traditional orthography.

TO, t.o. /tíːóʊ | -óʊ/ 《略》 turnover; turn over (cf. PTO).

toad /tóʊd | tə́ʊd/ *n*. **1** 〘動物〙 **a** ヒキガエル《ヒキガエル科ヒキガエル属 (*Bufo*) のカエル類総称》. **b** ヒキガエルに似た動物の総称: ⇨ horned toad. **2 a** いやなやつ《人・動物》. **b** くだらぬ物. **3** 〘魚類〙 =toadfish. **4** 《口語》 =toady. ***a tóad ùnder the hárrow*** 圧迫[迫害]されて難渋している人. ***éat a person's tóads*** 人にへつらう (cf. toadeater). 〖OE *tādi*(*ǧ*)*e* ← ?: cf. tadpole〗

tóad·èater *n*. 《古》 おべっか使い (toady). 〖《*c*1572》: やぶ医者が解毒の力をもつのを見せるために助手を雇い，有毒とされていたひきがえるを食べ(るふりをさ)せたことから〗

tóad-èating *n*. おべっか，へつらい (sycophancy). — *adj*. おべっかの，へつらう (flattering). 〖《1791》← 《廃》 *toadeat* to toady (《逆成》 ← TOADEATER) + -ING[1,2]〗

tóad·fìsh *n*. 〘魚類〙 **1** バトラコイデス科の魚類の総称; (特に) *Opsanus tau*. **2** イザリウオ (frogfish). 〖1612〗

tóad·flàx *n*. 〘植物〙 **1** ホソバウンラン (*Linaria vulgaris*) 《ゴマノハグサ科のウンランの一種; snapdragon ともいう》. **2** ウンラン属 (*Linaria*) の植物の総称 《butter-and-eggs ともいう》. 〖1578〗

toad·ies /tóʊdiz | tə́ʊdiz/ *n. pl.* [単数扱い] =toad-in-the-hole 2.

tóad-in-the-hóle *n*. (*pl*. ~) 《英》 **1** トードインザホール《ソーセージや肉片に小麦粉と卵・牛乳などで作った生地をかけてオーブンで焼いた料理》. **2** トードインザホール《木箱上部の穴の的めがけて 2–4 人で真鍮(しんちゅう)の円盤を投げるゲーム》. 〖cf. *toad-in-a-hole* (1787)〗

tóad·ish /-dɪʃ | -dɪʃ/ *adj*. ひきがえるのような. 〖1611〗

toad·let /tóʊdlɪ̀t | tə́ʊd-/ *n*. 〘動物〙 小形ヒキガエル《タンソクモリヒキガエル (short-legged toadlet) (*Pelophryne brevipes*)，ビブロンヒキガエルモドキ (Bibron's toadlet) (*Pseudophryne bibronii*) など》; (オタマジャクシから変わったばかりの)小さなヒキガエル. 〖《1817》← TOAD + -LET〗

tóad lìly *n*. 〘植物〙 **1** ホトトギス (*Tricyrtis hirta*) 《日本原産ユリ科の多年草》. **2** ニオイヒツジグサ (*Nymphaea odorata*) 《北米原産スイレン科の多年生水生植物》.

tóad spìt [spìttle] *n*. =cuckoo spit 1.

tóad·stòne *n*. ひきがえるの体内に生じるものと信じられた石または化石《護符として用いられた》. 〖1558〗

tóad·stòol *n*. 〘植物〙 傘状キノコ《真菌植物 (fungus) の一つで，特に食用の mushroom と区別して有毒種のもの》. 〖《*a*1398》 《1607》← TOAD + STOOL〗

toad·y /tóʊdi | tə́ʊdi/ *n*. **1** (いやしい)おべっか使い (⇨ parasite SYN). **2** 《豪口語》 =toadfish. — *vt*. …におべっかを使う，へつらう. — *vi*. 〔…に〕おべっかを使う，へつらう 〔*to*〕: ~ *to* the boss 上役にへつらう. **~·ish** /-diɪʃ | -di-/ *adj*. 〖《*c*1690》← 《廃》 *toady* toad-like ← TOAD + -Y[4]〗

tóad·y·ìsm /-diìzm | -di-/ *n*. おべっか，へつらい，おもねり.

Toa·ma·si·na /tòʊməsíːnə | tə̀ʊ-/ *n*. トウマシナ《マダガスカル東部，インド洋に臨む港市で，同国の主要な商業都市; 旧名 Tamatave (1979 年まで)》.

to-and-fro /túːənfróʊ | -fróʊ/ *adj*. あちこちに動く，行ったり来たりする，前後の (back-and-forth): this ~ motion. — *n*. (*pl*. ~s) あちこちに動くこと，動揺 《toing and froing ともいう》. — *adv*. =TO *and fro* (⇨ to *adv*. 成句). 〖(adv.: *c*1380; n. 1553) ← *to and fro* (⇨ to (adv.) 成句)〗

toast[1] /tóʊst | tə́ʊst/ *n*. **1** トースト，トーストパン，焼パン: a slice of dry ~ バターを塗らないトースト 1 枚 / make ~ トーストを作る. **2** 《古》 トーストの 1 片. ***(as) wárm as (a) tóast*** (火にあたって)心地(ここち)よく暖かい. ***hàve a person on tóast*** 《口語》 〈人を〉意のままにする. ***tóast and wáter*** 《古》 トーストパンを浸した湯 (toast-water) 《病人用飲物》. — *vt*. **1** 〈パン・チーズなどを〉きつね色に焼く; あぶる，トーストする: ~ the bread brown. パンをきつね色に焼く. **2** 〈体・足などを〉火にあてる，火で温める: ~ oneself [one's feet] before the fire 火にあたる[火で足を温める]. — *vi*. **1** 〈パン・チーズなどが〉(きつね色に)焼ける，トーストになる: This bread ~s well. **2** 火にあたる，温まる. 〖《*a*1398》 *toste*(*n*) to parch ▭ OF *toster* to roast, grill < VL **tostāre* ← L *torrēre* to dry, parch ← IE **ters-* to dry (⇨ thirst)〗

toast[2] /tóʊst | tə́ʊst/ *n*. **1** 祝杯をあげること，祝杯，乾杯: drirnk a ~ 乾杯する / give [propose] a ~ to a person 人のために乾杯する[を提案する] / respond [reply] to the ~ 乾杯に対して謝辞を述べる. **2 a** (男女を問わず)祝杯をあげられる人，祝杯の対象となるもの; 名士，有名人: She's the ~ of the season. 彼女は当節の社交の花形だ. **b** 《古》 よく祝杯をあげられる(ような)評判の美人: She was a great ~ in her day. 若いころは美人で大いにちやほやされたものだ. **c** 《俗》 飲み助，のんだくれ. **3** 乾杯の辞[挨拶]. — *vt*. (…の健康を)祝して乾杯する; …に祝杯をあげる，乾杯する (drink to): ~ a person's health 人の健康を祝して乾杯する / ~ the queen [bride and bridegroom] 女王[新郎新婦]に乾杯する. — *vi*. **1** 乾杯する. **2** レゲエ (reggae) に合わせてしゃべる[歌う]. 〖《?*a*1684》 toast[1] (n.) の比喩的用法; 風味を増すため酒杯に焼きパンの 1 片を入れることから〗

toast·ee /toʊstíː | təʊ-/ *n*. (健康を祝して)祝杯をあげられる人. 〖《1840》: ⇨ ↑, -ee[1]〗

tóast·er[1] *n*. **1** トースター. **2** (パン・チーズなどを)焼く人. 〖《1582》← TOAST[1] + -ER[1]〗

tóast·er[2] *n*. **1** 乾杯する人，乾杯の辞を述べる人. **2** 女にちやほやする人. 〖《1704》← TOAST[2] + -ER[1]〗

tóaster òven *n*. オーブントースター. 日英比較 「オーブントースター」は和製英語.

toast·ie /tóʊsti | tə́ʊ-/ *n*. 《英口語》 =toasty.

tóast·ing fòrk *n*. **1** (柄の長い)パン焼きフォーク. **2** 剣.

tóast lìst *n*. **1** (もとは)乾杯名簿《乾杯される人々の名簿》. **2** 食卓演説者名簿《司会者用メモ》. 〖1882〗

tóast·màster *n*. **1** (宴会席上で)乾杯の辞を述べる人，乾杯を提案する人. **2** (宴会の)司会者《演説者などを紹介する》. 〖1749〗

tóast·mìstress *n*. (宴会の)女性司会者. 〖1921〗

tóast ràck *n*. (卓上用の)トーストパン立て. 〖1801〗

tóast-wàter *n*. =TOAST[1] and water.

toast·y /tóʊsti | tə́ʊ-/ *adj*. (**toast·i·er**; **-i·est**) **1** トーストの，トーストに似た: ~ aromas. **2** 心地(ここち)よく暖かい: a ~ bed. — *n*. 《英口語》 トーストしたサンドイッチ. 〖《1890》← TOAST[1] + -Y[4]〗

toaze /tóʊz | tə́ʊz/ *vt*. 《廃》 =touse.

tob /tóʊb | tə́ʊb/ *n*. =tobe.

Tob. 《略》 Tobias; Tobit (聖書外典の)トビト書.

to·bac·co /təbǽkoʊ | -kəʊ/ *n*. (*pl*. **~s**, **~es**) **1** たばこ，刻みたばこ: the choice ~s of Syria シリアの極上たばこ. 日英比較 日本語の「たばこ」は紙巻きたばこを含めてすべての種類に用いるが，英語では一般に tobacco は刻みたばこ，嗅ぎたばこ，噛みたばこなどをいい，紙巻きたばこは cigarette，葉巻きたばこは cigar として区別する. **2** 〘植物〙 **a** タバコ (*Nicotiana tabacum*) 《ナス科タバコ属の植物; tobacco-plant ともいう》. **b** (タバコ属以外の)タバコに似た植物. **3** 喫煙 (smoking): swear off ~ 誓ってたばこを断つ. 〖《*c*1565》 ▭ Sp. & Port. *tabaco* ▭ S-Am.-Ind. (Caribbean) pipe for smoking, roll of tobacco leaves smoked: 今の形は西インド諸島の島 *Tobago* との連想か〗

tobácco bèetle *n*. 〘昆虫〙 タバコシバンムシ (*Lasioderma serricorne*) 《小形の茶色の甲虫で，貯蔵タバコの害虫》. 〖1891〗

tobácco bùdworm *n*. 〘昆虫〙 北米に分布する鱗翅目ヤガ科のタバコガの一種 (*Heliothis virescens*) 《幼虫はタバコや綿の芽や若葉を食害する》. 〖1918〗

tobácco-cùtter *n*. たばこ刻み機.

tobácco hèart *n*. 〘病理〙 喫煙者心臓病 《smoker's heart ともいう》.

tobácco hórnworm *n*. 〘昆虫〙 **1** =tobacco worm. **2** =tomato hornworm.

tobácco júice *n*. 喫煙によって茶色になった唾液. 〖1833〗

tobácco mosàic *n*. 〘植物病理〙 タバコモザイク病《タバコなどの葉その他の部分がウイルスに冒され，モザイク状の斑点を生じ萎縮する病気》. 〖1914〗

tobácco mosàic vìrus *n*. タバコモザイク病ウイルス (略 TMV).

to·bac·co·nist /təbǽkənɪ̀st | -nɪst/ *n*. **1** 《英》 **a** たばこ商人，たばこ屋 (cf. cigar store): at a ~'s. **b** たばこ製造人. **2** 《廃》 喫煙者. 〖《1599》← TOBACCO + -n- (音調をよくするために挿入されたもの) + -IST〗

tobácco-pìpe *n*. (刻みたばこ用)パイプ，きせる. 〖1596〗

tobácco-plànt *n*. 〘植物〙 タバコ (⇨ tobacco 2 a).

tobácco-pòuch *n*. 刻みたばこ入れ.

tobácco stòpper *n*. たばこ詰め器《パイプに刻みたばこを詰める道具》.

tobácco wòrm *n*. 〘昆虫〙 スズメガ科のガ (hawk-moth) の一種 (*Protoparce sexta*) の幼虫《タバコなどナス科植物の葉を食害する; tobacco hornworm ともいう》. 〖1737〗

To·ba·go /toʊbéɪgoʊ, tə- | tə(ʊ)béɪgəʊ/ *n*. トバゴ(島) (⇨ Trinidad and Tobago). **To·bá·gan** /-gən/ *adj., n*. **To·ba·go·ni·an** /tòʊbəgóʊniən | tə̀ʊbəgə́ʊ-/ *n*.

tobe /tóʊb | tə́ʊb/ *n*. トーブ《アフリカ北・中部の人の外衣で，長い布をゆったりしたスカート状に縫い合わせたり，または体にまとわせて一方の肩で留める》. 〖《1835》 ▭ Arab. *thawb* garment〗

to·bé *adj*. [通例名詞の後に置いて] 未来の; 予定の: a minister-*to-be* 大臣予定者 / a bride-*to-be* 花嫁になる人. — *n*. [the ~] 将来，未来. 〖《1593–99》← to be〗

to·ber /tóʊbə | tə́ʊbə(r)/ *n*. 《英方言》 サーカス[市(など)]の立っている場所. 〖《1890》← Shelta *tobar* road: cf. toby[2]〗

To·bey /tóʊbi | tə́ʊ-/, **Mark** *n*. トビー《1890–1976; 米国の画家; 東洋の影響を受けた抽象的作風で知られる》.

To·bi·ah /təbáɪə, toʊ- | tə(ʊ)-/ *n*. トバイア《男性名; 愛称形 Toby》. 〖▭ Heb. *Tōbhiyyāh*: ⇨ Tobias〗

To·bi·as /təbáɪəs, toʊ- | tə(ʊ)-/ *n*. **1** トバイアス《男性名》. **2** 〘聖書〙 トビア，トビアス: **a** Tobit の子. **b** 聖書外典の「トビト書」に対応するカトリックの旧約聖書の一書. 〖▭ LL *Tōbīās* ▭ Gk *Tōbías* ▭ Heb. *Tōbhiyyāh* ← *Tobhiyyāhū* 《原義》 Yahweh is good ← *ṭōbh* good〗

Tobías ácid *n*. 〘化学〙 トビアス酸 ($H_2NC_{10}H_6SO_3H$) 《染料の中間体とする》. 〖← *Georg Tobias* (19 世紀のドイツの化学者)〗

To·bin /tóʊbɪn | tə́ʊbɪn/, **James** *n*. トービン《1918– ; 米国の経済学者; Nobel 経済学賞 (1981)》.

to·bi·ra /təbáɪrə | -báɪ(ə)rə/ *n*. 〘植物〙 トベラ，トビラギ，トビラノキ (*Pittosporum tobira*) 《中国・日本原産のトベラ科の常緑低木》. 〖? ▭ Jpn 扉〗

To·bit /tóʊbɪt | tə́ʊbɪt/ *n*. 〘聖書〙 **1** トビト書 (The Book of Tobit) 《外典 (Apocrypha) の一書; 略 Tob.》. **2** トビト《同書中の主要人物である信心深いユダヤ人; Tobias の父》. 〖▭ L ~ ▭ Gk *Tōb*(*e*)*ít* ▭ Heb. *Tōbhiyyāh* 'TOBIAS'〗

to·bog·gan /təbɑ́(ː)gən | -bɔ́g-/ *n*. **1** トボガン《雪の積もった坂を滑り降りるのに用いるそりの一種》. **2** トボガン滑降に適した下り斜面. **3** (物価・運勢などの)下落. ***on the tobóggan*** 下り坂の; 破滅に瀕して. — *vi*. **1** トボガンに乗って坂を滑り降りる: go ~ing. **2** 《口語》 〈物価・運勢などが〉急降[急落]する. **~·er** *n*. **~·ist** /-ɪst | -ɪst/ *n*. 〖《*a*1820》 ▭ Canad.-F *tabagann*(*e*) ▭ Micmac *tobāgun* a sled made of skin〗

tobóggan chùte *n*. =toboggan slide.

to·bóg·gan·ing *n*. トボガン遊び[競技].

tobóggan slìde *n*. トボガン滑り路.

To·bol /təbɔ́(ː)l | -bɔ́l; *Russ*. taból/ *n*. [the ~] トボル(川)《カザフスタン共和国北部，Ural 山脈に発して北北東に流れ Irtysh 川に注ぐ川 (1,591 km)》.

tob·ra·my·cin /tɑ̀(ː)brəmáɪsɪn, -sn | tɔ̀brəmáɪsɪn/ *n*. 〘薬学〙 トブラマイシン ($C_{18}H_{37}N_5O_9$) 《グラム陰性の細菌による感染症の治療に用いる抗生物質》. 〖《1971》← *tobra-*

(← ? *streptomyces tenebrarius*: この産生菌)＋-MYCIN〗

To·bruk /təbrúk/ *n.* トブルク《リビア北東部, 地中海に臨む港市; 第二次大戦の激戦地》.

to·by[1] /tóʊbi | tə́ʊ-/ *n.* **1** [しばしば T-] 翁(おきな)形ビールジョッキ《通例太った老人の形をしたジョッキで, そのかぶった三角帽の隅からビールを飲む; toby jug ともいう》. **2** (*pl.* ～s) 《米俗》 細長い安葉巻きたばこ. 〖(1681) ← TOBY〗

toby[1] 1

to·by[2] /tóʊbi | tə́ʊ-/ *n.* 《英》 **1** 道路, ハイウェー. **2** 街道での追いはぎ行為. 〖(1807) 《変形》 ← Gypsy *tobar* 《変形》 ← ? Ir.-Gael *bōthār*〗

To·by /tóʊbi | tə́ʊ-/ *n.* トビー《男性名; 異形 Tobi, Tobie》. ★ トビト書 (The Book of Tobit) にトビトが犬をかわいがったとあることから, 犬の名に用いることが多い. 〖(dim.) ← TOBIAS: ⇨ -y[2]〗

tóby cȯllar *n.* 《英》《婦人・子供用の》幅広のひだ付きえり. 〖← TOBY〗

tóby jùg *n.* ＝toby[1] 1.

TOC /tíːòʊsíː | -əʊ-/ 《略》 table of contents; 《英》 train operating company.

To·can·tins /tòʊkəntíːnz | tə̀ʊ-; *Braz.* tokɐ̃tĩs/ *n.* [the ～] トカンティンス(川)《ブラジル東部を北流して Pará 川に注ぐ川 (2,700 km)》.

toc·ca·ta /təkáːtə | -tə; *It.* tokkáːta/ *n.* (*pl.* **-ca·te** /-teɪ; *It.* -te/, ～s) 〖音楽〗 トッカータ《華麗・急速な演奏を主眼とし, ピアノ・オルガンなどの鍵盤楽器のために書かれた 17–18 世紀に流行した即興曲風の楽曲》. 〖(1724) ⇨ It. ～ 《原義》 keyboard that is touched (fem. p.p.) ← *toccare* to touch < VL **toccāre* 'to strike, TOUCH'〗

toc·ca·tel·la /tɑ̀(ː)kətélə | tɔ̀k-; *It.* tokkatélla/ *n.* 〖音楽〗 ＝toccatina. 〖⇨ It. ～ (dim.) ← TOCCATA: ⇨ -el[1]〗

toc·ca·ti·na /tɑ̀(ː)kətíːnə | tɔ̀k-; *It.* tokkatíːna/ *n.* 〖音楽〗 小トッカータ(曲) (short toccata). 〖(1740) ⇨ It. ～ (dim.) ← TOCCATA〗

Toc H /tɑ́(ː)kéɪtʃ | tɔ́k-/ *n.* トック H 協会《キリスト教信者による親睦・奉仕団体; 第一次世界大戦後 Rev. P. T. B. Clayton によりベルギーで設立》. 〖← *T*(*albot*) *H*(*ouse*) (1915 年ベルギーの Poperinghe に開かれた西部戦線に赴く兵士のための休泊所・クラブ): toc は T の陸軍通信用語; 休泊所の名は第一次世界大戦中 Ieper で戦死した若者の名にちなむ〗

To·char·i·an /toʊkéə·riən, -káːr- | tɔkéər-, tə(ʊ)-, -káːr-/ *n.* **1** トカラ人《紀元 1000 年ごろ絶滅した文化の高い中央アジア人》. **2 a** トカラ語《7–8 世紀ごろの仏教文献の訳を主とした中央アジアの印欧語族の言語; A, B 二方言がある》. **b** トカラ語派《印欧語族の一語派》. — *adj.* トカラ語[人]の. 〖(1926) ⇨ F *tocharien* ← L *Tochari* (⇨ Gk *Tokhároi* nomad Chinese tribes)＋-AN[1]〗

Tochárian Á *n.* 〖言語〗 トカラ語 A 方言《トカラ語の東部方言; 古代中央アジアのアゾニ国で話されていたトカラ語の一方言》. 〖1926〗

Tochárian B́ *n.* 〖言語〗 トカラ語 B 方言《トカラ語の西部方言》. 〖1926〗

toch·er /tɑ́(ː)xə | tɔ́xə(r)/ 《スコット》 *n.* 新婦の持参金. — *vt.* …に持参金を与える. 〖(1496) ME *toquhir* ⇨ Ir. *tochar* ← *tochuirim* I assign ← *cuirim* I put〗

to·co[1] /tóʊkoʊ | tə́ʊkəʊ/ *n.* (*pl.* ～s) 《英俗》 折檻(せっかん) (chastisement): catch [get] ～ 罰を食う, ひっぱたかれる. 〖(1823) ⇨ Hindi *ṭoko* (imper.) ← *ṭoknā* to blame〗

to·co[2] /tóʊkə/ *n.* (*pl.* ～s) 〖鳥類〗 オニオオハシ (*Ramphastos toco*) 《オオハシ類の中で最大の大きさのもの; 南米産; 主に黒の羽毛, 白いのど胸, 先端の黒い大きなオレンジ色のくちばしをもつ; toco toucan ともいう》. 〖(1781) ⇨ Port. ～ ← S-Am.-Ind. (Tupi)〗

to·co- /tóʊkoʊ | tɔ́kəʊ/ 「出産, 分娩 (childbirth)」の意の連結形: *tocology*. 〖← Gk *tókos* childbirth ← *tíktein* to bear, beget ← IE **tek-* to bear〗

tòco·dynamómeter *n.* 〖医学〗 陣痛計, (子宮)娩出力測定器. 〖⇨ ↑, dynamometer〗

to·col·o·gy /toʊkɑ́(ː)lədʒi | tə(ʊ)kɔ́l-/ *n.* 産科学 (obstetrics). **to·co·log·i·cal** /tòʊkəlɑ́(ː)dʒɪkəl, -kl | tə̀ʊkəlɔ́dʒɪ-/ *adj.* 〖(1828) ← TOCO-＋-LOGY〗

to-cóme *n.* [通例 the ～] 将来, 未来 (the future). 〖? ← TO (prep.)＋COME 3: cf. OE *tōcyme* arrival, advent 《なぞり》 ← L *adventus*〗

to·coph·er·ol /toʊkɑ́(ː)fərɔ̀(ː)l | tə(ʊ)kɔ́fərɔ̀l/ *n.* 〖生化学〗 トコフェロール ($C_{29}H_{50}O_2$) 《麦芽油・チサ・ホウレンソウ・卵黄などに含有されるビタミンEの本体》. 〖(1936) ← TOCO-＋Gk *phérein* to bear＋-OL[1]〗

Tocque·ville /tóʊkvɪl, tɑ́(ː)k- | tɔ́kvɪl; *F.* tɔkvil/, **Alexis (Charles Henri Maurice Clérel) de** /kle·ʁɛl də/ *n.* トクビル《1805–59; フランスの政治家・著述家; *De la Démocratie en Amérique* (英訳 *Democracy in America*) (1835–40)》.

toc·sin /tɑ́(ː)ksɪn | tɔ́ksɪn/ *n.* 警鐘(の音); 警報 (alarm signal). 〖(1586) ⇨ F ～ ⇨ Prov. *tocasenh* ← *toc-* (← *tocar* 'to TOUCH, strike')＋*senh* sign, bell (< L *signum* 'SIGN, bell')〗

tod[1] /tɑ́(ː)d | tɔ́d/ *n.* **1** 《英》《ツタ (ivy) などの葉の》やぶ, 茂み. **2** トッド《以前の羊毛の量目単位; 普通 28 lbs》. **3** 《方言》 荷物 (load). 〖(1425) *todde* ⇨ ? LG *tot*, *tod* bundle: cf. Swed. 《方言》 *todd* mass (of wool) / East-Fris. *todd* small load〗

tod[2] /tɑ́(ː)d | tɔ́d/ *n.* 《スコット・北英方言》 **1** 狐 (fox). **2** 《狐のように》ずるい人, 腹黒い人. 〖(c1170) (1508) ← ?〗

tod[3] /tɑ́(ː)d | tɔ́d/ *n.* [次の句で]: ***on one's tod*** 《英口語》 ひとりで (alone): He left here *on his* ～ last night. 昨晩彼はひとりでここを出て行った. 〖← *Tod Slone* (1847–1933: 米国の騎手): on one's own との押韻俗語から〗

To·da /tóʊdə | tə́ʊdə/ *n.* **1** トダ人《インド南部のニルギリ (Nilgiri) 高地人; 一妻多夫制が行われている》. **2** ドラビダ語族 (Dravidian) に属するトダ人が用いる言語. 〖1864〗

to·day /tədéɪ, tʊ-/ (*also* **to-day** /～/) *adv.* **1** 今日: I saw [will see] him ～. 今日彼に会いました[会えるでしょう] / What day is it ～? 今日は何曜日ですか / a week ago ～ 先週の今日. **2** 当世では, 現今は, 当今 (nowadays): *Today* there are few Japanese who cannot read. 今日文字の読めない日本人はほとんどいない.

— *n.* **1** 今日, 本日 (cf. tonight): ～'s newspaper [lesson] 今日の新聞[授業] / from ～ 今日から / a month [year] from ～＝《英》 a month [year] ～ 今日から 1 か月[1 年]後 / up to ～ 今日まで / What day is ～? 今日は何曜日ですか / *Today* is Friday [my birthday, March 28 th]. 今日は金曜[私の誕生日, 3 月 28 日]だ / *Today's* been really wonderful. 今日はとてもすばらしかった. **2** 現在, 現今, 当世 (this present time): the writers [youth] of ～ 現代の作家[当世の若者]. ★ ラテン語系形容詞: hodiernal.

todáy wéek [***mónth, yéar***] ＝*this* DAY *week* [*month, year*].

〖OE *tō dæg*: ⇨ to (prep.), day〗

to·dáy·ish /-déɪɪʃ/ *adj.* 現代の (current), 最近の. 〖1864〗

Todd /tɑ́(ː)d | tɔ́d/ *n.* トッド《男性名》. 〖← TOD[2]〗

Todd /tɑ́(ː)d | tɔ́d/, **Lord Alexander Ro·ber·tus** /rəbə́ːtəs | -bə́ː-/ *n.* トッド《1907–97; 英国の化学者; Nobel 化学賞 (1957)》.

Todd, Sweeny *n.* ⇨ SWEENEY TODD.

tod·dle /tɑ́(ː)dl | tɔ́dl/ *vi.* **1** 《歩き始めの小児のように》ちょこちょこ[よちよち]歩く. **2** 《口語》 ぶらつく, ぶらぶら歩く, 散歩する (stroll): ～ *down to* the pub ぶらっとパブまで行く. **3** 《口語》 出発する, 出かける: It's getting late; we must be *toddling along* [*off*]. もう遅い, ぼちぼち出かけなくちゃならない. — *vt.* [～ one's way として] ちょこちょこ進む. — *n.* **1** ちょこちょこ[よちよち]歩き; あぶなっかしい足取り (unsteady gait). **2** ぶらぶら歩き, ぶらつき (stroll). **3** 《口語》 よちよち歩きの子供. 〖(1500–20) 《変形》 ← ? 《スコット》 *tottle* to walk with short steps (freq.) ← TOTTER[1] // 《混成》 ← TO(TTER)＋(WA)DDLE〗

tod·dler /tɑ́(ː)dlə, -dlə | -dlə(r), -dl-/ *n.* よちよち歩きをする人, 《特に》幼児. 〖1793〗

tod·dy /tɑ́(ː)di | tɔ́di/ *n.* **1** トディ《ウイスキー・ラム・ブランデーなどに湯と砂糖とレモンなど香料を加えた飲料; hot toddy ともいう》. **2** 《toddy palm の樹液を発酵させた》ヤシ酒. 〖(1609) *tarrie, terry, toddey* ⇨ Hindi *tāṛī* juice of the palmyra tree ← *tāṛ* palmyra tree ← Skt *tāla-*〗

tóddy càt *n.* 《インド》〖動物〗 《東南アジアなどの》樹上生活をするジャコウネコ, マレージャコウネコ (palm civet ともいう). 〖1867〗

tóddy pàlm *n.* 〖植物〗 クジャクヤシ (*Caryota urens*) 《その汁を発酵させてヤシ酒を造るインド産のヤシ; cf. wine palm》.

tóddy tàble *n.* 《18 世紀の》酒瓶類を置く小卓.

tod·ger /tɑ́(ː)dʒə | tɔ́dʒə(r)/ *n.* 《北イングランド俗》 陰茎 (penis). 〖(1951) ← ?〗

to-do /tədúː, tʊ-/ *n.* (*pl.* ～s) 《口語》 大騒ぎ, 騒動 (fuss, commotion) (cf. ado): She made a terrible ～ about losing her handbag. ハンドバッグがなくなったといって大騒ぎをした. 〖(1570–76) ← TO (prep.)＋DO[2]〗

Todt /tóʊt | tə́ʊt; *G.* toːt/, **Fritz** *n.* トート《1891–1942; ドイツの軍事工学者; ナチス政権下で多くの高速道路や Siegfried Line の建設に従事; 武器調達や燃料・電力供給担当大臣を務めた》.

to·dy /tóʊdi | tə́ʊdi/ *n.* 〖鳥類〗 コビトドリ (*Todus todus*) 《西インド諸島に生息する羽毛の美麗なコビトドリ科の小鳥》. 〖(1773) ⇨ F *todier* ⇨ L *todus*: cf. -y[2]〗

toe /tóʊ | tə́ʊ/ *n.* **1** 足指 (⇨ leg 挿絵; cf. finger 1 a): the ball of the ～ 足指の腹 / the great ～ 《足の》親指 / ⇨ big toe, little toe / kiss the pope's ～ 教皇の右足の草履の黄金の十字架に接吻(せっぷん)する《君主以外の謁見(えっけん)を許される者の普通の会釈の仕方》/ turn one's ～s out [in] 外股[内股]に歩く[立つ]. **2 a** 足の前部, つま先; 《靴・靴下などの》つま先 (cf. heel 1): the ～ of a shoe [sock] 靴[靴下]のつま先 / point one's ～s 〖バレエ〗 つま先を立てる / touch one's ～s 前かがみになって両手で両つま先にさわる. **b** 《馬の》ひづめの先端. **c** 《無脊椎動物の》ゆび. **3** 《口語》 足 (foot): toast one's ～s 足を火で温める. **4 a** 蹄鉄(ていてつ)の前部の底に付けてある鉄片《馬が滑らぬようにするもの》, 蹄尖部, 鉄頭. **b** 道具の下端(または先端); 《ゴルフクラブの》ヘッドの先端 (《英》 nose). **c** 〖鉄道〗 《轍条の》轍趾(てつし). **d** 〖機械〗 軸種(じくしゅ), 軸趾(じくし). **e** 〖建築〗 《扶壁などの》土台の突出部. **f** 《小銃の》床嘴(しょうし). **5** 《位置・形が》つま先に似ている部分: the ～ of Italy. **6** 《豪俗》 スピード: a player with plenty of ～ すごく速い選手.

díg in one's tóes 《英》＝*dig in one's* HEELS. ***díp one's tóe(s)*** 《口語》 何か新しいこと[慣れないこと]を試し始める[試みる]. ***from tóp to tóe*** ⇨ top 成句. ***gét*** [***háve, kéep***] ***a*** [***one, one's***] ***tóe in the dóor*** (1) 《組織などに》入り込む. (2) きっかけを作る. ***máke a person's tóes cùrl*** 人に気まずい[いやな]思いをさせる. ***on one's tóes*** 熱心で; 気を張りつめて, 油断なく: Our new boss keeps us all *on our* ～s. 今度の社長は我々全員に気を抜かせない. ***stép on a person's tóes***＝*tread on a person's* TOES. ***stúb one's tóe*** へまをやる. (1866) ***the líght fantástic tóe*** 《戯言》 ダンス (cf. Milton, *L'allegro* 33). ***tóes úp*** 死んで (dead). ***tóe to tóe*** お互いつま先を向かい合わせて, ぴったり向かい合って (cf. FACE *to face*, NOSE *to nose*): They stood ～ *to* ～. お互い顔を突き合わせて立った. ***tréad*** [***stép***] ***on a person's tóes***＝***tréad*** [***stép***] ***on the tóes of a person*** (1) 人のつま先を踏む; 人の感情を害する, 人の気にさわる. (2) 人の領域[権利]を侵す. ***túrn úp one's tóes*** 《俗》 死ぬ. (1860)

tóe and héel (1) つま先とかかとでするタップダンス (cf. toe-and-heel). (1828) (2) ＝HEEL[1] and toe.

— *v.* (～d; ～·ing) — *vt.* **1** 〈靴・靴下など〉につま先を付ける, …のつま先を繕う 〈*off*〉. **2** つま先で蹴る; つま先で触れる. **3** 〖ゴルフ〗 クラブヘッドの先端で打つ. **4** 〖木工〗 〈釘を〉斜めに打ち込む; 釘を斜めに打ち込んで固定する.

— *vi.* **1** 《米》 つま先を(…の方へ)向ける: ～ *in* [*out*] 内股[外股]に歩く[立つ]; つま先を内側[外側]にして立つ. **2** 足指を動かす; トーダンスのステップを踏む. **3** つま先で触れる; つま先で蹴る. **4** つま先で歩く (tiptoe).

tóe the (párty) líne [《米》 ***márk***] (1) 命令[規則]に従う, 統制[党規]に服する, 慣習を守る. (2) 《競技などで》スタートラインにつま先を触れて立つ. (3) なすべき事をきちんとやる, 仕事に励む.

～·lìke *adj.* 〖OE *tā* (pl. *tān*) < Gmc **taiχ(w)ōⁿ* (G *Zeh(e)* 《原義》 pointer ← ? IE **deik-* to show (L *digitus* finger, toe)〗

toe·a /tóʊɑː | tə́ʊ-/ *n.* トーア《パプアニューギニアの通貨単位; ＝$^1/_{100}$ kina》; 1 トーア貨. 〖(1975) ⇨ Hiri Motu ～ 《原義》 cone-shaped shell: 昔通貨の代わりとされたことから〗

tóe-and-héel *vt.* [しばしば ～ it として] 《タップダンスなどの》ダンスをする. — *n.* 競歩式の歩行 (heel-and-toe). 〖1828〗

tóe bòx *n.* 先芯(さきしん), ボックストウ《靴のつま先部に入れる芯》.

tóe càp *n.* 《靴の》爪革(つまかわ), つま先革 (⇨ shoe 挿絵). 〖1797〗

tóe clìp *n.* 《自転車の》ペダルバンド《足をペダルに固定するためのもの》.

tóe cràck *n.* 〖獣医〗 蹄尖裂《馬のひづめのつま割れ; cf. sand crack 1, quarter crack》.

tóe-cùrl·ing *adj.* 《口語》 なんとも気持ちの悪い, 見て[聞いて]いる側が恥ずかしくなる, 首すじ[尻のあたり]がかゆくなるような. **～·ly** *adv.*

toed *adj.* **1** 足指のある. **2** [通例複合語の第 2 構成素として] 足指が…の, (…の)足指の: square-*toed* つま先の四角な / three-*toed* 足指の 3 本ある. **3** 〖木工〗 〈釘が〉斜めに打ち込まれた; 斜め釘で留めた. 〖(1611) ← TOE＋-ED 2〗

tóe-dànce *vi.* トーダンスを踊る.

tóe dànce *n.* 《主にバレエの》トーダンス. 〖1898〗

tóe dàncer *n.* トーダンサー.

tóe dàncing *n.* トーダンス(を踊ること).

TOEFL /tóʊfl | tə́ʊ-/ *n.* トーフル《主に米国へ留学を希望する外国人対象の英語学力テスト》. 〖《頭字語》 ← *T*(*est*) *o*(*f*) *E*(*nglish as a*) *F*(*oreign*) *L*(*anguage*)〗

tóe·hòld *n.* **1** 山登りの際の足指掛かり. **2** 足掛かり, 支え. **3** 〖プロレスリング〗 トーホールド《相手の足首をつかんで逆ひねりにしめる技》. 〖1880〗

TOEIC /tóʊɪk | tə́ʊ-/ *n.* トーイック《英語によるコミュニケーション能力を測る学力テスト》. 〖《頭字語》 ← *T*(*est*) *o*(*f*) *E*(*nglish for*) *I*(*nternational*) *C*(*ommunication*)〗

tóe-ìn *n.* 〖自動車〗 **1** トーイン《前輪の内向き; cf. toe-out》. **2** ＝camber 4. 〖(1928) ← TOE (vi.) 1〗

tóe·less *adj.* 足指のない; 〈靴など〉先革(さきかわ)のない.

tóe lòop *n.* 〖スケート〗 トウループ (toe loop jump) 《一方のスケート靴の後方外側のエッジから氷面を離れ, 空中で完全に一回転したあと, 同じスケート靴の後方外側のエッジから着地するジャンプ》. 〖1964〗

toe·na·der·ing /túːnɑ̀ːdərɪŋ | -də-; *Afrik.* túːnàːdərɪŋ/ *n.* 《南ア》 友好回復, 和解. 〖(1920) ⇨ Afrik. ～ ⇨ Du. ～ *toe* to＋*nadering* approach (← *nader* (compar.) ← *na* near)〗

tóe·nàil *n.* **1** 足指の爪. **2** 〖木工〗 斜めに打ち込んだ釘. **3** 《俗》〖印刷〗 括弧, 丸括弧 (parenthesis). — *vt.* 〖木工〗 …に釘を斜めに打ち込んで留める. 〖1841〗

tóe-òut *n.* 〖自動車〗 トーアウト《前輪の先開き; cf. toe-in》. 〖(1930) ← TOE (vi.) 1〗

tóe·pìece *n.* ＝toe cap.

tóe·plàte *n.* 靴底鋲《靴のつま先部の摩耗を防ぐための鋲》. 〖1894〗

tóe pùff *n.* 先芯(さきしん)《靴のつま先部の甲革と裏との間に入れてかたくする材料; cf. toe box》.

tóe·ràg *n.* 《英俗》 見下げはてた[卑劣な]やつ. 〖1875〗

tóe ràil *n.* 〖海事〗 足留め板《ヨットの甲板のへりに張りめぐらした細板》.

tóe·shòe *n.* [通例 *pl.*] 〖バレエ〗 トーシューズ《トーダンス用の靴; ballet shoe ともいう》. 〖1949〗

tóe-tàpping *adj.* 《口語》 〈音楽が〉タップを踏みたくなるような, 陽気な. 〖1929〗

toe·toe /tɔ́ɪtɔɪ, tóʊɪtòʊi | tɔ́ɪtɔɪ, tə́ʊɪtə̀ʊi/ *n.* 〖植物〗 ニュージーランド産の大型のイネ科ダンチク属 (*Arundo*) やスゲ科ヒトモトススキ属 (*Cladium*) の植物の総称《特に, マオリ族 (Maori) が屋根ふきに用いる *A. conspicua*》. 〖(1843) ⇨ Maori ～〗

toe·y /tóʊi | tə́ʊi/ *adj.* 《豪俗》 **1** 〈人が〉いらいらした, 神経

T

質な. **2** 《まれ》〈馬が〉走りたがる, はやっている.

to-fall /túːfɔːɫ, -fáːɫ | -fɔːɫ/ *n.* 《スコット》 **1** 日暮れ (nightfall): at ～ of the day [night] 日暮れに. **2** 差し掛け小屋 (lean-to). 〚(*c*1423): ⇨ to (prep.), fall〛

toff /tá(ː)f, tɔ́(ː)f | tɔ́f/ 《英俗》 *n.* **1 a** 紳士, 上流人 (gentleman). **b** [the ～s] 上流社会. **2** 《古》(特に上流社会の)しゃれ者, めかしや, ハイカラ (fop, dandy, swell): He came out no end of a ～. ぱかにめかし立てて出て来た. — *vt.* 紳士[しゃれ者]のように盛装する 〈*up*〉: get ～*ed up* 盛装する. 〚(1851) 《変形》 ← TUFT〛

tof·fee /tɔ́(ː)fi, tá(ː)fi | tɔ́fi/ *n.* **1** タフィー《砂糖・バターなどを煮固めた菓子; cf. taffy》: almond [walnut] ～ アーモンド[クルミ]入りタフィー. **2** 《英俗》 ゼリグナイト (gelignite). ***càn't dó for tóffee*** 《英口語》からきし[さっぱり]…できない: He *can't* skate *for* ～. スケートが全然できない. (1914) 〚(*a*1825) 《異形》 ← TAFFY〛

tóffee-àpple *n.* タフィーアップル (《米》 candy apple) 《棒に刺してタフィー用のシロップをかけたりんご》.

tóffee-nòse *n.* 《英俗》 うぬぼれ[気取り]屋, 紳士気取りの俗物 (snob). **～d** *adj.*

tof·fy /tɔ́(ː)fi, tá(ː)fi | tɔ́fi/ *n.* =toffee.

Tof·ra·nil /tá(ː)frənɪ̀l | -nɪl/ *n.* 《商標》 トフラニール《スイス製のイミプラミン (imipramine) 製剤》.

toft /tá(ː)ft, tɔ́(ː)ft | tɔ́ft/ *n.* **1** 《英》 家屋敷 (homestead): ～ and croft 家屋敷耕地全部. **2** 《英方言》 丘 (hillock). 〚lateOE ～ 'piece of ground, hillock' □ ON *topt* green knoll, site for a house < Gmc **tumftō* ← IE **dem-* house (hold)〛

to·fu /tóufuː | tɔ́u-/ *n.* 豆腐. 〚(1771) □ Jpn.〛

tog /tá(ː)g, tɔ́(ː)g | tɔ́g/ *n.* **1** 《口語》 外衣 (outer garment); (特に)上着 (coat). **2** [*pl.*] 《口語》 (ひとそろいの)衣服 (clothes): riding ～*s* 乗馬服 / golf ～*s* ゴルフ服. **3** [*pl.*] 《豪》 水泳着. — *vt.* (**togged; tog·ging**) 《口語》 着せる (dress) 〈*out, up*〉: be ～ *ged out* in full uniform 礼装している / He ～*ged* himself *up* in his Sunday best. 晴れ着を着込んだ. 〚(1708) 《短縮》 ← 《廃・隠語》 *togeman(s)* cloak, coat ← F *toge* ∥ L *toga* (↓): cf. D *tuig* trappings〛

to·ga /tóugə | tə́u-/ *n.* (*pl.* **～s, to·gae** /tóudʒiː, -gaɪ | tə́u-/) **1 a** トーガ《古代ローマ市民が用いた白いウールのゆるやかな外衣; cf. stola》. **b** (それに似た)ゆるやかな外衣. **2** (裁判官・教授などの)職服, 正服 (robe of office). **3** 《米》 上院議員 (senator) の職[地位]. 〚(1600) □ L ～ 《原義》 a covering ← *tegere* to cover ← IE **(s)teg-* to cover〛

toga 1 a
1 toga
2 tunic
3 clavus

tó·gaed *adj.* (*also* **to·ga'd** /～/) トーガをまとった; 職服を着た. 〚(1860): ⇨ ↑, -ed 2〛

T

togae viriles *n.* toga virilis の複数形.

tóga praetéxta *n.* (*pl.* **togae praetextae**) = praetexta.

to·gate /tóugeɪt | tə́u-/ *adj.* =togated. 〚1851〛

to·gat·ed /tóugeɪtɪ̀d | təugeɪt-/ *adj.* **1** トーガ[職服]を着た. **2** 〈言葉が〉威厳のある, 堂々とした (stately). **3** 平和な (peaceful). 〚(1634) □ L *togātus*: ⇨ toga, -ate²〛

tóga vi·rí·lis /-vɪ̀ríːlɪ̀s, -wɪ̀-, -ríl- | -vɪráɪlɪs, -wɪríː-lɪs/ *n.* (*pl.* **to·gae vi·ri·les** /-vɪ̀ríːleɪs, -wɪ̀-, -ríl-, -lɛs | -vɪráɪliːz, -wɪríːlɛs/) (古代ローマの男子が 14 歳の終わりに着た)元服用のトーガ. 〚(1600) □ L ～ 'toga of man (-hood)'〛

to·geth·er /təgéðə, tʊ- | -ðə(r)/ *adv.* **1 a** 共に, 一緒に, 連れ立って (in company): go around ～ 連れ立って歩き回る / live ～ 一緒に住む, (特に)同棲(どうせい)する / They were at school ～. 一緒に学校で学んだ. **b** 一緒になるように, 一緒に合わせて, …し合わせる: sew [gather] things ～ 縫い合わせる[集める] / We gather ～ to ask the Lord's blessing. 神の恵みにあずかるために集う / call children ～ 子供たちを呼び集める / put things ～ 物を寄せ集める / ⇨ *put* TWO *and two together*. **2** 同時に, 一時に (cf. altogether): Do not speak all ～. 皆一度にしゃべってはいけない / All ～ now! さあ皆一緒に / The singers weren't ～ on that last bit. 最後の所で声が合っていなかった. **3** 協力[共同]して: do a task ～ 仕事を共同でやる / Parents have ～ [*Together*, parents have] the responsibility for discipline. 両親は共同でしつけの責任を取っている. **4** まとめて, 一緒にして (taken conjointly): He earned more than all the others (put) ～. 彼は他の人たち全部よりも余計にもうけた / All ～, there are 20 items. 全部まとめて 20 点ある. **5** 連続して, ぶっ続けに (on end): We talked for hours ～. 何時間もぶっ続けに語り合った / He was moody for days ～. 何日もぶっ続けに不機嫌だった. **6** 互いに, …し合う: compare [confer] (～) 比べ[相談し]合う / multiply 3 and 5 (～) 3 と 5 とを掛け合わせる / fight ～ 相戦う. **7** 調和して: His argument does not hold ～ well. 彼の議論はつじつまがうまく合わない.

clòse togéther 互いの近くに. ***gét one's áct togèther*** ⇨ act の成句. ***gét it (àll) togéther*** ⇨ get¹ 成句. ***togéther with*** …と共に; ならびに, また (as well as, and also): He was arrested, ～ *with* his wife. 彼は妻と共に逮捕された / This, (taken [considering]) ～ with last month's figures, shows an unmistakable trend. このことは先月の数字と合わせて考えるとある確かな傾向を示している.

— *adj.* [限定的] 《米口語》 **1** (精神的・情緒的に)落ち着いている: a very ～ person. **2** きちんと整った, よくまとまった, ちゃんとした.

〚OE *tōgædere* ← *tō* 'TO' + *gædere* (adv.) (< **ʒaðuri* (locative-instr.) ← **ʒaðor* (OE *geador*) ← IE **ghedh-* to unite): cf. Du. *tegader*〛

to·géth·er·ness *n.* **1** 統一, 合同, 共同; 近接. **2** 親しい交わり; 協同一致, 一体感. 〚1656〛

Tog·gen·burg /tá(ː)gənbə̀ːg | tɔ́gənbə̀ːg; *G.* tɔ́gn̩-bʊʁk/ *n.* 《畜産》 トッゲンブルク種(のヤギ) 《スイス原産の乳用のヤギの品種; 褐色で頭部に白い模様がある》. 〚(1886): スイス北東部 Sankt Gallen 州の谷の名から〛

tog·ger /tá(ː)gə, tɔ́(ː)gə | tɔ́gə(r)/ *n.* 《俗》 =torpid². 〚変形〛

tog·ger·y /tá(ː)gəri, tɔ́(ː)g- | tɔ́g-/ *n.* **1** [集合的] 《口語》 衣服, 衣装 (garments, togs); (特に, ある特殊な人の)服装: an actor's ～ 俳優の服装 / a bishop's [general's] ～ 司教の職服[将軍の制服]. **2** 《英》 洋服店. 〚(1811) ← TOG + -ERY〛

tog·gle /tá(ː)gɫ | tɔ́gɫ/ *n.* **1** 《海事》 (索の端の環に通してある)留木, 大くぎ, トグル《他の索を掛け留めるのに用いる》. **2** 《機械》 =toggle joint. **3** 《服飾》 (スポーツコートなどに使う)棒状の変わりボタン, トグル. **4** 《劇場》 **a** ぬき《フラット肋材の補強材; toggle rail ともいう》. **b** toggle rail を肋材に固定する金具 (toggle iron ともいう). **5** 《電気》 = toggle switch. — *vt.* **1** 留木[大くぎ, トグル]をはめる[で留める]. **2** (爆撃照準器を通じての自動投下装置によらず)トグルスイッチによって飛行機から〈爆弾を〉投下する. **3** 《電算》 トグル式に切り換える《同じボタンを押し続けるだけで順次切り換わっていく》. — *vi.* 《電算》 トグル式に切り換わる. 〚(1769-76) 《変形》 ← ? TANGLE ∥ 《方言》 *tuggle* (freq.) ← TUG¹〛

toggles 3

tóggle bòlt *n.* 《機械》 トグルボルト《スプリングによって開くことができる脚をもつボルト; 初め脚を閉じて, 狭い穴を通すと穴を通過した後にスプリングの力で脚が開き, 抜けなくなる》. 〚1794〛

tóggle harpòon *n.* =toggle iron 1.

tóggle ìron *n.* **1** (捕鯨用の)先端に十字に開く銛爪(もりづめ)の付いた銛. **2** 《劇場》 =toggle 4 b.

tóggle jòint *n.* 《機械》 トグル継ぎ手, トグル装置《力を拡大して伝達するリンク装置》.

tóggle ràil *n.* 《劇場》 =toggle 4 a.

tóggle swìtch *n.* **1** 《電気》 トグルスイッチ, ひじスイッチ《つまみを上げ下げするスイッチ; 通例つまみの上下に 'ON' と 'OFF' の文字を記してある》. **2** 《電算》 二つの接点のいずれかに設定される手動スイッチ. 〚1924〛

To·gliat·ti /tə(ː)ljáːṭi | tɔ̀liǽti/ *n.* =Tol'yatti.

To·gliat·ti /tə(ː)ljáːṭi | tɔ̀liǽti; *It.* toʎʎátti/, **Pal·mi·ro** /palmíːro/ *n.* トリアッティ《1893-1964; イタリアの政治家; 共産党の指導者》.

To·go /tóugou | tə́ugəu; *F.* tɔgo/ *n.* トーゴ《アフリカ西部, Guinea 湾に臨む共和国; もとフランス信託統治領 (⇨ Togoland) であったが, 1960 年独立; 面積 567,000 km², 首都 Lomé; 公式名 the Republic of Togo トーゴ共和国》.

To·go·land /tóugoulæ̀nd | tə́ugəu-/ *n.* トーゴランド《アフリカ西部 Guinea 湾に臨む旧ドイツ保護領; 後分割されて東部はフランス委任統治領から信託統治領 (French Togoland) を経て今は独立してトーゴとなり, 西部は英国委任統治領から信託統治領 (British Togoland) を経て Gold Coast に併合され独立してガーナとなった》. **～·er** *n.*

To·go·lese /tòugoulíːz, -líːs | tə̀ugə(u)líːz⁻/ *n.* (*pl.* ～) トーゴ人, トーゴ国民. — *adj.* トーゴ人の; トーゴ共和国の. 〚(1957) ← Togo + *-lese* (cf. Congolese)〛

togt /tá(ː)xt | tɔ́xt/ *adj.* 《南ア》〈労働者・仕事が〉日雇いの, 臨時雇いの. 〚((1860)) (1901) □ Afrik. ～ ← Du. *tocht* journey〛

to·he·ro·a /tòuəróuə | tə̀uərə́uə/ *n.* (NZ) **1** 《貝類》 ツナミノオトシゴ (*Amphidesma ventricosum*) 《アサジガイ科 (Semelidae) の二枚貝》. **2** ツナミノオトシゴの緑色がかったスープ. 〚(1838) □ Maori ～〛

to·hu·bo·hu /tóuhuːbóuhuː | tə́uhuːbə́u-; *F.* tɔy-bɔy/ *n.* 混沌(こんとん), 混乱 (chaos). 〚(1613) □ F ～ ← Heb. *tōhū* emptiness + *bōhū* emptiness, wasteness (*Gen.* 1:2)〛

to·hun·ga /touhúŋgə | tɔːháŋə/ *n.* (NZ) マオリの祭司; まじない師. 〚(1817) □ Maori ～〛

toil¹ /tɔ́ɪɫ/ *vi.* **1** 骨折る, 骨折って働く, こつこつ働く (work hard): ～ *over* a task こつこつ仕事をする / ～ *for* one's living 生計のために働く / ～ *on* 働き続ける / ～ and moil あくせく働く. **2** とぼとぼ歩く, 骨折って進む (plod): ～ *along* (the road) (道を)骨折って歩いて行く / ～ upstairs to one's room 苦労して 2 階の自分の部屋へ上がって行く / ～ *up* (a steep hill) (険しい丘を)苦労して登る / ～ (*on*) *through* a book 骨折って本を通読する. — *vt.* **1** 《古》 …に骨を折らせる. **2** 《古》 骨折ってし遂げる[得る] 〈*out*〉. **3** 《廃》 〈土地を〉耕す (till).

— *n.* **1** 骨折り(仕事), 苦労, 老役 (drudgery) (⇨ work SYN): ～ and moil あくせく働き. **2** 《古》 戦闘, 闘争, 争い (battle).

～·er /-lə | -lə(r)/ *n.* 〚v.: (*c*1290) *toile(n)* □ AF *toiler* = OF *toeillier, tooillier* (F *touillier*) to strive, dispute, wrangle < L *tudiculāre* to stir ← *tudicula* machine for bruising olives ← *tundere* to beat, crush. —n.: (*c*1290) □ AF *toil, toyl* dispute = OF *tooil* battle, trouble ← *tooillier*〛

toil² /tɔ́ɪɫ/ *n.* **1** [通例 *pl.*] 網 (net); (比喩) わな (snare): in the ～*s* 網にかかって, 捕らわれて; 魅せられて, 魂を奪われて (charmed); 陰謀に陥って. **2** [通例 *pl.*] 《廃》 (野獣捕獲用の)わな (snare). — *vt.* わなで捕える: ～ a bird. 〚(*a*1529) □ (O)F *toile* cloth, web < L *tēlam* web ← IE **teks-* to weave: cf. text〛

toile /twáːɫ; *F.* twal/ *F. n.* **1** モスリン, 天じく, トアル. **2** モスリンで作った服の試作品. 〚((1561)) (1959) □ F ～ 'linen cloth, canvas' (↑)〛

toile de Jouy /twáːɫdəʒwíː; *F.* twaldəʒwi/ *F. n.* (*pl.* **toiles de Jouy** /～; *F.* ～/) ジュイ染め《薄色の背景に単色の図柄がプリントされた綿またはリンネル布地; Jouy print ともいう》; プリント製の同種の生地. 〚(1920) □ F ～ 'cloth of Jouy' ← *Jouy-en-Josar* (フランスの生産地名)〛

toi·let /tɔ́ɪlɪ̀t/ *n.* **1 a** =toilet bowl. **b** (通例)浴室付きの化粧室; 浴室 (bathroom); 便所, トイレ(ット): go to the ～ / read in the ～ / set a child on a ～ 子供にトイレに行かせる[用便させる]. 〔日英比較〕 日本語では「便所」という直接的な用語より, 「手洗い」「洗面所」あるいは外来語の「トイレット」などの婉曲的な表現のほうが上品に響くが, これは英語でも同じで, *toilet* は直接的な語なので, 個人宅では bathroom, washroom, 公共の場のものは rest room, men's room, women's room, 《英》 loo, 《英》 cloakroom, cloaks などのほうが婉曲的で上品とされる. しかし, 最近では古い表現の Where can I wash my hands? や女性なら, puff one's nose をはじめ, 上にあげたような婉曲表現を使わずに *toilet* を使う人も増えている. **2** 化粧: spend time on one's ～ 化粧に時間を費やす / make one's ～ 化粧する, 身仕舞する (dress) / at one's ～ 化粧中で, 身仕舞して /～ articles 化粧用品 (cf. toiletry). **3** 《古》 化粧道具 (鏡・ブラシ・くしなど); 化粧台 (toilet table). **4** 化粧室 (dressing room). **5** 《古》 着こなし, 着付け, 服装, 衣装 (toilette). **6** 《古》 =toilet cloth. **7** 《外科》 創面洗浄 《分娩(ぶんべん)・外傷または手術前[後]における, 特に腸の洗浄》. — *vi.* **1** 化粧する, 身仕舞する. **2** 〈幼児が〉(自分で)用便する (cf. toilet training). — *vt.* **1** …に身仕舞をさせる. **2** 〈幼児〉に用便をさせる. — *adj.* **1** 化粧用の. **2** トイレ用の. 〚(1540) □ F *toilette* (dim.) ← *toile* cloth: ⇨ toil², -et〛

tóilet bàg *n.* (旅行用)洗面用具入れの袋[バッグ].

tóilet bòwl *n.* 水洗便器.

tóilet clòth [còver] *n.* 鏡台[化粧台]掛け. 〚1838〛

tóilet glàss *n.* 化粧台[室]の鏡. 〚1818〛

tóilet pàper [tìssue] *n.* (通例, 巻紙の)トイレットペーパー. 〚1884〛

tóilet pòwder *n.* 化粧パウダー《入浴後等に使用》. 〚1840〛

tóilet ròll *n.* (トイレットペーパーの)ロール.

tóilet ròom *n.* **1** 化粧室 (dressing room). **2** 《米》 **a** (トイレ付きの)洗面室, 浴室 (lavatory, bathroom). **b** (駅などの)公衆トイレ, 便所.

toi·let·ry /tɔ́ɪlɪ̀tri/ *n.* [通例 *pl.*] 化粧品類. — *adj.* [限定的] 化粧品類の: a ～ counter 化粧品売場. 〚(1892) ← TOILET + -RY〛

tóilet sèat *n.* 便座.

tóilet sèt *n.* **1** 化粧道具(一揃い). **2** 《米》 =dresser set.

tóilet sòap *n.* 化粧石鹸. 〚1839〛

tóilet tàble =dressing table.

toi·lette /twɑːlét; *F.* twalɛt/ *n.* (*pl.* **～s** /～s; *F.* ～/) **1** 《文語》 (女性の)化粧, 身仕舞, 身づくろい《入浴・結髪・着衣を含む》. **2** (特定の)衣粧, 装束 (costume): a formal [an elaborate] ～ 正式の[凝った]服装. **3** 《古》 = dressing table. 〚(1681) □ F ～: ⇨ toilet〛

tóilet tràin *vt.* 〈幼児〉に用便のしつけをする.

tóilet-tràined *adj.* (幼児が)用便のしつけができた (potty-trained). 〚1951〛

tóilet tràining *n.* (幼児への)用便のしつけ[訓練]. 〚1940〛

tóilet vìnegar *n.* 手洗い水に混ぜる香水を入れた酢.

tóilet wàter *n.* 化粧水 (eau de Cologne など). 〚1855〛

toil·ful /tɔ́ɪlfəl, -fl/ *adj.* 骨の折れる, つらい, 苦しい (laborious). **～·ly** *adv.*

tóil·less *adj.* 骨の折れない, 楽な.

toil·some /tɔ́ɪlsəm/ *adj.* 骨の折れる, つらい, 苦しい (laborious). **～·ly** *adv.* **～·ness** *n.* 〚(1581) ← TOIL¹ + -SOME¹〛

tóil·wòrn *adj.* 仕事に疲れた, 苦労にやつれた; 苦労の跡の見える. 〚1751〛

tó-infinitive *n.* 《文法》 to 不定詞. 〚1946〛

to·ing and fro·ing /túːɪŋən(d)fróuɪŋ | -frə́u-/ *n.* (*pl.* **toings and froings**) あちこち動くこと, 行ったり来たりすること (to-ing and fro-ing ともいう). 〚(1847): ⇨ to-and-fro〛

toise /tɔ́ɪz/ *n.* トワズ《フランスの昔の長さの単位; 6.396 フィート, 1.949 メートルに相当》. 〖□(O)F ～ < VL **tēsa* ← L *tensa* (fem.) ← *tensus* (p.p.) ← *tendere* 'to stretch, TEND[1]': cf. tense[1]〗

toi·son d'or /twɑ:zɔ̃(:)ndɔ́ə, -zɔ́:n- | -dɔ́:ʳ; *F.* twazɔ̃dɔ:ʁ/ *F. n.* ＝Golden Fleece 1. 〖□F ～ 'fleece of gold'〗

toi·toi[1] /tɔ́ɪtɔɪ/ *n.* 〖植物〗＝toetoe.

toi·toi[2] /tɔ́ɪtɔɪ/ *n.* 《NZ》＝cocka bully.

To·kaj /toʊkéɪ | təʊkéɪ, -kάɪ; *Hung.* tókɒj/ *n.* トカイ《ハンガリー北東部の町; トカイワイン (Tokay) の産地》.

to·ka·mak /tóʊkəmæ̀k, tá(:)k- | tə́ʊk-, tɔ́k-; *Russ.* təkamák/ *n.* 〖物理〗トカマク方式《核融合炉の一形式; ドーナツ形の管の外部に流した電流と内部のプラズマ電流によってプラズマの閉じ込めを行う》. 〖《1965》□ Russ. ～《頭字語》← *to(roidal' naja) ka(mera s) mag(nitnym polem)* toroidal camera with magnetic field〗

to·kay /toʊkéɪ | təʊkeɪ/ *n.* 〖動物〗オオヤモリ (*Gekko gecko*)《東南アジア産のヤモリ; 夜間大きな声を出して鳴く》. 〖《1753》□ Malay *toke*〗

To·kay /toʊkéɪ | təʊkéɪ, -kάɪ; *Hung.* tókɒj/ *n.* **1 a** トカイ(ワイン)《ハンガリーの Tokaj 周辺で産する黄金色の良質のワイン; 芳香があり甘口でデザート(ワイン)にする; Tokay wine ともいう》. **b** トーケー(ワイン)《トカイワインに似た米国産の甘口の混合ワイン; California Tokay ともいう》. **2** トーケー《アルジェリアから米国に導入されたブドウの品種名; 色はピンクないし赤で生食・醸造用; Flame Tokay ともいう》. 〖《1710》← TOKAJ〗

toke /tóʊk | tə́ʊk/ *n.* **1** 《英俗》食物 (food), (特に)パン (bread). **2** 《米俗》(マリファナ)たばこの一服: take a ～ of marijuana マリファナたばこを飲む. **— *vi.*** 《米俗》マリファナを吸う, ふかす; 《英俗》シガレット[パイプ]を吸う, ふかす. 〖《1843》《変形》? ← TACK[2]〗

Tó·ke·lau Íslands /tóʊkəlàʊ- | tə́ʊ-/ *n. pl.* [the ～] トケラウ諸島《南太平洋の Samoa 諸島北方にあるサンゴ礁の群島; ニュージーランドの保護領; 面積 11 km²; 旧名 Union Islands》.

to·ken /tóʊkən | tə́ʊ-/ *n.* **1 a** (バスや地下鉄などで切符の代わりに, また自動販売機用に用いる)代用硬貨: a bus ～. **b** ＝token coin. **c** (昔, 商人・銀行などが発行した)私鋳貨幣. **2** 印, 象徴 (sign, symbol) (⇨ sign SYN); 証拠 (proof): a ～ of respect, regard, affection, etc. / wear black as a ～ of mourning 服喪のしるしに黒衣を着る. **3 a** (商品との)引換券 (voucher); 商品券: ⇨ book token / a gift ～ ギフト券. **b** 景品引換証《クーポン券・レッテルなど》. **4** 記念品, 形見 (keepsake): present a friend with a ～ 友人に記念品を贈る. **5** 特徴 (characteristics): the ～s of a good horse よい馬の特徴. **6** (全体を示す)現れ, 片鱗(へんりん), 一端 (indication) 〔*of*〕. **7** (人物・安全などの保証として人に与える)証拠品; 合言葉. **8** 《古》合図 (signal): give ～s 合図をする. **9** 〖聖書〗予兆, 前兆, しるし (omen, portent) (cf. *Ps.* 135: 9). **10** 〖言語〗トークン, 生起形《特定の語・表現・文が実際に用いられている例[回数]; cf. type[1] 10》. **11** 〖電算〗トークン《ネットワーク上のデータの送信権を与える制御用データ》. **12** 《古》〖印刷〗通し《印刷作業の単位; 手刷りは通例 250–500 刷り》. **13** 《廃》名残り (vestige): a ～ of bygone fashion 過去の流行の名残り. **14** 《廃》標章, 記章 (badge). **15** 《古》病気(特に疫病)のしるし, 斑点 (cf. Shak., *Love's L L* 5. 2. 423).

by* (*the sáme*) *tóken*＝*by thís* [*thát*] *tóken (1) その証拠には. (2) その上, なお (moreover). (3) 同じ理由で, 同様にして (similarly). 《1463》 ***in* [*as a*] *tóken of*** …のしるしとして, の証拠に (as a proof of); …の記念に: *in* ～ *of* peace 和平のしるしとして. ***móre by tóken*** 《古》なお一層, いよいよますます (the more so).

— *adj.* [限定的] **1** (実物に対する)まねごとの, 名ばかりの, 見本程度の (nominal): a ～ post only ただ名目だけの地位 / a ～ raid [attack, resistance] 申しわけ程度の空襲[攻撃, 抵抗] / I'll make a ～ appearance. ちょっと申し訳に顔出しをしましょう / ～ import 〖貿易〗《将来本式の輸入を行うという含みをもたせて行う少額の》名目輸入. **2** 保証として与えられる. **3** (借金返済などの)内金としての.

— *vt.* 象徴する, …の印である (symbolize).

— *vi.* しるしとして起こる, 証拠となる (instance).

〖OE *tāc(e)n* < Gmc **taiknam* (Du. *teken* / G *Zeichen*) ← IE **deik-* to show: ⇨ teach, toe〗

tóken cóin *n.* 代用硬貨. 〖1897〗

tóken ecònomy *n.* 〖精神医学〗トークンエコノミー法《金属[プラスチック]のトークンを代用貨幣として報酬に用いる行動療法》. 〖1968〗

tó·ken·ism /-nɪ̀zm/ *n.* 《米》(黒人の公的権利に関する)形ばかりの法律遵守[世論配慮, 要求への譲歩], 名目主義, 名ばかりの姿勢《一握りの黒人に門戸を開放するのみで実質的には黒人閉め出しに等しい》. **tò·ken·ís·tic** /tòʊkənístɪk | tə̀ʊ-ˈ-/ *adj.* 〖1961〗

tóken móney *n.* **1** 私鋳貨幣, 代用貨幣, 手札《もと, 商人・会社・銀行などが交易の必要上発行したもの; 今はバス料金・自動販売機用として用いられる》. **2** 名目通貨, 定位通貨《実物価値が表面価値より劣る政府発行の臨時補助通貨》. 〖1546〗

tóken páyment *n.* **1** 〖政治〗一部支払い《国債を破棄しないしるしに債権国へ一部だけ支払いすること》. **2** (借金返済の)内金. 〖1933〗

tóken ríng nètwork *n.* 〖電算〗トークンリングネットワーク《リングネットワーク (ring network) で, データの送信の制御にトークンを使用するもの; 装置はネットワークを巡回しているトークンを捕えて送信データの先頭に付加してデータを送信する》.

tóken stríke *n.* (警告的な)短時間の時限ストライキ.

tóken vóte *n.* 《英》(議会の)支出決議《金額は暫定的なもので正確な金額は後に追加予算案で決定される》. 〖1923〗

To·khar·i·an /toʊkέᵊriən, -kά:r- | təkέər-, tə(ʊ)-, -kά:r-/ *n., adj.* ＝Tocharian.

To·khar·ic /toʊkέᵊrɪk, -kά:r- | təkέər-, tə(ʊ)-, -kά:r-/ *n., adj.* ＝Tocharian.

to·ko /tóʊkoʊ | tə́ʊkəʊ/ *n.* (*pl.* ～**s**) ＝toco.

to·ko- /tóʊkoʊ | tə́ʊkəʊ/ ＝toco-.

tòko·dynamómeter *n.* 〖医学〗＝tocodynamometer.

to·kol·o·gy /toʊkά(:)lədʒi | tə(ʊ)kɔ́l-/ *n.* ＝tocology.

to·ko·loshe /tɑ̀(:)kəlά(:)ʃ | tɔ̀kəlɔ́ʃ(i)/ *n.* トコロッシュ《アフリカ南部民間伝説の邪悪な精霊; 毛むくじゃらで小人に似た姿をしている; tikoloshe ともいう》. 〖《1833》← Bantu: cf. Zulu *utokoloshe*, Xhosa *uthikoloshe*, Sotho *thokoloshi*, *t(h)ikoloshi*〗

to·ko·no·ma /tòʊkənóʊmə | tə̀ʊkənə́ʊ-/ *n.* 床の間. 〖《1727》□ Jpn.〗

Tok Pis·in /tά(:)kpízɪ̀n, -sɪ̀n | tɔ́kpízɪn, -sɪn/ *n.* トックピジン《パプアニューギニアの公用語の一つ; 英語を基礎とする一種のピジン》. 〖《1974》□ Pidgin E ～ 'talk pidgin'〗

tok-tok·kie /tɑ̀(:)ktά(:)ki | tɔ̀ktɔ́ki/ *n.* 《南ア》**1** トックトッキー《子供の遊び; ドアをノックしておいて, 内側の人が返事をする前に走って逃げ去る》. **2** 〖昆虫〗腹部を地面に打ち当ててカチカチ音をたてるアフリカ産ゴミムシダマシ科 (*Tenebrionidae*) の甲虫. 〖1: 《1913》. 2: 《1907》: □ Afrik. ～〗

tok·us /tóʊkəs | tə́ʊ-/ *n.* **1** 《俗》尻. **2** 《卑》肛門. 〖□ Yid. *tokhes* □ Heb. *táhath* under〗

To·kyo·ite /tóʊkioʊàɪt | tə́ʊkiəʊ-/ *n.* 東京都民, 東京人. 〖⇨ -ite[1]〗

Tó·kyo Róund /tóʊkioʊ- | tə́ʊkiəʊ-/ *n.* [the ～] 〖経済〗東京ラウンド《GATT の下における多角的貿易交渉; 関税引下げ・非関税障壁 (NTB) の排除を目的とし, 1973 年東京で採択されたガット閣僚会議での宣言に基づき, 1973–79 年にかけて行われた国家間交渉; cf. Kennedy Round》.

tol- /tɑ(:)l | tɔl/ (母音の前にくるときの) tolu- の異形.

to·la /tóʊlə | tə́ʊ-/ *n.* トーラ《インドの重量単位; ＝¹/₈₀ seer; rupee 銀貨の重さ》. 〖《1614》□ Hindi *tolā* ← Skt *tulā* ← *tul* to weigh a balance, weight〗

to·lan /tóʊlæn | tə́ʊ-/ *n.* 〖化学〗トラン ($C_6H_5C{\equiv}CC_6H_5$)《無色の結晶; diphenylacetylene ともいう》. 〖← TOLU- ＋-AN[1]〗

to·lane /tóʊleɪn | tə́ʊ-/ *n.* 〖化学〗＝tolan. 〖← TOLU- ＋-ANE[2]〗

to·lar /tά(:)lɑə | tɔ́lɑ:ʳ/ *n.* トラー《スロベニアの通貨単位; ＝100 stotins》. 〖□ Slovene ～ □ G *Taler* taler: ⇨ dollar〗

tol·booth /tóʊlbù:θ | tɔ́lbù:ð, tə́ʊl-, -bù:θ/ *n.* ＝tollbooth.

Tol·bu·khin /tɑ(:)lbú:kɪn | tɔl-/ *n.* トルブヒン《ブルガリア北東部 Varna の北にある都市; 1913–40 年ルーマニア領; 旧称 Dobrich, ルーマニア時代は Bazargic と呼ばれた》.

tol·bu·ta·mide /tɑ(:)lbjú:təmàɪd, -mɪ̀d | tɔlbjú:təmàɪd, -mɪd/ *n.* 〖薬学〗トルブタミド ($C_{12}H_{18}N_2O_3S$)《血糖降下剤》. 〖《1956》← TOLU-＋BUTO-＋AMIDE〗

told /tóʊld | tə́ʊld/ *v.* tell[1] の過去形・過去分詞. 〖OE *tealde* (pret.), *(ge)teald* (p.p.) ← *tellan*: ⇨ tell〗

tol-de-rol /tά(:)ldərά(:)l | tɔ́ldərɔ̀l/ *n.* 古い歌の無意味な折り返し. 〖《1765》《擬音語》〗

tole[1] /tóʊl | tə́ʊl/ *n.* (*also* **tôle** /～/; *F.* to:l/) トール《ニスまたはエナメル塗りの金属製食器・盆・料理用器具など; これに用いるスズ板》. 〖《1946》□ F *tôle* sheet iron, plate ← L *tabula*: ⇨ table〗

tole[2] /tóʊl | tə́ʊl/ *v.* ＝toll[3].

To·le·do[1] /təlí:doʊ, -dəʊ/ *n.* トレド《米国 Ohio 州北西部, Erie 湖に臨む都市》. **To·lé·do·an** /-doʊən | -dəʊ-/ *n., adj.* 〖↓〗

To·le·do[2] /təlí:doʊ, -léɪ- | təléɪdəʊ, tə-; *Sp.* toléðo/ *n.* **1** トレド《スペイン中央部, Tagus 河畔の都市; ローマ統治時代のスペインの主都》. **2** (*pl.* ～**s**) トレド剣《スペインの Toledo でできた剣, 鍛えが優秀なことで有名》. **To·lé·dan** /-dn/ *n., adj.* 〖1596〗

To·le·do /təlí:doʊ, -léɪ- | təléɪdəʊ, tə-; *Sp.* toléðo/, **Francisco de** *n.* トレド《1515?–?84; スペインの行政官, Peru の太守 (viceroy) (1569–81)》.

tol·er·a·ble /tά(:)lərəbl | tɔ́lər-, tɔ́lrə-/ *adj.* **1** 耐えられる, 我慢できる (endurable): The pain was severe but ～. 痛みは激しかったが我慢はできた. **2** かなりの, かなり良い (fairly good): a ～ cook かなり料理のうまい人 / The work was ～. かなりの作であった / I am in ～ health. 私はかなり健康です / He speaks ～ Japanese. かなり上手に日本語を話す. **3** 《口語》[叙述的] かなり健康で (pretty well): I'm ～. Thank you. **4** 許される, 差しつかえない (permissible). **tol·er·a·bil·i·ty** /tɑ̀(:)lərəbílə̀ti, tɑ̀(:)lrə- | tɔ̀lərəbílɪ̀ti, tɔ̀lrə-/ *n.* **～·ness** *n.* 〖《1422》□ (O)F *tolérable* □ L *tolerābilis* bearable ← *tolerāre* to bear: ⇨ -able〗

tól·er·a·bly /-bli/ *adv.* **1** 耐えられるほどに, 我慢できるほどに; かなりに. ★ 普通良い意味に用いる: be ～ well [satisfied] かなり健康である[満足している] / He is ～ proficient in French. フランス語にかなり堪能(たんのう)だ. **2** 適度に, 程よく (moderately). 〖《1485》: ⇨ ↑, -ly[1]〗

tol·er·ance /tά(:)lərəns, tά(:)lrəns, -rənts | tɔ́lər-, tɔ́lrə-/ *n.* **1** (他人の説・信仰などに対する)寛容, 寛大, 認容; 偏見なき関心, 公平な味方 (cf. bigotry): ～ *for* other people's opinions 他人の意見に対する容認 / her broad ～ *of* his prejudice 彼の偏見に対する彼女の大幅な寛容. **2** 耐えること, 我慢; 耐久力: I have no ～ *for* nonsense. 愚にもつかない考えは我慢ができない. **3 a** 〖医学〗(劇薬・毒物などに対する)耐(容)性, 許容度, 耐薬力: ～ *for* a drug / ～ *to* a virus. **b** 〖植物〗(干魃(かんばつ)・日光不足・寄生動植物などに対する)耐性. **c** (法的に認められた, 殺虫剤など有害物質の食品中の)最大許容量. **4 a** 〖機械〗公差, 許し代(しろ)《工作寸法・重さなどで標準規格と実際できたものとの間の許容誤差》. **b** 〖造幣〗公差 (allowance)《鋳造貨幣の量目および純分の法律上公認されている誤差》. 〖《*a*1420》□ (O)F *tolérance* // L *tolerantia*: ⇨ tolerant, -ance〗

tólerance dòse *n.* 〖医学〗耐量, 耐薬量[線量], 許容薬量[線量]《害を生じることなく投与[照射]できる薬または放射線の最大量》. 〖1925〗

tólerance lìmits *n. pl.* 〖統計〗許容限界《品質管理で, サンプルの値が超えてはならない限界; もし超えれば工程に異常があると判断する》. 〖1931〗

tol·er·ant /tά(:)lərənt, tά(:)lrənt | tɔ́lər-, tɔ́lrə-/ *adj.* **1** 〔他人の説・信仰などに対して〕寛容な, 寛大な (liberal) 〔*of, to*〕: be ～ *of* criticism 批判を容認する. **2 a** 〖植物〗《植物が》〔干魃(かんばつ)・日光不足に対して〕耐性のある 〔*of*〕. **b** 〖医学〗〔毒物などに対して〕耐(容)性のある, 許容度[耐薬力]のある 〔*of*〕. **～·ly** *adv.* 〖《1784》□ F *tolérant* // L *tolerantem* (pres.p.) ← *tolerāre* to bear, endure〗

tol·er·ate /tά(:)lərèɪt | tɔ́l-/ *vt.* **1 a** 〈他人を〉(その説・信仰などに対して)寛大に取り扱う, …に寛容の態度を示す: ～ heretics 異教徒を寛大に扱う. **b** 〈行為などを〉黙許する, 許容する, 堪忍する, 大目に見る (permit) (⇨ bear[1] SYN): ～ a religion 宗教を黙許する / I will not ～ interference in my affairs. 自分のことを干渉されて黙ってはいられない. **2** (嫌悪をもたずに)耐える, 我慢する, 忍ぶ: I cannot ～ that smell [rude fellow]. あのにおい[無礼な男]には我慢がならない. **3 a** 〖医学〗〈劇薬・毒物などに〉耐(容)性[許容性, 耐薬性, 耐毒性]がある. **b** 《米》〖植物〗〈日光不足などに〉耐性がある. **4** 《廃》〈苦痛・苦境などに〉耐える (sustain): ～ the severe climate 厳しい気候に耐える. **tól·er·à·tor** /-tə | -təʳ/ *n.* **tól·er·a·tive** /tά(:)lərèɪtɪv | tɔ́lərèɪt-/ *adj.* 〖《*c*1485》□ L *tolerātus* (p.p.) ← *tolerāre* to endure〗

tol·er·a·tion /tɑ̀(:)lərέɪʃən | tɔ̀l-/ *n.* **1** 寛容, 寛大; 黙認, 認容, 堪忍 (forbearance). **2** (国家が公認宗教以外の宗教または信仰に与える)異教の認容, 信教の自由: the Act of *Toleration*＝*Toleration* Act 《英》寛容法, 信教自由令 (1689). **3** 《廃》認可 (license). 〖《1517》□ F *tolération* // L *tolerātiō(n-)* ← *tolerāre* (↑): ⇨ -ation〗

tòl·er·á·tion·ism /-ʃənɪ̀zm/ *n.* 寛容主義; 信教自由主義. 〖1898〗

tòl·er·á·tion·ist /-ʃ(ə)nɪ̀st | -nɪst/ *n.* 寛容[信教自由]主義者. 〖1830〗

tol·i·dine /tά(:)lədì:n, -dɪ̀n | tɔ́lɪ̀dì:n, -dɪn/ *n.* 〖化学〗トリジン ($(CH_3{\cdot}C_6H_3{\cdot}NH_2)_2$)《異性体がある; アゾ染料中間体》. 〖《1879》← TOLU-＋-ID[3]＋-INE[2]〗

To·li·ma /təlí:mə; *Am.Sp.* tolíma/ *n.* トリーマ(山)《コロンビア西部, Andes 山脈中の火山 (5,215 m)》.

Tol·kien /tóʊlki:n, tά(:)l- | tɔ́l-/, **J(ohn) R(onald) R(eu·el)** /rú:əl/ *n.* トールキン《1892–1973; 英国の児童文学者・中世英文学研究者; *The Lord of the Rings* (3 vols., 1954–55)》. **Tol·kien·i·an** /toʊlkí:niən, tɑ(:)l- | tɔl-/ *adj., n.* 《1954》 **Tol·kien·esque** /tòʊlki:nésk, tɑ̀(:)l- | tɔ̀l-ˈ-/ *adj.* 《1974》

toll[1] /tóʊl | tə́ʊl/ *n.* **1** 使用税, 料金《通行税・橋銭・渡し賃; 高速道路通行料; 市または縁日の地代・場代・店張り賃; 鉄道・運河などの運賃など》. **2 a** (税のように)取られるもの, 代価, 犠牲 (price): Too much drink has taken [exacted] a heavy ～ *of* him. 大酒のためひどく健康を害している / The train collision took its ～ of lives. 列車の衝突で多数の死傷者を出した / Death took its [their] ～. 多数の死者が出た. **b** 死傷者数 (casualties): a death ～ 死者数. **3** 使用税徴収権. **4** 《方言》粉ひき賃として取る穀物の一部. **5 a** 《米》長距離電話料. **b** 《NZ》フリーダイヤル地域外への電話料金. **6** 税金, 税 (tax, duty).

tàke tóll of …の一部を引き去る (cf. 2 a).

— *vt.* 1 《まれ》〈人〉から使用税[料金]を取る; 〈物〉に使用税[料金]を課する. **2** (…の一部を)税として取る.

— *vi.* 《まれ》使用税[料金]を取る[払う] (cf. Shak., *John* 3. 1. 153–54).

〖OE ～ 'paymentt for a privilege' (G *Zoll*) ← *toln* □ LL *tolōneum* 《変形》← L *telōnēum* □ Gk *telṓnion* tollhouse ← *telṓnēs* collector of taxes ← *télos* toll, tax ← IE **telə-* to lift〗

toll[2] /tóʊl | tə́ʊl/ *vt.* **1** 〈弔鐘・入相の鐘・教会への呼び寄せの鐘などを〉(ゆるやかに一定の間を置いて)つく, 鳴らす: ～ a funeral knell 弔いの鐘を鳴らす / ～ a bell at a person's death 人の死を弔って鐘を鳴らす / The curfew ～*s* the knell of parting day. 入相の鐘の声暮るる日を弔えり (Thomas Gray, *Elegy Written in a Country Churchyard*). **2** 〈鐘が〉鳴って報じる, 告げる; 〈大時計が〉〈時を〉打つ, 報じる: ～ a person's death [a departing soul] 人の死[臨終]を鐘で知らせる / ～ five [the hour] 5 時を打つ[時を告げる] / Big Ben ～*ed* midnight. ビッグベンが鳴って真夜中を知らせた. **3** 〈鐘が〉鳴って呼ぶ[散会させる] 〈*in, out*〉: ～ the people *out* (of the church) 鐘が人を(教会から)送り出す / ～ *in* the people 鐘を鳴らして[鐘が鳴って]会衆を教会に集める.

— *vi.* 〈鐘が〉(ゆるやかに一定の調子で)鳴る: Midnight ～*ed*. 真夜中の鐘が鳴った / The bell is ～*ing in*. 鐘が鳴って会衆を教会に集めている.

T

— *n.* **1** (弔いなどの)鐘を鳴らすこと. **2** (ゆるやかに間を置いて鳴る)鐘の音: He heard the ～ of a bell. **3** 鐘の鳴るような音.
〖(1452)《原義》to draw a bell so that it sounds ← TOLL[3]〗

toll[3] /tóʊl | tóʊl/ *vt.* **1** 《米・カナダ》 **a** 〈猟鳥獣を〉おびく, おびき寄せる (decoy). **b** 《釣》〈魚を〉こませで寄せる. **c** 〈家畜を〉〈望みの方向へ〉導いて行く: ～ the sheep *into* the sheepfold 羊を導いて羊舎に入れる. **2** 《廃》誘惑する, そそのかす (entice). — *vi.* 〈猟鳥獣が〉おびき寄せられる.
〖(?a1200) *tolle(n)* to allure, draw < OE **tollian*: cf. OE *-tyllan* (*fortyllan* to attract, allure): cf. toll[2]〗

toll·a·ble /tóʊləbl | tóʊl-/ *adj.* 〈道路など〉使用税を課される, 通行税の必要な. 〖1611〗

toll·age /tóʊlɪdʒ | tóʊl-/ *n.* 使用料[通行税など]の徴収[支払い]. 〖(1494) ← TOLL[1]+-AGE〗

tóll bàr *n.* (道路や橋の料金徴収所の)遮断(しゃ)棒 (cf. barkeeper 2). 〖1813〗

tóll bòard *n.* 《通信》市外台《電話の市外通話の交換接続を行う交換台》.

toll·booth /tóʊlbùːθ | tóʊl-, tɔ́l-, -bùːð/ *n.* **1** 《スコット》刑務所, 留置場 (prison, jail). **2** 《スコット》市役所, 町役場. **3** 《米》(有料道路などの)料金徴収所 (tollgate). 〖(1314–15) *tolbothe* 《原義》the booth or shed of the tax-collector: ⇨ toll[1], booth: もとは市場税を集めたり, 税を払わない者を留めて置いたりした小屋〗

tóll brìdge *n.* 有料橋《料金を払って渡る橋》. 〖1773〗

tóll càll *n.* 《米》(基本料金の高い)市外[長距離]通話[電話]. 〖1912〗

tóll collèctor *n.* **1** 料金徴収員[器]. **2** 徴収料金登録機. 〖1822〗

tóll dìaling *n.* 《通信》市外ダイヤル.

tóll·er[1] /-lə | -lə(r)/ *n.* 《米》おとり犬《鴨(かも)をおびき寄せるように訓練された小形猟犬》. 〖(1440) (1831) ← TOLL[3]+-ER[1]〗

tóll·er[2] /-lə | -lə(r)/ *n.* =toll collector 1. 〖OE *tollere*: ⇨ toll[1], -er[1]〗

tóll·er[3] /-lə | -lə(r)/ *n.* 鐘を突く人, 鐘突き. 〖(1562) ← TOLL[2]+-ER[1]〗

Tol·ler /tɔ́(ː)lə, tá(ː)lə | tɔ́lə(r); *G.* tɔ́lɐ/, **Ernst** *n.* トラー (1893–1939; ドイツの表現主義詩人・劇作家; *Die Maschinenstürmer* (英訳 *The Machine Wreckers*, the Luddites のこと) (1922)).

tóll-frée *adj.* 《米》〈電話が〉料金不要の, 受信者払いの; 無料の (《英》freephone). — *adv.* 《米》〈電話が〉料金不要で, 受信者払いで; 無料で. 日英比較 「フリーダイヤル」は和製英語. 英語では *toll-free* number [call]. 〖1970〗

tóll·gàte *n.* (高速道路などの)料金所, トールゲート. 〖1773〗

tóll·gàtherer *n.* 通行税[使用税など]徴収員. 〖*c*1384〗

tóll·hòuse *n.* 料金徴収所. 〖*c*1440〗

tóllhouse cóokie *n.* 《米》チョコレートの小片入りクッキー. 〖(1940): 米国 Massachusetts 州の町 Whatman の *Toll House* で用いた製法から〗

tol·lie /tá(ː)li | tɔ́li/ *n.* =tolly[2].

tólling dòg *n.* =toller[1].

tóll·kèeper *n.* (高速道路などの)料金徴収員. 〖1822〗

tóll lìne *n.* 《通信》市外線.

tóll·man /-mən/ *n.* (*pl.* **-men** /-mən, -mèn/) = tollkeeper. 〖1743〗

tol-lol /tɑ(ː)lá(ː)l | tɔ̀lɔ́l/ *adj.* 《俗》まんざらでもない, かなりの, まあまあの (so-so). 〖(1797)《加重》← TOL(ERABLE)〗

tol-lol·ish /tɑ(ː)lá(ː)lɪʃ | tɔ̀lɔ́l-/ *adj.* 《俗》まあまあの, かなりの. 〖1840〗

tóll plàza *n.* 《米》(有料道路の)料金所, トールプラザ《料金所が並んで道幅が広くなった部分をいう》. 〖1948〗

tóll ròad *n.* 有料道路. 〖1825〗

tóll thòrough *n.* 《英法》使用税, 道路税, 橋税. 〖1670〗

tóll tràverse *n.* 《英法》私有地通行料.

tóll TV *n.* 有料テレビ (cf. subscription television). 〖1956〗

Tól·lund màn /tá(ː)lənd- | tɔ́l-/ *n.* トルンド人《1950年にデンマーク Jutland 半島東部の Tollund の泥炭層で完全な保存状態で発見された鉄器時代人の遺骸; 皮のロープを首に巻きつけ着衣のまま発見されたもので, 神への供犠として殺されたのち沼に投げ込まれたものと推定される》.

tol·lut /tá(ː)lət | tɔ́l-/ *n.* 《ウェールズ》屋根裏乾草置場. 〖⇨ tallet〗

tóll·wày *n.* =toll road.

tol·ly[1] /tá(ː)li | tɔ́li/ *n.* 《英俗》蠟燭(ろう). 〖(1890)《変形》← TALLOW〗

tol·ly[2] /tá(ː)li | tɔ́li/ *n.* 《南ア》去勢された子牛 (tollie ともつづる). 〖(1900) □ Afrik. ～ □ Bantu (Xhosa & Zulu) *ithole* calf〗

Tól·pud·dle Mártyrs /tá(ː)lpʌdl- | tɔ́lpʌdl-/ *n. pl.* 《英史》トルパドル村の犠牲者《Dorset 州 Tolpuddle 村で当時違法であった労働組合を結成したうえ, 組合員に違法な宣誓を強要したとして 1834 年オーストラリアへの流刑に処せられた 6 人の農場労働者; 世論の抗議により1836年に刑の免除が行われた》.

Tol·stoi /tá(ː)lstɔɪ, tóʊl- | tɔ́l-; *Russ.* talstój/, **Aleksei Nikolaevich** *n.* トルストイ (1883–1945; ロシアの小説家; *Peter I* (1929–45, 未完)).

Tolstoi, Count **Lev Nikolaevich** *n.* (レフ)トルストイ (1828–1910; ロシアの小説家・社会改良家 (⇨ Yasnaya Polyana); *War and Peace* (1865–69), *Anna Karenina* (1875–77), *Resurrection* (1899)).

Tol·stoi·an /tá(ː)lstɔɪən, tóʊl- | tɔ́l-/ *adj.* =Tolstoyan.

Tol·stoy /tá(ː)lstɔɪ, tóʊl- | tɔ́l-; *Russ.* talstój/ *n.* = Tolstoi.

Tol·stoy·an /tá(ː)lstɔɪən, tóʊl- | tɔ́l-/ *adj.* (レフ)トルストイ的な[風の]. — *n.* トルストイ信奉者. 〖1894〗

Tol·tec /tóʊltɛk, tá(ː)l- | tɔ́l-/ *n.* (*pl.* ～, ～**s**) **1 a** [the ～(s)] トルテック族《Aztec 人に先んじ 10 世紀から 11 世紀にわたってメキシコを支配したといわれる種族》. **b** トルテック族の人. **2** トルテック語. — *adj.* =Toltecan. 〖(1787) □ Sp. *Tolteca* ← Am.-Ind. (Nahuatl)〗

Tol·tec·an /toʊltékən, tɑ(ː)l- | tɔl-/ *adj.* トルテック人の. 〖(1839): ⇨ ↑, -an[1]〗

to·lu /toʊlúː, tɔː- | tə(ʊ)lúː, tə-, -ljúː/ *n.* トルーバルサム《南米産マメ科の高木トルバルサムノキ (tolu tree) から得られる芳香樹脂》. 〖(1671) □ Sp. *tolú* ← (*Santiago de*) *Tolú* (南米コロンビアの海港)〗

tol·u- /tá(ː)ljʊ | tɔ́l-/「トルエン (toluene)」の意の連結形. ★ 母音の前では通例 tol- になる. 〖← TOLU (↑)〗

tol·u·ate /tá(ː)ljuèɪt | tɔ́l-/ *n.* 《化学》トルイル酸塩[エステル]. 〖(1860): ⇨ tolu-, -ate[1]〗

tolú bálsam *n.* =tolu.

To·lu·ca /təlúːkə; *Am.Sp.* tolúka/ *n.* **1** トルカ《メキシコ南部の都市, Mexico 州の州都; 正式名 Toluca de Lerido》. **2** トルカ(山)《同市付近にある火山 (4,577 m)》.

tol·u·ene /tá(ː)ljuìːn | tɔ́l-/ *n.* 《化学》トルエン ($C_6H_5CH_3$)《染料・火薬製造用; まれには methylbenzene, phenylmethane ともいう; また純度の落ちる工業用トルエンを toluol ということがある》. 〖(1871) ← TOLU-+-ENE: cf. benzene〗

tol·u·ic /təlúːɪk | tɔlúː-, -ljúː-/ *adj.* 《化学》トルイル酸の. 〖(1857) ← TOLU-+-IC[1]〗

tolúic ácid *n.* 《化学》トルイル酸, メチル安息香酸 ($CH_3C_6H_4COOH$).

tol·u·ide /tá(ː)ljuàɪd, -ɪ̀d | tɔ́ljuàɪd, -ɪd/ *n.* 《化学》トルイド類 ($RCONHC_6H_4CH_3$)《カルボン酸とトルイジンの縮合によって生成する酸アミド誘導体》. 〖← TOLU-+-IDE[2]〗

to·lu·i·dine /təlúːədìːn, -dɪ̀n | tɔlúːɪdìːn, -ljúː-, -dɪn/ *n.* 《化学》トルイジン ($CH_3C_6H_4NH_2$)《toluene の誘導体で o-, m-, p- の 3 種の異性体があり, 染料製造用・薬剤用》. 〖(1850): ⇨ ↑, -ine[3]〗

tolúidine blúe, T- B- *n.* 《化学》トルイジンブルー ($C_{15}H_{16}N_3SCl·ZnCl_2$)《黒色の粉末; 溶液として青色を呈し核染色料として用いられる》. 〖1898〗

tol·u·ol /tá(ː)ljuɔ̀(ː)l | tɔ́ljuɔ̀l/ *n.* 《化学》**1** トルオール (⇨ toluene). **2** トルエン剤. 〖(1845) ← TOLU-+-OL[2]: cf. benzol〗

tolú trèe *n.* 《植物》トルバルサムノキ (*Myroxylon balsamum*)《南米産マメ科の高木》.

tol·u·yl /tá(ː)ljuɪ̀l | tɔ́ljuɪl/ *adj.* 《化学》トルイル基 ($CH_3C_6H_4CO–$) をもつ. 〖(1868) ← TOLU-+-YL〗

tóluyl gròup [ràdical] *n.* 《化学》トルイル基 ($CH_3C_6H_4CO–$).

Tol·yat·ti /tɔ(ː)ljáːti | tɔ̀liǽti; *Russ.* talʲǽtti/ *n.* トリヤッティ《ロシア連邦南西部, Volga 川に臨む都市; 自動車製造業が盛ん; 旧称 Stavropol》.

tol·yl /tá(ː)lɪ̀l | tɔ́lɪl/ *n.* 《化学》**1** トリル基 ($CH_3C_6H_4–$) (toluene から誘導される一価の置換基; cresyl ともいう). **2** =benzyl (α-tolyl ともいう). 〖(1868) ← TOLU-+-YL〗

tólyl gròup [ràdical] *n.* 《化学》トリル基 ($CH_3C_6H_4–$).

tom[1] /tá(ː)m | tɔ́m/ *n.* **1** (動物の)雄. **2** 雄猫 (tomcat): a tiger-striped ～ とら縞(じま)の雄猫. — *adj.* [限定的] 雄の (male): a ～ pheasant [turkey] きじ[七面鳥]の雄. 〖(1762)《転用》← TOM〗

tom[2] /tá(ː)m | tɔ́m/ *n.* 《俗》(野菜作りや小売商人の間で) トマト. 〖(1920)《略》← TOM(ATO)〗

tom[3] /tá(ː)m | tɔ́m/ *n.* 《口語》=tom-tom.

Tom /tá(ː)m | tɔ́m/ *n.* **1** トム《男性名》. **2** 《米俗》アンクルトムのような黒人 (Uncle Tom)《白人に対して卑屈な黒人》. **3** 《廃》=Tom o'Bedlam (⇨ bedlam 成句). **4** 巨鐘: ～ of Oxford. **5** 《鉱山》=long tom 3.
Blínd Tóm 鬼ごっこ. (1909) (***èvery*** [***any***]) ***Tóm, Dick and*** [***or***] ***Hárry*** [***Hárriet***] 《俗》だれでも彼でも, 猫も杓子も (cf. Brown): They invited *every* ～, *Dick and Harry*. だれも彼も皆招いた《英米でごく普通の男性名の愛称》. (1734)
Tóm and Jérry (1) 《米》ラム卵酒《ラム酒に水か牛乳と卵とを混ぜ, 薬味と甘みとを添え温めて飲む》. (1828) 英国のスポーツ記者 Pierce Egan 作 *Life in London* (1821) に出てくる, 飲んで騒ぎ回る二人の主人公の名から》 (2) トムとジェリー《米国のアニメ映画・テレビの主人公である猫とねずみ》.
— *v.* (**Tommed; Tom·ming**) 《米俗》 — *vi.* アンクルトムのようにふるまう (Uncle Tom) (cf. *n.* 2). — *vt.* [しばしば ～ it として] =*vi.*
〖(*c*1378) (dim.) ← THOMAS〗

To·ma /tóʊmə | tə́ʊ-/ *n.* (*pl.* ～, ～**s**) **1 a** [the ～(s)] トマ族《西アフリカのリベリアおよびギニアの近隣地域に居住する黒人の種族》. **b** トマ族の人. **2** トマ語.

tom·a·hawk /tá(ː)məhɔ̀ːk, -hàːk | tɔ́məhɔ̀ːk/ *n.* **1** (アメリカ先住民の)まさかり, 戦斧(せんぷ): bury [lay aside] the ～ ほこを収める, 講和する / dig up [raise, take up] the ～ 戦端を開く, 宣戦する. **2** 《豪》(オーストラリア先住民の)斧 (hatchet). — *vt.* **1** まさかりで打つ[切る, 殺す]. **2** 〈書籍・著書などを〉酷評する. **3** 《豪俗》〈毛を刈る際に〉〈羊を〉手荒く扱う, 〈羊の〉皮膚を傷つける.
〖(*c*1612) □ N-Am.-Ind. (Algonquian) *tämähāk*《短縮》← *tämähākan* cutting instrument ← *tämähāken* he rises for cutting ← *tämäham* he cuts〗

tomahawks 1

tom·al·ley /tá:mæli | tɔ́m-/ *n.* (*also* **to·mal·ly** /～/) いせえびのみそ[肝臓]《煮ると緑色になり sauce に用いる》. 〖(1666) ← Carib: cf. Galibi *tumali* sauce of lobster or crab livers〗

to·man /təmáːn | təʊ-/ *n.* **1** トーマーン: **a** ペルシャの金貨. **b** イランの紙幣 (=10 rials). **2** (モンゴル族・タタール族の)一万人隊. 〖(1566) □ Pers. *tūmān*《原義》ten thousand ← Mongolian〗

To·mas /toʊmáːs | tə(ʊ)-; *Sp.* tomás/ *n.* トマス《男性名》. 〖□ Sp. ～ 'THOMAS'〗

to·ma·til·lo /tòʊmətíː(l)jòʊ | tə̀ʊmətíː(l)jəʊ; *Am. Sp.* tomatíjo/ *n.* (*pl.* ～**es**, ～**s**) 《植物》オオブドウホオズキ (*Physalis ixocarpa*)《メキシコ・米国南部原産のナス科の一年草; 紫色の実は食用になる》. 〖(1913) □ Sp. ～ (dim.) ← *tomate* 'TOMATO'〗

tom·a·tine /tá(ː)mətìːn | tɔ́m-/ *n.* 《生化学》トマチン ($C_{50}H_{83}NO_{21}$)《トマトの葉などから得られる一種のアルカロイドで, 手足にできる水虫・たむしなどの皮膚病に対する特効薬》. 〖(1946) ← TOMAT(O)+-INE[3]〗

to·ma·to /təméɪtoʊ | -máːtəʊ/ *n.* (*pl.* ～**es**) **1** 《植物》**a** トマトの実. **b** トマト (*Lycopersicon esculentum*) (cf. currant tomato). **2** (赤い)トマト色. **3** 《米俗》(魅力的な)女の子, 娘. 〖(1604) □ Sp. *tomate* □ Nahuatl *tomatl*《原義》the swelling fruit ← *tomana* to swell〗

tomáto cànker *n.* 《植物病理》トマトの癌腫病《*Corynebacterium michiganense* 菌に茎が冒され, 葉に斑点, 果実に腫状体が生じる》.

tomáto èggplant *n.* 《植物》カザリナス, ヒラナス (*Solanum integrifolium*)《熱帯アメリカ原産ナス科の一年草; 白い花とナスに似た小さい緋または黄色の実をつける; 観賞用; scarlet eggplant ともいう》.

tomáto frúit·worm *n.* 《昆虫》オオタバコガの幼虫 (bollworm)《トマトを食害する》. 〖1891〗

tomáto hórn·worm *n.* 《昆虫》トマトやジャガイモを食害するスズメガ (*Protoparce quinquemaculata*) の幼虫《potato worm ともいう; cf. hornworm》. 〖1921〗

tomáto réd *n.* =tomato 2.

tomáto stréak *n.* 《植物病理》トマトの斑点, 立枯病《ウイルス・細菌・菌等の混合感染により葉に病斑を生じ, また全草が冒される; spotted wilt ともいう》.

tomáto wòrm *n.* 《昆虫》=tobacco worm《その幼虫がトマトを害する時に用いる語》.

tomáto wórm mòth *n.* 《昆虫》スズメガ (hawkmoth)《tomato hornworm の成長したガ》.

tomb /túːm/ *n.* **1** (立派な)墓; 霊廟(びょう) (mausoleum); (死体を納める)墓穴, 墓; (地下)納骨所 (vault); 埋葬場所. **2** 墓石, 墓標. **3** 《詩》[the ～] 死 (death). **4** [the Tombs] 《米》New York 市刑務所. **5** 《口語》墓に似た建造物《特に気味の悪い建物》. — *vt.* 《まれ》墓に納める, 埋葬する. **～·like** *adj.* 〖(?a1200) *toume, tumbe* □ AF *tumbe* // (O)F *tombe* < LL *tumbam* □ Gk *túmbos* sepulchral mound ← IE **teu(ə)-* to swell〗

tom·bac /tá(ː)mbæk | tɔ́m-/ *n.* (*also* **tom·bak** /～/) 《冶金》人造金《銅と亜鉛との合金; 安物の宝石細工に用いられる代用金; cf. Dutch gold》. 〖(1602) □ F ～ □ Port. *tambaca* □ Malay *tembaga* copper〗

Tom·baugh /tá(ː)mbɔː, -bɑː | tɔ́mbaʊ, -bɔː/, **Clyde William** *n.* トンボー (1906–97; 米国の天文学者; Percival Lowell らの予言に基づいて冥王星 (Pluto) を発見 (1930)).

tom·bé /tɔ̃ː(m)béɪ, tɔːm-; *F.* tɔ̃be/ *n.* 《バレエ》トンベ《片足で跳躍しひざを曲げながら他方の足で着地すること, または両足で跳躍し片方の足で着地すること》. 〖□ F ～ (p.p.) ← *tomber* to fall: ⇨ tumbrel〗

Tom·big·bee /tɑ(ː)mbígbi | tɔm-/ *n.* [the ～] トンビグビー(川)《米国 Mississippi 州および Alabama 州を流れ Alabama 川と合流して Mobile 川となる (649 km)》. 〖□ Choctaw ～ 'coffin maker' ← *itombi* box, coffin + *ikbi* maker〗

tómb·less *adj.* 墓のない. 〖1594〗

tom·bo·la /tɑ(ː)mbóʊlə, tá(ː)mbə- | tɔmbə́ʊ-, tɔ́mbə-/ *n.* 《英》一種の富くじ《景品として小間物などが出る福引き》. 〖(1880) □ F ～ // It. ～ ← *tombolare* to tumble ← < **tombare* to fall < VL **tumbare* to fall with a thump《擬音語》〗

tom·bo·lo /tá(ː)mbəlòʊ | tɔ́mbələʊ/ *n.* (*pl.* ～**s**) トンボロ, 陸繋砂洲《島と本土[他の島]とをつなぐ砂洲》. 〖(1899) □ It. ～ < L *tumulum* mound: ⇨ tumulus〗

Tom·bouc·tou /*F.* tɔ̃buktu/ *n.* トンブクトゥー (Timbuktu のフランス語名).

tom·boy /tá(ː)mbɔ̀ɪ | tɔ́m-/ *n.* **1** おてんば娘, 男の子のような娘 (hoyden). ★ 今はあまり悪い意味でなく使われる. **2** 《廃》浮気女, 淫売女. 〖(a1553) ← TOM+BOY[1]〗

tom·boy·ful /tá(ː)mbɔ̀ɪfəl, -fl | tɔ́m-/ *adj.* =tomboyish.

tóm·bòy·ish /-bɔ̀ɪɪʃ/ *adj.* おてんばな. **～·ly** *adv.* **～·ness** *n.* 〖1862〗

Tombs /túːmz/, **the** *n. pl.* ⇨ tomb 4.

tomb·stone /túːmstòʊn | -stə̀ʊn/ *n.* **1** 墓石, 墓碑 (gravestone): erect [put up] a ～ over a grave 墓に墓石を建てる. **2** 墓石広告, トゥームストン(広告)《法的要

求や慣行に従って情報だけを単調に伝える新聞広告; 特にユーロ債市場や米国証券市場で債券発行にあたり発行者・発行条件・引換銀行名などを発表する広告, 医師・弁護士などの専門職が出す小活字の広告). **3** [*pl.*]《俗》(並びの悪い[汚れた])歯. 〖《1565》〗

tóm·càt *n.* **1** 雄猫 (male cat) (cf. tabby cat). **2**《俗》女たらし, 漁色家, 助平. — *vi.*《俗》女を漁る ‹*around*›. 〖《1789》← TOM¹＋CAT: 匿名の *The Life and Adventures of a Cat* (1760) という人気小説中の主人公の雄猫の名が Tom だったことから〗

tóm·còd *n.* (*pl.* ~, ~s)〖魚類〗タラ科魚類の次の 2 種を指す: **a** 大西洋産の魚 (*Microgadus tomcod*)《Atlantic tomcod ともいう》. **b** 北米の太平洋沿岸産の魚 (*M. proximus*)《Pacific tomcod ともいう》. 〖《1722》← TOM¹＋COD¹〗

Tóm Cól·lins /-kɑ́(ː)lɪ̀nz | -kɔ́lɪnz/ *n.* トムコリンズ《ジンをベースにしたカクテル; cf. collins》. 〖《1909》← *Tom Collins* (考案者のバーテンの名)〗

tome /tóʊm | tə́ʊm/ *n.* **1** (大著の)一冊, 一巻 (volume): a history in five ~s 大冊 5 巻から成る歴史書. **2** 大きな本, 大冊. 〖《1519》□ F ~ □ L *tomus* □ Gk *tómos* volume, section of a book ← *témnein* to cut ← IE **tem-* to cut〗

-tome /ˌ-tòʊm | -tə̀ʊm/「部分 (part); 切断器具 (cutting instrument)」の意の名詞連結形 (cf. -tomy): myo*tome* / micro*tome*. 〖← Gk *tomḗ* a cutting ← *tómos* (↑)〗

tome au rai·sin /tòʊmoʊrɛzǽ(ŋ), -zǽŋ | tə̀ʊməʊ-; *F.* tɔmorɛzɛ̃/ *n.* トム オ レザン《ブドウの搾りかすで覆われた白チーズ; T & R ともいう》. 〖← F *tom(m)e au marc de raisin* 'TOMME (covered) with grape marc'〗

tomenta *n.* tomentum の複数形.

to·men·tose /tóʊmɛ́ntoʊs, tóʊmɛntòʊs | təʊmɛ́ntəʊs, tə́ʊmɛntə̀ʊs/ *adj.* **1**〖解剖・昆虫〗羊毛状, 綿毛の (flocculent). **2**〖植物〗綿毛で覆われた, 柔毛の密生した. 〖《1698》← NL *tōmentōsus* ← L *tōmentum* 'TOMENTUM': ⇨ -ose¹〗

to·men·tous /toʊmɛ́ntəs | təʊmɛ́ntəs/ *adj.* =tomentose.

to·men·tum /toʊmɛ́ntəm | təʊmɛ́nt-/ *n.* (*pl.* **to·men·ta** /-tə | -tə/) **1**〖植物〗綿毛. **2**〖解剖〗大脳血管網《脳軟膜と大脳皮質の間にある微細血管網》. 〖《1699》□ L *tōmentum* stuffing (of wool, hair, etc.) for cushions ← ?: cf. L *tōtus* all & *tumēre* to swell〗

tóm·fóol *n.* **1** [通例 T-] 道化. **2** たわけ者, 大ばか者. — *adj.* [限定的] たわけた, ばかな. — *vi.* ばかなまねをする, おどける, ふざける. **~·ish** *adj.* **~·ish·ness** *n.* 〖《1338–39》↓〗

Tóm Fóol *n.*「ばか」(軽蔑的なあだ名).

tòm·fóolery *n.* **1** ばかなまね, ばかげたこと[行為]; くだらない冗談. **2** [集合的] つまらない飾り物. 〖《1812》← TOMFOOL＋-ERY〗

-tom·ic /tɑ́(ː)mɪk | tɔ́mɪk/「切断 (cutting), 分断 (division), 切開 (section)」の意の形容詞連結形: ana*tomic*, micro*tomic*. 〖⇨ -tomy, -ic¹〗

Tom·ism /tɑ́(ː)mɪzm | tɔ́m-/ *n.* =Uncle Tomism.

to·mi·um /tóʊmiəm | tə́ʊ-/ *n.* (*pl.* **to·mi·a** /-miə/)〖鳥類〗(鳥のくちばしの)鋭利な先端部. 〖《1834》← NL ~ ← Gk *tómos* a cutting (⇨ tome)＋-IUM〗

Tóm Jónes *n.*「トム ジョーンズ」(Henry Fielding 作の小説 (1749)).

Tom·lin·son /tɑ́(ː)mlɪ̀nsən, -sn | tɔ́mlɪn-/, **Henry Major** *n.* トムリンソン《1873–1958; 英国の小説・随筆家; *The Sea and the Jungle* (旅行記, 1912), *Gallions Reach* (小説, 1927)》.

Tom·ma·si·ni /tɑ̀(ː)məzíːni | tɔ̀m-; *It.* tommazíːni/, **Vi·cen·zo** /vitʃɛ́ntso/ *n.* トマジーニ《1878–1950; イタリアの作曲家》.

tomme /tɑ́(ː)m, tɔ́(ː)m | tɔ́m; *F.* tɔm/ *n.* [通例 T-] トム《Savoy 地方を中心とするフランス起源のチーズ》. 〖《1946》□ F ~ □ Prov. toma ← ?〗

tom·my /tɑ́(ː)mi | tɔ́mi/ *n.* **1** [通例 T-]《英口語》(英陸軍の)兵士, 兵卒 (Tommy Atkins). **2**〖機械〗= tommy bar. **3**《英》**a** 職人のもつ弁当; (賃金として支給される)食料品. **b** (昔の兵の糧食の)黒パン, パン: soft [white] ~〖海事〗(ビスケットと区別して)パン. **4**《英》= tommy-shop. **5**《英方言》ばか, あほう (fool). 〖《1783》← TOMMY: 3 は *Tommy Brown* (兵士用黒パンのあだ名)から〗

Tom·my /tɑ́(ː)mi | tɔ́mi/ *n.* (*also* **Tom·mie** /~/) トミー: **1** 男性名. **2** 女性名. 〖(dim.) 1: ← THOMAS. 2: ← THOMASIN〗

Tómmy Át·kins /-ǽtkɪ̀nz | -kɪnz/ *n.* (*pl.* ~)《英》**1 a** (英陸軍の)兵士《あだ名》. **b** 兵士. **2** (組織・集団の)下っぱ, 一兵卒. 〖《1883》1815 年以来陸軍法規に兵士の代表名として *Thomas Atkins* という名を用いたことから起こった〗

tómmy bár *n.*〖機械〗回り柄, かんざしスパナ.

Tómmy Cóoker *n.* (小型の軽便石油ストーブ.

tómmy-gùn *vt.* (**-gunned; -gun·ning**) Tommy gun で射撃する. 〖1942〗

Tómmy gùn, t- g- *n.* トミーガン《Thompson submachine gun の愛称》; 短[軽]機関銃. 〖《1929》〗

tómmy·ròt *n.*《口語》たわごと (absurd nonsense). 〖《1884》← TOMMY＋ROT (n.) 3〗

tómmy róugh *n.*〖魚類〗=roughy 1.

tómmy·shòp *n.*《英》(かつて賃金の代わりに食料品を支払った)食料品店 (truck shop). 〖《1830》〗

Tómmy Tíd·dler's gróund /-tídləz-, -dl̩-| -dl̩əz, -dl-/ *n.*〖遊戯〗=Tom Tiddler's ground 1.

tóm·nòddy *n.* **1** ばか, あほう (fool, noddy). **2**《スコット》〖鳥類〗ヒメツノメドリ (Atlantic puffin). 〖《1701》← TOM(FOOL)＋NODDY〗

to·mo- /tóʊmoʊ | tə́ʊməʊ, tɔ́m-/「切断 (cut); 部分 (section)」の意の連結形. 〖← Gk *tómos* slice, section〗

to·mo·gram /tóʊməgræ̀m | tə́ʊm-, tɔ́m-/ *n.*〖医学〗断層写真. 〖《1936》← TOMO-＋-GRAM〗

to·mo·graph /tóʊməgræ̀f | tə́ʊməgrɑ̀ːf, tɔ́m-, -græ̀f/ *n.*〖医学〗(レントゲン)断層写真撮影装置. 〖《1935》← TOMO-＋-GRAPH〗

to·mog·ra·phy /toʊmɑ́(ː)grəfi, tə- | təmɔ́g-/ *n.*〖医学〗(レントゲン)断層[写真]撮影(法), 断層写真術: ⇨ computerized tomography. **tom·o·graph·ic** /tòʊməgrǽfɪk | tə̀ʊm-, tɔ̀m-ˈ-/ *adj.* 〖《1935》: ⇨ ↑, -graphy〗

to·morn /təmɔ́ən, tʊ- | -mɔ́ːn/ *n., adv.*《北英》= tomorrow.

to·mor·row /təmɑ́(ː)roʊ, tʊ-, -mɔ́(ː)r- | -mɔ́rəʊ/ (*also* **to-mor·row** /~/) *n.* **1** 明日(みょうにち), 明日(あす) (cf. today, tonight): ~ morning [afternoon, evening] 明日の朝[午後, 晩] / ~ week=a week from ~ 来週[先週]の明日 / the day after ~ 明後日 / ~'s newspaper 明日の新聞 / What day is ~? 明日は何曜日ですか / *Tomorrow* will be fine. あしたは晴天でしょう / *Tomorrow* is [will be] Sunday [my birthday, March 28 th]. あすは日曜日[私の誕生日, 3 月 28 日]だ / *Tomorrow* never comes.《諺》明日は決して来ない《今日なすべきことを明日に延ばす人に対する戒め》/ *Tomorrow* is another day.《諺》明日もあるさ《これが最後ではない》. **2** 将来, 未来: a brighter ~ より明るいあした / the stars of ~ 明日のスターたち.

like* [*as if*] *there's* [*there was, there were*] *nó tomórrow《口語》明日という日がないみたいに, 全然自制せずに, この時とばかりに《金を浪費するなど》. (1862)

— *adv.* **1** あす(は), あした: I will do it ~. あしたしよう / Come ~. あした来い / a week ago ~ 先週の明日. **2** 将来, いずれ.

〖OE *tō morgenne* on the morrow, in the morning ← TO＋*morgenne* ((dat.) ← *morgen* 'MORROW': cf. today, morn〗

Tóm Pát *n.*《俗》(大して学問のない)村の牧師. 〖《c1700》← TOM＋*Pat* (← ? *patrico*《隠語》strolling priest ← ? PATER＋CO(VE²))〗

tom·pi·on /tɑ́(ː)mpiən | tɔ́m-/ *n.* =tampion. 〖1727〗

Tom·pi·on /tɑ́(ː)mpiən | tɔ́m-/, **Thomas** トムピオン《1639–1713; 英国の時計製作者》.

Tóm Póker *n.* (おとぎ話の)お化け (bugbear). 〖《a1825》← TOM＋POKER³〗

Tóm Sáw·yer /-sɔ́ːjə, -sɑ́ː-, -sɔ́ɪə | -sɔ́ːjə(r, -sɔ́ɪə(r/, **The Adventures of** *n.*「トム ソーヤーの冒険」(Mark Twain 作の小説 (1876)).

Tóm shów *n.*《米俗》**1** 旅回りの *Uncle Tom's Cabin* 劇の上演. **2** 安芝居.

Tomsk /tɑ́(ː)msk, tɔ́(ː)msk | tɔ́msk; *Russ.* tómsk/ *n.* トムスク《ロシア連邦中部の工業都市; シベリアで最も古い大学がある》.

Tóm Swíft·ie /-swífti/ *n.* トム スウィフト遊び《副詞をうまく掛け言葉に使う言葉の遊び》. 〖この種の言い方が米国の少年冒険小説 *Tom Swift* シリーズによく使われていることから: ⇨ -ie〗

tom·tate /tɑ́(ː)mteɪt | tɔ́m-/ *n.*〖魚類〗米国 Florida 州から西インド諸島にかけての海域でとれるイサキ科の魚 (*Bathystoma rimator*). 〖?〗

Tóm Thúmb *n.* **1** 親指トム《童話の主人公で利口な一寸法師》. **2 a** 小さな人, 一寸法師 (dwarf) (cf. hop-o'-my-thumb). **b** 小さい動物[植物]. **3** P. T. Barnum のサーカスで見世物にされた小人の Charles S. Stratton の芸名. 〖1579〗

Tóm Tíd·dler's gróund /-tídləz-, -dl̩əz- | -dl̩əz-, -dl-/ *n.* **1**〖遊戯〗地面取り《仕切ってある一定の広さの地面に親 (Tom Tiddler) のすきを見て他の者が "We're on Tom Tiddler's ground, picking up gold and silver." と歌いながら侵入する, そしてつかまえられた者が親になる子供の遊戯》. **2** 物が拾うがままに得られる土地; 二つの国の間の無人地帯. 〖1823〗

tom·tit /tɑ́(ː)mtɪ̀t | tɔ́m-/ *n.*〖鳥類〗**1**《英方言》=titmouse. **2** 小さな鳥, 小鳥: **a**《英方言》=wren. **b**《アイル》=tree creeper. **c**《豪》=thornbill. 〖《1700》← TOM¹＋TIT¹〗

tom-tom /tɑ́(ː)mtɑ̀(ː)m | tɔ́mtɔ̀m/ *n.* **1** トムトム《インド・アフリカなどの原住民の太鼓; 胴の長いもので平手で打つ, またはばちで奏する; その改良型はジャズなどで用いられる》. **2** とんとん(単調な太鼓などの音). 〖《1693》□ Hindi *ṭamṭam*: cf. Malay *tong-tong*: いずれも擬音語〗

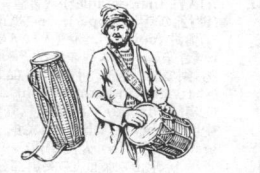

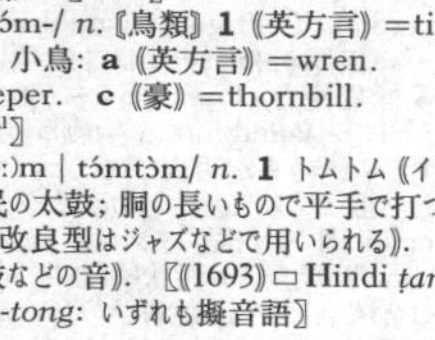

tom-toms 1

-to·my /(母音の後) ˌ-təmi | -tə-; (子音の後) -təmi/「分断, 切開, 外科手術」の意の名詞連結形: ana*tomy*, appendec*tomy*, broncho*tomy*. 〖← NL *-tomia* ← Gk *-tomía*: ⇨ -tome, -y¹〗

ton¹ /tʌ́n/ *n.* **1** トン《貨物の重量単位; =20 hundredweight》: **a** 仏[キログラム]トン《1,000 kg; metric ton ともいう》. **b** 英トン, 大トン《2,240 ポンド, =1016.1 kg; 主に英国で用いる; long ton ともいう》. **c** 米トン, 小トン《2,000 ポンド, =907.2 kg; 主に米国・カナダ・アフリカ南部で用いる; short [net] ton ともいう》. **2** 容積トン《貨物の容積単位; 物によって違い, 木材は普通 40 立方フィート, 石材は 16 立方フィート, 塩は 42 bushels, 石炭は 49 bushels, コークスは 28 bushels, 小麦は 20 bushels, ワインは 252 wine gallons; measurement ton, freight ton ともいう》. **3** トン《船の大きさ・積載能力の単位》: **a** 総トン《100 立方フィート; gross ton ともいう》. **b** 純トン《総トンから貨物旅客の積載に利用できない部屋の容積を除いたもの; net ton ともいう》. **c** 容積トン《純トン算出用; cf. 2》. **d** 重量トン《2,240 ポンド; 貨物船用》. **e** (軍艦の)排水トン《海水 35 立方フィートの重量; displacement ton ともいう》. **4** [主に *pl.*]《口語》**a** 大重量; 大量, 多数: This box of yours weighs a ~. 君のこの箱はばかに重い / ~*s* of books, people, sugar, love, etc. / I've got a ~ of homework. 家事が山ほどある / He has ~*s* of money. 金をどっさりもっている. **b**《口語》[副詞的に] はるかに (far): That is ~*s* better. その方がはるかにいい. **5** 積載トン《35 立方フィートの重さ, この容積が 20 cwt を超過する時は重量の英トンで運賃を徴する; shipping ton ともいう》. **6** 登簿トン《100 立方フィート; register ton ともいう》. **7**《米》冷凍トン《冷却能力の単位; 毎時 12,000 BTU に相当》. **8**《英俗》**a** 100 ポンド《金額》. **b** 時速 100 マイルのスピード: do a [the] ~ (オートバイなどで)時速 100 マイル(以上)で飛ばす. **c** 100 点の得点. 〖《?a1300》*tonne*《異形》← *tunne* 'TUN': ton と tun の区別は 17C 末より〗

ton² /tɔ̃ː(ŋ), tɔ́(ː)ŋ; *F.* tɔ̃/ *n.* (*pl.* ~s /~z; *F.* ~/) **1 a** 流行, はやり (vogue): in the ~ 流行中で, 流行して / ⇨ bon ton. **b** いき, ハイカラ (smartness). **2** ハイカラ連, 流行の先端をいくと自任する人たち (the smart set). 〖《1765》□ F ~ < L *tonum* 'TONE'〗

-ton /tən, tn̩/ 地名・姓につける連結形: Prince*ton*, Somer*ton*. 〖← OE *tūn* 'enclosure, TOWN'〗

ton·al /tóʊnl̩ | tə́ʊ-/ *adj.* **1**〖音楽〗調子の, 音色の; 調性の, 調的な (cf. modal 3). **2**〖絵画〗色調の, 色合いの. **3**〖音声〗音の高低の, トーニーム (toneme) の. 〖《1776》□ ML *tonālis*: ⇨ tone, -al¹〗

tón·al·ist /-nəlɪ̀st, -nl̩- | -nəlɪst, -nl̩-/ *n.*〖絵画〗色調主義者《微妙な色の調和に重きを置く》.

ton·a·lite /tɑ́(ː)nəlàɪt | tɔ́n-/ *n.*〖岩石〗石英閃(せん)緑岩. 〖《1879》← *Tonale* (イタリア北部 Lombardia 州と Trentino Alto Adige 州の間の峠): ⇨ -ite¹〗

to·nal·i·ty /toʊnǽləṭi | tə(ʊ)nǽlɪ̀ti/ *n.* **1** 音色, 音質. **2**〖音楽〗調性《あるひとつの音(主音)を中心として各音・各和音の性格・役割が体系的に決定されていること; cf. atonality》. **3**〖絵画〗色調, 色彩の配合. 〖《1838》← TONAL＋-ITY〗

tón·al·ly /-nəli, -nl̩i/ *adv.* 調子の上から, 音色から; 色合いでは. 〖1883〗

tó·nàme /túː-/ *n.* **1**《スコット》(主に同姓同名の人を区別する)添え名, あだ名. **2**《廃》姓 (surname). 〖OE *tōnama*: ⇨ to (prep.), name: cf. G *Zuname*〗

Ton·bridge /tʌ́nbrɪdʒ/ *n.* トンブリッジ《イングランド南東部, Kent 州南西部の Medway 川に臨む市場町》.

ton·do /tɑ́(ː)ndoʊ | tɔ́ndəʊ; *It.* tóndo/ *n.* (*pl.* **ton·di** /-diː; *It.* -di/)〖芸術〗円形の絵[浮彫]. 〖《1877》□ It. ~ (頭音消失) ← *rotondo* round plate < L *rotundum* 'ROUND¹'〗

Ton Duc Thang /tɑ́(ː)ndʊ̀ktɑ́(ː)ŋ | tɔ́n-/ *n.* トンドクタン《1888–1980; ベトナムの政治家, ベトナム民主共和国大統領 (1969–76), ベトナム社会主義共和国大統領 (1976–80)》.

tone /tóʊn | tə́ʊn/ *n.* **1** 音(の調子), 音声, 音調, 調子, 音色 (tone color) (⇨ sound¹ SYN): a deep [thin, loud, low, soft, harsh] ~ 太い[細い, 高い, 低い, 柔らかい, 耳障りな]声の調子 / ~*s* of a harp ハープの音色 / heart ~s (聴診で聞こえる)心音. **2** 口調, 語調, 語気; (新聞などの)論調: the ~ of the Press 新聞の論調 / frightened ~*s* 驚いた語調 / in a different ~ of voice 別な口調で / a ~ of command 命令口調 / *in* an angry ~ 怒った語気で / *in* a ~ of entreaty [apology] 懇願[弁解]の口調で / He took a high ~. 横柄な言い方をした / Her voice held a slight ~ of irony. 彼女の声には少し皮肉の響きがこもっていた. **3** 一般的傾向, 気風, 風格, 気品; 風潮, 気配(けはい), 市況: a good moral ~ 善良な気風 / the ~ of the market 市況 / set the ~ (会などの)基調[性格]を定める / The ~ of the speech [school, army] is admirable. その演説の気品[校風, 軍紀]は賞賛に値する. **4** (談話・文章において個性を表す)スタイル, 調子: His book is joyous *in* ~. 彼の本の調子は楽しいものである. **5**〖生理〗**a** (身体・精神の)正常な調子, 健康な状態: recover mental ~ 心の調子を取り戻す / His mind has lost its ~. 彼の精神は正常な調子を失っている. **b** (器官・組織の)正常な緊張状態. **c** 刺激に対する正常な感性. **6 a** 色合い (hue, tint); 色調; (濃淡・明暗の)調子: a cool [vivid, light, dull] ~ 冷たい[鮮やかな, 明るい, 鈍い]色調 / a car painted in two ~*s* 二色に塗られた自動車. **b**〖写真〗陽画の色合い. **7**〖音楽〗**a** 楽音《音楽に使用される音で, 一般に一定の音高(振動数)と長さをもつ音を指す》. **b** 全音(程) (whole tone): the major [minor] ~ (純正調の)大[小]全音《全音程を隔てている二音の振動数比は 9:8 [10:9]》. **c** (グレゴリオ聖歌の)朗唱(定式)《朗読や祈りなどで, 主に同じ高さの音で歌うこと; Gregorian tone ともいう》; [単調な]御経口調 (singsong). **8 a** トーン《電話の発信音》. **b**〖通信〗可聴音. **9**〖音声〗**a** 音調, 声調《社会習慣的に一定している音節音調》: the four ~*s* (中

T

国語の)四声 / falling ～ 下降調 / rising ～ 上昇調 / falling-rising ～ 下降上昇調. **b** 調子 (key). **c** 高さアクセント (pitch accent). **d** (語)強勢 (stress). **10** 気分, 気質: a healthful ～ of mind 健康な気質. **11** 音調 (intonation); (特に)特殊な[気取った, わざとらしい]音調[抑揚]. **12** 《米》音符. **13** 〘音響〙周期的[規則的]振動により生じる音《純音 (pure tone) または複合音 (compound tone) から成る》.
— *vt.* **1** 〈身体・精神などの〉調子を整える, 丈夫にする (strengthen)〈*up*〉: A shower bath will ～ you *up*. シャワーでも浴びれば元気が出るだろう. **2** 〈音を〉ある調子にする, …に調子をつける; 〈楽器〉の調子を合わせる, 調音[調律]する (attune). **3** 〈色を〉ある色合いにする, 調色する. **4** …にある気風[風格]を与える. **5** 〘写真〙(薬品で)…の色調を変える. **6** 《古》特定の調子で言う (intone).
— *vi.* **1** 〈色彩が〉調和する〔*with*〕: The curtains do not ～ (*in*) *with* the furniture. カーテンが家具(の色)と調和していない. **2** 調子づく; 色合いをとる.
tóne dówn (*vt.*) (1) 〈語気・調子などを〉静める, 和らげる, 加減する (soften): ～ *down* one's criticism [a person's anger] 批判の手をゆるめる[人の怒りを和らげる]. (2) 〈ラジオなどの〉音量を下げる. (3) 〘絵画〙〈色〉の調子を下げる (subdue). — (*vi.*) (1) 和らぐ, 静まる. (2) 〘写真〙(薬品で)色調が変わる. ***tóne úp*** (1) …の調子を上げる; 〈色合い・語気などを〉高める, 強める: He attempted to ～ *up* his campaign strategy. 選挙運動の戦略を強化しようと努めた. (2) ⇨ *vt.* 1.
〘(*a*1300) *ton(e)* □ (O)F *ton* // L *tonus* □ Gk *tónos* tension, pitch, key ← *teínein* to stretch, strain ← IE **ten-* to stretch (L *tendere* 'to stretch, TEND[1]')〙
Tone /tóun | tə́un/ *n.* 〘商標〙トーン《米国 Armour Dial 社製のスキンケア石鹸》.
Tone /tóun | tə́un/, **Theobald Wolfe** *n.* トーン《1763–98; アイルランドの民族主義的革命運動家; the Society of United Irishmen を結成 (1791)》.
tóne àccent *n.* 〘音声〙=pitch accent.
tóne àrm *n.* (レコードプレーヤーの)トーンアーム, ピックアップのアーム. 〘1907〙
tóne clùster *n.* 〘音楽〙**1** トーンクラスター, 音群《一群の不協和な近接する音》. **2** 音群の記譜.
tóne còlor *n.* **1** 〘音楽〙音色 (timbre). **2** 〘文芸〙風格, 香. 〘(1881)《なぞり》← G *Klangfarbe*: cf. G *Tonfarbe*〙
tóne contròl *n.* 〘電気〙音質調節, 音質調整.
toned *adj.* **1** 色合いをつけた, 薄く色をつけた: ～ paper クリーム色[淡黄色]の紙. **2 a** 調子の合った, 音[音調]を有する. **b** [しばしば複合語の第 2 構成素として] …調子の: loud-*toned*, sweet-*toned*. 〘*c*1460〙
tóne-dèaf *adj.* 音痴の. 〘1894〙
tóne dèaf·ness *n.* 音痴. 〘1884〙
tóne dìaling *n.* 音声ダイヤル方式《プッシュボタンを押して異なる高さの音声を電子的に発生させて電話番号を呼び出す; cf. pulse dialing》.
tóne gròup *n.* 〘音声〙音調群.
tóne lànguage *n.* 〘言語〙音調言語《音調によって語の意味が区別される言語; 中国語など; tonal language ともいう》. 〘1909〙
tóne·less *adj.* 音のない, 調子のない; 抑揚のない; 色(調)のない; 風格のない, 単調な, 平凡な (spiritless). **～·ly** *adv.* **～·ness** *n.* 〘1773〙
to·neme /tóuniːm | tə́u-/ *n.* 〘言語〙トーニーム, 音調素《同一の音素から成る二つの単語が音の高低の対立によって意味が異なるとき, その対立の最少単位をいう》. 〘(1923) ← TONE＋-EME〙
to·ne·mic /touníːmɪk, tə- | tə(u)-/ *adj.* 〘言語〙トーニームの, 音調素の. **to·né·mi·cal·ly** *adv.* 〘1978〙
tóne-on-tóne *adj.* トーン オン トーンの《同一色相で色調の異なる色を組み合わせた配色についていう》. 〘1939〙
tóne·pàd *n.* 〘電算〙トーンパッド《ダイヤル式電話でプッシュホンのトーンを送るための装置》.
tóne pàinting *n.* 〘音楽〙音画《絵画・文学などの音楽外的事象を音によって表現しようとする作曲技法》. 〘1897〙
tóne pòem *n.* 〘音楽〙音詩《音楽外的観念を音楽で表現しようとする管弦楽曲; 標題音楽で交響詩 (symphonic poem) の一種》. 〘(1889): cf. G *Tondichtung*〙
tóne pòet *n.* 〘音楽〙音詩人. 〘1874〙
tóne quàlity *n.* 〘音声・音楽〙=timbre 1, 2.
ton·er /tóunə | tə́unə(r)/ *n.* **1** トナー《プリンター・コピー機などの粉末インク》. **2** (特に顔につける)化粧水. **3** 〘顔料〙トーナー《無機物を含まない濃厚有機顔料; 他の顔料の色合わせや調色に用いる》. **4** (塗料工場の)色調[品質]検査係. **5** 〘写真〙調色液. 〘1888〙
tóne ròw /-ròu | -rəu/ *n.* 〘音楽〙=series 9. 〘《なぞり》← G *Tonreihe*〙
tóne sèries *n.* 〘音楽〙=tone row.
to·net·ic /tounétɪk, tə- | tə(u)nét-/ *adj.* 音調[声調]の; 抑揚の; 音調言語 (tone language) の. **to·nét·i·cal·ly** *adv.* 〘(1922) ← TONE＋(PHONE)TIC〙
to·ne·ti·cian /tòunətíʃən | tə̀unɪ̀-/ *n.* 音調学者.
to·net·ics /tounétɪks, tə- | tə(u)nét-/ *n.* 声調学 (cf. phonetics). 〘(1921): ⇨ tonetic, -ics〙
to·nette /tounét | təu-/ *n.* トネット《小型・狭音域の縦笛; 主にプラスチック製で初等教育でよく使われる》. 〘(1939) ← TONE＋-ETTE〙
tóne ùnit *n.* 〘音声〙音調単位《第一強勢をうける音節とその他の強勢(または無強勢)をうける音節とから成る発話単位; 単音節語の場合は第一強勢をうける音節だけでも成立する》. 〘1964〙
ton·ey /tóuni | tə́u-/ *adj.* 《米》=tony.

tong[1] /tɑ́(ː)ŋ, tɔ́(ː)ŋ | tɔ́ŋ/ *vt.* **1** はさみ道具 (tongs) でつかむ[はさむ, 持つ, 扱う, かき集める]〈*up*〉. **2** (カールごてで)〈髪を〉カールさせる[セットする]. — *vi.* はさみ道具を使う. **～·er** *n.* 〘(1901) ← TONGS〙
tong[2] /tɑ́(ː)ŋ, tɔ́(ː)ŋ | tɔ́ŋ; *Cant.* tɔ́ːŋ/ *n.* **1** (中国で)協会, 組合, 結社, 政党. **2** 《米》(在米中国人の)秘密結社. 〘(1883) □ Cant. *tong* (党)〙
ton·ga /tɑ́(ː)ŋgə, tɔ́(ː)ŋ- | tɔ́ŋ-; *Hindi* taːŋgaː/ *n.* タンガ《インドの小型二輪馬車》. 〘(1874) □ Hindi *tāṅgā*〙
Ton·ga[1] /tɑ́(ː)ŋgə, tɔ́(ː)ŋ- | tɔ́ŋ-/ *n.* (*pl.* **～s, ～**) **1 a** [the ～(s)] トンガ族《アフリカ中南部, 主にザンビアとジンバブエ北部に住む黒色人種》. **b** トンガ族の人. **2** トンガ語《Niger-Congo 語族の Bantu 語群に属する》. 〘← Bantu (Tonga)〙
Ton·ga[2] /tɑ́(ː)ŋ(g)ə, tɔ́(ː)ŋ- | tɔ́ŋ-/ *n.* トンガ《南太平洋 Fiji 諸島の南東方にある 3 群島 (Tonga Islands) から成る英連邦内の王国; もと英国の保護領であったが 1970 年独立; 面積 696 km^2, 首都 Nukualofa; 公式名 the Kingdom of Tonga トンガ王国》.
Tónga Íslands *n. pl.* [the ～] トンガ諸島《トンガ王国を形成する 3 群島; Friendly Islands ともいう》.
Ton·gan /tɑ́(ː)ŋ(g)ən, tɔ́(ː)ŋ- | tɔ́ŋ-/ *n.* **1** トンガ人. **2** トンガ語《ポリネシア語群の言語》. — *adj.* トンガの; トンガ人[語]の. 〘(1853): ⇨ Tonga[2], -an[1]〙
Ton·ga·ri·ro /tɑ̀(ː)ŋ(g)ərí°rou, tɔ̀(ː)ŋ- | tɔ̀ŋ(g)əríərəu/ *n.* トンガリロ(山)《ニュージーランドの北島中央にある火山 (1,968 m)》.
Ton·ga·ta·pu /tɑ̀(ː)ŋ(g)ətáːpuː, tɔ̀(ː)ŋ- | tɔ̀ŋ(g)ətǽp-/ *n.* トンガタプ(島)《太平洋南西部, トンガ王国の一部で首都 Nukualofa を含む》.
Tong·hua /tɔ̀(ː)ŋ(h)wɑ́ː, tɑ̀(ː)ŋ- | tɔ̀ŋ-; *Chin.* tʰūŋxuà/ *n.* 通化(トンホワー)《中国吉林省 (Jilin) 南西部の都市; ワインの産地》.
Tong·king /tɑ̀(ː)ŋkíŋ, tɔ̀(ː)ŋ- | tɔ̀nkíŋ/ *n.* =Tonkin.
tong·man /tɑ́(ː)ŋmən, tɔ́(ː)ŋ- | tɔ́ŋ-/ *n.* (*pl.* **-men** /-mən, -mɛ̀n/) (中国人の)秘密結社員. 〘← TONG[2]＋MAN〙
tongs /tɑ́(ː)ŋz, tɔ́(ː)ŋz | tɔ́ŋz/ *n. pl.* [時に単数扱い] 物をつまむ道具《2 本の腕が肩で連絡している》, …ばさみ: (a pair of) fire ～ 火ばさみ(1 丁) / ice ～ 氷ばさみ / sugar ～ 角砂糖ばさみ / blacksmith's ～ かじ屋の火ばし / ⇨ curling tongs / go [be] at it hammer and ～ ⇨ HAMMER *and tongs*. ***nòt tóuch with a páir of tóngs*** 《口語》(火ばさみで触れるのも)まっぴらだ, 大嫌いだ (cf. *not touch with a* BARGE POLE).
〘ME *tanges, tonges* < OE *tangan* (pl.) ← *tang(e)* ← Gmc **tanŋʒō-* (Du. *tang* / G *Zange*) ← IE **denk-* to bite (Gk *dákos* biting animal & *dáknein* to bite)〙
Tong·shan[1] /*Chin.* tʰúŋʂān/ *n.* 銅山(トンシャン)《中国江蘇省 (Jiangsu) 徐州 (Xuzhou) 郊外の県》.
Tong·shan[2] /*Chin.* tʰūŋʂān/ *n.* 通山(トンシャン)《中国湖北省 (Hubei) 南東部の県》.
tongue /tʌ́ŋ/ *n.* **1** 舌 (⇨ mouth, throat 挿絵): a coated [dirty, furred] ～ 白くなった舌, 舌苔(ぜったい) / ⇨ *on everyone's* TONGUE / put [stick, poke] out one's ～ 舌を出す《時に軽蔑の表情》; 舌を見せる《診察のときなど》/ stick [put] one's ～ in one's cheek 舌先で頬をふくらませる《皮肉・軽蔑などの表情》/ wag one's ～ のべつ幕なしにしゃべる / You have a ～ in your head! (舌があるのだから)黙っていないで何とか言いなさい. ★ ラテン語系形容詞: lingual.
2 a 国語, 言語 (language) (⇨ language SYN); 方言 (dialect): the English ～ 英語 / the Hebrew ～ ヘブライ語 / ⇨ mother tongue / the ancient ～*s* 古典語 / a foreign ～ 外国語 / the confusion of ～*s* 言葉の混乱 (cf. *Gen.* 11: 1–9; Babel 1 a) / ⇨ GIFT *of tongues* / a ～ not understanded of the people 《古》異国語, 外国語 (*Prayer Book*, 'Articles of Religion 24'). **b** 外国語. **c** [the ～s] 《古》古典[学問]語《ヘブライ語・ギリシャ語・ラテン語》.
3 口, 弁舌 (speech); 話し振り, 言い回し, 言葉遣い, 話 (discourse): have a ready [fluent] ～ 雄弁である, 弁舌さわやかである / have a spiteful [venomous, bitter] ～ 口が悪い / Keep a civil ～ in your head! 言葉遣いを慎みなさい / a flattering ～ おべっか口 / a gentle ～ 優しい話し振り / a slip of the ～ 言い誤り, 不用意な言葉遣い / watch [mind] one's ～ ことば[口のきき方]に気をつける / A verdict of not guilty would silence all (the wagging) ～*s*. 無罪の評決が出れば口さがないうわさもやむのではないか.
4 言語能力: lose one's ～ (恥ずかしくて)物が言えなくなる / His ～ failed him. 彼は物が言えなかった. **5** (食用に供する牛・羊などの)舌肉, タン: ox [sheep's] ～ / stewed ～ 〘料理〙タンシチュー / smoked ～ 燻製のタン / tinned [《米》canned] ～ 缶詰のタン. **6 a** (編上げ靴の)舌革 (⇨ shoe 挿絵). **b** 舌状物[部]. **c** 〘地理〙(海中・湖中・川の合流点に突出した)岬(みさき) (promontory); (陸地へ突入した)入江 (narrow inlet); その他一般に舌状の地形. **d** (鐘・鈴の)舌 (clapper). **e** (馬車の)長柄. **f** (天秤(てんびん)の)指針 (pointer). **g** (バックルの)針《革帯の穴に通る》. **h** 〘音楽〙(オーボエ・オルガンなどの)リード, 舌 (reed). **i** (刃物・剣などの)根部. **j** 〘木工〙(さねはぎ板の)さね (feather) (⇨ tongue-and-groove joint). **k** 〘機械〙(種々の目的の)突縁 (flange). **l** 〘鉄道〙(転轍(てんてつ)器の)先端. **m** 受け口 (socket) にはまる棒の頭. **n** (舌接ぎ (tongue graft) の)舌. **o** (火炎の)舌: ～ *s* of flames 紅蓮(ぐれん)の炎. **p** 氷山の水面上の突出部分. **7** [通例 *pl.*] 〘聖書〙ある国語を話す国民: all ～*s* あらゆる国語の民; あらゆる国の国民 (cf. *Isa.* 66: 18). **8** 〘狩猟〙(猟犬などの)ほえる声, 鳴き声. **9** 〘魚類〙=tonguefish. **10** 〘動物〙(無脊椎動物の)舌帯. **11** (悪い)後味.
bíte one's tóngue 言いたいことをぐっとこらえる. ***bíte one's tóngue òff*** = ***bíte off*** *one's* ***tóngue*** 《口語》失言を後悔する. ***find one's tóngue*** 《古》(びっくりした後などで)やっと口がきけるようになる. ***gèt one's tòngue aròund*** … [通例否定文で]《口語》〈発音しにくい名前などを〉うまく言う. ***give the*** (***róugh*** [***shárp***]) ***édge of*** *one's* ***tóngue*** = ***give the róugh side of*** *one's* ***tóngue*** 〈人を〉厳しくしかる[きめつける]. ***give tóngue*** (1) 〈猟犬が〉(特に, 臭跡を見つけて)ほえる. (2) 〈人が〉わめく, 叫ぶ, 大声で[激しく]しゃべる; 胸の内を明らかにする, しゃべる. (***Has the***) ***cát gòt your tóngue?*** = ***Lóst your tóngue?*** なぜ黙っているの. ***hóld*** *one's* ***tóngue*** [命令文で] 黙っている. ***lóosen*** *a person's* ***tóngue*** (重い)口を開かせる: A bit of brandy *loosened his* ～. 少しブランデーを飲んで口が軽くなった. ***on éveryone's tóngue*** みんなのうわさになって. ***on*** *one's* ***tóngue*** = *on the* TIP[1] *of one's* [*the*] *tongue*. ***sét*** [***stárt***] ***tóngues wágging*** 《口語》うわさ話の種になる, あれこれ話題になる. ***spéak in tóngues*** 異言を口にする (cf. glossolaria). ***spéak with*** (***a***) ***fórked tóngue*** 嘘をつく, 二枚舌を使う. ***tíe*** *a person's* ***tongue*** 人に口止めする: My ～ is *tied*. それは言えない. ***tríp*** [***róll, slíp***] ***óff the tóngue*** 〈名前・言葉が〉言いやすい. ***with*** *one's* ***tóngue hánging óut*** (1) のどが渇いて. (2) 期待して. ***with*** *one's* ***tóngue in*** *one's* ***chéek*** = (***with***) ***tóngue in chéek*** 顔とは裏腹に, 不誠実に; 皮肉たっぷりに, あざけって, ふまじめに: speak *with* [have] *one's* ～ *in one's cheek* 本心とは裏腹なことを言う, 皮肉に話す.
— *vt.* **1** 〘音楽〙タンギング (tonguing) する. **2** 〘木工〙〈板などに〉舌状の突縁を作る; さねはぎに継ぐ. **3** 舌で触れる[なめる]: The horse ～*d* the bit. 馬ははみを舌でなめた. **4** 《方言》発音する (pronounce). **5** 《古・方言》**a** [しばしば ～ it として] 言う, 話す, 述べる (speak, utter); 物が言えるようにする. **b** しかる (scold), ののしる, 非難する: How might she ～ me! どれほど俺を非難することか! (Shak., *Measure* 4. 4. 25).
— *vi.* **1** 〘音楽〙タンギングする. **2 a** 舌を使う. **b** (まれ) 話をする (talk), ぺらぺらしゃべる (prate). **c** なめる (lick). **3** 〈陸地・土地などが〉(舌のように)突き出る〈*out*〉; 〈炎が〉めらめらと舌を出す. **4** 〈犬が〉臭跡を見つけてほえる.
〘OE *tunge* < Gmc **tunʒōn* (Du. *tong* / G *Zunge*) < IE **dnghū* (L *lingua*: ⇨ language, linga)〙
tóngue-and-gróove jòint *n.* 〘木工〙さねはぎ継ぎ, 目違い継ぎ. 〘1882〙
tóngue blàde *n.* 〘医学〙=tongue depressor.
tóngue bòne *n.* 〘解剖〙舌骨 (hyoid).
tongued *adj.* [しばしば複合語の第 2 構成素として] 舌のある, …舌の, 口が…の, 言葉遣いが…の: double-*tongued* 二枚舌の / foul-*tongued* 口ぎたない / loose-*tongued* 口が軽い. 〘*c*1369〙
tóngue deprèssor *n.* 〘医学〙舌圧子《tongue blade ともいう》.
tóngue·fìsh *n.* 〘魚類〙シタビラメ《ウシノシタ科の魚類の総称》. 〘1655〙
tóngue gràft *n.* 〘園芸〙舌接ぎ《継ぎ穂と台木の接合面が舌が食い込み合うように接ぐ方法; whip graft ともいう》.
tóngue-in-chéek *adj.* からかい半分の, ふまじめな. **tóngue in chéek** *adv.* 〘1933〙
tóngue-làsh *vt., vi.* 《口語》ひどくののしる, きつくしかる. 〘(1881)《逆成》↓〙
tóngue-làshing *n., adj.* 《口語》口ぎたないののしり(の), きつくしかる(こと).
tóngue·less *adj.* **1** 舌のない. **2** 物を言わない, 黙っている. **3** (Shak) 話題にされない, ほめられない (*Winter's* 1. 2. 92). 〘*c*1387〙
tongue·let /tʌ́ŋlɪ̀t/ *n.* 小舌, 舌状突起. 〘(1840) ← TONGUE＋-LET〙
tóngue·like *adj.* 舌のような.
tóngue ràil *n.* 〘鉄道〙=switch point.
tóngue-tìe *n.* 〘病理〙舌小帯短縮(症); 舌足らず, 舌もつれ. — *vt.* 舌が回らないようにする. 〘(1555)《逆成》↓〙
tóngue-tìed *adj.* **1** 舌小帯短縮(症)の; 舌足らずの, 舌もつれの. **2** (当惑などして)物の言えない: I got ～ *at* the idea. そう思うと物が言えなくなった. **3** 物を言わない, 黙して語らない. 〘1529〙
tóngue twìster *n.* 舌をかむような発音の難しい語句, 早口言葉 (cf. jawbreaker 1)《例えば, Shall she sell seashells on the seashore? / Peter Piper picked a peck of pickled pepper. Did Peter Piper pick a peck of pickled pepper? If Peter Piper picked a peck of pickled pepper, where's the peck of pickled pepper Peter Piper picked?》. 〘1898〙
tóngue wòrm *n.* 〘動物〙**1** 舌虫(ぜっちゅう)《舌形動物門 (Pentastomida) の動物の総称; 哺乳類・鳥類・両生類・爬(は)虫類の食道・鼻腔などに寄生する》. **2** 半索動物 (hemichordate). 〘1645〙
tongu·ing /tʌ́ŋɪŋ/ *n.* 〘音楽〙タンギング《舌の動きによって呼気の送入を開始させまた断続させる管楽器の基本的演奏技術; cf. double-tonguing, flutter-tonguing》. 〘1682〙
To·ni /tóuni | tə́u-/ *n.* トニー《女性名》. 〘(dim.) ← ANTONIA〙
To·ni·a /tóuniə | tə́u-/ *n.* トニア《女性名》. 〘(dim.) ← ANTONIA〙
-to·ni·a /tóuniə | tə́u-/「緊張 (tonus) の状態・程度」の意の名詞連結形: myo*tonia*. 〘← NL ～ ← L *tonus* tension (⇨ tone)＋-IA[1]〙
ton·ic /tɑ́(ː)nɪk | tɔ́n-/ *n.* **1** トニック: **a** =quinine water: gin and ～ ⇨ gin[2] 1 a. **b** 《ニューイングランド》=

soft drink. **2 a** 強壮薬, 強壮剤: take a ～ 強壮剤を服用する / He needs a ～. 彼は強壮剤を必要としている. **b** ヘアトニック, 養毛剤. **3** (肉体的・精神的に)元気づける[鼓舞する, 激励する]もの: A day on the beach was a ～ for her. 海辺での一日は彼女を元気づけた. **4** 〘音楽〙 **a** 主音 (keynote). **b** 主和音. **5** 《まれ》〘音声〙主要な揚音アクセントのある音節. **— adj. 1** 〈医薬・治療など〉強壮にする, 力を増す (invigorating): a ～ medicine 強壮剤. **2** 〈成功・罰など〉元気づける, 鼓舞する (bracing). **3** 〘言語〙声調的な《中国語などのように音の高低によって語を区別する》: Chinese is a ～ language. 中国語は声調言語である. **4** 〘音楽〙主音 (keynote) の: a ～ chord 主和音. **5** 〘音声〙 **a** 〈音・音節が〉第一強勢のある. **b** 《まれ》有声の (voiced). **6** 〘生理・病理〙強直の, 強直性の (cf. clonic): ～ convulsions 強直性痙攣(けいれん). **7** 《絵などの》色調[明暗, 濃淡]の. **tón·i·cal·ly** *adv.* 〘(1649) □ F *tonique* // NL *tonicus* ← Gk *tonikós* of tone ← *tónos* 'sound, TONE': ⇨ -ic¹〙

tónic áccent *n.* 〘音声〙音調アクセント《音調の高さの変動を伴うアクセント; cf. stress accent》. 〘1867〙

tónic-clónic *adj.* 〘病理〙《痙攣が》強直間代性の.

to·nic·i·ty /toʊnísəṭi, tə- | tə(ʊ)nísɪ̀ti/ *n.* **1** 強壮, 強健 (health, vigor). **2** 音調 (musical tone). **3** 〘生理〙(筋肉の)張度, 緊張性. 〘(1824) ← TONIC＋-ITY〙

tónic sol-fá *n.* 〘音楽〙トニックソルファ視唱法《英国の移動ド方式による視唱法 (solmization) の一種; do, re, mi, fa, sol, la, ti (＝si) の略 d, r, m, f, s, l, t を, また半音高低には母音 e, a などを加えた de, re, ma などを用い, オクターブ・動律を示すには垂直の棒やコロンやダッシュを用いた記譜法を用いる》. 〘1852〙

tónic spásm *n.* 〘病理〙強直(性)痙攣(けいれん) (⇨ spasm).

tónic wàter *n.* 炭酸飲料. 〘1926〙

to·ni·fy¹ /tɑ́(ː)nəfàɪ | tɔ́nɪ̀-/ *vt.* 流行させる. 〘(1786) ← TON²＋-IFY〙

to·ni·fy² /tóʊnəfàɪ | tə́ʊnɪ̀-/ *vt.* 強める (tone up). 〘(1858) ← TONE＋-IFY〙

to·night /tənáɪt, tʊ-/ (*also* **to-night** /～/) *n.* 今夜 (cf. today): ～*'s* TV programs 今夜のテレビ番組. **— adv. 1** 今夜(は) (cf. today): I am free ～. 今夜は暇だ. **2** 《廃・方言》昨夜 (last night): I dream'd a dream ～. 昨夜夢を見た (cf. Shak., *Romeo* 1. 4. 50). 〘OE *tō niht*: ⇨ to (prep.), night: cf. today〙

tón·ing *n.* **1** 調子を合わせること. **2** 〘写真〙調色, メッキ《例えば黒色の写真画に硫化調色を施してセピア色の写真画に変えるなど》. **3** 《英》(織物などの)色合, 色調. 〘1660〙

ton·ish /tɑ́(ː)nɪʃ | tɔ́n-/ *adj.* 流行の (in the ton), 流行を追う, ハイカラな (modish, stylish): a ～ singer 流行歌手. **～·ly** *adv.* **～·ness** *n.* 〘(1778) ← TON²＋-ISH〙

to·nite /tóʊnaɪt | tə́ʊ-/ *n.* 〘化学〙雷薬《強力な綿火薬の一種》. 〘(1881) ← L *tonāre* to thunder＋-ITE¹〙

tonk¹ /tɑ́(ː)ŋk | tɔ́ŋk/ *n.* 《豪俗》 **1** ばか者; きざな奴. **2** 《軽蔑》(男の)同性愛者, めめしい男. 〘(1941) ← ?〙

tonk² /tɑ́(ː)ŋk | tɔ́ŋk/ *vt.* 強く打つ (hit hard). **— n.** 強打. 〘(1910) 《変形》 ← ? 《中部方言》 *tank* to strike〙

tón·ka bèan /tɑ́(ː)ŋkə- | tɔ́ŋ-/ *n.* 〘植物〙 **1** トンカ豆《熱帯アメリカ産のマメ科トンカマメノキの芳香のある種子; 香料製造に用いる》. **2** トンカマメノキ (*Dipteryx odorata*). 〘(1796) ← Guiana 《現地語》 *tonka*〙

tónka bèan cámphor *n.* 〘化学〙＝coumarin.

ton·kin /tɑ̀(ː)nkín, tɑ̀(ː)ŋ- | tɔ̀ŋ-/ *n.* トンキン竹《インドシナ産の丈夫な竹; スキーのストックや釣ざおなどに用いる》. 〘↓〙

Ton·kin /tɑ̀(ː)nkín, tɑ̀(ː)ŋ- | tɔ̀nkíŋ; *Viet. F.* tɔ̃kɛ̃/ *n.* トンキン《インドシナ東北部の地方, ベトナム北部の中心部を占める; もと仏領》.

Tonkin, the Gulf of *n.* トンキン湾《海南島の西方にある南シナ海の湾》.

Ton·kin·ese /tɑ̀(ː)nkəníːz, tɑ̀(ː)ŋ-, -níːs | tɔ̀ŋkɪníːz, tɔ̀ŋ-⁻/ *adj.* トンキン地方の. **— n.** (*pl.* ～) **1** トンキン地方の人. **2** トンキン語《ベトナム語の方言》. 〘(1697) ← TONKIN＋-ESE〙

ton·ky /tɑ́(ː)ŋki | tɔ́ŋ-/ *adj.* 《NZ 口語》見えを張った, 紳士気取りの. 〘(1943) ← ?〙

Ton·le Sap /tɑ́(ː)nleɪsǽp, -sɑ́ːp | tɔ́n-/ *n.* トンレサップ(湖)《インドシナ南西部, カンボジアの湖, Mekong 川に通じる; 北方に Angkor の古跡がある》.

ton·let /tʌ́nlɪ̀t/ *n.* 〘甲冑〙(徒歩戦用甲冑の)鉄製スカート. 〘(a1486) □ F *tonnelet* keg (dim.) ← ? *ton(n)el* cask, barrel: cf. tunnel〙

tón-míle *n.* トンマイル《トン数とマイル数との積で鉄道・航空機の一年間の輸送量を示すのに用いる》.

tonn. 《略》tonnage.

ton·nage /tʌ́nɪdʒ/ *n.* **1 a** (船舶の)積量, 容積トン数《1 トンを 100 立方フィートとして計算する》: ⇨ gross tonnage, displacement tonnage, net tonnage, register tonnage, deadweight tonnage). **b** (軍艦における)排水トン《重量トンで 2240 ポンドを 1 トンとする》. **2** [集合的] 船腹, 船舶, 一国商船の総トン数. **3** (昔, 船舶に貨物の積載量に応じて課された)トン税. **4** (鉄道などの)輸送(総)トン数. **5** (鉱山など)産出(総)トン数.

tónnage and póundage 《英》トンポンド税《トン税は 12 世紀, ポンド税は 13 世紀から始まり, 前者は輸入ぶどう酒, 後者は他のすべての輸出入商品に課されたが, 1350 年統合され, 1415 年からは国王に終身与えられる関税収入になった; 1787 年廃止》. (1422)

〘3: (1422) □ OF ～ ← (O)F *tonne* < ML *tunnam*: ⇨ tun, -age. —1 & 2 ← TON¹＋-AGE〙

tónnage dèck *n.* 〘海事〙測度甲板《船のトン数計算をする場合に基準となる甲板》. 〘1888〙

tónnage hàtch *n.* 〘海事〙減トンハッチ《露天甲板に作ったハッチで, 法律上トン数の計算値を少なくする目的で作ったもの》.

tónnage lèngth *n.* 〘海事〙測度長さ《船首から船尾までの内側で測った中心線の長さ》.

tónnage òpening *n.* 〘海事〙減トン開口《船のトン数計算に当たってその数値を小さくするために作った上甲板への出口; 測量の時に開いて, 上甲板下の空間部分を減トンする》.

tónnage wèll *n.* 〘海事〙減トンハッチの下の空間.

tonne /tʌ́n/ *n.* ＝metric ton. 〘□ F ～: cf. tonnage〙

ton·neau /tənóʊ, tɑ́(ː)noʊ | tɔ́nəʊ; *F.* tɔno/ *n.* (*pl.* **～s, ton·neaux** /～z/) **1 a** トンノー, トノー, (自動車の)後部座席部: the ～ of a limousine. **b** (取りはずしのできる)後部座席を覆うカバー, トノカバー《tonneau cover ともいう》. **c** (自動車の)全座席. **2** 《米》(スポーツカーの)取りはずしのできるほろ屋根[覆い]. **3** 〘時計〙トノー《腕時計のケース・ムーブメントまたは文字盤の形状に関する呼び名の一つで, 中ぶくれの樽の輪郭に似たもの》. **4** /F. tɔno/ (フランスの)軽便二輪馬車. **5** 《まれ》(オープンカーの)後部座席. 〘(1901) □ F ～ 'cask' (dim.) ← *tonne* tun: cf. tonnage〙

ton·ner /tʌ́nə | -nə⁽ʳ⁾/ *n.* [通例複合語の第 2 構成素として] …トン(級)の船: a 10,000-*tonner* 一万トンの船. 〘1851〙

Tön·nies /tɜ́ːniːs, tʌ́n-, -niːz | tɜ́ːniəs; *G.* tœ́niəs/, **Ferdinand** *n.* テニエス (1855–1936; ドイツの社会学者; *Gemeinschaft und Gesellschaft*「ゲマインシャフトとゲゼルシャフト」(1887)).

ton·nish /tɑ́(ː)nɪʃ | tɔ́n-/ *adj.* ＝tonish.

ton·o- /tóʊnoʊ, tɑ́(ː)n- | tə́ʊnəʊ, tɔ́n-/「音調 (tone); 圧力 (pressure)」の意の連結形: *tonology, tonometer.* 〘← Gk *tónos* tension, pitch: ⇨ tone〙

to·nol·o·gy /toʊnɑ́(ː)lədʒi | tə(ʊ)nɔ́l-/ *n.* 史的[比較]声調学. **to·no·log·i·cal** /tòʊnəlɑ́(ː)dʒɪ̀kəl, tɑ̀(ː)n-, -kl̩ | tə̀ʊnəlɔ́dʒɪ-, tɔ̀n-⁻/ *adj.* 〘(1874) ← TONO-＋-LOGY〙

to·nom·e·ter /toʊnɑ́(ː)məṭə | təʊnɔ́mɪ̀tə⁽ʳ⁾/ *n.* **1** 〘音響・音楽〙トノメーター《音叉(おんさ)または音叉群による音振動測定器》. **2** 〘生理〙圧力計; 眼圧計; 血圧計 (sphygmomanometer). **3** 〘物理化学〙表面張力計, 蒸気圧計. 〘(1725): ⇨ tono-, -meter¹〙

to·nom·e·try /toʊnɑ́(ː)mətri | təʊnɔ́mɪ̀-/ *n.* 張力計測; 振動計測. **ton·o·met·ric** /tɑ̀(ː)nəméṭrɪk, tòʊn-, tɑ̀n-, tòʊn-⁻/ *adj.* 〘← TONO-＋-METRY〙

to·no·plast /tóʊnəplæ̀st | tə́ʊn-/ *n.* 〘植物〙トノプラスト, 空胞膜《空胞を有する細胞の, 細胞質と空胞とが接する界面に存在するとされる半透性の膜》. 〘(1888) ← TONO-＋-PLAST〙

tóns bùrden *n.* 〘海事〙積載重量トン数, 載貨トン数.

ton·sil /tɑ́(ː)nsəl, -sɪl | tɔ́n-/ *n.* **1** 〘解剖〙扁桃(へんとう)(腺) 《palatine tonsil ともいう; ⇨ throat 挿絵》. **2** 扁桃(腺)に似たリンパ組織. **ton·sil·lar** /tɑ́(ː)nsələ | tɔ́nsələ⁽ʳ⁾/ *adj.* **ton·sil·lar·y** /tɑ́(ː)nsəlèri | tɔ́nsɪləri/ *adj.* 〘(1601) □ F *tonsilles* // L *tonsillae* (pl.) (dim.) ← *tōlēs* goiter ← ? Gaul〙

ton·sill- /tɑ́(ː)nsəl, -sl̩ | tɔ́nsɪ̀l, -sl̩/ (母音の前にくるときの) tonsillo- の異形.

ton·sil·lec·to·my /tɑ̀(ː)nsəléktəmi, -sl̩- | tɔ̀nsɪ̀l-, -sl̩-/ *n.* 〘外科〙扁桃摘出(てきしゅつ)(術), 扁摘(へんてき). 〘(1899) ← TONSILLO-＋-ECTOMY〙

ton·sil·li·tis /tɑ̀(ː)nsəláɪṭɪ̀s, -sl̩- | tɔ̀nsɪ̀láɪtɪs, -sl̩-/ *n.* 〘病理〙扁桃炎 (tonsilitis ともいう). **ton·sil·lit·ic** /tɑ̀(ː)nsəlíṭɪk, -sl̩- | tɔ̀nsɪ̀lít-, -sl̩-⁻/ *adj.* 〘(1801) ← NL ～ ← TONSILLO-＋-ITIS〙

ton·sil·lo- /tɑ́(ː)nsəloʊ, -sl̩- | tɔ́nsɪ̀ləʊ, -sl̩-/「扁桃(腺) (tonsil)」の意の連結形. 〘← L *tonsillae* tonsil＋-o-〙

ton·sil·lot·o·my /tɑ̀(ː)nsəlɑ́(ː)ṭəmi | tɔ̀nsəlɔ́t-/ *n.* 〘外科〙扁桃切除(術). 〘⇨ ↑, -tomy〙

ton·so·ri·al /tɑ(ː)nsɔ́ːriəl | tɔn-/ *adj.* [しばしば戯言的に] 理髪師の, 理髪(術)の: a ～ artist 理髪師 / a ～ parlor 理髪店. 〘(1813) ← L *tonsōrius* pertaining to shaving＋-AL¹〙

ton·sure /tɑ́(ː)nʃə | tɔ́nʃə⁽ʳ, -ʃʊə⁽ʳ⁾/ *n.* **1** 頭髪をそること, 剃髪(ていはつ), 落髪. **2** 頭髪のそった部分. **3 a** 〘教会〙(僧・聖職者になる時の)剃髪, 剃髪式, トンスラ《カトリックでは脳天だけであったが, 1972 年に廃止され, 東方正教会では頭髪全部をそり落とす》. **b** 出家, 僧門に入ること. **— vt.** …の頭髪(の全部または一部)をそる; (特に)副助祭より下の下級聖職に任ずる. 〘(a1387) □ (O)F ～ // L *tonsūra* shearing ← *tonsus* ((p.p.) ← *tondēre* to shear)＋-*ura* '-URE'〙

tonsure 2

tón·sured *adj.* **1** 頭髪をそった, 剃髪した. **2** 〘教会〙剃髪式を受けた.

ton·tine /tɑ́(ː)ntiːn, ―⁻ | tɔ́ntiːn, -taɪn, tɔntíːn/ *n.* **1** 〘年金〙 **a** トンチン年金《元金総額に対する利息を生存者だけが受け取る仕組で, 長生者ほど多くの利息を受け取ることができる》. **b** トンチン年金組合. **c** [集合的] トンチン年金組合員. **d** 組合員の受ける配当金. **2** トンチン式生命保険《トンチン年金法と同様の条件の生命保険》. 〘(1765) □ F ～ □ It. *tontina* ← *Lorenzo Tonti* (1653 年ごろフランスでこの方法を始めたイタリア Naples の銀行家): ⇨ -ine¹〙

ton·to /tɑ́(ː)nṭoʊ | tɔ́ntəʊ/ *adj.* 《米俗》ばかな (foolish), 狂った (crazy). 〘(1982) □ Sp. ～〙

Ton·to /tɑ́(ː)nṭoʊ | tɔ́ntəʊ/ *n.* (*pl.* **～, ～s**) **1** [the ～(s)] トント族《アパッチの一支族》. **2** トント族の人.

Ton·ton Ma·coute /tɑ́(ː)ntɑ(ː)nməkúːt | tɔ́ntɔn-/ *n.* トントン・マクート《ハイチの独裁者 François Duvalier 大統領によって創設された, 反政府勢力弾圧のための民兵組織 (1961–86) の一員》. 〘□ Haitian F ～ ← ?: 民話中の人食い鬼を示唆するとする説もあるが不詳〙

tón-ùp *adj.* 《英口語》時速 100 マイル以上(の猛スピード)でオートバイを飛ばす, 暴走族の (cf. hell's angel): ～ boys. **— n. 1** 暴走族. **2** 時速 100 マイルのスピード. **3** 100 (以上)のスコア. 〘(1961) ← TON¹ 8 b〙

to·nus /tóʊnəs | tə́ʊ-/ *n.* 〘生理〙張力; (筋肉の)緊張(度), トーヌス. 〘(1876) ← NL ～ ← Gk *tónos* 'tension, TONE'〙

ton·y /tóʊni | tə́ʊ-/ *adj.* (**ton·i·er; -i·est**) 《米俗》ハイカラな (stylish); 贅沢(ぜいたく)な; 流行の: a ～ residence. 〘(1877) ← TONE (n.)＋-Y⁴: TON² の影響あり〙

To·ny¹ /tóʊni | tə́ʊ-/ *n.* トニー: **1** 男性名. **2** 女性名. 〘(dim.) 1: ← ANT(H)ONY. 2: ← ANTONIA〙

To·ny² /tóʊni | tə́ʊ-/ *n.* (*pl.* **～s**) トニー賞《米国で年間の優秀な演出・演劇に与えられるメダル; the Tony award ともいう》. 〘(1947) ← *Antoinette Perry* (1887–1946: 米国の女優でプロデューサー)〙

To·nya /tóʊnjə | tə́ʊ-/ *n.* トーニャ《女性名》(cf. Toni, Tonia). 〘(dim.) ← ANTONIA〙

Tóny Béa·ver /-bíːvə | -və⁽ʳ⁾/ *n.* 〘米伝説〙トニービーバー《米国 West Virginia 州の山間地方で信じられていた伝説的巨人; cf. Paul Bunyan, Pecos Bill》.

too /túː/ *adv.* **1** その上, また (as well, also): beautiful, and good ～ 美しくてしかも善良な / I had some food, and some wine ～. 食べ物があり, その上にまた酒もあった / I mean to do it ～. (単に言うだけでなく)また本当にやる気なんだ / If you can float, then you can swim, ～. 浮くことができれば泳ぐこともできる / You ～ are against me. 君もまた私に反対する / And it was achieved, ～, at a small cost. しかもまたわずかな費用で成就された / And then, ～, she squints. それにまたやぶにらみときている. ★ 文尾・文中に置く; 米国では文頭に用いることがある: *Too,* there were rumors of his resignation. それにまた彼の辞職のうわさがあった. **2** [形容詞・副詞に先立って] **a** [しばしばあとの for または to do と相関的に用いて] あまりに, …すぎて, …すぎる (excessively): a hat far ～ big *for* him 彼にはひどく大きすぎる帽子 / ～ beautiful *for* words 言葉で表現できないほど美しい / ～ fat *for* beauty 太りすぎて美しいとは言えない / ～ good *to* be true あまりよすぎて信じられない / ～ good *to* last あまりよすぎて長持ちしない《善人すぎて若死》/ It is ～ hot *to* eat [*to* be eaten, *for* me *to* eat (it)]. それはあまり熱くて食べられない / He speaks ～ fast. 彼は早口すぎる / He is ～ wise not *to* understand her motives. 彼は彼女の動機がわからないほどばかではない. **b** 《口語》[女性が用いて] 非常に, 大層 (very): I am ～ happy. 私はとても幸福だ / How ～ delightful it must have been! さぞかしとても楽しかったことだろう. **3** [相手の否定の言葉に対して] ところが, どっこい: You don't mean it.—Oh, I do, ～.まさか—いや, ところがそうなんだ.

áll tòo 残念なほど…すぎる (cf. *only* TOO (1)): It ended *all* ～ soon. あまりにもあっけなく終わった. ***bùt tóo*** 《文語》＝*only* TOO (1). ***nóne tòo*** [緩叙法として] …どころではない, ちっとも[かえって]…でない (not at all): I got home *none* ～ soon. ちょうどよい時に家に帰った / The pay is *none* ～ high. その給料は決して高すぎはしない. ***nót tòo*** [緩叙法として] あまり…でない: He is *not* ～ well today. 今日は体の具合があまりよくない / I didn't sleep ～ well. あまりよく眠れなかった. ***óne tòo mány*** (1) 〈人・物が〉一つだけ多すぎて, 余計で, 邪魔で: You've given me *one* ～ *many.* 一つ余計にくれた / I wish he'd go away; he's *one* ～ *many.* 行ってしまえばよいのに邪魔っけだ / He has had *one* ～ *many.* 《口語》(飲み過ぎて)酔っ払っている. (2) 〔…の〕手に余って, 〔…に〕まさる 〔*for*〕: He is *one* ～ *many for* you. 彼は君の手に余る, 彼の方が一枚うわ手だ. ***ònly tóo*** (1) 悲しいかな, 遺憾ながら: It is *only* ～ true. それは残念ながら本当だ / Such a thing is *only* ～ likely to happen. そのようなことは実際起こりそうなことだ. (2) ただただ…で, この上なく (very): I shall be *only* ～ pleased to help you. 喜んでお手伝いします. ***quite tóo*** ＝TOO too (2): This is *quite* ～. とてもすてきだ. ***tòo múch (for)*** 〈事が〉(…の)手に余る[負えない], (…にとって)かなわない: ⇨ *too much of a* GOOD THING / This is ～ *much.* これはあんまりだ / Their (awful) behavior was (just [simply]) ～ *much.* 彼らの(ひどい)行動は目に余るものがあった / He is ～ *much for* me. 彼にはかなわない / Life has been ～ *much for* her. 人生は彼女にとってあまりに過酷すぎた. ***tòo múch sò*** [前述の状況をうけて] あまりにもその度合いが大きいので, それがあまりにひどくて[極端で]. ***Tóo right [trúe]!*** ⇨ right *adj.* 成句. ***tòo tóo*** (cf. too-too¹) (1) [too の強調] あまりにも: this ～ ～ solid flesh あまりにも堅固なこの肉体 (Shak., *Hamlet* 1. 2. 129). (2) 《口語》[特に女性が用いて] すてきで: This is ～ ～. これはとてもいい[すてきだ]. ★ この形は後に delightful などの形容詞を略したもので, 多くは気取った, またはばかに感心した口調を帯びる. 〘OE *tō*: TO (prep.) の強形, 現在の綴字は 16 C から: cf. G *zu*〙

too·dle-oo /tùːdl̩úː | -dl̩-/ *int.* 《英口語・まれ》さよなら (goodbye). 〘(1907) ← ? 《擬音語》(自動車の警笛)〙

too·dle-pip /tùːdl̩píp | -dl̩-/ *int.* 《英口語・まれ》＝toodle-oo. 〘(1983) ↑〙

took /tʊ́k/ *v.* take の過去形. 〖OE *tōc* (pret.) ← *tacan*: ⇨ take〗

Tooke /tʊ́k/, **(John) Horne**/hɔ́ən | hɔ́:n/ *n.* トゥック《1736–1812; 英国の政治家・英語学者; アメリカ独立運動を支持して投獄され, 獄中で英語の語源論を研究した》.

tool /tú:l/ *n.* **1 a** (職人などが用いる)道具, 工具, 用具 《つち・のこぎり・のみ・きり・やすり・かんな・ねじ回し・刃物類など; ⇨ implement SYN》: a broad ～ (石工の)広刃のみ, 大刃のみ / an edged ～ 刃物 / a cutting ～ 切る道具 / garden ～*s* 庭の手入れ用具 / a (full) set of ～*s* (完全な)道具一式. **b** 〖電算〗ツール《比較的小規模で限定された作業を行うプログラム》. **2** 道具, 用具; 手段 (means): literary ～*s* 文房具 / the ～*s* of a person's [the] trade 商売道具 / Words are the ～*s* of thought. 言葉は思考表現の手段である. **3** 手先, お先棒, だし, 道具 (puppet, cat's-paw): an easy ～ すぐ人に利用される人 / a ～ of the unions [bosses] 労組[ボス]の手先. **4** 《卑》男根 (penis); 《英》拳銃 (gun). **5 a** (かんな・きり・旋盤などの)刃の部分; (旋盤などのような)工作機械 (machine tool). **b** 《古》剣 (sword). **6** (書籍の表紙の模様の)押し型(器); 押し型による模様.
dówn tóols ＝***thrów dówn one's tóols*** (道具を投げ出して)仕事をやめる, ストライキにはいる (go on strike). 《1898》
pláy with édge tòols 《古》⇨ edge tool 成句.
tóols of ígnorance [the ～] 《米俗》キャッチャー用具 《野球の捕手の使うマスク・プロテクターなど》.
― *vt.* **1** …に道具を使う, 道具で細工する; 〈石を〉(のみで)仕上げる (dress): ～*ed* gold [leather] 細工した金[革]. **2** 〈表紙を〉押し型で装飾する. **3** 《俗》〈馬車・自動車などを〉駆る, 走らせる; 〈人を〉乗せて行く[走る] (drive): ～ a car along the highway 車でハイウェーを走る / Let me ～ you *down to* the station. 駅まで乗せて行こう. **4** 〈工場など〉に道具[機械]を備え付ける, …の道具立てをする 〈*up*〉: ～ *up* a factory. ― *vi.* **1** 道具を使う. **2** [通例, 方向の副詞語句を伴って] 《俗》**a** 車を走らせる, 乗って行く, ドライブする: ～ *along* 車で進む / ～ *around* a city 町の周囲を車を走らせる / ～ *off* in one's car 車で去る[出かける] / ～ *through* a park 公園を車で通る. **b** 〈車が〉(ゆったり)走る. **3** (一貫作業ができるように工場の)生産設備をする, (機械器具を設備して)量産態勢をとる 〈*up*〉: ～ *up for* new models 新型の量産態勢をとる.
～·less *adj.* 〖OE *tōl* < Gmc **tōwlam* (ON *tōl* (pl.)) ← **tōw-*, **taw-* to prepare, make (cf. taw²) + *-*lom* (agent suf.)〗

tóol àngle *n.* 〖機械〗刃先角.
tóol bàr *n.* 〖電算〗ツールバー《アプリケーションウインドウ上部に表示される, よく使う機能をボタンアイコンにして並べた部分》.
tóol·bòx *n.* **1** 工具[道具]箱. **2** 〖機械〗(旋盤などの)刃物台《刃の支持・調節機構》. 〖1832〗
tóol chèst *n.* ＝toolbox.
tooled *adj.* 〈革製品など〉装飾を施された.
tóoled úp *adj.* 《俗》拳銃を持った, 武装した. 〖1959〗
tóol engineèr *n.* 生産設営技師.
tóol engineèring *n.* ツールエンジニアリング, 生産設営工学《機械工場の生産設備の設計・設置・能率を総合的に研究する工学部門》.
tóol·er /-lə | -lə^(r)/ *n.* 道具を使う人, 細工[工作]する人[物].
tóol·hèad *n.* 〖機械〗ツールヘッド《保持した工具を希望する位置に移動させるための機械部分》.
T **tóol·hòlder** *n.* 〖機械〗バイトホルダー《旋盤などの刃を支える装置》. 〖1876〗
tóol·hòuse *n.* (特に園芸用の)道具小屋 (toolshed). 〖1818〗
tóol·ie *n.* 《米俗》理工系の学生.
tóol·ing /-lɪŋ/ *n.* **1** 工具細工. **2** のみの目を並行線状に残す石の仕上げ方. **3** (本の表紙の)型押し: a blind [gold, gilt] ～ 空[箔]押し. **4** 装飾彫刻. **5** 〖機械〗(工場の)生産設備; (生産工程に必要な)道具立て. 〖1673〗
tóol kìt *n.* 工具一式.
tóol·màker *n.* 道具を作る人; (特に)工具製作[修理, 調整]工. 〖1844〗
tóol·màking *n.* 道具製作, 道具製作業. 〖1893〗
tóol pòst *n.* 〖機械〗(旋盤などの)刃物台.
tóol pùsher *n.* 《俗》(油井の)掘削作業監督. 〖1932〗
tóol rèst *n.* 〖機械〗(旋盤の)刃物台.
tóol·ròom *n.* **1** 道具小屋. **2** (工場の)工具室. 〖1878〗
tóol·shèd *n.* ＝toolhouse.
tóol·slìde *n.* 〖機械〗(工作機械の)刃物送り台.
tóol stèel *n.* 〖機械〗工具鋼《切削工具の製作に用いる硬度の高い炭素鋼》.
tóol sùbject *n.* 〖教育〗用具教科《国語・外国語・数学など生活や思想を理解・表現・処理するための技術の習得を目標とする教科; cf. content subject》. 〖1925〗
toom /tú:m/ *adj.* 《スコット》内容[中身]のない, 中空の, からの. 〖OE *tōm* ← Gmc **tōm-*〗
toon¹ /tú:n/ *n.* **1** 〖植物〗東インド諸島およびオーストラリア産センダン科インドチャンチンやマホガニーに類似した木 (*Cedrela toona*). **2** その材《赤色で家具・彫刻用》. 〖《1810》◻ Hindi *tūn* ← Skt *tunna*〗
toon² /tú:n/ *n.* 《スコット》＝town.
toor·ie /tú(ə)ri/ *n.* 《スコット》**1** (ボンネットの)房[毛糸玉]飾り. **2** 房[毛糸玉]飾りのついたボンネット (toorie bonnet). 〖《1874》(dim.) ← *toor, tour*＝TOWER¹〗
toot¹ /tú:t/ *vi.* **1** 〈らっぱ・笛などが〉ぶーぶー鳴る (hoot); 〈人が〉らっぱ[笛など]を吹く. **2** 〈動物が〉らっぱのように鳴く, らっぱの鳴るような音を出す; (特に)〈山鳥・雷鳥などが〉鳴く. **3** 〈子供が〉泣き叫ぶ. **4** 自動車を駆る. **5** 《俗》本当のことを言う. ― *vt.* **1** 〈らっぱ・笛などを〉吹く, 鳴らす. **2** 〈曲などを〉らっぱ[笛など]で吹く: ～ a tune. **3** 吹聴する: ～ a person's fame 人の名声を吹聴する. **4** 《俗》〈コカインを〉吸引する.
tóot one's ówn hórn 《米口語》＝BLOW¹ *one's own horn*. ***tóot the rínger*** ⇨ ringer¹ 成句.
― *n.* **1** (口笛・らっぱなどの)ぶーぶー(鳴る音); ぶーぶー吹くこと. **2** 《俗》コカイン. **3** 《豪俗》トイレ.
～·er /-tə | -tə^(r)/ *n.* 〖《*c*1510》《擬音語》: cf. LG & G *tuten* / Du. *toeten*〗

toot² /tú:t/ *n.* 《口語》酒宴, 浮かれ騒ぎ: on a ～ 浮かれ騒いで. 〖《1787》《スコット》～ 'to drink heavily'〗

tooth /tú:θ/ *n.* (*pl.* **teeth** /tí:θ/) **1** 歯: a front [back] ～ 前[奥]歯 / a canine ～ 犬歯, 糸切り歯 / a milk [baby] ～ 乳歯 / a molar ～ 臼歯(きゅうし) / ⇨ wisdom tooth / the crown of a ～ 歯冠 / the root [fang] of a ～ 歯根《歯の顎骨(がっこつ)に固着する部分》/ a false [gold] ～ 入れ歯[金歯] / have [mutter] something between one's *teeth* 歯に何かがはさまる[声をひそめて何かを言う] / cut a ～ 歯を生じる / have a ～ out 歯を抜いてもらう / An eye for an eye, and a ～ for a ～. 目には目を, 歯には歯を (*Matt.* 5:38). ★ ラテン語系形容詞: dental. **2 a** 歯状物, 歯状突起. **b** (歯車などの)歯 (cog). **c** (くし・くま手・フォークなどの)歯 (prong, tine). **d** (のこぎり・やすりなどの)目. **3** [*teeth*] [*pl.*] (かみつくような感じを与える)力, 猛威, 威力: put *teeth* in [into] a new law 新法律の効果を強める / The wind retains its *teeth*. 風にはまだ身を切るような冷たさが残っている / That will have *teeth* in the issue. それはその論争で威力をもつことになろう. **4** (食べ物の)趣味, 好み, 口 (taste, relish): ⇨ sweet tooth / have a dainty ～ 口が肥えて[おごって]いる / Monkeys have a great ～ *for* fruit. 猿は果物が大好きである. **5** [*pl.*] 〖歯科〗＝denture 1. **6** 〖植物〗(コケ類の蒴歯(さくし)) (peristome) の歯. **7** [*pl.*] 《海事俗》船の大砲. **8** (画用紙・画布の)ざらざらした紙面.

teeth
1 incisors
2 canines
3 premolars
4 molars

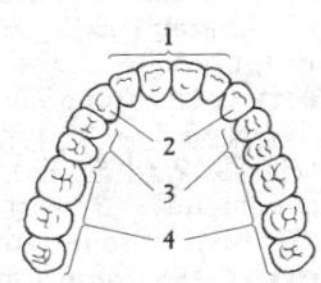

báre one's téeth ＝*show one's teeth* (⇨ tooth 成句). ***bréak one's téeth on*** ⇨ break¹ 成句. ***cást*** [***flíng, thrów***] ***in a person's téeth*** (1) 〈ある事で〉人を(面と向かって)責める, ののしる (cf. *Matt.* 27:44): They *cast* [*threw*] his faults *in his teeth*. 彼の過失を責めた. (2) 〈挑戦・侮辱などを〉人に投げつける. ***clénch*** [***grít***] ***one's téeth*** ＝*set one's teeth* (⇨ tooth 成句). ***cút one's téeth on*** (1) …を手始めにやる (start with). (2) …を小さい時から習い覚える[使い慣れる]. 《1677》 ***dráw*** [***púll***] ***a person's*** [***something's***] ***téeth*** (1) 人を無力[無害]にする, 骨抜きにする. (2) 人の不平の種を除く; 人をなだめる. ***féd úp to the*** (***báck***) ***téeth*** 〔…に〕食傷気味で, 飽き飽きして, 全く嫌になって (fed up) 〔*with*〕. ***file one's tóoth*** 辛辣(しんらつ)なことを言う, 毒舌を振るう《歯にやすりを掛けて鋭くする意から》. ***from the téeth fórward*** [***óutward***] 《古》うわべだけで, 口先だけで. ***gét one's téeth ìnto*** (1) 〈仕事などに〉身を入れる, 真剣に取り組む: The detective really *got his teeth into* the murder case. 刑事は殺人事件に真剣に取り組んだ. (2) 〈食べ物などに〉かぶりつく; …を食べる. ***in spite of*** [***despite***] ***a person's téeth*** 《古》人の反対を物ともせず. ***in a person's téeth*** 人に逆らって, 反抗して (to [in] a person's face); 人に面と向かって; 公然と, 大っぴらに: The wind was right *in our teeth*. 風は真正面から吹きつけてきた. ***in the téeth of*** (1) …を物ともせず (in the face of); 〈命令などに〉抗して[逆らって] (in spite of): fly *in the teeth of* …にまっこうから反抗する / They sailed *in the teeth of* a hurricane. ハリケーンを物ともせずに航行した. (2) …に面と向かって: They were *in the very teeth of* starvation. 彼らはまさに餓死に直面していた. 《1792》 ***a kíck in the téeth*** ⇨ kick¹ *n.* 成句. ***kíck a person in the téeth*** ⇨ kick¹ *v.* 成句. ***líe in*** [***through***] ***one's téeth*** ⇨ lie² *v.* 成句. ***lóng in the tóoth*** 《口語》〈人が〉盛りを過ぎて, 年老いて (old)《馬が老齢になると歯茎が縮んで歯が長く見えるところから》. 《1852》 ***sét one's téeth*** 歯を食いしばる《憤激・決意を表す》. 《1599》 ***sét*** [***pút***] ***a person's téeth on èdge*** (1) 人の神経にひどくさわる, 人をひどくいら立たせる: His flattering tone *sets my teeth on edge*. 彼のお世辞の口調を聞くと(歯が浮くようで)とても不愉快だ. (2) (酸味や軋(きし)る音などで)歯の浮くような感じを与える (cf. *Jer.* 31: 29). 《1535》 ***shów one's téeth*** 歯をむき出す, 威嚇する, 怒る, 刃向かう. 《1615》 ***síck to the báck téeth*** ＝*fed up to the back teeth* (⇨ tooth 成句). ***sínk one's téeth ìnto*** ＝*get one's teeth into* (⇨ tooth 成句). ***tàke*** [***gèt***] ***the bít betwèen*** [***in***] ***one's*** [***its***] ***téeth*** ⇨ bit¹ 成句. ***tóoth and náil*** [***cláw***] (食いついたり, 引っかいたりして)手段を尽くして, 極力: fight [oppose, defend] something ～ *and nail*. 〖《1534》cf. L *unguibus et rostro* with claws and beak〗 ***to a person's téeth*** 《古》人に面と向かって, 大胆不敵に: I said it *to his teeth*. ***to the téeth*** 寸分のすきもなく, 完全に (fully): be armed *to the teeth* 寸分のすきもなく武装している〔*with*〕.
― *vt.* **1** …に歯を付ける, 歯状物[突起]をつける; 〈のこぎりなどに〉目を立てる: ～ a saw のこの目立てをする. **2** (歯で)かむ, …にかみつく (bite, gnaw). **3** …の表面をざらざらにする. ― *vi.* 〈歯車などが〉かみ合う (interlock).
〖OE *tōþ* < Gmc **tanþ(u)z* 《原義》eater, chewer (Du. *tand* / G *Zahn* / ON *tọnn*) ← IE **dont-*, **dent-*, **dn̥t-* (L *dēns* / Gk *odṓn* / Skt *dant-*) ← **ed-* 'to EAT¹': cf. dental, tusk〗

SYN 歯: **tooth** 歯を表す一般語. **tusk** 象・いのしし・せいうちなどの牙. **fang** 猛獣の長くて鋭い牙, 特に毒蛇の毒を射出する牙.

tooth·àche *n.* 歯痛: have a ～ 歯が痛む / suffer from ～ 歯痛に悩む. **tóoth·àch·y** /-èɪki/ *adj.* 〖*c*1378〗
tóothache gràss *n.* 〖植物〗米国南部産イネ科のぴりっとした味のする丈の高い草 (*Ctenium aromaticum*).
tóothache trèe *n.* 〖植物〗＝prickly ash 1.
tooth-bílled *adj.* 歯のあるくちばしをもった, くちばしの縁に歯状突起のある. 〖1862〗
tooth·brush /tú:θbrʌ̀ʃ/ *n.* 歯ブラシ: brush [clean] one's teeth with a ～ 歯ブラシで歯を磨く. 〖1690〗
tóoth·brùshing *n.* 歯ブラシで歯を磨くこと. 〖1920〗
tóothbrush mùstache *n.* ちょびひげ. 〖1904〗
tóoth·càrp *n.* 〖魚類〗トゥースカープ《カダヤシ・タップミノーなどの類の, グッピーに似た, 小さな歯のあるメダカ目のいくつかの科 (Cyprinodontidae [Fundulidae], Poeciliidae) の魚の総称; アメリカ大陸の主として淡水に産し, 観賞魚として飼育されるものが多い》.
tóoth chisel *n.* 〖石工〗＝claw chisel.
tóoth·còmb *n.* 《英》目の細かいくし.
tóoth·dràw·er /-drɔ̀:ə, -drɑ̀:ə | -drɔ̀:ə^(r)/ *n.* 《Shak》歯医者. 〖?*a*1387〗
toothed /tú:θt/ *adj.* **1** 歯のある, 歯付きの, 鋸歯(きょし)状の. **2** /tù:θt, tù:ðd/ [通例複合語の第 2 構成素として] (…の)歯の, 歯が…の: buck-*toothed* そっ歯の. 〖《?*a*1300》← TOOTH (n.) + -ED 2〗
tóothed whále *n.* 〖動物〗歯鯨(はくじら)亜目のクジラ《円錐状の歯をもつマッコウクジラ・ツチクジラ・イルカなど; cf. whalebone whale》. 〖1843〗
tooth fàiry *n.* 抜け歯妖精《子供が抜けた乳歯を枕の下に置いておくと歯を持っていく代わりにお金などを置いていくという》. 〖1977〗
tooth·ful /tú:θfʊ̀l/ *n.* 〔ブランデーなどの〕一口, ちょっぴり〔*of*〕.
tóoth·glàss *n.* 歯磨き用コップ.
tooth·ing /tú:θɪŋ/ *n.* **1** 歯を付けること; 目立て. **2 a** (歯車の)かみ合わせ. **b** [集合的] (歯車などの)歯. **3** 〖建築〗待歯(まちば)《塀(へい)などを先へ継ぎ足しできるようにれんが・石の端を一段おきに突出させて積み残すもの》. 〖*c*1440〗
tóothing plàne *n.* のこぎり歯かんな《板に接着剤をつけるために表面をざらざらにするもの》. 〖1847〗
tóoth·less *adj.* **1** 歯のない, 歯の抜けた: a ～ old man. **2** 辛辣(しんらつ)さのない; 無力な, 抗力のない. 〖*c*1387〗
tooth·let /tú:θlɪ̀t/ *n.* 小歯, 小歯状突起. 〖《1800》← TOOTH + -LET〗
tóoth·lìke *adj.* 歯のような.
tóoth mùg *n.* ＝tooth-glass.
tóoth òrnament *n.* 〖建築〗(ノルマンおよび初期英国式建築の)犬歯飾り (dogtooth).
tooth·paste /tú:θpèɪst/ *n.* 練り歯磨き: a tube of ～ チューブ入り練り歯磨き / squeeze out ～ 練り歯磨きを絞り出す. 〖1832〗
tooth·pick *n.* **1** 小ようじ, つまようじ. **2** [*pl.*] 破片 (fragments): smash into ～*s* 〈物を〉粉みじんに砕く. **3** 長細い物[人]: a ～ of a man ひょろ長い人. **4** 《俗》＝bowie knife. 〖《1488》← TOOTH + PICK²〗
tóoth-pìcker *n.* 〖廃〗つまようじ (toothpick). 〖1545〗
tóoth pòwder *n.* 歯磨き粉. 〖1542〗
tóoth ràil *n.* ＝cograil.
tóoth shèll *n.* **1** 〖貝類〗軟体動物門掘足(くっそく)綱の貝類の総称《ヨーロッパツノガイ (*Dentalium entalis*) など》. **2** 1 の貝殻《象牙に似た形で北米北西岸のインディアンが貨幣として用いた》. 〖*c*1711〗
tooth·some /tú:θsəm/ *adj.* **1** うまい, おいしい, 美味の (dainty): a ～ dish おいしいごちそう. **2** 〈権力・名声など〉快適な, 快い, 喜ばしい (pleasing): ～ news. **3** 肉感的な, 性的魅力あふれる (luscious): a ～ blonde セクシーなブロンド女性. **4** 〈人が〉口が奢(おご)っている. **～·ly** *adv.* **～·ness** *n.* 〖《1551》← TOOTH + -SOME¹〗
tóoth·wàsh *n.* 水歯磨き.
tóoth·wòrt *n.* 〖植物〗**1** ヨーロッパ産ハマウツボ科ヤマウツボ属の寄生植物 (*Lathraea squamaria*)《根茎は歯状の鱗片に覆われている》. **2** コンロンソウ《アブラナ科コンロンソウ属 (*Dentaria*) の植物の総称; 根茎に鋸歯状の凸凹がある; crinkleroot など》. 〖1597〗
tooth·y /tú:θi/ *adj.* (**tooth·i·er**; **-i·est**) **1** うまい, おいしい (toothsome); 快い, 気持ちがよい (agreeable). **2** 歯を見せた, 歯並びを示す: a ～ grin 歯を見せたにやにや笑い / He answered with his ～ smile. 歯を見せて笑いながら答えた. **3** 〈紙が〉表面がざらざらした. **4 a** 威力のある, 効力を有する (effectual). **b** 《古》辛辣(しんらつ)な, 厳しい (bitter). **tooth·i·ly** /-θɪ̀li/ *adv.* **tóoth·i·ness** *n.* 〖《1530》← TOOTH + -Y¹〗
toot·in' /tú:tn̩ | -tɪn/ *adj., adv.* 《米俗》正しい, 全く(の), どう見ても: You're damn [darn, dern] ～. そのとおりさ, まったくだ. 〖《1932》← TOOT + -IN', -ING²〗
too·tle /tú:tl̩ | -tl/ *vi.* **1** 〈笛などを〉ゆるやかに吹く[鳴らす], ぴゅーぴゅー吹き続ける〔*on*〕. **2** 〈鳥が〉ぴーぴー鳴く. **3** ぺらぺらしゃべる, くだらない事をしゃべる[書く]. **4** 《口語》(歩いてまたは車で)出かける, 進む 〈*along, around, off*〉: I think I'll ～ *off to* bed. そろそろ寝るとしようか. ― *vt.* 〈笛などを〉ぴゅーぴゅー吹き続ける. ― *n.* **1** 笛などを吹く音, ぴゅーぴゅー. **2** 〈くだらない話[文章]. **3** 《英口語》ドライブ《特に短距離で観光目的の》. **tóo·tler** /-tlə, -tlə

| -tlə(r, -tl-/ *n.* 〖《1820》(freq.) ← TOOT¹: ⇨ -le³〗

too-too¹ /tú:tú:/ (cf. TOO *too*)《口語》*adv.* 極端に (excessively); きざなほどに, いやらしいほどに: She is ~ kind. ― *adj.* 過度な, 極端な (excessive); すてきな; モダンな (fashionable), 気取った, きざな (affected): She is a ~ radical. 彼女は大変な急進派だ / He is just ~. ちと気取っている. 〖《c1489》《加重》← TOO〗

too-too² /tú:tú:/ *vi.* 笛などをぷーぷー鳴らす, (歌などを)歌う. 〖《1812》《擬音語》〗

toots /túts | túts, tú:ts/ *n.* (*pl.* **toots·es** /-ɪ̀z/)《俗》[見知らぬ娘に対する親しみをこめたまたは戯言的な呼び掛けに用いて] あんた, 娘さん (darling, dear). 〖《1936》《短縮》← TOOTSY〗

toot·sie /tútsi | tútsi, tú:-/ *n.*《俗》**1** [呼び掛けに用いて] あなた, いとしい人 (dear). **2** =party girl 1. 〖《1905》← ?〗

Tóot·sie Ròll /tútsi- | tútsi-, tú:-/ *n.* **1**〖商標〗トゥッツィーロール《米国 Tootsie Roll Industries 社製のチョコレート味の棒状のあめ》. **2**《米俗》《メキシコ産の強力なヘロイン; (褐色の紙で巻いた)マリファナたばこ.

toot sweet /tú:tswí:t/ *adv.*《口語》すぐに (immediately). 〖《1917》← F *tout de suite*〗

toot·sy /tútsi | tútsi, tú:-/ *n.* **1**《小児語・戯言》(子供や女性の小さい)あんよ (foot). **2** =toots. **3**《古俗》娘, 女性. 〖《1854》《変形》← *footsy* ← FOOT: ⇨ -y²〗

toot·sy-woot·sy /tútsiwútsi | tútsiwútsi, tú:tsiwú:-/ *n.* =tootsie 1. 〖《加重》← TOOTSY〗

Too·woom·ba /təwúmbə, tʊ-/ *n.* トゥウンバ《オーストラリア東部, Queensland 州南東にある同州第三の都市; 小麦, 乳製品の加工および農業機械の製造》.

top¹ /tá(ː)p | tɔ́p/ *n.* **1** (↔ bottom) **a** 頂, 頂上, 絶頂 (apex); (建物の)最上部[階]: on [at] the ~ of a hill 山頂で / the ~ of a house 家の最上部《屋根裏部屋など》/ the ~ of a pile 積み重ねたものの最上部 / Take the one on [at] the ~. 一番上のものを取りなさい / up the ~ 頂上(近辺)で. **b** (ページ・地図などの)上, 上部, 上段 (head): *at* the ~ of a page [map, list] ページ[地図, リスト]の上の方に / line 3 [the third line] from the ~ 上から 3 行目. **c**〖製本〗天 (⇨ head 27 c): the gilt ~ 天金. **d**〖印刷〗天 (⇨ head 27 b). **e** (坂の)上端, 頂上; (街路などの)突き当たり: the ~ of a street 通りの突き当たり.
2 a 上面, 表面: the ~ of a table=a tabletop テーブルの上面[天板] / a table with a glass ~ ガラス(天板つき)のテーブル. **b** (トンネルなどの)開口部, 入口, 出口. **c**《英》坑道の天井. **d** (塹壕(ざん)の)胸壁の頂: ⇨ *over the* TOP (3).
3 a (容器の)ふた, (瓶などの)栓, キャップ (lid, cap): a bottle ~ 瓶のふた / a saucepan without a ~ ふたのないなべ. **b** 上半分, 上部: The ~ of his body was sunburnt. 上半身は日焼けしていた. **c** (馬車・自動車などの)屋根, 幌(ほろ): a carriage without a ~ 幌なし馬車 / a convertible with the ~ down 屋根をたたんだオープンカー. **d**《口語》(サーカス・カーニバルなどの)テント: ⇨ big top.
4 a 首席, 首位, トップ (head) (↔ bottom): come (out) (*at* the) ~ 席次が一番になる, 首席を占める / She graduated *at the* ~ of her class. 彼女はクラスの首席で卒業した / He stood [was] near the ~ of his class in the first year. 1 年ではクラスの一二番というところにいた / people *at* the ~ and the bottom (of the heap) 成功者と落後者 / ~ of the list 最も重要な. **b**《古》首位にある人[物]; (ボートのこぎ手の)トップ: the ~ of one's family 一家の長. **c** [*pl.*]《英古》上流人, 貴族 (aristocrats).
5 a 頭(のてっぺん). ★ 主に次の成句で: ⇨ *from* TOP *to toe, on* TOP (3). **b** [しばしば *pl.*] (にんじん・かぶなど根菜類の)葉, 葉っぱ (cf. root¹ 1): turnip ~*s* かぶの葉っぱ. **c** [通例 *pl.*] (植物の)頂芽, 若芽.
6 a (食卓・部屋などの)上座, 上席, 上手(かみて): take the ~ of the table 卓の上座につく; 座長となる, 司会する. **b** (劇場などで)特等席の料金.
7 a 極度, 極点, 絶頂: shout *at* the ~ *of* one's voice 声を限りに叫ぶ / run *at* the ~ *of* one's speed 最大速力で走る / *at* the ~ *of* one's form (心身の状態が)ベストコンディションで / the ~ *of* the market 高値の絶頂 / the ~ *of* the tide 高潮, 満潮; 一番調子のよい時 / ⇨ *to the* TOP *of one's bent*. **b**《英》(自動車などの)最高速度, トップ(ギヤ)(《米》high) (cf. top gear): *in* ~ トップ(ギヤ)で, 全速力で.
8 a 最良の部分, 精華, 精髄, 粋(すい): the ~ *of* all creation 万物の精華. **b** [*pl.*]《口語》(性質・能力・人気など)最上, 最高 (topmost): His book is ~*s on* the subject. その主題のものとしては彼の本が最高だ / He is ~*s as* a comedian. コメディアンとしては最高だ / You're ~*s at* cooking. 君は料理の名人だ. ★ 叙述的に用い, しばしば the を伴う: He was considered *the* ~*s* in the field. その分野では最高の人と目されていた. **c**《古》模範, 鑑(かがみ) (perfect example). **d** [*pl.*] (羊・やぎなどの群れの中の)より抜きの動物.
9 最初の部分; 始まり; (楽曲の)出だし, 冒頭: the ~ of a lake《古》湖の源 / ⇨ *take it from the* TOP.
10《方言》前髪 (forelock); (かぶとなどの)毛房, 毛の前立て (crest).
11〖宝石〗頂 (crown); (耳飾りの)耳たぶにつける部分: ~*s* and drops 飾り玉付き耳飾り《一そろい》.
12 a 靴の最上部の革《長靴・乗馬靴ではひざの辺で広がっているか折り返されている部分の革, 編上げ靴ではくるぶしを包む部分の革, 短靴では腰革》. **b** [*pl.*] =top boot.
13 [時に *pl.*] トップ《セーターやシャツなどのように上半身につける衣服》; (ツーピースになった服・水着の)上着, 上半分; (特に)パジャマの上着 (cf. bottom 5 b): She bought a new ~ to go with her skirt. 彼女はスカートに合う上着を買った / The pajama ~ needs washing. パジャマの上着は洗濯が必要だ.
14 a トップ《羊毛などを引きそろえ毛糸に紡ぐまでに用意されたスライバー (sliver)》. **b**《方言》(1 ポンド半の)繊維房.
15 a 装飾[保護]用覆い (coating): a spoon with a silver ~ 銀めっきしたスプーン. **b** 表面だけめっきしたボタン.
16〖海事〗**a** 檣楼(しょう), トップ《下檣の頂部にある円形の台; cf. maintop, foretop 3, mizzentop》: ⇨ fighting top, military top. **b** 中檣帆 (topsail): ~ and topgallant 中檣帆とトゲルンスル; 帆を全部あげて, 全速力で.
17〖トランプ〗**a** (bridge で) 一つの手にある同一スーツ (suit) 中最高の札. **b** (duplicate bridge で) 同一の手によって得られた最高得点 (top score). **c** [*pl.*] 一つの手にあるエースとキングすべて, または一つのスーツの上位札 3 枚.
18〖スポーツ〗**a** (ゴルフ・テニス・クリケット・ビリヤードなどで) トップ《ボールの中心部より上を強打し球に順回転をかける打ち方》. **b** トップスピン (top spin)《トップ打法によるボールの順回転》.
19〖野球〗**a** (回の)表(おもて) (↔ bottom). **b** [集合的] 上位打順《1, 2, 3 番》; 上位打者.
20 [しばしば *pl.*]〖化学〗(蒸留の際に)最も揮発性が高く最初に留出される成分.
at the tóp of one's bént=*to the* TOP *of one's bent.* ***at the tóp (of the trée [ládder])*** (樹木[はしご]の)頂上に; 大成功で, 最高の地位を占めて. ***blów one's tóp*** ⇨ blow¹ 成句. ***cóme [ríse] to the tóp*** (1) (表面に)出る, 現れる. (2) 他に抜きん出る. ***flíp one's tóp*** ⇨ flip¹ 成句. ***from tóp to bóttom [tóe, táil]*** 頭のてっぺんから足のつま先まで, すっかり, 徹頭徹尾 (completely). 《1666》 ***gét on tóp of a person*** 重荷になる, 重くのしかかる: The work is *getting on* ~ *of* him. 仕事が重くのしかかっている. ***òff the tóp***《俗》(1) =*off the* TOP *of one's head.* (2) 総収入から(差し引いて). ***òff the tóp of one's héad*** (よく考えないで)即座[即席]に. 《1939》 ***òff one's tóp [héad]***《口語》気が狂って; 気が転倒して, あがって. ***on tóp*** (1) 上に, 上方に (above); その上に, さらに (in addition): He put my suitcase *on* ~. 私のスーツケースを(一番)上に置いた. (2) 先頭に立って (in the lead); 支配[管理]して; 成功して, 勝って (successful): come out *on* ~ (競技などで)勝つ; 首席[トップ]になる; 成功者となる (cf. 4 a) / go *on* ~ 先頭を切る. (3) (頭の)てっぺんで[に]: His head is bald *on* ~. 頭のてっぺんがはげている / He was a little thin *on* ~. 頭の毛が少々薄くなっている. (4)〖航空〗雲[悪天候]の上を: fly *on* ~《飛行機が》雲の上を飛ぶ. ***on tóp of*** (1) …の上に (upon, over): put my suitcase *on* ~ *of* his 彼のスーツケースの上に私のを載せる / a leaf (floating) *on* ~ *of* the water 水の上(水に浮いている)木の葉 / one *on* ~ *of* the other=*on* ~ *of* one another 次々と重なって. (2) …に加えて (in addition to): *on* ~ *of* that その上に(たまらないことには). (3) …のすぐあとに, …に追い迫って (soon after): Fires broke out *on* ~ *of* the earthquake. 地震のあとすぐ火災が発生した. (4)《口語》…を支配[管理]して, うまくさばいて (in control of): I was *on* ~ *of* the work within an hour. 1 時間もしないうちにその仕事をやってのけた. (5)《口語》…に通じて (informed about): He tried to keep *on* ~ *of* developments in his office. 会社の新製品に通じているように努めた. 《1796》 ***on tóp of the wórld***《口語》成功して, 功成り名を遂げて (successful); 得意の絶頂にあって, 有頂天になって, 意気揚々として (elated): I was *on* ~ *of the world*. 天にも昇るような気分だった. ***òver the tóp*** (1) 目標[限度]以上に. (2)《英》大胆[自由]にやる[ふるまう]. (3) 塹壕(ざん)の胸壁を越えて; 最後の[決定的]段階にはいって: go *over the* ~ 攻撃に移る; 最後の処置をとる, 断固とした手段に出る. ***take it from the tóp***〖演劇〗(あるシーンを)初めから演ずる[繰り返す]. ***Thát's the tóp and bóttom of it.***《英》それがすべてだ, 要するにそれだけだ. ***the tóp of the héap*** ⇨ heap 成句. ***The tóp of the mórning (to you)!***《アイル》おはよう. ***tóp and táil*** (1) 全体, 全部, 一部始終 (the whole). (2) 結局のところ (upshot); 実質 (substance). (3) =*from* TOP *to tail.* ***tóp of the póps***《口語》売上げトップ[第 1 位]のポップスレコード(歌手): This [He] was ~ *of the pops* last year. ***tóp or táil*** [否定構文で] 全く(…ない) (head or tail): I cannot make ~ *or tail* of it. それはさっぱりわからない. ***tóp òver táil***=***táil òver tóp*** まっさかさまに, 逆に. ***tóps and bóttoms*** 両極端 (the extremes). ***tóp to bóttom*** (1) まっさかさまに, 逆に. (2) =*from* TOP *to bottom.* ***to [at] the tóp of one's bént*** 力の限り, 精一杯; 思う存分, 心ゆくまで (cf. Shak., *Hamlet* 3. 2. 401). ***up tóp***《口語》頭[心]の中で: not have much up ~《英》あまり頭がよくない. ***with the tóp of one's mínd*** ぼんやりと, 上の空で.
tóp of hóuse〖海事〗=flying bridge 2.
tóp of nóthing〖トランプ〗トップオブナシング《bridge の打出し (lead) 法の一つで, 弱い三枚札を高い方から順に打出すこと; cf. mud²》.
― *adj.* [限定的] **1** 一番上の (uppermost, topmost); 上の (upper): the ~ shelf [layer, peg] 一番上の棚[層, くぎ] / the ~ floor 最上階 / the ~ rung 梯子の最上段; 成功の絶頂; 重要な地位, 首位 (cf. top-rung) / a person's ~ lip 上唇 / ⇨ top drawer. **2** 最高の, 最大の (highest); 最も重要な[興味のある]: ~ prices 最高価格 / ~ quality 最上質, 極上等 / ⇨ top gear / in ~ condition 最高の健康状態で[にある] / hold a ~ post [job] 最高の地位を占める / do ~ work 最高の仕事をする / be in [《英》on] ~ form 絶好調である. 日英比較 日本語でトップを「トップシーン」,「トップセラー」などのように用いるが, しばしば英語とは結び付きが異なる.「トップシーン」は the first scene,「トップセラー」は the best seller. また, 野球の「トップバッター」は leadoff, lead-off man,「トップモード」は high fashion, マラソンなどの先頭集団,「トップグループ」は the leading group,「トップメーカー」は規模が最大なら the biggest manufacturer, 先頭を行くメーカーの意味なら the leading manufacturer. "*top* five [ten]" のような表現はホームランとかマラソンなど点数その他のデータが出るものに用い, 芸術家, 学者などの文化的なものには用いない. top five novelists などは不可. **3** 首席[位]の (chief), 第一人者の, 一番偉い: the ~ boy 首席の男子生徒 / one of the world's ~ scientists 世界最高の科学者の一人 / the ~ officials at FBI headquarters FBI 本部の最高幹部. ★《英》では叙述的にも用いる: The boy was ~.
― *v.* (**topped; top·ping**) ― *vt.* **1 a** …の頂をなす, の頂点にある: a childish face ~*ping* his lanky frame やせすぎの体に載っかっている子供じみた顔 / A church ~*s* the hill. その丘には教会が建っている / Bacon ~*s* the list in intellect. 知性ではベーコンがそこに挙げてある人々のトップだ. **b** …に頂を付ける, にかぶせる, …の頂を覆う (cover, crown): ~ a box 箱にふたをする / ~ a carriage 馬車に屋根を付ける / a church ~*ped with* [*by*] a spire (=a spire-topped church) 尖塔(せんとう)のある教会堂 / a cup of chocolate ~*ped with* whipped cream 泡立てたクリームが載っている一杯のココア / The ice cream was ~*ped with* melon slices . アイスクリームの上には薄切りのメロンが載っていた. **2 a** …より高い; …よりすぐれる, より上手(うわて)に出る, 越す (surpass): He ~*s* his father by a head. 彼は父より頭だけ高い / Carter ~*ped* Bayh, (by) 3,239 to 2,567. カーターはバイに 3,239 票対 2,567 票で打ち勝った / This ~*s* all I ever saw. こんなのは見たことがない. **b** やり遂げる (come up to): ~ one's part〖演劇〗役を(これまでになく)立派に演じる; 立派に自分の役目を果たす. **3 a** …の頂上に登[達す]る; …の上に昇る (rise above): We ~*ped* the hill at noon. 正午に山の頂上に達した / The sun had ~*ped* the maples. 太陽はカエデの上方に昇っていた. **b** …の上を飛び越す (clear): ~ a fence, barrier, etc. **4 a** 超える, …以上に達する (surpass): ~ the previous record 前回の記録を上回る / The rate of inflation ~*ped* 30%. インフレの率は 30 パーセントを超えた. **b** (高さ・重さなどで)…以上ある, 超える (exceed): He ~*s* six feet. 彼は身長が 6 フィート以上ある / The deer ~*ped* 300 pounds. その鹿は 300 ポンドを超えていた / The river ~*ped* the high water mark by 3 feet. 川は高水位線を 3 フィート超えた. **5** 〈植物などの先端を切り取る (cut off the top of) (↔ tail): ~ beets [turnips] 砂糖大根[かぶら]の葉を切り落とす. **6**〖ゴルフ〗**a** 〈ボールの中心より上を打つ, 〈ボールに〉トップスピンをかける: ~ a ball. **b** (トップスピンで)〈ストロークを〉打つ: ~ a stroke. **7** 〈地面〉に〈敷肥を〉施す (top-dress)〔*with*〕: ~ the soil *with* manure. **8**〖染色〗…に上掛けする《染色布の色相を美しくするために他の染料で軽く染める》. **9**〖化学〗〈原油などの〉最も揮発しやすい成分を蒸留する. **10**〖海事〗〈帆桁(ほげた)などの〉一端を上げる. **11** [通例受身で]《俗》縛り首にする (hang). **12**《米西部》〈馬を〉ならし終える〈*off, out*〉. **13**《廃》〈女〉と性交する (cover): Cassio did ~ her. キャシオーがあれと通じていたのだ (Shak., *Othello* 5. 2. 136).
― *vi.* **1** 終わりとする, 仕上げをする, 締めくくる〈*off, out, up*〉. **2**《まれ》そびえ立つ, 抜きん出る.
tóp óff (*vt.*) (1) (…の)仕上げをする, 終える (finish) (cf. *vi.* 1): ~ *off* one's dinner *with* a liqueur リキュールを飲んで食事を終える. (2) =TOP *up* (2). (3) ⇨ *vt.* 12. (4)《口語》一杯に注ぐ. ― (*vi.*) ⇨ *vi.* 1. ***tóp oneself***《英口語》自殺する (kill oneself). ***tóp óut*** (*vt.*) (1) 〈石造建築〉に屋根を載せて仕上げる; 〈高層建築などの〉骨組みを完成する; 〈建物〉の完成を祝して祝宴を張る, の竣(しゅん)成式をあげる. (2) 〈最良の動物を〉群れからえり抜く. (3) ⇨ *vt.* 12. ― (*vi.*) ⇨ *vi.* 1. ***tóp úp*** (《英》) (*vt.*) (1) (つぎ足して上まで)一杯に満たす; 〈人〉に飲物を一杯につぎ足す: Let me ~ *up* your glass [*up* your drink, ~ you *up*]. さあ(一杯になるまで)おつぎしましょう. (2) 〈燃料タンク・蓄電池などに(…を)〉補給して一杯にする (fill full)〔*with*〕: ~ *up* a car battery 車のバッテリーを一杯に充電する / ~ *up* a tank *with* gas 満タンにする. (3) 必要分を補う: Parents are expected to ~ *up* their childrens's scholarships. 親は子供の奨学金を補うものと考えられる. ― (*vi.*) ⇨ *vi.* 1. ***to tóp it áll*** なおその上に.
〖n.: OE *top(p)* < Gmc *toppaz* (Du. *top(p)* / G *Zopf* top, tuft of hair). ―v.: 《?a1300》 *tope(n), toppe(n)* ← (n.)〗

SYN 頂点: **top** あるものの最も高い点: reach the *top* of the ladder 最高の地位を占める. **summit** 山や丘の頂上; 達しうる最高水準: reach the *summit* of power 権力の頂点に達する. **peak** 山や丘のとがった峰; 強烈さ・価値・業績の最高点: the *peak* of production in motor cars 自動車生産の最大量. **climax** 興味・興奮などが漸次上昇して達する最高点: the *climax* of a drama ドラマのクライマックス. **apex** すべての上昇点・進路が合一する最高点: He was at the *apex* of his power. 彼は権力の絶頂にあった. **pinnacle** 業績・成功などの(不安定な)頂点: achieve the *pinnacle* of success 成功の絶頂を極める. **zenith** 天の最高点, 天頂; 業績の最高点: His fame was then at its *zenith*. 彼の名声はそのとき絶頂期にあった. **culmination** 長い期間の後の最高の点・結果: Their marriage reached its *culmination* in divorce. 彼らの結婚は結局離婚に終わった.

top² /tá(ː)p | tɔ́p/ *n.* **1** こま(独楽): spin a ~ こまを回す / The ~ sleeps. こまが澄む. **2** [old ~ として]《俗》親友, 大将, やっこさん (old fellow): Good morning, *old* ~. やあ, おはよう. **3** くるくる回転するもの. ***(as) fást [sóund] as a tóp*** 熟睡して (soundly asleep). ***sleep like a tóp***

T

熟睡する (cf. The TOP sleeps.). 《1693》 ***spín like a tóp*** 急速に回転する; 目が回る.
〖OE ~ ← Gmc *top- (Flem. *top* / G *Topf*): cf. top¹〗

TOP /tíːòupíː | -ɔ̀u-/ 《略》 temporarily out of print; technical office protocol.

top. 《略》 topographic; topographical.

top- /tά(ː)p | tɔ́p/ (母音の前にくるときの) topo- の異形: *top*onym.

to·parch /tóupɑək, tά(ː)p- | tóupɑːk, tɔ́p-/ *n.* 小国家 (toparchy) の君主. 〖《1640》□ LL *toparcha* □ Gk *topárkhēs*: ⇨ topo-, -arch〗

to·par·chy /tóupɑəki, tά(ː)p- | tóupɑː-, tɔ́p-/ *n.* (数都市を含む程度の)小国家 (small state). 〖《1601》□ L *toparchia* □ Gk *toparkhía*: ⇨ ↑, -y¹〗

to·paz /tóupæz | tɔ́u-/ *n.* **1 a** 〖鉱物〗黄玉(おうぎょく), トパーズ ($Al_2SiO_4(F,OH)_2$) 《次の種類と区別して true topaz または occidental topaz という; ⇨ birthstone》: oriental ~ インド[東洋]黄玉 《sapphire の黄色種》/ ⇨ false topaz. **b** トパーズ(色), 黄褐色. **2** 〖鉱物〗黄水晶. **3** 〖鳥類〗のどが黄玉色をした南アメリカ産ハチドリ (hummingbird) の一種 (*Topaza pella, T. pyra*). 〖《c1250》 *tupace* □ OF *topace* (F *topaze*) □ L *topazus* □ Gk *tópazos*〗

To·paze /tóupæz | tɔ́u-/ *n.* トパーズ《女性名》. 〖↑〗

to·paz·o·lite /toupǽzəlàɪt | tə(ʊ)-/ *n.* 〖鉱物〗黄色ざくろ石. 〖《1819》: ⇨ topaz, -o, -lite〗

tóp banána *n.* 《米俗》 **1** (バーレスク (burlesque) などの)筆頭喜劇役者, 立役者. **2** 最重要人物, 中心人物. 〖《1952》 3 人で演ずるお定まりの笑劇で最も巧みな警句を吐いた役者がバナナを与えられる慣例から〗

tóp bílling *n.* **1** 芝居のビラの主役の名を掲げる最上部. **2** 大々的な広告取扱い. 〖1945〗

tóp bòot *n.* トップブーツ, 猟騎用長靴《主に調教師・騎手・馬丁または狐狩をする人などが用いる上部に明るい色の革が使ってある乗馬靴または狩猟靴など; cf. riding boot》. 〖1768〗

tóp bráss *n.* [the ~; 集合的] =brass 6.

tóp·càp *n.* **1** タイヤの表面に張った新しい踏面. **2** 〖機械〗軸箱の上部分.

tóp·càp *vt.* (**-capped; -cap·ping**) (再生ゴムなどで)〈タイヤ〉の踏面を修繕する[張り変える].

tóp-cát *adj.* 第一流の.

top-class /tά(ː)pklǽs | tɔ́pklάːs⁻/ *adj.* トップクラスの, 一流の: a ~ player トップクラスの選手 / a ~ hotel 一流ホテル.

tóp·còat *n.* **1** 《米》軽いコート, スプリングコート; 《英》厚手のコート (cf. greatcoat). **2** ペンキの上塗り. 〖1804〗

tóp cópy *n.* (複写に対して)原本.

tóp·cròss *n.* 〖生物・畜産〗トップ交雑《雑種強勢を利用するために行われる近交系の雄と非近交系の雌との交雑》. 〖1890〗

tóp déad cènter *n.* 〖機械〗(クランクの)上死点 《略 TDC, t.d.c.》. 〖1924〗

tóp-dóg *adj.* [限定的] 勝者の, 最高の.

tóp dóg *n.* 《口語》 **1** (競争などに)勝った方, 勝者 (victor) (↔ underdog). **2** 実力者, 主要人物, グループリーダー: be ~ *in* a company. 〖1900〗

tóp-dówn *adj.* **1** 綿密に組織[統制]された. **2** 〖電算〗トップダウンの《全体的な構成から出発して細部に至る方式》: ~ programming トップダウンプログラミング《全体的な流れ構造を先に作ってから個々のルーチンを完成させる》. 〖《1941》← *from the top down*〗

T

tóp-dráwer /-drɔ́ːə | -drɔ́ːʳ⁻/ *adj.* [限定的] (重要性・階級・特権などが)最も高い.

tóp dráwer /-drɔ́ːə | -drɔ́ːʳ/ *n.* **1** 一番上の引出し. **2** トップクラス, 上流階級 (upper class): come [be] out of the ~ 上流の出である, 育ちがいい. 〖1905〗

tóp-drèss *vt.* (土の中へすき込まないで)〈作物・草地・芝生など〉に上から肥料を施す. 〖1733〗

tóp drèssing *n.* **1** 肥料(を施すこと) (cf. dressing 6). **2** 道路の(砂利・砕石などの)最上層. 〖1744〗

tope¹ /tóup | tə́up/ *vt.* 《古》〈酒を大いに飲む. — *vi.* 大酒を飲む, 酒浸りになる. 〖《1654》← 《廃》 ~ (乾杯の時に健康を祝する間投詞) □ F ~ 'agreed! done!' ← *toper* to shake hands on a bargain〗

tope² /tóup | tə́up/ *n.* 〖魚類〗 **1** ヨーロッパ沿岸産メジロザメ科エイラクブカ属のサメの一種 (*Galeorhinus galeus*). **2** 小形のサメ. 〖《1686》← ? Corn.〗

tope³ /tóup | tə́up/ *n.* (半球形・立筒形・だるま形などの)仏塔 (stupa). 〖《1815》□ Hindi *tōp* ← Skt *stūpa*- 'tope, STUPA'〗

tope⁴ /tóup | tə́up/ *n.* 《インド》(mango などの)森, 林, 茂み, やぶ. 〖《1698》□ Tamil *tōppu*〗

to·pec·to·my /təpéktəmi/ *n.* 〖外科〗《大脳前頭葉の》分野切除(術). 〖《1948》← TOPO-+-ECTOMY〗

to·pee /toupíː, ⁻⁻ | tə́upiː, ⁻⁻/; *Hindi* toːpiː/ *n.* 《インド》トーピー《クサネム (sola) の髄で作るヘルメット型の軽い日よけ帽》. 〖《1835》□ Hindi *topi* hat〗

To·pe·ka /təpíːkə | tə(ʊ)-/ *n.* トピーカ《米国 Kansas 州の北東部にある同州の州都, Kansas 川に臨む》. 〖□ ? N-Am.-Ind. (Siouan) ~ 《原義》good place to dig potatoes〗

To·pe·li·us /tupéɪliəs; *Finn.* tɔpéːlius/, **Sa·ka·ri** /sάkɑri/ *n.* トペリウス (1818–89; フィンランドの詩人・小説家).

tóp énd *n.* (細い方の)先端 (cf. butt end).

tóp·er *n.* 《文語》大酒家, のんだくれ. 〖《1673》← TOPE¹+-ER¹〗

tóp fermentátion *n.* 上面発酵《培養中に発生する炭酸ガスのあわと共に液面に浮かぶ酵母による発酵; cf. bottom fermentation》. 〖1902〗

tóp-flíght *adj.* 《口語》一流の (first-rate): a ~ pianist. 〖1931〗

tóp flíght *n.* [the ~] 《口語》一流.

tóp·flìght·er *n.* 《口語》最優秀なもの[人, 選手など]. 〖1950〗

tóp frúit *n.* 《英》(リンゴ・ナシ・スモモ・モモなどの)木に実る果実 (《米》tree fruit ともいう; cf. soft fruit). 〖1884〗

top·ful /tά(ː)pfùl | tɔ́pfúl⁻/ *adj.* (*also* **top·full** /~/) 《まれ》上まで一杯の, あふれんばかりの (brimful). 〖1553〗

top·gal·lant /tὰ(ː)pgǽlənt | tɔ̀p-⁻/ ★〖海事〗の発音は /təgǽlənt/. 〖海事〗 *n.* **1** トゲルンマスト, 上檣(じょうしょう) 《継ぎ足しマストにおいて下から 3 番目のマストで, topmast の上につける; topgallant mast ともいう》. **2** トゲルンスル《トゲルンマストにかかる帆; topgallant sail ともいう》. **3** 《古》頂上, 最高(地)点: the high ~ of my joy わが喜びの頂点 (Shak., *Romeo* 2. 4. 190). — *adj.* topmast よりも上で royal mast よりも下にある; トゲルンマストの. 〖《1514》← TOP¹+GALLANT (adj.)〗

topgállant bùlwarks *n. pl.* 〖海事〗=quarter boards.

topgállant fòrecastle *n.* 〖海事〗トゲルンホクスル《船首楼の上にある付加甲板》.

topgállant màst *n.* 〖海事〗=topgallant 1.

topgállant sàil *n.* 〖海事〗=topgallant 2.

topgállant yàrd *n.* 〖海事〗トゲルンヤード《上檣(じょうしょう) (topgallant mast) の帆桁(ほげた)》.

tóp géar *n.* 《英》 **1** (自動車などの)最高速ギヤ, トップギヤ (high gear) (cf. bottom gear). **2** 最高潮: be in ~ 最高潮に達している. 〖1884〗

tóp-gráde *adj.* 一等級の: ~ petrol.

tóp gràfting *n.* 〖園芸〗=topworking.

tóp-hàmper *n.* **1** 大木の幹の上部, 中枝. **2** 〖海事〗 **a** トップマスト以上の帆柱・帆・索具. **b** (汽船・軍艦などの)甲板上のやっかいな重量物《砲塔・ボート・いかりなど; cf. hamper¹ 2》. 〖1791〗

tóp-hát *adj.* 上流階級の. 〖1902〗

tóp hàt *n.* **1** シルクハット (silk hat) 《high hat ともいう》. **2** =opera hat. 〖1881〗

tóp-hèavy *adj.* **1** 頭[上部]の重すぎる, 頭でっかちの; 不安定な, 不均衡の. **2** (企業などで)管理職[役員]の多すぎる. **3** 〖財政〗《資本組織が優先配当をすべき債券の多すぎる; 資本が過大な (overcapitalized). **tóp-hèaviness** *n.* **tóp-hèavily** *adv.* 〖1533〗

To·phet /tóufɛt, -fɪ̀t | tə́ufɛt/ *n.* (*also* **To·pheth** /~/) **1** 〖聖書〗トペテ《エルサレム付近の Hinnom の谷の南東端の地; 昔ユダヤ人が偶像 Moloch に子供をいけにえとしてささげたが後に不用物焼却地となり, その火は常に絶えなかったという; *Jer.* 7:31, 19:11》. **2** 焦熱地獄, 地獄; 混乱. 〖《c1390》□ Heb. *Tōpheth* 《原義》fire-place〗

tophi *n.* tophus の複数形.

tóp-hóle *adj.* 《英口語》第一等の, 飛切りの. 〖1905〗

to·phus /tóufəs | tə́u-/ *n.* (*pl.* **to·phi** /-faɪ/) **1** 〖病理〗痛風結節 (chalkstone ともいう). **2** 〖地質〗=tufa 1.

to·pha·ceous /touféɪʃəs | tə(ʊ)-/ *adj.* 〖《1555》□ L *tōphus, tōfus* sandstone〗

to·pi¹ /tóupiː, ⁻⁻ | tə́upiː, ⁻⁻/ *n.* =topee.

to·pi² /tóupi | tə́u-/ *n.* (*pl.* ~) 〖動物〗トピ, コリガム (*Damaliscus corrigum jimela*) 《アフリカ中東部のサバンナに生息するレイヨウ》. 〖《1894》← Mandingo〗

to·pi·ar·y /tóupièri | tə́upjəri, -piə-/ 〖園芸〗 *adj.* 〈庭木が装飾的に刈り込んだ: the ~ art. — *n.* **1** トピアリー《特に, イチイ・ツゲなどを動物や鳥などの形に刈り込む方法》. **2** 装飾的に刈り込んだ庭, 装飾庭園. 〖《1592》□ L *topiārius* landscape gardener ← *topia* garden (□ Gk *topíon* field, small place (dim.) ← Gk *tópos* place)+ *-arius* '-ARY'〗

top·ic /tά(ː)pɪk | tɔ́p-/ *n.* **1** 話題, 主題, 題目, 問題 (⇨ subject SYN): a ~ for discussion, coversation, etc. / ~*s* of the day 時事問題 / current ~*s* 今日の話題. **2** 原則, 原理 (principle). **3** 〖修辞〗(雄弁術や議論の)常套的論題. **4** 〖論理〗大体論, 弁証的推理《確実な根拠からの論証的推理に対して, 世間知らずなどの憶測からの蓋然(がいぜん)的推理およびその際矛盾に陥らぬようにするべき観点》. 〖《*a*1568》□ L *topica* (pl.) □ Gk (*Tà*) *Topiká* (Aristotle の著書の題名) 《原義》things pertaining to commonplaces (neut. pl.) ← *topikós* of a place, commonplace ← *tópos* place〗

top·i·cal /tά(ː)pɪ̀kəl, -kl | tɔ́pɪ-/ *adj.* **1** 時事問題の: a ~ allusion 時事問題への言及 / a ~ song 時事を歌った歌. **2** 話題の, 主題の; 項目の: a synopsis in ~ form 項目式の摘要書. **3** 原則的な, 総論的な. **4** 場所の, 土地の (local). **5** 〖医学〗局所(性)の (local): a ~ remedy 局所療法. — *n.* 〖郵趣〗 **a** (動物・花・船などの)テーマによって図案をつけた切手. **b** トピカル《収集方法の一つ; 花・鳥などの図案別, 発行別, 目的別に集める方法とテーマを立てて集める方法がある; cf. thematics》. 《《短縮》← *topical collecting*》 **~·ly** *adv.* 〖《1588》← Gk *topikós* (↑)+-AL¹〗

top·i·cal·i·ty /tὰ(ː)pɪ̀kǽlə̀ti | tɔ̀pɪkǽlɪ̀ti/ *n.* **1 a** 話題性 時事性: gain [lose] ~ 話題となる[忘れられる]. **b** [通例 *pl.*] 単なる時事的話題. **2** 主題別配列. 〖1904〗

top·ic·al·ize /tά(ː)pɪ̀kəlàɪz | tɔ́pɪ-/ *n.* 〖言語〗話題化する. **top·i·cal·iz·a·tion** /tὰ(ː)pɪ̀kəlɪ̀zéɪʃən | tɔ̀pɪkəlaɪ-, -lɪ-/ *n.* 〖1970〗

tópic [tópical] séntence *n.* (通例節・章の初めの)要旨説明文, 主題文. 〖1885〗

Top·ká·pi Pálace Muséum /tɑ(ː)pkάːpiː- | tɔp-/ *n.* [the ~] トプカプ宮殿博物館《トルコの Istanbul にある国立博物館; 歴代のオスマン帝国スルタンの宮殿を博物館としたもの》.

tóp·kìck *n.* 《軍俗》=first sergeant.

tóp·knòt *n.* **1 a** (上部に突き出た)房, 束; (鳥の)冠毛. **b** トップノット《髪をよじって結び目などにし, 頭の上にしつらえたもの》. **c** まげ, ちょんまげ. **2** (リボン・レース・花などでつくった)髪飾り; 帽子の飾り. **3** 《口語》頭 (head). **4** 〖魚類〗ヒラメ科の一種 (*Zeugopterus punctatus*). 〖*c*1686–88〗

tóp-lántern *n.* 〖海事〗檣楼(しょうろう)灯《旗艦の檣楼の後部に取り付けた信号灯》.

top·less /tά(ː)plə̀s | tɔ́p-/ *adj.* **1 a** 〈衣服が〉トップレスの, (上下そろいの)上がない, 乳房を覆うものがない (cf. top¹ *n.* 13): a ~ bathing suit トップレス水着. **b** 〈女性が〉トップレスの衣服を着た: a ~ waitress. **c** トップレスのウェイトレス[ダンサーなど]を雇っている[呼び物にしている] (cf. bottomless 4): a ~ bar, restaurant, etc. **2** 《古》頂の見えない, 非常に高い, 際限のない (unbounded): a ~ tower. **3** 《Shak》並ぶもののなき, 無類[無比]の: Thy ~ deputation あなたの並ぶものなき地位 (*Troilus* 1. 3. 152). — *n.* **1** トップレスのドレス[水着]. **2 a** トップレスのウェイトレス[ダンサーなど]. **b** トップレスのウェイトレス[ダンサーなど]が呼び物のバー[レストラン, ナイトクラブなど]. **~·ness** *n.* 〖1589〗

top-lev·el /tά(ː)plévəl, -vl | tɔ́p-⁻/ *adj.* 《口語》首脳の, 最高の, 最重要の: a ~ conference 首脳会議 / ~ news 最重要ニュース. 〖1951〗

tóp líft *n.* 化粧革《靴のかかとの地面にふれる革またはゴム; 摩擦を防ぐために取り付ける; ⇨ shoe 挿絵》.

tóp líght *n.* 〖建築〗トップライト, 天窓採光.

tóp-líne *adj.* =top-level.

tóp·líner *n.* 《英》=headliner 2.

top·loft·i·cal /tɑ(ː)plɔ́(ː)ftɪ̀kəl, -lά(ː)ft-, -kl | tɔp-lɔ́ftɪ-/ *adj.* =toplofty.

tóp·lófty *adj.* 《口語》高慢な, 威張る, もったいぶる: her obnoxious, ~ airs 彼女のいやにお高くとまった様子. **tóp·lóftily** *adv.* **tóp·lóftiness** *n.* 〖1823〗

tóp·man /-mən/ *n.* (*pl.* **-man** /-mən, -mèn/) **1** =top sawyer 1. **2** 〖海事〗檣楼(しょうろう)員《マストの途中にある檣楼での見張り員》. 〖《1513》← TOP¹+MAN〗

tóp mánagement *n.* 〖経営〗(企業の)最高管理[職能]; 経営者, 経営層, 最高経営層《社長・重役など; senior management ともいう; cf. middle management, lower management》.

tóp márgin *n.* 〖印刷〗天 (head).

top·mast /tά(ː)pmæ̀st | tɔ́pmὰːst/ ★〖海事〗の発音は /-məst/. *n.* 〖海事〗トップマスト, 中檣(しょう)《継ぎ足しマストにおいて下から 2 番目のマストで, lower mast の上につける; cf. topgallant 1, royal mast》. 〖《1485》← TOP¹+MAST¹〗

tóp mílk *n.* 〖畜産〗容器に放置されたミルクの上層部《脂肪分が浮いて濃くなっている》. 〖1891〗

tóp·mìnnow *n.* (*pl.* **~s**, ~) 〖魚類〗 **1** キプリノドント科フンドゥルス属 (*Fundulus*) の魚類の総称 (*F. albolineatus, F. chrysotus* など). **2** カダヤシ科の魚の一種 (*Poeciliopsis occidentalis*). 〖《1884》水面を泳ぐ習慣にちなむ〗

top·most /tά(ː)pmòust | tɔ́pmə̀ust/ *adj.* 一番上の, 一番高い, 最高の (uppermost): the ~ branches of an elm にれの木の一番高い枝. 〖《1697》← TOP¹+-MOST〗

tóp-nàme *adj.* 《口語》特に有名な.

tóp·nótch *n.* 《口語》最高度: a machine in the ~ of perfection 最高に完璧(かんぺき)な機械. 〖1848〗

tóp-nótch *adj.* 《口語》一流の, 最高の (first-rate): the ~ efficiency 最高能率. **tóp·nótch·er** *n.* 〖1900〗

tóp nóte *n.* **1** 〖音楽〗(一楽曲または一人の歌手の声域における)最高音, トップノート. **2** (香水の)トップノート《直接かいだ時にすぐに感知される主要な香り》. 〖1896〗

top·o /tά(ː)pou | tɔ́pəu/ *n.* **1** 〖登山〗トポ《登山ルートなどが示された図・写真》. **2** =topography. 〖1: 《1970》 《略》← *topographic map*〗

top·o- /tά(ː)pou | tɔ́pəu/ 「場所 (place)」の意の連結形: *topo*graphy. ★母音の前では通例 top- になる. 〖← Gk *tópos* place〗

top·o·cen·tric /tὰ(ː)pouséntrɪk | tɔ̀pə(ʊ)-⁻/ *adj.* 〖地理〗地球の表面の特定の地点の[から測定した] (cf. geocentric 2). 〖《1942》← TOPO-+CENTRIC〗

tóp-of-the-ránge *adj.* 《口語》(同種製品の中で)最高品質の.

topog. 《略》 topographical; topography.

top·o·graph /tά(ː)pəgræ̀f | tɔ́pə(ʊ)gràːf, -græ̀f/ *n.* (物の)表面の詳細な写真. 〖《1833》《逆成》← TOPOGRAPHY〗

to·pog·ra·pher /təpά(ː)grəfə | təpɔ́grəfəʳ, tɔ-/ *n.* **1** 地誌作者, 風土記作者. **2** 地形学者, 地誌学者. 〖《1603》← Gk *topográphos* (← *topográphein* to describe a place)+-ER¹〗

top·o·graph·ic /tὰ(ː)pəgrǽfɪk | tɔ̀pə(ʊ)-⁻/ *adj.* **1** =topographical. **2** 〖解剖〗局所の[に関する], 局在(性)の: ~ anatomy [diagnosis] 局所解剖学[診断]. 〖《1632》□ Gk *topographikós* ← *topographía*: ⇨ topography, -ic¹〗

top·o·graph·i·cal /tὰ(ː)pəgrǽfɪ̀kəl, -kl | tɔ̀pə(ʊ)-grǽfɪ-⁻/ *adj.* 地誌の; 地形[地勢]上の. **~·ly** *adv.* 〖《1570–76》: ⇨ ↑, -ical〗

tópographic máp *n.* 地形図.

to·póg·ra·phist /-fɪ̀st | -fɪst/ *n.* =topographer.

to·pog·ra·phy /təpά(ː)grəfi | təpɔ́g-, tɔ-/ *n.* **1** 地勢, 地形 (configuration); 地勢図; 地形測量. **2** (一地方の)全体的な特徴. **3** (品物などの)地方分布状態; その研究. **4** 〖解剖・動物〗局所解剖学 (topographic anatomy); 局在論. **5** 《廃》地誌《一地方の詳細な描写》.

〖(?a1425) ◻ LL *topographia* ◻ Gk *topographía*: ⇨ topo-, -graphy〗
topoi *n.* topos の複数形.
top·o·log·i·cal /tὰ(ː)pəlá(ː)dʒɪ̀kəl, -kḷ | tɔ̀pəlɔ́dʒɪ-ˊ/ *adj.* **1** 地勢学の; 風土誌研究の. **2** 位相幾何学の. **3** トポロギー心理学(上)の. **~·ly** *adv.* 〖1715〗
topológical equívalence *n.* 〖数学〗位相同型《2つの位相空間の間に位相写像があること》.
tópological gróup *n.* 〖数学〗位相群《位相の定義された群で, 演算がその位相に関して連続であるようなもの》. 〖1946〗
topológical inváriant *n.* 〖数学〗位相不変量《位相写像で不変に保たれていく量》.
topológically equívalent *adj.* 〖結晶・数学〗= homeomorphic.
tópological máp *n.* 図式化した地図《地下鉄路線図のように位置関係を示すが距離などは正確でない》.
topológical psychólogy *n.* 〖心理〗トポロギー心理学《行動を規定する諸条件を扱うのにトポロギー幾何学の概念を用いる心理学》.
tópological spáce *n.* 〖数学〗位相空間《位相の定められている空間》. 〖1926〗
topológical transformátion *n.* 〖数学〗= homeomorphism 2.
to·pol·o·gy /təpá(ː)lədʒi | təpɔ́l-, tɔ-/ *n.* **1 a** 地勢学. **b** 風土誌研究. **2** 〖数学〗 **a** トポロジー, 位相幾何学《位相写像によって不変な性質を研究する数学の分科》. **b** 位相空間論《位相空間の性質を研究する数学の分科; general topology ともいう》. **c** 位相《集合の部分集合族で, 任意個数の集合の和集合を作る操作と, 有限個数の集合の共通部分を作る操作について完結しているようなもの; その要素を開集合という》. **3** 形態 (configuration). **4** 〖心理〗= topological psychology. **5** 〖解剖・動物〗局所解剖学. **6** 〖電算〗トポロジー《ネットワーク上の要素の接続配置》. **to·pól·o·gist** /-dʒɪ̀st | -dʒɪst/ *n.*
top·o·log·ic /tὰ(ː)pəlá(ː)dʒɪk | tɔ̀pəlɔ́dʒ-ˊ/ *adj.* 〖(1659) ← TOPO-+-LOGY〗
tóp ónion *n.* 〖植物〗トップオニオン (*Allium cepa* var. *viviparum*)《タマネギの変種; 花に似た房状の球根がつく; tree onion ともいう》.
to·pon·o·my /təpá(ː)nəmi, tou- | təpɔ́n-, tə-/ *n.* = toponymy. 〖← TOPO-+-NOMY〗
top·o·nym /tá(ː)pənɪm | tɔ́p-/ *n.* **1** 地名 (place-name). **2** 地名に由来する名. 〖(1891)《逆成》↓〗
to·pon·y·my /təpá(ː)nəmi, tou- | təpɔ́nɪ̀-, tə-/ *n.* **1** 地名研究, 地名学《onomastics の一分野; cf. anthroponymy》. **2** 《まれ》〖解剖〗(体の)局所[部分]名, 局所命名法. **top·o·nym·ic** /tὰ(ː)pənímɪk | tɔ̀p-ˊ/ *adj.* **tòp·o·ným·i·cal** /-mɪ̀kəl, -kḷ | -mɪ-ˊ/ *adj.* 〖(1876) ← TOPO-+-ONYMY〗
to·pos /tóupɑ(ː)s, tá(ː)p- | tɔ́pɔs/ *n.* (*pl.* **to·poi** /-pɔɪ/) (文学・修辞法などにおける)トポス, 定型化した主題[概念], 常套的表現. 〖(1936) ◻ Gk *tópos* place: cf. topic〗
top·o·type /tá(ː)pətàɪp | tɔ́pə-/ *n.* 〖生物〗同地基準標本, 模式産地標本. 〖(1893) ← TOPO-+-TYPE〗
topped *adj.* [通例複合語の第2構成素として] (…の)頂で覆われた, 表面[ふた]の付いた: snow-*topped* mountains 雪をいただいた山 / a glass-*topped* table 上面がガラスになっているテーブル. 〖c1450〗
tópped crúde *n.* 〖化学〗トップトクルード, 抜頭原油《蒸留などにより原油から軽質部分を取り去った残り》.
tóp·per *n.* **1** 上部の物, 上層. **2** (箱詰めの野菜・果物などの)上積み. **3** 石垣の上部の大石. **4** 《口語》= top hat. **5** 《口語》 **a** (女性がスーツなどの上に羽織る軽いゆるやかな)ジャケット, トッパー. **b** = topcoat. **6 a** 《口語》(冗談などの)秀逸, 無類の傑作. **b** 《戯言》頭 (pate). **7** 《英口語》とてもいい人[もの]. **7** 〖化学〗常圧蒸留装置《原油を常圧下で蒸留し, ガソリンから重油までの成分に分ける装置》. 〖(1688) ← TOP¹+-ER¹〗
top·pie /tá(ː)pi | tɔ́pi/ *n.* 《南ア》 **1** 《口語》中年[初老]の男, おっさん, おやじ. **2** 〖鳥類〗頭部の黒いアフリカ産のヒヨドリ《アフリカヒヨドリ (*Pycnonotus barbatus*) またはメジロアフリカヒヨドリ (*P. capensis*)》. 〖1: (1963) ← ? Bantu (Zulu) *thopi* (まばらに生えることを示す表意音) // ◻ Bantu (Nguni) ~ ← Hindi *ṭopī* hat. 2: (1899) ← *topknot*《南ア》toppie〗
top·ping /tá(ː)pɪŋ | tɔ́p-/ *n.* **1 a** 上部を取り除くこと. **b** 〖化学〗トッピング《原油からガソリン・灯油など軽質留分を蒸留によって分ける操作》. **2** [*pl.*] 上部から取り除かれたもの《刈り取った木の枝など》. **3 a** (物の)上端, 上部, 頂, てっぺん. **b** 《戯言》頭 (pate). **4 a** 〖料理〗トッピング《仕上げとして料理やケーキの上に載せる[飾る]ソース・パン粉・クリームなど》. **b** 頂部の飾り; 冠毛. **c** (コンクリートの)上塗り, 表層. **5** 〖釣〗毛針の上部につける鮮やかな色の羽毛. — *adj.* **1** 《英俗・まれ》すてきな, とてもよい: a ~ dinner すばらしいごちそう / a ~ fellow 実にいい男. **2** (地位・階級・程度などが)最高の, 最上の. **3** 《ニューイングランド》尊大な, 高慢な (proud). **~·ly** *adv.* 〖(n.: ?c1390; adj.: 1681) ← TOP¹+-ING¹·²〗
tópping líft *n.* 〖海事〗(帆桁(ほげた)やブームの)吊り綱《単に lift ともいう》.
tóp pláte *n.* 〖建築〗鼻母屋, 端母屋(はなもや) (⇨ beam 挿絵).
top·ple /tá(ː)pḷ | tɔ́pḷ/ *vi.* **1** 〈高い物が〉よろめく, ぐらつく (totter); 倒れる: The chimney ~*d* onto the roof. 煙突が屋根の上に倒れた. **2** 倒れそうに前に傾く. — *vt.* **1** ぐらつかせる, 倒す. **2** (高い地位から)追放する; 〈国家を〉転覆させる: ~ the military regime 軍事政権を転覆させる. ***tópple dówn*** 倒れくずれる, 崩壊する; 崩壊させる. ***tópple óver*** ぐらぐらと倒れる, 転倒する; 倒す.
— *n.* 《まれ》よろめくこと (toppling). 〖(1542)《freq.》← TOP¹ (v.): ⇨ -le³〗
tóp-próud *adj.* 《Shak》実に傲慢な (cf. *Hen VIII* 1. 1. 151). 〖1612–13〗
tóp ráke *n.* 〖機械〗前すくい角《切削工具の切りくずをすくい取る面と切削される素材表面の法線とが作る角》.
tóp-ránking *adj.* 最高位の: a ~ diplomat.
tóp-ráted *adj.* 《口語》一番人気のある; 最高の.
tóp-ròpe *vt.* 〈ルートを〉トップロープを用いて登る, トップロープで登る.
tóp ròpe *n.* 〖登山〗トップロープ《登攀(とうはん)を助けるために上部の支点から垂らすロープ》.
tóp róund *n.* (牛の)もも肉 (round) の内側の部分 (cf. bottom round). 〖1903〗
tóp-rúng *adj.* 最高の, 一流の: a ~ economist.
tops /tá(ː)ps | tɔ́ps/ *adj.* [叙述的] 最高の, 一流[一級]の. — *n.* [the ~] 最高の人[物]. 〖(1935): ⇨ -s¹〗
TOPS /tá(ː)ps | tɔ́ps/ *n.* 〖宇宙〗熱電気を用いた外惑星探査機. 〖《頭字語》← *t*(*hermoelectric*) *o*(*uter*) *p*(*lanet*) *s*(*pacecraft*)〗
TOPS /tá(ː)ps | tɔ́ps/ 《略》Training Opportunities Scheme.
top·sail /tá(ː)psèɪl | tɔ́p-/ ★〖海事〗の発音は /-səl, -sḷ/. *n.* 〖海事〗中檣(ちゅうしょう)帆, トップスル: the fore lower [upper] ~ 前檣の下段[上段]トップスル / the main [mizzen] lower ~ 大[後]檣の下段トップスル / the club ~ クラブトップスル《すそがクラブに取り付けてある競漕(きょうそう)艇などのトップスル》. 〖(1390) ← TOP¹+SAIL〗
tópsail schòoner *n.* 〖海事〗トップスルスクーナー《前檣(ぜんしょう)縦帆の上に2枚の横帆のあるスクーナー》. 〖1867〗
tóp sáwyer *n.* **1** 上びき人《上下二人で大のこぎりで材木をひく場合木びき穴の上にいる人; ↔ bottom sawyer》. **2** 《英口語》(地位が)上の人, 上役. 〖1823〗
tóp-sécret *adj.* **1** 極秘の: ~ documents 極秘文書 / a ~ mission 極秘任務. **2** 〖政治・軍事〗機密の, 最高機密の, 国家機密の. — *n.* 〖政治・軍事〗(文書・情報の重要度の段階としての)機密 (cf. classification 1 d). 〖1944〗
tóp sérgeant *n.* 《口語》〖軍事〗曹長 (first sergeant). 〖1898〗
tóp-shàped *adj.* こま型の. 〖(1776): ⇨ top²〗
tóp shèll *n.* 〖貝類〗 **1** ニシキウズガイ科の巻貝の総称《ニシキウズガイ (*Trochus maculatus*) など》. **2** = turban shell. 〖(c1711) ← TOP²〗
tóp·sìde *n.* **1** 上側 (upper side). **2** [通例 *pl.*] 〖海事〗乾舷(かんげん)《喫水線以上の船側》; (特に)乾舷の上部; (軍艦の)上甲板. **3** 《英》牛肉の尻のロース《米国でいう rump roast にほぼ相当; cf. silverside》. **4** 《英・NZ》牛のもも肉の上部(外側部). **5** 上層幹部, 指導層, 最高権威. **6** 電離層の上部. **7** 〖製紙〗= felt side. — *adj.* [限定的] 上側[乾舷]の[にある]. — *adv.* **1** 上甲板に. **2** 高い場所に; 地上に. **3** 権威ある地位に, 高い地位に. 〖1677〗
tóp·sìd·er /-də | -dəʳ/ *n.* トップクラスの人.
Top-Si·der /tá(ː)psàɪdə | tɔ́psàɪdəʳ/ *n.* 〖商標〗トップサイダー《米国製の柔らかい革またはズック製の靴; かかとが低く, 柔らかいゴム底になっている》.
tóp·sìdes *adv.* = topside 1.
tóp slíce *n.* 〖鉱山〗トップスライス《トップスライシング採掘法 (top slicing) における鉱体の最上部の部分; 崩壊した岩石や杭木がその上に乗っている》.
tóp slícing *n.* 〖鉱山〗トップスライシング《比較的軟弱な鉱体に対して行われる採掘法; 厚い鉱石の層を水平に上から下へ順次採掘していく方法》.
tóps·man /-mən/ *n.* (*pl.* **-men** /-mən, -mèn/) 《英俗》= hangman 1. 〖(1825) ← TOP¹+-s²+MAN〗
tóp smélt *n.* (*pl.* ~s, ~) 〖魚類〗(北米太平洋岸の)トウゴロウイワシ科の食用魚 (*Atherinops affinis*). 〖← TOP¹+SMELT³〗
tóp·sòil *n.* 表土《土壌の表面または上部; cf. solum》. — *vt.* **1** 〈地面を〉表土で覆う. **2** (地面から)表土を除去する. 〖1836〗
tóp spín *n.* トップスピン《テニスなどで球が飛球方向に順回転しつつ進むように球の上半分をたたいて与えるスピン》. 〖1902〗
tóp·stìtch *vt.* 〖服飾〗〈襟(えり)・袖口・前たてなど(のふち)〉に(表から)飾りステッチ[トップステッチ]をかける. 〖1934〗
tóp·stòne *n.* 〖建築〗= capstone 1.
top·sy·tur·vi·fy /tá(ː)psitə́ːvəfàɪ | tɔ̀psitə́ːvɪ̀-/ *vt.* = topsy-turvy. **top·sy·tur·vi·fi·ca·tion** /tá(ː)psitə̀ːvəfɪkéɪʃən | tɔ̀psitə̀ːvɪ̀fɪ-/ *n.*
top·sy·tur·vy /tá(ː)psitə́ːvi | tɔ̀psitə́ːvi-ˊ/ *adv.* **1** (まっ)さかさまに (upside down): walk ~ on the ceiling さかさまになって天井を歩く. **2** (順を)逆に, あべこべに; めちゃくちゃに: Everything turned [went] ~. 万事めちゃくちゃになった. — *adj.* **1** さかさまの (upset). **2** あべこべの, 逆の (inverted); めちゃくちゃの (confused): be ~ / a ~ stock market 混乱状態の株式市場. — *n.* あべこべ, さかさま; めちゃくちゃ, 混乱. — *vt.* 〈…を〉さかさまに, めちゃくちゃにする. **tóp·sy·túr·vi·ly** /-vɪ̀li/ *adv.* **tóp·sy·túr·vi·ness** *n.* 〖(1528) ← *topsy* (← TOP¹+-SY)+*turvy* (← ME *terve*(*n*) to overturn+-Y⁴)〗
tóp·sy-túr·vy·dom /-dəm/ *n.* **1** = topsy-turvy. **2** (物事が)あべこべ[さかさま]の世界.
tóp táble *n.* 《英》= head table. 〖1964〗
Tóp Tén *n.* [the ~] 《英》トップテン《レコード[CD]の一定期間の売り上げ上位10作品》.
tóp-tìmber *n.* 〖海事〗(木船の)頂部肋材.
top-up /tá(ː)pʌ̀p, ˌ-ˊ | tɔ́pʌ̀p, ˌ-ˊ/ *n.* 《英》(飲み物の)お代わり: Are you ready for a ~? お代わりはいかがですか.
— *adj.* 上積みの, 付加の: ~ benefits (年金などの)付加給付. 〖1967〗
tóp wáter plùg *n.* 〖釣〗トップウォーター プラグ《水面に浮かぶルアー》.
tóp·wèight *n.* 〖競馬〗最高負担重量(の馬). 〖1892〗
tóp·wòrk *vt.* 〖園芸〗高接ぎする《成長した大きな樹木の枝に穂木を接ぐ; cf. framework》. 〖1882〗
tóp·wòrking *n.* 〖園芸〗高接ぎ法 (cf. crown graft, root graft).
-to·py /(母音の後) ˌ-təpi | -tə-; (子音の後) təpi/「位置 (position), 場所 (location)」の意の連結形: hetero*topy*. 〖← NL *topia* ← Gk *tópos* place〗
tóp yèast *n.* 上面酵母, 上層酵母.
toque /tóuk | tóuk; F. tɔk/ *n.* **1** トーク: **a** つばが狭くクラウンにひだをよせたベルベットなどの帽子; 16世紀に男女が用いた. **b** つばのない頭にきっちりついた婦人用帽子. **c** 《カナダ》房飾りやポンポンのついたぴったりした帽子. **d** = toque blanche. **2** = tuque. **3** 〖動物〗= bonnet monkey. 〖(1505) ◻ F ~ 'hat, bonnet' ◻ Sp. *toca* kerchief ◻ Arab. *ṭāqīyaʰ* skull cap〗

toques

1 a　　1 b

tóque blánche /-bláːnʃ; F. -blɑ̃ːʃ/ *n.* (*pl.* **toques blanches**) 料理長がかぶる円筒形の白い帽子. 〖(1966): *blanche*: ◻ F ~ (fem.) ← *blanc* white: ⇨ blank〗
to·qui·lla /toukíːjə | tə(u)-; *Am.Sp.* tokíja/ *n.* **1** 〖植物〗= jipijapa 1. **2** パナマソウの葉の繊維《丈夫で柔軟性に富みパナマ帽などに用いられる》. 〖(1877) ◻ Sp. ~ (dim.) ← *toca* 'TOQUE'〗
tor /tɔ́ə | tɔ́ːʳ/ *n.* (小高い)岩山; 岩山の山頂. ★ 特にイングランド Devon の高原地帯を tors という. 〖OE *torr* ← Celt. (cf. Gael. *tòrr* bulging hill / Welsh *tor* protuberance) // ◻ L *turris* 'TOWER'〗
-tor /(母音の後) tə, (子音の後) tə | təʳ/ *suf.* (ラテン語動詞の過去分詞が t に終わる時の) -or² の異形 (cf. -tress, -trix): *actor, distributor*. 〖◻ L ~ ← *-tus* (p.p. suf.)+-OR²: cog. Gk *-tōr, -tēr*〗
To·rah /tɔ́ːrə, tɔːráː, tóurə | tɔ́ːrə, tɔ́urə; *Heb.* torá/ *n.* (*pl.* **To·roth** /tɔuróut, -róuθ, -róus | tɔuráut, -ráuθ, -ráus/, **-rot**, ~s) (*also* **To·ra** /~/) [the ~] **1** 〖ユダヤ教〗トーラー, 律法 (the Law)《成文律法と口伝律法の総称》. **2** 〖聖書〗 **a** モーセの五書 (the Pentateuch)《旧約聖書の第一部》. ★ ユダヤ人は旧約聖書を「律法 (Torah, the Law)」,「預言書 (Nebiim, the Prophets)」およびその他の「諸書 (Ketubim, the Writings)」に三分した. **b** 旧約聖書 (the Old Testament). 〖(1577) ◻ Heb. *tōrāʰ*《原義》instruction, law ← *hōrāʰ* to teach, direct〗
to·ral /tɔ́ːrəl/ *adj.* 〖植物〗花托(かたく) (torus) の. 〖← TORUS+-AL¹〗
to·ran /tɔ́ːrən/ *n.* 〖建築〗(インドなどのやや鳥居に似た)寺門. 〖(1886) ◻ Skt *toraṇa* arched portal〗
to·ra·na /tɔ́ːrənə/ *n.* 〖建築〗= toran.
Tor·bay /tɔ̀əbéɪ | tɔː-ˊ/ *n.* **1** トーベイ《イングランド南部 Tor Bay に臨む都市; Torquay, Paignton, Brixham が 1968年に合併してできた; 観光地》. **2** トーベイ(湾)《イングランド南西部, Torquay 近くの入江; Tor Bay とも綴る》.
tor·bern·ite /tɔ́əbənàɪt | tɔ́ːbə-/ *n.* 〖鉱物〗 **1** 銅ウラン鉱 ($Cu(UO_2)_2P_2O_{12}\cdot12H_2O$)《ウラニウム原鉱》. **2** 燭炭(しょくたん) (cannel coal). 〖◻ G *Torbernit* ← *Torbern O. Bergman* (1735–84: スウェーデンの化学者): ⇨ -ite¹〗
torc /tɔ́ək | tɔ́ːk/ *n.* = torque 1.
torch¹ /tɔ́ətʃ | tɔ́ːtʃ/ *n.* **1** 《英》(棒型)懐中電灯 (《米》flashlight): an electric ~ 懐中電灯. **2** トーチ, 聖火, たいまつ: kindle a ~ トーチに火をつける / carry the Olympic ~ オリンピックの聖火を運ぶ / the inverted ~ 逆たいまつ《絶命・死の象徴; ギリシャの死の神 Thanatos のたいまつの持ち方から》. **3** (知識・文化の)光: the ~ of learning [science] 学問[科学]の光. **4** = blowlamp. **5** 《米》放火犯[魔] (cf. arsonist).
cárry a [the] tórch for 《口語》(1) …に愛の灯(ᵒ)を燃やす, にほれている《特に, 片想いの場合をいう》. (2) …を指導[支持]する. (1927) ***hánd ón the tórch*** 知識[文化など]の伝統の火を後世に伝える (hand on the lamp)《古代ギリシャのたいまつリレー競走 (torch race) でたいまつを次の走者に渡したことから》. ***pút to the tórch*** …に火をつける, 放火する.
— *vi.* たいまつのように燃える[燃え上がる]. — *vt.* **1** たいまつで…に火をつける, たいまつの火で焦がす[焼く, 火にかざす]. **2** (夜間)たいまつを使って〈魚を〉取る (cf. torch-fishing). **3** 《口語》…に火をつける《特に放火》.
~·lìke *adj.* 〖(c1250) ◻ (O)F *torche*《原義》anything twisted < VL **torca*(*m*)=L *torqua*《変形》← *torquēs* twisted necklace, wreath ← *torquēre* to twist: cf. torque, torture〗
torch² /tɔ́ətʃ | tɔ́ːtʃ/ *vt.* 〈屋根がわらの継ぎ目を〉しっくいで固定する. 〖(1851) ◻ F *torcher* to plaster with a mixture of clay and chopped straw ← *torche* a twist of straw (↑)〗
tórch·bèarer *n.* **1** たいまつ持ち. **2** 新知識[真理,

T

刺激など)をもたらす人, 啓蒙家. **3** (運動・戦いなどの)リーダー, 指導者. 〖1538〗

tórch·er *n.* 《Shak》(たいまつ持ちのように)光をもたらす者: fiery ~ 燃えるような太陽 (*All's W* 2. 1. 162). 〖(1602–03): ⇨ torch¹, -er¹〗

tor·chère /tɔəʃéə | tɔːʃéə^r; *F.* tɔʀʃɛːʀ/ *n.* (18 世紀に用いられた)丈の高い燭台. 〖(1904) □ F ~: ⇨ torch¹, -er¹〗

tórch-fìshing *n.* (夜間)たいまつを使って魚を取ること.

tor·chier /tɔətʃíə | tɔːtʃíə^r/ *n.* (*also* **tor·chiere** /~/) (間接照明用)たいまつ灯《光を天井方向に向けるため椀(わん)形の反射器を付けた床上灯》. 〖□ F *torchère* small, high candlestick ← OF *torche* 'TORCH¹': ⇨ torchère〗

tórch·lìght *n.* **1** たいまつの明かり: a ~ procession たいまつ行列. **2** たいまつ (torch). 〖*c*1425〗

tórch lìly *n.* 〘植物〙=spear lily.

tor·chon /tɔ́əʃɑ(ː)n | tɔ́ːʃɔn, -ʃɔn; *F.* tɔʀʃɔ̃/ *F. n.* = torchon lace. 〖(1865) □ F ~ 'dishcloth' ← *torche* 'TORCH¹'+-*on* (dim. suf.)〗

tórchon bòard *n.* トーション板紙《トーション紙 (torchon paper) を張った厚紙》.

tórchon láce *n.* **1** トーションレース《ゆるくよった麻糸または綿糸で編んだ目の粗いレース; 端がスカラップ (scallop) になっている》. **2** 機械製の類似品. 〖1865〗

tórchon pàper *n.* トーション紙《水彩画用の表面のざらざらした手すきの紙》.

tórch ràce *n.* (古代ギリシャのある種の祭りで行われた)たいまつ競走《たいまつを次々に渡していくリレー競走; cf. *hand on the* TORCH¹》. 〖1812〗

tórch sìnger *n.* トーチソング歌手. 〖1932〗

tórch sòng *n.* トーチソング《失恋などを扱ったセンチメンタルなブルースソング》. 〖(1927) ← *carry a torch for* (⇨ torch¹ (n.) 成句)〗

tórch·wòod *n.* 〘植物〙 **1** たいまつ用材となる木《樹脂に富んだミカン科の木アミリス (*Amyris balsamifera*) など》. **2** たいまつ用材. 〖1601〗

torch·y /tɔ́ətʃi | tɔ́ː-/ *adj.* (**torch·i·er; -i·est**) トーチソング (torch song) (歌手)の. 〖(1629)》(1941) ← TORCH¹ +-Y⁴〗

Tor·de·sil·las /tɔ̀ədəsíːjəs, -síːljəs | tɔ̀ːdə-; *Sp.* tɔrðesíʎas, -jas/ *n.* トルデシリャス《スペイン北西部の町; スペインとポルトガルの海外領土分割を規定した条約(1494) を結んだ地》.

tore¹ /tɔ́ə | tɔ́ː^r/ *v.* tear¹ の過去形. 〖OE *tær* (pret.) ← *teran* 'to TEAR¹'〗

tore² /tɔ́ə | tɔ́ː^r/ *n.* **1** 〘建築〙=torus 1. **2** 〘数学〙= torus 4. 〖□ F ~ // L *torus* 'TORUS'〗

tor·e·a·dor /tɔ́(ː)riədɔ̀ə | tɔ́riədɔ̀ː^r; *Sp.* toreaðór/ *n.* (騎馬)闘牛士 (cf. torero, picador). 〖(1618) □ Sp. ~ ← *torear* to fight bulls in the ring ← *toro* bull < L *taurum*: cf. Taurus〗

tóreador pànts *n. pl.* トレアドルパンツ《闘牛士のはくような先細の膝下丈の女性用のスポーツズボン》. 〖1956〗

To·rel·li /tɔːréli | tɔr-; *It.* torélli/, **Giuseppe** *n.* トレッリ《1658–1709; イタリアのバイオリン奏者・作曲家》.

to·re·ro /tɔré(ə)rou | -réərəu; *Sp.* toréro/ *n.* (*pl.* **~s** /~z; *Sp.* ~s/) (徒歩)闘牛士 (cf. toreador). 〖(1728) □ Sp. ~ 'bullfighter' ← (adj.) ← *toro* bull: toreador〗

to·reu·tic /tərúːtɪk | -tɪk/ *adj.* 金属細工の. 〖(1837) □ Gk *toreutikós* ← *toreúein* to work in relief ← *toreús* boring instrument〗

to·reu·tics /tərúːtɪks | -tɪks/ *n.* 彫金, 金属細工. 〖(1847): ⇨ ↑, -ics〗

tor·goch /tɔ́əgouk, -goux | tɔ́ːgɔk, -gɔx/ *n.* 〘魚類〙英国ウェールズの湖にすむサケ科イワナ属 (*Salvelinus*) の腹の赤い魚の総称; (特に)アルプスイワナ (arctic char). 〖(1611) □ Welsh ~ ← *tor* belly+*coch* red (□ L *coccum* kermes berry, scarlet □ Gk *kókkos* grain)〗

tori *n.* torus の複数形.

to·ric /tɔ́ːrɪk | tɔ́r-/ *adj.* **1** (乱視矯正めがね用)円環体[トリック]レンズの. **2** (まれ) 〘数学〙トーラスの, 円環面[体]の. 〖(1890) ← TOR(US)+-IC¹〗

tóric léns *n.* 円環体[トリック]レンズ《屈折面として円環面 (torus) をもつ乱視矯正用めがねレンズ》.

To·ri·fy /tɔ́ːrəfàɪ | tɔ́ːrɪ-/ *vt.* =Toryfy.

to·ri·i /tɔ́ːriìː/ *n.* (*pl.* ~) 鳥居. 〖(1727) □ Jpn.〗

to·rín·go cráb àpple /tərínɡou- | -gəu-/ *n.* 〘植物〙ズミ, ヒメカイドウ, コリンゴ (*Malus sieboldii*)《日本原産のバラ科の落葉樹; 花はつぼみの時は紅色で開けば白色となる》. 〖*toringo*: ← NL ~ ← Jpn. (?豆林檎)〗

To·ri·no /*It.* toríːno/ *n.* トリノ (Turin のイタリア語名).

tor·ment /tɔ́əmɛnt | tɔ́ː-/ *n.* **1** (肉体的・精神的な)苦痛, 激痛, 苦悩 (pain, agony): the ~*s* of the damned 地獄に落ちた者の苦しみ / He was in ~. 彼は苦悩していた. **2** うるさいもの[人, 事], 厄介物, 苦の種: His undutiful sons are the ~ of his life. 親不孝な息子たちが彼の生涯の悩みだ / The child is a positive ~. 《口語》あの子のうるさいったらない. **3** 《古》拷問; 拷問の苦痛; 拷問台, 責道具. — /tɔəmέnt, ⌐⌐ | tɔːmέnt/ *vt.* **1** うるさがらせる, 悩ます, 困らす, いじめる (annoy) 〈*with*〉 (⇨ bait¹ SYN): ~ a person *with* questions 人を質問責めにする / be ~*ed with* suspense 気掛りで悩む / His conscience ~*ed* him to death. 死ぬほど良心に責めさいなまれた. **2** 〈病気などが〉〈人〉に激痛[苦痛]を与える, 苦しめる (pain): be ~*ed* by [with] toothache [neuralgia] 歯痛[神経痛]に悩まされる. **3** (まれ) 責める, 拷問にかける (torture). **4** 〈水・空気などを〉かき乱す. **5** …の意味を曲げて解釈する, 曲解する (distort). **tor·mént·ed** /-tɪ̣d | -tɪd/ *adj.* **tor·mént·ed·ly** *adv.* 〖(*c*1300) *tormente(n)* □ (O)F *tormenter* (F *tourmenter*) ← *tourment* torment < L *tormentum* windlass, torture, pain ← *torquēre* to twist: cf. torture〗

SYN 苦しめる: **torment** 苦痛や苦労を与えて苦しめる: *torment* a person with questions 人を質問で苦しめる. **torture** 激しい肉体的または精神的な苦痛を与える: He was *tortured* by a sense of failure. 挫折感にさいなまれた. **rack** いてもたってもいられないような肉体的または精神的な苦痛を与える: He was *racked* with toothache. 激しい歯痛に苦しんだ. **ANT** comfort.

---

tor·mént·er /-tə | -tə^r/ *n.* =tormentor.

tor·men·til /tɔ́əməntɪl | tɔ́ː-/ *n.* 〘植物〙ヨーロッパ産バラ科キジムシロ属の植物 (*Potentilla tormentilla*)《根にタンニンを含む; 薬用・染料・皮なめし用; septfoil, bloodroot ともいう》. 〖(?*c*1450) *tormentille* □ (O)F □ ML *tormentilla* (dim.) ← L *tormentum* 'TORMENT': 苦痛を和らげるのに用いられたことから〗

tor·mént·ing /-tɪŋ | -tɪŋ/ *adj.* 苦しめる, 悩ます, 厄介な, うるさい. **~·ly** *adv.* **~·ness** *n.* 〖(1592–93): ⇨ torment, -ing²〗

tor·mén·tor /-tə | -tə^r/ *n.* **1 a** 苦しめる者[物], 悩ます物. **b** 《古》拷問者. **2** 〘演劇〙舞台の両脇にある作りつけのまたは幕の書割り. **3** 〘映画〙(トーキー撮影の時の)反響防止用スクリーン. **4** (車輪付きの)砕土機. **5** 長い肉フォーク《船のコックが使う》. 〖(*c*1300) □ AF *tormentour* =OF *tormenteur* ← *tormenter* 'to TORMENT': ⇨ -or²〗

tor·men·tress /tɔəméntrɪ̣s, ⌐⌐⌐ | tɔːméntrɪs, -trɛs/ *n.* 女性の tormentor 1. 〖(15C) □ AF *tormenteresse*: ⇨ ↑, -ess¹〗

tor·mi·na /tɔ́əmənə | tɔ́ːmɪ-/ *n. pl.* 〘病理〙(激しい)腹痛, 疝痛(せんつう) (colic, gripes). 〖(1656) □ L ~ 'griper, griping of the bowels' (pl.) ← **tormen*=**torqmen* ← *torquēre* to twist〗

torn /tɔ́ən | tɔ́ːn/ *v.* tear¹ の過去分詞. — *adj.* **1** 割れた, 裂けた, 分裂した. **2** どちらを選ぶべきか決めかねた. 〖OE (*ge*)*toren* (p.p.) ← *teran* 'to TEAR¹'〗

tor·na·dic /tɔənéɪdɪk, -nǽd- | tɔːnéɪdɪk, -nǽd-/ *adj.* たつまきの, 旋風性の. 〖(1884): ⇨ ↓, -ic¹〗

tor·na·do /tɔənéɪdou | tɔːnéɪdəu/ *n.* (*pl.* **~es, ~s**) **1** 〘気象〙 **a** トルネード《4 月から 6 月の間に米国 Mississippi 川流域地方に起こる暴風雨で, 通例漏斗状の雲を伴い風勢猛烈きわめて恐ろしい破壊力を有する; cf. cyclone 1, hurricane 1, 《口語》twister》. **b** トルネード《アフリカ西部で雨季の初めおよび終わりごろに起こる旋風を伴った雷雨》. **c** 大旋風, 大暴風雨. **d** 《古》熱帯地方の雷雨. **2 a** (喝采(かっさい)・非難・弾丸などの)あらし (outburst, volley). **b** (破壊的なほどに)活発な人[物]. **~·like** *adj.* 〖(1556) □ Sp. ~ (混成) ← *tornado* ((p.p.) ← *tornar* to turn < L *tornāre* to turn in a lathe)+*tronada* thunderstorm (← *tronar* to thunder < L *tonāre*)〗

tornádo bèlt *n.* 竜巻地帯《米国 Missouri 州南部を中心として半径約 800 km の竜巻頻発地域》.

tornádo clòud *n.* 〘気象〙竜巻雲 (⇨ tuba 4). 〖1899〗

tornádo làntern *n.* =hurricane lantern 1 a.

tor·nar·i·a /tɔənέ(ə)riə | tɔːnέəriə/ *n.* (*pl.* **~s, -i·ae** /-riìː/) 〘動物〙トルナリア《ギボシムシ類のうちで間接発生をするものの幼生》. 〖(1888) ← NL ~ ← L *tornus* lathe+-ARIA〗

Tor·ne /tɔ́ənə | tɔ́ːnə; *Swed.* tœ́ːnə/ *n.* [the ~] トルネ(川)《スウェーデン北部に発して南流し, Bothnia 湾に注ぐ; 下流部はフィンランドの国境をなす; フィンランド語名 Tornio /*Finn.* tórnio/》.

tor·nil·lo /tɔəníːlou, -níːjou | -ləu, -jəu; *Am.Sp.* torníjo/ *n.* (*pl.* **~s** /~z; *Am.Sp.* ~s/) 〘植物〙=screw bean 1. 〖(1866) □ Sp. ~ ← L *tornus* lathe (□ Gk *tórnos*)+Sp. *-illo* (dim. suf.)〗

to·ro /tɔ́ːrou | -rəu; *Sp.* tóro/ *Sp. n.* (*pl.* **~s**) 《米南西部》(闘牛用の)雄牛. 〖(1660) □ Sp. ~ □ L *taurus*〗

to·roid /tɔ́ːrɔɪd/ *n.* **1** 〘数学〙トロイド, 環状面[体]. **2** 〘電気〙=toroid coil. 〖(1886) ← TORUS+-OID〗

to·roi·dal /tɔːrɔ́ɪdl | -dl/ *adj.* **1** 〘数学〙ドーナツ型の, トロイド状の, 環状面[体]の. **2** 〘物理〙(磁場などが)赤道面方向の, トロイダルな, トーラス方向の《空間極座標で, 方位角が変化する方向を表す; cf. poloidal》. **~·ly** *adv.* 〖(1881): ⇨ ↑, -al¹〗

tóroid cóil *n.* 〘電気〙環状コイル.

To·ron·to /tərɑ́(ː)ntou | -rɔ́ntəu/ *n.* トロント《カナダ南東部, Ontario 州の商業都市で同州の州都; Ontario 湖に臨む》. **To·ron·to·ni·an** /tərɑ̀(ː)ntóuniən, tɑ̀(ː)rən- | tərɔ̀ntə́u-, tɔ̀rən-⌐/ *adj., n.* 〖← N-Am.-Ind. (Iroquoian) ← ?〗

to·rose /tɔ́ːrous, ⌐⌐ | tɔ́ːrəus, ⌐⌐/ *adj.* **1** 〘植物〙ところどころがふくれた念珠状の, 連玉状円筒形の. **2** 〘動物〙(筋肉などで)ふくれ上がった. 〖(1760) □ L *torōsus* bulging: ⇨ torus〗

Toroth (*also* **Torot**) *n.* Torah の複数形.

to·rous /tɔ́ːrəs/ *adj.* =torose.

tor·pe·do /tɔəpíːdou | tɔːpíːdəu/ *n.* (*pl.* **~es**) **1 a** 魚雷, 魚形水雷: ⇨ aerial torpedo. **b** 敷設水雷[機雷], 《廃》水雷 (submarine mine). **2** 《米・カナダ》〘鉄道〙発雷信号 (《英》detonator)《レールに施して爆発音で知らせる停止信号装置》. **3** 《米》 **a** 地雷. **b** (油井の出をよくさせるための)発破. **4** 《米・カナダ》かんしゃく玉《打ちつけて爆破させる子供のおもちゃ》. **5** 〘魚類〙 **a** デンキナマズ (*Malapterurus electricus*) (Nile 川産; electric catfish ともいう). **b** シビレエイ (*Torpedo ocellata*)《大西洋産; torpedo fish [ray], electric ray ともいう》. **6** 《米俗》プロのガンマン, (特に, ギャングなどに雇われた)殺し屋. — *vt.* **1** 魚雷[水雷]で破壊[攻撃, 撃沈]する. **2** 《口語》〈政策・制度などを〉破壊する (wreck), 無力[無能]にする. **3** 〈油井〉に発破をかける. — *vi.* 魚雷[水雷]を発射[敷設]する; 魚雷[水雷]で破壊[撃沈]する. **~·lìke** *adj.* 〖(*c*1520) □ L *torpēdō* numbness, torpidity, torpedo fish ← *torpēre* to be numb, stiff: cf. torpid¹〗

torpédo bòat *n.* 魚雷[水雷]艇. 〖1810〗

torpédo-bòat destròyer *n.* 〘軍事〙対魚雷艇用駆逐艦, 魚雷駆逐艦《もとは魚雷艇駆逐用に造られたが, 後には大型魚雷艇として用いられた; cf. destroyer 2》. 〖1893〗

torpédo bódy *n.* (競走用自動車の)水雷形車体. 〖1924〗

torpédo bòmber *n.* (魚雷を投下する)雷撃機 (torpedo plane ともいう). 〖1930〗

torpédo fìsh *n.* 〘魚類〙シビレエイ (⇨ torpedo 5 b). 〖1825〗

torpédo·màn /-mæ̀n, -mən/ *n.* (*pl.* **-men** /-mɛ̀n, -mən/) (水中兵器担当の)魚雷準士官[兵曹長]. 〖1883〗

torpédo nèt [nètting] *n.* 防雷網, 魚雷防御網. 〖1885〗

torpédo plàne *n.* =torpedo bomber. 〖1917〗

torpédo rày *n.* 〘魚類〙シビレエイ (⇨ torpedo 5 b).

torpédo tùbe *n.* 魚雷発射管. 〖1893〗

tor·pe·fy /tɔ́əpəfàɪ | tɔ́ːpɪ-/ *v.* =torpify.

tor·pex, T- /tɔ́əpɛks | tɔ́ː-/ *n.* 〘海軍〙トーペックス火薬《爆雷用の高性能爆薬》. 〖(混成) ← TORP(EDO)+EX(PLOSIVE)〗

tor·pid¹ /tɔ́əpɪ̣d | tɔ́ːpɪd/ *adj.* **1** 〈体の器官など〉動かない, 不活発な, のろい (⇨ inactive SYN): His mind grew ~ in old age. 年を取って彼の精神は不活発になった. **2** 鈍い, 無神経な, 不感の (dull, apathetic): a ~ audience 無感動な聴衆. **3** 〈冬眠・夏眠動物など〉眠った, 冬眠[夏眠]した (dormant). **~·ly** *adv.* **~·ness** *n.* 〖(1613) □ L *torpidus* benumbed ← *torpēre* to be numb: ⇨ -id⁴〗

tor·pid² /tɔ́əpɪ̣d | tɔ́ːpɪd/ *n.* 《英》 **1** [Torpids] 《オックスフォード大学の学寮間で Hilary term に行われる》春季ボートレース. **2 a** 春季レース用 8 人漕ぎのボート. **b** その選手. 〖(1838) 《特殊用法》← TORPID¹〗

tor·pid·i·ty /tɔəpídəti | tɔːpídɪti/ *n.* **1** 不活発, 遅鈍, 無感覚. **2** 冬眠, 夏眠. 〖(1614) ← TORPID¹+-ITY〗

tor·pi·fy /tɔ́əpəfàɪ | tɔ́ːpɪ-/ *vt., vi.* 麻痺させる[する], 無感覚にする[なる], 鈍くする[なる]. 〖(1808): ⇨ torpid¹, -ify: cf. LL *torpefacere*〗

tor·por /tɔ́əpə | tɔ́ːpə^r/ *n.* **1** 活動不能, 麻痺(まひ); 無気力, 不活発 (⇨ lethargy SYN). **2** 鈍感, 無感情, 無関心 (apathy): He seemed in a melancholy ~. 憂鬱で無関心の様子だった. **3** (冬眠動物などの)休眠状態 (dormancy). 〖(?*a*1200) □ L ~ 'numbness' ← *torpēre* to be numb: ⇨ -or¹〗

tor·por·if·ic /tɔ̀əpərífɪk | tɔ̀ː-⌐/ *adj.* 遅鈍にする, 麻痺させる, 無感覚にする. 〖(1769) ← L *torpor* (↑)+-I-+-FIC〗

tor·quate /tɔ́əkwɪ̣t, -kweɪt | tɔ́ː-/ *adj.* 〘動物〙〈獣の毛・鳥の羽毛が〉首の回りが環状に色の変わった, 首輪のある. 〖(1661) □ L *torquātus* (p.p.) adorned with a necklace: cf. torque, -ate²〗

tor·quat·ed /tɔ́əkweɪtɪ̣d | tɔ́ːkweɪt-/ *adj.* 〘動物〙= torquate. 〖(1623): ⇨ ↑, -ed〗

Tor·quay /tɔəkíː | tɔː-⌐/ *n.* トーキー《イングランド南西部の海岸保養地; 1968 年以降は Torbay 市の一部》. 〖16C ごろの命名: 《原義》'the QUAY at Tor(moham)': cf. tor〗

torque /tɔ́ək | tɔ́ːk/ *n.* **1** (古代ゴール人・ブリトン人などの貴金属の針金をねじって作った)首飾, 首環, 腕環. **2 a** 〘機械〙トルク《軸回りの力のモーメント》. **b** 〘物理〙トルク, ねじりモーメント; 回転モーメント. — *vt., vi.* (軸・ボルト・輪などに)トルクを与える. **tórqu·er** /-kə | -kə^r/ *n.* 〖(1695) □ F ~ // L *torquēs* twisted metal necklace ← *torquēre* to twist: cf. tort〗

tórque convèrter *n.* 〘機械〙トルクコンバーター, 流体変速機. 〖1934〗

tórque lìnk *n.* 〘航空〙まわり止めリンク《脚の緩衝装置のピストンとシリンダーとが相対的に回転しないで伸縮できるように両者をつなぐリンク》.

Tor·que·ma·da /tɔ̀əkəmɑ́ːdə, -kwə- | tɔ̀ːkɪmɑ́ːdə, -kɛ-, -kwɪ̣-, -kwɛ-; *Sp.* torkemáða/ *n.* 迫害者 (persecutor). 〖← *Tomás de Torquemada* (↓)〗

Tor·que·ma·da /tɔ̀əkəmɑ́ːdə, -kwə- | tɔ̀ːkɪmɑ́ːdə, -kɛ-, -kwɪ̣-, -kwɛ-; *Sp.* torkemáða/, **Tomás de** *n.* トルケマダ《1420–98; スペイン最初の宗教裁判所初代長官; 異教徒に対する非道な弾圧を実施》.

tórque·mèter *n.* 〘機械〙トルク測定計. 〖1911〗

tórque mòtor *n.* 〘電気〙トルクモーター《回転速度によらずほぼ一定の回転力の出せるモーター》. 〖1926〗

tor·ques /tɔ́əkwiːz | tɔ́ː-/ *n.* 〘動物〙首の環《首の回りの色の異なる毛または羽毛の環》. 〖(1693) □ L *torquēs* 'twisted neckchain': ⇨ torque〗

tórque spànner *n.* 〘機械〙トルクスパナ《前もって一定のトルク値をセットできるスパナ》.

tórque tùbe *n.* (自動車の推進軸を包んでいる)トルクチューブ, トルク管.

tórque wrènch *n.* 〘機械〙トルクレンチ《トルクの量が目盛りで示されるレンチ》.

Tor·quil /tɔ́əkwɪ̣l | tɔ́ːkwɪl/ *n.* トークイル《男性名》. ★ スコットランドに見られる. 〖□ Gael. *Torcail* □ ON *þorketill* ← *þor* 'THOR'＋*ketill* (← ?)〗

torr /tɔ́ə | tɔ́ː^{r}/ *n.* (*pl.* ～)〘物理〙トル《圧力の単位; 高さ 1 mm の水銀柱が底におよぼす圧力; 1333.22 マイクロバール》. 〖《1949》← *E. Torricelli*〗

Tor·rance /tɔ́(ː)rəns, tɑ́(ː)r- | tɔ́r-/ *n.* トランス《米国 California 州南西部, Los Angeles 近郊の工業都市》. 〖この近郊の地主だった *Jared S. Torrance* にちなむ〗

Tor·re del Gre·co /tɔ̀(ː)ridelgrékoʊ, tɔ̀(ː)reɪ-, -gréɪ-, tɑ̀(ː)r- | tɔ̀ridelgrékəʊ, tɔ̀reɪ-, -gréɪ-; *It.* tórredelgré:ko/ *n.* トッレ デル グレーコ《イタリア南西, Campania 州の都市; ナポリ湾に面し Vesuvius 山の近くにあり噴火により数回被害をうけた》. 〖□ It. ～《原義》tower of the Greek〗

tor·re·fac·tion /tɔ̀(ː)rəfǽkʃən, tɑ̀(ː)r- | tɔ̀rɪ̀-/ *n.* 乾燥, あぶり; 焙焼(ばいしょう). 〖《1612》← L *torrefactus* ((p.p.) ← *torrefacere* (↓))＋-TION〗

tor·re·fy /tɔ́(ː)rəfàɪ, tɑ́(ː)r- | tɔ́rɪ̀-/ *vt.* **1** 〈薬品などを〉乾燥する, あぶって乾かす. **2** 〈鉱石などを〉焼く, 焙焼(ばいしょう)する (roast). 〖《1601》□ F *torréfier* □ L *torrefacere* to make dry or hot ← *torrēre* to parch: ⇨ -fy〗

Tor·rence /tɔ́(ː)rəns, tɑ́(ː)r- | tɔ́r-/, **(Frederic) Ridge·ly** /rídʒli/ *n.* トレンス《1875–1950; 米国の詩人・劇作家・編集者》.

Tor·ren·ize /tɔ́(ː)rənàɪz, tɑ́(ː)r- | tɔ́r-/ *vt.* 〈土地を〉トーレンズ制 (Torrens system) によって登記する. 〖⇨ Torrens system, -ize〗

Tor·rens /tɔ́(ː)rənz, tɑ́(ː)r- | tɔ́r-/, **Lake** *n.* トレンズ湖《オーストラリア南東部の塩水湖; 5,776 km²》.

Tór·rens làw /tɔ́(ː)rənz-, tɑ́(ː)r- | tɔ́r-/ *n.* トーレンズ法 (cf. Torrens system, Torrens title). 〖↓〗

Tórrens sỳstem *n.*〘法律〙トーレンズ制《1858 年南オーストラリアで採用され, のち英国・カナダ・米国の一部などに広まった土地権利登記制度; 政府が正規に登録された土地権利証書を保証するので, 譲渡手続が簡素化され, 権原保険が不要となる利点をもつ》. 〖《1863》← *Sir Robert Torrens* (1814–84: その発案者である英国出身のオーストラリアの政治家)〗

Tórrens title *n.*〘豪〙〘法律〙トーレンズ式権原《権利証書ではなく登記簿に基づいた土地権原》. 〖↑〗

tor·rent /tɔ́(ː)rənt, tɑ́(ː)r- | tɔ́r-/ *n.* **1** 急流, 激流, 奔流: ～*s* of water 奔流 / a mountain ～ 急な谷川 / stem the ～ of …の勢いを阻止する. **2** どしゃ降り: ～*s of* rain 車軸を流すような雨 / a ～ *of* missiles 弾丸雨飛 / It rained ～*s*. 車軸を流すような雨だった / He was perspiring *in* ～*s*. 滝のような汗を流していた. **3** (言葉などの)連発, (感情などの)ほとばしり: a ～ *of* words, grief, eloquence, etc. / He burst into a ～ *of* profanity. 突然汚ない言葉を連発し始めた. — *adj.* [限定的]《まれ》＝torrential: a ～ stream 激流. 〖《*a*1398》□ F ～ □ It. *torrente* □ L *torrentem* torrent,《原義》boiling (pres.p.) ← *torrēre* to burn ← **toneros* thunder: cf. torrid〗

tor·ren·tial /tɔ(ː)rénʃəl, tɑ(ː)-, tə-, -ʃl | tə-, tɒr-/ *adj.* **1** 急流の; 滝のような, 車軸を流すような: a ～ downpour 車軸を流すようなどしゃ降り. **2** 〈感情など激しい, 猛烈な (violent, vehement); あふれるばかりの (overwhelming): a ～ speech とうとうたる弁舌. **3** 急流の作用でできた: ～ gravel and sand 急流でできた砂利と砂. **～·ly** *adv.* 〖《1849》: ⇨ ↑, -ial〗

Tor·re·ón /tɔ̀(ː)rióʊn | tɔ̀rión; *Am.Sp.* toreón/ *n.* トレオン《メキシコ北中部, Coahuila 州の工業都市》.

Tór·res Stráit /tɔ́(ː)rɪ̀z-, tɑ́(ː)r-, -rɪ̀s- | tɔ́rɪs-, tɔ́ːr-, -rɪz/ *n.* [the ～] トレス海峡《オーストラリア北東端 York 岬と New Guinea 南部との間の海峡; 幅 153 km》.

Tor·ri·cel·li /tɔ̀(ː)rətʃéli, tɑ̀(ː)r- | tɔ̀rɪ-; *It.* torritʃélli/, **E·van·ge·lis·ta** /evandʒelísta/ *n.* トリチェリ《1608–47; イタリアの物理学者・数学者; 水銀気圧計の原理を発見者》.

Tor·ri·cel·li·an /tɔ̀(ː)rətʃéliən, tɑ̀(ː)r- | tɔ̀rɪ-ˈ-/ *adj.* トリチェリの: the ～ experiment トリチェリの実験《水銀気圧計の原理を示す水銀管の実験》. 〖《1660》: ⇨ ↑, -an¹〗

Tórricellian túbe *n.* トリチェリの水銀気圧計.

Tórricellian vácuum *n.* トリチェリの真空《水銀気圧計の主体をなすガラス管の水銀のない部分の真空》. 〖1753〗

tor·rid /tɔ́(ː)rɪ̀d, tɑ́(ː)r- | tɔ́rɪd/ *adj.* (～·er, ～·est; more ～, most ～) **1** 〈天候など〉炎熱の, 酷熱の, 炎暑の (scorching): ～ weather / ～ heat 炎熱. **2** 〈地域など〉(太陽の熱で)焼け焦げた, 乾き切った (parched): a ～ region / ⇨ Torrid Zone. **3** 熱烈な (ardent): ～ love 熱烈な恋愛. **4** 極めて不快な. **～·ly** *adv.* **～·ness** *n.* 〖《*a*1398》□ L *torridus* ← *torrēre* to parch: ⇨ -id⁴〗

tor·rid·i·ty /tɔ(ː)rídəti, tɑ(ː)r- | tɔrídɪ̀ti/ *n.* 焦熱 (intense heat). 〖《1846》: ⇨ ↑, -ity〗

Tórrid Zòne *n.* [the ～]《まれ》〘地理〙熱帯《赤道を中心に南北両回帰線 (23°30′) に挟まれた地帯; ⇨ zone 挿絵》. 〖1586〗

tor·ri·fy /tɔ́(ː)rəfàɪ, tɑ́(ː)r- | tɔ́rɪ̀-/ *vt.* ＝torrefy.

tor·sade /tɔəsɑ́ːd, -séɪd | tɔː-; *F.* tɔʀsad/ *n.* ねじったひも[リボン]《特に, 帽子の飾り》. 〖《1872》□ F ～ 'twisted fringe' ←《廃》*tors* (p.p.) ← *tordre* < VL **torcēre*＝L *torquēre* to twist: ⇨ -ade〗

torse /tɔ́əs | tɔ́ːs/ *n.*〘紋章〙＝wreath 6. 〖《1572》□ F《廃》～, *torce* ← *tors* twisted (↑)〗

tor·sel /tɔ́əsəl, -sl | tɔ́ː-/ *n.*〘建築〙梁(はり)受け《石垣またはれんが壁に入れ, 桁(けた)を支えさせる短い木材または鉄材》. 〖《1667》《変形》← TASSEL¹〗

Tórs·havn /tɔ́əshaʊn | tɔ́ːs-/ *n.* ＝Thorshavn.

torsi *n.*《まれ》torso の複数形.

tor·si·bil·i·ty /tɔ̀əsəbíləti | tɔ̀ːsɪ̀bílɪ̀ti/ *n.* **1** 捻転度, ねじれ性. **2** 抗捻転度; 捻転復元力. 〖《1864》← TORSION＋-IBILITY〗

tor·si·graph /tɔ́əsəgrǽf | tɔ́ːsɪgrɑ̀ːf, -grǽf/ *n.*〘機械〙ねじり振動記録計. 〖《1930》← TORSION＋-GRAPH〗

tor·sion /tɔ́əʃən | tɔ́ː-/ *n.* **1** ねじり, ねじれ (twisting). **2**〘機械〙トーション, ねじり, ねじり力; ねじれ. **3**〘数学〙ねじれ, ねじれ率. 〖《?*a*1425》*torcion* □ (O)F *torsion* □ LL *torsiō(n-)* ← *torquēre* to twist〗

tor·sion·al /tɔ́əʃnəl, -ʃənl | tɔ́ː-/ *adj.* ねじる; ねじれの. **～·ly** *adv.* 〖《1861》: ⇨ ↑, -al¹〗

tórsion bàlance *n.*〘機械〙ねじり秤り《針金やコイルばねのねじり抵抗モーメントを応用した微細力の測定装置[秤り]》. 〖*c*1828〗

tórsion bàr *n.*〘機械〙ねじり(棒)ばね. 〖1937〗

tórsion bèam *n.* ＝torsion bar.

tórsion-frée gròup *n.*〘数学〙ねじれのない群《単位元以外の元の位数がすべて無限であるような可換群》.

tórsion gròup *n.*〘数学〙ねじれ群《どの元の位数も有限であるような可換群; 可換群の有限位数の元全体から成る部分群》.

tórsion hèad *n.*〘機械〙ねじり頭《ねじり秤り (torsion balance) の一部で, このヘッドに針金を懸垂させ, 通常ねじれ角測定用の角度目盛が付けてある》. 〖1873〗

tórsion·less *adj.* ねじれることのない. 〖1858〗

tórsion mèter *n.*〘機械〙ねじり動力計《回転機械の回転軸のねじれを測定して伝達トルクを知り, その機械の動力を測定する計器》. 〖1970〗

tórsion pèndulum *n.*〘機械〙ねじり振子 (⇨ pendulum 1 b). 〖1884〗

torsk /tɔ́əsk | tɔ́ːsk/ *n.* (*pl.* ～, ～s)〘魚類〙北大西洋に産するタラ科の食用魚 (*Brosmius brosme*)《北米では cusk ともいう》. 〖《1707》*tusk* □ Norw., Swed. & Dan. ～ < ON *þorskr*《原義》dried fish〗

tor·so /tɔ́əsoʊ | tɔ́ːsəʊ/ *n.* (*pl.* ～s, **tor·si** /-siː/) **1** (人体の)胴 (trunk). **2** トルソー《頭および手足のない彫像》: the ～ of Hercules. **3** (基本的形態のみを備えた)未完成[不完全]の作: ～*s* of dramas. **4** 衣服の胴を被う部分. 〖《1722》□ It. ～ < L *thyrsum* 'THYRSUS'〗

tórso mùrder *n.* ばらばら殺人事件.

tort /tɔ́ət | tɔ́ːt/ *n.*〘法律〙私犯, 不法行為 (private wrong): the law of ～ 不法行為法. ***in tórt*** 私犯のために[に関して]. 〖《*c*1250》□ (O)F ～ 'injury,《原義》something twisted' < ML *tortum* (*neut.*) ← L *tortus* (p.p.) ← *torquēre* to twist ← IE **terk*ʷ- to twist〗

tor·te /tɔ́ət, tɔ́əṭə | tɔ́ːtə, tɔ́ːt; *G.* tɔ́ʁtə/ *n.* (*pl.* **tor·ten** /-tn̩; *G.* -tn̩/, ～s) トルテ《小麦粉またはパン粉に卵・砂糖・刻んだ木の実などを入れて作ったケーキ》: ⇨ Linzer torte, Sacher torte. 〖《1555》□ G *Torte* □ It. *torta* < LL *tōrtam* twisted bread: cf. tart¹〗

tor·teau /tɔ́ətoʊ | tɔːtə́ʊ/ *n.* (*pl.* **tor·teaux** /～z/)〘紋章〙赤色の小円 (cf. roundel 7). 〖《1486》□ MF ～ < OF *tortel* wafer, small round loaf of bread (dim.) ← *to(u)rte* round loaf of bread < LL *tōrtam* (↑)〗

Tor·te·li·er /tɔ̀ətéliər, tɔ̀ətɛljéɪ | tɔːtélièɪ; *F.* tɔʁtalje/, **Paul** *n.* トルトゥリエ《1914–90; フランスのチェロ奏者・作曲家》.

tor·tel·li /tɔətéli | tɔː-/ *n. pl.*〘料理〙トルテッリ《チーズまたは野菜を詰めた小さなパスタ》. 〖□ It. ～ (pl.) ← *tortello* (dim.) ← *torta*: ⇨ torte〗

tor·tel·li·ni /tɔ̀ətəlíːni, -tl̩- | tɔ̀ːtəlíː-, -tl̩-; *It.* tortellíːni/ *n.*〘料理〙トルテッリーニ《詰めものをした三か月形の生地をねじって両端を合わせリング型にしたパスタ》. 〖《1937》□ It. ～ (pl.) ← *tortellino* (dim.) ← *tortello* (↑)〗

torten *n.* torte の複数形.

tort-fea·sor /tɔ̀ətfíːzə | tɔ́ːtfìːzə^{r}/ *n.*〘法律〙不法行為者, 不法行為の加害者. 〖《1659》□ AF *tortfesor* wrongdoer (＝F *tortfaiseur*): ⇨ tort, feasance, -or²〗

tor·ti·col·lis /tɔ̀ətəkɑ́(ː)lɪ̀s | tɔ̀ːtɪkɔ́lɪs/ *n.*〘病理〙斜頸(しゃけい) (wryneck). **tor·ti·col·lar** /tɔ̀ətəkɑ́(ː)lə | tɔ̀ːtɪkɔ́lə^{r}ˈ-/ *adj.* 〖《1811》← NL ～ 'crooked neck': cf. tort, collar〗

tor·tile /tɔ́əṭl̩, -tl̩, -taɪl | tɔ́ːtaɪl/ *adj.*《まれ》ねじれた, 曲がった (twisted). 〖《1658》□ L *tortilis* twisted, winding: ⇨ tort, -ile¹〗

tor·til·i·ty /tɔətíləṭi | tɔːtílɪ̀ti/ *n.* ねじれ, 巻き. 〖《1835》: ⇨ ↑, -ity〗

tor·ti·lla /tɔətíːjə | tɔːtíː(j)ə, -tílə; *Am.Sp.* tortíja/ *n.*〘料理〙トルティーヤ《メキシコのパンケーキの一種; とうもろこし粉をこねて円く薄く伸ばし, 鉄板またはほうろくで焼く》. 〖《1699》□ Am.-Sp. ～ (dim.) ← Sp. *torta* cake < ? LL *tōrtam* (*pānem*) twisted (bread)〗

tortílla chìps *n. pl.* トルティーヤチップス《トルティーヤをポテトチップスのように揚げたもの》.

tor·til·lon /tɔ̀ətiɑ́(ː)n, -óʊn | tɔ̀ːtiɔ́n, -ɔ̀ʊn/ *n.* ＝stump 10. 〖《1885》□ F ～ ← *tortiller* to twist〗

tor·tious /tɔ́əʃəs | tɔ́ː-/ *adj.*〘法律〙私犯 (tort) の, 不法行為の. **～·ly** *adv.* 〖《*c*1385》*torcious* □ AF ← ML *tortiō* use of violence, L torture: ⇨ tort, -ious〗

tor·tive /tɔ́əṭɪv | tɔ́ːt-/ *adj.*《まれ》ねじれた, ゆがんだ (cf. Shak., *Troilus* 1. 3. 9). 〖《1601–02》□ L *tortīvus*: ⇨ tort, -ive〗

tor·toise /tɔ́əṭəs | tɔ́ːtəs/ *n.* **1**〘動物〙カメ (turtle);《特に》陸生のカメ (land turtle): ⇨ giant tortoise. **2** ＝tortoiseshell 1 a. **3** 非常にのろい人[物]. **4**〘ローマ史〙＝testudo 2.

Tórtoise and the Háre [The —]「ウサギとカメ」《イソップ寓話; 教訓は Slow and steady wins the race.; ⇨ slow *adj.* 1 a》.

〖《*a*1398》*tortuce* □ (O)F *tortues* (pl.) ← *tortue* □ Prov. *tortuga* < VL **tartarūcam*《原義》the infernal animal ← L *Tartarus* 'TARTARUS': Prov. *tortuga* は通俗語源により, その足の形からの連想で L *tortus* twisted の影響を受けている: cf. turtle¹〗

tórtoise bèetle *n.*〘昆虫〙カメノコハムシ, ジンガサハムシ《ハムシ科の亀の甲形をした小甲虫の総称; 金属光沢をしたものが多く, 幼虫は植物の葉を食べる》. 〖*c*1711〗

tórtoise-còre *n.*〘考古〙トータス コア, 亀甲(きっこう)形石核《広くアフリカ・ユーラシアの中期旧石器時代に盛行したルヴァロア技法によって剥片 (flake) が剥離された後に残る石核; cf. Levalloisian》. 〖1919〗

tórtoise plànt *n.*〘植物〙ツルカメソウ (⇨ elephant's-foot 1). 〖1866〗

tórtoise·shèll *n.* **1** **a** べっ甲《タイマイ (hawksbill turtle) の甲から製する》. **b** 亀の甲. **2** 人造べっ甲《プラスチックやセルロイドで作られるべっ甲の代用品》. **3** (まだらになった)べっ甲色. **4**〘昆虫〙＝tortoiseshell butterfly. **5** べっ甲色の猫, 三毛猫. — *adj.* **1** べっ甲(製)の; べっ甲まがいの. **2** べっ甲色[模様]の: a ～ cat 三毛猫. 〖1601〗

tórtoiseshell bútterfly *n.*〘昆虫〙ヒオドシチョウ《タテハチョウ科ヒオドシチョウ属 (*Nymphalis*) のチョウの総称; (特に) *N. milberti* と N. *j-album*》. 〖1782〗

tórtoiseshell túrtle *n.*〘動物〙＝hawksbill turtle. 〖1886〗

Tor·to·la /tɔətóʊlə | tɔːtə́ʊ-/ *n.* トルトラ《西インド諸島北東にある英領 Virgin 諸島の主島; 面積 54 km²》.

tor·to·ni /tɔətóʊni | tɔːtə́ʊ-; *It.* tortóːni/ *n.*〘菓子〙トルトーニ《泡立てた生クリームに刻んださくらんぼやアーモンドを加えたアイスクリーム》. 〖《1911》□ ? It. *tortone* big tart: cf. tart¹ // ← *Tortoni* (19 世紀にパリで料理店を経営したイタリア人)〗

tor·tri·cid /tɔ́ətrəsɪ̀d | tɔ́ːtrɪsɪd/〘昆虫〙*n.* ハマキガ《ハマキガ科に属するガの総称》. — *adj.* ハマキガ(科)の. 〖《1889》↓〗

Tor·tric·i·dae /tɔətrísədìː | tɔːtrísɪ-/ *n. pl.*〘昆虫〙(鱗翅目)ハマキガ科. 〖← NL: ⇨ ↓, -idae〗

tor·trix /tɔ́ətrɪks | tɔ́ː-/ *n.*〘昆虫〙ハマキガ《ハマキガ科 *Tortrix* 属のガの総称; ミドリハマキ (*T. viridana*) など》. 〖《1797》← NL *Tortric*, *Tortrix*《原義》female twister (属名) ← L *tortus* ((p.p.) ← *torquēre* to twist)＋*-ric-*, *-rix* (fem.) ← *-or* '-OR²': 糸で葉を巻いて巣を造ることから〗

Tor·tu·ga /tɔətúːgə | tɔː-/ *n.* ラトルチュ(島)《Haiti 北岸沖の小島; もと海賊の根拠地; フランス語名 La Tortue /la tɔʁty/; 面積 181 km²》.

tor·tu·lous /tɔ́ətʃʊləs | tɔ́ːtʃʊ-, -tjʊ-/ *adj.*《俗用》〘生物〙＝torulose. 〖《1864》← L *tortula* small twist ＋-OUS〗

tor·tu·ose /tɔ́ətʃuòʊs | tɔ́ːtʃuə̀ʊs, -tju-/ *adj.*〘植物〙ねじれた, 曲がりくねった (tortuous). 〖《1829》: ⇨ tortuous, -ose¹〗

tor·tu·os·i·ty /tɔ̀ətʃuɑ́(ː)səṭi | tɔ̀ːtʃuɔ́sɪ̀ti, -tju-/ *n.* **1** 曲がり, ねじれ (twist, bend, crook). **2** 曲がりくねっているもの, ねじれているもの. **3**〘数学〙湾曲. 〖《1603》: ⇨ ↑, -ity〗

tor·tu·ous /tɔ́ətʃuəs | tɔ́ːtʃu-, -tju-/ *adj.* **1** 〈道・流れなど〉ねじれた, 曲がりくねった, うねる (winding): a ～ stream, street, path, etc. **2** 〈心・方法・目的など〉まっすぐでない, 回り遠い (devious); 不正の, よこしまな (crooked): his ～ mind. **3**《まれ》〘数学〙くねった, 湾曲した: a ～ curve くねり線. **4** 複雑な, 込み入った (intricate). **～·ly** *adv.* **～·ness** *n.* 〖《1391》□ OF ～ (F *tortueux*) // L *tortuōsus* twisting ← *tortus* a twist (p.p.) ← *torquēre* to twist〗

tor·ture /tɔ́ətʃə | tɔ́ːtʃə^{r}/ *vt.* **1** 拷問する[に掛ける]: ～ a prisoner. **2** ひどく苦しめる, 悩ます (⇨ torment SYN): be ～*d by* [*with*] anxiety [shyness, neuralgia, tight boots] 不安[内気, 神経痛, きつい靴]に悩まされる / Don't ～ me by keeping me in suspense. いつまでも気をもませて苦しめないでくれ. **3** 〈庭木などを〉無理に曲げる, たわませる (warp) 〔*into*, *out of*〕: pine trees ～*d* by storms 暴風で曲がった松の木. **4** 〈言葉などを〉こじつける, 曲解する (distort) 〔*out of*, *into*〕. — *n.* **1** 苦痛を与えること, 拷問: death by ～ 拷問による死 / instruments of ～ 拷問台, 責め道具 / put a person to (the) ～ 人を拷問にかける. **2** (心身の)大きな苦痛, 苦悶(くもん), 苦悩 (anguish, agony): suffer the ～*s* of the damned 地獄の苦しみをなめる / be in ～ 責めさいなまれている, 苦悶している / It was ～ for him to be squeezed in the crowd. 人込みの中でぎゅうぎゅう押されるのはほんとうに苦しかった. **3** 大きな苦痛を与えるもの, 苦悩の種. **4**《まれ》(意味・考えなどの)曲解, こじつけ. **tór·tured** *adj.* **tór·tured·ly** *adv.* **tór·tur·er** /-tʃ(ə)rə | -rə^{r}/ *n.* 〖《?*a*1425》□ (O)F ～ // LL *tortūra* twisting, torment, torture ← *tortus* (↑)〗

tórture chàmber *n.* 拷問部屋.

tor·ture·some /tɔ́ətʃəsəm | tɔ́ːtʃə-/ *adj.*《まれ》＝torturous.

tór·tur·ing /-tʃ(ə)rɪŋ/ *adj.* 責めさいなむ, 苦しめる, 苦しい (tormenting): some ～ fear. **～·ly** *adv.* 〖1593–94〗

tor·tur·ous /tɔ́ətʃ(ə)rəs | tɔ́ː-/ *adj.* **1** 拷問的な, 苦しい: in the course of her ～ love affair 苦しみに満ちた恋愛をしているうちに. **2** ＝tortuous. **～·ly** *adv.* 〖《*c*1495》□ OF *tortureux*: ⇨ torture, -ous〗

tor·u·la /tɔ́(ː)rjʊlə, tɑ́(ː)r- | tɔ́rjʊ-/ *n.* (*pl.* **-u·lae** /-lìː, -làɪ/) **1**〘細菌〙トルラ《*Torula* 属のアルコール発酵の能力がない無胞子酵母菌; torula yeast ともいう》. **2**〘病理〙＝cryptococcosis. 〖《1833》← NL ～ (dim.) ← L *torus* 'bulge, TORUS'〗

tor·u·lose /tɔ́(ː)rjʊlòʊs, tɑ́(ː)r- | tɔ́rjʊlə̀ʊs/ *adj.*〘生物〙

ところどころにふくらみのある. 〖《1806》← NL *torulosus* (dim.) ← L *torōsus* 'TOROSE'〗

tor·u·lo·sis /tɔ̀(ː)rjulóusɨ̀s, tɑ̀(ː)r- | tɔ̀rjuláusɪs/ *n.* 〘病理〙＝cryptococcosis. 〖⇨ torula, -osis〗

to·ru·lous /tɔ́(ː)rjuləs, tɑ́(ː)r- | tɔ́rju-/ *adj.* 〘生物〙＝torulose. 〖《1752》← NL *torulosus*: ⇨ torulose〗

To·ruń /tɔ́ːruːn, -runjə; *Pol.* tɔ́ruɲ/ *n.* トルン《ポーランド北部の Vistula 川に沿う工業都市; ドイツ語名 Thorn》.

to·rus /tɔ́ːrəs/ *n.* (*pl.* **to·ri** /-raɪ/) **1** 〘建築〙(柱基 (base) の)トルス, 半円形繰形, 大玉縁(ᵏᵃᵃ). **2** 〘解剖〙隆起: palatine 〜＝〜 palatinus 口蓋(ᵏᵒᵘᵍᵃⁱ)隆起《硬口蓋の円形隆起》. **3** 〘植物〙 **a** 花托(ᵏᵃᵗᵃᵏᵘ) (receptacle). **b** トールス, 円節. **4** 〘数学〙トーラス, 円環面[体] (anchor ring). 〖《1563》□L 〜 'bulge, rounded molding' ← ?〗

Tór·vill and Déan /tɔ́əvɨ̀l- | tɔ́ːvɪl-/ *n. pl.* トーヴィル ディーン組《英国のアイスダンスのペア選手 Jayne Torvill (1957–　; 結婚後の姓は Christensen) と Christopher Dean (1958–　); Sarajevo オリンピック (1984) で金メダル, Lillehammer オリンピック (1994) で銅メダルを獲得》.

To·ry /tɔ́ːri/ *n.* **1** 《英》トーリー党員; [the Tories] トーリー党《1688 年 James 二世を擁護し, 革命に反対した王権派; その後は Stuart 王家に味方し, Anne 女王死後 George 一世の即位に反対し, 1832 年の Reform Bill 反対後は Conservative Party となる; cf. Whig 1》. **2** 《米史》(独立戦争の際の独立派に対して)英国派, 王党員 (Loyalist). **3** [しばしば t-] 保守党員; (超)保守主義者, 反動主義者. **4** (17 世紀の)アイルランドの追いはぎ《王党と自称した》. — *adj.* **1** トーリー党(員)の; 王党(員)の. **2** [しばしば t-] 保守党(員)の; 保守主義者の: a 〜 candidate 保守党の候補者. 〖《1646》□ Ir.-Gael. *tōraidhe* robber, 《原義》pursuer ← *tōir* pursuit〗

-to·ry /←—tɔ̀ːri, —ṭəri, -tri | -təri, -tri/ *suf.* (ラテン語動詞の過去分詞の語幹が t に終わる時の) -ory の異形: declamatory, factory. 〖□ L *-tōrium* ← *-tus* (p.p. 語尾) ＋*-ōrium* '-ORY²'〗

Tóry Demócracy *n.* 〘政治〙トーリーデモクラシー《既存の制度を擁護し, 政治的民主主義と庶民のための社会・経済計画との結合などを主張する英国保守党の政治思想》. 〖1867〗

To·ry·fy /tɔ́ːrəfàɪ | -rɨ̀-/ *vt.* **1** 《戯言》トーリー党員にする. **2** [しばしば t-] 保守派にする. 〖《1763》← TORY＋-FY〗

Tó·ry·ish /-riɪʃ/ *adj.* トーリー党員の, 保守的な. 〖《1681》← TORY＋-ISH〗

Tó·ry·ism /-riɪzm/ *n.* **1** トーリー党主義 (cf. conservatism 2). **2** [しばしば t-] 保守主義. 〖《1682》← TORY＋-ISM〗

Tóry Pàrty *n.* [単数形で] 英国保守党(の別名).

Tosc /tɑ́(ː)sk | tɔ́sk/ *n.* ＝Tosk.

Tos·ca /tɑ́(ː)skə | tɔ́s-; *It.* tóska/ *n.* **1** 「トスカ」《Puccini 作曲の歌劇 (1900)》. **2** トスカ《*Tosca* の女主人公》.

Tos·ca·na /*It.* toskáːna/ *n.* トスカーナ《Tuscany のイタリア語名》.

Tos·ca·ni·ni /tɑ̀(ː)skəníːni, tɔ̀(ː)s- | tɔ̀skəníːnɪ, *It.* toskaníːni/, **Arturo** /artúːro/ *n.* トスカニーニ (1867–1957; イタリアの指揮者; 主に米国で活動した).

tosh¹ /tɑ́(ː)ʃ | tɔ́ʃ/ *n., int.* **1** 《英俗》むだ口, たわごと (rubbish). **2** 〘クリケット・テニス〙(打者を軽くみた)緩球, ゆるいサーブ. 〖《1892》《変形》← ? BOSH¹〗

tosh² /tɑ́(ː)ʃ | tɔ́ʃ/ 《スコット》 *adj.* **1** こぎれいな, さっぱりした (neat, tidy), きちんとした (trim). **2** 快い; 親しい. — *adv.* こぎれいに, さっぱりと, きちんと; 親しく. — *vt.* こぎれいにする 〈*up*〉. 〖《1776》← ?〗

T

tosh³ /tɑ́(ː)ʃ | tɔ́ʃ/ *n.* 《英俗》あなた, きみ, あのう, ちょっと《名前を知らない人, 特に男性への, くだけた呼び掛け》. 〖《1954》← ?〗

tosh·er /tɑ́(ː)ʃə | tɔ́ʃə^(r)/ *n.* 《俗》《英大学》大学のどの学寮 (college) にも属さない学生 (cf. unattached 4). 〖《1889》《変形》← UNATTACHED〗

Tosk /tɑ́(ː)sk | tɔ́sk/ *n.* (*pl.* 〜, 〜s) **1 a** [the 〜(s)] トスク族《アルバニア南部に住む民族》. **b** トスク族の人. **2** トスク語《アルバニア語の南部方言; Toskish ともいう》. 〖《1835》□ Alb. *Toskë*〗

toss /tɔ́(ː)s, tɑ́(ː)s | tɔ́s/ *v.* (〜**ed**, 《詩・古》**tost** /tɔ́(ː)st, tɑ́(ː)st | tɔ́st/) — *vt.* **1 a** (軽くまたはぞんざいに)ぽいと投げる (hurl) (⇨ throw SYN): 〜 a thing *aside* [*away*] 物を捨てる, うっちゃる / 〜 a ball back and forth ボールの投げ取りをする / 〜 a beggar a coin＝〜 a coin *to* a beggar こじきに銭を投げてやる / She was 〜*ing* (her) money around like a millionaire. 彼女は百万長者みたいに金を捨てるように使った / 〜 something *into* the waste (paper) basket 物をぽいと紙くずかごの中に放る / The sea 〜*ed* the ship on the rocks. 波が船を岩の上に打ち上げた. **b** 〈人を〉(乱暴に)放り込む, 追い出す 〔*into, out of*〕: 〜 a person *into* jail 人を留置場にぶち込む / 〜 a boy *out of* an orphanage 少年を孤児院から放り出す / If you don't shut up, I'll 〜 you out. 黙らないと放り出すぞ. **c** 〘球技〙〈ボールを〉トスする: The catcher 〜*ed* the ball *to* the pitcher. 捕手が投手にボールをトスした. 日英比較 野球の「トスバッティング」は和製英語. 英語では pepper (game) という. **d** 〈馬が〉〈騎手を〉振り落とす 〈*off*〉; 〈雄牛が〉〈人間などを〉角で放り上げる. **2 a** (急に)投げ上げる; 〈頭などを〉ぐいと上げる: 〜 hay *about* (乾かすために)乾草を放り上げて引っくり返す / 〜 a pancake (なべの中で)パンケーキをぽんと引っくり返す / 〜 oars (ボートで)オールを立てる《敬礼》/ 〜 one's head 頭をぐいともたげる《あざけり・軽蔑・抗議またはじれったい時の身振り, または気負い立った馬の動作》/ 〜 a person in a blanket ⇨ blanket 1 a. **b** ぐいと飲む, あおる (gulp down): 〜 the brandy *down* [*down* one's throat] ブランデーをぐい飲み干す[のどへ流し込む]. **3** 〈硬貨を〉(空に軽く)放り上げる 〈*up*〉《その結果が表か裏かによって順番を決める》; 硬貨を投げて〈人〉と決着をつける (match); 硬貨を投げて決める (cf. heads or tails ⇨ head 9 b): 〜 a coin / I will 〜 you *for* the armchair. 君と硬貨を投げてどちらが安楽椅子にかけるか決めよう. **4** (激しく)動揺させる (stir up); 〈人・心を〉騒がす, 混乱させる (disturb): The sea was 〜*ing* a ship. 波が船を木の葉のようにもてあそんでいた / the wind 〜*ing* the tops of trees こずえをゆさぶる風 / be 〜*ed about* in [by] the storms of life 浮世の荒波にもまれる / be 〜*ed* by jealousy and rage 嫉妬と怒りにかき乱される. **5** 〈食べ物を〉軽くかき混ぜる: 〜 a salad (ドレッシングがよく混ざるように)サラダを軽く混ぜる / 〜 shrimps in butter 小えびにバターをかけてかき混ぜる. **6** 〈言葉などを〉不意に差しはさむ; 手軽に論じる (bandy): 〜 ideas back and forth 意見のやりとりをする / Her name was 〜*ed* about [around]. 彼女の名前が盛んに出てきた. **7** 〈衣服を〉さっと無造作に羽織る: 〜 *on* one's bathrobe. **8** 〘鉱山〙〈スズ鉱石を〉揺り分ける. **9** 《廃》何度もひっくり返す, 〈本のページを〉めくる (cf. Shak., *Titus* 4. 1. 41).

— *vi.* **1** 〈波・船などが〉動揺する, 上下する; 〈羽毛・旗などが〉空(ᵏᵘᵘ)に揺れる, ひるがえる: a 〜*ing* sea 波の荒い海 / 〜*ing* plumes [crests, banners] ひらめく羽毛[羽飾り, 旗] / a person's 〜*ing* hair はらはらと風に揺れる髪 / The branches were 〜*ing* in the wind. 枝が風に揺れていた. **2** 寝返りをうつ; 転げ回る: 〜 *about* [from side to side] in bed ベッドの中で盛んに寝返りを打つ / He lay 〜*ing* (and turning) all night. (悩みがあって眠れず)一晩中寝返りを打ち通しだった. **3** じれったそうに[憤然と, 軽蔑したように]行く, 身を動かす (go, move): 〜 *out* (*of* a room) つんとして(部屋から)出て行く. **4** 銭投げをする, 硬貨を投げて決める 〈*up*〉: Which team will kick off?—Let's 〜 *up* [〜 (*up*) *for* it]. どっちのチームがキックオフするか—トスで決めようじゃないか.

tóss in* [*úp*] *the spónge ⇨ sponge 成句. ***tóss óff*** (*vt.*) (1) ⇨ *vt.* 1 d. (2) 一息に飲み干す, あおる: 〜 *off* a glass. (3) 軽く[無雑作に]やってのける: 〜 *off* one's work 仕事を手早く片づける / 〜 *off* a magazine article 雑誌の記事を一気に書きあげる. (4) [〜 one*self off* で] 《俗》手淫をする. — (*vi.*) 《俗》手淫をする. 《c1590》 ***tóss óut*** (1) 〈不要なものを〉捨てる; 〈受け入れを〉拒否する. (2) (野球で)〈走者を〉送球してアウトにする. ***tóss úp*** (*vt.*) (1) ⇨ *vt.* 3. (2) 〈料理などを〉急いで作る: 〜 *up* a hot supper. — (*vi.*) ⇨ *vi.* 4. 《1588》

tóssing the cáber 棒投げ遊び《スコットランド高地で行われる, 若木の丸太棒 (caber) を手で垂直に立て放り投げる遊び》. 《1862》

— *n.* **1 a** 投げ上げ, 放り上げ, トス: the 〜 of a ball / ⇨ full toss. **b** (雄牛が角にかけてする)放り上げ: a 〜 from a bull. **c** 投げ[放り]出されること: take a 〜 投げ出される; 落馬する. **d** 投げる[投げた]距離: within the 〜 of a ball ボールの届く距離内に. **2** (頭などを)ぐいと[急に]上げること: with a proud 〜 of the [one's] head 誇らしげに頭をぐいともたげて. **3** (上下の)動揺; (心の)動揺, 興奮 (commotion, excitement). **4** [the 〜] (表が出るか裏が出るかの)銭投げ, トス; (いずれともわからない)五分五分の見込み: win [lose] *the* 〜 トスで勝つ[負ける]; 首尾よく行く[行かない]. **5** 《英口語》[通例否定文で] ほんのわずか, 少しも: She does*n't* give [care] a 〜 what people think about her. 彼女は自分のことを人が何と思おうと少しも構わない.

árgue the tóss 《英》二者のうちいずれを選ぶかで議論する; 決定がなされているのに反対[議論]し続ける. 《1925》

tóss and cátch 《英》＝pitch-and-toss.

〜·er *n.* 〖《c1450》← ? Scand.: cf. Norw. & Swed. 《方言》 *tossa* to spread, strew〗

tóssed sálad *n.* 〘料理〙トストサラダ《青野菜にトマト・玉ねぎの薄切りなどを添え食卓で dressing を軽くかけ, 混ぜ合わせたもの; cf. toss *vt.* 5》. 〖1947〗

tóss·pòt *n.* 《古または文語》大酒飲み, 飲んだくれ (drunkard). 〖《1568》←《廃》*toss a pot*: cf. *toss off* (⇨ toss (v.) 成句)〗

tóss-ùp *n.* **1** 投げ上げること; (勝負を決める)銭投げ, トス. **2** 《口語》どちらとも言えないこと[疑問], 五分五分 (even chance): It's a 〜 whether they will marry or not. 二人が結婚するかどうかはどっちとも言えない. 〖《18C》← *toss up* (⇨ toss (v.) 成句)〗

tost /tɔ́(ː)st, tɑ́(ː)st | tɔ́st/ 《古・詩》 *v.* toss の過去形・過去分詞. — *adj.* [複合語の第 2 構成素として] (…に)激しくもまれる: a storm-*tost* boat. 〖16C〗

tos·ta·da /toustɑ́ːḍə | tə(ʊ)stɑ́ːdə; *Sp.* tostáða/ *n.* 〘料理〙トスターダ《トルティーヤ (tortilla) をばりばりに揚げたもの; tostado ともいう》. 〖《1958》□ Am.-Sp. 〜 (fem.) ← *tostado* fried, Sp. toasted (p.p.) ← Sp. *tostar* to toast ＜ VL **tostāre*〗

tos·ta·do /toustɑ́ːḍou | tə(ʊ)stɑ́ːdəʊ; *Sp.* tostáðo/ *n.* (*pl.* 〜**s**) ＝tostada. 〖《1945》↑〗

Tos·tig /tɑ́(ː)stɪg | tɔ́s-/ *n.* トスティッグ (*d.* 1066) 《Godwin, Earl of Wessex の三男といわれる; Harold II の兄; 称号 Earl of Northumbria; cf. Stamford Bridge》.

tos·to·ne /tɑ(ː)stóuneɪ | tɔstə́ʊ-/ *n.* 〘料理〙トストーネ《料理用バナナを揚げたメキシコ料理; 通常濃いソースをつけて食べる》. 〖← Am.-Sp. *tostón* slice of fried green banana ← Sp. *tostar* to toast ＜ LL *tostāre* to roast ← L *tost-, torrēre* to roast〗

tos·yl·ate /tɑ́(ː)səlèɪt | tóusaɪ-/ *n.* 〘化学〙p-トルエンスルホン酸エステル, トシラート. 〖《1938》← TO(LUEN)＋S(ULFON)YL＋-ATE¹〗

tot¹ /tɑ́(ː)t | tɔ́t/ *n.* **1** 《口語》小さい子供: a tiny 〜 ちび, 幼児 / 〜*s* and toddler 幼児たち. **2 a** 《英》少し, 小量; (特に)酒の一口 (shot). **b** 《方言》小さいグラス[コップ]. 〖《1725》《短縮》? ← *totterer* (← TOTTER¹＋-ER¹) // ON *tuttr* dwarf〗

tot² /tɑ́(ː)t | tɔ́t/ *n.* 《英》 **1** 加算, 足し算, 寄せ算 (addition, sum). **2** 足し算の答, 和, 合計 (total, aggregate). — *v.* (**tot·ted**; **tot·ting**) 《英》 — *vt.* 加える, 合計する (add together) 〈*up*〉. — *vi.* 〈数・量・費用などが〉〔…に〕なる, 達する (amount) 〈*up*〉〔*to*〕. 〖《1690》《短縮》← TOTAL // L *tōtum*: cf. L *tot* so much, so many〗

tot³ /tɑ́(ː)t | tɔ́t/ 《英口語》 *n.* (くず山の中の)骨; くず山[ごみ箱]の中の掘り出し物. — *vi.* (**tot·ted**; **tot·ting**) くずをあさる, totting をする. 〖《1873》← ?: cf. OE *tættec* rag〗

TOT /tíːòutíː | -əʊ-/ 《略》 time on target.

tot. 《略》 total.

to·tal /tóutḷ | tə́ʊtḷ/ *adj.* **1 a** 全体の, 総計の (entire, whole) (↔ partial) (⇨ complete SYN): the 〜 number [amount, population, tonnage, expenditure, income, sales, profits, losses] 総数[総量, 総人口, 総トン数, 総支出, 総収入, 総売上げ, 総利益, 総損失] / the sum 〜＝the 〜 sum 総計, 総額. **b** 全体的な, 総体的な (overall): the 〜 effect of a room 部屋の全体的な効果. **2** 全くの, 完全な, 全然の (complete): a 〜 abstainer 絶対禁酒家 / a 〜 stranger 全く見知らぬ人, 赤の他人 / 〜 blindness 全盲 / 〜 nakedness 素裸 / 〜 color blindness 全色盲 / (a) 〜 failure [loss] 完全な失敗[損失] / 〜 ignorance [indifference, silence] 全くの無知[無関心, 沈黙] / in 〜 darkness まっ暗やみの中で. **3** 総力的な, 国家全体の力を出しての, 総動員の: 〜 war 総力戦.

— *n.* **1** 全体, 総体 (aggregate): reach [come to] a 〜 of $200 全部で 200 ドルに達する[なる]. **2** 総計, 合計, 総高 (total amount) (⇨ sum SYN): the grand 〜 総計 / find the 〜 総計を出す.

in tótal 全部で, 合計で. 《1965》

— *vt.* (**to·taled**, **-talled**; **-tal·ing**, **-tal·ling**) **1** 総計する, 合計する, しめる (add up). **2** …に上る, 総計…になる (amount to): The visitors 〜*ed* 350. 来訪者総計 350 人であった / The bill 〜*ed* $350. 勘定はしめて 350 ドルになった. **3** 《米俗》〈車などを〉めちゃめちゃにこわす, 完全に破壊する: 〜 a car.

〖《c1390》□ (O)F 〜 □ ML *tōtālis* ← L *tōtus* entire ← IE **teutā-* tribe〗

tótal ábstinence *n.* 絶対禁酒. 〖1831〗

tótal állergy sỳndrome *n.* 〘医学〙総合アレルギー症候群《現代のさまざまな新物質に対する諸アレルギー症状の総合とみられる症候群》.

tótal báses *n. pl.* 〘野球〙塁打(数).

tótal cléavage *n.* 〘生物〙全割《受精卵の細胞質の全域に渡る卵割》.

tótal cúrvature *n.* 〘数学〙全曲率 (⇨ Gaussian curvature).

tótal deprávity *n.* 〘神学〙《カルバン主義における原罪による》人性全悪(説). 〖1794〗

tótal differéntial *n.* 〘数学〙全微分《ある関数の微分に等しいような微分形式》.

tótal eclípse *n.* 〘天文〙皆既食 (cf. annular eclipse, partial eclipse). 〖1671〗

tótal envíronment *n.* ＝environment 4. 〖1973〗

tótal hárdness *n.* 〘化学〙全硬度《単位体積に含有されるカルシウム・マグネシウムイオンの全量》.

tótal héat *n.* 〘物理化学〙＝enthalpy.

tótal ímpulse *n.* 〘宇宙〙全力積《ロケットエンジンの時間的積分値》.

tótal intérnal refléction *n.* ＝total reflection.

to·tal·i·sa·tor /tóuṭəlɨ̀zèɪṭə, -ṭḷ- | tə́ʊtəlaɪzèɪtə^(r), -tḷ-/ *n.* ＝totalizator.

tó·tal·ìsm /-ṭəlìzm, -ṭḷ- | -təl-, -tḷ-/ *n.* ＝totalitarianism.

to·tal·ist /tóuṭəlɨ̀st, -ṭḷ- | tə́ʊtəlɪst, -tḷ-/ *adj.* ＝totalitarian.

to·tal·is·tic /tòuṭəlístɪk, -ṭḷ- | tə̀ʊtəl-, -tḷ-←/ *adj.* ＝totalitarian.

to·tal·i·tar·i·an /toutæ̀lətέ^(ə)riən, tòutæl- | təʊtæ̀lɨ̀tέəriən, tə̀ʊtæl-←/ *adj.* **1** 全体主義の: a 〜 state 全体主義国家. **2** 完全独裁の (despotic): 〜 rule. — *n.* 全体主義者. 〖《1926》← TOTALITY＋-ARIAN〗

to·tàl·i·tár·i·an·ìsm /-nìzm/ *n.* **1 a** 全体主義《独裁または寡頭制により権力を独占し, 官僚組織・軍隊・警察などによって国民を統制する考え方; cf. liberalism 2 a》. **b** 集産主義 (collectivism). **2** 全体主義的性格. 〖《1926》: ⇨ ↑, -ism〗

to·tal·i·tar·i·an·ize /toutæ̀lɨ̀tέ^(ə)riənàɪz, tòutæl- | təʊtæ̀lɨ̀téər-, tə̀ʊtæl-/ *vt.* 全体主義化する. 〖《1935》: ⇨ -ize〗

to·tal·i·ty /toutǽləṭi | təʊtǽlɨ̀ti/ *n.* **1** 全体であること (entirety); (全体の)完備. **2** 全体 (whole); 全額, 総数, 総計 (total amount): in 〜 全体的に, 全く. **3** 〘天文〙皆既食(の持続時間). 〖《1598》□ (O)F *totalité* // ML *tōtālitātem* ← *tōtālis* 'TOTAL': ⇨ -ity〗

to·tal·i·za·tor /tóuṭəlɨ̀zèɪṭə, -ṭḷ- | tə́ʊtəlaɪzèɪtə^(r), -təlɪ-, -tḷ-/ *n.* **1** 加算器. **2** 《米・カナダ》競馬賭け率計算器, トータリゼーター (pari-mutuel machine). **3** ＝pari-mutuel 1. 〖《1879》□ F *totalisateur*: ⇨ totalize, -ator〗

Tótalizator Àgency Bòard *n.* 《豪》場外馬券公社《場外馬券販売を合法的に管轄する州政府の一機関; 略 TAB》.

to·tal·ize /tóuṭəlàɪz, -ṭḷ- | tə́ʊtəl-, -tḷ-/ *vt.* **1** 合計す

る, しめる. **2** 総力化する: ~*d* war (国家)総力戦. **3** まとめる, 要約する (summarize). **— *vi.*** 競馬賭け率計算器 (totalizator) を用いる. **to·tal·i·za·tion** /tòuṭəlɪzéɪʃən, -ṭl̩- | tòutəlaɪ-, -təlɪ-, -tl̩-/ *n.* 〖(1818) ← TOTAL＋-IZE: cf. F *totaliser*〗

tó·tal·ìz·er *n.* **1** =totalizator 2, 3. **2** (燃料などの)残りの総計を記録する装置《メーターなど》. **3** 《米》加算器. 〖1887〗

tótal lóss *n.* **1** 〘保険〙全損 (cf. partial loss): an actual ~ 現実全損 / ⇨ constructive total loss. **2** 《俗》全然だめ[役に立たぬ]もの; 怠け者, ぐうたら: He is a ~ when it comes to mechanics. 機械のことになると彼はからっきしだめだ.

tótal lúnar eclípse *n.* 〘天文〙皆既月食.

to·tal·ly /tóuṭəli, -ṭli | táutəli, -tli/ *adv.* 全く, 全然, すっかり (wholly, completely): be ~ blind 全く目が見えない / This is ~ different from that. これとそれとは全く違う. 〖1509〗

tótally órdered *adj.* 〘数学〙全順序集合の.

tótally órdered sét *n.* 〘数学〙全順序集合 《linearly ordered set ともいう; cf. partially ordered set, well-ordered set》.

tótal negátion *n.* 〘文法〙全部否定 (↔ partial negation).

tótal préssure *n.* 〘物理〙総圧, 全圧 《流体の動圧 (dynamic pressure) と静圧 (static pressure) との和》.

tótal quálity mànagement *n.* 総合的品質管理 《略 TQM》.

tótal quántum nùmber *n.* 〘物理〙=principal quantum number.

tótal recáll *n.* 完全記憶能力. 〖1926〗

tótal refléction *n.* 〘光学〙全反射 (cf. critical angle 1).

tótal sérialism *n.* 〘音楽〙全面的セリー(技法), セリーアンテグラル 《serialism の技法をリズム・ダイナミックス・音色などに全面的に用いた作曲技法; total serialization ともいう》.

tótal sólar eclípse *n.* 〘天文〙皆既日食.

tótal théater *n.* 〘演劇〙トータル演劇 《音楽・せりふ・舞台装置など効果を最大に利用した舞台劇など》. 〖1935〗

tótal utílity *n.* 〘経済〙(財・サービスの)総効用.

to·ta·qui·na /tòuṭəkí:nə | tàutə-/ *n.* 〘薬学〙=totaquine.

to·ta·quine /tóuṭəkwì:n | táutə-/ *n.* 〘薬学〙トタキン 《アメリカキナの皮から得られるマラリア治療剤; キニーネと他のアルカロイドを含有するが, キニーネより効果が薄い》. 〖← NL *tōtaquīna* ← ML *tōtālis* 'TOTAL'＋Sp. *quina* (⇨ quinine)〗

to·ta·ra /tóutərà:, toutá:rə | táutərə/ *n.* 〘植物〙トータラ 《ニュージーランド産のマキ科イヌマキ属の高木 (*Podocarpus totara*); 家具・建築に用いられる》. 〖(1817) ← Maori〗

tote¹ /tóut | tóut/ 《口語》*vt.* **1 a** (かかえたり背負ったりして)運ぶ, 背負う, 担(かつ)う (carry, bear): ~ a bundle 包みを運ぶ / ~ a gun on one's shoulder 銃を肩にかつぐ. **b** 〈ピストルなどを〉携行する: ~ a pistol. **2** (車・船などで)輸送する, 運ぶ (convey). **— *n.* 1** 《口語》背負うこと, 担うこと, 運ぶこと; 背負う物, 運ぶ物. **2** =tote bag. 〖(1676) □ ? Afr. (Angola) *tota, tuta* to pick up, carry: cf. F *tauter* to remove on rollers〗

tote² /tóut | tóut/ *n.* [the ~] 《口語》=totalizator 2, 3. 〖(1891) 《短縮》〗

tote³ /tóut | tóut/ *vt.* [通例 ~ *up* として] =total 1, 2. 〖(1771) 《短縮》← TOTAL〗

tóte bàg *n.* 《米》トートバッグ 《大きな角型のバッグ[手さげ]》. 〖1900〗

tote bag

tóte bòard *n.* 《口語》賭け率表示盤.

tóte-bòx *n.* (持ち運び可能の)道具箱, 部品入れ. 〖1917〗

to·tem /tóuṭəm | tóutəm/ *n.* **1** トーテム 《未開人, 特にアメリカ先住民の間で種族または氏族に因縁あるものとして世襲的に尊崇する自然物; 特に動物の場合が最も多く, その動物を種族の祖先として崇拝する》. **2** トーテム像 (cf. totem pole). 〖(1760) □ N-Am.-Ind. (? Ojibwa) *ototeman* his relations〗

to·tem·ic /toutémɪk | təu-/ *adj.* トーテム(信仰)の. **to·tém·i·cal·ly** *adv.* 〖(1846): ⇨ ↑, -ic¹〗

tó·tem·ìsm /-mìzm/ *n.* **1** トーテム崇拝, トーテム信仰. **2** トーテム組織[制度] 《トーテムによる氏族の分割, 同一トーテム族間の結婚を禁じるなど社会的風習の体系》. 〖(1791): ⇨ totem, -ism〗

tó·tem·ist /-mɪst | -mɪst/ *n.* **1** トーテム制度の社会に属する人. **2** トーテム研究家. 〖(1881): ⇨ -ist〗

to·tem·is·tic /tòuṭəmístɪk | tàutə-/ *adj.* totemism の; totemist の. 〖(1873): ⇨ -ic¹〗

to·tem·ite /tóuṭəmàɪt | táutə-/ *n.* =totemist. 〖(1904): ⇨ -ite¹〗

tótem pòle *n.* **1** トーテムポール 《トーテムの像を彫刻・彩色した柱で北米北西海岸地方のアメリカインディアンが建てる》. **2** 階級組織, 階層制度 (hierarchy). ***lów* [*bóttom*] *mán on the tótem pòle*** 《米》下っぱ, 重要でない人. 〖1880〗

tótem pòst *n.* =totem pole. 〖1891〗

tót·er /-ṭə | -tə^(r)/ *n.* 運ぶ人, 輸送する人. 〖(1860): ⇨ tote¹, -er¹〗

tóte ròad *n.* 《米》(舗装しない)物資輸送路.

toth·er /tʌ́ðə | -ðə^(r)/ (*also* **t'oth·er** /~/) 《方言》*pron.* (二者の中)もう一方, 片方 (the other): tell one from the ~ どれがどれだかを区別する / tell ~ from which 《戯言》= tell one from the other. **— *adj.*** (二者の中)もう一方の, 他の (the other): ~ day 先日. 〖(*c*1250) *þe toþer* 《異分析》← *þet oþer, þat oþer* the other: the は 16C 以後落ちた〗

to·ti- /tóuṭɪ, -ṭi | tàutɪ, -ti/ 「全部 (whole); 全く (wholly)」の意の連結形: *toti*palmate. 〖□ L *tōti-* ← *tōtus* all, the whole of, entire〗

to·ti·dem ver·bis /tá(:)ṭədèmvə́:bɪs | tɔ̀tɪdèmvə́:bɪs/ *L. adv.* 全くその通りの言葉で. 〖(1659) □ L *totidem verbis* with just so many words, in these words〗

to·tient /tóuʃənt | táu-/ *n.* 〘数学〙トーシェント (⇨ Euler's phi-function). 〖(1879) 《変形》← L *totiē(n)s* so often, so many times ← *tot* so many: QUOTIENT にならったもの〗

tot·i·es quo·ti·es /tóuʃièɪskwóuʃièɪs, tóuʃi:zkwóuʃi:z | tɔ̀tii:skwɔ́tii:s, táuʃi:skwáuʃi:s/ *L. adv.* 〘カトリック〙[…の]度ごとに〔*of*〕, その都度 (every time); 繰り返して, 再三 《善行の度ごとに与えられる全免償についていう; 今日では日に 1 回だけ得ることができる》. 〖(1569) □ L ~ 'as many times as' ∽ (1525) *tocies quociens*〗

tot·ing /tóuṭɪŋ | -tɪŋ/ *n.* 《米南部》(雇い人が主家の)食料を持帰ること; 持帰りの食料. 〖(1911): ⇨ tote¹, -ing¹〗

tòti·pálmate 〘鳥類〙*adj.* 4 本の足指に全部水かきがある, 全蹼(ぜんぼく)の. **— *n.*** 全蹼の鳥 《カモ・ガチョウ・ペリカンなど》. 〖(1872) ← TOTI-＋PALMATE〗

tòti·palmátion *n.* 〘鳥類〙全蹼(ぜんぼく). 〖(1884): ⇨ ↑, -ation〗

to·tip·o·tent /toutípəṭənt, -tnt | təutípətənt, -tnt⁻/ *adj.* 〘生物〙(胚域が)分化全能の (cf. pluripotent, unipotent). **to·típ·o·ten·cy** /-ṭənsi, -tn̩- | -tənsi, -tn̩-/ *n.* 〖(*c*1899) ← TOTI-＋POTENT¹〗

toto ⇨ in toto.

To·to /tóuṭou | táutəu/ *n.* トートー 《The WIZARD of Oz の主人公 Dorothy の飼い犬》.

to·to cae·lo /tóutousí:lou | táutəusí:ləu/ *L.adv.* 天地の隔りで, 全く (entirely): differ ~ 雲泥の差がある / disagree ~ 全然合わない. 〖(1727) □ L *tōtō caelō* by the whole heaven, diametrically〗

tót sỳstem *n.* 〘南ア史〙トット・システム 《農場労働者, 特にブドウ園労働者が賃金の一部をワインで支払われるシステム; dop system ともいう; cf. tot⁴》. 〖1926〗

Tot·ten·ham /tá(:)tnəm, -tn- | tɔ́t-/ *n.* トテナム 《Greater London の北部 Haringey の一部》. 〖OE *Totehām* 《原義》village of Totta (人名): ⇨ home〗

Tóttenham púdding *n.* 《英》豚の飼料 《台所の廃物で作る》. 〖1944〗

tot·ter¹ /tá(:)ṭə | tɔ́tə^(r)/ *vi.* **1** よろめく, ふらふらする, よろめき歩く, よちよち歩く (⇨ stagger SYN): He ~*ed* out of the room. よろめきながら部屋から出て来た. **2** 〈建物などが〉ぐらつく; 〈国家・制度などが〉倒れそうになる: The state was ~*ing* to its fall. その国は今にも滅びそうだった. **3** 衰える, 不安定になる. **4** 《廃》ためらう, 逡巡(しゅんじゅん)する (waver). **— *vt.*** よろめかせる. **— *n.* 1** よろめき, ぐらつき. **2** 《ニューイングランド》=seesaw. **~·er** /-ṭərə | -tərə^(r)/ *n.* 〖(*c*1200) *tot(t)re(n)* to swing □ MDu. *touteren* to swing < OS **taltrōn* (cf. OE *tealtrian* to totter): cf. Norw. 《方言》*totra* to quiver, shake. — n.: (1747) ← (v.)〗

tot·ter² /tá(:)ṭə | tɔ́tə^(r)/ *n.* 《英俗》ばた屋. 〖(1891) ← TOT³＋-ER¹〗

tót·tered *adj.* 《廃》=tattered.

tót·ter·ing /-ṭərɪŋ | -tər-/ *adj.* **1** よろめく, ぐらつく, 揺れる: ~ steps よろよろ歩き / a ~ tower ぐらぐらする塔 / a ~ government 倒れそうな政府 / a ~ reason しっかりしない理由. **2** 《まれ》ぼろぼろになった (cf. tattered). **~·ly** *adv.* 〖(1534): ⇨ totter¹, -ing²〗

tot·ter·y /tá(:)ṭəri | tɔ́t-/ *adj.* よろめく, ふらふらする, ぐらつく (unsteady, shaky). 〖(*c*1755): ⇨ totter¹, -y⁴〗

tot·tie /tá(:)ṭi | tɔ́ti/ *n.* 《英俗》女 《特に性的対象としての》. **— *adj.*** 《主にスコット》とても小さな, ちっちゃな. 〖(1890): ⇨tot¹, -ie〗

tót·ting /-ṭɪŋ | -tɪŋ/ *n.* 《英俗》くずの中の掘り出し物を捜し集めること. 〖(1873): ⇨ tot³〗

tótting-úp *n.* **1** (個々の項目を)合計すること. **2** 《英》(運転免許取り消しになるような)交通違反の累計.

tot·ty /tá(:)ṭi | tɔ́ti/ *n., adj.* =tottie.

Toua·reg /twá:rɛg/ *n.* (*pl.* ~, ~s) =Tuareg.

Tou·at /tú:ət; F. twat/ *n.* トゥーアト 《アフリカ北部の Sahara 砂漠北西部のオアシス群》.

Toub·kal /tu:bká:l/, **Jebel** *n.* トゥブカール(山) 《モロッコ中西部にある山; Atlas 山脈の最高峰 (4,165 m)》.

tou·can /tú:kæn, -ka:n, -kən, tu:kǽn | tú:kæn, -kən/ *n.* **1** 〘鳥類〙オオハシ 《熱帯アメリカ産のオオハシ科の巨大なくちばしを有する羽毛の美しい鳥》. **2** [the T-] 〘天文〙きょしちょう(巨嘴鳥)座 (⇨ Tucana). 〖(1558) □ F ~ □ Port. *tucano* □ S-Am.-Ind. (Tupi) *tucana* 《擬音語》〗

toucan
(*Ramphastos discolorus*)

tou·can·et /tù:kənét, ⌒⌒⌒/ *n.* 〘鳥類〙チュウハシ 《中南米に生息するオオハシ科の体が緑色の小型の鳥の総称; ミドリチュウハシ (emerald toucanet) など》. 〖(1825): ⇨ ↑, -et〗

touch /tʌ́tʃ/ *vt.* **1 a** …に(手・指などで)触る, 触ってみる: Don't ~ the exhibits. 陳列品に手を触れるべからず / ⇨ *not touch with a pair of* TONGS / ~ a person *on* the arm [shoulder] 人の腕[肩]に手を触れる 《注意を引くため》/ ~ one's hat (*to* a person) = ~ one's hand *to* one's hat 帽子に手を上げて(人に)会釈する / I never ~*ed* him. 彼には触りもしなかった 《気に触るようなことは何もしなかった》/ The fur was [felt] smooth to ~. その毛皮は滑らかで手ざわりがよかった (cf. *n.* 2). 日英比較 日本語では「バトンタッチ」のように, タッチを「引き渡す, 引き継ぐ」意味で用いるが, 英語の *touch* にはこの意味はなく, 「バトンタッチ」は pass the baton という. **b** [通例否定構文で] 〈物〉に(みだりに)手を触れる, 〈物を〉(無断で)動かす, いじる: *Nothing* must be ~*ed* before the police come. 警察が来るまで何も触ってはいけない. **c** 〘医学〙触診する (palpate). **d** 〘歴史〙〈王・女王が〉〈人〉に治療のために手で触る: be ~*ed for* scrofula 瘰癧(るいれき)を治すために触ってもらう 《昔英国やフランスで瘰癧は王[女王]に触れてもらえれば治ると信じられた; cf. king's evil》.

2 a 〈物を〉接触させる, 触れ合わせる: ~ glasses *together* (乾杯の時に)グラスを触れ合わせる / ~ gloves *with* one's opponent 〈ボクサーが〉相手とグラブを触れ合わせる / ~ a match *to* kindling マッチをすってたき木に火をつける / ⇨ *touch* ELBOWS. **b** …に接触する, 触れ合っている: His car ~*ed* mine but did no damage. 彼の車が私のと接触したが損傷はなかった / The snow melted as it ~*ed* the earth. 雪は地面に触れると溶けた / ~ pitch ⇨ pitch² *n.* 1. **c** 〘数学〙〈直線が〉〈円などに〉接する.

3 a (手・指などで)軽く押す[打つ]: ~ the bell [switch] ベル[スイッチ]を軽く押す / ~ the keys of a piano [the strings of a harp] ピアノのキーを軽くたたく[ハープの弦に触れて鳴らす] / ~ a horse *with* a whip 馬に軽くむちを当てる. **b** 《古》〈楽器を〉鳴らす, 弾く, かなでる (play); 〈曲を〉奏する, 歌う: ~ the lyre [piano] 竪琴をかきならす[ピアノを弾く].

4 …に関係する, …の利害にかかわる (concern): The matter ~*es* you closely. その問題はあなたと深いかかわりがあります / Anything ~*ing* the problem interested him. その問題に関することは何でも彼の興味を引いた.

5 [通例否定構文で] **a** 〈飲食物などに手をつける, 口にする: He ~*es neither* coffee *nor* tea. コーヒーもお茶も飲まない. **b** 〈金〉に手をつける, 着服する (misappropriate): They took all money but they didn'*t* ~ my credit cards. 金は全部取ったがクレジットカードには手をつけなかった. **c** 〈仕事など〉に手をつける, 〈事業など〉に手を出す, 関係する; …に手出しをする, 干渉する (interfere with): I haven'*t* been able to ~ my work all day. 一日中仕事が手につかなかった / It isn't my business; I won'*t* ~ it. それは私の知ったことではない, 手なんか出しませんよ / The law can'*t* ~ him. 法律も彼をどうすることもできない. **d** 〈試験問題など〉に手をつける (cope with): I couldn'*t* ~ the algebra paper. 代数の問題には手が出なかった.

6 a [通例否定構文または受身で] (接触によって)軽く害する, 少しいためる[傷つける] (injure slightly): The blossom *was* ~*ed* by the frost. 花は霜で少し痛んだ / The horse *was* ~*ed* in the wind. その馬はちょっと息切れしていた / Don'*t* ~ my dog while I'm away. ぼくのいないときに犬をいじめないでよ. **b** [通例否定構文で] …に(物質的に)影響を与える (affect), 変化させる (modify, change): *No* file ~*es* this metal. どんなやすりもこの金属にはきかない / *Nothing* will ~ these stains. 何を使ってもこのしみは落ちない / The experience seems *not* to have ~*ed* him at all. その経験も彼には全然影響を与えなかったようだ. **c** [通例 p.p. 形で] …の精神をそこなう, …の気をふれさす: He's a little ~*ed* (in the head, 《口語》in the upper story). 少し気がふれている.

7 a 〈人・心を〉感動させる, …に同情[感謝, 悔悟など]の念を起こさせる (⇨ affect SYN): The scene ~*ed* her (heart). その光景を見て彼女は感動した / It ~*ed* me *to* the heart. それは私を深く感動させた / The story ~*ed* them *to* tears. その話に感動して彼らは涙を流した / I was ~*ed* by his personal warmth [by his solicitude]. 彼の人間的な温かみ[心遣い]に心を動かされた / She was ~*ed* that you came. 彼女は君が来て(感謝の気持ちで)うれしかった. **b** 〈人の急所を突く; …の感情を害する (wound): The remark ~*ed* him to the quick. その言葉は彼の急所を突いた / That ~*ed* me on a sore spot. それには思わずぎくんと胸を刺される思いがした / You ~*ed* me there. あなたにそれを言われると痛い / ~ a person on the raw ⇨ raw *n.* 1 b.

8 a …に軽く塗る, 軽く描く[染める]〔*with*〕: a drawing ~*ed with* (water) washes 水彩で色を加えた素描 / She ~*ed* her lips *with* red. 軽く唇に紅を差した. **b** …に色合いをつける; に[…の気味を]もたせる〔*with*〕: brown hair ~*ed with* grey 灰色を帯びた褐色の髪の毛 / admiration ~*ed with* envy 嫉妬を交えた賞賛 / The dawn ~*ed* the horizon. 曙(あけぼの)の色が地平線を染めた.

9 《口語》[通例否定構文で] (能力などが)…に匹敵する, かなう, 比肩する (be equal to): *No* one can ~ him *in* tragedy [*as* a tragedian]. 悲劇の分野では[悲劇俳優としては]誰も彼に及ぶ者がない / There are *few* things to ~ sea air *for* bracing you up. 元気をつける点では海の空気に匹敵するものは少ない.

10 …に達する, 届く, 及ぶ (reach): Can you ~ the ceiling? 天井に届くかい / The thermometer just ~*ed*

34° today. 寒暖計は今日はちょうど34度に達した / At times the bobsleigh ~*ed* 80 mph. 時々ボブスレーは時速80マイルにも達した / ~ (the heights of) success (ついに)成功する / ⇨ *touch* BOTTOM.

11 《口語》 **a** 〈人〉から〈金を〉借りる, 〈人〉に〈金を〉せびる 〔*for*〕: He ~*ed* me *for* fifty dollars. まんまと私から50ドル巻き上げた. **b** 〈人〉から〈物を〉すり取る 〔*for*〕.

12 …に軽く言及する, 触れる (mention casually); 取り扱う (treat of) (cf. *vi.* 2): We ~*ed* many topics in our conversation. 我々は座談の中で色々な話題に触れた / a pamphlet that ~*es* social welfare 社会福祉を論じたパンフレット.

13 …と境を接する, …に隣接する, 沿う: The province ~*es* the lake. その州はその湖に接している.

14 〖海事〗〈船が〉…に寄港する, 立ち寄る (stop at) (cf. *vi.* 3 a): ~ port [shore] 〈船が〉寄港する.

15 《古》〖冶金〗 **a** 〈金銀を〉試金石 (touchstone) でためす. **b** 〈金属〉に(純度試験済みの)証印を押す.

— *vi.* **1** **a** 触る, 接触する: Their hands ~*ed*. 互いの手が触れた / Look but don't ~. 見るだけで触るな. **b** (触った時…の)感じがする (feel): This surface ~*es* rough. この表面は触るとざらざらする. **c** 〈王・女王が〉病人に手を当てる《瘰癧(るいれき)を治すために》(cf. *vt.* 1 d). **2** 〔…を〕簡単に論じる, ざっと説く, 〔…に〕言及する 〔*on, upon*〕 (cf. *vt.* 12): The rector ~*ed on* the subject in his sermon. 牧師は説教でその問題にちょっと触れた / You ~*ed upon* rather a tender point. ちょっと痛い所に触れたね. **3** 〖海事〗 **a** 〈船が〉〔…に〕寄港する (cf. *vt.* 14) 〔*at*〕: ~ *at* Naples. **b** 〈帆が〉風を受けて震えるようになる. **4** **a** 〔…に〕境を接する 〔*on, upon*〕: The two states ~. **b** 〔…に〕接近する, 近い (verge) 〔*on, upon*〕: His remarks ~ *on* blasphemy. 彼の言葉は神に対する不敬に近い. **c** 《古》〈時間が〉〔…に〕近づく 〔*on, upon*〕. **5** (絵などに)筆を入れる[加える] (retouch). **6** 《まれ》〔…に〕関係する, 関連する (relate) 〔*on, upon*〕.

nòt tóuch ... with a tén-fóot póle =not touch with (the end of) *a* BARGE POLE. ***tóuch and gó*** (cf. TOUCH *and go* ⇨ *n.* 成句) (1) ちょっと立ち寄ってすぐに去る; 〈飛行機が〉(燃料補給などのため)(短時間)着陸する; 〈船が〉(短時間)寄港する. (2) 〈問題などに〉軽く触れて次に移る. (3) かろうじて成功する. (4) 〈船が〉水底をかすって進む. 《1549》 ***tóuch báse*** (1) 《米口語》 連絡をとる: I just wanted to ~ *base* with you before we made our decision. 決める前に連絡をとりたかった. (2) ベースに着く: He was tagged out before he could ~ *base*. ベースに着く前にタッチアウトになった. ***tóuch bóttom*** ⇨ bottom *n.* 成句. ***tóuch dówn*** (1) 〖航空〗(短時間)着陸する (land); (特に, 燃料補給のため)途中立ち寄る; 〖海事〗陸地に着く: The plane ~*ed down at* the airport for refueling. その飛行機は燃料補給のため空港に着陸した. 《1935》 (2) 〖アメフト・ラグビー〗〈ボールを〉タッチダウンする (cf. touchdown 1 a, 2). 《1864》 ***tóuch ín*** (絵画などで)〈細部を〉描き込む[加える]. 《1871》 ***tóuch óff*** (1) 〈激烈な議論・行動・事業などを〉誘発する, 引き起こす (trigger, spark (off)): The walkout ~*ed off* the worst traffic jam in the city. ストライキはその都市最悪の交通渋滞を引き起こした / The memory ~*ed off* a great wave of emotion. その記憶が大きな感情の波を引き起こした. (2) 〈大砲などに〉点火する, 発射する (discharge); 〈ダイナマイト・感情などを〉爆発させる. (3) 《米》正確に[巧みに]描き出す; 《英》手早く写生する, さっと書き上げる. (4) 〈人を〉出し抜く, 打ち負かす. (5) (リレーで)〈次の走者〉に手を触れて出走させる, タッチする. 《1758》 ***tóuch óut*** 〖野球〗〈走者を〉タッチアウトにする. 日英比較 「タッチアウトする」は英語では tag out の方が普通. また,「タッチアップする」は tag up を用いる方が多い. ***tóuch the ríght chórd*** ⇨ chord 成句. ***tóuch úp*** (1) 〈絵・文章などを〉ちょっと変える, 仕上げる, 〈写真などを〉修整する (improve); 〈顔などの〉化粧の仕上げをする: Before the mirror she ~*ed up* her lips and face. 鏡に向かって唇やほおのあたりのお化粧に手を加えた / This photo needs to be ~*ed up*. この写真には修整が必要だ. (2) 〈記憶などを〉呼び起こす (jog). (3) 《英》〈人を〉怒らせる. (4) 《英口語》〈口説こうとして相手の体に〉触る, 愛撫する (《米》 feel up): He tried to ~ me *up* at the office party. 会社のパーティーでみだりに体に触れようとした. (5) 〈馬などに〉軽くむちを当てる. 《1715》 ***tóuch wóod*** ⇨ wood 成句.

— *n.* **1** **a** 触れること, 触ること, 接触 (contact): feel a ~ on one's arm 腕にだれ[何]か触るのを感じる / give a person a ~ 人に触る / salute with a ~ to one's hat 帽子に手をやって会釈する (cf. *vt.* 1 a) / It will break *at* a [the slightest] ~. ちょっと触れただけでもそれはこわれる / *At* a ~ he yielded. 一押しで彼は折れた[譲歩した] / ⇨ royal touch / In the darkness he located his position by ~ alone. 暗闇で彼は手ざわりだけで場所を確かめた. **b** 〖医学〗触診.

2 触覚, 触感; 手ざわり, 感触: the sense of ~ 触覚, 触感 / the velvety ~ of a fabric 織物のビロードのような柔らかい感触 / It is soft [rough] to the [my] ~. 手[肌]ざわりが柔らかい[ざらざらする]. ★ ラテン語系形容詞: tactile.

3 軽く押す[打つ]こと 〔*of*〕: *at* the ~ *of* a bell ベルを軽く押すと / give a horse a ~ *of* the spurs 馬に軽く拍車を当てる.

4 (精神的)接触, 交渉, 連絡 (contact, communication); 共鳴[熟知]している立場 〔*with*〕: I've been trying to get *in* ~ *with* you all afternoon. 午後ずっとあなたと連絡を取ろうとしていました / Would you put me *in* ~ *with* him? 彼と話ができるように取り計らってくださいませんか / They keep [stay] *in* constant [close] ~ (*with* each other). 二人は絶えず[密接に]連絡を取り合っている / Goodbye for now, but keep *in* ~ (*with* me). ではさようなら, でも連絡してね / He was always *in* ~ *with* public opinion. 常に世論に通じていた / She was *out of* ~ *with* reality. 彼女は現実を認識していなかった[実情にうとかった] / I've lost ~ *with* her. =She and I have lost ~. 彼女と連絡が取れなくなった / In this village I feel *out of* ~ (*with* things). この村では何か場違いな感じがする.

5 (筆・鉛筆・ペンなどでの)一筆 (stroke, dash); 筆致, 筆法, 筆触; 仕上げ, タッチ (workmanship): a happy ~ 巧みな筆致[表現] / finishing ~*es* 仕上げ / a sculpture with a bold ~ 鑿(のみ)の使い方が大胆な彫刻 / add a few ~*es* 二, 三筆加える / He put the final ~*es* to his preparations for the journey. 旅行の準備の最後の仕上げをした.

6 **a** 手際, こつ, 技巧, 熟練 (knack, skill): the Nelson ~ (難局に処する)ネルソンのような手際 / The doctor had an expert ~ with the cannula. その医師はカニューレ操作にかけてはすばらしい技量をもっていた. **b** 特殊能力, 才覚, 腕前: lose one's ~ 腕前が落ちる.

7 [通例 a ~] **a** 気味, ちょっぴり, 少量 (trace, dash) 〔*of*〕: with *a* ~ *of* spite [irony, asperity] in one's voice ちょっと声に悪意[皮肉, 厳しい調子]を帯びさせて / *a* ~ *of* spring in the air あたりに感じる春の気配 / He felt *a* ~ *of* regret [impatience]. ちょっと残念な[じれったい]気持ちになった / She has *a* ~ *of* real genius. 彼女は本当に天才的なところがある / I want *a* ~ *of* salt [sugar]. 少し塩気[甘み]がほしい / It's just *a* ~ *of* headache. ちょっと頭痛がするだけだ. **b** ちょっとした印象[感じ]: Some ~ *of* compunction smote him. いささか良心の呵責(かしゃく)を感じた. **c** (病気などの)軽い障(さわ)り, 気味, 異常; (気などの)ふれ (taint): *a* ~ *of* rheumatism [gout, flu] リューマチ[痛風, インフルエンザ]の気み. **d** 短い[簡単な]言及, 暗示 (hint).

8 [a ~; 副詞的に] 少し (a bit): He is *a* ~ more sensible. 彼はもうちょっと話がわかる.

9 特質, 特徴 (trait); 特質の現れ: a characteristic ~ (話などの)特徴, 癖 / ⇨ personal touch / the ~ of a master 巨匠の特徴《いかにも巨匠らしい格調》/ a human ~ 人間味, 人情味 / ⇨ common touch / a ~ of nature 生来の特性, 人情味(の流露); (俗に)共感を呼ぶ感情の表示 / One ~ of nature makes the whole world kin. 気脈が通じれば世界の人はみな親族となる (Shak., *Troilus* 3. 3. 175) / He was a man of about fifty, with a ~ of the scholar in his stooping shoulders. ねこ背加減になっているところに学者らしい風貌をうかがわせる50がらみの男だった / She has [There is] a ~ of the poet (about her). 彼女には詩人らしいところがある.

10 **a** 〖音楽〗タッチ《鍵盤楽器, 特にピアノの打鍵法; 演奏様式》; (ピアノなどの鍵とアクションの)タッチ, 手応え: This piano has a very stiff [light] ~. このピアノは手応えが堅い[軽い] / This piano is wanting [lacking] in ~. このピアノは鍵の弾力が弱い. **b** 〖鳴鐘法〗鐘の鳴らし方の一種《種々の音色をもつ教会の組鐘の一部を強からず鳴らす一連の鳴らし方》.

11 タッチ: **a** 〖ラグビー〗タッチラインとその外側の部分: in [into] ~ タッチになって; 競技停止中で. **b** 〖サッカー〗タッチラインより外側の部分. **c** 〖タッチフットボール〗ボールを持つプレーヤーに守備側プレーヤーが両手で触れること; プレーはその場でアウトとなる. **d** 〖フェンシング〗トゥシュ, 突き, 斬り《foil や épée の先または saber が相手の有効面に触れること; ポイントになる》.

12 鬼ごっこ (tag): play a game of ~.

13 《口語》 **a** (金を)借りる[巻き上げる, 盗む]こと: make a ~ 金[物]をせびる / He put the ~ *on* her *for* another fin. 彼女にまた5ドルの無心をした. **b** 借りた[巻き上げた, 盗んだ]金. **c** [修辞語を伴って] 金を巻き上げられた人: ⇨ soft touch, easy touch.

14 《俗》 **a** 物を買わせる法. **b** (…ほどの値で)売れる物: a dollar ~ 1ドルほどの(値の)物. **c** (いかがわしいやり方で得た)売上げ (sale).

15 〖物理〗(鋼片の)接触磁化.

16 《古》 **a** 試金石 (touchstone); 試金石による試験: now do I play the ~ 今こそ私が試金石の役を演じよう (Shak., *Rich III* 4. 2. 8). **b** 試験 (test); 標準 (criterion). **c** 〖冶金〗(金銀の純分が規定通りであることを示す)極印《現在では hallmark》, (金銀などの純度試験済みの)証印; (金銀などの)純度. ★ 通例次の句で: bring [put] something to the ~ 《古》あるものを試す.

17 《まれ》《婉曲》性的接触, 性交: free from ~ or soil with her 彼女と不純な関係になく (Shak., *Measure* 5. 1. 141).

a tóuch of the sún (1) 軽い日射病. (2) 精神的な弱さ, 精神異常[錯乱]. ***tóuch and gó*** (cf. touch-and-go) (1) ちょっと触れて離れること, 素早い動き. (2) 軽く論じ去って他に及ぶこと. (3) きわどさ, 不安定な状態, 一触即発. (4) =touch-and-go. 《1655》

tóuch·less *adj.* 〘(?a1300) *touche(n)* ◻ OF *tochier* (F *toucher*) < VL **toccāre* to knock, strike, touch ← **tok* light blow 《擬音語》?: cf. G *zucken* to twitch / It. *toccare*. — *n.*: (c1300) ← (v.)〙

touch·a·ble /tʌ́tʃəbl/ *adj.* **1** 触れることのできる, 触知できる (tangible). **2** 感動させることのできる. **~·ness** *n.* **tòuch·a·bíl·i·ty** /-əbíləti | -ləti/ *n.* 〘(c1395): ⇨ ↑, -able〙

touch-and-gó *adj.* **1** ちょっと触ると破裂する, 一触即発の; 〈状況が〉きわどい, 危ない, 不安定な (risky, uncertain): a ~ business 危ない綱渡り / It was ~ *with* him. 彼にとっては生きるか死ぬかの瀬戸際だった / It is ~ whether I will pass the exam. 試験にとおるかどうかきわどいところだ. (cf. TOUCH *and go n.*) **2** 触れては進む; ぞんざいな, ざっとした (hasty, desultory): a ~ dialogue 話題があちこちに飛ぶ対話 / ~ sketches ざっとしたスケッチ. **— *n.*** 〖航空〗タッチアンドゴー《操縦訓練のために飛行機を滑走路に接地させ, 引き続き離陸させること》. 〘(1812) ← *touch and go* (⇨ touch (n.) 成句)〙

tóuch·bàck *n.* 〖アメフト〗タッチバック《一方のチームがキックまたはパスしたボールを相手チームのプレーヤーが自軍エンドゾーン内で受け取り, そのボールをダウン (down) すること; 20ヤードラインから受け取ったチームの攻撃となる; cf. safety 4》. 〘c1890〙

tóuch bòdy [còrpuscle] *n.* 〖生物〗=tactile corpuscle. 〘1876〙

touch·down /tʌ́tʃdàʊn/ *n.* **1** 〖アメフト〗 **a** タッチダウン《ボールキャリアーが敵のゴールラインを越えるかまたはエンドゾーンに入ること; 6点となる》. **b** タッチダウンで得た得点. **2** 〖ラグビー〗タッチダウン《防御側が味方のインゴールでボールを押さえること》. **3** 〖航空〗(着陸時の車輪の)接地. 〘1864〙

tou·ché /tuːʃéɪ | ⌐–, –⌐; *F.* tuʃe/ *n.* **1** 〖フェンシング〗トゥシュ (⇨ touch 11 d). **2** (討論における)急所を突いた言葉や論法. **— *int.*** **1** 〖フェンシング〗トゥシェー《トゥシュ (touch) により1本取った時にいう》. **2** 一本参った, うまい《討論会などで相手の巧みな論法や機知のある受答えに対していう》. 〘(1904) ◻ F ~ (p.p.) ← *toucher* 'to TOUCH'〙

touched *adj.* **1** 《感謝などで》感動した, 《同情して》心を動かされた. **2** 《口語》少し気のふれた (slightly crazed): He is a bit ~ in the head. 少し気がふれている. 〘(a1396) ← TOUCH＋-ED 1〙

tóuch·er *n.* **1** 触れる人[物]. **2** 《英俗》危機一髪 (close shave): near as a ~ ほとんど, まさに, あやうく / a near ~ 危機一髪. **3** 〖球技〗(bowls 遊戯で)静止する前に目的球 (jack) に触れる木球 (bowl). 〘1435〙

tóuch fóotball *n.* 《米》タッチフットボール《アメリカンフットボールの tackle を touch におきかえてする競技; cf. touch *n.* 11 c》. 〘1933〙

tóuch·hòle *n.* (中世末期ないし近世初期の大砲の)火門, 点火孔《熱した釘や道火(どうか)を挿入して内部の火薬に点火する砲尻の孔》. 〘(1501) ← 《廃》*touch(powder)* powder used for priming a gun＋HOLE〙

touch·ie-feel·ie /tʌ́tʃifíːli/ *adj.* =touchy-feely.

touch·ing /tʌ́tʃɪŋ/ *adj.* 人の心を動かす, 人を感動させる, 悲壮な, いじらしい (pathetic) (⇨ moving SYN): a ~ tale [incident] 痛ましい物語[出来事] / She was so ~ in her simplicity. 彼女の単純さは全くいじらしかった. **— *prep.*** [しばしば as ~ として] 《古・文語》 …について, …に関して (concerning, about) (cf. touch *vt.* 4): ~ the subject of our conversation 我々の話題に関して / *As* ~ the gulls, they build in rocks. カモメについて言えば彼らは岩間に巣を作る.

~·ly *adv.* **~·ness** *n.* 〘prep.: (a1325) 《なぞり》 ← (O)F *touchant* (pres.p.) ← *touch(i)er*: ⇨ touch, -ing². — adj.: (1508)〙

tóuch-in-góal *n.* 〖ラグビー〗タッチインゴール《競技場の四隅(すみ)に接しゴールラインおよびタッチラインの延長にはさまれた区域》.

tóuch-in-góal lìne *n.* 〖ラグビー〗タッチインゴールライン《タッチラインの延長で, ゴールラインとデッドボールラインの間の部分》.

tóuch jùdge *n.* 〖ラグビー〗線審, タッチジャッジ.

tóuch kìck *n.* 〖ラグビー〗タッチキック《タッチラインを越えるキック》.

tóuch·làst *n.* 《英》〖遊戯〗鬼ごっこ《最後に触れられた者が鬼になる子供の遊戯》. 〘1825〙

tóuch·line /tʌ́tʃlàɪn/ *n.* **1** 〖サッカー・ラグビー・アメフト〗側線, タッチライン《両ゴールライン (goal line) を直角に結ぶ二本の側線》. **2** 《英》=sideline 4. 〘1868〙

tóuch·màrk *n.* (宝石・貴金属の)純度表示極印. 〘1904〙

tóuch-me-nòt *n.* **1** 〖植物〗ツリフネソウ科ツリフネソウ[ホウセンカ]属 (*Impatiens*) の草本の総称 (jewelweed); (特に)キツリフネ (*I. nolitangere*) 《noli me tangere ともいう; cf. impatiens》. **2** 触れてはならない人[もの, 話題]; 尊大な人; (特に)冷たくよそよそしい女. **3** 《廃》〖病理〗=noli me tangere 5. 〘(1597) 《なぞり》 ← NOLI ME TANGERE: ホウセンカの pod は手を触れるとはじけて種子がこぼれやすいことから〙

tóuch nèedle *n.* 〖金属加工〗試金針《純金または銀との合金の針; 他の合金を試金石で吟味する際に標準として用いる》. 〘1763–66〙

tóuch pàd *n.* タッチパッド: **1** 触れるだけで電子機器を遠隔制御できる携帯用操作盤. **2** 〖電算〗感圧面上で指を動かすことによるポインティングデバイス. 〘1980〙

tóuch·pàper *n.* 導火紙《爆薬や花火などの点火に用いる硝石に浸した紙》. ***light the* (*blue*) ...** 《英》《論争などの》火種となる, 物議をかもす《花火の注意書 light the blue touch paper and retire immediately から》. 〘1750〙

tóuch·pìece *n.* お手付け金《昔英国の王が瘰癧(るいれき)の治療のためにさわってやった人に与えた angel 金貨またはメダル; cf. king's evil, royal touch》. 〘1844〙

tóuch scrèen *n.* タッチスクリーン《直接画面に触れて位置を指定することのできる入力機能を備えたディスプレー用スクリーン》. 〘1974〙

tóuch-sénsitive *adj.* **1** 〈コンピューターの入力装置などが〉指でさわると働く. **2** 〈電子ピアノのキーなどが〉タッチの強さに反応する.

tóuch·stòne *n.* **1** 〖鉱物〗試金石《黒色緻密(ちみつ)な石英の集合体; この岩石に条痕をつけて金・銀の純度を試験するのに用いる; Lydian stone ともいう》. **2** 《比喩》(試験の)標準, 基準 (criterion). 〘1481–83〙

tóuch sỳstem *n.* タッチシステム《タイプライターのキーを見ずに打つ (touch-type) 方法; cf. HUNT and peck》.

tóuch-tòne *adj.* タッチトーンの《プッシュボタン式電話(システム)についていう》. ― *n.* タッチトーン式電話機; タッチトーン式電話機の各ボタンを押したときに発する音. 〖← *Touch-Tone*《商標》〗

tóuch-týpe *vi.* タッチシステム (touch system) でタイプライターを打つ. **tóuch-týpist** *n.* 〖1962〗

tóuch-ùp *n.* **1** (写真・絵などの)修整 (retouch). **2** 《口語》(異性への)言い寄り (cf. TOUCH *up* (4)). 〖1885〗

tóuch-wòod *n.* 火口(ほくち) (punk, amadou). 〖1579〗

touch·y /tʌ́tʃi/ *adj.* (**touch·i·er**; **-i·est**) **1** 怒りっぽい, すぐかっとなる, 短気な, 性急な (testy) (⇨ irritable SYN): I am ~ *about* the thinness of my hair. 髪の毛の薄いことをいわれると腹が立つ. **2** 〈問題・仕事が〉面倒な, やっかいな, 扱いにくい (ticklish): a ~ issue. **3** 〈体の部分が〉鋭敏な, 過敏な (oversensitive). **4** 〈化学製品が〉燃えやすい, 引火[爆発]しやすい. **tóuch·i·ly** /-tʃɪli/ *adv.* **tóuch·i·ness** *n.* 〖(1605)《変形》← TETCHY: touch との連想による: ⇨ touch, -y¹〗

tóuchy-féel·y /-fíːli/ *adj.* 《口語》感受性訓練 (sensitivity training) (式)の, 触れ合って感じ合う《感情表現の際など人間同士の直接的触れ合いを特徴とする[大切にする]; 感じていること[愛情など]を相手に伝わるよう隠さず[過度に]表出する》.

tough /tʌ́f/ *adj.* (~·**er**; ~·**est**) **1** 頑強な, 手ごわい; 強情な, 一徹な (stubborn): ~ opposition [resistance] 頑強な抵抗 / a ~ opponent [rival] 手ごわい相手 / a ~ customer [nut] 手に負えぬ人. **2 a** 乱暴な, 無法な (vicious, ruffianly): ⇨ tough guy. **b** 〈場所が〉ごろつき[よた者]のうろつく[多い], 柄の悪い: a ~ waterfront. **3** 〈人・動物(の体)が〉頑丈(がんじょう)な, 強い, 丈夫な (robust) (⇨ strong SYN); 〈精神・性格が〉たくましい, 不屈の (hardy): a ~ worker, soldier, etc. / a ~ constitution 頑丈な体格 / a ~ people たくましい民族 / as ~ as old boots [nails] =very ~. **4** 《口語》 **a** 不愉快な, つらい (disagreeable), ひどい (bad): ~ luck つらい運命, 不運 / have a ~ time つらい目に遭う / Things are ~ *on* [*for*] everybody. 世の中はだれにとってもつらいもの. **b** [間投詞的に, 時に皮肉に] ついてないね, お気の毒さま. **5 a** 〈解決・達成・取扱いなどが〉困難な, 難しい (difficult); 〈仕事などが〉骨の折れる, やっかいな (laborious): a ~ problem, job, etc. / a ~ question to answer 答えにくい問題 / Japanese is one of the ~*est* languages in the world. 日本語は世界中で最も難しい言語の一つだ. **b** 信じられない (incredible): a ~ story [yarn] 信じられない話 / *Tough!* 《俗》まさか《そんなことは信じられない》. **6** 厳しい, 強硬な (severe): a ~ law 厳しい法律 / a ~ policy 強圧政策 / ~ love 愛のむち / get ~ *with* a person [*on* crime] 人[犯罪]に厳しい態度をとる. **7** 〈戦いなど〉激しい, 激烈な (violent): a ~ fight [contest] 激しい戦闘[試合]. **8** 強い, 曲がっても折れない, こわい, 堅い, 硬い (↔ tender, soft) (⇨ firm SYN): ~ meat, fiber, paper, steel, etc. / a beefsteak as ~ as leather 革のように固いステーキ. **9** 〈粘土など〉粘りのある, 腰の強い, ねばつく (sticky). **10** 現実的な (realistic), 冷徹な, 非情な (hardboiled): a ~ writer ハードボイルド作家. **11** 《米俗》すばらしい, 見事な (fine, excellent) 《賞賛のことば》.

― *adv.* 《口語》頑強に; 乱暴に; 冷酷に; 厳しく (toughly): act [talk] ~.

― *n.* 《口語》よた者, ごろつき, 無頼漢 (ruffian, tough guy): a street ~ 町のよた者.

― *vt.* 〈困難〉に耐える[を忍ぶ] 〈*out*〉: ~ the winter *out* 冬を耐え忍ぶ / ~ it *out* 《口語》耐え忍んでやり通す (cf. rough 1).

~·ly *adv.* **~·ness** *n.* 〖OE *tōh* < Gmc **tanχuz* holding fast (Du. *taai* / G *zäh*) ← IE **denk-* to bite〗

tough·en /tʌ́fən/ *vt.*, *vi.* **1** 強くする[なる], こわくする[なる]; 頑丈(がんじょう)にする[なる], たくましくする[なる] 〈*up*〉: ~ stomach muscles 腹筋を強くする / His hands were ~*ed* from the manual work of many years. 彼の手は長年の労働でごつごつしていた. **2** 〈規制・罰則などを〉厳しくする, 強化する 〈*up*〉. **3** 粘り強くする[なる]. **4** 頑固(がんこ)にする[なる], 強情にする[なる]. **5** 困難にする[なる]. **~·er** *n.* 〖(1582): ⇨ ↑, -en¹〗

tóugh gúy *n.* 《口語》腕っぷしの強い男, タフガイ; 強靭な[不屈の, 動じない]男; やくざ, 悪党.

tough·ie /tʌ́fi/ *n.* 《口語》 **1** たくましい男; 好戦的な男. **2** 難問[題], 難局. **3** 非情な[ハードボイルドな]映画[小説]. 〖(1929): ⇨ tough, -ie〗

tóugh·ish /-fɪʃ/ *adj.* **1** 少し強い, ややこわい; やや丈夫な. **2** やや粘り強い. **3** やや強情な. **4** やや困難な. 〖(1776): ⇨ tough, -ish¹〗

tóugh-mínded *adj.* **1** 〈態度・考え方など〉実際活動向きの, 感傷的でない. **2** 意志強固な, (性格的に)強い. **~·ly** *adv.* **~·ness** *n.* 〖1907〗

tóugh pítch *n.* 〖冶金〗精銅の柔軟で可鍛的な状態; 柔軟で可鍛的状態の精銅. 〖1881〗

tough·y /tʌ́fi/ *n.* =toughie.

tou·jours /tuːʒúə | -ʒúə^(r); *F.* tuʒuːʁ/ *adv.* いつも, 常に; 永遠に. 〖(1711) □ F ~ 'always'〗

Toul /túːl; *F.* tul/ *n.* トゥール《フランス北東部, Moselle 河畔の都市》.

Tou·lon /tuːlɔ́ː(ŋ), -lɔ́ːŋ; *F.* tulɔ̃/ *n.* トゥーロン《フランス南東部の都市; 海軍基地》.

Tou·louse /tuːlúːz; *F.* tuluːz/ *n.* トゥールーズ《フランス南部, Garonne 河畔の都市で Haute-Garonne 県の県都, もと Languedoc 地方の主都》.

Tou·louse-Lau·trec /tuːlúːzloutrék | -ləʊ-; *F.* tuluzlotʁɛk/, **Henri** (**Marie Raymond**) **de** *n.* (トゥールーズ)ロートレック《1864–1901; フランスの画家・版画家; パリのモンマルトルの歓楽と哀愁を描く》.

toun /túːn/ *n.* 《スコット》=town.

tou·pee /tuːpéɪ | ⌐–, –⌐/ *n.* **1** 毛の房 (tuft, lock); (昔用いた)付け前髪, (かつらの頂上の)飾り毛. **2** はげ隠しのかつら[入れ毛]. 〖(1727) □ F *toupet* tuft of hair, forelock (dim.) ← OF *to(u)p* □ Frank. **top* (cf. G *Zopf*): ⇨ top¹〗

tou·pet /tuːpéɪ | ⌐–, –⌐; *F.* tupɛ/ *n.* (*pl.* ~**s** /~z; *F.* ~/) =toupee. 〖1728〗

tour /túə | túə^(r), tɔ́ː^(r)/ *n.* **1 a** (劇団の)巡業: go on ~ 巡業する / actors on ~ 巡業中の役者, 旅回りの役者 / a ~ of the country=a provincial ~ 田舎回り, 地方巡業. **b** (ラグビーチームなどの)海外遠征. **2** (商用・観光・視察などの)漫遊, 巡遊, 周遊, 観光旅行 (⇨ trip¹ SYN): a cycling [motoring, walking] ~ 自転車[自動車, 徒歩]旅行 / a circular ~ 周遊, 一周旅行 / a foreign ~ 外国旅行 / a ~ of inspection 視察旅行 / go on a ~ 旅行に出かける, 周遊する / make a ~ of the world [the country, the factory] 世界[全国, 工場]を観光旅行[一巡, 見学]する / take a ~ of the building 建物の中を見て回る / a knight's ~ 騎士の巡歴; 〖チェス〗ナイトが盤面を一巡すること / I was on a lecture ~ in Japan. 日本を講演旅行していた / ⇨ grand tour. 日英比較 日本語の「ツアー」は団体旅行の意で使われるが, 英語の *tour* は周遊して出発点に戻る旅行のことで, 人数には関係がない. また, 日本語の「ツアー」はかなり遠方に行く意を含むが, 英語の *tour* は必ずしも遠方でなくても用い, たとえば工場内を見学して一周するようなものも *tour* という. **3** 遠足, 散策 (rambling excursion, walk): a ~ of observation through the town 町をぶらぶら見て歩くこと, 町の見物. **4** 〖軍事〗(隊員または部隊が一つの服務場所にとどまる)服務期間, 勤務期間: a ~ of duty in the Pacific 太平洋での勤務期間. **5** (工場の)交代 (shift): three ~*s* a day 1 日 3 交代. **6** (郵便配達人の)区間の一巡. **7** (数日間にわたる)自転車ツアー競技. **8** 〖ダンス〗旋回 (turn).

― *vi.* **1** (観光)旅行する, 漫遊する, 旅行する, 周遊する: go ~ing in Europe ヨーロッパを周遊する. **2** 巡業する: ~ing companies 巡業中の劇団. **3** 歩む, 進む (proceed); 〈車が〉ゆるい速力で走る. ― *vt.* **1** 〈場所を〉見て歩く, 見学[周遊]する. **2** 〈人を〉見学[周遊]に連れて行く. **3** 〈劇を〉巡業で上演する.

〖(*c*1290) □ (O)F ~ < L *tornum* lathe □ Gk *tórnos* tool for making a circle, lathe: cf. turn〗

tou·ra·co /túə^(r)əkòu | túərəkəʊ/ *n.* (*pl.* ~**s**) 〖鳥類〗エボシドリ《アフリカ産で真紅と緑の羽毛と高い冠毛をもつエボシドリ科の鳥類の総称; エボシドリ (*Turaco leucotic*) など》. 〖(1743) □ F ~ ← W-Afr. (現地語)〗

Tou·raine /turéɪn, -rén | -réɪn; *F.* tuʁɛn/ *n.* トゥレーヌ(県)《フランス西部の旧県, 県都 Tours》.

Tou·rane /*F.* tuʁan/ *n.* トゥーラン《Da Nang の旧フランス語名》.

tour·bil·lion /tuəbɪ́ljən | tuə-/ *n.* (*also* **tour·bil·lon** /~; *F.* tuʁbijɔ̃/) **1 a** 旋回しながら舞い上がる花火. **b** つむじ風. **c** (つむじ風・渦巻の)渦 (vortex). **2** 〖時計〗ツールビヨン: **a** 一つの枠に納められて全体として回転する形式の脱進機. **b** その脱進機をもつ携帯時計. 〖(*c*1477) □ F *tourbillon* whirlwind < OF *torbeillon* ← L *turbō* whirlwind: cf. turbine〗

Tour·coing /tuəkwǽ(ŋ), -kwǽŋ | tuə-; *F.* tuʁkwɛ̃/ *n.* トゥルクワン《フランス北部ベルギー国境近くにある都市; 戦跡 (1914, 1918)》.

tour de force /tùədəfɔ́əs | tùədəfɔ́ːs, tɔː-; *F.* tuːʁdəfɔʁs/ *n.* (*pl.* **tours de force** /~/) **1** 力業(ちからわざ), 離れ業, 大手腕: He performed some ~ of analytical reasoning in those cases. そういった場合に分析的な推理の離れ業をやってのけた. **2** (芸術上の)力作. 〖(1802) □ F ~ 'feat of strength'〗

Tóur de Fránce /-frǽns | -fráːns; *F.* -fʁɑ̃ːs/ *n.* [the ~] ツール ド フランス《毎年フランスで開かれる自転車レース; 3 週間で約 4,800 km の距離を走破する》. 〖(1922) □ F ~ 《原義》tour of France〗

tour d'ho·ri·zon /tùədɔːrizɔ́ː(ŋ), -zɔ́ːŋ | tùə-; *F.* tuʁdɔʁizɔ̃/ *n.* 概観. 〖(1964) □ F ~ 《原義》tour of the horizon〗

tour d'i·voire /tùədiːvwáə | tùədiːvwáː^(r); *F.* tuːʁdivwaːʁ/ *n.* 象牙の塔 (ivory tower). 〖(1837) □ F ~ 'TOWER' of ivory'〗

Tou·ré /tuːréɪ; *F.* tuʁe/, **Ah·med Sé·kou** /amɛd seku/ *n.* トゥーレ (1922–84; アフリカの政治指導者; ギニア共和国大統領 (1958–84)).

tou·relle /tuːrél; *F.* tuʁɛl/ *n.* =turret 1. 〖(*a*1325) □ F ~ (dim.) ← *tour* 'TOWER'〗

tour en l'air /tùə^(r)aːnléə | tùəraːnléə^(r); *F.* tuʁɑ̃lɛːʁ/ *n.* (*pl.* **tours en l'air** /tùəzaːn- | tùə-; *F.* tuʁzɑ̃-/) 〖バレエ〗トゥールアンレール《力強く上方に跳躍して体を一回転させる技術で, バレエの基礎技術の一つ》. 〖(1977) □ F ~ 'turn in the air'〗

tour·er /túə^(r)rə | túərə^(r)/ *n.* **1** 《英》=touring car. **2** ツアー競技用の自転車. 〖(1927): ⇨ -er¹〗

Tou·rétte sỳndrome /turét- | tuər-; *F.* tuʁɛt-/ *n.* 〖病理〗トゥーレット症候群《声帯けいれんなどの不随意運動を繰り返す神経の疾患; 脅迫行為や汚言などを伴う》. 〖(1972) ← *Georges Gilles de la Tourette* (1857–1904: フランスの医師)〗

tour·ing /túə^(r)rɪŋ | túər-, tɔ́ːr-/ *n.* **1** tour に参加すること; (観光)旅行[周遊]すること. **2** (楽しみとしての)クロスカントリースキー. 〖(1818): ⇨ -ing¹〗

tóuring càr *n.* ツーリングカー, 旅行向き自動車: **1** ほろ型観光用自動車《通例 4 ドアで 5–6 人乗り; tourer, phaeton ともいう》. **2** (スポーツカーと区別して)通常 2 ドアのセダン. 〖1903〗

tour·ism /túə^(r)rɪzm | túər-, tɔ́ːr-/ *n.* **1 a** 観光旅行. **b** [集合的] 観光客, 観光団 (touring party). **2** 旅行案内業, 観光事業. 〖1811〗

tour·ist /túə^(r)rɪst | túərɪst, tɔ́ːr-/ *n.* **1 a** 観光客, 旅行者. **b** [形容詞的に] 観光客の[のための, に適した]: a ~ party 観光団 / a ~ ticket 回遊[遊覧]切符 / ~ spots 観光地. **2** 海外遠征中のスポーツ選手. **3** =tourist class. ― *adv.* ツーリストクラスで. ― *vi.* 観光旅行する. ― *vt.* 観光旅行中に訪問する. 〖1780〗

tóurist àgency *n.* 旅行案内社[所], 旅行代理店. 〖1895〗

tóurist càr *n.* (鉄道の)寝台車《座席が寝台に換えられる方式で, Pullman car より設備は劣るが低廉》. 〖1895〗

tóurist càrd *n.* ツーリストカード《通例一定期間パスポートやビザの代わりに旅行者に発行される証明書》. 〖1971〗

tóurist-clàss *adj.* (客船・列車・飛行機などの)ツーリストクラス[2 等]の. ― *adv.* ツーリストクラスで.

tóurist clàss *n.* (客船・列車・飛行機などの)ツーリストクラス (cf. cabin class). 〖1936〗

tóurist còurt *n.* 《米》=motel. 〖1937〗

tóurist hòme *n.* 《米》(観光客向けの)民宿.

tour·is·tic /tuə^(r)rɪ́stɪk | tuər-, tɔːr-/ *adj.* 観光旅行の; 観光客の. **tour·ís·ti·cal·ly** *adv.* 〖(1848): ⇨ -ic¹〗

tour·ist·ry /túə^(r)rɪstri | túərɪs-, tɔ́ːr-/ *n.* **1** 旅行, 周遊 (touring). **2** [集合的] 旅行者, 観光団 (tourists). 〖1878〗

tóurist tràp *n.* 観光客相手に暴利をむさぼる店[レストラン, ホテルなど]. 〖1939〗

Tóurist Tròphy *n.* [the ~] ツーリストトロフィー《毎年 Man 島で行なわれるオートバイの国際ロードレース; 略 TT》. 〖1907〗

tour·ist·y /túə^(r)rɪsti | túərɪs-, tɔ́ːr-/ *adj.* 《口語》[しばしば軽蔑的に] **1** 旅行者[観光者]の. **2** 観光者向きの, 観光客でにぎわう: ~ stops 観光客向きの滞在地. 〖(1906): ⇨ -y¹〗

tour je·té /tùəʒətéɪ | tùə-; *F.* tuʁʒəte/ *n.* (*pl.* ~**s** /~/) 〖バレエ〗トゥールジュテ《片足踏切りで跳び上がって空中で一回転し, 他方の足で着地する技術; jeté en tournant ともいう》. 〖□ F ~ 'flung turn'〗

tour·ma·line /túəməlɪ̀n, -lìːn | túəməlìːn, tɔ́ː-, tɔ́ː-, -lɪn/ *n.* (*also* **tour·ma·lin** /-lɪ̀n | -lɪn/) 〖鉱物〗電気石(でんきせき), トルマリン ((Na, Ca)(Li, Mg, Fe, Al)$_3$(Al, Fe)$_6$(BO$_3$)$_3$(Si$_6$O$_{18}$)(O, OH, F)$_4$) (⇨ birthstone).

tour·ma·lin·ic /tùəməlɪ́nɪk | tùə-, tɔ̀ː-, tɔ̀ː-⌐/ *adj.* 〖(1759) □ Sinhalese *toramalli* carnelian〗

tóurmaline tóngs *n. pl.* [時に単数扱い] 電気石ばさみ《偏光器として用いられる》. 〖1888〗

Tour·nai /tuənéɪ | tuə-; *F.* tuʁnɛ/ *n.* トゥルネー《ベルギー西部, Scheldt 河畔の工業都市; 戦跡 (1914, 1918)》.

tour·na·ment /tə́ːnəmənt, túə-, tɔ́ə- | túə-, tɔ́ː-, tə́ː-/ *n.* **1 a** 試合, 競技: a chess ~ チェス戦. **b** (勝抜き式の, すなわちリーグ戦式でない)選手権争奪戦 (contest), トーナメント (cf. round robin 2): a lawn tennis ~ テニストーナメント / ⇨ KNOCKOUT tournament, ELIMINATION tournament. **2 a** (中世騎士の)馬上武術試合《甲冑をつけた騎士たちが両陣に分かれて突進し, 槍や剣を殿に用いて互いに武術を競い合った試合》. **b** (馬上試合その他を行った)騎士の競技大会. 〖(?*a*1200) *torne(i)ment* □ OF *torneiement* ← *torneier* 'to TOURNEY': ⇨ -ment〗

tour·nay /tuənéɪ | tuə-; *F.* tuʁnɛ/ *n.* 14 世紀から生産されてきた室内装飾用毛織物《tournay tapestries ともいう》. 〖(1858) ← *Tournai* (ベルギーの産地名)〗

Tour·nay /tuənéɪ | tuə-/ *n.* =Tournai.

tour·ne·dos /túənədòu, ⌐–⌐ | túənədəʊ, tɔ́ː-, tə́ː-; *F.* tuʁnədo/ *F. n.* (*pl.* ~ /~z; *F.* ~/) トゥルヌドー, トルネードー《牛のヒレ肉の中寄りの部分をステーキ用に切ったもの》. 〖(1877) □ F ~ ← *tourner* 'to TURN' + *dos* (< L *dorsum* back)〗

tóurnedos Rossíni *n.* 〖料理〗トゥルヌドーのロッシーニ風《フォアグラとトリュフ添え, トリュフ風味ソースがけステーキ》. 〖(1979): *Rossini*: ← *Antonio* ROSSINI〗

Tour·neur /tə́ːnə | tə́ːnə^(r)/, **Cyril** *n.* ターナー (1575?–1626; 英国の劇作家; *The Revenger's Tragedy* (1607)).

tour·ney /tə́ːni, túə-, tɔ́ə- | túəni, tɔ́ː-, tə́ː-/ *n.* =tournament. ― *vi.* 馬上武術試合を行う. **~·er** *n.* 〖(?*c*1300) □ OF *torneier* (F *tournoyer*) < VL **tornidiāre* ← L *tornus*: ⇨ turn〗

tour·ni·quet /tə́ːnɪkɪt, túə-, -kèt | túənɪkèɪ, tɔ́ːn-, tə́ːn-/ *n.* 〖医学〗止血帯[器], 圧迫帯. 〖(1695) □ F ~ 'turnstile, tourniquet' ← *tourner* 'to TURN'〗

tour·nois /tuənwáː | túənwaː; *F.* tuʁnwa/ *adj.* 〈硬貨が〉フランスのトゥール (Tours) で鋳造された. 〖(*a*1400–*a*1500) *Tourneis* □ AF *Tourneis*, *Tor-*=OF *Tornois* (F *Tournois*) of Tours < LL *Turonēnse(m)* ← L *Turonēs* (Loir 川沿いに居住したガリア人の部族)〗

tour·nure /tə́ːnjuə | túənjuə^(r), tɔ́ː-, –⌐; *F.* tuʁnyːʁ/ *n.* **1** 輪郭, 姿, 曲線美. **2** (優美な)身のこなし, 上品な応対ぶり. **3 a** 腰当て《スカートの後部をふくらませるためにつけた詰め物; cf. bustle²》. **b** 腰当てを使用したドレス. **4** 《まれ》言い回し. 〖(1748) □ F ~ 'shape, 《原義》turn' < ML *tornātūra* a turning ← L *tornāre* 'to TURN'〗

tóur òperator *n.* ツアー斡旋(あっせん)業者, 旅行社.

Tours /túə | túə^(r); *F.* tuːʁ/ *n.* トゥール《フランス西部, Loire 河畔の商工業都市, Indre-et-Loire 県の県都, もと Touraine 県の県都; この地と Poitiers との間の戦いで

Charles Martel がサラセン軍を破った (732); Balzac の出生地》.

tour·tière /tʊ̀ətiéə | tʊ̀ətiéə^(r; *F.* tuʁtjɛːʁ/ *n.* 〘料理〙 **1** パイ皿, パイ[タルト]型. **2** (フランス系カナダの) ポークパイ, ミートパイ, トゥルティエール. 〖《1953》□ F ～ ← *tourte* 'TART¹'〗

touse /táuz/ 《まれ》 *vt.* **1** 手荒く扱う. **2** 〈髪・衣服などを〉もじゃもじゃ[くしゃくしゃ]にする (dishevel). **3** 《Shak》 引き裂く, 八つ裂きにする (cf. *Measure* 5. 1. 311). ― *vi.* 手荒な扱いをする. ― *n.* 騒動, 混乱 (commotion). 〖《*c*1300》 **touse(n)* (cf. *betouse(n)*) < OE **tūsian* to pull (cf. OFris *tūsen* to rend / G *zausen* to tousle) ← ? IE **dāi-* to divide〗

tou·sle /táuzl/ *vt.* **1** 〈髪・衣服などを〉乱す, 乱雑にする, くちゃくちゃにする (rumple, dishevel) 〈*up*〉. **2** 〈女性を〉荒々しく扱う. ― *vi.* 乱雑になる, くしゃくしゃになる. ― *n.* **1** (髪などの)乱れ[もつれ]た状態. **2** 乱雑, ごちゃごちゃ. 〖《*c*1440》 *tousele(n)* (freq.) ← **touse(n)* to pull (↑): ⇨ -le³〗

tóu·sled *adj.* 〈髪・衣服など〉乱れた, もじゃもじゃ[くしゃくしゃ]になった: ～ hair. 〖《1848》: ⇨ ↑, -ed〗

tóusle-hàired *adj.* 髪が乱れた. 〖1898〗

tous-les-mois /tùːləmwáː; *F.* tulɛmwa/ *n.* トゥーレモア《西インド諸島産の一種のカンナ (*Canna edulis*); その球根から採る澱粉(でんぷん); 幼児用食に用いる》. 〖《1839》□ F ～ 'all the months': フランス領 Antilles 諸島の *tolomane* の通俗語源による変形(一年中食べられるところから)?〗

Tous·saint L'Ou·ver·ture /túːsæ̃(ŋ)lùːvətúə, -tjúə, -sæŋ- | -vətjúə^(r; *F.* tusɛ̃luvɛʁtyːʁ/ *n.* トゥサンルベルチュール《1743–1803; Haiti の黒人の軍人・政治家; Haiti 解放者の一人; フランス軍に捕われ, フランスで死亡; 本名 Pierre François Dominique Toussaint》.

tous·y /táuzi/ *adj.* (**tous·i·er**; **-i·est**) 《スコット》 **1** 乱れた, もつれた (disheveled); 毛むくじゃらの (rough, shaggy). **2** 間に合わせの, にわか作りの (makeshift). 〖《1786》← TOUSE＋-Y⁴〗

tout¹ /táut/ *vi.* **1** 押し売りをする, ねだる, うるさく勧誘する, 得意を求める (solicit, canvass): ～ *for* orders うるさく注文を求める. **2** 《口語》 うるさく投票を求める. **3 a** 《英》〘競馬〙 (調練中の競走馬の)様子[秘密]を探る (spy) 〈*round*〉. **b** 《米》 競馬の予想をする. ― *vt.* 《口語》 **1** (…に)うるさく勧める[勧誘する] (solicit, importune); 《英》 〈入手困難な入場券などを〉高く売りつける (《米》 scalp): ～ people *for* tickets 人々にうるさく切符を勧める. **2** ほめちぎる, (…だと)盛んに売り込む[宣伝する] 〈*as*〉: a much-*touted* episode 盛んに宣伝されたエピソード / She is ～*ed as* the most talented pianist of today. 今日の最も才能のあるピアニストと喧伝されている. **3** 〘競馬〙 **a** 《英》 〈調練中の競走馬などの〉様子[機密]を探る. **b** 《米》 〈勝馬など〉の予想屋[コーチ屋]をやる. **4** 《俗》 探偵する, …の様子を探る (spy on).

tout abóut [***aróund***] 《口語》 (あちこちに)売り込もうとする: ～ trinkets *about* [*around*] 安物を売り込もうとする.

― *n.* 《口語》 **1** 客引き, 得意取り. **2** 〘競馬〙 **a** 《英》 競走馬の様子を探る人. **b** 《米》 予想屋 (tipster), コーチ屋. **3** 《英》 だふ屋 (ticket tout ともいう; 《米》 scalper). **4** (泥棒などの)見張り(役). **5** 《北アイル》 警察への密告者. ***kèep (the) tóut*** 見張りする. 《1812》 ***on the tóut for*** …を見張って.

〖《?*a*1400》 *tute(n)* to peep, look < ? OE **tūtian* ← **tūt-* to project, stick out: cf. MLG *tūte* horn / MDu. *tūte* nipple / ON *tūta* teat-like prominence / OE *tōtian* to project〗

tout² /túː/ *adj.* [都市名の前に置く; しばしば le tout ... とする] …の上流社会, 上流の人々. 〖《1894》□ F ～ 'every, all' < LL *tottum* 《変形》← L *tōtus*: ⇨ total〗

tout à fait /tùːtəféɪ | -tə-; *F.* tutafɛ/ *F. adv.* 全く, すっかり (entirely). 〖□ F ～ 'all done'〗

tout court /túːkúə | -kúə^(r, -kɔ́ː^(r; *F.* tuku:ʁ/ *F. adv.* 簡単に, 単に, ただ: They addressed him 'Bishop' ～. 単に彼を Bishop とだけ呼んだ / I told him ～ that his services were not required. 彼には用がないと私は手短かに言った. 〖《1747》□ F ～ 'quite short'〗

tout de suite /tùːtdəswíːt | -də-; *F.* tudəsɥit, tutsɥit/ *F. adv.* 直ちに (at once); 連続して. 〖《1895》□ F ～ 'all in succession'〗

tout en·sem·ble /túːtɑ̃ː(n)sɑ́ː(m)bl, -ɑːnsɑ́ːm-; *F.* tutɑ̃sɑ̃bl/ *F. adv.* 一緒に, ことごとく (all together). ― *n.* (芸術品などの)全体的効果 (general effect). 〖《1703》□ F ～ 'all (taken) together'〗

tout·er /táutə | -tə^(r/ *n.* 《口語》 ＝tout¹. 〖*a*1754〗

tout le monde /túːləmɔ́ː(n)d, -mɔ́ːnd; *F.* tulmɔ̃ːd/ *F. n.* 全世界, 世界中 (all the world); だれでも, みんな (everyone). 〖《1825》□ F ～ 'all the world'〗

touze /táuz/ *vt.* 《古》 ＝touse.

tou·zle /táuzl/ *v.*, *n.* ＝tousle.

to·va·rich /təváːrɪʃ, -rɪtʃ; *Russ.* tavárʲiɕɕ, -ɕɕ/ *n.* (*also* **to·va·rish** /～/, **to·va·risch** /～/) **1** 同志 (comrade, 「タワリシチ」《旧ソ連で共産党員の間で用いられた》). **2** 旧ソ連国民. 〖《1918》□ Russ. *tovarishch* comrade ← Turk.〗

To·vey /tóuvi | tóu-/, Sir **Donald Francis** *n.* トーヴィー《1875–1940; 英国の作曲家・音楽評論家・ピアニスト》.

tow¹ /tóu | tóu/ *vt.* **1** 〈馬・車などが〉〈自動車などを〉引く, 牽引(けんいん)する (⇨ pull SYN): ～ a car *away* 車を引いて行く. **2** 〈馬・人が〉(岸を歩いて)〈船を〉引く (pull, draw); 〈船が〉(他の船の破損のためまたは航行を助けるため)引く, 引き船する, 曳航(えいこう)する 〈*in, out,* etc.〉. **3** 〈子供・犬などを〉(後に)引いて行く (drag): ～ a dog *along* 犬を引いて行く. **4** (標本採集のために)〈網を〉水面に引く, 〈水面を〉網でさらう. ― *vi.* 引かれて動く.

― *n.* **1** 綱で引くこと, 綱引き; 引かれて行くこと, 付いて行くこと: The ship arrived *in* the ～ *of* a tug. その船は引き船に引かれて到着した. **2** 引かれる船[車など]; 引かれて行く一連の荷船 (line of barges). **3** 引く船, 引き船 (tugboat). **4** 引き綱. **5** 《口語》 (自動車レースなどで)他車の後流 (slipstream) の利用: get a ～. **6** ＝ski tow.

in tów (1) (賛美者などを)お伴にして: She'd got a few young men *in* ～. 2, 3 人の若者をお伴にしていた. (2) 保護されて 〈*by*〉. (3) (引き網・引き船に)引かれて. 《1720》 ***tàke*** [***hàve***] ***in tów*** (1) 〈人を〉供にする, 引き連れる: The cinema star *had* a number of admirers *in* ～. その映画スターのあとにファンが大勢ぞろぞろついて行った. (2) 〈人を〉保護する, 指導する: *take* a child *in* ～ 子供を保護する. (3) 〈破損船などを〉綱で引く. 《1722》 ***ùnder*** [***on***] ***tów*** ＝*in* TOW.

～·a·ble *adj.* 〖OE *togian* to pull by force, draw < Gmc **toȝōjan* (OHG *zogōn* to draw, tug, drag) ← IE **deuk-* to lead: cf. tug¹〗

tow² /tóu | tóu/ *n.* **1** トウ《亜麻・大麻・合成繊維などの短い繊維; 糸・より糸・詰め物に用いる》. **2 a** トウを紡いだ糸[布]. **b** よりをかけてない化学繊維の太い綱状物. ― *adj.* [限定的] トウ糸[布]で作った: a ～ rope / ～ cloth 粗麻布. 〖《*c*1378》 *towe* □ MLG *touw* < OS *tou* ← Gmc **taw-* to make (ON *tō* tuft of wool) ← ?: cf. OE *towlić* pertaining to thread & *towhūs* spinning house〗

tow³ /tóu | tóu/ *n.* 《スコット》 ロープ (rope). 〖《*c*1470》 《スコット》 *towe* < ? OE *toh-* (cf. *toh-līne* towline): cf. tow¹ / ON *tog* / OE *tēag, tēah* rope〗

TOW /tóu | tóu/ *n.* 〘軍事〙 トウ《対戦車有線誘導ミサイル; TOW missile ともいう》. 〖《頭字語》← *t(ube-launched), o(ptically tracked), w(ire-guided)*〗

tow·age /tóuɪdʒ | tóu-/ *n.* **1** 船引き, 曳航(えいこう), 引き船する[される]こと. **2** 引き船料, 引き賃. 〖《*a*1327》: ⇨ tow¹, -age〗

to·wai /tóuwaɪ | tóu-/ *n.* 〘植物〙 ニュージーランド産クノニア科ウェインマンニア属の高木 (*Weinmannia silvicola*) 《材は有用》. 〖《1834》← Maori〗

to·ward /tɔ́əd, twɔ́əd, tóuəd, təwɔ́əd | təwɔ́ːd, tʊ-, twɔ́ːd, tɔ́ːd/ *prep.* **1** [運動の方向] …の方へ, …を指して (in the direction of): sail ～ the west 西へ向かって航行する / draw ～ the trees 木立の方へ近づく / get ～ …に近づく (cf. GET to) / go ～ the town 町の方へ行く / turn ～ home (踵(くびす)をめぐらして)家路につく / I look ～ you. 《戯言》 ご健康を祝します《乾杯の言葉》.

語法 (1) to と異なり, 目的点への到着は含意しない. (2) 古くはしばしば(例えば聖書などで)この語を二分してその間に目的語を入れた (cf. tmesis): *to* us-*ward*＝toward us / *to* God-*ward*＝toward God.

---

2 a [位置] …の方に, の方を向いて (facing): cannon with the mouths ～ the street 砲口が市街に向いている大砲 / hills ～ the north 北の方にある山々 / Your road lies [is] ～ the north. 君の行く道は北に向いている. **b** …の近くに: His cottage was down ～ the sea. 彼の小別荘は海の近くにあった. **3** [態度・傾向・結果・目的] …の方へ, …に向かって; …に対して: cruelty ～ animals 動物虐待 / one's attitude ～ the question その問題に対する態度 / feel kindly ～ a person 人に対して好意をもつ / drift ～ war だんだん戦争の方に向かう / move ～ better things 良い傾向[明るい方]に向かう / strive ～ a better understanding 一層の理解に向かって努力する. **4** [時間] …近く, …ころ (shortly before): ～ noon [evening, sunset] 正午[夕方, 日没]近く / ～ six o'clock 6 時ごろ / ～ the end of the 15th century 15 世紀の終わりごろ. **5** [数量] …近く, …くらい (nearly as much [many] as): He is ～ fifty. / There were ～ a thousand of them. 千人に近い人がいた. **6** [補助・貢献・準備] …のために, …に資する, に貢献する (for): He saved something ～ his old age. 老後のために幾らか貯金した / Here is a dollar ～ it. ではこの 1 ドルを寄付します / This money goes ～ the debts. この金は借金を返す足しになる / He is saving ～ a new car. 新車を買おうと思って貯金している.

― /tɔ́əd, tóuəd | tóuəd, tɔ́ːd/ *adj.* **1** [叙述的] 《まれ》 進行して, 行われて (in progress): Then I saw what was ～. それでどんなことが起こっているのかを知った. **2** 《廃》 まさに起ころうとする, 間近に迫って (imminent): There is a wedding ～. すぐ婚礼がある. **3** 《廃》 **a** 〈物事が〉都合のよい (↔ untoward): a ～ breeze 順風. **b** 〈青年など〉有望な (promising); 覚えの早い (apt): a ～ youth. **4** 《廃》 温順な, おとなしい (docile): a child of a ～ disposition 性質の温順な子供.

～·ness *n.* 〖OE *tōweard* coming: ⇨ to, -ward〗

to·ward·ly /tɔ́ədli, tóuəd- | tóuəd-, tɔ́ːd-/ 《古》 *adj.* **1 a** 好都合な, 適切な (favorable, befitting). **b** 有望な (promising). **2 a** 親切な, 愛想のよい (kindly, affable). **b** 従順な (docile). ― *adv.* **1** 前途有望に. **2** おとなしく (docilely). **tó·ward·li·ness** *n.* 〖《1513》← TOWARD＋-LY^(1,2): cf. OE *tōweardlić* that is to come, future〗

to·wards /tɔ́ədz, twɔ́ədz, tóuədz, təwɔ́ədz | təwɔ́ːdz, tʊ-, twɔ́ːdz, tɔ́ːdz/ *prep.* ＝toward. ★ 特に《英》で好まれる. 〖OE *tōweardes*: ⇨ toward, -s²〗

tów·awày 《米》 *n.* 駐車違反車の牽引(けんいん)[押収]. ― *adj.* [限定的] 駐車違反車の牽引[押収]の[に関する]: a ～ truck / a ～ charge (駐車違反車の)撤去料金. 〖《1967》: ⇨ tow¹, away〗

tówaway zòne *n.* 駐車禁止区域《駐車している車はレッカー車などで撤去される》. 〖1956〗

tów·bàr *n.* (車両などを牽引(けんいん)するための)連結棒 (cf. towrope, towline).

tów·bòat *n.* **1** 引き船 (tugboat). **2** 《米》 (内陸水路で)はしけを推し動かすディーゼル[蒸気]船. 〖1815〗

tów càr *n.* ＝wrecker 3. 〖1895〗

tów-cólored *adj.* 亜麻色[黄色がかった褐色]の.

tow·el /táuəl, táuɫ/ *n.* (布・紙の)タオル, 手ぬぐい, ふきん. ★ けばが輪になっている普通のタオルは terry [Turkish] towel という: a bath ～ バスタオル / a dish ～ ふきん / a lead ～ 《古俗》 弾丸 / an oaken ～ 《古俗》 棍棒(こんぼう).

日英比較 日本語の「タオルケット」はタオルとブランケットを省略して合成した語であるが英語には対応する語がなく説明的に blanket made of toweling とするしかない.

thrów [***tóss***] ***in the tówel*** 《口語》 (1) (ボクシングで)タオルを投げ入れる《敗北の承認として》. (2) 敗北を認める, 降参する (cf. *throw up the* SPONGE). 《1915》

― *v.* (**tow·eled**, **-elled**; **-el·ing**, **-el·ling**) ― *vt.* **1** タオルでぬぐう[こする]: ～ oneself (*down*) タオルで体をふく[こする] / ～ oneself dry タオルで体をふいて乾かす. **2** タオルで覆う. **3** 《英俗・豪俗》 なぐる, むち打つ (thrash). ― *vi.* タオルでぬぐう[ふく, こする], タオルを使う: ～ *away* at one's ears [cheeks] タオルで耳[ほお]をせっせとふく[こする]. 〖《*c*1250》□ OF *toaille* (F *touaille*) □ (Frank.) **thwahlja* (cf. G 《方言》 *Zwehle* napkin) ← Gmc **þwaχan* to wash: cf. OE *þwēal* washbasin〗

tow·el·ette /tàuəlét/ *n.* (使い捨ての)小さなペーパータオル, ぬれナプキン. 〖1902〗

tówel hòrse *n.* ＝towel-rack. 〖1833〗

tów·el·ing /-lɪŋ/ *n.* (*also* **tow·el·ling**) **1** タオル地. **2** タオルでふくこと. **3** 《英俗・豪俗》 ひっぱたくこと; むち打ち (whipping). 〖《1: 1583; 2: 1859》: ⇨ -ing¹〗

tówel-ràck *n.* (台所・浴室などの)タオル掛け. 〖1877〗

tówel-ràil *n.* (棒を壁に平行に打ち付けた)タオル掛け.

tówel ròll *n.* 《米》 ローラータオル (roller towel).

tow·er¹ /táuə | táuə^(r/ *n.* **1** 塔, やぐら; 高層建築物, 高層ビル: a bell ～ 鐘楼 / ⇨ control tower / a keep ～ 天主閣 / a TV ～ テレビ塔 / a lookout ～ 監視塔 / ⇨ water tower / the *Tower*＝the TOWER of London. **2** ＝tower block. **3 a** 砦(とりで), 要塞(ようさい) (citadel, fortress); 要害の地, 安全な場所: ⇨ ivory tower. **b** 防備物, 擁護者 (protector): a ～ of strength 頼りになる人, 国を守る軍人, 抱擁者 (cf. *Ps.* 61: 3). **4** 《米》〘鉄道〙 信号塔 (signal tower). **5** (タカやワシの)飛翔 (soar); (特に)(手負いの猟鳥の)一直線上昇.

tówer and tówn＝***tówn and tówer*** 人家のある所 (inhabited places). 《*a*1325》

Tówer of Bábel, t- of b- [the ―] バベルの塔 (⇨ Babel 1 a). 《*c*1887》

tówer of ívory [the ―] ＝ivory tower.

Tówer of Lóndon [the ―] ロンドン塔《Thames 川北岸にある London の古城; William 一世が造営し, 中世には宮殿として用いられたが, 後には国事犯監獄, 今は兵器庫・博物館として使用; cf. Traitor's Gate》. 《1387》

tówer of sílence 沈黙の塔《インドのパルシー教徒 (Parsis) が死者を置き去りにして鳥葬にする高さ 30 フィート位の円形の石塔; dakhma ともいう》.

― *vi.* **1** (高く)そびえる, そびえ立つ (rise aloft) 〈*up*〉: ～ *against* the sky 空中にそびえる, 天を摩する / ～ *into* clouds 雲にそびえる / Skyscrapers ～ *over* the city. 摩天楼がその市の上空にそびえている. **2** 〘鷹狩〙 〈鷹などが〉(獲物に襲いかかる前に)高くまっすぐに飛び上がる, 舞い上がる (soar); 〈手負いの猟鳥が〉(落ちる前に)一直線に飛び上がる.

tówer abóve [***óver***] …よりはるかに高い, 高さが…を抜いている (cf. 1); 〈知恵・才能などが〉…をはるかに抜く: He ～*s above* all the rest in intellect. 知性が他の者を抜きん出ている.

tówer héad and shóulders ずば抜けている.

～·lìke *adj.* 〖《*c*1100》 *tour* □ OF *tur, tor* (F *tour*) < L *turrem, turris* tower □ Gk *túrris* ∽ OE *torr* □ L *turris*〗

tow·er² /tóuə | táuə^(r/ *n.* 引く人. 〖← TOW¹＋-ER¹〗

tówer blòck *n.* 《英》 (塔状の)住宅用[オフィス用]高層ビル. 〖1966〗

Tówer Brídge *n.* [(the) ～] タワーブリッジ《London の, Thames 川にかかる橋 (1885–94 年間に建設); 中央部は船舶の通過のとき上方に開く》.

tówer clòck *n.* 〘時計〙 塔時計《公衆用大時計の一般名; 初期のものは鉄製で主として教会の建物に取り付けられた; turret clock ともいう》. 〖1895〗

tówer compùter *n.* (本体が縦長の)タワー(型)コンピューター.

tówer cràne *n.* 〘機械〙 塔形[タワー]クレーン《上部の運転室から建築現場を俯瞰できる》.

tów·ered *adj.* 塔のある; 塔で飾られた[防備された]. 〖《*c*1400》: ⇨ -ed 2〗

Tówer Hámlets *n.* タワーハムレッツ《Greater London の自治区》.

tówer hòuse *n.* (中世の)砦(とりで), 城砦(じょうさい), 防備を施した城.

tower·ing /táuᵊrɪŋ | táuər-/ *adj.* **1** 塔のような, 高くそびえる, 雲突くような (⇨ high SYN): a ～ peak, oak, building, giant, etc. **2** 〈野心・誇りなど〉大きな, 高い: a man of ～ ambition 大きな野心を抱く人. **3** 抜きん出た (surpassing): a man of ～ intellect 抜きん出た知性の持主. **4** 〈怒りなど〉非常[激烈]な, 激しい (violent): a ～ passion 激しい怒り (Shak., *Hamlet* 5. 2. 79) / He was in a ～ rage. 激昂していた. **5** 〈利率・借金など〉法外に高い,

巨額の: ～ debt. **～·ly** *adv.* 〚(1592): ⇨ tower[1], -ing[2]〛

tówer·less *adj.* 塔のない. 〚*c*1820〛

tówer·man /-mən/ *n.* (*pl.* **men** /-mən, -mèn/) **1** (鉄道の)信号係, 信号所係員. **2** (空港の)管制官. 〚1895〛

tówer wàgon *n.* タワーワゴン《高さの調節可能な作業台がついている車(両)》. 〚1911〛

tow·er·y /táuᵊri | táuəri/ *adj.* (**tower·i·er**; **-i·est**) **1** 塔のある (towered). **2** 塔のような; 高くそびえる (lofty). 〚(1611): ⇨ -y[4]〛

tów-háired *adj.* 亜麻色の髪の.

tów·hèad *n.* **1** 《米》亜麻色の頭髪(の人); 髪の乱れた頭(の人). **2** 《米中・南部》(ヒロハハコヤナギの群生した)砂洲(す) (sandbar). 〚(1830) ← TOW[2]+HEAD〛

tów·hèaded *adj.* 亜麻色の頭髪の.

tow·hee /táuhi, tóu- | táu-, téu-/ *n.* 〚鳥類〛トウヒチョウ (*Pipilo erythrophthalmus*)《北米東部産のヒワに似たホオジロ科の小鳥; chewink, swamp robin ともいう》. 〚(1730) 擬音語: その鳴き声から〛

tow·ie /tóui | tə́ui/ *n.* 〚トランプ〛タウイー《3人で遊ぶブリッジの変種》. 〚← ?〛

tów·ing bàsin *n.* 〚海事・航空〛走行式試験水槽 (towing tank ともいう).

tówing lìght *n.* 〚海事〛曳航(えいこう)標識灯《他の船舶を引いて航行する船が掲揚する標識灯》.

tówing-line *n.* =towline.

tówing nèt *n.* =townet.

tówing pàth *n.* =towpath.

tówing-ròpe *n.* =towrope.

tówing tànk *n.* 〚海事・航空〛=towing basin.

tow·kay /tàukéɪ/ *n.* **1** [呼び掛け] だんなさま (sir). **2** 《シンガポール・マレーシア》中国人ビジネスマン. 〚(1854) ▭ Malay *tauke* ← Chin.〛

tów·lìne *n.* **1** 引き船用綱(つな), 引き綱. **2** (捕鯨用の)もり綱 (whale line). 〚(1719) ← TOW[1]+LINE[1]〛

TÓW mìssile *n.* =TOW.

tow·mond /tóumənd | táu-/ *n.* 《スコット》12か月, 1年. 〚((*a*1131)) (1596) 《スコット》*towlmonyth*: cf. ON *tólfmánuðr*: ⇨ twelvemonth〛

tow·mont /tóumənt | táu-/ *n.* =towmond.

town /táun/ *n.* **1 a** 町, (小)都会 (↔ country): ⇨ hometown, county town / a small ～ in Oklahoma with a population of 300 オクラホマ州の人口300の小さな町 (⇨ small-town) / leave the country to work in the ～ 都会で働くために田舎を離れる / Winchester is a very old ～. ウィンチェスターは非常に古い町だ.

> 語法 (1) 一般には village に比べ人家が密集し人口も多く商業なども相当に行われている所で, city と公称されない小都会; ただし, 特に英国では city の資格があっても俗にはよく town という: an industrial ～ 産業[工業]都市 / ⇨ new town. (2) 米国では New England 各州で city ほどの組織・権限を持たないで town meeting によって運営される自治体, 他の多くの州では township 1 と同義; 米国では village はあまり用いられず, 米国の small town はしばしば英国の village に相当する; 英国では村でも市(いち) (market) や縁日 (fair) の行われる所を (market) town という.

b [the ～] 都会生活 (urban life). **2** [集合的; 単数扱い] **a** [the ～] 町民, 市民, 都民 (the townspeople): the talk of *the* ～ 町のうわさ[評判] / *The* whole ～ knows of it. 町中の人がそれを聞き知っている. **b** [the ～] (町の)選挙民《全体》(the electorate). **c** (大学関係者に対し)市民たち: ～ and gown 一般市民と大学関係の人々, 市民側と大学側. ★ 英国の Oxford と Cambridge での呼称に由来する. **d** [the ～] 《古》(大都会の)上流社会. **3 a** [無冠詞]「町」; (話者の付近の, または, 現在住んでいる)都市: in ～ 在京して, 上京して / out of ～ 町にいない; 田舎に行って / come [go] (up) to ～ 上京する / leave ～ 退京する / commute daily to ～ 毎日町へ通勤する (cf. 3 b). **b** [無冠詞] (郊外に対して)都心[商業]地区, 繁華街 (downtown): have one's office in ～ 都心に事務所がある / go to ～ to do some shopping 買い物をするために町へ出かける / down ～ =downtown (*adv.*). **c** [修飾語を伴って] (都会で特色のある)地区, 区域, …街, …タウン: the old ～ 旧市内 / the upper [lower] ～ 山の手[下町]地区 / the Japanese ～ 日本人街 / ⇨ Chinatown. **4** 《英方言》村落, 村 (hamlet, village). **5** 《スコット》農場 (farmstead). **6** (封建時代の)都市, 城市.

blów [*skíp*] *tówn* 《米俗》町から急に出て行く, ずらかる.

cóme to tówn (1) ⇨ 3 a. (2) 現れる, 登場する; 到着する. (*a*1200)

gó to tówn (1) ⇨ 3 a, b. (2) 《口語》てきぱきと[効果的に, 上手に]やる 〔*on*〕; (大)成功する. (3) 《口語》(大金を使って)思う存分に[気前よく]やる 〔*on*〕; 浮かれ騒ぐ. (4) 《豪口語》かっとなる, かんしゃくを起こす. (1940)

a mán about tówn =man-about-town. (*c*1645)

of the tówn (1) ⇨ 2 a. (2) 花柳界の, 色町の; 暗黒街の: a woman *of the* ～ 街(まち)の女, 売春婦. (*a*1700)

on the tówn (1) 町の世話になって, 公費の補助を受けて: go *on the* ～ 生活補助を受ける (cf. *on the* PARISH). (2) 《口語》(仕事から解放されて夜の)都会の歓楽を追って[に耽って]: go out for a night *on the* ～ [have a night *on the* ～] 憂さ晴らしに(夜の)町へ出かける. (1712)

páint the tówn (*réd*) 《口語》底抜け騒ぎ[どんちゃん騒ぎ]をする, 盛り場を遊び回る[飲み歩く].

tówn and gówn ⇨ 2 c. (1828)

tówn and tówer =TOWER *and town.*

upòn the tówn =*on the* TOWN (1).

Tówn Móuse and the Cóuntry Móuse [the —]「町のネズミと田舎のネズミ」《イソップ寓話の一つ; 町のネズミが田舎のネズミを招いて, 町のぜいたくな生活を味わせようとするが, 結局は自分がなじんだ生活が一番よいものだとお互いに悟る》.

〚OE *tūn* enclosure, village < Gmc **tūnaz*, **tunan* (Du *tuin* garden / G *Zaun* hedge) ← IE **dhūno-* fortified, enclosed place (OIr. *dún* fortified place): cf. down[3]〛

tówn càr *n.* タウンカー《ガラス戸で前後席の仕切られた4ドアの自動車; 後方席には囲いがあるが運転席はオープンのものが多い》. 〚1907〛

tówn cénter [《英》**céntre**] *n.* [(the) ～] 市の商業地区.

tówn clérk *n.* 《米》町政記録係; 《英》町[市]書記官《通例法律家で, 法律問題の助言もした; 1974年に廃止》. 〚1343〛

tówn cóuncil *n.* 町[市]議会. 〚1681〛

tówn cóuncilor *n.* 町[市]議会議員. 〚1850〛

tówn críer *n.* 町の触れ役《もと新規則・布告などを触れ回った役人》. 〚1600–01〛

town·ee /tauníː/ *n.* 《軽蔑》(田舎の人または大学町では大学に属する人と区別して)町民, 町人; 《英方言》町のしゃれ男. 〚(1897): ⇨ -ee[1]〛

tówn·er *n.* 《俗》都市生活者, 町の住人.

Townes /táunz/, **Charles Hard** *n.* タウンズ《(1915– ; 米国の物理学者; Nobel 物理学賞 (1964)》.

tów·nèt *n.* 引き網 (towing net ともいう). 〚1816〛

tówn gàs 《英》*n.* 都市ガス.

tówn háll *n.* **1** 市庁舎, 市役所, 市公会堂《市[町]役所と市[町]会議事堂とを兼ねた建物; 公会堂としても用いる》. **2** =town council. **3** 《米》=town hall meeting. 〚1481–90〛

tówn·hàll clóck *n.* 《英》〚植物〛=moschatel.

tówn háll mèeting *n.* 《米》タウンホールミーティング《政治家と市民の意見交換会》.

tówn hòuse *n.* **1** タウンハウス《2階または3階建ての長屋方式の集合住宅》. **2** 町の邸宅《同一人物所有の田舎の住宅に対していう》; 《英》貴族の London にある邸宅《本邸は田舎にあって country house という》. **3** (大都会の)立派な私邸, 豪邸. **4** [通例 townhouse] 《スコット》=town hall. 〚1530〛

town·ie /táuni/ *n.* 《米》=townee. 〚(1827): ⇨ -ie〛

tówn·i·fìed *adj.* 町の, 都会の; 都会化した, 都会風の (cf. countrified). 〚(1777): ⇨ ↓, -ed 1〛

town·i·fy /táunəfài | -nɪ̀-/ *vt.* 都会風にする. 〚1777〛

town·ish /-nɪʃ/ *adj.* **1** 都会[町]の, 都会特有の. **2** 〈人が〉都会風の, 都会的な. 〚(1412–20): ⇨ -ish[1]〛

tówn·lànd *n.* 《アイル》教区の一区分, 小さな町, 小区. 〚(1658): cf. OE *tūnland* land forming an estate, a farm, or a manor〛

town·let /táunlɪ̀t/ *n.* 小さな町. 〚(*a*1552): ⇨ -let〛

tówn líbrary *n.* 町立図書館.

tówn májor *n.* 〚英軍〛(駐屯(ちゅうとん)地などの)衛戍(えいじゅ)将校, 内衛兵司令, 駐屯地連絡係《軍紀・治安・交通・宿営など一切の取締りを担当した》. 〚1676〛

tówn mánager *n.* 《米》町政担当者《町委員会・町長もしくは町議会によって任命され, 町の行政全般に責任をもつ》. 〚1922〛

tówn máyor *n.* 《英》町議会議長, (町議会選出の)町長.

tówn méeting *n.* **1** 町民大会. **2** 《米》町民会《New England 地方で一定の資格のある町民で構成され町政を行う機関》. **3** =town hall meeting. 〚1636〛

tówn mílk *n.* 《NZ》(低温殺菌された)飲用牛乳.

tówn plán *n.* =city plan. 〚1909〛

tówn plánner *n.* =city planner.

tówn plánning *n.* =city planning. 〚1906〛

town·scape /táunskèɪp/ *n.* **1** 都会の風景, 町の眺め; 町の絵. **2** (人工的・自然的要素を含む)都市造景計画. 〚(1880) ← TOWN+-SCAPE: cf. landscape〛

Tówn·send ávalanche /táunzənd- | -zɛnd-/ *n.* 〚物理・化学〛電子なだれ, タウンゼンドなだれ (⇨ avalanche 3). 〚← *John Sealy Edward Townsend* (1868–1957: アイルランドの物理学者)〛

Town·send·ite /táunzəndàɪt | -zɛn-/ *n.* Townsend Recovery Plan の支持者. 〚⇨ ↓, -ite[1]〛

Tówn·send Recóvery Plàn /táunzənd- | -zend-/ *n.* [the ～] 《米》タウンゼンド養老年金案 (Townsend が1934年に提案した養老年金制度で, 60歳以上の退職者に毎月200ドルを支給し, その財源を2%の取引税に求めるという法案; 通過しなかった). 〚← *Francis E. Townsend* (1867–1960: 米国の医師・社会改良家)〛

Tównsend Rídges *n. pl.* [the ～] タウンゼンド山脈《オーストラリア Western Australia 州の Great Victoria Desert と Great Sandy Desert との間にある小山脈》.

Tównsend's sólitaire *n.* 〚鳥類〛ヒタキツグミ (*Myadestes townsendi*)《北米西部産のヒタキ科の小鳥》. 〚← *John Kirk Townsend* (1809–51: 米国の鳥類学者)〛

tówns·fòlk *n. pl.* 町民 (townspeople). 〚1737〛

Town·shend /táunzɛnd/, **Charles** *n.* タウンゼンド: **1** (1674–1738) 英国の政治家, 農学者; 称号 2nd Viscount. **2** (1725–1767) 英国の政治家; アメリカ植民地に重税を課し独立戦争のきっかけを作った.

Townshend, Pete *n.* タウンゼンド《(1945– ; 英国のロックギタリスト・ソングライター; the Who のメンバー》.

town·ship /táunʃɪp/ *n.* **1** 郡区《米国北東部の州やカナダで county, province 内の地方行政区分》. **2** (米国の公有地測量で)町, タウンシップ《通例1マイル平方 (section) の36区画を含む6マイル平方の地域; cf. section 9, range 9》. **3** 《ニューイングランド》=town 1 a. **4** 《南ア》(市内の)非白人居住区 (cf. location 4). **5** 《豪》**a** 都市計画地域; 田園地域の中心となる小都市. **b** (市内[郊外]の)中心街, ビジネスセンター. **6** 《英》(昔の)町区, 字(あざ)《大きな parish を更に区分した1教区; 時には manor や parish と同じ》; その住民. 〚OE *tūnscipe*: ⇨ town, -ship〛

tównship lìne *n.* (米国の公有地測量における)郡区[タウンシップ制]で区画の北限・南限を定める東西の6マイル間隔の平行線 (cf. range line, township 2).

tówn·sìte *n.* 都市敷地; 都市計画地域. 〚1821〛

tówns·man /-mən/ *n.* (*pl.* **-men** /-mən, -mèn/) **1** (田舎の人に対して)都会人. **2** 同じ町の人, 町内の人 (fellow citizen). **3** 《ニューイングランド》町の行政委員 (selectman). 〚OE *tūnesman* villager: ⇨ town, -s[3] 2, man: cf. craftsman, etc.〛

tówns·pèople *n. pl.* **1** 都会人. **2** 町民, 市民. 〚1648〛

Towns·ville /táunzvɪl/ *n.* タウンズヴィル《オーストラリアの Queensland 州北東部の港市》.

tówns·wòman *n.* **1** 都会の女性. **2** 同じ町の女性. 〚(1929): ⇨ town, -s[2] 2, woman〛

tówn tàlk *n.* **1** (町内の)取りざた, 町のうわさ. **2** うわさの種, ゴシップ種. 〚1654–55〛

town·ward /táunwəd | -wəd/ *adj.* 都会の方へ向かう, 町へ向かう. — *adv.* 町の方へ, 都会をさして, 町の方に向かって. 〚(1434) ← TOWN+-WARD〛

tówn·wards /-wədz | -wədz/ *adv.* =townward. 〚1895〛

tówn·wèar *n.* タウンウェア《テーラード仕立て (tailored) の衣服でビジネスや街着に着用する》.

tówn wòman *n.* 街(まち)の女, 売春婦. 〚1675〛

town·y /táuni/ *n.* 《米》=townee. 〚1827〛

tów·pàth *n.* 《米》(川や運河の両側に造った, 船を引く動物や人が通る)引き船道 (towing path ともいう). 〚1788〛

tów·plàne *n.* 〚航空〛(グライダーを引く)曳航(飛行)機, トウプレーン. 〚1940〛

tów·ròpe *n.* (車・グライダー・スキーヤーなどを引く)引き綱, (船を引く)曳航索. 〚1743〛

tówrope hórsepower *n.* 〚機械〛=effective horsepower.

tów sàck *n.* 《米中部・南部》=gunnysack. 〚(1926): ⇨ tow[2]〛

towse /táuz/ *v., n.* =touse.

tow·ser /táuzə | -zə(r)/ *n.* **1** 大きな犬. **2** 《口語》大柄な無骨者; (特に)精力家: a ～ for work 精力的な働き手. 〚(1678) ← TOUSE+-ER[1]〛

Tow·son /táusən, -sn̩/ *n.* タウソン《米国 Maryland 州中部の工業都市》.

tow·sy /táuzi/ *adj.* =tousy.

tów trùck *n.* 《米・カナダ》=wrecker 3. 〚1944〛

tow·y /tóui | tə́ui/ *adj.* 麻の繊維のような: ～ locks.

tów·i·ness *n.* 〚(1601) ← TOW[2]+-Y[4]〛

tox. 《略》toxicology.

tox-[1] /tɑ(ː)ks | tɔks/ (母音の前にくるときの) toxo-[1] の異形.

tox-[2] /tɑ(ː)ks | tɔks/ (母音の前にくるときの) toxo-[2] の異形.

tox·ae·mi·a /tɑ(ː)ksíːmiə | tɔk-/ *n.* 〚病理〛=toxemia. **tox·áe·mic** /-mɪk/ *adj.*

tox·al·bu·min /tɑ̀(ː)ksælbjúːmɪn | tɔk-/ *n.* 〚生化学〛毒性アルブミン. 〚(1890): ⇨ toxo-[1], albumin〛

tox·a·phene /tɑ́(ː)ksəfiːn | tɔ́k-/ *n.* 〚化学〛トキサフェン (ほぼ $C_{10}H_{10}Cl_8$)《多塩素化二環テルペンの混合物; 黄色ろう状物質; 殺虫剤として用いられる》. 〚(1947) ← *Toxaphene* (商標名) ← TOXO-[1]+-A-+(CAM)PHENE〛

tox·e·mi·a /tɑ(ː)ksíːmiə | tɔk-/ *n.* 〚病理〛**1** 毒血症 (blood poisoning の一種). **2** 子癇(しかん)前症 (preeclampsia).

toxémia of prégnancy 〚医学〛妊娠中毒(症). 〚(1860) ← NL ～: ⇨ toxo-[1], -emia〛

tox·e·mic /tɑ(ː)ksíːmɪk | tɔk-/ *adj.* 〚病理〛毒血症 (toxemia) の[にかかった]. 〚(1876): ⇨ ↑, -ic[1]〛

Tox·e·us /tɑ́(ː)ksiəs, -sjuːs | tɔ́ksjuːs, -siəs/ *n.* 〚ギリシャ伝説〛トクセウス《Calydon の王 Oeneus と Althaea の息子; 父親に殺される》. 〚▭ L ～ ▭ Gk *Toxeús* (原義) bowman〛

tox·i-[1] /tɑ́(ː)ksɪ̀, -si | tɔ́k-/ toxo-[1] の異形 (⇨ -i-).

tox·i-[2] /tɑ́(ː)ksɪ̀, -si | tɔ́k-/ toxo-[2] の異形 (⇨ -i-).

tox·ic /tɑ́(ː)ksɪk | tɔ́k-/ *adj.* **1** 毒の, 有毒な, 毒性の (poisonous): ～ smoke 毒煙, 毒ガス, ～ waste 毒性廃棄物. **2** 中毒(性)の: ～ anemia 中毒性貧血 / ～ symptoms 中毒症状. — *n.* 有毒物質, 毒物. **tóx·i·cal·ly** *adv.* 〚(1664) ▭ LL *toxicus* ← L *toxicum* poison ▭ Gk *toxikòn* (*phármakon*) (poison) connected with a bow, i.e. poison used on arrows ← *tóxon* bow ← ? IE **tokʷso-* ← **tekʷ-* to run〛

tox·ic- /tɑ́(ː)ksɪ̀k | tɔ́ksɪk/ (母音の前にくるときの) toxico- の異形.

tox·i·cant /tɑ́(ː)ksɪ̀kənt | tɔ́ksɪ-/ *adj.* 有毒な; 中毒性の (poisonous, toxic). — *n.* **1** 毒, 毒物, 毒薬 (poison); (特に)殺虫剤. **2** 《まれ》=intoxicant. 〚(1882) ← TOXIC+-ANT〛

tox·i·ca·tion /tɑ̀(ː)ksɪ̀kéɪʃən | tɔ̀ksɪ-/ *n.* 中毒. 〚1821〛

tox·ic·i·ty /tɑ(ː)ksísəṭi | tɔksísɪ̀ti/ *n.* 毒性, 毒力, 有毒性 (poisonousness). 〚(1881) ← TOXIC+-ITY〛

tox·i·co- /tɑ́(ː)ksɪ̀kou | tɔ́ksɪ̀kəu/「毒 (poison)」の意の連結形 (cf. toxo-[1]): *toxicology*. ★ 母音の前では通例 toxic- になる. 〚(19C) ← Gk *toxikón* poison: ⇨ toxic〛

tòxico·génic *adj.* 〚生理・病理〛**1** 毒物[毒素]を生じる, 産毒性の. **2** 毒物によって生じた. 〚1899〛

tox·i·col. 《略》toxicological; toxicology.

tox·i·co·log·ic /tɑ̀(ː)ksɪ̀kəlɑ́(ː)dʒɪk | tɔ̀ksɪ̀kəlɔ́dʒ-ˊ/ *adj.* 毒物学(上)の; 毒素の. **tòx·i·co·lóg·i·cal** /-dʒɪ̀kəl, -kḷ | -dʒɪ-ˊ/ *adj.* **tòx·i·co·lóg·i·cal·ly** *adv.* 〖(1839) ← TOXICOLOGY＋-IC¹〗

tòx·i·cól·o·gist /-dʒɪ̀st | -dʒɪst/ *n.* 毒物学者. 〖(1829–32): ⇨ ↓, -ist〗

tox·i·col·o·gy /tɑ̀(ː)ksɪ̀kɑ́(ː)lədʒi | tɔ̀ksɪ̀kɔ́l-/ *n.* 毒物学. 〖(1799) ← TOXICO-＋-LOGY〗

tòxico·mánia *n.* 〘病理〙毒物嗜癖(しへき); 麻薬中毒.

tox·i·co·sis /tɑ̀(ː)ksɪ̀kóusɪ̀s | tɔ̀ksɪ̀kə́usɪs/ *n.* 〘病理〙中毒(症), 中毒性疾患. 〖(1857) ← TOXIC＋-OSIS〗

tóxic shóck sỳndrome *n.* 〘医学〙毒性ショック症候群《特に若い女性に見られる症状で生理中のタンポン使用によって繁殖した黄色ブドウ球菌の毒素が原因》.

tòxi·génic *adj.* 毒素を生ずる: ～ bacteria. **tòxi·ge·níc·i·ty** /-dʒənísəti | -sɪ̀ti/ *n.* 〖(1899) ← TOXO-¹＋-GENIC¹〗

tox·in /tɑ́(ː)ksɪ̀n | tɔ́ksɪn/ *n.* 毒素. 〖(1886) ← TOXO-¹＋-IN²〗

tóxin-antitóxin *n.* 〘免疫〙毒素抗毒素混合物液《以前はジフテリア免疫剤として用いられた》.

tox·i·pho·bi·a /tɑ̀(ː)ksəfóubiə | tɔ̀ksɪ̀fə́u-/ *n.* 〘精神医学〙毒物恐怖(症). 〖← TOXO-¹＋-PHOBIA〗

tox·o-¹ /tɑ́(ː)ksou | tɔ́ksəu/「有毒な (toxic); 毒 (toxin)」の意の連結形: *toxo*plasmosis. ★ 時に toxi-, また母音の前では通例 tox- になる. 〖□ LL ～ ← L *toxicum* poison: ⇨ toxic〗

tox·o-² /tɑ́(ː)ksou | tɔ́ksəu/「弓形の (bowed); 矢 (arrow), 弓術 (archery)」の意の連結形. ★ 時に toxi-, また母音の前では通例 tox- になる. 〖□ Gk ～ ← *tóxon* bow〗

tox·o·ca·ri·a·sis /tɑ̀(ː)ksəkəráɪəsɪ̀s | tɔ̀ksə(ʊ)kəráɪəsɪs/ *n.* 〘病理〙トキソカラ症, イヌ回虫症《イヌやネコに寄生するトキソカラ属 (*Toxocara*) の回虫による人間の感染症》. 〖(1930) ← NL *Toxocara* (属名) ← TOXO-²＋Gk *kára* head: ⇨ -iasis〗

tox·oid /tɑ́(ː)ksɔɪd | tɔ́k-/ *n.* 〘医学〙トキソイド, 類毒素, 変性毒素《抗原性毒素液をフォルマリン処理などにより, 抗原性を失わない状態で無毒化したもの; 伝染病の予防もしくは治療用》. 〖(1900) ← TOXO-¹＋-OID〗

tox·oph·i·lite /tɑ(ː)ksɑ́(ː)fəlàɪt | tɔksɔ́fɪ̀-/ *n.* 弓術愛好家, 弓術家 (archer). ― *adj.* 弓術(上)の. 〖(1794) ← *Toxophilus* (Roger Ascham の造語で, 彼の著書 (1545) の名): ⇨ toxo-², philo-, -ite¹〗

tox·oph·i·lit·ic /tɑ(ː)ksɑ̀(ː)fəlítɪk | tɔksɔ̀fɪ̀lít-ˊ/ *adj.* ＝toxophilite. 〖1857〗

tox·oph·i·ly /tɑ(ː)ksɑ́fəli | tɔksɔ́fɪ̀li/ *n.* 弓術愛好. 〖(1887) ← TOXO-²＋-PHILY〗

tox·o·plas·ma /tɑ̀(ː)ksəplǽzmə | tɔ̀ksə(ʊ)-/ *n.* (*pl.* ～**s**, ～**·ta** /～tə | ～tə/, ～) 〘獣医・病理〙トキソプラスマ《トキソプラスマ属 (*Toxoplasma*) の原虫; 人・猫・犬などに寄生するが, ペット・食肉を通じて感染する場合が知られ, 胎児を冒すこともある》. **tòxo·plás·mic** /-mɪk-ˊ/ *adj.* 〖(1926) ← NL *Toxoplasma* (属名): ⇨ toxo-¹, -plasma〗

tox·o·plas·mo·sis /tɑ̀(ː)ksouplæzmóusɪ̀s, -sə- | tɔ̀ksə(ʊ)plæzmə́usɪs/ *n.* 〘獣医・病理〙トキソプラスマ症《住血原虫の一種 (*Toxoplasma gondii*) の寄生により人間・犬・羊・猫などに起こる病気; 一般には症状を現さないことが多いが, 死産・流産・奇形・視力傷害などを起こす》. 〖(1934): ⇨ ↑, -osis〗

tox·o·so·zin /tɑ̀(ː)ksousóuzɪ̀n | tɔ̀ksə(ʊ)səuzɪn/ *n.* 〘生化学〙トキソソチン《細菌の毒素を破壊するソチン; cf. sozin, mycosozin》. 〖(1899) ← TOXO-¹＋SOZIN〗

toy /tɔ́ɪ/ *n.* **1** おもちゃ (plaything): a mere ～. **2** (おもちゃのような)くだらない[つまらない]物 (trifle); くだらない人, 実体のない者: you airy ～*s*! 君たち, 実体のない妖精諸君 (Shak., *Merry W* 5. 5. 42). **3** 小間物 (trinket). **4 a** ままごと, 道楽 (hobby): She makes a ～ of housekeeping. 彼女の家事はまるでままごとのようだ. **b** 気まぐれ (whim). **5 a** ちっぽけな物. **b** ごく小形の動物 (cf. *adj.* 2). **6** 〘音楽〙(主に 16–17 世紀英国の virginal 用の)単純で軽快な楽曲. **7** 《スコット》(昔, 下層階級の老女が使用した)ウールや麻の肩まで かかるかぶりもの.
― *adj.* [限定的] **1** おもちゃの: a ～ train [soldier] おもちゃの汽車[兵隊]. **2** ごく小形の: a ～ pigeon [terrier] 愛玩(あいがん)用の小形のハト[テリア].
― *vi.* **1** もてあそぶ, おもちゃにする, 戯れる, いじる〔*with*〕: ～ *with* one's watch chain 時計の鎖をいじくる / For years I have ～*ed with* the idea of writing a life of Sancho Panza. もう何年も前からサンチョパンサの伝記を書いてみようかと何となく考えている. **2** 〈男女がいちゃつく, ふざける〔*with*〕.
～·er *n.* 〖(*c*1303) *toye* dalliance □ ? MDu. *toi* (Du. *tooi*) attire, finery // ? MDu. *toy* (Du. *tuig*) tools: cf. G *Zeug* instrument〗

SYN もてあそぶ: **toy** 漫然と感情や考えなどを抱く, もてあそぶ: He often *toyed* with the idea of a novel. 彼はよく小説でも書いてみようかという気持ちになった. **trifle** 十分な尊敬なしで人や感情を扱う: *trifle* with a woman's affections 女性の愛情をもてあそぶ. **play** 物・考え・感情などを何となくいじくる, もてあそぶ: He was just *playing* with his food. 彼はただ食べ物をつついているだけだった. **flirt** 気まぐれにふと考える; 危険なものなどをもてあそぶ: He *flirted* with the idea of moving to Osaka. 彼はふと大阪へ移ってみようかと考えてみた. **coquet** 本気でなく面白半分に手を出す, いじくる, もてあそぶ: *coquet* with archeology 考古学をちょっとかじってみる.

Toy /tɔ́ɪ/ *n.* トイ《女性名; 異形 Toye》. 〖(dim.) ← ANTONIA〗

tóy·bòx *n.* おもちゃ箱. 〖1831〗

tóy·bòy *n.* 《英口語》(年長の女性の)若い恋人, つばめ.

tóy dóg *n.* (Chihuahua, Maltese, Yorkshire terrier などの) 小さいタイプの犬. 〖1806〗

Toye /tɔ́ɪ/ *n.* トイ《女性名; 異形 Toy》. 〖⇨ Toy〗

tóy físh *n.* 水槽飼育用小形魚.

tóy·ing·ly *adv.* もてあそんで, 戯れて, ふざけて. 〖(1731): ⇨ toy, -ing², -ly¹〗

toy-i-toy-i /tɔ́ɪtɔ̀ɪ/ *n.* 《南ア》トイトイ《抗議集会[行進]などの際の足を高く上げるダンスステップ》. ― *vi.* トイトイを踊る. 〖(1985) ← ?〗

tóy·lìke *adj.* おもちゃのような. 〖1818〗

tóy Mánchester térrier *n.* トイマンチェスターテリア《マンチェスター原産のイヌ; Manchester terrier の小形で, 12 ポンド以上でないもの; toy Manchester ともいう》. 〖*c*1935〗

Toyn·bee /tɔ́ɪnbi/, **Arnold** *n.* トインビー《1852–83; 英国の経済史家・社会改良家》.

Toynbee, Arnold J(oseph) *n.* トインビー《1889–1975; 英国の文明史家; Arnold Toynbee の甥; *A Study of History* (12 vols., 1934–61)》.

Tóynbee Háll *n.* トインビー記念館《Oxford および Cambridge 両大学校友によって Arnold Toynbee を記念して, 1884 年恵まれない人に正しい教育と娯楽とを授けることを目的として London のスラム街 Whitechapel に建てられた最初の大学隣保館》.

toy·on /tɔ́ɪɑ(ː)n | tɔ́ɪɔn/ *n.* 〘植物〙米国 California 州産バラ科カナメモチ属の常緑低木 (*Photinia arbutifolia*) 《Christmasberry ともいう》. 〖□ Mex.-Sp. *tollon*〗

tóy póodle *n.* トイプードル《体高 10 インチかそれ以下のプードル犬》. 〖*c*1935〗

tóy·shòp *n.* おもちゃ屋. 〖1693〗

Toys"Я"Us /tɔ́ɪzəərʌ́s | -zɑ́ː(r)-/ *n.* 〘商標〙トイザらス《米国の玩具小売りチェーン店》.

tóy·tòwn *adj.* 子供だましの, 安っぽい, 価値のない.

toze /tóuz | tə́uz/ *vt.* 《廃》＝touse.

tp 《略》teleprocessing; 〘電算〙text processing (＝word processing); township; troop.

TP 《略》〘測量〙turning point.

TP 《記号》⇨ TAP.

t.p. 《略》title page.

TPI 《略》《英》Town Planning Institute.

Ť-pìece *n.* 〘建築〙T 字形の支柱[部材].

ŤPÍ tèst *n.* 〘医学〙TPI (梅毒トレポネーマ不動化)試験《梅毒反応の有無をみる》. 〖*TPI*: ← *t(reponema) p(allidum) i(mmobilization)*〗

tpk. 《略》turnpike.

Ť-plàte *n.* T 字形金属板《梁と梁の間の直角部分の補強に使われる》.

TPN 《略》〘生化学〙triphosphopyridine nucleotide. 〖1938〗

TPO 《略》traveling post office.

Tpr 《略》Trooper.

tpr. 《略》〘医学〙temperature, pulse and respiration.

tps. 《略》townships.

TQM 《略》total quality management.

tr 《記号》Turkey《URL ドメイン名》.

Tr 《記号》〘化学〙terbium.

TR 《略》*L.* tempore regis (＝in the time of the king); 〘海事〙tons registered; 〘自動車国籍表示〙Turkey.

T-R 《略》transmit-receive. 〖1945〗

tr. 《略》tare; tincture; 〘化学〙trace; train; transaction(s); transitive; translated; translation; translator; transport; transportation; 〘校正〙transpose 文字[行]を入れかえよ; treasurer; tributary; 〘音楽〙trill; troop; trust; trustee.

tra- /trə/ *pref.* (d, j, l, m, n, v の前にくるときの) trans- の異形: *tra*dition, *tra*ject.

tra·bant /trəbɑ́ːnt/ *n.* 〘生物〙＝satellite 5. 〖(1617) □ G *Trabant, Drobant* □ Czech *drabant* □ Pers. *darwān* porter, doorkeeper〗

Tra·bant /trǽbənt, -bənt; G. tʁabánt/ *n.* 〘商標〙トラバント《旧東ドイツの旧式で遅い小型車》.

tra·be·ate /tréɪbièɪt, -biɪ̀t/ *adj.* 〘建築〙＝trabeated. 〖(1890) 《逆成》← TRABEATION〗

tra·be·at·ed /tréɪbièɪtɪ̀d | -tɪ̀d/ *adj.* 〘建築〙楣(まぐさ) (lintel) のある, 柱梁(はり)式の. 〖(1843): ⇨ ↑, -ed〗

tra·be·a·tion /trèɪbiéɪʃən/ *n.* 〘建築〙楣(まぐさ)式構造. 〖(1563) ← L *trab-, trabs* beam＋-ATION〗

tra·bec·u·la /trəbékjʊlə/ *n.* (*pl.* **-u·lae** /-lìː, -làɪ/) **1** 〘解剖・動物〙柱, 小柱, トラベキュラ《脾臓(ひぞう)の脾柱, 心臓の肉柱など》. **2** 〘植物〙(コケ類の造胞体の蒴(さく)の口縁にある)蒴歯の横線. **tra·bec·u·lar** /trəbékjʊlə | -lə(r)/ *adj.* 〖(1866) ← NL ～ 'little beam' (dim.) ← *trabs* beam〗

tra·bec·u·late /trəbékjʊlɪ̀t/ *adj.* **1** 〘解剖・動物〙柱[小柱]のある. **2** 〘植物〙蒴歯(さくし)横線のある. 〖(1866): ⇨ ↑, -ate²〗

tra·bec·u·lat·ed /trəbékjʊlèɪtɪ̀d | -tɪ̀d/ *adj.* ＝trabeculate.

Trab·zon /trɑ́(ː)bzən, -zṇ | trǽb-; *Turk.* trábzon/ *n.* トラブゾン: **1** トルコ北東部の州. **2** 同州の州都で黒海に臨む海港《Trebizond ともいう》.

tra·casse·ries /trɑ̀ːkɑːsríː; *F.* tʁakasʁi/ *F. n. pl.* 気苦労 (petty worries); いさかい (quarrels). 〖(1656) □ F ～ ← *tracasser* to worry: ⇨ -ery〗

trace¹ /tréɪs/ *vt.* **1** 〈起源・原因・歴史などを〉(さかのぼって)調べ出す, 明らかにする; …の由来[起源]をたどる 〈*back*〉: ～ the history of parliamentary government [the etymology of a word] 議会政治の歴史[言葉の語源]を明らかにする / ～ a river *to* its source 川をその源流にまでさかのぼる / He ～*s* his ancestry *to* 15th century Spain. 彼は自分の祖先が 15 世紀のスペインに始まることを突き止めている / ～ one's descent *back to* the (Norman) Conquest 家系をたどってノルマン人の英国征服の時代にまで至る / The report has been ～*d back to* you. うわさのもとが君の所までわかってきた.
2 …の跡をたどる[つける], 追跡する (track down); …の足取り[ありか]を捜す, 〈行方不明者・紛失物などを〉捜し[探り]出す, 突き留める; 〈電話を〉逆探知する: ～ a person's footprints 人の足跡をたどる / ～ the animal *to* its lair 動物を巣穴まで追跡する / ～ the suspect [missing man] *to* New York 容疑者[行方不明者]の足取りをニューヨークまで突き止める / ～ a call 電話を逆探知する / They ～*d* the stolen goods *to* a pawnshop. 彼らは盗品が質屋にあるのを突き留めた / I cannot ～ any letter of that date. そういう日付の手紙は見つからない.
3 a 〈線・輪郭・地図などを〉引く, 描く, 書く 〈*out*〉; …の(見取)図を描く (sketch) 〈*out*〉: ～ (*out*) a design [pattern] 図案[模様]を描く / ～ *out* the site of an ancient city 古代都市の見取図を作る. **b** (丁寧にまたは苦労して)〈字句などを〉書く. **c** 〈自動記録装置が〉(線を描いて)記録する: The cardiograph ～*s* the heart's action. 心電計は心臓の動きを記録する.
4 a 敷き写しする, 透写[複写]する, トレースする (copy): ～ a copy *from* the original 原稿[原図]のコピーを取る / ～ a map *on(to)* a sheet of paper 地図を紙に透写する. **b** 〈図案・模様などを〉押す, 印する (imprint): ～ a pattern *on(to)* cloth 布地に模様をつける. **c** [主に p.p. 形で] 〘建築〙〈窓などを〉トレーサリー (tracery) で飾る: ～*d* windows トレーサリーの窓.
5 a (遺跡・痕跡によって)…の位置[大きさ]を確かめる, 発見する: ～ an ancient road [wall] 古代の道路[城壁](の位置)を確かめる. **b** (輪郭などによって)見きわめる (discern): I could scarcely ～ his features in the gloom. 薄暗がりで彼の顔つきはほとんどわからなかった. **6** 〈計画などを〉立てる, 決める (devise) 〈*out*〉: ～ (*out*) a line of conduct 行動方針を決める / The policy ～*d out* by him was never followed. 彼の立てた政策は実行されずに終わった. **7** 《まれ》〈小道などを〉たどる, 通って行く (follow): ～ a path.
― *vi.* **1** 由来をたずねる, (歴史を)さかのぼる (date back) 〔*to*〕: We can ～ no further. これ以上過去にさかのぼることはできない / His family ～*s* (*back*) *to* the Pilgrim Fathers. 彼の一門はピルグリムファーザーズ(の時代)にまでさかのぼる. **2** (通った跡・道筋を)たどる; 行く, 進む.
― *n.* **1 a** (動物・人・物などの通った)跡, わだち (track); [*pl.*] (動物の)足跡 (footprints): find the ～*s* of big game 大きな獲物の足跡を発見する / be (hot) on the ～*s* of …を(激しく)追跡している, …に追い迫っている. **b** 《米》(動物・人・物などが通って出来た荒野などの)小道 (path, trail). **c** (電話の)逆探知: put a ～ on the call 電話の逆探知をする. **d** 《古》(人がたどる)道 (road).
2 (残された)跡, 跡形; 痕跡(こんせき), 形跡 (vestige); (経験・境遇などの)影響, 結果 (evidence): the ～*s* of war 戦争のつめ跡 / look out for ～*s* of former inhabitants 先住民の遺跡を捜す / remove every ～ of the crime 犯罪の証跡をすっかり消す / ⇨ *without* (*a*) TRACE / There is still no ～ of the missing man. 失踪(しっそう)した男の行方が依然としてわかっていない / Does this poison leave any ～(*s*) in a victim's body? この毒物は犠牲者の体内に痕跡を残しますか / He spoke with ～*s* of a German accent. 彼の言葉にはドイツ語なまりがあった / The bed bore no ～ of having been slept in. そのベッドには人の寝ていた形跡がなかった.
3 a [通例 a ～] ほんの少し, 微少; かすかな気配[気み] (tinge, touch): He smiled at her with *a* ～ of interest. やや関心を示して彼女にほほえみかけた / without *a* ～ of sympathy 同情の気配は少しもなく / There is just *a* ～ of garlic in the steak. このステーキはほんの少しばかりにんにくの味がする / There is not the slightest ～ of love between us any longer. 我々二人の間にはもう愛情のかけらもない / His tone implied the barest ～ of contempt for her. 彼の口調にはほんのかすかながら彼女に対する軽蔑がこもっていた. **b** 〘化学〙痕跡《定量できないほどの微量またはその含まれている成分; 略 tr.》: ⇨ trace element. **c** 〘気象〙微量の降水[降雨] (0.1 ミリメートル以下の降水量).
4 線, 図形 (line, figure); 見取図 (sketch). **5** (地震計・カイモグラフ・心電計など自動記録装置が記録した)記録, トレース. **6** 〘心理〙＝engram 2. **7** 〘数学〙跡(せき), トレース《正投影法における直線と画面の交点, ないしは平面と画面との交線; 行列の主対角線上にある成分の総和》.
8 〘言語〙痕跡《生成文法で, 何らかの変形操作によって移動された構成素の元の位置に残され, その構成素と同じ指標を付与された, 音声内容を持たない空節点》. **9** 〘電子工学〙掃引(そうびき)線[点]《電子ビームによって陰極線管 (cathode-ray tube) のスクリーンに描き出された線[点]》.
lóse (*all*) *tráce of* …の足取りを(すっかり)見失う; …の居所が(全く)わからなくなる. *withóut* (*a*) *tráce* 跡形もなく: A whole civilization vanished *without* (*a*) ～. ひとつの文明社会が跡形もなく消えてしまった.
〖n.: (?*a*1300) *trace, tras* □ (O)F *trace*. ― v.: (*c*1380) *trace(n)* □ OF *tracier* (F *tracer*) to trace, pursue < VL **tractiāre* to drag, draw ← L *tractus* 'TRACT¹'〗

SYN 痕跡: **trace** 動物や車両の通過後に残る印・足跡など: the *traces* of a deer 鹿の足跡. **track** 連続した痕跡で跡をついて行けるもの: motor car *tracks* 自動車のわだ

ち. **vestige** 消滅したもののかすかな痕跡 (格式ばった語): the *vestige* of an ancient civilization 古代文明のなごり.

trace² /tréɪs/ *n.* **1** 〘馬具〙引き革 (馬車・犬ぞりなどの一部; ⇨ whippletree 挿絵): in the ~*s* 引き革を付けて[につながれて]; 常務に服して. **2** 〘機械〙蝶番(ちょうつがい)連動桿(かん). **3** 〘釣〙道糸の先に付けるテグス, はりす (《米》leader). **4** 〘植物〙茎から葉および枝に分かれてゆく維管束.
kick over [***jump***] ***the traces*** (1) 〈馬が〉引き革を蹴りのける. (2) 〈人が〉束縛をはねのける; 不従順になる, 手がつけられなくなる. (1861)
〖(*c*1330) *trays* ◻ OF *traiz* (pl.) ← *trait* 'strap for harness, act of drawing, TRAIT'〗

trace·a·ble /tréɪsəbl̩/ *adj.* **1** たどることのできる, 跡をたずねることのできる; 〔…に〕起因する, 帰することができる (ascribable) 〔*to*〕: Many of our customs are ~ *to* Buddhism. わが国の習慣は仏教に由来するものが多い. **2** 描くことのできる; 透写することのできる. **trace·a·bil·i·ty** /trèɪsəbíləṭi | -l̩ti/ *n.* **~·ness** *n.* **tráce·a·bly** *adv.* 〖(1748) ← TRACE¹+-ABLE〗

tráce clìp *n.* トレースクリップ (馬毛の刈り方の一つ; 引き革より上の背中の部分と下脚に長毛を残す).

tráce èlement *n.* **1** 〘生化学〙微量元素 (植物や動物の組織内に含まれている微量の(主として, 金属)元素で, 動植物の生存に必要不可欠と考えられるもの; microelement, micronutrient, minor element ともいう; cf. macronutrient). **2** 〘地質〙=minor element 1. 〖1937〗

tráce hòrse *n.* 引き馬, 輓用(ばんよう)馬 (引き革でつながれて引く, または 1 本の引き革で引く馬); (特に) 坂道などで付け加えられた引き馬. 〖1844〗

tráce·less *adj.* 痕跡(こんせき)のない, 跡を残さない. **~·ly** *adv.* 〖(1651)〗

trac·er /tréɪsə | -sə(r/ *n.* **1** 追跡者, 跡をたずねる人. **2** 紛失物捜索係; 《米》紛失郵便物捜索照会状. **3** 写図者, 透写工. **4** 線引ペン, 鉄筆, 透写筆 (stylus). **5** (裁縫用)トレーサー, ルーレット (ペン軸状の棒の先に小さな車輪のついたもので紙型の上を転がして生地にしるしを付ける; tracing wheel ともいう). **6** 〘軍事〙曳光(えいこう)弾 (tracer ammunition ともいう); 曳光弾剤[薬]. **7** 〘解剖〙探針(きん). **8** 〘化学・生理〙トレーサー, 追跡子 (生体内での特定物質の変化・行方を追跡証明するために投与する微量物質; (特に) 放射性同位元素). 〖(1552) ← TRACE¹ (v.)+-ER¹〗

trácer ammunìtion *n.* 〘軍事〙=tracer 6.
trácer bùllet *n.* 〘軍事〙曳光(えいこう)弾.
trácer èlement *n.* 〘化学・生理〙追跡元素, 標識元素 (⇨ tracer 8).

trác·er·ied *adj.* tracery のある[で飾った]; 網目模様のある. 〖(1843): ⇨ ↓, -ed 2〗

trac·er·y /tréɪs(ə)ri/ *n.* **1** 〘建築〙トレーサリー (ゴシック式建築の窓・つい立て・羽目仕切りなどに施す装飾的狭間(はざま)): ⇨ bar tracery, plate tracery. **2** (刺繍・彫刻などの)トレーサリー模様; 網目細工 (network): the delicate ~ of light and shade [of the boughs, on the insect's wing] 光と影[枝, 昆虫の羽]の繊細な格子模様. 〖(1464) ← TRACE¹+-ERY〗

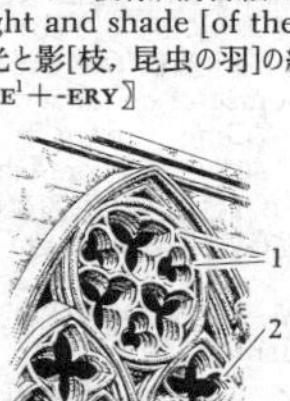

tracery 1
1 trefoils
2 quatrefoil

Tra·cey /tréɪsi/ *n.* トレーシー (Tracy の異形).

tra·che- /tréɪki/ (母音の前にくるときの) tracheo- の異形.

tra·che·a /tréɪkiə | trəkíːə, tréɪkiə/ *n.* (*pl.* **-che·ae** /tréɪkiìː, -kiàɪ | trəkíːiː, -kíːaɪ, tréɪkiìː/, ~**s**) **1** 〘解剖・動物〙気管 (windpipe) (⇨ respiratory system 挿絵); (昆虫その他の節足動物の)呼吸管 (cf. vessel 3). **2** 〘植物〙道管 (duct, vessel). 〖(*a*1400) ◻ ML *trāchēa*=LL *trāchia* ◻ Gk *trākheîa* (fem.) ← *trākhús* rough ← IE **dher-* to make muddy〗

tra·che·al /tréɪkiəl | trəkíːəl, tréɪkiəl/ *adj.* **1** 〘解剖・動物〙気管[呼吸管]の, 気管[呼吸管]とつながった. **2** 〘植物〙道管の機能をもつ, 道管からなる. 〖(1710) ← NL *trāchēālis* ← ML *trāchēa* (↑): ⇨ -al¹〗

tràcheal gìll *n.* 〘動物〙気管鰓(さい) (水生昆虫の幼虫・さなぎ, まれに成虫に見られる呼吸器官).
trácheal tíssue *n.* 〘植物〙道管組織.

tra·che·ar·y /tréɪkièri | -kiəri/ *adj.* 〘植物〙道管 (trachea) の. 〖1885〗

tra·che·ate /tréɪkièɪt, -kiɨt | trəkíːɨt, tréɪkièɪt/ 〘動物〙*adj.* 〈節足動物が〉呼吸管をもつ. — *n.* 呼吸管をもつ節足動物 〖(1878) ← NL *Tracheata* (属名): ⇨ tracheo-, -ate²〗

tra·che·at·ed /tréɪkièɪṭɪd | -ṭɪd/ *adj.* 〘動物〙=tracheate. 〖1877〗

tra·che·a·tion /trèɪkiéɪʃən/ *n.* 〘動物〙(昆虫その他の節足動物の)呼吸管の分布[排列]. 〖← TRACHEO-+-ATION〗

tra·che·id /tréɪkiɪd | -kiɪd/ *n.* 〘植物〙仮道管 (cf. trachea 2, vessel 4). **tra·che·i·dal** /treɪkíːəḍl̩, trə- | trəkíːɪdl̩, trèɪkiáɪdl̩⁻/ *adj.* 〖(1875) ← TRACHEO-+-ID³〗

tra·che·i·tis /trèɪkiáɪṭɨs | -áɪtɪs/ *n.* 〘病理〙気管炎. 〖(1842) ← NL ~: ⇨ trachea, -itis〗

trach·el- /trǽkəl, tréɪ-, trəkíːl/ (母音の前にくるときの) trachelo- の異形.

tra·che·li·um /trəkíːliəm/ *n.* (*pl.* **-li·a** /-liə/) (古代建築で)柱身と柱頭の間のくびれた部分 (gorgerin より上の部分). 〖← NL ~ ← Gk *trákhēlos* neck: ⇨ -ium〗

trach·e·lo- /trǽkəlou, tréɪ- | tréɪkɪ̈ləu, trǽk-/「首, 頸部(けいぶ) (neck)」の意の連結形: *trachelology.* ★ 母音の前では通例 trachel- になる. 〖← NL ~ ← Gk *trakhelo-* ← *trákhēlos* neck〗

tra·che·o- /tréɪkiou | tréɪkiəu, trǽk-/ 次の意味を表す連結形: **1**「気管, 道管 (trachea)」: *tracheoscopy.* **2**「気管と…との (tracheal and …)」: *tracheobronchial.* ★ 母音の前では通例 trache- になる. 〖← NL ~ ← ML *trāchēa*: ⇨ trachea〗

tràcheo·brónchial *adj.* 〘解剖〙気管(と)気管支の. 〖1896〗

tra·che·ole /tréɪkiòul | -kiəul/ *n.* 〘昆虫〙(昆虫の呼吸管分岐の)末端細管. **tra·che·o·lar** /treɪkíːələ | -lə(r/ *adj.* 〖(1904) ← TRACHEO-+-OLE²〗

tra·che·o·phyte /tréɪkiəfàɪt/ *n.* 〘植物〙維管束植物. 〖(1937) ← TRACHEO-+-PHYTE〗

tra·che·os·co·py /trèɪkiá(ː)skəpi | trǽkiɔ́s-, trèɪ-/ *n.* 〘医学〙気管鏡検査(法). **trà·che·o·scóp·ic** /-kiəská(ː)pɪk | -skɔ́p-⁻/ *adj.* 〖← TRACHEO-+-SCOPY〗

tra·che·os·to·my /trèɪkiá(ː)stəmi | trǽkiɔ́s-, trèɪ-/ *n.* 〘外科〙気管開口術, 気管形成術. 〖(1945) ← TRACHEO-+-STOMY¹〗

trà·che·ót·o·mist /-mɨst | -mɪst/ *n.* 気管切開医. 〖(1891): ⇨ ↓, -ist〗

tra·che·ot·o·my /trèɪkiá(ː)ṭəmi | trǽkiɔ́t-, trèɪ-/ *n.* 〘外科〙気管切開(術). 〖(1726) ← TRACHEO-+-TOMY〗

tracheótomy tùbe *n.* 〘医学〙気管切開管.

tra·chle /trǽkl̩, tráː-, -xl̩/ *vt.* 《スコット》**1** (踏みつけて)よごす. **2** (くたくたに)疲れさせる; 困らせる. 〖(1549) ← ?: cf. Flem. *tragelen* to go with difficulty〗

tra·cho·ma /trəkóumə | trəkə́u-, træ-/ *n.* 〘病理〙トラコーマ, トラホーム (眼病). **tra·chom·a·tous** /trəká(ː)məṭəs, -kóum- | -kɔ́mətəs, -kə́um-/ *adj.* 〖(1693) ← NL ~ ← Gk *trákhōma* roughness: ⇨ trachy, -oma〗

trach·y- /trǽki, tréɪki | tréɪki, trǽki/「強い (strong); 粗い (rough)」の意の連結形: *trachyspermous.* 〖← Gk *trākhús* rough〗

tràchy·cárdia *n.* 〘病理〙速脈 (cf. bradycardia). 〖← NL ~ ← TRACHY-+-CARDIA〗

tràchy·cárpous *adj.* 〘植物〙皮のざらざらした果実をつける. 〖1860〗

tràchy·spérmous *adj.* 〘植物〙皮のざらざらした種子をもつ. 〖1891〗

trach·yte /trǽkaɪt, tréɪk- | tréɪk-, trǽk-/ *n.* 〘岩石〙粗面岩. **trách·y·tòid** /-kɪ̈tɔ̀ɪd | -kɪ-/ *adj.* 〖(1821) ◻ F ~ ◻ Gk *trākhútēs* roughness ← *trākhús* rough〗

tra·chyt·ic /trəkíṭɪk | -tɪk/ *adj.* 〘岩石〙粗面岩状の. 〖(1827): ⇨ ↑, -ic¹〗

trác·ing *n.* **1** トレーシング, 透写, 複写. **2** 透写図. **3** 跡をたずねる[跡を追う, 源にさかのぼる]こと, 詮索(せんさく), 捜索. **4** 自記計器の記録. **5** 〘スケート〙トレース (滑り跡; print ともいう). **6** 〘図書館〙トレーシング (基本記入に対する補助記入の作成記録). 〖(*c*1393) ← TRACE¹+-ING¹〗

trácing clòth *n.* トレーシングクロス, 透写布 (透明質の布; 建築図面の原図を描くのに用いる; cf. tracing paper). 〖1842–76〗

trácing pàper *n.* トレーシングペーパー, 透写紙. 〖1824〗

trácing whèel *n.* =tracer 5. 〖1894〗

track /trǽk/ *n.* **1** (足跡でできた)小道, 踏みならした道 (rough road); (人生の)進路, 行路, (世の)常道, 常軌 (course of life, routine): a rough ~ / ⇨ beaten track / clear the ~ 道をあける; 〔命令〕そこどけ / go on in the same ~ year after year 年々歳々同じ行路をたどる. **2 a** (競馬場・競技場などの)競走路, 走路, トラック, コース (running track). **b** 《米》トラック競技; 陸上競技 (track and field) (cf. field 3 a): ⇨ track event, track meet. **3 a** 鉄道線路, 軌道 (railroad line): a single [double] ~ 単[複]線 / jump the ~ 脱線する / lay ~*s* 線路を敷設する. **b** 《米》プラットホーム. **4** (車などの)通った跡 (trail) (⇨ trace¹ **SYN**); わだち (wheel rut); 航跡 (wake): the ~ of a wagon, wheel, etc. / the ~ of a vessel, etc. **5 a** (人・動物の)足跡 (footprint), 踏跡: ~*s* in the snow 雪に残る足跡 / a fresh ~ of blood 真新しい血のついた足跡. **b** (獲物の)臭跡 (scent); 手掛り: ⇨ *on the* TRACK *of, on the right* [*wrong*] TRACK. **c** 《古》(陰謀などの)形跡 (trace, vestige). **6 a** (船・渡り鳥・台風などの)進路, 通路 (line of motion): the ~ of a comet [meteor] 彗星(すいせい)[流星]の軌道 / the ~ of a storm あらしの進路 / the ~ of a bird 鳥が飛んで行く道 / We followed in his ~. 我々は彼の進んだ道をたどって行った. **b** 〘航空〙航跡 (飛行機が実際に飛んだコースの地表面への投影). **c** 〘物理〙トラック, 飛跡 (霧箱などで観察される電離放射線の粒子などが通った跡). **7** トラック: **a** 磁気テープの録音帯. **b** 磁気テープなどの記録装置の連続して情報を記録する線状の部分. **c** 〘電算〙磁気ディスクで, ディスク面を同心円状の領域に分けた一つ; 周方向にさらに分割したものが sector. **d** レコード・CD などの 1 曲分の領域. **e** =sound track. **8** (出来事・思想などの)連続, 一続き: My pen goes in the ~ of my thoughts. 私のペンは私の一連の考えを追って動く. **9** 《米》**a** 〘自動車・飛行機〙両輪の間隔, 輪距 (tread). **b** 〘鉄道〙軌間. **10 a** (トラクターの)無限軌道 (caterpillar). **b** (自動車タイヤの)接地面, 踏面 (tread). **11** 《米》〘教育〙能力[適性]別に編成された学級[教育課程] (《英》stream) (cf. setting 10, tracking 2).
acróss the trácks =on the wrong SIDE of the tracks.
cóver (***up***) [***híde***] ***one's trácks*** (1) 足跡をくらます. (2) 自分の意図[行動]を隠す (特に罪が露見しそうなときに). (1878) ***hót on a person's trácks*** 追跡中の人を捕まえるまであと一歩のところに. ***in one's trácks*** その場で, 立ち所に, すぐに (on the spot): stop *in one's* ~*s* ただちに止まる / He fell dead *in his* ~*s*. その場に倒れて死んだ. (1824) ***kèep tráck of*** 〈進行・発展などの〉跡を追う[たどる]; …の記録を取る: I *kept* close ~ *of* what was going on. 出来事を丹念に記録した. (1883) ***lóse tráck of*** …を忘れる, 見失う, 〈人・物〉と交渉をもたなくなる: *lose* ~ *of* the days of the week 何曜日かわからなくなる. (1894) ***màke trácks*** (口語) (1) (急いで)去る, 行く (go away): *make* ~*s for* home 急いで家に向かう. (2) 逃げる (make off). (3) あとを追う (go after) 〔*for*〕. (1835) ***óff the béaten tráck*** ⇨ beaten track. ***òff the tráck*** (1) 〈猟犬が〉臭跡を失って, 〈追手が〉犯人の手掛りを失って (off the scent): throw a person *off the* ~ 追手をまく. (2) 〈列車が〉脱線して (derailed); 〈論旨などが〉脱線して, 本題を離れて; 誤って (wrong): You are *off the* ~ altogether. 全く誤っている. (1875) ***on the inside tráck*** (米口語) ⇨ inside track. ***on the right*** [***wróng***] ***side of the trácks*** ⇨ side 成句. ***on the right*** [***wróng***] ***tráck*** 確かな[誤った]手掛り[目標など]に添っていて; (考え方が)正しい[誤っていて]. (1871) ***on the tráck of*** …を追跡して; …の手掛りを得て: The police are *on the* ~ *of* the robbers. 警察は強盗を追跡している / At last we are *on the* ~ *of* the mystery. ついにその謎の手掛りが得られた. (1873) ***on tráck*** 予想通り[順調に]進んで, 正しく軌道に乗って.
tráck and fíeld 陸上競技. (1905)
— *vt.* **1** …の跡を追う, 追跡する (follow, hunt); 跡を追って捜し出す, 探知する (find) 〈*out*〉: ~ a deer 鹿の跡を追う / ~ the rumor back to its origin うわさのでどこまでさかのぼって調べる. **2** (望遠鏡・レーダーなどで)〈飛行機・船・ミサイル・宇宙船〉の進路[軌道]を観測[記録, 追跡]する. **3** 〘軍事〙(照準点・要撃路などを決定するため砲・望遠鏡・探照灯などによって)〈ある目標〉の進路を追う, 追従[追随]する; 〈飛行機が〉〈他機を〉追尾する. **4** 《米》…に足跡をつける; (歩いた後に足から泥・雪などを落として)跡をつける 〈*up*〉: ~ a floor 床に足跡をつける / ~ mud through a house 歩いて家中泥の跡をつける. **5** 〈雪道などを〉踏み固めて造る. **6** 〈山中などを〉通る (traverse): ~ a wild forest, desert, etc. **7** 《米》**a** …に線路を敷く. **b** 車輪の間隔が…である: a car that ~*s* 36 inches 車輪間隔が 36 インチある車. **8** 〈船を〉(陸地から)曳航(えいこう)する (tow). **9** 《米》〘教育〙〈学生・生徒を〉能力[適性]別に学級[教育課程]を分ける (《英》stream).
— *vi.* **1 a** 〈後輪が〉前輪のわだちを踏んで走る: The trailer ~*s* perfectly. トレーラーはぴったり前輪のわだちを踏んで走る. **b** 〈左右の車輪が〉(直線道路で)一定の間隔を保つ; 軌間にぴったり合う. **c** 〈大歯車が〉小の歯車と)完全にかみ合う 〔*with*〕. **2** 〘軍事〙(望遠鏡・探照灯などによって)敵の進路を追う, 追従[追随]する; 〈飛行機が〉他機を追尾する. **3** 〈船が〉(土手から)引かれて行く; 曳航(えいこう)船で行く. **4** 〘映画・テレビ〙=dolly¹. **5** (床などに)足跡をつける. **6** 《米》歩く, 進む, 旅行する 〈*around, about, up*〉. **7** 〈レコードプレーヤーの針が〉レコードの溝をなぞる. **8** (床などに)足跡を残す.
tráck báck 同じ道を戻って行く 〔*to*〕. ***tráck dówn*** 〈逃亡者などを〉追い詰める; 〈真相などを〉突き止める: ~ *down* a bank robber 銀行強盗を追い詰める / ~ *down* the facts 事実を突き止める. (1874) ***tráck ín*** (映画・テレビの)カメラを近づける. ***tráck óut*** (映画・テレビの)カメラを遠ざける.

T

tráck·a·ble /-kəbl̩/ *adj.* 〖(*a*1470) *trak* ◻ (O)F *trac* ← Gmc: cf. MDu. *trecken* & Du. *trekken* to draw, pull〗

track·age /trǽkɪdʒ/ *n.* **1** 《米》〘鉄道〙**a** [集合的] 鉄道線路, 軌道 (rails). **b** 軌道使用権 (他の鉄道の軌道を使用する権利; 通例 trackage right という); 軌道使用料 (通例 trackage charge という). **2** 曳航 (towage). 〖(1884) ← TRACK (n.)+-AGE〗

tráck-and-fíeld *adj.* 陸上競技の. 〖1905〗

tráck·bàll *n.* 〘電算〙トラックボール (モニター画面上のカーソルをボールを用いて動かす装置). 〖1969〗

tráck·bèd *n.* 〘鉄道〙道床 (軌道をその上に取り付けるための, 砕石などの土台).

tráck bràke *n.* 〘鉄道〙軌道ブレーキ (車輪をしめつけるのではなく軌条との抵抗を増して減速・停止を行うブレーキ機構). 〖1903〗

tráck chàrgeman *n.* 《英》〘鉄道〙保線係, 保線作業員.

tráck cìrcuit *n.* 〘鉄道〙軌道回路 (軌道の閉塞区間に列車等が入ると短絡して電気的に作動する回路). 〖1911〗

tráck-clèarer *n.* 〘鉄道〙(機関車・排雪車・草刈機などの前部につけた)排障器; (機関車の)排雪装置. 〖(1877): cf. *clear the track* (⇨ track (n.) 1)〗

tracked *adj.* **1** 無限軌道で動く. **2** レールの上を走る. 〖(1926): ⇨ -ed 2〗

tráck·er *n.* **1** (獲物・犯人を)追い詰める人. **2** 狩猟の案内人 (hunter's guide). **3** 曳航船. 〖(1617) ← TRACK (v.)+-ER¹〗

trácker àction *n.* 〘音楽〙トラッカー アクション (オルガンの鍵の動きを直接機械的に空気弁に伝える装置).

trácker dòg *n.* 追跡犬《bloodhound のように人を襲撃しないで人の跡をつけて追う犬》. 〖1962〗
tráck evènt *n.* [通例 *pl.*]〘陸上競技〙トラック競技[種目] (cf. field event). 〖1912〗
tráck gàge *n.* 〘鉄道〙軌間[トラック]ゲージ《軌間測定具》.
tráck ìndicator *n.* 〘鉄道〙軌道表示器, 線路標識.
tráck·ing *n.* **1** 〘映画〙トラッキング《撮影中カメラの前後移動; その効果》. **2** 《米》〘教育〙能力[適性]別学級[教育課程]編成 (《英》streaming). 〖2: 1967〗
trácking ràdar *n.* 追跡レーダー.
trácking shòt *n.* 〘映画・テレビ〙=dolly shot. 〖1940〗
trácking stàtion *n.* 〘宇宙〙(宇宙船・人工衛星などの)追跡ステーション. 〖1963〗
tráck jàck *n.* 〘鉄道〙軌道ジャッキ《工事のために線路を持上げるのに用いるジャッキ》.
tráck·làyer *n.* 《米》 **1** 線路(敷設)作業員 (《英》plate-layer). **2** 無限軌道車. 〖*a*1861〗
tráck·làying *adj.* 無限軌道(車)の. — *n.* 軌道敷設(工事). 〖(n. 1857; adj. 1884)〗
track·le·ment /trǽklmənt/ *n.* (肉)料理に添えられるソース[ゼリー]. 〖(1954) ← ?〗
tráck·less *adj.* **1** 足跡のない, 道のない (untrodden): a ～ waste 人跡未踏の荒野. **2** 無軌道の: ～ trams 無軌道電車. **3** 跡を残さない: ～ feet. **～·ly** *adv.* **～·ness** *n.* 〖1656〗
tráckless trólley *n.* 《米》=trolley bus.
tráck lìghting *n.* トラック照明《通電した帯状金属片を用いて電灯設備を自由に移動できるようにしたもの》.
tráck·man /-mən, -mæ̀n/ *n.* (*pl.* **-men** /-mən, -mɛ̀n/) 《米・カナダ》 **1** 保線作業員; (特に) =track-walker. **2** (トラック競技の)競技者. 〖1881〗
tráck mèet *n.* 《米》陸上競技会《競走・跳躍・投擲(とうてき)などからなる》. 〖1904〗
tráck rècord *n.* 〘口語〙(企業・個人などの特定の分野における)実績, 業績: look for someone with a ～ in teaching English 英語教育に実績のある人を探す. 〖1951〗
tráck rèlay *n.* 〘電気〙軌道継電器《track circuit に用いる継電器》.
tráck ròd *n.* (自動車の)前輪連結棒.
tráck scàle *n.* 〘鉄道〙車両計重機.
tráck·shìfter *n.* 〘鉄道〙軌道移動機.
tráck shòe *n.* **1** 〘鉄道〙(軌道ブレーキ (track brake) の)減速装置. **2** (かかとのないスパイクのついた)陸上競技用靴. 〖1908〗
tráck·sìde *n.* 鉄道わきの空間. — *adj.* [限定的] 線路わきの. 〖1886〗
track·suit /trǽksù:t/ *n.* (トラック競技者などの保温用)トラックスーツ. 〖1955〗
tráck·sùit·ed *adj.* トラックスーツを着た.
tráck sỳstem *n.* 〘教育〙=tracking 2.
tráck·wàlker *n.* 《米》線路巡視人. 〖1890〗
tráck·wày *n.* **1** 踏みならされた道. **2** (英国の)古い街道. 〖1818〗
tráck·wòrk *n.* 鉄道線路および関連施設, 軌道[鉄道]施設; 鉄道工事《線路の敷設または保線作業》.
tract[1] /trǽkt/ *n.* **1** (広さを問わず)土地, 地方, 地域 (region); (空・海などの)広がり (expanse): a big [large] ～ of land 広い地面 / a ～ of country 一地方 / a wooded ～ 森林地帯. **2** 〘解剖〙 **a** 管, …系, 道, 路: an alimentary ～ 栄養管 / the urinary ～ 尿路 / the gastrointestinal ～ 胃腸管. **b** (神経線維の)束, 索; (神経の走向としての)…路: the olfactory [optic] ～ 嗅(きゅう)[視]索. **3 a** 時間, 期間: a long ～ of time 長時間. **b** 《古》時の経過 (lapse); (行為・事件の)連続. **4** [しばしば T-]〘カトリック〙詠誦(えいしょう)《ミサの時連続して歌われる聖歌》. **5** 〘鳥類〙=pteryla. **6** 《主に米西部》宅地開発. **7** (ある物の特定の)領域, 局面. **8** 《まれ》(人・動物などの)通った跡, 痕跡 (track). 〖(*a*1387) *tracte* ◻ L *tractus* drawing, extent, region (p.p.) ← *trahere* 'to DRAW' ← IE **tragh-* to draw: TRAIT と二重語〗
tract[2] /trǽkt/ *n.* **1** (宗教・政治上の)小論文, 小冊子 (cf. pamphlet). **2** 《古》論文 (treatise).
Trácts for the Tímes [the —] 時局小冊子《Oxford movement を擁護するために 1833–41 年間に 90 編が発行された小冊子; (Oxford) Tracts ともいう》. 〖1834〗
〖(*a*1398) *tracte* (短縮) ← L *tractātus* 'TRACTATE'〗
trac·ta·bil·i·ty /trǽktəbíləti | -lɪ̀ti/ *n.* 取り扱いやすいこと; 従順, 順良. 〖(1531): ⇨ ↓, -ity〗
trac·ta·ble /trǽktəbl/ *adj.* **1** 御しやすい (manageable) (⇨ obedient SYN); 教えやすい, 従順な, おとなしい (docile): a ～ horse 御しやすい馬 / ～ children. **2** 〈材料など〉細工しやすい, 扱いやすい: This tree is extremely ～. この木はきわめて細工しやすい. **～·ness** *n.* **trác·ta·bly** *adv.* 〖(?*a*1425) ◻ L *tractābilis* ← *tractāre* to touch, manage (freq.) ← *trahere* to draw: cf. tract[1]〗
Trac·tar·i·an /træktέəriən | -tέər-/ *adj.* オックスフォード運動の (⇨ Tractarianism). — *n.* **1** オックスフォード運動首唱者, オックスフォード小冊子集 (Oxford Tracts) 筆者. **2** オックスフォード運動支持者. 〖(1824) ← TRACT[2]+-ARIAN: *Tracts for the Times* を刊行したことから〗
Trac·tár·i·an·ìsm /-nìzm/ *n.* オックスフォード運動 (Oxford movement) の別名. 〖(1840): ⇨ ↑, -ism〗
trac·tate /trǽkteɪt/ *n.* **1** 論文 (treatise, essay). **2** 〘ユダヤ教〙タルムードの (Talmud) の一巻. 〖(1474) ◻ L *tractātus* handling, treatment ← *tractāre* to handle (freq.) ← *trahere* to draw〗
Trac·ta·tor /trǽkteɪtə | -tə[r]/ *n.* =Tractarian. 〖(*a*1638) ◻ L *tractātor* ← *tractāre* (↑)〗
tráct hòuse [hòme] *n.* 《米》トラクトハウス《ひとまとまりの区画に建っている規格化された造りの住宅》.
trac·tile /trǽktl, -taɪl | -taɪl/ *adj.* 引き伸ばすことのできる (ductile). 〖(1626) ← L *tractus*+-ILE[1]: ⇨ tract[1]〗
trac·til·i·ty /træktíləti | -lɪ̀ti/ *n.* 延性, 伸張性. 〖1713〗
trac·tion /trǽkʃən/ *n.* **1** 引くこと, 牽引(けんいん) (drawing, pulling) (↔ pulsion); 牽引力[方法]: the angle of ～ 引張り角 / force of ～ 牽引力 / the line of ～ 引張り(作用)線 / mechanical [electric, steam, motor] ～ 機械[電気, 蒸気, 発動機]牽引. **2** (レールと車輪, タイヤと道路などの)静止摩擦. **3** 〘医学〙(骨折・脱臼(だっきゅう)治療などのための)牽引: a ～ splint 牽引用副木(そえぎ) / an arm in ～ 牽引している腕. **4** (筋肉などの)収縮 (contraction). **5** 引きつける力, 魅力 (attraction). **6** 《米》公営輸送業務: an (electric) ～ company 電鉄会社. **～·al** /-ʃənl, -ʃnəl/ *adj.* 〖(1615) ◻ ML *tractiō(n-)* a drawing ← L *tractus*: ⇨ tract[1]〗
tráction èngine *n.* (蒸気・ガソリンによる鉄道以外の所に用いる)牽引車, 耕作用機関車. 〖1859〗
tráction fìber *n.* 〘生物〙(細胞の)牽引糸《有糸分裂の際, 分かれている染色体を両極に引き寄せる紡錘体中の繊維》.
tráction mòtor *n.* 〘電気〙電車電動機, 電気主電動機, 車両駆動用電動機. 〖1900〗
tráction trànsport *n.* 〘地質〙流水・氷河・風のひきずり力によって砂礫が流れの底面をすべりながら運ばれること (cf. saltation 4).
tráction whèel *n.* (機関車の)動輪 (driving wheel). 〖1877〗
trac·tive /trǽktɪv/ *adj.* **1** 引く, 牽引する (drawing). **2** 牽引の[に関する] (tractional). 〖1615〗
tráctive éffort *n.* (機関車などの)牽引力.
tráctive fórce *n.* =tractive effort.
trac·tor /trǽktə | -tə[r]/ *n.* **1** 牽引者[物]. **2** トラクター, 牽引車, 牽引自動車《農業機械その他の車を引く》, (特に)農業用牽引車: a farm ～ 耕作用トラクター. **3** 牽引式飛行機《プロペラが胴体や主翼の前方に付いている飛行機; tractor airplane ともいう; cf. pusher airplane》. **4** 牽引用トラック《車台が短くボデーのない貨物自動車で, 主に full trailer, semitrailer を牽引する; tractor truck ともいう》. 〖(1798) ← ML ～: ⇨ tract[1], -or[2]〗
tráctor áirplane *n.* =tractor 3.
tráctor bèam *n.* (SF で) トラクタービーム《宇宙船などの物体を動かしたり, 静止させたりできるエネルギーのビーム》.
tráctor·fèed *n.* 〘電算〙トラクター送り《プリンターの紙送り方式の一つ; 両端に案内孔のある印字用紙を自動的に送り出す》.
tráctor propèller *n.* 〘航空〙(翼または胴体の前部の)牽引(けんいん)プロペラ. 〖1910〗
tráctor trùck *n.* =tractor 4.
trac·tot·o·my /træktɑ́(:)təmi | -tɔ́tə-/ *n.* 〘医学〙切路術《脳幹および脊髄の神経路を切断する外科術》. 〖(1938): ⇨ tract[1], -o-, -tomy〗
trac·trix /trǽktrɪks/ *n.* (*pl.* **trac·tri·ces** /træktráɪsi:z/) 〘数学〙追跡線, トラクトリックス《一直線上を等速度で動く点を, その直線上にない点が等速で追跡する時に描く曲線》. 〖(1727–41) ← NL ～ ← L *tractus* 'TRACT[1]': ⇨ -trix〗
tráct socìety *n.* トラクト協会《教会パンフレットの出版・普及活動をする団体》.
Tra·cy /tréɪsi/ *n.* トレーシー: **1** 男性名. **2** 女性名《異形 Tracey》. 〖1: ← ? Ir.-Gael. *treasach* battle. — 2: (dim.) ← THERESA〗
Tra·cy /tréɪsi/, **Spencer** *n.* トレーシー《1900–67; 米国の映画俳優》.
trad /trǽd/ *n.* 《英》〘音楽〙トラッド《1920 年代の New Orleans のジャズのスタイルを 1950 年代に復活させたもの》. — *adj.* 《英口語》伝統的な; (特に)〈ジャズが〉トラッドな (cf. traditional 3). 〖(1956) (略) ← TRADITIONAL〗
trad. 《略》tradition; traditional; traditionally.
trad·a·ble /tréɪdəbl | -də-/ *adj.* 商いうる, 売買[交易]できる. 〖(1599): ⇨ ↓, -able〗
trade /tréɪd/ *n.* **1 a** 商業, 商い, 売買; 貿易, 通商 (⇨ business SYN): domestic [home] ～ 内国貿易 / foreign [overseas] ～ 外国貿易 / the tourist ～ 観光業 / ⇨ fair trade, free trade / a trick [the tricks] of the ～ 商売の秘訣(ひけつ)[こつ] / direct ～ *with* Cuba キューバとの直接貿易 / be good [bad] for ～ 景気を起こさせる[させない] / *Trade* is good [booming, brisk]. 商売が繁盛している / *Trade* is bad [slow]. 商売が不景気である / do a good [《口語》roaring] ～ 商売が大繁盛する / go out of the ～ 商売をやめる / be engaged in ～ 商業[貿易]に従事する / the Department of *Trade* (英国の)通商省 (⇨ BOARD of trade) / the Ministry of Economy, *Trade* and Industry (日本の)経済産業省 (METI). **b** (物々)交換 (exchange); 〘野球〙(プロ野球選手の)トレード: an even ～ 五分五分の交換 / take a car in ～ 車を交換する / make a ～ for another batter 別のバッターとトレードする. [日英比較] 日本語でいうスポーツの「トレードマネー」は英語では transfer fee という. **c** 小売業, 小売商 (retail business) (cf. commerce): be in ～ 小売商を営む, 小売商である (keep a shop). **d** 市場 (market): an increase in the ～ 市場の拡大. **e** 未開人との交易品. **2 a** 職業, 商売, 家業 (occupation) (cf. profession): the ～ of war 軍人の職業 / the ～ of a printer 印刷業 / doctor's ～ 《米東部》医業 / a butcher by ～ 商売は肉屋 / Jack of all ～s よろず屋, なんでも屋 / Every man to his ～. = Every man for his own ～. 《諺》もちはもち屋 / Two of a ～ never [seldom] agree. 《諺》商売敵(がたき)は気の合わぬもの, 「商売敵(かたき)」. **b** (大工・左官などの)手職, 手仕事 (handicraft) (⇨ occupation SYN): the ～ of a blacksmith, carpenter, wheelwright, etc / learn a ～ (実地に)商売を覚える / What ～ are they in? 彼らはどんな商売をしているのか. **3** [the ～; 集合的] 同業者[仲間], 小売商人連 (retailers); 醸造業者 (brewers and distillers), 酒屋: discount to *the* ～=trade discount 同業者割引 / It is unpopular with *the* book ～. それは本屋仲間で不評だ. **4** [集合的] 顧客, 得意先, 取引先 (customers): wait on ～ 顧客の相手をする / ⇨ carriage trade. **5** [the ～s]〘気象〙貿易風 (trade wind). **6** 《米》(政治上の)取引, (政党間の)妥協, 談合. **7** [the T-]《口語》〘英海軍〙潜水艦勤務. **8** 《俗》ホモの相手; 男娼, 陰間. **9** 《廃》 **a** 道 (course); (人間・動物の残した)足跡. **b** (人々の)往来. **10** 《廃・方言》常習 (practice).
— *adj.* [限定的] **1** 商業の, 貿易の: ～ wars 貿易戦争. **2** 同業者の, 業界の. **3** 同業者[労組]の《trades ともいう》: a ～ club. **4** 〘気象〙貿易風の: the ～ belts 貿易風地帯.
— *vi.* **1** 商う, 売買する, 〔…の〕商売をする〔*in*〕; 〔…と〕取引する, 貿易する, 〔…を〕相手に商売をする〔*with*〕: ～ *in* furs 毛皮の商売をする / ～ *with* Russia ロシアと貿易する / The lira last week was ～*ing* at 890 to the dollar. 先週リラは 1 ドル 890 で商われていた. **2** 〔地位・赦免などを〕金で売る〔*in*〕: ～ *in* benefices, exemptions, etc. **3** 《米》(物々)交換をする. **4** 〈船が〉商品[貨物]を運ぶ, 通う〔*to, between*〕. **5** 《米》〔行きつけの店で〕(いつも)買物をする (buy, shop)〔*at, with*〕: She ～*s at* Macy's. いつもメーシーズで買物をしている. **6** 《廃》〔…と〕付き合う, 交渉する〔*with*〕.
— *vt.* **1** 商う, 売買する, 交易する (traffic in). **2** 《米》(物々)交換する (swap) (⇨ exchange SYN); 〈侮辱・殴打など〉を〉応酬する; 〘野球〙〈プロ野球選手を〉トレードする: ～ dirty jokes きわどい冗談を交わす / ～ insults [blows] 侮辱[殴打]の応酬をする / ～ an article *for* another 品物と品物を交換する / ～ seats (*with* a person) (人と)座席を交換する / ～ a pitcher *to* another team *for* a batter 投手を他チームのバッターとトレードする / I ～*ed* him three magazines *for* a book. 彼に 3 冊の雑誌をあげて 1 冊の本と交換した. **3** 《古》〈他国など〉と通商する: ～ India インドと通商する.
tráde awáy 売り払う (dispose of). ***tráde dówn*** (中古車などを下取りに出して同種の)より安いものと交換する. ***tráde ín*** (1) ⇨ *vi.* 1. (2) 下取りに出す (cf. trade-in): ～ *in* an old car *for* [*on*] a new one 中古車を下取りに出して新車を買う. ***tráde óff*** (1) 売り払う, さばく; (交換して)処分する. (2) 代わる代わる使用する. (3) 〔地位などを〕交代する〔*for*〕. ***tráde on* [*upòn*]** …を利用する; …に付け込む (exploit): ～ *on* one's reputation [a person's credulity] 自分の名声を利用する[人の軽信に付け込む]. ***tráde úp*** (*vi.*) (車などを下取りに出して同種の)より高価なものと交換する. (*vt.*) 〈客〉により高価なものを買わせる.
〖(*c*1375) *trad(e)* path, course of conduct ◻ MLG *trade* track, course ← (WGmc) **treðan* 'to TREAD'〗
trade·a·ble /tréɪdəbl | -də-/ *adj.* =tradable.
tráde accèptance *n.* 〘金融〙輸出[商業]引受手形《買主に当てて振り出した荷為替(にがわせ)の引受; cf. bank acceptance》. 〖*c*1916〗
tráde agrèement *n.* **1** (国際)貿易協約. **2** 〘労働〙=collective agreement. 〖1934〗
tráde assocìation *n.* 同業組合, 事業者団体. 〖1909〗
tráde bàlance *n.* =BALANCE of trade. 〖1909〗
tráde bàrrier *n.* 貿易障壁[障害].
tráde bìnding *n.* 〘製本〙=edition binding. 〖1952〗
tráde bòard *n.* 賃金審議会《英国の 1909 年の賃金審議会法によって設立されたもので, 労働組合もなく搾取のひどい業種で, 雇用主側・労働者側の代表と第三者とで協議して最低賃金を定める》. 〖1909〗
tráde bòok *n.* **1** 大衆本《一般読者を対象に出版した本》. **2** 〘製本〙=trade edition. 〖*c*1945〗
tráde càrd *n.* 《英》=business card. 〖1927〗
tráde còuncil *n.* =trades council.
tráde cỳcle *n.* 《英》〘経済〙景気循環 (《米》business cycle). 〖1928〗
trád·ed /-dɪd | -dɪ̀d/ *adj.* 《廃》経験を積んだ, 熟練した: mine eyes and ears, Two ～ pilots 経験を積んだ水先案内のわが目と耳 (Shak., *Troilus* 2. 2. 64–65). 〖(1548) (p.p.) ← TRADE〗
tráde dèficit *n.* 貿易収支の赤字.
tráde dìscount *n.* 〘商業〙卸売割引, 仲間割引《メーカーが卸と小売に対して売る時に, 販売数量の大きさには関係なく, 卸には, 小売に対するより大きな割引率を与えること》. 〖1898〗
tráde dòllar *n.* 貿易ドル《1873–78 年間に米国で鋳造し, 東洋貿易に用いた銀含有率の高いドル貨幣》. 〖1873〗
tráded óption *n.* 〘証券〙流通オプション, 上場オプション《取引所で常時売買できるオプション》. 〖1978〗
tráde edìtion *n.* 〘製本〙(ある本の限定版・教科書版などに対する)流布(るふ)版, 市販版, 通行版 (cf. library edition, text edition). 〖1849〗
tráde fàir *n.* 産業[貿易]見本市.
tráde-fàllen *adj.* 《廃》商売がうまくいかない, 失業した (cf. Shak., *1 Hen IV* 4. 2. 29). 〖1596–97〗
tráde fìxture *n.* 〘法律〙取引用定着動産《取引や製造の目的で不動産に定着された動産で, 定着させた者の所有に属する; cf. movable fixture)．
tráde gàp *n.* 貿易欠損, 貿易収支の赤字．
tráde guìld *n.* **1** 職業ギルド, 同職ギルド (craft guild) (cf. livery company). **2** (英) =trade union. 〖1874〗
trade-in /tréɪdìn/ *n.* 下取り品〔*for*〕; 下取り(金), トレードイン: I used my old car as a ～ *on* a new one. 古い車を新車の下取りに出した. **—** *adj.* [限定的] 下取りの: a ～ price 下取りの価格. 〖(1917) ← *trade in* (⇨ trade 成句)〗
tráde jòurnal *n.* 業界誌. 〖1878〗
tráde lànguage *n.* 通商語 (pidgin English などの混成共通語). 〖1662〗
tráde-làst *n.* (米口語) (まず相手からも聞かせてもらえるなら, お返しに相手に聞かせてやろうと持ちかける)第三者からのほめ言葉 (通例略して TL という): I have a *TL* for you. 君のことをほめていた人がいるよ. 〖1891〗
trade·mark /tréɪdmɑ̀ːk | -mɑ̀ːk/ *n.* **1** 商標, トレードマーク (業として商品を生産し, 加工し, 証明しまたは譲渡する者が, その商品について使用する文字・図形・記号などの標識; cf. service mark): a registered ～ 登録商標. **2** (人や物の特徴を示す)トレードマーク. **—** *vt.* **1** …に商標を付ける. **2** …の商標を登録する. 〖(1838): ⇨ mark[1]〗
tráde nàme *n.* **1** 商用名. **2** 商品名. **3** 商号, 屋号, のれん(名). **—** *vt.* 商用名[商品名, 商号]で示す. 〖1861〗
trade-off /tréɪdɔ̀(ː)f, -ɑ̀(ː)f | -ɔ̀f/ *n.* **1** 交換 (exchange). **2** 取引 (bargain); (取引による)協定, 取決め (arrangement). **3** (同時には達成できない要因の)釣合, かね合い. 〖(1961) ← *trade off* (⇨ trade 成句)〗
tráde pàper *n.* =trade journal.
tráde plàte *n.* 仮ナンバープレート (自動車が登録される前にディーラーが一時的に付ける)．
tráde prìce *n.* 仲間値段, 卸値段. 〖1805〗
trad·er /tréɪdə | tréɪdə^(r)/ *n.* **1** 商人 (merchant); (特に)貿易業者; (未開地方で現地人と物々交換をする)交易商人: a fur ～ 毛皮商人. **2** 貿易船. **3** (米)〘証券〙不断に短期的売買を行う投機者, 証券業者の自己計算による売買を担当する従業員). 〖(1585) ← TRADE＋-ER[1]〗
tráde rèference *n.* 〘商業〙同業者信用照会先 (初めて取引を行う際に相手方に通告する, 自己の信用に関する問合わせ先)．
tráde ròute *n.* (隊商・商船などの通る)通商路. 〖1873〗
tráders' transáction *n.* 仲間取引 (cf. trade sale).
trades /tréɪdz/ *adj.* [限定的] =trade 3.
tráde sàle *n.* 仲間競売 (cf. traders' transaction). 〖1791〗
Tra·des·cant /trədéskənt/, **John** *n.* トラデスカント: **1** (1570–1638) イングランドの博物学者, Charles 一世付きの庭師; 植物を始めとする博物標本の収集家として知られる. **2** (1608–62) イングランドの博物学者; 前者の息子で, その職を継ぐ．
trad·es·can·ti·a /trædɛskǽnʃiə, -ʃə | trædɪskǽntiə, trèɪ-, -des-/ *n.* 〘植物〙=spiderwort. 〖(1766) ← NL *Tradescantia* (属名) ← *John Tradescant* (1608–62: ↑): ⇨ -ia[1]〗
tráde schòol *n.* 職業学校. 〖1889〗
trádes còuncil *n.* 労働組合地方協議会 (trade council ともいう; 英国では TUC の地方機関)．
tráde sécret *n.* 企業秘密. 〖1895〗
trádes·fòlk *n. pl.* =tradespeople. 〖(1760–72): cf. tradesman〗
tráde shòw *n.* **1** 〘映画〙封切映画試写会 (映画館主・評論家に見せる). **2** (業界向けの)展示会. 〖1919〗
trádes·man /-mən/ *n.* (*pl.* **-men** /-mən/) **1 a** 商人; (特に)小売り商人, 店主. **b** 御用聞き, 注文取り. **2** 職人 (artisan). 〖(1597) ← TRADE＋-s[3] 2 ＋MAN: cf. craftsman〗
trádes·pèople *n. pl.* [集合的] 小売り商人たち (cf. tradesman 1 a). 〖(1728) ↑〗
trádes únion *n.* =trade union. 〖1831〗
Trádes Ùnion Cóngress *n.* [the ～] 労働組合会議 (英国の組織労働者の全国的連合体; 1868 年結成, 労働党の母体; 略 TUC). 〖1888〗
tráde sùrplus *n.* 貿易収支の黒字．
trádes·wòman *n.* 女性の小売り商人, 女店主. 〖(1707): cf. tradesman〗
tráde únion *n.* 労働組合 ((米) labor union); (特に)職業別組合. 〖1831〗
tráde únionism *n.* 労働組合主義, 労働組合運動. 〖1867〗
tráde únionist *n.* 労働組合員; 労働組合主義者. 〖1834〗
tráde-ùp *n.* 〘商業〙買い換えのための下取り[売却].
tra·dev·man /trædévmən, treɪ-/ *n.* (*pl.* **-men**) (米海軍) 訓練具係下士官. 〖(*c*1947) ← *tra*(*ining*) *dev*(*ices*) *man*〗
tráde wàr *n.* (国家間の)貿易戦争. 〖1909〗
tráde wàste *n.* (英) 産業廃棄物 (industrial waste). 〖1902〗
tráde-wéight·ed *adj.* 貿易額のウェートで算出した, 貿易加重の．
tráde wìnd /-wìnd/ *n.* 〘気象〙**1** 貿易風, 恒(信)風 (亜熱帯高気圧から赤道に向って吹く半恒久的な偏東風; the trades ともいう; cf. antitrade). **2** (古) 恒風 (常に同じ方向に吹く風; ↔ variable). 〖(*c*1650) ← (廃) *to blow trade* to blow constantly in the same direction〗
tráde-wìnd rìg /-wìnd-/ *n.* 〘海事〙小型船の帆装の一形式 (帆を一つか二つ舵柄に帆脚索引(ほあしづな)を結び, 船が自動的に風を背後から受けて進むようにするもの)．
trád·ing /-dɪŋ | -dɪŋ/ *n.* **1** 貿易, 通商; 売買, 商売, 商い. **2** [形容詞的に] 商業[貿易]のための[に従事する]: a ～ concern [company] 商事[貿易]会社. **3** (米) (政党間などの)取引, 妥協, 談合. **—** *adj.* 〈役人など〉買収のきく. 〖(1590): ⇨ trade, -ing[1,2]〗
tráding càrd *n.* (米) 交換カード, トレーディングカード (プロスポーツ選手の写真などが印刷されたカード; 集めたり交換したりする)．
tráding estàte *n.* (英) =industrial part. 〖1937〗
tráding pòst *n.* **1** (未開地方で現地人との交易のために設けられた)貿易所. **2** 〘証券〙(取引所の立会場に設けられた)売買ポスト (そこに割り当てられた各銘柄の売買が行われる箇所). 〖1796〗
tráding pròfit *n.* 営業利潤 (cf. capital profit).
tráding stàmp *n.* 景品引換スタンプ (一定の数を集めて景品と交換する). 〖1897〗
tra·di·tion /trədíʃən/ *n.* **1** 言伝え, 伝説, 口碑, 伝承; しきたり, 伝統: according to ～ 伝説によると / break with ～ 慣習を破る, 伝統を打破する / be handed down by ～ 言い伝えられる / keep up the family ～*s* 家の伝統[しきたり]を維持する / follow ～ 伝統に従う / *Tradition* says [has it, runs] that …と伝えられている / true to ～ 伝説通りに, 名にたがわず / a school with a long ～ behind it 長い伝統のある学校 / the ～ that families get [the ～ of families getting] together at Christmas クリスマスに親族が集まる伝統 / That's just not done in our ～. それは私たちのしきたりでは全く行われない. **2** (芸術上の)伝統, 慣例, 因襲, 流儀, 型: stage ～ 舞台上[芝居]のしきたり[型] / the ～ of the Dutch school オランダ画派の伝統. **3** 〘ローマ法・スコット法〙(財産権の)取得 (formal delivery), (財産権の)移転 (transfer). **4** [しばしば T-] 〘宗教〙伝承, 聖伝, 経外伝説: **a** 〘ユダヤ教〙神が Sinai 山で直接 Moses に授け, 口伝えに子々孫々に伝えてきた不文律. **b** 〘キリスト教〙聖書には載らないキリストおよび使徒たちの言伝え. **c** 〘イスラム教〙Koran 以外のマホメットの言行. **5** 〘文化人類学〙(ある時代・文化に特有な工芸品を作るための)伝統的技法, 慣用手法; (比較的長い歴史をもつ)伝統文化. 〖(*c*1384) ◻ (O)F ～ // L *trāditiō*(*n*-) delivery, handing down ← *trādere* to hand over ← TRANS-＋*dare* to give: ⇨ -ition: TREASON と二重語〗
tra·di·tion·al /trədíʃnəl, -ʃənl/ *adj.* **1** 伝説[伝承]の, 伝統の, 口碑の, 伝説[伝統]に基づく, 伝説[口碑]から出た: ～ games 伝承遊戯. **2** 伝統的な, 慣例となった, 古風な, 因襲的な (conventional); 在来の: ～ morality 因襲的な道徳 / a ～ view 伝統的な考え / It is ～ to wear black to a funeral. 葬式には黒い服を着て行くのが慣習だ. **3** 〘ジャズ〙旧形式ジャズの, トラディショナルな (特に, New Orleans, Chicago, Kansas City, Dixieland などの形式; cf. mainstream 2). **tra·dì·tion·ál·i·ty** *n.* 〖(1592) ◻ ML *trāditiōnālis*: ⇨ ↑, -al[1]〗
tra·dí·tion·al·ìsm /-ʃ(ə)nəlɪ̀zm/ *n.* **1** 伝統[因襲]の墨守, 伝統尊重主義. **2** 〘キリスト教〙伝統主義, 伝統派 (宗教的真理の知識はすべて伝統のうちに受けつがれた神の啓示によるべきだとする主義; キリスト教史上では 19 世紀のローマ教会思想家のグループの説を指し, またこの言葉は一般に自由主義的立場から多少非難の意でも用いられる). 〖(1885) ◻ F *traditionalisme*: ⇨ ↑, -ism〗
tra·di·tion·al·ist /trədíʃ(ə)nəl̩ɪst | -lɪst/ *n.* 伝統主義者; 伝統の遵奉(じゅんぽう)者. **—** *adj.* 伝統主義者の. 〖(1875): ⇨ -ist〗
tra·di·tion·al·is·tic /trədìʃ(ə)nəlístɪk⁻/ *adj.* 伝統主義の, 伝統派の. 〖(1874): ⇨ ↑, -ic[1]〗
tra·di·tion·al·ize /trədíʃ(ə)nəlàɪz/ *vt.* 伝統的にする, 伝統化する. 〖1882〗
tradítional lógic *n.* 〘論理〙=Aristotelian logic.
tra·dí·tion·al·ly /-ʃ(ə)nəli/ *adv.* 伝統[因襲]的に, 伝承によって. 〖(1646): ⇨ -ly[1]〗
tradítional pólicy *n.* 〘保険〙伝統的生命保険契約 (保険料に対する給付が保険統計に基づいて計算される)．
tra·dí·tion·àr·y /-ʃənèri | -ʃ(ə)nəri/ *adj.* =traditional. 〖(1613): ⇨ -ary〗
tradítion-diréctted *adj.* 〘社会学〙伝統志向型の (目的・理想が伝統的価値や権威によって決定される; cf. inner-directed 2): a ～ type 伝統志向型. 〖1950〗
tra·dí·tion·ist /-ʃ(ə)n̩ɪst | -nɪst/ *n.* **1** =traditionalist. **2** 伝承[伝統]を伝える人, 伝承に精通した人, 伝承記録者[研究家]. 〖(1666): ⇨ -ist〗
tradítion·less *adj.* 伝統のない. 〖1842〗
trad·i·tive /trǽdətɪv | -dɪt-/ *adj.* =traditional. 〖← TRADIT(ION)＋-IVE〗
trad·i·tor /trǽdətə | -dɪtə^(r)/ *n.* (*pl.* **-i·to·res** /trædətɔ́ːriːz | -dɪ-/) (初期キリスト教徒の)裏切者, 背教者 (ローマの迫害に耐えかねて聖書・聖器を迫害者に引き渡したり教友の名を密告したりした者). 〖(*c*1375) ◻ L *trāditor* 'TRAITOR, betrayer'〗
trád jàzz *n.* (英) =trad.
tra·duce /trədúːs, -djúːs | -djúːs/ *vt.* **1** (事実を曲げて)あしざまに言う, そしる, 中傷する (slander): ～ a person's character, honor, etc. **2** 〈法などを〉犯す (violate), 破る. **tra·dúc·er** *n.* **tra·dúc·i·ble** /-səbl̩ | -sɪ̀-/ *adj.* 〖(*a*1533) ◻ L *trādūcere* to lead across, transport, disgrace: ⇨ trans-, duct〗
tra·dúce·ment *n.* 悪口, 中傷. 〖1597〗
tra·du·cian /trədúːʃən, -djúː- | -djúː-/ 〘神学〙*n.* 霊魂伝移論者. **—** *adj.* 霊魂伝移論(者)の. 〖(1727–41) ◻ LL *trādūciānus*: ⇨ traduce, -ian〗
tra·dú·cian·ìsm /-ʃənɪ̀zm/ *n.* 〘神学〙霊魂伝移[伝遺]説, 霊魂分生説 (霊魂も体と同様親から与えられるとする説; cf. creationism 2, infusionism). 〖(1848) ← NL *trādūciānismus*: ⇨ ↑, -ism〗
tra·dú·cian·ist /-ʃ(ə)n̩ɪst | -nɪst/ *n.* 〘神学〙霊魂伝移論者. **tra·du·cian·is·tic** /trədùːʃənístɪk, -djùː- | -djùː-⁻/ *adj.* 〖(1858): ⇨ -ist〗
tra·dúc·ing·ly *adv.* 中傷的に, そしって. 〖1721〗
Tra·fal·gar /trəfǽlgə | -gə^(r)/; *Sp.* trafalɣár/, **Cape** *n.* トラファルガー岬 (スペイン南西岸の岬; Nelson に率いられた英国海軍がフランス・スペインの連合艦隊を破った (1805))．
Trafálgar Squáre *n.* トラファルガー広場 (London 中央部, National Gallery 南側にある広場; 中央に Nelson の像をいただく記念柱がある; しばしば集会・デモに使用される)．
traf·fic /trǽfɪk/ *n.* **1 a** 交通, 通行: a ～ accident 交通事故 / motor [road] ～ 自動車[道路]交通 / air ～ 空の交通 / ～ volume 交通量 / The bridge is open to [for] ～. 橋は開通している. **b** 〘電算〙(ネットワーク上の)データの通行. **2 a** 交通量, 往来, 人通り; (貨物の)輸送量; (電話の)通話量: There is little ～ on this road. この道路は(人や車の)往来がごく少ない / *Traffic* was light [heavy]. 交通量が少なかった[多かった] / telephone ～. **b** 通信 (messages). **c** 〘電算〙(ネットワーク上を流れる)データの通行量, 通信量. **3** (貨物の)運輸; 運輸業: ships of ～ (古) 貿易船 / the superintendent of ～ (鉄道の)運輸監督 / the ～ department (鉄道の)運輸局[部] / The ～ interests were represented. 運輸業者の代表者が出ていた. **4 a** 貿易, 交易, 売買, 取引, 商業 (trade, commerce) 〔*in*〕: the [a] ～ *in* rice [furs] 米[毛皮]の売買. **b** 不正[非合法]取引: ～ *in* votes 投票の売買 / human ～ 人身売買 / illicit liquor ～ 酒類の不正取引. **5** (米) (一定期間内の, 小売店の)推定顧客数, 客足. **6** (古) 商品. **7 a** 交渉, 関係 (relations) 〔*with*〕: I'll have no ～ *with* him. 彼とは付き合いたくない. **b** 交換 (exchange): a [the] ～ *in* ideas 意見の交換.
the tráffic will béar 現状が許す: He charges more than *the* ～ *will bear*. 現状が許す上限以上の料金を請求する. (1931)
— *v.* (**traf·ficked; -fick·ing**) **—** *vi.* **1** 〔…を〕(特に不正に)売買する〔*in*〕, 〔…と〕取引する, 貿易する (trade) 〔*with*〕: ～ *in* stolen goods [*in* her charms] 盗品を売買する[愛嬌(あいきょう)を売る] / ～ *with* natives for opium 現地人とアヘンの交易をする. **2** 〔…を〕相手にする, 〔…と〕交渉する (deal) 〔*with*〕: I will not ～ *with* such people. そういう手合いは相手にしない. **3** さまよう. **—** *vt.* **1** 交換する, 交易する. **2** 犠牲にする: ～ one's honor 名誉を売る. **3** 〈国などを〉旅行する, 〈道などを〉通行する (travel). 〖(1505) ◻ OF *trafique* (F *trafic*) ◻ It. *traffico* ← *trafficare* to push across ← *tra-* 'across, TRANS-'＋? *ficcare* to shove, stick (＜ L *figere* 'to FIX')〗
traf·fic·a·bil·i·ty /træ̀fɪkəbíləṭi | -lɪ̀ti/ *n.* **1** (地形・地質の)交通許容度; (地面の)耐荷力[性]. **2** (ある地形での軍隊の)移動能力. 〖(1899): ⇨ ↓, -ity〗
traf·fic·a·ble /trǽfɪkəbl̩/ *adj.* **1** 〈道路が〉通行可能の, 往来できる. **2** 商業に適した; 市場性のある. 〖*a*1603〗
traf·fi·ca·tor /trǽfəkèɪṭə | -fɪkeɪtə^(r)/ *n.* (英) (昔の自動車の)腕木式方向指示器. 〖(1933) ← TRAFFIC＋(INDIC)ATOR〗
tráffic blòck *n.* (英) =traffic jam. 〖1896〗
tráffic càlming *n.* (道幅を狭めるなどの)スピード抑止策を講じること．
tráffic cìrcle *n.* (米・カナダ) =rotary 1. 〖1942〗
tráffic còne *n.* コーン (道路標識の一種; 道路に置いて補修工事中であることを示すために用いられる円錐状の標識). 〖1953〗
tráffic contròl *n.* 交通整理. 〖1935〗
tráffic contròl sìgnal *n.* =traffic signal. 〖1931〗
tráffic còp *n.* (英口語) 交通巡査. 〖1908〗
tráffic còurt *n.* 交通裁判所. 〖1919〗
tráffic dénsity *n.* 交通量．
tráffic engineèr *n.* 交通工学専門家. 〖1916〗
tráffic engineèring *n.* 交通工学. 〖1931〗
tráffic ìsland *n.* (街路上の)交通島, アイランド (cf. safety island). 〖1931〗
tráffic jàm *n.* 交通渋滞, 交通麻痺(まひ): I got stuck in a ～. 私は交通渋滞に巻き込まれた. 〖1917〗
tráf·ficked *v.* traffic の過去形・過去分詞. 〖(1561): ⇨ -ed 1〗
traf·fick·er /trǽfɪkə | -kə^(r)/ *n.* **1** (しばしば不正な)貿易商, 交易者, 商人: a ～ *in* slaves 奴隷売買人. **2** 周旋屋, (秘密などの)売込人, 売人. 〖⇨ -er[1]〗
tráf·fick·ing *v.* traffic の現在分詞．
tráffic làne *n.* =lane[1] 2 a. 〖1905〗
tráffic lìght *n.* [(英) ではしばしば *pl.*] (red, amber [yellow], green の)交通信号(灯). 日英比較 交通信号の色の順序は米国では日本と同じく red → green → yellow → red だが, 英国では red → red with amber (同時点灯) → green → amber → red が普通. 〖1912〗
tráffic mànager *n.* **1** (企業の)商品受渡し係長. **2** (運輸会社の)運輸係長. **3** (大きい電信電話会社の)役員. 〖1862〗
tráffic offènse *n.* 交通違反．
tráffic òfficer *n.* (NZ) 交通整理官 (運輸省または自治体が任命する)．
tráffic pàttern *n.* 〘航空〙(離着陸の際の)指定飛行経路, 場周径路. 〖1956〗
tráffic polìceman *n.* 交通(整理)巡査. 〖1917〗
tráffic-retùrns *n. pl.* 運輸(統計)報告: the ～ on

the railways 鉄道の運輸報告. 〖1858〗

tráffic sìgn *n.* 交通標識. 〖1915〗

tráffic sìgnal *n.* (traffic light などによる)交通信号 (traffic control signal). 〖1915〗

tráffic tìcket *n.* 交通違反切符.

tráffic wàrden *n.* 《英》(特に, 駐車違反などを取り締まる)交通巡[監]視員. 〖1959〗

trag. 《略》tragedy; tragic.

trag·a·canth /trǽgəkæ̀nθ, trǽdʒ-/ *n.* **1** トラガカントゴム《トラガカントゴムノキの幹から出る粘液の凝固したもの; 主に製薬・織物の仕上げのりなどに用いる》. **2** 〖植物〗トラガカントゴムノキ (*Astragalus gummifer*)《小アジア・ペルシャなどに産するマメ科レンゲソウ属の植物》. 〖《1573》□ F *tragacante* ∥ L *tragacantha* goat's thorn □ Gk *tragákantha* ← *trágos* he-goat+*ákantha* thorn: cf. acanthus〗

tra·ge·di·an /trədʒíːdiən | -diən/ *n.* **1** 悲劇作者. **2** 悲劇俳優[役者]. 〖《c1380》□ OF *tragediane* (F *tragédien*) writer of tragedies: ⇨ tragedy, -an¹〗

tra·ge·di·enne /trədʒìːdién | -di-; *F.* tʀaʒedjɛn/ *n.* (*pl.* ~**s** /~z; *F.* ~/) 悲劇女優. 〖《1851》□ F ~ (fem.) ← *tragédien* (↑)〗

trag·e·dy /trǽdʒədi | -dʒɪ̀di/ *n.* (cf. comedy) **1** 悲劇的事件, 惨劇, 惨事 (calamity); 悲運 (misfortune): The ~ of it! 何たる悲劇だ. **2** 悲劇的要素: the ~ of life. **3 a** (一編の)悲劇: Shakespeare's ~ of "Hamlet" シェークスピアの悲劇「ハムレット」/ a ~ king [queen] 悲劇俳優[女優]. **b** (文学のジャンルとしての)悲劇. **4** [T-] 悲劇の女神 (Melpomene). **5** 悲劇創作法[演出法]. 〖《c1375》*tragedie* □ (O)F *tragédie* □ L *tragoedia* □ Gk *tragōidía* goat song ← *trágos* goat (← ? IE **terg-* ← **ter(ə)-* to rub)+*ōidḗ* 'ODE'〗

tra·ghet·to /trɑːgétou | trægétəu; *It.* tragétto/ *n.* (*pl.* **-ti** /-tiː; *It.* -ti/) (Venice のゴンドラの) 渡し場, 船着場; ゴンドラの渡し船. 〖□ It. ~ ← *traghettare* to transport by gondola《異形》← *tragittare* ← L *trā(j)icere*: ⇨ traject〗

tragi *n.* tragus の複数形.

tragia *n.* tragion の複数形.

trag·ic /trǽdʒɪk/ *adj.* **1** 悲劇的な, 悲壮な, 悲惨な (sad, calamitous): a ~ tale, scene, event, etc. / ~ love 悲恋. **2** 悲しげな, 痛ましい, 悲痛な (mournful): a ~ person, look, etc. **3 a** 悲劇の (cf. comic): a ~ poem / the ~ stage 悲劇. **b** 悲劇を演ずる, 悲劇を扱う: a ~ actor / a ~ poet 悲劇詩人. — *n.* [the ~] (人生・文芸などの)悲劇的要素 (cf. comic 3). 〖《1545》□ L *tragicus* □ Gk *tragikós* of tragedy ← *trágos* (⇨ tragedy): ⇨ -ic¹〗

trag·i·cal /trǽdʒɪkəl, -kḷ | -dʒɪ-/ *adj.* **1** 悲劇の; 悲劇的な: a ~ story. **2** 悲しげな, 哀れな. ★ tragical は tragic と同義であるが, 時に悲しみを装った場合にも用いる: a ~ voice (おどけて)悲しげな声. **~·ly** *adv.* **~·ness** *n.* 〖《c1489》← L *tragicus* (↑): ⇨ -al¹〗

trágic fláw *n.* 〖文芸〗悲劇的欠点《悲劇の主人公がもつ自らの破滅のもとになる性格的欠陥》. 〖1913〗

trágic írony *n.* 〖演劇〗=dramatic irony. 〖1833〗

trag·i·com·e·dy /trædʒɪkɑ́(ː)mədi | -kɔ́mɪ̀di/ *n.* **1** 悲喜劇《悲劇的に始まって, めでたく終わる劇》. **2** 悲喜こもごもの出来事. 〖《1579》□ F *tragicomédie* ∥ It. *tragicommedia* □ L *tragicōmoedia* ← *tragicus* 'TRAGIC'+*cōmoedia* 'COMEDY'〗

trag·i·com·ic /trædʒɪkɑ́(ː)mɪk | -kɔ́m-⁻/ *adj.* 悲喜劇の, 悲喜劇的な. 〖《1683》← TRAGIC+COMIC〗

trag·i·com·i·cal /trædʒɪkɑ́(ː)mɪkəl, -kḷ | -kɔ́mɪ-⁻/ *adj.* =tragicomic. **~·ly** *adv.*

tra·gi·on /trǽdʒiɑ̀(ː)n | -dʒiɔ̀n/ *n.* (*pl.* **-gi·a** /-dʒiə/, **~s**) 〖人類学〗耳珠(じゅ)上縁点. 〖《1567》□ NL ~ ← *tragus* 'TRAGUS'+Gk *-ion* (dim. suf.)〗

trag·o·pan /trǽgəpæ̀n/ *n.* 〖鳥類〗ジュケイ《アジア産のキジ科ジュケイ属 (*Tragopan*) の鳥類の総称; 雄は青色の肉角と華麗な肉垂がある; ヒオドシジュケイ (*T. satyra*) など》. 〖《1623》□ L *tragopān* fabulous Ethiopean bird □ Gk *tragópān* ← *trágos* he-goat+*Pán* 'PAN'〗

tra·gus /tréɪgəs/ *n.* (*pl.* **tra·gi** /-dʒaɪ | -gaɪ, -dʒaɪ/) 〖解剖〗**1** 耳毛(じ). **2** 耳珠(じゅ). 〖《1693》← NL ~ ← Gk *trágos* he-goat: 山羊のひげに似た毛があるところから〗

Tra·herne /trəhə́ːn | -hə́ːn/, **Thomas** *n.* トラハーン《1637?–74; 英国の詩人; *Centuries of Meditation* (1908)》.

tra·hi·son des clercs /trɑːizɔ̃ː(n)deɪkléə, -zɔ̃ːn- | -kléə(r; *F.* tʀaizɔ̃deklɛːʀ/ *F. n.* 知的裏切り, 知識人の知的原理の放棄. 〖《1935》□ F ~ 'treason of the learned'〗

trail¹ /tréɪl/ *n.* **1** (荒野などで)踏みならされて[馬車などが通って]できた道, (山中・森林などの)目印された小道 (cf. footpath): an Indian ~ インディアンの通る小道 / woodland ~*s* 樹皮がはがされて目印となっている森林地帯の道 / ⇨ Oregon Trail. **2 a** 引きずった跡, 通った跡 (trace, track): the ~ of a snake 蛇の通った跡 / the slimy ~ of a slug なめくじの通ったぬるぬるした跡. **b** (残された)跡; (獣の)臭跡 (scent), (捜索などの)手掛かり (clue): follow the ~ 通った跡をたどる / take up the ~ 追跡する / (hot [hard]) *on* [*upon*] the ~ *of* …を(必死になって)追跡して / *on* [*off*] the ~ 臭跡を得て[失って]; 手掛かりがついて[なくなって] / while the ~ is still hot〈逃げた跡を〉すぐ追って. **c** 〖天文〗(写真に写された)天体の移動した跡; (星のスペクトル写真で)スペクトルに幅をつけるように撮影すること. **3 a** 引きずる物. **b** (彗星(すいせい)・流星などの)尾. **c** (雲・煙などの)たなびき: vapor ~*s* 飛行機雲 / A ~ of woodsmoke was brought to me by the wind. 薪の煙が風に吹かれて漂って来た. **d** (衣服の)長すそ, もすそ. **e** 垂れ下がった房[髪]: a ~ of gold hair 長くたれた金髪. **f** (船が引く)引き綱 (trail net). **g** (火砲の)脚, 架尾(び). **h** (人・車などの)列: a ~ of wooers 後ろにぞろぞろと続く求婚者の列. **i** (縦隊の後尾を行進する)後尾車両. **j** 〖空軍〗連続投下弾; (飛行編隊の)単縦陣. **k** (花などの)小枝 (spray). **4 a** (地をはう)蔓(つる)(草), 匍匐(ほふく)枝. **b** (ゴシック建築の繰り形などの)蔓草状の装飾, 唐草模様. **5** (暴風雨などの)余波; (事件などが後に引いた)尾, 後遺症 (aftermath): a ~ *of* destruction (暴風雨などが残した)破壊のつめ跡 / a ~ *of* prejudice (事件などが残した)偏見という悪影響. **6** 〖軍事〗下げ銃(つつ)(の姿勢) (trail arms). ★ 次の句で: *at (the)* ~ 下げ銃の姿勢を取って. **7** 〖海事〗=trail board. **8** 〖スキー〗=slope 1 b.

a tráil of (1) ⇨ 3 c, e, h, 5. (2) 数々[一連の]… (一人の人間が起こした好ましくないことについていう). ***bláze a tráil*** ⇨ blaze³ 成句. ***hít* [*táke*] *the tráil*** 《米口語》出発する, 旅に出る. ***in tráil*** 一列縦隊で.

Tráil of Téars [the —] 《米》「涙の旅路」《1838–39 年冬, Cherokee 族が Georgia 州の故郷を追われ, Mississippi 川を渡って Oklahoma のインディアン居留地に送り込まれた時の苦しい旅を, Cherokee 族自らが呼んだもの》. 《1930》.

— *vt.* **1 a** 引きずる, 引きずって行く (drag): ~ a toy cart by [on] a piece of string おもちゃの車を糸で引っぱる / ~ (*along*) one's foot 片足を引きずって歩く / ~ one's skirt *through* the dust ほこりの中をスカートを引きずって行く / ⇨ *trail one's* COAT [COATTAILS]. **b** 〈釣糸などを〉(水中で)引きずる, 〈オールを〉流す: ~ a fishing line 釣糸を水中で流す / ~ one's oars in salute オールを流して敬礼する. **c** 〈貨車などを〉牽引(けんいん)する, 引いて走る (haul, tow). **2** …の跡を長く引かせる, たなびかせる: automobiles ~*ing* exhaust fumes 排気ガスをまき散らして行く自動車. **3 a** (迷惑にも)引き連れて歩く[来る]: He ~*ed along* his girlfriends. 女友達を連れてやって来た. **b** …の跡を残す: He walked out of the room, ~*ing* sand all over it. 部屋中を砂だらけにして出て行った. **4 a** 〈獣など〉の跡を追う (hunt); 〈犯人などを〉追跡する (track): ~ a deer, suspect, etc. **b** …の後ろに(三々五々)ついて行く (pursue); 《米口語》(競走などで)〈人〉の後を遅れて進む: ducklings ~*ing* their mother duck 母アヒルの後についてまわるアヒルの子 / He ~*ed* the other runners. 他のランナーに遅れてしまった. **5** 《米》**a** 〈草などを〉踏んで小道をつける: ~ grass. **b** 草などを踏み分けて〈小道を〉つける: ~ a path. **6 a** 〈議論・用件などを〉引き延ばす 〈*out*〉: ~ *out* the business 仕事[商談]を引き延ばす. **b** 〈言葉などを〉引っ張って発音する[言う]. **7** 〖軍事〗〈小銃などを〉下げ銃(つつ)にする: *Trail* arms! 下げ銃 / ⇨ *trail a* PIKE³. **8** 〖窯業〗〈焼き物〉にいっちん (trailer) で模様をつける. **9** 《米》〈家畜を〉(夏の放牧地から冬の放牧地などへ)追う.

— *vi.* **1** 〈すそなどが〉引きずる, 〈髪などが〉垂れる: Your dress is ~*ing along*. ドレスが引きずってます / The horse's tail ~*ed to* the ground. 馬の尾が地面に垂れ下がっていた. **2** 足を引きずって歩く, 疲れて歩く, だらだら進む: The beaten army ~*ed back* from the front. 敗軍が足を引きずるようにして前線から戻ってきた. **3 a** 〈蔓(つる)植物が〉はう (creep); 〈蛇などが〉のろのろはう (crawl): Ivy ~*s over* the wall. 塀にはキヅタがはっている. **b** 〈枝などが〉地面に垂れ下がる. **4** 〈雲・煙・かすみなどが〉たなびく, 長く後を引く: Smoke ~*ed* from the chimney. 煙が煙突からたなびいていた. **5 a** 臭跡を追う, 獣の跡をつける. **b** (引っ張られるように)後ろについて行く: ~ *along after* a person (何の考えもなく)人のあとについて行く. **c** (他人に)遅れる (lag) 〈*behind*〉; 最後に到着する[やって来る] 〈*in*〉. **d** (競争で)後を走る, (競技で)負けている: Our team is ~*ing* 3 to 2. 我々のチームは 3 対 2 で負けている. **6 a** 〈道などが〉だらだらと伸びて行く, 〈塀・町並みなどが〉だらだらと連なる (straggle). **b** 〈議論・話などが〉わき道にそれて行く, 尻すぼまりになる; 〈音・言葉などが〉次第に消える (dwindle) 〈*off, away*〉: The discussion ~*ed off into* futilities. その議論は本題から離れて空論に堕した / Her voice [words] ~*ed* (*off* [*away*]) *into* silence. 彼女の声[言葉]は次第に小さくなってついに消えてしまった. **7** トレーラー (trailer) で旅行する. **8** 《古》流し釣りをする (troll): ~ *for* trout.

tráil ón 〈いやな時間などが〉長びく, なかなか済まない; 〈行事などが〉延び延びになる.

〖v.: 《c1303》*traile(n)* □ OF *traill(i)er* to tow (a boat) < VL **trāgulāre* to drag ← L *trāgula* dragnet ← *trahere* to draw, drag: ⇨ tract¹. — n.: 《*a*1325》← (v.)〗

trail² /tréɪl/ *n.* 《古》内臓, (特に, 食用としての)鳥獣の臓物, もつ. 〖《1764》(頭音・尾音消失) ← ENTRAILS〗

T-ràil *n.* 〖鉄道〗平底レール, T レール《断面が T 形のレールで, わが国で普通に用いられているもの; Vignoles rail ともいう》. 〖1837〗

tráil àrms *n.* [単数扱い]〖軍事〗下げ銃(つつ)の姿勢. 〖《1803》← TRAIL (vt.) 7〗

tráil bìke *n.* (道の悪い地域で使う)軽量で丈夫なオートバイ. 〖1966〗

tráil·blàzer *n.* **1** (未開地や荒野で道しるべとなるように)通った道に目印をつける人 (pathfinder). **2** 新分野開拓者, 草分け, 先駆者 (pioneer). 〖1908〗

tráil·blàzing *adj.* 先駆的な: a ~ experiment. 〖1934〗

tráil bòard *n.* 〖海事〗(船首像から錨鎖孔までの船側部分の)装飾を施した張板《単に trail ともいう》. 〖1704〗

tráil bòss *n.* 《米西部》trail herd の責任者, カウボーイ頭. 〖1890〗

tráil·brèaker *n.* =trailblazer.

trail·er /tréɪlə | -lə(r/ *n.* **1** トレーラー《自動車・トラックなどに連結して貨物を運ぶための車》: tow one's equipment on a ~ トレーラーに用具を載せて引く. **2** 《米》(自動車で引く旅行者用)移動家屋 (《英》caravan), ハウストレーラー (house trailer). **3** 〖映画〗(新作映画の)予告編 (preview); (リールの終わりの)フィルムの空白部分 (cf. leader 7). **4** 引かれて行く人[物], あとについて行く人[物]. **5** 追跡者. **6** 蔓(つる)植物 (trailing plant). **7** 〖機械〗従輪 (⇨ trailing wheel). **8** 〖窯業〗いっちん《模様を描くための泥漿(でいしょう)を入れる注ぎ口付き容器》. — *vt.* 〈小船などを〉トレーラーで運搬する. — *vi.* **1** トレーラーで旅行する, 移動家屋での生活をする. **2** トレーラーで輸送できる. 〖《1590》← TRAIL¹+-ER¹〗

trail·er·a·ble /tréɪlərəbḷ/ *adj.* トレーラーで輸送[運搬]できる. 〖《1971》: ⇨ ↑, -able〗

tráiler càmp *n.* ハウストレーラー用駐車場《trailer court [park] ともいう》. 〖1921〗

tráiler càr *n.* 〖鉄道〗**1** (重量の大きいものや長大なものを運ぶ)無蓋無側貨車, 長物車. **2** (自己推進車と一緒に列車を編成する)自己推進装置のない客車.

tráiler còach *n.* 〖自動車〗=house trailer.

tráiler còurt *n.* =trailer camp. 〖1939〗

tráiler hòuse [hòme] *n.* 《米》移動住宅 (《英》caravan), トレーラーハウス《車で引いて移動できる住宅; 旅行や行楽用》.

tráil·er·ist /-lərɪ̀st | -rɪst/ *n.* **1** ハウストレーラーで旅行をしている人. **2** =trailerite 1. 〖《1950》: ⇨ -ist〗

trail·er·ite /tréɪlərὰɪt/ *n.* **1** ハウストレーラーの住人. **2** =trailerist 1. 〖《1940》: ⇨ -ite¹〗

tráiler pàrk *n.* =trailer camp. 〖1942〗

tráiler pùmp *n.* (車につけて引く)移動消防ポンプ.

tráiler·shìp *n.* トレーラー運搬船《トラックやトレーラーを運搬する専用の船》. 〖1949〗

tráiler tràsh *n.* 《米・軽蔑》trailer camp の中で移動住宅に住んでいる貧しい人々.

tráiler trùck *n.* 〖自動車〗トレーラートラック《トラクターがトレーラーの一部の荷車をも支持する構造のトラック》. 〖1958〗

tráil·hèad *n.* 《米》トレールの起点, 登山口.

tráil hèrd *n.* 《米西部》牧場から市場へ移送される牛の群れ. 〖1885〗

tráil·ing /-lɪŋ/ *adj.* 引きずっている, はいまつわる, たなびく: ~ clouds of glory ⇨ cloud *n.* 4 b / ~ plants 蔓(つる)草. 〖《14C》: ⇨ trail¹, -ing²〗

tráiling arbútus *n.* 〖植物〗=arbutus 2. 〖1785〗

tráiling èdge *n.* **1** 〖航空〗翼[プロペラ]の後縁 (cf. leading edge 1). **2** 〖電気〗立下り縁《パルス波の後の縁》. **3** 〖海事〗後縁《曲線で表現できるような運動状態などにおける曲線の後端部分; ↔ leading edge》. 〖1909〗

tráiling évergreen *n.* 〖植物〗ツルマンネングサ (*Sedum sarmentosum*)《中国原産のベンケイソウ科マンネングサ属の草本; 花は黄色で丈は低い》.

tráiling fúchsia *n.* 〖植物〗ニュージーランド原産のアカバナ科フクシア属のバスケット植えにしてつるすのに適した観賞用低木 (*Fuchsia procumbens*).

tráiling póle tìp *n.* 〖電気〗磁極後端.

tráiling trùck *n.* 〖鉄道〗従台車, 被牽引車《機関車の動輪の後につけて重量の一部を負担させるための台車》.

tráiling vórtex *n.* 〖航空〗後流渦. 〖1929〗

tráiling vórtex dràg *n.* 〖航空〗後流渦による抵抗.

tráiling whèel *n.* 〖機械〗従輪《動輪 (driving wheel) の後方にあって直接動力の加わらない輪; trailer ともいう》. 〖1849〗

Tráill's flýcatcher /tréɪlz-/ *n.* 〖鳥類〗=alder flycatcher. 〖← *T. S. Traill* (19 世紀の英国の百科事典編集者)〗

tráil·man /-mən/ *n.* (*pl.* **-men** /-mən, -mèn/) 《米》=trailsman.

tráil màn *n.* (牛の群れを市場まで移動させる仕事をする)カウボーイ. 〖1858〗

tráil mìx *n.* トレイルミックス《ナッツ・ドライフルーツ・シリアルなどを混ぜたスナック; 元来登山者などの携行用栄養補助食品》.

tráil nèt *n.* (船で引く)引き網 (dragnet). 〖1820〗

tráil ròpe *n.* **1** (気球の)着陸[降着, 誘導]索 (guide rope). **2** 〖軍事〗=prolonge. **3** (馬などの)引き綱. 〖1826〗

tráil·sìde *adj.* (山中の)小道に沿った. 〖1943〗

tráils·man /-mən/ *n.* (*pl.* **-men** /-mən, -mèn/) (山中の)小道をたどる人. 〖← TRAIL¹+-s³ 2+MAN〗

train¹ /tréɪn/ *n.* **1** 列車: a ~ accident 列車事故 / a local ~ 普通列車 / an armored ~ 装甲列車 / ⇨ corridor train / a ~ deluxe (豪華な)特別列車 / a down [an up] ~ 下り[上り]列車 / an express ~ 急行列車 / a through ~ 直通列車 / go by ~ 列車で行く / miss [catch] one's ~ 列車に乗り遅れる[間に合う] / put on a special ~ 臨時列車を仕立てる / take a ~ to …へ列車で行く / When does your ~ leave? あなたの列車は何時発ですか. **2** (人・車などの)列, 連続, 一続き, 行列 (procession): a funeral ~ 葬列 / a long ~ *of* loaded camels 荷を着けたラクダの長い行列 / a long ~ *of* sightseers 観光客の長い列 / She was followed by a ~ *of* admirers. ファンが大勢あとについて行った. **3** (観念などの)連続, つながり; (事件などが続いて起こること, 続発: a ~ *of* thought [reasoning] 一連の思考[推理] / a singular ~ *of* events 一連の不思議な出来事 / a long ~ *of* misfortunes 長い不幸の連続 / He fell into another ~ *of* thought. 彼はまた別の事を次々と考え始めた. **4** もすそ: Two pages held up her ~. 二人の男の子[小姓(こしょう)]が彼女のすそを持った. **5** [集合的] 供まわり, 従者, 随行員 (retinue, suite): the prince and his ~. **6** (事件などの)結果, 続

き, 余波 (sequence): *in the* ~ *of* peace 平和のあとに続いて / War brings many evils *in* its ~. 戦争はそれに付随していろいろな害をもたらす / The step left other problems *in* its ~. その措置により他の問題があとに残った. **7** 順序, 次第, 手順, 整備 (proper order, due course): *in* (good) ~ (いつでも始めることができるように)準備が整って, 〈事が〉順調で / *in* this ~ こんな調子で / put [set] … *in* ~ =put [set] in ~ …の手はずをよく整える, (順序通りに)始める[進める] / (All) things are *in* ~. 手はずは(すべて)整っている, 準備完了. **8 a** (動物の)尾; (特に)くじゃくの垂れ尾. **b** 〘天文〙(彗星(すいせい)・流星などの)尾. **9** 〘機械〙列, つながり: the ~ *of* gearings [wheels] 歯車[車輪]の列[連動] / a gear ~ 歯列. **10** 口火, 導火線 (黒色火薬などを切れ目なく線状に巻いて火を爆発物へと導くもの; cf. fuse²). **11** 〘物理〙(波動などの)連続, 列: the ~ *of* wave 波列. **12** 〘軍事〙 **a** (大砲の)架尾(かび), 車尾. **b** 段列, 輜重(しちょう), 輜重隊 (補給後送・整備などの業務を行い第一線部隊を支援する). **c** 連続投下弾. **13** 《詩》(川などの)流れ; (蛇の)長い体.

— *vt.* **1** 仕込む, 教育する, 訓練する, しつける, 訓練する (instruct, drill) 〈*up*〉 (⇨ practice SYN): ~ a child, horse, etc. / ~ soldiers 兵を訓練する / ~ a child *to* obedience [*to* obey] よく言うことをきくように子供をしつける / ~ a dog *to* jump through a hoop 犬に輪の中を跳ぶように仕込む / ~ a girl *in* nursing 少女に看護を習わせる / ~ a person *for* a lawyer 人を弁護士に仕込む / ~ a person *to* [*in*] the law 人に法律を教え込む / They are ~*ed up to* a high level of efficiency. 訓練されて高度の技能を身に着けている. **2** 養成する: ~ hospital nurses [a swimmer, airmen] 看護婦[水泳選手, 飛行士]を養成する. **3** (競走などの準備に練習や食事で)…の体を慣らす, 鍛える: ~ a person [oneself] *for* a boat race ボートレースの準備練習をさせる[する]. **4** 《口語》〈子供・子犬などを〉粗相をしないようにしつける[仕込む]. **5** [~ it として] 《口語》列車[汽車]で行く (cf. *vi.* 3). **6** 〈カメラ・武器・努力などを〉〔…に〕向ける (direct) 〔*on, upon*〕: ~ guns *on* [*upon*] a fortress 要塞(ようさい)に大砲を向ける. **7** 〘園芸〙(枝を曲げたり剪定(せんてい)したりして)〈樹などを〉好みの形に仕立てる, 整枝する: ~ roses *against* a wall バラを壁にはわせる / ~ vines *round* a post 蔓(つる)植物を柱に巻きつかせる. **8** 《まれ》〈重い物を〉引きずる (drag). **9** 《古》そそのかす, 誘惑する (allure).

— *vi.* **1** 訓練を受ける, しつけられる: ~ to be a doctor. **2** 〈選手などが〉(準備に)体を慣らす, 練習する 〔*for*〕: He is ~*ing* (=is in ~*ing*) *for* the three miles. 彼は3マイル競走の練習をやっている / He always ~*s on* vegetarian diet. 彼はいつも菜食で鍛える. **3** 《口語》列車[汽車]で行く[に乗る] (cf. *vt.* 5): We ~*ed* the rest of the way [to York]. 残りは[ヨークまで]列車で行った. **4** 《米》はね回る, ふざける (romp). **5** 〈すそなどが〉引きずる: Her long skirt ~*ed* on the floor. ロングスカートが床に引きずっていた. **6** 《米》〔…と〕付き合う, 交際する (associate) 〔*with*〕: He ~*s with* extremists. 過激主義者と付き合っている.

tráin dówn 鍛えて[節食して]減量する. ***tráin fíne*** 厳しく訓練する. ***tráin óff*** (*vt.*) 運動[節食]してぜい肉などを落とす: ~ *off* fat 運動して[体を鍛えて]脂肪を減らす. — (*vi.*) (1) 練習[稽古, 鍛練]をやめる. (2) 〈砲弾が〉それる (swerve). (3) 《古》そろそろと立ち去る, 行ってしまう. 《vt.: 1891; vi.: 1810》 ***tráin ón*** 鍛練して技を伸ばす. 《1767》

〘n.: 《*a*1338》 *trayn(e)* □ (O)F *train* (masc.), *traine* (fem.) ← OF *tra(h)iner* (F *traîner*) to drag, draw along < VL **tragināre* ← L *trahere* 'to DRAW': cf. tract¹ — v.: 《1375》 *trayne(n)* □ OF *tra(h)iner*〙

train² /tréɪn/ *n.* 《廃》策略, 計略 (trick) (cf. Shak., *Macbeth* 4. 3. 118). 〘《*a*1338》 □ OF *traine* ← *trair* (F *trahir*) to betray < L *trādere* to deliver: cf. tradition, betray〙

train·a·ble /tréɪnəbl/ *adj.* 訓練のできる, 教育することのできる, 仕込むことのできる, ならすことのできる, 鍛えられる.

train·a·bil·i·ty /trèɪnəbíləṭi | -lɪ̀ti/ *n.* 〘《*c*1550》: ⇨ train¹, -able〙

tráin·band *n.* (16–18 世紀に英米で組織された)民兵精鋭軍 (民兵 (militia) の非能率を改善するために始められた特別訓練隊). 〘《1630》《変形》← *trained band*〙

tráin·bèarer *n.* **1** (儀式の時の貴人の, または婚礼の時の花嫁などの)もすそ持ち. **2** 〘鳥類〙オナガハチドリ (*Lesbia victoriae*) (南米に生息する尾の長いハチドリ). 〘1722〙

tráin càse [bòx] *n.* トレインケース (化粧品などを入れる小さい箱型の旅行ケース). 〘1948〙

tráin dispàtcher *n.* 《米》(列車の)操車係, 列車発着係. 〘1881〙

trained *adj.* **1** 訓練された, 仕込まれた; 養成された, 練達した, 熟練した: a ~ secretary ベテランの秘書 / a ~ mind 修養を積んだ精神, 熟練した人 / a half-*trained* [an over-*trained*, an under-*trained*] horse 調教半ばの[過度の, 不足の]馬. **2** もすそのある, すその付いた: a ~ gown. 〘《1570》: ⇨ train¹, -ed〙

tráined núrse *n.* **1** 正看護婦 (看護学校を卒業して, 実地に訓練を修得した看護婦). **2** =graduate nurse.

train·ee /treɪníː/ *n.* **1** 職業[軍事]訓練を受ける人. **2** 訓練[仕込み]を受けている人[動物]. 〘《1841》 ← TRAIN¹ (v.)+-EE〙

trainée·ship *n.* trainee の身分[資格]. 〘1961〙

train·er /tréɪnə | -nə^(r)/ *n.* **1** (競技者・競走馬の)訓練者, 仕込み手, トレーナー, 調教師. 日英比較 日本語の「トレーナー」は「運動用の長袖シャツ」をいうが, 英語の *trainer* にはこの意味はなく, sweatshirt という. **2** [*pl.*] トレーニング用運動靴 (training shoes). **3** 〘米海軍〙旋回手 (艦砲を水平方向に照準する砲員; cf. pointer 7). **4** 練習機; 訓練器. **5** =trainee. **6** 民兵団員 (militiaman). 〘《1581》: ⇨ train¹, -er¹〙

tráin fèrry *n.* 列車航送船, 列車フェリー (列車をそのまま積み込む連絡船).

train·ful /tréɪnfʊ̀l/ *n.* 列車一杯(の人, 商品). 〘1866〙

train·ing /tréɪnɪŋ/ *n.* **1** 訓練, 教練, 訓育, しつけ; (運動家などの)練習, トレーニング, (身体・体力の)鍛練; (馬などの)調教, 仕込み; 養成: ~ *for* teachers [nurses] 教員[看護婦]の養成 / go *into* ~ 練習を始める. 日英比較 日本語の「トレーニングウェア」は和製英語. 英語では sweat suit. **2** (競技に備えて)訓練されている状態, コンディション: be *in* [*out of*] ~ 練習ができている[いない], コンディションが良い[悪い] / He is *in* first-rate ~ *for* the three miles. 彼は3マイル競走に今絶好のコンディションだ. **3** 〘園芸〙仕立て, 整枝, (枝や蔓(つる)の)誘引 (cf. pruning). **4** (銃・カメラ・ライトなどを)向けること. 〘《1440》: ⇨ train¹, -ing¹〙

tráining àid *n.* (映画・スライドなどの)補助教材.

tráining càmp *n.* 強化合宿.

tráining còllege *n.* 《英》(昔の)教員養成所, 師範学校 (teachers college) (第二次大戦後は college of education と改称された). 〘1829〙

tráining còurse *n.* 訓練課程: a ~ for firefighters 消防士訓練課程.

tráining gròund *n.* 練習場, 訓練の場 〔*for*〕.

tráining pànts *n. pl.* (おむつが取れる時期に幼児がはく)トイレットトレーニング用パンツ. 日英比較 日本語の「トレーニングパンツ, トレパン」に相当する英語は sweatpants.

tráining schòol *n.* **1** (職業・技術)訓練学校, 養成所: a ~ for nurses 看護婦養成所. **2** 少年院, 感化院 (reformatory). 〘1829〙

tráining shìp *n.* 練習船, 練習艦. 〘*c*1860〙

tráining shòe *n.* [通例 *pl.*] (トレーニング用)運動靴 (trainers ともいう).

tráining tàble *n.* 《米》コンディション調整中の選手が規定食をとる食卓. 〘1893〙

tráining wàll *n.* (河川・潮流の流れの方向を制御するための)人工堤防, 導流堤.

tráining whèels *n. pl.* (自転車の)補助輪.

tráin jùmper *n.* 《米口語》ただ乗りする者. 〘1909〙

tráin·lìne *n.* 〘鉄道〙=brake pipe.

tráin·lòad *n.* 一列車分の貨物[旅客]; 一列車の貨物[旅客]積載能力. 〘1882〙

tráin·man /-mən, -mæ̀n/ *n.* (*pl.* **-men** /-mən, -mɛ̀n/) 《米》(車掌の監督下にある)列車乗務員. 〘1877〙

tráin·màster *n.* 《米》 **1** (昔の)荷馬車隊長. **2** 列車長 (鉄道のある区間の列車運行の責任者). 〘1880〙

tráin-míle *n.* 〘鉄道〙列車走行マイル (一列車の走行したマイル数; 運転経費算出の単位). 〘1864〙

tráin-míleage *n.* 〘鉄道〙列車走行マイル数. 〘1868〙

tráin òil *n.* 鯨油 (whale oil); (その他の)海獣から採った油. 〘《*c*1553》← 《廃》*train*, 《古形》*trane* train oil □ MDu. *traen*, train oil; tear, drop ← IE **dakru-* tear²: cf. G *Träne*〙

tráin·pìpe *n.* 〘鉄道〙=brake pipe. 〘1889〙

tráin sèrvice *n.* 列車の便.

tráin sèt *n.* **1** (機関車付きの)編成車両. **2** 鉄道模型セット.

tráin shèd *n.* (鉄道の駅の)線路とプラットホームを覆う屋根, 列車上屋, 列車庫.

tráin shùnt *n.* 〘電気〙列車短絡 (軌道回路の列車による短絡).

tráin·sìck *adj.* 車酔いにかかった, 列車に酔った. 〘1905〙

tráin sìckness *n.* 列車酔い (cf. motion sickness). 〘1906〙

tráin·spòtter *n.* 《英口語》見ただけで列車[機関車]のナンバー[種類]を当てる人, 鉄道マニア[おたく] (cf. spotter 2 d). **tráin·spòtting** *n.* 〘1958〙

tráin stàtion *n.* 鉄道の駅 (railroad station).

traipse /tréɪps/ 《口語》 *vi.* **1** だらしなく歩くこと, ぶらぶら歩き. **2** だらしない女 (slattern). — *vi.* (通例)〈女・子供が〉ぶらつき回る, ほっつき歩く 〈*across, along, away,* etc.〉. — *vt.* 〈場所を〉ほっつき歩く, うろつく. 〘《1593》← ?: cf. tramp〙

trait /tréɪt | tréɪ, tréɪt/ *n.* **1** (心・品性・習慣などの)特性, 特色, 特徴 (⇨ temperament SYN): the chief ~*s* of one's character 人の性格の主な特徴 / national ~*s* 国民性 / English ~*s* 英国国民性. **2** 《まれ》一筆 (stroke); ちょっと, 気味 (touch): a ~ *of* humor ちょっとしたユーモア. **3** 目鼻立ち (feature), 人相 (lineament). 〘《*c*1477》□ F ~ 'draught, stroke' ((p.p.) ← *traire* to draw) < L *tractum* (p.p.) ← *trahere* 'to DRAW': TRACT¹ と二重語〙

trai·tor /tréɪṭə | -tə^(r)/ *n.* **1** (主義・友人などに対する)反逆者, 裏切者. ★伝統的に Judas Iscariot の連想がある: a ~ *to* a cause [religion] 主義[宗教]にそむく人 / turn ~ (*to* …) (…に対し)反逆する. **2** (君主・国家に対する)逆賊, 国賊, 国事犯. 〘《?*a*1200》□ OF *traitour* (F *traître*) < L *trāditōrem* betrayer ← *trāditus* (p.p.) ← *trādere* to deliver ← *trā-* 'TRANS-'+*-dere* (← *dare* to give): ⇨ -or²: cf. tradition〙

trai·tor·ess /tréɪṭərɪ̀s, -trəs | tréɪtərɪ̀s, -trɪ̀s, -tərɛ̀s/ *n.* =traitress.

trái·tor·ly *adj.* 《廃》反逆の (traitorous). 〘《*a*1586》: ⇨ ly²〙

trai·tor·ous /tréɪṭərəs, -trəs | -tərəs, -trəs/ *adj.* **1** 反逆の, 背信の, 友を売る, 不忠の, 不実の, 裏切的な (perfidious, treacherous): a ~ action 裏切行為 / ~ thoughts 反逆的な考え. **2** 反逆罪の; 不忠な (disloyal). **~·ly** *adv.* **~·ness** *n.* 〘《*c*1380》□ OF *traitreux*: ⇨ traitor, -ous〙

Tráitor's Gáte *n.* [the ~] 逆賊門, 反逆者の門 (London 塔にある Thames 川沿いの古い水門で, 昔国事犯はここから塔に送り込まれた). 〘1678〙

trai·tress /tréɪtrɪ̀s | -trɪ̀s, -trɛs/ *n.* 女性の traitor. 〘《1369》: ⇨ -ess¹〙

Tra·jan /tréɪdʒən/ *n.* トラヤヌス (53?–117; ローマ皇帝 (98–117); ラテン語名 Marcus Ulpius Traianus).

tra·ject /trədʒɛ́kt/ *vt.* 《古》 **1** 〈川などを〉渡る, 越える. **2** 〈光・色・思想などを〉伝える (transmit). — *n.* **1** 渡し場 (ferry). **2** 通行, 横断. 〘《1624》□ L *trājectus* (p.p.) ← *trā(j)icere* to throw across ← *trā-* 'TRANS-' +*jacere* to throw: ⇨ jet¹〙

tra·jec·tion /trədʒɛ́kʃən/ *n.* **1** 透過, 伝導. **2** 〘音韻〙=metathesis 1. 〘《1633》↑〙

tra·jec·to·ry /trədʒɛ́ktəri, -tri | trədʒɛ́ktəri, -tri, trǽdʒɪ̀k-/ *n.* **1** (軌道をめぐる惑星・彗星(すいせい)・発射体・ロケットなどの描く)曲線, 弧, 弾道: an ascending [a descending] part [portion] of a ~ 弾道の昇弧[降弧] / a curved [flat, low] ~ 曲射[平射, 低射]弾道. **2** 通った道筋; 歴程. **3** 〘数学〙軌線, 軌道. **tra·jéc·tile** /-tl̩ | -taɪl/ *adj.* 〘《1668》← NL *trājectōrius* (adj.) casting over ← L *trājectus*: ⇨ traject, -ory¹〙

Tra·keh·ner /trɑːkéɪnə | trækéɪnə^(r); G. tʁakéːnɐ/ *n.* 〘馬術〙トラケーネン, トラケーナー (ドイツ原産の大形乗用馬; 馬場馬術や障害飛越に優れる). 〘《1926》□ G ~ ← *Trakehnen* (ロシア Kaliningrad 近くの町; プロイセン皇帝所有の種馬牧場があった)〙

tra-la /trɑːlɑ́ː, trə-/ *int.* トララー, タラララー (歓喜・陽気を表す; 楽器の吹奏などのまね). 〘《1823》擬音語〙

tra-la-la /trɑ̀ːləlɑ́ː/ *int.* =tra-la.

tral·a·ti·tious /trӕ̀lətíʃəs⁻/ *adj.* 比喩的な, 隠喩的な; 伝承による. **~·ly** *adv.* 〘《1645》□ L *trālāticius*, *trans-* transferred; traditional ← *trānslātus*: ⇨ translate, -itious〙

Tra·lee /trəlíː/ *n.* トラリー (アイルランド共和国 Kerry 州の州都・海港).

tram¹ /trǽm/ *n.* **1** 《英》路面電車, 市街電車 (tramcar) (《米》streetcar, trolley (car)): by ~ 電車で. **2** (昔の)鉄道馬車, 軌道馬車. **3** =tramroad. **4** 〘鉱山〙(石炭・鉱石運搬用)トロッコ, 炭車, 鉱車. **5** (索道の)運搬器. **6** [*pl.*] 《英》電車軌道 (tramline). — *v.* (**trammed; tram·ming**) — *vi.* 《英》電車で行く. — *vt.* **1** トロッコ[電車]で運ぶ. **2** [~ it として] 《英》電車で行く. 〘《1500–20》□ Flem. (古) *tram* beam or handle of a barrow // LG *traam* beam or handle of a barrow < MLG *trāme* beam, rung ← ?: n. 1, 4 は TRAMCAR の略で初出は《1879》〙

tram² /trǽm/ *n.* **1** 〘機械〙=trammel 5. **2** 《廃》正確な位置[調整]: The spindle is *in* [*out of*] ~. 紡錘は正しく調整されている[いない]. — *vt.* (**trammed; tram·ming**) 〘機械〙正しい位置に調整する. 〘《1884》《略》← TRAMMEL〙

tram³ /trǽm/ *n.* 片撚(よ)り絹糸 (ビロードその他上質絹織物の横糸用). 〘《?*c*1380》 *tramme* instrument, scheme □ OF *traime* (F *trame*) < L *trāmam* woof, weft〙

trám·càr *n.* **1** 《英》路面電車, 市街電車, 電車, 軌道車 (《米》streetcar). **2** 〘鉱山〙(石炭・鉱石運搬用)トロッコ, 炭車. 〘《1873》← TRAM¹+CAR: cf. 《1872》tramway car〙

Tra·mi·ner /trəmíːnə | -nə^(r); G. tʁamíːnɐ/ *n.* トラミネール: **1** 主にドイツおよびフランス Alsace 地方で栽培される白ワイン用白ブドウ. **2** このブドウから造られる香り高い良質の白ワイン. 〘《1851》□ G ~ ← *Tramin* (イタリア北部の村 Termeno のドイツ語名)〙

trám·lìne *n.* 《英》 **1 a** 電車路線. **b** [*pl.*] 市街軌道, 電車軌道. **2** 《比喩》不動の規則[原則]. **3** [*pl.*] 《口語》(ローンテニスコート・バドミントンコートの)左右2本のサイドライン (内側の線はシングルスのコートのサイドライン, 外側の線はダブルスのコートのサイドラインをなす); その間の区間 (米国では alley という). 〘《1886》← TRAM¹+LINE¹〙

tram·mel /trǽməl, -ml̩/ *n.* **1** 馬枷(かせ) (馬に amble を調練するときに用いる). **2** [通例 *pl.*] 拘束物, 束縛 (restraint), 障害 (impediment): the ~*s* of etiquette [custom] 礼儀[慣習]の束縛 / the ~*s* of the flesh 肉体の枷 / the ~*s* of the Old World 旧世界の束縛. **3** 〘機械〙長円コンパス. **4** [通例 *pl.*] 〘機械〙ビーム[さお]コンパス (beam compass): a pair of ~*s* ビームコンパス一脚. **5** 〘機械〙(機械各部の)取り付け(位置)定規 (tram ともいう). **6** 自在かぎ (adjustable pothook). **7** 魚網 (trammel net); 《まれ》鳥網. **8** 〘機械〙調整器 (ねじなどを利用して, 機械部品の位置を調整する装置).

— *vt.* (**tram·meled, -melled; -mel·ing, -mel·ling**) **1** 拘束する, 束縛する, …の自由行動を妨げる (⇨ hamper¹ SYN). **2** 〈魚・鳥を〉網で捕らえる; 網にひっかける: If th' assassination could ~ up the consequence … 暗殺という網ですべてからめ取れるものならば… (cf. Shak., *Macbeth* 1. 7. 3–4). **3** (trammel などで)正確な取り付けを行う.

trám·mel·er /-mələ | -lə^(r)/ *n.* 〘《1363》 *trama(i)l* □ OF *tramail* (F *trémail*) net with three layers of meshes < ML *tramaculum*=LL *trēmaculum* ← L *trē(s)* 'THREE'+*macula* mesh, (原義) spot, mark〙

trámmel nèt *n.* (魚を捕る)三重[刺し]網 (真ん中の網の目は細かくなっている). 〘1516〙

tram·mie /trǽmi/ *n.* 《豪口語》路面電車 (tram) の車掌[運転手].

T

tra·mon·ta·na /trɑ̀ːmɑ(ː)ntɑ́ːnə, -tǽnə | træ̀mɔntɑ́ːnə; *It.* tramontáːna/ *n.* **1** (アドリア海を吹きすさぶ)北風，アルプスおろし. **2** (山岳地帯から吹きおろす)北風. 〖(?c1380) □ It. ～ (fem.) ← *tramontano* (↓)〗

tra·mon·tane /trəmɑ́(ː)nteɪn, træmɑ́(ː)n-, træ̀mɑːntéɪn⁻| trəmɔ́nteɪn/ *adj.* **1** 山の向こう側の[から来る]; (イタリア側から見て)アルプスの向こう側の[から来る] (cf. ultramontane): a ～ wind. **2** (もとはイタリアから見て)外国の (foreign); 野蛮な (barbarous): strange ～ ideas. ― *n.* **1** 山向こうの人《もとはイタリア側から見てアルプスの向こう側の人》. **2** 他国人，外国人 (stranger); 野蛮人. **3** (南フランスに吹く)強い北西風. 〖(?c1380) □ It. *tramontano* □ L *trānsmontānus* ← *tra-* 'TRANS-'＋*montanus* of a mountain (← *mōns* 'mountain, MOUNT²')〗

tramp /trǽmp/ *n.* **1 a** 浮浪者，放浪者，無宿者，(渡り歩く)こじき (⇨ vagrant SYN): look like a ～ 薄汚いなりをしている / a ～ dog 野良犬. **b** 《米俗》身持ちの悪い女; (特に)売春婦. **2** 足踏み; (軍隊の行進などのざっくざっくいう)靴の音，どしんどしんと歩く音: the ～ of marching feet / the ～s of horses ぱかぱかという馬のひづめの音. **3** 徒歩旅行，ハイキング (hike): take a long ～ to …へ長い道を徒歩で行く. **4** 徒歩旅行者; 旅職人，渡り職人. **5** 〘海事〙不定期貨物船《tramp steamer [ship] ともいう》: go on a ～ 不定期貨物船で行く. **6** (穴掘り人などが靴を損じないためにつける)靴の底金. ***on (the) trámp*** (職を探して，または浮浪者として)放浪して. 〖1760〗 ― *vi.* **1** どしんどしんと歩く，重い足取りで歩く 〈*across, along, in*, etc.〉: heavy footsteps ～*ing* overhead 頭上をどしんどしんと歩く重い足音 / We heard soldiers ～*ing by*. 兵隊がざっくざっくと(靴音を立てて)通り過ぎるのを聞いた. **2** 踏みつける (stamp) 〔*on, upon*〕: ～ *on* a snail かたつむりを踏みつける. **3** とぼとぼ歩く，徒歩で行く (trudge): ～ about the country 田舎をあちこち歩き回る. **4** (浮浪者として)うろつく，浮浪する，こじきをして歩く. **5** 《NZ》〈奥地などを〉徒歩旅行する，ハイキングをする. **6** 不定期貨物船として航海をする. ― *vt.* **1** [しばしば ～ it として] どしんどしんと歩く，徒歩で行く: ～ the streets, roads, etc. / I missed the train and had to ～ *it*. 列車に乗り遅れてやむを得ず歩いた. **2** 踏みつける (trample): ～ grapes for wine ワインを造るためにぶどうを踏みつける / ～ … under one's foot [feet] …を踏みにじる / ～ … *down* …を踏みつぶす，踏み固める / ～ stones *in* 踏みつけて石を(地面などに)押し込む. **3** [しばしば ～ it として] 浮浪者として歩き回る: ～ the island. **4** 〈不定期貨物船を〉航海させる. 〖(c1395) *trampe(n)* ← ?: cf. LG *trampen* to stamp〗

trámp·er *n.* **1** ハイカー; 浮浪者. **2** 渡り職人. **3** 不定期貨物船 (tramp). 〖(1725): ⇨ ↑, -er¹〗

trámp·ing clùb *n.* 《NZ》ハイカー (tramper) の会.

trámping hùt *n.* 《NZ》ハイカー (tramper) 用の小屋.

trám plàte *n.* (両端に出ぶちのある)板レール (gully). 〖1807〗

tram·ple /trǽmpl̩/ *vt.* **1** 〈権利・面目などを〉踏みにじる，踏みつけにする (crush); 無視する，押さえつける (suppress) 〈*down*〉: ～ order underfoot 秩序を踏みにじる / ～ *down* a person's feelings 人の感情を踏みにじる / He ～*d* her pride in the dust. 彼女の誇りを踏みにじった. **2** 踏みつける，踏みつぶす，踏み荒らす[倒す]; 踏みつけて…する: ～ grapes ぶどうを踏みつぶす / ～ a worm underfoot 虫を踏みつける / ～ grass *down* 草を踏み倒す / ～ *out* a fire 火を踏み消す / ～ *up* the ground 地面を踏み荒らす / He was ～*d to* death by an elephant. 象に踏み殺された. ― *vi.* **1** 〈人・人の感情・正義などを〉踏みつけにする，無視する〔*on, upon, over*〕: ～ *on* a person [law and justice] 人[法と正義]を踏みにじる / ～ *on* human rights 人権を踏みにじる / ～ *over* a weak nation 弱小国を虐げる. **2** どしんどしんと歩く (tramp): hear a person *trampling about* overhead 頭上を人がどしんどしんと歩くのが聞こえる. **3** 踏む，踏みつける[つぶす]〔*on, upon, over*〕: A tiger ～*ed on* the snake. 虎が蛇を踏みつけた. ― *n.* **1** どしんどしん歩くこと[音]: the ～ of many feet. **2** 踏みつぶすこと[音]. **trám·pler** /-plə, -plə | -plə^(r), -pl-/ *n.* 〖(c1384) *trampele(n)*: ⇨ tramp, -le³: cf. G *trampeln*〗

tram·po·line /trǽmpəliːn, ⁻⁻⁻ | trǽmpəliːn, -lìn, træ̀mpəlíːn/ *n.* トランポリン《体操の特種器具の一つ; 弾性が強くこの上で宙返りなどを行う》. ― *vi.* トランポリンを使う. **tràm·po·lín·er** *n.* **trám·po·lin·ist** /-nɪst | -nɪst/ *n.* 〖(1798) □ Sp. *trampolín* □ It. *trampolino* ← *trompoli* stilts ← Gmc〗

trám·po·lìn·ing *n.* トランポリン競技[遊び]. 〖1867〗

trámp stèamer [shìp] *n.* 〘海事〙＝tramp 5. 〖1887〗

trám ràil *n.* **1** 鉱車[炭車]用軌条. **2** 〘機械〙索道. 〖1839〗

trám·ròad *n.* (鉱山や炭坑の)鉱車[炭車]用軌道. 〖1800〗

trám·wày *n.* **1** 《英》市街鉄道，路面鉄道，電車線路 (streetcar line); 市街電車，路面電車. **2** 《英》市街鉄道会社. **3** 〘機械〙索道 (tram rail). **4** ＝tramroad. **5** 〘海事〙＝railway 4. **6** 《米》ロープウェー. 〖1825〗

tran- /træn | træn, trɑːn/ *pref.* (s の前に来るときの)trans- の異形: *tran*scend, *tran*scribe.

trance /trǽns, trɑ́ːns | trɑ́ːns, trɑ́ːnts/ *n.* **1** 夢幻の境，恍惚(こう), 夢うつつ; 夢中，有頂天 (ecstasy, rapture); 失神，人事不省，昏睡(こん)状態 (coma). **2** 〘心霊〙催眠[失神]状態《霊媒が霊の指示を受けたり死者の霊と交わったりできる状態》. **3** 〘音楽〙トランス《テクノの一種で，メロディアスだがハードなビートを持ち，恍惚状態に導くようなもの》. ***fáll* [*gó*] *into a tránce*** (1) 恍惚状態になる，失神する. (2) 〈霊媒などが〉失神[催眠]状態になる. ***sénd* [*pút*] *a person into a tránce*** 人を失神させる，夢心地にさせる. ― *vt.* 《古》 **1** 恍惚状態に陥れる; ぼうぜんとさせる (stupefy). **2** ＝entrance² 1.

～·lìke *adj.* 〖n.: (c1385) 《廃》'extreme fear' □ OF *transe* (F *trance*) passage, esp. from life to death ← *transir* to go across, die □ L *transīre* to pass over, cross ← TRANS-＋*īre* to go. ― v.: (c1300) □ OF *transir*〗

tranche /trɑ́ː(n)ʃ, trɑ́ːnʃ; *F.* tʁɑ̃ːʃ/ *n.* 一切れ (slice); (特に，収入・債券などの)部分 (portion). 〖(c1500) □ F *tranché* (p.p.) ← *trancher* (↓): cf. trench〗

tran·chet /trɑ́ː(n)ʃéɪ, trɑ́ːn-; *F.* tʁɑ̃ʃɛ/ *n.* (*pl.* ～s /～z; *F.* ～/) 〘考古〙トランシェ，直刃斧《北部・中部ヨーロッパの中石器時代から新石器時代の打製ののみ状の石斧》; その刃部加工技術. 〖(1858) □ F ～ ← *trancher* to cut＋-ET〗

tra·neen /trəníːn/ *n.* 《アイル》＝thraneen.

trán·ex·am·ic àcid /trǽnɛksæ̀mɪk-/ *n.* 〘薬学〙トラネキサム酸 ($C_8H_{15}NO_2$)《線維素溶解抑制薬; 止血に用いられる》. 〖体系名 *trans*-4-*am*inomethylhexane*car*boxylic *acid* の要素の並べ換え〗

tran·gam /trǽŋgəm/ *n.* 《古》奇妙な仕掛け; 安ぴか物，つまらない物 (trinket). 〖(a1658) ← ?〗

trank¹ /trǽŋk/ *n.* **1** (手袋片方分の)革切れ. **2** 手袋の形に裁断された革切れ《親指・まち・三角切れをこれに縫合して仕上げる》. 〖(1862) ← ?: cf. F *tranche* a cutting〗

trank² /trǽŋk/ *n.* [通例 *pl.*] 《米口語》(乱用の対象としての)鎮静剤 (tranquilizer). 〖略〗

tran·ny /trǽni/ *n.* 《口語》 **1** 《英》トランジスターラジオ《trannie ともいう》. **2** (自動車の)変速機(transmission). **3** 透明ポジ，ポジフィルム，スライド (transparency). **4** 服装倒錯者 (transvestite). 〖《略》: ⇨ -y²〗

tranq /trǽŋk/ *n.* 《俗》＝trank².

tran·quil /trǽŋkwɪl/ *adj.* **1** 〈海・天候・風景など静かな，穏やかな，のどかな (⇨ calm SYN): a ～ sea 静かな海 / a ～ landscape のどかな風景. **2** 〈心など〉興奮していない，落ち着いた，平静な (unruffled); 平穏な，安らかな (peaceful): a ～ life [heart] 平穏な生活[心] / a ～ gaze [face, voice] 落ち着いた凝視[顔，声]. **3** 変動のない，安定した: a ～ flame ゆらがない炎. **～·ly** /-kwɪli | -kwɪli/ *adv.* **～·ness** *n.* 〖(a1450) *tranquill* □ L *tranquillus*: ⇨ trans-, quiet〗

tran·quil·i·ty /træŋkwɪ́ləti | -lɪti/ *n.* ＝tranquillity.

tran·quil·ize /trǽŋkwəlàɪz | -kwɪ-/ *vt.* 静かにする，静める，〈心を〉落ち着かせる (appease, compose). ― *vi.* 静かになる，静まる，鎮静する. **tran·quil·i·za·tion** /træ̀ŋkwələzéɪʃən | -kwɪlaɪ-, -lɪ-/ *n.* 〖(1623) ← TRANQUIL＋-IZE〗

tran·quil·iz·er /trǽŋkwəlàɪzə | -kwɪlàɪzə^(r)/ *n.* **1** 〘薬学〙トランキライザー，鎮静剤. **2** 静める人[物]，鎮静物. 〖(1800): ⇨ ↑, -er¹〗

trán·quil·iz·ing·ly *adv.* 静めるように，落ち着けるように.

tran·quil·li·ty /træŋkwɪ́ləti | -lɪti/ *n.* 静穏，のどけさ，静けさ (serenity); 平安，落着き (composure). 〖(c1380) □ (O)F *tranquillité*: ⇨ tranquil, -ity〗

tran·quil·li·ty·ite /træŋkwɪ́lətiàɪt | -ləti-/ *n.* 〘鉱物〙トランキリタイト ($Fe_8(Zr, Y)_2Ti_3Si_3O_{24}$)《アポロ 11 号の乗組員が月の静かの海 (the Sea of Tranquillity) から採集してきた玄武岩中に発見された新鉱物; cf. armalcolite》. 〖(1971): ⇨ ↑, -ite¹〗

tran·quil·lize /trǽŋkwəlàɪz | trǽŋkwɪ-/ *v.* ＝tranquilize.

trans /trǽns, trǽnz | trǽns, trǽnz, trɑ́ːns, trɑ́ːnz/ *adj.* 〘化学〙トランス形の《幾何異性の一つで，同一原子または基が二重結合の反対側にある; cf. cis》. 〖(c1877): ⇨ trans-〗

trans. 《略》transaction(s); transfer; transferred; transformer; transistorized; transit; transitive; transitory; translated; translation; translator; transparent; transportation; transpose; transverse.

trans- /træns, trænz | træns, trænz, trɑːns, trɑːnz/ *pref.* **1** 「越えて，横切って」の意: *trans*mit, *trans*port, *trans*continental, *trans*-Siberian, *trans*-Alaska. **2** 「…の向こう側に」の意 (cf. cis-). ★この意味では自由に造語できる: *trans*-Caucasian, *trans*-Gangetic. **3** 「貫いて」の意: *trans*fix, *trans*pierce. **4** 「別の状態[場所]へ」の意: *trans*fer, *trans*form, *trans*late. **5** 「超越して」の意: *tran*scend. **6** 〘化学〙「(元素周期(律)表で，ある元素より)上の，超…」の意: *trans*uranium. **7** [通例イタリック体で] 〘化学〙「二重結合の 2 個の原子のそれぞれの反対側に同じ原子(群)が結合している幾何異性体」の意 (cf. cis-): *trans*-dichloro-ethylene. **8** 〘天文〙「(太陽から見てある惑星より)遠くにある」の意: *trans*martian. ★ s の前では通例 tran- となり，d, j, l, m, n, v の前ではしばしば tra- となる. 〖ME □ (O)F ～ // L *trāns-* ← *trāns* across, beyond, on the farther side of (cf. Aves. *tarō* across, beyond) ← IE **terə-* to cross over: cf. through〗

trans·act /trænzǽkt, -sǽkt | trænzǽkt, trɑːn-, -ns-/ *vt.* 〈業務・交渉などを〉執行する，行う (perform), 〈事件を〉処理する，解決する (manage). ― *vi.* **1** 《まれ》取引する〔*with*〕: ～ *with* a person. **2** 事件を処理[解決]する. **3** 〔…に〕関係する，〔…と〕妥協する (compromise)〔*with*〕.

trans·ác·tor *n.* 〖(1584) □ L *trānsactus* (p.p.) ← *trānsigere* to carry out, drive through ← TRANS-＋*agere* to drive, act〗

trans·ac·ti·nide /trænzǽktənàɪd, -sǽk- | træns-ǽktɪ-, trɑːns-, trænz-/ *adj.* 〘化学〙超アクチニド(元素)の《103 番元素より原子番号の大きい元素にいう》. 〖1969〗

transáctinide sèries *n.* 〘化学〙超アクチニド系列《104–121 番元素; cf. superactinide series》.

trans·ac·tion /trænsǽkʃən, trænts-, trænz- | trænzǽk-, træns-, trænts-, trɑːn-/ *n.* **1** (処理される)業務，取引，事件 (affair): a profitable ～ 収益のある取引 / commercial ～s 商取引 / be mixed up in shady ～s いかがわしい事件に関係している. **2** 取扱い，処理，処分，処置〔*of*〕: leave the ～ *of* a matter to a person ある事の処理を人に任せる / The ～ was discreditable to all concerned. その処置は関係者すべての不面目になるものであった. **3** [*pl.*] (学術協会などの)会報，紀要 (records); (会議の)議事録 (proceedings): Philosophical *Transactions* 英国王立学士院 (Royal Society) 会報. **4** 〘ローマ法〙和解，示談 (compromise). **5** 契約 (compact), 法律行為，取引. **6** 〘電算〙トランザクション: **a** データベースで，参照から更新に至るひとまとまりの処理. **b** 一般に端末からの要求で行われるひとまとまりの処理. **～·al** /-ʃnəl, -ʃənl/ *adj.* **～·al·ly** *adv.* 〖(c1460) □ L *trānsactiō(n-)* act of carrying out ← *trānsigere*: ⇨ transact, -tion〗

transáctional análysis *n.* 〘心理〙交流分析《対人関係を改善するための心理療法》. 〖1961〗

Trans A·lay /trænzəláɪ, træns- | trænz-, trɑ̀ːnz-, -ns-/ *n.* ザアライ山脈《Pamir 高原北西部，キルギスタン共和国とタジキスタン共和国の境界をほぼ南西に走る山脈; 最高峰 Lenin Peak (7,134 m)》.

trans·al·pine /trænzǽlpaɪn, træns- | trænzǽlpaɪn, trɑːnz-/ *adj.* **1** (主にイタリア側から見て)アルプスの向こう側の (cf. cisalpine 1) **2** 〈鉄道など〉アルプスを越えて走る. ― *n.* アルプスの向こう側の住人. 〖(1590) □ L *trānsalpīnus* ← TRANS-＋*alpīnus* 'ALPINE'〗

Transálpine Gául *n.* ⇨ Gaul 1.

Trans-Ám Chàmpionship /trænzǽm-/ *n.* [the ～] アメリカ横断自動車レース，トランザム選手権《Sports Car Club of America が主催する自動車レース; 米国・カナダで行われる》.

trans·áminase *n.* 〘生化学〙トランスアミナーゼ《アミノ基転移を起こす酵素; aminopherase ともいう》. 〖(1940) ← TRANSAMIN(ATION)＋-ASE〗

trans·am·i·nate /trænzǽmənèɪt, træns- | trænz-, trɑːnz-, -ns-, -mɪ-/ *vi., vt.* 〘生化学〙アミノ基転移を起こす[起こさせる]. 〖(1940) 《逆成》↓〗

trans·am·i·na·tion /trænzæ̀mənéɪʃən, træns- | trænzæ̀mɪ-, trɑːnz-, -ns-/ *n.* 〘生化学〙アミノ基転移《アミノ基 (NH_2) がアミノ酸からケト酸へ転移する化学反応》. 〖(1939) ← TRANS-＋AMINE＋-ATION〗

trans-Ándean *adj.* アンデス山脈の向こう側の; アンデス山脈横断の. 〖1898〗

tràns·ánnular *adj.* 〘化学〙トランスアニュラーの《環状化合物の環を通じる結合を作ることにいう》. 〖1926〗

trans·at·lan·tic /trænsətlǽntɪk, trænts-, trænz- | trænzətlǽntɪk, trɑ̀ːnz-⁻/ *adj.* **1** 大西洋を横断する: a ～ cable [flight] 大西洋横断ケーブル[飛行] / a ～ liner 大西洋航路定期船 / ～ phone calls 大西洋横断の通話. **2** 大西洋の向こう岸の《米国・ヨーロッパいずれの側からもいう; cf. cisatlantic》: a ～ country / ～ humor 《英》米国式のユーモア / a faint ～ accent かすかな米国[英国]なまり. ― *n.* **1** [しばしば T-] (ヨーロッパで)アメリカ人. **2** ＝TRANSATLANTIC liner. 〖1779〗

trans·áxle *n.* 〘自動車〙トランスアクスル《前置機関・前輪駆動車などに用いられる動力伝達装置で，変速装置と差動装置が一体になったもの》. 〖1958〗

tràns·bóundary *adj.* 国境を越えた，越境的な.

trans·ca·lent /trænskéɪlənt | trænz-, trɑːn-, -ns-/ *adj.* 熱をよく通す[伝える]，熱の良導の. **trans·cá·len·cy** /-lənsi/ *n.* 〖(1834) ← TRANS-＋L *calentem* ((pres.p.) ← *calēre* to be hot)〗

Tràns·caucásia *n.* ザカフカス，トランスコーカシア《Caucasus 山脈以南の地方 (cf. Ciscaucasia); アルメニア・アゼルバイジャン・グルジアの 3 共和国から成る; 以前は ザカフカス共和国連邦 (the Transcaucasian Soviet Federated Socialist Republic) を構成していた (1922–36)》. 〖← TRANS-＋CAUCASIA〗

Tràns·caucásian *adj.* ザカフカス(人)の. ― *n.* ザカフカス人. 〖⇨ ↑, -an¹〗

trans·ceiv·er /trænsíːvə | trænsíːvə^(r), trɑːn-/ *n.* 〘通信〙トランシーバー《送信受信共用の音声無線機》. 〖(1943) 《混成》← TRANS(MITTER)＋(RE)CEIVER〗

tran·scend /trænsέnd | træn-, trɑːn-/ *vt.* **1** 〈限界・範囲を〉越える，超越する，超絶する (go beyond, overstep): ～ human experience [comprehension] 人間の経験範囲[理解力]を越える / ～ the limits of decency 不謹慎にわたる / ～ one's powers of description 表現の言葉がない. **2** …にまさる，しのぐ (⇨ excel SYN): They strive to ～ one another in civility. 彼らは礼儀正しさでは互いに競い合っている. **3** 〘神学〙〈神が〉〈宇宙・人間を〉超越[超絶]する. ― *vi.* しのぐ，まさる，卓越する (excel). 〖(c1340) *transcende(n)* □ L *trānscendere* to climb over, surmount ← TRANS-＋*scandere* to climb, ascend: cf. scan, ascend〗

tran·scen·dence /trænsέndəns | træn-, trɑːn-/ *n.* **1** 超絶，超越，優越 (supereminence). **2** 〘神話〙(神の)超越[超絶](性) (↔ immanence). 〖(1602) □ LL *trānscendentia*: ⇨ transcendent, -ence〗

tran·scén·den·cy /-dənsi/ *n.* ＝transcendence.

tran·scen·dent /trænsέndənt | træn-, trɑːn-/ *adj.* **1** すぐれた，優越した，抜群の (surpassing); 大変な，大きな (extraordinary): ～ merit [genius] すぐれた長所[才能] / a person of ～ greatness 卓抜な偉人 / the ～ beauty of sunset 夕焼け空のたぐいのない美しさ / ~ folly 大愚行 / a matter of ~ importance 極めて重要な事柄. **2** 〖哲学〗(スコラ哲学では, アリストテレスの範疇(ﾊﾝﾁｭｳ)の下に包摂されないという意味で)超越的な; (カント哲学では)経験を超越する, 超越的な; (近代の実在論では)意識を超越した. **3** 〖神学〗(神は宇宙・人間を超えて存在するという意味で)超越[超絶]的な (↔ immanent). **—** *n.* **1** 卓越した人[物]; 超絶物. **2** 〖哲学〗(アリストテレス的範疇の下に類型化されない)超越名辞; (カント哲学で)超越的なもの. **3** 〖数学〗超越関数 (transcendental function). **~·ly** *adv.* **~·ness** *n.* 〘(*c*1300) □ L *trānscendentem* (pres.p.) ← *trānscendere* 'to TRANSCEND'〙

tran·scen·den·tal /trænsɛndéntḷ, -sən-, -sṇ- | trænsɛndéntḷ, trɑːn-ˊ/ *adj.* **1** すぐれた, 優越した, 卓絶した. **2** 超絶的な, 人知の及ばない, 理外の (supernational, supernatural): Poetry is, in a measure, ~. 詩はある意味で超絶的なものである. **3** 抽象的な, 難解な (abstract); 玄妙な, 深遠な (abstruse); あいまいな, 漠然とした (vague): ~ conceptions 抽象的な概念. **4** 理想主義的な, 高尚な (idealistic); 理想に走る, 途方もない. **5** 〖哲学〗(スコラ哲学で)超越的な (transcendent); (カント哲学で, 経験を基礎づけまたは経験に先立つという意味で)先験的な: ~ cognition 先験的認識 / ~ unity 先験的統一 (先験的認識によってなされた統一). **6** 〖数学〗**a** 〈数が〉超越の: a ~ number 超越数. **b** 〈関数が〉超越の. **c** 〈方程式が〉超越関数を含む.

transcendéntal (únity of) apperception 〖哲学〗先験的統覚.

— *n.* **1** 〖数学〗超越数 (transcendental number). **2** [*pl.*] 〖哲学〗(スコラ哲学で)超越的なもの (真・善・美などのように範疇(ﾊﾝﾁｭｳ)[カテゴリー]を超越した普遍的なもの); 超越的なもの, 超越名辞.

~·ly *adv.* 〘(1624) □ ML *trānscendentālis*: ⇨ ↑, -al[1]〙

transcendental aesthétic *n.* 〖哲学〗(カント哲学の)先験的感性論.

transcendéntal analýtic *n.* 〖哲学〗(カント哲学の)先験的分析論. 〘1798〙

tránscendental árgument *n.* 〖哲学〗(特にカント哲学の)先験的論証.

tránscendental cúrve *n.* 〖数学〗超越曲線 (その方程式が超越関数 (transcendental function) であるような曲線; サインカーブなど).

transcendéntal dialéctic *n.* 〖哲学〗(カント哲学の)先験的弁証論. 〘1798〙

tránscendental égo *n.* 〖哲学〗(カント哲学の)先験的自我 (認識の根本に要請される主観).

tránscendental fúnction *n.* 〖数学〗超越関数 (代数関数でないような関数, すなわち代数方程式の解とはならないような関数; sin *x*, log *x*, exp *x* など; transcendent ともいう).

transcendéntal idéalism *n.* 〖哲学〗(カント哲学の)先験的観念論. 〘1872〙

tràn·scen·dén·tal·ìsm /-təlìzm, -tḷ- | -təl-, -tḷ-/ *n.* **1** 卓越性; あいまい, 幻想; 幻想 (fantasy). **2** 〖哲学〗**a** (カントの)先験論, 先験哲学. **b** 超越主義. **c** (Emerson の唱道した)超絶論 (唯物的・経験的に反対した精神的・直覚的・超感覚的な宇宙観). **3** 超越的な考え[言葉]. 〘(1803) ← TRANSCENDENTAL + -ISM〙

tràn·scen·dén·tal·ist /-təl̩ɪst, -tḷ- | -təlɪst, -tḷ-/ *n.* 先験哲学者, 先験論者; 超絶論者. 〘1803〙

tran·scen·den·tal·is·tic /trænsɛndèntəlístɪk, -sən-, -sṇ-, -tḷ- | trænsɛndèntəl-, trɑːns-, -sən-, -sṇ-, -tḷ-ˊ/ *adj.* 先験論(者)の, 超絶論(者)の. 〘1892〙

tran·scen·den·tal·ize /trænsɛndéntəlàɪz, -sən-, -sṇ-, -tḷ- | trænsɛndéntəl-, trɑːn-, -sən-, -sṇ-, -tḷ-/ *vt.* **1** 先験的なものとして見る, 超絶的なものとして説明する. **2** 抽象化[観念化]する. 〘(1846) ← TRANSCENDENTAL + -IZE〙

tránscendental lógic *n.* (カント哲学の認識論で)先験的論理学. 〘1798〙

Transcendéntal Meditátion *n.* 〖商標〗超越瞑想法 (マントラ (mantra) を唱えながら行う, ヨーガに基づく瞑想法; 略 TM).

tránscendental númber *n.* 〖数学〗超越数 (代数的数でないような数, すなわち整数係数の代数方程式の根とはならないような数; *π*, *e* など; 単に transcendental ともいう; cf. algebraic number).

trans·code /trænskóʊd | trænskə́ʊd, trɑːns-/ *vt., vi.* 別のコードに変換する. 〘1962〙

tràns·condúctance *n.* 〖電子工学〗相互コンダクタンス (陽極電流 a と格子電圧 b との比 a/b のように, 異なる部分の電流と電圧との比). 〘1933〙

tràns·continéntal *adj.* **1** 大陸(特に, ヨーロッパ大陸)横断の: a ~ railroad 大陸横断鉄道 / a ~ road race 大陸横断のロードレース. **2** 大陸の向こう側の: a ~ country. **~·ly** *adv.* 〘1853〙

tràns·córtical *adj.* 〖解剖〗皮質間の. 〘1900〙

tran·scribe /trænskráɪb, -nts- | træn-, trɑːn-/ *vt.* **1** 写す, 複写する, 謄写する: ~ a document. **2** 〈演説などを〉(そのまま)筆記する; 〈速記・外国文字などを〉普通の文字に直す, 他の文字・発音記号などに書き換える, 転写する (transliterate), タイプ[ワープロ]で打ち直す: ~ a sentence in phonetic signs 文を発音記号で転写する. **3** 翻訳する: ~ a book *into* Braille 本を点字に翻訳する. **4** 〖音楽〗〈他の楽器のために〉〈楽曲を〉編曲する 〔*for*〕. **5** 〖ラジオ・テレビ〗録音[録画]する; 〈収録したものを〉再生する, 録音[録画]放送する. **6** 〖音声〗〈発音を〉表記する, 音声[音素]記号で示す. **7** 〖生物〗転写する (DNA から与えられた遺伝情報に基づいてメッセンジャー RNA の分子を形成[合成]する; cf. translate 9). **8** 〖電算〗転写する (ある媒体から他媒体へ情報を複写すること (紙テープから磁気テープへなど)).

tran·scríb·er *n.* **tran·scríb·a·ble** /-bəbḷˊ/ *adj.* 〘(1552) □ L *trānscrībere* to write, copy off: ⇨ trans-, scribe〙

tran·script /trǽnskrɪpt, trǽnts- | trǽns-, trɑ́ːn-, -nts-/ *n.* **1** (手書き・タイプされた)写し, コピー. **2** 《米》(学校の)成績証明書. **3** (公式の)正確な写し, 複写, 転写, 謄本. **4** (体験などの)芸術的な表現. **—** *vt.* 〖生物〗= transcribe 7. 〘(1467) □ L *trānscriptus* (原義) thing copied (p.p.) ← *trānscrībere* 'to TRANSCRIBE' ∽ ((*c*1300) *transcrit* □ OF)〙

tran·scrip·tase /trænskríptεɪs, -teɪz | trænskríp-teɪz, trɑːn-/ *n.* 〖生化学〗転写酵素 (DNA を鋳型にして RNA を合成する酵素; cf. Temin enzyme, RNA polymerase). 〘(1963) (略) ← *reverse transcriptase*: ⇨ ↑, -ase〙

tran·scrip·tion /trænskrípʃən | træn-, trɑːn-/ *n.* **1** 写すこと, 謄写, 転写 (copying). **2** 写し, 写本, 謄本 (copy). **3** 〖音楽〗編曲, 編作 (ある楽曲を, 編曲者のある程度自由な付加・変更などを交えて他の楽器用に書き直すこと; cf. arrangement 4); 編曲された曲. **4** 〖ラジオ・テレビ〗**a** 録画フィルム, 録音盤[テープ]. **b** 録音[録画]放送, 再生. **5** 〖音声〗表記(法): (a) broad ~ ⇨ broad *adj.* 7 b / (a) narrow ~ ⇨ narrow *adj.* 6 a / ⇨ phonetic transcription, phonemic transcription, allophonic transcription. **6** 〖生物〗(遺伝情報の)転写 (cf. translation 9). **~·al** /-ʃnəl, -ʃənḷ/ *adj.* **~·al·ly** *adv.* 〘(1598) □ L *trānscriptiō(n-)* act of transcribing ← *trānscrībere* 'to TRANSCRIBE': ⇨ -tion〙

transcríption machìne *n.* (ラジオ・テレビなどの)録音[録画]機, 録音[録画]再生機.

tran·scrip·tive /trænskríptɪv | træn-, trɑːn-/ *adj.* 転写に関する, 書写的な, 写本のような; 複写をする. 〘(1646): ⇨ transcript, -ive〙

tràns·crýstalline *adj.* 〖結晶〗(モザイク結晶で)〈割れ目など〉一つの小結晶領域から他のものにまたがった (cf. intercrystalline). 〘1916〙

tràns·cúltural *adj.* 2つ(以上)の文化にまたがる[及ぶ], 通文化的な, 異文化間の. 〘1958〙

tràns·cúrrent *adj.* 横切る, 横断する. 〘(1608) □ L *trānscurrentem* (pres.p.) ← *trānscurrere* to run across: ⇨ trans-, current〙

tràns·cutáneous *adj.* 〖医学〗経皮の. 〘1977〙

tràns·dérmal *adj.* 〖医学〗経皮的な (皮膚に貼って[塗って]血流に浸透させる薬の投与についていう).

trans·díalect *vt.* 〈話・文章を〉他の方言に直す[訳す]. 〘1698〙

trans·duce /trænsdúːs, trænz-, -djúːs | trænzdjúːs, trɑːnz-, -ns-/ *vt.* **1** 〈エネルギー・信号などを〉他の形に変える, 変換する. **2** 〖生物〗…に形質導入を生じさせる. 〘(1949) □ L *trānsdūcere* to lead across, transfer ← TRANS- + *ducere* to lead〙

trans·dúc·er *n.* 〖物理〗変換器 (信号の形態(電気・音響・機械振動など)を変える装置). 〘(1924) ← L *trānsdūcere* (↑) + -ER[1]〙

trans·duc·tion /trænsdʌ́kʃən, trænz- | trænz-, trɑːnz-, -ns-/ *n.* **1** (エネルギー・通信などの)変換. **2** 〖生物〗形質導入 (遺伝形質がバクテリオファージ (bacteriophage) を通じて一つの細菌から他の細菌へ移される現象). **~·al** /-ʃnəl, -ʃənḷ/ *adj.* 〘(1656) ← L *trānsductus* ((p.p.) ← *trānsdūcere* (↑)) + -TION〙

trans·duc·tor /trænsdʌ́ktə, trænz- | trænzdʌ́ktə(r, trɑːnz-, -ns-/ *n.* 〖電気〗磁気増幅器 (⇨ magnetic amplifier). 〘(1939) ← L *trānsductus* (↑) + -OR[2]〙

tràns·éarth *adj.* 〈宇宙船の軌道・エンジン点火など〉(ある天体から)地球へ向けての (cf. translunar). 〘1965〙

tran·sect /trænsékt | træn-, trɑːn-/ *vt.* 横に切開する; 横断する (cut across). **—** /ˊ-ˋ/ *n.* 〖植物〗トランセクト (群落の種類・組成, 植生の変化などを調べるのに用いる植物群落の帯状横断面). 〘(1634) ← TRANS- + -SECT〙

tran·sec·tion /trænsékʃən | træn-, trɑːn-/ *n.* 〖生物〗横断(面) (cf. longisection). 〘1899〙

trans·élement *vt.* …の成分[要素]を変える, 変質させる. 〘(1567) □ ML *trānselementāre*: ⇨ trans-, element〙

trans·él·e·ment·àte /-tèɪt/ *vt.* = transelement. 〘(1579) □ ML *trānselementātus*: ⇨ ↑, -ate[3]〙

tràns·empírical *adj.* 超経験的な. 〘(1904): ⇨ empirical〙

tran·sen·na /trænsénə/ *n.* (*pl.* **-sen·nae** /-niː/) (初期キリスト教建築で)聖物安置所を保護する石または金属製の格子. 〘□ L *trā(n)senna* latticework, (原義) crosswork〙

tran·sept /trǽnsept | trǽn-, trɑ́ːn-/ *n.* 〖建築〗トランセプト, 袖廊(ｿﾃﾞﾛｳ), 翼廊 (十字形教会堂の左[右]の翼部; ⇨ church 挿絵). **tran·sep·tal** /trænséptəl | træn-, trɑːn-/ *adj.* **tran·sép·tal·ly** *adv.* 〘(1538) ← NL *trānsēptum*: ⇨ trans-, septum〙

tràns·esterificátion *n.* 〖化学〗エステル交換[置換].

trans·e·unt /trǽnsiənt | trǽn-, trɑ́ːn-/ *adj.* 〖哲学〗超出する, 転移の (物理的原因などのように自己から発して自己を越えて他に作用を及ぼす; ↔ immanent). 〘(1607) □ L *trānseuntem*, *trānsiēns* (pres.p.) ← *trānsire* to go across: ⇨ transient〙

tran·sex·u·al /trænsékʃuəl, -ʃəl | trænsékʃuəl, trɑːn-, -ʃʊl, -sjuəl, -sjʊl/ *n., adj.* = transsexual.

transf. (略) transfer; transference; transferred; transformer.

trans·fect /trænsfékt, trænz- | træns-, trɑːns-/ *vt.* 〖生化学〗トランスフェクションを起こさせる, 核酸を取り込ませる. 〘(逆成) ↓〙

trans·féc·tion /-fékʃən/ *n.* 〖生化学〗トランスフェクション (癌の研究などで, ウイルス由来の核酸やプラスミド DNA などを細胞に感染させること). 〘(1964) ← TRANS- + (IN)FECTION〙

trans·fer /trænsfə́ː, trænts-, ˊ-ˋ | trænsfə́ː(r, trɑːns-, -nts-, ˊ-ˋ/ *v.* (**trans·ferred**; **-fer·ring**) **—** *vt.* **1 a** 移す, 動かす, 運ぶ, 渡す (convey) (⇨ move SYN): ~ a book *from* a table *to* a shelf 本をテーブルから棚へ移す / ~ the head office *from* Boston *to* New York 本社をボストンからニューヨークへ移す / ~ one's gaze *to* a person 人に視線を移す. **b** 転勤[転属, 転任]させる; 転校[転学]させる; 《英》〈サッカーの選手などを〉移籍[トレード]する: be ~*red to* another post [a branch office] 他の持ち場[支店]に転任を命じられる / He was ~*red to* another team. 他のチームに移籍された / ~ one's child *to* another school 子供を転校させる. **c** 〈愛情・興味・権力・預金などを〉移す; 〈責任などを〉転嫁する; 〈思想・性質などを〉伝える: ~ one's affections *to* another woman 愛情をほかの女性へ移す. **2** 〖法律〗〈財産・権利などを〉譲渡[譲与]する (make over): ~ property *to* a person 財産を人に譲渡する / They decided to ~ the oilfields *back to* Egyptian sovereignty. 彼らは油田をエジプトの主権へ返還することにした. **3** 〔…に〕変える, 変化させる 〔*into*〕: A caterpillar ~*s* itself *into* a butterfly. 毛虫は蝶に変身する. **4** 〔別の乗物に〕乗り換えさせる, 積み換える 〔*to, onto*〕. **5** (石版印刷術などで)〈図形などを〉(他の版に, 特に転写紙によって石版石に)写す, 転写する; 〈壁画などを〉(画布に)模写する. **6** 〖言語〗〈語の意味を転移させる (cf. *n.* 9).

— *vi.* **1** 移る; 転勤[転属, 転任]する; 転校[転学]する; 《英》〈サッカーの選手などが〉移籍する: The office has ~*red to* new premises. 事務所は新しい建物に移転した / He has ~*red from* the local school *to* the bigger one in the city. 地方の学校から市内のもっと大きな学校へ転校した / Next semester I intend to ~ *from* physics *to* chemistry [*from* Stanford *to* Harvard]. 来学期は物理(のクラス)から化学(のクラス)[スタンフォード大学からハーバード大学]へ替わるつもりだ. **2** (乗物を)乗り換える: ~ *from* the train *to* a bus 列車からバスに乗り換える. **3** 〖電算〗= jump 10.

— /trǽnsfə, trǽnts- | trǽnsfə(r, trɑ́ːns-, -nts-/ *n.* **1** 移転, 移動 〔*of*〕; 転任, 転勤, 転属; 転校: a gradual ~ *of* sovereignty [ownership] 漸次的な統治権[所有権]の移行. **2** 乗換え; 乗換地点[場所], 移送点 (列車をフェリーに乗せたり, 電気機関車を蒸気機関車に換えたりする場所). **3** 《米》乗換切符 (transfer ticket): a car ~ 電車の乗換切符. **4** 転写画, 移し絵 (cf. decal). **5** 転校生; 転勤者, 転任者; 転隊兵, 転属兵. **6** 〖金融〗為替, 振替: ⇨ cable transfer / the PO Savings *Transfer* Account 郵便貯金振替口座. **7 a** 〖法律〗(財産・権利などの)譲渡, 譲与; 譲渡証書: make a deed of ~ 譲渡証書を作成する. **b** 〖証券〗(株券などの)名義書換え. **8** 〖心理〗転移 (以前の学習結果がその後の学習に影響を与えること; 後の学習が促進される正の転移 (positive transfer) と, 妨げられる負の転移 (negative transfer) がある; cf. generalization 4). **9** 〖言語〗転移 (leaf が「葉」の意味から「紙片」の意味に変わるような無意図的・自然的な比喩に基づく意味変化). **10** 〖海事〗旋回横距 (直進中の船が転舵してから新しいコースにつくまで横方向に移動した距離).

tránsfer of tráining 〖心理〗学習転移 (cf. *n.* 8).

〘(*c*1390) *transferre(n)* □ L *trānsferre* to carry across ← TRANS- + *ferre* 'to carry, BEAR[1]': cf. -ferous〙

trans·fer·a·ble /trænsfə́ːrəbḷ, ˊ-ˋ-- | træns-fə́ːr-, trɑːns-, trǽnsf(ə)r-, trɑ́ːns-/ *adj.* **1** 移すことができる. **2** 譲ることができる (negotiable): ~ currency 振り替え可能通貨. **trans·fer·a·bil·i·ty** /trænsfəːrəbíləti | -fəːrəbílɪ̀ti/ *n.* 〘(1646): ⇨ ↑, -able〙

transférable vóte *n.* 〖政治〗移譲票 (当選標準点以上に得票した候補者の残余票を別の候補者に移譲する比例代表式選挙における票). 〘1885〙

tránsfer àgent *n.* 〖証券〗(株式の)名義書換代理人. 〘1869〙

trans·fer·al /trænsfə́ːrəl | trænsfə́ːr-, trɑːn-/ *n.* = transference. 〘(*a*1790) ← TRANSFER + -AL[2]〙

trans·fer·ase /trǽnsfərèɪs, -fə-, -rèɪz | trǽnsfə-rèɪs, trɑ́ːns-/ *n.* 〖生化学〗トランスフェラーゼ, 転移酵素. 〘← TRANSFER + -ASE〙

tránsfer bòok *n.* (株券などの)書換台帳. 〘1694〙

tránsfer càliper *n.* [しばしば *pl.*] 〖機械〗写しパス (補助脚のついたカリパス).

tránsfer cèll *n.* 〖植物〗転移細胞 (細胞膜を通して物質を周辺と交換する特殊な細胞).

tránsfer characterístics *n.* 〖電気〗伝達特性 (四端子回路網の一つの分岐に加えた電圧とそれによって他の分岐に流れる電流の関係を表す特性).

tránsfer cómpany *n.* 《米》(ターミナル駅間など短距離の旅客・貨物輸送を行う)中継輸送会社. 〘1879〙

tránsfer-dày *n.* 《英》記名公債の名義書換えが行われる所定の日. 〘1771〙

trans·fer·ee /trænsfəríː | træn-, trɑːn-/ *n.* **1** 転任[転隊]を命じられた人. **2** 〖法律〗財産譲受人, 財産被移転者 (cf. transferor). 〘(1736): ⇨ -ee[1]〙

trans·fer·ence /trænsfə́ːrəns, trǽnsf(ə)rəns, -fəːr- | trǽnsf(ə)rəns, trɑ́ːns-, trænsfə́ːr-, trɑːns-/ *n.* **1** 移ること, 移すこと; 移転, 移動; 譲渡, 譲与, 売渡し. **2** 〖精神分析〗転移, 感情転移 (子供の時以来ある人に対してもった愛情を別の人に置き換えること): ~ of feelings 感情転移 / ~ neurosis 転移神経症. 〘(1681) ← TRANSFER + -ENCE〙

transférence nùmber *n.* 〘物理化学〙輸率《電導にあたり，陽イオンと陰イオンとが電流を分担する割合; transport number ともいう》. 〘1898〙

trans·fer·en·tial /trænsfərénʃəl, -ʃl | træns-, trɑ̀ːns-ˈ-/ *adj.* 移転の，譲与の; 転写の. 〘(1889) ← NL *trānsferentia* (← L *trānsferentem* (pres.p.) ← *trānsferre* 'to TRANSFER') ＋-AL¹〙

tránsfer fàctor *n.* 〘生化学〙転移因子《ある人から他の人への細胞の免疫性を移す物質》. 〘1956〙

tránsfer fèe *n.* (プロサッカー選手などの)移籍料. 〘1869〙

tránsfer impèdance *n.* 〘電気〙伝達インピーダンス.

tránsfer ìncome *n.* 〘財政〙移転所得.

tránsfer ìnk *n.* (石版印刷の)転写インキ. 〘1832〙

tránsfer lìst *n.* (プロサッカーの)移籍可能な選手の名簿.

tránsfer mòlding *n.* 〘化学〙圧送成形，移送成形，トランスファー成形. 〘1933〙

trans·fer·or /trænsfə́ːrə | trænsfə́ːrə(r, trɑːns-/ *n.* 〘法律〙財産譲渡人，財産移転者 (cf. transferee 2). 〘(1875) ← TRANSFER＋-OR²〙

tránsfer òrbit *n.* 〘宇宙〙移行軌道《宇宙船の惑星間飛行で，出発した惑星と目的の惑星の両方の軌道に接する楕円軌道》. 〘1961〙

tránsfer pàper *n.* (表面をカーボンや顔料で塗被した)転写紙 (cf. decalcomania, flimsy 1 b). 〘1841〙

tránsfer pàyment *n.* [通例 *pl.*] 移転[振替]支出《見返りなしに政府が一方的に給付する政府支出; 生活補助費など》. 〘1964〙

tránsfer pìcture *n.* 転写画.

trans·fer·a·ble /trænsfə́ːrəbl̩, ←――― | træns-fə́ːr-, trɑːns-, trǽnsf(ə)r-, trɑ́ːns-/ *adj.* ＝transferable.

trans·fer·ral /trænsfə́ːrəl | trænsfə́ːr-, trɑːns-/ *n.* (英) ＝transference.

tránsfer reàction *n.* 〘化学〙連鎖移動反応.

transférred chánge càll *n.* (英) ＝collect call.

transférred épithet *n.* 〘修辞・文法〙転移修飾語句《たとえば a *sleepless* pillow における sleepless のように，眠れないのは人であるのにそれを枕に転移するような用法をいう; cf. hypallage》. 〘1866〙

trans·fer·rer /trænsfə́ːrə, ←―― | trænsfə́ːrə(r, trɑːns-, ←――/ *n.* **1** 譲渡人，譲与人，売渡人. **2** 転写者. **3** 輸送者. 〘(1753) ← TRANSFER＋-ER¹〙

trans·fer·rin /trænsférɪn | trænsférɪn, trɑːns-/ *n.* 〘生化学〙トランスフェリン《血漿(ｹｯｼｮｳ)中のグロブリンの一種で，鉄イオンと結合し鉄分を身体各部に送る機能をもつ》. 〘(1947) ← TRANS-＋FERRO-＋-IN²〙

tránsfer ŔŃÁ /-ɑ́ːènéɪ | -ɑ́ː(r)-/ *n.* 〘生化学・生物〙転移[運搬，受容] RNA《特定のアミノ酸と結合し，リボゾームの所にまで運び，蛋白の生合成をさせるリボ核酸; 略 tRNA; cf. messenger RNA》. 〘1961〙

tránsfer tàble *n.* 〘鉄道〙遷車台.

tránsfer·wàre *n.* 転写陶磁器《模様を印刷した陶器装飾用転写紙を用いて模様を移しとった装飾陶磁器》.

trans·fig·u·ra·tion /trænsfɪgjuréɪʃən, ―――――― | trænsfɪgər-, trɑ̀ːns-, -gjur-, ――――――/ *n.* **1 a** 変容，変形 (metamorphosis). **b** 輝かしい[精神的な]変容. **2 a** [通例 the T-] (山上のキリストの)変容 (cf. *Matt.* 17: 1–13; *Mark* 9: 2–13). **b** [the T-] 〘東方正教会・カトリック〙変容の祝日，変容貌日《8 月 6 日》. **3** [T-] キリスト変容の図. 〘(c1375) ◻ (O)F ～ // L *trānsfigūrātiō(n-)*: ⇨ ↓, -ation〙

T

trans·fig·ure /trænsfɪ́gjə, -gjʊə | trænsfɪ́gə(r, trɑːns-/ *vt.* **1** …の形を変える，…の姿を変える，変形する，変貌させる〔*into*〕(⇨ transform SYN): Hope ～*d* his face. 希望のために彼の顔は変わった / Nationalism was ～*d into* internationalism. 国家主義は変容して国際主義となった. **2** 神々しくする，美化する，理想化する (glorify, idealize)〔*into*〕: Her face was ～*d into* the angelic. 彼女の顔は神々しく天使のそれのようになった.
～·ment *n.* 〘(a1325) *transfigure(n)* ◻ L *trānsfigūrāre*: ⇨ trans-, figure〙

trans·fi·nite /trænsfáɪnaɪt | træns-, trɑːns-/ *adj.* **1** 有限性を超越した. **2** 〘数学〙〈数が〉超限の. **— *n.*** 〘数学〙＝transfinite number. 〘(1903) ◻ G *Transfinit*: ⇨ trans-, finite〙

transfinite númber *n.* 〘数学〙超限数《超限基数と超限順序数との総称; 前者は 0, 1, 2, 3, …などの基数の無限への拡張，後者は 1 番目, 2 番目, 3 番目, …などの序数の無限への拡張; 単に transfinite ともいう》. 〘1903〙

trans·fix /trænsfɪ́ks | træns-, trɑːns-/ *vt.* **1** (槍(ﾔﾘ)などで)突き刺す，突き通す，刺し通す (pierce)〔*with*〕: ～ a bird *with* an arrow 鳥を矢で射抜く / ～ a boar *with* a spear いのししを槍で突き刺す. **2** 〈恐怖などが〉〈人を〉その場にくぎ付けにする，立ちすくませる: be ～*ed with* terror [amazement] 恐ろしくて[驚いて]立ちすくむ / I stood staring, ～*ed* by her beauty. 彼女の美しさにくぎ付けされて目を丸くして立っていた. 〘(1590) ◻ L *trānsfixus* (p.p.) ← *trānsfigere* to pierce through ← TRANS-＋*figere* 'to FIX'〙

tràns·fíxed *adj.* 〘紋章〙突き通した，刺し通した. 〘(1661): ⇨ ↑, -ed 1〙

trans·fix·ion /trænsfɪ́kʃən | træns-, trɑːns-/ *n.* **1** 刺し貫き，貫通，くぎ付け. **2** 〘医学〙貫通，穿刺(ｾﾝｼ). 〘(1609) ◻ LL *trānsfixiō(n-)*: ⇨ transfix, -ion〙

trans·flu·ent /trænsflúːənt | træns-, trɑːns-/ *adj.* 貫流する. 〘(c1828) ◻ L *trānsfluentem* (pres.p.) ← *trānsfluere* to run through: ⇨ trans-, fluent〙

trans·flux /trænsflʌ́ks | træns-, trɑːns-/ *n.* 流れ通ること，貫流. 〘(1864): ⇨ ↑, flux〙

trans·fo·ra·tion /trænsfəréɪʃən | træns-, trɑ̀ːns-/ *n.* 〘産科〙(母体内で死亡した胎児に対する)穿頭(術). 〘(1597) ◻ LL *trānsforātiō(n-)* ← L *trānsforāre* to pierce through ← TRANS-＋*forāre* to bore〙

trans·form /trænsfɔ́əm, trænts- | trænsfɔ́ːm, trɑːns-, -nts-/ *v.* — *vt.* **1** (…の外形・様子を)一変させる，変形[変容]させる (alter); 変態させる (metamorphose)〔*into, to*〕: The removal of his beard ～*ed* him beyond recognition. あごひげを剃(ｿ)り落としたので見分けがつかぬほど変わった / A caterpillar is ～*ed into* a butterfly. 毛虫は蝶になる. **2** (…の性質・機能・用途などを)変える，一変する; (…の性質・性格・気性などを)変化させる (convert): The experience has ～*ed* him *from* a lazy fellow *into* a capable leader. その経験によって彼は怠け者から有能な指導者に変身した / Oil has ～*ed* the Arab nations *into* a kind of plutocracy of the poor. 石油はアラブ諸国を貧者による一種の金権政体に変貌(ﾍﾝﾎﾞｳ)させた. **3** 〘物理〙〈エネルギーを〉変換する; 〘電気〙〈電圧を〉変圧する，〈電流を〉変換する; 〘錬金術〙〈物質を〉変質[変化]させる: Heat is ～*ed into* energy. 熱はエネルギーに変わる. **4** 〘数学・論理・言語〙変換する，変形する. **5** 〘生物〙〈細胞を〉形質転換させる.
— *vi.* 形が変わる，変形する，変化する (change)〔*into*〕: Electric energy can ～ *into* light and heat. 電気エネルギーは光と熱に変形される.
— /ˊ–/ *n.* **1** 〘数学・論理〙変形体，変換体，変換《形を変える操作，およびそれを行った結果》: ⇨ Fourier transform. **2** 〘言語〙変形体，変換体《変形の結果派生する言語形式; 例えば，能動文から派生すると考えられる受動文など》.
〘(c1340) ◻ (O)F *transformer* // L *trānsformāre* to change form: ⇨ trans-, form〙

SYN 変形する: **transform** 形・外観・性質を完全に変える: Success has *transformed* his character. 成功が彼の性格を一変させた. **transmute** 一つの形・性質・物質から(特に)別のよりよいものに変える《格式ばった語》: *transmute* sorrow into joy 悲しみを喜びに変える. **convert** 新しい用途に適するように細部を変える: *convert* a sofa into a bed ソファーをベッドに変える. **transfigure** 〈人や物〉の外観を美しいものに変える《格式ばった語》: He was suddenly *transfigured* from an awkward sulky boy into a handsome and appealing young man. 彼は無器用でむっつりした男の子からハンサムで魅力的な青年に突然変身した. ⇨ change.

trans·form·a·ble /trænsfɔ́əməbl̩ | trænsfɔ́ːm-, trɑːns-/ *adj.* 変形させることのできる，変化させうる. 〘(1674): ⇨ ↑, -able〙

trans·for·mant /trænsfɔ́əmənt | trænsfɔ́ː-, trɑːns-/ *n.* 〘生化学〙形質転換細胞《外部から導入された遺伝子による新しい形質が子孫の細胞にも受け継がれるような細胞》. 〘(1957): ⇨ -ant〙

trans·for·ma·tion /trænsfəméɪʃən, -fɔə- | træns-fə-, trɑ̀ːns-, -fɔː-/ *n.* **1** 変形，変態，変化〔*of*〕. **2** 〘動物〙(昆虫などの)変態 (cf. metastasis 1). **3 a** 〘数学・論理〙変形，変換. **b** 〘言語〙変形，変換《変形理論の主要概念で，複数の言語形式の構造的関連性を記述する変形操作をいう》. **4** 〘物理化学〙転移，変換，(金属の)変態: ～ *of* heat *into* kinetic energy 熱の運動エネルギーへの転換. **5** 〘電気〙変圧. **6** 〘鉱物〙相転移 (inversion ともいう). **7** 〘化学〙(化合物の)変換，変態. **8** 〘生物〙形質転換《ある細菌から抽出した DNA を他の細菌に与えた時，その性質が伝えられる現象》. **9** 〘演劇〙＝transformation scene. **10** (女性の)入れ毛; つけまげ. 〘(?a1425) ◻ (O)F ～ // LL *trānsformātiō(n-)*: ⇨ transform, -ation〙

tràns·for·má·tion·al /-ʃnəl, -ʃənl̩/ *adj.* 〘言語〙変形規則[部門]を含む. 〘(1955) ↑〙

transformational génerative grámmar *n.* 〘言語〙変形生成文法《変形部門を含む生成文法; generative-transformational grammar ともいう; cf. transformational grammar, generative grammar》. 〘1964〙

transformational grámmar *n.* 〘言語〙変形文法《ある言語の深層構造 (deep structure) を句構造規則によって生成し，それを変形規則によって表層構造に関係づける文法体系》. 〘1961〙

tràns·for·má·tion·al·ism /-ʃ(ə)nəlìzm/ *n.* 〘言語〙変形文法理論[研究]. 〘(1969): ⇨ -ism〙

tràns·for·má·tion·al·ist /-lɪst | -lɪst/ *n.* 〘言語〙変形文法学者. 〘(1964): ⇨ -ist〙

transformátional rùle *n.* 〘言語〙変形規則《深層構造から表層構造を派生するのに必要とされる変形部門に含まれる規則》. 〘1957〙

transformátion pòint *n.* 〘冶金〙変態点《金属のある組織が他の組織に変わる温度; cf. transition point》.

transformátion rànge *n.* 〘冶金〙変態温度範囲.

transformátion rùle *n.* 〘論理〙変形規則《公理などに変形を加えて定理や派生の規則を導き出すための根本的規則》.

transformátion scène *n.* 〘演劇〙早変わりの場面《舞台や人物が観客の眼前で変化する場面; 特に，クリスマスのおとぎ劇 (pantomime) のフィナーレで，その場の人物が道化劇 (harlequinade) の人物に変身する場面》. 〘1885〙

trans·form·a·tive /trænsfɔ́əmətɪv | trænsfɔ́ːmə-tɪv, trɑːns-/ *adj.* 変形させる，変化させる，変形させる力のある. 〘(1671) ◻ ML *trānsformātīvus* ← L *trānsformātus* (p.p.) ← *trānsformāre* 'to TRANSFORM': ⇨ -ative〙

trans·fórm·er *n.* **1** 変化させるもの. **2** 〘電気〙変圧器，変成器，トランス: a step-down [step-up] ～ 逓降[逓昇]変圧器. 日英比較 日本語の「トランス」という略語は和製英語. 〘1883〙

transfórmer òil *n.* 〘電気〙変圧器油，トランス油《変圧器用の絶縁油》. 〘1957〙

tránsform fàult *n.* 〘地質〙トランスフォーム断層《海嶺やその陸上延長部を横切っている断層》. 〘1965〙

trans·form·ism /trænsfɔ́əmɪzm | trænsfɔ́ːm-, trɑːns-/ *n.* 〘生物〙生物変移説《新種が既存の種から主に環境の影響によって生じるという一種の進化説; 今は行われない; cf. transmutation 3》. 〘(1878) ◻ F *transformisme*: ⇨ transform, -ism〙

trans·fórm·ist /-mɪst | -mɪst/ *n.* 生物変移論者. 〘(1799): ⇨ -ist〙

tràns·fron·tíer *adj.* 国境外に住む[にある，でなされた]. 〘1877〙

trans·fus·a·ble /trænsfjúːzəbl̩ | træns-, trɑːns-/ *adj.* **1** 移すことができる; しみ込ませることができる. **2** 〘医学〙輸血[輸液，輸注]できる: ～ blood. 〘⇨ ↓, -able〙

trans·fuse /trænsfjúːz | træns-, trɑːns-/ *vt.* **1** 〘医学〙**a** 〈人に〉輸血[輸液]を行う. **b** 〈血液・食塩水などを〉注入する，輸液[輸注]する〔*into*〕: ～ blood 輸血する. **2** 〈感化などを〉しみ込ませる，しみ通らせる (imbue)〔*into, to*〕: He ～*d* his own courage *into* his men. 彼は自分の勇気で部下を鼓舞した. **3** 浸透する (permeate)，充満する〔*with*〕: The air is ～*d with* light. 大気には光が充満している. **4** 《古》〈液体を〉(他の容器へ)注ぎ移す (pour).
trans·fús·er *n.* 〘(?c1425) ◻ L *trānsfūsus* poured across (p.p.) ← *trānsfundere* to pour from one (vessel) into another: ⇨ trans-, fuse¹〙

trans·fus·i·ble /trænsfjúːzəbl̩ | trænsfjúːzɪ-, trɑːns-/ *adj.* ＝transfusable.

trans·fu·sion /trænsfjúːʒən | træns-, trɑːns-/ *n.* **1** 〘医学〙輸血，輸液，輸注: receive a (blood) ～ 輸血を受ける / drip ～ 点滴(輸液). **2** 移注，注入. **3** しみわたること，浸透. **～·al** /-ʒnəl, -ʒənl̩/ *adj.* 〘(1578) ◻ L *trānsfūsiō(n-)*: ⇨ trans-, fusion〙

transfúsion cèll *n.* 〘植物〙通過細胞 (⇨ passage cell). 〘1898〙

trans·fú·sion·ist /-ʒ(ə)nɪst | -nɪst/ *n.* 〘医学〙輸血専門医. 〘(1889): ⇨ -ist〙

transfúsion tìssue *n.* 〘植物〙移入組織《針葉の維管束を取り巻く特殊な組織》. 〘1875〙

trans·fu·sive /trænsfjúːsɪv | træns-, trɑːns-/ *adj.* 移注する，注入する; 浸透力のある. 〘◻ ML *trānsfūsīvus*: ⇨ transfuse, -ive〙

tràns·génder *adj., n.* トランスジェンダー(の)《自己の性と反対の性で生きようとする(人)》.

trans·gen·ic /trænsdʒénɪk, trænz- | trænz-, trɑːnz-/ *adj.* 〘生化学〙遺伝形質転換の，遺伝子導入の. 〘(1981): ⇨ -genic¹〙

tràns·génics *n.* 〘遺伝〙遺伝形質転換[遺伝子導入]学[論，法]. 〘1986〙

trans·ge·no·sis /trænsdʒɪnóʊsɪs | trænsdʒɪnə́ʊsɪs, trɑːns-/ *n.* (*pl.* **-no·ses** /-siːz/) 〘生化学〙遺伝形質転換，(外来)遺伝子導入[組み込み]. 〘(1973) ← TRANS-＋GENE＋-OSIS〙

tràns·glóbal *adj.* 〈遠征・事業・ネットワークなどが〉世界にまたがる，全世界的な. 〘1953〙

trans·gress /trænsgrés, trænz- | trænz-, trɑːnz-, træns-, trɑːns-/ *vt.* **1** 〈制限・範囲を〉越える，踏み越える，逸脱する: ～ the bounds of decency 不謹慎にわたる. **2** 〈法律・規則などを〉破る，犯す，侵犯する (violate): ～ the law [the divine commands] 法律を犯す[神の掟にそむく]. **— *vi.*** 法律を犯す，規則違反をする; (宗教的・道徳的に)罪を犯す (sin)，則(ﾉﾘ)を越える〔*against*〕: ～ *against* one's mother 母親に対して罪を犯す. **trans·grés·sor** *n.* 〘(c1475) ◻ F *transgresser* // L *transgressus* (p.p.) ← *trānsgredī* to step across ← TRANS-＋*gradī* to walk (⇨ grade)〙

trans·gres·sion /trænsgréʃən, trænz- | trænz-, trɑːnz-, træns-, trɑːns-/ *n.* **1** 制限無視; 違反，違背，反則，犯罪. **2** 〘地理・地質〙海進《陸地の沈降または海面の上昇によって陸地に海が侵入してくる現象; ↔ regression》.
～·al /-ʃnəl, -ʃənl̩/ *adj.* 〘(c1415) ◻ (O)F ～ ◻ L *trānsgressiō(n-)* going across ← *trānsgressus*: ⇨ ↑, -sion〙

trans·gres·sive /trænsgrésɪv, trænz- | træns-, trɑːns-, trænz-, trɑːnz-/ *adj.* **1** 〘生物〙超越的な: ～ segregation 超越分離 / ～ variation 超越変異. **2** 《古》違反しやすい，犯しがちな. **～·ly** *adv.* 〘(1646) ◻ LL *trānsgressīvus*: ⇨ transgress, -ive〙

tran·ship /træn(s)ʃɪ́p | træn(s)-, trɑːn(s)-, trænz-, trɑːnz-/ *v.* (**tran·shipped; -ship·ping**) ＝transship.
～·ment *n.*

tràns·históriçal *adj.* 超歴史的な. 〘1909〙

tràns·húman *adj.* 超人的な (superhuman). 〘1812〙

trans·hu·mance /træns(h)júːməns, trænz- | trænshjúː-, trɑːns-/ *n.* (季節ごとの)家畜(特に羊群)の移動. 〘(1911) ◻ F ～ ← *transhumer* ◻ Sp. *trashumar* to change ground: ⇨ trans-, humus〙

trans·hú·mant /-mənt/ *adj.* 家畜[羊群]移動の; 遊牧の. **— *n.*** 家畜(特に羊群)の移動を行う人. 〘(1932) ◻ F ～ ◻ Sp. *trashumante* ← *trashumar* (↑)〙

tran·sience /trǽnʃəns, -ʒəns, -ziəns | trǽnziəns, trɑ́ːnz-, trǽns-, trɑ́ːns-/ *n.* 一時的であること，はかなさ; 移動性，流動性: the ～ of youth [human life] 青春[人生]の移ろいやすさ / the ～ of pleasure 快楽のはかなさ. 〘(1745): ⇨ transient, -ence〙

tran·sien·cy /-nsi/ *n.* ＝transience. 〘1652〙

tran·sient /trǽnʃənt, -tʃənt, -ʒənt, -ziənt | trǽnziənt, trɑ́ːnz-, trǽns-, trǽnts-/ *adj.* **1** 暫時の, 短期の, 一時の, 短い, 瞬間的な (momentary) (↔ lasting, permanent): a ～ smile すぐに消えて行く微笑 / snatch a ～ glimpse of …をちらっと見る. **2** 滅びやすい, 移ろいやすい (passing), つかの間の, はかない, 無常の (ephemeral): ～ success はかない成功 / ～ pleasures [joys] かりそめの快楽[喜び] / the ～ enjoyments of this life この世の特にはかない快楽. **3** 《米》〈ホテル客・下宿人など〉滞在の短い (temporary): a ～ lodger [guest] 短期宿泊者[滞在客]. **4** 〘哲学〙 =transeunt. **5** 〘音楽〙 経過的な, 一時的な: a ～ note [chord] 経過音[和音] / ～ modulation 経過的転調.
— *n.* **1** 短期滞在客 (↔ resident); 渡り労働者. **2** 一時の事物[人]. **3** 〘動物〙 通過鳥《渡り鳥 (passage birds) の中で特に滞留期間の短いもの》. **4** 〘数学〙 トランジェント《独立変数が無限大に近づくとゼロに収束する関数; cf. stable equation》. **5** 〘電気〙 過渡現象, 過渡電流.
～·ly *adv.* **～·ness** *n.* 〘(1607) ◻ L *trānseuntem, trānsiēns* (pres.p.) ← *trānsīre* to go across ← TRANS-＋*īre* to go〙

SYN つかの間の: **transient** ほんの短い間だけ続く《格式ばった語》: *transient* pain つかの間の痛み. **transitory** 本質的に過ぎ去る[終わる]に決まっている: the *transitory* world 浮き世. **ephemeral** 一日しか続かないほど非常に短命な《格式ばった語》: *ephemeral* fame はかない名声. **momentary** 瞬間的に終わる: *momentary* hesitation 一瞬のためらい. **fleeting** 迅速に過ぎ去ってつかまえておくことができない: *fleeting* pleasures はかない歓楽. **evanescent** 水蒸気のように瞬間的に現れすぐ消えてしまう《格式ばった語》: *evanescent* glory はかない栄光.
ANT lasting, permanent.

tránsient área *n.* 〘電算〙 非常駐域, 一時領域《非常駐ルーチンを収容し実行させるための主記憶装置内の一時的な記憶領域》.
tránsient cúrrent *n.* 〘電気〙 過渡電流《定常的でない電流》.
tránsient routíne *n.* 〘電算〙 非常駐ルーチン《オペレーティングシステムを構成するプログラムの中で必要のあるときのみ補助記憶から主記憶に移されるルーチン》.
tran·sil·i·ence /trænsíliəns, -ljəns | trænsíl-, trɑːn-, -ljəns/ *n.* 飛越え, 急変. 〘(1657): ⇨ ↓, -ence〙
tran·sil·i·ent /trænsíliənt/ *adj.* 一点から一点へと飛び移る[飛び越える]; 急変する. 〘(1811) ◻ L *transilientem* leaping across (pres.p.) ← *trānsilīre* to spring over or across ← TRANS-＋*salīre* to leap〙
tràns·illúminate *vt.* **1** 通し照らす. **2** 〘医学〙 徹照する, 透過する. **tràns·illúminator** *n.* 〘1900〙
tràns·illuminátion *n.* 〘医学〙 徹照(法), 透過(法), 《診断のため光線を透過させること》. 〘1890〙
trans·i·re /trænsáiri | trænsái(ə)ri, trɑːn-/ *n.* 《英》 沿岸運送免状《沿岸貿易船に対して税関が発行する課税貨物運送許可証》. 〘(1599) ◻ L *trānsīre* to go across: ⇨ transient〙
tràns·ísthmian *adj.* 地峡を横切る, 地峡横断の: a ～ canal 地峡横断運河 / ～ traffic 地峡横断交通. 〘1885〙
tran·sis·tor /trænzístə, -sís- | trænzístə^r, trɑːn-, -sís-/ *n.* **1** 〘電子工学〙 トランジスター《半導体を用い真空管と同様の機能をもった回路素子》. **2** 《口語》 トランジスターラジオ. 〘(1948) 《混成》 ← TRAN(SFER)＋(RE)SISTOR〙
tran·sis·tor·ize /trænzístəràiz, -sís- | trænzís-, trɑːn-, -sís-/ *vt.* 〘電子工学〙〈ラジオ・受信機などを〉トランジスター化する;〈装置・回路に〉トランジスターや半導体素子を組み込む. **tran·sis·tor·i·za·tion** /trænzìstərɪ̀-zéiʃən, -sìs- | trænzìstərai-, trɑːn-, -sìs-, -rɪ-/ *n.* 〘(1953): ⇨ ↑, -ize〙
transístor rádio *n.* トランジスターラジオ《単に transistor ともいう》. 〘1965〙
tran·sit /trǽnsɪt, -zɪt | trǽnsɪt, trɑ́ːn-, -zɪt/ *n.* **1** (人・荷物の)運送, 運搬, 輸送 (conveyance): ⇨ rapid transit / the ～ of goods 貨物運送 / lose quality in ～ 輸送中品質が低下する / The goods are in ～ from the warehouse to the customer. 貨物は倉庫から顧客へ輸送中です. **2** 通過, 経過, 通行: make a ～ across the prairies 草原を横断する / We allowed two days for the ～ of the lake. 湖水通過に二日を当てた. **3** 通路, 運送路 (route): the overland ～ 陸上輸送路. **4** 移り変わり, 変化 (transition, change); 死去. **5** 〘天文〙 **a** (天体の)子午線通過, 正中, 南中; 小天体の他の天体面通過《特に, 金星または水星の太陽面通過など》. **b** (天体の)望遠鏡視野通過. **c** =transit instrument 1. **6** 〘測量〙 トランシット, 転鏡儀, (土地測量用)転鏡経緯儀 (transit theodolite) (cf. theodolite 1). **7** [T-] トランシット衛星《1960 年 4 月に米国で打ち上げられた初の航海衛星で, 船舶・航空機の位置などに関するデータを提供する》.
— *vt.* **1 a** 通過する, 横断する (cross). **b** 輸送する (convey). **2** 〈天体が〉〈太陽面などを〉通過する, 通過する, 横断する. **3** 〘測量〙〈トランシットの望遠鏡を〉水平軸の回りに反転させる.
— *vi.* **1** 通過する (pass), 横断する. **2** 〘天文〙〈天体が〉子午線[太陽面]を通過する, 正中する, 南中する.
〘(?a1450) ◻ L *trānsitus* passage ← *trānsīre* to pass over: ⇨ transient〙
tran·sit·a·ble /trǽnsɪtəbl, -zɪt- | trǽnsɪt-, trɑ́ːn-, -zɪt-/ *adj.* 通過[横断]可能な. 〘(1843): ⇨ ↑, -able〙

tránsit càmp *n.* (難民・兵士などのための)一時滞在キャンプ.
tránsit cìrcle *n.* 〘天文〙 =meridian circle. 〘1843〙
tránsit cὸmpass *n.* 〘測量〙 =transit 6.
tránsit dùty *n.* (貨物の)通過税, 通行税. 〘1776〙
tránsit ìnstrument *n.* **1** 〘天文〙 子午儀《天体の正中高度や正中時刻を測定する》. **2** 〘測量〙 トランシット, 転鏡儀 (transit). 〘1812〙
tran·si·tion /trænzíʃən, -síʃ-, -síʒ- | trænzíʃən, trɑːn-, -síʒ-, -síʃ-/ *n.* **1 a** (ある状態・行動・位置から他への)移り変わり, 変化, 変容, 推移, 変遷, 交替 (passage): a sudden ～ *from* hot *to* cold weather 暑い天候から寒い天候への急変 / with a rapid ～ *from* grave *to* gay 急にまじめから陽気に変わって / an age of ～ 変転期, 過渡期. **b** (話題の)変化. **2 a** 過渡期, 変わり目: Early *Transition* English (OE から ME へ移る)前過渡期英語 / Late *Transition* English (ME から ModE へ移る)後過渡期英語 / in ～ 過渡期にある. **b** (政権などの)交替期間. **3** 〘音楽〙 **a** 一時的転調 (passing modulation). **b** 意想外の転調. **c** (楽曲の一部と他の一部分との間にまたがる)経過部, 移行部. **4** (芸術様式の)変化, 変移; (特に, 英国建築においてノルマン式から初期英国式への)推移. **5** 〘物理・航空〙 (層流から乱流への)遷移. **6** 〘電気〙 渡り《直・並列制御での直列から並列への移り変わりの回路などをいう》. **7** 〘物理〙 遷移, 転移《量子力学的な状態の間の移り変わり》. **8** 〘生物〙 塩基転位《DNA [RNA] のピリミジン塩基が別のピリミジン塩基で, プリン塩基が別のプリン塩基で置換されること》. 〘(1551) ◻ (O)F ～ // L *trānsitiō(n-)* act of going across: ⇨ transit, -tion〙
tran·si·tion·al /trænzíʃnəl, -síʃ-, -síʒ-, -ʃənl, -ʒənl | trænzíʃnəl, trɑːn-, -síʒ-, -síʃ-, -ʃənl, -ʒənl/ *adj.* **1** 過渡的な, 変わり目の: this ～ stage この過渡的な段階 / a ～ government 暫定政権. **2** [通例 T-] 〘考古〙 = Mesolithic. **～·ly** *adv.* 〘(c1810): ⇨ ↑, -al[1]〙
transítional relíef *n.* 《英》 (新税導入時の)暫定的優遇措置.
tran·si·tion·ar·y /-zíʃənèri, -síʃ-, -síʒ- | -zíʃ(ə)nəri, -síʒ-, -síʃ-/ *adj.* =transitional. 〘1685〙
transítion cùrve *n.* =easement curve.
transítion èlement *n.* 〘化学〙 遷移元素《transition metal ともいう》. 〘1922〙
transítion fìt *n.* 〘機械〙 中間ばめ. 〘1919〙
transítion gàme *n.* [しばしば the ～] 〘バスケットボール・ホッケー〙 速攻(主体のゲーム運び).
transítion mètal *n.* 〘化学〙 =transition element. 〘1942〙
transítion pèriod *n.* 過渡期. 〘1831〙
transítion pòint *n.* 〘物理化学〙 転移点, 遷移点《相変態を起こす温度; cf. transformation point》.
transítion probabìlity *n.* 〘数学〙 推移確率《マルコフ過程における, ある状態から次の状態に移る確率》. 〘1926〙
transítion spìral *n.* =easement curve.
transítion stàge *n.* 過渡的段階.
transítion tèmperature *n.* 〘物理化学〙 転移温度, 遷移温度. 〘1930〙
transítion tìme *n.* 〘化学〙 遷移時間.
tran·si·tive /trǽnsətɪv, -zə- | trǽnsɪ̀t-, trɑ́ːn-, -zɪ̀-/ *adj.* **1** 〘文法〙 **a** 〈動詞が〉他動の (↔ intransitive): a ～ verb＝a verb ～ 他動詞 (略 vt., v.t.). **b** 〈文法的構造が〉他動詞形を含む, 他動的な. **2** 《まれ》 移る, 転移する, 移行する (transitional); 中間的な (intermediate): a ～ state (移行の)中間的状態. **3** 〘哲学〙 超出する, 転移の (transeunt). **4** 〘数学〙 推移的な《大小関係における「$a \leqq b$ かつ $b \leqq c$ ならば $a \leqq c$」のように, 「三すくみ」が起こらないことにいう》. **5** 〘論理〙 推移[移項]的な《命題 p と q 間, q と r 間に条件または同値関係があれば, p と r 間にも同じ関係があることにいう》. — *n.* 〘文法〙 他動詞 (transitive verb). **～·ly** *adv.* **～·ness** *n.* 〘(1560) ◻ LL *trānsitivus*: ⇨ transit, -ive〙
tran·si·tiv·i·ty /trǽnsətívəti, -zə- | trǽnsɪ̀tívɪ̀ti, trɑ̀ːn-, -zɪ̀-/ *n.* **1** 移行性. **2** 〘文法〙 他動性. 〘(1891): ⇨ ↑, -ity〙
tránsit lòunge *n.* 通過ラウンジ《空港の乗継ぎ客用の待合室》. 〘1962〙
tránsit·man /-mən/ *n.* (*pl.* **-men** /-mən, -mèn/) 〘測量〙 トランシット係. 〘1873〙
tránsit nùmber *n.* (銀行連盟が割り当てる各銀行独自の)銀行番号《小切手に印刷されている》.
tran·si·to·ry /trǽnsətɔ̀ːri, -zə- | trǽnsɪ̀tə-, trɑ́ːn-, -zɪ̀-, -tri/ *adj.* 過ぎ去り行く, 暫時の, 一時的な (⇨ transient SYN); はかない, 無常の, 移ろいやすい (evanescent): a ～ service 一時的な奉仕 / this ～ life このはかない人生.
tran·si·to·ri·ly /trǽnsətɔ̀ːrəli, -zə-, ←←—— | trǽnsɪ̀tərɪ̀li, -zɪ̀-, -trɪ̀li/ *adv.* **trán·si·tò·ri·ness** *n.* 〘(c1385) ◻ (O)F *transitoire* ◻ LL *trānsitōrius*: ⇨ transit, -ory[1]〙
transitory áction *n.* 〘法律〙 追身訴訟, 移動訴訟《土地管轄が定められずどこの裁判所に訴えてもよい訴訟》. 〘1708〙
tránsit pàssenger *n.* 通過旅客. 〘1955〙
tran·si·tron /trǽnsətrɑ̀n, -zə- | trǽnsɪ̀trɔ̀n, -zɪ-/ *n.* 〘電子工学〙 トランジトロン《相互コンダクタンス (transconductance) が負の状態で用いる五極管》. 〘(1939) ← ? TRANSI(TION)＋-TRON〙
tránsit shèlter *n.* (バス停などの)雨よけ.
tránsit theódolite *n.* 〘測量〙 =transit 6. 〘1862〙
tránsit tìme *n.* 〘物理・化学〙 走行時間, 走時, 通過時間《電子などがある距離を飛ぶのに要する時間》. 〘1948〙

tránsit vìsa *n.* 通過査証[ビザ]《その国の通過のみを許可する査証》. 〘1925〙
Trans·jor·dan /trænsdʒɔ́ədn, trænz- | trænzdʒɔ́ː-, trɑːn-/ *n.* ⇨ Jordan 2. 〘1898〙
Trans·kei /trænskéi, -kái | trænskái, trɑːns-, trænz-, trɑːnz-; *Afrik.* trɑnskéi/ *n.* トランスカイ《南アフリカ共和国 Cape 州東部にあった Bantustan; 1976 年 10 月南ア政府が独立を承認したが, 国際的に認知されることなく 94 年南ア共和国に再統合; 面積 42,292 km²》. **Trans·kéi·an** /-ən/ *adj.*, *n.*
trans·ke·to·lase /trænskíːtəlèɪz, trænz- | trænzkíːtə-, trɑːnz-, træns-, trɑːns-/ *n.* 〘生化学〙 ケトール転移酵素, トランスケトラーゼ.
transl 《略》 translated; translation(s); translator.
tráns·lat·a·ble /-təbl | -tə-/ *adj.* 訳すことのできる, 言い換えられる, 移すことのできる. **trans·làt·a·bíl·i·ty** /-təbíləti | -təbílɪ̀ti/ *n.* 〘(1745): ⇨ ↓, -able〙
trans·late /trǽnsleɪt, trǽnts-, trǽnz-, —⌐ | trænsléɪt, trɑːns-, trænz-, trɑːnz-, trænts-, trɑːnts-/ *vt.* **1 a** 〔他の言語に〕訳す, 翻訳する (render) 〔*into*〕: ～ an English book *into* Japanese 英語の本を日本語に訳す / The Bible has been ～*d into* very many tongues. 聖書は多くの国語に翻訳されている / ～ Homer *from* (the) Greek ホーマーをギリシャ語から訳す. **b** わかりやすい言葉に言い換える, 説明する (explain) 〔*into*〕: ～ scientific language for the layman 科学用語を素人にもわかるように言い換える / ～ the theory [principle] of relativity *into* everyday language 相対性原理をだれでもわかる言葉で説明する. **2** 〈言動・身振り・暗示などを〉解釈する (interpret): How do you ～ his silence?—I ～ it *as* (a) refusal. 彼の沈黙をどう解しますか—拒絶と解釈します. **3** 〔別の形式に〕書き換える, 移す (transcribe) 〔*into*〕: ～ a book *into* Braille 本を点字に直す / ～ a poem *into* prose 詩を散文に書き換える / ～ one's message *into* (a) code 電文を暗号に変える. **4 a** 〔他の場所に〕移す (remove, transfer) 〔*to*〕: She was ～*d to* the fairy palace in a second. 彼女はたちまちおとぎの宮殿に移された. **b** 〘教会〙〈主教・司教 (bishop) を〉転任させる; 〈司教座・主教管区 (see) を〉〔他の場所に〕移す; 〈聖人・殉教者などの肉体や遺物を〉〔他の場所に〕移す. **c** 〘神学〙 (生きたまま)昇天させる: By faith Enoch was ～*d* that he should not see death. 信仰によりてエノクは死を見ぬように移されたり (*Heb.* 11:5). **5 a** 〔…に〕変える, 変質させる, 転換させる (transform, convert) 〔*into*〕: ～ knowledge *into* action 知識を行動に移す / Sibelius ～*d* nature in Finland *into* music. シベリウスはフィンランドの自然を音楽で表した. **b** 〈姿・外観を〉変える. **c** 《英》〈古靴・古着などを〉直して再生する; 〈靴・衣服などを〉古材料で作る[作り替える]. **6** 〘通信〙〈電信を〉(自動中継機によって)中継する. **7** 〘機械〙〈物体を〉(回転しないように)動かす, 並進させる. **8** 〘数学〙〈図形などを〉平行に移動させる. **9** 〘生物〙 翻訳する (⇨ translation 9). **10** 《古》 うっとりとさせる (entrance). **11** 《廃》〘医学〙〈病毒を〉転移させる.
— *vi.* **1 a** 翻訳する; 翻訳官を務める: I can read French but cannot ～ *into* it. フランス語は読めるがフランス語に訳すことはできない / He ～*s for* the Foreign Office. 外務省で翻訳の仕事をしている / ～ literally [freely] 文字どおり[自由に]訳す. **b** 言い換える, 説明する: Kindly ～. 《口語》 もっとわかりよい言葉で言って下さい. **2 a** [副詞(語句)を伴って] 〈詩などが〉訳せる: His novels ～ well [easily]. 彼の小説は翻訳がうまく[たやすく]できる / These words ～ *into* Japanese. これらの語は日本語に翻訳できる. **b** 言い換えられる, 換算される 〔*into*〕: The rise in prices will ～ *into* an 8% sales increase. 物価の上昇は売上高 8 パーセント増しということになる. **3** 〈飛行機・ミサイルなどが〉飛ぶ, 移動する.
〘(a1325) ← L *trānslātus* carried over (p.p.) ← *trānsferre* 'to carry over, TRANSFER': ⇨ -ate[3]〙
trans·la·tion /trænsléɪʃən, trænts-, trænz- | træns-, trɑːns-, trænz-, trɑːnz-, trænts-, trɑːnts-/ *n.* **1** 翻訳; 訳, 翻訳物 〔*of*〕: a Japanese ～ *of Hamlet*「ハムレット」の日本語訳 / Poetry often loses a lot in ～. 詩は翻訳で多くのものを失うことがよくある / read a novel *in* ～ 小説を翻訳で読む / a literal [free] ～ 直[意]訳. **2** 解釈. **3** 言い換え; 置き換え. **4** 〘教会〙 **a** (主教・司教の)転任. **b** (遺体・遺品の)移転. **c** (生きたままの)昇天. **5** 〘物理〙 (物体の)並進. **6** 〘機械〙 並進運動. **7** 〘通信〙 (電信・電話の)自動中継. **8** 〘数学〙 平行移動(によってできた図形など). **9** 〘生物〙 翻訳《メッセンジャー RNA から与えられた遺伝情報に基づく蛋白質の合成; cf. transcription 6》. **10** 《廃》〘医学〙 転移. **11** 《まれ》〘法律・ローマ法・スコット法〙 財産譲渡, 遺産受取人変更.
translátion of áxes 〘数学〙 (デカルト座標系における)座標軸の平行移動.
〘(c1340) ◻ (O)F ～ // L *trānslātiō(n-)* transportation: ⇨ ↑, -ation〙

SYN 翻訳: **translation** ある言語で書かれた[話された]ものを他の言語に直すこと: an English *translation* of Chikamatsu 近松の英訳. **version** ある作品(特に聖書)の翻訳の一つ: the Authorized *Version* 欽定訳聖書. **paraphrase** ある表現を同じ言語の他の言葉で言い換えること: a *paraphrase* of the poem 詩のパラフレーズ. **transliteration** ある言語の文字や単語を他の言語の同じ音をもった文字に書き直すこと: a scientific method of *transliteration* 科学的な音訳法.

trans·la·tion·al /trænsléɪʃnəl, trænz-, -ʃənl | træns-, trɑːns-, trænz-, trɑːnz-/ *adj.* **1** 翻訳の, 翻訳上の. **2** 〘物理〙 (回転運動に対して)一方向に運動する, 並

T

進運動の. **～·ly** *adv*. 〖(1813): ⇨ ↑, -al¹〗

translátion tàble *n*. 〘電算〙 変換テーブル《コードの変換などで, 機械的な置換のための対応表》.

trans·lá·tive /-ṭɪv | -tɪv/ *adj*. **1** 〘法律〙 財産譲渡の. **2** 翻訳の. **3** 〘文法〙 転格の. — *n*. 〘文法〙 転格《フィンランド語にある格で状態の移行や変化を表す》. 〖(1589) ◻ L *trānslātīvus*: ⇨ translate, -ative〗

trans·la·tor /trænsléɪṭə, trænts-, trænz- | trænsléɪtə(r, trɑːns-, trænts-, trɑːnts-, trænz-, trɑːnz-/ *n*. **1** 訳者, 翻訳家 (cf. author); 通訳 (interpreter): *Translators* (are) traitors. 翻訳者は裏切者《イタリアの諺 'Traduttori traditori.' の英訳: 翻訳は結局原文の文体・思想を忠実に伝えることはできないということ》. **2** 《英俗》(古靴・こうもり傘・古着などの)修理人. **3** [*pl*.] 《英俗》修繕した古靴. **4** 〘電信・電話〙 中継器[盤]. **5** 〘機械〙 並進器. **6** 〘電算〙 トランスレーター《高級な命令を自動的に基本的な命令に置き換えるプログラム; cf. interpreter 3》.

trans·la·to·ri·al /trænslətɔ́ːriəl, trænz- | træns-, trɑ̀ːns-, trænz-, trɑ̀ːnz-ˈ/ *adj*. 〖(*c*1350) ◻ OF ～ (F *translateur*) ∥ L *trānslātor*: ⇨ translate, -ator〗

trans·la·to·ry /trænsléɪṭəri, trænz-, -tri, trǽnslətɔ̀ːri, trǽnz- | trænsléɪtəri, trɑːns-, -nz-, -tri/ *adj*. 〘物理〙 =translational 2. 〖(1727): ⇨ ↑, -ory¹〗

trans·lit·er·ate /trænslíṭərèɪt, trænz- | trænslítə-, trɑːns-, trænz-, trɑːnz-/ *vt*. 字訳する《一国語のアルファベットで書かれたものを他国語の相当字母に書き直す》; (全然成立を異にする国語間で)音訳する《「上海」を 'Shanghai' とするように》: ～ the Greek χ as ch ギリシャ語 χ を ch に書き直す / ～ Japanese *into* rōmaji 日本語をローマ字に書き直す. **trans·lít·er·à·tor** /-ṭə | -tə(r/ *n*. 〖(1861) ← TRANS-+L *littera* 'LETTER²'+-ATE³〗

trans·lit·er·a·tion /trænslìṭəréɪʃən, trænz- | trænslɪtə-, trɑːns-, trænz-, trɑːnz-/ *n*. (他国語文字への)書き直し, 翻字, 字訳, 音訳 (⇨ translation SYN). 〖(1861): ⇨ ↑, -ation〗

trans·lo·cate /trǽnzloukèɪt, trǽns-, ーーーー | trænsləʊ-, trɑ́ːns-, -nz-, ーーーー/ *vt*. …の場所を移す, 置き換える (displace), 移動する (remove). 〖(*a*1832) ← TRANS-+LOCATE〗

trans·lo·ca·tion /trænzloukéɪʃən, træns- | trænsləʊ-, trɑ̀ːns-, -nz-/ *n*. **1** 場所を移すこと, 置き換え, 転置, 移動. **2** 〘植物生理〙 転流《葉で形成された澱粉・蛋白質などが植物体各部に移転すること; conduction ともいう》. **3** 〘生物〙 転位, 転座. 〖(1624) ← TRANS-+LOCATION〗

trans·lu·cence /trænslúːsəns, trænz-, -sṇs | trænzlúː-, trɑːnz-, træns-, trɑːns-, -ljúː-/ *n*. 半透明. 〖(?*a*1425): ⇨ translucent, -ence〗

trans·lu·cen·cy /trænslúːsənsi, trænz-, -sṇsi | trænzlúː-, trɑːnz-, træns-, trɑːns-, -ljúː-/ *n*. **1** = translucence. **2** 半透明な物. 〖(1630): ⇨ ↓, -ency〗

trans·lu·cent /trænslúːsənt, trænts-, trænz-, -sṇt | trænzlúː-, trɑːnz-, træns-, trɑːns-, trænts-, trɑːnts-/ *adj*. **1** 半透明の (semitransparent) (⇨ clear SYN). **2** 《まれ》清らかな (clear), 透明な (transparent). **3** わかりやすい, 明快な (lucid). **～·ly** *adv*. 〖(1596) ◻ L *trānslūcentem* (pres.p.) ← *trānslūcēre* to shine through: ⇨ trans-, lucent〗

trans·lú·cid /-lúːsɨ̀d | -lúːsɪd, -ljúː-/ *adj*. =translucent 1. 〖(1626) ◻ L *trānslūcidus* ← *trānslūcēre* (↑): ⇨ -id⁴〗

T

trans·lú·ci·dus /-lúːsɨ̀dəs | -lúːsɪdəs, -ljúː-/ *adj*. 〘気象〙 〈雲が〉透明な《太陽・月・上層の雲などを覆い隠さない状態をいう》. 〖← NL ～: ↑〗

tráns·lùnar *adj*. **1** 月より向こうの (translunary). **2** 〘宇宙〙 〈宇宙船の軌道・エンジン点火など〉(地球から)月へ向けての (cf. transearth). 〖(1965) ← TRANS-+LUNAR〗

trans·lu·nar·y /trǽnslunèri, trǽnz-, trænslúː-nəri, trænz- | trænzlúːnəri, trɑːnz-, træns-, trɑːns-, -ljúː-/ *adj*. **1** 月の向こうの, 月の上方の (cf. sublunary, superlunary). **2** 天上の (celestial); 理想の (ideal), 空想の (visionary). 〖(1627) ← TRANS-+L *lūna* moon+-ARY〗

tràns·marine *adj*. **1** 海外の, 海の向こうの[からの] (oversea): a ～ dominion 海外領土. **2** 海上を通過する, 海を横断する: ～ migrations 海を渡っての移住. 〖(1583) ◻ L *trānsmarīnus*: ⇨ trans-, marine〗

tràns·mémbrane *adj*. 〘生理〙 (生体の)膜を通じて[の内外で]生じる: a ～ potential 膜内外電位差. 〖1961〗

tràns·merídional *adj*. 子午線を横切る, 東西に走る. **～·ly** *adv*. 〖(1883) ← TRANS-+MERIDIONAL〗

tràns·methylátion *n*. 〘生化学〙 メチル基転移《メチル基が一つの化合物から他の化合物へ移される化学反応》. 〖(1940) ← TRANS-+METHYLATION〗

trans·mi·grant /trænsmáɪgrənt, trænz- | trænz-, trɑːnz-, træns-, trɑːns-/ *adj*. **1** 移住する. **2** 〈霊魂が〉転生する. — *n*. 移民, 移住者, (特に, ある国を通過して他国へ行く)移住民. 〖(1622) ◻ L *trānsmigrāntem* (pres.p.) ← *trānsmigrāre* (↓): ⇨ trans-, migrant〗

trans·mi·grate /trænsmáɪgreɪt, trænz- | trænzmaɪgréɪt, trɑ̀ːnz-, træns-, trɑ̀ːns-/ *vi*. **1** 〈霊魂が〉(肉体の死後)生まれ変わる, 転生する. **2** 移転する, 移る; 移住する (migrate). — *vt*. 生まれ変わらせる, 転生させる.

trans·mí·gra·tive /-ṭɪv | -tɪv/ *adj*. **trans·mí·gra·tor** /-ṭə | -tə(r/ *n*. 〖(1430-40) *transmigrate(n)* (vt.) ← L *trānsmigrātus* (p.p.) ← *trānsmigrāre* to migrate to another place: ⇨ trans-, migrate〗

trans·mi·gra·tion /trænsmaɪgréɪʃən, trænz- | trænz-, trɑ̀ːnz-, træns-, trɑ̀ːns-/ *n*. **1** 移住, 移民(行為) (migration). **2** 転生, 輪廻(りんね) (metempsychosis) 《死後霊魂が他の人間・動物の体に移ること; cf. reincarnation》: the ～ of souls 霊魂輪廻. **tràns·mi·grá·tion·al** /-ʃnəl, -ʃənḷ ˈ/ *adj*. 〖(*c*1300) ◻ LL *trānsmigrātiō(n-)* change of country ← *trānsmigrāre* (↑): ⇨ -ation〗

tràns·mi·grá·tion·ìsm /-ʃənɪzm/ *n*. 輪廻(りんね)説, 転生説. 〖(1888): ⇨ ↑, -ism〗

trans·mi·gra·to·ry /trænsmáɪgrətɔ̀ːri, trænz- | trænzmáɪgrətəri, trɑːnz-, træns-, trɑːns-, -tri/ *adj*. **1** 生まれ変わる, 転生する. **2** 移住する, 移転する. 〖(1816) ← TRANSMIGRATE+-ORY¹〗

trans·mis·si·ble /trænsmísəbḷ, trænz- | trænz-mísɨ̀-, trɑːnz-, træns-, trɑːns-/ *adj*. 送る[伝える]ことのできる. **trans·mìs·si·bíl·i·ty** /-səbíləṭi | -sɨ̀bílɨ̀ti/ *n*. 〖(1644) ← L *trānsmissus* (⇨ transmissive)+-IBLE〗

trans·mis·sion /trænsmíʃən, trænts-, trænz- | trænz-, trɑːnz-, træns-, trɑːns-, -nts-/ *n*. **1 a** 送達, 伝達, 伝送 〔*of*〕: ～ *of* news. **b** 伝達されたもの, メッセージ. **2** 〘医学〙 伝達, 媒介. **3 a** 〘通信〙 (電波の発信局から受信局への)送信. **b** 放送(番組). **4** 〘機械〙 動力伝送, 伝動; 伝動装置, (特に, 自動車の)変速機, 変速装置. **5** 〘物理〙 伝導, 伝送: electric ～ 送電. **6** 〘生物〙 遺伝 (heredity). **7** 譲渡 (transfer). **trans·mís·sive·ly** *adv*. **trans·mís·sive·ness** *n*. 〖(1611) ◻ L *trānsmissiō(n-)* ← *trānsmittere* 'to TRANSMIT': ⇨ trans-, mission〗

transmíssion dènsity *n*. 〘物理〙 透過濃度《入射光強度を透過光強度で割った値; absorbance ともいう; cf. optical density》.

transmíssion dynamómeter *n*. 〘機械〙 伝動動力計.

transmíssion effìciency *n*. 〘電気〙 伝達効率.

transmíssion eléctron mìcroscope *n*. 〘光学〙 透過型電子顕微鏡《光の代わりに電子線を用いた顕微鏡; cf. scanning electron microscope》. 〖1968〗

transmíssion fàctor *n*. 〘物理〙 透過因子.

transmíssion lìne *n*. 〘電気〙 伝送線, 送電線. 〖1906〗

transmíssion lòss *n*. 〘電気〙 送電損, 伝送損. 〖1922〗

transmíssion ròpe *n*. 〘機械〙 伝動ロープ《動力伝達に利用されるロープ》.

transmíssion shàft *n*. 〘機械〙 伝動軸《動力伝達に利用される軸》. 〖1908〗

trans·mis·sive /trænsmísɪv, trænz- | trænz-, trɑːnz-, træns-, trɑːns-/ *adj*. **1** 伝達する, 伝送する. **2** 送られた, 伝えられた, 伝導された. **3** 送られる, 伝えられる. 〖(1649) ← L *trānsmissus* ((p.p.) ← *trānsmittere*) +-IVE: ⇨ transmit〗

trans·mis·siv·i·ty /trænsmɨ̀sívəṭi, trænz- | trænzmɪsívɨ̀ti, trɑ̀ːnz-, træns-, trɑ̀ːns-/ *n*. 透過率《透過光と入射光との強度比》. 〖(1913): ⇨ ↑, -ity〗

trans·mis·som·e·ter /trænsmɨ̀sɑ́(ː)məṭə, trænz- | trænzmɪsɔ́mɨ̀tə(r, trɑːnz-, træns-, trɑːns-/ *n*. 〘気象〙 透過率計, 視度計《大気の視度を測定する計器》. 〖(1955) ← TRANSMISS(ION)+-O-+-METER¹〗

trans·mit /trænsmít, trænts-, trænz- | trænz-, trɑːnz-, træns-, trɑːns-, -nts-/ *v*. (**trans·mit·ted**; **-mit·ting**) — *vt*. **1** 〈品物などを〉渡す, 送る, 送達する (transfer) (⇨ carry SYN): ～ a parcel by rail [a message by radio, a letter by hand] 小包を鉄道便で送達する[音信を無線で送る, 手紙を手渡す]. **2** 〈ラジオ[テレビ]番組を〉放送する. **3** 〘通信〙 〈電波を〉送波する, (電波あるいは伝送線で)〈信号を〉送る. **4 a** 〈病気などを〉媒介する: Mosquitos ～ malaria. 蚊はマラリアを媒介する. **b** 〈性質などを〉〔子孫に〕伝える, 遺伝させる; 〈財産・爵位などを〉〔子孫に〕伝える, 譲る, 伝承する 〔*to*〕: ～ one's characteristics *to* one's offspring 自分の特徴を子孫に伝える. **5** 〈うわさなどを〉伝える. **6** 〘物理〙 〈電気・力・運動などを〉伝える (conduct); 〈光・熱・音などを〉伝導する: Glass ～*s* light. ガラスは光を通す / Metals ～ heat. 金属類は熱を伝導する. — *vi*. **1** 〘通信〙 送信する. **2** 〘ローマ法〙 (相続した権利がそのまま)子孫に伝わる. ***transmít itsèlf*** 〈感情などが〉伝わる: The tension ～*ted itself to* all the members of the team. 緊張感がチーム全員にすぐ伝わった.

trans·mít·ta·ble /-ṭəbḷ | -tə-/ *adj*. **trans·mít·tal** /-ṭḷ | -tḷ/ *n*. 〖(?*a*1400) *transmitte(n)* ◻ L *trānsmittere* to send across ← TRANS-+*mittere* to send: ⇨ mission〗

trans·mit·tance /trænsmítəns, trænz-, -tṇs | trænzmítəns, -tṇs, trɑːnz-, træns-, trɑːns-/ *n*. **1** 伝達, 送達 (transmission). **2** 〘物理〙 透過度[率]《物質内を通過して出てくる光速の強度の入射光速の強度に対する割合》. 〖(1855) ← TRANSMIT+-ANCE〗

transmíttance mèter *n*. =transmissometer.

trans·mit·tan·cy /trænsmítənsi, trænz-, -tṇsi | trænzmítən-, trɑːnz-, træns-, trɑːns-, -tṇ-/ *n*. 〘物理〙 **1** 透光度《溶液層を通過する光の強さの同じ厚さの溶媒を通過する光の強さに対する比》. **2** 透過度, 透過率 (transmittance). 〖(1925) ← TRANSMIT+-ANCY〗

trans·mit·ter /trænsmíṭə, trænz-, trænts- | trænz-míta(r, træns-, trɑːns-, -nts-/ *n*. **1** (電話の)送話器; 〘通信〙 送信機 (↔ receiver). **2** 送達者, 伝達者, 伝送者. **3** 譲渡者. **4** 遺伝者, 伝承者. **5** 〘生理〙 (神経興奮などの)伝達物質. **6** 〘医学〙 (感染の)伝播者. 〖(1727) ← TRANSMIT+-ER¹〗

trans·mít·ting sèt /-ṭɪŋ- | -tɪŋ-/ *n*. 〘通信〙 送信機.

transmítting stàtion *n*. 〘通信〙 送信局. 〖1923〗

trans·mog·ri·fy /trænsmɑ́(ː)grəfàɪ, trænz- | trænzmɔ́grɨ̀-, trɑːnz-, træns-, trɑːns-/ *vt*. 〔奇怪または滑稽な形に〕一変させる, 姿を変える, 変形する, 化けさせる 〔*into*〕. **trans·mog·ri·fi·ca·tion** /træns-mɑ̀(ː)grəfɨ̀kéɪʃən, trænz- | trænzmɔ̀grɨ̀fɪ-, trɑːnz-, træns-, trɑːns-/ *n*. 〖(1656) 《混成》? ← 《廃》 *transmigure* to transmigrate+MODIFY: 戯言的造語〗

tràns·móntane *adj*. =tramontane 1. 〖(*c*1400) *transmontane* ◻ OF ～: ⇨ tramontane〗

tràns·móuntain *adj*. 山を越える[抜ける]: a ～ path [tunnel]. 〖1929〗

tràns·mundáne *adj*. この世界の向こうの; この世の向こうの, あの世の; 世俗を超えた. 〖(1777) ← TRANS-+MUNDANE〗

tràns·múral *adj*. 〘医学〙 経壁の, 通壁性の《解剖学的な壁を経て行われる処置や壁の全体に及ぶ障害などについていう》. **～·ly** *adv*. 〖(1851) ← TRANS-+L *mūrus* wall: ⇨ -al¹〗

trans·mut·a·ble /trænsmjúːṭəbḷ, trænz- | trænz-mjúːt-, trɑːnz-, træns-, trɑːns-/ *adj*. 変化[変形]できる. **trans·mùt·a·bíl·i·ty** /-mjùːṭəbíləṭi | -təbílɨ̀ti/ *n*. **trans·mút·a·bly** *adv*. **～·ness** *n*. 〖(*c*1430) ◻ ML *trānsmūtābilis* ← L *trānsmūtāre* 'to TRANSMUTE': ⇨ -able〗

trans·mu·ta·tion /trænsmjuːtéɪʃən, trænz- | trænzmjuː-, trɑ̀ːnz-, træns-, trɑ̀ːns-/ *n*. **1 a** 変化, 変形, 変質, 変性 〔*of*〕: ～*s of* fortune 栄枯盛衰. **b** 《古》変動 (fluctuation). **2** 〘錬金術〙 変質《卑金属が貴金属に変ずること》: ～ of metals. **3** 〘生物〙 変移 (cf. transformism); 進化 (evolution). **4** 〘法律〙 所有権の譲渡[移転], 夫婦の共用財産 (community property) についての夫婦間の取り決め: ～ *of* possession. **5** 〘物理〙 転化; (原子核の)転換. **6** 〘窯業〙 窯変(ようへん)《主として東洋の銅や鉄を含む釉(うわぐすり)を調節された雰囲気で還元炎焼成して得られる効果》. **～·al** /-ʃnəl, -ʃənḷ ˈ/ *adj*. 〖(*c*1380) ◻ (O)F ～ ∥ LL *trānsmūtātiō(n-)*: ⇨ transmute, -ation〗

tràns·mu·tá·tion·ist /-ʃ(ə)nɨ̀st | -nɪst/ *n*. **1** 金属変質論者, 錬金術信者. **2** 生物変移論者. 〖(1844): ⇨ ↑, -ist〗

trans·mut·a·tive /trænsmjúːṭəṭɪv, trænz- | trænzmjúːtət-, trɑːnz-, træns-, trɑːns-/ *adj*. 変化する, 変形の, 変質の, 変性の: a ～ force. 〖(1611) ◻ ML *trānsmūtātīvus* ← *trānsmūtātus* (p.p.) ← *trānsmūtāre* (↓)〗

trans·mute /trænsmjúːt, trænz- | trænz-, trɑːnz-, træns-, trɑːns-/ *vt*. **1** 変える, 変性する, 変質[変形]させる 〔*into*〕 (⇨ transform SYN): ～ water power *into* electric power 水力を電力に変える. **2** 〘錬金術〙 〈卑金属を〉〔金銀に〕変える 〔*into*〕. — *vi*. 変形[変質]する 〔*into*〕. **trans·mút·er** /-ṭə | -tə(r/ *n*. 〖(*c*1385) *transmute(n)* ◻ L *trānsmūtāre* to change, shift ∽ (*c*1385) *transmuwe(n)* ◻ (O)F *transmuer*: ⇨ trans-, mutate〗

tràns·nátional *adj*. 国境[民族]を超えた, 多国間の: ～ vocabularies. — *n*. 多国籍企業. 〖1921〗

tràns·nátural *adj*. 超自然的な (supernatural). 〖1569〗

tràns-Neptúnian *adj*. 〘天文〙 海王星 (Neptune) の軌道の外にある. 〖(1879) ← TRANS-+NEPTUNE+-IAN〗

Tràns-Néw Guínea phỳlum *n*. トランスニューギニア言語門《パプアニューギニアおよび周辺地域の非アウストロネシア系言語中の一群; 主に語彙統計学に基づく分類》.

tràns·nórmal *adj*. 普通以上の, 並はずれた. 〖1853〗

tràns·oceánic *adj*. **1** 大洋の向こうの, 海外の: a ～ country. **2** 大洋を横断する, 渡洋の: ～ operations 渡洋作戦. 〖1827〗

tran·som /trǽnsəm/ *n*. **1** 〘建築〙 **a** 無目(むめ), トランサム《ドアとその上の明かり取り窓を仕切る横棒; transom bar ともいう; cf. mullion》. **b** =lintel. **c** (十字架・紋首台の)横棒. **2** 《米》 =transom window. **3** 〘海事〙 船尾梁(りょう), 船尾肋板(ろくばん), 船尾肋骨. **4** 〘砲術〙 横梁(おうりょう)《砲車の尾部や側面をつなぐ金属板》. ***over the tránsom*** 〈原稿などが〉依頼なしに[勝手に一方的に](送られて). 〖(1388) 《変形》 ← L *transtrum* (異化によって第二の *-tr-* が消滅したもの) ← *trāns* 'TRANS-'+*-trum* (「道具」を表す接尾辞)〗

trán·somed *adj*. 〈ドア・窓が〉無目(むめ)のある. 〖(1848): ⇨ ↑, -ed 1〗

tránsom lìght *n*. 〘建築〙 欄間.

tránsom wìndow *n*. (ドアの上部の)明かり取り窓, 欄間窓. 〖1688〗

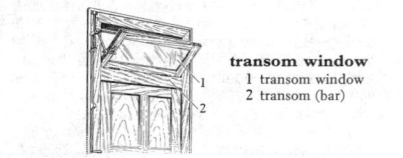

transom window
1 transom window
2 transom (bar)

tran·son·ic /trænsɑ́(ː)nɪk | -sɔ́n-/ *adj*. 〘航空〙 遷音速の《物体のまわりの流れに音速以下と以上の部分が混在しているような場合をいい, 物体から離れた一様流の速度がマッハ数で 0.9–1.2 程度の時に生じることにいう; cf. sonic, subsonic, supersonic》. 〖(1946) ← TRANS-+SONIC〗

transónic bárrier *n*. 〘航空〙 =sonic barrier.

transónic flów *n*. 〘航空〙 遷音速流《マッハ数が 1 前後で場所により亜音速流と超音速流とが混在する流れ》.

transp. 《略》 transportation.
tràns·pacífic *adj.* **1** 太平洋を越える, 太平洋横断の: a ~ flight 太平洋横断飛行(便). **2** 太平洋の向こう側の: ~ regions. 〖1891〗
trans·pa·dane /trænspədéɪn, trænspéɪdeɪn | trǽnzpədèɪn, trænspéɪdeɪn⁻/ *adj.* (ローマから見て) Po 川の向こう[北側]の (cf. cispadane). 〖(1617) ◻ L *trānspadānus* ← TRANS-+*Padus* the river Po+*-ānus* '-ANE¹'〗
trans·par·ence /trænspέ°rəns, -pǽr- | trænspǽr-, trɑːns-, trænz-, trɑːnz-, -pέər-/ *n.* 透明(度), 透明性. 〖(1594): ⇨ transparent, -ence〗
trans·par·en·cy /trænspέ°rənsi, trænts-, -pǽr-, -əntsi | trænspǽr-, trɑːns-, trænz-, trɑːnz-, trænts-, -pέər-, -əntsi/ *n.* **1** 透明物, 透き通って見える物; 透明陽画; 透明画, すかし絵 《裏側からの光で透き通って見えるもので, 主に商店の広告用》: a positive ~ 透明陽画 《スライドなどに使用する》. **2** 透明, 透明性; 透明度; 明白. **3** 〖写真〗 透明度. **4** 〖劇場〗 透かし張りもの. **5** [cf. G *Durchlaucht*] [T-; 戯言的敬称として] 閣下: his [your, etc.] *Transparency* 閣下. 〖(1591): ⇨ ↓, -ency〗
trans·par·ent /trænspέ°rənt, trænts-, -pǽr- | trænspǽr-, trɑːns-, trænz-, trɑːnz-, trænts-, -pέər-/ *adj.* **1** 透明な, 透き通った (⇨ clear SYN): ~ colors 透明絵の具 《umber, sienna など》 / ~ soap 透明石鹸 / ~ glaze 〖窯業〗 透明釉(ゆう), 完全に透明な釉. **2** 〈文体など〉 平明な, 明快な, わかりやすい (lucid). **3** (性格など)率直な, あけっぴろげな (frank, open): She was ~ as the daylight. 全く気取りがなかった. **4 a** 明白な (evident). **b** 〈言い訳など〉見え透いた: a ~ excuse, lie, etc. **5** 〈織物が〉目の透けた (open): ~ cotton. **6 a** (X 線・紫外線など)特定の放射線を通過させる. **b** 《廃》 〈光が〉透過する: the glorious sun's ~ beams. 燦然(さんぜん)と輝く太陽光線 (Shak., *2 Hen VI* 3. 1. 353) **~·ly** *adv.* **~·ness** *n.* 〖(1413) ◻ ML *trānspārentem* (pres.p.) ← L *trānspārēre* ← TRANS-+*pārēre* 'to APPEAR'〗
transpárent cóntext *n.* 〖哲学・論理〗 透明な文脈 《ある表現を同一対象を指示する別の表現で換えても全体の真偽値が変わらない文脈; cf. opaque context》.
trans·pár·ent·ize /-tàɪz/ *vt.* 透明にする. 〖(1925): ⇨ transparent, -ize〗
trans·pep·ti·da·tion /trænspèptədéɪʃən | træns-pèptɪ-, trɑːns-/ *n.* 〖生化学〗 ペプチド転移 《ペプチドの一部が他のペプチドの一部またはアミノ酸と交換される転移反応》. 〖(1950) ← TRANS-+PEPTIDE+-ATION〗
tràns·pérsonal *adj.* 超個人的な. 〖1905–06〗
tran·spic·u·ous /trænspíkjuəs/ *adj.* **1** 透明な, 見通せる (transparent). **2 a** 〈言語など〉明瞭な. **b** 明白な (clear). **~·ly** *adv.* 〖(1638) ← NL *trānspicuus* ← L *trānspicere* to see through ← TRANS-+*specere* to look: ⇨ -ous: cf. conspicuous, perspicuous, etc.〗
trans·pierce /trænspíəs, | trænspíəs, trɑːns-/ *vt.* 突き通す, 刺し通す, 貫く, 貫通する (penetrate). 〖(1594) ◻ F *transpercer*: ⇨ trans-, pierce〗
tran·spir·a·ble /trænspáɪrəbḷ | trænspáɪər-, trɑːns-/ *adj.* 発散[蒸発]しうる. 〖(1578) ◻ F ~ // LL *trānspīrābilis*: transpire, -able〗
tran·spi·ra·tion /trænspəréɪʃən | trǽns-, trɑ̀ːns-/ *n.* **1** 発散(作用); 発散物. **2** 発汗(作用) (perspiration). **3** 〖植物生理〗 蒸散 《高等植物の体内の水分が水蒸気として空中に排出される現象》. **4** (愛情の)発露. **5** 秘密の漏洩(ろうえい). **tran·spir·a·to·ry** /trænspáɪrətɔ̀ːri | trænspáɪ(ə)rətəri, trɑːns-/ *adj.* 〖(?a1425) ◻ F ~: ⇨ transpire, -ation〗
transpirátion strèam [cùrrent] *n.* 〖植物生理〗 蒸散流. 〖1895〗
tran·spire /trænspáɪə, trænts- | trænspáɪə(r, trɑːns-, -nts-/ *vt.* 〈皮膚・肺が〉〈老廃物を〉排出する, 〈植物が〉〈水蒸気を〉発散する, 〈物が〉〈臭気を〉出す, 発散する (emit, exhale). **— *vi.*** **1** 〈秘密などが〉漏れる, 知れ渡る: It ~*d* that the king was critically ill. 王の危篤が知れ渡った. **2** 《口語》 起こる (⇨ happen SYN). ★ この用法は好ましくないと言う人もある: After all, nothing ~*d*. 結局, 何事も起こらなかった. **3** (体または葉などの表面から)廃物などを発散する. **4** 〈水分・臭気などが〉気孔から発散する. 〖(1597) ◻ F *transpirer* ◻ ML *trānspīrāre* ← TRANS-+L *spīrāre* to breathe: cf. spirit〗
tràns·placéntal *adj.* 〖医学〗 経胎盤の. **~·ly** *adv.* 〖1902〗
tràns·plánetary *adj.* 特定の惑星よりも太陽から遠い.
trans·plant /trænsplǽnt, trænts- | trænsplɑ́ːnt, trɑːns-, -nts-/ *v.* **— *vt.*** **1** 〖外科〗 〈器官・組織などを〉移植する [*from, into, in, to*] (cf. graft¹ 1): ~ a kidney *into* [*in*] a boy 腎臓を少年に移植する. **2** 他の場所へ移す; 移転させる; 植民させる, 移り住ませる (resettle). **3** 〈植物を〉[他の場所に]移植する [*to*]: ~ rice seedlings 田植えをする. **— *vi.*** 〈植物が〉移植に耐える[ができる]. **—** /ˊ-ˋ/ *n.* **1** 移植(手術); 移転: have a heart ~ 心臓の移植(手術)を受ける. **2** 〖医学〗 移植組織(片) (cf. implant). **3** (数回)移植された苗(木). **4** 移転者[物], 転入者. 〖(c1450) *transplante(n)* ◻ LL *trānsplantāre*: ⇨ trans-, plant²〗
trans·plant·a·ble /trænsplǽntəbḷ | trænsplɑ́ːnt-, trɑːns-/ *adj.* 移植することのできる, 植え換えられる. **trans·plànt·a·bíl·i·ty** /-plæ̀ntəbíləti | -plɑ̀ːntə-bíl̥ti/ *n.* 〖(1656): ⇨ ↑, -able〗
trans·plan·ta·tion /træ̀nsplæntéɪʃən | trǽns-plɑːn-, trɑ̀ːns-/ *n.* **1** 移植, 植え換え. **2** 植民, 移民; 移住民. **3** 〖医学〗 移植(術) (grafting). 〖(1601): ⇨ transplant, plantation〗
trans·plánt·er /-tə | -tə(r/ *n.* **1** 移植者. **2** 移植機. 〖1611〗
tràns·pólar *adj.* 北[南]極を越える, 極地横断の. 〖1850〗
tran·spon·der /trænspɑ́(ː)ndə | trænspɔ́ndə(r, trɑːns-/ *n.* (*also* **tran·spon·dor** /~/) 〖通信〗 **a** (レーダーの)トランスポンダー, 応答機 《電波を受信し, 同一のまたは異なった周波数の電波を再発射する装置; cf. interrogator 2》. **b** (通信衛星の)トランスポンダー 《地上からの信号を受信し, これを増幅し, 周波数を変えて地上に再送信する》. 〖(1945) ← TRANS(MITTER)+(RES)PONDER〗
trans·po·ni·ble /trænspóunəbḷ | trænspə́unɪ̥-, trɑːns-/ *adj.* 置き換える (transpose) ことのできる, 置換可能の. **trans·pò·ni·bíl·i·ty** /-pòunəbíləti | -pə̀u-nɪ̥bíl̥ti/ *n.* 〖(1891) ← L *trānspōnere* 'to TRANSPOSE' +-IBLE〗
trans·pon·tine /trænspɑ́(ː)ntaɪn | trænspɔ́n-, trɑːns-, trænz-, trɑːnz-/ *adj.* **1** 橋の向こう側の, 橋向こうの[にある]; (特に, London で) Thames 川の向こう側[南岸]の[にある] (↔ cispontine). **2** 安芝居の 《もと Thames 川南岸区域に流行したことから》: a ~ drama 俗受け芝居 / a ~ hero 俗受け劇の主人公. 〖(1844) ← TRANS-+L *pontem* (← *pōns* bridge)+-INE¹〗
trans·port /trænspɔ́ət, trænts-, ˊ-ˋ | trænspɔ́ːt, trɑːns-, -nts-/ *vt.* **1** 〈人・品物・軍隊などを〉輸送する, 運ぶ, 運送する (⇨ carry SYN): ~ goods *from* one place *to* another 物品をある場所から他へ輸送する. **2** [通例受身に用いて] 夢中にする, 有頂天にする, うっとりとさせる (carry away) [*with*]: He *was* ~*ed with* joy [grief]. 喜びで有頂天に[悲しみのあまり茫然(ぼうぜん)と]なった. **3** 〈罪人を〉流刑に処する, 徒刑地へ送る, 追放する (deport): be ~*ed* for cattle stealing 牛を盗んだかどで流刑に処せられる. **4** 《Shak》 あの世へ送る, 殺す (kill) (cf. *Measure* 4. 3. 68). **—** /ˊ-ˋ/ *n.* **1 a** 輸送, 運送, 運搬, 運輸 (conveyance) [*of*]: the ~ *of* goods 貨物の輸送 / ~ planes 輸送機 / ~ workers 交通労働者. **b** 《英》 輸送[交通]機関 / air ~ 空輸. **2** 輸送船, (特に)軍用輸送船, 御用船; 流刑囚護送船. **3** 輸送(飛行)機. **4** 夢中, 恍惚(こうこつ), 有頂天 (rapture, ecstasy): He was *in* ~*s*. 彼は有頂天になっていた / be *in* a ~ of rage 怒り狂っている / He went *into* a ~ of rage. 怒りに狂った / ~*s* [a ~] of joy 有頂天の喜び. **5** 《まれ》 流刑囚, 追放囚. **6** = tape transport. **~·ive** /-tɪv | -tɪv/ *adj.* 〖(c1380) *transporte(n)* ◻ (O)F *transporter* // L *trānsportāre* to carry across: ⇨ trans-, port⁵〗
trans·port·a·bil·i·ty /trænspɔ̀ətəbíləti | træns-pɔːtəbíl̥ti, trɑ̀ːns-/ *n.* **1** 運送[輸送]の可能性. **2** 《英》 流刑に値すること. 〖(1651): ⇨ ↓, -ity〗
trans·port·a·ble /trænspɔ́ətəbḷ | trænspɔ́ːt-, trɑːns-/ *adj.* **1 a** 運ぶ[運送する]ことのできる. **b** 〖電算〗 〈コンピューターが〉移動可能な, 可搬型の. **2** 《英》 〈罪人・犯罪が〉流刑に値する. 〖(1582): ⇨ -able〗
trans·port·ance /trænspɔ́ətəns | trænspɔ́ːt-, trɑːns-/ *n.* 《まれ》 輸送, 運搬 (transport). 〖1601–2〗
trans·por·ta·tion /træ̀nspətéɪʃən, trænts- | træ̀nspɔː-, trɑ̀ːns-, -pə-, -nts-/ *n.* **1** 輸送, 運搬, 運送, 運輸 (conveyance) [*of*]: the railway ~ 鉄道輸送. **2** 《米》 **a** 輸送[交通]機関 (means of transport). **b** 運送料, 運賃. **3** 《米》 輸送[旅行]許可書, 切符. **4** 流刑, 追放 (deportation): ~ for life 終身流刑 / I was sentenced to ~. 流刑に処せられた. **~·al** /-ʃnəl, -ʃənl⁻/ *adj.* 〖(1540) ◻ F ~ ◻ L *trānsportātiō(n-)* ← *trānsportātus* (p.p.) ← *trānsportāre*: ⇨ transport, -ation〗
transportátion insùrance *n.* 〖保険〗 運送保険.
tránsport ca·fé /-kæféɪ | -kæfeɪ/ *n.* 《英》 (長距離トラック運転手相手の)幹線道路沿い軽食堂 (《米》 truck stop). 〖1938〗
trans·pórt·ed /-tɪ̥d | -tɪ̥d/ *adj.* **1** うっとりとした, 夢中になった (ecstatic). **2** 輸送[運搬]された: ~ trees. **3** 流刑にされた: ~ slaves. 〖(1600): ⇨ -ed 2〗
trans·pórt·er /-tə | -tə(r/ *n.* **1** 運送者, 輸送者. **2** 〖機械〗 運搬装置 (conveyor). 〖(1535): ⇨ -er¹〗
transpórter bridge *n.* 運搬橋 《吊(つ)り下げた電車に似た装置で人や物を運搬する橋》. 〖1904〗
Tránsport Hòuse *n.* トランスポートハウス 《London の Westminster 区の Smith Square にある建物; 中に労働党本部がある》. 〖1937〗
tránsport mànager *n.* 交通[運送]会社の運輸担当管理職.
tránsport nùmber *n.* = transference number. 〖1897〗
tránsport-shìp *n.* 輸送船. 〖1694〗
tránsport trùck *n.* 《米》 (長距離輸送用)大型トラック.
trans·pos·a·ble /trænspóuzəbḷ | trænspə́uz-, -pòuzəbḷ/ *adj.* 置換可能の. **trans·pos·a·bil·i·ty** /-pòuzəbíləti | -pə̀uzəbíl̥ti/ *n.* 〖1835〗
transpósable élement *n.* 〖生物〗 転移因子, 転位素 《同一染色体のほかの部分や同一染色体組のほかの染色体に転位しうる染色体の座位》.
trans·pos·al /trænspóuzəl, -zḷ | trænspə́u-, trɑːns-/ *n.* 置換 (transposition). 〖(1695): ⇨ ↓, -al²〗
trans·pose /trænspóuz | trænspə́uz, trɑːns-/ *v.* **— *vt.*** **1** 置き換える, 入れ換える, 置換する (interchange). **2** 〈文字・語句を〉入れ換える: ~ letters in a word 語の文字を入れ換える. **3** 〖数学〗 移項する. **4** 〖音楽〗 〈楽曲を〉移調する: ~ the air メロディーを移調する. **5** 《まれ》 移す, 運ぶ, 移転する (transfer, transport) [*to, into*]. **6** 〖通信〗 〈電信・電話線の回路を〉交差させる, 撚架(ねんか)する. **7** 〖電気〗 〈コイルの導体を〉転置する. **8** 《廃》 **a** 変形する, 変化させる (transform, transmute) [*to, into*] (cf. Shak., *Macbeth* 4. 3. 21). **b** 翻訳する (translate) [*into*]. **— *vi.*** **1** 入れ換えられる: The sentence is ambiguous as it stands—won't it ~? この文はこのままではあいまいだ—語句の入れ換えができないだろうか. **2** 〖音楽〗 移調する. **—** /ˊ-ˋ/ *n.* 〖数学〗 転置行列 《行列の行と列とを入れ換えてできる行列; transposed matrix ともいう》.
trans·pós·er *n.* 〖(c1380) *transpose(n)* ◻ (O)F *transposer* ◻ L *trānspōnere*: ⇨ trans-, pose¹〗
trans·pós·ing ìnstrument *n.* 移調楽器 《記譜音と実音の音高が異なる楽器》. 〖1883〗
trans·po·si·tion /træ̀nspəzíʃən | træ̀ns-, trɑ̀ːns-/ *n.* **1** (位置・順序の)転換, 置換. **2** 転換[転置]法; 転換語句, 転換文. **3** 〖数学〗 移項; 互換 《集合の二つの元を入れ換えること》. **4** 〖音楽〗 移調(曲). **5** 〖病理〗 転位. **6** 〖通信〗 交差, 撚架(ねんか). **7** 〖電気〗 (コイルの)転置. **8** 〖写真〗 (ネガの焼き付けなどによる)映像の反転. 〖(1538) ◻ F ~ // LL *trānspositiō(n-)*: ⇨ transpose, -tion〗
trans·po·si·tion·al /træ̀nspəzíʃnəl, -ʃənḷ | træ̀ns-, trɑ̀ːns-⁻/ *adj.* 転置の, 転置を示す, 転換を伴う. 〖*a*1800〗
transposítion cìpher *n.* 〖軍事〗 転置暗号 《平文の文字を組織的に他の配列に変える暗号; cf. substitution cipher》. 〖1939〗
trans·pos·i·tive /trænspɑ́(ː)zətɪv | trænspɔ́zɪt-, trɑːns-/ *adj.* 転置の, 転換できる. 〖1783〗
trans·po·son /trænspóuzən, -zṇ | trænspə́u-, trɑːns-/ *n.* 〖生物〗 トランスポゾン 《同じ細胞内の異なる DNA 配列部位に自分自身を挿入できる特定の DNA 片》. 〖(1974) ← TRANSPOS(ITION)+*-on* (cf. CODON, OPERON, etc.)〗
trans·put·er /trænspjúːtə | trænspjúːtə(r, trɑːns-, trænz-, trɑːnz-/ *n.* 〖電算〗 トランスピューター 《32 ビットのマイクロプロセッサーを持つ高性能のチップ》. 〖(1978) ← TRANS(ISTOR)+(COM)PUTER〗
tràns·rácial *adj.* 異人種間の: ~ adoption 異人種間の養子縁組. 〖1971〗
tràns·rectificátion *n.* 〖電子工学〗 相互整流作用.
tràns·réctifier *n.* 〖電子工学〗 相互整流管, 相互整流装置.
trans·rhe·nane /træ̀nsrɪ̥néɪn | træ̀nzrɪnéɪn, træ̀ns-, trɑ̀ːnz-, trɑ̀ːns-/ *adj.* Rhine 川の向こう側の; ドイツの, ドイツ風の (German) (cf. cisrhenane): ~ philosophy. 〖(*a*1727) ◻ L *trānsrhēnānus* ← TRANS-+L *Rhēnus* the Rhine+*-ānus* '-ANE¹'〗
trans·sex·ual /trænsékʃuəl, -ʃəl | trænsékʃuəl, træn-, -ʃuɪ, -sjuəl, -sjuɪ/ *n.* **1** トランスセクシュアル 《自分の体の性と心の性が一致せず, 異性化[性転換]願望を持つ人》. **2** 性転換者. **— *adj.*** **1** トランスセクシュアルの, 異性化願望のある[に関する]. **2** 性転換の. **trans-sex·u·al·i·ty** /trænsèkʃuǽləti | trænsèkʃuǽl̥ti, -sju-/ *n.* 〖(1957) ← TRANS-+SEXUAL〗
tràns·séx·u·al·ìsm /-lìzm/ *n.* 性転換症, 性転換願望症; 異性化願望症. 〖(1953): ⇨ ↑, -ism〗
trans·shápe *vt.* 《古》 変形する (transform). 〖1575〗
trans·ship /træn(s)ʃíp | træn(s)-, trɑːn(s)-, trænz-, trɑːnz-/ *vt.* 〈乗客・貨物を〉他船[他車]に移す, 積み換える. **— *vi.*** 他船[他車]に移る. **~·ment** *n.* 〖1792〗
Tráns-Sibèrian Ráilroad *n.* [the ~] シベリア横断鉄道 《シベリア南部を東西に横断する (Ural 山脈南東部の Chelyabinsk から沿海州の Vladivostok までの)鉄道で, ロシア政府が 1891 年に経済的目的のほかに軍事的目的からその建設に着手し, 1904 年に Baikal 湖周辺の一部を除いて完成した; 全長約 7,400 km》. 〖(1964): cf. (1896) *trans-Siberian railway*〗 T
tràns·sónic *n.* = transonic.
tràns·subjéctive *adj.* 〖哲学〗 超主観的な: Concepts are ~. 概念は超主観的なものである. 〖1887〗
tràns·synáptic *adj.* 〖生理〗 経シナプスの 《神経シナプスを横切って起こる》. 〖1954〗
trans·tás·man /-tǽzmən/ *adj.* (NZ) **1** Tasman 海の向こうにいる 《オーストラリア人のことを指す》. **2** ニュージーランドとオーストラリアにまたがる: ~ trade ニュージーランドとオーストラリア間の貿易. 〖1938〗
tràns·thorácic *adj.* 〖医学〗 胸腔を通しての, 経胸腔的な. **tràns·thorácically** *adv.* 〖1905〗
tràn·substántial *adj.* 他の物質に変化した[しうる]. **~·ly** *adv.* 〖1567〗
tràn·sub·stán·ti·àte /-səbstǽnʃièɪt/ *vt.* **1** 変質させる (transmute) [*into, to*]. **2** 〖神学〗 実体変化させる, 化体(かたい)する 《聖体のパンとぶどう酒とをキリストの肉と血とに変化させる》. **— *vi.*** 変質する. 〖(c1450) ← ML *trānsubstantiātus* (p.p.) ← *trānsubstantiāre*: ⇨ trans-, substantiate〗
tràn·sub·stàn·ti·á·tion /-səbstæ̀nʃiéɪʃən/ *n.* **1** 変質. **2** 〖神学〗 実体変化, 化体説 《聖餐式において聖体のパンとぶどう酒がキリストの肉と血に変えられること; カトリック・東方正教会の教義; cf. consubstantiation, impanation》. 〖(*a*1398) ◻ ML *trānsubstantiātiō(n-)*: ⇨ ↑, -ation〗
tràn·sub·stàn·ti·á·tion·al·ist /-ʃ(ə)nəlɪ̥st | -lɪst/ *n.* 〖神学〗 実体変化論者, 化体(かたい)論者. 〖1884〗
tran·su·date /trǽnsuːdèɪt | trǽnsjʊ-, trɑ́ːn-, -sʊ-/ *n.* **1** 浸出物. **2** 〖医学〗 漏出液 (cf. exudate). 〖(1876) ← NL *trānsūdātus* (p.p.) ← *trānsūdāre* 'to TRANSUDE': ⇨ -ate¹〗
tran·su·da·tion /træ̀nsuːdéɪʃən | træ̀nsjʊ-, trɑ̀ːn-, -sʊ-/ *n.* **1** 浸出. **2** 浸出物. 〖(1612): ⇨ ↓, -ation〗
tran·sude /trænsúːd | trænsjúːd, trɑːn-, -súːd/ *vi.*

〈液状物が〉しみ出る, 浸出する, 浸透する. — *vt.* 〈液状物を〉しみ出させる, 浸出する. **tran·su·da·to·ry** /trænsúːdətɔ̀ːri | trænsjúːdətəri, trɑːn-, -súː-/ *adj.* 《(1664) ← NL *trānsūdāre* ← TRANS-＋*sūdāre* 'to SWEAT': cf. sudatory》

tràns·uránian *adj.* 〖化学・物理〗=transuranic.
tràns·uránic 〖化学・物理〗*adj.* 超ウランの, 超ウラン性の (cf. supertransuranic). — *n.* =transuranium element. 《(1935) ← TRANS-＋URANIUM＋-IC[1]》
tràns·uránium *adj.* 〖化学・物理〗=transuranic.
transuránium èlement *n.* 〖化学・物理〗超ウラン元素 (ウラン(原子番号 92)より原子番号の高い元素).
tràns·uréthral *adj.* 〖医学〗経尿道の (尿道を経て行われる). 《1933》
Trans·vaal /trænsvɑ́ːl, trænz- | trǽnzvɑːl, trǽns-, trɑ́ːnz-, trɑ́ːns-, ⸗⸗́; *Afrik.* trɑnsfɑ́ːl/ *n.* [the ~] トランスバール (南アフリカ共和国北東部の Vaal 川以北を占めた旧州; 世界的な金の産地; もと the South African Republic (1856–77, 1881–1902); 面積 283,919 km^2, 州都 Pretoria; 現在は Mpumalanga (旧名 Eastern Transvaal), Northern (旧名 Northern Transvaal), North-West, Gauteng の各州に分かれている). **~·er** *n.* **~·i·an** *adj.* 《← TRANS-＋*Vaal* (南アフリカの the Orange River の支流)》
Tránsvaal dáisy *n.* 〖植物〗オオセンボンヤリ (*Gerbera jamesonii*) (アフリカ南部原産の, 橙赤色の頭花をつけるキク科ガーベラ属の多年生植物). 《1901》
tràns·váluate *vt.* =transvalue. 《(逆成) ↓》
tràns·valuátion *n.* 価値変更, 再評価. 《1898》
tràns·válue *vt.* …の価値を変える, 再評価する. **~·er** *n.* 《1899》
trans·ver·sal /trænsvə́ːsəl, trænz-, -sl | trænzvə́ː-, trɑːnz-, træns-, trɑːns-/ *adj.* **1** 横断する (transverse): a ~ line 横断線. **2** 横断の. **3** 〖解剖〗横の, 横断の, 横行する. — *n.* 〖数学〗横断線. **~·ly** *adv.* 《(*c*1450) ◻ ML *trānsversālis*: ⇨ transverse, -al[1]》
trans·ver·sal·i·ty /trænsvəːsǽləti, trænz- | trænzvəːsǽlɪ̀ti, trɑ̀ːnz-, træns-, trɑ̀ːns-/ *n.* 横位; 横断. 《1850》
trans·verse /trænsvə́ːs, trænz- | trǽnzvəːs, trɑ́ːnz-, trǽns-, trɑ́ːns-⸗́/ *adj.* **1** 横の, 横切った, 横断の (crosswise, athwart): a ~ muscle [artery] 横行筋[動脈] / a ~ section 横断面 / a ~ strain 横ひずみ. **2** 〈笛が〉横吹きの: ⇨ transverse flute. **3** 〖数学〗交軸の, 切軸の. **4** 〖天文〗横振動の (気柱が軸と垂直な方向に振動する). — /⸗⸗/ *n.* **1** 横断物, 横に並ぶ[働く]もの; 〖解剖〗横筋. **2** 〖海事〗=web frame. **3** 〖数学〗=transverse axis. **4** (公園などを横切る)横断道路. — /⸗⸗́/ *vt.* **1** 横切る, 横断する. **2** 《古》…に反対する (oppose). **3** ひっくり返す (overturn). **~·ly** *adv.* **~·ness** *n.* 《(1596) ◻ L *trānsversus* ← TRANS-＋*versus* (⇨ verse[1]): cf. traverse. — v.: (*a*1378)》
tránsverse áxis *n.* 〖数学〗**1** (双曲線の)交軸, 切軸 (二つの焦点を通る直線). **2** (双曲線の)頂点間の交軸の部分. 《1704》
tránsverse cólon *n.* 〖解剖〗横行結腸. 《*c*1860》
tránsverse flúte *n.* (recorder に対して)横笛型のフルート (flauto traverso ともいう; cf. flute 1 a). 《1879》
tránsverse mágnet *n.* 〖物理〗磁極が(長手方向の端でなく)側辺にある磁石.
transvérse magnificátion *n.* 〖光学〗横倍率 (lateral magnification).
tránsverse prócess *n.* 〖解剖〗(脊椎(せきつい)の)横突起. 《1696》
tránsverse séction *n.* =cross section.
tránsverse véin *n.* 〖昆虫〗=crossvein 2.
transvérse vibrátion *n.* 〖物理〗横振動.
tránsverse wáve *n.* 〖物理〗横波 (電磁波のように振動方向と進行方向が垂直な波; cf. longitudinal wave). 《1922》
trans·vert·er /trænsvə́ːtə, trænz- | trænzvə́ːtə(r, trɑːnz-, træns-, trɑːns-/ *n.* トランスバーター, 変圧整流機. 《(1916) ← L *trānsvertere* to turn＋-ER[1]: ⇨ transverse》
trans·ves·tism /trænsvéstɪzm, trænz- | trænzvés-, trɑːnz-, træns-, trɑːns-/ *n.* 〖心理〗服装倒錯, 異性装 (異性の服装をすることで一時的な体験を享受する, または性的な満足を得ること; cf. eonism). **trans·vés·tic** /-véstɪk/ *adj.* **trans·vés·tist** /-tɪ̀st | -tɪst/ *n., adj.* 《(1928) ◻ G *Transvestismus* (原義) clothing across: ⇨ trans-, vest, -ism》
trans·ves·tite /trænsvéstaɪt, trænz- | trænz-, trɑːnz-, træns-, trɑːns-/ *n.* 服装倒錯者, 異性装者. — *adj.* 服装倒錯の. 《(1922) ◻ G *Transvestit*: ⇨ ↑, -ite[1]》
trans·ves·ti·tism /trænsvéstətɪzm, trænz- | trænzvéstɪ̀-, trɑːnz-, træns-, trɑːns-/ *n.* 〖心理〗=transvestism.
Tran·syl·va·ni·a /trænsɪ̀lvéɪniə, -sl- | træn-, trɑːn-/ *n.* トランシルバニア (ルーマニア北西部および中部の地域; 以前はハンガリーの一部であったが, 1918 年ルーマニアに併合された; 面積 55,146 km^2).
Tran·syl·va·ni·an /trænsɪ̀lvéɪniən | træn-, trɑːn-⸗́/ *adj.* トランシルバニア(人)の. — *n.* トランシルバニア人. 《(1644): ⇨ ↑, -an[1]》
Tránsylvanian Álps *n. pl.* [the ~] トランシルバニアアルプス (ルーマニア南部の山脈; Carpathian 山脈の南西の部分を成す; 最高峰 Moldoveanu (2,543 m)).
trap[1] /trǽp/ *n.* **1** (鳥獣を捕らえる)わな, 落とし (pitfall, snare); (魚を捕らえる)簗(やな), 筌(うえ) (fish trap): be caught in a ~ =fall into a ~ わなにかかる. **2 a** 落とし穴, 策略, 術策, 計略 (artifice): fall [walk] into a ~ 術中に陥る / lay [set] a ~ for …にわなをかける; …を陥れようとたくらむ. **b** =police trap. **3 a** (鉱坑の)通風口. **b** 床尾板の穴 (銃の付属品を入れる). **c** 防臭弁, トラップ (臭気・ガスが上に戻らないようにするため液体が途中でたまるように U 字型に曲げた導管). **d** トラップ (野球のグローブの親指と人さし指との間の革ひも). **4** 〖射撃〗トラップ, 放出器, 標的飛ばし (射的練習のため, クレー (clay pigeon)・ガラス球などを空中に飛ばす仕掛け; cf. trapshooting). **5** 〖球技〗(trapball 用の)球飛ばし (靴形の木片; バットでその一端を打つと他端に入っているボールが空中に飛ぶ); トラップボール (競技). **6** (二輪・ばね付きの)軽馬車 (gig, dogcart など). **7** =trapdoor 1. **8** (グレーハウンド競走で)スタート前に犬を入れておく囲い. **9** 《豪俗》巡査, 警官 (policeman); 探偵 (detective). **10** [通例 *pl.*] 《口語》〖ジャズ〗打楽器類 (大太鼓・小太鼓・シンバル・マラカス・ゼなど): play the ~s. **11** (衣服などの)かぎ裂き. **12** 《口語》口 (mouth): Keep your ~ shut! (口を割らずに)黙っていろ / ⇨ SHUT *one's trap*. **13** 〖スポーツ〗トラップ捕球, ショートバウンドでの捕球. **14** 〖アメフト〗=mousetrap 3. **15** 〖ゴルフ〗=sand trap 2. **16** [*pl.*] トラップ (自動車レース場などで電子計時装置を用いて競走車の速度を測定する区間). **17** 〖チェス〗はめ手.
be ùp to tráp 《英口語》隅に置けない, 心得ている; ずるい. (1819) ***fáll into the tráp of dóing*** …計略にはまって愚かにも…する. ***understánd tráp*** 《英口語》自分の利益を心得ている, 抜け目がない. (1681)
— *v.* (**trapped,** 《古》**trapt** /trǽpt/; **trap·ping**) — *vt.* **1** (毛皮をとるために)〈動物を〉わな[落とし]でとる (⇨ catch SYN): ~ lobsters / The bear was ~*ped*. その熊はわなにかかった. **2** 〈人を〉落とし穴に陥れる, だます, 一杯くわす (deceive): ~ a person *into giving* away vital information 人をわなにかけて重大な情報を言わせる. **3** 〈場所〉にわなをしかける: ~ the wood, hedge, etc. **4 a** 〈排水管など〉にトラップを付ける, 防臭装置を施す. **b** 〈ガスなどを〉防臭装置で止める; 〈水・空気・光などを〉止める, ふさぐ. **5** 〈芝居の舞台〉に落とし戸を設ける. **6 a** 〖サッカー・野球〗〈球を〉トラップする, 落下直後にショートバウンド捕球する. **b** 〖野球〗(投手や捕手の牽制球や送球で)〈走者を〉刺す, アウトにする. **7** 〖アメフト〗トラッププレー (trap play) をする. **8** 〖射撃〗〈土ばとなどを〉放鳥器から放つ (cf. *n.* 4). **9** 〖ゴルフ〗〈ゴルフコース〉にサンドトラップ (sand trap) を設ける. — *vi.* **1** わなをかける. **2** 《米》わな猟をする, わな猟を職業にする. **3** 〈蒸気などが〉管の中で詰まる. **4** 〖射撃〗放出器を使う[扱う]; 放出器から放つ. **5** 〖演劇〗奈落(ならく)を使う. **6** (炭坑で)通風口の番をする. **~·lìke** *adj.* 《n.: OE *træppe* (原義) that on which an animal steps ← Gmc *trap- (MDu. *trappe* / MLG *trappe* step, stairs (G *Treppe*)) ← IE *der- to run, step (ML *trappa*). — v.: (*a*1393) *trappe(n)* ← (n.): cf. tread》

SYN わな: **trap** 動物を捕らえるためのばね仕掛けのわな; 人を不意打ちする策略: spike his *trap* 彼の策略の裏をかく. **snare** ひもや針金の輪で作ったわな; 人を陥れる誘惑・陥穽(かんせい) 《格式ばった語》: She avoided the *snare* he so craftily set. 彼が非常に巧みに仕掛けたわなを避けた. **pitfall** 動物を捕るための落とし穴; 隠された危険: the *pitfalls* of life 人生の陥穽. ⇨ catch.

---

trap[2] /trǽp/ *n.* **1** [*pl.*] 《口語》持ち物, 携帯品, 手回り品, 手荷物 (belongings, baggage): pack up one's ~*s* 手回り品[荷物]をまとめる. **2** [通例 *pl.*] 《廃》馬飾り (trappings). — *vt.* (**trapped; trap·ping**) …に馬飾り[馬衣]を付ける (caparison). 《(?*a*1300) *trappe* (変形) ← ? (O)F *drap* cloth, covering (cf. Sp. *trapo* cloth / ML *drappus* cloth): cf. drape》
trap[3] /trǽp/ *n.* **1** [*pl.*] 《スコット》踏み台, 脚立 (stepladder). **2** 〖岩石〗**a** トラップ (きめの細かい黒ずんだ火山岩 (玄武岩など); 道路工事に用いる). **b** 石油・天然ガス埋蔵の地質構造. 《(1756) ◻ Swed. *trapp* (変形) ← *trappa* stair ◻ MLG *trappe* 'TRAP[1]': 2 の語義は外見が階段状をしていることから》
tra·pan /trəpǽn/ *vt., n.* =trepan[2]. **~·ner** *n.*
Tra·pa·ni /trɑ́ːpəni; *It.* trɑ́ːpani/ *n.* トラーパニ (イタリア Sicily 島北西部の海港).
tráp·bàll *n.* **1** トラップボール (trap で空中にはね上がった球をバットで飛ばす昔の球戯; ⇨ trap[1] 5). **2** トラップボール用の球. 《1658》
tráp càr *n.* 〖鉄道〗(ターミナル駅で用いる)貨物集散車.
tráp-cèllar *n.* 《英》舞台の床下, 奈落(ならく).
tráp cròp *n.* 〖農業〗(害虫を他の作物から引き寄せるために植えられる)誘引作物, 捕獲作物. 《1899》
tráp cùt *n.* 〖宝石〗=step cut. 《1853》
tráp·dóor *n.* **1 a** (閉じたときに床・屋根・天井・舞台などの表面と(ほぼ)同一の平面をなす)はね上げ戸, 落とし戸, 揚げぶた, はねぶた, 引戸, 引窓. **b** それが覆う穴. **2** 〖鉱山〗通風戸 (weather door ともいう). **3** (服の)かぎ裂き. **4** 〖電算〗(暗号やユーザー管理システムなどの)抜け穴 (backdoor) (不備によるものも意図的につくられたものもいう). 《*c*1385》
tráp-dòor spíder *n.* 〖動物〗トタテグモ (巣をくぼみに作り一端にちょうつがいのあるふたを作るトタテグモ科のクモの総称). 《1826》
trapes /tréɪps/ *n., v.* =traipse. 《(1593)? ← 《廃・方言》*trap(p)e* to tramp: cf. Du. *trappen* to tread: cf. traipse》
tra·peze /træpíːz, trə- | trə-/ *n.* **1** (曲芸用・体操用)ぶらんこ (flying trapeze). **2** (ヨットレースなどで, バランスのため体を艇外に乗り出す時に使う)命綱. — *vi.* (曲芸用)ぶらんこに乗る. 《(1861) ◻ F *trapèze* // L *trapezium* small table: ⇨ trapezium》
trapéze àrtist *n.* ぶらんこ曲芸師. 《1938》
trapezia *n.* trapezium の複数形.
tra·pe·zi·form /træpíːzəfɔ̀ːm, trə- | trəpíːzɪ̀fɔ̀ːm/ *adj.* 不等辺四辺形の. 《(1776): ⇨ trapezium, -form》
tra·péz·ist /-zɪ̀st | -zɪst/ *n.* =trapeze artist. 《1875》
tra·pe·zi·um /trəpíːziəm/ *n.* (*pl.* **~s, -zi·a** /-ziə/) **1** 《英》〖数学〗=trapezoid 2. **2** 《米》〖数学〗不等辺四辺形 (《英》trapezoid) (どの辺も長さが異なる四辺形). **3** 〖解剖〗(手首の)菱形骨. **4** [the T-] 〖天文〗トラペジウム (オリオン座の θ 星で, オリオン大星雲の中心にある).
tra·pé·zi·al /-ziəl/ *adj.* 《(1570) ← LL ~ ← Gk *trapézion* (dim.) ← *trápeza* table ← *tra-* four＋*péza* foot》
trapézium rùle *n.* 〖数学〗=trapezoidal rule.
tra·pe·zi·us /trəpíːziəs/ *n.* 〖解剖〗僧帽筋 (背部の両側にある僧帽状の筋肉). 《(1704) ← NL ~ (adj. masc.) (↑)》
tra·pe·zo·he·dron /trəpìːzouhíːdrən | -zə(ʊ)híː-drən, -hédr-/ *n.* (*pl.* **~s, -he·dra** /-drə/) 〖結晶〗偏方多面体 (不等辺四辺形で囲まれた多面体; ざくろ石に現れる偏方二十四面体など). **tra·pè·zo·hé·dral** /-drəl⸗́/ *adj.* 《(1816–22) ← Gk *trápeza* (⇨ trapezium)＋-HEDRON》
trap·e·zoid /trǽpəzɔ̀ɪd | -pɪ̀-/ *adj.* 〖数学〗**1** 《英》不等辺四辺形の. **2** 《米》台形の, 梯形(ていけい)の. — *n.* **1** 《英》〖数学〗=trapezium 2. **2** 《米》〖数学〗台形, 梯形 (《英》trapezium). **3** 〖解剖〗小菱形骨. 《(*c*1705) ← NL *trapezoidēs* ← LGk *trapezoeidēs* tablelike ← *trápeza* (↑)》
trap·e·zoi·dal /træ̀pəzɔ́ɪdl | -pɪ̀zɔ́ɪdl⸗́/ *adj.* 〖数学〗台形の, 梯形(ていけい)の. 《(1796): ⇨ ↑, -al[1]》
trápezoidal rúle *n.* 〖数学〗台形公式, 梯形(ていけい)公式, 台形法則 (定積分の近似値を求める公式で, 関数の縦線図形を幾つかの台形の和で近似するという考えに基づく).
trápezoidal thréad *n.* 〖機械〗台形ねじ.
trap·e·zoph·o·ron /træ̀pəzɑ́(ː)fərɑ̀(ː)n | -pɪ̀zɔ́fə-rɔ̀n/ *n.* (*pl.* **-o·ra** /-rə/) (古代の, 装飾を施した)テーブル脚 (人間や動物の顔・翼・脚などの身体部分が彫刻されている). 《◻ L *trapezophoron* ◻ Gk *trapezophóron* (原義) tablebearer: ⇨ trapezium, -phorous》
tráp·lìne *n.* **1** わなの仕掛けられる道筋, わな道. **2** 〖釣〗餌をつけた一連の釣針を沈めておく釣糸. **3** クモの巣の糸. 《1889》
tráp·nèst *n.* トラップネスト (入口がちょうつがい式の戸で, めんどりが一度入ると出られなくなる産卵箱). — *vt.* (トラップネストで)〈めんどり〉の産卵成績を調べる. 《1901》
Trappe, La *n.* ⇨ La Trappe.
trap·pe·an /trǽpiən/ *adj.* (まれ) 〖岩石〗トラップ (trap) 質の. 《(1813) ← TRAP[3]＋-EAN》
trapped /trǽpt/ *adj.* (現状から)逃れられない, 八方ふさがりで.
tráp·per *n.* **1** わなで鳥獣を捕る人, 落としをかける人; (特に, 初期の北米・カナダで毛皮を取るための)わな猟師: a fur ~. **2** 〖鉱山〗鉱坑通風口の開閉係. **3** 軽馬車 (trap) を引く馬. **4** 《英》〖鉄道〗(貨車や車両を側線に引き込む)転轍(てんてつ)係. 《(?*a*1300): ⇨ trap[1], -er[1]》
trap·ping /trǽpɪŋ/ *n.* **1** [*pl.*] (うわべの)装飾 (embellishments): He needs no ~*s* of fame. 彼には名声などという虚飾はいらない. **2** [通例 *pl.*] (儀式の時などに用いる装飾的な)馬衣, 馬具, 馬飾り (caparison). **3** [*pl.*] (美々しく飾った)礼服, 式服. 《(1398): ⇨ trap[2], -ing[1]》
Trap·pist /trǽpɪ̀st | -pɪst/ *n.* 〖カトリック〗トラピスト会修道士 (1664 年フランス Normandy の La Trappe 修道院に, シトー修道会 (Cistercian Order) の改革派として創立され, 絶対沈黙その他の厳重な戒律を採用する修道会の一員). — *adj.* トラピスト(会)の. 《(1814) ◻ F *trappiste* ← LA TRAPPE＋-*iste* '-IST'》
Tráppist chéese *n.* トラピストチーズ (新鮮な牛乳で造る黄色いチーズ; Gethsemane cheese, Port (du) Salut ともいう). 《トラピスト会修道士が造り始めたことから: ↑》
Trap·pist·ine /trǽpɪ̀stìːn | -pɪs-/ *n.* トラピスト女子修道女 (1796 年創立のトラピスト女子修道会の一員). 《(1869): ⇨ Trappist, -ine[4]》
tráp plày *n.* 〖アメフト〗トラッププレー (⇨ mousetrap 3).
trap·py /trǽpi/ *adj.* (**trap·pi·er; -pi·est**) **1** わなのある; 油断のならない. **2** 〈馬が〉脚をやや高く上げて小刻みに速く歩く. **tráp·pi·ness** *n.* 《(1882) ← TRAP[1]＋-Y[4]》
tráp·ròck *n.* 〖岩石〗=trap[3] 2.
trapse /tréɪps/ *n., v.* =traipse.
tráp·shòoter *n.* トラップ[クレー]射撃の射手. 《1899》
tráp·shòoting *n.* 〖射撃〗トラップ射撃, クレー射撃 (trap から放ったクレー (clay pigeon) などを射つ射撃競技; clay pigeon shooting ともいう; cf. trap[1] *n.* 4). 《1892》
tráp shòt *n.* **1** 〖球技〗=half volley. **2** =trapshooter. 《1892》
trapt *v.* 《古》trap[1] の過去形・過去分詞.
tra·pun·to /trəpúntou | -təʊ; *It.* trapúnto/ *n.* (*pl.* **~s**) トラプント (2 枚以上の布を用い, デザインの輪郭をランニングステッチして, 内部に綿や紡ぎ糸(ヤーン)などを詰めて浮彫りのような立体感をもたせた装飾的なキルティング). 《(1929) ◻ It. ~ (p.p.) ← *trapungere* to embroider ← *tra-* 'through, TRANS-'＋*pungere* to prick (⇨ pungent)》
trash[1] /trǽʃ/ *n.* **1** 《米》くず, 廃物, がらくた (rubbish); まがい物, 安ぴか物 (shoddy): Who steals my purse steals ~. 私の財布を盗むのはくずを盗むに等しい (Shak., *Othello*

3. 3. 157). **2** 切りくず, かけら, こっぱ; 切り枝 (loppings), 落葉, とうもろこしのむきがら, 砂糖きびの絞りがら(など)《燃料》. **3** (芸術・文学上の)駄作, 愚作 (rubbish): verbal ～ 文学上の駄作 / This book is mere ～. この本は全くの愚作だ. **4** ばか話, たわいのない話 (nonsense, stuff): No more of such ～! そんなばか話はよしてくれ. **5** 《口語》くずのような人, あばずれ(女); [集合的] 人間のくず: ⇨ white trash. **6** 《米俗》(反抗の表示としての)手当たり次第の破壊行為.
— *vt.* **1** 《米俗》(反抗の表示として)手当たり次第に破壊する. **2** くず物扱いにする, 捨てる. **3** …からくずを除く; …からいらぬ葉や枝を取り除く (lop, crop), 〈砂糖きび〉の外葉(がいよう)を取る《太らせるため》: ～ trees 木の枝をおろす. **4** 《俗》〈人などを〉こきおろす, 中傷する; 侮辱する. — *vi.* 《米俗》手当たり次第に破壊する.
〖(*c*1518) ← Scand.: cf. Norw. 《方言》*trask* lumber, trash〗

trash² /trǽʃ/ *vt.* 《古》 **1** 妨げる, じゃまする, 阻止する. **2** 〈犬・馬を〉制御する. — *n.* 《英方言》(猟犬を制御する)長いひも. 〖(1611) □ ? OF *trachier* 《異形》← *tracier* to make one's way: ⇨ trace¹〗

trásh càn *n.* 《米》金属製ごみ入れ (《英》dustbin) (ash can, garbage can ともいう). 〖1929〗

trásh compàctor *n.* 《米》ごみ圧縮機.

trashed *adj.* 《米》 **1** ぐでんぐでんに酔っぱらって. **2** めちゃめちゃになって.

trash·er /trǽʃə | -ʃə(r/ *n.* 《米俗》(反抗の表示として)手当たり次第に破壊する人. 〖(1903) ← TRASH¹ + -ER¹〗

trash·er·y /trǽʃ(ə)ri/ *n.* [集合的] つまらない物 (trashes, rubbish). 〖(1557) ← TRASH¹ + -ERY〗

trásh fàrming *n.* 《米》〖農業〗刈株マルチ耕作法 (stubble-mulch farming ともいう).

trásh fìsh *n.* **1** = rough fish. **2** 《米》食用として商品価値がなく家畜の飼料や油の原料となる海産魚. 〖1945〗

trásh·màn /-mæ̀n, -mən/ *n.* (*pl.* **-men** /-mɛ̀n, -mən/) 《米》くず[廃物]収集人. 〖1965〗

trásh·ràck *n.* 〖土木〗= rack¹ 10. 〖1913〗

trásh tàlk [tàlking] *n.* (相手をおじけづかせるための)嘲弄のことば, 挑発的な侮辱, 大口, 悪口, 毒舌, こきおろし.
trásh-tàlk *vi.* **～·er** *n.*

trash·y /trǽʃi/ *adj.* (**trash·i·er; -i·est**) **1** くずの, 廃物の, かすの, がらくたの; 役に立たない, くだらない, つまらない: ～ novels 三文小説. **2** 《畑など》雑草[下生えなど]でいっぱいの. **trásh·i·ly** /-ʃɨli/ *adv.* **trásh·i·ness** *n.* 〖(*a*1620) ← TRASH¹ + -Y⁴〗

Tra·si·me·no /trɑ̀ːzimémnou | -nəu; *It.* trazimé:no/, **Lake** *n.* トラジメーノ湖《イタリア中部の湖(130 km²); ローマ軍が Hannibal に大敗した所 (217 B.C.)》.

Trás-os-Montes /trɑ̀ːʒuːsmɔ́(ː)ntɛʃ | træ̀ʒuːs-mɔ́n-/ *n.* トラズ オス モンテス《ポルトガル北東部, Douro 川以北の山岳地域》. 〖□ Port. ～ 《原義》beyond the mountains〗

trass /trǽs/ *n.* 〖岩石〗火山土, トラッス《主に火山灰の凝結したものからできている粉末状凝灰岩; 水硬セメントの原料》. 〖(1796) □ Du. *tras(s), tarasse* 《変形》← *terras* □ F *terrasse* 'TERRACE'〗

trat·to·ri·a /trɑ̀ːtəríːə | -tə-; *It.* trattorí:a/ *It.* *n.* (*pl.* **～s, -ri·e** /-ríːiː; *It.* -rí:e/) (イタリアの)飲食店. 〖(1832) □ It. ～ ← *trattore* innkeeper ← *trattare* to treat〗

Trau·bel /tráubəl, -bḷ/, **Helen** *n.* トラウベル (1903–72; 米国のソプラノ歌手; Wagner を得意とした).

trau·chle /trɔ́ːkḷ, trǽkḷ, -xḷ/ *vt.* 《スコット》= trachle.

trau·ma /trɔ́ːmə, tráː-, tráu- | trɔ́ː-, tráu-/ *n.* (*pl.* **～·ta** /～tə | ～tə/, **～s**) **1** 〖精神医学〗(精神的・心理的後遺症となる)衝撃 (shock), 心的外傷, トラウマ. **2** 〖病理〗外傷, 創傷 (wound); 外傷性症状; 外傷原因. 〖(1693) ← NL ～ ← Gk *traûmat-, traûma* wound ← IE **tera-* to rub: cf. Gk *trúeim, titrṓskein* to wound, damage〗

trau·mat- /trɔ́ːmət, tráː-, tráu- | trɔ́ː-, tráu-/ (母音の前にくるときの) traumato- の異形.

traumata *n.* trauma の複数形.

trau·mat·ic /trɔːmǽtɪk, trɑː-, trau- | trɔːmǽt-, trau-/ *adj.* **1** 《口語》(心の痛手となるほど)不快な: a ～ experience, event, etc. **2** 〖精神医学〗心的外傷[トラウマ]の, 心的外傷[トラウマ]となる. **3** 〖病理〗 **a** 創傷の, 外傷(性)の, 外力性の: She is the victim of a ～ neurosis. 外傷(性)神経症にやられている. **b** 創傷[外傷]治療の. — *n.* 創傷薬, 外傷薬. **trau·mát·i·cal·ly** *adv.* 〖(1656) □ LL *traumaticus* □ Gk *traumatikós* pertaining to wound(s) ← *traûma* 'TRAUMA': ⇨ -ic¹〗

traumátic ácid *n.* 〖化学〗トラウマチン酸 ($C_{12}H_{20}O_4$) 《青豆から採りまた合成もできる; 植物の外傷に特効がある》. 〖1939〗

traumátic occlúsion *n.* 〖歯科〗外傷性咬合《歯を支えている組織に外傷を与える咬み合わせ》.

trau·ma·tism /trɔ́ːmətɪzm, tráː-, tráu- | trɔ́ː-, tráu-/ *n.* 〖病理〗外傷, 創傷 (trauma); 外傷性(全身)障害. 〖1857〗

trau·ma·tize /trɔ́ːmətàɪz, tráː-, tráu- | trɔ́ː-, tráu-/ *vt.* **1** 〖精神医学〗…に心的外傷[トラウマ]を与える. **2** 〖病理〗…に外傷を起こさせる. **trau·ma·ti·za·tion** /trɔ̀ːmətɪ̀zéɪʃən, trɑ̀ː-, tràu- | trɔ̀ːmətaɪ-, tràu-, -tɪ-/ *n.* 〖(1903): ⇨ ↓, -ize〗

trau·ma·to- /trɔ́ːmətou, tráː-, tráu- | trɔ́ːmətəu, tráu-/「外傷 (trauma)」の意の連結形. ★ 母音の前では通例 traumat- になる. 〖□ LL ～ ← Gk ～ ← *traûma* 'TRAUMA'〗

trau·to·ni·um /trautóuniəm | -tóu-/ *n.* 〖楽器〗トラウトニウム《低周波発振器を利用した電子楽器; 弦楽器に似て指板を押さえる位置とその強さに応じて周波数が調節され, 音の高低を決めることができる》. 〖(1931) ← *Friedrich Trautwein* (1888–1956: ドイツの音響学者で, その発明者)〗

trav. 《略》travel(s); traveler.

trav·ail /trəvéɪl, trǽveɪl | trǽveɪl, trəvéɪl/ *n.* 《古》 **1** **a** 労苦, 骨折り, 辛苦 (labor, effort). **b** 苦痛, 激痛. **2** 陣痛: *in* ～ 陣痛がして, 産気づいて. — *vi.* 《古》 **1** 産みの苦しみをする. **2** 苦労する, 骨折る (toil). — *vt.* 《古》苦しめる (torment), 悩ませる (harass). 〖(*c*1275) □ (O)F ～ 'painful effort, trouble' ← *travailler* to work (hard) < VL **trepāliāre* ← LL *trepālium* torture instrument ← L *trēs* 'THREE' + *pālus* 'stake, POLE¹'〗

Trav·an·core /trǽvənkɔ̀ə | trævəŋkɔ́ː(r/ *n.* トラバンコール《インド南西部の旧州; 現在は Kerala 州の一部》.

trave /tréɪv/ *n.* **1** 〖建築〗 **a** 横げた (crossbeam), 横断ばり. **b** (横げたが作る)径間(けいかん), 格間(ごうま). **2** 馬のかせ《蹄鉄(ていてつ)を打つ間馬を閉じ込めておくための枠》. 〖(*c*1390) □ OF ～ < L *trabem, trabs* beam〗

trav·el /trǽvəl, -vḷ/ *v.* (**trav·eled, -elled; -el·ing, -el·ling**) — *vi.* **1** (遠方へまたは外国へ)旅行する (journey): ～ abroad 海外旅行をする / ～ (for) two months [hundreds of miles] 2 か月間[何百マイルも]旅行する (cf. *vi.* 3 a) / ～ for one's health 保養のために旅行する / ～ light (荷物などをなるべく少なくして)身軽に旅をする / ～ first-[second-]class to Paris パリまで一等[二等]で旅行する / ～ *in* Britain 英国を旅行する / ～ *through(out)* [*across*] Europe ヨーロッパをくまなく旅する / ～ *(a)round* the world 世界一周旅行をする / The birds ～ south in winter. その鳥は冬になると南方へ飛んで行く. **2** (乗物で)行く, 通う: He has never ～*ed on* a bus. バスに乗ったことがない / He ～*s to* Manhattan by subway every day. 毎日地下鉄でマンハッタンへ通っている. **3** **a** 動いて行く, 進む, 走る (go, move along): ～ *in* an orbit 〈人工衛星などが〉軌道を運航する / Trains ～ *along* rails. 列車はレールを走る / We ～*ed* three hundred miles in one day. 我々は(車で)1 日に 300 マイルを走った (cf. *vi.* 1). **b** 〈機械(の部分)が〉(一定の通路を)動く, 移動する (move): ～ in the [a] groove 溝の中を動く. **c** 〈動物, (特に)鹿などが〉(草を食いながら)進む: The deer ～*s* leisurely. 鹿はゆっくりと進む. **4** **a** 《口語》速く動く[進む] (move rapidly): That car is ～*ing*, and no mistake! 確かにあの車は速く走っている / Keep ～*ing*! 《米俗》さっさと行ってしまえ. **b** 《方言》歩く (walk). **5** 〈光・音・痛み・ニュースなどが〉伝わる, 進む, 走る: Light ～*s* faster than sound. 光は音よりも速く伝わる / Bad news ～*s* fast. 《諺》悪いうわさはすぐ広まる,「悪事千里(を走る)」/ The pain ～*ed down* my leg. 痛みが脚を走った. **6** 〈目・視線が〉次から次へと移る; 〈心・記憶が〉次々と思い出す: His gaze ～*ed* slowly *over* the rows of books. 彼の視線がずらりと並んだ本の上をゆっくり動いて行った / His mind ～*ed back to* the events of the day. 思いをその日の出来事に馳(は)せた. **7** [副詞語句を伴って]《口語》〈品物などが〉運送に耐える (bear transportation); 〈思想などが〉伝播(でんぱ)される: Some wines ～ well, some badly. ぶどう酒には輸送によって品質の落ちないものと落ちるものがある / His philosophy didn't ～ well. 彼の哲学は十分に普及しなかった. **8** 〔…の〕注文取りに出る, 売り込みに回る, 巡回販売をする〔*in*〕(cf. traveling salesman): ～ *in* domestic appliances 家庭用品のセールスをする / ～ *for* a firm ある商会の外交員をする. **9** 《口語》交際する, つきあう (associate) 〔*with*〕: ～ *with* intellectuals インテリ仲間とつきあう / ～ *in* wealthy circles 金持ち連中と交際する. **10** 〖バスケットボール〗トラベリングする.
— *vt.* **1** **a** 〈国・地方などを〉旅行する, 〈道などを〉(旅行して)通る (journey through): ～ the whole world 全世界を旅行する / ～ the U.S. from San Francisco to New York アメリカ合衆国をサンフランシスコからニューヨークまで旅行する / The path was well ～*ed*. その道は通る人が多かった. **b** [～ it として]《口語》旅行する; (特に)徒歩旅行する. **c** 〈ある距離を〉進行する, 通過する: The distance ～*ed* by light in one year is a light year. 光が 1 年間に進行する距離を 1 光年という. **d** 〈区域を〉外交して回る, 売り込みに回る: ～ the district *for* an automobile company 自動車会社の外交員としてその地区を回る. **2** 《口語》〈家畜の群れなどを〉追う, 移動させる: ～ stock [logs] 家畜[木材]を移動させる.
— *n.* **1** **a** 旅行(すること) (traveling) (⇨ trip¹ SYN): ～ *to* the moon 月への旅行 / be fond of ～ 旅行が好きである. **b** [今は通例 *pl.*] (特に)遠距離旅行, 外国旅行 (journey): ～*s* abroad [*in* Europe] 海外[ヨーロッパ]旅行 / be (off) *on* one's ～*s* 旅行中である / set out *on* another ～ また旅行に出かける / be back from one's ～*s* 旅行から戻る / meet a person *on* [*in*] one's ～*s* 旅行中に人に出会う. **2** [*pl.*] 旅行記, 紀行, 旅行談; 紀行文学 (cf. voyage 2): Gulliver's *Travels* ガリバー旅行記 / the ～*s* of Marco Polo マルコポーロの見聞録. **3** 《米》(人・車馬の)往来, 交通(量) (traffic): There is much ～ on this road. この道路は交通量が多い. **4** **a** 移動; (星・光・音などの)進行, 運動, 運行 (progress): the ～ of blood 血液の流れ. **b** 〖機械〗行程, 動程, 衝程.
— *adj.* [限定的] 旅行の[に関する]: a ～ book 旅行記, 紀行 / ～ supplies 旅行用品 / a ～ guide 旅行案内(書) / ～ literature 紀行文学 / ～ expenses 旅費.
〖(*c*1300) 《変形》← TRAVAIL: 《原義》to have a toilsome journey〗

trável àgency *n.* **1** 旅行案内所[代理店]. **2** 旅行案内業. 〖1927〗

trável àgent *n.* 旅行案内業者. 〖1925〗

trav·el·a·tor /trǽvəlèɪtə, -vḷ- | -tə(r/ *n.* (ベルトコンベア式の)動く歩道. 〖(1955) 《混成》← TRAVE(L) + (ESCA)LATOR〗

trável bùreau *n.* = travel agency 1.

Tráv·el·càrd *n.* トラベルカード《London のバス・地下鉄・列車を 1 日[1 週間]乗車できるプリペイドカード》.

tráv·eled, 《英》-elled *adj.* **1** 旅行の経験がある, 広く旅をした; (旅行をして)見聞の広い, 旅慣れた: He is a ～ man. **2** 旅人の多い: a ～ route 旅人の多く通る路. **3** 〖地質〗漂移性の (erratic): ～ boulders 漂石. 〖(1413): ⇨ -ed 2〗

trav·e·ler, 《英》-el·ler /trǽv(ə)lə, -vḷə | -v(ə)lə(r, -vḷ-/ *n.* **1** **a** 旅行者; 旅行家, 旅客, 旅人: He is a great ～. 彼は大の旅行好きだ / a ～'s tale 旅行家の見聞物語; 信用のできないほら話. **b** 《英方言》放浪者 (tramp). **c** 《豪》= swagman. **2** (企業の)外交員, 注文取り, 得意回り (《米》traveling salesman). **3** 〖機械〗走行台, トラベラー《一定の動程を往復する装置》. **4** [形容詞を伴って] 進行の…な物《馬・車など》: This horse is a fast ～. この馬は脚が速い. **5** 〖海事〗 **a** すべり環《綱・棒・円材に沿って自由に動くようにはめられた金属の環》. **b** すべり環のはまっている棒[綱, 円材] (horse ともいう). **6** 〖紡織〗トラベラー《リング精紡機などで糸によりをかける作用をするクリップ》. **7** 〖劇場〗(前舞台の両脇から引いてあける)横幕, 引き幕 (traveler curtain ともいう; cf. drop curtain). **8** = travelling people. **9** = New Age traveller.
pláy the tráveler upon …にほらを吹く; …をだます. (1739) ***tip the tráveler upon*** = ***tip a person the tráveler*** 《俗》= *play the* TRAVELER *upon*. (1762)
〖(*c*1375): ⇨ travel, -er¹〗

tráveler cùrtain *n.* 〖劇場〗= traveler 7.

Trávelers *n.* トラベラーズ《Citibank を中核とする世界的な金融大手 Citigroup の保険会社; 元 Travelers Corp. [Travelers Group] として独立していたが, 1988 年に Citicorp と合併し Citigroup を形成》.

tráveler's chèck [《英》chèque] *n.* 旅行(者)小切手, トラベラーズチェック《通例比較的小額の小切手で, 外国旅行者に銀行が振り出し, 利用者は二つの署名欄のうち一方にあらかじめサインし, 使用の際本人がもう一方にサイン (countersign) して発効する》: dollars in ～*s*. 〖1891〗

tráveler's-jòy *n.* 〖植物〗キンポウゲ科センニンソウ属 (*Clematis*) の植物の総称《ボタンヅル・テッセン・センニンソウなど; old man's beard ともいう》. 〖1597〗

tráveler's-trèe *n.* 〖植物〗オウギバショウ, タビビトノキ (*Ravenala madagascariensis*) (Madagascar 島原産のヤシに似たバショウ科の大木; その葉柄の基部に水を蓄えているので, 旅人の渇きをいやすという). 〖1857〗

trav·el·ing, 《英》-el·ling /trǽv(ə)lɪŋ, -vḷ-/ *n.* **1** **a** 旅行(すること); 巡歴; 巡業. **b** [形容詞的に] 旅行用の, 旅行のための: a ～ cap, dress, lamp, etc. / a ～ companion 旅の道連れ, 同行者 / ～ expenses 旅費. **2** 移動; 滑動. — *adj.* **1** 旅行する, 巡歴する, 巡業する (itinerant): a ～ musician 旅音楽家 / a ～ company 巡業中の一座. **2** 〈機械など〉移動する, 可動の; 〈索条など〉滑動する, 滑走する. 〖(1375): ⇨ travel, -ing¹·²〗

tráveling bàg *n.* (通例衣類を入れる)旅行かばん, 旅行用スーツケース. 〖1836〗

tráveling càse *n.* (通例箱型の)旅行用スーツケース. 〖1835〗

tráveling clòck *n.* 旅行用時計, トラベルウォッチ. 〖1860〗

tráveling cràne *n.* 〖機械〗走行クレーン[起重機].

tráveling fèllowship *n.* 研究旅行奨学金. 〖1789〗

tráveling-héad shàper *n.* 〖機械〗トラバース形削り盤 (traverse shaper ともいう).

tráveling líbrary *n.* **1** 貸出文庫, 巡回文庫《図書館がグループや団体に貸し出す図書資料》. **2** 移動図書館 (bookmobile). 〖1982〗

tráveling mícroscope *n.* 遊動[移動]顕微鏡.

tráveling póst òffice *n.* 〖郵趣〗移動郵便局, 鉄道郵便車《郵便物の仕分けなどの業務を車内で行う郵便車; railway mail car ともいう; 略 TPO》.

tráveling sálesman *n.* 《米》(企業の)得意回り, 注文取り, 外交員 (《英》commercial traveller). 〖1885〗

tráveling schólarship *n.* 研究[勉学]旅行のための奨学金. 〖1911〗

tráveling wáve *n.* 〖物理〗進行波 (cf. standing wave).

tráveling-wáve tùbe *n.* 〖電子工学〗進行波管, TW 管《マイクロ波用増幅管の一種》.

trav·el·la·tor /trǽvəlèɪtə, -vḷ- | -tə(r/ *n.* = travelator.

trav·el·ler /trǽv(ə)lə, -vḷə | -v(ə)lə(r, -vḷ-/ *n.* 《英》= traveler.

tráv·el·ling /-v(ə)lɪŋ, -vḷ-/ *n.* 《英》= traveling.

trávelling pèople *n.* 《英》[複数扱い; 時に T- P-] 移動生活者《Romany や旅回りの人の自称; travelling folk ともいう》.

trávelling rùg *n.* = lap robe.

trav·el·ogue /trǽvəlɔ̀(ː)g, -lɑ̀(ː)g | -lɔ̀g/ *n.* (*also* **trav·el·og** /～/) **1** (スライド・映画などを使用する)旅行談. **2** (映画の)紀行もの. 〖(1903) ← TRAVEL + -LOGUE: dialogue にならった造語〗

trável shòt *n.* 〖映画・テレビ〗トラベルショット《移動式撮影台 (dolly) のカメラで被写体の動きを追って撮影したもの》.

trável-sìck *adj.* 乗り物に酔った. 〖1959〗

trável sìckness *n.* 乗り物酔い. 〖1900〗

trável-sòiled *adj.* 旅で汚れた. 〖1810〗

trável-stàined *adj.* 旅でしみのついた, 旅に疲れた. 〖1840〗

T

trável-tàinted *adj.* =travel-stained. 〖1598〗
trável tìme *n.* (職務遂行上必要な)移動時間. 〖1887〗
trável tràiler *n.* 旅行用トレーラー《自家用車に引かせて住居とするもの》. 〖1961〗
trável vòucher *n.* 《英》旅行券[クーポン]. 〖1964〗
trável-wéary *adj.* 旅に飽きた, 旅疲れのした. 〖1856〗
trável-wòrn *adj.* 旅にやつれた, 旅疲れした. 〖1837〗
Trav·ers /trǽvəz | -vəz/, **Ben** *n.* トラバーズ《1886–1980; 英国の劇作家; *A Cuckoo in the Nest* (1925)》.
Travers, P(amela) **L.** *n.* トラバーズ《1899?–1996; オーストラリア生まれの英国の女性作家・詩人; *Mary Poppins* (1934)》.
tra·vers·a·ble /trəvə́ːsəbl̩, trǽvəːs-, -vəs- | trǽvəːs-, -vəs-, trəvə́ːs-/ *adj.* 横切ることのできる, 越えることのできる, 通過できる. 〖(1534): ⇨ traverse, -able〗
tra·vers·al /trəvə́ːsəl, træ-, trǽvə(ː)-, -sl̩ | trəvə́ː-, træ-, trǽvə(ː)-/ *n.* 横断. 〖(1909): ⇨ ↓, -al²〗
tra·verse /trəvə́ːs, træ-, trǽvə(ː)s | trəvə́ːs, træ-, trǽvə(ː)s/ *vt.* **1** 〈物が〉横切る, 横断する: The railway line ～*s* the road at this point. 鉄道線路がこの地点で道路を横切る / a district ～*d* by canals 運河が横切っている地方. **2** 〈人・動物・船などが〉横切る, 横切って行く, 横断(して旅行)する, 越える, 通る, 縦走する; 〈光線などが〉通過する: ～ the desert [the ocean] 砂漠[大洋]を横断する / ～ mountain ridge 山の尾根を縦走する. **3** 〈場所を〉前後左右に動き回る: ～ one's ground (フェンシングなどで)あちこち動き回る. **4** 〈題目・論文などを〉詳しく考察する, 詳論する: I need not ～ that ground in my present lecture. この講義ではその点を詳説する必要はない. **5** 〈砲口を〉(照準するため)左右に旋回する, 方向移動させる. **6** 〈意見・計画などに〉反対する, じゃまする, …の裏をかく (oppose, thwart): ～ a person's opinion, propsal, etc. / ～ a person's designs 人の計画の裏をかく. **7** 〘法律〙否認する; 〈相手の主張した事実を〉拒否する, 抗弁する (deny): ～ an indictment 告発を否認する / ～ an office 役所の審問の有効性を認めない. **8** 〘海事〙(帆げたを回して)竜骨の線に並行させる. **9** 〘測量〙〈土地を〉トラバース法で測る. **10** 〘登山〙〈がけ・岩壁などを〉ジグザグに登る[下る], トラバースする. **11** 《まれ》(武器などで)貫く, 刺し通す〔*with*〕: ～ an enemy *with* a spear 敵を槍(ˢᵃ)で突き通す. **12** 《まれ》〈物で〉横切らせる, ふさぐ〔*with*〕: They ～*d* the streets *with* barricades. 通りにバリケードを作った.
— *vi.* **1** 横断する, 横切る, 横切って行く[来る], 縦走する: The railway ～*d along* the lake. 鉄道が湖のそばを通っていた. **2** 〈砲口が〉旋回する. **3** 〘馬術〙〈馬が〉斜めに歩く, 斜め歩きをする. **4** 〈磁石の針などが〉横に回転する, 旋回する (swivel). **5** 〘フェンシング〙相手の刀のつかの方へ刀身をじりじり滑らせる. **6 a** 〘登山〙ジグザグ形に登る[下る], (岩壁で)トラバースする. **b** 〘スキー〙斜面を横切って[斜滑降で]滑る. **7** 〘ボクシング〙左右に動き回る[身をかわす]. **8** 〘測量〙トラバース法で測る.
— /trǽvə(ː)s, trəvə́ːs, træ- | trǽvə(ː)s, trəvə́ːs, træ-/ *n.* **1** 横切ること, 横断(旅行), 縦走: the ～ of a mountain [lake] 山[湖]を横切ること. **2 a** 横切っている物, 横木, 横材, 横ばり, 横げた (crosspiece, crossbeam); 横垣, 格子, 隔壁 (partition). **b** 《廃》横張り幕[カーテン]. **3** 《まれ》障害, 妨害, じゃま, 支障 (obstacle). **4** 〘数学〙横断線 (transversal line). **5 a** 〘登山〙(がけなどを)ジグザグに登る[下る]こと, トラバース《岩壁などで行き詰まった時などに横切って進むこと》. **b** 〘スキー〙斜滑降で滑ること. **c** ジグザグ道. **d** 小道, 横断路. **6** 〘馬術〙横歩, 横動, 斜め歩き. **7** 〘築城〙横土, 横墙(ˢʰᵒ)《塹壕(ˢᵃⁿ)内の横からの射撃または炸裂(ˢᵃᵏ)する弾片の威力をそぐための防弾障》. **8** 〘測量〙 **a** =traverse survey. **b** トラバース, 多角線, 折線, 折測線. **9** 〘海事〙 **a** (風上への)Z 字[ジグザグ]航路. **b** 連針航路(法). **c** (Z 字[ジグザグ]航路の)一間切(ᵏⁱʳ)区間. **10** 〘砲術〙(砲口の)旋回, 旋回範囲, 方向移動範囲. **11** 〘機械〙横移動, 横行; 横行部. **12** 〘法律〙(相手方の主張した事実の)拒否, 否認, 抗弁; 不服申立て. **13** 〘フェンシング〙相手の刀のつかの方へ刃身をじりじり滑らせる動作[位置]. **14** 〘建築〙(教会の)横通廊.
— /trǽvə(ː)s | trǽvə(ː)s/ *adj.* 横の, 横断する (cross, transverse); 横切って造った.
— /trǽvə(ː)s | trǽvə(ː)s/ *adv.* 《廃》横に, 横断して (transversely).
〖v.: (*c*1290) *traverse(n)* ◻ (O)F *traverser* to cross, thwart < LL *trā(n)sversāre* ← L *trānsversus* (p.p.) ← *trānsvertere* ← TRANS-＋*vertere* to turn. — n.: (1284) ◻ OF *travers(e)*: cf. transverse〗
tra·vérsed *adj.* **1** 横切った, 横断の. **2** 通り過ぎた; 突き通された. **3** 〘紋章〙交差する, 交わるように置かれた. **4** 《まれ》〈腕を〉組んだ. 〖(1599): ⇨ ↑, -ed〗
tráverse jùry *n.* 〘法律〙=trial jury; petty jury. 〖1823〗
tra·vérs·er *n.* **1** 横断者, 横断物; 踏査者. **2** 〘法律〙(相手方の主張した事実の)拒否者, 否認者. **3** 〘鉄道〙=traverse table 1. **4** 運搬器. 〖(1613): ⇨ -er¹〗
tráverse ròd *n.* (滑車付きの)金属製カーテンレール. 〖1948〗
tráverse sàiling *n.* 〘海事〙 **1** 連針航路法《航海術の一方法で, 数回針路を変えて走った後の船の位置を求めるやり方》. **2** Z 字形航法. 〖1787〗
tráverse shàper *n.* 〘機械〙=traveling-head shaper.
tráverse sùrvey *n.* 〘測量〙トラバース測量《トラバース点での測角とトラバース線の距離測定によって, トラバースの形状を確定する》. 〖1896〗
tráverse tàble *n.* **1** 〘鉄道〙遷車台《車両を別の線路に移すのに用いる》. **2** 〘海事〙トラバース表, 経緯表, 方位表《針路と航走距離と変緯・東西距などの関係を示した航海学上の表》. 〖1669〗
tráverse tràck *n.* =traverse rod.
tra·vérs·ing jàck *n.* 〘機械〙=traversing screw jack.
travérsing scréw jàck *n.* 〘機械〙横送りねじジャッキ《traversing jack, swing jack ともいう》. 〖1887〗
trav·er·tine /trǽvətiːn, -tn̩, -tɪn | -vətiːn, -tɪn/ *n.* (*also* **trav·er·tin** /trǽvətn̩, -tɪn | -vətɪn/) 〘地質〙トラバーチン, 石灰華《温泉などの石灰質沈澱物; 特に質の密なもので, イタリアでは建築材料にする; calc-sinter ともいう; cf. tufa 1, sinter 1》. 〖(1797) ◻ It. *travertino* 《変形》← *tivertino* < L (*lapidem*) *Tīburtīnum* (stone) of Tibur)〗
trav·es·ty /trǽvəsti/ *vt.* **1** 滑稽(ᵏᵉⁱ)化する, 戯画化する, 滑稽にまねる, 茶化す (burlesque, mimic): ～ a person's manner [mode of speech] 人の態度[しゃべり方]をおかしくまねる. **2** 〈役割・職務などを〉へたにやる, まずく演じる: ～ the part of Hamlet ハムレットの役をへたくそに演じる / ～ the position of chairman 議長ぶりがまずい. **3** …の服装[外見]を変える, 変装させる (disguise).
— *n.* **1** 滑稽化, 戯画化, 滑稽なもじり, 茶化した作り物 (⇨ caricature SYN); (まじめな問題を茶化して書いた)狂文, 狂詩. **2** 無理な演出, なっていないやり方; ひどいこじつけ, にせ物 (distortion, perversion): a ～ of a miracle 奇跡のまね事. **3** (異性を装う)変装, 仮装 (disguise).
〖(*c*1662) ◻ F *travesti* (p.p.) ← *travestir* to disguise ◻ It. *travestire* ← *tra-* across (< L *trāns* 'TRANS-')＋*vestire* to dress (< L *vestīre* ← *vestis* 'garment, VEST')〗
Tra·via·ta /tràviáːtə | trǽviáːtə; *It.* travjáːta/, **La** /lɑː/ *n.*「椿姫」《Verdi 作の歌劇 (1853); Dumas (fils) の *La dame aux camélias* をもとにして, 時代を Louis 十四世の当時に移したもの》. 〖◻ It. ～ 《原義》the woman gone astray (p.p.) ← *traviare* to lead astray ← *tra-* (< L *trāns* 'TRANS-')＋*via* way (⇨ via²)〗
Trav·is /trǽvɪs | -vɪs/, **William Barret** *n.* トラビス《1809–36; 米国の法律家・軍人; Alamo の戦いで Texas 軍を指揮したが, Santa Anna の指揮するメキシコ軍に完敗 (1836)》.
tra·vois /trəvɔ́ɪ, trǽvɔɪ/ *n.* (*pl.* ～ /～z/) 2 本の棒を枠で結び合わせ獣に引かせる運搬用具《もと平原地方のアメリカ先住民が用いた》. 〖(1847) ◻ Canad.-F ～ 《変形》← F *travail* brake ← L *trabs* beam〗
tra·voise /trəvɔ́ɪz, trǽvɔɪz/ *n.* =travois.
trav·o·la·tor /trǽvəlèɪtə, -vl̩- | -tə^(r)/ *n.* =travelator.
Tra·vol·ta /trəvóʊltə | -vɔ́l-, -vóʊl-/, **John** *n.* トラボルタ《1954– ; 米国の俳優》.
trawl /trɔ́ːl, trɑ́ːl | trɔ́ːl/ *vi.* **1** (情報を求めて)調べる, (人・物を求めて)さがし回る〔*through, for*〕. **2** うたせ網で漁をする, トロール漁業をする. **3** =troll¹ 3. — *vt.* **1** 〈記録などを〉調べる, 〈人・物を〉さがし回る. **2** 船で引く: ～ a net 網を引く. **3** トロール網で〈魚を〉捕らえる. — *n.* **1** 〈書類・リストなどを〉調べること, 〈人・物を〉さがし回ること. **2** トロール網, うたせ網《海底を引いて魚を捕らえる; trawl-net ともいう》. **3** 《米》はえなわ《なわの所々にえさをつけた釣針を配したもの; たらなどの漁獲に用いる; 時には 1 マイルの長さに及ぶものもある; trawl line ともいう; cf. setline, trotline》. **4** トロール漁. 〖(1561)? ◻ MDu. *traghelen* to drag ← *traghel* dragnet ◻ L *trāgula* dragnet ← *trahere* to draw〗
tráwl-bòat *n.* トロール船, 引網船. 〖1799〗
trawl·er /trɔ́ːlə, trɑ́ːlə | trɔ́ːlə^(r)/ *n.* **1** トロール船. **2** トロール漁業者. 〖(1599): ⇨ -er¹〗
tráwler·man /-mən/ *n.* (*pl.* **-men** /-mən/) トロール漁をする人, トロール船に船員を乗り組ませる人. 〖1633〗
tráwl lìne *n.* はえなわ (⇨ trawl 3). 〖1867〗
tráwl·nèt *n.* トロール網, うたせ網 (trawl). 〖1696〗
tray¹ /tréɪ/ *n.* **1 a** 盆, トレイ (cf. salver¹); 食べ物を盛った盆, 盆に盛った食べ物: a card ～ 名刺受け(盆) / a tea ～ 茶盆 / a serving ～ 料理を運ぶ盆 / a ～ for hairpins ヘアピン皿. **b** (盆の形をした)浅い箱; (ゼリーの)流し箱; (写真現像用)バット: ⇨ ashtray, ice tray / a developing ～ 現像皿. **2** (トランク・たんすなどの中の)仕切り箱, 懸子(ᵏᵃᵏᵉ). **3** 《英》(電車前部の)救助網. **4** (机上の書類)整理箱: ⇨ in-tray, out-tray, pending-tray. **5** 〘歯科〙トレー《歯の印象を採る時, 印象材を盛る受け皿用の器具》. 〖OE *trīg*, **trēg* < Gmc **traujam* 《原義》wooden (vessel) ← **trau-*, **treu-* wood ← IE **deru-* to be firm: cf. tree〗
tray² /tréɪ/ *n.* 《豪俗》3 ペンス貨《tray bit ともいう》. 〖⇨ trey〗
tráy àgriculture *n.* 〘農業〙水耕, 水栽培 (⇨ hydroponics).
trayf /tréɪf/ *adj.* =tref.
tray·ful /tréɪfʊl/ *n.* 盆に一杯(の量): a ～ *of* oranges 盆に一杯盛ったオレンジ. 〖1634–5〗
tray·mo·bile /tréɪmoʊbìːl, -mə- | -mə(ʊ)-/ *n.* 《豪口語》=trolley.
tráy tàble *n.* =tray-top table 2.
tráy-tòp tàble *n.* **1** 卓表に盆状の縁のあるテーブル. **2** (運び盆に折りたたみ式の脚のついた)小茶卓. 〖1934〗
tráy-trìp *n.* 《廃》=trey-trip.
t-ŕ bòx, T-Ŕ bòx *n.* 〘通信〙TR 箱 (⇨ duplexer). 〖*t-r*: ← *t(ransmit-)r(eceive)*〗
treach·er·ous /trétʃ(ə)rəs/ *adj.* **1** 〈人が〉裏切りをする, 二心ある, 寝返る (perfidious); 不信実な, 不忠実な, 当てにならない (unreliable) (⇨ faithless SYN); 〈動物が〉頼りにならない〔*to*〕: a ～ friend. **2** 〈行為・動作が〉裏切るような, 反逆的な; 〈心の働きが〉当てにならない (uncertain): a ～ action 裏切り行為 / a ～ memory おぼつかない記憶力 / a ～ smile [glance] 人を裏切りそうな微笑[一べつ]. **3** 〈物が〉外見ほどよくない, 期待に反しそうな: a ～ floor [branch] 丈夫のようで弱い床[枝] / ～ ice 丈夫そうに見えて割れやすい氷 / ～ weather 当てにならない天気 / a ～ path 足元の危ない道 / a road ～ *with* ice 氷で足元の危ない道 / a ～ bridge 危ない橋. **～·ly** *adv.* **～·ness** *n.* 〖(*c*1330): ⇨ ↓, -ous〗
treach·er·y /trétʃ(ə)ri/ *n.* **1** 裏切り, 寝返り, 背信, 不実 (betrayal, perfidy). **2** 裏切り[背信]行為, 反逆 (treason); 当てにならない事柄. 〖(?*a*1200) *trecherie* ◻ OF (F *tricherie*) ← *trich(i)er* 'to cheat, TRICK'＋*-erie* '-ERY'〗
trea·cle /tríːkl̩/ *n.* **1** 《英》 **a** 糖蜜(ᵗᵒᵘ) (molasses)《砂糖精製のとき生じる褐色の残液; black treacle ともいう》. **b** =golden syrup. **2** 《廃》 **a** 〘薬学〙毒消し. **b** 妙薬 (sovereign remedy). **3** (声・態度・お世辞などの)べたべたした甘さ[感傷]. 〖(1340) ◻ OF *triacle* antidote < L *thēriacam* ◻ Gk *thēriakḗ* antidote ← *thēríon* (⇨ theriac)〗
tréacle mùstard *n.* 〘植物〙エゾスズシロ (*Erysimum cheiranthoides*)《北半球温帯産アブラナ科の一年草》. 〖1548〗
tréa·cly /-kli, -kli/ *adj.* **1** 糖蜜(ᵗᵒᵘ)の(ような), 濃く粘っこい; 糖蜜をつけた[かぶせた]. **2** 甘ったるい, 取り入るような (honeyed, unctuous): a ～ smile. **tréa·cli·ness** *n.* 〖(1733): ⇨ treacle, -y¹〗
tread /tréd/ *v.* (**trod** /trɑ́(ː)d | trɔ́d/, ～**·ed**, 《古》**trode** /tróʊd | tráʊd/; **trod·den** /trɑ́(ː)dn | trɔ́dn/, **trod**) *vi.* **1 a** 踏みつける[にじる] (trample); (誤って)踏みつける[つぶす]〔*on, upon*〕: ～ *on* a person's foot (誤って)人の足を踏む / ～ *on* a cigarette butt たばこの吸い殻を踏みつける / Do not ～ *on* the grass. 芝生を踏みつけるな, 芝生に入るな. **b** 強く踏む〔*on*〕: ～ *on* an accelerator アクセルを踏む. **2 a** 歩く, 行く (walk, go); 進行する (proceed): He *trod* quietly *across* the room. 静かに部屋の中を歩いて行った / ～ homeward 家路をたどる / ～ cautiously [carefully, warily] 用心して進む; 慎重に事を運ぶ / ～ lightly [softly] そっと歩く; 慎重にやる / ⇨ *tread in a person's* FOOTSTEPS. **b** 足を踏み入れる: ～ *in* a puddle (誤って)水たまりに足を突っ込む / Fools rush in where angels fear to ～. ⇨ angel *n.* 1 a. **3** 〈雄鳥が〉つがう (copulate)〔*with*〕.
— *vt.* **1 a** 踏みつける, 踏みつぶす: ～ clothes 足で踏んで衣類を洗濯する / ～ grain 足で踏んで穀物を脱穀する / ～ grapes (ぶどう酒を搾るため)ぶどうを踏む / be *trod* to death 踏み殺される / ～ shoe-leather ⇨ shoe-leather 2. **b** 蹂躙(ʲᵘᵘʳⁱⁿ)する, 征服する (subdue) 〈*down*〉: ～ *down* the masses 一般大衆を虐げる / ～ a person's rights underfoot 人の権利を踏みにじる. **2 a** 〈土などを〉踏み固める 〈*down*〉: ～ (*down*) the earth around the roots 根のまわりの土を踏み固める. **b** 〈道などを〉踏んで作る (beat); 踏みつけて〈穴などを〉あける: ～ a path through grass 踏みつけて通っているうちに草原に道ができる / ～ a hole in a carpet じゅうたんの上を何度も歩いて穴があく. **c** [目的語＋副詞を伴って] 踏んである状態にする: shoes *trodden down* at the heel かかとを踏みつぶした靴 / ～ the flame *out* 炎を踏み消す. **3** 〈地面・道・場所などを〉踏む, 歩く, 行く, 通る: ～ a safe [perilous] path (比喩的にも)安全な[危険な]道を歩く / ～ the paths of exile 流浪の道をたどる, 亡命者になる / ～ this world [earth] 生きている / ～ the ground 歩く, 散歩する / ～ the deck 水夫である / ⇨ *tread* WATER. ★ 一般に自動詞用法 (⇨ *vi.* 2 a) に比べ文語的. **4** 〈ペダル・機械の踏み板などを〉踏む, 踏みつける. **5 a** 〈歩を〉進める: ～ a hurried pace 急いで行く. **b** 〈踊りを〉踊る, 舞う (dance): ～ a minuet メヌエットを踊る. **6** 〈雄鳥が…と〉つがう. **7** 《英》〈泥などを〉足につけて持ち込む (《米》track): ～ dirt 泥の足跡をつける.
tréad awáy 〈人が〉しくじる, 〈物事が〉うまくいかない.
tréad ín 〈物を〉土の中へ踏み込む, 踏んで押し込む.
tréad líghtly そっと歩く; 〈難しい問題を〉慎重に扱う.
tréad óut (1) 〈火を〉踏み消す (cf. *vt.* 2 c); 〈内乱などを〉鎮圧する. (2) 〈ぶどう汁などを〉踏み搾る; 〈麦などを〉踏んで脱穀する: ～ *out* grain. (3) (原野などに)踏み入って〈道を〉作る. ***tréad the bóards*** [***stáge***] 舞台を踏む[に立つ], 出演する; 俳優である: She first *trod the stage* in London. ロンドンで初舞台を踏んだ. 〖1691〗
— *n.* **1 a** 踏むこと, 歩み (step). **b** 歩きぶり[方]; 足音: a heavy [soft, cautious, sprightly] ～ 重い[静かな, 用心深い, 活発な]足取り / the ～ of marching soldiers 行進する兵隊の足音 / He entered the room with his usual noiseless ～. いつものそっとした足取りで部屋へ入って行った. **c** 踏み跡《足跡・わだち・タイヤの跡など》. **2 a** (階段の)踏みづら, 踏み板 (tread-board) (⇨ flight¹ 挿絵); 踏み幅《踏みづらの幅》. **b** 踏面, トレッド《車輪・タイヤの路面またはレールに触れる部分》; (タイヤの)路面の刻み[模様]. **c** 無限軌道 (caterpillar tread). **d** (靴の地面に触れる)底 (sole); 足の裏の地面に触れる部分《土踏まず以外の部分》. **3** 輪距《左右の車輪間の距離で踏面の中心から中心まで; cf. wheelbase》. **4 a** 《古》(雄鳥の)交尾 (copulation). **b** 〘動物〙=chalaza 1. **5** 〘獣医〙蹄冠蹋傷(ᵗᵉⁱᵏᵃⁿᵗᵒᵘˢʰᵒᵘ)《ひづめのすぐ上を他の足で踏むために起こる》. **6** 〘海事〙 **a** 竜骨の長さ. **b** 竜骨の幅.
～·er /-də | -də^(r)/ *n.* **～·less** *adj.* 〖v.: ME *trede(n)* < OE *tredan* < (WGmc) **tredan* (Du. *treden* / G *treten*) ← IE **der-* to run, walk, step: cf. trap¹. — n.: (?*a*1200) *trēd(e)* ← (v.)〗
tréad-bòard *n.* (階段または踏み車の)踏み板, 段板.

trea·dle /tréḍl | -dl/ *n.* **1 a** (ミシン・自動車などの)踏み子, 踏み木, ペダル: a sewing-machine worked by ~*s* ペダルで動くミシン. **b** 踏み子装置《列車が上を通ると警報装置が始動する》. **2** (卵の)カラザ (chalaza). — *vi.* 踏み子を踏む. — *vt.* 踏み子を踏んで動かす. **tréa·dler** /-ḍlə, -dlə | -dlə^r, -dl-/ *n.* 〖OE *tredel*: ⇨ tread, -le[1]〗

tread·mill /trédmìl/ *n.* **1** (踏み車のように)つらい単調な仕事. **2** トレッドミル《運動や生理機能を測定するために人が踏んで回転させる無端ベルトをもつ装置》. **3** 踏み車《輪に接続した踏み板を人または動物が踏んでその輪を回転させる装置》. 〖((1822)): ⇨ mill[1]〗

treadmill 3

tréad plàte *n.* 踏み板《滑らぬように階段に取り付けた金属板》. 〖1949〗

tréad·whèel *n.* (水をくみ上げたりする)踏み車; (はつかねずみの回す)踏み輪. 〖*c*1573〗

treas. 《略》treasurer; treasury.

trea·son /tríːzən,-zn/ *n.* **1** 反逆(罪), 大逆(罪), 国事犯 (⇨ sedition SYN); (特に, 米国で合衆国憲法 3 条 3 節に規定する)国家に対する反逆: ⇨ high treason, petit treason. **2** 《まれ》背信, 裏切り, 不忠, 不実. 〖((?*a*1200)) *treison, tresoun* ◻ AF *tre(i)soun*=OF *traison* (F *trahison*) < L *trāditiō(n-)* act of betraying: TRADITION と二重語〗

trea·son·a·ble /tríːz(ə)nəbl, -zn-/ *adj.* **1** 反逆の, 大逆の, 国事犯の. **2** 不実な, 背信の. **~·ness** *n.* **tréa·son·a·bly** *adv.* 〖((1375)): ⇨ ↑, -able〗

tréason félony *n.* 《英法》国事犯《国王の廃位・制度の変革などを目的とする挙兵・議会脅迫・外国兵侵入促進などの罪で, 5 年以上終身刑以下で処罰される; 1848 年以前は high treason と同義》. 〖1865〗

trea·son·ous /tríːz(ə)nəs, -zn-/ *adj.* =treasonable. **~·ly** *adv.* **~·ness** *n.* 〖((*c*1450)): ⇨ -ous〗

treasr. 《略》treasurer.

trea·sur·a·ble /tréʒ(ə)rəbl, tréɪ- | tréʒ-/ *adj.* 貯えるに値する, 秘蔵に値する, 貴重な (precious). 〖((1607)): ⇨ ↓, -able〗

trea·sure /tréʒə, tréɪʒə | tréʒə^r/ *n.* **1** 宝物, 財宝《特に, 貯えられた古銭・宝石・金銀器など》; 秘蔵物, 秘宝: buried ~ 埋(う)もれた宝 / in search of ~ 宝捜しに[の]. **2** 貴重品, 重要品, 名品: ~*s* of art=art ~*s* 美術品の逸品《名画・名彫刻など》. **3** 《口語》**a** 貴重な人, かけがえのない人 (gem, jewel): Our cook is a perfect ~. うちのコックは全くかけがえのない存在だ. **b** [特に, 子供・若い女性に対する呼び掛け] 最愛の人: My ~! **4** 財貨, 富, 財産 (wealth), 金銭: spend blood and ~ 生命財産を捨てる / The war cost the country great sacrifices in blood and ~. 戦争はその国に大きな生命財産の犠牲を払わせた / Where your ~ is, there will your heart be also. なんじらの財宝(たから)のある所にはなんじらの心もあるべし (*Matt.* 6:21; *Luke* 12:34).
— *vt.* **1** 〈価値のある物を〉貯える, 秘蔵する; (将来のために)取っておく, 貯える (store) 〈*up*〉: ~ money and jewels 金銭や宝石を貯える / ~ *up* a large collection of coins たくさん収集したコインを秘蔵する. **2** 〈教訓などを〉心に留める 〈*up*〉: ~ (*up*) one's memory 記憶を胸に秘めておく / ~ *up* in one's heart the recollection of former days 昔の追憶を心に留めておく. **3** 大事にする, 珍重する (prize): a ~*d* book 珍蔵書 / ~ one's friends 友人を大事にする.
~·less *adj.* 〖((*a*1121–60)) *tresor* ◻ OF (F *trésor*) < VL **tresauru(m)*=L *thēsaurus*: THESAURUS と二重語〗

tréasure-cìty *n.* 府庫(ふ)の邑(ゆう), 倉庫の建ち並んだ都市 (cf. *Exod.* 1:11). 〖1611〗

tréasure flòwer *n.* 《植物》=gazania.

tréasure-hòuse *n.* 宝蔵, 宝庫; (特に)知識の倉. 〖*c*1475〗

tréasure hùnt *n.* 宝捜し; 宝捜しゲーム[ごっこ]《遊戯》. 〖1913〗

Tréasure Ísland *n.* 「宝島」(R. L. Stevenson の冒険小説 (1883)).

trea·sur·er /tréʒ(ə)rə, tréɪ- | tréʒ(ə)rə^r/ *n.* **1** 会計係, 金庫係, 収入役: Lord (High) *Treasurer* 《英史》大蔵卿《1714 年廃官; 現在は CHANCELLOR of the Exchequer が事実上の大蔵大臣; ⇨ Treasury Board》/ the *Treasurer* of the Household 英国王室会計局長官 / the *Treasurer* of the United States 米国財務省出納局長. **2** 《会計》資金部長, 財務部長. **3** 財宝物係. 〖((*c*1300)) *treso(u)rer* ◻ AF *tresorer*=(O)F *trésorier*: ⇨ treasure, -er[1]〗

tréasurer·shìp *n.* 会計係[収入役]の職. 〖((1483)): ⇨ -ship〗

Tréasure Stàte *n.* [the ~] 米国 Montana 州の俗称. 〖1934〗

tréasure tròve /-tròuv | -tràuv/ *n.* **1** 地中から掘り出した宝; 貴重な発見物, 掘出し物. **2** 《法律》地下などからの所有者不明の発掘物, 埋蔵物《金・銀・財宝など; 英国では国王に帰属し, 無届けは軽罪》. 〖((1523)) ◻ AF *tresor trové* treasure found ← OF *tresor* 'TREASURE'+*trové* ((p.p.) ← *trover* to find (⇨ trover))〗

trea·sur·y /tréʒ(ə)ri, tréɪʒ- | tréʒ-/ *n.* **1** (公共の歳入が備蓄される)金庫, 国庫; (公共団体の)公庫. **2 a** (政府や民間企業体や個人の)基金, 資金, 資産. **b** [T-] 《財政》財務省証券[手形]. **3** [the T-] **a** (英国の)大蔵省《国家財政委員会 (Board of Commissioners of the Treasury) の運営する国家財政を司る一省; ⇨ Treasury Board》. **b** (米国の)財務省《正式には the Treasury Department または the Department of the Treasury という》. **4 a** 宝庫, 宝物蔵 (treasure-house). **b** 《廃》貴重な収集物, 宝物 (stored treasure). **5** (知識の)宝庫; (書名に用いて)宝典, 宝鑑, 珠玉集 (thesaurus): *The Golden Treasury of Songs and Lyrics*「英国叙情詩選」《英国の F. T. Palgrave が編集した (1861)》. **6** 《俗》《劇場》一座の俳優への毎週の支払い.
***tréasury of mérits* [*the Chúrch, the sáints*]** 《カトリック》功徳[教会, 聖徒]の宝蔵. ((*c*1921))
〖((*c*1300)) *treso(u)rie* ◻ OF *tresorie* (F *trésorerie*): ⇨ treasure (n.), -y[1]〗

Tréasury Bènch, T- b- *n.* [the ~] 《英下院》国務大臣席《議長右側の最前列; cf. front bench》. 〖1775〗

tréasury bìll, T- b- *n.* **1** (英国の)大蔵省証券《同省発行の短期債券; exchequer bill の後身》. **2** (米国の)財務省証券《同省発行の短期債券》. (略 TB) 〖1797〗

Tréasury Bòard *n.* [the ~] (英国の)国家財政委員会《首相が First Lord of the Treasury として委員長(名目上の長官)となり, Chancellor of the Exchequer (大蔵大臣)と下院議員 5 名の Junior Lords によって構成される; その委員は Lord (Commissioner) of the Treasury と呼ばれる; 正式名 the Board of Commissioners of the Treasury》. 〖1855〗

tréasury bònd *n.* (米国の)財務省発行の長期債券. 〖1858〗

tréasury certìficate *n.* (米国政府の発行する)利付債券, 財務省証券. 〖1791〗

Tréasury Depàrtment *n.* [the ~] (米国の)財務省《the Department of the Treasury ともいう》. 〖1784〗

tréasury lòrd *n.* 《英》大蔵委員会委員.

tréasury nòte *n.* **1** (英国の) 1 ポンド(または 10 シリング)の金貨に代わる法定紙幣《1914–28 年間金貨回収の目的で英国政府が発行し, それ以後はイングランド銀行発行の紙幣がこれに代わった; currency note ともいう》. **2** (米国の) 1890 年のシャーマン銀買入法に基づいて地金買入代金を支払うために財務省が発行した紙幣. **3** (米国の)財務省の中期債券《1 年ないし 5 年満期のもの》. 〖1756〗

tréasury stòck *n.* 《証券》社内株, 自己株式, 金庫株《一度発行した自社の株式を買入れ, 消却しないで保有している株式; cf. outstanding stock》. 〖1903〗

tréasury wàrrant *n.* 国庫支払命令書. 〖1834〗

treat /tríːt/ *vt.* **1 a** 〈人・動物などを〉(特定の仕方で)待遇する, 遇する, あしらう, 扱う: ~ one's servant [dog] *kindly* [*badly*] 召使[犬]を親切に[ひどく]扱う / ~ a person *with* respect [consideration] 人を尊敬して[思いやりをもって]扱う / She ~*ed* the girl *like* a daughter. 彼女はその少女を娘のように扱った / She was inclined to ~ all menfolk *as* transgressors. 彼女は男をみな侵入者と見なしがちだ / He ~*ed* me *as if* I were a child. 私をまるで子供扱いにした / Is that *how* you ~ me? それが君の私に対する仕打ちか. **b** 〈問題などを〉扱う, 考える, みなす (regard) 〔*as*〕: ~ a matter lightly 問題を軽く扱う / ~ the law *with* contempt 法律を蔑視する / ~ the papers *as* confidential 書類を機密扱いにする / He ~*ed* my mistake *as* a joke. 私の誤りを冗談とみなした.
2 a 〈病気・患者・患部などを〉処置する, 治療する, 手当てする: ~ a disease [sprained ankle] 病気[くじいた足首]の手当てをする / ~ cancer [a person] *with* a new drug 癌(がん)[人]を新薬を使って治療する / He was ~*ed for* his diabetes. 糖尿病の治療を受けた. **b** 〈化学薬品などで〉処理する (process) 〔*with*〕: ~ dry leather *with* grease 乾いた革に油を塗る.
3 a 〈問題などを〉論じる, 扱う, 述べる (deal with, discuss): The author ~*s* the subject technically [in detail] in this book. 筆者はこの本でその問題を専門的に[詳細に]論じている. **b** (文学・美術などで)〈主題を〉扱う, 表す, 表現する (represent): ~ a theme realistically テーマをリアルに扱う / the life of a saint ~*ed* in mural frescoes フレスコ壁画に描かれた聖人の生涯.
4 a 〈人を〉もてなす, 歓待する, おごる; (特に)〈選挙人を〉(買収の目的で)供応する: I'll ~ you. 私がおごるよ. **b** 〈人〉に(…を)おごる, ごちそうする〔*to*〕: ~ a person *to* a drink 人に一杯おごる / He ~*ed* me *to* a box at the opera. 私をそのオペラのます席に接待してくれた / We were ~*ed to* an exhibition of petulance. 《反語》お目玉をちょうだいした. **c** [~ *oneself* で]〔飲食物などを〕張り込む, 奮発する, 〔観劇・旅行などを〕自前で楽しむ〔*to*〕: He ~*ed himself to* a large steak [a bottle of champagne, a new suit]. 大きなステーキを[シャンパンを 1 本, 背広を 1 着]張り込んだ / I was able to ~ *myself to* movies and weekend trips. 自前で映画を見たり週末旅行に出かけたりすることができた.
— *vi.* **1** おごる, ごちそうする; 供応する: I'll ~ today. 今日は僕がおごる / He was elected, but unseated for ~*ing*. 当選したが供応のかどで議席を剥奪された. **2** 〈書物・論文などが〉(問題を)扱う, 説く, 述べる, 論じる〔*of*, 《時に》*with*〕: This book ~*s of* the progress of medicine. この本は医学の進歩を論じている / What subject did you ~ *with*? どんな問題を論じたのか. ★ 時に, 問題の取扱い方を示す場合には他動詞として用いる (cf. *vt.* 3 a). **3** 談判する, 交渉する, 掛け合う, 取引する (negotiate) 〔*with*〕: France was ~*ing with* Britain *for* an amicable settlement. フランスはイギリスと和解交渉をしていた.
— *n.* **1 a** おごり, ごちそう; おごる番: give oneself a ~ 一つ奮発する[張り込む] / Don't worry about the bill. It's my ~. 勘定のことは心配しなさんな. 私のおごりです. **b** 《英》慰安会 (entertainment): a children's [school] ~ (日曜学校で行う)子供たちの慰安会《ピクニック・運動会など》/ ⇨ Dutch treat. **c** 《古》饗宴(きょうえん) (feast); 歓待 (reception). **2** (めったにない)楽しみ, (思わぬ)喜び(事), 非常な満足; とてもいい物: enjoy the ~ *of hearing* him play the piano 彼のピアノ演奏を聞くという醍醐(だいご)味を味わう / This Japanese dish is a ~ *to* the eye as well as the palate. この日本料理は実に味覚だけでなく目も楽しませてくれる / What a ~ it is (for us) to have a spell of fine weather like this! こんなにいい天気が続くなんて全くありがたいことだ.
a tréat [副詞的に]《英口語》満足に, 申し分なく, 非常に(よく) (cf. fair treat): get on *a* ~ 非常にうまくいく, 大いに上達する / go down *a* ~ (*with* a person) 非常に受ける / look *a* ~ すばらしく見える / work *a* ~ すばらしい効き目がある. ((1898)) ***stánd tréat*** ごちそう[供応]の代金をもつ, おごる. ((1837))

treat·a·bil·i·ty /trìːṭəbíləṭi | -təbíl̩ti/ *n.* **~·a·ble** /-ṭəbl | -tə-/ *adj.* **~·er** /-ṭə | -tə^r/ *n.*
〖v.: ((*c*1300)) *tre(e)te(n)* ◻ OF *tretier, traitier* (F *traiter*) < L *tractāre* to drag (freq.) ← *trahere* 'to DRAW'. — n.: ((1375)) ((1651)) ← (v.): cf. tract[1]〗

trea·tise /tríːṭɪs | -tɪz, -tɪs/ *n.* **1** (学術)論文, 論説: a classic ~ (*up*)*on* the subject その題目に関する古典的論文. **2** 《廃》話, 物語 (tale): a dismal ~ 恐ろしい話 (Shak., *Macbeth* 5. 5. 12). 〖((*a*1325)) *tre(a)tis* ◻ AF *tretiz* ← OF *traitier* (↑)〗

treat·ment /tríːtmənt/ *n.* **1 a** 治療, 手当て, 処置: emergency ~ 応急処置 / the ~ *of* [(a) ~ *for*] hemophilia 血友病の治療 / give [receive, have] (《英》a course of) ~ 治療を施す[受ける] / be under (medical) ~ 治療[医療]を受けている / The patient [disease] is responding (well) to ~. 患者[病気]は治療に(よい)反応を示している. **b** 治療法: ambulatory [radical] ~ 外来[根治]療法 / a new ~ *for* cancer 癌(がん)の新治療法. **2** (他人に対する)取り扱い, 待遇, 処遇, あしらい (usage) 〔*of*〕: fair [hard, unkind] ~ 公平[無情, 不親切]な取扱い / preferential ~ 優待. **3** (薬品などによる)処理, 処置: heat ~ 熱処理. **4** 論じ方, 扱い方: a scientific ~ 科学的論述 / give front-page ~ to an article ある記事を第一面扱いにする. **5** 《映画・テレビ》(カメラアングルやセットの説明などを書き加えた)台本, シナリオ.
give the ábsent trèatment 《米》〈人・公演などに〉熱意を示さない, 相手にしない: The play was *given the absent* ~. その劇は不入りだった. ***give a person the (fúll) tréatment*** 人を(手厚く)もてなす. ***give the sílent trèatment*** 《米》〈人・事を〉(軽蔑・非難のしるしに)黙殺する, 無視する.
〖((*c*1560)): ⇨ -ment〗

trea·ty /tríːṭi | -ti/ *n.* **1 a** 条約, 盟約: a secret ~ 秘密協定 / ⇨ commercial treaty. **b** 条約文書, 協定書. **2** (個人間の)約定, 約束. **3** 《古》談判, 商議, 協議 (negotiation): be in ~ (with …) (…と)談判中である, 協議中である. **4** 《廃》懇請, 嘆願 (entreaty) (Shak., *Antony* 3. 11. 62).

Tréaty of Brést Litóvsk [the —] ブレストリトフスク条約《第一次大戦中の 1918 年 3 月, Brest Litovsk でソ連とドイツおよびその同盟国 (Central Powers) との間に締結された単独講和条約》.

Tréaty of Páris [the —] パリ条約: (1) 1763 年, 英国・フランス・スペインの間で結ばれ, 植民地七年戦争を終結. (2) 1783 年, 米国独立戦争終結の際, 米国・英国・フランス・スペイン間で締結. (3) 1898 年, 米西戦争を終結.

Tréaty of Verdún [the —] ベルダン条約《843 年フランスの Verdun で締結された, フランク帝国 (Frankish Empire) の三分割を定めた条約; フランス・ドイツ・イタリアの分離のもととなす》.

Tréaty of Versáilles [the ~] ベルサイユ条約《第一次大戦後, フランスの Versailles 宮殿で連合国(米国とソ連を除く)とドイツとの間で締結された講和条約 (1919)》.

Tréaty [Tréaties] of Westphália [the —] =Peace of Westphalia.

~·less *adj.* 〖((*c*1384)) *trete(e)* ◻ AF *treté* (p.p.) = (O)F *traité* < L *tractātum* 'TRACTATE': ⇨ -y[3]〗

tréaty Índian *n.* 《米史・カナダ史》(連邦政府と協定 (treaty) を結んだ) 協定インディアン. 〖1876〗

tréaty pòrt *n.* (昔の)条約港《特に, 中国・日本・朝鮮のヨーロッパ諸国への開港場》. 〖1863〗

tréaty pòwers *n. pl.* 締盟国, 条約国.

Treb·bi·a /trébiə; *It.* trébbja/ *n.* [the ~] トレッビア(川)《イタリア北西部, Po 川の支流; 合流点付近で Hannibal がローマ軍に決定的勝利をあげた (218 B.C.); 長さ 115 km; 古代名 Trebia》.

Treb·bi·a·no /trèbiáːnou | -nəu; *It.* trebjáːno/ *n.* トレッビアーノ: **1** 主にイタリア産の白ワイン用白ぶどう. **2** このぶどうから造られる麦わら色のワイン. 〖◻ It. ~ ← *Trebbia* (↑)〗

Treb·i·zond /trébəzɑ̀(ː)nd | -bɪ̀zɔnd/ *n.* =Trabzon.

tre·ble /trébl/ *vt.* 3 倍する: The population has ~*d* itself. 人口は 3 倍になった. — *vi.* **1** 3 倍になる: Prices have ~*d*. 物価は 3 倍になった. **2** (最)高音部を歌う.
— *adj.* **1** 3 倍の, 三重の, 三様の (triple, threefold): ~ walls 三重の塀. **2 a** 《音楽》(最)高音部の, ソプラノの; 高音楽器の, (最)高音弦の: a ~ singer. **b** 〈声がか

T

ん高い, 鋭い (shrill). **c** 〘音響〙高音域の. **—** *adv.* 《廃》=trebly. **—** *n.* **1** 3倍, 三重の物. **2 a** 〘音楽〙(最)高音部, ソプラノ; 高音部の楽器, (最)高音弦; ソプラノ歌手; 《英》ボーイソプラノ. **b** かん高い声. **c** 〘音響〙(音響システムで)可聴周波帯の高音域. **d** 高音調整用つまみ. **3** 〘鳴鐘法〙(転調鳴鐘の)最高音の鐘声. **4** 〘競馬〙同一馬による3レースの優勝. **5** 《英》**a** (ダーツの)トレブル《的板中央の狭い2円の間》. **b** トレブルにあてて3倍点をとる投げ. **~·ness** *n.* 〘(?a1300) ☐ OF ~ < L *triplum* 'TRIPLE'〙

tréble chánce *n.* 《英》トレブルチャンス《サッカーくじ (football pools) の一種; 本拠地と遠征先での勝負予想と引き分け予想によって点数が異なるもの》.

tréble clèf *n.* 〘音楽〙**1** =G clef. **2** =treble staff. 〘1801〙

tréble-dàted *adj.* 《Shak》人の3倍の寿命を生きる. 〘1600–01〙

tréble stáff *n.* 〘音楽〙ト音[高音部]譜表.

Tre·blin·ka /trəblíŋkə, trɛ-; *Pol.* trɛblʲíŋka/ *n.* トレブリンカ《Warsaw の北東 100 km にある村; 第二次大戦中ナチスの強制収容所があり, 70–80万人のユダヤ人が虐殺された》.

tre·bly /tréblì, -bli/ *adv.* **1** 3倍に, 三重に. **2** 高音で[に]. 〘(1590): ⇨ treble, -ly¹〙

treb·u·chet /trébjuʃèt, ⌣⌣⌣ | ⌣⌣⌣/ *n.* **1** (てこの原理による中世の攻城用)投石機《天秤の一方のかごに入れた石弾を片方のおもりの反動で投げ出す機械》. **2** (薬剤師などの用いる)小型天秤. 〘(?a1300) ☐ OF ~ (F *trébuchet*) ← *trébuch(i)er* to stumble ← *tre(s)-* across, over (< L *trāns* 'TRANS-') + *buc* trunk of the body (← Gmc: cf. OE *būc* belly)〙

tre·buck·et /tríːbʌkɪ̀t, trèbəkét | tríːbʌkɪt/ *n.* = trebuchet 1.

tre·cen·tist /treɪtʃéntɪ̀st | -tɪst/ *n.* **1** 14世紀の(特に, イタリアの)美術家[文学者]. **2** 14世紀の(特に, イタリアの)美術[文学]模倣者. 〘(1821)〙(1883): ⇨ ↓, -ist〙

tre·cen·to, T- /treɪtʃéntoʊ | -təʊ; *It.* tretʃénto/ *n.* 14世紀(風)《特に, イタリアの美術・文学についていう; cf. duecento, quattrocento, cinquecento》. 〘(1841) ☐ It. ~ 'three hundred' 《略》← *mille trecento* one thousand and three hundred: ⇨ three, cent〙

tre cor·de /tréɪkɔ́ːdeɪ | -kɔ́ː-; *It.* trekkórde/ *adv.* 〘音楽〙トレコルデ《ピアノ演奏上の指示で「ソフトペダルを踏まないで」の意; cf. una corda》. 〘☐ It. ~ 'three strings'〙

tred·dle /trédl̩ | -dl/ *n., v.* 《英》=treadle.

tre·de·cil·lion /trìːdɪsíljən | -dɪ-⌣/ *n.* 10^{42}; 《英古》10^{78} (⇨ million 表). **—** *adj.* tredecillion の. 〘(c1934) ← L *trē(s)* 'THREE' + DECILLION〙

tree /tríː/ *n.* **1 a** 木, 立木, 樹木, 高木 (cf. bush¹, shrub¹). **b** 高木のように大きくなる草本: a banana ~. ★ラテン語系形容詞: arboreal. **c** 木製の柱, 棒. **2** [通例複合語の第2構成素として] 木材, 木具: ⇨ axletree, boot tree, crosstree, rooftree, saddletree, whippletree. **3 a** =shoe tree. **b** =saddletree. **c** [時に T-] =Christmas tree. **4** (分岐の状態を樹枝状に表現した)系図, 系譜; 樹形図: ⇨ family tree, genealogical tree. **5** 〘化学〙樹状結晶《電解液槽の内部に生じる》. **6** 〘動物〙管系《動物体内で見られる細かく分枝した管》. **7** 〘数学〙トリー, 樹形図《有限個の点を結んでできる樹木の形をした図形》. **8** 〘言語〙樹形図《変形生成文法などで句構造を樹状に図示したもの》. **9** 《古》絞首台 (gallows, gibbet), はりつけ台, (特に, キリストの)十字架 (cross).

as trées wálking 不分明に, おぼろげに. *at the tóp (of the trée)* ⇨ top¹ 成句. *bárk úp the wróng trée* [通例進行形で]《口語》(追求・非難などで)見当[お門]違いをする《暗闇の中でアライグマ狩りをするとき猟犬が獲物の隠れた木を間違えて吠えたりすることから》. *grów on trées* 《口語》(そこらの木になっているように)簡単に手に入る: Money doesn't grow on ~s. 金のなる木はない. *in the drý trée* 逆境で, 不幸で. *óut of one's trée* 《米口語》ひどくばかげて; 気が狂って. *úp a trée* 《口語》進退きわまって, 困り果てて (cornered). 〘1825〙

trée of Búddha 〘植物〙インドボダイジュ (bo tree). 《c1860》

trée of héaven 〘植物〙ニワウルシ, シンジュ (*Ailanthus altissima*)《アジア産ニガキ科の植物; 花に悪臭があるが, しばしば日よけのために植えられる》. 《1845》

trée of Jésse =Jesse tree.

trée of (the) knówledge (of góod and évil) [the —] 〘聖書〙知恵の木, 善悪を知るの木《エデンの園の中央にあり, その実を Adam と Eve が食べたために楽園を追われた; cf. *Gen.* 2: 9; 3》. 〘1535〙

trée of líberty 自由の木《自由獲得の記念に広場などに植える》. 《1765》

trée of lífe (1) [the —] 〘聖書〙生命の木《「創世記」によれば, エデンの園の中央にあってその実は限りなき生命を与える (cf. *Gen.* 2: 9; 3: 22);「黙示録」によれば, 天のエルサレムにある木で, 12種の実を結びその葉は諸国の民をいやすという (cf. *Rev.* 22: 2)》. (2) [the —] 生命活力の源泉. (3) [Tree of Life] 生命の樹《カバラの教説において, sephiroth (神の属性)を表す10の球体を小径で相互に結んだ樹状図》. (4) 〘植物〙=arborvitae 1. 《c1384》

trée of Pórphyry 〘哲学〙ポルピュリオスの木 《Porphyry が採求した概念分類を後のスコラ学者が図式化したもの》.

trée of sádness 〘植物〙ヨルソケイ (⇨ hursinghar).

— *v.* (**treed**; **~·ing**) **—** *vt.* **1** 〈人・動物を〉木に追い上げる: He was ~*d* by a wolf. **2** 《米口語》追いつめる, 困らせる (corner). **3** …に木[心棒]を付ける. **4** 〈靴を〉木型に入れて形をつける; 〈鞍(くら)を〉鞍わくに張る. **5** …に木を植える, 木で覆う. **—** *vi.* **1** 木になる, 木に成長する; 枝の形になる. **2** 木に登る; 木に登って逃げる.

~·like *adj.* 〘OE *trēo(w)* < Gmc **trewam* (ON *trē* / Goth. *triu*) ← IE **derow(o)-*, **drew(o)-* tree, wood, oak ← **deru-* to be firm, solid (Gk *drûs* tree, oak)〙

Tree /tríː/, Sir **Herbert (Draper) Beerbohm** *n.* トリー (1853–1917; 英国の俳優・劇場主; 旧名 Herbert Beerbohm).

trée àgate *n.* 〘鉱物〙樹状めのう (こけめのう (moss agate) の一種で, 含有不純物が樹枝状のもの).

trée-and-bránch *adj.* 〈ケーブルテレビが〉全チャンネル受信可能方式の (cf. switched-star).

trée azàlea *n.* 〘植物〙米国南東部産ツツジ科の白または淡紅色の花をつける低木 (*Rhododendron arborescens*). 〘1884〙

trée bèlt *n.* =tree lawn. 〘1962〙

trée càlf *n.* 〘製本〙木模様カーフ《酸によって樹木模様をつけた子牛革》. 〘1879〙

trée còny *n.* 〘動物〙=tree hyrax.

trée crèeper *n.* 〘鳥類〙キバシリ (*Certhia familiaris*). 〘1814〙

trée crìcket *n.* 〘昆虫〙カンタン《カンタン科 *Oecanthus* 属の昆虫の総称》.

treed *adj.* **1** 樹木を植えた, 植林した. **2** 〈獣が〉木に追い上げられた. **3** 靴の保存型を入れて形を整えた. 〘(1860) ← TREE + -ED〙

trée dàssie *n.* 〘動物〙=tree hyrax.

trée dìagram *n.* 樹形図, 枝分かれ図.

trée dùck *n.* 〘鳥類〙=whistling duck 2. 〘1824〙

trée fàrm *n.* (材木用に育てた樹木の)森林地. 〘1941〙

trée fèrn *n.* 〘植物〙木生シダ《木質性の茎が直立するヘゴ科, リュウビンタイ科などの各種のシダ植物》. 〘1846〙

trée·fìsh *n.* 〘魚類〙米国 California 州沿岸に生息するカサゴ科メバル属の黒い縞(しま)のある魚 (*Sebastes serriceps*). 〘1888〙

trée fròg *n.* 〘動物〙アマガエル科の樹上性のカエルの総称《ヨーロッパアマガエル (*Hyla arborea*) など》. 〘1738〙

trée frùit *n.* =top fruit.

trée germànder *n.* 〘植物〙ヨーロッパ南部産のシソ科ニガクサ属の青い花をつける常緑草本 (*Teucrium fruticans*). 〘1597〙

trée gòose *n.* 〘鳥類〙=barnacle goose. 〘1597〙

trée hèath *n.* 〘植物〙ブライヤ (⇨ brier² 1). 〘1777〙

trée·hòpper *n.* 〘昆虫〙ツノゼミ《ツノゼミ科の小昆虫の総称; よく跳び, 草木の液汁を吸って草木に害を与える》. 〘1836–39〙

trée hòuse *n.* 樹上の小屋《木の大枝の間に作った小屋; 《米》では子供の遊び場などにする》. 〘1867〙

trée-hùgger *n.* (特に森林保護の)環境保護運動家.

trée hỳrax *n.* 〘動物〙キノボリハイラックス《アフリカ産の樹上にすむキノボリハイラックス属 (*Dendrohyrax*) の動物の総称; tree cony [dassie] ともいう》.

trée kangaròo *n.* 〘動物〙キノボリカンガルー《オーストラリア・ニューギニアの熱帯雨林に生息するキノボリカンガルー属 (*Dendrolagus*) の小形のカンガルーの総称; 樹上生活に適応; tree wallaby ともいう》.

trée làwn *n.* 《米》(歩道と縁(ふち)石との間の)緑地帯《芝生・木などを植えてある》.

trée làyer *n.* 〘生態〙(植物群落の)高木層 (⇨ layer *n.* 7).

trée·less *adj.* 樹木のない: ~ hills. **~·ness** *n.* 〘(1794): ⇨ -less〙

trée lìne *n.* 〘生態〙=timberline. 〘1893〙

trée·lined *adj.* (通例両側に)並木のある: a ~ street. 〘1910〙

trée lùpine *n.* 〘植物〙キダチハウチワマメ (*Lupinus arboreus*)《米国太平洋岸産マメ科の常緑低木; 鮮かな黄色または紫紺色の花をつける》. 〘1882〙

trée màllow *n.* 〘植物〙モクアオイ (*Lavatera arborea*)《アオイ科の低木状の草本; ヨーロッパ原産で, 北米南西部にも帰化, 岩場の海岸地帯に生える》. 〘1597〙

trée màrtin *n.* 〘鳥類〙=tree swallow 2.

trée mìlk *n.* **1** インド産ガガイモ科の植物 (*Gymnema lactiferum*) の乳液《食用にする》. **2** ベネズエラ産クワ科の木 (*Brosimum galactodendron*) の乳液《牛乳に似て飲料となる》.

trée mỳrtle *n.* 〘植物〙米国太平洋岸産クロウメモドキ科ソリチャ属の青い花が咲く常緑低木 (*Ceanothus arboreus*).

tre·en /tríːən/ *adj.* 木製の, 木造の (wooden). **—** *n.* [集合的] (主に, 骨董品としての)木製家庭用品[道具] (treenware) 《皿・鉢など》. 〘lateOE *trēowen*: ⇨ tree, -en²〙

tree·nail /tríːnèɪl, trénl̩/ *n.* 木釘(くぎ), 木栓. **—** *vt.* 木釘[木栓]で留める. 〘1295〙

tréen·wàre *n.* =treen.

trée ònion *n.* 〘植物〙=top onion.

trée pèony *n.* 〘植物〙=Japanese tree peony. 〘1811〙

trée pìe *n.* 〘鳥類〙**1** ラケットオナガ (*Crypsirina cucullata*)《東南アジア産》. **2** タイワンオナガ《カラス科 *Dendrocitta* 属の鳥類の総称; インド・東南アジア産》. **3** キリオオナガ (*Temnurus temnurus*)《東南アジア産》. 〘(1883): ⇨ pie²〙

trée pìpit *n.* 〘鳥類〙ヨーロッパビンズイ (*Anthus trivialis*)《スズメ目セキレイ科のビンズイに似た鳥》.

trée pòppy *n.* 〘植物〙米国 California 州産の黄色い花をつけるケシ科の低木 (*Dendromecon trigida*) (bush poppy ともいう).

trée rìng *n.* =annual ring 1. 〘1919〙

trée ròse *n.* 低木状に仕立てられたバラ《standard rose ともいう》.

trée rùnner *n.* 《豪》〘鳥類〙=sitella.

trée shrèw *n.* 〘動物〙ツパイ《南アジアおよびその隣接諸島産のリスに似たツパイ科 *Tupaia* 属の食虫哺乳動物の総称; 霊長類中最も原始的な種類; ツパイ (*T. tana*) など》. 〘1893〙

trée snàke *n.* ナミヘビ科の樹上生無毒の蛇の総称.

trée spàrrow *n.* 〘鳥類〙**1** スズメ (*Passer montanus*)《ヨーロッパ・アジア産; house sparrow より小形》. **2** ムナフヒメドリ (*Spizella arborea*)《北米北部産のホオジロ科の鳥》. 〘1770〙

trée squìrrel *n.* 〘動物〙樹上生のリス《リス科リス属 (*Sciurus*) などの樹上生リスの総称; キタリス (*S. vulgaris*) など》. 〘1822〙

trée strúcture *n.* 〘電算〙木[ツリー]構造《データ・プログラムなどの構造をグラフ表現したときに, そのグラフが木の形となる構造》. 〘1965〙

trée sùrgeon *n.* 樹木医, 樹木外科術 (tree surgery) 専門家. 〘1908〙

trée sùrgery *n.* 樹木医術, 樹木外科術. 〘1902〙

trée swàllow *n.* 〘鳥類〙**1** =white-bellied swallow. **2** キビタイツバメ (*Petrochelidon nigricans*)《オーストラリア・ポリネシア産の, 木の穴に巣を作るツバメ; tree martin ともいう》. 〘1873〙

trée swìft *n.* 〘鳥類〙カンムリアマツバメ《インドから東インド諸島にかけてすむカンムリアマツバメ属の鳥の総称; カンムリアマツバメ (*Hemiprocne longipennis*) など》.

trée tòad *n.* 〘動物〙=tree frog. 〘1778〙

trée tobàcco *n.* 〘植物〙キダチタバコ (*Nicotiana glauca*)《南米産ナス科の黄色い花が咲く高木状の常緑草本》. 〘1895〙

trée tomàto *n.* 〘植物〙=tamarillo.

trée·tòp *n.* **1** 木の頂, こずえ. **2** [*pl.*] 木立の頂が描く線(の高さ). 〘1530〙

trée-trùnk *n.* 木の幹.

trée wàllaby *n.* 〘動物〙=tree kangaroo.

tref /tréɪf/ *adj.* 〈食物, 特に肉類が〉(ユダヤ人のおきてに従って)正式に処理されていない, 不適法の (↔ kosher). 〘(1837) ☐ MHeb. *ṭᵉrēphāʰ* 《原義》an animal torn (by wild beasts) ← *ṭārāph* to tear〙

tre·fah /tréɪfə/ *Heb. adj.* =tref.

tre·foil /tríːfɔɪl, tréf- | tréf-, tríːf-, tráɪfɔɪl/ *n.* **1** 〘植物〙**a** =trifolium 2. **b** 三つ葉, 三葉 (trifoliolate leaf). **2** 〘建築〙三弁模様, 三葉飾り (cf. quatrefoil 2 b, cinquefoil 2, foil¹ 5; ⇨ tracery 挿絵). **3** 〘紋章〙三つ葉 (cf. cinquefoil 3). **—** *adj.* 三つ葉の, 三弁の. 〘(1384) *treyfoyle* ☐ AF *trifoil* ☐ L *trifolium* triple leaf: ⇨ tri-, foil¹〙

tréfoil àrch *n.* 〘建築〙三弁形アーチ, 三葉形アーチ《天井および両側の断面が三弁模様をなしている》.

tré·foiled *adj.* **1** 三葉形の, 三つ葉の. **2** 〘建築〙三弁模様の, 三葉飾りのある, 三葉飾りで飾られた. 〘(1420): ⇨ -ed 2〙

tre·ha·la /trɪ̀háːlə/ *n.* トレハラ《トルコに分布する鞘翅目ゾウムシ科ゴボウゾウムシの一種 (*Larinus maculatus*) が分泌する食用の蜜(みつ)》. 〘(1862) ☐ F *tréhala* ☐ Turk. *tigala* ☐ Pers. *tighāl*〙

tre·ha·lase /trɪ̀háːleɪs, -leɪz | tríːhəlèɪs, -lèɪz/ *n.* 〘生化学〙トレハラーゼ《トレハロースを加水分解する酵素; 細菌・カビなどに分布する》. 〘(1893): ⇨ ↑, -ase〙

tre·ha·lose /trɪ̀háːloʊs, -loʊz | tríːhəlòʊs, -lòʊz/ *n.* 〘化学〙トレハロース ($C_{12}H_{22}O_{11}$)《2分子の *d*-glucose から成る二糖類の一種; 菌類・酵母に多量に含まれる》. 〘(1862): ⇨ trehala, -ose²〙

treif /tréɪf/ *n.* (*also* **trei·fa** /tréɪfə/) =tref.

treil·lage /tréɪlɪdʒ, treɪjáːʒ; *F.* tʀɛjaːʒ/ *n.* 格子(こうし)細工 (latticework); 組格子; 格子 (lattice, trellis). 〘(1698) ☐ F ~ ← *treille* arbor, trellis (< L *trichilam* arbor) + -AGE〙

Treitsch·ke /tráɪtʃkə; *G.* tʀáɪtʃkə/, **Heinrich von** *n.* トライチュケ (1834–96; ドイツの歴史家・評論家).

trek /trék/ *v.* (**trekked**; **trek·king**) **—** *vi.* **1** 《口語》(骨折って長い距離を)歩く, 旅行する, トレッキングをする: go ~*king* / We ~*ked* for miles to reach safety. 安全な場所へ着くまで何マイルも歩いた. **2** のろのろ進む[行く] 〈*to*〉. **3** 《南ア》**a** 牛車に乗って旅行する. **b** (通例, 牛車で)移住する. **4** 〈牛が〉車・荷を引く. **5** 《俗》去る, 立ちのく. **—** *vt.* 《南ア》〈牛が〉〈車・荷を〉引く. **—** *n.* **1** 《口語》(骨の折れる)長い旅行, 長い距離を歩くこと, トレッキング. **2** 旅行, 移住. **3** 《南ア》**a** 牛車旅行. ★通例次の句で: on (the) ~ 牛車旅行に[中で]. **b** (牛車旅行の)一行程: a day's ~ 一日の牛車旅行. **trék·ker** *n.* 〘(1849) ☐ Afrik. ~ ☐ Du. *trekken* to draw, travel ← MDu. *trēken* to draw〙

Trek·kie /tréki/ *n.* トレッキー《米国の SF テレビシリーズ番組 *Star Trek* のファン[マニア]》.

trék nèt *n.* 《南ア》トレックネット《一方の端におもりを, 他方の端に浮きを付け, 水中に垂直に張る大型の魚網; 通例漁船から垂らして岸から引く》. 〘1913〙

trel·lis /trélɪ̀s | -lɪs/ *n.* **1** 格子 (lattice, grating); (果樹などの幹や枝を支えるための)垣, 棚, 支柱. **2** 格子で組んだあずまや[アーチなど]. **3** 〘紋章〙格子形紋《交差する部分が鋲打ちされている; cf. fretty²》. **—** *vt.* **1** 〈戸・窓など〉に格子を付ける, 格子造りに造る; 四目垣で囲む: ~ windows. **2** 〈植物を〉垣にからませて仕立てる, 棚で支える: lanes ~*ed with* vines ツタを垣にからませた小道. **3** 格子形に造る, 交錯させる (interlace). **~·like** *adj.* 〘(1380) *trelis* ☐ OF *treliz* (もと adj.) < VL **trilīcium*

← L *trilix* woven with three threads ← TRI-＋*līcium* thrum〗

tréll·ised *adj.* **1** 垣にからませた: ～ grapes. **2**《甲冑》〈革製のよろいが〉帯や鋲(びょう)で格子形に綴(と)じた: a ～ armor. 〖(1472): ⇨ ↑, -ed 2〗

tréllis·wòrk *n.* 格子細工, 格子組 (latticework).

-tre·ma /tríːmə/ (*pl.* ～**s**, ～**·ta** /～tə | ～tə/)「穴」の意の名詞連結形: helico*trema*. 〖← NL ～ ← Gk *trêma* hole〗

trém (àrm) /trém(-)/ *n.*《口語》＝tremolo arm.

Trem·a·to·da /trèmətóudə, trìː- | -tə́udə/ *n. pl.*〘動物〙吸虫綱. 〖← NL *Trēmatōda* ← Gk *trēmatṓdēs* having holes ← *trêma* hole＋*-ṓdēs* '-ODE¹': ⇨ -a²〗

trem·a·tode /trémətòud, tríːm- | -tə̀ud/ *adj.*, *n.*〘動物〙吸虫綱の(動物). 〖(1836-39) ↑〗

trem·blant /trémblənt/ *adj.* ばね仕掛けで震動する. 〖(1970): ⇨ ↓, -ant〗

trem·ble /trémbl̩/ *vi.* **1 a** 〈人・手足などが〉(恐怖・怒り・興奮・寒さ・疲労・病気などで)震える, 身震いする, おののく (shiver, shudder) (⇨ shake SYN): ～ in the snow 雪の中でぶるぶる震える / ～ *at* the sound [mention] of ...の音を聞いて[...という言葉を聞いただけで]震える / ～ *at* the thought of [*to* think] ...を考えただけでぞっとする / He ～*d with* fear [excitement]. 恐怖でおののいた[興奮のため身震いした] / His limbs ～*d with* anger. 彼の手足は怒りで震えた / His hands ～ *from* oversmoking. たばこの吸いすぎで手が震える / Hear and ～!《反語》さあ聞いて驚くな. **b** 〈光・木の葉・旗・声などが〉震える, 揺れ動く (quiver): leaves *trembling* in the breeze 微風にそよぐ木の葉 / Excitement made his voice ～. 感極まって声が震えた. **2** 〈地面・橋・建物などが〉揺れる, 震動する, 震える: The vessel ～*d with* the shock. その衝撃で船が揺れた. **3** 《詩》震えながら通る[行く, 進む, 来る]. **4** 大いに心配する, 気をもむ, 気づかう: ～ *for* a person 人のことを心配する / ～ *for* a person's safety 人の安否を気づかう / I ～ *to* think what has become of him. 彼がどうなったかと思うと心配でたまらない. **5** 〈運命・生命などが〉きわどい瀬戸際にある, どっちつかずである: His fate [life] was *trembling in* the balance. 彼の運命[生命]は危うかった.
— *vt.* **1** 震わす: ～ one's fan. **2** 震え声で言う〈*out*〉: He ～*d out* prayers. 震え声で祈りを唱えた.
— *n.* **1** 震え, おののき, 身震い (tremor). **2** [*pl.*; 単数扱い]〘病理〙**a** (病的な)震え, 震えを伴う病気 (おこりなど); ＝milk sickness. **b** Parkinson's disease の俗称. **c** 〘獣医〙マルバフジバカマ (white snakeroot) の類の植物を食べて起こる家畜の中毒症 (筋肉の振戦(しんせん)を伴う).
áll of* [*in*] *a trémble*＝*on* [*upon*] *the trémble《口語》(興奮・心配などで)すっかり震えて, ぶるぶる震えて. 〖(1719)〗
〖(c1380) □ (O)F *trembler* < VL **tremulāre* ← L *tremere* to tremble ∽ (c1303) *tremle* ← L *tremulus* 'TREMULOUS'〗

trém·bler /-blə, -blə | -blə^(r), -bl-/ *n.* **1** 震える人[もの]. **2**〘電気〙(ベルなどの)振動板, 振動子. **3**〘鳥類〙西インド諸島産マネシツグミ科の体を震わせて鳴く習性をもつフルエドリ属 (*Cinclocerthia*) とムナジロツグミモドキ属 (*Ramphocinclus*) の鳥の総称. 〖(1552): ⇨ ↑, -er¹〗

trém·bling /-blɪŋ, -bl-/ *n.* 身震い: ⇨ *in* [*with*] FEAR *and trembling*. — *adj.* 震える, おののく. **～·ly** *adv.* 〖(c1303): ⇨ -ing^(1,2)〗

trémbling póplar *n.*〘植物〙**1** ＝European poplar. **2** ＝American poplar. 〖1731〗

trem·blor /trémblɔə | -blɔː^(r)/ *n.* 地震 (earthquake). 〖(1913)《変形》← Sp. *temblor*: ⇨ temblor: tremble の影響〗

trém·bly /-bli/ *adj.* ぶるぶる震えて(いる), 身震いして(いる), おののく. 〖(1848) ← TREMBLE＋-Y¹〗

trem·el·lose /trémələ̀us | -lə̀us/ *adj.*〘植物〙にかわ状の (gelatinous). 〖(1887) ← NL *tremella* (← *tremere* 'to TREMBLE'＋-ELLA)＋-OSE¹〗

tre·men·dous /trɪ̈méndəs/ *adj.* **1**《口語》**a** 巨大な, 途方もなく大きい (⇨ enormous SYN): ～ applause 盛大な拍手喝采(かっさい) / a ～ success ものすごい大成功 / at a ～ speed 途方もないスピードで / an oak of ～ height 見上げるようなオークの大木 / She has done a ～ job in raising five children. 彼女は5人の子供を育て上げるのに実に大変な苦労をしてきた. **b** とてつもない, 実にすてきな (excellent): We have had a ～ time. 実にすばらしいひと時を過ごした / His performance was ～. 彼の演奏はとてもすばらしかった. **2**《古》恐るべき, ぞっとさせる, すさまじい (dreadful): a ～ description 恐るべき描写 / a ～ explosion すさまじい爆発. **～·ness** *n.* 〖(1632) □ L *tremendus* dreadful ← *tremere* 'to TREMBLE': ⇨ -ous〗

tre·mén·dous·ly *adv.* **1**《口語》ひどく, 猛烈に, 途方もなく, とても (extremely): ～ hard work ひどく骨の折れる仕事 / He is ～ rich. 大変な大金持ちだ / I'm ～ obliged to you. とてもありがたい. **2** 恐ろしく, すさまじく, ものすごく (dreadfully): scream most ～ いとも恐ろしげな悲鳴をあげる. 〖(1680): ⇨ ↑, -ly¹〗

trem·ie /trémi/ *n.*〘土木〙トレミー, 吐き管 (水中コンクリートの施工に用いる上端が漏斗状の水密な管). 〖(1905) □ F *trémie* hopper < L *trimodiam* three-peck measure ← TRI-＋*modius* measure of grain＋-IA¹〗

tre·mis·sis /trɪ̈mísɪ̈s | -sɪs/ *n.* (*pl.* **-mis·ses** /-siːz/) トレミシス: **a** 東ローマ帝国の金貨. **b** (それを模した)メロビング朝 (the Merovingians) の金貨. 〖(1706) □ LL ～ ← L *trēs* 'THREE'＋(*sē*)*missis* (⇨ semis)〗

trem·o·lan·do /trèməlάːndou | -lǽndəu; *It.* tremolándo/ *adv.*, *adj.*〘音楽〙トレモロで[による], 音を震わせて[た]. 〖(1852) □ It. ～ (pres.p.) ← *tremolare* to shake < ML *tremulāre* 'to TREMBLE'〗

trem·o·lant /tréməl(ə)nt/ *adj.* 震える音の. — *n.* ＝tremolo 2. 〖(1854) □ G *Tremolant* □ It. *tremolante* tremulant (pres.p.) ← *tremolare* (↑): cf. tremulant〗

trem·o·lite /tréməlàɪt/ *n.*〘鉱物〙透角閃石(とうかくせんせき) ($Ca_2Mg_5Si_8O_{22}(OH)_2$). **trem·o·lit·ic** /trèməlítɪk | -tɪk⁻/ *adj.* 〖(1799) □ F *trémolite* ← *Tremola* (その発見地であるスイスの谷)＋-ITE¹〗

trem·o·lo /tréməlòu | -ləu; *It.* tréːmolo/ *n.* (*pl.* ～**s**)〘音楽〙**1** トレモロ (同じ音または二つの音の急速な反復または交代; 特に, 弦楽器で効果的な奏法; cf. vibrato). **2** トレモロ (オルガンで vibrato に似た効果を出す装置[音栓]; tremolo stop ともいう). 〖(1801) □ It ～ < L *tremulum* 'TREMULOUS'〗

trémolo àrm *n.* トレモロアーム (エレクトリックギターのブリッジにつなぎ, 音程を変える金属製のレバー).

trem·or /trémə | -mə^(r)/ *n.* **1 a** 小さな地震, (地震の)前ぶれ, 余震: ⇨ earth tremor. **b** 震動 (vibration). **c** (光・機械室・木の葉・水などの)微動, 震え, ゆらめき (slight quiver): the ～ of a leaf 木の葉のそよぎ. **2** (恐怖・衰弱による)震え, 身震い, 胴震い: A ～ of sheer fear passed over him. 全くの恐怖のために体中が震えた. **3** (快感・興奮などのための)心の震え, ぞくぞくする思い (thrill): in a ～ of delight うれしさに心震えて. **4** おじ気, 気おくれ (qualm); おじ気[気おくれ]の種: face death without a ～ 死に直面してびくともしない. **5** 声[音]の震え: There was a little ～ in her voice. 彼女の声は少し震えていた. **6**〘医学〙振戦, 震顫(しんせん), ふるえ: intention ～ 意図振戦 (何かしようとするときに生じる). **～·less** *adj.* 〖(c1385) (1615) □ OF *tremo(u)r* // L *tremor* ← *tremere* 'to quiver, TREMBLE'〗

trem·or·ous /trémərəs/ *adj.* 震える; 恐れおののく: a ～ voice. 〖(1907): ⇨ ↑, -ous〗

trem·u·lant /trémjulənt/ *adj.* **1** 震える, 震動する. **2** 恐れおののく, 震え上がる. — *n.* **1**〘音楽〙トレムラント (＝tremolo 2). **2** トレムラントと同じ効果を出す電子楽器用の装置. 〖(1837) □ ML *tremulāntem* (pres.p.) ← *tremulāre* 'to TREMBLE': ⇨ -ant〗

trem·u·lous /trémjuləs/ *adj.* **1** 震える, 震動する, 身震いする, おののく, わななく (shaking): a ～ hand [forefinger, voice] 震える手[人差し指, 声] / ～ leaves 震える木の葉. **2** 〈書いた物など〉震えた, ぶるぶるした: a ～ line ぶるぶるした線 / a ～ handwriting 震えた筆跡. **3** 臆病な, 気の弱い (timorous): an abject and ～ spirit みじめな気の弱い精神. **4** 非常に敏感な: ～ *to* calumny 陰口をひどく気にする. **～·ly** *adv.* **～·ness** *n.* 〖(1611) ← L *tremulus* shaking, quivering (← *tremere* 'to TREMBLE')＋-OUS: TREMOLO と二重語〗

tre·nail /tríːnèɪl, trénl̩/ *n.*, *vt.* ＝treenail.

trench /tréntʃ/ *n.* **1** (深く狭い)溝, 堀, 掘割 (ditch, fosse). **2**〘軍事〙壕, 塹壕(ざんごう); [*pl.*] 塹壕陣地: a dummy ～ にせ塹壕[陣地] / a cover ～ 掩壕(えんごう) / ⇨ fire trench / mount the ～*es* 塹壕内の任務につく / open the ～*es* 塹壕掘りを始める / relieve the ～*es* 塹壕勤務兵と交替する / search the ～*es* 榴散弾(りゅうさんだん)などで塹壕を砲撃する. **3**〘地理〙海溝. — *vt.* **1** 堀[塹壕]で囲む[で固める]. **2** ...に溝[堀]を掘る, あぜ[溝]を造る: ～ the ground. **3** 〈田畑などを〉掘り返す, 深く耕す: ～ the garden, field, soil, etc. **4 a**《廃》切って分ける, 切り開く. **b**《Shak》水路を切り開いて〈川〉の進路を変える. — *vi.* **1** 溝[塹壕]を掘る. **2** 切断する (cut). **3**〔権利などを〕侵害する (infringe)〔*on*, *upon*〕: ～ *upon* a person's time 人の時間をつぶす. **4**〔...に〕接近する, 近い (verge)〔*on*, *upon*〕: an act ～*ing on* treason 反逆に近い行為. **5**《廃》〔心の底・本質などに〕食い込む, しみ通る (enter)〔*into*, *unto*〕. 〖(c1395) *trenche* track cut through a wood □ OF (F *tranche*) act of cutting, slice ← *trenchier* to cut < VL **trincāre*＝L *truncāre* to cut off: ⇨ truncate〗

tren·chan·cy /tréntʃənsi/ *n.* 鋭いこと, 鋭利 (incisiveness). 〖(1866): ⇨ ↓, -ancy〗

tren·chant /tréntʃənt/ *adj.* **1** 〈言葉・文章・論者など〉鋭い, 痛烈な (⇨ incisive SYN); 辛辣(しんらつ)な, 刺すような: a ～ wit, style, etc. **2** はっきりした, くっきりした (distinct): a ～ line. **3** 厳しい (vigorous), 激しい, 徹底的な (thoroughgoing): a ～ policy / a ～ warning 厳しい警告. **4**《古・詩》鋭利な, 切れ味のよい (sharp): a ～ sword, blade, etc. **5**〘動物〙〈歯・くちばしが〉肉裂き用の (sectorial): a ～ tooth 犬歯. **～·ly** *adv.* 〖(a1338) □ OF ～ (F *tranchant*) (pres.p.) ← *trenchier* to cut: ⇨ trench〗

Tren·chard /tréntʃəəd, -tʃəd | -tʃɑːd, -tʃəd/, **Hugh Montague** *n.* トレンチャード (1873-1956; 英国の空軍元帥で, 第一次大戦中英国空軍を指揮; 称号 1st Viscount).

trénch còat *n.* **1**〘軍事〙(ベルト付き)塹壕(ざんごう)用防水外套(がいとう). **2** トレンチコート (1 に似せたもので, 共布のベルト・ポケット・肩ヨークなどがついている; 多くの場合, 防水加工をほどこした布地を使う). 〖1916〗

trénch dìgger *n.*〘機械〙溝掘機, 溝切機. 〖1770〗

trenched *adj.* **1** 溝を掘った. **2** 塹壕(ざんごう)で固めた. 〖(1541): ⇨ -ED〗

tren·cher¹ /tréntʃə | -tʃə^(r)/ *n.* **1**《古》**a** (四角または丸い)木皿 (wooden platter). **b** (木皿に盛った)食物; 飲食, 食事 (supply of food): lick the ～ へつらう. **c** (四角または丸い)平板. **2** ＝trencher cap. — *adj.* [限定的] **1 a** 木皿の[に関連する]: a ～ knife《古》木皿用ナイフ. **b** 食事の[に関連する]: ～ companions 飲食仲間. **2**《古》寄食する, 食客の, こびる (fawning): some ～ knight さる食客の騎士. 〖(c1308) □ AF *trenchour*＝OF *trencheoir* (F *tranchoir*) a cutting place, trencher ← OF *trenchier* to cut: ⇨ trench〗

trénch·er² *n.* 壕(ごう)を掘る人, 溝[堀]を掘る人. 〖(a1625) (1871) ← TRENCH＋-ER¹〗

trêncher càp *n.*《俗》大学の角帽 (mortarboard). 〖1721〗

trêncher-féd *adj.*《英》〈猟犬が〉(狩猟クラブの犬舎でなく)各狩猟家の手もとで飼われている. 〖1887〗

trêncher-frìend *n.*《廃》食客, 居候, おべっか使い (cf. Shak., *Timon* 3. 6. 96). 〖1590〗

trén·cher·ing /-tʃ(ə)rɪŋ/ *n.*《Shak》[集合的] 木皿 (trencher). 〖(1611): ⇨ -ing¹〗

trêncher·man /-mən/ *n.* (*pl.* **-men** /-mən, -mèn/) **1** 食べる人 (eater); (特に)よく食べる人, 大食家: a poor [good, stout, valiant] ～ 小[大]食家. **2**《古》食客, 寄食者, 居候 (sponger). 〖(a1586) ← TRENCHER¹＋MAN〗

trêncher tìme *n.* 食事時 (mealtime). 〖1846〗

trénch fèver *n.*〘病理〙塹壕(ざんごう)熱 (第一次大戦中, 兵士に発生した, しらみの伝播(でんぱ)するリケッチア (rickettsia) による伝染病). 〖1915〗

trénch fòot *n.*〘病理〙塹壕(ざんごう)足 (長く塹壕内に立っているため湿気と寒気のために生じる足の病気; cf. immersion foot). 〖1915〗

trénch knìfe *n.* (白兵戦用の両刃の)短剣. 〖1926〗

trénch mòrtar *n.*〘軍事〙塹壕(ざんごう)砲, 迫撃砲, 曲射砲. 〖1915〗

trénch mòuth *n.*〘病理〙塹壕(ざんごう)口腔炎 (⇨ Vincent's angina). 〖1918〗

trénch plòw *n.* 深耕用のすき.

trénch wárfare *n.*〘軍事〙塹壕(ざんごう)戦. 〖1917〗

trend /trénd/ *n.* **1 a** 傾向, 傾き, 趨勢(すうせい) (⇨ tendency SYN): the ～ of events 形勢 / the ～ of public opinion 世論の趨勢 / the ～(*s*) *to*(*ward*) nationalism 国家主義への傾向 / a strong socialist ～ in France フランスの強い社会主義的傾向 / underlying ～ 長く続く傾向, 底流 / He got his artistic ～ from his mother. 彼の芸術家的傾向は母親ゆずりだった / reverse a ～ 流れを変える. **b**〘統計〙トレンド, 趨勢 (統計的にとらえうる傾向, またはそれを表す曲線): an upward ～ of prices＝upward ～*s in* prices 物価の上昇傾向 / global economic ～*s* 世界的に見た経済動向. **2** 流行(のスタイル) (vogue): the new [latest] ～ *in* women's hairdo 最新流行の女性の髪型 / the ～ to white *in* bedrooms 寝室を白にする流行 / set a [the] ～ (新しい)流行を創出する. **3** (道路・河川・山脈・海岸線などの)方向, 傾き, 向き: the north-to-south ～ 南北の方向 / The ～ of the coastline is toward the north. 海岸線の方向は北である.
— *vi.* **1** 〈事態などが〉(ある方向に)傾く, 向く, (ある)傾向をとる (tend): Things are ～*ing toward* militarism [*away from* individualism]. 人心が次第に軍国主義に傾いて[ようやく個人主義から離れようとして]いる / Prices are ～*ing upward* [*downward*]. 物価は上向き[下向き]だ. **2** (ある方向へ)進路[方向]を取る, 向かう, 傾く, 向く (bend, go): The coast ～*s* south [*toward*(*s*) the south, *to* the south]. 海岸は南に向いている.
〖(OE) (1598) *trendan* to turn, revolve <Gmc **trandjan* ← *trend-* (原義) ? split-off piece of a tree trunk, as a disk or wheel (OE *trinda* round lump / MHG *trendel* disk) ← ? IE **der-* to split: cf. trundle〗

Tren·dél·en·burg posìtion /trendéləlnbə̀ːg- | -bə̀ːg-; *G.* trɛndéːlnbʊrk/ *n.*〘医学〙トレンデレンブルク体位, 頭低仰臥[背臥]位 (傾斜したテーブル[ベッド]の上に頭を下にしてあお向けに横たわり, 骨盤部を頭より高くした体位; 足はひざを曲げて, ひざから下が台の端から下がるようにする; 骨盤の手術, ショック時などに適用する). 〖(1892) ← *Friedrich Trendelenburg* (1844-1924: ドイツの外科医)〗

trend·i·fy /tréndəfàɪ | -dɪ̈-/ *vt.* 時代の風潮[流行]に合わせる. 〖1967〗

trénd·lìne *n.* 趨勢[傾向]線, トレンドライン (株などの平均価格の一定期間にわたる動きを示す図表上の上昇線または下降線). 〖1912〗

trend·oid /tréndɔɪd/ *n.*《口語》(無批判に・過剰に) 流行の先端を行く人, 進んでいる人. — *adj.* 流行の先端を追う. 〖(1979): ⇨ trendy, -oid〗

trénd·sètter *n.* 新しい流行を創出する人[物]. 〖1960〗

trénd·sètting *adj.* 新しい流行を創出する. — *n.* 流行の創出. 〖1960〗

trend·y /tréndi/ *adj.* (**trend·i·er**; **-i·est**)《口語》[しばしば軽蔑的] 流行の先端を行く: a ～ London boutique 流行の先端を行くロンドンのブティック. — *n.*《口語》流行の先端を行く人, 最新流行の服装をした人. **trénd·i·ly** /-dəli, -dli | -dɪ̈li, -dli/ *adv.* **trénd·i·ness** *n.* **～·ism** /-ìzm/ *n.* 〖(1962) ← TREND＋-Y^(2,4)〗

Treng·ga·nu /treŋgάːnuː; *Malay* trəŋgánu/ *n.* トレンガヌ (マレーシア北西部の州; 面積 12,950 km², 州都 Kuala Trengganu).

Trent¹ /trént/ *n.* トレント (イタリア北東部, Adige 川に沿う都市; トレント公会議 (Council of Trent) の開催地 (1545-63) (cf. Tridentine); 古代名 Tridentum, イタリア語名 Trento, ドイツ語名 Trient). 〖OE *Trente* ← Brit. *Trisantōn* (原義) ? trespasser, i.e., river liable to flood ← *tri* through, across＋*santōn* one who goes, travels〗

Trent² /trént/ *n.* **1** [the ～] トレント(川) (イングランド中部, Staffordshire 州に発し, 北流して Humber 川に注ぐ川 (275 km)). **2** [the ～] トレント(川) (カナダ Ontario 州南東部の川; Kawarth 連湖に発し, Rice 湖を経て Ontario 湖に注ぐ (241 km)).

tren·tal /tréntl̩ | -tl/ *n.*〘カトリック〙(死者のために行う)三

十日間のミサ. 〖(?a1350) □ LL *trentāle* < VL **trenta* ← L *trīgintā* thirty ← *trēs, tria* 'THREE' + *-gintā* (suf.) tens: cf. F *trente*〗

trente-et-qua·rante /trɑ́:nteɪkərɑ́:nt; *F.* tʀɑ̃teka ʀɑ̃:t/ *n.* 〘トランプ〙 =rouge et noir. 〖(1671) □ F ~ 'thirty and forty'〗

Tren·ti·no-Al·to A·di·ge /trɛntí:noʊɑ́:ltoʊɑ́:dɪdʒeɪ | -nəʊɑ́:ltəʊɑ́:dɪ-; *It.* trentí:noáltoá:didʒe/ *n.* トレンティーノアルトアーディジェ《イタリア北東部の自治州; その北部はもとオーストリア領 Tyrol の一部; 第一次大戦の激戦地; 州都 Trent》.

Tren·to /*It.* trénto/ *n.* トレント《Trent[1] のイタリア語名》.

Tren·ton /trɛ́ntn̩ | -tən/ *n.* トレントン《米国 New Jersey 州の州都; Delaware 川にまたがる》. 〖← *William Trent* (1655–1724; この市の創建者): ⇨ -ton〗

tre·pan[1] /trɪpǽn/ *n.* **1** 〘鉱山〙(竪(たて)坑開鑿(さく)用)鑿坑機. **2** 〘機械〙 筒鋸(のこ)(鑿). **3** 〘外科〙 トレパン, 穿孔器, 穿頭器. — *vt.* (**tre·panned**; **-pan·ning**) **1** 〘外科〙(trepan で) 穿孔[穿頭]する. **2** 〘機械〙 筒鋸で切り抜く: a ~*ning* tool 丸板切抜き工具. 〖n.: (a1400) □ ML *trepanum* crown saw □ Gk *trúpanon* borer ← *trupân* to bore. — v.: (a1400) □ (O)F *trépaner*〗

tre·pan[2] /trɪpǽn/ 《古》 *vt.* (**tre·panned**; **-pan·ning**) **1** わなにかける, 計略にのせる (entrap). **2** 誘う, 誘惑する, そそのかす (lure) 〔*into, to*〕〈*to do*〉. **3** だます (cheat): ~ a person *out of* a thing 人をだまして物を巻き上げる. — *n.* **1** わなをかける人, 策謀家, ぺてん師. **2** わな, 策略 (trap). **tre·pán·ner** *n.* 〖(1641) 《古形》 *trapan* 《混成》 ← TRAP[1] + TREPAN[1]〗

trep·a·na·tion /trèpənéɪʃən/ *n.* 〘外科〙 穿孔(術), 頭蓋開口(術). 〖(a1400) □ (O)F *trépanation* ← *trépaner* to perforate with a trepan ← *trépan* □ ML *trepanum* 'TREPAN[1]'〗

tre·pang /trɪpǽŋ, trí:pæŋ/ *n.* 〘動物〙 ナマコ (holothurian); (特に)キンコ《ナマコやキンコを煮て干した乾製品をいりこといい, 中国ではスープにする; bêche-de-mer ともいう》. 〖(1783) □ Malay *teripang*〗

treph·i·na·tion /trèfənéɪʃən | -fɪ-/ *n.* 〘外科〙 = trepanation. 〖(1874): ⇨ ↓, -ation〗

tre·phine /trɪfáɪn, -fí:n | trɪfí:n, trɛ-, -fáɪn/ 〘外科〙 *n.* (穿頭用の)トレフィン, 冠状のこ. — *vt.* トレフィンで手術する. 〖(1628) 《古形》 *trafine* ← L *trēs fīnēs* three ends: TREPAN[1] の影響による変形〗

treph·o·cyte /tréfəsàɪt/ *n.* 〘動物〙 栄養細胞《無脊椎(せきつい)動物の組織に栄養を与える細胞または血球》. 〖← Gk *tréphein* to feed + -CYTE〗

trep·id /trépɪd | -pɪd/ *adj.* 小心な, 臆病な (timorous). 〖(1650) □ L *trepidus* scared: ⇨ trepidation〗

trep·i·dant /trépədənt, -dn̩t | -pɪdənt, -dn̩t/ *adj.* (恐怖・不安で)ぶるぶる震えている. 〖(1891) □ L *trepidān-tem* (pres.p.) (↓)〗

trep·i·da·tion /trèpədéɪʃən | -pɪ-/ *n.* **1** (ぶるぶる震える)恐怖, 戦慄(せんりつ) (alarm); 狼狽(ろうばい) (perturbation): With ~ I stood near the door. 恐怖でおののきながら入口の近くに立っていた. **2** 《古》 震動; (手足の)震え (tremor). **3** 〘病理〙 振戦運動. 〖(1605) □ F *trépidation* ∥ L *trepidātiō(n-)* ← *trepidāre* to be agitated ← *trepidus* trembling〗

trep·o·ne·ma /trèpəní:mə/ *n.* (*pl.* ~·**ta** /~tə | ~tə/, ~**s**) 〘細菌〙 トレポネーマ《回帰熱・梅毒などの病原体を含むスピロヘータ目 *Treponema* 属の微生物》. 〖(1908) ← NL ~ ← Gk *trépein* to turn + NEMA〗

trep·o·ne·mal /trèpəní:məl, -ml̩/ *adj.* 〘細菌〙 **1** トレポネーマが病原体の. **2** トレポネーマに作用する. 〖(1913): ⇨ ↑, -al[1]〗

treponemata *n.* treponema の複数形.

trep·o·ne·ma·to·sis /trèpənì:mətóʊsɪs | -táʊsɪs/ *n.* 〘病理〙 トレポネーマ症《梅毒など》. 〖(1927) ← *Treponemat-* (← TREPONEMA) + -OSIS〗

trep·o·nem·a·tous /trèpənémətəs | -təs/ *adj.* 〘細菌〙 トレポネーマ菌の.

trep·o·neme /trépənì:m/ *n.* 〘細菌〙 =treponema. 〖1919〗

tres /trés/ *adj.* 〘処方〙 三つの (three). 〖□ L *trēs* 'THREE'〗

-tre·si·a /trí:ʒə, -ʒiə | -ziə, -ʒiə/ 「貫通 (perforation)」の意の名詞連結形: procto*tresia*. 〖← NL ~ ← Gk *trēsis* perforation (cf. -trema) + -IA[1]〗

tres·pass /tréspəs, -pæs | -pəs/ *vi.* **1** 〘法律〙〔他人の土地に〕不法侵入する, 他人の権利を侵害する 〔*on, upon*〕: If A's cattle ~ *on* B's land, B can impound them. A の家畜が B の土地に侵入したならば B はこれを囲いの中に入れることができる / ~ in search of game 獲物を捜して他人の土地に侵入する / No ~*ing*. [掲示] 立入禁止. **2** 〔他人の時間・好意・寛容などに〕侵入する, つけ込む, 〔…を〕よいことにする, 〔人に〕迷惑を掛ける, 邪魔する (encroach) 〔*on, upon*〕: ~ *on* a person's hospitality 人の親切をよいことにしてごちそうにあずかる / ~ *on* a person's preserves 人の領分に手を出す[でしゃばる] / I won't ~ *on* your time any longer. これ以上お邪魔はいたしません / May I ~ *on* you for the mustard? からしを取ってくれませんか. **3** 《古》〔法律などに〕違反する, 罪を犯す, もとる (sin) 〔*against*〕: ~ *against* the law 法律を犯す. **4** 《廃》 死ぬ (die). — *vt.* 《まれ》 犯す, 破る (violate): ~ the Pope's commandment 教皇の命令に背く. — *n.* **1** 〘法律〙 **a** (他人の身体・財産・権利に対する)不法侵害, 権利侵害, 不法侵入(罪). **b** 不法侵害訴訟 《action of trespass ともいう》. **2** 〔他人の時間・好意・忍耐などへの〕侵入, 迷惑, 邪魔 (encroachment) 〔*on, upon*〕: One ~ more I must make *on* your patience. もう一つだけご辛抱を願わなければならないことがあります. **3** (宗教・道徳上の)罪過, 罪 (sin, offense). 〖v.: (c1303) □ OF *trespasser* (F *trépasser*) to go beyond ← *tres-* across (< L *trāns-* 'TRANS-') + *passer* 'to PASS[1]'. — n.: (c1300) □ OF *trespas* (F *trépas*) ← (v.)〗

SYN 侵入する: **trespass** 他人の土地などに不法に侵入する: *trespass* on a person's land 他人の土地内に不法侵入する. **encroach** 他人の財産・権利などをひそかに不法に侵害する《格式ばった語》: *encroach* on a person's rights 他人の権利を侵害する. **infringe** 他人の自由・権利などを侵害する: *infringe* (on) a person's rights 人の権利を侵害する. **invade** 〈他国〉に軍隊を率いて侵入する; 人の権利・自由などを侵害する《格式ばった語》: You are *invading* my privacy. 君は私のプライバシーを侵害している. **intrude** 招かれない領域へ入り込む: I'm afraid I'm *intruding* on your privacy. 立ち入ったことをうかがって恐縮です.

trés·pass·er *n.* 不法侵入者, (特に)他人の土地に侵入する人: *Trespassers* will be prosecuted. [掲示] 無断侵入者は告発されます. 〖(a1376) *trespasour*: ⇨ ↑, -er[1]〗

tréspass òffering *n.* (古代ユダヤの)罪のあがないのささげ物, 咎(とが)の供えもの, 罪祭, 愆祭(けんさい) (cf. *Lev.* 5:6; 6:5). 〖1535〗

tress /trés/ *n.* **1** (通例, 女性の)一房の編んだ[結った]髪 (plait, braid). **2** [通例 *pl.*] (女性の束ねてない)ふさふさした頭髪: golden ~*es* ふさふさした金髪. — *vt.* 〈髪を〉房にする[編む, 結う]. 〖(c1300) □ (O)F *tresse* plait or braid of hair ← ?: cf. L *tricae* (pl.) trifles / Frank. **thrēhja* twisted〗

-tress /trɪs | trɪs, trɛs/ *suf.* 男性の -tor に対応する女性名詞を造る: ac*tress* (cf. actor). 〖⇨ -tor, -ess[1]〗

tressed *adj.* **1** 〈頭髪が〉束ねた, 結った, 巻いた, 編んだ. **2** [通例複合語の第 2 構成要素として] (…の)髪をした: a golden-*tressed* girl 金髪の少女. 〖(?a1300): ⇨ -ED〗

tres·sel /trésəl, -sl̩/ *n.* =trestle.

tres·sure /tréʃə | -ʃə(r)/ *n.* **1** 〘紋章〙 orle の幅の狭い帯 《2 本が多く 3 本もまれにあるが, 1 本のものはほとんどない; 単に tressures といえば 2 本のものを指す》. **2** 〘造幣〙 貨幣面の意匠を囲むへり飾り. **trés·sured** *adj.* 〖(a1440) □ OF *tress(e)ure* braid of hair ← *tresse* 'TRESS': ⇨ -ure ∞ (a1310) *tressour* □ OF < L **triciātōrium*: ⇨ -our〗

tress·y /trési/ *adj.* (**tress·i·er**; **-i·est**) 頭髪のふさふさした, ふさふさした頭髪状の. 〖(1614) ← TRESS + -Y[4]〗

tres·tine /tréstaɪn/ *n.* =royal antler. 〖← L *trēs* 'THREE' + TINE[1]〗

tres·tle /trésl̩/ *n.* **1** トレッスル, 架台, うま《組んだ棒の上部に横材を載せたもの; 二つ並べてテーブルなどの台とする》. **2** 〘土木〙 **a** 構脚《トレッスル橋 (trestle bridge) の台となる》. **b** =trestle bridge. 〖(?a1300) □ OF *trestel* (F *tréteau*) transom, beam < VL **transtellum* (dim.) ← L *transtrum* 'crossbeam, TRANSOM': ⇨ -le[2]〗

tréstle bridge *n.* 〘土木〙 トレッスル橋, 構脚橋, 陸橋. 〖1867〗

tréstle tàble *n.* トレッスルテーブル《うま (trestle) を 2, 3 個並べた上に支えられているテーブル; 脚部は横木で補強してあることが多い》. 〖1891〗

tréstle·trèe *n.* [通例 *pl.*] 〘海事〙 檣頭(しょうとう)縦材, マスト縦けた. 〖a1625〗

tréstle·wòrk *n.* 〘土木〙 トレッスル工, 構脚工《陸橋・足場などの脚組み》. 〖1848〗

tret /trét/ *n.* 〘商業〙 減損見積り添量, 入れ目, 歩増し《昔ある種の商品 104 ポンドにつき 4 ポンドずつを運送中の減損見積りとして添えたもの》. 〖(a1500) □ AF & OF ~ 《変形》 ? ← *trait* act of drawing, a draught, transportation: cf. trait, tract[1]〗

Tré·ta Yú·ga /tréɪtə- | -tə-/ *n.* [the ~] 〘ヒンズー教〙 薄明時代 (⇨ Yuga). 〖□ Skt *tretāyuga* ← *tretā* third throw of the dice, triad (← *traya* triple ← *tri* 'THREE') + *yuga* 'YUGA'〗

Tré·ta·kov Gàl·lery /trétjəkɔ̀(:)f-, -kɔ̀(:)f- | -kɔf-; *Russ.* trʲitʲjikóf/ *n.* [the ~] トレチャコフ美術館《Moscow 市南部 Moskva 川右岸にある美術館; 11 世紀からのロシアの絵画を収蔵》. 〖← *P. M. Tretyakov* (1832–98: ロシアの実業家で, その美術館ならびにコレクションの寄贈者)〗

tre·val·ly /trɪvǽli/ *n.* 〘魚類〙 ヒラアジ(平鰺)《インド洋・太平洋産アジ科ギンガメアジ属 (*Caranx*) の釣魚・食用魚数種の総称; ギンガメアジ (*C. sexfasciatus*), カスミアジ (*C. melampygus*), ロウニンアジ (*C. ignobilis*) など》. 〖(1883) ← ?〗

trev·at /trévət/ *n.* =trivet[2]. 〖1831〗

Tre·vel·yan /trɪvéljən, -vɪl-/, **George Macaulay** *n.* トレベリアン (1876–1962; 英国の歴史家; G. O. Trevelyan の子; *History of England* (1926), *English Social History* (1944)).

Trevelyan, Sir **George Otto** *n.* トレベリアン (1838–1928; 英国の歴史家・政治家; T. B. Macaulay のおい; *The Life and Letters of Lord Macaulay* (1876)).

Treves /trí:vz/ *n.* トリール, トリーブ《ドイツ Rhineland-Palatinate 州 Moselle 河畔の都市; ドイツ語名 Trier》. 〖□ F *Trèves*〗

Tre·vi·no /trɪví:noʊ | -nəʊ/, **Lee** *n.* トレビノ (1939– ; 米国のプロゴルファー).

Tre·vi·ra /trɪví(ə)rə | -víərə/ *n.* 〘商標〙 トレヴィラ《ドイツ製の, 衣服・カーテンなどに用いられるポリエステル繊維》.

Tre·vi·so /trɪví:zoʊ | -zəʊ; *It.* treví:zo/ *n.* トレビーゾ《イタリア北東部の都市》.

Tre·vith·ick /trɪvíθɪk/, **Richard** *n.* トレビシック (1771–1833; 英国の機械技師; 世界最初の蒸気機関車を製作 (1804)).

Trev·or /trévə | -və(r)/ *n.* トレヴァー《男性名》. 〖□ Welsh *Trefor* ← *tref* homestead + *mawr* great〗

Trev·or-Ro·per /trévəróʊpə | -vəráʊpə(r)/, **Hugh Redwald** *n.* トレバーローパー (1914– ; 英国の歴史家; 称号 Baron Dacre of Glanton).

trews /trú:z/ *n. pl.* **1** タータン地 (tartan) の細いズボン《スコットランド連隊の兵士が着用する》. **2** (スコットランド高地人がキルト (kilt) の下に着用する)細く短めのタータン地のパンツ. 〖(a1568) □ Ir. *triūs* ∥ Gael. *triubhas* 《変形》 ← *trouse*: ⇨ trousers〗

trey /tréɪ/ *n.* **1** (トランプの) 3 の札, (さいの) 3; (トランプ・さいの) 3 点 (cf. ace 1). **2** 《英俗》 三つ組; 3 ペンス貨幣. 〖(c1390) □ OF *trei(s)* (F *trois*) < L *trēs* 'THREE'〗

tréy·trìp *n.* 《廃》 さいころ博打(ばくち)の一種《さいころの 3 の目を出すか否かで勝負する》. 〖(c1570): ⇨ ↑, trip (v.)〗

TRF 《略》 tuned radio frequency.

TRH 《略》 Their Royal Highnesses.

tri /tráɪ/ *n.* =trimaran.

tri- /traɪ/「三, 三重, 三倍」などの意の連結形. 〖← L *trēs, tria* three □ Gk *treîs, tría* three, *trís* thrice〗

tri·a·ble /tráɪəbl̩/ *adj.* **1** 《廃》 試みることのできる; 試みるに足る, 試験することのできる. **2** 〘法律〙 公判に付することのできる. **~·ness** *n.* 〖(1429) □ AF ~: ⇨ try, -able〗

tri·ac /tráɪæk/ *n.* 〘電子工学〙 トライアック《交流制御用 3 端子サイリスター》. 〖(1964) ← TRI(ODE) + *a(lternating)-c(urrent switch)*〗

tri·ac·e·tate /tràɪǽsətèɪt | -sɪ-/ *n.* **1** 〘化学〙 三酢酸塩[エステル]. **2** 三酢酸セルロース; それからなる繊維[織物]. 〖(1860) ← TRI- + ACETATE〗

tri·ac·e·tin /traɪǽsətn̩, -tn | -sɪtɪn/ *n.* 〘化学〙 トリアセチン (⇨ acetin c). 〖(1858) ← TRI- + ACETIN〗

trì·acétyl·oleandomýcin *n.* 〘薬学〙 三アセチルオレアンドマイシン ($C_{41}H_{67}NO_{15}$) 《抗生物質の一種》. 〖← TRI- + ACETYL + OLEANDOMYCIN〗

tri·ac·id /traɪǽsɪd | -sɪd/ 〘化学〙 *adj.* 一塩基酸の 3 分子と化合する, 三酸…: a ~ base 三酸塩基. — *n.* 三塩基酸. 〖(1896) ← TRI- + ACID〗

trí·a·con·ta·no·ic ácid /tráɪəkɑ̀(:)ntənoʊɪk- | -kɒ̀ntənəʊ-/ *n.* 〘化学〙 トリアコンタン酸 (⇨ melissic acid). 〖← Gk *triákonta* thirty + -ANE[2] + -IC[1]〗

tri·ad /tráɪæd, -əd/ *n.* **1** 三人組, 三つ組, 三幅対, 三人関係 (cf. monad, dyad). **2** 〘音楽〙 三和音《ある音とその上の三度音および五度音の 3 音から成る和音》. **3** 〘化学〙 **a** 三価の元素[原子, 塩基]. **b** 三組元素《性質が類似の 3 組の元素; 例えば chlorine, bromine, iodine など》. **4** (中世ケルト文学の)三題詩; 三つ組表現法《例: Three things that ruin wisdom: ignorance, inaccurate knowledge, forgetfulness.》. **5** 〘医学〙 三主徴, 三徴候 (trias, trilogy). **6** [T-] 中国の秘密結社《特に麻薬取引などの犯罪行為を行うものをいう》. **7** 〘軍事〙 米国三元戦略核戦力《地上発射ミサイル・潜水艦発射ミサイル・長距離爆撃機搭載ミサイルの 3 種から成る》. **trí·ad·ìsm** /-dìzm/ *n.* 〖(1546) □ L *triad-* ← *trias* □ Gk *triás* group of three: ⇨ -ad[1]〗

tri·a·del·phous /tràɪədélfəs⁻/ *adj.* 〘植物〙 雄蕊(ゆうずい)が三体からなる, 三体雄蕊の (cf. monadelphous, diadelphous, polyadelphous). 〖(1830) ← TRI- + -ADELPHOUS〗

tri·ad·ic /traɪǽdɪk | -dɪk/ *adj.* 三つ組の, 三人組の. **tri·ád·i·cal·ly** *adv.* 〖1788〗

tri·age /trí:ɑ:ʒ, triɑ́:ʒ | trí:ɑ:ʒ, tráɪɪdʒ; *F.* tʀia:ʒ/ *n.* **1** (前線・災害地などでの)患者の仕分け, 負傷兵[者]選別[優先順位付け]《負傷の程度・症状によってどの病院へ移送するかなどを定めること》; (資金・物資の援助などに際しての)優先順位付け). **2** 《英》 **a** (商品の)選別格付. **b** 格付が最低のコーヒー豆. 〖(1727–41) □ F ~ 'a sifting' ← *trier* to sift: ⇨ try, -age〗

tri·a·kid /tráɪəkɪd, traɪǽk- | -kɪd/ 〘魚類〙 *adj.* ドチザメ科の. — *n.* ホシザメ (smooth dogfish). 〖← NL *Triakidal* ← Gk *triákis* thrice + -IDAL: 歯が三叉に尖っていることから〗

tri·al[1] /tráɪəl/ *n.* **1** 〘法律〙 裁判, 公判, 審理 (judicial examination): a criminal ~ 刑事裁判 / the first ~ 第一審 / a new ~ 再審 / move for a new ~ 再審を請求する / a public ~ 公判 / a ~ by jury 陪審裁判 / a ~ of a man for theft 窃盗犯人の公判 / stand (one's) ~ = take [undergo] one's ~ 裁判を受ける / bring a person to ~ = put a person on (his) ~ 人を公判に付する / come to ~ 〈事件が〉裁判にかけられる. **2 a** 試み, ためし, 吟味, 試験, 実験 (test, experiment) 〔*of*〕: the ~ *of* a new airplane 新型飛行機の試験 / make (a) ~ *of* his intelligence 彼の知力をためす / run a ~ 試運転をする / by way of ~ 試みとして, ためしに / give a person [thing] a ~ 人[物]をためしに使ってみる / He has been making ~*s with* an airplane. 彼は飛行機の試験をしてきた / I shall put it to further ~. さらにためしてみよう. **b** 〘統計〙 試行. **3** 試練, 苦難, 辛苦, 苦しみ, 災難 (trouble) (⇨ affliction **SYN**): ~*s* of life 人生の苦難 / the hour of ~ 試練の時. **4** 〘スポーツ〙 予選(試合) (trial match). **5** うるさい人[物], 困りもの, やっかいもの (nuisance) 〔*to*〕: a ~ to patience うるさいこと / A dog that barks all night is rather a ~. 一晩中ほえる犬はけっこうやっかいだ / The boy [The piano next door] is a great ~. あの子は実に困る[隣のピアノは実にうるさい]. **6** コンテスト (competition) 《車の運転技術や家畜の扱いなど, 各種の競技》. **7** 〘窯業〙 色見《焼成状態を知るために炉内に入れる小さな素地; 焼成のいろいろな段階で炉から取出して調べる》. **8** 企て (attempt), 努力 (effort): I proposed to make a ~ *for*

landing. 上陸を企ててみようと申し出た.
on trial (1) ためしてみると, 試験の結果: It proved excellent *on* ～. ためしてみると優秀であった. (2) 試験の上で, ためしに: take [have, employ] a person [thing] *on* ～ 人[物]をためし[試験的]に採用する. (3) 公判に付されて: He is *on* ～ for a theft. 窃盗罪で公判中である. ***on one's trial*** (1) ためされて, 試験中で: He [It] is *on his* [*its*] ～. 彼[それ]は試験中である. (2) 審問されて, 審理中で, 公判に付されて (cf. 1): He is *on his* ～. 公判中である.
tríal and érror 〘心理〙試行錯誤 《問題を解決するのに種々の方法を無計画に試みて失敗すればまた別の仕方でやり直すという方法》: the rule [method] of ～ *and error* 試行錯誤法. 〘1806〙
tríal by báttle [cómbat] 〘英史〙決闘裁判 (judicial combat) 《当事者を格闘[決闘]させて行う裁判; Norman 朝時代に大陸から導入され, 1819 年廃止; cf. grand assize》. 〘1819〙
― *adj.* [限定的] 試みの, ためしの, 試験の; 予選の: ～ boring 試掘 / a ～ cruise (船の)試運転 / a ～ flight 試験飛行 / a ～ match 予選試合 / a ～ subscription 試験的講読.
〘(1436) □ AF ～ ← *trier* 'to TRY': ⇨ -al²〙

SYN ためし: **trial** 人や物を使う前にその価値を確認するためにためすこと: hire a person on *trial* 人をためしに雇う. **test** あるものがうまく動くかどうかをためすこと: a *test* of a new machine 新しい機械のテスト. **experiment** 理論や仮説の真偽を実証するためのテスト: *experiments* in chemistry 化学の実験.

tri·al² /tráɪəl/ 〘文法〙*adj.* 三数の. ― *n.* 三数 《三つの事物を指すのに用いられる数を表す文法範疇; ポリネシア・メラネシア諸語に認められる; cf. dual, quadrual》. 〘(1886) ← TRI-＋(DU)AL〙
tríal bálance *n.* 〘簿記〙試算表. 〘1838〙
tríal ballóon *n.* **1** 測風[探測]気球 (pilot balloon). **2** (世論の動向を探るための)試案, さぐり. 〘1934〙
tríal cóurt *n.* 〘法律〙(上訴裁判所 (appellate court) に対して)第一審[事実審]裁判所. 〘1890〙
tríal dócket *n.* 〘法律〙＝docket 1 a.
tríal éights *n. pl.* (ボートレース出場を決める 2 チームの)予備レース. 〘1873〙
tríal exáminer *n.* 〘法律〙行政審査官 《種々の行政的問題を審査し, 事実について行政機関に勧告を付して調査報告をする官吏》. 〘1949〙
tríal hórse *n.* 《口語》(チャンピオンなどの)練習試合の相手, 調整用の相手. 〘1901〙
tri·al·ism /tráɪəlɪzm/ *n.* 三国連邦主義. 〘(1891) □ G *Trialismus* ← TRI-＋-*alismus*: *Dualismus* 'DUALISM' にならった造語〙
trí·al·ist¹ /-lɪst | -lɪst/ *n.* 三国連邦主義者. 〘(1931): ⇨ ↑, -ist〙
trí·al·ist² /-lɪst | -lɪst/ *n.* 予選試合出場選手.
tríal júdge *n.* 第一審判事. 〘1892〙
tríal júry *n.* 《米》〘法律〙審理陪審, 小陪審 (petty jury) (cf. grand jury). 〘1884〙
tríal láwyer *n.* 《米》(陪審審理を専門とする)公判弁護士 《事務所で法的事務を処理する弁護士や上訴審で弁論する弁護士に対していう; cf. barrister》. 〘*c*1914〙
tríal márriage *n.* 契約結婚 (cf. companionate marriage). 〘1906〙
tri·a·logue /tráɪəlɔ̀(ː)g, -lɑ̀(ː)g | -lɒ̀g/ *n.* 三人劇; 鼎談(ていだん). 〘(1532) ← TRI-＋(DI)ALOGUE〙
tríal périod *n.* 試用期間.
tríal rún [tríp] *n.* 試運転, 試乗; 試験. 〘1903〙
tri·am·cin·o·lone /tràɪæmsínəlòun, -nl- | -nəlòun, -nl-/ *n.* 〘薬学〙トリアムシノロン ($C_{21}H_{27}FO_6$) 《乾癬(かんせん)・アレルギー性皮膚疾患の治療用》. 〘(1957) ← TRI-＋-*amcin*- (← ?)＋(PREDNIS)OLONE〙
tri·an·drous /traɪǽndrəs/ *adj.* 〘植物〙三雄蕊(ゆうずい)の. 〘(1830) ← NL *triandrus*: ⇨ tri-, -androus〙
tri·an·gle /tráɪæ̀ŋgl/ *n.* **1** 〘数学〙三角形: an equilateral ～ / an isosceles [a scalene] ～ 二等辺[不等辺]三角形 / a right-[an acute-, an obtuse-]angled ～ 直[鋭, 鈍]角三角形 / a spherical ～ 球面三角形. **2** 三角形の物[記章]: a red ～ 赤色の三角形 《Y.M.C.A. の標章》 / a ～ of land 三角形の土地. **3** 三角定規. **4** 〘音楽〙トライアングル 《三角形の金属製打楽器》: play the ～. **5** 三人組; 三角関係(の男女): the (eternal) ～ (恋愛の)三角関係. **6** [通例 *pl.*] (昔, 英国軍隊の)三角叉 《3 本の斧槍 (halberd) を組み合わせ刑罰を受ける兵士をこれに縛りつけたもの》. **7** 〘海事〙三脚[剪股(せんこ)]起重機. **8** [the T-] 〘天文〙さんかく(三角)座 (⇨ Triangulum). **9** 〘紋章〙トライアングル 《正三角形のチェック図形; 見方によって正三角形が正逆になるので countertriangle ともいう》.
tríangle of fórces 〘機械〙力の三角形 《一点に作用する二力の合力を求める作図法; cf. force polygon》.
tri·án·gled *adj.* 〘(1392) □ (O)F ～ ∥ L *triangulum* three-cornered ← TRI-＋*angulus* 'ANGLE¹'〙
tríangle inequálity *n.* 〘数学〙三角形不等式 《二つの数またはベクトルの和の絶対値は, それらの数またはベクトルの絶対値の和を超えないという不等式》. 〘1941〙
tri·an·gu·lar /traɪǽŋgjulə | -lə(r)/ *adj.* **1** 三角形の, 三角の: a ～ ruler 三角定規. **2** (底面または断面が)三角形の: a ～ table 三角テーブル / a ～ prism 三角柱. **3 a** 3 部から成る, 三重の (triple). **b** 〘軍事〙〈師団など〉3 部隊を基幹とする, 3 部隊編成の. **4** 三つの物の, 3 部の, 3 人の, 3 者間の: a ～ duel [fight] 3 人間の決闘[争闘] / a ～ situation (小説・劇における)三角関係 / a ～ love affair 男女の三角関係 / a ～ treaty 三国条約. 〘(*a*1400) □ LL *triangulāris* ← L *triangulum* 'TRIANGLE'＋-*aris* '-AR¹'〙
triángular cómpass *n.* 三脚規[コンパス].
tri·an·gu·lar·i·ty /traɪæ̀ŋgjulǽrəṭi, -lér- | traɪæ̀ŋgjulǽrɪti, tràɪæŋ-/ *n.* 三角形であること, 三角形. 〘(*a*1688): ⇨ -ity〙
tri·án·gu·lar·ly *adv.* 三角形をなして; 三角(形)的に; 三重に. 〘(1604): ⇨ -LY¹〙
triángular mátrix *n.* 〘数学〙三角行列 《主対角線の右上または左下の要素がすべて 0 である正方行列》.
triángular númbers *n. pl.* 〘数学〙三角数 《正三角形に並べられる数, すなわち 1, 3, 6, 10, 15, etc.; 初項 1, 公差 1 の等差数列 1, 2, 3, 4, 5, etc. の数を初めから順次に加えて得られる; cf. square number》. 〘1796〙
triángular tráde *n.* 三角貿易 《三国間で相互循環的に輸出入を行う貿易の形態》. 〘1934〙
tri·an·gu·late /traɪǽŋgjulɪt, -lèɪt/ *adj.* **1** 三角形の (triangular). **2** 三角模様のある; 三角形から成る. ― /-lèɪt/ *vt.* **1** 三角形にする. **2** 三角形に分ける. **3** 〘測量〙…の三角測量をする; 三角法で決定する. **～·ly** *adv.* 〘(1766) □ ML *triangulātus*: triangle, -ate²˒³〙
tri·an·gu·la·tion /traɪæ̀ŋgjuléɪʃən | traɪæ̀ŋ-, tràɪæŋ-/ *n.* **1** 〘測量〙**a** 三角測量 (cf. trilateration). **b** (三角測量によって設定された)三角網. **2** 三角形に分割すること. **3** 〘チェス〙終盤でキングが三角形に動いて有利に立つ手. 〘(1818) □ ML *triangulātiō(n-)* ← *triangulāre* to make triangles: ⇨ ↑, -ation〙
triangulátion stàtion [pòint] *n.* 三角点 《地図作成において三角測量法の基点となるもの; trig point ともいう》.
tri·an·gu·loid /traɪǽŋgjulɔ̀ɪd/ *adj.* ほぼ三角形の. 〘(19C): ⇨ triangle, -oid〙
Tri·an·gu·lum /traɪǽŋgjuləm/ *n.* 〘天文〙さんかく(三角)座 《北天の星座; the Triangle ともいう》. 〘□ L ～: ⇨ triangle〙
Triángulum Aus·trá·le /-ɔːstréɪli, ɑːs- | -ɔːs-, -ɒs-/ *n.* 〘天文〙みなみのさんかく(南の三角)座 《南天の小星座; the Southern Triangle ともいう》. 〘□ L ～ 'southern triangle'〙
Tri·a·non /tríːənɑ̀(ː)n | -nɒn; *F.* tʀijanɔ̃/ *n.* トリアノン 《フランス Versailles 宮の庭園に造られた二つの離宮 le Grand Trianon (大トリアノン)および le Petit Trianon (小トリアノン)》. 《ルイ 14 世が大トリアノンを建てるために買い取った村の名から; 小トリアノンはルイ 15 世の命による建造》
tri·an·te·lope /traɪǽnṭəlòup, -tl- | -tɪlə̀up/ *n.* 《豪》〘動物〙アシダカグモ 《アシダカグモ科の大形で体が平たいクモの総称》. 〘(1846) 《転訛》← TARANTULA〙
tri·ap·sal /traɪǽpsəl, -sl/ *adj.* 〘建築〙三つのアプス (apses) をもつ, 三葉形アプスの. 〘(1849) ← TRI-＋APSE＋-AL¹〙
tri·ap·si·dal /traɪǽpsədl | -sɪdl/ *adj.* 〘建築〙＝triapsal. 〘(1875) ← TRI-＋APSIDAL〙
tri·arch /tráɪɑːk | -ɑːk/ *adj.* 〘植物〙〈根が〉三原型の 《中心柱に三本の木部がはしっている型にいう; cf. monarch²》. 〘(1884) ← TRI-＋-ARCH〙
tri·ar·chy /tráɪɑːki | -ɑː-/ *n.* **1** 三頭政治. **2** 三頭政治をする三人組 (triumvirate). **3** 3 人の統治者に治められる国. **4** (それぞれの統治者をもつ)三つの地域から成る国. **5** 同盟三か国, 三か国連合. 〘(1601) ← TRI-＋-ARCHY〙
tri·ar·yl /traɪǽrɪl, -ér- | -ǽr-/ *adj.* 〘化学〙アリール (aryl) 基を 3 個有する, トリアリールの. 〘← TRI-＋ARYL〙
triàryl·méthane dýe *n.* 〘化学〙トリアリールメタン系染料 《炭素 1 原子を中心に三つのアリール基が結合した化合物を主成分とし, 綿・毛・絹の染色に専ら用いる》. 〘⇨ ↑, methane〙
tri·as /tráɪæs, -əs/ *n.* 〘医学〙＝triad 5. 〘(1610) □ L ～: ⇨ triad〙
Tri·as /tráɪəs/ *adj.*, *n.* 〘地質〙＝Triassic. 〘(1841) □ LL *trias* the number three □ Gk *triás* 'TRIAD'〙
Tri·as·sic /traɪǽsɪk/ 〘地質〙*adj.* 三畳紀[系]の: the ～ period [system] 三畳紀[系]. ― [the ～] *n.* 三畳紀[系] 《中生代 (Mesozoic era) の三つの時代区分の最古のもの; すなわち古生代の二畳紀 (Permian period) に次ぎ中生代のジュラ紀 (Jurassic period) の前》. 〘(1841): ⇨ ↑, -ic¹〙
tri·ath·lete /traɪǽθliːt/ *n.* トライアスロン競技者.
tri·ath·lon /traɪǽθlən, -lɑ(ː)n | -lən, -lɒn/ *n.* トライアスロン 《遠泳, サイクリング, マラソンを 1 日でこなす長距離耐久レース》. 〘(1973) ← TRI-＋Gk *âthlon* contest; decathlon, pentathlon などにならって〙
tri·át·ic stáy /traɪǽṭɪk- | -tɪk-/ *n.* 〘海事〙＝jumper stay. 〘(1841) *triatic*: ? ← TRI-＋-ATE²＋-IC¹〙
tri·a·tom·ic /tràɪətɑ́(ː)mɪk | -tɒ́m-⁻/ *adj.* 〘化学〙**1** 1 分子中に 3 原子を有する. **2** 三つの置換しうる原子を有する. **3** 三価の. **tri·a·tóm·i·cal·ly** *adv.* 〘(1862) ← TRI-＋ATOM＋-IC¹〙
tri·ax·i·al /traɪǽksiəl/ *adj.* 三軸の. **tri·ax·i·al·i·ty** /traɪæ̀ksiǽləṭi | -lɪti/ *n.* 〘(1886) ← TRI-＋AXIAL〙
trí·àxle *n.* 3 車軸(トレーラー)トラック. 〘1909〙
tri·a·zine /tráɪəzìːn, traɪǽzɪn/ *n.* 〘化学〙**1** トリアジン 《窒素 3 原子と炭素 3 原子から成る環式化合物 ($C_3H_3N_3$)》. **2** トリアジン誘導体. 〘(1894) ← TRI-＋AZINE〙
trì·azóic *adj.* 〘化学〙＝hydrazoic. 〘← TRI-＋AZO-＋-IC〙
tri·a·zole /traɪéɪzoul, -ǽz- | -ǽzəul/ *n.* 〘化学〙**1** トリアゾール 《窒素 3 原子と炭素 2 原子から成る環式化合物 ($C_2H_3N_3$)》. **2** トリアゾール誘導体. **tri·a·zol·ic** /tràɪəzɑ́(ː)lɪk | -zɒ́l-⁻/ *adj.* 〘(1888) ← TRI-＋AZOLE〙
trib 《略》tribal; tributary, tributaries.
trib·ade /tríbəd/ *n.* tribadism で男性の役割をする女性. **tri·bad·ic** /trɪbǽdɪk | -dɪk/ *adj.* 〘(1601) □ F ～ ∥ L *tribad*- ← *tribas* rubbing □ Gk *tríbos* ← *tríbein* to rub〙
trib·a·dism /tríbədɪzm/ *n.* 擦淫, 相擦技 《女性同士の(擬似)性交》; 女性同性愛. 〘1811–19〙
trib·al /tráɪbəl, -bl/ *adj.* 種族の, 部族の: ～ customs, gods, legends, etc. / ～ loyalties 部族への忠誠心. ― *n.* [通例 ～s] 《主にインド》部族民. 〘(1632) ← TRIBE＋-AL¹〙
trib·al·ism /tráɪbəlɪzm, -bl-/ *n.* **1** 種族組織[生活, 根性], 種族の特徴. **2** (強い)同族意識. **tríb·al·ist** /-lɪst | -lɪst/ *n.*, *adj.* **tri·bal·is·tic** /tràɪbəlístɪk, -bl-⁻/ *adj.* 〘(1886): ⇨ ↑, -ism〙
tríb·al·ly /-bəli, -bli/ *adv.* 種族的に. 〘(1890): ⇨ -ly¹〙
tri·ba·sic /traɪbéɪsɪk/ *adj.* 〘化学〙**1** 〈酸が〉三塩基の. **2** 一価の塩基性原子 3 個を有する. **tri·ba·sic·i·ty** /tràɪbeɪsísəṭi | -sɪti/ *n.* 〘(1837) ← TRI-＋BASIC〙
tribásic sódium phósphate *n.* 〘化学〙＝sodium phosphate c.
tribe /tráɪb/ *n.* **1** 種族, 部族 《同一の血統・制度・慣習をもち, 上に族長をいただいて群居する》: the Arab [Native American, Mongol] ～*s* アラブ[先住アメリカ人, モンゴル]部族. **2** (未開社会の)部族, 種族: a ～ of cannibals. ★ 時に差別的用語とされる. **3** 《口語, しばしば軽蔑・戯言》**a** 連中, 階級, 手合い, やから (class, lot): the ～ of artists 芸術家仲間 / the scribbling ～ 文士連 / the *Tribe* of Ben ベンの一党 (Ben Jonson の文学者仲間・門人連が彼の晩年に自ら称(とな)えた名). **b** (同じ特徴・属性を持つ)部類: the pizza ～ ピザ類. **4** [*pl.*] 多数の人々[動物]; 群れ (troop): ～*s of* children 大勢の子供たち. **5** 《戯言》(大人数の)家族 (family). **6** (古代イスラエル人の)支族, 部族: the ten ～*s* (十二支族 (tribes of Israel) から Judah と Benjamin を除いた)十支族 / ⇨ lost tribes. **7** 〘ローマ史〙部族 《政治上の区分を代表するもので, 最初三つであったが, 後には Servius Tullius によって 30 とされ, さらに 35 となった; cf. curia 1 a》. **8** (古代ギリシャの)部族 (phyle). **9** 〘生物〙族, 類 《通例, 目 (order) と属 (genus) の間の group に漠然と用いる; cf. classification 1 b》: the dog ～ 犬族 / a ～ of birds 鳥の一つの類. **10** 〘畜産〙(同一の雌を祖とする)母系の子孫.
tríbes of Ísrael [the ―] 〘聖書〙イスラエルの十二支族 《ヤコブ (Jacob) の子の子孫; 十二支族は次の通り; Reuben, Simeon, Gad, Judah, Issachar, Zebulun, Joseph, Manasseh, Benjamin, Dan, Asher, Naphtali; ただし聖書の記事には多少異同があり, Levi, Ephraim を加えることもある (*Josh* 14: 1–19: 48)》. 〘*a*1393〙
～·less *adj.* 〘(*c*1250) □ (O)F *tribu* ∥ L *tribūs* (pl.) ← *tribus* 《原義》the third part of the Roman people ← TRI-＋IE *bhū, *bheu- to be〙
-tribe /⁻⁻ tràɪb/ 「こするもの」の意の名詞連結形: pleuro*tribe*. 〘← Gk *tríbein* to rub〙
Tri·Be·Ca /traɪbékə/ *n.* (*also* **Tri·be·ca** /～/) トライベカ 《New York 市の Manhattan 区 Greenwich Village の南にある, Canal 街と Broadway と Hudson 河岸に囲まれた地帯; 芸術家や画廊の集まることで知られる》.
tribe·let /tráɪblɪt/ *n.* 小支族, 小部族. 〘(1855) ← TRIBE＋-LET〙
tribes·man /tráɪbzmən/ *n.* (*pl.* **-men** /-mən, -mèn/) 種族の一員, 部族民: hill *tribesmen* 山岳部族民. 〘(1798) ← TRIBE＋-s² 2＋-MAN〙
tríbesman·shìp *n.* 種族民であること.
tríbes·pèople *n. pl.* 部族[種族]民. 〘1888〙
tríbes·wòman *n.* (*pl.* **-wòmen**) 種族の女性員, 女性の部族民. 〘(1853): cf. tribesman〙
trib·let /tríblɪt | -lɪt/ *n.* (環・管・ナットなどを造るのに用いる)心軸, 心棒 (mandrel). 〘(1611) □ F *triboulet* ← ? OF *tribouler* to press, afflict (□ LL *tribulāre* to oppress, afflict)＋-ET: cf. tribulation〙
tri·bo- /tráɪbou, tríb- | -bəu/ 「摩擦」の意の連結形: *tribo*physics. 〘← Gk *tríbein* to rub〙
trìbo·electrícity *n.* 〘電気〙摩擦電気 《frictional electricity ともいう》. **trìbo·eléctric** *adj.* 〘1917〙
tri·bol·o·gy /traɪbɑ́(ː)ləʤi, trɪ- | -bɒ́l-/ *n.* 《英》摩擦学 《相対的に運動する接触面の摩擦・摩耗・潤滑などに関する学問分野》. **tri·bo·log·i·cal** /tràɪbəlɑ́(ː)ʤɪkəl, -kl | -lɒ́ʤ-⁻/ *adj.* **tri·ból·o·gist** /-ʤɪst | -ʤɪst/ *n.* 〘(1966) ← TRIBO-＋-LOGY〙
trìbo·luminéscence *n.* 〘光学〙摩擦ルミネッセンス 《物体を互いに摩擦するときに発する光》. **trìbo·luminéscent** *adj.* 〘1889〙
tri·bom·e·ter /traɪbɑ́(ː)məṭə | -bɒ́mɪtə(r)/ *n.* 摩擦計. 〘*a*1774〙
trìbo·phýsics *n.* 摩擦物理学. 〘1946〙
tri·brach¹ /tráɪbræk, tríb- / *n.* 〘古典詩学〙三短格, 短短短格 (⏑⏑⏑). **～·ic** /traɪbrǽkɪk, trɪ- | traɪ-, trɪ-/ *adj.* **tri·brach·i·al** /traɪbrǽkiəl/ *adj.* 〘(1589) □ L *tribrachys* □ Gk *tríbrakhus* consisting of three short syllables ← TRI-＋*brakhús* short〙
tri·brach² /tráɪbræk/ *n.* **1** 〘考古〙三方に腕の出ているもの 《特に火打ちの道具》. **2** 〘測量〙(測量器スタンド上部の)指方規・視準標などを支える枠. 〘(1873) ← TRI-＋*brakhíōn* arm〙
tri·bro·mide /traɪbróumaɪd | -brəu-/ *n.* 〘化学〙三臭化物. 〘(1866) ← TRI-＋BROMIDE〙
tri·bró·mo·éthanol /traɪbròumou- | -brəuməu-/

T

n. 〘薬学〙トリブロモエタノル (CBr_3CH_2OH)《麻酔剤》.〘← TRI- + BROMO- + ETHANOL〙

trib·u·late /tríbjʊlèɪt/ *vt.* …に困苦[艱難]を与える.〘(a1637) ← L *tribulātus* ← *tribulāre* (↓): ⇨ -ate³〙

trib·u·la·tion /trìbjʊléɪʃən/ *n.* **1** (迫害などによる)苦難, 困苦, 艱難(かんなん), 災難 (distress) (⇨ affliction SYN): in great ～ ひどく苦しんで / ～*s* of all kinds あらゆる種類の艱難. **2** 《Shak》ごろつき, 乱暴者.〘(?a1200) ☐ (O)F ～ // LL *tribulātiō(n-)* ← L *tribulāre* to afflict ← *tribulum* instrument for threshing ← *tri-* (← *terere* to rub) + *-bulum* (「道具」を表す接尾辞)〙

tri·bu·nal /traɪbjúːnl, trɪ- | traɪ-, trɪ-/ *n.* **1** 裁判所, 法廷《また, 正規の司法体系外で, 司法的および準司法的 (quasijudicial) 機能を行使する機関について用いられることが多い》: the Hague *Tribunal* ハーグ国際司法裁判所. **2** 《古》判事席, 法官席. **3** 世間の批判, さばき, 審判: by the ～ of public opinion 世論のさばきによって. **4** 台座, 壇.〘(c1429) ☐ (O)F ～ // LL *tribūnal* ← L *tribūnus* 'TRIBUNE¹, judgment seat': ⇨ -al¹〙

trib·u·nar·y /tríbjʊnèri | -nəri/ *adj.* 護民官の.〘(1612) ← TRIBUNE¹ + -ARY〙

trib·u·nate /tríbjʊnèɪt, -nɪt/ *n.* 〘ローマ史〙護民官の職[地位, 任期]; [集合的] 護民官連 (tribunes).〘(1546) ☐ L *tribūnātus*: ⇨ ↓, -ate¹〙

trib·une¹ /tríbjuːn, trɪbjúːn | tríbjuːn/ *n.* **1** 〘ローマ史〙 **a** 〘cf. L *tribūnus plēbis*〙護民官 (tribune of the people)《平民の権利を保護するために平民によって選挙された 10 人の役人》. **b** 〘cf. L *tribūnus mīlitāris*〙軍団司令官 (military tribune)《6 人あって 1 年の 2 か月ずつ交替に指揮する》. **2 a** 人民の権利の保護[擁護]者; 民衆扇動政治家. **b** [T-] 新聞の名称: the *Tribune* 民友新報 / the Herald *Tribune*.〘(c1375) ☐ OF *tribun* // L *tribūnus* 《原義》chief of a tribe ← *tribus* 'TRIBE'〙

trib·une² /tríbjuːn, trɪbjúːn | tríbjuːn/ *n.* **1** (古代ローマ公会堂 (basilica) 内の)高級行政官の席. **2** (basilica 式教会の) アプス, 後陣 (apse). **3** 高座, 壇 (dais); (教会の)説教壇 (pulpit); (教会の)主教席; 演壇 (platform). **4** (教会の)信者席; (競馬場)見物席, スタンド.〘(1645) ☐ F ～ ☐ It. *tribuna* ☐ ML *tribūna* = L *tribūnal* 'TRIBUNAL'〙

Tríbune gròup *n.* [the ～] トリビューン派《英国議会の労働党下院議員の左派グループ》.

tríbune·shìp *n.* 護民官の職[地位, 任期].〘(1541): ⇨ tribune¹, -ship〙

trib·u·ni·cial /trìbjʊníʃəl, -ʃl˜/ *adj.* = tribunician.〘1598〙

trib·u·ni·cian /trìbjʊníʃən˜/ *adj.* 護民官の, 護民官らしい.〘(1533) ← L *tribūnicius* (← *tribūnus* 'TRIBUNE¹') + -AN¹〙

Trib·u·nite /tríbjuːnàɪt/ *n.* 《英》トリビューン派の人, 左派支持者.

trib·u·ni·tial /trìbjʊníʃəl, -ʃl˜/ *adj.* = tribunician.〘1621〙

trib·u·tar·y /tríbjʊtèri | -təri, -tri/ *adj.* **1** 貢(みつぎ)を納める, 進貢する; 他国に従属する, 属国の (subordinate): ～ states 属国, 進貢国. **2** 貢として納める[ささげる]; 貢のような: ～ tears at the tomb 墓前の哀悼の涙. **3** 助成する, 貢献する (contributory). **4** 支流の: a ～ river 支流. — *n.* **1** 進貢国, 属国; 進貢者《属国の王》. **2** 支流 (tributary stream) (cf. distributary). **trib·u·tar·i·ly** /trìbjʊtérəli, ‿‿‿‿ | tríbjʊtərɪli, trɪ-/ *adv.*〘(c1384) ☐ L *tribūtārius*: ⇨ ↓, -ary〙

trib·ute /tríbjuːt, -bjʊt | -bjuːt/ *n.* **1 a** (言葉・行為による)称賛[敬意, 感謝, 愛情など]の表示; 賛辞, 謝辞, 弔詞(など); 献(ささ)げ物, 贈物: a floral ～ (女優などへの)花束の贈呈; (葬儀の)献花, 供花 / a ～ of praise 賛辞 / a ～ *to* a person's memory 故人への手向け; 弔詞 / the ～ of a tear 涙の手向け / pay (a) ～ to …に称賛[尊敬, 感謝]の意を表する / pay the last ～ to …に最後の手向けをする. **b** [(人・物事の)特性の](具体的な)現れ, 結果, 証拠 〈*to*〉. **2** 貢(みつぎ), 貢物; 貢税, 年貢, 税 (tax): annual ～ 毎年の貢物. **3** 進貢の義務, 進貢国の地位: lay a ～ on a country [king] = lay a country [king] under ～ 国[国王]に貢物を納めさせる. **4** 〘鉱山〙(鉱山主から鉱夫へ採掘された鉱石の一部またはその相当価格を与える)配分, 配当: work on ～ [on the ～ system] 配分制度で働く. ***páy (a) tribute to*** (1) ⇨ 1 a. (2) 〈通例征服者〉に貢物をする.〘(c1350) *tribu(i)t* ☐ OF *tribut* // L *tribūtum* (neut.) 《原義》division into three ← *tribūtus* (p.p.) ← *tribuere* to divide, allot ← *tribus* 'TRIBE'〙

SYN 賛辞: **tribute** 尊敬・感謝を表すための賛辞・贈物など: deserve (a) high *tribute* 大いなる称賛に値する. **eulogy** 人や物を口頭または文章で公に激賞すること《人の場合はとくに葬儀の折などに用いる; 格式ばった語》: deliver a *eulogy* for the deceased 故人に賛辞[頌徳の言葉]を呈する. **commendation** 勇敢さや業績に対する公的な称賛の言葉: Many people came to him to express their *commendation(s)*. 大勢の人が彼のところへ来て称賛の言葉を述べた. **encomium** 人や物に対する熱烈な賛辞《格式ばった語》: his *encomiums* of humble life 素朴な生活に対する彼の称賛.

tríbute-wòrk *n.* 〘鉱山〙(代償に現鉱を分ける)配分仕事.〘1874〙

tri·cam·er·al /traɪkǽm(ə)rəl/ *adj.* 〘政治〙三院制の.〘← TRI- + L *camera* chamber + -AL¹〙

tri·car /tráɪkàə | -kàː(r)/ *n.* 《英》三輪自動車, オート三輪.〘(1903) ← TRI- + CAR〙

tri·car·box·yl·ic /tràɪkàəbɑ(ː)ksílɪk | -kàːbɔk-˜/ *adj.* 〘化学〙3 個のカルボキシル基を有する.〘(1894) ← TRI- + CARBOXYLIC〙

trícarboxylic ácid cỳcle *n.* 〘生化学〙三炭酸回路 (Krebs cycle).〘1945〙

trì·cárpellary *adj.* 〘植物〙= tricarpellate.〘1872〙

trì·cárpellate *adj.* 〘植物〙三心皮の, 3 個の心皮 (carpel) を有する.〘1900〙

tri·cast /tráɪkæst | -kàːst/ *n.* 《英》〘競馬〙三連勝単式《上位 3 馬を正しい順で予想する賭け》.〘(1972) ← TRI- + (FORE)CAST〙

trice¹ /tráɪs/ *n.* 瞬間 (moment): come back in a ～ またたく間に[直ちに]戻って来る.〘(a1400) *tryse* ← TRICE² (cf. *at a trice* at one tug): cf. Sp. *en un tris* (← *tris* clink of breaking glass)〙

trice² /tráɪs/ *vt.* 〘海事〙 **1** 索で吊(つ)り上げる (haul) 〈*up*〉: ～ *up* a sail. **2** 吊り上げてくくる[縛りつける] (tie, lash) 〈*up*〉: ～ *up* the hammocks ハンモックを吊る.〘(c1390) *trise(n), trice(n)* to pull ☐ MDu. *trīsen* to hoist ← *trīse* pulley ← ?: cf. Swed. *trissa* pulley〙

Tri·cel /tráɪsel/ *n.* トライセル《英国製の絹に似た化学繊維 triacetate》.〘(1954)《商標名》〙

tri·cen·ten·a·ry /traɪsénṭənèri, tràɪsenténəri | tràɪsentíːnəri, -sən-, -sn-, -tén-/ *adj., n.* = tercentenary.〘(1846) ← TRI- + CENTENARY〙

tri·cen·ten·ni·al /tràɪsenténiəl, -sən-, -sn-˜/ *adj.* **1** 300 年ごとの. **2** 300 年続いている. — *n.* 300 年記念祭.〘(1882) ← TRI- + CENTENNIAL〙

tri·ceps /tráɪseps/ *n.* (*pl.* ～·**es**, ～) 〘解剖〙三頭筋 (cf. biceps 1); (特に)上腕三頭筋 (triceps brachii).〘(1577) ☐ L ～ 'three-headed'〙

tríceps brá·chi·i /-bréɪkiàɪ/ *n.* 〘解剖〙上腕三頭筋《上腕の後面にある大きな筋》.〘*brachii*: ☐ L *brachii* (gen.) 'of the BRACHIUM'〙

Tri·cer·a·tops /traɪsérətɑ̀(ː)ps | -tɔps/ *n.* 〘古生物〙 **1** トリケラトプス属《北米の白亜紀 (Cretaceous period) 末期に出現した角竜亜目の恐竜の一属》. **2** [t-] トリケラトプス, 三角竜 (*Triceratops* 属の恐竜; *T. elatus* など).〘(1892) ← NL ～: ⇨ tri-, cerato-, -ops〙

tri·ce·ri·on /traɪsíᵊriɑ̀(ː)n | -síəriɔn/ *n.* (*pl.* -**ri·a** /-riə/) 〘東方正教会〙= trikerion.

-trices *suf.* -trix の複数形.

trich- /trɪk, traɪk/ (母音の前にくるときの) tricho- の異形: *trich*ite.

trich·i /trítʃi/ *n.* 《口語》= trichinopoly.〘(1877)《短縮》〙

trich·i- /tríkɪ, trái-, -ki/ tricho- の異形 (⇨ -i-).

trichia *n.* trichion の複数形.

tri·chi·a·sis /trɪkáɪəsɪs | -sɪs/ *n.* (*pl.* -**a·ses** /-sìːz/) 〘病理〙 **1** さか(さ)まつげ, 睫毛(しょうもう)乱生(症). **2** 毛尿《尿中に毛髪状繊維糸が発生するもの》. **3** (授乳期の)乳首多裂.〘(1661) ☐ LL ～ ☐ Gk *trikhíāsis* ← *trikhiân* to be hairy: ⇨ -asis〙

tri·chi·na /trɪkáɪnə/ *n.* (*pl.* -**chi·nae** /-niː/) **1** 〘動物〙センモウチュウ(旋毛虫) (*Trichinella spiralis*)《豚・人・ネズミなどに寄生する》. **2** 〘病理〙= trichinosis. **tri·chí·nal** /-nl/ *adj.*〘(1835) ← NL ～ ← Gk *tríkhinos* of hair ← *thríx* hair〙

trich·i·ni·a·sis /trìkənáɪəsɪs | -kɪnáɪəsɪs/ *n.* (*pl.* -**a·ses** /-sìːz/) 〘病理〙= trichinosis.〘(1854–67): ⇨ ↑, -asis〙

trich·i·nize /tríkənàɪz | -kɪ-/ *vt.* 〘病理〙…に旋毛虫を寄生させる. **trich·i·ni·za·tion** /trìkənɪzéɪʃən | -kɪnaɪ-, -nɪ-/ *n.* **trích·i·nìzed** *adj.*〘1864〙

trich·i·nop·o·ly /trìkənɑ́(ː)pəli | -kɪnɔ́p-/ *n.* (*also* **trich·i·nop·o·li** /～/) (インド産の)葉巻の一種《trichi と略称する》.〘(1863) ↓〙

Trich·i·nop·o·ly /trìkənɑ́(ː)pəli | -kɪnɔ́p-/ *n.* トリチノポリ (Tiruchchirappalli の旧名).

trich·i·nosed /tríkənòust, -nòuzd | -kɪnəust, -nəuzd/ *adj.* 〘病理〙旋毛虫症の[にかかった].〘(1881): ⇨ ↓, -ed 2〙

trich·i·no·sis /trìkənóusɪs | -kɪnə́usɪs/ *n.* (*pl.* -**no·ses** /-siːz/) 〘病理〙旋毛虫症.〘(1866) ← NL ～: ⇨ trichina, -osis〙

trich·i·nous /tríkənəs | -kɪ-/ *adj.* 〘病理〙 **1** 旋毛虫症の[に関する, にかかった]; 旋毛虫が寄生した.〘(1857): ⇨ trichina, -ous〙

trich·i·on /tríkiɑ̀(ː)n | -kiɔn/ *n.* (*pl.* -**i·a** /-kiə/, ～**s**) 〘人類学〙頭髪の生えぎわの線と正中矢状面との交点.〘☐ Gk *tríkhion* (dim.) ← *thríx* hair〙

trich·ite /tríkaɪt/ *n.* **1** 微小な鉢状体. **2** 〘鉱物〙(黒曜石中の)毛状晶子. **tri·chit·ic** /trɪkítɪk | -kít-/ *adj.*〘(1868) ← TRICHO- + -ITE¹〙

trì·chlór·a·cet·ic ácid /-klɔ̀ːrəsìːtɪk-, -sèt- | -sìːt-, -sèt-/ *n.* 〘化学〙= trichloroacetic acid.

tri·chlor·fon /traɪklɔ́əfɑ(ː)n | -klɔ́ːfɔn/ *n.* 〘化学〙トリクロルフォン ($C_4H_8Cl_3O_4P$)《殺虫剤・駆虫剤に用いられる》.〘(1960) ← TRI- + CHLORO- + *-fon* (← (*phos*)*phon*(*ate*) ホスホン酸塩)〙

tri·chlo·ride /traɪklɔ́ːraɪd, -rɪd | -raɪd/ *n.* 〘化学〙三塩化物.〘← TRI- + CHLORIDE〙

tri·chlóro·acètic ácid *n.* 〘化学〙トリクロロ酢酸 (CCl_3COOH)《刺激臭を有し, 防腐剤・収斂剤用》.〘1885〙

tri·chlòro·éthane *n.* 〘化学〙トリクロロエタン ($C_2H_3Cl_3$)《2 種の異性体がある》.

tri·chlòro·éthylene *n.* 〘化学〙トリクロロエチレン ($CHClCCl_2$)《有機溶媒; ドライクリーニング用溶剤》.〘1889〙

tri·chlóro·flùoro·méthane *n.* 〘化学〙トリクロロフルオロメタン (⇨ chlorotrifluoromethane).

tri·chlòro·méthane *n.* 〘化学〙= chloroform.

tri·chlòro·phénol *n.* 〘化学〙トリクロロフェノール ($C_6H_2Cl_3O$)《6 種の異性体がある猛毒性の殺菌剤》.

tri·chlòro·phenóxy·acètic ácid *n.* 〘化学〙トリクロロフェノキシ酢酸 ($Cl_3C_6H_2OCH_2COOH$)《バナナやトマトの果実に成熟色を与え, 植物の生長を促進させる; 2,4-D と同じく除草剤に用いる; 通例, 2,4,5-trichlorophenoxyacetic acid の形で用いる; 略称 2,4,5-T》.

tri·chlòro·sílane *n.* 〘化学〙トリクロロシラン ($SiHCl_3$)《無色流動性の液体; 有機ケイ素化合物の合成に用いる; silicochloroform ともいう》.

trich·o- /tríkou, tráɪk- | -kəu/「毛髪 (hair)」の意の連結形. ★ 時に trichi-, また母音の前では通例 trich- になる.〘← Gk *trikho-* ← *thríx* hair〙

trich·o·cyst /tríkəsɪst/ *n.* 〘動物〙(原生動物の)糸胞, 毛胞 (cf. nematocyst). **trich·o·cys·tic** /trìkəsístɪk˜/ *adj.*〘(1859): ⇨ ↑, -cyst〙

trich·o·gen /tríkədʒɪn, -dʒèn/ *n.* 〘動物〙生毛細胞 (trichogenous cell).〘(1898) ← TRICHO- + -GEN〙

tri·chog·e·nous /trɪkɑ́(ː)dʒənəs | -kɔ́dʒɪ-/ *adj.* 〘動物〙発毛する, 生毛の: a ～ cell 生毛細胞.〘← TRICHO- + -GENOUS〙

trich·o·gyne /tríkədʒàɪn, -dʒɪn | -dʒàɪn, -dʒɪn/ *n.* 〘植物〙(紅藻類の)受精糸, 受精毛. **trich·o·gyn·i·al** /trìkədʒíniəl˜/ *adj.* **trich·o·gyn·ic** /trìkədʒínɪk˜/ *adj.*〘(1875) ← TRICHO- + -GYNE〙

trich·oid /tríkɔɪd, tráɪk-/ *adj.* 毛髪状の, 毛状の (hair-like).〘(1854–67) ← TRICHO- + -OID〙

tri·chól·o·gist /-dʒɪst | -dʒɪst/ *n.* 毛髪学者.〘(1887): ⇨ ↓, -ist〙

tri·chol·o·gy /trɪkɑ́(ː)lədʒi | trɪkɔ́l-/ *n.* 毛髪学《毛髪およびその病気の研究》. **trich·o·log·i·cal** /trìkəlɑ́(ː)dʒɪkəl, -kl | -lɔ́dʒɪk-˜/ *adj.*〘(1860): ⇨ tricho-, -logy〙

tri·cho·ma /trɪkóumə, traɪ- | -kə́u-/ *n.* 〘植物〙= trichome.〘(1799) ← NL ～ ← Gk *tríkhōma* growth of hair ← *trikhoûn* to cover with hair ← *thríx* hair〙

trich·ome /tríkoum, tráɪk- | -kəum/ *n.* 〘植物〙(植物の外皮に生じる)毛状体, 毛茸(もうじょう). **tri·chom·ic** /trɪkɑ́(ː)mɪk, traɪ-, -kóum- | -kɔ́m-, -kə́um-/ *adj.*〘(1875) ☐ G *Trichom* ☐ Gk *tríkhōma* (↑)〙

trich·o·mo·na·cide /trìkəmóunəsàɪd | -mə́u-/ *n.* 〘薬学〙殺トリコモナス剤. **trich·o·mo·na·cid·al** /trìkəmòunəsáɪdl | -məunəsáɪdl˜/ *adj.*〘(1949) ← TRICHOMONA(D) + -CIDE〙

trich·o·mon·ad /trìkəmɑ́(ː)næd, -móun-, -nəd | -mɔ́n-, -mə́un-/ *n.* 〘動物〙トリコモナード《トリコモナス属 (*Trichomonas*) に属する, 人間を含めた脊椎動物全般にわたって寄生する原生動物の総称》.〘(1861) ← TRICHO- + MONAD〙

trich·o·mon·a·dal /trìkəmɑ́(ː)nədl, -móu- | -mɔ́nədl, -mə́u-˜/ *adj.* trichomonad の[に起因する].

trich·o·mo·nal /trìkəmóunl | -mə́u-˜/ *adj.* = trichomonadal.〘1948〙

trich·o·mo·ni·a·sis /trìkəmənáɪəsɪs | -sɪs/ *n.* (*pl.* -**a·ses** /-siːz/) トリコモナス症: **a** 〘病理〙膣トリコモナス (*Trichomonas vaginalis*) の寄生による膣・口腔・腸などの病気. **b** 〘獣医〙トリコモナスの原虫 (*T. foetus*) による家畜の病気. **c** 〘獣医〙*T. diversa*, *T. gallinorum* による鳥の病気.〘(1915) ← TRICHOMON(AD) + -IASIS〙

trich·o·not·id /trìkənɑ́(ː)tɪd | -nɔ́tɪd/ *n., adj.* 〘魚類〙ベラギンポ科の(魚).〘← NL *Trichonotidae* (科名) ← TRICHO- + Gk *nōtidanós* a kind of small shark〙

Tri·chop·ter·a /trɪkɑ́(ː)ptərə | traɪkɔ́p-/ *n. pl.* 〘昆虫〙毛翅(もうし)目.〘(1826) ← NL ～: ⇨ tricho-, -ptera〙

tri·chop·ter·an /trɪkɑ́(ː)ptərən | traɪkɔ́p-/ 〘昆虫〙 *n.* トビケラ (caddis fly). — *adj.* トビケラの; 毛翅目の.〘(1842): ⇨ ↑, -an¹〙

tri·chord 〘音楽〙 /tráɪkɔəd | -kɔːd/ *n.* 三弦楽器; 三弦琴《三弦の lyre, lute など》. — /‿‿/ *adj.* (ピアノの各鍵に対して)三弦を有する.〘(1776) ← TRI- + CHORD〙

tri·cho·sis /trɪkóusɪs | traɪkə́usɪs/ *n.* (*pl.* -**cho·ses** /-siːz/) 〘病理〙 **1** 異所発毛(症). **2** 睫毛(しょうもう)乱生(症) (trichiasis).〘(1693) ← TRICHO- + -OSIS〙

trich·o·tom·ic /trìkətɑ́(ː)mɪk | -tɔ́m-˜/ *adj.* = trichotomous.

tri·chot·o·mous /traɪkɑ́(ː)təməs | -kɔ́t-/ *adj.* 三つに分ける[分かれた]. **～·ly** *adv.*〘(1800): ⇨ ↓, -ous〙

tri·chot·o·my /traɪkɑ́(ː)təmi | -kɔ́t-/ *n.* **1** 三分; 三分法《三つの区分・種類・範疇に分けること》. **2** 三分割できるもの, 3 部から成る体系[思想, 構造など]. **3** 〘キリスト教〙人性三分法[説]《人性を body (身体), soul (心, 魂), spirit (霊) の三つに分かつこと》.〘(1610) ← TRICHO- + -TOMY: cf. dichotomy〙

-tri·chous /‿trɪkəs | -trɪ-/「(…な)毛をした」の意の形容詞連結形: peri*trichous*.〘☐ Gk *-trikhos*: ⇨ tricho-, -ous〙

tri·chro·ic /traɪkróuɪk | -krə́u-/ *adj.* **1** 三色性の. **2** 〘結晶〙三色性の (cf. pleochroic).〘(1881) ← Gk *tríkhroos* (← TRI- + *khroos* '-CHROOUS') + -IC¹〙

tri·chro·ism /tráɪkrouɪzm | -krəu-/ *n.* 〘結晶〙三色性《結晶を異なる三方向から見るとき, それぞれ異なった色を示す性質; cf. pleochroism》.〘(1847): ⇨ ↑, -ism〙

tri·chro·mat /tráɪkroumæt, traɪkróumæt | tráɪkrə(ʊ)-, traɪkrə́umæt/ *n.* 〘眼科〙三色型色覚者《三原色を識別し得る正常色覚者; cf. dichromat, monochromat 1》.〘(1906)《逆成》↓〙

tri·chro·mat·ic /tràɪkroumǽtɪk, -krə- | -krə(ʊ)mǽt-˜/ *adj.* **1 a** 3 色の. **b** 〘印刷〙3 色(使用)の (cf.

three-color): ～ photography 三色写真(術). **2**〘眼科〙三色型色覚の. 〘(c1890) ← TRI-＋CHROMATIC〙

tri·chro·ma·tism /traɪkróʊmətɪzm | -krə́ʊ-/ *n.* **1** (印刷・写真などの)三原色の使用. **2**〘まれ〙3 色であること. **3**〘眼科〙三色性色覚 (cf. dichromatism). 〘1895〙

tri·chrome /traɪkróʊm | -krə́ʊm/ *adj.* ＝trichromatic. 〘1918〙

tri·chro·mic /traɪkróʊmɪk | -krə́ʊ-/ *adj.* ＝trichromatic. 〘1881〙

trich·u·ri·a·sis /trìkjʊráɪəsɪs | -sɪs/ *n.* (*pl.* **-a·ses** /-siːz/)〘病理〙鞭虫症. 〘(1921) ← NL ～ ← *Trichuris* (⇨ Trichuridae)＋-ASIS〙

trich·u·rid /trɪkjʊ́ᵊrɪd | -kjʊ́ərɪd/ *adj.*, *n.*〘動物〙鞭虫科の(線虫). 〘↓〙

Trich·u·ri·dae /trɪkjʊ́ᵊrədiː | -kjʊ́əri-/ *n. pl.*〘動物〙鞭虫科. 〘← NL ～ ← *Trichuris* (← TRICHO-＋*-uris* (← Gk *ourá* tail))＋-IDAE: 鞭毛が尾に似ていることから〙

trí·cìty /tráɪ-/ *adj.* 〈都会が〉三つの独立の市から成る. — *n.* (都会を成す)独立の 3 市の中の一つ.

trick /trík/ *n.* **1 a** (ずるい)たくらみ, 策略 (stratagem); 瞞着(まんちゃく), ごまかし (deception): play a mean ～ on one's rival 競争相手に対し卑劣なたくらみをする / I suspect some ～. なにか臭い, どうもたくらみがありそうだ / None of your ～*s* with me. おっとその手は食わぬ / They got what they wanted by [with] a trick. 彼らは欲しいものを策略を使って手に入れた. **b** 迷い, 幻覚 (illusion); 錯覚 (optical illusion); 錯覚の作因《光彩など》: a ～ of the senses 気の迷い, 気のせい / a ～ of vision＝a visual ～ 錯覚 / a ～ of the light 光の錯覚 / ～*s* of memory 覚え違い / My imagination played a ～ [～*s*] on me. 気のせいでそう思い込んでしまった. **2 a** (悪意のない)いたずら, 悪さ, 冗談, 悪ふざけ (prank): the ～*s* of fortune 運命のいたずら / the ～*s* of the clowns (サーカスの)道化師の悪ふざけ / play a person a ～ 人にいたずらをする / She is fond of playing ～*s* on her little brother. 彼女は弟にいたずらをするのが好きだ. **b** [修飾語を伴って] 悪い冗談, 卑劣なやり方 (mean prank): a dirty [nasty, shabby, rotten] ～ / None of your cheap ～*s*! 小細工はやめろ. **c** 幼稚な[愚かな]行為: It would be a ～ indeed. そんなことをするのは全くばかだ. **3 a** 手先の早業, 手品: a conjurer's ～*s*＝conjuring ～*s* 手品, 奇術 / be clever at card ～*s* トランプの手品がうまい. **b** 巧みな業(わざ), 芸当: ～*s* in [of] horsemanship 曲馬の妙技 / teach a dog ～*s* 犬に芸を仕込む. **c** (演劇・映画などの)技巧, トリック, 特撮. **4 a** (物事を上手にする)やり方, こつ, 呼吸 (knack): know a ～ or two なかなかすみに置けない / teach [show] a person a ～ or two 人より一枚うわてである / get [learn] the ～ of it こつを覚える, 呼吸を飲み込む / The ～ is to do …するのがこつだ / He has a [knows the] ～ *of* winn*ing* [mak*ing* others happy]. 彼は勝つ[人を楽しませる]こつを知っている. **b** [*pl.*] (商売・玄人の)巧みなやり方, 要領, 秘訣(ひけつ) (special skills); しきたり (convention): advertising ～*s* 広告の巧みな活用法 / He knows the ～*s* of his [the] trade. 商売のこつを知っている. **5** (通例, 悪い)癖, 特徴 (habit, idiosyncrasy); (文体などの)癖, 気取り (mannerism): a ～ of speech 言葉遣いの癖 / ～*s* of expression 表情の特徴 / ～*s* of style 文体の癖 / The river has a ～ *of* overflowing its banks. その川は氾濫しやすい / He has a ～ *of* repeat*ing* himself [scratch*ing* his head]. 彼は同じことを二度言う[頭をかく]癖がある. **6 a** (仕事の)交替勤務 (shift);〘海事〙(舵手(だしゅ)などの)一交替服務時間 (turn of duty)《普通 2 時間》: the night ～ 夜勤 / take [stand] one's ～ at the wheel 舵輪(だりん)当直をする. **b** (任地での)勤務(期間) (tour of duty): return from a ～ in Morocco モロッコでの任期を終えて(本社へ)戻る. **7**〘トランプ〙**a** 組, トリック《競技者を一巡して場に出された札をまとめて 1 組と数えたもの; 通例, 打ち出しの札と同じスーツ (suit) の最高位札か切札を出した人がその組を獲得する》: take [lose] the ～ その回に勝つ[負ける], 場札を取る[人に取られる] / ⇨ odd trick. **b** (ブリッジで)場に出して勝つ見込みのある有力な札. **8 a** 〘古〙つまらない飾り, おもちゃ(など). **b** [*pl.*]〘米〙小間物類; 身の回り品 (traps). **c**〘方言〙お守り, 魔よけ (amulet). **9**〘紋章〙トリック《色彩を使用せずに紋章図形を作画し, 色は略字で表現する方法; engraver's trick ともいう》: in ～ 略字で紋章彩色を表現した. **10**〘口語〙(かわいい)子供, 女の子 (young girl). **11**〘俗〙(売春婦の)客 (customer); (売春婦の)接客: turn a ～ 客を相手にする, 接客する.

dò the tríck 〘口語〙(ちょうど)うまくいく, 〈薬などが〉きく: That's *done the* ～. 《1812》 ***évery tríck in the bóok*** (尽くせる限りの)ありとあらゆる手, あらゆる手段. ***Hòw's trícks?*** 〘口語〙ごきげんいかが, 景気はどうだい. 《1915》 ***knów a tríck wòrth twó of thát*** それよりずっといい方法を知っている (cf. Shak., *1 Hen IV* 2. 1. 40–41). 《1596–97》 ***nòt [néver] miss a tríck*** 〘口語〙決してチャンスを逃さない, 抜け目がない: He hasn't missed a ～. 《1922》 ***the (whóle) bág of trícks*** ⇨ bag¹ 成句. ***túrn the tríck*** ＝*do the* TRICK. 《1933〘米〙》 ***ùp [òn] to a pérson's trícks*** 人のしようとしているいたずらに気づいて. ***ùp to one's (óld) trícks*** いたずらを(しようと)して: He is *up to his old* ～*s* again. またいたずらをしている. 《1935》

tríck or tréat いたずらかお菓子か《Halloween に子供たちがする行事で, 仮装した子供たちが 'Trick or treat!'「お菓子をくれないといたずらするぞ」と言いながら近隣を回って歩き, お金や菓子をもらう》; (そうして)得たぶんどり品《菓子など》. 《1941》

— *vt.* **1** だます, 一杯食わす, かつぐ (swindle); だまして〔ある行動を〕させる (beguile)〔*into*〕; だまして〔…を〕奪う (cheat)〔*out of*〕: ～ a person *into* consent [sign*ing* an agreement] 人をだまして承諾[契約書に署名]させる / ～ a person *out of* his share [savings] 人をだまして取り分[貯金]を巻き上げる / I've been ～*ed*. 一杯食わされた. **2** 〈物事が〉…の予想に反する, …の期待を裏切る (belie). **3** 〈人・物を〉めかす, 飾り立てる 〈*out, up, off*〉: be ～*ed out* in jewelry 宝石で飾り立てる / ～ oneself *up* for a dance ダンスパーティーへ行くのでめかし込む. **4**〘紋章〙(色を用いずに)トリックで描く (cf. *n.* 9).

— *vi.* **1** 人をだます (cheat). **2** いたずらをする, ふざける; もてあそぶ, からかう (trifle)〔*with*〕.

— *adj.* [限定的] **1 a** 芸当[曲芸]の; (映画などの)トリックの: ～ cycling [riding] 自転車[馬]の曲乗り / a ～ film [photograph] トリック映画[写真]. **b** 芸当[曲芸, 奇術]用の: ～ cards [dice] 奇術用トランプ札[さいころ] / a ～ horse 曲馬用の馬. **2** 〈問題などが〉落とし穴のある, 意外に手ごわい: a ～ question 落とし穴のある質問. **3 a** 〈錠前など〉欠陥のある, 頼りにならない: a ～ lock 時々具合が悪くなる錠前. **b** 〈身体の関節など〉固くなる, 思わぬ時にがくっとなる: a ～ knee.

～·er *n.* 〘n.: (c1412) *trik* ▫ ONF *trique* deceit ← OF *trichier* (F *tricher*) to deceive < ? VL **triccāre* ← L *tricae* (pl.) tricks. — v.: (?a1500) ← (n.)〙

SYN 策略: **trick** 悪知恵を用いて人をだますために言ったりしたりすること: find out a person's *trick* 人の策略を見破る. **maneuver** 自分に都合のよいように人や事態を巧みに操ること: He is only doing that as a political *maneuver*. 政治上の策略としてそれをやっているだけだ. **artifice** 巧みに人をだます行為・計略: She used (an) *artifice* to get what she wanted. 自分のほしいものを得るためにペテンを使った. **wiles** 人をだましたり誘惑したりするための手管: feminine *wiles* 女性の手管. **ruse** 間違った印象を与えようとする計略: concoct a *ruse* to disguise a crime 犯罪を隠すための策略を仕組む.

---

tríck cýclist *n.* **1** 自転車の曲乗り師. **2**〘俗〙精神病医 (psychiatrist). 〘1897〙

trick·er·y /tríkəri/ *n.* **1** 瞞着(まんちゃく), ぺてん, ごまかし, 詐欺 (artifice) (⇨ deception SYN): He tried to work ～ on me. 私をペテンにかけようとした. **2** 策略, 計略 (trick). 〘(1800) ← TRICK＋-ERY〙

tríck·ing *n.* **1** 衣装, 飾り. **2** 策を弄すること. 〘(1549): ⇨ -ing¹〙

trick·ish /tríkɪʃ/ *adj.* **1** ずるい, こすい, 狡猾(こうかつ)な, 油断のならない (crafty). **2** 手際のいる, 難しい (ticklish). **～·ly** *adv.* **～·ness** *n.* 〘(1705): ⇨ -ish¹〙

trick·le /tríkl/ *vi.* **1 a** 〈涙・その他の液体が〉したたる, ちょろちょろ流れる, たらたら落ちる 〈*down, out, along, over*〉: Tears of joy ～*d* slowly *down* her cheeks. 喜びの涙がぽろりぽろりと彼女のほおを流れ落ちた / A stream ～*d over* the flat rocks. 平たい岩の上を水がちょろちょろ流れていた. **b** 〈涙・血などが〉したたり落ちる〔*with*〕: His hand was *trickling with* blood. 彼の手は血がしたたっていた. **2** [方向の副詞を伴って] ぽつぽつ来る[行く, 進む]: Summer visitors are *trickling home*. 避暑客はぼつぼつ帰り始めている / Subscriptions are *trickling in*. 申し込みはぽつぽつ来ている / The information *trickled out*. そのうわさはぽつりぽつりと知れて来た / His enthusiasm ～*d away*. 情熱が徐々に失せて行った. **3**〘戯言〙行く: ～ *up* to town 上京する. — *vt.* **1** したたらす, たらたら落とす, たらし込む〔*into*〕. **2** 一人ずつ行かせる, 一つずつ通過させる 〈*off, out*〉. — *n.* **1** しずく, したたり (drip): the ～ of warm blood 温かい血のしたたり. **2** (ちょろちょろ流れる)小流, 細流. **3** (ぽつぽつ来る[行く, 進む])少量, 少し: a ～ of visitors ぽつぽつ来る訪問客.

tríck·ling /-klɪŋ, -kl-/ *adj.* **tríck·ling·ly** *adv.* 〘(c1375) *trikle(n)* ← ? *strikle(n)* (freq.) ← *striken* 'to STRIKE': 語頭音 *s* の脱落はこの語がしばしば tears に先行される (i. e. tears strickle) ために生じた連声形 (sandhi form) と解される: ⇨ -le³〙

tríckle chàrge *n.*〘電気〙細流充電.

tríckle chàrger *n.*〘電気〙細流充電器, 小刻充電器.

tríckle-dòwn *adj.*〘米〙〘経済〙トリクルダウン方式の《経済に流入する資金, 特に政府からの資金は, 福祉事業や公共事業よりも企業に分配する方が経済成長を刺激するという理論に基づく》: the ～ theory. 〘1944〙

tríckle-írrigate *vt.* 細流灌漑(かんがい)する.

tríckle irrigàtion *n.* (直径の小さなホースで間欠的に行なう)細流灌漑.

tríck·less *adj.* たくらみ[ごまかし]のない. 〘(1927): ⇨ -less〙

trick·let /tríklɪt/ *n.* 小流, 細流, 小川 (rill). 〘(1880) ← TRICKLE＋-ET〙

tríck·ling fìlter /tríklɪŋ-, -kl-/ *n.*〘土木〙散水濾床(ろしょう)《下水・工場廃水などを生物学的に濾過する設備》. 〘1903〙

trick·ly /tríkḷi, -kli/ *adj.* (**trick·li·er; -li·est**) したたる, ちょろちょろ[たらたら]流れる. 〘(1876): ⇨ trickle, -y⁴〙

tríck-or-tréat *vi.*〘米〙TRICK or treat をする. **～·er** /-tə | -tə(r)/ *n.*

trick·some /tríksəm/ *adj.* **1** ＝tricksy 1. **2** ＝tricky 2. 〘(1: 1815; 2: 1648) ← TRICK＋-SOME¹〙

trick·ster /tríkstə | -stə(r)/ *n.* **1 a** 詐欺師, ぺてん師 (cheat). **b** 手品[奇術]師. **2** 計略を用いる人, 策略家. **3** トリックスター《原始民族の民話・神話に登場し, 通例文化英雄 (culture hero) の役をする》. 〘(1711) ← TRICK＋-STER〙

trick·sy /tríksi/ *adj.* (**trick·si·er; -si·est**) **1** いたずら好きな, ふざける (mischievous): a ～ spirit いたずら好きな妖精. **2**〘古〙**a** ずるい, 狡猾(こうかつ)な (cunning); 油断のならぬ (deceptive). **b** 扱いにくい, 厄介な (trying): a ～ job 厄介な仕事. **3**〘古〙めかし立てた, きれいな (spruce). **tríck·si·ly** /-sɪli/ *adv.* **tríck·si·ness** *n.* 〘(1552) ← *tricks* ((pl.) TRICK)＋-Y⁴〙

trick·track /tríktræk/ *n.*〘遊戯〙＝trictrac.

tríck vàlve *n.*〘機械〙トリック弁《蒸気機関用の D 型すべり弁の一種》.

tríck whèel *n.*〘海事〙(操舵エンジンが故障した際に使用する)操舵輪. 〘1942〙

tríck wìg *n.*〘演劇〙仕掛かつら《髪が立ちあがるようにできている》. 〘1888〙

tríck wòrk *n.* 技工を用いた仕事; (特に, 文学・美術の)技巧に走った作品. 〘1876〙

trick·y /tríki/ *adj.* (**trick·i·er; -i·est**) **1** 〈役目・仕事など〉手際のいる, やりにくい, 〈物が〉手の込んだ (intricate); 巧妙な, 微妙な (ingenious): a ～ situation 微妙な情況 / a ～ ending (物語の)ひねった結末 / a ～ experiment 手際のいる実験. **2** 狡猾(こうかつ)な, 油断のならない, ずるい, ぺてんの (crafty, deceptive) (⇨ sly SYN): a ～ policy 狡猾な政策. **3** 機略縦横の, 言い逃れのうまい (resourceful); 機敏な, 器用な (deft): a ～ hunter / ～ driving. **tríck·i·ly** /-kɪli/ *adv.* **tríck·i·ness** *n.* 〘(1786) ← TRICK＋-Y⁴〙

tricl. 《略》〘結晶〙triclinic.

tri·clad /tráɪklæd/ *adj.*, *n.*〘動物〙三岐腸目の(動物). 〘(1888) ↓〙

Tri·clad·i·da /traɪklǽdədə | -dɪdə/ *n. pl.*〘動物〙(扁形動物門渦虫綱)三岐腸目《カブトガニウズムシ (*Ectoplana limuli*) などを含む》. 〘← NL ～: ⇨ tri-, clado-, -ida〙

triclinia *n.* triclinium の複数形.

tri·clin·ic /traɪklínɪk/ *adj.*〘結晶〙三斜の, 三斜晶系の《anorthic ともいう》. 〘(1854) ← TRI-＋-CLINIC〙

triclínic sýstem *n.*〘結晶〙三斜晶系. 〘1854〙

tri·clin·i·um /traɪklíniəm/ *n.* (*pl.* **-i·a** /-niə/) **1** (古代ローマ人が横臥(おうが)して食事をとる時, 食卓の三方に設備した食事用の)寝[横臥]椅子《寝椅子はそれぞれ三つの席に区分された》. **2** 食事用寝椅子を備えた食堂. 〘(1646) ▫ L *triclinium* ▫ Gk *triklínion* three-couch dining room ← TRI-＋*klínion* ((dim.) ← *klínē* couch)〙

tric·o·lette /trìkəlét/ *n.* トリコレット《絹または人造絹糸のメリヤス地; 衣類の生地に使われる》. 〘(1919) ← TRICO(T)＋(FLANNE)LETTE〙

tri·col·or /tráɪkʌlə | tríkələ(r), tráɪkʌl-/ *adj.* **1** 3 色の; 〈犬が〉黒・黄褐色・白のぶちの. **2** (しばしばフランスの)三色旗の: ～ politics フランスの政策. — *n.* [しばしば T-] 三色旗《特に, フランス国旗》. 〘(1786) ▫ F *tricolore* ▫ LL *tricolor* (adj.): ⇨ tri-, color〙

trí·còl·ored *adj.* 三色の. 〘(1795): ⇨ -ed 2〙

Trí·col·or Túbe /tráɪkʌlə- | -lə-/ *n.*〘商標〙トリカラーチューブ《カラーテレビ用三色ブラウン管》.

tri·corn /tráɪkɔən | -kɔːn/ *adj.* 〈帽子など〉三つの角(かど)[角状突起]のある, 三つの面のある. — *n.* **1** ＝tricorne. **2**〘伝説〙三角獣《想像上の動物; cf. unicorn 1》. 〘(1760) ▫ F *tricorne* // L *tricornis* ← TRI-＋*cornū* horn〙

tri·corne /tráɪkɔən | -kɔːn/ *n.* 三角帽 (cf. cocked hat 2). — *adj.* ＝tricorn. 〘(1876) ▫ F ～〙

tri·cor·nered /tràɪkɔ́ənəd | -kɔ́ːnəd/ *adj.* 三つの角がある. 〘(1819): ⇨ -ed 2〙

tri·cor·po·ral /traɪkɔ́əp(ə)rəl | -kɔ́ː-/ *adj.*〘紋章〙＝tricorporated. 〘(1730–36) ← L *tricorpor* having three bodies (← TRI-＋*corpor-*, *corpus* body (⇨ corpus))＋-AL¹〙

tri·cor·po·rate /traɪkɔ́əp(ə)rɪt | -kɔ́ː-/ *adj.*〘紋章〙＝tricorporated. 〘(1731): ⇨ ↑, -ate²〙

tri·cor·po·rat·ed /traɪkɔ́əpərèɪtɪd | -kɔ́ːpərèɪt-/ *adj.*〘紋章〙頭が一つで体が三つの (cf. bicorporated). 〘(1572): ⇨ -ED〙

tri·cos·tate /traɪkɑ́(ː)steɪt, -kɔ́(ː)s-, -teɪt | -kɔ́s-/ *adj.*〘生物〙3 条のうねのある. 〘(1861) ← TRI-＋COSTATE〙

tri·cot /tríːkoʊ | tríːkəʊ, trík-; F. tʀiko/ *n.* **1** トリコット《ナイロン・ウール・レーヨンなどの薄いニット; 下着に多く使用される》; それに似た織地. **2** トリコット《羊毛または混紡うね織服地》. 〘(1859) ▫ F ～《逆成》← *tricoter* to knit ← ? *tricot* short stick ← OF *estriquier* to strike ▫ MDu. *striken* < Gmc **strīkan* 'to STRIKE'〙

tri·co·teuse /trìkətə́ːz; F. tʀikɔtøːz/ *n.* (*pl.* ～)〘フランス史〙編物をする女《特にフランス革命時に処刑に立ち会いながら編物をしていた女たちに関連して用いられる》. 〘(1830) ▫ F ～ ← *tricoter* (↑)〙

tric·o·tine /trìkətíːn, trìːk-, ⌐–⌐; F. tʀikɔtin/ *n.* トリコチン《あや織りラシャの一種》. 〘(c1899) ▫ F ～: ⇨ tricot, -ine¹〙

trícot-stìtch *n.* かぎ針編みの一種《一般には毛足の長いソフトな毛糸を長いかぎ針で編む》. 〘1882〙

tri·cot·y·le·don·ous /traɪkɑ̀(ː)təlíːdənəs, -tl-, -dn- | -kɔ̀tɪlíːdən-, -dn-⌐/ *adj.*〘植物〙(種子発芽時に)3 枚の子葉を付ける, 三子葉植物の. 〘1828〙

tri·cre·sol /traɪkríːsɔ(ː)l | -sɔl/ *n.*〘化学〙トリクレゾール《クレゾールの異性体 3 種の混合物》. 〘← TRI-＋CRESOL〙

tri·crés·yl phósphate /traɪkrésɪl-, -kríːs- | -sɪl-/ *n.*〘化学〙リン酸トリクレジル ($(CH_3C_6H_4)_3PO_4$)《クレゾールのリン酸エステル; 塩化ビニール・ニトロセルロースなどの可塑剤または軟化剤》. 〘(1882) *tricresyl*: ← TRI-＋CRESYL〙

tri·crot·ic /traɪkrɑ́(ː)tɪk | -krɔ́t-/ *adj.*〘生理〙三拍脈の, 三段脈の. **tri·cro·tism** /tráɪkrətɪzm, trík-/ *n.* 〘(1876) ← Gk *tríkrotos* with triple beat＋-IC¹〙

tric·trac /tríktræk/ *n.*〘遊戯〙トリックトラック《バックギャ

モン (backgammon) の古い種類). 〘(1653) □ F ～: 擬音語〙

tri·cúspid *adj.* **1** 〈歯など〉三つの尖端のある. **2** 〘解剖〙三尖弁の. — *n.* 〘歯科〙三咬頭のある歯. 〘(1670) □ L *tricuspid-, tricuspis* ← TRI-＋*cuspis* point〙

tri·cúspidal *adj.* =tricuspid 1. 〘(1822–34): ⇨ ↑, -al[1]〙

tricúspid válve *n.* 〘解剖〙(心臓の)三尖弁《心臓の右側にある三つのふたからなる弁で, 心室から心房に血液が逆流するのを防ぐ; right atrioventricular valve ともいう》.

tri·cy·cle /tráɪsɪkl/ *n.* **1** 三輪自転車; (子供用)三輪車; 身体傷害者用三輪車, 三輪車椅子(ｲｽ)《駆動または非駆動のもの》. **2** 三輪自動車, オート三輪. **3** 三輪装置. — *vi.* 三輪車[オート三輪]に乗る. 〘(1828) □ F ～: ⇨ tri-, cycle[2]〙

trícycle lánding gèar *n.* 〘航空〙前輪式降着装置《前脚と2本の主脚とからなる》. 〘1938〙

trí·cy·cler /-klə, -klə | -klə[r], -kl-/ *n.* 三輪車乗用者 (tricyclist). 〘(1881): ⇨ -ER[1]〙

tri·cy·clic /traɪsáɪklɪk, -sík-/ *adj.* **1** 三輪の. **2** 〘化学〙三つの(融合した)環を有する, 三環の. — *n.* 〘薬学〙三環系抗鬱薬 (tricyclic antidepressant). 〘(1891) ← TRI-＋CYCLIC〙

tri·cy·clist /tráɪsɪklɪst | -klɪst/ *n.* 三輪車乗用者. 〘(1878): ⇨ tri-, cyclist〙

tri·dac·na /trɪdǽknə | traɪ-/ *n.* 〘貝類〙シャコガイ《シャコガイ科シャコガイ属 (*Tridacna*) の大きな二枚貝の総称; giant clam など》. 〘(1776) ← NL ～ ← L ～ 'oyster' ← Gk *trídaknos* eaten at three bites ← TRI-＋-*daknós* (← *dáknein* to bite)〙

tri·dac·tyl /traɪdǽktl/ *adj.* 〘動物〙三指の(ある), 三趾(ｼ)の(ある). 〘(1812) □ Gk *tridáktulos* ← TRI-＋*dáktulos* finger, toe: ⇨ dactyl〙

tri·dac·ty·lous /traɪdǽktələs/ *adj.* 〘動物〙=tridactyl. 〘(1828): ⇨ ↑, -ous〙

tri·dent /tráɪdənt, -dnt | -dənt, -dnt/ *n.* **1** 三叉(ｻ)の道具[武器]; 三叉のやす. **2** (古代ローマの網闘士 (retiarius) 用の)三叉槍. **3 a** 〘ギリシャ・ローマ神話〙(海神 (Poseidon, Neptune) の標章である)三叉槍. **b** 制海権: the ～ of the main 制海権 / the British ～ 英国制海権, 英海軍の実力範囲. **4** 〘数学〙三叉曲線. **5** [T-] 〘商標〙トライデント《米国 American Chicle 社製のシュガーレスガム》. **6** [T-] 〘軍事〙トライデント《米国の潜水艦発射型弾道ミサイル; それを搭載する潜水艦》. — *adj.* 三叉の (three-pronged). 〘(*c*1450) □ L *tridentem* having three teeth ← TRI-＋*dentem* (← *dēns* tooth)〙

tri·den·tal /traɪdéntl | -tl/ *adj.* =tridentate.

tri·den·tate /traɪdénteɪt/ *adj.* **1** 三歯の; 三叉(ｻ)の. **2** 〘化学〙三座(配位)の. 〘(1760): ⇨ trident, -ate[2]〙

Tri·den·tine /traɪdéntaɪn, -tiːn | traɪdéntaɪn, trɪ-, -tiːn/ *adj.* **1** (イタリアの) Trent[1] の. **2** トレント公会議 (COUNCIL of Trent) の: the ～ profession of faith トレント公会議で定めたローマカトリックの信仰告白 / ～ theology トレント公会議で定めたカトリック神学. — *n.* トレント公会議の信仰告白を受け入れる人, 正統派ローマカトリック教徒. 〘(1561) □ ML *Tridentīnus* ← *Tridentum* Trent: ⇨ -ine[1]〙

Tridéntine máss *n.* 〘カトリック〙トレント式ミサ《1570–1964 年に使われたラテン式典礼の聖体祭儀》.

Tri·den·tum /traɪdéntəm | -təm/ *n.* トリデントゥム《Trent[1] のラテン語名》.

T

tri·dig·i·tate /traɪdídʒəteɪt | -dʒɪ-/ *adj.* 〘動物〙=tridactyl. 〘(1891) ← TRI-＋DIGITATE〙

tri·di·men·sion·al /tràɪdɪménʃənəl, -ʃənl | -daɪ-, -dɪ-/ *adj.* 三次元の《長さ・広さ・厚さの三つの広がりを有することにいう》, 立体の. **～·ly** *adv.* 〘(1858) ← TRI-＋DIMENSIONAL〙

tri·di·men·sion·al·i·ty /tràɪdɪmènʃənǽləti | -daɪmènʃənǽlɪti, -dɪ-/ *n.* 三次元.

trid·u·o /tríːduòu | -duəu; *It.* tríːduo/ *n.* 〘カトリック〙=triduum. 〘(1848) □ It. & Sp. ～ < L *triduum*〙

trid·u·um /trídʒuəm, -dju- | trídju-, tráɪ-/ *n.* 〘カトリック〙(聖人の祝日を祝うためまたは代禱(ﾀﾞｲﾄｳ)を得る準備の)三日間の信心行 (cf. novena). 〘(1873) □ L *triduum* (*spatium*) (space) of three days ← TRI-＋*diēs* day〙

trid·y·mite /trídəmàɪt | -dɪ-/ *n.* 〘鉱物〙トリジマイト, 鱗ケイ石 (SiO_2). 〘(1868) □ G *Tridymit* ← Gk *trídumos* three-fold＋-*it* '-ITE[1]'〙

tri·e·cious /traɪíːʃəs/ *adj.* 〘植物〙=trioecious.

tried /tráɪd/ *v.* try の過去形・過去分詞. — *adj.* **1** 試験を経た, 試された, 試験済みの (tested); 確実な, 当てになる: ～ friends [friendship] 頼りになる友だち[友情] / old and ～ すっかり信用のできる / ～ and true friends 当てになることがわかっている友人. **2** 苦労した, 辛酸をなめた: a much-*tried* man 多くの辛酸をなめた人. 〘(?*a*1300): ⇨ -ED〙

tri·el·la /traɪélə/ *n.* 〘豪〙〘競馬〙三重勝が発売される三つの指定レース. 〘← *tri*-＋-*ella* (← *quinella* ⇨ QUINIELA)〙

tri·ene /tráɪiːn/ *n.* 〘化学〙トリエン《二重結合を3個もつ炭化水素の一般名》. 〘(1917) ← TRI-＋-ENE〙

triennia *n.* triennium の複数形.

tri·en·ni·al /traɪéniəl/ *adj.* **1** 3年ごとの (cf. biennial): a ～ meeting. **2 a** 3年間継続の. **b** 〘植物〙三年生の: a ～ plant 三年生植物. — *n.* **1** 〘植物〙三年生植物. **2** 3年ごとの行事[刊行物]. **3** 〘英国国教会〙三年忌. 〘(1562) ← L *triennium* period of three years (TRI-＋*annus* year)＋-AL[1]〙

Triénnial Áct *n.* [the ～] 〘英史〙三年議会法《(1) 1641 年, 長期議会により制定された法で, 次の議会を3年以内に召集することを定めた (2) 1664 年成立した法で, 1641 年の法を廃止し, 議会は3年目には召集されるべきことをあらためて定めた (3) 1694 年, 議会は解散後3年以内に召集されねばならないとしたほか, 会期は最長3年と定めた; 1716 年七年議会法 (Septennial Act) の制定に伴い廃止》. 〘1640〙

tri·én·ni·al·ly /-niəli/ *adv.* 3年ごとに. 〘(1689): ⇨ -ly[1]〙

tri·en·ni·um /traɪéniəm/ *n.* (*pl.* **～s**, **-ni·a** /-niə/) 3年間. 〘(1847) □ L ～: ⇨ triennial〙

tri·ens /tráɪenz/ *n.* (*pl.* **tri·en·tes** /traɪéntiːz, triːénteɪs/) **1** トゥリエンス《古代ローマ共和国時代の銅貨 (=1/3 as); 重さは4オンス》. **2** =tremissis a. 〘(1601) □ L *triēns* third part ← *trēs* three〙

Tri·ent /*G.* tʀiɛ́nt/ *n.* トリエント《Trent[1] のドイツ語名》.

trientes *n.* triens の複数形.

tri·er /tráɪə | tráɪə[r]/ *n.* **1** 試験者, 試験官, 試す人. **2** (…しようと)努める者. **3** 裁判官 (judge); 審問者, 審査官. **4** 〘法律〙(陪審員に対する忌避申し立てを審理するため裁判所の任命する)審判官. **5** 〘農業〙さし《粉・種子・加工肉などの検査試料採取用の先のとがった筒状の道具》. 〘(*a*1338) *triour*: ⇨ try, -er[1]〙

Trier /*G.* tʀíːɐ/ *n.* トリール《Treves のドイツ語名》.

tri·er·arch /tráɪərɑ̀ək | -rɑ̀ːk/ *n.* **1** (古代ギリシャの)三段オール船 (trireme) の司令官. **2** (アテネで, 個人または共同で)三段オール船の建造や維持の義務を負った市民.

tri·er·arch·al /tràɪərɑ́əkəl, -kl | -rɑ́ː-/ *adj.* 〘(1656) □ L *triērarchus* ∥ Gk *triḗrarkhos* ← *triḗrēs* 'TRIREME'＋*arkhós* ruler〙

tri·er·ar·chy /tráɪərɑ̀əki | -rɑ̀ːki/ *n.* **1** (古代ギリシャの)三段オール船司令官の職; [集合的] 三段オール船司令官. **2** (アテネの)三段オール船建造義務制度. 〘(1837) □ Gk *triērarkhía*: ⇨ trierarch, -y[1]〙

Tri·es·te /triést, -ésti | triést, -éster; *It.* triéste/ *n.* トリエステ: **1** イタリア北東部の, Gulf of Trieste に臨む港湾都市. **2** =the Free Territory of TRIESTE.

Frée Térritory of Triéste [the ～] トリエステ自由地域《Trieste 1 およびその周辺地域; 1947 年に国連管理下の自由地域となり, 1954 年以来 Trieste 1 を含む北部 A 地区はイタリア領に, 南部 B 地区はユーゴスラビア領(現スロヴェニア領)になった》.

Tri·és·tine /-tɪn, -tiːn | -tɪn, -tiːn/ *adj.*

trì·ethanólamine *n.* 〘化学〙トリエタノールアミン ($(HOCH_2CH_2)_3N$)《アミノアルコールの一つ; さび止め剤, エンジンの清浄剤; また脂肪酸エステルも用途が広い; cf. ethanolamine》. 〘(1897) ← TRI-＋ETHANOLAMINE〙

tri·eth·i·o·dide /tràɪeθáɪədàɪd, -dɪd | -daɪd, -dɪd/ *n.* 〘生化学〙3-エチルヨード化合物《ヨードを含むエチル基を三つ結合させている物質》. 〘← TRI-＋*ethiodide* (⇨ ETHO-, IODIDE)〙

trì·éthyl *adj.* 〘化学〙3個のエチル基を有する. 〘(1858) ← TRI-＋ETHYL〙

tri·eth·yl·a·mine /traɪèθələmìːn | -éθɪ-/ *n.* 〘化学〙トリエチルアミン ($(C_2H_5)_3N$)《無色の可燃性液体で, 主として溶剤として用いる》. 〘(1850): ⇨ ↑, -amine〙

triéthyl orthofórmate *n.* 〘化学〙トリエチルオルトホルマート ($HC(OC_2H_5)_3$)《オルト蟻酸のトリエチルエステル; 化学薬品・有機合成に用いる》.

tri·fa /tráɪfə/ *adj.* =tref.

tri·fa·cial /tràɪféɪʃəl, -ʃl/ *adj.* =trigeminal.

trifácial nérve *n.* 〘解剖〙三叉神経 (trigeminal nerve).

tri·fec·ta /traɪféktə, ⌐⌐⌐/ *n.* 〘米・豪〙〘競馬〙三連勝単式. 〘(1974) ← TRI-＋(PER)FECTA〙

trif·fid /tríf ɪd | -fɪd/ *n.* **1** トリフィド《動き回って人間を襲う架空の巨大植物》. **2** 猛烈な勢いで繁殖する植物. 〘(1951): 英国の作家 John Wyndham (1903–69) による造語で, その SF 小説から〙

tri·fid /tráɪfɪd, -fɪd | -fɪd/ *adj.* **1** 〘植物〙三裂の. **2** 〈アンティークスプーンが〉柄の先端に3箇所の切れ込みのある. 〘(1753) □ L *trifidus* split in three: ⇨ tri-, -fid〙

trífid fóot *n.* (18 世紀の英米で流行した家具支脚下部の)三裂状の足型 (drake foot ともいう).

tri·fle /tráɪfl/ *n.* **1** [a ～] **a** [副詞的] 少し (somewhat): The room was *a* ～ dark. 部屋は少し暗かった / answer *a* ～ brusquely 少し無愛想な返事をする / Her voice wavered *a* ～. 彼女の声が少したじろいだ. **b** 少量, わずか, 少し (a little): a ～ *of* sugar 少量の砂糖. **2** つまらない物[事], くだらない物[事], ささいな物[事]: I'll send a few ～*s* for your birthday. 君の誕生日のお祝いに二, 三のつまらない品をお送りします / waste time on ～*s* つまらぬ事に時間を浪費する / stand on ～*s* ささいな事にこだわる / He doesn't stick at ～*s*. つまらない事に拘泥(ｺｳﾃﾞｲ)しない / Some ～*s* had put him out. 何かささいなことで彼は怒ったのだ. **3** [a ～] はした金, 少額: He sold the picture for *a* mere ～. 彼はその絵をほんのはした金で売った. **4** 〘英〙トライフル《ジャムと砕いたマカロンをのせ, 酒をふりかけたスポンジケーキ; カスタードと泡立てた生クリームを添える; cf. zuppa inglese》. **5 a** しろめ (pewter) の一種《やや軟質のもので小さな器具を作るのに用いる》. **b** [*pl.*] しろめ製品. **6** (文学・音楽作品の)断片, 断章, 小品.

— *vi.* **1** もてあそぶ, なぶる (⇨ toy SYN); いじくる; いいかげんにあしらう, 粗末にする 〔*with*〕: ～ *with* one's moustache [a pen, a knife] ひげ[ペン, ナイフ]をいじくる / ～ *with* a person's feelings [affections] 人の感情[愛情]をもてあそぶ / ～ *with* one's dinner ぐずぐずいつまでも食事している / He is not a man to be ～*d with*. 彼は軽率に扱えない[ばかにしたりできない]男だ / Do you think you can ～ *with* the police in that way? そんなふうに警察をばかにできると思っているのか. **2** 冗談を言う, 軽々しい口をきく, たわいないことを言う; ふざける, 安請合いする: I am in no mood for trifling. 冗談どころではない. **3** 遊んで暮らす, ぶらぶらして過ごす, のらくらしている (idle): ～ *through* the best years of one's life 人生の盛りをぶらぶら遊んで暮らす. **4** 〘廃〙ふざける.

— *vt.* **1** 〈時間・金銭などを〉無駄に使う, 浪費する (idle, fool) 〈*away*〉: ～ time [energies, money] 時間[精力, 金銭]を浪費する / ～ *away* the whole evening 一晩を無為に過ごす. **2** 軽々しく言う (utter lightly). **3** 〘まれ〙取るに足りないものとする; ないがしろにする: this sore night Hath ～*d* former knowings. ゆうべの恐ろしさは, これまで私が知っている恐い体験を吹き飛ばしてしまうほどでした (Shak., *Macbeth* 2. 4. 2–4).

〘n.: (?*a*1200) *trufle* idle tale, trifle □ OF *truf(l)e* mockery, deceit ← ?. — v.: ((?*a*1200)) (*c*1460) *trufle* (n), *trifle*(n) □ OF *trufler* to deceive ← (n.): 今の形は 14C から〙

trí·fler /-flə, -flə | -flə[r], -fl-/ *n.* 冗談を言う人, ふざける人, 軽薄な人. 〘(*c*1384): ⇨ ↑, -er[1]〙

tríﬂe-rìng *n.* 一種の知恵の輪 (puzzle ring). 〘1891〙

tri·fling /tráɪflɪŋ, -fl-/ *adj.* **1** つまらない, くだらない, 取るに足らない (trivial) (⇨ petty SYN); わずかの: a ～ matter [error] くだらない事[ささいな誤り] / a ～ gift つまらない贈り物 / a ～ sum わずかな金額. **2** 物を冗談扱いにする, 軽率な, 不まじめな (frivolous): ～ thoughts 不まじめな考え. **3** 〘米方言〙〈人が〉怠け者の, ぐうたらな (lazy). — *n.* **1** 軽薄な[くだらぬ]行動[言葉]. **2** 時間の浪費[無駄]. **3** 無益な努力. **～·ness** *n.* 〘(*c*1384): ⇨ -ing[1,2]〙

trí·fling·ly *adv.* **1** ばかにして, 茶化して, 軽率に, 軽々しく. **2** ほんの少し, 取るに足らないほど. 〘(1547–64): ⇨ ↑, -ly[1]〙

tri·flu·o·per·a·zine /traɪflùːəpérəziːn/ *n.* 〘薬学〙トリフルオペラジン ($C_{21}H_{24}F_3N_3S$)《精神安定剤に用いる》. 〘(*c*1957) ← TRI-＋FLUO-＋L (*pe*)*per* pepper＋AZINE〙

tri·flúoride *n.* 〘化学〙三フッ化物. 〘← TRI-＋FLUORIDE〙

tri·flúoro·chlòro·éthylene *n.* 〘化学〙トリフルオロクロロエチレン ($F_2C{=}CFCl$)《重合物は耐化学薬品性・耐熱・耐水性にすぐれるテフロン》. 〘⇨ tri-, fluoro-〙

tri·flúoro·chlòro·méthane *n.* 〘化学〙トリフルオロクロロメタン (⇨ chlorotrifluoromethane).

tri·flu·ra·lin /traɪflúərəlɪn | -flúərəlɪn/ *n.* 〘化学〙トリフルラリン ($C_{13}H_{16}F_3N_3O_4$)《除草剤》. 〘← TRI-＋FLU(ORO-)＋-*alin* (《変形》? ← ANILINE)〙

tri·fo·cal /tràɪfóukəl, -kl | -fəu-/ *adj.* 〈眼鏡のレンズが〉三焦点の, トリフォーカルの《近距離・中距離・遠距離のものが見えるように焦点が三つある: cf. bifocal 2》: a ～ lens. — *n.* **1** 三焦点レンズ. **2** [*pl.*] 三焦点眼鏡, トリフォーカル. 〘(1826) ← TRI-＋FOCAL〙

tri·fold /tráɪfòuld | -fəuld/ *adj.* =triple.

trì·fóliate *adj.* **1** 葉が三つある, 三葉の. **2** 〘植物〙=trifoliolate. **3** 〘建築〙三葉縁形(ｴﾝｹｲ)の. 〘1753〙

trì·fóliated *adj.* =trifoliate 1. 〘1698〙

trifóliate órange *n.* 〘植物〙カラタチ (*Poncirus trifoliata*). 〘*c*1900〙

tri·fo·li·o·late /tràɪfóuliəlèɪt | -fəu-/ *adj.* 〘植物〙〈複葉など〉三小葉の, 三出葉の. 〘(1828) ← TRI-＋FOLIOL(E)＋-ATE[2]〙

tri·fo·li·um /traɪfóuliəm | -fəu-/ *n.* 〘植物〙**1** [T-] シャジクソウ属《マメ科の一属》. **2** シャジクソウ属の植物の総称《ベニバナツメクサ (*T. incarnatum*), シャジクソウ (*T. lupinaster*) など》. 〘((lateOE)) (1541) □ L ～ 'triple leaf': ⇨ tri-, folium〙

tri·fo·ri·um /traɪfɔ́ːriəm/ *n.* (*pl.* **-ri·a** /-riə/) 〘建築〙トリフォリウム《教会建築における側廊 (aisle) の上部の層で nave のアーチと clerestory の中間; cf. blindstory》.

tri·fó·ri·al /-fɔ́ːriəl/ *adj.* 〘(1703) □ ML ～ ← TRI-＋L *foris* door: 各格間 (bay) に三つずつ開口部がついていることから〙

tri·form /tráɪfɔəm | -fɔːm/ *adj.* 三体[三形]ある, 三体の; 三部から成る. 〘(*c*1450) □ L *triformis*: ⇨ tri-, form〙

trí·fòrmed *adj.* =triform. 〘1644〙

tri·fúnctional *adj.* 〘化学〙三官能性の: a ～ molecule 三官能分子. 〘1929〙

tri·fur·cate /tráɪfə(ː)kèɪt | tráɪfə(ː)kèɪt/ *vt., vi.* 三叉(ｻﾏﾀ)にする[なる], 三枝に分かつ[分かれる], 三部に分かつ[分かれる]. — /traɪfə́ːkɪt, -keɪt, tráɪfə(ː)kèɪt | tráɪfə(ː)kèɪt/ *adj.* 三叉の, 三枝の. 〘(*c*1831) ← L *trifurcus* three-forked (TRI-＋*furca* 'FORK')＋-ATE[2,3]〙

tri·fur·cat·ed /tráɪfə(ː)kèɪtɪd | -fə(ː)kèɪtɪd/ *adj.* =trifurcate. 〘1727〙

tri·fur·ca·tion /tràɪfə(ː)kéɪʃən | -fə(ː)-/ *n.* 三つに分岐すること, 三叉; 三つに分かれる点; 三叉路. 〘(1884): ⇨ -ATION〙

trig[1] /tríg/ *adj.* **1** 《スコット》こぎれいな, きちんとした, さっぱりした, きりっとした, 粋な (neat, trim); 〈服など〉スマートな: a ～ damsel こぎれいな娘. **2** 〘英方言〙丈夫な, 健全な (sound). **3** 《スコット》活発な (active), 生き生きした (lively). — *vt.* (**trigged**; **trig·ging**) 〘英方言〙**1** こぎれいにする, きちんとする (tidy). **2** 飾る, めかす (deck) 〈*up, out*〉. **～·ly** *adv.* **～·ness** *n.* 〘(?*c*1200) □ ON *tryggr* faithful, firm, safe (Norw. & Dan. *tryg* safe / Goth. *triggws* true): ⇨ true〙

trig[2] /tríg/ 《主に方言》*n.* (輪・樽などの転がりを防ぐ)輪止め, 転び止め. — *vt.* (**trigged**; **trig·ging**) **1** …に輪止めをする. **2** …につっかい[支え]をする 〈*up*〉. 〘(1591) □ ? ON *tryggja* to make fast or firm ← *tryggr* (↑)〙

trig[3] /tríg/ *n.* 《学生語》三角(法) (trigonometry). 〘(1862) 《略》〙

trig. 《略》 trigonometric; trigonometrical; trigonometry.

tri·ga /trí:gə, tráɪ-/ *n.* (*pl.* **tri·gae** /trí:gaɪ, tráɪdʒi:/) **1** (古代ローマの)三頭立て二輪戦車. **2** (triga などを引く)三頭一組の馬. 〘▭ LL ～ (短縮) ← L *trijuga* (fem.) of a team of three ← TRI-＋*juga* 'YOKE, team'〙

trig·a·mist /trígəmɪst | -mɪst/ *n.* 三妻[三夫]を有する人. 〘(1656) ← TRIGAMY＋-IST〙

trig·a·mous /trígəməs/ *adj.* **1** 一夫三妻[一妻三夫]の, 三重婚の (cf. bigamous). **2** 〘植物〙 3 種の花(雄花・雌花および両性花)を有する, 三様花の. 〘(1886) ▭ Gk *trígamos* (↓)〙

trig·a·my /trígəmi/ *n.* 一夫三妻, 一妻三夫; 三重婚 (cf. bigamy). 〘(1615) ▭ LL *trigamia* ▭ Gk *trigamía*: ⇨ tri-, -gamy〙

trig·a·tron /trígətrɑ̀(:)n | -trɒ̀n/ *n.* 〘電子工学〙 トリガトロン《制御用補助電極をもつスイッチ用放電管》. 〘← TRIG(GER)＋-*a*- (連結辞)＋-TRON〙

tri·gem·i·nal /traɪdʒémənl | -mɪ̀-ˈ/ 〘解剖〙 *adj.* **1** 三叉(さ)神経の. **2** 三重の (triple), 三段の: a ～ pulse 三段脈. — *n.* 三叉神経 (trigeminal nerve). 〘(1830) ← NL *trigeminus* (⇨ trigeminus)＋-AL[1]〙

trigéminal nérve *n.* 〘解剖〙 三叉神経 (trigeminal).

trigéminal neurálgia *n.* 〘病理〙 ＝tic douloureux.

tri·gem·i·nus /traɪdʒémənəs | -mɪ̀-ˈ/ *n.* (*pl.* **-i·ni** /-nàɪ/) 〘解剖〙 三叉神経 (trigeminal nerve). 〘((1706)) (1875) ← NL ～ ← TRI-＋L *geminus* born at the same birth〙

trig·ger /trígə | -gə(r)/ *n.* **1** (銃砲の)引き金: pull the ～ (*at* [*on*] …) (…に向けて)引き金を引く, 撃つ (shoot). **2** (事件・行動の)起因, 誘因, 引き金. **3** 制動機, 輪止め装置; 〘海事〙 (進水台の)止め金, トリガー. **4** 〘電子工学〙 トリガー《外部からパルスを加えるとそれに同期してその回路特有の波形を発生する作用; またはそのパルス》. **5** 《口語》 ＝triggerman. **6** 〘魚類〙 ＝triggerfish.

in the dráwing of a trigger たちまち. (1706) ***quick on the trigger*** 《口語》 射撃の速い; 手早い, すばしこい. (1808)

— *vt.* **1** 〈銃〉の引き金を引く, 〈銃を〉発射する; 〈ミサイルなどを〉発射する, 爆発させる: a ～*ing* device (ミサイルなどの)起爆装置. **2** 〈ささいな事が〉〈大きな事を〉誘発する, 触発する (touch off) 〈*off*〉: The incident ～*ed off* the war. その出来事が戦争を誘発した / The landslide was ～*ed* by a heavy rain. がけ崩れは豪雨によって起こった. — *vi.* 引き金を引く.

～ed *adj.* **～·less** *adj.* 〘(1621) *tricker* ▭ Du. *trekker* ← *trekken* to pull: ⇨ trek, -er[1]〙

trígger càtalyst *n.* 〘化学〙 引き金触媒, トリガー触媒.

trígger fìnger *n.* 引き金を引く指; 利き手の人差し指. 〘1829〙

trígger·fìsh *n.* 〘魚類〙 モンガラカワハギ《モンガラカワハギ科の, 骨質の鱗で覆われた魚類の総称》. 〘1849〙

trígger guàrd *n.* 用心鉄《小銃などの引き金を囲む金具》. 〘1859〙

trígger hàir *n.* 触れるとすばやく作動する毛状構造: **1** 〘動物〙 刺針(しん)《刺胞動物の刺細胞の外表面にある毛様突起》. **2** 〘植物〙 感覚毛《ハエジゴク (Venus's-flytrap) の扇形の葉片の内側に生えていて昆虫が触れるとすばやく閉じる》.

trígger-hàppy *adj.* 《口語》 **1** (やたらに銃を)ぶっ放すのが好きな: a ～ detective. **2** 短慮でけんかっ早い, 好戦的な (bellicose): ～ nations. **3** 人のあら探しばかりする, 揚足取りの: ～ critics. 〘1943〙

trígger·man /-mən, -mæ̀n/ *n.* (*pl.* **-men** /-mən, -mɛ̀n/) **1** (銃・ピストルを使う)殺し屋. **2** (ギャングの)ボディガード. 〘1925〙

trígger mèchanism *n.* 引き金機構《ある刺激がきっかけとなって大きな反応が生じる生理的・心理的・過程》.

trígger plànt *n.* 《豪》 〘植物〙 スティリディウム科スティリディウム属 (*Stylidium*) の一年草・多年草《昆虫などがとまった刺激で雄しべが反転して花粉を発射する》.

trígger pòint *n.* **1** 出来事を引き起こす状況, 誘因, 引き金. **2** 〘生理・医学〙 引金点, 発痛点《刺激を受けたときに体の他の部分に反応を引き起こす感覚領域; 特に刺激を受けたときに他の場所に関連痛を引き起こす過敏領域》. 〘1891〙

Tri·glav /trí:glɑ:f, -glɑ:v/ *n.* トリグラーウ《スロヴェニア北西部, イタリアとの国境に近い Julian Alps の最高峰 (2864 m)》.

tri·glot /tráɪglɑ(:)t | -glɒt/ *adj.* 〈書物・文章が〉3 か国語で書かれた. — *n.* 3 か国語の書物, (特に) 3 か国語で書かれた聖書. 〘(1882–83) ← TRI-＋-GLOT: cf. polyglot〙

tri·glýceride *n.* 〘化学〙 トリグリセリド《グリセリンの脂肪酸エステルのうち結合している脂肪酸基が 3 個のものをいう; cf. glyceride》. 〘*c*1860〙

tri·glýcerol *n.* 〘化学〙 トリグリセリン ($C_9H_{20}O_7$)《3 分子のグリセリンがエーテルとして結合したもの; 粘性液体で, ポリエステルの原料》.

tri·glyph /tráɪglɪf | tríg-, tráɪg-/ *n.* 〘建築〙 トリグリフ《ドリス式建築の frieze に, 一定間隔で繰り返される三条の溝のある突起石; またその溝》. **tri·glyph·ic** /traɪglífɪk | traɪ-, trɪ-/ *adj.* **tri·glýph·i·cal** /-fɪkəl, -kl | -fɪ-/ *adj.* 〘(1563) ▭ L *triglyphus* ▭ Gk *tríglúphos* thrice-grooved ← TRI-＋*gluphḗ* carving〙

tri·go /trí:gou | -gəu; *Sp.* tríɣo/ *n.* (*pl.* **～s** /～z; *Sp.* ～s/) 小麦 (wheat). 〘▭ Sp. ～ < L *triticum* wheat ← *terere* to grind〙

tri·gon /tráɪgɑ(:)n | -gən, -gɒn/ *n.* **1** (古代ギリシャの)三角琴. **2** 〘占星〙 **a** ＝trine 3. **b** 三宮 (⇨ triplicity 3). **3** (日時計用の)三角規, 三角板《その落とす影で時を計る》. **4** 《古》 三角形 (triangle). 〘(1563) ▭ L *trigōnum* ▭ Gk *trígōnon* triangle: ⇨ tri-, -gon〙

trigon. 《略》 trigonometric; trigonometrical; trigonometry.

trigona *n.* trigonum の複数形.

trig·o·nal /trígənl/ *adj.* **1** 三角形の: a ～ pyramid [prism] 三方錐(すい)[柱]. **2** 〘結晶〙 三方晶系の《rhombohedral ともいう》. **3** 〘生物〙 切断面が三角形を成す: ～ antennae, stems, etc. **～·ly** *adv.* 〘(1570) ▭ L *trigōnālis*: ⇨ trigon, -al[1]〙

trígonal sýstem *n.* 〘結晶〙 三方晶系.

tri·gone /tráɪgoun | -gəun/ *n.* 〘解剖〙 三角(部)《三角形をした部位[領域]; trigonum ともいう》. 〘(1835–36) ▭ F ～ ▭ L *trigōnum* 'TRIGON'〙

trig·o·neu·tic /trɪ̀gənú:tɪk, -njú:- | -njú:tɪkˈ/ *adj.* 〘昆虫〙 三世代性の《一年に三世代が生じる》. 〘← TRI-＋Gk *goneúein* to beget＋-IC[1]〙

trig·o·nom·e·ter /trɪ̀gənɑ́(:)mətə | -nɒ́mɪtə(r)/ *n.* **1** 直角三角計, トリゴノメーター《器械的に平面三角法の問題を解く器具》. **2** 三角法学者; 三角測量者. 〘(1767) ← TRIGONOMETRY: ⇨ -meter[1]〙

trig·o·no·met·ric /trɪ̀gənoumétrɪk | -nə(ʊ)-ˈ/ *adj.* 〘数学〙 **1** 三角法の. **2** 三角関数の. 〘(1811) ← TRIGONOMETRY＋-IC[1]〙

trìg·o·no·mét·ri·cal /-trɪkəl, -kl | -trɪ-ˈ/ *adj.* 〘数学〙 ＝trigonometric. **～·ly** *adv.* 〘1666〙

trigonométrical idéntity *n.* 〘数学〙 三角恒等式《三角関数の間に成り立つ恒等式; 例えば, $\sin^2 x+\cos^2 x=1$ など》.

trigonométric equátion *n.* 〘数学〙 三角方程式《未知の角の三角比を含む方程式; 例えば $\sin x=1/3$》.

trigonométric fúnction *n.* 〘数学〙 **1** 三角関数《sin, cos, tan など; circular function ともいう》. **2** 三角関数と定数のみから四則によって作られた関数. 〘1909〙

trigonométric séries *n.* 〘数学〙 三角級数《sin *nx*, cos *nx* (*n*=0, 1, 2, …) の定数倍を項とする級数》.

trig·o·nom·e·try /trɪ̀gənɑ́(:)mətri | -nɒ́mɪtri/ *n.* 〘数学〙 三角法《三角比に関する数学的理論およびそれによる解法》. 〘(1614) ← NL *trigōnometria*: ⇨ trigon, -metry〙

trig·o·nous /trígənəs/ *adj.* 〘生物〙 ＝trigonal 3. 〘(1821) ▭ L *trigōnus* triangular ▭ Gk *trígōnos*: ⇨ trigon, -ous〙

tri·go·num /traɪgóunəm | -gə́u-/ *n.* (*pl.* **-go·na** /-nə/, **～s**) 〘解剖〙 ＝trigone. 〘(1879) ← NL *trigōnum*: cf. trigone〙

tríg pòint *n.* ＝triangulation station.

tri·gram /tráɪgræm/ *n.* **1 a** 3 文字の銘. **b** ＝trigraph 2. **2 a** 三つの線[要素]から成る図形. **b** (日本や中国の)八組の卦(け)の一つ《陽と陰を組み合わせる》. 〘1606〙

tri·graph /tráɪgræf | -grɑ̀:f, -græ̀f/ *n.* **1** 〘音声〙 三重音字《schism /sízm/ の sch, beau /bóu | bə́u/ の eau など; cf. digraph》. **2** 三重字《連続する 3 文字から成る文字集合; 例えば the》. **tri·graph·ic** /traɪgræ̀fɪk/ *adj.* 〘1836〙

trig·y·nous /trídʒənəs | -dʒɪ-/ *adj.* 〘植物〙 三雌蕊(ずい)の, 3 本の雌しべを有する. 〘← TRI-＋-GYNOUS〙

tri·hal·o·meth·ane /traɪhæ̀ləméθeɪn | -mí:-/ *n.* 〘化学〙 トリハロメタン (⇨ haloform). 〘⇨ halo-〙

trihedra *n.* trihedron の複数形.

tri·he·dral /traɪhí:drəl | -hí:drəl, -hédrəlˈ/ 〘数学・結晶〙 *adj.* 三面の; 三面体の. — *n.* ＝trihedron. 〘(1789): ⇨ tri- -hedral〙

tríhedral ángle *n.* 〘数学〙 三面角《空間内の頂点を共有する三つの角 ∠AOB, ∠BOC, ∠COA のつくる図形》.

tri·he·dron /traɪhí:drən | -hí:drən, -hédrən/ *n.* (*pl.* **～s, -he·dra** /-drə/) 〘数学・結晶〙 三面体《三つの曲面で囲まれた立体》. 〘(1828) ← NL ～: ⇨ tri-, -hedron〙

tri·hýbrid *n.* 〘生物〙 三遺伝子雑種《3 組の対立遺伝子についてヘテロである個体》. 〘1903〙

tri·hýdrate *n.* 〘化学〙 三水化物《三つの結晶水をもつ水化物》. **tri·hý·drat·ed** /-tɪd | -tɪd/ *adj.* 〘1854〙

tri·hýdric *adj.* 〘化学〙 〈アルコール類・フェノール類が〉 3 個の水酸基をもつ (trihydroxy). 〘1866〙

trì·hydróxy *adj.* 〘化学〙 3 個の水酸基 (OH) をもつ, 三水酸基の. 〘1903〙

trì·iòdo·méthane *n.* 〘化学〙 トリヨードメタン (⇨ iodoform).

trì·iòdo·thý·ro·nine /-θáɪrənì:n, -nɪ̀n | -θáɪ(ə)rənì:n, -nɪn/ *n.* 〘化学〙 トリヨードチロニン ($C_{15}H_{12}I_3NO_4$)《甲状腺および血液中にある; 甲状腺機能不全の治療に用いる》. 〘(1952) ← TRI-＋IODO-＋*thyronine* (⇨ thyro-, -on[1], -ine[3])〙

tri·jet /tráɪdʒèt/ *adj.* 3 基のジェットエンジンのある. — *n.* 三発ジェット機. 〘(1967) ← TRI-＋JET[2]〙

tri·ju·gate /tráɪdʒugèɪt, traɪdʒú:gɪt, -geɪt/ *adj.* 〘植物〙 三対(つい)小葉の. 〘← L *trijugus* threefold＋-ATE[2]〙

tri·ju·gous /tráɪdʒugəs, traɪdʒú:-/ *adj.* 〘植物〙 三小葉の. 〘⇨ ↑, -ous〙

trike[1] /tráɪk/ 《口語》 *n.* 三輪自転車 (tricycle); 三輪車. — *vi.* 三輪自転車に乗る. 〘(1883) (短縮) ← TRICYCLE: cf. bike〙

trike[2] /tráɪk/ *n.* 《口語》 〘化学〙 ＝trichloroethylene.

tri·ke·rion /tri:kérjɑ(:)n | -rjɒn/ *n.* (*pl.* **-ria** /-rjə:/) 〘東方正教会〙 三本立て[三枝]燭台(しょくだい)《三位一体を表象する》. 〘▭ MGk *trikḗrion* ← TRI-＋MGk *kērion* waxcandle, (Gk) honeycomb (← *kērós* bees-wax)〙

tri·lábiate *adj.* 〘生物〙 三つの唇をもった, 三唇(しん)の. 〘1856–58〙

tri·lam·i·nar /traɪlǽmənə | -mɪnə(r)/ *adj.* 三層の. 〘(1889) ← TRI-＋LAMINAR〙

tri·lat·er·al /traɪlǽtərəl, -trəl | -tərəl, -trəlˈ/ 〘数学〙 *adj.* 三辺の, 辺を三つもった. — *n.* 三辺形, 三角形.

tri·lat·er·al·i·ty /traɪlæ̀tərǽləti, -rél- | -tərǽlɪti/ *n.* **～·ly** *adv.* 〘(1660) ← L *trilaterus* three-sided ＋-AL[1]: ⇨ tri-, lateral〙

tri·lat·er·a·tion /traɪlæ̀təréɪʃən | -tə-/ *n.* 〘測量〙 三辺測量(術) (cf. triangulation 1 a). 〘(1948): ⇨ ↑, -ation〙

tril·by /trílbi/ *n.* **1** 《英口語》 フェルト製の中折れ帽の一種 (trilby hat). **2** [通例 *pl.*] 《俗》 足 (feet). 〘(1895) ← *Trilby*: パリ生まれの英国の作家 George du Maurier (1834–96) 作の同名の小説 (1894) の女性主人公; モデルで美しい足をしていた: 1 はこの作品が上演されたとき, この帽子が舞台で用いられたことから〙

Tril·by /trílbi/ *n.* トリルビー《女性名》. 〘↑〙

tri·lem·ma /traɪlémə/ *n.* **1** 三つの方法のうちどれを選ぶべきか決定しにくいような状態, 三者択一の窮地. **2** 〘論理〙 三刀論法 (cf. dilemma, polylemma). **3** 〘経済〙 トリレンマ《不況・インフレ・エネルギー危機による三重苦》. 〘(1672) ← TRI-＋LEMMA[1]: cf. dilemma〙

tri·línear *adj.* 三つの線の[に囲まれた]. 〘1715〙

tri·lin·gual /traɪlíŋgwəl, -gjuəlˈ/ (⇨ lingual ★) *adj.* **1** 三か国語[三言語]を(自由に)話す: a ～ student. **2** 〈書物・辞典など〉三か国語で記述された; 三言語(併用)の: a ～ inscription. — *n.* 三か国語[三言語]を話す人; 三言語併記の碑文. **～·ism** /-lɪ̀zm/ *n.* **～·ly** *adv.* 〘(1834) ← L *trilinguis* (← TRI-＋*lingua* 'TONGUE')＋-AL[1]: cf. bilingual〙

tri·lit·er·al /traɪlítərəl, -trəl | -tərəl, -trəlˈ/ 〘言語〙 *adj.* 〈語など〉 3 字から成る, 3 字を用いる; (特に)〈語根が〉 3 子音から成る: ～ languages 3 子音式言語《セム語のように語根が通例 3 子音字から成る》. — *n.* 3 字から成る語[語根]. 〘(1751) ← TRI-＋LITERAL〙

trì·lít·er·al·ìsm /-lɪ̀zm/ *n.* 〘言語〙 3 子音式, 3 子音法, 3 字語根式《セム語のような》. 〘1841〙

tri·lit·er·al·i·ty /traɪlɪ̀tərǽləti | -tərǽlɪti/ *n.* (語または語根が) 3 字[子音]から成ること. 〘1864〙

tri·lith /tráɪlɪθ/ *n.* 〘考古〙 ＝trilithon. **tri·lith·ic** /traɪlíθɪk/ *adj.* 〘1740〙

tri·lith·on /traɪlíθɑ(:)n, tráɪləθɑ̀(:)n | traɪlíθɒn, tráɪlɪθɒ̀n/ *n.* 〘考古〙 三石塔《直立する両石の上に一石を載せたもの; イングランド Wiltshire 州の Salisbury 平野にある Stonehenge 中最大の巨石記念物; 青銅器時代初期 Wessex 文化のもので, 重さ 50 トン以上の巨石を使用している》. 〘(1847) ▭ Gk *trílithon* (neut.) ← *trílithos* of three stones: ⇨ tri-, -lith〙

trill[1] /tríl/ *vt.* **1** 震え声で歌う, 顫音(せんおん)で奏する 〈*out*〉. **2** 〘音声〙 〈音を〉顫動音[震え音]で発音する. — *vi.* 震え声で歌う, 顫音で奏する; 顫動音の発音をする; 〈鳥がさえずる. — *n.* **1** 震え声, (虫や人の笑い声などの)顫音, (鳥の)さえずり: with a ～ of laughter 震え声で笑いながら. **2** 〘音楽〙 **a** トリル, 顫音. **b** ヴィブラート (vibrato). **3** 〘音声〙 顫動音, 震え音《舌や口蓋垂などの弾力性のある音声器官を数回震わせて作る音; [r] [ʀ] など; cf. flap 9 a》. **～·er** *n.* 〘*v.*: ((1666–67)) ▭ It. *trillare* (擬音) // ▭ ? Du. *trillen* to vibrate. — *n.*: (1649) ▭ It. *trillo* ← (*v.*)〙

trill[1] 2 

T

trill[2] /tríl/ 《古》 *vi.* **1** 回転する, 旋回する (revolve). **2** ちょろちょろ流れる; したたる. — *vt.* ちょろちょろ流す. 〘(*c*1386) *trille*(*n*) to turn, flow ← ? ON (cf. Dan. *trille* to roll): cf. trill[1]〙

trill·er /trílə | -lə(r)/ *n.* **1** trill[1] するもの. **2** 〘鳥類〙 ナキサンショウクイ《オーストラリア・南太平洋産サンショウクイ科, 特にナキサンショウクイ属 (*Lalage*) の鳥》. 〘1873〙

tril·ling /trílɪŋ/ *n.* **1 a** 三つ子の一人 (cf. triplet, twin). **b** [*pl.*] 三つ子. **2** 〘結晶〙 三連双晶 (triple twin ともいう; cf. twin 3). 〘(1846) ← TRI-＋-LING[1]: cf. G *Drilling* triplet〙

Tril·ling /trílɪŋ/, **Lionel** *n.* トリリング《(1905–75; 米国の文芸評論家; *The Liberal Imagination* (1943))》.

tril·lion /tríljən | -ljən, -liən/ *n.* **1** 兆, 10^{12}; 《英古》 百万兆, 10^{18} (⇨ million 表). **2** [しばしば *pl.*] 膨大な数, 無数. — *adj.* trillion の. **tríl·lionth** /～θ/ *n.*, *adj.* 〘(1690) ▭ F ～ ← TRI-＋(*mi*)*llion* 'MILLION': cf. billion〙

tril·li·um /tríliəm/ *n.* 〘植物〙 ユリ科エンレイソウ属 (*Trillium*) の植物の総称《オオバナエンレイソウ (great white trillium) など》. 〘(1760) ← NL ～ ← ? Swed. *trilling* triplet＋-IUM〙

tri·lo·bate /traɪlóubeɪt | -lə́u-/ *adj.* 〘植物〙 〈葉が〉三裂の: a ～ leaf 三裂葉. 〘(1785) ← TRI-＋LOBATE〙

tri·lo·bat·ed /traɪlóubeɪtɪd | -lə́ubeɪtɪd/ *adj.* 〘植物〙 ＝trilobate. 〘1775〙

tri·lo·ba·tion /tràɪloubéɪʃən | -lə(ʊ)-/ *n.* 〘植物〙 (葉の)三裂状. 〘(1872) ← TRI-＋LOBATION〙

tri·lobed /tráɪlòubd | -lə̀ubd/ *adj.* 〘植物〙 ＝trilobate. 〘1826〙

tri·lo·bite /tráɪləbàɪt | -lə(ʊ)-/ *n.* 〘古生物〙 三葉虫《節足動物門に属する古生代の三葉虫類の動物; 古生代の指

準化石として重要). **tri·lo·bit·ic** /tràɪləbíṭɪk | -lə(ʊ)bít-ˊ/ *adj.* 〘(1832) ← NL *trilobītes* ← Gk *trílobos* three-lobed ← TRI-＋*lobós* 'LOBE': ⇨ -ite¹〙

tri·loc·u·lar /traɪlá(ː)kjʊlə | -lɔ́kjʊlə^(r)/ *adj.* 〘生物〙三室の, 三房の. 〘(1753) ← TRI-＋LOCULAR〙

tri·loc·u·late /traɪlá(ː)kjʊlɪ̀t, -lèɪt | -lɔ́k-/ *adj.* ＝trilocular. 〘1891〙

tril·o·gy /trílədʒi/ *n.* **1** (劇·歌劇·小説などの)三部作, 三部劇, 三部曲. **2** 〘ギリシャ劇〙(昔, アテネの Dionysus の祭典で続けて上演された)三悲劇. **3** 三つ組 (triad). **4** 〘医学〙＝triad 5. 〘(1661) □ Gk *trilogía*: ⇨ tri-, -logy〙

trim /trím/ *adj.* (**trim·mer**; **trim·mest**) **1** こぎれいな (spruce), きちんとした, 整った (in good order) (⇨ neat SYN): a ～ girl [villa] こぎれいな少女[別荘] / a ～ lawn 手入れのよい芝生 / a ～ moustache きちんと手入れした口ひげ. **2** やせた, ほっそりとした (slender). **3** 〘古〙立派に整備された: a ～ ship 装備の整った船. **4** 〘廃〙立派な, すてきな (excellent, fine).

— *adv.* [通例, 複合語の第 1 構成素として] こぎれいに, きちんと (trimly): *trim*-kept 手入れの行き届いた.

— *v.* (**trimmed**; **trim·ming**) — *vt.* **1** 刈り込む, 刈り込んできれいに[格好よく]する, (端などを摘(つ)んで)整える, 手入れする: ～ a hedge [turf, beard] 垣根[芝生, あごひげ]を刈り込む / ～ one's nails つめを切り整える / ～ a lamp ランプの芯を切る / he had not so ～*m'd* and dress'd his land As we this garden! おれたちがこの庭の手入れをするようには, お国の手入れをなさらなかったんだ (Shak., *Rich II* 3. 4. 56–57). **2 a** 切り取る, 刈り取る, はさみ取る, 摘み取る (prune, clip) 〈*off, away*〉: ～ *off* dead branches 枯れ枝を払う / Redundant epithets should be ～*med away*. 余計な形容は削除すべきだ. **b** 〈人員·予算を〉削減する: ～ an additional 4,000 employees さらに 4,000 の従業員を削減する / The city ～*med* 255 workers *from* its payroll last year. 市は昨年 255 人の職員を削減した / ～ a budget by 5% 予算を 5% 削る. **3** 〔リボンなどで〕…に飾りを付ける, 装飾する, …にへりを付ける (decorate, fringe) 〔*with*〕: ～ a Christmas tree クリスマスツリーに飾り付けをする / ～ a woman's hat 婦人帽に飾りを付ける / ～ a dress *with* ribbons 服にリボンを付ける. **4** 〘古〙装う, 仕度する (fit up, dress) 〈*up, out*〉: ～ oneself *up* きちんと身仕度する. **5** 〈意見などを〉都合のいいように変える, (事情に応じて)調整する: ～ one's opinions out of expediency 都合次第で意見を変える. **6** 〘口語〙しかる, とがめる (reprove); むち打つ, 打つ (beat); 負かす (defeat): I ～*med* him at chess. 彼をチェスで負かした. **7** 〘口語〙〈人を〉ごまかして金を巻き上げる (cheat): They ～*med* him in a crooked game. いかさま賭博で彼の金を巻き上げた. **8** 〘木工〙(削ったり, かんなをかけたり, 角を落としたりして)…の形を整える, 仕上げをする (smooth, dress): ～ *in* 〈板などを〉形を整えて他の木などへはめ込む. **9** 〘航空〙〈機体〉の釣合いを保つ. **10** 〘海事〙(積荷の具合などで)〈船〉の釣合いをよくする (balance); 〈船〉の船倉内荷繰(に)をする; (風受けのいいように)〈帆·帆桁(ほ)〉を整える (adjust): ～ one's course 帆を整えて進む. **11** 〘古〙〘海事〙(出帆のために)〈船〉を装備する (equip). **12** 〈石炭·貨物などを〉船倉に積む (stow in the hold). **13** 〘劇場〙(天井裏の操作で)〈大道具を〉舞台の適切な場所に降ろす. **14** 〘米〙〈ショーウインドーなど〉に商品を陳列する. **15** 〘廃〙取り付ける, 装備する (equip).

— *vi.* **1** 〈政治家などが〉八方美人主義をとる, どっちつかずにやる, 日和見をする: ～ *between* two parties 二つの党派のいずれにも不即不離の立場を取る. **2** 〘海事〙〈船が〉釣り合う, 釣合いがとれる; 帆[帆桁]を風受けのいいように整える, 適帆する: The boat ～*med* well enough. 船はうまく釣り合っていた.

be trimmed by the héad [***bów***] 〘海事〙〈船が〉表脚(おもて)である (船首の喫水が深い). (1580) ***be trimmed by the stérn*** 〘海事〙〈船が〉艫脚(ともあし)である (船尾の喫水が深い). (1820) ***trím by*** [***on***] ***a wínd*** ⇨ wind¹ 成句. ***trim dówn*** (1) 刈り込む: ～ the hedge *down* 生垣を刈り込む. (2) 切り詰める, 削減する: ～ *down* expenditure 出費を切り詰める. ***trim the*** [***one's***] ***sáils*** (***to the wind***) ⇨ sail *n.* 成句. ***trim úp*** (1) 切って整える: ～ *up* one's beard あごひげを切って整える. (2) ⇨ *vt.* 4.

— *n.* **1** 整っていること, きちんとしていること, 整頓(せいとん)状態 (proper condition, order): *in* (good [proper]) ～ 整って, 具合よく / *into* ～ 適当な状態に / find everything *out of* ～ 何もかも調子[具合]が悪くなっている. **2 a** (スタイルを変えないでする)調髪: give a person a ～ (理髪師が)人の髪を手入れする. **b** 刈り込み; 刈り込んだ物, 切り取った物; (映画フィルムの)カットされた部分. **3 a** 飾り, 装飾 (decoration): the ～ on the dress 洋服の飾り. **b** 〘米〙(店頭や飾り窓の)飾り付け. **4** 準備状態, 用意, 仕度; 服装 (equipment, dress); (健康などの)具合; 気分, 調子; 体重[体調]調節: *in* marching ～ 行進準備が整って / *in* fighting ～ 戦闘準備をして / *in* hunting ～ 狩猟の服装で. **5 a** 〘海事〙(船の)姿勢, 釣合い; 船の首尾喫水の差異; (帆の)風受け具合, 装備; (潜水艦の)浮力状態: *in* sailing ～ 出帆準備が整って / *out of* ～ (船が)片重(かたおも)りで; 不整頓で, 具合悪く. **b** 〘航空〙(飛行中の飛行機の)平衡状態. **6** 〘米〙〘自動車〙内装 (装飾品·座席·床·側壁の内張り·握り手·ハンドル·照明·ひじかけなど). **7** 〘米〙(窓やドアの)額縁; 回り縁. **8** 〘廃〙性質, 様子, 柄(がら), 人柄 (character): I know his ～. 彼の人柄はわかっている.

～·ly *adv.* **～·ness** *n.* 〘(*adj.*: ?c1500; v.: c1513) ← ?: cf. OE *trymman, trymian* to strengthen, arrange, prepare ← *trum* (adj.) firm, active < Gmc **trumaz* ← IE **deru-* to be firm; tree, wood: cf. tree〙

Trim /trím/ *n.* トリム (アイルランド東部 Boyne 川河畔にある町; 国会の議場 (15 世紀まで)や造幣所が置かれたことがある 12 世紀築造の城跡がある).

tri·ma·ran /tráɪmərӕn | ∸∸∸, ∸∸∸́/ *n.* 三胴のいかだ舟; (高速の)三胴船 (cf. catamaran 2). 〘(1949) ← TRI-＋(CATA)MARAN〙

tri·mer /tráɪmə | -mə^(r)/ *n.* 〘化学〙三量体, トリマー. **tri·mer·ic** /traɪmérɪk/ *adj.* 〘(c1930) ← TRI-＋(POLY)MER〙

trim·er·ous /trímərəs/ *adj.* **1** 3 部分から成る[に分かれた]. **2** 〘植物〙〈花が〉各輪生体に三花をもつ (3-merous とも書く; cf. tetramerous). **3** 〘昆虫〙三関節の. 〘(1826) ← NL *trimerus* □ Gk *trimerḗs* made up of three parts: ⇨ tri-, -merous〙

tri·mes·ter /traɪméstə, ∸∸∸ | tràɪméstə^(r), trɪ-/ *n.* **1** 3 か月間. **2** (3 学期制の学校の)一学期. 〘(1821) □ F *trimestre* □ L *trimē(n)stris* of three months ← TRI-＋*mēnsis* month: cf. moon〙

tri·mes·tral /traɪméstrəl | traɪ-, trɪ-/ *adj.* ＝trimestrial. 〘1824〙

tri·mes·tri·al /traɪméstriəl | traɪ-, trɪ-/ *adj.* 3 か月間の; 3 か月ごとに起こる[現れる]. — *n.* 季刊誌. 〘(1693): ⇨ trimester, -al¹〙

tri·me·tal·lic /tràɪmɪ̀tǽlɪk | -mɛ-, -mɪ̀-ˊ/ *adj.* **1** 3 種の金属でできた. **2** 〘彫刻·印刷〙〈彫り版が〉3 層の (銅版の表面にクローム·ステンレスなどの層があり, かつ鋼などで裏打ちされたもの). 〘1887〙

trim·e·ter /trímәṭə | -mɪ̀tə^(r)/ 〘詩学〙 *n.* **1** (英詩の)三歩格(の詩) (1 行 3 詩脚から成る詩行; cf. meter¹ 1 b): iambic ～ 短長[弱強]三歩格 (本来古代ギリシャ詩の対話部分に用いられた形式). **2** (古典詩の)三複詩脚(の詩), 六歩格. — *adj.* (英詩の)三歩格の. 〘(1567) □ L *trimetrus* □ Gk *trímetron*: ⇨ tri-, -meter²〙

tri·meth·a·di·one /traɪmèθədáɪoʊn | -əʊn/ *n.* 〘化学〙トリメタジオン ($C_6H_9NO_3$) (癲癇(てんかん)の治療用). 〘← TRI-＋METH(YL)＋-*a*- (連結辞)＋-DIONE〙

tri·meth·o·prim /traɪméθəprɪm/ *n.* 〘薬学〙トリメトプリム ($C_{14}H_{18}N_4O_3$) (抗菌薬; sulfamethoxazole との合剤 (co-trimoxazole) として用いられる). 〘(1962) ← TRI-＋METHO-＋-*prim* (《短縮·変形》← PYRIMIDINE)〙

tri·mèthyl·amíne *n.* 〘化学〙トリメチルアミン ($(CH_3)_3N$) (魚類臭のある液体; 広く動植物に存在する). 〘(1866) ← TRI-＋METHYL＋AMINE〙

tri·méthylene *n.* 〘化学〙トリメチレン (⇨ cyclopropane).

tri·mèthyl·glýcine *n.* 〘化学〙トリメチルグリシン (⇨ betaine).

tri·met·ric /traɪmétrɪk/ *adj.* (*also* **tri·met·ri·cal** /～/) **1** 〘結晶〙斜方晶系の (orthorhombic). **2** 〘詩学〙三歩格 (trimeter) の[から成る]. 〘(1837) ← TRI-＋Gk *métron* measure＋-IC¹〙

trimétric projéction *n.* 〘数学〙斜方投影[射影].

tri·met·ro·gon /traɪmétrəgɑ̀(ː)n | -gɔ̀n/ *n.* 〘測量〙三角点俯瞰(ふかん)撮影法 (被写地域の真上および等距離に離れた 2 点の上空から同時に撮影する方法). 〘(1943) ← TRI-＋Gk *métron* measure＋-GON〙

tri·mix /tráɪmɪks/ *n.* トライミックス (深海潜水用に開発された呼吸用ガス; 酸素·ヘリウム·窒素の 3 気体よりなる).

trim·mer /trímə | -mə^(r)/ *n.* **1** 刈り込み用道具 (なた·はさみなど); (ろうそく·ランプなどの)芯切り; (写真フィルム·プリントなどの)カッター, トリミングボード: an electric hedge ～ 電動生け垣刈り込み機. **2** 整える人, 整頓(せいとん)者, 手入れ人; 装飾者; (自動車の)内装係. **3** 荷繰(にく)り(機) (船倉内の貨物を都合よく積み直し, 置き換える人または機械). **4** 〘建築〙口際根太(くちぎわねだ); 切根太掛け. **5** (政治的に)無定見な人; 日和見主義者 (timeserver). **6** 〘口語〙しかる人 (scolder). **7** 〘口語〙手ごわい人[もの]. **8** カワカマス釣りに夜間に川に放り込んでおく仕掛け, 置き針. **9** 〘電気〙トリマー (調整のために値を変えることのできる半固定の抵抗やコンデンサー; trimming capacitor ともいう). 〘(1518–19) ← TRIM (v.)＋-ER¹〙

trímmer condénser *n.* 〘電気〙トリマーコンデンサー (小型可変コンデンサー). 〘1930〙

trímmer jòist *n.* 〘建築〙口際根太(くちぎわねだ) (trimmer).

trim·ming /trímɪŋ/ *n.* **1 a** 飾り, 飾り付け, 装飾 (衣服のひだ飾りや縁どり); 飾り物, 装飾品 (garnish): ～*s* of lace レースの飾り / the ～*s* of a Christmas tree クリスマスツリーの飾り付け. **b** (余分な)言葉の飾り, あや. **2** [*pl.*] 〘口語〙(食べ物の)添え物, つま, 付け合わせ (accessories): a leg of mutton and ～*s* 付け合わせを添えた羊肉の脚. **3 a** 整頓, 片付け, こぎれいにすること, 釣合い[具合]よくすること, 加減[調整]すること; 日和見(主義). **b** 〘写真〙トリミング. **4** 手入れ, 刈り込み; [*pl.*] 刈り込んだ物, 切りくず: ～*s* of meat. **5** 〘口語〙しかりつけ, 大目玉; 打ち懲らし (thrashing); 敗北 (defeat): Our team took another ～. わがチームはまた負けた. **6** 〘建築〙枠組の形成. 〘(a1518) ← TRIM (v.)＋-ING¹〙

trímming tàb *n.* 〘航空〙トリムタブ (操縦桿(かん)や踏棒に力を加えないで, つまり手放しでも飛行機が釣合いを保って飛行できるように調節する, 補助翼·方向舵·昇降舵の後縁の修正舵; cf. tab¹ 6). 〘1935〙

trímming tànk *n.* 〘海事〙トリミングタンク (船の喫水傾斜調節のため船首および船尾に設けた水槽). 〘1903〙

trim·na·si·um /trɪmnéɪziəm, -ʒəm | -ziəm/ *n.* 健康·体力の維持·増進のための体育施設. 〘← TRIM＋(GYM)NASIUM〙

tri·mod·al /traɪmóʊdḷ | -məʊd-/ *adj.* 〘統計〙(分布について)三つの並数 (mode) をもつ. **tri·mo·dal·i·ty** /tràɪmoʊdǽləṭi | -mə(ʊ)dǽlɪ̀ti/ *n.* 〘(1927) ← TRI-＋MODAL〙

tri·molécular *adj.* 〘化学〙3 分子の.

tri·month·ly /traɪmʌ́nθli/ *adj.* 3 か月に 1 回の, 3 か月ごとの: a ～ visit. 〘1856〙

Tri·mon·ti·um /traɪmá(ː)nṭiəm, -ʃiəm | -mɔ́ntiəm, -ʃiəm/ *n.* トリモンティウム (Plovdiv のローマ支配時代の名).

tri·morph /tráɪmɔəf | -mɔːf/ *n.* 〘結晶〙同質三形物質; 同質三形の一つ. **tri·mor·phic** /traɪmɔ́əfɪk | -mɔ́ː-ˊ/ *adj.* **tri·mor·phous** /traɪmɔ́əfəs | -mɔ́ː-ˊ/ *adj.* 〘(1909) (逆成) ↓〙

tri·mor·phism /traɪmɔ́əfɪzm | -mɔ́ː-/ *n.* **1** 三形, 三態. **2** 〘結晶〙同質三形. **3** 〘植物〙三様開花, 三形花 (同一種の植物に雄しべや雌しべの長さを異にする花をつけること). **4** 〘動物〙三形性 (同一種の動物に形態や色などの違いが 3 通りあること). 〘(1860) ← Gk *trímorphos* having three forms (⇨ tri-, -morph)＋-ISM〙

tri·mòtor *n.* 〘航空〙**1** 三発機. **2** [T-] トライモーター (Ford 社製のプロペラ三発機). 〘1923〙

tri·mótored *adj.* 〈飛行機が〉3 基の発動機を備えた, 三発の. 〘1927〙

trim·pot /trímpɑ̀(ː)t | -pɔ̀t/ *n.* 〘電子工学〙小型電位差計, トリムポット (抵抗·電圧の微調整に用いられる). 〘← *trim(ming) pot(entiometer)*〙

trím ràil *n.* 〘劇場〙トリムレール (pinrail の下列で, 下に降ろした大道具を固定するのに用いる).

trím sìze *n.* (雑誌·書籍類のページの)仕上げ寸法 (不要なへりなどを裁ち落とした後の大きさ). 〘c1929〙

trím tàb *n.* 〘航空〙＝trimming tab. 〘1944〙

Tri·mur·ti /trɪmúəṭi | -mʊ́əti/ *n.* 〘ヒンズー教〙三神一体 (Brahma (創造者), Vishnu (保持者), Siva (破壊者) を一体にまとめたもの; 彫刻その他で一つの体に三つの頭を付けて表す). 〘(1810) □ Skt *trimūrti* ← *tri* 'THREE'＋*mūrti* shape, body〙

Trin. 〘略〙Trinidad; Trinity.

Tri·na·cri·a /trɪ̀nǽkriə, traɪ-, -néɪk- | trɪ-, traɪ-/ *n.* トリナクリア (Sicily の古名). 〘↓〙

Tri·na·cri·an /trɪ̀nǽkriən, traɪ-, -néɪk- | trɪ-, traɪ-/ *adj.* 〘詩·文語〙シチリアの (Sicilian). 〘(1640) ← L *Trīnacria* Sicily (□ Gk *Trīnakría*)＋-AN¹〙

tri·nal /tráɪnḷ/ *adj.* 三倍の, 三重の (threefold); 三部分から成る. 〘(a1500) □ LL *trīnālis*: ⇨ trine, -al¹〙

tri·na·ry /tráɪnəri/ *adj.* 三部分から成る; 三つずつ生じる[出る] (ternary). — *n.* 三つ組, 三人組. 〘(1474) □ LL *trīnārius*: ⇨ trine, -ary〙

Trin·co·ma·lee /trɪ̀ŋkəməlíː, -koʊ- | -kə(ʊ)-/ *n.* トリンコマリー (スリランカ北東部, Bay of Trincomalee に面した港; 1957 年まで英国の海軍基地).

trin·dle /tríndḷ/ *n.* **1** 〘製本〙トリンドル (音叉(おんさ)状の金具で, 前小口を切りそろえる際に背と板紙との間にさし込む). **2** 〘英方言〙円いもの, (特に, 手押し一輪車の)車輪. **3** 〘廃〙渦巻型の小ろうそく. — 〘廃·方言〙 *vt.* 〈車輪などを〉回す, 転がす. — *vi.* 〈車輪などが〉回る, 転がる. 〘(c1343) *trindel* < OE *tryndel, trendel* circle, ring ← Gmc **trend*- 'to TREND': cf. trundle〙

trine /tráɪn/ *adj.* **1** 三重の, 三層の, 三倍の (threefold). **2** 〘占星〙三分一対座の (120 度の距離を保つことにいう). — *n.* **1** 三つ組, 三つぞろい (trio, triad); 三つどもえ. **2** [the T-] 三位一体 (the Trinity). **3** 〘占星〙三分一対座 (惑星が互いに 120 度隔たる位置にあること): be in ～ to … と三分一対座にある. **4** [*pl.*] 三つ子 (triplets). 〘(c1380) □ OF ～ < L *trīnum* threefold ← *trīni* three each ← *trēs* 'THREE'〙

tríne aspérsion [**immérsion**] *n.* 〘キリスト教〙三回注水 (父と子と聖霊の名で 3 度水を注ぐ洗礼). 〘1637〙

trin·gle /tríŋgḷ/ *n.* **1** (カーテン·寝台天蓋(てんがい) (canopy) の)横木, 支え棒, 張桿(かん). **2** 〘建築〙角縁形(かどふちがた), 平縁(ひらぶち). **3** 〘砲術〙反動止め (砲座の端に付けた木片). 〘(1696) □ F ～ (変形) ← OF *tingle* □ MDu. *tingel* prop〙

Trin·i /tríni/ *n.* 〘カリブ〙トリニダード (Trinidad) 人. 〘略〙← TRINIDADIAN〙

Trin·i·dad /trínədæ̀d, ∸∸∸́ | -nɪ̀-/ *n.* トリニダード島 (⇨ Trinidad and Tobago). **Trìn·i·dá·di·an** /-dǽdiən, -déɪ- | -diən-ˊ/ *adj., n.*

Trínidad and Tobágo *n.* トリニダードトバゴ (南米ベネズエラ北東沖, 西インド諸島 (West Indies) にある英連邦内の共和国; Trinidad 島 (面積 4,828 km²) および Tobago 島 (300 km²) から成る; もと西インド諸島連邦 (Federation of the West Indies) の一部であったが, 1962 年独立, 1976 年共和制に移行; 面積 5,128 km², 首都 Port-of-Spain; 公式名 the Republic of Trinidad and Tobago).

Trí·nil màn /tríːnɪ̀l-, -nḷ-/ *n.* ＝Java man. 〘*trinil*: Java 島中部 Solo 川沿いの村の名から: そこで 1891 年に頭蓋骨が発見された〙

Trin·i·tar·i·an /trɪ̀nətɛ́əriən | -nɪ̀tɛ́ər-ˊ/ *adj.* **1** 三位一体の, 三位一体説の (cf. anti-Trinitarian). **2** 三位一体を信じる. **3** 三位一体(修道)会の[に属する]. **4** [t-] 三者一体の, 三重の, 三倍の (threefold, triple). — *n.* **1** 三位一体信者[論者], 三一神論者. **2** 三位一体(修道)会, 贖虜(しょくりょ)会 (Order of the Holy Trinity) の修道士 (この修道会は最初, 異教徒に捕えられたキリスト教徒をあがない戻す目的で 1198 年に創立された). 〘(1565) ← NL *trinitārius* (← (L)L *trīnitās* 'TRINITY')＋-IAN〙

Trìn·i·tár·i·an·ìsm /-nìzm/ *n.* 〘キリスト教〙三位一体の教理, 三位一体論, 三一神論. 〘(1775): ⇨ -ism〙

trì·nitramíne *n.* 〘化学〙トリニトロアミン (1 分子中に 3 個のニトロアミン基をもつ化合物の総称).

tri·nítrate *n.* 〘化学〙トリニトラート (1 分子中に 3 個の

NO_3– 基を含む硝酸エステル). 〖1868〗

tri·ni·tro- /traɪnáɪtroʊ | -trəʊ/「3 個のニトロ基をもつ」の意の連結形: *trinitro*cellulose. 〖← TRI-＋NITRO-〗

trinìtro·bénzene *n.*〘化学〙トリニトロベンゼン ($C_6H_3(NO_2)_3$)《1,2,3-, 1,2,4-, 1,3,5- などの異性体がある; 爆薬の一種》.

trinìtro·crésol *n.*〘化学〙トリニトロクレゾール ($CH_3C_6H(OH)(NO_2)_3$)《高性能爆薬に用いられる》.

trinìtro·glýcerin *n.* ＝nitroglycerin.

trinìtro·phénol *n.*〘化学〙＝picric acid.

trinìtro·phényl·mèthyl·nitramíne *n.*〘化学〙⇨ tetryl.

trinìtro·tóluene *n.*〘化学〙トリニトロトルエン ($CH_3C_6H_2(NO_2)_3$)《異性体があるが, 2,4,6-トリニトロトルエンは近代戦で用いる高性能爆薬; 略 TNT; trinitrotoluol, methyltrinitrobenzene ともいう; cf. nitrotoluene》. 〖*c*1900〗

trinìtro·tóluol *n.*《俗用》＝trinitrotoluene.

Trin·i·ty[1] /trínəṭi | -nɪ̀ti/ *n.* **1** [the ～]〘神学〙三位一体, 三一神《父なる神・子なる神・聖霊を一体として見ること; the Holy Trinity または the Blessed Trinity ともいう; cf. quaternity 2, Modalism, person 9》; 三位一体説. **2**〘美術〙三位一体の象徴. **3** ＝Trinity Sunday. **4** [t-] 3 個であること; 3 部から成るもの, 三つ揃い, 三拍子, 三幅対(ﾂｲ) (trine, trio). **5**《喫煙者の用いる》3 部分から成るパイプ掃除器. 〖(?*a*1200) □ (O)F *trinité* □ LL *trīnitātem* trinity《(なぞり) ← Gk *triás* 'TRIAD'》← L *trīnus* 'TRINE': ⇨ -ity〗

Trin·i·ty[2] /trínəṭi | -nɪ̀ti/ *n.* [the ～] トリニティ(川)《米国 Texas 州東部を南東に流れ, Trinity 湾へ注ぐ (579 km)》.

Trínity Bréthren *n. pl.* Trinity House の会員. 〖1860〗

Trínity Cóllege *n.* **1** Oxford 大学の学寮の一つ; 1555 年創立. **2** Cambridge 大学の学寮の一つ; 1546 年創立. **3** Dublin にあるアイルランド最古の大学; 1591 年創立; 1903 年より共学; 別名 University of Dublin.

Trínity Hóuse *n.* トリニティハウス, 水先案内協会《1514 年英国に設立された団体; 灯台・航路標識の建設および水先案内の試験などの管理を行う; 本部はロンドンにある》.

trínity lìly *n.*〘植物〙＝great white trillium.

Trínity síttings *n. pl.*〘英法〙＝Trinity term 2.

Trínity Súnday *n.* 三位一体主日, 三位一体の祝日《聖霊降臨祭日 (Whitsunday) の次の日曜日; 復活祭 (Easter) 後第 8 日曜日》. 〖1426–27〗

Trínity tèrm *n.* **1**〘英大学〙(Oxford, Cambridge その他の大学の)夏学期, 第三学期《4 月中旬から 6 月中旬ごろまで; cf. Easter term 2, Hilary term 2, Michaelmas term 2》. **2**〘英法〙高等法院第四開廷期《Trinity sittings ともいう》. 〖1540〗

Trínity·tìde *n.* 三位一体節《Trinity Sunday から待降節 (Advent) までの間》. 〖1511〗

trin·ket /tríŋkɪ̀t | -kɪt/ *n.* **1** 小さな飾り物, 小間物《宝石・指輪, 小さな金銀の飾り物など》. **2** つまらない[くだらない]物 (trifle). — *vi.* 策動する, たくらみをする. 〖(*a*1533)《変形》? ← ME **trenket* small knife □ ONF *trenquet* (F *tranchet*) knife ← OF *trenchier* to cut: cf. trench〗

trín·ket·er /-ṭə | -tə$^{(r)}$/ *n.* 腹黒い人, 策謀家. 〖(1651): ⇨ ↑, -er[1]〗

trin·ket·ry /tríŋkɪ̀tri | -kɪtri/ *n.* [集合的] 小飾り物, 小間物類; くだらない物. 〖(1810): ⇨ trinket (n.), -ry〗

trínket sèt *n.* トリンケットセット《小間物を入れる数個の皿から成る卓上装飾品》.

trin·kums /tríŋkəmz/ *n. pl.* 安っぽい装身具類 (trinkets). 〖(1667)《変形》← ? TRINKET〗

trin·oc·u·lar /traɪnɑ́(ː)kjʊlə | -nɔ́kjʊlə$^{(r)}$/ *adj.*〘光学〙三眼の: a ～ microscope 三眼顕微鏡《二つの接眼レンズの他に写真撮影用のレンズを備えた顕微鏡》. 〖(1960)《変形》←《古形》*triocular* ← TRI-＋OCULAR: *-n-* は BINOCULAR からの連想〗

tri·nod·al /traɪnóʊdḷ | -nə́ʊdḷ/ *adj.*〘解剖・植物〙三節の. 〖(1656) ← L *trinōdis* having three knots (← TRI-＋*nōdus* 'NODE')＋-AL[1]〗

tri·no·men /traɪnóʊmən | -nə́ʊmɛn/ *n.*〘生物〙＝trinomial 2. 〖← TRI-＋L *nōmen* 'NAME'〗

tri·no·mi·al /traɪnóʊmiəl | -nə́ʊ-/ *adj.* **1**〘数学〙三項の, 三項式の: a ～ expression 三項式. **2**〘生物〙三名法の《動植物の学名で属名・種名・亜種名の三つを用いる; cf. binomial》: the ～ system 三名法. — *n.* **1**〘数学〙三項式. **2**〘生物〙三名法. 〖(1674) ← TRI-＋(BI)NOMIAL〗

tri·nó·mi·al·ism /-lìzm/ *n.*〘生物〙《属名・種名・亜種名の》三名法. 〖(1884): ⇨ -ism〗

trì·nóminal *adj.* ＝trinomial. **～·ly** *adv.* 〖(1674) ← TRI-＋NOMINAL: cf. trinomial〗

trì·núcleotide *n.*〘生化学〙三ヌクレオチド《ヌクレオチドが三つ結合したもの; 遺伝コードとなる》. 〖1918〗

tri·o /tríːoʊ | tríːəʊ; *It.* tríːo/ *n.* (*pl.* ～s) **1**〘音楽〙三重奏[唱]曲; 三重奏[唱](団), トリオ (cf. solo);《メヌエット・スケルツォ・マーチなどの》中間部《17 世紀には中間部が 3 声部で書かれたことに由来する》. **2** 三つ組, 3 人組, 三つぞろい, 三幅対(ﾂｲ): the scenic ～ of Japan 日本三景. **3**〘トランプ〙(piquet で) キング・クイーン・ジャック・エースの各 3 枚そろい. 〖(1724) □ F ～ // □ It. ～ ← L *trēs* 'THREE'〗

tri·ode /tráɪoʊd | -əʊd/ *n.*〘電子工学〙三極(真空)管, 三端子素子. — *adj.*《真空管が》三極の, 三端子の. 〖(1886) ← TRI-＋-ODE[2]〗

tri·oe·cious /traɪíːʃəs/ *adj.*〘植物〙雌雄雑株の, 雌雄・両性花を異株に生じる, 三性花異株の. **～·ly** *adv.* 〖(1860) ← NL *trioecia* (← TRI-＋Gk *oîkos* house)＋-OUS〗

tri·ol /tráɪɔ(ː)l | -ɔl/ *n.*〘化学〙トリオール《3 個の水酸基 (OH) を有する化合物》. 〖(1936) ← TRI-＋-OL[1]〗

tri·ole /tríoʊl, tráɪ- | -əʊl/ *n.*〘音楽〙三連(音)符 (triplet). 〖(1880) (dim.) ← TRIO: ⇨ -ole[2]〗

tri·ólein *n.*〘化学〙トリオレイン (⇨ olein 1). 〖(1855) ← TRI-＋OLEIN〗

tri·o·let /tríːəlɪ̀t, tráɪ- | -ə(ʊ)-; *F.* tʀiɔlɛ/ *n.*〘詩学〙トリオレ《フランス起源の 8 行短詩で, a b a a a b a b と押韻し, かつ第 1 行は第 4 行と第 7 行にそのまま繰り返され, 第 2 行は第 8 行にそのまま繰り返される》. 〖(1651) □ F ～: ⇨ trio, -let〗

Tri·o·nal /tráɪənḷ/ *n.*〘商標〙トリオナール《sulfonethylmethane の商品名; 催眠剤》. 〖(1889) ← TRI- (ethyl 基 3 個をもつため)＋(SULPH)ONAL〗

Tri·o·nes /traɪóʊniːz | -ə́ʊ-/ *n. pl.*〘天文〙北斗七星 (⇨ dipper 5 a). 〖(1594) □ L *triōnēs* plowing oxen〗

tri·or /tráɪə | tráɪə$^{(r)}$/ *n.*〘法律〙＝trier 4. 〖1539〗

tri·ose /tráɪoʊs, -oʊz | -əʊs, -əʊz/ *n.*〘化学〙トリオース, 三炭糖 ($C_3H_6O_3$)《炭素原子 3 個を有する単糖類》. 〖(1894) ← TRI-＋-OSE[2]〗

trío sonáta *n.* トリオソナタ《バロック時代の重要な器楽曲形式; 3 声部から成り, 二つの旋律楽器と通奏低音楽器で演奏される; cf. trio 1》.

tri·ox·an /traɪɑ́ksæn, -sən, -sn̩ | -ɔ́k-/ *n.*《英》〘化学〙＝trioxane. 〖1915〗

tri·ox·ane /traɪɑ́(ː)kseɪn | -ɔ́k-/ *n.*〘化学〙トリオキサン ($(CH_2O)_3$)《ホルムアルデヒドの三重合体, 環状エーテル; trioxymethylene ともいう》. 〖(1919) ← TRI-＋OXA-＋(CYCLOHEXA)NE〗

tri·óxide *n.*〘化学〙三酸化物《三酸化クロム (CrO_3) のように酸素と他の元素との原子比が 3:1 であるもの》. 〖(1868) ← TRI-＋OXIDE〗

tri·òxy·méthylene *n.*〘化学〙トリオキシメチレン (⇨ trioxane). 〖(1880) ← TRI-＋OXY-[1]＋METHYLENE〗

trip[1] /tríp/ *v.* (**tripped; trip·ping**) — *vi.* **1 a** 速く軽快な足取りで歩く, ちょこちょこ歩く, 軽く歩く: ～ *about* ちょこちょこ歩き回る / The children came ～*ping down* the path to meet me. 子供たちが私を出迎えに小道をちょこちょこ走って来た. **b**《古》軽い足取りで踊る (skip, dance). **c**《詩句が》軽快である. **2** つまずく, よろける (stumble): ～ *over* a stool [on a stone] 床几に[石に]つまずく / He ～*ped* and fell down [over]. つまずいて倒れた. **3**《俗》(LSD などによる)幻覚体験をする, トリップする《*out*》. **4** 過ちを犯す, 過失[失錯]をする, 失態を演じる (slip, err): catch a person ～*ping* 人の揚げ足を取る, 人の落ち度を見つける. **5**《舌が》言いよどむ, 詰まる, 口ごもる: He drank till his tongue ～*ped*. ろれつが回らなくなるまで飲んだ. **6** 傾く, かしぐ (tilt up). **7** 旅行をする: ～ *to* Paris / ～ for health 保養のために旅行する. **8**〘海事〙**a**《縦帆の下ぶちの円材が》(帆走中)波に突っ込む. **b**《竜骨と副竜骨の間の肋板 (floor) が》垂直でなくなりひん曲がる. **9**〘時計〙トリップする《脱進機が過度の衝撃を受け, そのためがんぎ車の歯がつめの間を一度に 2 歯通り抜けてしまう》.

— *vt.* **1 a**《床・地面などを》踏んで踊る: ～ the green 緑地を踏んで踊る. **b**《踊りを》軽快な足取りで踊る: ～ the light fantastic 踊る (cf. Milton, *L'Allegro* 33). **2** つまずかせる, よろめかせる《*up*》: ～ (*up*) a person 人をつまずかせる. **3** 失錯[失敗]させる; …の揚げ足を取る: He can ～ me in anything. 何かにつけて揚げ足を取る. **4** 傾ける, かしげる (tip, tilt). **5**〘機械〙《機械の止め具を》はずす (release) / ～ a switch スイッチ[電気]を切る. **6**〘海事〙**a** (降ろすに先立ち)《帆桁(ﾎｹﾞﾀ)を》傾ける;《上方のマストを》降ろすときその根もとの栓(ｾﾝ)を抜くためちょっと上げる. **b**《錨(ｲｶﾘ)を》(引いて海底から)離す. **7** (切り目にくさびを打ち込んで)《木を》倒す (wedge).

trip it (1)《古》踊る. (2) 軽快な足取りで歩く: I ～*ped it* down to my office. 事務所まで軽快な足取りで歩いて行った. (3) 小旅行に出かける. ***tríp óut*** (*vt.*) trip switch で《電気を》切る,《機械を》止める. (*vi.*)《電気が》切れる,《機械が》止まる. ***tríp úp*** (*vi.*) (1) つまずく: He ～*ped up on* a stone. 石につまずいた. (2) 誤る, しくじる: He ～*ped up on* his returns. 彼は納税申告でしくじった. (*vt.*) (1) つまずかせる,《人》の足をさらう (cf. *vt.* 2). (2)《人》の揚げ足を取る, …の落度を見つける, …の過ちを見つける: Wrong-doing ～*s* itself *up*. 非行はおのずと見つかるものだ / The tax inspector ～*ped* him *up*. 税査察官は彼の過ちを見つけた.

— *n.* **1 a** (短い)旅行, 船旅, 航海 (journey, voyage): a cheap ～ 遠足 / a bus ～ バス旅行 / make [take, go on] a ～ *to* …へ旅行する / a ～ *to* the moon 月旅行 / a ～ *on* the continent 大陸旅行 / a ～ *around* the world 世界一周旅行 / He is away on a business ～. 商用旅行で留守だ / ⇨ round trip, round-trip. **b** (用向きの)外出, ひと走り; 通勤; 訪問: a daily ～ *to* one's office 毎日の通勤. **2** ちょこちょこ歩き, 軽快な足取り (nimble step): I know her by her ～. 軽快な足取りで彼女だとわかる. **3**《俗》**a** (LSD などによる)幻覚体験, トリップ: be on [have] a bad ～ ひどい幻覚状態でいる[になる]. **b** (一般に)刺激的な体験. **c** 妄想などに一時的に取りつかれた行動[精神状態]. **4** つまずき (stumble): have [take] a (nasty [bad]) ～ つまずく. **5 a** 足すくい; 揚げ足取り (cf. Shak., *Twel N* 5. 1. 167). **b**〘レスリング〙足すくい, けさし. **6** 過ち, 間違い, 失錯, 失態 (error, blunder); 言いそこない, 失言 (slip of the tongue). **7** (漁船の)一航海;《米》一航海の漁獲高. **8** トリップ: **a**〘機械〙はずし装置, 掛けはずし子(ｺ). **b**〘時計〙がんぎ車の歯が脱進機のつめを通り越す誤動作. **9**〘海事〙上手回し (tack); 上手回しをして次にするまで進む距離. **10**《米俗》捕縛 (arrest); (他刑務所への犯人の)移送.

〖v.: (*c*1380) □ OF *trip(p)er* to dance □ MDu. *trippen* (Du. *trippelen*) to trample: cf. LG *trippen* to trample / OE *treppan* to tread / trap[1]. — n.: (*a*1420) ← (v.)〗

SYN 旅行: **trip** ある場所への観光またはビジネスの旅行《一般的な語》: a *trip* to California カリフォルニアへの旅行. **journey** ある場所への比較的長い旅行《帰路は含意しない》: make a *journey* to Mexico メキシコへ旅行する. **voyage** 通例長い船旅: a *voyage* to America アメリカへの渡航. **tour** 周遊して出発点に戻る旅行で観光・視察などの目的のもの: a round-the-world *tour* 世界一周旅行. **travel** 行先や帰路よりも移動に重点を置く語《動詞としては一般的だが, 名詞としては修飾語句を伴ったり, 複合語として用いられるのが普通; また travels という複数形はかなり長い旅行を意味する》: *travel* by air 空の旅 / space *travel* 宇宙旅行 / set out on one's *travels* 旅に出かける. **excursion** 集団で行くレクリエーションなどのための短い旅行: go on a day *excursion* to the lake 湖への日帰り旅行をする.

---

trip[2] /tríp/ *n.*《英方言》(家畜や鳥の)小集団 (small flock). 〖(*c*1305) ← ? troop〗

TRIP /tríp/ *adj.* (クローム・モリブデン・ニッケル・炭素を含む) 高強度高延性特殊鋼の. 〖《頭字語》← *tr(ansformation)-i(nduced) p(lasticity)*〗

tri·pack /tráɪpæk/ *n.*〘写真〙トライパック《感色性の異なる 3 種のフィルムを重ねたカラーフィルム; 1 回の露光で 3 色分解撮影をして, カラー写真を作る; cf. bipack》. 〖(1911) ← TRI-＋PACK[1]〗

tri·pálmitin *n.*〘化学〙トリパルミチン ($C_3H_5(OOCC_{15}H_{31})_3$)《グリセリンのトリパルミチン酸エステル; 牛脂・やし油などに含まれる結晶性の脂肪》. 〖(1855) ← TRI-＋PALMITIN〗

trí·pàrt *adj.* ＝triparted. 〖(1592) ← TRI-＋PART〗

tri·part·ed /traɪpɑ́əṭɪ̀d | -pɑ́ːt-/ *adj.* 三つ(の部分)に分かれた. 〖(1424) ← L *tripartītus* (↓)＋-ED〗

tripárted and frétted〘紋章〙《十字架が》縦横 3 本ずつの腕木が交互に交差している.

tri·par·tite /tràɪpɑ́əṭaɪt | -pɑ́ː-ˊ/ *adj.* **1** 3 部分に分かれた[から成る]: a ～ division 三分割. **2** 3 者間の, 3 者の間で締結した: a ～ treaty [conference] 三国条約[会議]. **3**〘法律〙同文 3 通の (cf. bipartite 1 b): a ～ indenture 3 通作成の契約書. **4**〘植物〙《葉が》三深裂の (cf. bipartite 3). **5**〘紋章〙《盾形が》異なる色で三等分された.

tripártite and frétty〘紋章〙＝TRIPARTED and fretted.

— *n.* 三部から成る書物[文書, 論文].

～·ly *adv.* 〖(?*a*1425) □ L *tripartītus* divided into three parts: ⇨ tri-, partite〗

tripártite sỳstem *n.* 三系列制度《中等教育 (secondary education) を grammar school, secondary modern school, secondary technical school に三分割する教育制度》.

trì·partítion *n.* 三分, 三分割. 〖(1652): ⇨ tripartite, -tion〗

trip·cock /trípkɑ̀(ː)k | -kɔ̀k/ *n.*〘鉄道〙トリップコック, 自動停車装置《信号機に取り付ける装置で, 危険の際信号機を通過する列車に自動的にブレーキをかける装置》. 〖1906〗

tríp còil *n.*〘電気〙＝tripping coil. 〖1903〗

tríp compùter *n.*〘自動車〙トリップコンピューター《電子走行距離計; 燃費表示などの機能が付いている》.

tríp·dìal *n.* トリップダイヤル《そのつど距離数が記録される走行計》. 〖1907〗

tripe /tráɪp/ *n.* **1 a** トライプ《反芻(ﾊﾝｽｳ)動物, 特に牛の第一胃と第二胃, すなわち食用となる部分; 第一胃の胃袋を plain tripe, はちの巣状の第二胃の胃袋を honeycomb tripe という》. **b** [*pl.*]《古・口語》臓腑 (entrails). **2**《口語》つまらない物, 貧弱な物, (文芸の)駄作. **trip·ey** /tráɪpi/ *adj.* 〖(?*a*1300) □ (O)F ～ □ ? Arab. *tharb* fold of a piece of cloth〗

tri·pe·dal /tráɪpèdḷ | -dḷ/ *adj.* 3 足の, 3 本足の. 〖(1623) □ L *tripedālis*: ⇨ tri-, pedal〗

tripe-de-roche /tríːpdəróʊʃ | -rɔ́ʃ; *F.* tʀipdəʀɔʃ/ *n.*〘植物〙＝rock tripe. 〖(1809) □ F ～ 'rock tripe'〗

tri·pel·en·na·mine /tràɪpəlénəmìːn, -mɪ̀n | -mɪn, -mɪn/ *n.*〘薬学〙トリペレナミン ($C_{16}H_{21}N_3$)《抗ヒスタミン物質; アレルギー性疾患の治療に用いる》. 〖(1947) ← TRI-＋P(YRIDINE)＋E(THY)LEN(EDI)AMINE〗

trípe·man /-mən/ *n.* (*pl.* **-men** /-mən, -mèn/) 牛の胃袋の呼び売り商人. 〖1621〗

tri·pénnate *adj.*〘植物〙＝tripinnate. 〖1828〗

tri·pérsonal *adj.* [時に T-]《神性が》三位の. 〖(1641) ← TRI-＋PERSONAL〗

trì·personálity *n.* [しばしば T-] (神の)三位(格)性《神性が三位格から成る[で存在する]こと》. 〖(1673): ⇨ ↑, -ity〗

trì·pétalous *adj.*〘植物〙三花弁の. 〖(1830) ← TRI-＋PETAL＋-OUS〗

trípe-vìsaged *adj.*《Shak》(牛の胃袋のような)締まりのない[ふやけた]顔をした. 〖1598〗

tríp gèar *n.*〘機械〙引きはずし装置. 〖1891〗

tríp·hàmmer *n.*〘機械〙はねハンマー. — *adj.* [限定的] (はねハンマーのように)矢継ぎ早の, 息もつかせぬ: ～ questioning 矢継ぎ早の質問. 〖1781〗

trì·phènyl·amíne *n.*〘化学〙トリフェニルアミン ($(C_6H_5)_3N$)《芳香族塩基の一種》. 〖1858〗

T

trì·phènyl·méthane *n.* 〘化学〙トリフェニルメタン ($(C_6H_5)_3CH$)《染料の原料》. 〚*c*1885〛

triphenylméthane dýe [cólor] *n.* 〘染色〙トリフェニルメタン染料《絹の染色や雑貨の着色に用いる塩素性染料》. 〚*c*1885〛

trì·phènyl·méthyl *n.* 〘化学〙トリフェニルメチル ($C(C_6H_5)_3$)《有機の基; 遊離状態でも安定》.

triphényl phósphate *n.* 〘化学〙リン酸トリフェニル ($(C_6H_5)_3PO_4$)《白色の結晶; ニトロセルロース・アセチルセルロースなどの可塑剤》.

tri·phib·i·an /traɪfíbiən⁻/ *adj.* 〘軍事〙 **1** 陸・海・空いずれの戦いにも強い. 《英国首相 W. Churchill の用語 (1943) から》 **2** =triphibious 1. **3** 〈飛行機が〉万能離着陸の, 陸上・水上・氷雪上のいずれからでも行動[発進]できる. **—** *n.* **1** 陸・海・空のいずれの戦闘にも巧みな指揮官. **2** 水陸ならびに氷雪上兼用飛行機, 万能離着陸機. 〚《1935》← TRI-+(AM)PHIBIAN〛

tri·phib·i·ous /tràɪfíbiəs⁻/ *adj.* **1** 陸・海・空三軍部隊を用いる《しばしば空挺部隊も含む》, 陸・海・空統合[合同]作戦の: a ~ attack. **2** =triphibian 1. 〚《1941》← TRI-+(AM)PHIBIOUS: 英国の政治家 Leslie Hore-Belisha (1893–1957) の造語 (1941)〛

tríp hòp *n.* 〘音楽〙トリップホップ《ヒップホップをベースにテクノ・ダブの要素を取り入れ, サンプリングを用いた重いリズムを特徴とする音楽; 英国 Bristol 発祥といわれる》.

trì·phósphate *n.* 〘化学〙三リン酸塩 ($P_3O_{10}^{5-}$ を含むリン酸塩). 〚*c*1826〛

trì·phòspho·pýridine núcleotide *n.* 〘生化学〙トリホスホピリジンヌクレオチド ($C_{21}H_{28}N_7O_{17}P_3$)《生体組織に広く分布している補酵素; 略 TPN; coenzyme II, nicotinamide-adenine dinucleotide phosphate ともいう》. 〚1937〛

triph·thong /tríf θɔ(ː)ŋ, tríp-, -θɑ(ː)ŋ | -θɒŋ/ *n.* **1** 〘音声〙三重母音《日本語の「わいわい」の /wai/ や英語の pure の /juə | juə/ など; fire における /aɪə | aɪə/, や power における /aʊə | aʊə/ は三重母音とされることもあるが, 音声学的には 2 音節を成すことが多い; cf. diphthong, monophthong》. **2** 《俗用》=trigraph. 〚《1599》← TRI-+(DI)PHTHONG〛

triph·thong·al /trɪfθɔ́(ː)ŋ(g)əl, trɪp-, -θɑ́(ː)ŋ-, -gl | -θɒ́ŋ-⁻/ *adj.* 〘音声〙三重母音(性)の. **~·ly** *adv.* 〚《1748》: ⇨ -al¹〛

triph·thong·i·za·tion /trìfθɔ(ː)ŋ(g)ɪzéɪʃən, trìp-, -θɑ(ː)ŋ(g)- | -θɒŋ(g)aɪ-, -ŋ(g)ɪ-/ *n.* (単母音や二重母音の)三重母音(性)化.

triph·thong·ize /tríf θɔ(ː)ŋ(g)àɪz, tríp-, -θɑ(ː)ŋ(g)- | -θɒŋ(g)-/ *vt.* 〘音声〙〈単母音・二重母音を〉三重母音(性)化する.

triph·y·line /trífəliːn, -lɪn | -fɪliːn, -lɪn/ *n.* =triphylite. 〚《1836》□ G *Triphylin* ← TRI-+PHYLO-+-IN²〛

triph·y·lite /trífəlàɪt | -fɪ-/ *n.* 〘鉱物〙トリフィライト, 三リン石 (Li(Fe, Mn)(PO_4)). 〚《1868》: ⇨ ↑, -ite¹〛

tri·phyl·lous /traɪfíləs⁻/ *adj.* 〘植物〙三葉の. 〚《1760》← TRI-+PHYLLOUS〛

tri·pin·nate /traɪpíneɪt, -nɪt/ *adj.* 〘植物〙〈葉が〉三回羽状の: a ~ leaf 三回羽状複葉. **~·ly** *adv.* 〚《1760》← TRI-+PINNATE〛

tri·pin·nat·ed /traɪpíneɪtɪd | -tɪd/ *adj.* 〘植物〙=tripinnate. 〚《1876》: ⇨ ↑, -ed 2〛

tri·pit·a·ka, T- /trɪpítəkə | trɪpitáːkə/ *n.* 〘仏教〙三蔵《仏教の聖典を経蔵・律蔵・論蔵の 3 種に分類したときの総称》. 〚□ Skt *tripiṭaka* ← *tri* 'THREE'+*piṭaka* collection of writing, box〛

tripl. 《略》 triplicate.

tripl- /trɪpl/ (母音の前にくるときの) triplo- の異形: *tripl*oid, *tripl*opia.

tri·plane /tráɪplèɪn/ *n.* (初期の)三葉(飛行)機 (cf. biplane, monoplane). 〚1909〛

tri·ple /trípl/ *adj.* **1** 3つの部分から成る; 3 部の, 三重の (threefold) (cf. single, double): a ~ mirror 三面鏡 / a ~ window 三重窓 / a ~ killing 三重殺人 / a ~ steal 〘野球〙トリプルスチール, 三重盗 (cf. double steal). **2** 3 倍の: It now sells for $15,000, ~ the 1968 price. 今は 1968 年の価格の 3 倍の 15,000 ドルで売れる《★ この用法は double に準じる; cf. double *adj.* 1 ★》. **3** 3 種の. **4** 〘国際法〙三者[三国]間の (tripartite). **5** 〘音楽〙三拍子の. **6** 〘詩学〙 **a** 〈韻律が〉三つの成分単位から成る. **b** 〈脚韻が〉三重韻の《*scornfully—mournfully* など》. **7** 《Shak》第 3 の, (3 つあるうちの) 3 番目の: a ~ eye 第三の目 (*All's W* 2. 1. 108).
— *vi.* **1** 三重になる, 3 倍になる (treble): Cancer rates have nearly ~*d* since 1900. 1900 年以来癌(がん)の比率がほとんど 3 倍になった / The city's expense budget ~*d to* more than $12 billion. 市の支出予算は 3 倍の 120 億ドル以上に増大した. **2** 〘野球〙三塁打を放つ.
— *vt.* **1** 3 倍[三重]にする: They have ~*d* their sales since 1995. 彼らは売り上げを 1995 年以降 3 倍にはね上げた. **2** 〘野球〙三塁打で〈走者を〉生還させる; 三塁打で〈打点を〉あげる.
— *n.* **1** 3 倍の数[量]. **2** 三つ組, 三つ揃(そろ)い (triad). **3** 〘野球〙三塁打 (three-base hit). **4** 〘ボウリング〙三連続ストライク, ターキー. **5** 〘競馬〙三連勝単式《賭けの一種で, 3 着までをその順位通り当てた者が勝つ勝馬投票; cf. perfecta, quiniela》. **6** [*pl.*]〘鳴鐘法〙七つの鐘を中音部とともに 3 回鳴らす方法. **7** 〘数学〙三重対, 三つ組《三つのものの順序づけられた組》.
〚adj.: 《?*c*1200》□ (O)F ~ ∥ L *triplus* (⇨ tri-, -ple: cf. Gk *triplóos*). — v.: 《1375》□ ML *triplāre* ← L *triplus*. — n.: 《*c*1425》□ L *triplum* (neut.) ← *triplus* (adj.): TREBLE と二重語〛

triple Á *n.* **1** 〘経済〙[通例形容詞的に] 金融[企業格付け]上最高位の, AAA の. **2** 〘野球〙3A (米国のマイナーリーグの最高位のクラス). **3** アメリカ自動車協会. **4** 〘軍俗〙高射砲(兵), 高射特科(部隊). 〚AAA の読み換え〛

Tríple Allíance *n.* [the ~] 三国同盟: **1** 1668 年締結のフランスに対する英国・スウェーデン・オランダ三国の同盟. **2** 1717 年締結のスペインに対する英国・フランス・オランダ三国の同盟. **3** 1788 年締結の現状維持のための英国・プロイセン・オランダの同盟. **4** 1882–1915 年にロシアとフランスに対して締結されていたドイツ・オーストリア ハンガリー・イタリア間の軍事同盟; Triple Entente に対抗するもの; ドイツ語名 Dreibund /dráɪbʊnt/ (cf. Dual Alliance). 〚1668〛

tríple bógey *n.* 〘ゴルフ〙トリプルボギー《par よりも 3 打多いスコア》.

tríple bónd *n.* 〘化学〙三重結合《分子中の 2 原子が原子価 3 で結合しているもの; cf. double bond》. 〚1889〛

tríple cóunterpoint *n.* 〘音楽〙三重対位法 (⇨ invertible counterpoint). 〚*c*1869〛

tríple crówn *n.* **1** ローマ教皇の三重冠 (tiara). **2** [通例 T- C-]〘野球〙三冠: get a *Triple Crown* 三冠王となる《本塁打王・打撃[打率]王・打点王の三者を兼ねること》. **3** 〘競馬〙三冠《明け 4 歳時に三つのクラシックレースに勝った馬; 英国では Two Thousand Guineas, Derby, St. Leger, 米国では Kentucky Derby, Belmont Stakes, Preakness Stakes》. **4** [形容詞的に] 三冠の: a ~ winner 三冠王. 〚1555〛

tríple crówn·er /-kráʊnə | -nə$^{(r)}$/ *n.* 三冠王[馬].

tríple-décker *n.* =three-decker 3. 〚1946〛

tríple drésser *n.* 三段引出し付き鏡台.

tríple-éngined týpe *n.* 〘海事〙三機関型.

Tríple Enténte *n.* [the ~] **1** 三国協商《1891–1907 年に英国・フランス・ロシアの三国が相互に締結した協定に基づく三国の協力関係; 1917 年まで; 露仏同盟 (Franco-Russian Alliance) (1891), 英仏協商 (Entente Cordiale) (1904), 英露協商 (Anglo-Russian Convention) (1907) より成る; Triple Alliance に対抗するもの》. **2** 三国協商参加国 (the Entente). 〚《1910》□ F ~: ⇨ triple, entente〛

tríple-expánsion *adj.* 〈エンジンが〉三段膨張式の: a ~ engine 三段膨張機関.

tríple fúgue *n.* 〘音楽〙三重フーガ. 〚1876〛

tríple hárp *n.* 〘音楽〙トリプルハープ (=Welsh harp)《ペダルのない大型ハープ; 3 弦で, 中央の弦はシャープとフラットの音を出す》.

tríple-héaded *adj.* 3 頭の. 〚1581〛

tríple-héader *n.* 〘スポーツ〙三連続試合, トリプルヘッダー (cf. doubleheader 1): a basketball ~. 〚1961〛

tríple íntegral *n.* 〘数学〙三重積分《3 変数の関数の積分》.

tríple júmp *n.* [the ~] **1** 〘陸上競技〙三段跳び (hop, step, and jump). **2** 〘スケート〙トリプルジャンプ.
tríple jùmper *n.* 〚1964〛

tríple-júmp *vi.* **1** 三段跳びをする. **2** 〘スケート〙トリプルジャンプを行う.

tríple méasure *n.* 〘音楽〙=triple time 1.

tríple-nérved *adj.* 〘植物〙〈葉が〉三葉脈の.

tríple pláy *n.* 〘野球〙トリプルプレー, 三重[三併]殺. 〚1869〛

tríple póint *n.* 〘物理・化学〙三重点《物質が気体・液体・固体の 3 態の平衡状態にある点, あるいは一般に三つの相が平衡状態にある点》. 〚1872〛

tríple rhýme *n.* 〘詩学〙三重押韻 (⇨ feminine rhyme). 〚1727–38〛

tríple rhýthm *n.* 〘詩学〙三拍子韻律《3 音節詩脚による韻律形式》.

tríple scálar próduct *n.* 〘数学〙=scalar triple product.

tríple sèc *n.* トリプルセック《オレンジ風味の甘くて無色のリキュール》. 〚⇨ sec²〛

tríple-spáce *vt., vi.* 行間を 2 行あけて[トリプルスペースで]タイプする. 〚*c*1939〛

tríple-stóp 〘音楽〙 *vt., vi.* (バイオリンなどの弦楽器で)同時に 3 弦を用いて三つの音を奏する. **—** *n.* トリプルストップ, 三重把弦《同時に 3 弦を用いて奏する 3 音; cf. double-stop, quadruple-stop》.

trip·let /tríplɪt/ *n.* **1** 三つ組, 三つ揃(そろ)い, 三幅対(つい). **2 a** 三つ子の一人 (cf. trilling 1 a, twin 1 a). **b** [*pl.*] 三つ子. **3** [*pl.*]〘トランプ〙=THREE of a kind. **4** 3 枚合成模造宝石. **5** 〘詩学〙三行連句《通例, 同一の脚韻・韻律の続いた 3 行が単位を成す詩句》. **6** 〘音楽〙三連(音)符《本来 2 拍に数えられるべき時価を 3 等分して演奏する 3 個連続した音符; cf. duplet》. **7** 〘光学〙3 枚構成のレンズ. **8** 3 人乗り自転車[自動車, ボート]. **9** 〘物理〙 **a** 三重項. **b** 三重項状態 (triplet state). **10** 〘言語〙三重語《同語源異形異義の三つの語; 例: cattle—chattels—capital; cf. doublet 3》. 〚《1656》← TRIPLE+-ET: cf. doublet / F *triplet*〛

tríple·tàil *n.* 〘魚類〙マツダイ科の魚類の総称《暖海産食用魚のマツダイ (*Lobotes surinamensis*) など》. 〚1803〛

tríplet códe *n.* 〘遺伝〙トリプレット暗号, 三文字暗号《DNA [RNA] 分子の 3 個のヌクレオチドの塩基配列が蛋白質合成の, それぞれ 1 個ずつのアミノ酸に対応する遺伝暗号となる》. 〚1957〛

tríple thréat *n.* **1** 3 分野[同一分野の三技能]に優れた人. **2** 〘アメフト〙キック・パス・ランニングの三拍子そろった名選手. 〚1924〛

tríple tíme *n.* 〘音楽〙 **1** 三拍子 ($^3/_2$, $^3/_4$, $^3/_8$ 拍子など; triple measure, three-part time ともいう; cf. duple time 1). **2** 三拍子系の拍子 ($^9/_8$ 拍子など). 〚1662〛

tríplet líly *n.* 〘植物〙ユリ科ハナニラ属の植物 (*Brodiaea laxa*)《米国 California 州北部原産; Ithuriel's spear ともいう》.

tri·ple·ton /trípltən, -tn/ *n.* 〘トランプ〙(主に bridge で)三枚札《配られた手札に同じスーツ (suit) の札が 3 枚あること》. 〚← TRIPLE+(DOUBLE)TON〛

tríple-tóngue *vi.* 〘音楽〙三切法で演奏する, 三重タンギングをする《管楽器で速い 3 連音の各音符にタンギングを施す》. 〚1879〛

tríplet státe *n.* 〘物理〙三重項状態 (triplet).

tríple-túrned *adj.* 《Shak》三度変節した, 三度不貞を働いた: ~ whore! 三たび男を変えた淫売め (*Antony* 4. 12. 13). 〚1606–7〛

tríple twín *n.* 〘結晶〙=trilling 2.

tríple válve *n.* 〘機械〙三動弁《電車の自動空気ブレーキ装置で, 込め・ゆるめ・制動の 3 作用をする弁》.

tríple-wítching hóur *n.* 《米》〘証券〙トリプルウィッチング アワー《New York 証券取引所で, 株価指数先物, 株価指数先物オプション, 個別株式オプションの行使期間満了日が重なる日, つまり 3 月, 6 月, 9 月, 12 月の第 3 金曜日の取引終了間近の時間帯; しばしばこの時株価の乱高下が生じる》.

trip·lex /trípleks, tráɪ- | tríp-/ *adj.* **1** 三重[3 倍]の (threefold): ~ glass 三重ガラス (cf. Triplex). **2** 三様の効果を生じる. **3 a** 3 軒分のアパートをもつ: a ~ building. **b** 3 階建ての: a ~ apartment. **—** *n.* **1** 三つ組, 三つ揃い, 三幅対(つい). **2** 〘音楽〙三拍子 (triple time). **3** 三階建てアパート. 〚《1601–02》□ L ~ 'threefold' ← TRI-+-*plex* (← *plicāre* to fold)〛

Trip·lex /trípleks, tráɪ- | tríp-/ *n.* 〘商標〙トリプレックス《英国製の三重ガラス; 薄いフィルムを 2 枚の板ガラスの間にはさんで密着させた一種の安全ガラスで, 主として自動車用; 破片が飛散しない》. 〚《1923》↑〛

trip·li- /trípl̩ɪ, -pli/ =triplo-: *tripli*costate. 〚← L *triplex* 'TRIPLEX'〛

trip·li·cate /trípl̩ɪkɪt/ *adj.* 三重の, 三幅対(つい)の (threefold); (特に)〈同一文書が〉3 通作成の: a ~ treaty 三国条約 / a ~ certificate 3 通作成の証明書.
— *n.* **1** 三つ組中の一つ, 同文 3 通の中の 1 通 (cf. duplicate, quadruplicate): a ~ of a letter. **2** [*pl.*] 三つ組. ***in triplicate*** (正副) 3 通に(作成された): a document drawn up *in* ~ 正副 3 通作成された文書. 《1810》
— /trípləkèɪt | -pl̩ɪ-/ *vt.* **1** 3 倍する, 三幅対にする (triple). **2** 〈書類などを〉(正副) 3 通作成する. **3** 〘言語〙三重化によって造る (cf. triplication 3).
〚《*a*1398》□ L *triplicātus* (p.p.) ← *triplicāre* to triple ← *triplex*: ⇨ triplex, -ate²,³〛

tríplicate rátio *n.* 〘数学〙三乗比. 〚1660〛

trip·li·ca·tion /trìpləkéɪʃən | -pl̩ɪ-/ *n.* **1** 3 倍[三重]にすること, 3 通作成. **2** 3 倍したもの, 3 通, 3 通の一つ. **3** 〘言語〙三重化《ファンティー語 (Fanti) などにおけるように語幹を 3 度重ねて新しい語を造ること》; 三重化によって造られた語. **4** 〘法律〙原告の再答弁に対する被告の答弁. 〚《*a*1577》□ F ~ ∥ L *triplicātiō(n-)*: ⇨ triplicate, -ation〛

Tri·pli·ce /tríplətʃèɪ | -plɪ-; *It.* tríːplitʃe/ *n.* [the ~] =Triple Alliance. 〚《1896》□ It. ~ 'TRIPLE'〛

tri·plic·i·ty /trɪplísəti | -sɪti/ *n.* **1** 3 倍[三重]であること. **2** 三つ組, 三幅対(つい) (triad, trio). **3** 〘占星〙三宮《十二宮中互いに 120 度離れた 3 宮の一組; trigon ともいう》. 〚《*a*1398》□ LL *triplicitātem* ← L *triplic-*, *triplex* 'TRIPLEX': ⇨ -ity〛

trip·lite /tríplaɪt/ *n.* 〘鉱物〙トリプライト ($(Fe, Mn)_2(PO_4)F$)《黒褐色・単斜晶系の塊状結晶》. 〚《1850》□ G *Triplit*: ⇨ triplo-, -ite¹〛

trip·lo- /tríploʊ | -pləʊ/「3 倍, 三重, 三つ組 (threefold)」の意の連結形 (cf. tripli-): *triplo*blastic, *triplo*chiton. ★ 時に tripli-, 母音の前では通例 tripl- になる. 〚← Gk *triplóos* 'TRIPLE'〛

triplo·blástic *adj.* 〘生物〙〈脊椎動物の胚が〉三胚(はい)葉性の (cf. diploblastic). 〚1888〛

trip·loid /tríplɔɪd/ 〘生物〙 *adj.* 〈細胞・核など〉(染色体が)三倍性の, 三倍体の. **—** *n.* 三倍体. 〚《1750》← TRIPLO-+-OID〛

trip·loi·dy /tríplɔɪdi | -di/ *n.* 〘生物〙三倍性《染色体が基本数の 3 倍あること》. 〚《1916》: ⇨ ↑, -y¹〛

tri·ply /trípli/ *adv.* 三重[3 倍]に. 〚《1660》: ⇨ -ly¹〛

tríp·mèter *n.* 〘自動車〙トリップメーター《簡単に目盛りをゼロに戻すことのできる走行距離計; 一般には 3 桁まで積算できる》. 〚1966〛

tri·pod /tráɪpɑ(ː)d | -pɒd/ *n.* **1** (カメラを支える)三脚 (cf. unipod). **2** 三脚台, 三脚器, 三脚床几(しょうぎ), 鼎(かなえ). **3** (古代ギリシャの) Delphi 神殿の青銅の祭壇《巫女(みこ)がその上に座して神託を述べた》; その模造品《Pythian games の賞として与えた》.
trípod of lífe [the —] 心臓・肺および脳 (vital tripod). 《1834》
— *adj.* [限定的] 三脚をもつ, 三脚で支えられた: a ~ mast 三脚マスト.
〚《1603》□ L *tripod-*, *tripūs* □ Gk *trípod-*, *trípous* three-footed ← TRI-+*poûs* 'FOOT': cf. -pod¹〛

trip·o·dal /trípədl̩ | -dl/ *adj.* 三脚台の; 三脚の. 〚《1774》: ⇨ ↑, -al¹〛

tri·pod·ic /traɪpɑ́(ː)dɪk | -pɒ́d-/ *adj.* 三本脚の (three-footed); 三本脚を使う: ~ walk (昆虫の)三本脚歩行《片側の 2 本と他方の中央の 1 本が同時に動く》. 〚《1891》: ⇨ -ic¹〛

trip·o·dy /trípədi | -di/ *n.* 〘詩学〙三歩格, 三脚律

(trimeter). 〖(1883)▭LL *tripodia*▭Gk *tripodía* ← *tripod-, trípous*: ⇨ tripod, -y¹〗

tri·po·lar /tràipóulə | -pə́ulə/ *adj.* 三極の. 〖1865〗

trip·o·li /trípəli/ *n.* 〖地質〗トリポリ《ケイ質石灰岩が自然分解してできたもので研磨剤に用いられる; tripolite ともいう; cf. rottenstone》. 〖(1601)▭F ～ (↓): 原産地に由来〗

Trip·o·li /trípəli; *It.* trí:poli/ *n.* トリポリ: **1** リビア北西部の港湾都市; 同国の首都. **2** =Tripolitania. **3** レバノン北西部の港湾都市.

Tri·pol·i·tan /trɪpá(:)lətn | -pɔ́l-/ *adj.* トリポリ (Tripoli) の. — *n.* トリポリの人. 〖(1783) ↓〗

Tri·po·li·ta·ni·a /trɪpɑ̀(:)lətéɪniə, -trìpɑ(:)l-, -pəl- | trìpəlɪtéɪniə, -pɔl-, trɪpɔ̀l-; *It.* tripolitá:nja/ *n.* トリポリタニア《リビア北西部の地域; 旧 Barbary States の一つ, 後にトルコの一州となり, また第二次大戦まではイタリア領》. **Tri·pò·li·tá·ni·an** /-niən/ *adj., n.*

tri·pos /tráɪpɑ(:)s | -pɔs/ *n.* **1** (Cambrigde 大学の) 学位取得課程《自然科学, 経済学, 考古学・人類学など 28 のコース》. **2** 《英》(Cambridge 大学の) 優等卒業試験; 優等及第者名簿 (cf. school¹ 7 b). **3** 《古》=tripod. 〖(1589)《変形》← L *tripūs*▭Gk *trípous* 'TRIPOD': BA が卒業式にラテン語の諷刺演説をするときの三脚の腰掛けから〗

trip·pant /trípənt/ *adj.* 〖紋章〗〈鹿など狩猟用動物が〉歩行姿勢をとった《lion の passant に当たる》. 〖(1658) ← TRIP¹ (v.)+-ANT〗

tríp·per *n.* **1** 軽快に歩く[踊る]人. **2** 《英口語》(一日の行楽などのための海岸・避暑地などへの)旅行者, 遠足者 (tourist, excursionist): ～*s* to the seaside for a week 一週間行楽に海岸へ行く人々. **3** つまずく者; つまずかせる人[もの]. **4** 〖機械〗はずし装置, 掛けはずし子(ᵍ) (trip). 〖(*c*1400) ← TRIP¹ (v.)+-ER¹〗

trip·per·y /trípəri/ *adj.* 《英》(日帰り)旅行者の多く訪れる. 〖(1924): ⇨ ↑, -y⁴〗

trip·pet /trípɪt/ *n.* 〖機械〗打子(ᵈᵃ)《一定の時間間隔をもって他の部分を打つ突出部・カムなど》. 〖(*a*1338) *trypet* evil scheme▭OF *tripot*〗

tríp·ping *adj.* **1** 〈足取り・動作が〉軽快で速い, 足の軽い (nimble); 軽快に動く: a ～ footstep 軽快な足音. **2** つまずく, 罪を犯す (sinning). **3** 〖紋章〗=trippant. 〖(1557) ← TRIP¹ (v.)+-ING²〗

trípping bràcket *n.* 〖海事〗倒れ止めブラケット《ビームや山形材などを斜めに支える補強用ブラケット》.

trípping còil *n.* 〖電気〗引きはずしコイル. 〖1909〗

trípping lìne *n.* 〖海事〗**1** 海錨(ᵏᵃⁱᵇʸᵒ) (sea anchor) の引上げ綱《円錐(ˢᵘⁱ)形の海錨の先端に付けた細綱》. **2** 錨が海底にはさまってしまった時, これを引き上げるとき使う頭部につけた細索. **3** マストやヤードを下ろすときこれを垂直に持ち上げて甲板まで下ろすための引揚げ索. 〖1882〗

tríp·ping·ly *adv.* 軽快に; 流暢(ʳʸᵘᵘᶜʰᵒᵘ)に: go ～ とんとん拍子に進む. 〖(1595–96): ⇨ -ly¹〗

trípping rèlay *n.* 〖電気〗引きはずし継電器. 〖1909〗

trip·ple /trípl/ 《南ア》 *n.* (馬の)左右各側の両脚を同時に上げる歩き方. — *vi.* tripple で歩く[進む]. 〖(1880)▭Afrik. *trippl(en)*▭Du. *tripplen* 'to skip, TRIP¹'〗

tríp swìtch *n.* 〖電気〗トリップスイッチ《電源を切り機械を止めるスイッチ》.

trip·tane /tríptein/ *n.* 〖化学〗トリプタン, 2,2,3-トリメチルブタン ($(CH_3)_3CCH(CH_3)_2$)《液状の炭化水素; 内燃機関の効能を高める高アンチノック性燃料; 現在は用いられていない》. 〖(1943)《短縮》← TRI(METHYL)+-*ptane* (← B(U)TANE)〗

trip·ter·al /tríptərəl/ *adj.* 〈古代建築が〉三つの翼(ᵏ)を有する, 3 列の円柱をもつ. 〖← Gk *trípteros* having three wings (↓)+-AL¹〗

trip·ter·ous /tríptərəs/ *adj.* 〖植物〗〈果実・種子が〉3 枚の翼(ᵏ)のある. 〖(1866)▭Gk *trípteros*: ⇨ tri-, -pterous〗

Trip·tol·e·mus /trɪptɑ́(:)ləməs | -tɔ́l-/ *n.* (*also* **Trip·tol·e·mos** /～/) 〖ギリシャ神話〗トリプトレモス《Eleusis の王; Demeter の庇護あつい英雄; すき (plow) を発明し, 人間に穀物栽培を教えた》. 〖▭L ～▭Gk *Triptólemos*〗

trip·tych /tríptɪk/ *n.* **1** 三つ折りの書字板, トリプチカ (cf. diptych, tablet 3). **2** 〖芸術〗(三面鏡のように蝶番(ᶜʰᵒᵘᵗˢᵘᵍᵃⁱ)などでつないだ) 3 枚続きの絵画[彫刻]; (特に, 聖壇の背部を飾る) 3 枚絵[彫刻], 三連祭壇画 (cf. diptych, polyptych). **3** (音楽・美術・文学などの)三部作. **4** 〖郵趣〗トリプティック, 三連刷り《異なった図案と額面の切手が横三連になっているもの》. 〖(1731)▭Gk *tríptukhos* threefold ← TRI-+*ptukhós* layer, fold: cf. diptych〗

trip·tyque /trɪptí:k; *F.* tʁiptik/ *n.* (税関が発行する)自動車入国許可証. 〖▭F ～▭Gk *triptukhos* (↑)〗

tri·pu·di·ate /trɪpjú:dièɪt | -di-/ *vi.* 《まれ》**1** 躍り上がって喜ぶ. **2** 勝ち誇って[軽蔑して]踏みつける (*on, upon*). 〖(1623) ← L *tripudiātus* (p.p.) ← *tripudiāre* ← *tripudium* dance ← TRI-+*ped-, pēs* 'FOOT': ⇨ -ate³〗

Tri·pu·ra /trípurə, -pə-/ *n.* トリプラ《インド東部の州; Assam 州の南方, バングラデシュの東方にある; 面積 10,451 km^2, 州都 Agartala》.

tríp vàlve gèar *n.* 〖機械〗=trip gear. 〖1903〗

tríp wìre *n.* 〖軍事〗わな; (屋根型鉄条網または低鉄条網の)外線; (仕掛け地雷の)仕掛け線. 〖1916〗

tri·que·tra /traɪkwí:trə, -kwétrə/ *n.* (*pl.* ～**s**, **-que·trae** /-tri:/) **1** 三つの弧が組み合った飾り(模様). **2** 《まれ》=triskelion. 〖(1586)▭L ～ (fem.): ⇨ triquetrous〗

tri·que·tral /tràɪkwí:trəl/ *adj.* =triquetrous.

— *n.* 〖解剖〗三角骨 (triquetral bone)《手根骨の月状骨と豆状骨の間にあるピラミッド形の骨》. 〖(1646): ⇨ ↓, -al¹〗

tri·que·trous /traɪkwí:trəs, -kwétrəs/ *adj.* **1** 三辺の (three-sided), 三角の (three-cornered); (特に)三つの鋭角をもつ. **2** 〖植物〗(カヤツリグサの類の茎のように)切断面が三角形の. **～·ly** *adv.* 〖(1658)▭L *triquetrus* ← TRI-+-*quetrus* -pointed, -cornered〗

trì·rádial *adj.* =triradiate. **～·ly** *adv.*

trì·rádiate *adj.* 三放射線の, 三射出形の, 三射状の. **～·ly** *adv.* 〖1846〗

trì·rádiated *adj.* =triradiate. 〖1786〗

trì·rá·di·us /-réɪdiəs | -di-/ *n.* (*pl.* **-di·i** /-diàɪ | -di-/, ～**·es**) 〖人類学〗指・手掌面または足底面において皮膚隆線が Y 字状に交叉する点, 三叉(ˢᵃⁿˢᵃ). 〖1960〗

Tri·rat·na /trɪ:rʌ́tnə/ *n.* [複数扱い] **1** 〖仏教〗三宝, 三尊《仏教を構成する三つの要素で, 仏 (Buddha 覚者), 法 (dharma 真理), 僧 (sangha 僧団) の三つをいう》. **2** 〖ジャイナ教〗三宝《涅槃(ⁿᵉʰᵃⁿ)に達する三つの必要条件; 正しい知識, 正しい信仰, 正しい行為》. 〖▭Skt ～ 'three jewels' ← *tri* 'THREE'+*ratna* jewel〗

tri·reme /tráɪri:m | tráɪ(ə)r-/ *n.* (古代ギリシャ・ローマの)三段オールのガレー船 (galley) (cf. bireme). 〖(1601)▭L *trirēmis* having three banks of oars ← TRI-+*rēmus* oar: cf. row²〗

tris /trís/ *n.* 〖化学〗[T-] トリス ($(HOCH_2)_3CNH_2$)《結晶性化合物; 緩衝液 (tris buffer) として用いる》. 〖(1959)《略》← *tris(hydroxymethylaminomethane)*〗

Tris /trís/ *n.* トリス《男性名》. 〖⇨ Tristram〗

tris- /trɪs/ *pref.* **1**「3 倍, 三重 (thrice, tripled)」の意: *Tris*agion, *tris*octahedron. **2** 〖化学〗「トリス… (thrice)」《配位化合物中で, 数詞で始まる原子団[グループ]の数 (3) を示す》. 〖▭Gk ～ ← *trís* thrice ← *treîs* 'THREE'〗

Tri·sa /trí:sə/ *n.* トリーサ《女性名》. 〖(fem.) ← TRIS〗

trì·sáccharide *n.* 〖化学〗三糖類. 〖1910〗

Tris·ag·i·on /trɪsǽgià(:)n, -giən | -giɔ̀n, -giən/ *n.* (*pl.* **-i·a** /-giə/) 〖東方正教会〗トリサギオン, 三聖唱[頌]《「聖なる神よ, 聖にして強き者よ, 聖にして不死なる者よ…」と歌われる聖書朗読の際の聖歌; Sanctus とは異なる》. 〖(1635)▭Gk *triságion* (neut.) ← *triságios* ← *trís* thrice+*hágios* holy: cf. ME *trisagium*▭L〗

tri·sect /tràɪsékt, ⸗⸗ | ⸗⸗/ *vt.* 〖数学〗〈線・角などを〉三分する, (特に)三等分する. 〖(1695) ← TRI-+-SECT〗

tri·sec·tion /tràɪsékʃən, ⸗⸗⸗ | ⸗⸗⸗/ *n.* 三分, 三等分. **triséction of the ángle** 〖数学〗角の三等分《任意の角を定規とコンパスだけで三等分する作図; 不可能であることが知られている》. 〖(1664): ⇨ ↑, -tion〗

tri·sec·tor /tràɪséktə, ⸗⸗⸗ | tràɪséktə/ *n.* 三分するもの, 三等分器. 〖(1864): ⇨ -OR²〗

tri·sec·trix /tràɪséktrɪks/ *n.* (*pl.* **-sec·tri·ces** /tràɪsɛktráɪsi:z/) 〖数学〗蝸牛形, 三等分曲線《角を三等分するのに用いる曲線を三等分曲線と総称するが, 蝸牛形はその一つ》. 〖(1909) ← TRISEC(TOR)+-TRIX〗

trì·sépalous *adj.* 〖植物〗三萼(ᵍᵃᵏᵘ)片の. 〖← TRI-+-SEPALOUS〗

trì·séptate *adj.* 〖生物〗三隔壁の, 三隔膜の.

trì·sérial *adj.* **1** 三列の. **2** 〖植物〗三つの輪生体を有する, 三輪生の.

trì·sériate *adj.* =triserial.

tri·shaw /tráɪʃɔ:, -ʃɑ: | -ʃɔ:/ *n.* =pedicab. 〖(1946) ← TRI-+(RICK)SHAW〗

trì·sílicate *n.* 〖化学〗三ケイ酸塩. 〖(1850) ← TRI-+SILICATE〗

tris·kai·dek·a·pho·bi·a /trìskaɪdèkəfóubiə | -fə́u-/ *n.* 〖精神医学〗13 恐怖症《異常に 13 という数を恐れる状態》. **tris·kai·dèk·a·phó·bic** /-bɪk/ *adj.* 〖(*c*1911) ← NL ～ ← Gk *triskaídeka* thirteen (← *treîs* 'THREE'+*kaí* and+*déka* 'TEN')+-PHOBIA〗

tris·kele /tríski:l, tráɪ-/ *n.* =triskelion. 〖1857〗

tris·kel·i·on /traɪskéliən, trɪ-, -lià(:)n | trɪskéliɔ̀n, traɪ-, -liən/ *n.* (*pl.* ～**s**, **-i·a** /-liə/) またでつながっている三脚の図, 三脚ともえ紋《古代 Sicily で貨幣面に用いられた; または Isle of Man の紋章》. 〖(1857) ← TRI-+Gk *skélos* leg+-*ion* (dim. suf.)〗

Trismegistus *n.* ⇨ Hermes Trismegistus.

tris·mus /trízməs/ *n.* 〖病理〗**1** 開口傷害, 牙(ᵍᵃ)関緊急《あごの筋肉の痙攣(ᵏᵉⁱʳᵉⁿ)で口が開けられなくなること; 俗に lockjaw ともいう》. **2** 破傷風, 破傷風による開口傷害. **tris·mic** /trízmɪk/ *adj.* 〖(1693) ← NL ～ ← Gk *trismós* a grinding ← *trízein* to squeak: ⇨ -ic¹〗

tris·oc·ta·he·dron /trɪsɑ̀(:)ktəhí:drən | -ɔ̀ktə-hí:drən, -hédrən/ *n.* (*pl.* ～**s**, **-he·dra** /-drə/) 〖数学・結晶〗二十四面体: a trigonal ～ 三角面二十四面体 / a tetragonal ～ 四辺形面二十四面体. **tris·òc·ta·hé·dral** /-drəl/ *adj.* 〖(1847) ← TRIS-+OCTAHEDRON〗

trì·sódium *adj.* 〖化学〗3 個のナトリウム原子を有する, 三ナトリウムの. 〖← TRI-+SODIUM〗

trisódium phósphate *n.* 〖化学〗=sodium phosphate c. 〖1923〗

tri·some /tráɪsoum | -səum/ *n.* 〖生物〗=trisomic. 〖(1921) ← TRI-+-SOME³〗

tri·som·ic /traɪsóumɪk | -səu-/ 〖生物〗 *adj.* 三染色体の. — *n.* 三染色体の個体. 〖(1921): ⇨ ↑, -ic¹〗

tri·so·my /tráɪsoumi | -səu-/ *n.* 〖生物〗三染色体性《二倍体の体細胞の染色体数が $2n+1$ となる現象》. 〖(1930): ⇨ ↑, -y¹〗

trísomy 21 /-twéntiwʌ́n | -ti-/ *n.* 〖医学〗=Down's syndrome.

trì·spérmous *adj.* 〖植物〗三種子の. 〖← TRI-+SPERMOUS〗

trì·spóric *adj.* 〖植物〗三芽胞(ᵍᵃʰᵒᵘ)の, 三胞子の. 〖← TRI-+Gk *sporá* 'SPORE'+-IC¹〗

trì·spórous *adj.* 〖植物〗=trisporic.

Tris·tam /trístəm/ *n.* トリスタム《男性名》. 〖《変形》← TRISTRAM〗

Tris·tan /trístən, -tæn/ *n.* **1** トリスタン《男性名》. **2** =Tristram 2. 〖《変形》← TRISTRAM〗

Trís·tan da Cú·nha Íslands /trístəndəkú:nə-, -njə-/ *n. pl.* [the ～] トリスタン ダ クーニャ諸島《南大西洋にある英領の 6 個の小さな島々; 英国の St. Helena 植民地の付属島嶼; 1961 年主島 Tristan da Cunha 島の火山が噴火, 島民は一時疎開した》.

trí·stàte *adj.* **1** 隣接する三国から成る, 三国の: a ～ league 三国同盟. **2** 三つの州の. 〖1900〗

triste¹ /trí:st; *F.* tʁist/ *F. adj.* 悲しい, 悲しそうな (sorrowful); わびしい (dreary). 〖(?1756)▭F ～ ∞ (*c*1420) *trist*▭OF *triste*▭L *tristis* ← ?〗

tris·te² /trí:stei; *Am.Sp.* tríste/ *n.* (ラテンアメリカの)悲恋歌. 〖▭Am.-Sp. ～ ← Sp. ～ 'sad'▭L *tristis* (↑)〗

trì·stéarin *n.* 〖化学〗トリステアリン ($C_3H_5(OOCC_{17}H_{35})_3$)《ステアリン酸のトリグリセリド》. 〖1856〗

tris·tesse /tri:stés; *F.* tʁistɛs/ *F. n.* 悲しみ, 悲哀, 憂うつ (sorrow, gloom). 〖(*a*1393)▭F ～ ∞ ME *tristesce*▭OF < L *tristitiam* ← *tristis* 'TRISTE¹'〗

tris·te·za /trɪstéɪzə, -tí:zə | trɪs-/ *n.* **1** 〖植物病理〗柑橘類のウイルス病の一種. **2** 〖獣医〗=Texas fever. 〖(*c*1901)▭Am.-Sp. & Port. ～《原義》sadness▭L *tristitia* (↑)〗

trist·ful /trístfəl, -fl/ *adj.* 《古》悲しい, 悲しそうな (sad, sorrowful). **～·ly** *adv.* **～·ness** *n.* 〖(1491) ← 《廃》*trist* (⇨ triste)+-FUL〗

tris·tich /trístɪk/ *n.* 〖詩学〗三行連(句) (triplet).

tris·tich·ic /trɪstíkɪk/ *adj.* 〖(1813) ← TRI-+(DI)STICH〗

tris·ti·chous /trístɪkəs | -tɪ-/ *adj.* **1** 3 列の, 3 段の. **2** 〖植物〗〈葉が〉三列生の. 〖(1857)▭Gk *trístikhos* of three rows: cf. tri-, -stichous〗

trì·stigmátic *adj.* 〖植物〗三柱頭の.

trì·stímulus *adj.* 〖心理〗三刺激値の: ～ values (色を表すのに用いる)三刺激値. 〖1933〗

tristímulus válues *n. pl.* 〖心理〗三刺激値《任意の色光は原刺激(赤, 青, 緑の三色光)の混合量によってつくられるが, その原刺激の量をいう》. 〖1937〗

Tris·tram /trístrəm | -trəm, -træm/ *n.* **1** トリストラム《男性名》. **2** 〖アーサー王伝説〗トリストラム《Arthur 王の円卓騎士の中で最も有名な騎士の一人; Mark 王の妻 Iseult との恋愛は Wagner の楽劇 *Tristan und Isolde* その他多くの物語の主題となった; Tristan ともいう》. 〖ME▭OF *Trist(r)an*《変形》← Celt. *Drystan* ← *drest* tumult: L *tristis* sad との連想による変形〗

Trístram Shán·dy /-ʃǽndi/ *n.*「トリストラムシャンディ」(Laurence Sterne 作の小説 (1759–67)).

tri·sty·lous /traɪstáɪləs/ *adj.* 〖植物〗三花柱の. **tri·sty·ly** /tráɪstàɪli/ *n.* 〖1891〗

trì·súbstituted *adj.* 〖化学〗三つの基[原子]を置換された. 〖*c*1899〗

trì·súlcate *adj.* **1** 〖植物〗三つの溝のある. **2** 〖動物〗三つの足指[ひづめ]に分かれた. 〖1719〗

trì·súlfide *n.* (*also* **trì·súlphide**) 〖化学〗三硫化物. 〖1866〗

tri·syl·lab·ic /tràɪsɪlǽbɪk/ *adj.* 〈語が〉3 音節の[から成る]: a ～ word. **trì·syl·láb·i·cal** /-bɪkəl, -kl | -bɪ-/ *adj.* **trì·syl·láb·i·cal·ly** *adv.* 〖(*a*1637)▭F *trissyllabique* ← L *trisyllabus*▭Gk *trisúllabos*: ⇨ -IC¹〗

tri·syl·la·ble /tràɪsíləbl, ⸗⸗⸗⸗/ *n.* 3 音節語[詩脚] (cf. monosyllable, disyllable). 〖(1589) ← TRI-+SYLLABLE《なぞり》← (O)F *trisyllabe*▭LL *trisyllaba* (pl.)▭Gk *trisúllabos*〗

trit. 《略》triturate.

trit- /traɪt/ (母音の前にくるときの) trito- の異形.

tri·tag·o·nist /traɪtǽgənɪst | -nist/ *n.* 〖ギリシャ劇〗第三俳優《第三に重要な役をする役者; cf. deuteragonist, protagonist 1》. 〖(1890)▭Gk *tritagōnistḗs* ← TRITO-+*agōnistḗs* actor ← *agōnízesthai* 'to AGONIZE': cf. protagonist〗

trit·an·ope /tráɪtənòup, trít- | -tənəup/ *n.* 〖眼科〗第三色盲の人 (cf. deuteranope). 〖(1915) ↓〗

trit·an·o·pi·a /tràɪtənóupiə, trɪt- | -tənə́u-/ *n.* 〖医学〗第三色盲《青黄色盲; ごくまれな状態》. **trit·an·óp·ic** /-nɑ́(:)pɪk, -nóu- | -nɔ́pɪk/ *adj.* 〖(1915) ← NL ～ ← TRITO-+A-⁷+-OPIA: 色彩のうち 3 分の 1 しか識別できないことから〗

trite /tráɪt/ *adj.* (**trit·er**; **-est**) **1** 〈言辞・引用など〉ありふれた, 陳腐な, 平凡な, 古臭い, 使い古された (stale) (⇨ commonplace SYN): a ～ idea [expression] 陳腐な考え[表現]. **2** 《古》すり減った, 磨耗した (worn-out); 〈道など〉人がよく通る: a ～ path. **～·ly** *adv.* **～·ness** *n.* 〖(*a*1548)▭L *trītus* worn, common (p.p.) ← *terere* to rub, wear away: cf. throw〗

tri·ter·nate /traɪtə́:neɪt, -nɪt | -tə́:-/ *adj.* 〖植物〗三回三出の (thrice ternate)《9 枚の小葉のある》. **～·ly** *adv.* 〖(1760) ← TRI-+TERNATE〗

trì·térpene *n.* 〖化学〗トリテルペン《イソプレン単位 6 個からなる化合物; 植物中に遊離体または配糖体として広く存在する》. 〖1902〗

tri·the·ism /tráɪθiɪzm, traɪθí:ɪzm/ *n.* 〖神学〗三神論, 三位異体論《Trinity の三位が別々の神であるという説》.

T

〘(1678) ← TRI-＋THEISM[1]〙
tri·the·ist /tráɪθiɪst, traɪθíː- | -ɪst/ *n.* 三神論者, 三位異体論者. **tri·the·is·tic** /tràɪθiístɪk⁻/ *adj.* **trì·the·ís·ti·cal** /-tɪkəl, -kl̩ | -tɪ-⁻/ *adj.* 〘1608〙
tri·thing /tráɪðɪŋ/ *n.* 《古》 ＝riding². 〘(c1290) *triting* □ ON *priðjungr* third part: ⇨ riding²〙
trit·i·ate /trítièɪt, tríʃ- | -ti-/ *vt.* 〘化学〙 トリチウム化する. **trit·i·a·tion** /trìtiéɪʃən, trìʃ- | trìti-/ *n.* 〘(1956) ← TRITIUM＋-ATE³〙
trít·i·àt·ed /-tɪd | -tɪd/ *adj.* 〘化学〙 トリチウムを含む, トリチウム化した. 〘(1953) ↑〙
trit·i·ca·le /trìtəkéɪli | -tɪkéɪli/ *n.* 〘農業〙 ライ小麦. 〘(1952) ← NL ～ 《混成》 ← *Triticum* (属名: ← L *triticum* wheat)＋*Secale* (← L *secāle* rye)〙
trit·i·cum /trítɪkəm | -tɪ-/ *n.* 〘植物〙 イネ科コムギ属 (*Triticum*) の一年草. 〘← NL ～ ← L *trīticum* wheat ← *terere* to rub: cf. throw〙
trit·i·um /trítiəm, -ʃi- | -tiəm/ *n.* 〘化学〙 トリチウム, 三重水素 《水素の同位体の一つ; 化学記号 ³H または T》. 〘(1933) ← NL ～: ⇨ ↓, -ium〙
tri·to- /tráɪtoʊ | -təʊ/ 「三番目の, 第三の」 の意の連結形. ★ 母音の前では通例 trit- になる. 〘← Gk *trítos* third〙
trìto·cerébrum *n.* 〘動物〙 後大脳 《節足動物の脳で, 前大脳・中大脳に続く第 3 部》. 〘1898〙
trit·o·ma /trítəmə | -tə-/ *n.* 〘植物〙 トリトマ (⇨ kniphofia). 〘(1804) ← NL ～ ← Gk *trítomos* thrice cut: ⇨ tri-, -tome〙
tri·ton¹ /tráɪtn̩ | -tn̩, -tɒn/ *n.* **1** 〘貝類〙 **a** ホラガイ 《フジツガイ科 *Charonia* 属の海産巻貝; ホラガイ (*C. tritonis*) など》. **b** ホラガイの貝殻 《らっぱとして使用された》. **2** 〘動物〙 (ヨーロッパ産の)イモリ (newt). 〘(1777) ← TRITON〙
tri·ton² /tráɪtɑ(ː)n | -tɒn, -tn̩/ *n.* 〘化学・物理〙 トリトン, 三重陽子, 超重陽子 《三重水素 (tritium) の原子核》. 〘(1934) □ Gk *tríton* (neut.) ← *trítos* third〙
Tri·ton /tráɪtn̩, -tɑ(ː)n | -tn̩, -tɒn/ *n.* **1** 〘ギリシャ神話〙 トリトン 《Poseidon の子で, ほら貝を吹いて波を静めまたは波を立てる半人半魚の神; 後には海神たちに仕える半人半魚の小神を指して言った》. **2** 〘天文〙 トリトン 《海王星 (Neptune) の第 1 衛星; cf. Nereid》. ***a Tríton amòng [of] (the) mínnows*** 「鶏群の一鶴」 (cf. Shak., *Corio* 3. 1. 89). 《1607-08》 〘(1584) □ L *Trītōn* □ Gk *Trītōn*: cf. OIr. *traith* sea〙
tri·tone /tráɪtòʊn | -tə̀ʊn/ *n.* 〘音楽〙 三全音 《増四度または減五度》. 〘(1609) □ Gk *trítonos* having three tones: ⇨ tri-, tone〙
tri·to·ni·a /traɪtóʊniə | -təʊ-/ *n.* 〘植物〙 アヤメ科ヒメトウショウブ属 (*Tritonia*) の植物の総称 《ヒメヒオウギズイセン, モントブレチアなど; montbretia ともいう》. 〘← NL ～ ← L *Trītōn* 'TRITON'＋-IA¹〙
tríton shèll *n.* 〘貝類〙 ホラガイ (trumpet shell). 〘cf. *Triton's shell* (1842)〙
trit·u·ra·ble /trítʃʊrəbl̩ | -tju-/ *adj.* 粉にすることのできる. 〘(1646) □ F ～ ← LL *trītūrāre* (↓): ⇨ -able〙
trit·u·rate /trítʃʊrèɪt | -tju-/ *vt.* 粉にする, つき砕く, すり砕く (pulverize). ― /-rɪt | -rɪt/ *n.* 粉砕したもの, 粉薬; 粉砕. 〘(1623) ← LL *trītūrātus* (p.p.) ← *trītūrāre* to grind ← L *trītūra* a threshing ← *trītus* (p.p.) ← *terere* to rub: cf. trite, -ure, -ate³〙
trit·u·ra·tion /trìtʃʊréɪʃən | -tju-/ *n.* **1** 粉末にすること, 粉砕, すりつぶし, つき砕き. **2** 〘薬学〙 (90% の乳糖を混ぜた)摩砕剤, 粉薬. 〘(1646) □ LL *trītūrātiō(n-)*: ⇨ ↑, -ation〙
trít·u·rà·tor /-tə | -tə^(r)/ *n.* 粉摩者; (薬品)粉摩器. 〘(1864) □ LL *trītūrātor*: ⇨ -or²〙
tri·tyl /tráɪtl̩ | -tɪl/ *n.* 〘化学〙 ＝triphenylmethyl. 〘(1854) ← *tri(phenyl)* (← TRI-＋PHENYL)＋(ME)T(H)-YL〙
tri·umph /tráɪəmf, -ʌmf/ *n.* **1** 勝利, 征服 〔*over*〕 (⇨ victory SYN); 大成功 (signal success), 功業, 功績 (achievement): the ～ of good *over* evil 悪に対する善の勝利 / the ～ of right *over* might 権力に対する正義の勝利 / the ～*s* of modern science 近代科学の功業 / achieve great ～*s* 大成功を収める. **2** 勝利感, 成功感, 勝利[成功]の喜び; 成功の表情, 得意の色 (elation): He could hardly conceal his ～ at the result. 彼はその結果を見て喜びを隠し得なかった / with a note of ～ in one's voice 喜びを声に表して / with ill-dissembled ～ さすがに隠し切れない得意の色で / in ～ 大勝利を得て; 勝ち誇って, 意気揚々と / His ～ was short-lived. 彼の勝利の喜びはつかのまであった. **3** 大成功[最上]の例, 極致 (supreme example): His life was a ～ *over* weakness and ill health. 彼の一生は虚弱と疾患克服のすばらしい例であった / This is a ～ of construction [tactics, ugliness]. これは建築術[戦術, 醜さ]の極致である. **4** (古代ローマの)凱旋式 《大勝利を得た将軍が元老院の許可を得て, 部下の軍隊と戦利品を携え, 荘厳な行列を作ってローマ市の Jupiter 神殿まで行進すること; cf. ovation 2》. **5** 《廃》 野外劇, 見世物 (pageant, spectacle). **6** [T-] 〘商標〙 トライアンフ: **a** 英国製のオートバイ. **b** 英国 Triumph International 社製の女性用下着 《日本ではトリンプという》. **c** 英国 BL 社製の乗用車. **d** 米国 Lorillard 製のフィルター付きキングサイズ紙巻きたばこ. **7** 《廃》 〘トランプ〙 カード; 切り札 (trump).
― *vi.* **1** 勝利を得る, 成功する; 打ち負かす (defeat) 〔*over*〕: ～ *over* an enemy [opposition] 敵[反対]に打ち勝つ / The sun ～*ed over* the mist. 太陽が昇って霧を消散させた / Every new hardship can be ～*ed over*. 新しい苦難はすべて克服することができる. **2** 勝ち誇る, 凱歌(がいか)を奏する, 喜び勇む (exult) 〔*in, over*〕: ～ *in* one's success 成功に喜び勇む / ～ *over* the fallen enemy 敗れた敵に勝ち誇る. **3** (古代ローマで)凱旋式を行う.
― *vt.* 《廃》 征服する, …に勝つ.
～·er *n.* 〘(c1375) □ OF *triumphe* (F *triomphe*) □ L *triumphus*, 《古》 *triumpus* □ ? Gk *thríambos* hymn to Bacchus. ― v.: (?a1450) □ OF *triumpher* □ L *triumphāre* ← *triumphus*〙
tri·um·phal /traɪʌ́mfəl, -fl̩/ *adj.* 凱旋(がいせん)式の, 凱旋の, 勝利の, 祝勝の: a ～ car [chariot] 凱旋車[戦車] / a ～ crown 凱旋冠 《古代ローマで凱旋将軍に与えたもの; 初めは月桂(げっけい)樹で後には黄金で作った》 / a ～ entry 凱旋入京式 / a ～ procession 凱旋行列 / a ～ return 凱旋 / the ～ hymn 凱旋賛美歌 ('Holy, Holy, Holy, Lord God of Hosts' で始まる). 〘(1430-40) □ L *triumphālis*: ⇨ ↑, -al¹〙
triúmphal árch *n.* 凱旋(がいせん)門. 〘1550〙
tri·úm·phal·ism /-lìzm/ *n.* 〘宗教〙 勝利主義 《ある特定の宗教の教義が永遠不滅であるという信念・主張》.
tri·úm·phal·ist /-lɪst | -lɪst/ *n., adj.* 〘1964〙
tri·um·phant /traɪʌ́mfənt/ *adj.* **1** 勝ち誇った, 得意の, 意気揚々とした (exultant): the ～ cries of the crowd 群衆の勝ち誇った叫び声 / with a ～ smile 勝ち誇ったような微笑を浮かべて. **2** 勝利を得た (victorious) 〔*over*〕; 成功した, 好首尾の: ～ *over* one's enemies, difficulties, obstacles, etc. / ～ generals 勝利をおさめた将軍 / the ～ progress of knowledge すばらしい知識の進歩. **3** 《廃》 すばらしく美しい, 壮麗な (glorious, magnificent). **4** 《古》 ＝triumphal. **～·ly** *adv.* 〘(c1410) □ OF ～ (F *triomphant*) ∥ L *triumphantem* (pres.p.) ← *triumphāre* 'to TRIUMPH': ⇨ -ant〙
tri·um·vir /traɪʌ́mvə | triʌ́mvə^(r), triúm-, traɪʌ́m-, tráɪəmvə^(r), -və:^(r)/ *n.* (*pl.* **～s, -um·vi·ri** /traɪʌ́mvəràɪ, -rìː | traɪʌ́mvɪrìː, triʌ́mvɪràɪ/) **1** 〘ローマ史〙 (三頭政治を行う)三執政官の一人. **2** 3 人から成る公職員の一人. 〘(?a1439) □ L ～, *triumvirī* (pl.) 《逆成》 ← *trium virōrum* (gen. pl.) ← *trēs virī* three men〙
tri·um·vir·al /traɪʌ́mvərəl | -vɪ-/ *adj.* **1** 三頭政治家の, 三執政官の. **2** 3 人から成る公職員の. 〘(1579) □ L *triumvirālis*: ⇨ ↑, -al¹〙
tri·um·vi·rate /traɪʌ́mvɪrɪt/ *n.* **1** 3 人の連合政治; 3 人から成る公職員. **2** 三つ組; 三人組, 三羽烏: a ～ of friends. **3** 〘ローマ史〙 三頭政治, 三人執政: the first ～ 第 1 回三頭政治 《紀元前 60 年, Caesar, Pompey, Crassus の連合政治》 / the second ～ 第 2 回三頭政治 《紀元前 43 年, Antony, Octavian, Lepidus の連合政治》. 〘(1584) □ (O)F *triumvirat* ∥ L *triumvirātus*: ⇨ triumvir, -ate¹〙
triumviri *n.* triumvir の複数形.
tri·um·vi·ry /traɪʌ́mvəri | -vɪ-/ *n.* 《廃》 〘ローマ史〙 三頭政治 (triumvirate). 〘(1594) 《変形》 ← ?L *triumvirī*: ⇨ triumvir〙
tri·une /tráɪjuːn/ *adj.* 〘キリスト教〙 三位一体の, 三者一体の (three in one): the ～ Godhead 三位一体の神. ― *n.* **1** [the T-] 三位一体 (the Trinity). **2** 三つ組. 〘(1605) ← TRI-＋L *ūnus* 'ONE'〙
tri·un·gu·lin /traɪʌ́ŋgjʊlɪn | -lɪn/ *n.* 〘昆虫〙 三爪(さんそう)幼虫 《ツチハンミョウ (meloid) など, 幼虫期に過変態をする昆虫の初令幼虫》. 〘(1891) ← TRI-＋UNGULA＋-IN²〙
tri·u·ni·tar·i·an /tràɪjùːnətéəriən | -nɪtéər-⁻/ *adj., n.* ＝Trinitarian.
tri·un·i·ty /traɪjúːnəti | -nɪti/ *n.* 三位[三者]一体 (trinity). 〘(1621) ← TRI-＋UNITY ∥ TRIUNE＋-ITY〙
tri·va·lence /tràɪvéɪləns/ *n.* **1** 〘化学〙 (原子価の)三価. **2** 〘生物〙 (染色体の)三価. 〘(1888): ⇨ -ence〙
tri·va·len·cy /tràɪvéɪlənsi/ *n.* ＝trivalence. 〘1888〙
tri·va·lent /tràɪvéɪlənt⁻, trívəl-/ *adj.* **1** 〘化学〙 〈原子価が〉三価の. **2** 〘生物〙 〈染色体が〉三価の. ― *n.* 〘生物〙 三価染色体. 〘(1868) 《なぞり》 ← G *dreiwertig*: ⇨ tri-, -valent〙
trivalent cárbon *n.* 〘化学〙 三価炭素.
tri·valve /tráɪvælv/ 〘貝類〙 *adj.* 〈貝が〉三弁の, 三鰓弁(さんさいべん)の. ― *n.* 三弁貝. 〘1776〙
Tri·van·drum /trɪvǽndrəm/ *n.* トリバンドラム 《インド南端に近い都市; Kerala 州の州都》.
tri·váriant sỳstem *n.* 〘物理化学〙 三変系, 三成分系. 〘1902〙
triv·et¹ /trívɪt | -vɪt/ *n.* **1** (食卓用の)三脚台 《熱い皿やなべなどを載せる》. **2** (鉄製三脚の)五徳(ごとく). ***(as) right as a trivet*** 健全で; 大丈夫な. 《1835》 〘OE *trefet* 《混成》 ← LL *triped-*, *tripēs* (← TRI-＋*pēs* 'FOOT')＋OE *þrifēte* three-footed: ⇨ three, foot〙
triv·et² /trívɪt | -vɪt/ *n.* (じゅうたんなどの)けば切りナイフ. 〘1877?〙
trívet tàble *n.* 三脚卓[机]. 〘1700〙
triv·i·a¹ /tríviə | -viə, -vjə/ *n. pl.* [時に単数扱い] 些細な[つまらない]こと, 小事 (trifles, trivialities): a ～ game 雑学クイズゲーム / I haven't time to worry about such ～. そんなつまらない事に心をわずらわしているひまはない. 〘(1902) (1920) ← NL ～ (pl.) ← L *trivium* crossroads: 語義は L *triviālis* (⇨ trivial) の影響から〙
trivia² *n.* trivium の複数形.
triv·i·al /tríviəl/ *adj.* **1 a** つまらない, 区々たる, 些細な (insignificant); 取るに足りない, 軽微な (slight) (⇨ petty SYN): ～ matters つまらない事柄 / ～ mistakes 些細な誤り / a ～ loss [objection] 取るに足りない損失[反対] / ～ expenses わずかな出費. **b** 軽薄な, 不真面目な, ふざけた (trifling). **2** 《まれ》 普通の, 平凡な (common, ordinary): the ～ round of daily life 平凡な日々の生活. **3** 〘教育〙 (中世の大学の)三学 (trivium) の: Grammar was a ～ art. 文法は三学の一つであった. **4** 〘数学〙 (証明するまでもなく)自明な. **5** 〘生物〙 (学名において)種を表す, 種に関する (specific): ⇨ trivial name. **6** 〘生物・化学〙 (学名に対して)通称の, 俗名の. ― *n.* [通例 *pl.*] つまらない事柄, 瑣事(さじ). **～·ly** *adv.* **～·ness** *n.* 〘(?a1425) □ L *triviālis* belonging to the crossroads, common ← *trivium* crossroads: ⇨ trivium, -al¹〙
trív·i·al·ìsm /-lìzm/ *n.* **1** つまらないこと, 平凡. **2** 平凡な事物, つまらないもの (trivial thing). 〘(1830): ⇨ ↑, -ism〙
triv·i·al·i·ty /trìviǽləti | -lɪti/ *n.* **1** つまらないこと, 区々たること, 平凡. **2** [通例 *pl.*] つまらない事柄[事件, 言葉, 作品など]. 〘(1598): ⇨ -ity〙
triv·i·al·ize /tríviəlàɪz/ *vt.* 平凡化[つまらなく]する (⇨ disparage SYN). **triv·i·al·i·za·tion** /trìviəlɪzéɪʃən | -laɪ-, -lɪ-/ *n.* 〘(1846): ⇨ -ize〙
trívial náme *n.* **1** 〘生物〙 種小名 (⇨ specific epithet). **2** 〘生物〙 通称, 俗名. **3** (化学物質の)通俗名. 〘1759〙
Trívial Pursúit *n.* 〘商標〙 トリビアルパースート 《雑学知識に関する Q & A 方式でコマを進めるすごろくに似たゲーム; カナダで考案され米国で流行した》.
triv·i·um /tríviəm/ *n.* (*pl.* **-i·a** /-viə/) 〘教育〙 (中世の大学の)三科, 三学 《自由七科 (liberal arts) 中, 最初に与えられる文法・論理・修辞の三科; cf. quadrium》. 〘(1804) ← ML ～, 'trivium' (L) public place, 《原義》 place where three roads meet ← TRI-＋*via* way: ⇨ via²〙
tri·week·ly /tràɪwíːkli⁻/ *adj.* **1** 3 週間に 1 回の, 3 週間ごとの. **2** 週 3 回の. ― *adv.* **1** 3 週間ごとに. **2** 週 3 回. ― *n.* 3 週間に 1 回[週 3 回]の刊行物. 〘adj.: 1832; adv.: 1837〙
-trix /trɪks/ *suf.* (*pl.* **-tri·ces** /trəsìːz, tráɪsiːz/) **1** 「…する[に関係のある]女性」 の意 《法律語に多い》: avia*trix*, execu*trix*, testa*trix*. **2** 「線・点・面」 の意: genera*trix*. 〘(15C) □ L ～ (fem.) ← -TOR〙
Trix·ie /tríksi/ *n.* トリクシー 《女性名》. 〘(dim.) ← BEATRIX〙
Trl 《略》 〘米郵便〙 Trail.
tRNA 《略》 〘生化学・生物〙 transfer RNA. 〘1962〙
TRO 《略》 〘米法律〙 temporary restraining order 一方的緊急差し止め命令.
Tro·ad /tróʊæd | tráʊ-/ *n.* [the ～] ＝Troas.
Tro·as /tróʊæs | tráʊ-/ *n.* トロアス 《小アジア北西部エーゲ海に臨む, Troy を中心にした古代の一地方》.
troat /tróʊt | tráʊt/ *vi.* 〈雄鹿などがさかり鳴きをする. ― *n.* さかりのついた雄鹿の鳴き声. 〘(1611) 擬音語〙
tro·bar clus /troʊbáəklúːs | trəʊbáː-/ *n.* 〘詩学〙 隠微な詩 《12 世紀 Provence の詩人が用いた複雑で難解な作詩法》. 〘□ Prov. ～ 'closed composition'〙
Tró·bri·and Íslands /tróʊbriɑ̀ːnd-, -ǽnd- | tráʊbriənd-, -ǽnd-/ *n. pl.* [the ～] トロブリアンド諸島 《New Guinea の東方 Solomon 海にある一群のさんご島; パプアニューギニアの一部》. **Tró·bri·ànd·er, Tróbriand Íslander** *n.*
tro·car /tróʊkɑə | tráʊkɑː^(r)/ *n.* 〘外科〙 トロカール, 套(とう)管針 《体腔・水腫(すいしゅ)などからの排液に使う》. 〘(1706) □ F ～ ← *trois* three＋*cart* 《変形》 ← *carre* side): cf. quadrate〙
troch. 《略》 〘処方〙 troche.
troch- /trɑ(ː)k | trɒk/ (母音の前にくるときの) trocho- の異形.
tro·cha·ic /troʊkéɪk | trəʊ-, trɒ-/ 〘詩学〙 *adj.* 強弱[長短]格 (trochee) の; 強弱[長短]格から成る[を用いた]: ～ verse. ― *n.* **1** 強弱[長短]格. **2** [通例 *pl.*] 強弱[長短]格から成る詩(句). **tro·chá·i·cal·ly** *adv.* 〘(1589) □ F *trochaïque* ∥ L *trochāicus* □ Gk *trokhaïkós*: ⇨ trochee, -ic¹〙
tro·chal /tróʊkəl, -kl̩ | tráʊ-/ *adj.* 〘動物〙 輪状の. 〘(1841-71) ← Gk *trokhós* wheel＋-AL¹〙
tróchal dìsc *n.* 〘動物〙 輪盤, 綿毛盤, 綿毛環 《輪虫類の頭部にある繊毛が生えた環状の運動器官》. 〘1841-71〙
tro·chan·ter /troʊkǽntə | trəʊkǽntə^(r)/ *n.* **1** 〘解剖・動物〙 転子 《大腿(だいたい)骨頸部および下部の大きな隆起; それぞれ greater trochanter (大転子), lesser trochanter (小転子)という》. **2** 〘昆虫〙 転節 《足の基部から第 2 の関節》. **tro·chán·ter·al** /-tərəl | -tə-/ *adj.* **tro·chan·ter·ic** /tròʊkæntérɪk, -kæn- | trəʊ-⁻/ *adj.* 〘(1615) ← NL ～ ← Gk *trokhantḗr* ball of hipbone ← *trékhein* to run〙
tro·char /tróʊkɑə, -kə | tráʊkɑː^(r), -kə^(r)/ *n.* 〘外科〙 ＝trocar. 〘1706〙
tro·che /tróʊkiː, -ki | tróʊʃ, tróʊkiː/ *n.* 〘薬学〙 トローチ, 口内錠 《通例円形; のどの痛みなどに用いる》. 〘(1597) 《逆成》 ← *trochies* (pl.) 《変形》 ← 《廃》 *trochisk* troche □ L *trochiscus* □ Gk *trokhískos* (dim.) ← *trokhós* wheel ← *trékhein* (↓)〙
tro·chee /tróʊkiː, -ki | tráʊ-/ *n.* 〘詩学〙 (古典詩の)長短格 (—◡); (英詩の)強弱[揚抑]格 (⊥ ×) 《例: Life is | bút an | émpty | dréam — Longfellow; cf. foot 6》. 〘(1589) □ F *trochée* □ L *trochaeus* □ Gk *trokhaîos* (*poús*) running (foot) ← *trékhein* to run ← IE **dhregh-* to run (OIr. *droch* wheel)〙
troch·el·minth /trɑ́(ː)kəlmɪnθ | trɒ́k-/ *n.* 〘動物〙 輪形動物門の動物 《輪虫類・腹毛類・動吻類等を含む》. 〘《逆成》 ↓〙
Troch·el·min·thes /trɑ̀(ː)kəlmínθiːz | trɒ̀k-/ *n. pl.* 〘動物〙 輪形動物門 《現在は用いられない》. 〘← NL ～ ← Gk *trokhós* wheel (⇨ troche)＋HELMINTH〙
trochili *n.* trochilus の複数形.

troch·i·line /trɑ́(ː)kəlàɪn, -lɪ̀n | trɔ́kɪlàɪn, -lɪn/ *adj.* 〘鳥類〙ハチドリの. 〘⇨ ↓, -ine¹〙

troch·i·lus /trɑ́(ː)kələs | -kɪ-/ *n.* (*pl.* **-i·li** /-làɪ/) 〘鳥類〙 **1** ナイルチドリ (crocodile bird). **2** 旧世界産の数種の鳴鳥の総称 (キクイタダキ (goldcrest), キタヤナギムシクイ (willow warbler) など). **3** ハチドリ (hummingbird). 〘(1579) ← NL ~ ← Gk *trokhílos* crocodile bird, wren, runner ← *trékhein* to run〙

troch·le·a /trɑ́(ː)kliə | trɔ́k-/ *n.* (*pl.* **~s, -le·ae** /-liìː/) 〘解剖〙(関節・筋の)滑車. 〘(1693) ← NL ~ ← L ~ 'block of pulleys' ← Gk *trokhilía*: ⇨ trocho-: cf. truckle²〙

troch·le·ar /trɑ́(ː)kliə | trɔ́kliə(r)/ *adj.* **1** 〘解剖〙滑車(状)の; 滑車神経の. **2** 〘植物〙滑車形の. — *n.* 〘解剖〙=trochlear nerve. 〘(1681) ← NL *trochleāris*: ⇨ ↑, -ar¹〙

troch·le·ar·i·form /trɑ̀(ː)kliǽrəfɔ̀əm, -ér- | trɔ̀kliǽrɪ̀fɔ̀ːm/ *adj.* 〘植物〙=trochlear 2. 〘1895〙

tróchlear nèrve *n.* 〘解剖〙滑車神経 (第四脳神経). 〘*c*1890〙

troch·o- /trɑ́(ː)kou | trɔ́kəu/「輪 (wheel)」の意の連結形. ★ 母音の前では通例 troch- になる. 〘(19C) ← NL ~ ← Gk *trokho-* ← *trokhós* wheel ← *trékhein* to run〙

tro·choid /tróukɔɪd | tráu-/ *n.* **1** 〘数学〙トロコイド, 余擺(はい)線 (円が一つの曲線上を滑らずにころがる時, その円の半径もしくはその延長上の一点が描く曲線; cf. cycloid 1). **2** 〘貝類〙=top shell 1. **3** 〘解剖〙滑車関節 (trochoid joint). — *adj.* **1** 輪のように動く, 軸で回転する. **2** 車輪状の. **3** 〘数学〙トロコイドの, 余擺線の. **4** 〈貝がこま形の, 円錐(すい)形の. 〘(1704) □ Gk *trokhoeidḗs* round like a wheel: ⇨ trocho-, -oid〙

tro·choi·dal /troukɔ́ɪdḷ | trəukɔ́ɪdḷ/ *adj.* =trochoid: ~ wave トロコイド波. **~·ly** *adv.* 〘1799〙

tro·chom·e·ter /troukɑ́(ː)mətə | trə(ʊ)kɔ́mɪ̀tə(r)/ *n.* 〘自動車〙走行距離計. 〘1846〙

tro·choph·o·ra /troukɑ́(ː)fərə | trə(ʊ)kɔ́f-/ *n.* 〘動物〙=trochophore. 〘← NL ~: ⇨ trocho-, -phora〙

troch·o·phore /trɑ́(ː)kəfɔ̀ə | trɔ́kəfɔ̀ː(r)/ *n.* 〘動物〙トロコフォア, 担輪子 (環形動物および頭足類を除く軟体動物の原腸胚に続く浮遊性の幼生形). 〘(1892) ← NL *trochophora* (↑)〙

troch·o·sphere /trɑ́(ː)kəsfɪə | trɔ́kəsfɪə(r)/ *n.* =trochophore.

tro·chus /tróukəs | tráu-/ *n.* 〘貝類〙=top shell 1. 〘(1706) ← NL ~ ← L ~ 'wheel': cf. trocho-〙

troc·ken·bee·ren·aus·le·se, T- /trɑ́(ː)kən-beᵊrənàusleɪzə | trɔ́kənbɛər-; *G.* tʁɔ́kn̩beːʁənausleːzə/ *n.* トロッケンベーレンアウスレーゼ (乾粒選別果醸造ワインの意; 貴腐化が進み干しぶどうのようになった果粒を選んで造った最高級の甘口ドイツワイン). 〘(1931) □ G ~ ← *trocken* 'DRY' + ⇨ BEERENAUSLESE〙

troc·to·lite /trɑ́(ː)ktəlàɪt | trɔ́k-/ *n.* 〘地学〙トロクトライト (主に橄欖(かんらん)石と石灰質斜長石からできている斑糲(はんれい)岩; ふつうマスの背のような斑点模様がある). 〘(1883) □ G *troktolit* ← Gk *trṓktēs* a kind of seafish: ⇨ -lite〙

trod /trɑ́(ː)d | trɔ́d/ *v.* tread の過去形・過去分詞. 〘(16C) (変形) ← (古形) *trad* < OE *træd* (pret. sing.): 過去分詞の影響による〙

trod·den /trɑ́(ː)dn̩ | trɔ́dn̩/ *v.* tread の過去分詞. 〘(1545) *troden* (変形) ← OE *trēdon* (pret. pl.), *treden* (p.p.): ON や BROKE(N) の影響による〙

trode *v.* (古) tread の過去形. 〘(14C): ⇨ trod〙

trof·fer /trɑ́(ː)fə, trɔ́(ː)fə | trɔ́fə(r)/ *n.* (米) (蛍光灯の)かまぼこ形反射笠. 〘(1942) ← *troff* (変形) ← TROUGH) + -ER¹〙

trog¹ /trɑ́(ː)g, trɔ́(ː)g | trɔ́g/ *vi.* (**trogged; trog·ging**) (英口語) 重い足どりで歩く, あてもなく歩く; ぶらつく (stroll) 〈*along*〉. 〘(1984) ← ?: trudg, trek や slog, jog などとの混成か〙

trog² /trɑ́(ː)g, trɔ́(ː)g | trɔ́g/ (俗) *n.* (英) 頭が古い人, 遅れているやつ; (英) いやなやつ, 不良; (NZ) (雨よけになる)突き出た大岩. 〘(1955) (略) ← TROGLODYTE〙

trog·lo- /trɑ́(ː)glou | trɔ́gləu/「洞窟」の意の連結形: *troglo*biont, *troglo*philous 好洞窟性の. 〘← NL ~ ← Gk *trōglo-* ← *trṓglē* cave〙

tròglo·bìont *n.* 〘動物〙真洞窟性動物 (洞窟の中にのみ生存する動物; 眼や体の色素を失い, 感覚器が発達する). 〘(1927) ← TROGLO- + -BIONT〙

tròglo·bi·ón·tic /-baɪɑ́(ː)ntɪk | -ɔ́nt-⁻/ *adj.* 〘動物〙真洞窟性の. 〘(1982) ↑〙

trog·lo·bite /trɑ́(ː)gləbàɪt | trɔ́g-/ *n.* =troglobiont. **trog·lo·bit·ic** /trɑ̀(ː)gləbítɪk | trɔ̀glə(ʊ)bít-⁻/ *adj.* 〘(1953) (混成) ← TROGLOB(IONT) + (TROGLOD)YTE〙

trog·lo·dyte /trɑ́(ː)glədàɪt | trɔ́glə(ʊ)-/ *n.* **1** 〘文化人類学〙(石器時代の)穴居人 (caveman). **2** 隠者, 世捨て人 (hermit); 世事にうとい人. **3** 類人猿 (チンパンジーなど). **4** 〘鳥類〙ミソサザイ (wren). **5** 野卑な男, 残酷な人間. 〘(1555) □ (O)F ~ // L *trōglodyta* □ Gk *trōglodútēs* one who creeps into holes < *trṓglē* cave + *dúein* to enter〙

trog·lo·dyt·ic /trɑ̀(ː)glədítɪk | trɔ̀glə(ʊ)dít-⁻/ *adj.* 穴居人の, 穴居人的な. **tròg·lo·dýt·i·cal** /-tɪ̀kəl, -kḷ | -tɪ-⁻/ *adj.* 〘(1585): ⇨ troglodyte, -ic¹〙

trógl·o·dỳt·ism /-dàɪtɪzm/ *n.* 穴居, 穴居生活. 〘1867〙

tro·gon /tróugɑ(ː)n | tráugɒn/ *n.* 〘鳥類〙キヌバネドリ (熱帯および亜熱帯産のキヌバネドリ科キヌバネドリ属 (*Trogon*) の鳥類の総称; 羽毛が美しい). 〘(1792) ← NL ~ ← Gk *trṓgōn* (pres.p.) ← *trṓgein* to gnaw〙

troi·ka /trɔ́ɪkə; *Russ.* trójka/ *n.* **1** トロイカ (横に並べた3頭の馬に引かせる馬車またはそり). **2** 横に並べた3頭の馬. **3** トロイカ体制, 三頭政治: a ~ system. **4** 三つからなる一群, 三つ一組, 三幅対(つい). 〘(1842) □ Russ. ~ ← *tróe* 'THREE' + *-ka* (n. suf.)〙

troil·ism /trɔ́ɪlɪzm/ *n.* 3人による性行為, 3P. **tróil·ist** /-lɪ̀st | -lɪst/ *adj.* 〘(1951) ← ? F *trois* three + -ISM〙

tro·i·lite /tróuəlàɪt, trɔ́ɪlaɪt | tráuɪ̀làɪt, trɔ́ɪlaɪt/ *n.* 〘鉱物〙トロイ石, トロイライト, 単硫鉄鉱 (FeS) (主に隕石や月の岩石中に産する). 〘(1868) □ G *Troilit* ← *Dominico Troili* (隕石中にそれが含まれていることを記述した18世紀のイタリアの科学者): ⇨ -ite¹〙

Troi·lus /trɔ́ɪləs, tróuələs | tráuɪ̀ləs, trɔ́ɪləs/ *n.* 〘ギリシャ伝説〙トロイロス (Troy の王 Priam の子; トロイ戦争で Achilles に殺される; 特に Chaucer と Shakespeare の手による Cressida との恋物語によって有名になった). 〘(14C) □ L *Trōilus* □ Gk *Trōílos* (原義) descendant of *Trṓs* (TROY¹ の伝説上の建設者)〙

Tróilus and Créssida *n.*「トロイラスとクレシダ」(Shakespeare 作の悲劇 (1601–02)).

trois /trwáː; *F.* tʁwa/ *F. n.* (数の) 3. 〘□ F ~ < L *trēs* 'THREE'〙

Trois-Ri·vières /*F.* tʁwaʁivjɛːʁ/ *n.* トロワリビエール (Three Rivers のフランス語名).

trois-temps /trwáːtɑ́ː(ŋ), -tɑ́ːŋ, -tɔ̃ː(ŋ), -tɔ́ːŋ; *F.* tʁwatɑ̃/ *F. n.* **1** 三拍子. **2** 三拍子[普通の調子]のワルツ. 〘(1859) □ F ~ ← *trois* three + *temps* time〙

Tro·jan /tróuʤən | tráu-/ *adj.* **1** トロイ (Troy) の; トロイ人の (Dardanian ともいう). **2** トロイの木馬の. — *n.* **1** トロイ人. **2 a** 勤勉家, 奮闘家, 勇気のある人: work like a ~ 精力的に働く. **b** 愉快な遊び友だち, 放蕩者, 好漢: a true [trusty] ~. 〘(*a*1338) *Troian* □ L *Trōiānus* ← *Trōia* 'TROY¹': ⇨ -an¹: cf. OE *Troiānisc*〙

Trójan àsteroid *n.* 〘天文〙トロイ群小惑星 (⇨ Trojan group). 〘1918〙

Trójan gròup *n.* 〘天文〙トロイ小惑星群 (木星軌道上で木星が前後各 60° 離れた2地点を中心として分布する二つの小惑星群; Trojan asteroids ともいう). 〘(1913) その星がトロイの英雄の名を持つことから〙

Trójan Hórse, T- h- *n.* **1** [the ~] 〘ギリシャ伝説〙トロイの木馬 (⇨ Wooden Horse). **2** (相手方に潜入して内部から行う)破壊活動工作(員・団). **3** 反体制分子[グループ]. **4** 〘電算〙トロイの木馬 (通常のプログラムとみせかけてシステムに入り, 一定時間後にシステムを破壊するように仕組まれたプログラム). 〘1574〙

Tro·jans /tróuʤənz | tráu-/ *n.* 〘商標〙トロージャンズ (米国 Young Drug Products 社製のコンドーム).

Trójan Wár *n.* [the ~] 〘ギリシャ伝説〙トロイ戦争 (トロイの王 Priam の子 Paris のためにギリシャ王 Menelaus の妻 Helen がかどわかされた復讐(ふくしゅう)として起こった10年にわたる大戦争; その詳細は Homer の叙事詩 *Iliad* に述べられている; cf. APPLE of discord). 〘1835〙

troke /tróuk | tráuk/ *v.* (スコット) =truck². 〘(18C) (変形) ← TRUCK²〙

troll¹ /tróul | tráʊl, trɔ́l/ *vt.* **1** 〈歌〉の一部を次々に受けて歌う, 歌い次ぐ, 輪唱する. **2 a** 流麗な声で[朗々と]歌う[吟唱する]. **b** 朗々とした声で言う. **c** 歌でたたえる. **3 a** 〈水面・場所を〉引き釣りする. **b** 〈魚を〉引き釣りする. **4** ぐるぐる回す, 転がす (roll, trundle). **5** (廃) 〈大杯などを〉順々に回す. **6** (廃) 〈舌などを〉速く動かす. — *vi.* **1** 朗々と歌を歌う; いい声で陽気に歌う. **2** ぐるぐる回す; 〈歌が〉陽気に歌われる; 〈鐘が〉重々しいうなりを出す. **3** 流し釣りをする: ~ *for* pike カワカマスの流し釣りをする. **4** 転がる, 回る, 回転する (roll, spin). **5** (古) 〈舌などがよく動く. **6** (英口語) ぶらぶら歩く (stroll). **7** (俗) 同性愛の相手を求めてうろつく. — *n.* **1** 次々と後を受けて歌う歌, 輪唱歌 (round). **2** トローリング, 流し釣り; 流し釣りの擬似餌(え) (lure), 擬似餌の付いた糸. **3** 回転. **4** 自堕落な女 (trollop). 〘(*c*1378) *trolle(n)* to ramble, roll, stroll □ OF *troller* (F *trôler*) ← ?Gmc: cf. MHG *trollen*〙

troll² /tróul | tráʊl, trɔ́l/ *n.* 〘北欧伝説〙トロール (自然界(山あるいは地中)に住み, 人間に敵対する超自然的な怪物; 後世ではいたずら好きな小人として描かれる). 〘(1616) □ Norw. ~ □ Norw. ~ < ON ~ 'giant' ← ?: cf. MHG *trolle* monster / OE *treppan* to tread〙

tróll·er /-lə | -lə(r)/ *n.* 引き縄漁船; 引き縄漁業者. 〘(1651–57): ⇨ troll¹, -er¹〙

trol·ley /trɑ́(ː)li | trɔ́li/ *n.* **1** (触輪式)路面電車 (trolley car; (英) tram). **2** 〘鉄道〙触輪 (trolley wheel) (電車のポールの頂点にあって架空線に接する車輪). **3** (英) **a** 手押し車, 手車. **b** (料理・本などを載せて運ぶ)手押し車, ワゴン. **4** 高架移動滑車 (貨物輸送用). **5** (英) トロッコ ((米) handcar). **6** (英) (患者を運ぶ)四輪担送車. ***òff one's trólley*** (俗) (1) 精神状態が混乱した, 取り乱した. (2) 狂気の, 頭の変な (crazy, insane). (1896) — *vt.* trolley で運ぶ. — *vi.* (米) trolley で行く. 〘(1823) ← (方言) ~ 'that which rolls' ← TROLL¹ (vi.) 4 + -EY〙

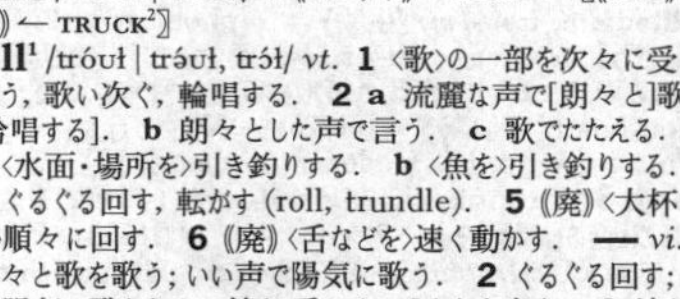

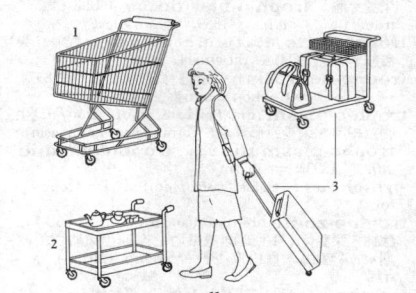

trolleys
1 supermarket trolley
2 (米) tea wagon (英) tea trolley
3 baggage trolleys

trólley bùs *n.* トロリーバス, 無軌道電車. 〘1921〙

trólley càr *n.* (米) (トロリー式の)電車, (特に)市街電車 (cf. streetcar). 〘1894〙

trólley còach *n.* =trolley bus.

trólley hàrp *n.* 〘電気〙トロリー受け (⇨ harp 2 b). 〘1904〙

trólley làce *n.* トロリーレース (太糸で模様の輪郭をとった英国製のボビンレース). 〘⇨ trolly²〙

trólley lìne *n.* (米) 市街電車[トロリーバス]運転系統[路線].

trólley·man /-mən/ *n.* (*pl.* **-men** /-mən, -mèn/) (米) (市街)電車乗務員 (運転手・車掌). 〘1897〙

trólley pòle *n.* (電車の屋根の上に立っている)触輪棒, (トロリー)ポール. 〘1895〙

trólley retriever *n.* 〘電気〙(トロリーポールの)自動引下げ器.

trólley ròad *n.* =trolley line. 〘1895〙

trólley whèel *n.* 〘鉄道〙触輪 (⇨ trolley 2). 〘1891〙

trólley wìre *n.* (電車の)架空線, 電車線, 触輪線, トロリー線. 〘1895〙

tróll·ing spòon /tróulɪŋ- | tráʊl-, trɔ́l-/ *n.* 〘釣〙トローリング[引き釣り]用スプーン. 〘1883〙

trol·li·us /trɑ́(ː)liəs | trɔ́l-/ *n.* 〘植物〙=globeflower. 〘(1899) ← NL ~ ← G *Troll(blume)* globeflower〙

tróll-madám *n.* (廃) バガテル (bagatelle) に似た女性用のゲーム (Shak., *Winter's* 4. 3. 87 では troll-my-dames). 〘(1572) □ F *trou-madame* ← *trou* hole (TROLL¹ と連想): ⇨ madam〙

trol·lop /trɑ́(ː)ləp | trɔ́l-/ *n.* **1** 自堕落な女 (slattern). **2** 売春婦 (prostitute). — *vi.* だらしなく歩く. 〘(1615) ← TROLL¹ (v.) // ← G (方言) *Trolle* prostitute < MHG *trulle* 'TRULL'〙

Trol·lope /trɑ́(ː)ləp | trɔ́l-/, **Anthony** *n.* トロロープ (1815–82; 英国の小説家; *Barchester Towers* (1857)). **Trol·lop·i·an, Trol·lop·e·an** /trəlɑ́(ː)piən | -lɔ́p-/ *adj.*

tról·lop·ish /-pɪʃ/ *adj.* =trollopy. 〘1864〙

trol·lop·y /trɑ́(ː)ləpi | trɔ́l-/ *adj.* 自堕落な, だらしない; 売春婦のような. 〘(1748): ⇨ -y⁴〙

trol·ly¹ /trɑ́(ː)li | trɔ́li/ *n.*, *v.* =trolley. 〘1823〙

trol·ly² /trɑ́(ː)li | trɔ́li/ *n.* =trolley lace. 〘(*a*1700) □ ? Flem. *tra(a)lje* trellis, lattice〙

trom·ba /trɑ́(ː)mbə, tróum- | trɔ́m-; *It.* trómba/ *n.* (*pl.* **trom·be** /-beɪ; *It.* -be/) =trumpet 1. 〘(1776) □ It. ~: cf. trombone〙

trómba ma·rí·na /-məríːnə; *It.* -maríːna/ *n.* 〘音楽〙=trumpet marine.

trom·bi·di·a·sis /trɑ̀(ː)mbədáɪəsɪ̀s | trɔ̀mbɪdáɪəsɪs/ *n.* (*pl.* **-a·ses** /-sìːz/) 〘獣医〙ツツガムシ病 (ダニの一種であるツツガムシ (chigger) がたかって起こる病気). 〘(1914) ← NL ~ ← *trombidium* red mite + -IASIS〙

trom·bone /trɑ(ː)mbóun, ⁻⁻ | trɔmbə́un/ *n.* **1** トロンボーン (トレブル・アルト・テナー・バスなどがある). **2** (オーケストラの)トロンボーン奏者. 〘(1724) □ F ~ // It. ~ (aug.) ← *tromba* trumpet □ OHG *trumba* 'TRUMP²': ⇨ -oon〙

trom·bón·ist /-nɪ̀st | -nɪst/ *n.* トロンボーン奏者. 〘(1889): ⇨ -ist〙

trom·mel /trɑ́(ː)məl, -mḷ | trɔ́m-/ *n.* 〘鉱山〙トロンメル, 鉱石ふるい (鉱石をえり分ける回転式円筒ふるい). 〘(1877) □ G *Tromel* 'drum'〙

tro·mom·e·ter /troumɑ́(ː)mətə | trə(ʊ)mɔ́mɪ̀tə(r)/ *n.* 微震計, 微動計. 〘(1878) ← Gk *trómos* trembling (← *trémein* to tremble) + -METER¹: cf. tremor〙

tromp /trɑ́(ː)mp, trɔ́(ː)mp | trɔ́mp/ *vi.* **1** =tramp 1. **2** (…を)踏みつける (stamp) (*on*): I ~*ed* quickly *on* the brake. 急いでブレーキを踏んだ. — *vt.* **1** =tramp 1, 2. **2** 打つ; 完全に打ち負かす. 〘(1883) (変形) ← TRAMP〙

Tromp /trɔ́(ː)mp, trɑ́(ː)mp | trɔ́mp; *Du.* trɔ́mp/, **Cor·ne·lis** /kɔrnéːlɪs/ *n.* トロンプ (1629–91; オランダの提督; Maarten Tromp の次男).

Tromp, Maar·ten Har·pert·szoon /máːrtən hárpərtsòːn/ *n.* トロンプ (1598–1653; オランダの提督; 英国艦隊を破った (1652); Cornelis Tromp の父).

trompe /trɑ́(ː)mp | trɔ́mp/ *n.* **1** 〘冶金〙落水送風器 (以前使用した炉に風を供給するための器械; water bellows ともいう). **2** 〘石工〙トロンプ (長方形の平面にドームを架ける際, 隅部に凹曲した迫持(せりもち)を設ける架構). 〘(1828) □ F ~ 'TRUMP²'〙

trompe l'oeil /trɔ̃ː(m)pláːi, trɔ́ːmp-; *F.* tʁɔ̃ːplœj/ *F. n.* (*pl.* **~s** /~z; *F.* ~/) 〘美術〙 **1** だまし絵, トロンプルイユ (実物と見まごうほどの精密で迫真的な描写; 静物画に多い). **2** (壁面・天井画などに見られる)立体画法. 〘(1889) □ F ~ (原義) deceive the eye〙

Trom·sø /trɑ́(ː)msou | -trɔ́msəu; *Norw.* trómsøː/ *n.* トロムセー (ノルウェー北部, Kvaløy と本土との間の小さな島にある漁港).

tron /trɑ́(ː)n | trɔ́n/ *n.* (主にスコット) **1** 市場 (marketplace). **2** 市場で使われる秤(はかり). 〘(1447) *trone* □ OF ~ ← L *trutina* balance □ Gk *trūtánē*〙

T

-tron /trɑ(ː)n | trɒn/『物理・化学』次のような器具・装置を表す名詞連結形: **1**「電子管」: dyna*tron*, thyra*tron*. **2**「電子工学・原子物理学関係の実験装置」: calu*tron*, cyclo*tron*, iso*tron*. **3**〘ELECTRON からの類推〙「素粒子」: posi*tron*, neu*tron*. 〘□ Gk ～ (「道具」を表す接尾辞): cf. *-trum*〙

tro·na /tróunə | tráu-/ *n.*『鉱物』トロナ ($Na_2CO_3 \cdot NaHCO_3 \cdot 2H_2O$)《天然ソーダの重要な一種》. 〘(1799) □ Swed. ～ □ Arab. *ṭrōn* ← *naṭrūn* 'NATRON'〙

trónc sỳstem /trɑ́(ː)ŋk- | trɔ́ŋk-; *F.* tʀɔ̃-/ *n.* チップのプール制《ホテルなどのボーイが各自のチップをいったん集めて皆で分配する方式》. 〘(1928) □ F ～ 'alms box': ⇨ trunk〙

Trond·heim /trɑ́(ː)nheɪm | trɔ́n-; *Norw.* trɔ́n(h)æɪm/ *n.* トロンヘイム《ノルウェー中部 Trondheim Fjord に臨む海港》.

Tróndheim Fjórd *n.* トロンヘイムフィヨルド《ノルウェー中部にあるノルウェー海の峡湾》.

trond·hjem·ite /trɑ́(ː)njɛmàɪt | trɔ́n-/ *n.*『岩石』トロンイェマイト《主に石英・斜長石および少量の黒雲母から成る花崗岩の一種》. 〘(1922) ← *Trondhjem* (Trondheim (↑) の古形) + -ITE¹〙

trone /tróun | tráun/ *n.*《スコット》大型のはかり. 〘(1449) □ AF = OF ～ < L *trutina* □ Gk *trutánē* balance〙

Troon /trúːn/ *n.* トルーン《スコットランドの西岸, South Ayrshire 区にある町; ゴルフの選手権が行われるコースで知られる》.

troop /trúːp/ *n.* **1** [*pl.*] **a** 軍隊, 軍勢, (警官などの)隊: regular ～*s* 常備軍. **b** [the ～s]《俗》『英軍』I または me の代用語. **2**『軍事』**a** 騎兵中隊《二つ以上の小隊と本部から成る, 大尉が指揮する; cf. company 5, battery 2 c》. **b** 騎兵中隊の指揮権 (command of a troop): get one's ～ 騎兵中隊長に昇進する. **3** 群れ, 隊, 組 (assembly, band); 多数 (a great number): a ～ *of* schoolchildren 学童の一団 / There were ～*s of* friends to see him off. 大勢の友人が彼の見送りに来ていた. **4** (鳥獣の)群れ (herd, flock, swarm): a ～ *of* monkeys 猿の群れ. **5 a** (ボーイスカウトの)隊 (2-4 の班 (patrol) から成る). **b** (ガールスカウトの)団 (8-32 人から成る). **6**《古》(芸人の)一座 (troupe).
— *vi.* **1** 群れをなして進む, ぞろぞろ来る[行く], 繰り出す 〈*along, past, in, out*〉: People came ～*ing out of* the theater. 人々は劇場からぞろぞろと出て来た / They ～*ed home*. みんな一緒に家路についた / We all ～*ed into* the dining room. 皆ぞろぞろと食堂へ入って行った. **2** 群がる, ぞろぞろ集まる, 群集する (throng) 〈*up, together*〉: The boys ～*ed* round the teacher. 学童たちは先生のまわりに集まった. **3** 列を作って行進する. **4**《口語》行く, 去る (go away) 〈*off, away*〉. **5**《古》交わる, 付き合う (associate, consort) 〔*with*〕. **6**《廃》隊列を整える, 隊伍を組む.
— *vt.* **1**『英軍』(君主の誕生日などに)〈連隊旗を〉先頭に立てて分列行進する: ～ the colour(s) 連隊旗分列行進をする. **2**〈部隊を〉輸送する. **3**《英俗》〈軍人を〉軍規違反で上申する. **4**《廃》〈騎兵隊を〉中隊に編成する.
the tróoping the cólour(s)『英軍』連隊旗分列行進式《今は主に国王誕生の公式記念日に London の近衛騎兵練兵場において王[女王]の前で近衛歩兵隊が行う華やかな行事》. (1816)
〘(1545) □ OF *trope* (F *troupe*) □ ? (Frank.) **throp* assembly: cf. OE *þrop, þorp* 'THORP, village'〙

SYN 一隊: **troop** 人や動物の一隊・一群《軍隊の意味では複数形》: a *troop* of schoolboys 男子学童の一団. **troupe** 俳優やダンサーなどの一座: a ballet *troupe* バレエの一座. **company** 特定の(特に商業上の)目的のために団結した一群の人々: a theater *company* 劇団. **band** 共通の目的で結びついた一群の人々: a *band* of robbers 盗賊団.

tróop càrrier *n.* **1** (戦闘地域で兵員と補給品を空輸する)部隊輸送機. **2** (しばしば軽火器装備・水陸両用の)歩兵輸送装甲車. 〘1923〙

troop·er /trúːpə | -pə^r/ *n.* **1**《米》州警察官: A state ～ stopped a speeding driver. 州警察官がスピード違反のドライバーを止めた. **2** (米・豪) 騎馬警官 (mounted policeman). **3** 騎兵 (cavalry soldier): a ～ from the 5th Cavalry 第 5 騎兵隊の隊員. **4** 騎兵馬 (cavalry horse). **5**《英口語》= troopship. **6**『軍事』**a** = paratrooper. **b** 兵士 (soldier). **7** = state trooper.
swéar like a tróoper《口語》盛んに毒づく. (1810)
〘(1640) ← TROOP + -ER¹: cf. F *troupier*〙

troop·ie /trúːpi/ *n.*《俗》(ジンバブウェ・南アフリカ共和国の)最下級の兵士. 〘(1972): ⇨ -ie〙

tróop·shìp *n.* (兵員)輸送船 (transport). 〘1862〙

troost·ite¹ /trúːstàɪt/ *n.*『鉱物』トルースタイト, マンガンケイ酸亜鉛鉱 ($(Mn, Zn)_2SiO_4$). 〘(1835) ← *G. Troost* (1776-1850: 米国の冶金学者) + -ITE¹〙

troost·ite² /trúːstàɪt/ *n.*『冶金』トルースタイト《焼きを入れた鋼鉄の組織で, フェライトとセメンタイトの極微な集合体から成る》. 〘□ F ～ ← *L. J. Troost* (1835-1911: フランスの化学者): ⇨ -ite¹〙

trop /tróu | tráu; *F.* tʀo/ *F. adv.* あまりに, あまりに多く (too, too many, too much). 〘□ F ～: cf. troppo〙

trop. (略) tropic; tropical.

trop-¹ /trɑ(ː)p | trɒp/ (母音の前にくるときの) tropo- の異形.

trop-² /troup | trəup/ (母音の前にくるときの) tropa- の異形: *trop*ane.

tro·pa- /tróupə | tráu-/『化学』「トロピン (tropine), アトロピン (atropine)」の意の連結形: *tropa*cocaine. ★ 母音の前では通例 trop- になる. 〘← TROPINE (頭音消失) ← ATROPINE〙

tròpa·cocáine *n.*『薬学』トロパコカイン ($C_8H_{14}NO \cdot C_7H_5O$)《コカ葉より得られるアルカロイド; 局所麻酔剤として使用する》. 〘《商標名》← TROPA- + COCAINE〙

tropaea *n.* tropaeum の複数形.

tropaeola *n.* tropaeolum の複数形.

Tro·pae·o·la·ce·ae /tròupiːouléɪsiiː | trəupiː-ə(ʊ)-/ *n. pl.*『植物』ノウゼンハレン科. **trò·pae·o·lá·ceous** /-léɪʃəs⁻/ *adj.* 〘← NL ～: ⇨ tropaeolum, -aceae〙

tro·pae·o·lin, T- /troupíːəlɪ̀n | trə(ʊ)píːəlɪn/ *n.*『化学』トロペオリン《黄色のアゾ染料; トロペオリン D, トロペオリン O などがある》. 〘(1880): ⇨ ↓, -in²〙

tro·pae·o·lum /troupíːələm | trə(ʊ)-/ *n.* (*pl.* ～**s**, **-o·la** /-lə/)『植物』キンレンカ, ノウゼンハレン《ノウゼンハレン科キンレンカ属 (*Tropaeolum*) の植物の総称》. 〘(1785) ← NL ～ (dim.) ← L *trop(h)aeum* 'TROPHY'〙

tro·pae·um /troupíːəm | trəʊ-/ *n.* (*pl.* **-pae·a** /-píːə/) (古代ギリシャ・ローマの)戦勝記念碑 (trophy). 〘(1549) □ L ～ 'TROPHY'〙

tro·pai·on /troupáɪɑ(ː)n | trə(ʊ)páɪɒn/ *n.* (*pl.* **-pai·a** /-páɪə/) (古代ギリシャの)戦勝記念碑 (tropaeum). 〘□ Gk *trópaion* 'TROPHY'〙

-trop·al /tróupəl, -pl̩ | tráu-/ -tropic と同義の形容詞連結形. 〘← -TROPE + -AL¹〙

trope /tróup | tráup/ *n.* **1**『修辞』文彩, 言葉のあや (figure of speech)《metaphor, metonymy, periphrasis, hyperbole など》. **2**『教会』進句(聖歌)《昔, 礼拝式文の所々に入れられた聖歌》. **3** 項目の題名 (topical head). 〘(1533) □ L *tropus* figure of speech □ Gk *trópos* turn, way, manner, style ← *trépein* to turn: cf. F *trope*〙

-trope /⌐— (—) tròup | tràup/ **1**「向くもの, 転回する機械」の意の名詞連結形: helio*trope*, rheo*trope*. **2**「…を向く, 向いている」の意の形容詞連結形: hemi*trope*. 〘← *Gk trópos* (↑)〙

tro·pe·o·lin, T- /troupíːəlɪ̀n | trə(ʊ)píːəlɪn/ *n.*『化学』= tropaeolin.

tropéolin D *n.*『化学』トロペオリン D (⇨ methyl orange).

troph- /trɑ(ː)f | trɒf/ (母音の前にくるときの) tropho- の異形.

tro·phae·um /troufíːəm | trə(ʊ)-/ *n.* (*pl.* **-phae·a** /-fíːə/) = tropaeum. 〘(1549) □ L ～ 'TROPHY'〙

troph·al·lax·is /tràfəlǽksɪ̀s | trɒ̀fəlǽksɪs/ *n.* (*pl.* **-lax·es** /-siːz/)『生物』栄養交換《昆虫社会において, 幼虫や成虫の分泌物を他の個体が摂取すること》. **tròph·al·lác·tic** /-lǽktɪk⁻/ *adj.* 〘(1918) ← NL ～ ← TROPHO- + *allaxis* (← Gk *állaxis* exchange)〙

tro·phec·to·derm /trɑ(ː)féktədəːm, trou- | trɒféktədɜːm, trəʊ-/ *n.*『生物』= trophoblast.

tro·phi /tróufaɪ | tráu-/ *n. pl.*『動物』口器《節足動物の口の周辺にあって, 食物の摂取に役立つ器官の総称; mouthparts ともいう》. 〘(1826) ← NL ～ (pl.) ← *trophus* □ Gk *trophós* feeder ← *tréphein* (↓)〙

troph·ic /tróufɪk, trɑ́(ː)f- | trɒ́f-, tráuf-/ *adj.* **1**『生理』栄養の[に関する]. **2** = tropic². 〘(1873) □ F *trophique* // Gk *trophikós* of food ← *trophḗ* nourishment ← *tréphein* to nourish: ⇨ -ic¹〙

-troph·ic /⌐— (—) trɑ́(ː)fɪk, tróuf- | trɒ́f-, tráuf-⁻/ 次の意味を表す形容詞連結形: **1 a**「栄養が…の」: hyper*trophic*. **b**「…の栄養上の必要条件を備えた」: mono*trophic*. **2** = -tropic. 〘↑〙

troph·i·cal·ly /trɑ́(ː)fɪ̀kəli, tróuf-, -kli | trɒ́fɪ-/ *adv.* 栄養上, 栄養の点から. 〘(1900): ⇨ -ly¹〙

tróphic lèvel *n.*『生態』栄養段階《生態系を構成する生物をエネルギーや物質の動きの面から生産者・消費者・分解者などに分けたもの》. 〘1942〙

tró·phied *adj.* 戦利品で飾った, 記念品で飾られた. 〘(1622): ⇨ trophy, -ed 2〙

-tro·phin /tróufɪ̀n, trɑ́(ː)f- | tráufɪn/ = -tropin.

troph·o- /trɑ́(ː)fou, tróuf- | trɒ́fəu/「栄養」の意の連結形: *tropho*pathy. ★ 母音の前では通例 troph- になる. 〘(19C) □ Gk ～ ← *trophḗ* nourishment ← *tréphein* to nourish〙

troph·o·blast /trɑ́(ː)fəblæ̀st, tróuf- | trɒ́f-/ *n.*『生物』栄養芽層. **troph·o·blas·tic** /trɑ̀(ː)fəblǽstɪk, tròuf- | trɒ̀f-⁻/ *adj.* 〘(1889): ⇨ ↑, -blast〙

troph·o·cyte /trɑ́(ː)fəsàɪt, tróuf- | trɒ́f-/ *n.*『動物』栄養細胞. 〘(1904) ← TROPHO- + -CYTE〙

tròpho·neurósis *n.*『病理』栄養神経症. 〘(1857) ← NL ～: ⇨ tropho-, neurosis〙

troph·o·plasm /trɑ́(ː)fəplæ̀zm, tróuf- | trɒ́f-/ *n.*『生物』(細胞の)栄養原形質 (cf. germ plasm, kinoplasm). **tròpho·plasmátic** *adj.* **tròpho·plásmic** *adj.* 〘(1893): ⇨ -plasm〙

-tro·phous /⌐— trəfəs/ = -trophic 1 a. 〘⇨ trophic, -ous〙

troph·o·zo·ite /trɑ̀(ː)fəzóuaɪt, tròuf- | trɒ̀fəzáu-/ *n.*『動物』栄養体《原生動物(原虫)の栄養期(生殖期でない時期)にある個虫》. 〘(1900-13) ← TROPHO- + ZOO- + -ITE¹〙

tro·phy /tróufi | tráu-/ *n.* **1** 賞品, 優勝標, トロフィー《旗・杯・盾(たて)など》: a golf ～. **2** 記念品, 記念物 (memento, memorial): a ～ of the hunt [chase] 狩猟の記念物《装飾として用いる獲物の毛皮・鹿の角など》. **3** 戦利品, 分捕品 (spoil, prize). **4** 戦勝[成功]記念品《例えば敵の連隊旗など》. **5** (古代ギリシャ・ローマの)戦勝記念碑《初めは戦利品の武器などで戦場に一時的に飾ったもの》. **6** [T-]『商標』トロフィー《英国 Whitbread 社製のビール》. **7** 武器などをかたどった彫刻. — *vt.* トロフィーで飾る, …にトロフィーを与える. — *adj.* 格式のある, ステータスを表す, (所有していると)箔がつく. 〘(1513) □ (O)F *trophée* □ L *trop(h)aeum* □ Gk *tró·paion* trophy, 《原義》a monument of the enemy's defeat ← *tropḗ* putting to flight, defeat ← *trépein* to turn: cf. trope〙

-tro·phy /⌐— trəfi/「栄養」の意の名詞連結形: hyper*trophy*. 〘← NL ～ ← Gk *trophía* nutrition: ⇨ tropho-, -y¹〙

tróphy ròom *n.* (テニス・ゴルフなどの)トロフィー保管展示室.

tróphy wìfe [gìrlfriend] *n.*《軽蔑的》(年配の男性がその高い社会的地位を印象づける)若く美しい箔つけワイフ[ガールフレンド].

trop·ic¹ /trɑ́(ː)pɪk | trɒ́p-/ *n.* **1** [しばしば T-]『地理』回帰線. **2** [the ～s] 熱帯地方: in the ～*s*. **3**『天文』**a** (天の)回帰線. **b**《廃》天の至点.
trópic of Cáncer, T- of C- [the —]『地理』北回帰線, 夏至線《北緯 23°27′; ⇨ zone 挿絵》. (1555)
trópic of Cápricorn, T- of C- [the —]『地理』南回帰線, 冬至線《南緯 23°27′; ⇨ zone 挿絵》. (1545)
— *adj.* 熱帯の, 熱帯地方の (tropical).
〘(1391) □ OF *tropique* (F *trophique*) // LL *tropicus* □ Gk *tropikós* pertaining to the turning of the sun at solstice ← *tropḗ* turning: ⇨ trope, -ic¹〙

trop·ic² /trɑ́(ː)pɪk, tróup- | tráup-, trɒ́p-/ *adj.* **1**『生物』(…)属性の. **2**『生化学』〈ホルモンが〉特定の腺の活動を刺激する: a ～ hormone 刺激ホルモン. 〘(1881) ← TROPO- + -IC¹〙

-trop·ic /trɑ́(ː)pɪk, tróup- | trɒ́p-/ 次の意味を表す形容詞連結形: **1** …に向性をもつ: helio*tropic*. **2** …の組織・臓器などに引きつけられる. 〘□ F *-tropique* ← Gk *trópos* 'turning, TROPE': ⇨ -ic¹〙

trop·i·cal /trɑ́(ː)pɪ̀kəl, -kl̩ | trɒ́pɪ-/ *adj.* **1** 熱帯の, 熱帯地方の, 熱帯性の, 熱帯的な, 熱帯産の: ～ heat 熱帯的暑熱 / ～ fruits [plants, flowers] 熱帯産の果物[植物, 花] / ～ birds 熱帯産の鳥 / a ～ ailment 熱帯病. **2** 熱帯的な, 酷暑の. **3** 回帰線の, 南[北]回帰線の. **4** 情熱的な, 激しい (fervid, passionate). — *n.* **1** = tropical fish. **2** トロピカル《主として夏服用の薄地毛織物》: トロピカルの衣服. **～·ly** *adv.* **tròp·i·cál·i·ty** *n.* 〘(1527) ← TROPIC¹ + -AL¹〙

trópical aquárium *n.* (熱帯魚などを飼育するための)恒温水槽. 〘*c*1948〙

trópical continéntal *n.*『気象』熱帯大陸気団《低緯度大陸上に発達する高温低湿な気団》.

trópical cýclone *n.*『気象』熱帯性低気圧 (⇨ cyclone 1 a). 〘1920〙

trópical diséase *n.* 熱帯病. 〘1828〙

trópical físh *n.* 熱帯魚. 〘1931〙

trop·i·cal·ize /trɑ́(ː)pɪ̀kəlàɪz, -kl- | trɒ́pɪ-/ *vt.* **1** (…の性質・外観などを)熱帯地方風にする. **2** (殺菌・防湿剤を施すほかに, 部品を水分や菌に強い器材に取り替えるなどして)〈衣類・装具・船などに〉熱帯向け処理をする. **trop·i·cal·i·za·tion** /trɑ̀(ː)pɪkəlɪ̀zéɪʃən, -kl- | trɒ̀pɪkəlaɪ-, -lɪ-, -kl-/ *n.* 〘(1885) ← TROPICAL¹ + -IZE〙

trópical marítime *n.*『気象』熱帯海洋気団《低緯度海域に発達する高温湿潤な気団》.

trópical médicine *n.* 熱帯医学.

trópical mónth *n.*『天文』分点月《月が春分点を通過してから次に通過するまでの平均周期》. 〘1868〙

trópical óil *n.* トロピカルオイル《ココヤシ油などの熱帯植物油; 飽和脂肪酸が多い》.

trópical ráin fòrest *n.*『生態』熱帯(多)雨林 (rain forest).

trópical rát mìte *n.*『動物』イエダニ (*Ornithonyssus* [*Bdellonyssus*] *bacoti*)《ネズミに寄生し, 時には人体に移行してかゆい皮疹を起こす; 伝染病を媒介することがある; 単に rat mite ともいう》.

trópical sprúe *n.*『病理』⇨ sprue. 〘*c*1955〙

trópical stórm *n.*『気象』熱帯暴風雨. 〘*c*1945〙

trópical yéar *n.*『天文』回帰年, 太陽年 (365 日 5 時間 48 分 45.5 秒; astronomical year, equinoctial year, solar year ともいう). 〘1715〙

Trópical Zòne *n.* [the ～]『地理』熱帯 (Torrid Zone).

trópic bìrd *n.*『鳥類』ネッタイチョウ(熱帯鳥)《アジサシに似た熱帯産のネッタイチョウ科ネッタイチョウ属 (*Phaethon*) の海鳥の総称; アカハシネッタイチョウ (*P. aethereus*) など》. 〘1681〙

trop·i·co·pol·i·tan /trɑ̀(ː)pəkoupɑ́(ː)lətn, -tən | trɒ̀pɪkə(ʊ)pɔ́lɪ̀tən, -tn/ *adj.*, *n.* 熱帯地方に生息する(動物・植物). 〘(1878) ← TROPIC¹ + (COSM)OPOLITAN〙

-tro·pin /tróupɪ̀n | tráupɪn/「作用するもの, 刺激するもの」の意の名詞連結形: gonado*tropin*, luteo*tropin*. 〘⇨ tropic², -in²〙

tro·pine /tróupiːn, -pɪ̀n | tráupiːn/ *n.*『化学』トロピン ($C_8H_{15}NO$)《ナス科植物中に見られるアルカロイド》. 〘(1881)《頭音消失》← ATROPINE〙

tro·pism /tróupɪzm | tráu-/ *n.*『生物』**1** 屈性, 向性《動植物が刺激に対してその方向または反対の方向に成長する性質; cf. chemotropism, orthotropism, plagiotropism, nastic movement》. **2** (刺激に対する)反射的動作[行動, 運動]. **tro·pis·mat·ic** /tròupɪzmǽtɪk | tràupɪzmǽt-⁻/ *adj.* **tro·pis·tic** /troupístɪk | trəu-/ *adj.* 〘(1899) ↓〙

-tro·pism /⌐— trəpɪzm/ tropism の意の名詞連結形:

helio*tropism*, photo*tropism*. 〘← -TROPE＋-ISM〙

trop·o- /trɑ́(ː)pou | trɔ́pəu/「変化 (turning); 屈性 (tropism)」の意の連結形: *tropo*meter. ★ 母音の前では通例 trop- になる. 〘← Gk *trópos* turn〙

tròpo·cóllagen *n.*〖生化学〗トロポコラーゲン《コラーゲン構成分子のポリペプチド》. 〘1954〙

tròpo·elástin *n.*〖生化学〗トロポエラスティン《弾性素 (elastin) を構成する物質》.

tro·po·log·i·cal /tròupəlɑ́(ː)dʒɪkəl, trɑ̀(ː)p-, -kl̩ | trɔ̀pəlɔ́dʒɪ-, trəup-⁻/ *adj.* **1** 比喩的な (tropical). **2** (聖書の)比喩的解釈にかかわる; 道徳的な (moral). **～·ly** *adv.* 〘(1528) ← *tropologic, -gik* (c1395) ◻ LL *tropologicus* ◻ Gk *tropologikós*: ⇨ ↓, -ical〙

tro·pol·o·gy /troupɑ́(ː)lədʒi | trɔpɔ́l-/ *n.* **1** 比喩を用いること. **2** (聖書の)比喩的解釈《特に, 道徳的な意味を強調する》; (聖書の文句の)比喩的引用. **3** 比喩語法に関する研究論文. 〘(1519) ◻ LL *tropologia* ◻ Gk *tropologia*: ⇨ trope, -logy〙

trop·o·lone /trɑ́(ː)pəlòun | trɔ́pələun/ *n.*〖化学〗トロポロン ($C_7H_6O_2$)《七員環のヒドロキシケトン; フェノール的性質がある》. 〘(1945) ← TROP(INE)＋-OL[2]＋-ONE〙

tròpo·myósin *n.*〖生化学〗トロポミオシン《筋蛋白質の一成分》. 〘1946〙

tro·po·nin /tróupənɪ̀n | tráupənɪn/ *n.*〖生化学〗トロポニン《筋肉の調節蛋白質; トロポミオシンと結合してカルシウムによる筋収縮の制御にあずかる》. 〘(1966)《短縮・変形》↑〙

tro·po·pause /tróupəpɔ̀ːz, trɑ́(ː)p-, -pɑ̀ːz | trɔ́upəpɔ̀ːz, trɔ́p-/ *n.*〖気象〗圏界面《大気の対流圏 (troposphere) と成層圏 (stratosphere) との界面》. 〘(1918) ← TROPO(SPHERE)＋PAUSE〙

tro·poph·i·lous /troupɑ́(ː)fələs | trəpɔ́fɪ̀-, trə-⁻/ *adj.*〖生態〗〈植物が〉季節の変化に順応する. 〘⇨ -philous〙

tro·po·phyte /tróupəfàɪt, trɑ́(ː)p- | trɔ́pə(u)-/ *n.*〖生態〗季節的落葉植物, 季節順応植物. 〘⇨ -phyte〙

tro·po·phyt·ic /tròupəfɪ́tɪk | trɔ̀pə(u)fɪt-⁻/ *adj.*〖生態〗季節に順応する.

tro·po·scat·ter /tróupəskæ̀tə, trɑ́(ː)p- | trɔ́pəskæ̀tə(r), tráup-/ *n.*〖通信〗＝tropospheric scatter. 〘(1915) ← *tropo(spheric) scatter*〙

tro·po·sphere /tróupəsfɪə, trɑ́(ː)p- | trɔ́pəsfɪə(r)/ *n.*〖気象〗対流圏《大気の低層をなす部分; 地表から約 10–20 km の間; cf. stratosphere》. 〘(1909) ◻ F *troposphère*: ⇨ -SPHERE〙

tro·po·spher·ic /tròupəsférɪk, trɑ̀(ː)p-, -sfɪ́ər- | trɔ̀pəsfér-⁻/ *adj.*〖気象〗対流圏の, 高層気象の. 〘(1939): ⇨ -ic[1]〙

trópospheric scátter *n.*〖通信〗(電磁波の)対流圏散乱. 〘1955〙

-tro·pous /⁻ trəpəs/「…に向く, 転回する; …に対する屈性・向性のある」の意の形容詞連結形 (cf. -tropic): ana*tropous*. 〘◻ Gk *-tropos* pertaining to a turn: ⇨ trope, -ous〙

trop·po[1] /trɑ́(ː)pou | trɔ́pəu; *It.* trɔ́ppo/ *It. adv.*〖音楽〗あまりに, 非常に: allegro ma non ～ 急速にしかしあまり激しくなく. 〘◻ It. ～ 'too much': cf. trop〙

trop·po[2] /trɑ́(ː)pou | trɔ́pəu/ *adj.*《豪俗》熱帯の気候で狂った, 暑さで頭が変になった. 〘(1941) ← TROP(IC[1])＋-O〙

-tro·py /⁻ trəpi/「…に対する屈性・向性をもつ状態」の意の名詞連結形: photo*tropy*. 〘◻ F *-tropie* ◻ Gk *-tropia*: ⇨ -trope, -y[1]〙

Tros·sachs /trɑ́(ː)səks, -sæks, -səxs | trɔ́s-/ *n.* [the ～] トロサックス《スコットランド中部, Achray 湖と Katrine 湖の間にある景勝の渓谷; Walter Scott が小説の中で描いて有名になった》. 〘← Sc.-Gael. (*na*) *Tròiseachan*《原義》(the) cross-hills?〙

trot[1] /trɑ́(ː)t | trɔ́t/ *n.* **1** (馬などの)トロット, 速歩(はやあし), だく足《歩みと走りの中間の歩調; 右前脚[左前脚]と左後脚[右後脚]とを交互に上げて斜対歩する 2 拍子の歩法; cf. gait[1] 3》; トロットの音; トロットでの乗馬.

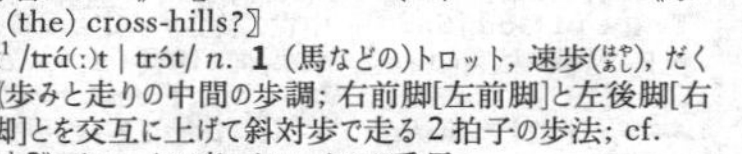

trot[1]

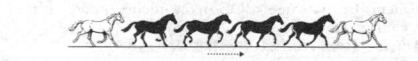

2 (人の)小走り, 急ぎ足: proceed *at* a ～ 小走りで進む / She arrived *at* a brisk ～. てきぱきと急ぎ足でやって来た. **3 a** 動き回ること. **b** 騎馬旅行; 馬の一乗り: go for a ～. **c** 忙しい仕事 (busy business). **4**〖ダンス〗トロット《弾力的な小走りのダンスステップ; そのステップで踊るダンス》. **5**《NZ》＝trotting race. **6**《俗》＝pony 4. **7**《まれ》よちよち歩きの子供 (toddling child). **8** [the ～s; 単数または複数扱い]《俗》下痢 (diarrhea). **9**《豪俗》運の連続: a good ～ 幸運続き. **10**《米俗》虎の巻 (crib, pony)《外国語テキストの逐語訳》. **11**《古》[通例軽蔑的に] 老婆 (old woman). 〘(*a*1375) *trat*(*t*)*e* ← ?: cf. AF *trote*〙

on the trót《口語》(1) 絶えずかけずり回って: She kept me *on the* ～. 私を絶えずかけずり回らせた. (2) ぶっ続けに: It rained for two weeks *on the* ～. 《1822》

— *v.* (**trot·ted; trot·ting**) — *vi.* **1** 〈馬などが〉速歩で駆ける, だくを踏む; 馬にだくを踏ませて行く. **2** 〈人が〉小またに速く歩く[行く], 小走りする (cf. stride 1); せかせか[急いで]歩く; 《口語》(普通に)歩く[行く]: ～ *about* 急いで歩き回る / ～ *along* the road 道を足早に行く / The child ～*ted along* after his mother. 子供は母親のあとを追ってちょこちょこ走って行った / You had better ～ *along* and feed the dogs. さっさと行って犬に食べ物をやりなさい.

— *vt.* **1** 〈馬などを〉速歩で駆けさせる, …にだくを踏ませる: ～ a horse. **2** 〈人を〉せかせかと歩かせる; 〈人を〉歩き回らせて…に至らせる: ～ a person *round* 人を(買い物などに)連れて[案内して]回る / ～ a person *off* his legs [*to* death] 人を歩き回らせて足をすりこ木のようにさせる[へとへとに疲れさせる]. **3** 〈ある距離・道などを〉早足で行く: He ～*ted* a knotty path. でこぼこの小道を早足で進んだ. **4** 〈子供などを〉(膝に乗せて)揺り動かす: ～ a child *on* one's knee 子供を膝に乗せてぴょんぴょん飛び上がらせる. **5**《NZ》デートをする; 口説く (court).

trót alóng《口語》(1) ⇨ *vi.* 2. (2) 去る, 出かける (take one's departure): I'd better ～ *along* now. もうおいとましたほうがよさそうだ. ***trót in dóuble hárness*** ⇨ *in* DOUBLE HARNESS. ***trót óut*** (1) 〈馬を〉引き出して足並みを見せる, 自慢げに歩かせて見せる: ～ *out* a horse. (2)《口語》〈品物などを〉出して見せる, 披露(ひろう)する; 〈意見などを〉出す; 〈知識などを〉見せびらかす; 〈言い古した話・しゃれなどを〉口にする: ～ *out* one's treasured books 秘蔵書を出して得意になる / ～ *out* one's knowledge 知識をひけらかす / ～ *out* the same old story いつもの古臭い話をもち出す. 《1838》

〘n.: (*a*1325) ◻ (O)F ～ ← *troter*. — v.: (*a*1376) *trotte*(*n*) ◻ OF *troter* (F *trotter*) ← Gmc: cf. OHG *trottōn* (G *trotten*) to tread / OE *tredan* 'to TREAD'〙

trot[2] /trɑ́(ː)t | trɔ́t/ *n.*〖釣〗**1** フセ釣糸 (trotline). **2** (フセ釣糸に付けた)釣針付きの枝糸, はえなわ. — *vt.* (急流で)流し釣りをする. 〘(1883)《略》← TROTLINE〙

Trot /trɑ́(ː)t | trɔ́t/ *n.*《口語》＝Trotskyite.

troth /trɑ́(ː)θ, trɔ́(ː)θ, tróuθ | tráuθ, trɔ́θ/《古》*n.* (*pl.* ～**s** /～s, trɑ́(ː)ðz, trɔ́(ː)ðz, tróuðz | ～s/) **1** 忠実, 誠実 (faithfulness, fidelity, loyalty): by [upon] my ～ 誓って, 断じて. **2** 真実, まこと, 本当 (truth, verity): (in) ～ 本当に, 実に (truly). **3** 約束 (promise); 《特に》結婚の約束, 婚約: plight one's ～ 言い交わす, 契る, 夫婦約束をする. — *vt.* 〈人と〉約束する; 婚約する. 〘(c1340) *trouth*(*e*), *trowth*(*e*) < lateOE *treōwþ* ← OE *trēowþ* 'TRUTH': cf. betroth. — v.: (?*a*1425) ← (n.)〙

Troth /trɑ́(ː)θ, trɔ́(ː)θ, tróuθ | tráuθ, trɔ́θ/ *n.* トロース《女性名》. 〘↑〙

trothed *adj.*《古》婚約した (betrothed). 〘(1567) (p.p.) ← TROTH〙

tróth·plìght《古》*n.* 婚約 (betrothal). — *adj.* 婚約した (betrothed). — *vt.* …と婚約する (betroth). 〘(*a*1338): ⇨ troth, plight[1] (n.)〙

trót·lìne *n.*〖釣〗(枝糸の付いた)フセ釣りの釣糸. 〘(1826) ← ? TROT[1] (v.)＋LINE[2]〙

tro-tro /tróutròu | tráutràu/ *n.* (*pl.* ～**s**) 《ガーナで》(乗客輸送用の)改造トラック[バン]. 〘← ? Niger-Congo (Akan) *tro* three pence〙

Trots /trɑ́(ː)ts | trɔ́ts/ *n. pl.* [単数または複数扱い] トロツキスト (Trotskyite(s)). 〘略〙

Trot·sky /trɑ́(ː)tski | trɔ́ts-; *Russ.* trótskʲij/, **Leon** *n.* (*also* **Trot·ski** /～/) トロツキー《1879–1940; ロシアの革命家, 共産党の指導者; 永久革命論を唱えて, 国外に追放され, メキシコに亡命中暗殺された; 本名 Lev Davidovich Bronstein /davʲídəvʲɪtʃ branʃtʲéjn/》.

Trot·sky·ism /trɑ́(ː)tskiɪ̀zm | trɔ́ts-/ *n.* トロツキズム《Trotsky が提唱したプロレタリアによる永久革命論》. 〘(1925): ⇨ ↑, -ism〙

Trot·sky·ist /trɑ́(ː)tskiɪ̀st | trɔ́tskɪst/ *n., adj.* ＝Trotskyite. 〘1927〙

Trótskyist Internátional *n.* ＝トロツキーインターナショナル (⇨ international *n.* 2 用例).

Trot·sky·ite /trɑ́(ː)tskiàɪt | trɔ́ts-/《口語》*n.* トロツキスト, トロツキーの支持者. — *adj.* トロツキー派の: a tiny ～ group トロツキー派の小グループ. 〘(1919) ← TROTSKY＋-ITE[1]〙

trot·ter /trɑ́(ː)tə | trɔ́tə(r)/ *n.* **1** トロット[速歩(はやあし)], だく足]で駆ける馬, だくを踏む馬; 《特に》繋駕(けいが)速歩レース用の馬; (サラブレッドに対して)速歩馬(そくほば), (側対速歩馬 (pacer) に対して)斜対速歩馬. **2** 早足で行く人, よく立ち働く人, 活動家. **3** 《特に, 食用の羊・豚などの》足. **4** 《口語・戯言》(主に子供や若い女性の)足. **5** 《英》走り使い (errand boy). 〘(1381–82): ⇨ trot[1], -er[1]〙

trót·ting /-tɪŋ | -tɪŋ/ *n.*〖繋駕〗速歩競馬 (harness racing).

trótting pòle *n.* (馬が速歩で越える)低いバー.

trótting ràce *n.* 繋駕速歩レース《二輪馬車などを引いて走る》. 〘1840〙

trot·toir /trɑ(ː)twɑ́ə | trɔ́twɑː(r); *F.* tʁɔtwaːʁ/ *F. n.* (*pl.* ～**s** /～z; *F.* ～/) 人道, 歩道 (pavement, sidewalk). 〘(1792) ◻ F ～ ← *trotter* 'to TROT[1]'＋*-oir* (cf. -orium)〙

trot·ty /trɑ́(ː)ṭi | trɔ́ti/ *adj.* 速歩で駆ける, 早足で歩く; 活発な, 生き生きとした. 〘(1891) ← TROT[1] (n.)＋-Y[4]〙

tro·tyl /tróuṭɪl | tráutɪl/ *n.* ＝trinitrotoluene. 〘(1910) ← TR(INITR)OT(OLUENE) ‖ (TRINI)TROT(OLUENE)＋-YL〙

trou·ba·dour /trúːbədɔ̀ə, -dùə | -dɔ̀ː(r), -dùə(r)/ *n.* (*also* **trou·ba·dor** /-dɔ̀ə | -dɔ̀ː(r)/) **1** トルバドゥール《11–14 世紀頃フランス南部・スペイン東部・イタリア北部地方で活躍した叙情詩人; 騎士道と宮廷恋愛をプロバンス語でつづり, 時に自らそれを吟誦した; cf. trouvère, minnesinger》. **2** 吟遊詩人. 〘(1727–41) ◻ F ～ ◻ OProv. *trobador* (＝OF *trovere* trouvère) ← *trobar* (F *trouver*) to find, compose < ? VL *tropāre* ← *tropus* song, 《原義》figure of speech: ⇨ trope〙

Trou·betz·koy /trùːbɛ̀tskɔ́ɪ, -bɛts-; *Russ.* trubʲitskój/ *n.* ＝Trubetzkoy.

trou·ble /trʌ́bl̩/ *vt.* **1 a** 〈人〉の心を苦しめる, 悩ます, 困らせる, 心配させる (⇨ worry SYN): be ～*d about* [*with*] money matters 金銭のことで心配する / ～ oneself *about* [*over*] bad news 悪い知らせに心を悩ます / What ～*s* me is that … 私が心配なのは…です / Don't let it ～ you. そのことで心配しないで下さい / Would it ～ you if she didn't come back? もし彼女が帰ってこなかったらご心配でしょうか. **b** 〈病気などが〉…に悩む, 苦しめる: be ～*d by* [*with*] neuralgia 神経痛で悩む / My back has been *troubling* me lately, doctor. 先生, 最近背中の具合が悪いんです. **2** 〈人を〉わずらわす, …に手数[迷惑, やっかい]をかける (inconvenience); (迷惑を顧みずに)…に頼む: Please don't ～ yourself on my account! 私のために手間をかけないで下さい / I'm sorry you've been ～*d*. ご面倒をかけてすみません / Don't ～ me *about* [*with*] such matters. そんな事で面倒をかけないでくれ / Let me ～ you *with* one more question. もう一つお尋ねしたいことがあります / Can I ～ you *for* a light [the time]? すみませんが火を貸して[時間を教えて]いただけませんか / He seldom ～*s* (himself) *to* write. めったに自分から進んで手紙を書かない (cf. *vi.* 2) / May I ～ you *to* pass the butter? 恐れ入りますがバターをとって下さいませんか / I will ～ you *to* mind your own business [*to* hold your tongue].《皮肉》人の事に干渉は[おしゃべりは]無用に願いたい. **3** 乱す, 波立たせる, 騒がす: A strong wind ～*d* the sea. 強い風が出て海が荒れた.

— *vi.* **1** 心配する, 心を労する (worry): ～ *about* [*over*] trifles つまらない事で心配する. **2** [特に否定構文で] 骨を折る, 努力する (take pains); [*to do* を伴って] わざわざ…する (trouble oneself): Please *don't* ～ (about me). どうぞお構いなく / *Don't* ～ *to* return it. わざわざ返していただくには及びません / Except for taking off his shoes, he had *not* ～*d to* undress. 靴を脱いだほかは着替えもしていなかった.

— *n.* **1 a** 心配(事), 悩み (vexation, affliction); 苦悩, 苦労 (annoyance); 災難, 不幸 (misfortune): family [domestic] ～(*s*) 家庭の心配事 / be in financial ～ 財政難に陥っている / a heart full of ～ 苦悩に満ちた心 / tell one's ～*s* 悩みを打ち明ける / have been through much ～ [many ～*s*] いろいろな苦労を味わっている / meet ～ halfway＝《米》borrow ～ 取り越し苦労をする / ⇨ *in* TROUBLE (1) / get into ～ 困ったことになる, 罰を受ける (cf. *n.* 1 b, 5 a) / get a person into ～ 人を苦しめる[困らせる], 人に迷惑をかける / get out of ～ 苦難[罰]を免れる, 助かる / get a person out of ～ 人が困っているのを助ける / ask [look] for ～ 自分で災難を招く, 軽率なことをする, 余計な手出しをする / run into ～ 困難に陥る / His ～*s* are over. 彼の悩みも終わった《しばしば死んだ人にいう》. **b**《口語》未婚の状態での妊娠: ⇨ *in* TROUBLE (4) / get *into* ～ 〈未婚の女性が〉妊娠する / get a girl *into* [*in*] ～ 女の子を妊娠させる.

2 a 悩み(の種), 頭痛の種; やっかい者; 面倒な事: Life is full of ～*s*. 人生にはままにならない事が多い / His son is a (great) ～ *to* him. 息子は彼にとって(まったくもって)頭痛の種だ / I find it a great ～ to get up early. 早起きは実につらい / The dish is no ～ to prepare. その料理を作るのは別に面倒な事ではない. **b** 困った事, 具合の悪い点; 困った性分, 損な性癖: the ～ *with* the project その計画の問題点 / What is the ～ *with* you? どうしたのだ, 何か心配なのか, どこが悪いのか. ★《口語》でしばしば次の構文で用いられる: *The* ～ *is that* he is ill. 困ったことに彼は病気なのだ《一層口語調の文体では (*The*) ～ *is*, he is ill.》/ *The* ～ *with* him *is that* he doesn't try. 彼の困ることはやってみようとしないことだ.

3 a [通例修飾語を伴って] 病気, …病 (disease)《★ 口語的》: heart [stomach] ～ 心臓[胃]病 / children's ～*s* 子供の病気 / mental ～ 精神病 / ear ～ 耳の故障 / gastric ～ 胃の障害, 胃病 / suffer from kidney [stomach] ～ 腎臓[胃]をわずらっている. **b** (機械などの)故障: engine ～ / ～ *with* the plumbing (水道・ガスなどの)配管の故障. **c**《英方言》出産の苦しみ, 陣痛 (labor).

4 a 不便, 手数 (inconvenience); 迷惑, やっかい (annoyance): give a person ～ 人に世話を焼かす[面倒をかける], 人をわずらわせる / put a person to ～ 人に面倒[やっかい]をかける. 日英比較 日本語の「迷惑をかける」よりももっと具体的に実害を与えることを意味することが多い. / spare [save] a person ～ 人に手数をかけない, 人の労を省く / go to (a lot of) ～ (大変)手間をかける, 骨を折る / If it is not too much ～ (for you), …. あまりご迷惑でなければ…, 恐れ入りますが… / No ～ (at all). どういたしまして / It is no ～ [too much ～]. おやすい御用です[ありがた迷惑だ] / Thank you for your ～. ご苦労さまでした / I hope you won't have any ～ *with* it. ご面倒でなければよろしいのですが / It was kind of you to go to all that ～. わざわざそんなことまでしていただいて本当にありがとうございました / He took the ～ *to* come and see me.＝He went to the ～ of coming and seeing me.＝He went to a lot of [considerable, much] ～ to come and see me. 彼はわざわざ私に会いに来てくれた. **b** 苦心, 骨折り, 苦労 (exertion, pains); 困難, 苦労 (difficulty): take ～ *with* [*over, about*] one's work＝take ～ *to* work [work*ing*] 骨を惜しまず仕事をする / give oneself (the) ～ 骨折る, 尽力する / have a lot of ～ *to* keep [keep*ing*] out of debt 借金をしまいと大いに苦心する / have ～ *with* one's stomach 胃(の調子)が悪い / She had ～ (*in*) gett*ing* a taxi. タクシーを拾うのに苦労した / He has ～ (*in*) pronounc*ing* some English sounds. 彼はある英語の音をよく発音できない / Is it worth all the ～? そんなに骨折りがいがあるのか.

5 a もめ事, 悶着(もんちゃく), ごたごた (disturbance); 警察ざた: cause ～ at work [among one's friends] 仕事で[友人の間で]ごたごたを起こす / make ～ (*for* …) (…と)いざこざを起こす; (…に)迷惑をかける / ⇨ *in* TROUBLE (3) / get into ～ (*with* …) (…と)悶着を起こす, 事面倒となる / He was having girl ～. 女の子とごたごたを引き起こしていた / We have

T

never had any ~ *with* the police. 私たちは今までに一度も警察を相手に面倒な事を起こしたことがない. **b** [しばしば *pl.*] (政治的・社会的)紛争, 騒乱 (public unrest): political [labor] ~(*s*) 政争[労働争議] / mean ~ 紛争をたくらむ. **c** [the Trouble(s)] 《アイル》《婉曲的に》紛争, ごたごた《第一次大戦前後から 1920 年代にかけてのアイルランド南部の対英抗争; cf. Sinn Fein, IRA》.
be mòre tróuble than it is* [*they are*] *wórth 利益をもたらすよりもやっかい[手間]のほうが大きい. ***in tróuble*** (1) (肉体的・精神的・経済的に)困って, 難渋して: Many parents are *in* ~ *over* their daughters. 娘の問題で頭を悩ましている親が大勢いる. (2) かかり合いになって, 検挙[処罰など]され(そうになっ)て: He has been *in* ~ once or twice *with* the police for petty thieving [theft]. ちょっとした盗みのかどで警察の世話になったことが一, 二度ある. (3) もめて, 悶着を起こして〔*with*〕. (4) 《口語》〈未婚の女性が〉妊娠して (cf. n. 1 b). 《*a*1562》 ***rún to méet one's tróubles*** 取り越し苦労する.
tróuble and strífe 《英俗》女房 (wife), かみさん, 妻君 《押韻俗語》.

tróu·bler /-blə, -blə | -blə(r), -blə(r)/ *n.* **tróu·bling·ly** /-blɪŋ-, -bl-/ *adv.*
〖v.: (?a1200) tro(u)ble(n) □ OF trubler, tourbler (F troubler) < VL *turbulāre (L turbulentus 'TURBULENT' の影響による変形) ← LL turbidāre to disturb, make turbid ← L turbidus 'TURBID'. — n.: (?c1200) □ OF truble, t(o)urble (F trouble) ← troubler, tourbler (v.)〗

trou·bled /trʌ́bḷd/ *adj.* **1** 心配そうな, 不安な, 困った: a ~ countenance [look] 心配そうな顔 / look ~ 不安そうな様子をしている. **2** 騒然とした, 荒れる: ~ times 物騒な世の中, 乱世 / the ~ economy of a country 国の混乱した経済. **~·ness** *n.* 〖(c1350): ⇨ -ed 2〗
tróubled wáters *n. pl.* **1** 荒れる海[波浪]. **2** 混乱状態. ***fish in tróubled wáters*** ⇨ water *n.* 成句. 〖1581〗
tróuble-frée *adj.* 問題[故障, 心配]のない.
tróuble·màker *n.* いざこざ[悶着(もんちゃく)]を起こす人; 迷惑[面倒]をかける人. **tróuble·màking** *adj., n.* 〖c1914〗
tróuble màn *n.* =troubleshooter 1. 〖1889〗
tróuble·pròof *adj.* 面倒をかけない; 故障が起こらない. 〖(1878): ⇨ -proof〗
tróuble·shòot *vi.* 故障検査員[調停人]を務める. — *vt.* 故障検査員[調停人]として処理する. 〖(1918) (逆成) ↓〗
tróuble·shòoter *n.* **1** (機械などの)故障を発見して修理する人. **2** 紛争調停人, 火消し役《紛争の原因を見出して解決する特別の手腕をもった人》. **3** =troublemaker. 〖(1905) ← TROUBLE (n.)+SHOOTER〗
trou·ble·some /trʌ́bḷsəm/ *adj.* **1** 困難な, 面倒な, 骨の折れる (difficult): a ~ job. **2 a** やっかいな, うるさい: a ~ cough. **b** 手に負えない, 手の焼ける (unruly): a ~ child. **3** 《古》 **a** 騒然とした. **b** 苦難に満ちた. **~·ly** *adv.* **~·ness** *n.* 〖(1542) ← TROUBLE (n.)+-SOME[1]〗

SYN 骨の折れる: **troublesome** 複雑, しかも面倒でやっかいな: a *troublesome* job 骨の折れる仕事. **painful** 心身に苦痛を与えるほどつらく骨の折れる: *painful* labors 骨の折れる苦労. **burdensome** 肉体的・精神的な負担になる《格式ばった語》: *burdensome* reponsibilities 重荷になる責任. **exacting** 〈人や仕事など〉人から多くの努力・労力を要求する: an *exacting* work つらい仕事.

tróuble spòt *n.* **1** 紛争地; 紛争が起こりそうな地域. **2** (機械などの)故障(が起こりそうな)箇所. **3** 問題点. 〖1956〗
trou·blous /trʌ́bləs/ *adj.* 《古》 **1 a** 乱れた, 騒然とした: ~ times 乱世, 騒然たる時代. **b** 嵐の, 時化(しけ)の (stormy). **2** やっかいな, 面倒な, うるさい (troublesome). **~·ly** *adv.* **~·ness** *n.* 〖(?a1425) □ OF troubleus: ⇨ trouble (n.), -ous〗
trou-de-loup /trù:dəlú: | -də-; *F.* tʁudlu/ *n.* (*pl.* **trous-** /~/; *F.* ~/) 《軍事》狼穽(ろうせい), 落とし穴《地面に幾条にも溝を掘ってその中にとがったくいを並べたもので, 昔, 敵騎兵の進攻を防いだ》. 〖(1789) □ F ~ 'hole of wolf'〗
trough /trɔ́(:)f, trɑ́(:)f | trɔ́f, trɔ́:f/ *n.* **1** 木製の細長い(ふたのない)箱, ふね, かいばおけ. **2** (パン屋の)こねばち

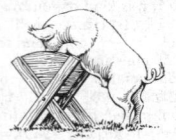

trough 1

(kneading trough). ★ 米国のパン屋では /tróu/, 英国のパン屋では /tráu/ とも発音される. **3 a** (屋根の)雨樋(あまどい) (gutter, eaves trough). **b** 《方言》(水車の水を引く)樋(とい) (conduit). **4** (二つのうねや波の間などの)細長いくぼみ (cf. crest 1 c): the ~ of the sea 波くぼ. **5** 《地理》谷; 大きな溝状の地形, 地溝(ちこう) (graben); 海溝 (trench); 氷食の U 字谷 (glacial trough). **6** 《気象》気圧の谷. **7** (変動する量の)谷, 最低値 (cf. peak); 景気の谷. **8** (調剤・現像用などの)水槽; 水盤. **9** 《印刷》電槽, メッキ槽《電鋳で用いる電解液を入れた槽》. **10** 《米》《劇場》脚光器. **~·lìke** *adj.* 〖OE troh, trog wooden vessel < Gmc *turʒaz (Du. trog / G Trog / ON trog) < IE *drukós ← *deru- 'wood, TREE'〗

tróugh shèll *n.* 《貝類》バカガイ科 (Mactridae) の貝《薄質の滑らかな貝殻をもつ海産二枚貝; バカガイ, ウバガイなど》. 〖1867〗
trounce /tráuns/ *vt.* **1** ひどくなぐる[打つ] (thrash). **2 a** 罰する, こらしめる (punish). **b** しかりつける; こきおろす. **3** 《口語》惨敗させる. **tróunc·er** *n.* 〖(1551) 'to trouble, 《原義》 to terrify' ← ? ME traunce 'fear of death, TRANCE'〗
troupe /trú:p/ 《演劇》 *n.* (俳優・歌手・軽業師などの)一座, 一団 (company, band) (⇨ troop SYN). — *vi.* 座員として巡業する (barnstorm). — *vt.* (巡業で)〈劇を〉演ずる. 〖(1825) □ F ~ 'TROOP'〗
tróup·er *n.* **1** 劇団[曲芸団など]の一員, 座員. **2** 老練俳優, 幹部俳優 (veteran actor). **3** 忠実な人, 頼りになる仲間. 〖(1890): ⇨ ↑, -er[1]〗
troup·i·al /trú:piəl/ *n.* 《鳥類》 **1** オレンジムクドリモドキ (*Icterus icterus*)《南米産ムクドリモドキ科の羽毛の美しい鳥》. **2** ムクドリモドキ科の鳥類の総称. 〖(1825) □ F troupiale ← troupe 'TROOP': 群れをなす習性から〗
trous-de-loup *n.* trou-de-loup の複数形.
trouse /tráuz/ *n. pl.* 《英》(アイルランド人がはく)体にぴったりした半ズボン. 〖((1306)) (1578): ⇨ trousers〗
trou·ser /tráuzə | -zə(r)/ *n.* ズボンの片足[片方]. — *adj.* [限定的] ズボンの: a ~ leg ズボンの片足 / ~ cuffs ズボンの折り返し / ~ pockets ズボンのポケット (cf. trousers 1 ★). 〖(1702) (逆成) ← TROUSERS: cf. (1598) 《廃》 strosser 'trouser' ← ?〗
tróuser clìp *n.* ズボンの裾(すそ)止め (bicycle clip). 〖1895〗
tróu·sered *adj.* **1** ズボンをはいた. **2** 男性の, 男子の (masculine). 〖(c1890): ⇨ trouser, -ed 2〗
tróu·ser·ing /-z(ə)rɪŋ/ *n.* ズボン地. 〖(1883): ⇨ -ing[1] 2〗
tróuser prèss *n.* ズボンプレッサー. 〖1905〗
trou·sers /tráuzəz | -zəz/ *n. pl.* **1** ズボン: a pair [three pairs] of ~ ズボン 1 着 [3 着]. ★ 形容詞的に次のように用いられることもあるが, 単数形の方が普通: ~ pockets ズボンのポケット. **2** =pantalets. **3** 中近東の(男女がはく)だぶだぶのズボン.
be in shórt tróusers (まだ)少年である. ***wéar the tróusers*** ⇨ wear[1] 成句. ***with one's tróusers dówn*** =*with one's* PANTS *down*.
tróuser·less *adj.* 〖(1613) (drawers からの類推による) ← trouse □ Ir.-Gael. triūs & Sc.-Gael. triubhas: ⇨ trews, tweezers〗
tróuser-strètcher *n.* ズボンプレッサー.
tróuser sùit *n.* 《英》 =pantsuit. 〖1939〗
trousse /trú:s; *F.* tʁus/ *F. n.* (*pl.* **trouss·es** /~ɪz; *F.* ~/) **1** (こまごました道具類を入れる)道具箱: a surgeon's ~ 外科用器具箱. **2** 箱に入れた一組の小道具類. 〖(?a1200) □ F ~ 'bundle': cf. truss〗
trous·seau /trú:sou, ─ ┘ | trú:səu, ─ ┘; *F.* tʁuso/ *n.* (*pl.* **trous·seaux** /~(z); *F.* ~/, **~s**) 嫁入り支度《花嫁の衣装・装身具など》. 〖((?a1200)) (1817) □ F ~ (dim.): ↑〗
trout /tráut/ *n.* (*pl.* ~, ~s) **1** 《魚類》 **a** サケ科ニジマス属 (*Salmo*) の主に淡水産の魚類の総称《食用・釣りの対象魚として珍重される; rainbow trout, brown trout など; cf. salmon 1, char[3]》. **b** それに似たサケ科の魚類の総称. **2** マスの身. **3** 《英俗》無器量なばあさん. — *vi.* マスを釣る[捕える]. 〖lateOE trūht □ LL tructa □ Gk trṓktēs gnawer, sea fish with sharp teeth ← trṓgein to gnaw〗
tróut-còlored *adj.* 〈馬が〉連銭芦毛の, 小斑芦毛の.
tróut·less *n.* trout のいない: ~ waters.
trout·let /tráutlɪ̀t/ *n.* 《魚類》 =troutling. 〖1829〗
tróut lìly *n.* 《植物》 =dogtooth violet. 〖c1898〗
trout·ling /tráutlɪŋ/ *n.* 《魚類》ブラウントラウトの幼魚 (troutlet). 〖(a1739) ← TROUT+-LING[1]〗
tróut-pèrch *n.* 《魚類》北米産サケスズキ科の淡水魚の一種 (*Percopsis omiscomaycus*). 〖1883〗
trout·y /tráuti | -ti/ *adj.* (**trout·i·er**; **-i·est**) **1** 〈川などが〉マスが豊富な[そうな]. **2** 〈色・斑点など〉マスのような; 斑点のある (speckled). 〖(1676) ← TROUT+-Y[4]〗
trou·vaille /tru:vái; *F.* tʁuvɑ:j/ *F. n.* 意外な獲物, 掘出し物 (windfall). 〖(1842) □ F ~ ← trouver (↓)〗
trou·vère /tru:vέə | -vέə(r); *F.* tʁuvε:ʁ/ *n.* トルベール《11–14 世紀フランスの北部地方で宮廷風恋愛詩や騎士道物語詩を書いた吟遊詩人; cf. troubadour 1》. 〖(1795) □ F ~ < OF trovere ← trover to find: ⇨ troubadour〗
trou·veur /tru:vɚ́: | -və́:(r); *F.* tʁuvœ:ʁ/ *n.* =trouvère.
Trou·ville-sur-Mer /tru:ví:lsuəmέə, -víl- | -s(j)uəmέə(r); *F.* tʁuvilsyʁmε:ʁ/ *n.* トルビルシュルメール《フランス北西部 Le Havre の南方, イギリス海峡に臨む海港; 海水浴場がある》.
trove /tróuv | tráuv/ *n.* **1** 発見された物 (cf. trover): ⇨ treasure trove. **2** 貴重な収集品. 〖(1888) 《略》 ← treasure trove〗
tro·ver /tróuvə | tráuvə(r)/ *n.* 《法律》 **1** (購入によらず発見などによる)動産取得(横領). **2** 横領訴訟《物自体を回復することはできず, 賠償を請求することしかできない; action of trover ともいう》. 〖(1594) □ AF ~ 《名詞用法》 ← OF (F trouver) to find < LL tropāre: ⇨ troubadour〗
trow /tróu | tráu, tráu/ *vi.* 《古》思う, 信じる (think, believe): What ails him, (I) ~? 一体彼はどこが悪いのかしら. 〖OE trūwian (← trūwa faith: cf. G trauen) & trēow(i)an to believe, trust (← trēowe faith): ⇨ truce, true〗
Trow·bridge /tróubrɪdʒ | tráu-/ *n.* トローブリッジ《イングランド南部 Wiltshire 州の都市, 州都》. 〖(1184) Trobrigge: ⇨ tree, bridge〗
trow·el /tráuəl, tráuḷ/ *n.* **1** (左官などの用いる)こて. **2** (園芸用の)移植ごて, スコップ (garden trowel). ***láy it ón with a trówel*** やたらにお世辞を言う, むやみにほめる, へつらう (cf. Shak., *As Y L* 1. 2. 112). (1599) — *vt.* (**trow·eled, -elled; -el·ing, -el·ling**) こてで塗る[なでる]. **~·er,** 《英》 **~·ler** /-lə | -lə(r)/ *n.* 〖(1344) truel □ (O)F truelle □ LL truella =L trulla (dim.) ← trua ladle, spoon〗
troy /trɔ́ɪ/ *n.* =troy weight. — *adj.* 金衡の. 〖(1380–81) ← Troyes: この量り方が初めて用いられた所〗
Troy[1] /trɔ́ɪ/ *n.* **1** トロイ, トロイア《小アジア北西部の古都; Homer の *Iliad* によれば, トロイ戦争で 10 年間ギリシャ軍に包囲された; Schliemann の発掘でも有名; ギリシャ語名 Ilion /íliɑ̀(:)n, -ən | ílìɔ̀n, íljən/, ラテン語名 Ilium /íliəm | ɑ́ɪliəm, íl-, -ljəm/》. ★ 形容詞は Trojan. **2** トロイ《米国 New York 州東部 Hudson 河畔の工業都市》. 〖(a1520) □ L Trōja, Trōia □ Gk Trṓïa 《原義》 the city of Tros: cf. Troilus〗
Troy[2] /trɔ́ɪ/ *n.* トロイ《男性名》. 〖↑〗
Troy·an /trɔ́ɪən/ *n.* =Trojan.
Troyes /trwá:; *F.* tʁwa/ *n.* トロワ《フランス北東部の Seine 河畔の都市, Aube 県の県都》.
Troyes, Chrétien de *n.* ⇨ Chrétien de Troyes.
Tro·yon /trwɑ:jɔ̃:(ŋ), -jɔ́:ŋ; *F.* tʁwajɔ̃/, **Con·stant** /kɔ̃stɑ̃/ *n.* トロワイヨン (1813–65; フランスの動物・風景画家).
tróy póund *n.* トロイポンド (⇨ pound[1] 1 b). 〖1488–91〗
tróy wèight *n.* 金衡《金銀・宝石などを量るのに用いる衡量; 以前はパンの重さを量るのにも用いた; 12 ounces (=240 pennyweights), 5,760 grains をもって 1 pound とする; 英国では今は ounce とその分数単位だけが troy weight で法的に認められている》. 〖1458〗
trp 《略》《軍事》 troop.
trs. 《略》 transfer; 《印刷》 transpose; trustees.
Trst /tə́:st | túəst; *Sloven.* tərst, *Serb./Croat.* tr̩st/ *n.* トルスト (Trieste のスロベニア, セルビア・クロアチア語名).
tru·an·cy /trú:ənsi/ *n.* **1** (学生等の)無断欠席, ずる休み. **2** ずるけ, 怠け. 〖(1784): ⇨ ↓, -ancy〗
tru·ant /trú:ənt/ *n.* **1** (主に学校の)無断欠席者, ずる休みする生徒[者]: play ~ 無断で学校を休む, ずる休みする. **2** 《廃》怠け者, ずるけ者. — *adj.* **1 a** 無断で欠席する, ずる休みする: a ~ boy. **b** 怠け者の. **2** 怠ける, ずるける (idling): a ~ mood ずるけ気分. — *vi.* 無断欠席する, ずる休みする; ずるける, 怠ける. **~·ly** *adv.* 〖(c1300) 《廃》 'vagabond' □ OF ~ (F truand) beggar, vagabond ← Celt.: cf. Welsh truan wretch(ed)〗
trú·ant·ing /-tɪŋ | -tɪŋ/ *n.* (学校の)無断欠席.
trúant òfficer *n.* 《米》《教育》 =attendance officer. 〖1872〗
tru·ant·ry /trú:əntri/ *n.* =truancy. 〖(1426): ⇨ truant, -ry〗
trúant schòol *n.* 補導学校. 〖1872〗
Tru·bets·koy /trù:bʲɛtskɔ́ɪ, -bɛts-; *Russ.* trubʲitskój/, **Nikolai Sergeevich** *n.* トルベツコイ (1890–1938; ロシアの言語学者; 構造主義言語学の提唱者, Prague 学派の中心人物の一人, ウィーン大学教授; *Grundzüge der Phonologie*「音韻論概要」(1939)).
truce /trú:s/ *n.* **1** 戦闘停止, 休戦; 休戦協定: a flag of ~ 休戦旗, 白旗 / a general [special] ~ 全面[限地]休戦 / make a ~ 休戦する / an industrial ~ 労使休戦. **2** (苦難・苦痛などの)休止, 中断 (respite): A ~ to nonsense [jesting]! くだらない事[冗談]を言うのはよせ.
Trúce of Gód [the ─] (中世の教会が特定の曜日および祝日に戦闘・私闘の中止を命じた)神の休戦 (cf. PEACE of God (2)). 〖(1727–41) 《なぞり》 ← ML Treuga Dei〗
— *vi.* 休戦する〔*with*〕. — *vt.* (休戦によって)中止する. 〖(?a1200) trues, trew(e)s (pl.) ← true, trewe agreement, treaty, truce < OE trēow fidelity, good faith: ⇨ true, trow, trust〗
trúce·less *adj.* 〈戦いなど〉休戦の(見込みの)ない. 〖(1631): ⇨ -less〗
tru·cial, T- /trú:ʃəl, -ʃḷ | -ʃəl, -ʃḷ, -sjəl/ *adj.* 休戦の, 休戦条約で縛られた《特に, 1835 年の英国政府とアラビア Oman 半島の Persian Gulf 沿いの Sheikhs 諸国との間の休戦条約についていう》. 〖(1876) ← TRUCE+-IAL〗
Trúcial Cóast /trú:ʃəl-, -ʃḷ- | -ʃəl-, -ʃḷ-, -sjəl-/ *n.* [the ~] **1** トルーシャルコースト (United Arab Emirates の旧名). **2** トルーシャル海岸《アラビア半島東岸の現在の United Arab Emirates がある海岸》.
Trúcial Omán *n.* トルーシャルオマン (United Arab Emirates の旧名).
Trúcial Státes *n. pl.* [the ~] United Arab Emirates を構成する 7 首長国 (Sheikhdom) の旧名. 〖1891〗
truck[1] /trʌ́k/ *n.* **1** 貨物自動車, トラック (《英》 lorry): by ~ = in a ~ トラックで. **2** 《英》無蓋(むがい)貨車. **3** (手荷物を運ぶ二輪の)手押し車, トロッコ. **4** (駅・店内などで用いる手押し車または電動の三輪または四輪の)運搬車. **5** (鉄道車両など swivel で自由に転向できる)転向台車, ボギー車 (《英》 bogie). **6** 《海事》旗ざお[帆柱]上端の円形木冠; 帆柱の頂上. **7** (脚輪と棚つきの)小スタンド, ワゴン. **8** (旧式の大砲の)砲架の車輪《木または金属製》.
— *adj.* [限定的] トラック(用)の: a ~ tire.
— *vt.* **1** truck に載せる[積む], truck で運ぶ. **2** 《映画・テレビ》(移動カメラ台で)〈カメラを〉移動させる (dolly).
— *vi.* **1** 《米》トラックを運転する. **2** トラックで運ぶ. **3** 《米》トラックの運転手として働く. **4** 《映画・テレビ》カメラを移動させる, カメラ移動を行う (dolly): ~ up 被写体に

近づける / ~ back 被写体から遠ざける (cf. trucking shot). **5** 《口語》 気ままに歩く; 前進する.

kéep ón trúcking 《俗》 〈つまらないことを〉がんばってやり続ける.

〖(1611) ◻ L *trochus* iron hoop ◻ Gk *trokhós* wheel, disk ← *trékhein* to run: ⇨ trocho-〗

truck[2] /trʌ́k/ *vi.* **1** 交換する, 交易する; (神聖な物などをつまらないものと) 物々交換する (exchange, barter): ~ *for* a thing *with* a person 人と物を交易する. **2** 取引する (bargain); 取引がある 〔*with*〕. **3** 《スコット》 つまらない用事で歩き回る, ぶらぶらする (potter). — *vt.* **1** 交換する, 交易する: ~ knives *for* gold dust ナイフを砂金と交換する / ~ a thing *with* a person 人と物を交換する. **2** 《廃》 呼売りする.

trúck awáy 物々交換で手放す. (1631)

— *n.* **1 a** 関係, 交際, 交渉 (dealings): I won't have [don't want] any ~ with him. 彼とは関係[交際, 取引]したくない. **b** 物々交換, 交易 (barter, exchange); 売買 (bargain, deal). **2** 《口語》 **a** 小さい品物 (small wares); 《口語》 がらくた (odds and ends). **b** くだらないこと, たわごと (nonsense): I shall stand no ~. つまらぬことを聞いておれない, ばかなまねは許さないぞ. **3** 《米》 市場向けの野菜 (cf. truck farm). **4** 《英》 物品[現物]支給 《賃金の代わりに物品を支給したかつての制度》.

〖(?a1200) *trukie(n), trukke(n)* ◻ (O)F *troquer* ← ?〗

truck[3] /trʌ́k/ 《ダンス》 *n.* =trucking[3]. — *vi.* トラッキングを踊る. 〖(1935) ← TRUCK[1]〗

Trúck Àcts *n. pl.* [the ~] 《英》 (1831 年に制定され, 数次の改正を経た) 現物給与禁止法.

truck·age[1] /trʌ́kɪdʒ/ *n.* 《米》 **1** (手車・貨車・荷車などでする) 運搬, 運送. **2** 運送料; 貨車使用料. 〖(1830) ← TRUCK[1] + -AGE〗

truck·age[2] /trʌ́kɪdʒ/ *n.* 《まれ》 交換, 交易 (exchange). 〖(1641) ← TRUCK[2] + -AGE〗

trúck cròp *n.* 《米》 (truck farm で生産された) 市場向けの野菜. 〖1895〗

trúck drìver *n.* トラック運転手. 〖1907〗

truck·er[1] /trʌ́kə | -kə(r)/ *n.* **1** 《米》 トラック運転手. **2** トラック運送業者. 〖(1853) ← TRUCK[1] + -ER[1]〗

trúck·er[2] *n.* **1 a** 交易者. **b** 《スコット》 行商人. **2** 《米》 =truck farmer. 〖(1598) ← TRUCK[2] + -ER[1]〗

trúck fàrm *n.* 《米》 市場向け野菜農場 (《英》 market garden). **trúck fàrming** *n.* 〖(1866): ⇨ truck[2] (n.) 3〗

trúck fàrmer *n.* 《米》 市場向け野菜栽培業者 (《英》 market gardener). 〖(1877) ↑〗

truck·ful /trʌ́kfʊ̀l/ *n.* トラック一台分: a ~ *of* flowers トラック一台分の花.

trúck gàrden *n.* 《米》 市場向け野菜園. 〖1866〗

truck·ie /trʌ́ki/ *n.* 《豪口語》 トラック運転手. 〖1958〗

trúck·ing[1] *n.* 《米》 トラック運送(業). 〖(1809) ← TRUCK[1] + -ING[1]〗

trúck·ing[2] *n.* **1** 《米》 市場向け野菜栽培(業). **2** 交易, 物々交換, バーター取引. 〖(1594) ← TRUCK[2] + -ING[1]〗

trúck·ing[3] *n.* 《ダンス》 トラッキング 《片手を挙げて拍子をとりながら足先を内にしたり外にしたりして前進する》. 〖(1944) ← TRUCK[3] + -ING[1]〗

trúcking shòt *n.* 《映画・テレビ》 移動するドリー (dolly) で撮ったシーン 《主としてカメラを被写体に平行に移動させながら撮ったものをいう》. 〖1948〗

trúck jòbber *n.* (トラックを使用する) 移動[巡回]卸売業者.

truck·le[1] /trʌ́kl/ *vi.* 屈従する, (こびて) ぺこぺこする (cringe) 〔*to*〕. **trúck·ler** /-klə, -klə | -klə(r, -kl-/ *n.* 〖(1613) 《略》 ← TRUCKLE BED: 他の大きな寝台の下に押し込まれることから〗

truck·le[2] /trʌ́kl/ *n.* **1** (滑車などの) 小車輪 (small wheel); 滑車 (pulley). **2** =truckle bed. **3** 《英方言》 樽形の小型 (チェダー) チーズ. 〖(1417) *trocle* ◻ AF ~ ◻ L *trochlea* ◻ Gk *trokhilía* pulley: ⇨ trochlea〗

trúckle bèd *n.* 車付き寝台 《脚輪 (casters) が付いている低い寝台; 不用時には他の寝台の下に押し込むことができる》. 〖(1459): ⇨ ↑, -bed〗

trúck lìne *n.* トラックなどによる輸送路線. 〖1924〗

trúck·ling /-klɪŋ, -kl-/ *adj.* ぺこぺこする (cringing). **~·ly** *adv.* 〖(1656): ⇨ truckle[1], -ing[2]〗

trúck·lòad *n.* **1** トラック一台分の荷物: a ~ *of* apples トラック一台分のりんご. **2** トラック一台分の積荷料金で荷積みするのに必要な最低重量. 〖1862〗

trúck·man /-mən/ *n.* (*pl.* **-men** /-mən, -mɛ̀n/) **1 a** トラック運転手 (truck driver). **b** トラック運送業者. **2** (消防署の) はしご車隊員. 〖1787〗

trúck·màster *n.* 《米古》 インディアンとの交易担当官. 〖1637〗

trúck mìxer *n.* トラックミキサー 《コンクリートミキサーを装備したトラック》. 〖1954〗

trúck shòp *n.* =tommy-shop. 〖1845〗

trúck shòt *n.* 《映画・テレビ》 =trucking shot.

trúck stòp *n.* トラックサービスエリア 《軽食堂・ガソリンスタンド・休憩室などがある; 《英》 transport café; cf. drive-in 日英比較》. 〖1961〗

trúck sỳstem *n.* 物品支給制 《通貨による賃金支払いの代わりに生産物その他の現物を支給する制度; 今は違法行為; cf. tommy 3》. 〖1830〗

trúck tràctor *n.* =tractor 4.

trúck tràiler *n.* 《自動車》 貨物トレーラー, 被牽引車 《truck tractor に牽引される, エンジンを備えない貨車》.

truc·u·lence /trʌ́kjʊləns/ *n.* 野蛮, 獰猛(どうもう), 残忍. 〖(1727) ◻ F ~ // L *truculentia*: ⇨ truculent, -ence〗

trúc·u·len·cy /-lənsi/ *n.* =truculence. 〖(1569): ⇨ ↑, -ency〗

truc·u·lent /trʌ́kjʊlənt/ *adj.* 野蛮な (savage), 獰猛(どうもう)な, 凶猛な (⇨ fierce SYN); 残忍な, 残酷な (ruthless): a big, ~ looking man 残忍な顔つきをした大男 / He replied in a ~ tone. 凶暴な調子で答えた. **~·ly** *adv.* 〖(c1540) ◻ L *truculentus* ← *truc-, trux* fierce: ⇨ -ulent〗

Tru·deau /truːdóʊ, ——́ | trúːdəʊ; *F.* tʀydo/, **Pierre Elliott** *n.* トルドー (1919–2000; カナダの政治家; 首相 (1968–79, 1980–84)).

trudge /trʌ́dʒ/ *vi.* てくてく[とぼとぼ]歩く, 重そうに歩く, 骨折って歩く (plod) 〈*along, away, up*〉. — *vt.* **1 a** 〈道などを〉てくてく[とぼとぼ]歩く. **b** [~ it として] てくてく歩く. **2** 《古・詩》 〈重い荷などを〉持って重そうに[苦しそうに]歩く 〈*about*〉. — *n.* **1** 徒歩; 重い足取り, てくてく[とぼとぼ]歩き: It was a hard ~ up the hill. その山を登って行くのはつらかった. **2** とぼとぼ歩く人 (tramp). **trúdg·er** *n.* 〖(1547) ← ?〗

trudg·en /trʌ́dʒən/ *n.* 《水泳》 頭を伏せた一種の両抜き手 (trudgen stroke ともいう). 〖(1893) ← *John Trudgen* (1852–1902: この泳法で泳いだ英国の水泳選手)〗

Tru·dy /trúːdi | -di/ *n.* トルーディー 《女性名; 異形 Truda, Trude》. 〖(dim.) ← GERTRUDE〗

true /trúː/ *adj.* (**tru·er**; **-est**) **1** 真実の, 本当の, 事実通りの (correct) (↔ false, erroneous): a ~ story 実話 / a ~ history 真史 / (as) ~ as gospel 絶対に真実[真理]で / (as) ~ as I'm alive 本当に, 間違いなく / come ~ 〈希望・夢などが〉本当になる; 〈予言が〉的中する (cf. *adv.* 3) / prove ~ 〈報告などが〉本当だと判明する, 当たる / That's ~. それは本当だ / That is only too ~. 悲しいかな全くその通りだ / His story is too good to be ~. 彼の話はうますぎて信用できかねる.

語法 (1) この意味の true が反対の意味の陳述を言い出す前の譲歩的表現形式に用いられる: *It is ~ (that) [True,]* he is clever, *but* he lacks dedication. なるほど彼は利口だ, しかし奉仕の精神に欠けている. (2) It is ~ that …における true が構造上遊離して間投詞的となり, あとに続く陳述の真実性を強調するのに用いられることがある: *True,* you are in the right.＝Although it is ~ that you are in the right. いかにも君の言うことは正しいけれども.

---

2 a 正真正銘の, 本物の, 本当の (real, genuine): ~ gold 純金 / a ~ sign 確実な兆候 / ~ friendship [love] 真の友情[愛情] / a ~ scholar [Londoner] 生粋(きっすい)の学者[ロンドン子]. **b** 法律的に正しい, 適法の (legitimate): the ~ heir [owner] 正当の跡継ぎ[所有主]. **c** 本来そうあるべき, 正しい, 適正な (proper): arranged in their ~ order 適当な順序に並べられた.

3 a 正確な (accurate); 正しい, 間違いのない (correct, right); 正確に一致する, 寸分違(たが)わない (accurately conforming): a ~ balance [copy] 正確な天秤(てんびん)[写し] / a ~ estimate [judgment] 正確な見積もり[判断] / ~ *to* life 現実[実物]そのままに / ~ *to* time [expectations] 時間[期待]通り / ~ *to* type 典型的な, 型[作法]通りの (cf. 7 a) / ~ *to* one's name 名に背かない / a translation ~ *to* the original 原文に忠実な翻訳 / run ~ *to* form [type] 〈好ましくない言動が〉相変わらず(の調子である). **b** 厳密な, 精密な (strict): in the ~*est* sense 最も厳密な意味で.

4 a 〔…に〕忠実な, 誠実な, 実(じつ)のある (sincere) (⇨ faithful SYN); 当てになる (reliable); 変わらない (constant) (↔ perfidious, false, fickle) 〔*to*〕: a ~ friend 誠実な友 / a ~ patriot 忠実な愛国者 / (as) ~ as steel [flint] 非常に忠実な, 頼みがいのある, 信用できる / ~ *to* one's cause [friend] 主義[友人]に忠実で / ~ *to* one's colors 信念[主義, 目的など]に忠実で / ~ *to* oneself 自己に忠実で, 柄にない事をしない / He was ~ *to* his word [promise]. 約束を守った. **b** 《古》 うそをつかない (truthful), 正直な (honest), 高潔な (honorable): ⇨ GOOD *men and true*.

5 当てはまる (applicable): hold ~ 〈規則・言葉などが〉当てはまる, 有効である / The same is ~ *of* business. 同じことは事業についても言える. **6 a** 〈声など〉正しく調子に合った (in perfect tune): on ~ pitch 正しい調子で / His voice is ~. 彼の声は調子に合っている. **b** 〈器具・機械など〉正しい位置にある, 狂っていない, まっすぐな, 水平な: This wheel is not ~. この車輪は正しく着装されていない. **7 a** 《生物》 (属について) 模式的な, 典型的な (typical) (cf. *adv.* 3): ~ *to* type 〈動植物が〉純種の. **b** 《畜産》 純種の (purebred): a ~ collie (dog) 純種のコリー犬. **8** 《航空・海事》 〈針路・方位が〉真北を基準にして定められた: ⇨ true bearing, true course, true heading, true north. **9** 《物理》 みかけでない, あらゆる条件を考慮した.

nòt trúe 《口語》 信じがたい; 驚くべき.

— *n.* **1** [通例 the ~] 真実であること, 真理 (truth), 実在 (reality). **2** 正確であること[状態]. ★ 次の句で: *in* [*out of*] ~ 〈位置・調子など〉きちんと調整されて[されないで], 正確で[狂って], 合って[はずれて]. **3** [T-] 《商標》 トルー 《米国 Lorillard Tobacco 社製のフィルター付き紙巻きたばこ》.

— *adv.* (**tru·er**; **-est**) **1** 真実に (truly): Tell me ~. 正直に言って下さい / His words ring ~. 彼の言葉には真実の響きがある. **2** 正確に, 狂わずに (accurately): aim ~ 狙いを過(あやま)たない / This door hangs ~. このドアは狂いがきていない. **3** 《生物》 純粋に (cf. *adj.* 7 a): breed ~ 〈雑種が〉(何代でも常に) 同一形質の子を産む / come ~ 〈植物が〉(種々な変種にならずに) 純粋種の子孫をつくる (cf. *adj.* 1) / throw ~ 〈家畜が〉親の種に違わぬ子を産む.

— *vt.* 〈道具・車輪・機械などを〉正しく調整する[合わせる, そろえる] 〈*up*〉: ~ *up* a machine / ~ *up* the edges of the boards 2 枚の板の端をそろえる.

~·ness *n.* 〖OE *trēowe* < Gmc **trewwjaz* (Du. *(ge)trouw* / G *treu* / ON *tryggr* / Goth *triggws*) ← IE **deru-* to be firm, 《原義》 as firm as a tree (Gk *dóru* beam / Skt *dāruṇa* hard, *dāru* wood): cf. tree: 今の形は 15 C から〗

SYN 真の: **true** 作りごとではなく事実と一致する: a *true* story 実話. **actual** 現実に存在していて架空のものではない: an *actual* example 実例. **real** 仮想されたものではなく純粋で現実の物として存在する: His fears were *real,* not imagined. 彼の恐怖は想像したものではなく, 真正のものだった. **genuine** 模造や偽造ではなく本物の: a *genuine* diamond 本物のダイアモンド.

ANT false, fictitious, imaginary.

---

trúe áirspeed *n.* 《航空》 真対気速度 《周囲の空気に対する真の相対速度で, 指示対気速度に空気密度の補正などを施して得られる; 略 TAS; cf. indicated airspeed》.

trúe áltitude *n.* 《航空》 真高度 (corrected altitude).

trúe béaring *n.* 《海事・航空》 真(正)方位.

trúe belíever *n.* 熱心な信者[弟子]; 狂信者, 熱狂者.

trúe bíll *n.* **1** 《法律》 原案適正 《大陪審が起訴状案 (bill of indictment) を適正と認めた時にその裏面に記す決まり文句》: find a ~ *against* a person 人に対する起訴状を是認する 《証拠十分と認めて公判に付す》. **2** 真実な陳述[非難]. 〖1769〗

trúe-blúe *adj.* (自己の主義・党派などに) 忠実な, 信念を曲げない, 誠実な (unchanging, staunch). 〖1674〗

trúe blúe *n.* **1** (なかなかあせない) 藍(あい)染料. **2 a** 17 世紀にスコットランドの Covenanters (=Scottish Presbyterians) が王党派の赤色に対抗して採用した紺(こん)色. **b** =Presbyterianism. **3** 《英》 **a** 自己の主義・党派などに忠実なこと, 妥協のない忠誠. **b** 自己の信念を固守する人, あくまで忠実な人, 志操堅固な人; 保守主義者. 〖1663〗

trúe·bórn *adj.* 嫡出の, 生まれの正しい, 生粋(きっすい)の: a ~ Japanese 生粋の日本人. 〖1589–90〗

trúe·bréd *adj.* **1** 純血種の, 純種の, 血統の正しい. **2** 育ち[しつけ]のよい. 〖1596–97〗

trúe búg *n.* 《昆虫》 半翅類 (Hemiptera) の昆虫.

trúe cóurse *n.* 《航空・海事》 (船・航空機の) 真針路.

trúe-dispósing *adj.* 《Shak》 公正な, 公正に処理する (cf. *Rich III* 4. 4. 55). 〖1592–93〗

trúe-fálse tèst *n.* 真偽法テスト. 〖*c*1923〗

trúe flý *n.* 《昆虫》 双翅目の昆虫 (two-winged fly).

trúe frésco *n.* 《絵画》 フレスコ画法 (fresco) 《生乾きの漆喰の上に描く正統的な画法》.

trúe frúit *n.* 《植物》 真正果実, 真果 (cf. accessory fruit).

trúe héading *n.* 《航空》 機首真方位 《真北から時計回りに測った機首の方向; 角度で表す; cf. magnetic heading》.

trúe-héarted *adj.* 忠実な, 誠実な, 実(じつ)のある, まじめな, 正直な (faithful, sincere, honest). **~·ness** *n.* 〖(1471): ⇨ -hearted〗

trúe horízon *n.* 《天文》 =horizon.

trúe jáde *n.* 《鉱物》 硬玉 (jadeite); 軟玉 (nephrite).

trúe léaf *n.* 《植物》 (子葉に対して) 本葉, 普通葉 (foliage leaf).

trúe lével *n.* 真正水準線 《下げ振り糸に直交する仮想平面》.

trúe-lífe *adj.* 実生活さながらの; 現実味を帯びた, 真に迫った: a ~ story. 〖1926〗

trúe·lòve *n.* **1** 意中の人, 恋人 (sweetheart). **2** 《植物》 ユリ科ツクバネソウ属の多年生植物 (*Paris quadrifolia*). 〖*c*1386〗

trúelove knòt *n.* =love knot. 〖1495〗

trúe lóver's knòt *n.* =love knot. 〖1615〗

trúe nórth *n.* 《航空・海事》 真北 《一地点からみて地軸の北極の方向; geographic north ともいう》.

trúe·pènny *n.* 《古》 正直者, 律義者 (cf. Shak., *Hamlet* 1. 5. 150). 〖1589〗

trúe ríb *n.* 《解剖》 真肋骨(ろっこつ) 《胸骨に連結しているもの》. 〖1741〗

trúe séal *n.* 《動物》 アザラシ 《耳殻のないアザラシ科の動物の総称; 耳殻のあるアシカ科と区別される》. 〖1923〗

trúe skín *n.* 《解剖》 真皮 (dermis).

trúe sóil *n.* 《地質》 =solum 1.

trúe tíme *n.* 《天文》 真太陽時 《apparent time の別称》.

trúe tópaz *n.* 《鉱物》 黄玉 (⇨ topaz 1).

trúe vócal fólds [córds] *n. pl.* 《解剖》 真声帯 (cf. vocal folds, false vocal folds).

trúe wínd *n.* 《海事・航空》 真風 《静止した観測者から見た風; cf. apparent wind》.

Truf·faut /truːfóʊ | trúːfəʊ, trúf-; *F.* tʀyfo/, **François** *n.* トリュフォー (1932–84; フランスの映画監督・批評家; ヌーベルバーグの代表者; *Le Dernier Métro* 「終電車」 (1980)).

truf·fle /trʌ́fl, trúːfl | trʌ́fl/ *n.* **1** 《英》 トリュフ, トラッフル 《ココアをまぶしたボール状のチョコレート菓子》. **2** 《植物》 トリュフ, フランスショウロ 《*Tuber* 属の嚢子(のうし)菌類; 特殊な香気があり, 珍味とされる》. 〖(1591) ◻ Du. *truffel* // MF *truffle* (F *truffe*) ◻ OProv. *trufa* 《音位転換》 ← VL **tūfera*＝L *tūbera* (pl.) ← *tūber* 'TUBER[1]'〗

trúf·fled *adj.* トリュフを用いて調理した. 〖(1837): ⇨ -ed 2〗

T

trug /trʌ́g, trúg | trʌ́g/ *n.* 《英》 **1** 木製牛乳なべ. **2** 木製かご《庭園用》. **3** 木製モルタル受け. 〖《1600》《転訛》? ← TROUGH〗

tru·go /trúːgou | -gəu/ *n.* 《豪》《スポーツ》トルーゴ《クロッケー (croquet) に似たスポーツ》.

tru·ism /trúːɪzm/ *n.* 自明の理, 公理 (⇨ commonplace SYN); 陳腐な文句: repeat a familiar ～ わかりきったことを繰り返して言う. 〖《1708》← TRUE＋-ISM〗

tru·is·tic /truːístɪk/ *adj.* 自明の, わかりきった. 〖《1844》: ⇨ -istic〗

trui·té /trùːɪtéɪ; *F.* tʀɥite/ *F. adj.* 《窯業》斑点のある, ひび焼きの. 〖□F ～ ← *truite* trout〗

truite au bleu /trwíːtoubləː | -təu-; *F.* tʀɥitobløː/ *n.* 《料理》マスのオブル《酢を入れた湯でゆでてバターソースをかけたもの》. 〖《1935》□F ～: ⇨ trout, au bleu〗

Tru·ji·llo /truːhíːjou | truhíːjəu; *Am.Sp.* truhíjo/ *n.* トルヒーヨ《ペルー北西部の都市; 米とサトウキビの生産地》.

Trujillo, Rafa·el Le·ó·ni·das /rafaél leóniðas/ *n.* トルヒーヨ (1891–1961; ドミニカ共和国の軍人·政治家; 大統領 (1930–38, 1942–52); 31 年にわたって独裁を行なったが, 部下に暗殺された).

Trujíllo Ál·to /-áːltou | -təu; *Am.Sp.* -álto/ *n.* トルヒーヨアルト《Puerto Rico 北東部の都市》.

Trúk Íslands /trʌ́k-, trúk-/ *n. pl.* [the ～] トラック諸島《西太平洋 Caroline 諸島中の諸島; 第一次大戦後日本の委任統治領; 第二次大戦後米国の信託統治領; 現在はミクロネシア連邦の一州をなす; 面積 129 km²》.

trull /trʌ́l/ *n.* 《古》売春婦 (prostitute). 〖《1519》□G *Trulle* loose woman: cf. troll¹ (n.) 4; もと盗賊の隠語〗

tru·ly /trúːli/ *adv.* **1** [強意的] 本当に, 実際に, 全く (really): a ～ good man 全くいい人 / I am ～ grateful [happy]. 心から感謝してます[本当に幸せです] / I ～ believe it. それは信じて疑いません / really and ～ ⇨ really 1 a. **2** 偽りなく, 事実の通りに (truthfully): report ～ 事実を報道する / Tell me ～ what you think. 考えていることをありのままに話しなさい / It is ～ said that time is money. 時は金なりとは至言である. **3 a** 正確に, 精密に (accurately); 写実的に (realistically): be ～ depicted 寸分違(たが)わずに描いてある. **b** 正しく, 適切に, 正当に (rightly). **4** [通例, 挿入的に用いて] 実を言えば, 正直なところ (to tell the truth); 本当に, 全く (indeed): Why, I cannot ～ say. いや実を言うと申し上げられないのです / *Truly*, that was a disaster! 実際大変な災害だった. **5 a** 忠実に, 誠実に (faithfully): serve one's master ～ 主人に忠実に仕える. **b** 心から (sincerely): Yours (very) ～＝*Truly* yours 敬具《手紙の結辞; cf. yours 成句》. **6** 《廃》合法的に, 適法に (legitimately).
wéll and trúly ⇨ well¹ 成句.
〖OE *trēowlīce*: ⇨ true, -ly¹〗

Tru·man /trúːmən/, **Harry S** *n.* トルーマン (1884–1972; 米国第 33 代大統領 (1945–53)).

Trúman Dòctrine *n.* [the ～] トルーマンドクトリン《ソ連の進出を阻止するために, 「自由と独立を守り抜くために戦っている」諸国に対しては経済的·技術的·物質的援助を与えるべきであるとした 1947 年 3 月 12 日の Truman 大統領の演説に示された米国の外交方針》.

Trum·bull /trʌ́mbəl, -bɫ, -bʊl/, **John** *n.* トランブル **1** (1750–1831) 米国の詩人. **2** (1756–1843) 米国の画家; Jonathan Trumbull の子.

Trumbull, Jonathan *n.* トランブル (1710–85; 米国の政治家).

tru·meau /truːmóu | trumə́u; *F.* tʀymo/ *n.* (*pl.* ～**x** /～z; *F.* ～/) **1** (18 世紀フランスの炉棚上に絵画や鏡板で組み込んだ)装飾壁. **2** 《建築》(二つの窓または戸の間の)方立て, 窓間壁 (pier). 〖《1883》□F ～ (転用) ← OF ～ 'fat part of the leg' □? Frank. *thrum piece: cf. thrum²〗

trump¹ /trʌ́mp/ *n.* **1** 《トランプ》 **a** 切札 (trump card): play a ～ 切札を出す, 切る. **b** [しばしば *pl.*; 単数扱い] 切札のスーツ (trump suit)《札めくり·せり (bidding)·配り手の宣言などによって決定する》: declare ～*s* 切り札を宣言する / draw ～*s* 相手の切り札を(なくなるまで)出させる / Hearts are ～*s*. ハートが切札です / All his cards are ～*s*.＝Everything turns up ～*s* with him. ⇨ *turn up* TRUMPS (1) / no ～(*s*) ⇨ no-trump. 日英比較 日本語の「トランプ」に相当するのは cards. **2** 奥の手, 最後の手段: play a ～ 奥の手を出(して相手を驚か)す. **3** 《口語》頼もしい人, いい男, 好漢.
cóme* [*túrn*] *úp trúmps [口語] (1) とても運よくいく, 意外にうまくいく: Everything *turns up* ～*s with* him. 彼は何をやってもとんとん拍子にいく. (2) (人が困っている時に)思いがけなく気前を見せる[一肌脱ぐ]. 《1621》 ***gò trúmps*** (***on*** ...) (1) (人の札を)切札で切る. (2) 《口語》(人の)鼻をあかす, あっと言わせる, はるかに上回る. ***hóld all the trúmps*** 圧倒的に有利な立場にある, 奥の手がある. ***pút a person to his trúmps*** (1) 人に切札を出させてしまう. (2) (せっぱつまった)人に奥の手を出させる[窮余の策を採らせる].
— *vt.* **1** 《トランプ》〈他のスーツの札を〉切る; 〈他のスーツのトリックを〉切札で取る: ～ a trick 切札で切って一回勝つ / He ～*ed* the third round of spades. 3 回目にスペードがまわされたとき切札で取った. **2** (奥の手を出して)負かす, 出し抜く (outdo, top). — *vi.* **1** 《トランプ》切札を出す, 切る. **2** 切札で勝つ.
trúmp úp 《1695》《廃》*trump* to deceive (⇨ trumpery) と連想〉〈うそなどを〉でっち上げる, 捏造(ねつぞう)する (fabricate): ～ *up* an excuse 口実をでっち上げる / ～ *up* charges against a person 人に濡衣(ぬれぎぬ)を着せる.
～·less *adj.* 〖《1529》《変形》← TRIUMPH: cf. F *triomphe* triumph, trump〗

trump² /trʌ́mp/ *n.* 《古·詩》 **1** らっぱ (trumpet); らっぱの音; らっぱのような音: the last ～＝the ～ of doom (世界の終わりに鳴り渡る)最後の審判のらっぱ (cf. *1 Cor.* 15: 52). **2** 《スコット》＝Jew's harp 1. — *vi.* らっぱを吹く. — *vt.* (らっぱで)広く知らせる. 〖《c1300》 *trompe* □(O)F ← Gmc (cf. ON *trumba* tube / OHG *trumpa, trumba* trumpet): 擬音語〗

trúmp càrd *n.* **1** 《トランプ》 **a** (whist で) 切札, スーツ決定札《配り手が最後に表に向けて自分に配った札で, それと同じマークのスーツが切札となる》. **b** 切札の一枚 (trump). **2** 《口語》奥の手, 切札: play one's ～ 切札[奥の手]を出す. 〖1822〗

trúmped-úp *adj.* でっち上げた, 捏造(ねつぞう)した, にせの (made-up): a ～ charge でっち上げの容疑. 〖1728〗

trum·per·y /trʌ́mpəri/ *n.* **1** たわごと (nonsense). **2** つまらない物, やくざ物 (rubbish, trash). **3** 《古》見掛け倒しの物, 安ぴか物 (worthless finery). — *adj.* **1** 安ぴかの, 見掛け倒しの (showy): ～ furniture / a ～ pendant 安物のペンダント. **2** つまらない, くだらない (trifling): ～ arguments 浅薄な議論. 〖《1456》 *trompery* □(O)F *tromperie* ← *tromper* to deceive ← ?: ⇨ -ery〗

trum·pet /trʌ́mpɪ̀t | -pɪt/ *n.* **1 a** トランペット. **b** トランペットに似た管楽器の総称, らっぱ: blow a ～. **2** 《音楽》(オルガンの)トランペット音栓(おんせん). **3 a** トランペット奏者, らっぱ手 (trumpeter). **b** 吹聴する人, 自画自賛する人. **4** トランペットの(ような)音; 動物(例えば, 象など)のトランペットのような鳴き声. **5 a** トランペット状のもの. **b** (蓄音機·ラジオなどの)らっぱ型拡声器. **c** らっぱ型補聴器 (ear trumpet). **d** 伝声器 (speaking trumpet). **6** [*pl.*] 《米南部》《植物》袋葉植物 (pitcher plant), (特に)キバナヘイシソウ (*Sarracenia flava*). **7** 《解剖》卵管, らっぱ管 (Fallopian tube). **8** 《機械》漏斗(じょうご) (funnel). **9** 《貝類》ホラガイ (trumpet shell). **10** (昔の)らっぱを携えた伝令.
blów one's ówn trúmpet ⇨ blow¹ 成句.
— *vi.* **1 a** 〈象が〉(トランペットのような声で)鳴く. **b** 声高に布告する. **2** トランペット[らっぱ]を吹く.
— *vt.* **1** 吹聴する, ほめちぎる, …の「ちょうちん持ち」をする: ～ (*forth*) a person's fame 人の評判を吹聴する. **2** トランペットで知らせる[布告する].
〖《?a1300》 *trumpete, trompette* □(O)F *trompet(t)e* (dim.) ← *trompe* 'TRUMP²': ⇨ -et〗

trúmpet càll *n.* **1** トランペット吹奏; 集合らっぱ, 召集の号音; ファンファーレ. **2** 急迫した要求[命令], 緊急[非常]行動の要請 (urgent call). 〖1808〗

trúmpet-cònch *n.* 《貝類》＝trumpet shell.

trúmpet crèeper *n.* 《植物》 **1** アメリカノウゼンカズラ (*Campsis radicans*)《米国南部産ノウゼンカズラ科のつる植物; 赤色のらっぱ状の花を開く; trumpet vine ともいう》. **2** ノウゼンカズラ (*Campsis chinensis*). 〖1818〗

trum·pet·er /trʌ́mpɪ̀tə | -pɪtə(r/ *n.* **1** トランペット奏者, らっぱ手; らっぱでふれ歩く人. **2** 自慢屋; 吹聴者, ちょうちん持ち: be one's own ～＝BLOW¹ *one's own trumpet* / Your ～'s dead. 《俗》怪しいもんだ; どうだかね《ほらを吹く人に言い返す言葉》. **3** 《鳥類》 **a** ラッパチョウ (*Psophia crepitans*)《らっぱのような声で鳴く南米産のツルの類の鳥》. **b** ＝trumpeter swan. **c** [時に T-] (アジア産の)ハトの一種. **4** 《魚類》オーストラリア·ニュージーランド産スズキ目 Latridae 科の銀色の 27–36 kg に達する食用海産魚 (*Latris lineata*). 〖《1497》: ⇨ -er¹: cf. F *trompeteur*〗

trúmpeter swàn *n.* 《鳥類》ナキハクチョウ (*Cygnus buccinator*)《北米産のらっぱに似た鳴き声を出すハクチョウの一種》. 〖1709〗

trúmpet fìsh *n.* 《魚類》 **1** ＝bellows fish. **2** ＝cornetfish. 〖1668〗

trúmpet flòwer *n.* 《植物》垂れ下がったらっぱ状の花の咲く植物の総称《trumpet creeper, trumpet honeysuckle など》. 〖1731〗

trúmpet hóneysuckle *n.* 《植物》ツキヌキニンドウ (*Lonicera sempervirens*). 〖1731〗

trúmpet lèaf *n.* 《植物》＝trumpet 6. 〖1861〗

trúmpet lèg *n.* (上部が大きくふくれ, 下部に向かって先細りの)らっぱ形の家具の脚.

trúmpet·lìke *adj.* 〈形·音が〉トランペットに似た. 〖1814〗

trúmpet lìly *n.* 《植物》テッポウユリ (*Lilium longiflorum*)《台湾·沖縄原産で欧米で改良; 白花; white trumpet lily ともいう; cf. Bermuda lily》. 〖1857〗

trúmpet májor *n.* 《軍事》(連隊の)らっぱ長. 〖1855〗

trúmpet maríne *n.* トロンバマリーナ《三角形の共鳴胴をもち, 全長 1.5–2 m で, 旋律弦 1 弦, 伴奏弦 1–3 弦の中世の擦(さつ)弦楽器》.

trúmpet narcíssus *n.* 《植物》ラッパズイセン (⇨ daffodil 1). 〖1904〗

trum·pet·ry /trʌ́mpɪ̀tri | -pɪtri/ *n.* **1** トランペット奏法. **2** トランペットの(にぎやかな)音. **3** [集合的] トランペット. 〖《1860》: ⇨ trumpet, -ery〗

trúmpet shèll *n.* 《貝類》ホラガイ (*Charonia tritonis*). 〖1753〗

trúmpet-tòngued *adj.* 《Shak》トランペットのように声高の (cf. *Macbeth* 1. 7. 19). 〖1606〗

trúmpet trèe *n.* 《植物》＝trumpetwood. 〖1756〗

trúmpet tùrning *n.* (家具の脚などをろくろを用いて)らっぱ状に仕上げること.

trúmpet vìne *n.* 《植物》＝trumpet creeper 1. 〖1709〗

trúmpet·wèed *n.* 《米》《植物》キク科ヒヨドリバナ属 (*Eupatorium*) の植物の総称《フジバカマ (boneset) 等》. 〖1830〗

trúmpet·wòod *n.* 《植物》ヤツデグワ (*Cecropia peltata*)《熱帯アメリカ産クワ科の植物; その枝茎は中空》. 〖1836〗

trúmp sùit *n.* 《トランプ》＝trump¹ 1 b. 〖1861〗

trun·cal /trʌ́ŋkəl, -kɫ/ *adj.* 幹の; 胴の. 〖《1847》← L *truncus* 'TRUNK'＋-AL¹〗

trun·cate /trʌ́ŋkeɪt, ―⌐ | trʌŋkéɪt, ⌐―/ *vt.* **1** 〈木·円錐(えんすい)などの〉頭を切る, …の先[端]を切る (cut short, mutilate). **2** 《結晶》〈稜や頂点の部分を〉平面で切り取る. **3** 〈引用句などの〉一部を省略する, はしょる. **4** 途中で打ち切る; 《電算》〈数値の特定の桁以下を〉切り捨てる.
— *adj.* **1** 先[端]を切った (truncated). **2** 《生物》截形(せっけい)の, 先端を切ったような形の: the ～ leaf 截形葉. **3** 《動物》〈カタツムリの殻など〉尖頂のない. **～·ly** *adv.*
〖《1486》□L *truncātus* (p.p.) ← *truncāre* to cut off: ⇨ trunk, -ate[2,3]〗

trún·cat·ed /-tɪ̀d | -tɪd/ *adj.* **1** 先[端]を切った, 断ち切った. **2** 《数学》〈幾何図形が〉頭を切り取った, 切頭の. **3** 〈文章·演説などが〉ひどく省略された, 不完全な (abbreviated, mutilated). **4** 《結晶》欠稜(けつりょう)の, 截頭(せっとう)の. **5** 《生物》＝truncate 2. 〖《1486》← L *truncātus* (↑)＋-ED〗

trúncated cóne *n.* 《数学》円錐台, 切頭円錐. 〖1704〗

trúncated pýramid *n.* 《数学》角錐台, 切頭角錐. 〖1704〗

trúncated táble *n.* 《保険》截断(せつだん)表《生命保険会社が診察その他によって選択して加入させた被保険者のうち, 一定年数 (3 年·5 年·7 年など)以上経過した者の集団を対象として作られた生命表》.

trun·ca·tion /trʌŋkéɪʃən/ *n.* **1** 先[端]を切ること, 截頭(せっとう), 截断(せつだん); (説明などの一部を)省略すること, はしょること. **2** 《詩学》行首·行末欠節《行首または行末の弱音節を省くこと》. **3** 打ち切り; 《電算》切り捨て: ～ error 打ち切り誤差. 〖《?a1425》□LL *truncātiō(n-)*: ⇨ truncate, -ation〗

trun·cheon /trʌ́ntʃən/ *n.* **1** (巡査などのもつ)警棒 (billy club): a policeman's ～. **2** 職杖(しょくじょう)《権威の標章となるもの; 特に, 英国紋章院総裁 (Earl Marshal) のもつもの》. **3** (接ぎ木用)挿し穂. **4** 《廃》棍棒, 棒 (club, cudgel); やりの柄. **5** 《廃》(特に枝を切り払った)幹, 茎. — *vt.* 《古》棍棒で打つ. 〖《?a1300》 *tronchon* □OF *tronchon* (F *tronçon*) piece cut off < VL **trunciōne(m)* ← L *truncus* 'TRUNK': ⇨ -ion〗

trún·cheon·er *n.* 《Shak》棍棒を持った連中 (*Hen VIII* 5. 3. 51–52). 〖《1612–13》: ⇨ ↑, -er¹〗

trun·dle /trʌ́ndl/ *n.* **1** (寝台などの)脚車 (castor), (手押し車の)小車輪. **2** 《機械》＝lantern wheel. **3** ＝truckle bed. **4** 小車輪で転がること, 回転すること[音]. **5** 《廃》手押し車 (truck).
— *vt.* **1** 〈手押し車·トロッコなどを〉(ごろごろ)転がして行く; 〈輪·球などを〉回す, 転がす (roll): ～ a cask [hoop] (*along*) たるを転がす[(輪回しの)輪を回す] / ～ a wheelbarrow (*along*) 手押し車をごろごろ押して行く / A tank was ～*d out*. 戦車がごろごろと現れた. **2** 〈車が〉〈人などを〉乗せて行く, 車で運ぶ. **3** 《口語》《クリケット》〈球を〉投げる. **4** 追い払う 〈*out*〉. **5** 《古》回転させる, 旋回させる (twirl, whirl). — *vi.* **1 a** 〈バスなどが〉ごとごと[よたよた]と進む. **b** 〈人が〉車で行く. **2 a** よろよろと歩く. **b** (足早に)立ち去る. **3** 〈輪·車·球などが〉回る, 転がる (roll along). **4** 〈物が〉小車輪で動く[動いて行く].
〖《1564》《異形》← ME *trendle* wheel < OE *trendel* ← Gmc **trend-*, **trand-* (MHG *trendel* ball, circle / MLG *trendel* round disc): ⇨ -le¹: cf. trend〗

trúndle bèd *n.* ＝truckle bed. 〖1542〗

trún·dler /-dlə, -dlə | -dlə(r, -dl-/ *n.* **1** 転がす人; 転がる物. **2** 《クリケット》＝bowler¹ 2. **3** 《NZ》(車輪つき)ゴルフバッグ; 買物用手押し車. **4** ベビーカー. 〖《1648–60》: ⇨ -er¹〗

trúndle-tàil *n.* 《古》巻尾の犬; 雑犬 (mongrel). 〖1486〗

trunk /trʌ́ŋk/ *n.* **1** (木の)幹, 樹幹 (stem, stock) (cf. branch). **2** (一人では持ち運べないくらいの)旅行用大かばん, トランク (《英》box) (cf. suitcase): ⇨ LIVE¹ *out of a trunk*. **3** 《米·カナダ》(自動車後部の)トランク (《英》boot) (⇨ car 挿絵). **4 a** 象の鼻 (proboscis). **b** 《俗》(人の)鼻. **5** [*pl.*] **a** トランクス《男子が水泳やスポーツ競技に着用するパンツ》; 《英》(男子用の)パンツ. **b** 《廃》＝trunk hose. **6 a** (体の)胴, 躯幹(くかん) (cf. head 1, limb¹ 1 a, tail¹ 1). **b** 《魚類》胴部《えらぶたから肛門までの部分をいう》. **c** 《昆虫》胸部 (thorax). **7** 主要部, 本体. **8 a** (血管·神経などの)幹. **b** ＝trunk line. **c** (川などの)本流. **9** 通風筒 (shaft), 導管, 人工水路. **10** 《建築》柱身, 柱幹 (shaft); 台座の胴部 (dado). **11** 《海事》 **a** (積荷·通風などに使う甲板を貫いた)たて杭. **b** 導索箱. **c** トランク《ハッチの囲壁·上甲板に突き出たキャビンの部分など》. **12** 《機械》 **a** ＝trunk piston. **b** ダッシュポット (dashpot) の働きをするシリンダー. **13** 《廃》(伝声管·吹管·望遠鏡などの)管 (pipe, tube).
— *adj.* [限定的] **1** 主要な, 幹線の: a ～ road 幹線道路 / a ～ stream 本流. **2** 箱の, トランクの(ような): a ～ lid 《米》(車の)トランクのふた / ⇨ trunk buoy. **3** 荷物収容用の: a ～ compartment 《米》(車の)トランク. **4 a** 躯幹の, 胴体の: ～ height 胴体の長さ. **b** 樹幹の: a ～ borer 木食い虫. **5** 筒形の, 筒のある: ⇨ trunk piston. **6** 水路[通路]の流れを利用[調節]する.
— *vt.* 《鉱山》〈鉱石を〉選別樋(とい)でえり分ける.
〖《1440》 *trunke, tron(c)ke* □(O)F *tronc* < L *truncum* 《原義》stem deprived of branches; lopped off, maimed ← IE **ter-* to pass through, overcome〗

trúnk·bàck *n.* 〖動物〗オサガメ (leatherback). 〖1883〗
trúnk brèeches *n. pl.* =trunk hose. 〖1662〗
trúnk bùoy *n.* 〖海事〗(密閉された内部をもつ円筒状鋼製の)保留ブイ.
trúnk cábin *n.* (ヨットの)低く前後に長いキャビン[船室]. 〖1878〗
trúnk càll *n.* 《英》長距離電話(呼出し[通話]) (long-distance call). 〖1910〗
trúnk cìrcuit *n.* 〖通信〗局間中継線《二つの電話または電信の交換局間を結ぶ回線をいう》. 〖1896〗
trúnk cùrl *n.* =sit-up.
trúnk déck *n.* 〖海事〗トランク甲板《凸の字形の甲板の最上位の部分; 液体やバラ積み輸送用》. 〖1896〗
trúnk-dècked véssel *n.* 〖海事〗トランク甲板船《バラ積み貨物などが横ずれしないため, 船幅一杯の平面甲板とせず, 甲板の中央を凸形に隆起させた船》.
trúnk dìal *n.* 〖時計〗トランクダイヤル《振り子を納めるためダイヤル時計の下部に短い箱[トランク]をもった時計; drop dial ともいう》. 〖1884〗
trunked *adj.* [通例複合語の第 2 構成要素として] …な幹を持つ: a gray-*trunked* tree 幹が灰色の木.
trúnk èngine *n.* 〖機械〗筒管ピストンエンジン《普通の内燃機関》. 〖1864〗
trúnk·fìsh *n.* 〖魚類〗=boxfish, cowfish. 〖1804〗
trunk·ful /trʌ́ŋkfʊ̀l/ *n.* (*pl.* ~s, **trunks·ful**) **1** トランク一杯(のもの): a ~ *of* dresses. **2** 《口語》豊富, どっさり, 一杯: a ~ *of* jokes たくさんの冗談. 〖(1707): ⇨ ful²〗
trúnk hòse *n.* (太ももまでの長さで, 詰め物をしてふくらませた)半ズボン《16 世紀後半から 17 世紀初期に男子が着用した; trunk breeches ともいう》. 〖1637〗
trúnk·ing *n.* 〖通信〗電信中継回線; (電線などを包むプラスチックの) 外被, ケーシング; (集配センター間の, 主にトラックによる) 長距離輸送.
trúnk·less *adj.* 胴体[幹]のない: a ~ head. 〖(1631): ⇨ -less〗
trúnk lìne *n.* **1** (鉄道・運河などの)幹線, 主要路線. **2** (電話・電信の)中継線[回線]; 市外線. 〖1843〗
trúnk pìston *n.* 〖機械〗(自動車などの)筒形ピストン《筒形の一方だけに底をもつピストン》.
trúnk ròad *n.* 《英》(特に大型車両が走れる)幹線道路.
trúnk ròute *n.* 《英》幹線道路; (鉄道の)幹線.
trúnk·slèeve *n.* 《廃》ゆったりとした広い袖. 〖1593–94〗
trúnk-wòrk *n.* 《Shak》(トランクに隠れてするような)ひそかな情事, 密事 (cf. *Winter's* 3. 3. 74). 〖1610–11〗
trun·nel /trʌ́nl/ *n.* =treenail. 〖1691〗
trun·nion /trʌ́njən | -niən, -njən/ *n.* **1** (大砲の)砲耳(ほうじ)《砲身を砲架に掛ける軸》. **2** 〖機械〗トラニオン, 筒耳. 〖(*a*1625) □ F *trognon* trunk, stump ← < OF *troignon* ← ? L *truncus* 'TRUNK'〗
Tru·ro /trʊ́ᵊroʊ | trʊ́ərəʊ/ *n.* トルロ《イングランド南西部 Cornwall 州の州都》. 〖ME *Triueru* 《原義》? estate of three hides [lands]〗
Truron. 《略》*ML.* Truronēnsis (=of Truro) 《Bishop of Truro が署名に用いる; ⇨ Cantuar. 2》.
truss /trʌ́s/ *vt.* **1** (ひもなどで)しっかりとくくる[縛り上げる] (bind) ⟨*up*⟩ (⇨ tie SYN): ~ a person *up*. **2** (料理の時)⟨鳥の⟩翼[足]をくしで刺す[胴にくくりつける]. **3** 〖建築〗⟨屋根・橋などを⟩トラスで支える. **4** 《古》⟨鷹などが⟩⟨鳥を⟩つかむ. **5** 《口語》(ぴったりした服で)身体をきちっと締める. **6** 〖医学〗(脱腸帯で)支える. **7** 《古》束にする, 束ねる. **8** 《古》⟨罪人を⟩絞首刑にする (hang) ⟨*up*⟩. — *n.* **1 a** (乾草・わらなどの)束 (bundle, pack). **b** 《英》一束の乾草[わら]《古乾草は通例 56 ポンド, 新乾草は 60 ポンド, わらは 36 ポンドの 1 束をいう》. **2** 〖医学〗脱腸帯, ヘルニア帯[バンド]. **3** 〖建築〗トラス, 結構, 桁(けた)構え, 桁組, 小屋組; 大持出(もちだ)し, 軒持送り: a bridge ~ 橋構え / a roof ~ 小屋組. **4** 〖海事〗トラス《下桁(こう)の中央部を帆柱に取り付けている Y 字形の金具》. **5** 〖園芸〗(ライラック・トマトなどの花・果実の)房 (cf. cluster 2): a flower ~ 花房. **~·er** *n.* 〖(?*a*1200) □ (O)F *trousse* ← *trousser* to truss < ? VL *torciāre to twist ← *torca 'bundle, TORCH¹'〗
trúss béam *n.* 〖建築〗トラス桁(けた)《補強材で強化したトラス構造の梁(はり)》. 〖1877〗
trúss brìdge *n.* 〖土木〗トラス橋, 構橋, 結構橋. 〖1840〗
trússed béam *n.* 〖建築〗=truss beam.
trúss hòop *n.* **1** (樽(たる)の)たが. **2** 〖海事〗(補強トラスを固定する)帯金具 (cf. truss 4). 〖1867〗
trúss·ing *n.* 〖建築〗**1** トラス部. **2** トラス構造. 〖(1340): ⇨ truss, -ing¹〗
trúss ròd *n.* 〖建築〗**1** (トラス構造の中の斜めに取り付けた)引張材. **2** (斜めに取り付けた)梁(はり)の補強用の棒材. 〖1873〗
trust /trʌ́st/ *n.* **1 a** 信頼, 信任, 信用 (reliance) (⇨ belief SYN): ~ *in* God 神への信仰 / have [put, place] ~ *in* a person 人を信用[信任]する / take everything *on* ~ 証拠を見ずに何でも人の言うがままに信じる. **b** 信用[信頼]できる人[物]: He is our sole ~. 彼は我々の信頼できる唯一の人です. **2 a** 信頼されること, (頼まれて)引き受けること, 委託, 信託 (charge): hold [have] property *in* ~ for a person 人の財産を預かって[保管して, 委託されて]いる / leave [give] a thing *in* ~ *with* a person 物を人に預ける[信託する]. **b** 保管, 保護 (custody, care): commit a child to a person's ~ 子供を人に預ける / give a thing into a person's ~ 物を人に預ける. **c** 信託品, 委託物, 預かりもの: These valuables are ~s. これらの貴重品は預かりものです. **3** (信頼・委託に対する)責任, 義務 (responsibility, obligation): in a position of ~ 信用される[責任ある]地位にあって[ある] / fulfill [abuse] one's ~ 自分に寄せられた信頼を果たす[悪用する]. **4** 〖法律〗信託; 信託財産, 信託物件; (信託財産・物件による利益に対する)信託人の権利; 被託人の権利: ⇨ financial trust, investment trust, unit trust / a breach of ~ 信託違反, 背任 / an estate *in* ~ 信託財産 / create [set up] a ~ *for* a person 人の財産[物件]を信託にする. **5** 〖商業〗信用(貸し), 掛売り, クレジット (credit): buy [sell] things *on* ~ 掛けで物を買う[売る] / supply goods *on* ~ 品物を信用貸しで供給する. **6** 希望 (hope); 期待, 確信: wait in joyful ~ 期待に胸を膨らませて待つ / I have a ~ *that* he will not desert me. 彼は私を見捨てないであろうと信じている. **7** 〖経済〗トラスト, 企業合同 (cf. cartel 1, syndicate, consortium 1) (⇨ monopoly SYN). **8** 《古》信頼性 (trustworthiness).
— *adj.* [限定的] 信託の (cf. fiduciary): ~ property 信託財産.
— *vt.* **1** ⟨人・言説を⟩信頼[信託, 信用]する (believe); 当てにする (rely on): He [His account] is not to be ~*ed*. 彼[彼の話]は信頼できない / I know I'm right! (You can) ~ me (on this one)! ぼくが正しいのは確かだ. (このことは)ぼくに任せてくれ. **2 a** 〔物・物事を〕…に信託する, 委託する (entrust); ⟨人を⟩信頼して〔物を〕使わせる〔*with*〕; 〔人に〕預ける, ゆだねる (consign, entrust)〔*to*〕: I have ~*ed* him *with* my property.=I have ~*ed* my property *to* him. 財産はいっさい彼に任せてある / I would not like to ~ my car *to* him. 彼には車を預けたくない / A cat cannot be ~*ed with* milk. 牛乳は安心して猫に任せて置けない《油断をすればなめられる》. **b** 〔秘密などを〕…に打ち明ける (confide)〔*with*〕: He looks like a man who can be ~*ed with* a secret. 信頼して秘密を打ち明けられそうな男だ. **3 a** [目的語+前置詞付きの句を伴って] 安心して⟨ある場所・状態に⟩置いておく, 行かせる: Can you ~ your children *out of* doors? 子供たちを外へ出しておいて大丈夫[危なくない]ですか / I wouldn't ~ him *round* the corner [*out of* my sight]. 彼は目を離したら何をするかわからない. **b** [目的語+*to* do を伴って] ⟨…が⟩大丈夫⟨…すると⟩当てにする; ⟨人を⟩信頼して…させる: He can be ~*ed to* do the work well. 彼はきっとその仕事を立派にやります / She could not ~ herself *to* meet her mother's eyes. 母と視線を合わすのが耐えられなかった. **c** [命令文で]《口語・皮肉》(よくない事などについて)大丈夫(…すると)当てにできる《請合いの表現》: *Trust* him *for* that. 《口語・皮肉》大丈夫, 彼ならそのくらいのことはやるよ / *Trust* him *to* get it wrong. 全く, あの男ときたら必ず間違えてくれる. **4** [*that*-clause また *to* do を伴って] 期待する, 確信する (⇨ rely SYN); (確信して)希望する (hope confidently): I ~ (*that*) he is not hurt.=He is not hurt, I ~. きっとけがはしなかったと思うが. **5** 〔商品を〕⟨人に⟩信用貸しする, 掛売りする〔*for*〕: Few businessmen ~ their customers (*for* goods) nowadays. この頃はお客に(商品の)掛売りをする商人は少ない.
— *vi.* **1** 〔人・神・判断などを〕信用する, 信じる〔*in*〕; 〔天・運・本能などに〕頼る, 任せる〔*to*〕: ~ *in* God [our leader, his integrity] 神[指導者, 彼の誠実さ]を信じる / In God we ~. 我らは神を信じる《米国の貨幣に刻まれている標語》/ ~ *to* chance [luck] 運に任せる / ~ *to* one's memory 記憶に頼る / I will ~ *to* you *to* perform [the performance of] the task. 君を信頼してその仕事を任せよう. **2** 希望を抱く, 期待する (hope). **3** 信用貸しをする, 掛売りする.
〖n.: (?*a*1200) *trust(e)*, *trost(e)* □ ON *traust* help, confidence, 《原義》firmness ← Gmc *traustą- ((M)Du. *troost* / G *Trost* comfort): cf. true, trow, truth. — v.: (?*c*1200) *truste(n)*, *troste(n)* □ ON *treysta* to trust, make firm〗
trust·a·ble /trʌ́stəbl/ *adj.* 信頼[信用]できる. **trust·a·bil·i·ty** /trʌ̀stəbíləti | -lɨti/ *n.* 〖(1606): ⇨ -able〗
trúst accòunt *n.* **1** 信託勘定. **2** 《米》〖銀行〗受託者勘定《預金者の死後残額があらかじめ指定された受益者に支払われる; trustee account ともいう》.
Trus·ta·far·i·an /trʌ̀stəféᵊriən | -féər-/ *n.* 《口語》トラスタファリアン《都市中心部のゲットーで, 少数民族の生活様式で暮らす金持ちの若者》. 〖(1992) ← *trust (fund)* +(*Rast*)*afarian*〗
trúst·bùster *n.* 《米》独占禁止法によりトラストを解消することが任務の連邦官吏. 〖(1903) ← TRUST+BUSTER〗
trúst-bùsting *n.* 《米》トラスト解消; トラスト解消法制定(の提唱). 〖1911〗
trúst còmpany *n.* 《米》信託会社; 信託銀行《trust corporation ともいう》. 〖1834〗
trúst dèed *n.* 〖法律〗(担保のための)信託証書. 〖*a*1754〗
trúst·ed *adj.* 信頼されている: ~ friends. 〖(1450): ⇨ -ed 2〗
trust·ee /trʌstíː/ 〖法律〗*n.* **1** 受託者, 被信託人, 保管人: the Public *Trustee* 《英》公認受託者. **2** 管財人, 保管委員; (大学などの)評議員, 理事. **3** (New England で) =garnishee. **4** 被託国, 信託統治を委託された国.
trustee in bánkruptcy 破産管財人.
— *vt.* **1** 受託者[管財人]の手に移す. **2** (New England で) =garnish 2. — *vi.* trustee を務める. 〖(1647) ← TRUST (v.)+-EE¹〗
trustée pròcess *n.* 〖法律〗(New England で) = garnishment 2. 〖1811〗
trustée·shìp *n.* **1** 〖法律〗受託者の職務[権能]. **2** (国連によってある国に委任された領土の)信託統治; 信託統治地域. 〖(1730–36): ⇨ -ship〗
Trustéeship Cóuncil *n.* [the ~] (国際連合の)信託統治理事会.
trúst·er *n.* **1** 信頼[信用]する人. **2** 〖スコット法〗信託設定者 (trustor, settlor). **3** 《まれ》債権者, 債主. 〖(1537): ⇨ -er¹〗
trust·ful /trʌ́stfəl, -fl/ *adj.* 信じて疑わない, 堅く信用[信頼]する. **~·ly** *adv.* **~·ness** *n.* 〖(1580) (1832) ← TRUST+-FUL〗
trúst fùnd *n.* 信託基金, 信託資金. 〖1780〗
trúst hòspital *n.* 《英》=hospital trust.
trúst hotèl *n.* (NZ) 認可を受けたホテル[居酒屋]《公選された委員会が所有し, 収益は公共施設にまわされる》.
trust·i·fy /trʌ́stəfài | -tɨ-/ *vt.* 〖経営〗企業合同[トラスト]にする. **trust·i·fi·ca·tion** /trʌ̀stəfɨkéɪʃən | -tɨfɪ-/ *n.* 〖(1902) ← TRUST+-IFY〗
trust·ing /trʌ́stɪŋ/ *adj.* (人を)信じる, 信頼する, 信用する (confiding, trustful): He is of a simple, ~ disposition. 単純な, 人をすぐ信用するたちだ. **~·ly** *adv.* **~·ness** *n.* 〖(*c*1440): ⇨ -ing²〗
trúst·less *adj.* 《まれ》**1** 当てにならない, 信頼[信用]のできない, 信じられない. **2** 不信の (distrustful). **~·ly** *adv.* **~·ness** *n.* 〖(*c*1530): ⇨ -less〗
trúst-mòney *n.* 委託金. 〖1827〗
trús·tor *n.* 《まれ》〖法律〗信託設定者, 委託者 (settlor).
trúst tàvern *n.* =trust hotel.
trúst tèrritory, T- T- *n.* (国連による)信託統治地域 (trusteeship). 〖1945〗
trust·wor·thy /trʌ́stwə̀ːði | -wɜ̀ː-/ *adj.* 信頼[信用]できる, 当てになる, 頼みになる (⇨ reliable SYN): a ~ young man 信頼できる青年. **trúst·wòr·thi·ly** /-ðɨli/ *adv.* **trúst·wòr·thi·ness** *n.* 〖(1808) ← TRUST (n.)+WORTHY〗
trust·y /trʌ́sti/ *adj.* (**trust·i·er**; **-i·est**) 《古》**1** 信用[信頼]のできる; 当てになる (⇨ reliable SYN): a ~ servant 信用できる召使. **2** 信用する (trustful). **3** 信頼を必要とする, 大事な. — *n.* **1** 当てになる人[物], 信用[信頼]できる人[物]. **2** 模範囚. **trúst·i·ly** /-təli, -tli | -tɨli, -tli/ *adv.* **trúst·i·ness** *n.* 〖(?*a*1200): ⇨ -y¹〗
truth /trúːθ/ *n.* (*pl.* ~s /trúːðz, trúːθs/) **1** 真実, 真相, 事実 (actual fact) (↔ lie; cf. fact 1 a): the grim [plain, unvarnished] ~ 厳然たる[ありのままの]事実 / the honest ~ 偽りのない事実 / ⇨ home truth / the ~, the whole ~, and nothing but the ~ 真実, 真実のすべて, そして真実のみ《法廷での宣誓中の決まり文句》/ get at the ~ of the matter 事件の真相をつかむ / tell [speak] the ~ 真実を話す / That's the ~ of it! それが事の真相だ / (The) ~ will out! 真実は現れるものだ / The ~ (of the matter) is that I have not read it. 実を言うとそれは読んでない《★《口語》ではしばしば接続詞を省いて The (plain) ~ is, …のようにもいう》/ *Truth* is stranger than fiction. ⇨ fiction 1 a / ⇨ *the* MOMENT *of truth*. **2** 真実性, (事の)真偽 (verity): I doubt the ~ of it. どうも真偽がはっきりしない / There is some ~ in what he says. 彼の言うことにも多少の真実性がある. **3 a** 真理, 真: ⇨ God's truth / a lover of ~ 真理の愛好者 / the great ocean of ~ 真理という大海《Newton の言葉》/ seek (after) ~ 真理を探求する / Beauty is ~, ~ beauty. 美は真にして真は美なり (Keats, *Ode on a Grecian Urn*) / *Truth* lies at the bottom of a well. 《諺》真理を究めることはなかなか難しい. **b** 明白な[周知の]事実, 自明の理 (truism). **c** [通例 *pl.*] 原理, 概念体系: the ~*s* of ancient religions 古代宗教の原理. **4 a** 誠実, 実直, 正直 (honesty): You may depend upon his ~. 彼が誠実なのは当てにしてよい. **b** 《古》貞節, 忠節 (constancy). **5 a** (描写などの)迫真性 (fidelity): ~ *to* nature [life] 迫真, 写実. **b** 《英》(機械などの)正確さ (accuracy): This door is *out of* ~. このドアは狂っている[調子が悪い]. **6** (忠実な)複製, 描写: the ~ of a portrait. **7** [T-] 〖クリスチャンサイエンス〗真理《神のこと》.
be económical with the trúth 《戯言・皮肉》本当のことを言ってない, うそをついている. ***if (the) trúth be knówn*** 実のところ. ***in (áll) trúth*** 本当に, 実際, 実のところ (actually, in fact). 〖15C〗 ***Nóthing could be fúrther from the trúth.*** これほどのうそっぱちはない, まったくのでたらめだ. ***of a trúth*** 《古》=*in* TRUTH. 〖*c*1566〗 ***téll [spéak, sáy] (the) trúth and sháme the dévil*** 思い切って真実を話す. 〖1552〗 ***to sáy [spéak, téll] trúth*** 《文語》=*to tell the* TRUTH. 〖?*a*1400〗 ***to téll (you) the trúth*** 実を言うと, 実は. ***trúth to téll*** 《文語》=*to tell the* TRUTH.
trúth or cónsequences 参加者各人が質問を受け, 正しく答えられない場合はリーダーの定める罰を受ける遊び.
〖OE *trēowþ*, *triewþ* faith, loyalty, truth: < Gmc *triuwiþō (OHG *triuwida* fidelity / ON *tryggð* faith): ⇨ true, -th²: cf. troth〗

SYN 真実: **truth** 作りごとではなく, 事実と一致すること: confess the *truth* 真実を告白する. **verity** 一般に真であると考えられている考えや原理《格式ばった語》: the eternal *verities* of life 人生の永遠の真理. **verisimilitude** 真実または現実らしく見えること《格式ばった語》: The story has no *verisimilitude*. この物語には真実らしさがない. **ANT** untruth, lie, falsehood.

Truth /trúːθ/, **So·journ·er** /sóʊdʒəːnə, soʊdʒə́ː- | sɔ́dʒ(ː)nə, sʌ́dʒ-/ *n.* トゥルース《1797?–1883; 米国の奴隷制解放運動家; もと Isabella という名の奴隷であった》.
trúth clàim *n.* 〖哲学〗(プラグマティズムで)経験により検証がなされていない仮説. 〖1909〗

trúth-condìtion *n.* 〖論理・哲学〗真理条件《ある命題が真となる条件》; その言明. 〖1922〗

trúth drùg *n.* 《口語》〖薬学〗自白薬, 真実吐露薬《抑えていた考え・感情などを表させる薬; 診断・治療の目的で用いられる; truth serum ともいう》. 〖1931〗

truth·ful /trúːθfəl, -fl/ *adj.* **1** 〈人がいつも本当の事を言う, 正直な (veracious): to be quite ~ ありていに言えば. **2** 〈陳述など〉本当の, 真実の, 事実の (true): a ~ answer. **3** 〈思想・表現など〉正確な (accurate). **~·ly** *adv.* **~·ness** *n.* 〖(1596): ⇨ -FUL[1]〗

trúth-fùnction *n.* 〖論理〗 **1** 真理関数《命題変項を独立変数として真理値を値域とする関数》. **2** (否定文や条件文など)真理値が真理関数によって決まる文. 〖(1909) 《なぞり》← G *Wahrheitsfunktion*〗

trúth-fùnctional *adv.* 〖論理〗真理関数的な.

trúth·less *adj.* **1** 本当でない, うその (untrue). **2** 正直でない, うそを言う (untruthful). **~·ness** *n.* 〖(*c*1200): ⇨ -less〗

trúth sèrum *n.* 〖薬学〗=truth drug. 〖1925〗

trúth sèt *n.* 〖数学・論理〗真理集合《ある命題を真にするものの全体から成る集合; その命題が方程式や不等式の形で与えられていれば解の集合 (solution set) と一致する》. 〖1940〗

trúth tàble *n.* 〖論理〗真理(値)表. 〖1921〗

trúth-vàlue *n.* 〖論理〗真理値《命題に与えられる真・偽の値》. 〖(1903) 《なぞり》← G *Wahrheitswert*〗

trúth-vàlue gàp *n.* 〖論理〗真理値ギャップ《真偽 2 値のいずれでもなく, しかも 3 値以上のどの値にも決定されない命題の状況: All my children are asleep. が子供のいない人によっていわれた場合など》.

try /tráɪ/ *vt.* **1** 試みる, 〈...しようと〉努める (attempt) 〈*to* do〉 (cf. TRY *and* ...): ~ a jump 跳んでみる / ~ an impossible feat 不可能な離れ業をやろうとする / ~ another question 別の問題をやってみる / ~ one's best [hardest] 全力を尽くす, 精一杯やってみる / Do ~ *to* be punctual. ぜひ時間を守るようにしなさい / He *tried to* make a secret of it. それを秘密にしようとした / The sun is ~*ing* to come out. 太陽が現れようとしている. **2 a** [しばしば *wh*-clause, *doing* などを伴って] 試験する, ためす, 試しにやってみる (test) 〈*out*〉: ~ one's skill [strength] 自分の腕[力]をためす / ~ one's luck 運試しにやってみる / ~ one's hand (*at* ...) 〈物・事を〉やってみる / We will ~ a different crop next year. 来年は別な作物をやってみよう / I *tried* the door to make sure it was locked. 確かに鍵がかかっているか戸を試してみた / ~ *out* several occupations いろいろな職業に携わってみる / You can't tell what the thing is like until you ~ it *out* yourself. 自分でやってみるまではそれがどんなものかわからるものではない / *Try* (and see) *how* fast you can run. どのくらい速く走れるかやってみなさい / Let's ~ *whether* we can move it. 動かせるかどうか試しにやってみよう / He *tried* walk*ing* without crutches. 松葉づえを使わずに試みに歩いてみた (★ cf. The baby is ~*ing to* walk. 赤ん坊が歩こうとしている; ⇨ *vi.* 1) / Don't (you) ~ anything funny with me! ぼくにおかしなことをするな / Just (you) ~ it and I'll hit you. そんなことやってみろ, なぐってやる. **b** 試用する, 試しに使って[食べて, 飲んで]みる 〈*out*〉: Do ~ more. もっとお上がりください《菓子・酒などを勧める時》/ *Try* our fried chicken. 当店のフライドチキンをご試食ください / He had a serious accident while ~*ing* a young horse. 子馬に乗ってみていうちにひどい事故に遭った / You'd better ~ *out* a new car before deciding to buy it. 新車を買う前に試乗してみたほうがよい / If you are looking for someone good, ~ me. だれかよい人を探しているなら, 私を試して下さい. **c** 試して確かめる[実証する]; 試みて解決する. **3** 〖法律〗〈事件を〉審理する; 〈人を〉裁判する; 《米》〈弁護士が(法廷で)〈事件を〉調べる《証人に対する尋問など》: ~ a case [an issue] 事件[問題]を裁く / ~ a person *for* theft [murder] 人を窃盗[殺人]罪で審理する / ~ the accused *for* his life 被告人を死罪に問う. **4 a** 試練に遭わせる, 酷使する, ...に過重な負担をかける (strain): Loss of sleep *tries* a man's nerves more than work. 寝不足は仕事よりも神経にこたえる / Don't ~ your eyes *with* that fine print. そんな細かい活字を見て目を酷使しないようにしなさい / That fellow sorely *tries* my patience. あの男はひどくしゃくにさわる / His courage was severely *tried*. 彼は勇気をふりしぼらなければならなかった. **b** [しばしば受身で] 〈人を〉(ひどく)苦しめる, 悩ます. **5** [通例 ~ *up* として] (...の表面を)正確に合わせる[仕上げる]; 〖木工〗...に長かんな (trying plane) をかけ(て仕上げ)る. **6** 〈脂肪〉から抽出する, 〈鯨の脂肉などを〉溶かして精製する 〈*out*〉. **7** 《廃》経験で知る. **8** 《廃》精錬する.

— *vi.* **1** やってみる, 試みる (attempt), 骨折る, 努力する (endeavor): He *tried* (and *tried* again) but didn't succeed. (何度も)やってみたがうまくいかなかった / ~ *for* a prize [scholarship, job] 賞[奨学金, 仕事]を得ようと努める / ~ *for* a prison break 脱獄を企てる. **2** 〖海事〗(荒天の時に, 船首を風上に向け必要以外の帆を下ろして)ほとんど停船状態になる: Bring her to ~ with main-course メーンマストの帆を使って船首を風上に向けろ (Shak., *Tempest* 1. 1. 35).

trý and ... 《口語》...しようとする. ★ try *to* do (⇨ *vt.* 1) にはない達成のニュアンスがある: *Try and* be on time on Monday. 月曜日には定刻に来るようにしなさい / I'll ~ *and* come tomorrow. あした来るようにします / Did you ~ *and* do it? やってみましたか. 〖1686〗

語法 (1) 命令形や原形で用いられ, 否定形はまれ. (2) 《米口語》ではしばしば and を省略する.

trý báck 後戻りする; (後へ戻って)もう一度やってみる, 出直す. *trý ón* (1) (体に合うかどうか)試しに着て[かぶって, 履いて]みる: Try these shoes *on* to see if they fit you. お合いになるかどうかこの靴を履いてみて下さい. (2) 《英口語》〈悪い事を〉〈人に〉やってみる 〈*with*〉 (cf. try-on): It's no use ~*ing* it [your games] *on with* me. そんな事で私をだまそうとしたってだめさ《その手はくわないぞ》. 〖1693〗 *trý óut* (1) 〈着想・計画などを〉(徹底的に)試してみる (cf. *vt.* 2 a); 〈機械・志願者などを〉厳密に試験する (cf. *vt.* 2 b). (2) 〈少数の人を相手に〉〈新しい〉歌曲・製品などの効果を試してみる, 試用させる 〈*on*〉: ~ *out* a song *on* one's family 歌を試しに家族の者に歌ってみせる / The new appliance was *tried out on* some employees. その新しい(電気)器具は幾人かの従業員に試用された. (3) 〖1898〗《米・カナダ》(チーム(の選抜)に)出(し)てみる; 〈劇などの役柄の〉オーディションを受け(させ)てみる 〈*for*〉: ~ *out for* the team チームの選抜テストを受ける / ~ *out for* the title role 主役決定のオーディションを受ける. (4) ⇨ *vt.* 6. 〖1430〗

— *n.* **1** 試し, 試み (attempt): He had a desultory ~ *at* being an artist. 何となく芸術家になろうと試みた / He made a ~ *for* the Republican nomination. 共和党候補の推薦権を獲得しようと努めた / I failed at the first ~. 最初の試みは失敗した / It's worth a ~. 一度試してみるだけの値打ちがある / Why not give it a ~? それをやって[聞いて]みてはどう, 行ってみてはどう / Good [Nice] ~! うまいぞ. **2** 〖ラグビー〗トライ《攻撃側の選手が敵方のインゴール地にボールを付けること; 4 点となる; コンバート (conversion) の権利が与えられる》. **3** 〖アメフト〗=TRY for point.

trý for póint 〖アメフト〗トライフォーポイント《タッチダウン後に与えられる追加得点の機会; キックによってクロスバーを越えれば 1 点, エンドゾーン内にボールを持ち込めば 2 点》. 〖1924〗 〖(*a*1325) □ (O)F *trier* to pick out, sift ← ?: cf. L *terere* to rub〗

SYN 努める: **try** あることを行うために努力をする《一般的な語》: I'll *try* to finish the work by next week. 来週までにその仕事を終えるようにやってみるつもりだ. **attempt** あることで成功しようと努める《失敗や未遂に終ったことを暗示する》: He *attempted* to kill himself. 自殺を企てた. **make an effort, make efforts** 困難にもめげず努力する《通例個人的な事柄について》: He *made an effort* to master the software. 彼はそのソフトウェアを身につけようと努力した. **endeavor** 困難に直面して決然と努力する: I *endeavored* to appease him, but in vain. 彼をなだめようと努めたが, だめだった. **strive** 成就のために熱心に[長い間]努力する《格式ばった語》: *strive* for victory 勝とうと努力する. **struggle** 障害を打破するため猛烈に努力する: *struggle* for living 生活苦と戦う.

trý hòle *n.* 〖冶金〗(溶鉱炉頂部の)ゲージ挿入口《ここから棒状のゲージを入れ炉の内容量を調べる》.

try·ing /tráɪɪŋ/ *adj.* **1** 苦しい, つらい: a ~ journey [experience] つらい旅[経験] / the work that is ~ *to* the eyes 目にこたえる仕事 / This heat is ~ *for* old people. この暑さは老人にはこたえる. **2** 腹立たしい, しゃくにさわる (provoking): ~ customers しゃくにさわる客 / have a ~ day むしゃくしゃした気分で一日を過ごす / She is a little ~. ちょっとばかりしゃくにさわる女だ. **~·ly** *adv.* **~·ness** *n.* 〖(1577): ⇨ -ing[2]〗

trýing plàne *n.* 〖木工〗長かんな, 長台 (jointer). 〖1815〗

trýing squàre *n.* =try square. 〖1579〗

try·ma /tráɪmə/ *n.* (*pl.* **~·ta** /~tə/ **~tə/, ~s**) 〖植物〗クルミ状果《裂開性の外果皮のある核果; クルミなど》. 〖(1857) ← NL ~ ← Gk *trûma* hole ← *trúein* to wear out〗

trý-òn *n.* **1** 《口語》(試みに)やってみること. **2** 《英口語》だまそうとする試み. **3** 《口語》(仮縫いの服を)着てみること, 試着. 〖← *try on* (⇨ try (*v.*) 成句)〗

trý·òut *n.* 《口語》 **1** 《米》予選競技, 予選 (elimination contest); (スポーツの)実力試験. **2** 〖演劇〗試験興行, 人気さぐり, トライアウト《本公演前の試験的な小公演》. **3** 適格試験, テスト; 腕試し(の機会). 〖(1903) ← TRY OUT (⇨ try (*v.*) 成句)〗

tryp·a·fla·vine /trɪ̀pəfléɪviːn, traɪp-, -vɪ̀n | -viːn, -vɪn/ *n.* 〖化学〗トリパフラビン (acriflavine). 〖(1913) ← Gk *trûpa* hole＋FLAVINE〗

trýpaflavine néutral *n.* 〖化学〗=acriflavine.

trý·pan blúe /trípən-, -pæn-/ *n.* 〖医学〗トリパンブルー《トリジン (tolidine) から採る染料; 細胞の染色に用いられる青色の色素》. 〖(1911): *trypan*: 《短縮》← *trypanosoma*: それによる感染症の治療に用いられたことから〗

try·pan·o·cide /trɪ̀pǽnəsàɪd, trípənoʊ- | trípənə(ʊ)-/ *n.* 殺トリパノソーマ薬. **try·pan·o·ci·dal** /trɪ̀pǽnəsáɪdl̩ | -nə(ʊ)sáɪdl̩⁻/ *adj.* 〖(1917): ⇨ ↓, -cide〗

try·pa·no·so·ma /trɪ̀pǽnəsóʊmə, trɪ̀pə- | trɪ̀pənə(ʊ)sə́ʊ-, trɪpæ̀n-/ *n.* (*pl.* **~·ta** /~tə/ | **~tə/, ~s**) 〖動物〗トリパノソーマ (*Trypanosoma* 属の鞭毛(べんもう)虫の総称; ヒトの眠り病や各種の家畜病の病原体であるほか, 脊椎動物全般の血液中に寄生する; cf. tsetse). **try·pà·no·só·mal** /-sóʊməl, -ml̩ | -sə́ʊ-⁻/ *adj.* **try·pà·no·sóm·ic** /-sóʊmɪk | -sə́ʊ-⁻/ *adj.* 〖(1880) ← NL ~ ← Gk *trúpanon* auger＋*sôma* '-SOME[3]'〗

try·pa·no·some /trɪ̀pǽnəsòʊm, trípə- | trípənə(ʊ)sə̀ʊm, trɪpæ̀n-/ *n.* 〖動物〗=trypanosoma. 〖1903〗

try·pa·no·so·mi·a·sis /trɪpæ̀nəsoʊmáɪəsɪ̀s, trɪ̀pə- | trɪ̀pənə(ʊ)sə(ʊ)máɪəsɪs, trɪpæ̀n-/ *n.* (*pl.* **-a·ses** /-siːz/) 〖病理〗トリパノソーマ症 (trypanosoma によって起こるヒトの眠り病; 家畜のナガナ病 (nagana) など). 〖(1902) ← NL ~: ⇨ trypanosoma, -iasis〗

tryp·ar·sa·mide /trɪ̀pɑ́ːəsəmàɪd, -mɪ̀d | trɪpɑ́ːsə-mɪd/ *n.* 〖薬学〗トリパルサミド ($C_8H_{10}O_4N_2AsNa \cdot {}^1/_2H_2O$) 《梅毒・アフリカ嗜眠病などの治療薬》. 〖(1921) 〖商標〗← TRYP(ANOSOMIASIS)＋ARS(ENIC)＋AMIDE〗

Try·phe·na /traɪfíːnə/ *n.* トライフィーナ《女性名; 愛称形 Triffe》. 〖□ L *Tryphena* □ Gk *Trúphaina* 《原義》delicate one (cf. Gk *truphḗ* delicacy): cf. *Rom.* 16: 12〗

trý-pòt *n.* 鯨油精製器. 〖1795〗

tryp·sin /trípsɪ̀n | -sɪn/ *n.* 〖生化学〗トリプシン《膵液中の蛋白質分解酵素》. **trýp·tic** *adj.* 〖(1876) □ G ~ (i) ← Gk *trûein* to rub down, wear out (i.e., digest)＋(PE)PSIN // (ii) ← Gk *trîpsis* rubbing＋-IN[2]〗

tryp·sin·o·gen /trɪpsínəʤən, -ʤèn | trɪpsínə(ʊ)ʤən, -ʤèn/ *n.* 〖生化学〗トリプシノゲン《膵臓から分泌されトリプシンに変化する物質》. 〖(1890) ← TRYPSIN＋-GEN〗

tryp·ta·mine /tríptəmìːn, -mɪ̀n | -mìːn, -mɪn/ *n.* 〖化学〗トリプタミン ($C_8H_6NCH_2CH_2NH_2$) 《トリプトファンの分解で得られる塩基の一種およびその誘導体; あるものは幻覚剤》. 〖(1929) ← TRYPT(OPHAN)＋AMINE〗

tryp·to·phan /tríptəfæ̀n/ *n.* 〖生化学〗トリプトファン ($C_{11}H_{12}N_2O_2$) 《動物の生存に必要な無色のアミノ酸》. 〖(1890) ← *trypt(ic)* ← (TRYP(SIN)＋(PEP)TIC)＋-O-＋-PHANE〗

tryp·to·phane /tríptəfèɪn/ *n.* 〖生化学〗=tryptophan.

try·sail /tráɪsèɪl/ ★〖海事〗の発音は /tráɪsəl, -sl/. *n.* 〖海事〗トライスル《帆船のマストの後ろ側に付ける荒天時用の補助的な小縦帆》. 〖(1769) ← TRY (n.)＋SAIL〗

trýsail gàff *n.* 〖海事〗トライスル斜桁(しゃこう)《トライスルを張るためのマストの途中から斜上部に突き出した円材》. 〖1840〗

trýsail màst *n.* 〖海事〗トライスルマスト《前檣(ぜんしょう)または大檣の後ろ側につけた補助的な檣; snowmast, spencer mast ともいう》. 〖1769〗

trý squàre *n.* =right-angle square. 〖1877〗

tryst /tríst, tráɪst/ *n.* 《文語》 **1** 会合[あいびき]の約束: a lovers' ~ 愛人の密会 / keep [hold] ~ (with ...) (...と)会合の約束を守る / break ~ 会合の約束を破る. **2** (約束の)会合, あいびき; 会合の場所, 密会所 (rendezvous). **— 《スコット》*vt.* 〈人〉と会合の約束をする; 〈会合の時・所を〉指定する: at the ~*ed* hour 会う約束の時間に. **— *vi.*** 会合の約束をする. **~·er** *n.* 〖(1375) *triste* □ OF 'appointed station in hunting' ← ? ON *treysta* to make strong and safe: cf. trust〗

trýst·ing plàce *n.* (恋人などの)会合の場所: a ~ for lovers. 〖1633〗

trý·wòrks *n. pl.* 鯨油精製所[精製炉]. 〖1792〗

t.s. 《略》〖物理〗tensile strength.

T$ 《記号》〖貨幣〗pa'anga.

tsa·de /tsɑ́ːdi, sɑ́ː- | -di/ *n.* (*also* **tsa·di** /~/) =sadhe. 〖□ Heb. *tzādé* 《原義》fishing hook〗

tsam·ma /tsǽmə/ *n.* (*also* **tsa·ma** /~/) 〖植物〗南アフリカのスイカの野生種 (watermelon). 〖(1886) □ Khoikhoi *tsamas* watermelon〗

Tsa·na /tsɑ́ːnə/, **Lake** *n.* ⇨ Lake TANA.

Tsang·po /tsɑ̀ːŋpóː, sɑ̀ːŋ- / *n.* [the ~] ツァンポ(川) (Brahmaputra 川の上流のチベットを流れる部分の名).

tsan·tsa /tsɑ́ːntsə | tsǽn-/ *n.* ツァンツァ《南米 Jivaro 族などが首狩りをした頭皮でつくる干し首 (shrunken head)》. 〖(1923) □ S-Am.-Ind. (Jivaro) ~〗

Tsao Hsüeh-chin /tsáʊʃjuèʧín/ *n.* =Cao Xuejin.

tsar /záːə, tsáːə | záː[r], tsáː[r]; *Russ.* tsárʲ/ *n.* =czar.

tsár·dom /-dəm | -dəm/ *n.* =czardom.

tsar·e·vitch /záːrəvìʧ, tsáːr- | -rɪ̀-; *Russ.* tsarʲéʲvʲitʲʃ/ *n.* (*also* **tsar·e·vich** /~/) =czarevitch.

tsa·rev·na /zɑːrévnə, tsɑː-; *Russ.* tsarʲévnə/ *n.* =czarevna. 〖1880〗

tsa·ri·na /zɑːríːnə, tsɑː-; *Russ.* tsarʲínə/ *n.* =czarina. 〖1891〗

tsar·ism /záːrɪzm, tsáː-; *Russ.* tsarʲízm/ *n.* =czarism. 〖1882〗

tsár·ist /-rɪ̀st | -rɪst/ *adj., n.* =czarist.

tsa·ris·tic /zɑːrístɪk, tsɑː-/ *adj.* =czaristic.

Tsa·ri·tsyn /tsɑríːtsɪ̀n, sə- | -tsɪn; *Russ.* tsarʲítsɨn/ *n.* ツァリーツィン (Volgograd の旧名).

tsa·rit·za /zɑːrítsə, tsɑː-; *Russ.* tsarʲítsə/ *n.* =czaritza. 〖1833〗

Tsar·sko·ye Se·lo /tsɑ́ːskəjəsəlóʊ, sɑ́ː- | tsɑ́ːskə-jəsəlóʊ; *Russ.* tsárskəjəsʲiló/ *n.* ツァールスコエ セロ (Pushkin の旧名). 〖□ Russ. 《原義》Tsar's Village〗

tsats·ke /tsɑ́ː(ː)tskə | tʃɔ́ts-/ *n.* 《米俗》=tchotchke.

Tsá·vo Nátional Párk /tsɑ́ːvoʊ- | -vəʊ-/ *n.* ツァボ国立公園《ケニア南東部にある広大な国立公園; 1948 年指定》.

TSB /tíːèsbíː/ 《略》《英》Trustee Savings Bank《現在は TSB Group plc. (信託貯蓄銀行グループ)で知られる》.

Tschai·kov·sky /ʧaɪkɔ́(ː)fski, -kɑ́(ː)f- | -kɔ́f-, -kɔ́v-; *Russ.* tʃʲɪjkófskʲij/ (*also* **Tschai·kow·sky** /~/), **Pëtr Ilich** *n.* =Tchaikovsky.

tse·da·kah /tsədɑ́ːkɔː | tsɪ-/ *n.* =tzedakah.

Tse·li·no·grad /tsəlínəgrɑ̀ːd, sə-; *Russ.* tsʲilʲinagrát/ *n.* ツェリノグラード (Astana の旧名).

tses·se·be /tsésəbi/ *n.* (*also* **tses·se·bi** /~/) 〖動物〗ササビーダマリスクス (⇨ sassaby). 〖(1857) ← Bantu (Tswana)〗

tset·se /tsétsi, tétsi, tíː- | tétsi, tsétsi/ *n.* (*pl.* **~, ~s**) 〖昆虫〗ツェツェバエ (*Glossina morsitans*)《アフリカ産のイエ

バエ科の一種で, trypanosoma の中間宿主となり, 人畜を刺して家畜にナガナ病 (nagana) を, ヒトに眠り病を伝染させる; tsetse [tzetze] fly ともいう). 〖(1849) □ Afrik. ～ □ Tswana *tsêtsê*〗

tsétse disèase *n.* 〘獣医〙ツェツェ病 (⇨ nagana). 〖1895〗

tsétse flỳ *n.* 〘昆虫〙＝tsetse. 〖1849〗

T/Sgt, T.Sgt 《略》〘米空軍〙Technical Sergeant.

TSh 《記号》〘貨幣〙Tanzanian shilling(s) (⇨ shilingi).

TSH 《略》Their Serene Highnesses; 〘生化学〙thyroid-stimulating hormone.

Tshi /tʃwíː, twíː, tʃíː; *Twi* tçɥi/ *n.* ＝Twi.

Tshi·lu·ba /tʃɪlúːbə | tʃɪ-, tʃi-/ *n.* 〘言語〙チルーバ語 《Luba 族の言語; コンゴ民主共和国, 特にその南部で用いられる主要通商語の一つ; cf. Luba》. 〖*c*1961〗

T-shirt /tíːʃɜ̀ːt | -ʃɜ̀ːt/ *n.* T シャツ: **a** 丸首半袖(または袖なし)のメリヤスシャツ[下着]. **b** (それに似た形の)コットンやウールのニットのスポーツシャツ. 〖(1920): その T 字形から〗

Tshom·be /tʃɑ́(ː)mbeɪ | tʃɔ́m-; *Zairean* tʃombe/, **Moi·se** /mɔ́ise/ *n.* チョンベ, ツォンベ (1919–69; コンゴ(コンゴ民主共和国)の政治家; Katanga の独立を宣言 (1960); 首相 (1964–65); アルジェリアで獄死).

tsi 《略》tons per square inch.

tsim·mes /tsíməs/ *n.* 混乱, 騒動 (commotion, fuss). 〖□ Yid. ～ 'a kind of carrot stew' ← G *zum Essen* to the meal〗

Tsim·shi·an /tsímʃiən, tʃím-, -ʃən/ *n.* (*pl.* ～, ～**s**) **1 a** [the ～(s)] チムシアン族 《カナダ British Columbia 州の海岸地域に住むアメリカインディアン》. **b** チムシアン族の人. **2** チムシュ語 《ペヌーティ大語族の一言語》. 〖(1836) □ N-Am.-Ind. (Tsimshian): 原義は inside the Skeena River〗

Tsi·nan /dʒìːnɑ́ːn, tʃíː-/ *n.* ＝Jinan.

Tsing·hai /dʒìŋhɑ́ɪ/ *n.* ＝Qinghai.

Tsing·tao /dʒìŋtɑ́ʊ, tsìŋ-/ *n.* ＝Qingdao.

Tsing·yu·an /tʃíːŋjùːɑːn/ *n.* ＝Qingyuan.

Tsin·ling Shan /tʃínlìŋʃɑ́ːn/ *n.* ＝Qinling Shan.

Tsiol·kov·ski /tsjɔ(ː)lkɔ́(ː)fski, -kɑ́(ː)f- | tsjɔlkɔ́f-; *Russ.* tsialkófskʲij/, **Konstantin E·du·ar·do·vich** /eduárdəvʲitʃ/ *n.* ツィオルコフスキー (1857–1935; ロシアの科学者; ロケット工学分野の先駆的研究を行なった).

Tsi·tsi·har /tsíːtsìːhɑ́ə | -hɑ́ː(r)/ *n.* ＝Chichihaerh.

tsk ★発音については ⇨ tut[1]. *int., n., vi.* ＝tut[1].

Tskhin·va·li /tskɪnvɑ́ːli/ *n.* ツヒンヴァリ 《グルジア北部 Tbilisi の北にある町; South Ossetia の中心》.

T́-slòt cútter *n.* 〘機械〙みぞフライス. 〖その形から〗

TSO 《略》〘航空〙time since overhaul オーバーホール後使用時間.

Tson·ga /tsɑ́(ː)ŋgə | tsɔ́ŋ-; *Tsonga* tsóŋga/ *n.* (*pl.* ～, ～**s**) **1 a** [the ～(s)] ツォンガ族 《モザンビーク南部・スワジランド・南ア共和国に住む黒人》. **b** ツォンガ族の人. **2** ツォンガ語. 〖(1852)〗《1940》← Bantu (Tsonga)〗

tsor·is /tsɔ́(ː)rəs, sɔ́(ː)-, tsɑ́(ː)-, sɑ́(ː)-, tsʊ́ər-, sʊ́ər- | tsɔ́rɪs, tsʊ́ər-/ *n.* (*also* **tsor·es** /～/, **tsor·riss** /～/, **tsoor·is** /～/) 《米俗》苦労, 面倒, 苦悩, 悲哀, 不幸 (trouble, misery). 〖(1901) □ Yid. ～ (pl.) ← *tsore* calamity □ Heb. *ṣārāh*〗

tsot·si /tsɑ́(ː)tsi | tsɔ́tsi, tsɔ́ː-/ *n.* (*pl.* ～**s**) 《南ア》(黒人の)ごろつき, 不良, 「わる」. 〖(1949) ← ?〗

tsp. 《略》teaspoon; teaspoonful.

T́ squàre *n.* T 定規. 〖(1785): その形から〗

TSR 《略》〘電算〙terminate and stay resident 《常駐プログラム (resident program)》.

TSS 《略》〘電算〙time-sharing system タイムシェアリングシステム (time-sharing); 〘医学〙toxic shock syndrome; twin-screw steamer [steam(ship)].

TSSA 《略》Transport Salaried Staffs' Association.

T́-stòp sỳstem *n.* 〘写真〙T 絞りシステム 《カメラのレンズ口径を T ナンバーにより定めるシステム; cf. f-stop system》. 〖(1956) *T*: ← *t(otal light transmission)*〗

T́-stràp *n.* **1** T ストラップ 《靴の甲の部分の T 字状革ひも》. **2** T 字ひものついた靴 《特に, 婦人靴・子供靴に多い; T-bar ともいう》. 〖1963〗

tsu·na·mi /tsuːnɑ́ːmi, suː-, -nǽmi/ *n.* (*pl.* ～**s**, ～) 津波. **tsu·ná·mic** /-mɪk/ *adj.* 〖(1897) □ Jpn.〗

Tsun·i /tsúːniː/ *n.* ＝Zunyi.

tsu·tsu·ga·mú·shi disèase /tsùːtsʊgəmúːʃi-, sùː-/ *n.* 〘病理〙つつが虫病 《scrub typhus, Japanese flood fever, Japanese river fever ともいう》. 〖(1906) □ Jpn.〗

Tsve·ta·e·va /svètəjéɪvə, tsvɛt- | tsfɛ̀tə-; *Russ.* tsvʲitájivə/, **Ma·ri·na** /marʲínə/ (**Iva·nov·na** /ivɑ́nəvnə/) *n.* ツベターエワ (1892–1941; ロシアの詩人).

TSW 《略》Television South West.

Tswa·na /tswɑ́ː-, swɑ́ː-; *Tswana* tswaːnɑ/ *n.* (*pl.* ～, ～**s**) **1 a** [the ～(s)] ツワナ族 《アフリカ南部ボツワナ (Botswana) およびその近隣地帯のバンツー語を話す民族》. **b** ツワナ族の人. **2** ツワナ語 《バンツー語族の一つ》. 〖1930〗

Tswétt còlumn /swɛ́t-/ *n.* ツベート筒 《特に, 植物色素の吸着分離に使用する底部に活栓(ｶｯｾﾝ)の付いたガラス筒》. 〖← *M. S. Tswett* (1872–1919: ロシアの植物学者)〗

TT 《略》teetotal; teetotaler; telegraphic transfer; teletypewriter; torpedo tube; Tourist Trophy; 〘自動車国籍表示〙Trinidad and Tobago; Trust Territories; tuberculin-tested.

tt 《記号》Trinidad and Tobago 《URL ドメイン名》.

T́-tàil *n.* 〘航空〙T尾翼 《水平尾翼が垂直尾翼の上部に位置している尾翼》.

t́-tèst *n.* 〘統計〙t 検定 《標準偏差が未知のとき正規母集団の平均値に関して行われる》. 〖1932〗

T́-tìme *n.* T タイム 《ロケットやミサイルの点火[発射]時刻》. 〖(1959) *T*: ← ? TIME: cf. D-day〗

TTL 《略》〘写真〙through the lens; to take leave; 〘電子工学〙transistor transistor logic.

TTS 《略》teletypesetter; teletypesetting.

TT$ 《記号》〘貨幣〙Trinidad and Tobago dollar(s).

TTY, tty 《略》teletype; teletypewriter.

Tu 《記号》〘化学〙thulium.

Tu. 《略》Tuesday.

TU /tíːjúː; *F.* tey/ 《略》*F.* temps universel (＝Universal Time); toxic unit; Trade(s) Union; Training Unit; transmission unit.

Tu·a·mo·tu /tùːəmóutuː | -mə́ʊ-; *F.* twamɔtu/ *n.* ツアモツ語 《南太平洋の Tuamotu 諸島で話されるポリネシア語》.

Tuamótu Archipélago *n.* [the ～] ツアモツ諸島 《太平洋南部のフランス領 Polynesia に属する諸島; 面積 880 km²; Low Archipelago, Paumotu Archipelago ともいう》.

tu·an[1] /túːɑːn/ *n.* 旦那(ﾀﾞﾝﾅ)(さま) (sir, master) 《マレー人が男子に対して用いる尊称》. 〖(1779) □ Malay ～〗

tu·an[2] /túːən, tjúː-/ *n.* 〘動物〙フクロモモンガ, クロオファスコガーレ (*Phascogale tapoatafa*) 《オーストラリアに生息するフクロネコ科の動物; 空を飛ぶことができる; wambenger, brush-tailed phascogale ともいう》. 〖(1842) □ Austral. (Wathawurung) *duan*〗

Tua·reg /twɑ́ːrɛg/ *n.* (*pl.* ～, ～**s**) **1 a** [the ～(s)] トワレグ 《北アフリカ Sahara 地方のハム語を話すイスラム遊牧民》. **b** トワレグ族の人. **2** トワレグ語 《ベルベル語(群)の一方言》. 〖(1821) □ Berber *Twāreg* (pl.) ← *Tārgwi*〗

tu·art /túːɑət | -ɑːt/ *n.* 《豪》ユーカリノキの一種 《材は耐久性に富む》. 〖(1836) □ Austral. (Nyungar) *tuwart*〗

tu·a·ta·ra /tùːətɑ́ːrə/ *n.* 〘動物〙＝sphenodon. 〖(1820) □ Maori *tuatàra* ← *tua* on the back＋*tara* spine〗

Tu·a·tha De Da·nann /túːəhədeɪdɑ́ːnən/ *n.* 〘アイル伝説〙ツアーハ デ ダーナン 《巨人族フォモーレ (Fomorians) を倒し, アイルランドの黄金時代を統治したといわれる神々; 女神 Danu の種族》. 〖(1682) □ Ir. ～〗

tub /tʌ́b/ *n.* **1 a** おけ, たらい (cf. barrel). **b** (アイスクリーム・マーガリンなどを入れるプラスチックまたはボール紙の)小さな容器: a rainwater ～ 天水おけ / a wash ～ 洗濯だらい / ⇨ bathtub / a ～ for butter バターおけ / Every ～ must stand on its own bottom. 《諺》人はみな自己を頼まねばならない 《独立独行が必要》. **2 a** 《米・カナダ》ふろおけ, 湯ぶね, 浴槽 (bathtub). **b** 《英口語》入浴 (bath): a morning ～ 朝ぶろ / take a cold ～ every morning 毎朝冷水浴をする / He seldom has a ～. めったにふろへ入らない. **c** 《廃》(性病の治療に使う)ふろおけ (cf. Shak., *Measure* 3. 2. 57). **3** おけ一杯 《バター・穀物・茶などの分量》: a ～ of water 水ひとおけ. **4** 《口語》のろくて不格好なボート[船]; ぼろ船. **5** 《口語》〘海事〙**a** (オールで漕ぐ練習をするための丈夫で横幅のある)練習用ボート, たらい船. **b** 帆桁(ﾎｹﾀ)の昇降を可能にするためその中央に取り付けてマストを抱えている環. **6** 《俗》(ずんぐりした)でぶ, ビヤダル. **7** 〘鉱山〙鉱車 (tram, hutch ともいう); (鉱石を運び上げる)立ておけ, つりおけ; (立坑などの)おけわく. **8** 《軽蔑》(非国教徒の牧師の)説教壇 (pulpit). **9** タブ 《シンクロナイズドスイミングの演技の一つ; 背面の姿勢から両膝を胸につけながら体は少なくとも一回転して平行の姿勢となる》.

a tále of a túb ⇨ tale[1] 成句. ***thrów óut a túb to the whále*** (差し迫った危険を免れるため)人の目をくらます. 〖昔小船が鯨に出会ったとき, 鯨が船を転覆させるのを防ぐため, 目移りするようにおけを海上に投げたことから〗

— *v.* (**tubbed; tub·bing**) — *vt.* **1** おけに入れる. **2** 《英口語》おけに入れて洗う; 湯に入って〈体を〉洗う. **3** 練習用ボートで練習させる. — *vi.* **1** 《英口語》(朝起きたとき)入浴する. **2** 《口語》〈織物が〉洗いがきく. **3** 練習用ボートで練習する.

〖(1384) *tubbe* □ ? MDu. (Du. *tobbe*): cf. LG *tubbe* / OHG *zubar* vessel with two handles (G *Zuber* tub)〗

tu·ba /túːbə, tjúː- | tjúː-/ *n.* **1** チューバ 《低音・最低音を吹奏する saxhorn の類の大型らっぱの総称》. **2** (オルガンの)チューバ音栓(ｵﾝｾﾝ). **3** (*pl.* **tu·bae** /-biː/) (古代ローマの)らっぱ (trumpet). **4** 〘気象〙竜巻雲 《特に, 積乱雲や積雲の下部に現れるうずまき状の雲; funnel cloud, pendant cloud, tornado cloud などともいう; cf. tornado 1, waterspout 3》. **5** チューバ 《敵のレーダーを妨害するための強力なレーダー送信機》. 〖(1852) □ It. ～ □ L ～ 'trumpet': ⇨ tube〗

tub·al /túːbəl, tjúː-, -bɫ | tjúː-/ *adj.* **1** 管の (tubular). **2** 〘解剖〙**a** 管(状)の. **b** 耳管の. **c** 卵管の. 〖(1735–36): ⇨ ↑, -al[1]〗

Tu·bal·cain /túːbəlkeɪn, tjúː-, -bɫ- | tjúː-/ *n.* 〘聖書〙トバルカイン 《青銅・鉄器具の製作者; cf. *Gen.* 4: 22》. 〖□ Heb. *Tūbhal-Qáin*〗

túbal ligátion *n.* 〘医学〙卵管結紮(ｹｯｻﾂ) 《不妊手術》. 〖1948〗

túbal prégnancy *n.* 〘医学〙卵管妊娠 《卵管で妊娠する型の子宮外妊娠 (ectopic pregnancy)》. 〖1857〗

tu·bate /túːbeɪt, tjúː- | tjúː-/ *adj.* 管の, 管状の; 管のある. 〖(1866): ⇨ tube, -ate[2]〗

tub·ba·ble /tʌ́bəbɫ/ *adj.* おけに入れて洗える; 〈織物が〉洗いがきく. 〖1929〗

túb·ber *n.* **1** おけ屋, おけを用いて仕事をする人. 〖1825〗

túb·bing *n.* **1** 入浴 (bathing). **2** ボート練習. **3** おけ作り; おけ用材. 〖1657〗

túb·bish /-bɪʃ/ *adj.* おけのような; (たるのように)丸々と太った. 〖1565〗

túb bòat *n.* (運河で荷を運ぶ)長方形のボート.

tub·by /tʌ́bi/ *adj.* (**tub·bi·er; -bi·est**) **1** たるのような, 丸々と太った, ずんぐりした (short and fat). **2** 《まれ》おけを打つような(鈍い)音のする. **túb·bi·ness** *n.* 〖(1806–07): ⇨ tub, -y[4]〗

túb chàir *n.* (英国製の)背が半円型で広い袖のついた安楽椅子. 〖1839〗

tube /túːb, tjúːb | tjúːb/ *n.* **1** 管, 筒 (pipe, cylinder): a glass ～ ガラス管 / a metal ～ 金属管 / a flexible ～ 可撓(ｶﾄｳ)管, 曲げられる管 / a tin ～ すず管, (すず製の)チューブ容器 / ⇨ inner tube, pneumatic tube, test tube, vacuum tube. **2** (絵の具・ねり歯みがきなどを入れる)チューブ: a toothpaste ～＝a ～ of toothpaste. **3** 〘解剖・動物〙**a** 管, 管状器官. **b** 耳管 (Eustachian tube). **c** 卵管 (Fallopian tube). **d** 棲管 《体表からの分泌物による管状の保護構造》. **4** 〘植物〙管, 管状部; (合弁花または合生萼(ｶﾞｸ)葉の基部の)筒状部. **5** 《米口語》テレビ受像機 (television set) (cf. box[1] 7 h); [the ～] テレビ: watch *the* ～ テレビを見る. **6** 〘電子工学〙**a** 《米》電子管 (electron tube, 《英》valve): the ～*s* of a radio set. **b** 陰極線管 (cathode-ray tube). **7** 《英口語》(London などの)地下鉄: a ～ train 地下鉄の電車 / go by [on the] ～ 地下鉄で行く / I took a ～ to Paddington. パディントンまで地下鉄に乗った. **8** (管状の)地下道, (地下鉄の)トンネル. **9 a** (管楽器の)管. **b** 管楽器. **10** (自転車・自動車タイヤなどの)チューブ (inner tube). **11** 《古》望遠鏡 (telescope): an optic ～ 望遠鏡. **12** 〘サーフィン〙＝curl 7. **13** 《豪俗》缶ビール, 瓶ビール.

gò dówn the túbe(s) 《米俗》だめになる, つぶれる.

túbe of fórce 〘電気・磁気〙力線管.

— *vt.* **1** …に管を備える, 管を付ける[挿入する]. **2** 管の中に入れる[収める], 管に入れて運ぶ. **3** 管状にする. **4** [～ it として] 《英口語》地下鉄に乗る[で行く].

— *vi.* 《英》地下鉄に乗る[で行く].

〖(1611) □ F ～ // L *tubus* pipe, tube ← ?: cf. tuba〗

túbe còlors *n. pl.* チューブ入り絵の具.

tu·bec·to·my /tuːbɛ́ktəmi, tjuː- | tjuː-/ *n.* 〘外科〙卵管除去(術). 〖(1925) ← TUBE＋-ECTOMY〗

tubed *adj.* 〈馬が〉(気管切開して)金属製呼吸管をあてがわれた. 〖1816〗

túbe fèeding *n.* 〘医学〙ゾンデ栄養 《鼻などから胃に管を入れて栄養物を注入する方法》. 〖(1958): cf. *tube-fed* (1909)〗

túbe flòwer *n.* 〘植物〙クルマバジョウサン(車葉常山) (*Clerodendron siphonanthus*) 《東インド諸島産クサギ属の花冠の長い白い花をつける低木》.

túbe flỳ *n.* 〘釣〙細いパイプに獣毛を巻いたサケ用の毛鉤.

túbe fòot *n.* 〘動物〙(棘皮(ｷｮｸﾋ)動物の)管足. 〖1888〗

túbe·less *adj.* 〈自動車などのタイヤが〉チューブレスの 《気密を保つのにチューブを必要としないものにいう》: a ～ tire チューブレスタイヤ. 〖1855〗

túbe·like *adj.* 管[筒, チューブ]の形をした. 〖1842〗

túbe·man /-mən/ *n.* (*pl.* **-men** /-mən, -mɛ̀n/) 《英》地下鉄従業員.

túbe mill *n.* 〘機械〙チューブミル 《長い筒状の粉砕機; 長い中空の筒に軟らかい原料と硬い鋼球を入れ, 筒を回転させると内部で両者の衝突により原料が粉砕される》. 〖1909〗

túbe nòise *n.* 〘電気〙真空管雑音. 〖1947〗

túbe·nòse *n.* 〘鳥類〙管状鼻孔を持つ鳥の総称 《ミズナギドリ, ウミツバメなど》.

túbe-nòsed *adj.* 管状鼻孔を持つ.

túbe-nosed bát *n.* 〘動物〙**a** New Guinea 島, Sulawesi 島などに分布するオオコウモリ科テングフルーツコウモリ属 (*Nyctimene*) の数種のコウモリ. **b** 東南アジア・日本産のヒナコウモリ科テングコウモリ属 (*Murina*) の数種のコウモリ.

túbe nùcleus *n.* 〘植物〙花粉管核 《生長する花粉管の中にある栄養核》.

túbe pàn *n.* (ドーナツ状の)ケーキ焼き鍋(ﾅﾍﾞ) 《中央が中空になっている深い鍋》.

túbe plàte *n.* 〘機械〙管板 《ボイラーなどで管を取り付ける鏡板》. 〖1930〗

tu·ber[1] /tjúːbə, tjúː- | tjúːbə(r)/ *n.* **1** 〘植物〙(ジャガイモなどの)塊茎 (cf. bulb 2 a). **2** 〘解剖〙隆起, 結節. 〖(1668) □ L *tūber* lump, swelling ← IE **teu(ə)-* to swell (L *tumēre*): cf. thigh, thumb〗

túb·er[2] *n.* 管を付ける人; 管を操作する人[物]. 〖(1825) ← TUBE＋-ER[1]〗

túbe ràilway *n.* 《英》地下鉄. 〖1903〗

túber ci·né·re·um /-sɪ̀nɪ́əriəm | -sɪnɪ́ər-/ *n.* 〘解剖〙灰白結節 《視床下部の一部で下垂体が付着する》. 〖1857〗

tu·ber·cle /túːbəkɫ, tjúː- | tjúːbəkɫ/ *n.* **1** 〘解剖・動物〙(小)結節, 隆起, 小瘤(ｼｮｳﾘｭｳ), 円形小突起. **2** 〘病理〙結節; 結核結節. **3** 〘植物〙小塊茎, 塊根. 〖(1578) □ L *tūberculum* small swelling (dim.) ← *tūber*: ⇨ tuber[1], -cle〗

túbercle bacíllus *n.* 〘細菌〙結核菌 (*Mycobacterium tuberculosis*). 〖1897〗

tú·ber·cled /-kɫd/ *adj.* 結節を生じた, 結節のある (tuberculate). 〖1755〗

tu·ber·cul- /tubɜ́ːkjʊl, tju- | tju-/ (母音の前にくるときの) tuberculo- の異形.

tubercula *n.* tuberculum の複数形.

tu·ber·cu·lar /tubɜ́ːkjʊlə, tju- | tjubɜ́ːkjʊlə(r)/ *adj.* **1** 結節の(ある), 結節状の. **2** 結核(性)の, 結核に冒された (tuberculous). — *n.* 結核患者. **～·ly** *adv.* 〖(1799) ← NL *tūberculāris*: ⇨ tuberculo-, -ar[1]〗

tu·ber·cu·late /tubɜ́ːkjʊlɪ̀t, tju-, -lèɪt | tjubɜ́ː-,

tʊ-/ *adj.* **1** =tubercular. **2** =tubercled. **～·ly** *adv.* 〚(1785) ← NL *tūberculātus*: ⇨ tubercle, -ate²〛

tu·bér·cu·làt·ed /-lèɪtɪ̀d | -lèɪtɪ̀d/ *adj.* **1** =tubercled. **2** =tubercular. 〚1771〛

tu·ber·cu·la·tion /tʊbə̀ːkjʊléɪʃən, tjʊ- | tjʊbə̀ː-/ *n.* 結節形成. 〚1835–36〛

tu·ber·cule /túːbəkjùːl, tjúː- | tjúːbə-/ *n.* 〖植物〗小結節, 小瘤(こぶ) (nodule). 〚(1678): □F ～ □L *tūberculum* 'TUBERCLE'〛

tu·ber·cu·lin /tʊbə́ːkjʊlɪ̀n, tjʊ- | tʊbə́ːkjʊlɪn/ *n.* 〖医学〗ツベルクリン(注射液)《1890 年 R. Koch が本来結核治療の目的で開発したが, 現在は診断・検査用》. 〚(1891) ← TUBERCULO-＋-IN²〛

tubérculin reàction *n.* 〖医学〗ツベルクリン反応. 〚1906〛

tubérculin tèst *n.* 〖医学〗ツベルクリン検査. 〚1900〛

tubérculin-tèsted *adj.* ツベルクリン検査をした, ツベルクリン反応陰性の; 〈牛乳が〉ツベルクリン反応陰性の牛から採った. 〚1937〛

tu·ber·cu·lo- /tʊbə́ːkjʊloʊ, tjʊː- | tjʊbə́ːkjʊləʊ/「結核; 結核菌の」の意の連結形. ★ 母音の前では通例 tubercul- になる. 〚← NL ～ ← L *tūberculum* 'TUBERCLE'〛

tu·ber·cu·loid /tʊbə́ːkjʊlɔ̀ɪd, tjʊ- | tjʊbə́ː-/ *adj.* **1** 類結核の. **2** 小結節[小瘤(こぶ)]類似の. **—** *n.* 類結核. 〚(1891) ← TUBERCULO-＋-OID〛

tu·ber·cu·lo·ma /tʊbə̀ːkjʊlóʊmə, tjʊ- | tjʊbə̀ː-kjʊlə́ʊ-/ *n.* (*pl.* **～s**, **～·ta** /～tə | ～tə/) 〖病理〗結核腫. 〚(1897) ← TUBERCULO-＋-OMA〛

tu·ber·cu·lose /tʊbə́ːkjʊlòʊs, tjʊ- | tjʊbə́ːkjʊlə̀ʊs/ *adj.* **1** =tubercled. **2** =tubercular. 〚(1752) ← NL *tūberculōsus* 'TUBERCULOUS'〛

tu·ber·cu·lo·sis /tʊbə̀ːkjʊlóʊsɪ̀s, tjʊ- | tjʊbə̀ːkjʊ-lə́ʊsɪs/ *n.* 〖病理〗**1** 結核(症)《略 TB》: pulmonary ～ 肺結核. **2** 肺結核 (phthisis, consumption). 〚(1860) ← NL ～: ⇨ tuberculo-, -osis〛

tu·ber·cu·lous /tʊbə́ːkjʊləs, tjʊ- | tjʊbə́ː-/ *adj.* **1** 結節のある, 結節状の. **2** 結核(性)の; 結核にかかった[に冒された]: ～ patients 結核患者. **～·ly** *adv.* 〚(1747) ← NL *tūberculōsus*: ⇨ tuberculo-, -ous〛

tu·ber·cu·lum /tʊbə́ːkjʊləm, tjʊ- | tjʊbə́ː-/ *n.* (*pl.* **-cu·la** /-lə/) =tubercle. 〚(1693) ← NL ～〛

túber fèrn *n.* 〖植物〗タマシダ (*Nephrolepis cordifolia*)《暖地産のウラボシ科の常緑多年生シダ》.

túber índexing *n.* 〖農業〗(ジャガイモの)一芽検定 (eye indexing ともいう).

tu·ber·ose¹ /túːbroʊz, -bəròʊz, tjúː- | tjúːbərə̀ʊz/ *n.* 〖植物〗チュベローズ, ゲッカコウ(月下香), オランダスイセン (*Polianthes tuberosa*)《ヒガンバナ科の芳香性の球根植物》. 〚(1664) ← NL (*Polianthes*) *tūberōsa* tuberous (Polianthes) (fem.) ← L *tūberōsus* 'TUBEROUS': 通俗語源では TUBE＋ROSE〛

tu·ber·ose² /túːbəròʊs, tjúː- | tjúːbərə̀ʊs/ *adj.* = tuberous. 〚(1704) □L *tūberōsus*: ⇨ tuber¹, -ose¹〛

tu·ber·os·i·ty /tùːbərɑ́(ː)səti | tjùːbərɔ́sɪ̀ti/ *n.* **1** 〖解剖〗(骨の)隆起, 粗面. **2** 結節性, 結節[塊茎]を生じる性質; 結節状, 塊茎状. 〚(?a1425) □F *tuberosité*: ⇨ ↑, -ity〛

tu·ber·ous /túːbərəs, tjúː- | tjúː-/ *adj.* **1** 結節性[状]の, 塊茎状の. **2** 〖植物〗塊茎状の[を有する]. **～-ly** *adv.* 〚(1650) □F *tubéreux* □L *tūberōsus*: ⇨ tuber¹, -ous〛

T

túberous róot *n.* 〖植物〗塊根 (cf. fibrous root, taproot). 〚1705〛

túberous-róoted *adj.* 〖植物〗塊根を有する. 〚1721〛

túbe shèll *n.* 〖貝類〗=blind shell 2.

túbe sìnking *n.* 〖金属加工〗=sinking 4. 〚1883〛

túbe snòut *n.* 〖魚類〗北米太平洋岸にすむクダヤガラ科の魚 (*Aulorhynchus flavidus*).

túbe sòck *n.* [通例 *pl.*] チューブソックス《かかとのない伸縮性のある靴下》.

túbe tòp *n.* チューブトップ《女性用の体にぴったり合う肩などを露出した筒状の上衣》.

túbe wèll *n.* =driven well. 〚1877〛

túbe wòrm *n.* 〖動物〗棲管虫《棲管 (tube) に住む生物の総称》.

tub·ful /tʌ́bfʊ̀l/ *n.* 一おけ分(の量), おけ一杯 〔*of*〕. 〚1788〛

tu·bi- /túːbɪ̀, tjúː-, -bi | tjúː-/「管 (tube)」の意の連結形. 〚← NL ～ ← L *tubus* 'TUBE'＋-I-〛

tu·bic·o·lous /tuːbíkələs, tjuː- | tjuː-/ *adj.* 〖動物〗〈虫・クモなど〉管生の《管状の巣の中で生活するもの》. 〚(1870) ← TUBI-＋-COLOUS〛

tu·bi·corn /túːbəkɔ̀ən, tjúː- | tjúːbɪkɔ̀ːn/ 〖動物〗*adj.* 中空の角(つの)のある (hollow-horned). **—** *n.* 空角動物. 〚(1842) ← TUBI-＋L *cornu* 'HORN'〛

tu·bi·fex /túːbəfèks, tjúː- | tjúːbɪ-/ *n.* (*pl.* **～**, **～·es**) 〖動物〗イトミミズ《ツビフェックス属 (*Tubifex*) のイトミミズの総称; イトミミズ (*T. hattai*) など》. 〚(1952) ← NL *Tubifex* (属名) ← TUBI-＋L *-fex* (← *facere* 'to make, DO²')〛

tu·bi·form /túːbəfɔ̀əm, tjúː- | tjúːbɪ̀fɔ̀ːm, tʃúː-/ *adj.* 管状の. 〚(1745) ← TUBI-＋-FORM〛

tùbi·língual *adj.* 〖鳥類〗〈鳥が〉管状の舌をもつ. 〚(1891) ← TUBI-＋LINGUAL〛

tub·ing /túːbɪŋ, tjúːb- | tjúːb-/ *n.* **1** 管材料; 管組織: three meters of plastic ～ プラスチックの管 3 メートル. **2** [集合的] 管類. **3** 管の一片(部分); (1 本の)管. **4** 管の製作[取付け], 配管. **5** 筒状の織物《枕カバーなど》. **6** (タイヤチューブに乗った)川下り, 雪滑り. 〚(1845) ← TUBE＋-ING¹〛

Tü·bing·en /túːbɪŋən, tjúː-; *G.* týːbɪŋən/ *n.* チュービンゲン《ドイツ南西部, Baden-Württemberg 州, Neckar 河畔の工業都市; Tübingen 大学の所在地》.

túb·man /-mən/ *n.* (*pl.* **-men** /-mən, -mèn/)〖古英法〗財務裁判所 (Court of Exchequer) のバリスター《裁定申請に関して postman に次ぐ優先順位を有した; cf. postman²》. 〚(1642) ← TUB＋MAN: その法廷の tub (酒税などに関する訴訟の際に枡として用いた)のわきに席があったことから〛

Tub·man /tʌ́bmən/, **Harriet** *n.* タブマン《1820?–1913; 米国の女性奴隷解放運動家; もと奴隷で Underground Railroad の指導者》.

Tub·man /tʌ́bmən/, **William Va·can·a·rat Shad·rach** /vəkǽnəræ̀t ʃǽdræk/ *n.* タブマン《1895–1971; リベリアの大統領 (1943–71)》.

tù·bo·curárine /tùːboʊ-, tjùː- | tjùːbə(ʊ)-/ *n.* 〖化学〗ツボクラリン ($C_{38}H_{44}Cl_2N_2O_6$)《南米インディアンの使用する矢毒クラーレ (curare) のアルカロイド成分; 筋肉弛緩作用がある》. 〚(1898) ← L *tubus* 'TUBE'＋CURARE＋-INE³: 竹筒に詰められることから〛

tu·boid /túːbɔɪd, tjúː- | tjúː-/ *adj.* 管状の. 〚← TUBE＋-OID〛

Tu·borg /túːbɔəg, tjúː- | tjúːbɔːg, túː-; *Den.* túbɔʀ'/ *n.* 〖商標〗ツボルグ《デンマーク製のビール》.

túb-thùmper *n.* 卓をたたいて熱弁を振るう人. 〚1662〛

túb-thùmping *n.* 卓をたたいて熱弁を振るうこと. **—** *adj.* 卓をたたいて熱弁を振るう. 〚1888〛

Tu·buái Íslands /tùːbwáːiː-; *F.* tybɥai, -bɥaj/ *n. pl.* [the ～] トゥブアイ諸島《南太平洋のフランス領 Polynesia に属する小島群; Austral Islands ともいう》.

tu·bu·lar /túːbjʊlə, tjúː- | tjúːbjʊlə⁽ʳ/ *adj.* **1** 管の, 管状組織の; 管式の: a ～ boiler 煙管式ボイラー. **2** 管状の: ～ flowers 筒状花. **3** 〖生理・病理〗〈呼吸音が〉管性の, 筒性音の《管の中を空気が通ってくるような音を出す》: a ～ sound 気管音. **4** 〖解剖〗尿細管の. **tu·bu·lar·i·ty** /tùːbjʊlǽrəti, tjùː-, -lér- | tjùːbjʊlǽrɪ̀ti/ *n.* **～·ly** *adv.* 〚(1673) ← L *tubulus* 'TUBULE'＋-AR¹〛

túbular béllls *n. pl.* 〖音楽〗チューブベル, チューブラーベルズ《枠につるされた 18 本の長さの異なる金属製の円筒管; ハンマーで上部をたたく》.

túbular fúrniture *n.* (スチール)パイプ式家具《鋼鉄のパイプを折り曲げて造ったテーブル・椅子などを主調とする近代的な家具類》.

túbular rívet *n.* 〖機械〗管リベット.

túbular skáte *n.* 管状フレームのスケート《アルミニウム管に鋼鉄のブレードが植え込まれ, 靴との連結部にも管状の部品が用いられているアイススケート; ホッケー用並びにスピード用; cf. figure skate, hockey skate, racing skate》.

túbular tíre *n.* チューブラータイヤ《競技用自転車の車輪のリムに接着されたタイヤ》.

tu·bu·late /túːbjʊlɪ̀t, -lèɪt, tjúː- | tjúː-/ *adj.* **1** 管になった, 管状[筒状]の. **2** 管付きの. **—** /-lèɪt/ *vt.* 管状[筒状]にする; …に管を備える[付ける]. **tu·bu·la·tion** /tùːbjʊléɪʃən, tjùː- | tjùː-/ *n.* **tú·bu·là·tor** /-tə | -tə⁽ʳ/ *n.* 〚(1753) □L *tubulātus* ← *tubulus* (↓): ⇨ -ate²³〛

tu·bule /túːbjuːl, tjúː- | tjúː-/ *n.* 〖解剖〗細管, 小管 (small tube): a renal ～ 尿細管. 〚(1677) □L *tubulus* small pipe: ⇨ tube, -ule〛

tu·bu·li- /túːbjʊlɪ̀, tjúː-, -li | tjúː-/「細管 (tubule); 管状の (tubular)」の意の連結形: *tubuli*florous. 〚← L *tubulus* (↑)〛

Tu·bu·li·den·ta·ta /tùːbjʊlɪ̀dɛntáːtə, tjùː-, -téɪ- | tjùːbjʊlɪdɛntáːtə, -téɪ-/ *n. pl.* 〖動物〗管歯目《ツチブタ (aardvark) のみを含む哺乳類の一目》. 〚← NL ～: ⇨ ↑, -dentate〛

tu·bu·li·flo·rous /tùːbləflɔ́ːrəs, tjùː- | tjùːblɪ̀-ˈ-/ *adj.* 〖植物〗筒状花を有する. 〚(1891) ← TUBULI-＋-FLOROUS〛

tu·bu·lin /túːbjʊlɪ̀n, tjúː- | tjúːbjʊlɪn/ *n.* 〖生化学〗チュービュリン《細胞内の微小管 (microtubule) の構成蛋白質》. 〚(1968): ⇨ tubule, -in¹〛

tu·bu·lo- /túːbjʊloʊ, tjúː- | tjúːbjʊləʊ/ tubuli- の異形: *tubulo*dermoid.

tu·bu·lose /túːbjʊlòʊs, tjúː- | tjúːbjʊlə̀ʊs/ *adj.* = tubulous. 〚1713〛

tu·bu·lous /túːbjʊləs, tjúː- | tjúː-/ *adj.* **1** 管状の (tubular). **2** 管のある; 管から成る; 水管式の. **3** 〖植物〗筒状花を有する. **～·ly** *adv.* 〚(1664) ← NL *tubulōsus*: ⇨ tubule, -ous〛

tu·bu·lure /túːbjʊlə, tjúː- | tjúːbjʊljʊə⁽ʳ/ *n.* 短頸管《ガラスびん・レトルトなどの管状の口》. 〚(1800) □F ～: ⇨ tubule, -ure〛

TUC /tíːjùːsíː/ 《略》 Trades Union Congress.

Tu·ca·na /tuːkǽnə, tjuː-, -káː- | tjuː-/ *n.* 〖天文〗きょしちょう(巨嘴鳥)座《南天の星座; the Toucan ともいう》. 〚(1668) ← NL ～: ⇨ toucan〛

Tuch·man /tʌ́kmən/, **Barbara Wert·heim** /wə́ːthaɪm | wə́ːt-/ *n.* タクマン《1912–89; 米国の歴史家; Pulitzer 賞を 2 度受賞》.

tu·chun /duːdʒʊ́n; *Chin.* tūtɕỹn/ *n.* 督軍《官名; 1916–23 年間の中国の地方軍団長で地方長官を兼ねた》. 〚(1917) □ Chin. *dujun* (督軍)〛

tuck¹ /tʌ́k/ *n.* **1** 〖服飾〗タック, 揚げ, つまみ縫い《飾りにする, 丈を短くするなどのために, 布の一部をつまんで縫ったひだ》: make a ～ in the sleeves 袖に揚げをする / let out a ～ 揚げをおろす. **2** 〖美容〗タック《余分な脂肪や皮膚のたるみを除く手術》. **3** 《英俗》 **a** ごちそう (spread). **b** 食物, (特に)菓子類《パイ・ジャム・キャンディーなど》. **4** 〖海事〗船尾突出部下方《両側の外板が出合う所》. **5** 《米口語》精力 (energy), 気力 (vital spirit), スタミナ: take the ～ out of a person 人の精力を奪う. **6 a** 〖水泳〗タック《体を丸め両くるぶしを手でつかむ型のダイビング; 空中回転数が多くなる; cf. layout 7, pike⁶》. **b** 〖スキー〗クローチング姿勢《スキーヤーが前方にかがみこみ, ストックを地面に水平になるよう, わきの下にかかえこむ姿勢》. **7** (結び目を作る際に)より糸を他の糸の上[下]に通すこと. **8** (毛布の端などを)曲げ込むこと; 曲げ込まれたもの. **9** =tuck-net.

— *vt.* **1** 具合よくくるみ[押し]込む 〈*up*〉: ～ a child *up* in bed 子供をよく夜具にくるみ込んでやる / He ～*ed* his wife's arm under his own. 妻の腕を自分の腕の下にかかえ込んだ / The bird ～*ed* its head under its wings. 鳥は翼の下に頭をさし込んだ. **2** 折り重ねる, 〈すそ・袖などを〉まくり上げる 〈*up*〉: ～ *up* one's sleeves 袖をまくり上げる / ～ one's legs under a chair 足を椅子の下へ曲げ込む. **3** 〈毛布・ふとんなど(の端)を〉押し込む, 詰め込む (thrust, press): ～ one's shirt *in* ワイシャツのすそをズボンの中に押し込む / ～ the sheets *in* 敷布の端をふとんの下に折り込む / ～ one's handkerchief *into* one's pocket ハンカチをポケットに突っ込む / with one's napkin ～*ed under* one's chin ナプキンをあごの下にはさみ込んで. **4** 《英俗》…をたらふく[がつがつ]食う[飲む] 〈*in, away*〉. **5** 〈衣服に〉タックを付ける, 上げをする; 縫いひだをつくる, ひだができるようにつまむ. **6** 〖漁業〗〈魚を〉(大網から)すくい網ですくい出す. **7** 〖水泳〗〈両脚を〉タックの姿勢で胸につける. **8** 〈より糸を〉他の糸の間[下]に通す.

— *vi.* **1** 縫い込む, つまみ縫いをする. **2** 上げをする, ひだを縫う, よせる. **3** 具合よく収まる.

be túcked úp (1) 〈犬・馬が〉空腹のため細くなっている. (2) 《場所・金・時間がなくて》動きがとれない (be cramped). (3) 疲れ果てている, へとへとになっている (be exhausted). ***túck awáy*** (1) しまい込む; (見つからない所に)隠す: The village is ～*ed away* in a quiet valley. その村は静かな谷間に隠れている / He has a lot of money ～*ed away* somewhere. どこかに大金をためている. (2) ⇨ *vt.* 4. ***túck in* [*into*]** 《英俗》たらふく[がつがつ]食う (cf. *vt.* 4). ***túck ón*** 《俗》〈高値〉を吹っかける. ***túck úp*** (1) (くるむ)はしょる, からげる, まくり上げる (cf. *vt.* 1, 2). (2) 《古》〈罪人を〉縛り首にする.

〚(?a1300) *tucke(n)*, *t(o)uke(n)* □MLG & MDu. *tucken* to tug, tuck ← Gmc **teuχan* (G *ziehen* to twitch / OE *tēon* to pull, 《原義》to tug): ⇨ tug¹〛

tuck² /tʌ́k/ *n.* =tuxedo. 《短縮》

tuck³ /tʌ́k/ 《スコット》 *n.* 太鼓をたたく音, 鼓声; らっぱの乱奏: the ～ of drum 太鼓の音. **—** *vt.* 〈太鼓を〉たたく[鳴らす]; 〈らっぱなどを〉勢いよく吹く[鳴らす]. **—** *vi.* 〈太鼓などを〉たたく[打つ]; ドキドキ打つ (throb), どんと当たる (bump). 〚(?c1380) *tukke(n)* □ONF *toker, toquer*= OF *toucher* 'to TOUCH': cf. tocsin, tucket〛

tuck⁴ /tʌ́k/ *n.* 《古》=rapier. 〚(1508) □F 《方言》*étoc* thrusting sword=(O)F *estoc* tree trunk ← Gmc (cf. G *Stock* 'STICK¹')〛

Tuck /tʌ́k/, **Friar** *n.* タック《Robin Hood の仲間で, 強くて陽気な僧》. 〚1888〛

tuck·a·hoe /tʌ́kəhòʊ | -hə̀ʊ/ *n.* **1 a** 〖植物〗北米インディアンが根を食用にした植物の総称《サトイモ科の *Peltandra virginica* など》. **b** その根. **2** 〖植物〗ブクリョウ (*Poria cocos*)《サルノコシカケ科の菌核; 食用にする; Indian bread ともいう》. **3** [T-] 《米》(Blue Ridge 山脈以東の) Virginia 州人. 〚(1612) □N-Am.-Ind. (Algonquian) *tockawhoughe* it is globular〛

túck bòx *n.* 《英》(寄宿学校の生徒へ家庭から届く)ごちそうの入った箱《果物やお菓子などの差し入れ》. 〚1934〛

tuck·er¹ /tʌ́kə | -kə⁽ʳ/ *n.* **1** 上げをする人[物]; (ミシンの)ひだ取り用の付属器. **2** (ドレスの襟ぐりが大きいときに首や肩を覆うための)飾り布やレース《17–18 世紀の婦人が着用した; 後に chemisette に発展した》. **3** 《豪口語》食物 (food). **4** スクエアダンス (square dance).

éarn* [*máke*] *one's túcker 《俗》食って着るだけやっとかせぐ. ***in one's bést bib and túcker*** ⇨ bib¹ 成句. 〚(1273) *touker*: ⇨ tuck¹, -er¹〛

tuck·er² /tʌ́kə | -kə⁽ʳ/ *vt.* 《米口語》疲れさせる, 疲労させる (exhaust) 〈*out*〉: I'm ～*ed out.* へとへとだ. 〚(c1840) ← TUCK¹＋-ER⁴〛

túcker-bàg *n.* 《豪口語》(奥地旅行者が用いる)食糧袋. 〚1902〛

túcker-bòx *n.* 《豪口語》(貯蔵・運搬用の)食糧箱.

tuck·et /tʌ́kɪ̀t | -kɪt/ *n.* 《古》らっぱの華麗な吹奏, ファンファーレ (fanfare) (cf. Shak., *Rich II* 1. 3. 26). 〚(1595) ← TUCK³＋-ET: cf. It. *toccata* prelude (p.p.) ← *toccare* to touch〛

túck-ìn *n.* **1** 《英口語》ごちそう. **2** 〖服飾〗(ブラウスなどの)たくし込む部分. **—** *adj.* 〖服飾〗(スカートやズボンなどの中に)たくし込むデザインの, たくし込んで着る: a ～ blouse. 〚1929〛

túck·ing *n.* タックをとること; (衣服の)タックをとったところ; 一連のタック. 〚1440〛

túck-nèt *n.* (大網から魚をすくい出すための)すくい網. 〚1520〛

túck-òut *n.* =tuck-in 1. 〚1823〛

túck-pòint *vt.* 〖石工〗〈石積み・れんが積みを〉山形目地で仕上げる. 〚1881〛

túck pòinting *n.* 〖石工〗(切石積みまたはれんが積み)山形目地または覆輪目地の仕上げ(修理)作業. 〚1881〛

túck-shòp *n.* 《英俗》(学校内または近くの)菓子店 (sweet shop). 〚(1857): ⇨ tuck¹ (*n.*) 3〛

tu·co-tu·co /tùːkoʊtúːkoʊ | -kəʊtúːkəʊ/ *n.* (*pl.* **～s**)

〘動物〙ツコツコ (*Ctenomys magellanicus*)《南米産ツコツコ科の齧歯(ﾞｼ)類の総称; 穴掘り用の短い頑丈な手足をもつ》.〖(1833)□ Am.-Sp. *tucutuco*: 鳴声の擬音から〗

Tuc·son /túːsɑ(ː)n, ―́―̀ | túːsɔn, ―̀―́/ *n.* トゥーソン《米国 Arizona 州南部の鉱業都市; 保養地》.〖□ Sp. ～ □ N-Am.-Ind. (Piman) *tu-uk-so-on* black base: 近くの山の黒っぽい地層から〗

tu·cum /túːkəm/ *n.* 〘植物〙 **1 a** ブラジル産ヤシ科ホシダネヤシ属 (*Astrocaryum*) の植物の総称《*A. tucuma* など; その繊維から綱, 種子から油を得る》. **b** ブラジル産ヤシ科ステッキヤシ属 (*Bactris*) の小形植物の総称《その繊維からかごなどを作る》. **2** その繊維.〖(1658)□ Port. *tucumã* □ S-Am.-Ind (Tupi) *tucumá*〗

Tu·cu·mán /tùːkuːmáːn; *Am.Sp.* tukumán/ *n.* ツクマン《アルゼンチン北西部の都市; 正式名 San Miguel de Tucumán》.

tu·cu·tu·cu /túːkuːtúːkuː/ *n.* =tuco-tuco.

tu·cu·xi /tʊkúːhi/ *n.* (*pl.* ～)〘動物〙コビトイルカ (*Sotalia fluviatilis*)《パナマからブラジルにかけての沿岸や河川, アマゾン川水系にすむ》.

tude /túːd, tjúːd | tjúːd/ *n.*《米俗》=attitude《特に悪い[否定的な, 横柄な]態度》.〖略〗

-tude /―̀―tùːd, -tjùːd | -tjùːd/ ★ 英国では /-tʃùːd/ と発音する人もかなり多く, 次第に標準的と認められてきている. *suf.* ラテン語系形容詞・過去分詞に付いて性質・状態を表す抽象名詞を造る; 通例 -i- を伴って -itude となる: certi*tude*, forti*tude*, magni*tude*, prompti*tude*.〖□ F ～ // L *-tūdin-*, *-tūdō*〗

'tude /túːd, tjúːd | tjúːd/ *n.* tude.

Tú·deh Párty /túːdeɪ-/ *n.* [the ～] トゥーデ党《イランの共産主義政党》.〖(1946)□ Pers. ～《原義》mass〗

Tu·dor¹ /túːdə, tjúː- | tjúːdə(r)/ *adj.* **1** チューダー家の; チューダー朝の. **2**〘建築〙チューダー様式の, 後期垂直式の: ⇨ Tudor architecture. ― *n.* **1** チューダー家の人[王, 女王]: the ～*s*=the House of ～ チューダー家《Henry 五世の寡婦 Catherine と結婚したウェールズ人 Sir Owen Tudor (*d.* 1461) の子孫である Henry 七世から Elizabeth 一世まで (1485–1603) 続いた英国の王家》. **2** チューダー朝時代の人[文人, 政治家など].〖(1779) ← (*Owen*) *Tudor*: *Tudor*, *Tewdyr* は THEODORE のウェールズ語形〗

Tu·dor² /túːdə, tjúː- | tjúːdə(r)/ *n.* チューダー《男性名》.〖↑〗

Tu·dor /túːdə, tjúː- | tjúːdə(r)/, **Antony** *n.* チューダー《(1908–1987; 英国のバレエダンサー・振付師; 本名 William Cook)》.

Túdor árch *n.* 〘建築〙チューダー様式のアーチ《Tudor architecture に見られる四心アーチ》.〖1815〗

Túdor árchitecture *n.* 〘建築〙チューダー様式建築《英国ゴシック式最後期の建築様式で, 特に垂直様式の最末期; cf. Gothic 1, perpendicular 3》.

Tu·dor·be·than /tùːdəbíːθən, tjùː- | tjùːdə-―̀―/ *adj.* 〈家具・内装など〉チューダーエリザベス時代の様式の《頑丈な作りで精巧な木彫がある》.〖(1933) ← *Tudor*(-*Elizabethan*)〗

Túdor flówer *n.* チューダー様式の花形(三葉装飾)線形.〖1848〗

Túdor Róse *n.* チューダーローズ《Lancaster 家の red rose と York 家の white rose を組み合わせた King of England の badge; Henry 七世の時代に初めて使用された; Union Rose ともいう》.〖1860〗

Túdor stýle *n.* (美術・建築の)チューダー様式.〖1953〗

Tue.《略》Tuesday.

tu·e·bor /tuːéɪbɔə | -bɔː(r)/ *L. v.* 我は守らん《米国 Michigan 州の標語》.〖□ L ～ 'I will defend' ← *tuērī* to defend: cf. tuition〗

Tues. ★《英》では /tjúːz/ と発音する人もいる.《略》Tuesday.

Tues·day /túːzdeɪ, tjúːz-, -di | tjúːz-/ *n.* 火曜日《略 Tues., Tue.》. ― *adv.*《口語》火曜日に (on Tuesday).〖lateOE *Tīwesdæg* 'DAY of TIU' (cf. OHG *zīostag* / ON *tȳ(r)sdagr*)《なぞり》← L *Martis diēs* 'day of MARS' (cf. F *mardi*)《なぞり》← Gk *hēmérā Áreōs* 'day of ARES'〗

Tues·days /túːzdeɪz, tjúːz-, -diz | tjuːz-/ *adv.*《米》火曜日に (on any Tuesday), 火曜日ごとに (on every Tuesday).〖⇨ -s² 1〗

tu·fa /túːfə, tjúː- | tjúː-/ *n.* **1**〘地質〙石灰華, テュファ《多孔質炭酸石灰の沈澱物; calcareous tufa, calc-tufa ともいう; cf. sinter 1, travertine》. **2**〘岩石〙=tuff.
tu·fa·ceous /tuːféɪʃəs, tjuː- | tjuː-/ *adj.*〖(1770) □ It. ～, *tufo* <L *tōfum*, *tōphum* loose porous stone: cf. tophus〗

tuff /tʌ́f/ *n.* 〘岩石〙凝灰岩. **tuff·a·ceous** /tʌféɪʃəs/ *adj.*〖(1569)□ F *tuf* □ It. *tufo* (↑)〗

tuf·fet /tʌ́fɪ̣t | -fɪt/ *n.*《廃・方言》**1** (繁茂する草・花・葉などの)ひと塊 (tuft). **2** 小丘 (mound). **3** 低い腰掛け.〖(1553)《変形》↓: cf. -et〗

tuft /tʌ́ft/ *n.* **1 a** (糸・羽毛・毛髪などの)房 (bunch, bundle, cluster): a ～ of feathers, hair, grass, etc. / little white ～*s* of cloud 白い雲の小さな塊. **b** 房状の花[葉]. **2** 小森, 木立 (clump): a ～ of elms ニレの木立. **3 a** 皇帝ひげ (imperial). **b** (鳥の)冠毛 (crest). **4**〘解剖〙**a** 小血管束; 房状分岐. **b** =glomerulus. **5** (ふとん・クッションなどの詰物を固定させるための)とじ糸の端の飾り房; 房の代わりに縫い付ける飾りボタン. **6 a** (昔, 英国の大学で有爵者の子弟がつけた)帽子の黄金色の房. **b**《英古》黄金色の房の付いた帽子をかぶった学生, 貴族学生. **7** 小山 (mound): a ～ of land. ― *vt.* **1** …に房を付ける, 房で飾る. **2**〈ふとんなどを〉房を付けてしっかりさせる. **3** (鹿狩りで)〈隠れ場を〉たたく (beat);〈獲物を〉隠れ場からたたき出す. ― *vi.* 房をなして[群がり]生える, 房になる. **～·er** *n.*〖(*c*1387–95) *toft* □ ? OF *tof(f)e* (F *touffe*) ← ? Gmc (cf. OHG *zopf* / ON *toppr* tuft: cf. top¹): -*t* は音便上の添加: cf. draft, graft¹〗

túft·ed *adj.* **1** 房を付けた, 房で飾った. **2** 房状をなしている, 群がり生えている: ～ brows.〖1606〗

túfted dúck *n.* 〘鳥類〙キンクロハジロ (*Aythya fuligula*)《アジア・アフリカ・ヨーロッパ産の後頭に冠毛のあるカモ》.〖1768〗

túfted títmouse *n.* 〘鳥類〙エボシガラ (*Parus bicolor*)《米国東部産の頭部に冠毛があるシジュウカラの一種》.〖1874〗

túft-hùnter *n.* **1** (Oxford 大学, Cambridge 大学で)貴族学生にとり入ろうとする人; 偉い人[貴族, 権門]におもねる人. **2** おべっか使い (toady, sycophant).〖(1755) ← TUFT (n.) 6+HUNTER〗

túft-hùnting *n.* 権門におもねること. ― *adj.* 権門におもねる, おべっかを言う.〖1789〗

túft·ing *n.* **1** 房(飾り)を作ること. **2** [集合的] 房(飾り) (tufts).〖1554–55〗

tuft·y /tʌ́fti/ *adj.* (**tuft·i·er; -i·est**) **1** 房を成す, 房の多い. **2** 群がり生えている. **túft·i·ness** *n.*〖(1611): ⇨ tuft, -y⁴〗

Tu Fu /dùːfúː/ *n.* =Du Fu.

tug¹ /tʌ́g/ *v.* (**tugged; tug·ging**) ― *vt.* **1** 強く引く, 強く引っ張る (⇨ pull SYN): ～ a boat *on* to shore ボートを岸に引き上げる / ～ *in* a subject 話題を無理にもちこむ / ～ *off* one's gown ガウンをぐいと脱ぐ / He ～*ged back* his hair with a comb. 髪の毛をくしでぐいと後ろへすいた / She laughed and ～*ged* my ear. 笑って私の耳を引っ張った. **2** 〈重い物を〉運ぶ. **3** 引きずる (drag). **4** 〈船を〉引き船で引く (tow).
― *vi.* **1** 引く, 引っ張る (pull hard): He ～*ged at* his moustache. 彼は口ひげを引っ張った / Her recollections ～*ged at* his heart. 彼女の思い出がぐいぐいと彼の心を締めつけた. **2** 努める, 努力する, 奮闘する (labor, toil). **3** 争う (contend).
túg at the* [*an*] *óar ⇨ oar 成句.
― *n.* **1 a** ぐいと引くこと, 引っ張り: give a ～ *at* the bell ベルのひもをぐいと引く / He gave a prim ～ *at* his spectacles. 眼鏡をとりすましてぐいと引っ張った / We felt a great ～ at parting. 別れがつらかった / He took another ～ *at* his moustache. 口ひげをもう一度ぐいと引っぱった. **b** 強くぐいと引っぱる力. **2** 引き船 (tugboat). **3 a** 奮闘, 努力: I had a great ～ to persuade him. 彼を説き伏せるのに骨が折れた. **b** 激しい争い, 白熱した競争 (strain): the ～ of will between two people 二人の間の激しい意志の戦い. **4 a** 短い革のひも[輪]. **b** 引き具; (馬具の)引き革 (trace). **c**《米》ロープ, 綱. **5**《英俗》(Eton 校の)給費生 (colleger).
túg of lóve (子供の養育をめぐる)親権者争い.
túg of wár (1) 綱引き. (2) 覇権[主導権]争い. (3) 決戦 (decisive contest): When Greek meets Greek, then comes the ～ *of war.* ⇨ Greek n. 1.
〖(?*a*1200) *togge(n)* ← ? OE *tēon* to draw, pull < Gmc **teuʒan* (OHG *ziohan* (G *ziehen*) / OE *togian* 'to TOW¹' / ON *toga* to pull) ← IE **deuk-* to lead (L *dūcere* to lead): cf. duke〗

tug² /tʌ́g/ *adj.*《英学生俗》普通の, 平凡な, ありふれた (common); 単調な, 陳腐な (stale).〖(1890) ← ?: cf. tug¹ (n.) 5〗

Tug《記号》〘貨幣〙tugrik(s).

túg·bòat *n.* タグボート, 引き船《他船を引いたり押したりする, 強力な機関を備えた小船; towboat ともいう》.〖1832〗

Tu·ge·la /tuːgéɪlə/ *n.* トゥゲラ(川)《南アフリカ共和国東部を流れてインド洋に注ぐ川 (483 km); 上流に Tugela Falls (5 つの滝を合わせた高さ 948 m) がある》.

túg·ger *n.* 強く引く人; 激しく争う人.〖1611〗

tu·grik /túːgriːk; *Mong.* tɵgrəg/ *n.* (*also* **tu·ghrik** /～/) **1** トゥグリク《モンゴル人民共和国の通貨単位; =100 mongo; 記号 Tug》. **2** 1 トゥグリク硬貨[紙幣].〖(1935)□ Mongol. *dughurik*《原義》round thing, wheel〗

tu·i /túːi/ *n.* 〘鳥類〙エリマキミツスイ (*Prosthemadera novaeseelandiae*)《ニュージーランド産の羽毛の黒い物まねの巧みな鳥; 花蜜を食べる; parson bird, poe, poe bird ともいう》.〖(1832) ← Maori〗

tuile /twíːl; *F.* tɥil/ *n.* (*pl.* ～)〘菓子〙トゥイル《小麦粉にアーモンドなどを混ぜ, 天パンで薄い円形に焼いて湾曲させた菓子》.〖(1943)□ F ～: ⇨ tuille〗

Tui·ler·ies /twíːləriz; *F.* tɥilʀi/ *n.* [the ～] チュイルリー宮殿 (Paris にあったフランスの旧王宮; 1564 年創建以来数回増築; 革命時代には幾多の大事件の場面となった; 1871 年コミューンの騒乱期に焼かれたが, 庭園は公園として現存).

tuille /twíːl/ *n.* 〘甲冑〙=tasse.〖(?*a*1400)□ (O)F *tuile* □ L *tēgula* 'TILE'〗

Tu·i·nal /túːɪnɔ̀ːl, -nɑ̀ːl | -nǽl/ *n.* 〘商標〙ツイナール《セコバルビタール (secobarbital) とアモバルビタール (amobarbital) の等量の混合剤; 鎮静薬・催眠薬》.

tu·i·tion /tuːíʃən, tjuː- | tjuː-/ *n.* **1** (特に大学などの)授業料, 月謝 (tuition fee): The ～ [*Tuition*] has gone up. 授業料が上がった. **2** 教授 (instruction): private [postal] ～ 個人[通信]教授. **3**《古》保護, 世話, 監督 (guardianship, custody). **～·al** /-ʃnəl, -ʃənl/ *adj.* **～·ar·y** /-ʃənèri | -ʃ(ə)nəri/ *adj.*〖(*c*1290)□ (O)F ～ □ L *tuitiō(n-)* guardianship ← *tuitus* (p.p.) ← *tuērī* to look after, guard: ⇨ -ition: cf. tutor〗

tuítion fèe *n.* 授業料, 月謝 (tuition).

tuk·tu /tʌ́ktuː/ *n.* (*also* **tuk·too** /～/)《カナダ》=caribou.〖(1865) ← Inuit〗

tuk-tuk /tʊ́ktʊ̀k/ *n.*《タイ》トゥクトゥク《エンジン付きの三輪タクシー》.〖擬音語〗

tu·la /túːlə/ *n.* =niello 1.〖↓〗

Tu·la /túːlə; *Russ.* túlə/ *n.* トゥーラ: **1** ロシア連邦西部, Moscow 南方の都市. **2** メキシコ中部, Mexico City 北方の都市; トルテク王国時代の首都.

Tu·la·gi /tuːláːgi/ *n.* トゥラギ《Solomon 諸島南部, Guadalcanal 島北方の小島》.

túla métal *n.* =niello 1.〖1839〗

tu·la·re·mi·a /tùːləríːmiə, tjùː-/ *n.* (*also* **tu·la·rae·mi·a** /～/)〘病理・獣医〙野兎(ﾔﾄ)病, 大原病, ツラレミア《細菌 *Francisiella tularensis* によるウサギ・リスなどの病気; 罹患した野ウサギなどから人間に感染する; deep-fly fever, rabbit fever ともいう》. **tù·la·ré·mic** /-mɪk―̀/ *adj.*〖(1921) ← *Tulare* (California 州の郡: □ Sp. *tulares* (pl.) tule fields)+-AEMIA〗

tu·le /túːli/ *n.* 〘植物〙米国 California 州の沼沢地に多いホタルイの類の植物 2 種 (*Scirpus validus*, *S. acutus*).〖(1837)□ Sp. ～ □ Nahuatle *tullin* bulrush〗

tu·lip /túːlɪ̣p, tjúː- | tjúːlɪp/ *n.* 〘植物〙 **1** チューリップ《ユリ科チューリップ属 (*Tulipa*) の植物の総称》. **2** チューリップの花[球根].〖(1578)□ Du.《廃》*tulipa* □ F *tulipe*,《廃》*tulipan* □ Turk. *tülbend* 'TURBAN': その形と色の類似から〗

tu·lip·o·ma·ni·a /tùːlɪ̣pəméɪniə, tjùː-, -njə | tjùː-lɪpə(ʊ)-/ *n.* チューリップ狂《特に, 1634 年ごろオランダに起こったチューリップの熱狂的流行》.〖(1710) ← NL ～: ⇨ ↑, -mania〗

túlip òrchid *n.* 〘植物〙メキシコ原産の樹上または岩壁に着生するラン科カトレヤ属のチューリップ状の花をつける植物 (*Cattleya citrina*).

túlip pòplar *n.* 〘植物〙ユリノキ (tulip tree).〖1868〗

túlip pòppy *n.* 〘植物〙小アジア原産の真紅の花をつけるケシ科の一年草 (*Papaver glaucum*).〖1909〗

túlip ròot *n.* 〘植物病理〙線虫の一種がイネ科の植物, 特にムギ類に寄生し, 茎の膨大と葉の変形を起こす病気.〖1711〗

túlip shèll *n.* 〘貝類〙チューリップボラ《イトマキボラ科の肉食性の海産巻貝; 特にカリブ海に普通にみられるもの (*Fasciolaria tulipa*)》.〖1835〗

túlip trèe *n.* 〘植物〙 **1** ユリノキ, ハンテンボク (*Liriodendron tulipifera*)《黄緑色のチューリップに似た花をつける北米原産モクレン科の落葉高木; 日本でも街路樹に植える; その材は家具製作用; tulip poplar, white poplar, yellow poplar ともいう》. **2** (その他の)チューリップ状の花をつける種々の木の総称.〖1705〗

túlip·wòod *n.* 〘植物〙 **1** ユリノキ (tulip tree) の材 (white poplar, yellow poplar ともいう). **2** 縞(ｼﾏ)や筋の入った材.〖1843〗

Tull /tʌ́l/, **Jethro** *n.* タル《(1674–1741; 英国の農学者; 新しい耕作法を開拓; 1701 年に播種(ﾊｼｭ)機を発明)》.

Tul·la·more /tʌ̀ləmɔ́ə | -mɔ́ː(r)―̀/ *n.* タラモア《アイルランド中部, Offaly 州の州都; 酒造の町》.

Túllamore Déw *n.* 〘商標〙タラモア デュー《アイルランド Tullamore Dew 社製のブレンデッドウィスキー》.

tulle /túːl | tjúːl; *F.* tyl/ *n.* チュール《ベールや婦人服などに用いる薄手網状の布地・ネット》.〖(1818)□ F ～ ← *Tulle* (フランスの原産地名)〗

Tul·li·a /tʌ́liə/ *n.* 〘ローマ伝説〙トゥリア《Tarquinius Superbus の妻で, 夫に加担して父 Servius Tullius を暗殺する》.〖□ L ～〗

tul·li·bee /tʌ́ləbìː | -lɪ̣-/ *n.* 〘魚類〙=cisco.〖(1789)□ Canad.-F *toulibi* □ ? Cree *otonabi*《原義》water mouth〗

Tullius, Servius *n.* ⇨ Servius Tullius.

Tul·ly /tʌ́li/ *n.* =Marcus Tullius CICERO.

tulp /tʌ́lp/ *n.* 《南ア》〘植物〙アヤメ《アフリカ産のアヤメ科のモラエア属 (*Moraea*) およびホメリア属 (*Homeria*) の植物; 派手な花を咲かせるので栽培されるが, 家畜にとっては有毒》.〖(1835)□ Afrik. ～ □ Du. ～ 'tulip'〗

Tul·sa /tʌ́lsə/ *n.* タルサ《米国 Oklahoma 州北東部の Arkansas 河畔の都市; 石油生産地の中心》.〖□ N-Am.-Ind. (Creek) ～ (町の名)《原義》town-old〗

tul·si /túːlsiː, tʊ́l-/ *n.* 《インド》〘植物〙カミメボウキ (*Ocimum sanctum*)《シソ科メボウキ属の芳香のある多年草; インドでは Vishnu 神に献じるものとして神聖視されている》.〖(1698)□ Hindi *tulsī* ← Skt〗

Tul·si·das /túlsɪ̣dɑ̀ːs | -sɪ-/ *n.* トゥルシーダース《(1532?–?1623; インドの宗教詩人; ラーマ信仰の叙事詩 *Ramcaritmanas* がある)》.

tul·war /tʌ́lwɑə, ―̀―́ | tʌ́lwɑː(r), ―̀―́/ *n.* (北部インドの)三日月形の刀, サーベル.〖(*c*1810)□ Hindi *talwār*〗

tum¹ /tʌ́m/ *n.* ぽつん, ぽろん《弦楽器をつまびく音》. ― *vi.* ぽろんと鳴らす.〖(*c*1830)《擬音語》: cf. tum-tum〗

tum² /tʌ́m/ *vt.* (**tummed, tum·ming**) 〈羊毛を〉梳毛(ｿﾓｳ)の前にすく[ほぐす].〖(1615) ← ?〗

tum³ /tʌ́m/ *n.*《小児語》おなか, ぽんぽん (stomach).〖(1869)《短縮》← STOMACH〗

tum⁴ /tʌ́m/ *adj.* =toom.

Tu·ma·cá·co·ri Nátional Mónument /tùːməkáːkəri-/ *n.* トゥマカコリ国定記念物《米国 Arizona 州南部 Tucson 南方の史跡保存区域; 17 世紀のフランシスコ会伝道使節団の遺跡がある》.

Tu·man /*Korean* tuman/ *n.* Tumen の朝鮮語名.

tu·ma·ta·ku·ru /túːmɑːtəkúəruː | -təkúːruː/ *n.* 〘植物〙ニュージーランド産クロウメモドキ科のとげのある低木

T

(*Discaria toumatou*)《マオリ族がそのとげを入れ墨に用いる; Irishman ともいう》.〖(1859) □ Maori ～〗

tum·ba·ga /tumbáːgə; *Am.Sp.* tumbáɣa/ *n.* (コロンブス到来以前の中南米で普通に用いられた)金と銅の合金. 〖(1931) □ Sp. ～ □ Malay *tembaga* copper: cf. tombac〗

tum·ble /tʌ́mbl̩/ *vi.* **1 a** 転ぶ, 転がる, 転げ落ちる〈*down, over*〉: ～ *down* on the ice / ～ *down* the stairs 階段を転がり落ちる (cf. 3) / ～ *from* [*off*] a horse 馬から転がり落ちる / ～ *over* (a chair) (椅子につまずいて)ひっくり返る / ～ *onto* the street 通りに転がり落ちる. **b** つまずく (stumble)〔*over*〕: ～ *over* a threshold 敷居につまずく. **2 a** 〈市価が〉急に下がる, 暴落する, 暴落する: The stock market ～*ed*. 株価が暴落した. **b** 〈滝などが〉流れ落ちる. **3** あわてふためいて来る[行く]〔*to*〕; 転がり込む〔*into*〕; 転がるように飛び出す〈*out*〉: ～ *down* the stairs 階段を大急ぎで[転がるように]かけ下りる (cf. 1 a) / ～ *into* [*out of*] bed 寝床へ転がり込む[から転がり出る] / ～ *into* poverty 貧困状態に転落する / ～ *out of* a bus われがちにバスから飛び出す / ～ *up* 転がるように[あわてて]かけ上がる / He came *tumbling along*. 転がるように走って来た. **4 a** 〈建物が〉崩壊する, 崩れ落ちる, 倒壊する〈*down*〉. **b** (権力の座から)転落する, 失脚する. **5 a** 宙返りする, とんぼ返りする (turn somersaults). **b** 〈鳩が〉宙返りをする (cf. tumbler 2). **6** 転び回る, ごろごろする, 寝返りを打つ (toss about, roll over)〈*about*〉: ～ and toss from pain 痛くて転げ回る / The child ～*d about* on the floor. 子供は床の上を転げ回った. **7 a** 《口語》(隠れた事実・事情などを)(急に)悟る, 理解する〔*to*〕. **b** 《英俗》〔…に〕同意する; 〔…を〕好きになる〔*to*〕. **8** 〔…に〕(偶然)出会う, ぶつかる〔*into, upon*〕: ～ *into* war 戦争に巻き込まれる. **9** 〖宇宙〗(制御に失敗して)〈ロケットが〉くるくるとんぼ返りをする.

— *vt.* **1** 倒す, 転がす, ひっくり返す (overthrow)〈*over*〉: ～ *over* a barrel たるを転がす / ～ a person in wrestling レスリングで人を倒す. **2** ほうる, ほうり出す, 投げる, 投げ飛ばす, 投げ散らす (fling, pitch)〈*about, in, out*〉: ～ passengers *out* (*of* a bus) (バスから)乗客をほうり出す. **3** 混乱させる, ごちゃごちゃにする, くしゃくしゃにする (disarrange, rumple): ～ a bed 寝床をごちゃごちゃにする / ～ one's clothes [hair] 着物[頭髪]をくしゃくしゃにする. **4** 〈建物を〉崩壊させる〈*down*〉: ～ *down* a building 建物を崩壊させる. **5** 権力の座から追う, 失脚させる. **6** タンブラー (tumbling box) に入れて回転する.

túmble hóme 〖造船〗〈舷側(げんそく)の上部が〉内方に湾曲する (cf. flare *vi.* 5). *túmble in* (1) 〖木工〗はめ込む, 内転(ころ)びにする. (2) 〖造船〗＝TUMBLE *home*. (3) 《口語》寝床にもぐり込む (turn in). *túmble óver* (*vt.*) (1) ⇨ *vt.* 1. (2) 〈馬が〉〈乗手を〉振り落とす. (*vi.*) ⇨ *vi.* 1.

— *n.* **1** 転び, 転落, 転倒 (fall)〔*from*〕; つまずき: have [take] a slight [nasty] ～ ちょっと[ひどく]転ぶ. **2** 宙返り, とんぼ返り (somersault). **3 a** 混乱, めちゃくちゃ (confusion): all in a ～ 全くごっちゃになって. **b** 乱雑に積まれた山: a ～ of papers on the desk 机の上に散らばっている書類の山. **4 a** (株価などの)暴落. **b** 〈権力の座からの〉転落, 失脚〔*from*〕. **5** 《口語》(社交的または異性間の)関心[好意]の表示: give [get] a ～ 関心を寄せる[寄せられる], 好意を示す[示される]. **6** 《俗》失敗, しくじり (failure). 〖(?a1300) *tum*(*b*)*le*(*n*) (freq.) ← *tumbe*(*n*) ＜OE *tumbian* to dance: cf. G *tummeln*: ⇨ -le³〗

túmble·bùg *n.* 〖昆虫〗クソムシ《獣糞(じゅうふん)を丸めてその中へ卵を産むコガネムシ科中の一群》. 〖1805〗

túmble càrt [**càr**] *n.* (馬に引かせる車輪と車軸が一体構造の)二輪荷車. 〖1794〗

túmble·dòwn *adj.* [限定的]〈家など〉(今にも倒れそうに)荒れ果てた, あばら屋の (dilapidated): an old ～ building. 〖(1791) ← *tumble down* (⇨ tumble (vi.) 4)〗

túmble-drý *vt.* 〈洗濯物を〉回転式乾燥機で乾かす.

túmble dryer *n.* ＝tumbler dryer.

túmble hòme *n.* 〖造船〗タンブルホーム《船の舷側が上甲板近くで内側に湾曲していること》. 〖1833〗

tum·bler /tʌ́mblə, -blə | -blə(r), -bl-/ *n.* **1** 宙返りする人; (特に, とんぼ返りをする)軽業師, 曲芸師 (acrobat). **2** [時に T-] 宙返り鳩《飛行中に宙返りするイエバトの総称; tumbler pigeon ともいう》. **3** 起き上がりこぼし《おもちゃ》. **4** (普通の)大水のみ, 大コップ; コップ一杯: a ～ of milk コップに一杯の牛乳.《もと底が丸いかとがっていたので, 立てると倒れたことから》 **5 a** (銃尾機関の一部で, 引き金を引くとバネの力で打ち金を前方に押し出す)はじき金, 逆鉤(さかかぎ). **b** タンブラー《錠の中の回転する金具》. **6 a** ＝tumbling barrel. **b** ＝tumbling box. **7** (以前ウサギ狩りに用いた)グレーハウンドに似た猟犬. **8** ＝tumbler dryer. **9** 《方言》＝tumble cart. **10** 〖昆虫〗**a** オニボウフラ (pupa of mosquito). **b** ＝tumblebug. **11** 〖機械〗タンブラー《翻転装置の可動部や翻転心棒の突出部など, かみあって他を動かすもの》. 〖(c1340): ⇨ tumble (v.), -er¹〗

túmbler drỳer *n.* (洗濯物の)回転式乾燥機. 〖1972〗

tum·bler·ful /tʌ́mbləfʊ̀l | -blə-/ *n.* 大コップ一杯の量〔*of*〕. 〖1831〗

túmbler gèar *n.* 〖機械〗タンブラー歯車《工作機械に用いられる速度変換機構》.

túmbler pìgeon *n.* ＝tumbler 2.

túmbler switch *n.* 〖電気〗タンブラースイッチ《つまみの上下によって開閉を行うスイッチ》. 〖1907〗

túmble·wèed *n.* 《米》秋に根元から折れて球状になり野原を風に吹き散らされる植物の総称 (Russian thistle, アマランサス (amaranth) など). 〖1887〗

túm·bling /-blɪŋ, -bl-/ *n.* タンブリング, とんぼ返り, 空中転回《マットの上や地上で行う》. — *adj.* 〈牛の焼印が〉斜めに傾いた: a ～ T. 〖c1374〗

túmbling bàrrel *n.* タンブラー, 転磨器, がら箱《回転する円筒の中に小物の金属製品や鋳物を入れて回転し, 摩擦・研磨する機械; tumbler ともいう; cf. tumbling box》.

túmbling bày *n.* 堰(せき); 堰から流れ落ちる水をたたえたよどみ. 〖1724〗

túmbling bòx *n.* タンブラー, 転磨器《特に, 小物の研磨または材料の混合に用いる円筒または箱型の回転機; tumbler, rumbler ともいう; cf. tumbling barrel》. 〖1877〗

túmbling vérse *n.* 〖詩学〗翻転詩《4 強勢をもち, 詩脚形式の不定な近代初期の英詩の詩型》. 〖1585〗

tum·brel /tʌ́mbrəl | -brɨl/ *n.* (*also* **tum·bril** /～/) **1** (傾斜させて, 積載物を落とせるようになっている)肥料運搬車. **2** (フランス革命時代の)死刑囚運搬車. **3** 《廃》(弾薬・器具などを運ぶ軍隊用)二輪ほろ付き運搬車, 二重輜重(しちょう)車. **4** 《廃》＝ducking stool. 〖(c1250) *tumberell* □ OF *tumb*(*e*)*rel* (F *tombereau*) ← *tomber, tumer* to fall ← ?Gmc: cf. OE *tumbian* to dance: ⇨ tumble〗

tu·me·fa·cient /tùːməféɪʃənt, tjùː- | tjùːmɪ-/ *adj.* 腫(は)れ上がらせる (swelling). 〖(1885) □ L *tumefacientem* tumefying (pres.p.) ← *tumefacere* to cause to swell: ⇨ tumefy, -facient〗

tu·me·fac·tion /tùːməfǽkʃən, tjùː- | tjùːmɪ-/ *n.* 腫(は)れること, 腫脹(しゅちょう)形成, 腫れ上がり, 腫れもの (swelling). 〖(1597) □ F ～ ← L *tumefactus* (p.p.) ← *tumefacere* (↑): ⇨ -faction〗

tu·me·fac·tive /tùːməfǽktɪv, tjùː- | tjùːmɪ-/ *adj.* ＝tumefacient. 〖← L *tumefactus* (↑)＋-IVE〗

tu·me·fy /túːməfàɪ, tjúː- | tjúːmɨ-/ *vt.* 腫(は)れ上がらせる, 腫脹(しゅちょう)させる. — *vi.* **1** 腫れ(上が)る (swell up). **2** 得意になる, 尊大になる. 〖(1656) □ F *tuméfier* □ L *tumefacere* to cause to swell ← *tumēre* to swell＋*facere* to make: ⇨ -fy〗

Tu·men /tùːmʌ́n/ *n.* [the ～] 豆満江(とまんこう)《北朝鮮・中国・ロシア連邦の境を流れ日本海に注ぐ川 (521 km); 中国語名 Tumen Jiang /tʰúməntɕiāŋ/ 図們江(トゥーメンチアン)》.

tu·mes·cence /tuːmésəns, tjuː-, -sns | tjuː-/ *n.* **1** (感情などの)湧出, 充実. **2** 性器の充血腫脹(しゅちょう)を伴う性交前の興奮状態. **3** (身体部分の)腫脹(状態). 〖(1859): ⇨ ↓, -ence〗

tu·mes·cent /tuːmésənt, tjuː-, -snt | tjuː-/ *adj.* **1** 腫(は)れ上がった, 腫脹(しゅちょう)した, 腫脹性の: ～ tissue. **2** 〈思想・感情が〉あふれんばかりの, 湧き出る (teeming). **3** 〈言葉遣いが〉大げさな, 誇張した (bombastic). 〖(1882) □ L *tumēscentem* beginning to swell (pres.p.) ← *tumēscere* to (begin to) swell ← *tumēre* (↓): ⇨ -escent〗

tu·mid /túːmɨd | tjúːmɪd/ *adj.* **1 a** 〈身体の一部が〉腫(は)れ上がった (swollen): a ～ leg 腫れ上がった脚. **b** ふくらんだ (bulging). **2** 〈文体など〉誇張した, 大げさな, 誇大な (pompous): ～ expressions 誇張した表現. **～·ly** *adv.* **～·ness** *n.* 〖(1541) □ L *tumidus* swollen ← *tumēre* to swell: ⇨ -id⁴: cf. tumor〗

tu·mid·i·ty /tuːmídəti, tjuː- | tjuːmídɨti/ *n.* **1** 腫脹(しゅちょう)(性); 腫(は)れ上がり; 肥大状態. **2** (文体などの)誇大, 誇張. 〖(1721) □ LL *tumiditātem*: ⇨ ↑, -ity〗

tumme·ler /tʊ́mlə | -lə(r)/ *n.* ＝tummler.

tumm·ler /tʊ́mlə | -lə(r)/ *n.* 《米口語》**1** (男性の)芸能司会者《喜劇俳優・ショーの編成・進行の役目を一人で兼ねる》. **2** 活発で茶目な人. 〖(1966) □ Yid. ～ ← G *tummeln* to bustle: ⇨ tumble〗

tum·my /tʌ́mi/ *n.* 《小児語》おなか, ぽんぽん (⇨ stomach SYN): with a full ～ 満腹で / have a sore ～ [tummy-ache] おなかが痛い. 〖(1868)《転訛》← STOMACH: ⇨ -y²〗

túmmy bùtton *n.* 《口語》へそ.

tu·mor, 《英》**tu·mour** /túːmə | tjúːmə(r)/ *n.* **1** 〖病理〗腫瘍(しゅよう), 腫れ物: a benign [malignant] ～ 良[悪]性腫瘍. **2** 腫脹(しゅちょう), 腫(は)れ (swelling, protuberance). **3** 《古》高慢, 不遜(ふそん), 尊大 (arrogance). **4** 《廃》(文体などの)誇張, 誇大. **～·al** /-mərəl/ *adj.* **～·like** *adj.* 〖(?a1425) □ L ～ 'swollen state' ← *tumēre* to swell: ⇨ thumb〗

tu·mor·gen·ic /tùːmədʒénɪk, tjùː- | tjùːmə-/ *adj.* 〖病理〗＝tumorigenic. 〖1965〗

tù·mor·i·génesis /tùːmərɨ-, tjùː- | tjùːmərɪ-/ *n.* 〖病理〗腫瘍(しゅよう)形成. 〖1948〗

tu·mor·i·gen·ic /tùːmərədʒénɪk, tjùː- | tjùːmərɪ-/ *adj.* 〖病理〗腫瘍(しゅよう)形成性の; 発癌性の. **tùmori·genícity** *n.* 〖(1948): ⇨ tumor, -i-, -genic¹〗

tu·mor·ous /túːmərəs, tjúː- | tjúː-/ *adj.* **1** 腫(は)れ上がった (swollen). **2** 誇張的な. **3** 腫れ物の, 腫れ物のできた. 〖(1547) □ LL *tumōrōsus*: ⇨ tumor, -ous〗

tumour *n.* ＝tumor.

tump /tʌ́mp/ *n.* 《英方言》**1** 小山, 小丘. **2** やぶ, (草などの)繁み. 〖(1589) ← ?〗

tump·line /tʌ́mplàɪn/ *n.* 《米》(背負った荷物の)前額[胸]に当てる負い革. 〖(1860) ← *tump* tumpline (← N-Am.-Ind.)＋LINE²〗

tum-tum¹ /tʌ́mtʌ̀m/ *n.* ぽろんぽろん, ぽつんぽつん《弦楽器をはじく音》. — *vi.* ぽろんぽろんと(単調に)鳴る. 〖(1859)《擬音語》: cf. tum¹〗

tum-tum² /tʌ́mtʌ̀m/ *n.* 《インド》＝dogcart. 〖(1863)《変形》? ← TANDEM〗

tum-tum³ /tʌ́mtʌ̀m/ *n.* ＝tum³.

tu·mu·lar /túːmjʊlə, tjúː- | tjúːmjʊlə(r)/ *adj.* 塚[古墳]の, 塚のような, うずたかい. 〖(1828) ← L *tumulus* 'TUMULUS'＋-AR¹〗

tumuli *n.* tumulus の複数形.

tu·mu·lose /túːmjʊlòʊs, tjúː- | tjúːmjʊlə̀ʊs/ *adj.* 塚[古墳]がある, 塚の多い; 塚の, 古墳の (tumular). **tu·mu·los·i·ty** /tùːmjʊlɑ́(ː)səti, tjùː- | tjùːmjʊlɔ́sɨti/ *n.* 〖(1727) □ L *tumulōsus*: ⇨ tumulus, -ose¹〗

tu·mu·lous /túːmjʊləs, tjúː- | tjúː-/ *adj.* ＝tumulose. 〖(1828): ⇨ ↑, -ous〗

tu·mult /túːmʌlt, tjúː- | tjúːmʌlt, -məlt/ *n.* **1** (大勢寄り合っての)騒ぎ, 大騒ぎ, がやがや (uproar, din): a ～ of congratulations 騒がしい祝辞 / There was a ～ of drums in the air. あたり一面にやかましく太鼓の音がしていた. **2** 騒動, 暴動 (disturbance, riot). **3** 心の騒ぐこと, 心の乱れ, 激情のあらし, 激動 (ferment, turbulence): The ～ within him subsided. 彼の胸中の激動が静まった / a ～ of grief 悲しみのあらし. 〖(c1380) □ (O)F *tumulte* // L *tumultus* uproar, disturbance ← ?*tumēre* to swell: cf. thumb〗

tu·mul·tu·ar·y /tuːmʌ́ltʃuèri, tjʊ- | tjuːmʌ́ltjuəri/ *adj.* **1** 騒々しい, 騒がしい (agitated, tumultuous): a ～ period 世情騒がしい時代. **2** 混乱した, 乱雑な, 無秩序の, いいかげんな (haphazard): a ～ discourse 混乱した談話. **3** 〈軍隊など〉規律[訓練]のない (undisciplined): ～ troops 規律のない軍隊. 〖(1590) □ L *tumultuārius*: ⇨ ↑, -ary〗

tu·mul·tu·ous /tuːmʌ́ltʃuəs, tjʊ-, -tʃəs | tjuːmʌ́ltjuəs, -tʃuəs/ *adj.* **1** 騒動を起こす, 無秩序の. **2** 騒がしい, 騒々しい (uproarious); 荒れ狂う (turbulent): a ～ meeting [crowd] 騒がしい会合[群衆] / a roaring and ～ river ごうごうと流れる川. **3** 動揺した, 心の騒ぐ[乱れた], 激しく興奮した: ～ passions あらしのような[荒れ狂う]激情. **～·ly** *adv.* **～·ness** *n.* 〖(a1548) □ OF ～ (F *tumultueux*) □ L *tumultuōsus* turbulent, restless: ⇨ tumult, -ous〗

tu·mu·lus /túːmjʊləs, tjúː- | tjúːm-/ *n.* (*pl.* **-mu·li** /-làɪ/, **～·es**) **1** 墳丘, 塚, 古墳 (mound). **2** ドーム状の溶岩流の隆起. 〖(1686) □ L ～ 'mound' ← *tumēre* to swell: ⇨ thumb〗

tun /tʌ́n/ *n.* **1 a** 大酒樽(さかだる). **b** (酒造用)発酵おけ. **2** タン《酒類の容量単位; 通例 252 ワインガロン》. **3** 《廃》大きな容器[箱]. — *vt.* (**tunned; tun·ning**) 《古》〈酒類を〉たる詰めにする, おけに入れる〈*up*〉. 〖OE *tunne* (cf. Du. *ton* / G *Tonne*) □ ML *tunna* ← Celt. (cf. MIr. *tonn* hide): cf. tunnel〗

Tun 《略》Tunisia.

tu·na¹ /túːnə, tjúː- | tjúː-, túː-/ *n.* (*pl.* ～, ～s) **1** 〖魚類〗マグロ《サバ科のキハダ (yellowfin tuna), クロマグロ (bluefin), ビンナガ (albacore) などの総称》. **2** 《特に缶詰の》まぐろ (tuna fish). 〖(1881) □ Am.-Sp. ～《変形》← Sp. *atún* □ Arab. *tūn* □ L *thunnus* □ Gk *thúnnos* (cf. Heb. *tannin* sea monster): cf. tunny〗

tu·na² /túːnə, tjúː- | tjúː-, túː-; *Sp.* túna/ *n.* 〖植物〗**1** メキシコ原産サボテン科のウチワサボテンの一種 (*Opuntia tuna*). **2** その食用となる果実. 〖(1555) □ Sp. ～ ← S-Am.-Ind. (Taino)〗

tu·na³ /túːnə/ *n.* 〖魚類〗ニュージーランド近海産ウナギ科ウナギ属の魚の一種 (*Anguilla sucklandii*). 〖(1843) □ Maori ～〗

tun·a·ble /túːnəbl̩, tjúː- | tjúː-/ *adj.* **1** 調子を合わせることのできる〔*to*〕. **2** 《古・詩》調子の合った, 調子のよい (tuneful). **tun·a·bil·i·ty** /tùːnəbíləti, tjùː- | tjùːnəbílɨti/ *n.* **tún·a·bly** *adv.* **～·ness** *n.* 〖(c1500) ← TUNE＋-ABLE〗

túna fìsh *n.* ＝tuna¹ 2.

túna mèlt *n.* 《米》ツナメルト《パンにツナとチーズを載せ, 熱してチーズをとかしたもの》.

Tún·bridge wàre /tʌ́nbrɪdʒ-/ *n.* Tunbridge Wells 産の象眼木工細工《箱根細工の類》. 〖(1773): ↓〗

Tún·bridge Wélls /tʌ́nbrɪdʒ-/ *n.* タンブリッジ ウェルズ《イングランド南東部, Kent 州の都市; 17–18 世紀に鉱泉場として栄えた; 正式名 Royal Tunbridge Wells》. 〖← *Tonbridge* ＜OE *Tonebriċġ*《原義》'BRIDGE of *Tuna* (人名)'〗

tund /tʌ́nd/ *vt.* 《英学生俗》(Winchester 校で)〈生徒を〉むち打つ (thrash). 〖(1866) □ L *tundere* to beat〗

tún·dìsh *n.* **1** 〖冶金〗タンディッシュ《鋳型の上につける, 一つまたはそれ以上の湯口のついた耐火物製の一種のじょうご》. **2** 《方言》漏斗, じょうご. 〖(1388–89): ⇨ tun, dish〗

tun·dra /tʌ́ndrə, tʊ́n- | tʌ́n-; *Russ.* túndrə/ *n.* [the ～] 凍土帯, ツンドラ《北極海沿岸地方の樹木のない平原地帯; 冬期は雪と氷に覆われ地表も凍る; 短い夏期にコケ類や地衣類が生える; cf. taiga》: ～ vegetation ツンドラ植物. 〖(1841) □ Russ. ～ 'marshy plain' □ Sami *tundar*〗

túndra swàn *n.* 〖鳥類〗コハクチョウ (*Cygnus columbianus*)《新旧両世界のツンドラ地帯で巣作りをする白鳥; 基部に黄色の点が 1 個ある黒いくちばしをもつ; whistling swan と Bewick's swan の 2 亜種がある》.

tune /túːn, tjúːn | tjúːn/ *n.* **1** 曲, 歌曲, 調べ, 節 (⇨ melody SYN); 美しい調べ[節回し]: a hymn ～ 賛美歌の調子 / a difficult ～ to remember 覚えにくい節 / turn a ～ 《口語》一曲歌う[奏する] / to the ～ of …の曲に合わせて / put ～*s* to …に節付けする / The piece has very little ～ about it. この曲には美しいメロディーの所がない. **2** 正しい調子(であること); 調子の合っていること, 協和, 諧音, 諧調, 調和 (unison, harmony); (体・機械・自動車・飛行機などの)好調 (good condition): be *in* ～ (*with* …) (…と)調子が合っている / keep *in* ～ (*with* …) (…と)調子を合わせる / keep the body *in* ～ 体の好調を保つ / *out of* ～ (*with* …) (…と)調子が外れて, 調子が狂って; 和合せずに. **3** 《古》(心の)調子, 機嫌, 気分 (mood): I am not *in* ～ for talk. 話をする気がしない. **4** 〖通信〗同調, 整調. **5**

a 《廃》音調, 声音 (sound, tone). b 抑揚 (intonation); 調子 (modulation).
cáll the túne 指図する, 支配する (manage) (cf. *pay the* PIPER[1]). 《1928》 ***chánge one's túne*** (話・態度などの)調子を急に変える《不遜(ふそん)から謙遜などへ》, 急に下手に出る. 《?a1800》 ***dánce to anóther*** **[*a dífferent*]** ***túne*** ⇨ *change one's* TUNE. ***dánce to a person's túne*** ⇨ dance 成句. ***sing anóther*** **[*a dífferent*]** ***túne*** ⇨ *change one's* TUNE. ***sing the sáme*** **[*óld*]** ***túne*** ⇨ sing 成句. ***to the túne of*** (1) ⇨ *n.* 1. (2) 《口語》大枚…(to the amount of): *to the* ~ *of* a million dollars 大枚 100 万ドルも. 《1716》 ***the túne the*** **(*óld*)** ***ców died of*** 《口語・戯言》嫌な音の連続, (ぬかみそが腐るほどの)下手な音楽.
— *vt.* **1** 〈楽器〉の調子を合わせる, 調音する, 〈楽器を〉調律する (adjust) 〈*up*〉: ~ a violin バイオリンの調弦をする. **2** 〈声・歌などを〉気分に合わせる, …に調子を出す. **3** 〔…に〕一致[適合]させる, 調和させる (adapt); 〈機械などの〉調子を整える〔*to*〕〈*up*〉: ~ *oneself to* …《周囲の環境など》に調子を合わせる. **4** 《通信》同調させる, 整調する. **5** 《古》歌う, 奏する, 吟じる; 弾く, 吹く: ~ a lyre 竪琴(たてごと)を弾く / The lark ~*s* his songs. ひばりがさえずる. — *vi.* **1** 楽器の調子を合わせる. **2** 楽音を出す. **3** 〔…と〕調子が合う, 調和する (be in harmony)〔*with*〕. **4** 《通信》受信機を整調する 〈*in*〉; (発信局の波長・周波数に)同調する 〈*out*〉.
túne ín (*vt.*) (1) 〈ラジオ・テレビの受信機〉の波長を合わせる: ~ *in* a radio [TV]. (2) 〈受信機が〉(波長の調整によって)受信する: A shortwave radio can ~ it *in*. 短波ラジオはそれを受信できる / The game was soon ~*d in*. すぐにその試合にスイッチが入れられた. (3) 《俗》〈事情・理由などを〉知る, 〈人〉に知らせる. (*vi.*) (1) 〔放送局・番組などに〕ダイヤルを回す[合わせる]〔*to*〕: ~ *in to* a local station 地方局にダイヤルを回す / ~ (the radio) *in to* the news. (ラジオを)ニュースに合わせる. (2) 《口語》〈人が〉〔…に〕共感[共鳴]する〔*to*〕: Somehow he didn't ~ *in to* his colleagues. どういうものか同僚と波長が合わなかった. ***túne óff*** (*vi.*) 調子が悪くなる. (*vt.*) 《米》〈ラジオ・テレビの〉同調をはずす. ***túne óut*** (*vt.*) (1) 《米口語》〈いやな事など〉からそっぽを向く; 無視する. (2) 〈ラジオ・テレビを調整して〉〈雑音などを〉入らなくする. — (*vi.*) (1) ⇨ *vi.* 4. (2) 《米口語》(いやな事などに)知らん顔をする. ***túne to*** …に一致[調和]させる; 《通信》…に整調する, に同調させる: The radio was ~*d to* BBC. ラジオは BBC に整調された[合わされた]. ***túne úp*** (*vt.*) (1) 〈オーケストラなどが〉〈楽器〉の調子を合わせる. (2) 〈機械を〉調整する, …の調子をよくする: The engine needs *tuning up*. このエンジンは調整する必要がある. — (*vi.*) (1) 〈オーケストラなどが〉(楽器の)調子を合わせる. (2) 奏楽を始める; 声を張り上げる, 歌い出す. (3) 《戯言》〈子供が〉泣き出す; 〈猟犬が〉ほえ出す. (4) (競技に備えて)準備練習をする.
《《a1325》 *tewne, tune*: TONE の変形》
tune·a·ble /túːnəbl, tjúːn-, -bl̩ | tjúːn-/ *adj.* = tunable.
túned-ín *adj.* =turned-on 1.
tune·ful /túːnfəl, tjúːn-, -fl̩ | tjúːn-/ *adj.* 調子のよい, 好音調の, 音楽的な (musical): She sang in a ~ voice. 良い声で歌った. **~·ly** *adv.* **~·ness** *n.* 《《1591》: ⇨ -ful》
túne·less *adj.* 《古・詩》 **1** 調子の整わない, 調子外れの, 乱調の (unmusical, unmelodious): a ~ serenade 調子外れのセレナード. **2** 楽音を出さない, 音のしない, 無音の (silent): a ~ old piano 音の出ない古ピアノ. **~·ly** *adv.* **~·ness** *n.* 《《1594》: ⇨ -less》
túne·òut *n.* 《米》(特定のテレビ・ラジオ番組の)視聴拒否[ボイコット].
tún·er *n.* **1** 調律師: a piano ~. **2** 《ラジオ・テレビ》波長整調器, 同調器, チューナー. 《*c*1580》
túne·smìth *n.* 《米口語》(流行歌の)作曲家. 《1926》
túne-ùp *n.* **1** (機械などの)調整, 整備, チューンアップ. **2** (試合前の)準備練習, ウォーミングアップ (warm-up). 《《1933》 ← *tune up* (⇨ tune (v.) 成句)》
tung /tʌ́ŋ/ *n.* 《植物》=tung tree.
túng òil /tʌ́ŋ-/ *n.* 《化学》 **1** 桐油(とうゆ) 《シナアブラギリ (gung tree) の種子から採る乾性油, ペンキ・印刷インクなど用途が広い; China wood oil, wood oil ともいう》. **2** = Japanese tung oil. 《《1881》《部分訳》← Chin. *you-tong* (油桐): cf. G *Tungöl*》
tungst- /tʌŋst/ (母音の前にくるときの) tungsto- の異形.
tung·state /tʌ́ŋsteɪt/ *n.* 《化学》タングステン酸塩[エステル] 《タングステン酸ナトリウム (Na_2WO_4) など; wolframate ともいう》. 《《1800》: ⇨ ↓, -ate[1] 3》
tung·sten /tʌ́ŋstən/ *n.* 《化学》タングステン 《金属元素の一つ; 記号 W, 原子番号74, 原子量 183.85; wolfram, wolframium ともいう》. 《《1770》◻ Swed. ~ ← *tung* heavy + *sten* 'STONE'》
túngsten cárbide *n.* 《化学》炭化タングステン 《タングステンと炭素を高温に熱してできる灰色の金属様粉末; 切削材・研磨材に用いられる; 記号 Wc》.
túngsten fílament *n.* タングステン線. 《1922》
tung·sten·ic /tʌŋsténɪk/ *adj.* 《化学》=tungstic. 《1796》
túngsten làmp *n.* タングステン電球 《タングステン線条を用いた白熱電球》. 《1909》
túngsten stéel *n.* タングステン鋼. 《1862》
túngsten trióxide *n.* 《化学》三酸化タングステン (WO_3) 《黄色の粉末結晶》.
tung·stic /tʌ́ŋstɪk/ *adj.* 《化学》タングステンの; (特に)五価または六価のタングステン (W^{V}, W^{VI}) を含む: ⇨ tungstic acid. 《《1796》← TUNGST(EN)+-IC[1]》
túngstic ácid *n.* 《化学》タングステン酸, ウォルフラム酸 (H_2WO_4 など) 《一般には WO_3 を基本単位とする重合度および含水量の異なる物質の総称; 酸化タングステンの製造原料; 触媒用》. 《1796》
tung·stite /tʌ́ŋstaɪt/ *n.* 《鉱物》酸化タングステン鉱 ($WO_3 \cdot H_2O$) 《tungstic ocher ともいう》. 《《1868》: ⇨ ↓, -ite[1]》
tung·sto- /tʌ́ŋstou | -stəu/ 「タングステン (tungsten), タングステン酸 (tungstic acid)」の意の連結形. ★ 母音の前では通例 tungst- になる. 《《1868》← TUNGSTEN: ⇨ -o-》
túngsto·phosphòric ácid *n.* 《化学》=phosphotungstic acid.
túngsto·silìcic ácid *n.* 《化学》=silicotungstic acid. 《1868》
tung·stous /tʌ́ŋstəs/ *adj.* 《化学》(低原子価の)タングステンの. 《《1868》: ⇨ tungsto-, -ous》
Tung·ting /túŋtíŋ/ *n.* =Dongting Hu.
túng trèe *n.* 《植物》シナアブラギリ (*Aleurites fordii*) 《トウダイグサ科の高木; その種子から桐油(とうゆ) (tung oil) を採る》. 《《1889》: cf. tung oil》
Tun·gus /tʊ́ŋɡʊs, tʊŋɡúːz; *Russ.* tungús/ *n.* (*pl.* ~, ~·**es**) **1 a** [the ~(es)] ツングース族 《Yenisei 川から東方のシベリアおよび Amur 川流域に居住し, また以前には満州にも住んだモンゴロイド; Evenki ともいう》. **b** ツングース族の人. **2** ツングース語[諸語]. 《《1625》◻ Russ. ~ ← ? Turko-Tatar *toŋguz* hog: この種族が多くの豚を飼育していたことから》
Tun·gu·sic /tʊŋɡúsɪk, -ɡúːz-/ *n.* ツングース諸語 《シベリアの中部・東部および満州で話される言語; Tungus, Manchu 語を含む》. — *adj.* ツングース族[語]の; ツングース諸語の. 《《1854》: ⇨ ↑, -ic[1]》
Tun·gu·ska /tʊŋɡúːskə; *Russ.* tungúskə/ *n.* [the ~] ツングースカ(川) 《シベリアを流れる Yenisey 川の 3 つの支流ニジニャヤツングースカ (the Lower Tunguska), ポドカメンナヤツングースカ (the Stony Tunguska), ヴェルフニャヤツングースカ (the Upper Tunguska, Angara 川の下流) の称》.
Tungúska Básin *n.* ツングースカ盆地 《シベリア中部を流れる Yenisei 川と Lena 川の間, Tunguska 三河川の流域で, 大炭田地帯》.
tu·nic /túːnɪk, tjúː- | tjúː-/ *n.* **1 a** (腰の下あたりまでありスカートやズボンの上に着る)婦人用上着, オーバーブラウス. **b** (スカートより丈の短い)オーバースカート 《ブラウスから続いているものが多い; まっすぐな裾のものやエプロンのように角を落としたものなど, 種々なデザインがある》. **2** 《英》(軍服その他の制服として着る)短上着, チュニック (《米》 blouse). **3** チュニック 《古代ギリシャ・ローマの男女が用いた首からかぶるシンプルな衣服; ⇨ toga 挿絵》. **4** 《甲冑》(古代・中世の)鎖帷子の下着. **5** 《教会》=tunicle 1. **6** 《生物》=mantle 7 b. **7** 《解剖・動物・植物》=tunica. 《《1609》◻ F *tunique* ∥ L *tunica* = **ctunica* ◻ Aram. *kittūnā* ◻ Heb. *kuttōneth* (cf. cotton): cf. OE *tunece* ◻ L》
tu·ni·ca /túːnɪkə, tjúː- | tjúːnɪ-/ *n.* (*pl.* **-ni·cae** /-nɪkìː, -kàɪ, -sìː | -nɪ-/) **1** 《解剖・動物》(器官などの)膜, 被膜, 層, 被嚢(ひのう): ~ externa [interna] 外[内]膜. **2** 《植物》膜質外皮, 種皮, 外衣. 《《1828》← NL ~: L *tunica* (↑) の特別用法》
túnica al·bu·gí·ne·a /-æ̀lbjʊdʒíniə, -dʒín-/ *n.* (*pl.* **túnicae al·bu·gí·ne·ae** /-dʒíniː, -dʒíniàɪ/) 《解剖》(睾丸(こうがん)・卵巣などの)白膜. 《《1698》← NL ~ 'white-spotted coat'》
tu·ni·cate /túːnɪkɪ̀t, tjúː-, -kèɪt | tjúːnɪ-/ *adj.* **1** 被膜[被嚢(ひのう)]のある. **2** 《植物》膜質外皮のある; 鱗茎(りんけい)におおわれた 《タマネギなど》. **3** 《動物》被嚢亜門の. — *n.* 《動物》被嚢亜門の動物 《ホヤ (sea squirt) など》. 《《c1623》◻ L *tunicātus* (p.p.) ← *tunicāre* to clothe with a tunic: ⇨ tunic, -ate[2,3]》
tú·ni·càt·ed /-kèɪtɪ̀d | -tɪ̀d/ *adj.* =tunicate.
túnic flòwer *n.* 《植物》=saxifrage pink.
tu·ni·cle /túːnɪkl̩, tjuː- | tjúːnɪ-/ *n.* **1** 《教会》(司教が聖餐(せいさん)の時などに着る)絹の軽衣 《dalmatic より小さい》. **2** 《生物》薄い被膜. 《《c1378》◻ L *tunicula* (dim.) ← *tunica* 'TUNIC'》
tún·ing *n.* **1** 調律, チューニング. **2** (無電機の)波長調整. **3** 《電気》同調: a ~ circuit 同調回路. 《《1554–55》← TUNE+-ING[1]》
túning capàcitor *n.* 《電気》同調コンデンサー. 《1950》
túning còil *n.* 《電気》同調コイル. 《1923》
túning condènser *n.* 《電気》=tuning capacitor. 《1913》
túning fòrk *n.* 音叉(おんさ). 《1799》
túning hàmmer *n.* 調律用レンチ 《ピアノ調律師が調律用鉄棒を締める時に用いる道具》. 《1801》
túning kèy *n.* 《音楽》調律用キー 《ピアノなどに用いる鍵形の小さな管で, 弦の張りやピッチなどを変化させる》.
túning pèg *n.* (弦楽器の)糸巻き. 《1842》
túning pìn *n.* (ピアノの)調律用鉄棒. 《1877》
túning pipe *n.* (弦楽器の基音を定める)調子笛 (pitch pipe).
túning wrènch *n.* =tuning hammer.
Tu·nis /túːnɪ̀s, tjúː- | tjúːnɪs; *F.* tynis/ *n.* チュニス: **1** チュニジア北部にある海港で同国の首都. **2** チュニジアの旧名.
Tu·ni·sia /tuːníːʒə, tjuː-, -níʒə, -níʃə | tjuːníziə, -siə/ *n.* チュニジア 《アフリカ北部の共和国; もとフランス保護領, 1956 年独立, 1957 年共和国となる; 面積 164,150 km², 首都 Tunis; 公式名 the Republic of Tunisia チュニジア共和国; フランス語名 Tunisie /*F.* tynizi/》.
Tu·ni·sian /tuːníːʒən, tjuː-, -níʒ-, -níʃ- | tjuːníziən, -siən/ *adj.* チュニス (Tunis) (の人)の; チュニジア (Tunisia) (人)の, チュニジアの文化の. — *n.* チュニスの人; チュニジア人. 《1825》
tunk /tʌ́ŋk/ *n.* ごつん[こつこつ]と打つこと. — *vt.* こつこつ[とんとん]と打つ; ごつんとぶつける. — *vi.* とんとんと打つ (tap): ~ on a drum. 《擬音語》
tun·ket /tʌ́ŋkət/ *n.* [次の成句で] 《米口語》. ***in túnket*** [疑問文を強めて] 一体全体. 《《1871》← ?》
tun·nage /tʌ́nɪdʒ/ *n.* =tonnage.
tun·nel /tʌ́nl̩/ *n.* **1** トンネル, 隧道(ずいどう). **2** (鉱山の)坑道, 横坑, 通洞 (adit). **3** (動物の住む)穴. **4** 《方言》煙突. **5** 《サーフィン》=curl 7. **6** 《海事》船尾管. **7** 《廃》(煙突の)煙道.
túnnel of lóve 愛のトンネル 《遊園地の娯楽設備の一種; 暗いトンネル道の中を, 通例ボートで乗客を機械仕掛けで運ぶ; 男女の二人連れがよく利用する》.
— *v.* (**tun·neled, -nelled; -nel·ing, -nel·ling**)
— *vt.* **1** …にトンネルを掘る: ~ a hill 山にトンネルを掘る. **2** [~ *one's way* として] トンネルを掘って進む: ~ *one's way through* [*into*] …を抜けて[の中へ]トンネルを掘って進む. **3** (トンネルのように)…に穴をあける. — *vi.* **1** トンネルを掘る〔*through, into*〕. **2** 《物理》トンネルする 《トンネル効果によってポテンシャル障壁を通り抜ける》.
~·er, ~·ler /-nlə, -nlə | -nlə(r), -nl-/ *n.* **~·lìke** *adj.* 《《?a1425》《1765》 *tonel* funnel-shaped net ◻ OF *to(n)nel* (F *tonneau*) cask (dim.) ← *tonne* ◻ ML *tunna* 'TUN': 「トンネル」の意は 1765 年から》
túnnel díode *n.* 《電子工学》トンネルダイオード 《トンネル効果を利用した負性抵抗特性を示すダイオード; Esaki diode ともいう》. 《1982》
túnnel disèase *n.* 《病理》 **1** =caisson disease. **2** =hookworm disease. 《1887》
túnnel effèct *n.* 《物理》トンネル効果 《量子力学的な効果によりポテンシャル障壁などを通り抜けること》. 《1932》
túnnel kìln *n.* 《窯業》トンネル窯(がま) (⇨ continuous kiln). 《1828》
túnnel nèt *n.* (魚や鳥などを捕える)口が広くすそが細くなった網. 《1721》
túnnel vàult *n.* =barrel vault.
túnnel vísion *n.* **1** 《眼科》(管を通して物を見るような)視野縮小. **2** 視野の狭さ, 狭量. 《1949》
tun·ny /tʌ́ni/ *n.* 《魚類》(*pl.* **tun·nies**, ~) マグロ (tuna); (特に)クロマグロ (bluefin). 《《1530》◻ (O)F *thon* ◻ Prov. *ton* < L *thunnum* ◻ Gk *thúnnos*: ⇨ tuna[1], -y[2]》
túnny fìsh *n.* 《魚類》=tunny.
tún shèll *n.* 《貝類》=tun.
Tun·stall /tʌ́nstəl, -stɔːɫ, -stɑːɫ | -stəl, -stɔːl/ *n.* ⇨ Five Towns. 《1754》
tun·y /túːni, tjúː- | tjúː-/ *adj.* (**tun·i·er; -i·est**) 調子のよい, 音楽的な, 節回しのおもしろい. 《《1885》: ⇨ tune, -y[2]》
tup /tʌ́p/ *n.* **1** 《英》雄羊 (ram). **2** (蒸気ハンマーの)打面, 打金(うちがね). — *v.* (**tupped; tup·ping**) — *vt.* **1** 《英》〈雄羊が〉〈雌羊〉と番(つが)う[交尾する]: An old black ram is ~*ping* your white ewe. 年とった黒い雄羊があんたの白い羊の上にのってますよ (Shak., *Othello* 1. 1. 88–89). **2** 《ランカシア方言》〈人を〉押す, 突く. — *vi.* 《英》〈雌羊が〉さかりがつく; 〈雄羊が〉番(つが)う. 《《?c1350》 *to(u)pe, tup(p)e* ← ? ON》
tu·pai·a /tuːpáɪə, tjuː- | tjuː-/ *n.* 《動物》ツパイ (⇨ tree shrew). 《《1820》← NL ~ ← Malay *tupai* squirrel: ⇨ -ia[2]》
Tu·pa·ma·ro /tùːpəmáːrou | -rəu; *Am. Sp.* tupamáro/ *n.* (*pl.* ~**s**) (ウルグアイの極左ゲリラ組織)ツパマロスの一員. 《《1969》← *Tupac Amaru* (18 世紀にペルーで反スペイン運動を指導したペルー原住民)》
tu·pek /túːpɪk/ *n.* =tupik. 《1947》
tu·pe·lo /túːpəlòu, tjúː- | tjúːpɪləu/ *n.* (*pl.* ~**s**) 《植物》ニッサ 《オオギリ科ニッサ属 (*Nyssa*) の植物の総称; black gum, tupelo gum など》; ニッサ材. 《《1730》◻ N-Am.-Ind. (Creek) *ito opilwa* 《原義》swamp tree》
Tu·pe·lo /túːpəlòu, tjúː- | tjúːpɪləu/ *n.* チューペロ 《Mississippi 州北東部の市; Elvis Presley 出生の地》.
túpelo gùm *n.* 《植物》ツーペロ (*Nyssa sylvatica*) 《北米産オオギリ科ニッサ属の光沢のある葉とやわらかい材質をもつ植物》. 《1885》
Tu·pi /tuːpíː, ⌐—; *Braz.* tupí/ *n.* (*pl.* ~, ~**s**) **1 a** [the ~(s)] トゥピー族 《南米の先住民集団; ブラジル東部の内陸部に居住していた》. **b** トゥピー族の人. **2** トゥピー語. 《《1824》◻ S-Am.-Ind. (Tupi) ~ 《原義》comrade》
Tu·pi·an /tuːpíːən, túːpiən/ *adj.* トゥピー (Tupi) 人[語]の. 《1902》
Tupí-Guaraní *n.* **1 a** [the ~s] トゥピーグアラニー族 《南米 Amazon 川流域, Xingú 川支流からブラジル東部, パラグアイに住むインディアンの一族》. **b** トゥピーグアラニー族の人. **2** =Tupi-Guaranian. 《1850》
Tupí-Gua·ra·ní·an /-níːən/ *n.* トゥピーグアラニー語族 《南米中部の Tupi, Guarani, lingua geral などを含むインディアン語の語族》. — *adj.* トゥピーグアラニー(語)族の.
tu·pik /túːpɪk/ *n.* 《カナダ》(イヌイット族の)夏の住居 《特に, おっとせいの毛皮で作ったテント》. 《《1864》◻ Inuit ~》
tu·ple /túːpl̩, tjúː- | tjúː-/ *n.* 《電算》チュープル 《データ構成要素で同じ属性集合をもつ組》.
-tu·ple /túːpl̩, tʌ́pl̩, ⌐tʊpl̩ | -tjúː-, -tjú-/ 「(特定数の)要素の列」の意の連結形. 《⇨ quintuple, sextuple》
Tu·po·lev /tuːpóːlɛv; *Russ.* túpəlʲɪf/, **Andrei Nikolaievich** *n.* ツポレフ (1888–1972; ロシアの航空技師; 初のジェット機 Tu-104 などを設計).
tup·pence /tʌ́pəns/ *n.* 《英口語》=twopence.

tup·pen·ny /tʌ́p(ə)ni/ *adj.* 《英口語》=twopenny. 〖1889〗

Tup·per·ware /tʌ́pəwèə | tʌ́pəwèə^(r)/ *n.* 〚商標〛タッパーウェア《米国で開発されたポリエチレン製食品密封保存器; 主婦のホームパーティー方式での委託販売で有名》.

Tu·pun·ga·to /tùːpuŋgáːṭou | -təu; *Am.Sp.* tupuŋgáto/ *n.* トゥプンガト《チリとアルゼンチンの国境にある Andes 山脈中の山 (6,800 m)》.

tuque /túːk, tjúːk | tjúːk/ *n.* トーク《カナダでそりすべりなどの時にかぶる毛糸で編んだ先のとがった帽子》. 〖(1871) ◻ Canad.-F ~ 《変形》← F *toque* cap: ⇨ toque〗

tuque

tu quo·que /túːkwóukwi, tjúː-, -kweɪ | túːkwɔ́kwi, -kwə́uk-/ *L. n.* (「君だってそうじゃないか」という)しっぺ返し, さかねじ文句 (retort), お互い様じゃないか(という言い分): a ~ reply しっぺ返し的な返事, やり返し. 〖(1614) ◻ L *tū quoque* thou too〗

tur /túə | túə^(r)/ *n.* 〚動物〛ニシコーカサスヤギ, ツール (*Capra caucasica*)《カフカス地方の野生ヤギ》. 〖(1894) ◻ Russ. ~〗

Tu·ra /túᵊrə | túərə; *It.* túːra/, **Cosimo** *n.* トゥーラ (1430?–95; イタリアのフェラーラ派の画家).

tu·ra·co /túᵊrəkòu | túərəkə̀u/ *n.* (*pl.* ~**s**) =touraco. 〖1932〗

tu·ra·cou /túᵊrəkùː | túər-/ *n.* 〚鳥類〛=touraco.

Tu·ra·ni·an /turéɪniən, tju-, -ráː- | tju-/ *n.* **1** トゥラン人, ウラルアルタイ語族の人. **2** [集合的] トゥラン語族, (特に)ウラルアルタイ語族. — *adj.* トゥラン語族の; (特に)ウラルアルタイ語族の (Ural-Altaic). 〖(1777) ← Pers. *Tūrān* (Oxus 川北岸の地方)+-IAN〗

tu·ran·ose /túᵊrənòus, tjúᵊr- | tjúərənə̀us/ *n.* 〚生化学〛ツラノース ($C_{12}H_{22}O_{11}$)《melezitose の分解によって得られる二糖類》. 〖(1890) ◻ G *Turanos* ← Pres. *Tūrān* (↑): ⇨ -ose²; この地方のマナ蜜から採ることから〗

tur·ban /tə́ːbən | tə́ː-/ *n.* **1** (イスラム教徒が頭につける)ターバン《長い布を巻きつけたキャップ》. **2** イスラムのターバンに似たもの: **a** (19 世紀に流行した)ターバン風婦人帽. **b** (西インド諸島などで婦人が頭に巻く)布切れやバンダナ (bandanna). **c** (ドレープを寄せた)縁なし婦人帽. **~ed, túr·banned** *adj.* **~·less** *adj.* **~·lìke** *adj.* 〖(1561) *tolibant, tulipan(t), turban(t), turband* ◻ F 《廃》*turbant* (F *turban*) ◻ It. *turbante* ◻ Turk. *tülbend* ◻ Pers. *dulband*: cf. tulip〗

túrban lìly *n.* 〚植物〛フランス南部のアルプス山脈の地中海側に産するユリ科ユリ属の光沢のある赤い花をつける植物 (*Lilium pomponium*). 〖1884〗

túrban shèll *n.* 〚貝類〛リュウテンサザエ科の貝類の総称《リュウテンサザエ (*Turbo petholatus*), サザエ (*Batillus cornutus*) など》. 〖1753〗

túrban squàsh *n.* 〚植物〛ターバンスクワッシュ (*Cucurbita maxima* var. *turbaniformis*)《ターバンのような形をした皮の堅いセイヨウカボチャの一種》. 〖1902〗

túrban-stòne *n.* (頂上がターバンの形になっている)イスラム教徒の墓石. 〖1872〗

T

túrban-tòp *n.* 〚植物〛**1** シャグマアミガサタケ (*Gyromitra esculenta*)《ノボリリュウ科のキノコ; 頭部にターバンを巻いたようなしわがある; ドイツでは煮こぼして食用とする》. **2** ノボリリュウ (*Helvella crispa*)《ノボリリュウ科のキノコ; 頭部が鞍状》. 〖1828〗

tur·ba·ry /tə́ːbəri | tə́ː-/ *n.* **1** 泥炭採掘場, 泥炭沼 (peat bog). **2** 〚英法〛(公有地または他人の所有地での)泥炭採掘権《正式には common of turbary という》. 〖(*c*1290) *turbarye* ◻ AF *turberie*=OF *tourberie* ← *tourbe* ← Gmc *turb-*: ⇨ turf, -ary〗

Tur·bel·lar·i·a /tə̀ːbəléᵊriə | tə̀ːbəléər-/ *n. pl.* 〚動物〛(扁形動物門)渦虫綱. 〖(1877) ← NL ~ ← L *turbellae* bustle, stir (dim. pl.) ← *turba* tumult, crowd: ⇨ -aria¹: その繊毛によって小さな渦が作られることから〗

tur·bel·lar·i·an /tə̀ːbəléᵊriən | tə̀ːbəléər-ˊ/ 〚動物〛*adj.* 渦虫綱の. — *n.* 渦虫綱の扁形動物《ヒラムシ・ウズムシなど》. 〖(1879): ⇨ ↑, -an¹〗

tur·bid /tə́ːbɪ̀d | tə́ːbɪd/ *adj.* **1** 〈液体が〉濁った (muddy): ~ water. **2** 〈空気・煙・雲などが〉もうもうとした, 濃密な (dense): the ~ air. **3** 〈考えなど〉乱れた, 混乱した (confused): ~ utterances 混乱した言葉. **~·ly** *adv.* **~·ness** *n.* 〖(1626) ◻ L *turbidus* disturbed ← *turba* disturbance, crowd ◻ ? Gk *túrbē* confusion ← ? IE *twer-, *tur- to turn, whirl: ⇨ -id¹〗

tur·bi·dim·e·ter /tə̀ːbədímətə | tə̀ːbɪdímɪ̀tə^(r)/ *n.* **1** 濁度計. **2** 比濁計 (nephelometer). 〖1905〗

tur·bi·dim·e·try /tə̀ːbədímətri | tə̀ːbɪdímɪ̀-try/ *n.* 〚化学〛濁り測定. **tur·bi·di·met·ric** /tə̀ːbɪ̀dəmétrɪk | tə̀ːbɪdɪ-ˊ/ *adj.* **tùr·bi·di·mét·ri·cal·ly** *adv.* 〖(1920) ← TURBIDI(TY)+-IMETRY〗

tur·bi·dite /tə́ːbədàɪt | tə́ːbɪ̀-/ *n.* 〚地質〛タービダイト《混濁流によって運ばれた堆積物》. 〖(1957) ← *turbid(ity current)*+-ITE¹〗

tur·bid·i·ty /təːbídəṭi | təːbídɪ̀ti/ *n.* **1** 濁っていること[状態], 汚濁; 混乱. **2** 〚土木〛濁り度《上水道の源水の濁りの度合》. 〖(1782) ◻ ML *turbiditātem*: ⇨ turbid, -ity〗

turbídity cùrrent *n.* 〚地質〛混濁流, 乱泥流《密度流 (density current) の一つで, 海底・湖底などを流れるかなり粗粒な物を含んだ密度の高い流れ》. 〖1939〗

tur·bi·na·do /tə̀ːbənáːḍou | tə̀ːbɪ̀náːdəu/ *n.* 中白糖《粗糖を遠心分離器にかけて糖蜜の大部分を取り除いた砂糖; turbinado sugar ともいう》. 〖◻ Am.-Sp. ~ ← ? Sp. *turbina* turbine: ⇨ -ado〗

tur·bi·nal /tə́ːbənl̩ | tə́ːbɪ̀-/ *adj.* 〚解剖・動物〛こま形の, 渦巻状の. — *n.* 〚解剖〛鼻甲介 (turbinate bone). 〖(1584) ← L *turbin-, turbō* top, whirl+-AL¹〗

tur·bi·nate /tə́ːbənɪ̀t, -nèɪt | tə́ːbɪ̀-/ *adj.* **1** 〚植物〛こまの形をした, 倒円錐(すい)形の. **2** 〚動物〛らせん状の, 渦巻形の; こまのように回る. **3** 〚解剖〛鼻甲介の. — *n.* **1** 渦巻貝殻 (turbinate shell). **2** 〚解剖〛鼻甲介 (turbinate bone). 〖(1661) ◻ L *turbinātus* shaped like a top ← *turbō*: ⇨ ↑, -ate²〗

túr·bi·nàt·ed /-nèɪṭɪ̀d | -tɪd/ *adj.* =turbinate.

tur·bi·na·tion /tə̀ːbənéɪʃən | tə̀ːbɪ̀-/ *n.* **1** 倒円錐形; 渦巻形. **2** 《廃》(こまのような)回転, 旋回. 〖(1623) ◻ L *turbinātiō(n-)*: ⇨ turbinate, -ation〗

tur·bine /tə́ːbɪ̀n, -baɪn | tə́ːbaɪn, -bɪn/ *n.* タービン《流水や蒸気・ガスの力で回転する原動機》: an action ~ 衝撃タービン / a pressure ~ 圧力タービン / ⇨ air turbine, gas turbine, impulse turbine, reaction turbine, steam turbine, water turbine. 〖(1824) ◻ F ~ ◻ L *turbin-, turbō* anything that spins, top: cf. turbid〗

túrbine bòat *n.* タービン汽艇[汽船]. 〖1904〗

turbines *n.* turbo² の複数形.

Tur·bin·i·dae /təːbínədìː | təːbíni-/ *n. pl.* 〚貝類〛リュウテンサザエ科. 〖← NL ~ ← *Turbin-, Turbō* (属名: ⇨ turbo²)+-IDAE〗

tur·bi·noid /tə́ːbənɔ̀ɪd | tə́ːbɪ̀-/ *adj.* 〚動物〛サザエ類似の. 〖(1861) ← NL *Turbin-, Turbō* (↑)+-OID〗

tur·bit /tə́ːbɪ̀t | tə́ːbɪt/ *n.* 〚鳥類〛頭部とくちばしは短く胸と首の羽毛が巻き上がっているイエバトの一種. 〖(1688) ← ? L *turbō* top (その形から): ⇨ turbine〗

tur·bith /tə́ːbɪ̀θ | tə́ː-/ *n.* =turpeth.

tur·bo¹ /tə́ːbou | tə́ːbəu/ *n.* (*pl.* ~**s**) **1** [⇨ turbo-] =turbine. **2** 《略》=turbocharger.

tur·bo² /tə́ːbou | tə́ːbəu/ *n.* (*pl.* **tur·bi·nes** /tə́ːbənìːz | tə́ːbɪ-/, ~**s**) 〚貝類〛リュウテンサザエ科 *Turbo* 属の貝類の総称《リュウテンサザエ (*T. petholatus*) など》. 〖(1661) ← NL *Turbō* (属名) ← L *turbō* top, whirl, whirlwind〗

tur·bo- /tə́ːbou | tə́ːbəu/「タービンの, タービンによって運転される」の意の連結形: *turbo*copter. 〖(1900) ← TURB(INE)+-O-〗

túrbo·bòost *n.* ターボブースト: **a** ターボチャージャーが始動してパワーアップすること. **b** 自動車のエンジンにターボチャージャーを装備すること.

túrbo·càr *n.* ターボカー, ガスタービン自動車, ガスタービン車. 〖1956〗

túrbo·chàrge *vt.* 〚機械・自動車〛〈エンジンを〉ターボチャージャーで過給する; 〈エンジン・車〉にターボチャージャーを装備する. 〖1961〗

túrbo·chàrged *adj.* **1** 〈エンジンが〉ターボチャージャーを装備した. **2** 《俗》(よい意味で)強力な.

túrbo·chàrger *n.* 〚機械・自動車〛排気タービン過給機, ターボチャージャー《内燃機関の排気で駆動されるタービンによって回転させられる遠心式空気圧縮機; これによってシリンダーに圧縮空気を送り込む》. 〖1934〗

túrbo-còmpound èngine *n.* 〚航空〛ターボコンパウンドエンジン《レシプロエンジンの排気のエネルギーをガスタービンで回収し, それをプロペラ軸にもどす方式のエンジン》. 〖1955〗

tur·bo·cop·ter /tə́ːboukɑ̀(ː)ptə, -bə- | tə́ːbə(u)kɔ̀ptə^(r)/ *n.* ターボコプター《ガスタービンエンジンを備えたヘリコプター》. 〖← TURBO-+COPTER〗

túrbo dìesel *n.* ターボディーゼル《ターボチャージャーを装備したディーゼルエンジン》; ターボディーゼル車.

tùrbo·eléctric *adj.* タービン発電の; タービン発電機を利用した. 〖1904〗

túrbo·fàn *n.* **1** ターボファン《ボイラーの通風装置》. **2** 〚航空〛=turbofan engine. 〖1911〗

túrbofan èngine *n.* 〚航空〛ターボファンエンジン《ターボジェットエンジンの一種で, 空気取入口から吸収され低圧ファンで圧縮された空気の一部のみが高圧ファン・燃焼器・タービンを経て高温ジェットとして後方に吐出され, 残部は冷態のまま, 後方に吐出されて, 共に推力の発生に寄与する形式のエンジン; bypass-jet, fanjet, high bypass ratio engine ともいう》. 〖1959〗

túrbo·gènerator *n.* タービン発電機. 〖1902〗

túrbo·jèt *n.* 〚航空〛**1** =turbojet engine. **2** ターボジェット機. 〖1945〗

túrbojet èngine *n.* 〚航空〛ターボジェットエンジン《タービン式空気圧搾機を具備した噴射推進機関》. 〖1950〗

tur·bo·prop /tə́ːbouprɑ̀(ː)p | tə́ːbə(u)prɔ̀p/ *n.* 〚航空〛**1** =turboprop engine: ~ planes. **2** ターボプロペラエンジンを搭載した航空機, ターボプロップ機. 〖(1945) 略〗

túrbo-propèller èngine *n.* 〚航空〛=turboprop engine. 〖1957〗

túrboprop èngine *n.* 〚航空〛ターボプロップエンジン《ガスタービンエンジンの一種で, エンジンの出力を軸の回転の形で取り出し, これによってプロペラを駆動するようにしたもの; propjet engine ともいう》. 〖1978〗

túrboprop-jét èngine *n.* =turboprop engine.

túrbo·pùmp *n.* ターボポンプ《推進剤を供給するためのタービンによって駆動させるポンプ》. 〖1903〗

tùrbo·rámjet èngine *n.* 〚航空〛ターボラムジェットエンジン《ターボジェットエンジンにラムジェットエンジンの性質を具備させて高空・高速での効率を高めたエンジン》. 〖cf. *turboramjet* (1948)〗

túrbo·shàft *n.* 〚機械〛ターボシャフト《伝導装置を備えたガスタービンエンジン》. 〖1958〗

tùrbo·súpercharged *adj.* ターボスーパーチャージャー[排気駆動過給器]を装備した. 〖1944〗

tùrbo·súpercharger *n.* ターボ過給器[スーパーチャージャー], 排気駆動過給器《ピストンエンジンの排気ガスでタービンを駆動し, タービンに直結された圧縮器によってエンジンの給入ガス(空気または混合気)を圧送することにより, エンジンの出力を高める装置》. 〖1938〗

tur·bot /tə́ːbət | tə́ː-/ *n.* (*pl.* ~, ~**s**) 〚魚類〛**1** ターボット (*Scophthalmus maximus*)《ヨーロッパ産カレイ目スコプタルムス科の魚の一種》. **2** turbot に似た各種の扁平な魚. **3** カリブ海などに生息するモンガラカワハギ科の魚類の総称. 〖(*c*1300) *turbut* ◻ OF *tourbout* (F *turbot*) ◻ OSwed. *törnbut* thorn butt ← *törn* 'THORN'+*but* 'BUTT⁵'〗

túrbot kèttle *n.* (一尾丸のままの)ひらめのゆで煮用なべ (cf. fish kettle). 〖1846〗

túrbo·tràin *n.* タービン車《タービンエンジンで走る列車》. 〖1966〗

tur·bu·lence /tə́ːbjuləns, -lənts | tə́ː-/ *n.* **1** 大荒れ, 荒れ狂い; (社会上・政治上などの)騒乱, 動乱, 激動 (disturbance). **2** 〚物理〛攪乱(かくらん)運動, 攪流, 乱流状態. **3** 〚気象〛(大気の)乱動, 乱流. 〖(*a*1410) ◻ LL *turbulentia*: ⇨ turbulent, -ence〗

túr·bu·len·cy /-lənsi/ *n.* 《古》=turbulence. 〖1607〗

tur·bu·lent /tə́ːbjulənt | tə́ː-/ *adj.* **1** 〈風波・感情など〉荒れる, 騒ぐ, 騒がしい, 荒れ狂う (furious): ~ waves 怒濤(どとう) / the ~ fury of the Ninth Symphony 第九シンフォニーの轟くばかり激越な調べ. **2** 騒々しい, 動乱する (tumultuous): a ~ period 動乱期 / Venezuela's ~ history ベネズエラの動乱の歴史. **3** 騒動を起こす, 不穏な, 乱暴な (disorderly): a ~ mob 暴徒. **~·ly** *adv.* 〖(?*a*1425) ◻ L *turbulentus* restless ← *turba* disorder, tumult: ⇨ turbid, -ulent〗

túrbulent flów *n.* 〚物理・航空〛乱流《管内や物体の表面の流れにおいて, レノルズ数が高いとき, 流れが乱れ, 流速や圧力が平均値の回りに不規則な変動を伴うようになること; cf. laminar flow, streamline flow》. 〖1895〗

Tur·co /tə́ːkou | tə́ːkəu/ *n.* (*pl.* ~**s**) (もとフランス軍勤務の)アルジェリア現地民の軽歩兵, ズアーブ兵 (Zouave). 〖(1839) ◻ F, Sp., Port., & It. *turco* 'TURK'〗

Tur·co- /tə́ːkou | tə́ːkəu/ 次の意味を表す連結形: **1**「トルコ(人)の (Turkish, Turk)」: *Turco*phil. **2**「トルコ(人)と…との (Turkish and …)」: *Turco*-Bulgarian. 〖← ML *Turkus* Turk〗

Tur·col·o·gist /təːkɑ́(ː)lədʒɪ̀st | təːkɔ́lədʒɪst/ *n.* トルコ学者《トルコ文学と言語の専門家》. 〖1881〗

Tur·co·man /tə́ːkoumən, -kə- | tə́ːkə(u)mən, -mèn, mɑ̀ːn/ *n.* (*pl.* ~**s**) =Turkoman. 〖1600〗

Tur·co·phile /tə́ːkəfàɪl | tə́ː-/ (*also* **Tur·co·phil** /-fɪl/) *n., adj.* 親トルコ主義者(の), トルコ(人)びいき(の), トルコ文化崇拝者(の). 〖(1876) ← TURCO-+-PHILE〗

Tur·co·phil·ism /tə́ːkəfɪ̀lɪzm | tə́ː-/ *n.* トルコびいき. 〖1880〗

Tur·co·phobe /tə́ːkəfòub | tə́ːkəfə̀ub/ *n., adj.* (極端な)トルコぎらいの(人), 反トルコ主義者(の). 〖(1896): ⇨ -phobe〗

turd /tə́ːd | tə́ːd/ *n.* 《卑》**1** 糞(ふん)(の塊). **2** くそ野郎. 〖OE *tord* <Gmc **turdam* (MDu. *tortwevel* / ON *tordȳfill* dung-beetle) <IE **dr̥tom* 《原義》something discarded ← **der-* to tear, split (cf. OE *teran* 'to TEAR¹')〗

Tur·di·dae /tə́ːḍədìː | tə́ːdɪ-/ *n. pl.* 〚鳥類〛ツグミ科. 〖(1893) ← NL ~ ← L *turdus* thrush+-IDAE〗

tur·di·form /tə́ːḍəfɔ̀əm | tə́ːdɪ̀fɔːm/ *adj.* ツグミのような形の. 〖← L *turdus* (↑)+-FORM〗

tur·dine /tə́ːdaɪn, -dɪ̀n | tə́ːdaɪn/ *adj.* ツグミ科 (Turdidae) の. 〖(1890) ← L *turdus* (↑)+-INE¹〗

tur·doid /tə́ːdɔɪd | tə́ː-/ *adj.* ツグミのような. 〖(1874) ← L *turdus* (↑)+-OID〗

tu·reen /turíːn, tju-, tə- | tjuː-, tə-, tu-, tju-/ *n.* **1** (スープ・ソースなどを入れる)ふた付きの鉢. **2** =casserole 2. 〖(1706) 《古》*terrine* ◻ F 'earthenware dish' (fem.) ← OF *terrin* earthen ← L *terra* earth: ⇨ -ine¹〗

tureen 1
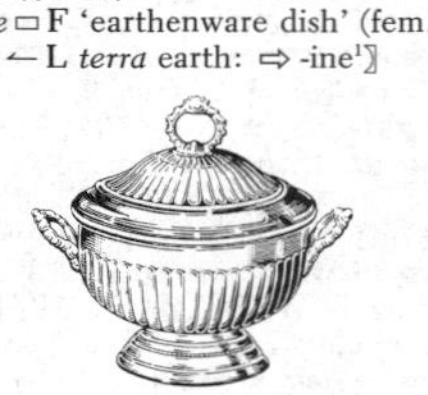

Tu·renne /turén; *F.* tyʀɛn/, **Vicomte de** *n.* テュレンヌ (1611–75; 三十年戦争当時のフランスの陸軍元帥; 本名 Henri de la Tour d'Au·vergne de /tur dovɛʀɲ də/).

turf /tə́ːf | tə́ːf/ *n.* (*pl.* ~**s**, **turves** /tə́ːvz | tə́ːvz/) **1** 芝生 (greensward, lawn). **2** 芝土 (sod); (移植用の)芝土 (1 枚). **3** よく知っている領域, 専門分野; 《米口語》(暴力団などの)縄張り. **4** 泥炭 (peat); (燃料用の)泥炭の塊. **5** [the ~] 競馬場 (racecourse); 競馬(業): *on the* ~ 競馬をなりわいとして / He'd run through his money *on the* ~. 競馬で金をすってしまった. — *vt.* **1 a** 芝土で覆う, …に芝を植える 〈*over*〉. **b** 埋葬する (bury). **2** …の芝土[泥炭]を掘り起こす. **3** 《英口語》〈人・物を〉追い出す, 投げ出す 〈*out*〉: The rogue was ~*ed out* (*of* the pub). 与太者は(パブから)放り出された. — *vi.* 芝土を集める. **~·dom** /-dəm/ *n.* 〖OE ~ ← Gmc **turb-*

(Du. *turf* / G *Torf* / ON *torf(d)*) ← IE **derbh-* to compress (Skt *darbhá* tuft of grass)〗

túrf accòuntant *n.* 《英》〘競馬〙=bookmaker 1. 〖1915〗

Tur·fan /tuəfáːn | túəfæn, ━━/ *n.* =Turpan.

túrf-bòund *adj.* 芝土で固められた, 芝の生えた.

túrf·ing dàisy *n.* 〘植物〙小アジア原産のキク科カミルレ属の白い花をつける多年草 (*Matricaria tchihatchewii*).

túrfing ìron *n.* 泥炭切取り具.

turf·ite /tə́ːfaɪt | tə́ː-/ *n.* 《口語》=turfman. 〖← TURF＋-ITE[1]〗

túrf·less *adj.* 芝生のない, むき出しの.

túrf·man /-mən/ *n.* (*pl.* **-men** /-mən, -mɛn/) 《米》競馬好き, 競馬通[狂]. 〖(1818): ⇨ turf (n.) 5〗

túrf·skì *n.* 〘スポーツ〙ターフスキー《芝生の生えた坂を滑り降りることができるよう底の部分にローラーを付けたスキー; 普通のスキーより短い》. **~·ing** *n.* 〖1967〗

turf·y /tə́ːfi | tə́ː-/ *adj.* (**turf·i·er**; **-i·est**) **1** 芝の多い; 芝でおおわれた. **2** 芝のような, 芝土状の. **3** 泥炭の多い, 泥炭質の. **4** 競馬の, 競馬に関する: a ~ talk. **túrf·i·ness** *n.* 〖(1552) ← TURF＋-Y[1]〗

Tur·ge·nev /tuəgéɪnəf, tə-, -gén-, -njɛf, -njɛv | təːgéɪnjɛv, tuə-, -génjɛv, -njɛf, -nɪf/ (*also* **Tur·ge·niev** /~/), **Ivan Sergeevich** *n.* ツルゲーネフ (1818–83; ロシアの小説家; *A Sportsman's Sketches* (1852), *Fathers and Sons* (1862)).

tur·gent /tə́ːdʒənt | tə́ː-/ *adj.* 《廃》 **1** ふくれる, ふくれた, ふくれ上がった (swelling, swollen). **2** 傲慢な; 大げさな言葉遣いをする. **~·ly** *adv.* 〖(*c*1450) □ L *turgentem* (pres.p.) ← *turgēre* to swell: ⇨ -ent〗

tur·ges·cence /təːdʒésəns, -sns | təː-/ *n.* **1** 腫(は)れ, 腫脹(しゅちょう) (swelling). **2** 誇張 (bombast). **3** 〘植物〙緊張状態. 〖(1631): ⇨ turgescent, -ence〗

tur·gés·cen·cy /-si/ *n.* 《古》=turgescence. 〖(1666): ⇨ ↓, -ency〗

tur·ges·cent /təːdʒésənt, -snt | təː-/ *adj.* **1** ふくれる, 腫(は)れ上がる, 腫脹(しゅちょう)性の (swelling). **2** 誇張的な, 大げさな. 〖(1727) □ L *turgēscentem* (pres.p.) ← *turgēscere* to begin to swell ← *turgēre* (↓): ⇨ -escent〗

tur·gid /tə́ːdʒɪ̥d | tə́ːdʒɪd/ *adj.* **1** ふくれた, 腫(は)れ上がった, 膨張した (swollen, distended). **2** 〈言葉·文体など〉大げさな, 誇張した (pompous) (⇨ bombastic SYN). **~·ly** *adv.* **~·ness** *n.* 〖(1620) □ L *turgidus* inflated ← *turgēre* to swell ← ?: ⇨ -id[4]〗

tur·gid·i·ty /təːdʒɪ́dəṭi | təːdʒɪ́dɪ̥ti/ *n.* **1** 腫(は)れ, ふくれ, 膨張. **2** (文体などの)誇大, 誇張 (bombast). 〖1732〗

tur·gite /tə́ːdʒaɪt | tə́ː-/ *n.* 〘鉱物〙水赤鉄鉱 ($2Fe_2O_3 \cdot H_2O$). 〖(1850) ← *Turginsk* (ロシアの鉱山): ⇨ -ite[1]〗

tur·gor /tə́ːgə | tə́ːgə(r/ *n.* **1** 《まれ》ふくれていること, 膨張 (turgescence). **2** 〘植物生理〙膨満(ぼうまん), 膨圧. 〖(1876) □ LL ~ 'swelling' ← L *turgēre* to swell〗

túrgor mòvement *n.* 〘植物生理〙膨圧(ぼうあつ)運動《オジギソウの葉などにみられる細胞の膨圧変化によって起こる可逆的運動》.

túrgor prèssure *n.* 〘植物生理〙膨圧(ぼうあつ)《植物細胞において細胞膜に対する細胞体内部の圧力; 水を吸収して細胞がふくれた結果生じる》.

Tur·got /tuəgóu | tjúəgou; *F.* tyʀgo/, **Anne Robert Jacques** *n.* テュルゴー (1727–81; フランスの政治家·重農主義経済学者, Louis 十六世の財政長官; 称号 Baron de l'Aulne /lo:n/).

Tu·rin /tú(ə)rɪ̥n, tjú(ə)r-, turín, tju- | tjuərín⁻/ *n.* トリノ《イタリア北西部, Po 川に沿う都市; イタリア語名 Torino》.

Tu·rin·ese /tù(ə)rɪ̥níːz, -níːs | tjùərɪníːz⁻/ *adj., n.*

Tu·ri·na /tu:ríːnə; *Sp.* turína/, **Joaquín** *n.* トゥリーナ (1882–1949; スペインの作曲家·ピアニスト).

Tu·ring /tú(ə)rɪŋ, tjú(ə)r- | tjúər-/, **Alan Mathison** *n.* チューリング (1912–54; 英国の数学者·論理学者; コンピューター理論の先駆者).

Túring machìne *n.* 〘電算〙チューリング機械[マシン]《テープと有限状態機械を組み合わせた仮想的論理装置》. 〖(1937) ↑〗

Túring tèst *n.* [the ~]〘電算〙チューリングテスト《コンピューターの考える能力を判定するためのテスト》. 〖← A. M. Turing〗

Túrin Shróud *n.* [the ~] トリノの聖骸布《イタリア Turin の大聖堂に 1578 年から保管されている, キリストの遺骸を包んだと伝えられる亜麻布》.

tu·ri·on /tú(ə)riɑ̀(ː)n, tjú(ə)r- | tjúəriən/ *n.* 〘植物〙徒長枝, 走出茎《アスパラガス·ホップなどの地下茎から発する鱗芽(りんが)のある吸枝または若い茎》. 〖(1693) ← (N)L *turiō(n-)* shoot ←?: cf. F *turion*〗

tu·ri·sta /tʊrístə, tjʊr- | tjʊ(ə)r-; *Sp.* turísta/ *n.* [しばしば the ~s] (特に外国旅行者の)下痢, (特に) =Montezuma's revenge. 〖(1970) □ Sp. ~ 'tourist'〗

Turk /tə́ːk | tə́ːk/ *n.* **1** トルコ人; オスマントルコ族の人 (Osmanli): the ~*s* トルコ民族 / the Grand [Great] ~ トルコ国皇帝. **2** 《口語》乱暴者, 手におえない奴: a regular ~ 全く手のつけられない乱暴者. **3** トルコ馬, ターク種《アラビア馬に近い種類; ほとんど区別がつかない》. **4** 青年トルコ党員 (Young Turk). **5** 《古》イスラム教徒 (Muslem). ***túrn* [*becóme*] *Túrk*** (1) イスラム教徒になる. (2) 乱暴者になる. 〖(?*a*1300) □ (O)F *Turc* □ ML *Turcus* ← MGk *Toûrkos* □ Turk. *Türk* 《原義》? strong (people)〗

Turk. 《略》Turkey; Turkish.

Tur·ka·na /təːkáːnə | təː-; *Swahili* turkána/ *n.* (*pl.* ~, **~s**) **1 a** [the ~(s)] トゥルカナ族《ケニア北西部および隣接するウガンダの国境地帯に生活する半遊牧民》. **b** トゥルカナ族の人. **2** トゥルカナ語《ナイル語群 (Nilotic) に属する》. 〖(1902) ← Nilotic〗

Turkana, Lake *n.* トゥルカナ湖《Rudolf 湖の別称》.

Tur·ke·stan /təːkɪ̥stǽn, -stáːn | təːkɪ̥stáːn, -stǽn/ *n.* トルキスタン(地方)《中央アジア·中国·アフガニスタンにわたる広大な地域; Eastern [Chinese] Turkestan (中国新疆(しんきょう)ウイグル自治区南部および中部), Western [Russian] Turkestan (カザフスタン, キルギスタン, タジキスタン, トルクメニスタン, ウズベキスタンの各共和国および アフガニスタンの北端地方を含む)》. **Tùr·ke·stán·i** /-ni⁻/ *adj., n.* 〖□ Pers. ~ ← *Turkī* of Turk＋*-stān* country (cf. Pers. *Hindūstān* India)〗

tur·key /tə́ːki | tə́ː-/ *n.* (*pl.* **~s**, ~) **1 a** 〘鳥類〙シチメンチョウ (*Meleagris gallopavo*). **b** 七面鳥の肉: eat ~. **2** 〘鳥類〙ヒョウモンシチメンチョウ (ocellated turkey). **3** 《古》〘鳥類〙ホロホロチョウ (guinea fowl). **4** 《米口語》**a** (劇などの)失敗 (flop). **b** 《米俗》くだらない[無能な]者; つまらない[役に立たない]人[物]. **5** 〘ボウリング〙ターキー《3 連続ストライク; triple ともいう》. ***nót sày túrkey*** 《米口語》ひとことも言わない, うんともすんとも言わない. ***tálk* (*cóld*) *túrkey*** 《米口語》率直[事務的]に話す, ずけずけ言う; 仕事の話をする (cf. cold turkey). ***wálk túrkey*** 《米口語》〈船が〉前後左右に揺れる. **Túrkey in the Stráw**「わらの中の七面鳥」《米国の民謡「オクラホマ·ミキサー」のこと》. 〖(1552) 《略》← *Turkey cock* // *Turkey hen*: この鳥がトルコ経由で輸入されたことから; 初めは guinea fowl を指し, 後に混同して七面鳥を指すに至った〗

Tur·key /tə́ːki | tə́ː-/ *n.* トルコ《小アジアから Balkan 半島南東部にわたる共和国; 面積 780,574 km², 首都 Ankara; 公式名 the Republic of Turkey トルコ共和国; トルコ語名 Türkiye》. 〖(1369) *Turkye* □ (O)F *Turquie* □ ML *Turchia* ← *Turcus* 'TURK': cf. -y[3]〗

túrkey bròwn *n.* 〘昆虫〙トビイロカゲロウ属の一種 (*Paraleptophlebia submarginata*)《釣り人が餌にするカゲロウ (mayfly) の一種》.

túrkey bùzzard *n.* 〘鳥類〙=turkey vulture. 〖1672〗

túrkey càll *n.* 《米》七面鳥の呼び笛《ハンターが野生の七面鳥をおびき寄せるのに用いる》. 〖1873〗

Túrkey càrpet *n.* (厚地の)トルコじゅうたん. 〖1546〗

túrkey-còck *n.* **1** 七面鳥の雄: turn as red as a ~ (怒って)顔がまっ赤になる. **2** もったいぶる人, いばり屋. 〖1541〗

túrkey còrn *n.* 〘植物〙=squirrel corn. 〖1884〗

Túrkey fìg *n.* 〘植物〙イチジク (*Ficus carica*)《ごく普通に栽培されるクワ科の低木》. 〖1866〗

túrkey-gòbbler *n.* 七面鳥の雄 (turkey-cock). 〖1836〗

túrkey-hèn *n.* 七面鳥の雌. 〖1552〗

Túrkey lèather *n.* 《英》トルコ革《脱毛前に油なめしした革; 特に, 装丁用》. 〖1655–56〗

túrkey òak *n.* 〘植物〙**1** トルコナラ (*Quercus cerris*)《Balkan 地方原産コナラ属の落葉高木》. **2** ユーラシア大陸産コナラ属の砂地に生える植物の総称 (*Q. laevis*, *Q. incana* (bluejack) など). 〖1709〗

Túrkey réd *n.* **1 a** 〘染色〙トルコ赤《アカネの根[アリザリン]で木綿を媒染染めした明るい赤》. **b** トルコ赤色《紫味のやや暗い赤色》. **2** トルコ赤の木綿地. **3** (インド赤に似た)酸化鉄を原料とする顔料. 〖1789〗

túrkey-réd òil *n.* 〘化学〙ロート油, 硫酸化油《ヒマシ油を濃硫酸で処理したもの; 乳化剤》. 〖1879〗

túrkey shòot *n.* **1** 七面鳥撃ち《祭典などの余興に行われる射撃競技で, 生きた七面鳥など動く標的を撃つ》. **2** 類似の射撃試合. 〖1895〗

Túrkey stòne *n.* **1** 〘宝石〙=turquoise. **2** トルコ石《砥石(といし)の一種; 上等の oilstone》. 〖1607〗

túrkey-tròt *vi.* ターキートロット (turkey trot) を踊る. 〖1908〗

túrkey tròt *n.* 〘ダンス〙ターキートロット《二人ずつ組になり円陣を作って踊る舞踏の一種》. 〖1908〗

túrkey vùlture *n.* 〘鳥類〙ヒメコンドル (*Cathartes aura*)《南米·中米·米国南部産のコンドルの一種》. 〖1823〗

Tur·ki /tə́ːki, túə- | tə́ː-/ *n.* チュルク語. **—** *adj.* チュルク語族の; チュルク語を話す, チュルク語圏の. 〖(1782) □ Pers. *Turkī* (adj.) ← *Turk* 'TURK'〗

Turk·ic /tə́ːkɪk | tə́ː-/ *n.* チュルク語派《アルタイ語族の一つで, Turkish, Azerbaijanian, Turkoman, Uzbek, Kirghiz, Yakut などを含む》. **—** *adj.* **1** チュルク語派の; チュルク語派の言語を話す民族の. **2** =Turkish 1. 〖(1859): ⇨ Turk, -ic[1]〗

Turk·ish /tə́ːkɪʃ | tə́ːk-/ *adj.* **1** トルコの; トルコ風; トルコ人の. **2** トルコ語の. **3** =Turkic 1. **—** *n.* **1** トルコ語, オスマントルコ語 (Ottoman Turkish). **2** 《俗》=Turkic. **3** =Turkish tobacco. 〖(1545) ← TURK＋-ISH ∞ ME *Turke(y)s* □ OF *turqueis* (F *turquois*)〗

Túrkish báth *n.* トルコぶろ, 蒸しぶろ; [通例 *pl.*] トルコぶろの浴場. 〖1644〗

Túrkish cárpet *n.* =Turkey carpet. 〖1886〗

Túrkish cóffee *n.* トルココーヒー《専用のポットにコーヒーの粉末と砂糖·水を加えて煮立てた強いコーヒー》. 〖1854〗

Túrkish créscent *n.* =crescnet 8. 〖1891〗

Túrkish delight *n.* トルコのゼリー菓子《ゼラチンやコーンスターチを用い, 香料や木の実を加え, ゼリー状に固めて粉砂糖をまぶしたもの》. 〖1877〗

Túrkish Émpire *n.* [the ~] トルコ帝国 (⇨ Ottoman Empire). 〖1614〗

Túrkish músic *n.* トルコ音楽《通例, 打楽器の; cf. Janissary music》. 〖1889〗

Túrkish páste *n.* =Turkish delight.

Túrkish póund *n.* トルコポンド (Turkish lira) (略 £T). 〖1871〗

Túrkish rúg *n.* トルコじゅうたん. 〖1881〗

Túrkish slípper *n.* トルコスリッパ《つま先が上を向いた, かかとのない柔らかい上履き》. 〖1865〗

Túrkish tobácco *n.* トルコたばこ. 〖1632〗

Túrkish tówel *n.* トルコタオル《厚いけばが輪 (terry) になっている普通のタオル; cf. towel》. 〖1862〗

Túrkish Ván *n.* ターキッシュバン (=Turkish Van cat)《トルコ原産の長い毛の猫; 体毛は白で, 頭と尾に金褐色の斑紋があり, 明るいオレンジ色の眼をもつ》. 〖トルコの町 Van にちなむ〗

Túrk·ism /-kɪzm/ *n.* トルコ風[流]《トルコ人の文化·信仰·慣習·言葉·ファッションなど》. 〖1595〗

Tur·ki·stan /təːkɪ̥stǽn, -stáːn | təːkɪ̥stáːn, -stǽn/ *n.* =Turkestan. 〖1831〗

Tür·ki·ye /*Turk.* tʏ́rkije/ *n.* Turkey のトルコ語名.

Turk·man /tə́ːkmən | tə́ːk-/ *n.* (*pl.* **-men** /-mən, -mɛn/) =Turkoman 1.

Turk·men /tə́ːkmən, -mɛn | təːk-/ *n.* **1** =Turkoman 2. **2** =Turkmenistan. 〖(1906) □ Pers. *Turkmēn* Turkoman〗

Turk·me·ni·a /təːkmíːniə | təːk-/ *n.* =Turkmenistan.

Turk·me·ni·an /təːkmíːniən | təːk-/ *adj.* トルクメン人 (Turkoman) の, トルクメニスタン (Turkmenistan) の. 〖1961〗

Turk·men·i·stan /təːkmɛ̀nəstǽn, -stáːn, ━━━━⌐ | təːkmɛnɪ̥stáːn, -stǽn/ *n.* トルクメニスタン《中央アジア南西部, イランおよびアフガニスタンに接する共和国; 面積 488,100 km², 首都 Ashkhabad》. 〖1953〗

Tur·ko- /tə́ːkou | tə́ːkəu/ =Turco-.

Tur·ko·man /tə́ːkoumən, -kə- | tə́ːkə(ʊ)mən, -mæ̀n, -mɑ̀ːn/ *n.* (*pl.* **~s**) **1** トルクメン人《トルクメニスタン, イランおよびアフガニスタン地方に住むトルコ人》. **2** トルクメン語《チュルク語の南部方言に属する》. **—** *adj.* トルクメン人[語]の. 〖(1595) □ ML *Turcomannus* □ Pers. *Turkumān*, *-mēn* one resembling a Turk ← *Turk* 'TURK'＋*māndan* to resemble〗

Túrkoman cárpet *n.* トルクメンじゅうたん《けばの長い美しい色のじゅうたん》. 〖1901〗

Tur·ko·men /tə́ːkəmən, -mɛ̀n | tə́ː-/ *n.* =Turkmenistan.

Tùrko-Tátar *n., adj.* =Turkic. 〖1948〗

Túrks and Cái·cos Íslands /tə́ːksən(d)kéɪkəs-, -kous- | təːksən(d)kéɪkɒs-, -kəs-/ *n. pl.* [the ~] タークス アンド ケーコス諸島《西インド諸島中 Bahama 諸島の南東部の 2 諸島; 英国領; 面積 430 km², 主都 Grand Turk》. 〖1924〗

Túrk's-càp lìly, Túrk's càp *n.* 〘植物〙**a** マルタゴン (*Lilium martagon*)《花は垂下し花弁は著しく外旋するユリの一種; ヨーロッパ·アジア原産; martagon (lily) ともいう》. **b** カノコユリに近い一種 (*L. superbum*)《北米東部原産》. 〖1672〗

Túrk's hèad *n.* **1** (天井などを掃除する)長柄の羽ぼうき (pope's head). **2** 〘海事〙指輪飾り《索や円材に細索で巻き付ける装飾ならびに実用的な結び (knot) の一つ》. **3** 菓子焼なべ. **4** 〘植物〙西インド諸島産メロカクタス属の球形のサボテン (*Melocactus intortus*)《トルコ帽のような花をつける》. 〖1725〗

Túrk's-hèad càctus *n.* 〘植物〙=Turk's head 4.

Tur·ku /túəku: | túə-, tə́ː-; *Finn.* túrku/ *n.* トゥルク《フィンランド南西部の海港; スウェーデン語名 Åbo》.

Turl /tə́ːɫ | tə́ːl/ *n.* [the ~]《英口語》(Oxford の)タール通り (Turl Street). 〖1972〗

túrle knòt /tə́ːɫ- | tə́ːl-/ *n.* 〘釣〙タール結び《鉤素(はりす)を毛針に結び付ける結び方の一種》. 〖← (*Major W.G.*) *Turle* (19 世紀イギリスの釣師)〗

tur·lough /túəlou | túələux/ *n.* 《アイル》夏に水が涸(か)れる池. 〖(1685) □ Ir.-Gael. *turloch* ← *tur* dry＋*loch* lake〗

Tur·lough /tə́ːlou | tə́ːləu/ *n.* ターロウ《男性名; アイルランドに多い; 異形 Terence, Terry》. 〖□ Ir. *Toirdhealbhach* 《原義》shaped like Thor〗

tur·ma·line /tə́ːməlɪ̥n, -liːn | tə́ːməliːn, -lɪn/ *n.* 〘鉱物〙=tourmaline. 〖1799〗

tur·mer·ic /tə́ːmərɪk | tə́ː-/ *n.* **1 a** 〘植物〙ウコン (*Curcuma domestica*)《インド産ショウガ科ウコン属の植物; cf. curcuma》. **b** ウコンに似た植物の総称. **2** 〘植物〙ウコン根《インド産ウコンの根茎》. **3** ウコン根の粉末《黄色天然染料·健胃剤, 薬味, 特にカレー粉として使用》. 〖(1538) *tarmaret* □ F *terre mérite* saffron □ ML *terra merita* deserving earth〗

túrmeric pàper *n.* 〘化学〙クルクマ紙, 薑黄(きょう)紙, 黄色試験紙《アルカリ溶液に浸すと黄色が褐色に, またホウ酸溶液に浸すと赤褐色に変わる試験紙》. 〖1809〗

tur·mit /tə́ːmɪ̥t | tə́ːmɪt/ *n.* 《英方言》=turnip.

tur·moil /tə́ːmɔɪl | tə́ː-/ *n.* **1** 不安 (disquiet), 動揺, 騒ぎ, 騒動, 混乱: in a ~ of surprised emotion 驚きに思いは千々に乱れて / The government was in ~. 政局は動揺していた. **2** 《廃》つらい仕事, 苦役: after much ~ 多くの苦労の後で (cf. Shak., *Two Gent* 2. 7. 37). **—** *vt.* 《古》騒がす (agitate), 悩ます. **—** *vi.* 《古》あくせく働く (toil). 〖(*c*1511)? ← TUR(BULENT)＋MOIL: cf. OF *tremouille* (F *trémie*) millhopper〗

tur·mut /tə́ːmət | tə́ː-/ *n.* 《英方言》=turnip. 〖転訛〗

turn /tə́ːn | tɜ́ːn/ *vt.* **1 a** 〈視線・顔・背などを〉〔…の方へ〕向ける (direct)〔*to, on, toward*〕,〔…から〕そらす, そむける (avert)〔*from*〕: *Turn* your head more *to* the right. 頭をもっと右の方へ向けなさい / Turn the switch *to* On [Off, High, Low]. スイッチをオン[オフ, 強, 弱]にひねる / He ~*ed* his face this way [*from* the sight]. 顔をこちらへ向けた[その光景からそらした] / She ~*ed* her eyes *in* my direction. 目を私の方へ向けた / He ~*ed* his back *to* his guests. 客に背を向けた / The two boys were trying to outstare each other to see which would first ~ his eyes *away*. 二人の少年がどちらが先に目をそらすかにらめっこをしていた. **b** 〈電光・銃砲・カメラなどを〉向ける (train)〔*on, upon, round, etc.*〕: ~ a flashlight *on* the license plate 懐中電灯を番号札に向ける / ~ a gun *on* a man 男に銃を向ける / ~ one's camera *on* the scene その光景にカメラを向ける / I ~*ed* my flashlight *around* the room. 懐中電灯を回して部屋中を照らした. **c** 〈考え・注意・話題などを〉〔…に〕向ける〔*to, toward*〕;〔…から〕引き離す〔*from*〕: ~ one's attention [efforts] *to* business 仕事に注意[努力]を向ける / ~ one's thoughts *to* home [*toward* religion] 思いを郷里にはせる[宗教に向ける] / ~ one's mind *from* this world *to* the next 心を現世から来世へと走らせる / ~ one's mind [the conversation] *to* practical matters 心[話]を実際上の事に向ける / I ~*ed* the talk *away from* the subject. その話題から話をそらした. **d** 〔目的・用途のために〕当てる, 使用する (apply)〔*to*〕: ~ misfortune *to* good account [*to* advantage] 不幸を善用する, 禍を転じて福となす / He ~*ed* his hand *to* writing historical novels. 歴史小説の執筆に手を染めた / She ~*ed* the room *to* a great many uses. その部屋を色々と利用した. **e** [~ one*self* で]《古》〔…に〕傾倒する, 熱中する (devote oneself);〔…に〕心[注意]を向ける〔*to*〕: He ~*ed himself* [his attention, his energies] *to* politics. 政治に熱中[傾倒]した.

2 (回転させて)…の向きを変える: He ~*ed* his chair *around* [*to* me]. 椅子の向きをぐるりと変えた[私の方に向けた] / They start gossiping about him as soon as he ~*s* his back [as his back is ~*ed*]. 彼が背を向けるやいなや彼についてうわさ話を始める.

3 a (軸または中心の回りを)回す, 回転させる (rotate);〈かぎ・ねじ・ドアのノブなどを〉回す: ~ a wheel [lathe] 車輪[ろくろ]を回転させる / ~ a key (in a lock) かぎを(錠に入れて)回す / ~ the knob of the door ドアのノブを回す / ~ a tap gently 栓を徐々に回す[ひねる] / ~ a screw tight ねじをしっかりと締める / ~ it *around* [clockwise, *to* the right] それをぐるっと[時計回りに, 右に]回す. **b** [目的語＋副詞語句を伴って]〈器具〉の調整用つまみを回して…にする: The lamp was ~*ed low* [*high*]. ランプの灯が弱め[強め]られた.

4 a 逆さにする, 転倒する (invert); 裏返しにする, 表に返す: ~ a hand 手の裏を返す / ~ a pancake on a griddle 鉄板の上でパンケーキを裏返す. **b** 〈衣服または衣服の一部を〉裏返しにして縫い直す[付け換える]: ~ a collar えりを裏返しにして付け換える / He had his suit ~*ed*. 服を裏返しにして縫い直させた. **c** 〈土を〉掘り[すき]返す. **d** 《印刷》〈活字・込め物を〉逆さにする, 伏せる;〈罫(けい)を〉裏にする.

5 a 〈角などを〉回る, 曲がる: The car ~*ed* the corner. 車は角を回った / The ship ~*ed* the Cape. 船は喜望峰を回った. **b** 《軍事》〈敵など(の側面)を〉回って背後を衝く: ~ (the flank [position] of) an enemy 敵軍の側面[陣地]を回って背後を襲う. **c** 〈相手〉の裏をかく (outwit): ~ a person＝~ a person's flank 人を出し抜く, 虚を突く.

6 a …の方向を変える[戻す] (divert); 逆戻りさせる, 退却させる: ~ the tide of public opinion 世論の趨勢(すうせい)を変える / ~ a ship *from* its course 船の方向を変える / ~ one's horse *to* the hills 馬を山の方へ向ける / ~ one's car right [*into* a stream of traffic] 車を右へ[車の流れの中へ]向ける. **b** 〈打撃・弾丸などを〉そらす, はね返す (deflect): ~ a bullet / He deftly ~*ed* the blow with his arm. 腕でたくみに打撃をはねのけた. **c** 《クリケット》〈投球されたボールを〉地面に接してから方向を変えさせる (break). **d** 〈人・人の心を〉他に向けさせる, 変えさせる: ~ a person *from* his purpose 人の心を目的以外へ向けさせる / Nothing will ~ him. どんな事があっても彼の心を変えさせることはできまい / His speech ~*ed* the crowd *in* his favor. 講演を聞き群衆は彼を支援しようという気持ちになった. **e** 改宗[転向]させる (convert): The experience ~*ed* him *toward* radicalism. その体験で彼は急進派に転向するようになった. **f** 〈敵のスパイを〉転向させる, 二重スパイにする.

7 [目的語＋方向の副詞語句を伴って] **a** (ある方向へ)向かわせる, …に向かって進ませる (direct): He ~*ed* his steps *homeward*. 家路についた. **b** 追う, 追い込む (drive); 追い払う, 送り出す (send away): ~ cattle (*out*) *to* pasture 牛を放牧する / ~ sheep *into* a pen 羊を囲いに追い入れる / ~ one's son *out* (*of* doors) 息子を家の外へ追い出す / ~ a person *away from* his position 人をその地位から追放する / He was ~*ed* (*away*) *from* the door. 戸口から追い返された / ~ hunters [trespassers] *off* one's land 土地からハンター[不法侵入者]たちを追い払う / The orphan was ~*ed* adrift in the world. その孤児は世の中にほうり出された. **c** 逆さにして〈中身を〉あける〈*out*〉〔*into, onto*〕: *Turn* this hot water *out into* the basin. このお湯を洗面器にあけなさい / I ~*ed* the contents of my wallet [pockets] *out onto* the desk. 札入れ[ポケット]の中身を机の上にあけた.

8 〈ページを〉めくる: ~ a page / ~ the pages of a book 本のページをめくる

9 a (…の性質・外観を)〔…に〕変える, 転換させる, 変形させる (transform)〔*into, to*〕: Jesus ~*ed* water *into* wine. イエスは水をぶどう酒に変えた / Those houses have been ~*ed into* one-room flats. それらの家は一部屋の平家に改造された / He worked in a school ~*ed into* a hospital. 彼はもと学校だったある病院に勤務した / His ambitions were ~*ed to* ridicule. 彼の野望は人々の笑いものとなった. **b** 〔金銭に〕替える, 両替する (exchange)〔*into*〕: I ~*ed* my few shares *into* cash. 少しばかりの株を現金に替えた / She used to ~ her singing talent *into* extra money. 彼女は歌の才能を生かして小遣い稼ぎをしたものだった. **c** 訳す, 翻訳する;〔他の表現に〕言い換える (paraphrase)〔*into*〕: I tried to ~ the passages *into* Latin [verse]. その数節をラテン語に訳して[韻文に直して]みようとした / You can never ~ this text *into* good English. この原文はとても立派な英語に書き直せはしない.

10 a 曲げる, 折り返す (bend, fold): ~ the sheet *back* シートを折り返す / She ~*ed back* the corner of the page to keep the place. その箇所がわかるようにページの隅を折り返した / ~ one's collar *up* (服の)えりを立てる. **b** 〔…に〕からめる, 巻きつかせる〔*about, round*〕: The tendrils of the melons were ~*ed around* the hedge. メロンのつるが垣根に巻きついていた. **c** 湾曲させて作る: Those tubes are ~*ed*. これらの管は曲げて作られている. **d** くじく, ねじる, 捻挫(ねんざ)する (wrench): ~ one's ankle 足首を捻挫する. **e** 〈刃先を〉まくれさせる, 鈍らせる: ~ the edge of a blade / ~ the edge [point] of an attack 攻撃の先鋒(ぽう)をくじく.

11 a 〈金・商品を〉回す, 回転させる; (回転をよくするために)〈株を〉売り払う, 処分する (dispose of): He ~*s* his capital two or three times in a year. 1 年に 2, 3 回も資金を回転させる. **b** (商売で)もうける (make): ~ a quick [fair] profit 迅速に[公正な手段で]もうけをあげる / ⇨ *turn an honest* PENNY.

12 a 〈年齢・時・額などを〉越える, 越す, 過ぎる (reach and pass): It has just ~*ed* five. ちょうど 5 時を過ぎたところだ / He has not yet ~*ed* sixty. 彼はまだ 60 にはなっていない. ★ He *has* ~*ed* sixty. とほぼ同義に He *is* ~*ed* sixty. を用いることもある (cf. *vt.* 12 b). **b** [p.p. 形で] (年齢が)〈…を〉越えて: My son is [has] ~*ed* twenty. 息子ははたちを越えた. ★ 次のように turned のあとに of を用いるのは《古》: I am *turned of* seventy. 70 の坂を越えた.

13 a ろくろ[旋盤]にかけて作る: ~ a candlestick out of brass 真鍮(しんちゅう)で燭台(しょくだい)を作る. **b** ろくろ[旋盤]で丸く削る, ろくろにかけて…に丸味をつける: A pot was being ~*ed* on a potter's wheel. ろくろ台にかけられてつぼが丸く作られるところであった. **c** 〈編物に丸味をつける, 丸く編む: ~ the heel of a stocking 靴下のかかとを丸く編む. **d** 〈表現などを〉上手に言う, うまく書く (cf. turned 3 b);〈演芸などを〉巧妙に演出する: He knows how to ~ a phrase [a compliment, an epigram]. 表現[お世辞, 警句]のうまい用い方[言い方, 使い方]を心得ている / This play is well ~*ed*. この劇はうまく演出されている.

14 〈はかり〉のさお[針]を上下[左右]させる, …で重さ[目方]を量る: He ~*s* the scale *at* 130 pounds. 体重が 130 ポンドある.

15 [目的語＋補語を伴って] (影響を与えて)〈人・物を〉…にする: His behavior ~*ed* me sick. 彼の行動にはうんざりした / It ~*s* the fiber black. それで繊維が黒くなる.

16 a 〈葉などを〉変色させる: The poplars have been ~*ed* by the season. 季節のせいでポプラの葉はもう色づいている. **b** 〈牛乳などを〉変質させる, 酸敗させる (ferment): Hot weather ~*s* milk. / Thunder ~*s* (the) milk. 雷鳴はミルクをすっぱくする《俗信》.

17 a 〈胃を〉むかつかせる (upset): His filthy smile ~*s* my stomach.＝He has a filthy stomach-*turning* smile 彼のいやらしい微笑を見ると胃がむかつく. **b** 〈頭を〉変にする,〈心を〉転倒させる, 狂わせる (derange): Success has positively ~*ed* his head. 成功に酔って全く気が変になっている / Her mind was ~*ed* by grief. 彼女の心は悲しみで転倒していた.

18 〔心の中で〕考えめぐらす, 熟考する (think over, ponder)〔*in*〕(cf. TURN *over* (*vt.*) (6)): I ~*ed* it every way *in* my mind. 心の中であれこれと考えめぐらした.

19 〈とんぼ返りなどを〉体を回転させて行う: ~ a somersault [cartwheel, pirouette] とんぼ返り[横とんぼ返り, つま先旋回]をする / ~ handsprings 手つきとんぼ返りをする.

— *vi.* **1** 〈目などが〉(別な方向に)向く;〈人が〉振り向く[返る]; 顔をそむける, 見やる〔*from, toward, to*〕: everywhere the eye ~*s* 目の向く所はどこにも / She ~*ed to* stare [and stared] at me. 彼女は振り向いて私の顔をじっと見詰めた / He never ~*ed* to look behind him. 振り返って後ろを見ようとは一度もしなかった / She ~*ed* (*away*) *from* the dreadful sight. その恐ろしい光景から目を背けた / I helplessly ~*ed toward* the door. どうにもならなくなってドアの方を見やった / Frightened, she ~*ed to* her husband. びっくりして彼女は夫を見やった.

2 a 向きを変える, 向き変わる, 一回転する: The airplane began to ~ *around*. 飛行機は(弧を描いて)旋回し始めた / He ~*ed on* his heel. くるりときびすを返した. **b** 体の向きを変える, 寝返りを打つ; (床の中で)輾転する: I often ~ *on* my side while sleeping. 私はよく睡眠中に寝返りを打つ / He tossed and ~*ed* all night. 一晩中寝返りを打っていた / ⇨ *turn* (*over*) *in one's* GRAVE[1].

3 (軸または中心の回りを)回転する, 回る (rotate), 旋回する (whirl around): A wheel ~*s on* its axle. 輪は軸を中心として回転する / The gate ~*ed on* its hinges. 門がちょうつがいを軸にして開いた[閉じた] / The tap will not ~. 栓がどうしても回らない.

4 [通例, 方向の副詞語句を伴って] **a** (あの方向へ)向かう, 向かって進む; 方向を変える[変えて進む], 曲がる: ~ *east* [*west*] 東[西]に向かう / ~ *to* the right [left] 右[左]へ向かう[曲がる] / He ~*ed down* the lane by the church. 教会のそばの小道に入って行った / We ~*ed off* the highway *into* a country road. 我々は国道から田舎道へ曲がって行った / He ~*ed into* a drugstore on the corner. 街角のドラッグストアへ入って行った / I ~*ed off into* a side street. 横町へ入って行った / All ~*s to* his profit. 万事彼に有利になっていく / The economy is ~*ing up*(*ward*) [*down*(*ward*)]. 経済は上向き[下向き]である / I don't know where [which way] to ~. どちらへ向いて[どうして]よいやらわからない《途方に暮れている》. **b** 〈道路・水路などが〉曲がる (bend): The lane ~*ed to* the left hand *toward* the river. 小道は左手の川の方に曲がった / The railroad ~*s* gradually *away from* the river. 線路は次第に川から遠ざかって走っている. **c** 〈風が〉向きを変える (shift): The wind ~*ed from* the south (*in*)*to* the west. 風向きが南から西に変わった. **d** 《海事》〈船が〉針路を転じる, 間切(まぎ)る (tack).

5 a 引き返す, きびすを返す: It's time to ~ now. もう引き返してもよい時刻だ. **b** 〈運・形勢などが〉一転する, 逆転する: Our luck ~*ed*. つきが変わった. **c** 〈潮が〉(満潮[干潮]から干潮[満潮]へ)変わる: In the afternoon the tide ~*ed*. 午後から潮が変わった.

6 (抵抗または攻撃のために)位置[態度]を変える; (服従的・友好的態度を変えて)敵対する, 反抗する, そむく〔*against*〕: Even a worm will ~. ⇨ worm 1 a / The newspaper ~*ed against* the Ministry. その新聞は内閣に反対した.

7 a 注意[考え]を向ける, 転向する〔*to*〕; 注意[考え]をそむける[離れさせる]〈*away*〉〔*from*〕; 注意[関心]を移す〔*from, to*〕: He taught mathematics at the University but soon ~*ed to* politics. 大学で数学を教えていたが, その後間もなく政治に転向した / They are apt to ~ *to* foreign products out of snobbishness. とかく見栄から舶来品に目を向けがちである / Many young people are ~*ing to* herbal medicines. 若い人で薬草を愛用する人が増えて来ている. **b** 〈心・話題などが〉向かう; 向かっていく (move on)〔*to*〕: All my hopes ~*ed to* my younger son. 私の希望はすべて次男にかけられた / The talk ~*ed to* the French Revolution. 話はフランス革命へと移っていった / Her thoughts often ~*ed* homeward. しばしば彼女の思いは郷里へ馳(は)せた.

8 a (宗教的に)生き方を変える, 改宗する, 帰依する〔*to*〕: When young, he ~*ed to* Christianity. 若い時分にキリスト教に改宗した. **b** 変節する, 寝返る〔*to*〕: All will revolt from me, and ~ *to* him. みんなが私に反逆して彼に寝返るだろう.

9 〈頭が〉くらくら[ふらふら]する (reel): Heights always make my head ~. 高い所へ上がるといつも頭がくらくらする.

10 もっぱら〔…を〕中心とする, 主として〔…に〕かかわる (relate principally)〔*about, around, on, upon*〕: The drama ~*s* entirely *on* the revolt of the angels. その劇は終始天使の反逆を中心として展開する.

11 a (性質・外観などが)〔…に〕変わる, 変化する〔*into, to*〕: Dusk was ~*ing into* night. 夕暮れが夜になろうとしていた / Shipboard acquaintances sometimes ~ *into* horrible bores on land. 船で知り合った人が陸では恐しくつまらない人になるということがある / The snow ~*ed to* icy rain. 雪が氷雨に変わった / Love can ~ *to* hate. 愛が憎しみに変わることがある / His cold soon ~*ed to* pneumonia. 彼の風邪は間もなく肺炎となった / It'll ~ *to* rain later. あとで雨になるでしょう / The hair on his temples was ~*ing from* gray *to* white. こめかみのあたりの毛は灰色から白色に変わりかけていた / The circumstances ~*ed from* bad *to* worse. 事態は益々悪化していった / My knees ~ *to* jelly [water] whenever I see her. 彼女に会うといつもひざががくがくする. **b** [補語を伴って] (変わって)…になる (grow, get, come to be): The weather ~*ed* cold. 気候が寒くなった / He'll ~ nasty if you contradict him. 君が楯突くと彼は嫌な顔をするだろう / His hair ~*ed* white in one night. 彼の髪は一夜のうちに真っ白になった / At this her face ~*ed* a deep scarlet. これを聞くと彼女の顔が真っ赤になった / She'll ~ pro(fessional) if the price is right. 値段が満足できるものなら彼女はプロになるだろう / He [They] ~*ed* traitor. 彼[彼ら]は反逆者となった / The girl had ~*ed* call girl. その娘はコールガールになっていた.

語法 (1) あとの 2 例におけるように countable noun が補語に用いられる場合には, 通例, 単数形のままで不定冠詞をつけない. (2) p.p. としての turned があとに補語としての名詞を伴ったまま, 他の名詞の後位修飾語として用いられることがある: The essay was written by a politician ~*ed* critic. その随筆はもと政治家だった評論家の手になっていた.

12 a 〈牛乳・バターなどが〉変質する, 酸敗する: The milk has ~*ed*. 牛乳が酸っぱくなった. **b** 〈通例, 葉が〉変色する (change color): The leaves began to ~. 葉が色づき始めた. **c** 《古》異なってくる.

13 a 〈胃が〉むかつく: My stomach ~*ed* at the sight. その光景を見て胃がむかついた. **b** 心が転倒する, 気が変になる: His head ~*ed with* grief. 悲しみのために気がおかしくなった.

14 〈刃先が〉まくれる, 鈍る: The edge of this knife has ~*ed*.

15 a ろくろ[旋盤]を回す. **b** ろくろ[旋盤]で挽(ひ)ける: Copper ~*s* easily on the lathe. 銅は旋盤にかけやすい.

16 《米》〈商品が〉回転される: This merchandise will ~ easily. この商品はさばきやすい.

17 《ジャーナリズム》〈記事が〉次のページ[同じページの次段]へ続く (cf. jump).

túrn abóut (*vt.*) (1) ぐるりと回す;《軍事》回れ右をさせる: ~ one's head *about* 振り向く. (2) あちこちに向ける, こづき回す: Don't ~ me *about*. こづき回すのはやめてくれ.

—(*vi.*) (1) ぐるりと回る，振り返る；〘軍事〙回れ右をする (face about): The troops ~*ed about.* 兵士らは回れ右をした．(2)〈意見・主義などを〉変える．

túrn agàinst ... (1) ⇨ *vi.* 6. (2) …にはね返る，反発する (recoil on)；〈時勢などが〉…に不利となる: The advantage abruptly ~*ed against* us. その利点が突然裏目に出てきた．

túrn ... agàinst — (1)〈…を〉—に対し反抗させる，そむかせる；〈…に〉—に対し反感を抱かせる，〈人に〉—をきらいにさせる (prejudice): What ~*ed* the child *against* me? あの子は何で私をいやがる[私に反抗する]のだろう．(2)〈議論などを〉…にはね返す，反撃させる: He ~*ed* those criticisms *against* the critics. それらの批判を逆に評論家たちに返してやった．

túrn and rénd (不意に反抗的な態度に出て)〈友人などを〉ののしる．

túrn aróund (*vt.*) (1) ぐるりと回転させる，振り返らせる，逆戻りさせる (cf. *vt.* 2). (2)〈経営・会社などを〉立ち直らせる，〈経済・業績などを〉回復させる: She ~*ed* the company *around* in under three years. 彼女は3年足らずで会社をすっかり立ち直らせた．(3)〈発言・語句(の意味)などを〉曲げてとらえる；〈文意などを〉全く別のとらえ方をする．(4)〈製品などを〉仕上げて出す，〈注文などに〉応じる．(5)〈船・航空機の〉出発準備を到着後行う．(6)〈考えなどを〉めぐらす: ~ an idea *around* in one's mind 頭の中で考えをめぐらす．—(*vi.*) (1) ぐるりと回転する，振り返る，逆戻りする．(2)〈市場・通貨などが〉反転する；〈会社などが〉立ち直る，〈経済などが〉回復する．(3) 主義[主張など]を変える，変節する．(4) 努力する．(5)〈船・航空機が〉(到着後，荷[乗客]の積み降ろしをして)出発準備を済ます．

túrn aróund and dó 驚いたことに…する，不意に…する: He ~*ed around* and said he could not pay me the money. 《口語》(いきなり)向き直ると金は払えないと言った《★ 無礼・不遜な行動などにいう》．

túrn asíde (*vt.*) (1) わきへよける．(2)〈顔を〉そむける．(3)〈攻撃などを〉かわす；〈招待などを〉断る．(4)〈怒りを〉静める．—(*vi.*) (1) どく，それる；わき道に入る．(2) わきを向く．(3) (助けを求めている人に)同情を示さない．

túrn awáy (*vt.*) (1) [しばしば受身で] 追っ払う，追いのける (cf. *vt.* 7 b)；〈…に〉入場[止宿，乗車]を断わる，引き返させる；〈助けを求めている人を〉はねつける: The salesman was ~*ed away from* the door. そのセールスマンは戸口から追い返された / They're so busy they've had to ~ customers *away.* 忙しかったので客を断わらなければならなかった．(2)〈目・顔などを〉そらす；〈話題・批判・攻撃などを〉そらす (cf. *vt.* 1 c)；避ける，遠ざける (avert)，〈怒りなどを〉なだめる: He ~*ed away* the question. その質問を避けた / A soft answer ~*eth away* wrath. 柔らかなる答は憤りをとどむ (Prov. 15:1). —(*vi.*) (1) 顔をそむける，見ようとしない；注意[考え]をそむける，遠ざかる，顧みない (cf. *vi.* 7 a): She ~*ed away from* the spectacle. その光景から顔をそむけた．(2) それる，遠のく (cf. *vi.* 4 b). (3) 立ち去る，帰る (leave).

túrn awáy from ... …を支持しなくなる，…に関心[興味]を失う．

túrn ... awáy from — …に—を支持しなくさせる，—への関心を失わせる．

túrn báck (*vt.*) (1) ⇨ *vt.* 10 a. (2) 引き返させる；もとへ戻す: You can't ~ the hands of the clock *back.* 時計の針をもとへ戻すことはできない．(3) …の前進をくい止める，阻止する (check)；追い返す，退却させる: The police ~*ed back* the protesters. 警察は抗議する人たちを追い返した．—(*vi.*) (1) 前進をやめる；引き返す，戻る，帰る (return)；(計画などを)途中で変更する: There is no ~*ing back* on the road that mankind is now traveling. 今人類が歩んでいる道を引き返すわけにはいかない / It was so windy we had to ~ *back.* 風が強かったので引き返さなければならなかった．(2) 前(の時[所])を参照する: ~ *back to* the first chapter (前に戻って)第1章を参照する．

túrn dówn (*vt.*) (1)〈願い・提案・候補者・申込者などを〉拒絶する，却下する (reject): Congress has ~*ed down* the bill. 国会はその議案を否決した / She applied for the job but was ~*ed down.* 彼女はその職を申し込んだが断わられた / Algeria agreed to accept the refugees after Sweden and Denmark had ~*ed* them *down.* スウェーデンとデンマークがその難民を拒んだあとでアルジェリアが受け入れることにした．(2)〈火力・明るさ・音量などを〉小さくする，下げる (lessen)；〈ランプ・ガスなどを〉細くする，〈ラジオ・テレビ〉のボリュームを下げる (↔ turn up): ~ *down* the gas ガスの火を細くする / ~ the radio [volume, sound] *down* ラジオの音[音量]を小さくする．(3) 折りたたむ，折り返す (fold down): ~ *down* one's collar カラー[えり]を折り返す / ~ *down* a bed ベッドの上掛けの角を折り返す / A page was ~*ed down* at about the middle of the book. 本の半ばあたりで1ページ折ってあった．(4)〈トランプを〉伏せる．—(*vi.*) (1) 下がる，〈景気などが〉下降する．(2)〈口の両端・まなじりが〉下がる．(3) 折りたためる，折り返しになる．(4)〈市場・経済などが〉低下する，衰える．

túrn dòwn (幹線道路から)…にそれる．

túrn in (*vt.*) (1)《口語》〈犯人・容疑者などを〉引き渡す (hand over)；〈犯人の居所・正体などを〉内報する (inform on): ~ *in* one's revolver *to* the police 拳銃を警察に引き渡す / The fugitive ~*ed* himself *in.* 逃亡者は自首した．(2)《主に米》〈レポート・宿題・辞表などを〉提出する，手渡す (hand in): ~ *in* a contribution (*to* an editor) (編集者に)原稿を渡す．(3)《(不要になった)教科書・バッジなどを〉返還する，返す (return): Don't forget *to* ~ *in* your uniforms to me before you leave. 帰る前にユニフォームを忘れずに(私に)返してください．(4) 内側に向かせる (incline inward)；内側に曲げる (bend inward)，折り曲げる，たたみ込む (fold over): ~ *in* one's toes [feet, knees] 足指[両足，両ひざ]を内に向ける / Illness ~*ed* him *in on* [*upon*] himself. 病気のため彼は自分の殻にとじこもるようになった．(5)〘海事〙〈三つ目滑車 (deadeye)・第一斜檣(しょう)端 (bee) などに索を巻き付ける．(6)〈緑肥などを〉(地中に)すき込む (turn under). (7)〈記録・演技などを〉成就する，〈利益などを〉挙げる (achieve). (8)《英口語》〈飲酒・喫煙などを〉やめる，〈仕事などを〉放棄する (give up): You'd better ~ *in* your night job. 夜なべをやめたほうがよい / ⇨ TURN *it in.* (9)《英》〈車などを〉下取りしてもらう (trade in). —(*vi.*) (1)《口語》床につく，寝る (go to bed) (↔ turn out): It's time I was ~*ing in* (for the night). そろそろ寝る時間だ．(2) 内側に向かう；(特に)〈足指・両足・両目などが〉内向きになる: My toes ~ *in.* 足が内またで / ~ *in on* [*upon*] oneself 自分の殻にとじこもる，一人でくよくよ悩む．(3) 内側に曲がる，巻き込む；道を曲がる，(進路を変えて)ほかの道に入る (veer)；(回って)…に入る (turn into, enter): The dog was frightened with his tail ~*ing in.* 犬は尻尾を巻き込んでおびえた / I ~*ed in* at your gate. お宅の門から中に入った．

túrn into ... ⇨ *vi.* 4 a, c, 11 a.

túrn ... into — ⇨ *vt.* 6 a, 7 b, 9 a, b, c.

túrn it in 《英俗》[通例命令形で]〈煩わしい言動などを〉やめる，だまる (turn it up): *Turn it in!* よせ，だまりなさい．

túrn lóose ⇨ loose *adj.* 成句．

túrn óff (*vt.*) (1) (栓をひねって)〈ガス・電気・水道の水・ラジオの音などを〉止める，消す (shut off) (↔ turn on)；〈蛇口を〉締める，〈スイッチを〉ひねる；〈ガス器具・電熱器・ラジオなどを〉消す: ~ *off* the water [gas] 水道[ガス]を止める / ~ *off* the light 消灯する / ~ *off* the TV [the program] テレビ[番組]を消す / The alarm ~*s* itself *off* automatically. 警報器は自動的に止まる．(2)《口語》〈愛敬・魅力などを〉急にかき消す: She ~*ed off* a smile. 顔から笑(え)みをかき消した．(3)《口語》飽きあきさせる，うんざりさせる (bore)；…に興味を失わせる；性的にしらけさせる: His long speech ~*ed off* the audience. 彼の長い講演で聴衆はうんざりした / She just ~*s* me *off.* 彼女には嫌けがさした．(4) そらす，はぐらかす (deflect)，避ける (evade): He ~*ed off* the stroke. 打撃をかわした / He pressed me but I ~*ed* him *off* somehow or other. 彼にしつこく迫られたが何とかはぐらかした．(5)《英口語》〈従業員などを〉解雇する (dismiss): He ~*ed* the servant *off for* misconduct. 召使が不都合をしたので暇を出した．(6)〈商品を〉売りさばく (dispose of). (7) 作り出す，生産する (produce)；完成する，うまくやってのける (execute): ~ *off* an epigram 警句を吐く．(8) ろくろ[旋盤]にかけて削り取る；ろくろ[旋盤]にかけて形作る．(9)《英》結婚させる．(10)《俗》縛り首にする (hang). —(*vi.*) (1)〈人が〉わき道へ入る[それる]〔*at, near*〕；〈道が〉分岐する (branch off): The road ~*ed off to* the right. 道は右へ分かれていた．(2)《口語》興味を失う，聴いていなくなる；気持ちが離れる，落伍する．(3)《英》悪くなる，変質する，腐敗する．(4) [補語を伴って] …になる (become): The evening was ~*ing off* cold. 夕方の気温が下がりだしていた．(5) 止まる，切れる: The alarm ~*s off* automatically after five minutes. 警報器は5分後に自動的に止まる．

túrn òff ... (1) ⇨ *vi.* 4 a. (2) …を嫌いになる．

túrn ... òff — (1) *vt.* ⇨ 7 b. (2) …に—を嫌いにさせる，—への関心をなくさせる．

túrn ón (*vt.*) (1) (栓をひねって)〈ガス・電気・水道の水などを〉出す，つける (switch on)；〈蛇口を〉開ける，〈スイッチを〉回す；〈電気製品・ラジオ・テレビなどを〉つける，〈エンジンなどを〉作動させる (↔ turn off): She ~*ed on* the gas for tea. 紅茶を作るためにガスをつけた / ~ *on* the radio ラジオをつける / The heater ~*s* itself *on* automatically. ヒーターは自動的につく．(2)《口語》〈愛敬・魅力などを〉急に(不自然なほど)表す: She ~*ed on* her smiles. にこにこして愛敬を振りまいた．(3)《俗》…に麻薬の味を覚えさせる，麻薬中毒にする；…に(麻薬で)幻覚を起こさせる．(4)《口語》(麻薬のように)〈人に〉強い快感を起こさせる，刺激する，興奮させる (stimulate, excite)；性的に興奮させる: The rock singer ~*ed* them *on.* ロック歌手は彼らを熱狂させた / She really ~*s* me *on.* 全く彼女には興奮する．—(*vi.*)《俗》麻薬を始める，麻薬常習者となる；(麻薬を飲んで)幻覚を起こす；強い快感に浸る，興奮する (get high): They ~*ed on* with jazz. ジャズに浮かれ狂った．

túrn on [upon] (1) …に急に敵対[反抗]する，に怒りをぶちまける，に食ってかかる；急に…に襲いかかる: He ~*ed on* me with sarcasm. 私に皮肉を浴びせかけた / The dog ~*ed on* its owner and bit him fiercely. 犬は突然飼い主に襲いかかり猛烈にかみついた．(2) …のいかんによる，…にかかる (hinge, depend)〔*on, upon*〕: Everything ~*ed upon* the result of the battle. 万事その戦いの勝負いかんにかかっていた．(3)〈思い・会話などが〉…についてめぐる．(4) ⇨ *vi.* 2 a, 3.

túrn ... on — ⇨ *vt.* 1 b.

túrn ... ón to — 〈…に〉—への関心を抱かせる．

túrn ón the ágony ⇨ agony 成句．

túrn óut (*vt.*) (1)〈電灯・ガス灯などを〉消す (put out, turn off): Make sure the lights are ~*ed out* before you leave the room. 部屋を出る前に明かりが消えているか確かめなさい．(2) (迅速に，規則的に)生産する，産出する，製造する (produce)；養成する，輩出する: Every variety of bread is ~*ed out* by many bakeries. 各種のパンが多くのパン工場で作られている / Colleges ~ *out* men and women fit for (the) professions. 大学は専門職に向いた男女を世に送り出す / Our factories ~ *out* thousands of those things every month. 我々の工場は毎月何千ものこのような物を生産している．(3) 追い出す[払う]，放逐する (cf. *vt.* 7 b)；首にする；〈馬・牛などを〉放牧する: He was ~*ed out of* Austria by the Nazis. 彼はナチスによってオーストリアから放逐された．(4)〈容器などを〉(持ち上げて)裏返す (turn inside out)；〈…の〉中身をあける，からにする (empty)；《英》(中の物を外へ持ち出して)〈部屋を〉掃除する (clean)；〈不要な物を〉捨てる: ~ *out* one's pockets ポケットをひっくり返して[から全部物を取り出して]見る．(5)〈足指などを〉外側に向かせる，外向きにする: ~ *out* one's toes. (6)〘海事〙〈縮帆したのを〉広げる: ~ *out* a reef of sail 解帆する．(7) [beautifully, nicely などを伴いしばしば受身で] 仕立てる，盛装させる (fit out) (cf. turned-out): She was well ~*ed out.* 彼女は盛装していた / He was ~*ed out* in full fig. 彼はちゃんと盛装していた．(8)〈人を〉集める；〘軍事〙〈衛兵を〉(衛兵室の前に)集合[整列]させる，(夜間などに)閲兵する；〘海事〙〈船員を〉居室から出て部署につかせる: *Turn out* the guard! [号令] 衛兵集合．—(*vi.*) (1) [*to* do または補語を伴って] 結局〈…であることが〉わかる，〈…と〉判明する (prove)，(成長して)〈…に〉なる (become)；[*It* ~*s out that* …の構文で]〈…ということが〉わかる，〈…ということに〉なる；[副詞を伴って]〈事態などが〉発展[進展]する (progress)，〈物語などが〉〈ある状態で〉終わる (end up): as it [things] ~*ed out* たまたまそうなったが，あとでわかったことであるが / The collaboration ~*ed out to* be financially disastrous. その合作は財政的には惨憺(さん)たる結果に終わった / It ~*ed out* false. うそだとわかった / *It* ~*ed out that* I was right. = As it ~*ed out,* I was right. 私が正しいことがわかった / Everything has ~*ed out* all right. 万事うまく運んだ / Nobody can tell how things will ~ *out.* 今後事態がどのように進展していくかはだれにもわからない / The story ~*s out* happily. 物語はめでたしめでたしで終わる / She ~*ed out* to have known the solution all along. 彼女は最初から解答を知っていたということがわかった．(2)《口語》外出する，出かける，繰り出す，出動する (sally forth)；(催し物などに)集まる (assemble)，姿を見せる〔*for*〕: The townspeople ~*ed out to* vote. 町民たちは投票に出かけた / Do we have to ~ *out* on such a nasty day? こんないやな天気の日に出かけなければならないのですか．(3)〈足指・足などが〉外側に向く，外向きになる (point outward). (4)《口語》(寝床から)起き出る，起床する (get out of bed) (↔ turn in). (5) ストライキをする (go on strike). (6)〘軍事〙〈衛兵が〉点呼のため整列する，閲兵のために集合する．(7)〈車が〉他の道へ入る: The car ~*ed out* (of the road) *onto* the highway and sped off. 車は(一般道から)幹線道路へ入って疾走していった．

túrn óver (*vt.*) (1) 回転させる，転がす (roll over)；くつがえす，ひっくり返す (overturn): The blast ~*ed* the car *over.* その爆発は車を転覆させた / She ~*ed* her child *over* and tucked him up. 彼女は子供を寝返りさせてよくくるんでやった．(2)〈土地を〉掘り返す，すき返す；〈乾草を〉ひっくり返す《下の方を風や陽に当てるため》；〈書類・衣類などを〉(一枚ずつ)めくって下のものを調べる；〈部屋などを〉徹底的に捜索する；《英・豪》〈泥棒などが〉荒らす: ~ *over* soil / ~ *over* hay / ~ *over* documents 書類をひっくり返して調べる．(3)《主に英》〈本・本のページを〉めくる；〈本などのページを〉(ぱらぱらと)めくって見る: ~ *over* the pages of a book 本のページをめくる / Please *Turn Over* 裏面へ続く / She was idly ~*ing over* a magazine. 漫然と雑誌のページをめくっていた．(4)〈仕事・責任を〉〈代理者・後任などに〉引き継ぐ；〈犯人などを〉引き渡す (transfer)〔*to*〕；譲渡する，返却する，委任する，預ける (relinquish, delegate)〔*to*〕: ~ *over* one's business *to* one's son 業務を息子に引き継ぐ / ~ *over* the colony *to* UN administration その植民地を国連の管理にゆだねる．(5)〈自動車のエンジンなどを〉始動させる (start). (6)〈心の中で〉考えめぐらす，熟考する〔*in*〕(cf. *vt.* 18): I ~*ed it over* (and *over*) *in* my mind. 心の中でそのことを考えめぐらした．(7)〘経営〙〈在庫品を〉仕入れて販売する；…の取引をする，回転させる；〈ある金額だけの〉処分[売りさばき]をする，…の取引[売り上げ]がある；〈資金を〉運転[運用]する: This store ~*s over* its stock very rapidly. この店は在庫品の回転が非常に迅速である / He was ~*ing over* £3,000 a week. 毎週3,000ポンドの商売をしていた．(8)《英》〈テレビのチャンネルを〉変える．(9)《英》〈土地・建物などを〉〈…に〉転用する〔*to*〕．—(*vi.*) (1) 転がる，体の向きを変える (roll over)；転覆する (capsize): He ~*ed over* and went to sleep. くるりと体を反対に向けて寝入った / ⇨ *turn* (*over*) *in one's* GRAVE[1] / The aircraft struck the ground and ~*ed over.* 航空機が地上に墜落して転覆した．(2)〈エンジンなどが〉始動する (start)，回転する (rotate)；アイドリングする: The engine would not ~ *over.* エンジンがどうしてもかからなかった．(3)〈胃が〉むかつく；〈心が〉転倒する，乱れる: Anyone's stomack would have ~*ed over* to see something like that. だれの胃でもそんなものを見たらむかついただろう．(4)〘商業〙〈商品が〉売りさばかれる，はける (sell): Shoes of medium width ~ *over* quickly. 中幅の靴は回転がよい．(5)〈労働者などが〉離職する．(6)《英》チャンネルを変える．(7)〈仕事・会社などが〉まあまあの状態で進む．

túrn róund = TURN *around.*

túrn to ... (1)〈援助・情報などを求めて〉…に頼る〔*for*〕；…を頼りとする (resort to)；…を参照する，〈辞書など〉を調べる (refer to): ~ *to* God in one's trouble 苦しい時の神頼みをする / I have no one but you to ~ *to.* 頼りになるのは君ばかりだ / He ~*ed to* me *for* help. 私に助けを求めた．(2)〈仕事・研究など〉にとりかかる (set about)，…に傾倒する (apply oneself to)；次に…を考える[取り上げる]: He ~*ed to* his work again. 再び仕事にとりかかった．(3)〈酒・麻薬など〉に逃避する〔*for*〕，〔犯罪など〕に走る．(4)〈ページ〉をめくる．★ そのほかの用法については ⇨ *vi.* 1, 4 a, b, 8 a, b, 11 a.

túrn tó 《口語》(精力的に)仕事にとりかかる (set to work): You must ~ *to and study* for the test. さあ，テストの勉

T

強にとりかかからなければならない / The girls ~*ed to and washed* the dishes. 少女たちは一斉に皿洗いにとりかかった (★ The girls ~*ed to* wash*ing* the dishes. よりも口語的).

túrn ... to— ⇨ *vt.* 1 a, c, d, e, 6 a, 7 b, 9 a.

túrn, twist, and wind *a person* 〈人を〉思うままにする[あやつる].

túrn únder (1) 下に折り曲げる[曲がる], 折り込む[込まれる]: We ~*ed* the edge of the carpet *under*. カーペットの端を下に折り込んだ. (2) 〈土を〉(掘り返して)すき込む.

túrn úp (*vt.*) (1) 発掘する (disinter); (苦労して, 偶然)発見する, 見つける (discover, find): Archeological excavation continues to ~ *up* new evidence. 考古学的発掘作業により新しい証拠が発見され続けている. (2) 《英》〈語・事実などを〉本で調べる; 〈本などを〉参照する (consult): ~ *up* a word in a dictionary 辞書である語を引いてみる / ~ *up* a text *for* a passage ある文句を捜すために本文を調べる. (3) 〈火力・明るさ・音量などを〉大きくする, 上げる (increase); 〈ランプ・ガスなどを〉(栓をひねって)明るく[強く]する, 〈ラジオ・テレビ〉のボリュームを上げる (↔ turn down): ~ *up* the gas a little ガスを少し強くする / ~ the radio [sound, volume] *up* ラジオの音[音量]を大きくする. (4) 〈エンジンが〉…までの速力を出す: This engine will ~ *up* 100 horsepower. このエンジンは 100 馬力出せる. (5) 上に向ける, 上向きにする: ⇨ *turn up one's* NOSE *at*, *turn up one's* TOES. (6) 〈えり・袖口などを〉立てる (cf. *vt.* 10 a): He had his coat collar ~*ed up*. 外套のえりを立てていた. (7) 〈袖口を〉折り返す, 〈へりを〉取る, 伏せ縫いする, 〈折り返しを〉つける; 《主に英》(へりを取って, または折り返しをして)〈衣服〉の丈を縮める: She ~*ed up* her sleeves above the elbow 袖の丈を肘の上のところまで縮めた. (8) 〈トランプを〉表を上にして出す, 返す (expose): ~ *up* a trump (card) 切札を上に返す. (9) 〈土を〉掘り返す, すき返す (grub up): He ~*ed up* the earth with a shovel. 土をシャベルで掘り返した. (10) 《海事》〈乗組員を〉甲板に集める. (11) 《英口語》うんざりさせる, ぞっとさせる, むかつかせる: The sight ~*ed* her *up*. その光景に思わず彼女は顔をそむけた / The mere thought of flying ~*s* him *up*. 飛ぶということを考えるだけでもぞっとしてしまう. (12) 《英俗》[しばしば命令形で ~ *it up* として] やめる, よす (give up): *Turn it up!* よせ, おやめ. (13) 《英》放してやる, 釈放する (set free). — (*vi.*) (1) 〈時計・指輪・鍵などが〉(思いがけなく, または紛失したあとに)出て来る, 現れる, 発見される (be found); 〈機会・欠員などが〉(不意に)生じる, 起こる (happen): wait for something to ~ *up* 何か事あれかしと待つ, 日和見する / The key will ~ *up* sooner or later. 鍵はいずれそのうちに見つかるよ. (2) 人目につく, 現れる (appear); (約束の時・場所などに)到着する, 姿を見せる (arrive, show up): His name has often ~*ed up* in the newspapers. 彼の名前はよく新聞に出ていた / She failed to ~ *up*. 彼女はやって来なかった. (3) [補語を伴って]〈…であることが〉判明する, わかる (turn out to be): Soon he ~*ed up* dead [in Algeria]. やがて彼は死んでいる[アルジェリアにいる]ことがわかった. (4) 上を向く, 上向きになる (point upward): Her nose [toes] ~*ed up*. 彼女の鼻[足指]は上を向いていた / She has a *turned-up* nose. 彼女の鼻は上向きだ. (5) 〈道などが〉上り坂となる. (6) 《海事》〈船が〉間切(ぎ)る (tack). (7) 〈市場・経済などが〉上昇する, 改善する (improve): Investment is ~*ing up* sharply. 投資は急激に上昇している.

túrn up ... 曲がって…を上って行く; 道を曲がって歩いて[車を走らせて]行く: He ~*ed up* the street. 坂道になった通りを曲がって上って行った.

túrn úpside dówn (1) ひっくり返す, 上下を逆にする. (2) 〈部屋などを〉めちゃくちゃにかき回す. (3) 大変革をする.

— *n.* **1** (全部または一部の)回転 (rotation, revolution) 〔*of*〕; 回転運動; 《ダンス》旋回: the ~ *of* a handle [dial, screw] ハンドル[ダイヤル, ねじ]を回すこと / Give the handle another ~. ハンドルをもう一回まわしてみな / a ~ *of* the dice さいころのころがり / in [with] a few ~*s of* the hands of the clock 時計の針が二, 三回まわるうちに / in the ~ *of* the hand 直ちに, 即時に.

2 a (進路・方向・姿勢の)転換, 反転, 転向; 屈曲, 曲がり (turning); 逆転, 引き返し (reversal): make a ~ to the right 右に曲がる / No left ~*s* allowed. [掲示] 左折禁止 / The path took a sharp ~. 道は急に曲がった / take a short ~ 〈飛行機・自動車などが〉急旋回する / the ~ of the tide 潮の変わり目, 形勢の一変 / Another ~ *of* the head, and you will see a small green island. さらに頭をめぐらせば小さな緑色の島が見える **b** 《軍事》(部隊の)方向変換, (航空機・トラックなどの)旋回; 迂回(うかい): About ~! 《英》[号令] 回れ右 / Right [Left] ~! [号令] 右[左]向け右[左]. **c** 《スキー》回転: ⇨ jump turn, kick turn, snowplow turn, stem turn, step turn. **d** 《スケート》(フィギュアで)転回[旋回]滑走. **e** 《水泳》折返し, ターン.

3 a 曲がり目[角], 湾曲[屈曲]部 (bent, curve): He took the wrong ~ in the road. 道を間違えて曲がった / We saw a small boat at a ~ in the river. 川の曲がり目の所に小船が見えた / The path was full of twists and ~*s*. 小道は到る所うねうねと曲がりくねっていた. **b** 《ゴルフ》折返し (アウト 9 ホールの終わりでインの始まり).

4 (わき道への)それ, 脱線, 屈曲 (deviation): take a wrong ~ (議論で)わき道にそれる / Too many plot ~*s* seem to occur in the last chapter of the novel. その小説の最終章に筋の展開が起こりすぎているようである.

5 a 変化, 変転 (change); (傾向・情勢・事態などの)転向, (新しい)進展, 展開: a new ~ of events 新しい事態の展開 / take a favorable ~ 好転する, 好調に向かう; 〈病気が〉快方に向かう / take a ~ *for* the better [worse] 〈事態・患者などが〉よい[悪い]方へ向かう / The conversation took a personal ~. 話が個人的なことになってきた / The battle between labor and management has taken a small, hopeful ~. 労使間の闘争はわずかながら好転してている / There was a nasty ~ *in* the weather. 天気が険悪化した. **b** 転換期, 変わり目 (turning point); 初め (beginning): the ~ of the seasons 季節の変わり目 / at the ~ of the tide 時流の変わり目[転換期]に / the ~ of life 更年期, 閉経期 / *at* the ~ of the twentieth century 20 世紀の初めに / By the ~ of the century there will be 8 billion people on this earth. 世紀が変わるまでにはこの地球上に 80 億の人間が住んでいることになろう.

6 a 動向, 傾向, 趨勢(すうせい) (tendency, trend): the current ~ of events 現時の動勢. **b** 特殊な解釈, 変わった見方: He gave the novel a new ~. 彼はその小説に新しい解釈づけをした.

7 a 順番, 番: It is your ~ to read. 今度は君の読む番だ / wait for one's ~ at bat (野球試合などで)打順の回って来るのを待つ / I was waiting my ~ in the barbershop. 床屋で番を待っていた / My ~ has come. = It's my ~. 私の番になった / ⇨ *in one's* TURN, *out of* TURN. **b** 《英》(交替[輪番]で行われる一定時間の)仕事, 勤務, 一替り (shift); 一仕事 (spell): *on* the evening ~ 夕方の勤務に就いて / a ~ *at* gardening (ひとしきりの)庭仕事 / take one's [a] ~ *at* the helm (服務時間となって)人と交替して舵を取る / They drove into Arkansas, taking ~*s at* the wheel [*at* driving]. 彼らは交替で運転をしながらアーカンソー州へ車を走らせて行った. **c** (レスリングなどの)一番, 一試合 (bout); (トランプなどの)一勝負: Let us have another ~ at wrestling. レスリングをもう一勝負やろう. **d** (賭(か)け勝負で)賭金を決める前の一番. **e** 《トランプ》(faro で) (1) 勝負 《親が一対のカードを場に出し, その結果によって子との勝負を決定すること》. (2) (特に)札箱 (dealing box) に残された最後の 3 枚札の順序). ★ 次の句で: call the ~ 最後の 3 枚札の順序を当てこんで賭ける.

8 性向, 適性, 才 (bent, aptitude): He has a ~ *for* music [carpentry, clear thinking]. 彼には音楽の[大工の, はっきり物を考える]才がある / I am of a sociable ~. 社交好きなたちだ / He is not of a business ~. 商人向きではない. ★ しばしば次のように turn of mind として用いる: He was of a humorous [a bookish, an inquisitive] ~ of mind 滑稽な[本好きな, 好奇心の強い]たちであった.

9 a 特性, 特質 (distinctive character): His ~ of wit was gentle. 彼の機知の特質は穏やかなものであった. = There was a gentle ~ *to* his wit. **b** 言い回し, 文体, 言葉遣い (style); 特殊な文体, 言葉遣いなどの癖[特徴]: a ~ of phrase 言い回し / a happy ~ of thought and expression 適切な考え方と言い回し / idiomatic ~*s* of speech 慣用的な言い回し. **c** (物語の筋などの)ひねり (twist). **d** (体の一部などの)形, 型, 格好 (shape, cast): the ~ of her neck and arms 彼女の首と腕の形.

10 a [通例, 形容詞に修飾されて] (何気なくする)行い, 行為, 仕打ち: do a person a good [bad] ~ 人に親切を尽くす[ひどい仕打ちをする] / One good ~ deserves another. 《諺》甲の善行は乙の善行に値する (cf. 「情けは人のためならず」) / ⇨ hand's turn, ill turn. **b** 《古》術策, 策略, いたずら (trick).

11 a (病気・失神・めまいなどの)発作 (fit): a wild ~ of anger 激しい怒りの発作 / hospitalized after a particularly nasty ~ 特にひどい発作のあとで入院させられて. **b** 《口語》(驚きなどのため)ぎょっとすること (nervous shock, attack): The news gave him quite a ~. その知らせには彼もぎょっとした / To put on the uniform again gives me a ~ of disgust. あの制服をもう一度着るなど考えただけでもぞっとする. **c** [*pl.*] 月経 (menses).

12 (寄席・演芸の)短い出し物, 一番, 一席 (number); [集合的にも用いて] それに出る芸人: a comic ~ (寄席などの)滑稽な出し物; その芸人, 道化師 / a song-and-dance ~ 歌と踊りのショー / do a star ~ 呼び物を演じる.

13 (一回りして来る)短い散歩, 一回り, 巡視; 短時間の徒歩[自動車, 自転車]旅行 (short trip): They took a ~ in [round] the garden. 庭をちょっと散歩した / I am going to have a ~ along the seashore in my car. 車で海岸を一回りして来よう.

14 (縄・織り糸などの)巻き, ねじれ (twisted condition); ない方, より方 (twist); (縄・針金などの)一巻き (single coil); 渦巻 (whorl); (索・針金などの他の物への)巻きつけ: a few ~*s of* wire 二巻きか三巻きの針金 / take a round ~ about a bollard ⇨ round turn 1 / The garden snail has five ~*s* at the most. かたつむりには多くて 5 本の渦巻がついている.

15 [通例 serve a person's [its] ~ として] (特別な)目的, 必要, 急場 (exigency, need): This will *serve your* ~. これは君に役立つだろう.

16 a 旋盤, ろくろ (lathe); (特に)時計製造人用旋盤. **b** (つまみ・把手などを回すと掛かる, 戸棚などの)掛け金.

17 《音楽》ターン, 回音 《主要音と隣接する上下二度音の速い順次進行による装飾音》; 回音符 (∾): an inverted ~ 逆さ回音.

18 《証券》**a** 相場のトレンド[傾向]の転換. **b** 《英》株式仲買人の値ざや 《売り値と買い値の差で, 手数料に当たる》.

19 《商業》(資本の)回転(率) (turnover): three ~*s* of one's capital in a year 1 年につき 3 回の資本の回転.

20 《印刷》逆字; 伏せ字, ゲタ; ゲタ起こし.

21 《豪俗》パーティー.

at évery túrn 至る所に[で]; いつでも, 常に: It meets one *at every* ~. それは至る所で見られる. ***by the túrn of a háir*** やっとのことで, 危いところで. ***by túrns*** かわるがわる, 交替に, 次々に, 順番に (alternately); 間欠的に (at intervals): They dug *by* ~*s*. 彼らは交替で掘った / He became bored and restless *by* ~*s*. 倦怠(けんたい)と焦燥に交互に襲われた. 〖1538〗 ***cáll the túrn*** (1) ⇨ *n.* 7 e. (2) 《米》= *call one's shots* ⇨ shot¹ 成句. ***cátch a túrn*** 《海事》(係船柱や車地などに)ロープをとりあえず一巻きする. ***in túrn*** 引き続いて (in succession); 順繰りに (in proper sequence); (順に続いて)それがまた…: Each student *in* ~ got up and spoke. 学生は皆一人一人順々に立って話をした / keep a watch *in* ~ 順繰りに見張りをする / *in* due ~ 順番通りに / He reproached his wife, and she *in* ~ reproached her son. 彼は妻を非難し, 妻はまた息子を非難した. 〖1586〗 ***in one's*** [***its***] ***túrn*** 自分の[その]番になって, (自分の[その]番として)立ち[入れ]代わって: The rooms were inspected, each *in its* ~. 各部屋が順々に視察された. ***in túrns*** = *by* TURNS: She wept and laughed *in* ~*s*. 泣いたり笑ったりした / They took *it in* ~*s* to drive. 代わる代わる運転した. ***on the túrn*** 《口語》(1) 〈潮など〉まさに変わろうとして; 〈時代など〉変わり目に(ある): The tide is now *on the* ~. (2) 〈牛乳・バターなど味が〉変わりかけて, 酸敗しかけて. ***óut of túrn*** (1) 順番が狂って, 順序なしに (out of proper order): Don't speak *out of* ~. (2) 軽率に, 無謀に, 時と所をわきまえず: He was talking *out of* ~. 〖1888〗 ***tàke a túrn*** (1) ⇨ 5 a. (2) 《海事》〔…に〕ロープを巻き付ける[一巻きする]〔*around*〕: *take a* ~ *around* a mast マストにロープを巻き付ける. ***tàke it in túrns to do*** 《英》交替で…する: They *took it* ~*s* to drive the car. 彼らは交替で車を運転した. ***the túrn of the scréw*** (1) ねじを巻くこと. (2) (目的を達成するために)圧力をかけること. ***to a túrn*** 適度に, ちょうどよい具合に (precisely right), 申し分なく (perfectly): The roast is done *to a* ~. 焼肉はちょうどよい具合に焼けている. ***túrn*** (***and túrn***) ***abóut*** 交替に, かわるがわる (by turns): *Turn* (*and* ~) *about* is fair play. 《諺》順番にやるのが公平だ. 〖1834〗 ***wálk a túrn*** 行き戻りする.

túrn of spéed 走力, 速力: I have [My car has] a fair ~ *of speed*. 私[私の車]はかなり速く走れる.

~·a·ble /-nəbḷ/ *adj.* 〖v.: OE *turnian* & *tyrnan* to revolve □ L *tornāre* to turn (in a lathe) ← *tornus* lathe, chisel □ Gk *tórnos* ← IE **terə-* to rub, turn (L *terrere* to rub): 今の形は ME で OF *torner*, *t(o)urner* により補強された. — n.: (?*a*1200) (i) □ OF *tour(n)* lathe, circuit, turn <L *tornum* ∥ (ii) ← (v.)〗

SYN 回る: **turn** 中心・軸の周りを回る; 半回転の場合も含む 《一般的な語》: He *turned* on his heel. かかとでくるりと回った / *turn* left 左へ曲がる. **rotate** 軸を中心に回る: The earth *rotates* on its axis. 地球は地軸を中心に自転する. **revolve** 軸を中心に回転する; 中心点の周りの軌道を回る: The moon *revolves* around the earth. 月は地球の周りを運行する. **gyrate** 円形に旋回する 《格式ばった語》: A whirlwind *gyrates*. つむじ風は旋回する. **spin** 〈こまなど〉くるくる回る: A top *spins*. こまはくるくる回る. **whirl** すごい勢いで回転する: The leaves *whirled* in the wind. 木の葉が風の中でくるくる舞った.

---

túrn·abòut *n.* **1** 方向転換, 転向. **2** (思想などの)転向; 裏切り; 裏切者 (turncoat). **3** 《米》回転木馬 (merry-go-round). **4** (急旋回できる)小汽船の一種. **5** (人からされたように人にする)仕返し, 返報. **6** 裏表兼用服. **7** 《廃》改革者, 急進主義者 (innovator). 〖1598〗

túrn·abòut-fáce *n.* = turnabout 2.

túrn-and-bánk indicator 《航空》旋回傾斜計 《旋回計 (turn indicator) と相対傾斜計 (relative inclinometer) を結合したもの; 旋回角速度と横すべりがわかる》.

túrn-and-slíp indicator *n.* = turn-and-bank indicator.

turn·around /tə́ːnəràund | tə́ːn-/ *n.* **1** (思想の)転向; (態度の)急変, 逆戻り: a ~ in government policy 政府の政策の変更. **2** (企業などの)業績の転換 《特に好転》: signs of a ~ in the market 市場好転の兆し. **3** 船舶や航空機が目的地で乗客や貨物を降ろし次の出発に備えて再び乗客や貨物を乗せること: ⇨ turnaround time. **4** 車引返し回転場 《道路上で自動車などが方向転換できるようにしたやや広い部分》. **5** 《宇宙》次の宇宙船打上げのためにロケット・ランチや設備を用意すること. **6** (乗物の)分解検査[修理]. 〖1926〗

túrnaround tìme *n.* **1** 往復(所要)時間. **2** 《航空》輸送機が着陸して乗客・貨物を降ろし, 清掃・点検・給油を行い乗客・貨物を積んで離陸するまでの時間. **3** 《電算》ターンアラウンドタイム 《仕事をコンピューターに与えてから, 結果が帰ってくるまでの時間》. 〖1946〗

túrn·awày *n.* **1** 立ち去ること, 脱走. **2** 入場拒否. 〖13C〗

túrn·bàck *n.* **1** 後ろを見せる人, 卑怯(ひきょう)者 (coward). **2** (袖や靴の)折返し. **3** あと戻り: a ~ toward recession 不況への逆戻り. 〖1535〗

túrn bènch *n.* (時計師が仕事台の上で使える)携帯旋盤. 〖1680〗

túrn brìdge *n.* 旋開橋 (swing bridge). 〖1767〗

túrn·bùckle *n.* 《海事・機械》ターンバックル, 引締めねじ, 自在螺旋(らせん) 《静索の下端に取り付け, 索の長さを縮めて張り合わせるのに使うねじ》. 〖*c*1877〗

Turn·bull & As·ser /tə́ːnbulənǽsə^(r) | tə́ːnbul-ənǽsə^(r)/ *n.* 《商標》ターンブル アンド アッサー 《London の Jermyn Street にある高級カラーシャツの注文仕立て専門店; そこのブランド製品》.

Túrn·bull's blúe /tə́ːnbulz- | tə́ːn-/ *n.* 《化学》ターンブルブルー, ターンブル青 《青色顔料》. 〖(1862) ← ? *Turnbull* (人名)〗

túrn bùtton *n.* = button 4 a. 〖1849〗

túrn·càp *n.* 回転煙突がさ. 〖1688〗

túrn·còat *n.* 変節者, 裏切り者 (renegade, apostate).

〖(1557)← *turn one's coat* (⇨ coat (n.) 成句)〗
túrn·còck *n.* 1 (水道会社の)給水栓係. 2《米》=stopcock. 〖1702〗
túrn·dòwn *adj.* [限定的] 折りえりの, 折り下げの (cf. stand-up); 折りたたみ式の: a ~ bed 折りたたみ式ベッド / He wore a ~ collar. 折りえりを付けていた. — *n.* 1 折り曲げた物[部分]; 折りえり. 2 a 拒絶 (refusal), 却下, 排斥 (rejection). 3 =downturn. 〖1840〗
turned *adj* 1 逆転[転倒]した, さかさまの, あべこべの (inverted): a ~ letter (活字の)逆さ字 / Turned V〖音声〗V の逆さ字 ([ʌ] の記号). 2 〈刃先が〉鈍った: a ~ edge. 3 a 旋盤[ろくろ]で仕上げた(ような): a handle of ~ beech ブナの木を丸く削って作った柄. b [副詞に修飾されて] 言い回しが…の; 格好が…の: a well-*turned* sentence 巧妙な文章 / a beautifully ~ ankle [neck] 格好のいいくるぶし[首筋]. 〖(*a*1325): ⇨ -ed[2]〗
túrned cómma *n.* 《英》〖印刷〗逆コンマ, 引用符(‘) (inverted comma).
túrned-ón *adj.* 《俗》 1 〈人が〉新しいものにすぐ飛びつく, 新しもの好きの. 2 a 麻酔剤[幻覚剤]の影響を受ける. b 興奮した. 〖1966〗
túrned-óut *adj.* [限定的; 通例, 副詞に修飾されて] 盛装した, はなやかな装いをした: a beautifully ~ lady 盛装した麗婦人 / a well ~ regiment 装いを凝らした連隊. 〖(1833)← *turn out* (⇨ turn 成句)〗
túrned périod *n.* 〖印刷〗逆さピリオド(˙).
túrned úp *adj.* 《米口語》〈卵が〉両面焼きの (cf. sunny-side up).
túrn·er[1] *n.* 1 a 物を回す人[道具]. b ろくろ師, 旋盤工. 2 (料理用)フライ返し: a food ~. 3《英》宙返りバト. 〖?*a*1400〗

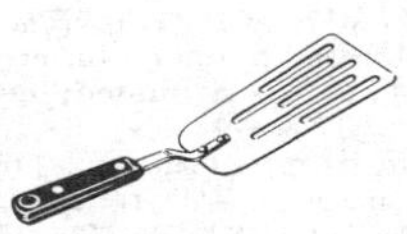
turner[1] 2

turn·er[2] /tə́ːnə, tʊ́ə- | tə́ːnə(r)/ *n.* 《米》体操協会員 (cf. turnverein). 〖(1860)□G *Turner* gymnast ← *turnen* to exercise □F *tourner* 'to TURN'〗
Tur·ner /tə́ːnə | tə́ːnə(r)/, **Cyril** *n.* ⇨ Tourneur.
Turner, Frederick Jackson *n.* ターナー《1861–1932; 米国の歴史家; *The Frontier in American History* (1920)》.
Turner, J(oseph) M(allord [Mallad]) W(illiam) *n.* ターナー《1775–1851; 英国の風景画家》.
Turner, Nat *n.* ターナー《1800–31; 米国の黒人奴隷; 1831 年に暴動を起こしたが, 失敗して絞首刑に処せられた》.
Turner, Ted *n.* ターナー《1938–　; 米国の実業家; CNN の創始者》.
Turner, Walter James Red·fern /rédfəːn | -fəːn/ *n.* ターナー《1889–1946; オーストラリア生まれの英国の詩人・音楽評論家》.
Túrner Bróadcasting Sỳstem *n.* [the ~] ターナー ブロードキャスティング システム(社)《米国のテレビ放送会社; CNN などを運営; Ted Turner が設立; 略 TBS》.
Túrner's sỳndrome *n.* 〖病理〗ターナー症候群《外観は女性だが, 各種の異常, 特に性腺の発育障害を伴う先天異常; 性染色体は X 染色体が 1 本あるのみ》. 〖← *Henry Hubert Turner* (19 世紀の米国の医師)〗
turn·er·y /tə́ːnəri | tə́ːn-/ *n.* 1 旋盤細工(法). 2 旋盤製品, ひき物, ろくろ細工 (turner's work). 3 旋盤工場. 〖(1644)← TURN(ER[1])+-ERY〗
túrn·hàll *n.* =turnhalle.
turn·hal·le /tə́ːnhàːlə | tʊ́ən-; *G.* tʊ́ʁnhàlə/ *n.* 体操練習[教習]所. 〖□G *Turnhalle* ← *turnen* to practice gymnastics (⇨ turner[2])+*Halle* 'HALL'〗
túrn-ìn *n.* 〖製本〗折り返し《表装材で表紙の板紙を包むように折り込んだ部分》. 〖(1873)← *turn in* (⇨ turn 成句)〗
túrn ìndicator *n.* 〖航空〗旋回計《航空機が旋回するときの角速度を測る計器; cf. relative inclinometer》. 〖1924〗
turn·ing /tə́ːnɪŋ | tə́ːn-/ *n.* 1 旋回, 回転 〔*of*〕; 転向, 変転: the ~ *of* a key 鍵を回すこと. 2 曲がり, 曲がりくねり; 曲がり角, 曲がり目: ~*s* of a river 川の曲がりくねり / take the first ~ on [to] the right 最初の曲がり角を右へ曲がる / There is a sharp ~ of the road. 道路が急に曲がっている. 3 布の折返し幅[縫いしろ]. 4 旋盤細工物の形; 旋盤細工(法) (turnery); 丸削り; [*pl.*] 削り屑. 5 形づくること, 構成, 形成 (shaping, forming) 〔*of*〕: the ~ *of* verses 詩作. ***tàke the wróng túrning*** ⇨ wrong 成句. 〖(?*c*1200): ⇨ turn, -ing[1,2]〗
túrning bàsin *n.* 〖海事〗船回し場, 旋回水面.
túrning cìrcle *n.* 車の最小回転円.
túrning èngine *n.* 〖機械〗 1 =lathe[1] 1. 2 ターニングエンジン《点検・調整などの目的で機械を回転させるために用いる小型エンジン》. 〖1688〗
túrning-làthe *n.* 〖機械〗旋盤. 〖1794〗
túrning mòvement *n.* 〖軍事〗迂回(うかい)(行動), 迂回作戦《攻撃部隊の一部が敵を牽制(けんせい)している間に攻撃部隊主力が大きく迂回して敵の後方深く存在する最重要目標を攻撃する行動》. 〖1900〗
túrning pòint *n.* 1 転換点, 変わり目, 分岐点, (運命などの)転機, 峠 (critical point, crisis): a serious ~ in our history わが国の歴史の重大な分岐点 / the ~ of an illness 病気の峠 / the ~ of [in] one's life [career] 人生の転換期[転機]. 2〖測量〗移器点, もりかえ点 (略 TP). 3 グラフの山または谷の点. 〖1836〗
túrning ràdius *n.* 《米》(自動車などの)最小回転半径.
tur·nip /tə́ːnɪp | tə́ːnɪp/ *n.* 1 〖植物〗 a カブ (*Brassica rapa*)《white turnip ともいう》; (その)根《食用》. b カブハボタン (rutabaga). 2 =kohlrabi. 3《俗》旧式の大型懐中時計. 4 a 愚鈍な人物, ばか (blockhead). b 退屈な仕事. 〖(*a*1500) *turnepe* ← ? TURN+ME *nepe* 'NEEP' (<OE *nǣp*□L *nāpus*): turn の添加はその根が球形であることからか〗
túrnip càbbage *n.* 〖植物〗 1 =kohlrabi. 2 =rutabaga. 〖1768〗
túrnip flỳ *n.* 〖昆虫〗キスジノミハムシ (*Phyllotreta striolata*)《ダイコンなどアブラナ科植物の葉を食べる》. 〖1765〗
túrnip mòth *n.* 〖昆虫〗カブラヤガ (*Agrotis segetum*)《ヤガ科の蛾; 幼虫は作物の根や茎を食べる》.
túrnip tòps [grèens] *n. pl.* カブの若葉《食用》. 〖1727〗
tur·nip·y /tə́ːnɪpi | tə́ːnɪpi/ *adj.* 1 〈形状・風味など〉カブのような. 2 元気[張り]のない. 〖(1792–95)← TURNIP+-Y[4]〗
tur·nix /tə́ːnɪks | tə́ː-/ *n.* 〖鳥類〗ミフウズラ《ヨーロッパ・アジアの暖地に産するミフウズラ属の鳥類の総称; ヒメミフウズラ (*Turnix sylvatica*) など》. 〖(1819)← NL *Turnix* (属名)《略》← L *cōturnix* quail〗
túrn·kèy[1] *adj.* [限定的] 契約により完全な製品[サービス]を提供する. 〖(1927):「(ドアの鍵を回して入居するばかりの)建物の竣工日」の意から〗
túrn·kèy[2] *n.* 《古》《監獄の》看守 (prison keeper). 〖1654〗
túrnkey pròject *n.* 完成品引渡し方式の工場・設備請負計画.
túrnkey sỳstem *n.* 〖電算〗完成品引渡し方式《コンピューターなど即時使用できるよう整備して引き渡すシステム》.
túrn·òff *n.* 1 a 枝道, わき路. b 《米》(有料道路の)出口ランプ (ramp). 2 分岐点. 3 わきへそれること; わき道へ入ること. 4 (製造過程の)最終製品, 完成品. 5 (市場に出された)家畜の総頭数[総重量]. 6《口語》うんざりさせるもの[人]. 〖1881〗
túrn·òn *n.* (*also* **túrn-òn**)《口語》刺激, 興奮. 〖1962〗
Tur·nour /tə́ːnə | tə́ːnə(r)/, **Cyril** *n.* ⇨ Tourneur.
turn·out /tə́ːnàʊt | tə́ːn-/ *n.* 1 集合, 非常召集; 人出, (集会の)出席者; 選挙の出足, 投票率: There was quite a good ~ at the lecture [the polls]. 講演会にはかなりの出席者があった[選挙で有権者の出足がよかった] / a large [low] voter ~ 選挙人の出足が良[悪]かったこと. 2《英》ストライキ, 罷業 (strike); 罷業者. 3 生産; 産出額, 産出高 (product). 4 装い(の具合), 身仕度, 着こなし (getup); 装備 (equipment, outfit). 5 車馬とその付属物一式 (driving equipage): a neat ~ of sledge and dogs こじんまりしたそりと引き犬の一式. 6 a〖鉄道〗待避線 (siding). b (道路上の車の)退避所, すれ違い所. 7 起床(合図). 8 分岐(点). 9〖バレエ〗ターナウト《両足のかかとを背中合わせにくっつけた態勢》. 10 掃除, 片づけ, 整頓作業. 〖1688〗
turn·over /tə́ːnòʊvə | tə́ːnəʊvə(r)/ *n.* 1〖商業〗(一定期間中の)資本の回転(率), (一期間の)営業上の取引高, 総売上高, 売買高, 出来高: capital [merchandise] ~ 資本[商品]回転率 / The company had a ~ of 7 billion yen. その会社の総売上高は 70 億円だった. 2 (労働者の)就業率, 転職率. 3 (人事)異動, 再編成 (shake-up). 4 (馬車などの)転覆, 転倒 (upsetting, overthrow). 5 (他の用途・地位・借地などへの)転換; 譲渡. 6 a 折返し(の部分); 折り返した物. b《英》新聞の第 1 面の終わりから次ページへまたがる時事小論. c 詰めものをして半分に折り返したパイ. 7〖政治〗(他党への)票の移動. 8 職人の譲り渡し. 9 (古)(年期を終えるために他の親方 (master) に引き継がれた)徒弟 (apprentice). 10 (機械・事業所などの)材料加工率[量]. 11〖球技〗(バスケットボールなどで)ターンオーバー《エラーや反則でボールの保持権が相手チームに移ること》. 12〖生理〗(物質)交代《体内でのある物質の入れ代わり》: a ~ rate. — *adj.* [限定的] 1 折り返された (turned over). 2 折り返しの (turndown): a ~ collar. 〖(1611)← *turn over* (⇨ turn 成句)〗
túrnover frèquency *n.* 〖電気〗転移周波数.
turn·pike /tə́ːnpàɪk | tə́ːn-/ *n.* 1 a 《米》有料道路, 高速道路: We had to take a circuitous route because of an accident on the ~. 高速道路の事故のため迂回しなければならなかった. b (元有料の)無料道路. c (中央より両側に傾斜をつけた)幹線舗装道路. 2 有料道路の料金徴収所 (tollgate). 3 (昔の)通行料取立門 (tollgate). 4《スコット》らせん階段. 〖(*c*1420): ⇨ turn, pike[2]〗
túrnpike ròad *n.* =turnpike 1. 〖1745〗
túrn·plàte *n.* 《英》〖鉄道〗=turntable 1. 〖1797〗
túrn·ròund *n.* (*also* **túrn·ròund**) 1 折返し点. 2 =turnaround 3. 3 =turnabout 6. 〖(1913)← *turn round* (⇨ turn 成句)〗
túrn·scrèw *n.* 《英》ねじ回し (screwdriver). 〖1778〗
túrn·sìck *n.* 〖獣医〗旋回病 (⇨ gid). 〖(*c*1440) ← TURN+SICK〗
túrn·sìde *n.* 〖獣医〗(犬や猫の)めまい. 〖1845〗
túrn sìgnal *n.* 《米》ウィンカー (blinkers)《車の点滅式方向指示器》.
turn·sole /tə́ːnsòʊl | tə́ːnsəʊl/ *n.* 1〖植物〗花が太陽の動きと共に回ると想像された植物の総称《ヒマワリ (sunflower), ヘリオトロープ (heliotrope) など》. 2〖植物〗ヨーロッパ産のトウダイグサ科の一年草 (*Chrozophora tinctoria*). 3 リトマス (litmus)《酸塩基指示薬》; 紫[すみれ]色素. 〖(1375) *turnesole*□(O)F *tournesol*□OIt. *tornasole* ← *tornare* 'to TURN'+*sole* (<L *sōl* sun: ⇨ solar[1]): cf. heliotrope〗
túrn·spìt *n.* 1 焼き串 (spit) を回す人. 2 ターンスピット《以前, 焼き串を回す踏み車を回すのに用いた胴長短足の小型犬》. 3 a 回転できる焼き串. b 焼肉用回転器. 〖(1576): ⇨ spit[2]〗
túrn·stìle *n.* 1 回転木戸, 回り木戸《くいの上の回転する十文字の横木のある木戸; 人だけが通って牛馬が通れないように, または劇場や駅の入口に一人ずつ人を通すために設ける》. 2〖電気〗ターンスタイル(アンテナ)《直交する二つのダイポールアンテナを組み合わせて無指向性にしたアンテナで車両・船舶などで用いる》. 〖(*a*1643): ⇨ stile[1]〗

turnstile 1

túrnstile anténna *n.* 〖電気〗=turnstile 2.
túrn·stòne *n.* 〖鳥類〗キョウジョシギ《海辺に生息するシギ科キョウジョシギ属 (*Arenaria*) の鳥 2 種; キョウジョシギ (ruddy turnstone) とクロキョウジョシギ (black turnstone)》. 〖(1674)← TURN+STONE: 小石をひっくり返して餌(え)をあさる習性から〗
túrn stòry *n.* 〖新聞・雑誌〗(ページの最下部から次ページの最初へ続く)繰越し記事, 次ページに続く記事 (cf. turn *vi.* 17).
túrn·tàble *n.* 1〖鉄道〗回転盤, 転車台. 2 ターンテーブル《レコードプレーヤーの回転盤》. 3 (ラジオなどの放送用)録音再生機《transcription machine ともいう》. 4 (顕微鏡の)回転式標本台. 5《豪》(道路に設けられた)車が方向転換するためのスペース. 6 =Lazy Susan. 〖1835〗
túrntable làdder *n.* 《英》=aerial ladder.
túrn·ùp *n.* (*also* **túrn-ùp**) 1 折り上がったもの, 折返し; まくった部分. 2《英》[しばしば *pl.*] (ズボンなどの)折返し (《米》cuff). 3《英》けんか, 騒動, 騒ぎ (row); ボクシング試合, なぐり合い (fistfight). 4〖トランプ〗最初のめくり札《切札のスーツ (suit) を決める台札となる; cf. upcard 1》. ***a túrnup (for the bóok(s))***《英口語》全く思いがけない出来事; 全くの僥倖(ぎょうこう), まぐれ. 〖1948〗 — *adj.* [限定的] 1 折り返した, 折り返しの: a ~ bed 折りたたみベッド. 2 〈鼻など〉上向きの: a ~ nose. 〖1612〗
Tur·nus /tə́ːnəs | tə́ː-/ *n.* 〖ローマ神話〗トゥルヌス《Lavinia との結婚をめぐる Aeneas の競争相手; Aeneas に殺される》. 〖□L ~〗
turn·ver·ein /tə́ːnvəràɪn, tʊ́ən- | tə́ːn-, tʊ́ən-; *G.* tʊ́ʁnfɛʁaɪn/ *n.* 体操協会 (cf. turner[2]). 〖(1852)□G *Turnverein* ← *turnen* to practise gymnastics+*Verein* union〗
Tur·pan /tʊəpáːn | tʊ́əpæn, ─́─/ *n.* トゥルファン《中国新疆ウイグル自治区東部の盆地; 最低点は海面下 154 m》.
tur·pen·tine /tə́ːpəntàɪn | tə́ː-/ *n.* 1 テルペンチン《いろいろのマツ科の木の含油樹脂; wood turpentine ともいう》. 2 テルペンチン《テレビンノキ (terebinth) の含油樹脂; Chian turpentine ともいう》. 3 テレビン油《ワニス・ペンキの製造, 油絵の具・ペンキの展色剤, または医薬用として用いる; oil of turpentine, gum turpentine, spirits of turpentine ともいう》. 4 (一般に)溶剤 (white spirit)《turpentine substitute ともいう》. ***tálk túrpentine***《口語》絵画を論じる. — *vt.* 1 …にテレビン油をつける[塗る]. 2《米》〈マツの木など〉からテルペンチンを採取する. — *vi.* テルペンチンを採取する[作る]. 〖(1322) *terbentyne, turbentyne*□OF *ter(e)bentine*□L *terebint(h)ina* ← *terebinthus* 'TEREBINTH': ⇨ -ine[3]〗
túrpentine òil *n.* =turpentine 3.
túrpentine trèe *n.* 〖植物〗テルペンチン (turpentine) を採る種々のマツ科の木の総称; (特に)テレビンノキ (terebinth). 〖1658〗
tur·pen·tin·ic /tə̀ːpəntínɪk | tə̀ː-─́─/ *adj.* テルペンチンの[に関する, に似た]. 〖(1868): ⇨ -ic[1]〗
tur·pen·tin·ous /tə̀ːpəntáɪnəs | tə̀ː-─́─/ *adj.* =turpentinic.
tur·peth /tə́ːpɪθ | tə́ː-/ *n.* 1〖植物〗 a インドヤラッパ (*Operculina turpethum*)《インド産ヒルガオ科のつる植物》. b インドヤラッパの根《Indian jalap ともいう》. 2〖化学〗=mercuric subsulfate. 〖(*a*1400) ME *turbit* (cf. NL *turpethum*)□ML *turbit(h)um*□Arab. *turbid*□Pers. *tirbid* a purge: cf. F *turbith*〗
túrpeth míneral *n.* 〖化学〗=mercuric subsulfate. 〖1616〗
tur·pid /tə́ːpɪd | tə́ːpɪd/ *adj.* 不潔な, 卑劣な, うす汚れた. 〖(1623)← L *turpis* (⇨ turpitude)+-ID: TORPID にならったもの〗
Tur·pin /tə́ːpɪn | tə́ːpɪn/, **Richard** *n.* ターピン《1706–39; 英国の追いはぎ; 馬を盗んだかどにより York で絞首刑になった; 通称 Dick Turpin》.
tur·pi·tude /tə́ːpətùːd, -tjùːd | tə́ːpɪtjùːd/ *n.* 下劣, 卑劣 (wickedness, baseness); 下劣な行為, 恥ずべき行い. 〖(1490)□(O)F ~ // L *turpitūdō* foulness ← *turpis* foul, vile, 《原義》? twisted: ⇨ -tude〗
turps /tə́ːps | tə́ːps/ *n. pl.* [通例単数扱い] 1《口語》テレビン油 (turpentine). 2《豪俗》アルコール, (特に)ビール. 〖(1823)← TURP(ENTINE): もと職人用語〗

tur·quoise /tə́ːk(w)ɔɪz | tə́ːkwɑːz, -wɔɪz/ *n.* (*also* **tur·quois** /～/) **1** 〖宝石〗トルコ石《Turkey stone ともいう; ⇨ birthstone》. **2** ＝turquoise blue. ― *adj.* 空色[青緑色]の; トルコ石で飾った. 〘《*a*1398》 *turkeis* □ OF (*pierre*) *turqueise* Turkish (stone) (F *turquoise*) ← *Turc* Turk〙

túrquoise blúe *n.* トルコ石空色, 青緑色. 〘1799〙

túrquoise gréen *n.* 薄い青緑, 水あさぎ. 〘1886〙

tur·ret /tə́ːrɪt | tʌ́rɪt/ *n.* **1** (建物に付属したまたはそのかどから張り出した)小塔, 角櫓(ｽﾐﾔｸﾞﾗ). **2** 〖機械〗＝turret-head. **3** 〖軍事〗 **a** (軍艦の)砲塔; 囲砲塔, 回転[旋回]砲塔 (revolving turret). **b** (戦車・要塞などの)回転式砲塔: a twin [triple, quadruple] ～ 二[三, 四]連装砲塔. **c** (軍用飛行機の)回転銃座, 突出銃座《回転式機関銃[砲]を備える》. **4** 《米》〖鉄道〗列車の越屋根. **5** (中世の攻城用の)雲梯(ｳﾝﾃｲ), 動櫓《城壁をよじ登って破壊するのに用いた移動用車輪付きのやぐら》. **6** (顕微鏡・テレビカメラなどの)数個のレンズを収める装置. 〘《?*a*1300》 *t(o)uret* □ OF *touret* (dim.) ← *tour* 'TOWER': ⇨ -et〙

turret 1

túrret cáptain *n.* 〖米海軍〗砲塔長.

túrret clòck *n.* 塔時計 (⇨ tower clock). 〘1884〙

túrret dèck *n.* 〖海事〗タレット甲板.

túrret-dèck vèssel *n.* 〖海事〗タレット船.

túr·ret·ed /-tɪd/ *adj.* **1** 小塔のある; 小塔状の. **2** 砲塔を備えた. **3** 〖動物〗(ホラガイのように)塔状に渦巻いた. 〘《1550》: ⇨ -ed 2〙

túrret gùn *n.* 砲塔砲. 〘1875〙

túrret·hèad *n.* 〖機械〗(旋盤の)タレット台《これに各種の刃物が取り付けられる》. 〘1884〙

túrret làthe *n.* 〖機械〗タレット旋盤《刃物台付き旋盤》. 〘1875〙

túrret shèll *n.* 〖貝類〗キリガイダマシ《先端のとがった細長い渦巻き状の殻をもったキリガイダマシ科の海産巻貝; 熱帯産で, 一般に鮮やかな色をしている》. 〘1859–62〙

túrret shìp *n.* 砲塔艦. 〘1880〙

tur·ri·cal /tə́ːrɪkəl, -kl | tʌ́rɪ-/ *adj.* 小塔の, 小塔のような. 〘⇨ ↓, -ical〙

tur·ric·u·late /tərɪ́kjʊlɪt, -lèɪt | tə(ː)r-/ *adj.* 小塔のある; 小塔状の. 〘《1843》 ← L *turricula* ((dim.) ← *turris* 'TOWER')＋-ATE²〙

tur·ric·u·lat·ed /tərɪ́kjʊlèɪtɪd | tə(ː)rɪ́kjʊlèɪtɪd/ *adj.* ＝turriculate. 〘1822〙

tur·ri·lite /tə́ːrəlàɪt | tʌ́rɪ-/ *n.* 〖古生物〗トゥリリテス《白亜紀の塔形をした *Turrilites* 属のアンモナイト, またはその化石》. 〘《1822》 ← NL *Turrilitēs* (属名) ← L *turris* 'TOWER': ⇨ -lite〙

tur·ri·tid /tə́ːrətɪd | tʌ́rɪtɪd/ *adj.*, *n.* 〖貝類〗クダマキガイ科の(貝). 〘← NL *Turri(tī)dae* ← L *turris* (↑): ⇨ -id²〙

tur·ron /turά(ː)n, -rɔ́ː(n) | -rɔ́n; *Sp.* turón/ *n.* (*pl.* **tur·ro·nes** /-neɪs; *Sp.* -nes/, ～s) トゥロン《木の実をヌガーやチョコレートで固めた降誕祭用の飴菓子》. 〘《1918》 □ Sp. *turrón*〙

tur·tle¹ /tə́ːtl | tə́ːtl/ *n.* (*pl.* ～s, ～) **1** 〖動物〗(広義の)カメ (tortoise); (特に)ウミガメ《タイマイ (hawksbill), アオウミガメ (green turtle) など》. **2** かめ肉[料理]《食用かめ (terrapin, green turtle など)の肉[料理]》. **3** 〖海事〗スピンネーカーについている垂直ポケット《ヨットで追風の時ここに風を受け, ジッパーを開けばスピンネーカー(帆)がぱっと開くようにしてある》. **4** 〖印刷〗(組版輪転機の)湾曲締め枠; 車付きまとめ台《運搬にも使う》. **5** ＝turtleneck.

túrn túrtle (1) ウミガメをひっくり返して捕える. (2) 《船・自動車などが》ひっくり返る, 転覆する.

― *vi.* (商売として)ウミガメを捕える: ⇨ turtling.

túr·tler /-tlə, -tlə | -tlə^(r), -tlə-/ *n.* 〘《1657》《変形》← F *tortue* 'TORTOISE': ↓ の影響による〙

tur·tle² /tə́ːtl | tə́ːtl/ *n.* 《古》 **1** 〖鳥類〗＝turtledove 1, 2: The voice of the ～ is heard in our land. 山鳩の声われらの地に聞こゆ (*Song of Sol.* 2:12). **2** ＝turtledove 3. 〘lateOE *turtla* □ L *turtur* (擬音語): *r* → *l* の変化は異化 (cf. purple)〙

túrtle·bàck *n.* **1** カメの甲. **2** 〖海事〗亀甲(ｷｯｺｳ)甲板 (⇨ whaleback 1). **3** (家具の)卵形[半円形]の盛り上げ装飾. **4** 《米》自動車後部の丸くなった突出部. **5** 《廃》〖考古〗亀甲形石器 (cf. tortoisecore).

― *adj.* ＝turtle-backed. 〘1881〙

túrtle-bàcked *adj.* かめの甲のような背面をもつ. 〘1889〙

túrtle bùg *n.* 〖昆虫〗カメムシ; (特に)ヨーロッパ産の淡黄褐色の一種 (*Podops inuncta*).

túrtle dèck *n.* 〖海事〗亀甲(ｷｯｺｳ)甲板 (⇨ whaleback 1). 〘1908〙

túrtle·dòve *n.* **1** 〖鳥類〗コキジバト (*Streptopelia turtur*). **2** 《米方言》〖鳥類〗ナゲキバト (mourning dove). **3** 恋人 (sweetheart): a pair of ～s 恋人同士. **4** きじばと色《濃い灰色から赤みがかった灰色》. 〘《*c*1300》 *turtildove*: ⇨ turtle², dove¹〙

túrtle gràss *n.* 〖植物〗 **a** アマモ (eelgrass). **b** リュウキュウスガモ属の海草 (*Thalassia testudinum*)《Florida や西インド諸島の浅海に生えるトチカガミ科の顕花植物; 雌雄異株》. 〘1735〙

túrtle·hèad *n.* 〖植物〗北米産ゴマノハグサ科ジャコウソウモドキ属の多年草 (*Chelone glabra*)《強壮剤・下剤として用いられる; balmony, shellflower ともいう》. 〘1857〙

túrtle·nèck *n.* **1** タートルネック《とっくりえり》. **2** タートルネックのセーター. **3** 《米》＝polo-neck. 〘1897〙

túrtle-nèck *adj.* 〈セーターなど〉タートルネックの. 〘1895〙

túrtle pèg *n.* ウミガメを捕獲する銛(ﾓﾘ).

túrtle shèll *n.* カメの甲 (cf. tortoiseshell 1). 〘1828〙

túrtle sóup *n.* ウミガメのスープ《雌のアオウミガメ (green turtle) の肉・脂肪などで作るスープ》. 〘1820〙

tur·tling /-tlɪŋ, -tl-/ *n.* ウミガメめ捕り. 〘1669〙

turves *n.* 《まれ》turf の複数形.

Tus·ca·loo·sa /tʌ̀skəlúːsə/ *n.* タスカルーサ《米国 Alabama 州中西部の都市; もと同州の州都 (1826–46)》. 〘□ N-Am.-Ind. (Choctaw) 《原義》Black Warrior ← *taska* warrior＋*lusa* black: もと部族の首長の名〙

Tus·can /tʌ́skən/ *adj.* **1** (イタリアの)トスカナ (Tuscany) の, トスカナ人[語]の: ～ straw トスカナ麦わら《夏帽子などの材料》. **2** 〖建築〗トスカナ様式の: the ～ order (⇨ order 挿絵). ― *n.* **1** トスカナ人. **2** **a** トスカナ語《Dante, Petrarch, Boccaccio が用いたイタリアの文学標準語》. **b** トスカナ方言. **3** 〖建築〗トスカナ式. **4** トスカナ麦わら. 〘《adj.: 1513; n.: *a* 1387》 □ L *Tuscānus* (↓): ⇨ -an¹〙

Tus·ca·ny /tʌ́skəni/ *n.* トスカナ(州)《イタリア中部西海岸の一州; もと大公国; 面積 22,989 km², 州都 Florence; イタリア語名 Toscana》. 〘□ L *Tuscānia* ← *Tuscānus* Etruscan ← *Tuscus* an Etruscan＝**Truscus* (頭音消失) ← *Etruscus*: ⇨ Etruscan, -y¹〙

Tus·ca·ro·ra /tʌ̀skərɔ́ːrə/ *n.* (*pl.* ～, ～s) **1** **a** [the ～(s)] タスカローラ族《アメリカインディアンのイロクォイ族の一支族; 以前は North Carolina 州に住んでいたが, 今は主に New York, Ontario の両州に住んでいる》. **b** タスカローラ族の人. **2** タスカローラ語 (Hokan-Siouan 語族に属する). 〘《1650》 □ N-Am.-Ind. (Tuscarora) *Skă-rū-rĕⁿ* 《原義》Indian hemp gatherers〙

tusch·e /túʃə; *G.* tʊ́ʃə/ *n.* (リトグラフの)解墨(ﾄｷｽﾞﾐ). 〘《1885》 □ G *Tusche* (逆成) ← *tuschen* to ink □ F *toucher* 'to TOUCH'〙

Tus·cu·lum /tʌ́skjʊləm/ *n.* トゥスクルム《イタリアの中部 Latium の古都; Rome の南方 24 km の所にあった保養地; Cicero の別荘もここにあった》. **Tús·cu·lan** /-lən/ *adj.* 〘1533〙

tush¹ /tʌ́ʃ/ 《古》 *int.* ちょっ, ちぇっ《とがめ・じれったさ・軽蔑などを表す》. 〘《*a*1450》 (擬音語): cf. pish / 《廃》*twish*〙

tush² /tʌ́ʃ/ *n.* 《まれ》 **1** (馬の)犬歯. **2** きば (tusk). 〘OE *tusc* ＜ Gmc **tunþskaz* (OFris. *tusk*) ← **tunþuz* 'TOOTH': cf. tusk〙

tush³ /tʊ́ʃ/ *n.* 《米俗》けつ, しり. 〘《1962》《変形》← TOKUS〙

tushed *adj.* きばのある (tusked). 〘*c*1440〙

tush·er·y /tʌ́ʃəri/ *n.* (tush¹ のように古語を用いた)気取った文体, 擬古体. 〘1548〙

tush·ie /tʊ́ʃi/ *n.* (*also* **tush·y** /～/) 《口語・小児語》おしり (the buttocks). 〘《1962》《変形》← TOKUS: ⇨ -ie〙

Tu·si /túːsi/ *n.* ＝Tutsi.

tusk¹ /tʌ́sk/ *n.* **1** (ゾウ・イノシシ・セイウチなどの)きば (⇨ tooth SYN); (馬などの)犬歯. **2** 《戯言》(人間の)歯; (特に)出っ歯. **3** (鋤(ｽｷ)などの)尖頭(ｾﾝﾄｳ). **4** 〖木工〗(強化ほぞ (tusk tenon) に切り込んだ)小さいほぞの一つ (cf. gain²). ― *vt.* **1** きばで突く[掘り返す]. **2** …にきばをつける, きばで飾る. ― *vi.* きばで地面を掘り起こす. 〘《?*c*1200》 (音位転換による変形) ← OE *tux* (異形) ← *tusc*: ⇨ tush²〙

tusk² /tʌ́sk/ *n.* (*pl.* ～, ～s) ＝torsk.

tusked *adj.* きばのある; [複合語の第 2 構成素として] (…の)きばを有する. 〘《*c*1395》 ← TUSK (n.)＋-ED 2〙

Tus·ke·gee /tʌskíːgi/ *n.* タスキーギー《米国 Alabama 州東部の都市; 有名な黒人学校 Tuskegee Normal and Industrial Institute (初代校長 Booker Washington) の所在地》. 〘《1968》 □ N-Am.-Ind. (Muskogean) ～ (地名) ← ? Creek *taskáya* warrior〙

túsk·er *n.* きばの生えたゾウ[イノシシ]. 〘1859〙

túsk·less *adj.* きばのない. 〘1859〙

túsk·like *adj.* きばのような. 〘1876〙

túsk shèll *n.* ＝tooth shell.

túsk tènon *n.* 〖木工〗(階段状に切込みを入れた)強化ほぞ. 〘1825〙

tus·sah /tʌ́sə/ *n.* **1** 〖昆虫〗 **a** ヤママユ (*Antheraea yamamai* (or *mylitta*)) の幼虫《日本原産; ヤママユガ科; 絹が採れる》. **b** サクサン (*A. pernyi*) の幼虫. **2** **a** 野蚕糸《その繭(ﾏﾕ)から採った絹糸》. **b** ＝tussah silk. 〘《1590》 □ Hindi *tasar* coarse brown silk ← Skt *tasara* shuttle ← IE **tens-* to stretch: 繭の形にちなむ〙

tússah sílk *n.* 繭紬(ｹﾝﾁｭｳ), サクサン糸 (pongee) の一種. 〘1883〙

Tus·saud /tuːsóʊ- | túːsəʊ; *F.* tyso/, **Marie** *n.* タッソー《(1760–1850; スイス出身の女性蠟(ﾛｳ)細工師; London に蠟人形館 Madame Tussaud's (Waxworks) を創立 (1833); 通称 Madame Tussaud》.

Tussaud's *n.* ＝Madame Tussaud's (⇨ Tussaud).

tus·ser /tʌ́sə | -sə^(r)/ *n.* ＝tussah.

tus·sie-mus·sie /tʌ́simʌ̀si/ *n.* 小さい花束, 小さいハーブの束. 〘《1440》 ← ?〙

tus·sis /tʌ́sɪs | -sɪs/ *n.* 〖医学〗咳(ｾｷ) (cough). **tus·sal** /tʌ́səl, -sl/ *adj.* 〘《*c*1440》 □ L ～ 'cough' ← ?: cf. L *tundere* to strike〙

tus·sive /tʌ́sɪv/ *adj.* 〖医学〗咳(ｾｷ)の; 咳による. 〘《1857》 ← L *tussis* (↑)＋-IVE〙

tus·sle /tʌ́sl/ *n.* **1** 組打ち, 取っ組み合い, 立回り, 乱闘 (fight, scuffle). **2** 奮闘 (strenuous effort); 苦戦, 苦闘. ― *vi.* 組打ちする, 取っ組み合う, 戦う (wrestle, scuffle) 〔*with*〕. 〘《*c*1470》《変形》← *tousele(n)* to rumple: ⇨ -le³: TOUSLE の異形〙

tus·sock /tʌ́sək, -sɪk | -sək/ *n.* **1** 草むら, 茂み, やぶ (bunch, clump). **2** (髪などの)房 (tuft). **3** 《豪》〖植物〗＝tussock grass. **4** 〖昆虫〗＝tussock moth. 〘《1550》 ← ? 《方言》*tusk* tuft of hair or grass〙

tússock càterpillar *n.* 〖昆虫〗ドクガ (tussock moth) の幼虫《落葉樹の害虫》.

tússock gràss *n.* 〖植物〗 **1** 南米 Patagonia 産のヒエに似たイネ科の牧草 (*Poa flabellata*). **2** 《豪》イチゴツナギ属 (*Poa*) の牧草. 〘1842〙

tússock mòth *n.* 〖昆虫〗ドクガ, マイマイガ《ドクガ科の各種のガ; マイマイガ (gypsy moth), brown-tail moth など; 幼虫はブランコケムシ, キンケムシなどを含み害虫が多い》. 〘1826〙

tus·sock·y /tʌ́səki, -sɪ- | -səki/ *adj.* 草むら[房]の多い; やぶ[房]のような. 〘《1796》: ⇨ -y⁴〙

tus·sore /tʌ́sə | tʌ́sə^(r), -sɔː^(r)/ *n.* ＝tussah. 〘1876〙

tussóre sílk *n.* ＝tussah silk. 〘1878〙

tut¹ /tʌ́t/ *int.* ★ /tʌ́t/は tut を語として読むときの発音; 実際の発音は歯茎で開放する舌打ち音 /ǃ/ (⇨ click) で, 普通は二つ重ねて言う (cf. tut-tut). ちっ, ちょっ, ちぇっ《じれったさ・軽蔑・非難・困惑などを表す》: *Tut*, ～! ― /tʌ́t/ *n.* (じれったさなどを表す)舌打ち(の音). ― /tʌ́t/ *vi.* (**tut·ted; tut·ting**) 舌打ちする; ちぇっと言う. 〘《*a*1529》 擬音語〙

tut² /tʌ́t/ *n.* 《英方言》(出来高払いの)賃仕事, 請負仕事 (job): work by (the) ～ [upon ～] 出来高勘定の請負仕事をする. ― *vi.* (**tut·ted; tut·ting**) 請負[賃]仕事をする. 〘《1778》 ← ?〙

tu·ta·ni·a /tuːtéɪniə, tjuː- | tjuː-/ *n.* 模造銀《britannia metal の一種で, 食器などを作る》. 〘《1790》 ← *William Tutin* (18 世紀の英国の発明者)＋*(Brit)an(n)ia (metal)*〙

Tut·ankh·a·men /tùːtæŋkάːmən, -tɑːŋ-, -tæŋ- | -tŋkάːmɛn, -tæŋ-, -tæŋ-, -tɑːŋ-, -mən/ *n.* (*also* **Tut·ank·a·mon** /-mən/, **Tut·ank·a·mun** /～/) ツタンカーメン《紀元前 14 世紀中ごろのエジプト第 18 王朝の王 (1347?–1338 B.C.); その墳墓が Thebes の王家の谷 (Valley of the Tombs of the Kings) で 1922 年に H. Carter により発見された》.

tu·tee /tùːtíː, tjùː- | tjùː-/ *n.* (家庭教師に教わる)生徒 (pupil). 〘《1927》 ← TUT(OR) (v.)＋-EE¹〙

tu·te·lage /túːtəlɪdʒ, tjúː-, -tl- | tjúːtɪl-, -tl-/ *n.* **1** (個人)指導, 教授, 教育, 訓育 (instruction, tuition). **2** **a** 後見, 保護, 監督 (guardianship): under the ～ of a person ＝under a person's ～ 人の保護の下に. **b** (外国の領土に対する)信託統治権 (trusteeship). **3** 保護[監督, 指導]を受けること, 被後見. **4** 被後見期間. 〘《1605》 ← L *tūtēla* guardianship, watching＋-AGE: ⇨ tutor〙

tu·te·lar /túːtələ, tjúː-, -lɑ̀ə, -tlə | tjúːtɪlə^(r), -tl-/ *adj.*, *n.* ＝tutelary. 〘《1600》 □ LL *tūtēlāris* ← L *tūtēla* (↑): ⇨ -ar¹〙

tu·te·lar·y /túːtəlèri, tjúː-, -tl- | tjúːtɪləri, -tl-/ *adj.* **1** 守護する (protective): a ～ deity [god] 氏神, 守り本尊, 守護神 / a ～ saint [angel] 守護聖徒[天使]. **2** 後見(人)の, 保護(者)の. ― *n.* 守護者, 守護神. 〘《1611》 □ L *tūtēlārius* ← *tūtēla* (↑): ⇨ -ary〙

tu·te·nag /túːtənæg, tjúː-, -tn- | tjúːtɪn-, -tn-/ *n.* 一種の白銅 (German silver など). 〘《1622》 □ Marthi *tuttināg* ← Skt *tuttha* copper sulphate＋*nāga* tin, lead: cf. F *toutenague*〙

Tut·enk·a·mon /tùːtɪŋkάːmən | -tŋ-, -tæŋ-/ *n.* ＝Tutankhamen.

Tuth·mo·sis /tʌθmóʊsɪs | -mə́ʊsɪs/ *n.* ＝Thutmose.

tu·ti·or·ism /túːʃiərɪzm, tjúː-, -ti- | tjúːti-, -ʃi-/ *n.* 〖カトリック〗安全採用説《法と自由とどちらをとるべきかというとき, 法に従うのが安全とする説; cf. rigorism》. **tú·ti·o·rist** /-rɪst | -rɪst/ *n.* 〘《1885》 ← L *tūtior* (compar.) ← *tūtus* safe, 《原義》watched over (↓): ⇨ -ism〙

tu·tor /túːtə, tjúː- | tjúːtə^(r)/ *n.* **1** 家庭教師, 個人教師 (private instructor): a private ～ 家庭教師. **2** 《英》(Oxford, Cambridge および Dublin 大学の)チューター, 個人指導教師《通例 fellow が当たる》; 学監. **3** 《米》大学講師 (instructor の下位). **4** 受験準備の指導教師 (coach). **5** 《英》教本《特に音楽の教本を指す》. **6** 《スコット》〖法律〗(年少者の)後見人 (guardian). ― *vt.* **1** 家庭[個人]教師として…に〈科目を〉教える 〔*in*〕 (⇨ teach SYN): ～ a boy *in* French 少年にフランス語を個人教授する. **2** 指導する (instruct). **3** 《まれ》仕込む, 訓練する, 抑制する (train, discipline); しかる, 戒める (admonish, reprove): ～ one's passions 激情を抑制する / ～ a witness 証人に教え込む / ～ girls how to behave 少女らに行儀作法を仕込む. **4** 《廃》後見する. ― *vi.* **1** 家庭[個人]教師をする: ～ *in* French フランス語の家庭教師をする. **2** 《米》家庭教師につく; 個人教授を受ける. 〘《*c*1378》 *tut(o)ur* □ AF & OF *tutour* (F *tuteur*) // L *tūtor* protector, defender ← *tūtus* (p.p.) ← *tuērī* to watch: cf. tuition〙

tu·tor·age /túːtərɪdʒ, tjúː- | tjúːtə-/ *n.* **1** 家庭教師の職; 指導 (instruction). **2** (家庭教師に払う)月謝. **3** 後見人の職. 〘《1617》: ⇨ ↑, -age〙

tu·tor·ess /túːtərɪs, tjúː- | tjúːtə-/ *n.* 女性家庭[個人]

T

教師. 〘(1614) ← TUTOR＋-ESS[1]〙

tu·to·ri·al /tuːtɔ́ːriəl, tjuː- | tjuː-/ *n.* **1** 個人指導時間[クラス]. **2** 〘電算〙 チュートリアル《例を挙げながら使い方を順を追って説明する冊子またはプログラム》. — *adj.* **1** (大学の)個人指導の. **2** 家庭[個人]教師の. **3** 〘法律〙後見人の, 保護者の. **～·ly** *adv.* 〘(1742) ← TUTOR＋-IAL〙

tutórial sỳstem *n.* (大学の)個人指導制. 〘1858〙

tútor·less *adj.* 家庭[個人指導]教師のいない. 〘1618〙

tútor·shìp *n.* **1** 個人指導者[後見人]の地位[職務]. **2** 個人指導[教授]. 〘*a*1559〙

tu·toy·er /tùːtwajéɪ; *F.* tytwaje/ *vt.* …に親しげに話しかける, …に親密な口のきき方をする. 〘(1697) □ F ～《原義》address with thou and thee ← *tu* 'THOU'[1]＋*toi* 'THERE'＋*-er* (inf. suf.: cf. -er[3])〙

tut·san /tʌ́tsən, -tsn̩/ *n.* 〘植物〙 タッツン, コボウズオトギリ (*Hypericum androsaemum*)《ユーラシア産オトギリソウ科オトギリソウ属の半落葉低木; スペインで膏薬(ᵏᵒᵘʸᵃᵏᵘ)の原料とする》. 〘(*a*1400–50) □ AF *tutsaine*＝F *toutesaine* ← *toute* all＋*saine* sound: ⇨ total, sane〙

Tut·si /túːtsi, túːtsi | tútsi, túːtsi/ *n.* (*pl.* ～, ～**s**) ツチ族《中央アフリカのルワンダおよびブルンジに住む少数部族の牧畜民; かつて多数部族の Hutu 族を支配していたが 1994 年からの部族抗争の激化により大規模な虐殺と大量の難民が生じた; Tusi, Watusi ともいう》. 〘(1950) ← Bantu〙

tut·ti /túːṭi, túṭi, -tiː | tʊ́ti, -tiː; *It.* tútti/ 〘音楽〙 *adj.* **1** (演奏の指示で)すべての, 全声部・全楽器の. **2** 全部[大部分]の声・楽器のための[で演奏された] (cf. solo). — *n.* **1** 総奏[総唱]楽句[節]. **2** 総奏, 総唱. **3** (独奏者以外の)全奏者. 〘(1724) □ It. ～ (pl.) ← *tutto*: ⇨ tutto〙

tut·ti-frut·ti /tùːtifrúːṭi, tʊ̀ti- | -tifrúːti; *It.* tuttifrútti/ *n.* **1** トゥッティ フルッティ: **a** ブランデーなどにつけた種々の果物の砂糖漬け. **b** 刻んだ砂糖漬けの果物を用いたアイスクリーム・菓子など. **2** 何種類もの果物をミックスした風味. — *adj.* 果物のミックスの味の. 〘(1834) □ It. ～《原義》all fruits〙

tut·to /túːṭoʊ, tʊ́ṭ- | tʊ́təʊ; *It.* tútto/ *It. adj.* 〘音楽〙すべての, 全体の. 〘(1724) □ It. ～ ＜ VL **tottu(m)* ＝L *tōtus*: ⇨ total〙

tut-tut /tʌ́ttʌ́t/ ★ 実際の発音は tut[1] の音を 2 回重ねた /!!/ (⇨ tut[1]). *int., n., vi.* ＝tut[1]: ～ *at* the price (高い)値段にちょっちょっと舌打ちする. 〘1873〙

tut·ty /tʌ́ṭi | -ti/ *n.* 不純酸化亜鉛《亜鉛蒸留炉の煙道から得られる》. 〘(*a*1400) *tutie* □ (O)F □ Arab. *tūtiyā'* oxide of zinc □ Pers. *tūtiyā* □ Skt *tuttha*〙

tu·tu[1] /túːtuː; *F.* tyty/ *n.* (*pl.* ～**s** /～z; *F.* ～/) 〘バレエ〙チュチュ《短いバレエ用スカート; 通例, 薄地のモスリン (tarlatan) や紗(ˢʰᵃ) (gauze) を重ねて作る》. 〘(1913) □ F ～ ←《小児語》*cucu, tutu*《変形》← *cul* backside〙

tu·tu[2] /túːtuː/ *n.* 〘植物〙 ドクウツギ属の一種 (*Coriaria arborea*)《ニュージーランド産ドクウツギ科の低木または小高木; 果実は猛毒》. 〘(1845) □ Maori ～〙

Tu·tu /túːtuː/, **Des·mond Mpi·lo** /dézmənd əmpíːloʊ | -ləʊ/ *n.* ツツ《1931– ; 南アフリカ共和国の聖公会の黒人牧師; アパルトヘイト (apartheid) 撤廃主義者; Nobel 平和賞 (1984)》.

Tu·tu·i·la /tùːtuíːlə | -tuː-/ *n.* ツツイラ(島)《米国領 Samoa 諸島中最大の島; 良港 Pago Pago がある》.

tút·wòrk /tʌ́t-/ *n.* 〘英方言〙(出来高払いの)賃仕事, 請負仕事 (piecework). 〘(1778) ← TUT[2]＋WORK〙

tu·um /túːəm, -tjúː- | tjúː-/ *L. pron.* ＝yours, thine (cf. meum et tuum). 〘□ L ～ (neut. sing. of possessive pron.) ← *tū* 'THOU'〙

Tu·va /túːvə; *Russ.* tuvá/ *n.* [the ～] トゥバ《ロシア連邦内の共和国; 面積 170,500 km^2, 首都 Kyzyl》.

Tu·va·lu /tùːvəlúː, tuːváːluː | tuːváːluː, túːvəluː/ *n.* ツバル《南西太平洋の九つの環礁群から成る英連邦内の国; もと英領 Gilbert and Ellice Islands の一部であったが, 1975 年 Ellice 諸島が Gibert 諸島から分離して Tuvalu と改名, 1978 年独立; 面積 26 km^2, 首都 Funafuti》.

Tù·va·lú·an /-əːn⁻/ *n.* ツバル人; ツバル語. — *adj.* ツバル(語)の. 〘1975〙

tu-whit /tʊ(h)wít, tə-/ *vi.* (**tu-whit·ted; -whit·ting**) 〈ふくろうが〉ほーほーと鳴く. 〘(1588) 擬音語〙

tu-whít tu-whóo /-tʊ(h)wúː, -tə-/ *n.* ほーほー, ぼーぼー《ふくろうの鳴き声》. 〘(1594–95) 擬音語〙

tu-whoo /tʊ(h)wúː, tə-/ *n.* ＝tu-whit tu-whoo. — *vi.* ＝tu-whit.

tux /tʌ́ks/ *n.* 《口語》＝tuxedo. 〘(1922) 略〙

tux·e·do /tʌksíːdoʊ | -dəʊ/ *n.* (*pl.* ～**es**, ～**s**) 《米・カナダ》 **1** タキシード: **a** 絹のラペル (lapel) がついた黒またはミッドナイトブルーの上着; tuxedo jacket ともいう; cf. dress coat. **b** 略式男性用夜会服の一そろいで, ジャケット・ズボン・ベスト・蝶ネクタイとともに色は黒かミッドナイトブルー; cf. evening dress, full dress 1. **2** タキシード(コート)《上着の裾(ˢᵘˢᵒ)まである長い平らなタキシードカラーのついたゆったりした女性用コート; tuxedo coat ともいう》. — *adj.* 《ソファーなどで》背が垂直でひじ置きがその背と同じ高さの. 〘(1889) ← *Tuxedo Park* (New York 州の Tuxedo Park にあった社交クラブ)〙

tuxédo còat *n.* ＝tuxedo 2.

tux·é·doed *adj.* タキシード(の礼服)を着た. 〘1934〙

tuxédo jàcket *n.* ＝tuxedo 1 a.

Tux·tla /túːstlaː, -lə; *Am.Sp.* tústla/ *n.* トゥストラ《メキシコ南東部 Chiapas 州の州都; 正式名は Tuxtla Gutiérrez /*Am.Sp.* -ɣutjéres/》.

tu·yere /twiːjéə, tuː-, twíə | twíːɛə(r), twáɪə(r); *F.* tɥijɛːʁ/ *n.* 〘冶金〙(溶鉱炉・ふいごなどの)羽口(ʰᵃᵍᵘᶜʰⁱ). 〘(1350–51) □ F *tuyère* ← *tuyau* pipe ← ?Gmc〙

Tuz·la /túːzlə | tʊ́zlə, túːz-; *Serb./Croat.* tûzla/ *n.* トゥズラ《ボスニア ヘルツェゴビナ北東部 Sarajevo の北北東にある町; 塩水泉・岩塩坑がある》.

tv 《記号》 Tuvalu (URL ドメイン名).

TV /tíːvíː⁻/ *n.* テレビ(放送) (television); テレビ受像機 (television set): watch the baseball game on ～ テレビで野球の試合を見る / Did you see the news on ～? そのニュースをテレビで見ましたか / We have a ～ in every room. どの部屋にもテレビがある. 〘1947〙

t.v. 《略》 terminal velocity.

TVA 《略》 Tennessee Valley Authority.

TV dínner *n.* 《米》 テレビディナー《料理した肉や野菜をアルミ箔の皿にのせ包装・急速冷凍した食品で, 温めるだけで食べられる》. 〘(1954): 料理中にテレビの視聴を中断しなくてもすむほど手軽なことから〙

TVEI /tíːvìːìːáɪ/ 《略》 Technical and Vocational Educational Initiative 技術職業教育計画.

Tver /tvéə | tvéə(r); *Russ.* tvʲérʲ/ *n.* トヴェリ《ヨーロッパロシア中西部 Volga 川上流に臨む都市; 旧名 Kalinin (1931–90)》.

TV evángelist *n.* テレビ伝道師 (televangelist).

TV gàme *n.* テレビゲーム.

TV Guíde *n.* [The ～]「TV ガイド」《米国のテレビ番組案内の週刊誌》.

Tvl 《略》 Transvaal.

TVP *n.* 〘商標〙 TVP《植物性蛋白質 (textured vegetable protein)》.

TV táble *n.* ＝snack table.

TV Tímes *n.*「TV タイムズ」《英国のラジオ・テレビ番組案内の週刊誌》.

tw 《記号》 Taiwan (URL ドメイン名).

TW 《記号》 ⇨ TWA.

twa /twáː/ *n., adj.* 《スコット》 ＝two.

Twa /twáː/ *n.* (*pl.* ～, ～**s**, **Ba·twa** /bɑːtwáː/) トワ族《ブルンジ・ルワンダ・コンゴ民主共和国の一部に居住するピグミー》. 〘(1878) □ Bantu *twa* foreigner〙

TWA /tíːdʌ̀bljuːéɪ/ 《略》 Trans World Airlines トランスワールド航空 (記号 TW).

Twacht·man /twɑ́(ː)ktmən | twɔ́kt-/, **John Henry** *n.* トワクトマン《1853–1902; 米国の画家》.

Twad·dell /twɑ(ː)dél, twɑ́(ː)dḷ | twɔ́dḷ, twɔdél/ *n.* トワドル比重計《水より重い液体を量る浮きばかり; Twaddell hydrometer ともいう》. 〘← *William Twaddell* (*d.* 1840: スコットランドの発明家)〙

twad·dle /twɑ́(ː)dḷ | twɔ́dḷ/ *n.* **1** むだ口, 駄弁 (gabble): talk mere ～ むだ口をきく. **2** むだ口をきく人 (twaddler). — *vi.* むだ口をきく, くだらないことをしゃべる (prate). — *vt.* むだ口をきいて言う. **twád·dler** /-dḷə, -dlə | -dḷə(r), -dl-/ *n.* 〘(1782)《変形》? ← TWATTLE〙

twád·dling /-dḷɪŋ, -dl- | -dl-, -dl-/ *adj.* **1** つまらない, くだらない (trivial). **2** むだ口をきく. 〘1804〙

twad·dly /twɑ́(ː)dḷi, -dli | twɔ́dḷi, -dli/ *adj.* むだ口をきく. 〘1841〙

twain /twéɪn/ 《古》 *n.* **2** (two); 2 個, 二人; 対: cut in ～ 二つに切る / Mark ～! 二つ目に印をつけよ《水先案内人が川の深さを測るときの叫び; Mark Twain というペンネームの起こり》. — *adj.* 2 の, 2 個の, 二人の, 対の. — *vt.* 二つに分かつ. 〘OE *twēgen* two (masc.): cf. OE *twā* (fem. & neut.), *tū* (neut.): cf. G 《廃》 *zween*: ⇨ two〙

Twain, Mark *n.* ⇨ Mark Twain.

twaite /twéɪt/ *n.* 〘魚類〙 トエイトシャッド (*Alosa fallax*)《ヨーロッパ産のニシン科の大形食用魚; 産卵のために遡河する; twaite shad ともいう》. 〘(1613) ← ?〙

twang[1] /twǽŋ/ *n.* **1** ぶーん[びーん]と鳴る音《緊張した弦をはじくときなどの音》. **2 a** 鼻声, 鼻にかかる音 (nasal twang): the American ～ アメリカ人の鼻声《center を /sénə/ と聞こえるように発音する場合などにいう》. **b** (ある地域・人間集団の)特徴的口調, なまり: a faint London ～ かすかなロンドン英語のなまり. **3 a** はじくこと, 引っ張ること. **b** 《米・英方言》(良心の)うずき, 苦痛: feel ～*s* of conscience 良心の呵責(ᵏᵃˢʰᵃᵏᵘ)を感じる.
— *vt.* **1** 〈弦楽器・弓弦などを〉びーん[ぶーん]と鳴らす: ～ one's fiddle バイオリンの弦をぶーんと鳴らす. **2** 鼻声で言う[話す]. **3 a** 〈弓〉の弦を引く. **b** 〈矢を〉放つ. — *vi.* **1** ぶーんと鳴る. **2** 〈声などが〉鼻にかかる. **3** 《米・英方言》〈筋肉などが痛み[緊張]のためぴくぴく動く.
〘(1542) 擬音語〙

twang[2] /twǽŋ/ *n.* **1** 《米・英方言》強いにおい[味]. **2** 傾向, 気味, 趣き (trace). 〘(1611)《変形》← TANG[1]〙

twan·gle /twǽŋgl/ 《まれ》 *vi., vt.* びんびん[ぶんぶん]鳴る[鳴らす]; かき鳴らす, つまびく. — *n.* びんびん[ぶんぶん]いう音. 〘(1558): ⇨ twang[1], -le[3]〙

twang·y /twǽŋi/ *adj.* (**twang·i·er; -i·est**) **1** びーん[ぶーん]という, 〈音が〉弓弦をはじいたような. **2** 鋭い鼻声の. 〘(1887): ⇨ twang[1], -y[4]〙

Twán·kay téa /twǽŋkeɪ-, -ki-/ *n.* 屯渓(ᵗᵒⁿᵏᵉⁱ)茶《緑茶の一種》. 〘*Twankay*: □ Chin. *Tunxi* (屯渓): 中国安徽省 (Anhui) にある原産地名から〙

'twas /(弱) twəz; (強) twɑ́(ː)z, twʌ́z | twɔ́z/ 《詩・古》 it was の縮約形. 〘1588〙

twat /twɑ́(ː)t | twɔ́t, twǽt/ *n.* **1** 《卑》女性性器 (vulva), (セックスの対象としての)女, 売女(ᵇᵃⁱᵗᵃ), 性交. **2** 《俗》やつ, (特に)いやな奴, まぬけ. **3** 《米俗》しり (buttocks). — *vt.* 《英口語》打つ, パンチを食わせる. 〘(1656) ← ?: cf. 《方言》*twatch* to mend a gap in a hedge〙

twat·tle /twɑ́(ː)tḷ | twɔ́tḷ/ *n., v.* 《英方言》＝twaddle. 〘(1573)《混成》? ← TATTLE＋TWIDDLE[2]〙

tway·blade /twéɪbleɪd/ *n.* 〘植物〙 ラン科フタバラン属 (*Listera*), クモキリソウ属 (*Liparis*) などの植物の総称《二枚の葉が対をなしている》. 〘(1578) ← *tway*《短縮》← TWAIN)＋BLADE〙

tweak /twíːk/ *vt.* **1** (つまんで)ぐいと引く (twitch). **2** 〈耳・鼻などを〉軽く[ふざけて]つまむ, つねる: *Tweaking* John Bull's nose proved costly. 英国の鼻をつまんだのは高くついた. **3** 《口語》〈機械などを〉微調整する. **4** 《俗》〈レーシングカーを〉ぎりぎりまでチューンアップする. — *vi.* ぴくっと動く (twitch). — *n.* **1** ひねり, つねり, ねじり; ぐいと引くこと. **2** 《口語》(機械などの)微調整. 〘(1600–01)《変形》? ← 《方言》*twick* ＜ ME *twikken* ＜ OE *twiċċian* to catch hold of, pluck, gather: cf. twitch[1]〙

twéak·er *n.* 《英俗》(子供の)ぱちんこ. 〘1884〙

tweak·y /twíːki/ *adj.* (**tweak·i·er; -i·est**) **1** いらいらした, 神経質な (nervous). **2** 舌にぴりっとくる (biting). 〘← TWEAK＋-Y[4]〙

twee /twíː/ *adj.* 《英口語》利口ぶる; かわいらしさ[お上品]を装う; ことさらにすました. **～·ness** *n.* 〘(1905)《変形》← *tweet*《小児語》← SWEET〙

tweed /twíːd/ *n.* **1** ツイード《スコッチ織りの一種》: a ～ skirt. **2** [*pl.*] ツイードの服: He was (dressed) in ～*s*. ツイードの服を着ていた. **3** (写真プリント用の)ざらざらした紙の一種. 〘(1847): TWILL のスコットランド語形 *tweel* の誤読から; 後にはこの織物の産地を流れる Tweed 川と連想された〙

Tweed /twíːd/ *n.* [the ～] トゥィード(川)《スコットランド南東部を東流して北海に注ぐ川 (156 km); 下流はイングランドとの境界をなす; サケ漁で有名》. 〘OE *Twēode*, *Twiode*《原義》? the strong, powerful river: cf. Skt *tavas* powerful〙

Tweed /twíːd/, **William Marcy** *n.* トゥィード《1823–78; 米国の政治家; Tammany 派の一味 Tweed Ring の首領として New York の市政を独占して私腹を肥やした; 通称 Boss Tweed》.

Tweed·dale /twíːddeɪl/ *n.* トゥィードデール《Peeblesshire の別称》.

twee·dle /twíːdḷ | -dl/ *n.* (楽器などの)きーきー[ぎーぎー]いう音. — *vi.* **1** 〈歌手・鳥・楽器が〉甲高い調子の声[音]を出す, きーきーいう音を出す. **2** 楽器をぞんざいに演奏する. — *vt.* 音楽で誘う (wheedle by music); 籠絡(ʳᵒᵘʳᵃᵏᵘ)する (cajole). 〘(1684) 擬音語〙: vi. 2 は WHEEDLE の影響による〙

Twee·dle·dum and Twee·dle·dee /twìːdḷdʌ́məntwìːdḷdíː | twìːdḷdʌ́məntwìːdḷdíː/ *n.* **1** 名前だけが異なる二人[二物], 区別し難いほどに似通った二人[二物]. **2** トゥィードルダムとトゥィードルディー《Lewis Carroll 作の *Through the Looking-Glass* 中の二人の人物》. 〘(1725) ← TWEEDLE＋*dum* (低音を表す擬音語)＋*dee* (高音を表す擬音語): 英国の詩人 John Byrom (1692–1763) の造語, その諷刺詩の中で技量伯仲する二人の音楽家 Handel と G. B. Bononcini (1670–1750?) とにつけたあだ名から〙

Tweeds·muir /twíːdzmjʊə | -mjʊə(r), -mjɔː(r)/, **1st Baron** *n.* ⇨ Sir John BUCHAN.

tweed·y /twíːḍi | -di/ *adj.* (**tweed·i·er, -i·est; more ～, most ～**) **1** ツイード風[製]の. **2** ツイード(服)好きの, (英国の田舎紳士のように)いつもツイードを着る. **3** 気楽な[戸外の]生活を好む[に慣れた]; くつろいだ.

twéed·i·ness *n.* 〘(1912): ⇨ tweed, -y[4]〙

tween /twíːn/ *prep.* (*also* **'tween** /～/) 《詩・方言》＝between. — *n.* ＝tweeny 3. 〘(*a*1325) *twene*《頭音消失》← *be twene* 'BETWEEN'〙

Tween /twíːn/ *n.* 〘商標〙 トゥィーン《ポリソルベート (polysorbate) 製剤》.

twéen-dèck *adj.* 〘海事〙 中甲板の. 〘1948〙

twéen-dècks 〘海事〙 *adv.* 中甲板に. — *n.* 中甲板. 〘1816〙

tween·y /twíːni/ *n.* (*also* **tween·ie** /～/) **1** 《英口語》仲働き (betweenmaid)《料理人と奥女中との間に立ち, 双方の手伝いをする若い女中》. **2** 小型の葉巻. **3** 《米》(小児とティーンエージャーとの中間の) 10–12 歳の子供. 〘(1888) ← TWEEN＋-Y[2]〙

tweet /twíːt/ *n.* **1** (小鳥の)さえずり, ちゅーちゅー (chirp). **2** (音響再生装置から出る)高い音 (cf. woof[2] 2). — *vi.* さえずる, ちゅーちゅー鳴く (chirp). 〘(1845) 擬音語〙

tweet·er /twíːṭə | -tə(r)/ *n.* ツイーター《高音用小スピーカー; cf. woofer, squawker 5》. 〘(1934): ⇨ ↑, -er[1]〙

twee·tle /twíːtḷ | -tl/ *v.* ＝tweedle. 〘変形〙

tweeze /twíːz/ *vt.* 《口語》tweezers で抜く[つまむ, 取り扱う]. 〘(1932)《逆成》← TWEEZERS〙

twee·zer /twíːzə | -zə(r)/ *vt.* tweezers で抜く[もつ]. — *vi.* tweezers を使う. — *n.* ＝tweezers. 〘(1654) (1904)《逆成》↓〙

twee·zers /twíːzəz | -zəz/ *n. pl.* [時に単数扱い; しばしば a pair of ～ の形で] 毛抜き, ピンセット. 日英比較 日本語の「ピンセット」はオランダ語に由来する. 英語にもフランス語から入った pincette という語はあるが, 一般的でない. 〘(1654) ←《廃》*tweeze* case, receptacle《頭音消失》←《廃》*etweese* (pl.) ←《廃》*etwee* □ F *étui* 'ETUI'＋-ER[1]＋-s[1]〙

twelfth /twélfθ/ *adj.* **1** 第 12 の, 12 番目の (12th). **2** 12 分の 1 の: a ～ part 12 分の 1. — *n.* **1** [the ～] 第 12, 12 番目, 第 12 位; (月の)(第) 12 日: *the Twelfth* (of August) 8 月 12 日 (英国でライチョウ猟期の始まる日). **2** 12 分の 1. **3** 〘音楽〙 12 度(音程); 第十二音. **4** [T-] **a** ＝Twelfth day. **b** ＝Twelfthtide. 〘(?*a*1300) *twelfthe* (⇨ twelve, -th[1]) ∽ ME *twelfte* ＜ OE *twelfta*: ME の *-the* の形は 14C に現れ, 16C から一般的になった〙

twélfth-càke *n.* Twelfth night の祝い菓子《中に豆または貨幣を入れておき, 豆の入った部分の当たった人が当夜の

T

祝いの司会者となった). 〖(1774) ← *Twelfth night* (or *tide) cake*〗

Twélfth dáy, T- D- *n.* 〘キリスト教〙 十二日節, (カトリックで)御公現の祝日, (プロテスタントで)顕現日 (クリスマスから12日目(1月6日); この日は Epiphany の祝日で, 昔は Christmas の最後の日として祝われた). 〖OE *twelfta dæg*〗

twélfth·ly *adv.* 第12番目に. 〖*c*1532〗

twélfth mán *n.* 《英》(クリケットで)控え選手.

Twélfth níght, T- N- *n.* 〘キリスト教〙 **1** 十二日節の前夜祭 (もとろいろな楽しみ事が行われ, クリスマスの飾りを取りはずすなど様々な習慣を伴った). **2** 十二日節の晩. 〖OE *twelfte niht*〗

Twélfth Níght *n.* 「十二夜」(Shakespeare 作の喜劇 (1601–02)).

Twélfth·tìde *n.* Twelfth night および Twelfth day の頃. 〖1530〗

twelve /twélv/ *n.* **1** 12; 12 個, 12 人; 12 歳; 12 時: a boy of ~ 12 歳の少年 / come home at ~ 12 時に帰宅する / strike ~ 12 時を打つ. **2** 12 [XII] の記号[数字]. **3** [*pl.*] 十二枚折版, 四六判 (duodecimo): in ~*s* 四六判の / long [square] ~*s* 長折[角折]四六判の紙. **4 a** 12 人[個]一組. **b** 12 番目: page [chapter] ~ 12 ページ[章]. **5** 12 番サイズの衣料品. **6** [the T-] **a** = Twelve Apostles. **b** (旧約聖書の 12 人の)小預言者の書. — *adj.* 12 の, 12 個の, 12 人の; [叙述的] 12 歳で: ~ score 240 (20 の 12 倍). 〖OE *twelf* ← Gmc **twali-bi-* (Du. *twaalf* / G *zwölf* / ON *tólf* / Goth. *twalif*) ← **twa-* 'TWO' + **lif-* left behind: (原義)「10 数えて残り 2」: cf. eleven〗

Twélve Apóstles *n. pl.* [the ~] 〘聖書〙 (キリストの)十二使徒 (Peter, James the Greater, John, Andrew, Philip, Bartholomew, Matthew, Thomas, James the Less, Thaddeus, Simon, Judas の 12 人; the Twelve ともいう; cf. *Mark* 3:16–19, *Matt.* 10:2–4, *Luke* 6:14–16).

twélve-bàr 〘音楽〙 *adj.* 12 小節形式の (通例三つのコードを用いて 12 小節をひとかたまりとする音楽の構造; ブルースやロックンロールなどで用いられる). — *n.* 12 小節形式の曲.

twélve-bóre *n.* **1** 12 口径の銃. **2** 《押韻俗》法律 (law). 〖1859〗

twélve·fòld *adj.* **1** 12 部分[要素]のある. **2** 12 倍の[ある]. — *adv.* 12 倍に. 〖1557〗

12-gáuge /twélv-/ *n.* 12 番(散弾銃[散弾]) (径 $^{729}/_{1000}$ インチ). 〖1859〗

twélve-mile límit *n.* 〘国際法〙 海岸から 12 マイル以内の限界 (治安・国防や海洋資源確保などの点から, 広い領海の幅員を提唱する社会主義国やアジア・アフリカの発展途上国側からの主張; cf. three-mile limit). 〖1931〗

twelve·mo /twélvmoʊ | -məʊ/ 〘製紙〙 *n.* (*pl.* ~*s*) 十二枚折(判) (1 丁(24 ページ)になるように折った紙の大きさ; この大きさの紙[ページ]); 十二枚折本 (duodecimo ともいう). — *adj.* 十二枚折(判)の; 十二枚折本の. 〖(1819) ← TWELVE + (DUODECI)MO〗

twélve·mònth *n.* 《英》 12 か月, 1 年: He has been here a ~. 彼はこちらへ来て一年になる / this day ~ 来年[去年]の今日 / for a whole ~ 丸 1 年. 〖lateOE *twelf mōnaþ* twelve months: OE *mōnaþ* の pl. は *mōnaþ(as)*〗

twélve-nóte *adj.* 《英》 =twelve-tone. 〖1928〗

twélve-nòte rów *n.* 《英》 =twelve-tone row.

T **twélve-nòte sỳstem** *n.* 《英》 =twelve-tone system. 〖1959〗

twel·ve·pence /twélvpéns | twélvpəns, -pí:ˊ, -pəns, -pṇs/ ★ 発音・用法その他については ⇨ penny 1. *n.* (*pl.* ~, **-penc·es**) 12 ペンス(の価) (1971 年までは = 1 shilling). 〖*c*1380〗

twel·ve·pen·ny /twélvpéni | twélvpəni, -pí:ˊ, -pəns, -pṇs/ ★ 発音・用法その他については ⇨ penny 1. *adj.* 12 ペンスの. 〖1594〗

twélve pítch *n.* =elite 2.

twélve-póunder *n.* 12 ポンド砲. 〖1723〗

twélve-stèp, 12-stèp *adj.* (依存症・強迫行動など克服[脱却]のための) 12 段階の⟨プログラム⟩ (Alcoholics Anonymous が示すアルコール依存症を克服していくうえでの 12 段階 (Twelve Steps) にちなむ). 〖*c*1985〗

Twélve Tábles *n. pl.* [the ~] 〘ローマ史〙 十二表法 (ローマ法中日常生活に最も重要な条文を短縮して 12 枚の板(青銅または木)に刻したもの; 紀元前 451 年および 450 年に十大官 (decemvirs) によって書かれた). 〖1612〗

twélve-tóne *adj.* 〘音楽〙 12 音の, 12 音組織の (cf. twelve-tone system), 12 音技法の: ~ music 12 音音楽 / ~ technique 12 音技法. 〖(1926) (なぞり) ← G *Zwölfton(musik)*〗

twélve-tòne rów *n.* 〘音楽〙 12 音音列 (12 音音楽において 1 オクターブ内の 12 個の異なる音の配列; tone row ともいう). 〖1941〗

twélve-tòne sỳstem *n.* 〘音楽〙 12 音組織 (半音階に含まれる 12 の音に特定の中心音を設けず, すべて平等の重要性を付与して用いる作曲法; 1920 年頃 Arnold Schönberg が創始した; twelve-note system ともいう); 無調主義 (atonality). 〖1936〗

Twélve Tríbes of Ísrael *n. pl.* ⇨ TRIBES of Israel.

twen·ti·eth /twéntiɪθ, twéni- | -ti-/ *adj.* **1** 第 20 の, 20 番目の (20th). **2** 20 分の 1 の: a ~ part 20 分の 1. — *n.* **1** [the ~] 第 20, 20 番目, 第 20 位; (月の)第 20 日: *the* ~ [20th] of April 4 月 20 日. **2** 20 分の 1. 〖OE *twentigoþa*: ⇨ twenty, -th¹〗

20th Céntury-Fóx /twéntiɪθ- | -ti-/ *n.* 20 世紀フォックス (米国の映画制作・配給会社).

twéntieth mán *n.* 《豪》(フットボールで)第 2 番目の控え選手.

twen·ty /twénti, twéni | twénti/ *n.* **1** 20; 20 個, 20 人; 20 歳: a man of ~ 20 歳の人. **2** 20 [XX] の記号[数字]. **3** 20 人[個]一組. **4** 20 番サイズの衣料品. **5** [*pl.*] 20 台, 20 年代[歳台]: during the *twenties* 20 年代の間 (1820–29 年, 1920–29 年の間などに) / He is still in his *twenties*. 年齢がまだ 20 代だ / be in the *twenties* ⟨点数・温度などが⟩ 20 点台 [20 度台]である. ★ 21 から 99 までは twenty-one のようにハイフンでつなぐ; 時として one and twenty の形をとるが, これは古雅な調子を帯びることがあり, 特に 50 代以下の年齢をいうときに用いられる. **6** 《英口語》 20 ポンド紙幣; 《米口語》 20 ドル紙幣.

and twénty 《廃》《強意語》すごく: Then come kiss me sweet *and* ~. 甘い甘い口づけをしておくれ (Shak., *Twel N* 2. 3. 51). (1601-02) ***like twénty*** 〖漠然と多数を表す twenty の意から〗《米口語》ひどく, すごく (cf. *like* FORTY, *like* SIXTY): She jumped and kicked *like* ~.

— *adj.* **1** 20 の, 20 個の, 20 人の: ~ times 20 回 / I have told you ~ times. 20 回も君に話した (何度話したかわからない) / ~ and ~ 数知れない, 多数の. **2** [叙述的] 20 歳で: She will be ~ on the lst next month. 彼女は来月の 1 日に 20 歳になる.

〖OE *twēntig* ← *twēn-* two (cf. *twēgen* 'TWAIN') + *-tig* '-TY¹': cf. G *zwanzig*〗

twénty-èight parrot [párakeet] *n.* 〘鳥類〙 マキエゴシキインコの一亜種 (*Barnardius zonarius semitorquatus*) (オーストラリア南西部に生息する, 首に黄色の帯がある鳥). 〖(1848): その鳴き声から〗

twénty-fírst *n.* 《口語》 21 歳の誕生日(のお祝い) (昔英国では 21 歳が成人とされた; 現在は 18 歳).

twénty-fíve *n.* **1** 〘ラグビー・ホッケー〙 25 ヤードライン (ゴールラインから 25 ヤードの地点のゴールラインと平行な線). **2** 25 番サイズの衣服. **3** 25 口径ライフル[ピストル] (通例 .25 と書く). **4** (*also* **25**) 《俗》 =LSD. 〖1870〗

twénty-fìve·pènny *adj.* ⟨釘が⟩ $4^1/_4$ インチ(の長さ)の.

twénty·fòld *adj.* **1** 20 倍の. **2** 20 の部分から成る. — *adv.* 20 倍に. 〖1610〗

twénty-fóur-hòur clóck *n.* **1** 24 時間時計[時刻表示] (鉄道の時刻表示など). **2** [the ~] 24 時間制 (12 時間制に対して). 〖1978〗

twénty-fòur hóurs *n.* 《カリブ》〘動物〙 ノギハラカクレトカゲ (*Polychrus marmoratus*) (熱帯アメリカ産イグアナ科カメレオントカゲ属の樹上生活をする脚の長いトカゲ). 〖触れた人は 24 時間以内で死亡すると信じられたことから〗

twénty-fóur·mò /-moʊ | -məʊ/ 〘製紙〙 *n.* (*pl.* ~*s*) 二十四枚折(判); 二十四枚折本 (vigesimo-quarto, vicesimo-quarto ともいう). — *adj.* 二十四枚折(判)の; 二十四枚折本の. 〖(1841): ⇨ -mo〗

twénty·mò /-moʊ | -məʊ/ 〘製紙〙 *n.* (*pl.* ~*s*) 二十枚折(判); 二十枚折本 (vigesimo, vicesimo ともいう). — *adj.* 二十枚折(判)の; 二十枚折本. 〖(1841): ⇨ -mo〗

twénty-óne *n.* **1** 〘トランプ〙 二十一 (エースを 11, 絵札を 10 に数え, 配られた札の合計点数が 21 またはできるだけ 21 に近くなるよう競うゲーム; blackjack, pontoon ともいう; cf. natural 5 a). **2** 21 番サイズの衣服. 〖(1611) (なぞり) ← F *vingt-et-un*〗

twénty p /-pí:/ *n.* 《英》 20 ペンス貨 (twenty pence, twent piece, 20 p ともいう).

twénty pénce *n.* 《英》 **1** 20 ペンス硬貨 (twenty p). **2** [*pl.*] 20 ペンス.

twen·ty·pen·ny /twéntipéni | twéntipéni, -pí:ˊ, -p(ə)ni, -pṇi/ *adj.* ⟨釘が⟩ 4 インチ(の長さ)の: a ~ nail.

twénty-twénty, 20/20 *adj.* 〘眼科〙 20/20 の, 視力正常の. ★ $^1/_3$ インチの大きさの字を 20 フィートの距離から読むことのできる視力についていう; 日本の 1.0 に相当する; なおこの二倍の大きさの字しか読めない視力は twenty-forty (=20/40) と呼ぶ (⇨ visual acuity). 〖1875〗

twénty-twénty híndsight *n.* 過去のことをまざまざと思い出せる能力.

twénty-twénty vísion, 20/20 vísion *n.* 正常視力 (⇨ twenty-twenty); 《口語》目の良さ.

twénty-twó *n.* **1** 22 番サイズの衣服. **2** 《米》 22 口径ライフル[ピストル] (通例 .22 と書く). **3** 〘ラグビー〙 22 メートルライン (ゴールラインから 22 メートルの所に引かれる).

.22 /twéntitú: | twénti-/ *n.* (*pl.* **.22s, .22's**) 22 口径ライフル[ピストル] (twenty-two ともいう; cf. revolver 1). 〖*a*1930〗

'twere /(弱) twə | twə^r; (強) twə́: | twə́:^r/ 《詩・古》 it were の縮約形. 〖(1588) (短縮) ← *it were* (=would be)〗

twerp /twə́:p | twə́:p/ *n.* 《口語》ばかなやつ, 取るに足らないやつ, くだらないやつ. 〖(*c*1923) ← ?: cf. Dan. *tver* perverse / thwart〗

Twi /tʃwí:; *Twi* tɕɥi/ *n.* **1** トゥイ語 (Akan 語族の一つ; ガーナで話される). **2** トゥイ語に基づく文語. 〖1874〗

TWI /tì:dʌblju:áɪ/ 《略》 Training (of Supervisors) within Industry 産業内(監督者)訓練.

twi- /twáɪ/ *pref.* 「二, 二重 (two, twice)」の意: *twi*-circle, *twi*-headed. 〖OE ~, *twy-* two, double < Gmc **twi-* ← IE **dwi-* (L *bi-* / Gk *di-*) ← **dwo-* two: cf. Du. *twee-* / G *zwei-* / L *bi-* =OL *dui* / Gk *di-*: cf. two, bi-¹, di-¹〗

twi·bil /twáɪbɪl | -bɪl/ *n.* (*also* **twi·bill** /~/) **1** 《英方言》豆刈鎌(まめかりがま). **2** 《古》両刃のおの(武器). 〖OE ~: ⇨ twi-, bill³〗

twi·blade /twáɪblèɪd/ *n.* 〘植物〙 =twayblade.

twice /twáɪs/ *adv.* **1** 2 度, 2 回 (cf. thrice): once or ~ 1, 2 度 / ~ or thrice 《文語》両 3 度 / a ~ week 週に 2 回 / a *twice*-weekly flight to Des Moines デモインへの週 2 回の便 / read a book ~ / sing each song ~ *over* どの歌も 2 度ずつ続けて歌う. **2** 2 倍に (two times), 倍(増し)に (doubly): ~ *as* many 2 倍(の数) / ~ *as* much 2 倍(の量) / ~ *as* good [long, high] *as* …の倍もよい[長い, 高い] / *Twice* five is ten. 2 掛ける 5 は 10 / I am ~ your age [~ as old as you]. 君の倍も年を取っている / She's ~ the singer you are! 彼女は君よりずっと歌がうまい / Our goods are guaranteed ~ *over*. 当店の品物は倍増しの保証付きです. ★ 一般に(特に, 倍数を表すときには), two times よりも twice が普通に用いられる. **3** [~ removed で] 二世代[親等](隔たった): a first cousin ~ removed ⇨ removed 2.

at twice 《口語》 (1) 2 回に, 2 度に: Do it *at* ~. 2 回(に分けて)しなさい. (2) 2 回目に, 2 度目に: He succeeded *at* ~. 2 回目に成功した. ***be twice the mán*** [***wóman, pérson***] ***one wás*** [***úsed to bé***] (以前と比べて)はるかに元気[上手]になっている. ***be twice the mán*** [***wóman, pérson***] (***that***) ***a person ís*** 人と比べてはるかに優れている[強い]. ***in twice***=*at* TWICE (1). ***think twice*** 再考する, (行動に移る前に)よく考えてみる: I advise you to *think* ~ *before* accepting his offer. 彼の申し出を受ける前によく考えたほうがよい / I shouldn't *think* ~ *about* refusing [accepting] his offer. 私なら断然彼の申し出を拒絶する[受け入れる].

〖ME *twies* ← *twie* twice (< OE *twiga* ← TWI-) + -s²〗

twíce-bórn *adj.* **1** 生まれ変わった, 化身した (reincarnate). **2** 〘神学〙 新生の, 再生した (regenerate). **3** 〘ヒンズー教〙 再生族の (四姓(カースト)のうち上位 3 階級; 特に, バラモンをこう呼ぶ; ⇨ caste 1). 〖15C〗

twíce-láid *adj.* **1** ⟨綱が⟩より直しの: a ~ rope 再生索. **2** 代用の, 再生の. 〖1592–93〗

twíc·er *n.* **1** 2 度する人; 日曜日の礼拝に 2 度出席する人. **2** 《俗》(予期したものの) 2 倍のもの. **3** 《英俗》[通例軽蔑的に] 植字兼印刷工. **4** 《英俗》 =two-time loser. **5** 《英・豪俗》ペテン師 (cheat); 悪党 (crook). 〖(1679) ← TWICE + -ER¹〗

twíce-tóld *adj.* **1** ⟨物語など⟩言い古された, 古臭い, 陳腐な (hackneyed): a ~ tale 言い古された話[ことがら] (Shak., *John* 3.4.108). **2** 2 度話された[語られた]. 〖1430–40〗

Twick·en·ham /twík(ə)nəm/ *n.* トウィッケナム (Thames 川に沿う London の南西方の郊外都市で Richmond upon Thames の一部). 〖OE *Twiccanham* ← ? **twicce* river fork (cf. OE *twi(c)cen* fork of roads) + *ham* water-meadow (cf. ham³)〗

twid·dle¹ /twídl | -dl/ *vt.* ⟨指などを⟩ひねくる, ひねくり回す, くるくる回す (twirl): ⇨ *twiddle one's* THUMBS. — *vi.* **1** […を]いじくり回す, もてあそぶ (fiddle, trifle) (*with*): He ~*d with* his hair. 髪の毛をいじくり回した. **2** くるくる回る (twirl). **3** 《まれ》つまらないことに時を過ごす. — *n.* **1** ひねり回し, くるくる回ること. **2** 波紋, 波状線. **twíd·dler** /-dlə, -dlə | -dlə^r, -dl-/ *n.* 〖(*c*1540) (混成)? ← TWITCH¹ // TWIRL + FIDDLE: cf. ON *tvidla* to stir〗

twid·dle² /twídl | -dl/ *vi.* **1** ⟨鳥が⟩さえずる. **2** つまらぬおしゃべりをする. **3** (楽器を)慰みに鳴らす. **twíd·dler** /-dlə, -dl- | -dlə^r, -dl-/ *n.* 〖(1863) 擬音語〗

twíd·dling line /-dlɪŋ-, -dl- | -dl-, -dl-/ *n.* 〘海事〙 **1** 船の舵輪を(波の衝撃で回転したりしないように)縛りつけるロープ. **2** ボートの舵を希望する角度に留めておくためのロープ. 〖1867〗

twid·dly /twídli, -dli | -dli, -dli/ *adj.* ひねくり回した; 《口語》(特に不必要なほど)入り組んだ, 扱いにくい, ⟨演奏などが⟩やりにくい, 難しい: the ~ bit ちっちゃなやつ. 〖(1906): ⇨ twiddle¹, -y⁴〗

twí·fòld /twáɪ-/ *adv., adj.* 《古》 =twofold. 〖OE *twifeald*〗

twí·fòrmed /twáɪ-/ *adj.* 二つの形をもつ. 〖1887〗

twig¹ /twíg/ *n.* **1** 小枝, 細枝 (⇨ branch SYN). **2** 占い棒 (divining rod): work the ~ 占い棒で占う. **3** 〘解剖〙 小分岐, 枝脈. **4** 〘電気〙 小配電子, 枝線. ***hóp the twíg*** ⇨ hop¹ 成句.

~·lìke *adj.* 〖OE *twigge* < Gmc **twig(g)a* fork, bifurcation (Du. *twijg* / G *Zweig*) ← **twi-* (⇨ twi-): cf. twain, twin: 枝のまたの分かれから か〗

twig² /twíg/ *v.* (**twigged; twig·ging**) 《英口語》 — *vt.* **1** …がわかる, 悟る, のみ込む: I ~ it! わかった / I could not ~ what he meant. 彼が何を言おうとしているのかわからなかった. **2** 見る, …に注目する, 目をつける (look at). **3** 見つける, 認める (discover). — *vi.* わかる: I don't quite ~, will you tell me again? どうもよくわからない, もう一度話してくれませんか. 〖(1764)? (i) □ Sc.-Gael. *tuig* I understand // (ii) (変形) ← (方言) *twick* 'to twitch, TWEAK': もと盗賊の隠語〗

twig³ /twíg/ *n.* 《英》 **1** ぱりっとした様子[身なり], 流行 (fashion, style); やり方, 方法 (method): in (prime, good) ~ スマート[立派]ななりをして; きちんとしたやり方で. **2** 状態, 調子. 〖(1811) ← ?〗

twíg blìght *n.* 〘植物病理〙 小枝の枯凋(こちょう)病 (種々の針葉樹・広葉樹の枝が寄生菌で冒され枯死する現象). 〖1961〗

twíg bòrer *n.* 〘昆虫〙 木の枝に穴をあける小形の甲虫(の幼虫)・蛾の幼虫などの総称: ⇨ peach twig borer.

twíg fùrniture *n.* 《米・カナダ》(ヤナギの)枝を使った丸木造りの家具.

twigged *adj.* 小枝[細枝]のある. 〖⇨ -ed 2〗

twig·gen /twígṇ | -gɪn/ *adj.* 《古》 小枝細工の, ヤナギ

細工の. 〖(1549): ⇨ twig[1], -en[2]〗

twig·gy /twígi/ *adj.* (**twig·gi·er; -gi·est**) **1** 小枝の多い, 小枝の茂る. **2** 小枝から成る. **3** 小枝のような; か細い, 繊細な, やせた: ～ legs. 〖(1562): ⇨ twig[1], -y[4]〗

twíg rùsh *n.* 〘植物〙 =saw grass.

twi·light /twáɪlàɪt/ *n.* **1 a** (日出前・日没後の)薄明, 薄明かり, 薄暗がり; 微光. **b** (日没後の)薄暮, たそがれ(時) (dusk): *at* ～=*in* the ～ たそがれ時に. **2** (物事の発達前後の)薄明(期), (特に)衰退期, 末期: the ～ *of* his life 彼の人生のたそがれ時 / *in* the ～ *of* Mao's rule 毛(沢東)の統治の末期に. **3** ぼんやりとした理解, 一知半解: a dim ～ of consciousness もうろうとした意識.

Twílight of the Góds [the ―] 〘北欧神話〙 =Ragnarok.

― *adj.* [限定的] **1** 薄明の, たそがれの, 薄暮の: the ～ hour たそがれ時. **2** 薄暮に現れる (crepuscular): a ～ bat, moth, etc. **3** ぼんやりした, 不分明な: ～ knowledge 生半可な知識 / the [a] ～ world 《文語》不透明な[やみの]世界.

― *vt.* 《まれ》かすかに照らす, 薄明かりにする.

〖(1412–20): ⇨ twi-, light[1]: cf. Du. 《廃》 *tweelicht* / LG *twelecht* / G *Zwielicht*: 原義は 'the light between' か: cf. MHG *zwischenlicht* tween-light〗

twí·lìght·ed /-tɪ̀d | -tɪ̀d/ *adj.* =twilit.

twílight glòw *n.* 薄明時に出現する大気光 (airglow). 〖1819〗

twílight hòme *n.* 高齢者用住宅. 〖1934〗

twílight·less *adj.* 薄明のない. 〖1892〗

twílight slèep *n.* 〘医学〙 (無痛分娩法の際などの)半麻酔状態 (morphine や scopolamine の投与によって起こる). 〖(1912) 《なぞり》 ← G *Dämmerschlaf*〗

twílight zòne *n.* **1** 境界不分明の領域; はっきりしない中間領域. **2** 〘生態〙 弱光層 (光が到達する海面下の最下層). 〖1909〗

twi·lit /twáɪlɪ̀t/ *adj.* 薄暗い, 薄明かりの (dim); 不明瞭な (obscure). 〖(1869) (p.p.) ← TWILIGHT〗

twill /twíl/ *n.* あや織り, あや織りラシャ (serge, gabardine など); (あや織りの)あや, 斜文(しゃもん). ― *adj.* あや織りの.

― *vt.* あやに織る. 〖(1329) *twyll(e)* < OE *twili(c)* (部分訳) ← L *bilīc-*, *bilīx* having double thread (*bi-* (⇨ bi-[1]) の部分を TWI- と訳した): cf. tweed〗

'twill /(弱) twɪ̀l; (強) twíl/ 《詩・古》 it will の縮約形.

twilled *adj.* あや織りの, 畝(うね)状の: ～ fabrics, weaves, etc. 〖*c*1423〗

twíll·ing /-lɪŋ/ *n.* あや織りの織物; あや織りの織物の作り方. 〖1839〗

twíll wèave *n.* =twill.

TWIMC 《略》 to whom it may concern.

twin /twín/ *n.* **1 a** 双生児[双子]の一人 (cf. triplet, quadruplet, quintuplet, sextuplet, septuplet, octuplet). **b** [*pl.*] 双生児, 双子 (cf. singleton 1): a pair of ～s / ⇨ fraternal twin, identical twin. **2** 似た人[物], 対の一方 (exact counterpart) 〔*of, to*〕; [*pl.*] 対 (pair): Love is the ～ *of* truth. 愛は真理の対である. **3** 〘結晶〙 双晶 (macle ともいう; cf. trilling 2). **4** [the Twins] **a** 〘天文〙 ふたご(双子)座 (⇨ Gemini[1] 2). **b** 〘占星〙 ふたご座, 双子宮 (⇨ Gemini[1] 1). **5** 〘植物〙 双生子.

― *adj.* **1** 双子の, 双生児の: ～ children, brothers, sisters, daughters, etc. **2** 対をなす(片方の), 対の(一方の); 非常によく似た, 酷似した, 対の: a ～ vase 対花瓶 (1個) / a ～ boat [steamer] 双子型汽船, 双胴船 / the ～ demons of inflation and unemployment インフレと失業という双子[一対]の悪魔. **3** 〘生物〙 双生の, 対の (didymous). **4** 〘結晶〙 双晶の: a ～ crystal 双晶. **5** 《廃》 2倍[二重]の (double).

― *v.* (**twinned; twin·ning**) ― *vt.* **1 a** 対にする (pair); 〈二つのものを〉(密接に)結びつける; 〔…と〕結合させる 〔*with*〕. **b** 〈都市を〉〔…と〕姉妹関係[都市]にする 〔*with*〕. **2** 〈二つのものを〉釣り合わせる (match). **3** 《廃》 双生児としてはらむ[産む]. **4** [しばしば p.p. 形で] 〘結晶〙 双晶にする. ― *vi.* **1** 双生児を産む. **2** 《古》 双生児に生まれる. **3** 〔…と〕対になる 〔*with*〕. **4** 〘結晶〙 双晶になる.

〖OE *(ġe)twinn* < Gmc **twisnaz* (ON *tvinnr* double) ← IE **dwisno-* (L *bīnī* two each / Lith. *dvynù* twins) ← **dwo-* 'TWO': cf. twi-, twain〗

twín áxis *n.* 〘結晶〙 双晶軸 (双晶の両方に共通な軸). 〖1855〗

twín béd *n.* ツインベッド (対になった同じ型のシングルベッドの一つ). 〖1919〗

twín-bédded *adj.* 〈部屋が〉ツインの.

twín-béd ròom *n.* ツインルーム (ホテルなどのシングルベッドが二つ入った部屋; cf. double room).

twín·bèr·ry /-bèri | -b(ə)ri/ *n.* 〘植物〙 **1** アカネ科ツルアリドオシ属の植物 (*Mitchella repens*) (boxberry, partridgeberry ともいう). **2** 北米産の黒い2個の実が接着するスイカズラ属の植物 (*Lonicera involucrata*). 〖1821〗

twín bíll *n.* 《米口語》 **1** 〘映画〙 =double feature. **2** 〘スポーツ〙 =doubleheader 1. 〖1939〗

twín·bòrn *adj.* 双子として生まれた, 双生の. 〖1599〗

Twín Bróthers [Bréthren] *n. pl.* [the ～] **1** 〘ギリシャ神話〙 =Castor and Pollux. **2** 〘天文〙 ふたご(双子)座.

twín-càm *adj.* ツインカムの (2本のカムシャフトをもつエンジンの).

Twín Cíties *n. pl.* [the ～] ふたご都市 (Minnesota 州の Minneapolis と St. Paul のこと; Mississippi 川の両岸に相対して位置する). 〖1856〗

twín dóuble *n.* 〘競馬〙 ツインダブル (二組の連続する2レース, 合計4レースの勝馬を的中させた者が払戻金をもらう方式の賭け; 二重勝式投票を二つ組み合わせたもの; cf. daily double). 〖1960〗

twine[1] /twáɪn/ *n.* **1** (通例ふたこ・みこ・よこの)より糸; (特に)麻糸, 麻ひも (包装または網の製造などに用いる); 縫い糸; 紙糸. **2** よること, より. **3** からみ, 巻きつき; ぐるぐる巻き (coil): snaky ～*s* 蛇がとぐろを巻いた形. **4** もつれ, こんぐらかり.

― *vt.* **1** 〈糸を〉よる, より合わせる (twist together). **2** 〈織物・花輪などを〉織る, 編む (weave); よって〔…を〕作る 〔*into*〕: ～ a wreath [garland] 花輪を作る / ～ little threads *into* a rope 小さな糸をより合わせてロープを作る. **3** からませる, 巻き付かせる (entwine) 〔*about, (a)round*〕: ～ one's arms *(a)round* …に抱きつく, (両手で)…を抱く / a wreath ～*d about* his brow 彼の額に巻き付けられた花輪 / They were ～*d in* each other's arms. 二人はお互いに抱き合っていた. **4** ねじる[巻く]ようにして差し込む 〈*in*〉 / 〔*into*〕: She ～*d* her fingers *into* her curls. 指を巻き毛の中に入れてからませた. **5** 包む (enfold), 巻く 〔*with*〕: walls ～*d round with* ivy ツタのからみ付いた壁. ― *vi.* **1** よれる, より合わさる. **2** 巻き付く, からまる 〔*about, (a)round*〕. **3** 〈植物・茎などが〉つるになる, 巻き付く (cf. scramble 6). **4** 曲がりくねる, うねる: The river ～*d* to the sea. 川は曲がりうねって海へ注いでいた.

〖OE *twin* ← Gmc **twi-* 'TWI-' (Du. *twijn*): cf. twain, twin, two〗

twine[2] /twáɪn/ 《スコット》 *vt.* 奪う. ― *vi.* 別れる. 〖(*a*1500) 《スコット》 *twin* < ME *twinne(n)* to divide ← TWIN〗

twín èlements *n. pl.* 〘化学〙 双子元素 (性質・原子量ともに近い一対の元素; 例: ニッケルとコバルト).

twín-éngine *adj.* 〈飛行機が〉双発(型)の: a ～ airplane 双発機. 〖1931〗

twín-éngined *adj.* =twin-engine. 〖1916〗

twin·er /twáɪnə | -nə(r)/ *n.* **1** より手, 巻き手; よる物, より糸機. **2** 巻き付くもの; つる草. 〖← TWINE[1] + -ER[1]〗

twín·flòwer *n.* 〘植物〙 リンネソウ, エゾアリドウシ (*Linnaea borealis*) (北半球寒帯に産するスイカズラ科の小低木). 〖*c*1818〗

twinge /twíndʒ/ *n.* **1** 刺すような痛み, ずきずき[きりきり]する痛み (⇨ pain SYN): a ～ of toothache ずきずきする歯痛 / ～*s* of rheumatism=rheumatic ～*s* ずきずきするリューマチの痛み. **2** (心の)苦痛 (pricking): a ～ of conscience [remorse] 良心のうずき[後悔の苦しみ] / He felt a ～ of disappointment. 彼は刺すような失望を感じた. ― *vt.* **1** ずきずき痛ませる. **2** 《方言》 つねる, つまんで引っ張る. ― *vi.* 刺すように痛む, うずく. 〖OE *twenġan* to pinch ← Gmc **þweŋʒan* (G *zwingen* to constrain) ← IE **twengh-* to press in on: cf. OE *þwang* 'THONG'〗

twí-nìght /twáɪ-/ *adj.* 〘野球〙 薄暮から夜にかけてのダブルヘッダーの. 〖(1939) ← TWI(LIGHT) + NIGHT〗

twi-night·er /twáɪnàɪtə | -tə(r)/ *n.* 〘野球〙 薄暮ゲームに始まるダブルヘッダー. 〖1953〗

twín·ing plánt /twáɪnɪŋ-/ *n.* 纏繞(てんじょう)植物 (他のものに巻き付いて成長する植物). 〖1635〗

Twi·nings /twáɪnɪŋz/ *n.* 〘商標〙 トワイニング (英国 R. Twinings 社製の紅茶).

twink[1] /twíŋk/ *n.* 瞬間 (twinkling): *in a* ～ 瞬く間に. ― *vi.* きらきら輝く (twinkle). 〖(*c*1350) *twinke(n)*: cf. G *zwinken* to wink: cf. twinkle〗

twink[2] /twíŋk/ *vt.* 《英方言》 懲らしめる. 〖(1747) ?〗

twin·kie, twin·ky /twíŋki/ *n.* 《米俗》 女みたいな男, ホモ; 変わり者; (若くて)魅力的な人, キュートな人[女の子].

Twin·kies /twíŋkiz/ *n.* 〘商標〙 トウィンキーズ (米国製のクリーム入りの小型スポンジケーキ).

twín kílling *n.* 《俗》〘野球〙 併殺 (double play). 〖1895〗

twin·kle /twíŋkl/ *vi.* **1** 〈星・遠方の灯光などが〉ぴかぴか[きらきら, ちらちら]光る. **2** (光を受けて)きらめく, ひらめく (gleam): Diamonds ～. **3** 〈目が〉〔喜びなどで〕輝く, きらきら光る, きらめく 〔*with*〕: Her eyes ～*d with* gaiety. 彼女の目が陽気にきらきらした. **4** 《まれ》〈社交ダンスの足などが〉軽快に[ちらちらと]動く; (現れたり隠れたりして)ちらつく; 〈蝶が〉ひらひら飛ぶ. **5** 《古》 まばたきする (wink). ― *vt.* **1** 〈光を〉ぴかぴか[きらきら]させる, きらめかせる, ひらめかす. **2** 《まれ》〈足などを〉軽快に[ちらちら]動かす. **3** 《古》〈目などを〉しばたたく.

― *n.* **1** ぴかぴか光ること, きらめき, ひらめき (sparkle, flash): the ～ of a star 星の光のきらめき. **2** 目のきらめき[輝き]: a mischievous ～ in a boy's eye いたずらそうな少年の目の光. **3 a** 《古》 瞬き (winking). **b** 瞬く間, 瞬間 (twinkling). ★ 特に, 次の句で: *in a* ～ 瞬く間に, 瞬間に, あっという間に. **4** (社交ダンスの足などの)ちらちら見える速やかな運動; ちらつき. **5** 〘ダンス〙 トウィンクル (社交ダンスステップの一つ; 前揃後, 後揃前のように3歩でクイッククイックスローのリズムで行うステップ).

a twínkle in one's éye ⇨ eye 成句. ***when you were júst [nò móre than] a twínkle in your fáther's éye*** おまえの生まれる前に.

twín·kler /-klə, -klə | -klə(r), -kl-/ *n.* 〖OE *twinclian* (freq.) ← **twincan* to twink ← Gmc **twink-*: ⇨ -le[3]〗

twínkle-tòed *adj.* 《口語》 足取りの軽い, 足の速い, 俊足の. 〖1960〗

twínkle·tòes *n.* 《口語》 twinkle-toed の人.

twín·kling /-klɪŋ, -kl-/ *adj.* ぴかぴかする, きらめく, ひらめく; きらきら光る: a ～ star, diamond, etc. / ～ eyes きらきら光る目. ― *n.* **1** きらめき, ひらめき. **2 a** 《古》 瞬き (winking). **b** 瞬く間, 瞬間 (instant) (⇨ minute[1] SYN). ★ 特に, 次の句で: *in a* ～=*in the* ～ of an eye [of a bedpost, of a teacup] 瞬く間に. **3** ちらちらする[見える]こと, ちらつき. 〖(*c*1303): ⇨ ↑, -ing[1,2]〗

twin·kly /twíŋkli, -kli/ *adj.* =twinkling. 〖(1884) ← TWINKLE + -Y[4]〗

twinky *n.* =twinkie.

twín·lèaf *n.* 〘植物〙 アメリカタツタソウ (*Jeffersonia diphylla*) (米国東部産のメギ科の宿根草). 〖1845–50〗

twín-lèns cámera *n.* 〘写真〙 二眼のカメラ (立体写真撮影カメラ・二眼レフなど). 〖1948〗

twín-lens réflex càmera *n.* 〘写真〙 二眼レフ(カメラ). 〖1978〗

twín-mótored *adj.* =twin-engine.

twinned *adj.* **1** 双子に生まれた. **2** 対になった, 対の (paired, coupled); 〈二つのものが〉(密接に)結びついた, 結合した; 釣り合った (matched). **3** 〘結晶〙 双晶になった. 〖(1607–10) ← TWIN + -ED 1, 2〗

twín·ning *n.* **1** 双子を生むこと. **2** 結合 (coupling, union). **3** 〘結晶〙 双晶形成. 〖(1573): ⇨ -ing[1]〗

twín páradox *n.* 双子のパラドックス (双子のうち一人が慣性系(地球)に残り, もう一人が超高速宇宙ロケットで長期間旅行後, 地球に戻ると, 地球に残ったほうが早く年を取るという相対性理論によるパラドックス).

twín plàne *n.* 〘結晶〙 双晶面. 〖1855〗

twín róom *n.* =twin-bed room.

twín-scréw *adj.* 〘海事〙 二つのスクリューを有する双暗車の. 〖1884〗

twín sèt *n.* (女性用の)プルオーバーセーターとカーディガンの組み合わせ[アンサンブル]. 〖1937〗

twín·shìp *n.* 双子[双生児]であること, 双生; 近似[類似](性). 〖1674〗

twín-sìze *adj.* 〈ベッドが〉ツインサイズの (横 39 インチ縦 75 インチの大きさのものにいう; cf. full-size 3).

twín·spòt *n.* 〘鳥類〙 アラレチョウ (アフリカ産カエデチョウ科アラレチョウ属 (*Hypargos*) および近縁の属の数種; 下面は黒に白点がある).

twín tówn *n.* 《英》 (海外の)姉妹都市.

twín-tráck *adj.* 二つの要素[局面]から成る.

twín-tùb *n.* 二槽式洗濯機.

twin·y /twáɪni/ *adj.* **1** より糸の. **2** からみ合う. 〖(1620): ← TWIN + -Y[1]〗

twire /twáɪə | twáɪə(r)/ *vi.* 《古・方言》 こっそりのぞく, のぞき見する; 〈光などが〉きらめく (cf. Shak., *Sonnets* 28. 12). 〖(1593) ← ?〗

twirl /twə́ːl | twə́ːl/ *vt.* **1** くるくる回す, 振り回す (spin, whirl): ～ a cane *(a)round* つえを振り回す / ～ the dial of a safe 金庫のダイヤルをくるくる回す. **2** ひねくり回す, ひねる, いじり回す (twiddle): ～ one's moustache ひげをひねり回す / ～ one's (wine)glass (手持ちぶさたに)(ワイン)グラスをくるくる回す / ⇨ *twirl one's* THUMBS. **3** 〘野球俗〙 〈投手が〉〈ボールを〉投げる (pitch). ― *vi.* **1** くるくる回る (whirl). **2** のたくる, くねくねする (undulate). **3** くるりと向きを変える. **4** 《俗》〘野球〙 投手をつとめる, 投球する (pitch). ― *n.* **1** 回転, ひねり回し, くるくる回る (whirl, spin): give one's moustache a ～ 口ひげをひねる. **2** ねじれ, 巻き, 渦巻き (convolution); 丸い[らせん形の]もの. **3** (文字の)飾り書き (flourish). **twírl·y** /-li/ *adj.* 〖(1598) 《混成》? ← 《廃》 *tirl* (《音位転換》 ← TRILL[2]) + WHIRL // ← ? ON: cf. Norw. 《方言》 *tvirla* to twirl / Fris. *dwerlje* to whirl〗

twírl·er /-lə | -lə(r)/ *n.* **1** くるくる回るおもちゃ; くるくる回す人. **2** 《俗》〘野球〙 投手 (pitcher). **3** =baton twirler. 〖(1808): ⇨ ↑, -er[1]〗

twirp /twə́ːp | twə́ːp/ *n.* 《俗》 =twerp.

twist /twíst/ *vt.* **1** よる, より合わせる, なう (intertwine); 編む (plait), 編み合わせる, 織り込む (interweave); よって[編んで, なって]作る: ～ wool [cotton] 羊毛[綿]をよる / ～ thread 糸をよる / ～ a garland 花輪を作る / ～ *up* 〈紙などを〉くるくる巻く, よる / ～ thread *into* a string 糸をよって(より)ひもを作る / ～ one's hair *into* a queue 髪を編んでおさげにする / ～ flowers *into* a garland 花をより合わせて花輪にする. **2** 巻く, 巻き付ける, からませる, まとわせる (wind): ～ wreaths *(a)round* a column 花輪を円柱に巻き付ける / ～ a flower *in* one's hair (茎を曲げて)髪に花を挿す. **3** ねじる, ひねる, 絞る (distort) (⇨ curve SYN); 曲げる, ゆがめる (bend); 捻挫(ねんざ)する (wrench): ～ a stick 棒切れをねじる / ～ cloth きれを絞る / ～ *off* ねじ切る / ⇨ *twist a person's* ARM[1] / His face was ～*ed with* pain.=Pain ～*ed* his face. 彼の顔が苦痛にゆがんだ / He ～*ed* his *lips*. 唇をゆがめた / He ～*ed* it *out of* my hand. 彼はそれを私の手からねじ取った / I ～*ed* my ankle badly. ひどく足首を捻挫した. **4** (野球などで)〈ボールを〉ひねる, カーブさせる; (ビリヤードなどで)〈球〉にひねりを加える. **5** (ひねって)くるくる回す, 回転させる: ～ one's fingers (そわそわして両手の)指をくるくる回す. **6** (…の意味を)こじつける, 曲解する (pervert): ～ a person's words 人の言葉を曲解する / They'll ～ your words *round into* what you don't mean. 彼らは君の言葉をゆがめて言いもしない意味にこじつけてしまうだろう. **7** [～ one's way として] 縫うようにして通る, 曲がりくねって進む: He ～*ed his way through* a crowd. 群衆の間を縫うように通って行った. **8** (糸をよるように, 密接に)結び付ける, 団結[連合]させる 〔*with*〕. **9** 《米》〘生命保険〙 (他社との契約を解約させて自社と契約するように)〈顧客〉に勧誘する, 乗り換えを勧める. **10** 《英俗》 だます, 欺く. **11** 《英俗》 もりもり食べる 〈*down*〉.

― *vi.* **1** よる, なう, ねじる; よれる, ねじれる: Her mouth ～*ed into* a smile. 口元がゆがんで微笑になった. **2** 巻き付く, からまる, からみつく (wind) 〔*about, around*〕. **3** 曲がる, それる (curve). **4** もがく, のたうつ, 身もだえする (writhe) 〈*about, up*〉. **5 a** 縫って行く, うねりくねって進む 〔*along, through*〕. **b** 〈道路・川などが〉曲がりくねる.

c (野球・クリケットで)〈球が〉回転しながらカーブして進む. **6** ぐるぐる回る, ぐるりと回る. **7** ツイストを踊る. **8** 〘トランプ〙(twenty-one で)ディーラーにもう一枚カードを要求する. **9** 《英俗》もりもり食べる.
twist and túrn (1) 〈道などが〉ひどく曲がりくねる. (2) しきりに身もだえする[寝返りをする]. ***twist my árm*** 《戯言》ありがたくお受け[ちょうだい]いたします. ***twist the knife*** ⇨ knife 成句.
— *n.* **1 a** より糸, 縄, 索 (thread, cord). **b** (ボタンホールのかがりに用いる丈夫な)絹のかがり糸. **c** より糸のよりの方向. **2 a** ねじりパン, ツイスト. **b** ねじりたばこ《3 本を互い違いにねじったたばこまたはたばこの葉をねじって作ったかみたばこ》. **c** (飲物に風味を添えるためのレモンなどの皮の)細片, ツイスト《軽くひねってある》: a ~ of lemon. **3 a** より, ねじり, ひねり (wrench); ない方; ねじれ, 曲がり, ゆがみ (distortion); もつれ (tangle): give a ~ to a rope [to a person's arm] 縄[人の腕]をねじる / a small ~ of wire 小さくねじった針金 / a ~ in a rope 縄のねじれ / a ~ in one's tongue 舌のもつれ, 不鮮明な発音, 舌足らず / a ~ of the wrist 手首のひねり方; 手練, 呼吸, こつ. **b** (顔などの)引きつり, ゆがみ. **4** 曲がりくねり, 曲がり, 湾曲 (curve, turn): be full of turns and ~*s* ひどく曲がりくねっている, 曲折がある / a ~ *in* a road [stream] 道路[川]の曲がりくねり. **5** (軸を中心にした)回転, 旋回 (rotary motion, spin). **6 a** らせん状(の動き); らせん. **b** 〘銃砲〙(旋条 (rifling) の溝の)ねじれ. **7** 《米》(野球・テニス・クリケット・ビリヤードなどの)ひねり, 切り, カーブ: give a ~ to a ball 球をひねる. **8** ひねり, 切り, 癖, (特に)奇癖 (turn, cast): a ~ *in* one's nature 奇癖, ひねくれた[曲がった]性質. **9** 曲がった事, 不正, 不正直. **10** (意味などの)ひねり, 曲解 (wresting). **11 a** (事件・事態などの)意外な進展: by a ~ of fate 運命のめぐりあわせで. **b** 新しい工夫, 新機軸. **c** (物語などの筋の)ひねり. **12 a** [the ~] 〘ダンス〙ツイスト. **b** 〘水泳〙ツイスト《飛び込みのひねり技》. **13** 《英》(物を入れて両端をひねった)小さな紙袋 (twist of paper) (cf. screw 6): a ~ of tobacco, salt, etc. **14** 《英俗》2 種類の酒を混ぜた混合酒: a gin ~ ブランデーとジンの混合酒. **15** 《俗》(若い)女; (特に)自堕落な女 (floozy). **16** 《俗》マリファナたばこ (marijuana cigarette). **17** 《英俗》旺盛な食欲: have a good ~ とても腹が減っている. **18** 〘物理〙ねじり(の率), ねじり角 (torque). **19** 〘気象〙気流のねじれ.
gét* one's *knickers in a twist ⇨ knickers 成句. ***òut of twist*** ねじれていない. ***róund the twist*** 《英口語》頭がおかしくなって, かっとなって: drive a person *round the* ~ 人をいらだたせる. ***twist(s) and túrn(s)*** (1) 曲がりくねり (ins and outs). (2) いきさつ, 曲折: the ~*s and turns* of a soccer match サッカー試合の一部始終. (3) 手練手管. 〘1853〙

twist·a·ble /-təbḷ/ *adj.* **twist·a·bil·i·ty** /twɪstəbɪ́ləṭi | -lɪ̀ti/ *n.* 〘v.: 《?a1200》 *twiste(n)* to divide ← OE **twist* rope, 《原義》divided object ← Gmc **twis-* (Du. *twist* / G *Zwist* quarrel / Goth. *twis-* asunder / ON *tvistra* to divide) ← IE **dwo-* 'TWO': cf. twi-, twain, twine. — n.: 《1350》《廃》divided object ← (v.)〙

twist drill *n.* 〘機械〙ねじれきり, ドリル. 〘1875〙

twist·ed *adj.* **1** ねじれた, ひねった, 曲がった. **2** 〈心が〉ゆがんだ, ひねくれた. **3** 《俗》酒[麻薬]に酔った. **~·ly** *adv.* 〘*a*1548〙

twisted cólumn *n.* 〘建築〙捻(ね)れ柱 (wreathed column).

T **twisted cúrve** *n.* 〘数学〙空間曲線《同一平面上にない曲線》.

twisted-stàlk *n.* 〘植物〙ユリ科タケシマラン属 (*Streptopus*) の多年草の総称《レバーベリー (liverberry) など》. 〘1856〙

twisted stómach wòrm *n.* 〘動物〙=stomach worm.

twist·er *n.* **1** より手, ない手; より糸機; ねじる人, ひねる人. **2** 《英口語》曲がった人, 不正直者, (ずるく)ごまかす人 (dodger). **3** (野球・ビリヤードなどの)カーブ, 曲球, ひねり球[玉]: He sent me a ~. **4** 難しい事, 難問 (poser): It was a regular ~. 全くの難問だった. **5** =tongue twister. **6** 《米口語》(Mississippi 地方の)旋風, つむじ風, 竜巻 (tornado). **7** 〘木工・建築〙=girder. **8** ツイストを踊る人. 〘《?c1475》: ⇨ twist, -er¹〙

twist gríp *n.* (オートバイ・自転車などの)ツイスト グリップ《ギア[アクセル]操作用の回転式握り》.

twist·ing *adj.* 巻き付く, ねじれる, よれる, 曲がる.
— *n.* 《米》〘生命保険〙乗り換え勧誘, 解約略奪募集 (cf. twist *vt.* 9). 〘《1683》: ⇨ -ing¹·²〙

twist·ing·ly *adv.* 巻き付けて, ねじって; こじつけて. 〘《1731》: ⇨ ↑, -ly¹〙

twist-lòck *n.* ツイストロック《トレーラーで輸送するときに貨物用コンテナを固定させる装置》. 〘1969〙

twis·tor /twɪ́stə | -tə^(r)/ *n.* 〘物理〙ツイスター《一般相対論と量子論を整合させるために考えられたスピノル (spinor) の一種; 質量 0 の粒子を表し, 時空を連続体としてではなく記述する》: ~ space. 〘《1967》: spinor にならった Roger Penrose による造語〙

twist sèrve *n.* 〘テニス〙ツイストサーブ《ボールにサイドスピンとトップスピンを与えたサーブで, バウンドしてレシーバーの左側にはねるサーブ》.

twist tìe *n.* (袋などの口に巻き, ひねって締めるための)短い針金, ビニ(ール)タイ《通例プラスチック紙などをかぶせてテープ状にしてある》.

twist·y /twɪ́sti/ *adj.* (**twist·i·er**; **-i·est**) **1** 曲がりくねった, ねじれた, うねうねした (winding): a ~ staircase 曲がりくねった階段. **2** 不正直な. 〘《1857》: ⇨ -y⁴〙

twit¹ /twɪ́t/ *vt.* (**twit·ted**; **twit·ting**) **1** 〔過失・弱点・欠点などで〕〈人を〉なじる, あざける, やじる (gibe at, taunt) 〔*with, about, on*〕: ~ a person *with* his timidity [his humble origin] 臆病だとなじる[身分が卑しいとあざける]. **2** とがめる, しかる. — *n.* **1** 《まれ》難詰, あざけり, しかること. **2** 《英口語》ばか, くだらんやつ. **3** 《米口語》いらいら[びくびく]した状態 (jitters): What a ~ you are in! ひどくいらいらしているね / give a person the ~*s* 人をびくびくさせる. 〘《1530》 *twite* 《頭音消失》← 《廃》*atwite* < OE *ætwītan* ← *æt* 'from, away, AT' + *wītan* to blame (← Gmc **wītan* to know (OHG *wīzan* to punish / ON *vita* to blame / Goth. *witan* to observe) ← IE **weid-* to see: cf. wit²)〙

twit² /twɪ́t/ *n.* (つむぎ方のむらにより生じた, 糸の)弱い部分. 〘《1819》← ?〙

twitch¹ /twɪ́tʃ/ *vt.* **1** (袖(そで)などを)ぐいと引く, 急に引く (pull at, jerk at); ぐいと取る, ひったくる (snatch): ~ a person *by* the sleeve 人の袖を引っ張る / ~ a cloth *off* a table テーブルクロスを食卓から引きはがす / She ~*ed* the cloth *away*. クロスをぐいと取った. **2** 〈体の一部を〉ぴくっと動かす, ひきつらせる: ~ one's ears [tail, eyelids] 耳[尾, まぶた]をぴくぴく動かす / A pale amusement ~*ed* his face. 軽い興味から顔がぴくりと動いた. **3** 《まれ》つまんでひっぱる, つねる (nip): ~ a person all over 人の体中をつねる. **4** 〈すりなどが〉ひったくる: ~ 3 pounds *from* a person's pocket 人のポケットから 3 ポンドひったくる / I ~*ed* the letter *out of* his hand. 彼の手から手紙をひったくった.
— *vi.* **1** 〈顔・筋肉などが〉ぴくりと動く, ぴくぴくする, ひきつる: His face ~*ed* with nervousness. 彼の顔は心配でぴくぴく動いた. **2** ぐいと引っ張る (tug) 〔*at*〕: She ~*ed at* my sleeve. 私の袖を引っ張った. **3** きりきり[ぴりぴり]痛む: His tooth ~*ed*. 歯がずきずき痛んだ.
— *n.* **1** (体またはその一部が)ぴくりと動くこと, ひきつり; 痙攣(けいれん). **2** ぐいと引っ張る[取る]こと, ひったくり (jerk) 〔*at*〕: I waited for a ~ *at* the end of the line. 釣り糸の端を魚が引くのを待った. **3** (体または精神の)激しい痛み (twinge): a ~ of toothache 激しい歯痛. **4** (馬の)鼻ねじ具, 鼻捻棒(びねんぼう)《馬の鼻口部に縛り付けておき, 蹄鉄(ていてつ)などを打つときや治療時に暴れる馬を取り静めるために用いる》. **5** 〘生理〙(筋肉の)単収縮.
at a twitch たちまち (in a moment).
〘《?a1300》 *twicche(n)* < OE **twiċċan* < Gmc **twikjōn* to pinch off (*twiċċian* (cf. tweak) / LG *twikken* to twitch / G *zwicken* to pinch)〙

twitch² /twɪ́tʃ/ *n.* 〘植物〙=couch grass. 〘1595〙

twitch·er *n.* **1** 《英口語》(稀少鳥探しに)熱心なバードウォッチャー (birdwatcher). **2** 《英俗》麻薬常用者. 〘1: 《1977》: ⇨ twitch¹, -er¹〙

twitch gràss *n.* 〘植物〙=couch grass. 〘1707〙

twitch·ing *adj.* ぴくぴくする, 引きつる; ぐいと引く. **~·ly** *adv.* 〘1567〙

twitch·y /twɪ́tʃi/ *adj.* (**twitch·i·er**; **-i·est**) 《口語》いらいら[そわそわ]する, 落着きのない. **twitch·i·ly** /-tʃɪ̀li/ *adv.* **twitch·i·ness** *n.* 〘《1747》← TWITCH¹ + -Y⁴〙

twite /twáɪt/ *n.* 〘鳥類〙キバシヒワ (*Carduelis flavirostris*) 《英国および北欧産のヒワ属の小鳥》. 〘《1562》《擬音語》: cf. twit¹〙

twit·ten /twɪ́tn̩/ *n.* 《方言》(塀・垣根にはさまれた)狭い道, 路地. 〘《1801》← ?: cf. MLG *twite* lane〙

twit·ter /twɪ́ṭə | -tə^(r)/ *n.* **1** (小鳥の)さえずり, さえずり声. **2** 興奮, 身震い: be in [all of] a ~ 興奮している, 身震いする, ぞくぞくする. **3** (早口の)つまらぬおしゃべり; くすくす笑い. — *vi.* **1 a** 〈小鳥が〉さえずる. **b** 〈人が〉さえずるように歌う; (特に)〈女性が〉早口でおしゃべりする. **2** くすくす笑う. **3** 興奮して身震いする[ぞくぞくする]. — *vt.* **1** 〈鳥が〉〈喜びなどを〉さえずりながら表す; 〈人が〉〈つまらぬことを〉早口でしゃべる. **2** 〈指などを〉ひねくり回す. 〘《c1380》 *twitere(n)* 《擬音語》: cf. G *zwitschern*〙

twit·ter·a·tion /twɪ̀ṭəréɪʃən | -tə-/ *n.* 震え, 身震い, 興奮. 〘《1820》: ⇨ ↑, -ation〙

twít·ter·er /-ṭərə | -tərə^(r)/ *n.* さえずる鳥; くすくす笑う人. 〘《1834》: ⇨ -er¹〙

twít·ter·ing /-ṭərɪŋ, -trɪŋ | -tərɪŋ, -trɪŋ/ *adj.* 〈小鳥などが〉さえずる. **~·ly** *adv.* 〘《1681》: ⇨ -ing²〙

twit·ter·y /twɪ́ṭəri | -təri/ *adj.* **1** よくさえずる. **2** 震える (tremulous, shaky). 〘《1883》: ⇨ -y⁴〙

twít·ting /-ṭɪŋ | -tɪŋ/ *adj.* とがめる, なじる. **~·ly** *adv.* 〘《1580》← TWIT¹ + -ING²〙

twit-twat /twɪ́ttwɑ̀(ː)t | -twɔ̀t/ *n.* =house sparrow. 〘《1677》擬音語〙

twit·ty¹ /twɪ́ṭi | -ti/ *adj.* **1** 《英方言》不機嫌な (ill-tempered), 怒りっぽい. **2** 〘← *twit* 《擬音語》〙〈小鳥などよくさえずる: a little ~ bird. 〘《a1825》← TWIT¹ + -Y⁴〙

twit·ty² /twɪ́ṭi | -ti/ *adj.* 〈紡ぎ糸が〉太さが不ぞろいで (uneven). 〘《1884》← TWIT² + -Y⁴〙

Twit·ty /twɪ́ṭi | -ti/, **Conway** *n.* トウィッティ《1935–93; 米国のロックンロールシンガー・ギタリスト; 1965 年以降はカントリーシンガーとして活躍; 本名 Harold Lloyd Jenkins》.

twixt /twɪkst, twɪ́kst/ *prep.* (*also* **'twixt** /~/) 《詩》=betwixt. 〘《a1325》 *twix*: ⇨ betwixt〙

twiz·zle /twɪ́zḷ/ 《英口語・方言》*v.*, *n.* =twirl. 〘《1788》《変形》? ← *twistle* ← TWIST + -LE³: 擬音的造語か〙

two /túː/ *n.* (*pl.* **~s** /~z/) **1** 2; 2 個, 二人; 2 歳; 2 時: at ~ 2 時に / ~ of them それら[彼ら]のうちの二つ[二人] / a child of ~ 2 歳の子供 / They walked a mile or ~. 1, 2 マイルほど歩いた / *Two* and ~ make four. 2 に 2 を足すと 4 になる(ことは自明の理) / ⇨ *a* THING *or two* / *Two* heads are better than one. 《諺》二人いれば一人より知恵が出る, 「三人寄れば文殊の知恵」(cf. *Eccles.* 4:9) / It takes ~ (to tango). (二人で話したことは)片方だけの責任ではない / *Two* of a trade seldom agree. ⇨ trade 2 a / *Two*'s company, three's none [a crowd]. 《諺》二人ならば仲よし, 三人になると仲間割れ / That's a game that ~ can play. = *Two* can play at that game. その手ならこっちも負けはしない, きっと仕返しをするぞ. **2** 2 [II] の記号[数字]. **3** 対, 二人連れ[組], 一組 (pair). **4** (トランプの) 2 の札; (さいの) 2 の目; (ドミノの) 2 の目の牌. **5** 2 番サイズの衣服: wear a ~. **6** 2 ドル紙幣; 2 ペンス硬貨.
by* [*in*] *twós and thrées 三々五々, ちらほら. ***in twó*** 二つに, 二つの部分に (asunder): cut it *in* ~. ***in twó twós*** 《英》たちまち, 直ちに. ***pùt twó and twó togéther* (*and gèt fóur* [*fíve*])** 事実からはっきりした結論を出す, あれこれ考え合わせて正しい結果を出す. 《1849》 ***Thát màkes twó of us.*** それは私にも当てはまる, 私も同様[同感]だ《★ 特に悪い場合に用いる》. ***twó and* [*by*] *twó*** 二人[二つ]ずつ. ***twó* (*for*) *a pénny*** ⇨ penny 成句.
— *adj.* 2 の, 2 個の, 二人の; [叙述的] 2 歳で: one or ~ days 1 日か 2 日 / a day or ~ 一両日 / ~, three days 《米口語》2, 3 日 《★ three, four なども同様に用いられる》/ ⇨ *in two* MINDS / fall between ~ stools ⇨ stool 成句 / live ~ lives 二重生活をする.
〘OE *twā* (fem. & neut.) & *tū* (neut.) < Gmc **twai* (Du. *twee* / G *zwei*) < IE **dwo-* (L *duo* / Gk *dúo*): cf. twi-, twain〙

twó-a-càt *n.* 〘遊戯〙=two old cat.

twó-a-dáy *adj.* 〈ショーなど〉1 日 2 回の. — *n.* 1 日 2 回の出し物[ショー]. 〘1929〙

twó-alóng *adv.* 〘製本〙抜き綴じに (two-on).

Twó-and-a-hálf Internátional *n.* [the ~] 第二半インターナショナル (⇨ Vienna INTERNATIONAL).

twó-and-óne-hálf stríper *n.* 〘海軍〙=lieutenant commander.

twó-bágger *n.* 〘野球〙=two-base hit. 〘1880〙

twó-bàse hít *n.* 〘野球〙二塁打《double ともいう》. 〘1880〙

twó-bèat *adj.* 〈ジャズが〉ツービートの《⁴/₄ 拍子で第 2 拍と第 4 拍にアクセントがある》. 〘1938〙

twó-bít *adj.* [限定的] 《米口語》**1** 25 セントの(価の). **2** 安い, 安っぽい (cheap); 価値のない. 〘《1802》: cf. bit²〙

twó bíts *n. pl.* [単数または複数扱い] **1** 《米俗》25 セント (cf. bit² 6 a). **2** 《米口語》価値のないもの, くだらないもの. 〘1730〙

twó-by-fóur *adj.* **1 a** 厚さ 2 インチ幅 4 インチの, ツーバイフォーの. **b** 〘建築〙ツーバイフォー工法[構法]の, 2×4 構法の《2×4 インチの規格材を主として釘打ち工法によって建て, 壁全体で荷重を支える建設方式にいう; 主として住宅に使われる》. **2** 《米口語》小さな, ちっぽけな, 狭い (small), 窮屈な (cramped); つまらない, 取るに足らない (unimportant). — *n.* ツーバイフォー《公称厚さ 2 インチ幅 4 インチの木材; 米国・カナダの規格材》. 〘1897〙

twoc /twɑ́(ː)k | twɔ́k/ 《英口語》*n.* 車泥棒《行為》.
— *vt.* (**twocced**; **twoc·cing**) 〈車を〉盗む, 乗り逃げする. **twóc·cer** *n.* 〘《1990》《頭字語》← *t(aking) w(ithout) o(wner's) c(onsent)*〙

twó cénts *n. pl.* 《米口語》つまらないもの; くだらない人; わずかな量. ***ádd* [*pút ín*] *one's twó cénts* (*wòrth*)** 自分の意見を言う.

twó-clèft *adj.* 〘植物〙二裂の, 両裂の. 〘1793〙

twó-contròl áirplane *n.* 〘航空〙二元操縦飛行機《通例, 三つの独立した系から成る操縦系統を, 操作装置もしくは舵面のいずれかを 2 系統にした飛行機》.

twó cúltures *n. pl.* [the ~] 二つの文化《人文・社会科学系と自然科学系の二つの文化領域》. 〘《1956》英国の作家 C. P. Snow が 1959 年に Cambridge で行った講演の演題 *The Two Cultures and the Specific Revolution* から〙

twó-cýcle *adj.* 《米》〘機械〙〈内燃機関が〉ツーサイクルの《ピストンが気筒内を 1 往復する間に 1 回の動力発生の衝程を成すことにいう; cf. four-cycle》: a ~ engine. 〘1902〙

twó-décker *n.* **1** 二重甲板の船; 二層戦艦. **2** 2 階段付き電車[バス] (double-decker). 〘1790〙

twó-diménsional *adj.* **1** 二次元の, 高さと幅だけの. **2** 〈美術作品が〉二次元的な, 平面の, (構図が)垂直な線と水平な線を強調した. **3** 〈文芸作品が〉浅薄な, 説得力のない, 底の浅い. **twó-dimensionálity** *n.* **~·ly** *adv.* 〘1883〙

twó-diménsional mótion *n.* 〘物理〙二次元運動 (⇨ uniplanar motion).

twó-édged *adj.* **1** 〈剣が〉もろ刃[両刃]の. **2** 両義の, あいまいな: a ~ compliment あいまいなお世辞《人をばかにしているとも取れる》. 〘1526〙

twó-fáced /-féɪst/ *adj.* **1** 二面[両面]のある. **2** 二心のある, 表裏[陰ひなた]のある (double-faced, deceitful). **twó-fác·ed·ly** /-sɪ̀dli, -st-/ *adv.* **twó-fác·ed·ness** /-sɪ̀dnɪ̀s, -st-/ *n.* 〘1609〙

twó-fàmily hóuse *n.* =duplex house.

two·fer /túːfə | -fə^(r)/ *n.* 《米口語》**1** 安物; (特に, 5 セントで 2 本買える)安葉巻. **2** (劇場で)1 枚分の値段で切符が 2 枚買えるクーポン券; 割引切符. 〘《1890》← *two for (one)*〙

twó fíngers *n. pl.* [時に単数扱い] =V sign b.

twó-físted *adj.* **1** 両方のこぶしを使う. **2** 《米口語》(強くて)気力のある, 元気の盛んな, 男性的な. 〘1774〙

twó·fòld *adj.* **1** 2 部分[部門, 要素]のある, 二重の. **2** 2 倍の. — *adv.* 二重に, 2 倍に. 〘《?lateOE ~), *twafald* (⇨ two, -fold) ∽ OE *twyfeald* (⇨ twi-)〙

twó-fòld *n.* 〘劇場〙二つ折りになる書割り.

twófold púrchase [**táckle**] *n.* 〘海事〙二重テー

クル《2 個の二輪滑車を組み合わせた滑車装置》.

2,4-D /tú:fɔ̀ədí: | -fɔ̀:-/ *n.* 〖化学〗2,4 D (⇨ dichlorophenoxyacetic acid). 〖*c*1945〗

2,4,5-T /tú:fɔ̀əfàɪvtí: | -fɔ̀:-/ *n.* 〖化学〗2,4,5 T (⇨ trichlorophenoxyacetic acid). 〖1946〗

twó-fóur tìme *n.* 〖音楽〗4 分の 2 拍子.

Twó Géntlemen of Veróna, The *n.*「ヴェローナの二紳士」《Shakespeare 作の喜劇 (1594)》.

twó-hánd *adj.* =two-handed 2.

twó-hánded *adj.* **1** 両手のある. **2** 〈刀など〉両手で使う, 両手用の: a ~ sword. **3** 〈のこぎりなど〉二人で使う, 二人用の: a ~ saw. **4** 〈トランプなど〉二人で行う, 二人がかりの: a ~ card game. **5** 両手使い[きき]の (ambidextrous). **6** 《古》頑健な, 丈夫な (stout). **~·ly** *adv.* **~·ness** *n.* 〖(*c*1400): ⇨ two, handed〗

twó-hánd·er *n.* 二人芝居《二人の役者で演じる劇》. 〖1888〗

twó-hándled *adj.* 2 本の柄のある. 〖1839〗

twó-héaded *adj.* **1** 両頭の. **2** 二人の長[首領]を有する, 二頭の. 〖1596〗

twó-hórse *adj.* 二頭立ての; 〈競技(会)など〉2 者のみが勝ちそうな[有力な]. 〖*c*1780〗

twó-léaved *adj.* **1** 双葉の. **2** 二枚折りの: ~ door 二枚戸. 〖1594〗

twó-lég·ged /-lég(ɪ)d, -légd/ *adj.* 二本脚の, 二脚[両脚]の. 〖1561〗

twó-lìne *adj.* 〖活字〗〈頭文字など〉二行取りの《文字が二行幅の大きさにいう; cf. double 9》: a ~ initial 二行取りイニシャル. 〖1771〗

twó-line óctave *n.* 〖音楽〗2 点オクターブ《中央ハ音より 1 オクターブ高いハ音から始まるオクターブ》. 〖*c*1931〗

twó-line whíp *n.* 《英》登院命令《討議に参加し定則に従い投票するよう党からその党員である国会議員に出される指令; cf. free vote, three-line whip》.

twó-màn *adj.* 二人の[で行う]: a ~ exhibition. 〖1895〗

twó-másted *adj.* 〖海事〗二本マストの. 〖1774〗

twó-máster *n.* 〖海事〗二本マストの船. 〖1899〗

twó-nàme páper *n.* 《米》〖銀行〗二名[二重署名]手形, 複名手形.

twó·ness *n.* **1** 二つであること, 二つに分かれていること. **2** 二重性 (doubleness, duality). 〖1648〗

Twó Nóble Kínsmen, The *n.*「従兄弟同士の両貴族」《Shakespeare が Fletcher と合作したと推定されるロマンス劇 (1613)》.

two o' cat /tú:əkæ̀t/ *n.* (*also* **two-a-cat** /~/) 〖遊戯〗=two old cat.

two old cat /tú:əkæ̀t, -oʊl- | -ə(ʊ)l-/ *n.* 〖遊戯〗ツーオールドキャット《打者二人で行う one old cat》.

twó-ón *adv.* 〖製本〗=two-along.

twó-óne, 2-1 *n.* 《英》2 級上(の学位)《英国大学の学位の second class で upper division のこと; cf. two-two[1]》.

twó óver *n.* ツーオーバー《卵 2 個を両面焼きにした一種の目玉焼き; cf. single over》.

twó P, 2P /tú:pí:ˊ/ *n.* 《英》2 ペンス貨.

twó-páir *adj.* [限定的] **1** 〖トランプ〗ツーペアの. **2** 《古》3 階の (up two pair of stairs) (cf. pair[1] *n.* 6 b, one-pair 2, three-pair): a ~ room / a ~ back [front] 3 階の裏[表]の部屋(の住人). 〖1836〗

twó páir *n.* **1** [*pl.*] 〖トランプ〗ツーペア, ツープ《ポーカーで同位札のペアが二組できた手; ⇨ poker[1]》. **2** 《古》3 階の部屋. 〖1853〗

twó-pàrt *adj.* [限定的] 2 部から成る, 2 部の. 〖1854〗

twó-part tìme *n.* 〖音楽〗2 拍子 (⇨ duple time).

twó-pàrty *adj.* 〖政治〗二大政党の: the ~ system 二大政党制. 〖1901〗

two·pence /tú:péns, -pí:ˊ, tʌ́pəns, -pn̩s/ ★発音・用法その他については ⇨ penny 1. *n.* (*pl.* ~, **-penc·es**) 《英》**1** 2 ペンス(の価)《tuppence ともいう》. **2 a** 2 ペンス銅貨《George 三世の時に発行された》. **b** 2 ペンス銀貨《1662 年以後 maundy money としてのみ発行される》. **3** 《古》わずか, つまらぬ事 (a trifle): I don't care ~ 少しもかまわない, 平気だ. 〖(*c*1450) *two pens*〗

twópence píece *n.* 《英》2 ペンス貨.

two·penn'orth /tú:pénəθ | -nəθˊ/ *n.* **1** 2 ペンス分(の量). **2** 取るに足らない量, わずか. ***ádd* [*pùt ín*] *one's twópénn'orth*** 《口語》意見を述べる. 〖(1851) ← *two pennyworth*〗

two·pen·ny /tú:péni, tʌ́p(ə)ni, -pn̩i | tú:péni, -pí:ˊ/ ★発音・用法その他は ⇨ penny 1. *adj.* 《英》[限定的] **1** 2 ペンスの, 2 ペンスする: a ~ bun. **2** 安っぽい, つまらない, くだらない (trifling). **3** 〈釘が〉1 インチ(の長さ)の, 1 インチ釘の《100 本につき 2 ペンスしたことから》. — *n.* **1** 《英古》2 ペンス(青銅)貨. **2** 弱いビール (twopenny ale)《もと 1 quart を 2 ペンスで売ったことから》. **3** 《俗・戯言》頭 (head): Tuck in your ~! (馬跳びなどで)頭を引っ込めろ. **4** [a ~] わずか (a bit): not care *a* ~ ちっとも気にしない. 〖(1532) ← TWO+PENNY〗

twópenny-hálfpenny *adj.* 《英》**1** 2 ペンス半の. **2** 取るに足らない (petty), 安っぽい (cheap): ~ squabbles つまらないけんか. 〖1809〗

two-percent mílk *n.* 《米》(乳脂肪分 2% の)低脂肪牛乳 (《英》semi-skimmed).

twó-phàse *adj.* [限定的] 〖電気〗二相の (diphase) 《quarter-phase ともいう》. 〖*c*1896〗

two-piece /tú:pì:s/ *adj.* [限定的] 二つの部分から成る; (特に)〈衣服が〉ツーピースの (cf. one-piece): a ~ bathing suit. — *n.* ツーピース(の服). 〖*c*1880〗

twó-píec·er /-pí:sə | -sə(r)/ *n.* =two-piece. 〖1943〗

twó-platóon sỳstem *n.* 〖アメフト〗ツープラトーンシステム (⇨ platoon 3 a). 〖1948〗

twó-plý *adj.* [限定的] **1** 二本よりの, ふたこの: a ~ rope / ~ yarn 双糸. **2** 二重織りの; 二重の; 二枚重ねの: a ~ carpet 二重織りじゅうたん. — *n.* (*pl.* **-plies**) 二重織りの織物, 2 本よりの糸 (yarn). 〖(1832) ← TWO +-PLY〗

twó-pòint lánding *n.* 〖航空〗二点着陸法《左右の主輪だけで接地する着陸; cf. three-point landing》. 〖1972〗

twó-pòint perspéctive *n.* 〖製図〗二点透視(図) (⇨ angular perspective).

twó-pòt scréamer *n.* 《豪俗》酒に酔いやすい人. 〖1959〗

twó-ròwed bárley /-ròʊd- | -rəʊd-/ *n.* 〖植物〗二条大麦《穂の各節につく 3 小穂のうち, 中央の一つだけが実するため, 粒が 2 列となるオオムギ; cf. four-rowed barley》. 〖1812〗

twó-séater *n.* **1** 二人乗り自動車. **2** 前後 2 座席の自動車. **3** 複座(飛行)機《double-seater ともいう》. 〖1891〗

twó-shòt *n.* 〖映画・テレビ〗ツーショット《1 台のカメラで二人の人物の上半身以上(クローズアップ)を撮ること》. 〖1949〗

Twó Sícilies, the Kingdom of the *n.* 両シチリア王国《1130 年 Sicily と Naples の合併によってできた王国; 1861 年イタリア王国に併合された》. 〖1783〗

twó-síded *adj.* **1** 二面の (two-faced); 両面を有する. **2** 二心のある, 表裏のある. **3** 〖生物〗左右相称の. **4** 〈紙が〉表裏別々の色[手ざわり]の. 〖1884〗

twó-sìded tést *n.* 〖統計〗=two-tailed test.

two·some /tú:səm/ *adj.* **1** 二つの, 二重の. **2** 〈ゲーム・ダンスなど〉二人でする. — *n.* **1** 二つ組, 二人組; 一対のもの. **2** 〖ゴルフ〗二人でするプレー, シングル. 〖(*c*1375): ⇨ two, -some[1]: cf. G *zweisam*〗

twó-spèed *adj.* [限定的] 二段変速の: a ~ bicycle. 〖1875〗

twó-spòt *n.* **1 a** 取るに足らぬ[重要でない]人[物]. **b** (トランプの)2 の札, (さいの)2 の目 (deuce). **2** 《米口語》2 ドル紙幣; 2 ドル. 〖1885〗

twó-spòtted spíder mìte *n.* 〖動物〗ナミハダニ (*Tetranychus urticae*)《農作物に寄生するハダニ科のダニ》. 〖1947〗

twó-stàr *adj.* 〈ホテル・レストランが〉二つ星の, 中級の, 並みの: a ~ hotel.

twó-stàte *adj.* 二状態の《二つの状態のどちらでも存在することがありうる》. 〖1959〗

twó-stèp *n.* 二拍子のダンスステップの一つ, ツーステップ; その舞曲. — *vi.* ツーステップで踊る. 〖1895〗

twó-stíck·er *n.* 《米》二本マストの船. 〖1884〗

twó-strǒke *adj.* (エンジンが) 2 行程[ツーサイクル]エンジンの. — *n.* 2 行程[ツーサイクル]エンジン(を備えた乗物) (cf. two-cycle).

twó-stròke cýcle *n.* 〖機械〗(発動機の作動型式の) 2 行程, ツーサイクル. 〖1902〗

twó-súit·er *n.* 2 着の背広の入る男性用旅行スーツケース. 〖1923〗

twó-táiled *adj.* 〖統計〗〈検定が〉両側の《帰無仮説からの両側の変差を検定する》. 〖1904〗

twó-tàiled pásha *n.* 〖昆虫〗ヨーロッパフタオチョウ (*Charaxes jasius*)《南ヨーロッパ産のタテハチョウ科のチョウ》.

twó-tailed tést *n.* 〖統計〗両側検定《棄却域を, 仮定した値の両側に設定する仮説検定; two-sided test, two-tail test ともいう; cf. one-tailed test》. 〖1945〗

twó-tàil tést *n.* 〖統計〗=two-tailed test.

twó-thirds rúle *n.* 《米》〖政治〗三分の二制《大統領および副大統領候補の指名に, 全国大会代議員の少なくとも 3 分の 2 の投票数を要するという民主党の規則; 1832 年から 1936 年まで実施された》.

Twó Thòusand Guíneas *n.* [the ~] 〖競馬〗二千ギニー賞《英国五大競馬の一つ; 毎年春にイングランドの Newmarket で 3 歳馬によって行われる; 距離 1 マイル; 1809 年創設; 通例 2,000 Guineas と書く; cf. classic races 1》. 〖1951〗

twó-tíer /-tíə | -tíə(r)/ *adj.* 2 層[段, 階]の, 二重構造の.

twó-tìme *vt.* 《口語》裏切る, だます (double-cross); 〈恋人・夫・妻を〉裏切る. 〖1924〗

twó-time lóser *n.* 《口語》**1** 前科 2 犯の人. **2** (事業・結婚などに)2 度失敗した人. 〖1931〗

twó-tìmer *n.* 《口語》裏切り者; 不貞者; 同時に二人の女[男]と関係をもつ男[女]. 〖1927〗

twó-tìming *adj.* 《口語》裏切る, だます. 〖1935〗

twó-tòed ánteater *n.* 〖動物〗=silky anteater.

twó-toed slóth *n.* 〖動物〗フタツユビナマケモノ (⇨ unau). 〖1781〗

twó-tóne[-tóned] *adj.* **1** 2 色調[音調]の, ツートンカラーの: ~ shoes. **2** 〈ポピュラー音楽が〉黒人と白人のグループによって演奏される《レゲエ (reggae), ニューウェーブ (new wave) など》. 〖1906〗

twó-tóngued *adj.* **1** 二枚舌の. **2** 二枚舌を使う (double-tongued); 偽りの, ごまかしの (deceitful). 〖1815〗

twó-tòoth *n.* (*pl.* ~**s**) 《豪》2 本の門歯をもつ 1 歳から 2 歳までの羊.

twó-tòpsail schóoner *n.* 〖海事〗**1** =main-topsail schooner. **2** 縦帆式の 2 本マストにガフトップスル (gaff-topsail) を備えた縦帆のみのスクーナー船. 〖1944〗

twó-tràck 〖馬術〗*n.* 二蹄跡運動《前脚と後脚が, それぞれ 2 本の平行線上を動く斜行運動; 馬体は進行方行に対して斜めになっている》. — *vi.* 〈馬が〉二蹄跡運動をする.

two-two[1], 2-2 /tú:tú:/ *n.* 《英》2 級下(の学位)《英国大学の second class で lower division のこと; cf. two-one》: get a ~ in French.

two-two[2] /tú:tú:/ *n.* =.22 (⇨ twenty-two の位置).

'twould /(強) twʊ́d; (弱) twəd/ 《詩・古》it would の縮約形.

twó-úp *n.* 《主に豪》ツーアップ《二人で行う賭博ゲームで, 2 枚硬貨を投げ上げて両方とも表か裏かを賭ける》. 〖1898〗

twó-ùp twò-dówn *n.* 《英口語》ツーアップツーダウン《2 階建ての家で, 2 階に寝室が 2 室, 1 階に客間兼居間が 2 室あるもの》. 〖1962〗

twó-válued *adj.* **1** 〖数学〗〈関数が〉二価の (cf. single-valued, many-valued 1). **2** 〖論理〗(真偽)二値(的)の (cf. many-valued 2): ~ orientation 二値的な考え方 / ~ logic 二値論理学. 〖1918〗

two-way /tú:wéɪˊ/ *adj* **1** 二路[双路]の: a ~ cock 二路開閉コック. **2** 両面[対面]交通の, 両道の; 双務的な; 相互的な (cf. one-way): a ~ street 両面交通路 / ~ conversation 一方的でない会話. **3** 二様の使用法のある. **4** 〈無線・電話が〉送受信両用の, 双方向性の. **5** 〖統計〗二元の, 二方の. **6** 二者間の, 二党間の. 〖1571〗

twó-wày ĆÀTV́ *n.* 〖テレビ〗双方向 CATV《CATV による双方向通信; cf. two-way television》.

twó-way mírror *n.* マジックミラー.

twó-way rádio *n.* **1** (送信・受信)二方向ラジオ[無線通信]. **2** ツーウェイ ラジオ《直流・交流二電源用のラジオ》. 〖1942〗

twó-way swítch *n.* 〖電気〗二路スイッチ. 〖1903〗

twó-way télevision *n.* 〖テレビ〗双方向テレビジョン《送像・受像を相互に行って情報を交換できるシステム》. 〖1978〗

twó-whéeler *n.* 二輪車; (特に)自転車 (bicycle). 〖1861〗

twó-wìnged flý *n.* 〖昆虫〗双翅目の昆虫の総称《ハエ・カ・ブユなど》. 〖1753〗

twó-yéar-òld *adj.* [限定的] 二歳の. — *n.* 二歳の小児[子馬など]. 〖1594–95〗

twp /tʊ́p/ *adj.* 《南ウェールズ》ばかな, まぬけな. 〖◻ Welsh ~〗

twp 《略》township.

TWS 《略》〖電信〗timed wire service.

TWX 《略》teletypewriter exchange.

twy- /twáɪ/ *pref.* 《まれ》twi- の異形.

twy·er /twáɪə | twáɪə(r)/ *n.* 〖冶金〗=tuyere. 〖1839〗

TX 《略》〖米郵便〗Texas (州).

Ty 《略》Territory; Truly.

-ty[1] /-ṭi, -ti | -ti/ *suf.* 10 の倍数を示す数詞を造る: twen*ty*, thir*ty*. 〖OE -*tig*: cf. Du. -*tig* / G -*zig*: cf. ten〗

-ty[2] /-ṭi | -ti/ *suf.* 性質・状態・程度などを表す名詞語尾: beau*ty*, uni*ty*, enmi*ty*. 〖ME -*tye*, -*tie* -*te*(*e*) ◻ OF -*te*, -*tet* < L -*tātem*, -*tās*〗

Tyan-Shan /*Russ.* tʲinʲʃánʲ/ *n.* Tien Shan のロシア語名.

Ty·burn /táɪbən | -bə:n/ *n.* タイバーン《昔の London の死刑執行場, 仕置き場; 現在の Hyde Park の Marble Arch の近くにあった》: a ~ tippet 絞首索 / the ~ tree 《英》絞首台. 〖OE *Tiburne* (原義) boundary stream ← **tēo* boundary ((cf. OFris. *tia* boundary) ← *tēon* to draw)+*burne* 'BURN[2]'〗

Ty·bur·ni·a /taɪbə́:niə | -bɜ́:n-/ *n.* タイバーニア (London の Hyde Park 北の一区の雅称; 昔の死刑執行場の跡; 今は上流人士, 特に弁護士が多く住む). 〖⇨ ↑, -ia[1]〗

Ty·che /táɪki/ *n.* 〖ギリシャ神話〗テュケー《運命の女神: ローマ神話の Fortuna に当たる》. 〖◻ Gk *Túkhē* (原義) fortune, fate ← *tugkhánein* to chance, to happen: cf. doughty〗

ty·chism /táɪkɪzm/ *n.* 〖哲学〗偶然主義(論)《偶然が宇宙の客観的要因であるとする説; 特に, 宇宙の進化とともに減じていくにしても偶然性は宇宙最後の日まで残るとする C. S. Peirce の説; cf. uniformitarianism 2, fortuitism, teleology》. 〖(1892): ⇨ ↑, -ism〗

Ty·cho /táɪkoʊ | -kəʊ/ *n.* 〖天文〗ティコ《月面のクレーター; 深さ 4000 m, 直径 88 キロ》. 〖← *Tycho Brahe* (↓)〗

Ty·chon·ic /taɪkɑ́(:)nɪk | -kɔ́n-/ *adj.* 〖天文〗ティコーの, 天体系統説の《地球の回りを太陽が公転し, 太陽の回りを惑星が公転するという体系》. 〖(1670) ← *Tycho Brahe* (1546–1601: デンマークの天文学者)+-IC[1]〗

ty·cho·po·tam·ic /tàɪkoʊpətǽmɪk | -kə(ʊ)-ˊ/ *adj.* 〖生態〗〈植物・動物が〉静止した淡水に成育[生息]する (cf. eupotamic). 〖(1900) ← Gk *túkhē* chance (⇨ Tyche)+-o-+POTAMIC〗

ty·coon /taɪkú:n/ *n.* **1** 《口語》(実業界・政界の)巨頭, 大立物: the mining ~ 鉱山界の巨頭 / Publishing *Tycoon* William R. Hearst 出版界の大御所ウィリアムハースト. **2** 大君, 将軍《徳川幕府時代, 外国人が日本の将軍を呼んだ名称》: the ~'s government 徳川幕府. **~·er·y** /-nəri/ *n.* 〖(1861) ◻ Jpn. 大君〗

ty·coon·ate /taɪkú:nət, -neɪt/ *n.* 将軍職 (shogunate). 〖(1863): ⇨ ↑, -ate[1]〗

Ty·de·us /táɪdiəs | táɪdju:s, -diəs/ *n.* 〖ギリシャ神話〗テューデウス《Thebes 攻略に出かけた七勇士の一人; ⇨ SEVEN against Thebes》. 〖(1863): ◻ L *Tȳdeus* ◻ Gk *Tudeús*〗

tye /táɪ/ *n.* 〖海事〗(アッパー ゲルンやアッパー トップスルの)タイ《帆桁(ほげた)を引き揚げるためその中央に取り付けた鎖で, 反対側はマストを貫いて滑車装置とロープで甲板へ導かれる》. 〖(1485–86): ⇨ tie〗

T

ty·ee /táɪiː/ *n.* (北米インディアンの)首長, 族長 (chief). 〖(1792) ◻ N-Am.-Ind. (Chinook) *tayi* elder brother〗

tyg /tíg/ *n.* ティグ《17 世紀の普通の陶製酒杯で, 把手が一つから四つ, あるいはそれ以上ついたもの; 把手が一つで小型のものをマグ (mug) という》. 〖(1838) ← ?〗

Ty·gon /táɪgɑ(ː)n | -gɒn/ *n.* 〖商標〗タイゴン《金属製品の裏打ち・コーティングに用いられるビニール化合物》.

ty·ing /táɪɪŋ/ *n.* 縛る[結ぶ, くくる]こと, 結び, 結び目. — *adj.* 〖商業〗抱き合わせの, 条件付きの, ひも付きの: a ~ agreement 抱き合わせ[ひも付き]契約. 〖(1480): ⇨ tie (v.), -ing[1,2]〗

tyke /táɪk/ *n.* **1** 《英口語》いたずらっ子, 悪がき. **2** やくざ犬, 野良犬 (cur). **3** 《英》 **a** 無骨者, 田舎者 (boor). **b** 《口語》ヨークシャー人《あだ名》. **4** 《豪》[軽蔑的] カトリック信者. 〖(*c*1378) *tike* ◻ ON *tīk* bitch < Gmc **tīʒon* (MLG *tike* bitch) ← IE **digh-* she-goat〗

tyl- /taɪl/ (母音の前にくるときの) tylo- の異形.

tyle /táɪl/ *vt.* =tile 2.

Ty·le·nol /táɪlənɔ̀(ː)l | -nɒ̀l/ *n.* 〖商標〗タイレノール《アセトアミノフェン (acetaminophen) 製剤; 非ピリン系鎮痛解熱剤》.

tyl·er /táɪlə | -lə^(r)/ *n.* =tiler 2.

Ty·ler /táɪlə | -lə^(r)/, **Anne** *n.* タイラー《1941– ; 米国の短編小説家; ピューリツァー賞 (1989)》.

Tyler, John *n.* タイラー《1790–1862; 米国第 10 代大統領 (1841–45)》.

Tyler, Moses Coit /kɔ́ɪt/ *n.* タイラー《1835–1900; 米国の文学史家・教育家》.

Tyler, Roy·all /rɔ́ɪəl/ *n.* タイラー《1757–1826; 米国の法律家・劇作家; *The Contrast* (1787)》.

Tyler, Wat /wɑ́(ː)t | wɔ́t/ *or* **Walter** *n.* タイラー《?–1381; 英国の農民で Peasants' Revolt の首謀者》.

Týler's Rebéllion *n.* (ワット)タイラーの乱 (⇨ Peasants' Revolt).

Tyll Eu·len·spie·gel /tíləlɪlənʃpìːgəl, -gḷ; *G.* tɪl-ɔ́ɪlənʃpiːgl/ *n.* =Till Eulenspiegel.

ty·lo- /táɪlou | -ləʊ/「こぶ (knob)」の意の連結形: *tylopodous*. ★ 母音の前では通例 tyl- になる. 〖← Gk *túlos* knob & *túlē* callus ← IE **teu(ə)-* to swell〗

ty·lo·pod /táɪləpɑ̀(ː)d | -pɒ̀d/ 〖動物〗*adj.* たこ足(ラクダの足のように裏に厚くて柔軟な肉質部のある足)のある. — *n.* たこ足のある動物. 〖(1891) ← NL *tylopoda*: ⇨ ↑, -pod[1]〗

ty·lop·o·dous /taɪlɑ́(ː)pədəs | -lɒ́p-/ *adj.* 〖動物〗= tylopod.

Ty·lor /táɪlə | -lə^(r)/, Sir **Edward Burnett** *n.* タイラー《1832–1917; 英国の文化人類学者》.

ty·lose /táɪlous | -ləʊs/ *n.* =tylosis.

tyloses *n.* tylosis の複数形.

ty·lo·sin /táɪləsɪn | -sɪn/ *n.* 〖生化学〗チロシン《ストレプトマイシンから作った抗生物質の一種; 動物の病気の治療に用いる》. 〖(1961) ← ? TYLOSIS + -IN[2]〗

ty·lo·sis /taɪlóusɪs | -lə́ʊsɪs/ *n.* (*pl.* **-lo·ses** /-siːz/) **1** 〖病理〗肥厚(化), 胼胝(べんち)形成《たこのように厚く硬くなる》. **2** 〖植物〗(導管部にある)填充(てんじゅう)細胞, 填充体.

ty·lot·ic /taɪlɑ́(ː)tɪk | -lɒ́t-/ *adj.* 〖(1876) ← NL ~ ← Gk *túlōsis* act of making callous: ⇨ tylo-, -sis〗

tym·bal /tímbəl, -bḷ/ *n.* =timbal.

tym·pan /tímpən/ *n.* **1** 張りつめた薄膜, 張膜, 張皮. **2** 〖印刷〗 **a** チンパン《圧盤の印刷紙との間に入れて圧力を平均化するための紙または布; tympan sheet ともいう》. **b** チンパン《tympan sheet を張る枠; tympan frame ともいう》. **3** 〖解剖〗=tympanic membrane. **4** 〖建築〗= tympanum 3. **5** =drum[1]. 〖OE *tympana* drum: ⇨ tympanum〗

T

tympana *n.* tympanum の複数形.

týmpan fràme *n.* 〖印刷〗=tympan 2 b. 〖1911〗

tym·pa·ni /tímpəni, -niː/ *n. pl.* [時に単数扱い] = timpani.

tym·pan·ic /tɪmpǽnɪk/ *adj.* **1** 太鼓のような. **2** 〖解剖〗鼓膜の, 鼓室の; 鼓張の. **3** 〖建築〗三角面の, タンパンの. 〖(1808) ← TYMPANUM + -IC[1]〗

tympánic bóne *n.* 〖解剖〗聴骨, 中耳骨. 〖1851〗

tympánic cávity *n.* 〖解剖〗鼓室. 〖1880〗

tympánic mémbrane *n.* 〖解剖〗鼓膜 (eardrum). 〖1855〗

týmp·a·nìsm /-nìzm/ *n.* 〖病理〗鼓腸 (tympanites). 〖(1661) 1890〗

týmp·a·nist /-nɪst | -nɪst/ *n.* =timpanist.

tym·pa·ni·tes /tìmpənáɪtiːz/ *n.* 〖病理〗鼓腸, 腹部張満. 〖(*a*1398) ◻ LL *tympanītēs* ◻ Gk *tumpanítēs* pertaining to a drum ← *túmpanon* 'TYMPANUM'〗

tym·pa·nit·ic /tìmpənítɪk | -tɪk/ *adj.* **1** 〖病理〗鼓腸の. **2** 打つと共鳴する, 鳴り響く. 〖1834〗

tym·pa·ni·tis /tìmpənáɪtɪs | -tɪs/ *n.* 〖病理〗鼓室炎, 中耳炎 (otitis media). 〖(1797) ← NL ~: ⇨ tympanum, -itis〗

týmpan shèet *n.* 〖印刷〗=tympan 2 a. 〖1771〗

tym·pa·num /tímpənəm/ *n.* (*pl.* **~s, -pa·na** /-nə/) **1** 太鼓 (drum); 太鼓の皮. **2** 〖解剖〗 **a** 鼓膜 (eardrum). **b** 中耳 (middle ear). **c** 〖昆虫〗(側腹にある聴器の)鼓膜. **3** 〖建築〗(蛇腹(じゃばら)の間・破風(はふ)・アーチなどの下の壁面の)タンパン, 三角小間, チンパナム. **4** 〖電気〗(電話機の)振動板 (diaphragm). **5** 太鼓形水揚げ車. **6** (戸の)鏡板. **7** 〖動物〗鼓室. 〖(1619) ◻ L ~ ◻ Gk *túmpanon* drum ← *túptein* to beat: TIMBRE と二重語: cf. type[1]〗

tym·pa·ny /tímpəni/ *n.* **1** 〖病理〗=tympanites. **2** 《古》 **a** (文体などの)誇張, 誇大 (bombast). **b** 自負, うぬぼれ (self-conceit); 尊大, 思い上がり. 〖(1528) ◻ ML *tympanias* ◻ Gk *tumpanías* ← *túmpanon* (↑)〗

Ty·nan /táɪnən/, **Katherine** *n.* タイナン《1861–1931; アイルランドの小説家・詩人》.

Tyn·dale /tíndḷ/ *n.* ティンダル《男性名; 異形 Tyndall》. 〖もと家族名: ⇨ Tyne, dale〗

Tyn·dale /tíndḷ/ (*also* **Tin·dal, Tin·dale** /~/), **William** *n.* ティンダル《1494?–1536; 英国の宗教改革者; 新約聖書 (1525–26)・モーセ五書 (Pentateuch) (1530) などの英訳者; ローマ教会を非難したため迫害を受け, 火刑に処せられた》.

Tyn·dall /tíndḷ/ *n.* ティンダル《男性名》. 〖(変形) ← Tyndale〗

Tyn·dall /tíndḷ/, **John** *n.* ティンダル《1820–93; アイルランド生まれの英国の物理学者》.

Týndall bèam [còne] *n.* 〖物理〗ティンダル散乱光《Tyndall effect によって見える光路》. 〖↑〗

Tyn·dall /tíndḷ/, **Mount** *n.* ティンダル山: **1** 米国 California 州南部, Sierra Nevada 山脈にある山 (4,275 m). **2** ニュージーランド南島, Southern Alps にある山 (2,524 m).

Týndall effèct *n.* 〖物理〗ティンダル効果《多数の微粒子が, 透明媒質中に浮遊しているとき, その中を通る光線の経路が微粒子による散乱光によって光って見える現象》.

tyn·dal·lom·e·ter /tìndəlɑ́(ː)mətə, -dḷ- | -lɒ́mɪtə^(r)/ *n.* 〖物理〗ティンダル計《Tindall phenomenon の明るさを測る装置》. 〖1919〗

tyn·dal·lom·e·try /tìndəlɑ́(ː)mətri, -dḷ- | -lɒ́mɪtri/ *n.* 〖化学〗比濁分析.

Tyn·dar·e·us /tɪndέ^(ə)riəs | -dέər-/ *n.* 〖ギリシャ神話〗テュンダレオス《スパルタ王; 妻 Leda との間に Castor と Pollux の双子と Helen と Clytemnestra の二人の娘があったが, Pollux と Helen は不死であることから, Zeus と Leda の子とみなされている》. 〖◻ L ~ ◻ Gk *Tundáreus* (原義) pounder ← IE **(s)teu-* to beat: cf. tund〗

tyne /táɪn/ *n.* 《英》=tine[1].

Tyne /táɪn/ *n.* [the ~] タイン(川)《イングランド北東部, Northumberland 州から Newcastle を通り Tynemouth で北海に注ぐ川 (100 km)》. 〖OE *Tīne* (原義) river ← Celt. **ti-* to flow, dissolve ← IE **tā-* to melt: cf. OE *þinan* to dissolve〗

Týne and Wéar /-wíə | -wíə^(r)/ *n.* タイン アンド ウィア《イングランド北東部の旧州 (1974–86); 面積 459 km², 州都 Newcastle(-upon-Tyne)》. 〖*Tyne* (↑); *Wear* (川の名) < OE *Wīor* (原義) water, river〗

Tyne·mouth /táɪnmauθ, -məθ/ *n.* タインマウス《イングランド北東部の Tyne 河口にある海港・海水浴場》. 〖OE *Tine muþa* (原義) the mouth of the Tyne〗

Tyne·side /táɪnsaɪd/ *n.* タインサイド《英国 Newcastle から海岸に至る Tyne 川周辺の都市域》.

Tyn·wald /tínwəld/ *n.* マン島 (Isle of Man) の議会. 〖(1422) ◻ ON *þingvǫllr* (原義) place of assembly ← THING[2] + *vǫllr* ground〗

typ. 《略》type; typical; typing; typist; typographer; typographic; typographical; typography.

typ- /taɪp/ (母音の前にくるときの) typo- の異形.

typ·a·ble /táɪpəbḷ/ *adj.* **1** (類型的に)分類可能な. **2** タイプ可能な. 〖← TYPE + -ABLE〗

typ·al /táɪpəl, -pḷ/ *adj.* **1** 型の, 模型の, ひな型の. **2** 典型の, 典型的な, 代表的な (typical). 〖(1853): ⇨ ↓, -al[1]〗

type[1] /táɪp/ *n.* **1 a** 型, 型式, タイプ, 様式, 類型: an obsolete ~ of (an) airplane 旧式の飛行機《★ type of の次に来る名詞の不定冠詞は通例省く》/ the ~s established by Raphael ラファエロが確立した様式 / children of the athletic [intellectual] ~ 運動[勉強]を好むタイプの子供 / ~s of world literature 世界文学の幾つかの類型 / Her beauty is of the English ~. 彼女はイギリス型の美人だ. ★ type of ... の of を省いて同格的構文で, または形容詞連結形として用いるのは特に口語体・商業文に多い: I like this ~ (of) car. この型の自動車が好きだ / cars of all ~s=all ~s of cars すべての型の自動車 / a better ~ plastic 改良型プラスチック / Cheddar-*type* cheese チェダー型チーズ. **b** 《口語》(俗に)種類, 型, タイプ (kind); [しばしば one's ~ として否定構文で] 好みのタイプの人: He is not the ~ of person you can trust. 信用できるようなタイプの人間ではない / events of this ~ この種の事件 / a woman of a certain ~ 《婉曲》ある種の女《街の女》/ She is not my ~. 私好みのタイプじゃない / I don't like that ~ of show. あの種のショーは好きでない (cf. 1 a). **c** 《口語》[修飾語を伴って] (…型の)人, やつ (fellow): a beatnik ~ 典型的なビート族 / a bad ~ 《英古風》ろくでなし, 当てにならないやつ.
2 典型, 模範, 手本, 好例 (model, pattern): the perfect ~ of the English gentleman 英国紳士の完璧な典型 / an admirable ~ of modern architecture 近代建築のすばらしい手本 / true to ~ 典型的な[で, に] (cf. 4) / revert *to* ~ 本来の姿に戻る.
3 [集合的にも用いて] 活字; (タイプライター) 活字; (写真植字の文字盤の)文字, 活字書体 (typeface); 文字, 活字; 印刷物: wooden ~(s) 木活字 / a piece [font] of ~ 活字 1 個[1 そろい] / a headline in large ~ 大活字の見出し / set ~ (by hand) 植字する / pick ~s 活字を拾う / The book is already (set) in ~. その本はもう組ができている. ★ 活字は大きさによって次の名称がある《今はこの名称を用いず, 通例ポイントを用いて示す, かっこ内はポイント》: excelsior [minikin] (3), brilliant (3.5), gem (4), diamond (4.5), pearl (5), agate [ruby] (5.5.), nonpareil (6), minionette [emerald] (6.5), minion (7), brevier (8), bourgeois (9), long primer (10), small pica (11), pica (12), English (14), columbian (16), great primer (18), paragon (20), canon (48); 活字書体には次の 8 系統がある: Gothic, Venetian, old face, modern face, italic, script, Egyptian, sans serif.
4 〖生物〗(一群の生物に共通に見られる)共通形態, 類型, 模式, 標式: the vertebrate ~ 脊椎(せきつい)動物型 / ⇨ BREED *true to type*. **5** 〖医学〗病型, 菌型; 血液型 (blood type): We need more *Type* O blood. O 型の血液がもっと必要だ / What blood ~ are you? 君の血液型は何ですか. **6** 〖農業〗(ある用途に対する家畜・作物の)体型: dairy ~ 酪農型. **7** (貨幣・メダルの)模様《画像・文字・意匠など》. **8** 印, 象徴, 表徴, 表章 (emblem, symbol); 前兆; 〖神学〗予型, 前表, 予表 (cf. typology 1 a): a ~ *of* royal power 王権の象徴《王冠など》/ The paschal lamb is a ~ *of* Christ. 過ぎ越しの祝いの小羊はキリストの象徴[予表]である. **9** 〖化学〗タイプ, 基型: ⇨ type theory. **10** 〖言語〗タイプ《語のトークンを一つにまとめたもの; 同じ語なら使用度数にかかわらず 1 語と数える; type-word ともいう; cf. token 10》. **11** 〖電算〗データの型《整数型, 実数型など》. **12** 〖論理〗階型《個体に対する第一階の述語[集合], 第一階の述語[集合]に対する第二階の述語[集合]などのように, 述語[集合]間の位階上の相違を示す性格で, 同階の述語[集合]が自己自身の述語[集合]となることは禁じられる》: theory of ~*s*=type theory 3.
— *vt.* **1 a** 類型に分類する. **b** 〖医学〗〈血液・細菌などの型を決める. **2** 〖演劇〗=typecast[1]. **3** 《まれ》 **a** …の典型[類型]となる, 代表する (represent), 象徴する (typify). **b** あらかじめ…の象徴を示す, 予表する (prefigure). 〖(*c*1470) ◻ F ~ // L *typus* ◻ Gk *túpos* blow, impress (of a seal) ← *túptein* to strike ← IE **(s)teu-* to strike: cf. stub[1], stupid〗

SYN タイプ: **type** 明確な特徴を共有している人や物の類: a motherly *type* of woman 母親タイプの女性. **kind** 特定の種類: a new *kind* of camera 新型のカメラ. **sort** ある点で似ている人や物の類《*kind* とほぼ同義だがしばしば軽蔑》: a quiet *sort* of man 物静かなタイプの男. **class** 共通の特徴や性質を持ったものの集まりで, 優劣などの価値判断を伴って用いることがある語: whiskey of the highest *class* 最高級のウイスキー. **nature** 本質的に特色のある種類: books of this *nature* この種の本.

type[2] /táɪp/ *vt.* **1 a** タイプライター[ワープロ]で打つ, タイプする (typewrite) 〈*out, up*〉: *Type* (*out*) my letter, please. 私の手紙をタイプして下さい. **b** 〈情報などを〉〔ワープロ, コンピューター〕に打ち込む 〔*into*〕. **2** 活字にする, 活字印刷にする. — *vi.* タイプライター[ワープロ]を打つ: ~ *from* copy 原稿を見てタイプする / She ~*s* well. タイプがうまい.

-type /tàɪp/ type の意の名詞・形容詞連結形 (cf. type[1] *n.* 1 a ★): ferro*type*, proto*type*.

Týpe Á *n.* 〖心理〗A 型行動様式(の人)《緊張・性急・競争的といった特性を備えた人》; この型の人は心臓病を引き起こしやすいと考えられている》.

týpe appròval *n.* 型式承認[証明], 型式検定合格《製品が規定の仕様どおりであることの公式な承認》. 〖1967〗

type·a·ble /táɪpəbḷ/ *adj.* =typable.

Týpe B́ *n.* 〖心理〗B 型行動様式(の人)《A 型の反対で, のんびりとしてくつろいだ気分の型(の人); 心臓病にかかりにくいとされる》.

týpe·bàr *n.* **1** (タイプライターの)タイプバー《先端に活字の付いた金属の腕》. **2** スラッグ, 行活字 (slug). 〖1886〗

týpe bàsket *n.* =basket 4.

týpe·càse *n.* 〖印刷〗(活字)ケース (case). 〖1891〗

type·cast[1] /táɪpkæ̀st | -kɑ̀ːst/ *vt.* (**type·cast**) 〖演劇〗 **1** 〈俳優〉に持ち味を生かせる役を割り当てる: She was ~ *as* a singer because of her charming voice. 声が美しいので歌手の役を割り当てられた. **2** 《観客のイメージを壊さないように》〈俳優〉の役柄を固定する, …に同じ型の役を割り当てる. **~·er** *n.* 〖1927〗

týpe·càst[2] 〖印刷〗*vt., vi.* (**type·cast**) (活字を)鋳造する. — *adj.* 〈印刷原稿が〉(その印刷に用いる)活字が鋳造済みの. 〖(1876) (逆成)?: ↓〗

týpe·càsting *n.* 〖印刷〗活字鋳造. 〖1864〗

týpe certíficate *n.* 〖航空〗型式(かたしき)証明.

typed[1] *adj.* 分類した.

typed[2] *adj.* タイプライター[ワープロ]で打った. 〖(1839): ⇨ -ed 1〗

týpe·fàce *n.* 〖印刷〗 **1** 活字面. **2** (活字)書体, 体 (face). 〖1887〗

týpe·fòunder *n.* 活字鋳造業者; 活字鋳造工. 〖1797〗

týpe·fòunding *n.* 活字鋳造(業). 〖1839〗

týpe·fòundry *n.* 活字鋳造所. 〖1809〗

týpe gènus *n.* 〖生物〗模式属, 基準属《その科の設定の基礎となった属; cf. type species》. 〖1840〗

týpe hèight *n.* 〖印刷〗=HEIGHT to paper. 〖1905〗

týpe-hígh *adj.* 〖印刷〗〈鉛版など〉活字と同じ高さの. 〖1890〗

týpe hígh gàge *n.* 〖印刷〗(活字の高さを測る)高低見, 高さゲージ.

týpe·hòlder *n.* 〖製本〗スタンプ《表紙などの文字入れに使う印字器; 2–3 行の活字を植えることができる; pallet ともいう》.

týpe locàlity *n.* 〖生物〗タイプ産地《基準標本 (type specimen) の野生していた場所》. 〖1934〗

týpe mètal *n.* 活字合金《鉛・アンチモン・スズの合金》. 〖1800〗

týpe I [óne] érror *n.* 〖統計〗第一種の過誤《統計的仮説検定で, 帰無仮説 (null hypothesis) が正しいにもかか

わらず，これを棄却してしまうこと）．〘1947〙

týpe pàge *n.* 版面，版づら《ページの，余白を除いた印刷部分》．〘1910〙

type·script /táɪpskrɪ̀pt/ *n.* タイプ(ライター)印書，タイプスクリプト；(特に，印刷用の)タイプ原稿：in ～．〘(1893)：cf. manuscript〙

týpe sèries *n.* 〘生物〙模式系列．〘1887〙

týpe·sèt *vt.* 〈原稿を〉活字に組む．— *adj.* 〈印刷原稿が〉活字に組み上がった．〘1867〙

týpe·sètter *n.* **1** 植字工 (compositor). **2** ＝typesetting machine. 〘1867〙

týpe·sètting *n.* 植字，活字組み．〘1846〙

týpesetting machìne *n.* 〘印刷〙鋳植機《活字の鋳造と植字を自動的に行う機械》．〘1875〙

týpe sìte *n.* 〘考古〙タイプサイト，標準[標式，示準]遺跡《ある時代・特定の文化の特徴を決定するとみなされるような標準的な文物の発見された遺跡》．〘1935〙

týpe spècies *n.* 〘生物〙模式種，基準種《属や亜属の基準として定められた種；cf. type genus, genotype 2》．〘1840〙

týpe spècimen *n.* 〘生物〙模式標本，基準標本《その所属の種の命名の基礎となった標本》．〘1875〙

týpe thèory *n.* **1** 〘生物〙類型説．**2** 〘化学〙基型説《元素結合の型を重視する 19 世紀の学説》．**3** 〘論理〙階型理論《階型の相違によってパラドックスを避けようとする，B. Russell の理論》．〘1868〙

týpe II [twó] érror *n.* 〘統計〙第二種の過誤《統計的仮説検定で，帰無仮説 (null hypothesis) が誤りであるにもかかわらず，これを採択してしまうこと》．〘1947〙

týpe whèel *n.* 〘印刷〙活字車《円筒面上に活字を配列したもの》．〘1849〙

týpe·wòrd *n.* 〘言語〙タイプ語 (⇨ type[1] *n.* 10). 〘1936〙

type·write /táɪpràɪt/ *vt.* (**type·wrote** /-ròʊt | -rəʊt/; **-writ·ten** /-rɪ̀tn/) タイプライターで打つ，タイプする (type): We had two copies *typewritten.* 同文の文書を 2 通タイプさせた．— *vi.* タイプライターを使用する，タイプを打つ．〘(1887)《逆成》↓〙

type·writ·er /táɪpràɪtə | -tə(r)/ *n.* **1** タイプライター：operate a ～ by the touch system タッチ方式でタイプを打つ / write a letter on a ～ タイプで手紙を書く．**2** 《まれ》＝typist. **3** 〘印刷〙タイプライターフェース[(書)体]《タイプライター印字に似た活字書体》．〘(1868) ← TYPE[1]＋WRITER〙

týpe·wrìt·ing /-tɪŋ | -tɪŋ/ *n.* **1** タイプライターを打つこと；タイプライター術．**2** タイプライター印刷物．〘1867〙

týpe·wrìtten *adj.* タイプライターで打った，タイプした：a ～ letter タイプした手紙 / a ～ script タイプで打った原稿 / two single-spaced ～ pages シングルスペースでタイプした 2 ページ．〘1888〙

typ·ey /táɪpi/ *adj.* (**typ·i·er; -i·est**) ＝typy. 〘1923〙

typh- /taɪf/ (母音の前にくるときの) typho- の異形．

Ty·pha·ce·ae /taɪféɪsiiː/ *n. pl.* 〘植物〙ガマ科．**ty·phá·ceous** /-ʃəs/ *adj.* 〘← NL ～ ← *Typha* (属名：← Gk *túphē* plant used for stuffing bolsters)＋-ACEAE〙

typhl- /tɪfl/ (母音の前にくるときの) typhlo- の異形．

typh·lit·ic /tɪflítɪk | -tɪk/ *adj.* 〘病理〙盲腸炎の．〘(1891)：⇨ ↓, -ic[1]〙

typh·li·tis /tɪfláɪtɪs | -tɪs/ *n.* 《廃》〘病理〙盲腸炎 (appendicitis). 〘(1857) ← NL ～：⇨ ↓, -itis〙

typh·lo- /tíflou | -ləʊ/ **1** 「盲の (blind)；盲目 (blindness)」の意の連結形．**2** 「盲腸 (cecum)」の意の連結形．★ 母音の前では通例 typhl- になる．〘← Gk *tuphlo-* ← *tuphlós* blind: cf. Gk *tûphos* smoke (⇨ typhus)〙

typh·lol·o·gy /tɪflɑ́ləʤi | -lɔ́l-/ *n.* 盲目学．〘(1872)：⇨ ↑, -logy〙

typh·lo·sole /tífləsòul | -səʊl/ *n.* 〘動物〙腸内縦隆起《二枚貝・ミミズ・ヒルなどの腸壁が内腔に向かって突出したもの》．〘(1859) ← TYPHLO-＋Gk *sōlḗn* pipe〙

ty·pho- /táɪfou | -fəʊ/ 「発疹(ほっしん)チフス (typhus)，腸チフス (typhoid)」の意の連結形．★ 母音の前では通例 typh- になる．〘← TYPHUS〙

Ty·phoe·an /taɪfíːən/ *adj.* テュフォエウス (Typhoeus) の[に似た]．〘1667〙

Ty·phoe·us /taɪfíːəs/ *n.* 〘ギリシャ神話〙テュフォエウス《百個のへび頭を有する巨人；Zeus は彼に落雷させて火を放ち Etna 山の下の Tartarus に埋めた；cf. Typhon》．〘□ L *Typhōeus* □ Gk *Tuphōeús*〙

tỳpho·génic *adj.* 腸チフス[発疹チフス]を引き起こす．〘1900–13〙

ty·phoid /táɪfɔɪd/ 〘病理〙 *adj.* 腸チフス性の：a ～ condition [state] (多くの急性病に起こる)チフス様状態．— *n.* ＝typhoid fever. 〘(1800) ← TYPHO-＋-OID〙

ty·phoi·dal /taɪfɔ́ɪdl | -dl/ *adj.* 〘病理〙腸チフス(性)の；腸チフス状の．〘1882〙

týphoid bacíllus *n.* 〘細菌〙腸チフス菌 (*Salmonella typhi*). 〘1896〙

týphoid féver *n.* 〘病理〙腸チフス (abdominal typhus, enteric fever). ★ 長く混同されていた発疹(ほっしん)チフス (typhus) と区別されるようになり，typhus 様の病気として typhoid fever と呼ばれるようになったもの．〘1845〙

ty·phoi·din /taɪfɔ́ɪdn | -dɪn/ *n.* 〘病理〙チホイジン《腸チフス感染検査で皮膚接種に用いるチフス死菌液》．

Týphoid Máry *n.* 《米》 **1** 腸チフス保菌[伝播]者．**2** 病気[腐敗]の伝播者．〘(1909)《あだ名》← *Mary Mallon* (1870?–1938: 腸チフス菌の保有者と認定されながら菌をまきちらしたアイルランド生まれの米国の料理人)〙

ty·pho·ma·ni·a /tàɪfəméɪniə, -njə | -fə(ʊ)-/ *n.* 〘病理〙チフス譫妄(せんもう)．〘(1693) ← NL ～ ← Gk *tūphōmanía*：⇨ typhus, mania〙

ty·phon /táɪfɑ(ː)n | -fɔn/ *n.* 〘海事〙タイホン《圧搾空気または蒸気による号笛》．〘← ? TYPHON〙

Ty·phon /táɪfɑ(ː)n | -fən, -fɔʊn/ *n.* 〘ギリシャ神話〙テュフォン《Typhoeus の子である怪物；後には Typhoeus と混同された》．〘□ L *Tȳphōn* □ Gk *Tūphôn*: cf. typhoon〙

ty·phon·ic /taɪfɑ́(ː)nɪk | -fɔ́n-/ *adj.* 台風の，台風性の．〘(1382)：⇨ ↓, -ic[1]〙

ty·phoon /taɪfúːn/ *n.* 〘気象〙 **1** 台風《太平洋西部に発生する熱帯性暴風；cf. cyclone 1 a》．**2** (インドの)暴風雨，大嵐．〘(1555) □ Chin. (広東方言) *tai fung* (大風)＝Chin. *ta fêng*: Arab. *ṭūfān* deluge (*ṭāfa* to walk about, overflow) や Gk *tūphōn* whirlwind の影響を受けた〙

ty·phous /táɪfəs/ *adj.* 〘病理〙発疹(ほっしん)チフス(性)の．〘(1805)：⇨ ↓, -ous〙

ty·phus /táɪfəs/ *n.* 〘病理〙 **1** 発疹(ほっしん)チフス《typhus fever ともいう》．**2** 発疹熱 (murine typhus). **3** つつがむし病 (tsutsugamushi disease, scrub typhus). **4** ＝canicola fever. ★ 以上すべてリケッチア (rickettsia) による疾患群；ただし細菌による typhoid fever (腸チフス)を abdominal typhus という場合がある．〘(1643) ← NL ～ ← Gk *tûphos* fever, delusion ← *túphein* to smoke ← IE **dheu(ə)-* to rise in a cloud, be dull: cf. deaf〙

typ·ic /típɪk/ *adj.* 《古》＝typical 2, 4: ～ fever 定型熱．〘(1601) □ F *typique* □ LL *typicus*: ⇨ type[1], -ic[1]〙

typica *n.* typicon の複数形．

typ·i·cal /típɪkəl, -kl | -pɪ-/ *adj.* **1** 典型的な，定型的な，模範的な，標式的な，代表的な：a [the] ～ Scot 典型的なスコットランド人．**2** 象徴的な；表徴する；〔…の〕象徴[典型]をなす〔*of*〕: These students are ～ *of* their class. これらの学生はクラスの典型だ．**3** 特徴的な (characteristic, distinctive)，特徴を示している；[非難・軽蔑を表して]…にありがちな，やりそうな：with (his) ～ curtness 彼のいつものぶっきらぼうな言い方で / That is ～ *of* (people like) him! それはいかにも彼(のような人)らしい(困ったものだ)．**4** 〘生物〙模式的な，典型的な：the ～ genus 模式属《ある科の典型と考えられる属》．**typ·i·cal·i·ty** /tìpəkǽləti | -pɪkǽlɪti/ *n.* **～·ness** *n.* 〘(1612) □ ML *typicālis*: ⇨ typic, -al[1]〙

typ·i·cal·ly /típɪkəli, -kli | -pɪ-/ *adv.* **1** 典型として，典型的に，特徴的に，代表的に：He is ～ English. 彼は典型的なイギリス人だ．**2** 一般に，概して：Vowels are ～ voiced. 母音は一般に有声である / *Typically*, winter in Japan is mild. 概して言えば日本の冬は温暖である．**3** いつものように，例のごとく：*Typically*, he was late for the meeting. 例によって彼はその会議に遅れた．〘(1605)：⇨ ↑, -ly[1]〙

ty·pi·con /típɪkɑ̀(ː)n | -pɪkɔn/ *n.* (*pl.* **ty·pi·ca** /-kə/, **～s**) 〘東方正教会〙典礼便覧，典礼法規(書)，ティピコン，ティポコン《礼拝のための種々の指針を記した手引書》．〘□ MGk *tupikón* prescribed, regular (neut.) ← *tupikós* typical〙

typ·i·fi·ca·tion /tìpəfɪkéɪʃən | -pɪfɪ-/ *n.* 典型となること，代表；象徴；予表．〘(1811–31)：⇨ ↓, -fication〙

typ·i·fy /típəfàɪ | -pɪ-/ *vt.* **1** 〈標本などが〉〈ある種類を〉代表する (represent)，…の標本[典型]となる，の特色[特徴]を表す．**2** …の象徴となる，象徴する；予表する．**3** …のタイプ[型]として表す．**týp·i·fì·er** *n.* 〘(1634) ← L *typus* 'TYPE[1]'＋-IFY〙

ty·pi·kon /típɪkɑ̀(ː)n | -pɪkɔn/ *n.* (*pl.* **ty·pi·ka** /típɪkə/, **～s**) 〘東方正教会〙＝typicon.

typ·ing /táɪpɪŋ/ *n.* **1** タイプライター[ワープロ]で打つこと．**2** タイプライター[ワープロ]の技術．**3** タイプライター[ワープロ]で印刷したもの．〘1638〙

týping pàper *n.* タイプ(ライター)用紙．〘1944〙

týping pòol *n.* (会社の)タイピスト要員《全体》．

typ·ist /táɪpɪst | -pɪst/ *n.* タイピスト：a 60-words-a-minute ～．〘(1843) ← TYPE[1]＋-IST〙

ty·po /táɪpou | -pəʊ/ *n.* (*pl.* **～s**) 《口語》 **1** 印刷工 (printer)；(特に)植字工 (compositor). 〘(略) ← TYPOGRAPHER〙 **2** 《略》← *typographical error*〙誤植《(英) literal》．〘1816〙

typo. 《略》typographer; typographic; typographical; typography.

ty·po- /táɪpou | -pəʊ/ type の意の連結形．★ 母音の前では通例 typ- になる．〘← Gk *túpos* 'TYPE[1]'〙

typog. 《略》typographer; typographic; typographical; typography.

ty·po·graph /táɪpəgræ̀f | -grɑ̀ːf, -græ̀f/ *vt.* 〘印刷〙〈スタンプを〉活版で作る．〘*c*1933〙

ty·pog·ra·pher /taɪpɑ́(ː)grəfə | -pɔ́grəfə(r)/ *n.* 〘印刷〙 **1** 植字工；印刷工，印刷技術者．**2** タイポグラファー《活字書体・組付け・レイアウトなど印刷デザイン上の責任を負う人》．〘(1643) ← ML *typographus* printer＋-ER[1]〙

ty·po·graph·ic /tàɪpəgrǽfɪk | -pə(ʊ)-ˈ/ *adj.* 活版印刷(術)の，凸版印刷の，印刷上の：a ～ art タイポグラフィックアート．**tỳ·po·gráph·i·cal·ly** *adv.* 〘(1593)：⇨ -ic[1]〙

tỳ·po·gráph·i·cal /-fɪkəl, -kl | -fɪ-ˈ/ *adj.* ＝typographic: a ～ error 誤植．

ty·pog·ra·phy /taɪpɑ́(ː)grəfi | -pɔ́g-/ *n.* 〘印刷〙 **1** 活版[凸版]印刷．**2** 活版印刷術，活版術．**3** タイポグラフィー《活字の大きさ・書体の組付けなどにかかわる事項を包括したもの》．〘(1610) □ ML *typographia*: ⇨ typo-, -graphy〙

ty·po·log·ic /tàɪpəlɑ́(ː)ʤɪk | -lɔ́ʤ-ˈ/ *adj.* ＝typological.

ty·po·log·i·cal /tàɪpəlɑ́(ː)ʤɪkəl, -kl | -lɔ́ʤɪ-ˈ/ *adj.* 予表(論)の；類型学の；印刷[活字]に関する．**～·ly** *adv.* 〘1593〙

ty·pol·o·gy /taɪpɑ́(ː)ləʤi | -pɔ́l-/ *n.* **1 a** 〘神学〙予型[予表]論《新約聖書に書かれてある出来事は旧約に予表されてあるという説》．**b** 予型，予表，表象．**2** 〘(なぞり) ← G *Typologie*〙〘心理・哲学・言語・生物など〙類型学《差異的な現象や存在の中に共通する諸種の類型を設定して，本質を明らかにしようとする研究》．**3** 印刷学，活字学[論]．**4** 〘考古〙形式論．**ty·pól·o·gist** /-ʤɪst | -ʤɪst/ *n.* 〘(1845) ← TYPO-＋-LOGY〙

ty·po·script /táɪpəskrɪ̀pt | -pə(ʊ)-/ *n.* ＝typescript.

ty·poth·e·tae /taɪpɑ́(ː)θətiː | -pɔ́θɪ-/ *n. pl.* 印刷工 (printers)；(特に)印刷職工長《米国・カナダで組合名に用いる》．〘(1825) ← NL ～ (原義) typesetters ← TYPO-＋*-thetae* ((pl.) ← Gk *thétēs* one who places)〙

typp /típ/ *n.* ティップ《米国で使われる番手(ばんて)の一つ；長さ 1,000 ヤードの糸が 1 ポンドであるとき 1 typp という》．〘← *t*(*housand*) *y*(*ards*) *p*(*er*) *p*(*ound*)〙

typ·tol·o·gy /tɪptɑ́(ː)ləʤi | -tɔ́l-/ *n.* 降霊術．**typ·to·log·ical** /tɪ̀ptəlɑ́(ː)ʤɪkəl, -kl | -lɔ́ʤɪ-ˈ/ *adj.* **typ·tól·o·gist** /-ʤɪst | -ʤɪst/ *n.* 〘← Gk *túptein* to beat, strike＋-LOGY〙

typw. 《略》typewriter; typewriting; typewritten.

typ·y /táɪpi/ *adj.* (**typ·i·er; -i·est**) 類型に忠実な．〘1931〙

Tyr /tíə | tíə(r), tjúə(r)/ *n.* 〘北欧神話〙ティール《もと天上を支配する神；勇敢な犠牲的戦いの神；一本の手は Fenrir にかみ取られたため片手のない姿で表される；ゲルマン神話の Tiu に相当》．〘(1931) □ ON *Týr*: cf. OE *Tīw* (cf. Tuesday)〙

Tyr. 《略》Tyrone.

tyr- /taɪr | taɪ(ə)r/ (母音の前にくるときの) tyro- の異形．

ty·ra·mine /táɪrəmìːn | táɪ(ə)rəmìːn, tír-/ *n.* 〘生化学〙チラミン ($C_8H_{11}NO$)《麦角・チーズ・ヤドリギなどに含まれる物質で，血圧降下の治療に用いる》．〘(1910) ← TYR(OSINE)＋AMINE〙

ty·ran·nic /tɪrǽnɪk, taɪ-/ *adj.* ＝tyrannical. 〘(1491) □ L *tyrannicus* (↓)〙

ty·ran·ni·cal /tɪrǽnɪkəl, taɪ-, -kl | -nɪ-/ *adj.* **1** 暴君の，圧制君主の；暴君のような，圧制的な (despotic)；非道な，暴虐の (cruel). **2** 《古》僭主(せんしゅ)の．**～·ly** *adv.* **～·ness** *n.* 〘(1538) ← L *tyrannicus* (□ Gk *turannikós* ← *túrannos* 'TYRANNY')＋-ICAL〙

ty·ran·ni·cide /tɪrǽnəsàɪd, taɪ- | -nɪ-/ *n.* **1** 暴君殺し．**2** 暴君殺害者．**ty·ran·ni·ci·dal** /tɪrǽnəsáɪdl, taɪ- | -nɪsáɪdlˈ/ *adj.* 〘1: (1650) □ L *tyrannicīdium*. 2: (1657) □ L *tyrannicīda*: ⇨ tyrant, -cide〙

tyr·an·nize /tírənàɪz/ *vi.* **1** 〔人・国民などを〕圧制する，専制君主として君臨する〔*over*〕．**2** 暴君となる，暴君ぶりを揮揮する；虐政を施す，暴政を行う〔*over*〕．— *vt.* …に暴威をふるう，しいたげる．**týr·an·nìz·er** *n.* 〘(1494) □ (O)F *tyranniser*: ⇨ tyrant, -ize〙

týr·an·nìz·ing *adj.* 圧制的な，専制的な．**～·ly** *adv.* 〘(1589)：⇨ -ing[2]〙

ty·ran·no·saur /tɪrǽnəsɔ̀ə, taɪ- | -sɔ̀ː(r)/ *n.* 〘古生物〙ティラノサウルス《ティラノサウルス属 (*Tyrannosaurus*) の恐竜；その化石が 1902 年米国 Montana 州後期白亜紀の地層から発掘された；*T. rex* など；長さ 15 m あり，肉食恐竜の最大のもの》．〘(1924) ↓〙

ty·ran·no·sau·rus /tɪrǽnəsɔ́ːrəs, taɪr-/ *n.* 〘古生物〙＝tyrannosaur. 〘(1905) ← NL *Tyrannosaurus* (属名) ← Gk *túrannos* 'TYRANT'＋-SAURUS〙

tyr·an·nous /tírənəs/ *adj.* ＝tyrannical. **～·ly** *adv.* **～·ness** *n.* 〘(1491) ← L *tyrannus* 'TYRANT'＋-OUS〙

ty·ran·nu·let /taɪrǽnjʊlɪt, tɪ-/ *n.* 〘鳥類〙熱帯アメリカ産の小形のタイランチョウ (flycatcher)《総称》．〘(dim.) ← NL *Tyrannus* (タイランチョウ属) ← L *tyrannus* tyrant〙

tyr·an·ny /tírəni/ *n.* **1** 虐政，暴政，専制；専制政治 (despotism). **2** 暴虐，圧制，虐待 (severity, harshness)；暴虐[非道]な行為．**3** 冷酷，無情，過酷．**4** 〘ギリシャ史〙僭主(せんしゅ)政治 (cf. tyrant 2). 〘(*c*1370) *tirannie* □ (O)F *tyrannie* □ LL *tyrannia* ← L *tyrannus* (↓)：⇨ -y[1]〙

ty·rant /táɪrənt | táɪ(ə)r-/ *n.* **1** (一般に)暴君，専制君主；圧制者，虐待者 (despot, oppressor). **2** 〘ギリシャ史〙僭王(せんおう)，僭主《古代ギリシャで世襲によらず独力で政権を握った者；初めは卓越した独裁者となり善政をしいた者もあったが，後には暴虐な者も現れ，遂に「暴君」の意味に転化するに至った》．**3** 〘鳥類〙＝tyrant flycatcher. 〘(?a1300) *tiran(t)* □ OF *tiran, tirant* (-t は -ANT との類推) □ L *tyrannus* □ Gk *túrannos* absolute prince or ruler: cf. Etruscan *Turan* mistress, lady〙

týrant bìrd *n.* 〘鳥類〙＝tyrant flycatcher.

týrant flýcatcher *n.* 〘鳥類〙タイランチョウ《米国産のヒタキに類するタイランチョウ科の小鳥の総称》．〘*c*1783〙

tyre /táɪə | táɪə(r)/ *n., vt.* 《英》＝tire[2].

Tyre /táɪə | táɪə(r)/ *n.* テュロス，チルス，〘聖書〙ツロ《古代 Phoenicia の海港；富裕と悪徳で聞こえ，紀元前 10 世紀ごろ最も繁栄；今はレバノン共和国南西部の小都市；アラビア語名 Sur》．〘□ L *Tyrus* □ Gk *Túros* □ Heb.-Phoenician *Ṣōr* (原義) flint〙

tyred /táɪəd | táɪəd/ *adj.* ＝tired[2].

Tyr·i·an /tíriən/ *adj.* **1** テュロス(人)の．**2** 〈色が〉Tyrian purple の．— *n.* **1** テュロスの住民．**2** ＝Tyrian purple 2. 〘← L *Tyrius* ← *Tyrus*: ⇨ Tyre, -an[1]〙

Týrian dýe *n.* ＝Tyrian purple 1.

T

Týrian púrple, t- p- *n.* **1** ティリアンパープル《シリアツブリボラ (dye murex) の類から採ったギリシャ・ローマ時代の貴重な動物染料; Tyrian dye ともいう; cf. purple 1》. **2** 鮮やかな紫がかった深紅色. 〖(*a*1586): Tyre がその主要産地だったことから〗

ty·ro /táɪroʊ | táɪ(ə)rəʊ/ *n.* (*pl.* ~**s**) 初学者, 初心者 (novice). **ty·ron·ic** /taɪrá(ː)nɪk | -rɔ́n-/ *adj.* 〖(1611) ◻ L *tīrō* young soldier, beginner〗

tyro- /táɪroʊ | táɪ(ə)rəʊ/「チーズ (cheese)」の意の連結形. ★ 母音の前では通例 tyr- になる. 〖◻ Gk *tūro-* ← *tūrós* cheese ← IE **teu(ə)-* to swell: ⇨ -o-〗

ty·ro·ci·din /tàɪrəsáɪdn̩ | tàɪ(ə)rəsáɪdɪn/ *n.* 〘生化学〙 =tyrocidine.

ty·ro·ci·dine /tàɪrəsáɪdn̩ | tàɪ(ə)rəsáɪdiːn/ *n.* 〘生化学〙 タイロシジン《土壌細菌 *Bacillus brevis* から得られる抗生物質》. 〖(1940) ← TYRO(SINE)+-CIDE+-INE[3]〗

Tý·rode's solùtion /táɪroʊdz- | táɪ(ə)rəʊdz-/ *n.* 〘生物・医学〙 タイロード液《生理食塩水の一つ; 単に Tyrode's ともいう》. 〖(1923) ← *M. V. Tyrode* (1878–1930: 米国の薬理学者)〗

Tyr·ol /tɪ̆róʊl, taɪróʊl, tíroʊl, -rɑ(ː)l | tɪ̆rə́ʊl, tírəl, -rəʊl/ *n.* チロル: **1** [しばしば the ~] オーストリア西部およびイタリア北部のアルプス山脈地方; もとオーストリア王国の一領地. **2** オーストリア西部の州; 1919 年にオーストリアとイタリアの間で分割された 1 のオーストリア側に残った地域; 面積 12,647 km², 州都 Innsbruck.

Ty·ro·le·an /tɪ̆róʊliən, taɪ-, tìrəlíːən | tìrəʊlíːən⁻, tɪ̆rə́ʊli-/ *adj.*, *n.* =Tyrolese: a ~ hat チロル帽. 〖1805〗

Tyrólean fínish *n.* チロル仕上げ《外壁の粗い感触のしっくい仕上げ》.

Tyr·o·lese /tìrəlíːz, -líːs | tìrə(ʊ)líːz⁻/ *adj.* チロル(人)の. — *n.* (*pl.* ~) チロル人. 〖1809〗

Týrolese gréen, t- g- *n.* =malachite green 2.

Ty·ro·li·an /tɪ̆róʊliən | -rə́ʊ-/ *n.* =Tyrolese.

Ty·ro·li·enne /tɪ̆ròʊlién, taɪ- | tɪ̆rə̀ʊ-, tìrə(ʊ)-; *F.* tiʁɔljɛn/ *n.* (*pl.* ~**s** /~z; *F.* ~/) ティロリエンヌ: **a** チロルの民族舞踊. **b** (yodel で歌う)その歌曲. 〖(1889) ◻ F ~ (fem.) ← *tyrolien* of Tyrol〗

Ty·rone[1] /tɪ̆róʊn | -rə́ʊn/ *n.* ティローン《北アイルランド西部の地域・旧州; 面積 3,266 km², 州都 Omagh》.

Ty·rone[2] /táɪroʊn, —⁻ | táɪ(ə)rəʊn, taɪrə́ʊn, tɪ̆-/ *n.* ティローン, タイローン《男性名》. 〖← Gk *túrannos*: ⇨ tyrant〗

ty·ro·pit·ta /tɪ̆rá(ː)pətə | -rɔ́pɪ̆tə/ *n.* ギリシャ風チーズパイ. 〖◻ ModGk *turópit(t)a* ← *turí* cheese+*pít(t)a* pie, cake〗

ty·ros·i·nase /tɪ̆rá(ː)sənèɪs, taɪ-, -nèɪz | tàɪ(ː)rə(ʊ)-sɪ̆néɪz, tìr-/ *n.* 〘生化学〙 チロシナーゼ《動植物体内に見出されるチロシン酸化酵素》. 〖(1896): ⇨ ↓, -ase〗

ty·ro·sine /táɪrəsìːn, tír-, -sɪ̆n | táɪ(ə)rə(ʊ)sìːn, tír-, -sɪn/ *n.* 〘生化学〙 チロシン, チロジン ($HOC_6H_4CH_2CH(NH_2)COOH$)《アミノ酸の一種》. 〖(1857) ← Gk *tūrós* cheese+-INE[3]〗

ty·ro·sin·o·sis /tàɪrəsɪ̆nóʊsɪ̆s, tìr- | tàɪ(ə)r-, tìr-, -sɪnə́ʊsɪs/ *n.* 〘病理〙 チロシン症. 〖(1932) ← NL ~: ⇨ ↑, -osis〗

ty·ro·thric·in /tàɪrəθrísɪ̆n, -sn̩ | tàɪ(ə)rə(ʊ)θráɪsɪn/ *n.* 〘生化学〙 チロトリシン《土壌菌の一種 *Bacillus brevis* から抽出される抗生物質》. 〖(1940) ← NL *Tyrothric-*, *Tyrothrix* (⇨ tyro-, -thrix)+-IN[2]〗

ty·ro·tox·i·con /tàɪrətá(ː)ksɪ̆kà(ː)n | tàɪ(ə)rə(ʊ)tɔ́ksɪkɔ̀n/ *n.* 〘生化学〙 チロトキシコン《腐敗したチーズ・牛乳・アイスクリームなどに含まれる毒素》. 〖(1886) ← NL ~ ← TYRO-+Gk *toxikón* poison〗

Tyrr /tíə | tíə(r/ *n.* =Tyr.

Tyr·rhene /tíriːn, tɪ̆ríːn | tíriːn, —⁻/ *adj.* =Tyrrhenian.

Tyr·rhe·ni /tɪ̆ríːnaɪ | tɪ-/ *n. pl.* [the ~] ティレニア族《Etruscans の先祖》. 〖(1387) ◻ L *Tyrrhēnī* (↓)〗

Tyr·rhe·ni·an /tɪ̆ríːniən/ *adj.* エトルリア(風)の (Etruscan). 〖(1660) ← L *Tyrrhēnus* Etruscan (← *Tyrrhēnī* Etruscans ∥ *Tyrrhēnia* Etruria)+-IAN〗

Tyrrhénian Séa *n.* [the ~] ティレニア海《イタリア西部, Corsica, Sardinia および Sicily に囲まれた地中海の一部》. 〖1797〗

Ty·son /táɪsən, -sn̩/, **Mike** *n.* タイソン《1966– ; 米国のボクサー; 世界ヘビー級チャンピオン (1986–90, 96); 本名 Michael Gerald Tyson》.

ty·stie /táɪsti, tíː-/ *n.* 《主にスコット》〘鳥類〙 =black guillemot. 〖(1774) ← Scand.〗

tythe /táɪð/ *n.*, *v.* 《英》 =tithe.

tyum /tjʊ́m/ *n.* 《方言》 =tum[4].

Tyu·men /tjuːmén; *Russ.* tʲumʲénʲ/ *n.* チュメニ《ロシア連邦, Ural 山脈東側の都市; 付近に油田がある》.

tyu·ya·mu·nite /tjùːjəmjúːnaɪt/ *n.* 〘鉱物〙 チューヤムナイト《ウランの鉱石である黄色の斜方晶系鉱物》. 〖(1913) ← Tyuya Muyun (キルギスタンの村の名)〗

tz 《記号》 Tanzania 《URL ドメイン名》.

tzad·dik /tsɑ́ːdɪk | -dɪk/ *n.* (*pl.* **tzad·di·kim** /tsɑː-díkɪ̆m | -kɪm/) =zaddik.

tzar /zɑ́ə, tsɑ́ə | zɑ́ː(r, tsɑ́ː(r/ *n.* =czar.

Tza·ra /tsərɑ́ː/, **Tris·tan** /tʀistɑ̃/ *n.* ツァラ《1896–1963; ルーマニア生まれのフランスの詩人・評論家; 1920 年より Paris 在住; Dadaism 主唱者の一人》.

tzár·dom /-dəm | -dəm/ *n.* =czardom.

tzar·e·vich /zɑ́ːrəvɪtʃ, tsɑ́ː- | zɑ́ːrɪ̆-, tsɑ́ː-/ *n.* =czarevitch.

tza·rev·na /zɑːrévnə, tsɑː-/ *n.* =czarevna.

tza·ri·na /zɑːríːnə, tsɑː-/ *n.* =czarina.

tzar·ism /zɑ́ːrɪzm̩, tsɑ́ː-/ *n.* =czarism.

tzár·ist /-rɪ̆st | -rɪst/ *adj.*, *n.* =czarist.

tza·rit·za /zɑːrítsə, tsɑː-/ *n.* =czaritza.

tza·tzi·ki /tætsíːki; *Mod.Gk.* dzadzíci/ *n.* 〘料理〙 ザジキ《ヨーグルト・刻んだキュウリ・ニンニク・ミントなどを材料にしたギリシャ風ソース》. 〖(1960) ◻ ModGk *tzatzíki* ← Turk.〗

tze·da·kah /tsɪ̆dɔ́ːkɔː, -dɑ́ːkɑː | tsɪdɔ́ːkɔː/ *n.* 慈悲, 慈善 (charity). 〖(1959) ◻ Heb. *ṣᵉdhāqā́ʰ* righteousness〗

Tze·kung /dzʌkúŋ, zʌ-/ *n.* =Tzukung.

Tzel·tal /tsɛltáːl, —⁻; *Am.Sp.* tseltál/ *n.* (*pl.* ~, ~**s**) **1 a** [the ~(es)] ツェルタル族《メキシコ南部の Chiapas 州中部高地に住むマヤ系の焼畑農耕民》. **b** ツェルタル族の人. **2** ツェルタル語. 〖(1868) ◻ Sp. ~: Chiapas 州にある地名から〗

Tzen·tal /tsɛntáːl, —⁻; *Am.Sp.* tsentál/ *n.* (*pl.* **Tzen·ta·les** /-táːleɪs; *Am.Sp.* -táles/) =Tzeltal.

Tze·po /dzʌbóʊ, zʌ- | -bə́ʊ/ *n.* =Tzupo.

tzét·ze flỳ /tsétsi-, tétsi-, tíː- | tétsi-, tsétsi-/ *n.* 〘昆虫〙 =tsetse fly.

Tzi·gane, t- /tsɪgɑ́ːn | tsɪ-, sɪ-; *F.* tsigan/ *n.* (*pl.* ~**s** /~z; *F.* ~/) ハンガリーのジプシー (Hungarian Gipsy). — *adj.* ハンガリーのジプシーの. 〖(1851) ◻ F ~, *tsigane* ◻ Hung. *c(z)igány*: cf. G *Zigeuner*〗

Tzi·ga·ny /tsɪgɑ́ːni | tsɪ-, sɪ-/ *adj.*, *n.* =Tzigane.

tzim·mes /tsímɪ̆s | -mɪs/ *n.* **1** 〘料理〙 チメス《肉・野菜・果物を取り合わせ, 甘みをつけて煮込んだユダヤ料理のシチュー》. **2** 大騒ぎ, 騒動 (fuss). 〖(1892) ◻ Yid. *tsimes*〗

tzim·mis /tsímɪ̆s | -mɪs/ *n.* =tzimmes.

tzi·tzith /tsítsɪ̆s | -tsɪs/ *n. pl.* (*also* **tzi·tzis** /~/) 〘ユダヤ教〙 =zizith. 〖◻ Heb. *ṣiṣith* tassel, lock〗

T-zòne *n.* ティーゾーン《額・鼻・あごを含む人の顔の中心部で, 他の部分より皮脂の分泌量が多い》. 〖額・鼻・あごを結ぶと T の字になることから〗

Tzo·tzil, Tso·tsil /tsoʊtsíl, —⁻; *Am.Sp.* tsotsíl/ *n.* (*pl.* ~, ~**s**) **1 a** [the ~(s)] ツォツィル族《メキシコ南部 Chiapas 州中部の高地に住むマヤ系の先住民; 近接して居住する Tzeltal 族と言語的・文化的に関係が深い》. **b** ツォツィル族の人. **2** ツォツィル語. — *adj.* ツォツィル族[語]の. 〖(1875) ◻ Sp. ~ ← ?〗

Tzu-hsi /tsùːʃíː/ *n.* =Cixi.

Tzu·kung /dzʌkúŋ, zʌ-/ *n.* =Zigong.

Tzu·po /dzʌbóʊ, zʌ- | -bə́ʊ, -pə́ʊ/ *n.* =Zibo.

T

U u

U[1], **u** /júː/ *n.* (*pl.* **U's, Us, u's, us** /~z/) **1** 英語アルファベットの第 21 字. ★ 通信コードは Uniform. **2** (活字・スタンプなどの) U または u 字. **3** [U] U 字形(のもの): a *U*-tube U 字管 / ⇨ U-turn. **4** 文字 u が表す音: a short u 短音の u (cut, sum などの /ʌ/; ⇨ short *adj.* 10 a) / a long u 長音の u (cube, mute などの /juː/; ⇨ long *adj.* 11). **5** (連続したものの)第 21 番目(のもの); (J を数に入れない時は)第 20 番目(のもの). ★ u はもと v の異形で, 1700 年ごろまで区別なく用いられた (cf. W, J). 〖OE *U*, *u* ▭ ML: ⇨ V〗

U[2] /júː/ *adj.* (英口語)〈言葉遣いなど〉(特に, 英国の)上流階級特有の (cf. non-U). 〖(1954) ← *u*(*pper class*)〗

U[3] /úː/ *n.* ウー (ミャンマーで男子の姓に冠する尊称): *U* Thant. 〖▭ Burmese ~〗

U[4] /júː/ *pron.* (口語) =you: IO*U* (=I owe you.) / *U* B Dd. /júːbìːdíːd/ (=You be d—d!) こん畜生, くたばっちまえ (cf. damned).

U[5] /júː/ *n.*, *adj.* (英)〘映画〙一般向き(の映画) ((米) G) (cf. British Board of Film Classification). 〖(1922) (略) ← UNIVERSAL〗

u (記号)〘物理〙unified atomic mass unit 統一原子質量 (原子核の質量の単位; ^{12}C の質量を 12 と定めてある). 〖1964〗

U (記号)〘物理化学〙internal energy; [イタリック体で]〘物理〙intrinsic energy; 〘数学〙union; 〖1844〗〘化学〙uranium; 〘自動車国籍表示〙Uruguay; 〘米軍〙utility plane 多用機, 雑用機: *U*-2.

U, U. (略) union; unit; united; university.

u. (略) ugly; uncle; *G.* und (=and); uniform; unit; unsatisfactory; unsymmetrical; *G.* unter (=lower); up; upper; utility.

U. (略) *G.* Uhr (=clock, o'clock); Unionist; urinal; Utah.

U-235, U235 *n.* 〘化学〙=uranium 235. 〖1938〗

U-238, U238 *n.* 〘化学〙=uranium 238. 〖1938〗

U-239, U239 *n.* 〘化学〙=uranium 239. 〖1979〗

ua (記号) Ukrane (URL ドメイン名).

UA (略) United Airlines ユナイテッド航空.

u.a. (略) under age.

UAAC (略) Un-American Activities Committee.

UAE /júːèɪíː/ (略) United Arab Emirates. 〖1972〗

ua·ka·ri /waːkáːri | wə-/ *n.* 〘動物〙ウアカリ (南米産オマキザル科ウアカリ属 (*Cacajao*) の短尾ザル 3 種の総称; 白または褐色がかった長い体毛をもつ); (特に)アカウアカリ (*C. rubicundus*) (頭の毛はまばらか無毛で, 体毛は赤褐色). 〖(1863) ← Tupi〗

UAM (略) 〘軍事〙underwater-to-air missile 水中対空ミサイル.

u. & l.c. (略) 〘印刷〙upper and lower case.

UAR (略) United Arab Republic. 〖1958〗

UART /júːɑət | -ɑːt/ (略) 〘電子工学〙Universal Asynchronous Receiver Transmitter ユーアート (非同期直列形データ伝送用の LSI トランシーバー装置).

UAU (略) Universities Athletic Union.

Uau·pés /waʊpés; *Am.Sp* waupés/ *n.* [the ~] ウアウペス川 (南米コロンビアの中南部に源を発し, 東流してブラジル国境を越え Negro 川に合流する (1,126 km); スペイン語で Vaupés).

UAW (略) United Automobile, Aerospace and Agricultural Implement Workers of America; 〖1946〗 United Automobile Workers (of America) 全米自動車労働組合.

UB (略) United Brethren (in Christ); Upper Bench.

u·bac /júːbæk/ *n.* 〘地理〙日陰斜面 (山地のほとんど日の当たらない, 特に北向きの斜面; cf. adret). 〖(1931) ▭ F ▭ ~ < L *opācum* shady〗

U·baid /uːbéɪd, -báɪd/ *adj.* (メソポタミアの初期青銅器文化の一つ)ウバイド文化の, ウバイド期の (南イラクの Ubaid 遺跡を標準とする, 彩色土器を特色とする農耕文化にいう). 〖((1927)) (1952) ▭ Arab. *al-'Ubáid*: 遺跡のある地名〗

U·ban·gi[1] /uːbǽŋ(g)i, juː- | -bǽŋgi/ *n.* [the ~] ウバンギ(川) (アフリカ中部の川; コンゴ民主共和国北部に発し, 中央アフリカとコンゴ民主共和国の国境を西流しさらに南流して Congo 川に合流する (2,250 km); フランス語名は Oubangui).

U·ban·gi[2] /uːbǽŋ(g)i, juː- | -bǽŋgi/ *n.* ウバンギ (Ubangi 川近くに住む Sara 族の女性のあだ名; 木製の円盤状のものを入れて唇を広げている風習がある). 〖(1942) ↑〗

Ubángi-Shá·ri /-ʃáːri/ *n.* ウバンギシャリ (Central African Republic の旧名).

Ú-bènd *n.* (排水管の) U 字形ベンド. 〖1959〗

Ü·ber·mensch /úːbəmènʃ | -bə-; *G.* ýːbɐmɛnʃ/ *G. n.* (*pl.* **Ü·ber·men·schen** /-ʃən; *G.* -ʃn̩/) 超人 (superman). ★ Nietzche の用いた語. 〖(1902) ▭ G ~ 'overman'〗

u·ber·ri·ma fi·des /juːbérəməfáɪdiːz | júːbərìː-mə-, juːbérɪ̀-/ *L. n.* 〘法律〙最も完全なる信義 (受約者 (promisee) が約束者 (promisor) に対して, 契約すべきか否かを決定するのに影響を及ぼすようなすべての事情を告知する義務を負うことをいう; 保険者と被保険者, solicitor と依頼人, 後見人と被後見人との契約にはこのことが要求される). 〖(1850) ▭ L ~ 'most abundant faith' ← *ūberrima* ((superl.) ← *ūber* fruitful)+*fidēs* 'FAITH'〗

UB40 /júːbìːfɔ́ːṭi | -fɔ́ːti/ *n.* (英) **1** 失業登録票. **2** (口語) (登録ずみの)失業者. 〖1983〗

u·bi·e·ty /juːbáɪəṭi | -báɪɪ̀ti/ *n.* (古) 一定の場所に在ること, 所在, 位置 (position). 〖(1674) ← NL *ubietātem* ← L *ubi*: ⇨ ↓, -ty[2]〗

u·bi·que /juːbáɪkwiː, -bíːkweɪ/ *L. adv.* ところどころ(に), 至るところ. 〖▭ L *ubīque* ← *ubi* where〗

u·bi·qui·none /jùːbɪ̀kwɪnóʊn, -kínoʊn | juːbík-wɪnə̀ʊn/ *n.* 〘生化学〙ユビキノン (⇨ coenzyme Q). 〖(1958) (混成) ← L *ubīque* (↑)+QUINONE〗

U·biq·ui·tar·i·an /juːbìkwəté(ə)riən | -kwɪ̀tέər-ˈ/ 〘神学〙 *adj.* キリスト遍在論の. — *n.* キリスト遍在論者. 〖(1640): ⇨ ubiquity, -arian〗

U·bìq·ui·tár·i·an·ìsm /-nìzm/ *n.* 〘神学〙キリスト遍在論.

u·biq·ui·tin /juːbíkwəṭɪ̀n | -kwɪtɪn/ *n.* 〘生化学〙ユビキチン (真核細胞に広く分布する蛋白質で, 他の細胞蛋白質に共有結合すれば, それらが分解することの指標になる). 〖(1986): ⇨ ↓, -in[2]〗

u·biq·ui·tous /juːbíkwəṭəs | -kwɪ̀t-/ *adj.* **1** (同時に)至る所にある, 遍在する (omnipresent); 頻繁に出会う: ~ computing ユビキタスコンピューティング (人間の活動のあらゆる場所・領域でコンピューターを使用すること). **2** (戯言)〈人が〉至る所に姿を現す. **3** 〘生態〙広範囲に分布する. **~·ly** *adv.* **~·ness** *n.* 〖(1837): ⇨ ↓, -ous〗

u·biq·ui·ty /juːbíkwəṭi | -kwɪ̀ti/ *n.* **1 a** (同時に)至る所にあること, 遍在 (omnipresence): the ~ of the king 〘英法〙国王の遍在 (国王が裁判官を代理としてどの裁判所にも存在すること). **b** (戯言) よく出会うこと. **2** [U-]〘神学〙(キリストの)遍在 (特にキリストの栄光の身体は時間・空間的制約を超えて遍在するという Luther の説教). 〖(1579) ← NL *ubīquitātem*: ⇨ ubique, -ity〗

u·bi su·pra /juːbisúːprɑː, -baɪsúːprə | -súː-, -sjúː-/ *L.* 上述の箇所に, 前記のところに (where (mentioned) above).

Ú-bòat *n.* U ボート (第一次および第二次大戦中のドイツの潜水艦). 〖(1916) (部分訳) ← G *U-boot* (短縮) ← *Unterseeboot* undersea boat〗

Ú-bòlt *n.* U (字型)ボルト. 〖1884〗

UBR (略) (英) uniform business rate.

u·bun·tu /ʊbúntuː/ *n.* (南ア) 人間味, 思いやり. 〖(1926) ← Bantu (Xhosa & Zulu)〗

UC (略) under charge; under construction; University College; Upper Canada; urban council.

u.c. (略) 〘音楽〙una corda; 〘印刷〙uppercase (cf. l.c.).

U·car /júːkɑə | -kɑː(r)/ *n.* 〘商標〙ユーカー (米国 Union Carbide 社製の磨き剤 (cleaning compound)).

UCAS /júːkæs/ (略) (英) Universities and Colleges Admissions Service (大学入学志願を受け付ける中央機関; UCCA と PCAS の統合により設置).

UCATT /júːkæt/ (略) Union of Construction, Allied Trades, and Technicians.

U·ca·ya·li /ùːkəjáːli; *Am.Sp.* ukajáli/ *n.* [the ~] ウカヤリ(川) (ペルー東部を北流して, Marañón 川と合して Amazon 川を形成する支流 (1,600 km)).

UCC (略) Uniform Commercial Code.

UCCA /júːsìːsìːéɪ | ʌ́kə, jùːsìːsìːéɪ/ (略) (英) Universities Central Council on Admissions (⇨ UCAS). 〖1963〗

Uc·cel·lo /uːtʃéloʊ | -ləʊ; *It.* uttʃéllo/, **Paolo** *n.* ウッチェロ (1397–1475; イタリアのフィレンツェ派の画家; 本名 Paolo di Dono /dóːno/).

UCL /júːsìːél/ (略) University College, London. 〖*a*1912〗

UCLA /júːsìːèléɪ/ (略) University of California at Los Angeles. 〖1941〗

UCS (略) 〘電算〙Universal Character Set.

UCW (略) Union of Communication Workers.

UDA (略) Ulster Defence Association. 〖1972〗

Udai·pur /uːdáɪpʊə | -pʊə(r)/ *n.* ウダイプル: **1** インド北西部の旧州; 1947 年に Rajasthan 州の一部となる; 別称 Mewar. **2** インド北西部, Rajasthan 州南部の市.

u·dal /júːdḷ | -dl/ 〘法律〙 *n.* (土地の)自由保有権 (封建制前に北欧で広く行われ, 今でも英国の Orkney と Shetland に行われる継続占有に基づく世襲保有権; udal tenure ともいう; cf. udaller). — *adj.* 自由保有権の[に関する]: a ~ man [woman] 男子[女子]土地自由保有権者. 〖(*c*1500) (変形) ← ON *óðal* (cog. OHG *uodil* farm)〗

U·dall /júːdɔːɫ, -dɑːɫ, -dḷ | -dl, -dɔːl, -dæl/, **Nicholas** *n.* ユードル (1505–56; 英国の教育者・喜劇作家; *Ralph Roister Doister* (1553 年執筆)は現存の英国最初の喜劇; Uvedale ともつづる).

Udall, Stewart Lee *n.* ユードル (1920–2010; 米国の政治家; 内務長官 (1961–69)).

u·dal·ler /júːdḷə | -dlə | -dələ(r), -dl-/ *n.* (土地の)自由保有権者 (⇨ udal). 〖(1669) ← UDAL+-ER[1]〗

UDC (略) 〘図書館〙Universal Decimal Classification; urban development corporation; 〖1905〗 urban district council. 〖1935〗

ud·der /ʌ́də | ʌ́də(r)/ *n.* **1** (牛・羊・山羊などの, 多くの乳首のある下に垂れた)乳房. **2** 乳腺 (mammary gland). **3** (廃) 乳首 (teat). 〖lateOE *ūder* ← (WGmc) **ūðira-* (G *Euter*) ← IE **ēuədh-* (L *ūber* mamma)〗

údder·less *adj.* 乳房のない. 〖(1818): ⇨ ↑, -less〗

UDF (略) Ulster Defence Force; unducted fan engine; United Democratic Front 統一民主戦線 (南アフリカ共和国の政治同盟).

UDI /júːdìːáɪ/ (略) Unilateral Declaration of Independence. 〖1965〗

U·di·ne /úːdɪnèɪ | -dɪ-; *It.* úːdine/ *n.* ウーディネ (イタリア北東部の都市).

UDM (英) (略) Union of Democratic Mineworkers. 〖1985〗

Ud·murt /ʊ́dmʊət, ─ ́ | ʊ́dmʊət, ─ ́; *Russ.* udmúrt/ *n.* (*pl.* ~, ~**s**) **1 a** [the ~(s)] ウドムルト族 (ロシア連邦 Udmurtia 共和国に移住するフィンウゴル族 (Finno-Ugrion) の民族). **b** ウドムルト族の人. **2** ウドムルト語 (Finno-Ugric 語族の Permian 語派に属する). ★ 旧称は Votyak.

Ud·mur·ti·a /ʊdmʊ́əṭiə | -mʊ́ət-; *Russ.* udmúrtʲja/ *n.* ウドムルティア (ロシア連邦中部, Kama 川と Vyatka 川との間の自治共和国; 面積 42,100 km², 首都 Izhevsk; Udmurt Republic ともいう).

u·do /úːdoʊ | -dəʊ/ *Jpn. n.* (*pl.* ~**s**) 〘植物〙ウド (*Aralia cordata*) (日本や中国に産するウコギ科の多年草; 軟白した若い茎は食用). 〖▭ Jpn. 独活(ウド)〗

u·dom·e·ter /juːdá(ː)məṭə | -dɔ́mɪ̀tə(r)/ *n.* 雨量計 (rain gage). 〖(1825) ▭ F *udomètre* ← L *ūdus* wet, damp: ⇨ -meter[1]〗

u·dom·e·try /juːdá(ː)mətri | -dɔ́mɪ̀tri/ *n.* 雨量測定.

u·do·met·ric /jùːdəmétrɪk | -də-ˈ/ *adj.*

u·dom·o·graph /juːdá(ː)məgræ̀f | juːdɔ́məgrɑ̀ːf, -græ̀f/ *n.* 自記雨量計.

UDR /júːdìːáə | -áː(r)/ (略) Ulster Defence Regiment アルスター防衛隊.

UE (略) (NZ) university entrance (examination); university extension.

UEFA /juːéɪfə, -íːfə, júːfə/ (略) Union of European Football Associations. 〖1963〗

Ue·le /wéɪli/ *n.* [the ~] ウェレ(川) (コンゴ民主共和国北東部を西流し, Bomu 川と合流して Ubangi 川となる川 (1,130 km)).

u·ey /júːi/ *n.* (豪口語) U ターン. 〖1976〗

UF (略) United Free Church (of Scotland) スコットランド合同自由教会 (合同長老教会 (United Presbyterian Church) とスコットランド自由教会 (Free Church of Scotland) との合同により 1900 年に結成され, 1929 年には Church of Scotland に合流した); urea-formaldehyde.

U·fa /ufáː; *Russ.* ufá/ *n.* ウファ (ロシア連邦東部, Bashkir 共和国の首都).

UFC /júːèfsíː/ (略) Universities Funding Council.

Uf·fi·zi /juːfítsi, uː-, -fíː-; *It.* uffíttsi/ *n.* ウフィツィ美術館 (イタリア Florence にある; 16 世紀 G. Vasari により造られた; 主にイタリアルネサンス期の絵画を収蔵).

UFO /júːèfóʊ, júːfoʊ | júːèfə́ʊ, júːfəʊ/ *n.* (*pl.* ~**'s**, ~**s**) 未確認飛行物体, (特に)空飛ぶ円盤 (cf. flying saucer). 〖(1953) (頭字語) ← *u*(*nidentified*) *f*(*lying*) *o*(*bject*)〗

u·fo·log·i·cal /jùːfəlá(ː)dʒɪ̀kəl, -kḷ | -lɔ́dʒɪ-ˈ/ *adj.* 未確認飛行物体[空飛ぶ円盤]を追跡研究する. 〖(1966): ⇨ ufology, -ical〗

u·fól·o·gist /-dʒɪ̀st | -dʒɪst/ *n.* 未確認飛行物体研究家, (特に)空飛ぶ円盤(の追跡)研究家. 〖(1963): ⇨ ↓, -ist〗

u·fol·o·gy /juːfá(ː)lədʒi | -fɔ́l-/ *n.* 未確認飛行物体学 (空飛ぶ円盤などの真相の調査). 〖(1959) ← UFO+-o-+-LOGY〗

UFT /júːèftíː/ (略) United Federation of Teachers アメリカ教員連盟 (1961 年に AFT から分離).

UFW (略) United Farm Workers.

ug (記号) Uganda (URL ドメイン名).

u/g. (略) underground.

u·gal·i /juːgǽli/ *n.* トウモロコシ粉を用いた堅いかゆ (東ア

フリカで常食される). 〖(1970) □ Swahili ～〗
U·gan·da /juːgǽndə, uːgáːn- | juːgǽn-/ *n.* ウガンダ《アフリカ中東部にある英連邦内の共和国; もと英国の保護領, 1962 年独立; 面積 236,036 km², 首都 Kampala; 公式名 the Republic of Uganda ウガンダ共和国》.
U·gán·dan /-dən/ *adj., n.*
U·ga·rit /ùːgəríːt, jùː-/ *n.* ウガリト《シリアの Latakia の北, Ras Shamra にあった古代都市; 紀元前 2000 年紀のカナン人の都市国家の中心の一つ; 紀元前 1200 年直後の地震で破壊された》.
U·ga·rit·ic /ùːgərítɪk, jùː- | -tɪk⁻/ *adj.* ウガリト(人, 語)の[に関する]. ── *n.* ウガリト語《古代ヘブライ語と関係のあるセム語系の死語で, 楔(くさび)形文字で知られている》. 〖(1936): ⇨ ↑, -ic¹〗
UGC 《略》《英》 University Grants Committee. 〖1947〗
ugh /ʊ́ːh, ə́ːh/ ★ 実際の発音は「うふ, うーふ」のような感じ. 単語として読むときには /ʌ́g/ と発音する. *int.* うふ, うっ, めっ《嫌悪・恐怖・咳・不平などを表す》. 〖(1765)《擬音語》〗
ug·li /ʌ́gli/ *n.* 〖植物〗ウグリー, タンジュロー (⇨ tangelo) (ugli fruit ともいう). 〖(1934)《変形》? ← UGLY〗
ug·li·fy /ʌ́gləfàɪ | -lɪ̀-/ *vt.* 醜く[見苦しく]する. **ug·li·fi·ca·tion** /ʌ̀gləfɪkéɪʃən | -lɪ̀fɪ-/ *n.* **úg·li·fi·er** *n.* 〖(1576): ⇨ ↓, -fy〗
ug·ly /ʌ́gli/ *adj.* (**ug·li·er**; **ug·li·est**) **1 a** 醜い, 二目と見られない, 見苦しい, 不格好な, 不器量な: ～ faces, buildings, clothes, sights, etc. / as ～ as sin 〖1821〗ひどく醜い / get [grow] ～ 醜くなる. **b** (感覚にとって)嫌な, 不快な(思いをさせる), 不愉快な, おもしろくない: an ～ book, task, trick, word, etc. / an ～ rumor 悪評 / an ～ tongue 毒舌 / an ～ sound 耳ざわりな音 / an ～ smell 嫌なにおい. **2** (道徳的に)いとわしい, 醜悪な, 邪悪な (vile): an ～ habit, crime, etc. **3 a** 〈天候など〉荒れ模様の, 険悪な; 〈海など〉激しい, 荒れた: ～ weather 荒れ模様の天候 / an ～ sea 荒海 / The sky has an ～ look. 空模様が険悪だ. **b** 危険な, 物騒な, 不吉な, たちの悪い, 厄介な: an ～ wound, gash, etc. / The situation is getting [turning] *uglier* every day. 形勢は日に日に険悪になっている. **4** 《口語》気難しい, 怒りっぽい, けんかっぱやい, 意地の悪い: an ～ temper 怒りっぽい気性 / be in an ～ mood 機嫌が悪い. **5** 《廃》恐ろしい, ものすごい. ── *n.* **1** 《口語》醜い人[動物, 物], 醜(ぶ)男, 醜婦. **2** 《英》(19 世紀中ごろ流行した)婦人帽の日よけ.
úg·li·ly /-ləli/ *adv.* **úg·li·ness** *n.* 〖(*c*1250) □ ON *uggligr* fearful, horrible ← *uggr* fear (cf. ugsome) + *-ligr* '-LY²'〗
úgly Américan *n.* 醜いアメリカ人《特に, 現地人やその文化に対して無神経なためアメリカ人の醜い姿をさらけ出す在外アメリカ人》. 〖1958〗
úgly cústomer *n.* 始末に負えぬ[手に余る]人, 厄介者, 危険人物. 〖1811〗
úgly dúckling *n.* 「醜いあひるの子」《最初は醜い[見込みがない]と思われたが後に美しくなる[成功する]人[もの]》. 〖(H. C. Andersen の童話 (1845; 英訳 1846) から〗
Úgly Sísters *n. pl.* 醜い姉たち《童話の Cinderella の義姉たち; クリスマスのおとぎ芝居 (pantomime) で, 通例男性が演じる》.
UGPA 《略》〖教育〗 undergraduate grade-point average 大学在学中の成績を点数化して表した一単位当たりの平均点《A–4, B–3, C–2, D–1, F–0 点の割合で取得単位数に乗じ, その総和を総取得単位数で除した数》.
U·gri·an /úːgriən, júː-/ *adj.* ウゴル族の. ── *n.* **1 a** [the ～s] ウゴル族《Magyars, Voguls, Ostyaks を含むフィンウゴル族 (Finno-Ugrian) の東部居住の民族》. **b** ウゴル族の人. **2** ウゴル語 (Ugric). 〖(1841) ← *Ugra* (Ural 山脈の両側にある地方の名) + -IAN〗
U
U·gric /úːgrɪk, júː-/ *n.* ウゴル語派《ウラル語族の一分派で, ハンガリー語と西シベリアで話される Ostyak と Vogul とを含む; cf. Finno-Ugric languages; Finnic》. ── *adj.* **1** ウゴル語の. **2** =Ugrian. 〖(1854) ← *Ugra* (↑) + -IC¹〗
U·gro- /úːgroʊ, júː- | -grəʊ/ 「ウゴル族と…との」の意の連結形: *Ugro*-Finnic. 〖← UGRIAN〗
Ùgro-Altáic *adj., n.* =Ural-Altaic. 〖1886〗
Ùgro-Fínn *n.* ウゴル族 (Ugrian) 系のフィンランド人. 〖1862〗
Ùgro-Fínnic *adj., n.* =Finno-Ugric. 〖1879〗
ug·some /ʌ́gsəm/ *adj.* 《古》《戯言》恐ろしい, 胸をむかつかせるような. 〖(?*a*1400) ← ME *ugge*(*n*) to cause loathing □ ON *ugga* to fear: ⇨ -some¹〗
ugt., UGT 《略》 urgent.
uh¹ /hm, hə̃, hʌ́/ *int.* =huh.
uh² /ə(ː)/ *int.* あー, えー《話している間に, 次の語が出るつなぎや考えをまとめているうちなどに自然と出る音》. 〖(1605)《擬音語》〗
uh³ /ə/ 《黒人英語》 *indefinite article* =a². ── *prep.* =of.
UH 《略》 upper half.
UHF, uhf /júːèɪtʃéf/ 《略》〖電気〗 ultrahigh frequency. 〖1937〗
uh-huh *int.* **1** /ə̃hʌ̃́, mm̀m | ⌐⌐/ ★ 低めの上昇調のイントネーションで発音される. **a** うん (yes), わかった, いいよ (OK)《肯定・満足・同意を表す》. **b** うん(そう[それで]) (mm, mhm), へえ(そう)《会話でのあいづち (backchannel) として用いる; 対応する否定形は通例 huh-uh, unh-unh などと綴る: Her name was Jane.—*Uh-huh*.—And then she married Bill Bush. 彼女の名はジェーン.—ええ.—それからビル ブッシュと結婚したわ. **2** /ʔə̃ʔə̃, ʔm̩ʔm/ =uh-uh. 〖(1899)《擬音語》〗
uh·lan /úːlɑːn, júːlən/ *n.* **1** (トルコから 16 世紀にポーランド, 18 世紀にプロイセンなどに伝えられた)槍(そう)騎兵. **2** (第一次大戦前のプロイセン, ドイツの)重騎兵. 〖(1753) □ G 《廃》 *Uhlan* (=*Ulan*) □ Pol. *ulan* lancer □ Turk. *oghlān* son, child〗
Uh·land /úːlɑːnt, -lænd | -lənd, -lænd, -lɑːnd; G. úːlant/, **(Johann) Ludwig** *n.* ウーラント (1787–1862; ドイツの詩人・文学史家).
uh-oh /ʔʌ́ʔoʊ | ʔʌ́ʔəʊ/ ★ 最初の音節が高く発音される. *int.* 《口語》うわー, しまった《失敗したときやまずいことしたときの発声》.
UHT 《略》 ultrahigh temperature; ultra heat treated.
uh-uh /ʔə̃ʔə̃, ʔm̩ʔm/ ★ 下降調のイントネーションで発音される. *int.* 《米口語》ううん《否定・不同意を表す; no ほど強くない》. 〖(1924)《擬音語》〗
u·hu·ru /uːhúːruː; *Swahili* uhúru/ *n., int.* 《アフリカ東部》自由 (freedom) ; (国家の)独立. 〖(1961) □ Swahili ～〗
u.i. 《略》 ut infra.
Ui·ghur /wíːgʊə | -gʊə(r)/ *n.* (*pl.* ～, ～s) **1 a** [the ～(s)] ウイグル族《8–12 世紀にモンゴル (Mongolia)・トルキスタン (Turkestan) 東部などに勢力があったトルコ系民族で, 現在中国北西部に住む》. **b** ウイグル族の人. **2 a** ウイグル語《中国北西部で使われるトルコ語》. **b** ウイグル文字《ソグド語 (Sogdian) に基づくアルファベットで, 6–12 世紀にトルコ語に使用された》. ── *adj.* **1** ウイグル族の. **2 a** ウイグル語の. **b** ウイグル文字の. 〖(1747) □ Uighur ～ ← *ui* to follow + *-gur* (adj. suf.)〗
Ui·ghu·ri·an /wiːgʊ́ᵊriən | -gʊ́ər-/ *n., adj.* =Uighur.
Ui·ghu·ric /wiːgʊ́ᵊrɪk | -gʊ́ər-/ *adj.* =Uighur.
Ui·gur /wíːgʊə | -gʊə(r)/ *n., adj.* =Uighur.
Ui·gur·ic /wiːgʊ́ᵊrɪk | -gʊ́ər-/ *adj.* =Uighur. 〖1818〗
uíl·lean(n) pípes /íːlɪn-/ *n. pl.* [しばしば U- p-] イーリンパイプ《アイルランドの民族楽器; バグパイプ (bagpipe) に似ており, ひじの下でふいごを支え, ひじを動かすことによって空気を供給する; 笛部は高音用の 1 本と, 低い和音用の 3 本とから成る》. 〖(1906) □ Ir.-Gael. *píob uilleann* ← *píob* pipe + *uillean* ((gen. sg.) ← *uille* elbow)〗
u·in·ta·ite /juːíntəàɪt | -tə-/ *n.* (*also* **u·in·tah·ite** /～/) 〖鉱物〗ユインター石《米国 Utah 州を主産地とする純粋天然アスファルト; 顔料・ニスの材料》. 〖(1888): ⇨ ↓, -ite¹〗
U·ín·ta Móuntains /juːíntə- | -tə-/ *n. pl.* [the ～] ユーインタ山脈《米国 Utah 州北東部, Rocky 山脈の支脈; 最高峰は Kings Peak (4,123 m)》. 〖← *Uinta Indians* (Shoshone 系の部族) ← ?〗
u·in·ta·there /juːíntəθɪə | -təθɪə(r)/ *n.* =uintatherium.
u·in·ta·the·ri·um /juːɪ̀ntəθíᵊriəm | -təθíə-/ *n.* (*pl.* **-ri·a** /-riə/) 〖古生物〗ウインタテリウム, 恐角獣《第三紀始新世に北米にすんでいたウインタテリウム属 (*Uintatherium*) の巨大な草食哺乳動物の総称; 頭に 3 対の角をもっていた; dinoceras ともいう》. 〖← NL ～ ← *Uinta* (Wyoming の地名) + -THERIUM〗
U·ist /júːɪst/ *n.* ユーイスト《スコットランドの Outer Hebrides 諸島に属する島; North Uist と South Uist の 2 島がある》.
uit·land·er, U- /áɪtlændə, ɔ́ɪt- | éɪtlændə(r), ɔ́ɪt-/ *n.* (南アフリカで)外国人 (foreigner); (特に, 南アフリカ共和国成立以前の Transvaal や Orange Free State で) 英国人居住者. 〖(1892) □ Afrik. ～ ← *uit* 'OUT' + *land* 'LAND¹': ⇨ -ER¹: cf. outlandish〗
UJ 《略》 universal joint. 〖1970〗
u·ja·máa víllage /ùːdʒəmáː-; *Swahili* udʒamáa/ *n.* [時に U- v-] ウジャマー村《タンザニアの共同体組織の村》. 〖(1969): *ujamaa* □ Swahili ～ 'consanguinity' ← *jamaa* family □ Arab. *jamā'ah* group〗
U·ji·ji /uːdʒíːdʒi/ *n.* ウジジ《アフリカ東部タンザニア西部, Tanganyika 湖畔の都市; 1871 年 H. M. Stanley が Livingstone を発見した地》.
Uj·jain /úːdʒaɪn | uːdʒéɪn/ *n.* ウジャイン《インド中西部の都市; ヒンズー教徒の七聖地の一つ》.
Ú-jòint *n.* =universal joint.
U·jung Pan·dang /ùːdʒuːŋpɑːndáːŋ/ *n.* ウジュンパンダン《インドネシア Celebes 島の港湾都市; ポルトガル・オランダ支配以前からの重要港; 旧名 Makasar, Makassar, Macassar》.
uk 《記号》 United Kingdom (URL ドメイン名).
UK /júːkéɪ⁻/ 《略》 United Kingdom (of Great Britain and Northern Ireland) 連合王国, 英国. 〖1892〗
UKAEA /juːkìːə/ 《略》 United Kingdom Atomic Energy Authority. 〖1959〗
u·kase /juːkéɪz, -kéɪs/ *n.* **1** (*also* **u·kaz** /uːkáːz; *Russ.* ukás/) (帝政ロシアの)勅令 (official decree), ロシアの大統領令. **2** (独裁的な)勅令, 布告 (edict). 〖(1729) □ F ～ □ Russ. *ukaz* edict, order ← *ukazat'* to order〗
UKCC 《略》 United Kingdom Central Council for Nursing, Midwifery, and Health Visiting.
uke /júːk/ *n.* 《口語》 =ukulele. 〖(1921)《短縮》← UKULELE〗
u·ke·le·le /jùːkəléɪli/ *n.* =ukulele. 〖1896〗
u·ki·yo-e /uːkioʊ(j)éɪ | -kiəʊ-/ *n.* (*also* **u·ki·yo-ye** /～/) 浮世絵. 〖(1879) □ Jpn.〗
Ukr. 《略》 Ukraine; Ukrainian.
U·krai·na /*Russ.* ukraínə/ *n.* Ukraine のロシア語名.
U·kraine /juːkréɪn/ *n.* [しばしば the ～] ウクライナ《ヨーロッパ東部, 黒海の北岸に面する国; 面積 603,700 km², 首都 Kiev; ウクライナ語名 Ukrayina, ロシア語名 Ukraina》. 〖□ Russ. *Ukraina*《原義》border ← *u-* at + *kraj* edge〗
U·krain·i·an /juːkréɪniən/ *adj.* **1** ウクライナの. **2** ウクライナ人[語]の. ── *n.* **1** ウクライナ人. **2** ウクライナ語《スラヴ語派に属し, ロシア語にきわめて近い》. 〖(1804): ⇨ ↑, -ian〗
U·kra·yi·na /*Ukr.* ukrajína/ *n.* Ukraine のウクライナ語名.
u·ku·le·le /jùːkəléɪli; *Hawaii.* ʔúkuléle/ *n.* ウクレレ《ハワイの小型の四弦楽器》. 〖(1896) □ Hawaiian ～ ← *'uku* flea + *lele* to jump〗
-u·la¹ /⌐jʊlə | ⌐jʊlə/ *suf.* (*pl.* ～**s**, **-u·lae** /-lìː, -làɪ/) ラテン語系指小辞: copula. 〖□ L ～: ⇨ -ule〗
-ula² *suf.* -ulum の複数形.
-ulae *suf.* -ula¹ の複数形.
u·la·ma /ùːləmáː | úːləmə; *Arab.* ʕulamáː/ *n.* (*pl.* ～, ～s) ウーラーマー《イスラム法学ないしは神学における最高権威の学者で, 公の官職につく人々と, 独立した個人として活動する場合とがあった》. 〖(1688) □ Turk. *'ulema* □ Arab. *'ulamā'* learned (men) (pl.) ← *'ālim* wise, learned ← *'álima* to know, be wise〗
u·lan /úːlɑːn, júː-, -lən/ *n.* =uhlan.
U·lan Ba·tor /ùːlɑːnbáːtɔə | -tɔː(r); *Mongol.* oláːn-báːtar/ *n.* ウランバートル《モンゴル北中部にある同国の首都; 旧中国語名 Kulun (庫倫), 旧名 Urga》.
U·la·no·va /uːláːnəvàː; *Russ.* ulánəvə/, **Ga·li·na (Ser·ge·yev·na)** /galʲínə sʲirgʲéjivnə/ *n.* ウラノヴァ (1910–98; ロシアのバレリーナ).
U·lan-U·de /uːláːnuːdéɪ; *Russ.* ulánudé/ *n.* ウランウデ《ロシア連邦南東部, Baikal 湖付近の都市; Buryatia 共和国の首都; 旧名 Verkhneu-dinsk (1934 年まで)》.
-u·lar /⌐(j)ʊlə | -lə(r)/ *suf.* 「…の, …に似た, …に関係のある」の意の形容詞を造る: cell*ular*, molec*ular*, reg*ular*. ★ 通例 -ulus, -ula, -ulum の指小辞をもつラテン語に付けられる. 〖□ L *-ulāris*: ⇨ -ule, -ar¹〗
Ul·bricht /ʊ́lbrɪkt, -brɪçt; G. ʊ́lbʁɪçt/, **Walter** *n.* ウルブリヒト (1893–1973; 東ドイツの政治家; 国家評議会議長(元首) (1960–73)).
Úlbricht sphére *n.* 〖光学〗ウルブリヒト球 (⇨ integrating sphere).
ULCC 《略》 ultralarge crude carrier. 〖1973〗
ul·cer /ʌ́lsə | -sə(r)/ *n.* **1** 〖病理〗潰瘍(かいよう): ⇨ duodenal ulcer, gastric ulcer, peptic ulcer. **2** 病弊, 弊害, 弊風 (corruption): the ～ of discontent, envy, etc. ── *vt., vi.* =ulcerate. 〖(*a*1400) □ L *ulcer-*, *ulcus* sore: cf. Gk *hélkos*〗
ul·cer·ate /ʌ́lsərèɪt/ *vt.* **1** [通例 p.p. 形で] …に潰瘍(かいよう)を生ぜしめる, 潰瘍化させる: an ～*d* sore throat, stomach, leg, etc. **2** (道徳的に)腐敗させる. ── *vi.* **1** 潰瘍になる, 潰瘍化する. **2** (道徳的に)腐敗する. 〖(*c*1425) ← L *ulcerātus* (p.p.) ← *ulcerāre* to make sore: ⇨ ↑, -ate³〗
ul·cer·a·tion /ʌ̀lsəréɪʃən/ *n.* 〖病理〗 **1** 潰瘍(かいよう)化, 潰瘍形成. **2** 潰瘍. 〖(*a*1400) □ L *ulcerātiō(n-)*: ⇨ ↑, -ation〗
ul·cer·a·tive /ʌ́lsərèɪtɪv, -s(ə)rət- | -tɪv/ *adj.* 〖病理〗潰瘍を生じる, 潰瘍性の; 潰瘍にかかった[を生じた] (ulcerous). 〖(1575) □ ML *ulcerātīvus*〗
ul·cer·o·gen·ic /ʌ̀lsəroʊdʒénɪk | -rə(ʊ)-⁻/ *adj.* 〖病理〗潰瘍誘発(性)の. 〖(1950) ← ULCER + -O- + -GENIC¹〗
ul·cer·ous /ʌ́ls(ə)rəs/ *adj.* 〖病理〗潰瘍(かいよう)状態の; 潰瘍にかかった: an ～ wound / ～ gums. **～·ly** *adv.* **～·ness** *n.* 〖(1577) □ L *ulcerōsus*: ⇨ ulcer, -ous〗
-ule /juːl/ *suf.* 指小辞: glob*ule*, gran*ule*. 〖□ F ～ // L *-ulus* (masc.), *-ulum* (neut.), *-ula* (fem.)〗
U·le·åborg /*Swed.* ùːleobɔ́rj/ *n.* ユーレオボリ《Oulu のスウェーデン語名》.
u·le·ma /ùːləmáː/ *n.* (*pl.* ～, ～s) =ulama. 〖1688〗
-u·lence /jʊləns/ *suf.* -ulent に対応する名詞を造る: fraud*ulence*. 〖⇨ ↓, -ence〗
-u·lent /jʊlənt/ *suf.* 「…に富む」の意の形容詞を造る: fraud*ulent*, truc*ulent*, turb*ulent*. 〖□ F ～ // L *-ulentus*: ⇨ -lent〗
u·lex·ite /júːləksàɪt/ *n.* 〖鉱物〗曹灰硼鉱 ($NaCaB_5O_9 \cdot 8H_2O$). 〖(1867) ← *George L. Ulex* (*d.* 1883: ドイツの化学者): ⇨ -ite¹〗
Ul·fi·las /ʌ́lfɪləs | ʊ́lfɪlæs, -ləs/ *n.* (*also* **Ul·fi·la** /-lə/) ウルフィラス (311?–83; ゴート族のキリスト教司祭・司教, ゴート人の使徒; ギリシャ語聖書をゴート語 (Gothic) に翻訳した; Wulfila ともつづる).
Ul·has·na·gar /ùːlhəsnáːgə | -nǽgə(r), -nʌ́g-/ *n.* ウールハースナガル《インド西部 Maharashtra 州 Bombay 北東郊の都市》.
-uli *suf.* -ulus の複数形.
U·lick /júːlɪk/ *n.* ユーリック《アイルランドの男性名》. 〖□ Ir. ～ □ Norw. *Hugleik*《原義》mind reward // (dim.) ← Ir. *Uilliam* 'William'〗
u·lig·i·nose /juːlídʒənòʊs | -dʒɪ̀nəʊs/ *adj.* =uliginous. 〖?1440〗
u·lig·i·nous /juːlídʒənəs | -dʒɪ̀-/ *adj.* 〖植物〗泥地[沼地]に生じる. 〖(1576) □ L *ūlīginōsus* ← *ūlīgin-*, *ūlīgō* moisture: ⇨ -ous〗
ul·lage /ʌ́lɪdʒ/ *n.* **1** アレージ《タンク・樽(たる)・瓶などの空槽部の容積》. **2** 〖商業〗(樽または瓶内の液体の蒸発・漏出などから生じた)漏損量; (種子・穀粒など袋から漏れる)損量: estimate 2% for ～. **3** 〖宇宙〗アレージ《燃料タンクの容器内で燃料(推薬)が満たされてない空間》. **on úllage** (樽などに)いっぱいに詰めないで. 〖(1444) □ AF *ulliage* filling up (of a cask) = OF *ouil-*

lage ← *ouiller* to fill up (a cask) ← *ouil* eye < L *oculum* 'EYE': ⇨ -age〛
úllage ròcket *n.* アリッジロケット《主ロケットが切り離されるとき十分に加速をつけるための過酸化水素による小型ロケット》.
Ull·man /ʌ́lmən, ʊ́l- | ʊ́l-, ʌ́l-/, **Stephen** *n.* ウルマン《1914–76; 英国で活動したハンガリー生まれの言語学者; *The Principles of Semantics* (1951), *An Introduction to the Science of Meaning* (1962)》.
Ulls·wa·ter /ʌ́lzwɔ̀ːtə, -wɑ̀ːtə | -wɔ̀ːtə^(r)/ *n.* アルズウォーター湖《イングランド北西部 Cumbria 州の湖水地方にある湖; 面積 9 km², 長さ 12 km》. 〚ME *Ulneswater* 《原義》 wolf's lake〛
u·llu·co /uːlúːkoʊ, -júː- | -kəʊ; *Am.Sp.* ujúko/ *n.* 〘植物〙 ウルコ (*Ullucus tuberosus*) 《南米産のツルムラサキ科の多年性つる植物; 塊茎が食用となる》. 〚□ Am.-Sp. ~ ← ? S.-Am.-Ind. (Quechua) *ullucu*〛
Ulm /ʊ́lm; G. ʊ́lm/ *n.* ウルム《ドイツ南部 Baden-Württemberg 州の Danube 河畔にある港湾都市; 14 世紀に建てられた高さ 161 m の尖塔をもつ大聖堂が有名》.
Ul·ma·ce·ae /ʌlméɪsiìː/ *n. pl.* 〘植物〙 (イラクサ目)ニレ科. **ul·má·ceous** /-ʃəs/ *adj.* 〚← NL ~ ← *Ulmus* (⇨ ulmin)＋-ACEAE〛
ul·mic /ʌ́lmɪk/ *adj.* 〘化学〙 ウルミン (ulmin) の. 〚(1831) □ F *ulmique*: ⇨ ↓, -ic¹〛
ul·min /ʌ́lmɪ̀n | -mɪn/ *n.* 〘化学〙 ウルミン《ニレ (elm) などの樹木および腐食土中にある褐色無定形物質》. 〚(1813) ← NL ~ ← *Ulmus* (属名) 'ELM'＋-IN²〛
ul·mo /ʌ́lmoʊ | -məʊ/ *n.* 〘植物〙 チリ産エウクリフィア科エウクリフィア属の高木 (*Eucryphia cordifolia*). 〚Am.-Sp. ~ ← S-Am.-Ind. (Araucanian)〛
ul·na /ʌ́lnə/ *n.* (*pl.* **ul·nae** /-niː/, ~**s**) 〘解剖〙 尺骨 (cf. radius 4) (⇨ skeleton 挿絵). 〚(1541) □ L ~ 'elbow': ⇨ ell²〛
ul·nad /ʌ́lnæd/ *adv.* 〘解剖〙 尺骨の方に. 〚(1803): ⇨ ↑, -ad³〛
ulnae *n.* ulna の複数形.
ul·nar /ʌ́lnə, -nɑə | -nə^(r)/ *adj.* 〘解剖〙 尺骨(側)の. 〚(1741) ← NL *ulnaris*: ⇨ ulna, -ar¹〛
úlnar ártery *n.* 〘解剖〙 尺骨動脈. 〚1813〛
úlnar nérve *n.* 〘解剖〙 尺骨神経 (cf. funny bone). 〚1741〛
ulno- /ʌ́lnoʊ | -nəʊ/ 「尺骨と (ulna and)」の意を表す連結形. 〚(*a*1843): ⇨ ulna〛
u·lob·o·rid /juːlɑ́(ː)bərɪ̀d | -lɔ́bərɪd/ *adj., n.* 〘動物〙 ウズグモ科の(クモ). 〚← NL *Uloboridae* (科名) ← *Uloborus* (属名) ← Gk *oulobóros* having a deadly bite ← *oûlos* deadly: ⇨ -id²〛
Ú-lòck *n.* ＝D-lock.
-u·lose /─jʊlòʊs, -lòʊz | -lə̀ʊs/ *suf.* **1** ＝-ulous. ★ 主に学術用語. **2** 〘化学〙「ケト糖 (ketose sugar)」の意を表す名詞を造る. 〚1: □ L *-ulōsus*: ⇨ -ulous. 2: ← (LEV)ULOSE〛
u·lot·ri·chan /juːlɑ́(ː)trɪkən | -lɔ́trɪ-/ *n.* 羊状毛人種の人. ── *adj.* ＝ulotrichous. 〚(1888): ⇨ ↓, -an¹〛
U·lot·ri·chi /juːlɑ́(ː)trɪ̀kàɪ | -lɔ́trɪ-/ *n. pl.* 〘人類学〙 羊状毛人種《ニグロ・ニグロイドなどを指す; T. H. Huxley の分類用語》. 〚← NL ~ ← Gk *oulótrikhos* woolly-haired ← *oûlos* curly, woolly＋*trikh-*, *thrix* hair〛
u·lot·ri·chous /juːlɑ́(ː)trɪ̀kəs | -lɔ́trɪ-/ *adj.* 羊状毛の毛を持つ. 〚(1857): ⇨ ↑, -ous〛
u·lot·ri·chy /juːlɑ́(ː)trɪ̀ki | -lɔ́trɪ-/ *n.* 〘人類学〙 体毛が羊状毛であること. 〚(1924) ← ULOTRICHI＋-Y¹〛
-u·lous /─(j)ʊləs/ *suf.* 「…の傾向のある, …に満ちた, …の特徴をもった」の意の形容詞を造る: *credulous, tremulous.* 〚□ L *-ulōsus*: ⇨ -ule, -ose¹: cf. -ulose〛
ul·pan /úːlpɑːn | ʊ́lpæn, -pɑːn/ *n.* (*pl.* **ul·pa·nim** /uːlpɑ́ːnɪm, ùːlpɑːníːm | ʊlpɑ́ːnɪm, ʊ̀lpɑːníːm/) ヘブライ語集中コース(のための学校)《特にイスラエルで移入者たちに対する教育施設》. 〚(1973) □ ModHeb. *'ulpán* < MHeb. *'ulpā̆n* teaching ← *'ālāph* to learn ← *'āleph* 'ALEPH, beginning'〛
Ul·pi·an /ʌ́lpiən/ *n.* ウルピアヌス《170?–228; ローマの法律家; ラテン語名 Domitius Ulpianus》.
Ul·ric /ʌ́lrɪk, ʊ́l-/ *n.* アルリック《男性名》. 〚← OE *wulfric* ← *wulf* 'WOLF'＋*ric* ruler〛
Ul·ri·ca /ʌ́lrəkə, ʊ́l- | -rɪ-/ *n.* アルリカ《女性名》. 〚(fem.)〛
Ul·san /uːlsɑ́ːn/ *n.* 蔚山(ウルサン)《韓国慶尚南道の日本海に面する工業都市》.
ul·ster /ʌ́lstə | -stə^(r)/ *n.* アルスターコート[外套]《しばしばベルトの付いた長くてゆるやかな厚地オーバーコート; もと Ulster 産の粗ラシャで作った》. 〚(1878) ↓: 原産地名から〛

ulster

Ul·ster /ʌ́lstə | -stə^(r)/ *n.* アルスター: **1** アイルランド島北東部の旧地方; 今は北アイルランドとアイルランド共和国の一部 (Cavan, Donegal, Monaghan の 3 州)に分離. **2** 上記アイルランド共和国北部 3 州から成る地方. **3** 《口語》 北アイルランド (Northern Ireland).
Úlster Kíng of Árms [the ─] (英国の紋章院 (College of Arms) のもと)アルスター紋章官《アイルランドを管轄した上級紋章官; 単に Ulster ともいう; cf. NORROY and Ulster King of Arms》. 〚ME *Ullister, Ulvester* □ ON *Ulfastir, Ulaðstir* ← OIr. *Ulaidh* Ulstermen＋ON *staðr* 'place, STEAD'〛
Úlster Defénce Associàtion *n.* アルスター防衛協会《北アイルランドの英国帰属支持者による準軍事組織; 略 UDA》.
Úlster Démocratic Únionist Pàrty *n.* アルスター民主統一党《英国に帰属することを主張する北アイルランドの政党》.
úl·stered *adj.* アルスターコート[外套]を着た. 〚(1880): ⇨ -ED 2〛
Ul·ster·ite /ʌ́lstəràɪt/ *n.* ＝Ulsterman.
Úlster·man /-mən/ *n.* (*pl.* **-men** /-mən, -mèn/) Ulster の住民[生まれの人]《女性形は -woman》. 〚1845〛
Úlster Scóts *n.* アイルランド英語の一変種 (Ulster 北部および北東部で話される; スコットランド低地方言に由来する).
Úlster Únionist Còuncil *n.* アルスター統一会議《英国に帰属することを主張する北アイルランドの政党; 略 UUC》.
Úlster Únionists *n. pl.* 《英》 アルスター統一派《英国議会に議席をもつ北アイルランド統一支持のプロテスタント派; Ulster Unionist Party, Ulster Democratic Unionist Party, Ulster Popular Unionist Party の総称》.
ult /ʌ́lt/ *adj.* 《戯言》 ＝ultimo.
ult. /ʌ́lt/ 《略》 ultimate; ultimately; ultimo.
ul·te·ri·or /ʌltí(ə)riə | -tíəriə^(r)/ *adj.* [限定的] **1** 〈動機・目的・意向など〉口に出さない, 隠された, 秘めた, 奥の, 裏面の (latent): an ~ motive, object, plan, etc. / for the sake of ~ ends 思惑があって / He has an ~ object in view. 何か腹にもくろみがある. **2** 向こう[あちら]の, かなたの (thither, farther): ~ regions 奥地 / on the ~ side of the river 川の向こう側に. **3** ずっと離れた, かけ離れた (remoter): an ~ cause 遠因. **4** 後の, 先々の, 将来の, 後にくる (future, prospective, eventual): the ~ consequences of a person's act 人の行為の将来の結果 / Some ~ steps will be taken to secure this object. この目的を達するためゆくゆくは何らかの手段がとられるだろう. **~·ly** *adv.* 〚(1646) □ L ~ (compar.) ← **ulter* that is beyond: cf. ultra〛
ul·ti·ma /ʌ́ltəmə | -tɪ̀-/ *n.* 〘音声・詩学〙 語末音節, 末尾第一音節 (cf. penult, antepenult). 〚(*c*1864) □ L ~ (fem.) ← *ultimus* (superl.) ← **ulter* (↑)〛
Ul·ti·ma /ʌ́ltəmə | -tɪ̀-/ *n.* アルティマ《女性名; 大家族で末の女の子につけることが多い》. 〚↑〛
ul·ti·ma·cy /ʌ́ltəməsi | -tɪ̀-/ *n.* **1** 終局, 究極性. **2** 根本原理 (fundamental). 〚(1842) ← ULTIM(ATE)＋-ACY〛
última rátio *L. n.* 最後の理詰め[議論, 制裁, 腕力], 手詰めの談判, 奥の手 (last resort). 〚(1780) □ L *ultima ratiō* last argument〛
última rátio régum /-ríːgəm/ *L. n.* 王者の最後の議論, (最後の手段としての)武力, 戦争 (Louis 十四世がその大砲に刻んだ句). 〚□ L *ultima ratiō rēgum* last argument of kings〛
ultimata *n.* ultimatum の複数形.
ul·ti·mate /ʌ́ltəmɪ̀t | -tɪ̀-/ *adj.* [限定的] **1** (順序が)最後の, 最終の, 終局の, 究極の (⇨ last¹ SYN): the ~ authority, decision, result, etc. / man's ~ end 人間の究極の目的 / the ~ destination 最終目的地 / the ~ weapons 最終兵器(核兵器など) / look forward to (an) ~ peace 究極の平和を待望する / Will the atom bomb be the ~ deterrent? 原爆は究極の戦争防止手段であろうか / Who will be the ~ winner [loser]? 最終的な勝者[敗者]はだれでしょうか. **2** 根本の, 基本的な (fundamental); それ以上分析[分解]できない, 究極的な, 本源的な (primary): an ~ cause, principle, etc. / the ~ cause 〘哲学〙 第一原因 / the ~ facts of nature 自然界の究極的事実 (分析できない事実) / the ~ sources [ground] of belief 信念の本源. **3** 最高の (highest), 最低[最悪]の (worst), 最良の (best); 最大の, 極限の (maximum): the ~ speed 最高速度 / the ~ sin 最悪の罪. **4** 最終的に集計された, 総計の (total): the ~ damage of the earthquake 地震の最終総計被害額. **5** (時間・空間が)最も遠い, 最も隔たった (farthest, earliest): the ~ origin 最古の起源 / to the ~ ends of the earth 世界の果てまで. ── *n.* **1** [the ~] 終局点 (final point), 最後のもの[手段] (end); 最高点, 絶頂 (acme): *the* ~ in jeans ジーパンの最高品 / *the* ~ in silliness 愚の骨頂 / in *the* ~ 最後に, 遂に. **2** 基本的な事実, 根本原理. **~·ness** *n.* 〚(1654) □ L *ultimātus* (p.p.) ← *ultimāre* to be at the last, come to an end ← *ultimus*: ⇨ ultima〛
últimate análysis *n.* 〘化学〙 元素分析.
últimate constítuent *n.* 〘言語〙 終極構成(要)素《構造上, 語または文の究極的単位である各形態素または各語; cf. immediate constituent》.
ul·ti·mate·ly /ʌ́ltəmɪ̀tli | -tɪ̀-/ *adv.* 最後に, 遂に, 結局 (finally): They ~ decided not to go. 彼らは結局は行かないことにした / I hope ~ to be able to buy a house of our own. 最終的には自分たちの家が買えればと願っている / *Ultimalety*, we agreed to his proposal. 結局, 我々は彼の提案に同意した. 〚(1652): ⇨ -LY¹〛
últimate stréngth *n.* 〘工学〙 極限強度, 極限強さ.
última Thúle, U- T- *n.* ＝Thule¹ 2, 3. 〚1665〛
ul·ti·ma·tism /ʌ́ltəmətɪ̀zm | ʌ́ltɪ̀-/ *n.* 非妥協的態度[傾向]; 極端[過激]主義 (extremism).
ul·ti·ma·tis·tic /ʌ̀ltəmətístɪk | ʌ̀ltɪ̀-ˈ/ *adj.* 極端主義の; 極端論の (extremist).
ul·ti·ma·tum /ʌ̀ltəméɪtəm, -mɑ́ː- | -tɪ̀méɪt-/ *n.* (*pl.* ~**s**, **-ma·ta** /-tə | -tə/) **1** 最後の言葉 (last word), 最後の申し出[要求], 最後の条件, (特に)最後通告 (final terms). **2** 究極の目的 (ultimate). 〚(1731) ← NL *ultimātum* (neut. p.p.) ← *ultimāre*: ⇨ ultimate〛
ul·ti·mo /ʌ́ltəmòʊ | -tɪ̀məʊ/ *adj.* [主に商業文に用いて] 先月の《通例 ult. と略す; cf. proximo, instant 4 a》: your letter of the 15th *ult.* 先月 15 日付けの貴簡. 〚(1582) □ L *ultimō* (*mense*) in the last (month) (abl.) ← *ultimus* last: ⇨ ultima〛
ùl·ti·mo·bràn·chial bódy /ʌ̀ltəmoʊbrǽŋkiəl- | -tɪ̀mə(ʊ)-/ *n.* 〘生物〙 鰓後(さいご)体, 後鰓体《脊椎動物の第 5 鰓囊に由来する甲状腺付近の小器官で, カルシトニン (calcitonin) というカルシウム調節ホルモンを分泌する》. 〚(1913) ← L *ultimus* (↑)＋, -O-＋BRANCHIAL〛
ul·ti·mo·gen·i·ture /ʌ̀ltəmoʊdʒénətʃʊə, -nɪ̀tʃə | -tɪ̀mə(ʊ)dʒénɪtʃə^(r)/ *n.* 〘法律〙 末男子[女子]相続制 (cf. primogeniture, Borough-English). 〚(1882) ← L *ultim*(*us*) (⇨ ultima)＋(PRIM)OGENITURE〛
ul·ti·sol /ʌ́ltəsɔ̀(ː)l | -tɪ̀sɔ̀l/ *n.* 〘土壌〙 アルティゾル《熱帯・温帯湿地の古い表層にみられる風化浸出の進んだ黄ないし赤色の土壌》. 〚(1960) ← ULTI(MATE)＋-SOL〛
ulto. 《略》 ultimo.
ul·tra /ʌ́ltrə/ *adj.* 〈意見・主義・思想など〉極端な (extreme); 極端な主義を奉じる, 過激な: an ~ conservative, Protestant, etc. ── *n.* (政治・宗教などの)極端論者, 過激論者, 急進家 (extremist, radical); (流行など)尖(せん)端的な人: a thorough-paced ~ 徹底的な急進家. 〚(1817) □ L *ultrā* (adv. & prep.) beyond, on the other side of ← **ulter* (adj.) ← ? IE **al-*, **ol-* beyond: cf. ulterior〛
ul·tra- /ʌ́ltrə/ *pref.* **1** 「極端に, 超…」の意 (cf. super-): *ultra*confident, *ultra*conservative, *ultra*miniature, *ultra*modern. **2** 「(空間・時間を)越えて」の意 (cf. trans-, cis-): *ultra*montane, *ultra*violet. 〚↑〛
ùltra·básic *adj.* 〘岩石〙 超塩基性の《岩石が 40% 程度のシリカと 50% 程度の鉄・マグネシウムを含んだ》: ~ rock 超塩基性岩. 〚1881〛
ùltra·céntrifuge 〘物理・化学〙 *n.* 超遠心(分離)機, 限界遠心機. ── *vt.* 超遠心機にかけて分離する. **ùltra·centrífugal** *adj.* **ùltra·centrífu·gally** *adv.* **ùltra·centrifugátion** *n.* 〚1924〛
ùltra·cléan *adj.* きわめて清潔な, (特に)無菌状態の. 〚1970〛
ùltra·cóld *adj.* 極低温の. 〚1967〛
ùltra·consérvative *adj.* 超保守的な; 保守党の極右グループの. ── *n.* 超保守的な人. **ùltra·consérvatism** *n.*
ùltra·crep·i·dár·i·an /-krèpədé(ə)riən | -pɪ̀-déər-ˈ/ *n.* 《戯言》 知ったかぶりをする人; 専門外のことに口をはさむ人, えせ評論家. 〚(1819) ← L (*nē sūtor*) *suprā crepidiam* (Let not the cobbler meddle) further than his shoes: ⇨ -arian〛
ùltra·crítical *adj.* 酷評的の (hypercritical). 〚1907〛
ul·tra·di·an /ʌltréɪdiən | -di-/ *adj.* 〘生物〙 《生物活動のリズムが》 24 時間よりも短い周期で変動する, 1 日 1 回を超えて反復する, 超日の. 〚(1961): CIRCADIAN にならった造語〛
ùltra·fáshionable *adj.* 極端に流行を追う, 超先端的な. 〚1802〛
Ul·tra·fax /ʌ́ltrəfæ̀ks/ *n.* 〘商標〙 ウルトラファクス《米国 RCA 社で発明された高速度模写電送方式》.
ul·tra·fiche /ʌ́ltrəfìːʃ/ *n.* 〘写真〙 ＝ultramicrofiche. 〚1921〛
ùltra·filter *n.* **1** 〘物理化学〙 (コロイド溶液濾過(ろか)用の)限外濾過膜. **2** 〘数学〙 極大フィルター. ── *vt.* 〘物理化学〙 …に限外濾過をする. 〚1908〛
ùltra·filtrate *n.* 〘物理化学〙 限外濾過液. 〚1928〛
ùltra·filtrátion *n.* 〘物理化学〙 限外濾過(ろか). 〚1908〛
ùltra·hígh *adj.* きわめて高い, 超高度の: under ~ pressure 超高圧下で / at ~ temperatures 超高温度で. 〚1932〛
últrahigh-fréquency *adj.* 〘電気〙 極超短波の.
últrahigh fréquency *n.* 〘電気〙 極超短波《300 メガヘルツ–3 ギガヘルツの範囲内の周波数; 略 UHF》. 〚1932〛
ul·tra·ìsm /-trəɪzm/ *n.* **1** (政治的)極端論[主義], 過激論[主義]. **2** 過激な意見[行為]. 〚(1821) ← ULTRA-＋-ISM〛
úl·tra·ist /-ɪ̀st | -ɪst/ *n., adj.* 極端[過激]論者(の).
ul·tra·is·tic /ʌ̀ltrəístɪkˈ/ *adj.* 〚(1842) ← ULTRA-＋-IST〛
últra·làrge crúde càrrier *n.* 超大型油送タンカー《40 万トン以上の積載能力を有する; 略 ULCC》.
ùltra·léft *adj.* **1** 超急進的な, 極左の. **2** [the ~; 名詞的に; 複数扱い] 超急進分子たち, 極左連中[集団]. 〚1954〛
ùltra·léftist *n.* 超急進分子, 極左主義者. 〚1947〛
ùltra·líberal *adj., n.* 極端に自由主義的な(人). 〚1824〛
ùltra·líght *adj.* 超軽量の. ── *n.* 超軽量のもの; 超軽量飛行機. 〚1974〛
ùltra·máfic *adj.* 〘岩石〙 超苦鉄質の (cf. mafic): ~ rock 超苦鉄質岩. 〚1933〛
ul·tra·ma·rine¹ /ʌ̀ltrəməríːnˈ/ *adj.* 海を隔てた, 海外の (overseas): the ~ dominions, trade, etc.

U

〘((1652)) □ ML *ultrāmarīnus*: ⇨ ultra-, marine〙

ul·tra·ma·rine² /ʌ̀ltrəməríːn⁻/ *n.* **1** 〖化学〗ウルトラマリン, 群青(ぐんじょう) (青金石 (lapis lazuli) の粉末を原料とした青色の顔料; 今はカオリン, ソーダ灰, 燐, 木灰などを用いて製造する). **2** =ultramarine blue 1. ― *adj.* 群青色の. 〘((1598)) □ It. *oltramarino* beyond the seas: もと海外からの輸入品 'lapis lazuli' につけた名称〙

últramarine blúe *n.* **1** 群青(ぐんじょう)色, 濃青色. **2** 〖化学〗=ultramarine² 1. 〘1698〙

últramarine yéllow *n.* =light chrome yellow.

ùltra·metamórphism *n.* 〖地質〗(岩石の)超変成(作用) (cf. metamorphism 1).

ùltra·mícro *adj.* 超微小の, 極微小の; 超微小物を扱う. 〘1937〙

ùltra·mícrobalance *n.* 〖化学〗超微量天秤 (ミクログラムの ¹/₁₀₀ 以下までの重量を測定できる).

ùltra·microchémistry *n.* 〖化学〗極微量化学. **ùltra·microchémical** *adj.* **ùltra·microchémist** *n.*

ùltra·mícrofiche *n.* 〖写真〗超マイクロフィッシュ (¹/₁₀₀ 以下に縮小記録したマイクロフィッシュ; 本の数千ページが 1 枚に記録される). 〘1967〙

ùltra·micrómeter *n.* 超測微計.

ùltra·mícroscope *n.* 〖光学〗超顕微鏡, 限外顕微鏡 (暗視野照明 (dark-field illumination) を用いた顕微鏡で, 微小粒子の存在や運動の観察に適する; dark-field microscope ともいう). 〘1906〙

ùltra·microscópic *adj.* **1** (普通の顕微鏡では見えないほど)極微の. **2** 超顕微鏡の. 〘1870〙

ùltra·microscópical *adj.* =ultramicroscopic.

ùltra·microscópically *adv.* 〘1904〙

ùltra·micróscopy *n.* 超顕微鏡法. 〘1906〙

ul·tra·mi·cro·tome /ʌ̀ltrəmáɪkrətòʊm | -tə̀ʊm/ *n.* 超ミクロトーム (電子顕微鏡で調べるための組織のごく薄い切片を切り取るための切断器). 〘1946〙

ùltra·mílitant *adj.* 極端に好戦的な. ― *n.* 極端に好戦的な人. 〘1970〙

ùltra·míniature *adj.* (電子製品など)超小型の, ごく小さい (subminiature). 〘1942〙

ùltra·miniaturizátion *n.* 超小型化.

ùltra·míniaturized *adj.* 超小型化された. 〘1968〙

ùltra·módern *adj.* 〈思想・流行など〉超現代的な, 先端的な; 〈技術など〉非常に進んだ: an ~ idea, artist, etc. 〘1843〙

ùltra·módernism *n.* 超現代主義.

ùltra·módernist *n.* 超現代主義者. **ùltra·modernístic** *adj.* 〘1926〙

ul·tra·mon·tane /ʌ̀ltrəmɑ́(ː)nteɪn⁻, ⁻⁻⁻⁻ | ʌ̀ltrəmɔ́nteɪn⁻, ⁻⁻⁻⁻/ *adj.* **1 a** 山の向こうの; 山の向こうの国[住民]の (cf. cismontane, tramontane). **b** アルプス南方の; イタリアの (Italian). **c** 《古》アルプス北方の. **2** [時に U-] 〖カトリック〗教皇至上権論の (cf. cisalpine 2) (教皇庁がフランスからみてアルプスの反対側にあるのにちなむ). **3** 絶対至上権を主張する. ― *n.* **1 a** アルプス南方の人. **b** 《古》アルプス北方の人. **2** [時に U-] 〖カトリック〗教皇至上権論者 (↔ Gallican). 〘((1592)) □ ML *ultrāmontān-us*: ⇨ ultra-, montane: cf. F *ultramontain* / It. *oltramontano*: もとは反対に「アルプスの北の」(cismontane) の意〙

ul·tra·mon·ta·nism /ʌ̀ltrəmɑ́(ː)ntənɪ̀zm, -tn- | -mɔ́ntənɪ̀zm, -teɪn-/ *n.* [時に U-] 〖カトリック〗教皇至上権主義, 教皇全権論 (curialism, Vaticanism) (↔ Gallicanism). **ùl·tra·món·ta·nist** /-mɑ́(ː)ntənɪst, -tn- | -mɔ́ntənɪst, -teɪn-/ *n.* 〘((1827)) □ F *ultramontanisme*: ⇨ -ISM〙

U

ul·tra·mun·dane /ʌ̀ltrəmʌ́ndeɪn, ⁻⁻⁻⁻/ *adj.* 《詩》 **1** この世界外の; 太陽系外の. **2** あの世の. 〘((1549)) □ LL *ultrāmundānus*: ⇨ ultra-, mundane〙

ùltra·nátionalism *n.* 超国家主義, 国粋主義; 好戦的愛国主義. **ùltra·nátional** *adj.*

ùltra·nátionalist *n.* 超国家主義者, 国粋主義者; 好戦的愛国主義者. ― *adj.* 超国家主義(者)の, 国粋主義(者)の; 好戦的愛国主義(者)の. **ùltra·nationalístic** *adj.* 〘1927〙

últra·nèt *n.* 〖数学〗極大な網 (位相空間の網 *N* で, 空間のどの部分集合 *A* についても, *A* もしくは *A* の補集合と *N* との差が第一類集合になるようなもの).

ùltra·púre *adj.* 純度の極めて高い: an ~ metal. **~·ly** *adv.* 〘1961〙

ùltra·rádical *adj.* 超急進的な, 超過激派の.

ùltra·réd *adj.* 《俗》=infrared. 〘1870〙

ul·tra·sau·rus /ʌ̀ltrəsɔ́ːrəs/ *n.* ウルトラサウルス (ジュラ紀後期に生息したブラキオサウルス (brachiosaurus) に近縁のウルトラサウルス属 (*Ultrasaurus*) の恐竜; 少数の骨の化石から知られるにすぎないが, おそらく全動物のうちで体高が最も高く, 体重も最も重く 130 トンに達したものとみられる).

ùltra·sécret *adj.* 極秘の.

ùltra·shórt *adj.* **1** 極めて短い. **2** 〖電気〗極超短波の (波長 10 メートル以下の電波で 30 メガヘルツ以上の周波数をもつもの; 日本では通例慣用で 1 メートル以下とされている): ~ waves 極超短波. 〘1926〙

ùltra·sónic *adj.* 超音波の (supersonic); 超音波を用いた[によって生じる]. ― *n.* 超音波 (約 20,000 ヘルツ以上). **ùltra·sónically** *adv.* 〘((1923)) ← ULTRA- + SONIC〙

últrasonic cléaning *n.* 超音波洗浄.

últrasonic génerator *n.* 〖電気〗超音波発生機. 〘1923〙

ul·tra·son·ics /ʌ̀ltrəsɑ́(ː)nɪks | -sɔ́n-/ *n.* 超音波学 (supersonics ともいう). 〘((1924)): ⇨ ultrasonic, -ics〙

últrasonic tésting *n.* 超音波検査.

últrasonic wélding *n.* 超音波溶接(法).

ùltra·sónogram *n.* 〖医学〗超音波記録 (ultrasonograph による記録). 〘1958〙

ùltra·sónograph *n.* 〖医学〗超音波装置. **ùltra·sonográphic** *adj.* 〘1975〙

ùltra·sonógraphy *n.* 〖医学〗超音波検査. 〘1951〙

ùltra·sophísticated *adj.* 極めて複雑な, 超精巧な: a ~ machine.

ul·tra·sound /ʌ́ltrəsàʊnd/ *n.* 〖物理〗 **1** 超音, 超可聴音 (supersound ともいう). **2** [集合的] 超音波 (ultrasonic waves). **3** =ultrasound scan. 〘1923〙

últrasound scàn *n.* 〖医学〗超音波スキャン[走査].

últrasound scànner *n.* 〖医学〗超音波スキャナー.

últra·strùcture *n.* 〖生物〗(超)微細構造 (光学顕微鏡で見えず電子顕微鏡で見える原形質の構造). **ùltra·strúctural** *adj.* **ùltra·strúcturally** *adv.* 〘1939〙

Ul·tra·suede /ʌ́ltrəswèɪd/ *n.* 〖商標〗ウルトラスエード (スエードによく似た合成皮革; 服地または室内装飾用). 〘1973〙

ùltra·thín *adj.* 極めて薄い. 〘1949〙

ùltra·trópical *adj.* **1** 熱帯圏外の. **2** 熱帯の平均温度よりも暑い. 〘1848〙

ul·tra·vio·let /ʌ̀ltrəváɪələt⁻/ *adj.* **1** 紫外(線)の, 菫(すみれ)外(線)の (cf. infrared). **2** 紫外線を出す[を用いる]: an ~ lamp. ― *n.* 紫外線. 〘((1840)) ← ULTRA- + VIOLET〙

ultravíolet filter *n.* 〖写真〗紫外線吸収フィルター, UV フィルター.

últraviolet líght *n.* 〖光学〗紫外線; 紫外光, 紫外放射. 〘1947〙

últraviolet mícroscope *n.* 紫外線を用いる顕微鏡 (cf. fluorescence microscope).

últraviolet ráys *n. pl.* 紫外線.

ul·tra vi·res /ʌ́ltrəváɪriːz | ʌ̀ltrəváɪ(ə)riːz, ʊ́ltrɑː-víəreɪz/ *L. adv., adj.* 〖法律〗(個人・法人の)権限を踰越(ゆえつ)[逸脱]して[した], 権能外で[の]. 〘((1793)) □ L *ultrā vīrēs* beyond powers〙

ùltra·vírus *n.* 濾過(ろか)性ウイルス (filterable virus).

u·lu¹ /úːluː/ *n.* 刺激のない辺鄙(へんぴ)な場所. 〘((1878)) □ Malay〙

u·lu² /úːluː/ *n.* ウールー (イヌイットの女性が使用する三日月形の刃をしたナイフ). 〘((1864)) □ Inuit ~ 'woman's knife'〙

ul·u·lant /ʌ́ljʊlənt, júː- | júːl-, ʌ́l-/ *adj.* **1** 〈狼・犬など〉ほえる (howling), 〈フクロウなど〉ほーほー鳴く (hooting). **2** 悲しげに泣く (wailing). 〘((1868)) □ L *ululant-em* (pres.p.) ← *ululāre* (↓)〙

ul·u·late /ʌ́ljʊlèɪt, júː- | júːl-, ʌ́l-/ *vi.* **1** 〈狼・犬などが〉ほえる (howl), 〈フクロウなどが〉ほーほー鳴く (hoot). **2** 泣きわめく, 号泣する; 大声で嘆き悲しむ (wail). 〘((1623)) ← L *ululātus* (p.p.) ← *ululāre* to howl (擬音語): ⇨ -ate³〙

ul·u·la·tion /ʌ̀ljʊléɪʃən, jùːl- | jùːl-, ʌ̀l-/ *n.* **1** ほえ声 (howling), (悲しげな)泣き声 (wailing). **2** (狼・犬などが)ほえること, (フクロウが)ほーほー鳴くこと, (人の)号泣. 〘((1599)) □ L *ululātiō(n-)*: ⇨ ↑, -ation〙

-u·lum /⁻jʊləm/ *suf.* (*pl.* **~s**, **-u·la** /-lə/) ラテン語系指小辞: frenulum. 〘□ L ~: ⇨ -ule〙

U·lun·di /ʊlʊ́ndi, uːlúːn-/ *n.* ウルンディ (南アフリカ共和国北東部 KwaZulu-Natal 州の都市; Pietermaritzburg とともに同州の州都).

U·lu·ru /ùːlərúː⁻/ *n.* ウルル (Ayers Rock に対する先住民の呼び名).

-u·lus /⁻jʊləs/ *suf.* (*pl.* **~·es**, **-u·li** /-làɪ, -lìː/) ラテン語系指小辞: calculus (← calx). 〘□ L ~: ⇨ -ule〙

ul·va /ʌ́lvə/ *n.* 〖植物〗アオサ (浅海底から潮間帯にかけて生じるアオサ属 (*Ulva*) の緑藻の総称; sea lettuce など). 〘((1706)) ← NL ~: ← L 'sedge'〙

Ul·ya·nov /uːljɑ́ːnɔ(ː)f | -nɒf; *Russ.* ulʲánəf/, **Vladimir Ilyich** *n.* ウリヤノフ (Lenin の本名).

Ul·ya·novsk /uːljɑ́ːnɔ(ː)fsk | -nɒfsk; *Russ.* ulʲánəfsk/ *n.* ウリヤノフスク (Simbirsk の旧名; Lenin の生地). 〘← *V. I. Ulyanov*: Lenin の本名から〙

U·lys·ses /juːlɪ́siːz | juːlɪ́siːz, júːlɪsiːz/ *n.* **1** ユリシーズ (男性名). ★ アイルランドの男性名 Ulick の代わりにも用いられる. **2** 〖ギリシャ伝説〗ウリッセース, ウリクセース (Odysseus のラテン語名). 〘← NL *Ulyssēs* (変形) ← L *Ulixēs* □ Gk (方言) *Olus(s)eús* ← *Odusseús* 'ODYSSEUS'〙

um, umm /m, ə(ː)m/ *int.* ふーん, うーん, へん (ちゅうちょ, 疑念などを表す; ★ 実際の発音は「むー」のような感じ; 単語として読むときには /ʌm/ と発音する): *Um,* I guess so. うーん, 私もそう思います / What are you going to do? —*Um,* I don't know what to do. どうするつもりですか—うーん, どうしてよいかわからないんです. 〘((1672)) (擬音語)〙

'um /əm; (p, b の後ではまた) m/ *pron.* =them (cf. em²). 〘1606〙

U-Mat·ic, U-mat·ic /jùːmǽtɪk | -tɪk/ *n.* 〖商標〗テレビ番組・映画などの録画方式. 〘((1972)) ← U³ + (AUTO)MATIC〙

U·may·yad /uːmáɪ(j)æd/ *n.* ウマイヤ朝の元首 (カリフ (caliph) と称した; Omayyad ともいう): the ~ dynasty ウマイヤ朝 (ウマイヤ家のムアーウィヤ (Muawiya /muɑ́ːwɪjə/) が Damascus に拠(よ)って築いたアラブのイスラム王朝 (661–750); 中央アジアからイベリア半島に及ぶ広大な帝国を築いた; その滅亡後, 逃れた一族がスペインの Córdoba を都として建てた王朝が後(こう)ウマイヤ朝 (756–1031)). 〘((1758)) ← *Ummayah* (Muawiya の先祖) + -AD¹〙

Umáyyad Mósque *n.* [the ~] ウマイヤモスク (シリアの Damascus にある現存する最古の石造モスク; 705–715 年ウマイヤ朝のカリフ, ワリード 1 世 (al-Walid I) が建造; 洗礼者ヨハネ教会のあったところに建てられている).

Um·ban·da /ʊmbǽndə/ *n.* ウンバンダ (マクンバ (macumba), カトリック, インディオの慣習を習合させたブラジルの宗教). 〘□ Port. ~ ← Bantu〙

um·bel /ʌ́mbəl, -bl | -bəl, -bl, -bɛl/ *n.* 〖植物〗 **1** 散[繖]形花序 (花軸の先端に多数の花がつき, 全部中心の花とほぼ同じ高さとなり, 全体として傘状を呈する花序; cf. cyme, raceme). **2** 散形花. ― *adj.* セリ科 (Apiaceae) の. **úm·beled** *adj.* **úm·belled** *adj.* 〘((1597)) □ L *umbella* little shade (dim.) ← *umbra* shade〙

um·bel·lar /ʌ́mbələ, ʌmbélə | -lə(r)/ *adj.* 〖植物〗散[繖]形花を有する, 散形花序の. 〘((1828–32)): ⇨ umbel, -ar¹〙

um·bel·late /ʌ́mbəlèɪt, ʌmbélɪt/ *adj.* **1** 〖植物〗=umbellar. **2** 散形花序に似た. **~·ly** *adv.* 〘((1760)) ← NL *umbellātus* ← L *umbella* parasol: ⇨ -ATE²〙

um·bel·lat·ed /ʌ́mbəlèɪtɪd | -tɪd/ *adj.* 〖植物〗=umbellate. 〘1676〙

um·bel·let /ʌ́mbəlɪt/ *n.* 〖植物〗=umbellule. 〘((1793)) ← UMBEL + -ET〙

um·bel·li·fer /ʌmbéləfə | -lɪfə(r)/ *n.* 〖植物〗セリ科の植物の総称 (散形花序 (umbel) を有する). 〘((1718)) ↓〙

Um·bel·lif·er·ae /ʌ̀mbəlɪ́fəriː/ *n. pl.* 〖植物〗(双子葉植物)セリ科. 〘← NL ~ (fem.pl.) ← *umbellifer* umbelliferous (plant): ⇨ umbel, -ferous〙

um·bel·lif·er·ous /ʌ̀mbəlɪ́f(ə)rəs⁻/ *adj.* 〖植物〗 **1** 散形花を生じる. **2** セリ科の. 〘((1662)): ⇨ ↑, -fer〙

um·bel·li·form /ʌmbéləfɔ̀ːm | -lɪfɔːm/ *adj.* 〖植物〗散形花序の. 〘((1891)) ← UMBEL + -IFORM〙

um·bel·lu·late /ʌmbéljʊlɪt/ *adj.* 〖植物〗小散形花序の. 〘⇨ ↓, -ate²〙

um·bel·lule /ʌ́mbəljùːl, ʌmbéljuːl/ *n.* 〖植物〗小散形花. 〘((1793)) ← UMBEL + -ULE〙

um·ber¹ /ʌ́mbə | -bə(r)/ *n.* **1** アンバー (主成分が鉄の水酸化物で, 少量のマンガン酸化物を含む黄褐色の土; 焼けば焦茶色となる): ⇨ burnt umber, raw umber. **2** アンバー色, 焦茶色, 暗褐色. **3** =umber moth. ― *adj.* アンバーの; 焦茶色の, 暗褐色の. ― *vt.* アンバーで塗る, 焦茶色に塗る; 暗褐色にする. 〘((*c*1568)) □ F *ombre* ← *terre d'ombre* earth for giving shadow (to pictures) ← L *umbra* shade // □ L *Umbra* Umbrian (earth) (原産地 Umbria から)〙

um·ber² /ʌ́mbə | -bə(r)/ *n.* **1** 〖魚類〗カワヒメマス (*Thymallus thymallus*) (ヨーロッパ産サケ科カワヒメマス属の魚; grayling ともいう). **2** 〖鳥類〗=hammerhead 3. **3** 《方言》影, 陰. 〘((*a*1325)) □ OF *umbre* (F *ombre*) < L *umbram* 'UMBRA'〙

úmber mòth *n.* 〖昆虫〗シャクガ科のガ数種の総称 (針葉樹などの葉を食害するオオチャバネフユエダシャク (*Erannis defoliaria*) など).

Um·ber·to I /ʊmbéətoʊ- | -béətəʊ-, -bɑ́ː-; *It.* umbérto/ *n.* ウンベルト一世 (1844–1900; イタリア国王 (1878–1900); Victor Emmanuel II の子; Monza で暗殺された).

Umberto II *n.* ウンベルト二世 (1904–83; イタリア最後の国王 (1946); Victor Emmanuel III の子; 国が共和制となり追放される (1947)).

um·ber·y /ʌ́mbəri/ *adj.* 焦茶色の, 暗褐色の. 〘((1834)): ⇨ umber¹, -y⁴〙

um·bil·ic /ʌmbɪ́lɪk/ *n.* 〖数学〗臍点(せいてん) (umbilicus). 〘(((1607)) (1843)) □ L *umbilicus* 'UMBILICUS'〙

um·bil·i·cal /ʌmbɪ́lɪkəl, -kl | ʌmbɪ́lɪ-, ʌ̀mbɪláɪ-⁻/ *adj.* **1 a** へその[に関する]. **b** へその緒の[に関する]. **c** へその位置にある; 腹の中心部の. **2** へその緒でつながった(ような), 関係の密接な, 緊密な. **3** 電力線[燃料管]を含んだ. **4** 中央の[にある] (central): an ~ pillar (円屋根の)へそ柱. **5** 《まれ》母系の, 女系の: one's ~ ancestor. ― *n.* **1** 〖宇宙〗=umbilical cord 2. **2** つなぐもの (link): an ~ *to* the outer world 外界とつなぐもの. **~·ly** *adv.* 〘((1541)) □ ML *umbilicālis* ← L *umbilicus* (↑): ⇨ -al¹〙

umbílical càble *n.* 〖宇宙〗=umbilical cord 2. 〘1970〙

umbílical còrd *n.* **1** 〖解剖〗臍帯(さいたい)(せいたい), 臍(へそ)の緒. **2** 〖宇宙〗 **a** 臍の緒 (発射前のロケットへ整備塔などから燃料や電気を供給するためのケーブル). **b** 救命索 (大気圏外に出た宇宙船の外で作業をする宇宙飛行士を宇宙船と連繋した空気補給線; 通信索ともなる). **3** (潜水夫の)命綱, 連絡綱. 〘1753〙

umbílical hérnia *n.* 〖病理〗臍(さい)(せい)(へそ)ヘルニア. 〘1797〙

umbílical póint *n.* 〖数学〗臍点(せいてん) (umbilicus). 〘1728〙

um·bil·i·cate /ʌmbɪ́lɪkɪt, -ləkèɪt | -lɪ-/ *adj.* **1** へそ状の, 中央にへそ状のくぼみのある, 中凹(なかくぼ)の. **2** へそのある. 〘((1698)) ← UMBILICUS + -ATE²〙

um·bil·i·cat·ed /ʌmbɪ́ləkèɪtɪd | -lɪkeɪt-/ *adj.* =umbilicate. 〘1693〙

um·bil·i·ca·tion /ʌmbɪ̀ləkéɪʃən | -lɪ-/ *n.* **1** へそ形のくぼみ. **2** へそ状(になること). 〘((1873)) ← L *umbilicus*: ⇨ -ation〙

um·bil·i·cus /ʌmbɪ́lɪkəs, ʌ̀mbəláɪ- | ʌmbɪ́lɪ-, ʌ̀mbɪláɪ-/ *n.* (*pl.* **~·es**, **-li·ci** /ʌmbɪ́ləkàɪ, -sàɪ, ʌ̀mbəláɪkaɪ, -saɪ | ʌmbɪ́lɪsàɪ, ʌ̀mbɪláɪsaɪ/) **1** 〖解剖〗臍(へそ) (navel). **2** (問題などの)中心点, 核心 (core, heart). **3** 〖動物〗(巻貝の)へそ穴. **4** 〖植物〗臍(さい) (種子の胎座に付

着する部分; hilum ともいう). **5** 〖数学〗臍点(せいてん) (umbilic, umbilical point). **6** 〖考古〗(巻物の)軸玉 (軸の両端につけられた飾り). 〖(1615) □ L *umbilicus* ← UMBO: cf. Gk *omphalós*〗

um·bil·i·form /ʌmbíləfɔ̀əm | -lɪ̀fɔ̀ːm/ *adj.* へそ状の. 〖← UMBILI(CUS)＋-FORM〗

úm·ble píe /ʌ́mbl-/ *n.* 《古》＝humble pie. 〖↓〗

um·bles /ʌ́mblz/ *n. pl.* ＝numbles. 〖(15C) (頭音消失) ← NUMBLES〗

um·bo /ʌ́mbou | -bəʊ/ *n.* (*pl.* ~s, **um·bo·nes** /ʌmbóuniːz | -bə́ʊ-/) **1** 〖植物〗菌蓋(きんがい)の中心突起; マツの球果の果鱗(かりん)の先端にある突起部. **2** (古代の盾の)心(しん), 盾心. **3** (盾心状の)突起物. **4** 〖解剖〗鼓膜臍部(さいぶ). **5** 〖動物〗(二枚貝および巻貝の)殻頂. 〖(1721) □ L *umbō* convex elevation, boss of shield: ⇨ navel〗

um·bo·nal /ʌ́mbənl/ *adj.* 盾心状の, 突起状の (bosslike); 突起(の近く)の. 〖(1854) ← L *umbōn-*, *umbō* (↑)＋-AL¹〗

um·bo·nate /ʌ́mbənèɪt, -nɪ̀t/ *adj.* **1** 突起のある. **2** 突起をした. 〖(1829) ← L *umbōn-* (↑)＋-ATE²〗

umbones *n.* umbo の複数形.

um·bon·ic /ʌmbɑ́(ː)nɪk | -bɔ́n-/ *adj.* ＝umbonal. 〖1877〗

um·bra /ʌ́mbrə/ *n.* (*pl.* **um·brae** /-briː/, ~s) **1** 影. **2** 影のように添う物[人]; (招待客が連れて来た)招かなかった客. **3** 《まれ》亡霊, 幽霊. **4** 〖天文〗**a** 本影 (その中に月や太陽が全く隠れる地球または月の影の部分; cf. penumbra 1 a). **b** 本影 (太陽黒点の中央暗黒部; cf. penumbra 1 b). **5** 〖植物〗メキシコヤマゴボウ (*Phytolacca dioica*) (南米原産で California やヨーロッパ・アフリカに導入されたヤマゴボウ科の日よけ用の常緑低木または小高木). 〖(1599) □ L ~ 'shade, shadow'〗

um·brac·u·lif·er·ous /ʌmbrækjʊlíf(ə)rəs⁻/ *adj.* 〖植物〗傘形(さんけい)器官 (umbraculum) を生じる. 〖(1862) ← UMBRACULUM＋-IFEROUS〗

um·brac·u·li·form /ʌmbrǽkjʊləfɔ̀əm | -lɪ̀fɔ̀ːm/ *adj.* 〖植物〗傘形(さんけい)の. 〖(1847) □ F *umbraculiforme*: ⇨ umbraculum, -iform〗

um·brac·u·lum /ʌmbrǽkjʊləm/ *n.* 〖植物〗(ゼニゴケの雌性器托のような)傘形(さんけい)器官. 〖□ L *umbrāculum* umbrella (dim.) ← UMBRA〗

umbrae *n.* umbra の複数形.

um·brage /ʌ́mbrɪdʒ/ *n.* **1** 不快, 立腹, 憤まん: give ~ to a person 人に不快を感じさせる, 人を怒らせる / take ~ *at* a person's rudeness 人の無礼を怒る[不快に思う]. **2 a** (疑惑・敵意などの)影ほどのこと, ほんの少し, 跡形 (trace): His opinion carries no ~ *of* reason. 彼の言っていることは全然理屈に合わない. **b** 疑惑(の理由). **3** 《古》(陰を成す)群葉 (foliage). **4** 《古》影のようなもの, 似かよったもの (semblance). **5** 《詩・古》影; 日陰 (shade). — *vt.* **1** 不快を感じさせる, 立腹させる. **2** 陰[日陰]にする. 〖(1426) □ (O)F *ombrage* < L *umbrāticum* of shade ← UMBRA: ⇨ -age〗

um·bra·geous /ʌmbréɪdʒəs/ *adj.* **1** 陰を成す; 陰のある, 日陰の (shady, shaded): ~ foliage, retreats, trees, etc. **2** 立腹しやすい (resentful), ひがみやすい, 疑いやすい (suspicious). **~·ly** *adv.* **~·ness** *n.* 〖(1587) □ F *ombrageux*: ⇨ ↑, -ous〗

um·bral /ʌ́mbrəl/ *adj.* 〖天文〗本影の (cf. umbra 4). 〖(1851): ⇨ umbra, -al¹〗

um·brel·la /ʌmbrélə/ *n.* **1 a** 傘, こうもり傘, 雨傘: under an ~ 傘をさして / put up an ~ 傘をさす / fold up an ~ 傘を折りたたむ / share a person's ~ 人の傘に入る. **b** 日傘 (sunshade, parasol) (cf. beach umbrella). **2 a** 傘状のもの. **b** パラシュート. **c** 木の葉の茂り. **d** (クラゲの)かさ (bell). **3** 統括[包括]するもの・組織. **4 a** 保護するもの, 庇護,「かさ」(patronage, protection): under the Conservative ~ 保守党の傘下(さんか)に / under the American nuclear ~ 米国の核兵器の保護のもとに. **b** 取壊し中の屋根の上にかぶせてある仮の屋根. **5** 〖軍事〗**a** 上空援護 (地上・水上または空中の部隊, 作戦行動などを援護するため, その上空に航空機(主として戦闘機)が待機すること); 上空援護飛行隊 (air cover). **b** 弾幕(射撃), 弾幕砲火. — *adj.* [限定的] **1** こうもり傘の(形をした). **2** すべてを包含する, 総括的な (all-embracing): an ~ patent 包括的特許 / an ~ term [word, phrase] 包括的な用語[語(句)] / an ~ organization (傘下に多くの団体をもつ)包括的組織機構. — *vt.* **1** 傘で覆う[守る]. **2** 〖軍事〗上空援護をする. **~·lìke** *adj.* 〖(1609) □ It. *ombrella* (dim.) ← *ombra* shade < L *umbram* 'UMBRA'〗

umbrélla ànt *n.* 〖昆虫〗＝leaf-cutting ant. 〖1883〗

umbrélla bìrd *n.* 〖鳥類〗カサドリ (*Cephalopterus ornatus*) (中南米産カザリドリ科の傘形の冠羽のある鳥). 〖1850〗

umbrélla bùsh *n.* ＝umbrella tree 2.

umbrélla lèaf *n.* 〖植物〗サンカヨウ (*Diphylleia cymosa*) (日本と北米産のメギ科の傘形の葉の多年草). 〖1866〗

umbrélla magnòlia *n.* 〖植物〗＝umbrella tree 1.

umbrélla pàlm *n.* 〖植物〗**1** ＝umbrella plant 1. **2** カンタベリーヤシ (*Hedyscepe canterburyana*) (南太平洋 Lord Howe 島特産の大形ヤシ). 〖1798〗

umbrélla pìne *n.* 〖植物〗**1** コウヤマキ (*Sciadopytis verticillata*) (日本原産スギ科の高木; parasol pine [fir] ともいう). **2** ＝stone pine. 〖1873〗

umbrélla plànt *n.* 〖植物〗**1** シュロガヤツリ (*Cyperus involucratus* syn. C. alternifolius) (アフリカ原産のカヤツリグサ科の多年草; 葉状の苞がシュロの葉に似る; 小笠原, 沖縄に帰化; umbrella palm ともいう). **2** 北米産タデ科 *Eriogonum* 属の植物数種の総称. **3** ポドヒルム (⇨ mayapple). **4** 米国 California 産ユキノシタ科の大きな盾形の葉をもつ多年草 (*Darmera peltata* syn. *Peltiphyllum peltatum*) (湿ったところに生える). 〖1874〗

umbrélla shèll *n.* 〖貝類〗ヒトエガイ (ヒトエガイ属 (*Umbraculum*) の貝の総称; 足は大きく背上に笠貝 (limpet) に似た貝殻がある). 〖1861〗

umbrélla stànd *n.* 傘立て. 〖1837〗

umbrélla stèp *n.* (giant steps で) 一方の足を前進させて, かかとでぐるっと回転するステップ (cf. giant step).

umbrélla tènt *n.* アンブレラテント (こうもり傘状のテント). 〖1895〗

umbrélla trèe *n.* **1** 〖植物〗カサホオノキ (*Magnolia tripetala*) (北米産のモクレン属の高木; umbrella magnolia ともいう). **2** 傘に似た低木 (umbrella bush ともいう). **3** 傘状に仕立てた木. 〖1738〗

umbrélla tỳpe génerator *n.* 傘形発電機 (軸受が下部にある立形水車発電機).

um·brette /ʌmbrét/ *n.* 〖鳥類〗＝hammerhead 3. 〖(1884) ← NL *umbretta* ← F *ombrette* (dim.) ← *ombre* 'UMBER¹'〗

Um·bri·a /ʌ́mbriə; *It.* úmbrja/ *n.* ウンブリア: **1** 古代イタリアの中部および北部地方. **2** イタリア中部の州; 面積 8,456 km²; 州都 Perugia. 〖← L *Umbri* (中部イタリアに住んだ古代民族): ⇨ -ia¹〗

Um·bri·an /ʌ́mbriən/ *adj.* **1** ウンブリアの; ウンブリア人の. **2** ウンブリア語の. — *n.* **1** ウンブリア人. **2** (古代)ウンブリア語 (イタリック語派に属し, ラテン語に吸収された; 現在は死語; cf. Osco-Umbrian). 〖(1601) ← L *Umbr-*, *Umber* Umbrian: ⇨ -IAN〗

Úmbrian schòol *n.* [the ~] ウンブリア画派 (イタリア ルネサンス絵画の主要流派の一つ; Perugino とその門下 Raphael を主に 15 世紀に Umbria に興った). 〖1836〗

Um·bri·el /ʌ́mbriəl/ *n.* 〖天文〗ウンブリエル (天王星 (Uranus) の第 2 衛星; 内側から 3 番目).

um·brif·er·ous /ʌmbríf(ə)rəs/ *adj.* 《古》＝umbrageous 1. 〖(1616) ← UMBRA＋-IFEROUS〗

Um·bun·du /ʌmbúndu:, um-/ *n.* アンブンドゥ語 (中部アンゴラ (Angola) で話されるコンゴ語群の一言語). 〖*c*1895〗

U·me·å /úːmeɪɔ̀ː, -mə-; *Swed.* ú:meo/ *n.* ユーメオ (スウェーデン北部 Bothnia 湾に臨む都市).

um·faan /ʊ́mfɑːn/ *n.* 《南ア》雑用や子守に雇われる少年. 〖(1852) □ Afrik. □ Zulu *umFana* small boy〗

u·mi·ak /úːmiæk/ *n.* (*also* **u·mi·ac**, **u·mi·aq** /~/) ウミヤック (イヌイットの漁用または運搬用の舟で, 木材(流木)で骨組みを造り, あざらしの皮を張って縫い合わせてある; カヤック (kayak) より大型). 〖(1769) ← Inuit〗

UMIST /júːmɪst/ 《略》University of Manchester Institute of Science and Technology.

um·laut /ʊ́mlaʊt; *G.* ʊ́mlaʊt/ 〖言語〗*n.* **1** ウムラウト, 曲音 (mutation) (ドイツ語などにおける母音変異; 後続音節の主として i (または j) または u (ただし今は通例つづりの中に表れない)の影響により, a, o, u をそれぞれ ä (＝ae), ö (＝oe), ü (＝ue) に変えるもの; 例: ドイツ語の Mann＞Männer, Fuß＞Füße; 英語の man＞men; cf. ablaut, diaeresis). **2** (a, o, u の上部につける)ウムラウトの符号 (¨). **3** ウムラウトにより生じた変母音. — *vt.* **1** 〈語形・発音を〉ウムラウトで変化する, 〈母音を〉ウムラウトにする. **2** …にウムラウト符号をつける. 〖(1852) □ G *Umlaut* ← *um* round, about＋*Laut* sound (⇨ loud): 18 世紀のドイツの詩人 F. G. Klopstock の造語〗

umm /m, ə(ː)m/ *int.* ＝um.

um·ma(h) /ʊ́mə/ *n.* 〖イスラム〗ウンマ (イスラム共同体のこと). 〖(1885) □ Arab. *'ummah* people, community, nation〗

Umm al-Qai·wain /ùːmælkaɪwáɪn/ *n.* ウムアルカイワイン (ペルシャ湾南岸の首長国で, United Arab Emirates の一つ; 面積 780 km²).

ump /ʌmp/ 《俗》*n.* ＝umpire 1. — *v.* ＝umpire. 〖1912〗

umph /mm, mḿm, hə̃h/ *int.* ＝humph. 〖(*a*1568) (擬音語)〗

um·pir·age /ʌ́mpaɪrɪdʒ/ *n.* **1** 仲裁人[アンパイア]の地位[職, 権威]; 仲裁権. **2** 仲裁人の裁決, アンパイアの審判. 〖(*c*1490): ⇨ ↓, -age〗

um·pire /ʌ́mpaɪə | -paɪə^r/ *n.* **1** (競技の)アンパイア, 審判者[員] (⇨ judge SYN): a ball [field] ~ (野球の)アンパイア, 球[塁(るい)]審. **2** (労働争議などの論争の)裁定者, 仲裁者. **3** 〖法律〗裁定人 (仲裁者の意見が一致しない場合, その裁定に選ばれる第三者). **4** 〖軍事〗審判官, 評定官 (戦闘訓練を観察評価し, 判定を下す将校). — *vi.* 審判[仲裁]者となる: He ~*d* in the last match. 彼が最後の試合の審判をした / Will you ~ for our side? 我々の側の仲裁役を務めて下さいませんか. — *vt.* **1** 〈試合など〉の審判をする. **2** 〈論争などを〉審判[裁決, 仲裁]する. 〖(?*c*1400) *ompere* ← ME *n(o)umpere* □ OF *no(u)mper* one who is not even, a third person ← *non* NON-¹＋*per* 'PEER², even': *a numpire* が異分析によって *an umpire* となった (cf. apron, adder²)〗

úmpire·shìp *n.* ＝umpirage. 〖1565〗

ump·teen /ʌ̀m(p)tíːn⁻/ *adj.* 《俗》数え切れないほどの, 多数の, たくさんの: ~ reasons, guests, etc. 〖(*c*1914) ← UMP(TY)＋-TEEN〗

ump·teenth /ʌ̀m(p)tíːnθ⁻/ *adj.* 《俗》何度目かわからないほど(あと)の: I'm telling you this ~ time. 何度言ったらわかるの. 〖(1918): ⇨ ↑, -th¹〗

ump·ty /ʌ́m(p)ti/ *adj.* [しばしば複合語の第 1 構成素として] 《俗》しかじかの, これこれの (such and such): the *umpty*-fifth regiment 第何十五連隊. 〖(1917) ← *ump-* (信号手がモールス符号の — (dash) を俗にこう読んだもの)＋-TY¹〗

um·py /ʌ́mpi/ *n.* (*pl.* **um·pies**) 《豪口語》＝umpire. 〖(1963) ← UMP(IRE)＋-Y²〗

UMS 《略》universal military service.

UMT /júːèmtíː/ 《略》《米軍》Universal Military Training.

Um·ta·li /umtáːli/ *n.* ウムタリ (Mutare の旧名).

Um·ta·ta /umtáːtə, ʌm- | -tə; *Xhosa* umtá:ta/ *n.* ウムタタ (南アフリカ共和国南部 Eastern Cape 州の町で旧 Transkei の中心地).

um·teen /ʌ̀mtíːn⁻/ *adj.* ＝umpteen.

u·mu /úmuː/ *n.* ウム (マオリ族が使う地面に掘った炉; 石を焼き, その上で調理を行う). 〖(1845) ← Maori〗

UMW 《略》United Mine Workers of America 全米炭鉱労働組合.

um·welt /ʊ́mvɛlt; *G.* ʊ́mvɛlt/ *n.* 〖生物・心理〗環境 (個人や動物の行動に影響を及ぼしうる要素の総体). 〖(1964) □ G *Umwelt* environment〗

un /ən, n̩/ *pron.* (*also* **'un** /~/) 《方言・口語》＝one: a little [young] *'un* 小さい者, 子供 (cf. young'un) / a stiff *'uns'* race 剛の者たちの競走 / He's a tough *'un*. 手ごわいやつだ / That's a good *'un*. うまく(うそを)言ってやがる / you [we] *'uns* 《米南部》君[ぼく]ら. 〖(1821) ONE の古い発音を示す変形〗

UN /júːén/ 《略》United Nations (cf. UNO). 〖1946〗

un-¹ /ʌn; /k/, /g/ の前ではまた ʌŋ/ *pref.* 一般に否定の意; 形容詞・副詞に付いて通例 not (ときには not yet) の意, 名詞に付いて「…の欠如, …の逆」の意を表す: **1** 形容詞に付ける: *un*happy; *un*becoming, *un*willing; *un*done, *un*forgotten. **2** 副詞に付ける: *un*happily, *un*chastely. **3** 形容詞から派生した抽象名詞に付ける: *un*happiness, *un*importance, *un*suitability. **4** ある種の名詞に付ける: *un*belief, *un*faith, *un*rest.

★ (1) [un-¹, un-² の発音] un- を付けた合成語のアクセント法は大体次の原則による. (i) un- を付けても語幹のアクセントに変わりはない: abáshed, ùnabáshed; háppy, ùnháppy; relìabílity, ùnrelìabílity. (ii) 多くの語では /ʌn/ が普通で, 本辞典では最も普通な /ʌn/ のアクセントのみを記したが, 文中においてある語の肯定と否定の形が対照的に並べられる場合などでは un- に第一アクセントが移り, 語幹の第一アクセントはしばしば第二アクセントとなる: Some people are háppy, some are únhàppy. / lóad and únlòad. (iii) ←で示したアクセント移動 (⇨ 発音解説) の際には ùnrípe ← únrìpe frúit / ùnknówn ← Únknòwn Sóldier となるのが普通.

(2) [un-¹, un-² の語義・用法] -able, -ed および -ing の語尾で終わる形容詞は un-¹ の場合と un-² の場合と全く同形になり, 両者の意味も実際上差異のないこともあるが, また非常に異なることもある. 例えば *un*doable, *un*strappable はそれぞれ 'that cannot be done'「なされ得ない」, 'that cannot be strapped'「ひもでくくることができない」の意 (un-¹) ともなり, また ('that can be undone'「もと通りになしうる」, 'that can be unstrapped'「ひもを解きうる」の意 (un-²) ともなる; *un*binding は 'that does not bind'「束縛しない」(un-¹) ともなり, 'that unbinds'「束縛を解く」(un-²) ともなる; an *un*bending person は「頑固な人」の意 (un-¹)ともなり,「くつろぐ人」の意 (un-²) ともなる; *un*coiled ropes は「巻かれないなわ」(un-¹) であるが, *un*coil ropes は「なわをほどく」の意 (un-²) である; *un*bridled horse (馬勒(ばろく)のない馬) は初めから bridle をつけていなかった場合 (un-¹) と, 付けられていた bridle (馬勒)をはずされた場合 (un-²) とのどちらでもありうる; ただし今では概して un-¹ の用法の方が広く行われている.

(3) [un-¹, in-, non- の相違] 肯定の形容詞を打ち消すには un- を接頭するのが通例であるが (例: *un*able, *un*healthy), すでに外来語で in- 形の形容詞のある場合には un- よりも in- の方を選ぶのが一般の傾向である (例: *in*capable, *in*direct). ただし in- [il-, im-, ir-] 形の形容詞が単なる否定以上の何らかの特別な意味に用いられるようになった場合には, あいまいさを避けるために un- 形が単なる否定の意を表すために用いられる; 例えば *im*moral が「道徳にもとる, 背徳の, 不行跡の」の意に用いられるようになったので,「道徳の範囲外の, 非道徳的な」の意には *un*moral を用いる (cf. *ir*religious, *un*religious; *in*human, *un*human; *in*artistic, *un*artistic; *im*material, *un*material). なお in-, un- がともに「譴責(けんせき); 非難」の意を表す場合には, 純中立的な打消しに non- を用いる: *non*moral (cf. *im*moral, *un*moral), *a*moral.

(4) 以下の見出し語にない語の発音・語義また un-¹ を含む見出し流の語源についても, 通例要素は自明と考えて, 項目の参照指示を省略した.

〖OE *un-* < Gmc **un-* (Du. *on-* / G *un-*) ← IE **ne* (L *in-* 'IN-¹' / Gk *a(n)-* 'A-⁷' / Skt *a(n)-*)〗

un-² /ʌn; /k/, /g/ の前ではまた ʌŋ/ *pref.* **1** 動詞に付いてその表す行為と反対の行為, またはその行為をもとに戻すことを示す: *un*bend, *un*do, *un*fold. ★ まれにもともと否定的な意味の動詞にその否定の意を強調するために付けられることがある: *un*loose, *un*solve. **2** 名詞または名詞と同形の動詞に付いて「分離する, 取り去る, 脱ぐ, 解放する」の意: *un*bonnet, *un*glove, *un*sex, *un*hand. **3** 名詞に付いて「…から取り出す, …から離れる」の意: *un*earth, *un*horse, *un*spell. **4** 人を表す名詞に付いて「(その地位・資格などを)奪う」の意: *un*bishop, *un*man, *un*sister. ★ 発音, 語義・用法については ⇨ un-¹ ★ (1), (2). また以下の見出し語の語源については, un-¹ と同様省略した. 〖OE *un-*, *on-*, *and-*, *ond-* back: cog. Du. *ont-* / G *ant-*, *ent-*:

U

cf. L *ante* before / Gk *antí* opposed to, before: ⇨ anti-, ante-〗

U·na /úːnə, júː- | júː-/ *n.* 女性名. 〖□ L *ūna* one (cf. Spenser, *Faerie Queene* Bk. 1) ∥ Ir. *Oonagh*〗

UNA 《略》Uganda News Agency 国営ウガンダ通信; United Nations Association.

un·a·bashed /ʌ̀nəbǽʃt⁻/ *adj.* 恥じない; 赤面しない, きまり悪がらない (unashamed, shameless); 臆しない, 平気な, 落着きはらった. **ùn·a·básh·ed·ly** /-ʃɪ̈dli, -ʃt-/ *adv.* 〖1571〗

ùn·a·bát·ed /-tɪ̈d | -tɪ̈d⁻/ *adj.* 〈力・勢力など〉減じない, 減退しない, 弱らない (undiminished); 変わらない. **~·ly** *adv.* 〖?*a*1611〗

ùn·a·bát·ing /-tɪŋ | -tɪŋ/ *adj.* 弱らない, ゆるまない, 減じない. 〖1768–74〗

ùn·ab·bré·vi·àt·ed /-tɪ̈d | -tɪ̈d/ *adj.* 省略し(てい)ない, 縮め(てい)ない (unshortened). 〖1775〗

ùn·a·bét·ted /-tɪ̈d | -tɪ̈d/ *adj.* 煽動され(てい)ない, そそのかされ(てい)ない.

ùn·a·bíd·ing /-dɪŋ | -dɪŋ/ *adj.* 続かない, 継続しない, 永続しない; 暫時の, 一時の (transient). 〖*a*1450〗

un·a·ble /ʌ̀néɪbl⁻/ *adj.* **1** [叙述的に用い, *to* do を伴って]〈…することができない, …しえない (not able): He was ~ *to* say anything about it. 彼はそのことについては何も言えなかった. **2** 《古》力のない, 無能の (impotent); 無資格の, 権限のない (incompetent). 〖(*c*1384)《なぞり》← (O)F *inhabile* ∥ L *inhabilis*: ⇨ un-¹, able〗

ùn·a·ból·ished *adv.* 廃止され(てい)ない, 現在も存在する. 〖1577〗

ùn·a·brídged *adj.* **1** 省略し(てい)ない (unshortened), (略さずに)全部挙げてある, 完備した (complete): an ~ version 無削除版 / You had better read an ~ text. 省略のないテキストを読んだ方がよい. **2** 〈辞書が〉(同系列の辞書の中で見出し語や語義など)簡略化され(てい)ない, 一番完全な: an ~ dictionary. — *n.* 《米》簡略化され(てい)ない辞典, 大辞典. 〖1599〗

ùn·ab·sólved *adj.* 罪の許され(てい)ない, 赦免され(てい)ない. 〖1611〗

ùn·ab·sórb·a·ble *adj.* 吸収し得ない; 吸収力のない. 〖1846〗

ùn·ab·sórbed *adj.* **1** 吸収され(てい)ない. **2** 心を奪われ(てい)ない. 〖1766〗

ùn·ab·sór·bent *adj.* 吸収しない, 吸収性のない, 非吸収性の.

ùn·àc·a·dém·ic *adj.* アカデミック[学究的]でない, 理論に走らない, 空論的でない; 実利的な, 実際的な. 〖1844〗

un·ac·cent·ed /ʌ̀nǽksentɪ̈d, -ɪ̈k-, -ǽksent- | -æksént-, -ək-, -ǽksent-⁻/ *adj.* アクセントを受けない, アクセント[強調]のない; (特に)〈音節が〉強勢のない (cf. short 10); なまりのない. 〖1598〗

ùn·ac·cén·tu·àt·ed /-tɪ̈d | -tɪ̈d/ *adj.* =unaccented. 〖1716〗

un·ac·cept·a·ble /ʌ̀nɪ̈kséptəbl, -æk-⁻/ *adj.* **1** 受納できない, 受け入れることができない; 容認できない: The proposal is ~ in its present form. その提案は現在の形では受け入れられない. **2** 歓迎しがたい, 気に入らない: Mass unemployment is the ~ face of capitalism. 大量失業は資本主義に伴う歓迎しがたい側面だ. **un·ac·cept·a·bil·i·ty** /ʌ̀nɪ̈ksèptəbíləti, -æk- | -lɪ̈ti/ *n.* **~·ness** *n.* **ùn·ac·cépt·a·bly** *adv.* 〖1483〗

ùn·ac·cóm·mo·dàt·ed /-tɪ̈d | -tɪ̈d/ *adj.* **1** 適応し(てい)ない, 適合し(てい)ない. **2** 施設[設備, 便宜]のない. **3** 望みの物が供給され(てい)ない, 満足を与えられ(てい)ない: leave one's customer ~ 客の求めに応えられないでいる. 〖1604–05〗

ùn·ac·cóm·mo·dàt·ing /-tɪŋ | -tɪŋ/ *adj.* 人の言う通りにならない, 不従順な (disobedient); 頼んだことをしてくれない, よく世話をしてくれない, 不親切な. **~·ly** *adv.* 〖1790〗

ùn·ac·cóm·pa·nied *adj.* **1** 連れのない, 同伴者のない, 一人の (alone); 〔…に〕伴われない〔*by, with*〕: ~ luggage [baggage] 別送手荷物 / He traveled ~ *by* his parents. 両親に付き添われないで旅行をした. **2** 〖音楽〗無伴奏の: Bach's ~ sonatas バッハの無伴奏ソナタ / sing ~ 無伴奏で歌う. 〖1545〗

ùn·ac·cóm·plished *adj.* **1** 完成し(てい)ない, 未完成の, 成就し(てい)ない (unfinished, incomplete). **2 a** 無芸の, たしなみのない, 無能の. **b** 未熟な, 下手な. 〖1525〗

ùn·ac·cóunt·a·ble /-təbl | -tə-⁻/ *adj.* **1** 説明のできない; わけのわからない (inexplicable); 不思議な, 不可解な, 奇妙な (strange): an ~ thrill. **2** 〔誤りに対して〕(弁明などの)責任がない, 責を負わない〔*for*〕: He is ~ *for* the mistakes. そのまちがいに彼は責任はない. **un·ac·count·a·bil·i·ty** /ʌ̀nəkàuntəbíləti | -təbílɪ̈ti/ *n.* **~·ness** *n.* 〖1643〗

ùn·ac·cóunt·a·bly *adv.* 説明ができないほど; わけのわからないほど (inexplicably); 不思議に, 奇妙に. 〖1679〗

ùn·ac·cóunt·ed /-tɪ̈d | -tɪ̈d⁻/ *adj.* [しばしば ~ *for* として] 説明され(てい)ない, 不明の: The data remained ~ *for*. そのデータは不明のままだった. 〖1587〗

ùn·ac·cóunt·ed-fòr *adj.* [限定的] 説明され(てい)ない, 未釈明の (unexplained): an ~ accident 原因不明の事故. 〖1799〗

ùn·ac·créd·it·ed *adj.* 信任され(てい)ない; 信任状を受けない. 〖1828–32〗

ùn·ac·cús·tomed *adj.* **1** [叙述的または後位修飾語に用いて] 〔…に〕慣れ(てい)ない, 不慣れの, …しつけない (unfamiliar)〔*to*〕: He is ~ *to* hot climates [public speaking]. 暑い風土[人前で話をすること]に慣れていない. **2** 慣例でない; 尋常でない, 普通でない (uncommon); 珍しい, 奇妙な: his ~ silence 彼のいつにない沈黙. **~·ly** *adv.* **~·ness** *n.* 〖1526〗

ùn·a·chíev·a·ble *adj.* 仕遂げることができない. 〖1657〗

ùn·a·chíeved *adj.* 仕遂げない, 成就し(てい)ない. 〖1603〗

ùn·ac·knówl·edged *adj.* **1** 認められ(てい)ない, 不承認の. **2** 返され(てい)ない, 応答され(てい)ない; 〈手紙など〉返事のない: an ~ greeting. **3** 自白[白状]しない: an ~ crime, fault, etc. 〖1583〗

u·na cor·da /ùːnəkɔ́ədə, -dɑː | -kɔ́ːdə; *It.* unakɔ́rda/ *adv.* 〖音楽〗ウナコルダ《ピアノ演奏上の指示で,「ソフトペダルを踏んで」の意; cf. tre corde》. 〖(1849) □ It. ~ 'one string'〗

úna córda pèdal *n.* (ピアノの)弱音ペダル, ソフトペダル (soft pedal). 〖1979〗

ùn·ac·quáint·ed /-tɪ̈d | -tɪ̈d/ *adj.* **1** 見知らぬ, 見慣れない, 面識のない, 不案内な. **2** [叙述的または後位修飾語に用いて] 〔…を〕知らない (ignorant)〔*with*〕: He is ~ *with* music. 音楽を知らない. **~·ness** *n.* 〖1529〗

ùn·ac·quír·a·ble *adj.* 獲得できない, 手に入れ難い. 〖1640〗

ùn·ac·quíred *adj.* **1** 手に入れ(てい)ない, 獲得し(てい)ない. **2** 生得の (innate). 〖1653〗

ùn·áct·a·ble *adj.* 上演に適さない, 演じるのに不適当な: an ~ play. 〖1810〗

ùn·áct·ed *adj.* **1** 履行し(てい)ない, 行われ(てい)ない, 仕遂げ(てい)ない, 実施[実行]され(てい)ない; 作用[影響]を受けない: an ~ thought / It is ~ *upon* by acids. 酸の作用[影響]を受けない. **2** (舞台に)上演しない, 上演され(てい)ない: an ~ play. 〖1593–94〗

ùn·a·dápt·a·ble *adj.* 適応[適合]し得ない, 合わない. 〖1882〗

ùn·a·dápt·ed *adj.* 適合し(てい)ない, 合わない; 〔目的などに〕適しない〔*to*〕. 〖1775〗

ùn·ad·díct·ed *adj.* 〔…に〕ふけらない, 耽溺(たんでき)しない〔*to*〕. 〖1583〗

ùn·ad·dréssed *adj.* **1** 話しかけられ(てい)ない. **2** 〈手紙など〉宛名のない: an ~ envelope. 〖1775〗

ùn·a·dépt *adj.* 精通していない, 熟達していない. — *n.* 未精通者, 素人 (layman). 〖1742〗

ùn·ad·júst·ed *adj.* 決定し(てい)ない, 落着し(てい)ない; 調整し(て)ない (unregulated); まだ順応し(て)ない. 〖1775〗

ùn·ad·mín·is·tered *adj.* **1** 管理され(てい)ない, 支配され(てい)ない. **2** 施され(てい)ない, 〈薬など〉服用されない. 〖1590〗

ùn·ad·míred *adj.* ほめられ(てい)ない, 賞賛され(てい)ない, 感心する者のない. 〖1707〗

ùn·ad·mít·ted /-tɪ̈d | -tɪ̈d/ *adj.* 入れられ(てい)ない; 許され(てい)ない, 認められ(てい)ない; 入場を拒否された. **~·ly** *adv.* 〖1616〗

ùn·ad·món·ished *adj.* 訓戒され(てい)ない, 戒められ(てい)ない, 忠告を受けない. 〖*a*1591〗

ùn·a·dópt·ed *adj.* **1** 採用され(てい)ない. **2** 《英》〈新設道路が〉地方当局に管理が引き継がれていない. 〖1659〗

ùn·a·dórned *adj.* 飾りのない, 装飾のない; ありのままの, 簡素な (simple, plain). 〖1634〗

ùn·a·dórn·ment *n.* 飾りのないこと[状態]; 簡素.

ùn·a·dúl·ter·àt·ed /-tɪ̈d | -tɪ̈d/ *adj.* **1** 混ぜ物のない, 生一本の. **2** こじつけやごまかしのない, 純粋な, 本物の, 正真正銘の: ~ praise, friendship, horror, etc. **~·ly** *adv.* 〖*a*1719〗

ùn·ad·vén·tur·ous *adj.* **1** 冒険心のない, 冒険をやらない, 冒険的[投機的]でない, 大胆でない. **2** 冒険を伴わない, 安全な, 無事な: an ~ journey, life, etc. **~·ly** *adv.* 〖1671〗

ùn·ád·ver·tised *adj.* 広告され(てい)ない, 知らされ(てい)ない. 〖(1450) 1864〗

ùn·ad·vís·a·ble *adj.* 勧められない, 不得策な. 〖1673〗

ùn·ad·vísed *adj.* **1** 無分別な, 軽率な, 思慮のない (imprudent, indiscreet): an ~ act. **2** 忠告[助言]を受け(てい)ない. **ùn·ad·vís·ed·ly** *adv.* **~·ness** *n.* 〖(?*c*1380) *unavysed*〗

ùn·aes·thét·ic *adj.* 美(学)的でない, 品がない; 〈人が〉美的センスに欠ける, 悪趣味な. 〖1832〗

ùn·áf·fa·ble *adj.* 無愛想な, 人好きのしない, 丁寧でない. 〖1603〗

un·af·fect·ed[1] /ʌ̀nəféktɪ̈d, -æf- | -əf-⁻/ *adj.* **1** 動かない, 変わらない, 変化[変質]しない: The ground was ~ by the long wet weather. 地面は長雨にも変わらなかった. **2** 〈心を〉動かされない, 影響を受け(てい)ない, 感化されない (uninfluenced): He was quite ~ by the appeal. 懇請されても心を動かすことがなかった. **~·ly** *adv.* 〖(*c*1586): ⇨ affect¹〗

un·af·fect·ed[2] /ʌ̀nəféktɪ̈d, -æf- | -əf-⁻/ *adj.* **1** 気取らない, 取り繕わない, ありのままの (⇨ naive SYN); 癖のない, 自然な, 平明な, 素朴な (natural, simple): ~ manners / an ~ and direct style. **2** 装わない, 見せかけでない, 飾りのない, 偽善的でない, 心からの, 真実の (genuine): ~ grief, delight, kindness of heart, etc. **~·ly** *adv.* **~·ness** *n.* 〖(1592): ⇨ affect²〗

ùn·af·féc·tion·ate *adj.* 愛情のない. **~·ly** *adv.* 〖1588〗

ùn·af·fíl·i·àted *adj.* 仲間入りを許され(てい)ない; 〔…の〕養子にされ(てい)ない〔*to*〕. 〖1849–50〗

ùn·af·flíct·ed *adj.* 苦しまない, 悩みのない. 〖1599〗

ùn·af·fórd·a·ble *adj.* 負担しきれない, まかないきれない〈費用など〉. 〖1825〗

ùn·a·fráid *adj.* [叙述的] 〔…を〕恐れない, 〔…に〕驚かない, びっくりしない〔*of*〕. 〖1423〗

ùn·áge·ing *adj.* =unaging. 〖1887〗

ùn·ag·grés·sive *adj.* 侵略的でない, 非攻撃的な; 平和な (pacific). **~·ly** *adv.* **~·ness** *n.* 〖1862〗

ùn·ág·ing *adj.* 年をとらない, 不老の (ageless). 〖1860〗

ùn·ág·i·tàt·ed /-tɪ̈d | -tɪ̈d/ *adj.* かき乱され(てい)ない, 興奮しない, 落ち着きはらった. **~·ly** *adv.* 〖1638〗

ùn·áid·ed /-dɪ̈d | -dɪ̈d/ *adj.* 助けのない, 救助[助力, 補い]を受けない (unassisted): He did it ~. 自力でやった / by his ~ efforts だれの助けも受けずにがんばって / with the ~ eye 肉眼で. **~·ly** *adv.* 〖1667〗

ùn·áimed *adj.* 目的のない, 漫然とした, 行き当たりばったりの. 〖1648〗

ùn·áired *adj.* **1** 換気[空気の流通]をよくしてない, 空気の通らない: an ~ room. **2** (風に当てて)乾かしてない, 湿った: an ~ bed, sheet, etc. 〖?*a*1616〗

ùn·a·lármed *adj.* 驚かない, あわてない (undismayed). 〖1756〗

U·na·las·ka /ùːnəlǽskə, ʌ̀n-/ *n.* ウナラスカ島《米国 Alaska 州南西部沖の Aleutian 列島東部の火山島; 米海軍基地 Dutch Harbor がある; Unalaska Island ともいう》. 〖□ Russ. *Unalashka* □ Aleut *a'u-an alaska*《原義》this Alaska〗

ùn·á·lien·a·ble *adj.* 譲渡できない (inalienable): ~ Rights 不可譲の権利《米国独立宣言文 (The Declaration of Independence) の中の有名な一句で, Life, Liberty, and the pursuit of Happiness を指す》. **un·á·lien·a·bly** *adv.* 〖1611〗

ùn·a·lígned *adj.* =nonaligned. 〖*c*1934〗

ùn·a·líke *adj.* 似ていない (dissimilar). 〖1616〗

ùn·al·lé·vi·àt·ed /-tɪ̈d | -tɪ̈d/ *adj.* 軽減されない, 減じられない, 静まらない, 緩和しない, なだめられない: ~ pain. 〖1750〗

ùn·al·líed *adj.* **1** 同盟し(てい)ない: ~ nations. **2** 関係のない, 類属しない: ~ species, genera, etc. 〖1663〗

ùn·al·lót·ted /-tɪ̈d | -tɪ̈d/ *adj.* 割り当てられ(てい)ない, 分配され(てい)ない. 〖1775〗

ùn·al·lów·a·ble *adj.* 許し難い, 承認できない. 〖1560〗

ùn·al·lówed *adj.* 許され(てい)ない, 不許可の; 禁じられた (forbidden). 〖1632〗

ùn·al·lóyed *adj.* **1** 〈金属が〉合金でない, 混ざり物のない, 純粋な (pure). **2** 〈感情など〉本当の, 真実の (unmixed, genuine): ~ happines, satisfaction, misery. 〖1667〗

ùn·ál·ter·a·ble *adj.* 変じ難い, 変更し得ない, 改め得ない, 不変の (fixed, unchangeable): an ~ resolve 断固たる決意. **un·al·ter·a·bil·i·ty** /ʌ̀nɔ̀ːltərəbíləti, -trə- | -lɪ̈ti/ *n.* **~·ness** *n.* **ùn·ál·ter·a·bly** *adv.* 〖1611〗

ùn·ál·tered *adj.* 変わらない, 変更のない, 不変の, 前と同じの (unchanged): remain ~ 現状のままである. 〖1551〗

ùn·ál·ter·ing *adj.* 変わらない (unchanging), 一定不変の. 〖1813〗

ùn·a·mázed *adj.* 驚かない, 平気な. 〖1598〗

ùn·am·bíg·u·ous *adj.* 疑わしい意味のない, 一つの意味だけをもつ, 疑いの余地のない, あいまいでない, 明瞭な, はっきりした (clear, precise): ~ evidence. **un·am·bi·gu·i·ty** /ʌ̀næ̀mbəgjúːəti | -bɪgjúːɪ̈ti/ *n.* **~·ly** *adv.* **~·ness** *n.* 〖1751〗

ùn·am·bí·tion *n.* 大望[野心]のないこと; 控え目なこと. 〖1781〗

ùn·am·bí·tious *adj.* 功名心[大望, 野心]のない; 慎しみ深い, 目立たない, 地味な (modest, unpretentious). **~·ly** *adv.* **~·ness** *n.*

ùn·am·bív·a·lent *adj.* 反対感情が両立しない; はっきりした (definite). **~·ly** *adv.* 〖1945〗

ùn·a·mé·na·ble *adj.* 服従できにくい; 御しにくい, 容易に従わない: be ~ *to* persuasion 説得しても聞きいれない. **ùn·a·mé·na·bly** *adv.* 〖1771〗

ùn·a·ménd·a·ble *adj.* 繕いのできない, 直しができない; 改正[修正]のきかない. 〖*c*1450〗

ùn·a·ménd·ed *adj.* 改め(てい)ない, 直さない, 改正[修正]し(てい)ない. 〖*c*1395〗

ùn-A·mér·i·can *adj.* **1** アメリカ風(の風俗・習慣・主義など)に合わない, アメリカ式でない, 非アメリカ的な; 反米的な: ~ activities 非米活動《米国に対する反国家的な活動》/ the *Un-American* Activities Committee 非米活動(調査)委員会. **2** (大まかな言い方で)急進的な, 破壊的な. **ùn-A·mér·i·can·ìsm** *n.* 〖1818〗

U·na·mi /uːnɑ́ːmi/ *n.* (*pl.* ~, ~s) ウナミ族《Delaware インディアンの一部族》; ウナミ語. 〖← N-Am.-Ind. (Unami)〗

ùn·á·mi·a·ble *adj.* 人好きのしない, 取っつきにくい, 無愛嬌な (disagreeable); つっけんどんな, 無愛想な (surly), 不親切な (disobliging). **un·a·mi·a·bil·i·ty** /ʌ̀nèɪmiəbíləti | -lɪ̈ti/ *n.* **~·ness** *n.* **ùn·á·mi·a·bly** *adv.* 〖*c*1480〗

ùn·ám·pli·fied *adj.* 拡大[増幅]してない.

U·na·mu·no y Ju·go /ùːnəmúːnoʊiːhúːgoʊ | -nʊiːhúːgəʊ; *Sp.* unamúnoixúɣo/, **Miguel de** *n.* ウナムーノ(イ フーゴ)《1864–1936; スペインの哲学者・小説家; *Del sentimiento trágico de la vida*「生の悲劇的意味について」(1913)》.

ùn·a·músed *adj.* 楽しまない, おもしろがらない, 不興な, しらけた.〘1742〙
ùn·a·mús·ing *adj.* 面白くない, 楽しくない. **~·ly** *adv.*〘1794〙
unan. (略) unanimous.
ùn·án·a·lỳz·a·ble *adj.* 分析[解剖]できない.〘1829〙
ùn·án·a·lỳzed *adj.* 分析[解剖]し(てい)ない: an ~ compound.〘1668〙
ùn·án·chor *vt.* 〈船を〉抜錨(ばつびょう)する. — *vi.* 〈船が〉抜錨する.〘1648〙
ùn·án·chored *adj.* 係留されていない, 抜錨されている; 確固たる根拠[基盤]をもたない.〘1651〙
ùn·a·néled *adj.* 〖古〗〖キリスト教〗終油の秘跡[終油礼](extreme unction)を受け(てい)ない (cf. Shak., *Hamlet* 1. 5. 77).〘(1600–01): ⇨ un-¹, anele, -ed〙
ùn·a·nés·the·tìzed *adj.* 麻酔にかかっていない.〘1950〙
ùn·án·i·màt·ed /-tɪ̀d | -tɪ̀d/ *adj.* **1** 生気[活気, 元気]のない (inanimate). **2** 不活発な (dull).〘1697〙
u·na·nim·i·ter /jù:nənímətə | -mɪ̀tə(r)/ *adv.* 〖法律〗=unanimously.〘□L *ūnanimiter* ← *ūnanimus* 'UNANIMOUS'〙
u·na·nim·i·ty /jù:nənímәṭi | -mɪ̀ti, -næ-/ *n.* 異議のないこと, 満場一致, 合意: the ~ of the Cabinet 全閣僚の意見一致, 閣議の一致 / the ~ of the applause 満場の拍手喝采 / with ~ 満場一致で.〘(1436)□(O)F *unanimité* ∥ L *ūnanimitāt-em*: ⇨ ↓, -ity〙
u·nan·i·mous /ju:nǽnәmәs | ju:nǽnɪ̀-/ *adj.* **1** 同意の, 同意見の, 同説の: be ~ for reform 改革に対して同意見である[皆賛成だ] / be ~ in protesting 口をそろえて抗議する / The Cabinet was ~. 内閣は(各大臣の)意見が一致した / We are ~ *that* he is to blame. 彼が悪いのだということに意見が一致している. **2** 満場[全員]一致の, 異口同音の, 異議のない: a ~ resolution, consent, vote, etc. / greet with ~ applause 満場の拍手喝采をもって迎える. **~·ness** *n.*〘(1624)□L *ūnanimus* ← *ūnus* one+*animus* mind (⇨ animal): ⇨ -ous〙
u·nán·i·mous·ly *adv.* 一致して, 満場一致で, 異口同音に.〘(1611): ⇨ ↑, -ly¹〙
ùn·an·néaled *adj.* 〈ガラス・金属が〉焼きなましていない, 焼きにぶしをし(てい)ない.〘1745〙
un·an·nounced /ʌ̀nənáunst, -ənáuntst⁻/ *adj.* 公言[公告, 公表, 声明, 発表, 披露]され(てい)ない: enter ~ 〈訪問者などが〉取次ぎの案内も受けずに入って来る / arrive ~ 突然[だしぬけに]来る.〘1775〙
ùn·a·nóint·ed /-tɪ̀d | -tɪ̀d/ *adj.* 〖カトリック〗注油の儀式を受け(てい)ない, 塗油し(てい)ない, 聖別され(てい)ない, 祝福されていない.〘1649〙
ùn·án·swer·a·ble *adj.* **1** 答えられない, 答弁のできない: an ~ question. **2** 反駁(はんばく)できない (irrefutable); ぐうの音も出ない, 一言もない: an ~ argument. **un·an·swer·a·bil·i·ty** /ʌ̀næ̀ns(ә)rәbíləṭi | -à:ns(ә)rәbílɪ̀ti/ *n.* **~·ness** *n.* **ùn·án·swer·a·bly** *adv.*〘(1611): ⇨ un-¹, answerable〙
un·an·swered /ʌ̀nǽnsәd, -ǽntsәd | -á:nsәd, -á:ntsәd⁻/ *adj.* **1** 答えのない, 返答[返事, 応答]のない: an ~ letter, request, question, appeal, etc. **2** 反駁(はんばく)され(てい)ない: The criticism remains ~. その批評に対する反駁がまだない. **3** 報いられ(てい)ない: ~ affection [love] 片思い.〘*a*1393〙
ùn·an·tíc·i·pàt·ed /-tɪ̀d | -tɪ̀d/ *adj.* 予期[期待]しない, 思いがけない, 意外な, 予想外の (unexpected). **~·ly** *adv.*〘*a*1779〙
ùn·a·póc·ry·phal *adj.* 〈作者・出所が〉疑わしくない, 信じるに足る, 本物の (genuine); 正典の (canonical).〘1644〙
ùn·a·pòl·o·gét·ic *adj.* 弁解のない; 言い訳もなく提示する[された]. **ùn·a·pòl·o·gét·i·cal·ly** *adv.*〘1834〙
ùn·àp·os·tól·ic *adj.* 使徒の権威のない; 使徒の旨に反する, 非使徒的な.〘1675〙
ùn·ap·pálled *adj.* 恐れない, 驚かない, 平気な (unfrightened).〘1578〙
ùn·ap·pár·eled *adj.* 衣服を着てない (unclothed).〘1622〙
ùn·ap·pár·ent *adj.* 明らかでない, 明白[明瞭]でない.〘1554〙
ùn·ap·péal·a·ble *adj.* **1** 上訴[控訴, 上告]のできない: an ~ case. **2** 終審の, 終局の (conclusive): an ~ decision, judgment, etc. **ùn·ap·péal·a·bly** *adv.* **~·ness** *n.*〘1635〙
ùn·ap·péal·ing *adj.* 人に訴えない, 魅力のない (unattractive). **~·ly** *adv.*〘1846〙
ùn·ap·péas·a·ble *adj.* 静められない, 和らげられない, なだめられない; 満足できない, 満たされない: ~ anger / ~ hunger. **ùn·ap·péas·a·bly** *adv.*〘1561〙
ùn·ap·péased *adj.* 静められ(てい)ない, 和らげられ(てい)ない, 満足しない (unsatisfied).〘1593–94〙
ùn·áp·pe·tìz·ing *adj.* **1** 食欲を促さない[そそらない]; まずそうな (repellent). **2** 面白くない, つまらない (uninteresting). **~·ly** *adv.*〘1884〙
ùn·ap·plíed *adj.* 適用[応用]され(てい)ない.〘1540〙
ùn·ap·pré·ci·àt·ed /-tɪ̀d | -tɪ̀d/ *adj.* 真価[価値]を認められ(てい)ない, 鑑賞され(てい)ない, ありがたがられ(てい)ない.〘1828–32〙
ùn·ap·prè·ci·á·tion *n.* 正しい判断[評価, 鑑賞]のできないこと.〘1886〙
ùn·ap·pré·cia·tive *adj.* 鑑賞力のない, 目のきかない.〘1840〙
ùn·àp·pre·hénd·ed *adj.* **1** 捕えられ(てい)ない, 逮捕され(てい)ない: The criminal remains ~. その犯人は未逮捕のままである. **2** わからない, 理解されない: the ~ theory of Einstein アインシュタインの難解な理論.〘1597〙
ùn·àp·pre·hén·sive *adj.* **1** 不安を感じない, 心配しない, 案じない; (…を)恐れない (unafraid) 〔*of*〕. **2** わかり[のみ込み]の悪い, 悟りの鈍い (unintelligent, dull). **~·ness** *n.*〘1624〙
ùn·ap·prísed *adj.* 知らされ(てい)ない, 通知を受け(てい)ない.〘1728〙
ùn·ap·próach·a·ble *adj.* **1** 接近できない (inaccessible); 〈人・態度など〉近づき難い, よそよそしい (reserved). **2** 無比の, 無敵の. **ùn·ap·pròach·a·bíl·i·ty** *n.* **~·ness** *n.* **ùn·ap·próach·a·bly** *adv.*〘1581〙
ùn·ap·pró·pri·àt·ed *adj.* **1** 特定の人[会社など]の用に供され(てい)ない, 一個人[一会社]の占有に帰していない: an ~ blessing 〘戯言〙ハイミス. **2** 〈基金・金銭など〉特殊の用途に充当され(てい)ない: ~ taxes.〘1756〙
ùn·ap·próved *adj.* 認められ(てい)ない, 承認され(てい)ない (unsanctioned).〘1421〙
ùn·ap·próv·ing *adj.* 是認しない, 不承認の, 不認可の (disapproving). **~·ly** *adv.*〘1787〙
ùn·ápt *adj.* **1** 適しない, 不適当な (unsuitable): an ~ quotation / be ~ *for* study 勉強に不向きである. **2** のみ込みの悪い, 鈍い, 遅鈍な (dull), 下手な (unskillful): be ~ *to* learn 覚えが悪い / be ~ *at* games 競技が下手だ. **3** …し慣れていない, 〈…する〉気がない 〈*to do*〉: I am a soldier and ~ *to* weep. 武士だから涙を流すことに慣れていない (Shak., *1 Hen VI* 5. 3. 133). **~·ly** *adv.* **~·ness** *n.*〘(*c*1385) 1587〙
ùn·ár·gu·a·ble *adj.* **1** 疑いのない. **2** 議論[論証]できない. **3** 主張することのできない, 無理な. **ùn·ár·gu·a·bly** *adv.*〘1881〙
ùn·ár·gued *adj.* **1** 論じられ(てい)ない, 議論[討論]されない. **2** 反駁(はんばく)され(てい)ない; 争われ(てい)ない.〘1616〙
ùn·árm *vt.* **1** 〈人など〉から[武器を]奪う[取り上げる], …の[武装を]解く, 武装解除する (disarm) 〔*of*〕: ~ a person *of* his weapon 人から武器を取り上げる. **2** 〘古〙…のよろいを脱がす. — *vi.* **1** 武器を捨てる[投げ出す]; 武装を解く, 武装解除する. **2** 〘古〙よろいを脱ぐ.〘(?*c*1300) ← UN-²+ARM²: cf. (O)F *désarmer* 'to DISARM'〙
un·armed /ʌ̀ná∂md | -á:md⁻/ *adj.* **1** 武器のない, 武器を帯びない, 武装しない, 素手の; 攻撃手段を持たない, 無防備の (defenseless): an ~ policeman 丸腰の警察官 / ~ neutrality 非武装中立. **2** 〈信管・雷管が〉不発状態になっている, 不発状態にした. **3** 〖生物〗(うろこ・とげ・刺毛・針などの)防護物をもたない.〘(*c*1300) ← UN-¹+ARMED〙
únarmed cómbat *n.* 武器を使わない格闘.〘1947〙
ùn·ár·mored *adj.* よろいをつけ(てい)ない; (特に)〈巡洋艦など〉非装甲の.〘1869〙
ùn·ar·ránged *adj.* **1** 整頓[整理]し(てい)ない, 乱雑な, 不揃いの; 分類してない (unclassified). **2** 前もって打ち合わせてない: Our meeting was quite ~. 我々の会合は全く出たとこ勝負だった.〘1775〙
ùn·ar·ráyed *adj.* **1** 整理整頓しない[していない], 並べていない. **2** 着飾らない, 盛装し(てい)ない; 飾らない (unadorned).〘*c*1340〙
ùn·ar·rést·ed *adj.* **1** 引き留められない, じゃまのない. **2** 逮捕され(てい)ない.〘?*c*1400〙
ùn·árt·ful *adj.* **1** ずるくない; 小細工を弄(ろう)しない (artless), 率直な, ありのままの, 純な (genuine). **2** まずい, 下手な (unskillful). **~·ly** *adv.* **~·ness** *n.*〘1669〙
ùn·ar·tíc·u·làt·ed /-tɪ̀d | -tɪ̀d/ *adj.* **1** はっきり発音され(てい)ない. **2** 〈思想が〉十分論理構成され(てい)ない, あいまいな.〘*a*1700〙
ùn·àr·ti·fí·cial *adj.* 人工を加えない, 人為的でない (inartificial), 自然な (natural), 単純な (simple). **~·ly** *adv.*〘1591〙
ùn·ar·tís·tic *adj.* 非芸術的な. **ùn·ar·tís·ti·cal·ly** *adv.*〘1854〙
u·na·ry /jú:nәri/ *adj.* 〖物理化学〗一種類の分子として存在する; 一成分から成る.〘(1923) ← L *unus* one+-ARY〙
ùn·às·cer·táin·a·ble *adj.* 確かめることのできない, 確認し難い.〘1802–12〙
ùn·às·cer·táined *adj.* 確かめてない, 不確かな.〘1628〙
un·a·shamed /ʌ̀nәʃéɪmd⁻/ *adj.* **1** 恥じない, 恥知らずの, 厚顔無恥の (shameless, impudent): be ~ *of* doing [*to* do] …することを恥じない / ~ individualism. **2** 隠さない, あからさまの, 平気な (unabashed). **ùn·a·shám·ed·ness** /-mɪ̀d-/ *n.*〘1600〙
ùn·a·shám·ed·ly /-mɪ̀dli/ *adv.* 恥ずかしげもなく, 臆面もなく, 平然と.
ùn·ásked *adj.* **1** 頼まれ(てい)ない, 嘆願され(てい)ない (unsolicited); 招かれ(てい)ない (uninvited). **2** 求められ(てい)ない, 要求され(てい)ない (unsought): ~ advice 求めもしない忠告.〘?*a*1200〙
ùn·ás·pi·ràt·ed /-tɪ̀d | -tɪ̀d/ *n., adj.* 〖音声〗非帯気音(の), 無気音(の).〘1775〙
ùn·as·pír·ing *adj.* 向上心のない, 功名心のない (unambitious), 謙遜(けんそん)な (modest).〘*a*1729〙
ùn·as·sáil·a·ble *adj.* **1** 攻めることのできない, 攻撃できない, 要害堅固の: an ~ fortress, position, etc. **2** 〈議論が〉攻撃のすきを与えない, 論破することのできない (irrefutable), 論争の余地のない (incontestable): an ~ argument. **3** 否定[否認]し得ない, 疑う余地のない; 確固たる: an ~ alibi. **un·as·sail·a·bil·i·ty** /ʌ̀nәsèɪlәbíləṭi | -lɪ̀ti/ *n.* **~·ness** *n.* **ùn·as·sáil·a·bly** *adv.*〘1596〙
ùn·as·sáyed *adj.* **1** 試金し(てい)ない, (化学的に)試験し(てい)ない (untested). **2** ためされたことのない, 試み(られ)たことのない (unattempted).〘*c*1380〙
ùn·as·sér·tive *adj.* 断定的でない; つつましい (modest), 内気な (shy).〘1861〙
ùn·as·síg·na·ble *adj.* **1** 譲渡することのできない. **2** [叙述的または後位修飾語に用いて]〔…に〕帰することのできない 〔*to*〕: results ~ *to* any known cause はっきりした原因に帰することの全く不可能な結果, 原因の全く不明な結果.〘1674〙
ùn·as·sígned *adj.* **1** 割り当てられ(てい)ない. **2** 選任され(てい)ない.〘*c*1325〙
ùn·as·sím·i·la·ble *adj.* 同化できない.〘1873〙
ùn·as·sím·i·làt·ed /-tɪ̀d | -tɪ̀d/ *adj.* 同化し(てい)ない.〘1748〙
ùn·as·síst·ed *adj.* 助けられ(てい)ない, 助けのない; 人手を借りない, 独力の (unaided): the ~ eye 肉眼.〘1614〙
ùn·as·só·ci·àt·ed /-tɪ̀d | -tɪ̀d/ *adj.* 関連[つながり]のない; 連合[合同]し(てい)ない.〘1709〙
ùn·as·suáge·a·ble *adj.* 緩和[鎮静]できない.〘1611〙
ùn·as·suáged *adj.* 緩和[鎮静]し(てい)ない.〘1654〙
ùn·as·súm·ing *adj.* でしゃばらない, 気取らない (unpresuming), 謙遜(けんそん)な, 控えめな (modest): ~ manners. **~·ly** *adv.* **~·ness** *n.*〘1726〙
ùn·as·súred *adj.* **1** 保証され(てい)ない; 安全でない (unsafe). **2** 確信[自信]のない, 思い切りの悪い. **3** 保険の付いていない.〘*c*1430〙
ùn·at·táched *adj.* **1** 結び付けられ(てい)ない, 結合し(てい)ない, 付属しない, くっついていない. **2** 婚約し(てい)ない (unengaged); 結婚し(てい)ない (unmarried): an ~ girl. **3** 特定の団体[機関]に所属し(てい)ない, 無所属の (independent), 中立の: an ~ voter. **4** 〘英〙(大学に籍はあるが)特定の学寮 (college) に属さない: an ~ student (cf. tosher). **5** 〖法律〗差し押えられ(てい)ない; 逮捕され(てい)ない. **6** 〖軍事〗〈将校が〉待命の, 隊付きでない, 定員外の, 無所属の: place an officer on the ~ list ある将校を待命にする.〘(1498) 1796〙
unattáched párticiple *n.* 〖文法〗懸垂分詞 (dangling participle).
ùn·at·táin·a·ble *adj.* 得難い, 成就し難い, 到達し難い: an ~ ideal. **~·ness** *n.* **ùn·at·táin·a·bly** *adv.*〘1661〙
ùn·at·táint·ed *adj.* 〘古〙汚され(てい)ない; 感染し(てい)ない.〘1595–96〙
ùn·at·témpt·ed *adj.* まだ試みられ(てい)ない, 企て(られ)たことのない (untried): ~ work.〘*a*1548〙
ùn·at·ténd·ed *adj.* **1** 従者のない, 供を連れない, 付添いのない (alone): an ~ woman. **2** 世話をされ(てい)ない, うっちゃらかしの (disregarded); 〈傷など〉手当てを受けていない, 包帯をしてない (undressed): ~ wounds. **3** 〔…が〕伴わない 〔*by, with*〕: a problem ~ *with* trouble 迷惑の伴わない問題. **4** (聴衆・観客など)出席者のいない[少ない]: an ~ meeting. **5** 注意され(てい)ない; 番人のいない, 管理され(てい)ない: an ~ lighthouse 無人灯台. **6** [~ *to* として]〈仕事など〉実施され(てい)ない, 専念され(てい)ない: His work remained ~ *to*. 仕事はほったらかしだった.〘1603〙
ùn·at·tést·ed *adj.* 確証され(てい)ない; (文献上の用例が)確認されていない.〘1665〙
ùn·at·tíred *adj.* =unclothed.〘*c*1400〙
un·at·trac·tive /ʌ̀nәtrǽktɪv⁻/ *adj.* **1** 人目を引かない, 人をひきつけない, 愛敬のない, 美しくない (plain): Her new dress was ~. 彼女の新しいドレスはよくなかった. **2** 興味のない, つまらない: an ~ city つまらない町. **~·ly** *adv.* **~·ness** *n.*〘1775〙
ùn·at·tríb·ut·ed /-tɪ̀d | -tɪ̀d⁻/ *adj.* 〈引用・記事・作品が〉出所[由来]のわからない, 出典不明の.〘1972〙
u·nau /ju:nɔ́:, -ná:, u:náu | jú:naʊ/ *n.* 〖動物〗フタツユビナマケモノ (*Choloepus didactylus*) (南米産の前肢2本, 後肢3本の爪をもったナマケモノ; two-toed sloth ともいう).〘(1774)□F ~ ← Tupi〙
ùn·áu·dit·ed /-tɪ̀d | -tɪ̀d⁻/ *adj.* 〈財務勘定が〉非監査の.〘1812〙
ùn·aug·mént·ed /-tɪ̀d | -tɪ̀d⁻/ *adj.* **1** 増加[増大]し(てい)ない. **2** 〖ギリシャ文法〗接頭母音 (augment) の付いていない.〘1555〙
ùn·aus·pí·cious *adj.* =inauspicious.〘1601–02〙
ùn·au·thén·tic *adj.* 出所不明の, 典拠のない, 不確実な (unreliable); 本物でない. **un·au·then·tic·i·ty** /ʌ̀nɔ:θentísәṭi, -θәn- | -sɪ̀ti/ *n.*〘1631〙
ùn·au·thén·ti·càt·ed /-tɪ̀d | -tɪ̀d/ *adj.* 正当と認められ(てい)ない, 確証され(てい)ない, (本物という)証明がなされ(てい)ない.〘1787〙
un·au·tho·rized /ʌ̀nɔ́:θәràɪzd, -á:- | -ɔ́:-/ *adj.* 認可[許可]を得ていない, 非公認の, 権限のない: ~ transactions 認可を得ていない取引 / An ~ version of the work was published abroad. その作品の無許可版が外国で出版された.〘1592〙
un·a·vail·a·ble /ʌ̀nәvéɪlәbl⁻/ *adj.* **1** 手に入らない, 得られない, 自由にならない: an album ~ on CD CD では入手できないアルバム. **2** 〈人が〉(忙しくて)面会できない: Mr. Smith is ~ now. スミスさんは今お会いできません. **3**

U

利用できない, 無効の; 無益の (futile). **un·a·vail·a·bil·i·ty** /ʌ̀nəvèɪləbíləṭi | -lɪ̀ti/ *n.* **～·ness** *n.* **ùn·a·váil·a·bly** *adv.* 〖1549〗

unavailable énergy *n.* 〘物理〙無効エネルギー (cf. available energy).

ùn·a·váil·ing *adj.* 有効でない, 無効の (ineffective); 無益の, かいのない, 空しい (fruitless, vain): an ～ prayer. **～·ness** *n.* 〖1670〗

ùn·a·váil·ing·ly *adv.* 無効に; 無益に, むだに. 〖(1748): ⇨ ↑, -ly¹〗

ùn·a·vénged *adj.* 復讐をとげ(てい)ない, うらみを晴らしていない, あだを討っていない. 〖1481〗

ùn·áv·er·age *adj.* 並でない, 異常な; すぐれた. 〖1962〗

u·na vo·ce /jú:nəvóusei, ú:nəvóukeɪ | ú:nəvə́ukeɪ/ *adv.* 満場一致で, 異口同音に (unanimously). 〖(1567) ← L *ūnā* ((abl.) ← *ūnus* 'ONE')+*vōce* ((abl.) ← *vox* 'VOICE')〗

un·a·void·a·ble /ʌ̀nəvɔ́ɪḍəbl̩ | -də-ˊ/ *adj.* **1** 避け難い, 免れ難い; 不可避の, やむを得ない (inevitable): owing to an ～ engagement やむを得ない用事のため / an ～ accident 不可避的事故, 不可抗力 / an ～ delay, mistake, etc. **2** 〘法律〙無効にできない. **～·ness** *n.* **un·a·void·a·bil·i·ty** /ʌ̀nəvɔ̀ɪḍəbíləṭi | -dəbílɪ̀ti/ *n.* 〖1577〗

ùn·a·vóid·a·bly *adv.* 避け難く, のっぴきならず, やむを得ず, どうしても. 〖(1608): ⇨ ↑, -LY¹〗

ùn·a·vóid·ed /-dɪ̀d | -dɪ̀dˊ/ *adj.* 《廃》不可避の, 避け難い. 〖1565〗

ùn·a·vówed *adj.* 承認され(てい)ない; 白状し(てい)ない (unconfessed). **～·ly** *adv.* 〖1775〗

ùn·a·wáked *adj.* =unawakened. 〖1647〗

ùn·a·wák·ened *adj.* **1** (眠りから)さめ(てい)ない. **2** 覚醒(かくせい)し(てい)ない, 眠っている, 休止している (dormant, quiescent): ～ passions, emotions, etc. 〖1705〗

un·a·ware /ʌ̀nəwɛ́ə | -əwɛ́əˊ/ *pred. adj.* **1** 〔…を〕知らない, 〔…に〕気づかない (ignorant) 〔*of*〕: be ～ *of* the danger / They were ～ *that* war was near. 戦争の近いことに気づかなかった. **2** 《まれ》不注意な, 油断のある (heedless, unwary). **— *adv.*** 《米・カナダ》=unawares. ***at unawáre*** =*at* UNAWARES. 《1598》 **～·ly** *adv.* **～·ness** *n.* 〖adv.: (1592–93) 《逆成》 ↓. — adj.: (1704) ← UN-¹+AWARE〗

un·a·wares /ʌ̀nəwɛ́əz | -wɛ́əz/ *adv.* **1** 思いがけなく (unexpectedly), 不意に, 突然に (suddenly); 気づかれずに, 知られずに: be taken [caught] ～ 不意打ちを食う / take [catch] a person ～ 人に不意打ちを食わす. **2** 何心なく, 知らずに, うっかり; いつの間にか: do something ～. ***at unawáres*** 《古》不意に, だしぬけに (unexpectedly). 《1564》 〖(1535) 《変形》 ← ME *unwares* 《異形》 ← *unware* < OE *unwær*: ⇨ un-¹, ware², -s²〗

ùn·áwed *adj.* 恐れ(てい)ない, 威に打たれ(てい)ない, 平然とした. 〖1693〗

unb. 《略》〘製本〙unbound (unbd. ともいう).

ùn·bácked *adj.* **1** 〈馬が〉人を乗せたことのない, 乗り馴らされていない. **2** 支持者[後援者, ひいき]のない, 無後援の (unsupported, unaided). **3** 裏書きのない (unendorsed): an ～ check. **4** 〈椅子など〉背のない: an ～ stool. **5** 〈競争馬など〉賭け手のない. 〖1592–93〗

ùn·bág *vt.* (**un·bagged; -bag·ging**) 袋から出す. 〖1611〗

ùn·báked *adj.* **1** 〈パン・タイルなど〉焼かない, 焼けていない. **2** 《廃》未熟な, 生硬な (immature, crude). 〖1563〗

U

ùn·bál·ance *vt.* **1** …の平均を取れなくする, 平衡を破る. **2** 〈人・心〉の平衡を失わせる, 狂わせる: ～ a person [person's mind] 人[人の心]を取り乱させる. **— *n.*** **1** バランスがとれていないこと, 不平均, 不平衡, 不釣合い: an economic ～. 日英比較 日本語のアンバランスに当たる英語の名詞には普通 imbalance が用いられる. **2** 精神的乱れ, 錯乱. 〖(1586) 1856〗

un·bal·anced /ʌ̀nbǽlənst, -ləntstˊ/ *adj.* **1** 平均を失った, 平衡の破れた; 平均[平衡]し(てい)ない, 釣り合わない: an ～ diet バランスの取れていない食生活. **2** 心の平衡を失った, 気の転倒した, 判断力を欠いた (upset, disordered); 気の狂った, 乱心の: an ～ mind, mentality, etc. / His reason is ～. 理性を失っている. **3** 〈報道・議論などが〉かたよった: an ～ report. **4** 不安定な, ぐらぐらする; 〈書風など〉釣合いの取れ(てい)ない: an ～ style of writing / an ～ type of character ぐらついて変わりやすい性格. **5** 〘商業〙〈勘定が〉未精算の; 〈貸借が〉一致しない: an ～ account 未決算勘定. **6** 〘アメフト〙〈フォーメーションが〉左右非対称の. **7** 〘電子工学〙〈回路が大地に対して〉不平衡な: an ～ circuit 不平衡回路. 〖1650〗

ùn·bál·last *vt.* **1** …から脚荷(あしに)[底荷]を去る[揚げる]: ～ a ship, balloon, etc. **2** 不安定にする, ぐらつかせる. 〖(*a*1684): ⇨ un-², ballast〗

ùn·bál·last·ed *adj.* **1** 脚荷(あしに)[底荷]を去った; 脚荷[底荷]を積まない: an ～ ship, balloon, etc. **2** しっかりしない, ぐらついた, あやふやな (unsteady): an ～ character / an ～ type of mind. **3** 〘鉄道〙道床を敷かない, バラス[砂利]を敷かない: an ～ railway track. 〖1644〗

ùn·bán *vt.* (**un·banned; -ban·ning**) 禁止を解除する, 解禁する. 〖1968〗

ùn·bán·dage *vt.* …の包帯を取る. 〖1840〗

ùn·bánk *vt.* **1** 〈火・炉などを〉かき起こす, 灰をかいて燃え立たせる: an ～*ed* fire / an ～*ed* furnace. **2** (河水を流出させるために)〈川〉の堤防を取り払う[崩す]. 〖(1842): ⇨ bank²〗

ùn·báp·tized *adj.* **1** 洗礼[浸礼]を受け(てい)ない, 受洗していない. **2** 異教徒の (heathenish). 〖*c*1375〗

ùn·bár *vt.* (**un·barred; -bar·ring**) **1** …のかんぬきを抜く[はずす], 横木を取る; 〈牢獄などの〉掛け金をはずす (unbolt): ～ a gate, door, etc. / ～ the prison. **2** 開く, あけ放つ (throw open): get rid of tariffs and ～ the channels of trade 関税の障壁を除去して通商の道を開く / The path to knowledge is now ～*red*. 学問の大道はすでに開かれている. 〖?*c*1390〗

ùn·bárbed *adj.* **1** あご (barb) のない, かかりのない; さかとげのついていない: an ～ fishhook. **2** 守られていない, 無防備の. 〖1: (1884): ⇨ barbed. 2: (1565) ← UN-¹+ 《廃》*barb* ((変形) ← BARD²)+-ED 2〗

ùn·bár·bered *adj.* ひげをそらない (unshaven), 散髪をしない. 〖1845〗

ùn·bárk *vt.* …の樹皮をはぐ: ～ a tree. 〖(*c*1557): ⇨ bark²〗

ùn·bárred *adj.* **1** かんぬき[掛け金]のかかっていない. **2** 筋[しま]のついていない. 〖*a*1550〗

ùn·básh·ful *adj.* 恥知らずな. 〖1563〗

ùn·bát·ed /-ṭɪ̀d | -tɪ̀dˊ/ *adj.* **1** =unabated (このつづりが普通). **2** 《古》〈剣・槍など〉鈍らしてない, (剣先に)先留めのない: an ～ sword 先のとがったままの剣 (cf. Shak., *Hamlet* 4. 7. 139). 〖(1596–97): ⇨ bate¹〗

ùn·báthed *adj.* **1** 沐(もく)浴し(てい)ない, 洗っていない (unwashed). **2** 湿っていない, 乾いた (dry). 〖1570〗

unbd 《略》〘製本〙unbound (unb. ともいう).

ùn·béar *vt.* (**un·bore; -borne**) 〈馬〉の止め手綱をはずす[ゆるめる]. 〖1853〗

un·bear·a·ble /ʌ̀nbɛ́(ə)rəbl̩ | -bɛ́ər-ˊ/ *adj.* 耐えられない, 忍び難い, 我慢のできない, 鼻持ちならない (intolerable): ～ affectation 鼻持ちならない気取り / Life became ～ *to* him. 彼には人生が耐えがたきものになった. **～·ness** *n.* **ùn·béar·a·bly** *adv.* 〖*c*1449〗

ùn·béard·ed *adj.* **1** あごひげのない (beardless): an ～ face, youth, etc. **2** 芒(のぎ)のない: ～ wheat, barley. 〖1560〗

un·beat·a·ble /ʌ̀nbí:ṭəbl̩ | -tə-ˊ/ *adj.* **1** 打ち負かされない: an ～ team. **2** (他に負けないくらい)すばらしい, 最良の: ～ wine / ～ prices. **ùn·béat·a·bly** *adv.* 〖1897〗

un·beat·en /ʌ̀nbí:tn̩ˊ/ *adj.* **1** 打ち破られたことのない, 征服されたことのない (unconquered); (競争・競技などに)負けたことのない, 無敵の: an ～ army / an ～ tennis player, steeplechaser, swimmer, etc. / an ～ record. **2** 踏みならされ(てい)ない, 人跡まれな (untrodden): ⇨ unbeaten track. **3** むち打たれ(てい)ない. 〖*c*1250〗

únbeaten tráck *n.* **1** 人の通らぬ道. **2** 前人未踏の地; 未開発の領域. 〖1880〗

ùn·béau·ti·ful *adj.* 美しくない (plain), 醜い (ugly). **～·ly** *adv.* 〖1495〗

ùn·be·cóm·ing *adj.* **1** 〔…に〕不似合いの, 不釣合いの, 不相応の (unbefitting) 〔*to, in, for*〕: conduct ～ *to* a gentleman 紳士にあるまじきふるまい / expenditure [a house] ～ *in* a person of his class あの階級の人にしては似つかわしくない出費[家]. **2** 礼法にかなわない, 不穏当な, 不作法な, 見苦しい, 不体裁な (⇨ indecorous SYN): ～ conduct, language, etc. **3** 〈着物・色など〉似合わない, うつらない (unsuitable): an ～ style of dress / an ～ hat. **～·ly** *adv.* **～·ness** *n.* 〖1598〗

ùn·béd *vt.* (**un·bed·ded; -bed·ding**) 〈草木を〉抜く (lift), 苗床から移す. 〖1611〗

ùn·béd·ded /-dɪ̀d | -dɪ̀dˊ/ *adj.* **1** 苗床に植え(てい)ない. **2** 〘地質〙〈岩石が〉成層していない. **3** 《古》床入りをし(てい)ない (unwedded), 処女の (virgin). 〖1842〗

ùn·be·fít·ting /-ṭɪŋ | -tɪŋˊ/ *adj.* 適しない, 不似合いの, 不相応の (unbecoming). **～·ly** *adv.* **～·ness** *n.* 〖1594–95〗

ùn·be·fríend·ed *adj.* 友の助けがない; 友がない. 〖1628〗

ùn·be·gót·ten *adj.* **1** まだ生まれ(てい)ない: one's ～ son. **2** 他のものから生まれたのでない; (特に)〈神が〉自存する (self-existent), 永遠の (eternal). 〖1470〗

ùn·be·hól·den *adj.* 恩義をうけていない, 義務のない. 〖1674〗

un·be·known /ʌ̀nbɪ̀nóun | -nə́unˊ/ *adv., adj.* 〔…に〕未知の(まま), 知られない(で) (unknown) 〔*to*〕, (人に)気付かれずに: He did it ～ *to* me. 彼は私の知らないうちにそれをした. 〖(1636) ← UN-¹+《廃》*beknown* ((p.p.) ← *beknow*: ⇨ be- 3, know¹)〗

un·be·knownst /ʌ̀nbɪ̀nóunst | -nə́unst/ *adj.* = unbeknown. 〖(1854): ⇨ ↑, -st (AGAINST, AMONGST などとの類推か)〗

ùn·be·líef *n.* 信じ(ようとし)ないこと; (特に, 宗教上の)不信心, 不信仰, 不信, 疑い, 疑惑 (disbelief, skepticism): He upbraided them with their ～. その信仰なきを責めたまえり (*Mark* 16: 14). 〖lateOE *unbelefe*〗

SYN 不信: **unbelief** 特に宗教に関して自分の経験した以外のことは信じないこと《消極的な意味; 格式ばった語》: I received the news with *unbelief*. 私はその知らせを信じないで聞いた. **disbelief** 主張・学説などを信じることを積極的に拒むこと: I have a *disbelief* in God. 私は神を信じない. **mistrust** うさん臭く思っているので信用できないこと: She has deep *mistrust* of men. 深い男性不信を抱いている. **incredulity** 信じることを欲しないこと; 一般的に, 懐疑的な気持ち: a look of *incredulity* とても信じられないといった顔つき

un·be·liev·a·ble /ʌ̀nbɪ̀lí:vəblˊ/ *adj.* **1** 〈考え・言葉など〉信じられない, 信じ難い (incredible): an ～ tale 信じられない話. **2** ものすごい, ひどい, 驚くほどすばらしい: ～ atrocities ひどい残虐行為. **～·ness** *n.* **un·be·liev·a·bil·i·ty** /ʌ̀nbɪ̀lì:vəbíləṭi | -lɪ̀ti/ *n.* **ùn·be·líev·a·bly** *adv.* 〖1548〗

ùn·be·líeve *vt.* 信じない, 信用しない, 信仰しない (cf. misbelieve). 〖1547〗

ùn·be·líev·er *n.* 信じない[信じようとしない]人; (特に, 宗教上の)不信心者, 不信仰者; 懐疑家 (skeptic) (cf. heathen). 〖1526〗

ùn·be·líev·ing *adj.* 信じようとしない, 信仰心のない, (特に)天啓を信じない; 疑う, 懐疑的な (incredulous, skeptical): the ～ husband 信者ならざる夫 (*1 Cor.* 7: 14). **～·ly** *adv.* **～·ness** *n.* 〖*a*1400〗

ùn·be·lóv·ed /-lʌ́vɪ̀d, -lʌ́vd/ (⇨ beloved ★) *adj.* 愛され(てい)ない. 〖1597〗

ùn·bélt *vt.* **1** …の帯を取る[解く] (ungird). **2** 〈刀剣などを〉帯を解いて取りはずす: ～ a sword. 〖(1483): ⇨ belt¹〗

ùn·bélt·ed *adj.* 帯[ベルト]をし(てい)ない. 〖(1814): ⇨ ↑, -ed〗

ùn·bénd *v.* (**un·bent, ～·ed**) **— *vt.*** **1** 〈曲がった物を〉まっすぐにする, 伸ばす (straighten), たたき延ばす, 平らに延ばす (flatten out): ～ a bow (弦をはずして)弓を伸ばす / ～ a link, staple, etc. **2** 《口語》〈心身を〉(努力・過労・拘束などから)くつろがせる, 休める (relax): ～ the brow [face] (難しい顔をしていたのが)穏やかな[ほっとした]顔つきになる / ～ the mind *from* study 勉強の緊張をほぐす / ～ oneself in congenial company 気心の合った人々と交わってくつろぐ. **3** 〘海事〙**a** 〈縛ってある綱を〉解く (untie); 〈錨索(びょうさく)〉や錨鎖を〉錨からはずす: ～ a cable, rope, etc. **b** 〈帆を〉帆げた[支索など]からはずす: ～ the sails. **— *vi.*** **1** まっすぐになる, (延びて)平らになる. **2** くつろぐ, なごやかになる, 打ち解ける: He only ～*s* in the family circle. 彼はうちの者と一緒の時だけくつろぐ. 〖(*c*1250) *unbende(n)*: ⇨ un-², bend¹〗

ùn·bénd·a·ble *adj.* **1** 曲げることのできない. **2** はっきりした目的をもった, (目的に)ひたむきの (single-minded), 断固たる (firm): a man of ～ perseverance 不撓(ふとう)不屈の精神の人. 〖1775〗

ùn·bénd·ing¹ *adj.* **1** 曲がらない, たわまない; こわい, 堅い (stiff, rigid). **2** 〈性格など〉屈しない, 不撓(ふとう)不屈の (inflexible), 確固不動の, 断固たる (firm, determined); 強情な, 頑固な, 一徹な (unyielding, obstinate): ～ in one's attitude / the stern ～ Tories / an ～ will. **3** 〈態度など〉社交的でない, 打ち解けない, 超然とした (reserved). **～·ly** *adv.* **～·ness** *n.* 〖(*a*1688) ← UN-¹+*bending* ((pres.p.) ← BEND¹)〗

ùn·bénd·ing² *adj.* 骨休めの, 気晴らしの, くつろいだ: a few ～ hours of ease 屈託のない気楽な数時間 / He was in a gay ～ mood. 陽気でくつろいだ気分になっていた. **— *n.*** くつろぎ, 骨休め. 〖(1552): ⇨ -ing¹·²〗

ùn·bén·e·ficed *adj.* 聖職者の聖禄を受け(てい)ない, 聖職禄のない: an ～ clergyman. 〖1623〗

ùn·bént *v.* unbend の過去形・過去分詞. **— *adj.*** **1** 曲がらない (unbowed). **2** 屈服し(てい)ない, 征服されない (unsubdued). 〖?*c*1475〗

ùn·be·séem *vt.* 《古》…に似合わない, ふさわしくない. 〖*a*1657〗

ùn·be·séem·ing *adj.* 《古》似合わない, ふさわしくない, 不適当な (unbefitting). **～·ly** *adv.* 〖1583〗

ùn·be·sóught *adj.* 懇願され(てい)ない, 求められ(てい)ない. 〖1667〗

ùn·be·spó·ken *adj.* 前もって注文[予約]を受け(てい)ない. 〖1681〗

ùn·bí·ased *adj.* (*also* **un·bí·assed**) **1** 先入観がない, 偏見がない (unprejudiced) (⇨ fair¹ SYN). **2** 公平な (impartial): an ～ jury. **3** 〘統計〙不偏の, 偏りのない《ある値を推定するための変量の平均値が当該の値と一致する》. **～·ly** *adv.* **～·ness** *n.* 〖1607〗

ùn·bíb·li·cal /-lɪ̀kəl, -kl̩ | -lɪ-ˊ/ *adj.* 聖書中にない, 聖書によっていない. 〖1828〗

ùn·bíd *adj.* =unbidden.

ùn·bíd·da·ble /-dəbl̩ | -də-ˊ/ *adj.* 《英》言うことをきかない, おとなしくない, 不従順な (disobedient). 〖1825〗

ùn·bíd·den *adj.* **1** 命じられ(てい)ない, 求められ(てい)ない, 自然に発した, 自発的な (spontaneous): an ～ thought. **2** 招かれない, 招待され(てい)ない: an ～ guest 招かれざる客. 〖lateOE *unbeden*: ⇨ UN-¹〗

ùn·bíg·ot·ed /-ṭɪ̀d | -tɪ̀d/ *adj.* 凝り固まっていない, 頑固でない. 〖1711〗

ùn·bínd *vt.* (**ùn·bóund**) **1** 〈なわ・結び目などを〉解く, ほどく (unfasten, loose): ～ a rope, one's hair, etc. **2** …の束縛を解く, (解き)放つ, 釈放する: ～ a prisoner. **3** …のくくり[とじ]を解く; 〈本〉の製本をほどく: ～ a book. 〖OE *unbindan*: ⇨ un-², bind〗

ùn·bírth·day *n.* 《英・戯言》〖しばしば形容詞的に〗誕生日以外の日: an ～ present 誕生日以外の贈り物. 〖1871〗

ùn·bísh·op *vt.* **1** …から主教 (bishop) の職を奪う: The Queen threatened to ～ him. 女王は彼の主教職を剥奪するとおどした. **2** …から主教管区の名称を奪う: ～ a diocese, cathedral town, etc. 〖1598〗

ùn·bítt *vt.* 〘海事〙〈もやい索などを〉繋(けい)柱から解き放つ. 〖1769〗

ùn·bítt·ed /-ṭɪ̀d | -tɪ̀dˊ/ *adj.* **1** くつわ (bit) をはめられ(てい)ない. **2** 拘束され(てい)ない, 自由な (uncontrolled, free). 〖(*a*1586): ⇨ bit¹〗

ùn·blám·a·ble *adj.* 責むべき[非難すべき]ところのない, 過ち[罪とが]のない (blameless), 潔白な (innocent). **ùn·blám·a·bly** *adv.* 〖1531〗

ùn·bléached *adj.* さらさ(れてい)ない, 漂白し(てい)ない: ～ calico 無漂白キャラコ. 〖1531–32〗

ùn·blém·ished *adj.* **1** きずがない, 汚点がない. **2** (道徳的に)汚れのない, 清浄な, 潔白な (spotless, pure): an ～ reputation, character, etc. 〖?*c*1380〗

ùn·blénched *adj.* 《廃》びくともしない, 平然とした. 〖1634〗

ùn·blénd·ed *adj.* 混合され(てい)ない, 混ぜ物のない (unmixed, pure). 〖*a*1349〗

un·blessed /ʌ̀nbléstˊ/ *adj.* (*also* **un·blest** /～/) **1** 神の恵みを受け(てい)ない, 恵まれない, 祝福され(てい)ない. **2** 清められ(てい)ない (unhallowed), 神聖でない (unconsecrated). **3** 呪われた (accursed); 不幸な, みじめな (wretched). **～·ness** *n.* 〖?*c*1200〗

ùn·blínd·ed *adj.* **1** 盲目にされ(てい)ない; (特に)迷わない (undeceived). **2** 重要な事実を関与者が知っていながら行われた, 目隠しにせずに実施された. 〖1611〗

ùn·blínk·ing *adj.* **1** まばたきをしない. **2** 平然とした, 動揺のない, ひるまない. **3** 変わらない, ひたむきの: ～ love. **～·ly** *adv.* 〖1909〗

ùn·blóck *vt.* **1** …から障害物を取り去る, 邪魔を除く. **2** 〘トランプ〙(ブリッジで, 自分の高位の札を捨てることによって)〈あるスーツを〉アンブロックする, 〈ある(高位の)札を〉わざと捨てる《後で味方 (dummy または partner) に主導権を渡すため; cf. jettison 4》. **— *vi.*** 邪魔を除く. **～·er** *n.* 〖1611〗

ùn·blóod·ed *adj.* **1** 〈馬など〉純種でない, 雑種の. **2** 未経験の, 新米の (uninitiated). 〖1775〗

ùn·blóod·y *adj.* **1** 血に染まない. **2** 血を流さない, 無血の (bloodless): the ～ sacrifice of the Eucharist (血を流さない)聖餐のいけにえ《パンとぶどう酒》. **3** 殺伐としてはいない, 残忍でない. 〖(1544) ← UN-¹+BLOODY: cf. OE *unblōdiġ*〗

ùn·blót·ted /-tɪ̀d | -tɪ̀dˊ/ *adj.* **1** しみ[汚点]のない; 汚され(てい)ない, 清純な (pure). **2** 抹殺され(てい)ない, 消され(てい)ない. 〖*a*1548〗

ùn·blówed *adj.* 《まれ》=unblown².

ùn·blówn¹ *adj.* **1** 〈らっぱなど〉吹かれない. **2** 風に吹かれ(てい)ない. **3** (走って)息を切らしていない. 〖(1638): ⇨ blown¹〗

ùn·blówn² *adj.* まだ花の開かない, まだつぼみで(ある). 〖(1587): ⇨ blown²〗

ùn·blúsh·ing *adj.* **1** 赤面しない. **2** 恥知らずの (shameless), ずうずうしい, 厚かましい, 厚顔の (barefaced). **～·ly** *adv.* **～·ness** *n.* 〖1595〗

ùn·bód·ied *adj.* **1** 肉体から離れた (disembodied); 精神上の (spiritual): an ～ soul 肉体を離れた霊魂. **2** 肉体のない; 実体のない, 無形の (formless). 〖(1513): ⇨ body, -ed〗

ùn·bóiled *adj.* 沸騰点に達しない, 煮沸し(てい)ない. 〖1611〗

ùn·bólt *vt.* …のかんぬきをはずす, (かんぬきをはずして)〈戸を〉開く, あける (unbar, open): ～ a door. **— *vi.*** 《Shak》説明する. 〖(*a*1470): ⇨ bolt¹〗

ùn·bólt·ed¹ *adj.* かんぬきをはずした, かんぬきが掛けていない. 〖(1570): ⇨ bolt¹, ed〗

ùn·bólt·ed² *adj.* **1** 〈麦粉など〉ふるい分け(てい)ない, ふるいにかけていない: ～ flour. **2** 粗い. 〖(1598): ⇨ bolt², -ed〗

ùn·bóne *vt.* 〈肉などの〉骨を抜く. 〖1570〗

ùn·bóned *adj.* **1** 骨のない (boneless). **2** 骨を抜いていない. 〖*a*1650〗

ùn·bón·net *vi.* 《古》脱帽する, 帽子をとって礼をする: ～ to a person. **— *vt.*** …から帽子をとる. 〖1810〗

ùn·bón·net·ed /-tɪ̀d | -tɪ̀dˊ/ *adj.* 《古》 **1** 帽子をかぶっていない, 無帽の. **2** (敬意を表し)脱帽した. **3** 帽子をとらずに. 〖(1604): ⇨ bonnet, -ed〗

ùn·bóok·ish *adj.* **1** 読書[書物]ぎらいな. **2** 書物の[学問的]知識だけによらない. **3** 教養がない, 未熟な. 〖(1604): ⇨ bookish〗

un·born /ʌ̀nbɔ́ən | -bɔ́ːnˊ/ *adj.* **1** まだ生まれ(てい)ない, 胎内にある, やがて生まれる: an ～ child. **2** 後代[後世]の, 将来の: ～ generations. **3** 生まれることなく存在する. 〖OE *unboren*〗

ùn·bór·rowed *adj.* **1** (他から)写し取ったのでない, 剽窃(ひょうせつ)でない. **2** 独創の (original); 本来の (inherent), 自然の (natural). 〖1638〗

ùn·bós·om *vt.* **1 a** 〈心中・秘密などを〉打ち明ける, 明かす (disclose, confess): ～ one's feelings, thoughts, secrets, etc. **b** [～ one*self* で] 意中を明かす, 胸襟(きょうきん)を開く; 告白する〔*to*〕. **2** 《古》示す, 見せる (display). **— *vi.*** 心中[秘密など]を打ち明ける. **～·er** *n.* 〖(1594–95) ← UN-²+BOSOM (v.)〗

ùn·bóth·ered *adj.* じゃまされない, 煩わされない, 無頓着な. 〖1912〗

ùn·bót·tomed *adj.* **1** 底なしの, 底[深さ]の知れない. **2** 〔…に〕基礎を据えない, 根底を置かない〔*on, in*〕: love ～ *on* self-love 自己愛に基づかない愛. 〖1615〗

ùn·bóught *adj.* **1** 買ったものでない, ただの. **2** 売られ(てい)ない, 売れない, 買手のない. **3** 金や賄賂(わいろ)で得たものでない, 買収したものでない. 〖(OE *unboht*): ⇨ buy〗

ùn·bóund *v.* unbind の過去形・過去分詞. **— *adj.*** **1** 足かせをはずされた, なわ目を解かれた, 自由の身となっている (free): come ～ 解ける / The prisoner was left ～. 囚人は足かせをはずされていた. **2** くくってない; 〈本など〉とじてない (loose), 未製本の, 仮とじの, 紙表紙の; 無表紙の: ～ periodicals. **3** 〘物理・化学〙他の元素[物質]と結合し(てい)ない, 自由な: ～ electrons. 〖1: OE *unbunden* ⇨ bound¹〗

ùn·bóund·ed *adj.* **1** 限界[境界]のない, 果てしのない, 無限の (limitless): ～ space. **2** 限りのない, 無制限の, 際限のない, 抑え切れぬ (uncontrolled, unchecked): ～ pride, ambition, joy, enthusiasm, etc. **～·ness** *n.* 〖(1598): ⇨ bound⁴, -ed〗

ùn·bóund·ed·ly *adv.* 果てしなく, 限りなく; 無制限に. 〖(1611): ⇨ ↑, -ly¹〗

ùn·bówed /-báʊd/ *adj.* **1** 〈ひざ・腰など〉曲がっていない (unbent); (頭を)下げ(てい)ない: with ～ head. **2** 征服され(てい)ない, 屈服し(てい)ない. 〖(*c*1380): ⇨ bow¹, -ed〗

ùn·bóx *vt.* 箱[かご, 包み]から出す. 〖1611〗

ùn·bráce *vt.* **1** …の張りをゆるめる, …の締め(金)を解く (loosen): ～ the yards of a ship. **2** 〈神経・精神など〉の緊張を解く[ゆるめる], ゆったりさせる, くつろがせる (relax): ～ the muscles, mind, etc. **3** 弱める (weaken). 〖*c*1400〗

ùn·bráced *adj.* **1** 張りをゆるめた, 締めを解いた; 締めてない, 張ってない. **2** ゆるんで(いる), 弛緩(しかん)した (relaxed). **3** 《廃》留め金[ボタン]をはずした: with his doublet all ～ 胴着の前をすっかりはだけて. 〖(*c*1510): ⇨ ↑, -ed〗

ùn·bráid *vt.* 〈綱などの〉より[組糸]を解く, 〈組んだ髪などを〉ほどく, ほぐす (unravel). 〖1828–32〗

ùn·bráid·ed *adj.* 《まれ》汚れていない, 色あせていない. 〖1610–11〗

ùn·bránched *adj.* **1** 枝のない (branchless): a straight ～ trunk. **2** 〈道・川など〉枝状に分かれ(てい)ない. **3** 〘化学〙枝分かれし(てい)ない, 直鎖の. 〖1572〗

ùn·bránd·ed *adj.* 焼印を押され(てい)ない: ～ cattle. 〖1641〗

ùn·bréach·a·ble *adj.* 漂白できない. 〖1866〗

ùn·bréak·a·ble *adj.* 破る[折る, 壊す]ことのできない, 割れない, 壊れない, 強い. 〖*c*1480〗

ùn·bréath·a·ble *adj.* 呼吸のできない. 〖1846〗

ùn·bréathed *adj.* **1** 呼吸され(てい)ない. **2** 口外され(てい)ない, 秘密の (secret). **3** 《廃》実行されていない. 〖(1590): ⇨ breathe, -ed〗

ùn·bréd *adj.* **1** 仕込まれ(てい)ない, 教えられ(てい)ない (untrained): She is ～ *to* spinning. 糸紡ぎを仕込まれていない. **2** 〈家畜が〉種つけのし(てい)ない, 種つけをしたことのない: an ～ heifer 未経産雌牛. **3** 《古》育ちの悪い, しつけの悪い. **4** 《廃》まだ生まれていない. 〖1593〗

ùn·bréech *vt.* **1** /-brítʃ/ …のズボンをとる[脱がせる]. **2** /-bríːtʃ/ …から砲尾[銃尾]をはずす: ～ a gun. 〖*a*1548〗

ùn·bréeched /-brítʃt/ *adj.* ズボンをはいていない; 〈子供がまだ半ズボンをはいている. 〖(1610–11): ⇨ breech, -ed〗

ùn·bríb·a·ble *adj.* 賄賂(わいろ)がきかない, 買収し難い, 金で動かない. 〖1661〗

ùn·brídge·a·ble *adj.* 〈溝・隔たりなど〉埋められない.

ùn·brí·dle *vt.* **1** 〈馬〉から馬勒(ばろく)[手綱]をはずす. **2** 拘束から解く, 解放する, 自由にする (free): ～ the tongue (口を慎むことをやめて)しゃべり出す. 〖(?*a*1400) ← UN-²+BRIDLE (v.)〗

ùn·brí·dled *adj.* **1** 馬勒(ばろく)をつけ(てい)ない; 馬勒をおろした: an ～ horse. **2** 拘束のない, 抑制のない; 放逸な, 激しい, 乱暴な (licentious): ～ passions, language. **～·ly** *adv.* **～·ness** *n.* 〖(*c*1385) ← UN-¹+*bridled* (p.p.): ⇨ ↑〗

ùn·bróke *adj.* 《廃》=unbroken. 〖*a*1325〗

un·bro·ken /ʌ̀nbróʊkən | -bráʊ-ˊ/ *adj.* **1** 壊れ(てい)ない, 破損し(てい)ない, 完全な (whole, intact): an ～ window, mast, etc. **2** 衰えない, くじけない, 弱らない: ～ spirit, morale, etc. **3** じゃまされ(てい)ない, 途切れない, 引き続いた, 連続した (continuous): ～ fine weather, peace, etc. / He had ten hours of ～ sleep. 彼は連続10時間寝た / a life of ～ monotony 連綿と続く単調な生活. **4** 〈馬など〉乗りならされ(てい)ない, 訓練を受け(てい)ない: an ～ colt / an ～ range horse 乗りならされていない放牧馬. **5** すきを入れ(てい)ない, 開墾してない, 未開墾の (untilled, unplowed): ～ soil, land, etc. **6** 破られ(てい)ない, 違反され(てい)ない, 守られた (kept): an ～ promise, word, faith, etc. **7** 〈記録など〉負かされ(てい)ない, 破られ(てい)ない: an ～ record. **8** (組織など)整っている, 一糸乱れぬ. **～·ly** *adv.* **～·ness** *n.* 〖(*a*1325) ← UN-¹+BROKEN〗

ùn·bróth·er·ly *adj.* 兄弟らしくない; 友愛の情の薄い. 〖1586〗

ùn·brúised *adj.* 傷を受け(てい)ない, 無傷の. 〖(*c*1440): ⇨ bruise, -ed〗

ùn·brúshed *adj.* ブラシをかけ(てい)ない: one's ～ hair. 〖1640〗

ùn·búck·le *vt.* **1** …の締め金[尾錠(びじょう)]をはずす: ～ a strap, shoe, etc. **2** …の締め金からはずす: ～ a sword *from* its belt 剣を帯からはずす. **— *vi.*** **1** 締め金をはずす. **2** くつろぐ (relax). 〖*c*1395〗

ùn·búdge·a·ble *adj.* 動かない, 不動の (inflexible). **ùn·búdge·a·bly** *adv.* 〖1929〗

ùn·búdg·ing *adj.* 身動きしない, 屈しない. **～·ly** *adv.* 〖*c*1934〗

ùn·búild *vt.* (**un·built**) 〈建造物を〉破壊する (demolish, destroy). **— *vi.*** 破壊する, 壊す. 〖1607–08〗

ùn·búilt *adj.* **1** 建てられ(てい)ない, 未建築の. **2** 〈敷地が〉まだ建造物の建たない 〈*on*〉: an ～ plot 未建築地 / the site as yet ～ *on* まだ建築物の建っていない敷地. 〖(1455–56): ⇨ build〗

ùn·bún·dle *vt.* **1** 〈さまざまの製品・サービスなどに〉個々に価格を付ける. **2** (コンピューター販売で)ハードウェアとソフトウェアを別売りにする. **3** 〈企業グループなどを〉いくつかの小会社に分割する, 親会社から分離する (demerge). **— *vi.*** 個々に価格を付ける. **ùn·bún·dler** *n.* 〖(1606) 1969〗

ùn·bún·dling *n.* (製品・サービスなどの)個々の価格付け. 〖(1969): ⇨ ↑, -ing¹〗

ùn·búr·den *vt.* **1** …の荷を下ろす. **2** (告白してまたは打ち明けて)〈心〉の重荷を下ろす, 〈心を〉軽くする, 楽にする: ～ one's heart, mind, conscience, etc. / ～ oneself *to* another 他の人に心の中を打ち明ける / *Unburden* yourself *of* the truth. 真相を打ち明けて楽になりなさい. 〖(*a*1538) ← UN-²+BURDEN¹ (v.)〗

ùn·búr·dened *adj.* **1** 荷を負っていない. **2** (心配・罪・秘密などの)重荷を背負っていない, (打ち明けて)晴れ晴れとなった. 〖1548〗

ùn·búr·ied¹ *adj.* 葬られ(て)ない, まだ埋葬され(てい)ない, 埋葬未済の. 〖OE *unbyrġed*: ⇨ un-¹〗

ùn·búr·ied² *adj.* 墓から掘り出された, 発掘された. 〖(p.p.) ← UNBURY〗

ùn·búrn·a·ble *adj.* 燃えない, 燃えにくい. **— *n.*** 不燃物《燃えないごみなど》. 〖1881〗

ùn·búrned *adj.* 〈れんが・粘土・石灰など〉焼いていない; 焼き尽くされ(てい)ない. 〖(*c*1300): ⇨ burn¹, -ed〗

ùn·búrnt *adj.* =unburned. 〖1607–08〗

ùn·búr·then *vt.* 《古》=unburden. 〖*a*1595〗

ùn·búr·y *vt.* …の墓をあばく, 発掘する, 掘り出す (disinter, exhume). 〖(15C) ← UN-²+BURY〗

ùn·búsi·ness·lìke *adj.* 事務的でない, 非実地[非能率, 非組織]的な. 〖1824〗

ùn·bút·tered *adj.* バターの塗ってない: ～ bread. 〖1584〗

ùn·bút·ton *vt.* **1 a** …のボタンをはずす: ～ a garment 服のボタンをはずす / ～ a person 人の服のボタンをはずしてやる. **b** 〈ボタンを〉はずす: ～ the buttons of the shoes. **2** ゆるめる, あける. **3** 〈装甲車など〉のハッチをあける. **4** 〈胸のうちを〉打ち明ける: ～ one's secret thoughts. **5** 〈緊張を〉ほぐす, くつろがせる (relax). **— *vi.*** **1** ボタンをはずす. **2** くつろぐ. 〖*c*1325〗

ùn·bút·toned *adj.* **1** ボタンをつけ(てい)ない; ボタンをはずした: an ～ shirt. **2** 束縛[抑制]され(てい)ない, 自由な (unrestricted). **3** 力[安定]のない. 〖(1583): ⇨ ↑, -ed〗

ùn·cáge *vt.* **1** かご[おり]から出す. **2** 解放する. 〖1620〗

ùn·cáged *adj.* 解放された, 自由の身の. 〖*a*1734〗

ùn·cál·cu·làt·ed /-tɪ̀d | -tɪ̀d/ *adj.* 計算され(てい)ない; 前もって計画され(てい)ない, 即席の, 即興の (improvised); 自然の (spontaneous); 予測のつかない, 期待できない: an ～ style. 〖1828〗

ùn·cál·cu·làt·ing /-tɪŋ | -tɪŋ/ *adj.* 計算していない; 計算高くない, 打算的でない. **～·ly** *adv.* 〖*c*1828〗

ùn·cálled *adj.* 呼ばれ(てい)ない, 招かれ(てい)ない: come ～ 招かれもせずに来る / ～ capital 未払込資本金, 未払込株金. ***uncálled fòr*** [叙述的] (1) 不必要で: These things are quite ～ *for*. これらのものは全く余計なものだ. (2) 差し出がましい: His remark was ～ *for*. 彼の意見は出過ぎていた. (3) いわれ[根拠]のない: His exhibition of temper was quite ～ *for*. 彼のかんしゃくは全くいわれのないことであった. 〖?*a*1400〗

ùn·cálled-fòr *adj.* [限定的] **1** 不必要な, 無用の, 余計な. **2** 差し出がましい, でしゃばった (impertinent), 押しつけがましい: an ～ rebuke, remark, comment, etc. **3** いわれ[理由, 根拠]のない. 〖((*a*1610)) (1635–56) ← *uncalled for* (⇨ uncalled 成句)〗

ùn·cán·celed *adj.* (*also* **ùn·cán·celled**) 取り消され(てい)ない. 〖1557〗

ùn·cán·did *adj.* 率直でない, 不正直な, 不誠実な. **～·ly** *adv.* **～·ness** *n.* 〖1681〗

un·can·ni·ly /ʌnkǽnəli, -nḷi | -nɪ̀li, -nḷi/ *adv.* **1** 怪しく, 不思議に, 薄気味悪く, ものすごく (weirdly, mysteriously). **2** 超人的に, 異常に. 〖(1822): ⇨ ↓, -ly¹〗

un·can·ny /ʌnkǽni/ *adj.* (**un·can·ni·er**; **-can·ni·est**) **1** 不思議な, 薄気味悪い, ものすごい, 奇怪な, 神秘的な (⇨ weird SYN): an ～ laugh. **2** 超人的な, 超自然的な, 異常な (extraordinary): an ～ ability to read a person's mind 人の心を読み取る異常な能力. **3** 《スコット・北英》 **a** 危険な. **b** 激しい: an ～ blow. **un·cán·ni·ness** *n.* 〖(1596) ← UN-¹+CANNY〗

ùn·ca·nón·i·cal /-nɪ̀kəl, -kḷ | -nɪ-ˊ/ *adj.* **1** 教会法によらない: an ～ marriage / ～ hours 禁婚期間《結婚式を挙げることを許されない期間》. **2** 正経に属さない: the ～ books 偽経, 外典. **3** 正統派でない, 認められていない (unorthodox): an ～ political idea. **～·ly** *adv.* 〖1632〗

ùn·cán·on·ìzed *adj.* 列聖され(てい)ない. 〖1548〗

ùn·cáp *v.* (**un·capped**; **-cap·ping**) *vt.* **1** …の帽子を取る. **2 a** …のふたを取る: ～ a fountain pen 万年筆のキャップを取る. **b** (蜜を取るため)〈蜜蜂の巣〉からふたを取る. **3** 明らかにする, 暴露する (reveal). **— *vi.*** (敬意を表して)脱帽する. 〖1566〗

ùn·cá·pa·ble *adj.* 《廃》=incapable. 〖1586〗

ùn·cápped *adj.* 《主に英》〈選手が〉ナショナルチームのメンバーに選ばれたことがない.

ùn·cáred-fòr *adj.* **1** 世話する者のない, 顧みられない, ほったらかしの (disregarded, neglected). **2** 荒れ果てた, 荒廃した (run-down). 〖((1597)) (1621) ← UN-¹+*cared for* ((p.p.) ← *care for* (⇨ care (v.) 成句))〗

ùn·cáre·ful *adj.* **1** 不注意な (careless). **2** 無思慮な, 軽率な (inconsiderate). **3** 気苦労のない, のんきな (carefree). **～·ly** *adv.* **～·ness** *n.* 〖*c*1533〗

ùn·cár·ing *adj.* 不注意な; ぼんやりした (oblivious). 〖1786〗

U

ùn·cár·pet·ed *adj.* 敷物[じゅうたん]が敷いてない: an ～ room. 〖1775〗
ùn·cárt *vt.* 荷車から(荷を)おろす. 〖1641〗
ùn·cáse *vt.* **1** 入れ物から出す, 箱から取り出す. **2** 見せる, 表す, 広げる (display): ～ the colors 軍旗を翻す. **3** 知らせる, 明らかにする. **4** 《古》…の衣服を脱ぐ. ― *vi.* 《古》衣服を脱ぐ (undress). 〖(1570–76): ⇨ case²〗
ùn·cáshed *adj.* 現金化されていない, 未決済の; 金を賭けていない. 〖1896〗
ùn·cásked *adj.* 樽(たる)に入っていない, 樽詰めでない.
ùn·cás·trat·ed /-tɪ̀d | -tɪd⁻/ *adj.* **1** 去勢され(てい)ない; 完全な. **2** 削除され(てい)ない, 無削除の: an ～ text. 〖1725〗
ùn·cát·a·lòged *adj.* 目録に載っていない. 〖1837〗
ùn·cátch·a·ble *adj.* つかまえることのできない. 〖1824〗
ùn·cáught *adj.* つかまえ[捕え]られ(てい)ない; 逃亡中の, 自由の (free). 〖*c*1350〗
ùn·cáused *adj.* 原因のない, 自存の (self-existent), 自然発生的な (spontaneous), 永遠の (eternal). 〖*a*1628〗
ùn·céas·ing *adj.* 絶えない, 絶え間がない, 引っきりなしの (continual) (⇨ eternal SYN). **～·ly** *adv.* **～·ness** *n.* 〖*c*1384〗
ùn·cél·e·bràt·ed /-tɪ̀d | -tɪd/ *adj.* **1** 名の知れ(てい)ない, 有名でない. **2** 儀式[祝典]を挙げ(てい)ない, 祝わない. 〖1660〗
ùn·cén·sored *adj.* **1** 〈出版物など〉無検閲の. **2** 批判[非難]され(てい)ない. 〖1890〗
ùn·cén·sured *adj.* とがめられ(てい)ない. 〖1574〗
ùn·cèr·e·mó·ni·ous *adj.* **1** 儀式[形式]張らない, 四角張らない (informal), 打ち解けた, 気安い (easy, familiar): an ～ gathering, entertainment, farewell, etc. **2** 失礼な, 無礼な, 不作法な, 無遠慮な, ぶしつけな (curt, abrupt): ～ treatment 無作法な扱い / He is rather too ～ for my taste. 彼は無作法過ぎて私の好みに合わない. **～·ly** *adv.* **～·ness** *n.* 〖1598〗
un·cer·tain /ʌnsə́ːtn, -tɪn | -sə́ːtn, -tɪn⁻/ *adj.* **1 a** [叙述的]〈人が〉はっきり[確実には]知らない, 確信がない, 疑っていて (doubtful) 〔*of, about, as to*〕〈*how, what, whether,* etc.〉: He is ～ *of* the truth [success]. 彼には真偽のほどがはっきりしていない[成功はおぼつかない] / I am ～ *as to* my movements. 今後の行動については何とも言えない / I was ～ *how* to act. どう行動していいか迷った / They always seemed ～ *about what* education should be. 彼らは教育がどうあるべきかということについて常に迷っているようだった. **b** (動作・態度など)自信のなさそうな, もじもじした (hesitant): An ～ smile passed over her face. たよりなげなほほえみが彼女の顔をよぎった. **2 a** 〈時間・数量など〉不確かな, 不確定な, 未定の (indeterminate); 〈起源・成行きなど〉はっきり確認されない, あやふやな, 疑わしい, 不確実な (questionable, dubious): The date of their arrival is ～. 到着の日取りがはっきりしていない / She is of ～ age. 彼女は年齢がはっきりしない(中年女性にいう) / The fire was of ～ origin. その火災の原因はあいまいだった / Everything *about* the war was ～. 戦争については何もかも不明だった / It is ～ *whether* (or not) she will succeed. 彼女が成功するかどうかははっきりしない. **b** 〈言葉など〉あいまいな (ambiguous): in no ～ terms 歯に衣を着せないで, はっきりと. **3 a** 〈行動・目的・進路など〉不安定な (undecided, vacillating), しっかりしない, ぐらぐらした (unsteady): walk with ～ steps よろよろ歩く / His aim is somewhat ～. 彼の目標は幾分ふらふらしている. **b** 〈性格・態度・天気など〉変わりやすい, 移り気の, 気まぐれな (variable, capricious); 当て[頼み]にならない (unreliable): a man of ～ temper お天気屋 / a person of ～ character [opinions] 性格の不安定な[意見がよく変わる]人 / ～ business prospects 先行きのわからない商売の見通し / April's weather is ～. 4月の空は当てにならない. **4** 〈光など〉明滅する, ちらちらする, ゆらめく (fitful, flickering): an ～ light, candle, etc. **～·ly** *adv.* **～·ness** *n.* 〖(*c*1303) ← UN-¹＋CERTAIN: cf. F *incertain*〗
un·cer·tain·ty /ʌnsə́ːtnti, -tɪnti | -sə́ːtnti, -tɪn-/ *n.* **1** (はっきりわからずまた予知もできない)不定(の状態), 不確定, 不確実性, あいまいさ; 不確かさ, 当てにならないこと, 頼りなさ, (特に)変わりやすいこと; 不確実なもの, 当てにならないもの: ～ of temper 気まぐれ / the ～ of life 人生の無常. **2** はっきりした知識のないこと, 確信の持てないこと, 不安, 半信半疑: without any ～ *as to* his fate 運命についての不安の影を少しも見せず / ～ *about* the business outlook 事業の見通しについての不安 / above all ～ 不安の全くない / void for ～ 〖法律〗〈遺言書・証書など〉言辞あいまいのため無効で. 〖*c*1380〗

SYN 不確かさ: **uncertainty** はっきりとわかっていないこと: realize the *uncertainty* of life 人生の無常を悟る. **doubt** 十分な証拠がないためはっきりした決定に達し得ないこと: It admits of no *doubt*. それは何の疑いもない. **misgiving** 将来に対する心配・不安を持っている状態《格式ばった語》: express *misgivings* 懸念を表明する. **suspicion** ある特定の件で疑惑を抱くこと: I have a grave *suspicion* of his integrity. 彼の廉潔を大いに疑っている.
ANT certainty, certitude, conviction.

uncértainty prìnciple *n.* [the ～] 〖物理〗不確定性原理 (「例えば電子や原子の位置と運動量とは両方を同時に非常に正確には定め得ない」という量子力学上の原理で, ドイツの物理学者 Heisenberg が確立した; Heisenberg's principle または indeterminacy principle ともいう; この原理を数式的に表したものを不確定性関係 (uncertainty relation) という). 〖1929〗
uncértainty relàtion *n.* 〖物理〗不確定性関係 (⇨ uncertainty principle).
ùn·cer·tíf·i·càt·ed /-tɪ̀d | -tɪd/ *adj.* 証明書[免許状]がない, 証明のない. 〖1836–37〗
ùn·cér·ti·fìed *adj.* 保証され(てい)ない. 〖1535〗
UNCF 《略》United Negro College Fund.
ùn·cháin *vt.* **1** 鎖から放つ, …の鎖を解く. **2** …の束縛を解く, 解放する (set free). 〖1582〗
ùn·chál·lenge·a·ble *adj.* 挑戦ができない, 議論の余地がない; 責任が問えない. **ùn·chál·lenge·a·bly** *adv.* 〖1611〗
un·chal·lenged /ʌ̀ntʃǽlɪndʒd⁻/ *adj.* **1** 問題にされ(てい)ない, 論争され(てい)ない: go ～ 〈陳述などが〉問題にならないで通る. **2** 〈地位など〉万人に認められ(ている), 揺るぎのない: an ～ post / an ～ superstar 押しも押されもせぬ大スター. **3** [副詞的に] 職務質問[検問]を受けずに. **4** 挑戦され(てい)ない. 〖*a*1639〗
ùn·chál·leng·ing *adj.* **1** 〈課題・状況が〉たいした能力[労力]を要しない. **2** 挑戦的でない.
ùn·chánc·y *adj* 《スコット》**1** 不運な (unlucky). **2** 危険な (dangerous) (cf. wanchancy). 〖(1533) ← UN-¹＋CHANCY (Sc.) fortunate, safe〗
ùn·chánge·a·ble *adj.* 変わらない, 不変の, 不易の (immutable): ～ facts 不変の事実 / an ～ rule 変更のきかない規定 / be [remain] ～ of purpose 目的が変わらない[変わらないままでいる]. **un·change·a·bil·i·ty** /ʌ̀ntʃèɪndʒəbɪ́ləti | -lɪ̀ti/ *n.* **～·ness** *n.* **ùn·chánge·a·bly** *adv.* 〖*c*1340〗
unchanged /ʌ̀ntʃéɪndʒd⁻/ *adj.* 変化しない, 不変の, もとのままの. 〖*a*1387〗
ùn·cháng·ing *adj.* 変わらない, 不変の, 常に一定の. **～·ly** *adv.* **～·ness** *n.* 〖1590–91〗
ùn·cháp·er·oned *adj.* 付き添われ(てい)ない, 付き添いのない. 〖1858〗
un·char·ac·ter·is·tic /ʌ̀nkæ̀rɪktərɪ́stɪk⁻/ *adj.* 特徴のない; 〔…の〕特色を示していない〔*of*〕: a thesis ～ *of* him 彼らしくない論文 / It was ～ of him to behave like that. あのようにふるまうのは彼にとって珍しいことだった.
ùn·chàr·ac·ter·ís·ti·cal·ly *adv.* 〖1753〗
ùn·chárge *vt.* 《まれ》**1** …の荷を下ろす (unload). **2** 無罪とする (acquit): ～ the practice そのたくらみを非難しない (Shak., *Hamlet* 4. 7. 68). 〖?*a*1300〗
ùn·chárged *adj.* **1** 荷を積んでいない. **2** 弾丸を込め(てい)ない, 装填(そうてん)し(てい)ない. **3** 罪を負わされ(てい)ない, 告訴され(てい)ない. **4** 攻撃されていない. **5** 〖電気〗電荷のない, 充電され(てい)ない. 〖(1456): ⇨ ↑, -ed〗
ùn·chàr·is·mát·ic /-tɪk | -tɪk⁻/ *adj.* カリスマ性を欠いた, 非カリスマ的な. 〖1971〗
ùn·chár·i·ta·ble *adj.* **1** 無慈悲な, 情け容赦のない, 厳しい, 過酷な. **2** 慈悲を施さない, けちな. **～·ness** *n.* **ùn·chár·i·ta·bly** *adv.* 〖1456〗
ùn·chárt·ed /-tɪ̀d | -tɪd⁻/ *adj.* 海図[地図]に印がついていない: 海図[地図, 図面]に載っていない[描いてない]; 未知の (unknown): an ～ island 海図にない島, 未知の島. 〖1847〗
ùn·chár·tered *adj.* **1** 特許を得(てい)ない, 免許状[認可証]のない (unlicensed). **2** 公認され(てい)ない, 不法な (lawless, irregular). 〖1805〗
ùn·chár·y *adj.* 《まれ》**1** 不用心な, 不注意な. **2** 惜しまない, けちけちしない. 〖1601–2〗
ùn·cháste *adj.* **1** 不貞な, 身持ちのよくない, 淫奔(いんぽん)な (incontinent): an ～ woman. **2** 〈趣味・態度など〉みだらな, わいせつな (bawdy): an ～ exhibition. **～·ly** *adv.* **～·ness** *n.* 〖*c*1384〗
ùn·chás·tened *adj.* 試練を受け(てい)ない. 〖1641〗
ùn·chas·tísed *adj.* 折檻(せっかん)され(てい)ない, 懲らされ(てい)ない (unpunished). 〖*c*1380〗
ùn·chás·ti·ty *n.* 不貞, 不身持, 淫奔(いんぽん) (incontinence). 〖*c*1384〗
ùn·chéck *vt.* 《Shak》抑え損なう (fail to check). 〖1607–08〗
unchecked /ʌ̀ntʃékt⁻/ *adj.* **1** 抑えられ(てい)ない, 抑制[阻止]され(てい)ない; 〈運動が止まらない; 野放しの: ～ development 野放しの開発 / The disease spread ～. その病気は広がるのを防げなかった. **2** 検査[引き合わせ]し(てい)ない, ためされ(てい)ない. **3** 《廃》否認され(てい)ない. 〖1469〗
ùn·chíld *vt.* **1** …から子供らしさを奪う. **2** 《古》…から子供を奪う. 〖1605〗
ùn·chív·al·rous *adj.* 非武士(道)的な, 武士らしくない, 義侠心に欠けて(いる). **～·ly** *adv.* 〖1846〗
ùn·chóke *vt.* …の息詰まり[障害]をなくす. 〖1588〗
ùn·chó·sen *adj.* 選ばれていない. 〖1529〗
ùn·chrís·tened *adj.* **1** 洗礼を受け(てい)ない; キリスト教徒になっていない. **2** 命名され(てい)ない. 〖(*a*1338): ⇨ christen 2〗
ùn·chrís·tian *adj.* **1** キリスト教的精神に反する, 非キリスト教的な; 慈善心のない (uncharitable), 品の悪い (improper, rude), 野蛮な, 未開の (barbarous): an ～ doctrine, feeling, act, etc. **2** キリスト教徒らしくない. **3** 《まれ》キリスト教に属さない, 異端の, 異教の (heathen). **4** 《口語》途方もない, 無茶な (outrageous): an ～ price. 〖1555〗
ùn·chrís·tian·ize *vt.* 〈人〉にキリスト教を捨てさせる; 非キリスト教的にする. 〖*a*1714〗
ùn·chrís·tian·ly *adj.* ＝unchristian. 〖1643–45〗 ― *adv.* キリスト教徒らしくなく. 〖(1547): ⇨ -ly¹〗
ùn·chúrch *vt.* 《古》**1** …から教会の地位を奪う. **2** 破門する (excommunicate). 〖(*a*1620) ← UN-²＋CHURCH (n.)〗
ùn·chúrched *adj.* **1** どの教会にも所属していない: ～ people 教会に属さない人々. **2** 教会のない. 〖(1681) ← UN-¹＋CHURCH (n.)＋-ED〗
unci *n.* uncus の複数形.
un·ci·a /ʌ́nʃiə/ *n.* (*pl.* **un·ci·ae** /-ʃiìː/) **1** (古代ローマで)十二分の一; (特に)アンシア《アス (as) の十二分の一に当たる青銅貨》. **2** (libra (＝pound) の $^1/_{12}$ である) 1 オンス (ounce); (pes (＝foot) の $^1/_{12}$ である) 1 インチ (inch). 〖(1695) □ L ～ 'a twelfth part (of a pound or foot)': cf. inch¹, ounce¹〗
un·cial /ʌ́nʃəl, -ʃɪ̀l, -siəl | -siəl, -ʃiəl, -ʃəl, -ʃɪl/ *adj.* アンシャル(書)体の (cf. cursive). ― *n.* **1** アンシャル(書)体《特に, 紀元 4–8 世紀のギリシャ語・ラテン語の写本に用いられた大文字の写字生書体で, 少し円味を帯び, 続け書きになっていないが, 草書体的な部分もみられる》. **2** アンシャル(書)体写本[稿本]. **3** アンシャル(書)体文字. **～·ly** *adv.* 〖(1650) □ L *unciālis* of an inch ← *uncia* (↑): ⇨ -al¹〗
un·cif·er·ous /ʌnsɪ́f(ə)rəs/ *adj.* 〖動物〗鉤(かぎ) (hook) のある, 有鉤(ゆうこう)の, 鉤状構造の. 〖← UNC(US)＋-IFEROUS〗
un·ci·form /ʌ́nsəfɔ̀ːm | -sɪ̀fɔ̀ːm/ *adj.* **1** 鉤(かぎ)形の (hook-shaped). **2** 有鉤(ゆうこう)骨の. ― *n.* 〖解剖〗(手の)有鉤骨 (hamate bone). 〖(1733–34) ← NL *unciformis*: ⇨ uncus, -iform〗
únciform pròcess *n.* 〖解剖〗**1** (有鉤骨の)鉤状(こうじょう)突起. **2** (篩骨(しこつ)の)鉤状突起. 〖1831〗
un·ci·nal /ʌ́nsənl | -sɪ̀-/ *adj.* ＝uncinate.
un·ci·nar·i·a /ʌ̀nsənέ(ə)riə | -sɪ̀néər-/ *n.* 〖生物〗鉤虫(こうちゅう) (hookworm); (特に)アメリカ鉤虫 (*Uncinaria* [*Necator*] *americana*). 〖← NL ～ ← L *uncinus* (↓)＋-ARIA¹〗
un·ci·na·ri·a·sis /ʌ̀nsɪnəráɪəsɪ̀s | -sɪs/ *n.* 〖病理〗鉤虫症. 〖(1902) ← NL ～ ← *Uncināria* hookworms (属名: ← L *uncinus* hook: ⇨ uncinus)＋-IASIS〗
un·ci·nate /ʌ́nsənèɪt, -nɪ̀t | -sɪ̀-/ *adj.* **1** 鉤(かぎ)のある (hooked), 先の曲がった. **2** 〖解剖・生物〗鉤形の (hook-shaped, unciform). 〖(1760) □ L *uncinātus* ← *uncinus* (↑)〗
úncinate bóne *n.* 〖解剖〗＝unciform.
un·ci·nat·ed /ʌ́nsənèɪtɪ̀d | -sɪ̀nèɪt-/ *adj.* ＝uncinate. 〖1752〗
úncinate pròcess *n.* **1** 〖動物〗鉤状(こうじょう)突起. **2** 〖解剖〗(篩骨(しこつ)の)鉤状突起. 〖1884〗
un·ci·nus /ʌnsáɪnəs/ *n.* (*pl.* **un·ci·ni** /-naɪ/) **1** 〖動物〗(多毛類や毛足類の剛毛の)鉤状(こうじょう)構造[突起]. **2** 〖気象〗鉤(かぎ)状巻雲. ― *adj.* 〈雲が〉鉤状をした. 〖(1851) ← NL ～ ← L *uncinus* hook ← UNCUS: cog. Gk *ónkīnos* hook (← *ónkos* harb (of an arrow))〗
UNCIO /júːènsìːàɪóu | -àɪə́u/ 《略》United Nations Conference on International Organization 国連国際機関会議《国際連合正式成立までの準備会議》.
ùn·cír·cu·làt·ed /-tɪ̀d | -tɪd/ *adj.* 〈通貨が〉(コレクションなどにされて)流通しない. 〖1885〗
ùn·cír·cum·cìsed *adj.* **1** 割礼を受け(てい)ない; ユダヤ人でない, 異邦人の (Gentile). **2 a** 心霊の開かれ(てい)ない, (精神的)新生に入っていない (unregenerate), 純粋でない. **b** 異教の; 異端の (heathen). 〖*a*1387〗
ùn·cìr·cum·cí·sion *n.* **1** 〖主に新約聖書〗割礼を受けていないこと, 無割礼. **2** [the ～; 集合的]〖聖書〗異邦人 (Gentiles) (cf. *Rom.* 2:26). 〖(1526): ⇨ ↑, -sion〗
ùn·cìr·cum·stán·tial *adj.* 詳細にわたらない, 小事にこだわらない. 〖1646〗
ùn·cív·il *adj.* **1** 礼儀をわきまえない, 無礼な, 無作法な, ぞんざいな: ～ language, manners, etc. **2** 未開の, 野蛮な (savage, barbarian): the ～ state of society. **3** 市民の協調[福祉]に貢献しない. **～·ly** *adv.* **～·ness** *n.* 〖1553〗
ùn·cív·i·lìzed *adj.* **1** 未開な, 野蛮な (barbarous, savage): an ～ tribe 未開人種 / ～ manners 野蛮な風習. **2** 〈土地が〉文明から離れた, 人間の手が入っていない, 自然のままの (wild). **～·ly** *adv.* **～·ness** *n.* 〖1607〗
ùn·clád *v.* 《古》unclothe の過去形・過去分詞. ― *adj.* 衣服を着(てい)ない (unclothed), 裸の. 〖?*c*1425〗
ùn·cláimed *adj.* (所有者・荷受人から)要求され(てい)ない, 請求者がない: ～ goods. 〖1599〗
ùn·clámp *vt.* …の締め具をゆるめる, …のかすがい[留め金]をはずす; 留め金からはずす. 〖1809〗
un·clar·i·ty /ʌ̀nklǽrəti | -rɪ̀ti/ *n.* 不透明, 不明確 (obscurity). 〖1923〗
ùn·clásp *vt.* **1 a** …の留め金をはずす; 〈留め金などで締めた物を〉はずす: ～ a brooch, box, etc. **b** 〈握り合わせた手などを〉開く: ～ one's hands. **2** 《廃》示す, 見せる (reveal). ― *vi.* 〈握り合わせた手が〉開く; 〈留め金が〉はずれる, ゆるむ. 〖1530〗
ùn·clás·si·cal *adj.* **1** 古典(的)でない, 古典の教えに反する; 古典に関心のない. **2** 〖物理〗ニュートン[古典]物理学では解しえない法則[理論]の, 非古典的な. 〖1725〗
ùn·clás·si·fì·a·ble *adj.* 分類できない. 〖*a*1849〗
ùn·clás·si·fìed *adj.* **1** 分類[区分]していない: Many cards still remain ～. 分類されていないカードがまだたくさん残っている. **2** 〈データ・書類など〉機密[極秘]扱いでない: ～ information 機密扱いでない情報. 〖1865〗
un·cle /ʌ́ŋkl/ *n.* **1 a** おじ, 伯父, 叔父 (⇨ father 1 a ★). 日英比較 日本語では父母の兄を「伯父」, 弟を「叔父」と書き分けるが, 英語にはそのような区別はない. **b** おばの夫, 義理のおじ (cf. uncle-in-law). ★ ラテン語系形容詞: avuncular. 語法 兄弟・姉妹に子供ができて「甥・姪のいる男性」の意味でも用いる: My sister had a baby last week, so I'm now an ~. 先週妹に子供ができたからぼくもおじさんになった. **2** 《口語》おじさん《年配の男の人に対する敬意, 親愛を示す; (特に子供にとって)親が親しくしている男性・近所の男性など》: *Uncle* Tom トムじいや / ⇨ Uncle Remus, Uncle Sam / your ~《戯言》このおじさん, 私 (cf. YOURS truly). **3** 《古俗》質屋 (pawnbroker): go to (my) ~'*s* 質入れする / He has left his watch with his ~. 時計を質に入れた / *Uncle* Three-balls 質屋《玉を三つ並べたものを看板にしていることから》. **4** [U-] =Uncle Sam. **5** 《婉曲》母親の愛人[情夫].
Bób's your úncle ⇨ Bob 成句. ***crý*** [***sáy***] ***úncle*** 《米》(子供のけんかなどで)降参する, 参ったという (give up) (cf. cry CRAVEN). ***tálk to** a person **lìke a Dútch úncle*** ⇨ Dutch uncle.
— *vt.* おじさんと呼ぶ[呼び掛ける].
〖《*c*1300》□ AF ~ =(O)F *oncle* < L *avunculum* mother's brother, 《原義》 little grandfather (dim.) ← *avus* grandfather+*-unculus* (dim.suf.) ∽ ME *em*(*e*) < OE *ēam* mother's brother < Gmc **awuŋχaimaz* 《原義》 he who dwells with the grandfather (G *Oheim*)〗

-uncle /ʌŋkɫ/ *suf.* 指小辞: carb*uncle*. 〖□ OF ~ // L *-unclus, -unclum, -uncla*: cf. -ule〗

ùn·cléan *adj.* **1 a** よごれた, きたない, 不潔な (dirty, filthy): an ~ shirt. **b** だらしない, ずさんな (untidy). **2** (道徳上)純潔でない, けがらわしい (impure, foul), 不貞な (unchaste), わいせつな (obscene). **3** (宗教的儀式上)清くない, 不浄の, けがれた (wicked): ~ meat (食を禁じられた)不浄の肉 / ⇨ unclean spirit. **4** 明確さを欠いた, 不明瞭な. **~·ness** *n.* 〖OE *unclǣne*: ⇨ un-[1], clean〗

ùn·cléan·ly[1] /-klíːnli/ *adv.* 不潔に, きたない仕方で; わいせつに. 〖lateOE *unclǣnlīċe*: ⇨ ↑, -ly[1]〗

ùn·cléan·ly[2] /-klénli/ *adj.* **1** 不潔な, きたない. **2** (道徳的に)汚れた, 不貞な (unchaste). **ùn·cléan·li·ness** *n.* 〖OE *unclǣnlīċ*: ⇨ unclean, -ly[2]〗

úncleàn spírit *n.* 〘聖書〙悪霊 (wicked spirit, evil-spirit), 悪魔 (devil) (cf. *Mark* 1:27). 〖*c*1384〗

un·clear /ʌ̀nklíə | -klíə(r←/ *adj.* **1** 理解しにくい, 明白でない, 不明瞭な, あいまいな: The wording of this proposed amendment is ~. この修正案の言葉づかいはあいまいだ / His itinerary is still ~. 彼の旅行日程はまだはっきりしていない. **2** 不確かな, 確信が持てない〔*about*〕: I am ~ *about* his future. 彼の将来のことはわからない. **3** 澄んでいない, 曇った. **~·ly** *adv.* **~·ness** *n.* 〖?*c*1380〗

ùn·cléared *adj.* 〈障害など〉取り除かれ(てい)ない; (特に)木[やぶ]が切り払っていない: ~ land. 〖1637〗

úncle-in-làw *n.* (*pl.* **uncles-**) 義理のおじ: **a** おばの夫. **b** 配偶者のおじ. 〖1561〗

ùn·clénch *vt.* 〈固く締められたものを〉押しあける, 押し開く (force open): ~ one's fist, teeth, etc. — *vi.* 〈固く締まったものが〉ゆるむ, 開く: His fist ~*ed*. 握っていたこぶしが開いた. 〖*c*1350〗

Úncle Ré·mus /-ríːməs/ *n.* アンクルリーマス《Joel Chandler Harris 作の物語や歌に出てくる米国南部の年老いた黒人の語り手; 白人の一少年に Brer Rabbit, Brer Fox などの物語を話して聞かせる》.

ùn·clér·i·cal *adj.* **1** 牧師[聖職者]特有のものでない, 俗人の (lay): ~ dress. **2** 牧師らしくない, 聖職者に似合わない: very ~ language まことに聖職者らしからぬ言葉遣い. 〖1762〗

Úncle Sám *n.* 《米口語》 **1** 米国政府; 米国. **2** 典型的米国人[民]《政治漫画などでは, 星を並べた模様のシルクハットをかぶり赤と白のしまズボンをはいたあごひげのある長身の男の姿で表される; cf. John Bull》. 〖《1813》: 《戯言化》← *U.S.* (=United States)〗

Uncle Sam

úncle·shìp *n.* おじであること, おじの身分. 〖《1742》: ⇨ -ship〗

Úncle Tóm 《軽蔑》 *n.* 白人に屈従的な黒人. — *vi.* アンクルトム (Uncle Tom) のようにふるまう[な行動をする]. 〖《1922》← *Uncle Tom*: 奴隷解放の原動力の一つとなった H. B. Stowe 作の小説 *Uncle Tom's Cabin* (1852) に出てくる黒人奴隷の主人公〗

Úncle Tóm·ish /-tá(ː)mɪʃ | -tɔ́m-/ *adj.* アンクルトムのような; 奴隷根性の, 卑劣な (servile, slavish). 〖1944〗

Úncle Tóm·ism /-mɪzm̩/ *n.* アンクルトム主義[的態度]《市民権運動において暴力を非難し, 白人に屈辱的に協調する黒人の態度》. 〖《1937》: ⇨ Uncle Tom, -ism〗

ùn·cléw *vt.* **1** 解く. **2** 台なしにする; 滅ぼす. **3** 〘海事〙クリュー (clew) を下げる. 〖1607–08〗

ùn·clímb·a·ble *adj.* 登ることのできない, 登攀(とうはん)不可能な. **~·ness** *n.* 〖1533〗

ùn·clímbed *adj.* 〈山・岩壁が〉登られたことのない, 未登攀(とうはん)の. 〖1800〗

ùn·clínch *v.* =unclench. 〖1598〗

ùn·clípped *adj.* (*also* **ùn·clípt**) 〈毛・髪・枝など〉切られ(てい)ない, つまれ(てい)ない; 〈切符の一端など〉切り取られ(てい)ない. 〖ME〗

ùn·clóak *vt.* **1** …の外套を取る. **2** 表す, 暴く, 暴露する (reveal). — *vi.* 外套を脱ぐ. 〖1598〗

ùn·clóg *vt.* (**un·clogged; -clog·ging**) …から邪魔[障害]を除く, …の煩累(はんるい)を除く: ~ a traffic thoroughfare. 〖1607–8〗

ùn·clóse /-klóʊz | -klə́ʊz/ *vt.* **1** 開く, あける (open): ~ a window. **2** 表す (disclose). — *vi.* 開く, あく (open). 〖《1325》: ⇨ un-[2], close[1]〗

ùn·clósed *adj.* **1** 閉ざさ(れてい)ない, あいている, 開いたままの (open): an ~ door. **2** 囲っていない, 閉じ込められ(てい)ない, 広々とした: an ~ view. **3** 終わらない, 完結し(てい)ない: an ~ argument. 〖《?*a*1400》: ⇨ un-[1], closed〗

ùn·cló·sured *adj.* 〘英議会〙討論終結を告げていない.

ùn·clóthe *vt.* (~**d**, 《古》**un·clad**) **1 a** 〈人〉から〔衣服を〕脱がせる, 〈人〉の着物を奪う[はぐ], 裸にする (undress) 〔*of*〕: ~ a person *of* his dress 人の着物をはぎ取る. **b** …から〔…を〕取り除く (divest) 〔*of*〕: ~ one's mind *of* fear 恐怖心を除く. **2** あらわにする, 打ち明ける (uncover): ~ one's secret thoughts 秘めた思いを打ち明ける. 〖《*c*1300》: ⇨ un-[2], clothe〗

ùn·clóthed *adj.* 衣服を着け(てい)ない, 裸の. 〖《1440》: ⇨ ↑, -ed〗

ùn·clóud·ed /-dɨd | -dɨd←/ *adj.* **1** 雲のない, 霧のかからない, 晴れた, 澄んだ (clear, bright): the ~ skies. **2** 明るい, 晴れやかな, 明朗な (serene): a life of ~ happiness. **~·ly** *adv.* 〖1594〗

ùn·clúb·ba·ble *adj.* (*also* **ùn·clúb·a·ble**) クラブ員に適さない; 非社交的な (unsociable): an ~ man. 〖?1764〗

ùn·clútch *vt.* …のかみ合わせを離す, かみ合わせからはずす; (押し)開く (open): ~ one's fist. 〖1667〗

ùn·clút·ter *vt.* …の混乱[混雑]をなくす; きれいにする, 整理する. 〖1930〗

ùn·clút·tered *adj.* 〈考え・頭・知識・部屋など〉整理された, 整然とした, すっきりした.

un·co /ʌ́ŋkoʊ | -kəʊ/ 《スコット》 *adj.* **1** 見慣れない (strange), 不思議な (wonderful); 薄気味悪い (weird); 異常な: an ~ sight. **2** 注目すべき, 目立つ, 著しい (remarkable). — *n.* (*pl.* ~**s**) **1** 並はずれて珍しい人[もの]. **2** [*pl.*] 珍しい報道, ニュース (news). **3** 見知らぬ人 (stranger). — *adv.* 非常に, 大いに. 〖《*c*1385》《略》← UNCOUTH〗

ùn·cóat·ed *adj.* 〈紙など〉コーティング (coating) をし(てい)ない: ~ paper. 〖1663〗

ùn·cóck *vt.* **1** (発火しないように)〈銃〉の打金(うちがね)[撃鉄]をそっと下ろす. **2** 〈へりを上に曲げた帽子 (cocked hat)〉のへりを下に下ろす. 〖1598〗

ùn·cóf·fin *vt.* 棺から取り出す; 死蔵したものから取り出す. 〖1836〗

ùn·cóf·fined *adj.* 棺に入れ(てい)ない, 納棺し(てい)ない. 〖1648〗

únco guíd /-gíd/ *n.* [the ~; 複数扱い; 通例反語的に] とびきり上等の人間, 「聖人君子」; (非難の気持ちで)厳格な信心家. 〖《1786》《スコット》: ⇨ unco, guid〗

ùn·cóil *vt.* 〈巻いた物を〉ほどく, 〈綱・なわなど〉の巻きを解く (unwind): ~ a rope. — *vi.* 〈巻いた物が〉解ける, 〈巻きが〉ほぐれる, 〈蛇が〉とぐろを解く. 〖《1713》: ⇨ un-[2], coil[1]〗

ùn·cóined *adj.* **1** 貨幣に鋳造され(てい)ない: ~ silver. **2** 真正の, ほんものの (genuine, unfeigned); 作りあげたものではない, 自然な: a fellow of ~ constancy 本当に誠実な人 (cf. Shak., *Henry* V 5. 2. 161). 〖1423〗

ùn·col·léct·a·ble *adj.* =uncollectible.

ùn·col·léct·ed *adj.* **1** 集め(てい)ない, 集中し(てい)ない; 散った (scattered): ~ rays of light 散光. **2** 徴収し(てい)ない, 未徴収の, 取り立て(てい)ない: ~ taxes. **3** 自制を失った, 混乱した (disordered): ~ wits. 〖1611〗

ùn·col·léct·i·ble *adj.* **1** 集められない, 収集不可能の: an ~ debt. **2** 収拾のつかない. — *n.* 収集不可能なもの; 焦げ付いた貸金.

ùn·cól·ored *adj.* **1** 色をつけ(てい)ない, 彩色[着色]しない, 地色のままの: ~ cloth, paper, etc. **2** 〈話など〉誇張し(てい)ない, ありのままの, 飾らない (plain, unvarnished): an ~ account. 〖1538〗

ùn·cólt·et *adj.* 《Shak》馬を奪われている. 〖1596–97〗

ùn·cómbed *adj.* くしを当て(てい)ない, くしけずらない, もつれた (unkempt, tangled). 〖1561〗

ùn·com·bíned *adj.* 結び合わされ(てい)ない, 結合[化合]し(てい)ない, 分離している, 別々になっている. 〖1611〗

ùn-còme-át-able *adj.* 《口語》 **1** 近づき難い, 接近しにくい, 寄りつきにくい (inaccessible). **2** 手に入れにくい, 得難い (unattainable). 〖《1694》← UN-[1]+COME-AT-ABLE〗

ùn·cóme·li·ness *n.* 不器量, 醜さ (plainness, ugliness); 不似合い, 不体裁 (unseemliness). 〖《1542》: ⇨ ↓, -ness〗

ùn·cóme·ly *adj.* **1** 美しくない, きれいでない, 不器量な, 醜い (plain, ugly). **2** 不似合いな, 不体裁な (unbecoming); 無作法な (indecent). — *adv.* 《廃》不適切に, 無作法に (improperly): behave oneself ~ 無作法にふるまう. 〖?*c*1200〗

un·com·fort·a·ble /ʌ̀nkʌ́mfəṭəbɫ, -ftə- | -f(ə)-tə-←/ *adj.* **1** 心地のよくない, 気持ちの悪い, 気詰まりな, 不愉快な (unpleasant, uneasy); 着[かぶり, はき, すわり]心地の悪い: an ~ hat, seat, chair, etc. / be ~ in tight shoes 窮屈な靴ではき心地が悪い / feel ~ with strangers 見知らぬ人とでは落ち着かない / feel ~ with [about, at] the prospect of increased taxation 増税を予想して不安を感じる. **2** 困った, やっかいな (awkward): be in an ~ position 苦しい立場にある / make things pretty ~ for a person 人に対して事態をかなりやっかいなものにする / There were a few ~ moments before they finally agreed. 彼らが最終的に同意するまで気まずい瞬間がいくらかあった. **~·ness** *n.* **ùn·cóm·fort·a·bly** *adv.* 〖1595–96〗

ùn·cóm·fort·ed *adj.* 慰められ(てい)ない. 〖1583〗

ùn·cóm·fort·ing /-ṭɪŋ | -tɪŋ←/ *adj.* **1** 慰めを与えない, 慰めにならない: an ~ book, friend, letter, voyage, etc. **2** 不快をもたらす. 〖1798〗

ùn·cóm·fy *adj.* 《口語》快適でない, ここちよくない. 〖1888〗

ùn·com·mánd·ed *adj.* 命令[指揮]され(てい)ない; 支配され(てい)ない. 〖*c*1380〗

ùn·com·ménd·a·ble *adj.* ほめ難い, 推薦の価値がない. 〖1509〗

ùn·cóm·ment *vt.* 〘電算〙〈プログラム行などの〉コメント扱いをやめる.

ùn·com·mér·cial *adj.* **1** 商業に従事しない, 商売に関係[縁]がない, 非商業的な: an ~ nation, broadcasting, undertaking, etc. **2** 商業道徳[精神]に反する. **3** 商業的でない, 非営利的な; 商売にならない, もうけにならない: He is very ~ in his aims. 全然営利を目的としていない. 〖1768〗

ùn·com·mís·sioned *adj.* 委任され(てい)ない, 委託され(てい)ない. 〖1659〗

ùn·com·mít·ted *adj.* **1** 行わ(れてい)ない, 仕遂げない, 未遂の: an ~ crime 未遂罪. **2** 言質(げんち)[誓言]に縛られ(てい)ない, 義務を負わない〔*to*〕: He is still ~ *to* any definite course of action. まだこれといって決まった行動をする義務に縛られていない. **3** 地位についていない; 中立的な (neutral), 特定の立場[思想, 信条]にとらわれない. **4** 〈法案など〉まだ委員会に付託され(てい)ない: The bill remains ~. 議案はまだ委員付託になってない. **5** 刑務所・精神病院などに入ったことのない. 〖*c*1380〗

un·com·mon /ʌ̀nká(ː)mən | -kɔ́m-←/ *adj.* **1** 普通見られない, 滅多にない, 珍しい, まれな (⇨ rare SYN): a practice ~ *to* banks 通常銀行では行われない慣行. **2** 異常な, 非常な, 非凡な, 途方もない (extraordinary, remarkable): an ~ act of courage, charity, etc. **3** 〈量・程度など〉普通以上の, 異常な: an ~ amount of business. — *adv.* 《古・方言》珍しく, 異常に, 非常に (uncommonly): ~ good beer / I feel ~ queer. ひどく気分が悪い. **~·ness** *n.* 〖《1548》← UN-[1]+COMMON〗

ùn·cóm·mon·ly *adv.* **1** まれに (rarely): a bird ~ found in England イングランドではまれにしか見られない鳥 / not ~ しばしば. **2** 途方もなく, 非常に, とても (remarkably, very): an ~ cold man 非常に冷淡な人. 〖《1747》: ⇨ ↑, -ly[1]〗

ùn·com·mú·ni·ca·ble *adj.* =incommunicable. 〖*a*1382〗

ùn·com·mú·ni·càt·ed /-ṭɨd | -tɨd/ *adj.* **1** 知らされ(てい)ない, 伝えられ(てい)ない, 通じられない; 分かち得ない, 共にし得ない. **2** 聖体を授けられ(てい)ない, 聖餐 (Communion) を受け(てい)ない. 〖1597〗

ùn·com·mú·ni·cà·tive *adj.* 打ち解けない, 気心の知れない, 話したがらない; 遠慮がちな (reserved), 無口な (taciturn). **~·ly** *adv.* **~·ness** *n.* 〖1691〗

Un·com·páh·gre Péak /ʌ̀nkəmpáːgri-/ *n.* アンコンパーグレ峰《米国 Colorado 州南西部の山; Rocky 山脈中の San Juan 山脈の最高峰 (4,363 m)》.

ùn·com·pán·ion·a·ble *adj.* 付き合いにくい, 交際しにくい, 愛想のよくない, 親しみにくい (unsociable). 〖1748〗

U

ùn·com·pás·sion·ate *adj.* 同情心のない, 冷酷な, 無慈悲な (hardhearted). 〖1594〗

ùn·cóm·pen·sàt·ed /-ṭɨd | -tɨd/ *adj.* 償われていない, 補償されない. 〖1774〗

ùn·com·pét·i·tive *adj.* 競争しない, 競争できない. **~·ness** *n.* 〖1885〗

ùn·com·pláin·ing *adj.* 不平を鳴らさない, 苦情[泣き言]を言わない, 我慢強い (patient). **~·ness** *n.* 〖1744〗

ùn·com·pláin·ing·ly *adv.* 不平を鳴らさずに, 苦情を言わずに; あきらめて (resignedly). 〖《1847》: ⇨ ↑, -ly[1]〗

ùn·com·plái·sant *adj.* 丁寧でない, 親切でない; 無作法な, 失礼な. **~·ly** *adv.* 〖1693〗

ùn·com·plét·ed *adj.* 終わらない, 未完成の, 未完結の. 〖1513〗

ùn·com·plí·a·ble *adj.* 従順でない, 素直でない. 〖1626〗

ùn·com·plí·ant *adj.* =uncompliable. 〖1659〗

un·com·pli·cat·ed /ʌ̀nká(ː)mpləkèɪṭɨd | -kɔ́m-plɨkèɪt-←/ *adj.* **1** 他のものが絡んでいない, 込み入っていない; 余病[合併症]のない: If ~, the disease will run into course in two weeks. 余病がなければその病気は2週間で治るでしょう. **2** 複雑でない; 簡単な (simple): an ~ machine. 〖1775〗

ùn·còm·pli·mén·ta·ry *adj.* 礼を欠く, 失礼な, 無作法な (rude, discourteous): an ~ remark. 〖1842〗

ùn·com·plý·ing *adj.* (命令などに)応じない, 厳しい, 頑固な, 強硬な (rigid, stiff): an ~ attitude. 〖1643〗

ùn·com·póund·ed *adj.* **1** 合成[複合, 化合, 混合]でない (unmixed). **2** 複雑でない, 単純な (simple): an ~ idea. 〖1587〗

ùn·còm·pre·hénd·ed *adj.* 理解され(てい)ない: an ~ mystery. 〖1598〗

ùn·còm·pre·hénd·ing *adj.* 理解しない. **～·ly** *adv.* 〖1838〗

ùn·còm·pre·hén·si·ble *adj.* 理解できない, わからない (incomprehensible). 〖*c*1395〗

ùn·còm·pre·hén·sive *adj.* **1** 理解力を欠いた. **2** (Shak) 計り知れない. 〖1601–02〗

ùn·com·préssed *adj.* 圧縮[短縮]され(てい)ない. 〖1666〗

ùn·cóm·pro·mìs·a·ble *adj.* 妥協できない.

un·com·pro·mis·ing /ʌnká(:)mprəmàɪzɪŋ | -kɔ́m-/ *adj.* **1** 妥協しない, 折り合わない: an ～ attitude. **2** 一歩も譲らない, 断固たる, 強硬な, 頑固な (inflexible, determined); 厳しい, 厳格な (strict): an ～ revolutionist. **～·ly** *adv.* **～·ness** *n.* 〖1828〗

ùn·con·céaled *adj.* 隠さ(れてい)ない; 表立った, あからさまの, 公然の (displayed, open): with ～ curiosity 好奇心をむき出しにして. 〖1775〗

ùn·con·céiv·a·ble *adj.* =inconceivable. 〖*c*1607〗

ùn·con·cérn *n.* 心配しないこと, 無関心, 無頓着 (indifference), 平気, 平然としていること (apathy): with ～ 平然と, 平気で / with an air of ～ 平気を装って. 〖1711〗

ùn·con·cérned *adj.* **1** 心配しない, 気をもまない, 平気な, 落ち着き払っている, のんきな (unworried) 〔*about, over, by*〕: be ～ *about* [*over, by*] the future 先のことは気にしない / be ～ *by* the uproar 大騒ぎに気をもまないでいる. **2** 関係し(てい)ない, 掛かり合いがない, 加担し(てい)ない 〔*in, with, about*〕: be ～ *in* the conspiracy その謀議に関係がない / ～ *with* [*about*] the merits or demerits of the case その場合の長所短所とは関係なく. **3** 関心[興味]を持たない, 無頓着な, 心を煩わされない 〔*with, about*〕 (⇨ indifferent SYN): be ～ *with* [*about*] politics 政治に無関心である. **ùn·con·cérn·ed·ness** *n.* 〖?*c*1635〗

ùn·con·cérn·ed·ly *adv.* 気をもまずに, くよくよせずに, 平気で; かかわらないで; 無関心で (indifferently). 〖(1636): ⇨ ↑, -ly[1]〗

ùn·con·clúd·ed *adj.* 決着のついてない. 〖1564〗

un·con·di·tion·al /ʌ̀nkəndíʃnəl, -ʃənḷ⁻/ *adj.* **1** 無条件の, 無制限の, 絶対的な (absolute), 全面的な: an ～ surrender [refusal] 無条件降伏[拒絶]. **2** 〖数学〗絶対の. **3** 〖心理〗=unconditioned 3. **un·con·di·tion·al·i·ty** /ʌ̀nkəndìʃənǽləṭi | -lɪ̀ti/ *n.* **～·ness** *n.* 〖1666〗

unconditional convérgence *n.* 〖数学〗無条件収束 《級数の項をどのような順序で加えても収束すること; absolute convergence と同じこと》.

ùn·con·dí·tion·al·ly *adv.* 無条件で, 絶対的に (absolutely): surrender ～ 無条件降伏する. 〖(*a*1660): ⇨ ↑, -ly[1]〗

ùn·con·dí·tioned *adj.* **1** 無条件の, 無制限の (unconditional); 絶対の (absolute); 無限の (infinite). **2** 〖哲学〗無制約の; 無条件の. **3** 〖心理〗無条件の, 本能的な, 自然の (natural, innate). **～·ness** *n.* 〖*a*1631〗

únconditioned réflex *n.* 〖生理・心理〗(条件反射に対して)無条件反射 (unconditioned response) (cf. conditioned reflex). 〖1906〗

unconditioned respónse *n.* 〖生理・心理〗無条件反応 (unconditioned reflex) 《無条件刺激 (unconditioned stimulus) に対する特定反応; 例えば酸に対する唾液分泌; cf. conditioned response》.

únconditioned stímulus *n.* 〖生理・心理〗無条件刺激. 〖1972〗

un·cón·fer·ence lìnes /ʌnkɑ́(:)nf(ə)rəns- | -kɔ́n-/ *n. pl.* 〖海運〗非海運同盟航路 (cf. conference lines).

U

ùn·con·féssed *adj.* **1** 白状し(てい)ない, 告白し(てい)ない, (罪に)服さない: an ～ crime. **2** 〖キリスト教〗懺悔(ざんげ)して赦罪を受け(てい)ない, 告解し(てい)ない: die ～. 〖*c*1500〗

ùn·cón·fi·dent *adj.* 確信のない, 不確かな, ためらいのある, 優柔不断な. 〖*a*1652〗

ùn·con·fín·a·ble *adj.* 拘束されない; 限定できない. 〖1597〗

ùn·con·fíned *adj.* **1** 縛られ(てい)ない, ゆるい, 結んでない, 〈髪など〉解かしたままの (loose, free): with one's tresses ～ ふさふさした髪をだらりと垂らしたままで. **2** 制限[拘束]を受け(てい)ない (unrestricted), 自由な (free), 妨げられ(てい)ない (unchecked). 〖1607〗

un·con·fírmed /ʌ̀nkənfə́:md | -fə́:md⁻/ *adj.* **1** 確かめられ(てい)ない, 証明され(てい)ない, 確証のない: an ～ rumor. **2** 確認され(てい)ない, 決定していない, 仮の (tentative): ～ reports from Paris パリからの未確認情報 / an ～ (letter of) credit 無確認信用状. **3** 〖キリスト教〗按手(あんしゅ)式 (confirmation) を受け(てい)ない, 堅信[堅振]礼を受け(てい)ない. **4** (廃) 知らない, 未経験の (inexperienced). **5** (Shak) 無知な, 未経験の. 〖1565〗

ùn·con·fórm·a·ble *adj.* **1** 適合しない, 一致しない. **2 a** 順応しない, 従わない. **b** (古) 英国国教会に従わない. **3** 〖地質〗不整合の: ～ strata 不整合層 (⇨ stratum 挿絵). **un·con·form·a·bil·i·ty** /ʌ̀nkənfɔ̀əməbíləṭi | -fɔ̀:məbíl]ɪ̀ti/ *n.* **～·ness** *n.* **ùn·con·fórm·a·bly** *adv.* 〖1594〗

un·con·for·mi·ty /ʌ̀nkənfɔ́əməṭi | -fɔ́:mɪ̀ti/ *n.* **1** (古) 不一致, 不適合 (incongruity). **2** 〖地質〗(地層の)不整合; 不整合面. 〖*a*1600〗

ùn·con·fúsed *adj.* **1** 混雑[混乱]していない. **2** 当惑し(てい)ない. **ùn·con·fús·ed·ly** *adv.* 〖1609〗

ùn·con·gé·ni·al *adj.* **1** 気(性)が合わない, 意気が投合し(てい)ない: ～ friends [host] / in ～ company 気心の知れない人たちと交わって. **2** 性に合わない, 趣味に適さない, 気に入らない, 嫌いな (distasteful); 〔…に〕合わない, 適さない (unsuitable) 〔*to*〕: an ～ task / Solitude was ～ *to* her (tastes). 孤独は彼女(の好み)に合わなかった / a climate ～ *to* health 健康に良くない気候. **un·con·ge·ni·al·i·ty** /ʌ̀nkəndʒì:niǽləṭi | -lɪ̀ti/ *n.* **～·ly** *adv.* 〖1775〗

ùn·cón·ju·gat·ed *adj.* 〖化学〗共役でない.

ùn·con·néct·ed *adj.* **1** 連続し(てい)ない, 離れた, 別々の (separate): ～ lines of railway. **2** 因果関係のない, 脈絡のない, 無関係の: seemingly ～ events 互いに無関係にみえる出来事. **3** 親類関係のない, 縁故のない, 身寄りのない: a lonely ～ person 天涯孤独の人. **4** (論理的に)筋の通らない, つじつまの合わない (incoherent); 支離滅裂な, 散漫な (disconnected): an ～ argument 支離滅裂な議論. **～·ly** *adv.* **～·ness** *n.* 〖1736〗

ùn·cón·quer·a·ble *adj.* 征服し難い, 打ち勝ち難い, 克服できない, 制御し難い (indomitable, invincible): an ～ enemy, will, temper, etc. **～·ness** *n.* **ùn·cón·quer·a·bly** *adv.* 〖1598〗

ùn·cón·quered *adj.* 征服され(てい)ない, 打ち破られ(てい)ない. 〖1549〗

ùn·còn·sci·én·tious *adj.* 非良心的な, ふまじめな, 節操のない, ふらちな. **～·ly** *adv.* **～·ness** *n.* 〖1775〗

ùn·cón·scio·na·ble *adj.* **1** 良心がない, 非良心的な, 非道な (unscrupulous): an ～ usurer, subterfuge, etc. **2** 理性に反する, 不条理な, 道理に合わない. **3** 法外な, 途方もない (excessive), とても不当[不正]な, ひどい (outrageous): an ～ demand 法外[不当]な要求 / an ～ time 非常に長い時間 / the ～ height of the building 建物が途方もなく高いこと / ～ sales practices あくどい商法. **4** 〖法律〗不当な (unfair): an ～ bargain 不当契約 (cf. catching bargain). **un·con·scio·na·bil·i·ty** /ʌ̀nkɑ̀(:)nʃ(ə)nəbíləṭi | -kɔ̀nʃ(ə)nəbíl]ɪ̀ti/ *n.* **～·ness** *n.* **ùn·cón·scio·na·bly** *adv.* 〖(1565) ← UN-[1]＋CONSCIONABLE〗

un·con·scious /ʌnkɑ́(:)nʃəs, -tʃəs | -kɔ́n-⁻/ *adj.* **1** 意識[正気]を失った, 意識不明の, 気絶した: After that he was ～ for several minutes. その後数分間人事不省だった / He still remains ～. まだ意識が戻っていない / become [be rendered, be made, be knocked] ～ 意識不明になる. **2** 〔…を〕知らない, 気付かない, 悟らない (unaware) 〔*of*〕: be ～ *of* any danger, one's mistake, one's absurd appearance, etc. **3** 思わず知らず出た, 何気なく(口に)した, うっかり出た; 知らず知らずの, 自覚しない, 無意識の (involuntary, unintentional): ～ desires [fears] / ～ movements 無意識の運動 / ～ humor 思わず出たユーモア / the ～ mind 無意識. **4** 知覚[自覚, 意識]を持たない (nonconscious), 精神[心]のない: ～ matter. **5** 〖精神分析〗無意識の. — *n.* [the ～] 〖精神分析〗無意識 《本人の意識にはのぼらないでしかもその人の意識的行動に影響を与える心理過程; cf. collective unconscious, subconscious, preconscious》. 〖(1712) ← UN-[1]＋CONSCIOUS〗

un·con·scious·ly /ʌnkɑ́(:)nʃəsli, -tʃəs- | -kɔ́n-/ *adv.* 気付かずに; 思わず知らず, うっかり; 無意識に: glance ～ at one's watch 無意識に時計に目をやる / Perhaps, ～, I have said something to offend him. 多分, 無意識に, 彼を怒らせることを言ったかもしれない. 〖(1779): ⇨ ↑, -ly[1]〗

ùn·cón·scious·ness *n.* 無意識(状態); 人事不省. 〖(1759): ⇨ conscious, -ness〗

ùn·cón·se·cràt·ed /-ṭɪ̀d | -tɪ̀d/ *adj.* 神に捧げられ(てい)ない, 奉納され(てい)ない; 聖別され(てい)ない. 〖1579〗

ùn·con·sént·ing /-ṭɪŋ | -tɪŋ⁻/ *adj.* 承諾[同意]しない, 同意を保留する, 黙諾を与えない. 〖*a*1693〗

ùn·con·síd·ered *adj.* **1** 考慮され(てい)ない, 重んじられ(てい)ない (disregarded); 考慮の価値のない, 無視してよい (negligible), 取るに足らない (inconsiderable). **2** 注意深い反省に基づいていない, 思慮の足りない: a hasty ～ remark. 〖1587〗

ùn·con·sól·a·ble *adj.* =inconsolable. **-a·bly** *adv.*

ùn·con·sól·i·dàt·ed /-ṭɪ̀d | -tɪ̀d/ *adj.* 〈土壌が〉層を成していない: ～ soil. 〖1775〗

ùn·cón·so·nant *adj.* =inconsonant. 〖1535〗

ùn·cón·stant *adj.* (古) =inconstant. 〖*c*1480〗

un·con·sti·tu·tion·al /ʌ̀nkɑ̀(:)nstətú:ʃnəl, -tjú:-, -ʃənḷ, -ntstə- | ʌ̀nkɔ̀nstɪtjú:-, -ntstɪ̀-⁻/ *adj.* 憲法に違反する, 憲法違反の, 違憲の: an ～ law. **～·ly** *adv.* 〖1734〗

ùn·còn·sti·tù·tion·ál·i·ty /-ʃənǽləṭi | -lɪ̀ti/ *n.* 憲法違反, 違憲(性). 〖(1795): ⇨ ↑, -ity〗

únconstitutional stríke *n.* 違法スト 《労使双方の話し合いに合意が成立しているのに行うスト》.

ùn·con·stráined *adj.* **1** 拘束を受け(てい)ない, 強いられ(てい)ない, 自由な. **2** 強制によらない, 随意に行った, 自由意志による, 自発的な. **3** 〈態度が〉窮屈さのない, まごつかない, 落ち着いた; 自然な (natural), 楽な (easy). 〖*c*1390〗

ùn·con·stráin·ed·ly /-nɪ̀dli/ *adv.* 自由に; 随意に, 自発的に; 落ち着いて. 〖(1561): ⇨ ↑, -ly[1]〗

ùn·con·stráint *n.* 束縛を受けないこと, 無拘束; 随意, 自由. 〖1711〗

ùn·con·strícted *adj.* 締めつけてない.

ùn·con·strúct·ed *adj.* 〈服が芯やパッドを入れて形をつくったのでない 《体によくなじむ》.

ùn·con·súlt·ed *adj.* 意見[助言]を求められない, 相談されない. 〖1567〗

ùn·con·súmed *adj.* 消費され(てい)ない, 消耗され(ていない. 〖1549〗

ùn·cón·sum·màt·ed /-ṭɪ̀d | -tɪ̀d/ *adj.* (新婚後)まだ性的交渉のない. 〖1813〗

ùn·con·táin·a·ble *adj.* 包含[包容]できない, 包み切れない; 押え切れない (irrepressible): ～ indignation. 〖1618〗

ùn·con·tám·i·nàt·ed /-ṭɪ̀d | -tɪ̀d/ *adj.* 汚され(てい)ない, 汚点のない, 清らかな (unsullied, pure). 〖1611〗

ùn·con·témned *adj.* (まれ) 軽蔑され(てい)ない. 〖1612–13〗

ùn·cón·tem·plàt·ed /-ṭɪ̀d | -tɪ̀d/ *adj.* 予想[予期]し(てい)ない. 〖1709〗

ùn·con·tén·tious *adj.* 論議を巻き起こさない, 異論が出ることもなさそうな. 〖1828〗

ùn·con·tést·ed *adj.* **1** 争う者のない, 無競争の (unchallenged): an ～ election. **2** 議論の余地のない, 明白な (indisputable, evident). 〖1678〗

ùn·còn·tra·díct·ed *adj.* 否認され(てい)ない, 反対[反駁]され(てい)ない (undisputed). 〖1606〗

ùn·con·trívéd *adj.* 人工的に作られていない, 人為的でない; わざとらしくない, 作為的でない. 〖1612〗

un·con·trol·la·ble /ʌ̀nkəntróuləbḷ | -tráu-⁻/ *adj.* 制御できない, 抑制し難い, 手に負えない (ungovernable): ～ inflation, anger, children, etc. / in ～ excitement 興奮を抑えきれずに. **ùn·con·trol·la·bíl·i·ty** *n.* **～·ness** *n.* **ùn·con·tról·la·bly** *adv.* 〖1575〗

un·con·trolled /ʌ̀nkəntróuld | -tráuld⁻/ *adj.* 抑制され(てい)ない, 自由な (unrestrained): ～ inflation 抑制されないインフレ / fall into ～ hysterics 抑えのきかないヒステリーを起こす. 〖1513〗

ùn·còn·tro·vér·sial *adj.* 議論[論争]にならない. 〖1861〗

ùn·cón·tro·vèrt·ed /-ṭɪ̀d | -tɪ̀d/ *adj.* 反駁[反対]され(てい)ない (undisputed); 議論の余地のない (indisputable). 〖1654〗

ùn·còn·tro·vér·ti·ble *adj.* =incontrovertible. **ùn·còn·tro·vér·ti·bly** *adv.* 〖1664〗

un·con·ven·tion·al /ʌ̀nkənvénʃnəl, -ʃənḷ, -véntʃ-⁻/ *adj.* **1** 慣例[慣習]に従わない, 因襲にとらわれない, 非因襲的な: an ～ artist. **2** 〈態度・服装など〉型にはまらない, 自由な: He has very ～ beliefs. 彼はきわめて型破りな考えをもっている. **～·ly** *adv.* 〖1839〗

un·con·ven·tion·al·i·ty /ʌ̀nkənvènʃənǽləṭi | -lɪ̀ti/ *n.* **1** 慣例に従わないこと, 因襲的でないこと; (古臭さを脱した)自由さ. **2** 因襲にとらわれない言動. 〖(1854): ⇨ ↑, -ity〗

ùn·con·vérs·a·ble *adj.* (古) 話し嫌いの, 無愛想な, 付き合いにくい, 人付き[気うけ]の悪い (unsociable). 〖1593〗

ùn·con·vér·sant *adj.* 〔…に〕明るくない, 不案内な 〔*with*〕. 〖*a*1674〗

un·con·vért·ed /-ṭɪ̀d | -tɪ̀d⁻/ *adj.* **1** (質・形が)変わらない, 変化し(てい)ない. **2** (正しい教えに)改宗し(てい)ない, まだ異教の徒である; 悔い改め(てい)ない (unregenerate). **3** (説得されて)転向し(てい)ない, 改宗し(てい)ない, 改党し(てい)ない. 〖1648〗

ùn·con·vért·i·ble *adj.* =inconvertible. **ùn·con·vért·i·bly** *adv.* 〖1695〗

un·con·vinced /ʌ̀nkənvínst, -víntst⁻/ *adj.* 説得され(てい)ない, 納得しない (unpersuaded); 半信半疑の, 懐疑的な (dubious): She looked ～. 納得していないふうであった. 〖1643–45〗

un·con·vinc·ing /ʌ̀nkənvínsɪŋ, -víntsɪŋ⁻/ *adj.* 納得させない, 信服させない; 疑問のある (implausible): an ～ answer 納得のいかない解答 / His explanation was very ～. 彼の説明は納得のいかないものだった. **～·ly** *adv.* **～·ness** *n.* 〖1653〗

ùn·cóoked *adj.* (火を用いて)料理し(てい)ない, 生の (raw): ～ food eating 生食. 〖1775〗

ùn·cóol *adj.* **1** 冷静でない, 自信のない; 感情的な, やかましい, 激しい. **2** 特定の集団の慣習と合わない. **3** (俗) 不愉快な, 心を乱す (unpleasant, disturbing); 下品な, 無礼な (uncouth, rude). **4** (俗) 〖ジャズ〗クールでない. 〖1953〗

ùn·cóoled *adj.* 冷やしていない, 冷房し(てい)ない. 〖1513〗

ùn·co·óp·er·a·tive *adj.* 非協力的な. **～·ly** *adv.* 〖1934〗

ùn·co·ór·di·nàt·ed /-ṭɪ̀d | -tɪ̀d/ *adj.* 同等[同格]でない; 調整され(てい)ない. 〖1892〗

ùn·córd *vt.* 〈箱など〉のひも[なわ]を解く[ほどく] (unfasten): ～ a box, trunk, etc. 〖*c*1430〗

ùn·cór·dial *adj.* 心からでない, 不親切な. **～·ly** *adv.* 〖*c*1470〗

ùn·córk *vt.* **1** 〈びんなど〉のコルク[栓]を抜く: ～ a bottle of wine. **2** (口語) 〈感情など〉にはけ口を与える, 吐露する, 漏らす: ～ one's feelings. 〖1727〗

ùn·córked *adj.* コルク[栓]のしてない. 〖(1791): ⇨ ↑, -ed〗

ùn·cor·réct *vt.* **1** 〖航空・海事〗〈真針路を〉磁針路へ逆修正する. **2** 〈磁針路を〉羅針路へ逆修正する.

ùn·cor·réct·a·ble *adj.* 矯正[修正]不可能の; 回復不可能の, 不治の (irremediable): an ～ disease 不治の病. 〖1560〗

ùn·cor·réct·ed *adj.* **1** 訂正され(てい)ない, 校正され(てい)ない: an ～ error. **2** 戒められ(てい)ない, 罰され(てい)ない. **3** 矯正され(てい)ない; 調整され(てい)ない: ～

astigmatism 無矯正乱視 / an ～ score 未調整の得点. 〖a1387〗
ùn·cor·rób·o·ràt·ed /-tɪd | -tɪd/ *adj.* 強められ(てい)ない, 確実にされ(てい)ない, 確定[確証]され(てい)ない (unconfirmed): an ～ belief, fact, etc. 〖1775〗
ùn·cor·ród·ed /-dɪd | -dɪd/ *adj.* 腐食され(てい)ない, さび(てい)ない. 〖1685〗
ùn·cor·rúpt·ed *adj.* **1** 腐敗し(てい)ない. **2** 堕落し(てい)ない, 買収され(てい)ない, 廉潔な. 〖?a1400〗
ùn·cor·rúpt·i·ble *adj.* 《古》 腐敗しない; 買収されない (incorruptible): the glory of the ～ God 朽(く)つることなき神の栄光 (*Rom.* 1: 23). 〖c1384〗
ùn·cór·set·ed *adj.* **1** コルセットをつけ(てい)ない. **2** 制限[制約]され(てい)ない. 〖1856〗
ùn·cóunt·a·ble *adj.* **1** 数え切れない, 無数の (innumerable, countless). **2** 計り知れない (inestimable). — *n.* 〖文法〗 不可算名詞 《不定冠詞を付けたり複数形にして用いることのできない名詞; 物質名詞と抽象名詞; Jespersen の用語; cf. mass noun; ↔ countable》. 〖a1400–50〗
úncountable nóun *n.* 〖文法〗 =uncountable.
ùn·cóunt·ed *adj.* **1** 数えられ(てい)ない. **2** 無数の (innumerable): ～ millions of people. 〖a1500〗
ùn·cóun·te·nanced *adj.* 他(人)の支持を受け(てい)ない (unsupported), 是認され(てい)ない. 〖1775〗
ùn·cóunt nòun *n.* 不可算名詞 (uncountable noun).
ùn·cóu·ple *vt.* **1** 〈つながれた二頭の犬を〉解き放つ (unleash): ～ greyhounds. **2** …の連結を解く: ～ railway trucks. — *vi.* **1** (つないであった革ひもから)犬を放つ. **2** 〈つないであったものが〉離れる. 〖(?c1300) ← UN-[2] + COUPLE (v.): cf. (O)F *découpler*〗
ùn·cóu·pled *adj.* つないでいない, 連結し(てい)ない; 離れた (disconnected). 〖(c1378): ⇨ un-[1], couple〗
ùn·cóur·te·ous *adj.* 礼儀を知らない, 無作法な (discourteous, rude). **～·ly** *adv.* **～·ness** *n.* 〖c1303〗
ùn·cóurt·ly *adj.* **1** 宮廷風に慣れない, 宮廷風でない; 粗野な, 野卑な, 優雅でない, 下品な (unpolished, unrefined). **2** 反宮廷的な: an ～ faction 反宮廷派. 〖1598〗
un·couth /ʌnkúːθ/ *adj.* **1** 〈人・姿・ふるまい・言葉など〉無骨な, ぶざまな, やぼな, 気のきかない, 不器用な, 粗野な, 下品な (awkward, boorish): ～ rustics, manners, appearance, etc. **2** 《古》 **a** 常と異なる, 奇怪な, 異様な (unusual, strange). **b** あまり訪れることのない, 荒れ果てた, 寂しい (wild, desolate): an ～ forest, mountain, desert, etc. **c** 未知の (unknown), 慣れない, 見慣れない (unfamiliar): an ～ path, place, etc. **3** 《廃》 不思議な (mysterious). **～·ly** *adv.* **～·ness** *n.* 〖OE *uncūþ* unknown, strange ← UN-[1] + *cūþ* known ((p.p.) ← *cunnan* to know: ⇨ can[1])〗
ùn·cóv·e·nant·ed *adj.* **1** 契約[誓約]に基づかない[よらない]; 契約に束縛され(てい)ない. **2** 〖神学〗 神の約束によらない: the ～ mercies of God 神約によらない神の恩恵 《キリストを知らない者に及ぶ神の救い》. 〖1648〗
un·cov·er /ʌnkʌ́və | -kʌ́və[(r)]/ *vt.* **1** (隠しているものを取って)見えるようにする, 表わす, 暴露する, 明かす, 打ち明ける (expose, disclose, lay bare): a smile that ～*ed* one gold tooth 金歯を1本のぞかせた笑い / ～ one's position [heart] *to* a person 人に自分の立場[心のうち]を明かす / ～ enough evidence to charge him with tax evasion 彼の脱税を告発できる十分な証拠を暴露する. **2** …のふた[覆い]をとる: ～ a box, dish of food, etc. **3** …の(体に付けた)覆いを取る, むき出しにする, 裸にする; (敬意を表して)…から帽子[被り物]を脱ぐ, 取る: ～ the face, feet, head, etc. / ～ oneself 身に付けた物を脱ぐ; 脱帽する. **4** 〈埋蔵物・遺跡を〉発掘する. **5** 〈後方の部隊を〉(展開によって戦線に)露出させる; …から援護を取り去る, 無防備のままにしておく. **6** 〈狐などを〉狩り出す (rouse): ～ a fox. — *vi.* **1** 覆いを取る. **2** (敬意を表して)帽子[被り物]を取る, 脱帽する: Everyone ～*ed* when the Queen appeared. 女王が現れたときだれもが帽子を取った. 〖(a1325): ⇨ un-[2], cover〗
ùn·cóv·ered *adj.* **1** 覆われていない, 覆いのない; 裸の (bare); 暴露された; 表紙のない. **2** 帽子をかぶっていない, 無帽の[で]: stand ～. **3** 遮蔽(しゃへい)のない, 屋根のない; 援護のない (unprotected): The position lies quite ～. その陣地は全く無防備である. **4** 〈手形など〉担保を入れ(てい)ない: an ～ note. **5** (社会)保険をつけ(てい)ない; 社会福祉計画に入っていない. 〖(?a1400): ⇨ un-[1], covered〗
ùn·cóv·et·ed /-tɪd | -tɪd/ *adj.* 欲しがられ(てい)ない, 切望[渇望]され(てい)ない. 〖1760–72〗
ùn·cówl *vt.* **1** …から僧帽を脱ぐ: ～ one's face, head, etc. **2** …の僧帽[聖職の資格]を奪う: ～ a monk. 〖(1611): ⇨ cowl[1]〗
ùn·cre·áte[1] *vt.* …の存在を抹殺する, 絶やす, 絶滅させる (annihilate). 〖1633〗
ùn·cre·áte[2] *adj.* 《古》 =uncreated. 〖1548–49〗
ùn·cre·át·ed *adj.* **1** まだ創造され(てい)ない, 存在[実在]し(てい)ない. **2** 創造されて存在するのではない, 自存の (self-existent). **3** 〖神学〗 永遠に存在する. **～·ness** *n.* 〖1548–49〗
ùn·cre·á·tive *adj.* 非創造的な, 創造力のない[要らない]. 〖1855〗
ùn·créd·it·ed *adj.* 信用され(てい)ない, 信じられ(てい)ない. 〖1586〗
ùn·críp·pled *adj.* **1** 跛者でない, 〈手足が〉不具でない. **2** 損害[損傷]を受けない; 運動[活動]を阻害され(てい)ない: The ships remained ～ by the heavy fire. 船隊は猛火を浴びたが損害はなかった / The business is ～ in spite of the heavy loss incurred. 大損害を被ったが事業には支障がない. 〖a1800〗
ùn·crít·i·cal *adj.* **1** 批評的でない, 無批判的な: an ～ attitude 無批判的な態度. **2** 批判力[批評眼]のない: an ～ reader 批判力のない読者. **～·ly** *adv.* 〖1659〗
ùn·crít·i·cìzed *adj.* 批評[批判]を受け(てい)ない. 〖1846〗
ùn·crópped *adj.* **1** 〈土地が〉作物を作っていない, 無収穫の: ～ soil. **2** 〈作物が〉刈り取られ(てい)ない, 取り入れて[収穫して]いない: ～ rice. **3** 〈髪などが〉はさみを入れ(てい)ない: ～ hair. 〖1602–03〗
ùn·cróss *vt.* …の交差を解く: ～ one's arms [legs] 腕組[組んだ脚]を解く. 〖1599〗
ùn·cróssed *adj.* **1** 交差し(てい)ない, (十字に)組み合わされ(てい)ない. **2** 《英》 〈小切手が〉線引きでない, 横線なしの. **3** 妨げられ(てい)ない, 邪魔され(てい)ない, 反対され(てい)ない. **4** 十字架をつけていない. 〖1560〗
ùn·crówd·ed /-dɪd | -dɪd[←]/ *adj.* 込まない, 混雑し(てい)ない: an ～ train すいた列車. 〖1701〗
ùn·crówn *vt.* …の王冠[王位]を奪う, 王位から退ける (dethrone); (競技・コンクールなどで)…の王座を奪う. 〖a1325〗
ùn·crówned *adj.* **1** (まだ)王冠をいただかない, まだ戴冠(たいかん)式をあげ(てい)ない. **2 a** 王さながらの権力[地位]を有する: an ～ ruler. **b** 無冠の: the ～ king of golf ゴルフ界の無冠の帝王. 〖(?a1387) 1634〗
ùn·crúm·ple *vt.* …のしわを伸ばす. 〖1611〗
ùn·crúsh·a·ble *adj.* (押し)つぶされない; しわにならない. 〖1873〗
ùn·crúshed *adj.* 押しつぶされていない. 〖1626〗
ùn·crýs·tal·lìzed *adj.* 結晶化し(てい)ない; (最終的に)具体化し(てい)ない: an ～ idea. 〖1759〗
UNCSTD 《略》 United Nations Conference on Science and Technology for Development 国連科学技術開発会議.
UNCTAD /ʌ́ŋ(k)tæd/ 《略》 United Nations Conference on Trade and Development 国連貿易開発会議.
unc·tion /ʌ́ŋ(k)ʃən/ *n.* **1 a** (聖別のしるしとして)油を注ぐ[塗る]こと, 塗油 (cf. anointing, inunction 1). **b** (医療の目的で)油薬・軟膏(なんこう)類を塗布[塗擦]すること, 油薬[軟膏]塗布, 軟膏塗擦法. **2 a** 〖カトリック・東方正教会・英国国教会〗 塗油(式); (特に, 重病人に聖油を塗る)終油の秘跡, 抹油(まつゆ)(式): ⇨ extreme unction. **b** (戴冠(たいかん)式の)塗油式. **3** 塗り油, 膏薬, 軟膏 (ointment, unguent). **4** なだめる物, 和らげる物, 静める物, 嬉しがらせるもの, 甘言: Lay not that flattering ～ to your soul. あの嬉しがらせの膏薬(こうやく)をあなたの魂につけてはなりません (Shak., *Hamlet* 3. 4. 145). **5 a** 人を感動[感激]させる語調[態度]; (特に)宗教的熱情 (religious fervor); 熱情にあふれた言葉[表現]: *Unction* is no longer admired in a preacher. 説教家の熱情的語調はもう受けない / The sermons of today lack ～. 今日の説教は熱がない. **b** 大げさな熱情ぶり, うわべばかりの熱情, 偽りの感動[感激, 同情, いんぎんさなど]: speak with ～. **c** (話などの)興味 (relish); 熱中, 夢中: an amusing story told with ～ 夢中に語った面白い話. **～·less** *adj.* 〖(a1387) *unccioun* □ L *unctiō(n-)* an anointing ← *unctus* (p.p.) ← *unguere* to anoint: ⇨ unguent, -tion〗
unc·tu·ous /ʌ́ŋ(k)tʃuəs, -tʃəs | -tʃuəs, -tju-/ *adj.* **1 a** 油のような, 油質の (greasy, oily); 脂肪質の (fatty). **b** 油の多い. **c** (滑石などのように)脂感のある, なめらかな, すべすべした: ～ feel なめらかな感触. **2** (誇張した)熱情[感動]を表した, 感動を装った, お世辞たらたらの: an ～ person / in an ～ voice ねこなで声で. **3 a** 〈土壌が〉有機物を多く含んだ, 肥沃な. **b** 〈粘土が〉可塑性のある. **unc·tu·os·i·ty** /ʌ̀ŋ(k)tʃuɑ́(ː)səti | -tʃuɔ́sɪti, -tju-/ *n.* **～·ly** *adv.* **～·ness** *n.* 〖(a1387) □ ML *unctuōsus* ← L *unctus* (↑): ⇨ -ous〗
ùn·cúl·ti·va·ble *adj.* 耕作できない; 教化できない. 〖1663〗
ùn·cúl·ti·vàt·ed /-tɪd | -tɪd/ *adj.* **1 a** 未耕作の, 未墾の: ～ land. **b** 〈植物が〉栽培され(てい)ない: an ～ plant. **2** 練磨され(てい)ない, (打ち捨てて)顧みられない (neglected); つちかわれ(てい)ない, はぐくまれ(てい)ない: an ～ art, genius, talent, etc. **3** 未開の, 教養のない, 原始的状態にある (barbarous): ～ races 未開人種. 〖1646〗
ùn·cúl·ture *n.* 無教養, 無教育. 〖c1624〗
ùn·cúl·tured *adj.* **1** 教養のない, 無教育な, 粗野な. **2** 耕作され(てい)ない, 未墾の. 〖1555〗
ùn·cúm·bered *adj.* =unencumbered. 〖1551〗
ùn·cúr·a·ble *adj.* =incurable. 〖c1384〗
ùn·cúrb *vt.* **1** 〈馬〉から大勒衛(たいろくぐつわ)をはずす: ～ a horse. **2** 自由にさせる (unloose): ～ one's passions 情熱をほしいままにさらけ出す. 〖1580〗
ùn·cúrb·a·ble /-bəbl/ *adj.* 《まれ》 抑制できない. 〖1606〗
ùn·cúrbed *adj.* **1** 〈馬が〉大勒衛(たいろくぐつわ)を付け(てい)ない: an ～ bridle. **2** 拘束し(てい)ない, 制御し(てい)ない, 抑制し(てい)ない (unrestrained): an ～ passion, ambition, etc. 〖1599〗
ùn·cúred *adj.* **1** 治療され(てい)ない, 救済され(てい)ない, まだ治らない: an ～ wound, patient, etc. **2** 〈魚・肉など〉(塩づけ・乾物などにして)保存され(てい)ない: ～ meat. 〖1548〗
ùn·cú·ri·ous *adj.* =incurious. 〖1570〗
ùn·cúrl *vt.* 〈巻き毛などを〉伸ばす, 〈巻いてあるものを〉まっすぐにする (unroll). — *vi.* 〈巻き毛などが〉伸びる, まっすぐになる, 〈巻き上がった物が〉解ける, ほどける. 〖1593–94〗
ùn·cúrled *adj.* 巻き毛になっていない, 伸びている: ～ hair. 〖1596〗
ùn·cúr·rent *adj.* **1** (貨幣が)流通し(てい)ない; 通用し(てい)ない, 流行し(てい)ない. **2** 《まれ》 現在の(もの)ではない. 〖1601–02〗
ùn·cúrs·ed *adj.* 呪(のろ)われ(てい)ない, 〔…の〕きらいがない 〔*with*〕. 〖a1628〗
ùn·cur·táiled *adj.* 切り詰め(てい)ない, 省略[短縮]し(てい)ない. 〖1741〗
ùn·cúr·tain *vt.* **1** …からカーテンを取り去る, …のとばりを明ける. **2** 表す, 暴露する (reveal). 〖1628〗
ùn·cúr·tained *adj.* 幕のない, 幕を下ろしていない, カーテンのない, さえぎるもののない: an ～ window. 〖1775〗
un·cus /ʌ́ŋkəs/ *n.* (*pl.* **un·ci** /ʌ́nsaɪ/) 〖解剖〗 鉤(こう) (hook, claw); 鉤状回. 〖(1826) ← NL ～ ← L 'hook' ← IE **ank-, *ang-* to bend: cf. angle[2]〗
ùn·cúsh·ioned *adj.* しとねのない, クッションを敷かない, 詰物をし(てい)ない. 〖1775〗
ùn·cús·tom·àr·y *adj.* 慣習[慣例]によらない, 慣習的でない, 異例の, 珍しい (uncommon). 〖1650〗
ùn·cús·tomed *adj.* **1** 関税のかからない; 関税を払っていない, 税関を通っていない: ～ goods. **2** 《古》 =unaccustomed. **3** 《古》 =unusual. 〖1393〗
ùn·cút *adj.* **1** 切られ(てい)ない, まだ切っていない: ～ trees. **2** 〈ダイヤモンドなど〉カットし(てい)ない, 磨かれ(てい)ない: an ～ diamond. **3** 短縮され(てい)ない, 無削除の (unabridged): an ～ text. **4** 《俗》 〈麻薬・酒など〉薄め(てい)ない, 純粋の (pure). **5** 〖製本〗 〈本・雑誌の小口が〉アンカットの: **a** 未開の《製本師によって本・雑誌の小口が裁断されていないため折丁の折り目が未開の状態; cf. unopened 2》. **b** 未截(みさい)の《再製本師によって余白が裁断されていない状態》. **6** 〈映画フィルムが〉未編集の (unedited). 〖1426〗
ùn·cýn·i·cal *adj.* 皮肉でない, 冷笑的でない. **～·ly** *adv.* 〖1824〗
ùn·dám *vt.* (**un·dammed; -dam·ming**) **1** …の堰(せき)を切る: ～ a river, reservoir, etc. **2** …の障害を除く. 〖1697〗
ùn·dám·aged *adj.* 損害[損傷]を受け(てい)ない, いためられ(てい)ない (uninjured, unspoilt); 無傷の, 完全な (sound, whole). 〖1648〗
un·da mar·is /ʌ̀ndəméərɪs | -méərɪs/ *n.* 〖音楽〗 ウンダマリス 《オルガンの音栓 (stop) の一つで, 特殊なうなりの効果をもつ; cf. voix céleste》. 〖← NL ～ 'wave of the sea'〗
ùn·dámped *adj.* **1** 湿っていない. **2** 意気沮喪(そそう)[消沈]し(てい)ない: with ～ ardor 衰えない熱情で. **3** 〖音楽〗 〈弦・太鼓などが〉弱音器を用い(てい)ない. **4** 〖電気〗 減衰しない, 不減衰の. 〖1742〗
úndamped wáve *n.* 〖通信〗 不減衰波. 〖1906〗
ùn·dát·ed /-tɪd | -tɪd[←]/ *adj.* **1** 日付のない: an ～ letter, check, etc. **2** 期日[期限]を定め(てい)ない: ～ securities. 〖1570〗
ùn·dáugh·ter·ly *adj.* 娘らしくない, 娘にふさわしくない. **ùn·dáugh·ter·li·ness** *n.* 〖1748〗
ùn·dáunt·a·ble *adj.* ひるまない, 恐れない (fearless). 〖1587〗
ùn·dáunt·ed /-tɪd | -tɪd[←]/ *adj.* **1** おどかされ(てい)ない; ひるまない: ～ by repeated failure 度重なる失敗にくじけないで. **2** 恐れない, 臆(おく)しない, 勇気のある, 剛胆な (fearless): ～ courage 剛毅. **～·ly** *adv.* **～·ness** *n.* 〖1422〗
ùn·dáz·zled *adj.* 眩惑(げんわく)され(てい)ない, 目をくらまされ(てい)ない. 〖1644〗
un·dé /ʌ́ndeɪ/ *adj.* 〖紋章〗 〈分割線が〉波形の (wavy). 〖(1513) □ OF ～ (F *ondé*) wave < L *undam*: ⇨ water〗
ùn·déad *adj.* 死んでいない; 死にきっていない. — *n.* (*pl.* ～) [the ～] 死にきっていない[死者でも生者でもない]者ども, 亡者, 吸血鬼 (vampire); 霊力によって生き返った死体 (zombi). 〖?a1400〗
ùn·déaf *vt.* 《Shak》 耳の悪い状態から解放する, 耳が聞こえるようにする. 〖1595〗
ùn·de·bát·a·ble *adj.* 論じ得ない, 議論無用の, 議論の余地のない (indisputable): an ～ fact. **ùn·de·bát·a·bly** *adv.* 〖1869〗
ùn·de·bát·ed /-tɪd | -tɪd[←]/ *adj.* 論争[討論]され(てい)ない, 論議され(てい)ない (undiscussed). 〖1620〗
ùn·de·báuched *adj.* 堕落し(てい)ない; 放蕩し(てい)ない, 純潔な (innocent). 〖a1656〗
un·dec- /ʌndék, -dés/ 「11 (eleven)」の意の連結形. 〖← L *undecim* eleven ← ? *unus* 'ONE' + *decem* 'TEN'〗
un·dec·a·gon /ʌndékəgɑ̀(ː)n | -gən/ *n.* 〖数学〗 十一角形, 十一辺形. 〖(1728) ← UNDEC- + (DEC)AGON〗
ùn·de·céiv·a·ble *adj.* だまされることのない: ～ common sense. 〖1534〗
ùn·de·céive *vt.* …の迷夢をさます, (誤りを指摘して)…に真実を悟らせる (disillusion); 啓蒙する (enlighten): ～ a person *of* his error 人の誤りを教えてやる / He is certain of success, and I have not the heart to ～ him. 彼はうまくいくと思い込んでいるので彼の夢を破る勇気はない.
ùn·de·céiv·er *n.* 〖(1598) ← UN-[2] + DECEIVE〗
ùn·de·céived *adj.* だまされ(てい)ない, 迷わない: ～ by false hopes 偽りの希望に迷わず. 〖(c1400): ⇨ un-[1], deceive〗
un·de·cen·nial /ʌ̀ndɪsénɪəl, dɛ-, diː-[←]/ *adj.* 11 年目ごとに起こる[見られる]. 〖(1864) ← L *undecim* eleven (⇨ undec-): cf. decennial〗
ùn·de·ce·no·ic ácid /ʌ̀ndɛsənóuɪk- | -nəuɪk-/ *n.*

U

〖薬学〗ウンデセン酸 ($C_{10}H_{19}COOH$)《ウンデシレン酸 (undecylenic acid) など, 数個の異性体を有する直鎖不飽和酸の総称》. 〖*undecenoic* ← UNDEC-＋-EN(E)＋-OIC〗

ùn·de·cíd·a·ble *adj.* 決定されえない, 解決できない; 〖数学·論理〗決定不可能な, 論証不能の《ある体系の公理からの論理的推論によっては文または命題が証明も反証もできない》. **un·de·cid·a·bil·i·ty** /ʌ̀ndɪ̀sàɪdəbɪ́ləṭi | -dəbɪ́lɪ̀ti/ *n.* 〖1640〗

un·de·cid·ed /ʌ̀ndɪsáɪdɪd | -dɪd˞/ *adj.* **1** 心が定まらない, 決心がつかない; 決断のない, 優柔不断の (irresolute): He stood ～. 彼は決心がつかなかった / I am ～ *whether to* go or stay. 行こうか行くまいか迷っている / an ～ character 優柔不断な人物. **2** まだ決まらない, 未決定の: an ～ question 未決問題 / The point is still ～. その点はまだ決まっていない. **3** 〈天候が〉定まらない (unsettled). **4** 〈形·輪郭が〉はっきりしない, ぼんやりした (vague): a person of ～ features 人相のはっきりしない人. **～·ness** *n.* 〖1540〗

ùn·de·cíd·ed·ly *adv.* 決断がつかずに, 優柔不断に (irresolutely). 〖1856〗

un·de·cil·lion /ʌ̀ndɪsɪ́ljən | -ljən, -liən/ *n.* 10^{36}; 《英古》10^{66} (⇨ million 表). — *adj.* undecillion の. 〖(1931) ← UNDEC-＋(M)ILLION〗

ùn·de·cí·pher·a·ble *adj.* 判読できない, 判じ難い (illegible). **ùn·de·cí·pher·a·bly** *adv.* 〖1757〗

ùn·de·cí·phered *adj.* 判読され(てい)ない, 解けないままの. 〖*a*1668〗

ùn·déck *vt.* 《詩》…の飾りを奪う[はぐ]. 〖1595〗

ùn·décked *adj.* **1** 飾りがしていない, 装飾がない (unadorned). **2** 甲板がない: an ～ rowboat 無甲板の手こぎ舟. 〖1570〗

ùn·de·cláred *adj.* **1** 公言し(てい)ない; 〈戦争が〉宣戦布告なしの. **2** 〈関税課税品が〉申告し(てい)ない. 〖1526〗

ùn·de·clín·a·ble *adj.* **1** 拒絶できない: an ～ offer. **2** 〖文法〗＝indeclinable. **～·ness** *n.* **ùn·de·clín·a·bly** *adv.* 〖1530〗

ùn·de·clíned *adj.* 〖文法〗格変化しない: an ～ noun. 〖1530〗

ùn·dè·com·pós·a·ble *adj.* **1** 腐らせることのできない. **2** 分解[分析]できない. 〖1807〗

ùn·dè·com·pósed *adj.* **1** 腐っていない. **2** 分解[分析]し(てい)ない. 〖1758〗

ùn·déc·o·ràt·ed /-ṭɪ̀d | -tɪ̀d/ *adj.* 装飾し(てい)ない, 飾りのない (plain). 〖*a*1763〗

ún·dec·y·len·ic ácid /ʌ́ndɛsəlɛ̀nɪk- | -sɪ̀l-/ *n.* 〖薬学〗ウンデシレン酸 ($CH_2{=}CH(CH_2)_8COOH$)《白癬菌·糸状菌の治療薬》. 〖(1879) ← UNDEC-＋-YL＋-EN(E)＋-IC[1]〗

ùn·déd·i·càt·ed /-ṭɪ̀d | -tɪ̀d/ *adj.* **1** 〈教会が〉(守護聖人に)奉献し(てい)ない. **2** 〈著書など〉献呈し(てい)ない. 〖1661〗

un·dée /ʌ́ndeɪ/ *adj.* 〖紋章〗＝undé. 〖1513〗

ùn·déed·ed /-dɪ̀d | -dɪ̀d/ *adj.* 《Shak》何一つしていない. 〖1606〗

ùn·de·fáced *adj.* 〈表面が〉摩滅し(てい)ない, 形がくずれ(てい)ない. 〖?*a*1400〗

ùn·de·féat·a·ble *adj.* 打ち破り得ない, 難攻不落の (invincible). 〖*a*1640〗

ùn·de·féat·ed /-ṭɪ̀d | -tɪ̀d/ *adj.* 打ち破られ(てい)ない, 負けたことのない, 不敗の. 〖1818〗

ùn·de·fénd·ed *adj.* **1** 防備のない (defenseless): an ～ town 無防備都市. **2** (弁論·弁解などによって)守られ(てい)ない, 擁護[弁護]され(てい)ない: an ～ act, measure, etc. **3** 弁護人のない: an ～ prisoner. **4** 抗弁のない: an ～ charge, action at law, etc. 〖1399〗

ùn·de·fíled *adj.* 汚され(てい)ない; 汚れのない, 清い, 純潔な, 純粋な (unpolluted, pure). 〖?*c*1380〗

ùn·de·fín·a·ble *adj.* ＝indefinable. 〖1694〗

ùn·de·fíned *adj.* **1** 不確定の, はっきりし(てい)ない, 漠然とした (indefinite, vague). **2** 定義を下され(てい)ない: an ～ term, concept, etc. 〖1611〗

ùn·de·fórmed *adj.* 不具[奇形]でない. 〖1672–73〗

ùn·dé·i·fỳ *vt.* 神でなくする, 神として祭る[あがめる]ことをやめる. 〖1637〗

ùn·de·láyed *adj.* 遅れ(てい)ない, 即座の (immediate). 〖1439〗

ùn·dél·e·gàt·ed *adj.* 代表に任命され(てい)ない, 代表派遣でない; 委託[委任]され(てい)ない. 〖1790〗

ùn·de·léte *n.* 〖電算〗削除データ復活機能[キー], アンディリート. — *vt.* 〈削除したデータを〉復活させる.

ùn·de·lív·er·a·ble *adj.* 〈手紙など〉配達できない. 〖1843〗

ùn·de·lív·ered *adj.* **1** 釈放[放免]され(てい)ない: an ～ prisoner. **2** 引き渡され(てい)ない, 配達され(てい)ない, 未配達の: ～ messages, letters, parcels, etc. **3** 口に出さない, 述べ(てい)ない: an ～ speech. 〖1472–73〗

ùn·de·mánd·ing *adj.* **1** 要求しない, 求めない: ～ advice. **2** 〈仕事など〉厳しくない. 〖1940〗

un·dem·o·crat·ic /ʌ̀ndɛ̀məkrǽṭɪk | -tɪk˞/ *adj.* 非民主的な, 民主的でない: denounce the decree as ～ 法令を非民主的だと非難する / It was ～ of the chairman not to have called for a vote. 投票に付さなかったのは議長としては民主的でなかった. **ùn·dèm·o·crát·i·cal·ly** *adv.* 〖1839〗

ùn·de·món·stra·ble *adj.* 論証[証明]できない, 証明不能の. **ùn·de·món·stra·bly** *adv.* 〖1594〗

ùn·dém·on·stràt·ed /-ṭɪ̀d | -tɪ̀d/ *adj.* 論証[証明]され(てい)ない: ～ faith. 〖1648〗

ùn·de·món·stra·tive *adj.* 感情[特に愛情]を外部に表さない, 慎み深い, 内気な (reserved). **～·ly** *adv.* **～·ness** *n.* 〖1846〗

un·de·ni·a·ble /ʌ̀ndɪnáɪəbl˞/ *adj.* **1** 否定できない, 打ち消し難い, 争われない (undisputable): ～ evidence 動かぬ証拠. **2** 申し分のない, 文句のつけようのない, すばらしい: an ～ masterpiece 非の打ちどころのない傑作. **3** 間違いのない, まぎれもない (unmistakable): an ～ Korean. **～·ness** *n.* 〖1547〗

ùn·de·ní·a·bly *adv.* 明白に; 間違いなく, まぎれもなく. 〖1646〗

ùn·de·níed *adj.* 否定され(てい)ない, 打ち消され(てい)ない; 反論され(てい)ない. 〖1621〗

ùn·de·nòm·i·ná·tion·al *adj.* 特定の宗派の教義に拘束され[属さ]ない, 宗派を越えた, 非宗派的な: an ～ school, service, etc. **～·ly** *adv.* 〖1871〗

ùn·de·nóunced *adj.* **1** 非難を受けない, 論難され(てい)ない; 告発され(てい)ない. **2** 〈条約など〉正式に廃棄され(てい)ない. 〖1837〗

ùn·dént·ed /-ṭɪ̀d | -tɪ̀d˞/ *adj.* へこみのない[できていない]〈車など〉.

ùn·de·pénd·a·ble *adj.* 頼りにならない, 頼み難い, 信頼できない (untrustworthy). **～·ness** *n.* **ùn·de·pénd·a·bly** *adv.* 〖1860〗

ùn·de·plóred *adj.* 悲しまれ(てい)ない, 嘆かれ(てい)ない, 哀悼され(てい)ない. 〖*c*1611〗

ùn·de·pósed *adj.* 廃され(てい)ない, 退けられ(てい)ない. 〖1624〗

ùn·de·práved *adj.* 堕落し(てい)ない, (道徳的に)腐敗し(てい)ない. 〖1646–47〗

ùn·de·pré·ci·àt·ed /-ṭɪ̀d | -tɪ̀d/ *adj.* **1** 価値を減じない: ～ currency. **2** けなされ(てい)ない, 〈名声など〉落ちない: an ～ reputation. 〖1818〗

ùn·de·préssed *adj.* **1** 低下し(てい)ない. **2** 力を落とさない, 意気消沈し(てい)ない: be ～ by one's losses 損害にもめげない. 〖1697〗

ùn·de·prívéd *adj.* 奪われ(てい)ない, 剝奪され(てい)ない. 〖1564〗

un·der /ʌ́ndə | -də(r)/ *prep.* **1 a** [位置] …の下に (below), のふもとに (↔ over): ～ a blanket [cover] / ～ a hot sun 熱い太陽の下に / ⇨ *under the* SUN[1] / lie down ～ a tree 木の下に横たわる / strike a person ～ the left eye 人の左の目の下を打つ / look at something ～ a microscope 顕微鏡で何かを見る / a village nestling ～ a hill 丘のふもとにあるこぢんまりとした村 / a round merry face ～ frizzy black hair 縮れた黒髪に覆われた丸い陽気な顔 / a vessel ～ Spanish colors スペインの旗を掲げた船 / a ship ～ sail 帆を張った船 / He was the greatest rascal ～ the canopy of heaven. 彼はこの世で一番の悪党だった / They live ～ the equator. 赤道直下に住んでいる / He was born ～ a lucky [an unlucky] star. 幸運[不運]な星の下に生まれた / It was wet ～ foot. 足下は湿っていた / The ship sank ～ him. 彼の乗っていた船が沈んだ / He had his horse shot from ～ him. 乗っていた馬を撃たれた / He carried a box ～ his arm. 箱を小脇にかかえていた. **b** …に覆われて, …の真下に, 〈島など〉の陰に (cf. below 2): ～ the bridge 橋の下に / ～ the ground 地下に / a green expanse ～ trees 木陰に覆われた草原 / ～ a wall 塀の下に, 塀の陰に身を避けて / ～ water 水に没して, 浸水して / ～ the waves 波をかぶって / ～ the sod 草葉の陰で / They were living ～ the same roof. 彼らは一つ屋根の下に住んでいた / The ship anchored ～ a small island. 船は小島の陰に停泊した. **c** [運動の動詞と共に] …の下へ: Chance led him (to) ～ an apple tree. たまたま彼はりんごの木の下へ行った / The sailors went (down) ～ the hatches. 水夫たちは甲板の下へ降りて行った. **d** 〈作物〉を植えつけてある: He has a few acres ～ wheat [clover]. 数エーカーの土地に小麦[クローバー]を植えている.
2 …の中に, の内側に (within, below, behind): ～ the bark 樹皮の内側に / ～ the skin 皮下に / ～ separate cover 別の封筒に入れて, 別便で / She hid her face ～ the bedclothes. ふとんの中に顔を隠した.
3 〈重荷など〉を負って; 〈印象など〉を受けて: We cannot march ～ such a load. そんな重荷を負って前進することはできない / ～ the pressure of …の圧力を受けて / ～ the burden of sorrow [care, debts] 悲しみ[心配, 負債]の重荷を負って / I am ～ the impression *that* he is still in his fifties. 彼はまだ 50 代だと思う / ～ a delusion 思い違いをして / I was ～ a misapprehension. 私は誤解していた.
4 a 〈手術·試練·拷問·刑罰など〉を受けて, …にゆだねられて (subjected to): ～ the (surgeon's) knife [torture, etc.] 手術[拷問, など]を受けている / ～ sentence of death, ten years' penal servitude, etc. / ～ chloroform クロロホルム麻酔で / groan ～ tyranny 圧制下に呻吟(しんぎん)する / ⇨ *under* PAIN *of* …. **b** 〈考慮·審査·注目など〉を受けて, …中(ちゅう)で[の]: the road ～ repair 修理中の道路 / the bill now ～ discussion 審議中の法案 / land ～ cultivation [tillage, the plow] 耕地 / His house is ～ construction. 彼の家は建築中だ / The question is ～ examination. その問題は調査中だ / The matter is ～ review. その件は検討中だ / It fell ～ my observation.＝It came ～ my notice. それが私の目にとまった.
5 〈…の支配·監督·影響·保護など〉のもとに, …下に, …を受けて: ～ the authority of the law, foreign influence, etc. / ～ a person's guidance [editorship] 人の指導[監修]の下に / ～ the auspices of …の援助[主催]によって / ～ the paternal roof 親の家に / ～ the reign of Louis XIV ルイ十四世の治世中に / England ～ the Stuarts スチュアート王家治下の英国 / serve ～ (the command of) Wellington ウェリントン公に仕える / study ～ Dr. Brown ブラウン博士に師事する / the class ～ us 我々の支配する階級 (cf. the class below us 我々より下の階級) / He has six men ～ him. 彼には部下が 6 人いる / I have been ～ a doctor's care [《英口語》the doctor] for a week. 1 週間前から医者にかかっている / National parks come ～ (the jurisdiction of) the Department of the Interior. 国立公園は内務省の管轄下にある.
6 a 〈法令·規則など〉に従って, によって (in virtue of, according to): ～ the terms of a contract [an agreement, a will] 契約[協定, 遺言書]の条項に従って / illegal ～ Japanese law 日本の法律では違法 / I raise the objection ～ Article 5 of the Constitution. 私は憲法第 5 条によってこの異議を申し立てる. **b** 〈署名·捺印(なついん)など〉の保証の下に: a bond ～ one's hand and seal 自分で署名捺印した証書.
7 〈制約·監禁·義務〉の下(もと)に, …に制せられて (bound by): ～ orders 指図を受けている / ～ a vow of secrecy 秘密厳守を誓って / give evidence ～ oath 宣誓して証言を行う / The lunatic was put ～ restraint. その精神異常者は監禁された / He was ～ an obligation to go. 彼は行く約束をしていた.
8 〈種類·分類など〉に属する (included in), …の項目下で: Spiders, scorpions, and harvestmen are dealt with ～ (the heading of) Arachnida. クモ·サソリ·メクラグモなどはクモガタ綱(の項)で取り扱われる / The rest come ～ this class. 残りはこの部類に入る / It is explained ～ 'House.' それは「家」の項目で説明されている / The item can be classified ～ 'music.' その項目は「音楽」の項目に分類できる.
9 …の形をとって; 〈偽名など〉に隠れて: ～ the form of a larva 幼虫の形で / ～ a false [an assumed] name 偽名を用いて / ～ the pretense of collecting for charity 慈善募金の美名のもとに / ～ the mask of friendship 友情の仮面をかぶって / ～ an incognito 微行で, お忍びで / He was known ～ [by] the name of Lord Haw-haw. 彼はホーホー卿という名で知られていた.
10 〈事情·条件·状態〉の下(もと)に (cf. in): ～ such conditions こういう状態の下に / ～ these circumstances こういう事情なので / ～ this reading この読みでは.
11 (地位が)…に劣る, …より下級の (inferior to, below): officers ～ the rank of colonel 大佐以下の将校 / She'll never marry anyone ～ a baronet. 准男爵以下の人とは結婚しない.
12 (年齢·時間·価格·標準·数量などが)…以下の, …未満の (less than, below): all children ～ 10 years old [years of age] 10 歳未満のすべての子供 / You cannot reach the place in ～ two hours. 2 時間以内にはそこへ着けない / every ship (of) ～ 100 tons 100 トン未満のすべての船 / 20 degrees ～ the freezing point 氷点下 20 度 / sell ～ $100 100 ドル以下で売る / *Under* 50 people were there. そこには 50 人足らずの人がいた / ～ 100 acres in area 面積 100 エーカー以内で / ～ age 丁年未満で, 未成年で.
13 〖トランプ〗…の下手(しもて)に, …の次に.
— *adv.* **1** 下に: A cloth should be spread ～. 下に布切れを敷かなければならない / reach a fence and wiggle ～ 柵のところに来て, 下をくぐり抜ける / The number is made up as ～ [below, follows]. その数の内訳は次の通り. **2 a** 表面下に, 沈んで: The sun went ～ soon. 太陽は間もなく沈んだ. **b** 水面下に, 水中に (under water): He stayed ～ for two minutes. 2 分間水に潜っていた. **3** (ある数量·大きさなどに対して)それ以下で (less): All the children were ten years old and ～. すべての子供たちは 10 歳およびそれ以下だった / five dollars or ～ 5 ドルまたはそれ以下. **4** 服従して, 支配されて: bring [get] the fire ～ 火事を消す. **5** 圧倒されて, 敗北して; 意識を失って (anesthetized): The party was snowed ～ in the election. その党はその選挙で大敗を喫した / Ether put him ～. 彼はエーテルをかいで意識を失った. **6** [前置詞の目的語として名詞的に]: from ～ 下から / Come out from ～ there at once. すぐにその下から出てこい.
dòwn únder ⇨ down under.
— *adj.* [限定的] **1 a** 下の, 下部の (lower) (cf. upper): the ～ jaw [lip] 下あご[唇] / ～ layers 下層. **b** 下方に向いた. **2** 従属の, 次位の (subordinate): an ～ cook 料理人の助手. **3** 劣っている (inferior), (…より)以下の: It is better to begin with an ～ dose than an over dose. 薬は定量以上より定量以下から飲み始める方がよい.
〖prep. & adv.: OE ～ 'under, among' < Gmc *unðer (Du. *onder* / G *unter*) < IE *n̥dher- under (L *inferus* lower & *īnfrā* below). — adj.: (*a*1325) ← (adv.)〗

un·der- /ʌ̀ndə, ⌐⌐ | ʌ̀ndə(r), ⌐⌐/ under の意味を表す複合語形成要素 (↔ over-): **1** 動詞および名詞に付いて「下の[に], 下方の[に]」の意: *under*lay, *under*line, *under*shirt. **2** 動詞に付いて「下から」の意: *under*mine, *under*prop. **3** 動詞およびその派生語に付いて「(程度·量·形などが)標準以下の, 不完全に, 不十分に」の意: *under*developed, *under*sized, *under*state(ment), *under*feed. **4** 名詞に付いて「劣る, 下位の, 従属の」の意: *under*graduate, *under*agent. 〖↑〗

ùnder·achíeve *vi.* **1** 自分の能力を充分に発揮しきれない. **2** 知能テストの成績から期待される水準よりも低い学業成績を収める. **ùnder·achíevement** *n.* 成績不振. 〖1954〗

ùnder·achíever *n.* 知能テストの成績から期待される水準以下の学業成績の学生, 成績不良生. 〖1952〗

ùnder·áct *vt.* **1** 十分な熱をもって演じない, …の演じ方が足らない; 役負けして演じる (underplay) (cf. overact).

U

2 (ことさらに)控え目に演じる. — *vi.* 控え目な演じ方をする. 〖*a*1623〗

ùnder·áction *n.* **1** 劇の本筋に不随した脇筋; エピソード (episode). **2** 普通以下の働き, 不十分な働き. 〖1697〗

ùnder·áctive *adj.* 異常に不活発な.

ùnder·actívity *n.* 低水準の活動.

ùnder·áge¹ *adj.* 必要な年齢に達しない, 未成熟の (immature); (特に)法定の年齢に達しない, 未成年の. 〖(1594) ← UNDER (prep.)+AGE (n.)〗

un·der·age² /ʌ́ndərɪdʒ/ *n.* 不足 (shortage). 〖(1613–18) ← UNDER (adv.)+-AGE〗

ùnder·àgent *n.* 下代理人, 副代理人. 〖1677〗

ùnder·appréciated *adj.* 正しく評価[判断]され(てい)ない, 低く評価された. 〖1968〗

un·der·arm /ʌ́ndəɑ̀əm | -də(r)ɑ̀ːm/ *adj.* **1** 腕[腋(わき)]の下の(ための): an ~ handbag. **2** 下手(したて)の, 下手投げの (underhand): an ~ pass in basketball. — /⌐–⌐/ *adv.* 下手で, 下手投げで (underhand). — /⌐–⌐/ *n.* **1** 腋の下, 腋窩(えきか) (armpit). **2** (衣服の)腕の下(からウエストラインまで)の部分. — /⌐–⌐/ *vt.* 下手投げをする, 下手から投げる. 〖1816〗

ùnder·ármed *adj.* 十分な武装をし(てい)ない, 武器が不足している, 武装不十分な.

ùnder·báke *vt.* 〈パンなどを〉生焼きにする; (太陽で)〈皮膚を〉小麦色に焼く.

únder·bèlly *n.* **1** (動物の)下腹部. **2** 下部, 下面. **3** 防御手薄な重要地点, 無防備の要地; 一番の弱点: the soft ~ of Europe. 〖1607〗

ùnder·bíd *vt.* (**under·bid; -bid·ding**) **1** 〈競争入札者〉より安値をつける, より安く入札する. **2** 〘トランプ〙(ブリッジで, 自分の手に対し)控え目に(実際取れる組 (trick) 数より少な目に)ビッド (bid) する (↔ overbid). — *vi.* 低目にビッドする. — *n.* **1** より安い入札. **2** 〘トランプ〙(ブリッジで)控え目なビッド, 内輪な組数の宣言. 〖1593〗

ùnder·bídder *n.* **1** 安価入札人, (商品の)安価提供者. **2** (せり売りで)入札に敗れた人, 次位入札者. 〖1883〗

únder·bìte *n.* アンダーバイト《下顎の過剰発育を俗にいう》. 〖1976〗

únder·blànket *n.* (ベッドの)シーツの下に敷く毛布《特に電気毛布》. 〖(1746) 1819〗

únder·bòdice *n.* (ブラウスなどの下に着る婦人用の)胴衣, 胴着. 〖1890–95〗

únder·bòdy *n.* **1** (動物の背部に対して)腹部 (underparts). **2** 船体の水面下の部分. **3** (車・飛行機の)下部, 下面. 〖1621〗

ùnder·bráced *adj.* **1** (伸張具などで)下から補強した: ~ table legs. **2** 十分支え[しんばり]を入れていない: an ~ truss. 〖1791〗

ùnder·bréd *adj.* **1** 礼儀作法をわきまえない, しつけのない, 育ちの悪い, 下品な (ill-bred, vulgar). **2** 〈馬・犬など〉純種でない, 劣等の: an ~ dog. **ùnder·bréed·ing** *n.* 〖1650〗

únder·brìdge *n.* アンダーブリッジ《鉄道・道路の下を横切る橋》. 〖1828〗

únder·brìm *n.* 帽子のつばの裏面に用いる布. 〖1908〗

únder·brùsh 《米・カナダ》 *n.* **1** 下生え, やぶ (undergrowth). **2** 邪魔なかたまり. — *vt.* …の下生えを刈る. — *vi.* 下生えを刈る. 〖1775〗

ùnder·búdgeted *adj.* 十分な予算を提供され(てい)ない. 〖1965〗

ùnder·búy *v.* (**under·bought**) — *vt.* **1** 定価[言い値]より安く買う. **2** 〈競争相手〉より安く買う. **3** 必要量より少なく買う. — *vi.* 必要量以下の買物をする, 十分に買わない. 〖*a*1614〗

ùnder·cápitalize *vt.* 〈企業〉に資本を十分に供給しない. **ùnder·capitalizátion** *n.* 〖1962〗

ùnder·cápitalized *adj.* (有効な操業には)資本不足の. 〖1967〗

únder·càrd *n.* (ボクシングなどで)メーンイベント以外の試合; 前座.

únder·càrriage *n.* **1** (自動車などの)車台. **2** (飛行機の)降着装置 (landing gear). 〖1794–96〗

únder·càrt *n.* 《英口語》=undercarriage 2. 〖1934〗

únder·càst *n.* **1** 飛行機の下に広がる雲. **2** 〘鉱山〙(鉱道・鉱床の下を通る)通風道. 〖1883〗

ùnder·cháracterize *vt.* 〈小説・劇など〉の登場人物の肉付けが不足している; 〈音楽〉の主題を十分展開させない: The novel is ~*d*. その小説は登場人物が十分肉付けができていない. **ùnder·characterizátion** *n.* 〖1960〗

ùnder·chárge *vt.* **1** 〈人など〉に相当代価以下の金額を請求する; 〈ある金額を〉相当代価以下に請求する: an ~*d* account 実額以下の勘定書 / ~ a person *for* the books sent 発送した書籍に対して(誤って)実際以下の金を請求する. **2 a** 〈銃砲〉に十分に装薬しない: ~ a gun. **b** 〈蓄電池〉に十分充電しない. — /⌐–⌐/ *n.* 相当以下の請求; 不十分な装薬[充電]. 〖1633〗

un·der·class¹ /ʌ́ndəklæ̀s | -dəklɑ̀ːs/ *n.* 下層階級, 低所得者階級 (lower class): the inner-city ~ 都心部の下層階級 / economic exploitation of an ~ 下層階級の経済的搾取. 〖(なぞり)? ← Swed. *underklass*〗 〖1918〗

únder·clàss² *adj.* 下級生の. 〖(逆成) ← UNDERCLASSMAN〗

ùnder·cláss·man /-mən/ *n.* (*pl.* **-men** /-mən, -mèn/) 《米》(大学・高等学校の)下級生《1年生 (freshman) または2年生 (sophomore); cf. upperclassman》. 〖(1871) ← UNDER-+CLASS+MAN¹〗

únder·clày *n.* 〘鉱山〙炭層下の粘土床. 〖1661〗

únder·clèrk *n.* 事務官補; 見習い店員[社員]. 〖1393〗

únder·clérk·shìp *n.* underclerk の職[資格, 任期].

únder·clìff *n.* 〘地質〙副崖(ふくがい)《地すべりまたは墜落した岩石などから生じた二次的な崖(がけ)または段差》. 〖1781〗

únder·clìng *n.* 〘登山〙アンダークリング《岩壁の下の方に向いたハンドホールド; このホールドに手を掛けてぐっと持ち上げるか引きつけるようにし, 足は手と反対方向に突っ張ることによって体勢を保持する》. — *vi.* アンダークリングを使って登る.

ùnder·clóthed *adj.* 薄着の. 〖1890〗

únder·clòthes *n. pl.* 下着, 肌着 (underwear). 〖1835〗

únder·clòthing *n.* =underwear. 〖1835〗

ùnder·clúb *vi.* 〘ゴルフ〙(距離に対して)力の足りないクラブを使う. 〖1900〗

únder·còat *n.* **1** アンダーコート, 下外套. **2** (鳥獣の)下毛 (underfur): a dog's ~. **3** 《米》(自動車などに用いる)タール状のさび止め下塗り; その塗料 (underseal). **4** 《方言》=petticoat. — *vt.* 〈自動車など〉にさび止め下塗りをする. 〖1648〗

únder·còating *n.* 《米》=undercoat 3. 〖1922〗

ùnder·cólored *adj.* 着色不足の; 色のよくない. 〖1777〗

ùnder·consúmption *n.* 〘経済〙過少消費. 〖1895〗

ùnder·cóok *vt.* 十分に加熱調理しない, 生煮え[生焼け]にする. **ùnder·cóoked** *adj.*

ùnder·cóol *vt.* **1** 〘化学〙 **a** 十分に冷却しない. **b** 過冷却する (supercool). **2** 〘冶金〙…に過冷を起こさせる. 〖1902〗

ùnder·cóunt *vt.* 実際より少なく数える. — /⌐–⌐/ *n.* 実際より少なく数えること. 〖1955〗

un·der·cov·er /ʌ̀ndəkʌ́və | -dəkʌ́və(r)/ *adj.* [限定的] 秘密で行われている, こっそりなされた, 秘密の (secret); (特に)諜報[スパイ]活動に従事している: an ~ agent スパイ / an ~ scheme 秘密の計画. — *adv.* こっそり, スパイとして: work ~ スパイとして働く. 〖1854〗

úndercòver mán *n.* (容疑者と行動を共にして不法事実をつかむ)諜報員, おとり捜査員; 産業スパイ. 〖1920〗

ùnder·crést *vt.* 《Shak》(紋章で王冠の下に置かれた盾のように)支える, 値するように努める. 〖1607〗

únder·cròft /-krɔ̀(ː)ft, -krɑ̀(ː)ft | -krɔ̀ft/ *n.* 地下室; (特に, 教会などの)アーチ型天井 (vault) をもつ地下室 (crypt). 〖(1395) ← UNDER-+《廃》*croft* vault (□ L *crupta, crypta*: ⇨ crypt)〗

únder·cròssing *n.* =underpass 2. 〖← UNDER-+CROSSING〗

únder·cùp *n.* (ブラジャーなどの)カップの下半分. 〖1945〗

un·der·cur·rent /ʌ́ndəkə̀ːrənt | -dəkʌ̀r-/ *n.* **1** (表面に現れない感情・意見などの)底流, 暗流 (underflow): There was a vague ~ of constraint between them. 二人の間には漠然とした気兼ねがあった. **2** (上層の水流・気流の下を流れる)暗流, 底流, 暗潮, 下層流, 潜流. **3** 〘電気〙不足電流. **4** [*pl.*] 〘鉱山〙(細かい金の粒子を含む水を流して金を沈澱させるのに用いる)幅の広い樋(とい)[ふるい]. — *adj.* 底を流れる, 底流の; 隠れた, 秘密の. 〖1683〗

un·der·cut /ʌ̀ndəkʌ́t | -də-/ *v.* (~; **-cut·ting**) — *vt.* **1** 〈価格を〉(競争者より)下げる; 〈競争者〉よりも低賃金で働く[安く売る]: ~ prices 値段を(競争者より)下げる / ~ a rival 商売相手より安売りする. **2** …の地位[効力, 衝撃など]を弱める[なくす]: ~ an argument with wit 議論を機知で和らげる. **3** …の下を[を下から]切り取る[切り落とす]; 〈彫刻など〉の下をくり抜く; (海水などが侵蝕で下側を)えぐりとる: ~ a stratum of rock 岩石層の下をえぐる / a molding deeply ~ 深くくり抜いた塑造物. **4** 《米》(伐採木)の根元に斜めに切り込みを入れる, 受口を入れる (cf. *n.* 3). **5** 〘ゴルフ〙(遠くへ飛ばないように)〈ボールを〉上向きに打ち上げる. **6** 〘テニス〙アンダーハンドで〈ボールを〉カットする. — *vi.* **1** 下をくり抜く. **2** 価格を競争者より下げる. **3** 〘ゴルフ〙ボールを上向きに打ち上げる. **4** 〘テニス〙ボールをアンダーハンドでカットする. — *adj.* 下を切った, 下をくり抜いた.
— /⌐–⌐/ *n.* **1** 下を切り取る[くり抜く]こと; 下から切り取った[くり抜いた]部分. **2** 《英》=a beef tenderloin 1. **3** 《米・カナダ》(伐採される木の倒れる方向を定めまたはそれが裂けるのを防ぐために)木に切り付ける刻み目, 切込み, 受口. **4** 〘ゴルフ〙アンダーカット (backspin). **5** 〘ボクシング〙アンダーカット《下手(したて)からの打上げ打撃》. **6** 〘テニス〙アンダーカット. **7** 〘歯科〙アンダーカット, 添窩(てんか). 〖*c*1384〗

únder·cút·ting /-tɪŋ | -tɪŋ/ *n.* 〘鉱山〙下すかし《鉱体の下部に切り溝を入れて, 鉱石の自重で崩落させたり, 発破を効きやすくするために行われる》. 〖1613–39〗

únder·dàmping *n.* 〘物理〙不足減衰《系のエネルギー散逸が critical damping の場合よりも小さく, 振動しながら減衰すること》. 〖1952〗

únder·dèck tónnage *n.* 〘海事〙(上)甲板下トン数《何層も甲板がある時は上甲板を測度甲板というが, この甲板下の船内容積を表したトン数; これと上甲板上の所定構造物の積量を加えると総トン数になる》.

ùnder·determinátion *n.* 〘哲学〙決定不全性《経験によっては最終真理には到達できないとする説》.

ùnder·detérmine *vt.* [しばしば受身] 〈証拠・データなど〉が〈理論・現象を〉十分に決定[説明]しない; 不十分な証拠で説明する. 〖1966〗

ùnder·detérmined *adj.* 〘数学〙劣決定の《系を一意的に決定しない》.

ùnder·devélop *vt.* **1** 十分に発達[発展]させない. **2** 〈フィルム・乾板を〉現像不足にする: ~ film. — *vi.* 低開発の状態である[になる]. 〖*a*1968〗

un·der·de·vel·oped /ʌ̀ndədɪvéləpt | -də-⌐/ *adj.* **1** 〈国・地域など〉十分に開発されていない, 低開発の: ~ areas / an ~ country [nation] 低開発国 (cf. DEVELOPING country). **2** 発育不全の, 発達不十分の: an ~ child, mind, etc. **3** 〘写真〙現像不足の: an ~ negative. 〖1892〗

ùnder·devélopment *n.* **1** 低開発. **2** 発育不全, 未発達. **3** 〘写真〙現像不足. 〖1891〗

ùnder·dó *v.* (**under·did; -done**) — *vt.* **1** 普通[必要, 能力]以下にする, 十分にしない. **2** 《英》〈肉などを〉生焼けに焼く, 生煮えに煮る (cf. overdo 3). — *vi.* 《廃》普通以下にする, 十分にしない. 〖1611〗

un·der·dog /ʌ́ndədɔ̀(ː)g, -dɑ̀(ː)g | -dədɔ̀g/ *n.* **1** (競争などに)負けた[負けそうな]方, 敗者 (↔ top dog) 《闘犬での負け犬から》: an ~ candidate 落選した候補者 / root for the ~ 勝ち目のないほうを応援する. **2** 生存競争の劣敗者, 敗残者. **3** 社会不正[迫害, 貧困など]の犠牲者: help the ~ in society 世の中の虐げられている人を救済する. 〖1887〗

ùnder·dóne *adj.* **1** 〈食物が〉生煮えの. **2** 〈ステーキなど〉生焼けの, 半焼けの (rare) (cf. well-done). 〖1683〗

ùnder·dóse *vt.* …に十分な量を服薬させない: ~ a patient / ~ oneself 十分服薬しない. — /⌐–⌐/ *n.* 不十分な服薬量. 〖1740〗

únder·dràft *n.* 〘金属加工〙下そり《上ロールの回転が下ロールよりも早いため, 圧延されたものが下向きに湾曲する現象; cf. overdraft 4》.

ùnder·dráin *vt.* …に暗渠(あんきょ)で排水する: ~ a meadow. — /⌐–⌐/ *n.* 暗渠. 〖1805〗

únder·dràinage *n.* (農地の)暗渠排水. 〖1810〗

ùnder·dráw *vt.* (**under·drew; -drawn**) **1** =underline 1. **2** 不十分に描く[描写する]. **3** 〘建築〙〈屋根・天井〉に下張りをする. **4** (預金に残額を残して)金をおろす. 〖1799〗

únder·dràwers /-drɔ̀əz | -drɔ̀ːz/ *n. pl.* ズボン下, パンツ (underpants). 〖1894〗

únder·dràwing *n.* (色を塗る前の)下絵. 〖1934〗

ùnder·dréss¹ *vi.* (場所柄に対して)簡単過ぎる[略式過ぎる]服装をする. **~ed** *adj.* 〖1908〗

únder·drèss² *n.* アンダードレス《ドレスやスカートの下に着るように組み合わせて作られたもの; 特に, オーバースカートの下に見える飾りのついたペチコート》. 〖1785〗

ùnder·éducated *adj.* 教育の不十分な, 教育不足の. 〖1856〗

ùnder·educátion *n.* 教育の不十分な状態, 教育不足.

ùnder·émphasis *n.* 強調不足. 〖1964〗

ùnder·émphasize *vt.* …の強調が足りない; 〈色・音・形など〉の調子を十分に強めない. 〖1967〗

ùnder·emplóyed *adj.* **1** 不完全就業の. **2** (熟練作業能力があるのに)熟練度や賃金の低い仕事に従事している: the ~ 不完全就業者. 〖1908〗

ùnder·emplóyment *n.* **1** 熟練労働者が熟練度や賃金の低い仕事に従事すること. **2** 〘労働〙不完全就業《就業していても仕事の量が操業短縮などのため不十分で, 賃金が生計を支えるには不十分な場合をいう; cf. full employment, unemployment》. 〖1909〗

ùnder·equípped *adj.* 十分に装備されていない, 装備不足の.

un·der·es·ti·mate /ʌ̀ndəréstəmèɪt | -tɪ-/ *vt.* **1** 安く見積る[値踏みする], 低く評価する, 過小評価する (undervalue, underrate): ~ the cost コストを安く見積る / Don't ~ his ability. 彼の能力を過小評価してはいけない. **2** 軽く見過ぎる, 見くびる: ~ the unemployment problem 失業問題を軽視する. **3** (実際の大きさ・量・数より)少な目に見積る.
— /-mɪ̀t, -mèɪt/ *n.* 安い見積り, 低い評価; 見くびり. 〖1812〗

U

ùnder·estimátion *n.* =underestimate. 〖1891〗

ùnder·explóited *adj.* 十分に活用されていない.

ùnder·expóse *vt.* **1** 十分にさらさない. **2** 〘写真〙〈フィルムを〉露出[露光]を足りなくする, 露出[露光]不足にする. 〖1890〗

ùnder·expósure *n.* 〘写真〙露出[光]不足. 〖1873〗

ùnder·féd *adj.* 食物不十分の, 栄養不良の. 〖1835〗

ùnder·féed¹ *vt.* (**under·fed**) 十分に食物を与えない. 〖1659: ⇨ under- 3〗

ùnder·féed² *vt.* (**under·fed**) 〈炉など〉に下部から燃料を供給する. 〖1904: ⇨ under- 2〗

únder·fèlt *n.* カーペットの下に敷く厚いフェルト地. 〖1895〗

ùnder·fínanced *adj.* 融資の不十分な, 十分資金の供給を受け(てい)ない. 〖1922〗

ùnder·fíred *adj.* **1** 〈陶器など〉焼きが足りない. **2** 下から燃される. 〖1890〗

únder-fíves *n. pl.* [通例 the ~] 《英》(特に未就学の)5歳未満の幼児.

únder·flòor *adj.* 〈暖房が〉床下式の. 〖1899〗

únder·flòw *n.* **1** =undercurrent. **2** 〘電算〙下位けたあふれ《有効けた数の最下位でけたあふれが生ずること》. 〖1854〗

ùnder·fóot *adv.* **1** 足の下に[は], 足もとに, 地面に (underneath); 地下に[で] (underground): It is very damp ~. 足の下はじめじめしている / weeds growing ~ 足もとの雑草 / A mole burrows its way ~. もぐらは地下に穴を掘って進む. **2** 踏みつけて, 足下にはいつくばらせて, (奴隷のように)卑しめて: He kept his subjects ~. 臣民たちを

足下にはいつくばらせた. **3** (歩行の)邪魔になって: get ~ 足手まといになる. ***trámple* [*crúsh*] *underfóot*** (1) …を踏みつぶす. (2) …を徹底的にやっつける[壊す], 踏みにじる. — *adj.* [限定的] **1** 足の下にある; 地上の. **2** 踏みにじられた, 軽蔑された, 卑屈な (abject, despised). **3** (歩くのに)邪魔になる: clear a path of ~ loose rocks 歩くのに邪魔になる石ころを小道から除く. 〖(?*a*1200): cf. MDu. *ondervoet*(*e*)〗

únder·fràme *n.* (車体の)台枠 (chassis). 〖1855〗

ùnder·fúnd *vt.* 資金[財源]を十分に与えない. 〖1967〗

ùnder·fúnd·ed *adj.* 資金[基金]不足の.

únder·fùr *n.* (アザラシ・ビーバーなど毛皮獣の長粗毛 (guard hair) の下にある柔らかな)下毛 (undercoat). 〖1892〗

únder·gàrment *n.* 下着, 肌着. 〖1530〗

ùnder·gírd *vt.* **1** …の下を巻く, …の下で縛る; 下でしっかり安定させる: ~ a load 荷の下でロープを縛る. **2** 支える (support), 補強する (strengthen): ~ moral principles. 〖1526〗

únder·glàze 〘窯業〙 *adj.* **1** 〈下絵付けなど〉釉(ゆう)をかける前に施された, 下絵付けの. **2** 下絵付けに向く, 下絵付け用の: ~ colors, pigments, etc. — *n.* 下絵具[図柄など] (cf. overglaze). 〖1879〗

un·der·go /ʌ̀ndəgóu | -dəgə́u/ *vt.* (**un·der·went** /-wént/; **-gone** /-gɔ́(ː)n, -gɑ́(ː)n | -gɔ́n/) **1** 受ける, 経験する, 経る (experience, be subjected to): repairs, modification, revaluation, etc. / ~ a rapid change 急激な変化を経る, 急激に変化する / ~ an examination [operation] 試験[手術]を受ける / ~ medical treatment [psychotherapy] 治療[精神療法]を受ける. **2** …に会う, こうむる (suffer); 耐える, 忍ぶ (endure): ~ trials, pain, danger, torture, torment, etc. **3** 《まれ》企てる (undertake). **~·er** *n.* 《まれ》〖lateOE *undergān*: ⇨ under (adv.), go[1]: cf. G *untergehen*〗

un·der·grad /ʌ́ndəgræ̀d | -də-/ *n.* 《口語》 =undergraduate. 〖(1827) 《略》↓〗

un·der·grad·u·ate /ʌ̀ndəgrǽdʒuɪt, -dʒuèɪt | -dəgrǽdʒu-, -dju-/ *n.* **1** (まだ学位を取っていない)大学生, (大学院生に対し)学部(在)学生 (cf. graduate, postgraduate). **2** 訓練のまだ終わっていない人, 見習い者 (novice). — *adj.* [限定的] **1** 学部(学生)の: an ~ student / an ~ course. **2** 大学生[学部学生]らしい. 〖1630〗

undergráduate·shìp *n.* undergraduate の身分[地位]. 〖1815〗

un·der·ground /ʌ̀ndəgráund | -də-/ *adv.* **1** 地下に[で]: flow ~ 地下に流れる / several miles ~ 地下数マイルのところに. **2** 秘密に, 陰で, 隠れて, こっそり: go ~ 地下に潜る[潜入する].

— /ˊ-ˋ-ˊ/ *adj.* **1** 地下の (↔ overground); 地下用の: an ~ room 地下室 / an ~ passage 地下通路 / an ~ nuclear test 地下核実験 / an ~ worker 地下で働く人. **2** 潜行的な, 地下の, 秘密の, 隠れた (secret, obscure, clandestine): ~ traffic in cocaine コカインの秘密取引 / an ~ intrigue 陰謀 / an ~ influence 地下の勢力 / an ~ movement 地下運動. **3** 反体制的な, アングラの《地下や, 公けでないところでつくられ発表される反体制的・前衛的芸術や出版物にいう; cf. aboveground 3》: the ~ press [newspapers] アングラ新聞 / an ~ church 反体制派教会 / ~ movies アングラ映画. **4** 地界に住む.

— /ˊ-ˋ-ˊ/ *n.* **1** 地下の空間[通路], 地下道; (天に対して)地界. **2** [通例 the ~] 《英》地下鉄 (tube, 《米》 subway): take *the* ~ to Wimbledon 地下鉄に乗ってウィンブルドンへ行く / travel by ~ [on *the* ~] 地下鉄で行く. **3** [通例 the ~] 地下組織《潜伏して政府または占領軍に反抗する弾圧された政党または徒党から成る秘密機関》; 地下運動 (the resistance): *the* French ~ in World War II. **4** アングラ集団[運動]. 〖1571〗

únderground ecónomy *n.* 《米》地下経済(活動)《納税申告漏れなどのために公式の統計に現われない経済活動》. 〖1978〗

únder·gròund·er *n.* **1** 地下で働く人; 地下鉄に乗る人. **2** 地下組織の党員, 地下運動者. 〖1882〗

úndergroud líne *n.* 〘電気〙地下線路, 地中線路《地下ケーブルによる電力または通信線路》. 〖1852〗

úndergroud mútton *n.* 《豪口語》[戯言的] ウサギの肉. 〖1946〗

úndergroud ráilroad *n.* **1** =underground railway 1. **2** [the ~; しばしば U- R-] 《米》地下鉄道《南北戦争以前奴隷を援助して北部地方およびカナダへ逃亡させることを目的とした反奴隷制協同地下組織; Underground Railway ともいう》. 〖1842〗

úndergroud ráilway *n.* **1** 地下鉄. ★《米》では主に subway という. **2** [the U- R-] =underground railroad 2. 〖1834–36〗

ùnder·grówn[1] *adj.* 発育[成長]不十分な, 伸び足りない (underdeveloped). 〖(*c*1387–95)〗

únder·grówn[2] *adj.* 下生えの生えた. 〖1895〗

un·der·growth /ʌ́ndəgròuθ | -dəgrəuθ/ *n.* **1** 下生え, 下木, やぶ (underbrush): clear the ~ 下ばえを刈る / make one's way through the ~ やぶの中を進む. **2** (毛皮の)下毛. **3** 発育[成長]不十分. 〖1600〗

ùnder·gúnned *adj.* 軍事力の不足した.

under·hand /ʌ́ndəhæ̀nd, ˊ-ˋ-ˊ | ʌ̀ndəhǽnd˝/ *adj.* **1 a** (クリケット・テニスなどで)下手(したて)の, 下手投げの, アンダーハンドの (underarm) (cf. overarm 1, overhand 2, round-arm): an ~ bowling, service, etc. / an ~ throw [delivery, pitching] 〘野球〙下手投げ (cf. OVERHAND throw). 日英比較 「アンダースロー」は和製英語. **b** (弓術で)的が弓を持つ手の下に見えるように構える. **2 a** 公明正大でない, 陰険な, こそこそした (sly): an ~ intrigue 陰謀. **b** 人目を避けてなされた, 秘密の, 内密の. — /ˊ-ˋ-ˊ/ *adv.* **1** 下手(投げ, 打ち)で: bowl ~ / serve ~. **2** 秘密に, 内密で (secretly); 不公正に, 陰険に (slyly) (cf. aboveboard). **3** 《古》静かに, 目立たずに (quietly). 〖(1545) ← UNDER-+HAND: cf. OE & ME *underhand* in subjection, in one's possession〗

ùnder·hánd·ed *adj.* **1** 秘密の, 不公正な (underhand, clandestine): do an ~ thing. **2** 人手の足りない, 手不足の (shorthanded). **3** =underhand 1. — *adv.* =underhand. **~·ly** *adv.* **~·ness** *n.* 〖1806〗

ùnder·húng *adj.* **1 a** 〈下あごが〉上あごよりも突き出た (undershot) (cf. prognathous). **b** 下あごの突き出た: an ~ face. **2** 〈引き戸など〉下受けの, 戸車で動く. **3** =underslung. 〖1683〗

únder·insùrance *n.* 〘保険〙一部保険《保険金額が保険価額より少ない保険》. 〖1893〗

ùnder·insúred *adj.* 〘保険〙保険の付け高が足らない. 〖1893〗

ùnder·invést *vi.* 十分に投資しない, 過少投資する.

ùnder·invéstment *n.* 過少投資, 投資不足.

ùn·deríved *adj.* **1** 他から由来したのでない, 独創の, 独自の (original), 根本的な: ~ power, authority, etc. **2** 根源までさかのぼらない, 起源[出所]のない. 〖*c*1630〗

únder·jàw *n.* 下あご (mandible). 〖1687〗

únder·kìll *n.* **1** 敵を撃破する能力の欠如. **2** 必要以下の戦力による攻撃 (cf. overkill). 〖1964〗

únder·king *n.* 副王. 〖OE *undercyning*: cf. G *Unterkönig*〗

ùnder·láid *v.* underlay の過去形・過去分詞. — *adj.* **1** 下に置かれた[横たわる]〔*with*〕: sand ~ *with* clay 粘土(層)の上にある砂(の層). **2** (補強などのために)〔…を〕下地[基盤]にしている〔*with*〕(cf. underlay *vt.* 1). 〖*a*1100〗

un·der·lain /ʌ̀ndəléɪn | -də-/ *v.* underlie の過去分詞.

ùnder·láp *v.* (**under·lapped; -lap·ping**) — *vt.* …の下にはみ出して重なる (cf. overlay[1]): One plank slightly ~*s* the other. 一枚の板が別の板の下に少々はみ出ている. — *vi.* 下にはみ出して重なる: an ~*ping* plank. 〖1867〗

un·der·lay[1] /ʌ̀ndəléɪ | -də-/ *v.* (**un·der·laid**) — *vt.* **1** …の下に〔…を〕敷く; (補強などのために)〔…の〕下地[基盤]にする, 下地を入れて高くする〔*with*〕: ~ the Pacific Ocean *with* a cable 太平洋にケーブルを敷設する / His theory is *underlaid with* patriotism. 彼の理論は愛国心を基盤にしている. **2** 〘印刷〙〈活字などに〉裏張りする, 下むらとりする: ~ a plate, block, etc. **3** 底を覆う. — *vi.* 〘鉱山〙〈鉱脈が〉(鉛直線から)傾斜する (hade). — /ˊ-ˋ-ˊ/ *n.* **1 a** 下に敷く物. **b** (じゅうたんなどの)下敷き《フェルトなど》. **c** =underlayment. **2** 底流, 暗流 (undercurrent). **3** 〘印刷〙下張り紙, 裏張り紙《組版などの高低をならすのに用いる紙片・ボール紙など; cf. overlay 5》. **4** 〘鉱山〙垂直傾斜《鉱脈の傾き; 鉛直線からの角度で表す》. 〖OE *underlecġan* (cf. Du. *onderleggen* / G *unterlegen*): ⇨ under-, lay[2]〗

un·der·lay[2] /ʌ̀ndəléɪ | -də-/ *vi.* underlie の過去形.

únder·làyer *n.* 下層 (substratum). 〖1896〗

ùnder·láyment *n.* (床と粧装タイルなどの間に敷く)中間層用材. 〖1956〗

únder·lèad /-lìːd/ *n.* 〘トランプ〙(ブリッジで)下打ち《高位の札を含むスーツ (suit) の中から低い札を出すこと》: opening ~*s* of aces エースの下からの打出し. 〖1934〗

únder·lèase *n.*, *vt.* 〘法律〙=sublease. 〖1702〗

ùnder·lét *vt.* (~; **-let·ting**) **1** 下値で貸す, 安く貸す. **2** 又貸しする (sublet). **ùnder·létter** *n.* 〖1677〗

ùnder·létting *n.* **1** (家屋・土地などの)廉価賃貸. **2** 又貸し. 〖1819〗

únder·lèver *n.* アンダーレバー《レバーアクション型ライフル銃の下面にあり, 引金のガードと一体になっている, 通例長円の輪の形をしたレバー; 押し下げると空薬莢(からやっきょう)が排出され, 戻すと装弾が行われる》. 〖1892〗

un·der·lie /ʌ̀ndəláɪ | -də-/ *vt.* (**under·lay** /-léɪ/; **-lain** /-léɪn/; **-ly·ing**) **1** 〈感情などが〉〈行為などの〉裏に隠れている, 原因となる; 〈主義などが〉〈政策・法規・行為などの〉土台を成す, 基礎となる (support): A faint note of bitterness *underlay* her words. 彼女の言葉の裏にはかすかなとげがあった / the principles which ~ our foreign policy 外交政策の底流をなす根本方針. **2** …の下にある, 下に横たわる: A rock which ~*s* another is, ordinarily, the older of the two. 重なっている岩床の下の方が通例古い方の岩床である / gravel *underlain* by clay 粘土の上になっている砂利. **3** 〘商業〙〈権利・担保などが〉…に優先する (cf. overlie 3): A first mortgage ~*s* a second. 第一抵当は第二抵当に優先する. **4** 〘言語〙〈派生語〉の語基[語根]となる: The form 'rock' ~*s* 'rocky.' 'rock' という形が 'rocky' の語根となっている. — *n.* 〘鉱山〙斜坑などに立てられる支柱の中心線と天盤面の法線とのなす角度 (underset ともいう). **ùn·der·lí·er** /-láɪə | -láɪə(r)/ *n.* 〖OE *underliċġan* (cf. Du. *onderliggen* / G *unterliegen*): ⇨ under-, lie[1]〗

únder·lìfe *n.* **1** 地下生物, 水面下の生物. **2** 知られざる生活. 〖1847〗

un·der·line /ʌ́ndəlàɪn, ˊ-ˋ-ˊ | ʌ̀ndəláɪn, ˊ-ˋ-ˊ/ *vt.* **1** 〈語など〉の下に線を引く, アンダーラインを引く, …に下線を施す. **2** 強める, 強調する (emphasize); …の重要性を明確にする: ~ the importance of cooperation 協力の重要性を強調する. **3** 〈劇・出版物などを〉(本広告の下部で)予告する (cf. *n.* 3): 'Carmen' is ~*d* for next month. カルメンが来月上演と予告されている. **4** 〈衣服に〉裏をつける. — /ˊ-ˋ-ˊ/ *n.* **1** 下線, アンダーライン: Words to be set in italics are indicated by a single ~. イタリックで組む語は一本下線で示してある. **2** =caption 1. **3** 芝居番付の下部に記した次の出しものの予告. **4** (動物の)下半身の外形《特に羊についていう》. 〖1721〗

únder·lìnen *n.* (リンネルの)肌着, シャツなど. 〖1862〗

un·der·ling /ʌ́ndəlɪŋ | -də-/ *n.* **1** [通例軽蔑的に] 下役, 小役, 下回り, 手下 (subordinate). **2** 《方言》発育不全の子孫. 〖(*c*1175): ⇨ under-, -ling[1]〗

únder·lìning *n.* **1** 衣服に合わせて切った裏地. **2** 下線(を引くこと). 〖1580〗

únder·lìp *n.* 下唇 (lower lip). 〖1669〗

ùnder·lít *adj.* 照度不足の, 薄暗い: an ~ room.

un·der·ly·ing /ʌ̀ndəláɪɪŋ, ˊ-ˋ-ˊ | ʌ̀ndəláɪɪŋ˝/ *adj.* **1** 基礎をなす, 根元的な (basic, fundamental): an ~ principle 基本的原則. **2** 暗黙の, 含蓄的な (implicit): an ~ meaning. **3** 下に横たわる, 下にある: the ~ strata 下層. **4** 〘商業〙〈担保・権利など〉第一の (cf. overlying): the ~ mortgage 第一担保, 先位抵当. 〖1611〗

únderlying fórm *n.* 〘言語〙基本形《接辞 (-ic, -ish, -ly, -y など) が付加されて派生語を造る基幹部; 例えば *girl*ish, *windy* の girl, wind など; cf. underlying structure》. 〖1933〗

únderlying strúcture *n.* 〘言語〙基底構造《変形生成文法の用語で深層構造 (deep structure) と同義》. 〖1978〗

ùnder·mán *vt.* (**under·manned; -man·ning**) [通例 p.p. 形で] 〈船などに〉に十分な人員を供給しない[乗り組ませない]: They set sail much ~*ned*. 大変な人員不足の状態で出帆した.

únder·mànager *n.* 副支配人, 副管理人, 副幹事. 〖1748〗

ùnder·mánned *adj.* 人手[人員, 乗組員]不足の (understaffed, shorthanded). 〖1867〗

ùnder·másted *adj.* 〘海事〙(帆の大きさに比して)マストが不足の[短か過ぎる]. 〖1594〗

ùnder·méntioned *adj.* 《英》 **1** (本などで)下記の, 後掲の, あとで言う (following) (cf. above-mentioned). **2** [the ~; 名詞的に; 集合的] 下記の人[物]. 〖1640–41〗

un·der·mine /ʌ̀ndəmáɪn | -də-/ *vt.* **1** 〈健康・勢力などを〉徐々に衰えさせる, 害する (wear away, impair) (⇨ weaken SYN): Dissipation has ~*d* his health. 遊蕩(ゆうとう)にふけり彼は健康を害した. **2** 〈人格・評判などを〉ひそかに害する, 陰険な手段で傷つける. **3** …の下を掘る, (特に, 転覆などの目的で)…の下に坑道を掘る: ~ a fortress, line of trenches, wall, etc. **4** (浸食作用によって)…の土台を削り去る: The waves are *undermining* the cliffs of the coast. 海岸の絶壁の下部を波が削り取っている / ~ the foundation of …の基礎を危うくする. **ùn·der·mín·er** *n.* 〖(?*a*1300) 《なぞり》? ← MDu. *ondermineren*: ⇨ under-, mine[2]〗

únder·mòst *adj.* [限定的] 最下の, 最下級[位]の (lowest): the ~ layer. — *adv.* 最下に, 最下級[位]に: put the sheet ~ 一番下にシートを入れる. 〖(1555) ← UNDER (adv.)+-MOST〗

un·der·neath /ʌ̀ndəníːθ | -də-˝/ *prep.* **1** …の(真)下に[を, の] (under). ★ この意味では beneath よりもはるかに普通に用いられる: sit ~ a tree / the river flowing ~ the bridge 橋の下を流れる川 / He got ~ the skin of his audience. 彼は聴衆の心をつかんだ / Come out from ~ there at once. その下からすぐに出てこい / One wrestler was ~ the other. 一方のレスラーが相手の下になっていた. **2** …の支配下に, …に隷属して: a man ~ many pressures, but above fear 多くの圧力を受けているが恐怖を知らない男. **3** …の形のもとに, …の様子をして: *Underneath* his (surface) politeness there is spite. 彼の(表面の)慇懃(いんぎん)さの下には悪意が隠れている. — *adv.* **1** 下に[は], 下部に[は] (beneath, below): the river flowing ~ / the wrestler ~ 下になったレスラー / come out from ~ 下から出てくる. **2** 下面に[は], 底面に[は]: a house rotten ~ 土台の腐った家. **3** 紙面の下[先]の方に. **4** (表面とは違って)心の中は. — *adj.* [限定的] **1** 表面下の, 表面に見えない: an ~ meaning. **2** 低いところにいる, 下位の, 下側になっている: an ~ room 下の部屋. **3** 《方言》秘密の (secret). — *n.* 下部, 下面; 底 (bottom, underside): the ~ of the dish. 〖OE *underneopan*: ⇨ under-, beneath〗

ùnder·nóted *adj.* 下記の, 後述の. 〖1891〗

ùnder·nóurish *vt.* …に栄養を十分与えない.

ùnder·nóurished *adj.* 栄養不良の. 〖1910〗

ùnder·nóurishment *n.* 栄養不良. 〖1920〗

ùnder·nutrítion *n.* 栄養不良. 〖*c*1889〗

ùnder·óccupancy *n.* 《英》(宿泊設備・収容能力に関して)満室[満席]でない状態, 空室[あき]があること.

ùnder·óccupied *adj.* **1** 〈部屋・家など〉居住者が十分入っていない, 空き部屋のある. **2** 〈人が〉仕事が十分にない: ~ people. 〖1961〗

ùnder·ófficer *vt.* 〈将校・役人などを〉十分に配置しない. — /ˊ-ˋ-ˋ-/ *n.* 下士官, 位の低い役人. 〖*c*1400〗

ùn·de·róg·a·tò·ry *adj.* **1** 品位を傷つけない, 価値を下げない. **2** けなさない, 軽蔑的でない: an ~ comment. 〖1648〗

ùnder·páid *adj.* 十分な給料を受け取っていない: ~ workmen 賃金を十分もらっていない労働者. 〖1846〗

U

únder·pàinting *n.* 〘絵画〙(制作の初期の段階であたりをつけるために描く)粗描き. 〘1866〙

un·der·pants /ʌ́ndərpæ̀nts | -də-/ *n. pl.* (男性の下着用)パンツ (briefs), ズロース (drawers). 〘1925〙

únder·pàrt *n.* **1** (物の)下部, (特に, 鳥・獣の)腹側部. **2** 脇役, 副次的役割. 〘1662〙

únder·pàss *n.* **1** (立体交差の)アンダーパス, 低路交差 (cf. overpass). **2** (鉄道または他の道路の下を通る)地下道《undercrossing ともいう》. — *vt.* 〈交差点〉に低路交差をつける. 〘1903〙

ùnder·páy *vt.* (**under·paid**) 〈雇い人など〉に給料を十分に払わない, 十分な賃金を与えない; 不当に安い給料を払う. **ùnder·páyment** *n.* 〘1861〙

ùnder·perfórm *vi.* 期待ほどうまくいかない. — *vt.* (競争相手や目標より)下回った働きをする. **~·ance** *n.* 〘1975〙

un·der·pin /ʌ̀ndərpín | -də-/ *vt.* (**under·pinned; -pin·ning**) **1 a** 応援する, 支持する (support). **b** 実証する, 確証を与える (corroborate, substantiate). **2** 〈構造物を〉根継ぎする《石材・れんが・材木などを土台に加えて支持する》. **3** …の下につっかいをする. 〘1522〙

únder·pìnning *n.* **1** [しばしば *pl.*] 応援, 支持 (support). **2** 根継ぎ; (特に, 壁の下の)土台. **3** [通例 *pl.*]《米口語》脚 (legs). **4** [通例 *pl.*]《婦人用の》下着. 〘(1489) ← UNDER (adj.)+*pinning* ((ger.) ← PIN (v.))〙

únder·pitch vàult *n.* 〘建築〙子持ヴォールト《径の異なるヴォールトが相貫した構造物; Welsh vault ともいう; ⇨ vault¹ 挿絵》.

ùnder·plánt *vt.* [しばしば受身で]〈丈の高い植物〉のまわりに〔低い植物を〕植える[栽培する]〔*with*〕. **únder·plànting** *n.* 丈の高い植物のまわりに低い植物を植えること; 〘林学〙下木植栽, 樹下植栽《上木よりも耐陰性の強い樹種を植えるなど》. 〘1891〙

un·der·play /ʌ̀ndərpléɪ | -də-/ *v.* — *vi.* **1** 控え目な演技をする; 演技が不足する, 役負けする (underact). **2** 〘トランプ〙高い札を持っていながら低い札を出す. — *vt.* **1** 控え目に[抑えて]演じる; …に役負けする: ~ Hamlet's scene with Gertrude ハムレットのガートルードとの場面を控え目に演じる. **2** 控え目に行う[扱う]: ~ the makeup 化粧を控え目にする / ~ one's hand 手の内を明かさずに議論する, 控え目に行動する. **3** 〘トランプ〙…より低い札を出す (cf. duck² 4): ~ his ace. — /ˊ-ˋ-/ *n.* **1** 控え目な演技. **2** 人目につかない[隠れた]行為[作用]. 〘1733〙

únder·plòt *n.* **1** (小説・劇などの)脇筋, 挿話. **2** 秘密の計画, 密計. 〘1668〙

ùnder·pópulated *adj.* 人口不足の, 人口過疎の, 人口密度の希薄な: ~ areas 過疎地帯. 〘1884〙

ùnder·populátion *n.* 人口不足, 人口過疎, 人口希薄 (↔ overpopulation).

ùnder·pówered *adj.* 動力不足の: an ~ truck. 〘1905〙

únder·pòwer reláy *n.* 〘電気〙不足電力継電器.

ùnder·práise *vt.* 十分にほめない, ほめ足りない. 〘1698〙

ùnder·prepáred *adj.* 用意が不十分の, 準備不足の.

ùnder·príce *vt.* **1** 〈商品〉に標準または公正価格よりも安く値をつける. **2** 〈競争者〉より安く物を売る: ~ a competitor. 〘1756〙

ùnder·prívileged *adj.* **1 a** (経済的・社会的地位が低いため)基本的人権を十分に認められていない (cf. unprivileged); (社会的・経済的に)恵まれない, 貧しい (poor). **b** [the ~; 名詞的に; 複数扱い] 基本的人権を十分に認められていない人々; 《婉曲》貧困者. **2** 恵まれない人々[貧困者]の[に関する]: ~ areas. 〘1896〙

ùnder·prodúce *vi.* 需要以下に生産する. — *vt.* **1** 需要より少なく生産する. **2** 〈音楽・映像を〉わざと粗い仕上げにする.

ùnder·prodúction *n.* 需要以下の生産, 生産不足 (↔ overproduction). 〘1887〙

ùnder·prodúctive *adj.* 生産能力の低い: an ~ worker. **ùnder·productívity** *n.*

ùnder·promóte *vt.* 〘チェス〙ポーンがクイーン以外に昇格する. **ùnder·promótion** *n.*

ùnder·próof *adj.* 〈酒など〉アンダープルーフの《標準強度のアルコール飲料 (proof spirit) よりアルコール分の少ない; 略 u.p.; cf. proof *n.* 5; ↔ overproof》. 〘1857〙

ùnder·próp *vt.* (**under·propped; -prop·ping**) **1** …に支柱をかう, 下から支える; …の支柱となる. **2** 支持する, 支える (support): ~ a reputation. 〘1513〙

ùnder·quóte *vt.* 〈商品を〉他[市価]より安く売る; 〈競争者〉より安値をつける, より下値を出す. 〘1891〙

un·der·rate /ʌ̀ndəréɪt | -də-/ *vt.* 安く[低く]見積もり過ぎる; 過小評価する, 見くびる (underestimate): Don't ~ the abilities of your enemies. 敵の力を見くびるな. 〘*a*1623〙

ùnder·reáct *vi.* 鈍い[手ぬるい]反応を示す. **ùnder·reáction** *n.* 〘1965〙

ùnder·réad /-ríːd/ *vi.* 〈計器・文字盤が〉(正しい数値より)低めの値を示す[記録する]. 〘1934〙

ùnder·réckon *vt.* 少なく勘定し過ぎる, 内輪に数える; 見くびる (underestimate). 〘1629〙

ùnder·recórd *vt.* 〈数値を〉実際より低く記録する; 〈データ・情報を〉不十分にしか記録しない. 〘1958〙

ùnder·rehéarsed *adj.* 〈演技・俳優などが〉リハーサルを十分に行なっていない, リハーサル不十分な. 〘1963〙

ùnder·repórt *vt.* **1** 〈収入などを〉実際より低く申告する. **2** 〈事件を〉十分に取材しない, …の重要性を過小評価する. 〘1949〙

ùnder·represént *vt.* …に不当に少ない代表[議席]定数を割り当てる, …を不十分に見積もる, 実際にある数量・程度より少なく[低く]表す, 実際以下に評価[査定, 計算, 表示]する, (数量的に)実際以下のことをいう.

ùnder·representátion *n.* 代表不足《特に, 平均より代表の人数が少ないことをいう》.

ùnder·represénted *adj.* 十分に表[代表]され(てい)ない. 〘1884〙

ùnder·resóurced *adj.* 資金[資源・物資・財源]不足の. **ùnder·resóurcing** *n.*

ùnder·rípe *adj.* 未熟の: ~ berries. 〘1707〙

ùnder·rúff 〘トランプ〙*vt.* (ブリッジで)下切りする《すでに切られた一巡の場札 (trick) を, さらに低い切札を出して切る; わざと味方の切札をなくす高等戦術の一つで, あまり使われない; cf. overruff, uppercut *n.* 2》. — *n.* (ブリッジの)下切り. 〘1945〙

un·der·run /ʌ̀ndərʌ́n | -də-/ *v.* (**under·ran; -run; -run·ning**) — *vt.* **1** …の下を走る[通る, くぐる]: The ship *underran* the bridge. 船が橋の下を通った. **2** 〘海事〙(ボートに乗り, ロープの下をくぐりながら)船外に出ている綱や錨鎖などを〉調べる; 〈綱を〉調べるために綱の下を通る. **3** (場所的, 時間的に)目標点の手前でやめる. **4** 最大能力以下の力で稼働させる. — *vi.* 底流として流れる. — /ˊ-ˋ-/ *n.* **1** 下を通る[走る]もの《潮流・流れなど》. **2** (伐採量など)見積り以下の生産量. 〘1547〙

ùnder·sáturated *adj.* 〘化学〙不飽和の《火成岩の場合ケイ酸の含有量が少ない》: ~ rock [mineral] 不飽和岩[鉱物]. 〘1832〙

un·der·score /ʌ́ndəskɔ̀ə, ˋ-ˊ | ʌ̀ndəskɔ́ː(r)/ *vt.* **1** 強める, 強調する (emphasize); …の重要性を明確にする. **2** …の下にアンダーラインを引く, 下線を施す (underline). **3** 〘映画・演劇〙〈アクションや台詞〉に伴奏音楽をつける. — /ˊ-ˋ-/ *n.* **1** アンダーライン, 下線. **2** 〘映画・演劇〙アクション用の伴奏音楽. 〘1771〙

ùnder·séa *adj.* **1** 海中の; 海底の (submarine). **2** 海中[底]用の. — *adv.* 海中に[で]; 海底に[で]: photographs taken ~ 海中写真. 〘1629〙

ùnder·sèal *n.* アンダーシール《《米》undercoat》《自動車の車体の底の部分に塗る腐蝕防止剤》. — *vt.* 〈自動車の下部など〉に腐蝕防止剤を塗る. 〘1948〙

ùnder·séas *adv.* =undersea.

ùnder·secretáriat *n.* 次官管轄の部[局].

un·der·sec·re·tar·y /ʌ̀ndəsékrətèri | -dəsékrɪ̀təri, -tri/ *n.* (省の)次官: a parliamentary ~《英》政務次官 / a permanent ~《英》事務次官. ★ 公式の官名としては《米》Under Secretary. 〘1687〙

undersécretary·shìp *n.* 次官の職[地位]. 〘1687〙

ùnder·séll *vt.* (**under·sold**) **1** 〈競争者〉より安値で売る; …より安く売る: ~ one's rivals in trade. **2** 〈実際の価値〉より安く売る. **3** 控え目に宣伝する[訴える]. **4** ほんの少量を売る. — *vi.* 売上げ目標を下回る. **~·er** *n.* 〘1622〙

únder·sènse *n.* **1** 潜在意識 (subconsciousness). **2** 下に隠れた意味, 底流にある意味. 〘1805〙

únder·sèrvant *n.* 下働き, 下回りの女中[召使]. 〘1548〙

ùnder·sét¹ *vt.* (~; **-set·ting**) **1** 〈壁・屋根などを〉石積み[れんが積みなど]で支える. **2** (支えるために)…を下に置く. 〘*c*1220〙

únder·sèt² *n.* **1** 〘海事〙(風または水面の流れと反対に走る)暗流, 下層流 (undercurrent) (cf. undertow 2). **2** 〘鉱山〙=underlie. 〘((1509)) (1747): ⇨ under-, set (n. A 13 a)〙

ùnder·séxed *adj.* 性的欲求[関心]の低い. 〘1931〙

únder·shèriff *n.* 《英》州長官代理; 《米》郡保安官代理. 〘1431〙

únder·shìrt *n.* 《米・カナダ》(アンダー)シャツ, 肌着, 下着 (《英》(under)vest). 〘1648〙

un·der·shoot /ʌ̀ndəʃúːt | -də-/ *v.* (**under·shot**) — *vt.* **1** 〈飛行機が〉〈滑走路〉まで到達できない, 〈滑走路〉の手前で着陸する: ~ the runway. **2** 〈的〉の下方[手前]を撃つ; 〈的〉にまで達しない. — *vi.* (弾丸・ロケットなどが)的の下方に[的に達しないように]撃つ. 〘*a*1661〙

únder·shòrts *n. pl.* 《米》(男子用)下着のパンツ. 〘1949〙

un·der·shot /ʌ̀ndəʃɑ́(ː)t | -dəʃɔ́t/ *v.* undershoot の過去形・過去分詞. — /ˊ-ˋ-/ *adj.* **1** 〈水車が〉下射式の (↔ overshot): ⇨ undershot wheel. **2 a** 上より下が突き出た: an ~ jaw. **b** 〈犬など〉下の門歯[下あご]が上の門歯[上あご]より突き出ている (underhung): an ~ bulldog. 〘1610〙

úndershot whéel *n.* 下掛け水車.

únder·shrùb *n.* 小低木, 亜低木. 〘1598〙

un·der·side /ʌ́ndəsàɪd | -də-/ *n.* **1** 下側, 裏側, 裏. **2** (通例)見えない面, 裏面; 悪い方の面. 〘1680〙

ùnder·sígn *vt.* …の下に署名する, 〈文書・手紙など〉の終わりに記名する. 〘1580〙

ùnder·sígned *adj.* 手紙[文書]の終わりに署名した, 下名の: the ~ members 署名者. — /ˊ-ˋ-/ *n.* [the ~; 単数または複数扱い] 手紙[文書]の末尾の署名者(たち) (cf. oversigned): I, *the* ~ 署名者(は), 下名, 私儀, 小生. 〘1643〙

ùnder·síze *adj.* =undersized. 〘1820〙

ùnder·sízed *adj.* 並より小さい, 小形の (dwarfish, stunted). 〘1657〙

únder·skìnker *n.* 《廃》酒場で樽から酒を出す下働きの男, 見習い給仕. 〘1596–97〙

únder·skìrt *n.* (スカートの下にはく)下スカート; (特に)ペチコート (petticoat). 〘1861〙

únder·slèeve *n.* 下そで《上そでのスリットから見える装飾的な別そで》. 〘1547〙

ùnder·slúng *adj.* **1** (自動車のシャシーやスプリングなどのように)下方から取り付けた, つり下げ式の (cf. overslung): an ~ frame 車軸下フレーム / an ~ spring 下づり式ばね / ~ suspension 下づり懸架法. **2** 重心が低い, 上より下の方が重い; ずんぐりした (squat). **3** 〈下あごが〉突き出た: an ~ jaw. 〘1903〙

únder·sòil *n.* 〘土壌〙=subsoil. 〘1707〙

únder·sòng *n.* **1** (主旋律に対し)伴奏, リフレインとして歌われる歌, (本歌の)つれ歌. **2** 下に隠れた意味, 底意. **3** 《古》(歌の)折返し, リフレイン (refrain). 〘1579〙

ùnder·sów /-sóu | -sə̀u/ *vt.* (他の作物がすでにまいてある土地に)後から生育する作物の種をまく; 〈ある作物をすでにまいた土地に〔次の作物〕の種をまく〔*with*〕. 〘1943〙

ùnder·spárred *adj.* 〘海事〙(船の)円材が帆を張るのに不十分な, 円材の小さ過ぎる. 〘1841〙

ùnder·spénd *vt.* 〈予算あるいは割り当て額〉より少額を支出する. — *vi.* 予定より少なく金を出費する. — *n.* 予定より少ない[予算内]支出. 〘1890〙

únder·spìn *n.* =backspin. 〘1901〙

ùnder·stáffed *adj.* 要員[人員]が足りない (undermanned). 〘1891〙

ùnder·stáirs *adj., n.* 階段下の(スペース). 〘1616〙

un·der·stand /ʌ̀ndəstǽnd | -də-/ *v.* (**un·der·stood** /-stʊ́d/, 《古》~·**ed**) — *vt.* **1** 〈人の言うことを〉理解する, 了解する, …がわかる (comprehend): Do you ~ German? ドイツ語がおわかりになりますか / Do you ~ me? 私の言うことがわかりますか / I can't ~ a word (of it). 一言もわからない / Please ~ me, I absolutely refuse. いいですか, 絶対にお断りです / Now ~ me! おいよく聞きたまえ《しばしば驚き・警告などを表す》/ a democratic regime as we ~ it われわれの考える[われわれのいわゆる]民主主義体制 / a tongue not ~*ed of* the people ⇨ tongue 2 a / *Understandest* thou what thou readest? なんじその読むところを悟るか (*Acts* 8:30). 日英比較 相手の言うことなどについて「理解する, わかる」という意味では英語の "*understand*" と日本語の「理解する, わかる」との間に大きな差はない. しかし「雨が降るかどうかわからない」というような場合には英語では "*understand*" は使えない. 日本語の「わかる」は元来「分かれる」と同語源で, 区別や差別がはっきりするということから「理解する」という意味になったのであるが, 英語の "*understand*" には日本語のように「区別をつける, 判断する」という意味がない (⇨ 語源欄). したがってこのような場合に英語では「私はそのような情報や知識は持ち合わせていない」という発想から "I don't know" などを用いるのが普通である.
2 a 〈真意・理由などを〉のみ込む, 会得する; 〈学問・技術など〉に通じている, …に明るい; …のこつ[扱い方]を心得ている: ~ machinery 機械に明るい / ~ children [horses] 子供[馬]の扱い方を心得ている / I do not ~ *why* he came. 彼がなぜ来たのかわからない / I can't ~ him [his] leav*ing* so early. 彼がこんなに早く立つわけがわからない《★ his のほうが改まった言い方》/ Did you ~ the point of his remark? 彼の言うことの要点が理解できましたか / Her conduct [She] is hard to ~. 彼女がなぜあんなことをするのか理解に苦しむ[彼女は理解しにくい]. **b** 〈人の行動・気持ちなど〉を理解する, 〈人・人の意向など〉を同情的に理解する, 察知する: Nobody really ~*s* me. だれも私のこと[気持ち]を本当にわかってくれない / He's coming to study here.—*So* I ~. 彼はここに勉強に来るよ—そうですってね / Try and ~ my difficulties. 私の困難を察して下さい / ⇨ UNDERSTAND *each other*.
3 [*that*-clause を伴って] 聞いて知っている, 聞き及ぶ (learn): We ~ (*from* an authoritative source) *that* the measure is to be dropped. (確実な筋からの報道によれば)その方策は中止されるとのことである. ★ この構文の主節に相当する部分が挿入的に表されることがある: He is, I ~, no longer here. 彼はもう当地にいないと聞いている.
4 [*that*-clause, 目的語+*to* do, 目的語+*as* 補語などを伴って] (推定して)思う, 推察する, 推測する (assume, infer); (…の意に)解釈する (interpret); もちろん[当然]のことと思う (take for granted), 納得する: I *understood that* expenses were to be paid. 費用は払ってくれるものと思った / Am I to ~ *that* you refuse?=Am I to ~ you to have refused [*as* having refused]? いやだと言われるのですか / What do you ~ *to* happen? どういうことになるとお考えですか / No one is to leave before five. (Is that) *understood*? 5 時前にはだれも帰ってはいけません. いいですね / We accept your offer, it being *understood* that payment is contingent upon results. 支払いは結果次第であるということを了解した上で, 申し出をお受けします / He *understood* the message *to* mean that she was not coming. 彼はそのことづてで彼女は来ないのだろうと判断した / She was *understood to* be in favor of the proposal. 彼女はその提案に賛成してくれるものと思われていた / My silence must not be *understood to* imply [*as* (implying)] refusal. 私の沈黙が拒絶を意味すると思っては困る / What are we to ~ *from* such contradictory statements? そんな矛盾した陳述からどんな意味をくみ取れというのか / You must ~ the sentence figuratively.=The sentence must be *understood* figuratively. その文は比喩的に解釈しなければならない.
5 [しばしば受身に用いて] 〘文法〙心の中で補う (supply mentally), 〈語などを〉補って解釈する, 含める, 省略する: The verb may be expressed or *understood*. その動詞は表現しても省略しても(どちらでも)よい / "You" is commonly *understood* before an imperative. 命令法の前では通例 you が省かれる.
6 [~ one*self* で] 《廃》適切なふるまい方を心得ている.
7 《廃》下から支える, 支持する.

— *vi.* **1** 理解する, 会得する: You (just) don't ～. 君は(事情が)わかっていないんだ《★ 後に 'the situation' などが略された *vt.* の独立用法による》/ No one is to leave before five, (do you) ～? 5 時前にはだれも帰ってはいけないのです. いいね / Does he really ～ *about* women? 彼に本当に女性のことがわかるのだろうか.
2 物事がわかる, 理解力がある, 知力がある: Do [Can, Would] animals ～? 動物にものがわかるか. **3** …であると信じる[推測する]. **4** 同情的に理解する; ものわかりのよい態度を示す: The people listen but will not ～. あの人たちは聞いてはくれるが, わかってくれようとはしない.
give a person to understánd that ... 〈人〉に…であると知らせる[悟らせる], …と(それとなく[はっきり])告げる (cf. give *vt.* 20 a): I was *given to* ～ *that* I could expect no help from them. 彼らからは援助が望めないということを知らされた. ***màke onesèlf understóod*** 自分の言葉[気持ち]を人にわからせる: Can you *make yourself understood* in English? あなたは英語で用が足せますか. ***understánd each òther*** [*one anòther*] 互いに了解し合う, 意志が疎通する; (特に)なれ合う (be in agreement) (cf. *vt.* 2 b).
〖OE *understandan*: ⇨ under (adv.), stand (cf. Du. *onderstaan* / G *unterstehen*): cf. G *verstehen* (原義) to stand before＝OE *forstandan*〗

SYN **理解する: understand** あることの意味ばかりではなく, その含みまで十分に知る《最も一般的な語》. **comprehend** あることの意味をはっきりと知る《過程を強調》: I could *comprehend* all he said, but did not *understand* that he was joking. 彼が言ったことはすべて理解できたが, 冗談を言っているとは悟れなかった. **realize** 事柄を実感として理解し, 十分に了解する: I *realized* later that she had been right. 彼女が正しかったのだとあとになって理解した. **appreciate** 正しく価値を認め, 理解する: Nobody *appreciated* her work. だれも彼女の業績を理解しなかった. **grasp** あることをしっかりと把握する: He cannot *grasp* the distinction between freedom and license. 彼は自由と放縦との区別がつかない.

un·der·stand·a·ble /ʌ̀ndərstǽndəbḷ | ʌ̀ndə-⁻/ *adj.* 理解できる, わかる (intelligible); もっともな (reasonable): for ～ reasons. **ùn·der·stànd·a·bíl·i·ty** /-dəbílət̬i | -lɪ̣ti/ *n.* 〖*c*1384〗
ùn·der·stánd·a·bly *adv.* はっきりと; [文修飾語として] もちろん, 無理からぬことだが: speak ～ はっきりしゃべる / *Understandably* (enough), he was worried. 無理からぬことだが, 彼は心配していた.
un·der·stand·ing /ʌ̀ndərstǽndɪŋ | -də-⁻/ *n.* **1 a** 理解, 了解, 会得 (comprehension), 知識 (knowledge), 識別 (discernment) 〔*of*〕: a clear ～ *of* the issue 問題についてのはっきりした理解. **b** 意味, (個人的な)見解 (opinion), 解釈 (interpretation), 推測 (inference) 〔*of*〕: his ～ *of* the event 事件に関する彼の見解[解釈]. **2 a** 理解力, 総合的把握力; 知力, 英知 (intelligence), 判断力 (judgment): (an) excellent ～ / a phenomenon beyond human ～ 人知をもってしては理解しえない現象 / pass a person's ～ 理解を越える. **b** 同情的理解心 (sympathy), 思慮, 分別 (sense): a person of [without] ～ 物わかりのよい[物のわからない]人. **3 a** (相互間の)折り合い, 協調, 和合 (harmony): There isn't much ～ *between* the sisters. その姉妹の間はあまりよく折り合いがついていない / promote international ～ 国際協調を促進する. **b** (意見・感情などの)一致 (agreement), 意思疎通, 了解, 黙契; (非公式な)協定, 取決め, 申し合わせ; 非公式な婚約: a tacit ～ 黙契, 黙諾 / My [Our] ～ is that … 私[私たち]は…と理解している / We had a good ～ *about* who would do it. だれがそれをするかということについては十分了解をつけていた / He reached [came to] an ～ *with* his wife *about* their divorce. 離婚について妻との折り合いがついた / have an ～ with one's bank *that* they will cash one's checks 小切手を換金してくれることで銀行と了解ができている. **c** 約定, 条件 (understood condition): *on* the ～ *that* …という条件で / *on* this ～ こういう了解のもとに. **4** [*pl.*]〘英俗・戯言〙**a** 足 (feet), 脚 (legs): He has a sound pair of ～*s*. 健脚家だ. **b** 靴 (shoes). **5**〘哲学〙悟性; 知性; (特に, カント哲学で感性・理性と区別される判断能力としての)悟性 (cf. reason *n.* 5 a).
pàss áll understánding すべての人の思いに過ぐる, 人知ではとうてい計り知ることができない (cf. *Philip.* 4:7).
— *adj.* **1** 理解力のある, 眼識[良識]のある, 分別のある (discerning, sensible): an ～ woman. **2** ものわかりのよい, 察しのよい, 同情的な (sympathetic): a kindly, ～ woman 心の優しい察しのよい女 / with an ～ smile のみこみのよさそうな笑いを浮かべて. **3**〘古〙物知りの (knowing), 利口な (intelligent).
～·ly *adv.* **～·ness** *n.* 〖n.: lateOE ～ (なぞり) ← L *intelligentia* 'INTELLIGENCE': ⇨ understand, -ing¹. adj. (*c*1200)〗
un·der·state /ʌ̀ndərstéɪt | -də-/ *vt.* (↔ exaggerate). **1** 〈実際の数・量・大きさなど〉より少なめに言う: ～ one's income 収入を少なめに言う / ～ the number of deaths 死者の数を実際より少なく言う. **2** 控えめに述べる, 内輪に言う: ～ one's losses 損害を控えめに述べる. 〖1824〗
un·der·stat·ed /ʌ̀ndərstéɪt̬ɪd | -dəstéɪt-⁻/ *adj.* 控えめに述べられた, 飾りを避けた: ～ clothes 地味な服. 〖*a*1661〗
un·der·state·ment /ʌ̀ndərstéɪtmənt | -də-/ *n.* 控えめに言うこと, 控えめな言葉[表現] (cf. litotes): the ～ of the year [century, month]《戯言》控えめすぎることば[言いまわし] (cf. … *of the* YEAR). 〖1799〗
un·der·steer /ʌ́ndərstɪ̀ər | -dəstɪ̀ə^(r)/〘自動車〙*n.* アンダーステア, アンダーステアリング《自動車が旋回運動するとき, 前輪の横すべりが後輪のそれより大きく, そのためハンドル角を一定にして加速すると旋回半径が速度と共に増大し, 自動車がカーブの外側にはみ出す現象; cf. oversteer》. — /⁻⁻⁻/ *vi.* アンダーステアである. 〖1936〗
un·der·stock /ʌ̀ndərstɑ́(ː)k | -dəstɔ́k/ *vt.* 〈農場など〉に十分仕込まない; 〈商店など〉に十分仕入れない.
— /⁻⁻⁻/ *n.* **1** 不十分な仕込み[仕入れ], 供給不足. **2** (つぎ木の)つぎ台, 台木.
〖1765〗
un·der·stood /ʌ̀ndərstúd | -də-⁻/ *v.* understand の過去形・過去分詞. — *adj.* 了解ずみの; 暗黙の, 言外に含まれた: an ～ policy 了解ずみの政策 / the ～ meaning of a signal 信号の了解ずみの意味. 〖1576〗
únder·stòry,《英》**únder·stòrey** *n.*〘林業〙下層木, 下木; 下層植生. 〖1902〗
únder·stràpper *n.* 下役, 下回り, 手下 (subordinate); 下っぱ(の代理人[役人, 雇人など])《underling のほうが普通》. 〖*a*1704〗
únder·stràtum *n.* (*pl.* ～**s**, **-strata**) ＝substratum. 〖1733〗
ùnder·stréngth *adj.* 力不足の; (特に)兵力不足の, 定員に足らない. 〖1925〗
únder·strùcture *n.* **1** 基礎(工事), 土台 (base). **2** (比喩) 基礎 (basis), 根底.
únder·stùdy *n.* 代役俳優; 代役. — *vt.* **1** 代役のためにけいこする: ～ Hamlet 代役としてハムレットのけいこをする. **2** …の代役をする: ～ Gielgud in '*Hamlet*'「ハムレット」でギルグッドの代役をする. **3** 〈仕事などを〉見習いで学ぶ, 実習する. — *vi.* 代役のけいこをする.
〖n.: (1882); v. (1874)〗
ùnder·subscríbed *adj.* **1** 〈講座・催しなど〉募集枠に満たない, 定員割れの. **2**〘金融〙〈債券など〉応募[申込み]の少ない. (cf. oversubscribed)
un·der·sup·ply /ʌ́ndərsəplàɪ | -də-/ *n.* 供給不足, 不十分な量. — /⁻⁻⁻⁻/ *vt.* 十分に供給しない.
〖1848〗
únder·sùrface *n.* 下面, 内面 (underside).
— *adj.* 表面下の; 水面下の, 地下の, 下に沈んだ (submerged). 〖1733〗
únder·swèll *n.* 暗流, 底流 (undercurrent).
〖1849〗
un·der·take /ʌ̀ndərtéɪk | -də-/ *v.* (**un·der·took** /-túk/; **-tak·en** /-téɪkən/) — *vt.* **1** 引き受ける, …への責任を負う, …の世話役を引き受ける: ～ a responsiblity 責任のある仕事を引き受ける / The lawyer has ～*n* this case. 弁護士はこの事件を引き受けてくれた. **2** 〈…す る〉義務を負う, 約束する (promise), 保証する, 請け合って言う (guarantee) 〈*to do*〉/〈*that*〉: He *undertook to* guide us up and down the hill. 彼は我々を案内してその丘の登り下りをすると約束してくれた / He *undertook that* the candidate would meet all the requirements. 彼はその立候補者がすべての要件をかなえるということを請け合った. **3** …に着手する, 乗り出す, 企てる, 試みる (attempt): ～ a journey 旅行に出かける / Such experiments should be ～*n* with caution. このような実験には慎重に着手しなければならない / He *undertook to* campaign for the presidency. 大統領選挙戦に乗り出した. **4**〘古〙(決闘・議論などで)…に挑戦する, 相手として戦う (take on). — *vi.* **1**〘古〙〔…の〕証人となる, 保証する〔*for*〕: ～ *for* another, a fact, etc. **2**〘古〙〔仕事などを〕引き受ける, 請け負う (pledge)〔*for*〕. **3** /⁻⁻⁻/〘古〙葬儀を引き受ける, 葬儀屋を営む (cf. undertaker 2). 〖(?*c*1200) *undertake*(*n*) (⇨ under-, take) ∽ OE *underfōn* (⇨ fang) & *underniman* (⇨ nimble)〗
un·der·tak·er /ʌ̀ndərtèɪkər | -dətèɪkə^(r)/ *n.* **1** 引受人, 請負人 (contractor); 企業家 (entrepreneur). **2** 葬儀屋 (《米》mortician). **3** /⁻⁻⁻⁻ | ⁻⁻⁻⁻/ [the Undertakers]《英》**a** (16 世紀末アイルランドにおける) Desmond 伯爵の没収 (1586) 地への移住民. **b** (James 一世, Charles 一世, Charles 二世のために) 王党議員の当選と議案の通過とを請け合った議員団. **c** (16 世紀末 Lewis with Harris 島への入植を試みた) スコットランド低地地方出身の植民者. 〖(*c*1395): ⇨ ↑, -er¹〗
un·der·tak·ing *n.* **1** /ʌ̀ndərtéɪkɪŋ, ⁻⁻⁻⁻ | -də-/ **a** (仕事・責任などを)引き受けること. **b** 引き受けた事, 請け負った仕事; 企業, 事業, 仕事 (enterprise, task): a difficult ～ / a dangerous ～. **2** /⁻⁻⁻⁻/ (特に, 法的に要請される)約束, 保証, 請け合い (promise, guarantee): an ～ *to* pay the debt within six months 6 か月以内に負債を支払うという保証 / on the ～ *that* …という約束[条件]で. **3** /⁻⁻⁻⁻/ 葬儀取扱い, 葬儀屋業.
〖(1375): ⇨ -ing¹〗
ùnder·táx *vt.* …に過少に課税する, 十分に課税しない.
— *vi.* 過少課税する. **ùnder·taxátion** *n.*
〖(*a*1968): cf. overtax〗
únder·tènancy *n.* また借り, 転借 (subtenancy).
〖1766〗
únder·tènant *n.* また借り人, 転借人 (subtenant).
〖1546〗
únder-the-cóunter *adj.* [限定的]《口語》**1** 〈品数の少ない商品など〉内緒で売られる. **2** 〈取引が〉違法[不法]の (illegal). (cf. *under the* COUNTER¹) 〖1926〗
únder-the-táble *adj.* [限定的]〈取引が〉内密の, やみの (unlawful). 〖1948〗
únder·thìngs *n. pl.*《口語》(婦人用の)下着類 (underwear). 〖1864〗
únder·thrùst *n.*〘地質〙逆押しかぶせ断層《下盤が移動した低角の断層; cf. overthrust》. — *adj.* 逆押しかぶせ断層の. 〖1893〗
ùnder·tímed *adj.* 〈写真が〉露出不足の (underexposed).
únder·tìnt *n.* 薄色 (subdued tint)《特に, 別の色を通して透けて見える色をいう》. 〖1885〗
únder·tòne *n.* **1** 低音, 低調, 小声: speak in ～*s* 小声で話す. **2** 背景音響 (background sound); 伴奏音. **3** 潜在的要素[性質], 底流 (undercurrent). **4** 薄色 (undertint); 下地の色で変化した色. **5**〘証券〙市場の基調. **6**〘音楽〙下方倍音《基音の下方に存在する倍音; cf. overtone 1》. 〖1762〗
un·der·took /ʌ̀ndərtúk | -də-/ *v.* undertake の過去形. 〖*a*1250〗
únder·tòw *n.* **1** 引き波《波が岸に向かって打ち寄せるのにその下で沖へ返して流れるまたは岸に沿って流れる流れ》.
2 (表面の流れと逆方向に流れる)暗流, 下層流. ★ 海事用語として underset² と同義であるが, 今日大西洋沿岸ではこの語の方が普通に用いられる. **3** (明白な流れとは逆の)隠れた傾向. 〖1817〗
únder·trìal *n.*《インド口語》(法廷で)公判に付されている者, 被告人. 〖1966〗
únder·trìck *n.*〘トランプ〙(コントラクトブリッジで)マイナス組数, ダウン数《宣言者 (declarer) が契約 (contract) しただけの組 (trick) 数を獲得できなかったとき, その不足分の組数をいう; cf. overtrick》. 〖1903〗
ùnder·trúmp *vt.*〘トランプ〙＝underruff. 〖1863〗
ùnder·úse /-júːz/ *vt.* あまり使わない, 十分に使用しない.
— /-júːs/ *n.* 不十分な使用, 利用不足. 〖1960〗
ùnder·úsed /-júːzd⁻/ *adj.* 十分使用され(てい)ない.
〖1960〗
ùnder·útilize *vt.* 十分に利用しない, 有効に活用しない. **ùnder·utilizátion** *n.* 〖1951〗
un·der·val·ue /ʌ̀ndərvǽljuː | -də-/ *vt.* **1** …の値を安く踏む[見積もる], 実価以下に評価する (underestimate); …の価値を低める, 安くする: His house was ～*d*. 彼の家は安く見積もられていた. **2** 見くびる, 軽視する (esteem lightly): ～ a person's powers 人の力を見くびる.
ùn·der·val·u·á·tion *n.* **ùn·der·vál·u·er** *n.* 〖1596–97〗
únder·vèst *n.*《英》＝undershirt. 〖1813〗
únder·wàist *n.* (ウエスト丈のブラウス等の下に着る)短い下着; (特に, 小児用の他の下着がボタン等で取りつけられるようになった)短い下着.
un·der·wa·ter /ʌ̀ndərwɔ́ːt̬ər, -wɑ́ː- | -dəwɔ́ːtə^(r)⁻/ *adj.* **1** 水面下の; 水中用の: an ～ boat 潜水艦 / an ～ gun 水中銃. **2** (船の)喫水線下の: the ～ body.
— *adv.* 水面下に, 水中で[に]: stay ～ for two days.
— *n.* **1** 水面下の水, 水中. **2** [*pl.*] (海・湖などの)深み, 深淵, 深海. 〖1627〗
ùnder·wáy *adj.* **1**〘海事〙航行中の, 航行状態にある《船舶または水上機が水上にある場合で, 停泊し, 陸岸に係留し, または乗り揚げていないときをいう》. **2** ⇨ under WAY¹. 〖1743〗
un·der·wear /ʌ́ndərwɛ̀ər | -dəwɛ̀ə^(r)/ *n.* [集合的] 肌着, 下着類 (underclothes). 〖1872〗
ùnder·wéight *n.* **1** 標準以下の重量, 重量不足. **2** 標準以下の重量の人[物]. — *adj.* 標準[必要]の重量に達しない, 重量不足の. 〖1596〗
un·der·went /ʌ̀ndərwént | -də-/ *vt.* undergo の過去形.
un·der·whelm /ʌ̀ndər(h)wélm | -də-/ *vt.*《戯言》…に興味を起こさせない, 熱狂させない, 白けさせる (cf. overwhelm): ～ one's audiences. 〖(1949) ← UNDER-＋(OVER)WHELM〗
únder·wìng *n.*〘昆虫〙**1** (ガなどの)後翅(こうし) (hindwing). **2 a** シタバガ(下翅蛾)《ヤガ科シタバガ属 (*Catocala*) のガの総称》. **b** ベニシタバ (*Catocala electa*)《後翅に目立つ縞模様のある種類のガ》. — *adj.* 翼の下にある[生えた]: ～ coverts. 〖1535〗
únder·wìre *n.* アンダーワイヤー《バストの形を保持するためにブラジャーのカップの下側に縫い込まれたワイヤー》.
únder·wòod *n.* **1** ＝undergrowth 1. **2** 下生えの群生しているやぶ[茂み]. 〖*a*1325〗
únder·wòol *n.* (兎などの)短い羊毛状の下毛. 〖1939〗
ùnder·wórk¹ *vt.* **1** 〈機械・牛馬などを〉十分に働かせない. **2** …より低賃金で働く: They tried to ～ one another. 互いに(競争的に)他より安い賃金で働こうとした.
— *vi.* **1** 十分働かない, 働き足りない, 骨惜しみする (cf. overwork 1): a modern tendency to ～. **2** 低賃金で働く. 〖1595〗
únder·wòrk² *n.* **1** 従属的な仕事, 下仕事, 雑務; だれた[いい加減な]仕事. **2** 土台, 基礎工事. **3** 秘密行為, 裏面工作 (underhand work). 〖1610〗
un·der·world /ʌ́ndərwɜ̀ːld | -dəwɜ̀ːld/ *n.* [the ～] **1** 社会の最下層, 下層社会, どん底社会; 悪の世界, 暗黒社会: the kings of *the* ～ 暗黒街の王, ギャングの頭目 / an ～ figure 暗黒街の人物. **2** 地下, 下界, あの世 (nether world, infernal regions): spirits from *the* ～. **3** 地獄 (hell). **4** 対蹠(たいせき)地 (antipodes). **5**〘古〙(天界に対して)この世; 地球 (earth). 〖1608〗
un·der·write /ʌ̀ndəráɪt, ⁻⁻⁻ | -də-/ *v.* (**un·der·wrote** /ʌ̀ndəróut, ⁻⁻⁻ | ʌ̀ndəráut, ⁻⁻⁻/; **-writ·ten** /ʌ̀ndərítn̩, ⁻⁻⁻⁻ | -də-/) — *vt.* **1** 〈寄付・支払いなどを〉承諾する, 承諾して署名する. **2** …の出費の負担を引き受ける. **3**〘保険〙〈保険証券 (policy)〉に署名する, (署名して)…の(海上)保険を引き受ける: ～ a ship, cargo, etc. **4**〘保険〙〈生命・財産を〉保険する (insure), (保険により)〈ある金額まで〉の責任を負う; (保険をかけるため)〈危険〉の選定をする: ～ any kind of risk. **5**〘証券〙〈証

券の募集・売出しを〉引き受ける. **6** 《古》 [p.p. 形で用いる以外は《まれ》; cf. underwritten *adj.*] 下に書く (write below), 下に記名する, 署名する (subscribe). — *vi.* **1** (海上)保険業を営む. **2** 下に書く, 署名する. 〖(*c*1430) 《なぞり》← L *subscrībere* 'to write under, SUBSCRIBE': cf. OE 《まれ》 *underwritan*〗

un·der·writ·er /ʌ́ndəràɪtə | -dəràɪtə(r)/ *n.* **1** 保険業者 (insurer); (特に)海上保険業者: an ~ at Lloyd's ロイズ保険業者. **2** 保証人 (guarantor), 支持者 (supporter). **3** 〘証券〙 (証券の募集・売出しの)引受人, 証券引受業者. 〖1616〗

ún·der·wrìt·ing /-tɪŋ | -tɪŋ/ *n.* **1** 保険業, 海上保険業; 証券引受業. **2** 〘保険医学〙 査定. 〖1598〗

un·der·writ·ten /ʌ̀ndərítn̩, ←←→ | -də-/ *v.* underwrite の過去分詞. — 〖1389〗 *adj.* 下に書いた, 署名した: the ~ signature [name] 署名者, 下名.

un·der·wrote /ʌ̀ndəróʊt | -dərə́ʊt/ *v.* underwrite の過去形. 〖1621〗

ùn·de·scénd·ed *adj.* **1** 下がって(い)ない. **2** 〘医学〙 〈睾丸が〉停留[潜在]している《陰嚢(いんのう)に下がっていないことにいう》: an ~ testis. 〖1701〗

ùn·de·scríb·a·ble *adj.* 書き表せない, 説明[表現]できない, 筆舌に尽くし難い. 〖1728〗

ùn·de·scríbed *adj.* 記述され(てい)ない, 述べられ(てい)ない, 描写され(てい)ない. 〖1575〗

ùn·de·scríed *adj.* 見出だされ(てい)ない, 未発見の. 〖1595〗

un·de·served /ʌ̀ndɪ̀zə́ːvd | -zə́ːvd←/ *adj.* 受けるに値しない, 不相当の, 分外の, 過当の (unmerited): an ~ honor 身に余る光栄 / ~ praise, punishment, etc. **ùn·de·sérv·ed·ly** /-vɪ̀dli, -vd-/ *adv.* **ùn·de·sérv·ed·ness** /-vɪ̀dnɪ̀s, -vd-/ *n.* 〖*c*1385〗

ùn·de·sérv·er *n.* 《まれ》 (救助などを)受ける価値のない人. 〖1598〗

ùn·de·sérv·ing *adj.* **1** (救助などを)受ける価値のない: the ~ rogue. **2** 〔…に〕値しない (unworthy) 〔*of*〕: ~ *of* attention, pity, etc. 〖1549〗

ùn·de·sérv·ing·ly *adv.* **1** (その)価値がなく, 不相応に (unworthily): ~ honored. **2** 不当に (unjustly): ~ punished. 〖1552〗

ùn·dés·ig·nàt·ed *adj.* 指定され(てい)ない, 指名され(てい)ない (unappointed). 〖1795〗

un·de·signed /ʌ̀ndɪ̀záɪnd/ *adj.* 故意でない, 思わずした, 心にもない, 何気ない, ふとした (unintentional). **ùn·de·sígn·ed·ly** /-nɪ̀d-/ *adv.* 〖1654〗

ùn·de·sígn·ing *adj.* 利己的な気持ちのない, 何のたくらみ[野心]もない; 誠実な (sincere), 正直な (honest). **~·ly** *adv.* **~·ness** *n.* 〖1673〗

un·de·sir·a·bil·i·ty /ʌ̀ndɪ̀zaɪ(ə)rəbíləti | -zàɪərəbílɪ̀ti/ *n.* 望ましくないこと, 好ましくないこと, 願わしくないこと. 〖1870〗

un·de·sir·a·ble /ʌ̀ndɪ̀záɪ(ə)rəbl̩ | -záɪər-←/ *adj.* 望ましくない, 好ましくない, いやな, 不快な (unpleasant), 不便な (inconvenient): an ~ person 好ましくない人物 / call at a most ~ moment きわめて都合の悪い時間に訪れる / make an ~ marriage 望みもしない結婚をする. — *n.* 好ましく[望ましく]ない人[物], まずい[有害な]もの. **~·ness** *n.* 〖1667〗

úndesirable díscharge *n.* 〘米軍〙 分限免職《不品行・性格上の欠陥などによる除隊》.

ùn·de·sír·a·bly *adv.* 好ましく[望ましく]なく, あいにく. 〖1890〗

ùn·de·síred *adj.* 望まれ(てい)ない, 願望され(てい)ない, 好まれ(てい)ない (unwanted); 求めない, 頼まない (unsolicited): an ~ result. 〖1470–71〗

ùn·de·sír·ous *adj.* 〔…を〕望まない, 好まない, 願わない 〔*of*〕. 〖1654–66〗

ùn·de·spáir·ing *adj.* 失望[落胆]しない (undaunted). 〖1730〗

ùn·de·stróy·a·ble *adj.* 破壊することのできない, 不滅の (indestructible). 〖*a*1420〗

ùn·de·stróyed *adj.* 滅ぼされ(てい)ない; 滅んでいない. 〖*c*1450〗

ùn·de·tách·a·ble *adj.* 引き離すことのできない, 分離不能の, 不可分の. 〖1871〗

ùn·de·táched *adj.* 離れ(てい)ない, 分離し(てい)ない. 〖1877〗

ùn·de·téct·a·ble *adj.* 見付けることができない, 検知できない. 〖1863〗

ùn·de·téct·ed *adj.* 見付けられ(てい)ない, 看破され(てい)ない. 〖*a*1593〗

ùn·de·tér·min·a·ble *adj.* =indeterminable. 〖1581〗

ùn·de·tér·mined *adj.* **1** 定まらない, 決しない, 決定[確定]し(てい)ない, 未決[未定]の (unsettled): The question still remains ~. その問題はまだ決定を見ていない / The fire was of ~ origin. その火事は火元がはっきりしていなかった. **2** 不決断な, 心の定まらない, 決心のつかない, 優柔不断の (irresolute, vacillating): an ~ character. **3** はっきりしない, ぼんやりした (vague); 目的の決まっていない. **~·ness** *n.* 〖1442〗

ùn·de·térred *adj.* 引き止められ(てい)ない, 思い止まらされ(てい)ない, 阻止され(てい)ない. 〖1607〗

ùn·de·vél·oped *adj.* **1** 〈心身が〉十分に発達し(てい)ない, 未発達の (immature): an ~ child, muscle, body, mind, character, etc. **2** 〈土地が〉未開発の, 未発展の: an ~ area 未開発地域. 〖1736〗

ùn·dé·vi·àt·ing /-tɪŋ | -tɪŋ/ *adj.* 道をはずれない, 本道を離れない; 〈行動・目的・主義など〉わき道にそれない, 迷わない (unswerving); 一貫した. **~·ly** *adv.* 〖1732〗

ùn·de·vóut *adj.* 不信心な, 敬神の念がない. **~·ly** *adv.* 〖*a*1395〗

ùn·dí·ag·nòsed *adj.* 〘医学〙 診断未確定の. 〖1864〗

un·did /ʌndíd/ *v.* undo の過去形.

un·dies /ʌ́ndiz/ *n. pl.* 《口語》 (婦人・子供用)下着類 (underwear). 〖(1906) ← *und*- (《婉曲的略》← UNDERWEAR)+-Y²〗

ùn·díf·fer·enced *adj.* 〘紋章〙 〈紋章が〉分家・兄弟などを区別する変更が付け加えられていない (cf. difference). 〖1859〗

ùn·dif·fer·én·ti·àt·ed /-tɪ̀d | -tɪ̀d/ *adj.* **1** 差別を立てられ(てい)ない, 分化し(てい)ない; 等質の (homogeneous), 画一的な (uniform). **2** 〘病理〙 未分化の. 〖1862〗

ùn·dif·fúsed *adj.* 散乱し(てい)ない, 広がらない, 流布し(てい)ない.

ùn·di·gést·ed *adj.* **1** 消化され(てい)ない, 未消化の. **2** 十分理解され(てい)ない. **3** 整然としていない, 混乱した. 〖1528〗

ùn·di·gést·i·ble *adj.* =indigestible.

ùn·díg·ni·fied *adj.* 威厳をつけられ(てい)ない; 威厳[重み]のない, 品位のない, 威厳にかかわる: in an ~ manner みっともない態度で. 〖1689〗

ùn·di·lút·ed *adj.* 薄められ(てい)ない, 希薄にしない, 水で割らない, 生(き)のままの; 純粋な (pure). 〖1756〗

ùn·di·mín·ish·a·ble *adj.* 減少できない, 減退し得ない: ~ greatness. 〖1653〗

ùn·di·mín·ished *adj.* 〈力・質など〉減じ(てい)ない, 衰え(てい)ない, 低下し(てい)ない: ~ zeal 益々の情熱. 〖1587〗

ùn·dímmed *adj.* 薄暗くされ(てい)ない, ぼんやりしていない, はっきりした (clear), 明るい (bright). 〖1723〗

un·dine /ʌndíːn, ←→ | ←→, ←←/; *G.* ʊndíːnə/ *n.* 水の精 (water sprite, nix) 《人間と結婚して子を産めば魂を与えられるという女の精; cf. gnome² 1, salamander 2 b, sylph 1》. 〖(1657) ◻ G *Undine* ◻ F *ondine* ← NL *undīna* ← L *unda* 'wave, WATER'〗

Un·dine /ʌndíːn, ←→ | ←→, ←←/ *n.* アンディーン 《女性名》. 〖↑〗

ùn·dìp·lo·mát·ic *adj.* 非外交的な, 外交的手腕のない, 交渉のへたな, 外交辞令のへたな (tactless). **ùn·dìp·lo·mát·i·cal·ly** *adv.* 〖1828〗

ùn·di·réct·ed *adj.* **1** 指図のない, 指導者のない, 目標の不明な[定まらない]: ~ zeal, efforts, etc. **2** 宛名のない: an ~ letter. 〖1596〗

ùn·dis·cérned *adj.* 見分けられ(てい)ない, 識別[弁別]され(てい)ない, 認知[認識]され(てい)ない (unperceived). 〖1529〗

ùn·dis·cérn·i·ble *adj.* 識別[判別]できない, 見分けられない. **ùn·dis·cérn·i·bly** *adv.* **~·ness** *n.* 〖1624〗

ùn·dis·cérn·ing *adj.* わきまえのない, 分別のない, わかり[悟り]の悪い, 知覚の鈍い, 感じの鈍い (obtuse). **~·ly** *adv.* 〖1711〗

ùn·dis·chárged *adj.* **1** 果たされ(てい)ない, 履行され(てい)ない: an ~ duty. **2** 発射され(てい)ない: an ~ gun. **3** 解除され(てい)ない, 解雇され(てい)ない. **4** 〘法律〙 免責[弁済]され(てい)ない: an ~ bankrupt 免責未決済破産者. 〖1585〗

ùn·dís·ci·plined *adj.* **1** 訓練を受け(てい)ない, 修練[仕込み]の足りない, 修養を積んでいない, しつけのなってない未熟な: an ~ mind, character, etc. **2** (軍事)訓練を受け(てい)ない, 無規律な: an ~ mob. 〖1382〗

ùn·dis·closed /ʌ̀ndɪ̀sklóʊzd | -dɪsklə́ʊzd←/ *adj.* 表され(てい)ない, 暴かれ(てい)ない, 秘密にされた (undivulged): an ~ place 某地 / an ~ sum (明らかにされていない)ある金額. 〖1571〗

ùn·dis·cóm·fit·ed /-tɪ̀d | -tɪ̀d←/ *adj.* 打ち破られ(てい)ない, 打ち負かされ(てい)ない (undefeated). 〖*c*1374〗

ùn·dis·con·cért·ed /-tɪ̀d | -tɪ̀d←/ *adj.* 混乱し(てい)ない, 狼狽(ろうばい)させられ(てい)ない; 落ち着いた, 平然とした. 〖1799〗

ùn·dis·cóur·aged *adj.* 力を落としていない, 落胆し(てい)ない, 勇気をくじかれ(てい)ない; 平気な. 〖*a*1628〗

ùn·dis·cóv·er·a·ble *adj.* 見出し得ない, 発見することができない. **ùn·dis·cóv·er·a·bly** *adv.* 〖1642〗

ùn·dis·cóv·ered *adj.* 発見され(てい)ない, 見出され(てい)ない; 未知の (unknown). 〖1542〗

ùn·dis·crím·i·nàt·ing /-tɪŋ | -tɪŋ/ *adj.* 識別力のない, 見分けのつかない; 批評眼[力]のない, 大ざっぱな (uncritical): an ~ generalization. **~·ly** *adv.* 〖*a*1800〗

ùn·dis·cússed *adj.* 論じられ(てい)ない, 論証され(てい)ない, 討議され(てい)ない. 〖*c*1340〗

ùn·dis·guísed *adj.* **1** 変装[仮装]し(てい)ない, 仮面をかぶらない. **2** あからさまの, むきだしの, 隠さない (open, plain): with ~ pleasure [reluctance, hatred] いかにも楽しそうに[いやいやながら, 憎々しげに] / He made an ~ attack. 公然と攻撃した. 〖*a*1500〗

ùn·dis·guís·ed·ly /-zɪ̀d-, -zd-/ *adv.* **1** 変装せずに, 仮面をかぶらずに. **2** あからさまに, 率直に. 〖1611〗

ùn·dis·máyed *adj.* 恐れない, 平気な; 意気阻喪(そそう)し(てい)ない, 落胆し(てい)ない. 〖1615〗

ùn·dis·pátched *adj.* **1** 発送[派遣]され(てい)ない. **2** 敏速に処理され(てい)ない, さっさと片付けられ(てい)ない. 〖1589〗

ùn·dis·pélled *adj.* 追い払われ(てい)ない, 払いのけられ(てい)ない. 〖1860〗

ùn·dis·pénsed *adj.* **1** 分配され(てい)ない, 調剤され(てい)ない. **2** 実施[施行]され(てい)ない. **3** 免除され(てい)ない. 〖*a*1325〗

ùn·dis·pérsed *adj.* 散らされ(てい)ない, 散乱[分散, 解散]され(てい)ない. 〖*c*1586〗

ùn·dis·pláyed *adj.* 表明され(てい)ない, 表され(てい)ない, 見せびらかされ(てい)ない. 〖1822〗

ùn·dis·pósed *adj.* **1** [通例 ~ *of* として] 処置し(てい)ない, 片付け[取り分け](てい)ない, 配分し(てい)ない: the property ~ *of* 未処分の財産. **2** 《廃》 [叙述的] 好まない, 気が向かない (indisposed, unwilling) 〈*to do*〉: He is ~ *to* join us. 我々に加わる気がない. 〖*c*1380〗

ùn·dis·pút·a·ble *adj.* 争われない, 異議のない, 疑う余地のない. **~·ness** *n.* **ùn·dis·pút·a·bly** *adv.* 〖1598〗

un·dis·put·ed /ʌ̀ndɪ̀spjúːtɪ̀d | -tɪ̀d←/ *adj.* 争う者のない, 疑いのない, 異議がない, 確実な, 明白な (unquestioned): an ~ fact 疑いのない事実 / remain the ~ champion 押しも押されぬチャンピオンのままでいる / His superiority is ~. 彼のすぐれていることは明白だ. **~·ly** *adv.* 〖1570〗

ùn·dis·séct·ed *adj.* **1** 解剖され(てい)ない, 切開され(てい)ない. **2** 精細に調べられ(てい)ない, 詳しく批評され(てい)ない.

ùn·dis·sém·bled *adj.* **1** 仮面をかぶっていない, 変装し(てい)ない (undisguised). **2** ありのままの, 偽らない (open): ~ admiration. 〖1651〗

ùn·dis·sém·bling *adj.* しらばくれない, 空とぼけない; ありのままの, 率直な, 正直な (frank, honest): ~ friendliness. 〖1613〗

ùn·dis·só·ci·àt·ed /-tɪ̀d | -tɪ̀d/ *adj.* 〘化学〙 解離し(てい)ない, 電離し(てい)ない. 〖1899〗

ùn·dis·sólved *adj.* 溶解し(てい)ない, 融解[分解]し(てい)ない; 解散[解消]し(てい)ない. 〖1535〗

ùn·dis·tín·guish·a·ble *adj.* 区別のできない, 弁別し難い, 見分けのつかない, 紛らわしい (indistinguishable). **~·ness** *n.* **ùn·dis·tín·guish·a·bly** *adv.* 〖1595–96〗

ùn·dis·tín·guished *adj.* **1** 特別のものとみなされない, 他と異なるところのない, 見分けのつかない; 著しくない, 目立たない. **2** 他のものと混じった. **3** 平凡な, 普通の, 並みの (commonplace, ordinary). **4** 看破されない, 発見できない, 気づかれない, はっきり聞こえない. **5** 分離されない, 類別できない. 〖1595〗

ùn·dis·tín·guish·ing *adj.* 区別[弁別]しない, 無差別の (indiscriminate). **~·ly** *adv.* 〖1599〗

ùn·dis·tórt·ed *adj.* **1** ゆがんでいない, 正確な (faithful): an ~ image. **2** 極端でない, 正常な (normal): an ~ viewpoint. 〖1647〗

ùn·dis·tráct·ed *adj.* 紛らわされ(てい)ない, そらされ(てい)ない; 迷わされ(てい)ない, 狂っていない. 〖1648〗

ùn·dis·tréssed *adj.* **1** 苦しめられ(てい)ない, 悩まされ(てい)ない. **2** 〘法律〙 差し押えられ(てい)ない, 留置され(てい)ない. 〖1582〗

ùn·dis·tríb·ut·ed /-tɪ̀d | -tɪ̀d/ *adj.* **1** 分配[配布]され(てい)ない, 配当され(てい)ない. **2** 〘論理〙 〈概念が〉不周延[不拡充]の: ~ middle 〘論理〙 中[媒]概念不周延《媒概念が不周延であることによる三段論法の誤謬》. 〖1483〗

úndistributed prófits *n. pl.* 留保利益.

un·dis·turbed /ʌ̀ndɪ̀stə́ːbd | -tə́ːbd←/ *adj.* 乱され(てい)ない; (心を)悩まされ(てい)ない, 苦しめられ(てい)ない, 邪魔の入らない. **~·ly** *adv.* **~·ness** *n.* 〖*a*1610〗

ùn·di·vér·si·fied *adj.* 変化のない, 一様な (uniform). 〖1684〗

ùn·di·vért·ed /-tɪ̀d | -tɪ̀d←/ *adj.* **1** (わきへ)そらされ(てい)ない, 避けられ(てい)ない. **2** 気が晴れない, 慰められ(てい)ない. 〖1665〗

ùn·di·víd·ed /-dɪ̀d | -dɪ̀d←/ *adj.* **1** 分けられ(てい)ない, 分割され(てい)ない; 完全な, 連続した (whole, continuous): ~ lines, property, etc. **2** 配分[配当]され(てい)ない, 未配当の. **3** 専心の, 専念の, わき目もふらない, 集中した: ~ attention 専心 / ~ affection ひたむきな愛情. 〖*c*1412〗

undivided prófits *n. pl.* 〘会計〙 未処分利益《株主への配当にも利益利余金勘定にもいかない利益; 内部留保とされる》.

ùn·di·vúlged *adj.* 漏らされ(てい)ない, 暴露され(てい)ない, 公にされ(てい)ない, 秘密の. 〖1604–05〗

un·do /ʌndúː/ *v.* (**un·did** /-díd/; **-done** /-dʌ́n/; **-does** /-dʌ́z/) — *vt.* **1 a** 〈かんぬきを〉はずす, 〈服などを〉脱ぐ, 〈包み・結び目などを〉ほどいて開く, ほどく (unfasten, untie, unravel): ~ a button [collar] ボタン[カラー]をはずす / ~ the door 戸を開ける / ~ one's clothes 服を脱ぐ / ~ a parcel 小包をほどく / ~ a sealed letter 封書を開く / ~ knots [crocheting] 結び目[かぎ針の編み物]をほどく. **b** 〈人〉の衣服を脱がしてやる, ボタンなどをはずしてやる. **2** 〈いったんしたことを〉もと通りにする, もとに返す (reverse); 取り消す, 無効にする (annul): ~ the past 過去をもとに戻す / ~ an injury to others 他人に与えた損害をもとどおりにする / ~ a match 婚約を解消する / ~ the effects of a policy 政策の効果を無効にする / What is [What's] done cannot be *undone*. 《諺》 いったんしたことはもとに返らない, 「覆水盆に返らず」 (Shak., *Macbeth* 5. 1. 75). **3** 零落させる, 困窮させる; 〈人〉の名声[希望, 財産, 地位]を損なう, 台なしにする (ruin): His extravagance will ~ him some day. ああいうぜいたくをしているといつかためになるだろう. **4** 〈人の落着きを失わせる, 狼狽(ろうばい)させる (perturb), …の心を動揺させる (upset): She is utterly *undone*. 彼女はすっかり取り乱している. **5** 《古》 誘惑して[裏切って] 〈女〉の貞操を奪う; 誘惑する (seduce): ~ a girl. **6** 《Shak》 妨げる. **7** 《廃》 〈謎などを〉解く (solve), 解説する

U

(explain, unravel): ~ a riddle. — *vi.* 開く, はずれる (come open): This dress ~*es* at the back. このドレスは背部が開く. 〚OE *undōn*: cog. Du. *ontdoen* / OHG *intuon*: ⇨ un-², do²〛

un·do·a·ble /ʌndúːəbl/ *adj.* なされ得ない, 実行できない. 〚(1865) ← UN-¹+DO²+-ABLE〛

ùn·dóck *vt.* **1** 〈船を〉ドックから出す. **2** 〖宇宙〗(宇宙空間で)〈宇宙船を〉切り離す: ~ the lunar module *from* the command module 月着陸船を司令船から切り離す. — *vi.* ドックから出る. 〚1750〛

ùn·dóc·u·mènt·ed /-tɪ̀d | -tɪ̀d/ *adj.* **1** 必要な法的書類を持っていない《特に, 米国で正式ビザを持っていない不法入国者についていう》: an ~ alien ビザを持っていない外国人. **2 a** 立証[証明]を欠いている. **b** 〈本に〉出典が書いてない, 典拠を示していない. 〚1883〛

un·do·er /ʌndúːə | -dúːə(r)/ *n.* **1** 取り消す人. **2** 解く[ほどく]人. **3** (他人を)破滅に導く人, 誘惑者: This faithless friend was his ~. この信義に欠けた友人が彼を破滅させたのだ. 〚1382〛

UNDOF 《略》United Nations Disengagement Observer Force 国連兵力引き離し監視軍.

ùn·dog·mát·ic *adj.* 独断的でない. **ùn·dog·mát·i·cal·ly** *adv.* 〚1857〛

un·do·ing /ʌndúːɪŋ/ *n.* **1** もとどおりにすること, 取消し (annulment), 挽回(ばんかい) (reversal): There can be no ~ *of* the injury done to him. 彼に与えた害をもとどおりにすることはできない. **2** 解く[ほどく]こと (unfastening): the ~ *of* a parcel 小包をほどくこと. **3 a** 零落(させること), 破滅(させること): work [accomplish] one's own ~ 自分で自分を破滅させる, みずから墓穴を掘る / It is sad to see the gradual ~ *of* a great man. 立派な人物が次第に零落してゆくのを見るのは悲しい. **b** 零落[破滅, 不運]の原因: His overweening pride proved his ~ in the end. 彼の過度の自尊心がつまるところその破滅のもととなった / That will be my ~!=That will be the ~ of me! そのために私は破滅することになる. 〚(*a*1330): ⇨ undo, -ing¹〛

ùn·do·més·tic *adj.* **1 a** 家事と関係のない; 家事に不熱心な. **b** 家庭的でない, 外出好きな. **2** 国内のものでない; 手製でない; 国産でない. 〚1754〛

ùn·do·més·ti·càt·ed /-tɪ̀d | -tɪ̀d/ *adj.* **1** 〈動物が〉飼い慣らされ(てい)ない, 人に慣れ(てい)ない. **2** 〈人が家に慣れ(てい)ない, 家庭生活に適さない, 家庭的でない. 〚1834〛

un·done¹ /ʌndʌ́n/ *adj.* なされ(てい)ない, 実行され(てい)ない; でき上がらない, 完結しない, 未完成の: leave a thing ~ 事をしないで[放って]置く / remain ~ 完成されずにある / Half his work is ~. 彼の仕事は半分残っている. 〚(*a*1325): ⇨ un-¹, done〛

un·done² /ʌndʌ́n/ *v.* undo の過去分詞. — *adj.* **1** 解いた, ほどけた (unfastened): The parcel came ~. 小包がほどけた. **2** 零落した, 落ちぶれた, 破滅した (ruined): I am ~! もうだめだ, おしまいだ, やられた. 〚(1340) *undo(o)n*〛

ùn·dóu·ble *vt.* 開く, 広げる (unfold). 〚1611〛

ùn·dóu·bled *adj.* 二倍[二重]になっていない. 〚1598〛

ùn·dóubt·a·ble *adj.* 疑う余地のない, 確かな.

un·doubt·ed /ʌndáutɪ̀d | -tɪ̀d/ *adj.* **1** 疑われ(てい)ない, 疑い[疑問]の余地のない; 議論を要しない (indisputable): ~ evidence [proof] / an ~ masterpiece. **2** 本物の, 確実な (genuine, indubitable): an ~ Degas 正真正銘のドガ(の絵). 〚*c*1460〛

un·doubt·ed·ly /ʌndáutɪ̀dli | -tɪ̀d-/ *adv.* 疑いなく, 問題なく; 確かに, 確実に (certainly): She is ~ an able secretary. 彼女は確かに有能な秘書だ / *Undoubtedly* he did it. 間違いなく彼がやったのです. 〚?*a*1500〛

ùn·dóubt·ing /-tɪŋ | -tɪŋ/ *adj.* 疑わない, 怪しまない, 自信のある (confident). **~·ly** *adv.* 〚*c*1400〛

UNDP 《略》United Nations Development Program 国連開発計画.

ùn·dráined *adj.* 排水され(てい)ない; 〈水が〉涸(か)らされ(てい)ない; 飲み干され(てい)ない; 使い果たされ(てい)ない. 〚1573〛

ùn·dra·mát·ic *adj.* 戯曲的[劇的]でない; 芝居がかりでない, 目ざましくない, 印象的でない. 〚1754〛

ùn·dra·mát·i·cal *adj.* =undramatic. **~·ly** *adv.* 〚1829〛

ùn·drápe *vt.* …の衣類を脱がす, 覆いを取り去る (unclothe, uncover). 〚1869〛

ùn·dráped *adj.* 布で覆われ(てい)ない, 衣服を着(てい)ない, 衣類を脱いだ (unclothed); 裸体の (naked). 〚1814〛

ùn·dráw *v.* (**un·drew; -drawn**) — *vt.* 〈カーテン・幕などを〉(引いて)開く (open), 引き戻す (draw back), 引き去る (draw away). — *vi.* 〈幕が〉開かれる, 引かれる. 〚(1387) 1677〛

ùn·dráwn *adj.* 〈カーテン・幕などが〉引いて[あけて]ない; 搾乳していない; 〈樽など〉栓を抜いていない; 摘出していない; 描かれていない; 〈金が〉(口座から)引き出されていない, 下ろしていない. 〚1527〛

ùn·dréamed *adj.* [通例 ~ *of* として] 夢にも見ない, 思いもよらない, 全く予想もしない: at a speed ~ *of* in the early days of this century 今世紀の初期には思いもよらないスピードで. 〚1610–11〛

ùn·dréamed-òf *adj.* [限定的] 夢にも思わない, 思いもよらない, 全く思いがけない: an ~ success. 〚1636〛

ùn·dréamt *adj.* =undreamed. 〚1802〛

un·dress¹ /ʌndrés/ *vt.* **1** …の衣服を脱がせる (disrobe): ~ oneself 衣服を脱ぐ. **2** 〈傷〉の包帯を取る. **3** 飾りを取り除く. **4** 〈秘密・身の上などを〉打ち明ける, さらけ出す: ~ one's past. — *vi.* 衣服を脱ぐ. 〚(1596) ← UN-²+DRESS (v.)〛

ùn·dréss² *n.* **1** 裸(に近い)状態; 寝巻のままの状態. **2 a** (正式の服に対して)平服, 略服, 通常服 (informal dress) (cf. full dress). **b** 部屋着, ふだん着 (dishabille). **3** 〖軍事〗通常軍服. — *adj.* **1** ふだん着の; 略服の; 通常服の: ⇨ undress uniform. **2** くつろいだ. 〚(1683) ← UN-¹+DRESS (n.)〛

ùn·dréssed *adj.* **1** 衣服を脱いだ, 裸の (naked); 裸同然の: get ~ 衣服を脱ぐ. **2** ふだん着[通常服]を着た, 正式の服を着(てい)ない. **3 a** 〈傷が〉包帯し(てい)ない. **b** 〈食物が〉料理され(てい)ない; 〈料理が〉ソース・つけ合わせを添えられ(てい)ない. **c** 〈飾り窓・馬・土地など〉手入れし(てい)ない. **d** 〈革または毛皮が〉未仕上げの. **e** 〈髪が〉整えられ(てい)ない. 〚(1445) ← UN-¹+DRESSED〛

undréss ùniform *n.* 通常軍服, 平常服, 軍装, 略装《公式のとき以外に用いる; cf. dress uniform, service uniform》. 〚1829〛

ùn·dríed *adj.* 乾燥し(てい)ない, 乾かしていない; (タオル・ふきんなどで)ふき取っていない; 〈沼など〉涸(か)らしていない. 〚*c*1440〛

ùn·dríl·led *adj.* 訓練のない, 練習を積んでいない. 〚1837〛

ùn·drínk·a·ble *adj.* 飲めない, 飲用に適さない. 〚1611〛

UNDRO /ʌ́ndrou | -drəu/ *n.* 国連災害救済機関. 〚《頭字語》← *U(nited) N(ations) D(isaster) R(elief) O(rganization)*〛

ùn·drúnk *adj.* **1** 〈飲み物が〉飲まれ(てい)ない. **2** 酔っていない. 〚1637〛

Und·set /ʊ́nsɛt; *Norw* ʉ́nsɛt/, **Sig·rid** /sígri/ *n.* ウンセット (1882–1949; ノルウェーの女性の小説家; Nobel 文学賞 (1928); *Kristin Lavransdatter*「クリスティン ラヴランスダッテル」(1920–22)).

und so wei·ter /ʊntzóuvàɪtə | -zə́uvàɪtə(r); *G.* ʊntzóːvaɪtɐ/ *G.* …など (略 usw, u.s.w.). 〚(1885) ◻ G ~ 'and so forth'〛

un·due /ʌndúː, -djúː | -djúː/ *adj.* **1** 正当[適当]でない; 過度の, はなはだしい (excessive, immoderate): Don't treat the matter with ~ haste. その問題をあまりあわてて処理するな / put ~ pressure on a witness 証人に不当な圧力をかける / speak with ~ passion ひどく熱っぽく話す. **2** (時・場所・場合に)不似合いな, 不適当な, 不相応な, ふさわしくない (unbecoming, unsuitable): ~ levity, behavior, etc. **3** 〖証券〗〈手形その他の債権[債務]が〉支払期限の来ない, まだ支払い義務がない. **4** 不当な, 不都合な, まずい (improper); 非合法的な, 不法な. 〚(*a*1387)《なぞり》← (O)F *indû* ∥ L *indēbitus*: ⇨ un-¹, due〛

úndue ínfluence *n.* 〖法律〗不当威圧《医師と患者, 弁護士と依頼人, 親と子等の間の契約は不当威圧の推定を受け, 取消し原因となる》. 〚1735〛

un·du·lant /ʌ́ndʒʊlənt, -djʊ-, -dʊ- | -djʊ-, -dʒʊ-/ *adj.* 波打つ, 波のように動く; 波状の. **ún·du·lance** /-ləns/ *n.* 〚(1830) ← UNDUL(ATE)+-ANT〛

úndulant féver *n.* 〖病理〗波状熱 (⇨ brucellosis 1). 〚1896〛

un·du·late /ʌ́ndʒʊlèɪt, -djʊ-, -dʊ- | -djʊ-, -dʒʊ-/ *vi.* **1** 〈海面・湖面・風に吹かれる麦畑などが〉波動する, うねる, 波立つ, 波のように動く (⇨ swing SYN). **2** 〈地表など堅い表面が〉ゆるやかに起伏する, うねる: The land ~*s* as far as the eye can see. 土地は見渡す限り起伏し続けている. **3** 〈ふちが〉波形になっている, 波形に切ってある. — *vt.* **1** 波立たす, うねらす, 震動させる (cf. swing). **2** 波状にする. — /-lɪ̀t, -lèɪt/ *adj.* **1** 波状の, 波形の (wavy): leaves with ~ margins. **2** 起伏する (undulating). **3** 波動する. **ún·du·là·tor** /-tə | -tə(r)/ *n.* 〚*adj.*: (1658) ◻ L *undulātus* undulated ← **undula* (dim.) ← *unda* wave. — v.: (1664): ⇨ water, -ate²·³〛

ún·du·làt·ed /-tɪ̀d | -tɪ̀d/ *adj.* =undulating. 〚1623〛

ún·du·làt·ing /-tɪŋ | -tɪŋ/ *adj.* **1** 〈地表など〉起伏する, うねる: ~ hills. **2** 波状の, 波形の. **~·ly** *adv.* 〚1711〛

úndulating cádence *n.* 〖詩学〗=rocking rhythm.

úndulating mémbrane *n.* 〖動物〗波動膜, 波状膜: **a** 鞭毛虫類の本体と鞭毛との間にあって波状になっている薄膜. **b** イモリやカマスなどの精子の尾部の軸にそって波状にうねっている膜.

un·du·la·tion /ʌ̀ndʒʊléɪʃən, -djʊ-, -dʊ- | -djʊ-, -dʒʊ-/ *n.* **1** (海面・風になびく麦畑などの)波動, うねり (⇨ wave SYN); (地表の)起伏: Worms move by ~. 虫は体をうねらせて進む / The downs are raised in ~*s*. 丘陵地がうねうねと起伏している. **2** 波(状)形 (waviness). **3** 〖物理〗(光・音響の)波動, 振動 (wave, vibration). **4** 〖医学〗拍動. **5** 〖音楽〗(擦弦(さつげん))楽器で, 弦を押える指を揺り動かすことによって生じる)音の微妙な揺れ, ビブラート (vibrato). 〚1646〛

un·du·la·tive /ʌ́ndʒʊlèɪtɪv, -djʊ-, -dʊ- | -djʊlèɪt-, -dʒʊ-/ *adj.* =undulatory. 〚1860〛

un·du·la·to·ry /ʌ́ndʒʊlətɔ̀ːri, -djʊ-, -dʊ- | ʌ́ndjʊlətəri, -tri-/ *adj.* **1** 〈水面・地表など〉波動[うねり, 起伏]の; 波動する (undulating). **2** 波状の, 波形の. 〚1728〛

úndulatory théory *n.* 〖光学〗=wave theory 1. 〚1827–28〛

un·du·la·tus /ʌ̀ndʒʊléɪtəs, -djʊ-, -dʊ- | -djʊléɪt-, -dʒʊ-/ *n.* 〖気象〗波状雲. 〚← NL ~ ← L *undulātus* waving, bending: ⇨ undulate〛

un·du·ly /ʌndúːli, -djúː- | -djúː-/ *adv.* **1** 過度に, はなはだしく (excessively): be ~ excited by the arguments 議論で興奮し過ぎる / Not ~ perturbed, she remained calm. ひどくろうばいもせず, 彼女は冷静だった. **2** 不当に, 不正に (wrongly), 正当な権利もなしに, 不法に (improperly): be ~ influenced by another 他から不当に威圧を受ける (cf. undue influence). 〚(1399)《なぞり》← (O)F *indûment*: ⇨ undue, -ly¹〛

ùn·dú·pli·càt·ed /-tɪ̀d | -tɪ̀d/ *adj.* 写しのない; 繰り返されない.

ùn·dú·ra·ble *adj.* 持ちの悪い, 長もちのしない, 耐久力のない, 永続的でない. 〚*c*1550〛

ùn·dú·ti·ful *adj.* 義務を尽くさない; 不忠実な, 不従順な, 不孝な, 反抗する (rebellious): an ~ son. **~·ly** *adv.* **~·ness** *n.* 〚1582〛

un·dy /ʌ́ndi/ *adj.* 〖紋章〗=undé. 〚(1592)《変形》← UNDÉ〛

ùn·dýed *adj.* 染めていない, 色染めしていない. 〚1538〛

ùn·dý·ing *adj.* 不死の, 不滅の, 不朽の, 永遠の (immortal, eternal); 絶えない, やむ[尽きる]ことのない (unceasing): ~ glory [fame] 不滅の栄光[名声] / ~ love [affection] 永遠の愛. **~·ly** *adv.* **~·ness** *n.* 〚*a*1325〛

ùn·éared *adj.* 《廃》耕されていない. 〚lateOE *unered*: ⇨ ear³〛

ùn·éarned *adj.* **1** 労力によって得たのではない, 労力によらず得た, 不労の: ⇨ unearned income. **2** 功なくして得た, その価値のない, 分不相応の (unmerited): ~ luck. **3** 〖野球〗相手のエラーによって得点した. 〚*c*1200〛

unearned íncome *n.* 不労所得 (cf. earned income). 〚1889〛

unearned íncrement *n.* 〖経済〗(土地・資産の)自然増価. 〚1871〛

unearned prémium *n.* 〖保険〗未経過保険料.

un·earth /ʌnə́ːθ | -ə́ːθ/ *vt.* **1** (調査・探究によって)発見する, 明らかにする, 摘発する, 世に紹介する: ~ hitherto unknown documents まだ世に知られていなかった文書を発見する / ~ a secret 秘密を明らかにする. **2** 発掘する, 掘り出す (dig up, exhume): ~ a buried treasure 埋まっていた宝物を掘り出す. **3** (猟犬を駆り立てて)〈狐などを〉穴から追い出す[狩り出す]. 〚(*c*1450)《なぞり》← (O)F *déterrer*: ⇨ un-², earth〛

ùn·éarth·ly *adj.* **1** この世の物でない, この世の物とは思われない, 非現世的な, 崇高な (sublime) (⇨ weird SYN): ~ light, beauty, etc. **2** 超自然的な (supernatural), 神秘的な, 不思議な (mysterious); 不気味な, ものすごい (weird), 恐ろしい, ぞっとするような (ghastly): an ~ scream 不気味な悲鳴 / ~ pallor 幽霊のような青白さ. **3** 地[地球]上のものでない. **4** 《口語》途方もない(早い, 不都合な) (preposterous) (cf. ungodly): get up at an ~ hour 途方もない(早い)時間に起きる. **ùn·éarth·li·ness** *n.* 〚1610–11〛

ùn·éase *n.* **1** 精神的不快, 不安 (misgiving), 心配 (anxiety); (感情的な)緊張 (tension); 困惑 (embarrassment). **2** 楽でないこと, 窮屈 (uncomfortableness). **3** 《廃》身体的不快. 〚*a*1325〛

ùn·éas·i·ly *adv.* **1** 不安のうちに, 心配[懸念]して (apprehensively). **2** 困惑して, 不愉快に (uncomfortably). **3** 窮屈そうに, ぎこちなく (awkwardly). **4** 落ち着かずに, そわそわと (restlessly). **5** 不安定に, 危なかしげに. 〚*c*1290〛

ùn·éas·i·ness *n.* **1** 不安, 心配, 気づかい; 不愉快: be under [feel, experience] some ~ about …にやや不快を感じて[心配して]いる / cause [give] a person ~ 人を不快にさせる[心配をかける]. **2** 困惑 (embarrassment). **3** 窮屈. **4** 落ち着きが悪い, 不安定 (instability). 〚*a*1387〛

un·eas·y /ʌníːzi/ *adj.* (**un·eas·i·er; -i·est**) **1** 気にかかる, 心が落ち着かない, 心配な (anxious): feel [get, grow] ~ *about* the future=have [get] an ~ feeling about the future 将来のことが気にかかる / He is ~ *at* the threat of dismissal. 免職の脅しで心が動揺している / *Uneasy* lies the head that wears a crown. 王冠を戴く頭は不安だ (Shak., 2 *Hen IV* 3. 1. 31). **2** 不安な, 不穏な, 動揺した, 落ち着かない (unquiet): pass an ~ night / fall into an ~ sleep / An ~ atmosphere prevails in the city. **3** (体が)休まらない, 楽でない, 不快な, 窮屈な (uncomfortable); 〈態度など〉堅苦しい, ぎこちない, もじもじした, きまり悪そうな (constrained, awkward): an ~ bearing ぎこちない態度 / feel ~ in tight clothes 体にぴったりの服を着て窮屈だ. **4** 不安定な, 落ち着きが悪い (unstable): an ~ truce [calm] 不安定な休戦[静けさ] / be [feel] ~ in the saddle 馬に乗ってはらはらする / The young king was ~ on the throne. 若い国王は王位について不安だった. **5** 《古》(肉体的・精神的)不快を起こす (distressing): a great and ~ disappointment. **6** 《古》容易でない, 難しい (difficult): It will be ~ to find the house. その家はなかなか見つけにくかろう. 〚(*c*1290) ← UN-²+EASY〛

ùn·éat·a·ble *adj.* 食べられない, 食用に適さない. 〚1611〛

ùn·éat·en *adj.* 食べられ(てい)ない, 食べていない, 食べ残しの. 〚*c*1290〛

ùn·éath *adj.* 《古》困難な, やっかいな. — *adv.* 《古》やっと, かろうじて; ほとんど[滅多に]…ない. 〚OE *unēaþe*; ⇨ un-², eath〛

ùn·ec·o·nóm·ic *adj.* 経済(の原理)に合わない, 経済的でない, 不経済な; むだな, ぜいたくな (wasteful): ~ expenditure, prices, wages, etc. 〚1840〛

ùn·èc·o·nóm·i·cal *adj.* =uneconomic. **~·ly** *adv.* 〚1816〛

UNEDA /juːníːdə, júːnə- | -də/ *n.* 国連経済開発局. 〚《頭字語》← *U(nited) N(ations) E(conomic) D(evelopment) A(dministration)*〛

ùn·éd·i·fìed *adj.* 啓発され(てい)ない, 教化され(てい)ない. 〘1618〙

ùn·éd·i·fỳ·ing *adj.* 非啓発的な, 啓発しない, 教訓にならない; 不道徳な, よくない, 感じない: an ~ book, comic strip, film, etc. 〘1641〙

ùn·éd·it·ed /-tɪ̀d | -tɪ̀dˉ/ *adj.* **1 a** 〈原稿・出版物・映画・録音など〉未編集の, 未校閲[未改訂]の: ~ essays of students 添削して[手を入れて]ない学生の作文[小論文]. **b** 〈映画など〉未検閲の, カットされていない: an ~ film. **2** 〈文学書など〉未刊行の. 〘1829〙

ùn·éd·u·ca·ble *adj.* 教育し得ない, 教化不可能の. 〘1884〙

ùn·éd·u·càt·ed *adj.* 無教育の (untaught); 無学の, 無知の (⇨ ignorant SYN). 〘1594–95〙

UNEF /júːnɛf/ *n.* 国連緊急軍. 〘(頭字語) *U*(*nited*) *N*(*ations*) *E*(*mergency*) *F*(*orce*)〙

ùn·eléct·a·ble *adj.* 選ばれない, (特に)選挙で勝てそうもない, 不人気な.

ùn·eléct·ed *adj.* 選ばれない, 選良でない: the ~ multitude 一般大衆. 〘1581〙

ùn·e·léc·tri·fied *adj.* **1** 電化され(てい)ない. **2** 電力を供給され(てい)ない. 〘1747〙

ùn·e·mán·ci·pàt·ed *adj.* **1** 解放され(てい)ない; 奴隷の身の. **2** 親の保護下にある; 〈女が〉ひもつきの. 〘1811〙

ùn·em·bár·rassed *adj.* **1** まごつかない, ゆったりとした, 平気な, 楽な (easy). **2** 邪魔されない; 自然な. **3** 〈財産・債務など〉負債のない (unencumbered). **ùn·em·bár·rass·ed·ly** *adv.* 〘1708〙

ùn·em·bél·lished *adj.* 飾られ(てい)ない, 何の飾りもない (plain): an ~ wall. 〘1630〙

un·e·mo·tion·al /ʌ̀nɪ̀móʊʃnəl, -ʃənl | -máʊ-ˉ/ *adj.* **1** 感情[情緒]的でない, 感情によって動かない, 容易に感動を表さない (impassive, cold). **2** 冷静な, 非常な (hard-boiled): in an ~ way 冷徹に. **3** 無感動の. **4** 理知的な (intellectual). **ùn·e·mò·tion·ál·i·ty** /-ʃənǽləti | -lɪ̀ti/ *n.* **~·ly** *adv.* 〘1876〙

ùn·em·phát·ic *adj.* **1** 力をこめない, 語勢の強くない, 語気を強めない: an ~ syllable. **2** 力のない, はっきりしない, 目立たない (inconspicuous). **ùn·em·phát·i·cal·ly** *adv.* 〘1800〙

un·em·ploy·a·ble /ʌ̀nɪ̀mplɔ́ɪəbl, -ɛm-/ *adj.* (能力・年齢などの点から労働に不適当で)雇用し得ない; 使用できない, 使い道のない: an ~ person. — *n.* 雇用できない人, 雇用不適任者. **un·em·ploy·a·bil·i·ty** /ʌ̀nɪ̀mplɔ̀ɪəbíləti, -ɛm- | -lɪ̀ti/ *n.* 〘1887〙

un·em·ployed /ʌ̀nɪ̀mplɔ́ɪd, -ɛm-ˉ/ *adj.* **1** 仕事のない, 失業[失職]した: an ~ laborer 失業労働者. **2** 用い(てい)ない, 使用[利用, 活用]し(てい)ない, 遊ばせてある; 投資し(てい)ない: ~ talents [energies] 無為に遊ばせてある才能[精力] / ~ capital 遊休資本. **3** 手のすいた, 暇な: have a few hours ~ 二, 三時間暇な時間がある. **4** [the ~; 名詞的に; 集合的] 失業者 (cf. workless 2). 〘1600〙

un·em·ploy·ment /ʌ̀nɪ̀mplɔ́ɪmənt, -ɛm-/ *n.* 〘労働〙 失業(率), 失業者数; (ある特定の時間・地方における) 失業状態 (cf. full employment, underemployment 2): statistics of ~ 失業統計 / What is the ~ of this area? この地区の失業状態はどうですか / an ~ problem 失業問題. 〘(1888) ← UN-¹+EMPLOYMENT〙

unemplóyment bènefit *n.* (失業保険による)失業給付[手当]. 〘1909〙

unemplóyment compensàtion *n.* 《米》 失業補償. 〘1944〙

unemplóyment insùrance *n.* 失業保険. 〘1923〙

unemplóyment lìne *n.* 《米》 =dole queue.

ùn·en·clósed *adj.* **1** 〈土地が〉囲まれ(てい)ない: ~ land. **2** 〈尼僧など〉僧院[修道院]に入っていない: an ~ nun. 〘1676〙

ùn·en·cúm·bered *adj.* **1** 妨げのない, 邪魔のない; (特に)〈不動産が〉(抵当・負債などの)負担のない. **2** 扶養家族のない: a free ~ creature 自由な独身者. 〘1722〙

ùn·énd·ed *adj.* 終わらない, 終了[完結]し(てい)ない. 〘*c*1250〙

ùn·énd·ing *adj.* **1** 終わりのない, 永遠の, 永久の (eternal, everlasting): ~ bliss 永遠の幸福. **2** 絶えない, 絶え間ない, 不断の, 果てしない (ceaseless, continuous): ~ effort, toil, chatter, etc. **3** 途方もない, 法外な (extravagant). **~·ly** *adv.* **~·ness** *n.* 〘1661〙

ùn·en·dórsed *adj.* **1** 裏書きされ(てい)ない: an ~ check. **2** 認可され(てい)ない (unapproved). 〘1682〙

ùn·en·dówed *adj.* **1** 〔…を〕付与され(てい)ない, 天賦の才能のない〔*with*〕: be ~ *with* genius 天分に恵まれていない. **2** 《古》 持参金のない (dowerless). 〘1647〙

ùn·en·dúr·a·ble *adj.* **1** 耐えられない; 辛抱[我慢]できない (intolerable): an ~ insult. **2** =unenduring. **~·ness** *n.* **ùn·en·dúr·a·bly** *adv.* 〘1630〙

ùn·en·dúr·ing *adj.* 長続きしない (short-lived); 忍耐心のない. 〘1814〙

ùn·en·fórce·a·ble *adj.* 実施し[され]得ない: an ~ law, reform, etc. 〘1868〙

ùn·en·fórced *adj.* 実施され(てい)ない, 励行[強行]され(てい)ない; (特に)法的に発効し(てい)ない, 未発動の (dormant): an ~ speed limit. 〘1607〙

ùn·en·frán·chised *adj.* 選挙権[参政権]を与えられ(てい)ない. 〘1832〙

ùn·en·gáged *adj.* **1** 先約のない; (特に)婚約し(てい)ない. **2** 用事のない, ひまな (free). 〘1653〙

ùn·Éng·lish *adj.* **1** 英国人らしくない, 英国風でない, 非英国的な. **2** 英語らしくない: ~ pronunciation. 〘1633〙

ùn·en·jóy·a·ble *adj.* 楽しくない, 面白くない (joyless): an ~ excursion つまらない遠足. 〘*a*1797〙

ùn·en·jóyed *adj.* **1** 楽しみを与えられ(てい)ない, わびしい (dreary). **2** 享有され(てい)ない. 〘1643–45〙

ùn·en·líght·en·ed *adj.* **1** 啓蒙され(てい)ない, 悟りに達し(てい)ない, もののわからない; 未開の, 暗愚な (benighted). **2** 《古》 照らされ(てい)ない. 〘*a*1656〙

ùn·en·lív·ened *adj.* [しばしば名詞の後に置いて] 活気[元気]づけられない: a life ~ by romance. 〘1692〙

ùn·en·ríched *adj.* **1** (ビタミンなどの添加物によって)栄養価を高められていない: ~ bread. **2** [しばしば名詞の後に置かれて] 富裕にされない: a clerk ~ by graft 不正利得で豊かにならなかった吏員. 〘1723〙

ùn·en·rólled *adj.* **1** 名簿に記入され(てい)ない, 登録され(てい)ない, 会員にされ(てい)ない. **2** 兵役について[兵籍に入って]いない. 〘1837〙

ùn·en·sláved *adj.* **1** 奴隷にされ(てい)ない, 自由な (free). **2** (心の)卑屈でない: an ~ spirit. 〘1691〙

ùn·entángle *vt.* (…のもつれを)ほどく, 解く (disentangle). 〘1610〙

ùn·en·tán·gled *adj.* **1** もつれさせられ(てい)ない, 絡(から)ませられ(てい)ない. **2** 巻添えにされ(てい)ない. 〘*a*1586〙

ùn·én·tered *adj.* **1** 記入[登記]され(てい)ない. **2** まだ中に入ったことのない: an ~ cave. 〘1482〙

ùn·én·ter·pris·ing *adj.* 企業心に乏しい; 進取的[冒険的]でない (unadventurous). 〘1777〙

ùn·èn·ter·táin·ing *adj.* 楽しませない, 心を慰めない, 面白くない (unamusing): an ~ play **~·ly** *adv.* 〘1697〙

ùn·en·thrálled *adj.* とりこ[奴隷]にされ(てい)ない. 〘1649〙

ùn·en·thù·si·ás·tic *adj.* **1** 熱心でない, 熱狂的でない (spiritless). **2** 冷ややかな, 微温的な (lukewarm): an ~ review. **3** 浮き浮きしていない, 楽観的でない: He is ~ *about* his prospects. 前途について楽観していない.

ùn·en·thù·si·ás·ti·cal·ly *adv.* 〘1805〙

ùn·en·títled *adj.* **1** 名[称号]を与えられ(てい)ない, 〈本が〉題名を付けられ(てい)ない. **2** 〔…の〕権利[資格]を与えられ(てい)ない, 〔…を〕受ける権利がない〔*to*〕: He is ~ *to* the honor. その名誉を受ける資格がない. 〘*a*1768〙

ùn·én·vi·a·ble *adj.* **1** ねたましくない, うらやむに足らない: an ~ standard of living うらやむに足らない生活水準. **2** 困った (awkward): in an ~ position. **ùn·én·vi·a·bly** *adv.* 〘1641〙

ùn·én·vied *adj.* ねたまれ(てい)ない, うらやましがられない. 〘*a*1393〙

ùn·én·vi·ous *adj.* ねたまない, うらやましがらない: an ~ person. **~·ly** *adv.* 〘1656〙

ùn·én·vy·ing *adj.* ねたまない, うらやまない. 〘1741〙

UNEP /júːnɛp/ *n.* 国連環境計画. 〘(頭字語) ← *U*(*nited*) *N*(*ations*) *E*(*nvironment*) *P*(*rogram*)〙

ùn·éq·ua·ble *adj.* **1** 平らでない, むらがある, 一様[均一]でない, 変わりやすい (changeable): an ~ climate. **2** 変調を来たしやすい, 調子の狂いやすい, 機嫌が変わりやすい, お天気屋の (unstable): a man of ~ temper お天気屋さん. 〘1692〙

un·e·qual /ʌ̀níːkwəlˉ/ *adj.* **1 a** (大きさ・重さ・長さなど)等しくない, 同等でない, 不等の: These ropes are ~ in length.=These ropes are of ~ length. これらのロープは長さが同じでない. **b** (価値・質・身分・能力など)不同である, 一様でない, むらがある: ~ pay 格差のある賃金. **2** 不同の, ふぞろいの, 不整の (irregular). **3** 均衡[バランス]の悪い, 不平均な, 不平等な (uneven); 不釣合いの人と結ばれた (ill-matched): an ~ contest (相手が釣り合っていない)不公平な試合 / an ~ marriage 不似合いな結婚. **4** (能力などの点で)〔…に〕不十分な, 適当でない, 耐えない (inadequate)〔*to*〕: He will be ~ *to* the task. その仕事に耐えられないだろう / I am ~ *to* his pace. 彼の歩調についていけない / He felt ~ *to* the fight. その戦いはとても無理だと思った. **5** 平らでない, ごつごつした (rugged, uneven): an ~ surface. **6** 《古》 〈数が〉奇数の (odd). **7** 《古》 不公平な, 不正な (unjust, unfair).
— *n.* **1** [通例 *pl.*] 不等[ふぞろい, 不適当, 不釣合い]な人[物]: a struggle between [of] ~*s* 不釣り合いな人達の間の戦い. **2** 〘数学〙 等しくない数[量] (cf. inequality). **~·ly** *adv.* **~·ness** *n.* 〘1535〙

ùn·é·qualed, 《英》 **ùn·é·qualled** *adj.* 匹敵するものがない, 無敵の, 無比の (unparalleled); 先例のない (unprecedented): ~ success 空前絶後の成功 / a place ~ for scenic beauty 景観という点では他に類を見ない場所. 〘1622〙

ùn·e·quípped *adj.* 用意され(てい)ない, 装備され(てい)ない. 〘1895〙

ùn·éq·ui·ta·ble *adj.* =inequitable.

un·e·quiv·o·cal /ʌ̀nɪ̀kwívəkəl, -klˉ/ *adj.* **1** 〈語句など〉あいまいでない, 紛らわしくない, 一つの意味だけを表す; 明白な (clear, plain): ~ evidence 明白な証拠. **2** はっきり(した言葉で)表された, 確実な (explicit, certain): the ~ language of the laws. **3** 疑いのない (unmistakable); 絶対的な (absolute); 決定的な, 争う余地のない, 最終的な (conclusive): an ~ refusal, promise, diagnosis, etc. **~·ly** *adv.* **~·ness** *n.* 〘1784〙

ùn·e·rásed *adj.* 消され(てい)ない, 削除され(てい)ない. 〘1760–72〙

ùn·érr·ing *adj.* **1** 誤らない, あやまたない, 失策のない (faultless, unfailing); 確実な, 確かな, 的確な (sure, certain): an ~ aim 確かな狙い / ~ judgment [insight] 誤りのない[的確な]判断[洞察]. **2** 道をはずれない, 的をはずれない (undeviating). **~·ly** *adv.* **~·ness** *n.* 〘1621〙

ùn·es·cáp·a·ble *adj.* **1** のがれ[避け]られない, 免れ難い (unavoidable). **2** 論理的に出て来る, 必然の (inevitable): an ~ conclusion. 〘1614〙

U·NES·CO, U·nes·co /juːnéskoʊ | -kəʊ/ *n.* ユネスコ, 国連教育科学文化機関 《国連の専門機関の一つ》. 〘(1945) (頭字語) ← *U*(*nited*) *N*(*ations*) *E*(*ducational*), *S*(*cientific, and*) *C*(*ultural*) *O*(*rganization*)〙

ùn·es·córt·ed /-tɪ̀d | -tɪ̀dˉ/ *adj.* 護衛されてない, 同伴者のいない. 〘1774〙

ùn·es·sáyed *adj.* 試みられ(てい)ない. 〘1642〙

ùn·es·sén·tial *adj.* **1** =inessential. **2** 《古》 本質[実体]のない. — *n.* 本質的でない物. **~·ly** *adv.* 〘*a*1656〙

ùn·es·táb·lished *adj.* **1** 設立[設定, 制定]され(てい)ない. **2** まだ名声の確立されていない, 無名の. **3** 〈教会が〉国教にされ(てい)ない, 非国教会の. **4** 《英》 〈働き手・仕事など〉臨時の, パートタイムの. 〘1646〙

ùn·es·thét·ic *adj.* 美的でない, 風雅でない. 〘1832〙

ùn·éth·i·cal *adj.* 非倫理的な, 道義に反する. **~·ly** *adv.* 〘1871〙

ùn·Èu·ro·pé·an *adj.* 非ヨーロッパ的な. 〘1846〙

ùn·e·van·gél·i·cal *adj.* 福音書に合致しない, 反[非]福音書的な; 非プロテスタント的な. 〘1648〙

un·e·ven /ʌ̀níːvənˉ/ *adj.* **1 a** 平らでない, 高低のある, でこぼこした (⇨ rough SYN); ふぞろいの, ごつごつした (ragged, irregular): ~ surface, road, ground, etc. / ~ teeth ふぞろいの歯 / ~ handwriting 高低のある筆跡. **b** まっすぐでない, 平行でない. **2** 一様でない, 平均していない, むらのある, 変わりやすい, ふぞろいな (irregular, inconsistent): a person of ~ temperament むら気な人 / ~ earnings むらのある所得. **3** 等質でない, 品質にむらがある: an ~ performance むらのある演技[演奏]. **4** 釣合いがとれ(てい)ない (unequal): an ~ contest 段違いの競争. **5** 〘数学〙 2 で割りきれない, 奇数の (odd): ~ numbers. **6** 《廃》 公正でない (unfair). **~·ly** *adv.* **~·ness** *n.* 〘OE *unefen* ← Gmc (Du. *oneven*, *-effen* / G *uneben* / ON *ū-*, *ōjafn*): ⇨ un-¹, even¹〙

ùnèven bárs *n. pl.* [(the) ~] 〘体操〙 段違い平行棒 《uneven parallel bars ともいう》. 〘1972〙

ùn·e·vént·ful *adj.* **1** 事件のない, 多事でない, 波乱のない, 平穏無事な (placid); 平凡な (commonplace, ordinary): an ~ life これといった事件もない無事な一生. **2** 不都合な出来事もなくいく, 順調な: ~ development 円滑[順調]な発展. **~·ly** *adv.* **~·ness** *n.* 〘1800〙

ùn·ex·áct·ing *adj.* 強要的でない, 厳しくない, つらくない; 楽な, うるさくない (easy). 〘1862〙

ùn·ex·ág·ger·àt·ed *adj.* 誇張され(てい)ない, 大げさでない; 潤色し(てい)ない, ありのままの, 率直な (plain): an ~ report. 〘1770〙

ùn·ex·ált·ed *adj.* **1** 〈名誉など〉高められ(てい)ない; 〈身分・官位など〉上げられ(てい)ない, 昇級しない. **2** 得意にならない, 称揚され(てい)ない; 霊感を与えられ(てい)ない (uninspired). 〘1611〙

ùn·ex·ám·ined *adj.* 試験を受け(てい)ない, 無調査[検査, 審査]の, 審問され(てい)ない. 〘1495〙

ùn·ex·ám·pled *adj.* [しばしば名詞の後に置かれて] 例のない, 前例のない (unprecedented); 無比の (unparalleled); 例外的な (exceptional): ~ kindness 無類の親切 / prosperity ~ in history 史上空前の繁栄 / ~ to my knowledge 私の知るところでは初めての. 〘1610〙

ùn·ex·célled *adj.* 他にまさるものがない, 最高の (superb): an ~ academic record 最高の学業成績. 〘*a*1800〙

un·ex·cep·tion·a·ble /ʌ̀nɪksépʃ(ə)nəbl, -ɛk-ˉ/ *adj.* 反対しようがない, 非の打ち所がない, 申し分がない (unobjectionable, irreproachable); 完全な (perfect), 立派な, すぐれた (excellent). **~·ness, ùn·ex·cèp·tion·a·bíl·i·ty** /-sèpʃ(ə)nəbíləti | -lɪ̀ti/ *n.* **ùn·ex·cép·tion·a·bly** *adv.* 〘1664〙

ùn·ex·cép·tion·al *adj.* **1** 例外[異例]でない, 通例の, 普通の (ordinary). **2** 例外を認めない, 例外のあり得ない: ~ orders. **3** 《非標準》 =unexceptionable. 〘1775〙

ùn·ex·cép·tion·al·ly *adv.* 例外なく, いずれの場合でも, あまねく (universally), 一様に. 〘1866〙

ùn·ex·chánge·a·ble *adj.* 交換できない, 兌換(だかん)し得ない (incommutable).

ùn·ex·cít·a·ble *adj.* 興奮しない, 刺激に反応のない: an ~ temperament. 〘1839〙

ùn·ex·cít·ed /-tɪ̀d | -tɪ̀dˉ/ *adj.* **1** 興奮し(てい)ない, 平然とした (calm). **2** (外的)刺激に影響され(てい)ない. 〘1735〙

ùn·ex·cít·ing /-tɪŋ | -tɪŋˉ/ *adj.* 興奮させない, 刺激的でない; 散文的な, 平凡な (commonplace), 退屈な: an ~ life, novel, etc. 〘1833〙

ùn·ex·cúsed *adj.* (正式に)許され(てい)ない, 免ぜられ(てい)ない: an ~ absence. 〘*c*1650〙

ùn·éx·e·cùt·ed *adj.* **1** 履行され(てい)ない, 仕遂げられ(てい)ない, 執行され(てい)ない. **2** (特に, 法的に)執行手続きを完了し(てい)ない: an ~ agreement. 〘1585〙

ùn·ex·ém·pli·fìed *adj.* 例証がない, 例示され(てい)ない. 〘*a*1634〙

ùn·éx·er·cised *adj.* **1** 運用され(てい)ない, 実行され(てい)ない. **2** 運動に慣れ(てい)ない. **3** 〈権力・権威など〉行使し(て)ない: an ~ right, privilege, etc. **4** 《古》 運動の準備をし(てい)ない, 訓練ができていない. 〘*c*1380〙

ùn·ex·háust·ed *adj.* まだ尽きない; 使い尽くされ(てい)ない, まだ産出力のある: an ~ well 水涸(か)れしてない井戸

/ an ~ fund まだ使い尽くされていない資金．〖1602〗

ùn·ex·pánd·ed *adj.* **1** 拡張され(てい)ない．**2** 詳述され(てい)ない．**3** 〈花・葉など〉まだ開いていない．〖1664〗

un·ex·pect·ed /ʌ̀nɪ̀kspéktɪ̀d, -ɛks-ˈ/ *adj.* **1** 予期しない，思いも寄らない，不意の，不慮の (unforeseen)，突然の，突発的な (⇨ sudden **SYN**): ~ news 予期せぬ知らせ / an ~ guest [visitor] 不意の客．**2** [the ~; 名詞的] 思いがけない[意外な]事柄: It is *the* ~ that always happens.＝Nothing is so certain as *the* ~.《諺》思いがけない事はいつも起こるもの．**~·ness** *n.* 〖*a*1586〗

ùn·ex·péct·ed·ly *adv.* 思いがけなく，不意に，突然 (suddenly); 意外に．〖1605〗

ùn·ex·pénd·a·ble *adj.* **1** 使えない，消費できない[してはいけない]．**2** 消費しきれない，無尽蔵の (inexhaustible)．**3** なくてはならぬ (essential)，絶対必要な．

ùn·ex·pénd·ed *adj.* 使われ(てい)ない，消費され(てい)ない: ~ provisions．〖1571〗

ùn·ex·pén·sive *adj.* ＝inexpensive．**~·ly** *adv.* **~·ness** *n.* 〖1642〗

ùn·ex·pé·ri·enced *adj.* 経験がない，未経験な，まだ経験し(てい)ない; 試みたことがない (untried)．〖1569〗

un·ex·pe·ri·ent /ʌ̀nɪ̀kspɪ́ᵊriənt | -pɪər-ˈ/ *adj.*《廃》＝inexperienced．〖1609〗

ùn·éx·pi·àt·ed /-tɪ̀d | -tɪ̀d/ *adj.* 贖(あがな)われ(てい)ない，償われ(てい)ない: an ~ crime．〖1681〗

ùn·ex·píred *adj.* **1** 消えない; 尽きない．**2** 〈借地権など〉満期にならない，期限内の: an ~ lease．〖1570〗

ùn·ex·pláin·a·ble *adj.* 説明[弁明]できない; 解釈できない (unaccountable): an ~ fear．**ùn·ex·pláin·a·bly** *adv.* 〖*a*1711〗

un·ex·plained /ʌ̀nɪ̀kspléɪnd, -ɛks-ˈ/ *adj.* 説明[解明]され(てい)ない，弁明され(てい)ない: an ~ mistake / His death is still ~. 彼の死因はまだ解明されていない / The reasons remain ~. 理由は説明されていない．〖1721〗

ùn·ex·plíc·it *adj.* 明白でない，不明瞭な (vague)．**~·ly** *adv.* 〖1838〗

ùn·ex·plód·ed *adj.* 爆発させられ(てい)ない; 爆薬を込めたままの，未発の: an ~ shell 未発弾．

ùn·ex·plóit·ed *adj.* **1** 利用[搾取]され(てい)ない，食い物にされ(てい)ない．**2** 経済的に利用され(てい)ない，未開発の (undeveloped): ~ natural resources 未開発天然資源．〖1888〗

ùn·ex·plóred *adj.* 探検され(てい)ない，未踏査の，未調査の; 探究され(てい)ない．〖1697〗

ùn·ex·pósed *adj.* **1** 曝(さら)され(てい)ない，暴露され(ていない; 公然と示され(てい)ない．**2** 露出され(てい)ない: an ~ film [plate] 未露出フィルム[乾板]．〖*a*1691〗

ùn·ex·préssed *adj.* **1** 表され(てい)ない，表現され(てい)ない，言い表されてい)ない: ~ emotion．**2** 暗黙に了解された，暗々裏の (tacit): an ~ understanding 暗黙の了解．〖1561〗

ùn·ex·préss·i·ble *adj.* ＝inexpressible．〖1621〗

ùn·ex·prés·sive *adj.* **1** 表情[表現力]の乏しい; 十分に意を伝えていない (inexpressive)．**2**《廃》言い表せない，えも言われぬ (ineffable)．**~·ly** *adv.* **~·ness** *n.* 〖1599〗

ùn·éx·pur·gàt·ed /-tɪ̀d | -tɪ̀d/ *adj.* 〈書物などのいかがわしい部分が〉削除され(てい)ない，無削除の．〖1882〗

ùn·ex·ténd·ed *adj.* **1** 広げられ(てい)ない，伸ばされ(てい)ない: ~ arms．**2** 〈物質が〉伸張性のない: an ~ substance．〖1648〗

ùn·ex·tín·guish·a·ble *adj.* **1** 〈火・光など〉消し得ない．**2** 〈争い・笑いなど〉静め[抑え]得ない: ~ laughter．〖1642〗

ùn·ex·tín·guished *adj.* **1** 消え(てい)ない: an ~ fire．**2** 絶滅し(てい)ない，まだ生きている．〖1697〗

ùn·fáce·a·ble *adj.* 直面[正視]できない，面と向かえない，見るに耐えない．〖(*a*1825) 1889〗

ùn·fáced *adj.* **1** 仕上げ面[化粧表]をつけ(てい)ない: an ~ surface．**2**〘結晶〙結晶面の出(てい)ない．〖*c*1930〗

ùn·fád·a·ble *adj.* **1** 〈色が〉あせることのない (fast)．**2** 忘れることのできない (memorable): an ~ act．〖1626〗

ùn·fád·ed /-dɪ̀d | -dɪ̀dˈ/ *adj.* **1** 〈色が〉あせない; しぼまない; 衰えない，新鮮な (fresh)．〖?*a*1550〗

ùn·fád·ing /-dɪŋ | -dɪŋˈ/ *adj.* **1** 色のあせない，さめにくい，しおれにくい，しぼまない: an ~ flower 色あせない花．**2** 衰えない，不滅の (imperishable): ~ glory 不朽の栄誉．**~·ly** *adv.* 〖1652〗

ùn·fáil·ing *adj.* **1** 尽きない，絶えない，無尽蔵の (inexhaustible): an ~ supply of water 尽きることのない水の供給 / a novel of ~ interest 興味の尽きることのない小説 / an ~ source of amusement 尽きることのない娯楽の源泉．**2** 屈することのない，衰えない (unflagging): an ~ fighting spirit ますます盛んな戦意．**3** 期待を裏切らない，間違いのない，確かな，信頼のできる (sure): an ~ champion, friend, hope, supporter, etc. / be ~ *in* one's duty 義務を手落ちなく遂行する．**~·ly** *adv.* **~·ness** *n.* 〖1382〗

un·fair /ʌ̀nféə | -féəʳˈ/ *adj.* **1** (術策や卑劣な手段に頼って)公明正大でない，不正直な，ずるい，不正な; 不当な，不公平な (unjust): an ~ judge, judgment, contest, comment, etc. / an ~ player, opponent, etc. / take ~ advantage of a person 卑劣な手で人に一杯食わせる / ~ means 不正手段 / It was ~ that she wasn't promoted. 彼女が昇進しなかったは不当なことだった / It was ~ *of* her [She was ~] to say that. そんな事いうなんて彼女は不公平な人だ．**2** 不釣合いな，不当な，過度の (excessive): an ~ share．**3** 〈風が〉反対の，逆の (unfavorable): an ~ wind《古》逆風．**—** *vt.*《Shak》…から美しさを奪う．**~·ly** *adv.* **~·ness** *n.* 〖OE *unfæger*: cog. ON *ūfagr* / Goth. *unfagrs*: ⇨ un-¹, fair¹〗

unfair competítion *n.* **1** 不正競争(行為)．**2** 不正競争手段の行使《passing off ともいう》．

únfair list *n.*《米》不公正雇用者リスト《労働組合員の雇用を拒否したり労働条件を無視したりする雇用者のリスト》．

únfair práctice *n.* **1** ＝unfair competition．**2** 不公正な取引方法．

ùn·fáith *n.* **1** 不信仰; 不信 (disbelief)．**2** 反宗教的信念．〖1415〗

un·faith·ful /ʌ̀nféɪθfəɫ, -fɫ̩ˈ/ *adj.* **1** 義務[忠誠，約束など]を守らない，不実な，不忠の (⇨ faithless **SYN**): an ~ servant, friend, subject, etc. / ~ *to* one's friend．**2** 不貞の: an ~ wife, husband, etc．**3** 不正確な (inaccurate): an ~ transcript 不正確な写本．**4**《古》誠意のない，不誠実な，不正直な．**5**《廃》不信心な，無信仰の (unbelieving, infidel)．**~·ly** *adv.* **~·ness** *n.* 〖*c*1384〗

ùn·fáll·en *adj.* (道徳的に)堕落し(てい)ない: an ~ man．〖1653〗

ùn·fáll·i·ble *adj.*《廃》全く確かな (infallible)．〖1529〗

ùn·fál·ter·ing *adj.* **1** 〈足取りなど〉よろよろしない，しっかりした (steady): with ~ steps しっかりした足取りで．**2** (しっかりしていて)震えない: an ~ voice．**3** 余念のない，一心になった，熱心な (intent): an ~ gaze．**4** ためらわない，ちゅうちょしない (unhesitating)，断固とした (resolute): ~ courage, determination, etc．**~·ly** *adv.* 〖1727〗

un·fa·mil·iar /ʌ̀nfəmíljə, -liə | -liəʳ, -ljəʳˈ/ *adj.* **1** よく知らない，熟知していない; 見慣れない，珍しい (strange): an ~ face, landscape, etc．**2 a** 不慣れの，不案内の，未知の (unaccustomed, unknown): an ~ language / The subject is ~ *to* me. その問題は私はよく知らない．**b** 〔…に〕親しんでいない，通じていない，慣れていない，〔…の〕経験がない (unacquainted)〔*with*〕: They are ~ *with* the habits of refined society. 上流社会の慣習に慣れていない / I am ~ *with* the subject. 私はその問題はよく知らない．**~·ly** *adv.* 〖1594〗

un·fa·mil·iar·i·ty /ʌ̀nfəmìljǽrəṭi, -liǽr-, -ɛ́r- | -liǽrɪ̀ti, -ljǽr-/ *n.* よく知らないこと，不案内，慣れていないこと; 珍しいこと．〖1755〗

ùn·fán·cied *adj.* 勝つと予想されていない，黒星予想の〈チーム・競走馬など〉; 思ってもみない; 好かれない．〖1655〗

ùn·fán·cy *adj.* 飾り気のない，単純な，素朴な (simple)．

un·fash·ion·a·ble /ʌ̀nfǽʃ(ə)nəbɫ̩ˈ/ *adj.* **1** 当世風でない，流行遅れの，はやらない，すたれた: ~ clothes / It is ~ to hold such views. そんな考えを抱くのは時代遅れだ．**2** 上流でない: ~ neighborhoods．**3**《廃》形がない; 不恰好な．**~·ness** *n.* **ùn·fásh·ion·a·bly** *adv.* 〖1563〗

ùn·fásh·ioned *adj.* **1** 形作られ(てい)ない; 加工され(てい)ない (unwrought): an ~ jewel．**2**《古》洗練され(てい)ない，上品でない (inelegant)．〖1538〗

ùn·fást·en *vt.* 解く，ほどく，はずす，ゆるめる (unfix, undo); 離す (detach): ~ a button ボタンをはずす / ~ a boat *from* its moorings 船を係留所から引き離す．**—** *vi.* 解ける，はずれる，ゆるむ．〖?*a*1200〗

ùn·fást·ened *adj.* 縛っていない，結び付けていない，締めていない; 解かれた，ゆるめられた，はずれた (loose, unlocked): ~ hair ほつれ髪 / an ~ door．〖1587〗

ùn·fá·thered *adj.* **1** 父に認知され(てい)ない，私生児の (bastard)．**2** 著者[身元，出所など]の知られ(てい)ない: an ~ theory だれのとも知られていない学説．**3**《廃》父のない (fatherless)．〖*a*1586〗

ùn·fá·ther·ly *adj.* 父らしくない．〖1621〗

ùn·fáth·om·a·ble *adj.* **1** 計り難い，計り知れない，深さ[底]の知れない (immeasurable): an ~ sea, lake, etc. / (as) ~ as the sea とても深い．**2** 深遠な，不可解な，解決のできない (inexplicable): an ~ mystery, secret, etc．**~·ness** *n.* **ùn·fáth·om·a·bly** *adv.* 〖1617〗

ùn·fáth·omed *adj.* **1** 〈深さなど〉計り知られ(てい)ない．**2** 無量の，広大な (immense): the ~ might of man 人間の無限の力．〖1623〗

ùn·fa·tígued *adj.* 疲れ(てい)ない (unwearied)．〖1705〗

un·fa·vor·a·ble /ʌ̀nféɪv(ə)rəbɫ̩ˈ/ *adj.* **1** 都合の悪い，不運[不利]の，逆の，反対の (adverse): ~ weather for outdoor sports 戸外スポーツには不向きな天気 / an ~ wind 逆風 / ~ exchange 逆為替．**2** 不承知を表す; 否定の (negative): an ~ reply 不承知の返事．**3** 好ましくない，気に入らない，いやな (undesirable)．**4** 〈貿易が〉輸入超過の: the ~ balance of trade 貿易逆調，輸入超過．**5** 〈姿・顔だちが〉醜い，かんばしくない，みっともない (ill-favored)．**~·ness** *n.* **ùn·fá·vor·a·bly** *adv.* 〖1548〗

ùn·fá·vor·ite *adj.* 気にいらない，大嫌いな．〖1934〗

ùn·fázed *adj.* うろたえない，ひるまない，動じない，平気な．〖1951〗

ùn·féared *adj.* **1** 恐れられ(てい)ない．**2**《廃》恐れない．〖1435〗

ùn·féar·ing *adj.* 恐れない，ひるむことのない，豪胆な．〖1796〗

ùn·féa·si·ble *adj.* 実行できない，実施し難い．〖1527〗

ùn·féath·ered *adj.* **1 a** 羽毛がない，まだ羽毛が生え(てい)ない (unfledged)．**b** 羽[毛]をむしられた (plucked): an ~ goose．**2** 未発達の，青二才の (callow)．**3** 〈矢が〉羽のついていない (unfledged)．〖1570〗

ùn·féa·tured *adj.* 大きく扱われない，目立たない，特色のない，とりとめのない．〖1693〗

ùn·féd *adj.* **1** 食物を与えられ(てい)ない，給養され(てい)ない．**2** 〈ストーブ・火など〉燃料を与えられ(てい)ない．**3** 支持を与えられ(てい)ない．〖*a*1325〗

Un·féd·er·at·ed Maláy Státes /ʌ̀nfɛ́dər-èɪtɪ̀d- | -dərèɪtɪ̀d-/ *n. pl.* [the ~] マライ[マレー]非連合州《英領植民地時代 (1885–1909) の Malay 半島の 5 州; Malaya 連邦を経て現在はマレーシアの一部》．

ùn·féed *adj.* 給料をもらっていない，無報酬の (unpaid): an ~ lawyer．〖(1604–5) ← UN-¹＋FEED¹〗

ùn·féel·ing *adj.* **1** 感覚[感情]を持たない (insensate): an ~ tree．**2** 無情な，不人情な (hardhearted)，冷酷な，残酷な (harsh, cruel): an ~ man．**~·ly** *adv.* **~·ness** *n.* 〖OE *unfēlende*: ⇨ un-¹, feeling〗

ùn·féigned *adj.* 偽らない，真実の，誠実な，ありのままの (genuine) (⇨ sincere **SYN**)．**ùn·féign·ed·ly** *adv.* **ùn·féign·ed·ness** *n.* 〖*c*1375〗

ùn·félt *adj.* 何も感じない．〖*a*1586〗

ùn·fém·i·nine *adj.* 女らしくない，女性的でない，女々しくない，柔和でない (unwomanly)．〖1757〗

ùn·fénced *adj.* **1** 垣[柵，塀]がない，囲いがない: an ~ field．**2** 守りのない，無防備の．〖1548〗

ùn·fer·mént·ed /-tɪ̀d | -tɪ̀dˈ/ *adj.* **1** 発酵し(てい)ない，パン種を入れ(てい)ない．**2** (熱情などを)たぎらせ(てい)ない，沸き返らされ(てい)ない，沸き立たない．〖1663〗

ùn·fér·tile *adj.* 〈土地が〉肥えていない，豊富でない，実を結ばない (infertile)．〖1596〗

ùn·fér·ti·lìzed *adj.* **1** 〈土地が〉豊かでない，肥沃でない．**2**〘生物〙受精し(てい)ない，未受精の．〖1893〗

ùn·fét·ter *vt.* **1** …の足かせを取り去る (unshackle)．**2** …の束縛を解く，自由にする，釈放[放免]する (emancipate)．〖*a*1376〗

ùn·fét·tered *adj.* **1** 足かせを取り去られた，束縛を解かれた，自由にされた．**2** 〈思想・行動が〉拘束を受け(てい)ない，独立の，自由な (independent, free)．〖1601〗

ùn·fíg·ured *adj.* **1** 模様のない，無地の; 人物像が入ってない: an ~ painting．**2** 〈文体が〉修辞法を用いない，文彩[文飾]を欠いた: an ~ style．〖1577〗

ùn·fíl·i·al *adj.* 子らしくない，親不孝な (undutiful): an ~ son．**~·ly** *adv.* 〖1610–11〗

ùn·fílled *adj.* **1** 満たされ(てい)ない，空(から)の (empty): an ~ bottle．**2** 詰め物の入ってない．〖*c*1400〗

ùn·fílmed *adj.* 〈小説など〉映画化され(てい)ない．〖1871〗

ùn·fíl·ter·a·ble *adj.*〘細菌〙非濾過(ろか)性の (↔ filterable)．

ùn·fíl·tered *adj.* 濾(こ)され(てい)ない，濾過(ろか)され(てい)ない．〖1896〗

ùn·fìnd·a·ble *adj.* 〈官憲当局が捜査している人物が〉発見できない．〖1791〗

un·fin·ished /ʌ̀nfínɪʃtˈ/ *adj.* **1** でき上がらない，完成[完了]しない，未完結の: an ~ house, story, etc. / leave the letter ~ 手紙を書きさしにしておく．**2** 〈塗料などが〉仕上げってない，磨きをかけてない，荒削りの，洗練されてない，未完成の (rough, unpolished)．**3** 〈織物が〉(織ったままで)仕上げをし(てい)ない．**4** 〈食肉獣が〉十分肥育し(てい)ない．**~·ness** *n.* 〖1553〗

unfinished búsiness *n.*〘議会〙審議未了事項，持越し事項．

Unfinished Sýmphony *n.* [The —] 未完成交響曲《Schubert の交響曲第 7 番ロ短調の通称(従来は 8 番とされていた); 1822 年作曲》．

únfinished wórsted *n.* (表面に少し羽毛があって織目が隠された)紳士用毛織りウーステッド服地．

ùn·fíred *adj.* **1** 火をつけられ(てい)ない，〈かまどが〉たかれ(てい)ない．**2** 火で処理され(てい)ない，まだ窯(かま) (kiln) で焼いていない: ~ clay．**3** まだ爆発し(てい)ない; 発射され(てい)ない．**4** 興奮し(てい)ない; 生気のない．〖1590〗

ùn·fírm *adj.* 〈構造物など〉ぐらぐらする，不安定な (shaky, unsteady) (cf. infirm)．〖1595–96〗

un·fit /ʌ̀nfítˈ/ *adj.* **1** 〔…に〕不適当な，不適任の，不向きな，不似合いな (unsuitable); 無資格の，無能な (incompetent)〔*for*〕; 〈…するには〉適さない〈*to do*〉: be ~ *for* such a profession そういう職業に向いていない / a mind ~ *for* a philosopher 哲学者には不適当な頭 / a house ~ *for* human habitation 人が住むに適さない家 / He is ~ *to* conduct such delicate inquiries. そんな繊細な研究をするには不適当である．**2** 肉体[精神]的に不適当な，(運動不足で)不健康な，欠陥のある．**—** *n.* 不適当な人，不適任者．**—** *vt.* (**un·fit·ted; -fit·ting**) 〈人を〉〔…に〕不向きにする，不似合いにする，無資格にする (disqualify)〔*for*〕: Drink ~*s* a man *for* work. 酒を飲むと人は仕事ができなくなる / His age ~*s* him *for* such a position. 彼の年齢ではそういう地位には適さない．**~·ly** *adv.* **~·ness** *n.* 〖adj.: (1545) ← UN-¹＋FIT¹ (adj.). — v.: (1611) ← UN-²＋FIT¹ (v.)〗

ùn·fít·ted /-tɪ̀d | -tɪ̀dˈ/ *adj.* **1** 不適当にされた，不似合いだとされた; 〔…に〕適任[適当]でない〔*for*〕: He was ~ *for* the post. その地位に向いていなかった．**2** 〔…の〕設備[造作]がない，〔…が〕取り付けてない〔*with*〕: a house ~ *with* a bath バスなしの家．**3** 〈衣服などが〉身体にぴったり合っていない．〖1592〗

ùn·fít·ting /-tɪŋ | -tɪŋˈ/ *adj.* 適さない，不適当な，不似合いな (unsuitable, improper)．**~·ly** *adv.* 〖(1590) ← UN-¹＋FITTING ∞ ME *unsitting* ← UN-¹＋*sitting*《廃》becoming (← SIT (vi. 8))〗

ùn·fíx *vt.* **1** はずす，取りはずす，解く，離す，ゆるめる (unfasten, detach): *Unfix* bayonets! [号令] 取れ剣．**2**

不安定にする, ぐらつかせる (unsettle): ~ the mind 心の平静を失わせる / ~ the established idea 既成概念を揺さぶる. **3** 〘化学〙〈化合物を〉溶けやすくする (dissolve). 〖1596–97〗

ùn·fix·a·ble *adj.* 固定することのできない; 不安定な (unstable). 〖1831〗

ùn·fixed *adj.* **1** はずされた, 取りはずされた, 離された, ゆるめられた (detached, free). **2** 〈日取りなど〉確定して(い)ない, 未確定の (undetermined): a date as yet ~ まだ決まっていない日取り. **3** 不安定な, あいまいな (unstable, vague). **ùn·fix·ed·ness** *n.* 〖1598〗

ùn·flág·ging *adj.* だれない, 衰えない, 疲れない, 弱らない, たゆまない (unremitting): ~ spirits, zeal, energy, etc. **~·ly** *adv.* 〖1715〗

un·flap·pa·ble /ʌnflǽpəbl̩⁻/ *adj.* 《口語》すぐ興奮したりしない, (危機に臨んでも)冷静な (calm). **ùn·flàp·pa·bíl·i·ty** /-flæ̀pəbíləti | -lɪ̀ti/ *n.* **~·ness** *n.* 〖(1958) ← UN-¹+FLAP+-ABLE〗

ùn·fláp·pa·bly *adv.* 冷静に, 落ち着いて (calmly). 〖1959〗

ùn·flát·ter·ing *adj.* **1** こびない, へつらわない, 追従しない. **2** ありのままを示す, 正確な (accurate): an ~ mirror, portrait, etc. **3** 不都合な, 不利になる: an ~ remark. **~·ly** *adv.* 〖1581〗

ùn·flá·vored *adj.* 味をつけられ(てい)ない, 風味を添えられ(てい)ない, 風趣のない. 〖1774〗

ùn·flédged *adj.* **1** 〈鳥など〉まだ羽毛の生え(そろってい)ない, まだ飛べない. **2** 十分に発達しない, 若い, 未熟な, 乳臭い, 青二才の (immature, callow). **3** 〈矢が〉羽のついていない (unfeathered). 〖1600–1〗

ùn·fléshed¹ *adj.* **1** まだ血に染まったことがない, 血を見ない: an ~ sword 新刀(ᵃʳᵃ). **2** 〈猟犬が〉肉を味わわせて狩猟の刺激を与えられ(てい)ない. **3** 経験のない, 未熟な. 〖(1542) ← UN-¹+*fleshed* ((p.p.) ← FLESH)〗

un·fléshed² *adj.* 肉を取り除かれた: an ~ skull. 〖(1607) ← UN-²+FLESH (n.)+-ED〗

ùn·flésh·ly *adj.* 肉的[現世的]でない; 精神的な, 霊的な (spiritual). 〖1834〗

ùn·flíck·er·ing *adj.* 〈光が〉ちらつかない, 明滅しない; 〈旗など〉翻らない, 〈木の葉など〉そよがない. **~·ly** *adv.* 〖1856〗

ùn·flínch·ing *adj.* ひるまない; 屈しない, 断固たる (steadfast, resolute): ~ courage 剛毅. **~·ly** *adv.* 〖1728〗

ùn·fó·cused *adj.* (*also* **ùn·fó·cussed**) **1** 〈カメラ, 望遠鏡などの〉焦点の合っていない. **2** 一点[一目的]に集中し(てい)ない. 〖1886〗

un·fold¹ /ʌnfóʊld | -fə́ʊld/ *vt.* **1 a** 〈折り畳んだ物を〉開く, 広げる (expand, spread out): ~ a newspaper, tablecloth, fan, etc. **b** 〈包みを〉あける (unwrap): ~ a parcel. **2 a** 表す, 表明する, 説明する (reveal, disclose); (徐々に, または説明することによって)明らかにする, はっきりさせる (make clear): ~ one's plans [thoughts] 計画[考え]を開陳する. **b** [~ one*self* として] 姿を現す; 〈物が〉現れる, 〈物語などが〉展開する. — *vi.* **1** 明らかになる, 見えてくる, 知られ[見え]るようになる: A panorama *~ed* before my eyes. 全景が眼前に開けてきた. **2** /ˈ—⁻/ 発展[発達]する (develop): as the story *~s* 物語が進むにつれて. **3 a** 〈葉・つぼみなどが〉開く (bloom). **b** 広がる (expand). **~·er** *n.* 〖OE *unfealdan* (cf. Du. *outvouden* / G *entfalten*): ⇨ un-², fold¹〗

ùn·fóld² *vt.* 〈羊などを〉囲いから放す, おりから出す. 〖(1530) ← UN-²+FOLD²〗

ùn·fóld·ing *adj.* **1** (Shak) (羊を)囲いから放す時を告げる. **2** (羊が)囲いから出てくる. 〖(1604): ⇨ fold²〗

un·fóld·ment *n.* 発展(過程), 発達 (development). 〖1850〗

ùn·fórced *adj.* **1** 強いられたのでない, 強制的でない; 自発的な (voluntary). **2** 無理をしない, 力まない, こじつけでない, 自然な: an ~ smile いかにも自然なほほえみ. **ùn·fórc·ed·ly** *adv.* 〖1598〗

ùn·fórd·a·ble *adj.* 歩いて渡ることのできない, 徒渉不可能の: an ~ river. 〖1611〗

ùn·fore·sée·a·ble *adj.* 予見[予知]できない, 予測不可能の (unpredictable): the ~ future. 〖1672〗

un·fore·seen /ʌ̀nfɔəsíːn | -fɔː-⁻/ *adj.* 不慮の, 意外の, 偶然の, 案外の (unexpected): an ~ accidnet 不慮の事故. 〖1651〗

ùn·fór·est·ed *adj.* 植林され(てい)ない, 樹木で覆われ(てい)ない: ~ land. 〖1885〗

ùn·fore·tóld *adj.* 予告されていない, 前兆のない, 突然の. 〖1846〗

un·for·get·ta·ble /ʌ̀nfəgétəbl̩ | -fɔə- | -fəgét-, -fɔː-⁻/ *adj.* 忘れられ(てい)ない, いつまでも記憶に残る (memorable): an ~ scene, face, etc. / a girl of ~ beauty. **ùn·for·gèt·ta·bíl·i·ty** /-təbíləti | -tɪbílɪ̀ti/ *n.* **~·ness** *n.* **ùn·for·gét·ta·bly** *adv.* 〖1806〗

ùn·for·gív·a·ble *adj.* 許せない, 容赦[勘弁]できない (unpardonable): an ~ crime, error, etc. **ùn·for·gív·a·bly** *adv.* 〖1548〗

ùn·for·gív·en *adj.* 許され(てい)ない, 容赦[勘弁]され(てい)ない. 〖1425〗

ùn·for·gív·ing *adj.* 許さない, 容赦[勘弁]しない, 執念深い (relentless). **~·ness** *n.* 〖1713〗

ùn·for·gót·ten *adj.* 忘れ(られてい)ない, 覚えている (remembered). 〖1813〗

ùn·fórmed *adj.* **1** まだ形を成さない; 定形のない (shapeless): an ~ government まだ形を成していない政府. **2** 十分に発達していない (undeveloped), 未熟の (immature): an ~ schoolgirl, character, etc. **3** 仕上げのでき(てい)ない (unpolished). **4** 作られ(てい)ない, 創造され(てい)ない. 〖*c*1350〗

ùn·fór·mu·làt·ed /-tɪ̀d | -tɪ̀d/ *adj.* 式で示され(てい)ない, 公式[形式]で表され(てい)ない. 〖1866〗

ùn·forth·cóm·ing *adj.* 《英》無口な, 口の堅い; 情の薄い, 不親切な. 〖1920〗

ùn·fór·ti·fied *adj.* **1** 防御工事の施され(てい)ない, 無防備の: an ~ frontier. **2** 道義心の堅くない, 弱い (weak): an ~ heart 道義心の弱い心 (cf. Shak., *Hamlet* 1. 2. 96). **3 a** 支持[補強]のない (unsupported). **b** 栄養素で強化され(てい)ない: ~ margarine. 〖1525〗

un·for·tu·nate /ʌnfɔ́ətʃ(ə)nɪ̀t | -fɔ́ː-⁻/ *adj.* **1** 不運な, 不幸な, 不幸せな (unlucky, unhappy): an ~ person, day, marriage, etc. / an ~ woman [female] 《婉曲・古》売春婦 / How ~ *for* him that he chose [should have chosen] the wrong job. 自分向きでない職を選んだことは彼にとって何とも不幸なことだった. **2** 都合の悪い, 幸先のよくない, 不吉な (untoward, inauspicious): make an ~ decision 不運な決断をする / an ~ change in the weather 不吉な天候の変化. **3** 不適当な (unsuitable, inept); 〈表現など〉不適切な, まずい (infelicitous): an ~ term [phrasing] 不適当な用語[言い回し] / He was rather ~ *in* his choice of the job. 職業の選択がちょっとまずかった. **4** 憂うべき, 遺憾な, 残念な (regrettable): It's ~ *that* she lacks good manners. 彼女が礼儀作法を知らないことは遺憾なことである. — *n.* **1** 不運[不幸]な人 (社会的に見捨てられた人などをいう). **2** 《婉曲》売春婦; 罪人 (prisoner). **~·ness** *n.* 〖1530〗

un·for·tu·nate·ly /ʌnfɔ́ətʃ(ə)nɪ̀tli | -fɔ́ː-/ *adv.* 不運[不幸]にも, 運悪く, あいにく: *Unfortunately*, he rejected the offer. あいにくその申し出は断った. 〖1548〗

ùn·fóught *adj.* 戦われ(てい)ない, 不戦の: an ~ field. 〖1523〗

ùn·fóund *adj.* 見出され(てい)ない, 見付けられ(てい)ない, 未発見の (undiscovered). 〖1584〗

un·found·ed /ʌnfáʊndɪ̀d⁻/ *adj.* **1** 事実に基づかない, 根拠[いわれ]のない, 無根の, 理由のない (baseless): an ~ accusation, report, rumor, etc. / ~ hopes 空頼み / The fear proved ~. その不安は根も葉もないことがわかった. **2** 確立され(てい)ない (unestablished). **~·ly** *adv.* **~·ness** *n.* 〖1648〗

UNFPA 《略》United Nations Fund for Population Activities 国連人口活動基金.

ùn·frámed *adj.* 枠のない, 額ぶちにはめてない: an ~ picture. 〖1548〗

ùn·fra·tér·nal *adj.* 兄弟らしくない, 友愛的でない. 〖1865〗

ùn·fráught *adj.* 〔荷などを〕積んでいない (unloaded); 〔…に〕満ちていない〔*with*〕. 〖1587〗

ùn·frée *adj.* 自由のない, 政治的[個人的]自由のない, 奴隷[隷属]の状態にある: ~ men. **2** 〘古英法〙(土地に対する)自由保有権のない, 土地に拘束された. 〖?*a*1300〗

ùn·fréeze *v.* (**un·froze**; **-fro·zen**) — *vt.* **1** 溶かす, 解凍する (melt); (比喩的に)気持ちを和らげる: ~ frozen foods 冷凍食品を解凍する. **2** …の経済上の統制を解く, 自由化する. **3** …の資金の凍結を解除する. — *vi.* 溶ける (thaw). 〖(1584): ⇨ un-², freeze〗

ùn·fré·quent *adj.* =infrequent. **~·ly** *adv.* 〖1611〗

ùn·fre·quént·ed /-tɪ̀d | -tɪ̀d⁻/ *adj.* (めったに)人の行かない[通らない], 人通りの少ない, 人跡まれな. 〖1593–94〗

ùn·friend·ed *adj.* 友[味方]のない, 助けてくれる者のない, 寄るべのない (friendless). **~·ness** *n.* 〖1513〗

un·friend·ly /ʌnfréndli⁻/ *adj.* (**un·friend·li·er**; **-li·est**) **1** 友情のない; よそよそしい, 不親切な, 薄情な (unkind) (⇨ hostile **SYN**); 悪意を持った, 敵意のある (hostile): an ~ nation, act, letter, reception, etc. **2** 都合の悪い, 不利な (unfavorable): ~ weather. **3** 使いにくい, ユーザーフレンドリーでない. — *adv.* 《古》友情に欠けた態度で, 悪意を持って. **ùn·fríend·li·ness** *n.* 〖1425〗

ùn·fróck *vt.* **1** …の衣[法衣]をはぐ; (特に)…から聖職を剝奪する (cf. frock 2): ~ a priest. **2** 〈人を〉名誉[特権]ある地位からはずす. 〖1644〗

ùn·frócked *adj.* 聖職を剝奪された; 名誉[特権]ある地位を追われた. 〖1794〗

ùn·fró·zen *v.* unfreeze の過去分詞. — *adj.* 凍っていない; 凍えない. 〖1596〗

ùn·frúit·ful *adj.* **1** 実を結ばない, 実らない; 子を産まない (⇨ sterile **SYN**): an ~ tree, marriage, etc. **2** 〈土地が〉不毛の, 生産力のない (infertile): ~ land. **3** 効果がない, 無効の, 空しい (vain): an ~ effort, research, etc. **~·ly** *adv.* **~·ness** *n.* 〖*c*1395〗

un·ful·filled /ʌ̀nfʊlfíld⁻/ *adj.* 果たされ(てい)ない, 履行し(てい)ない; 実現し(てい)ない, 遂行され(てい)ない, 成就しない (unrealized, unaccomplished): a still ~ desire まだ実現されていない願望 / His prediction remains ~. 彼の予言はまだ実現し(てい)ない / inheritors of ~ renown いまだ成らざる名を継ぐ者 (Shelley, *Adonais* 45). 〖*c*1384〗

ùn·fúnd·ed *adj.* **1** 資金の用意のない, 資金の供給がない. **2** 〘金融〙一時借入れの, 〈公債が〉短期の (floating): an ~ debt 一時借入金. 〖1775〗

ùn·fún·ny *adj.* 面白くない, おかしくない: an ~ joke. 〖1858〗

un·furl /ʌnfə́ːl | -fə́ːl/ *vt.* **1** 〈帆・傘などを〉広げる (unroll), 〈旗などを〉揚げる, 翻す (spread out) (cf. furl 1): ~ a sail, flag, fan, etc. / ~ an umbrella. **2** 〈光景を〉眼前に繰り広げる, 見せる (unfold). — *vi.* **1** 広がる, 開く, 揚がる. **2** 〈光景・事件などが〉眼前に展開する. 〖1641〗

ùn·fúr·nish *vt.* **1** 〈家・部屋〉の家具を取り払う, の備品を取り去る: ~ a room. **2** 《廃》〈人〉から〔…を〕奪う (deprive)〔*of*〕: that which may ~ me *of* reason 私の理性を奪うようなもの (Shak., *Winter's* 5. 1. 122–3). 〖1580〗

ùn·fúr·nished *adj.* **1** 〔…を〕備えていない〔*with*〕: a young man ~ *with* skill 技術の身についていない若者. **2** (特に, 家主によって)家具が備えられていない, 家具付きでない: an ~ room, apartment, etc. 〖1541〗

ùn·fúr·rowed *adj.* **1** 耕され(てい)ない; うねを立てられ(てい)ない, 溝を付けられ(てい)ない. **2** しわのない. 〖1566〗

ùn·fúss·y *adj.* **1** 気難しくない, 頓着しない (unconcerned). **2** 飾りのない, 込み入っていない (uncomplicated). 〖1823〗

ung. 《略》〘薬学〙unguentum.

UNGA /júːèndʒìːéɪ/ 《略》United Nations General Assembly 国連総会.

ùn·gáin·ful *adj.* 利益を生まない, もうけにならない. 〖1599〗

ùn·gáin·ly *adj.* **1** 動きが鈍い, 不格好な, 見苦しい, ぶざまな (awkward, clumsy). **2** 扱いにくい (unwieldy): an ~ instrument. **3** 粗末で醜い, 上品さのない. — *adv.* 《古》不格好に, 見苦しく. **ùn·gáin·li·ness** *n.* 〖adj.: (1611); adv.: (?*c*1200): ⇨ un-¹, gainly〗

ùn·gain·sáy·a·ble *adj.* 反駁できない, 否定しようもない. 〖1618〗

ùn·gál·lant *adj.* **1** /ʌngǽlənt/ 勇敢でない, 雄々しくない. **2** /ʌngəlǽnt, -gæ-, -lάːnt, -gǽlənt | -gǽlənt, -gəlǽnt/ 婦人に丁寧[いんぎん]でない (discourteous). **~·ly** *adv.* 〖1710〗

ùn·gár·bled *adj.* (誤解を導くために)故意に曲げたりし(てい)ない; 正確な (accurate), ありのままの, 率直な (plain, straightforward): an ~ report, statement, version, etc. 〖1439〗

Un·ga·ret·ti /ʊ̀ŋgəréti | -ti; *It.* uŋgarétti/, **Giuseppe** *n.* ウンガレッティ (1888–1970; イタリアの詩人).

ùn·gár·nished *adj.* 飾られ(てい)ない, 装飾のない; 簡素な (plain, simple): ~ words. 〖?*c*1380〗

ùn·gár·tered *adj.* 《古》靴下留めを用い(てい)ない. 〖1594〗

ùn·gáth·ered *adj.* **1** 集められ(てい)ない; 〈花など〉摘まれ(てい)ない; 〈穀物など〉収穫され(てい)ない. **2** 〘製本〙〈折丁が〉丁合いされ(てい)ない. 〖1461〗

Un·ga·va /ʌŋgéɪvə, -gάːvə/ *n.* アンガバ (カナダ北東部, Labrador 半島の大部分を占める地域; 1912 年 Quebec 州に編入).

ùn·géar *vt.* …のギヤをはずす; ギヤからはずす. 〖*c*1611〗

ùn·géared *adj.* **1** 歯車[ギア]をもたない. **2** 〈会社が〉借金[負債]のない, 〈バランスシートが〉負債を示さない. 〖1650〗

un·gen·er·os·i·ty /ʌ̀ndʒènərά(ː)səti | -rɔ́sɪ̀ti/ *n.* **1** けち, 吝嗇(ʳⁱⁿˢʰᵒᵏᵘ). **2** 狭量, 卑劣. 〖1757〗

ùn·gén·er·ous *adj.* **1** 金離れがよくない, 出し惜しみをする (stingy), けちな. **2** 度量が狭い, 卑劣な, 公明正大でない (mean, unfair). **~·ly** *adv.* 〖1641〗

ùn·gé·ni·al *adj.* **1** 不親切な, 無愛想な (unsociable); 気に食わない, 共感を呼ばない, 不愉快な (disagreeable). **2** 自然の成育に好ましくない. **3** 不適な, 適合していない. 〖1726〗

ùn·gen·téel *adj.* 人柄の悪い, 下品な (inelegant); 礼儀をわきまえない (impolite). **~·ly** *adv.* 〖1633〗

ùn·gén·tle *adj.* **1** 家柄のよくない. **2** 無作法な, 粗野な, 粗暴な (rude, rough). **~·ness** *n.* 〖*c*1380〗

ùn·gén·tle·man·like *adj.* 《古》=ungentlemanly. 〖1592〗

ùn·gén·tle·man·ly *adj.* 紳士らしくない, 紳士にあるまじき; 無作法な, 粗野な, 下品な (ill-bred, vulgar). **ùn·gén·tle·man·li·ness** *n.* 〖1562〗

ùn·gént·ly *adv.* 無作法に, 粗野に, 粗暴に. 〖*c*1440〗

ùn·get·át·a·ble *adj.* 《口語》容易に達し得ない, 近づき難い (inaccessible): He lives in a remote ~ village. おいそれとは行けないような遠い村に住んでいる. 〖1862〗

ùn·gíft·ed *adj.* **1** 才能のない. **2** 《古》=empty-handed. 〖*a*1631〗

ùn·gíld *vt.* …のめっきをはがす. 〖1611〗

ùn·gírd *vt.* (~·ed, **un·girt**) **1** …の帯を解く, 帯を解いてゆるめる[離す]. **2** 《古》ゆるめる (loosen). 〖OE *ongyrdan*: ⇨ un-², gird¹〗

ùn·gírt *vt.* ungird の過去形・過去分詞. — *adj.* **1** 帯をゆるめた[解いた]; 帯を締めてい)ない. **2** 規律のない, 締まりのない, ゆるんだ (loose). 〖(*c*1300): ⇨ un-¹, girt¹〗

ùn·gíving *adj.* (人にものを)与えない, 倹約する, けちな; 容赦しない, 折れない, 厳格な; 〈物が〉曲がらない, 堅い. 〖1682〗

ùn·glám·or·ous *adj.* 魅力のない, 平凡な, 単調な. **~·ly** *adv.*

ùn·glázed *adj.* **1** 〈陶磁器が〉上薬をかけ(てい)ない, 無釉(ᵐᵘʸᵘ)の. **2** 〈紙が〉低光沢の. **3** ガラスをはめ(てい)ない, 窓ガラスのない. 〖1599〗

ùn·glóve *vt.* …の手袋を取る; …の覆いを取る. 〖*c*1430〗

ùn·glóved *adj.* 手袋をはめてない. 〖1626〗

ùn·glúe *vt.* **1** …のにかわを取り除く, (接着剤を溶かして)はがす: ~ a label *from* a bottle (蒸気に当てて)瓶からレッテルをはがす. **2** 〈愛・欲などから〉〈人を〉離す (separate)〔*from*〕: ~ oneself *from* the vanities of the world 浮世の俗念を捨てる. **3** 《俗》乱す, 混乱させる. 〖1548〗

U

ùn·glúed *adj.* 〈にかわでくっついていた物が〉はがれた, ばらばらになった (separated). *còme unglúed* 《米口語》大いにろうばいする; くずれる, 崩壊する. 〖1694〗

ùn·gód·ly *adj.* (**un·god·li·er**; **-li·est**) **1** 神をおそれぬ, 神を恐れない[敬わない]. **2** 不信心の (impious); 罪深い (sinful). **3** 《口語》ひどい; 信じられない, とんでもない (outrageous, unearthly): an ~ noise, scandal, etc / at an ~ hour とんでもない時間に. **—** *adv.* **1** 《口語》ひどく, べらぼうに (outrageously). **2** 《古》不敬な態度で, 不信心に. **—** *n.* [the ~; 集合的] 神を恐れぬ[不敬の, 邪悪な]者たち. **ùn·gód·li·ness** *n.* **ùn·gód·li·ly** *adv.* 〖(1526): cf. G *ungöttlich*〗

ùn·gót *adj.* =ungotten. 〖*c*1400〗

ùn·gót·ten *adj.* **1** 《古》得られ(てい)ない, 獲得され(てい)ない. **2** 《廃》〈子が〉できない, 生まれ(てい)ない. 〖*c*1435〗

ùn·góv·ern·a·ble *adj.* 制御[抑制]できない, 抑えきれない, 御し難い, 手にあまる, 始末に負えない (uncontrollable) (⇨ unruly SYN); 乱暴な, 激しい (unruly, wild) (↔ governable, docile): an ~ temper. **~·ness** *n.* **ùn·góv·ern·a·bly** *adv.* 〖1673〗

ùn·góv·erned *adj.* 制御[抑制]され(てい)ない, 荒々しい, 野放しの. 〖1592–93〗

ùn·gówned *adj.* =unfrocked. 〖1611〗

ùn·gráce·ful *adj.* 優美でない, 無作法な, 無骨な, 不恰好な (inelegant); ぶざまな, 見苦しい (awkward, clumsy). **~·ly** *adv.* **~·ness** *n.* 〖1667〗

ùn·grá·cious *adj.* **1** 丁寧でない, いんぎんでない; 無作法な, ぶしつけな, 無礼な, 野卑な (rude): an ~ reply, reception, etc. **2** 不愉快な, いやな (disagreeable). **3** 感謝されない, 割の合わない, ありがたくない (thankless, unwelcome): an ~ task. **4** 《古》恩寵を欠いた, 不敬な, 邪悪な (wicked): some ~ pastors 悪い牧師 (cf. Shak., *Hamlet* 1. 3. 47). **5** 《廃》不快な, 醜い. **~·ly** *adv.* **~·ness** *n.* 〖?*a*1200〗

ùn·grád·ed /-dɨd | -dɨdˈ/ *adj.* **1** 〈道路が〉勾配[傾斜]をつけられ(てい)ない. **2** 等級をつけられ(てい)ない, 格付けされ(てい)ない; 〈教材が〉難易の順に配置され(てい)ない. **3** 無学年制の; 特定の学年に割り当てられ(てい)ない: an ~ teacher. 〖1845〗

úngraded schóol *n.* 《米》(辺村などの)無学年制学校 《教員一人・教室一つの小学校; cf. nongraded school》.

ùn·grád·u·àt·ed /-tɨd | -tɨd/ *adj.* **1** 目盛りがない, 等級がない, 段々に移り変わらない. **2** 卒業し(てい)ない. 〖1783〗

ùn·gráft·ed *adj.* **1** 接ぎ木され(てい)ない. **2** 〈人・心など〉結合[融合]され(てい)ない. 〖1657〗

ùn·gram·mat·i·cal /ʌ̀ngrəmǽtɪkəl, -kl | -tɪ-ˈ/ *adj.* **1** 非文法的な, 文法に合わない, 文法を無視した; 破格の. **2** 文法に合わない言葉を使う, 非標準的な (substandard); 不正確な (incorrect). **3** 慣用的でない, 非慣用的な. **~·ly** *adv.* 〖1654〗

ùn·gram·màt·i·cál·i·ty /-mætɪkǽləti | -tɪkǽlɪti/ *n.* 〖文法〗非文法性《文法の規則に合っていないこと; 変形文法の用語》. 〖1961〗

ùn·gram·mát·i·cal·ness *n.* =ungrammaticality. 〖1698〗

ùn·grásp·a·ble *adj.* 把握できない, 十分に理解できない. 〖1741〗

ùn·gráte·ful *adj.* **1** ありがたく思わない, 感謝を表さない, 恩を感じない (thankless): pupils ~ *to* their teachers 先生をありがたいと思う心のない生徒たち. **2** 労に報いない, 骨折り損の (unrewarding): an ~ task (苦労ばかり多くて報われるところのない)嫌な仕事. **3** 退屈な, つまらない (irksome); 不快な, 好ましくない (disagreeable): an ~ stench 鼻につく悪臭. **~·ly** *adv.* **~·ness** *n.* 〖1553〗

U

ùn·grát·i·fìed *adj.* 満足し(てい)ない, 満たされ(てい)ない, 不満な (discontented). 〖1613〗

ùn·gréased *adj.* グリースの塗っていない. 〖*c*1440〗

ùn·gréen *adj.* 環境に対する十分な意識[配慮]のない, 環境に有害な. 〖(?*a*1400) 1988〗

ùn·gróund·ed *adj.* **1** 根拠がない, 拠(よ)り所がない, 理由がない, 事実に立脚しない, 無根の (unfounded); 基礎知識のない (uninstructed). **2** 〖電気〗接地され(てい)ない, アースのない. 〖*c*1380〗

ùn·gróup *vt.* 〖電算〗グループ化を解除する.

ùn·grúdg·ing *adj.* **1** 惜しまない, 惜し気のない, 気前のよい (unstinted, generous): give a person ~ praise 言葉をきわめて人をほめる. **2** 進んでする, 快くする, 心からの (willing, hearty). **~·ly** *adv.* 惜しむことなく, 気前よく; 快く. 〖1768–74〗

un·gual /ʌ́ŋgwəl/ *adj.* 爪[鉤爪(かぎ), ひづめ]の(ある), 爪[鉤爪, ひづめ]に似た. **—** *n.* 爪, 鉤爪, ひづめ. 〖(1834) ← L *unguis* 'UNGUIS' +-AL¹〗

ùn·guárd *vt.* **1** 無防備にする, 攻撃にさらす. **2** 〖トランプ〗低位の札を出して(高位の札を)失う危険にさらす. 〖1598〗

ùn·guárd·ed /-dɨd | -dɨdˈ/ *adj.* **1** 不注意な (careless); 軽率な, 油断している, うっかりした (thoughtless, incautious): an ~ remark 不用意な言葉 / in an ~ moment うっかりしていたとき[瞬間]に. **2** 率直な, 正直な, 腹蔵のない, あけすけの (revealing). **3** 守護[保護]され(てい)ない, 無防備の, 警備員のいない; 攻撃を受けやすい: an ~ crossing 無人踏切 / an ~ gate 守衛のいない門. **4** (カバー・防壁など)危険防止装置のない. **5** 〖競技〗無防備な, ガードし(てい)ない. **~·ly** *adv.* **~·ness** *n.* 〖*a*1593〗

un·guent /ʌ́ŋgwənt, ʌ́n- | ʌ́ŋgwənt, -gjuənt/ *n.* 軟膏 (ointment). 〖(*a*1425) *ungwent* □ L *unguentum* ← *unguere* to anoint ← IE **ongʷ-* to salve (Skt *anakti* he anoints): cf. anoint〗

unguenta *n.* unguentum の複数形.

un·guen·tar·y /ʌ́ŋgwəntèri, ʌ́n- | ʌ́ŋgwəntəri, -gjuən-/ *adj.* 軟膏(用)の[に適する]; 軟膏のような. 〖(1657) □ L *unguentārius*: ⇨ unguent, -ary〗

un·guen·tum /ʌŋgwéntəm | -təm/ *n.* (*pl.* **un·guen·ta** /-tə | -tə/) 〖薬学〗軟膏 (ointment) 《略 ung.》. 〖□ L ~: ⇨ unguent〗

ungues *n.* unguis の複数形. 〖1728〗

ùn·guéss·a·ble *adj.* 推測[臆測]できない. 〖1832〗

un·guic·u·late /ʌŋgwíkjulɨt, -lèɪt/ *adj.* **1** 〖動物〗爪のある; 有爪(そう)類の. **2** 〖植物〗〈花冠が〉爪のある. **—** *n.* 〖動物〗有爪類の哺乳動物. 〖(1802) ← NL *unguiculātus* ← L *unguiculus* (dim.) ← UNGUIS〗

un·guíc·u·làt·ed /-tɨd | -tɨd/ *adj.* =unguiculate. 〖1752〗

ùn·guíd·ed *adj.* **1** 導かれ(てい)ない; 導き[案内, 指導]のない: an ~ tour ガイド[案内役]のつかない観光旅行[ツアー]. **2** きちんとしてない, 無秩序な. **3** 無誘導の: an ~ missile. 〖1585〗

un·guif·er·ous /ʌŋgwíf(ə)rəs/ *adj.* 爪を生じる. 〖(1826) ← L *ungui(s)* 'UNGUIS' +-FEROUS〗

un·gui·nal /ʌ́ŋgwənl̩ | -gwɨ-/ *adj.* =ungual. 〖1860〗

un·gui·nous /ʌ́ŋgwənəs | -gwɨ-/ *adj.* 油[脂肪]に似た; 油[脂肪]のある (oily). 〖(1601) □ L *unguinōsus* oily, fatty: ⇨ unguent, -ous〗

un·guis /ʌ́ŋgwɨs | -gwɪs/ *n.* (*pl.* **un·gues** /-gwiːz/) **1** 〖動物〗(特に脊椎動物の足指の)爪, ひづめ. **2** 〖植物〗(花冠の)爪. 〖(1693) □ L ~ 'nail': cog. Gk *ónux*〗

un·gu·la /ʌ́ŋgjulə/ *n.* (*pl.* **un·gu·lae** /-lìː/) **1** 《まれ》〖動物〗ひづめ (hoof). **2** 〖植物〗=unguis 2. **3** 〖数学〗蹄(てい)状体《円錐の頭部を斜めに切りとって得られる立体》. 〖(*a*1384) (1710) (L ~ (dim.) ← *unguis* (↑))〗

un·gu·lar /ʌ́ŋgjulə | -lə(r)/ *adj.* =ungual.

un·gu·late /ʌ́ŋgjulɨt, -lèɪt/ *adj.* **1** 〖動物〗ひづめ (hoof) のある, 有蹄(てい)の; 有蹄類の. **2** 蹄形の (hoof-shaped). **—** *n.* 〖動物〗有蹄類の動物. 〖(1802) □ L *ungulātus* having hoofs: ⇨ ungula, -ate²〗

un·guled /ʌ́ŋgjuːld/ *adj.* 〖紋章〗〈馬・牛・鹿・山羊など〉ひづめが体の色と異なる: a horse sable ~ or 金のひづめの黒い馬. 〖(1572) ← L *ungula* 'UNGULA' +-ED〗

un·gu·li·grade /ʌ́ŋgjuləgrèɪd | -lɨ-/ *adj.* 〖動物〗ひづめ歩きの《ひづめを地につけて歩く陸生動物についていう》. 〖(1869) ← UNGULA +-I- +-GRADE〗

ùn·gúm *vt.* (**un·gummed**; **-gum·ming**) **1** =unglue 1. **2** …のゴムを取り去る (degum). 〖1598〗

Unh 《記号》〖化学〗=unnilhexium.

ùn·háck·neyed *adj.* **1** 古臭くない, 陳腐でない, 使い古され(てい)ない; 新しい, 斬新な (fresh, original). **2** 《古》未経験の, 青二才の. 〖1759〗

ùn·háiled *adj.* 高い声で呼ばれ(てい)ない, 挨拶され(てい)ない. 〖1715〗

ùn·háir *vt.* **1** (製革工程で)脱毛する. **2** 《古》〈頭・毛皮などの〉毛を抜く. **—** *vi.* 〈毛皮などが〉毛が抜ける. 〖*c*1384〗

ùn·hál·low *vt.* 《古》…の神聖を汚す, 冒瀆(ぼうとく)する (profane, desecrate). 〖1535〗

ùn·hál·lowed *adj.* **1** 聖別され(てい)ない, 神に捧げられ(てい)ない: ~ ground. **2** 神聖でない, 不浄の, 罪深い, 邪悪な (unholy, profane). **3** 信仰心のない, 不敬虔な. **4** 悪魔の住む, 悪魔にふさわしい (fiendish). **5** 法[社会規範]に違反した, 違法な; 不道徳な, いかがわしい, みだらな. 〖OE *unhālgod*: ⇨ un-², hallowed〗

ùn·hám·mered *adj.* ハンマーで打たれ(てい)ない, 槌(つち)で鍛えられ(てい)ない. 〖1861〗

ùn·hám·pered *adj.* **1** 足かせを掛けられ(てい)ない, 妨げられ(てい)ない, 邪魔[束縛]され(てい)ない, 自由な (free). **2** (政府の)統制を受け(てい)ない (unrestricted). **3** 〈眺めなど〉妨げるもののない, 見渡せる (clear): an ~ view. 〖*a*1699〗

ùn·hánd *vt.* …の手を放す, つかんでいる手を…から放す, 手放す (let go). 〖1600–1〗

ùn·hán·dled *adj.* **1** 手を触れられ(てい)ない, さわられ(てい)ない; 論じられ(てい)ない. **2** 〈動物が〉馴らされ(てい)ない, 調教され(てい)ない, 仕込んでいない. **3** 〈商品など〉(取り)扱われ(てい)ない. 〖1558〗

ùn·hánd·some *adj.* **1** 美しくない, 不器量な; 立派でない, 醜い (ugly, homely). **2** 金離れの悪い, けちな (ungenerous, mean). **3** 無礼な, 無作法な (impolite, rude); 不体裁な, ぶしつけな, 野卑な (unseemly, ungracious). **~·ly** *adv.* **~·ness** *n.* 〖1530〗

ùn·hánd·y *adj.* **1** 手ごろでない, 扱いにくい, 調法でない, 不便な (unwieldy). **2** 不器用な, 不手際な, へたな (awkward, clumsy). **ùn·hánd·i·ly** *adv.* **ùn·hánd·i·ness** *n.* 〖1661〗

ùn·háng *vt.* (**un·hung**) 〈掛けたものを〉取り下ろす, 〈壁などから〉取りはずす 〈*from*〉: ~ a picture *from* the wall. 〖1399〗

ùn·hánged *adj.* 絞首刑に処せられ(てい)ない, 縛り首を免れた. 〖*a*1450〗

ùn·háppen *vi.* 〈起こったことが〉起こらなかったかのようになる: make ... ~ …を起こらなかったことにする. 〖1805〗

ùn·háp·pi·ly *adv.* **1** 不幸にして, 運悪く, 残念にも, あいにく (unfortunately): *Unhappily* we offended him. 彼を怒らせてしまったのはまずかった. **2** 不幸に, 不運に, みじめに (miserably): She was ~ married. 彼女は不幸な結婚生活を送った. **3** 不適切に, へたに, まずく. **4** 《廃》よこしまに. 〖*c*1375〗

un·hap·py /ʌ̀nhǽpiˈ/ *adj.* (**unhap·pi·er**; **-pi·est**) **1** 不幸な, 不運な, 不幸せな, 悲惨な, みじめな (miserable, wretched); 悲しい, 憂鬱な (sad): an ~ life [state of affairs] / this ~ world / She was ~ *that* his family was miserable. 彼女は彼の家族がみじめであることを悲しんだ / She was ~ to see [*about*, *over*] the misery of his family. 彼の家族のみじめな境遇を見て悲しかった. **2** 気に入らない, 不満な (displeased): The boss is ~ about [with] their performance. 上司は部下の仕事ぶりが不満だ. **3** 不安な, 気にかかる (worried, uneasy): He was ~ about leaving anything unfinished. 彼は何でもやり残すことに不安を感じていた. **4** 折悪い, あいにくの (unlucky): an ~ meeting, coincidence, etc. **5** 不適当な, 適切でない, 不手際な, へたな (unsuitable, inappropriate): an ~ remark まずい言葉 / He is ~ *in* his choice of words. 言葉の選択がへただ. **6** 《古》都合の悪い, 不利な (unfavorable); 縁起の悪い, 不吉な (inauspicious): an ~ omen. **7** 《廃》問題を起こす, 困った, やっかいな (troublesome). **ùn·háp·pi·ness** *n.* 〖(*a*1325) ME *unhappi* ← *unhap* misfortune (ON *ūhapp* (← *ū-* 'UN-¹' + *happ* 'HAP¹')) +-Y⁴〗

ùn·hár·bor *vt.* 《英》〈鹿を〉隠れ場から追い出す. 〖1576〗

ùn·hár·dened *adj.* **1** 固くされ(てい)ない; 固くならない. **2** 強くされ(てい)ない, 鍛錬され(てい)ない. **3** 無情[無感覚]にされ(てい)ない; 頑固でない. 〖1595–96〗

un·harmed /ʌ̀nhɑ́ːmd | -hɑ́ːmdˈ/ *adj.* 損なわれ(てい)ない, 害を受けない; 無事な, つつがない (safe): They were released ~. 無事釈放された. 〖1340–70〗

ùn·hárm·ful *adj.* 無害の (harmless). **~·ly** *adv.* 〖1538〗

ùn·hárm·ing *adj.* 害を与えない, 無害の. 〖1795〗

ùn·har·mó·ni·ous *adj.* 調子の悪い, 不協和の; むつまじくない, 和合しない (inharmonious). **~·ly** *adv.* 〖*a*1634〗

ùn·hár·ness *vt.* **1** 〈馬などの〉装具を取りはずす, 馬具を解く: ~ a horse. **2** …のよろいを取る, …に武装を解かせる. 〖*c*1435〗

ùn·hár·nessed *adj.* **1** 馬具を解かれた, 馬具を着けていない. **2** 〈滝・風など〉動力に利用され(てい)ない. 〖1488〗

ùn·hár·rowed *adj.* **1** まぐわで均(なら)され(てい)ない. **2** 悩まされ(てい)ない. 〖1573〗

ùn·hár·vest·ed /-tɨd | -tɨdˈ/ *adj.* 収穫され(てい)ない. 〖1867〗

ùn·hásp *vt.* 《古》…の掛金をはずす. 〖?*c*1380〗

ùn·hást·y *adj.* 急でない, 性急でない; ゆっくりした, 悠長な (leisurely, slow). 〖1590〗

ùn·hát *v.* (**un·hat·ted**; **-hat·ting**) 《古》 **—** *vt.* …の帽子を脱がす. **—** *vi.* 脱帽する. 〖1611〗

ùn·hátched *adj.* **1** 〈卵が〉十分抱かれ(てい)ない; 〈ひよこが〉卵からかえっていない. **2** 〈陰謀など〉たくらまれ(てい)ない, 企てられ(てい)ない: an ~ plot. **3** 《廃》〈剣など〉刃こぼれのない. 〖1601〗

UNHCR /júːènèɪtʃsìːɑ́ə | -ɑ́ː(r)/ *n.* 国連難民高等弁務官(事務所). 〖(頭字語) ← (the) Office of the) *U*(*nited*) *N*(*ations*) *H*(*igh*) *C*(*ommissioner for*) *R*(*efugees*)〗

ùn·héaled *adj.* 〈病気が〉治癒(ゆ)し(てい)ない, 治らない. 〖?*a*1200〗

ùn·héalth·ful *adj.* **1** 健康に害がある, 体に有害な, 不健康な, 非衛生的な (unwholesome). **2** 《廃》健康でない (unhealthy); 非健康的な. **~·ly** *adv.* **~·ness** *n.* 〖1580〗

ùn·héalth·i·ly *adv.* 不健康に, 病弱で, 不健全に. 〖1644〗

un·health·y /ʌ̀nhélθiˈ/ *adj.* (**un·health·i·er**; **-i·est**) **1** 健康に害がある, 不健全な (unwholesome): an ~ occupation, climate, district, etc. **2 a** 不健康な. **b** 病身の, 病弱の (unwell, sickly). **3** 不健康そうな: an ~ complexion. **4** 〈経済状態・会社など〉健全でない, 危ない. **5 a** 《口語》(生命に)危険がある, 有害になりかねない (dangerous, risky): Things can get ~ (for you) when you know too much. 余り知りすぎると命取りになることがある. **b** 有害な, 悪い (bad, injurious): an ~ habit. **6** (道徳的に)堕落した (corrupt, corrupting): 不健全な, 病的な (morbid) ~ crime comics いかがわしい犯罪漫画 / ~ curiosity [interests] 病的な好奇心. **ùn·héalth·i·ness** *n.* 〖1595〗

ùn·héard *adj.* **1** 聞く者がない, 傾聴されない, 無視された, 弁明を許されない: go ~ 無視される / He was condemned ~. 弁明を許されないで断罪された. **2** 今まで聞いたことがない, 知れ渡っていない (unheard-of, unknown). **3** 聞こえない: cries that went ~ 人に聞こえなかった叫び声. 〖*a*1325〗

un·heard-of /ʌ̀nhɚ́ːdɑ̀(ː)v, -ʌ̀v | -hɜ́ːdɒ̀v/ *adj.* **1** 今まで聞いたことがない, 前例がない, 前代未聞(もん)の, 未曾有(みぞう)の (unprecedented): an ~ calamity 前例のない大災難. **2** けしからぬ, とんでもない. 〖1592〗

ùn·héart *vt.* 落胆させる (dishearten). 〖1593〗

ùn·héat·ed /-tɨd | -tɨdˈ/ *adj.* 加熱し[され](てい)ない, 熱のない. 〖*a*1691〗

ùn·hédged *adj.* **1** 生垣[垣根]で囲われていない. **2** 〈投資・投資家が〉他の取引によって損失から守られていない, ヘッジされていない. 〖1648〗

ùn·héed·ed /-dɨd | -dɨdˈ/ *adj.* 顧みられ(てい)ない, 気をつけられ(てい)ない, 注意され(てい)ない (disregarded, ignored): go ~ 無視される. **~·ly** *adv.* 〖1611〗

ùn·héed·ful *adj.* 《古》気をつけない, 気にとめない, 不注意な (negligent, careless). 〖1570〗

ùn·héed·ing /-dɪŋ | -dɪŋˈ/ *adj.* (特に他人の要求に対

して)気をつけない, 不注意な, ぼんやりした (inattentive, careless). **～·ly** *adv.* 〖1737〗

un·heim·lich /ʊnháɪmlɪk, -lɪç; G. ʊ́nhaɪmlɪç, −⊥−/ *adj.* 気味の悪い, 奇妙な. 〖(c1877) ◻ G ～〗

ùn·hélped *adj.* 助けられ(てい)ない, 援助のない (unaided). 〖c1395〗

un·help·ful /ʌnhélpfəl, -fl⁻/ *adj.* **1** 援助しない, 助けにならない, 無用の (useless): His advice was ～. 彼の助言は役に立たなかった. **2** 無力の (helpless). **～·ly** *adv.* 〖1590–91〗

ùn·hémmed *adj.* ふちを取らない, ふちなしの. 〖a1400–50〗

ùn·hér·ald·ed *adj.* **1** 予告され(てい)ない, 不意の, だしぬけの (unexpected). **2** 認められ(てい)ない, 無名の (anonymous). 〖1845〗

ùn·he·ró·ic *adj.* 非英雄的な; 臆病な (timid), 堂々としていない. 〖1732〗

ùn·he·ró·i·cal *adj.* =unheroic. **～·ly** *adv.* 〖1635–56〗

ùn·hés·i·tàt·ing /-tɪŋ | -tɪŋ/ *adj.* **1** (物事をするのに)ぐずぐずしない, ちゅうちょしない; 敏活な, 手早い (prompt, ready): He is ～ *in* his obedience. はいはいと(二つ返事で)言うことをきく. **2** てきぱきした, はきはきした: an ～ reply. **3** 動揺しない, 確固たる (steady). **～·ly** *adv.* 〖1753〗

ùn·héwn *adj.* **1** 切られ(てい)ない; 切って[刻んで]作られ(てい)ない. **2** 〈仕事·計画·言葉など〉粗野な, 粗雑な (rough). 〖c1384〗

ùn·híd·den *adj.* 隠され(てい)ない, あからさまの, 公然の. 〖1599〗

ùn·hín·dered *adj.* 妨げられ(てい)ない, 邪魔され(てい)ない. 〖1615〗

ùn·hínge *vt.* **1** …のちょうつがいを取り除く[外す]: ～ a door. **2** (ちょうつがいを取ったように)大きく開ける. **3** (無理に)取り外す, 引き離す (detach); 解体する, 壊す (dismember). **4** ぐらつかせる, 不安定にさせる, 混乱させる; 〈精神を〉乱す (unsettle), 〈人を〉狂わす, 発狂させる: ～ the mind / ～ a person / He was mentally ～*d*. 気が狂った. **～·ment** *n.* 〖1612〗

ùn·híp *adj.* 流行遅れの, 野暮な, ださい. 〖1940〗

ùn·híred *adj.* 賃借され(てい)ない; 雇われ(てい)ない. 〖1617〗

ùn·his·tór·ic *adj.* **1** 歴史的に有名[重要]でない. **2** =unhistorical. 〖1862〗

ùn·his·tór·i·cal *adj.* **1** 歴史[史実]に合わない, 歴史(的記録)にない, 非歴史的な. **2** 〖言語〗歴史的根拠のない. **～·ly** *adv.* 〖1611〗

ùn·hítch *vt.* 〈つないである馬などを〉解く, 解き放す, 放す (unfasten): get ～ 《米口語》離婚する. 〖1622〗

ùn·hó·ly *adj.* (**un·ho·li·er**; **-li·est**) **1** 神聖でない, 不浄な, 汚れた (profane). **2** 不信心な (impious), 邪悪な (wicked). **3** 堕落した, 不道徳な (immoral); 非難に値する, 非難すべき (reprehensible). **4** 悪魔的な, 悪意に満ちた (malicious). **5** 《口語》ひどい, 恐ろしい, 途方もない (awful, shocking): an ～ row すさまじい騒ぎ / at an ～ hour とんでもない時間に. **ùn·hó·li·ly** *adv.* **un·hó·li·ness** *n.* 〖lateOE *unhālig*: ⇨ un-¹, holy: cf. Du. *onheilig*〗

ùn·hòm·o·gé·ne·ous *adj.* 異種の, 異質の; 純一でない. 〖1828〗

ùn·hón·ored *adj.* **1** 名誉[栄誉]を与えられ(てい)ない, 尊敬され(てい)ない. **2** 〖金融〗〈手形が〉引き受けられ(てい)ない, 拒絶された. 〖a1513〗

ùn·hóod *vt.* **1** …のずきん (hood) を脱ぐ[取る]. **2** 〖鷹狩〗〈鷹〉の目隠しを外す. 〖1575〗

ùn·hóok *vt.* **1** かぎから外す, かぎを外して(…から)取り離す 〔*from*〕. **2** 〈衣服など〉のホックを外す: ～ a dress. — *vi.* かぎから外れる; ホックが外れる. 〖1611〗

ùn·hóped *adj.* 《まれ》=unhoped-for. 〖c1380〗

ùn·hóped-fòr *adj.* 望外の, 意外な, 思いがけない, 予期しない (unexpected): ～ success.

ùn·hópe·ful *adj.* 有望でない, 望みがない. **～·ly** *adv.* 〖a1500〗

ùn·hórse *vt.* **1** 馬から投げ出す, 〈馬が〉〈乗り手を〉振り落とす, 落馬させる. **2** 〈人·物を〉転倒させる (overthrow); (地位·役職などから)追い出す, 失脚させる (unseat), 〈敵を〉打ち負かす. **3** 《古》…から馬を奪う[離す]: ～ a carriage. 〖a1393〗

ùn·hós·tile *adj.* 敵意[敵対心]のない; 友好的な (amicable). 〖1705〗

ùn·hóuse /-háuz/ *vt.* …の家を奪う, 家から追い出す; 宿なしにする. 〖?c1350〗

ùn·hóused /-háuzd/ *adj.* **1** 家を奪われた, 家から追い出された; 宿なしの. **2** 《まれ》家(庭)のきずなのない (cf. Shak., *Othello* 1. 2. 26). 〖1582〗

ùn·hóu·seled *adj.* 《古》(死の直前の)聖体を拝領し(ていない. 〖1532〗

ùn·húlled *adj.* 殻を除いていない; 殻つきの: ～ rice 籾(もみ). 〖1597〗

ùn·hú·man *adj.* =inhuman. **～·ly** *adv.* 〖1549〗

ùn·hú·man·ìze *vt.* …から人間性を除く, 非人間的にする (dehumanize). 〖1752〗

ùn·húng *v.* unhang の過去形·過去分詞. — *adj.* つるされ(てい)ない; (特に)絞首刑にされ(てい)ない. 〖1775〗

unh-unh /ʌ̃hʌ̃, m̩m̩m̩ | ⊥−/ *int.* ⇨ uh-huh 1 b.

ùn·húr·ried *adj.* 急がない, あせらない, 気長な (leisurely); よく注意を払った, 慎重な (deliberate): an ～ manner 悠揚迫らぬ態度. **～·ly** *adv.* **～·ness** *n.* 〖1768–74〗

ùn·húrt *adj.* 損なわれ(てい)ない, 害を受け(てい)ない, けがのない, 無傷の (intact, uninjured). 〖?c1200〗

ùn·húrt·ful *adj.* 《古》無害の, 傷をつけない. 〖1549〗

ùn·húsk *vt.* …から殻[皮, さや]をとる; むき出しにする. 〖1596〗

ùn·hỳ·gíen·ic *adj.* 非衛生的な; 非健康的な. **un·hỳ·gíen·i·cal·ly** *adv.* 〖1883〗

ùn·hý·phen·àt·ed /-tɪ̀d | -tɪ̀d/ *adj.* **1** ハイフンの付いていない. **2** 〈人種など〉混血でない, 純粋の: an ～ American 生粋のアメリカ人. 〖1960〗

ùn·hys·tér·i·cal *adj.* ヒステリーにかかっていない; 病的興奮をしない, 冷静な. **～·ly** *adv.* 〖1886〗

u·ni /jú:ni/ *n.* 《口語》=university. 〖1898〗

u·ni- /jú:nɪ̀, -ni/「一 (one), 単一 (single)」の意の連結形 (cf. multi-): *unicellular*. 〖← L *ūnus* 'ONE'〗

U·ni·ate /jú:niæ̀t/ *n.* (*also* **U·ni·at** /～/) 〖キリスト教〗ユニアト信徒, 東方[ギリシャ]帰一教会信徒, 帰一教会信徒, 合同東方カトリック教徒 《ローマ教皇の首位権を認めながら固有の東方[ギリシャ]正教会の典礼·慣習などを保持する; cf. Greek Catholic》. — *adj.* ユニアト信徒の, 合同東方カトリック教徒の: the ～ churches 東方[ギリシャ]帰一教会, 帰一教会. 〖(1833) ◻ Russ. *uniat* ← *uniya* union (with the Roman Church) ◻ L *ūniō(n-)* 'UNION'〗

ùni·áxial *adj.* **1** 〖結晶〗(正方晶系·六方晶系などのような)単軸の, 一軸性の. **2** 〖生物〗単軸の, 単茎の. **～·ly** *adv.* 〖1827–28〗

úni·bòdy *n.* ユニボディー《車体と車台 (chassis) の両方を形込め成形で一体化して製造されたボディー》.

u·ni·cam·er·al /jù:nəkǽm(ə)rəl | -nɪ̀-⁻/ *adj.* **1** 〈議会が〉一院制の: the ～ legislature 一院制度. **2** 〖生物〗=unilocular. **ù·ni·cám·er·al·ìsm** *n.* **ù·ni·cám·er·al·ist** *n.* **～·ly** /-rəli/ *adv.* 〖(1853) ← UNI-＋L *camer(a)* chamber (⇨ camera)＋-AL¹〗

ùni·cápsular *adj.* 〖植物〗単蒴(さく)の. 〖(1720) ← UNI-＋CAPSULE＋-AR¹〗

UNICEF, U·ni·cef /jú:nəsèf | -nɪ̀-/ *n.* ユニセフ, 国連児童基金 《第二次大戦の犠牲となった諸国の児童と発展途上国の児童の援助を目的として 1946 年設置され, 当時は United Nations International Children's Emergency Fund (国連国際児童緊急基金)と呼ばれていたが, 1953 年 United Nations Children's Fund と改称; 略称は変わらず UNICEF という》. 〖(1948) 《頭字語》 ← *U(nited) N(ations) I(nternational) C(hildren's) E(mergency) F(und)*〗

ùni·céllular *adj.* 単細胞の. **ùni·cellulárity** *n.* 〖1858〗

únicellular ánimal *n.* 単細胞動物, 原生動物 (protozoal).

U·ni·chem /jú:nɪ̀kèm/ *n.* ユニケム 《英国医薬品卸·小売業会社》.

u·nic·i·ty /ju:nísəṭi | -sɪ̀ti/ *n.* 単一性; 独自性, 特異性. 〖(1691) ◻ ? ML *ūnicitātem*=L *ūnitātem* 'UNITY' // ← L *ūnicus* 'UNIQUE'＋-ITY〗

U·ni·code /jú:nɪkòud | -kəud/ *n.* 〖電算〗ユニコード 《世界の諸言語の文字を 16 ビットで表すコード体系; UCS の部分集合に採用》.

ùni·cólor *adj.* 一色の, 単色の. 〖1781〗

ùni·cólored *adj.* =unicolor.

uni·com /jú:nɪ̀kà(:)m | -kɔm/ *n.* ユニコム 《小さな空港で用いられる無線通信システム》.

u·ni·corn /jú:nəkɔ̀ən | -nɪ̀kɔ̀:n/ *n.* **1** 〖伝説〗一角獣 《額に一本のねじれた長い角があり, 山羊のあごひげ·ライオンの尾·雄鹿の足を持つ馬に似た伝説的動物; 処女でなければこれを捕えることができないとされた; 純潔·清純の象徴とされた; cf. tricorn 2》. **2** 〖動物〗イッカク (*Monodon monoceros*) 《寒帯の海にすむイッカク科のシロイルカの類の動物; 雄には長くまっすぐな螺旋(らせん)形の牙(きば)がある; unicorn fish [whale], narwhal ともいう》. **3 a** 〖紋章〗一角獣 《スコットランド王の紋章の盾の両側, また連合王国ならびに王室の紋章ではライオンと相対して盾の向かって右側にある supporter》. **b** ユニコーン 《スコットランドの昔の金貨; 1486 年 James 三世のとき初めて造られ, 重さは 59 グレイン, 表に一角獣の像があった》. **4** 〖聖書〗野牛 (Heb. *re'ēm* wild ox に対する七十人訳聖書の誤訳 *monókerōs* からラテン語訳聖書を通じて AV に用いられたもの; 後 RV で wild ox と改められた; cf. *Deut.* 33: 17). **5** [the U-] 〖天文〗いっかくじゅう(一角獣)座 (⇨ Monoceros). **6** (並列した二頭の先頭に一頭を仕立てて駆ける)三頭一組の馬. 〖(?a1200) ◻ (O)F *unicorne* ◻ L *ūnicornis* one-horned ← UNI-＋*cornū* 'HORN'〗

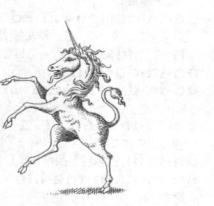

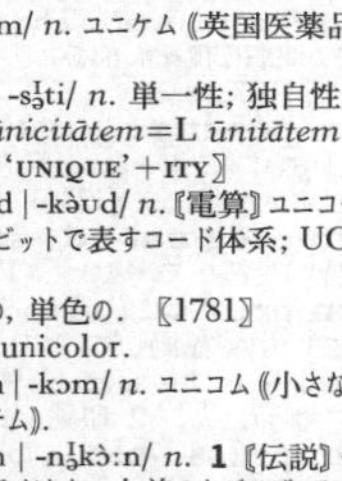

unicorn 1

únicorn fìsh *n.* 〖動物〗=unicorn 2.

únicorn plànt *n.* 〖植物〗ツノゴマ (*Proboscidea jussieui*) 《メキシコ原産のツノゴマ科の一年草; 観賞用》. 〖1796〗

únicorn ròot *n.* 《米》〖植物〗根に薬効があるとされるユリ科の数種の植物: **a** カマエリリウム ルテウム (*Chamaelirium luteum*) 《北米東部産》. **b** colicroot の一種 (*Aletris farinosa*) 《ソクシンラン属; 北米東部産》. 〖1846〗

únicorn whàle *n.* 〖動物〗=unicorn 2.

ùni·cóstate *adj.* 〖植物〗単肋(ろく)の 《植物の葉などについていう》. 〖1849〗

ùni·crácking pròcess *n.* 〖化学〗ユニクラッキング法 《石油留分の水素添加による分解法の一つ》.

u·ni·cum /jú:nɪ̀kəm | -nɪ-/ *n.* (*pl.* **-ca** /-kə/) 珍しいもの, 唯一例. 〖(1885) ◻ L ～ (neut. sg.) ← *ūnicus* 'UNIQUE'〗

u·ni·cur·sal /jù:nɪ̀kə́:səl, -sl | -nɪkə́:-⁻/ *adj.* 〖数学〗 **1** 〈曲線が〉(双曲線のようにではなく, 放物線のように)一つの枝から成る (cf. bicursal). **2** 一筆書きが可能な. **3** 〈曲線が〉一つのパラメーターの有理関数として表せる. 〖(1866) ← UNI-＋L *curs(us)* 'COURSE¹'＋-AL¹〗

ùni·cúspid *adj.* 〈歯が〉単尖頭(せんとう)の. — *n.* 単尖頭歯. 〖(1894) ← UNI-＋CUSPID (adj.)〗

ùni·cúspidate *adj.* =unicuspid. 〖1883〗

úni·cỳcle *n.* 一輪車. **úni·cỳclist** *n.* 〖(1869) ← UNI-＋(BI)CYCLE〗

ùn·i·dé·aed *adj.* **1** 思想がない; 思考の独創性に欠ける. **2** 想像力がない, 愚鈍な (stupid, dull). 〖1752〗

ùn·i·dé·al *adj.* **1** 観念的でない; 唯物的な (materialistic). **2** 理想的でない; 実証的な, 写実的な, 現実的な (realistic). **3** 興味のない, 退屈な (dull), 散文的な (prosaic), 平凡な (ordinary). 〖1751〗

ùn·i·dén·ti·fì·a·ble *adj.* 同定できない, 身元[正体]が確認できない. 〖1909〗

un·i·den·ti·fied /ʌ̀naɪdénṭəfàɪd, -tɪ̀d-, -dénə- | -aɪdént-, -tɪ̀d-⁻/ *adj.* **1** 当の人物[品物]であると証明され(てい)ない, 同一(物[人物])と認められ(てい)ない. **2** 身元不詳の; 未確認の. 〖1860〗

unidentified flýing òbject *n.* 未確認飛行物体 (⇨ UFO). 〖1950〗

ùni·diménsional *adj.* 一次元の. **ùni·dimensionálity** *n.* 〖1883〗

ùn·ìd·i·o·mát·ic *adj.* 慣用語法に反する[合わない]. **ùn·ìd·i·o·mát·i·cal·ly** *adv.* 〖a1822〗

ùni·diréctional *adj.* **1** 一方向だけの[を有する], 方向変換[逆転]のきかない. **2** 〖電気〗定方向の, 一方向性の, 単指向性の. **～·ly** *adv.* 〖1883〗

unidiréctional anténna *n.* 〖通信〗単指向性アンテナ 《特定の一方向にだけ高い感度をもつアンテナ》.

únidirectional cúrrent *n.* 〖電気〗単向電流. 〖1883〗

UNIDO /jú:nədòu | -nɪ̀dəu/ 《略》United Nations Industrial Development Organization 国連工業開発機関, ユニド. 〖1967〗

úni·fàce *adj.* 〈貨幣·紙幣·メダルなど〉片面刻印の, 裏面空白の. 〖1875–80〗

úni·fàced *adj.* =uniface. 〖1877〗

ùni·factórial *adj.* 単一因子[遺伝子]の[に支配された]. 〖1930–35〗

u·ni·fi·a·ble /jú:nəfàɪəbl̩ | -nɪ̀-/ *adj.* 統一[合一]することのできる, 単一化できる.

u·nif·ic /ju:nífɪk/ *adj.* 《まれ》一つにする, 統一を生む, 統合的な (unifying). 〖(1788) ← UNI-＋-FIC〗

u·ni·fi·ca·tion /jù:nəfɪ̀kéɪʃən | -nɪ̀fɪ-⁻/ *n.* 統一(状態), 単一化, 合一 (⇨ unity **SYN**): *Unification* of currency was discussed at the conference. 会議では通貨統一について話し合われた. 〖(1851): ⇨ unify, -ation〗

Unificátion Chúrch *n.* 統一教会 《1954 年に韓国人文鮮明が設立した宗派; 世界基督教統一神霊教会; cf. Moonie》.

ú·ni·fied atómic máss ùnit /jú:nəfàɪd- | -nɪ̀-/ *n.* =atomic mass unit.

únified fíeld thèory *n.* 〖物理〗統一場理論 《動場·電磁場の特性と素粒子間の相互作用を統一的に説明することを目的とする理論》.

únified scréw thrèad *n.* 統一ねじ山 《国際標準化機構で採用されている》.

ú·ni·fi·er *n.* 統一する人[物], 統一者. 〖1867〗

ùni·fílar *adj.* 単糸の, 単線の. 〖1856〗

úni·fìning pròcess *n.* 〖化学〗ユニファイニング法 《石油の脱硫法の一つ》.

ùni·flágellate *adj.* 〈細菌など〉一本の鞭毛(べんもう)をもつ. 〖1881〗

ùni·flórous *adj.* 〖植物〗単花の[を有する]. 〖1760〗

úni·flòw èngine *n.* 〖機械〗ユニフロー機関 《単流掃気方式による内燃機関》. 〖1912〗

ùni·fóliate *adj.* 〖植物〗 **1** 単葉の[を有する]. **2** =unifoliolate. 〖1849〗

ùni·fóliolate *adj.* 〖植物〗(ミカンなどの複葉のように)単小葉を有する, (単身複葉を成す)単小葉をつける. 〖c1859〗

u·ni·form /jú:nəfɔ̀əm | -nɪ̀fɔ̀:m/ *n.* **1** (兵士·水兵·巡査などの)制服, 軍服, 官服, (選手の)ユニフォーム (cf. mufti, plain clothes): wear a ～ / be in ～ 制服を着ている / a school ～ 学校の制服 / a nurse's ～ / ⇨ dress uniform, full-dress uniform. **2** (集団·運動団体などの)特定の服装. ***out of úniform*** 略装で, 規定とは違った軍服を着た.

— *adj.* **1** 同様な; 同一標準の, 画一的な, 等しい (regular, even): articles of ～ weight 画一的重さの[重さの等しい]物品 / ～ acceleration 等加速度 / ～ motion 等速運動. **2** 同じ形式[形状, 型, 色]の, 揃いの; (…と)同じの, 同様の 〔*with*〕 (⇨ steady **SYN**): vases of ～ size and shape 同一の大きさと形の花びん / wear a dress of ～ pattern 揃いの模様のドレスを着る / books ～ *with* this volume この本と同じ装丁の書物 / make disparate

U

things ~ (*with* each other) 全く異種類の物を(お互いに)同形式にする. **3** 〈行動・意見などが〉いつも[どこでも]変わりのない, いつも一様な, 一定不変の, 均一の: keep a house at a ~ temperature 家をいつも一定の温度に保つ / behave with ~ moderation いつも変わりなく穏健にふるまう / a ~ minimum wage 均一最低賃金 / a ~ policy 一定不変の政策. **4** 均等の, 均質の, むらのない (homogeneous): flour ~ *in* quality 均質の麦粉 / a ~ price 均一値段. **5** 〘数学〙一様な《ある変数・パラメーター・関数などと関係なく独立に生じることをいう》.
— *vt.* **1** 均一[同型]にする. **2** …に制服を着用させる: ~ students in black 学生に黒の制服を着させる.
ú·ni·fòrm·ly *adv.* **~·ness** *n.* 〘《(1540)》□(O)F *uniforme* ∥ L *ūniformis* having one form: ⇨ uni-, form〙

U·ni·form /júːnəfɔ̀ːm | -nɪ̀fɔ̀ːm/ *n.* 〘通信〙ユニフォーム《文字 u を表す通信コード》.

Úniform Búsiness Ràte *n.* 《英》統一事業税《イングランドとウェールズで, オフィス・店舗・工場などの業務用不動産に課される税金; 略 UBR》.

Úniform Códe of Mílitary Jústice *n.* [the ~] 〘米軍〙統一軍事裁判法《合衆国軍に属する全員の行動を規正する法典; 1951 年 5 月, 陸(海・空)軍軍法会議法 (Articles of War), 海軍軍法会議法 (Articles for the Government of the Navy) などに代わって制定された》.

Úniform Commércial Còde *n.* [the ~] 〘商業〙統一商事法典《アメリカ各州の商事取引を現代化するために作成された統一法案; 略 UCC》.

úniform convérgence *n.* 〘数学〙一様収束《収束の速さが変数の値に対して一様であること》.

u·ni·formed /júːnəfɔ̀ːmd | -nɪ̀fɔ̀ːmd/ *adj.* 制服常用の; 制服を着た, 制服の: a ~ cop 制服警官. 〘1813〙

úniform flów *n.* 〘土木〙等流《液の流動の状態が時間的にも場所的にも変わらないもの》.

u·ni·form·i·tar·i·an /jùːnəfɔ̀ːmətéəriən | -nɪ̀fɔ̀ːmɪ̀téər-ˈ/ *adj.* **1** 〘地質〙斉一説の. **2** 統一を守る. — *n.* 〘地質〙斉一論者. 〘《(1840)》← UNIFORMIT(Y)＋-ARIAN〙

ù·ni·fòrm·i·tár·i·an·ìsm /-nìzm/ *n.* **1** 〘地質〙斉一説《地質の変化は絶えず均一的・持続的に働く力の作用によるものであると説く説; cf. catastrophism》. **2** 〘哲学〙整一[斉一]説《世界の運行は自然の整一[斉一]性に従い非偶然的であるとする説; cf. tychism》. 〘1865〙

u·ni·form·i·ty /jùːnəfɔ́ːməti | -nɪ̀fɔ́ːmɪ̀ti/ *n.* **1** 均一(性), 一律, 画一(性) (cf. variety). **2** 一様, 同様 (sameness). **3** 一定不変(性), 一貫性 (consistency) (↔ multiformity). **4** 均等性, 等質(性) (homogeneity). **5** 単調 (monotony). **6** 一様な[画一的な, 単調な]もの. 〘《(?a1425)》□(O)F *uniformité* ∥ LL *ūniformitātem*: ⇨ uniform (adj.), -ity〙

u·ni·form·ize /júːnəfɔːmàɪz | -nɪ̀fɔ̀ːm-/ *vt.* 均一化する. 〘《(1866)》□ F *uniformiser*: ⇨ uniform, -ize〙

ú·ni·fòrm·ly contínuous fúnction *n.* 〘数学〙一様連続関数《与えられた任意の正の数 ε に対して正数 δ があって, $|x-x'|<\delta$ ならば必ず $|f(x)-f(x')|<\varepsilon$ となるような関数 $f(x)$》.

úniform nùmber *n.* (運動選手などの)背番号.

u·ni·fy /júːnəfàɪ | -nɪ̀-/ *vt.* 一つにする, 一体[一様]にする, 統一[合一]する (unite). — *vi.* 一つになる, 一体[一様]になる. 〘《(1502)》□(O)F *unifier* ∥ ML *ūnificāre* to unify: ⇨ uni-, -fy〙

U·ni·gen·i·tus /jùːnədʒénətəs | -nɪ̀dʒénɪ̀t-/ *n.* 〘神学〙ウニジェニトゥス勅書 (1713 年に教皇 Clement 十一世がヤンセン主義 (Jansenism) を排斥したもの; 同書の最初の語をとって書名とした). 〘□ ML *ūnigenitus* only-begotten〙

U

ùni·júgate *adj.* 〘植物〙〈羽状葉が〉一対だけの小葉をもっている. 〘《(1849)》← L *ūnijugus* single-paired (← UNI-＋*jugum* 'YOKE')＋-ATE[2]〙

ùni·júnction *n.* 〘電子工学〙単接合《接合を一つだけもった半導体素子の構造; cf. heterostructure》. 〘1957〙

u·ni·lat·er·al /jùːnəlǽtərəl, -trəl | -tərəl, -trəlˈ/ *adj.* **1** 一方(的)の, 一面(的)の, 片側だけの (one-sided). **2** 〘政治〙一方[一党, 一派]だけでなされた, 相互的でない: a ~ decision. **3** 〘法律〙片務の, 一方的な, 単独の (cf. bilateral): a ~ contract 片務契約. **4** 〘生物〙片側だけに生じる[配列する], 片側だけの. **5** 〘人類学・社会学〙(父系または母系だけの)単性系譜の, 単系の (cf. bilateral). **6** 〘病理〙体の片側だけ冒(おか)す, 片側(性)の, 一側の. **7** 〘音声〙〈音声が〉(舌の両側から息を出さずに)舌の片側だけを使って出された, 片側音の.
Uniláteral Declarátion of Indepéndence [the ~] (他国の支配下にある国の)一方的独立宣言《1965 年英国からの独立を宣言した Rhodesia が最初; 略 UDI》.
~·ist /-lɪ̀st | -lɪst/ *n.* **u·ni·lat·er·ál·i·ty** /-lætərǽləti | -tərǽlɪ̀ti/ *n.* **~·ly** /-rəli/ *adv.* 〘《(1802)》← UNI-＋LATERAL: Jeremy Bentham の造語〙

uniláteral anténna *n.* 〘通信〙＝unidirectional antenna.

ùn·i·lát·er·al·ìsm /-lìzm/ *n.* 一方的軍備廃棄[核廃絶, 軍縮]論; 一方的政策, 単独主義. 〘1926〙

uniláteral negléct *n.* 〘病理〙一側性知覚麻痺(まひ).

uniláteral sýstem *n.* 〘機械〙片側式《機械部品の寸法許容範囲の与え方の一方式》.

ùni·líneal *adj.* (父母のどちらかの)一方の血統の. **~·ly** *adv.* 〘1935〙

ùni·línear *adj.* 一本の成長[発展, 向上]線をたどった; 一本の道をまっしぐらに進む: ~ evolution. 〘1851〙

ùn·i·lín·gual /-lɪ́ŋgwəl/ *adj.* 一つの言語しか用いない, 1 か国語だけの[から成る]. **~·ìsm** /-lìzm/ *n.* 〘1866〙

ùni·líteral *adj.* 単一文字の, 一字から成る. 〘1817〙

ùn·il·lú·mi·nàt·ed /-tɪ̀d | -tɪd/ *adj.* **1** 照らされ(てい)ない, 照明がない; 暗い (dark). **2** 教化され(てい)ない; 無知の, 蒙昧(もうまい)な (ignorant). 〘1579〙

ùn·il·lú·sioned *adj.* 幻覚[幻想, 錯覚]のない. 〘1926〙

ùn·íl·lus·tràt·ed *adj.* **1** 例証され(てい)ない. **2** 挿絵[図解]のない. 〘1775〙

úni·lòbed *adj.* 〘昆虫〙単葉の. 〘1851〙

ùni·lócular *adj.* 〘生物〙単室の, 単房の. 〘1753〙

un·i·mag·in·a·ble /ʌ̀nɪ̀mǽdʒ(ə)nəbl̩, -dʒɪ- | -ɪmǽdʒɪ-, -dʒ(ə)-/ *adj.* 想像のできない; 考えられない, 思いもつかない. **ùn·i·mág·in·a·bly** *adv.* 〘1611〙

ùn·i·mág·i·na·tive *adj.* 想像力のない; (詩的な)創造力に乏しい, 散文的な (prosaic), 現実的な, 実際的な (practical): an ~ work of art. **~·ly** *adv.* **~·ness** *n.* 〘1802〙

ùn·i·mág·ined *adj.* 想像され(たことの)ない. 〘a1548〙

U·ni·mak /júːnəmæ̀k | -nɪ̀-/ *n.* ユーニマック《米国 Alaska 州, Aleutian 列島中最大の島; 面積 4,144 km²》.

ùni·módal *adj.* 〘統計〙〈頻度などを示す曲線が〉単峰形の: a ~ statistical distribution. **ùni·modálity** *n.* 〘1923〙

ùni·módular *adj.* 〘数学〙〈マトリックスが〉ユニモジュラの, 行列式が 1 の. 〘1852〙

ùni·molécular *adj.* 〘化学〙単分子の: ~ reactions 単分子[一分子]反応《単一の分子のみが関与する化学反応》. 〘1901〙

ùn·im·páired *adj.* 損なわれ(てい)ない; 〈量・価値など〉減じ(てい)ない, 弱められ(てい)ない. 〘1583〙

ùn·im·pás·sioned *adj.* 情に動かされない, 激しない, 冷静な, 落ち着いた. 〘1744〙

ùn·im·péach·a·ble *adj.* 弾劾[非難]できない, とがめることのできない, 罪科のない (blameless); 疑う余地のない (unquestionable); 申し分のない, 非の打ちどころのない (impeccable): ~ evidence 歴然たる証拠 / an ~ reputation 非の打ちどころのない名声. **ùn·im·pèach·a·bíl·i·ty** /-piːtʃəbɪ́ləti | -lɪ̀ti/ *n.* **~·ness** *n.* **ùn·im·péach·a·bly** *adv.* 〘1784〙

ùn·im·péd·ed /-ɪmpíːdɪ̀d | -ɪmpíːdɪdˈ/ *adj.* 妨げられ(てい)ない, 妨害を受け(てい)ない, 何一つ邪魔のない (unhindered). 〘1760〙

ùn·ím·ple·mènt·ed /-mèntɪ̀d | -tɪd/ *adj.* まだ効力を発していない, まだ効力のない: an ~ agreement.

ùn·im·pór·tance *n.* 重要でないこと, 取るに足らないこと, ささい(なこと) (insignificance, triviality): a matter of ~ 重要でない[つまらない]こと. 〘1751〙

un·im·por·tant /ʌ̀nɪ̀mpɔ́ətənt, -tnt | -ɪmpɔ́ːtənt, -tntˈ/ *adj.* 重要でない, 取るに足らない, ささいな, つまらない (insignificant, trivial): The problem is ~ for most of us. その問題は我々大部分にとって重要でない. **~·ly** *adv.* 〘1727〙

ùn·im·pós·ing *adj.* 目立たない, 人目を引かない, 堂々としていない: an ~ figure 目立たない人物 / an ~ office ぱっとしないオフィス. 〘1736〙

ùn·im·prég·nat·ed /-tɪ̀d | -tɪd/ *adj.* 受胎し(てい)ない, (特に)受精し(てい)ない. 〘1744〙

un·im·pressed /ʌ̀nɪ̀mprést | -ɪm-ˈ/ *adj.* **1** 感銘を受け(てい)ない, 感動し(てい)ない, 平気な: The audience seemed ~ by his speech. 聴衆は彼の演説に感銘を受けていないようだった. **2** 印刻され(てい)ない. 〘1743〙

ùn·im·préss·i·ble /-səbl̩ | -sɪ̀-ˈ/ *adj.* 感じない; 感受性に欠ける. 〘1828〙

ùn·im·prés·sion·a·ble /-ʃ(ə)nəbl̩ˈ/ *adj.* 印象を受け難い, 印象の弱い, 感じの鈍い, 感動しない: an ~ mind. 〘1847〙

ùn·im·prés·sive *adj.* 印象を与えない, 印象的でない, 感動させない; 風采の上がらない. **~·ly** *adv.* **~·ness** *n.* 〘1796〙

ùn·im·próved *adj.* **1** 改善され(てい)ない. **2** 〈健康など〉よくならない. **3** 《米》〈土地が〉耕作され(てい)ない: ~ land. **4** 《米》(建築敷地などとして)まだ使用され(てい)ない, (荒れたままで)手入れし(てい)ない. **5** 〈資質・有用性・価値など〉十分に開発[発揮]され(てい)ない; 〈価値・価格・魅力・権力・学殖など〉高められ(てい)ない, 磨か[洗練さ]れ(てい)ない. **6** 〈機会など〉まだ利用され(てい)ない: an ~ opportunity なおざりにされている機会. **7** 〈道路が〉表面が柔らかく年間の使用ができない, 改修され(てい)ない. **8** 〈動植物が〉品種改良され(てい)ない. 〘1665〙

únimpròved válue *n.* 《NZ》建築物等を除いた土地評価額.

ùn·in·cór·po·ràt·ed /-tɪ̀d | -tɪd/ *adj.* **1** 合体[合併]し(てい)ない. **2** 法人組織になっていない. **3** 〈市・町・村が〉自治体組織になっていない: an ~ village. 〘1715〙

ùn·in·dórsed *adj.* ＝unendorsed.

ùn·in·dús·tri·ous *adj.* 勤勉でない, 不熱心な; 怠惰な (lazy). **~·ly** *adv.* 〘1599〙

ùn·in·féct·ed *adj.* **1** 感染し(てい)ない. **2** (思想・風習などに)かぶれ(てい)ない. 〘1713〙

ùn·inflámed *adj.* 燃えて[興奮して]いない. 〘1626〙

ùn·in·flám·ma·ble *adj.* 発火し難い, 燃えない, 不燃性の. 〘1666〙

ùn·in·flát·ed /-tɪ̀d | -tɪd/ *adj.* 膨張していない, ふくれていない. 〘1775〙

ùn·in·fléct·ed *adj.* **1** 屈曲のない. **2** (言葉に)抑揚のない: an ~ voice. **3** 〘文法〙語尾変化のない. 〘1713〙

ùn·ín·flu·enced *adj.* 影響を受け(てい)ない, 感化され(てい)ない; 偏見のない (impartial). 〘1734〙

ùn·in·flu·én·tial *adj.* 影響を与えない, 無勢力の, 無力の. 〘1661〙

ùn·in·fór·ma·tive *adj.* 知識[情報]を与えない; 非教育的な. **~·ly** *adv.* 〘1837〙

ùn·in·fórmed *adj.* **1** 情報を受け(てい)ない, 知らされ(てい)ない. **2** 知識[学問, 教育]のない, 無学の, 無知な (ignorant). 〘1597〙

ùn·in·háb·i·ta·ble /-təbl̩ | -tə-ˈ/ *adj.* 住めない, 住居に適しない. 〘1448〙

ùn·in·háb·i·ted /-tɪ̀d | -tɪdˈ/ *adj.* 人の住んでいない, 住民のない, 無人の: an ~ island, area, house, etc. **~·ness** *n.* 〘1571〙

ùn·in·híb·i·ted /-tɪ̀d | -tɪdˈ/ *adj.* **1** 禁じられ(てい)ない, 抑制され(てい)ない. **2** (社会の因習・慣例に)拘束されない, ごく気楽な, 非常に自由な: a thoroughly ~ party. **~·ly** *adv.* **~·ness** *n.* 〘1880〙

ùn·i·ní·ti·ate /-ʃiət, -ʃièɪtˈ/ *adj.* ＝uninitiated. 〘1801〙

ùn·i·ní·ti·àt·ed /-èɪtɪ̀d | -tɪd/ *adj.* 手ほどきを受け(ていない; 十分経験のない, 未経験の, 初心の (inexperienced). 〘1678〙

ùn·ín·jured *adj.* 損なわれ(てい)ない, 傷害を受けない. 〘1578〙

ùni·nóminal *adj.* **1** 一選挙区から一名選出する, 一区一人制の: a ~ electoral system 小選挙区制. **2** 〘生物〙一名式の. 〘《(1881)》□ F ~: ⇨ uni-, nominal〙

ùn·in·spíred *adj.* 霊感を受け(てい)ない, 霊感がない; 感激がない, 平凡な (commonplace). 〘1690〙

ùn·in·spír·ing *adj.* (思想・感情などを)吹き込まない, 鼓吹しない; つまらなくて気を滅入らせるような. 〘1815〙

ùn·in·strúct·ed *adj.* **1** 教えられ(てい)ない, 教育がない, 無知な. **2** 訓令[指令]を受け(てい)ない. 〘1598〙

ùn·in·strúc·tive *adj.* 教育にならない, 非教訓的な: ~ books [comics] ためにならない本[漫画]. 〘1666〙

ùn·ín·su·làt·ed /-tɪ̀d | -tɪd/ *adj.* 断熱[絶縁など]されていない, 断熱材[絶縁材など]を使っていない: an ~ roof. 〘1794〙

ùn·in·súr·a·ble *adj.* 保険をかけられない, 保険のつけられない. 〘1864〙

ùn·in·súred *adj.* 保険をかけ(てい)ない. 〘1799〙

ùn·ín·te·gràt·ed /-tɪ̀d | -tɪd/ *adj.* 全体を完成されていない, 不完全な; (特に)人格の統合に欠陥のある.

ùn·in·tél·li·gence *n.* 知力のないこと, 無知. 〘1634〙

ùn·in·tél·li·gent *adj.* 知力がない, 無知な (ignorant); 愚鈍な. **~·ly** *adv.* 〘1609〙

ùn·in·tèl·li·gi·bíl·i·ty /-dʒəbɪ́ləti | -lɪ̀ti/ *n.* 理解しにくいこと[もの], 難解なこと[もの]. 〘1665〙

un·in·tel·li·gi·ble /ʌ̀nɪ̀ntélədʒəbl̩ | -ɪntélɪ̀dʒɪ̀-ˈ/ *adj.* 理解ができない, わかりにくい, 難解な: ~ writing 難解な文 / His language was ~ to us. 彼の言葉は我々にはちんぷんかんぷんだった. **~·ness** *n.* **ùn·in·tél·li·gi·bly** *adv.* 〘1616〙

ùn·in·ténd·ed *adj.* 故意でない, そのつもりで(したので)ない, もくろんだのでない. 〘1649〙

un·in·ten·tion·al /ʌ̀nɪ̀nténʃnəl, -ʃənl̩, -téntʃ-, -téntʃə- | -ɪn-ˈ/ *adj.* 故意でない, 何気なくやった, 心にもない, 無意識のうちにやった: an ~ omission 故意でない脱落 / The pun was ~. そのしゃれは自然に出たものだった. 〘1782〙

ùn·in·tén·tion·al·ly *adv.* 故意でなく, うっかり, 何気なく. 〘1769〙

ùn·ín·ter·est·ed *adj.* **1** 関係がない, 利害関係のない. **2** 興味を感じない, 無関心な (⇨ indifferent SYN) (cf. disinterested). **~·ly** *adv.* **~·ness** *n.* 〘a1649〙

ùn·ín·ter·est·ing *adj.* 興味をわかせない, 面白くない, つまらない, 退屈な (dull): an ~ story. **~·ly** *adv.* **~·ness** *n.* 〘1769〙

ùn·in·ter·mít·ted /-tɪ̀d | -tɪdˈ/ *adj.* 途切れない, 中断され(てい)ない, 絶え間がない (uninterrupted). **~·ly** *adv.* 〘1611〙

ùn·ìn·ter·mít·tent *adj.* 間断のない, 継続的な. 〘1850〙

ùn·in·ter·mít·ting /-tɪŋ | -tɪŋˈ/ *adj.* 間断のない, 絶え間のない, 引き続く, 引っきりなしの (ceaseless, continuous). **~·ly** *adv.* 〘1661〙

ùn·in·tér·pret·a·ble /-təbl̩ | -tə-ˈ/ *adj.* 解釈[説明]できない, 不可解な. 〘1625〙

ùn·in·tér·pret·ed /-tɪ̀d | -tɪdˈ/ *adj.* 解釈[説明, 通訳]され(てい)ない. 〘1662〙

un·in·ter·rupt·ed /ʌ̀nìntəráptɪ̀d | -tə-ˈ/ *adj.* 途切れない, 中絶しない, 連続する: a height commanding an ~ view of the sea 海を広々と見渡せる高台. **~·ly** *adv.* **~·ness** *n.* 〘1602〙

ùn·ìn·ter·rúpt·i·ble /-təbl̩ | -tɪ̀-ˈ/ *adj.* 中断されない, 不断の, 〈電源など〉非常(供給)用の. 〘a1683〙

ùni·núclear *adj.* 〘生物〙＝uninucleate. 〘1882〙

ùni·núcleate *adj.* 〘生物〙単一核の[をもつ]: a ~ cell. 〘1885〙

ùn·in·vén·tive *adj.* 発明の才のない, 創意[独創性]のない, 工夫に富んでいない. **~·ly** *adv.* **~·ness** *n.* 〘1776〙

ùn·in·vést·ed *adj.* 投資され(てい)ない: ~ funds. 〘1775〙

ùn·in·vés·ti·gàt·ed /-tɪ̀d | -tɪd/ *adj.* 調査[研究]されていない, 未調査の. 〘1816〙

ùn·in·vít·ed /-tɪ̀d | -tɪdˈ/ *adj.* 招かれ(てい)ない; 差し出がましい, 余計な: an ~ guest [visitor] 招かれざる客. 〘1631〙

ùn·in·vít·ing /-tɪŋ | -tɪŋ⁻/ *adj.* 人の心を引かない, 魅力がない (unattractive); 気が進まない; まずそうな, いやな (repellent). **～·ly** *adv.* **～·ness** *n.* 〖1686〗

ùn·in·vóked *adj.* 祈願されない, 呼び出されない. 〖1718〗

ùn·in·vólved *adj.* **1** 巻き添えにされ(てい)ない. **2** 複雑でない, 簡単な (simple), 直接の (direct). 〖1793〗

ùni·ócular *adj.* =monocular. 〖1830〗

u·nion /júːnjən | -njən, -niən/ *n.* **1 a** 二つ以上のものが共通の目的で合体してできたもの. **b** 同盟, 連合 (league); 労働組合, 労組 (trade union): a craft ～ 職能別組合, 職能組合 / a trade [〘米〙labor] ～ 労働組合 / a ～ leader 労組の指導者 / a ～ member 組合員 / join a ～ 組合に加わる / ⇨ Universal Postal Union. **c** 連邦: ⇨ UNION of South Africa. **d** [通例 U-] (初めは Oxford, Cambridge 両大学の, 今は種々の大学の)学生クラブ; 学生会館 (cf. student(s) union). **2** (二つ以上のものを一つに)結びつけること, 結合, 連合, 合同 (⇨ unity SYN); 一つに結合した状態 (combination): effect a ～ between two countries 2 国間の連合を達成する / the ～ of soul and body 霊肉の合一 / in ～ 共同で / *Union* gives [is] strength.=In ～ there is strength. 《諺》団結は力なり. **3 a** 融合, 和合, 一致 (agreement, concord): *in* ～ 和合して, 一緒に / live together *in* perfect ～ 完全に和合して暮らす. **b** 結婚 (marriage); 性交 (copulation): a happy ～ 幸福な結婚 / an illicit [irregular] ～ 不倫な関係 / the children of the ～ その結婚で生まれた子供たち. **4** [the U-] (国と国との政治的な)連合 (⇨ alliance SYN). **a** (アメリカ)合衆国 (the United States of America). **b** (イギリス)連合王国 (the United Kingdom). **c** (1603–1707 年以降の)イングランドとスコットランドの連合[合同]; (1801 年–1920 年の)大ブリテンとアイルランドの連合[合同]; (1920 年以降の)大ブリテンと北アイルランドの連合[合同]. **d** (南北戦争時の)北軍. **e** 南アフリカ連邦 (the Union of South Africa). **5** 〘英〙 **a** 救貧区連合 (poor-law union) 《貧民救済法 (poor laws) を施行するための数教区の連合体》. **b** (そういう連合体で共同経営する)救貧院 (workhouse). **6 a** (旗の)連合表象 《数国家の連合を象徴したもの; 米国国旗では連合州数を青地に白の星で表した部分》. **b** (旗の)旗ざおにつける側の上部内側の部分 (canton) 《ふつうここに連合表象を置く》. **c** 英国国旗 《St. George's cross (England), St. Andrew's cross (Scotland), および St. Patrick's cross (Ireland) を重ねてできたもの; Union Jack, Union flag ともいう》. **7** (接ぎ木の)接合(点), 接合箇所. **8** 交ぜ織り; 混紡糸. **9** 〘外科〙(傷口や骨折箇所の)癒着(ゆちゃく), 癒合. **10** 〘数学〙 **a** 結び, 和集合 《join ともいう; 記号 ∪》. **b** 束の二元の上限 《記号 ∪》. **11** 〘機械〙ユニオン継手.
únion dówn [*dównwards*] 〘海事〙(遭難信号として)倒旗にして: fly a flag ～ *down* 倒旗を掲げる (cf. 6 a).
Únion of Sóuth África [the ―] 南アフリカ連邦 (1901–61) 《(Republic of) South Africa の旧名》.
Únion of Sóviet Sócialist Repúblics [the ―] ソビエト社会主義共和国連邦 《Soviet Union の公式名; 1922 年に成立, 1991 年に解体; 略 USSR》.
Únion of Útrecht [the ―] ユトレヒト同盟 《1579 年オランダの北部 7 州が結んだ同盟で, スペインからの独立戦争を起こした; cf. United Provinces》.
― *adj.* [限定的] **1** (労働)組合の[に関する]: ～ affairs / goods with a ～ label 労働組合製を示すラベルのついた商品. **2** さまざまな要素の結合でできた. **3** [U-] (米国南北戦争当時の)連邦軍の, 北軍の. **4** 交ぜ織りの. **5** 〘言語〙数種の言語から共通に用いられるように人工的に作った, 結合言語の: ⇨ union language.
〖(?a1425) *unyon* □ (O)F ～ // L *ūniō(n-)* unity, union ← *ūnus* 'ONE'〗

únion-bàshing *n.* 〘口語〙(労働)組合たたき, 組合つぶし. 〖1977〗

Únion Cárbide *n.* ユニオンカーバイド 《米国 Connecticut 州に本社のある大手総合化学工業会社; 1917 年創業》.

únion càrd *n.* **1** (労働組合などの)組合員証. **2** 雇用や集団内部での地位の証明に必要なもの; 仲間であることの証明となるもの. 〖1874〗

únion càtalog *n.* 〘図書館〙総合目録, ユニオンカタログ 《repertory catalog ともいう》. 〖1897〗

únion chúrch *n.* 〘キリスト教〙ユニオンチャーチ, 連合教会 《異なる教派が主として経済的理由から共に使用している教会》. 〖1847〗

Únion Cíty *n.* ユニオンシティー 《米国 New Jersey 州北東部の都市》.

únion clòth *n.* 交織布, 混紡布 《種類の異なる繊維の縦糸と横糸から成る布》. 〖1872〗

únion dìstrict *n.* 〘米〙合同学区 《小[中]学校のための二つ以上の学区を統合してつくられた学区》.

Únion flàg *n.* [the ～] (1801 年以来の英国の)連合国旗 《イングランドの St. George's cross, スコットランドの St. Andrew's cross, アイルランドの St. Patrick's cross の三つの十字を結合して 3 国の連合を表す; 通例 Union Jack と呼ぶ》. 〖1634〗

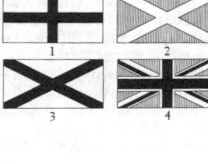

1 flag of St. George
2 flag of St. Andrew
3 flag of St. Patrick
4 Union flag

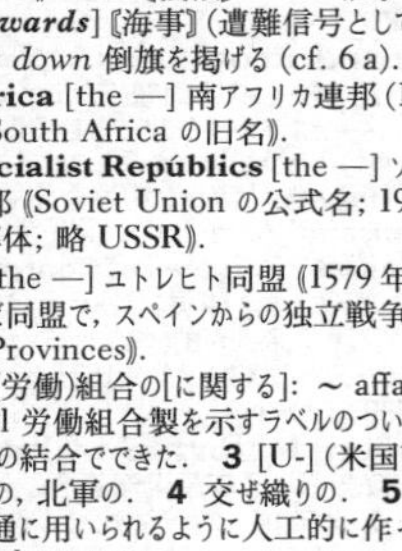

Union flag

únion hòuse *n.* 〘英史〙救貧院 (cf. union 5). 〖1847〗

Únion Íslands *n.* ⇨ Tokelau Islands.

u·nion·ism /júːnjənìzm | -njə-, -niə-/ *n.* **1** 合同[統一]主義: an adherent of ～ 統一主義の支持者. **2** 労働組合主義. **3** [the U-] **a** 〘米〙連邦主義, 統一国家主義 《南北戦争当時の南北分離反対説》. **b** 〘英政治〙連合主義, 統一主義 《19 世紀末アイルランド自治法案に反対してアイルランドを英国の統一支配下にとどめるべきだとした考え; 自由党の J. Chamberlain らはこれを唱えて脱党し, 保守党員を加えて統一党 (Unionist Party) が結成されたが, 1920 年以降は北アイルランドの保守政党として, 北アイルランドを大英帝国の一部とする政策を堅持した》. 〖(1845) ← UNION＋-ISM〗

ú·nion·ist /-nɨst | -nɪst/ *n.* **1** 統一論者, 連合論者. **2** 労働組合主義者; 労働組合員. **3** [U-] **a** 〘米〙連邦主義者, 統一国家主義者 (⇨ unionism 3 a). **b** 〘英政治〙統一党員 (⇨ unionism 3 b). **4** 統一教会主義者, 教会合同主義者 《プロテスタント各派の統一を主張》.
― *adj.* **1** 統一論者の. **2** 労働組合主義者の. **3** [U-] **a** 〘米〙(南北戦争当時の)連邦主義者の. **b** 〘英政治〙統一党員の. **u·nion·is·tic** /jùːnjənístɪk | -njən-, -niən-⁻/ *adj.* 〖1799〗

Únionist Párty *n.* 統一党 《北アイルランドの旧プロテスタント派政党; 1970–72 年北アイルランドと英国との連合政策を堅持; cf. Ulster Democratic Unionist Party, Ulster Unionist Council》.

u·nion·ize /júːnjənàɪz | -njən-, -niən-/ *vt.* **1** 連合[合同]する. **2** 労働組合化する; 労働組合に加入させる. **3** 労働組合の規約に従わせる. ― *vi.* **1** 連合する, 組合化する. **2** 労働組合に加入する. **u·nion·i·za·tion** /jùːnjənɨzéɪʃən | -njənàɪ-, -niən-, -nɪ-/ *n.* 〖1841〗

un·i·on·ized /ʌnáɪənàɪzd/ *adj.* 〘化学〙イオン化していない, 電離していない. 〖(1900) ← UN-¹＋IONIZE＋-ED〗

únion jáck *n.* **1** [通例 the U- J-] 英国国旗, ユニオンジャック (⇨ Union flag). **2** 連合国旗 (union). **3** 船首旗 《停泊中の船首の旗ざおにかかげた国籍旗; cf. jack 11 a》. 〖(1674): いくつかの国籍を示す小旗 (jacks) をまとめて作ったことから〗

únion jòint *n.* 〘機械〙ユニオン継ぎ手 《ねじを利用したパイプ接合用の金具》. 〖(1850) 1867〗

únion lànguage *n.* 〘言語〙連合語 《1 グループの諸方言から語彙(ごい)・文法などの諸特徴を選択し組み合わせて造り, それを共通語として教育や出版物などに用いる一種の人工語; 例: 連合ショナ語 (Union Shona)》.

Únion Lèague *n.* [the ～] ユニオンリーグ 《米国で 1862 年に設立された秘密政治組織で, 南北戦争中北部諸州における南部同調者の活動に対抗した》.

únion lìst *n.* 〘図書館〙ユニオンリスト, 逐次刊行物総合目録. 〖1885〗

únion-máde *adj.* (労働)組合員が作った.

Únion Mòvement *n.* [the ～] 連盟運動 《英国で 1948 年 Mosley により創設されたファッショ的小政党》.

Únion Pàrty *n.* [the ～] (米国の)ユニオン党: **a** 南北戦争の初期, 共和党員と戦時民主党員の連合によって Ohio 渓谷諸州に作られた政党. **b** 1936 年の大統領選挙で Townsend Recovery Plan や富の配分の主唱者と他の運動家によって組織された小党.

únion pìpes *n.* =uillean(n) pipes.

Únion Róse *n.* =Tudor Rose.

únion scále *n.* 最低賃金.

únion schòol *n.* 〘米〙ユニオンスクール 《合同学区 (union district) に設置された小[中, 小中一貫]学校》.

Únion Shóna *n.* 〘言語〙連合ショナ語 《Bantu 語族に属するショナ語群に共通して用いられる文語; 単に Shona ともいう》.

únion shòp *n.* ユニオンショップ 《全従業員の雇用条件が雇用主と労働組合との協定によって定められる事業所; 雇用主は非組合員を採用することは自由であるが, それらの人は一定期間(通例 30 日)後必ず組合に加入することを条件とする事業所; cf. closed shop, nonunion shop, open shop》. 〖1904〗

únion stàtion *n.* 〘米〙合同駅, 共同使用駅 《二つ以上の鉄道会社・バス会社などが共通に使用している駅》.

únion sùit *n.* 〘米〙コンビネーション (combinations) 《シャツとズボン下とが一つになっている下着》. 〖1892〗

Únion Tèrritory *n.* 《インド》連邦直轄領 《全国に 7 つある》.

únion wòrkhouse *n.* 〘英史〙救貧院 (cf. union 5). 〖1851〗

ùni·óvular *adj.* 〘生物〙(特に双子について)一卵性の, 一卵子の (cf. identical 4). 〖1904〗

ùni·paréntal *adj.* **1** 片親の. **2** 〘生物〙単性生殖の (parthenogenetic). **～·ly** *adv.* 〖1900〗

u·nip·a·rous /juːnípərəs/ *adj.* **1** 〘動物〙一度に一子[一卵]だけ産む (↔ multiparous). **2** 〘植物〙単花梗(きょう)の. **3** (女性が)一人しか子供を産んでいない. 〖(1646) ← NL *ūniparus*: ⇨ uni-, -parous〗

u·ni·par·tite /jùːnɨpáːtaɪt | -nɪpáː-/ *adj.* 部分に分かれ(てい)ない, 分離し(てい)ない. 〖(1870) ← UNI-＋PARTITE〗

u·ni·ped /júːnəpɛ̀d | -nɨ-/ *adj.* 1 脚の, 1 本足の. 〖1835〗

ùni·pérsonal *adj.* **1** ただ一人から成る[として存在する] (cf. tripersonal): a ～ god 単一神. **2** 〘文法〙単一人称の 《methinks のように三人称単数にのみ用いる動詞などについていう》. **ùni·personálity** *n.* 〖*c*1810〗

ùni·pétalous *adj.* 〘植物〙単花弁の. 〖1849〗

ùni·plánar *adj.* 一平面上の[にある]. 〖1866〗

úniplanar mótion *n.* 〘物理〙一平面運動 《two-dimensional motion ともいう》.

u·ni·pod /júːnəpɑ̀(ː)d | -nɨpɔ̀d/ *n.* 一脚, (カメラの)一脚式支持台 (cf. tripod 1). 〖(1935) ← UNI-＋-POD¹: cf. tripod〗

ùni·pólar *adj.* **1** 〘生物〙〈神経細胞が〉一[単]極性の. **2** 〘電気〙単極の, 単軸の; 〈トランジスターが〉単極性の (cf. bipolar). **3** 〘政治〙単一の強力な要因に基づく[支配された]: a ～ coalition in politics. **ùni·polárity** *n.* 〖1812〗

únipolar dýnamo *n.* 〘電気〙単極発電機 《放射状の磁界中にカップ状の導体を回転させて, 整流子を使わずに直流を得る低電圧大電流用の直流発電機; homopolar dynamo, homopolar generator ともいう; cf. unipolar induction》.

unipólar indúction *n.* 〘電気〙単極誘導 《導体中の誘導起電力が交互に変化しない一定の向きの電磁誘導; これを用いると整流子を用いないで直流発電機ができる; cf. unipolar dynamo》. 〖1888〗

u·nip·o·tent /juːnípətənt, -tn̩t | -tənt, -tn̩t/ *adj.* 〘生物〙〈胚域が〉分化単能の 《ただ一つの分化能力をもつ; cf. totipotent》. 〖(1974) ← UNI-＋POTENT¹〗

ùni·poténtial *adj.* **1** 〘電気・電子工学〙同一電位の. **2** 〘生物〙=unipotent.

u·nique /juːníːk, ju-/ *adj.* **1** 唯一の (⇨ single SYN): a ～ event / His ～ wish was to work. 彼はただ仕事をしたいと思うだけだった. **2** 〘口語〙すばらしい (wonderful); 珍しい, めったにない (very rare): a ～ experience 珍しい経験 / It's absolutely ～. 全く珍しい / She dresses in a complete [an utterly] ～ way. 彼女は全く奇抜な服装をする. **3** 唯一無二の, 二つとない, 二人といない; 独特の, 独自の, ユニークな; 無比の, 無類の (peerless, unequaled): a ～ writer / These features are by no means ～ *to* Japan. こういう特徴は日本だけのものでは決してない. **4** 〘数学〙唯一の結果[値]だけを生じる[もつ].

語法 (1) 論理的には比較を許さない語であるが, 口語ではよく more, most; very; rather などで修飾される: the most ～ characteristic of the U.S. in the 1990's 1990 年代における合衆国の最もユニークな特徴. (2) 上記 2 の用法を好ましくないとする人もいるが, 一般用法である.

― *n.* 唯一[無類]の人[物, 事実].
～·ly *adv.* **～·ness** *n.* 〖(1602) □ F ～ □ L *ūnicus* one and no more, single ← *ūnus* 'ONE': ⇨ -ic¹〗

uníque factorizátion domàin *n.* 〘数学〙素元分解整域[環] 《0 でないすべての要素が素元の積としてただ一通りに表され, 単位元をもつ整域》.

uníqueness thèorem *n.* 〘数学〙一意性定理 《一般に, ある条件に従うものがただ一つであることを主張する定理をいう》.

ùni·rádiate *adj.* 単一放射形[線]の. 〖1887〗

ùni·rámose *adj.* =uniramous.

ùni·rámous *adj.* 単枝の. 〖1888〗

un·í·roned *adj.* アイロンをかけていない. 〖(*c*1450) 1880〗

U·ni·roy·al /jùːnərɔ̀ɪəl | -nɨ-/ *n.* ユニロイヤル 《米国の Uniroyal Goodrich Tire 社製のタイヤ; スチールラジアルで定評がある》.

ùn·ír·ri·gàt·ed /-tɨd | -tɨd/ *adj.* 引水し(てい)ない, 灌漑(かんがい)し(てい)ない. 〖1876〗

ùni·séptate *adj.* 〘植物〙単中隔の 《隔膜[隔壁]が 1 枚のみの》: a ～ fruit 短角果. 〖1866〗

ùni·sérial *adj.* 1 列[単列]の (one-ranked). 〖1839〗

ùni·sériate *adj.* 〘植物〙〈細胞などが〉単列の, 単層の. 〖1846〗

ùni·sèx *adj.* 〈服装・髪型など〉男女どちらにも似合う; 男女両様(向き)の, 男女の区別のない: ～ clothes / a ～ toilet 男女両用の便所. ― *n.* **1** (服装・髪型などで)男女の区別のつかない状態, ユニセックス. **2** (仕事・スポーツなどで)男女平等化, 性的無差別. 〖(1966) ← UNI-＋SEX〗

ùni·sèxed *adj.* (男女の)性別がわからない, 性の区別のない. 〖1856〗

ùni·séxual *adj.* **1** 男女の区別のつかない, ユニセックスの; 性的無差別の. **2** 〘生物〙単性の (cf. bisexual): a ～ flower 単性花. **3** 男女どちらか一方の[に限られた]: a ～ college. **～·ly** *adv.* 〖(1802) ← NL *unisexualis*: ⇨ uni-, sexual〗

ùni·sexuálity *n.* **1** 男性女性の区別のつかない様相[外見]. **2** 〘生物〙単性. 〖1830〗

ùn·í·so·làt·ed /-tɨd | -tɨd/ *adj.* 離れ(てい)ない, 孤立し(てい)ない. 〖1886〗

u·ni·son /júːnəsən, -sn̩, -zən, -zn̩ | -nɨ-/ *n.* **1** (…との)一致, 和合; 同意 (agreement, assent) (*with*): *in* perfect ～ 完全に一致して / be *in* ～ *with* the music その音楽と調和している. **2** (二つ以上の音の)調和, 一致. **3** 異口同音: speak *in* ～ 異口同音にしゃべる. **4** 〘音楽〙 **a** ユニゾン, 同音, 同度 (identity in pitch) 《二つ以上の音が同じ音高であること》. **b** 斉奏, 斉唱 《二つ以上の声部が同じ旋律を同音またはオクターブの音程で奏する[歌う]こと》: *in* ～ 斉奏で, 斉唱で. ― *adj.* [限定的] 〘音楽〙同音の, 同度の: a ～ string. 〖(1410) ME *unisone* □ OF ～ (F *unisson*) // LL *ūnisonus* (adj.) having one sound ← UNI-＋L *sonus* 'SOUND¹'〗

UNISON /júːnəsən, -sn̩/ *n.* 〘英〙UNISON, ユニソン 《地方自治体・公共医療など公共サービス従業者の労働組合》.

ùni·sónal *adj.* 〘音楽〙=unisonous 1.

u·nis·o·nant /juːnísənənt, -sn̩-/ *adj.* 〘音楽〙=unisonous 1. **u·nís·o·nance** /-sənəns, -sn̩-/ *n.*

U

u·nis·o·nous /juːnísənəs, -sn̩-/ *adj.* **1** 〘音楽〙ユニゾンの, 同音の, 斉奏[唱]の. **2** 一致する, 和合する (concordant). 〘(1781) ◻ LL *ūnisonus*: ⇨ unison, -ous〙

ùni·spíral *adj.* 単一の spiral をもつ.

ùn·is·sued *adj.* 〘証券〙〈株式が〉未発行の. 〘1667〙

u·nit /júːnɪt | -nɪt/ *n.* **1** (それ自身で完全な)単一体; 1 個, 一人, 一団: a cohesive ~ 団結力のある一団. **2** (全体の一構成分子を成す)構成単位, 編制単位, 単位: The family is the (basic [fundamental]) ~ of society. 家族は(基本的な)社会の単位 / divide into administrative ~*s* 行政単位に分ける. **3 a** 設備[器具, 装置]一式, (特定の一機能を果たす)機械(一式): an air-conditioning ~ 空気調節装置 / an input [output] ~ 入力[出力]装置 / special housing ~*s* for staff members 職員のための特例住宅設備. **b** (ユニット式家具などの)一点. **4** (長さ・時間・熱量などを数値で表す尺度基準としての)単位 《unit of measurement ともいう》: ~*s* of mass, energy, etc. / international electrical ~*s* 国際電気単位 《volt, ohm など》 / the cgs system of ~*s* シージーエス単位(系) 《センチ・グラム・秒単位法》 / The centimeter is a ~ of length. センチメートルは長さの単位である. **5** 〘教育〙(学課目の)単位; 単元 《学習の課程または学習内容の一区画》: 15 ~*s* of high school work. **6** 〘軍事〙(より大きな編成の構成分子としての)部隊, 隊; 〘海軍〙任務隊: a tactical ~ / a mechanized ~ 機械化部隊. **7** 〘数学〙 **a** 最小の正の整数, 1. **b** (アラビア数字表記の) 1 の位の数 《unit's [units] place ともいう》. **c** 単位元. **8 a** 〘医学〙単位 《生体に一定の効果を与えるのに必要な薬物・血清・抗体などの量》. **b** 単位 《アルコール摂取量とその効果を計算するのに用いられる標準測定単位》. **9** 〘経済〙ユニット型投資信託の最小単位シェア. **10** (エホバの証人の)地区集会. **11** 《NZ》自動推進式軌道車. **12** =home unit. **13** =stock unit.

únit of accóunt (1) =money of account. (2) 通貨の単位. (3) 〘経済〙計算単位 《貨幣の価値表示手段》.

— *adj.* [限定的] **1 a** 単位の, 単位を構成する: ~ area 単位面積 / ~ mass 単位質量 / ⇨ unit cost. **b** 〈家具など〉ユニット式の 《他の同型のものと組み合わせて使うように設計されたものにいう》: ~ furniture. **2** 個々の (individual).

〘(1570) (混成) ← UN(ITY)+(DIG)IT: cf. F. *unité* / It. *unità* / Sp. *unidad*.〙

Unit. (略) Unitarian.

UNITA /juːníːtə | -tə/ *n.* アンゴラ全面独立民族同盟. 〘(頭字語) ← Port. *U(nião) N(acional para a) I(ndependência) T(otal de) A(ngola)*〙

u·nit·a·ble /juːnáɪtəbl̩, jʊ- | -tə-/ *adj.* 結合できる, 連合[合同]しうる. 〘1653〙

u·nit·age /júːnɪtɪdʒ | -nɪt-/ *n.* **1** (いろいろな量の)単位の規定. **2** 単位量[数]. 〘(1614) 1935〙

UNITAR /juːníːtɑə | -tɑː(r)/ (略) United Nations Institute for Training and Research 国連訓練調査研修所.

u·ni·tard /júːnətɑ̀əd | -nɪtɑ̀ːd/ *n.* ユニタード 《胴体だけでなく膝または足先までの脚を覆うレオタード》. 〘(1961) ← UNI-+(LEO)TARD〙

u·ni·tar·i·an /jùːnətέ(ə)riən | jùːnɪtέər-ˊ/ *n.* **1** [U-] 〘キリスト教〙ユニテリアン, ユニテリアン説の信奉者; [the Unitarians] ユニテリアン派 《プロテスタントの一派; 三位一体 (Trinity) 説に反対し, 神の単一性 (unity) を主張し, イエスの神性を否定する一派》. **2 a** (キリスト教以外の)一神論者. **b** 一元論者, 単一制論者; 単一政府[中央集権]主義者. — *adj.* **1** [U-] ユニテリアン派の: the *Unitarian* Church. **2** 一神教論者の. **3** =unitary. 〘(1687) ← NL *ūnitāri(us)* (← L *ūnitās* 'UNITY')+-ARIAN: cf. Trinitarian〙

Ù·ni·tár·i·an·ism /-nìzm/ *n.* **1** ユニテリアン説, ユニテリアン派の教義. **2** [時に u-] (政治の)中央集権制, 単一政府制. 〘1698〙

u·ni·tar·ist /júːnətərɪst | -nɪtərɪst/ *n.* 中央集権制の支持者, 中央集権論者. 〘1862〙

u·ni·tar·i·ty /jùːnətǽrəti, -tér- | -nɪtǽrɪti/ *n.* 〘数学〙ユニタリ性 《行列やベクトル空間や一次変換がユニタリであること》. 〘1865〙

u·ni·tar·y /júːnətèri | -nɪtəri, -tri/ *adj.* **1 a** 1 個の, 単一の (single); 単位の, 単位として用いる: a ~ state 単一国家. **b** 分割できない, 一つにまとまった. **2** 〘数学〙 **a** (行列やベクトル空間や一次変換が)ユニタリの. **b** 一元の, 帰一の: the ~ method 帰一法. **3** 〘哲学〙一元的な; 一元(論)の. **4** 〘政治〙単一政府[中央集権]制の (cf. federal): a ~ government 単一政府[政治]. **u·ni·tar·i·ly** /jùːnətérəli, ˌ-ˌ-ˊ-ˌ- | júːnɪtərɪli/ *adv.* **ú·ni·tàr·i·ness** *n.* 〘(1816) ← UNIT, UNITY+-ARY〙

únitary authórity *n.* 《英》独立自治体, ユニタリーオーソリティー 《州議会と地区役所が 2 段階で行っていた行政に代わって一本化した行政が行われる地区; unitary council ともいう》.

únitary mátrix *n.* 〘数学〙ユニタリ行列 《複素行列で, その随伴エルミート行列 (Hermitian conjugate) が逆行列になるようなもの》.

únitary spáce *n.* 〘数学〙ユニタリ空間 《内積の定義された複素ベクトル空間》.

únitary thèory *n.* 〘化学〙一元説 《分子を一つの単位とみなし諸現象を考察する説; cf. binary theory》.

únitary transformátion *n.* 〘数学〙ユニタリ変数 《ユニタリ空間上の一次変換で, ノルムを変えないもの》.

únit càrd *n.* 〘図書館〙ユニットカード, 単位カード.

únit cèll *n.* 〘結晶〙単位胞, 単位格子 《空間格子の格子点がつくる平行六面体の中で, 単位としてとったもの》.

únit cháracter *n.* 〘生物〙単位形質 《Mendel の法則によって遺伝される形質》. 〘1902〙

únit círcle *n.* 〘数学〙単位円 《半径が 1 であるような円》. 〘1955〙

únit còst *n.* 〘商業〙単位原価 《製品一単位当たりの原価》; 単価. 〘1914〙

únit depreciàtion *n.* 〘会計〙個別償却 《個々の固定資産ごとに減価償却を行う方法; cf. composite depreciation》.

u·nite[1] /juːnáɪt, jʊ-/ *vt.* **1 a** (合して)一体にする, 合体させる, 結合する (combine) (⇨ join SYN): ~ two neighboring portions of land 隣接する 2 部分の土地を一つにまとめる / The junction ~*s* the country road *with* [and] the main highway. その地点で田舎道が幹線道路に結びつく. **b** 接合する, 粘着させる: ~ bricks and stones *with* cement セメントでれんがと石を接合する. **c** 〈人々・感情・思想などを〉融合[統合]させる, 団結させる, 結束させる: ~ two ideas 二つの思想を融合させる / bodies of people ~*d* by a common spirit 共通の精神によって結ばれた人々の集団 / *United* we stand, divided we fall. 《諺》団結すれば立ち, 離れれば倒れる (John Dickinson, *The Liberty Song*; cf. Aesop, *The Bundle of Sticks*). **2** 婚姻関係に結ぶ, 結婚させる: ~ one's son *to* [*with*] a suitable wife 息子を適当な女性にめあわす / The two families were ~*d* by marriage. 両家は結婚によって結ばれた. **3** 〈いくつかの性質・才能などを〉合わせ持つ[示す], 兼ね備える: He ~*s* the best qualities of the gentleman and the Christian. 彼は紳士とクリスチャンの最も優れた特性を兼ね備えている / She ~*d* intellect *with* [and] sensibility. 彼女は知性と感受性を合わせ持っていた. — *vi.* **1** 合する, 合して一つになる, 合体する 〔*with*〕; 接合する, 接着する; 融合する: Smoke ~*s with* fog [Smoke and fog ~] to form smog. 煙が霧と溶け合ってスモッグを生じる. **2** 〔意見・主義・行動などにおいて〕結び付く, 提携する, 結束する, 協力する (cooperate) 〔*in*〕: All parties can ~ *in* patriotic sentiment in a national crisis [*against* a common enemy]. 国家危急の際には[共通の敵に対して]すべての党派が愛国的感情の下に結束することができる / She ~*d with* her sister [She and her sister ~*d*] *in* evading the event. 彼女は妹と協力してそういう事態を避けようとした / Workers of the world, ~! 万国の労働者よ, 団結せよ (K. Marx, *The Communist Manifesto*). 〘(?a1425) ME *unyte(n)* ← L *ūnītus* (p.p.) ← *ūnīre* to make one ← *ūnus* 'ONE'〙

u·nite[2] /júːnaɪt, ˊ-ˊ/ *n.* 《英》(昔の)ユーナイト(金貨) 《James 一世の治世 (1604) に発行された 20 シリング金貨; Jacobus とも呼ばれる》. 〘(1604) ↑: James 一世がイングランドとスコットランドの王家を合同したことにちなむ〙

u·nite·a·ble /juːnáɪtəbl̩, jʊ- | -tə-/ *adj.* =unitable.

u·nit·ed /juːnáɪtɪd, jʊ- | -tɪd/ *adj.* **1** 結ばれた, 結合した. **2** (行動などで)共同した, 提携した, 団結した, 結束した: the ~ forces of the free nations 自由国家の連合軍 / a ~ action 共同行動 / in one ~ body 一体[一団]となって / with a ~ effort 力を合わせて / ⇨ united front. **3** (政治的に)合併した, 連合した; (精神的に)結合した, 和合した, 一致した (harmonious): a ~ family [couple] 和合した[仲のいい]家庭[夫婦] / break into a ~ laugh 一同でどっと笑い出す. — *adv.* (馬が) 2 本の前足をそろえて.

Uníted Bréthren in Chríst [the —] キリスト同胞団 《1800 年に米国 Maryland 州に興ったプロテスタントの一派; 教理・政策は Methodism に類似》.

Uníted Chúrch of Cánada [the —] カナダ合同教会 《1925 年メソジスト教会・会衆派教会および大多数の長老教会が合同結成した》.

Uníted Chúrch of Chríst [the —] 統一キリスト教会 《1957 年会衆派教会と福音改革派教会の合同によって成立した米国のプロテスタントの教団》.

~·ly *adv.* **~·ness** *n.* 〘(1552) (p.p.) ← UNITE[1]〙

Uníted Áirlines *n.* ユナイテッド航空 《米国の航空会社; 略 UA》.

Uníted Árab Emírates *n. pl.* [the ~; 単数または複数扱い] アラブ首長国連邦 《アラビア半島東部にあるもと英国の保護下にあった 7 首長国から成る連邦; 1971 年 6 か国で結成され, 72 年にさらに 1 か国が加盟; 構成国は Abu-Dhabi, Ajman, Dubai, Fujairah, Ras al-Khaimah, Sharjah, Umm al-Qaiwain; 面積 77,700 km², 首都 Abu Dhabi; 旧名 the Trucial States, Trucial Oman, the Trucial Coast; 略 UAE》.

Uníted Árab Repúblic *n.* [the ~] アラブ連合共和国 《1958 年エジプトとシリアとの合邦により成立したが, 1961 年シリアが分離し解消した; エジプトはその後もこの国名を保持したが 1971 年 9 月より Arab Republic of Egypt と改称; 略 UAR; ⇨ Egypt》.

Uníted Árab Státes *n.* [the ~] アラブ諸国連合 《エジプトとシリアのアラブ連合共和国とイエメンによって結成された旧連邦 (1958–61); cf. United Arab Republic》.

Uníted Ártists *n.* ユナイテッドアーティスツ(社) 《米国 Hollywood の映画制作・配給会社; 1981 年に MGM に吸収され MGM/UA となった》.

Uníted Émpire Lóyalist *n.* 〘歴史〙王党派の人 《米独立戦争中およびその後にカナダに定住した英親王派の植民者》.

Uníted Fárm Wòrkers *n.* [the ~] (米国)農場労働者組合 《果物や野菜の収穫で生計を立てている低所得の移動労働者が組織している労働組合; 略 UFW》.

Uníted Frée Chúrch of Scótland *n.* [the ~] スコットランド合同自由教会 (cf. U.F.).

uníted frónt *n.* **1** 連合[共同]戦線: present a ~ 連合戦線を張る, 一致団結して当たる. **2** =popular front.

Uníted Kíngdom *n.* [the ~] 連合王国, イギリス, 英国: **1** Great Britain (England, Scotland, Wales) と Northern Ireland と (Man 島, Channel 諸島を除く)付近の島々より成る王国で, 英連邦の中核をなす: 面積 244,785 km², 首都 London; 略 UK; 公式名 the United Kingdom of Great Britain and Northern Ireland グレートブリテンおよび北部アイルランド連合王国. **2** (1801–1921 年の) Great Britain とアイルランド島全域を合わせた英国; 公式名 the United Kingdom of Great Britain and Ireland グレートブリテンおよびアイルランド連合王国. 〘1737〙

Uníted Nátions *n. pl.* [the ~] **1 a** [単数扱い] 国際連合, 国連 《反枢軸の連合国を基礎として 1945 年 San Francisco において世界 50 か国の共同署名により発足した世界平和・安全保障・文化交流などを目的とする国際機関; 日本は 1956 年 12 月加盟; 1946 年以来本部は米国の New York 市にあり, 2000 年現在の加盟国は 188 か国; 略 UN》. **b** [形容詞的に] 国際連合[国連]の[に関する]: the ~ forces 国連軍 / the ~ Charter=the CHARTER of the United Nations. **2** 反枢軸連合国 《1942 年 1 月 1 日枢軸国に対する協力戦の遂行, 単独講和の禁止などを含む Washington 宣言 (1942) に署名した 26 か国》.

Uníted Nátions Educátional, Scientífic, and Cúltural Organizátion [the —] ⇨ UNESCO.

Uníted Nátions Relíef and Rehabilitátion Administrátion [the —] ⇨ UNRRA.

〘1942〙

Uníted Nátions Chíldren's Fúnd *n.* [the ~] ⇨ UNICEF.

Uníted Nátions Dáy *n.* 国連の日 《国連憲章調印 (1945 年)を記念する日; 10 月 24 日》. 〘1947〙

Uníted Négro Cóllege Fúnd *n.* [the ~] 《米》黒人学校基金連合 《黒人の高校生や大学生を金銭的に支援する慈善団体; 略 UNCF》.

Uníted Párty *n.* [the ~] 《南ア》統一党 《1934 年結成, 77 年に分裂した野党; ⇨ Progressive Federal Party》.

Uníted Presbytérian Chúrch *n.* [the ~] 合同長老教会: **1** Church of Scotland の分派である Secession Church と Relief Church とが 1847 年に合同して結成された教会; 1900 年に Free Church of Scotland と合同して United Free Church of Scotland となった. **2** 1958 年米国長老派教会と北米合同長老教会 (United Presbyterian Church of North America) の合同によりつくられた, 全米最大の長老派教会; 正称は United Presbyterian Church in the USA.

Uníted Préss *n.* [the ~] ⇨ UP.

Uníted Préss Internátional *n.* [the ~] ⇨ UPI.

Uníted Próvinces *n. pl.* [the ~] **1** 同盟諸州 《1579 年ユトレヒト同盟 (Union of Utrecht) により連合して, ネーデルランド[オランダ]連邦共和国として独立を宣言 (1581) した Holland, Zealand などオランダ北部の 7 州》. **2** [単数扱い] (インドの)連合州 《公式名 United Providences of Agra and Oudh; Uttar Pradesh の旧名》.

Uníted Próvinces of Céntral América [the —] 〘ラテンアメリカ史〙中央アメリカ連邦 《スペインの植民地支配から脱した中米 5 か国(グアテマラ・エルサルバドル・ホンジュラス・ニカラグア・コスタリカ) が 1823 年に結成した連邦共和国; 1839 年に解体》.

Uníted Refórmed Chúrch *n.* [the ~] 合同改革教会 《1972 年長老派教会と会衆派教会の合同によって成立した英国のプロテスタントの教団; 略 URC》.

Uníted Státe Áir Fòrce *n.* [the ~] 米国空軍 《もと米国陸軍の一部で陸軍航空隊 (Army Air Forces) と呼ばれたが, 1947 年独立; 略 USAF》.

Uníted Státes *n.* **1 a** [the ~] =UNITED STATES of America (略 US). **b** [形容詞的に] アメリカ合衆国[米国]の[に関する]: ~ history 合衆国[米国]史 / a ~ ship 米国船. **2** [単数または複数扱い] 連邦(国家).

Uníted Státes of América [the —] アメリカ合衆国, 米国 《50 州, District of Columbia, その他の領土 (Puerto Rico, Guam 島, 米領 Samoa, Virgin 諸島など)から成る共和国; 面積 9,363,400 km², 首都 Washington, D.C.; 略 USA》. ★ 独立当時の米国を指すときにはまれに複数扱いもある. (1781–88)

Uníted Státes of Brazíl [the —] ブラジル合衆国 《Brazil の旧公式名》.

〘(1617) 1776〙

Uníted Státes Ármy *n.* [the ~] 米国陸軍 《主に正規軍 (Regular Army) から成るが, ほかに米国州兵 (National Guard) および陸軍予備(役)軍 (Army Reserve) を含む; 略 USA; 旧称 Army of the United States》.

Uníted Státes Ármy Spécial Fòrces *n.* ⇨ Special Forces.

Uníted Státes Cóast Guàrd *n.* [the ~] 米国沿岸警備隊 《略 USCG》.

Uníted Státes Maríne Còrps *n.* [the ~] 米国海兵隊 《略 USMC》.

Uníted Státes Návy *n.* [the ~] 米国海軍 《海軍・海兵隊そして海軍指揮下に入るときの沿岸警備隊 (U.S. Coast Guard) を含む; 略 USN》.

Uníted Státes Tráde Represèntative *n.* [the ~] 合衆国通商代表 《大統領直属の行政期間である合衆国通商代表部 (the Office of the United States Trade Representative) を統轄する閣僚; 略 USTR》.

Uníted Wáy *n.* [the ~] ユナイテッドウェイ 《米国の代表的な慈善福祉団体; 全米の各支部で集めた募金を公共施設・団体に配布している》.

úni·tèrm *n.* 〘図書館〙(文書索引上の)単一項.

〘((1952)) ← UNI- ＋ TERM〙

únit fàctor *n.* 〘生物〙単一因子《単位形質 (unit character) の遺伝単位として働く遺伝子》. 〘1911〙

únit·hòlder *n.* ((英))〘証券〙ユニットトラスト (unit trust) の受益者. 〘1965〙

únit ímpulse *n.* 〘電気〙単位インパルス《幅が 0, 高さが無限大で面積が 1 の理想的なインパルス》.

únit invéstment trùst *n.* 〘経済〙＝unit trust.

u·ni·tive /júːnəṭɪv | -nᵻt-/ *adj.* 結合[団結]力のある, 合一[調和]させる. **～·ly** *adv.* **～·ness** *n.* 〘((1526)) ▭ LL *ūnītīvus* ← L *ūnītus*: ⇨ unite[1], -ive〙

u·nit·ize /júːnətàɪz | -nᵻ-/ *vt.* **1** (個々を集めて)統一のあるものに仕上げる, 一つにまとめ上げる. **2** 個々の単位に分ける. **u·nit·i·za·tion** /jùːnəṭᵻzéɪʃən | -nɪtaɪ-, -tɪ-/ *n.* 〘((1849)) ← UNIT ＋ -IZE〙

únit-lìnked pólicy *n.* (*also* **únit-lìnked lífe insùrance, únit-lìnked lífe assùrance**) 〘英保険〙ユニット型投資信託リンク生命保険契約《保険料の一部を証券などへの投資に当て, 残りを保険の払込金とする約定の生命保険のうち, ユニット型投資信託に投資するもの; 最低額の死亡保険金が確保される一方, 満期または解約返戻金は投資信託の時価によって変動する; cf. traditional policy》. 〘1979〙

únit lòck *n.* モノロック《握り玉にシリンダー錠を組み込んだ錠前》.

únit magnétic póle *n.* 〘磁気〙単位磁極. 〘1885–90〙

únit màtrix *n.* ＝identity matrix.

únit mémbrane *n.* 〘生物〙(細胞の)単位膜. 〘1959〙

únit operàtion *n.* 〘化学〙単位操作《化学工業の工程のうち, 各個の物理的操作をいう》.

únit pàcking *n.* (丸薬などを個別に包む)単一包装.

únit póle *n.* ＝unit magnetic pole.

únit prìce *n.* **1** 単位価格 (cf. unit pricing). **2** (すべての付加的な経費を含んだ)込み料金, セット料金: the ～ of a wedding. 〘1934〙

únit prícing *n.* 〘商業〙単位価格表示《商品の全体としての値段のほかにポンド, オンス, 100 グラム当たりなどの単位重量当たりの値段をつけること》. 〘1970〙

únit pròcess *n.* 〘化学〙単位工程, 単位過程, ユニットプロセス.

únit rècord *n.* 〘電算〙ユニットレコード《入力・出力における単位となるレコード》.

únit rúle *n.* ((米)) 単位(選出)制《米国民主党の全国大会でしばしば用いられる方法で, ある州の代議員の投票はその代議員の過半数の支持する候補者に全数投票したものとみなす規定》. 〘1884〙

únit's [únits] plàce *n.* 〘数学〙＝unit 7 b. 〘1937〙

únit stàff *n.* 〘軍事〙部隊幕僚《師団より下位の部隊の幕僚で, 師団以上の部隊の一般幕僚に相当する; cf. general staff》.

únit strèss *n.* 〘工学〙単位(となる)応力《例えば 1 ニュートン毎平方メートルのように, 応力の 1 単位に等しい大きさの応力》.

únit swìtch *n.* 〘電気〙ユニットスイッチ, 単位スイッチ

UNITED STATES OF AMERICA

州名	略語	面積 (km²)	州都	成立・昇格年	(順)	俗称	州花	州鳥
Alabama	Ala., AL	133,667	Montgomery	1819	(22)	Heart of Dixie, Camellia State	camellia	yellowhammer
Alaska	Alas., AK	1,527,470	Juneau	1959	(49)	Mainland State, The Last Frontier	forget-me-not	willow ptarmigan
Arizona	Ariz., AZ	295,024	Phoenix	1912	(48)	Apache State, Grand Canyon State	saguaro	cactus wren
Arkansas	Ark., AR	137,539	Little Rock	1836	(25)	Bear State, Land of Opportunity	apple blossom	mockingbird
California	Calif., Cal., CA	411,015	Sacramento	1850	(31)	Golden State	California poppy	California quail
Colorado	Colo., CO	270,000	Denver	1876	(38)	Centennial State	columbine	lark bunting
*Connecticut	Conn., CT	12,973	Hartford	1788	(5)	Nutmeg State, Constitution State	mountain laurel	American robin
*Delaware	Del., DE	5,328	Dover	1787	(1)	Diamond State, First State	peach blossom	blue hen chicken
(District of Columbia)	(D.C., DC)	(174)	(Washington)	(1791)			(American Beauty)	(wood thrush)
Florida	Fla., FL	151,670	Tallahassee	1845	(27)	Everglade State, Sunshine State	orange blossom	mockingbird
*Georgia	Ga., GA	152,489	Atlanta	1788	(4)	Empire State of the South, Peach State	Cherokee rose	brown thrasher
Hawaii	HI	16,706	Honolulu	1959	(50)	Aloha State	hibiscus	nene
Idaho	Ida., Id., ID	216,413	Boise	1890	(43)	Gem State	syringa	mountain bluebird
Illinois	Ill., IL	146,076	Springfield	1818	(21)	Prairie State, Land of Lincoln	violet	cardinal
Indiana	Ind., IN	93,994	Indianapolis	1816	(19)	Hoosier State	peony	cardinal
Iowa	Ia, IA	145,791	Des Moines	1846	(29)	Hawkeye State, Corn State	wild rose	goldfinch
Kansas	Kans., Kan., KS	213,064	Topeka	1861	(34)	Sunflower State, Jayhawker State	sunflower	western meadowlark
Kentucky	Ky., Ken., KY	104,623	Frankfort	1792	(15)	Bluegrass State	golden rod	cardinal
Louisiana	La., LA	125,675	Baton Rouge	1812	(18)	Pelican State, Sugar State, Creole State	magnolia	brown pelican
Maine	Me., ME	86,027	Augusta	1820	(23)	Pine Tree State	pine cone and tassel	chickadee
*Maryland	Md., MD	27,394	Annapolis	1788	(7)	Old Line State, Free State	black-eyed Susan	Baltimore oriole
*Massachusetts	Mass., MA	21,386	Boston	1788	(6)	Bay State, Old Colony	trailing arbutus	chickadee
Michigan	Mich., MI	150,779	Lansing	1837	(26)	Wolverine State, Great Lake State	apple blossom	American robin
Minnesota	Minn., MN	217,736	St. Paul	1858	(32)	Gopher State, North Star State	moccasin flower	common loon
Mississippi	Miss., MS	123,584	Jackson	1817	(20)	Magnolia State	magnolia	mockingbird
Missouri	Mo., MO	180,487	Jefferson City	1821	(24)	Bullion State, Show Me State	hawthorn	bluebird
Montana	Mont., MT	381,087	Helena	1889	(41)	Treasure State, Big Sky Country	bitterroot	western meadowlark
Nebraska	Nebr,. Neb., NE	200,018	Lincoln	1867	(37)	Cornhusker State, Beef State	golden rod	estern meadowlark
Nevada	Nev., NV	286,299	Carson City	1864	(36)	Silver State, Sagebrush State	sagebrush	mountain bluebird
*New Hampshire	N.H., NH	24,097	Concord	1788	(9)	Granite State	lilac	purple finch
*New Jersey	N.J., NJ	20,295	Trenton	1787	(3)	Garden State	violet	goldfinch
New Mexico	N.Mex., N.M., NM	315,115	Santa Fe	1912	(47)	Sunshine State, Land of Enchantment	yucca	roadrunner
*New York	N.Y., NY	128,402	Albany	1788	(11)	Empire State	wild rose	bluebird
*North Carolina	N.C., NC	136,198	Raleigh	1789	(12)	Old North State, Tar Heel State	flowering dogwood	cardinal
North Dakota	N.Dak., N.D., ND	183,022	Bismarck	1889	(39)	Flickertail State, Sioux State	wild rose	western meadowlark
Ohio	OH	106,765	Columbus	1803	(17)	Buckeye State	scarlet carnation	cardinal
Oklahoma	Okla., OK	181,090	Oklahoma City	1907	(46)	Sooner State	mistletoe	scissor-tailed flycatcher
Oregon	Oreg., Ore., OR	251,181	Salem	1859	(33)	Sunset State, Beaver State	Oregon grape	western meadowlark
*Pennsylvania	Pa., Penn., PA	117,412	Harrisburg	1787	(2)	Keystone State	mountain laurel	ruffed grouse
*Rhode Island	R.I., RI	3,144	Providence	1790	(13)	Little Rhody, Plantation State	violet	Rhode Island Red
*South Carolina	S.C., SC	80,432	Columbia	1788	(8)	Palmetto State	yellow jessamine	Carolina wren
South Dakota	S.Dak., S.D., SD	199,552	Pierre	1889	(40)	Sunshine State, Coyote State	pasqueflower	ring-necked pheasant
Tennessee	Tenn., TN	109,412	Nashville	1796	(16)	Volunteer State	iris	mockingbird
Texas	Tex., TX	692,405	Austin	1845	(28)	Lone Star State	bluebonnet	mockingbird
Utah	Ut., UT	219,932	Salt Lake City	1896	(45)	Mormon State, Beehive State	sego lily	seagull
Vermont	Vt., VT	24,887	Montpelier	1791	(14)	Green Mountain State	red clover	hermit thrush
*Virginia	Va., VA	105,716	Richmond	1788	(10)	Old Dominion State, Mother of Presidents	flowering dogwood	cardinal
Washington	Wash., WA	176,617	Olympia	1889	(42)	Evergreen State, Chinook State	coast rhododendron	willow goldfinch
West Virginia	W.Va., WV	62,629	Charleston	1863	(35)	Panhandle State, Mountain State	big laurel	cardinal
Wisconsin	Wis., Wisc., WI	145,439	Madison	1848	(30)	Badger State, Americas Dairyland	violet	American robin
Wyoming	Wyo., Wy., WY	253,597	Cheyenne	1890	(44)	Equality State	Indian paintbrush	meadowlark

* 印は合衆国独立当時の 13 州. 大文字 2 字の州の略語(ピリオドのないもの)は米国郵政公社公認.

《複雑な一連の開閉動作をする組合わせスイッチに対する語》.

únit tràin *n.* 〘鉄道〙 単一貨物車 《一種類の物品を運ぶ貨物列車》. 〘1964〙

únit trùst *n.* 《英》〘経済〙 ユニットトラスト, 契約型投資信託 《資金の寄託を受け, これを幾つかの特定の有価証券に投資しその利益を分配する投資信託; unit investment trust ともいう; cf. fixed investment trust, fixed trust》. 〘1936〙

únit vèctor *n.* 〘数学〙 単位ベクトル 《長さが 1 のベクトル》.

u·ni·ty /júːnəṭi | -nɪ̀ti/ *n.* **1** 一[唯一]であること, 単一(性) (singleness, oneness): ~ and multiplicity 一と多. **2** (それ自体で完全な, または完全と見なされる)個体, 単一体, 統一体 (complete being, single whole): a nation as a ~ 統一体としての国家. **3** (感情・気分などの)一致, 調和, 和合 (concord, harmony): ~ of sentiment / family ~ / national ~ 挙国一致 / They live together *in* ~. 和合して生活している / work *in* ~ *with* others 他人と協力して働く / Give to all nations ~, peace, and concord. 万国に和睦と太平とを与えたまわんことを (*Prayer Book*). **4** (目的・行動などの)不変性, 一貫性: ~ in purpose and action 目的と行動における一貫性. **5 a** (思想・行動などの)統一(性), まとまり (uniformity); 統合 (unification): find ~ in diversity 多様性の中に統一を見出す / disturb the ~ of the idea 観念の統一を乱す / the ~ of the people 国民の統合. **b** (組織・チームなどの)和, まとまり, 団結 (solidarity). **6** (文学・芸術などで全体的効果・調和・均斉を出すための部分・要素などの)調和, まとまり; 効果の一貫性: His writings lack ~. 彼の書いたものには統一[まとまり]がない. **7** 〘数学〙 **a** (数量の単位としての) 1 (one). **b** 単位元 (identity). **8** 〘物理〙 構成単位, 要素, 素子. **9** [the unities] 〘演劇〙 三統一[三一致](の法則) 《Aristotle が *Poetics* の中で述べたものを基礎として 16–17 世紀のイタリア・フランスの文人たちが規定し, それを劇構成の必要三条件としたもの; the three [dramatic] unities ともいう; ⇨ UNITY of action, UNITY of place, UNITY of time》: Shakespeare observed *the unities* in *The Tempest,* though he did not in any other play. シェークスピアは「あらし」だけには三統一を守ったが他の劇では守らなかった. **10** 〘法律〙 (不動産の)占有合同, 合有 (joint tenancy); (同一人による)権利の保有. **11** [U-] 一体派, ユニティ派 《健康と繁栄を求める 20 世紀米国の宗教運動で, 以前は新思想 (New Thought) と密接な関係にあったが, その後正統的キリスト教に接近》.

únity of áction 〘演劇〙 筋の統一 《事件は必ず唯一の主題によって進行し, わき道にそれないこと》.

Únity of Bréthren [the —] =Moravian Brethren. 〘1780〙

únity of ínterest 〘法律〙 (不動産保有者の)権利の含有.

únity of pláce 〘演劇〙 場所の統一 《劇中の行為は終始同一の場所を舞台とすること》.

únity of tíme 〘演劇〙 時の統一 《事件は必ず 1 日のうちに解決し 2 日以上にわたらないこと》.

〘(*a*1325) ME *unite* □ (O)F *unité* ∥ L *ūnitātem* ← *ūnus* 'ONE': ⇨ -ity〙

SYN 統一: **unity** 種々の要素から成るものが渾然一体となって統一されていること: The strength of a nation depends on its *unity*. 国家の力はその統一のいかんによる. **unification** 個別のものを一様・単一にすること; あるいは統一された状態をいう: *unification of* currency 通貨の統一. **union** ある共通の目的のために単一の組織体に結合すること 《格式ばった語》: the *union* of Scotland and England スコットランドとイングランドの連合. **solidarity** あるグループの利害・感情・行動を統一すること: group *solidarity* グループの連帯.

U

únity strèss *n.* 〘音声〙 統合強勢 《主に語の最後の音節または語群の最後の語に置かれる強勢; 例: neverthelèss / each òther》.

únity tìcket *n.* 《豪》 連合公認候補者名簿 《労働組合選挙で労働党と共産党が推す候補者を載せた名簿》.

univ 《略》 universal; universally; university.

Univ 《略》 Universalist; University.

UNIVAC, u·ni·vac /júːnəvæ̀k | -nɪ̀-/ *n.* 〘商標〙 ユニバック 《米国 Information Systems Group 製のコンピューター》. 〘《頭字語》 ← *Univ(ersal) A(utomatic) C(omputer)*〙

u·ni·va·lence /jùːnɪ̀véɪləns | -nɪ-/ *n.* 〘化学〙 一価.

u·ni·va·len·cy /jùːnɪ̀véɪlənsi | -nɪ-/ *n.* 〘化学〙 = univalence.

u·ni·va·lent /jùːnɪ̀véɪlənt | -nɪ-/ *adj.* **1** 〘化学〙 一価の (monovalent). **2** 〘生物〙 〈染色体が〉一価の, 単価の. — *n.* 〘生物〙 一価染色体. 〘1869〙

úni·vàlve *adj.* **1** 〘貝類〙 単弁の, 単殻の (cf. bivalve). **2** 〘植物〙 〈珪藻類など〉単弁の. — *n.* **1** 単殻軟体動物. **2** 単殻軟体動物の殻. 〘1661〙

úni·vàlved *adj.* =univalve.

ùni·válvular *adj.* =univalve. 〘1793〙

ùni·váriate *adj.* 〘統計〙 〈分布が〉一変量の. 〘1928〙

u·ni·ver·sal /jùːnəvə́ːsəl, -sḷ | -nɪ̀vɜ́ː-ˊ/ *adj.* **1** 一般に行われている, すべての人が用い[行っ]ている, ほぼ例外なく当てはまる, 一般的な (generic), 普遍的な; 一般に従っている[認められた], すべてのものに共通した, だれでもの (general) (↔ particular): ~ rules 一般的法則 / ~ validity 普遍妥当性 / ~ human weaknesses 人間だれでもある欠点 / meet with ~ applause 世間の喝采(かっさい)を博する / There was ~ laughter (a)round the table. テーブルを囲んだ人々がみんな笑った / Superstition is ~ among savages. 迷信は未開人の間で広く行われている / The metric system is becoming ~. メートル法は普遍的になりつつある. **2** 万人(共通)の; 全人類の(ための), 全世界に通じる[及ぶ] (cf. catholic): (a) ~ peace 世界平和 / Shakespeare has a ~ mind. シェークスピアは万人の心を持っている / a ~ postcard 万国郵便葉書 / ~ brotherhood 四海同胞. **3** あらゆる所に存在する, 遍在する: (as) ~ as the air 空気のようにどこにでも存在する. **4** 万能の, 諸芸に通じた: Leonardo da Vinci was a ~ genius. レオナルド ダ ビンチは万能の天才だった. **5** すべての目的[用途]にかなう, 雑用の, 万能の: a ~ maid 雑働きの女中, 雑役婦 / a ~ agent 総代理人. **6** 宇宙の; 全自然界の, 万物の[に関する], 万有の; 全世界の: the ~ cause 宇宙原因, 造物主 / ~ gravitation 万有引力 / ~ ruin 全世界の破滅 (Milton, *Paradise Lost*). **7** 〘法律〙 (特定の地位・能力・関係から生じる)個人の権利・利益・義務の全体に関する[応じる, を含む], 包括の, 一般の: a ~ successor 包括相続人, 全財産相続人. **8** 〘論理〙 全称の (generic) (↔ particular): a ~ proposition 全称命題 / 'All men are mortal' is a ~ positive. 「すべての人は死ぬ」は全称肯定である / 'No man is omniscient' is a ~ negative. 「いかなる人も全知ではない」は全称否定である. **9** 〘金属加工〙 〈金属板・形材が〉ユニバーサル圧延機で圧延された. **10** 〘機械〙 すべての形や大きさの物に用いうる, あらゆる方向に動く, 自在の: a ~ bevel [spanner] 自在角度定規[スパナ] / ⇨ universal compass, universal joint. **11** 〘言語〙 普遍的な, すべての言語にみられる. **12** 《廃》 完全な, 欠けているところがない (whole, entire).

Univérsal Declarátion of Húman Ríghts [the —] =DECLARATION of Human Rights.

— *n.* **1** 普遍的なもの, 普遍的特性 《個々のすべてが共有する特質; 死の不可避性など》; 普遍的傾向[行動様式]: linguistic [language] ~*s* 言語の普遍的特性 / Are there ~*s* of human thought? 人間の思想には普遍的なものがあるだろうか. **2** [the ~] (特定のものの)全体, 全般. **3** 〘論理〙 **a** 全称命題 (↔ particular). **b** Aristotle の五個の賓位[客位]語(概念) (predicables) 《すなわち genus, species, difference, property, accident》. **c** = universal quantifier. **4** 〘哲学〙 **a** 一般概念 (general concept), 普遍 《例えば類 (genus) や種 (species), 集合など》; 抽象的なもの (abstraction). **b** 形而上的実体 《時間的空間的変化があってもその本質が変わらない存在》. **c** (Hegel の用語で)具体的普遍 (concrete universal). **5** 〘機械〙 =universal joint.

~·ness *n.* 〘(*c*1380) ME *universal, versel* □ OF ~ (F *universel*) ∥ L *ūniversālis*: ⇨ universe, -al¹〙

SYN 普遍的な: **universal** ある種類・範疇(はんちゅう)に属する個体に例外なしに適用できる: *universal* grammar 普遍文法. **general** ある類の全部または大多数に適用できる: a *general* principle 一般原則. **common** ある階級・グループのすべての成員が共有している: a *common* language 共通の言語. ⇨ prevailing.

ANT particular.

U·ni·ver·sal /jùːnəvə́ːsəl, -sḷ | -nɪ̀vɜ́ː-/ *n.* 〘商標〙 ユニバーサル: **1** Universal Pictures の略称・通称. **2** スイスの時計メーカー Universal 社製の時計; 薄型自動巻き腕時計が代表的商品.

univérsal affírmative *n.* 〘論理〙 全称肯定(命題).

úniversal béam *n.* 〘金属加工〙 広いつばの I 形鋼 《支柱や梁(はり)に適している》.

Úniversal Cháracter Sèt *n.* 〘電算〙 万国符号化文字集合 《世界中の文字の 32 ビットによるコード体系; 略 UCS》.

úniversal chúck *n.* 〘機械〙 自在[連動]チャック. 〘*c*1820〙

úniversal cláss *n.* 〘論理〙 全クラス[集合] 《論議領界 (universe of discourse) 中のすべての対象を含むクラス[集合]; cf. null set 2》.

úniversal cómpass *n.* 〘機械〙 自在コンパス.

úniversal cónstant *n.* 〘数学〙 普遍定数.

úniversal cóupling *n.* 〘機械〙 =universal joint.

Úniversal Décimal Classificàtion *n.* 〘図書館〙 [the ~] 国際十進分類法 《1895 年 Brussels の国際書誌会議において提唱された分類法で, M. Dewey の decimal classification を展開して作られた; Brussels classification ともいう》.

úniversal dónor *n.* 〘医学〙 (血液型が O 型の)万能給血者の血液; (血液型の) O 型. 〘1922〙

úniversal gás cònstant *n.* 〘物理・化学〙 普遍気体定数.

úniversal grámmar *n.* 〘言語〙 普遍文法 《すべての言語は共通の言語構造をもっているという考え方に立ち, 言語一般に関する問題を扱う; この考え方はギリシャの昔からあり, 今日の変形生成文法の基本的考え方の一つとなっている; general grammar, philosophical grammar ともいう》. 〘1751〙

univérsal gravitátion cònstant *n.* 〘物理〙 万有引力定数 (⇨ CONSTANT of gravitation).

úniversal índicator *n.* 〘化学〙 広域指示薬, 万能指示薬 《広い pH 領域にわたっていくつもの変色域をもつ指示薬》.

u·ni·ver·sal·ism /jùːnəvə́ːsəlɪ̀zm, -sḷ- | -nɪ̀vɜ́ː-/ *n.* **1 a** 一般性, 普遍性 (universality). **b** 普遍性のあるもの; 普遍的な特徴. **2** 知識[関心, 活動]の広範なこと, 博識. **3** [U-] **a** 〘神学〙 普遍救済説 《人類は結局全部救われるという神学説》. **b** (18 世紀に起こった万人救済を説く)ユニバーサリストの主義と実践. **4** 〘社会福祉〙 ユニバーサリズム 《福祉のサービスは, 個人の支払い能力などに関係なく, だれでも必要に応じて受ける権利があるという考え》. 〘(1805) ← UNIVERSAL ＋-ISM: cf. F *universalisme*〙

u·ni·ver·sal·ist /-sələ̀st, -sḷ- | -nɪ̀-/ *n.* **1** 知識[関心, 活動]の広範な人. **2** [U-] 普遍救済論者, ユニバーサリスト, 同仁教会信徒 (cf. limitarian 2). — *adj.* =universalistic. 〘1626〙

u·ni·ver·sal·is·tic /jùːnəvə̀ːsəlístɪk, -sḷ- | -nɪ̀vɜ̀ː-ˊ/ *adj.* **1** 普遍的な; 全般的な. **2** 知識[関心, 活動]の広範な. **3** [U-] 普遍救済説の; 普遍救済論者の. 〘1847〙

u·ni·ver·sal·i·ty /jùːnəvəːsǽləṭi | -nɪ̀vɜːsǽlɪ̀ti/ *n.* **1** 一般性, 普遍性. **2** (知識・学識・興味などの)広範なこと, 多方面性. **3** 適用[応用]がすべてにわたること, 包括的なこと. 〘(*c*1380) *universalite* □ (O)F *universalité* ∥ LL *ūniversālitātem*: ⇨ universal, -ity〙

u·ni·ver·sal·i·za·bil·i·ty /jùːnəvəːsəlàɪzəbíləṭi | -nɪ̀vɜ̀ːsəlàɪzəbílɪ̀ti/ *n.* 〘倫理〙 **1** 普遍化可能性 《いかなる道徳的判断も関連する全ての同一状況に等しく適用可能だとするテーゼ》. **2** 一連の行為が受け入れられないものであるならば, それは道徳的に許されるべきものでないとするカント哲学の原理. 〘(1952): ⇨ ↓, -ability〙

u·ni·ver·sal·ize /jùːnəvə́ːsəlàɪz, -sḷ- | -nɪ̀vɜ́ː-/ *vt.* 一般化する, 普遍化する, 普及させる (generalize). **u·ni·ver·sal·i·za·tion** /jùːnəvə̀ːsəlɪ̀zéɪʃən, -sḷ- | -nɪ̀vɜ̀ːsəlaɪ-, -lɪ-/ *n.* 〘1642〙

úniversal jóint *n.* 〘機械〙 自在継ぎ手 《universal coupling ともいう》. 〘1676〙

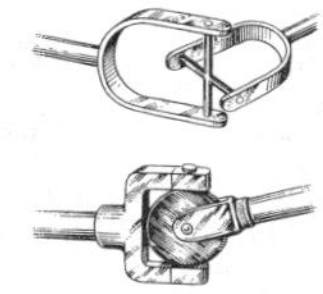

universal joints

úniversal lánguage *n.* **1** 世界共通語, 国際補助言語 《エスペラントなど》. **2** 世界中どこでも用いられ理解される表現.

úniversal légacy *n.* 〘法律〙 包括遺贈, 全財産遺贈.

u·ni·ver·sal·ly /jùːnəvə́ːsəli, -sḷi | -nɪ̀vɜ́ː-/ *adv.* **1** 一般に, 全般に, あまねく, 例外なく, 普遍的に (generally): a ~ accepted practice 一般に認められている慣習 / His genius is now ~ appreciated. 彼のずば抜けた能力は今では広く認められている. **2** 〘論理〙 全称的に (cf. universal *adj.* 8). 〘*a*1398〙

úniversal mílitary sérvice *n.* 国民皆兵(制).

úniversal mílitary tráining *n.* 〘米軍〙 国民軍事訓練(制) 《肉体的・精神的に適格な, ある一定の年齢層の男子全員を, ある一定の期間軍隊に服務させる制度》.

úniversal míll *n.* 〘金属加工〙 ユニバーサル圧延機 《それぞれ水平および鉛直に配置した一対のロールで材料を圧延する圧延機; H 形鋼などの圧延に用いられる》.

úniversal mílling machìne *n.* 〘機械〙 万能フライス盤.

úniversal mótor *n.* 〘電気〙 ユニバーサルモーター 《交直両用の整流子電動機の一種》. 〘1925〙

úniversal négative *n.* 〘論理〙 全称否定(命題) (⇨ universal *adj.* 8).

úniversal pártnership *n.* 〘法律〙 共同組合 《組合員全員が現に有する財産の全部, および将来取得する全財産をもその組合の資金として拠出して, その利益は共通とするもの》.

Úniversal Píctures *n.* [~ Co.] ユニバーサル映画(社) 《1912 年 Universal Film Manufacturing Co. として創立された Hollywood の映画会社; 史上初めて俳優の名をタイトルにかかげ star system の基礎をつくった; cf. Universal Studios》.

úniversal pláne *n.* 〘木工〙 自動多面かんな盤, 万能かんな盤 《2 面以上を一度に削り, 材木を加工する木工機械》.

Úniversal Póstal Ùnion *n.* [the ~] 万国郵便連合 《1874 年結成; 1947 年国連の専門機関となった; 本部は Bern; 略 UPU; 単に Postal Union ともいう》.

Úniversal Próduct Còde *n.* 《米》 統一商品コード 《光学読取り用の縞と数字を組み合わせた商品識別コード; 略 UPC; bar code ともいう》.

úniversal quántifier *n.* 〘論理〙 全称量化[限量]詞[記号] (「すべての対象がしかじかである」ことを表す量化記号 (A または ∀); cf. existential quantifier). 〘1940〙

univérsal recípient *n.* 〘医学〙 (血液型が AB 型の)万能受血者(の血液); (血液型の) AB 型.

úniversal sét *n.* **1** 〘数学〙 全体集合 《ある集合の部分集合だけを考えるときのもとの集合をいう》. **2** 〘論理〙 全集合 《話題の対象のすべてを元とした集合で, 論議領界 (universe of discourse) と同じ》. 〘1959〙

úniversal shúnt *n.* 〘電気〙 万能分流器 (⇨ Ayrton shunt).

Úniversal Sóul [Spírit] *n.* 〘バラモン教〙 普遍的な霊 《全宇宙に浸透する永遠の霊的な原理; 聖音オーム (Om) としてのブラフマン (Brahman)》.

úniversal stáge *n.* 〘鉱物〙 ユニバーサルステージ, 万能回転台 《顕微鏡に固定して鉱物の薄片を任意の方向に回転させ, その薄片の光学的性質を調べる装置》.

Úniversal Stúdios *n. pl.* [the ~] ユニバーサル スタジオ 《Los Angeles 近郊の Universal City にある世界最大の映画・テレビの撮影所; Universal Pictures 社の経営で, 全体が撮影のためのオープンセットとなっており, 観光客向けのツアーがある》.

úniversal súffrage *n.* 普通選挙権 (cf. manhood suffrage, woman suffrage). 〖1706〗

úniversal tíme, U- t- *n.* **1** 世界時 (Greenwich (mean) time). **2** =Universal Time Coordinated. 〖1882〗

Úniversal Tíme Coórdinated *n.* 協定世界時《地球の自転による太陽時を基準にしたグリニッジ標準時 (GMT) に代えて, 1972 年 1 月 1 日から採用されている世界時; 1967 年の国際度量衡会議で決まったセシウム原子の振動数に基づく秒の長さを基準としている; 略 UTC》.

úniversal víse *n.* 〖機械〗万能万力 (cf. swivel vise).

u·ni·verse /júːnəvə̀ːs | -nɪ̀vɜ̀ːs/ *n.* **1** [the ~] 宇宙 (cosmos) (⇨ world SYN); 万有, 天地万物, 森羅万象. **2** [the ~] (人間の住む)世界 (world); [集合的] 全人類 (all mankind): He behaves as though he owned *the* ~. 彼は全世界が自分の物であるかのようにふるまう. **3** [the ~] **a** 天界, 天空. **b** 銀河系(宇宙) (galaxy): discover new ~*s*. **4** (概念上·現実上で一定の有機的組織を成すとみなされる)分野, 領域 (sphere, province). **5** 多数, 多量. **6** 〖論理〗=UNIVERSE of discourse. **7** 〖数学〗=universal set. **8** 〖統計〗=population 5. **úniverse of díscourse** 〖論理〗論議領界《議論をしている対象の範囲; frame of reference ともいう》. 《1881》 〖《(c 1385)》《1589》□ (O)F *univers* // L *ūniversum* (neut.) ← *ūniversus* (adj.) combined into one; whole, universal ← UNI-+*versus* ((p.p.) ← *vertere* to turn: ⇨ verse¹)〗

u·ni·ver·si·ty /jùːnəvə́ːsəti | -nɪ̀vɜ́ːsɪ̀ti/ *n.* **1** (単科大学と区別して)総合大学, 大学 (cf. college): My son is at (the) ~. 息子は大学に行っている《★《米》では the をつけ,《英》ではふつう無冠詞; cf. He is at [《米》 in] college》/ at Columbia *University* / go to a good ~ よい大学へ行く / Where do you go to ~? =《英》Which ~ do you go to? どこの大学生ですか. **2** [集合的] **a** 大学生. **b** 大学当局: The ~ has elected him their Chancellor. 大学当局は彼を総長に選んだ. **3** 大学選手組, 大学チーム: The ~ carried the day. その大学チームが優勝した. **Univérsity of the Thírd Áge** [the ―] 熟年大学《退職者·高齢者にさまざまな教育コースを提供する組織》. ― *adj.* [限定的] 大学の[に関係ある]: a ~ man 大学生; 大学教育を受けた人, 大学出身者 / a ~ course 大学の課程 / a ~ professor 大学教授 / a ~ education 大学教育. 〖《(c1300)》 *universite* □ (O)F *université* □ ML *ūniversitās (magistrorum et scholarium)* the society (of teachers and students) ← L *ūniversitās* the whole, (LL) society, guild ← *ūniversus* whole: ⇨ ↑, -ity〗

Univérsity Cíty *n.* ユニバーシティシティー《米国 Missouri 州東部, St. Louis の近くの都市; Washington University に近接しているのでこの名が付けられた》.

univérsity cóllege *n.* **1** 大学付属のカレッジ. **2** (かつての)学位授与の資格のない大学《London 大学の学外学位 (external degree) を取得させていたが, 1957 年には大学独自の学位を出せるようになった》. 〖1838〗

Univérsity Cóllege *n.* ユニバーシティカレッジ: **1** Oxford 大学の学寮の一つ; 1249 年創立. **2** London 大学最大の学寮; 1827 年創立.

univérsity éntrance *n.* 《NZ》中等教育を受けた生徒に実施する大学入学の資格を与える全国統一試験; 合格証書《正式名称 University Entrance Examination, 略 UE》.

univérsity exténsion *n.* (公開講座などによる)大学教育普及運動 (略 UE); 大学の公開講座.

Univérsity Tést Áct *n.* [the ~]《英》大学試験宣誓条令《1871 年, 従来学位を受けるのに必要とした宗教上の誓約を廃した条令》.

Univérsity Wíts *n. pl.* [the ~] 大学才人派, 学歴派《英国 Elizabeth 一世時代の Lyly, Marlowe, T. Lodge, Greene, Nashe, Peele など Oxford または Cambridge 大学出身の劇作家の一群》.

u·ni·ver·sol·o·gy /jùːnəvəːsɑ́(ː)lədʒi | -nɪ̀vəːsɔ́l-/ *n.* 宇宙(科)学, 宇宙論. 〖← UNIVERSE+-O-+-LOGY〗

u·niv·o·cal /juːnívəkəl, jùːnəvóʊ-, -kḷ | jùːnɪ̀vóʊ-ˈ/ *adj.* **1** 一つの意味しかない, 一義の (cf. equivocal 1). **2** 〖音楽〗=unisonous 1. ― *n.* 単位語, 一義語. **~·ly** *adv.* 〖《1541》← L *ūnivoc(us)* having one meaning (⇨ uni-, voice)+-AL¹〗

u·niv·ol·tine /jùːnɪ̀vóʊltiːn | -vɔ́ulˈ/ *adj.* 〖生態〗(昆虫が 1 年に) 1 回産卵する (cf. bivoltine, multivoltine). 〖1874〗

UNIX /júːnɪks/ *n.* 〖商標〗ユニックス《オペレーティングシステムの一つ; ワークステーションなどに広く用いられる》.

ùn·jád·ed *adj.* 疲れ(てい)ない; いきいきした, 新鮮な (fresh). 〖1775〗

ùn·jáun·diced *adj.* 恨みや嫉妬(ʃ)のない; 偏見のない, ひがみのない (unprejudiced): an ~ mind. 〖1775〗

ùn·jóin *vt.* 〈結合したものを〉分離する, 離す (disjoin). 〖1340〗

ùn·jóined *adj.* **1** 結合[合併]していない, 加入していない. **2** 分離した (disjoined). 〖1538〗

ùn·jóint *vt.* **1** 〈漁網などの〉結び目を解く; 〈釣りざおなどの〉継ぎ目をはずす. **2** (肉を切る際に)…の関節をはずす. 〖1390〗

ùn·jóint·ed *adj.* **1** 結合していない. **2** 分離した; 継ぎ目の外れた. 〖1541〗

un·just /ʌndʒʌ́stˈ/ *adj.* **1** 〈人·行動など〉正義にもとる, 不公平な, 不正な; 不当な, 不法な, 不条理な: an ~ judge 不公平な判事 / an ~ sentence 不当な判決. **2** [the ~; 名詞的に; 集合的] 不正な人々: on the just and the ~ /ʌndʒʌst/ (正しき者正しからざる者)あらゆる者の上に (cf. *Matt.* 5: 45). **3** 《廃》不誠実な (faithless); 不正直な (dishonest). **~·ly** *adv.* **~·ness** *n.* 〖《c1384》: ⇨ un-¹, just²〗

unjúst enríchment *n.* 不当利得. 〖1942〗

un·jus·ti·fi·a·ble /ʌndʒʌ́stəfàɪəbḷ/ *adj.* 条理の立たない, 理に合わない, 言い訳が立たない, 弁解のできない: an ~ war of aggressiion 筋の通らぬ侵略戦争. **~·ness** *n.* **ùn·jús·ti·fi·a·bly** *adv.* 〖1641〗

ùn·jús·ti·fìed *adj.* **1** 正しい[正当]とされていない, 不当な. **2** 〖神学〗義認されていない, 正義と認められていない, 罪となる. **3** 〖印刷〗行末ぞろえしていない, ガタ組みの. 〖*a*1425〗

un·kempt /ʌnkέm(p)tˈ/ *adj.* **1** 〈髪がくしを入れない, もじゃもじゃの (uncombed, disheveled) (⇨ slovenly SYN): ~ hair 乱れ髪. **2** 〈服装·外見など〉手入れのしてない, だらしがない, 乱雑な (untidy, neglected): an ~ appearance, garden, etc. **3** 〈言葉など〉洗練されない, 粗野な (unrefined, rough). **~·ly** *adv.* **~·ness** *n.* 〖《1579》← UN-¹+ME *kempt, kembed* ((p.p.) ← *kemben* ← OE *cemban* to comb < Gmc **kambjan* ← **kambaz* 'COMB¹')〗

un·kenned /ʌnkέnd/ *adj.* 《スコット·北英方言》珍しい, 知られていない (strange, unknown). 〖《*a*1325》← UN-¹ +*kenned* ((p.p.) ← KEN¹)〗

ùn·kén·nel *v.* (~ed, -nelled; ~·ing, -nel·ling) ― *vt.* **1** 〈犬を〉小屋から出す. **2** 〈狐などを〉隠れ場[穴]から追い出す. **3** 〈隠れているものを〉現す, 暴く (disclose). ― *vi.* 犬小屋[隠れ場, 穴]から出る. 〖1575〗

ùn·ként *adj.* =unkenned.

ùn·képt *adj.* 保存され(てい)ない; 維持され(てい)ない; (規則など)守られ(てい)ない. 〖*c*1340〗

ùn·kíll·a·ble /-ləbḷˈ/ *adj.* **1** 不死の, 不死身の, 不滅の, 不朽の (SF の用語). 《1878》 **2** 〖電算〗〈プロセスなど〉停止不可能な.

un·kind /ʌnkáɪndˈ/ *adj.* (~·er; ~·est) **1** 不親切な, 不人情な, 思いやりのない, 薄情[無情, 冷酷]な (severe, cruel): That's very ~ *of* you. あんたも随分薄情な人だ / the most ~*est* cut of all ⇨ cut *n.* 2 b. **2** 《古·方言》=unkindly¹ 2. **3** 《古·方言》unkindly¹ 3. 〖*c*1250〗

ùn·kínd·ly¹ *adj.* **1** 不親切な, 丁寧でない (ungracious), 不人情な, 友情のない (unfriendly), 無情な, つれない (harsh). **2** 〈天候など〉厳しい, 荒れた, 寒々とした (inclement, bleak). **3** 〈土地など〉耕作に適さない (unfavorable for crops). **ùn·kínd·li·ness** *n.* 〖OE *ungecyndelic*: ⇨ un-¹, kindly¹〗

ùn·kínd·ly² *adv.* 不親切に, 不人情に. 〖《?*a*1200》← UN-¹+KINDLY²〗

ùn·kínd·ness *n.* 不親切, 不人情(な行為), 無情(な仕打ち). 〖*a*1325〗

ùn·kíng *vt.* **1** …から王位[王]を奪う. **2** 〈王を〉廃する (depose). 〖《1578》← UN-²+KING: cf. G *entkönigen*〗

ùn·kíng·ly *adj.* 王らしくない, 王者にふさわしくない. 〖1600〗

ùn·kínk *vt.* …のよじれをなくす; まっすぐにする (straighten). 〖1891〗

ùn·kíss *vt.* 《まれ》キスすることによって無効にする. 〖1562〗

ùn·kíssed *adj.* キスをされない. 〖1562〗

ùn·knìght·ly *adj.* 騎士らしくない, 騎士に似合わない. ― *adv.* 騎士にふさわしからぬ態度で. **ùn·knìght·li·ness** *n.* 〖*c*1412〗

ùn·knít *v.* (un·knit·ted, ~; -knit·ting) ― *vt.* **1** 〈編み物などを〉解く (ravel out); 〈結び目などを〉解く (untie). **2** 〈しわの寄った物を〉のす, まっすぐに伸ばす. **3** 弱める, 損なう, 台なしにする. **4** 《まれ》〈寄せたまゆを〉開く: ~ one's forehead. ― *vi.* ほどける, ほぐれる. 〖lateOE *uncnyttan*: ⇨ un², knit (v.)〗

ùn·knót *vt.* (un·knot·ted; -knot·ting) **1** …の結び目を解く, ほどく. **2** …のもつれ[からまり]を解く. 〖1598〗

ùn·knów·a·ble *adj.* **1** 知ることができない. **2** 〖哲学〗不可知の. ― *n.* **1** 知り得ないもの. **2** [the U-] 〖哲学〗不可知のもの[こと], 絶対, 第一原因. **~·ness** *n.* **ùn·knòw·a·bíl·i·ty** *n.* **ùn·knów·a·bly** *adv.* 〖*c*1380〗

ùn·knów·ing *adj.* 無知の; 〔…を〕知らない, 〔…に〕気付かない (ignorant) 〔*of*〕: be ~ *of* politics 政治を知らない. **~·ly** *adv.* 〖*a*1333〗

un·known /ʌnnóʊn | -nə́ʊnˈ/ *adj.* **1 a** 未知の, 不明の; 無名の, 未詳の; 〔…に〕知られていない 〔*to*〕: an ~ island [author] 無名の島[作者] / a thing of ~ origin 起源の不明なこと / His purpose was ~ *to* me. 彼の目的は私にはわからなかった / a man ~ *to* fame 名の知れていない人 / He did it ~ *to* me. 私には知れずに彼はそれをした / ~ to [《古》 of] any だれにも知られず, こっそりと. **b** [the ~; 名詞的に] 未知の物事[世界]: (the) fear of *the* ~ 未知の世界[もの]に対する恐怖[不安] / venture into *the* ~ 未知の世界に踏み込む / *The* ~ is always mysterious and attractive. 未知のものは常に神秘的で魅力のあるものだ. **2** 未確認の. **3** 計り知れない, 数え切れない (incalculable): ~ wealth, delights, etc. **4** 〖数学〗未知の: ⇨ unknown quantity 1. **5** 《廃》無知の (ignorant). ― *n.* **1** 世に知られない人[もの], 無名の人: an actor who was an ~ until recently 最近まで無名であった俳優 / There are too many ~*s* to risk it. それに賭けるにはあまりにも未知のことが多すぎる / unfortunate ~*s* / ⇨ Great Unknown. **2** 〖数学〗未知数; 未知数を表す符号. **3** 同定すべき試料《バクテリアの分離や化学物質などの分析の実習に用いる》. **~·ness** *n.* 〖*a*1325〗

únknown quántity *n.* **1** 〖数学〗未知数[量] (cf. known quantity). **2** 《比喩》その真価が未知のもの, 「未知数」; 未知数的な[予断を許さない]人[もの].

Únknown Sóldier, u- s- *n.* [the ~] 無名戦士《第一次大戦で戦死した多くの身元不明の兵士の代表者として選ばれた無名の一兵士; 英国では Westminster Abbey に, 米国では Virginia 州の Arlington National Cemetery にそれぞれその墓がある; 英国では Unknown Warrior ともいう》. 〖1923〗

Únknown Wárrior *n.* [the ~]《英》=Unknown Soldier. 〖1920〗

ùn·lá·beled *adj.* **1** 貼札[レッテル]を付け(てい)ない. **2** 標号を付け(てい)ない, 分類し(てい)ない.

ùn·lá·bored *adj.* **1** 労力を用いない, 労力を費さない, 労せずに得た. **2** 〈文体など〉楽な, 自然な, すらすらした. **3** 《古》〈土地が〉耕され(てい)ない. 〖*c*1450〗

ùn·láce *vt.* **1** 〈靴·コルセットなどの〉ひもを解く[ゆるめる]: ~ one's boots, corset, etc. **2** …の衣服をゆるめる, ひもを解いて楽にする. **3** 《廃》台なしにする: What's the matter that you ~ your reputation thus? こんなにして名誉を汚してどういうことなのか (Shak., *Othello* 2. 3. 193–94). **4** 〖狩猟〗〈射止めたうさぎなどの〉肉を切り裂く: ~ a rabbit. 〖?*a*1300〗

ùn·láde *vt.* **1 a** …の荷を下ろす, …の荷揚げをする (unload): ~ a ship. **b** 〔…から〕〈荷を〉下ろす (take out, remove) 〔*from*〕: ~ the cargo *from* a ship 船荷を下ろす / ~ hay *from* a cart 荷車から干し草を下ろす. **2** 〈船などが〉〈積荷を〉陸揚げする (discharge): The ship will ~ her cargo today. あの船は今日陸揚げだ. ― *vi.* 荷を下ろす, 荷揚げする. 〖《*a*1398》: cf. OE *onhladan*〗

ùn·lád·en *adj.* 積荷のない(状態での): ~ weight 空荷での重量.

ùn·lá·dy·lìke *adj.* 貴婦人に似合わない, 淑女らしくない; 貴婦人にあるまじき, 下品な (vulgar). 〖1824〗

ùn·láid *adj.* **1** 置かれ(てい)ない, 据(す)えてない, 並べてない, 配備してない, 敷設してない: The table is still ~. 食卓の用意はまだできていない. **2** 静められ(てい)ない, 迷える, 安まらない: an ~ ghost 迷える魂[亡霊]. **3** 〈死体が〉埋葬され(てい)ない. **4** 〈紙が〉すき込み模様がない: ~ paper. **5** 〈綱が〉ほぐれた (unraveled). 〖1468–69〗

ùn·la·mént·ed /-tɪ̀d | -tɪ̀dˈ/ *adj.* 悲しまれ(てい)ない, 嘆かれ(てい)ない, 悲しむ[嘆く]者がない. 〖1595〗

ùn·lásh *vt.* **1** …の縛り綱をほどく[解く]. **2** ほどく, ゆるめる (undo). 〖1748〗

ùn·látch *vt.* 〈戸などの〉掛け金をはずす, 〈靴などの〉締め金をはずす: ~ the gate. ― *vi.* 掛け金[締め金]がはずれる. 〖1642〗

un·law·ful /ʌnlɔ́ːfəl, -lɑ́ː-, -fḷ | -lɔ́ː-ˈ/ *adj.* **1** 不法の, 違法の, 非合法的な (illegal): an ~ act 不法行為 / ~ money 不正な金. **2** 私生の, 庶出の (illegitimate). **3** 不道徳的な, 背徳の (immoral): ~ love 道ならぬ恋. **~·ly** *adv.* **~·ness** *n.* 〖*a*1325〗

unláwful assémbly *n.* 〖法律〗(3 人以上の人の)不法集会. 〖1485〗

ùn·láy *v.* (un·laid) 〖海事〗 ― *vt.* 〈綱などの〉撚(よ)りをもどす[解く] (untwist). ― *vi.* 撚りが解ける. 〖1726〗

ùn·léad /-léd/ *vt.* **1** 鉛(分)を除く. **2** 〖印刷〗〈行間などから〉インテルを抜く[取る]. 〖《1591》← UN-²+LEAD²〗

ùn·léad·ed /-lέdɪ̀d | -dɪ̀d/ *adj.* **1** 鉛(分)を除いた; 鉛(化合物)を含んでいない: ~ fuels 無鉛燃料 / ~ gasoline 無鉛ガソリン. **2** 鉛をかぶせてない; 鉛で重くしていない. **3** 〖印刷〗インテルを用い(てい)ない, 行間の詰まった, ベタ組みの. 〖1611〗

ùn·léarn *v.* (~·ed, un·learnt) ― *vt.* **1 a** 〈学んだ事を〉忘れようとする. **b** 〈習癖·誤りなどを〉捨てて頭を入れ変える: ~ a habit. **2** =unteach. ― *vi.* **1** 知っていたことを忘れる. **2** 〈習慣·癖が〉抜ける; 習慣を捨てる. 〖《*c*1450》: ⇨ un-², learn〗

un·learn·ed¹ /ʌnlə́ːnɪ̀d | -lɜ́ːn-ˈ/ *adj.* **1** 学問のない, 無教育の, 無学の. **2** 〔…に〕精通[熟達]していない (unversed) 〔*in*〕: be ~ *in* politics 政治に通じていない. **3** 無学な人々の. **4** [the ~; 名詞的に; 複数扱い] 無学者, 無学な人々 (ignorant people). 〖《*c*1400》: ⇨ learned〗

un·learned² /ʌnlə́ːnd | -lɜ́ːntˈ/ *adj.* **1** 学んで得たのでない. **2** 学ばないで知っている, 習わないで得た, 生得の (natural). 〖⇨ unlearn〗

ùn·léarn·ed·ly /-nɪ̀dli/ *adv.* 無学[無知]で[のように]. 〖1532〗

ùn·léarnt *adj.* =unlearned². 〖1879〗

ùn·léased *adj.* 賃借りされ(てい)ない, 借されて(い)ない. 〖1716〗

un·léash *vt.* **1** …の束縛を解く, 解放する, 自由にする (let loose): ~ one's desire 欲情を解き放つ / ~ the dogs of war=*let slip the* DOGS *of war.* **2** …の革ひもをはずす[解く]: ~ a hound 猟犬を放つ. 〖1671〗

ùn·léav·ened *adj.* **1** パン種を入れ(てい)ない: ~ bread / ⇨ FEAST OF *Unleavened* Bread. **2** 影響を受け(てい)ない, 変化され(てい)ない. 〖1530〗

ùn·léd *adj.* 導かれ(てい)ない, 案内され(てい)ない, 指導されてい(ない) (unguided). 〖1569〗

ùn·léi·sured *adj.* 暇がない; 忙しい (busy). 〖1586〗

ùn·léi·sure·ly *adj.* ゆっくりしない; 急いだ, 急ぎの, せき立てられた (hurried).

un·less /ənlέs, ʌn-/ *conj.* **1** もし…でなければ…でない限り, …を除いては (if not, except that). ★ 通例, unless に導かれる節には仮定法は用いられない: I will go ~ it rains. 雨が降らない限り行きます / *Unless* on business [obliged to], he seldom went out. 用事がある時[やむを得ない時]以外は彼はめったに外出しなかった / The terms of the contract will remain in force ~ otherwise specified [stated]. 契約の条件は他に特別の規定がない限り有

U

効です. **2** [否定語のあとに用いて] …ということにならない限り, …ということなしには (but, but that): *Never* a day passes ~ some traffic accidents occur. 交通事故が何件か起きない日は一日もない. **3** [主節のあとで, 付加的に] もっとも…ならば話は別だが: I'll speak to her — ~ she doesn't happen to be there, of course! 彼女に話をしますよ—もちろん彼女がそこへ来なければできませんがね.

unléss and until =until; unless (('unless and' または 'and until' は強意的冗語)): The patient must not be given solid food ~ *and until* the fever subsides. 患者には熱が下がってからでないと固形食を与えてはならない.

— *prep.* ((まれ)) …を除けば, …の外は (except, save): Nothing, ~ an echo, was heard. こだまの外は何も聞こえなかった.

〖((*c*1400)) *onlesse, on lesse* (*than*) ((原義)) on a less or lower condition (than) ((なぞり)) ← (O)F *à moins que* unless: ⇨ on, less〗

SYN …でなければ: **unless, if not** には, 次のような相違がある: (1)「B という邪魔がなければ A が起こるだろう」という意味では, 両者が使える: I'll come back *if* there's *not* a plane strike [*unless* there's a plane strike]. 飛行機のストがなければ帰ってくる. (2)「B が起こらなければ A が起こるだろう」という意味では, *if not* しか使えない: I'll feel much happier *if* she does*n't* come with us [*unless* she comes with us]. 彼女が一緒に来なければずっとうれしいだろう. (3) *unless* は肯定の, *if not* は否定の文脈を構成する: I won't phone you *unless* something [*if* nothing] unforeseen happens. 予期しないことが起こらない限り電話しない. (4) *unless* は *if* と異なり事実に反する条件節には生じない: *If* he were*n't* [**Unless* he were] so silly, he would understand. あんなにばかでなければ, わかってくれるのだが.

ùn·lés·sened *adj.* 小さく[少なく]され(てい)ない, 減らされ(てい)ない; 変わらない. 〖1736〗

ùn·lés·soned *adj.* 教えられ(てい)ない, 教育のない, 仕込まれていない: an ~ girl. 〖*c*1550〗

ùn·lét·tered *adj.* **1** 文字で書かれ(てい)ない, 文字の入っていない: an ~ tombstone 文字の記されていない墓石. **2** 無学の, 無教育の (⇨ ignorant SYN). **3** 文学を知らない[愛好しない]. 〖*c*1340〗

ùn·lév·el *adj.* 平らでない, でこぼこのある (uneven). — *vt.* (~ed, -elled; ~·ing, -el·ling) 平らでなくする, でこぼこにする. 〖1571〗

ùn·lí·a·ble *adj.* 〔…に対して〕責任のない〔*to*〕. 〖1624〗

ùn·líb *adj.* =unliberated.

ùn·líb·er·àt·ed /-tɪ̬d | -tɪd/ *adj.* (社会的因襲から)解放されていない, 因襲的な; 拘束されたままの. 〖1837〗

ùn·lí·censed *adj.* **1** 無免許の, 無鑑札の, もぐりの; 認可を得ていない: an ~ pilot. **2** 慎みのない, 気ままな, 自由な, 放逸な (lawless). **3** ((古)) 許可を与えられ(てい)ない. 〖1607–08〗

ùn·lícked *adj.* **1** (熊が子をなめて形を整えるといわれるように)形が整えられ(てい)ない, きちんとしていない (cf. LICK … *into shape*). **2** (無知で)無作法な: an ~ cub 無作法な子供[若者]. **3** 〈物事が〉洗練されていない, 生硬な. 〖1590–99〗

ùn·líght·ed /-tɪ̬d | -tɪd/ *adj.* 明かりをつけ(てい)ない; 点火し(てい)ない: an ~ cigarette.

ùn·lík·a·ble *adj.* 好かれない, 好ましくない.

un·like /ʌnláɪk←/ *prep.* **a** …と似ない(で), …と異なって: The picture is quite ~ him. 写真は彼に少しも似ていない / *Unlike* his predecessor, he was more concerned about his own future than about his duty. 彼は前任者と違って職務よりも自分の将来のことを余計気に掛けていた. **b** …に似合わず, …らしくない[なく]: How ~ you to read such a book! こんな本を読むなんて君らしくない. ★ 次のような構文では接続詞的 (cf. like[1] *conj.* 1): We felt rather chilly, ~ in August. 8 月みたいではなくむしろ冷え冷えした感じだった. **c** ((古・北英方言)) =unlikely. — /ʌn-láɪk←/ *adj.* **1** 同じでない, 等しくない, 不同の (dissimilar, unequal), 異なった, 違った, 似ない (different): The two cases are quite ~. その二つの場合は全く似ていない / ~ signs 異なる符号 ((+ と − など)). — /←–/ *n.* 他と違う物[人]: *Unlikes* sometimes attract (each other). 異なったもの同士が(お互いに)引き付けあうことがある.

〖((?*a*1200)) *unliche*: ⇨ un-[1], like[1]: cf. Du. *onlijk*〗

ùn·líke·a·ble *adj.* =unlikable. 〖1841〗

un·like·ly /ʌnláɪkli, ʌn-/ *adj.* **1** ありそうもない, 本当らしくない, なさそうな, 見込みのない (improbable, unbelievable); 予期していない, 不測の (unforeseen): A victory is (very [most, highly]) ~ but not impossible. 勝つ見込みは(とても)ありそうもないが全くないとは限らない / in the ~ event of … ありそうもないことだが万一…の場合には / He is the most ~ man *to* do such a thing. 彼がそんなことをするとは到底考えられない / He is ~ *to* come.=It is ~ *that* he will come. 彼は来そうもない / It's not ~. それはありそうもないこともない / choose an ~ spot for a nest 思いもよらない所に巣を選ぶ. **2** 成功しそうもない, 成算がおぼつかない (unpromising): be engaged in an ~ adventure とても見込みのなさそうな冒険をする. **3** ((方言)) (あまり)感心しない, 嫌な (disagreeable): an ~ companion. — *adv.* ありそうもなく (improbably): not ~ たぶん, おそらく. **ùn·líke·li·hòod** *n.* **ùn·líke·li·ness** *n.* 〖((1375)): cf. ON *ūlīkligr* improbable: ⇨ un-[1], likely〗

ùn·líke·ness *n.* 相違(したもの); 似てないもの. 〖*c*1230〗

ùn·lím·ber[1] *adj.* 柔軟でない, 堅い. — *vt.* **1** 柔軟にする: ~ one's muscles. **2** 自由にする. — *vi.* くつろぐ, リラックスする. 〖*a*1639〗

ùn·lím·ber[2] *vt.* **1** (発砲準備のため)〈砲〉の前車を取りはずす: ~ a gun for action. **2** …の使用[行動]の準備をする: ~ one's cameras. — *vi.* 発砲[使用]の準備をする. — *n.* 砲を発射の位置に変えること. 〖1802〗

un·lim·it·ed /ʌnlímɪ̬tɪ̬d | -mɪt-←/ *adj.* **1** (空間的に)限りない, 無限の, 際限のない (boundless): an ~ expanse of sky 広大無辺の空. **2** (活動範囲など)制限のない, 無制限の, (狭く)限られ(てい)ない (unrestricted): an ~ field for talent, enterprise, etc. **3** (分量・程度など)無限の, 限度のない, (権力・法則に)限定され(てい)ない; 無条件の (unconditional): ~ discretion, authority, power, etc. / ~ liability 無限責任. **4** 際限がない, 自由な (unbounded); 絶大の, 過度の, 非常な (very great, excessive): ~ impudence 法外な厚かましさ / drink an ~ amount of coffee コーヒーをふんだんに飲む. **~·ly** *adv.* **~·ness** *n.* 〖*c*1445〗

únlimited pólicy *n.* 〘保険〙無制限保険証書 (cf. limited policy).

ùn·líne *vt.* …の裏を取り去る. 〖1606〗

ùn·líned[1] *adj.* 裏のない, 裏地[ライニング]のついていない: an ~ coat. 〖((1521)) ← UN-[1]+*lined* ((p.p.) ← LINE[2])〗

ùn·líned[2] *adj.* 線のついていない; 〈額など〉しわのない: an ~ forehead. 〖((1865)) ← UN-[1]+*lined* ((p.p.) ← LINE[1])〗

ùn·línk *vt.* **1** 〈鎖など〉の環(わ)をはずす. **2** はずす, 離す, 解く: The snake ~*s* itself. へびがとぐろを解く. — *vi.* 離れる, 解ける. 〖1599〗

ùn·línked *adj.* **1** 環(わ)でつないでいない, 連結していない: an ~ sausage. **2** 〘生物〙〈遺伝子が〉連鎖していない: ~ genes. 〖1813〗

ùn·líq·ui·dàt·ed /-tɪ̬d | -tɪd/ *adj.* 清算[決済, 決算]され(てい)ない, 未清[決]算の: ~ damages 〘法律〙不確定損害賠償(額). 〖1765〗

ùn·líst·ed *adj.* **1** 目録[名簿]に載っていない; 公的に記載され(てい)ない. **2** ((米)) 電話帳に載っていない (((英)) ex-directory). **3** 〘証券〙〈株式が〉取引所に上場され(てい)ない, 非上場の. 〖1644〗

Unlísted Secúrities Màrket *n.* ((英)) (ロンドン証券取引所の)非上場証券市場 ((株式取引所で取引されていない, 小さな会社や新会社の下部を取引する市場; 1981 年創設; 略 USM)).

ùn·lís·ten·a·ble /-sṇəbḷ, -sn-←/ *adj.* 聞いていられない, 聞くにたえない.

ùn·lít *adj.* 点火され(てい)ない; 点灯し(てい)ない (unlighted), 暗い (dark): along the dark ~ street 街灯のついていない暗い通りに沿って. 〖1852〗

ùn·lív·a·ble /-vəbḷ←/ *adj.* (人の)住めない. 〖1869〗

un·live /ʌnlív/ *vt.* **1** 〈過去の生活を〉一新する[立て直す], 〈過去を〉清算する (annul): ~ the past. **2** …の結果を償うように生きる: ~ one's crimes. **3** ((廃)) 生命を奪う. 〖1593–94〗

ùn·líved-in *adj.* 無住の, 人の住んでいない. 〖1931〗

un·live·ly /ʌnláɪvli←/ *adj.* 生気[元気]のない; 沈滞した (dull). 〖1563〗

un·load /ʌnlóud | -lə́ud/ *vt.* **1 a** 〈車・船など〉の荷を下ろす, 積荷を揚げる (disburden): ~ a ship, truck, cart, etc. **b** 〔車・船などから〕〈荷・積荷を〉下ろす (discharge) 〔*from*〕: ~ the cargo *from* a ship 船荷を下ろす / ~ goods *from* a truck トラックから荷を下ろす / *Unloaded*, it weighs less than a ton. 積荷を下ろせば, 重量は 1 トン以下になる. **2 a** 〘証券〙〈持株などを〉処分する, (大量に)売る, 売り抜ける (sell out). **b** 〈余分な物を〉処分する: I've got some T-shirts to ~. 処分しなければならない T シャツが何枚かある. **c** 〈やっかいなものを〉〔人に〕おしつける〔*on*(*to*)〕: Don't try ~*ing* those T-shirts *on*(*to*) me! これらの T シャツを私におしつけようとするな. **3** (言ってしまって)〈心など〉の重荷を下ろす (relieve): ~ one's mind 心のつかえをなくする, ほっとする. **4** 〈悲しみ・悩みなどを〉ぶちまける; 遠慮なく言う: ~ one's troubles. **5** 〈ホームランなどを〉かっ飛ばす. **6** 〈銃・大砲〉から弾丸[装薬]を抜き取る: ~ a gun. — *vi.* 荷を下ろす, 荷揚げをする: The ships will ~ tomorrow. その船は明日荷揚げだ. 〖((1523)) ← UN-[2]+LOAD: cf. unlade〗

ùn·lóad·ed /-dɪ̬d | -dɪd←/ *adj.* 積荷を積んでいない, 弾丸を込めていない: an ~ truck / an ~ gun.

ùn·lóad·er *n.* 荷揚げする人[物]; (干し草・石炭などの)積み下ろし装置, 荷下ろし機, 荷揚げ機. 〖1611〗

ùn·ló·cat·ed /-tɪ̬d | -tɪd/ *adj.* **1** 場所を定め(てい)ない, 置かれ(てい)ない. **2** 〈場所・出所・原因など〉突き止められ(てい)ない, 不明の. **3** ((米)) 〈土地が〉測量され(てい)ない, 境界の未確定な. 〖1776〗

ùn·lóck *vt.* **1** 〈戸・箱など〉の錠をあける, 錠をあけて開く: ~ a trunk. **2** 〈胸中・秘密などを〉打ち明ける, 漏らす (disclose); …に解明の手がかりを与える: ~ one's heart, secrets, etc. **3** 〈閉まったものを〉開く (open): ~ the jaws. **4** 〈抑制していたものを〉開放する, 自由に出す: ~ tears. — *vi.* 錠が開く. **~·a·ble** /-kəbḷ/ *adj.* 〖*c*1378〗

ùn·lócked *adj.* 〈戸など〉錠の下り(てい)ない. 〖1596–97〗

ùn·lóoked-fòr *adj.* 予期[予想]しない, 思いがけない, 意外な (unexpected): an ~ guest. 〖1535〗

ùn·lóose *vt.* **1** 〈握り締めたものなどを〉緩める (loose), 解く (unfasten): ~ one's grip. **2** 放つ, 解放する (set free); …の束縛を緩める: ~ traditional bonds. 〖((*a*1376)): cf. OE *onliesan*〗

ùn·lóos·en *vt.* =unloose. 〖*c*1450〗

ùn·lóv·a·ble /-vəbḷ←/ *adj.* 可愛らしくない, 愛きょうがない, 不愉快な, 気にくわない, 嫌な (disagreeable, repellent). 〖1570〗

ùn·lóved *adj.* 愛され(てい)ない, 可愛がられ(てい)ない: a pupil ~ by his teacher. 〖*a*1395〗

ùn·lóve·ly *adj.* **1** 美しくない, 不器量な, 醜い (unsightly, ugly). **2** 好ましくない, 嫌な, 不快な; 人好きのしない (unpleasing, unattractive). **ùn·lóve·li·ness** *n.* 〖*c*1378〗

ùn·lóv·ing *adj.* 愛情がない, 優しくない; 冷たい, 冷ややかな; 無情な (cold, harsh). **~·ly** *adv.* 〖1529〗

ùn·lúck·i·ly *adv.* **1** 不運に, 不幸に: Our vacation began ~ (enough), but ended well. われわれの休暇の始め頃はついてなかったが終わるころは順調だった. **2** [文全体を修飾して] 不運にも, 折あしく, 不幸にも, あいにく (unfortunately): *Unluckily* (for me), I missed the train. 運悪く列車を逃した. 〖((1530)): cf. ON *ūlukkuliga*〗

un·luck·y /ʌnlʌ́ki←/ *adj.* (**un·luck·i·er**; **-i·est**) **1** 不運な, 運の悪い, 不幸せな (hapless, unfortunate): an ~ writer, day, etc. **2** 不成功の, 不首尾の, うまくいかない (unsuccessful); がっかりさせる, 残念な (regrettable): be ~ at cards トランプに負ける / be ~ in love 恋に破れる / The ~ fact is that it is not a formal document. 残念なことにそれは正式文書ではない. **3** 不吉な, 縁起の悪い (ill-omened) (⇨ ominous SYN): Friday the 13th is regarded as an ~ day. 13 日の金曜日は不吉な日だとされている / an ~ number [omen] 不吉な数[前兆]. **4** あいにくの, 時機の悪い, 時を得ない (ill-timed, inopportune): It was an ~ moment for their meeting. 彼らは悪い時に会った / in an ~ hour あいにく(の折に), 折あしく. **5** ((英方言)) 災いをもたらす, 有害な. **ùn·lúck·i·ness** *n.* 〖((1530)): MLG *unluckich*〗

ùn·máde *adj.* **1** (まだ)造られ(てい)ない, でき上がらない, 未完成の (unfinished); 整えられ(てい)ない: an ~ bed. **2** 創造されることなしに存在する. **3** 〘鷹狩〙=unmanned 4. **4** ((英)) =unmetalled. 〖*a*1250〗

ùn·mág·ni·fìed *adj.* **1** 拡大され(てい)ない. **2** 誇張され(てい)ない.

ùn·mái·den·ly *adj.* 処女[娘]らしくない, 娘に似合わない, つつましくない, しとやかでない, はしたない (immodest). 〖1634〗

ùn·máil·a·ble /-ləbḷ←/ *adj.* 郵送できない, 郵送不能[禁止]の. 〖1875〗

ùn·máimed *adj.* ((古)) 不具でない, 手足を具備した; 完全な. 〖*a*1470〗

ùn·main·táin·a·ble /-nəbḷ←/ *adj.* 維持することができない, 支持できない. 〖1625〗

ùn·máke *vt.* (**un·made**) **1** 元の形[要素, 状態]に戻す, 元通りにする. **2** 壊す, 破壊する, 破る (destroy). **3** 変形する, 変質する. **4** 廃す, 廃止する, 廃位する (annul, depose): ~ a king. **5** 〈心〉の態度を変える, 〈心を〉変える. **ùn·mák·er** *n.* 〖((1426)): cf. G *entmachen*〗

ùn·ma·lí·cious *adj.* 悪意のない. **~·ly** *adv.* 〖1649〗

ùn·mál·le·a·ble /-liəbḷ←/ *adj.* 鍛えられ(てい)ない, 打ち延ばし難い, 不可展性の. 〖1609〗

ùn·mán *vt.* (**un·manned**; **-man·ning**) **1** 〈男を〉去勢する (castrate). **2** …の男らしさを失わせる, 女々しくする, 意気地をなくする: be quite ~*ned* by the news [sight] そのニュースを聞いて[ありさまを見て]腰を抜かす. **3** [通例 p.p. 形で] 〈船・とりでなど〉から乗組員[兵士]をなくする. **4** ((古)) 人間らしくなくする. 〖((1598)): cf. G *entmannen*〗

ùn·mán·age·a·ble /-dʒəbḷ←/ *adj.* **1** 取り扱いにくい, 始末に困る, 治めにくい, 収拾不可能の: ~ material 始末に負えない材料 / the ~ situation 手のつけようのない情勢. **2** 制御できない, 御し難い, 手に余る, 操縦し難い (⇨ unruly SYN): an ~ child だだっ子 / an ~ horse 悍馬(かんば). **~·ness** *n.* **ùn·mán·age·a·bly** *adv.* 〖1632〗

ùn·mán·aged *adj.* 管理されていない; 自然のままの〈土地〉; 抑制[遠慮]のない, 率直な〈ことば〉. 〖1603〗

ùn·mán·like *adj.* **1** 人間らしくない, 人間味がない, 人情がない. **2** 男らしくない (unmanly).

ùn·mán·ly *adj.* (**un·man·li·er**; **-li·est**) 男らしくない; 卑怯な, 臆病な (cowardly); 柔弱な (effeminate); 女々しい (womanly). — *adv.* ((古)) 男らしくない態度で. **ùn·mán·li·ness** *n.* 〖((?*c*1475)): G *unmännlich*〗

ùn·mánned *adj.* **1** 〈船など〉乗組員のいない; 〈自動操縦・リモコン装置の航空機・宇宙船など〉無人の: an ~ aircraft 無人機 (↔ manned aircraft) / an ~ ship / an ~ spaceship. **2** 人口[住民]のない, 人の住まない (uninhabited), 荒廃した (desolate). **3** 去勢された; 男らしさを失った, 女々しくなった. **4** ((廃)) 〘鷹狩〙〈鷹が〉訓練され(てい)ない. 〖1544〗

ùn·mán·nered *adj.* **1** =unmannerly. **2** 気取らない, 率直な (ingenuous). **~·ly** *adv.* 〖1435〗

ùn·mán·ner·ly *adj.* 無作法な, ぶしつけな, 無礼な, 粗野な (rude, ill-mannered). — *adv.* ((廃)) 無作法に, ぶしつけに (uncivilly). **ùn·mán·ner·li·ness** *n.* 〖((?*c*1390)): cf. G *unmanierlich*〗

ùn·mán·tle *vt.* …の外套を脱がす; …の覆いを取る (uncover). 〖1598〗

ùn·màn·u·fác·tured *adj.* 製造され(てい)ない; 〈原料が〉製品にされ(てい)ない. 〖1775〗

ùn·mápped *adj.* **1** 地図上にない; 未踏の. **2** 〘遺伝〙遺伝子地図で(突然変異の)座位が決められていない; 染色体地図で遺伝子の配置が決められていない. 〖1805〗

un·marked /ʌnmɑ́ːəkt | -mɑ́ːkt←/ *adj.* **1 a** 印[記

U

号]をつけ(てい)ない, 印のない; 目印のない: an ~ squad car 覆面パトカー. **b** 〈道路が〉道路標識のない. **c** 〈答案など〉採点していない: The homework remained ~ (by the teacher). 宿題は(先生によって)採点されないままだった. **d** 傷跡[かき傷など]のない: Luckily, the car was ~ after the collision. 運よく衝突後その車は傷跡がなかった. **2** 注意され(てい)ない, 人目を引かない: go ~ 気付かれずに済む / The mistake passed ~. その誤りは気付かれずに済んだ. **3** 〔…に〕特色づけられ(てい)ない 〔*by*〕: a thesis ~ *by* any sign of originality 何ら独創性のあともない論文. **4** 〖言語〗 **a** 無標の《ある言語上の特徴を示す標識のない; cf. marked 4》: In English, the ~ plural is -(e)s. 英語における無標の複数は -(e)s である. **b** 言語形式表示態をもたない. 〖(?*c*1300): cf. ON *ūmerktr*〗

ùn·már·ket·a·ble /-ṭəbl̩ | -tə-ˈ/ *adj.* 市場に向かない, 売れない, 売行きが悪い, はけない (unsalable). 〖1654〗

ùn·márred *adj.* 傷つけられ(てい)ない, 無傷の. 〖*a*1200〗

ùn·már·riage·a·ble /-dʒəbl̩ˈ/ *adj.* 結婚に適さない, まだ結婚ができない, 婚期に達しない, まだ年ごろになっていない. 〖1775〗

un·mar·ried /ʌ̀nmǽrid, -mér- | mǽr-ˈ/ *adj.* **1** 未婚の, 独身の (single): an ~ mother 未婚の母. **2** 離婚した (divorced); 夫と死別した (widowed). **3** 〖映画〗映像と音声のフィルムが別のリールになっている. 〖*c*1300〗

ùn·másk *vt.* **1** …の仮面を脱ぐ[取る]. **2** …の正体を現す, 化けの皮をはぐ, 暴露する: ~ a traitor 裏切り者の仮面をはぐ. **3** 〖軍事〗(発砲によって)〈大砲〉の位置を現す. — *vi.* **1** 仮面を脱ぐ[取る]. **2** 正体を現す[暴露する]. **3** 〖軍事〗射界を開放する《味方の射撃の妨げにならないよう射界外に移動する》. **ùn·másk·er** *n.* 〖(*a*1586): cf. G *entmasken* / F *dimasquer*〗

ùn·másked *adj.* **1** 仮面をかぶらない. **2** 仮面を脱いだ, 正体を現した (revealed, exposed). 〖1590〗

ùn·más·tered *adj.* **1** 征服[支配]され(てい)ない, 抑えられ(てい)ない. **2** 〈技術・学科など〉熟達し(てい)ない, 修得され(てい)ない. 〖1561〗

ùn·mátch·a·ble *adj.* **1** 匹敵し難い, 敵し難い, 対抗できない. **2** 無類の, 比類のない, 上等の (unequaled). **ùn·mátch·a·bly** *adv.* 〖1544〗

ùn·mátched *adj.* **1** 相手がない, 無敵の, 無比の, 無類の (matchless). **2** 釣り合わない, そぐわない, 不調和の. 〖1581〗

ùn·mát·ed /-ṭɨ̀d | -tɨ̀d-ˈ/ *adj.* 伴侶がない, 配偶のない; 〈動物など〉つがいでない. 〖1614〗

ùn·ma·té·ri·al *adj.* 非物質的な, 無形の (immaterial). 〖1398〗

ùn·ma·té·ri·al·ìzed *adj.* 有形でない, 十分具体化し(てい)ない.

ùn·ma·túred *adj.* 熟していない; (特に)〈ぶどう酒が〉熟成し(てい)ない (immature). 〖1741〗

ùn·méan·ing *adj.* **1** 意味のない, 無意義な, くだらない, ばかばかしい (meaningless, senseless): an ~ speech. **2** 〈顔など〉無表情な, ぼんやりした, 賢そうでない (expressionless, unintelligent). **~·ly** *adv.* **~·ness** *n.* 〖1704〗

ùn·méant *adj.* 本気でない, 故意[わざと]でない (unintentional). 〖*a*1634〗

ùn·méa·sur·a·ble /-ʒ(ə)rəbl̩ˈ/ *adj.* 計り知れない(ほどの), 測定できない (immeasurable); 極度の, 過度の. **~·ness** *n.* **ùn·méa·sur·a·bly** *adv.* 〖*c*1378〗

ùn·méa·sured *adj.* **1** 計られ(てい)ない, 測定され(てい)ない. **2** 限界のない, 限りのない, 際限のない (boundless, limitless); 無量の (abundant): ~ liberality 物惜しみしない寛大さ / ~ tracts of desert 果てしのない砂漠地帯. **3** 節度のない, 度を越えた, 過度の, 法外な (immoderate, excessive): ~ abuse ひどい濫用 / ~ enthusiasm 激しい熱狂 / in ~ terms 自制を欠いた言葉で. **4 a** 〖詩学〗韻律の整っていない, 韻律的でない: ~ verse. **b** 〖音楽〗一定のリズムがない. **~·ly** *adv.* **~·ness** *n.* 〖*a*1398〗

ùn·me·chán·i·cal *adj.* 機械的でない; (特に)機械[力学]に無知[無関心]な. **~·ly** *adv.* 〖1674〗

ùn·méd·i·tàt·ed /-ṭɨ̀d | -tɨ̀d/ *adj.* **1** 熟考され(てい)ない. **2** 計画的でない, もくろまれ(てい)ない, 自然な. 〖1624〗

ùn·méet *adj.* 《古》不適当な, 似合わない (unsuitable). **~·ly** *adv.* **~·ness** *n.* 〖OE *unmǣte*: ⇨ un-¹, meet²〗

ùn·me·ló·di·ous *adj.* 調子がよくない, 調子はずれの, 耳ざわりな, 非音楽的な (discordant). **~·ly** *adv.* 〖1665〗

ùn·mélt·ed *adj.* 溶かされ(てい)ない, 溶解しない. 〖1549〗

ùn·mém·o·ra·ble /-rəbl̩ˈ/ *adj.* 覚えることのできない, 記憶するに値しない. **ùn·mém·o·ra·bly** *adv.* 〖1598〗

ùn·ménd·a·ble /-dəbl̩ˈ/ *adj.* 繕えない, 修繕がきかない. 〖1584〗

ùn·mén·tion·a·ble /-ʃ(ə)nəbl̩ˈ/ *adj.* 口にすべきでない, 口にする価値のない, 口に出せない (unspeakable). — *n.* [*pl.*] **1** 口にすべきでない物事. **2** 《古・戯言》 **a** ズボン (trousers) (cf. indescribable 2). **b** 肌着, 下着 (underwear). **~·ness** *n.* **ùn·mén·tion·a·bly** *adv.* 〖1823〗

ùn·mén·tioned *adj.* 言われ(てい)ない, 言及され(てい)ない, 名指しされ(てい)ない. 〖1545〗

ùn·mér·ce·nàr·y *adj.* 金目当てではない; 雇われたのではない. 〖1643〗

ùn·mér·chant·a·ble /-ṭəbl̩ | -tə-ˈ/ *adj.* 売るのに適さない, 商品にならない, 売れない (unsalable, unmarketable). 〖1602〗

ùn·mér·ci·ful *adj.* **1** 無慈悲な, 憐(あわ)れみを知らない, 無情な, 残酷な (cruel). **2** 〈数・量・時間の長さなど〉やたらに大きな (excessive, jumbo), 途方もない (exorbitant). **~·ly** *adv.* **~·ness** *n.* 〖1481〗

ùn·mér·it·a·ble /-ṭəbl̩ | -tə-/ *adj.* **1** (称賛に)値しない; 長所のない. **2** 《廃》分に過ぎた. 〖1592–93〗

ùn·mér·it·ed /-ṭɨ̀d | -tɨ̀d/ *adj.* 功なくして得た, 分に過ぎた (undeserved); 不当な: an ~ punishment. **~·ly** *adv.* 〖1648〗

ùn·mér·it·ing /-ṭɪŋ | -tɪŋ/ *adj.* 受けるに値しない (undeserving), 相当でない, 労せずして得た (unearned). 〖1594〗

ùn·mét *adj.* まだ会ったことのない; まだ対処[考慮, 検討]されていない, まだ応じられていない (unanswered): ~ needs. 〖(1603) 1962〗

ùn·mét·alled *adj.* 割石[砕石]を敷いていない[で舗装していない]. 〖1843〗

ùn·me·thód·i·cal *adj.* **1** 方式によらない, 順序立たない, 組織的でない. **2** 不規則な, 混乱した, 散漫な, 乱脈な (confused). **~·ly** *adv.* 〖1601〗

ùn·mét·ri·cal *adj.* 〖詩学〗韻律の整わない, 韻律を無視した (cf. unmeasured 4 a). **~·ly** *adv.* 〖1791〗

ùn·míl·i·tàr·y *adj.* **1** 軍の訓練[規準]に反する, 非軍事的な. **2** 軍人らしくない (unsoldierly). **3** 軍と無関係な, 軍に所属しない. 〖1777〗

ùn·mílled *adj.* **1** 臼でひかれ(てい)ない, 粉にされ(てい)ない; 粉砕され(てい)ない; 〈材木が〉ひかれ(てい)ない. **2** 〈貨幣が〉ぎざぎざが付いていない. 〖1555〗

ùn·mínd·ful *adj.* **1** 〔…を〕心に留めない, 念頭に置かない, 忘れやすい (forgetful) 〔*of*〕: be ~ *of* the time 時間を忘れる. **2** 〔…に〕不注意な, 無頓着な, 構わない (regardless) 〔*of*〕: He is ~ *of* his duty. 自分の義務に無頓着である. **~·ly** *adv.* **~·ness** *n.* 〖*c*1384〗

ùn·mín·gled *adj.* 混ざり物のない (unmixed, unalloyed); 純粋の (pure), 真底からの: ~ dread, love, hatred, etc. 〖1548〗

ùn·mínt·ed /-ṭɨ̀d | -tɨ̀dˈ/ *adj.* 〈貨幣が〉鋳造され(てい)ない; 創造され(てい)ない. 〖1611〗

ùn·mírth·ful *adj.* 楽しくない; 面白くない (humorless), まじめな (serious). 〖1815〗

ùn·míss·a·ble /-səbl̩ˈ/ *adj.* 〈映画・テレビなどが〉見逃せないほどよい. 〖1934〗

un·mis·tak·a·ble /ʌ̀nmɨ̀stéɪkəbl̩ˈ/ *adj.* (*also* **un·mis·take·a·ble** /~/) 間違えようのない, 誤解の余地がない; 紛れもない, 明白な (clear, evident): an ~ symptom of disease 病気の紛れもない症候. **~·ness** *n.* **ùn·mis·ták·a·bly** *adv.* 〖1666〗

ùn·mí·ter *vt.* 〈司教[主教]〉から司教[主教]冠 (miter) を取り上げる, …の司教[主教]の職を解く. 〖1598〗

ùn·mít·i·ga·ble /-gəbl̩ˈ/ *adj.* 和らげ得ない; 軽減し得ない. 〖1611〗

ùn·mít·i·gàt·ed /-ṭɨ̀d | -tɨ̀d/ *adj.* **1** 和らげられ(てい)ない; 軽減され(てい)ない: ~ suffering. **2** 純然たる, 真の, 全くの, 絶対の (unqualified, absolute): an ~ liar [blackguard] 紛れもない大うそつき[悪漢]. **~·ly** *adv.* 〖1598–99〗

ùn·míxed *adj.* 混ぜ物のない, 混じりけのない, 純粋の (pure): an ~ blessing 純粋な幸福. 〖1526〗

ùn·mód·ern *adj.* 近代的でない, 非現代的な, 旧式の. 〖1757〗

ùn·mód·ern·ìzed *adj.* 現代化し(てい)ない, 現代離れした, 昔風の (old-fashioned). 〖1775〗

ùn·mód·i·fied *adj.* **1** 変更され(てい)ない, 改められ(てい)ない. **2** 〖文法〗修飾されない, 非限定の. 〖1792〗

ùn·mód·ish *adj.* =unfashionable. **~·ly** *adv.* 〖*c*1665〗

ùn·mód·u·làt·ed /-ṭɨ̀d | -tɨ̀d/ *adj.* 〈声・音など〉調節[調整]され(てい)ない; 調音され(てい)ない. 〖1815〗

ùn·móist·ened *adj.* 湿らされ(てい)ない, 濡らされ(てい)ない. 〖*a*1625〗

ùn·móld *vt.* **1** …の形[型]を壊す; 変形させる. **2** 型[鋳型]より取り出す. 〖1611〗

ùn·mo·lést·ed *adj.* 困らされ(てい)ない, 苦しめられ(てい)ない, 悩まされ(てい)ない, 邪魔され(てい)ない, 煩わされ(てい)ない. **~·ly** *adv.* 〖1531〗

ùn·móor 〖海事〗 *vt.* **1** 〈船など〉のともづなを解く: ~ a ship. **2** (双錨泊の際, 一錨を揚げて)〈船を〉単錨泊にする. — *vi.* **1** 〈船が〉抜錨する, ともづなを解く. **2** 単錨泊となる. 〖1497〗

ùn·mór·al *adj.* **1** 道徳に関係がない; 道徳感のない. **2** (道徳的でも不道徳的でもなく)超道徳的な (nonmoral) (cf. immoral 1). **ùn·mo·rál·i·ty** *n.* **~·ly** *adv.* 〖1841〗

ùn·mórt·gaged *adj.* 抵当にされ(てい)ない, 入質され(てい)ない: an ~ estate. 〖1638〗

ùn·mór·tise *vt.* **1** 枘(ほぞ)からはずす. **2** 〈接合したものを〉はずす, 離す (separate).

ùn·móth·ered *adj.* 母を奪われた, 母のない; 母の世話を受けていない; 母の情を失った. 〖1607〗

ùn·móth·er·ly *adj.* 母らしくない; 母性愛のない: an ~ mother 母親らしくない母親. 〖1593〗

ùn·mó·ti·vàt·ed /-ṭɨ̀d | -tɨ̀d/ *adj.* 〈行為など〉もっともと思える動機のない, 理由[いわれ]のない: an ~ crime 動機のない犯罪.

ùn·móunt·ed /-ṭɨ̀d | -tɨ̀dˈ/ *adj.* **1** 馬に乗らない, 騎馬でない, 徒歩の: an ~ policeman. **2** 枠を付けてない, 表装してない, 台紙に貼ってない: an ~ photo, picture, etc. **3** はめてない, ちりばめてない: an ~ jewel. 〖1592〗

ùn·móurned *adj.* 悲しむ者のない, 哀悼する者のない, 弔われ(てい)ない (unregretted). 〖1650〗

ùn·móv·a·ble /-vəbl̩ˈ/ *adj.* 動かせない, 移動できない (immovable). **~·ness** *n.* **ùn·móv·a·bly** *adv.* 〖*c*1375〗

un·moved /ʌnmúːvdˈ/ *adj.* **1** 感情に動かされない, 心を動かさない, 冷静な, 平気な (calm). **2** 〈目的・決心など〉動かない, 不動の, 確固[断固]とした (firm). **~·ly** *adv.* 〖*c*1375〗

ùn·móv·ing *adj.* **1** 動かない, 不動の, 静止の (fixed). **2** 感動させない, 人の心を動かさない. 〖*c*1425〗

ùn·mówn *adj.* 刈られ(てい)ない: ~ hay. 〖1549〗

ùn·múf·fle *vt.* **1** 〈首・顔など〉から首巻き[被り物]を取る. **2** 〈太鼓・鐘など〉から消音覆いを取り去る. — *vi.* 首巻き[被り物, 消音覆い]を取り去る. 〖1611〗

ùn·múr·mur·ing *adj.* **1** つぶやかない. **2** 不平[苦情]を言わない (uncomplaining). **~·ly** *adv.* 〖1784〗

ùn·mú·si·cal *adj.* **1** 音楽的でない, 非音楽的な, 耳ざわりな, 調子はずれの (discordant): an ~ sound, voice, etc. **2** 音楽の素養のない, 音楽を解しない, 音楽趣味のない, 音楽嫌いな. **~·ly** *adv.* **~·ness** *n.* 〖1607–08〗

ùn·mu·tá·tion *n.* 〖言語〗=rückumlaut.

ùn·mú·ti·làt·ed /-ṭɨ̀d | -tɨ̀d/ *adj.* 手足を切断し(てい)ない, 不具[かたわ]にされ(てい)ない. 〖1775〗

ùn·múz·zle *vt.* **1** 〈犬など〉の口輪をはずす. **2** …に自由にしゃべらせる, 言論の自由を与える, …の緘口(かんこう)令を解く: The press is ~*d* at last. 新聞はついに報道の自由を得た. 〖1599〗

ùn·múz·zled *adj.* **1** 〈犬などが〉口輪をはずされた. **2** 言論の自由を与えられた, 自由にしゃべってよい. 〖1601–02〗

ùn·mý·e·li·nàt·ed /-ṭɨ̀d | -tɨ̀d/ *adj.* 〖解剖〗〈神経線維が〉無髄の. 〖1919〗

ùn·náil *vt.* …の釘を抜く, 釘を抜いて〈箱などを〉あける. 〖*a*1470〗

ùn·náme·a·ble /-məbl̩ˈ/ *adj.* 名づけられない, 名指しのできない; 名状し難い (unspeakable). 〖1610〗

un·named /ʌ̀nnéɪmdˈ/ *adj.* **1** 名指しされ(てい)ない: go ~ 名は言わないでおく, 名を伏せておく. **2** 名がない, 無名の (nameless): an ~ soldier. 〖1509〗

ùn·ná·tion·al *adj.* 特定の国に所属していない, 特定の国の特徴をもたない. 〖1753〗

un·nat·u·ral /ʌ̀nnǽtʃ(ə)rəlˈ/ *adj.* **1** 自然の法則に反する, 不自然な, 不思議な (strange) (cf. nonnatural) (⇨ irregular **SYN**): ~ phenomena. **2 a** (人間の)本性に反する; 自然の感情[行為]に反する; 普通でない, 世間一般のやり方と違う, 異常な (atypical): an ~ child 親を慕わない子 / an ~ mother (子に対して)不人情な母 / die an ~ death 変死する, 横死を遂げる / It is ~ not to love one's children. 我が子を愛さないのは自然の人情に反する. **b** 反自然的な, 変態的な (abnormal): an ~ act 男色. **3** 人道にもとる; 残酷きわまる, 無残な; 邪悪な, 極悪非道な, 非人間的な (wicked, evil): an ~ crime 極悪非道の犯罪. **4** 強いて[無理に]作った (forced), わざとらしい, 人為的な (artificial); 気取った (affected): an ~ smile 作り笑い / an ~ gesture わざとらしい身振り. **5** 正常でない, 異常な; 異様な, 奇怪な (uncanny). **6** 《廃》違法な, 非嫡出(ちゃくしゅつ)の, 私生の (illegitimate). **~·ness** *n.* 〖*a*1425〗

ùn·nát·u·ral·ìze *vt.* **1** …から市民権を奪う. **2** 《古》不自然にする, …の自然性を奪う, 天理にもとらせる. 〖*a*1613〗

ùn·nát·u·ral·ìzed *adj.* **1** 市民権を持たない, 帰化しない. **2** 〈動植物が〉(新しい土地に)土着し(てい)ない, 帰化し(てい)ない. 〖1611〗

ùn·nát·u·ral·ly *adv.* **1** 不自然に, 自然の法則に反して, 異常に, 奇怪なほど; 常態でなく: not ~ 無理もないことで. **2** 自然の人情にそむいて. 〖*c*1485〗

ùn·náv·i·ga·ble /-gəbl̩ˈ/ *adj.* 航行できない, 船の通えない: an ~ river. 〖1579–80〗

un·nec·es·sar·y /ʌ̀nnésəsèri | -s(ə)ri, -sèriˈ/ *adj.* 不必要な, 余計な (superfluous), 無用な, 無益な, むだな (needless, useless): ~ expenses 冗費 / with ~ care 無用な心配をして / I will not cause you any ~ trouble. 余計なご迷惑をお掛けしたくありません. — *n.* [*pl.*] 不必要な物, 余計な物. **ùn·nèc·es·sár·i·ly** *adv.* **ùn·nèc·es·sár·i·ness** *n.* 〖1548〗

ùn·néed·ed /-dɨ̀d | -dɨ̀dˈ/ *adj.* 必要としない, 入用でない (needless), 要らない, 欲しない (unwanted): things ~ by us 我々には要らない物. 〖1775〗

ùn·néed·ful *adj.* ぜひ入用ではない, 必要でない, 無くても済む, 緊要でない (needless). **~·ly** *adv.* 〖*c*1380〗

ùn·ne·gó·ti·a·ble /-ʃiəbl̩, -ʃə-ˈ/ *adj.* 交渉ができない; 譲渡できない, 融通できない, 〈手形など〉流通しない. 〖1775〗

ùn·néigh·bor·ly *adj.* 隣り近所の人らしくない, 近所付き合いをしない, 近所のよしみのない, 人好きの悪い (unfriendly, unsociable). **ùn·néigh·bor·li·ness** *n.* 〖1549〗

un·nerve /ʌ̀nnə́ːv | -nə́ːv/ *vt.* **1** 不安にさせる, …の気持ちを落ち着かなくする; びっくりさせる, 狼狽(ろうばい)させる (upset): His question ~*d* her completely. 彼の質問にまったくどぎまぎした. **2** …の気力を奪う[失わせる], 力を落とさせる, 無気力にする, 意気地なくする (unman). 〖1601〗

ùn·nérved *adj.* 気力を奪われた, 無気力になった; 勇気を失った, 意気地がなくなった. 〖(1600–01): ⇨ un-¹, nerved〗

un·nerv·ing /ʌ̀nnə́ːvɪŋ | -nə́ːv-/ *adj.* 落ち着かなくさせ

U

る(ような), 不安にする; 不気味な: an ~ silence 人を不安な気持ちにさせる沈黙. **~·ly** *adv.*

ùn·nést *vt.* 巣から追い出す; 〈人を〉家から追い出す. 〖*c*1385〗

un·nil·qua·di·um /jù:nəlkwá(:)diəm, -nl̩- | ʌ̀nl̩kwɔ́d-/ *n.* 〖化学〗ウンニルクアジウム《rutherfordium の暫定名称; 記号 Unq》. 〖← NL ~ ← *unnil-* (← L *ūnus* one+*nil* zero)+QUAD(RI-)+-IUM〗

ùn·nóble *adj.* 《まれ》 **1** 〈人が〉高貴でない, 低劣な. **2** 《廃》〈ものが〉いやしい, 汚らわしい. 〖*a*1384〗

ùn·nót·ed /-tɪ̣d | -tɪ̣d⁻/ *adj.* 注意され(てい)ない, 人目を引かない. 〖1563〗

ùn·nó·tice·a·ble *adj.* 人目につかない, 人目を引かない; 重要でない (insignificant). 〖1775〗

un·no·ticed /ʌ̀nnóuṭɪst | -nə́utɪst⁻/ *adj.* 人目を引かない, 人目につかない, 注目[留意]され(てい)ない, 顧みられ(てい)ない (unobserved): pass [go] ~ 看過される, 見落とされる. 〖1720〗

ùn·nóur·ished *adj.* 栄養を与えられ(てい)ない, 給養[養育]され(てい)ない. 〖*a*1617〗

ùn·núm·bered *adj.* **1** 数え(られてい)ない (uncounted). **2** 数えられない(ほどの), 無数の (countless). **3** 数字[番号]のついてない: an ~ road, page, etc. 〖*c*1375〗

ùn·núr·tured *adj.* 養育され(てい)ない. 〖*a*1548〗

UNO /jú:nou | -nəu/ *n.* 国際連合(機構). ★ 今は単に UN ということが多い. 〖《1946》《頭字語》← *U*(*nited*) *N*(*ations*) *O*(*rganization*)〗

ùn·ob·jéc·tion·a·ble *adj.* **1** 反対できない, 異議のない. **2** 気にさわらない, 当たりさわりのない. **~·ness** *n.* **ùn·ob·jéc·tion·a·bly** *adv.* 〖1793〗

ùn·ob·líg·ing *adj.* 不親切な, 無愛想な (disobliging). 〖1847〗

ùn·ob·lít·er·àt·ed /-tɪ̣d | -tɪ̣d/ *adj.* 消され(てい)ない, 削除[抹殺]され(てい)ない: an ~ stain. 〖1644〗

ùn·ob·scúred *adj.* 暗くされ(てい)ない; 隠蔽(いんぺい)され(てい)ない (unhidden); 明白な, 顕著な (clear). 〖1646〗

ùn·ob·sérv·a·ble *adj.* 知覚[感知]できない, 見きわめられない, 微細な. **—** *n.* 感覚でとらえられないもの. 〖1651〗

ùn·ob·sér·vant *adj.* **1** 〔…に〕気を付けない, 不注意な 〔*of*〕; 観察力のない. **2** 〔規則などを〕守らない, 遵守しない 〔*of*〕. **~·ly** *adv.* 〖1611〗

ùn·ob·sérved *adj.* **1** 守られ(てい)ない, 遵守され(てい)ない. **2** 観察され(てい)ない, 注意され(てい)ない, 気付かれ(てい)ない. 〖1612〗

ùn·ob·sérv·ing *adj.* **1** 守らない, 遵守しない. **2** 観察しない, 注意しない. 〖1690〗

ùn·ob·strúct·ed *adj.* 妨げられ(てい)ない, 邪魔[障害]のない, 妨害され(てい)ない, さえぎるもののない (clear): an ~ view. 〖1659〗

ùn·ob·táin·a·ble *adj.* 得難い, 求め得られない, 手に入れにくい, 手の届かない. 〖1775〗

un·ob·tru·sive /ʌ̀nəbtrú:sɪv, -ɑ(:)b- | -əb-, -ɔb-⁻/ *adj.* でしゃばらない, 目立たない; 慎み深い, 謙遜な, 控え目の, 引っ込み[遠慮]がちな (modest, retiring). **~·ly** *adv.* **~·ness** *n.* 〖1743〗

un·oc·cu·pied /ʌ̀ná(:)kjupàɪd | -ɔ́k-⁻/ *adj.* **1** 〈家·敷地·土地など〉占有され(てい)ない, 所有者のない, 人の住んでいない, あいている (untenanted): an ~ house 空家. ★ 不動産法では, unoccupied は vacant と区別して, 同じ空家でも, 人は住んでいないが家具は備えつけてある場合に用いる. **2** 〈人が〉仕事をしていない, 用事がない, 暇な, ぶらぶらしている. **3** 占領[占拠]され(てい)ない. 〖*c*1380〗

ùn·of·fénd·ed *adj.* **1** 感情を害され(てい)ない. **2** 攻撃[侮辱]を受け(てい)ない. **~·ly** *adv.* 〖1481〗

ùn·of·fénd·ing *adj.* **1** 害[罪]のない, 無害な (harmless). **2** 人の気にさわらない, 人を怒らせない (inoffensive). 〖1569〗

ùn·of·fén·sive *adj.* =inoffensive. 〖1612〗

ùn·óf·fered *adj.* 捧げられ(てい)ない, 提供され(てい)ない, 申し込まれ(てい)ない. 〖1526〗

un·of·fi·cial /ʌ̀nəfíʃəl, -ʃl̩⁻/ *adj.* **1** 非公式の, 非公認の; (特に)〈報道が〉公報でない: an ~ candidate 非公認候補 / an ~ statement [visit] 非公式声明書[訪問] / an ~ strike 山猫スト[争議]. **2** 〖スポーツ〗〈記録など〉未公認の. **3** 〈薬が〉局方外の. **~·ly** *adv.* 〖1798〗

ùn·óiled *adj.* 油を差して[塗って]いない. 〖1728〗

ùn·ó·pen *adj.* 開いていない, 閉じた. 〖1775〗

ùn·ó·pen·a·ble *adj.* 開くことのできない, 開封できない. 〖1832〗

ùn·ó·pened *adj.* **1** 開かれ(てい)ない; (一般の使用に)開放され(てい)ない; (特に)開封し(てい)ない; 閉じたままの, 封のままの (closed, shut): an ~ port 不開港 / send back a letter ~ 手紙を開封しないで返送する. **2** 〖製本〗(読者[ペーパーナイフ]が折丁の折り目を)切り開いてない, 未開の (cf. uncut 5 a). 〖1600〗

ùn·óp·er·àt·ed /-tɪ̣d | -tɪ̣d/ *adj.* 動かされ(てい)ない, 運転[運用]され(てい)ない. 〖1802〗

ùn·op·pósed *adj.* 反対のない, 抵抗する者のない, 無競争の: be elected ~ 無競争で当選する. 〖1659〗

ùn·or·dáined *adj.* **1** 制定され(てい)ない. **2** 聖職を授けられ(てい)ない: an ~ priest. 〖*c*1340〗

ùn·ór·dered *adj.* **1** 命じられ(てい)ない, 指図され(てい)ない. **2** 無秩序な, 乱れた (disordered). 〖1477〗

ùn·ór·di·nàr·y *adj.* 普通でない, 並はずれた. 〖1547〗

ùn·ór·ga·nìzed *adj.* **1** 組織され(てい)ない, 組織のない, 未組織の, 未編成の. **2** 労働組合に加入していない. **3** 〈大学生など〉クラブに加入していない. **4** 〈行動·思考など〉筋道[秩序]のない. **5** 生活機能をもたない (inorganic). 〖1690〗

ùnorganized férment *n.* 〖生化学〗溶解性酵素《細胞から抽出できる酵素; ↔ organized ferment》.

ùn·o·ríg·i·nal *adj.* 独創的でない, 創意のない; 他から導かれた[由来した], 派生の, 借り物の, 模倣の (derivative, imitative). 〖1667〗

ùn·òr·na·mén·tal *adj.* 非装飾的な, 簡素[質素]な (plain); 見苦しい, 醜い. **~·ly** *adv.* 〖1747〗

ùn·ór·na·mènt·ed /-tɪ̣d | -tɪ̣d/ *adj.* 飾られ(てい)ない, 装飾を施していない. 〖1697〗

un·or·tho·dox /ʌ̀nɔ́əθədɑ̀(:)ks | -ɔ́:θədɔ̀ks/ *adj.* 正統でない, 非正統的な; 異教の, 異端の. **~·ly** *adv.* 〖1657〗

ùn·ór·tho·dòx·y *n.* **1** 正統でないこと; 異教. **2** 異端の意見[学説, 理論(など)]. **3** 異端説を信奉する人たち. 〖*a*1704〗

ùn·òs·ten·tá·tious *adj.* 見栄を張らない, 虚飾のない, 気取らない, もったいぶらない, てらわない (unassuming); たかぶらない; 質素な, 地味な. **~·ly** *adv.* **~·ness** *n.* 〖1747〗

ùn·ówed *adj.* **1** (支払いなどの)義務のない, (義務·借金などを)負っていない. **2** 《まれ》=unowned. 〖1594–96〗

ùn·ówned *adj.* **1** 所有され(てい)ない, 所有者のない, 持主のない (ownerless). **2** 認められ(てい)ない, 承認[認知]され(てい)ない (unacknowledged): an ~ fault (本人の)自認しない過失. 〖1611〗

ùn·pác·i·fied *adj.* 平定され(てい)ない, 慰められ(てい)ない; なだめられ(てい)ない, 平穏でない. 〖1570〗

un·pack /ʌ̀npǽk/ *vt.* **1** 〈包み·荷·箱などを〉あけて中身を取り出す: ~ a trunk, box, package, etc. **2** 〈考え·意味などを〉解明[解説]する. **3** 〈中身を〉包み[荷など]から取り出す: ~ one's clothes. **4** 〈馬など〉から荷を下ろす: ~ a mule. **5** 〈心の苦しみ·不平不満などを〉打ち明ける (unburden): ~ one's mind [heart] 心中[思いのたけ]を打ち明ける. **6** 〖電算〗アンパックする, 圧縮したデータをもとへ復元する. **—** *vi.* 包み[荷]を解く; 〈包みが〉あけることができる, あけてもよい: I will ~ tomorrow morning. 明朝荷を解きます. **~·er** *n.* 〖《1472–75》: ⇨ un-², pack¹〗

ùn·pácked *adj.* パック[包み]にし(てい)ない. 〖1495〗

ùn·páged *adj.* ページ数を記していない, 丁(ちょう)付けのない: an ~ pamphlet. 〖1874〗

un·paid /ʌ̀npéɪd⁻/ *adj.* **1** 給与を受けない, 無給の; 名誉職の (honorary): an ~ secretary, consul, job, etc. **2** 無報酬の, ただでした, ただ働きの: ~ work. **3** [通例 ~ *for* として] 〈借金·手形など〉払われ(てい)ない, 未払いの, 未納の: an ~ bill / letters posted ~ 切手を張らずに出した手紙 / a car partially ~ *for* 一部未払いの車. **4** [the ~; 名詞的に; 複数扱い] 無給の人たち: *the* great ~ 《英》名誉判事[治安判事]. 〖1375〗

ùn·páid-fòr *adj.* [限定的] 代金が支払われ(てい)ない, 未払いの. 〖1609–10〗

ùn·páin·ful *adj.* 苦痛のない; 苦労のない, 楽な. 〖?*c*1425〗

ùn·páint·ed *adj.* **1** ペンキの塗っていない. **2** 新たにペンキを塗る必要のある. 〖1555〗

ùn·páired *adj.* **1** つがいでない, 対でない, 相手がない: an ~ shoe. **2** 〖議会〗投票の棄権を申し合わせるべき反対派議員がいない (cf. pair¹ *n.* 7). **3** 〖生物〗無対の, 正中線に沿った: an ~ fin of a fish 魚の無対のひれ. 〖1648〗

ùn·pál·at·a·ble *adj.* **1** 口当たりが悪い, 口に合わない, まずい (distasteful): ~ medicine. **2** 〈事が〉気に入らない, 嫌な, 好ましくない (unpleasant): You must tell the truth, however ~ it may be. どんなにいやであっても本当のことを話さなければならない. **ùn·pàl·at·a·bíl·i·ty** *n.* **~·ness** *n.* **ùn·pál·at·a·bly** *adv.* 〖1682〗

un·par·al·leled /ʌ̀npǽrəlèld, -pér-, -ləld | -pǽr-/ *adj.* 並ぶものがない, 比類ない, 無類の, 無比の (incomparable); 未曾有(みぞう)の, 前代未聞の (unprecedented): an ~ victory 空前の大勝. 〖1594〗

ùn·pár·don·a·ble *adj.* 〈行動が〉許し難い, 容赦[勘弁]できない (inexcusable): the ~ sin ⇨ SIN¹ *against the Holy Ghost.* **~·ness** *n.* **ùn·pár·don·a·bly** *adv.* 〖1525〗

ùn·pár·doned *adj.* 許され(てい)ない; 赦免され(てい)ない. 〖1565〗

ùn·pa·rén·tal *adj.* 親らしくない.

ùn·pár·ent·ed /-tɪ̣d | -tɪ̣d⁻/ *adj.* 親がない, 両親がない, 孤児の (orphan); 親に捨てられた. 〖1650〗

ùn·pàr·lia·mén·ta·ry *adj.* 議院内で許されない, 議院の慣例[議院法]などに反する: ~ language 不謹慎な言葉, 悪口, ののしりの言葉. **ùn·pàr·lia·mén·ta·ri·ly** *adv.* **ùn·pàr·lia·mén·ta·ri·ness** *n.* 〖1626〗

ùn·pár·ti·san *adj.* =nonpartisan.

ùn·pás·teur·ized *adj.* 低温殺菌していない.

ùn·pát·ent·ed /-tɪ̣d | -tɪ̣d⁻/ *adj.* 専売特許を受け(てい)ない, 特許権の保護を受け(てい)ない: ~ inventions. 〖1719〗

ùn·pa·tri·ót·ic *adj.* 愛国心のない, 非愛国的な; (特に)破壊的な, 国家を転覆する (subversive). **ùn·pa·tri·ót·i·cal·ly** *adv.* 〖1775〗

ùn·pá·tron·ized *adj.* 保護者がない, 愛顧され(てい)ない, 引き立てられ(てい)ない; 顧客のつかない, ひいき客のない. 〖1620〗

ùn·pá·tron·ìz·ing *adj.* 優越感を見せるようなところのない, 猫なで声を出さない, 偉そうにするところのない.

ùn·páved *adj.* **1** 石を敷いてない, 敷石のない, 舗装していない. **2** 《Shak》〖戯言〗去勢された. 〖*a*1533〗

UNPC 《略》United Nations Peace Corps 国連平和部隊.

ùn·péace·a·ble *adj.* **1** 平和を乱す, 反対する (dissentient). **2** 平和のない, 乱れた, 不穏な. 〖*c*1520〗

ùn·péace·ful *adj.* 平和的でない, 平穏でない, 不穏な (restless, unquiet). **~·ly** *adv.* 〖1611〗

ÚN péace-kèeping fòrce *n.* 国連平和維持軍.

ùn·pe·dán·tic *adj.* 学者ぶらない, 衒学(げんがく)的でない. **ùn·pe·dán·ti·cal·ly** *adv.* 〖1796〗

ùn·péd·i·grèed *adj.* **1** 系図[系譜]のない; 由緒のある家柄でない. **2** 〈馬·犬など〉血統書のない, 純血種でない. 〖1827〗

ùn·péeled *adj.* 皮をむいてない, 皮付きのままの. 〖1599〗

ùn·pég *vt.* (**un·pegged; -peg·ging**) **1** …から木釘[くいなど]を抜く; 木釘を抜いてあける. **2** 〈物価·通貨など〉の安定政策[コントロール]をやめる. 〖1600–1〗

ùn·pén *vt.* (**un·penned; -pen·ning**) 〈羊などを〉おり[囲い]から出す. 〖*a*1592〗

ùn·pén·sioned *adj.* 恩給のつかない, 年金を受け(てい)ない. 〖1728〗

ùn·péo·ple *vt.* …から住民をなくする[除く, 絶やす], 無人の地にする (depopulate). 〖*a*1533〗

ùn·péo·pled *adj.* 住民のない, 人の住まない. 〖*a*1586〗

ùn·per·céiv·a·ble *adj.* 知覚[感知]できない; (論理的に)認め得ない. 〖*a*1395〗

ùn·per·céived *adj.* 気付かれ(てい)ない, 見付けられ(てい)ない, 人目につかない (unnoticed). 〖*a*1375〗

ùn·per·céiv·ing *adj.* 感知しない; 勘のよくない, 不注意な. 〖1723〗

ùn·per·cép·tive *adj.* =unperceiving. 〖1688〗

ùn·pérch *vt.* 止まり木から降ろす[追う]. **~·ed** *adj.* 〖1579〗

ùn·pér·fect *adj.* **1** =imperfect. **2** 《廃》未熟な (unskilled). **~·ness** *n.* 〖*c*1340〗

ùn·per·féct·ed *adj.* 完成されていない. 〖*a*1513〗

ùn·pér·fo·ràt·ed *adj.* **1** 穴のあけられ(てい)ない. **2** 〖郵趣〗=imperforate 2. 〖1676〗

ùn·per·fórmed *adj.* 行われ(てい)ない, 実行[履行, 上演]され(てい)ない: an ~ play. 〖1442〗

ùn·per·fúmed *adj.* 芳香のない, 香水をつけない. 〖1706〗

ùn·pér·jured *adj.* 偽証[偽誓]し(てい)ない. 〖*a*1700〗

ùn·per·pléxed *adj.* **1** 当惑し(てい)ない. **2** 簡単な, 明瞭な (clear). 〖1558〗

ùn·pér·son *n.* (政治的·思想的に失脚して)完全に(存在を)無視された人, 過去の人. **—** *vt.* 過去の人にならせる. 〖《1949》← UN-¹+PERSON: G. Orwell の造語〗

ùn·per·suád·a·ble /-ḍəbl̩ | -də-⁻/ *adj.* 説きつけることのできない, 説得できない; 意志強固な (adamant). **~·ness** *n.* 〖*a*1586〗

ùn·per·suád·ed /-dɪ̣d | -dɪ̣d⁻/ *adj.* 説きつけられ(てい)ない, 説得され(てい)ない, 得心し(てい)ない. 〖1534〗

ùn·per·suá·sive *adj.* 説き伏せる力がない, 説得力のない, 口説きのへたな. **~·ly** *adv.* **~·ness** *n.* 〖1748〗

ùn·per·túrbed *adj.* かき乱されない, 平静な, 落ち着いた, 自若とした; 驚かない, びっくりしない (calm, unruffled). **ùn·per·túrb·ed·ly** *adv.* **ùn·per·túrb·ed·ness** *n.* 〖?*c*1421〗

ùn·pe·rúsed *adj.* 熟読され(てい)ない, 読まれ(てい)ない (unread); 通読[読破]され(てい)ない. 〖1553〗

ùn·per·vért·ed *adj.* **1** 曲解され(てい)ない. **2** 正道をはずれていない, 邪道に入らない. 〖1653〗

ùn·phìl·o·sóph·ic *adj.* 哲学を欠く, 非哲学的な; 哲理に反する. 〖1776〗

ùn·phìl·o·sóph·i·cal *adj.* =unphilosophic. **~·ly** *adv.* 〖1649〗

ùn·pho·nét·ic *adj.* 非音声(学)的な; つづりと音と一致しない. **~·ness** *n.* 〖1857〗

ùn·phýs·i·cal *adj.* 非物質的な, 無形の, 霊的な; 反物理(学)的な. 〖1593〗

ùn·phỳs·i·o·lóg·i·cal, -ic *adj.* 生理的に正常でない, 反生理的な. **-i·cal·ly** *adv.* 〖1859〗

ùn·pick *vt.* **1** 〈縫目などを〉ほどく; 〈着物·刺繍·編目など〉の糸をほどく. **2** 《廃》〈ドアなどを〉こじあける. 〖《*c*1378》1775〗

ùn·pícked *adj.* **1** 選(え)り出され(てい)ない, 選ばれ(てい)ない. **2** 〈花など〉摘まれ(てい)ない. 〖1587〗

ùn·pìc·tur·ésque *adj.* 絵のようでない, 非絵画的な, 美景でない. **~·ly** *adv.* **~·ness** *n.* 〖1791〗

ùn·pierced *adj.* 貫通され(てい)ない, 突き通され(てい)ない. 〖1593〗

ùn·píle *vt.* (積んだ物の山から)引き去る, 抜き取る. **—** *vi.* (積んだ物の山から)抜け出る, 離れる. 〖1611〗

ùn·pí·lot·ed /-tɪ̣d | -tɪ̣d⁻/ *adj.* 水先案内のない; (研究·事業などに)案内者がない, 指導者がない; 操縦[誘導]者のいない: an ~ missile 無誘導ミサイル弾. 〖1775〗

ùn·pín *vt.* (**un·pinned; -pin·ning**) **1** …からピンを抜く, 留め針を取る. **2** ピン[留め針]を抜いてゆるめる[はずす, 開く], 〈戸〉のかんぬきをはずす (unfasten); ピンを抜いて…の服を脱がせる. **3** 〖チェス〗ピンから外す (cf. pin *vt.* 7). 〖?*a*1300〗

ùn·pínked *adj.* 《Shak》(靴など)飾り穴で装飾されていない. 〖1593–94〗

ùn·pít·ied *adj.* **1** 哀れまれ(てい)ない, 同情を受け(てい)ない. **2** 《廃》無情な, 冷酷な (merciless). 〖*a*1586〗

ùn·pít·y·ing *adj.* 哀れみの心がない, 同情心がない, 無慈悲な, 無情な (merciless). **~·ly** *adv.* 〖1605〗

ùn·pláce·a·ble *adj.* 定位置のない, 分類[同定]できない, 正体不明の: a man with an ~ accent どの土地のものと特定できない訛りでしゃべる男. 〖1935〗

ùn·pláced *adj.* **1** 定置され(てい)ない; 一定の地位[職場, 職務]をもっていない. **2** 〘競馬〙着外の, 三着以内に入らない. 〖1512〗

ùn·plágued *adj.* (悪疫などに)悩まされ(てい)ない; 苦しめられ(てい)ない. 〖1550〗

ùn·pláit *vt.* **1** …のひだを伸ばす. **2** 〈編んだ髪などを〉解く. 〖c1380〗

ùn·pláned *adj.* かんなをかけ(てい)ない; 平らでない: an ~ plank. 〖c1384〗

ùn·plánned *adj.* **1** 設計してない; 計画が立っていない, 無方針の: an ~ economy. **2** 予想外の, 意外な.

ùn·plánt·ed /-tɨ̞d | -tɨ̞d⁻/ *adj.* **1** 〈植物が〉植えら[栽培さ]れたのでない; 自生の. **2** 据え[備え]付けられ(てい)ない. **3** 植民され(てい)ない (unsettled). 〖c1384〗

ùn·pláu·si·ble *adj.* もっともだとは受け取れない, 真実らしくない (implausible). **ùn·pláu·si·bly** *adv.* 〖1601–02〗

ùn·pláy·a·ble *adj.* **1** 〈劇・楽曲など〉演じられ[演奏でき]ない, (楽器などで)奏せられない. **2** 〈グラウンドが〉(状態が悪くて)プレーに適さない, 競技を行えない. **3** (クリケット・テニスなどで)〈ボールが〉受けられない, 返せない; (ゴルフで)ボールが打てない位置にある: an ~ shot, lie, etc. 〖1833〗

ùn·pléas·ant /ʌnplézṇt, -zənt⁻/ *adj.* (感覚的・道徳的に)不(愉)快な, 面白くない, 嫌な, 気持ちの悪い, 気に入らない, 〈人が〉感じの悪い (disagreeable, offensive): an ~ sight, smell, voice, etc. / ~ persons, manners, etc. **~·ly** *adv.* 〖《*c*1410》 *unplesaunt*〗

ùn·pléas·ant·ness *n.* **1** 不愉快, 不快, 感じの悪さ; 気にさわること; 不快感: the ~ of a person's manners / the ~ of a smell, sight, sound, etc. **2** 殺風景: the ~ of a neighborhood, landscape, etc. **3** 不快な事件[経験, 状況]; (人と人との間の)誤解 (misunderstanding), 気まずさ, 不和, けんか (friction, quarrel): have a slight ~ with …との仲が少し面白くない / the late [recent] ~ 最近のいやな[重大な]出来事; 最近の戦争. 〖1548〗

ùn·pléas·ant·ry *n.* **1** 不愉快な事件. **2** 不愉快な言葉; 侮辱 (insult). 〖1830〗

ùn·pléased *adj.* 喜んでいない; 不愉快な (unpleasant); 不満な (unsatisfied). 〖c1450〗

ùn·pléas·ing *adj.* 不愉快な, 不快な, 嫌な, 気に食わない, 面白くない, つまらない (disagreeable, unattractive). **~·ly** *adv.* 〖c1480〗

ùn·pléa·sure *n.* 不快. 〖1792〗

ùn·plédged *adj.* **1** 誓約で縛られ(てい)ない, 約束に縛られ(てい)ない; (特に)特定候補者に投票する約束をし(てい)ない. **2** 質に入れ(てい)ない. 〖1605〗

ùn·plí·a·ble *adj.* **1** しなやかでない, 容易に曲がらない, 撓(たわ)めにくい. **2** 従順でない, 素直でない, 強情な (obstinate). **~·ness** *n.* 〖c1395〗

ùn·plí·ant *adj.* **1** 容易に曲がらない, しなやかでない, 撓(たわ)めにくい. **2** 強情な, 頑固な (stiff, stubborn). **3** 使用し[取り扱い]にくい. 〖1624〗

ùn·plówed *adj.* (すきで)すかれ(てい)ない, 耕してない, 開墾してない. 〖1580〗

ùn·plúcked *adj.* 引き抜かれ(てい)ない; 〈羽など〉むしられ(てい)ない. 〖1568〗

ùn·plúg *vt.* (**un·plugged; -plug·ging**) **1** …の栓を抜く. **2 a** 〔ソケットなどから〕〈プラグ[差込み]を〉抜く 〔*from*〕. **b** プラグ[差込み]を抜いて〈電気器具〉の電流を切る: ~ a toaster. **3** …から障害を取り除く. 〖1775〗

ùn·plúgged *adj.* 〈ロックの演奏など〉電気楽器を使わない, アコースティック(楽器)中心の.

ùn·plúmbed *adj.* **1** 測鉛で測れない. **2** 深さの知れない, 測れないほど深い (unfathomed): the ~ sea. **3** 計り知れない, ものすごい: ~ depths of ignorance 底知れぬ無知. **4** 〈家が〉水道・ガス・下水管などの配管設備のない: an ~ house. 〖1623〗

ùn·plúme *vt.* **1** …の羽毛をむしる. **2** 《廃》けなす, 辱しめる (humiliate). 〖1587〗

ùn·po·ét·ic *adj.* 詩的でない; 凡俗な (prosaic). 〖?1619〗

ùn·po·ét·i·cal *adj.* =unpoetic. **~·ly** *adv.* 〖*a*1746〗

ùn·póint·ed *adj.* **1** 先のとがっていない, 先端がない, 先の鈍った (blunt). **2** (壁などの)継ぎ目にしっくい・セメントなどを塗らない, 目地(めじ)仕上げをし(てい)ない. **3** 〘言語〙(ヘブライ語などで)母音点[母音符]がない. 〖*a*1555〗

ùn·póised *adj.* 釣合い[平均]の取れ(てい)ない. 〖c1600〗

ùn·pó·lar·ìzed *adj.* 〘物理〙分極されていない, 極性を与えられ(てい)ない, 偏向され(てい)ない, 不規則的に振動する: ~ light. 〖1827–28〗

ùn·pól·ished *adj.* **1** みがきをかけ(てい)ない, みがかれ(てい)ない, つや出しし(てい)ない: an ~ gem. **2** 洗練され(てい)ない, あか抜けのしない, 粗野な, 無作法な; 推敲され(てい)ない: ~ manners. 〖c1384〗

únpolished ríce *n.* 玄米.

ùn·po·líte *adj.* =impolite. **~·ly** *adv.* **~·ness** *n.* 〖1646〗

ùn·pól·i·tic *adj.* 不得策な, 不利な (impolitic). 〖*a*1548〗

ùn·po·lít·i·cal *adj.* **1** 健全な政治理念にかなっていない. **2** 政治に関係のない, 非政治的な; 政治に関心のない, ノンポリの (nonpolitical). **3** 政治的意義のない (apolitical). 〖1643〗

ùn·pólled *adj.* **1 a** 〈投票が〉投じられ(てい)ない, 記録未済の, (投票所で)投票未済の. **b** 《米》選挙人として登録され(てい)ない. **2** (世論調査で)意見未聴取の. **3** 《古》切り取られていない, 刈られていない. 〖1647〗

ùn·pol·lút·ed /-tɨ̞d | -tɨ̞d⁻/ *adj.* 汚され(てい)ない, 汚染され(てい)ない; 清浄な, 清い (clean, pure). 〖1600–01〗

ùn·pópe *vt.* 《古》…から教皇の位[権力]を奪う[剝(は)ぐ]. 〖1563〗

ùn·pop·u·lar /ʌnpɑ́(ː)pjʊlə | -pɔ́pjʊlə(r⁻)/ *adj.* 人望[人気]がない, 不評判の, はやらない: be [make oneself] ~ *with* friends 友人間に評判がよくない / His fiction is ~. 彼の小説は人気がない. **~·ly** *adv.* 〖1647〗

ùn·pop·u·lar·i·ty /ʌnpɑ̀(ː)pjʊlǽrəṭi, -lér- | -pɔ̀pjʊlǽrɨ̞ti/ *n.* 一般の気受けが悪いこと, 不人望, 不人気, 不評判. 〖1735〗

ùn·póp·u·làt·ed /-tɨ̞d | -tɨ̞d/ *adj.* 人の住んでいない, 無人の. 〖1885〗

ùn·pósed *adj.* 気取りのない, 率直な (candid).

ùn·pos·séssed *adj.* **1** 所有され(てい)ない, 所有者のない. **2** 所有[占有]し(てい)ない. **~·ness** *n.* 〖1594〗

ùn·pos·séss·ing *adj.* 《まれ》所有物を持たない. 〖1604–05〗

ùn·pós·si·ble /-səbl̩ | -sɨ̞-⁻/ *adj.* 《廃・方言》=impossible. 〖*a*1376〗

ùn·póst·ed *adj.* **1** 《英》〈手紙など〉投函され(てい)ない. **2** 通知を受け(てい)ない (uninformed). **3** 侵入禁止の表示のない. 〖1775〗

ùn·pów·ered *adj.* (電気・燃料などの)動力源をもたない, 動力推進式でない. 〖1963〗

ùn·prác·ti·ca·ble *adj.* =impracticable. **~·ness** *n.* 〖1647〗

ùn·prác·ti·cal *adj.* 実用にならない, 実用[実際]的でない, 非実用[実際]的な (⇨ impractical SYN). **~·ly** *adv.* **~·ness** *n.* 〖1637〗

ùn·pràc·ti·cál·i·ty *n.* 実用に適さないこと, 実際的でないこと. 〖1875〗

ùn·prác·ticed *adj.* **1** 実用に供され(てい)ない, 実行[実施]され(てい)ない. **2** 練習を積んでいない, 習熟し(てい)ない, 未熟な, 未経験な (unskilled). **3** 検査されていない. 〖1540〗

ùn·práised *adj.* ほめられ(てい)ない, 称賛[称揚]され(てい)ない, 賛美され(てい)ない. 〖*a*1393〗

ùn·prec·e·dent·ed /ʌnprésədèntɨ̞d, -dən-, -dṇt-, -dèn̩d, -dən̩d | -sɪdənt-, -dṇt-⁻/ *adj.* 先例[前例, 類例]のない, 空前の, 無類の, 無比の (unparalleled); 新しい, 新奇な, 珍しい (novel): an ~ expansion in industry 産業の空前絶後の拡大 / an ~ open press conference 前例のない公開記者会見. **~·ness** *n.* 〖1623〗

ùn·préc·e·dènt·ed·ly *adv.* 前例がないほど[くらい], 空前[未曾有(みぞう)]と言えるほど(に). 〖1826〗

ùn·pre·dict·a·ble /ʌnprɨ̞díktəbl̩⁻/ *adj.* **1** 〈人が〉何をやらかすか予想できない, 気まぐれな. **2** 予言[予測]できない. — *n.* 予言[予測]できないもの: The future is an ~. 未来は予言しえないものだ. **ùn·pre·dict·a·bíl·i·ty** /-dìktəbíləṭi | -lɨ̞ti/ *n.* **~·ness** *n.* **ùn·pre·díct·a·bly** *adv.* 〖1865〗

ùn·pre·díct·ed *adj.* 予想[予測]されていない, 思いがけない. 〖1801〗

ùn·préf·aced *adj.* **1** 序文のない. **2** 予告[前置き]がない. 〖1775〗

ùn·prég·nant *adj.* **1** 無能な, 無力な, 役に立たない. **2** 強い衝動をもたない〔*of*〕. 〖1600–01〗

ùn·préj·u·diced *adj.* **1** 偏見のない, 先入主[先入観]がない, とらわれない, 公平な (⇨ fair SYN): an ~ mind. **2** 《廃》〈権利など〉棄損され(てい)ない. **~·ly** *adv.* **~·ness** *n.* 〖1613〗

ùn·pre·méd·i·tàt·ed /-tɨ̞d | -tɨ̞d/ *adj.* 前もって考え巡らしていない, あらかじめ謀(はか)っていない; 故意でない, ふとした (unintentional); 準備のない (unprepared): ~ homicide 〘法律〙過失致死(罪). **~·ly** *adv.* **~·ness** *n.* **ùn·pre·mèd·i·tá·tion** *n.* 〖1589–90〗

ùn·pre·óc·cu·pìed *adj.* 気を取られ(てい)ない, 心を奪われ(てい)ない. 〖1775〗

ùn·pre·pared /ʌnprɨ̞péəd | -péəd⁻/ *adj.* **1** 〔…の〕用意[覚悟]ができていない〔*for*〕, 〈…する〉準備ができて[整って]いない (unready) 〈*to do*〉: You caught me ~. 君に不意を打たれた / I found everything ~. 何一つ準備されていなかった / He was ~ *for* defense [reply]. 防備[返事]をする用意ができていなかった / I am ~ *to* meet you. お会いするとは意外でした. **2** 用意[支度]のない, 即席の (impromptu, improvised): an ~ retort, reception, speech, etc. **3** 不意の, 予告なしに生じる. **ùn·pre·pár·ed·ly** *adv.* **ùn·pre·pár·ed·ness** *n.* 〖1549〗

ùn·prè·pos·séss·ing *adj.* 人を引きつけない, 人好きのしない, 愛きょうのない, ぶあいそうな, 感じの悪い (unattractive, unpleasing). 〖1816〗

ùn·pre·scríbed *adj.* 規定され(てい)ない; 自由な, 任意の (free). 〖1642〗

ùn·pre·sént·a·ble /-təbl̩ | -tə-⁻/ *adj.* **1** 人前に出せない, 体裁が悪い, 見苦しい, みっともない; 無作法な, ぶしつけな (ill-mannered). **2** 人前に出せる顔つきでない, 顔の醜い (plain, ill-favored). **~·ness** *n.* 〖1828〗

ùn·préssed *adj.* **1** 押され(てい)ない. **2** 押し付けられ(てい)ない, 強要され(てい)ない. 〖1552〗

ùn·prés·sur·ìzed *adj.* 〈ガス(の容器)が〉加圧されていない; 〈航空機内が〉予圧されていない.

ùn·pre·súm·ing *adj.* せんえつでない, でしゃばらない, たかぶらない, 威張らない (unassuming); 慎み深い, 謙遜な (modest). **~·ness** *n.* 〖1770〗

ùn·pre·súmp·tu·ous *adj.* でしゃばらない, 高慢でない, 謙遜な. **~·ly** *adv.* 〖1704〗

ùn·pre·ténd·ing *adj.* 見えを張らない, もったいぶらない, 威張らない (unassuming); 慎み深い, 控え目な, 謙遜な (modest). **~·ly** *adv.* **~·ness** *n.* 〖1697〗

ùn·pre·ten·tious /ʌnprɨ̞ténʃəs, -ténʃəs⁻/ *adj.* 外観を装わない, 見えを張らない, 威張らない; 控え目な, 慎み深い (modest): an ~ little house. **~·ly** *adv.* **~·ness** *n.* 〖1859〗

ùn·pre·váil·ing *adj.* **1** 広く行われ(てい)ない, 流行し(てい)ない. **2** 優勢[顕著]でない, 最高でない. **3** 効果的でない. 〖1600–1〗

ùn·pre·vént·a·ble /-təbl̩ | -tə-⁻/ *adj.* 妨げることのできない, さえぎられない (unavoidable); 防止し得ない, 避け難い, 免れ難い (inevitable). **~·ness** *n.* **ùn·pre·vént·a·bly** *adv.* 〖1616〗

ùn·pre·vént·ed /-tɨ̞d | -tɨ̞d⁻/ *adj.* 防止[予防]され(てい)ない. 〖1585〗

ùn·príced *adj.* **1** 一定の価がない, 価が定まらない; 値が付いていない, 値段付けがない: ~ goods, catalogues, etc. **2** 値踏みができないほど貴重な. 〖1857〗

ùn·príest·ly *adj.* 僧[牧師, 司祭]らしくない; 聖職者にふさわしくない. 〖1537〗

ùn·prímed *adj.* **1** 下塗りを施していない. **2** 〘医〙未感作の. 〖1862〗

ùn·prínce·ly *adj.* 王子[王侯]らしくない, 王子[王侯]に似合わない. 〖1536〗

ùn·prín·ci·pled *adj.* **1** 道徳律を持たない, 無節操な, 非道の, 破廉恥な, 不正直な, ほうらつな (unscrupulous, dishonest): an ~ rogue / ~ conduct. **2** 《古》〔…の〕原理を教わっていない〔*in*〕: a man ~ *in* Christianity キリスト教の原理を知らない人. **~·ness** *n.* 〖1634〗

ùn·prínt·a·ble /-təbl̩ | -tə-⁻/ *adj.* (不敬・卑猥で)印刷するのに適さない, 印刷をはばかる. — *n.* [*pl.*] 《古・戯言》ズボン (cf. unmentionable). **~·ness** *n.* **ùn·prínt·a·bly** *adv.* 〖1860〗

ùn·prínt·ed /-tɨ̞d | -tɨ̞d⁻/ *adj.* 印刷され(てい)ない; 版になっていない: an ~ manuscript. 〖1532〗

ùn·prís·on *vt.* 出所[出獄]させる. 〖*a*1393〗

ùn·prív·i·leged *adj.* (経済的・社会的な条件が劣るために)基本的人権を与えられ(てい)ない, 特権[特典]のない (cf. underprivileged 1 a). 〖1590〗

ùn·príz·a·ble *adj.* **1** 《まれ》価値のない: an ~ book. **2** 《廃》値がつけられない(ほど貴重な). 〖1601–02〗

ùn·prízed *adj.* **1** 尊ばれ(てい)ない, 大切にされ(てい)ない, 重んじられ(てい)ない. **2** 《廃》値がつけられない(ほど貴重な). 〖1445〗

ùn·próbed *adj.* **1** 探り(針)を入れ(てい)ない. **2** 十分調べ(てい)ない. 〖1775〗

ùn·prob·lem·át·ic /-tɪk | -tɪk⁻/ *adj.* 問題のない. **-i·cal·ly** *adv.* 〖1683〗

ùn·próc·essed *adj.* 加工[処理]され(てい)ない. 〖1539〗

ùn·pro·cláimed *adj.* 布告されていない. 〖1648〗

ùn·pro·cúr·a·ble *adj.* 得られない, 手に入れ難い. 〖1607〗

ùn·pro·duc·tive /ʌnprədʌ́ktɪv⁻/ *adj.* 非生産的な, 利益がない (unprofitable); 効果をもたらさない, 無効な (ineffective); 収穫のない, 不毛の (barren). **~·ly** *adv.* **~·ness** *n.* 〖1756〗

ùn·pro·fáned *adj.* (神聖を)汚され(てい)ない, 冒瀆(ぼうとく)され(てい)ない; 純潔の (pure). 〖1650〗

ùn·pro·féssed *adj.* **1** 公言[明言]され(てい)ない. **2** 誓約して宗門に入っていない: an ~ sister. 〖c1430〗

ùn·pro·fés·sion·al *adj.* **1** 職業としてでない, 専門外の (cf. nonprofessional): He knows nothing of ~ matters. 専門外のことは何一つ知らない. **2** 専門家でない, 素人の (amateur): ~ people 素人 / an ~ opinion 素人の意見. **3** 職業に不似合いの; その道[職業]の慣習[道義]にはずれた: ~ conduct. **~·ly** *adv.* 〖1806〗

ùn·prof·it·a·ble /ʌnprɑ́(ː)fɨ̞təbl̩ | -prɔ́fɪ̞t-⁻/ *adj.* **1** 利益がない, 割の悪い, もうからない. **2** 結果がよくない, 無益[無効]の, 不利な, 役に立たない, むだな: ~ servants 義理一遍の人, 役目以外には何一つ進んでしない人 (*Luke* 17: 10). **~·ness** *n.* **ùn·próf·it·a·bly** *adv.* 〖c1350〗

ùn·pro·grés·sive *adj.* 進歩的でない, 保守的な (conservative), 反動的な (reactionary), 後退的な (backward). **~·ly** *adv.* **~·ness** *n.* 〖1775〗

ùn·pro·híb·it·ed *adj.* 禁止され(てい)ない, 禁制でない. 〖1641〗

ùn·pro·líf·ic *adj.* 子を産まない, 実を結ばない, 生産力がない, 不毛の (infertile). 〖*a*1676〗

ùn·próm·is·ing *adj.* 見込みがない, 望みがない, 頼もしくない, 前途有望でない. **~·ly** *adv.* 〖1632〗

ùn·prómpt·ed *adj.* 他の力を借りない, 他から命じられ(てい)ない; 自発的な, 自ら率先してした. 〖1659〗

ùn·próm·ul·gàt·ed /-tɨ̞d | -tɨ̞d⁻/ *adj.* 発布[公布]され(てい)ない. 〖1775〗

ùn·pro·nóunce·a·ble *adj.* 発音できない[しにくい]: an ~ name. 〖1831〗

ùn·pro·nóunced *adj.* 発音されない; 無音の (mute). 〖1586〗

ùn·próp *vt.* (**un·propped; -prop·ping**) …から支柱を取り除く. 〖1611〗

ùn·próp·er *adj.* **1** 《廃・方言》=improper. **2** 《まれ》共有の, 個人のものではない. 〖c1380〗

ùn·pro·phét·ic *adj.* 予言的でない; 正しく予言しない. **ùn·pro·phét·i·cal·ly** *adv.* 〖1725〗

ùn·pro·pí·tious *adj.* 都合の悪い, 不吉[不祥]の, 縁起の悪い (ill-omened), 不運な (unlucky). **~·ly** *adv.* **~·ness** *n.* 〖1699〗

U

ùn·pro·pór·tion·al *adj.* 比例しない, 釣り合わない. **～·ly** *adv.* 〖1714〗
ùn·pro·pór·tion·ate *adj.* 釣り合いの取れない, 比例しない; 不適当な (disproportionate). **～·ly** *adv.* 〖1581〗
ùn·pro·pór·tioned *adj.* 釣り合いの取れ(てい)ない. 〖*c*1586〗
ùn·prós·per·ous *adj.* **1** 繁栄しない, 不振の, 不景気の. **2** 不健康な. **3** 不幸せな, 不運な. **4** 好ましい結果にならない[を表さない]. **～·ly** *adv.* **～·ness** *n.* 〖*a*1578〗
un·pro·tect·ed /ʌnprətéktɪ̀d⁻/ *adj.* **1** 保護(者)のない: an ～ girl. **2** 無防備の (defenseless), 無装甲の: an ～ town 無防備都市 / an ～ cruiser 無装甲巡洋艦. **3** 〘電算〙〈データなど〉無制限にアクセス[使用]できる. **4** (関税などの)保護を受け(てい)ない: an ～ industry. **5** (性交で)コンドームを用いてない: have ～ sex. **～·ly** *adv.* **～·ness** *n.* 〖*a*1593〗
ùn·pro·tést·ed *adj.* 主張[抗議]され(てい)ない; (特に)〈手形が〉支払い拒絶を受け(てい)ない.
ùn·pro·tést·ing *adj.* 抗議[主張]していない. **～·ly** *adv.* 〖1885〗
ùn·próud *adj.* 誇らない, 謙遜する. 〖1570〗
ùn·próv·a·ble /-vəbl̩⁻/ *adj.* 証明できない, 立証し難い. **～·ness** *n.* 〖*c*1425〗
ùn·próved *adj.* 立証[証明]され(てい)ない: an ～ assumption. 〖*c*1440〗
ùn·próv·en *adj.* ＝unproved. 〖1853〗
ùn·pro·víde *vt.* 《まれ》防備を解く. 〖1530〗
ùn·pro·víd·ed /-dɪ̀d | -dɪ̀d⁻/ *adj.* **1** 〔…を〕供給[支給]され(てい)ない, 備え付け(てい)ない 〔*with*〕: be ～ *with* money 金を持っていない. **2** [しばしば ～ *for* として] 準備がない, 用意がない, (特に)生活必需品がない (unprepared): They were ～ *for*. 彼らの生活は不自由だった. **3** 不意の (unexpected). **～·ly** *adv.* **～·ness** *n.* 〖1514〗
ùn·próv·i·dent *adj.* 《廃》不用意な (improvident). 〖1572〗
ùn·pro·vóke *vt.* 《Shak》刺激[挑発]の勢いをそぐ. 〖1606〗
ùn·pro·vóked *adj.* **1** 刺激[挑発]され(てい)ない. **2** 正当な理由のない, いわれのない: an ～ assault. **～·ly** *adv.* **～·ness** *n.* 〖1585〗
ùn·pro·vók·ing *adj.* (人を)怒らせない, 刺激しない. 〖1710〗
ùn·prúned *adj.* 刈り込まれ(てい)ない, 手入れし(てい)ない; 自然に伸びるにまかせた: an ～ tree. 〖1594–95〗
ùn·púb·li·cized *adj.* 公にされていない, 評判になっていない, 周知でない.
un·pub·lished /ʌnpʌ́blɪʃt⁻/ *adj.* **1** 未刊の, 出版され(てい)ない, 出版物の形では知られていない[見られない]: ⇨ unpublished work. **2** 公にされ(てい)ない, 公然でない, 隠れた, 秘密の. 〖1604–05〗
únpublished wórk *n.* 〘法律〙未刊行図書《登録時点ではまだ販売・一般配布の目的で印刷を行っていない図書》.
ùn·púcker *vt.* …のしわをのばす.
ùn·púnc·tu·al *adj.* 時間[約束期日]を守らない, 日限を違える; きちょうめんでない. **～·ly** *adv.* 〖1740〗
ùn·pùnc·tu·ál·i·ty /-pʌ̀ŋ(k)tʃuǽləti | -tʃuǽlɪ̀ti, -tju-/ *n.* 時間を守らないこと; きちょうめんでないこと. 〖1814〗
ùn·púnc·tu·àt·ed /-tɪ̀d | -tɪ̀d⁻/ *adj.* 句読点をつけてない. 〖1860〗
U **ùn·pún·ish·a·ble** /-ʃəbl̩⁻/ *adj.* 処罰できない, 罰すべきでない: a sin ～ by law 法によって罰し得ない罪. **ùn·pún·ish·a·bly** *adv.* 〖1531〗
ùn·pún·ished *adj.* 処罰を受けない, 罰せられない, 処分を免れた: go ～ 罰を受けずに済む. 〖*c*1340〗
ùn·púr·chas·a·ble /-səbl̩⁻/ *adj.* **1** 買えない, 金銭で得られない(ほど高価な, 珍しい): the ～ beauty of the landscape. **2** 買収できない. 〖1611〗
ùn·púre *adj.* ＝impure. 〖*a*1375〗
ùn·púrged *adj.* **1** 清められ(てい)ない, (特に)告白[服罪]によって清められ(てい)ない[あがなわれ(てい)ない]. **2** 追放[パージ]され(てい)ない. 〖1530〗
ùn·pú·ri·fìed *adj.* 清められ(てい)ない, 清浄でない, 浄化され(てい)ない. 〖1574〗
ùn·púr·posed *adj.* **1** 意図されたものでない, 故意ではない. **2** 目的[目標]のない, 無目的の (purposeless). 〖1570〗
ùn·put·dówn·a·ble /-nəbl̩/ *adj.* 《口語》〈本が〉(下に下ろせないほど)面白い, 夢中にさせる.
ùn·púz·zle *vt.* 〈謎・問題などを〉解く, 解決する.
Unq 《記号》〘化学〙unnilquadium.
ùn·quáil·ing *adj.* 恐れない, ひるまない (fearless). **～·ly** *adv.* 〖1836〗
un·qual·i·fied /ʌnkwɑ́(ː)ləfàɪd | -kwɔ́lɪ̀-/ *adj.* **1** 資格のない, 無資格の: an ～ nurse, medical practitioner, etc. **2** 制限され(てい)ない, 無条件の (unconditional), 絶対的な (absolute): an ～ assertion, denial, statement, etc. / an ～ success [failure] 文句のいいようのない成功[失敗]. **3** 〔…に〕適さない, 不適当な (unfit) 〔*for*〕; 〈…するのに〉向かない 〈*to do*〉: He is ～ *for* the position. その地位に不適任だ / He is ～ *to* teach others. 人を教えるのに適さない人だ. **4** 全くの, 純然たる, 徹底的な (downright): an ～ liar [fool] 大うそつき[大ばか者]. **～·ly** *adv.* **～·ness** *n.* 〖1556〗
ùn·quál·i·fì·a·ble *adj.* 資格[権限]を与えることができない; 制限[限定]することができない.
ùn·quál·i·fỳ *vt.* ＝disqualify. 〖1655〗
ùn·quál·i·tied /-tid | -tid/ *adj.* 《Shak》能力を奪われている. 〖1606–07〗
ùn·quán·ti·fì·a·ble *adj.* 〈性質・品質など〉(容易に)計算できない, 数字で表せない.
ùn·quán·ti·fìed *adj.* 量で表されて[計られて]いない, 数量化されていない: a substantial, if as yet ～, cash sum. 〖1864〗
ùn·quár·ried *adj.* 石切場から切り出され(てい)ない. 〖1788〗
ùn·quéen *vt.* …から女王[王妃]の位を奪う. 〖1579〗
ùn·quélled *adj.* 鎮定[平定]され(てい)ない. 〖?*a*1400〗
ùn·quénch·a·ble *adj.* **1** 〈火が〉消すことができない: an ～ fire. **2** 満たされ(てい)ない, 止められない, 鎮められ(てい)ない, 抑えられ(てい)ない: ～ thirst, desire, enthusiasm, passion, etc. **ùn·quénch·a·bly** *adv.* 〖*c*1384〗
ùn·quénched *adj.* 消され(てい)ない, 抑えられ(てい)ない: ～ desire. 〖?*c*1200〗
un·ques·tion·a·ble /ʌnkwéstʃənəbl̩, -kwéʃtʃ-⁻/ *adj.* **1** 疑いのない, 議論の余地がない, 確かな, 明白な (indisputable): an ～ fact / ～ evidence. **2** 非の打ち所のない, 申し分のない (unexceptionable). **3** 《まれ》会話[質問]の嫌いな: an ～ spirit 物を言うのもいやという気持ち (cf. Shak., *As Y L* 3. 2. 393). **ùn·quès·tion·a·bíl·i·ty** /-kwèstʃənəbíləti, -kwèʃtʃ- | -lɪ̀ti/ *n.* **～·ness** *n.* **ùn·qués·tion·a·bly** *adv.* 〖1599〗
ùn·qués·tioned *adj.* **1** 問題にされない, 疑われない. **2** 明白な, 疑問の余地のない (undoubted): the ～ masterpieces of our epoch 紛れもない現代の傑作. **3** 調べられ(てい)ない, 審問され(てい)ない, 反対ができない, 争われ(てい)ない. 〖1602–3〗
ùn·qués·tion·ing *adj.* 質問を発しない, 疑問を抱かない, 疑わない, 絶対的な; ちゅうちょしない (unhesitating): one's ～ supporters / ～ loyalty, obedience, etc. **～·ly** *adv.* **～·ness** *n.* 〖1828–32〗
ùn·quí·et *adj.* **1** 落着きがない, そわそわした, 不安な (restless, uneasy): an ～ mind. **2** 動揺した, 不穏な (agitated): an ～ age. **3** 《古》騒がしい (noisy). — *n.* 不安, 動揺, 不穏な空気 (disquiet). **～·ly** *adv.* **～·ness** *n.* 〖*c*1384〗
ùn·quót·a·ble /-təbl̩ | -tə-⁻/ *adj.* 引用し得ない; 引用する価値のない, 引用に適さない. 〖*a*1843〗
ùn·quóte *vi.* 引用を終える (⇨ quote 1 b). 〖*c*1915〗
ùn·quót·ed /-tɪ̀d | -tɪ̀d⁻/ *adj.* **1** 引用されていない. **2** (株式取引所で) 相場がつけられていない, 取引されていない: ～ securities [shares] 非[未]公開株, 非上場株. 〖1825〗
ùn·ráised *adj.* 高められ(てい)ない; 〈精神など〉高揚され(てい)ない. 〖1523〗
ùn·rán·somed *adj.* 贖(あがな)われ(てい)ない, (身代金を払って)請け出され(てい)ない. 〖1554〗
ùn·rát·ed /-tɪ̀d | -tɪ̀d⁻/ *adj.* **1** 等級を定められ(てい)ない, 規格を定められ(てい)ない. **2** 地方税などを課せられ(てい)ない. 〖1648〗
ùn·rát·i·fìed *adj.* 批准[裁可]され(てい)ない. 〖1611〗
un·rav·el /ʌnrǽvəl, -vl̩/ *v.* (～ed, -elled; ～·ing, -el·ling) — *vt.* **1** 解明する, 解く (solve); 〈物語などの〉葛藤(かっとう)を解く, 筋を解決させる, …に大団円を告げさせる: ～ a mystery, the plot of a story, etc. **2** 〈もつれた糸・編物・縄などを〉解く, ほどく, ほぐす (disentangle, undo): ～ a skein of wool, the threads of a tangled skein, etc. **3** 破綻させる. — *vi.* **1** ほどける. **2** 解ける, 解明する. **3** 破綻する. **～·er**, 《英》**～·ler** *n.* **～·ment** *n.* 〖1603〗
ùn·rá·zored *adj.* 〈顔・ひげなど〉そられ(てい)ない, そってない, かみそりを当ててない (unshaven). 〖1634〗
ùn·réach·a·ble *adj.* 達し得ない, 手の届かない. 〖1593〗
ùn·réached *adj.* 到達し(てい)ない, まだ届かない. 〖*c*1611〗
ùn·réad /-réd/ *adj.* **1** 〈書籍が〉読まれ(てい)ない, 閲読し(てい)ない, 目を通さない, 未読の. **2 a** 〈人が〉多く読んでいない, 読書し(てい)ない; 学識がない, 無教育の, 無学の (unlearned, illiterate). **b** 〔特定の分野に〕通じていない, 暗い 〔*in*〕: He is ～ *in* political science. 政治学に暗い. 〖(1456): ⇨ un-[1], read[2]〗
ùn·réad·a·ble *adj.* **1** 読みにくい, 読めない, 判読しにくい (illegible): ～ handwriting. **2** わかりにくい (obscure), 不可解な (incomprehensible). **3** 〈本・文体など〉読んで面白くない, 退屈な (dull, uninteresting); 読むのに適さない, 読む価値のない. **～·ness** *n.* **ùn·réad·a·bly** *adv.* **ùn·rèad·a·bíl·i·ty** /-rìːdəbíləti | -dəbílɪ̀ti/ *n.* 〖1802–12〗
ùn·réad·i·ly *adv.* 準備なく, 用意なく; ぐずぐずと, のろく. 〖1599〗
ùn·réad·y *adj.* **1** [叙述的に用いて] 〔…の〕準備がない, 用意ができていない(prepared) 〔*for*〕; 〈…する〉準備[用意]ができていない 〈*to do*〉: This machine is ～ *for* use. この機械はまだ使用準備ができていない / We are ～ *to* start. 出発の準備ができていない. **2** 即座の機知[応答, 気転]がきかない; 機敏でない, てきぱきしていない, ぐずぐずしている. **3** 《廃・英方言》身支度をし(終え)ていない. **ùn·réad·i·ness** *n.* 〖*a*1325〗
un·re·al /ʌnríːəl, -ríːl | -ríəl, -ríːəl⁻/ *adj.* **1** 真実性のない, 偽りの (false); 不自然な, わざとらしい (artificial). **2** 実在に基づかない, 非実在の; 想像上の, 空想[架空]の, 実体のない, 非現実的な (illusory) (⇨ fictitious SYN): *Unreal City* (cf. T. S. Eliot, *The Waste Land* 60). **3** 《口語》信じ難い (incredible). **～·ly** *adv.* 〖1606〗
ùn·ré·al·ìsm /-lìzm/ *n.* 現実主義[リアリズム]の欠如. 〖1859〗
un·re·al·is·tic /ʌnrìːəlístɪk | -rìə-, -rìːə-⁻/ *adj.* **1** 非現実的な, 非実際的な, 妄想的な (delusive). **2** 非写実的な. **ùn·rè·al·ís·ti·cal·ly** *adv.* 〖1865〗
un·re·al·i·ty /ʌnriǽləti | -lɪ̀ti/ *n.* **1** 非実在, 空想的なこと, 非現実性; 非現実[架空]的なもの. **2** (特に, 日常のことに関しての)無能力, 非実際的な性格. 〖1751〗
ùn·ré·al·ìz·a·ble /-zəbl̩/ *adj.* **1** 実現し得ない; 錯覚的な (illusory). **2** とても考えられない (unthinkable). 〖1840〗
ùn·ré·al·ized *adj.* **1** 実現され(てい)ない, 遂げられ(てい)ない (unfulfilled): an ～ ambition. **2** 認められ(てい)ない (unrecognized), 知られ(てい)ない. **3** 現金に換えられない: an ～ profit. 〖1775〗
ùn·réaped *adj.* 刈り取られ(てい)ない. 〖1577〗
ùn·réa·son *n.* **1** 不合理, 不条理, 不道理; 愚, 愚鈍, 愚劣, ばかばかしさ (stupidity, folly). **2 a** 精神的混乱, 狂気 (madness). **b** 混乱, 無秩序 (chaos). — *vt.* …の理性を惑わす, 混乱させる. 〖*a*1325〗
un·rea·son·a·ble /ʌnríːz(ə)nəbl̩, -zn-⁻/ *adj.* **1** 理性を欠いた, 理性をもたない (unreasoning): the ～ beasts. **2** 理性に従わない, 非理性的な (irrational); 衝動のままに動く; 気まぐれな (capricious): an ～ person. **3** 理に合わない, 無理な, 過度な (immoderate); 〈値段・料金など〉不当な, 法外な, 途方もない (exorbitant): an ～ claim, demand, price, deadline, etc. **4** 理不尽な; 道理をわきまえない, 無分別な, 常軌を逸した, 不穏当な (absurd): an ～ attitude 聞き分けのない態度 / It was ～ (of you) to do that. そんなことをするとは筋が通らない / Don't be ～ (so)! (そんな)聞き分けのないことを言うものではない. **～·ness** *n.* **ùn·réa·son·a·bly** *adv.* 〖*c*1340〗
unréasonable behávior *n.* 〘法律〙(離婚原因となるような)配偶者の不適切な行為.
ùn·réa·soned *adj.* 道理に基づかない, 不合理な. 〖1582〗
ùn·réa·son·ing *adj.* **1 a** 推理[推考]しない, 考えない. **b** 理性のない, 道理のわからない (irrational, unreasonable): the ～ multitude 道理をわきまえない一般大衆. **2** 理屈に合わない, 理不尽な (unreasonable): an ～ hatred 理不尽な憎しみ / She took an ～ dislike to me. 彼女は私をわけもわからず嫌った. **3** 途方もない, 法外な (extravagant): ～ terror, prejudice, etc. **～·ly** *adv.* 〖1751〗
ùn·re·búk·a·ble *adj.* 非難できない, 非の打ちない.
ùn·re·búked *adj.* 非難[譴責(けんせき)]され(てい)ない, 叱責(しっせき)を受けない. 〖*c*1445〗
ùn·re·cáll·a·ble *adj.* 呼び戻すことができない; 取消し不可能な. 〖1611〗
ùn·re·cálled *adj.* 呼び戻され(てい)ない; 取り消され(てい)ない. 〖1601〗
ùn·re·cáll·ing *adj.* 《まれ》呼び戻す[撤回する]ことができない. 〖1593–94〗
ùn·re·céipt·ed /-tɪ̀d | -tɪ̀d⁻/ *adj.* 受取証がない. 〖1881〗
ùn·re·céiv·a·ble *adj.* 受け取ることができない. 〖1611〗
ùn·re·céived *adj.* 受け取られ(てい)ない, 受領し(てい)ない; 承認され(てい)ない. 〖1540〗
ùn·re·cép·tive *adj.* 感受性[感応性]の強くない; 受容的でない. 〖1778〗
ùn·re·cíp·ro·càt·ed /-tɪ̀d | -tɪ̀d/ *adj.* 交換され(てい)ない; (恩愛などに)報いられ(てい)ない, 片思いの. 〖1860〗
ùn·réck·on·a·ble /-nəbl̩⁻/ *adj.* 数えきれない, 測り知れない. 〖1851〗
ùn·réck·oned *adj.* 数えられ(てい)ない, 計算され(てい)ない, 勘定され(てい)ない. 〖*c*1340〗
ùn·re·cláimed *adj.* **1** 取り戻され(てい)ない, 回収され(てい)ない. **2** 矯正され(てい)ない, 改心し(てい)ない (unregenerate). **3** 〈土地が〉開墾され(てい)ない. **4** 《廃》〈動物など〉馴(な)らされ(てい)ない. 〖*c*1470〗
ùn·réc·og·nìz·a·ble *adj.* 認知[承認]できない; 識別[判別]できない. **～·ness** *n.* **ùn·réc·og·nìz·a·bly** *adv.* 〖1817〗
ùn·réc·og·nìzed *adj.* 認識され(てい)ない, 認められ(てい)ない, 承認され(てい)ない: ～ merit. 〖1775〗
ùn·réc·om·pènsed *adj.* 報いられ(てい)ない, 償われ(てい)ない. 〖1469〗
ùn·rèc·on·cíl·a·ble *adj.* 《まれ》和解することができない. 〖1577〗
ùn·réc·on·cìled *adj.* 和解し(てい)ない. 〖*c*1450〗
ùn·rèc·on·cíl·i·a·ble *adj.* 《廃》＝unreconcilable. 〖1589〗
ùn·rè·con·strúct·ed *adj.* **1** 《米》(政治・経済に関して)旧思想を墨守する, 旧体制型の: an ～ statesman. **2** 〘米史〙〈南北戦争後の南部諸州が〉再編入を受け(てい)ない (cf. reconstruction 1 c). **3** 再興[改造, 改築]されていない. 〖1867〗
ùn·rè·con·strúct·i·ble /-təbl̩ | -tɪ̀bl̩⁻/ *adj.* 再建不可能な.
ùn·re·córd·ed *adj.* **1** 登録され(てい)ない, 記録に載っていない. **2** 史料に書かれ(てい)ない: an ～ tradition. 〖1585〗
ùn·re·cóv·er·a·ble *adj.* **1** 取り戻せない, 回復不可能な. **2** 治療[救済]できない. 〖*c*1400〗
ùn·réc·ti·fìed *adj.* **1** 訂正され(てい)ない, 改正され(てい)ない. **2** 〘化学〙精溜(せいりゅう)していない. 〖1638〗
ùn·re·déem·a·ble *adj.* 買い戻すことができない, 贖(あがな)われない (irredeemable). 〖1584〗
ùn·re·déemed *adj.* **1** 実行[履行]され(てい)ない, 果

たされ(ていない: an ~ promise. **2** 質受けされ(てい)ない, 請け出され(てい)ない: ~ goods. **3** 〈過ちなど〉和らげられ(てい)ない, 軽減され(てい)ない, 救われ(てい)ない, 償われ(てい)ない: be ~ by merits 長所があっても償われない / ~ ugliness 醜悪そのもの. **4** 〈失地などが〉回復され(てい)ない, 回収され(てい)ない. **5** 買い戻され(てい)ない, 支払われ(てい)ない, 償還され(てい)ない: an ~ bill of exchange. **~·ly** *adv.* 〘1526〙

ùn·re·dréssed *adj.* **1** 償われ(てい)ない. **2** 直され(てい)ない, 矯正され(てい)ない. 〘1563〙

ùn·réel *vt.* **1** (糸わくから)繰り出す, 伸ばす: ~ a tangled skein もつれた糸束を繰り出す. **2** (繰り出すように)繰り広げる; 作り出す; 行う (carry out): ~ a 66-yard pass play. **—** *vi.* **1** 繰り出る, 巻きがほぐれる. **2** 繰り広げられる, 展開される; 行われる. 〘1567〙

ùn·réel·a·ble /-ləbl̩ˉ/ *adj.* 繰り出すことのできない. 〘1611〙

ùn·réeve *v.* (**un·rove, ~d**) 〘海事〙 **—** *vt.* 〈綱などを〉滑車[心環など]から引き抜く. **—** *vi.* 綱が滑車[心環など]から引き抜けてしまう; 〈綱などが〉滑車から引き抜かれる. 〘1600〙

ùn·re·fíned *adj.* **1** 精製され(てい)ない: ~ sugar, ore, etc. **2** 洗練され(てい)ない, 磨かれ(てい)ない, 垢(あか)抜けのしない, 粗野な, 下品な, 卑しい (coarse, vulgar): ~ manners. 〘1595〙

ùn·re·fléct·ed *adj.* **1** 反省のない, 思慮不足の (unconsidered). **2** 〈光・熱など〉反射され(てい)ない; 〈映像など〉反映され(てい)ない. 〘1670〙

ùn·re·fléct·ing *adj.* 反省しない, あとさきを考えない, 無分別な, 浅はかな, 思慮のない (unthinking, thoughtless). **~·ly** *adv.* 〘1665〙

ùn·re·fléc·tive *adj.* 無反省の, 無分別の, あとさきを見ない (heedless). **~·ly** *adv.* 〘1854〙

ùn·re·fórm·a·ble *adj.* **1** 改革[革新, 改正]できない. **2** 矯正できない (incorrigible). 〘1583〙

ùn·re·fórmed *adj.* **1 a** 改革[革新, 改正]され(てい)ない. **b** 宗教改革で生じたのではない, 宗教改革によって作られたのではない: an ~ church. **2** 矯正され(てい)ない, 改心し(てい)ない. 〘1528〙

ùn·re·fréshed *adj.* 元気を回復し(てい)ない, 清々した気分にならない. 〘1736〙

ùn·re·frésh·ing *adj.* 爽快でない; 元気づけない. **~·ly** *adv.* 〘1814〙

ùn·re·fút·ed /-tᵻd | -tᵻdˉ/ *adj.* 反駁(はんばく)[論駁]され(てい)ない. 〘1589〙

ùn·ré·gal *adj.* 帝王に不似合いな, 帝王らしくない. 〘1611〙

ùn·re·gárd·ed /-dᵻd | -dᵻdˉ/ *adj.* 注意[留意]され(てい)ない, 顧みられ(てい)ない, 無視[閑却]された (neglected). 〘1561〙

ùn·re·gén·er·a·cy *n.* 再生しないこと, 生まれ変わらないこと; 改心しないこと; 罪深いこと, 邪悪. 〘1622〙

ùn·re·gén·er·ate /-n(ə)rᵻt, -nərèɪtˉ/ *adj.* **1** 再生しない; (精神的に)生まれ変わらない, 更生しない (unrepentant); 依然として神に背く, 罪深い, 邪悪な (wicked). **2 a** 一宗教・宗派・主義などを受け入れない[に折伏(しゃくぶく)されない]; 旧思想[体制]固執の (unreconstructed). **b** 反動的立場に固執する, 頑固な, 強情な (obstinate, stubborn). **—** *n.* **1** (精神的に)生まれ変わらない人, 更生しない者; 罪深い人. **2** 旧思想[体制]に固執する人. **~·ly** *adv.* 〘1589〙

ùn·re·gén·er·àt·ed /-rèɪtᵻd | -tᵻdˉ/ *adj.* =unregenerate. 〘1579〙

ùn·rég·is·tered *adj.* **1** 登記[登録]され(てい)ない: an ~ citizen. **2** 書留にされ(てい)ない: an ~ letter. **3** 〈家畜など〉血統証明のついていない. 〘1604〙

ùn·re·grét·ted /-tᵻd | -tᵻdˉ/ *adj.* 悲しまれ(てい)ない, 嘆かれ(てい)ない, 後悔され(てい)ない. 〘1676〙

ùn·rég·u·làt·ed *adj.* **1** 調節[調整, 整頓]していない; 雑然とした, 混乱した (chaotic). **2** 統制[訓練]され(てい)ない; 規律のない (undisciplined). 〘1721〙

ùn·re·héarsed *adj.* **1** 下稽古のない, 演習していない; (予定されたのでなく)自然に起こる[生じた] (spontaneous): an ~ effect 予想しなかった(作者自身を驚かすような)作品の効果. **2** 物語られ(てい)ない. 〘1472〙

ùn·réin *vt.* **1** …の手綱を放す[緩める]. **2** …の拘束を解く, 自由にする, 解放する (release). 〘1603〙

ùn·réined *adj.* 手綱を放された[緩められた]; 拘束を解かれた, 放たれた, 自由になった (unrestrained): ~ passions. 〘1609〙

un·re·lat·ed /ʌ̀nrᵻléɪtᵻd | -tᵻdˉ/ *adj.* **1** 無関係な; 〔…と〕関係がない (discrete) 〔*to*〕: a rule ~ *to* the realities of life 実人生と無関係な法則. **2** 血縁でない, 縁故がない. **3** 話され(てい)ない: an ~ story. **~·ness** *n.* 〘*a*1661〙

ùn·re·láxed *adj.* 緩められ(てい)ない; 緊張した. 〘1508〙

ùn·re·láx·ing *adj.* 緩まない, 緩めない, 緊張を維持する. 〘1781〙

ùn·re·léased *adj.* 〘音声〙〈閉鎖音が〉無解放の: an ~ stop 無解放の閉鎖音 (act の [k], begged の [g] など). 〘?*a*1400〙

un·re·lent·ing /ʌ̀nrᵻléntɪŋ, -lénɪŋ | -léntɪŋˉ/ *adj.* **1** 仮借[容赦]しない, 厳しい, 頑として聞き入れない, 無慈悲な, 因業な (⇨ implacable SYN): an ~ fate. **2** 速度が落ちない, どんどん進行する; たゆまない: an ~ effort, speed, etc. **3** 〈決意など〉固い. **~·ly** *adv.* **~·ness** *n.* 〘1593–94〙

ùn·re·li·a·bíl·i·ty /-rᵻlàɪəbíləti | -lᵻti/ *n.* 当て[頼み]にならないこと, 信じられないこと, 信頼できないこと. 〘1860〙

un·re·li·a·ble /ʌ̀nrᵻláɪəbl̩ˉ/ *adj.* 当てにならない, 信じられない, 信頼できない, いい加減な (untrustworthy). **~·ness** *n.* **ùn·re·lí·a·bly** *adv.* 〘1840〙

ùn·re·líev·a·ble *adj.* 救済[救助]できない; 緩和できない. 〘*a*1586〙

ùn·re·líeved *adj.* **1** 救済され(てい)ない; 和らげられ(てい)ない, 緩和され(てい)ない. **2** (凹凸・明暗・変化などによって)目立たされ(てい)ない, 単調な, 変化のない (monotonous), いつまでも続く. 〘1533〙

ùn·re·líev·ed·ly /-vᵻdli/ *adv.* 救われずに; 相変わらず, 一貫して.

ùn·re·lí·gious *adj.* **1** 宗教と関係がない, 非宗教的な. **2** 無宗教の, 不信心な (irreligious). **~·ly** *adv.* 〘*c*1384〙

ùn·re·márk·a·ble *adj.* 人の注意を引かない, 目立たない; 平凡な (ordinary). 〘1611〙

ùn·re·márked *adj.* 注目され(てい)ない, 気づかれ(てい)ない. 〘1775〙

ùn·rém·e·died *adj.* 治療[補修]され(てい)ない. 〘1563〙

ùn·re·mém·bered *adj.* 記憶され(てい)ない, 思い出せない, 忘れられた (forgotten). 〘*c*1400〙

ùn·re·mém·ber·ing *adj.* 憶えない, 忘れっぽい.

ùn·re·mít·ted /-tᵻd | -tᵻdˉ/ *adj.* **1** 〈刑罰・罰金・料金・借金など免除され(てい)ない (unpardoned): an ~ debt. **2** 途切れない, 不断の, 連続的な (unbroken): ~ attention. 〘1646〙

ùn·re·mít·ted·ly *adv.* 途切れずに, 連続して (steadily). 〘1786〙

ùn·re·mít·tent *adj.* 〈熱(病)が〉絶え間のない, 下がることのない (unremitting). 〘1871〙

ùn·re·mít·ting /-tɪŋ | -tɪŋˉ/ *adj.* 休む暇のない, 絶え間がない (incessant); 努めてやまない, 根気[辛抱]強い (persistent): ~ efforts 不断の努力 / ~ work 休む暇のない仕事. **~·ly** *adv.* **~·ness** *n.* 〘1728〙

ùn·re·mórse·ful *adj.* **1** =remorseless. **2** 悪意のない. **~·ly** *adv.* 〘*c*1611〙

ùn·re·móv·a·ble *adj.* 動かせない, 不動の. 〘*a*1500〙

ùn·re·móved *adj.* **1** 移動[移転]され(てい)ない. **2** 除去され(てい)ない. **3** 固く据えつけられた, 不動の (fixed). 〘*a*1450〙

ùn·re·mú·ner·a·tive *adj.* 報酬[利益]がない, もうからない, 引き合わない (unprofitable). 〘1854〙

ùn·re·néwed *adj.* 新たにされ(てい)ない, 一新され(てい)ない; (特に, 精神的に)再生させられ(てい)ない. 〘1579〙

ùn·re·nóunced *adj.* 否認[放棄]され(てい)ない; 承認[是認]された. 〘1775〙

ùn·re·nówned *adj.* 世に聞こえ(てい)ない, 名声を得(てい)ない, 無名の (obscure). 〘1570〙

ùn·rént *adj.* 〈衣服など〉引き裂かれ(てい)ない, 破れていない; 〈静かさ・感情など〉乱され(てい)ない. 〘1597〙

ùn·rént·a·ble /-təbl̩ | -tə-ˉ/ *adj.* 賃貸[賃借]できない. 〘1826〙

ùn·re·páid *adj.* 返済[返報]され(てい)ない. 〘1655〙

ùn·re·páir *n.* 無修繕状態, 荒廃, 崩壊, 破損 (dilapidation) (disrepair のほうが普通). 〘1843〙

ùn·re·páired *adj.* 修繕され(てい)ない, 荒廃[破損]した. 〘1523〙

ùn·re·péaled *adj.* 〈法律など〉廃止され(てい)ない, 取り消され(てい)ない, まだ有効な. 〘1479〙

ùn·re·péat·a·ble /-təbl̩ | -tə-ˉ/ *adj.* 繰り返す[口にする]のがはばかられる, とても下品な; 二度[二つ]とない. 〘1843〙

ùn·re·pén·tance *n.* 後悔[悔悟]しないこと, 悔悛の情を表さないこと (impenitence). 〘*c*1410〙

ùn·re·pén·tant *adj.* **1** 後悔[悔悟]しない, 悔い改めない (impenitent). **2** 前の信念[態度]に固執する, 頑固な, 強情な (obstinate). **~·ly** *adv.* 〘*c*1380〙

ùn·re·pént·ed /-tᵻd | -tᵻdˉ/ *adj.* 後悔[悔悟]され(てい)ない: ~ sin. 〘1597〙

ùn·re·pént·ing /-tɪŋ | -tɪŋˉ/ *adj.* 後悔[悔悟]しない. 〘*a*1586〙

ùn·re·pín·ing *adj.* 不平を鳴らさない, 愚痴をこぼさない (uncomplaining). **~·ly** *adv.* 〘1637〙

ùn·re·plén·ished *adj.* 補給[補充]され(てい)ない. 〘1562〙

ùn·re·pórt·ed /-tᵻd | -tᵻdˉ/ *adj.* 報告され(てい)ない; 議事録[判決録]に記載され(てい)ない. 〘1622〙

ùn·rèp·re·sén·ta·tive *adj.* **1** 選挙民を代表していない; 〔…を〕代表していない 〔*of*〕. **2** 典型的でない; 〔…を〕表していない 〔*of*〕. 〘1832〙

ùn·rèp·re·sént·ed /-tᵻd | -tᵻdˉ/ *adj.* **1** 代表され(てい)ない; 立法府に代表を出していない: an ~ minority. **2** 例証[例示]され(てい)ない. 〘1681〙

ùn·re·préssed *adj.* 抑えられ(てい)ない, 抑制され(てい)ない; 鎮圧され(てい)ない. 〘1583〙

ùn·re·prieved *adj.* 執行を猶予され(てい)ない. 〘1667〙

ùn·re·próach·ful *adj.* 非難しない, とがめるように見えない, 恨めしそうでない. 〘*c*1720〙

ùn·re·próv·a·ble *adj.* 非難できない; 非難に値しない (blameless). 〘*c*1384〙

ùn·re·próved *adj.* 非難され(てい)ない, (非難の)横槍(よこやり)の入らない. 〘?*a*1400〙

ùn·re·quést·ed *adj.* 依頼[要求, 懇願]されていない. 〘1576〙

ùn·réq·ui·site *adj.* 必要でない, 不必要な (unnecessary). 〘1594〙

ùn·re·quít·ed /-tᵻd | -tᵻdˉ/ *adj.* **1** 報いられ(てい)ない: ~ affection [love] 片思い; 失恋. **2** 報酬を受け(てい)ない: an ~ labor 無料奉仕. **3** 仕返しされ(てい)ない (unavenged): Wickedness does not go altogether ~. 悪事には何か報いなしでは済まない. 〘*a*1542〙

unrequited éxports [ímports] *n. pl.* 〘貿易〙 (金銭または品物による)代価未払いの輸出[輸入]品.

ùn·re·sént·ed /-tᵻd | -tᵻdˉ/ *adj.* 憤慨され(てい)ない, 恨まれ(てい)ない. 〘1705〙

ùn·re·sént·ing /-tɪŋ | -tɪŋˉ/ *adj.* 憤慨しない, 恨まない. 〘1716〙

ùn·re·sérve *n.* (言動に)遠慮[隔て, 心置き, 腹蔵, 忌憚(きたん)]のないこと, 無遠慮, 率直, 淡白 (frankness). 〘1751〙

un·re·served /ʌ̀nrᵻzə́ːvd | -zə́ːvdˉ/ *adj.* **1** 遠慮のない, 腹蔵のない, 率直な, 隠し立てしない, 打ち明けた (frank, candid): an ~ manner. **2** 制限のない, 無条件の, 十分の (unrestricted, unqualified): ~ compliance, agreement, approval, etc. **3** 保留してない; 予約してない, 買切りでない: an ~ seat. **ùn·re·sérv·ed·ness** /-vᵻdnᵻs, -vd- | -vᵻd-/ *n.* 〘1539〙

ùn·re·sérv·ed·ly /-vᵻdli/ *adv.* **1** 遠慮なく, 腹蔵なく, 率直に (frankly). **2** 留保[制限]なく, 全然 (absolutely). 〘1651〙

ùn·re·sís·tant *adj.* 抵抗[反対]しない. 〘1830〙

ùn·re·síst·ed *adj.* 抵抗を受け(てい)ない, 反対され(てい)ない, 逆らわれ(てい)ない (unopposed). **~·ly** *adv.* 〘1526〙

ùn·re·síst·ing *adj.* 抵抗[反対]しない, 逆らわない, 無抵抗の; 従順な (yielding). **~·ly** *adv.* 〘1625〙

ÚN resolútion *n.* 国連決議.

ùn·re·sólv·a·ble *adj.* 解決できない, 解決不能の. 〘1611〙

ùn·re·sólved *adj.* **1** 決心がつかない, 心が決まらない, 決断がない, 不決断の (irresolute). **2** 決定しない, 未決定[未定]の (uncertain). **3** 解決され(てい)ない, 未解決の, 明らかにされ(てい)ない (unsolved): an ~ problem, mystery, etc. / My doubts are still ~. 私の疑問はまだ解けない. **4** 組成分に分かれ(てい)ない, 分解され(てい)ない. **~·ness** *n.* 〘1577〙

ùn·re·spéct·ed *adj.* 尊敬され(てい)ない, 重んじられ(てい)ない; 軽蔑され(てい)る, 侮(あなど)られ(てい)る (despised): ~ old age. 〘*a*1586〙

ùn·re·spéc·tive *adj.* 《古》 **1** 不注意な. **2** 区別しない.

ùn·re·spón·sive *adj.* 感応の遅い, 感受性が鈍い, 手答えがない; かたくなな, 無理解な, 同情を示さない, 冷淡な. **~·ly** *adv.* **~·ness** *n.* 〘1668〙

un·rest /ʌnrést/ *n.* **1** (政治的・経済的な)不安, 不安動揺(の状態), 不穏(状態) (turmoil): social [political, labor] ~ 社会[政治, 労働]不安. **2** (心の)不安(状態), 心配, 落ち着かないこと (restlessness). 〘*c*1340〙

ùn·rést·ed *adj.* 休息をとってない. 〘1607〙

ùn·rést·ful *adj.* **1** 心に休息を与えない, 心を安めない, 心を乱す, 落ち着かせない, 不安にする. **2** 不安な, 落ち着かない, そわそわした (nervous, fidgety). **~·ly** *adv.* **~·ness** *n.* 〘*c*1384〙

ùn·rést·ing *adj.* 休まない, 休止しない, 間断ない; 倦(う)むことを知らない, 根気強い. **~·ly** *adv.* 〘1582〙

ùn·re·stóred *adj.* 回復され(てい)ない, 復旧し(てい)ない; 返還され(てい)ない. 〘*c*1445〙

ùn·re·stráin·a·ble *adj.* 抑制[制限]できない, 抑えられ(てい)ない, 制御しにくい (uncontrollable). **ùn·re·stráin·a·bly** *adv.* 〘1430–40〙

ùn·re·stráined *adj.* **1** 抑制され(てい)ない, 制御され(てい)ない (uncontrolled); 遠慮のない, 自制のない, 慎みのない, 勝手気ままな (unreserved): ~ praise べたぼめ. **2** 窮屈さのない, 屈託のない, 自然な (spontaneous): an ~ atmosphere. **ùn·re·stráin·ed·ly** *adv.* **ùn·re·stráin·ed·ness** *n.* 〘*a*1586〙

ùn·re·stráint *n.* 無制限, 無拘束; 無制御; 自制のないこと. 〘1804〙

un·re·strict·ed /ʌ̀nrᵻstríktᵻdˉ/ *adj.* 制限され(てい)ない, 拘束のない, 自由な: ~ freedom 制限されていない自由 / He has ~ access to files. 彼は自由に書類を利用できる. **~·ly** *adv.* 〘1766〙

unrestrícted propéllant *n.* 〘宇宙〙 非抑制推進剤 (燃焼抑制剤を施した面をもたない固体推薬; cf. restricted propellant).

ùn·re·tárd·ed /-dᵻd | -dᵻdˉ/ *adj.* 遅れ(てい)ない (undelayed). 〘1615〙

ùn·re·tén·tive *adj.* **1** 保持しない, 保持力がない. **2** 物覚え[記憶]が悪い: an ~ memory 貧弱な記憶力 / an ~ person 物覚えのよくない人. 〘1748〙

ùn·re·tráct·ed *adj.* **1** 引っ込められ(てい)ない, 収縮させられ(てい)ない. **2** 取り消され(てい)ない, 撤回され(てい)ない. 〘1646〙

ùn·re·túrned *adj.* 送り返され(てい)ない; 帰って来てない. 〘1589〙

ùn·re·véaled *adj.* 明かされ(てい)ない, 漏らされ(てい)ない, 口外され(てい)ない; 隠された, 秘密の (hidden, secret). 〘1529〙

ùn·re·vénged *adj.* 復讐され(てい)ない, 恨みを晴らしていない. 〘1533〙

ùn·rév·er·end *adj.* **1** 尊敬に値しない. **2** 《古》 不敬な. 〘1562〙

ùn·re·vérsed *adj.* **1** 逆にされ(てい)ない. **2** 〘法律〙 (下級審の判決が上級審によって)破棄され(てい)ない, 取り消され(てい)ない. 〘1594〙

ùn·re·vísed *adj.* 訂正され(てい)ない, 未校訂の. 〘1775〙

U

ùn·re·vóked *adj.* 取り消され(てい)ない, 廃止され(てい)ない. 〖1479〗

ùn·re·wárd·ed /-dᵻd | -dᵻd/ *adj.* 報いられ(てい)ない, 賞[罰]を受け(てい)ない, 無報酬の. 〖*c*1412〗

ùn·re·wárd·ing /-dɪŋ | -dɪŋ/ *adj.* 報いのない; (努力[注目]するだけの)価値のない. 〖1653〗

ùn·rhe·tór·i·cal *adj.* 非修辞的な; 〈文体・言葉など〉飾りがない, 平明な (simple, plain). 〖1775〗

ùn·rhýmed *adj.* 韻を踏んでいない, 無韻の. 〖1828〗

ùn·rhýth·mic *adj.* 韻律的でない, 調子の悪い, 非律動的な. 〖1884〗

ùn·rhýth·mi·cal *adj.* =unrhythmic. **～·ly** *adv.* 〖1777〗

ùn·ríd·a·ble /-ḍəbl̩ | -də-ˊ/ *adj.* 馬に乗って[騎乗して]行けない.

ùn·ríd·den *adj.* 〈馬が〉人が乗っていない[乗ったことのない]. 〖1574〗

ùn·ríd·dle *vt.* …の謎を解く; 〈謎・神秘などを〉判じる, 解く, 解明する (solve). **ùn·ríd·dler** *n.* 〖*a*1586〗

ùn·ríd·dled *adj.* 〈謎・神秘など〉解かれ(てい)ない, わからない. 〖1823〗

ùn·rí·fled[1] *adj.* 略奪され(てい)ない, 奪われ(てい)ない. 〖1603〗

ùn·rí·fled[2] *adj.* 〈銃腔が〉旋条のついていない. 〖1860〗

ùn·ríg *vt.* (**un·rigged**; **-rig·ging**) **1** 〘海事〙〈船〉の索具を取りはずす: ～ a ship 船の艤装を解く. **2** …から装備を取り除く. **3** 《古・方言》…の衣服を脱がせる, 裸にする (undress). 〖1579–80〗

ùn·rígged *adj.* 〘海事〙〈船が〉索具のない, 索具を解いた, 艤装を解いた. 〖*a*1593〗

ùn·ríght·eous *adj.* **1** 公正でない, 不公平な, 不当な (unjust): an ～ judgment, law, etc. **2** よこしまな, 邪悪な, 罪深い, 不義の (wicked, sinful): an ～ man. **～·ly** *adv.* **～·ness** *n.* 〖OE *unrihtwīs*: ⇨ un-[1], righteous〗

ùn·ríght·ful *adj.* 不正な, 不当な; 非合法の, 正統でない. **～·ly** *adv.* **～·ness** *n.* 〖*c*1350〗

ùn·ríp *vt.* (**un·ripped**; **-rip·ping**) **1** 切り開く[離す]: ～ a seam 縫い目を引き[切り]裂く. **2** 《まれ》知らせる, 暴露する (reveal). 〖1513〗

ùn·rípe *adj.* **1** 熟さない, 未熟な, 生(なま)の (immature): ～ fruit / an ～ mind, girl, etc. **2** 機の熟さない, 時の至らない, まだ完成していない: an ～ scheme, plan, etc. / The time is ～ *for* taking on such an enterprise. このような企業を引き受けるのにはまだ機が熟していない. **3** 《廃》〈死が〉早過ぎた (premature): an ～ death. **～·ly** *adv.* **～·ness** *n.* 〖OE *unrīpe*: ⇨ un-[1], ripe[1]〗

ùn·ríp·ened *adj.* **1** 熟さない, 未熟な. **2** 〈チーズが〉熟成して(い)ない. 〖1588〗

ùn·rís·en *adj.* 上から[昇ら]ない; 起きない; 現れない; 生じない. 〖1775〗

ùn·rí·valed *adj.* (*also* **ùn·rí·valled**) 競争者[相手]がない, 無敵[無比]の, 無類[無双]の, 最上の (supreme, unequaled). 〖1594〗

ùn·rív·et *vt.* **1** …の鋲(びょう)を取り去る. **2** 〈鋲締めした(ような)物を〉はずす (detach): The sound ～*ed* my gaze. その物音を聞いてじっと向けていた視線をそらした. 〖1591〗

ùn·róast·ed *adj.* **1** 〈肉が〉焼かれ(てい)ない, 蒸焼きにされ(てい)ない; 焙(ほう)じられ(てい)ない. **2** 〘冶金〙〈鉱石が焙焼(ばいしょう)され(てい)ない. 〖*c*1378〗

ùn·róbe *vt.* …の衣服[(特に)官服]を脱がせる (disrobe). **—** *vi.* 衣服[官服]を脱ぐ. 〖1598〗

ùn·róll *vt.* **1** 〈巻いた物を〉解く, 開く, 広げる (extend, open): ～ a blanket. **2** (巻き物を広げるように)繰り広げる, 展開する; 明らかにする (disclose). **3** 《Shak》巻物[記録簿]から取り除く. **—** *vi.* **1** 〈巻いた物が〉解ける, 広がる, 開く (unfold). **2** 〈視野・景色などが〉広がる, 一面に見えてくる. 〖1412〗

ùn·ro·mán·tic *adj.* 非浪漫的な; 小説的でない; ロマンチックでない, 空想的でない; 平凡な, 実際的な, 地味な (commonplace). 〖1731〗

ùn·ro·mán·ti·cal *adj.* =unromantic. **～·ly** *adv.* 〖1850〗

ùn·róof *vt.* …の屋根を取り去る[剝(は)がす]. 〖1598〗

ùn·róofed *adj.* 屋根のない, 無蓋(むがい)の; 屋根をなくした. 〖*a*1555〗

ùn·róost *vt.* とまり木から追っ払う; …から追い出す. 〖1598〗

ùn·róot *vt.* 《主に米》 **1** …の根を抜く, 根こぎにする《uproot のほうが普通》. **2** 根絶する (eradicate). **—** *vi.* 根こぎにされる. 〖*c*1449〗

ùn·róot·ed /-ṭᵻd | -tᵻd/ *adj.* **1** [～ *out* として] 根こぎにされ(てい)ない. **2** 根なし草のような, 定着性のない (rootless): an ～ life. 〖1550〗

ùn·rópe *vt., vi.* (…をつないでいる)綱を解く[ほどく]. 〖1883〗

ùn·róugh *adj.* **1** ざらざら[でこぼこ]していない. **2** 《Shak》ひげのない (beardless). 〖*c*1440〗

ùn·róund *vt.* 〘音声〙 **1** 〈唇を〉横に開く. **2** 〈母音または子音を〉唇を丸めないで発音する: The vowel [u] when ～*ed* becomes [ɯ]. 唇を丸めずに発音した場合の [u] の母音は [ɯ] となる. **—** *adj.* =unrounded. 〖1611〗

ùn·róund·ed *adj.* 〘音声〙唇を丸めないで発音される, 非円唇(えんしん)の (↔ rounded): an ～ vowel 非円唇母音 《[i], [e], [a] など》. 〖(1519) 1877〗

ùn·róve *v.* unreeve の過去形・過去分詞.

ùn·róy·al *adj.* 王(者)のようでない; 王らしくない, 王にも似合わない. **～·ly** *adv.* 〖*a*1586〗

UNRRA, Un·rra /ʌ́nrə/ *n.* アンラ, 国連救済復興機関《ヨーロッパ諸国に対しては 1947 年, 中国に対しては 1949 年廃止》. 〖(1943): 《頭字語》← *U*(*nited*) *N*(*ations*) *R*(*elief and*) *R*(*ehabilitation*) *A*(*dministration*)〗

ùn·rúf·fle *vt.* **1** 〈人を〉静める, 落ち着かせる (calm, quiet). **2** 〈物〉のしわなどを伸ばす, 平らにする (smooth out). **—** *vi.* **1** 静かになる. **2** 〈しわが〉平らになる. 〖1697〗

ùn·rúf·fled *adj.* **1** ごたつかない, 混乱しない; 静かな, 穏やかな, 平穏な, 落ち着いた, 冷静な (calm, serene): ～ self-confidence 落ち着いた自信 / ～ waters 静かな海. **2** 〈衣服などが〉しわのない (smooth). 〖1659〗

ùn·rúled *adj.* **1** 支配を受け(てい)ない, 統治され(てい)ない. **2** 罫(けい)を引いてない: ～ paper. 〖*c*1375〗

un·rul·y /ʌnrú:li, ʌ̀n-/ *adj.* (**more ～, most ～; un·ru·li·er, -li·est**) **1** 統御[制御]できない, 御しにくい, 気ままな, 言うことをきかない, 手に余る, 始末に負えない (ungovernable, disobedient): an ～ mob / the ～ member ⇨ member 2 a. **2** 〈髪が〉まとまりにくい: ～ hair. **3** 〈天候などが〉荒れ狂う (stormy). **un·rú·li·ness** *n.* 〖(1400) ← UN-[1]+《廃》*ruly* orderly, obedient (⇨ rule, -y[4])〗

SYN 扱いにくい: **unruly** わがままで規則や拘束に従わない: *unruly* children 手に負えない子供たち. **ungovernable** 〈人・動物・激情など〉荒々しくて制御できない《格式ばった語》: an *ungovernable* temper 激しい気性. **unmanageable** 〈人や動物, 特に若い人が〉素行が悪くて手に余る: an *unmanageable* boy 手に余る少年. **disobedient** 命令・規律などに従わず反抗的で扱いにくい: *disobedient* workers 反抗的な労働者. **intractable** 〈人や物が〉素直でなく扱いにくい《格式ばった語》: an *intractable* child 手に負えない子供. **refractory** 〈人や動物が〉頑固に抵抗するので扱いにくい《格式ばった語》: a *refractory* horse 御しがたい馬. **ANT** tractable, docile.

unrúly certíficate *n.* 《口語》〘英法〙=CERTIFICATE of unruliness.

ùn·rústed *adj.* さびて(い)ない.

UNRWA /ʌ́nrə/ *n.* 国連救済事業機関《アラブ難民救済のため 1950 年設置された》. 〖(1951) 《頭字語》← *U*(*nited*) *N*(*ations*) *R*(*elief and*) *W*(*orks*) *A*(*gency*)〗

Uns 《記号》〘化学〙unnilseptium.

uns- /ʌns/ [通例イタリック体で, 有機化合物の名称に用いて]「非対称の (unsymmetrical)」の意の連結形: *uns*-dichloro-ethane. ★ 時に unsym- ともなる. 〖《略》← UNSYMMETRICAL〗

ùn·sád·dle *vt.* **1** 〈馬など〉から鞍をはずす. **2** 〈人を〉馬から落とす, 落馬させる (unhorse). **—** *vi.* 馬から鞍を降ろす. 〖*c*1384〗

un·sád·dling enclòsure *n.* 〘競馬〙脱鞍(だつあん)所《レース後馬の鞍(くら)をはずして表彰式が行われる場所》.

ùn·sáfe *adj.* **1** 安全でない, 危険な, 物騒な (dangerous): an ～ method. **2** 〘法律〙〈判決など〉くつがえされる可能性のある. ★ しばしば unsafe and unsatisfactory の句で用いる. **～·ly** *adv.* **～·ness** *n.* 〖1597〗

ùnsafe séx *n.* (性病感染, 特にエイズに対して)予防措置をとらないセックス, 無防備なセックス.

ùn·sáfe·ty *n.* 安全(性)の欠如, 危険; 不安定 (insecurity). 〖1596〗

ùn·sáid *adj.* (声に出して)言わない, 話さない, (特に)思っても口に出さない: leave something ～ あることを言わないでおく / Better leave it ～. 言わずにおいたほうがよい, 言わぬが花. **—** *vt.* unsay の過去形・過去分詞. 〖lateOE *unsǣd*: cf. G *ungesagt*〗

ùn·sáint·ly *adj.* 聖人[聖者]らしくない[にふさわしくない]. 〖1659〗

ùn·sál·a·ble *adj.* 売るに適していない; 売れない, 売行きが悪い, 需要のない (unmarketable). **ùn·sàl·a·bíl·i·ty** /-ləbíləṭi | -lᵻti/ *n.* 〖1565〗

ùn·sál·a·ried *adj.* 給料をもらわない, 無給の (unpaid): an ～ officer. 〖1836〗

ùn·sále·a·ble *adj.* =unsalable. 〖1565〗

ùn·sált·ed *adj.* **1** 塩につけない; 塩を入れない, 塩気がない: an ～ meat. **2** 淡水の: an ～ stream. 〖1440〗

ùn·sánc·ti·fied *adj.* 清められ(てい)ない, 聖化され(てい)ない, 神聖でない, 汚れた, 不浄の (unholy); 聖別され(てい)ない. **～·ly** *adv.* 〖1570〗

ùn·sánc·tioned *adj.* 裁可され(てい)ない; 批准され(てい)ない, 正式に承認され(てい)ない (unauthorized). 〖1784〗

ùn·sán·i·tà·ry *adj.* **1** =insanitary. **2** 衛生設備のない, 衛生に無関心の. 〖1871〗

ùn·sát·ed /-ṭᵻd | -tᵻd˗/ *adj.* 飽き足らない, 満足して(い)ない (unsatisfied). 〖1693〗

ùn·sá·tia·ble *adj.* =insatiable. **～·ness** *n.* **ùn·sá·tia·bly** *adv.* 〖*c*1384〗

ùn·sá·ti·àt·ed /-ṭᵻd | -tᵻd/ *adj.* 十分に満足し(てい)ない, 不満足な; 食い足りない. 〖1701〗

ùn·sàt·is·fác·tion *n.* 不満足, 不満. 〖1643〗

un·sat·is·fac·to·ry /ʌ̀nsæ̀tᵻsfǽktəri, -tri | -tɪs-˗/ *adj.* **1** 不満足な, 意に満たない, 不十分な (inadequate). **2** 〘法律〙=unsafe. **ùn·sàt·is·fác·to·ri·ly** *adv.* **ùn·sàt·is·fác·to·ri·ness** *n.* 〖1637–50〗

ùn·sát·is·fìed *adj.* 満たされ(てい)ない, 満足し(てい)ない, 飽き足らない, 不満足な: That left his appetite ～. それだけでは彼の食欲は満たされなかった. ★ dissatisfied のほうが強意的; 人を主語として叙述的に用いる場合には dissatisfied のほうが普通. **～·ly** *adv.* **～·ness** *n.* 〖*c*1430〗

SYN 不満足な: **unsatisfied** 満足していない: His answer left us *unsatisfied*. 彼の答に我々は満足しなかった. **dissatisfied** 積極的に不満足で《*unsatisfied* よりも意味が強い》: a *dissatisfied* expression 不服そうな表情. **disgruntled** 満足させられないので不機嫌になって: in a *disgruntled* mood 不機嫌な気分で. **discontented** 満足できなくて気持がすっきりしない: *discontented* consumers 不満をいだいている消費者たち.

ùn·sát·is·fỳ·ing *adj.* 満足させない, 満足[充足]感を与えない: an ～ meal. 〖1656〗

ùn·sát·u·rate *n.* 〘化学〙不飽和化合物. 〖1934〗

ùn·sát·u·ràt·ed /-ṭᵻd | -tᵻd/ *adj.* **1** 飽和に達していない: an ～ solution. **2** 〘化学〙飽和されない, 不飽和結合の: an ～ compound 不飽和化合物《有機化合物のうち炭素原子間の二重結合, 三重結合を含む化合物》/ an ～ radical 不飽和基. **ùn·sat·u·rá·tion** *n.* 〖1758〗

ùn·sáved *adj.* (宗教的に)救われ(てい)ない, 救済[済度]され(てい)ない. 〖1648〗

ùn·sá·vor·y *adj.* **1** 嫌なにおい[味]がする, まずい, うまくない: an ～ dish. **2** 不快な, 嫌な (unpleasant, disgusting); 魅力のない, つまらない (unattractive): an ～ subject, assignment, etc. **3** (道徳的に)芳しくない, よろしくない: an ～ character, reputation, etc. **4** 《廃》味のない, 無味の (insipid, tasteless). **un·sá·vor·i·ly** *adv.* **ùn·sá·vor·i·ness** *n.* 〖(?*a*1200): ⇨ un-[1], savory[2]〗

ùn·sáy *vt.* (**un·said**) 〈前言を〉取り消す, 撤回する (recall, retract). 〖(*c*1460) ← UN-[2]+SAY[1]: cf. OE *ontsecgan*〗

ùn·sáy·a·ble *adj.* 言葉で言い表し得ない, 容易に言い尽くせない. 〖1870〗

UNSC 《略》United Nations Security Council 国連安全保障理事会.

ùn·scál·a·ble *adj.* よじ登れない: an ～ fence / the ～ side of a mountain 山の登攀(とうはん)不可能な側. 〖1579–80〗

ùn·scále *vt.* …のうろこ[湯あか]を落とす: ～ a boiler ボイラーの湯あかを落とす. 〖*a*1510〗

ùn·scáled *adj.* 〈山など〉登られたことのない, 未踏峰の, 処女峰の. 〖1812〗

ùn·scán·na·ble /-nəbl̩/ *adj.* 〘詩学〙〈詩行が〉韻律分析できない: ～ verses. 〖1815〗

ùn·scánned *adj.* **1** 韻律を分析していない. **2** 《まれ》思いやりのない. 〖1577〗

ùn·scáred *adj.* 脅され(てい)ない, 脅迫され(てい)ない, おびえない, 驚かない. 〖1742〗

ùn·scárred *adj.* 傷つけられ(てい)ない, 傷跡が残っていない, 傷がない. 〖1592–93〗

un·scathed /ʌnskéɪðd˗/ *adj.* (肉体的・道徳的に)傷[害]を受け(てい)ない, 無傷の (unharmed): emerge [come through] ～ (災害・スキャンダルなどを)無傷で切り抜ける. 〖*c*1375〗

ùn·scént·ed /-ṭᵻd | -tᵻd˗/ *adj.* 香りのない[しない]: an ～ rose / ～ hair spray. 〖1775〗

ùn·schéd·uled *adj.* **1** 目録を作られ(てい)ない. **2** 表[時刻表, 日程表]に載っていない; 不定期の, 臨時の: an ～ airplane flight 不定期(の飛行)便. 〖1889〗

ùn·schól·ar·ly *adj.* **1** 学問[学識]がない. **2** 学者的態度でない, 学者らしくない, 学者に似合わない. **ùn·schól·ar·li·ness** *n.* 〖1784〗

ùn·schóoled *adj.* **1** 学校教育を受け(てい)ない, 無教育の; 訓練をうけ(てい)ない: an ～ woodsman. **2** 自然な, 生れつきの (natural): one's ～ talents. 〖1589〗

ùn·sci·en·tíf·ic *adj.* **1** 科学的でない, 非科学的な; 非学理的な. **2** 科学的事実[原理]に反する: an ～ method. **3** 科学的知識のない. **ùn·scì·en·tíf·i·cal·ly** *adv.* 〖1775〗

ùn·scórched *adj.* 焦がされ(てい)ない, あぶられ(てい)ない, (日照りで)枯らされ(てい)ない; 〈国土が〉焦土化され(てい)ない. 〖1599〗

ùn·scóured *adj.* すりみがかれ(てい)ない, さびを落とされ(てい)ない; 洗い流され(てい)ない, 洗浄され(てい)ない: an ～ armor. 〖*c*1460〗

ùn·scrám·ble *vt.* **1** 〈乱れたものを〉もとに戻す. **2 a** 〈暗号電報などを〉解読する (interpret): ～ a coded message 暗号文を解読する. **b** 〘通信〙《盗聴防止などのために》周波数を変化させて送信された通信を〉正規の周波数で受信する. **3** 〈混信・混線した電話・ラジオ・テレビを〉調整してわかるようにする, はっきりさせる. 〖(*c*1920): J. P. Morgan が 'You can't unscramble eggs.' (いり卵をもとの卵に戻すわけにはゆかない)と言ったことから〗

ùn·scrám·bler *n.* **1** 〈乱れたもの・混乱したものを〉調整するもの[人]. **2** 〘通信〙(秘密通信解読用の)周波数整序装置 (cf. scrambler 2). 〖1968〗

ùn·scrátched *adj.* 全く無傷の.

ùn·scréened *adj.* **1** 仕切りで隠され(てい)ない, 遮蔽(しゃへい)され(てい)ない. **2** ふるいにかけられ(てい)ない (unsifted): ～ coal. **3** 〈映画が〉未公開の, 封切りになっていない. **4** (保安上・健康上の)検査を受けていない. 〖1648〗

ùn·scréw *vt.* **1** …のねじを抜く; 〈機械の部分などを〉ねじを緩めてはずす: ～ the lid of a coffin. **2** ねじのように回して抜く; 〈びんなど〉のふたを回して取る. **—** *vi.* 〈ねじが〉抜ける[緩む]: The nut won't ～. ねじが抜けない. 〖1605〗

ùn·scrípt·ed *adj.* 〘ラジオ・テレビ〙スクリプト[台本]なしの[に従わない]; 即席の, アドリブの (extempore). 〖*c*1950〗

ùn·scríp·tur·al *adj.* 聖書に合わない, 聖書に反する, 経典に反する. **～·ly** *adv.* **～·ness** *n.* 〖1653〗

un·scru·pu·lous /ʌnskrú:pjʊləs˗/ *adj.* 無遠慮な, 不謹慎な; 不道徳な, 無節操な, 破廉恥な, 無法な (unprincipled). **ùn·scrù·pu·lós·i·ty** /-lɑ́(ː)səṭi | -lɔ́sə̀ti/ *n.* **〜·ly** *adv.* **〜·ness** *n.* 〖1803〗

ùn·scúlp·tured *adj.* 彫刻してない. 〖1775〗

ùn·séal *vt.* **1** …の封を切る; 〈封印したものを〉開く, 〈手紙を〉開封する: 〜 a tomb, letter, etc. **2** 〈固く閉ざした口などを〉開く, 割らせる (release); 〈思想・言葉・行動などを〉(束縛・抑制された状態から)自由にする: 〜 one's lips 口を開く / 〜 one's heart 胸の中を打ち明ける. **〜·a·ble** *adj.* 〖*c*1425〗

ùn·séaled *adj.* **1** 封印[封緘(ふうかん)]され(てい)ない; 開封の. **2** 実証[確認]され(てい)ない (unverified). 〖(*c*1378): ⇨ un-¹, sealed〗

ùn·séam *vt.* …の縫目をほどく[解く], 裂く; 引き裂く (rip up). 〖1592〗

ùn·séarch·a·ble *adj.* 捜し[探り]出せない, 探究できない; 神秘の, 不可思議な (mysterious); 計り知れない (inscrutable). **〜·ness** *n.* **ùn·séarch·a·bly** *adv.* 〖*c*1384〗

ùn·séarched *adj.* 捜し出され(てい)ない; 探究され(てい)ない: leave no corner 〜 くまなく捜す. 〖1526〗

ùn·séa·son·a·ble *adj.* **1 a** 時候[季節]はずれの, 不順な: an 〜 April blizzard 季節はずれの4月の雪あらし / 〜 weather 季節はずれの天候. **b** 〈魚などが〉旬(しゅん)をはずれた: 〜 salmon. **2** 時を得ない, 時機を誤った: 〜 advice. **3** その場にふさわしくない, 場所柄を考えない (untimely): 〜 humor. **〜·ness** *n.* **ùn·séa·son·a·bly** *adv.* 〖*c*1448〗

ùn·séa·son·al *adj.* 季節はずれの. **〜·ly** *adv.* 〖*c*1450〗

ùn·séa·soned *adj.* **1** 〈食物が〉調味し(てい)ない, 薬味を入れ(てい)ない, 味付けし(てい)ない: 〜 food. **2** 〈木材などが〉枯れ(てい)ない, 乾燥し(てい)ない: 〜 wood なま木, 乾燥していない木. **3** 〈人が〉未熟の, 無[未]経験の (inexperienced); 〈気候・仕事などに〉慣れ(てい)ない 〔*to*〕. **4** 《廃》時ならぬ (unseasonable). **〜·ness** *n.* 〖1582〗

un·seat /ʌnsíːt/ *vt.* **1** 免職させる; (落選させたり当選無効を訴えたりして)〈議員などの〉議席を奪う (depose): 〜 a Supreme Court Justice 最高裁判所の判事を罷免する. **2** 〈馬が〉〈人を〉振り落とす, 落馬させる (unhorse). **3** …の席を奪う, 席から除く. 〖1596〗

ùn·séat·ed /-ṭɪ̀d | -tɪ̀d⁻/ *adj.* **1** 席がない, 座席(の設備)がない; 議席のない. **2** 落馬した. **3** 〈土地・領土など〉人の住んでいない. 〖1662〗

ùn·séa·wor·thy *adj.* 〈船が〉航海に適さない[耐えない], 耐航力がない. **ùn·séa·wor·thi·ness** *n.* 〖1820〗

ùn·séc·ond·ed *adj.* **1** 助けられ(てい)ない, 援助され(てい)ない. **2** 〈動議が〉賛成者が続かない, 後援が続かない, 支持がない. **3** (決闘で)介添人がない. 〖1598〗

ùn·sé·cret *adj.* 《古》隠しておけない. 〖*a*1586〗

ùn·sec·tár·i·an *adj.* **1** 宗派[党派]がない, 宗派[党派]的でない, 非宗派[党派]的な. **2** 特定宗派の教義に拘泥(こうでい)しない, 特定宗派[党派]の束縛を受けない. **ùn·sec·tár·i·an·ìsm** *n.* 〖1847〗

ùn·se·cúred *adj.* **1** 安全にされ(てい)ない; (特に)保証[抵当]のない, 無担保の (unpledged): an 〜 debt, creditor, etc. **2** 〈戸が〉しっかり閉められ(てい)ない; 〈髪の束が〉しっかり結ばれ(てい)ない. 〖1780〗

ùn·se·dúced *adj.* 誘惑され(てい)ない, そそのかされ(てい)ない. 〖1565〗

ùn·se·dúc·tive *adj.* 誘惑的でない, そそのかさない.

ùn·sée·a·ble *adj.* 見えない (invisible). 〖*a*1400〗

un·seed·ed /ʌnsíːdɪ̀d | -dɪ̀d⁻/ *adj.* **1** 〖スポーツ〗(トーナメントで)シードされ(てい)ない, ノーシードの: An 〜 player won the match from the favorite. ノーシードの選手が本命の選手を破った. **2** 種のまかれ(てい)ない. 〖1884〗

ùn·sée·ing *adj.* 気をつけて見ない, (特に)意識的に見[観察し]ようとしない: with 〜 eyes ぼかんとしたまなざしで. **〜·ly** *adv.* **〜·ness** *n.* 〖*a*1325〗

ùn·séem·ing *adj.* 《Shak》…と思えない. 〖1594–95〗

un·seem·ly /ʌnsíːmli⁻/ *adj.* **1** 上品さの基準と合わない, みっともない, 見苦しい, 不体裁な, 不相応な, 不適当な (⇨ indecorous **SYN**): an 〜 outbreak of temper 人前ではみっともない激怒 / 〜 behavior 見苦しいふるまい. **2** 時宜をわきまえない, 時ならぬ (unseasonable): at the most 〜 hours 非常識な時刻に. **3** 《廃》魅力のない (unattractive): of a man of 〜 aspect 風さいのあがらない人. — *adv.* 見苦しく, 不体裁に: Charity does not behave itself 〜. 愛は非礼を行なわず (*1 Cor.* 13:5).

ùn·séem·li·ness *n.* 〖*a*1300〗

un·seen /ʌnsíːn⁻/ *adj.* **1** 目に見えない; 気づかれない (invisible): an 〜 danger. **2** 〈課題・楽譜などが〉即席の, 初見の (cf. sight *adj.* 1): an 〜 translation 即席翻訳(課題). **3** 《廃》未見の, 未知の (unfamiliar): 〜 countries. ***sight unséen*** ⇨ sight *n.* 成句.
— *n.* **1** [the 〜] 見えないもの, 見えない世界, 霊の世界. **2** 《英》即席翻訳(課題).
〖?*a*1200: ⇨ un-¹, seen: cf. OE *ungesewen*〗

ùn·ség·re·gàt·ed /-ṭɪ̀d | -tɪ̀d/ *adj.* 分離され(てい)ない; 人種差別のない: an 〜 audience. 〖1905〗

ùn·séiz·a·ble *adj.* **1** 捕えることのできない, 捕捉(ほそく)できない; 理解しにくい. **2** 〖法律〗差し押さえることができない. 〖1862〗

ùn·sél·dom *adv.* まれでなく, しばしば (frequently). ***nòt unséldom*** 《俗用》まれでなく, しばしば (often). 〖1658〗

ùn·se·léct·ed *adj.* 選ばれ(てい)ない, 選択[精選]され(てい)ない. 〖*c*1891〗

ùn·se·léc·tive *adj.* 選択しない, 任意の, 無差別の (random). **〜·ly** *adv.* 〖*c*1925〗

ùn·sélf *vt.* [〜 one*self* で] 利己的でなくする, …の利己心を去る, …の我を断つ. 〖1654〗

ùn·sèlf·cón·scious *adj.* **1** 自己意識のない. **2** てらいのない, 気取りのない. **〜·ly** *adv.* **〜·ness** *n.* 〖1866〗

ùn·sélf·ish *adj.* 利己的でない, 没我的な; 利他的な, 寛大な (generous). **〜·ly** *adv.* **〜·ness** *n.* 〖1698〗

ùn·séll *vt.* (**un·sold**) 《米》〔ある事柄を〕信じ込まないように〈人を〉説得する 〔*on*〕: I *unsold* him *on* the idea of rearmament. 再軍備の考えを信じないように彼を説得した. 〖*c*1929〗

ùn·sém·i·nared *adj.* 《Shak》去勢された. 〖(1606–7) ← un-²+*seminar* 《廃》seed plot (◻ L *sēminārium*: ⇨ seminary)+-ED〗

ùn·sen·sá·tion·al *adj.* 煽情的でない; (特に)強烈な興味[好奇心など]を引き起こさない. **〜·ly** *adv.* 〖1854〗

ùn·sént *adj.* 送付され(てい)ない, 送られ(てい)ない. 〖1501〗

ùn·sén·tenced *adj.* 刑の宣告を受け(てい)ない. 〖1526〗

ùn·sèn·ti·mén·tal *adj.* センチメンタルでない, 感情[感傷]的でない. **ùn·sèn·ti·men·tál·i·ty** *n.* **〜·ly** *adv.* 〖1752〗

ùn·sép·a·ràt·ed /-ṭɪ̀d | -tɪ̀d/ *adj.* 分離され(てい)ない. 〖1545〗

ùn·sé·ri·ous *adj.* **1** まじめでない, ふまじめな, 不謹慎な, 真剣でない, 軽い気持の. **2** 重要でない, 軽い. 〖1655〗

ùn·sérved *adj.* **1** 給仕[応対]され(てい)ない. **2** 〈教会・教会区が〉司祭[聖職者]のいない. **3** 〈令状など〉送達[執行]され(てい)ない. 〖*c*1387〗

ùn·sér·vice·a·ble *adj.* **1** (破損・使い古したりして)使用できない: an 〜 car. **2** 役に立たない, 実用にならない, 無用の. **3** 《英》軍務[兵役]につくことのできない. **〜·ness** *n.* **ùn·sér·vice·a·bly** *adv.* 〖1535〗

ùn·sét¹ *adj.* **1** 据えつけていない, 置いていない. **2** 植えていない (unplanted). **3** 〈宝石など〉台にはめていない (unmounted): an 〜 jewel. **4** まだ活字に組んでいない. **5** 〈骨など〉継いでいない: an 〜 limb. **6** 舞台装置をしていない: an 〜 stage. **7** 〈太陽が〉没し(てい)ない. **8** 〈セメントなどが〉まだ固まっていない. **9** 《古》割り当てられ(てい)ない. 〖(*c*1385): ⇨ un-², set (p.p.)〗

ùn·sét² *vt.* (**un·set**) **1** 〈宝石などを〉台からはずす. **2** 揺るがす, 乱す. 〖(1602) ← UN-¹+SET〗

un·set·tle /ʌnséṭḷ | -tl/ *vt.* **1** …の心を乱す, 不安にする (disturb), …の落ち着き[平静]を失わせる (upset): 〜 a person's mind, opinions, affections, etc. / Something about that song 〜*s* me. あの歌を聞くとなぜか心乱れる / 〜 a person's stomach 胃をむかつかせる / Storms 〜*d* the weather. 嵐が天候を乱した. **2** …の(固定した)位置[状態]を乱す; 〈信念などを〉ぐらつかせる, 動揺させる. — *vi.* 不安定になる, 動揺する; 落ち着き[平静]を失う. **〜·ment** *n.* 〖1598〗

un·set·tled /ʌnséṭḷd | -tld⁻/ *adj.* **1 a** 〈状態など〉不安定な, 落ち着かない; 不穏な, 動乱の (disturbed): I arrived two weeks ago and I still feel a little 〜. 2週間前に着いたがまだ少し落ち着かない / 〜 political conditions 不穏な政治情勢 / 〜 financial market 不安定な金融市場 / 〜 dust 舞い上がっているほこり / an 〜 stomach むかつく胃. **b** 〈天候など〉(近い将来に)変化しそうな, 変わりやすい, 定まらない (changeable, unstable): 〜 weather. **2 a** 〈心・決心・意見など〉動揺している, ぐらぐらしている, 決まらない (uncertain): in an 〜 state of mind 心がぐらついて. **b** 〈問題など〉決定し(てい)ない, 決着がついていない, 未解決の (undecided): an 〜 question 未解決の問題 / an 〜 (legal) case 未解決の訴訟事件. **3 a** 住所不定の, (一か所に)落ち着かない: the 〜 nomads of the desert 住いを定めぬ砂漠の遊牧民. **b** 〈ある地域が〉定住者のいない: 〜 land. **4** 〈勘定・借金など〉支払われ(てい)ない, 未決済の (unpaid): an 〜 bill, debt, etc. **5 a** 風変わりな, とっぴな; 移り気の (erratic): an 〜 life. **b** 〈人が〉精神的に不安定な. **〜·ness** *n.* 〖1591〗

un·set·tling /ʌnséṭḷɪŋ, -tl- | -tḷ-, -tl-⁻/ *adj.* 乱す, かき乱す, 人騒がせな (disturbing): 〜 news. **〜·ly** *adv.* 〖1665〗

ùn·sév·ered *adj.* 切断され(てい)ない, 切り離され(てい)ない: an 〜 friend 親友. 〖1453〗

ùn·séw *vt.* (〜ed; -sewn, 〜ed) …の縫目をほどく, 解く (undo); 裂く (rip). 〖*a*1376〗

ùn·séwn bínding *n.* 〖製本〗無線綴じ.

ùn·séx *vt.* **1** …から性(的能力)を奪う, 性的不能にする. **2** 〈男・女〉の性の特質をなくする; (特に)…の女らしさをなくする, 男性化する: *Unsex* me. 私を女でなくしておくれ (Shak., *Macbeth* 1. 5. 42) / She has 〜*ed* herself. 彼女は女らしさがなくなった. 〖1606〗

ùn·séx·u·al *adj.* 性的でない, 無性の. 〖1819〗

ùn·séx·y *adj.* 性的魅力のない[をもたない]. 〖1959〗

ùn·shàck·le *vt.* **1** …から枷(かせ)をはずす; 釈放[解放]する, 自由の身にする (unfetter). **2** …の抑制[遠慮]を解く, 〈会話などの〉窮屈さをなくする. 〖1611〗

ùn·sháck·led *adj.* 束縛を受けない (unrestrained): the minds 〜 *from* conventions [conscientious scruples] 因襲に捕われない[良心のとがめを感じることのない]心. 〖1775〗

ùn·shád·ed /-dɪ̀d | -dɪ̀d⁻/ *adj.* **1** 日陰になっていない, 日なたの: an 〜 meadow. **2** 〈色彩・音調が〉明暗の変化のない, (特に, 絵画で)陰影のない: an 〜 color / a clear 〜 voice. **3** 覆い[シェード]のない: an 〜 lamp. 〖*a*1668〗

ùn·shád·owed *adj.* 影に覆われ(てい)ない, 陰影のない; (特に)暗くされ(てい)ない, 暗影のない: a life 〜 *by* any calamity どんな不幸の暗い影も見えない生活. 〖1593〗

ùn·shák·a·ble *adj.* (*also* **ùn·sháke·a·ble**) 揺るがすことができない, 揺るぎのない: an 〜 alibi / 〜 loyalty, friendship, love, etc. **〜·ness** *n.* **ùn·shák·a·bly** *adv.* 〖1611〗

ùn·shák·en *adj.* 震えない, 揺るがない; 〈心など〉動揺しない, しっかりした, 確固[断固]とした (firm, steady): 〜 courage, resolution, etc. **〜·ly** *adv.* **〜·ness** *n.* 〖*c*1460〗

ùn·sháped *adj.* **1** 最終的な形にでき上がっていない, はっきりした形のない (indefinite): an 〜 timber. **2** 形[形式]の不完全な, あいまいな, 漠然とした: an 〜 idea. **3** 奇形の (misshapen). 〖1572〗

ùn·shápe·ly *adj.* 不恰好な (ill-formed); できそこないの (misshapen). **ùn·shápe·li·ness** *n.* 〖?*a*1200〗

ùn·sháp·en *adj.* =unshaped. 〖OE *un(ġe)sċeapen*〗

ùn·sháred *adj.* 分配[分担]され(てい)ない, 分かたれ(てい)ない. 〖*c*1616〗

ùn·shárp *adj.* 〖写真〗(ピントの)甘い, ぼけた, 不鮮明な. **〜·ness** *n.* 〖1611〗

ùn·sháved *adj.* 剃(そ)っていない, 削られていない, 刈り込んでいない. 〖1648〗

ùn·sháv·en *adj.* 顔をそってない; ひげを生やした: an 〜 face. 〖*c*1384〗

ùn·shéathe *vt.* **1** 〈剣などを〉さやから抜く, …のさやを払う. **2** …の覆いを取り払う, 露出する, 覆いから取り出す (uncover). ***unshéathe the swórd*** (1) 刀のさやを払う. (2) 宣戦する, 戦争を始める. 〖*c*1385〗

ùn·shéd *adj.* 流され(てい)ない: 〜 tears. 〖*c*1450〗

ùn·shéll *vt.* …の殻を剝(は)ぐ[取り去る]. 〖1599〗

ùn·shélled *adj.* **1** 殻を取っていない: 〜 peanuts. **2** 殻のない. 〖1594〗

ùn·shél·tered *adj.* 覆われ(てい)ない, 露出している (exposed); 保護[庇護(ひご)]され(てい)ない (unprotected): an 〜 industry (外国との競争にさらされている)無保護産業. 〖1599〗

ùn·shíeld·ed *adj.* 保護[守護]され(てい)ない. 〖1700〗

ùn·shíft *vi.* (パソコン・ワープロなどの)シフトキー (shift key) をはずす. 〖1965–70〗

ùn·shíp *v.* (**un·shipped; -ship·ping**) — *vt.* **1** 〈船荷などを〉下ろす, 陸揚げする (unload); 〈船客を〉船から降ろす (disembark). **2** 〖海事〗〈舵柄(だへい)・かいなどを〉はずす. **3** 落馬させる (unseat). — *vi.* **1** 荷下ろしされる; 下船する. **2** 〖海事〗取りはずされる. 〖*a*1450〗

ùn·shóck·a·ble /-ʃɑ́(ː)kəbḷ | -ʃɔ́k-⁻/ *adj.* 衝撃[ショック]を受けない. **ùn·shòck·a·bíl·i·ty** /-ʃɑ̀(ː)kəbíləṭi | -ʃɔ̀kəbílə̀ti/ *n.*

ùn·shócked *adj.* 衝撃[ショック]を受け(てい)ない. 〖1712〗

ùn·shód *adj.* **1** 靴をはいていない, はだしの (barefoot). **2** 〈馬が〉蹄鉄を打っていない. **3** 〈車がタイヤ[たが]のない; 〈ステッキなど〉鉄の石突きのついていない. 〖OE *unscōd*: ⇨ un-¹, shod〗

ùn·shóe *vt.* …の靴を脱がせる; 〈馬〉の蹄鉄を取る. 〖(1481): cf. OE *unscōg(i)an*〗

ùn·shórn *adj.* **1** 〈髪・ひげなど〉はさみを入れていない, 刈っていない, そっていない: 〜 locks, beards, etc. **2** 〈田畑が〉取入れしていない, 収穫していない. **3** 剝ぎ取られ(ていない; 減らされ(てい)ない. 〖*c*1449〗

ùn·shórt·ened *adj.* 短縮され(てい)ない, 省かれ(てい)ない. 〖1744〗

ùn·shót¹ *adj.* **1** 発射[発砲]され(てい)ない. **2** 命中し(てい)ない. **3** 〔…と〕交じっていない, 織り込まれていない 〔*with*〕. 〖1805〗

ùn·shót² *vt.* (**un·shot·ted; -shot·ting**) 〈銃〉から弾丸を抜く: 〜 a gun. 〖1544〗

ùn·shóut *vt.* 《Shak》〈騒音を〉打ち消す. 〖1607–08〗

ùn·shówn *adj.* 示され(てい)ない. 〖1606–07〗

ùn·shrínk·a·ble *adj.* 縮まない, 縮小しない: 〜 cloth. 〖1885〗

ùn·shrínk·ing *adj.* 縮こまらない, 畏縮しない, 断固とした (undaunted). **〜·ly** *adv.* 〖1606〗

ùn·shrív·en *adj.* 〖キリスト教〗告解をしていない, 懺悔(ざんげ)をして赦罪を求めていない. 〖?*a*1200〗

ùn·shróud *vt.* …から経帷子(きょうかたびら)を取る; …の覆いを取る (unveil). 〖*c*1580〗

ùn·shrúbbed *adj.* 《Shak》灌木がない. 〖1611〗

ùn·shúnned *adj.* 《まれ》避けられない. 〖1604〗

ùn·shút¹ *adj.* 閉じ(てい)ない; 開いた (open). 〖(*c*1380): ⇨ un-², shut (p.p.)〗

ùn·shút² *vt., vi.* 開く (open). 〖(?*a*1300) ← UN-¹+SHUT〗

ùn·shút·ter *vt.* …のよろい戸をあける[取りはずす]. 〖1861〗

un·sick·er /ʌnsíkə | -kə⁽ʳ⁾⁻/ *adj.* 《スコット》安全でない; 信頼できない (untrustworthy). 〖(?*a*1200) *unsiker* ← UN-¹+*siker* safe, secure (< OE *sicor* ← (WGmc) ◻ L *sēcūrus* 'SECURE')〗

ùn·síft·ed *adj.* ふるいを掛け(てい)ない; 精選され(てい)ない; 試験をしていない (unexamined). 〖1589〗

ùn·síght¹ *vt.* 見えないようにする, 見させない. 〖(1615) ← UN-²+SIGHT (v.)〗

ùn·síght² *adj.* 調べない(で), 見ない(で). ★ 次の成句にのみ用いる: ***unsight, unséen*** (交換・売買などで)現物を見ずに[調べずに] (cf. sight unseen): buy a car 〜, *unseen* 車を見ずに[調べずに]買う (cf. *a* PIG¹ *in a bag*). 〖(?1622) 《変形》↓〗

ùn·síght·ed /-ṭɪ̀d | -tɪ̀d⁻/ *adj.* **1** 見えない, 視界を

U

妨げられた: an ~ ship. **2 a** 〈銃が〉照尺がない: an ~ gun. **b** 照尺を用いないで狙った: an ~ shot (cf. unsight[1]). **~·ly** *adv.* 〖1584〗
un·sight·ly /ʌnsáɪtli/ *adj.* 見苦しい, 不体裁な, 醜い, 目ざわりな (ugly): an ~ structure 醜い建物 / There were a lot of ~ erasures in his manuscript. 彼の原稿には見苦しい消し跡がたくさんあった. **ùn·síght·li·ness** *n.* 〖*a*1400〗
ùn·sígned *adj.* 署名され(てい)ない, 署名のない, 無署名の. 〖1585〗
ùn·sín·ewed *adj.* 丈夫でない, 弱い. 〖1541〗
ùn·síng·a·ble *adj.* 〈曲が〉歌うに適さない, 歌うことができない. 〖1882〗
ùn·sínk·a·ble *adj.* 〈船など〉沈められない, 不沈の. **ùn·sìnk·a·bíl·i·ty** *n.* 〖1655〗
ùn·sís·ter·ly *adj.* 姉妹らしくない, 姉妹としての情愛のない. 〖1747〗
ùn·sízed[1] *adj.* 寸法に合っていない. 〖1613〗
ùn·sízed[2] *adj.* 陶砂(どうさ)[のり] (size) を塗っていない: ~ paper. 〖1794〗
ùn·skíl·ful *adj.* =unskillful.
un·skilled /ʌnskíld/ *adj.* **1** 熟達し(てい)ない, 未熟な; 技術訓練を受け(てい)ない (cf. skilled): an ~ laborer, accountant, midwife, dentist, etc. **2** 熟練を要しない: an ~ job. **3** 巧妙さ[腕の冴え]の見られない: an ~ poem. 〖1581〗
únskilled lábor *n.* **1** 不熟練労働 (特殊な熟練を要しない労働). **2** [集合的] 不熟練労働者, 人夫, 雑役夫. 〖1825–35〗
ùn·skíll·ful *adj.* 熟練しない, へたな; 不器用な, 不細工な (⇨ awkward SYN). **~·ly** *adv.* **~·ness** *n.* 〖*c*1370〗
ùn·slácked *adj.* **1** 緩んでいない; 弱まっていない. **2** =unslaked 2. 〖1593〗
ùn·slák·a·ble *adj.* (*also* **ùn·sláke·a·ble**) 〈渇き・欲望が〉いやしがたい, 〈怒りが〉和らげようのない, 鎮めがたい, 抑えがたい. 〖1820〗
ùn·sláked *adj.* **1** 〈渇きなど〉いやされ(てい)ない. **2** 〈石灰が〉消和していない: ~ lime 生石灰. 〖1598〗
ùn·sléep·ing *adj.* 眠らない, 寝ずの, 不眠不休の (watchful, active). 〖1667〗
ùn·slíced *adj.* 〈パンなど〉切ってない, 塊りのまま売る. 〖1889〗
ùn·slíng *vt.* (**un·slung**) **1** 〈猟銃・カメラなどを〉吊った所からはずす: ~ a camera. **2** 〈帆げた・積荷などを〉吊り綱から降ろす. 〖1630〗
ùn·smíl·ing *adj.* 笑わない, にこりともしない: an ~ face. **~·ly** *adv.* 〖1826〗
ùn·smóked *adj.* **1** 喫煙され(てい)ない: leave one's cigarette ~ たばこを吸わないでおく. **2** いぶさない, 燻製でない: ~ bacon. 〖1648〗
ùn·snáp *vt.* (**un·snapped**; **-snap·ping**) **1** …のスナップをはずす, …のスナップをはずして取る[脱ぐ]. **2** (スナップをはずすようにして)はずす, 離す. 〖1862〗
ùn·snárl *vt.* …のもつれを解く, ほどく (disentangle): ~ the yarn. 〖1555〗
ùn·só·ber *adj.* **1** まじめでない, 冷静でない; 修養[慎み]の足りない. **2** 酔った (intoxicated). **~·ly** *adv.* 〖*c*1400〗
ùn·sò·cia·bíl·i·ty *n.* 交際嫌い, 交際べた; 無愛想. 〖1758〗
ùn·só·cia·ble *adj.* **1** 交際嫌いの, 交際べたな, 非社交的な; 無愛想な; 内気な (reserved): ~ behavior. **2** 親睦[懇親]的でない. **3** 《古》不一致の (discordant). **~·ness** *n.* **ùn·só·cia·bly** *adv.* 〖1600〗

SYN 非社交的な: **unsociable** 人とのつき合いが好きでなく, 無愛想・内気なことを意味する: *unsociable* behavior 交際べたな行動. **unsocial** 上記の語とほぼ同じ意味; 〈人・気質・行為など〉他人と交際することを嫌う: an *unsocial* disposition 交際嫌いな性質. **asocial** 社会(秩序)に敵対的な: *asocial* behavior 非社会的な行動. **antisocial** 反社会的な: *antisocial* action 反社会的な行動. **ANT** sociable.

ùn·só·cial *adj.* **1** 社交的でない, 交際嫌いの (⇨ unsociable SYN): an ~ disposition. **2** 反社会的な (antisocial). **3** 《英》時間外勤務の. **~·ly** *adv.* 〖1731〗
únsocial hóurs *n. pl.* 《英》時間外勤務[労働](時間) (社交[家庭]生活に支障をきたすことから): work ~. 〖1973〗
ùn·só·cial·ìzed *adj.* 社会化され(てい)ない; (特に, 社会規範に合うように)社会訓練のできていない: an ~ juvenile delinquent.
ùn·sóiled *adj.* 汚され(てい)ない, 汚れ(てい)ない; 清潔な (clean): an ~ sheet / one's ~ reputation. 〖*c*1592〗
ùn·sól·aced *adj.* 慰められ(てい)ない, 慰めのない. 〖1775〗
un·sold /ʌnsóʊld | -sə́ʊld/ *adj.* 売れない, はけない, さばけない, (特に)売れ残りの: ~ goods, stock, etc. 〖*a*1376〗
ùn·sól·der *vt.* **1** …のはんだを剝(は)がす; 〈はんだづけした物を〉離す. **2** 分かつ, 分離する, …の間を離す (disunite). 〖1538〗
ùn·sól·dier·ly *adj.* 軍人らしくない, 軍人に似合わない: ~ conduct. 〖1598〗
ùn·so·líc·it·ed /-tɪ̀d | -tɪd/ *adj.* **1** 嘆願[懇願]され(てい)ない; 求められ(てい)ない: We are ~ *for* contributions. 我々の所にはまだ寄付を求めて来ていない. **2** 頼まれもしないのに与えた, 余計な, 要りもしない (superfluous): ~ interference 余計なおせっかい, 要らぬお世話 / an ~ testimonial (顧客などが店などに送る)自発的な感謝状[礼状]. 〖1593–94〗
ùn·so·líc·i·tous *adj.* 懸念しない, 心配しない, 頓着しない, 無関心な (unconcerned). 〖1668〗
ùn·sól·id *adj.* **1** 固くない, 固形でない; 中空の (hollow). **2** 堅実でない: ~ thinking. 〖1593〗
ùn·so·líd·i·fìed *adj.* 凝固していない; 結晶していない.
ùn·sól·u·ble *adj.* =insoluble. 〖1559〗
ùn·sólv·a·ble *adj.* 解き得ない, 解決不能の. 〖1656〗
un·solved /ʌnsɑ́(ː)lvd | -sɔ́lvd/ *adj.* 解かれ(てい)ない, 未解決の: an ~ mystery / remain ~ 未解決である. 〖1665〗
ùn·són·sy *adj.* 《英方言・スコット》 **1** 不吉な (ominous); 凶運の, 致命的な (fatal). **2** いやな, 不快な (disagreeable). 〖(1560) ← UN-[1]+SONSY〗
ùn·so·phís·ti·càt·ed /-tɪ̀d | -tɪd/ *adj.* **1** 人[世間]ずれし(てい)ない, 単純な, 素朴な; 無邪気な (innocent), (知的に)洗練されていない (⇨ naive SYN). **2** 〈構造・成り立ちが〉複雑でない, 単純な, 簡単な. **3** 混ぜ物がない; 純粋の, 本物の, 正真正銘の (pure, genuine). **~·ly** *adv.* **~·ness** *n.* 〖1630〗
ùn·so·phìs·ti·cá·tion *n.* 単純, 素朴, 無邪気. 〖1825〗
ùn·sórt·ed /-tɪ̀d | -tɪd/ *adj.* **1** 選り分けられ(てい)ない, 分類[類別]してない. **2** 《廃》うまく選ばれ(てい)ない, 不適当な (unsuitable). 〖1533〗
ùn·sóught *adj.* **1** 捜し求められ(てい)ない. **2** 求め(て)いない, 願われ(てい)ない (unsolicited). **3** 求めて得られたのではない. 〖(?*a*1200): cf. G *ungesucht*〗
ùn·sóund *adj.* **1** 根拠の薄弱な, 論理に基づかない, 不合理な; 当てにならない, ごまかしの (ill-founded): an ~ argument, scheme, verdict, etc. / The vicar is ~ *on* (the doctrine of) the Virgin Birth. 牧師は処女降誕(説)に懐疑的である. **2** しっかりできていない, ぐらぐらの: ~ foundations, structures, etc. **3** 〈会社・商店など〉(経済的に)しっかりしていない, 不安定な; 信用できない (unreliable): an ~ investment. **4** 腐敗した, 腐った, 朽ちた (decayed, rotten); 〈商品が〉傷のある, 傷物の, 不良の (defective): ~ fruit, fish, timber, health, etc. / ~ buildings, structures, organizations, etc. **5** (肉体的・精神的に)健やかでない, 健全[健康]でない (unhealthy); (特に)〈馬が〉病気にかかった (diseased): an ~ horse, lung, heart, etc. / a person of ~ mind 精神に異常のある人. **6** (道徳的に)堕落した (corrupt, evil, incompetent): an ~ person. **7** 〈眠りが〉浅い (light): ~ slumbers. **~·ly** *adv.* **~·ness** *n.* 〖?*a*1300〗
ùn·sóund·ed[1] *adj.* 発音され(てい)ない, 音にされ(てい)ない. 〖1530〗
ùn·sóund·ed[2] *adj.* 測量してない, 底の知れない (unfathomed): an ~ pit. 〖1590–91〗
ùn·sóured *adj.* **1** 酸敗し(てい)ない. **2** 不機嫌になっていない. 〖1626〗
ùn·sówed *adj.* =unsown. 〖1648〗
ùn·sówn *adj.* **1** 〈種子が〉まかれ(てい)ない: ~ seeds. **2** 〈畑が〉種まきのしていない. 〖*c*1380〗
ùn·spár·ing *adj.* **1** けちけちしない; 物惜しみしない, 惜しげのない, 大まかな (liberal, profuse): ~ praise, kindness, generosity, etc. / be ~ *of* [*in*] praise 言葉をきわめて称賛する / be ~ *in* one's efforts 努力を惜しまない / with ~ hand 惜しげもなく (Milton, *Paradise Lost* 5. 344). **2** 容赦のない, 遠慮会釈のない, 無慈悲な, 厳しい (hard, severe): an ~ taskmaster, critic, etc. **~·ly** *adv.* **~·ness** *n.* 〖*a*1586〗
ùn·spéak *vt.* (**un·spoke**; **-spo·ken**) 《まれ》〈前言を〉取り消す, 撤回する, 打ち消す (retract, unsay). 〖1606〗
un·speak·a·ble /ʌnspíːkəbl/ *adj.* **1** 口で言えない, 口に出せない: ~ bawdy words 口に出せないみだらな言葉. **2** 言葉で表せないほどの, 言語に絶する (indescribable): ~ delight, joy, etc. **3** 言うさえいやな[恐ろしい]; ひどく悪い, (お話にならない: ~ torments [misery] 言語に絶した[恐ろしい]責め苦[不幸] / an ~ kind of person 実にひどい男 / His manners are ~. 彼はひどく無作法な男だ. **~·ness** *n.* **ùn·spéak·a·bly** *adv.* 〖*a*1400〗
ùn·spéak·ing *adj.* 無言の; 口の利けない. 〖lateOE *unspecende*〗
ùn·spé·cial·ìzed *adj.* **1** 専門化され(てい)ない; 一般的な. **2** 《生物》〈器官など〉(特殊な機能に)分化しない. 〖1874〗
ùn·spe·cíf·ic *adj.* 特定[特有]のものではない, 定まっていない, はっきりしていない. 〖1807〗
un·spec·i·fied /ʌnspésəfàɪd | -sɪ-/ *adj.* 特に指示し(てい)ない; 特記[明記]し(てい)ない. 〖1624〗
ùn·spec·tác·u·lar *adj.* めざましくない, ぱっとしない, さえない.
ùn·spéc·u·là·tive *adj.* **1** 思索的でない, 黙想的でない, 空論的でない. **2** 投機的でない, 健全な (sound). 〖1659〗
ùn·spéll *vt.* …の呪文を解く, …の魔力を破る. 〖1611〗
ùn·spént *adj.* **1** 費や[消費]され(てい)ない, 消耗され(てい)ない. **2** 疲れ切っていない, 衰えない. 〖1466〗
ùn·sphére *vt.* **1** 〈惑星などを〉軌道からはずす. **2** 〈精霊などを〉その座[天界]から降ろす (remove). 〖*a*1600〗
ùn·spílled *adj.* (*also* **ùn·spílt**) こぼされていない, あふれていない; 〈血など〉流されていない. 〖1573〗
ùn·spír·i·tu·al *adj.* 霊的[精神的]でない; 現世的な, 物質的な (worldly, material). **~·ly** *adv.* **~·ness** *n.* 〖1643〗
ùn·splít *adj.* 裂け(てい)ない; 分割され(てい)ない. 〖1656〗
ùn·spóiled *adj.* **1** 〈価値・自然・美など〉損なわれ(てい)ない, 害され(てい)ない, 台なしにされ(てい)ない (undamaged). **2** 《古》略奪され(てい)ない. 〖*a*1500〗
ùn·spóilt *adj.* =unspoiled. 〖1796〗
un·spo·ken /ʌnspóʊkən | -spə́ʊ-/ *adj.* **1 a** 口に出さない, 言わない (unuttered). **b** 言わなくてもわかる, 暗黙の (tacit): ~ agreement 無言のうちの[暗黙の]同意. **2** [しばしば ~ *to* として] 話しかけられない: I kept waiting for hours ~ *to*. 数時間もだれにも話しかけられることもなく待ち続けた. **3** 《まれ》無言の, 黙った. 〖1375〗
ùn·spón·sored *adj.* スポンサー[後援者, 後援会]なしの. 〖1930〗
ùn·spon·tá·ne·ous *adj.* 自然でない, 自発的でない, 任意でない; 無理に作った, 故意の: ~ laughter 作り笑い. 〖1791〗
ùn·spóol *vi.* **1** 〈糸巻きなどに巻いたものが〉ほどける. **2** 〈映画が〉映写[上映]される. — *vt.* 〈映画を〉映写[上映]する. 〖1940〗
ùn·spórt·ing /-tɪŋ | -tɪŋ/ *adj.* =unsportsmanlike. **~·ly** *adv.* 〖1859〗
ùn·spórts·man·lìke *adj.* 競技家[遊猟家]らしくない, スポーツマンらしくない, 運動精神に反した. 〖1754〗
ùn·spót·ted /-tɪ̀d | -tɪd/ *adj.* **1** 斑点(はんてん)がない. **2** (道徳的に)汚点のない, 罪に汚れない, 清浄な, 潔白な, 純潔な (uncontaminated): ~ honor / ~ *from* the world 世に汚れず, 世の悪風に染まないで (*James* 1:27). **~·ness** *n.* 〖*c*1384〗
ùn·spráyed *adj.* (殺虫剤・農薬を)散布していない, 無農薬の. 〖1894〗
ùn·sprúng *adj.* 〈乗物・家具など〉スプリング付きでない. 〖1600〗
un·sta·ble /ʌnstéɪbl/ *adj.* **1** 不安定な, すわりの悪い; 倒れ[揺れ]やすい (unsteady): an ~ tower. **2** 一定の場所に固定し(てい)ない, 動きやすい, 移動しやすい (movable): the ~ sands of the desert 砂漠の移動しやすい砂. **3** 気が変わりやすい, 落着きのない, 情緒不安定な, 堅固でない, 頼りない (unreliable) (⇨ inconstant SYN): a mentally ~ person 精神的に不安定な人 / ~ as water ⇨ water *n.* 成句. **4** 〈天候・情勢など〉変わりやすい, 定まらない (changeable): an ~ world economy 不安定な世界経済. **5** 〈動きが〉不規則な (irregular): an ~ pulse. **6** 《化学》 **a** 〈化合物が〉分解しやすい, 他の化合物に変わりやすい, 不安定な: ~ compounds. **b** 生物的活性を失いやすい: ~ enzyme. **7** 《物理》 **a** 不安定な, 非復原性の: ⇨ unstable equilibrium. **b** 〈素粒子が〉寿命の短い; 〈核種が〉不安定な, 放射性の. **8** 《電子工学》他の作用なしに振動する傾向のある. **~·ness** *n.* **un·stá·bly** *adv.* 〖?*a*1200〗
unstable élement *n.* 《物理》不安定元素.
unstáble equilíbrium *n.* 《物理》不安定釣合い (cf. stable equilibrium).
ùn·stáge·a·ble *adj.* 〈戯曲が〉上演できない, 上演が非常に困難な. 〖1975〗
ùn·stáin·a·ble *adj.* **1** 〈衣服など〉汚すことができない. **2** 道徳的に非難することのできない, 立派な: an ~ man. 〖1584〗
ùn·stáined *adj.* **1** 〈衣服など〉汚れていない, きれいな. **2** 〈性格・名声など〉(道徳的に)汚れのない, 汚点のない (unblemished): ~ friendship, character, etc. 〖1555〗
ùn·stálked *adj.* 茎[柄, 軸]のない. 〖1875〗
ùn·stámped *adj.* 〈手紙・文書など〉判[印, スタンプ]を押してない, 切手[印紙]を貼っていない. 〖1594〗
ùn·stánched *adj.* **1** 飽くことのない. **2** 〈水などが〉漏れる (leaky). 〖*c*1380〗
ùn·stárched *adj.* **1** 糊をつけ(てい)ない, 糊で固め(てい)ない; 柔軟な (limp). **2** 〈態度・動作など〉固苦しくない, 四角張らない, くつろいだ, 楽な, 自然な. 〖1775〗
ùn·státe *vt.* **1** 《古》〈人〉から役職[位階]を奪う. **2** 《廃》〈国・政府〉の威厳を失わせる. 〖*c*1586〗
ùn·stát·ed /-tɪ̀d | -tɪd/ *adj.* 述べられ(てい)ない, はっきり表現され(てい)ない. 〖1775〗
ùn·státes·man·lìke *adj.* 政治家らしくない[に似合わない]. 〖1796〗
ùn·stát·ut·a·ble *adj.* 条例で許され(てい)ない, 法規に明文のない, 違法の. 〖1634〗
ùn·stéad·fast *adj.* **1** 〈人・決断・勇気など〉確固としていない, 強固でない, 変わりやすい, ぐらつく (irresolute): a man of ~ heart. **2** 移動しやすい, 流動する. **~·ly** *adv.* **~·ness** *n.* 〖*a*1200〗
ùn·stéad·y *adj.* (**un·stead·i·er**; **-i·est**) **1 a** 固定してない, 不安定な, ぐらぐらする: an ~ post ぐらつく柱 / ~ steps ぐらつく階段. **b** 〈歩き方など〉ふらふら[よろよろ]する: be ~ *on* one's feet 足がふらふらしている. **c** 〈手足・声など〉震える: ~ hands. **2** 〈目的・性質・気持ちなど〉変わりやすい, 動揺する, ふらふらの, 頼りない (variable, changeable): be ~ *of* [*in* one's] purpose 目的が確固としていない. **3** 身持ちのしっかりしない, 素行[身持ち]の悪い (dissipated, profligate). **4** 変動する; ゆらめく (fluctuating, wavering): ~ business conditions 変動する商況 / an ~ flame ゆらゆらする炎. **5** 均一でない, 不規則な (uneven, irregular): an ~ pulse, beat, etc.
— *vt.* 不安定にする, 変わりやすくする.
ùn·stéad·i·ly *adv.* **ùn·stéad·i·ness** *n.*
〖adj.: (1598): cf. G *unstätig*. — vt.: (1532)〗
ùn·stéel *vt.* …の力を抜く, 弱める, 柔らげる (soften). 〖1748〗
ùn·stép *vt.* (**un·stepped**; **-step·ping**) 《海事》〈マストなどを〉檣根(しょうこん)座 (step) などからはずす. 〖1853〗
ùn·stér·i·lìzed *adj.* 殺菌され(てい)ない: ~ milk.
ùn·stíck *vt.* (**un·stuck**) 〈くっついている物を〉引き離す. 〖1706〗

ùn·stím·u·làt·ed /-tɪ̀d | -tɪ̀d/ *adj.* 刺激され(てい)ない, 鼓舞され(てい)ない. 〘1775〙
ùn·stínt·ed /-tɪ̀d | -tɪ̀d⁻/ *adj.* 制限されない, おおまかな; 惜しげなく与える, 物惜しみしない: ～ praise. **～·ly** *adv.* 〘1480〙
ùn·stínt·ing /-tɪŋ | -tɪŋ⁻/ *adj.* 物惜しみをしない, 自由に与える: ～ support 惜しみない援助 / be ～ *in* one's praise 惜しげなく人をほめる. **～·ly** *adv.* 〘(*c*1380) 1845〙
ùn·stírred *adj.* 動かされ(てい)ない, かき回され(てい)ない. 〘?*c*1380〙
ùn·stítch *vt.* 〈縫い付けた物を〉ほどく, 〈衣服などの〉縫い目を解く (rip). 〘1538〙
ùn·stóck *vt.* **1** …の在庫を奪う[一掃]する. **2** …の家畜を奪う. **3** …の資本を奪う. **4** 〈銃〉から銃床を取り去る. **5** 〈船を〉造船台から下ろす. 〘*a*1547〙
ùn·stócked *adj.* **1** 仕入れていない, 仕込んでいない, (仕入品の)貯えがない: an ～ larder. **2** 〈銃が〉銃床のない. **3** 〈森・池など〉動物や魚などが放たれ(てい)ない. 〘(1388): ⇨ un-¹, stock¹ (v.), -ed〙
ùn·stóp *vt.* (**un·stopped**; **-stop·ping**) **1** …の栓を抜く, 口をあける; 〈オルガンの音栓 (stop) を開く. **2** …から邪魔物[障害]を除く. 〘*a*1398〙
un·stop·pa·ble /ʌnstɑ́(ː)pəbl̩ | -stɔ́p-⁻/ *adj.* 止められない, 防止できない; 断固とした, 強力な (forceful). **un·stóp·pa·bly** *adv.* 〘1836〙
ùn·stópped *adj.* **1** ふさいでいない, 栓がされ(てい)ない. **2** 妨げられ(てい)ない, 邪魔され(てい)ない. **3** 〘音声〙〈子音が〉閉鎖音でない, 継続的の (continuant). **4** 〘詩学〙= run-on 1. **5** 〘音楽〙〈オルガンのパイプや弦楽器の弦など〉開放の (cf. stopped 3). 〘1398〙
ùn·stóp·per *vt.* …の栓を抜く, 口を開ける, 口開けする. 〘1839〙
ùn·stó·ried *adj.* 歴史のない; 物語に出て来ない. 〘1775〙
ùn·stráined *adj.* **1** 張りつめない, 緊張しない; 無理でない, 楽な, 自然な (unforced, natural): an ～ deduction 無理のない推論. **2** 漉(こ)され(てい)ない, 漉して取り除いていない: ～ oil, milk, etc. 〘?*c*1380〙
ùn·stráp *vt.* (**un·strapped**; **-strap·ping**) …の革ひもをはずす[解く, 緩める]. 〘1828〙
ùn·strát·i·fìed *adj.* 〘地質〙層をなしていない, 無成層の: ～ rocks 無成層岩. 〘1765–75〙
ùn·stréamed *adj.* 《英》〘教育〙〈学童が〉能力別にグループ分けされていない. 〘1962〙
ùn·stréss *n.* 〘音声〙強勢の弱い[ない]音節, 無強勢の. 〘1945〙
ùn·stréssed *adj.* **1** 強調されていない. **2** 〘音声〙強勢を受けない, アクセントのない (unaccented): an ～ syllable / an ～ vowel 無強勢母音, 弱母音. **3** 応力を受けない. 〘1883〙
ùn·strí·at·ed /-tɪ̀d | -tɪ̀d/ *adj.* 〘解剖〙〈筋肉が〉横紋のない, 平滑な (unstriped). 〘1877〙
ùn·strík·a·ble *adj.* 法律上ストライキをできない.
ùn·stríng *vt.* (**un·strung**) **1 a** 〈弦楽器・弓などの〉弦をはずす[緩める]. **b** 〈財布〉のひもを緩める. **2** 〈ビーズなどを〉糸から抜き取る (unthread): ～ beads, a necklace of pearls, etc. **3** 〈神経を〉弱める; 〈人を〉がっくりさせる, 自制心を失わせる (disorder). **4** …の緊張を解く, 弛める (loosen). 〘1611〙
ùn·stríped *adj.* **1** 縞[筋]のない. **2** 〘解剖〙〈筋肉が〉横紋のない: an ～ muscle 平滑筋. 〘*a*1841〙
ùn·strúc·tured *adj.* **1** 組織立てられていない, 体系をもたない; 統一されていない, 自由な: an ～ college course. **2** 決まった形のない; 〈特に服など〉ゆったりした. 〘1936〙
ùn·strúng *vt.* unstring の過去形・過去分詞. — *adj.* **1** 〈弦楽器・弓などが〉弦をはずした[緩めた]. **2** 〈神経が〉参ってしまった; 〈人が〉自制心を失った, 取り乱した: His nerves are all ～. 彼はすっかり取り乱している. 〘(1598): ⇨ un-¹, strung〙
ùn·stúck *vt.* unstick の過去形・過去分詞. — *adj.* **1** はがれた, 緩んだ, ほどけた, 離れた (free). **2** 混乱した, くずれた, 筋の通らない, 支離滅裂な. **còme unstúck** 《口語》失敗する, だめになる: My plan has *come* ～. 計画は失敗した. 〘1913〙
ùn·stúd·ied /-dɪd | -dɪd/ *adj.* **1** 学ばないで得た, 自然のうちに会得した: ～ knowledge. **2** 前もって考えておいたのではない, 即席の, 即座の (casual): ～ words. **3** わざとらしくない, 巧まない, 自然に発した, 楽な, 無理のない: ～ ease, eloquence, grace, wit, etc. **4** 学んでいない (unlearned); 〔…に〕明るくない (unversed) 〔*in*〕: He is ～ *in* Greek. ギリシャ語には暗い. 〘*c*1380〙
ùn·stúffed *adj.* 詰め物を入れてない, 中身の詰まっていない. 〘1480〙
ùn·stúff·y *adj.* **1** 〈部屋などむっとし(てい)ない, 〈天候などうっとうしくない. **2** 堅苦しくない, ふだんの, 略式の (casual).
ùn·stýl·ish *adj.* 流行遅れの. **～·ly** *adv.* **～·ness** *n.* 〘1863〙
ùn·sub·dúed *adj.* 鎮圧[征服]され(てい)ない (unconquered); 抑えられ(てい)ない, 制され(てい)ない (unrepressed). **～·ness** *n.* 〘1590〙
ùn·súb·ju·gàt·ed /-tɪ̀d | -tɪ̀d/ *adj.* 服従していない, 征服されていない. 〘1837〙
ùn·sub·mís·sive *adj.* 従順でない, 不従順な. **～·ly** *adv.* 〘*a*1653〙
ùn·súb·si·dìzed *adj.* 助成金を受け(てい)ない. 〘1756〙
ùn·sub·stán·tial *adj.* **1** 実体[実質]がない, 中身がない, 見かけばかりの; 軽い, もろい (light, flimsy): ～ air 空(くう)の風 (Shak., *Lear* 4. 1. 7) / an ～ building もろい建物 / an ～ meal こくのない[軽い]食事. **2** 現実でない, 非現実的な, 空(くう)な, 夢のような, 夢幻の (unreal, visionary): an ～ hope, dream, argument, etc. **～·ly** *adj.* 〘*c*1454〙
ùn·sub·stàn·ti·ál·i·ty *n.* 実体[実質]がないこと, 堅固でないこと, もろさ, 非現実, 空なこと, 夢幻. 〘1838〙
ùn·sub·stán·ti·àt·ed /-tɪ̀d | -tɪ̀d/ *adj.* 証拠立てられ(てい)ない, 確証[根拠]のない: an ～ report, rumor, etc. 〘1775〙
ùn·súb·tle *adj.* 微妙[巧妙]でない, こまやかさに欠ける, 大まかな, 直截的な, ずばり言う. 〘(*a*1500) 1942〙
ùn·suc·céss *n.* 不成功, 不首尾, 失敗 (failure). 〘*a*1586〙
un·suc·cess·ful /ʌ̀nsəksésfəl, -fl⁻/ *adj.* 不成功の, 失敗の, 不出来の, 不運な (unfortunate): an ～ man, business, effort, etc. / He was ～ in the election. 彼は選挙に落選した. **～·ness** *n.* 〘1617〙
ùn·suc·céss·ful·ly *adv.* 失敗して, 不運にも, 武運拙(つたな)く. 〘1649〙
ùn·súf·fer·a·ble *adj.* (肉体的・精神的に)我慢できない, 許容できない. **ùn·súf·fer·a·bly** *adv.* 〘*a*1325〙
ùn·súg·ared *adj.* 砂糖の入っていない, 無糖の, 〈丸薬が〉糖衣錠でない. 〘1592〙
ùn·sug·gés·tive *adj.* 暗示的でない, 示唆的でない. 〘1797〙
ùn·sùit·a·bíl·i·ty *n.* 不適当, 不相応, 不似合い, 不適任. 〘1814〙
un·suit·a·ble /ʌnsúːtəbl̩ | -súːt-, -sjúːt-⁻/ *adj.* 不適当な, 不相応な, 不適任な, 不似合いの, 要求に合わない; 〔…に〕適応[適合]しない (unfitting) 〔*for, to*〕: make an ～ marriage 不似合いの結婚をする / an article ～ *for* import 輸入に不向きな品 / She is ～ *for* the role. その役には不向きだ. **ùn·súit·a·bly** *adv.* **～·ness** *n.* 〘*a*1586〙
ùn·súit·ed /-tɪ̀d | -tɪ̀d⁻/ *adj.* **1** 〔…に〕適さない, 不適当な, 合わない, 適応しない 〔*for, to*〕: be ～ *for* the purpose 目的に適さない. **2** 釣り合わない, 両立しない, 相いれない (ill-matched, incompatible). 〘1598〙
ùn·súl·lied *adj.* 汚れていない, 汚点のない: an ～ reputation, honor, etc. / a garment ～ *with* mud 泥で汚れていない衣服. 〘1594–95〙
ùn·súmmed *adj.* 合計[計算]され(てい)ない. 〘?*a*1400〙
ùn·súm·moned *adj.* 呼び出[召喚]され(てい)ない, 招かれ(てい)ない (uninvited). 〘1474〙
ùn·súng *adj.* **1** 歌われ(てい)ない. **2 a** 韻文で述べられ(てい)ない; 詩歌に歌われ(てい)ない, 賛歌を捧げられない: fallen soldiers, unknown and ～ 世に知られず歌にも詠(よ)まれ(てい)ない戦没兵士たち. **b** 無名の, 埋もれた. 〘1422–61〙
ùn·súnned *adj.* **1** 太陽の熱[光線]を受け(てい)ない; 日に照ら[さら]され(てい)ない; 日焼けし(てい)ない. **2** 一般大衆[民衆]に公開され(てい)ない. 〘1607〙
ùn·sún·ny *adj.* 日当たりがよくない; 暗い, 陰うつな. 〘1859〙
ùn·sú·per·vised *adj.* 監督されていない. 〘1899〙
ùn·sup·plíed *adj.* **1** 満たされ(てい)ない, 補充され(てい)ない. **2** 《古》〈…を〉供給され(てい)ない, 調達され(てい)ない 〔*with*〕. 〘1599〙
ùn·sup·pórt·a·ble /-təbl̩ | -tə-⁻/ *adj.* **1** 支えられない. **2** 支持できない; 我慢できない (intolerable): an ～ opinion. **3** 《古》いらだたしい, 腹の立つ (vexatious). 〘1586〙
ùn·sup·pórt·ed /-tɪ̀d | -tɪ̀d⁻/ *adj.* **1** 支えられ(てい)ない, 維持[支持]され(てい)ない. **2** 立証され(てい)ない: an ～ hypothesis. **～·ly** *adv.* **～·ness** *n.* 〘1420–22〙
ùn·sup·pórt·ive *adj.* 支えとならない, 励ましを与えない, 心の支えにならない; 扶養しない.
ùn·sup·préssed *adj.* 鎮圧[抑圧]され(てい)ない, 静められ(てい)ない: an ～ feeling. 〘1621〙
un·sure /ʌnʃúə, -ʃə́ː | -ʃɔ́ː(r, -ʃúə(r⁻/ *adj.* **1** 確かでない, 不確実な (uncertain); 〔…に〕確信がない, 自信がない 〔*of, about*〕: ～ hopes 不確かな希望 / What's to come is still ～. これから先どうなるかまだわからない / be ～ *of* [*about*] the result 結果に自信がない / We are still ～ *whether* he is alive or not. 彼が生きているかどうか確信がない. **2** 自信のない, 危なっかしい: with ～ steps 危なっかしい足取りで. **3** 当てにならない, 信頼できない (unreliable): an ～ person. **4** 事情次第で変わる, 不安定な (precarious): the ～ state of our existence. **5** 《廃》安全でない, 危険な (dangerous). 〘?*a*1400〙
ùn·súred *adj.* 《Shak》不安な. 〘1594–96〙
ùn·súr·faced *adj.* 〈道路が〉表面舗装されていない. 〘1953〙
ùn·sur·móunt·a·ble /-təbl̩ | -tə-⁻/ *adj.* 打ち勝ち難い (insuperable): an ～ obstacle. 〘1611〙
ùn·sur·móunt·ed /-tɪ̀d | -tɪ̀d⁻/ *adj.* 打ち勝たれ(てい)ない. 〘1775〙
ùn·sur·páss·a·ble *adj.* まさる[しのぐ]ことができない, この上ない, 最高の: ～ skill. **ùn·sur·páss·a·bly** *adv.* 〘1611〙
ùn·sur·pássed *adj.* 打ち勝つものがない, 上に出るものがない, 凌駕(りょうが)されない, 卓絶した, 無比の, 無類の: be ～ in valor 勇気にかけては並ぶものがない. 〘1775〙
ùn·sur·prísed *adj.* 驚かない 〔*at, by*〕 〈*to* do〉. 〘1591〙
ùn·sur·pris·ing /ʌ̀nsəpráɪzɪŋ, -sə- | -sə-⁻/ *adj.* 驚くほどのことではない, 意外ではない: His failure is ～. 彼の失敗は驚くにあたらない. 〘1671〙
ùn·sur·prís·ing·ly *adv.* 驚きもしないが, 案の定: His proposal was ～ rejected. 彼の提案は案の定拒否された.
ùn·sus·cép·ti·ble *adj.* 〔…に〕感じやすくない, 印象を受けにくい, 染まらない 〔*to*〕: be ～ *to* disease 病気に感染しない. 〘1692〙
ùn·sus·péct·ed *adj.* **1** 疑われ(てい)ない, 怪しまれ(てい)ない, 怪しいと思われ(てい)ない, 嫌疑を受け(てい)ない. **2** あると思われ(てい)ない, 思いも寄らない: an ～ danger. **～·ly** *adv.* **～·ness** *n.* 〘*c*1530〙
un·sus·pect·ing /ʌ̀nsəspéktɪŋ⁻/ *adj.* 疑わない, 怪しまない, 信用する. **～·ly** *adv.* 〘1595〙
ùn·sus·pí·cious *adj.* **1** 疑わしくない, 怪しくない. **2** 疑わない, 怪しまない, 不審に思わない. **～·ly** *adv.* **～·ness** *n.* 〘1589〙
ùn·sus·táin·a·ble *adj.* 支えることができない, 支持[擁護]できない; 確証できない: an ～ position, opinion, etc. 〘*a*1677〙
ùn·swál·low *vi., vt.* 《婉曲》もどす, 吐く.
ùn·sus·táined *adj.* **1** 支えられ(てい)ない, 支える者[物]のない, 支持[擁護]され(てい)ない; 確証され(てい)ない. **2** 高水準に持続[維持]され(てい)ない. 〘1630〙
ùn·swád·dle *vt.* …からうぶ着[おむつ]をはずす[脱がす]: ～ a baby. 〘1580〙
ùn·swál·lowed *adj.* 飲まれ(てい)ない, 飲み込まれ(てい)ない. 〘?*a*1380〙
ùn·swáthe *vt.* …の巻布[包布, 包帯]を解く. 〘*a*1400〙
ùn·swáy·a·ble *adj.* 抑制できない. 〘1607–08〙
ùn·swáyed *adj.* **1** 〔…に〕支配され(てい)ない, 動かされ(てい)ない, 左右[影響]され(てい)ない 〔*by*〕: be ～ *by* public opinions 世論に動かされない. **2** 片寄らない, 偏見のない (unbiased). 〘1592–93〙
ùn·swéar *v.* (**un·swore**; **-sworn**) — *vt.* (宣誓をし直して) 〈前の宣誓を〉破る, 捨てる (recant, abjure): He will ～ tomorrow what he swore today. 今日宣誓したことを明日になれば破ってしまうだろう. — *vi.* 宣誓したことを破る. 〘1594–96〙
ùn·swéet·ened *adj.* **1** 甘みを加え(てい)ない, 甘くしてない. **2** 〈調子など〉美しくされ(てい)ない, 美しくない. 〘1775〙
ùn·swépt *adj.* 払われ(てい)ない, 掃いてない; 一掃され(てい)ない. 〘1597〙
ùn·swérv·ing *adj.* **1** それない, はずれない; 踏み迷わない. **2** 固い, 確固たる, 変わらない, 不動の (firm, steady): ～ loyalty, constancy, etc. **～·ly** *adv.* **～·ness** *n.* 〘1694〙
ùn·swól·len *adj.* **1** ふくれていない, 膨張してない. **2** 誇張のない. 〘1648〙
ùn·swórn *adj.* **1** 宣誓し(てい)ない. **2** 宣誓させられ(てい)ない, 宣誓で縛られ(てい)ない: an ～ witness 参考人. 〘1529〙
ùn·syl·láb·ic *adj.* 〘音声〙=nonsyllabic. 〘1864〙
unsym. 《略》unsymmetrical.
un·sym- /ʌnsɪm/ =uns-.
ùn·sym·ból·ic *adj.* =unsymbolical. 〘1871〙
ùn·sym·ból·i·cal *adj.* 非象徴的な. **～·ly** *adv.*
ùn·sym·mét·ric *adj.* =unsymmetrical.
ùn·sym·mét·ri·cal *adj.* **1** 不相称の, 非対称的な, 非均斉的な. **2** 〘数学・論理〙非対称の, 非対称的な. **～·ly** *adv.* 〘1755〙
ùn·sỳm·pa·thét·ic *adj.* **1** 同情がない, 思いやりがない, 冷淡な, 無情な (hard, callous). **2** 共鳴しない, 性(しょう)が合わない (antipathetic). **ùn·sỳm·pa·thét·i·cal·ly** *adv.* 〘1823〙
ùn·sým·pa·thìz·ing *adj.* **1** 同情しない, 思いやりのない. **2** 共鳴しない. **～·ly** *adv.* 〘1735–36〙
ùn·sỳs·te·mát·ic *adj.* 組織的でない, 非組織的な, 非系統的な. 〘1770〙
ùn·sỳs·te·mát·i·cal *adj.* =unsystematic. **～·ly** *adv.* 〘1780〙
ùn·sýs·tem·a·tized *adj.* 組織[秩序]立てられ(てい)ない, 無体系の: an ～ procedure. 〘1832〙
UNTAC /ʌ́ntæk/ *n.* 国連カンボジア暫定行政機構, アンタック《1991 年 10 月 23 日設立, 1993 年総選挙による新政権発足により任務終了》. 〘《頭字語》← *U*(*nited*) *N*(*ations*) *T*(*ransitional*) *A*(*uthority in*) *C*(*ambodia*)〙
ùn·táck *vt.* **1** …の鋲(びょう)(など)を取る[はずす]. **2** 〈鋲などで止めたものを〉離す, はずす. **3** 〈馬〉から鞍と馬勒(ばろく) (bridle) をはずす. 〘1641〙
ùn·táct·ful *adj.* 才[機知, 臨機応変の才, 手腕, 腕]がない, 気転がきかない (tactless). **～·ness** *n.* 〘1860〙
ùn·táct·ful·ly *adv.* 気がきかないで, ぼんやりして, まずく, へたに.
UNTAG /ʌ́ntæg/ *n.* 国連ナミビア独立支援グループ (1989–90). 〘《頭字語》← *U*(*nited*) *N*(*ations*) *T*(*ransition*) *A*(*ssistance*) *G*(*roup*)〙
ùn·táint·ed /-tɪ̀d | -tɪ̀d⁻/ *adj.* 汚れていない, (罪悪・恥辱などの)汚点のない, きずがない. **～·ly** *adv.* **～·ness** *n.* 〘1590〙
ùn·ták·en *adj.* 取得[収穫, 占領, 奪取]され(てい)ない. 〘*a*1375〙
ùn·tál·ent·ed /-tɪ̀d | -tɪ̀d⁻/ *adj.* 才[才能, 才幹, 技量]がない, 無能の. 〘1753〙
ùn·tálked-òf *adj.* 言及され(てい)ない, 述べられ(てい)ない. 〘1595–96〙
ùn·táme·a·ble *adj.* (*also* **ùn·tám·a·ble**) ならしにくい, 飼いならしえない, 御しえない. **～·ness** *n.* **ùn·tám·a·bly** *adv.* 〘1567〙

U

ùn·támed *adj.* **1** 馴らされ(てい)ない, 飼いならしていない, 野生の (wild). **2** 抑え[静め]られ(てい)ない, 制御[抑制]され(てい)ない, 訓練され(てい)ない: an ~ passion. **~·ly** *adv.* **~·ness** *n.* 〘*c*1340〙

ùn·tán·gle *vt.* **1** 〈もつれたものを〉解く[ほどく]. **2** 〈いざこざなどを〉解く, 解決する (disentangle). 〘1550〙

ùn·tánned *adj.* **1** 〈獣皮が〉なめされてない: ~ leather. **2** 〈人の皮膚が〉日に焼け(てい)ない. 〘1535〙

ùn·tápped *adj.* **1 a** 〈たるなどが〉栓を抜かれていない: an ~ keg まだ呑口が開けられていない樽. **b** 〈木が〉(樹液を採るための)刻み目をつけていない: an ~ rubber tree. **2** まだ利用され(てい)ない: ~ new sources of energy 未開発の新エネルギー源. 〘1775〙

ùn·tár·nished *adj.* 変色していない, 曇りがない, さびていない; 〈名声など〉汚点[曇り]のない: an ~ reputation. 〘1732〙

ùn·tást·ed *adj.* **1** 味わわれ(てい)ない, 味を見ていない: leave food ~ 食べ物に手をつけない. **2** 味わったことがない, まだやってみない, まだ経験していない, 楽しんだことがない. 〘1538〙

ùn·táught *adj.* **1** 教えられ(てい)ない; 無教育の, 無学の, 無知の (uninstructed) (⇨ ignorant SYN): Better ~ than ill taught. へたに教えられるより教えられぬがまし. **2** 教わらないで(自然に)会得した; 素朴な, うぶな (naïve), 自然な (natural): the ~ graces of style 学ばずして得た優雅な文体. **~·ness** *n.* 〘*c*1340〙

ùn·táxed *adj.* 課税され(てい)ない. 〘*c*1460〙

UNTC 《略》 United Nations Trusteeship Council 国連信託統治理事会.

ùn·téach *vt.* (**un·taught**) **1** 〈教えられたことを〉忘れさせる, 信じないようにさせる: ~ an idea. **2 a** 〈人〉に(すでに教えられたことの)反対を教える: ~ students. **b** …の誤りを示す: It will take long years to ~ this lie. この虚偽が誤りであることを示すのにはかなりの年月を要するだろう. 〘1531〙

ùn·téach·a·ble *adj.* **1** 教えにくい, 教え[言うこと]を聞かない, 頑固な (indocile). **2** 〈技術など〉教育によって伝授する[発達させる]ことのできない: an ~ skill 伝授不能の技術. **~·ness** *n.* 〘*c*1475〙

ùn·téar·a·ble /-tέᵊrəbl̩ | -tέər-/ *adj.* 破る[引き裂く]ことができない. 〘1648〙

ùn·téch·ni·cal *adj.* 専門的でない, 学術[技術]的でない. **~·ly** *adv.* 〘1845〙

ùn·tém·pered *adj.* **1** 〈鋼鉄など〉鍛えてない, 焼きもどしをしていない: ~ steel. **2** 〈しっくいなど〉調合してない, 練ってない: ~ mortar, lime, etc. **3** 手加減していない, 調節[緩和]しない, 和らげられ(てい)ない: ~ abuse, harshness, justice, etc. **4** 〖音楽〗平均律で整律されていない; 純正調[律]の (cf. pure 11 b). 〘*c*1378〙

ùn·tém·per·ing *adj.* **1** やわらげない. **2** 《Shak》人をひきつけない, 魅力がない. 〘1599〙

ùn·témpt·ing *adj.* 人の心を引かない, 魅力的でない (unattractive). **~·ly** *adv.* 〘1824〙

ùn·tèn·a·bíl·i·ty *n.* 守ることができないこと, 維持できないこと, 擁護[支持]し難いこと. 〘1644〙

un·ten·a·ble /ʌnténəbl̩ˉ/ *adj.* **1 a** 〈理論など〉主張[支持]できない, 薄弱な, 筋の通らない: an ~ theory. **b** 〈陣地など〉守ることのできない, 維持できない: an ~ position. **2** 〈家など〉住むことができない, 住むのに適さない. **~·ness** *n.* **ùn·tén·a·bly** *adv.* 〘1647〙

ùn·tén·ant·a·ble /-təbl̩ | -tə-ˉ/ *adj.* 〈土地・家屋が〉賃貸[賃借]することのできない[に適さない]; 住居に適さない, 住めない. 〘*a*1661〙

ùn·tén·ant·ed /-tɪ̈d | -tɪdˉ/ *adj.* 〈土地・家屋が〉賃貸[賃借]され(てい)ない, 住み手のない, 空いている (vacant). 〘1673〙

ùn·ténd·ed *adj.* 世話[看護, 介抱]され(てい)ない, 世話する者がない, 顧みられない, ほって置かれた, ほったらかしの, 構われない (neglected). 〘1598〙

ùn·tén·der *adj.* **1** やさしくない, 不親切な, 冷淡な, 冷たい. **2** 弱くない, もろくない, 丈夫な (tough). **~·ly** *adv.* **~·ness** *n.* 〘1604–05〙

ùn·tént·ed /-tɪ̈d | -tɪdˉ/ *adj.* 〈傷口が〉手当てをされ(てい)ない; 不治の (incurable). 〘1604–05〙

ùn·tén·ured *adj.* 〈大学教官が〉終身在職権のない, 〈大学教官職が〉終身的地位でない. 〘1969〙

Un·ter den Lin·den /ʊ́ntədeɪnlɪ́ndən, -dn̩ | -tədeɪnlɪ́ndən; *G.* ʊ́ntɐde:nlɪ́ndn̩/ *n.* ウンター デン リンデン通り《Berlin の中心部から Brandenburg 門に通じる大通り》.

Un·ter·mensch /ʊ́ntəmɛnʃ | -tə-; *G.* ʊ́ntɐmɛnʃ/ *n.* (*pl.* **-men·schen** /-ʃən; *G.* -ʃn̩/) 人間以下のもの, 下等な人間, 劣等人間, 人非人. 〘(1964) □ G ~ ← *unter* 'UNDER'+*Mensch* human being〙

Un·ter·mey·er /ʌ́ntəmàɪə | -təmàɪə(r)/, **Louis** *n.* アンターマイアー《1885–1977; 米国の詩人・批評家, 詞華集編者; *Burning Bush* (1928)》.

ùn·tér·ri·fìed *adj.* 恐れない, びっくりしない, 驚かない. 〘1609〙

Un·ter·wal·den /ʊ́ntəvɑ̀:ldən, -dn̩ | -təvɑ̀:ldən; *G.* ʊ́ntɐvaldn̩/ *n.* ウンターワルデン《スイス中部の州; 面積 766 km²; cf. Nidwalden, Obwalden》.

ùn·tést·ed *adj.* 試みられ(てい)ない, 試され(てい)ない, 試験され(てい)ない (untried): an ~ theory. 〘1570〙

ùn·téth·er *vt.* …のつなぎ綱を解く, 〈つないであるものを〉放す (set free). 〘1775〙

ùn·thánked *adj.* 感謝され(てい)ない, ありがたがられ(てい)ない. 〘1562〙

ùn·thánk·ful *adj.* **1** 感謝しない, 恩知らずの, ありがたがらない (ungrateful): an ~ child 恩知らずの子 / be ~ *to* a person *for* a thing 物をもらって人に感謝しない. **2** ありがたがられない, ありがたくない, 感謝されない (thankless), いやな (disagreeable): an ~ task いやな仕事. **~·ly** *adv.* **~·ness** *n.* 〘*c*1400〙

ùn·thátch *vt.* 〈かやぶき屋根〉からかやを取り去る. 〘1699–70〙

ùn·thátched *adj.* (かやで)ふいてない, かやぶきでない: an ~ cottage. 〘1570〙

ùn·tháw *vi., vt.* 《米・カナダ》溶ける, 溶かす (thaw). 〘1598〙

ùn·tháwed *adj.* 〈雪・霜・氷など〉まだ溶け(てい)ない, 凍結している (frozen). 〘1611〙

ùn·the·át·ri·cal *adj.* **1** 〈劇が〉舞台[演劇]に向いていない. **2** 〈人・性格など〉芝居がかっていない. 〘1745〙

ùn·thé·o·rìzed *adj.* 理論づけされていない, 理論化されていない.

ùn·thínk *v.* (**un·thought**) — *vt.* **1** …について考えを変える, 考え直す: ~ one's opinion 考え直す. **2** 念頭から除く, もう考えない. — *vi.* 考え直す, 考えを変える, 考えない. 〘*c*1600〙

un·think·a·ble /ʌnθɪ́ŋkəbl̩ˉ/ *adj.* **1** 考えることができないほどの: the ~ infinitude of time 思考を絶した無限の時間. **2** 《口語》全く考えられない, とてもありそうもない (incredible). **3** 想像もつかない, 異常な (extraordinary): ~ joy. **4** 考慮される価値のない, 問題外の. — *n.* [時に the ~] 全く考えられない[とてもありそうにない]事(柄). **ùn·thìnk·a·bíl·i·ty** *n.* **~·ness** *n.* **ùn·thínk·a·bly** *adv.* 〘?*c*1200〙

un·think·ing /ʌnθɪ́ŋkɪŋˉ/ *adj.* **1 a** 考えない, 思慮のない, 無分別な, 不注意な, 軽率な (thoughtless). **b** 配慮を欠いた, 思いやりのない. **2** 何も考えていないような, ぼかんとした (vacant): an ~ expression. **3** 思考力のない; 頭[思考力]を働かせない: an ~ animal / an ~ person. **~·ly** *adv.* **~·ness** *n.* 〘1676〙

ùn·thóught *adj.* **1** 考えて見たことがない, 思い浮かべたことがない. **2** [しばしば ~ *of* [*on*] として] 思いも寄らない, 意外な, 案外の. — *n.* 思考(力)欠如. 〘1538〙

ùn·thóught·ful *adj.* **1** 考えのない, 思考の欠けた. **2** 考え[思慮]が深くない, 注意深くない (inconsiderate). **~·ly** *adv.* **~·ness** *n.* 〘1456〙

ùn·thóught-òf *adj.* 思いも寄らない, 意外な, 案外の. 〘1596–97〙

ùn·thréad *vt.* **1** 〈針など〉の糸を取る[抜く]. **2** 〈迷路など〉を抜け出す, 脱する: ~ the maze. **3** 解決する, 解く (disentangle): ~ a mystery. 〘1594–96〙

ùn·thréat·en·ing *adj.* 威嚇的でない, 敵愾心をもたない. 〘1903〙

ùn·thríft *n.* 《古》 **1** 不経済, 不節約, 浪費 (thriftlessness). **2** 浪費家, 道楽者 (prodigal). 〘*c*1303〙

ùn·thríft·y *adj.* (**un·thrift·i·er**; **-i·est**) **1** 不経済な, むだ使いする, 浪費[濫費]する (wasteful); ぜいたくな (extravagant). **2** 〈家畜が〉元気のない; 〈樹木が〉茂っていない. **3** 《廃》放蕩(ほうとう)な, ろくでなしの. 〘*c*1385〙 **ùn·thríft·i·ly** *adv.* **ùn·thríft·i·ness** *n.*

ùn·thróne *vt.* 王位から退ける, 廃位する (dethrone): ~ a king. 〘1611〙

ùn·thwárt·ed /-tɪ̈d | -tɪdˉ/ *adj.* 〈目的・計画など〉妨げられ(てい)ない, 邪魔[妨害]され(てい)ない, 挫折し(てい)ない. 〘1775〙

un·ti·dy /ʌntáɪdi | -diˉ/ *adj.* (**un·ti·di·er**; **-di·est**) **1** 取り散らかした, 乱雑な (disarranged). **2** きちんとしない, だらしがない, 不精な (⇨ slovenly SYN): a long ~ moustache. **3** 〈仕事・計画など〉大まかな, ずさんな, きちんと仕上がってない. — *vt.* 乱す, 混乱させる, 乱雑にする (disorder). **ùn·tí·di·ly** *adv.* **ùn·tí·di·ness** *n.* 〘(?*c*1200): cf. G *unzeitig*〙

un·tie /ʌntáɪ/ *vt.* **1** 〈くくった物・結んだ物などを〉解く, ほどく (undo, unfasten): ~ a package, bundle, knot, etc. **2** 〈糸・綱などの結びこぶを〉解く (unknot): ~ a cord. **3** …の束縛を解く, 解放する, 自由にする; 〈困難などを〉解決する (solve): ~ a difficulty / ~ the spell 呪文を解く. — *vi.* 解ける, ほどける. 〘ME *unteie(n)* < lateOE *untīgan*: ⇨ un-², tie〙

ùn·tíed *adj.* **1** くくっていない, 縛っていない, 結んでいない; 解かれた, ほどかれた (unfastened). **2** 制限され(てい)ない, 自由な: an ~ loan. 〘?*c*1395〙

un·til /(強) əntɪ́l, ʌn-; (弱) əntl̩ | (強) əntɪ́l, ʌn-; (弱) əntl̩/

語法 until と till との相違: (1) 両語は同義であるがそれに導かれる clause または phrase が主文の前にくるときは until の方を多く用いる: *Until* you told me, I had no idea of it. 君が話すまでは少しも知らなかった. (2) 単に期間の終わりというよりも時間の持続を強調する場合 until の方が多く用いられる. その他の場合はリズムと好音調が決定要因となる.

— *prep.* **1** (時間が)…まで, …になるまで, …に至るまで: ~ his death / wait ~ four o'clock / ~ four years ago 4 年前まで / Good-by ~ tomorrow! ではまた明日. **2** [否定語に伴って] …まで(…しない), …になって初めて(…する) (before): He did *not* come ~ late in the evening. 夜遅くまで帰らなかった / It was *not* ~ yesterday that I noticed it. きのう初めてそれに気がついた. **3** [地名の前に用いて] …に着くまで: drive ~ London ロンドンまで車で行く. **4** 《スコット》=to, toward.

— *conj.* **1** …の時まで, …まで: wait ~ all the facts are known すべての事実がわかるまで待つ / I will wait here ~ the concert is over. 音楽会が済むまでここで待っています. **2** [否定語に伴って] …まで(…しない), …になって初めて(…する) (before): *Until* he returns, *nothing* can be done. 彼が戻るまでは何もできない / She did *not* say anything ~ he spoke. 彼が言い出すまでは彼女は何も言わなかった. **3** …するほどまで, …してついには…: I ran on and on ~ I was utterly out of breath. どんどん走り続けておしまいにはすっかり息が切れてしまった / It was so ridiculous that I laughed ~ I cried. あんまりおかしいので涙が出るほど笑った. ***unléss and until*** ⇨ unless 成句.
〘(?*c*1200) *untill* ← *un-* up to (□ ON **und* up to < **und es* till that: cf. ante-)+TILL¹: cf. unto〙

ùn·tíle *vt.* …からかわら[タイル]を取り去る. 〘?*a*1400〙

ùn·tíled *adj.* 〈屋根が〉かわらぶきでない; タイルを使って(い)ない. 〘*c*1378〙

ùn·tíll·a·ble *adj.* 耕すことができない, 耕作不能の. 〘1714〙

ùn·tílled *adj.* 耕され(てい)ない, 未耕作の. 〘1297〙

ùn·tím·bered *adj.* **1** 樹木が茂っていない: an ~ mountain. **2** 材木の使われていない: an ~ boat. 〘1601〙

ùn·tíme·ly *adj.* **1** 時ならぬ, 時節はずれの, 不時の, 不順な (unseasonable): an ~ frost. **2** 時期尚早の, 早過ぎた, 未熟の (premature): an ~ death 早死に / an ~ birth 早産 / come to an ~ end 早死にする. **3** 折悪い, 時宜を得ない (inopportune): an ~ remark, joke, etc. — *adv.* **1** 時ならぬ時に, 不時に, 時節はずれに. **2** 時期尚早に. **3** 折あしく, あいにく. **ùn·tíme·li·ness** *n.* 〘adv.: (?*a*1200) *untimliche*: ⇨ un-¹, timely (adv.). — adj.: (1535) ← UN-¹, TIMELY (adj.)〙

ùn·tíme·ous *adj.* 《スコット》=untimely. 〘*a*1500〙 **~·ly** *adv.*

ùn·tínc·tured *adj.* **1** 色をつけ(てい)ない. **2** 〔ある性質を〕加味[影響]されない, 〔…の〕色[風]がない (*with, by*): a school absolutely ~ *with* militarism 軍国主義的な色彩のみじんもない学校. 〘1760–62〙

ùn·tínged *adj.* **1** 染めていない, 色をつけていない. **2** 〔ある性質で〕色づけされ(てい)ない, 〔…に〕染まっていない, 〔…の〕影響のない, 偏向のない (*with, by*): a story ~ *by* sentimentality 感傷に染まっていない話 / He is ~ *with* communism. 共産主義に染まっていない. 〘1664〙

ùn·típped *adj.* 先のない, 先端部のない.

ùn·tíred *adj.* 疲れ(てい)ない; 飽き(てい)ない. **~·ly** *adv.* 〘1592–93〙

ùn·tír·ing *adj.* 疲れない, 飽きない, たゆまない, 不屈の (unwearying): with ~ energy [patience] 不撓不屈の精力[忍耐]で. **~·ly** *adv.* 〘1822〙

ùn·títhed *adj.* 十分の一税 (tithe) を課せられ(てい)ない. 〘1621〙

ùn·tí·tled *adj.* **1** 称号[爵位, 肩書]がない; 称号で呼ばれない: an ~ nobleman. **2** 表題がない: an ~ book. **3** 《廃》統治する権利[資格]のない. 〘1590〙

un·to /(弱)(子音の前) ʌ́ntə, -tʊ | -tə, -tʊ, (母音の前) ʌ́ntʊ | -tu, (句・節・文の終り) ʌ́ntu:; (強) ʌ́ntu:/ *prep.* **1** 《古》=to: ~ this last この後(のち)の者に (*Matt.* 20:14) / Come ~ me, all ye that labour. すべて労する者われに来たれ (*Matt.* 11:28) / Let us (go) ~ our ship. 船の方へ行こう. **2** =until: ~ this day 今日まで. 〘(*c*1300) *unto(o)* ← UN(TIL)+TO〙

ùn·to·géther *adj.* 《俗》取り乱した, 混乱した. 〘1969〙

un·told /ʌ̀ntóʊld | -tóʊldˉ/ *adj.* **1** 口で言い表せない, 言うに言えない, 大変な (immeasurable): ~ suffering [trouble] 言うに言えない苦痛[困難]. **2** 計算[勘定]ができないほどの, 数えきれない, 無数の (vast): ~ numbers 無数 / ~ wealth [riches] 無限の富. **3** 話され(てい)ない, 物語られ(てい)ない; 明らかにされ(てい)ない, 伝えられ(てい)ない, 秘密にされ(ている): leave the story [secret] ~ 話をしないで[秘密を明かさないで]おく. **4** 《廃》数えられ(てい)ない. 〘lateOE *unteald* (cf. Du. *ongeteld*): ⇨ un-¹, told〙

ùn·tómb *vt.* 墓から掘り出す, 発掘する, 暴く (disinter). 〘1594〙

ùn·tómbed *adj.* 墓のない; 埋葬され(てい)ない. 〘1560〙

ùn·tóned *adj.* **1** 〈人間の体が〉筋肉の緊張を欠く. **2** 〈音楽が〉単調な, 音色などの変化に乏しい. 〘1807〙

ùn·tor·mént·ed /-tɪ̈d | -tɪdˉ/ *adj.* 悩まされ(てい)ない, 苦しめられ(てい)ない. 〘*c*1385〙

ùn·tórn *adj.* (引き)裂かれ(てい)ない; 完全な (whole). 〘*c*1547〙

ùn·tòuch·a·bíl·i·ty /-tʌ̀tʃəbɪ́ləti | -lɪ̈ti/ *n.* **1** 手がつけられていないこと; 手をつけてはいけないこと, 触れてはいけないこと. **2** (インドの)不可触賤民(せんみん) (untouchable) であること[の身分]. 〘1919〙

un·touch·a·ble /ʌ̀ntʌ́tʃəbl̩ˉ/ *n.* **1** [しばしば U-] (インドの)不可触賤民(せんみん)《四姓の最下級 Sudra (奴隷)のさらに下位にあり四姓に属さない Pariah を, 上階級のヒンズー族が手を触れてもけがれるといって卑しんで呼んだ名称》. **2** 非難する余地のない人, 清廉潔白の人. **3** のけ者 (outcast). — *adj.* **1 a** 批判[疑問]の余地のない, 批判できない: The present system is ~. 現在の組織は絶対だ. **b** 匹敵するものがない, 比類のない: The player is ~. その選手に並ぶ者はいない. **2** 触れることができない; 手をつけてはいけない (intangible), 禁制の. **3** 遠くて手が届かない. **4** さわるのもいやな, けがらわしい. 〘1567〙

un·touched /ʌ̀ntʌ́tʃtˉ/ *adj.* **1** 触れられ(てい)ない, 手つかずである, そっくりそのままの (intact): leave it ~. **2** 損なわれ(てい)ない, 傷つかない (undamaged): Paris was as yet ~ by war. パリはまだ戦禍を受けていなかった. **3** 人がまだ行っていない, 未踏破の: an ~ territory. **4** 試食[試飲]していない, 味わっていない: leave food ~ 食べ物に手をつけないでおく. **5** もと[昔]のままの, 変形されていない; 原始的な, 元来の (primeval): an ~ world. **6** 論及[言及]され(てい)ない: leave the problem ~ その問題に触れずにおく. **7** 〔…に〕感動を受けない, 心を動かされ(てい)ない (unmoved)〔*by*〕; 無関心の, 感動しない, 冷静な (indifferent): She was ~ *by* his eloquence. 彼女は彼の能弁にも心を動かされることがなかった. **8** 匹敵するものがない (unequaled): an ~ perfection 比類のない完璧. 〖*c*1380〗

un·toward /ʌ̀ntɔ́əd, -tuwɔ́əd | ʌ̀ntuwɔ́ːd, -tóuəd⁻/ *adj.* **1** 運が悪い, 不幸な (unfortunate); 都合が悪い, 困った, 面倒な, やっかいな (inconvenient): an ~ event, incident, etc. / ~ circumstances 逆境. **2** 不適当な, ふさわしからぬ, 無作法な (improper). **3** 異常な, ふつうでない (out of the ordinary). **4** 《古》扱いにくい; 片意地な, つむじ曲がりの (perverse): an ~ wife 御しがたい女房 / this ~ generation この曲がれる世 (cf. *Acts* 2:40). **5** 《廃》変な, 不格好な (awkward, clumsy). **~·ly** *adv.* **~·ness** *n.* 〖1526〗

ùn·tráce·a·ble *adj.* **1** 追跡できない, 跡をたどることができない; 尋ね出すことができない. **2** 透写すること[トレース]ができない. **~·ness** *n.* **ùn·tráce·a·bly** *adv.* 〖1661〗

ùn·tráced *adj.* 追跡されていない, 跡をたどられていない. 〖1641〗

ùn·tráck *vt.* …の軌道を踏み外させる.

ùn·trácked *adj.* **1** 追跡され(てい)ない. **2** 足跡のない, 道のない (trackless). **3** 《口語》(スランプの後などで)本来の調子である. 〖1603〗

ùn·trád·ed /-dɪ̀d | -dɪ̀d⁻/ *adj.* **1** 《廃》人があまり行かない. **2** 《Shak》使い古されていない. 〖1542〗

ùn·tra·dí·tion·al *adj.* 非伝統的な, 伝統的でない. 〖1934〗

ùn·tráined *adj.* **1** 訓練を受け(てい)ない, 仕込んでいない; 未熟な, 素人の. **2** (運動競技などで)練習を積んでいない; (軍隊式の)教練を受け(てい)ない. 〖1548〗

ùn·trám·meled *adj.* **1** 枷(かせ)を掛けられ(てい)ない, 妨害され(てい)ない, 拘束され(てい)ない. **2** 自由な, 気楽な (free). **~·ness** *n.* 〖1775〗

ùn·trans·fér·a·ble *adj.* 移動[譲渡]することができない. 〖1649〗

ùn·trans·fórmed *adj.* 変形されていない; 形質転換されていない. 〖1890〗

ùn·trans·lát·a·ble /-təbl̩ | -tə-⁻/ *adj.* 翻訳できない, 翻訳不可能な: an ~ idiom. **ùn·trans·làt·a·bíl·i·ty** /-təbíləti | -təbílɪ̀ti/ *n.* **~·ness** *n.* **ùn·trans·lát·a·bly** *adv.* 〖1655〗

ùn·trans·lát·ed /-tɪ̀d | -tɪ̀d⁻/ *adj.* **1** 翻訳され(てい)ない. **2** 別の場所[状態]に移され(てい)ない. 〖1530〗

ùn·tráv·eled *adj.* **1** 旅行したことがない; 外国旅行の経験がない; (他国・他地方に関しての)見聞の狭い: ~ people. **2** 人があまり通らない; 旅行する人がない, 人の訪れない: an ~ road, desert, etc. 〖1585〗

ùn·tráv·ersed *adj.* 横切られ(てい)ない, 横断され(てい)ない; (特に)旅行者の行っていない, 人跡未踏の: an ~ region. 〖1775〗

ùn·tréad *vt.* (**un·trod**; **-trod·den**, **-trod**) 《古》〈もとの道を〉戻る (retrace): ~ a path, one's steps, etc. 〖1592–93〗

ùn·tréat·a·ble /-təbl̩ | -tə-⁻/ *adj.* **1** 扱えない, 対処できない. **2** 治療[処置, 処理]不能の. 〖《*c*1380》 *untretable*〗

ùn·tréat·ed /-tɪ̀d | -tɪ̀d⁻/ *adj.* **1** 〈患者・傷・病気など〉治療[処置]していない. **2** 〈下水・廃液など〉処理していない, 未処理の. **3** 〈木材など〉防腐[防虫]加工していない, 未加工の. 〖《*c*1456》 *untretid*〗

ùn·trénd·y *adj.* 最新流行ではない, 今はやりでない. 〖1968〗

ùn·tríed *adj.* **1** 試みられ(てい)ない, 試され(てい)ない; まだやってみた[経験した]ことがない: leave nothing ~ あらゆることをやってみる / leave no means ~ あらゆる手段を尽くす. **2** 《廃》気が付かれ(てい)ない; まだ意見を述べられ(てい)ない. **3** 〖法律〗未審理の: an ~ case. 〖1526〗

ùn·trímmed *adj.* **1** 飾りのついてない. **2** 手入れをしていない, 刈り込んでいない. **3** 〖製本〗(不揃いな小口を)裁ち揃えていない; 化粧裁ちしていない, アンカットの (uncut). **~·ness** *n.* 〖1532〗

ùn·tród *adj.* =untrodden. 〖1593〗

ùn·tród·den *adj.* 踏まれ(てい)ない; 人が足を踏み入れたことのない, 人跡未踏の: ~ wilderness. 〖*a*1300〗

ùn·tróu·bled *adj.* **1** 心を乱され(てい)ない, 悩まされ(てい)ない, 煩わされ(てい)ない, 困らされ(てい)ない (unperplexed). **2** 落ち着いた, 静かな (calm): the ~ surface of a lake 波立たない湖面. **~·ness** *n.* 〖1484〗

un·true /ʌ̀ntrúː⁻/ *adj.* **1** 真実でない, 本当でない, 虚偽の (false): an ~ statement, answer, etc. **2** 〔…に〕忠実[誠実]でない, 不(誠)実な, 不貞[不忠]な (unfaithful, disloyal)〔*to*〕: be ~ *to* a person, principle, etc. **3** 標準[型, 寸法]に合わない, ゆがんだ; 不正確な (inaccurate): be ~ *to* type 型に合わない / The angles are ~ and out of the square. 角度が狂っていて真四角になっていない. **4** 正直でない, 不正な (wrong): an ~ method. — *adv.* 事実に反して. **~·ness** *n.* **ùn·trú·ly** *adv.* 〖lateOE *un(ge)trēowe* (cf. Du. *ontrouw* / G *un(ge)treu*): ⇨ un-¹, true〗

ùn·trúss 《古》 *vt.* **1** 〈束などを〉ほどく (unfasten): ~ one's points 手編みレースをほどく. **2** 《廃》〈人〉に衣服を脱がせる (undress). — *vi.* 衣服[ズボン]を脱ぐ. 〖*a*1393〗

ùn·trússed *adj.* 服を脱いだ. 〖1544〗

ùn·trúst·ing *adj.* 人を信用しない; 疑い深い. 〖1861〗

ùn·trúst·wòr·thy *adj.* 当てにならない, 信用できない (unreliable). **ùn·trúst·wòr·thi·ness** *n.* 〖1846〗

ùn·trúth *n.* **1** 不真実, 虚偽 (falsity). **2** 虚言, 偽り, うそ (⇨ lie² SYN): She has never told an ~ in her life. 彼女は生涯うそを言ったことがない. **3** 《古》不誠実, 不忠, 不貞 (disloyalty). 〖OE *untrēowþ* (cf. ON *ūtrygð*): ⇨ un-¹, truth〗

ùn·trúth·ful *adj.* **1** 偽りを言う, 言葉に忠実でない, うそをつく, うそが多い, 不正直な (⇨ dishonest SYN). **2** 事実に反した, 本当でない, 虚偽の (false): an ~ account, description, etc. 〖《*c*1375》 1843〗

ùn·trúth·ful·ly *adv.* うそを言って, 不正直に; 本当でなく. 〖1847〗

ùn·trúth·ful·ness *n.* **1** うそを言う癖; うそをつくこと. **2** 真実さのないこと, 偽り, うそ (falsehood): ~ in a statement. 〖1830〗

ùn·túck *vt.* 〈ひだ・縫揚げなどを〉解く, 下ろす, …のひだ[縫揚げ]を解く[下ろす]; 〈まくり上げたもの・曲げ込んだものを〉もとに戻す, 伸ばす: ~ one's legs. — *vi.* 〈まくり上げたものが〉伸びる, もとに戻る. 〖1611〗

ùn·túft·ed *adj.* 房をつけない, 房で飾られない; 房にならない: ~ ears. 〖1872〗

ùn·tún·a·ble *adj.* =untuneful. 〖1545〗

ùn·túne *vt.* **1** …の調子を乱す[狂わす], 調子はずれにする. **2** 〈心を〉乱す, 混乱させる: ~ one's mind. 〖1598〗

ùn·túned *adj.* **1** 調子を合わせていない, 調律され(てい)ない: an ~ violin. **2** 調子が合っていない, 非同調の. 〖1542〗

ùn·túne·ful *adj.* 調子はずれの, 聞き苦しい (discordant). **~·ly** *adv.* **~·ness** *n.* 〖1709〗

ùn·túrf *vt.* …の芝を取り去る. 〖1890〗

ùn·túrned *adj.* 回され(てい)ない; 引っくり返され(てい)ない. ***léave nó stóne untúrned*** ⇨ stone 成句. 〖*c*1550〗

ùn·tú·tored *adj.* **1** 正式な教育を受け(てい)ない, 無学な (⇨ ignorant SYN). **2** 素朴な, 純朴な (simple, naïve). **3** 教育によって生まれたのでない, 教育のおかげでない. 〖1590–91〗

ùn·twíne *vt.* …のよりを戻す[ほどく], 解く (untwist); …のよりをほどいて放す. — *vi.* よりが戻る[ほどける], 解ける. 〖?*c*1380〗

ùn·twíst *vt.* **1** …のよりなどを戻す[解く], 〈もつれを〉ほどく (unravel): ~ a knot. **2** 〈悪事などを〉失敗させる, 挫折させる (frustrate): ~ wrong purposes. **3** 《古》解放する, 自由にする. — *vi.* よりなどが戻る[解ける], ほどける. 〖1538〗

ùn·twíst·ed *adj.* **1** 〈結び目など〉解けた, ほどけた, よりが戻った. **2** 〈悪事など〉挫折した. **3** 〖球戯〗〈球〉のひねり(など)が元に戻った. 〖1575〗

ùn·týp·i·cal *adj.* 代表的でない, 典型的でない. **~·ly** *adv.* 〖1848〗

UNU 《略》 United Nations University 国連大学.

ùn·úrged *adj.* 促され(てい)ない, せき立てられ(てい)ない, 勧められ(てい)ない; 自発的な (voluntary). — *adv.* 自発的に, 自ら進んで. 〖1592–94〗

ùn·ús·a·ble *adj.* 使用できない, 役に立たない. **ùn·ús·a·bly** *adv.* 〖1825〗

un·used¹ /ʌ̀njúːzd⁻/ *adj.* **1 a** 使われ(てい)ない; 空いている: an ~ room 空き部屋 / ~ land 空き地. **b** 使い切られていない: ~ leave 未消化の休暇. **2** 以前に使われたことのない, 未使用の; 新しい: an ~ stamp. 〖*a*1398〗

un·used² /ʌ̀njúːst, (to の前では) -júːs(t)/ *adj.* **1** 〔…に〕慣れていない, しつけていない, 親しんでいない (unaccustomed)〔*to*〕: be ~ *to* labor, society, foreign travel, etc. **2** 経験がない, 行きつけていない. **3** 《古》見慣れていない, 珍しい (strange). 〖《*c*1300》: ⇨ un-¹, used¹〗

ùn·úse·ful *adj.* 実用価値のない, 役に立たない (useless). **~·ly** *adv.* **~·ness** *n.* 〖1598〗

un·u·su·al /ʌ̀njúːʒuəl, -ʒəl⁻/ *adj.* **1** 普通でない, 異常な, まれな (⇨ abnormal SYN); 例外的な, 異例の (exceptional): a person's ~ gifts 非凡な才能 / It's ~ that something like that should happen. そのようなことが起こるのはめったにない. **2** 見[聞き]慣れない, 珍しい (unfamiliar, strange). **3** 他と異なった, 独特の (unique). **~·ness** *n.* 〖1582〗

un·u·su·al·ly /ʌ̀njúːʒuəli, -ʒə-/ *adv.* **1** 異常に, めったにないほど, 著しく, 一風変わって. **2** 非常に, 大変, ひどく (extremely): It is ~ cold this morning. 今朝はいやに寒い. 〖1615〗

ùn·ú·ti·lìzed *adj.* 利用され(てい)ない. 〖1868〗

ùn·út·ter·a·ble *adj.* **1** 言葉に言い表せない, 言いようのない (unspeakable): ~ despair, torment, joy, etc. **2** 言語に絶した; 全くの, 徹底的な (thoroughgoing): an ~ scoundrel, fool, etc. **3** 《まれ》発音しにくい (unpronounceable). — *n.* [*pl.*] 《古・戯言》ズボン (trousers) (cf. unmentionable 2 a). **~·ness** *n.* **ùn·út·ter·a·bly** *adv.* 〖《*a*1586》: cf. unmentionable / F *indicible*〗

ùn·út·tered *adj.* 発言され(てい)ない, 口に出さない, 心のうちで(の): an ~ prayer. 〖1463〗

ùn·vác·ci·nàt·ed /-tɪ̀d | -tɪ̀d/ *adj.* ワクチン[予防]接種をし(てい)ない. 〖1871〗

ùn·vál·ued *adj.* **1** 重んじられ(てい)ない, 尊ばれ(てい)ない; 重要でない, つまらない (insignificant): an ~ person. **2** 評価[査定]され(てい)ない: an ~ estate 未評価の地所. **3** 《廃》評価できないほどの, 高価な (invaluable): an ~ jewel. 〖1586〗

ùn·ván·quished *adj.* 打ち破られ(てい)ない, 打ち負かされ(てい)ない, 征服され(てい)ない. 〖*c*1384〗

ùn·vár·ied *adj.* **1** 変わらない, 相変わらずの, いつも同じの; 不変の (constant): ~ hostility, kindness, etc. **2** 変化がない, 単調な, 退屈な (monotonous, tedious): the ~ routine of daily duties. 〖1570〗

ùn·vár·nished *adj.* **1 a** ワニスを塗ってない: an ~ table. **b** 荒削りの, 粗製の; 露骨な. **2** 飾りのない, ありのままの, 率直な (plain, simple); 気取りのない, 巧まない, 素直な (frank): an ~ tale / the ~ truth. 〖1604〗

ùn·vár·y·ing *adj.* 変化しない, 一定の, 不変の (constant, invariable). **~·ly** *adv.* 〖1690〗

un·veil /ʌ̀nvéɪl/ *vt.* **1** …のベールを取る, 覆いを除く; …のベールを取ってあらわにする: ~ one's face / ~ one*self* 正体を現す. **2 a** …の除幕式を行う: ~ a statue. **b** 〈劇などを〉初めて上演[公演]する. **c** 〖商業〗〈新商品・新型品などを〉初公開する. **3** 〈秘密などを〉明かす, 打ち明ける, 明らかにする (disclose, reveal); 示す, 発表する (show): ~ a secret plan, one's purpose, etc. — *vi.* **1** ベールを脱ぐ, 覆いを取る. **2** 仮面を脱ぐ, 正体[本性]を現す. 〖1599〗

ùn·véiled *adj.* ベール[仮面]を脱いだ, ベールをし(てい)ない; あらわな (open, revealed): with ~ curiosity 好奇心をあらわにして. 〖1606〗

ùn·véil·ing *n.* 〔劇などの〕初めての上演, 初演; 〔銅像・石碑などの〕除幕(式), 〔新作などの〕発表〔*of*〕.

ùn·vén·er·a·ble *adj.* 尊敬する価値がない, 尊敬の念を起こさせない, 尊くない; 軽蔑すべき (contemptible). 〖1610–11〗

ùn·vén·ti·làt·ed /-tɪ̀d | -tɪ̀d/ *adj.* **1** 〈部屋など〉換気の悪い, 風通しの悪い; 空気のこもった, 息苦しい (stuffy, airless). **2** 論議され(てい)ない, 世に問われ(てい)ない: ~ grievances. 〖1712〗

ùn·ve·rá·cious *adj.* 〈陳述など〉真実でない, 虚偽の, 偽りの (false). 〖1845〗

ùn·vér·bal·ìzed *adj.* 言葉に表され(てい)ない.

ùn·vér·i·fì·a·ble *adj.* 証明[立証]のできない, 確かめることができない: an ~ report. **ùn·vér·i·fì·a·bly** *adv.* 〖1861〗

ùn·vér·i·fìed *adj.* 〈真実さが〉証明[確証]され(てい)ない. 〖1775〗

ùn·vérsed *adj.* 熟達[通暁]していない, 通じていない; 〔…に〕明るくない, 暗い〔*in*〕: be ~ *in* English affairs 英国事情に暗い. 〖1648〗

ùn·ve·síc·u·làt·ed /-lèɪtɪ̀d | -tɪ̀d/ *adj.* 〖地質〗(火山岩中に)気孔がない.

ùn·véxed *adj.* 怒らされていない, じらされていない; 冷静な (calm). 〖1456〗

ùn·ví·a·ble *adj.* 成長できない, 発展できない. **ùn·vi·a·bíl·i·ty** *n.* 〖1931〗

ùn·vín·di·càt·ed /-tɪ̀d | -tɪ̀d/ *adj.* (証拠・論議で)正当化され(てい)ない. 〖1654〗

ùn·ví·o·làt·ed /-tɪ̀d | -tɪ̀d/ *adj.* 〈法律・規則・約束など〉犯され(てい)ない, 侵害され(てい)ない. 〖1555〗

ùn·vís·it·ed /-tɪ̀d | -tɪ̀d⁻/ *adj.* **1** 〔…の〕訪問を受けない, 見舞われ(てい)ない〔*by*〕; 訪れる人もない, 人の行かない, 人跡の絶えた (unfrequented). **2** 〔…の〕伴わない (unaccompanied)〔*by*〕: He passed many a night ~ *by* sleep. 眠れぬ夜を幾晩も過ごした. 〖1549〗

ùn·ví·ti·àt·ed /-tɪ̀d | -tɪ̀d/ *adj.* 《古》〈価値など〉損なわれ(てい)ない, 悪くされ(てい)ない; 堕落し(てい)ない, 純潔な. 〖1632〗

ùn·vít·ri·fìed *adj.* ガラス(状)になっていない. 〖1775〗

ùn·vó·cal *adj.* **1** はっきり言わない, 雄弁でない. **2** 音楽的でない; 甘美でない. 〖1773〗

ùn·vó·cal·ìzed *adj.* 声に出して言わない. 〖1855〗

ùn·vóice *vt.* **1** 〖音声〗=devoice. **2** 声帯を震わせないで発音する. 〖1637〗

ùn·vóiced *adj.* **1** 声[口]に出さない, 無言の (silent): an ~ objection. **2** 〖音声〗無声(音)の (voiceless). 〖1859〗

ùn·vóic·ing *n.* 〖音声〗非有声(音)化, 無声(音)化. 〖1887〗

ùn·vóuched *adj.* 証明[保証]され(てい)ない. 〖1775〗

ùn·wáged *adj.* (失業や自営業などで)給与所得のない; 失業中の. 〖1538〗

ùn·wáked *adj.* 目を覚まされ(てい)ない, 目覚め(てい)ない. 〖*a*1393〗

ùn·wák·ened *adj.* =unwaked. 〖1621〗

ùn·wálled *adj.* 壁[城壁]がない; あけっぴろげの, さえぎるものがない (open): an ~ garden. 〖*c*1440〗

ùn·wán·ing *adj.* 〈光・力・人気など〉衰えない; 永続的な (perpetual). 〖1807〗

un·want·ed /ʌ̀nwɑ́(ː)ntɪ̀d, -wɔ́(ː)nt-, -wʌ́nt-, -nɪ̀d | -wɔ́nt-⁻/ *adj.* **1** 要求されない, 望まれ(てい)ない. **2** 要らない, 不必要な (unnecessary): ~ advice / an ~ favor 有難迷惑. **3** (性格上)望ましくない, 欠点の (faulty): ~ qualities. 〖1697〗

ùn·wár·i·ly *adv.* **1** 不注意に, 軽率に (carelessly). **2** 《廃》意外に (unexpectedly). 〖1568〗

ùn·wár·like *adj.* 戦争好きでない, 非好戦的な (unmilitary); 平和的な (pacific). 〖1590〗

ùn·wármed *adj.* 暖[温]められ(てい)ない; 熱心でない, 冷淡な. 〖*a*1625〗

ùn·wárned *adj.* 警告され(てい)ない. 〖OE *unwarnod*: ⇨ un-¹, warn: cf. G *ungewarnt*〗

ùn·wárp *vt.* …のそり[ひずみ]を直す. 〖*a*1659〗

ùn·wárped *adj.* **1** そっていない, ひずみのない. **2** 〈物の見方など〉偏しない, 片寄らない, 公平な. 〖1744〗

ùn·wár·rant·a·ble /-təbl̩ | -tə-⁻/ *adj.* 正当と認め難い, 是認し得ない, 弁護[擁護]できない (unjustifiable); 不当な, 無法な, 不都合な (improper): ~ interference 不当干渉. **~·ness** *n.* **ùn·wár·rant·a·bly** *adv.* 〖1612〗

un·war·rant·ed /ʌ̀nwɔ́(ː)rəntɪ̀d, -wɑ́(ː)r-, -rənɪ̀d |

U

-wɔ́rənt-⁻/ *adj.* **1** 保証され(てい)ない, 請け合われ(てい)ない, 保証のない. **2** =unwarrantable. **~·ly** *adv.* 〖1577〗

ùn·wár·y *adj.* **1** 用心深くない, 用心しない, 慎重でない, 不注意な (incautious, unguarded); 軽率な (rash). **2** 《廃》意外な (unexpected). **ùn·wár·i·ness** *n.* 〖1579〗

ùn·wáshed *adj.* **1** 洗っていない; 不潔な, きたない (dirty). **2** 波に洗われない, 海沿い[川沿い]でない. **3** 下層民の, 庶民の; 無知な (ignorant). — *n.* [the ~; 集合的, 複数扱い] 下層民: *the* great ~ 《軽蔑的》下層民. 〖(?a1390) ∞ 《廃》 *unwashen* < OE *unwæscen*〗

ùn·wást·ed *adj.* **1** 費やされ(てい)ない, 浪費され(てい)ない. **2** 《古》消耗[侵食]によって減損し(てい)ない. **3** 《古》略奪され(てい)ない. 〖1340–70〗

ùn·wátch·a·ble *adj.* 見つめるのに適さない, 見つめる気をなくさせる, 注視できない, 見るに耐えない〈テレビ番組など〉. 〖1886〗

ùn·wátched *adj.* 注意され(てい)ない; 見張ら[監視さ]れ(てい)ない, 監視人のいない (unguarded); 〈灯台など〉無人の. 〖c1425〗

ùn·wátch·ful *adj.* 気をつけない, 不注意な, 用心深くない, 油断している (careless). **~·ly** *adv.* **~·ness** *n.* 〖1611〗

ùn·wá·tered *adj.* **1** 水で割っていない, 水で薄め(てい)ない: ~ whisky. **2** (天然・人為的に)水を与えられ(てい)ない; 水気のない, 乾燥した (arid): an ~ horse, city, desert, etc. **3** 湿気を除いた: an ~ mine. 〖c1440〗

ùn·wá·ver·ing *adj.* 動揺しない, ぐらつかない; しっかりした, 確固たる (steadfast, firm): an ~ gaze 凝視 / ~ concentration. **~·ly** *adv.* 〖1570〗

UNWCC 《略》 United Nations War Crimes Commission.

ùn·wéak·ened *adj.* 弱められ(てい)ない. 〖1648〗

ùn·wéaned *adj.* 乳離れし(てい)ない, 離乳し(てい)ない; 〈動物が〉母親から離れていない. 〖1581〗

ùn·wéar·a·ble *adj.* 身に着けるのに適さない, 着られ(てい)ない, ぼろぼろの (worn-out); 不似合いの. 〖1775〗

ùn·wéa·ried *adj.* **1** 疲れていない, 疲労しない; 生き生きした, 新鮮な (fresh). **2** 飽きない, 根気のよい, 不屈の. **~·ly** *adv.* **~·ness** *n.* 〖?c1200〗

ùn·wéa·ry *adj.* =unwearied. 〖OE *unwērig*: ⇨ un-¹, weary〗

ùn·wéa·ry·ing *adj.* **1** 疲れない, 疲労の色を見せない (untiring). **2** 飽きさせない. **~·ly** *adv.* 〖1600〗

ùn·wéath·ered *adj.* 風雨にさらされた跡の見えない, 風化の跡がない: ~ stone. 〖1775〗

ùn·wéave *vt.* (**un·wove**; **-wo·ven**) 〈織ったものを〉解く, ほぐす (ravel); …の糸をほぐす: ~ a knot. 〖1542〗

ùn·wéd *adj.* 結婚し(てい)ない (unmarried); 独身の (single): an ~ mother 未婚の母. 〖1513〗

ùn·wéd·ded /-dɪ̀d | -dɪ̀d⁻/ *adj.* =unwed. 〖?c1200〗

ùn·wéed·ed /-dɪ̀d | -dɪ̀d⁻/ *adj.* 草を取ってない, 除草してない. 〖1600–01〗

un·weet·ing /ʌnwíːtɪŋ | -tɪŋ⁻/ *adj.* 《古》 =unwitting. **~·ly** *adv.* 〖1303〗

ùn·wéighed *adj.* **1** 目方を量っていない. **2** 十分考量していない, 思慮の足りない (injudicious). 〖1481–90〗

ùn·wéight *vt.* …から重量を除く[減らす], 体をすばやく動かして〈スキーなどにかかっている〉力を抜く. 〖c1939〗

ùn·wéight·ed /-tɪ̀d | -tɪ̀d⁻/ *adj.* **1** 重荷を負わされ(てい)ない (unburdened). **2** 〈意見・資料など〉重要だと考えられ(てい)ない, 重要視され(てい)ない. 〖1883〗

U

un·wel·come /ʌnwélkəm⁻/ *adj.* **1** 歓迎されない: an ~ guest. **2** うれしくない, ありがたくない, いやな: ~ news. **~·ly** *adv.* **~·ness** *n.* 〖c1325〗

ùn·wél·com·ing *adj.* **1** 〈人・ふるまいが〉非友好的な, 冷たい, 歓迎しない, もてなしの悪い, 無愛想な. **2** 〈場所が〉居心地の悪そうな.

un·well /ʌnwél⁻/ *adj.* **1** (体の)具合が悪い, 不快である, 気分がすぐれない (sick): feel ~. **2** 《婉曲》生理中の. 〖c1450〗

ùn·wépt *adj.* **1** 嘆き悲しまれ(てい)ない, 悼(いた)まれ(てい)ない (unmourned): die ~, unhonour'd, and unsung 悲しんでくれる人も, 栄誉を与えてくれる人も, 歌に歌ってくれる人もなく(寂しく)死んでゆく (cf. W. Scott, *The Lay of the Last Minstrel* 6. 1). **2** 《まれ》〈涙が〉流され(てい)ない: ~ tears. 〖1592〗

ùn·wét *adj.* **1** 濡れていない. **2** 〈眼が〉涙を浮かべていない. 〖1433〗

ùn·wét·ted /-tɪ̀d | -tɪ̀d⁻/ *adj.* =unwet. 〖1664〗

ùn·whípped *adj.* むちを免れた, むち打たれ(てい)ない; (むちで)罰せられ(てい)ない. 〖1604–05〗

ùn·white·wàshed *adj.* 水漆喰(しっくい)[白塗料]を塗っていない. 〖1797〗

ùn·whóle·some *adj.* **1** (肉体的・精神的に)健康によくない, 健康に害がある. **2** 健康を害している (unhealthy); (特に) 〈外観が〉不健全そうな: an ~ look 体の具合の悪そうなようす. **3** (道徳的に)不健全な, 有害な. **4** 胸の悪くなる, 嫌悪感を起こさせる (loathsome). **~·ly** *adv.* **~·ness** *n.* 〖?c1200〗

un·wield·ly /ʌnwíːldli/ *adj.* =unwieldy. **un·wíeld·li·ly** /-lɪ̀li/ *adv.* **un·wíeld·li·ness** *n.*

un·wield·y /ʌnwíːldi⁻/ *adj.* **1** 扱いにくい, 動かしにくい, かさばった (unmanageable); 役に立たない, 実用的でない (impractical). **2** 太り過ぎの, ぶざまな, 不格好な; 大きい, 巨大な (huge): an ~ body. **un·wíeld·i·ly** /-dəli | -dɪ̀li/ *adv.* **un·wíeld·i·ness** *n.* 〖(c1390) *unweldy* 《廃》 impotent〗

ùn·wífe·ly *adj.* 妻らしくない. 〖1864〗

ùn·wíll *vt.* …に関して意思を翻す, 翻意する (contradict). 〖1650〗

ùn·wílled *adj.* 意図しない, 故意でない (unintentional, involuntary): an ~ murder. 〖a1540〗

un·will·ing /ʌnwílɪŋ⁻/ *adj.* **1 a** 進んで〈…するのを〉欲しない, 好まない (reluctant, disinclined) 〈*to do*〉: They are ~ *to* confess. 彼らは告白したくないのだ / He was ~ *for* the question *to* be settled in that way. 彼は問題がそのように解決されるのを望まなかった. **b** 不本意の, いやいやながらの: ~ admiration 不本意ながらの称賛 / ~ service いやいやながらの奉仕 / willing or ~ いや応なしに. **2** 反抗的な, 敵対する (opposed); 強情な (refractory). **3** 《古》 =unwilled. **~·ness** *n.* 〖(1533) ← UN-¹+WILLING: cf. OE *unwillende* (cf. ON *ūviljandi*)〗

ùn·wíll·ing·ly *adv.* 不本意に, いやいやながら. 〖a1533〗

ùn·wínc·ing *adj.* ひるまない, びくともしない (fearless). 〖1802〗

ùn·wínd /-wáɪnd/ *v.* (**un·wound** /-wáʊnd/) — *vt.* **1** 〈巻いたものを〉ほどく (undo), 繰り出す, 解く, 伸ばす (uncoil). **2** 《口語》…の緊張をほぐす (relax). **3** 〈混乱などを〉解決する. **4** 《古》反対の方向にたどる(retrace). — *vi.* **1** (精神的に)くつろぐ, ゆったりする: ~ after a busy day (仕事で)忙しい一日を過ごしたあとでゆったりくつろぐ. **2** 〈巻いたものが〉解ける, ほどける. 〖(c1325): cf. OE *unwindan*〗

ùn·wínged *adj.* 翼がない (wingless). 〖1601〗

ùn·wínk·ing *adj.* **1** またたきもしないで見つめ(ている); 目を見開いている, すっかり目を覚ましている. **2** 油断がない, 用心している (vigilant). 〖1782〗

ùn·wín·na·ble *adj.* 勝つことのできない. 〖1536〗

ùn·wís·dom *n.* 無知, 愚; ばかな行動, 愚行. 〖OE *unwīsdōm*: cf. OHG *unwīstuom*〗

un·wise /ʌnwáɪz⁻/ *adj.* 知恵が(足り)ない, 利口でない (ill-advised); ばかな, 無分別な, 浅はかな (imprudent): It was ~ *of* her to trust such a man. あんな男を信用するとは彼女も浅はかだった. **~·ly** *adv.* **~·ness** *n.* 〖OE *unwīs*: cf. Du. *onwijs* / G *unweise*〗

ùn·wísh *vt.* **1** 〈願いなどを〉引っ込める, 取り消す. **2** …を願うのをやめる. **3** …がなくなる[起こらない]ことを願う. **4** 《廃》のろい殺す: ~ one's rival. 〖1594〗

ùn·wíshed *adj.* 願われ(てい)ない, 求められ(てい)ない (undesired); 望ましくない (unwelcome). 〖1583〗

ùn·wíshed-fòr *adj.* =unwished. 〖1617〗

ùn·wít *vt.* 《廃》正気を失わせる, 発狂させる (derange). 〖1604〗

ùn·wíth·ered *adj.* しぼんでいない, しおれ(てい)ない; 生き生きした, 元気な (fresh). 〖1599〗

ùn·wíth·er·ing *adj.* しぼまない, しおれない. 〖1743〗

ùn·wít·nessed *adj.* **1** 五感で感知され(てい)ない; 見られ(てい)ない, 目撃され(てい)ない. **2** 確証[証明]され(てい)ない, 証拠がない. **3** 証人の署名がない: an ~ legal document. 〖1407〗

un·wit·ting /ʌnwítɪŋ | -tɪŋ⁻/ *adj.* **1** 知らない, 意識しない, 知らず知らずの, 無意識の, 覚えのない (unknowing, unconscious): an ~ accomplice. **2** 不注意による, うっかりして行った, 故意でない (inadvertent, accidental). **~·ness** *n.* 〖OE *unwitende*〗

ùn·wít·ting·ly *adv.* 無意識に, 知らず知らずに. 〖1375〗

ùn·wít·ty *adj.* 利口でない, 知恵の足りない, 愚かな (senseless, silly). 〖lateOE *un(ge)wittig*: ⇨ un-¹, witty〗

ùn·wóm·an·ly *adj.* 女らしくない, 女性にふさわしくない. — *adv.* 女らしくなく. **ùn·wóm·an·li·ness** *n.* 〖c1400〗

ùn·wón *adj.* **1** 手に入れられ(てい)ない. **2** 〈女が〉求婚にうまく応じてくれない. 〖1593〗

ùn·wónt·ed /-tɪ̀d | -tɪ̀d⁻/ *adj.* **1** 普通でない, いつにない (unusual); めったにない, 時たまの, まれな (rare): an ~ task. **2** 《古》〔…に〕不慣れな (unaccustomed) 〔*to*〕: a boy ~ *to* hard labor 重労働に不慣れな少年. **~·ly** *adv.* **~·ness** *n.* 〖1553〗

ùn·wóod·ed /-dɪ̀d | -dɪ̀d⁻/ *adj.* 森のない, 樹木で覆われ(てい)ない. 〖1628〗

ùn·wóoed *adj.* 求婚され(てい)ない. 〖1570〗

ùn·wórk *vt.* 〈一旦したことを〉元通りにする, 〈でき上がったものを〉ぶち壊しにする, めちゃくちゃにする. 〖a1548〗

un·work·a·ble /ʌnwə́ːkəbl̩ | -wə́ːk-⁻/ *adj.* 運用[取扱い, 細工, 採掘など]が困難な; 実行不能な (impractical): an ~ machine / an ~ plan. **ùn·wòrk·a·bíl·i·ty** *n.* 〖1839〗

ùn·wórked *adj.* **1** 加工[細工]してない; 〈人・家畜が〉働かされ(てい)ない. **2** 〈道具など使用され(てい)ない; 〈土地など〉耕され(てい)ない; 利用され(てい)ない, 開発され(てい)ない. 〖1730〗

ùn·wórk·man·lìke *adj.* 職人の手際らしくない, 不手際な, 不細工な, へたな, まずい; 職人の用いるのに不適当な (incompetent): an ~ tool. 〖1647〗

ùn·wórld·li·ness *n.* 脱俗, 浮世離れ(していること); 名利を離れた行為. 〖1803〗

ùn·wórld·ly *adj.* **1** この世のものでない; (特に)精神[心霊]界の, 天上の (spiritual, celestial). **2 a** 世俗的でない, 俗離れした, 俗事に超然たる, 名利を離れた: an ~ person 俗念[名利心]のない人. **b** 純朴な, 世間ずれのしていない (naïve, unsophisticated). 〖1707〗

ùn·wórn *adj.* **1** (使用・風雨などのために)すり減っていない, すり切れていない, いたんでいない, 使い[着]古していない. **2** 〈精神・感覚など〉痛め[弱め]られ(てい)ない, 清新な (fresh). **3** 〈衣服など〉身につけたことがない, 手を通したことがない, 新しい (new); あまり着られ(てい)ない. 〖a1586〗

ùn·wór·ried *adj.* [叙述的] 心配[当惑]していない; 落ち着いている; 悩まされていない. 〖1818〗

ùn·wór·shiped *adj.* 崇拝され(てい)ない, 拝まれ(てい)ない. 〖a1395〗

ùn·wór·thi·ly *adv.* **1** 道徳的に価値がなく, 人間としての値打ちがなく. **2** (それだけの)価値[値打ち]がなく, 不相応に. 〖c1300〗

ùn·wór·thi·ness *n.* 道徳的に無価値なこと, 尊敬に値しないこと, 下劣; 地位[受賞など]に値しないこと. 〖c1340〗

un·wor·thy /ʌnwə́ːði | -wə́ː-⁻/ *adj.* **1** 〔…だけの〕値打ちがない, 〔…を〕受けるに値しない (undeserving) 〔*of*〕; 〈…するに〉値しない 〈*to do*〉: a deed ~ *of* praise 称賛を受けるに値しない行為 / a rumor ~ *of* credence 信用するに値しないうわさ / a man ~ *to* do the work その仕事をするに値しない男. **2** 〔…に〕あるまじき, 〔…の〕品位[地位]にふさわしくない 〔*of*〕: Such conduct is ~ *of* you! そんなことをするとは君にふさわしくない. **3 a** 道徳的に価値のない, 尊敬に値しない (worthless), くだらない, 下劣な (despicable): an ~ motive 下劣な動機. **b** 〈人が〉取り柄[長所]のない; 〈物が〉価値のない, 粗末[貧弱]な: an ~ son 不肖の息子. **4** 受ける価値のない, 不相応な; 正当でない, 不当な: an ~ promotion 不相応な昇進 / ~ treatment 不当な扱い. — *n.* くだらない人, 何の取り柄もない人. 〖c1225〗

ùn·wóund /-wáʊnd⁻/ *adj.* **1** 〈巻きが〉解けた, 巻きのほぐれた. **2** 巻いていない: an ~ clock. 〖1648〗

ùn·wóund·ed /-wúːndɪ̀d⁻/ *adj.* 傷つけられ(てい)ない, 傷を受け(てい)ない, 無傷の (intact). 〖OE *unwundod*: cf. Du. *ongewond*〗

ùn·wó·ven *adj.* 織っていない. 〖1429〗

un·wrap /ʌnrǽp/ *v.* (**un·wrapped**; **-wrap·ping**) — *vt.* **1** 〈包んだものを〉あける, 開く, 解く, 広げる; 〈小包など〉の包装を解く (open): ~ a package. **2** 暴露する (disclose). — *vi.* 〈包装が〉解かれる, 開かれる. 〖c1250〗

ùn·wrápped *adj.* **1** 解かれた, 広げられた, 包装を解いた (unfolded). **2** 包んでいない 〈*up*〉. 〖1570〗

ùn·wréaked *adj.* 〈恨みなど〉晴らされ(てい)ない, 復讐され(てい)ない (unavenged). 〖1590〗

ùn·wréathe *vt.* …のもつれ[ねじれ]を解く, 解きほぐす (untwist). 〖1591〗

ùn·wrín·kle *vt.* …のしわを延ばす; なめらかにする (smooth). 〖1611〗

ùn·wrín·kled *adj.* しわが寄っていない; なめらかな (smooth). 〖1576〗

ùn·wrít·a·ble /-təbl̩ | -tə-⁻/ *adj.* 書く[書き表す]ことができない: an ~ sound. 〖1780〗

un·writ·ten /ʌnrítn̩⁻/ *adj.* **1** 文字に表していない, 書いていない, 記録していない, 成文にしていない, 口碑の, 口伝(くでん)の (oral): ~ language. **2** (紙などに)字を書いていない, 白紙のままの (blank): an ~ page. 〖(a1376): cf. OE *un(ge)writen*〗

unwrítten constitútion *n.* 〖法律〗不文憲法 (customary constitution ともいう). 〖1890〗

ùnwritten láw *n.* 〖法律〗 **1** 慣習法, 不文法 (common law) (cf. written law, statute 1). **2** [the ~] 不文律 (個人の名誉の擁護, 特に貞操蹂躙(じゅうりん)などに対する復讐のための殺人は(ある程度)正当であるとする仮想の法規範). 〖1641〗

ùnwritten rúle *n.* [the ~] =unwritten law 2.

ùn·wróught *adj.* **1** 作られ(てい)ない, 仕上げられ(てい)ない, 製作[製造]され(てい)ない; 〈金属など〉加工[細工]してない: ~ materials 未加工原料品. **2** まだ自然のままの; 〈鉱山など〉開発[採掘]され(てい)ない: ~ land 処女地 / an ~ mine. 〖c1375〗

ùn·wrúng *adj.* 〈心など〉痛んでいない, 平気な (unmoved): My withers are ~. その非難は一向当たらない (こっちは痛くもかゆくもない; cf. Shak., *Hamlet* 3. 2. 243; ⇨ *wring a person's* WITHERS). 〖1600–1〗

ùn·yíeld·ing *adj.* **1** 〈決心・意見など〉曲げようとしない, 譲らない, 頑固な, 断固とした (obstinate, determined): He is ~ in his opinions. 自分の意見を固執して譲らない. **2** 曲がらない, 動かない, 堅い (stiff). **~·ly** *adv.* **~·ness** *n.* 〖1592–93〗

ùn·yóke *vt.* **1** 〈牛などの〉軛(くびき)を取りはずす. **2** 解放する. **3** 分離させる, 離す, 分かつ (disconnect). — *vi.* **1** 軛を取り除く; 軛を取りはずされる. **2** 《古》仕事をやめる. 〖lateOE *ungeocian*: ⇨ un-², yoke¹: cf. Du. *ontjukken* / G *entjochen*〗

ùn·yóked *adj.* **1** 軛(くびき)をはずされた; 解放された. **2** 軛をかけられ(てい)ない; 束縛され(てい)ない. 〖1573〗

ùn·zéal·ous *adj.* 不熱心な, 熱のこもらない. **~·ly** *adv.* 〖1643〗

ùn·zíp *v.* (**un·zipped**; **-zip·ping**) — *vt.* **1 a** …のファスナー[ジッパー]をはずす; ファスナー[ジッパー]を引いて開ける. **b** 〈ファスナー[ジッパー]を〉はずす. **2** 《口語》 **a** 〈人〉の抵抗をつぶす. **b** 〈物事を〉解決する, こなす. — *vi.* ファスナー[ジッパー]で開く. 〖1939〗

ùn·zíp·per *vt., vi.* =unzip. 〖1961〗

ùn·zóned *adj.* **1** 地帯[地区]に分けてない; 制限のない. **2** 《古》帯で巻かれ(てい)ない. 〖1662〗

up /ʌp/ *adv.* **1 a** (低い位置から)上の方へ[に], 上へ[に], 上がって (↔ down): fly *up* 飛び上がる / go *up* in an elevator エレベーターで上がって行く / Come *up* here. ここへ上がって来なさい (cf. 5) / pull one's socks *up* 靴下を引っぱり上げる / put *up* one's hands 両手を上げる / Hold it *up* to your eyes. それを眼のところまで持ち上げなさい /

The flag is (halfway [all the way]) *up*. 旗は(途中[上]まで)揚がっている / All the blinds are *up*. ブラインドは全部上げてある / *up* in the hills 山の中に / high *up* in the air 空高く / ⇨ *up in the* AIR[1] / be *up* in a tree 木に登っている (cf. *prep*. 1) / *Up* goes the black flag. 黒旗がするすると揚がる. **b** 二階へ[に]: Show her *up*. 彼女を二階にご案内しなさい / It's one floor (further) *up* (from here). それは(ここから)(さらに) 1 階上にある. **c** 〈川・海などの水位が〉高く: The river is *up*. 川は増水している / The tide was *up*. 潮が満ちていた. **d** 〈劇場の幕が〉上がって: The stage is empty when the curtain is [goes] *up*. 幕が上がったとき舞台にはだれもいない. **e** 〘ゴルフ〙グリーンの方へ: He hit the ball well *up*. ボールを十分グリーンに寄せて打った.

2 a 体を起こして; (寝床から)起きて; 床につかないで: get *up* 立ち上がる, 立つ; 起床する, 起きる / get *up* with the lark 朝早く起きる / stand *up* 立ち上がる, 立つ / sit *up* 起き上がる; まっすぐに腰を掛ける / *Up*! 起きよ, 立て / *Up* from your bed! 起きなさい / *Up* (with the) helm ⇨ helm[1] 1 b / He lifted [helped] me *up*. 私を起き上がらせた / She was *up* early this morning. 今朝彼女は早く起きていた / I was [stayed] *up* all night. 夜通し寝ないでいた, 徹夜した. **b** 建てられて: Part of the building was already *up*. その建物の一部はすでに建てられていた / The tent is *up*. テントは張ってある.

3 a 〈天体が〉水平線上に, 空に昇って: The sun is *up*. 太陽が昇った / The moon was going *up*. 月はのぼってくるところだった. **b** 地上へ, 水面に: take *up* turnips かぶらを引き抜く / He came *up* from the underground. 地下から上がって来た. **c** 〈顔・面などが〉上に向いて (upwards): with one's palms *up* 手のひらを上に向けて / The sticker on the box says, "This Side *Up*." その箱のステッカーには「この面を上に(天地無用)」と書いてある.

4 a (南から)北方へ: run *up* North [to Scotland] 北部[スコットランド]へ急行する / as far *up* as Alaska [Aberdeen] 北はアラスカ[アバディーン]までも / He lives *up* in the North. 北部に住んでいる / He went *up* to Scotland from London. ロンドンからスコットランドへ行った. **b** 高地に, 内陸に; (川の)上流へ: His cottage lies a mile further *up* in the country. 彼の田舎家はもう一マイル内陸へ入った所にある / The explorers followed a river *up* to its source. 探検家たちは川をその源までさかのぼって行った. **c** 〘海事〙風上へ (to windward): put the helm *up* 舵柄(だ)を風上に取る《船首を風下に向ける》/ Bring the ship *up* in the wind. 船を風上に向けよ.

5 (問題の場所・時)まで, (話者などのいる)方へ: She went straight *up* to the door. まっすぐにドアの方へ行った / He came *up* to me. 私の方へやって来た (cf. 1 a) / *up* close《口語》すぐ近くで / *up* till [until, to] now 現在まで.

6 《英》(ロンドン・大学・都市などに)向かって, いて: go *up* (to London) ロンドンへ行く, 上京する / be *up* in London ロンドンに来て[行って]いる / go *up* to town from the country 田舎からロンドンへ出て行く / go *up* to Oxford [university] (学生が)オックスフォード[大学]に進む / My son is still *up* at Oxford. 息子はまだオックスフォードに在学中だ.

7 a (低い地位・年齢などから)上の方へ: be *up* on the social scale 社会的地位が高い / come *up* from obscurity to fame 名もない地位から名声を得るに至る / come [get, move] *up* in the world 立身出世する / She is *up* at the head of her class. 彼女はクラスの首席である / He is high *up* in the company. 会社で高い地位についている / He went *up* two places in class. 席次が 2 番上がった / He is rather *up* in years. かなり年を取っている. **b** 成熟の状態へ: bring [train] *up* a child 子供を育て上げる[しつける] / A plant grows *up* from a seed. 草木は種から生長する / The maize is *up*. とうもろこしが伸びている. **c** (…から)それ以上, それ以後: from a beggar *up* to a millionaire こじきから百万長者に至るまで / from (my) boyhood *up* 私の少年時代からずっと / from five dollars *up* 5 ドル以上.

8 (声・音・温度・評価・値段など)高く, 高めて: lift *up* one's voice 声を張り上げる / The temperature has gone *up*. 温度が上がった / Prices have gone *up*. 物価が上がった / Meat is *up*. 肉の値段が上がった / He has gone *up* in my opinion. 私の彼に対する評価が高くなった《見直した》/ The piano is *up* a tone. ピアノは一音程調子が上がっている.

9 a 活動[精神, 興奮, 動揺, 速度, 度合いなど]を高めて: play *up* 奮闘する / pluck *up* (one's) courage 勇気を出す / blow the fire *up* 火を吹き起こす / flare *up* ぱっと燃え上がる; かっと怒る / fire *up* 燃え上がる; かっとなる / His temper is *up*. かんしゃくを起こしている / You'd better hurry *up*. 急いだ方がいい / The wind is *up*. 風が吹き荒れている / The whole town is *up*. 町中が活気を呈して[沸き立って]いる / He worked *up* the mob. 暴徒を煽動した. **b** 反乱を起こして, 謀叛して: *up* in arms 兵を挙げて, 反乱を起こして / *up* in mutiny 反乱を起こして / The eastern counties were *up*. 東部の諸州が蜂起(ほうき)していた. **c** 《古》言いはやされて: Your name's *up* in (the) town. 君は町中の評判になっている.

10 《口語》[be (well) up として]〔学科・技術などに〕長じて, 得意で, よくできて〔*in*, *on*, *with*〕: He *is* (*well*) *up in* chemistry. 彼は化学が(大いに)得意だ / I *am* not *up on* fencing [current events]. フェンシング[現在の出来事]のことはあまり知らない.

11 a (競技・時勢・情報などで)〔…に〕追いついて, 遅れずに〔*with*〕: catch *up with* him 彼に追いつく / keep *up with* the times 時勢に遅れずついていく. **b** 続けて, 維持して: keep *up* one's French フランス語の勉強を続ける / The rain kept *up* all night. 雨は一晩じゅう降り続いた.

12 a 〈時間が〉尽きて, 終わって; (もう)だめで (cf. U.P.): It's all *up*. もうだめだ, 万事休す / It's all *up with* him. 彼はもうだめだ[死にそうだ] / The game is *up*. 万事休す, これでおしまいだ / The time is [Time's] *up*. 時間が切れた / When our three weeks' leave is *up*, we'll have to go back. 3 週間の休暇が終わったら帰らなくてはならないだろう. **b** 《英》閉会になって: Parliament [The House] is *up*. 議会は閉会になった.

13 [種々の動詞に伴い, 完成・終結・総計・強意などの意を表して] 全く, 残らず, しっかり, ちゃんと, …してしまう, …し終わる[尽くす, 上がる] (completely): drink *up* / eat *up* / dry *up* 干上が(らせ)る / use *up* one's resources 資金を使い果たす / clean *up* a room 部屋をきれいに掃除する / add *up* figures (数の)合計を出す.

14 a 〈物事が〉出現して, 起こって, 目立って: The lost book has turned *up*. なくした本が出てきた / It came *up* in conversation. そのことが話題になった / Some difficulties cropped *up*. 幾つかの困難が持ち上がった / Is anything *up*? 何が持ち上がったのか / What's *up*?《口語》どうしたのだ; 何が起きているのだ / Something is *up*.《口語》何か異常な[妙な]ことが起きている[起ころうとしている] / What's *up with* him?《口語》彼はどうしたのか. **b** 準備ができて: The dinner is *up*. ディナーの用意ができている.

15 《口語》**a** 〔議題・注目などに〕上って〔*for*〕: The question came *up for* discussion. その問題が議題に上った. **b** 〈事件などが〉〔裁判所に〕提訴されて〔*before*〕; 〈人が〉〔…の罪で〕〔裁判に〕訴えられて, 起訴されて〔*for*; *before*〕: The case is *up before* the High Court. 事件は高等裁判所に提訴されている / He was had *up for* murder. ⇨ HAVE[1] *a person* / John is *up before* the judge *for* fraud. ジョンは詐欺罪で裁判にかけられている.

16 [種々の動詞に伴い, 結合・固定・密集・閉鎖などの意を表して] 一緒にして, ぎっしり詰めて, しっかりふさいで: bind *up* しっかり束ねる, 包帯する / block *up* 完全にふさぐ / chain *up* 鎖でつなぐ / fasten *up* しっかり縛る / lock *up* しっかり錠を下ろす / nail *up* 釘付けにする / pack *up* 荷造りする / tie *up* 固く縛る.

17 a 無活動[停止]の状態に[で]: lie *up* (病気で)伏せっている / The car pulled *up* to my house. その車は私の家の所で止まった / Her sudden remark *brought* me *up* short. 彼女の突然の発言で私は足を止めた. **b** 貯蔵[保管, 取り片付けなど]の状態に: lay *up* riches [treasures] 富[宝物]を貯える / store *up* fuel for winter 冬に備えて燃料を貯える / Our hay is all *up*. 干し草は全部取り込んである.

18 a ばらばらの状態に[で]: tear *up* a letter 手紙を引き裂く / cut *up* a carrot ニンジンを細かく切る. **b** 他人の手へ; 放棄して: They gave *up* the fortress to the enemy. 彼らは敵に要塞を明け渡した / He threw *up* his job and went to India. 仕事を投げ出してインドに行った. **c** 表面をはがした状態に[で]; 《英》〈道路などが〉補修中で: dig *up* the ground 地面を掘り起こす / take *up* a street 通りを掘り起こす / The street was *up*. 通りは補修中だった.

19 〔…へ〕向かって (bound)〔*for*〕: This ship is *up for* Bristol. この船はブリストル行きだ.

20 もうけて: He was £6 *up* on the deal. その取引で 6 ポンドもうけた.

21 〈金が〉賭けられて (wagered): Ten thousand dollars were *up on* the match. その試合に 1 万ドルが賭けられていた.

22 刑務所に: He went *up* for ten years. 10 年間刑務所に入った.

23 〘野球〙打席に着いて (at bat): two hits in three times *up* 3 打席 2 安打 / He came *up* twice in the same inning. 彼は同じ回に 2 回打席に着いた.

24 《口語》〈騎手が〉馬に乗って: A new jockey was *up* in the race. レースには新米の騎手が出場していた.

25 (ゴルフ・テニスなどで得点などが)…リードしている, …アップ (↔ down): He is one [two, three] *up* (on me). 彼は(私に対して) 1 [2, 3] 点勝ち越している.

26 《米》(テニス・ハンドボールなどで)各, それぞれ (each): The score is 10 *up*. 得点は各 10 点だ.

27 《口語》(カクテルなどに)氷を入れずに, オンザロックでなく: Do you want it straight *up* or on the rocks? それをストレートにしますか, それともオンザロックにしますか.

28 〘劇場〙(舞台の)後方へ[に] (cf. upstage).

29 〈機械が〉動いて; 〈コンピューターが〉順調に作動して: Our computers are *up* (and running) now. コンピューターは順調に作動している.

30 〘印刷〙大文字で: Put these words *up*. これらの単語を大文字で組め / All the names are *up*. すべての名前は大文字で組まれている.

31 《古》〈刀が〉さやに納まって.

32 [間投詞的に] 承認, 賛成, いいぞ《支持・是認の表現; cf. Thumbs up! ⇨ thumb *n*. 成句》: *Up* BBC 2! BBC 2 がんばれ.

úp agàinst (1) 《口語》〈困難・障害などに〉直面して, ぶつかって: be *up against* difficulty, obstacles, etc. / ⇨ *up against a* WALL / You don't know what you're *up against*. 君はとんでもない敵を相手にしようとしているんだぞ / He is a tough man to be *up against*. 相手が悪い. (2) …と接触して: stack the boxes *up against* the wall 壁に沿って箱を積み上げる. (1901) ***úp agàinst it*** 《口語》困窮して, 困って: I am *up against it* because I failed math(s). 数学を落としたので困っている. ***úp and abóut*** [***aróund***] 〈病後の人・目覚めた人など〉起きて動き回って: He has been *up and around* for two days. 2 日前から起きて働いている. ***úp and cóming*** ⇨ up-and-coming. ***úp and dóing*** 《口語》ぼやぼやしていない, てきぱきやる: We must be *up and doing*. ***úp and dówn*** (cf. up-and-down) (1) 上がったり下がったり, 上下に: bob *up and down* ひょいひょい上下する. (2) 行きつ戻りつ (to and fro): I saw him pacing moodily *up and down*. 彼が不機嫌そうに行きつ戻りつしているのを見た. (3) あちこちと (in every direction); くまなく, 徹底的に (thoroughly): I have looked for it *up and down*. あちこちそれを捜した / He knew his hometown *up and down*. 彼は故郷の町のことはくまなく知っていた / ⇨ LOOK *a person up and down*. (4) 〈健康・景気など〉良かったり悪かったりで, 変わりがちで: They've been *up and down* lately, but we hope the new treatment will stabilize their condition. 彼らの症状は最近一進一退だが, 新しい治療法が彼らの病状を安定させることを期待している. (5) 《米口語》包み隠さず, あからさまに (bluntly): I told him *up and down* he was a liar. お前はうそつきだと彼にあからさまに言ってやった. (6) 忙しい: She's been *up and down* all evening greeting the ambassadors. 大使たちの接待で彼女は夕方いっぱい忙しかった. (7) 寝たり起きたり. ***úp and rúnning*** ⇨ 29. ***úp for*** 《口語》(1) 〈売却・討議などに〉予定されて: This house is *up for* sale. この家は売りに出されている. (2) …の候補になって, 〈選挙〉に出馬して; 〈試験〉を受けて: He is *up for* promotion. 彼は昇進の候補になっている. (3) 《口語》喜んで参加する. (4) ⇨ 15 a, b. ***úp thére*** ⇨ there *adv*. 成句. ***úp to*** (1) [通例疑問・否定構文で] …に匹敵[近似]して; …に接近して; [much を伴い否定構文で] 《英口語》大したもので(ない), あまりよく(ない): He is *not up to* his father as a scholar. 学者として彼は父に及ばない / I could *not* get [catch] *up to* him. 彼に追いつくことができなかった / Her latest novel is*n't up to* much. 彼女の最新の小説は大したものではない. (2) [通例疑問・否定構文で] …に耐えられて, …に適して (equal to), …をすることができて (capable of doing): He is *no longer up to* doing his work. もう仕事ができない / He does*n't* feel *up to* taking the journey. 彼はその旅行をする元気がない. (3) 《口語》〈(通例)よからぬ事〉に従事して, …をして; …をしようとして, たくらんで: What have you been *up to*? 何をしていたのか / He's *up to* mischief [no good]. 彼は何かいたずら[悪い事]をやっている / He's been *up to* his old game again. また例の手をやった. (4) 《口語》…の義務[責務]で, …次第で: It's entirely *up to* you. それは全く君次第だ(★ しばしば簡略して *Up to* you. ともいう) / It is *up to* you to finish the task [make the next move]. その仕事を終える[次の手を打つ]のは君の義務[責任]だ. (5) …の時[所]まで, …に至るまで: count (*up*) *to* 10 10 まで数える / do everything *up to* and including problem 33 33 問まですべてやる / *up to* this time [the present, now] 今までのところ / You have to pay *up to* ten pounds for that book. その本を買うには 10 ポンドまで払わなければならない / They stood *up to* their knees in the water. 彼らはひざまで水につかった / be *up to* here in … ⇨ here *n*. 成句 / In English the vowel of a syllable may be preceded by *up to* three consonants and followed by *up to* four. 英語では音節の母音の前には子音が三つまで先行でき, 後には四つまで続けられる. (6) …を心得て, …に精通して: I am *up to* his tricks. 彼の奸計はよく知っている / He was thoroughly *up to* its history. その歴史については精通していた. (7) 《英》(Eton 校などで) 〈生徒が〉…先生のクラスに入っていて, …の担任で: He is *up to* Mr. Smith. スミス先生のクラスにいる. ***úp with*** (1) ⇨ 12 a, 14 a. (2) …に追いついて (up to): Slow down a bit and let me come *up with* you. 少し足をゆるめて追い付かせてくれ. (3) [命令文的に] …を起こせ, 立てよ, …を引っ張り上げよ; …よ立て[奮い立て]; …を大いにやれ (cf. 2 a; UP *with* (⇨ *v*.); ↔ down with): *Up with* you! 起き[立ち]なさい / *Up with* the tent. テントを張れ / *Up* (*with*) the Opposition! 野党よ立て[しっかりやれ] (cf. 32).

— /ʌp, ʌ́p/ *prep*. **1** (低い位置・地点・地位から)…の上へ[に]; …を上がった所に (↔ down): live *up* a hill 丘の上に住んでいる / ⇨ *up the* POLE[1] / go *up* a ladder はしごを上る / climb (*up*) a tree 木に登る / There was a cat *up* the tree. その木のてっぺん(近く)に猫が一匹いた (cf. *up a* TREE) / He'll sleep *up* two flights of stairs. 彼は三階に寝る / work one's way *up* school 上の学校へ進んで行く / He went steadily *up* the social scale. 彼は着々と社会的地位を昇って行った / two lines higher *up* the page そのページの 2 行上. **2 a** [運動の動詞と共に] 〈道・道路などに〉沿って, …を(通って) (along) (cf. down 3): walk [ride] *up* the road 道を歩いて[馬で]進んで行く / We approached it *up* an avenue. 並木道伝いにそこに近づいた. **b** [状態の動詞と共に] 〈通りなど〉の向こうの方に, …を行ったところに (cf. down 3): He lives *up* the street. 彼は通りの先に住んでいる / Her house is about three hundred meters *up* the road. 彼女の家はこの道を 300 メートルほど行ったところにある. **c** 《英口語》〈ある場所〉へ, …まで (to); …に, …で (at) 《非標準的な用法》: He went *up* Derby. ダービーへ出かけた / He's *up* the pub. パブに行っている. **3** 〈川など〉の上流へ[に], …の上手に: row *up* (the) stream こぎのぼる / walk *up* the riverbank 川岸を上流の方へ歩いて行く / live [camp] further *up* (the) stream もっと上流に住む[キャンプする] / go *up* (the) stream 川をさかのぼる. **4 a** …の内部[内地, 奥地]へ: He went *up* the hall. ホールの奥へ入って行った / travel *up* (the) country 内[奥]地へ旅行する[入って行く]. **b** …の北(方)に: He lives a few miles *up* the coast. 海岸の 2, 3 マイル北に住んでいる / ⇨ up-country, upstate. **5** 〈舞台〉の後方[奥]に[で]: *up* stage 舞台の奥に. **6** 〈風など〉に逆らって (against): The fox ran *up* (the) wind. 狐は風上に走った / Deer usually go *up* (the) wind. 鹿は通例風上へ行く. **7** [無冠詞で] 《米》…へ上がって (up into *or* in the): *up* garret (上の)屋根裏へ[で] / He went *up* garret. 屋根裏部屋へ上がって行った.

U

úp and dówn (1) 上下して, あちらこちらへ: He walked *up and down* the platform. 彼はプラットホームを行きつ戻りつした. (2) 至る所に: People *up and down* the country will protest! 国中至る所の人が抗議するだろう. ***úp hill and dówn dále*** ⇨ hill 成句. ***úp yóurs*** [*yóu*] [間投詞的に]《英口語》ばかいえ, うるせえ, くそくらえ, やなこった《軽蔑, 拒絶, 反感, 嫌悪などを表す》.

— /ʌ́p/ *adj.* **1** [限定的] 上へ向かう, 上の方へ動く[傾く], 上方への: on the *up* grade 上り勾配に / the *up* side 上側 (cf. upside). **2** [限定的]《米》〈交通機関が〉北行きの; 住宅地域行きの;《英》上りの; 上り線の: an *up* train《米》北行きの列車;《英》上り列車 / an *up* line (鉄道の)上り線 / an *up* platform 上り線ホーム. **3 a** 〈ビールなど〉泡立つ: Beer's nothing if it is not *up*. ビールは泡が立たなければビールじゃない. **b** 浮き浮きして (vivacious): He was too much *up*. 少し浮き浮きし過ぎていた / In his *up* periods he joked. ご機嫌なときには冗談を言った. **4** 〈髪型が〉アップの: a new *up* hairdo 新しいアップスタイル. **5** 《口語》(ジャズ・舞踏曲で)速いテンポの. **6** 【印刷】**a** (頭文字やすべての文字を)大文字で組んだ, 大文字組みの. **b** 大文字の多い, 大文字を多く使った. **7** [通例疑問・否定構文で] (テニスなど)アップ, 1回しかバウンドしていない: not *up* ノットアップ《2回以上バウンドしていて相手の得点になる》. **8** 【物理】〈クォークが〉アップの: ⇨ up quark.

— /ʌ́p/ *n.* **1** 上昇, 上り; 値上がり, 高騰. **2** 上り坂, 上り道 (upward slope). **3** [通例 *pl.* で downs と対照的に] 成功, 繁栄 (cf. UPS *and downs*): I've had *ups* in my life, and I've had *downs*. これまでの人生いい時もあれば悪い時もあった. **4** 上り調子の人[物]: They are *ups* in the business world. 彼らは実業界で上り坂にある. **5** 上り列車[電車, バス]. **6** 《米俗》=upper 6.

be on an úp 《口語》機嫌がいい[直っている]. ***in twó úps*** 《豪》すぐ, あっという間に (in a jiffy). ***ón the úp*** (1) 上り坂で: The street is steadily *on the up*. 通りはずっと上り坂だ. (2) 〈テニスボールなどが〉ワンバウンドして上がってくる. (3) =*on the* UP and up. ***on the úp and úp*** =*on the* UP-AND-UP. ***the úp and dówn*** 探るようないちべつ: He gave me *the up and down*. 彼は(探るように)私をちらりと見た. ***ups and dówns*** (cf. up-and-down) (1) (道などの)上り下り, 起伏 (rise and fall): a house full of *ups and downs* 階段の多い家. (2) 変動, 栄枯盛衰, 浮き沈み: the *ups and downs* of life [fate] 人生の栄枯盛衰[運命の浮沈] / He has had his *ups and downs* in life. 人の世の有為転変を味わってきた.

— /ʌ́p/ *v.* (**upped**; **up·ping**; cf. *vi.* 2 ★) **— *vt.* 1** 〈武器などを〉振り上げる, 〈手〉に取る, 〈肩〉にかつぐ (lift up): *up* sticks ⇨ stick[1] *n.* 成句 / She *upped* her stick and began to beat him. 彼女はステッキを振り上げて彼を打ち始めた. **2 a** 増やす, 引き上げる: *up* prices, production, wages, etc. **b** 〈賭け金を〉前よりも増やす: ⇨ *up the* ANTE. **3** 昇進させる (promote): He has been *upped to* assistant professor. 彼は助教授に昇進した. **4** 《英》(くちばしに国有または公有の印を付けるために)〈白鳥を〉駆り集める (cf. swan-upping). **— *vi.* 1** 起き[立ち]上がる (get up): The army *ups* and marches to the town. 軍隊は立ち上がりその町に進軍する. **2** [通例 up and ... として]《口語》突然[不意に]...し始める: He *ups and* says ... / He *upped and* flew at me. やにわに立って私に飛びかかって来た. ★この up はしばしば無変化のまま過去形としても用いられる: He *up and* hit me. 出し抜けに立ち上がって私を打った. **3** 上る, 昇る (ascend): A chimney sweeper *ups* and downs in a chimney. 煙突掃除夫は煙突の中を上り下りする.

úp with 《口語》〈腕・武器などを〉振り上げる (raise) (cf. UP *with* (3) (⇨ *adv.*)): He *upped with* his fist [stick]. 彼はこぶし[ステッキ]を振り上げた.

〖OE *ūp* up & *uppe* on high, up (cf. *uppian* to rise) ← Gmc **upp-* (Du. *op-* / OHG *ūf* (G *auf*) / ON *upp-*) < IE **upo* up from below, over, under (L *sub* 'SUB-' / Gk *hupo-* 'HYPO-')〗

UP 《略》/júːpíː/ United Press ユーピー《米国の通信社; ⇨ UPI》;【キリスト教】United Presbyterian 合同長老教会派; Uttar Pradesh.

up. 《略》upper.

u.p. 《略》underproof.

U.P. /júːpíː/ *adv.* [通例 all 〜 として]《俗》(もう)おしまいで, だめで: It's *all U.P.* (*with* me.) (私は)もうだめだ, 万事休す. 〖up の綴り字発音から; cf. up *adv.* 12 a〗

up- /ʌp/ up の意の複合語形成要素: **1** 副詞的意味で動詞(主に過去分詞)・動詞的抽象名詞または Gerund に付く: *up*bringing, *up*cast, *up*growth. **2** 前置詞的意味で副詞・形容詞・名詞を造る: *up*-country, *up*hill, *up*ward(s). **3** 形容詞的意味で名詞を造る: *up*land, *up*stroke. 〖OE 〜: ⇨ up〗

UPA 《略》United Productions of America《漫画映画製作会社》.

ùp·ánchor *vi.* 【海事】いかりを上げる, 出港する. 〖1889〗

úp-and-cóme *n.* =comer 2.

úp-and-cóm·er *n.* 意欲的な人, 前途有望な人. 〖1944〗

úp-and-cóming *adj.* 《口語》**1** 将来性のある, 前途有望な; 意欲的な; 活動的な; 抜け目のない. **2** 重要性を増しつつある. 〖*c*1850〗

úp-and-dówn *adj.* (cf. UP *and down*, UPS *and downs*) **1** 上がったり下がったりの, 高低のある, 起伏のある: an 〜 motion, road, country, voice, etc. **2** 《米》垂直の, 険しい (perpendicular): a straight 〜 bank 垂直の切り立った土手. **3** 変動する (varying); 盛衰のある, 浮沈のある: an 〜 life 波乱に富んだ一生. **4** 《米》はっきりした, 純然たる (downright): an 〜 answer 率直な返事 / an 〜 lie 真っ赤なうそ, うそぱっち / an 〜 cheerful girl はきはきして快活な娘. **5** 《英》乱暴な (rough-and-tumble): savage 〜 fighting 野蛮でむちゃくちゃなけんか[乱闘]. 〖*a*1200〗

úp-and-dówn·er /-nə | -nə(r)/ *n.* 《口語》口論, 論争. 〖1927〗

úp-and-óver *adj.* 〈ガレージのドアなどが〉持ち上げて水平に開く. 〖1959〗

úp-and-ùnder *n.* 【ラグビー】ボールを高くけり上げてその落下地点へ密集するプレー. 〖(1949) 1960〗

úp-and-úp *n.* 《口語》進歩, 成功; 正直な生活. ★主に次の成句で: ***on the úp-and-úp*** (1) 《米》正直な[に], 公明正大な[に]. (2) 《英》うまくいって, 成功して, 上向いて. 〖1863〗

U·pa·ni·shad /uːpáːnɪʃàːd, juːpǽnɪʃæ̀d | ʊpʌ́nɪʃəd, -pǽn-, -ʃæ̀d/ *n.* 【バラモン教】「ウパニシャッド」(⇨ Veda). 〖(1805) □ Skt *upaniṣad* a sitting down (at another's feet to be taught by him) ← *upa* near to + *ni* down + *sad-* to sit: ⇨ up, nether, sit〗

U·pa·ni·shad·ic /uːpàːnɪʃáːdɪk, juːpæ̀nɪʃǽd- | ʊpʌ̀nɪʃʌ́d-, ʊpæ̀nɪʃǽd-⁻/ *adj.* ウパニシャッド (Upanishad) の. 〖1921〗

u·pas /júːpəs/ *n.* **1** 【植物】ウパスノキ, イポー (*Antiaris toxicaria*)《南インド・ミャンマー・マレーシア産クワ科の常緑大高木で有毒; 昔この周囲数マイル間の生物はみな死滅して荒地と化すと信じられた; upas tree, antiar ともいう》. **2** ウパス毒 (antiar)《ウパスの樹皮に含まれるアルカロイド(アンチアリン)で激烈な心臓毒; マレーシア先住民は毒矢に塗る》. **3** 害毒, 悪影響. 〖(1783) □ Malay (Java) (*pohun*) *upas* poison (tree)〗

u·pa·ya /upáːjə/ *n.* 【仏教】方便, 方法, 手段. 〖□ Skt *upāya*《原義》a nearing〗

ùp·béar *vt.* (**up·bore**; **-borne**)《古》**1** 持ち上げる, 挙げる (hold up). **2** 支える, 支持する (support). **〜·er** *n.* 〖*a*1325〗

up·beat /ʌ́pbìːt/ *adj.* 《口語》楽観的な (optimistic), 陽気な, 明るい, 楽しい (cheerful) (cf. downbeat[1]): He was in an 〜 mood. 彼は楽しげなムードだった. **— *n.* 1** [the 〜] 上昇傾向; 上向きの動き, 向上, 進歩 (upswing): on *the* 〜 向上して. **2** 【音楽】**a** (指揮者が上拍を指示する)指揮棒[腕]の上向きの一振り. **b** 上拍 (arsis), 弱拍《アクセントのない拍); アウフタクト《曲のはじめなどで強拍の前におかれた弱拍; cf. downbeat 1》. **3** 【詩学】=anacrusis 1. 〖(1869) ← UP- + BEAT[1]〗

ùp·bóund *adj.* 北行きの, 北へ通じる, 上り方面の; 上りへ通じる: an 〜 train. 〖1884〗

úp·bòw /-bòʊ | -bàʊ/ *n.* 【音楽】上げ弓, アップボウ《弦楽器で弓を先端から手元へ使う奏法; 記号 V; cf. down-bow》. 〖*c*1890〗

up·braid /ʌpbréɪd/ *vt.* **1** とがめる, 叱る, ...に小言を言う (reproach) (⇨ scold SYN): 〜 a person *with* [*for*] a fault 落ち度に対して人を責める / 〜 a person *for* being rude 失礼であることで人をとがめる. **2** 厳しく批判する, ...のあら探しをする. **3** 《古》〈人〉に吐き気を起こさせる (nauseate). **〜·er** *n.* 〖lateOE *upbregdan*: ⇨ up-, braid[1] (v.)〗

ùp·bráid·ing /-dɪŋ | -dɪŋ/ *n.* 非難, とがめ, 責め (reproof). **— *adj.*** 責める[とがめる]ような: 〜 looks. **〜·ly** *adv.* 〖?*a*1200〗

up·bring·ing /ʌ́pbrɪ̀ŋɪŋ/ *n.* (幼児期の)教育, 育て上げること, 薫陶, しつけ, 養育 (education, nurture, bringing-up): have a good 〜 よいしつけを受ける / He gave his son the best 〜 he could. 彼は息子にできるかぎり最高の教育をした. 〖1484〗

ùp·buíld *vt.* (**up·built**) 作り上げる; 設立する (establish). **〜·er** *n.* 〖1513〗

UPC 《略》United Presbyterian Church; Universal Postal Convention; Universal Product Code.

úp·càrd *n.* 【トランプ】アップカード《表を向けて出される札》: **1** 初札, 開始札《山札の一番上にあり, それをめくることからゲームが始まる札; cf. starter 10》. **2** 捨て山 (talon) の一番上にある札. **3** (stud poker で)表向きに配られる最初の札 (cf. hole card). 〖1938〗

úp·càst *adj.* 投げ上げた, 上に向けた: 〜 looks, eyes, etc. **— *n.* 1** 投げ上げた物. **2** 投げ上げ(られ)ること. **3** 【鉱山】排気(立坑) (↔ downcast). **4** 【地質】=upthrow. **— *vt.*** 投げ上げる. 〖*c*1300〗

úpcast sháft *n.* 【鉱山】排気立坑.

úp·chèck *n.* (特に, 試験飛行における成績の)優.

úp·chùck *vt., vi.* 《俗》吐く, もどす. 〖(1936) ← UP- + CHUCK[1]〗

úp·còast *adv., adj.* (北方に)海岸沿いに(ある[延びる]). 〖1882〗

up·com·ing /ʌ́pkʌ̀mɪŋ/ *adj.* 《米》近づいている, 起ころうとしている; 現れようとしている (approaching): an 〜 meeting / during the 〜 week 今度の週の間に. 〖1848〗

úp·convért *vt.* 【物理】upconverter で信号変換する. 〖1968〗

úp·convérter *n.* 【物理】アップコンバーター《パラメトリック増幅などを用いて, 入力信号のパワーをより高い周波数を持った信号のパワーに変換する装置》. 〖1958〗

úp-cóuntry, úp·cóuntry *n.* (海岸から離れたまたは川の上流の)内地, 奥地. **— *adj.*** [限定的] **1** 海岸から遠い, 奥地の (interior); 奥地から来た (cf. downcountry). **2** 《軽蔑》うぶな, 世慣れていない. **— *adv.*** (海岸から遠く)内地の方へ, 内地に, 奥地に (cf. downcountry): travel 〜. 〖1688〗

úp·cròpping *n.* (突然の)出現; (鉱脈などの)露出; (作物などの)発芽. 〖1895–1900〗

upd 《略》unpaid.

UPD 《略》united port district.

ùp·dát·a·ble /-təbl̩ | -təbl̩/ *adj.* 【電算】更新可能な, アップデートできる. 〖1976〗

up·date /ʌ̀pdéɪt/ *vt.* **1** 〈記事などを〉ごく新しくする, 最近の事まで取り入れる. **2** 【電算】〈データベース・プログラムなどを〉更新する: 〜 a file ファイルを更新する. **3** 〔...について〕最新情報を与える〔*on*〕. **— *n.*** /⁻⁻/ *n.* **1** 最新にすること. **2** 最新のもの; 最新情報; 最新版. **3** 【電算】更新. **ùp·dát·er** /-tə | -tə(r)/ *n.* 〖1910〗

Up·dike /ʌ́pdaɪk/, **John** (**Hoyer**) *n.* アップダイク (1932–　; 米国の小説家; *Rabbit, Run* (1960), *Couples* (1968)).

up·do /ʌ́pdùː/ *n.* (*pl.* 〜**s**) なで上げ型の髪型, アップの髪型 (upsweep). 〖(1938) ← UP(SWEPT) + (*hair*)*do*〗

up·dom·ing /ʌ́pdoʊmɪŋ | -dəʊ-/ *n.* 【地学】上方ドーム運動《岩盤が上方にドーム形に変形すること》. 〖1964〗

úp·dràft, 《英》**úp·dràught** *n.* (気体の)上昇(運動); 上昇気流. 〖(15C) *c*1887〗

úpdraft kíln *n.* 【窯業】昇炎式かま.

ùp·énd *vt.* **1** 〈たるなどを〉さかさまにする[置く] (⇨ upset SYN); ひっくり返す, 倒す. **2** 《口語》〈意見・評判・趣味・制度などに〉強烈な影響を及ぼす. **3** 《口語》(ボクシング・商売などで)〈相手を〉負かす (defeat); 打ち倒す, ノックダウンする. **— *vi.*** さか立ちする[になる]. 〖1823〗

ùp·fíeld *adv., adj.* (フィールドで)攻撃チームがプレーしている方向へ[で, の], 相手チームのゴール方向[で, の]. 〖1951〗

ùp·flúng *adj.* 《主に詩・文語》〈手などが〉上に(投げ出すように)あげられた, 上に突き出された《特に途方にくれたり恐怖を感じたりして》. 〖1828〗

ùp·fóld *vt.* きちんと(幾重にも)畳む (fold up). **— *n.*** 【地質】=anticline 1. 〖*c*1380〗

up·front /ʌ̀pfrʌ́nt⁻/ 《口語》*adj.* **1** 正直な, 隠し立てのない. **2** 目立つ, 顕著な. **3** 前払いの, 先行投資の, 前倒しの: an 〜 payment of $30,000 3万ドルの先行投資. **— *adv.*** 前もって, 先立って. 〖1945〗

ùp·gáther *vt.* 〈情報などを〉収集する. 〖1590〗

up·grade /ʌ̀pgréɪd⁻/ *vt.* **1** 〈製品などの〉品質を良くする, 〈機器類の〉性能を高める, グレード[バージョン]アップする; ...の等級を上げる; ...の価値[重要性, 評価]を上げる. **2** 〈工員・職員などを〉格上げする, より熟練を要する[責任の重い]仕事につかせる. **3** 〈客〉に等級の上の席[部屋]を(支払った料金そのままで)提供する. **4** (値段を上げるために)〈安い商品を〉高級品扱いする, 高級品として高く売る. **5** 〈家畜を〉品質改良する.

— *n.* /⁻⁻⁻/ **1** 向上, 改良; (機器性能の)グレード[バージョン]アップ; 増加, 上昇; 昇任, 昇格: the 〜 to version 5.0 5.0 までのバージョンアップ / 〜*s* in the level of safety 安全性の向上策. 日英比較「グレードアップ」は和製英語. **2** 《米》(道路などの)上り坂, 上り勾配. ***on the úpgrade*** 増加[上昇]して; 向上して (improving).

— *adj.* /⁻⁻⁻/ 《米》上り勾配の, 上り坂の (uphill).

— *adv.* /⁻⁻⁻/ 《米》坂の上の方に, 上り坂になって.

〖n.: (1873); v.: (1901)〗

úp·gròwth *n.* **1** 育ち, 成長, 生長, 発育, 発達 (development). **2** 育つ物, 成長物, 発達物. 〖1844〗

ùp·gún *vt.* 〈戦車などの〉銃をより大型の武器に取り替える.

ùp·hául *n.* 【海事】アップホール《船の帆やセンターボードを引き上げるためのロープ》. 〖1981〗

up·heav·al /ʌphíːvəl, -vl̩/ *n.* **1** (思想・社会状態・境遇などの)大変動, 激変, 動乱 (convulsion): the 〜 of the French Revolution フランス革命という大変動. **2 a** 押し上げ, 持ち上げ(られ)ること. **b** 【地質】(地殻の)隆起 (elevation, uplift). 〖(1838): ⇨ ↓, -al[1]〗

up·heave /ʌ̀phíːv/ *v.* (**up·heaved**, **-hove** /-hóʊv | -hə́ʊv/) **— *vt.* 1 a** 持ち上げる, 押し上げる (lift up, raise). **b** 【地質】〈火山活動・地震などが〉〈土地を〉隆起させる. **2** ...に動乱を起こす, ひどく混乱させる. **— *vi.*** 持ち[押し]上げられる (rise);【地質】隆起する. **ùp·héav·er** *n.* 〖(*c*1300): ⇨ up-, heave: cf. OE *uphebban*〗

up·held /ʌphéld/ *v.* uphold の過去形・過去分詞.

Up-Hel·ly-Aa[**A'**] /ʌ̀phɛliáː/ *n.* アップヘリアー《スコットランド北部 Shetland 諸島の州都 Lerwick で毎年1月に行われる伝統的火祭; バイキングとの歴史的つながりを記念して, 町の中心部でバイキング船を焼き, 冬至を祝う》.

up·hill /ʌ̀phíl⁻/ *adj.* **1** 登る, 登りの, 坂を登る, 登り坂の: an 〜 climb, road, etc. / The road is 〜 all the way. 道はずっと登り坂だ. **2** 高い所にある, 丘の上の: an 〜 city. **3** 骨の折れる, 困難な (difficult, laborious): an 〜 task. **— *adv.* 1** 丘[坂]の上へ: go 〜. **2** 骨折って, やっとのことで. **— *n.*** /⁻⁻/ 上り坂 (ascent); 上がり斜面. 〖1548〗

uphl 《略》uphold.

uphol. 《略》upholsterer; upholstery.

up·hold /ʌphóʊld | -hə́ʊld/ *vt.* (**up·held** /-héld/) **1 a** (反対・批判に対して)守る, 弁護する (defend) (⇨ support SYN); (援助などをして)支持する, 精神的支えとなる: 〜 one's honor 名誉を守る / 〜 the constitution 憲法を守る. **b** 〈決定・判決などを〉確認する, 確定する, 支持する (confirm, maintain): 〜 a verdict. **c** 鼓舞する, 奨励する (encourage): Your praise and sympathy have *upheld* me greatly. 君の賞賛と同情が私を大いに激励してくれた. **d** 是認する, 賛成する (approve): 〜 a person. **2 a** 持ち上げる, 上げる (raise): 〜 one's fist こぶしを上げる. **b** (落ちたり倒れたりしないように)支える, 挙げる (support): Slender columns 〜 the great dome. 細い柱があの大きな丸天井を支えている. **3** 十分手入れしておく, 管理する. 〖?*a*1200〗

ùp·hóld·er *n.* **1 a** 支える人; 支持者. **b** 支える物.

2 《古》 **a** 小物製作者[修理人, 商人]. **b** =upholsterer. **c** =undertaker 2. 〖1309–10〗

up·hol·ster /ʌphóulstə, əpóul- | ʌphə́ulstə(r, əp-/ *vt.* **1** 〈室内などを〉じゅうたん・カーテン・家具などで装飾する, …に家具を取り付ける (cf. well-upholstered): a room ～*ed with* [*in*] tapestry タペストリーで装飾した部屋. **2** 〈椅子・ソファーなど〉に詰め物[スプリング, 覆いなど]を取り付ける; …に布張りする, 覆いを付ける (cover): an ～*ed* chair 布[革]張りの椅子. 〖《(1853)》《逆成》↓〗

up·hól·ster·er /-stərə | -rə(r/ *n.* 室内装飾師, 家具商[職]. 〖《(1613)》← 《廃》 *upholster* auctioneer, tradesman (⇨ uphold, -ster) + -ER¹: cf. fruiterer, poulterer〗

uphólsterer bèe *n.* 〘昆虫〙 =leaf-cutting bee. 〖1830〗

up·hol·ster·y /ʌphóulstəri, əpóul-, -stri | ʌphə́ult, əp-/ *n.* **1** 家具製造販売業, 家具業, 室内装飾業. **2** [集合的] 室内装飾材料; (特に, 椅子・ソファーなどの)詰め物[スプリング, 布張り地]. 〖《(1649)》: ⇨ upholster, -y³〗

uphove *v.* upheave の過去形・過去分詞.

u·phroe /júːfrou | -frəu/ *n.* 〘海事〙 =euphroe.

UPI /júːpìːáɪ/ 《略》 United Press International ユーピーアイ《米国の二大通信社の一つ; 1958 年に UP と INS とが合併してできたもの; cf. AP》.

up Jen·kins /ʌ̀pdʒéŋkɪ̀nz | -kɪnz/ *n.* 〘遊戯〙 銭回し(遊戯)《机をはさんで二組に分かれ, 一方が机の下で硬貨を相互に手渡し, 相手側の "Up, Jenkins" の声で, 全員手を握ったまま机の上に出し, "Down, Jenkins" の声で, 手のひらを開いて机に密着させ, 相手側が硬貨のありかを当てる》. 〖《(1889)》 *Jenkins* (人名)〗

Up·john /ʌ́pdʒɑ(ː)n | -dʒɔn/, **Richard** *n.* アップジョン《(1802–78; 英国生まれの米国の建築家)》.

Upjohn, Richard Michell *n.* アップジョン《(1828–1903; 英国生まれの米国の建築家; Richard Upjohn の息子)》.

up·keep /ʌ́pkìːp/ *n.* **1** (土地・家屋・機械などの)維持, 保存 (maintenance); 扶養. **2** 維持費, 保存費. 〖1884〗

up·land /ʌ́plənd, -lænd | -lənd/ *n.* **1** [しばしば *pl.*] **a** 高地, 台地: an ～ plain 高原 / an ～ village 高地の村. **b** 高地地方 (upland country). **2** [しばしば *pl.*] 氾濫水位より高い地域. **3** [通例 *pl.*; 単数または複数扱い] 〘植物〙 =upland cotton. **— *adj.*** **1** 高地の[にある], 高台の: an ～ road, farm, country, etc. **2** 高地に育つ[発達する]: ～ floras 高山植物群. 〖《(1566)》: cf. lateOE *uppeland* rustic districts〗

Up·land /ʌ́plənd/ *n.* アップランド《米国 California 州南西部の都市》.

úpland cótton, U- c- *n.* 〘植物〙 リクチメン(陸地綿), アップランド綿《*Gossypium hirsutum* などの短繊維の綿花; 米国南部諸州・南米・アジアなどで広く栽培される; cf. sea island cotton》. 〖1819〗

úp·land·er *n.* 高地(地方)の住民. 〖1699〗

úpland plóver [sándpiper] *n.* 〘鳥類〙 マキバシギ (*Bartramia longicauda*) 《北米東部の野原にすむシギ (sandpiper) の一種で, plover に似る》. 〖*c*1890〗

ùp·líft *v.* **— *vt.*** **1** (社会的・精神的・知的・教養的に) …の地位を高める; (…の徳性・精神などを)高揚する, 〈意気を〉盛んにする: with their spirits ～*ed* by the news その ニュースに意気高揚して / His victory ～*ed* him. 勝利で彼は大得意だった. **2 a** 挙げる, 持ち上げる (raise, elevate): with ～*ed* hands [eyes] 手[目]をもたげて. **b** 〈土地を〉隆起させる. **3** 〈声を張り上げる, 叫ぶ: ～ one's voice, cries, praise, etc. **4** 《スコット・NZ》 **a** 〈借金を〉徴収する. **b** 〈客を〉乗せる, 〈荷物を〉集める. **— *vi.*** 持ち上がる; (特に)〈土地が〉隆起する.
— /ˊ-ˋ-/ *n.* **1** 社会的地位の向上, 道徳的向上, 精神的高揚, 感情の高調; 改善, 向上 (improvement); 改善[向上]運動: their zeal for the ～ *of* the Japanese people 日本人の向上を願う彼らの熱意 / a moral ～ 道徳的向上 / an ～ worker 社会事業家. **2** 持ち上げること, 高揚. **3** アップリフト型ブラジャー《uplift bra(ssiere) ともいう》. **4** 〘地質〙 隆起 (upheaval); 隆起した土地: an ～ of strata. **5** 〘土木〙 揚圧力.
～·ment *n.* 〖*a*1338〗

ùp·líft·ed *adj.* **1** 揚げられた, 高められた (raised); 向上した (improved). **2** 意気盛んな, 誇らしげな (proud).
～·ness *n.* 〖*a*1300〗

ùp·líft·er *n.* **1** 持ち上げる人[物]. **2** 社会の向上[徳性の高揚]に献身する人. 〖1585–86〗

up·lift·ing /ʌplɪ́ftɪŋ˞/ *adj.* 精神を高揚させる, 意気を高める, 鼓舞する: ～ literature 心を高揚させる文学.
— *n.* (精神を)高揚させること, 鼓舞: the ～ of the nation's morale 国民の士気の高揚. 〖1818〗

úp·lìght *n.* アップライト, 上方照明灯《床などから天井など上方向に当てられる照明; uplighter ともいう; cf. downlight》. 〖1982〗

úp·lìnk *n.* 〘通信〙 アップリンク《地上から通信衛星への情報伝送(装置)》. **— *adj.*** アップリンクの. 〖1968〗

úp·lòad *vt.* 〘電算〙 〈データ・プログラムなどを〉上位のシステムに転送する (cf. download). 〖1982〗

úp·lỳ·ing *adj.* 高地[高台]の.

up·man·ship /ʌ́pmənʃɪp/ *n.* 《口語》 =one-upmanship. 〖1959〗

up·mar·ket /ʌ́pmɑ̀ːkɪ̀t | -mɑ̀ːkɪt/ *adj.* 《英》 〈商品などが〉上層階級[高所得者層, 高教育者層]向けの, 高級で高価な (《米》 upscale). **— *adv.*** 上級市場へ, 高級品分野へ. **— *vi., vt.*** 上級市場へ売り出す[進出する]. 〖1972〗

up·most /ʌ́pmòust | -məust/ *adj., adv.* =uppermost. 〖1560〗

U·po·lu /uːpóuluː | -pə́u-; *Samoan* upólu/ *n.* ウポル(島) 《南太平洋の Samoa 国で二番目に大きい島; R. L. Stevenson がその生涯の最後の 5 年間を過ごした地; 面積 1,114 km², 同国の首都 Apia がある》.

up·on /əpɑ̀(ː)n, əpɔ̀(ː)n | əpɔ̀n/ *prep.* =on.

語法 (1) 慣用上 on と upon とはほとんど区別はないが, 話し言葉やくだけた書き言葉では on が好まれる. (2) upon は on よりも語調が強いので, 文末にきた場合に好んで用いられる: There was not a chair to sit *upon*. (3) upon はまた種々の成句に用いられる: *upon* my word 誓って / depend *upon* it きっと / once *upon* a time 昔, ある時 / come *upon* …を不意に見つける / look *upon* A as B A を B とみなす. (4) 累積の意味を表すときは upon が好まれる: for mile *upon* mile 何マイルも何マイルも / He piled book *upon* book. 彼は幾冊も本を積み重ねた. (5) ときとして(弱形)の /əpən/ と発音されることがある.

— *adv.* 《廃》 **1** 表面に, 身につけて. **2** =thereupon, thereafter.
〖《(?*c*1200)》 *up on* (ON *upp ā* の影響?): ⇨ up (adv.) on (prep.)〗

UPOW /júːpau/ 《略》 《英》 Union of Post Office Workers.

up·per /ʌ́pə | -pə(r/ *adj.* [限定的] (cf. lower¹) **1 a** (場所・位置・温度などが)比較的上にある, 上部の, 高い方の: the ～ side 上側, 上部 / the ～ seats=upper circle / in the ～ air 天高く, 上空に / The temperature rose from the lower thirties to the ～ sixties. 温度は下は 30 度から上は 60 度まで上がった. **b** (対または組になっているものの中で)上の方の: the ～ lip 上唇 (⇨ mouth 挿絵) / ⇨ *carry* [*keep, have*] *a stiff upper* LIP. **c** (地下界に対して)地上の: the ～ world (地下界に対して)地上世界. **d** 〈衣類など〉ウエストより上に着る: one's ～ clothes. **e** 《古》 〈衣類など〉上に着用する (outer). **2 a** 上手の, 上流の, 高地地方の, 奥地の: the ～ reaches of a river 川の上流地域 / the ～ end of the table 食卓の上手の端 《主人席》 / the ～ keyboard 鍵(けん)盤の右側. **b** 戸口から遠くにある (innermost): the ～ end of the hall 廊下の奥. **c** 《米》 北部の: ～ Manhattan. **3 a** (官位・地位・身分など)上位の, 上級の (cf. low¹ *adj.* 9): the ～-income bracket 高所得者階層 / the ～-middle class 上位中産階級 / an ～ servant 頭株の雇い人 《執事・女中頭など》, 上働き. **b** (教育制度で)高等の: the ～ school 上級学校. **c** (二院制の)上院の: ⇨ upper house. **d** 上等の: the ～ grades of lumber 極上の木材. **4** 〘地質〙 **a** 上層の. **b** [通例 U-] 後期の (↔ Lower): the *Upper* Cambrian 後期カンブリア紀. **5** 〘歯科〙 上方の, 上顎(じょうがく)の. **6** 〘数学〙 〈極限値などある数[変数]以上の.
— *n.* **1 a** (二つ[二人]の中の)上の方の物[人]. **b** [通例 *pl.*] (靴の)甲革 《底革以上のもので toe cap, vamp, quarter, top などの総称》. **2** [*pl.*] 布ゲートル (cloth gaiters). **3** ウエストより上に着る衣類. **4** 《口語》 (船室・寝台車の)上段の寝台 (upper berth). **5** [*pl.*; しばしば単数扱い] 極上材. **6** 《俗》 覚醒剤 (stimulant drug); (特に) アンフェタミン (amphetamine) 《米俗では up ともいう; cf. downer 1》. **7** 《口語》 〘歯科〙 上顎歯; 上顎義歯.
(***dówn***) ***on one's úppers*** 《口語》 (1) 靴の底を擦り減らしてしまって. (2) ひどく貧乏して (poor).
〖《(?*a*1300)》: ⇨ up, -er²: cf. Du. & Flem. *opper* / Norw. *yppare* better〗

úpper áir *n.* 〘気象〙 高層大気 《下部対流圏より上方の大気を指し, 高度 1 km 以上をいう; cf. upper atmosphere》. 〖1895〗

úpper árm *n.* 上膊(はく), 二の腕 《肩からひじまでの部分; cf. forearm¹ 1》. 〖1875–80〗

úpper átmosphere *n.* 〘気象〙 高層大気 《対流圏より上方の大気をいい, 高度約 12–1,000 km 位までの大気層; cf. upper air》. 〖1895〗

Úpper Áustria *n.* オーバーエーステライヒ 《オーストリア北部の州; 面積 11,979 km², 州都 Linz; ドイツ語名 Oberösterreich /óːbəøːstəraɪç/》.

Úpper Bénch *n.* [the ～] 〘古英法〙 (共和国時代 (1649–60) の)王座裁判所 (Court of King's Bench). 〖1649〗

úpper bóund *n.* 〘数学〙 (順序集合の)上界 (cf. lower bound, bound⁴ 4).

úpper-brácket *adj.* (リスト中)上位に位する (cf. middle-bracket): an ～ taxpayer 多額納税者.

úpper brídge *n.* 〘海事〙 上層船橋 《船橋が 2 層以上あるときの上の方; cf. lower bridge》.

Úpper Califórnia *n.* ⇨ Alta California.

Úpper Cánada *n.* アッパーカナダ: **1** もと英領カナダの一州 (1791–1841); 今の Ontario 州の南部 (cf. Lower Canada). **2** =Ontario.

úpper-cáse 〘印刷〙 *adj.* **1** アッパーケースの, 大文字の (略 u.c.; cf. capital¹ 2). **2** アッパーケース組み[印刷, 書き]の. **— *n.*** アッパーケース; 大文字 (cf. lowercase).
— *vt.* アッパーケース[大文字]で印刷する[組む]; アッパーケース[大文字]に直す. 〖1738〗

úpper cáse *n.* 〘印刷〙 アッパーケース 《大文字・参照記号・アクセントなどを入れてある上段のケース; cf. lower case》. 〖1683〗

úpper chámber *n.* (二院制議会の)上院 (upper house).

úpper círcle *n.* (劇場の)三階さじき 《dress circle と gallery の中間で料金の安い席》. 〖1829〗

úpper-cláss *adj.* **1** 上流階級の, 上流階級独特の: an ～ district near Chicago シカゴ近くの上流地域. **2** 《米》 〘教育〙 (高校・大学の)上級生の. 〖1837〗

úpper cláss *n.* [しばしば the ～(es); 集合的] 上流階級 《英国では貴族たち; cf. middle class》: The ～*es* are no longer very rich. 上流階級の人たちはもはやたいした金持ちではない. 〖1839〗

ùpper·cláss·man /-mən/ *n.* (*pl.* **-men** /-mən/) 《米》 (高校・大学の)上級生 《4 年生 (senior) または 3 年生 (junior); cf. underclassman》. 〖1871〗

úpper-crúst *adj.* 《口語》 上流社会の, 上流階級の. 〖*c*1460〗

úpper crúst *n.* **1** [the ～] 《口語》 (社会階層・集団の)最上層部, (特に)上流社会(のトップ), 貴族階級 (cf. upper ten thousand). **2** (パイ・パンなどの)上皮.

úpper-crúster *n.* 《口語》 上流社会の人.

úpper·cùt *n.* **1** 〘ボクシング〙 アッパーカット: an ～ *on* the jaw. **2** 〘トランプ〙 (ブリッジで)アッパーカット, 犠打 《防衛側の一人が負けると承知で自分の切札を出し, 相手に上切(うわぎ)り (overruff) させて敵側の切札を使わせ, それによって味方 (partner) の切札を活かす(勝たせる)戦術》. **— *v.*** (～; **-cut·ting**) **— *vt.*** **1** 〘ボクシング〙 …にアッパーカットを食らわす. **2** 〘トランプ〙 (ブリッジで)〈あるスーツを〉切って敵に上切りさせる. **— *vi.*** 〘ボクシング〙 アッパーカットを食らわす. 〖1842〗

úpper déck *n.* 〘海事〙 **1** 上甲板. **2** 〘米海軍〙 (艦中央部の)主甲板上層の部分甲板; (艦中央部から艦首または艦尾へ伸びる)甲板室上部の甲板. **3** 乾舷甲板 (freeboard deck). 〖1591〗

úpper·dóg *n.* =top dog. 〖1903〗

Úpper Égypt *n.* 上(かみ)エジプト 《エジプトの Cairo 以南 Sudan に達する地域; cf. Lower Egypt》.

úpper hánd *n.* [the ～] **1** 優越, 優勢 (supremacy) (cf. whip hand): get [gain, have] *the* ～ of …より優勢である, …に優越する, …に勝つ. **2** 《古》 名誉[権威]ある地位. 〖1481〗

úpper hóuse *n.* [the ～; 通例 U- H-] (二院制議会の)上院 《米上院のように下院 (lower house) と同じかより大きい権限をもつ; upper chamber ともいう》. 〖1532–33〗

úpper léather *n.* (靴の)甲革用の革; 甲革 (uppers). 〖1528〗

úpper mízzen tópsail *n.* 〘海事〙 後檣(こうしょう)の上段トップスル.

úpper mórdent *n.* 〘音楽〙 =pralltriller.

up·per·most /ʌ́pəmòust | -pəməust/ *adj.* **1 a** (場所・位置・階級・勢力など)最上の, 一番高い, 最優位の (predominant). **b** 最も外部の (outermost). **2** まっ先に心に浮かんだ, 第一に心に浮かぶ; (重要性など)最高の, 最重要の: the ～ thought in one's mind まず第一に心に浮かぶ(大切な)考え / Her son's happiness was ～ in her mind. 息子の幸せが彼女には一番大切なことであった.
— *adv.* **1** 一番上に[高く], 最高位に. **2** まっ先に(心に浮かんで), 最初に: He said whatever came ～. 彼は何でもとっさに思いつくままのことを言った. 〖《(1481)》: ⇨ upper, -most〗

Úpper Palátinate *n.* ⇨ Palatinate.

Úpper Paleolíthic *n., adj.* 〘考古〙 上部[後期]旧石器時代(の) 《(40,000 B.C.–(ヨーロッパでは) 12,000 B.C.)》.

úpper·pàrt *n.* 〘動物〙 (動物の体の)上面[背面] 《下面または腹面に対して用いる》. 〖1526〗

úpper pártial *n.* 〘音楽・音響・通信〙 =overtone 1.

Úpper Península *n.* [the ～] アパー半島 《米国 Michigan 州北部の Superior 湖と Michigan 湖との間の地域》.

úpper régions *n. pl.* [the ～] 《主に文語》 天空, 天界.

úpper schòol *n.* 《英》 〘教育〙 (レスターシャー方式による)上級中学 《11 歳で自動的にハイスクールに進学した後, 14 歳時にそのままハイスクールにとどまる者と上級中学 (16 歳以上まで学業を続ける)に進む者とに別れる》. 〖1475–85〗

úpper-sécond *n.* (優等の)第 2 段階の上.

úpper sémicontinuous fúnction *n.* 〘数学〙 上半連続関数 (cf. lower semicontinuous function).

úpper síde bánd *n.* 〘通信〙 上側波帯 (cf. side band).

Úpper Silésia *n.* 上シロンスク[シュレジエン] 《ポーランド南西の大重工業地帯》.

úpper síxth, U- S- *n.* [時に複数扱い] 《英》 (シックスフォーム (sixth form) の)第 2 [上級]学年 (cf. lower sixth).

úpper stóry *n.* **1** 二階, 上階. **2** [the ～, one's ～] 《口語・戯言》 頭 (head) (cf. attic 2): be touched *in one's* ～ 気が触れている / He is a little wrong [off] *in the* ～.=Something is wrong *in his* ～. 彼は頭が少々変だ.

úpper tén *n.* [the ～] =upper ten thousand. 〖1846〗

úpper·tén·dom *n.* 最上流階級. 〖1848〗

úpper tén thóusand *n.* [the ～] 上流会社, 貴族社会 (cf. submerged tenth). 〖《(1844)》: 上層の一万人の意から〗

Úpper Tungúska *n.* ⇨ Tunguska.

Úpper Vólta *n.* Burkina Faso の旧名.

úpper wíng còverts *n. pl.* 〘鳥類〙 上羽覆, 上部羽覆.

úpper·wòrks *n. pl.* **1** 〘海事〙 乾舷(かんげん) 《貨物・船客を乗せて後水面上に出ている船体の部分》. **2** 上部構造 (superstructure). **3** 《俗》 頭脳, 知力 (brains). 〖1591〗

up·pish /ʌ́pɪʃ/ *adj.* **1** 《英口語》 お高い, 横柄な, 人を見下した (snobbish, arrogant). **2** 〈打球などが〉飛距離のある, フライの. **～·ly** *adv.* **～·ness** *n.* 〖《(1678)》← UP (adj.) + -ISH¹〗

up·pi·ty /ʌ́pəti | ʌ́pɪ̀ti/ *adj.* **1** 《口語》 高ぶった, 高慢な,

U

生意気な, でしゃばった (arrogant, impudent). **2** 我を張る, 強情な. **~·ness** *n.* 〘(1880) ← UP＋-ITY〙

Upp·sa·la /ʌ́psɑːlə, ʌ́psɑːlɑ̀ː, -sələ | ʊpsɑ́ːlə, ʌp-, ⌐—⌐—; *Swed.* ʉ̀psɑ̀ːla/ *n.* ウプサラ《スウェーデン南東部, Stockholm 北方の都市; 大学所在地》.

úp quàrk *n.* 〖物理〗アップクォーク《電荷 $+^2/_3$, バリオン数 $^1/_3$, チャーム 0, ストレンジネス 0 のクォーク》. 〘1976〙

ùp·ráise *vt.* **1** 揚げる, 持ち上げる (raise, lift up): with hands [voice] ~*d* 手を上げて[声を張り上げて] / with ~*d* eyebrows まゆを逆立てて. **2** 《古》元気づける, 慰め励ます (cheer). **3** 〖地質〗〈地層を〉隆起させる. **ùp·ráis·er** *n.* 〘*a*1300〙

ùp·ráte *vt.* **1** …の品質を上げる, 改良する (improve). **2** (インフレに追いつくように)…の率を(引き)上げる. 〘1965〙

ùp·réar *vt.* **1** 起こす, 挙げる. **2** 建立する (erect). **3** 育て上げる (bring up). **4** 〈名誉・地位・権力などを〉高める (exalt). — *vi.* 立ち上がる. 〘*a*1300: OE *up-rǣrend*〙

up·right /ʌ́pràɪt, ⌐—⌐/ *adj.* **1** まっすぐに立った; まっすぐな (erect); 直立した (perpendicular); 姿勢のよい: an ~ tree, pillar, etc. / take [get into] an ~ position 直立する / an ~ athletic figure 姿勢のよい運動家らしい姿 / set something ~ 物をまっすぐに立てる. **2** (道徳的に) まっすぐな, 正直な, 正しい, 高潔な (honorable, righteous): an ~ judge / lead an ~ life 正しい生活をする. **3** (幅より縦が長い)竪(たて)型の, 縦長の: an ~ mirror / ⇨ upright piano / an ~ vacuum cleaner 竪型の掃除機.
— *n.* **1** まっすぐ(の状態): be out of ~ 傾いている. **2** **a** まっすぐなもの, 直立しているもの. **b** (建築の)垂直材. **c** 直立石; 直立柱. **d** (高跳びのバーを支える)支柱. **e** [通例 *pl.*] (いすなどの)直立物. **3** =upright piano. **4** [通例 *pl.*] 〖アメフト・ラグビー〗 =goalposts. — *adv.* まっすぐに, 直立して: stand ~ 直立する / bolt ~ ⇨ bolt¹ *adv.* — *vt.* 直立させる, 垂直にする.
úp·right·ly *adv.* **úp·right·ness** *n.* 〘OE *up(p)riht* (cf. Du. *oprecht* / G *aufrecht* / ON *upréttr*): ⇨ up, right (adj.)〙

SYN 正直な: **upright** 〈人が〉公正で正直な: an *upright* man 高潔な人. **honest** 〈人・ふるまい・陳述など〉真実を述べ欺瞞や虚偽がない: He was *honest* in what he told me. 彼は正直に私に本当のことを話した. **straight** 物事を包み隠さず率直である: He gave me a *straight* answer. 彼は私に正直に答えた. **just** 公平でえこひいきしない: He tried to be *just* in his dealings. 処置が公正であろうと努めた. **scrupulous** 誤りや不正直なことをしないように気をつける: a *scrupulous* proofreader 几帳面な校正係.
ANT dishonest, unjust.

úpright pánel *n.* 〖建築〗縦張りの羽目, 縦羽目.

úpright piáno *n.* アップライトピアノ, 竪(たて)型ピアノ (cf. grand piano). 〘*c*1860〙

up·rise /ʌ̀práɪz/ *vi.* (**up·rose**; **-ris·en**, 《古》 **up·rist**) **1** **a** 〈太陽が〉昇る, 出る (rise): The glorious sun *uprist*. 輝く太陽昇りぬ. **b** 立ち上がる (stand up). **c** 起床する, 起きる (get up). **d** まっすぐに立つ. **2** 上り(坂)になる. **3** 高さを増す, 上に伸びる. **4** 反旗を翻す, 暴動[反乱]を起こす. **5** (地平線上に)現れる; 出現する: since earth *uprose* 地球が現れて以来. **6** 音が増す, 高まる.
— /⌐—⌐/ *n.* **1** (天体の)上昇; 日の出 (sunrise), 暁 (dawn). **2** (水かさなどの)高まり, 増大. **3** 発生, 出現, 台頭 (rise). **4** (土地の)隆起 (ascent), 上り坂 (upward slope). **5** 〖体操〗(後方[前方]旋回からの)振り上り.
up·rís·er *n.* 〘(1593–94): cf. (*a*1325) *upris(e)* resurrection〙

U

up·ris·ing /ʌ́pràɪzɪŋ, ⌐⌐—/ *n.* **1** 反乱, 暴動 (⇨ rebellion SYN): a peasants' ~ 百姓一揆(いっき). **2** 上り傾斜 (ascent). **3** 《古》起き(上が)ること, 起床. 〘?*a*1225〙

up·rist /ʌprɪ́st/ *v.* 《古》 uprise の過去形・過去分詞.

úp·ríver *adv.* (川の)上流へ[に], 水源へ向かって, 川上へ (↔ downriver). — *adj.* [限定的] 水源に向かう, 川上への: an ~ voyage. — *n.* 上流[水源]地域. 〘1774〙

up·roar /ʌ́prɔ̀ːə | -rɔ̀ː(r/ *n.* **1** 騒ぎ, 大騒ぎ, 騒動; (騒々しい)叫び声, 騒音 (clamor) (⇨ noise SYN): The meeting was in (an) ~. 集会は大騒ぎだった. **2** 《古》反乱, 暴動. 〘(1526) (古形) *uproure* ◻ Du. *oproer* commotion (cf. G Aufruhr tumult) ← *op* 'up'＋*roeren* to stir, move (cog. OE *hrēran*): 現在の語形は ROAR の影響〙

up·roar·i·ous /ʌprɔ́ːriəs/ *adj.* **1** 騒々しい, 大騒ぎする; やかましい, 騒然たる (boisterous, noisy): ~ applause 大喝采(かっさい) / ~ laughter 大笑い / an ~ assembly 騒々しい集会. **2** 大笑いさせるような, 大変おかしな: an ~ comedy. **~·ly** *adv.* **~·ness** *n.* 〘(1819): ⇨ ↑, -ious〙

up·root /ʌ̀prúːt, -rʊ́t | -rúːt/ *vt.* **1** 根こぎにする, 引っこ抜く (root up) (⇨ exterminate SYN): ~ a tree. **2** 〈悪習などを〉根絶やしにする (eradicate): Long-established customs and habits are hard to ~. 長い間行われてきた風俗習慣はなかなか根絶できない. **3** 〔住み慣れた住居・土地などから〕追い立てる〔*from*〕: Thousands of people have been ~*ed* [have ~*ed* themselves] *from* their homes because of the war. 何千人という人々が戦争のために家から追い立てられた[立ち退いた]. — *vi.* **1** 根こぎになる; 根絶する. **2** 今までの住所[生活様式]を変える. **~·ed·ness** /-tɪ̀dnɪ̀s | -tɪ̀d-/ *n.* **~·er** /-tə | -tə(r/ *n.* 〘*c*1600〙

uprose *v.* uprise の過去形.

ùp·róuse *vt.* 起こす, …の目を覚まさせる, 覚醒(かくせい)させる (rouse up). 〘1805–15〙

úp·rùsh *n.* **1** (ガス・液体などの)急激な上昇. **2** (潜在意識・無意識からの思考・感情などの)奔出, 高まり: an ~ of fear. **3** 急増: an ~ in debt. 〘1871〙

UPS 《略》 Underground Press Syndicate 地下出版グループ[連合]; 〖電気〗 uninterruptible power supply 無停電電源(装置); 〖商標〗 United Parcel Service 《米国の宅配便会社》.

ups-a-dai·sy /ʌ́psədèɪzi/ *int.* =upsy-daisy. 〘《異形》 ← UPSY-DAISY〙

Up·sa·la /ʌpsɑ́ːlə, ʌ́psɑːlɑ̀ː, -sələ | ʊpsɑ́ːlə, ʌp-, ⌐⌐—; *Swed.* ʉ̀psɑ̀ːla/ *n.* =Uppsala.

úp·scàle *adj., adv.* 《米》 =upmarket.

up·set /ʌ̀psét/ *v.* (~; **-set·ting**) — *vt.* **1** **a** …の気を転倒させる, 心を乱させる, 狼狽(ろうばい)させる (disconcert, aggrieve) (⇨ disturb SYN): The bad news completely ~ him. その悪い知らせで彼は全く当惑した / He was terribly ~. ひどくうろたえた / Don't ~ yourself over a trivial mistake. ささいな誤りにうろたえるな. **b** …のからだをこわす, (…の胃腸を)こわす: The lobster last night ~ me [my stomach]. 昨夜のロブスターでおなかをこわした. **2** **a** 〈組織・均衡状態などを〉くつがえす, 転覆させる (overthrow): ~ a government 政府を倒す / That ~ the balance. そのため均衡が崩れた. **b** 〈計画などを〉混乱させる, かき乱す, 狂わす (disturb, frustrate): You have ~ all my plans. 君のために計画がぜんぶだめになった. **c** (手を加えて)無効にする (invalidate). **3** くつがえす, ひっくり返す, 転覆させる (overturn): ~ a boat, jeep, bus, etc. / I ~ my coffee over the tablecloth. テーブルクロスにコーヒーをひっくり返した. **4** 〈競技相手・政敵などを〉番狂わせ[逆転]で負かす, 倒す. **5** 〖機械〗 **a** 〈熱した鉄棒などの〉端を膨径する (swage) 《槌で打ったり圧力を加えて太く短くする》. **b** 〈金属性タイヤ〉の内径を押し縮める, 短くしてはめ直す. **6** 《廃》起こす, 立てる (set up). — *vi.* くつがえる, ひっくり返る, 転覆する (capsize): Sit still, or the boat will ~. じっとしていないとボートがひっくり返るよ.
— /ʌ̀psét⌐/ *adj.* **1** 取り乱した, 狼狽した, 心配した (distraught, worried); 混乱した, めちゃくちゃの (disordered); 加減を悪くした: He had an ~ stomach. 彼は胃の具合を悪くした. **2** ひっくり返った (overturned): an ~ inkbottle. **3** 〈勝利など〉番狂わせの, 逆転の: We scored an ~ victory. 逆転勝ちした. **4** 《古》立[建]てられた. 〘(*a*1338) (p.p.) ← UPSET (*vt.*): cf. Dan. *opsat* / Norw. *upsett*〙
— /⌐—, ⌐—⌐/ *n.* **1** **a** (気の)転倒, (心の)乱れ (disturbance): The news gave me quite an ~. その知らせを聞いて全くどぎまぎしてしまった / She went through a big (emotional) ~ after her husband's death. 彼女は夫の死後一時ひどく取り乱した. **b** 混乱(状態), ごったがえし (disruption): the ~ of price levels 物価の狂乱. **c** (体の)不調, 軽い病気: He had a stomach ~. ちょっと胃を悪くした. **d** 意見の相違, 不和, けんか (disagreement): I had a bit of an ~ with him. 彼とちょっとしたことで仲たがいをした. **2** ひっくり返り, 転倒, 転落 (overturning, tumble): He had a bad ~ from the bus. バスからひどく振り落とされた. **3** (競技・選挙などで)優勝[有力]候補の敗北[落選], 番狂わせ(の敗北), 逆転: suffer an ~ 番狂わせで負ける. **4** 〖機械〗 **a** すえ込み, 膨径スエージ (swage). **b** 端を鍛圧して太く短くした金属棒. **c** (鍛圧後の弾丸の)膨張.
ùp·sét·ta·ble /-təbḷ | -tə-⌐/ *adj.* 〘*c*1440〙

SYN ひっくり返す: **upset** 〈物を〉特に過ってひっくり返す, 過失・破損を暗示する: *upset* a cup of coffee over the table テーブルの上にコーヒーカップをひっくり返す. **upend** 口語的な表現で, ある目的のために物をひっくりかえし(上下を逆さにし)て置く: *upend* a vase (水を切るためなどに)花瓶をさかさまに立てて置く. **overturn** 上下にまたは横にひっくり返す: *overturn* a car 車をひっくり返す. **capsize** 特に〈ボートを〉転覆させる: The high wave *capsized* their boat. 高い波でボートが転覆した. **overthrow** 〈政府などを〉転覆させる: *overthrow* the government 政府を転覆させる.

úpset bútt wèlding *n.* 〖機械〗アプセット突合わせ溶接.

úpset príce *n.* 《米・スコット》〖商業〗(競売などの)売り唱え値, 競売開始値段 (reserve price). 〘1814〙

ùp·sét·ter /-tə | -tə(r/ *n.* **1** 転覆[転倒]者, 波乱を投じる人. **2** 〖機械〗すえ込み加工機械《型のうちにプレスで金属棒を押し込んで高さを減少させ径を増大させて成形する鍛造機械》. 〘(1518) (1836)〙

ùp·sét·ting /-tɪŋ | -tɪŋ⌐/ *adj.* 心を混乱[動揺]させるような (disturbing): The reversal was ~ *to* us. その逆転は我々に大きな衝撃を与えた. — *n.* 〖機械〗鍛圧形成. **~·ly** *adv.* 〘1818〙

upsétting lèver *n.* 〖造船〗転覆てこ《船の重心を通る鉛直線に沿って下に働く下向きの力と, 浮心を通る鉛直線に沿って働く上向きの力によって作られる偶力のてこで, 両線間の水平距離と位置関係からして船を転覆させる場合のもの》.

upsétting mòment *n.* 〖造船〗転覆モーメント, 負の復原モーメント《capsizing moment ともいう; cf. upsetting lever》.

úp·shift *vi., n.* 《米》(自動車の)ギアを 1 段上げる(こと), ギアを高速に入れ替える(こと), シフトアップ(する). 〘1839〙

úp·shòt *n.* [the ~] **1** (最後の, 通例意外な)結果, 結局, 結論, 終局; つまるところ (outcome): *The* ~ of the matter was (that) …という結末になった / *in the* ~ ついに, とどのつまり / bring … to *the* ~ …を終結させる / come to *the* ~ 終結する. **2** (議論などの)要点, 要旨 (gist): *the* ~ of the argument. **3** 〖アーチェリー〗(試合での)最後の一矢. 〘(1531) 'final shot' ← UP-＋SHOT¹ (n.): もと弓術の用語〙

up·side /ʌ́psàɪd/ *n.* **1** **a** 上側, 上方, 上部. **b** (鉄道の)上り列車線, 上り線ホーム. **2** (価格などの)上昇傾向: on the ~. **3** (物事の)良い[明るい]面.
úpside dówn (1) 逆さに, 転倒して, ひっくり返って: turn the table ~ *down* 食卓をひっくり返す. (2) 混乱して, 乱雑に, 取り散らかして, ごたごたと: He turned the room ~ *down* to hunt for the lost key. なくした鍵を捜すのに部屋をめちゃくちゃに散らかした. 〘(*c*1490) ← (*c*1330) ME *up so down* up as though down: 現在の語形は *upside* との連想による変形〙
— *adj.* [限定的] 〈価格などが〉上昇傾向の.

úpside-dówn *adj.* [限定的] **1** 逆さまの, 転倒した (inverted): ~ letters. **2** 《口語》混乱した, めちゃくちゃの: an ~ arrangement. **~·ness** *n.* 〘(1866) ← *upside down* (⇨ upside 成句)〙

úpside-dówn càke *n.* アップサイドダウンケーキ《薄切りの果物の上に生地 (batter) を流して焼いたケーキ; 果物が上になるよう上下を逆にして食卓に出す》. 〘1930〙

úpside-dówn càtfish *n.* 〖魚類〗サカサナマズ, シノドンティス (*Synodontis nigriventris*) 《あおむけに泳ぐ; Nile 川産》.

úp·sìdes *adv.* 《英口語》〔…と〕五分五分で, 互角で (quits) 〔*with*〕: I am ~ *with* him. 彼とは五分五分だ[恨みっこなしだ]. ***gèt úpsides with*** …に逆ねじを食わす; …に復讐する, 恨みを晴らす. — *prep.* …と互角で. 〘(1746) ← UPSIDE＋-S²〙

up·si·lon /júːpsəlɑ̀(ː)n, ʌ́p-, -lən | juːpsáɪlən, ʊp-, júːpsɪlən, ʌ́p-/ *n.* **1** ユプシロン《ギリシャ語アルファベット 24 字中の第 20 字; Υ, υ (ローマ字の U, u に当たる; ただしラテン人は通例 y で転写している); ⇨ alphabet 表》. **2** 〖物理〗 =upsilon particle. 〘(1621) ◻ Gk *û psilón* simple 'u': *υ* と同音を表すようになった *οι* と区別したもの: cf. V〙

úpsilon párticle *n.* 〖物理〗ユプシロン (Υ) 粒子 《質量 9.5 GeV/c^2 で, 不安定な中性ベクトル中間子; ビー (b) クォークとその反粒子よりなるものと考えられる; 記号 Υ》.

ùp·slópe *adj., adv.* 上り坂の[で], 上り勾配(こうばい)の. — /⌐—⌐/ *n.* 上り坂, 上り勾配. 〘1920〙

ùp·spríng *vi.* (**up·sprang**, **-sprung**; **-sprung**) **1** 〈植物が〉生じる, 生える. **2** 現れる, 発生する (arise). **3** 立ち上がる. — /⌐—⌐/ *n.* 《古》 **1** 飛び上り. **2** 起源 (origin); 発生 (development). 〘lateOE *upspringan*: cf. Du. *opspringen* / G *aufspringen*〙

up·stage /ʌ̀pstéɪdʒ⌐/ *adv.* **a** 〖劇場〗舞台の奥(の方)へ[で] (↔ downstage). ★ 昔の舞台は後方が高くなっていた. **b** 観客[テレビカメラ]から離れて. — *adj.* **1** 〖劇場〗舞台の後方[奥]の. **2** **a** (他の俳優が観客に背を向けるように)舞台後方に(立って)いる. **b** 《口語》お高くとまった, 高慢な, 横柄な (haughty). — *vt.* **1** (舞台の奥へ行き)〈他の俳優に〉観客に背を向けさせ(注意が自分に集まるようにする). **2** 《口語》〈人を〉出し抜く; 人気をさらう; (地位などで)…にまさる: The star was ~*d* by the child actor. スターは子役に食われてしまった. **3** 《口語》鼻先であしらう, …にいんぎん無礼な態度をとる. — /⌐—⌐/ *n.* 〖劇場〗舞台の後方, 奥舞台. 〘(1870) ← UP-＋STAGE〙

úp·stáir *adj.* [限定的] =upstairs 1. 〘1627〙

up·stairs /ʌ̀pstɛ́əz | -stéəz⌐/ *adv.* **1** 階上へ[に, で], 二階へ[に, で]: go [come] ~ / be ~ in bed 上[二階]の寝室に寝ている / My room is ~ again after the third flight. 私の部屋は階段を三つ上がってもう一つ上です. **2** 《口語》一段と高い(がたいして権威のない)地位へ. **3** 《口語》頭(の中)が: be empty ~ 頭の中が空っぽだ. **4** 《口語》〖空軍〗高度に, 高空で[に]. ***kíck upstáirs*** ⇨ kick¹ *v.* 成句.
— *adj.* [限定的] **1** 二階の, 階上の (upstair): an ~ room / an ~ maid 二階[階上]係の女中. **2** 上部[上層]に位する.
— *n. pl.* **1** [単数または複数扱い] 階上, 上階 《二階以上の部分》. **2** 《英口語》[集合的に] 階上の居住者; (特に大きな屋敷の)主人, 旦那衆. 〘(1596–97) ← UP＋*stairs* ((pl.) ← STAIR)〙

úp·stànd *n.* 《英》立ち上がったもの, 直立したもの, 垂直部; 〖建築〗立上がり《壁に接する屋根おおいなどの折り返し部分》. — /⌐—⌐/ *vi.* 立ち上がる (stand up). 〘lateOE *upstondan*〙

ùp·stánding *adj.* **1** 正直な, まっすぐな性格の (straightforward). **2** 直立した (erect); まっすぐな姿勢の, すらっとした (upright): Be ~. 起立《判事の入退廷や乾杯の際の号令》. **~·ness** *n.* 〘(*c*1380): cf. OE *upstandende*: ⇨ up, standing〙

up·start /ʌ́pstɑ̀ət | -stɑ̀ːt/ *n.* **1** 成り上がり者, 成金 (parvenu). **2** 横柄な人, 傲慢無礼なやつ; でしゃばり.
— /⌐—⌐/ *adj.* **1** 成り上がりの; 成り上がり者らしい, でしゃばりの (forward): ~ pushers into society 社交界へ進出する(でしゃばりの成り上がり)連中. **2** 最近現れた, 新しい (new). — /⌐—⌐/ *vi.* **1** 急に立ち上がる. **2** 現れる, 出現する. — *vt.* 急に立ち上がらせる. **~·ness** *n.* 〘(n.: 1555; v.: 1303)〙

úp·stàte 《米》 *n.* (州の中で大都市から離れた)州の北部[内陸]地方, 州北; (特に) New York 州の北部 (cf. downstate). — *adj.* 州北(からの); (特に, 東部州では)海岸から遠い: ~ New York ニューヨーク州北部 / an ~ college 田舎の大学. — *adv.* 州北へ[に], 田舎へ[に]. 〘1901〙

úp·stát·er /-tə | -tə(r/ *n.* 《米》(州内で)北部地方[田舎]の人; (New York 州で)北部出身者. 〘1944〙

up·stream /ʌ̀pstríːm⌐/ *adv.* **1** 上流に[へ, で], 流れをさかのぼって, 流れに逆らって: row ~. **2** (石油産業で)探

鉱・開発段階で. — *adj.* [限定的] **1** 上流に向かう, 流れをさかのぼる, 流れに逆らう: an ~ wind. **2** 上流にある[で起こる]: the ~ countries. **3** (石油産業で)探鉱・開発段階の. **4** 〘電算〙〈データの流れが〉上の《端末からサーバーに向かう》. — *n.* (石油産業の)上流部門《原油の探鉱, 開発, 生産までを指す; cf. downstream》. 〖1681〗

ùp·strétched *adj.* 〈腕など〉上に伸ばした. 〖1563〗

úp·stròke *n.* **1** (ピストンなどの)上向きの行程. **2** (筆跡の)上向きの一筆[一画], (運筆の)はね. 〖1828〗

up·surge /ʌ̀psə́ːdʒ | -sə́ːdʒ/ *vi.* 《文語》(波のように)盛り上がる; 激増する. — /⌐⌐/ *n.* **1** (怒濤(どとう)のような)盛り上がり; 急増, 大攻勢: a big ~ of wage claims 賃金要求の大きな盛り上がり. **2** (感情の)急激な高まり. **ùp·súr·gence** /-sə́ːdʒəns | -sə́ːdʒ-/ *n.* 〖1917〗

up·sweep /⌐⌐/ *v.* (**up·swept**) — *vt.* 上方に(向かって)掃く, さっとなで上げる, …に上方にブラシをかける. — *vi.* 上方に傾斜する. — /⌐⌐/ *n.* **1** 上方へ(向かって)掃く[なでる, ブラシをかける]こと; 上方への曲線(など). **2** (ブルドッグなどの)下あごの上方への曲がり. **3** なで上げ髪型《頭の上の方へ髪をなで上げる髪型; cf. updo》: with one's hair in an ~ 髪をアップにして. **4** 活動の著しい増大[増進], 盛況. 〖1791〗

ùp·swéll *vi.* 《まれ》ふくれ上がる, ふくらむ. — *vt.* ふくらます, ふくらませる. 〖*c*1390〗

úp·swèpt *adj.* **1** 上に曲がった[傾斜した]. **2** 〈髪が〉アップの, なで上げ型の: an ~ hairdo / a girl in ~ hair 髪をアップにした少女. 〖1791〗

up·swing /⌐⌐/ *vi.* (**up·swung**) **1** 上に振る[揺れる]. **2** 向上する, 上向く, よくなる (improve). — /⌐⌐/ *n.* **1** 上に振ること, 上揺れ. **2** 向上, 発展; 上向き: an ~ in the stock market 上げ相場 / be *on the* ~ 上昇[向上]している. 〖1922〗

up·sy-dai·sy /ʌ́psidéɪzi/ *int.* どっこいしょ《子供を抱き上げたり, 転んだ子供が起き上がろうとする時などに大人が掛ける言葉》. 〖《1860–65》← UP: 幼児語〗

úp·tàke *n.* **1 a** 〘生理〙摂取, 取込み. **b** 受入れ, 受領. **c** 〘生化学〙(有機体への)取込み, 吸収. **2** 取り[持ち]上げること. **3** 《口語》理解(力) (understanding). ★通例次の句で用いる: be quick [slow] on [in, at] *the* ~ ものわかり[のみ込み, 頭の回転]が早い[遅い]. **4** 〘機械〙(空気・ガス・煙などを吸い上げる)吸上げパイプ, (吸上げ)煙路, 煙道, 通風管; 揚水管; 上り道. **5** 〘鉱山〙排気(立)杭 (upcast). 〖1816〗

ùp·téar /-téə | -téə^(r)/ *vt.* (**up·tore; -torn**) (根こそぎ)引き抜く; 徹底的に破壊する, 粉砕する (destroy). 〖1593〗

úp-témpo 〘音楽〙 *n.* (ジャズやポピュラー音楽で)速い速度, アップテンポ. — *adj.* [限定的] 速い速度の, アップテンポの. 〖1948〗

ùp·thrów *vt.* (**up·threw; -thrown**) 投げ上げる. — /⌐⌐/ *n.* **1** 投上げ, 持上げ (upheaval). **2** 〘地質〙(断層による地盤の)ずれ上がり, 隆起 (↔ downthrow). 〖1600〗

ùp·thrúst *vt.* 押し上げる. — *vi.* 押し上がる; 隆起する. — /⌐⌐/ *n.* **1** 押上げ, 突上げ. **2** 〘地質〙隆起 (upheaval). 〖1845〗

úp·tìck *n.* 《米》**1** (景気・需要・供給などの)上向くこと, 上昇, 改善: be on the ~ 好景気だ. **2** 〘証券〙直近値より一刻み高い取引価格. 〖1955〗

ùp·tíght *adj.* 《口語》**1 a** ひどく緊張した, 神経質な, 不安な (nervous) 〔*about*〕. **b** 怒った, 立腹した (angry). **c** 感情[個性]を表現できない. **2** (態度など)ひどく厳格な, 形式的な; 堅苦しい. **3** (財政的に)悪い状態で. **~·ness** *n.* 〖1934〗

ùp·tílt *vt.* 上方に傾ける, かしげる (tilt up). 〖1849〗

úp·tìme *n.* アップタイム《コンピューターなどの装置が機能している期間; cf. downtime》.

up-to-date /ʌ̀ptədéɪt⌐/ *adj.* **1** 現在にまで及んでいる, 最新の情報[事実]の入っている, 最新情報通の; 最新の, 最新式の: an ~ method 最新式の方法 / an ~ dictionary 最新情報を盛った辞書. **2** 現代的な, 当世風の (modern) (cf. up-to-the-minute, out-of-date): He is ~ in his thinking. 彼は考え方が現代的である. **~·ly** *adv.* **~·ness** *n.* 〖《1888》← *up to date* (⇨ date¹ 成句)〗

úp-to-the-mínute *adj.* **1** ごく最近の事実[情報]を取り入れた, 最新の: ~ financial news. **2** 最新式の, 尖端的な (cf. up-to-date). 〖1912〗

úp-to-wèight *adj.* 必要な重量を持ち運ぶ力のある.

up·town /ʌ́ptáun⌐/ 《米・カナダ》 *adv.* **1** 山の手へ[に], 商業地区から遠く離れて, 住宅地区に (cf. downtown). **2** (田舎町の)中心部へ[に], 商業地区へ[に]. — /⌐⌐/ *adj.* [限定的] **1** 山の手の[にある, に住む], 住宅地区の. **2** (田舎町の)中心部[商業地区]の. — /⌐⌐/ *n.* **1** 山の手, (都市の)住宅地区. **2** (田舎町の)中心部, 商業地区. 〖1802〗

úp·tówn·er *n.* 《米》山の手[住宅地区]居住者. 〖1924〗

úp·trènd *n.* (経済の)上昇傾向, 上向き. 〖1926〗

up·turn /ʌ́ptəːn | -təːn/ *n.* **1** 上に向くこと; 上昇; (待遇・地位・給料などの)向上, 好転, 改善 (improvement): an ~ *in* the economy. **2** 上向きになった部分. **3** (社会の)騒乱, 混乱 (upheaval). — /⌐⌐/ *v.* — *vt.* **1** 上に向ける (point up): ~ one's face. **2** ひっくり返す, 掘り返す (turn over): ~ the ground. **3** 混乱させる, めちゃくちゃにする (upheave). — *vi.* 上向きになる. 〖*c*1340〗

ùp·túrned *adj.* **1 a** 上に向いた: ~ eyes 上目. **b** 先が上方に曲がった: an ~ nose 天井を向いた鼻. **2** ひっくり返された, 掘り返された. 〖1595–96〗

UPU 《略》Universal Postal Union.

úp·vàlue *vt.* …により高い価値を与える; 〈平価を〉切り上げる. **ùp·val·u·á·tion** *n.* 〖1968〗

UPVC 《略》unplasticized polyvinyl chloride.

up·ward /ʌ́pwəd | -wəd/ *adv.* (↔ downward) ★ upwards も同様に用いられるが, 一般に upward のほうが普通; ただし 2 では upwards のほうが慣用的. **1** 上の方へ, 上へ向かって; 上向きに: look [cast a glance] ~ 見上げる / write a stroke ~ 線を下から上へ引く / with the face ~ あお向けに / a book lying face ~ 表面が上になっている本 / He held out his hand, palm ~. 手のひらを上にして手を差し出した. **2 a** (数・年齢・値段・程度など)多い[高い]方へ: Prices are soaring ~(*s*). 物価がどんどん上昇している. **b** (数・年齢・値段・程度など)(…より)以上 (more): *from* ten dollars ~ 10 ドルから上 / girls of ten years *and* ~(*s*) 10 歳以上の少女たち. **3** (地位・水準など)上の方へ, 高い方へ: Ever since he has been forcing his way ~. それ以来彼は出世街道を突き進んできている. **4** 源[水源, 震源地]の方へ; 奥地へ, 内地へ; 大都会の方へ: The explorers traced the stream ~. 探検隊は奥地の方へ流れをたどって行った. **5** (特に, 体の)上方で, 上半部で (above): *from* the waist ~ 腰から上は. **6** (…から)後年[後日]にかけて, …以降: *from* one's school days ~ 学校時代からずっと後年まで / I have known him *from* a little boy [childhood] ~. 彼のことは小さな子供だったころから知っている. **7** 《古》過去[上代]にさかのぼって.

úpward of … ★ upwards of も同様に用いられる. (1) …より以上 (more than): It cost her ~(*s*) *of* a million dollars. そのため彼女は百万ドル以上を費した / He lived to be ~(*s*) *of* ninety. 彼は 90 過ぎまで生きた. (2) 精々…, ほとんど…(almost), ほぼ…, 約… (about). ★(2)の用法は避けるべきとされる.

— *adj.* [限定的] **1 a** 上の方へ向いた, 上へ向かう; 上向きの, 上昇の (ascending) (↔ downward): cast an ~ glance 上目を使う / the ~ movement of prices [taxation] 物価[課税]の上昇 / an ~ tendency (相場などの)上向き, 上げ足 / an ~ stroke (運筆の)上向きの線 / a sharp [gentle] ~ slope 急な[緩やかな]上り坂. **b** (地位・水準など)向上の, 上向きの: ~ development 上向きの発展 / an ~ trend in social customs and manners 社会風習向上の趨勢(すうせい). **2** 上方[高方]にある: the ~ sky 上天. **3** 上流の[へ向かう] (upstream): an ~ journey 上流への旅. **4** 〈音調が〉上昇の, 尻上がりの: an ~ inflection 上昇調, 尻上がり調.

— *n.* **1** 上方へ向かう運動. **2** 《Shak》頂上, 最上部.

~·ness *n.* 〖OE *upweard* (Du. *opwaart*): ⇨ up-, -ward〗

úp·ward·ly *adv.* 上へ向いて, 上の方へ, 上向きに. 〖1816〗

úpwardly móbile *adj.* (社会的地位が)上昇移動の. 〖1964〗

úpward mobílity *n.* 〘社会学〙上昇移動《社会的地位のより高い階級への移動; cf. downward mobility, horizontal mobility, vertical mobility》. 〖1949〗

up·wards /-wədz | -wədz/ *adv.* 《米》=upward (cf. upward *adv.* ★). 〖OE *upweardes*: ⇨ upward, -s²〗

úpwards of =UPWARD OF.

úp·wàrp *n.* 〘地質〙曲隆《地殻の緩やかな上方への曲がり; cf. downwarp》. — *vi., vt.* 曲隆する[させる]. 〖1917〗

ùp·wéll *vi.* 湧き出る. 〖1885〗

ùp·wélling *n.* 湧昇(流)《栄養塩に富んだ水が深海から上へ湧き出ること》. — *adj.* 〈感情など〉込み上げてくる. 〖1868〗

ùp·whírl *vt.* 上方へ旋回させる. — *vi.* 上方へ旋回する. 〖1835–45〗

úp·wínd /-wínd/ *adv.* 風上へ, 風上へ向かって (↔ downwind). — *adj.* 風上に向かう[の方向の]. — /⌐⌐/ *n.* **1** 向かい風, 逆風; 上昇気流. **2** (斜面を)吹き上げる風. 〖1838〗

ú quárk *n.* 〘物理〙=up quark.

ur /ə(ː), əː | əː/ *int.* えー, そのう《ためらいなどを示す》: *Ur* —*ur*—let me think. えーっと, そうねー. 〖1846〗

Ur /ə́ː, úə | ə́ː^(r), úə^(r)/ *n.* ウル《バビロニア南部, Sumer にあった古代都市(現在のイラク南部); 聖書では「カルデアのウル (Ur of the Chaldees)」と呼ばれ, アブラハム (Abraham) の生地 (*Gen.* 11: 27–31)》.

ur-¹ /jʊ^(ə)r | jʊər, jɔːr/ (母音の前にくるときの) uro-¹ の異形.

ur-² /jʊ^(ə)r | jʊər, jɔːr/ (母音の前にくるときの) uro-² の異形.

ur-³, Ur- /ʊə | ʊə^(r); *G.* uːɐ/ *pref.* 「原始の, 初期の; 原版の」の意: *Ur*-Mensch 原人 / *Ur*-Hamlet 原版のハムレット. 〖《1864》□ G ~ 'primitive, original': cog. OE *or-* / Goth. *uz-* ur- & *us* out (of)〗

-u·ra /(j)ʊ^(ə)rə | (j)ʊ́ərə/ (*pl.* ~) 〘動物〙分類学上の名称で「…の(ような)尾をもつもの」の意の名詞連結形. 〖← NL ~ (fem. sing. & neut. pl.) ← *-urus* '-UROUS'〗

u·ra·chus /jʊ́^(ə)rəkəs | jʊ́ər-, jɔ́ːr-/ *n.* 〘解剖〙尿膜管. 〖《1578》← NL ~ ← Gk *ourakhós* ← URO-¹+*khéein* to pour〗

u·ra·cil /jʊ́^(ə)rəsìl, -sɪ̀l, -sɪl | jʊ́ər-, jɔ́ːr-/ *n.* 〘生化学〙ウラシル ($C_4H_4N_2O_2$) 《リボ核酸に含まれるピリミジン塩基; 針状結晶》. 〖《1890》← URO-¹+AC(ETIC)+-IL〗

uraei *n.* uraeus の複数形.

u·rae·mi·a /jʊríːmiə | jʊ(ə)r-, jɔːr-/ *n.* 〘病理〙=uremia. 〖1857〗

u·rae·mic /jʊríːmɪk | jʊ(ə)r-/ *adj.* 〘病理〙=uremic. 〖1855〗

u·rae·us /jʊríːəs | jʊ(ə)r-, jɔːr-/ *n.* (*pl.* **~·es, u·rae·i** /-ríːaɪ/) (古代エジプトの諸王が王者の表象として王冠に付けた)蛇形記章. 〖《1832》← NL ~ ← Gk *ouraîos* tailed ← *ourá* tail〗

U·ral /jʊ́^(ə)rəl | jʊ́ər-, jɔ́ːr-; *Russ.* urál/ *n.* **1** [the ~] ウラル(川)《ウラル山脈に発してカスピ海に流れる川 (2,428 km)》. **2** [the ~s] =Ural Mountains. — *adj.* ウラル川[山脈]の. 〖《1785》← ?Turk. (Kirghiz)〗

Úral-Altáic *adj.* **1** ウラルとアルタイ(地方)の: the ~ customs. **2** 〘言語〙ウラルアルタイ語族の: the ~ languages ウラルアルタイ語族《フィン語・マジャール語・トルコ語・モンゴル語などを含む東欧および中央アジアにわたる大膠着語族; ただし一つの語族として認めることには異論がある》. — *n.* 〘言語〙ウラルアルタイ語族. 〖1853〗

U·ra·li·an /jʊréɪliən | jʊ(ə)r-, jɔːr-/ *adj.* ウラル山脈の, ウラル地方(住民)の; 〘言語〙ウラル語族の. — *n.* 〘言語〙ウラル語族 (フィンウゴル語族 (Finno-Ugric) およびサモイェード語 (Samoyed) の諸語を含む語族). 〖1797〗

U·ral·ic /jʊrǽlɪk | jʊ(ə)r-, jɔːr-/ *adj., n.* =Uralian. 〖1861〗

u·ral·ite /jʊ́^(ə)rəlàɪt | jʊ́ər-, jɔ́ːr-/ *n.* 〘鉱物〙ウラル石. **u·ral·it·ic** /jʊ̀^(ə)rəlítɪk | jʊ̀ərəlít-, jɔ̀ːr-⌐/ *adj.* 〖《1835》← *Ural Mountains* (その発見地)+-ITE¹〗

Úral Móuntains *n. pl.* [the ~] ウラル山脈《ロシア連邦を南北に縦断する, カラ海沿岸からカスピ海近くまで延びる山系(延長 2,000 km 以上); ヨーロッパとアジアとの境界を成す; the Urals ともいう》.

u·ran-¹ /jʊ́^(ə)rən | jʊ́ər-, jɔ́ːr-/ (母音の前にくるときの) urano-¹ の異形.

u·ran-² /jʊ́^(ə)rən | jʊ́ərən, jɔ́ːr-/ (母音の前にくるときの) urano-² の異形.

u·ra·nal·y·sis /jʊ̀^(ə)rənǽləsɪs | jʊ̀ərənǽlɪsɪs, jɔ̀ːr-/ *n.* (*pl.* **-y·ses** /-sìːz/) =urinalysis. 〖《1894》← URO-¹+ANALYSIS〗

u·ra·nate /jʊ́^(ə)rənèɪt | jʊ́ər-, jɔ́ːr-/ *n.* 〘化学〙ウラン酸塩. 〖《1842》← URANO-²+-ATE¹〗

u·ra·ni·a /jʊréɪniə | jʊ(ə)r-, jɔːr-/ *n.* 〘化学〙=uranium oxide a. 〖← URANI(UM)+-A³〗

U·ra·ni·a /jʊréɪniə | jʊ(ə)r-, jɔːr-/ *n.* **1** ユレーニア《女性名》. **2** 〘ギリシャ神話〙ウラニア《天文をつかさどる; cf. Muse 1》. **3** ウラニア《精神的愛の象徴としての Aphrodite (=Venus) の別名》. 〖《?1614》← L ~ □ Gk *Ouranía* (fem.) ← *ouránios* heavenly ← *ouranós* heaven〗

Urania 2

U·ra·ni·an¹ /jʊréɪniən | jʊ(ə)r-, jɔːr-/ *adj.* 〘天文〙天王星 (Uranus) の. 〖《1600》← URANUS+-IAN〗

U·ra·ni·an² /jʊréɪniən | jʊ(ə)r-, jɔːr-/ *adj.* **1** 《まれ》天の, 天体の (heavenly). **2 a** (天文をつかさどる Muse の)ウラニア (Urania) の. **b** 《まれ》天文学の (astronomical). **3** [u-] (男性の)同性愛の (homosexual). 〖《1844》← URANIA+-AN¹〗

u·ran·ic /jʊrǽnɪk | jʊ(ə)r-, jɔːr-/ *adj.* 〘化学〙**1** 4 価のウラニウムの[を含む], 第二ウランの. **2** 3 価より大きい価数のウラニウムを含む (cf. uranous): ~ acid ウラン酸 (H_2UO_4). **3** 《まれ》天文上の (astronomical). **4** 《廃》天の, 天界の (celestial). 〖《1837》← URANO-²+-IC¹〗

u·ra·nide /jʊ́^(ə)rənàɪd | jʊ́ər-, jɔ́ːr-/ *n.* 〘化学〙**1** ウラニド《92 番元素ウランから始まる元素が系列をなすと考えられていたため, その系列につけられた名称; 現在はこの系列は 89 番元素アクチニウムから始まると考えられているので用いられない》. **2** =uranium. 〖← URANO-²+-IDE²〗

u·ra·ni·nite /jʊréɪnənàɪt, -rǽn- | jʊréɪnɪ̀n-/ *n.* 〘鉱物〙閃(せん)ウラン鉱. 〖《1879》← URANO-²+-IN²+-ITE¹〗

u·ra·nis·cus /jʊ̀^(ə)rənískəs | jʊ̀ər-, jɔ̀ːr-/ *n.* (*pl.* **-nis·ci** /-nísaɪ/) 〘建築〙(ギリシャ建築の天井の格間(ごうま)にみられるような)星状装飾パターン. 〖□ Gk *ouranískos* ← *ouranós* heaven+*-iskos* (adj. suf.)〗

u·ra·nism /jʊ́^(ə)rənɪ̀zm | jʊ́ər-, jɔ́ːr-/ *n.* 《まれ》(男性の)同性愛 (homosexuality). **ú·ra·nist** /-nɪst | -nɪst/ *n.* 〖《1895》□ G *Uranismus*: ⇨ Urania, -ism〗

u·ra·nite /jʊ́^(ə)rənàɪt | jʊ́ər-, jɔ́ːr-/ *n.* 〘鉱物〙ウラナイト, ウラン雲母《リン酸ウラニウムから成るウラニウム鉱物の総称》. **u·ra·nit·ic** /jʊ̀^(ə)rənítɪk | jʊ̀ərənít-, jɔ̀ːr-⌐/ *adj.* 〖《1794》□ G *Uranit*: ⇨ uranium, -ite¹〗

úranite gròup *n.* 〘鉱物〙ウラナイト群鉱物.

u·ra·ni·um /jʊréɪniəm | jʊ(ə)r-, jɔːr-/ *n.* 〘化学〙ウラン, ウラニウム《放射性元素の一つ; 記号 U, 原子番号 92, 原子量 238.029》: enriched ~ 濃縮ウラン / ~ fission ウラン核分裂. 〖《1797》← URAN(US)+-IUM: フランスの化学者 Péligot の命名 (1841)〗

uránium 235 /-túːθrìːfáɪv/ *n.* 〘化学〙ウラン 235《ウランの放射性同位体の一つ; 質量数 235, 天然のウラン中に 0.715% 含まれている; 半減期 7.13×10^8 年; 核分裂を行い, 核エネルギーの発生に利用される; 記号 U^{235}, ^{235}U; U-235, U235, actinouranium ともいう》. 〖1940〗

uránium 238 /-túːθrìːéɪt/ *n.* 〘化学〙ウラン 238《ウランの放射性同位体の一つ; 質量数 238, 天然のウラン中に 99.28% 含まれている; 半減期 4.51×10^9 年; 記号 U^{238}, ^{238}U; U-238, U238 ともいう》. 〖1942〗

uránium 239 /-túːθrìːnáɪn/ *n.* 〘化学〙ウラン 239《ウランの同位体; 質量数 239, U-238 の中性子衝撃によって人工的に得られる; 半減期 23.5 分; 記号 U^{239}, ^{239}U; U-239,

U

U239 ともいう).
uránium dióxide *n.* 〖化学〗=uranium oxide a.
uránium hexaflúoride *n.* 〖化学〗六フッ化ウラン (UF_6) 《揮発性があるので，この形にして気体拡散法などで天然ウランからウラン 235 を分離する》. 〖1899〗
uránium métal *n.* 〖化学〗金属ウラン.
uránium-ócher *n.* 〖鉱物〗=gummite.
uránium óxide *n.* 〖化学〗酸化ウラン《ウランと酸素の化合物で次のようなものがある》: **a** 二酸化ウラン (UO_2) 《褐色ないし黒色の結晶性粉末》. **b** 八酸化三ウラン，八三酸化ウラン (U_3O_8) 《暗緑色ないし黒色の結晶》. **c** 三酸化ウラン (UO_3) 《淡黄色ないしオレンジ色または赤れんが色の非晶質または結晶》. 〖1885–90〗
uránium sèries *n.* 〖化学〗ウラン系列 《U238 から始まる放射性核種の崩壊系列; $4n+2$ 系列ともいう》.
uránium trióxide *n.* 〖化学〗=uranium oxide c.
u·ra·no-[1] /jʊ̀ᵊrənoʊ | jʊ́ərənəʊ, jɔ́ːr-/ 次の意味を表す連結形: **1** 「空 (sky)，天 (heaven)」. **2** 「口蓋 (palate)」. ★ 母音の前では通例 uran- になる. 〖← Gk *ouranós* heaven〗
u·ra·no-[2] /jʊ́ᵊrənoʊ | jʊ́ərənəʊ, jɔ́ːr-/ 「ウラン (uranium)」の意の連結形. ★ 母音の前では通例 uran- になる. 〖□F ～: ⇨ uranium〗
u·ra·nog·ra·pher /jʊ̀ᵊrənɑ́(ː)grəfə | jʊ̀ərənɔ́grəfə(r, jɔ̀ːr-/ *n.* 天体[天文]学者. 〖1686〗
ù·ra·nóg·raph·ist /-fɪ̈st | -fɪst/ *n.* =uranographer. 〖1731〗
u·ra·nog·ra·phy /jʊ̀ᵊrənɑ́(ː)grəfi | jʊ̀ərənɔ́g-, jɔ̀ːr-/ *n.* 天体学，恒星図表学. **u·ra·no·graph·ic** /jʊ̀ᵊrənəgrǽfɪk | jʊ̀ər-, jɔ̀ːr-←/ *adj.* **ù·ra·no·gráph·i·cal** /-fɪ̈kəl, -kl̩ | -fɪ-←/ *adj.* 〖(1650) □ Gk *ouranographía*: ⇨ urano-[1], -graphy〗
u·ra·nol·o·gy /jʊ̀ᵊrənɑ́(ː)lədʒi | jʊ̀ərənɔ́l-, jɔ̀ːr-/ *n.* 《まれ》**1** 天体誌. **2** 天体学，天文学 (uranography). **u·ra·no·log·i·cal** /jʊ̀ᵊrənəlɑ́(ː)dʒɪ̈kəl, -kl̩ | jʊ̀ərənəlɔ́dʒɪ-, jɔ̀ːr-/ *adj.* 〖(1735): ⇨ urano-[1], -logy〗
u·ra·nom·e·try /jʊ̀ᵊrənɑ́(ː)mətri | jʊ̀ərənɔ́m-, jɔ̀ːr-/ *n.* 《まれ》**1** 天体測量. **2** 天体図，天体位置誌. 〖(1715): ⇨ urano-[1], -metry〗
u·ra·nos·co·pid /jʊ̀ᵊrənɑ́(ː)skəpɪ̈d | jʊ̀ərənɔ́skəpɪd, jɔ̀ːr-←/ *adj.* 〖魚類〗ミシマオコゼ科の. 〖↓〗
U·ra·no·scop·i·dae /jʊ̀ᵊrənouskɑ́(ː)pədiː | jʊ̀ərənə(ʊ)skɔ́pɪ-, jɔ̀ːr-/ *n. pl.* 〖魚類〗《スズキ目》ミシマオコゼ科. 〖← NL ～ ← *Uranoscopus* (属名: ← URANO-[1]+ Gk *skopeîn* to observe)+-IDAE〗
u·ra·nous /jʊ́ᵊrənəs | jʊ́ər-, jɔ́ːr-/ *adj.* 〖化学〗三価のウラニウム (U^{III}) を含む，第一ウランの. 〖(1842) ← NL *uranosus*: ⇨ urano-[2], -ous〗
U·ra·nus /jʊ́ᵊrənəs | jʊ́ər-, jɔ́ːr-, jɔ́ːr-/ *n.* **1** 〖ギリシャ神話〗ウラノス《Gaea の夫で，天の人格化; Cyclopes や Titans の父; cf. Cronus》. **2** 〖天文〗天王星《太陽系中の惑星; 衛星 Ariel, Umbriel, Titania, Oberon, Miranda と環をもつ》. 〖(1802) □ L *Ūranus* □ Gk *Ouranós* heaven〗
u·ra·nyl /jʊ́ᵊrənɪ̈l | jʊ́ər-, jɔ́ːr-/ *n.* 〖化学〗ウラニル (UO_2 基; 塩類を作る). **—** *adj.* 〖化学〗ウラニルの[を含む]. **u·ra·nyl·ic** /jʊ̀ᵊrənílɪk | jʊ̀ər-, jɔ̀ːr-, jɔ̀ːr-←/ *adj.* 〖(1850) ← URANO-[2]+-YL〗
úranyl nítrate *n.* 〖化学〗硝酸ウラニル ($UO_2(NO_3)_2$) 《酸化ウランを硝酸に溶解して得られる淡黄色結晶》.
U·rar·ti·an /ʊrɑ́ətiən | ʊrɑ́ːt-/ *adj.* **1** ウラルトゥ (Urartu) の，ウラルトゥ人の. **2** ウラルトゥ語の. **—** *n.* **1** ウラルトゥ人. **2** 〖言語〗ウラルトゥ語. 〖1934〗
U·rar·tu /ʊrɑ́ətuː | ʊrɑ́ː-/ *n.* ウラルトゥ《Assyria 北部 (現在のアルメニア) にあった古代王国 (1270?–585 B.C.)》.
U
u·rase /jʊ́ᵊreɪs, -reɪz | jʊ́əreɪs, jɔ́ːr-/ *n.* 〖生化学〗=urease.
u·rate /jʊ́ᵊreɪt | jʊ́əreɪt, jɔ́ːr-, -rɪ̈t/ *n.* 〖化学〗尿酸塩. **u·rat·ic** /jʊrǽtɪk | jʊ(ə)rǽtɪk, jɔːr-/ *adj.* 〖(1800) ← URO-[1]+-ATE[1]〗
urb /ɚ́ːb | ɜ́ːb/ *n.* (郊外に対し)市街地，都市部. 〖(1965) ← URB(AN) // (SUB)URB〗
ur·ban /ɚ́ːbən, -bn̩ | ɜ́ː-/ *adj.* **1** 都市の，都市にある; 都市に住む (cf. rural, rustic, urbane): ～ life 都市生活 / ～ population 都市人口 / ⇨ urban renewal. **2** 都市特有の，都市化した. **3** 《米》人口最低 2,500 人の(非)自治体地区の《米国国勢調査の用語》. 〖(1619) □ L *urbānus* of the city, refined ← *urb-, urbs* city〗
Ur·ban /ɚ́ːbən, -bn̩ | ɜ́ː-/ *n.* アーバン《男性名》. 〖□ L *Urbanus* (↑)〗
Ur·ban II /ɚ́ːbən, -bn̩- | ɜ́ː-/ *n.* ウルバヌス二世 (1042?–99; フランスの聖職者; 第一回十字軍の主唱者; 教皇 (1088–99); 本名 Odo /*It.* ɔ́ːdo/).
Urban VI *n.* ウルバヌス六世 (1318?–89; イタリアの聖職者; 教皇 (1378–89); その選出が教会大分裂に発展した; 本名 Bartolomeo Prignano /bartolomé:opriɲɲá:no/).
Urban VIII *n.* ウルバヌス八世 (1568–1644; イタリアの聖職者; 教皇 (1623–44); Galileo を裁判にかけた; 本名 Maffeo Barberini /maffé:obarberí:ni/).
úrban anthropólogy *n.* 都市人類学.
úrban área *n.* 都市圏《国勢調査用語》.
úrban blúes *n.* [時に単数扱い] アーバンブルース《通例バンドが伴奏するリズミックではなやかなブルース; cf. country blues》.
úrban dístrict *n.* **1** 《英》(議会をもつ自治体としての昔の) 町 (borough (自治都市) よりも権限が狭い; 1974 年の地方行政制度改革により廃止; cf. rural district). **2** 《アイル》(議会をもつ)中規模の町. 〖1895〗
ur·bane /ɚːbéɪn | ɜː-/ *adj.* **1** 都会風の，優雅な，上品な，洗練された，礼儀正しい (polished, refined) (cf. rustic, urban 1) (⇨ suave SYN). **2** 《古》=urban 1, 2. **～·ly** *adv.* **～·ness** *n.* 〖(1533) □ F *urbain(e)* // L *urbānus* polished, well-bred: ⇨ urban, -ane[1]〗
úrban guerrílla *n.* **1** 都市ゲリラ(革命家). **2** 都市ゲリラ隊. 〖1967〗
úrban hómesteader *n.* 都市再定住者.
úrban hómesteading *n.* 《米》都市定住奨励(政策) (都市の荒廃防止のため荒廃建物への入居を奨励する連邦政府の政策; 荒廃建物を修理し一定期間入居した者にその建物の所有権を与えるというもの; cf. sweat equity).
ur·ban·ism /ɚ́ːbənɪzm | ɜ́ː-/ *n.* 《米》**1** 都市性. **2** 都市化 (urbanization). **3** 都市計画，都市研究. 〖1889〗
úr·ban·ist /-nɪ̈st | -nɪst/ *n.* 《米》都市計画専門家. 〖*c*1920〗
ur·ban·is·tic /ɚ̀ːbənístɪk | ɜ̀ː-←/ *adj.* 《米》都市生活の，都市化の. **ùr·ban·ís·ti·cal·ly** /-tɪ̈kəli, -kli | -tɪk-/ *adv.* 〖1959〗
ur·ban·ite /ɚ́ːbənàɪt | ɜ́ː-/ *n.* 《米》都市居住者，都会人. 〖1897〗
ur·ban·i·ty /ɚːbǽnəti | ɜːbǽnɪ̈ti/ *n.* **1** 都会風，上品，優雅. **2** [*pl.*] 礼儀，丁重さ，いんぎん (civilities, courtesies). **3** 都会生活. **4** [*pl.*] 垢(あか)抜けのした話しぶり，気のきいた言葉，上品な機知. 〖(1535) □ F *urbanité* // L *urbānitātem*: ⇨ urbane, -ity〗
ur·ban·ize /ɚ́ːbənàɪz | ɜ́ː-/ *vt.* **1** 都会化する，都会風にする. **2** 《まれ》都雅[上品]にする，垢(あか)抜けさせる. **ur·ban·i·za·tion** /ɚ̀ːbənɪ̈zéɪʃən | ɜ̀ːbənaɪ-, -nɪ-/ *n.* 〖1642〗
úr·ban·ized *adj.* **1** 都会化した. **2** 《米》人口 5 万人以上の(非)自治体地区の《米国国勢調査の用語》. 〖1884〗
úrban légend [mýth] *n.* 都市伝説[神話]《現代の都市生活に関連して語り伝えられる異常な話》.
ùr·ban·ól·o·gist /-dʒɪ̈st | -dʒɪst/ *n.* 都市学者，都市問題研究者. 〖1967〗
ur·ban·ol·o·gy /ɚ̀ːbənɑ́(ː)lədʒi | ɜ̀ːbənɔ́l-/ *n.* 都市学，都市問題研究. 〖(1961) ← URBAN+-O-+-LOGY〗
úrban renéwal [redevélopment] *n.* 《米》都市再開発《スラム街一掃，街路・公共輸送機関の整備，住宅建設など，総合計画に基づいて都市機能を近代化すること》. 〖1954〗
úrban socíety *n.* 〖社会学〗都市社会《人口の量と密度が大きく，機能的に分化した社会構造と合理主義的文化をもつ地域社会; cf. folk society》.
úrban sociólogy *n.* 都市社会学.
úrban spráwl *n.* 都市スプロール現象《都市が郊外へ無秩序に拡大すること》. 〖1958〗
úrban tówn [tównship] *n.* 《米》最低人口 25,000 人の非自治体の New England の town [New Jersey または Pennsylvania の township]《米国国勢調査の用語》.
ur·bi·a /ɚ́ːbiə | ɜ́ː-/ *n.* [集合的] (郊外 (suburbia) および郊外周辺の高級住宅地 (exurbia) と区別して)都市. 〖← URBAN+-IA[1]〗
ur·bi·cul·ture /ɚ́ːbəkʌ̀ltʃə | ɜ́ːbɪkʌ̀ltʃə(r/ *n.* 都市生活特有の生活習慣[諸問題]，都市文化. 〖(1954) ← L *urbi-, urbs* city+CULTURE〗
ur·bi et or·bi /ʊ́əbiɛtɔ́əbi | ʊ́əbiɛtɔ́ː-/ *L.* 都[ローマ]と世界に，万人に (to everyone) 《ローマ教皇が教書 (bull) を公布するときに用いる句》. 〖(1867) □ L *urbī et orbī* to the city and the world〗
URC 《略》United Reformed Church.
ur·ce·o·late /ɚ́ːsiəlɪ̈t, -lèɪt | ɜ́ː-/ *adj.* 〖植物〗〈花冠が〉壺形の，水差し形の. 〖(1760) ← NL *urceolātus* ← L *urceolus* (dim.) ← *urceus* urn, pitcher: ⇨ -ate[2]〗
ur·chin /ɚ́ːtʃɪ̈n | ɜ́ːtʃɪn/ *n.* **1** 少年; (特に)いたずら[わんぱく]小僧. **2** ウニ (sea urchin). **3** 《古・方言》ハリネズミ (hedgehog). **4** 〖紡織〗アーチン《梳毛(綿)機の大ドラムの周りにある二つの小針布(しんぷ)の一つ》. **5** 《まれ》ヤマアラシ (porcupine). **6** 《廃》(ハリネズミに化けるという)小鬼 (goblin). **—** *adj.* 〈女性の髪型が〉ショートスタイルの: an ～ cut. 〖(*a*1325) *urchon* □ ONF *herichon*= OF *heriçon* (F *hérisson*) ← L *ēricius* ← *(h)ēr* hedgehog, 《原義》pricky creature ← IE **ghers-* to bristle (L *porrere* to bristle)〗
urd /ʊ́əd, ɚ́ːd | ʊ́əd, ɜ́ːd/ *n.* 〖植物〗ケツルアズキ (*Phaseolus mungo*) 《インド原産のマメ科の植物で，茎の上半はつるになり，やや長目のさやをつける; urd bean, black gram ともいう》. 〖(*c*1934) □ Hindi ～, *uṛad*〗
Urd /ʊ́əd, ɚ́ːd | ʊ́əd, ɜ́ːd/ *n.* 〖北欧神話〗ウルド《運命の三女神の一人で，過去をつかさどる; ⇨ Norn》. 〖□ ON *Urdhr*: cf. weird〗
ur·dée /ɚ́ːdi, əːdéɪ | ɜ́ːdi, əːdéɪ/ *adj.* (*also* **ur·dé** /～/) 〖紋章〗=urdy. 〖(1562) ?〗
Ur·du /ʊ́əduː, ɚ́ː- | ʊ́əduː, ɜ́ː-; *Hind.* urḍuː/ *n.* ウルドゥー語《パキスタンの主要公用語; インドでもイスラム教徒間に用いられるほか公用語の一つとされている; Hindi 語と全く同じ文法構造をもつが，ペルシャ語・アラビア語などの影響を強く受けた; cf. Hindustani》. 〖(1796) □ Hindi (*zabān-i-*)*urdū* (language of the) camp □ Turk. *ordu* camp: cf. horde〗
ur·dy /ɚ́ːdi | ɜ́ːdi/ *adj.* 〖紋章〗剣先の形をした，剣先を交互に並べた形の. 〖(1688): ⇨ urdée〗
-ure /(j)ʊ̀ə, ə | ə(r, jʊ̀ə(r/ *suf.* 次の意味を表すラテン語系の名詞語尾: **1 a** 動作・過程・存在: censure / erasure / culture. **b** 動作の結果: picture / creature. **2 a** 職務・機能: judicature. **b** 機能集団: legislature. **3** 手段: ligature. 〖□F *-ure* < L *-ūra*〗
u·re·a /jʊríːə, jʊ́ᵊriə | jʊ(ə)ríːə, jɔːr-, jʊ́əriə, jɔ́ːr-/ *n.* 〖化学〗尿素 ($CO(NH_2)_2$) 《carbamide ともいう》. **u·ré·ic** *adj.* 〖(1806) ← NL ～ ← F *urée* ← *urine*: ⇨ urine〗
uréa cỳcle *n.* 〖生化学〗尿素回路《アミノ酸から誘導されたアンモニアが肝臓で尿素に転換される代謝過程》.
uréa-formáldehyde rèsin *n.* 〖化学〗尿素ホルムアルデヒド樹脂《尿素とホルムアルデヒドとの作用によって作られる尿素樹脂》. 〖1928〗
u·re·al /jʊríːəl, jʊ́ᵊriəl | jʊ(ə)ríːəl, jɔːr-, jʊ́əriəl, jɔ́ːr-/ *adj.* 尿素の，尿素を含む[から成る]. 〖(1848) ← UREA+-AL[1]〗
u·re·a·plas·ma /jʊ̀ᵊriəplǽzmə | jʊ̀ər-, jɔ̀ːr-/ *n.* 〖生物〗ウレアプラズマ《マイコプラズマ科 *Ureaplasma* 属の細菌; 尿素を加水分解してアンモニアを形成する》. 〖(1975) ← NL Ureaplasma (属名)〗
uréa résin *n.* 〖化学〗尿素樹脂，ユリア樹脂; (特に)= urea-formaldehyde resin. 〖1937〗
u·re·ase /jʊ́ᵊrièɪs, -èɪz | jʊ́ərièɪs, jɔ́ːr-/ *n.* 〖生化学〗ウレアーゼ《尿素をアンモニアと炭酸に加水分解する酵素》. 〖(1892) ← UREA+-ASE〗
uredia *n.* uredium の複数形.
u·re·din·i·um /jʊ̀ᵊrədíniəm | jʊ̀ərɪ̈-, jɔ̀ːr-/ *n.* (*pl.* **-i·a** /-niə/) 〖植物〗(サビ菌類を発生する)夏(か)胞子堆(たい)，夏胞子層. **ù·re·dín·i·al** /-niəl←/ *adj.* 〖(1905) ← NL ～ ← L *ūrēdin-*, *ūrēdō* (⇨ uredium)+-IUM〗
u·re·di·o·spore /jʊríːdiəspɔ̀ə | jʊ(ə)ríːdiəspɔ̀ː(r, jɔːr-/ *n.* 〖植物〗夏(か)胞子《サビ菌類の胞子の一種》. 〖《変形》← UREDOSPORE〗
u·re·di·um /jʊríːdiəm | jʊ(ə)ríːdi-, jɔːr-/ *n.* (*pl.* **-di·a** /-diə | -diə/) 〖植物〗=uredinium. **u·réd·i·al** /-diəl | -diəl/ *adj.* 〖(1937) ← L *ūrēdinēs* (pl.) ← *ūrēdo* a burning, blight ← *ūrere* to burn, scorch: ⇨ -ium〗
u·re·do /jʊríːdoʊ | jʊ(ə)ríːdəʊ, jɔːr-/ *n.* (*pl.* **u·re·di·nes** /-ríːdɪ̈nìːz | -dɪ-/) 〖病理〗=urticaria.
u·re·do·so·rus /jʊrìːdəsɔ́ːrəs | jʊ(ə)rìːdə(ʊ)-, jɔːr-/ *n.* (*pl.* **-so·ri** /-raɪ/) 〖植物〗=uredinium. 〖(1905) ← NL ～: ⇨ uredium, sorus〗
u·re·do·spore /jʊríːdəspɔ̀ə | jʊ(ə)ríːdə(ʊ)spɔ̀ː(r, jɔːr-/ *n.* 〖植物〗=urediospore. 〖(1875) ← NL *uredin-*, *uredo* (⇨ uredium)+-SPORE〗
u·re·do·stage /jʊríːdoustèɪdʒ | jʊ(ə)ríːdə(ʊ)-, jɔːr-/ *n.* 〖植物〗夏(か)胞子期《さび菌類に夏胞子のできる時期》. 〖(1880) ← NL *uredo* (⇨ uredium)+STAGE〗
u·re·ide /jʊ́ᵊriàɪd, -rɪ̈d | jʊ́əriàɪd, jɔ́ːr-, -rɪɪd/ *n.* 〖化学〗ウレイド《尿素の水素をアシル基で置換した化合物》. 〖(1857) ← UREA+-IDE[2]〗
u·re·i·do /jʊríːədòʊ | jʊ(ə)ríːɪdəʊ, jɔːr-/ *adj.* 〖化学〗ウレイド基を含んだ. 〖⇨ ↑, -o-〗
uréido gròup [ràdical] *n.* 〖化学〗ウレイド基 ($H_2NCONH–$ という一般式を有する 1 価の基).
u·re·mi·a /jʊríːmiə | jʊ(ə)r-, jɔːr-/ *n.* 〖病理〗尿毒症. 〖(1857) ← NL ～ ← Gk *oûron* urine+*haîma* blood: ⇨ -emia〗
u·re·mic /jʊríːmɪk | jʊ(ə)r-, jɔːr-/ *adj.* 〖病理〗尿毒症の，尿毒(症)性の; 尿毒症にかかった. 〖(1857) ← NL ～: ⇨ ↑, -ic[1]〗
u·re·na /jʊríːnə | jʊ(ə)r-, jɔːr-/ *n.* 〖植物〗ボンテンカ《熱帯アジア産アオイ科ボンテンカ属 (*Urena*) の草本または低木の総称; 黄色い花をつけ，ジュートに匹敵する繊維が採れる; 特に，オオボンテンカ (*U. lobata*)》. 〖← NL ～ ← Malayalam *uren* urena〗
u·re·o·tel·ic /jʊrìːətélɪk | jʊ(ə)rìːə(ʊ)-, jɔːr-←/ *adj.* 〖動物〗尿素排出の《哺乳類のように窒素代謝の過程で尿素を作って排出するものにいう; cf. uricotelic》. **u·re·o·tél·ism** /-lɪzm/ *n.* 〖(1924) ← UREA+TELEO-+-IC[1]〗
-u·ret /jʊrèt/ *suf.* 〖化学〗**1** 「…化物」の意の名詞を造る (cf. -ide[2]): biuret, carburet. **2** (元素などについて)「…と化合させる，…化する」の意の動詞を造る: carburet, sulfuret. 〖← NL *-urētum* ← F *-ure* ← L (*sulf*)*ur* 'SULFUR'〗
u·re·ter /jʊ́ᵊrətə | jʊ(ə)ríːtə(r, jɔːr-, jʊ́ərɪ̈-, jɔ́ːr-/ *n.* 〖解剖・動物〗尿管. **u·re·ter·al** /jʊríːtərəl | jʊ(ə)ríːtə-, jɔːr-, jʊ́ərɪ̈t-, jɔ́ːr-/ *adj.* **u·re·ter·ic** /jʊ̀ᵊrətérɪk | jʊ̀ərɪ̈-, jɔ̀ːr-←/ *adj.* 〖(1543) ← NL *ūrētēr* ← Gk *ourētḗr* ← *oureîn* to urinate: ⇨ urine〗
u·re·ter- /jʊ́ᵊrətər | jʊ(ə)ríːtər, jɔːr-, jʊ́ərɪ̈-, jɔ́ːr-/ (母音の前にくるときの) uretero- の異形.
u·re·ter·i·tis /jʊrìːtəráɪtɪ̈s | jʊ(ə)rìːtəráɪtɪs, jɔːr-/ *n.* 〖病理〗尿管炎. 〖(1823) ← NL ～: ⇨ ↑, -itis〗
u·re·ter·o- /jʊríːtərou | jʊ(ə)ríːtərəʊ, jɔːr-/ 〖解剖・動物〗「尿管 (ureter)」の意の連結形. ★ 母音の前では通例 ureter- になる. 〖← URETER+-O-〗
u·re·ter·os·to·my /jʊrìːtərɑ́(ː)stəmi | jʊ(ə)rìːtərɔ́s-, jɔːr-/ *n.* 〖外科〗フィステル形成術，尿管造瘻(ぞうろう)術. 〖(1901): ⇨ ↑, -stomy[1]〗
u·re·ter·ot·o·my /jʊrìːtərɑ́(ː)təmi | jʊ(ə)rìːtərɔ́t-, jɔːr-/ *n.* 〖外科〗尿管切開(術). 〖(1885): ⇨ uretero-, -tomy〗
u·re·than /jʊ́ᵊrəθæ̀n | jʊ́ərɪ̈-, jɔ́ːr-/ *n.* 〖化学〗=urethane. 〖1838〗
u·re·thane /jʊ́ᵊrəθèɪn | jʊ́ərɪ̈-, jɔ́ːr-/ *n.* 〖化学〗**1** ウレタン ($NH_2COOC_2H_5$) 《無色結晶体の化合物; ethyl carbamate ともいう》. **2** カルバミン酸のエステル (NH_2COOR). **3** =polyurethane. 〖(1838) □ F *uréthane*: ⇨ uro-[1], ethane〗
úrethane fóam *n.* ウレタンフォーム《詰め物，濾過材，断熱材などに使う》.
u·re·thr- /jʊríːθr | jʊ(ə)r-, jɔːr-/ (母音の前にくるときの) urethro- の異形.

u·re·thra /jʊríːθrə | jʊ(ə)r-, jɔːr-/ *n.* (*pl.* ~**s, u·re·thrae** /-θriː/) 〘解剖〙尿道. **u·ré·thral** /-θrəl/ *adj.* 〘(1634) □ LL *ūrēthra* □ Gk *ourḗthra* ureter ← *oureîn* to urinate: ⇨ urine〙

u·re·thri·tis /jʊ̀ᵊrɪ̬θráɪtɪ̬s | jʊ̀ərɪ̬θráɪtɪs, jɔ̀ːr-/ *n.* 〘病理〙尿道炎. **u·re·thrit·ic** /jʊ̀ᵊrɪ̬θrítɪk | jʊ̀ərɪ̬θrít-, jɔ̀ːr-/ *adj.* 〘(1823) ← NL ~: ⇨ ↓, -itis〙

u·re·thro- /jʊríːθroʊ | jʊ(ə)ríːθrəʊ, jɔːr-/「尿道 (urethra)」の意の連結形. ★ 母音の前では通例 urethr- になる. 〘← URETHRA〙

u·re·thro·scope /jʊríːθrəskòʊp | jʊ(ə)ríːθrəskəʊp, jɔːr-/ *n.* 〘医学〙尿道鏡. **u·re·thro·scop·ic** /jʊrìːθrəská(ː)pɪk | jʊ(ə)rìːθrəskɔ́p-, jɔːr-/ *adj.* 〘(1868): ⇨ ↑, -scope〙

u·re·thros·co·py /jʊ̀ᵊrəθrá(ː)skəpi | jʊ̀ərɪθrɔ́s-, jɔ̀ːr-/ *n.* 〘医学〙尿道鏡検査. 〘(1890) ← URETHRO-+-SCOPY〙

u·re·thros·to·my /jʊ̀ᵊrəθrá(ː)stəmi | jʊ̀ərɪθrɔ́s-, jɔ̀ːr-/ *n.* 〘外科〙尿道フィステル形成術, 尿道造瘻(ろう)術. 〘(1895–1900) ← URETHRO-+-STOMY[1]〙

u·re·throt·o·my /jʊ̀ᵊrəθrá(ː)təmi | jʊ̀ərɪθrɔ́t-, jɔ̀ːr-/ *n.* 〘外科〙(尿道狭窄(きょうさく)治療のための)尿道切開(術). 〘(*c*1850) ← URETHRO-+-TOMY〙

u·ret·ic /jʊrétɪk | jʊ(ə)rét-, jɔːr-/ *adj.* **1** 尿の, 尿に関する. **2** =diuretic. 〘(1849) □ LL *ūrēticus* □ Gk *ourētikós* ← *oureîn* to urinate: cf. urine〙

U·rey /jʊ́ᵊri | jʊ́əri, jɔ́ːri/, **Harold Clayton** *n.* ユーリー (1893–1981; 米国の化学者; Nobel 化学賞 (1934)).

u·re·yl·ene /jʊríːəlɪ̀n | jʊ(ə)ríːɪliːn, jɔːr-/ *n.* 〘化学〙ウレイレン (尿素から生じる 2 価の原子団; –NHCONH– という一般式をもつ). 〘← UREA+-YLENE〙

uréylene gròup [ràdical] *n.* 〘化学〙ウレイレン基.

Ur·fa /ɜ́ːfə | ɜ́ː-; *Turk.* úrfa/ *n.* ウルファ (トルコ南東部のシリア国境に近い都市; 旧名 Edessa).

Ur·ga /ʊ́ᵊgə | ʊ́ə-/ *n.* ウルガ (Ulan Bator の旧名).

urge /ɜ́ːdʒ | ɜ́ːdʒ/ *vt.* **1 a** [しばしば目的語+*to* do を伴って]〈人を〉せきたてる, しきりに促す, 勧説する, 激励する: ~ (*on*) the crew *to* greater action 船員を激励してもっと活動させる / She ~*d* him *to* accept the offer. 彼女は彼に強く勧めてその申し出を引き受けさせた. **b**〈動機が〉強制する, …にせざるをえないようにさせる: I did it, ~*d* (on) by necessity. 必要に迫られてそうした / This purpose ~*d* them *to* the task. この目的のために彼らはその仕事に取りかかった. **2** (ある方向・場所へ)駆り立てる, 追い立てる, 急がす (drive, press): ~ one's horse *on* [*onward, ahead*] 馬をせきたてる / I ~ *d* the people *into* another room. 人々をせきたてて別の部屋に入らせた. **3** 主張する, 力説する, 強要する (insist upon); 〔人に〕…への注意を迫る〔*on, upon*〕/〈*that*〉: ~ an argument 強調して論じる / ~ a petition 執拗に嘆願する / ~ caution (*on* the goverment) (政府に)注意を強く促す / ~ the difficulty of the situation [the necessity for immediate action] 時局の困難[即座の行動の必要]を力説する / He ~*d upon* us the importance of the measure. 彼は我々にその方策の重要性を力説した / She ~*d* (*on* him) *that* the offer (should) be accepted. 彼女はその提案が採用されるように主張した. **4 a** 強力に遂行[敢行]する, どしどし押し進める: ~ the attack 攻撃を強行する. **b** せっせと[力強く]動かす[使う]: ~ one's oars せっせとオールをこぐ. **5** 刺激する, 挑発する (stimulate, provoke): ~ a person's anger 人の怒りをかきたてる. — *vi.* **1** 主張する, 強く勧告[懇請]する: ~ *against* the adoption of an amendment 修正案の採択に強硬に反対する. **2** 刺激を与える, 強い衝動を与える: Hunger ~*d*. 空腹が心を駆り立てた. — *n.* **1** (特に, 持続的で本能的な)強い衝動(力), 駆り立てられるような感じ: He had a strong ~ *to* save the oppressed. 被圧迫者を救ってやりたいという強い衝動を感じた / Pyromania is the irresistible ~ *to* set fires. 放火狂とは火つけをしたいという抑え難い衝動のことをいう / the sex ~ 性的衝動. **2** 駆り立て, せきたて. 〘(1560) □ L *urgēre* to drive, press: cf. wreak〙

ur·gen·cy /ɜ́ːdʒənsi | ɜ́ː-/ *n.* **1** 差し迫ったこと, 切迫, 急迫, 危急, 危機 (stress, exigency): the ~ of poverty, necessity, etc. **2** 緊急, 火急: a matter of great ~ / ~ of reform 改革の急務. **3** [*pl.*] 緊急の要求[必要]. **4** しきりにする催促, 熱心な主張, 強要, 力説 (insistence, importunity). 〘(1540) □ LL *urgentia* pressure: ⇨ ↓, -ency〙

SYN 強く勧める: **urge** 熱心に説きつける: I *urged* him to accept the offer. その申し出を受けるように強く勧めた. **exhort** 正しいことをするように熱心に勧告する《格式ばった語》: *exhort* a person to lead a better life もっとよい生活をするように説き勧める. **press** 断りきれないほどしつこく勧める: He *pressed* me to stay. 泊まるようにしつこく勧めた.

ur·gent /ɜ́ːdʒənt | ɜ́ː-/ *adj.* **1**〈事情・事態など〉急を要する, 緊急の, 切迫した, 焦眉(しょうび)の: an ~ question 緊急問題 / an ~ telegram 至急電報 / an ~ motion 緊急動議 / ~ necessity 差し迫った必要 / on ~ business 急用で / be in ~ need of help 援助の必要に迫られている / If it's not ~, I'd prefer to discuss it later. 急を要しないならその件は後で話し合いたい. **2**〈人が〉〔…をしつこく迫る, しきりに催促する, うるさくせがむ (importunate)〔*for*〕; 〔…するように〕強要して, 力説して〈*to* do〉: an ~ pleader 執拗な嘆願者 / an ~ tone of voice しつこい声の調子 / He was ~ *with* me *for* [*to* disclose] further particulars. 彼はぜひもっと詳しく話せと私にせがんだ. **3**〈嘆願・請求など〉しつこく求められて[せがまれて]いる, しきりに催促を受けている, しつこい, うるさい. **~·ly** *adv.* 〘(1496) □ L *urgentem* (pres.p.) ← *urgēre* 'to URGE': ⇨ -ent〙

úrg·er *n.* **1** せきたてる人, 励ます人. **2**〘豪俗〙(競馬の)予想屋.

-ur·gy /⁻ɜ̀ːdʒi, ⁻⁻ɜ̀ːdʒi | ⁻ɜ̀ːdʒi, ⁻⁻ɜ̀ːdʒi/「生産技術, 操作技術」の意の名詞連結形: chemurgy, metallurgy, zymurgy. 〘← NL *-urgia* ← Gk *-ourgia* ← *-ourgos* working〙

U·ri /ʊ́ᵊri | ʊ́əri, jɔ́ːri; *G.* úːri/ *n.* ウーリィ (スイス中部の州; 面積 1,075 km², 州都 Altdorf).

-u·ri·a /(j)ʊ́ᵊriə | (j)ʊ́ər-, jɔ́ːr-/〘病理〙「尿」の意の名詞連結形: albuminuria, glycosuria. 〘← NL ~ ← Gk *-ouría* ← *oûron* 'URINE'〙

U·ri·ah /jʊráɪə | jʊər-, jər-/ *n.* **1** ユライア (男性名). **2**〘聖書〙ウリヤ (ヘテ人 (Hittite) の軍人; Bathsheba の夫で David の部下; David の術策によって戦死を遂げ, Bathsheba は David の妻となり Solomon を産んだ; cf. 2 *Sam.* 11). 〘□ Heb. *Ūriyyā́h* (原義)? Yahveh is my light〙

ur·i·al /ʊ́ᵊriəl, -riàːl | ʊ́ər-, jɔ́ːr-/ *n.* 〘動物〙ウリアル (*Ovis vignei*) (南アジアと中央アジアに生息する野生の羊). 〘(1860) □ Panjabi *hureāl*〙

u·ric /jʊ́ᵊrɪk | jʊ́ər-, jɔ́ːr-/ *adj.* 〘医学〙尿の; 尿から得た. 〘(1797) ← URO-[1]+-IC[1]〙

u·ric- /jʊ́ᵊrɪ̬k | jʊ́ərɪk, jɔ́ːr-/ (母音の前にくるときの) urico- の異形.

úric ácid *n.* 〘生化学〙尿酸 ($C_5H_4N_4O_3$) (尿中に微量に存在するプリン塩基分解産物); 尿酸の結晶. 〘1800〙

u·ric·ac·i·de·mi·a /jʊ̀ᵊrɪ̬kæsədíːmiə | jʊ̀ərɪkæsɪ̬-, jɔ̀ːr-/ *n.* 〘病理〙尿酸血症 (血中尿酸の過剰状態). 〘(1893): ⇨ ↑, -emia〙

u·ri·case /jʊ́ᵊrəkèɪs, -kèɪz | jʊ́ərɪkèɪs, jɔ́ːr-/ *n.* 〘生化学〙ウリカーゼ (尿酸分解酵素). 〘(1910) ← URICO-+-ASE〙

u·ri·co- /jʊ́ᵊrɪ̬koʊ | jʊ́ərɪkəʊ, jɔ́ːr-/「尿酸 (uric acid)」の意の連結形. ★ 母音の前では通例 uric- になる. 〘← URIC(ACID)+-O-〙

u·ri·col·y·sis /jʊ̀ᵊrəká(ː)ləsɪ̬s | jʊ̀ərɪkɔ́lɪ̬sɪs, jɔ̀ːr-/ *n.* 〘生化学〙プリン核分解 (プリン塩基を尿酸・尿素・アンモニアなどに分解すること). 〘← NL ~: ⇨ ↑, -lysis〙

u·ri·co·su·ri·a /jʊ̀ᵊrɪ̬koʊsʊ́ᵊriə | jʊ̀ərɪkə(ʊ)s(j)ʊ́ər-, -s(j)ɔ́ːr-/ *n.* 〘生理〙尿酸尿. 〘← URICO-+-s- (無意味な連結辞)+-URIA〙

u·ri·co·su·ric /jʊ̀ᵊrɪkoʊsʊ́ᵊrɪk | jʊ̀ərɪkə(ʊ)s(j)ʊ́ər-, -s(j)ɔ́ːr-/〘医学〙*adj.* 尿酸尿の; 尿酸排泄を促す. — *n.* 尿酸排泄薬. 〘(1948) ← URIC+-O-+-s- (無意味な連結辞)+URIC〙

u·ri·co·tel·ic /jʊ̀ᵊrɪ̬koʊtélɪk | jʊ̀ərɪkə(ʊ)-, jɔ̀ːr-⁻/ *adj.* 〘動物〙尿酸排出の (鳥類のように窒素代謝の過程で尿酸を作って排出するものにいう; cf. ureotelic). **ù·ri·co·tél·ism** /-lɪ̀zm/ *n.* 〘(1924) ← URICO-+TELEO-+-IC[1]〙

u·ri·dine /jʊ́ᵊrədìːn, -dɪ̬n | jʊ́ərɪdìːn, jɔ́ːr-, -dɪn/ *n.* 〘生化学〙ウリジン ($C_9H_{12}N_2O_6$) (リボ核酸の構成成分の一つである結晶性のヌクレオシド (nucleoside)). 〘(1911) ← URO-[1]+-IDINE〙

ú·ri·dyl·ic ácid /jʊ̀ᵊrədílɪk- | jʊ̀ərɪ-, jɔ̀ːr-/ *n.* 〘生化学〙ウリジル酸 ($C_9H_{13}N_2O_9P$) (ウリジンのリン酸エステル; リボ核酸を構成するピリミジンヌクレオチド; uridine monophosphate ともいう). 〘(1933) ← URID(INE)+-YL+-IC[1]〙

U·ri·el /jʊ́ᵊriəl | jʊ́ər-, jɔ́ːr-/ *n.* **1** ユリエル (男性名). **2** ウリエル (七または四大天使の一人). 〘□ Heb. *Urīēl* (原義) God is my light〙

U·rim and Thum·mim /jʊ̀ᵊrɪ̬mənθʌ́mɪ̬m, ʊ́ᵊriːməntúmiːm | ʊ́ərɪmənθʌ́mɪm, jɔ́ːr-, -túm-; *Heb.* úːriːm, túmmiːm/ *n. pl.* 〘ユダヤ教〙ウリムとトンミム (ユダヤの大祭司が神意を問う際, 胸当て (breastplate) に入れて用いたもので, 金属または宝石製と思われる実体不明の品; 是か非を決めるときの神意を知るためのくじのようなものと思われる; cf. *Exod.* 28: 30). 〘(1537) □ Heb. *ūrī́m* (←?: cf. *ūr* fire, *ōr* light); *tummī́m* (←?: cf. *tōm* perfection)〙

u·rin- /jʊ́ᵊrən | jʊ́ərɪn, jɔ́ːr-/ (母音の前にくるときの) urino- の異形.

u·ri·nal /jʊ́ᵊrənḷ | jʊ(ə)ráɪ-, jɔːr-, jʊ́ərɪ̬-, jɔ́ːr-/ *n.* **1 a** 尿器, しびん,「おまる」. **b**〘廃〙〘医学〙蓄尿器[瓶]. **2** (公園などの)小便所 (lavatory); (特に)男性用小便器. 〘(?*a*1200) □ (O)F ~ □ LL *ūrīnal* (neut.) ← *ūrīnālis* (adj.): ⇨ urine, -al[1]〙

u·ri·nal·y·sis /jʊ̀ᵊrənǽləsɪ̬s | jʊ̀ərɪ̬nǽlɪ̬sɪs, jɔ̀ːr-/ *n.* (*pl.* **-y·ses** /-sìːz/) 尿検査, 検尿. 〘(1889) ← NL ~ ← URINO-+(AN)ALYSIS〙

u·ri·nant /jʊ́ᵊrənənt | jʊ́ərɪ-, jɔ́ːr-/ *adj.* 〘紋章〙〈魚・水生動物が〉頭を下 (base) に向けた (cf. hauriant, naiant). 〘(1688) □ L *ūrīnant-* (pres.p.) ← *ūrīnārī* to plunge under water〙

u·ri·nar·y /jʊ́ᵊrənèri | jʊ́ərɪ̬n(ə)ri, jɔ́ːr-/ *adj.* **1** 泌尿器の: ~ diseases 泌尿器病 / ~ organs 泌尿器. **2** 尿の; 尿で排泄される. — *n.* 〘古〙 **1** 小便所 (urinal). **2** (肥料用の)動物の肥だめ. 〘(1578) ← NL *urinarius*: ⇨ urine, -ary〙

úrinary bládder *n.* 〘解剖〙膀胱(ぼうこう). 〘1728〙

úrinary cálculus *n.* 〘病理〙尿(結)石 (urolith). 〘1785–95〙

úrinary tráct *n.* 〘解剖〙尿路.

úrinary túbule *n.* 〘解剖・動物〙=uriniferous tubule.

u·ri·nate /jʊ́ᵊrənèɪt | jʊ́ərɪ̬-, jɔ́ːr-/ *vi.* 放尿する, 排尿する, 小便をする. — *vt.* **1** 尿で濡らす. **2**〈血液などを〉尿と共に排泄する. **ú·ri·nà·tive** /-nèɪtɪv | -tɪv/ *adj.* 〘(1599) ← ML *ūrīnātus* (p.p.) ← *ūrīnāre*: ⇨ urine, -ate[3]〙

u·ri·na·tion /jʊ̀ᵊrənéɪʃən | jʊ̀ərɪ̬-, jɔ̀ːr-/ *n.* 放尿, 排尿, 小便をすること (micturition). 〘(1599): ⇨ ↑, -ation〙

u·rine /jʊ́ᵊrɪ̬n | jʊ́ərɪn, jɔ́ːr-/ *n.* 尿, 小便: pass [discharge] (one's) ~ 小便をする, 放尿する. 〘(?*a*1300) □ (O)F ~ □ L *ūrīna* ← IE **wer-* water, wet (Gk *oûron* urine)〙

u·ri·nif·er·ous /jʊ̀ᵊrənífərəs | jʊ̀ərɪ-, jɔ̀ːr-⁻/ *adj.* 輸尿の. 〘(1744): ⇨ urino-, -iferous〙

úriniferous túbule *n.* 〘解剖・動物〙尿細管, 細尿管, 腎細管 (脊椎動物の腎臓内部にある小管). 〘1855–65〙

u·ri·no- /jʊ́ᵊrənoʊ | jʊ́ərɪ̬nəʊ, jɔ́ːr-/「尿 (urine)」の意の連結形. ★ 母音の前では通例 urin- になる. 〘← L *ūrīna* 'URINE'〙

ùrino·génital *adj.* =urogenital.

u·ri·nom·e·ter /jʊ̀ᵊrəná(ː)məṭə | jʊ̀ərɪ̬nɔ́mɪ̬tə(r)/ *n.* 尿比重計. 〘(1843) ← URINO-+-METER[1]〙

u·ri·nom·e·try /jʊ̀ᵊrəná(ː)mətri | jʊ̀ərɪ̬nɔ́mɪ̬tri, jɔ̀ːr-/ *n.* 尿比重測定. **u·ri·no·met·ric** /jʊ̀ᵊrənoʊmétrɪk | jʊ̀ərɪ̬nəʊ-, jɔ̀ːr-⁻/ *adj.*

u·ri·nose /jʊ́ᵊrənòʊs | jʊ́ərɪ̬nəʊs, jɔ́ːr-/ *adj.* =urinous. 〘1692〙

u·ri·nous /jʊ́ᵊrənəs | jʊ́ərɪ̬-, jɔ́ːr-/ *adj.* 尿の(ような), 尿を含む; 尿のにおいのする. 〘(1644) ← NL *urinosus*: ⇨ urino-, -ous〙

U·ris /jʊ́ᵊrɪ̬s | jʊ́ərɪs, jɔ́ːr-/, **Leon** *n.* ユリス (1924–2003; 米国の小説家; *Exodus* (1958)).

URL /júːɑ̀ːél | -ɑ̀ː(r)-/ *n.* 〘電算〙URL (インターネットで情報にアクセスする手順と所在を記述する規格; type://host/filename の形の情報; 例: http://www.abc.co.jp/book). 〘(略) *U*(*niform*) *R*(*esource*) *L*(*ocator*)〙

Ur·mi·a /ʊ́əmiə | ɜ́ːmiə, ʊ́ə-/ *n.* ウルミア (Rizaiyeh の旧名).

Urmia, Lake *n.* ウルミア湖 (⇨ Rizaiyeh).

Urm·ston /ɜ́ːmstən | ɜ́ːm-/ *n.* ウルムストン (イングランド北西部 Manchester の南西にある町).

urn /ɜ́ːn | ɜ́ːn/ *n.* **1 a** 骨つぼ. **b** (通例, 卵形で下で細くなって広がった台座に続く)つぼ (酒入れ・くじ引きのくじ入れなどいろいろな目的に用いられた): a cinerary [funeral] ~ 骨つぼ. **2** (そのまま食卓に出す, コック付きの)コーヒーや紅茶を温める器具. **3** (墓石などに彫刻した)つぼ形装飾 (⇨ balustrade 挿絵): a storied ~ 履歴を記した墓碑のつぼ形装飾. **4**〘古〙泉, 源泉. **5**〘植物〙(蘚類の)蒴(さく) (theca). 〘(*c*1385) □ L *urna* ← ? *ūrere* to burn: cf. L *urceus* jug〙

urns

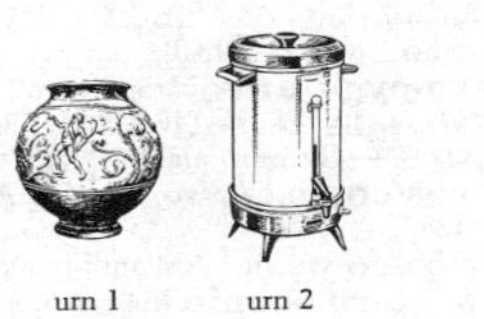

urn 1 urn 2

úrn·fìeld *n.* (青銅器時代の)骨つぼ葬地. — *adj.*〈文化が〉骨つぼ葬を特徴とする: ~ cultures (ヨーロッパ青銅器時代の)火葬墓文化. 〘1928〙

ur·ning /ɜ́ːnɪŋ | ɜ́ː-/ *n.* 〘今はまれ〙(男子)同性愛者. 〘(1883) □ G *Urning* ← *Urania* 'URANIA 3'+-*ing* '-ING[3]': cf. Uranism〙

u·ro-[1] /jʊ́ᵊroʊ | jʊ́ərəʊ, jɔ́ːr-/ 次の意味を表す連結形: **1**「尿 (urine)」: urochrome. **2**「尿路」: urogram 尿路造影写真. **3**「排尿 (urination)」: urolagnia 排尿性愛. **4**「尿器と…と」: urogenital. **5**「尿素 (urea)」: urethane. **6**「尿酸 (uric acid)」: uroxanic ウロキサン酸の. ★ 母音の前では通例 ur- になる. 〘(1820) ← Gk *oûron* 'URINE'〙

u·ro-[2] /jʊ́ᵊroʊ | jʊ́ərəʊ, jɔ́ːr-/「尾 (tail), 尾部」の意の連結形: uropod. ★ 母音の前では通例 ur- になる. 〘(1825) ← Gk *ourá* tail〙

u·ro·bi·lin /jʊ̀ᵊrəbáɪlɪ̬n | jʊ̀ərəbáɪlɪn, jɔ̀ːr-/ *n.* 〘生化学〙ウロビリン (胆汁色素の一つ; ウロビリノゲンの酸化で生じる). 〘(1876) ← URO-[1]+L *bil*(*is*) 'BILE'+-IN[2]〙

u·ro·bor·os /jʊ̀ᵊroʊbá(ː)rəs | jʊ̀ərə(ʊ)bɔ́r-/ *n.* ウロボロス (環状になって自分の尾を呑み込む蛇[竜]; 完全[無限]の象徴; ouroboros ともつづる). **ù·ro·bór·ic** *adj.* 〘(1940) □ Gk (*drákōn*) *ourobóros* (snake) devouring its tail〙

ú·ro·ca·nic ácid /jʊ̀ᵊrəkèɪnɪk-, -kæn- | jʊ̀ər-, jɔ̀ːr-/ *n.* 〘化学〙ウロカニン酸, イミダゾールアクリル酸 ($C_6H_6N_2O_2$) (結晶; 人の皮膚中に存在し紫外線遮蔽(しゃへい)作用をすると考えられている). 〘(*c*1903) ← URO-[1]+CAN(INE)+-IC[1]〙

u·ro·chord /jʊ́ᵊrəkɔ̀əd | jʊ́ərəkɔ̀ːd, jɔ́ːr-/ *n.* 〘動物〙 **1** 尾索 (ホヤ類などの幼虫の尾部にみられる). **2** 尾索類に属する動物. **u·ro·chor·dal** /jʊ̀ᵊrəkɔ́ədḷ | jʊ̀ərəkɔ́ːdl, jɔ̀ːr-⁻/ *adj.* 〘(1877): ⇨ uro-[2], chord[2]〙

U·ro·chor·da·ta /jʊ̀ᵊroʊkɔədéɪṭə | jʊ̀ərə(ʊ)kɔː-déɪtə, jɔ̀ːr-/ *n. pl.* 〘動物〙尾索動物亜門 (脊索動物の一亜門で, ホヤ類からなる; 被嚢類 (Tunicata) と同じ).

u·ro·chor·date /jʊ̀ᵊrəkɔ́ədeɪt, -dèɪt | jʊ̀ərəkɔ́ːd-, jɔ̀ːr-/ 〘動物〙*n.* 尾索類, 被嚢(のう)類. — *adj.* 尾索[被嚢]をもつ. 〘(1948) ← UROCHORD+-ATE[1, 2]〙

u·ro·chrome /jʊ́ᵊrəkròʊm | jʊ́ərəkrəʊm, jɔ́ːr-/ *n.* 〘生化学〙尿色素 (健康体の尿に淡黄色を付ける色素の一種). 〘(1864) ← URO-[1]+-CHROME〙

U·ro·de·la /jʊ̀ᵊrədíːlə | jʊ̀ər-, jɔ̀ːr-/ *n. pl.* 〘動物〙サン

U

ショウウオ目 (Caudata). 〖← NL ～ ← URO-²+Gk *dêlos* visible: ⇨ -a²〗

u·ro·dele /júərədìːl | júər-, jɔ́ːr-/ *n.* サンショウウオ目の両生動物. — *adj.* サンショウウオ目の. 〖(1842) □ F *urodèle* ← NL *Urodela* (↑)〗

ùro·dynámics *n.* 排尿力学. 〖(1954): ⇨ uro-¹〗

ùro·génital *adj.* 尿生殖(器)の, 尿生器の. 〖(1848) ← URO-¹+GENITAL〗

u·rog·e·nous /juərɑ́(ː)dʒənəs | ju(ə)rɔ́dʒ-, jɔːr-/ *adj.* 〖生理〗 **1** 尿を分泌する. **2** 尿に含まれる; 尿に発生する. **3** 尿から生ずる. 〖← URO-¹+-GENOUS〗

u·rog·ra·phy /juərɑ́(ː)grəfi | ju(ə)rɔ́g-, jɔːr-/ *n.* = pyelography.

ùro·kínase *n.* 〖生化学〗 ウロキナーゼ 《尿中に見出されるプラスミノーゲン (plasminogen) をプラスミン (plasmin) に交換する酵素》. 〖(1952) ← URO-¹+KINASE〗

urol. 《略》 urology.

u·ro·lag·ni·a /jùərouléɡniə | jùərə(u)-, jɔːr-/ *n.* 〖精神医学〗 嗜尿(症). 〖1906〗

u·ro·lith /júərəlìθ | júər-, jɔ́ːr-/ *n.* 尿(結)石 (urinary calculus). **u·ro·lith·ic** /jùərəlíθɪk | jùər-, jɔːr-ˈ/ *adj.* 〖(*c*1900) ← URO-¹+-LITH〗

ùro·lithíasis *n.* 〖病理〗 尿石症. 〖(1865) ← NL ～: ⇨ uro-¹, lithiasis〗

u·ról·o·gist /-dʒɪst | -dʒɪst/ *n.* 泌尿器科専門医. 〖1889〗

u·rol·o·gy /juərɑ́lədʒi | ju(ə)rɔ́l-, jɔːr-/ *n.* 泌尿器科(学). **u·ro·log·ic** /jùərəlɑ́(ː)dʒɪk | jùərəlɔ́dʒ-, jɔːr-ˈ/ *adj.* **ù·ro·lóg·i·cal** /-dʒɪkəl, -kl | -dʒɪ-ˈ/ *adj.* 〖(1753) ← URO-¹+LOGY〗

-u·ron·ic /jʊrɑ́(ː)nɪk | ju(ə)rɔ́n-, jɔːr-/ 「尿 (urine)」の意の形容詞連結形: hyaluronic. 〖← Gk *oûron* 'URINE'+-IC¹〗

u·rón·ic ácid /jʊrɑ́(ː)nɪk- | ju(ə)rɔ́n-, jɔːr-/ *n.* 〖生化学〗 ウロン酸 《単糖の第一アルコール基が酸化されてカルボン酸になったもの》. 〖1925〗

u·ro·phil·i·a /jùəroufíliə | jùərə(u)-, jɔːr-/ *n.* 〖精神医学〗 =urolagnia.

u·ro·pod /júərəpɑ̀(ː)d | júərəpɔ̀d, jɔ́ːr-/ *n.* 〖動物〗 (甲殻類, その他の節足動物の)尾脚. **u·rop·o·dal** /jurɑ́(ː)pədl | ju(ə)rɔ́pədl, jɔːr-/ *adj.* **u·rop·o·dous** /jʊrɑ́(ː)pədəs | ju(ə)rɔ́pəd-, jɔːr-/ *adj.* 〖(1893) ← URO-²+-POD¹〗

u·ro·pyg·i·al /jùərəpídʒiəl | jùər-, jɔːr-ˈ/ 〖鳥類〗 *adj.* (鳥の)尾隆起 (uropygium) の[に関する]. — *n.* (鳥の)尾羽. 〖(1870) ← NL UROPYG(IUM)+-IAL〗

uropýgial glànd *n.* 〖鳥類〗 尾脂腺, 尾腺 《鳥類の尾端にあり, 鳥はここから出る脂をくちばしで羽に塗る; preen gland ともいう》. 〖1870〗

u·ro·pyg·i·um /jùərəpídʒiəm | jùər-, jɔːr-/ *n.* 〖鳥類〗 (鳥の)尾隆起 《尾羽の生えている部分》. 〖(1771) ← NL ～ ← Gk *ouropúgion* ← URO-²+*pugḗ* rump〗

u·rós·co·pist /-pɪst | -pɪst/ *n.* 尿検査診断者. 〖1889〗

u·ros·co·py /jurɑ́(ː)skəpi | ju(ə)rɔ́s-/ *n.* 〖医学〗 尿検査. **u·ro·scopic** /jùərəskɑ́(ː)pɪk | jùərəskɔ́p-, jɔːr-ˈ/ *adj.* 〖(1646) ← NL *uroscopia*: ⇨ uro-¹, -scopy〗

u·ro·some /júərəsòum | júərəsə̀um, jɔ́ːr-/ *n.* 〖動物〗 **1** (魚の)尾部. **2** (節足動物の)腹部. 〖← URO-²+-SOME³〗

u·ro·style /júərəstàɪl | júər-, jɔ́ːr-/ *n.* 〖動物〗 尾端骨. 〖(1875) ← URO-²+-STYLE¹〗

u·rot·ro·pine /jurɑ́(ː)trəpìːn, -pɪn | ju(ə)rɔ́trəpìːn, jɔːr-, -pɪn/ *n.* 〖化学〗 ウロトロピン (⇨ hexamethylenetetramine). 〖(1895) ← URO-¹+TROPINE〗

-u·rous /(j)úərəs | (j)úər-, (j)ɔ́ːr-/ 「尾のある (tailed)」の意の形容詞連結形: an*urous*. 〖← NL ～ ← Gk *-ouros* ← *ourá* tail〗

ùro·xánthin *n.* 〖生化学〗 =indican 2. 〖(1846) □ G *Uroxanthin*: ⇨ uro-¹, xanthine〗

urp /ə́ːp | ə́ːp/ 《米俗》 *vi.*, *n.* =earp.

Ur·quhart /ə́ːkət, -kɑət | ə́ːkət/, Sir **Thomas** *n.* アーカート 《1611–60; スコットランドの著述家; Rabelais の翻訳者 (Bks. I & II, 1653, Bk. III, 1693)》.

Úr·quhart Cástle /ə́ːkət-, -kɑət- | ə́ːkət-/ *n.* アーカート城 《スコットランド Ness 湖西岸にある城の遺跡》.

Ur·sa /ə́ːsə | ə́ː-/ *n.* 〖天文〗 **1** =Ursa Major. **2** = Ursa Minor. 〖OE ～ ← (fem.) ← *ursus* bear〗

Úrsa Májor *n.* 〖天文〗 おおぐま(大熊)座 (the Great Bear ともいう). 〖(1398) □ L ～ 《原義》 Great Bear〗

Úrsa Mínor *n.* 〖天文〗 こぐま(小熊)座 (the Little Bear, the Lesser Bear ともいう). 〖(1597) □ L ～ 《原義》 Little Bear〗

ur·sid /ə́ːsɪd | ə́ːsɪd/ *adj.*, *n.* クマ科の(動物). 〖(1921) ↓〗

Ur·si·dae /ə́ːsədìː | ə́ːsɪ-/ *n. pl.* 〖動物〗 (食肉目)クマ科. 〖← NL ～ ← *Ursus* (属名: ⇨ Ursa)+-IDAE〗

ur·si·form /ə́ːsəfɔ̀əm | ə́ːsɪfɔ̀ːm/ *adj.* 熊の形の, 熊に似た (bearlike). 〖(*c*1793) ← *ursi-* (L *ursus* bear の連結形)+-FORM〗

ur·sine /ə́ːsaɪn, -sɪn | ə́ːsaɪn/ *adj.* **1** 熊の[に関する]. **2** 熊に似た (bearlike). 〖(*c*1550) □ L *ursinus* ← *ursus* (↑): ⇨ -ine¹〗

úrsine dásyure *n.* 〖動物〗 =Tasmanian devil. 〖*c*1842〗

úrsine hówler *n.* 〖動物〗 =howler monkey. 〖1880–85〗

Ur·spra·che /úəʃprɑ̀ːkə, -xə | úə-; *G.* úːɐʃpʁaːxə/ *n.* 〖言語〗 祖語 (parent language); (特に, 言語学者が理論に基づいて仮想的に組み立てた)印欧祖語, 共通基語 (Proto-Indo-European). 〖(1908) □ G ～ ← UR-+*Sprache* language: cf. speech〗

Ur·su·la /ə́ːsələ | ə́ːsjʊ-/ *n.* ウルスラ 《女性名; 愛称形 Urse, Ursie, Ursulina》. 〖□ L ～ (dim.) ← *ursa* she-bear: ⇨ Ursa〗

Ur·su·la /ə́ːsələ | ə́ːsjʊ-/, Saint *n.* ウルスラ 《300年ごろ Cologne でフン族 (Huns) のため 11,000 人の処女と共に殉教したという英国の伝説的王女; Cologne の保護聖女》.

Ur·su·line /ə́ːsəlɪn, -làɪn, -lìːn | ə́ːsjʊlàɪn, -lɪn/ 〖カトリック〗 *adj.* ウルスラ会の. — *n.* (1535 年イタリアの Brescia で St. Angela Merici によって病人の看護と少女の教育などを目的として創設されたカトリック女子修道会)ウルスラ会の修道女 《ウルスラ会の正式名は Ordo Sancti Ursulae; 略 OSU》. 〖(1693) ← NL *ursulinus* ← *St. Ursula* (↑): ⇨ -ine¹〗

Ur·text /úətèkst | úə-; *G.* úːɐtɛkst/ *n.* (異本の校訂により再構された)原本; 原譜 《特に楽譜についていう》. 〖(1932) □ G ～: ⇨ Ur-, text〗

Ur·ti·ca·ce·ae /ə̀ːtəkéɪsiìː | ə̀ːtɪ-/ *n. pl.* 〖植物〗 イラクサ科. **ùr·ti·cá·ceous** /-ʃəsˈ/ *adj.* 〖← NL ～ ← *Urtica* (属名: ← L *urtīca* nettle)+-ACEAE〗

ur·ti·cant /ə́ːtɪkənt | ə́ːtɪ-/ *adj.* ちくちくする, むずがゆい; (特に)はれてかゆみを生じる. 〖(1870) □ F ～ □ ML *urticantem*: ⇨ urticate, -ant〗

ur·ti·car·i·a /ə̀ːtəkéəriə | ə̀ːtɪkéər-/ *n.* 〖病理〗 蕁麻疹(じんましん) (hives, nettle rash). **ùr·ti·cár·i·al** /-riəlˈ/ *adj.* **ùr·ti·cár·i·ous** /-riəsˈ/ *adj.* 〖(1771) ← NL ～ ← L *urtica* nettle: ⇨ -aria¹〗

ur·ti·car·i·o·gen·ic /ə̀ːtɪkèəriouʤénɪk | ə̀ːtɪkèəriə(u)-ˈ/ *adj.* 〖病理〗 蕁麻疹の原因になる. 〖⇨ ↑, -o-, -genic¹〗

ur·ti·cate /ə́ːtəkèɪt | ə́ːtɪ-/ *vi.* (イラクサで刺したように)ちくちくする; 蕁麻疹が出る. — *vt.* 〈しびれた手足などを〉イラクサで打つ; …に蕁麻疹を起こさせる. — *adj.* 〖病理〗 蕁麻疹の. 〖(1843) ← ML *urticātus* (p.p.) ← *urticāre* ← L *urtica* nettle〗

ur·ti·ca·tion /ə̀ːtəkéɪʃən | ə̀ːtɪ-/ *n.* **1** 〖病理〗 蕁麻疹の発生[形成]. **2** (イラクサに刺されたときのような)ちくちくする感じ. **3** (昔の治療で)麻痺した箇所をイラクサで打つこと. 〖(1655) □ ML *ūrticātiō(n-)*: ⇨ ↑, -ation〗

Uru. 《略》 Uruguay.

U·rua·pan /uːrwɑ́ːpɑːn; *Am. Sp.* urwápan/ *n.* ウルアパン 《メキシコ南西部, Michoacán 州の都市》.

u·ru·bu /ùərəbúː | ʊər-/ *n.* 〖鳥類〗 =black vulture 1. 〖(*a*1672) □ Sp.& Port. ～ ← S-Am.-Ind. (Tupi) *urubú* 《原義》 voracious bird ← *urú* bird+*vú* to eat〗

U·ru·guay /júərəgwàɪ, júər-, -gwèɪ | júərugwàɪ, úər-, jɔ́ːr-; *Am. Sp.* uɾuɣwái/ *n.* **1** ウルグアイ 《南米南東部の共和国; 面積 177,508 km², 首都 Montevideo; 公式名 the Oriental Republic of Uruguay ウルグアイ東方共和国》. **2** [the ～] ウルグアイ(川) 《ブラジル南部に発しアルゼンチンの東境に添い Río de la Plata 川に注ぐ川 (1,579 km)》.

U·ru·guay·an /ùərəgwáɪən, ùərəgwéɪ-, jùər- | jù(ə)rugwáɪən, ùər-ˈ/ *adj.* ウルグアイの, ウルグアイ人の. — *n.* ウルグアイ人. 〖(1869) □ Sp. *uruguayano*: ⇨ ↑, -an¹〗

Úruguay Róund *n.* [the ～] ウルグアイラウンド 《GATT が主催した多角的貿易交渉で 1986 年に開始され, 農業問題・サービス貿易の自由化などが焦点であったが, 1993 年に終結し WTO に引き継がれた》.

U·ruk /úruk/ *n.* ウルク 《Erech のシュメール語名》.

U·rum·chi /ʊrúmtʃi, ùrumtʃíː | urúmtʃi, ùrumtʃíː/ *n.* (*also* **U·rum·tsi, U·rum·qi, Wu-lu-mu-ch'i** /wulúmutʃì:/) ウルムチ(烏魯木斉) 《中国, 新疆ウイグル自治区の区都; 旧名 迪化(てきか) (Tihwa)》.

Urundi *n.* ⇨ Ruanda-Urundi.

u·rus /júərəs | júər-, jɔ́ːr-/ *n.* 〖動物〗 =aurochs 1. 〖(1601) □ L *ūrus* bear (Julius Caesar の命名) ← Gmc **ūraz*: ⇨ aurochs: cf. OE & OHG *ūr*〗

-u·rus /(j)úərəs | (j)úər-, (j)ɔ́ːr-/ 「尾 (tail)」の意の名詞連結形. ★ 動物の属名を表すのに用いる. 〖← NL ～ ← Gk *ourá* tail〗

u·ru·shi·ol /uərúːʃiɔ̀(ː)l, úər- | úːruʃiɔ̀l, uːrúː-/ *n.* 〖化学〗 ウルシオール ($C_{15}H_{25-31}C_6H_3(OH)_2$) 《漆の成分; 4 種ある》. 〖(1908) ← Jpn. 漆: ⇨ -ol¹〗

us /(弱) əs, (強) ʌ́s/ *pron.* [we の目的語] **1** 我々を[に, へ], 私たちを[に, へ]: Come and see *us* again. またお家に訪ねて来てください / We brought him back with *us*. 私たちは彼を連れて帰った / Give *us* this day our daily bread. 我らの日用の糧を今日も与えたまえ (*Matt.* 6:11) / All of *us* know it. 私たちは皆それを知っている / She insisted on *us* coming to the party. 我々が会に出席することを主張した. ★ She insisted on *our* coming …よりも口語的. **2** [Royal "we" および Editorial "we" の目的格 (cf. we 3)]: Which of you shall we say doth love *us* most? お前たちのうちでだれが一番余を愛してくれていると思ってよいのか (Shak., *Lear* 1. 1. 52) / Let *us* [Let's] now turn to another topic. さて今一つ別な話題に注意を向けることにしたい. **3** /ʌ́s/ 《口語》 **a** [補語に用いて]: It's *us*. 私たちです. **b** [than, as の後に用いて]: They are all younger than *us*. 彼らは皆私たちよりも若い / None of them was so [were as] old as *us*. 彼らのうちに我々ほど年を取っているものはだれもいなかった. **4** 《英俗》 [特に間接目的語として] =me: Give *us* a kiss, darling. **5** 《古・詩・米》 =ourselves: We laid *us* down. 我々は横になった. 〖OE *ūs* < Gmc **uns* (Du. *ons* / G *uns* / ON *oss* / Goth. *uns*) < IE **n̥s* ← **nes-* (Skt *nas*)〗

us 《略》 ubi supra; ut supra.

us 《記号》 United States (URL ドメイン名).

US /júːés⁻/ 《略》 Uncle Sam; Under(-)Secretary; United States (of America); unserviceable; useless.

USA /júːèséɪ/ 《略》 Union of South Africa; United States Army; United States of America.

us·a·bil·i·ty /jùːzəbíləṭi | -lɪ̀ti/ *n.* 使う[用いる]ことができること, 有用性, 便利なこと. 〖1842〗

us·a·ble /júːzəbl/ *adj.* **1** 用いることができる, 使える: This computer is still ～ for domestic purposes. このコンピューターは家庭用としてならまだ使える. **2** (使用に)便利な, 有用な: a ～ phrase 便利な句. **～·ness** *n.* **ús·a·bly** *adv.* 〖(*c*1384) □ (O)F ～: ⇨ use¹, -able〗

USAEC 《略》 United Sates Atomic Energy Commission 米国原子力委員会.

USAF /júːèsèɪéf/ 《略》 United States Air Force.

USAFI /júːèsèɪèfáɪ/ 《略》 United States Armed Forces Institute 合衆国軍協会, 米国軍隊協会 《国防省の機関で, 陸・海・空軍, 海兵隊, 沿岸警備隊の全隊員を対象として, 勤務時間外の教育の便宜および諸種のサービスを提供する》.

us·age /júːsɪdʒ, -zɪdʒ/ ★ 《英》 では /-z-/ は高年層で頻度が高い. *n.* **1 a** (言語の)慣用法, 語法: modern English ～ 現代英語慣用法 / ～ and abusage 正用法と誤用 / the (linguistic) ～*s* of the last twenty years 過去 20 年の(言語の)用法. **b** 慣習, 慣例, ならわし, しきたり (habitual practice); 習慣 (⇨ habit¹ SYN): social ～ 社交上の慣例 / according to ～ 慣例によって / by ～ 慣例で, しきたりとして / keep an old ～ alive 古い慣習を守っている / the ～*s* of the last twenty years 過去 20 年間にわたる慣習. **2 a** 用法, 使用法; 使用 (use): annual ～ 年間使用量 / Such delicate instruments will not stand rough ～. こういう微妙な器械は乱暴に扱うとこわれてしまう. **b** あしらい(方), 待遇 (treatment): suffer ill ～ 虐待を受ける (cf. ill-usage). **3** 有用, 有効 (utility). 〖(*c*1300) □ (O)F ～ □ ML *ūsagium, ūsaticum* ← L *ūsus*: ⇨ use², -age〗

us·ance /júːzəns, -zns/ *n.* **1** 〖金融〗 ユーザンス, 手形(慣習)期間 《為替手形の満期日までの期間》: bills drawn at ～ 慣習期間付きの手形 / The ～ on Indian bills is 4 months. インドあて為替手形支払い期間は 4 か月. **2** 〖経済〗 (形態のいかんを問わず)富の使用から生じるあらゆる種類の利益. **3** 《廃》 **a** 使用 (use). **b** 慣習 (custom). **4** 《まれ》 (借金に対して支払う)利息 (interest, usury). 〖(*c*1380) □ OF ～: use¹, -ance〗

Us·beg /úsbeg, ʌ́s-/ *n.* (*pl.* ～, ～**s**) =Uzbek.

Us·bek /úsbek, ʌ́s-/ *n.* (*pl.* ～, ～**s**) =Uzbek.

USC 《略》 United States Code 合衆国連邦法規集; United States of Colombia.

USCA 《略》 United States Code Annotated 注解合衆国連邦法規集.

USCG 《略》 United Sates Coast Guard.

USD 《略》 United States dollar(s).

USDA /júːèsdìːéɪ/ 《略》 United States Department of Agriculture 米国農務省.

USDAW /ʌ́sdɔː, ʌ́z-, -dɑː | -dɔː/ *n.* 《英》 商店流通労働組合. 〖《頭字語》 ← *U(nion of) S(hop), D(istributive, and) A(llied) W(orkers)*〗

use¹ /júːz/ *vt.* **1 a** 用いる, 使う, 使用する (employ, utilize); 役立てる, 利用する: ～ a book, stick, word, computer, etc. / Can I ～ the [your] bathroom [phone]? 手洗い[電話]を貸していただけますか / They don't know how to ～ dictionaries properly. 彼らは辞書の正しい利用法を知らない / Only four percent of them ～ the Welsh language. 彼らのうち 4 パーセントだけがウェールズ語を用いているにすぎない / She ～*d* her maiden name professionally. 彼女は仕事の上では旧姓を使っていた / They ～ bulldozers to clear the forests. 森林を切り開くのにブルドーザーを使用する / Will you be *using* the car this evening? 今晩その車を使いますか / They ～*d* a vacuum cleaner on the carpet. 彼らはじゅうたんに電気掃除機をかけた. **b** 《口語》 〈人を〉(利己的な目的に)利用する, 食い物にする (exploit): I was being merely ～*d*. 私はただうまく利用されていたにすぎなかった. **c** [could ～ として] 《口語》 …を得られたらよい[ありがたい]: I *could* ～ something short. きゅっと一杯やれたらありがたいんだが / His pants *could* ～ a pressing. 彼のズボンはプレスしたらいいのに 《プレスが必要だ》. **2** 〈能力・知恵・判断力などを〉行使する, 働かす (exercise, utilize): ～ care [diligence, economy] 用心[勉強, 倹約]する / ～ force 暴力に訴える / ～ one's utmost endeavors 最善の努力をする / ～ one's brains [wits] 頭[知恵]を働かせる, よく考える / ～ one's ears 聞く / ～ one's eyes 見る. **3** 費やす, 浪費する (consume, exhaust) 〈*up*〉; 〈時間を〉過ごす (pass): They ～ a ton of coal (in) a month. 彼らは月に 1 トンの石炭を使う / I stopped there just to ～ time. ちょっと時間つぶしにそこに立ち寄った. **4 a** 〈たばこなどを〉吸う (smoke); 〈かみたばこを〉かむ (chew): ～ tobacco all one's life 一生喫煙を続ける. **b** 〈麻薬などを〉常用する: ～ drugs. **5 a** 遇する, 取り扱う, あしらう (treat): ～ a person ill [badly] 人を虐待する / ～ a person with due consideration 人の扱いに十分気をつかう / I considered myself [felt] unfairly ～*d*. 不当なあしらいを受けているように思った / How is the world *using* you? 近頃はどうですか / Yours as you shall ～ me. 《古》 敬具 《手紙の結句》. **b** [～ *oneself* で] 《古》 ふるまう, 身を処する. **6 a** 《古》 習慣にする, 常に行う; 《方言・古》 常習的に…へ行く (frequent). **b** 《スコット》 〈…するのに〉慣らす (accustom) 〈*to do*〉: ～ oneself *to* speak loudly 大きな声で話すのに慣れる. — *vi.* **1** 常に…する, 〈…するのが常[習慣, 習わし]である (be wont) 〈*to do*〉. ★ 今で

U

は過去に用いる以外は《古》(⇨ used[1]). **2** 《方言・古》 **a** 習慣的に行く，通う. **b** 〈動物が〉(いつもの場所に)すむ，生息する (live). **3** 《俗》麻薬を常用する，薬(ｸｽﾘ)をやる.

Use by … [食品・製品の包装などに示されて] 賞味[使用]期限は…(cf. BEST before (end)): *Use by* May 5, '99. 賞味[使用]期限: 1999年5月5日.

úse úp (1) 使い切る[果たす，尽くす]: ~ *up* fuel, paper, etc. / ~ *up* the reserves 予備費を使い尽くす / ~ *up* one's energy in fruitless efforts むだな努力に精力を使い果たす. (2) [通例 p.p. 形で] 疲れ果てさす，消耗させる: I feel ~*d up*. 精魂尽き果てたような気持ちだ / At forty he was completely ~*d up*. 40歳ですっかり消耗し切っていた / The land seems to have been ~*d up*. その土地はすっかりやせてしまったようだ. (3) 《口語》たたきのめす; 散々ののしる. 《1785》

〘《*a*1240》 *use*(*n*) □ (O)F *user* < VL **ūsāre* to use ← L *ūsus* (p.p.) ← *ūti* to use < OL *oitier* ← ?〙

SYN 使う: **use** 〈人や物をある目的のために利用する《最も一般的な語》: We *use* a hoe in cultivation. 耕作にはくわを使う. **employ** 〈使われていない人や物を〉有効に利用する: The store *employs* a number of parttime workers. その店では幾人ものパートタイマーを使っている / How do you *employ* your spare time? 余暇をどうお使いですか. **spend** 〈金・時間・労力などを〉消費するという意味で使う: He *spent* all the money. 彼はそのお金をみんな使った. **utilize** 実用的な目的のために利用する《格式ばった語》: *utilize* water for producing electricity 水を発電に利用する. **avail** [~ oneself of として] 手近のものや提供されたものを利用する《格式ばった語》: He promptly *availed* himself of the opportunity. すかさずその機会を利用した.

use[2] /júːs/ *n.* **1 a** 使う[用いる]こと; 使用[利用](すること); 使用[利用]されていること[状態]: a sudden increase in the ~ of water 水の使用量の急激な増大 / for the ~ of students 学生のために，学生用として / maps for ~ in school 学校用掛地図 / for external ~ only (薬など)外用のみに使用 / ready for ~ いつでも使える / be *in* ~ 用いられている，使用中 / be *in* constant ~ いつも使用されている / things [expressions] *in* daily ~ 日用品[日常的な言い方] / come [be brought] *into* ~ 用いられるようになる / be [get, go, fall, pass] *out of* ~ 用いられない[なくなる]，廃れている[廃れる] / by (the) ~ of …を使って / give a book rough ~ 本を手荒に扱う / The machine will get easier to handle with ~. その機械は慣れると使いやすくなる / ⇨ *put to* USE[2] (1). **b** 使い方，使用法，用法: There he was trained in the ~ of a rifle. そこで彼はライフル銃使用法の訓練を受けた / You must learn the proper ~ of your faculties. 才能の正しい使い方を覚えなければならない. **2 a** 〔…の〕使用の必要[機会] 〔*for*〕: Will there be any further ~ *for* streetcars? 市街電車などを使う必要がまだあるだろうか / I took only what I had (some) ~ *for*. 必要になりそうなものだけを持って行った / The Americans have [find] little ~ *for* hats. 米国人はほとんど帽子をかぶらない / ⇨ *have no* USE[2] *for* (1). **b** 用途，利用法 (purpose, function): a tool with many ~*s* 用途の多い道具 / The industrial ~*s* of nuclear power have been developed. 原子力の工業上の利用法が開発されてきている / turn [put] … to good ~ …をうまく利用する / ⇨ *put to* USE[2] (2). **3 a** 使用の自由[権利]，使用権 〔*of*〕: He gave [granted] us the ~ *of* the tennis court for three months. 彼は我々に3か月間テニスコートを自由に使用させてくれた / He was denied the ~ *of* the library card. 彼は閲覧カードの使用を禁止された. **b** 〔手足・器官などの〕使用能力 〔*of*〕: lose the ~ *of* one's eyes 視力を失う / regain the ~ *of* an injured arm けがした腕の力を回復する / have the ~ *of* one's voice 口をきくことができる. **c** 〘法律〙〔財産の〕使用[居住，行使]権 〔*of*〕: He has got the ~ *of* the estate for life. 彼にはその土地での終生居住権がある. **4** [主に否定的構文で] 役，効用，有益性 (usefulness); 利益，効果 (advantage, good): What is the ~ *of* so many officials? こうたくさんの役人がいたところで(一体)何の役に立つのだ / What is the ~ of talking? = What ~ is there *in* talking? 話したところで何になるか(むだだ) / be *of* great [little] ~ 大いに役に立つ[ほとんど役に立たない]，非常に有益[ほとんど無益]だ / It has its ~*s*. それなりに役に立つ / It is *of* no ~ to look for that missing fountain pen. あのなくした万年筆を捜してみてもむだだ / There is no ~ (*in*) reading such a book. = It is no [It isn't any] ~ reading such a book. そんな本を読んでもだめだ / It is [There's] no ~ crying over spilt milk. 《諺》「覆水盆に返らず」/ He is no ~ to me at all. 彼は私にとっては何の役にも立たない. **5 a** 慣習，習慣，習わし，しきたり (custom, usage): ~ and wont 慣習，慣例 / according to an ancient ~ 古い慣例に従って / as (the) ~ is 《スコット》慣習の通りに / It was his ~ to take a walk every evening. 毎日夕方散歩するのが彼の習慣だった / Long ~ has reconciled me to it. 長い間の習慣でそれが苦にならなくなった / *Use* is (a) second nature. 《諺》習慣は第二の天性 / *Use* makes perfect. 《諺》習うより慣れよ / Once a ~, forever a custom. 《諺》習い性となる. **b** (特に，各教会・主教管区に特有の)儀式，礼式，礼拝式: the Roman [Orthodox, Anglican] ~ カトリック教会[正教会，英国国教会]系の儀式 / the ~ of Bangor バンゴール大聖堂の慣行礼式 / ⇨ Sarum use. **6** 《方言・古》(借金の)利子，利息 (interest). **7** 〘法律〙 **a** (信託された土地などの)収益権. **b** 《古》「ユース」，信託 (trust). 《OF *oes*, *ues* profit, benefit (< L *opus* work) が OF *us* use の発音に融合して生じたもの》 **8** 〘金属加工〙大型鍛造品の接合に用いる粗い鋼片. **9** 《廃》普通の経験，日常の出来事 (ordinary experience): These things are beyond all ~. これは全くただごとではない (Shak., *Caesar* 2. 2. 25).

hàve nó úse for (1) …の必要がない，…は無用だ (cf. 2 a): I *had no* ~ *for* the city. 私には都会など用のないものだった. (2) …の価値を認めない，…を相手にしない，…に耐えられない; …はまっぴらだ，大嫌いだ: I *have no* ~ *for* flatterers. ごますりはまっぴらだ / He *had no* ~ *for* card games, golf, or anything like that. 彼はトランプとかゴルフとかそういったものには見向きもしなかった. ★ no の代わりに little を用いることもある: He *had* (very) *little* ~ *for* music. 音楽などにはほとんど目もくれなかった. ***in úse*** (1) 使用中で[の]，採用中で[の] (cf. 1 a). (2) 〈動物が〉さかりがついて (in heat). ***màke úse of*** …を利用[使用]する; 《口語》〈人〉を(利己的に)利用する，食い物にする: *make* (good) ~ *of* one's spare time 余暇を(十分に)利用する / *make* the best ~ *of* one's talents 才能を十分に活用する / No ~ has ever been *made of* this institute. この施設はまだ利用されたことがない. 《1594》 ***pút to úse*** (1) 用いる，利用する (employ) (cf. 1 a): *put* a new tool *to* ~ 新器具を使用する. (2) [use に形容詞を添えて] (特定の用途に)利用する (cf. 2 b): You'd better *put* your learning *to* (practical [good]) ~. 学問を(実際面に[うまく])活用したほうがよい / He *put* it *to* an unaccustomed ~. それを変わった使い方をした.

úse and dísuse thèory [the ―] 〘生物〙用不用説 (⇨ Lamarckism).

úse and óccupancy insùrance 〘保険〙 = business interruption insurance.

〘《?*a*1200》 *us* □ (O)F < L *ūsum* (p.p.) ← *ūti* (↑)〙

use·a·ble /júːzəbl/ *adj.* = usable.

úse-bỳ dáte *n.* (食品などの) 賞味[使用]期限. 〘*c*1980〙

used[1] /júːst, (to の前では) júːs(t)/ *vi.* [to do を伴って] 常に…した，(…するのが)常であった，(…する)習わし[例，習慣]であった，元は…したものだ (cf. use[1] *vi.* 1, would[1] 3): I ~ *to* see him often. 以前はよく彼に会ったものだ / She ~ *to* play a piece or two on the piano before turning in. 就寝前に一，二曲ピアノを弾く習慣だった / He came earlier than he ~ *to*. 彼はいつもより早めに来た / Things aren't what they ~ *to* be. 状況は以前とは変わってしまった.

語法 (1) 否定形 used not, 《口語》didn't use /júːs/, 《英》use(d)n't /júːsnt, (to の前では) júːsn(t)/; 形式ばった文体では疑問文にも did を用いない: What ~ he *to* say? / He ~*n't to* drink. (2) 否定文および疑問文で did を用いるのは主に《米》であるが，《英》でも《口語》では次のように did を用いる傾向がある: What *did* he *use to* say? / *Didn't* you *use to* live in London? / I *didn't use to* think so. / He *didn't use to* drink. (3) did は付加疑問文または相手の言葉をおうむ返しに繰り返すときにも普通に用いられる: You ~ *to* live in Paris, *didn't* you [~*n't* you, *usen't* you]? / There ~ *to* be a church here, *didn't* there [~*n't* there, *usen't* there]? / Brown ~ *to* live in Paris. —Oh, *did* he [~ he *to*]? (4) [used to と would との相違] would の「習慣」用法は主語の「意志」に由来するものである. 従って would は (a) used to のように無生物主語をとることがない: It ~ *to* be said that …といつも言われたものだ / There ~ *to* be a house here. 元ここには家があった. また，(b) used to のように「状態」の継続に用いることはできない: She ~ *to* know me. / I ~ *to* think so. (c) used to は客観的な陳述に用いられ，would は主語の意志や関心を示す: We eat more meat than we ~ *to*. このような場合 would は用いられない. (d) used to は相当長期の漠然たる過去を表す語句と共に用いられるのに対して，would は比較的限られた時を表す語句と共に用いられる: I ~ *to* read Dickens *in those days*. このような場合 would は用いられない. なお used to は過去の期間が明示されている文では用いられない: He ~ *to* live here for ten years. は誤り.

〘《*c*1303》 (pret.) ← ME *use*(*n*) 'to USE[1] (vi.)'〙

used[2] /júːst, (to の前では) júːs(t)/ *adj.* [~ *to* の形で] …に慣れて (accustomed): be ~ *to* hardship, hard work, every luxury, good society, one's surroundings, etc. / You'll soon get [become] ~ *to* (doing) that. じきにそれに慣れるでしょう / I am not ~ *to* being spoken to like that. 私はそんな風に話しかけられることには慣れていない. ★ He was ~ *to* sit up late. のような不定詞構文は《まれ》. 〘《*c*1380》 (p.p.) ← ME *use*(*n*) 'to USE[1] (vt.)'〙

used[3] /júːzd/ *adj.* **1** 使い古した，汚れた (secondhand): ~ books 古本 / ~ stamps 使用済み切手 / ~ cars 中古車 / a ~ handkerchief [glass] 汚れたハンカチ[コップ]. **2** 用いられる: a seldom ~ room めったに使わない部屋 / a much ~ excuse しばしば使われる言い訳.

úsed úp ⇨ USE[1] *up* (2).

〘《*c*1380》 《1594》 (p.p.) ← USE[1] (vt.)〙

úse dìstrict /júːs-/ *n.* 用途地域《都市の中で行政上の目的のため指定される地域》.

usedn't *v.* ⇨ used[1] 語法 (1).

use·ful /júːsfəl, -fl/ *adj.* **1** 役に立つ，有用[有益，有効]な，助けになる (serviceable, helpful): ~ books for young students / Books like that are ~ for [in] teaching young students. あのような本は若い学生たちを教えるのに役立つ / His advice was ~ to us. 彼の忠告は我々に役立った / prove ~ 役立つ(ことがわかる) / make oneself generally ~ 何かと役に立つ[手伝う]. **2** 〈仕事など〉実用的な，具体的な結果を生むような. **3** 〈人など〉有能な，よくできる: a ~ player / She is pretty ~ with a tennis racket. 彼女はテニスが上手だ. **4** 《口語》ほめる価値のある，満足のいくほどの. ***còme in úseful*** (必要なとき)役に立つ，(場合によっては)便利だ.

― *n.* 《豪俗》(臨時雇いの)半端仕事をする人; 雑役夫.

~·ly *adv.* 〘《1594–96》 ← USE[2] + -FUL〙

úseful lífe *n.* 〘会計〙(機械などの)使用可能な寿命.

úseful lóad *n.* 〘航空〙積載量.

úse·ful·ness *n.* 役に立つこと，有用性，実用性: This way of teaching outlived [outlasted] its ~. この教育法はもう役立たなくなった. 〘(1483) 1617〙

use·less /júːsləs/ *adj.* **1** 役に立たない，無益な，無用な，むだな (ineffectual) (⇨ futile SYN): a ~ piece of advice 無用な忠告 / ~ efforts むだ骨を折ること，徒労 / a mass of ~ erudition 無益な博識 / a ~ fellow 役に立たない男 / It's ~ talking [to talk] to him. 彼に話してもむだだ / The contents were rendered ~ by damp. 中身は湿気のためだめになった. **2** 《口語》〈人などが〉無能な，へたな: I am ~ at swimming. 私は泳ぎがへただ. **~·ly** *adv.* **~·ness** *n.* 〘《1593–94》 ← USE[2] + -LESS〙

USENET, usenet /júːznèt, júːs-/ *n.* 〘電算〙ユーズネット USENET《UNIX システムの国際的ネットワーク (1979–)》.

usen't *v.* ⇨ used[1] 語法 (1).

us·er[1] /júːzə | -zə(r)/ *n.* **1** 使う人[物]，使用者，利用者; コンピューター使用者: a road ~ 道路使用者 / a great ~ of libraries 図書館をよく利用する人. **2** 《口語》(特に)酒[麻薬]愛用者. 〘《*c*1400》: ⇨ use[1], -er[1]〙

us·er[2] /júːzə | -zə(r)/ *n.* 〘法律〙(権利の)使用，行使，享受; 使用権. 〘《1835》□ F ~ (もと inf.: ⇨ use[1]) // 《逆成》← NONUSER 2: ⇨ use[2] 7〙

úser còst *n.* 〘経済〙使用者費用《購入原料費と減価償却費との合計》.

úser-definable *adj.* 〘電算〙ユーザー定義可能な《キーの機能などをユーザーが定義できる》. 〘1972〙

úser-defíned *adj.* 〘電算〙ユーザー定義の.

úser-defìned kéy *n.* 〘電算〙ユーザー定義キー.

úser fèe *n.* (公共サービスに対する)受益者負担金.

us·er-friend·ly /júːzəfréndli | -zə-/ *adj.* **1** 〈コンピューターなどが〉操作しやすい，わかりやすい，ユーザーフレンドリーな. **2** 使用[利用]者に便利な，使いやすい: a ~ dictionary 使いやすい辞書 / ~ libraries 利用者に便利な図書館. **úser-fríend·li·ness** *n.* 〘1977〙

úser-hóstile *adj.* = user-unfriendly.

úser ínterface *n.* 〘電算〙ユーザーインターフェース《ハードウェア・ソフトウェアにおいて利用者が直接接する部分》. 〘1968〙

úser·nàme *n.* 〘電算〙ユーザー名《コンピューターを使用する個人の識別名》.

úser-óriented *adj.* 〈機械やシステムが〉ユーザー本位[指向]の. 〘1979〙

úser-unfríendly *adj.* 使いにくい，利用しづらい，ユーザーフレンドリーでない.

USES 《略》United States Employment Service 米国職業安定所.

úse tàx *n.* 《米》利用税《他の州で購入後に持ち込んだ品物に対する州税》.

USG 《略》United States Gallon; United States Government; 〘鉄道〙United States Standard Gage.

USGA 《略》United States Golf Association.

USGS 《略》United States Geological Survey.

ush /ʌʃ/ *vi.* 《俗》= usher. 〘《*a*1824》《逆成》← USHER〙

u·shab·ti /juːʃǽbti, uː-/ *n.* (*pl.* ~, ~**s**, **-ti·u** /-tiùː/) ウシャブティ《エジプトの墳墓で発見される石・土・木製のミイラ形の人形; shawabti ともいう》. 〘《1885》□ Egypt. *wšbty* (原義) answerer〙

Ush·ant /ʌ́ʃənt/ *n.* ウェッサン(島)《フランス北西岸，Brittany 沖の島; 英仏海戦跡 (1778, 1794); フランス語名 Île d'Ouessant /ildwɛsɑ̃/》.

Ú-shàped /júː-/ *adj.* U字型の. 〘1835–45〙

U·shas /úʃəs, uʃáːs/ *n.* 〘ヒンズー神話〙ウシャス《Veda 中に歌われている暁の女神》. 〘□ Skt *Uṣas* (原義) dawn: cf. east〙

ush·er /ʌ́ʃə | ʌ́ʃə(r)/ *n.* **1 a** (教会・劇場などの)案内人[係]. **b** 《米》(教会結婚式場の)参列者の案内者《花婿または花嫁の男性の友人》. **c** 《英》(高位の人の先に立って歩く)先導役. **2 a** (法廷の)廷吏. **b** (会館・会議所などの)門衛 (doorkeeper); 受付，取次. **3** (英国王室の)式部官 (cf. gentleman usher). **4** 《英古・戯言》(私学の)助教師 (assistant teacher).

― *vt.* **1** 〔…に〕案内する，取り次ぐ (introduce) 〔*into*, *to*〕: A footman ~*ed* me *to* [*into*] the drawing room. 家僕が私の名を呼んで客間に案内した / I was at length ~*ed into* his presence. ようやく彼の面前に案内された / ~ a person *into* the rudiments of Greek 人にギリシャ語の手ほどきをしてやる / ~ a person *out* 人を送り出す. **2** …の案内役を務める. ― *vi.* 案内役を務める.

úsher ín (*vt.*) (1) 案内して通す，招じ入れる，迎え入れる: ~ *in* a guest. (2) 《詩》…に先導する，…の先触れとなる，…の到来を告げる (precede, herald): the song of birds that ~*s in* the dawn 暁を告げる鳥の歌声 / The passing of the first Reform Bill ~*ed in* a new era in English politics. 最初の選挙法改正法案が通過して英国の政治に新紀元が開かれた. 《1593–99》

〘《*c*1380》 *ussher* □ AF *usser* = OF *ussier* (F *huissier*) < ML *ūstiārium* = L *ōstiārius* doorkeeper ← L *ōstium* door ← *ōs* mouth: ⇨ oral, -er[2]〙

Ush·er /ʌ́ʃə | ʌ́ʃə(r)**, James** *n.* = James USSHER.

ush·er·ette /ʌ̀ʃərét/ *n.* (劇場などの)案内嬢. 〘《1925》: ⇨ usher, -ette〙

úsher·shìp *n.* usher の役[職，地位]. 〘1580〙

Us·hua·ia /uːswáːjɑː; *Am.Sp.* uswája/ *n.* ウスワイア

U

《アルゼンチン南部 Tierra del Fuego 島南岸の町; 世界最南端の都市 (54° 46′ S)》.
USI 《略》 United States Industries.
USIA 《略》 United States Information Agency 米国海外情報局.
USIS 《略》 United States Information Service 米国広報文化局.
Usk /ʌsk/ *n.* [the ~] アスク川《ウェールズ南部を南東に流れ Severn 川の河口部に注ぐ川 (113 km)》.
Üs·küb /ʊskuːb; *Turk.* yskyp/ *n.* ユスキュブ《Skopje のトルコ語名 (1392–1913)》.
Üs·kü·dar /ʊskədɑə | ùːskuːdɑ́ː(r; *Turk.* yskydɑr/ *n.* ユスキュダル《トルコの Istanbul の Bosporus 海峡をはさんだアジア側の地区; 旧名 Scutari》.
USLTA 《略》 United States Lawn Tennis Association 《今は USTA》.
USM 《略》 underwater-to-surface missile 水中対地ミサイル《潜水艦から発射する》; United States Mail 米国郵便; United States Marines 米国海兵隊; United States Mint 米国造幣局; Unlisted Securities Market 非上場証券市場.
USMA 《略》 United States Military Academy 米国陸軍士官学校.
Us·man dan Fo·di·o /úːsmɑːndænfóʊdiòʊ | -fɔ́ʊdiəʊ/ *n.* ウスマン ダン フォディオ (1754–1817; アフリカの宗教・革命指導者; ナイジェリアにイスラム国家を誕生させた).
ÚS Marínes *n.* [the ~] =United States Marine Corps.
USMC 《略》 United States Marine Corps; United States Maritime Commission 米国海事委員会.
USN /júːèsén/ 《略》 United States Navy.
USNA 《略》 United States Naval Academy 米国海軍兵学校.
Us·nach /ʊ́ʃnək, -nɑx/ *n.* 【アイルランド伝説】 ウシュナッハ (Deirdre の恋人である Naoise /níːsi, néɪ-/ の父).
〖⊏ MIr. *Usnech*〗
us·ne·a /ʌ́sniə, ʌ́z-/ *n.* 【植物】 サルオガセ属 (*Usnea*) の地衣類の総称. 〖(1597) ← NL ~ (↓)〗
Us·ne·a·ce·ae /ʌ̀sniéɪsiìː, ʌ̀z-/ *n.* 【植物】 (地衣類レカノラ目)サルオガセ科. **ùs·ne·á·ceous** /-ʃəs⁻/ *adj.* 〖← NL ~ ← *Usnea* (属名: ⊏ Arab. *úšnah* moss)+-ACEAE〗
Us·nech /ʊ́ʃnək, -nɑx/ *n.* =Usnach.
USNG 《略》 United States National Guard 合衆国州兵.
ús·nic ácid /ʌ́znɪk-/ *n.* 【生化学】 ウスニン酸 ($C_{18}H_{16}O_7$) 《抗生物質として用いる黄色結晶; 地衣類中に存在する》. 〖(1841): ⇨ USNEA, -IC¹〗
USNO 《略》 United States Naval Observatory.
USNR 《略》 United States Naval Reserve 合衆国海軍予備(役)軍.
USO /júːèsóʊ | -sóʊ/ 《略》 United Service Organization (米軍)慰問協会.
U·so·ni·an /juːsóʊniən | -sə́ʊ-/ *adj.* **1** 米国の, 合衆国の. **2** ユーソニアン住宅の. ── *n.* **1** 米国人. **2** ユーソニアン住宅《建築家 Frank Lloyd Wright が 1930 年代に設計した平らな屋根の廉価な家》.
ÚS Ópen /júːès-/ *n.* [the ~] 全米オープン: **1** 【ゴルフ】 世界 4 大大会の一つ; プロ・アマ両方が参加でき, 最も権威あるトーナメントで, 毎年 6 月に米国の各地で開催される. **2** 【テニス】 世界 4 大大会の一つ; 毎年 8 月–9 月に New York 郊外の Flushing Meadows にある National Tennis Center で開催される.
USP 《略》 【製紙】 unbleached sulphite pulp 未晒(さらし)亜硫酸パルプ; United States Patent; 〖1909〗 United States Pharmacopoeia 米国薬局方; unique selling proposition [point] 特徴的セールスポイント.
Us·pa·llá·ta Páss /ùːspəjɑ́ːtə-, -ʒɑ́ː- | -jɑ́ːtə-; *Am. Sp.* uspajáta-/ *n.* [the ~] ウスパヤタ峠《Andes 山脈中の山道で, アルゼンチンの Mendoza とチリの Santiago とを結ぶ; 付近に有名な彫像「アンデス山中のキリスト」(Christ of the Andes) がある; 高さ 3,810 m; La Cumbre ともいう》.
USPat 《略》 United States Patent.
USPG 《略》 United Society for the Propagation of the Gospel (⇨ SPG).
USPhar 《略》 United States Pharmacopoeia.
USPO 《略》 United States Post Office 《のちに USPS》.
USPS 《略》 United States Postal Service.
us·que·baugh /ʌ́skwɪ̀bɔ̀ː, -bɑ̀ː | -bɔ̀ː/ *n.* **1** 《スコット・アイル》 ウイスキー (whiskey). **2** アスキボー《シナモン・ちょうじなどの香料入りのアイルランド産の強いコーディアル (cordial)》. 〖(1581) ⊏ Ir. *uisge beatha* 《原義》 water of life ← OIr. *uisce* water+*bethu* life: cf. *aqua vitae* whiskey〗
USS 《略》 Undersecretary of State; United States Senate; United States Ship [Steamer]; United States Standard. 〖1912〗
USSCt. 《略》 United States Supreme Court 米国最高裁判所.
Ussh·er /ʌ́ʃə | ʌ́ʃə(r/, **James** *n.* アシャー (1581–1656; アイルランドの Armagh の大主教・神学者; 国教会派と非国教会派の和解に努めた).
USSR /júːèsèsɑ́ə | -ɑ́ː(r/ 《略》 Union of Soviet Socialist Republics. 〖1927〗
Us·su·ri /ʊsʊ́əri | ʊsʊ́əri; *Russ.* ussúrʲi/ *n.* [the ~] ウスリー(川)《中国とロシア連邦の東部国境を北流して黒竜江 (Amur) に注ぐ川; 890 km; 中国語名は烏蘇里江》.
USTA 《略》 United States Tennis Association; United States Trademark Association.
Ust-A·ba·kan·sko·e /ʊstùːkbəkɑ́ːnskoʊeɪ | -kəʊeɪ; *Russ.* úsʲtʲabakánskəjə/ *n.* ウスチ アバカンスコエ《Abakan の旧称》.
us·tad /ʊstɑ́ːd/ *n.* 《インド》 ウスタッド《熟練者, 達人; 特に音楽家》. 〖(1903) ⊏ Pers. & Urdu *ustād*〗
Usta·shi /uːstɑ́ːʃi; *Serb./Croat.* ûstaʃi/ *n.* ウスタシ《ユーゴスラビア王 Alexander 1 世の即位に際し亡命下に組織されたクロアチアの極右民族派組織; 第 2 次大戦中ドイツの庇護を得てクロアチアを支配した》. 〖(1932) ⊏ Serbo-Croat. *Ustaše* insurgent rebels〗
U·stí nad La·bem /úːstʃináedləbɛ̀m; *Czech* úːsciːnadlábɛm/ *n.* ウースティーナドラベム《チェコ北西部 Elbe 河畔の都市》.
Us·ti·nov /júːstɪ̀nɔ̀(ː)f, -nɑ̀(ː)f | -nɔ̀f; *Russ.* usʲtʲínəf/ *n.* ウスティノフ《Izhevsk の旧称》.
Us·ti·nov /júːstɪ̀nɔ̀(ː)f, úːs-, -nɑ̀(ː)f | -nɔ̀f/, Sir **Peter Alexander** *n.* ユスティノフ (1921–2004; 英国の俳優・映画監督・劇作家).
Ust-Ka·me·no·gorsk /úːstkəmɪnəgɔ́əsk | -gɔ́ːsk; *Russ.* úsʲtʲ kamʲɪnagórsk/ *n.* ウスチカメノゴルスク《カザフスタン共和国東部の都市; 非鉄金属鉱業の中心地》.
USTR 《略》 United States Trade Representative.
USTS 《略》 United States Travel Service 合衆国観光局.
us·tu·late /ʌ́stʃʊlɪ̀t, -lèɪt | -tjʊ-/ *adj.* 焼け焦げ色の; 焦げて黒くなった. 〖(1826) ⊏ L *ūstulātus* (p.p.) ← *ūstulāre* to scorch (dim.) ← *ūrere* to burn〗
us·tu·la·tion /ʌ̀stʃʊléɪʃən | -tjʊ-/ *n.* **1** 焼け焦がすこと, 燃やすこと (scorching). **2** ぶどう酒の火入れ. **3** 【薬学】 (粉末にする前の)加熱乾燥. 〖(1658) ⊏ ML *ūstulātiō(n-)*: ⇨ ↑, -ation〗
Ust·yurt /uːstjúət, juːs- | -tjúət; *Russ.* usʲtʲʊ́rt/ *n.* ウスチュルト《カスピ海とアラル海の間の台地; 総面積 238,000 km^2; Ust Urt ともいう》.
usu. 《略》 usual; usually.
u·su·al /júːʒuəl, -ʒəl/ *adj.* **1** 習慣[慣用]と合った, 慣例的な, 常の, 平素の, いつもの (customary, habitual): The wedding was celebrated with the ~ rites. 結婚式は慣例的な儀式で行われた / the ~ tale which people tell よく世間の人のするうわさ / ~ jokes 例の冗談 / It is ~ *with* [*for*] him to be late. 彼は遅れるのが常だ / He came earlier than ~. いつもより早く来た / It is ~ for the king to open Parliament in person. 国王自ら議会の開会を宣するのが例である / It is not ~ for shops to open on Sundays. 商店が日曜日にも店を開くのは珍しいことだ / I'm glad she's her ~ self again. 彼女がまたいつもの通り元気になったのでうれしい. **2** 通常用い[守]られている: follow the ~ route いつも通る道筋をたどる. **3** 日常起こる[見られる], 普通に経験する, 通常の, 普通の (ordinary, familiar): the ~ April weather 普通の 4 月の陽気 / Heavy traffic is ~ at this hour. この時刻になるといつも交通が激しくなる. **4** 平凡な, ありふれた (commonplace): He said all the ~ things. ― "I love you" and "You're an angel on earth," etc. 「愛してるよ」とか「君は地上に降りた天使だ」とか月並みな言葉をいっぱい並べたてた.
as is úsual with …にはいつものことだが, …は決まってそうであるが: *as is ~ with* such cases そういう場合には普通のことだが. ***as per úsual*** 《戯言》 =*as* USUAL. ***as úsual*** いつもの通りに, 例の通り: I have forgotten something *as* ~. 例によって忘れ物をした / He is drunk *as* ~. 例によって例のごとく彼は酔っている. ***than úsual*** いつもより: Traffic is heavier *than* ~. 交通がいつもより激しい.
── *n.* [the ~, one's ~] **1** いつもの事, お決まり: do only *the* ~ 決まりきったことだけやる. **2** 《口語》 いつもの食べ物[飲み物]: I'll have *my* [*the*] ~, please. **3** 《口語》 いつもの健康状態.
out of the úsual 珍しい, 普通でない.
〖(*c*1387) ⊏ OF ~ (F *usuel*) // LL *ūsuālis* ← L *ūsus* use: ⇨ use¹·², -al¹〗

SYN 普通の: **usual** たいていの場合に行われる: the *usual* supper いつもの夕食. **customary** 個人または集団の慣例に一致する: It is *customary* for me to get up at seven. 7 時に起きるのが私の習慣だ. **accustomed** *customary* とほぼ同意の格式ばった語; ある個人に特有の習慣となり, すっかりなじんでいて普通の: her *accustomed* attitude of optimism 彼女のいつもの楽天的な態度. **habitual** 〈行為が〉習慣によって固定した: a *habitual* drinker 常習的な酒飲み.
ANT unusual, extraordiary. ⇨ common, normal.

u·su·al·ly /júːʒuəli, -ʒ(ə)li/ *adj.* 通例, 平常は, いつもは (customarily); 一般に, 普通の場合, ふだん (ordinarily): He ~ visits us on Sunday afternoons. 彼はいつもは日曜の午後訪ねてくる / This word is ~ used in negative constructions. この語は通例否定構文に用いられる / She's been more than ~ nice to me lately. 彼女は最近いつになく私に親切だ. 〖(1477): ⇨ ↑, -ly¹〗
u·su·ca·pi·on /jùːzəkéɪpiɑ̀(ː)n, -sə- | -zjʊkéɪpiən/ *n.* 【ローマ法】 (法が定める期間引き続き所有していたことによって生じる)所有権取得. ★ 時効 (prescription) とほとんど同じであるが, 時効は悪意で所有していた場合も有効であるが, usucapion は善意の場合に限る. 〖(1606) ⊏ F ~ // L *ūsūcapiō(n-)* prescription ← *ūsūcapere* to obtain by long use ← *ūsus* 'USE¹·²'〗
u·su·fruct /júːzʊfrʌ̀kt, -sʊ- | -sjʊ-, -zjʊ-/ 【ローマ法】 *n.* 使用権, 用益権《他人の土地その他を利用し, それから生じる果実・利益を享受しうる権利》. ── *vt.* 〈土地などの〉使用[用益]権を享受する. 〖(*c*1630) ⊏ LL *ūsūfrūctus* ← L *ūsus* (↑)+*fructus* 'FRUIT'〗
u·su·fruc·tu·ar·y /jùːzʊfrʌ́ktʃuèri, -sʊ- | -sjʊfrʌ́ktjuəri, -zjʊ-⁻/ 【ローマ法】 *n.* 使用権者, 用益権者. ── *adj.* 使用権(的)の, 用益権(的)の. 〖(*a*1618) ⊏ LL *ūsūfrūctuārius*: ⇨ ↑, -ary〗
U·sum·bu·ra /ùːsəmbʊ́ᵊrə | -zəmbʊ́ərə; *Braz.* uzũbúɾa/ *n.* ウシュンブラ《Bujumbura の旧名》.
u·su·rer /júːʒ(ə)rə | -rə(r/ *n.* **1** (法外な利子をむさぼる)高利貸し. **2** 《廃》 金貸し (moneylender). 〖(*c*1290) ⊏ OF *usureor, usurier* ← *usure*: ⇨ usury, -er¹〗
u·sur·ing /júːʒ(ə)rɪŋ/ *adj.* **1** 《廃》 利息[利子]をとる; 強欲な. **2** 《まれ》 高利を期待する. 〖(1593) ← 《廃》 *usure* to practise usury OF *usurer* ⊏ ML *ūsūrāre* ← *ūsūra* usurious act: cf. usury〗
u·su·ri·ous /juːʒʊ́ᵊriəs | -zjʊ́ər-, -ʒʊ́ər-, -zjɔ́ːr-/ *adj.* **1** 高利貸しの; 高利貸し的な, 高利の: a ~ rate of interest 非常な高利. **2** 高利で金を貸す, 高利を取る[むさぼる]: a ~ pawnbroker. **~·ly** *adv.* **~·ness** *n.* 〖(1610) ← USURY+-OUS〗
u·surp /juːsə́ːp, -zə́ːp | -zə́ːp, -sə́ːp/ *vt.* **1** (強圧・暴力によって)奪う, 横領する, (法的権利なしに)強奪する: ~ the throne 王位を奪う / ~ the place of a person 人に取って代わる, 人を追い出す. **2** 〈著作権などを〉不法に用いる, 盗用する. ── *vi.* (不法に)侵す, 侵害する (encroach) 〔*on, upon*〕: ~ *on* a person's right [copyright] 人の権利[著作権]を侵害する. 〖(*a*1325) *usurpe(n)* ⊏ (O)F *usurper* // L *ūsūrpāre* ← *ūsū* ((abl.) ← *ūsus* 'USE¹·²')+*rapere* to seize〗
u·sur·pa·tion /jùːsəpéɪʃən, -zə- | -zəː-, -səː-/ *n.* **1** 〔主権などの〕簒奪(さんだつ), 横領, 強奪; 〔権利などの〕侵害 〔*of, on, upon*〕: the ~ *of* a throne 王位簒奪 / a ~ *on* the prerogatives of others 他人の特権侵害. **2** 【ローマ法】 使用[占有]の中断[妨害]. 〖(*c*1385) *usurpacion* ⊏ (O)F *usurpation* // L *ūsurpātiō(n-)*: ⇨ ↑, -ation〗
u·sur·pa·tive /juːsə́ːpətɪv, -zə́ː- | -zə́ːpət-, -sə́ː-/ *adj.* 横領[強奪]の; 権利侵害の. 〖(1797) ⊏ LL *ūsurpātīvus* ← L *ūsurpāre* 'to USURP': ⇨ -ative〗
u·sur·pa·to·ry /juːsə́ːpətɔ̀ːri, -zə́ː- | -zə́ːpətəri, -sə́ː-/ *adj.* =usurpative. 〖(1847) ⊏ LL *ūsurpātōrius*: ⇨ usurp, -atory〗
u·súrp·er *n.* 横領者; (権利などの)侵害者. 〖(1414) ⊏ OF *usurpeur* // ← USURP+-ER¹〗
u·súrp·ing·ly *adv.* 横領によって, 強奪的に. 〖1589〗
u·su·ry /júːʒ(ə)ri | -ʒ(ə)ri, -ʒʊri/ *n.* **1** (貸金に対する法定率以上の)高利; (特に)法外な高利. **2** 高利で金を貸すこと. **3** 《古》 利息, 利子 (interest): Thou shalt not lend upon ~ to thy brother. 汝の兄弟より利息を取るべからず (*Deut.* 23:19). **4** 《廃》 金を貸すこと. 〖(*c*1303) *usurie* ⊏ AF **usurie*=(O)F *usure* ⊏ ML *ūsūria* ← L *ūsus* 'USE¹·²'〗
u·sus /júːsəs/ *n.* 【ローマ法】 使用権《動産・不動産の排他的な使用権で, 果実を取得する権利を含まないもの; cf. manus 2》. 〖⊏ L *ūsus* (↑)〗
USV 《略》 Unites States Volunteers 米国義勇兵団.
usw 《略》 【電気】 ultrashort wave; undersea warfare; G. und so weiter (=and so forth).
us·ward /ʌ́swəd | -wəd/ *adv.* 《古》 我々に向かって. 〖(1391) (*to*) *usward*: ⇨ us, -ward〗
USWB 《略》 United States Weather Bureau.
ut¹ /ʊt, úːt, ʌt/ *n.* 【音楽】 **1** ウト《中世の音階 hexachord の第一音; ただし現在ではほとんど用いず, 代わりに do (「ド」) を用いる; cf. hexachord》. **2** ユト (yt) 《フランスの固定ド唱法の第一音; do に当たる》. 〖(*c*1325) ⊏ L ~: ⇨ gamut〗
ut² /ʌt, ʊt/ *L. conj.* …のように (as): ⇨ ut infra, ut supra. 〖⊏ L ~〗
UT 《略》 【米郵便】 ultrasonic testing 超音波深傷試験; ultrasonic transducer 超音波増幅器; Utah.
UT 《記号》 ⇨ UTA.
UT, ut 《略》 【天文】 universal time.
ut. 《略》 utility.
Ut. 《略》 Utah.
U/T 《略》 under trust.
u·ta /júːtə | -tə/ *n.* 【動物】 ユタ《米国西部から北メキシコに生息するタテガミトカゲ科ユタ属 (*Uta*) のトカゲの総称》. 〖← NL ~: UTE にちなむ〗
UTA /júːtìːéɪ; *F.* ytea/ 《略》 Union de Transports Aeriens フランス航空 (記号 UT).
U·tah /júːtɔː, -tɑː | -tɑː, -tɔː/ *n.* ユタ《米国西部の州; ⇨ United States of America 表》. 〖⊏ Sp. *Yutta* 《変形》 ← UTE〗
U·tahan /júːtɔːn, -tɑːn | -tɑːn, -tɔːn/ *adj.* 米国 Utah 州(人)の. ── *n.* Utah 州人. 〖19C〗
u·tah·lite /júːtɔːlàɪt, -tɑː- | -tɑː-, -tɔː-/ *n.* 【鉱物】 = variscite. 〖← UTAH+-LITE〗
U·tahn /júːtɔːn, -tɑːn | -tɑːn, -tɔːn/ *adj., n.* = Utahan.
u·tah·rap·tor /júːtɔːrǽptə, -tɑː- | -tɔːrǽptə(r/ *n.* 【古生物】 ユタラプトル《大型のドロメオサウルス科の恐竜; デイノニクスの 2 倍の大きさで, 化石が米国ユタ州で 1992 年に発見された》.
UTC 《略》 Coordinated Universal Time, Universal Time Coordinated 協定世界時; University Training Corps.
Utd 《略》 United.
ut dict. 《略》 【処方】 *L.* ut dictum 指示に従って (as directed).
ute /júːt/ *n.* 《米・豪口語》 =utility truck.
Ute /júːt, júːti | júːt, júːti/ *n.* (*pl.* ~, ~s) **1 a** [the ~(s)] ユート族《米国 Colorado, Utah, New Mexico などの各州に居住した Shoshoni 語系のインディアン》. **b**

ユート族の人. **2** ユート語 (Uto-Aztecan 語族に属する). 〘(1776) ← N-Am.-Ind. (原義) people of the mountains: cf. Utah〙

utend. (略)〘処方〙*L.* utendus (=to be used).

u·ten·sil /juːténsl̩, -sɪ, -ténts l̩, -tsl/ *n.* **1** 家庭用品; (特に, 台所用の)道具, 勝手道具 (⇨ implement SYN): kitchen [cooking] ~*s* 台所[料理]用具. **2** 用具 (implement); 教会用器具: farming ~*s* 農具 / sacred ~*s* 教会用器具, 聖器 / ~*s* of war 武器, 武具 / writing ~*s* 書き物用具, 筆墨. **3** 役立つ人, 有用な人. 〘(*c*1375) □ OF *utensile* (F *ustensile*) □ ML *ūtēn- sile* (neut.) ← L *ūtensilis* fit for use ← *ūti* 'to USE¹'〙

u·ter- /júːtər | -tər/ (母音の前にくるときの) utero- の異形.

u·ter·al·gia /jùːtərǽldʒə, -dʒiə | -tərǽldʒiə, -dʒə/ *n.* 〘病理〙子宮痛. 〘(1400–50) ← UTERO-＋-ALGIA〙

uteri *n.* uterus の複数形.

u·ter·ine /júːtərɪn, -ràɪn | -təraɪn/ *adj.* **1** 子宮の, 子宮にある; 子宮に生じる: a ~ disease 子宮病. **2** 同母異父の (cf. consanguinean): ~ brothers 異父兄弟 / ~ descent 同母異父系. **3** 母方の, 母系の. 〘(?*a*1425) □ (O)F *utérine* // LL *uterinus*: ⇨ uterus, -ine¹〙

u·ter·o- /júːtərou | -tərəu/ 〘解剖・動物〙「子宮 (uterus); 子宮と…との」の意の連結形. ★ 母音の前では通例 uter- になる. 〘← L *uterus* (↓)〙

u·ter·us /júːtərəs, -trəs | -tər-, -trəs/ *n.* (*pl.* **u·te·ri** /júːtəràɪ | -tə-/, **~es**) 〘解剖・動物〙子宮 (womb) (⇨ reproductive system 挿絵); (無脊椎動物の)子宮に相当する器官. 〘(*a*1398) □ L ~ 'womb' (cf. Gk *hústros*): ⇨ hysteria〙

Ut·gard /úːtgaːəd | -gaːd/ *n.* 〘北欧神話〙ウトガルド (Midgard の外の地; 巨人 (Jotun)・怪物・怪獣・悪魔などが住む; 時に Jotunheim の別名とされる). 〘□ ON *Utgarðr*〙

Útgard-Ló·ki /-lóuki | -ləu-/ *n.* 〘北欧神話〙ウトガルドロキ (Utgard の王で, Skrymir に化けて Thor や Loki たちを Utgard に連れて行く).

U Thant /uːθǽnt, -θáːnt | júːθǽnt, -θʌ́nt/ *n.* ウタント (1909–74; ビルマ(現ミャンマー)の政治家; 国連事務総長 (1962–71)).

U·ther /júːθə | -θə(r)/ *n.* 〘アーサー王伝説〙ユーサ, ウーゼル (Briton 人の王で Arthur 王の父; Uther Pendragon ともいう; cf. pendragon).

UTI (略)〘医学〙urinary-tract infection 尿路感染症.

U·ti·ca /júːtɪkə | -tɪ-/ *n.* **1** ユーティカ (米国 New York 州中部の都市). **2** ウティカ (アフリカ北岸, Carthage の北西方, 現在の Tunis の北方にあった古都). 〘□ L ~ □ Gk *Outikḗ*〙

u·ti·le¹ /júːtl̩, -tl̩, -taɪl | -taɪl, -tɪl/ *adj.* (廃) 実用的な, 役に立つ (practical, useful). 〘(1484) □ (O)F ~ □ L *ūtilis* ← *ūti* 'to USE'〙

u·ti·le² /júːtɪli | -tɪ-/ *n.* 〘植物〙シポ, ウティレ (*Entandrophragma utile*) (熱帯アフリカ産センダン科の大高木; 材はマホガニーの代用に用いられる). 〘(1956) ← NL ~ (種小名) ← L *utilis* (↑)〙

u·ti·lise /júːtəlàɪz, -tl- | -tl-/ *v.* =utilize.

u·til·i·tar·i·an /juːtɪlətέəriən | jùːtɪlɪtέər-, juːtìl-/ *adj.* **1** 功利主義者の; 功利主義の, 功利説の. **2** 効用を目的とする, 功利的な. **3** (美・装飾などから離れて)実利の, 実用の, 実利[実用]主義の: from the merely ~ point of view 単に実用主義的見地から. — *n.* 功利論[主義]者. 〘(1781) ← UTILITY＋-ARIAN: Jeremy Bentham の造語〙

u·tìl·i·tár·i·an·ìsm /-nìzm/ *n.* **1** 〘哲学〙功利説[主義] (いわゆる「最大多数の最大幸福」(the greatest happiness of the greatest number) を倫理的・政治的・経済的行為の規範とする J. Bentham および J. S. Mill の倫理学説). **2** 功利主義, 実用主義. **3** 功利(的特)性, 実用尊重精神. 〘(1827): ⇨ ↑, -ism〙

u·til·i·ty /juːtíləti | -lɪti/ *n.* **1** 役に立つこと, 有用, 効用, 実益 (usefulness): of no ~ 役に立たない, 無益な / from the point of view of practical ~ 実利という観点から. **2 a** (電力・ガス・水道などの)公益事業 (public utility). **b** [*pl.*] (電気・ガス・水道・暖房などの)利用設備. **c** [*pl.*] (米) 公益事業株. **3** [通例 *pl.*] 役に立つ物, 有益[有用]な物. **4** (功利主義の目標とする)幸福, 福利, 安寧, 効用; 最大多数の最大幸福. **5** 〘経済〙効用 (↔ disutility): ⇨ marginal utility. **6** 〘統計〙効用 (起こりうる結果の望ましさの程度を数量的に評価したもの). **7** 〘電算〙ユーティリティー (utility program) (基礎的な作業を効率化するためのプログラム). **8** =utility vehicle. — *adj.* [限定的] **1** 実用的な, 実用本位の (utilitarian); 規格型の: ~ furniture [clothes] 実用本位の家具[衣服] / a ~ model 実用新案品. **2** 多用途の, いろいろと役に立つ: ⇨ utility vehicle. **3** (米) 万能の, どのポジションでもこなせる: a ~ actor, infielder, worker, etc. / ⇨ utility man. **4 a** 〈家畜が乳・肉・卵・毛などの生産を目的に飼育された: ~ livestock. **b** 〈肉・食料品が〉下級品の: ~ meat. 〘(1391) *utilitee* □ (O)F *utilité* // L *ūtilitātem* ← *ūtilis*: ⇨ utile, -ity〙

utílity fùnction *n.* 〘経済〙効用関数.

utílity knìfe *n.* 万能ナイフ, ユーティリティーナイフ (小さな鋭い刃の付いたナイフ[小刀]; 木・ボール紙などを切るのに用いる).

utílity màn *n.* **1 a** いろいろな所で役に立つ人. **b** (米) 何でも屋, よろず屋, 器用な人 (Jack-of-all-trades). **2** (船の)厨房助手, 皿洗い. **3** 〘演劇〙下回り, 端役. **4** 〘スポーツ〙=utility player. 〘1849〙

utílity mùsic *n.* 〘音楽〙実用音楽 (アマチュアが家庭内あるいは非公式の集会などで実際に演奏する実用的な目的で書かれた音楽; 演奏が容易で単純・明快・平易なスタイルの音楽が多い; music for use ともいう). 〘(なぞり) ← G *Gebrauchsmusik*: 作曲家 Paul Hindemith の造語〙

utílity plàne *n.* 〘米軍〙多用途機, 汎用機.

utílity plàyer *n.* 〘スポーツ〙ユーティリティープレーヤー (どのポジションでもこなす万能補欠選手).

utílity pòle *n.* 電柱.

utílity prògram *n.* 〘電算〙=utility 7. 〘1964〙

utílity ròom *n.* ユーティリティールーム (住宅・病院などで洗濯・乾燥・アイロン・収納などの作業や用途のために設けられる部屋). 〘1953〙

utílity vèhicle [trùck] *n.* 多用途車, 小型トラック.

u·ti·liz·a·ble /júːtəlàɪzəbl̩, -tl-, ⌐⌐⌐⌐ | júːtɪ-làɪ-, ⌐⌐⌐⌐/ *adj.* 利用できる. 〘(1881): ⇨ utilize, -able〙

u·ti·li·za·tion /jùːtəlɪzéɪʃən, -tl- | -tɪlaɪ-, -lɪ-/ *n.* 利用(状態). 〘1847〙

utilizátion fàctor *n.* 〘電気〙設備使用率. 〘1921〙

u·ti·lize /júːtəlàɪz, -tl- | -tɪ-/ *vt.* 利用する, 役立たせる (⇨ use SYN): ~ a stream for driving machinery 機械を作動させるために水流を利用する. **ú·ti·lìz·er** *n.* 〘(1807) □ F *utiliser* □ It. *utilizzare* ← *utile* < L *ūtilem*: ⇨ utile, -ize〙

ut in·fra /ʌtínfrə, ʊtínfraː/ *L. adv.* 下記のように (cf. ut supra). 〘□ L *ut infrā* as below〙

-u·tion /júːʃən, úː-/ *suf.* -ation と同義の名詞語尾: solution.

u·ti pos·si·de·tis /úːtiːpɑ̀(ː)sədéɪtɪs, júːtaɪpɑ̀(ː)s-ədíːtɪs | úːtiːpɔ̀sɪdéɪt-, júːtaɪpɔ̀sɪdíːt-/ *n.* **1** 〘ローマ法〙占有保護命令. **2** 〘国際法〙現有状態維持の原則, 占有物留保の原則 (戦争終結の際, 交戦国が現に占有する物を留保する原則). 〘(1681) □ L *uti possidētis* as you possess〙

UTM (略)〘地図〙Universal Transverse Mercator ユニバーサル横メルカトル(図法).

ut·most /ʌ́tmòust | -mə̀ust, -məst/ *adj.* [限定的] **1** 最大の, 最高の, 極度の: the ~ limits 極限 / a matter of the ~ importance この上なく重要なこと / be in the ~ misery 不幸のどん底にいる / with the ~ pleasure この上もなく喜んで. **2** 最も遠い[遠くにある], 一番端の[にある], 極限の (farthest, extremest): the ~ island 最遠隔の島 / to the ~ ends of the earth 地の果てまで / filled to its ~ capacity 収容限度まで一杯になった. **3** (順序・時間が)最後の: to the ~ penny of one's debt 借金の最後の一文(いちもん)まで. — *n.* **1** [the ~, one's ~] (能力・力などの)最大限度, 最高度, 極限 (uttermost): *the* ~ that one can do できうる限度 / *at the* ~ せいぜい, たかだか / *to the* ~ 極度に, この上なく, 極力 / *to the* ~ of one's power 力の及ぶ限り, 精一杯に / do [try] *one's* ~ (to succeed) (成功するために)全力を尽くす. **2** (古) 終結 (end, finish), 結果 (issue): the ~ of his pilgrimage 彼の人生の巡礼の終わり (Shak., *Measure* 2. 1. 36) 〘OE *ūt(e)mest* (superl.) ← *ūt(e)* 'OUT': ⇨ -most〙

útmost góod fáith *n.* =uberrima fides.

Ú·to-Áztecan /júːtou- | -təu-/ 〘言語〙*n.* ユートアズテク語族 (北米の北は Idaho 州から南はメキシコの Tehuantepec 地峡におよび, 東西は Rocky 山脈から太平洋沿岸におよぶ広大な地域にわたるインディアン語族で, Comanche, Hopi, Nahuatl, Papago, Pima, Ute, Shoshoni などの支族を含む). — *adj.* ユートアズテク語族の. 〘(1891) ← UTE＋-O-＋AZTECAN〙

U·to·pi·a /juːtóupiə | -tə́u-/ *n.* **1** ユートピア (Sir Thomas More の物語 *Utopia* (1516) 中に説かれている理想郷). **2** [しばしば u-] 理想郷, 理想国, ユートピア: Samuel Butler's *utopia* entitled 'Erewhon'「エレホン」と名づけられたサミュエル・バトラーの夢想郷. **3** [しばしば u-] 空想的政治[社会]体制; 空想的社会改良計画. **4** [u-] ユートピア小説: a *utopia* written for boys and girls. 〘(1551) ← NL *ūtopia* nowhere ← Gk *ou* not＋*tópos* place (⇨ topic)＋-IA¹: Thomas More の造語〙

U·to·pi·an /juːtóupiən | -təu-/ *adj.* **1** 理想郷[国]の, ユートピアに似た. **2** [しばしば u-] **a** ユートピア的な, 空想的な (visionary); 不可能な完全を夢想[追求]する: a ~ dreamer ユートピア的夢想家. **b** ユートピア的政治[社会]体制に基づいた: a *utopian* community. — *n.* **1** ユートピアの住民. **2** [しばしば u-] 空想的社会改良家, 夢想家 (visionary). 〘(1551) ← NL *Ūtopiānus*: ⇨ ↑, -an¹〙

u·tó·pi·an·ìsm /-nìzm/ *n.* **1** ユートピア的理想; ユートピア的政治[社会]改良案. **2** [しばしば U-; 集合的] ユートピアの思想[見解, 目的(など)]. 〘(*a*1661): ⇨ ↑, -ism〙

u·tó·pi·an·ist /-nɪst | -nɪst/ *n.* =Utopian 2. 〘1854〙

utópian sócialism *n.* 空想的社会主義 (cf. scientific socialism). **utópian sócialist** *n.* 〘*c*1923〙

u·to·pism /júːtəpɪzm, juːtóupɪzm | júːtəpɪzm, juː-tə́upɪzm/ *n.* =utopianism 2. **ú·to·pist** /-pɪst | -pɪst/ *n.* **u·to·pis·tic** /jùːtəpístɪk, juːtòu-, juː- | jùːtəpís-⌐/ *adj.* 〘(1888) ← UTOP(IA)＋-ISM〙

UTP (略)〘生化学〙uridine triphoshate ウリジン三リン酸.

U·trecht /júːtrekt, -trɛxt; *Du.* ýːtrɛxt/ *n.* ユトレヒト: **1** オランダ中部の州 (面積 1,329 km²). **2** ユトレヒト州の州都 (Rhine 川下流に臨む都市; スペイン継承戦争の講和条約締結地 (1713)).

Útrecht vélvet *n.* ユトレヒトベルベット (モヘア (mohair) 製有毛織物の一種; Utrecht 原産).

u·tri·cle /júːtrɪkl̩ | -trɪ-/ *n.* **1** 〘生理〙小嚢(のう), 小胞. **2** 〘植物〙**a** (タヌキモなどの)気胞. **b** 胞果 (スゲの果実のような 1 個の種子を含む薄膜状の果被). **3** 〘解剖〙(内耳の)卵形嚢. 〘(1731) □ F *utricule* □ L *ūtriculus* (dim.) ← *ūter* leather bag: ⇨ -cle〙

u·tric·u·lar /juːtríkjulə | -lə(r)/ *adj.* **1** 小嚢(のう)[小胞, 気胞]の(ある). **2** 小嚢状の, 小胞状の. 〘(1760) ← L *ūtriculus* (↑)＋-AR¹〙

u·tric·u·lar·i·a /juːtrìkjulέəriə | -lέər-/ *n.* 〘植物〙タヌキモ (bladderwort). 〘(1753) ← NL ~ ← L *ūtriculus* (↑): ⇨ -aria¹〙

u·tric·u·late /juːtríkjulɪt, -lèɪt/ *adj.* (古) 小嚢[小胞]状の; 小嚢[小胞]のある (utricular). 〘(1860): ⇨ utricular, -ate²〙

u·tric·u·li·tis /juːtrìkjuláɪtɪs | -tɪs/ *n.* 〘病理〙**1** (内耳の)卵形嚢(のう)炎症; 前立腺小室炎. 〘⇨ utricle, -itis〙

u·tric·u·lus /juːtríkjuləs/ *n.* (*pl.* **-cu·li** /-làɪ/) = utricle.

U·tril·lo /juːtrílou | -ləu; *F.* ytʀijo/, **Maurice** *n.* ユトリロ (1883–1955; フランスの画家).

UTS (略) ultimate tensile strength.

Ut·si·ra /ʊtsíərə | -síərə; *Norw.* ùːtsiːɾa/ *n.* ウートシーラ (ノルウェー南部海岸沖, Stavanger の北西にある小島).

ut sup. (略) ut supra.

ut su·pra /ʊtsúːprɑː, ʌtsúːprə | utsúːprə, -prɑː/ *L. adv.* 上記のように (cf. ut infra). 〘(*c*1450) □ L ~ as above〙

Ut·tar Pra·desh /ùtərprədéʃ, -déɪʃ | ùtə-; *Hind.* uttərprədeːʃ/ *n.* ウッタルプラデッシュ(州) (インド北部の州; 面積 294,366 km², 州都 Lucknow; 旧名 United Provinces (of Agra and Oudh)).

ut·ter¹ /ʌ́tə | ʌ́tə(r)/ *vt.* **1 a** 発言する, 発音する, 声に出す (pronounce) (⇨ say SYN). **b** 〈話音・擬話音・音節・うめき声・叫び声・ため息などを〉発音する, 出す: ~ a vowel sound / ~ a groan うなる / ~ a sigh ため息を漏らす / She hasn't ~*ed* a word all day. 彼女は一日中一言ももらを言わなかった / The engine ~*ed* a shriek. 機関車はきーっという音を発した. **2 a** (言葉に発し, または文に書いて)述べる, 言い表す, 打ち明ける (express, make known): ~ one's thoughts, feelings, etc. / ~ a threat 言葉でおどす. **b** [~ *oneself* で] 言葉で述べる[表現する]: ~ *oneself* upon the theme そのテーマについて意見を言う. **3** 公布する, 流布する (publish): ~ a libel 人を中傷する文書を公にする. **4** 〈紙幣などを〉流通させる; (特に)〈偽紙幣などを〉行使する. **5** (古)〈泉・煙などを〉発する, 出す, 漏らす (put forth, emit). **6** (廃) **a** 〈本を〉出版する (publish). **b** 〈商品を〉市場に出す, 販売する (sell). — *vi.* **1** 発言する, 口にする. **2** 話される, 口にされる: words that will not ~ 口にされないような言葉.

~·er *n.* 〘(?*a*1400) *uttre(n)*, *outre(n)* (原義) to put out or forth ← *uttere* (adv.) outside < OE *ūtter*, *ūt(t)or* (compar.) ← *ūt* (↑) // □ MDu. *ūteren* (Du. *uiteren*) to drive away, speak, show, make known〙

SYN 発表する: **utter** 言葉・叫びで〈ある考え・感情を〉伝える (やや格式ばった語): *utter* one's opinions fearlessly 自分の意見を大胆に発表する. **express** 〈思想・感情・個性などを〉言葉・動作・作品などで表現する: He *expressed* his refusal flatly. きっぱりと拒否の気持ちを表明した. **voice** 〈意見などを〉言葉で発表する: *voice* one's grievance 不満を述べる. **broach** 長い間考えてきたことを初めて打ち明ける: He did not *broach* the subject until dinner. その話題は夕食の時まで切り出さなかった. **enunciate** 〈理論・意見などを〉明確に表明する (格式ばった語): *enunciate* a new theory 新説を発表する.

ut·ter² /ʌ́tə | ʌ́tə(r)/ *adj.* [限定的] **1** 全くの, 完全な, 徹底的な (complete, total); 本当の, よくよくの (unqualified): ~ misery, ruin, etc. / ~ delight, ecstasy, etc. / in ~ darkness 真っ暗闇の中で / an ~ stranger 全く知らない人 / an ~ scoundrel よくよくの悪党 / That's ~ nonsense [rubbish]! それは全くばかげている[くだらない] / I was at an ~ loss what to do. どうしてよいか全く途方に暮れた. **2** 無条件の, 絶対的な, 断固たる, きっぱりとした (unconditional, final): an ~ denial, refusal, etc. **3** (廃) 外の (outer): ⇨ utter bar, utter barrister. 〘OE *ūtera*, *ūtt(e)ra* outer (compar.) ← *ūt* 'OUT': cf. G *äusser*〙

ut·ter·a·ble /ʌ́tərəbl̩ | ʌ́tə-/ *adj.* 発言[発音]しうる, 言い表しうる. **~·ness** *n.* 〘1581〙

ut·ter·ance¹ /ʌ́tərəns, ʌ́trəns | ʌ́tərəns, ʌ́trənts/ *n.* **1 a** (話された, または書かれた)言葉, 言説, 説, 言辞 (pronouncement): a person's public ~ 人の公の言説 / the pompous ~*s* of the platform [the press] 仰々しい演説[新聞]口調の言辞. **b** 〘言語〙発話 (同一個人の発する, 前後が沈黙で区切られる言葉). **2** (言葉などに)発すること, 口から出すこと, 発話, 発声: give ~ to …を言葉に出す. **3** 発表力, 言語能力, 物の言い方, 話しぶり, 語調, 発音 (pronunciation): a clear ~ はっきりした言葉つき / defective ~ 不完全な発音 / a man of good ~ 弁才のある人. **4** (偽金の)行使, 流布. **5** (廃) 物品の販売. 〘(1436) ← UTTER¹＋-ANCE〙

ut·ter·ance² /ʌ́tərəns, ʌ́trənts | ʌ́tərəns, ʌ́trənts/ *n.* (古・文) ぎりぎりの限度, 最後 (extremity): to the ~ いまわの際(きわ)まで, 死ぬまで (cf. Shak., *Macbeth* 3. 1. 71). 〘(?*a*1400) *utteraunce* □ OF *ou(l)trance* ← *ou(l)trer* to pass beyond ← L *ultrā* beyond: ⇨ ultra, -ance: 現在の語形は↑との連想による〙

útter bár *n.* [the ~; 集合的] =outer bar.

útter bárrister *n.* 〘英法〙(勅選バリスター (King's Counsel) でない)普通バリスター (junior barrister).

U

ut·ter·ing /ʌ́tərɪŋ, ʌ́trɪŋ | ʌ́tərɪŋ, ʌ́trɪŋ/ *n.* 〘刑法〙偽造貨幣[紙幣]使用の罪. 〘(*c*1400) ← UTTER²+-ING¹〙

ut·ter·ly /ʌ́təli | ʌ́tə-/ *adv.* 全く, 全然, 安全に, すっかり (completely, totally): ～ delightful [marvelous] とても楽しい[すばらしい] / He was ～ exhausted [ruined]. すっかり疲れ切って[身を持ちくずして]しまった. 〘(*?a*1200): ⇨ utter², -ly¹〙

ut·ter·most /ʌ́təmòust | ʌ́təməust/ *adj.* [限定的] **1** 最大限度の, 極度の (extreme, utmost): the ～ limit of forbearance 忍耐の最大限度. **2** 最も遠く離れた: to the ～ ends of the earth 地の果てまで. **3** 《古》最後の: to the ～ farthing 最後の一文(いちもん)まで. — *n.* [the ～, one's ～] 最大限度, 極度: *to the* ～ of one's power [capacity] 力のある[できうる]限り / I did *my* ～ to encourage her. 彼女の気を奮い立たせようと全力を尽くした. 〘(*?a*1300) *uttermoste*: ⇨ utter², -most〙

út·ter·ness *n.* 極端なこと, 徹底的なこと, この上なさ (completeness): the ～ of one's folly and wickedness 愚行と悪虐の極み. 〘(1827): ⇨ utter², -ness〙

Utt·ley /ʌ́tli/, **Alison** *n.* アトリー《1884–1976; 英国の児童読物作家》.

u·tu /ú:tu:/ *n.* 《NZ》補償 (compensation); 満足 (satisfaction). 〘(1820) □ Maori ～〙

U·tu /ú:tu:/ *n.* ウトゥ《シュメール人 (Sumerian) の太陽神; アッカド人 (Akkadian) の Shamash と対をなす》. 〘□ Sum. *utu* 《原義》the sun〙

Ú-tùbe *n.* 〘機械〙U 字管.

U-turn /jú:tə̀:n | -tə̀:n/ *n.* **1** U ターン《自動車の道路上での U 字形の回転》: No ～*s*! [掲示] U ターン禁止. **2** 《政策などの》180 度転換. 〘1930〙

UTW 《略》Union of Textile Workers.

U2 /jú:tú:/ *n.* U 2《1977 年アイルランドで結成された 4 人組ロックバンド》.

Ut·zon /ú:tzɔ(:)n | -zɒn; *Dan.* údsn/, **Jørn** *n.* ウッツォン《1918–2008; デンマークの建築家; Sydney の Opera House (1957–73) の設計者》.

UU 《略》Ulster Unionist.

UUC 《略》Ulster Unionist Council.

úu·encóde /jú:ju:-/ *n.* uu エンコード《バイナリーファイルを電子メールとして送るためにテキストファイルに変換するプログラム》.

UUM 《略》〘軍事〙underwater-to-underwater missile 水中対水中ミサイル.

UV, uv /jú:ví:/ 《略》ultraviolet.

UV-A, UVA 《略》ultraviolet-A《320–380 ナノメートルの波長をもつ長波長紫外線》.

u·va·la /ú:vələ/ *n.* 〘地質〙ウバーラ《隣接する陥落孔 (sink) が浸食の進行によって連続してできた底の平らな窪地》. 〘(1902) ← Serbo-Croatian ～〙

u·va·rov·ite /u:vá:rəvàɪt, ju:- | u:-/ *n.* 〘鉱物〙灰クロームざくろ石 ($Ca_3Cr_2Si_3O_{12}$). 〘(1837) □ G *Uwarowit* ← *Count S.S. Uvarov* (1785–1855: ロシアの政治家): ⇨ -ite¹〙

UVAS 《略》ultraviolet astronomical satellite.

UV-B, UVB 《略》ultraviolet-B《280–320 ナノメートルの波長を持つ中波長紫外線》.

UV-C, UVC 《略》ultraviolet-C 短波長紫外線《波長 280 ナノメートル以下; 大気によって吸収され, 地表に到達しない》.

u·ve·a /jú:viə/ *n.* 〘解剖〙ぶどう膜《目の虹彩の奥の色彩層》. **ú·ve·al** /-viəl/ *adj.* 〘(1525) □ ML ～ ← L *ūva* grape, uvula ← IE **ōg-* berry, fruit〙

Uve·dale /jú:vdeɪl, jú:dḷ | -deɪl, -dḷ/, **Nicholas** *n.* =Nicholas UDALL.

u·ve·i·tis /jù:viáɪtɪ̣s | -áɪtɪs/ *n.* 〘病理〙《目の》ぶどう膜炎. **u·ve·it·ic** /jù:viíṭɪk | -tɪk←/ *adj.* 〘(1848) ← NL ～: ⇨ uvea, -itis〙

UVF 《略》Ulster Volunteer Force.

ÚV filter *n.* 〘写真〙ultraviolet filter.

UVL 《略》ultraviolet light.

u·vu·la /jú:vjulə/ *n.* (*pl.* **～s, u·vu·lae** /-lì:, -làɪ/) 〘解剖〙**1** 垂(すい). **2** 口蓋(こうがい)垂, 懸壅(けんよう)垂《旧名》, 《俗に》のどびこ (⇨ throat, mouth 挿絵). 〘(*c*1400) □ ML *ūvula* (dim.) ← L *ūva*: ⇨ uvea〙

u·vu·lar /jú:vjulə | -lə(r)/ *adj.* **1** 〘解剖〙口蓋垂の. **2** 〘音声〙口蓋垂音の: ～ r 口蓋垂音の r (/ʀ, ʁ/). — *n.* 〘音声〙口蓋垂音 (cf. burr¹ 7 a). **～·ly** *adv.* 〘(1710) ← NL *ūvulāris*: ⇨ ↑, -ar¹〙

u·vu·lec·to·my /jù:vjuléktəmi/ *n.* 〘外科〙口蓋垂切除(術). 〘← UVULA+-ECTOMY〙

u·vu·li·tis /jù:vjuláɪtɪ̣s | -tɪs/ *n.* 〘病理〙口蓋(こうがい)垂炎. 〘(1848): ⇨ uvula, -itis〙

U/W, U/w, UW 《略》underwriter.

UWA 《略》University of Western Australia.

ux. 《略》〘法律〙*L.* ūxor (=wife).

UXB 《略》〘軍事〙unexploded bomb 不発爆弾.

Ux·bridge /ʌ́ksbrɪdʒ/ *n.* アクスブリッジ《Greater London 西部の都市》. 〘ME *Uxebregg, Wuxebrug* ← *Wixan* (部族名: cf. Goth. *weihs* village / L *vīcus* village)+BRIDGE¹〙

Ux·mal /u:ʃmá:ɫ, u:s-; *Am. Sp.* uʃmál/ *n.* ウシュマル《メキシコ南東部, Yucatán 半島の古代の廃都; 後期マヤ文明の中心地》.

ux·o·ri·al /ʌksɔ́:riəl, ʌgzɔ́:r- | ʌksɔ́:r-/ *adj.* 妻の; 妻らしい. **～·ly** *adv.* 〘(1800) ← L *uxōrius* 'UXORIOUS' +-AL¹〙

ux·o·ri·cide /ʌksɔ́:rəsàɪd, ʌgzɔ́:r- | ʌksɔ́:rɪ̣-/ *n.* 妻殺し(犯人). **ux·or·i·cid·al** /ʌksɔ̀:rəsáɪdḷ, ʌgzɔ̀:r- | ʌksɔ̀:rɪ̣sáɪdḷ←/ *adj.* 〘(1854) ← L *uxor* wife+-ICIDE〙

ux·o·ri·lo·cal /ʌksɔ̀:rəlóukəl, -zɔ̀:r-, -kḷ | ʌksɔ̀:rɪ̣lóu-←/ *adj.* 〘文化人類学・社会学〙妻方居住の (⇨ matrilocal). 〘(1936) ← L *uxor* (↓)+LOCAL¹〙

ux·or·i·ous /ʌksɔ́:riəs, ʌgzɔ́:r- | ʌksɔ́:r-/ *adj.* 妻の愛におぼれる, 女房に甘い: an ～ husband, action, etc. **～·ly** *adv.* **～·ness** *n.* 〘(1598) □ L *uxōrius* ← *uxor* wife ← ?: ⇨ -ous〙

uy 《記号》Uruguay (URL ドメイン名).

Uy·gur /wí:guə | -guə(r)/ *n., adj.* =Uighur.

uz 《記号》Uzbekistan (URL ドメイン名).

Uz /ʌz/ *n.* 〘聖書〙ウヅ, ウズ《ヨブ (Job) の故郷の地で, Palestine の東方とされる》.

Uz. 《略》Uzbek; Uzbekistan.

Uz·beg /ʊzbég/ *n.* (*pl.* ～, **～s**) =Uzbek.

Uz·bek /ʊzbék/ *n.* (*pl.* ～, **～s**) **1 a** [the ～(s)] ウズベク族《中央アジアのトルコ種族》. **b** ウズベク族の人. **2** ウズベク語《Turkestan で話されるトルコ語派の言語》. — *adj.* ウズベク族の; ウズベク語の. 〘(1616) □ Turk. ～ ← *Uzbek Khan* (?–1340: Golden Horde の首長)〙

Uz·bek·i·stan /ʊzbékɪ̣stæ̀n, ʌz-, -stà:n, ー⌣ー⌣ー | ʊzbèkɪ̣stá:n, ʌz-, -stǽn; *Russ.* uzbʲikʲistán/ *n.* ウズベキスタン共和国 (Republic of Uzbekistan)《アジア南西部の共和国; 独立国家共同体加盟国の一つ; 面積 447,400 km², 首都 Tashkent》.

Uzi /ú:zi/ *n.* 〘商標〙ウージー軽機関銃《イスラエル製; 軍隊・警察・特殊部隊など広く用いられている》. 〘(1955): 設計者であるイスラエルの陸軍将校 *Uziel Gal* から〙

Uz·zi·ah /əzáɪə/ *n.* 〘旧約聖書〙ウジヤ《Amaziah の子; Jusah 最盛期の王》.

U

V v

V, v /víː/ *n.* (*pl.* **V's, Vs, v's, vs** /～z/) **1** 英語アルファベットの第 22 字. ★ 通信コードは Victor. **2** (活字・スタンプなどの) V または v 字. **3** V 字形(のもの). **4** 文字 v が表す音 (vine, love などの [v]). **5** (連続したものの)第 22 番目(のもの); (J を数に入れない時は)第 21 番目(のもの). **6** (ローマ数字の) 5: IV=4 / VI=6 / XVII=17 / p. vi (書物の前付けの)第 6 ページ. (X (=10)の上半をかたどった符号: cf. L (=50)) 〖(?*a*1200) ▭ L V, v (/u/ /v/: Etruscan を経由) ▭ Gk *Υ, υ* (ûpsīlón) (原義) simple 'u' (cf. upsilon) ▭ Phoenician Y: cf. Heb. ו (wāw) (このフェニキア文字から V のほか, U, W, Y, F が発達した; 英語ではフランス語から輸入され, U, u と無差別に用いられた. U, u が母音字, V, v が子音字という区別がほぼ確立したのは 17 世紀末である (cf. J, W))〗

V (略) vagabond; 〖数学〗 vector.

V (記号) **1** (米口語) 5 ドル紙幣 (five-dollar bill). **2** 戦勝 (victory) (第二次大戦中, モールス符号(・・・—), Beethoven 作曲の第五交響曲の最初の 4 音, または人指し指と中指で作る V 字 (cf. V sign) などによって盛んに用いられた). **3** 〖化学〗 vanadium. **4** 〖米軍〗 VTOL or STOL plane 垂直または短距離離着陸機. **5** 〖電気〗 electric potential. **6** 〖物理〗 potential energy. **7** 〖自動車国籍表示〗 Vatican City.

V, v (略) velocity; volt(s); volume.

v. /vɔ́ːsəs | vɔ́ːsəs, víː/ (略) versus (訴訟・競技などで)…対, …に対して.

v. /víːdeɪ | víːdiː, vídeɪ, váɪdi/ (略) *L.* vide.

v. (略) van³; vein; ventral; verse; verso; 〖紋章〗 vert; *It.* voce (=voice); voice; volt; voltage; volti; volume; von; vowel.

v., V. (略) valve; vector; verb; version; very; vicar; vice-; violin; village; vision; 〖文法〗 vocative; volunteer(s).

V. (略) Venerable; Virgin; Viscount(ess); visual acuity.

V-1 /víːwʌ́n/ *n.* (*also* **V́-óne**) 報復兵器第 1 号, V-1 号 (第二次大戦末期にドイツが英国に向け発射した無人ジェット機型爆弾). 〖(1944) ← G *V-eins* (略) ← *Vergeltungswaffe eins* retaliation weapon (number) one〗

V-2 /víːtúː/ *n.* (*also* **V́-twó**) 報復兵器第 2 号, V-2 号 (第二次大戦末期にドイツが開発したロケット弾道弾). 〖(1952) ← G *V-zwei* (↑)〗

V-6 /víːsíks/ *adj., n.* 〖自動車〗 =V-six.

V-8 /víːéɪt/ *adj., n.* 〖自動車〗 =V-eight.

va /vάː; *It.* vá/ *It.* *v.* 〖音楽〗 続けよ (go on): *va* piano 続けて弱く / *va* rallentando 続けてだんだん緩やかに. 〖▭ It. *và* (imper. sing.) ← *andare* to go〗

va (記号) Vatican City (URL ドメイン名).

VA (略) value analysis 価値分析; Veterans Administration; Vicar Apostolic; Vice-Admiral; (Order of) Victoria and Albert (英国の)ビクトリアアルバート勲章; Voice of America; Volunteers of America; 〖教育〗 visual aid..

VA (記号) 〖米郵便〗 Virginia (州).

VA, va (略) 〖電気〗 volt-ampere(s).

Va. (略) Viola; Virginia.

v.a. (略) value analysis; verb active; verbal adjective; *L.* vide ante; *L.* vixit annōs (=he (or she) lived … years).

va·ad /vάːd/ *n.* (*pl.* **va·a·dim** /vɑːdíːm/) ヴァード (ユダヤ人社会における諸活動に助言監督する公認代表団). 〖▭ ModHeb. *vá'ad* < Mish.Heb. *wá'ad* meeting〗

Vaal /vάːl; *Afrik.* fáːl/ *n.* [the ～] バール(川) (南アフリカ共和国南西部の川 (1,160 km)).

Vaa·sa /vάːsə; *Finn.* vάːsɑ/ *n.* バーサ (フィンランド西部 Bothnia 湾に臨む港市).

VAB (略) vehicle assembly building (NASA の)スペースシャトル組立工場; voice answer back.

Vab. (略) 〖物理〗 Van Allen (radiation) belt.

vac¹ /vǽk/ *n.* (英口語) (学校の)学期末休暇: this ～ この期末休暇(に). 〖(1709) (略) ← VACATION〗

vac² /vǽk/ *n.* (英口語) =vacuum cleaner.

vac. (略) vacancy; vacant; vacation; vacuum.

va·cance /véɪkəns/ *n.* (スコット) =vacation. 〖(1563–67) ▭ (O)F ～ ▭ L *vacantia* (↓)〗

va·can·cy /véɪkənsi, -kəntsi/ *n.* **1** (地位などの)あき, 空位, 空席, 欠員 (vacant post): a ～ in the Cabinet = a Cabinet ～ / when a ～ occurs 欠員ができた時に / fill a ～ 欠員を補う / *vacancies* for experienced programmers 経験を積んだプログラマーの口有り. **2** (家の建てられる)あき地; (ホテル・貸室などの)あき, 空室: There are a few *vacancies* on the fifth floor. 五階にあき部屋が二, 三ある / "No Vacancies" 「空室無し」, 「満室」. **3** すき間, 間隙(かんげき) (gap, blank). **4** 心のうつろ, ぼんやり[ぼかんと]していること, 放心(状態) (absentmindedness, vacantness): an expression of ～ ぼんやりした表情. **5** 空虚, 空(くう) (emptiness, vacantness); 空間 (void): gaze [stare] into [at, on] ～ 空間を見つめる. **6** 〖結晶〗 空格子(こうし)点 (結晶構造中何らかの原因で原子が空になっているその位置; hole ともいう). **7** (古) **a** 暇, 余暇 (leisure): If he fill'd his ～ with his voluptuousness 暇つぶしに道楽すれば (Shak., *Antony* 1. 4. 26). **b** 無為(の状態), 仕事[用事]がないこと (idleness). 〖(*c*1580) ▭ LL *vacantia*: ⇨ ↓, -cy〗

va·cant /véɪkənt/ *adj.* **1 a** 〈部屋・座席など〉あいている (unoccupied); 〈土地・家屋など〉借手のない, 住み手のない, あいている (untenanted) (⇨ empty SYN): a ～ lot あき地 / ～ seats that have not been booked 予約の入っていない空席 / Are there any ～ seats [seats ～] in this row? この列に空席はありますか / a ～ room in a hotel ホテルのあき部屋 / *Vacant* 空き (部屋・洗面所などの表示). **b** 〈地位・役職など〉欠員になっている, 空席の, 空位の: a ～ situation / a situations ～ column (新聞の)求人広告欄 / fall [become] ～ 〈地位が〉あく / His resignation leaves an important post ～. 彼の辞職によって重要な地位があく. **c** 人の住んでいない, 住民のいない (uninhabited): the ～ regions [prairies] of the West 西部の無人の地域[草原]. **2** 〈心・頭が〉空虚な, からっぽな; 〈表情などが〉ぼんやりした, ぼかんとした, うつろな, 〈笑いなど〉間抜けた (⇨ absentminded, empty SYN): a ～ mind / a ～ stare [look] ぼんやりした目つき[顔つき]. **3** からの, 空虚の, 空(くう)の (empty): look into ～ space 空(くう)を見つめる / the vast and ～ regions of infinite space 無限の空間の広大で空虚な地域. **4** 〈時間などが〉あいている, 仕事をしていない, 用のない, 暇な (leisured): ～ hours [time] 暇な時間 / lead a silly, ～ life ぼんやり空虚な生活を送る / keep a day ～ (約束などで)日をあけておく. **5** 活気のない, ひっそりとした. **6** 〖法律〗 **a** 〈土地などが〉未使用の, 未利用の (unused), 未占有の (unoccupied), 空閑の (idle): ～ land. **b** 相続人も権利主張者もない, 捨てられた (abandoned): a ～ estate / ～ succession. **c** 〈国有地が〉下付されていない. **7** (古) 〔…の〕ない (devoid) 〔*of*〕: an hour ～ *of* business 仕事のない時間 / be ～ *of* sympathy 同情心がない / His mind was ～ *of* thought. 何も考えていなかった. **～·ness** *n.* 〖(*c*1300) ▭ (O)F ～ // L *vacantem* (pres.p.) ← *vacāre* to be empty: ⇨ -ant〗

vá·cant·ly *adv.* ぼんやりと, ぼかんと. 〖1615〗

vácant posséssion *n.* (英) 〖法律〗 (先住占有者のいない)家屋の所有権. 〖1825〗

va·cate /véɪkeɪt, ─́─ | vəkéɪt, veɪ-/ *vt.* **1** 〈場所・家などを〉からにする, あける; 立ち退く, 引き払う (leave): ～ a house, room, seat, etc. / The premises must be ～*d* by Monday. 家屋敷を月曜日までにあけ渡さなければならない / The citizens ～*d* the town at the approach of the enemy. 敵が接近して来たので市民は町を立ち退いた. **2** 〈職・位などを〉退く, 辞する, 空位[空席]にする: ～ the throne 王位を退く, (崩御などによって)王位を空位にする / a post ～*d* by death [resignation] 死亡[辞職]によって生じた空位 / A seat was ～*d* in the Diet by his death. 彼が死んだので国会に空席ができた / ～ a seat in parliament 議席をあける. **3** 〔悩みなどから〕放つ, 自由にする (empty) 〔*of*〕: ～ one's mind of care 心配をなくさせる. **4 a** 〖法律〗 取り消す (cancel), 無効にする (annul): ～ a contract, deed, charter, etc. **b** …の占有を放棄する. **— *vi.*** 立ち退く; 辞職する, 空位[欠員]にする. **vá·cat·a·ble** /-təbl | -tə-/ *adj.* 〖(1643) ← L *vacātus* (p.p.) ← *vacāre* to be empty: ⇨ vacant, -ate³〗

va·ca·tion /veɪkéɪʃən, və- | veɪ-, və-/ ★ (英) でも若い人ほど /veɪ-/ の発音が増えている. *n.* **1** (会社・事業所などの)定期休暇 (主に夏に取る); (学校の)学期末休暇; (裁判所の)休廷期 (recess): the Christmas [Whitsun] ～ (学校または裁判所のクリスマス[聖霊降臨祭]休暇 / a ～ with pay 有給休暇 / They are on ～ from school. 学校が休暇中である / ⇨ long vacation, Easter vacation. **2** 休み, 休日 (holiday): take a day's ～ 一日の休暇を取る. **3** 休息, 休憩 (rest). **4** (米) (保養地・旅行などで過ごす)休暇 (holidays): be *on* ～ for a week 一週間休暇を取っている / have [take] a ～ at the seaside 海岸で休暇を過ごす / Where are you going on [for] your summer ～? 夏期休暇はどこへ行くのですか. **5** (まれ) (家などの)明け渡し, 立ち退き; 辞職, 退官 (resignation); 空位(期間): a person's ～ of office. **6** 〖法律〗 取消し (cancellation), 無効 (annulment).
— *vi.* (米) 休暇を取る[過ごす]: go ～*ing* in Europe 休暇でヨーロッパに遊びに行く.
～·al /-ʃnəl, -ʃənl/ *adj.* 〖(*c*1395) ▭ (O)F ～ // L *vacātiō(n-)* freedom: ⇨ ↑, -ation〗

va·ca·tion·er /veɪkéɪʃ(ə)nə, və- | -ʃ(ə)nə^(r)/ *n.* (米) 休暇を取る人; (特に, 休暇中に遊びに行く)行楽客 ((英) holidaymaker): a summer ～. 〖1890〗

va·cá·tion·ist /-ʃ(ə)nɪst | -nɪst/ *n.* =vacationer. 〖1885〗

vacátion·lànd *n.* (米) 観光地, 行楽地. 〖1927〗

vacátion·less *adj.* 休み[休暇]のない. 〖1891〗

Vac·a·ville /vǽkəvɪl/ *n.* バカビル (米国 California 州中部, San Francisco の北東にある都市).

vacc. (略) vaccination; vaccine.

vac·ci·nal /vǽksənl | -sɪ̀-/ *adj.* **1** ワクチン (vaccine) の. **2** 種痘[ワクチン接種] (vaccination) の. 〖(1888) ← VACCIN(E) + -AL¹〗

vac·ci·nate /vǽksənèɪt | -sɪ̀-/ *v.* 〖医学〗 **— *vt.*** **1** …にワクチン[予防]接種をする[施す] (cf. inoculate 1 a): ～ a person *against* small pox 人に天然痘の予防接種をする. **2** …に種痘をする[施す]. **— *vi.*** ワクチン接種をする[施す]. 〖(1803) (逆成) ← VACCINATION: 1803 年ごろ F *vacciner* の影響による造語 (以前は INOCULATE を用いた)〗

vac·ci·na·tion /vǽksənéɪʃən | -sɪ̀-/ *n.* 〖医学〗 **1** ワクチン接種[注射], 予防接種[注射]; (特に)種痘: oral ～ 経口ワクチン接種 / rabies ～ 狂犬病予防注射. **2** 種痘[ワクチン接種]の痕(あと). 〖1800〗

vác·ci·nà·tor /-tə | -tə^(r)/ *n.* 〖医学〗 **1** ワクチン接種医. **2** 種痘器, 接種刀[針]. 〖(1808) ← VACCINAT(E) + -OR²〗

vac·cine /vǽksíːn, ─́─ | vǽksiːn, -sɪn/ *n.* **1** ワクチン: combined ～ 混合ワクチン. **2** 〖医学〗 痘苗(とうびょう). **3** 〖電算〗 ワクチン (コンピューターウイルスの予防・検出・除去のためのプログラム). **— *adj.*** [限定的] **1** ワクチン接種 (vaccination) の[に関する], 牛痘 (vaccinia) の[に関する]. **2 a** 牛の[に関する]. **b** (天然痘にかかった)牛から採った: the ～ lymph [virus] 痘苗. 〖(1799) ▭ L *vaccīnus* of cows ← *vacca* cow: ⇨ -ine¹〗

vac·cin·ee /vǽksəníː, -sn- | -sɪ̀n-, -sn-/ *n.* 種痘[ワクチン注射]を受けた人. 〖1889〗

vaccíne pòint *n.* 〖医学〗 (ワクチンの)接種針.

vaccíne thèrapy *n.* 〖医学〗 ワクチン療法. 〖1907〗

vac·cin·i·a /væksíniə/ *n.* **1** 〖病理〗 ワクシニア, (種)痘疹. **2** 〖獣医〗 牛痘 (cowpox). **vac·cín·i·al** /-niəl/ *adj.* 〖(1803) ← NL ～ ← *vaccīnus*: ⇨ vaccine, -ia¹〗

vac·ci·ni·za·tion /vǽksənɪ̀zéɪʃən | -sɪ̀naɪ-, -nɪ-/ *n.* 〖医学〗 完全接種法 (不善感になるまで反覆して種痘をする方法). 〖(1889) ← VACCIN(E) + -IZATION〗

Va·chel /véɪtʃəl, -tʃl/ *n.* ヴェーチェル (男性名). 〖▭ OF ～ (原義) old cow: cf. vaccine〗

vach·e·rin /vǽʃərǽ(ŋ), -ræ̃ŋ; *F.* vaʃʀɛ̃/ *n.* バシュラン: **1** フランス・スイス産の数種の軟質チーズ. **2** メレンゲの殻に(アイス)クリームまたはフルーツを詰めた菓子. 〖(1936) ▭ F (もと方言) ～ ← *vache* cow〗 〖(1936) ▭ F ～ (変形) ← *vachelin* (古形) ← *vache* cow < L *vaccam*: ⇨ vaccine〗

vac·il·lant /vǽsələnt, -sl- | -sɪ̀l-, -sl-/ *adj.* 動揺する, ぐらつく; 考えのぐらつく (vacillating). 〖(1521) ▭ L *vacillantem* (pres. p.) ← *vacillāre* (↓)〗

vac·il·late /vǽsəlèɪt, -sl- | -sɪ̀l-, -sl-/ *vi.* **1** (安定が欠けて)揺れる (sway); よろめく (stagger). **2** 変動する (fluctuate). **3** 〈人・心などが〉ぐらつく, 迷う, 躊躇(ちゅうちょ)する (⇨ hesitate SYN): ～ *between* hope and fear. **vác·il·là·tor** /-tə | -tə^(r)/ *n.* 〖(1597) ← L *vacillātus* (p.p.) ← *vacillāre* to sway, waver: ⇨ -ate³〗 V

vác·il·làt·ing /-tɪŋ | -tɪŋ/ *adj.* **1** 動揺する, ぐらつく. **2** 心の定まらない, 考えのぐらつく, 優柔不断な. **～·ly** *adv.* 〖*a*1814〗

vac·il·la·tion /vǽsəléɪʃən, -sl- | -sɪ̀l-, -sl-/ *n.* **1** (不安定な)動揺, ぐらつき. **2** 変動 (fluctuation). **3** 〈心・考えなどの〉ぐらつき, 気迷い, 不決断, 優柔不断 (irresolution). 〖(*c*1400) ▭ (O)F ～ // L *vacillātiō(n-)*: ⇨ vacillate, -ation〗

vac·il·la·to·ry /vǽsələtɔ̀ːri, -sl- | -sɪ̀lətəri, -sl-/ *adj.* **1** 動揺する, ぐらつく. **2** 〈人が〉気迷いのする, 考えのぐらつく. 〖(*a*1734) ← VACILLAT(E) + -ORY¹〗

vacua *n.* vacuum の複数形.

va·cu·i·ty /vækjúːəti, və- | -kjúːɪ̀ti/ *n.* **1** 空(くう), 中空, 空虚 (emptiness). **2** 空間, 空所 (void); 真空 (vacuum). **3** 空虚[単調]な広がり: the long ～ of an arctic night 長く単調に続く北極の夜. **4** (知的・精神的な)空虚, 愚鈍 (inanity); 虚脱, 放心 (absentmindedness): the ～ of mind 心の空虚, 愚鈍 / the ～ of expression ぼかんとした表情. **5** くだらないこと, 無意味なこと, 間の抜けた事柄[話]: a talk full of *vacuities* くだらない話. **6** (ものの)ないこと, 欠如: a ～ *of* taste 趣味がないこと. **7** 無, 虚無 (nihility). **8** (ガラス容器の)空寸容量 (封入されたガラス容器の液面上の空間部分). 〖(1541) ▭ (O)F *vacuité* // L *vacuitātem* ← *vacuus* empty: vacuous, -ity〗

vac·u·o·lar /vǽkjuóʊlə | -óʊlə^(r)/ *adj.* 〖生物〗 液胞の, 空胞の. 〖(1852) ▭ F *vacuolaire*: ⇨ vacuole, -ar¹〗

vac·u·o·late /vǽkjuəlɪ̀t, -lèɪt/ 〖生物〗 *adj.* 液胞[空

胞]のある. ── /-lèɪt/ *vi.* 液胞[空胞]を形成する. 〘((1890)) ← VACUOL(E)＋-ATE³〙

vác·u·o·làt·ed /-lèɪtɪ̀d | -tɪ̀d/ *adj.* ＝vacuolate. 〘1859〙

vac·u·o·la·tion /væ̀kjuəléɪʃən/ *n.* 〖生物〗液胞[空胞]形成, 液胞[空胞]化. 〘1858〙

vac·u·ole /vǽkjuòʊl | -əʊl/ *n.* 〖生物〗 **1** 空胞, 液胞 (細胞内で見られる細胞液を満たした空間). **2** 小胞 (組織内の小さなスペース). 〘((1853)) □ F ～ // ← NL *vacuolum* (dim.) ← L *vacuum*: ⇨ vacuum, -ole²〙

vac·u·ome /vǽkjuòʊm | -əʊm/ *n.* 〖生物〗液胞[空胞]系. 〘((1936)) □ F ～: ⇨ ↑, -ome〙

vac·u·ous /vǽkjuəs/ *adj.* **1** からの, 空虚な (empty); 真空の. **2** (知的・精神的に)空虚な, 頭がからの (empty-headed); 愚鈍な; 知的内容の乏しい, くだらない: a ～ look (ばかのように)ぽかんとした顔つき / a ～ play くだらない劇. **3** (用もなく)ぼんやり暮らす, 無為に過ごす (idle): a ～ life (何もする事のない)空虚な生活. **4** 〖数学〗零の (null); 〈集合が〉空(くう)の. **5** 〖論理〗零の, 空の. **～·ness** *n.* 〘((1655)) ← L *vacu(us)* empty＋-OUS〙

vác·u·ous·ly *adv.* ぼんやりと, 何もしないで (vacantly, idly). 〘1860〙

vac·u·um /vǽkju:m, -kjuəm, -kjʊm/ *n.* (*pl.* **～s, vac·u·a** /vǽkjuə/) **1** 空虚, 空間, 空所, 空白 (void, gap): the ～ left in his life by his wife's death 妻の死によってできた生活上の空白 / His death has left a cultural [political] ～ in this country. 彼の死によってこの国に文化的[政治的]空白が生じた. **2** (外界から)隔絶した状態: live in a ～ 外界と離れて生活する. **3** 真空 (cf. plenum 3): a perfect [complete] ～ 完全真空 / partial ～ 不完全真空 / Nature abhors a ～. 自然は真空を嫌う. **4** 真空度[率]. **5** 大気圧より低い気圧, 減圧. **6** 《口語》 **a** ＝vacuum cleaner. **b** 《英》電気掃除機をかけること: Give the carpet a good ～. カーペットに電気掃除機をよくかけなさい.
── *adj.* [限定的] **1** 真空の[に関する]; 真空による, 真空を利用する: ⇨ vacuum bottle, vacuum brake, etc. **2** 真空を作り出すのに用いられる, 真空を作る: ～ equipment. **3** (容器から)空気[ガス]を抜いた; 真空パックの (vacuum-packed).
── *vt.* **1** 〈床など〉に電気掃除機をかける: *Vacuum* the carpet well.＝Give the carpet a good ～*ing*. カーペットに電気掃除機をよくかけなさい. **2** …に真空装置を用いる; …に真空乾燥機をかける. ── *vi.* **1** 電気掃除機を使う. **2** 真空装置を用いる; 真空乾燥機をかける.
〘((1550)) □ L ～ (neut. sing.) ← *vacuus* empty〙

vácuum aspiràtion *n.* 〖医学〗 **1** 真空吸引(法) (10–12 週の人工流産に用いられる方法). **2** (子宮内膜細胞採取などの)吸引法. 〘1967〙

vácuum bàg *n.* (電気掃除機の)集塵袋.

vácuum bòttle *n.* 魔法びん (thermos). 〘1910〙

vácuum bràke *n.* 真空ブレーキ (ガソリン機関の吸器官内に生じる真空と大気圧との差圧を動力源とするサーボブレーキ). 〘1875〙

vácuum brèaker *n.* 〖機械〗バキュームブレーカー, 真空解消器 (蒸気タービンの復水器に空気を入れて真空を破り, タービンを急停止させる非常安全装置).

vácuum-clèan *vt., vi.* ＝vacuum 1. 〘1912〙

vácuum clèaner *n.* 電気掃除機, 真空掃除機 (vacuum sweeper ともいう). 〘1903〙

vácuum cóffee màker *n.* サイフォン式コーヒー沸かし[メーカー].

vácuum cóncrete *n.* 減圧[真空]コンクリート (打込み後に減圧して過剰の水を除去したコンクリート).

vácuum dìscharge *n.* 〖電気〗真空放電.

vácuum distillàtion *n.* 〖化学〗真空蒸留, 減圧蒸留 (減圧して沸点を下げて行う蒸留). 〘1899〙

vácuum drìer *n.* 真空乾燥機.

vácuum extràction *n.* **1** 〖医学〗(胎児の)吸引分娩(術), 真空娩出(術). **2** 〖土木〗真空抽出(法) (真空ポンプにより土壌中の気体・揮発性の汚染物質などを除くこと; 掘削作業に先立って行われる). 〘1961〙

vácuum extràctor *n.* 〖医学〗吸引分娩器, 真空娩出器 (吸引分娩に用いるカップ状の器具). 〘1954〙

vácuum fàn *n.* バキュームファン (真空をつくるためのファン; 掃除機などに利用される).

vácuum fìlter *n.* 〖化学〗真空[減圧]濾過(ろ)器 (濾過の速度を速めるために圧力を下げられるようにした濾過器).

vácuum filtràtion *n.* 〖化学〗真空濾過(法).

vácuum flàsk *n.* 《英》＝vacuum bottle. 〘1917〙

vácuum fòrming *n.* 〖工学〗真空成型 (プラスチック板を加熱し, 真空を利用して板に凹凸を与えて成型する方法). 〘1964〙

vácuum gàuge *n.* 真空計. 〘*c*1864〙

vácuum indúction fùrnace *n.* 〖冶金〗真空誘導炉.

vac·uum·ize /vǽkju:màɪz, -kjuəm-, -kjʊm- | -kju:m-, -kjʊm-, -kjuəm-/ *vt.* **1** …に真空を作り出す. **2** **a** (真空装置で)掃除[乾燥]する. **b** 真空パックする. 〘1909〙

vácuum jùg *n.* ＝vacuum bottle.

vácuum mèlting *n.* 〖冶金〗真空溶解(法).

vácuum-pàck *vt.* 〈食品を〉真空パックする.
vácuum-pàcked *adj.* 真空パックした. 〘1951〙

vácuum pàn *n.* 〖機械〗真空がま (沸騰点を下げるために真空状態にして蒸発・濃縮を行うもの). 〘1833〙

vácuum pùmp *n.* 〖機械〗真空ポンプ. 〘1858〙

vácuum swèeper *n.* ＝vacuum cleaner.

vácuum swìtch *n.* 〖電気〗真空スイッチ (接点を真空中で開閉するスイッチ; cf. air switch).

vácuum tànk *n.* 〖機械〗真空タンク.

vácuum tùbe *n.* 〖電子工学〗真空管 (electron tube の代表的なもの; 《英》では vacuum valve ともいう). 〘1859〙

vácuum-tùbe vóltmeter *n.* 〖電気〗真空管電圧計 (被測定回路に与える影響が少ないため, 電子回路の動作状態の試験などに重用される; valve voltmeter ともいう). 〘1929〙

vácuum vàlve *n.* 《英》〖電子工学〗＝vacuum tube.

VAD /ví:èɪdí:/ *n.* 救急看護奉仕隊 (Voluntary Aid Detachment の略); その隊員[看護婦].

va·da /vá:də | -də/ *n.* ワダ (つぶした豆を丸めて揚げたインド料理). 〘□ Hindi *vaḍā*〙

vade /véɪd/ *vi.* 《古》〈花が〉しぼむ, 色褪せる. 〘((*a*1398)) *vade(n)* (異形) ← *fade(n)* 'to FADE¹'〙

va·de me·cum /vèɪdɪmí:kəm, vá:di-, -méɪ- | vá:deɪméɪkəm, -kʊm, vèɪdɪmí:kəm, -kʌm/ *L. n.* (*pl.* **～s**) 常に携帯使用するもの; (特に)携帯参考書, 必携, 便覧 (manual). 〘((1629)) □ L *vāde mēcum* go with me!〙

V-Adm., VADM 《略》vice admiral.

Va·do·da·ra /vədóʊdərə | -dəʊdə-/ *n.* ワドダラ (インド西部 Gujarat 州の商工業都市; 旧 Baroda 藩王国の首都; 1976 年までの旧称 Baroda).

va·dose /véɪdoʊs | -dəʊs/ *adj.* 〖地質〗〈水・岩層など〉地下水面より上にある. 〘((1894)) □ L *vadōsus* shallow ← *vadum* ford, shallow place ← IE **wadh-* to go: ⇨ -ose¹〙

Va·duz /vɑ:dú:ts/; *G.* fadúts, vadú:ts/ *n.* ファドゥーツ (リヒテンシュタイン (Liechtenstein) の首都).

vae vic·tis /ví:víktɪs, váɪ- | -tɪs/ *L.* 征服せられる者は多難なるかな (勝利者が敗北者の屈辱を極度に強調する言葉). 〘□ L ～ 'woe to the vanquished': Plautus, *Pseudolus* 5. 2. 19 および Livius (Livy), *Ab Urbe Condita* 5. 48. 9 に出ている句; 紀元前 4 世紀末にローマを征服したゴールの将軍 Brennus の言葉〙

vag /vǽg/ *n.* **1** 《豪口語》浮浪者. **2** [the ～] 浮浪者取締条令. ── *vt.* (**vagged**; **vag·ging**) 浮浪者として逮捕する. 〘((1859)) 《略》 ← VAGABOND〙

vag- /veɪg/ (母音の前にくるときの) vago- の異形.

vag·a·bond /vǽgəbɑ̀(:)nd | -bɒ̀nd/ *adj.* [限定的] **1** 放浪する, 流浪する, さすらいの (wandering): a ～ people 漂泊民族 / a ～ singer 放浪の歌うたい / a ～ life 放浪生活. **2** **a** 放浪者のような; 生活に規律のない, 浮草のような: ～ habits 放浪癖. **b** ろくでなしの, やくざな (good-for-nothing). **3** 〈河川・天体・船など〉一定の方向[進路]をもたない: a ～ voyage. ── *n.* **1** 放浪者, 漂泊者, さすらい人 (⇨ vagrant SYN); 無宿者, 流れ者, 渡りこじき (tramp). **2** 《口語》やくざ者; ならず者, ごろつき (rascal): such a ～ of a husband あんなごろつきのような亭主.
── *vi.* 放浪する, 放浪生活をする (wander). 〘((1426)) □ (O)F ～ // L *vagābundus* wandering ← *vagārī* to wander about (← *vagus* wandering: ⇨ vague)＋*-bundus* (gerundive suf.)〙

vag·a·bond·age /vǽgəbɑ̀(:)ndɪdʒ | -bɒ̀n-/ *n.* **1** 放浪生活, 放浪性[癖]: live in [take to] ～ 放浪生活を送る[始める]. **2** [集合的] 放浪者 (vagabonds): All the ～ of the countryside were there. 近在の浮浪者は皆集まっていた. 〘((1813)) □ F ～: ⇨ ↑, -age〙

vág·a·bònd·ish /-bɑ̀(:)ndɪʃ | -bɒ̀n-/ *adj.* 流浪者のような. 〘1805〙

vág·a·bònd·ism /-bɑ̀(:)ndɪzm | -bɒ̀n-/ *n.* 放浪の習慣, 放浪癖; 放浪性. 〘1822〙

vag·a·bond·ize /vǽgəbɑ(:)ndàɪz | -bɒn-/ *vi.* 放浪生活を送る, 放浪する, 流浪する. 〘1611〙

va·gal /véɪgəl, -gl/ *adj.* 〖解剖〗迷走神経(性)の. **～·ly** *adv.* 〘((1854)) ← VAGO-＋-AL¹〙

va·gar·i·ous /veɪgέ(ə)riəs, və- | vəgέər-/ *adj.* **1** 常軌を逸した, 突飛な, 奇抜な, 気まぐれな (capricious). **2** 放浪の, 遍歴する: a ～ poet 放浪詩人. **～·ly** *adv.* 〘((1798)): ⇨ ↓, -ous〙

va·ga·ry /véɪgəri, vəgέ(ə)ri | véɪgəri, vəgέəri/ *n.* **1** 突飛な考え, 気まぐれ, むら気 (⇨ caprice SYN); 奇行, 酔狂, 悪ふざけ (prank): a ～ of a pampered film star わがままな映画スターの酔狂[物好き] / the *vagaries* of fashion 流行の気まぐれ / the *vagaries* of the English climate 変わりやすい英国の気候. **2** 《古》旅 (journey); あてどのない旅, 放浪. 〘((1573)) □ L *vagārī* to wander about: ⇨ vagabond〙

V-àgent /ví:-/ *n.* 〖薬学〗V 剤 (GB, VX などの毒性の強い神経ガスの総称). 〘1964〙

vagi *n.* vagus の複数形.

vag·ile /vǽdʒəl, -dʒɪl | véɪdʒaɪl/ *adj.* 〖生物〗〈水中生物など〉移動性の, 自由運動性の (cf. sessile 2). **va·gil·i·ty** /vədʒíləti | -lɪti/ *n.* 〘((*c*1890)) ← VAGO-＋-ILE¹〙

vag·in- /vǽdʒən | -dʒɪn/ (母音の前にくるときの) vagini- の異形: *vagin*ectomy.

va·gi·na /vədʒáɪnə/ *n.* (*pl.* **va·gi·nae** /-ni:/, **～s**) **1** **a** 〖解剖〗膣(ちつ), ワギナ (⇨ reproductive system 挿絵). **b** 《俗》女性外陰部[外性器]. **c** 〖解剖〗鞘(しょう) (さや状のもの; 腱鞘(けんしょう)・視神経鞘など). **2** 〖植物〗 **a** 葉鞘(ようしょう), はかま. **b** さや状部[器官]. 〘((1682)) □ L *vāgīna* sheath, scabbard ← IE **wāginā* ← **wag-* cover〙

vagína den·tá·ta /-dɛntɑ́:tə | -tə/ *n.* 歯のある膣 (民間伝承やファンタジー文学に現われるモチーフで, 男性の性交に対する恐怖を象徴するといわれる). 〘1908〙

vag·i·nal /vǽdʒənl | vədʒáɪ-, vǽdʒɪ-/ *adj.* **1** 〖解剖〗 **a** 膣(ちつ)の. **b** 《俗》女性外性器の. **c** 鞘(さや)の. **2** 〖植物〗葉鞘(ようしょう)の. ── *n.* 〖解剖〗膣動脈[筋]. **～·ly** *adv.* 〘1726〙

vag·i·na·lec·to·my /væ̀dʒənəléktəmi | -dʒɪ-/ *n.* 〖医学〗 **1** 睾丸鞘(しょう)膜切除(術). **2** 膣(ちつ)切除(術). 〘⇨ ↑, -ectomy〙

váginal plúg *n.* 〖動物〗膣栓 (齧歯類・食虫類の一部の動物の交尾後にその膣をふさぐ分泌物).

váginal sméar *n.* 〖動物〗膣(ちつ)スミア, 膣脂膏 (動物, 特に, ネズミやハツカネズミの膣の上皮からはげ落ちてくる細胞や粘液; その動物の発情状態を調べるのに用いる). 〘1925〙

vag·i·nate /vǽdʒənɪ̀t, -nèɪt | -dʒɪ-/ *adj.* 〖植物〗葉鞘(ようしょう)のある, 有鞘の; さや状の. 〘((1849)) ← NL *vāgīnātus*: ⇨ vagini-, -ate²〙

vag·i·nat·ed /vǽdʒənèɪtɪ̀d | -dʒɪnèɪt-/ *adj.* 〖植物〗＝vaginate. 〘1698〙

vag·i·nec·to·my /væ̀dʒənéktəmi | -dʒɪ-/ *n.* 〖医学〗＝vaginalectomy. 〘⇨ ↓, -ectomy〙

vag·i·ni- /vǽdʒənɪ̀, -ni | -dʒɪ-/「膣(ちつ); 鞘(しょう) (vagina)」の意の連結形: *vagini*ferous (＝thecate). ★ 母音の前では通例 vagin- になる. 〘← NL ～: ⇨ vagina〙

vag·i·nis·mus /væ̀dʒənízməs | -dʒɪníz-, -nís-/ *n.* 〖医学〗膣痙(ちつけい), ワギニスムス (膣の局所的過敏による有痛性痙攣(けいれん)). 〘((1866)) ← NL ～: ⇨ vagini-, -ism〙

vag·i·ni·tis /væ̀dʒənáɪtɪ̀s | -dʒɪnáɪtɪs/ *n.* 〖病理〗 **1** 膣炎 (colpitis). **2** 腱鞘(けんしょう)炎. 〘((1846)) ← NL ～: ⇨ vagini-, -itis〙

vag·i·no·my·co·sis /væ̀dʒənoʊmaɪkóʊsɪ̀s | -dʒɪnə(ʊ)maɪkəʊsɪs/ *n.* 〖病理〗膣真菌病. 〘← NL ～: ⇨ ↑, mycosis〙

vag·i·no·sis /væ̀dʒənóʊsɪ̀s | -dʒɪnəʊsɪs/ *n.* (*pl.* **-ses** /-si:z/) 〖医学〗膣症, (特に) 細菌性膣症 (bacterial vaginosis).

vag·i·not·o·my /væ̀dʒənɑ́(:)təmi | -dʒɪnɒ́tə-/ *n.* 〖外科〗膣切開(術). 〘← VAGINI-＋-TOMY〙

va·go- /véɪgoʊ | -gəʊ/「迷走神経 (vagus nerve)」の意の連結形. ★ 母音の前では通例 vag- になる. 〘← NL *vagus (nervus)*: ⇨ vagus, nerve〙

vàgo·depréssor 〖薬学〗*adj.* 迷走神経を抑制する. ── *n.* 迷走神経抑制薬. 〘⇨ ↑, depress, -er¹〙

va·got·o·my /veɪgɑ́(:)təmi | -gɒ́tə-/ *n.* 〖外科〗迷走神経切断(術). 〘((1906)) ← VAGO-＋-TOMY〙

va·go·to·ni·a /vèɪgətóʊniə | -təʊ-/ *n.* 〖病理〗迷走神経緊張(症), 迷走神経活動亢進. **và·go·tón·ic** /-tɑ́(:)nɪk | -tɒn-/ *adj.* 〘((1929)) ← VAGO-＋-TONIA〙

va·go·trop·ic /vèɪgətrɑ́(:)pɪk, -tróʊp- | -trɒ́p-/ *adj.* 〖生理・薬学〗向迷走神経性の, 迷走神経に選択的に作用する. 〘← VAGO-＋-TROPIC〙

va·gran·cy /véɪgrənsi/ *n.* **1** 放浪, 流浪; 放浪生活, 放浪性; 浮浪罪. **2** [集合的] 放浪者, 浮浪者, 無宿者 (vagabonds): *Vagrancy* has increased since the war. **3** **a** (考え・話など)取りとめのないこと, 気まぐれ. **b** 奇行; 夢想. 〘((1642)): ⇨ ↓, -cy〙

va·grant /véɪgrənt/ *adj.* [限定的] **1** 放浪する, 流浪する, 遍歴する (nomadic); 放浪の, 流浪の, さすらいの (⇨ itinerant SYN): ～ minstrels, beggars, tribes of the desert, etc. / a ～ life 放浪生活 / ～ habits 放浪癖. **2** 浮浪者の, 浮浪生活をしている. **3** 〈植物が〉生育の不ぞろいな. **4** 変わりやすい, 移り変わる, 取りとめのない, 気まぐれな (wayward); 方向の定まらない: ～ breezes, clouds, thoughts, fancies, etc. / indulge in ～ speculation 取りとめもない思索にふける.
── *n.* **1** 放浪の旅人, 流浪の人 (wanderer). **2** 浮浪者, 宿なし, 無頼漢 (vagabond, tramp); 浮浪罪に問われるような生活をしている人 (こじき・売春婦など): be picked up by police as a ～ 浮浪者として警察に挙げられる.
～·ly *adv.* **～·ness** *n.* 〘((1444)) □ AF *vagara(u)nt* (変形) ← OF *wa(u)crant* wandering (pres. p.) ← *wa(u)crer, walcrer* to roll, roam ← Gmc (cf. walk): vagabond または L *vagārī* to wander about に影響された〙

SYN 浮浪者: **vagrant** 古めかしい語; 法律用語として住所不定で定職もない浮浪者. **vagabond** 主として文語で, 一定の家も職もなく方々を放浪する人. **bum** (特に米・略式) 方々を放浪して物乞いする人. **tramp** 一定の家も職もなく方々を徒歩で放浪する人. **gypsy** ジプシーのような生活様式をもつ人のことから放浪者を意味する.

va·grom /véɪgrəm/ *adj.* 《Shak》浮浪者, 住所不定者: You shall comprehend all ～ men. 住所不定のやつらはまとめて引っ捕えよ (Shak., *Much Ado* 3. 3. 25). (Dogberry の言い間違い). 〘((1598–99)) 《転訛》 ← VAGRANT〙

vague /véɪg/ *adj.* (**vagu·er**; **vagu·est**) **1** 〈言葉・意味・観念・感情など〉はっきりしない, 漠然とした, 不明瞭な, あいまいな, まぎらわしい (↔ definite) (⇨ obscure SYN); 〈視覚その他の感覚が〉不明確な, もうろうとした, ぼんやりした (cf. ambiguous): ～ answers, questions, promises, hopes, ideas, knowledge, instructions, wonder, etc. / He has a ～ idea of going to Canada. 彼はカナダへ行こうかと漠然と考えている / I haven't the ～*st* notion (of) what to do [where I left my umbrella]. 私はどうしたらよいのか[どこに傘を忘れたのか]一向にはっきりしない / There is a ～ rumor to that effect [that it's already happened]. 何だかそういう[すでに起きてしまったという]うわさがある / The powers of the Board are purposely left ～. 委員会の権能は故意にあいまいにしてある. **2** 〈願望・意見・意向など〉はっきりしない, 明示しない: He is very ～ as to [about] what he really wants. 何が本当にほしいのかはっきり言わない. **3** 〈目・表情など〉ぼんやりしている, うわの空の (absent-minded): a ～ look. **4** 〈形・色など〉ぼやけた, おぼろな, 輪郭のはっきりしない: ～ forms [shapes, outlines] seen through mist 霧の中に見えるぼんやりした物影[輪郭] / a ～ resemblance between different things 別々の物の間にみられるかすかな類似.

— *n.* **1** [the ～] 漠然とした状態 (vagueness): The plans are still in *the* ～. 計画はまだはっきりとまとまらない. **2** 漠とした広がり: *the* dark ～ of the sea 暗黒色に漠と広がる海.

〖(1548) □ (O)F ～ □ L *vagus* wandering ← ?〗

vague·ly /véɪgli/ *adv.* 漠然と, ぼんやりと, あいまいに: ～ interested 漠然と興味をもった / ～ repellent 何となくいやな / answer ～ あいまいに答える. 〖1781〗

vágue·ness *n.* **1** はっきりしないこと, ぼんやりしていること, あいまい. **2** はっきりしない[ぼんやりしている]もの. 〖1799〗

va·gus /véɪgəs/ *n.* (*pl.* **va·gi** /véɪdʒaɪ, -gaɪ/)〘解剖〙= vagus nerve. 〖↓〗

vágus nérve *n.*〘解剖〙迷走神経 (第 10 脳神経). 〖(1856) (なぞり) ← NL *vagus nervus* wandering nerve: cf. vague〗

va·ha·na /vɑ́ːhənə/ *n.*〘インド神話〙バーハナ (特定の神の乗り物(である動物[人間])). 〖(1810) □ Skt *vāhana* ← *vahati* he carries〗

va·hi·ne /vɑːhíːneɪ, -niː/ *n.* 中央ポリネシアの女性, (特に)タヒチ島の女性. 〖(1950) □ Tahitian ～ 'woman, wife'〗

vail[1] /véɪl/ (古) *vt.* **1** (尊敬・服従の印として)〈帽子・冠などを〉脱ぐ (take off). **2** 下げる, 落とす (lower): He ～*ed* his eyes again. 彼はまた目を伏せた / Do not for ever with thy ～*ed* lids seek for thy noble father in the dust. いつまでも目を伏せてあの世の父を求めるのはよしなさい (Shak., *Hamlet* 1. 2. 70–71). **—** *vi.* **1** (尊敬・服従の印として)帽子を脱ぐ; 〔…に〕頭を下げる, 譲る (yield) 〔*to*〕. **2** (Shak) 〔…を〕たたえる 〔*to*〕. **—** *n.* (Shak) (太陽の)沈むこと (setting): the ～ and dark'ning of the sun 落日 (Shak., *Troilus* 5. 8. 7). 〖(*a*1338) (頭音消失) ← (廃) *avale* □ OF *avaler* to descend, lower ← *à val* down < L *ad vallem* 'to the VALLEY': cf. avalanche〗

vail[2] /véɪl/ (古) *vi., vt.* =avail. **—** *n.* [通例 *pl.*] 役得 (perquisite); 心付け, 祝儀 (tip); わいろ (bribe). 〖(*a*1325) *vaile(n)* □ OF *vail-* (stem) ← *valoir* to be worth < L *valēre* (⇨ value): cf. avail〗

vail[3] /véɪl/ *n., v.* (古) =veil.

Vail /véɪl/ *n.* ベール (米国 Colorado 州の町; スキー場で知られる).

vain /véɪn/ *adj.* (～·er; ～·est) **1** 無駄な, 役に立たない, 無益な (⇨ futile SYN): ～ entreaties, regrets, boasts, etc. / All our efforts were ～. われらの努力はことごとく骨折り損だった / It is ～ to try to escape. 逃げようとしてもだめだ. **2** 真価のない, つまらない, くだらない (worthless); 中身のない, むなしい, 空(くう)な (empty): ～ pomp and glory of this world この世のむなしい華美栄光 (Shak., *Hen VIII* 3. 2. 365) / waste one's life in ～ pleasures くだらない快楽に一生を浪費する / ～ titles 空名 / in the ～ hope of success 成功の空しい望みを抱いて. **3** うぬぼれの強い, ひとりよがりの, 虚栄の (conceited); 虚栄心からくる (cf. vainglorious): a very ～ man ひどく虚栄心の強い人 / Adulation is apt to make men ～. 追従(ついしょう)は人に虚栄心を起こさせやすい. **4** 〔…を〕ひどく誇る, 大いに自慢する 〔*of, about*〕: She is ～ *about* her voice. 彼女は声が大自慢だ. **5** (古) 無分別な, 愚かな (foolish). ***for váin*** (Shak) =*in* VAIN. ***in váin*** (1) 無駄に, いたずらに, むなしく (uselessly, fruitlessly): All our efforts were *in* ～. 我々の努力はすっかり無駄になった / They have labored *in* ～. 彼らは努力したが無駄であった / I tried *in* ～ to open it. 開けようとしたがだめだった. (2) 軽々しく, みだりに: take the name of God *in* ～ みだりに[ののしりなどに]神の名を用いる, 神の名を軽々しく扱う (LL *in vanum nomen Dei assumere* のなぞり; cf. *Exod.* 20: 7) / take a person's name *in* ～ みだりに[許可なしに]人の名を用いる, 人をあしざまに言う; (戯言) 人の名を口にする, 人のことを話す.

～·ness *n.* 〖(?*a*1200) □ (O)F ～ < L *vānum* vain, empty ← IE **wāno-* ← **eu-* empty〗

SYN 空虚な: **vain** 文語的な表現で, 外観だけで, 中身のない, 無意味な: *vain* hopes むなしい望み. **idle** 根拠・目的・効果がない: an *idle* talk 無駄な話. **empty** 価値・意味・目的のない: *empty* words 無意味な言葉. **hollow** 〈感情・言葉・出来事など〉真の価値・意味のない: *hollow* promises から約束. **void** 物理的に中身が空虚になっている: a *void* space 空間. **otiose** 〈言葉や思想など〉役に立たず無駄な (格式ばった語): *otiose* epithets 無駄な形容辞. ⇨ empty 1, 2. **ANT** effectual, effective.

Väi·nä·möi·nen /váɪnəmɔ̀ɪnən; *Finn.* vǽinæmœinen/ *n.*〘フィンランド伝説〙ヴァイナーモイネン (*Kalevala* の英雄で, 予言者・吟唱詩人). 〖□ Finn. ～〗

vain·glo·ri·ous /vèɪnglɔ́ːriəs⁻/ *adj.* **1** (自分の能力などに)うぬぼれが強い, うぬぼれたっぷりの, 虚栄心の強い (boastful); 〔…を〕大いに自慢する 〔*of*〕: a ～ man / be ～ of one's family 家族のことを大いに自慢する. **2** うぬぼれから来る, 虚栄心を示す: ～ pride, confidence, etc.

～·ly *adv.* **～·ness** *n.* 〖(*c*1430): ⇨ ↓, -ous: cf. OF *vaneglorieus* / ML *vānaglōriōsus*〗

vain·glo·ry /véɪnglɔ̀ːri, ⁻⁻ | ⁻⁻⁻/ *n.* **1** 非常なうぬぼれ, 強い虚栄心 (boastfulness) (⇨ pride SYN). **2** 上べだけの華々しさ, 虚飾, 見せびらかし (vain show). 〖(*a*1325) □ (O)F *vaine gloire* // ML *vāna glōria*: ⇨ vain, glory〗

váin·ly *adv.* **1** 無益に, 無駄に, むなしく, いたずらに (uselessly, in vain): He ～ tried to speak. ものを言おうとしたがだめだった. **2** うぬぼれて, 自慢して, 得々と (conceitedly): be ～ proud of …をうぬぼれている. 〖*c*1384〗

vair /véə | véə^r/ *n.* **1** (まだらの)リスの毛皮 (13–14 世紀に王侯貴族の衣服のへりに用いた; cf. miniver). **2**〘紋章〙ベール (毛皮模様の一種で, 古いタイプ (vair ancient) と新しいタイプ (vair modern) などがあり, 銀と青で交互に彩色される; cf. ermine 4). 〖(*a*1325) □ (O)F ～ < L *varium* varied, parti-colored〗

vair·y /vé^əri | véəri/ *adj.*〘紋章〙(毛皮模様が vair の銀と青の組合わせに対して)赤と金の組合わせの. 〖1486〗

Vaish·na·va /váɪʃnəvə | váɪʃnəvàː, víʃnəvə/ *n., adj.*〘ヒンズー教〙ヴィシュヌ (Vishnu) の帰依者(の). 〖(1903) □ Skt *vaiṣṇava* of Vishṇu ← *Viṣṇu* 'VISHNU'〗

Váish·na·vìsm /-vìzm/ *n.*〘ヒンズー教〙ヴィシュヌ (Vishnu) 崇拝[信仰], ヴィシュヌ教. 〖1934〗

Vais·ya /váɪʃə, -sjə/ *n.* (*also* **Vaish·ya** /～/) バイシャ, ベイシャ, ビシャ, 吠舎, 毘舎 (インド四姓の第三階級に属する人(庶民); cf. caste 1). 〖(1794) □ Skt *vaiśya* peasant〗

vai·vode /váɪvoʊd | -vəʊd/ *n.* =voivode.

vaj·ra /vʌ́dʒrə/ *n.*〘ヒンズー教〙ヴァジュラ, 金剛杵(しょ) (ヴェーダ神話で, Indra が用いて悪魔を殺す武器; cf. dorje). 〖(1788) □ Skt ～ 'thunderbolt'〗

va·keel /vəkíːl/ *n.* (*also* **va·kil** /～/) **1** (インドで)代理人, 代表者 (deputy); 公使 (minister), 大使 (ambassador). **2** (インドで)インド人弁護士. 〖(1622) □ Hindi *vakēl* □ Arab. *wakīl* ← *wákala* to entrust〗

Val /vǽl/ *n.* ヴァル: **1** 男性名. **2** 女性名. 〖(dim.) ← VALENTINA // VALENTINE // VALERIA〗

val. (略) valentine; valley; valuation; value(d); valvular.

Va·la·don /vɑ̀ːlədɔ́ː(ŋ), -dɔ́ːŋ; *F.* valadɔ̃/, **Suzanne** *n.* バラドン (1865–1938; フランスの女流画家; Utrillo の母).

Va·lais /vælér | ⁻⁻; *F.* valɛ/ *n.* バレー(州) (スイス南西部の州; 面積 5,230 km², 州都 Sion).

val·ance /vǽləns, véɪl- | vǽl-/ *n.* **1** (天蓋(がい)のへり・寝台の周囲・窓の上部などにのれん状につった短い)垂れ幕, 飾りカーテン. **2** 垂れ幕状のもの (帽子の垂れ縁など). 〖(1463) (変形) ← ? ME *valence* ← ? *Valence* (フランス南東部の織物産地)〗

vál·anced *adj.* **1** 垂れ幕の付いた[で飾った]. **2** (顔が髭で)縁どられる. 〖*a*1548〗

Val·da /vǽldə/ *n.* バルダ (女性名). 〖□ ON *Vald* (原義) governor〗

Val·dái Hills /vɑːldáɪ-; *Russ.* valdáj-/ *n. pl.* [the ～] バルダイ丘陵 (ロシア連邦西部の低台地山群, Volga 川水源地方, 最高点約 350 m).

Val·de·mar I /*Dan.* váldəmà-/ *n.* バルデマル一世 (Waldemar I のデンマーク語名).

Val-de-Marne /vάːłdəmάən, vǽł- | -mάːn; *F.* valdəmaʁn/ *n.* バルドマルヌ (フランス北部の県; 面積 244 km², 県都 Créteil).

Val·dez /vældíːz/ *n.* バルディーズ (米国 Alaska 州南部の港町; 米国最北端の不凍港があり Trans-Alaska Pipeline の南の終点).

Val·di·vi·a[1] /vældíːviə; *Am.Sp.* baldíβja/ *n.* バルディビア (チリ南部, Los Lagos 州北部の都市; 保養・観光地).

Val·di·vi·a[2] /vældíːviə; *Am.Sp.* baldíβja/, **Perdo de** *n.* バルディビア (1500?–54; スペインの軍人; チリ征服に参加).

Val-d'Oise /vάːłdwάːz, vǽł-; *F.* valdwaːz/ *n.* バルドワーズ (フランス北部 Île-de-France 地方の県; 面積 1249 km², 県都 Pontoise).

vale[1] /véɪl/ *n.* **1** 谷, 谷間; 流域 (valley). ★ 地名に用いられる以外は (古) または (詩) (cf. isle): *Vale* Royal (in Cheshire, England) / the *Vale* of the White Horse. **2** (天国に比して苦しみ・悲しみの場所としての)現世 (earthly life): this [the] ～ of tears [woe, misery] この涙[憂い, 不幸]の谷間, 浮世 / this ～=the earthly ～ 現世. ***the vále of yéars*** 老年 (old age): I am declined into *the* ～ *of years*. 私も年が傾きかけてきた (Shak., *Othello* 3. 3. 266). 〖(*a*1325) □ (O)F *val* < L *vallem* 'VALLEY'〗

va·le[2] /véɪli, vάːleɪ | vάːleɪ, vǽl-, véɪl-, -li/ *L. int.* さらば, さようなら (goodbye). **—** *n.* 別れ, 別離 (farewell); 別れの挨拶[手紙など]: take one's ～ いとまごいする, 別れを告げる / say [write] one's ～ 別れの挨拶をする[書く]. 〖(1550) □ L *valē* (imper.) ← *valēre* to be strong, well: ⇨ value〗

val·e·dic·tion /væ̀lədíkʃən | -lɪ̀-/ *n.* **1** 告別, いとまごい, 別れ (leavetaking). **2** 告別の辞, 別れの言葉. 〖(1614) ← L *valedict(us)* ((p.p.) ← *valedīcere* to say farewell): ⇨ ↑, diction〗

val·e·dic·to·ri·an /væ̀lədɪktɔ́ːriən | -lɪ̀dɪk-/ *n.* (米) (告別演説をする)卒業生総代 (通例学業成績が首位の卒業生; cf. salutatorian). 〖1860〗

val·e·dic·to·ry /væ̀lədíktəri, -tri | -lɪ̀-⁻/ *adj.* 告別の, 別れの: a ～ speech, letter, address, etc. **—** *n.* **1** 告別の辞, 別れの挨拶, 告別演説. **2** (米) 卒業生総代 (valedictorian) の告別演説 (cf. salutatory).

vàl·e·díc·to·ri·ly /-rəli | -rɪ̀li/ *adv.* 〖(1651) ← L *valedict(us)* (⇨ valediction)+-ORY[1]〗

va·lence[1] /véɪləns/ *n.* **1** (米)〘化学〙原子価. **2** [しばしば複合語の第 2 構成素として]〘生物〙(染色体・血清などの結合する)数価: bi*valence* 二価, 双価 / poly*valence* 多価. **3**〘心理〙誘発性, 誘意性, バレンス (ある対象が生体を引きつけたり, 退けたりする特性; 引きつける特性を正の誘発性, 退ける特性を負の誘発性という). **4**〘言語〙(語の)結合価, 語価 (動詞などが文構成上義務的に必要とする要素の数; give は主語と 2 語の目的語を要求するから結合価は 3). 〖(*c*1425) □ LL *valentia* power, strength ← *valentem* (pres.p.) ← *valēre* to be strong: ⇨ value〗

val·ence[2] /vǽləns/ *n.* =valance.

Va·lence /vælɑ́ː(n)s, -lάːns; *F.* valɑ̃ːs/ *n.* バランス (フランス南東部, Rhone 河畔の工業都市; Drôme 県の県都).

vá·lence bànd /véɪləns-/ *n.*〘物理〙価電子帯 (結晶中, 構成原子の価電子によって満たされているエネルギー帯; cf. energy band). 〖1956〗

válence elèctron *n.*〘化学〙価電子, 原子価電子 (他の原子との結合に与る電子). 〖1923〗

Va·len·ci·a[1] /vəlénʃiə, -ʃə; *Sp.* balénθja/ *n.* バレンシア: **1** スペイン東部, 地中海に臨む地方, 1238 年以前はムーア人の王国; 現在は 3 州 Valencia, Alicante, Castellón から成る自治州. **2** スペイン東部の海港, もとベネズエラ王国の首都. **3** 南米ベネズエラ北部の都市.

Va·len·ci·a[2] /vəlénʃiə, -ʃə/ *n.* **1** バレンシア(オレンジ) (sweet orange の一品種; Valencia orange ともいう). **2**〘紡織〙[通例 *pl.*] バレンシア (羊毛と絹または木綿・麻の交織羅紗(らしゃ); チョッキ地などに用いる). 〖(1796) ↑〗

Va·len·ci·ennes /vəlènsiénz, -lɑ̀ːn-, vəlèn-, -lɑ̀ːn- | vælɒnsién, -lɑːn-, vəlɛ̀n-; *F.* valɑ̃sjɛn/ *n.* **1** バランシエンヌ (フランス北部の古い都市). **2** バランシエンヌレース (もと Valenciennes 産; 細いボビンレースでメッシュ地に単純な花などの模様がある; Valenciennes lace または Val lace ともいう). 〖1717〗

va·len·cy /véɪlənsi/ *n.* (英) =valance.

válency elèctron *n.*〘化学〙=valence electron.

válency gràmmar *n.*〘言語〙バレンツ[結合価]文法 (結合価 (valence) に基づく統語論).

Va·lens /véɪlənz, -lɛnz/, **Fla·vi·us** *n.* ヴァレンス (328–78; ローマ皇帝 (364–78) Valentinian 一世の弟; 兄により帝国東部の統治を命ぜられた).

-va·lent /⁻ véɪlənt, ⁻ ⁻vələnt/ 次の意味を表す形容詞連結形: **1**〘化学〙「…(原子)価の」: uni*valent*. **2**〘生物〙(一つの細胞内の染色体の構成が)「…価の」: uni*valent*, tri*valent*, multi*valent*. 〖← L *valent-*, *valēns*: ⇨ valence[1]〗

Val·en·ti·na /væ̀ləntíːnə/ *n.* ヴァレンティーナ (女性名; 愛称形 Val). 〖(dim.) ← VALENTINE〗

val·en·tine /vǽləntàɪn/ *n.* **1** バレンタインカード[の贈り物] (Cupid の絵や感傷的な詩句や, 時には滑稽詩などで飾ったもので, 2 月 14 日の St. Valentine's Day にしばしば匿名で異性に送る). **2** St. Valentine's Day に贈り物などをするのに選ばれた恋人; 恋人 (sweetheart). **3** 〔事物・人物に対して〕賛美・愛着を表した文[記念のしるしなど] 〔*to*〕: This play is a ～ *to* humanity. この劇は人間性を賛美した劇である. **4** [通例 V-] 恋歌 (love song). 〖(*c*1380) □ (O)F *valentin* // L *Valentīnus* (Saint) Valentine: ↓〗

Val·en·tine /vǽləntàɪn | -tàɪn, -tɪn/ *n.* ヴァレンタイン: **1** 男性名. **2** 女性名 (愛称形 Val). 〖□ L *Valentīnus* ← *valentis* (gen.), *valēns* strong: ⇨ valence[1], -ine[1]〗

Val·en·tine /vǽləntàɪn/, **Saint** *n.* バレンタイン, ヴァレンティヌス (?–?270; ローマのキリスト教殉教者; 祝日は 2 月 14 日; いわゆる聖バレンタインの祝日 (St. Valentine's Day) は, ローマにおける 2 月中旬の異教の祭と結びついたもので, 本来この聖人とは関係がない; ⇨ St. Valentine's Day).

Válentine [Válentine's] Dày *n.* =St. Valentine's Day.

Val·en·tin·i·an I /væ̀ləntíniən-/ *n.* ウァレンティニアヌス一世 (321?–75; ローマ皇帝 (364–75); ラテン語名 Valentinianus I; 弟 Valens に帝国東部を統治させ, 自身は西部を治めた).

Valentinian II *n.* ウァレンティニアヌス二世 (371?–92; ローマ皇帝 (375–92); ラテン語名 Valentinianus II). **V**

Valentinian III *n.* ウァレンティニアヌス三世 (419?–55; 西ローマ皇帝 (425–55); ラテン語名 Valentinianus III).

val·en·ti·nite /vǽləntənàɪt | -tɪ̀-/ *n.*〘鉱物〙バレンチン鉱, アンチモン華 (Sb_2O_3). 〖(1860) ← *Basil Valentine* (アンチモンの特性を発見した 15 世紀のドイツの錬金術師): ⇨ -ite[1]〗

Val·en·ti·no /væ̀ləntíːnoʊ | -nəʊ/, **Rudolph** *n.* バレンティーノ (1895–1926; イタリア生まれの米国の俳優).

Valera, Eamon de *n.* ⇨ de Valera.

val·er·ate /vǽlərèɪt/ *n.*〘化学〙吉草(きっそう)酸塩, 吉草酸エステル. 〖(1852) ← *valer(ic acid)*+-ATE[1]〗

Va·le·ra y Al·ca·lá Ga·lia·no /vəlé^əra iː æ̀lkəlάː gæ̀liάːnoʊ, -ɑ̀ːlkə-, -gɑ̀ːli- | vəléərə iː æ̀lkəlάː gæ̀liάːnəʊ, -ɑ̀ːlkə-, -gɑ̀ːli-; *Sp.* baléɾaialkalájaljáno/, **Juan** *n.* バレラ イ アルカラ ガリアーノ (1824–1905; スペインの小説家・批評家・政治家・外交官; *Pepita Jiménez*「ペピータ ヒメネス」(1874)).

Va·le·ri·a /vəlí^əriə | -líər-/ *n.* ヴァレリア (女性名; 愛称形 Val; 異形 Valerian, Valerie). 〖□ L ～ (fem.) ← *Valerius* ← *valēre* to be strong: ローマの家族名〗

va·le·ri·an /vəlí^əriən | -líər-, -léər-/ *n.* **1**〘植物〙カノコソウ (オミナエシ科カノコソウ属 (*Valeriana*) の植物の総称); (特に)ヨウシュカノコソウ (⇨ garden heliotrope 1). **2**〘薬学〙吉草根(きっそうこん) (ヨウシュカノコソウの根を乾燥したもの; もと駆風剤・鎮静剤として用いられた). 〖(*c*1395) □ ML *valeriāna* (fem. sing.) ← *Valeriānus* of Valeria (この植物の原産地であるローマの一地方名): cf. Valeria〗

Va·le·ri·an[1] /vəlí^əriən | -líər-, -léər-/ *n.* ヴァレリアン (女性名; 愛称形 Val). 〖(変形) ← VALERIA〗

Va·le·ri·an² /vəlí(ə)riən | -líər-, -léər-/ *n.* ウァレリアヌス《?-?260; ローマ皇帝 (253–60); ラテン語名 Publius Licinius Valerianus》.

Va·le·ri·a·na·ce·ae /vəlì(ə)riənéisiː | -lìər-, -lèər-/ *n. pl.* 〖植物〗オミナエシ科. **va·lè·ri·a·ná·ceous** /-ʃəs⁻/ *adj.* 〘← NL ~: ⇨ valerian, -aceae〙

va·le·ri·an·ic /vəlì(ə)riǽnɪk | -lìər-, -lèər-⁻/ *adj.* 〖化学〗=valeric.

va·le·ric /vəlí(ə)rɪk, -lér- | -líər-, -léər-, -lér-/ *adj.* 〖化学〗吉草根(きっそうこん)から採った. 〘(1852) ← VALER(IAN)+-IC¹〙

valéric ácid *n.* 〖化学〗吉草(きっそう)酸 ($CH_3(CH_2)_3COOH$). 〘1857〙

Val·e·rie /vǽləri/ *n.* ヴァレリー《女性名; 愛称形 Val》. 〘□ F ~: cf. Valeria〙

va·le·ro·lac·tone /vəlìəroʊlǽktoʊn | vəlìərə(ʊ)lǽktəʊn/ *n.* 〖化学〗バレロラクトン ($C_5H_8O_2$)《無色で芳香のある液体で, 溶剤として用いる》. 〘← *valer*(*ic acid*)+LACTONE〙

Va·lé·ry /vǽləri, vɑ̀ː-, -lɛ- | vǽləriː, ⁻⁻⁻; *F.* valeʁi/, **Paul** (**Ambroise**) *n.* ヴァレリー《1871–1945; フランスの詩人・文芸思想家; *Charmes*「魅惑」(1922), *Variété*「ヴァリエテ」(5 vols., 1924–44)》.

val·et /vǽlɪ̀t, -leɪ, væléɪ, væ- | vǽleɪ, -lɪ̀t, -li; *F.* valɛ/ *n.* **1** (身の回りを世話する男性の)従者, 召使 (manservant). **2** (ホテルなどの)ボーイ; 車の出し入れ[掃除]係, 駐車係. **3** 《米》コート[帽子]かけ, 帽子だな. — /《英》vǽlɪt/ *v.* — *vt.* **1** 召使として…に仕える: The butler ~*s* me very well. 執事は非常によく私の身の回りの世話をしてくれる. **2** 〈車を〉掃除する. — *vi.* 召使として仕える. 〘(*a*1400) □ F ~ < OF *varlet* young noble man: ⇨ varlet〙

va·le·ta /vəlíːṭə | -tə/ *n.* =veleta.

va·let de cham·bre /vælèɪḍəʃɑ́ː(m)br(ə), -ʃɑ́ːm- | -də-; *F.* valɛdʃɑ̃ːbʁ/ *n.* (*pl.* **va·lets de c-**/~/) =valet 1. 〘(1646) □ F ~ 'valet of chamber'〙

va·let de place /vælèɪḍəplɑ́ːs | -də-; *F.* -dəplas/ *n.* (*pl.* **va·lets de p-** /~/) (特に, フランスで)旅行案内者. 〘(1750) □ F ~ 'place valet'〙

válet-pàrk *vt.* 〈車を〉係員に預けて駐車する, …の駐車場への出し入れを係員に任せる (cf. self-park). 〘(1983)《逆成》↓〙

válet pàrking *n.* (ホテル・レストランなどの)係員による駐車サービス《客の車を預り駐車場に出し入れするサービス》. 〘1960〙

válet sèrvice *n.* **1** (ホテルなどの衣類の)洗濯サービス. **2** =valet parking. 〘1939〙

Va·let·ta /vəléṭə | -tə/ *n.* =Valletta.

val·e·tu·di·nar·i·an /væ̀lətùːḍəné(ə)riən, -tjùː-, -dṇ- | -lɪ̀tjùːdɪ̀néər-, -dṇ-⁻/ *adj.* **1 a** 病身の, 病弱の, 虚弱な (invalid). **b** 病弱[病身]らしい. **2** ひどく健康を気にする, 病を気にやむ. — *n.* **1** 病身者, 虚弱者, 病弱者; 持病やみ. **2** 病身ぶる人, 健康を気にする人. 〘1703〙

vàl·e·tù·di·nár·i·an·ism /-nìzm/ *n.* **1** 虚弱, 病身, 病弱. **2** ひどく健康を気にすること. 〘1839〙

val·e·tu·di·nar·y /væ̀lətúːḍənèri, -tjúː-, -dṇ- | -lɪ̀tjúːdɪ̀nəri, -dṇ-⁻/ *adj.*, *n.* =valetudinarian. 〘(1581) □ L *valētūdinārius* sickly, (n.) invalid ← *valētūdō* state of health, ill health ← *valēre* to be well: ⇨ valiant〙

val·gus /vǽlgəs/ 〖病理〗*adj.* 外反の《身体部分の角度が正中線から外側にはずれている; cf. varus》. — *n.* 《俗用》外反足(の人). 〘(1800) □ L ~ 'bowlegged'〙

Val·hal·la /vælhǽlə, vɑːlhɑ́ːlə | vælhǽlə/ *n.* (*also* **Val·hall** /vælhǽl, ⁻⁻/) **1** 〖北欧神話〗ヴァルハラ《Gladsheim にある Odin の最大の宴会場; cf. Valkyrie》. **2** 国家的英雄を祭る記念堂. 〘(1768) □ ON *Valhǫll* hall of the slain ← *valr* the slain (← Gmc **wala*- ← IE **welə*- to wound)+*hǫll* 'royal HALL'〙

va·li /vɑ́ːli, vɑːlíː/ *n.* **1** (オスマン帝国の州の)総督. **2** =wali 1. 〘(1753) □ Turk. *vāli* □ Arab. *wālī*: cf. vilayet〙

val·iance /vǽljəns | -liəns, -ljəns/ *n.* =valiancy. 〘(1456) □ AF ~ = (O)F *vaillance*: ⇨ valiant, -ance〙

val·ian·cy /vǽljənsi | -liənsi, -ljən-/ *n.* 勇敢, 勇壮, 勇気 (bravery). 〘1574〙

val·iant /vǽljənt | -liənt, -ljənt/ *adj.* **1** 勇敢な, 勇ましい, 勇気のある, 雄々しい, 英雄的な (⇨ brave SYN). **2** すぐれた, りっぱな: ~ works of art. **3** 《廃》〈体が〉頑丈な, がっしりした (robust, strong). — *n.* 勇ましい人. **~·ly** *adv.* **~·ness** *n.* 〘(*c*1303) □ AF *valiaunt* □ (O)F *vaillant* ← *valoir* to be strong < L *valēre*: ⇨ value〙

val·id /vǽlɪ̀d | -lɪd/ *adj.* **1** (根拠の)確実な, 妥当な; 効果的な, 確実な: a ~ argument, reason, objection, method, etc. **2** 〈切符など〉有効な, 通用する (good): a ticket which is ~ (*for*) one month 1 か月間有効の切符. **3** 法的に有効な, 正当な手続きを踏んだ, 法的効力を有する: a ~ contract, marriage, etc. / Your passport is ~ *for* most countries. 君の旅券はたいていの国で有効です. **4** 《古》強健な (robust); 健康な (healthy). **5** 〖論理〗前提から正しく推論される, 前提が結論を含意するような, 妥当な. **6** 〖生物〗生物分類の原理として認められた. **~·ly** *adv.* **~·ness** *n.* 〘(1571) □ (O)F *valide* // L *validus* strong ← *valēre*: ⇨ ↑, -id⁴〙

SYN 妥当な: **valid** 〈理由や議論などが〉しっかりした根拠を持っている《やや格式ばった語》: a *valid* reason 根拠のしっかりした理由. **sound** 判断などが事実・証拠に基づいていて過誤や浅薄さがない: a *sound* argument しっかりした議論. **convincing** 〈議論など〉疑惑・反対などを抑えて相手を納得させる力のある: a completely *convincing* argument 全く説得力がある議論. **cogent** 〈議論や理由などが〉的を突いていて説得力がある《格式ばった語》: *cogent* reasoning 説得力のある推理. **logical** 〈議論・言動が〉論理にかなって筋が通っている: His answer was very *logical*. 彼の答えは実に理路整然としていた.
ANT fallacious, sophistical.

---

val·i·date /vǽlədèɪt | -lɪ̀-/ *vt.* **1** 有効にする, 確認する, 確実なものとする (confirm). **2** 法的に有効にする, 合法化する (legalize); 批准する (ratify). **3** (選挙で)〈当選を〉公認する, 正当と認める; 〈候補者〉の当選を宣言する: ~ an election. **val·i·da·tion** /væ̀lədéɪʃən | -lɪ-/ *n.*

val·i·da·to·ry /vǽlədəṭɔ̀ːri | -lɪ̀dətəri, -tri/ *adj.* 〘(*a*1648) ← ML *validātus* (p.p.) ← *validāre* to make valid: ⇨ ↑, -ate³〙

va·lid·i·ty /vəlídəṭi, væ- | -dɪ̀ti/ *n.* **1** 妥当(性), 正当さ, 強味 (soundness): an argument [objection] of no [doubtful] ~ 妥当性のない[怪しい]議論[反対]. **2** 有効, 確実. **3** 〖法律〗法的効力, 合法性: the term of ~ 有効期間. **4** 価値. **5** 《廃》力, 力強さ. 〘(*c*1550) □ (O)F *validité* // LL *validitātem*: ⇨ valid, -ity〙

val·ine /vǽliːn, véɪ- | véɪliːn, vǽl-/ *n.* 〖生化学〗バリン ($(CH_3)_2CHCH(NH_2)COOH$)《白色の結晶で, 蛋白質の分解で生じるアミノ酸》. 〘(1907) ← VAL(ERIC)+-INE³〙

val·in·o·my·cin /væ̀lɪ̀noʊmáɪsṇ, -sṇ | -lɪnə(ʊ)máɪsɪn/ *n.* 〖薬学〗バリノマイシン《抗生物質の一種》. 〘(1955) ← VALIN(E)+-O-+-MYCIN〙

va·lise /vəlíːs, -líːz | vəlíːz, væ-, -líːs/ *n.* **1** 小型の手さげ旅行かばん. **2** 〖軍事〗(特に, 騎兵・歩兵が所持品などを入れて運ぶ革製[布製]の)円筒形(軍用)かばん (kit bag). 〘(1615) □ F ~ □ It. *valigia* ← ?: cf. ML *valisia*〙

Val·i·um /vǽliəm, -ljəm/ *n.* 〖商標〗バリウム《diazepam 製剤》. 〘1961〙

Val·jean /vɑːlʒɑ́ː(ŋ), -ʒɑ́ːŋ; *F.* valʒɑ̃/, **Jean** /ʒɑ̃/ *n.* (ジャン)バルジャン《Victor Hugo 作の小説 *Les Misérables* (1862) の主人公》.

Val·kyr·ie /vælkí(ə)ri | -kíəri/ *n.* (*also* **Val·kyr** /vǽlkə | -kɪə^(r)/) 〖北欧神話〗ヴァルキューレ《Odin の侍女で, 戦況を左右し空中を馬で駆けめぐり, 戦死すべき者を選び戦死者を Valhalla の饗宴に招じたという》. **Val·kyr·i·an** /vælkí(ə)riən, -káɪr- | -kíər-/ *adj.* 〘(1768) □ ON *valkyrja* chooser of the slain ← *valr* (⇨ Valhalla)+*-kyrja* chooser (← Gmc **kuz*- ← IE **gus*- ← **geus*- to choose: ⇨ choose)〙

valla *n.* vallum の複数形.

Vál làce /vǽl-/ *n.* =Valenciennes 2.

Val·la·do·lid /væ̀lədoʊlíd, -ḍə-, -líː(d) | -də(ʊ)líd, -də-; *Sp.* baʎaðolí(ð), baja-/ *n.* バリャドリード《スペイン中北部, Madrid の北北西にある都市; Columbus の死亡した地 (1506)》.

val·late /vǽleɪt/ *adj.* 〖築城〗塁壁などで囲まれた. 〘(1878) □ LL *vallātus* (p.p) ← *vallāre* to wall ← *vallum* (↓)〙

val·la·tion /væléɪʃən, və-/ *n.* 《古》〖築城〗塁壁, 堡塁(ほうるい) (erathwork); 塁壁築造(術). ★ この語の代わりに通例 circumvallation を用いる. 〘(1664) □ LL *vallātiō*(*n*-) ← L *vallum* 'VALLUM'〙

val·lec·u·la /vəlékjʊlə, væ-/ *n.* (*pl.* **val·lec·u·lae** /-lìː, -làɪ/) **1** 〖解剖〗(小脳や喉頭蓋などの)谷; 小窩(か), 小溝. **2** 〖植物〗溝, 谷, 窩, 果谷(きょく). **val·léc·u·lar** /-lə | -lə^(r)/ *adj.* **val·léc·u·late** /-lɪ̀t, -lèɪt/ *adj.* 〘(1859) □ LL ~ =L *vallicula* (dim.) ← *vallis* 'VALLEY'〙

Val·le d'A·os·ta /vɑ́ːleɪdɑːɔ́ː(ː)stə, -ɑ́(ː)s- | -ɔ́s-; *It.* vàlledaɔ́sta/ *n.* バッレダオスタ《イタリア北西部の州; 面積 3,263 km²》.

Val·le·jo /vəléɪ(h)oʊ, væ- | -(h)əʊ/ *n.* バレーホ《米国 California 州中部の都市; San Francisco 湾支湾の San Pablo 湾に望む》.

Val·le·jo /vəléɪ(h)oʊ, væ- | -(h)əʊ; *Am.Sp.* bajého/, **Cesar** (**Abraham**) *n.* バイェホ《1892–1938; ペルーの詩人》.

Val·let·ta /vəléṭə | -tə:; *It.* vallétta/ *n.* バッレッタ《マルタの首都; 貿易港, 海軍基地》.

val·ley /vǽli/ *n.* **1** 谷, 谷間, 渓谷 (cf. canyon, ravine). **2** (大河の)流域: the Yangtze ~ 揚子江流域. **3** 谷に似たくぼみ[構造]; (波と波との間の)波くぼ, 谷 (trough). **4** 低迷期; (恐怖に満ちた)暗黒の時: the ~ of tears=the VALE¹ of tears / the peaks and ~*s* of the nation's economic cycles 国の経済周期の絶頂期と低迷期. **5** 〖建築〗(屋根の)谷. ***the válley of the shádow*** (***of déath***) 死の影の谷, 死の迫る(苦難の)時; 苦難 (cf. *Ps.* 23:4; Bunyan, *The Pilgrim's Progress* I; SHADOW *of death*).
Válley of Tén Thóusand Smókes [the ―] 万煙谷《米国 Alaska 州南西部の火山地帯で, 各所に噴煙が見られる; Katmai National Monument の一部》.
Válley of (**the Tómbs of**) **the Kíngs** [the ―] 王家の谷《エジプトの Thebes の西方にある細長い谷で, 第 18–20 王朝 (1567–?1085 B.C.) の代々の王の墓がある》.
~·lìke *adj.* 〘(?*a*1300) *valey* □ OF *valee* (F *vallée*) ← *val* < L *vallem* (acc.) ← *vallēs*, *vallis* valley ← IE **wall*- ← **wel*- to turn: cf. vale¹, volume, well²〙

válley féver *n.* 〖病理〗渓谷熱, コクシジオイデス症 (coccidioidomycosis). 〘(1937): 米国 California 州の the San Joaquin valley で流行したことから〙

válley flàt *n.* 〖地理〗谷底平野, 谷床平坦部《一般に堆積によってできる》.

Válley Fórge /-fɔ́ədʒ | -fɔ́ːdʒ/ *n.* バリーフォージ《米国 Pennsylvania 州南東部の村; 独立戦争の時 Washington とその軍が立てこもった冬営陣地 (1777–78); 今は州立公園》. 〘独立戦争の時, Valley Creek と呼ばれた谷川の河口に作られた鍛冶工場にちなむ〙

Válley girl *n.* 《米》ヴァリーガール《1980 年代初め, 特有のことばづかい・しゃべり方やファッションで米国の若者文化の象徴的存在となった Los Angeles 近郊 San Fernando Valley に住む十代の女の子》.

válley glàcier *n.* 〖地質〗谷氷河《山間の谷に形成される氷河》.

válley ráfter *n.* 〖建築〗谷木《屋根の谷を支える斜材》.

válley wìnd *n.* 谷風《日中, 山の谷を吹き上げる風; cf. mountain wind》.

Val·lom·bro·sa /væ̀lə(ː)mbróʊsə | -ləmbrəʊ-; *It.* vallombróːza/ *n.* バッロンブローサ《イタリア中部, Tuscany 州の村; 保養地; ベネディクト会修道院がある》.

val·lum /vǽləm/ *n.* (*pl.* **val·la** /-lə/, **~s**) 土塁 (rampart); (特に, 古代ローマ人の作った)柵を巡らした塁壁. 〘(1610) □ L ~ 'WALL, 《原義》stockade'〙

Va·lois /vǽlwɑː, ⁻⁻ | ⁻⁻; *F.* valwa/ *n.* バロワ《中世フランスの Île-de-France 地方の公爵領》.

Valois, Dame Ninette de ⇨ **de Valois.**

Va·lois /vǽlwɑː, ⁻⁻ | ⁻⁻; *F.* valwa/, **the House of** *n.* バロワ家《フランスの王家; Philip 六世から Henry 三世まで (1328–1589)》.

Va·lo·na /*It.* valóːna/ *n.* バローナ《Vlorë のイタリア語名》.

va·lo·ni·a /vəlóʊniə | -ləʊ-/ *n.* valonia oak の乾燥した果実《タンニンを含み, 皮なめし・インキ製造・染料用》. 〘(1722) □ It. *vallonia* □ NGk *balánia* (pl.) acorns ← *baláni* ← Gk *bálanos* acorn ← IE **gʷelə*- acorn〙

Va·lo·ni·a·ce·ae /vəlòʊniéɪsiː | -ləʊ-/ *n. pl.* 〖植物〗(緑藻類)バロニア科. 〘← NL ~: ⇨ ↑, -aceae〙

valónia óak *n.* 〖植物〗南東ヨーロッパ・小アジアに産するカシの一種 (*Quercus aegilops*) (cf. valonia). 〘1829〙

val·or, 《英》**val·our** /vǽlə | -lə^(r)/ *n.* **1** 《詩・文語・戯言》(戦場の勇士などの)勇気, 勇猛, 武勇 (bravery) (⇨ heroism SYN): ~ in arms 武勇. **2** 《廃》価値 (value). 〘(?*a*1300) □ OF *valour* (F *valeur*) < LL *valōrem* ← L *valēre*: ⇨ value〙

val·o·ri·za·tion /væ̀lərɪ̀zéɪʃən | -raɪ-, -rɪ-/ *n.* (特に, 政府の人為的な)物価安定政策, 公定価格設定. 〘(1907) □ Port. *valorização* ← *valorizare* to valorize ← *valor* value: ⇨ -ation〙

val·o·rize /vǽləràɪz/ *vt.* (特に)〈政府が〉…の物価を安定させるための諸施策を行う, …の公定価格を定める. 〘(1921)《逆成》↑〙

val·or·ous /vǽlərəs/ *adj.* 勇ましい, 勇敢な (brave). **~·ly** *adv.* **~·ness** *n.* 〘(1475) □ OF *valerous* (F *valeureux*) // ML *valorōsus*: ⇨ valor, -ous〙

valour *n.* ⇨ valor.

Val·pa·rai·so /væ̀lpəráɪzoʊ, -réɪ- | -zəʊ/ *n.* バルパライソ《チリ中部の海港; スペイン語名 Valparaíso /*Am.Sp.* balparaíso/》.

Val·po·li·cel·la /væ̀lpoʊlətʃélə, vɑ̀ːl- | væ̀lpɒl-; *It.* valpolitʃélla/ *n.* バルポリチェッラ《イタリア北東部 Verona 地方産の辛口の赤ワイン》.

val·pro·ate /vælpróʊeɪt | -prəʊ-/ *n.* 〖薬学〗バルプロ酸塩[エステル] ($C_8H_{15}NaO_2$)《癲癇(てんかん)の小発作に効果のある抗痙攣(けいれん)薬》. 〘(1974): ⇨ ↓, -ate¹〙

val·pró·ic ácid /vælpróʊɪk- | -prəʊ-/ *n.* 〖化学〗バルプロ酸 ($C_8H_{16}O_2$)《吉草酸 (valeric acid) の誘導体; ナトリウム塩を抗癲癇薬とする》. 〘(1972) ← VAL(ERIC)+PRO(PYL)+-IC〙

Val·sál·va manèuver /vælsǽlvə-; *It.* valsálva-/ *n.* 〖医学〗ヴァルサルヴァ法[試験], 耳管通気検査(法)《鼻と口を閉じて呼気を送り出すようにする一種の耳管通気法であり, また発作性急拍症の一治療法; 単に Valsalva ともいう》. 〘(1972) ← *Antonio Maria Valsalva* (1666–1723: イタリアの解剖学者)〙

Valsálva's sínus *n.* 〖解剖〗大動脈洞, ヴァルサルヴァ洞.

valse /vɑ́ːls, vǽls | vɑ́ːls, vǽls, vɔ́ːls; *F.* vals/ *F. n.* = waltz.

val·u·a·ble /vǽljuəbḷ, -ljʊbḷ/ *adj.* **1** 有益な, 貴重な, 大切な, 大事な (important): a ~ book 貴重[重要]な本 / a book very ~ *to* [*for*] teachers 教師にとってきわめて有用な本 / I thank you for your ~ service [information]. 有益な尽力[情報]に対しお礼申し上げます. **2** 金銭的価値のある; 価格を有する: ~ papers 有価証券 / ⇨ valuable consideration. **3** 高価な (precious, costly): ~ furniture, jewelry, etc. **4** 《まれ》評価できる, (金銭で)算定できる (cf. invaluable 1): rarities not ~ in (terms of) money 金銭で計れない珍品. — *n.* [通例 *pl.*] 貴重品《特に身の回り品・宝石類など》. **~·ness** *n.* **vál·u·a·bly** *adv.* 〘?*a*1430〙

váluable considerátion *n.* 〖法律〗有価約因, 対価 (cf. consideration 6). 〘1638〙

val·u·ate /vǽljuèɪt/ *vt.* 《米》評価する, 見積もる, 査定する (appraise). 〘(1873)《逆成》↓〙

val·u·a·tion /væ̀ljuéɪʃən/ *n.* **1** 評価, 価格査定, 値踏み(appraisal). **2** 評価[査定]した価値, 評価額, 見積り価格, 査定額: be disposed of at a low ~ 安い値で売却される / put [set] too high a ~ on …を高く評価しすぎる, 買いかぶる. **3** (人物・才能などの)評価, 品定め: take a person at [on] his own ~ 人の値打ちをその言いなりにとる / put a person's services at the highest ~ 人の働き

を最も高く買う. 4〘保険〙生命保険証券の価値評価. 〘(1529) ◻ OF *valuacion*: ⇨ value, -ation〙

vàl·u·á·tion·al /-ʃnəl, -ʃənḷ/ *adj.* 評価の, 見積もりの, 査定上の. **~·ly** *adv.* 〘1887〙

vál·u·à·tor /-ṭə | -tə(r)/ *n.* 評価者; 価格査定官. 〘1731〙

val·ue /vǽlju:/ *n.* **1** (物の本質的または相対的な)価値, 値打ち, 価 (worth, merit); 有用, 有益さ (usefulness): a sense of ~ 価値観 / the ~ of good books 良書の価値 / the ~ of sunlight *for* health 健康に対する日光の重要さ / I hope you appreciate her (at her true) ~ *to* you! 彼女の(本当の)値打ちを君にわかってほしい / propaganda ~ 宣伝価値 / ⇨ news value, *of* VALUE. **2** (交換・購買・貨幣的)価値, 価格, 値段, 代価; (小切手の)額面金額: a stamp collection that is bound to gain [lose] (in) ~ = a stamp collection that is bound to increase [decrease] in ~ きっと値が上がる[下がる]切手のコレクション / goods with a ~ *of* at least $250 = goods whose ~ is at least $250 最低でも 250 ドルの値打ちのある品物 / book ~ 帳簿価格 / commercial [economic] ~ 経済価値 / ~ in use = use ~ 〘経済〙使用価値 / (for) ~ received〘商業〙対価受取り, 受取り金額, 渡し済み金代償 (手形面に記載する文句) / ⇨ exchange value, face value, market value, nominal value, par value, surplus value / The ~ of the yen [this picture] has risen greatly. 円の値打ち[この絵の値]は大いに上がった. **3 a** (…の)対価, 評価額 〔*for, of*〕: give [pay] full ~ *for* a person's services 人の尽力に対して十分な謝礼をする / pay the ~ *of* a damaged article 破損した品物相当の額を支払う / Can you put a ~ on the things you lost? あなたがなくした物の評価額を出せますか. **b** 値打ちのあるもの; (出費に)相当する[見合う]もの 〔*for*〕: ⇨ VALUE *for money* / be poor [bad] ~ 値段に見合っていない / Your car was certainly good [excellent] ~! 君の車は確かに値打ちものだった. **4 a** 評価 (valuation): attach ~ to …を重んじる / set a high [(a) great] ~ on …を高く評価する, 重んじる / put little ~ on …を高く買わない, 見くびる. **b** (まれ) (人・物に対する)高い評価, 好感 〔*for*〕: have a ~ *for* status = have a status ~. **5 a** [*pl.*]〘社会学〙価値 (理想・慣習・制度など): positive ~*s* 積極的価値 (自由・清潔・教育など) / negative ~*s* 消極的価値 (犯罪・残酷・汚濆など) / traditional family ~*s* 伝統的な家族の価値観 / a return to Victorian ~*s* ビクトリア朝の価値観への回帰. **b**〘倫理〙価値 (もの・人間の行動・動物・性格などに与えられ, 積極的な評価の対象となる性質). **6** (語句などの)真義, 意義, 意味: the ~ of a word. **7**〘絵画〙バリュー, バルール, 色価, 明暗(の度): out of ~ (明る過ぎたり暗過ぎたり)明暗の釣合いがとれない. **8**〘音楽〙(音符や休符の示す)長さ, 時間的価値, 音価, 歴時 (time value): give a note its full time ~ ある音にその十分な長さを与える / A quarter note has the ~ of two eighth notes. 四分音符は八分音符 2 個の音価をもっている. **9**〘数学・物理〙値(あたい), 数値: the ~ of *x*. **10**〘音声〙音価 (⇨ phonetic value). **11**〘生物〙(分類上の)等級. **12**〘化学〙…価 (化学的性質を表す数値; 例えば脂肪中の不飽和脂肪酸の含量を示すヨウ素価). **13** (トランプの札・チェスの駒などの)重要性, 等級.

at válue〘商業〙通り相場[時価]で決まる価格で (販売よりも後のある時または船積みの時に決まる値段に応じて品物を売る場合に用いる). ***of válue*** 貴重な, 重要な (valuable): news *of* ~ (*to* us all) (我々全員にとっての)重大ニュース / be *of* great [much] ~ 大いに価値がある / be *of* little [no] ~ あまり[全く]価値がない. ***to the válue of*** …の価額に達する, …の値打ちのある: bought goods *to the* ~ *of* 100,000 yen 10 万円分の購入品. ***válue for móney*** 金を払った[払う]だけの値打ちのあるもの, 金相当のもの (cf. 3 b): give [get] (good) ~ *for money* 金[値段]に(十分)見合ったものを与える[得る].

— *vt.* **1** 尊重する, 重んじる (prize): ~ a person's friendship [advice, contribution, participation] 人の友情を尊ぶ[忠言を重んじる, 貢献[参加]を多とする] / ~ her *as* a colleague 同僚として彼女を重んじる. **2** …の価値を(重くまたは軽く)見る (⇨ appreciate SYN): ~ one's life highly 生命を重く見る / ~ honor above riches 名誉を富以上に見る / He does not ~ his life (at) a farthing. 彼は自分の命をびた一文ほどにも思っていない. **3** 評価する, 値踏みする, …の値段を見積もる, …に値をつける (appraise): ~ the house and contents *at* £10,000 家と家財を 1 万ポンドと評価[査定]する / Better have [get] the house ~*d* before selling it. 家を売る前に査定をしてもらったほうがいいよ.

〘(*c*1303) ◻ OF ~ (fem. p.p.) ← *valoir* to be worth < L *valēre* to be strong, be worth ← IE **wal-* to be strong: cf. wield〙

SYN 価値: **value** 人や物の相対的な優秀さ: the *value* of the property その財産の価値. **worth** 人や物の本質的な価値: Few people know his true *worth*. 彼の真価を知っている人はほとんどいない. ★ 物の金銭的な価値の意味では, 両語は同義に用いられる: the *value* [*worth*] of a used car 中古車の価値. **merit** すぐれたこととして称賛に値する価値: literary *merit* 文学的価値.

---

válue-ádded tàx *n.* 付加価値税 (英国およびヨーロッパの一部の国で, 商品の原料加工・生産・販売などの各過程ごとに徴収される消費税; 略 VAT). 〘1935〙

válue anàlysis *n.*〘経営〙価値分析 (商品の価値をその構成部分ごとについて対コストの観点から評価し, 商品価値を下げることなくなどの部分でコスト減がはかれるかを検討すること; 略 v.a.). 〘1955〙

vál·ued *adj.* **1** 尊重される, 重んじられる, 貴重な (precious): one's ~ possession, friend, etc. **2** (Shak) 値段をつけた: a ~ file 値段表. **3** [通例複合語の第 2 構成素として] (…の)値[価値]をもつ: many-*valued* 多元的価値をもつ. 〘1606〙

válue dàte *n.* (英)〘銀行〙手形決済日, 発効日時, 利息起算日.

válued pòlicy *n.*〘保険〙評価済保険(契約) (損害発生時の保険価額をあらかじめ協定した保険契約; cf. open policy). 〘1761〙

válue engineèring *n.* **1** 価値工学, VE (最少費用による設計・生産方法を決定するための製品・製造工程の分析). **2** (製造工程の) VE による変更. 〘1959〙

válue-frée *adj.* 価値判断をしない, 価値にとらわれない, 主観をまじえない, 公平[客観的]な. 〘1949〙

válue jùdgment *n.* (主観的な)価値判断. 〘1892〙

válue-láden *adj.* 特定の価値観を担った[前提とした]. 〘1971〙

válue·less *adj.* 無価値な, つまらない (worthless): a ~ book. **~·ness** *n.* 〘1594–96〙

válue-néutral *adj.* 価値中立的な. 〘1946〙

vál·u·er /-ljuə | -ljuə(r)/ *n.* **1** 評価者. **2** (英) 価格査定官 (appraiser). 〘1611〙

válue sỳstem *n.* (社会の)価値体系. 〘1936〙

va·lu·ta /vəlú:ṭə | -ljú:tə, -lú:-; *It.* valú:ta/ *n.* 貨幣価値; (特に, 外貨の)貨幣交換価値. 〘(1893) ◻ It ~ 'value'〙

val·val /vǽlvəl, -vḷ/ *adj.* = valvular. 〘← VALV(E) + -AL[1]〙

val·var /vǽlvə | -və(r)/ *adj.* = valvular.

val·vate /vǽlveɪt/ *adj.* **1** 弁 (valve) のある, 弁で開く; 弁の役目をする, 弁に似た, 弁状の. **2**〘植物〙**a** (蒴(さく)・莢(さや)など)弁で開く. **b** 向かい合わせの (reduplicate), 敷石状の (芽やつぼみの中の葉・萼(がく)片・花弁が重なり合わないで毛抜き合わせに隣り合う). 〘(1830) ← NL *valvatus*: ⇨ ↓, -ate[2]〙

valve /vǽlv/ *n.* **1**〘機械〙バルブ, 弁: ⇨ safety valve. **2**〘解剖〙弁, 弁膜. **3 a**〘動物〙(貝類・フジツボ類の)殻, 貝殻の一片 (shell) (cf. bivalve). **b**〘昆虫〙弁 (ある種の昆虫の産卵管の鞘(さや)を形成する部分). **4**〘植物〙(莢(さや)・苞・蒴(さく)・葯(やく)の)弁. **5** (英)〘電子工学〙**a** 電子管(electron tube): thermionic ~ 熱電子管 / a ~ set 真空管式受信機. **b** 熱電子管. **c** = vacuum tube. **6**〘音楽〙(金管楽器の)ピストン, 活栓(かっせん) (楽器の自然音以外の半音などをも容易に吹奏できるように音高を変化させる装置; 3 個(時に 4 個)あり, 迂回管に気流を送ったり遮断したりする). **7** (水門などの)せき止め弁; 水門. **8** (古) (開き戸・折戸の)とびら.

squáre a válve〘機械〙(蒸気機関の)すべり弁の行程を調整する.

— *vt.* **1** …に弁[バルブ]を付ける. **2** 弁で(液体の)流れを調節する. — *vi.* 弁[バルブ]を使う.

〘(*a*1387) ◻ L *valva* leaf or valve of a folding door: cf. L *volvere* to roll〙

válve chèst [bòx] *n.*〘機械〙(蒸気機関の蒸気分配弁を収める)弁室, 弁箱; (特に)蒸気室(steam chest). 〘1839〙

valved *adj.* **1** バルブ[弁]のある, 有弁の. **2** = valvate. 〘1771〙

válve gèar *n.*〘機械〙(往復機関の)弁装置. 〘1842〙

válve hèad *n.* 弁頭, バルブヘッド (垂直方向に開くバルブにおいて, バルブを開くときに密着していた開口部から上げられる部分). 〘1904〙

válve-in-héad èngine *n.*〘機械〙頭弁式エンジン, I 型機関 (overhead valve engine).

válve·less *adj.* 弁のない. 〘1830〙

valve·let /vǽlvlɪ̀t/ *n.* 小弁 (valvule). 〘1793〙

válve mòtion *n.*〘機械〙= valve gear.

válve sèat *n.*〘機械〙(内燃機関等の)弁座. 〘1841〙

válve trombòne *n.* バルブトロンボーン (スライド式 U 字管の代わりにピストンバルブをもつ; cf. slide trombone). 〘1883〙

válve vóltmeter *n.*〘電気〙バルボル (⇨ vacuum-tube voltmeter). 〘1925〙

val·vu·la /vǽlvjulə/ *n.* (*pl.* **-vu·lae** /-lì:, -làɪ/)〘解剖〙(小)弁 (現在の解剖学名では心臓以外の弁に限られる). 〘(1615) ← NL ~ (dim.) ← *valva* 'VALVE'〙

val·vu·lar /vǽlvjulə | -lə(r)/ *adj.* **1** 弁の, 弁状の; 弁を備えた, 弁によって活動する. **2**〘植物〙弁から成る. **3**〘医学〙(小)弁の, 心臓弁膜の: ~ disease (of the heart) 心臓弁膜症, 弁膜性心疾患 (略 VDH). 〘(1797) ← NL *valvularis*: ⇨ valvule, -ar[1]〙

válvular insufficiency [incómpetence] *n.*〘病理〙弁閉鎖不全(症) (心臓弁膜の閉鎖が不完全で, 血液がその間隙から逆流する状態).

val·vule /vǽlvju:l/ *n.* 小弁(状部分) (valvelet). 〘(1760) ← NL *valvula* (dim.) ← L *valva*: ⇨ valve〙

val·vu·li·tis /vӕlvjuláɪṭɪs | -tɪs/ *n.*〘病理〙(心)弁膜炎. 〘(1897) ← NL *valvula* (↑) + -ITIS〙

val·vu·lo·plas·ty /vǽlvjulouplӕsti, -lə- | -lə(u)-/ *n.*〘外科〙弁形成(術). 〘← NL *valvula* (⇨ valvule) + -o- + -PLASTY〙

val·vu·lot·o·my /vӕlvjulá(:)ṭəmi | -lɔ́t-/ *n.*〘外科〙(心臓の)弁膜切開(術) (cf. commissurotomy). 〘(1916) ← NL *valvula* (⇨ valvule) + -o- + -TOMY〙

vam·brace /vǽmbreɪs/ *n.*〘甲冑〙腕甲 (特に, ひじから手首まで; ⇨ armor 挿絵). 〘(*c*1330) ◻ AF *vauntbras* (頭音消失) ← OF *avantbras* ← *avant* before, in front + *bras* arm〙

vám·braced *adj.*〘紋章〙腕甲を着けた. 〘1610〙

va·moose /vəmú:s, væ-/ (*also* **va·mose** /-móus | -mə́us/) (米俗) — *vi.* 急いで逃げる, 出奔する, ずらかる (decamp). — *vt.* 〈場所〉から急に逃げる, 急いで去る. 〘(1834) ◻ Sp. *vamos* let us go: cf. mosey〙

vamp[1] /vǽmp/ *n.* **1** (靴の)つま革, わく革, バンプ (甲革 (uppers) のうち歩行のたびに屈曲する部分の革; ⇨ shoe 挿絵). **2** つぎ, ぼろ隠し (patchwork). **3** つぎ合わせもの; (特に)焼直しの文学作品. **4**〘ジャズ〙(簡単な)即興伴奏. — *vt.* **1** 〈靴〉に新しいつま革をつける[で繕う]: ~ worn boots. **2** …につぎを当てる, 繕う (patch up); 〈古い物を〉新しく見せる 〈*up, together*〉: ~ *up* old furniture 古家具を新しいもののように仕立てる. **3** (口語) (古い材料などで)でっち上げる 〈*up*〉: ~ *up* a farce 茶番狂言をでっち上げる / ~ *up* an excuse 言い訳をでっち上げる. **4**〘ジャズ〙〈伴奏・導入曲などを〉即興で付ける; …に即興で伴奏を付ける (improvise). — *vi.*〘ジャズ〙伴奏・導入曲などを即興で作る[奏する]. 〘(?*a*1200) ◻ AF **vaumpé* (頭音消失) ← OF *avantpié* (F *avantpied*) forepart of the foot ← *avant* before + *pié* (F *pied*) (< L *pedem*, *pēs* 'FOOT')〙

vamp[2] /vǽmp/ *n.* 毒婦, 男たらし, バンプ (adventuress); 浮気女 (flirt). — *vt.* 〈男を〉たらし込んで金品を巻き上げる, 〈男を〉食い物にする; 〈男〉といちゃつく. — *vi.* バンプ役を演じる. 〘(*a*1911) (略) ← VAMPIRE〙

vámp·er *n.* **1** 靴直し(人); 直し屋. **2**〘ジャズ〙(特に, ピアノの)即興伴奏者. 〘1712〙

vámp·hòrn *n.* バンプホーン (18–19 世紀初期にかけて教会で用いられた一種のメガホン).

vam·pire /vǽmpaɪə | -paɪə(r)/ *n.* **1** 吸血鬼 (夜間墓を出て眠っている人を訪れその生き血を吸うという). **2** 人の膏血(こうけつ)を絞る者, 鬼のような搾取者 (extortionist). **3** 毒婦, バンプ (vamp). **4** バンプ役女優. **5**〘動物〙**a** チスイコウモリ (中南米産チスイコウモリ属 (*Desmodus*)・マルミミチスイコウモリ属 (*Diphylla*) のコウモリの総称; 家畜などの血を食餌とし, 狂犬病を媒介することもある; 俗に「吸血こうもり」という; vampire bat ともいう). **b** アフリカ・東南アジア・オーストラリア産アラコウモリ科および中南米産のヘラコウモリ科チスイコウモリモドキ属 (*Vampyrum*) のコウモリの総称 (生き血を吸うと誤って信じられている; vampire bat ともいう; cf. false vampire bat). **6**〘演劇〙落とし戸 (trapdoor) (悪魔などが突然現われたり消えたりするために用いる舞台の床または壁面に設けられたばね落し). 〘(1734) ◻ F ~ // G *Vampir* ← ? Slav. ◻ Turk. *uber* witch〙

vampire 1

vámpire tràp *n.*〘演劇〙= vampire 6.

vam·pir·ic /væmpírɪk/ *adj.* 血を吸う, 寄生する (parasitic). 〘1853〙

vám·pir·ish /-paɪrɪʃ | -paɪ(ə)r-/ *adj.* 吸血鬼の(ような); バンプ[毒婦]風の. 〘1891〙

vám·pir·ìsm /-paɪrìzm | -paɪ(ə)r-/ *n.* **1** 吸血鬼の仕業[所業]; 人の膏血(こうけつ)を絞ること; 男を食い物にすること, 男たらし. **2** 吸血鬼の(存在を信じる)迷信. **3**〘医学〙死姦, 死体(性)愛. 〘1794〙

vámp·ish /-pɪʃ/ *adj.* 〈女性・服装など〉男たらしの, 毒婦型の, バンプ(風)の: a ~ woman. 〘1922〙

vam·plate /vǽmplèɪt/ *n.* (騎士の長い槍につける)円形の大きいつば. 〘(?c1350) ◻ AF *vauntplate* ← *vaunt-* = OF *avant-* before + *plate* 'PLATE[1]': cf. vambrace〙

van[1] /vǽn/ *n.* **1** (英) (鉄道の)手荷物車, 有蓋貨車 ((米) baggage car) (cf. wagon 2): a guard's ~ 車掌車 / a goods ~ 有蓋(ゆうがい)貨車 / ⇨ brake van, luggage van. **2 a** (幌付きの)大馬車, 箱荷車; バン, ワゴン車, 箱型貨物自動車, 有蓋[幌付き]トラック (家具・動物などの運搬用; cf. lorry 1 a); (商品などの)運搬用小型トラック: a furniture ~. **b** ジプシーの箱馬車 (gypsy van). — *vt.* (**vanned; van·ning**) バンに積む[で運搬する]. 〘(1829) (略) ← CARAVAN〙

V

van[2] /vǽn/ *n.* **1** (部隊または艦隊の)前衛, 先陣, 先頭部隊 (cf. rear[1] 1 d). **2** 先頭, 先鋒; [集合的] 先導者, 先達たち (leaders): the ~ *of* a procession 行列の先頭 / the ~ of civilization 文明の先達 / in the ~ *of* …の先頭[陣頭]に立って, …の先駆(者)となって / lead the ~ 先駆を務める, 主動者となる 〔*of*〕 (cf. *bring up the* REAR[1]). 〘(1610) (略) ← VANGUARD〙

van[3] /vǽn/ *n.* (英口語)〘テニス〙= advantage 3. 〘1960〙

van[4] /vǽn/ *n.* **1** (古) 唐箕(とうみ)分け機 (winnowing machine). **2** 選鉱用シャベル. **3** (古・詩) 翼 (wing). — *vt.* (**vanned; van·ning**) 〈鉱石を〉ふるい分ける, 選鉱する. **ván·ner** *n.* 〘(*c*1450) (南部方言) ← FAN[2]: cf. (O)F *van*〙

van[5] /vǽn; *Du.* van, *G.* fan/ *prep.* = of, from. ★ 人名に用いる; 本来は出身地を示すために用いられる; 本人の好みにより Van とも書かれるが, 外国語の場合は van が普通 (cf. de[2], von). 〘◻ Du. ~ 'of, from': cf. von〙

Van[1] /vǽn/ *n.* ヴァン (男性名). 〘← VAN[4] // FEN[1]〙

Van[2] /vǽn, vá:n; *Turk.* van/ *n.* バン (トルコ東部 Van 湖に臨む Van 州の州都).

Van /vǽn, vá:n; *Turk.* van/, **Lake** *n.* バン湖 (トルコ東部の塩水湖; 面積 3,737 km²).

VAN /vǽn/ (略) value-added network 付加価値通信網.

va·nad- /vənéɪd | -néɪd/ (母音の前にくるときの) vanado- の異形.

van·a·date /vǽnədèɪt/ *n.* 〖化学〗バナジウム酸塩, バナジウム酸エステル. 〖(1835) ← VANADO-＋-ATE¹〗

va·na·di·ate /vənéɪdièɪt | -di-/ *n.* 〖化学〗＝vanadate.

va·na·dic /vənéɪdɪk, -nǽd- | -dɪk/ *adj.* 〖化学〗第二バナジウムの, 三価のバナジウム (V^{III}) の (cf. vanadous). 〖1833〗

vanádic ácid *n.* 〖化学〗バナジウム酸《オルトバナジウム酸 (H_3VO_4) とメタバナジウム酸 (HVO_3) とがある》. 〖1833〗

va·nad·i·nite /vənǽdənàɪt, -néɪd- | -dɪ̀-/ *n.* 〖鉱物〗褐鉛(かつえん)鉱. 〖(1855) ← VANADO-＋-IN²＋-ITE¹〗

va·na·di·ous /vənéɪdiəs | -di-/ *adj.* 〖化学〗＝vanadous.

va·na·di·um /vənéɪdiəm | -di-/ *n.* 〖化学〗バナジウム, バナジン《希元素の一つ; 記号 V, 原子番号 23, 原子量 50.9415》. 〖(1833) ← NL ～ ← ON *Vanadīs* (Freya の別称)＋-IUM: スウェーデンで発見されたことにちなむ〗

vanádium óxide *n.* 〖化学〗酸化バナジウム《VO, V_2O_3, VO_2, V_2O_5 の四種がある; V_2O_5 は酸化触媒として用いられる》.

vanádium pentóxide *n.* 〖化学〗五酸化バナジウム (V_2O_5) (⇨ vanadium oxide). 〖1885〗

vanádium stéel *n.* バナジウム鋼《高温で硬度が保たれるバナジウムを含む合金鋼》. 〖1908〗

va·na·do- /vənéɪdou | -dəu/「バナジウム, バナジン (vanadium)」の意の連結形. ★ 母音の前では通例 vanad- になる. 〖← VANADIUM〗

van·a·dous /vǽnədəs | -dəs/ *adj.* 〖化学〗第一バナジウムの, 二価のバナジウム (V^{II}) の (vanadious ともいう; cf. vanadic). 〖(1850): ⇨ ↑, -ous〗

va·na·dyl /vənéɪdl̩, vǽnədɪl | vənéɪdɪl, vǽnədɪl/ *n.* 〖化学〗バナジル《VO で表される陽性の基; 一価, 二価あるいは三価》. 〖(1868) ← VANADO-＋-YL〗

Van Al·len /vænǽlən/, **James Alfred** *n.* バンアレン《1914–2006; 米国の物理学者》.

Van Állen bèlt *n.* 〖地球物理〗＝Van Allen radiation belt.

Van Állen radiátion bèlt *n.* 〖地球物理〗バンアレン放射線帯《高エネルギー粒子を含む地軸に直交したドーナツ状の領域で, 地表からの高度は 3,600 km および 18,000 km の二種に分かれている; Van Allen belt, radiation belt ともいう》. 〖(1959) ← *J. A. Van Allen*〗

va·na·pras·tha /vɑ̀nəprɑ́stə/ *n.* 〖ヒンズー教〗林住期《アーシュラマ (ashrama) の第三期; 家住期を終えて森林に隠棲する時期》; 林住期の隠者. 〖□ Skt *vānaprastha*〗

va·nas·pa·ti /vənǽspəti, -nɑ́:s- | -ti/ *n.* ヴァナスパッティ《インドでバターの代用にする水素添加の植物油》. 〖(1949) □ Skt ～ 'soma plant' ← *vana* forest＋*pati* lord〗

Van·brugh /vænbrú:, ←– | vǽnbrə/, Sir **John** *n.* バンブラ《1664–1726; 英国の劇作家・建築家; *The Provok'd Wife* (1697)》.

Van Bu·ren /vænbjúᵊrən | -bjúər-/, **Martin** *n.* バンビューレン《1782–1862; 米国第 8 代大統領 (1837–41)》.

Vance /vǽns | vǽns, vɑ́:ns/ *n.* バンス《男性名》. 〖ME *Vannes* (原義) resident at the fan: ⇨ fan²〗

van·co·my·cin /vǽŋkəmáɪsɪ̀n, væn-, -sn̩ | -sɪn/ *n.* 〖薬剤〗バンコマイシン《抗生物質の一種; スピロヘータに有効》. 〖(1956) ← *vanco-* (← ?)＋-MYCIN〗

Van·cou·ver /vænkú:və | -vəʳ/ *n.* バンクーバー: **1** カナダ南西部, British Columbia 州南西海岸に近い島; 面積 32,140 km². **2** Vancouver 島の南西部対岸, カナダ最南西部の工業港市. 〖↓〗

Van·cou·ver /vænkú:və | -vəʳ/, **George** *n.* バンクーバー《1757–98; 英国の航海者・探検家; Captain Cook の航海に参加; 北米北西海岸を調査・測量 (1792–94)》.

V

Vancouver, Mount *n.* バンクーバー山《米国 Alaska 州とカナダの境にある山 (4,785 m)》.

Van·cou·ver·ite /vænkú:vəràɪt/ *n.* バンクーバー市民.

van·da /vǽndə/ *n.* 〖植物〗インド・マレーシア地方に産するラン科のバンダ[ヒスイラン]属 (*Vanda*) の植物の総称. 〖(1844) ← NL ～ ← Hindi *vandā* mistletoe ← Skt *vandā* a parasitic plant〗

V & A /ví:ən(d)éɪ/ 〖略〗(Order of) Victoria and Albert (英国の)ビクトリア アルバート勲章; Victoria and Albert Museum. 〖1937〗

Van·dal /vǽndl̩/ *n.* **1 a** [the ～s] バンダル族《5 世紀にガリア・スペイン・北アフリカ・ローマを侵し, 最後に北部アフリカに定住した Goths 族に近いゲルマンの一民族; 455 年にローマを略奪し, その文化を破壊した》. **b** バンダル族の人, バンダル人. **2** [v-] 芸術品・自然美などの心なき破壊者. — *adj.* **1** バンダル族の. **2** [v-] (無知ゆえに)芸術・文化などを破壊する, 野蛮な; バンダル人的な, 芸術破壊的な: *vandal* despoilers of our churches 教会を略奪する野蛮人 / the *vandal* defacement of the countryside 田園の野蛮な汚損.
〖(1555) □ LL *Vandalus* □ Gmc **Wandal-* (OE *Wendil* / ON *Vendill*) ← ? IE **wendh-* to turn, wind: ⇨ wander〗

Van·dal·ic /vændǽlɪk/ *adj.* **1** バンダル人の[的な]. **2** [v-] 芸術・文化破壊者の[的な], 野蛮な. 〖1666〗

ván·dal·ism /-dlɪ̀zm, -dl-/ *n.* **1** 芸術・文化に対する敵視; 芸術破壊(行為), 野蛮な行為. **2** バンダル人の気質[精神, 風習, 行動]. 〖1798〗

van·dal·is·tic /vǽndəlístɪk, -dl-⁻/ *adj.* 芸術破壊の, 野蛮な行為をする. 〖1854〗

van·dal·ize /vǽndlàɪz, -dəl-/ *vt.* 〈芸術作品・公共物・風景などを〉(バンダル人のように)破壊する. **van·dal·i·za·tion** /vǽndəlɪzéɪʃən, -dl- | -dəlaɪ-, -lɪ-, -dl-/ *n.* 〖1800〗

Ván de Gràaff génerator /vǽndəgrǽf- | -grɑ̀:f-, -grǽf-/ *n.* 〖物理〗ヴァンドグラーフ起電機《静電発電機, 起電機 (electrostatic generator) の一種で, 高電圧の電源となる; 原子核研究などに使用》. 〖(1934) ← *Robert J. Van de Graaff* (1901–67: 米国の物理学者)〗

Van·den·berg /vǽndənbə̀:g | -bɜ̀:g/, **Arthur Hendrick** *n.* バンデンバーグ《1884–1951; 米国の政治家》.

Van·der·bilt /vǽndəbɪ̀lt | -də-/, **Cornelius** *n.* バンダービルト《1794–1877; 米国の資本家・鉄道建設業者; 通称 Commodore Vanderbilt》.

Van der Hum /vǽndəhʌ́m | -də-/ *n.* 〖商標〗ヴァンデルフム《タンジェリン (naartjie) 風味の南アフリカ産のリキュール》. 〖(1861): 現地語で what's his name (何某)に当たる表現で, 名前の忘れられた同酒の創作者をたたえてつけられた〗

van der Post /vǽndəpɑ́(:)st | -dəpɔ́st/, Sir **Laurens (Jan)** *n.* ヴァン デル ポスト《1906–96; 南アフリカ共和国出身の英国の作家・探検家》.

van der Waals /vǽndəwɑ́:lz, -wɔ́:lz | -dəwɑ́:lz; *Du.* vɑndərvá:ls/, **Johannes Di·de·rik** /dídərɪk/ *n.* ファンデルワールス《1837–1923; オランダの物理学者; Nobel 物理学賞 (1910)》.

ván der Wàals adsórption *n.* 〖物理化学〗ファンデルワールス吸着《ファンデルワールス力による固体表面の吸着現象; cf. chemisorption》. 〖↑〗

ván der Wàals equátion *n.* 〖熱力学〗ファンデルワールスの方程式《van der Waals が提唱した気体の状態式》. 〖(1895) ← *van der Waals*〗

ván der Wàals fórces *n. pl.* 〖物理化学〗ファンデルワールス力《双極子などの相互作用に起因する中性原子[分子]間の比較的弱い引力》. 〖(1979) ← *van der Waals*〗

van der Weyden *n.* ⇨ Weyden.

van de Vel·de /vǽndəvéldə; *Du.* vɑndəvéldə/, **A·dri·aen** /ɑ́driɑn/ *n.* ファン デ フェルデ《1636–72; オランダの画家; Willem the Elder の子; 風景画家として知られる》.

van de Velde, Henri (Clemens) /hénri-klé:məns/ *n.* ヴァン デ ヴェルデ《1863–1957; ベルギーの建築家・工芸家》.

van de Velde, Wil·lem /wíləm/ *n.* ファン デ フェルデ: **1** (1611–93) オランダの画家; Willem the Elder. **2** (1633–1707) オランダの画家; 前者の子; Willem the Younger; 父と共に年英国に渡り, Charles 二世の宮廷画家となった; 海洋画家として知られる.

van Die·men /vændí:mən/, **Anton** *n.* ヴァンディーメン《1593–1645; オランダ東インド会社の総督; その命により Tasman が Tasmania を発見》.

Van Díemen Gùlf /vændí:mən-/ *n.* ヴァンディーメン湾《オーストラリア北部 Timor 海の湾》.

Van Díemen's Lànd *n.* ヴァンディーメンズランド《Tasmania の旧名》(⇨ van Diemen).

Van Dine /vændáɪn, væn- | væn-/, **S. S.** *n.* ヴァンダイン《Willard Huntington WRIGHT の筆名》.

Van Do·ren /vændɔ́:rən/, **Carl (Clinton)** *n.* バンドーレン《1885–1950; 米国の大学教授・批評家, Mark Van Doren の兄; *Benjamin Franklin* (1938)》.

Van Doren, Mark (Albert) *n.* バンドーレン《1894–1972; 米国の大学教授・詩人・批評家, Carl Van Doren の弟; *Thoreau* (1916), *Hawthorne* (1949)》.

Van Dru·ten /vændrú:tn̩/, **John William** *n.* バンドルーテン《1901–57; 英国生まれの米国の劇作家・演出家; *Young Woodley* (1925)》.

Van·dyke /vændáɪk⁻/ (*also* **Van·dyck** /～/) — *adj.* **1** Vandyke (作)の. **2** 〈服装など〉バンダイクの肖像画にあるような, バンダイク風の; (特に) V 字形で縁が深いぎざぎざの. — *n.* [通例 v-] **1** ＝Vandyke beard. **2 a** V 字形で縁が深いぎざぎざになっているもの; その縁. **b** ＝Vandyke collar. 〖(1755) ↓〗

Van·dyke /vændáɪk; *Du.* vɑndέɪk/ (*also* **Van Dyck** /～/), Sir **Anthony** *n.* バンダイク《1599–1641; フランドルの肖像画家; 英国王 Charles 一世に招かれ, 晩年を英国で送った》.

Van Dyke /vændáɪk/, **Henry** *n.* バンダイク《1852–1933; 米国の英文学者・牧師; *The Poetry of Tennyson* (1889)》.

Vándyke béard, v- b- *n.* バンダイクひげ《先を細く尖らしたあごひげ》. 〖(1894) ← *Sir Anthony Vandyke*〗

Vándyke brówn *n.* **1** バンダイクブラウン《Vandyke が好んで用いた焦げ茶色》. **2** バンダイクブラウン《暗褐色顔料; 酸化鉄またはフェロシアン化銅を主成分とする 2 種がある》. 〖1850〗

Vándyke cóllar *n.* バンダイクカラー《Vandyke の肖像画にあるようなリンネルやレースの大きなカラーで, 縁がスカラップ (scallops) や深いぎざぎざになっている》.

van·dyked, V- /vændáɪkt⁻/ *adj.* 〈布など〉ぎざぎざの縁どりをした. 〖(1800): cf. Vandyke collar〗

vane /véɪn/ *n.* **1** 風見 (weather vane), 風信器, 風向計 (cf. dogvane). **2** (風車の)翼板 (sail). **3 a** (風車・推進器・扇風機などの)翼, 羽根 (blade). **b** (弓の)矢羽(やばね) (feather). **4** 気まぐれ屋, 気の変わりやすい人. **5** 〖測量〗(平板のアリダードまたはコンパスに付属し視準線を定めるためののぞき穴のある)視準板, のぞき板 (sight vane). **6** 〖鳥類〗羽弁, 羽板, 翈(う) (web)《軸の両側に羽板が互いにかぎで連なり合っている羽面》. **7** 〖宇宙〗(ミサイルやロケットの操舵のため尾翼またはノズルにつける)操縦面. 〖(*c*1395) 《南部・西部方言》← OE *fana* flag < Gmc **fanōn-* (G *Fahne* flag) ← IE **pan-* fabric〗

Vane /véɪn/, Sir **Henry** *n.* ベーン《1613–62; 英国の清教徒・政治家・著述家; 清教徒革命に活躍し, 王政復古後処刑された; 通称 Sir Harry Vane》.

vaned *adj.* 風見 (vane) のある.

Vän·er /vέnə | -nəʳ/ *n.* Vänern の英語名.

Vä·nern /*Swed.* vέ:nern/ *n.* ヴェーネン(湖)《スウェーデン南西部のスウェーデン最大の湖; 面積 5,584 km²》.

Va·nes·sa /vənésə/ *n.* バネッサ《女性名》. 〖Swift の造語: 彼の恋人 *Esther Vanhomrigh* をもじり *Van-* と *Esther* の愛称形 *Essa* を結び付けたもの〗

va·nes·sid /vənésɪd/ *adj., n.* 〖昆虫〗(あざやかな色彩の翅をもつ)タテハチョウ科 (Nymphalidae) の(チョウ)《admirals, tortoiseshells などを含む》. 〖(1911) ← NL ← *Vanessidae* (旧科名) ← Vanessa (属名: ↑)〗

van Eyck /vænáɪk; *Du.* vanáik/, **Hubert** *or* **Huybrecht** /hœ́ybrɛçt/ *n.* ファンアイク《1366?–1426; フランドルの画家》.

van Eyck, Jan *n.* ファンアイク《1370?–1441; Hubert の弟, フランドルの画家; 通称 Jan van Brugge》.

vang /vǽŋ/ *n.* 〖海事〗斜桁(しゃこう)支索《斜桁 (gaff) の先端を固定位置に保つため船の両舷から取った支え綱 2 本の一つ》. 〖(1769) □ Du. ～ 'catch, curb' ← *vangen* to seize: cf. fang〗

van·ga /vǽŋgə/ *n.* 〖鳥類〗マダガスカルモズ科[オオハシモズ科] (Vangidae) の[に属する]鳥《Madagascar に分布; vanga shrike ともいう》. 〖(*c*1850) ← NL *Vanga* (属名) ← ? LL *Vanga* mattock: くちばしの形から〗

vánga shríke *n.* 〖鳥類〗＝vanga.

van·gee /vǽndʒi:/ *n.* 〖海事〗(船底の汚水を汲み上げる鎖バケツを回すクランク付き)動輪. 〖1846〗

Van·gie /vǽndʒi/ *n.* バンジー《女性名》. 〖(dim.) ← EVANGELINE〗

van Gogh /vǽŋgóu, -gɑ́(:)k, -gɑ́(:)x, -gɔ́(:)k, -gɔ́(:)x | -gɔ́f, -gɔ́k, -gɔ́x; *Du.* vɑnxɔ́x/, **Vincent** *n.* (ヴァン)ゴッホ《1853–90; オランダの後期印象派の画家》.

van·guard /vǽngɑəd | -gɑ:d/ *n.* **1** (社会・政治運動などの)先導, 指導的地位, 前衛; [集合的] 先導者[指導者]たち (leaders): in the ～ 先頭に立って, 先駆者として / They are in the ～ *of* fashion. 流行の先端にいる. **2** (軍隊の)前衛, 先鋒(せんぽう); 先兵 (advance guard). **3** [V-] バンガード(ロケット)《米国初期のバンガード衛星打上げ用の三段式ロケット》. 〖(?*c*1450) *vandgard* (頭音消失) ← (O)F *avan(t)-garde* ← *avant* before＋*garde* 'GUARD'〗

ván·guard·ìsm /-dɪ̀zm/ *n.* 前衛主義[思想].

ván·guard·ist /-dɪ̀st | -dɪst/ 〖1934〗

Van Hou·ten /vænháutn̩, -tn̩; *G.* vanháutn/ *n.* 〖商標〗バンホーテン《ドイツの C. J. Van Houten 社製のココアおよびチョコレート》.

Va·nier /vǽnjeɪ, ––́; *F.* vanje/, **Georges-P(hiléas)** *n.* バニエ《1888–1967; カナダの軍人・外交官; 総督 (1959–67)》.

va·nil·la /vənílə, -nélə | -nílə/ *n.* **1** バニラエッセンス《アイスクリーム・チョコレート・ケーキなどの菓子類に用いる香料》. **2** 〖植物〗バニラ (*Vanilla planifolia*)《熱帯アメリカ産のラン科のつる植物; 果実から香料のバニラを採る》. **3** バニラの実. — *adj.* なんの特徴もない, 平凡な, 味気ない; 〈製品仕様がありきたりの《バニラが標準的なアイスクリームの味つけであることから》. 〖(1662) □ OSp. *vaynilla* (Sp. *vainilla*) little pod (dim.) ← *vaina* sheath < L *vāginam* 'VAGINA'〗

vanilla 2

vanílla bèan [pòd] *n.* 〖植物〗バニラの実. 〖1874〗

vanílla gràss *n.* 〖植物〗＝sweet grass 2. 〖1856〗

va·nil·lic /vənílɪk/ *adj.* **1** バニラの, バニラから採った. **2** 〖化学〗バニリンの. 〖1876〗

van·il·lin /vənílɪ̀n, vǽnl̩ɪ̀l- | -lɪn/ *n.* 〖化学〗バニリン ($CH_3O(OH)C_6H_3CHO$)《バニラの実・丁字(ちょうじ)油などに存在し, 香料として広く用いられる》. 〖(1868) ← VANIL-L(A)＋-IN²〗

Va·nir /vɑ́:nɪə | -nɪəʳ/ *n. pl.* 〖北欧神話〗ヴァニル神族, ヴァナ神族《Niord, Frey, Freya などが属した神族; 初め Aesir 神族と戦い, 和平を結ぶに及んで互いに人質を交換した際, 彼らを Odin に差し出したという》. 〖□ ON ～ (pl.) ← *Vanr*〗

van·ish /vǽnɪʃ/ *vi.* **1** (急に)消える, 見えなくなる; 姿をかき消す, 消え失せる, 立ち去る (⇨ disappear SYN): ～ *into* smoke 煙となって消える / ⇨ *vanish into thin* AIR¹ / ～ *from* [*out of*] sight 見えなくなる / ～ *from* [*off*] the face of the earth 地表から消え失せる / Shadows ～ with the dawn. 幽霊どもは暁と共に消え失せる / The fugitive ～*ed into* the hills. 逃亡者は山の中へ姿を消した / The ～*ed* have all turned up safe and sound. 行方不明だった人たちは皆, 無事姿を現した / Bureaucrats do a ～*ing* act when you need them. 官僚は必要としているときに姿をくらますようなことをする. **2** 〈光・色など〉薄れる, 次第に見えなくなる, 消滅する (fade away). **3** 存在しなくなる; 〈希望・恐怖などがなくなる, 消え失せる, 尽きる: All our

hopes ~*ed* at the news. その知らせで希望はすべて消えてしまった / ~*ing* [~*ed*] hopes なくなりかけている[なくなった]希望. **4** 〘数学〙零になる. — *vt.* **1** 消す, 見えなくする. **2** 《Shak》(言葉などを)吐き出す (exhale).
— *n.* 〘音声〙消音 《二重母音の /eɪ/ や /oʊ/ の後半の弱い /ɪ/ や /ʊ/ の母音》.
~·er *n.* 〘《c1303》(頭音消失) ▭ OF *evaniss-* (pres. p. stem) ← *e(s)vanir* (F *évanouir*) < VL **exvānīre* = L *ēvānēscere* disappeare ← *ē-* 'EX-¹' + *vānēscere* to disappear: ⇨ ex-¹, vain, -ish²〙

ván·ish·ing *n.* 〘教育〙=fading 3.

Vánishing Américan [the ~] *n.* 《米古》消えゆくアメリカ人《アメリカンインディアンのこと》.

vánishing bréed *n.* 消えゆく[滅びゆく]種[種族, 種類]: Daring entrepreneurs are (becoming) a ~. 大胆さをそなえた企業家はだんだんいなくなる.

vánishing crèam *n.* バニシングクリーム《化粧用無油性クリーム; cf. cold cream》. 〘1916〙

vánishing lìne *n.* (透視画法の)消尽線. 〘1840〙

ván·ish·ing·ly *adv.* 消え失せるように; ほとんどないくらいに: Their chances of success are ~ small. 彼らが成功する見込みはほとんどない. 〘1870〙

vánishing pòint *n.* **1** (透視画法の)消尽点, 消点. **2** 物の尽きる点: Our money [strength] has reached the ~. われわれの金[力]が尽きた. 〘1797〙

vanishing point

ván·ish·ment *n.* 消失, 消去, 消滅. 〘1831〙

van·i·tas /vɑ́ːnɪ̀tɑ̀ːs, vǽn- | vǽnɪ-/ *n.* 〘美術〙ヴァニタス《死や無常を想起させる象徴(頭蓋骨や砂時計など)を含んだ17世紀オランダの静物画ジャンル》. 〘《1565》 ▭ L *vanitās* 'vanity'〙

Van·i·to·ry /vǽnətɔ̀ːri | -nɪ̀təri, -tri/ *n.* 〘商標〙ヴァニトリー《化粧台付き洗面台; Vanitory unit ともいう》.

van·i·ty /vǽnəṭi | -nɪ̀ti/ *n.* **1 a** うぬぼれ, 虚栄(心) (conceit) (⇨ pride SYN): for [out of, through] ~ = for ~'s sake 虚栄[見栄]のために / He is mad with wounded ~. 彼は虚栄心を傷つけられて激怒している / A man's ~ is his tenderest spot. うぬぼれは人の一番の急所だ / Without ~, we may consider our work a success. うぬぼれるわけではないが, 我々のやった仕事を成功とみなしてかまわないだろう. **b** 自負の対象, うぬぼれているもの, 虚栄の種. **2 a** 空(くう)なこと, 空虚, 空しさ, はかなさ, 無益 (emptiness): the ~ of human wishes 人間の望みの空しさ / the ~ of life 人生のはかなさ, 無常 / *Vanity of vanities*; all is ~. 空の空なるかな, すべて空なり (*Eccles.* 1:2). **b** 空な[つまらない]こと[もの], 無益な[くだらない]こと[もの, 行為など]; たわむれ: the pomp(s) and ~ of this wicked world ⇨ pomp *n.* 2. **3 a** 虚飾, 誇示 (ostentation). **b** けばけばしい装飾品 (gaud); 装飾的小物, 細かい装身具. **4 a** バニティーケース《女性の携帯用化粧道具入れ; 固い箱型のケースで仕切りや鏡がついている》. **b** 化粧バッグ《化粧道具を入れる小さなバッグで, ハンドバッグの中に入れたり, セカンドバッグにしたりする》. **5** 《米》=dressing table. **6** (NZ) =vanity unit.
〘《?c1200》 ▭ (O)F *vanité* ▭ L *vānitātem* emptiness ← *vānus*: ⇨ vain, -ity〙

vánity bàg [càse, bòx] *n.* =vanity 4. 〘c1904〙

Vánity Fáir *n.* **1** 虚栄の市《Bunyan 作 *The Pilgrim's Progress* 中に出る虚栄の町の市場》. **2** [しばしば v- f-] 虚栄[虚飾]の巷(ちまた), この世の中; 上流社会. 〘1678〙

vánity mìrror *n.* バニティーミラー《自動車のサンバイザー裏に取り付けられている小型化粧鏡》. 〘1959〙

vánity plàte *n.* バニティープレート《自動車の持ち主が自分の好みで選んだ文字または数字, または文字と数字のナンバープレート》. 〘1966〙

vánity prèss [pùblisher] *n.* 自費出版専門の出版社. 〘1950〙

vánity sùrgery *n.* 美容(整形)外科, 美容整形手術.

vánity tàble *n.* 《米》=dressing table.

vánity ùnit *n.* 《英》下部に戸棚が付いた洗面台, 洗面ユニット (cf. Vanitory).

van Loon /vænlúːn, -lóʊn | -lúːn, -lə́ʊn/, **Hendrik Willem** *n.* バンルーン《1882–1944; オランダ生まれの米国の著述家・ジャーナリスト》.

ván·màn /-mæ̀n, -mən/ *n.* (*pl.* **-men** /-mɛ̀n, -mən/) バン (van) の運転手. 〘1881〙

van·ner¹ /vǽnə | -nə(r/ *n.* **1** 《米》(特に特別仕様の)バンに乗る人. **2** 《英》軽馬車用の馬. 〘《1888》: ⇨ van¹, -er¹〙

van·ner² /vǽnə | -nə(r/ *n.* 〘鉱山〙選鉱夫; 選鉱器. 〘《1552》: ⇨ van⁴, -er¹〙

Va·no·ra /vənɔ́ːrə/ *n.* ヴァノーラ《女性名》. 〘《スコット》~, *Guanor, Wander* 'GUINEVERE'〙

ván·pòol 《米》*n.* バンでの相乗り通勤. — *vi.* バンで相乗り通勤をする. 〘1973〙

van·quish /vǽŋkwɪʃ, vǽn- | vǽŋ-/ 《文語》*vt.* **1** 征服する; 破る, 負かす (⇨ conquer SYN): ~ the enemy, one's opponents, etc. / the ~*ed* 被征服者, 敗北者. **2** (議論で)負かす, 論破する. **3** 〈誘惑・感情などを〉克服する, …に打ち勝つ (subdue): ~ the temptation of the flesh 肉欲の誘惑に打ち勝つ. — *vi.* 勝利を得る, 征服者となる. **~·ment** *n.* 〘《c1330》 *vencuse(n), venquishe(n)* ▭ OF *venquiss-* (pret.) ← *veintre* (F *vaincre*) < L *vincere* to conquer: cf. victor, -ish²: *van-* の形は 16C 以降で, OF *vainquir* の影響〙

van·quish·a·ble /vǽŋkwɪʃəbl̩, vǽn- | vǽŋ-/ *adj.* 征服できる, 負かすことができる; 打ち勝てる, 克服できる. 〘1555〙

ván·quish·er *n.* 征服者, 勝利者. 〘a1533〙

Van Rens·se·laer /vænrɛ̀nsəlíə, -rɛ́nsələ | -líə(r, -lə(r/, **Stephen** *n.* バン レンセリアー《1764–1839; 米国の軍人・政治家》.

Van·sit·tart /vænsítət | -sítət, -tɑːt/, Sir **Robert Gilbert** *n.* バンシッタート《1881–1957; 英国の外交官・著述家; 1st Baron Vansittart of Denham》.

vant /vǽnt/ *n.* 《廃》=vaunt².

Van·taa /vɑ́ːntɑː | vǽn-; *Finn.* vántɑː/ *n.* ヴァンター《フィンランド南部の都市》.

van·tage /vǽnṭɪdʒ | vɑ́ːnt-/ *n.* **1 a** 有利な点, 優勢, 優位 (superiority): have a person *at* ~ 人よりも優位に立つ / ⇨ COIGN¹ *of vantage*. **b** =vantage point. **2** 《古》利益, 利得 (benefit, gain). **3** 《廃》好機, 機会 (opportunity). **4** 〘テニス〙=advantage 3.
to the vántage 《廃》加うるに, その上 (in addition).
— *vt.* 《古》利する, 益する (profit).
〘《a1325》 ▭ AF ~ (頭音消失) ← OF *avantage* 'ADVANTAGE'〙

vántage gròund *n.* (相手を攻撃し, または相手の攻撃をかわすのに好都合な)優越[有利]の地位, 有利地点, 地の利. 〘1612〙

vántage-ín *n.* 〘テニス〙=ADVANTAGE in.

vántage-óut *n.* 〘テニス〙=ADVANTAGE out.

vántage pòint *n.* **1** 見晴らしの利く地点, 地の利; 有利な位置[立場]: a ~ that overlooks a valley 谷を見渡せる見晴らしのよい場所 / attack a problem from a good ~ 有利な立場から問題にぶつかる. **2** 立場, 視点 (point of view). 〘1865〙

vant·brace /vǽnbreɪs/ *n.* 〘甲冑〙=vambrace.

van't Hoff /vɑːnthɔ́(ː)f, vǽnt-, -hɑ́(ː)f | vænthɔ́f; *Du.* fanthɔ́f/, **Jacobus Hen·dri·cus** /hɛndríːkʏs/ *n.* バントホフ《1852–1911; オランダの化学者, Nobel 化学賞 (1901)》.

Va·nu·a Le·vu /vɑːnúːɑːlɛ́vuː; *Fijian* vanúalévu/ *n.* バヌアレブ(島)《南太平洋 Fiji 諸島中の島; 面積 5,535 km²》.

Va·nu·a·tu /vænuɑ́ːtuː, vɑ̀ːn- | vænuɑ́ːt-, -ǽt-; *Fijian* vanuátu/ *n.* バヌアツ《太平洋南西部の大小 80 余の島々からなる, 英連邦内の国; もと英仏共同統治下にあった New Hebrides が 1980 年独立して成立した; 面積 14,760 km², 首都 Port-Vila; 公式名 the Republic of Vanuatu ヴァヌアツ共和国》. **Và·nu·á·tu·an** /-tuən⁻/ *n., adj.*

Van Vech·ten /vænvɛ́ktən/, **Carl** *n.* バンベクテン《1880–1964; 米国の小説家・批評家・写真家; *Nigger Heaven* (1926)》.

Van Vleck /vænvlɛ́k/, **John Has·brouck** /hǽzbrʊk/ *n.* バンブレック《1899–1980; 米国の物理学者; Nobel 物理学賞 (1977)》.

van·ward /vǽnwəd | -wəd/ *adj.* 前衛の, 先鋒(せんぽう)の, 先頭の, 先に立つ (advanced). — *adv.* 先頭へ, 前方へ (forward) (↔ rearward). 〘《1820》 ← VAN² + -WARD〙

Van·zet·ti /vænzɛ́ṭi | -ti; *It.* vandzétti/, **Bar·to·lo·me·o** /bartolomé:o/ *n.* バンゼッティ《1888–1927; 米国に在住したイタリアの無政府主義者; ⇨ Sacco-Vanzetti Case》.

Va·phio /vǽfiòʊ | -fiəʊ; *Mod.Gk.* vafjó/ *n.* バフィオ《ギリシャ南部の Peloponnesus 半島 Sparta の南にある遺跡; 豊富な金銀製品を伴う Mycenae 時代の tholos がある; 特に一対の黄金杯が有名》.

Váphio cúps *n. pl.* 〘考古〙バフィオ杯《Vaphio の Mycenae 時代の遺跡で出土した一対の黄金杯》.

vap·id /vǽpɪd | -pɪd/ *adj.* **1** 〈飲物など〉味わいのない, 気の抜けた (tasteless): ~ wine [beer] 気の抜けたぶどう酒[ビール] / run ~ 気が抜ける. **2** 鋭さや痛快味のない; 生気のない (lifeless), 面白くもない, 退屈な (dull) (⇨ insipid SYN): a ~ lecture, novel, etc. **~·ly** *adv.* **~·ness** *n.* 〘《1656》 ▭ L *vapidus* that has lost its vapor or life: cf. vapor〙

va·pid·i·ty /væpíḍəṭi, və- | -dɪ̀ti/ *n.* **1** 気が抜けている状態; 鋭さのないこと; 退屈. **2** つまらぬ考え[言葉]. 〘1721〙

va·po- /véɪpoʊ | -pəʊ/ 「蒸気 (vapor)」の意の連結形. 〘↓〙

va·por, 《英》**va·pour** /véɪpə | -pə(r/ *n.* **1 a** 蒸気《通俗には水蒸気・湯気・霧・霞・煙霧などをいう》; 蒸発気《いろいろな蒸気の集まり》. **b** 〘物理〙蒸気《臨界点以下で気化した物質; 気体と同じ意味で用いられることもある》: ⇨ water vapor. **2** [*pl.*] 〘古医学〙 **a** [the ~s] 気のふさぎ, ふさぎこみ, 憂うつ(症) (melancholy): have a fit of *the* ~*s* 憂うつの発作が起こる, ふさぎの虫に取りつかれる. **b** (体内, 特に胃から発散し健康を害すると想像された)発散気. **3 a** (医術用・工業用の)気化物質; 吸入薬. **b** (内燃機関での)空気と気化ガスとの混合物. **4** (湿気・有毒ガスなどからの)発気, 発散 (exhalation). **5 a** 気まぐれな考え, とりとめのない空想: His brain was clouded by [with] ~*s* and dreams. 彼の頭は空想や夢想でもやもやしていた. **b** 《古》とりとめない[はかない]もの, 空虚なもの. **6** 《古》から威張り.
— *vi.* **1** 蒸気を発する (steam) 〈*up, out*〉. **2** 蒸発する, (蒸気となって)発散する (evaporate) 〈*away*〉. **3** 〔…(のこと)を〕から威張りする, ほらを吹く (boast) 〔*about, of*〕.
— *vt.* **1** 蒸気(のよう)にする[発散させる] (vaporize). **2** から威張りして言う 〈*on, forth, away*〉: ~ on in [with] high-flown fancies 途方もない気炎を吐く. **3** 《古》…の気をふさぐ, 滅入らせる, 憂鬱にならせる (depress).
~·lìke *adj.* 〘《c1385》 ▭ AF *vapour* = (O)F *vapeur* ▭ L *vapōrem* steam ← IE **kwəp-*〙

va·por·a·ble /véɪpərəbl̩/ *adj.* =vaporizable. 〘1398〙

vápor bàrrier *n.* 〘建築〙防湿層《壁や屋根から湿気が入るのを防ぐための塗装または被覆》. 〘c1941〙

vápor bàth *n.* **1** 蒸し風呂. **2** 〘化学〙蒸気浴; 蒸気浴装置 (cf. steam bath 2). 〘1719〙

vápor concentràtion *n.* 〘気象〙水蒸気濃度《単位体積の空気中に存在する水蒸気量; absolute humidity と同義》.

vápor dènsity *n.* 〘物理〙蒸気密度《気体[蒸気]の単位体積当たりの質量》. 〘1862〙

vápor èngine *n.* 〘機械〙蒸気エンジン《特に作動流体が水蒸気でないときに使用》. 〘1831〙

vá·por·er /-pərə | -rə(r/ *n.* から威張り屋, ほら吹き (braggart). 〘1653〙

váporer mòth *n.* 〘昆虫〙=tussock moth.

va·por·es·cence /vèɪpərɛ́səns, -sn̩s/ *n.* 蒸発, 気化. **và·por·és·cent** /-rɛ́sənt, -sn̩t⁻/ *adj.* 〘《1843》: ⇨ vapor, -escence〙

va·po·ret·to /væ̀pərɛ́ṭoʊ | -təʊ; *It.* vaporétto/ *n.* (*pl.* **~s**, *It.* **-ret·ti** /-tiː; *It.* -ti/) 小型蒸気船《Venice の運河を走る連絡船》. 〘《1926》 ▭ It. ~ (dim.) ← *vapore* steamboat ▭ F (*bateau à*) *vapeur*: cf. vapor〙

va·po·ri- /véɪpərɪ̀, -ri/ 「蒸気 (vapor)」の意の連結形. 〘← L *vapor* 'VAPOR'〙

va·por·if·ic /vèɪpərífɪk⁻/ *adj.* 蒸気を生ずる; 蒸気性の. 〘《1781》 ← NL *vapōrificus*: ⇨ ↑, -fic〙

va·por·im·e·ter /vèɪpərímətə | -mɪ̀tə(r/ *n.* 蒸気圧計. 〘《1878》: ⇨ vapori-, -meter¹〙

vá·por·ing /-pərɪŋ/ *n.* から威張り(すること); [通例 *pl.*] 大言壮語, ほら (empty talk). — *adj.* **1** 蒸発する, 蒸気を出す. **2** から威張りする. **~·ly** *adv.* 〘c1630〙

vá·por·ish /-pərɪʃ/ *adj.* **1** 蒸気のような. **2** 蒸気の多い. **3** 《古》気のふさいだ (depressed); ヒステリー症の. **~·ness** *n.* 〘1647〙

va·por·iz·a·ble /véɪpəràɪzəbl̩/ *adj.* 蒸気にできる, 蒸発させ得る, 気化可能の. 〘1823〙

va·por·i·za·tion /vèɪpərɪ̀zéɪʃən | -raɪ-, -rɪ-/ *n.* **1** 蒸発(作用), 気化: ⇨ HEAT of vaporization. **2** (特に, ボイラー内の速やかな)水蒸気化. **3** 〘医学〙=vapotherapy. 〘1799〙

va·por·ize /véɪpəràɪz/ *vt.* 蒸発[気化]させる. — *vi.* **1** 蒸発[気化]する. **2** 大言壮語する. 〘1634〙

vá·por·iz·er *n.* **1** 蒸発させる人[物], 蒸発器. **2** 気化器; 噴霧器, 霧吹き (atomizer). **3** 〘医学〙ネビュライザー (nebulizer). 〘1862〙

vápor làmp *n.* **1** 燃料蒸気を燃やすランプ. **2** 〘電気〙放電灯《金属気体中の放電により発光する》. 〘1848〙

vápor·less *adj.* 蒸気のない. 〘1850〙

vápor lòck *n.* 〘機械〙ベーパーロック, 蒸気閉塞《内燃機関の燃料供給系統中で, ガソリンが気化して気泡を生じ, 燃料の供給が妨げられる現象》. 〘1930〙

va·por·ous /véɪpərəs/ *adj.* **1** 蒸気に満ちた[の多い], 蒸気を出す, 蒸気を含んだ: a ~ cloud. **2** 蒸気に似た, 蒸気質の, 気状の: a ~ mass. **3** 蒸気[霧]で曇った (foggy): a ~ atmosphere. **4 a** 空想的な (fanciful); はかない, 空虚な (vain): a ~ dream. **b** 大言壮語する, ほらを吹く. **5 a** 実質のない (unsubstantial). **b** 薄もやのような, 淡い (filmy, airy): ~ silks / a ~ breeze.
~·ly *adv.* **~·ness** *n.* **va·por·os·i·ty** /vèɪpərɑ́(ː)səṭi | -rɔ́sɪ̀ti/ *n.* 〘《a1400》 ▭ L *vapōrōsus*: ⇨ vapor, -ous〙

vápor prèssure *n.* 〘物理〙蒸気圧 (vapor tension). 〘1875〙

vápor tènsion *n.* 〘物理〙 **1** =vapor pressure. **2** 最大蒸気圧. 〘1845〙

vápor tràil *n.* 〘航空〙飛行機雲《過飽和またはそれに近い水蒸気を含む空気中を飛行機が飛ぶ時, 翼端渦やエンジン排気の後流に水蒸気が凝結してできる; contrail ともいう》. 〘1941〙

vápor·wàre *n.* 〘電算〙ベーパーウェア《近日発売と予告されるが, 発売されない(る可能性の)ない幻のコンピューター関連の製品》. 〘1984〙

va·por·y /véɪpəri/ *adj.* **1** 蒸気の多い, 蒸気性の. **2** 霧のかかった, 霧[蒸気]で曇った; 霧状の (vaporous). 〘1598〙

va·po·ther·a·py /vèɪpəθérəpi/ *n.* 〘医学〙蒸気療法.

vapour *n.*, *v.* 《英》=vapor.

va·que·ro /vɑːkɛ́ərou | -kéərəʊ; *Am.Sp.* bakéro/ *Sp.* *n.* (*pl.* **~s** /~z/; *Sp.* **~s**/) 《米南西部》牧畜者, 牧者 (herdsman), 牛飼い, カウボーイ (cowboy). 〘《1826》 ▭ Sp. ~: ⇨ buckaroo〙

Var¹ /vɑ́ə | vɑ́ː(r; *F.* vaːʁ/ *n.* **1** バール(県)《フランス東南部の地中海に臨む県; 面積 5,992 km², 県都 Toulon》. **2** [the ~] バール(川)《フランス南東部を南流し地中海に注ぐ》.

Var², var /vɑ́ə | vɑ́ː(r/ *n.* 〘電気〙バール《無効電力の単位》. 〘《頭字語》 ← *v(olt)-a(mpere) r(eactive)*〙

VAR 《略》value-added reseller 付加価値再販業者; 〘金融〙value at risk《保有資産のリスク量を統計的に予測評価する方法》; visual-aural (radio) range; 〘電気〙volt-ampere reactive.

var. 《略》variable; variant(s); variation; variety; variometer; various.

va·ra /váːrə/; *Sp.* báɾa, *Port.* váɾə/ *n.* (*pl.* **~s** /~z; *Sp.* ~s, *Port.* ~ʃ/) **1** バラ《スペイン語・ポルトガル語諸国の長さの単位; 約 32-43 インチ (81-109 cm) で地方によりまちまち》. **2** 平方バラ (square vara)《面積の単位》. 〘(1674) □ Sp. & Port. ~ 'rod, pole' < L *vāram* forked pole ← *vārus* crooked〙

va·rac·tor /vərǽktə | vəræ̃ktə(r, vɛəræ̃k-/ *n.* 〖電子工学〗バラクター, 可変容量ダイオード. 〘(1959)《混成》← *var(ying)*+(RE)ACTOR〙

Va·rah /váːrə/, **(Edward) Chad** *n.* バラ《1911-2007; 英国の聖職者; 慈善団体 Samaritans の創設者で, 悩んでいる人に電話でカウンセリングをすることなどで知られる》.

Va·ra·na·si /vəráːnəsi/; *Hindi* vəráːnəsi/ *n.* ワーラーナシー《インド北部ガンジス河畔の都市; ヒンズー教の聖地; 旧名 Benares》.

Va·rán·ger Fjórd /vərɑ́ːŋgə- | -rǽŋgə-; *Norw.* varɑ́ŋːər-/ *n.* [the ~] バランゲル湾《ノルウェー北東海岸の峡湾; 年中不凍; 長さ 68 km》.

Va·ran·gi·an /vərǽndʒiən/ *n.* **1 a** [the ~s] バラング族《バルト海沿海を荒らし, 9 世紀にロシアに Rurik 王朝を建設したスカンジナビアの漂泊民族》. **b** バラング族の人. **2** バラング近衛兵. **—** *adj.* バラング族[人]の. 〘(1788) ← ML *Varāng(us)* (← ON *Væringi* confederate, ally)+-IAN〙

Varángian guárd *n.* [the ~]《東ローマ皇帝の》バラング近衛隊《11-12 世紀の東ローマ皇帝の護衛隊で, 主にロシア人, 後にスカンジナビア人や他の北欧人から成っていた; cf. Varangian 2》. 〘1831〙

Var·dar /vάədɑə | vɑ́ːdɑː(r; *Macedonian.* várdaɾ/ *n.* [the ~] バルダル(川)《マケドニア, ギリシャ北部の川; Salonika 湾に注ぐ (320 km); ギリシャ語名 Axios /*Mod.Gk.* aksiós/》.

var·do /vάədou | vɑ́ːdəu/ *n.* (*also* **var·da** /-də | -də/) (*pl.* **~s**)《俗》ジプシーの幌馬車. 〘(1812) □ Romany〙

Var·don /vάədn̩ | vɑ́ː-/, **Harry** *n.* バードン《1870-1937; 英国のプロゴルファー》.

var·ec /vǽrɛk, vɛ́r- | vǽrɛk/ *n.* **1** 海藻 (seaweed). **2** =kelp 2. 〘(1676) □ F *varec(h)* < OF *warec* □ ? ON **wrek* 'WRECK'〙

Va·re·se /vəréɪseɪ; *It.* varéːze/ *n.* バレーゼ《イタリア北部 Lombardy 州の都市; Milan の北西, アルプス南麓にあり, 観光の基地になっている》.

Va·rèse /vɑːréɪz, -réz; *F.* vaʁɛːz/, **Ed·gard** /*F.* ɛdgaːʁ/ *n.* バレーズ《1883-1965; フランス生まれの米国の作曲家; *Ionization* (1931)》.

Var·ga /vάəgə | vɑ́ː-; *Russ.* várgə/, **Evgenii Sa·mo·i·lo·vich**/samójləvʲitʃʲ/ *n.* バルガ《1879-1964; ロシアの経済学者》.

Var·gas /vάəgəs | vɑ́ː-; *Braz.* váʁgas/, **Ge·tú·lio Dor·nel·les**/ʒetúliu doʁnélis/ *n.* バルガス《1883-1954; ブラジルの政治家; 大統領 (1930-45, 1951-54)》.

Var·gas Llo·sa /vάəgəs(l)jóusə | vɑ́ːgəs(l)jə́u-; *Am. Sp.* báɾɣasjósa/, **(Jorge) Mario (Pedro)** *n.* バルガスリョサ《1936- ; ペルーの小説家・劇作家; Nobel 文学賞 (2010); *The Green House*「緑の家」(1965), *The War of the End of the World*「世界終末戦争」(1981)》.

var·gue·no /vɑəgéɪnjou | vɑːgéɪnjəu/ *n.* (*pl.* **~s**)〖家具〗バルゲーニョ《16-18 世紀初期に流行したスペイン独特の装飾的なキャビネット; 内部は引出しと棚が備えられ, 扉を開くと書き物机になる》. 〘(1911) □ Sp. *bargueño* ← *Bargas*《スペインの村》〙

var·i- /vɛ́ərɪ̥, -ri | vέər-/「いろいろな, さまざまな」の意の連結形: *vari*colored, *vari*form. ★ 時に vario- になる. 〘← L *varius* (↓)〙

var·i·a /vɛ́əriə, vǽr- | vέər-/ *n. pl.* 文芸作品の雑集 (miscellany). 〘(1926) □ L ~ (neut. pl.) ← *varius* 'VARIOUS'〙

var·i·a·bil·i·ty /vɛ̀əriəbíləṭi, vǽr- | vὲəriəbílɪ̥ti/ *n.* **1** 変わりやすいこと, 可変性 (variableness). **2**〖生物〗変異性. **3**〖統計〗変動性. 〘1771〙

var·i·a·ble /vɛ́əriəbl̩ | vέər-/ *adj.* **1 a** 変わりやすい, 変化しやすい, 不定の, 気まぐれな (fickle): a man of ~ temper 気の変わりやすい男 / lest that thy love prove likewise ~ あなたの愛が同じように変わるといけないから (Shak., *Romeo* 2. 2. 111). **b** むらのある, 不安定な, 一様でない: work of ~ quality 質にむらのある仕事[作品] / ~ weather conditions 不安定な気象条件. **2** 変じうる, 変動しうる, 可変性の, 調節できる (alterable, changeable): a rod of ~ length 伸縮自在の棒《窓掛棒など》; 如意棒 / a word of ~ construction 幾通りにも解釈のできる言葉 / Prices are ~ according to the exchange rates. 物価は為替(かわせ)相場によって変動する. **3**〖天文〗〈星が〉変光する. **4**〖生物〗変異する, 変異性の: ~ species 変異種. **5**〖数学〗変数である, 不定(量)の: ~ quantities 変量. **6**〖気象〗〈風が〉方向の変わる: a ~ wind 変風. **—** *n.* **1** 変化するもの, 変わりやすいもの. **2**〖数学・統計・物理〗**a** 変数, 変量《与えられた範囲・条件内の任意の値を取り得る量; cf. constant 2, dependent variable, independent variable》. **b** 変数を表す文字[記号]. **3**〖天文〗=variable star. **4**〖気象〗変風 (cf. trade wind 2). **5** [the ~s]〖海事〗変風帯; 温帯高圧帯《貿易風帯より極側で, 偏西風帯に入るまでの間; 風向が定まらない地帯で南北両半球にある》. **6**〖論理〗変項[変数]《記号》《個体[対象]や集合や関係を一般的に不特定に表現する記号》.

vár·i·a·bly *adv.* **~·ness** *n.* 〘(c1380) □ (O)F ~ □ L *variābilis*: ⇨ vary, -able〙

váriable annúity *n.*〖保険〗変額年金, 可変年金《掛金を株式などに投資し, その結果によって給付額が変動する年金保険》.

váriable-área *adj.* [限定的]〖映画〗可変面積型録音方式の. 〘1920〙

váriable-área tràck *n.*〖映画〗可変面積型録音帯《フィルムのサウンドトラックの一型式で, 音が光学的に波の図形に変換された方式のトラック》.

váriable búdget *n.*〖会計〗変動予算《弾力性予算; flexible budget ともいう》.

váriable condénser [capácitor] *n.*〖電気〗可変コンデンサー, バリコン.

váriable cóntrast pàper *n.*〖写真〗多階調印画紙《焼付けの光の波長によってコントラストが変化し, フィルターでコントラストの調節ができる印画紙》.

váriable cóst *n.* [通例 *pl.*]〖会計〗変動費, 変動原価 (cf. fixed cost). 〘1967〙

váriable-dénsity *adj.* [限定的]〖映画〗可変濃淡型録音方式の.

váriable-dénsity tràck *n.*〖映画〗可変濃淡型録音方式《フィルムのサウンドトラックの一型式で, 音が光学的に濃度に変換された方式》.

váriable érror *n.*〖数学〗不定誤差.

váriable-geómetry *adj.* [限定的]〖航空〗可変形態の, 可変後退角の《超音速機のように飛行速度範囲の広い航空機で, 低速から高速までよい性能を与えるために機体の形状を飛行中に変えられるようにしたものをいう; 主翼の後退角を可変にするものが多い》. 〘1957〙

váriable ínterest ràte *n.*〖金融〗変動金利.

váriable lífe insùrance *n.*〖保険〗変額生命保険《解約払戻金が, 株式などの投資実績やその市場価格によって変動する生命保険》. 〘1972〙

váriable-pítch *adj.* [限定的]〖航空・海事〗〈プロペラが〉可変ピッチの. 〘1912〙

váriable ràte mórtgage *n.*〖金融〗変動金利型抵当貸付《利率が市場金利の動きに応じて変わる; 略 VRM》. 〘1979〙

váriable-spéed gèar *n.*〖機械〗=change gear.

váriable stár *n.*〖天文〗変光星《光度が時間によって変わる恒星; cf. Cepheid, eclipsing variable, pulsating star》. 〘1788〙

váriable-swéep wìng *n.*〖航空〗可変後退(角)翼 (⇨ swing-wing 1). 〘1965〙

váriable tíme fùze *n.*〖軍事〗VT 信管, 可変時限信管《近接信管 (proximity fuze) の一種》.

Váriable Zòne *n.* [通例 the ~s]〖海事〗温帯, 高圧帯《北半球でいえば偏西風帯の南限と北東貿易風帯の北限の間に位置する高圧帯; 風向きが定まらない地域で, 同様に南半球にもある》.

va·ri·a lec·ti·o /vɛ́əriəlékʃiòu, wάːriàːléktiòu | vέəriəlékʃiəu/ *L. n.* (*pl.* **va·ri·ae lec·ti·o·nes** /vɛ́əriìːlèkʃióuniːz, wάːriàɪlèktióuneɪs | vέəriìːlèkʃiə́uniːz/) 異文《異本間で相違している文句; 略 v. l., *pl.* vv. ll.》. 〘(1652) □ L *varia lēctiō* variant reading〙

var·i·ance /vɛ́əriəns, -ənts | vέər-/ *n.* **1 a** 食い違い, 不一致 (discrepancy); 相違: point out the ~s in the two witnesses' testimony 二人の目撃者の証言の食い違いを指摘する. **b**《標準価格と実際原価または予算と実際価格との》差異. **2 a** 変化, 変動, 移り変わり (change): ~ of temperature 気温の変動 / ~ of public taste 世間の嗜好の移り変わり. **b** 変異; 変異[化]量. **3**《米》《通常の法・規則では禁止されているものの》認可, 《特に》違法建築許可: request a ~ to build an addition to one's house 家の建て増しの許可を求める. **4** 不和, 衝突 (strife); 争い, けんか (quarrel). **5**〖法律〗《当事者の主張とそれを裏付ける証拠との間の》相違, 齟齬(そご). **6**〖数学・統計〗分散, 平方偏差《標準偏差の 2 乗; cf. standard deviation, covariance》. **7**〖物理化学〗分散量《平均値からの変動量の 2 乗平均値》.

at váriance (1) 〈行為・物事などが〉〔…と〕相違して, 一致しないで, 矛盾して〔*with*〕: His conduct is *at* ~ *with* his words. 彼の行為は言葉と矛盾している. (2)〔…と〕不和で, 争って〔*with*〕: They are often *at* ~ (among themselves) (*about* all sorts of things). 彼らはしばしば(色々な事について)ぶつかっている. *sét at váriance* 〈人々・物を〉離間する, 不和にする.

〘(c1340) □ OF ~ □ L *variantia*: ⇨ vary, -ance〙

váriance anàlysis *n.*〖統計〗分散分析(法).

var·i·ant /vɛ́əriənt | vέər-/ *n.* **1**《通例同種の中でわずかな相違を見せる》変体, 変形 (variant form), 変種: ~s of a folk song 民謡の変種. **2 a**《言葉のつづりまたは形の》異形, 変体: "Burthen" is an old ~ of "burden." burthen は burden の古い異形である. **b**《語・音の》転訛: "Hame" and "home" are dialectal ~s of the same word. hame と home とは同一語の方言転訛である. **c**〖言語〗変異形;〖音声〗変異音, 変異発音. **d** 異文 (variant reading) (cf. *adj.* 1). **3**〖統計〗=variate 1. **4**〖生物〗変異, 変異量, 変異数《変異 (variation) によって生じた異なる系統の統計的な数》. **5**〖細菌〗変株. **—** *adj.* **1**《同じ種類の中で, またはある正常の標準と》違った, 少々異なる: a ~ spelling [form] of a word ある語の違ったつづり方[形] / a ~ reading《写本の》異文 (cf. varia lectio) / forty ~ types of pigeon 40 種の違った種類のハト. **2** 色々に変わる, さまざまの. **3**《まれ》変化する, 変わりやすい (variable). 〘(c1380) □ (O)F ~ □ L *variantem* (pres.p.) ← *variāre*: ⇨ vary, -ant〙

var·i·ate /vɛ́ərɪ̥ət, -rièɪt | vέər-/ *n.* **1**〖統計〗変量, 確率変数 (⇨ random variable). **2** =variant. **3** =variable. 〘(1899) ← L *variātus* (↓)〙

var·i·a·tion /vɛ̀əriéɪʃən | vὲər-/ *n.* **1** 変形物, 変体, 異体, 変種 (variant): Lawn tennis is a ~ of [on] court tennis. ローンテニスはコートテニスの変形である. **2**《形状・状態・程度・質などの》変化, 変異, 変動: repeated ~s of temperature しばしば繰り返される温度の変化 / be capable of ~ 変更が可能である / be liable to ~ 変化しやすい / These prices are subject to ~. これらの値段は《事情によって》変動することがある / The story was repeated with slight ~s. その物語は少々形を変えて繰り返された. **3** 変化の量[程度, 割合], 変化量, 変化度. **4**〖天文〗偏差 (deviation); (月の)二均差《太陽の引力に起因する月の運動の変動の一種》. **5**〖海事〗偏差《真北と磁北との差角, 日本では偏差 5-8° 西; declination ともいう》. **6**〖生物〗**a** 変異. **b** 変種 (variety) (cf. fluctuation 3, modification 4, mutation 2). **7**〖数学〗**a** 変動. **b** 変分 (cf. CALCULUS of variations). **8**〖音楽〗**a** 変奏《主題または楽句をその旋律・和声・リズムに変化を与えて変形させること》. **b** [*pl.*] 変奏曲《主題と種々の技法を用いたその変奏から構成され, 全体として主題のもつ性格・内容を発展させてゆく楽曲形式》: "*Variations* on a Theme of Paganini" (Brahms) / "(The) Goldberg *Variations*" (J. S. Bach) / Theme and *Variations*. **9**〖バレエ〗バリアシオン: **a** パドドゥー (pas de deux) の中のソロの部分. **b** 男女が交代で踊り, それぞれ高度な得意のテクニックを豊富に踊る踊り方. **10**〖統計〗変動.

variátion of parámeters [cónstants]〖数学〗定数変化法, パラメーター変化法《微分方程式を解くのに, 対応する同次方程式の解に含まれる定数をパラメーターと見て, もとの方程式の解を求める方法》.

variátion of ràtes〖時計〗日較差《連続した両日の各々の日差 (daily rate) の差》.

~·al /-ʃnəl, -ʃənl̩/ *adj.* **~·al·ly** *adv.*

〘(c1385) □ (O)F ~ // L *variātiō(n-)* ← *variātus* (p.p.) ← *variāre*: ⇨ vary, -ation〙

variátion chàrt *n.* 磁気図《磁北と真北とのずれ角を表した地図》. 〘1727〙

var·i·á·tion·ist /-ʃ(ə)nɪ̥st | -nɪst/ *n.* 《同一言語の話者の間における》語法の変異の研究家. 〘1901〙

var·i·a·tive /vɛ́əriètɪv, -riəṭ- | vέəriètɪv, -riət-/ *adj.* 変化の[に関する]; 変化を示す. **~·ly** *adv.* 〘1874〙

var·ic- /vǽrɪ̥k/《母音の前にくるときの》varico- の異形.

var·i·ce·al /vǽrəsíːəl, vɛ̀r- | vǽrɪ-/ *adj.* **1**〖動物〗《巻貝の》螺層 (varix) の. **2**〖医学〗静脈瘤 (varix) の. 〘(1961) ← L *varic-*, *varix* 'VARIX': corneal, laryngeal などにならったもの〙

var·i·cel·la /vǽrəsélə, vɛ̀r- | vǽrɪ-/ *n.*〖病理〗水痘, 水疱瘡(ほうそう) (chicken pox). **vàr·i·cél·lar** /-lə | -lə(r-/ *adj.* 〘(1771) ← NL ~ ← VARIOLA+-*cella* (dim. suf.)〙

var·i·cel·late /vǽrəsélɪ̥t, vɛ̀r-, -leɪt | vǽrɪ̥-/ *adj.*〖貝類〗〈巻貝が〉小螺層(らそう)隆起 (small varices) のある. 〘← NL *varicella* (← L *varicula* (dim.) ← *varix* varicose vein)+-ATE²〙

varicélla zóster *n.*〖病理〗=varicella zoster virus.

varicélla zóster vìrus *n.*〖病理〗水痘帯状疱疹ウイルス《疱疹ウイルス (herpesvirus) の一種で, 水痘や帯状疱疹をひき起こす》.

var·i·cel·loid /vǽrəsélɔɪd, vɛ̀r- | vǽrɪ-ˈ-/ *adj.* 水痘のような, 水疱瘡(ほうそう)の. 〘(1897): ⇨ varicella, -oid〙

varices *n.* varix の複数形.

var·i·co- /vǽrɪ̥kou, vɛ́r- | vǽrɪ̥kəu/「静脈瘤(りゅう) (varix)」の意の連結形. ★ 母音の前では通例 varic- になる. 〘← L *varix* 'VARIX'〙

var·i·co·cele /vǽrɪ̥kousìːl, vɛ́r- | vǽrɪ̥kə(u)-/ *n.*〖病理〗精索静脈瘤. 〘(1736): ⇨ ↑, -cele¹〙

var·i·col·ored /vɛ́ərikʌ̀ləd, vǽr- | vέərikʌ̀ləd/ *adj.* 色とりどりの, 雑色の (motley). 〘(1665): ← VARI-+COLORED〙

var·i·cose /vǽrɪ̥kòus | -rɪ̥kəus, -kəuz, -kəs/ *adj.* **1**〖病理〗静脈瘤(性)の, 静脈瘤にかかった: a ~ leg, patient, ulcer, etc / ⇨ varicose veins. **2**〖貝類〗螺層(らそう)隆起の. 〘(?a1425) □ L *varicōsus* ← *varic-*, *varix*: ⇨ varix, -ose¹〙

vár·i·còsed /-kòust | -kəust, -kəuzd, -kəst/ *adj.*〖病理〗=varicose 1.

váricose véins *n. pl.*〖病理〗怒張性静脈, 静脈瘤《長時間動かないで起立している職業の人に多い》.

var·i·co·sis /vǽrəkóusɪ̥s, vɛ̀r- | vǽrɪkə́usɪs/ *n.*〖病理〗静脈怒張, 静脈瘤症. 〘← VARICO-+-OSIS〙

var·i·cos·i·ty /vǽrəkɑ́(ː)səṭi, vɛ̀r- | vǽrɪ̥kɔ́sɪ̥ti/ *n.*〖病理〗**1** 静脈瘤様腫脹《血管の永続的異常膨張》. **2** 静脈瘤 (varix). 〘(c1842): ⇨ varicose, -ity〙

var·i·cot·o·my /vǽrəkɑ́(ː)ṭəmi, vɛ̀r- | vǽrɪ̥kɔ́t-/ *n.*〖外科〗静脈瘤切開(術). 〘← VARICO-+-TOMY〙

var·ied /vɛ́ərid | vέər-/ *adj.* **1** 変化のある[に富む], 様々な, 色々な (various): ~ scenes 様々な光景 / birds of the most ~ kinds 最も変種に富む鳥 / delightfully ~ scenery 変化に富んで面白い景色 / a ~ career 波瀾(はらん)万丈の経歴 / live a ~ life 変化に富んだ生活をする. **2** 変わった, 変更を加えた (altered): a ~ form of a word ある語の変形. **3** 〈動植物など〉雑色の, まだらの (variegated). **~·ly** *adv.* **~·ness** *n.* 〘1593-94〙

váried thrúsh [róbin] *n.*〖鳥類〗ムナオビツグミ (*Ixoreus naevius*)《米国中西部産; 胸に黒い帯がある》.

var·i·e·gate /vɛ́əriəgèɪt, vɛ́ərɪg- | vέərɪ̥ɡ-, -rɪ̥g-/ *vt.* **1**《異なった色で》…に変化をつける, まだらにする, 斑(ふ)入りにする, 雑色にする. **2** …に変化を与える (diversify): a character strangely ~*d* with good and evil 善悪不思議に混じり合った性格. **vár·i·e·gà·tor** /-ṭə | -tə(r/ *n.* 〘(1653) ← L *variegātus* (p.p.) ← *variegāre* to make varied in appearance ← L *varius* 'VARIOUS'+*agere* to make〙

var·i·e·gat·ed /vέ(ə)riəgèɪṭɪd, vέ(ə)rɪg- | véəri(ɪ)gèɪtɪd, -rɪg-/ *adj.* **1** 色々な色の, 色とりどりの, 雑色の, 斑(ふ)入りの (parti-colored): a ～ tulip. **2** 変化のある, 変化に富んだ (varied): a ～ career 波瀾(はらん)万丈の経歴[生涯]. 〖*a*1661〗

váriegated cútworm *n.* 〖昆虫〗広く分布するヤガの一種 (*Peridroma saucia*)《幼虫はイネ科植物を加害する夜盗虫》. 〖1922〗

var·i·e·ga·tion /vὲ(ə)riəgéɪʃən, vὲ(ə)rɪg- | vὲəri(ɪ)g-, -rɪg-/ *n.* **1** まだら[雑色]にすること, 変化を与えること; 雑色(であること). **2** (性格などの)多様(性), 変化(に富むこと) (diversity). **3** まだら, 斑(ふ)入り, 染分け, しぼり. 〖1646〗

vár·i·er /vέ(ə)riə | véəriə(r)/ *n.* 変化を与える人[もの], 変化する人[もの]; 変改者. 〖1665〗

va·ri·e·tal /vəráɪəṭl | -ráɪɪtl/ *adj.* **1** 〖生物〗変種の, 変種を表す (cf. specific 3, generic 4): a ～ epithet 変種小名. **2** 〈ワインが〉(主要成分の)ブドウの品種名で呼ばれる (cf. generic 5). — *n.* バラエタルワイン, 品種ものワイン. **～·ly** *adv.* 〖(1866): ⇨ variety, -al[1]〗

va·ri·e·tist /vəráɪəṭɪst | -tɪst/ *n.* (特にセックスの相手に)変化を求める人. 〖(1911): ⇨ ↓, -ist〗

va·ri·e·ty /vəráɪəṭi | -ɪti/ *n.* **1** 変化(に富むこと), 多様(性) (diversity, variousness): the extraordinary ～ of a person's character 人の性格の驚くべき多様さ / the great ～ of a person's accomplishments 多芸 / unity in ～ 多様中の統一 / for ～'s sake 変化を与える[目先を変える]ために / an increasing ～ of species 増大する種の多様性 / *Variety* is the (very) spice of life.《諺》変化こそ人生の薬味 / climatic [geographical] ～ 気候[地理上]の多様性. **2** [a ～] 色々異なった物の集まり, (種々な物の)取り混ぜ (assortment): *a* ～ *of* excellent dishes 取り混ぜた様々なごちそう / for *a* ～ *of* reasons 色々な理由で / have *a* great [wide, large] ～ to choose from 種々取りそろえてあって自由に選べる / A ～ *of* techniques are [is] in use. 様々な技法が使用されている / The ～ *of* techniques in use is great. 使われている技法は実に様々だ. **3** 別種, 異種; 種類 (kind, sort): a rare ～ *of* old china 珍種の古陶器 / a ～ *of* rock 岩の一種 / *varieties of* cloth いろんな種類の布 / distinguish the *varieties of* strata 地層の種類を見分ける / a collection of shells with [of] many *varieties*=a collection with [of] many *varieties* of shell(s) 色々種類の多い貝の収集. **4** (同種類の物の中での)相違, 不一致, 食い違い (difference, discrepancy). **5** (生物・言語の)変種, (人工的に作り出した)変種; 亜種 (subspecies): an early-flowering ～ *of* tulip チューリップの早咲種. **6** =variety shows: He worked in ～ before going to Hollywood. ハリウッドへ行く前はバラエティーショーで働いた. **7** 〖郵趣〗バラエティー《同じ発行の切手でありながら細部が異なっているもの; その相違の重要性によりバラエティーの大小が問われる; 印刷途中で起こるものもあり, また版の欠点により起こるものもある; cf. error 7》.
— *adj.* [限定的] 寄席(よせ)演芸の, バラエティーショーの: a ～ show / a ～ artist(e) 寄席芸人 / a ～ troupe 寄席芸人の一座.
〖(*a*1533) ◻ (O)F *variété* ∥ L *varietātem* ← *varius*: ⇨ various, -ty[2]〗

varíety mèat *n.* 《米》=offal 1 a. 〖*c*1946〗

varíety shòp *n.* 《米》=variety store. 〖1824〗

varíety shòw *n.* バラエティーショー《歌・曲芸・寸劇・ダンスなどを見世物にする寄席(よせ)演芸; 単に variety ともいう; cf. vaudeville 1 a, cine-variety》. 〖1882〗

varíety stòre *n.* 《米》雑貨屋. 〖1768〗

varíety thèater *n.* 寄席(よせ), 演芸館 (cf. music hall 2). 〖1982〗

vàri·fócal *adj.* 〈レンズが〉可変焦点の. — *n.* [*pl.*] 遠近両用眼鏡, 可変焦点眼鏡. 〖(1945) ← VARI-＋FOCAL〗

vári·fòcal léns *n.* 〖写真〗可変焦点レンズ《構成レンズの一部を移動させ, 焦点距離を変化できるレンズ; ズームレンズと違って像面の位置は変化してもいい》. 〖1979〗

var·i·form /vέ(ə)rəfɔ̀ːm | véərɪfɔ̀ːm/ *adj.* 形がいろいろ変わった, 種々の形の. **～·ly** *adv.* 〖(1662) ← VARI-＋-FORM〗

VARIG /vǽrɪg, vέr- | vέər-; *Braz.* várigi/《略》Varig S.A. ヴァリグブラジル航空(記号 RG).

var·in·dor /vέ(ə)rɪndə | véərɪndə(r)/ *n.* 〖電気〗非線形インダクタンス素子《電流によりインダクタンス値が大幅に変化するインダクタンス素子》. 〖(混成) ← VAR(IABLE)＋IN-D(UCT)OR〗

var·i·o- /vέ(ə)rioʊ | véəriəʊ/ vari- の異形: *vario*coupler. 〖← VARI-＋-O-〗

vàrio·cóupler *n.* 〖電気〗可変誘導結合器《可動コイルを動かすことによって相互インダクタンスを可変にできる結合コイル素子》. 〖(1922) ← VARIO-＋COUPLER〗

va·ri·o·la /vəráɪələ, vὲ(ə)rióʊ- | vəráɪələ/ *n.* 〖病理〗痘瘡, 天然痘 (smallpox). **va·ri·o·lar** /-lə | -lə(r)/ *adj.* 〖(1543) ◻ ML ～ ← L *varius* 'VARIOUS, spotted'〗

var·i·o·late /vέ(ə)riəlèɪt, -lɪt | véər-/ *adj.* 〖病理〗痘痕のある, 痘瘡様の. — *vt.* …に天然痘ウイルスを接種する. 〖(*c*1792) ? ← VARIOL(A)＋-ATE[2]〗

var·i·o·la·tion /vὲ(ə)riəléɪʃən | vèər-/ *n.* 〖医学〗人痘接種(法). 〖1805〗

var·i·ole /vέ(ə)rioʊl | véəriəʊl/ *n.* **1** (天然痘の跡などの)小窩(か), あばた (foveola). **2** 〖岩石〗球顆(きゅうか), (あばた石の)球. 〖(1826) ◻ ML *variola* 'VARIOLA'〗

var·i·o·lite /vέ(ə)riəlàɪt | véər-/ *n.* 〖岩石〗球顆(きゅうか)玄武岩, あばた石. 〖(1796) ← VARIOL(A)＋-ITE[1]〗

var·i·o·lit·ic /vὲ(ə)riəlíṭɪk | vὲəriəlít-˝/ *adj.* **1** 斑点(はんてん)のある, あばたの (spotted). **2** 〖岩石〗球顆(きゅうか)玄武岩状の, あばた石の(ような). 〖1862〗

var·i·o·li·za·tion /vὲ(ə)riəlɪzéɪʃən | vèəriəlaɪ-, -lɪ-/ *n.* 〖医学〗=variolation.

var·i·o·loid /vέ(ə)riəlɔ̀ɪd | véər-/ 〖病理〗*adj.* **1** 痘瘡類似の, 天然痘に似た. **2** 仮痘の. — *n.* 仮痘. 〖(1821) ← VARIOL(A)＋-OID〗

var·i·o·loss·er /vέ(ə)riəlɔ̀(ː)sə, vǽr-, -lɑ̀(ː)sə | véə-riəlɒ̀sə(r)/ *n.* 〖電気〗可変損失素子《起電力や電流で電力損失を制御できる素子》. 〖← VARIO-＋LOSS＋-ER[1]〗

va·ri·o·lous /vəráɪələs, vὲ(ə)rióʊ-, vǽr- | vəráɪə-/ *adj.* **1** 〖病理〗痘瘡の, 天然痘の; 天然痘にかかった. **2** (痘痕様の)小窩(か)のある, あばたの (foveate). 〖(1676) ← VARIOL(A)＋-OUS[1]〗

var·i·om·e·ter /vὲ(ə)riɑ́(ː)məṭə | vèəriɒ́mɪtə(r)/ *n.* **1** 〖電気〗バリオメーター《磁力測定用, アンテナ同調用などの可変インダクタンス装置》. **2** 〖測量〗=declinometer. 〖(1908) ← VARIO-＋-METER[1]〗

var·i·o·rum /vὲ(ə)rióːrəm | vèər-/ *adj.* 原典の異文または諸家の注を付した, 集注の: a ～ edition 集注版, 集注本. — *n.* 合注版, 集注版[本]. 〖(1728) ◻ L (*ēditiō cum notīs*) *variōrum* (edition with notes) of various (editors) (gen. pl.) ← *varius* (↓)〗

var·i·ous /vέ(ə)riəs | véər-/ *adj.* **1** [複数名詞に関連して] **a** 互いに異なった, 色々な, 各種の, 種々の (varied) (⇨ different SYN): ～ colors, opinions, etc. / too ～ to form a group 雑多過ぎて一部類を成しかねる / The modes of procedure are ～. 手続きの様式は様々ある. **b** 個々別々の, それぞれ別々の (individual, separate): The effects of this disease are ～ in different cases. この病気の影響は症状によって様々である. **c** 幾つかの, 幾多の, 多数の (several, many): for ～ reasons 種々の理由で / in ～ parts of the world 世界各地で / Riots broke out in ～ places. 各地に暴動が起こった / at ～ (and sundry) times 色々な時に / As ～ students have suggested … 多数の学生が提案しているように… **2** [単数名詞に関連して] **a** 多方面の, 多才[多芸]の (many-sided, versatile): live a life made ～ by learning 博学で多方面にわたる生活を送る. **b** 《古》変化に富む, 単調でない (changeable). **3** 多彩の, 色とりどりの (varicolored, variegated): birds of ～ plumage 多色の羽毛をもつ鳥. **4** 《廃》変わりやすい, 気まぐれな. — *pron.* [通例 ～ of として; 複数扱い] 数人, 幾つか (several): in ～ *of* her writings 彼女の著作の幾つかに / I asked ～ *of* the students. 私は数人の学生に尋ねてみた. ★ この用法を非標準的とする人もある. **～·ness** *n.* 〖(1552) ◻ L *varius* changing, varied: ⇨ -ous〗

vár·i·ous·ly *adv.* **1** 色々に, 様々に (diversely): His name is ～ spelled. 彼の名前は色々なつづり方で書かれる. **2** 色々[様々]な名称[名前]で: He is known ～ as professor, dean, and head librarian. 彼は教授, 学部長, 図書館長という色々の名で知られている. 〖1627〗

Var·is·can /vərískən/ *adj.* 〖地質〗バリスカン造山期の (Hercynian). 〖(1906) ← ML *Variscī* (現在の Vogtland にいたゲルマン人の部属名)＋-AN〗

var·is·cite /vǽrəsàɪt | -rɪ-/ *n.* 〖鉱物〗バリスカイト ($AlPO_4 \cdot 2H_2O$)《緑色または青色をした斜方晶系の鉱物; utahlite ともいう》. 〖(1850) ◻ G *Variscit* ← ML *Variscia* (ドイツの地名 *Vogtland* のラテン語名): ⇨ -ite[1]〗

var·i·sized /vέ(ə)rɪsàɪzd | véər-/ *adj.* 様々のサイズの. 〖1936〗

var·is·tor /værístə, və- | -tə(r)/ *n.* 〖電気〗バリスター《2 端子非線形抵抗素子の総称; cf. varactor》. 〖(1937) ← VARI-＋(RES)ISTOR〗

var·i·type /vέ(ə)ritàɪp | véər-/ 〖印刷〗*vi.* バリタイパー (VariTyper) を打つ. — *vt.* バリタイパーで〈活字を〉組む, バリタイパーで打つ. 〖(1955)《逆成》↓〗

Var·i·Typ·er /vέ(ə)ritàɪpə | véəritàɪpə(r)/ *n.* 〖商標〗バリタイパー《活字のさしかえおよび行末そろえのできる, タイプライターに似た電動植字機》. 〖(1928) ← ? VARI(ETY)＋TYP(EWRIT)ER〗

var·ix /vέ(ə)rɪks | véər-/ *n.* (*pl.* **var·i·ces** /vέ(ə)rəsìːz | véərɪ-, vǽrɪ-/) **1** 〖病理〗静脈瘤(りゅう). **2** 〖貝類〗螺層(らそう)隆起《巻貝の殻の表面に縦に走っている隆起》. 〖(*c*1400) ◻ L ～ 'dilated vein'〗

var. lect. 《略》varia lectio.

var·let /vɑ́ːlɪt | vɑ́ː-/ *n.* 《古》**1** 従者, 従僕, 下男 (manservant). **2** (騎士の)小姓, 侍童, 近習 (page). **3** 《戯言》下郎(げろう), 悪党, 悪漢 (rascal). 〖(1456) ◻ OF ～《変形》← *vaslet* stripling (dim.) ← ? *vassal* 'VASSAL': cf. valet〗

var·let·ry /vɑ́ːlɪtri | vɑ́ː-/ *n.* 《古》**1** [集合的] 従者連, 従僕(階級). **2** 暴徒; やじ馬たち, 烏合(うごう)の衆 (mob, rabble). 〖(1606–07): ⇨ ↑, -ry〗

var·let·to /vɑəlétoʊ | vɑːlétəʊ/ *n.* 《Shak》従僕, 下男 (varlet). 〖(1597)《イタリア語化》← VARLET=cf. It. *valletto*〗

Vár·ley lòop /vɑ́əli- | vɑ́ː-/ *n.* 〖電気〗バーレーループ《電線路の障害位置測定装置》. 〖← *C. F. Varley* (19 世紀の英国の電気技師)〗

var·mint /vɑ́əmɪnt | vɑ́ː-/ *n.* (*pl.* ～**s,** 2, 3 ではまた ～) (*also* **var·ment** /～/) **1** 《米口語・方言》いやなやつ, いたずら者, ならず者 (rascal); やつ (fellow): a young ～ いたずら小僧. **2** [集合的]《方言》=vermin. **3** (通例肉食性の)害獣, 害鳥《coyote, bobcat, owl など》; (特に)キツネ (fox). 〖(1539)《転訛》← VERMIN: 17–18 世紀には上流階級の間にも用いられた〗

Var·mus /vɑ́əməs | vɑ́ː-/, **Harold** (**Elliot**) *n.* バーマス (1939–　; 米国の微生物・免疫学者; 発癌の仕組みを研究; Nobel 医学生理学賞 (1989)).

var·na /vɑ́ənə, vɑ́ː- | vɑ́ː-/ *n.* ヴァルナ (caste)《インドの世襲的 4 階級のいずれか一つ》. 〖(1838) ◻ Skt *varṇa* class,《原義》color〗

Var·na /vɑ́ənə | vɑ́ː-; *Bulgar.* várna/ *n.* バルナ《ブルガリア北東部黒海に臨む海港; 旧名 Stalin (1949–56)》.

var·nish /vɑ́ənɪʃ | vɑ́ː-/ *n.* **1** ワニス, ニス: natural ～ 天然ワニス《各種の樹液, 特にうるし》/ ⇨ oil varnish, spirit varnish. **2** (ワニスに似た)合成ニス《弾性ゴム・ピロキシリン・アスファルトなどを主成分とする》. **3 a** ワニス塗り(の表面); ワニス塗りの光沢面. **b** (ワニス塗りに似た)光沢 (gloss)《ひいらぎ・つばきの葉のつや, または焼物の釉薬(ゆうやく)の光沢など》. **4** うわべの飾り, うわべだけの見せかけ (veneer, whitewash): a ～ of civilization 文明の虚飾 / put a ～ on …を粉飾する, 巧みに…のうわべを繕う. **5** 《英》マニキュア液 (nail polish). **6** (*pl.* ～)《米俗》〖鉄道〗客車, 旅客列車. — *vt.* **1** …にワニスを塗る 〈*over*〉. **2** …に光沢[つや]をつける. **3** 飾る, 装飾する. **4** 〈体裁などを〉取り繕う; 粉飾する, ごまかす 〈*up, over*〉: ～ a lie *with* an innocent look 何食わぬ顔でうそをごまかす. 〖(*c*1386) ◻ (O)F *vernis* (n.) varnish ◻ ML *verōnīcem, veronix* sandarac ◻ MGk *bereníkē* ← Gk *Bereníkē* (リビアの古都, 現在の Benghazi)〗

vár·nished *adj.* **1** ワニスを塗った; うわべ[体裁]だけの. **2** 光沢のある. 〖1553〗

vár·nish·er *n.* ワニスを塗る人, ニス屋. 〖1598〗

vár·nish·ing dày *n.* **1** 絵画展覧会開会の前日. **2** 絵画展覧会の初日. 〖(*c*1825): 展覧会前日に出品画に仕上げの手入れをしたりワニスを塗ることを許されたことから〗

várnish trèe *n.* 〖植物〗**1** ワニスを採取する木《lacquer tree, Japanese varnish tree など》. **2** =china-berry 2. 〖1758〗

var·nish·y /vɑ́ənɪʃi | vɑ́ː-/ *adj.* **1** ワニス[ニス]の[に関する, のような]: a ～ smell. **2** 表面にニスが塗ってある.

va·room /vərúːm, -rúm/ *n., vi., int.* 《米》=vroom.

Var·ro /vǽroʊ, vέr- | vǽrəʊ/, **Marcus Te·ren·ti·us** /təréntʃiəs/ *n.* ウァロ (116?–?27 B.C.; ローマの学者; 著述は文法・宗教・哲学・政治など多岐にわたる).

var·ro·a /vəróʊə | -rə́ʊə/ *n.* 〖動物〗ミツバチヘギイタダニ (*Varroa jacobsoni*)《ミツバチの外部寄生虫で害虫》. 〖(1974) ← NL *Varroa* ← *M. T. Varro* (↑): ミツバチに関する著作があることから〗

var·si·ty /vɑ́əsəṭi, -sti | vɑ́ːsɪti/ *n.* **1** 《英・NZ口語》大学 (university)《以前は特に Oxford もしくは Cambridge 大学を指した》. **2** 《米》大学(その他の学校)代表チーム (cf. junior varsity): He is on the ～ in baseball. 彼は野球の大学代表チーム選手だ. — *adj.* [限定的] [しばしばスポーツ関係に用いて] 大学の: the ～ boat race 大学ボートレース / a ～ team 大学チーム / a ～ nine 大学野球チーム. 〖(*c*1680)《短縮》← UNIVERSITY〗

var·so·vi·enne /vɑ̀əsoʊvién | vɑ̀ːsə(ʊ)-; *F.* vaʁsɔvjɛn/ *n.* ヴァルソヴィエンヌ《マズルカ (mazurka) に似た舞踏; 1850–70 年ころ舞踏会で流行した》; その曲. 〖(1859) ◻ F ～ ← *Varsovie* Warsaw〗

Var·u·na /vʌ́rʊnə, vɑrúː- | vǽrʊ-, vərúː-/ *n.* 〖ヒンズー教〗ヴァルナ, 波楼那, 水天《初め律法の神であったが, 後に水界と西の方位を司る神となった》. 〖◻ Skt *Varuṇa*〗

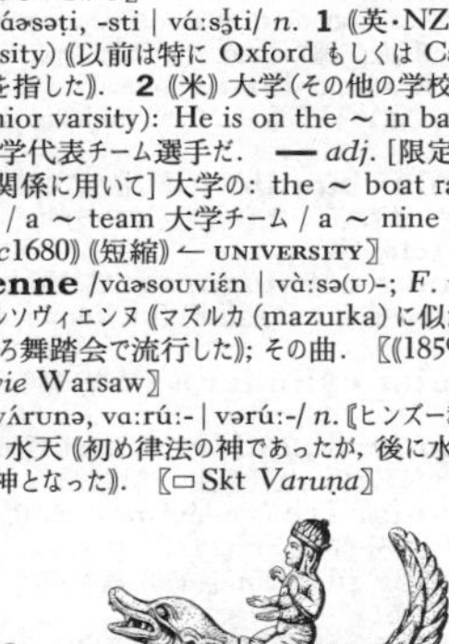

Varuna

var·us /vέ(ə)rəs | véər-/ *adj.* 〖病理〗内反の《身体部分の角度が正中線から内側に外れている; cf. valgus》. — *n.* 《俗用》内反足(の人). 〖(1800) ◻ L *vārus* bent, bandy-legged〗

Var·us /vέ(ə)rəs | véər-/, **Pub·li·us Quin·til·i·us** /pʌ́bliəs kwɪntíliəs/ *n.* ウァルス (?–A.D. 9; ローマの将軍).

varve /vɑ́əv | vɑ́ːv/ *n.* 〖地質〗バーブ, 年層《氷河堆積物などに見られる細かい縞(しま)状粘土層; 一つの縞が一年を示す》. 〖(1912) ◻ Swed. *varv* round, turn〗

varved *adj.* 〖地質〗〈氷河堆積物などの粘土層が〉細かい縞(しま)状をなしている. 〖1929〗

var·y /vέ(ə)ri | véəri/ *vi.* **1** 〔…と〕異なる, 違う (differ) 〔*from*〕; 〔…から〕それる, はずれる (deviate, swerve) 〔*from*〕: Tonight's program will ～ *from* what was originally announced. 今夜の番組は当初発表されたものとは内容が異なります / ～ *from* the type 類型と異なる / ～ *from* the law 法からはずれる. **2** 〈多くのものが〉互いに異なる, 様々である: Opinions ～ on this point. この点については意見がまちまちだ. **3** 〈一つのものが〉変わる, 変化する (change); 変化がある, 様々である: The weather *varies* from hour to hour [according to the time of day]. 天候は刻々に[日中の時刻によって]変わる / He *varies* in opinion. 彼は意見が変わる / The temperature *varies* between 20 and 30 degrees. 温度は 20 度から 30 度の間を変動する / He tried with ～*ing* (degrees of) success. 彼はやってみてうまくいくこともありうまくいかぬこともあった / their ～*ing* fortunes 彼らの様々に変わる運命[運命の浮沈] / They *varied* (in age) from eighteen to twenty-six. (年齢は) 18 歳から 26 歳まで様々だった. **4** 次々に変わっていく, 他のものに入れ替わる (alternate): colors ～*ing* with every change of light 光が変わるごとに変わる色. **5** 〖数学〗変じる, 変化する: ～ directly [inversely] *as* …に正比例[反比例]して変化する / A *varies as* B and C jointly. A は B と C の両方に比例して変化する / A *varies with* B. A は B

によって変化する. 6 〘生物〙変異する. **— *vt.*** 1 異ならせる, 様々にする; …に変化を与える, 多様にする (diversify) (⇨ change SYN): ~ one's diet [menu] 食事に変化を与える[メニューに変更を加える] / ~ one's style 文体に変化を与える / a (richly) *varied* program of entertainment 実に変化に富んだ娯楽番組. 2 (形状・内容・特性などの点で)部分的に変える, 変更する, 改める, 修正する (modify, change): ~ one's plans [a patient's treatment, a program] 計画[患者の治療法, プログラム]を変える. 3 〘音楽〙変奏する. **vár·y·ing** *adj.* 〘(*c*1350) *varie(n)* ◻ (O)F *varier* // L *variāre* ← *varius* 'VARIOUS'〙

váry·ing háre *n.* 〘動物〙変色ウサギ《冬になると毛が白くなるウサギ; 日本のエゾウサギなど》. 〘1781〙

vár·y·ing·ly *adv.* 様々に, 変化して. 〘*c*1862〙

vas /vǽs, vɑ́ːs/ *L. n.* (*pl.* **va·sa** /véɪzə, -sə, vǽsə | véɪsə, -zə, vɑ́ːsə/) 〘解剖・生物〙管 (vessel, duct), (血液・リンパ・精液などの)脈管, 導管: ⇨ vas deferens. 〘(1578) ◻ L *vās* vessel〙

vas- /veɪz, væs/ (母音の前にくるときの) vaso- の異形.

vasa *n.* vas の複数形.

vása ef·fer·én·ti·a /-èfərénʃiə, -ʃə/ *n. pl.* 〘解剖〙輸出(リンパ)管. 〘(*c*1860) ← NL ~ 'efferent vessels'〙

va·sal /véɪsəl, vǽs-, -sl/ *adj.* 〘解剖・生物〙管の, 脈管の, 導管の. 〘(1899) ← VAS+-AL¹〙

Va·sa·re·ly /vɑ̀ːsəréli; *F.* vazaʁeli/, **Victor** *n.* ヴァザレリ《(1908–97; ハンガリー生まれのフランスの画家・彫刻家; optical art の代表的な作家》.

Va·sa·ri /vəzɑ́ːri, vɑː-; *It.* vazáːri/, **Giorgio** *n.* ヴァザーリ《(1511–74; イタリアの画家・建築家・美術史家・伝記作者; *Vite de' più eccellenti pittori, scultori e architettori*「イタリア名画家・彫刻家・建築家伝」(1550)》.

vas·byt /fǽsbeɪt/ *vi.* 《南ア》歯を食いしばる, 我慢する, がんばる. 〘(1970) ◻ Afrik. ~ 《原義》to bite hard〙

Vas·co /vǽskoʊ | -kəʊ; *Sp.* básko, *Port.* váʃku/ *n.* ヴァスコ《男性名》. 〘◻ Sp. & Port. ~〙

Vásco da Gáma *n.* ⇨ Gama.

Vas·con·ga·das /*Sp.* baskoŋgáðas/ *n.* バスコンガダス《Basque Provinces のスペイン語名》.

vascula *n.* vasculum の複数形.

vas·cu·lar /vǽskjulə | -lə^(r)/ *adj.* 1 〘解剖・生物〙管[導管, 脈管, 血管など]の[から成る, を含む]; 血管(など)の多い: ⇨ vascular plant, vascular system, vascular tissue. 2 血気盛んな, 元気な (high-spirited). **~·ly** *adv.* **vas·cu·lar·i·ty** /vǽskjulǽrəti, -lér- | -lǽrɪti/ *n.* 〘(1672–73) ← NL *vāsculāris*: ⇨ vasculum, -ar¹〙

váscular búndle *n.* 1 〘植物〙《繊維組織などの》管束(かんそく), 維管束. 2 〘解剖〙《神経の》束(そく)《bundle ともいう》. 〘*c*1884〙

váscular crýptogam *n.* 〘植物〙維管束(いかんそく)隠花植物, シダ植物《シダ植物門 (Pteridophyta) に属する植物》.

váscular cýlinder *n.* 〘植物〙維管束(いかんそく)環. 〘*c*1889〙

vas·cu·lar·i·za·tion /vǽskjulərɪzéɪʃən | -raɪ-, -rɪ-/ *n.* 導管化; 血管新生. 〘1818〙

vas·cu·lar·ize /vǽskjuləràɪz/ *vt.* 新生血管を形成する, 血管を分布する. 〘(1893): ⇨ vascular, -ize〙

váscular plánt *n.* 〘植物〙維管束(いかんそく)植物, 管束植物. 〘1861〙

váscular ráy *n.* 〘植物〙維管束(いかんそく)内放射組織. 〘1672〙

váscular spíder *n.* 〘病理〙くも状血管拡張, 星状血管拡張, 皮膚毛細血管拡張《主に肝疾患のとき見られる》.

váscular stránd *n.* 〘植物〙=vascular bundle 1.

váscular sỳstem *n.* 1 〘解剖〙脈管系(統)《血管とリンパ管から成る》. 2 〘植物〙維管束系《植物の組織系の一つ, 体内物質の移動や体の機械的支持を行う部分》. 〘1725〙

váscular tìssue *n.* 1 〘植物〙導管組織, 維管束組織. 2 〘動物〙血管に富んだ組織. 〘1815〙

vas·cu·la·ture /vǽskjulətʃə, -tʃʊ̀ə | -tʃə^(r), -tjʊ̀ə^(r)/ *n.* 〘解剖〙脈管構造. 〘(1942) ← VASCUL(UM)+(MUSCU-L)ATURE〙

vas·cu·li·tis /vǽskjuláɪtɪs | -tɪs/ *n.* (*pl.* **vas·cu·lit·i·des** /vǽskjulítədìːz | -tɪ-/) 〘病理〙脈管炎. 〘(1945) ◻ NL ~: ⇨ ↓, -itis〙

vas·cu·lum /vǽskjuləm/ *n.* (*pl.* **-cu·la** /-lə/, ~s) 1 (植物採集用)胴乱(どうらん)《通例ブリキ製》. 2 〘植物〙= ascidium. 〘(1832) ◻ L *vāsculum* (dim.) ← *vās*: ⇨ vas, -cule〙

vás dé·fe·rens /-défərənz, -rènz/ *L. n.* (*pl.* **vasa de·fe·ren·ti·a** /-dèfərénʃiə, -ʃə | -ʃiə/) 〘解剖〙精管《正規の解剖学名としては《廃》; 近年は ductus deferens を用いる》. 〘(1578) ← NL ~ ← L *vās* 'VAS'+*dēferēns* carrying down: ⇨ deference〙

vase /véɪs, véɪz | vɑ́ːz/ *n.* 1 (金属・ガラス・陶器製の装飾用)瓶, つぼ; 花瓶 (flower vase). ★ 通例, 横幅より背が高いものをいう. 2 〘建築〙(建築の一部や門柱上などに用いる)飾り花瓶, 花瓶式彫刻. **~·lìke** *adj.* 〘(1563) ◻ F ~ ◻ L *vās* 'VAS'〙

va·sec·to·mize /vəséktəmàɪz, væs-/ *vt.* 精管切除術を行う. 〘(1900): ⇨ ↓, -ize〙

va·sec·to·my /vəséktəmi, væ-/ *n.* 〘外科〙精管切除(術). 〘(1897) ← VASO-+-ECTOMY〙

Vas·e·line /vǽsəlìːn, ⌣–⌣–́ | vǽsɪ̀lìːn, ⌣–⌣–́/ *n.* 〘商標〙ワセリン《白色の petrolatum の商品名》. 〘(1874) ← *vas-* (← G *Wasser* 'WATER')+*-el-* (← Gk *élaion* oil)+-INE³〙

váse pàinting *n.* (特に, 古代ギリシャの)花瓶画. 〘1843〙

Vash·ti¹ /vǽʃti, -taɪ/ *n.* ヴァシティ《女性名; 愛称形 Vassy; Cornwall に多い名》. 〘◻ Heb. *Waštī* ◻ Pers. 《原義》star〙

Vash·ti² /vǽʃti, -taɪ/ *n.* 〘聖書〙ワシテ《紀元前 5 世紀のペルシャ王 Ahasuerus の王妃; 客の前に出ることを拒んで追放された; cf. *Esth.* 1: 9–22》.

va·si- /véɪzɪ, -zi, vǽsɪ, -si/ vaso- の異形 (⇨ -i-).

va·si·form /véɪzəfɔ̀əm, véɪs-, vǽs- | véɪzɪfɔ̀ːm, véɪs-/ *adj.* 1 管状の. 2 瓶[つぼ]形の: a ~ lamp. 〘(1835): ⇨ ↓, -form〙

Va·si·lie·vich /vɑːsíːljəvɪtʃ; *Russ.* vasʲílʲivʲitʃʲ/ *n.* ヴァシーリェヴィチ《男性名》. 〘◻ Russ. ~ 《原義》'son of *Vasil* (=Basil)'〙

va·so- /véɪzoʊ, vǽs- | véɪzəʊ, vǽs-/「血管 (blood vessel), 脈管 (duct), 精管 (vas deferens), 血管運動の (vasomotor)」の意の連結形. ★ 時に vasi-, また母音の前では通例 vas- になる. 〘← L *vās* vessel〙

vàso·áctive *adj.* 〘生理〙(収縮・拡張など)血管に作用する. **vàso·actívity** *n.* 〘1958〙

vàso·constríction *n.* 〘生理〙血管収縮. 〘1899〙

vàso·constríctive *adj.* 〘生理〙血管収縮の. 〘1890〙

vàso·constríctor 〘生理〙*adj.* 血管を収縮させる; 血管収縮神経の. **— *n.*** 血管収縮神経; 血管収縮剤. 〘1877〙

vàso·depréssor 〘生理〙*adj.* 血管を抑制[拡張]する; 血管抑制[拡張]神経の. **— *n.*** 血管抑制神経; 血管拡張剤.

vàso·dilatátion *n.* 〘生理〙血管拡張. 〘1896〙

vàso·dilátion *n.* 〘生理〙=vasodilatation.

vàso·dilátor 〘生理〙*adj.* 血管を拡張[弛緩]させる, 血管拡張(神経)の. **— *n.*** 血管拡張神経; 血管拡張剤. 〘1881〙

vàso·inhíbitor *n.* 血管運動神経抑制物質[剤]. **vàso·inhíbitory** *adj.*

vàso·ligátion *n.* 〘外科〙精管結紮(けっさつ)(法)《vasoligature ともいう》. 〘1926〙

vàso·lígature *n.* 〘外科〙=vasoligation.

vàso·mótor *adj.* 〘生理〙血管運動(神経)の[を調節する, に関連した, に由来する]. 〘1907〙

va·so·pres·sin /vèɪzoʊprésɪn, vǽs-, -sn | -zə(ʊ)-présɪn, -sə(ʊ)-/ *n.* 〘生化学〙バソプレッシン《脳下垂体後葉ホルモンの一種で, 血管収縮剤; antidiuretic hormone ともいう; cf. hypophamine, oxytocin 1》. 〘(1951) ← *Vasopressin* (商標名): ⇨ ↓, -in²〙

vàso·préssor 〘生理〙*adj.* 血圧を上げる作用のある, 昇圧性の. **— *n.*** 血管収縮剤, 昇圧薬. 〘1928〙

váso·spàsm *n.* 血管痙攣(けいれん). **vàso·spástic** *adj.* 〘1902〙

vàso·stímulant *adj.* 血管(運動神経)を刺激する. **— *n.*** 血管(運動神経)刺激物質[薬].

vàso·tó·cin /-tóʊsɪn, -sn | -təʊsɪn/ *n.* 〘生化学〙バソトシン《神経性脳下垂体ホルモンの一つ; 哺乳類(胎児期を除く)以外の下等脊椎動物に見られ, 子宮収縮および乳腺の筋繊維を収縮させ乳汁分泌を促進させる作用をもつ》. 〘(*c*1963) ← VASO-+(OXY)TOCIN〙

vas·ot·o·my /væsɑ́(ː)təmi, vəs- | -sɔ́t-/ *n.* 〘外科〙精管切開(術). 〘← VASO-+-TOMY〙

vàso·tónic *adj.* 〘生理〙血管緊張(性)の, 血管緊張調節の[に関連した].

vàso·vágal *adj.* 〘医学〙迷走神経と血液循環にかかわる, 血管迷走神経性の. 〘1907〙

vas·sal /vǽsəl, -sl/ *n.* 1 (ヨーロッパの封建制時代の知行を受け君主に忠誠を誓う)臣下, 家臣, 領臣 (cf. vavasor 1): ⇨ rear vassal. 2 隷属者, 従属者, 配下 (retainer). 3 しもべ, 奴僕, 召使 (servant), 奴隷 (slave). **— *adj.*** 1 領臣[封建家臣]の, 領臣[封建家臣]のような: ~ homage [fealty] (君主に対する)臣下の礼[忠勤の誓い]. 2 隷属的, 卑屈な (servile): a ~ state 属国. 〘(?*a*1300) ◻ (O)F ~ < ML *vassallum* ← LL *vassus* servant, retainer ← Celt.〙

vas·sal·age /vǽsəlɪdʒ, -sl-/ *n.* 1 (封建制時代の)領臣であること, 領臣の身分; 領臣としてのふるまい. 2 (主君に対する)臣下の誓い, 忠順, 臣従. 3 臣下の領地, 封土 (fief). 4 [集合的] 領臣たち (vassals). 5 隷属(的地位). 〘(*c*1303) ◻ OF ~ (F *vasselage*): ⇨ ↑, -age〙

vas·sal·ic /væsǽlɪk/ *adj.* (封建制時代の)臣下の, 領臣の, 領臣の身分に関する. 〘1897〙

vas·sal·i·ze /vǽsəlàɪz, -sl-/ *vt.* 家来[臣下, 家臣, 配下, 属国]にする. 〘1599〙

Vas·sar /vǽsə | -sə^(r)/, **Matthew** *n.* バサー《(1792–1868; 英国生まれの米国の実業家; 女性の高等教育を支援し, New York 州 Poughkeepsie に女子大学 Vassar College を創立 (1861), 資金を提供》.

vast /vǽst | vɑ́ːst/ *adj.* (~·**er**; ~·**est**) 1 a 非常に広い, 広大な (very extensive) (⇨ enormous SYN): a ~ expanse of desert [ocean] 広漠たる砂漠[大海原]. b 〈心など〉非常に包容力のある: a ~ mind 非常に包容力の大きい心. 2 非常に大きな, 巨大な, 厖大な (huge, enormous): a ~ scheme 厖大な計画 / a ~ scheme of ~ scope 厖大な規模の企画 / a ~ improvement 大幅な改善. 3 (数・量・額など)非常に大きい, おびただしい, 巨額の: a ~ sum of money / at ~ expanse 広々として, 広漠たる状態で / a ~ multitude [crowd of people] 大群衆 / They have ~ quantities [amounts reserves] of coal. 石炭の量[埋蔵量]がおびただしい. 4 [強意語として] 非常な, 多大の (very great): a matter of ~ importance 非常に重大な事 / It makes a ~ difference. たいへんな相違だ.
— *n.* 1 《古・詩》広大な[果てしない]広がり: the [a] ~ of ocean [water] 大海原 / in the dead ~ and middle of the night 死んだように静まりかえった真夜中に (Shak., *Hamlet* 1. 2. 198). 2 《方言》大量, たくさん, 大勢: a ~ *of* trouble [pains] たいへんな悩み[苦労].
— *adv.* 《方言》=vastly.
〘(1575–85) ◻ L *vāstus* barren, waste, immense ← IE **wāsto-* ← **eu-*, **wā-* empty〙

vas·ta·tion /væstéɪʃən/ *n.* 《文語》徹底的浄化; 荒廃(させること). 〘(1545) 1847〙

Väs·ter·ås /vèstəróʊs, -rɔ́ːs, -rɑ́ːs | -rɔ́ːs; *Swed.* vèsteróːs/ *n.* ヴステルオース《スウェーデン中部 Västmanland 州の州都; 重工業の中心地》.

vas·tid·i·ty /væstídəti | vɑːstídɪti/ *n.* 《古》=vastness. 〘1604〙

vas·ti·tude /vǽstətùːd, -tjùːd | vɑ́ːstɪtjùːd/ *n.* 《まれ》1 広大, 広大無辺 (immensity). 2 広漠たる広がり (vast expanse). 〘(1545) ◻ L *vāstitūdō*: ⇨ vast, -tude〙

vas·ti·ty /vǽstəti | -tɪti/ *n.* 《古》1 広大; 巨大, 莫大 (vastness). 2 荒涼. 〘(1545) ◻ L *vastitātem* // F *vastité*: ⇨ vast, -ity〙

vast·ly /vǽstli | vɑ́ːst-/ *adv.* 1 [強意語として] 非常に, はなはだ, すこぶる, 大いに: be ~ superior to … よりはるかにすぐれている / I am ~ pleased. 満足至極です / I am ~ obliged. どうも感謝しています. 2 広大に, 広々と: The Empire was so ~ enlarged in that century. この帝国はその世紀に厖大な膨張をなした / This book adds ~ to our knowledge. この本は我々の知識を大いに増す. 〘1593–94〙

vást·ness *n.* 1 広大さ, 厖大 (immensity); 巨大 (vast size); おびただしさ. 2 広大な広がり[地域]. 〘1605〙

vast·y /vǽsti | vɑ́ːsti/ *adj.* (**vast·i·er**; **-i·est**) 《古》広大な (vast, immense): the ~ wilds of wide Arabia 果てしれぬアラビアの荒野 (Shak., *Merch V* 2. 7. 41). 〘(1596–97): ⇨ vast, -y⁴〙

vat /vǽt/ *n.* 1 a 大桶(おけ)《特に, 醸造・製革・染色などに用いるもの》. b (手漉(す)き)紙の漉き桶. 2 バット《バット染料 (vat dye) をアルカリ還元液で水に可溶化した染液または染浴》. **— *vt.*** (**vat·ted**; **vat·ting**) 桶に入れる[貯蔵する], 桶に入れて処理する[熟成させる]. 〘(*a*1225) 《南部・西部方言》← 《廃》*fat* < OE *fæt* vessel < Gmc **fatam* (Du. *vat* / G *Fass* keg, cask) ← IE **pĕd-* container: *v-* については ⇨ van⁴, vane〙

VAT /víːèɪtíː, vǽt/ 《略》value-added tax.

Vat. 《略》Vatican.

VAT·a·ble, vat·a·ble /vǽtəbl | -tə-/ *adj.* 《英口語》VAT (付加価値税)で処理できる, VAT をかけることができる. 〘1973〙

vát còlor *n.* 〘染色〙=vat dye.

vát-dýe *vt.* バット染料で染める. **vát-dýed** *adj.* 〘1946〙

vát dỳe *n.* 〘染色〙バット染料, 建染(たてぞ)め染料《水に不溶性のためアルカリ還元液で可溶化し, 繊維に吸着させた後, 酸化して元の不溶性染料に戻して染める》. 〘1903〙

vat·ful /vǽtfʊ̀l/ *n.* 大桶(おけ)一杯. 〘1632〙

vat·ic /vǽtɪk | -tɪk/ *adj.* 《まれ》予言者の; 予言の, 予言的な (prophetic). 〘(1603) ← L *vāt(ēs)* prophet+-IC¹〙

Vat·i·can /vǽtɪkən | -tɪ-/ *n.* [the ~] 1 バチカン宮殿《ローマ教皇の宮殿, ローマカトリック教会の行政庁; the Vatican Palace ともいう》. 2 (イタリア政府 (the Quirinal) に対して)教皇権, 教皇政治 (the papacy): the thunders of *the* ~ ローマ教会の破門. **— *adj.*** 1 バチカン宮殿の; 教皇庁の; 教皇政治の. 2 バチカン公会議の. 〘(1555) ◻ F ~ // L *Vāticānus* (*collis, mōns*) Vatican (hill, mountain) ← Etruscan〙

Vátican Cíty *n.* [the ~] バチカン市国《教皇の支配下にある Rome 市内の世界最小の独立国家; 1929 年に設立, St. Peter's Basilica および Vatican 宮殿を含む; 面積 0.44 km²; 公式名 the Vatican City State バチカン市国; イタリア語名 Città del Vaticano》.

Vátican Cóuncil *n.* [the ~] バチカン公会議: a 第一バチカン公会議《教皇無謬(むびゅう)の教義を決定した 1869–70 年の第 20 回公会議》. b 第二バチカン公会議《教会改革と教会一致の促進を討議した 1962–65 年の第 21 回公会議》. 〘1878〙

Vátican Híll *n.* [the ~] バチカン丘《Tiber 川の右岸, Vatican City のある Rome 市内の高台》.

Vát·i·can·ìsm /-nìzm/ *n.* 教皇至上主義, バチカン主義 (ultramontanism). 〘1875〙

Vát·i·can·ist /-nɪst | -nɪst/ *n.* 教皇至上主義者. 〘1846〙

Vátican Pálace *n.* [the ~] バチカン宮殿. 〘1886〙

vat·i·cide /vǽtəsàɪd | -tɪ-/ *n.* 1 予言者殺し《人》. 2 予言者殺し《行為》. 〘(1728) ← L *vāti-*, *vātēs* seer + -CIDE〙

va·tic·i·nal /vətísənl, væ-, -snəl | -sɪnl/ *adj.* 予言の, 予言的な. 〘(1586) ← L *vāticinus* prophetic (↓)+-AL¹〙

va·tic·i·nate /vətísənèɪt, væ-, -sn- | -sɪ-/ *vt., vi.* 予言する (prophesy). **va·tic·i·na·tion** /vətɪ̀sənéɪʃən, vætìs-, væ-, -sn- | vætɪ̀sɪ-, vətìs-, væ-, -sn-/ *n.* 〘(1623) ← L *vāticinātus* (p.p.) ← *vāticinārī* ← *vātēs* prophet (← IE **wāt-* ← **wet-* to blow)+*-ci-nārī* (cf. *canere* to sing)〙

va·tic·i·nà·tor /-tə | -tə^(r)/ *n.* 予言者 (prophet). 〘1652〙

vát·man /-mən/ *n.* (*pl.* **-men** /-mən, -mèn/) (手漉

(ₚ)紙の)漉手，漉工，バットマン《漉き桶(ₙ) (vat) の中の紙料を漉き桁(ₗ)ですくって手漉紙を作る人》．〘(1839): ⇨ vat〙
VAT·man /vǽtmæn/ *n.*〘英口語〙VAT (付加価値税) 収税吏[取扱い官]．〘1977〙
vát pàper *n.* 手漉(ₚ)紙．
vát·ted mált /vǽṭɪ̈d- | -tɪ̈d-/ *n.* ヴァテッドモルト《数種のモルトウイスキーをブレンドして作ったウイスキー》．
Vät·tern /vétən | -tən; *Swed.* vétːeṇ/, **Lake** *n.* ベッテン湖《スウェーデン南部の南北に細長い湖; バルト海に通じる; 長さ 128 km, 面積 1912 km²》．
va·tu /vάːtuː; *Fijian* vátu/ *n.* バーツー《バヌアツ (Vanuatu) の通貨単位》．〘(1981) □ Bislama (Pidgin) ~ ← ? *Va(nua)tu*〙
Vau·ban /voubɑ̃ː(ŋ), -bάːŋ | vəu-; *F.* vobɑ̃/, Marquis **de** *n.* ボバン(侯爵)《1633–1707; フランスの将軍・元帥, 工兵技術の大家; 本名 Sébastien le Prestre de Vauban /sebastjɛ̃ lə prɛtr/》．
Vau·cluse /voukluːz | vəu-; *F.* voklyːz/ *n.* ボークリューズ(県)《フランス南部の県; 面積 3,578 km², 県都 Avignon》．
Vaud /vóu | vóu; *F.* vo/ *n.* ボー(州)《スイス西部の州; 面積 3,211 km², 州都 Lausanne》．
vaude·ville /vɔ́ːdvɪl, vάːd-, vóu-, -dəvɪl, -vɪ | vɔ́ːdəvɪl, vɔ́u-, vɔ́ːdvɪl, -vɪ; *F.* vodvil/ *n.* **1**〘米〙**a** 寄席(ₛ)演芸, ボードビル (cf. variety show, music hall 2). **b** (歌や舞踊・パントマイム入りの)小喜劇, 軽喜歌劇． **2** (キャバレー・カフェなどで)酒の席で歌われる社会諷刺的俗謡《15 世紀前半ごろフランスの詩人 Olivier Basselin が作り始め, 17 世紀にフランスで発展して時事問題を対句で書いた諷刺歌となり, 18 世紀半ば以後次第に舞踊や演技を伴う軽喜歌劇の形を整えた; cf. ballad opera》．〘(1739) □ F ~ ← (*chanson du*) *Vau de Vire* (song of) the valley of the Vire (in Normandy) (O. Basselin (⇨ 2) の居住地)〙
vaude·vil·li·an /vɔːdvíliən, vɑː-, vou-, vɔːdə-, vɑ̀ː-, vòu- | vɔ̀ːdəv-, vɔ̀u-, vɔ̀ːdv-, vɔ̀u-/ *n.* ボードビリアン, 寄席(ₛ)芸人; ボードビルの台本を書く人． ― *adj.* ボードビルの[的な]．〘1913〙
váude·vill·ist /-lɪ̈st | -lɪst/ *n.* =vaudevillian. 〘1879〙
Vau·dois¹ /voudwάː | vɔ́udwaːz, -dwɔː; *F.* vodwa/ *n. pl.* =Waldenses. 〘(1560) □ F ~ < ML *Waldēnsis* 'WALDENSES'〙
Vaudois² *n.* (*pl.* ~) ボー (Vaud) の住民; ボー語《フランス語の方言》． ― *adj.* ボーの． 〘□ F ~〙
Vaughan /vɔ́ːn, vάːn | vɔ́ːn/, **Henry** *n.* ボーン《1622–95; 英国の詩人・神秘家; *Silex Scintillans*「火花散る燧石(ₕₒ)」(1650–55)》．
Vaughan, Herbert Alfred *n.* ボーン《1832–1903; 英国ローマカトリック教会の司祭, Westminster 大司教, 枢機卿(ₛ)》．
Vaughan, Sarah *n.* ボーン《1924–90; 米国のジャズシンガー・ピアニスト》．
Vaughan Williams, Ralph *n.* ボーンウィリアムズ《1872–1958; 英国の作曲家; *A London Symphony* (1914)》．
Vaughn /vɔ́ːn, vάːn | vɔ́ːn/ *n.* ヴォーン《男性名; 異形 Vaughan》．〘□ OWelsh *Fychan*《原義》small one〙
vault¹ /vɔ́ːlt, vάːlt | vɔ́ːlt, vɔ́lt/ *n.* **1 a**〘米〙(銀行などの)金庫室, (地下)貴重品保管室. **b** (教会・墓所の)地下納骨所; 地下獄屋: a family ~ 一族の地下納骨所 / a prison ~ 地下獄屋. **c** 円筒形天井の地下室[ほら穴]: ⇨ wine vault 1. **d** ひつぎ収納箱. **2**〘建築〙**a** ヴォールト, 円筒形[アーチ形]天井 (arched ceiling): ⇨ barrel vault, groin vault, ribbed vault / an intersecting ~ 交差穹窿(ₖₒ) / a domed ~ ドーム形天井 / a sexpartite ~ 六分ヴォールト《天井を六等分するヴォールトの架けかた》/ a stilted ~ 上心円筒形天井. **b** ヴォールト風の構築物. **3** 円筒形天井のある部屋[場所, 通廊]. **4** 円筒形天井に似た[を思わせる]もの: the (blue) ~ of heaven [the sky] 大空, 青天井. **5**〘解剖〙アーチ形で腔状の部分, 蓋(ₐ), 円蓋(ₑ)《口蓋 (palate)・頭蓋冠 (skullcap) など》.
― *vt.* **1** ヴォールト架構にする, …にヴォールトを付ける; ヴォールト天井に造る. **2** …の上にヴォールトのように広がる. ― *vi.* ヴォールト形に湾曲する.
~·lìke *adj.* 〘(*a*1300) *voute, vaute* □ OF (F *voûte*) < VL **voltam*, **volvitam* (p.p. fem.) ← L *volvere* 'to roll, WALLOW'〙

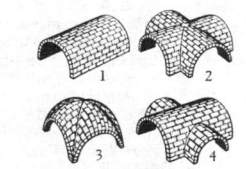

vaults¹ 2 a
1 barrel
2 groin
3 fan
4 underpitch or Welsh

vault² /vɔ́ːlt, vάːlt | vɔ́ːlt, vɔ́lt/ *vi.* (棒または手を支えにして一飛びに)飛ぶ, 跳躍する (leap); 棒高跳びをする: ~ *from* [*into*] the saddle 鞍(ₐ)から飛び降りる[に飛び乗る] / ~ *on* (*to*) [*upon*] a horse 馬に飛び乗る / ~ *over* a gate [ditch] 門[溝]を飛び越す. ― *vt.* (棒または手を支えにして一飛びに)飛び越す: ~ a fence. ― *n.* **1 a** (棒または手などを支えにして一飛びに)飛ぶこと, 飛び越えること, 飛び越し, 跳躍 (leap): a pole ~ 棒高跳び. **b** 棒高跳び (pole vault). **2** (馬の)跳躍 (curvet). 〘(1538) □ OF *vo(u)lter* < VL **voltāre* (freq.) ← L *volvere* (↑)〙
vault·age /vɔ́ːltɪdʒ, vάːlt- | vɔ́ːlt-, vɔ́lt-/ *n.* ヴォールト天井のある部屋[地下室]. 〘(1599) ← VAULT¹+-AGE〙
váult·ed *adj.* 円筒[アーチ]形天井造りの; ヴォールト天井のある: a ~ roof, aisle, chamber, etc. 〘(1533) ← VAULT¹+-AGE〙
váult·er *n.* 飛び越える人, 跳躍者; (特に)棒高跳び選手 (pole-vaulter). 〘(*c*1552) ← VAULT²〙
váult·ing¹ *n.* **1** (手などを支えにして)飛ぶこと, 跳躍. **2** [形容詞的に] 跳躍用の: a ~ pole 棒高跳び用の棒 / ⇨ vaulting horse. ― *adj.* **1** (棒または手などを支えにして)一飛びに飛ぶ. **2** 高々と飛揚する, 思い上がった, 誇大な (overweening): ~ conceit 慢心 / ~ ambition はやり立つ野心 (Shak., *Macbeth* 1. 7. 27). 〘(1531) ← VAULT²〙
váult·ing² *n.* **1**〘建築〙ヴォールト架構; 円筒形天井造り. **2** [集合的] ヴォールト天井 (vaults). 〘(1512) ← VAULT¹〙
váulting hòrse *n.* **1** (体操用の)跳馬 (long horse). **2** (体操用の)鞍馬(ₐₙ) (side horse). 〘1565〙
váult lìght *n.* (地下室[通路]の)採光天窓《道路面に穴をあけ, 金枠つきガラスブロックなどをはめこんだもの; pavement light ともいう》.
vault·y /vɔ́ːlti, vάːl- | vɔ́ːl-, vɔ́l-/ *adj.* ヴォールト天井形の, 凹形の: the ~ heaven so high above our heads 頭上はるかの大空 (Shak., *Romeo* 3. 2. 22). 〘1545〙
vaunt¹ /vɔ́ːnt, vάːnt | vɔ́ːnt/ *vt.* 自慢する, 誇る, 広言する; 見せびらかす: ~ one's skill 腕前を誇る / one's ~*ed* courage 自慢の勇気. ― *vi.* 〔…を〕自慢する, 誇る 〔*of, over, about*〕(⇨ boast¹ SYN): ~ *of* one's skill 自分の腕前を自慢する / ~ *over* another's failure 他人の失敗を手をたたいて喜ぶ. ― *n.* 自慢, ほら, 広言 (boast); 見せびらかし. **~·ed** /-ṭɪ̈d | -tɪ̈d/ *adj.* **~·er** /-ṭə | -tə(r)/ *n.* 〘(?*a*1387) □ AF *vaunter*=(O)F *vanter* to boast < LL *vānitāre* to flatter ← L *vānus* 'VAIN'〙
vaunt² /vɔ́ːnt, vάːnt | vɔ́ːnt/ *n.*〘廃〙**1** 最初[前方]の部分. **2** (軍隊の)前衛, 先鋒. 〘(1589): cf. van², vanguard〙
vàunt-cóurier *n.* **1** [*pl.*]〘古〙前衛隊, 斥候(ₛₒ) (avant-couriers). **2** 先駆者 (forerunner). 〘(1560) (頭音消失) ← AVANT-COURIER〙
vaunt·ful /vɔ́ːntfəl, vάːnt-, -fl | vɔ́ːnt-/ *adj.* 自慢する, うぬぼれの強い. 〘1590〙
váunt·ing /-ṭɪŋ | -tɪŋ/ *adj.* 自慢する, 威張りたがる; 鼻高々の, 誇らしげな: a ~ smile. **~·ly** *adv.* 〘1589〙
vaunt·y /vɔ́ːnṭi, vάːn- | vɔ́ːnti/ *adj.*〘スコット〙自慢の, 威張った (proud, boastful); うぬぼれた (vain). 〘1724〙
v. aux.〘略〙〘文法〙verb auxiliary 助動詞.
Vaux·hall /vά(ː)ksɔːl, -sɑːl, -hɔːl, -hɑːl | vɔ́ksɔːl, -hɔːl, ─⌐/ *n.* **1** ボクソール《ロンドンの Thames 川南岸の地域》. **2** ボクソール(公園)《1661 年に開園し, コンサート・舞踏会などが行われた; 1859 年閉園; Vauxhall Gardens ともいう》. **3**〘商標〙ボクソール《英国 Vauxhall Motor 社製の自動車》.
vav /vάːv, vɔ́ːv/ *n.* =waw. 〘□ Heb. *wāw*《原義》hook〙
vav·a·sor /vǽvəsɔə | -sɔː(r), -sùə(r)/ *n.* **1** (封建制時代の)陪(ₚ)臣《王の直臣 (baron) に次ぐ領臣; cf. vassal 1》. **2** 小地主, 中産的土地所有者. 〘(?*a*1300) □ OF *vavas(s)our* (F *vavasseur*) □ ML *vavassōrem* ← ? *vassus vassōrum* 'VASSAL of vassals'〙
vav·a·so·ry /vǽvəsɔ̀ːri | -sɔːri, -sùəri/ *n.* (封建制時代の)陪(ₚ)臣 (vavasor) の領土; 陪臣の土地保有. 〘1611〙
vav·a·sour /vǽvəsɔə | -sɔə(r), -sùə(r)/ *n.* =vavasor.
Va·vi·lov /vάːvɪ̈lɔ̀(ː)f, -lὰ(ː)f | vǽvɪlɔf; *Russ.* vaʋʲílɐf/, **Nikolai Ivanovich** *n.* バビロフ《1887–1943; ロシアの植物遺伝学者; 多様化が最大である場所が地理的にある植物の起源の場所であるという多様化の法則を提案》.
vb.〘略〙verb; verbal.
VBA〘略〙Visual Basic for Applications〘電算〙アプリケーション付属版ビジュアルベーシック《ソフトの動きを制御できる一種のプログラミング言語》.
V-bèlt /víː-/ *n.*〘機械〙V ベルト. 〘1911〙
V-blòck *n.*〘機械〙V ブロック, 薬研(ₖₑ)台《丸棒の直径・長さの測定・けがき作業・加工・研磨などを行うとき静置するための台で, V 形 (通例 90°) の溝をもつ鋼製ブロック》. 〘1901〙
V-bòmb *n.* V 兵器, 報復兵器《第二次大戦中ドイツ軍が使用した V-1, V-2 など; V-weapon ともいう》. 〘(1944): ⇨ V-1〙
vc〘記号〙St. Vincent and the Grenadines《URL ドメイン名》.
VC〘略〙Veterinary Corps; Vice-Chairman; Vice-Chamberlain; Vice-Chancellor; Vice-Consul; Victoria Cross; Vietcong.
V-chìp *n.*〘米〙V チップ《テレビ受像機に取り付けて, 暴力・セックスなど子供に見せたくない番組の受信を自動的に妨げるようにする素子》. 〘(1993) ← *v*(*iolence*): 元来は *viewer* の略であった〙
V-connèction *n.*〘電気〙=open-delta connection.
VCR〘略〙videocassette recorder;〘航空〙visual control room.
vd〘略〙void.
VD〘略〙venereal disease. 〘1863〙
v.d.〘略〙vapor density; various dates.
V-Day /víːdèɪ/ *n.* 戦勝記念日 (cf. V-E Day, V-J Day). 〘(1941) ← *Victory Day*〙
VDH〘略〙valvular disease of the heart〘病理〙心臓弁膜症, 弁膜性心疾患.
VDM〘略〙vasodepressor material; *L.* Verbī Deī Minister (=Minister of the Word of God).
VDQS〘略〙*F.* vin délimité de qualité supérieure (=superior-quality wine) 生産地限定高級ワイン.
VDT〘略〙〘電算〙video display terminal;〘電算〙visual display terminal.
VDU〘略〙〘電算〙visual display unit.
ve〘記号〙Venezuela《URL ドメイン名》.
VE〘略〙value engineering 価値[経済性]工学; Victory in Europe.
've /(母音の後) v, (子音の後) əv/ *vt., auxil. v.*〘口語〙have¹·² の縮約形: I've=I have / you've=you have. might've been / would've gone.
Ve·a·dar /víːədὰə, véɪə-, ⌐─⌐ | víːədὰː(r), véɪə-/ *n.* (ユダヤ暦の)閏(ₖ)月《閏年に Adar の次に入る 29 日の臨時の月; Adar Sheni ともいう; ⇨ Jewish calendar》. 〘(*c*1864) □ MHeb. *va* (=*wa*)-*'Adhār*《原義》and Adar, second Adar〙
veal /víːl/ *n.* **1** 子牛肉 (calf flesh). **2** 子牛《生後 3 か月までの子牛肉用の牛》. ― *vt.* 〈子牛を〉子牛肉にする. 〘(*c*1395) □ AF *ve(e)l*=OF *veel* (obl.) (F *veau*) < L *vitellum* (dim.) ← *vitulus* calf,《原義》? yearling ← IE **wet-* year (Skt *vatsa* calf): cf. veteran〙
véal càlf *n.* =vealer.
véal cràte *n.* 子牛枠《白い肉を得るために子牛を入れて育てる暗い仕切られた空間》.
véal cútlet *n.*〘料理〙子牛の(主にもも肉を使った)カツレツ. 〘1728〙
veal·er /víːlə | -lə(r)/ *n.* **1**〘米・豪〙食肉用の子牛. **2** (NZ) 生後 14 か月までの肉用牛. 〘1931〙
véal pic·cá·ta /-pɪkάːṭə | -tə/ *n.*〘料理〙ビール ピカータ《子牛の薄肉を焼いてレモン汁とバターソースをかけたもの》. 〘(1973) *piccata* □ It ~ 'veal piccata' ((fem. p.p.) ← *piccare* to prick)《なぞり》← F *piqué* larded (p.p.) ← *piquer* to lard (meat), prick: cf. pique〙
veal·y /víːli/ *adj.* (**veal·i·er**; **-i·est**) **1** 子牛(肉)のような. **2** 未熟な (immature). 〘1769〙
Veb·len /véblən/, **Thor·stein** /θɔ́əstaɪn, -stən | θɔ́ː-/ (**Bunde** /bʌ́nd/) *n.* ベブレン《1857–1929; 米国の経済学者・社会学者; *The Theory of the Leisure Class* (1899)》.
Vec·chi /véki; *It.* vékki/, **O·ra·zio** /ɔrάttsjo/ *n.* ベッキ《1550–1605; イタリアの作曲家・詩人; *L'Amfiparnasso*「ランフィパルナッソ」(1594)》.
vec·tion /vékʃən/ *n.*〘医学〙(病原体の)媒介, 伝達. 〘(*c*1610) □ L *vectiō(n-)* ← *vectus*: ⇨ vector, -tion〙
vec·to·graph /véktəgræf | -grὰːf, -græf/ *n.* (特殊な眼鏡で透視して見る)立体写真[映画, 絵など]. **vec·to·graph·ic** /vèktəgrǽfɪk⌐/ *adj.* 〘⇨ ↓, -graph〙
vec·tor /véktə | -tə(r), -tɔː(r)/ *n.* **1**〘数学〙**a** ベクトル, 動径, 方向量 (cf. sense A 7, scalar). **b** ベクトル空間の要素. **2**〘生物〙**a** ベクター《DNA の輸送媒体となるプラスミドやファージなど》. **b** 保菌生物, (病毒)媒介動物. **3** =pollinator. **4**〘天文〙=radius vector 2. **5**〘航空〙(飛行機・ミサイルの)進路, 方向 (course). **6**〘心理〙ベクトル《ある対象に引き付けられ, それに向かう力》. ― *vt.*〘航空〙**1** 〈飛行機・ミサイルなどを〉進路に導く. **2** 〈ロケットエンジンの推力〉の方向を変える. **vec·to·ri·al** /vektɔ́ːriəl/ *adj.* **vec·tó·ri·al·ly** *adv.* 〘(1704) □ L ~ 'carrier' ← *vectus* (p.p.) ← *vehere* to convey: ⇨ -or²〙
véctor addìtion *n.*〘数学〙ベクトルの加法. 〘1881〙
véctor anàlysis *n.*〘数学〙ベクトル解析《ベクトルを対象とする解析学》. 〘1901〙
vèctor·cárdiogram *n.*〘医学〙ベクトル心電図. 〘1938〙
vèctor·cardiógraphy *n.*〘医学〙ベクトル心電図法. **vèctor·cardiográphic** *adj.* 〘1946〙
véctor dìagram *n.*〘電気〙ベクトル図.
véctor fìeld *n.*〘数学・物理〙ベクトル場《多様体上の領域の各点にベクトルを付随せしめたもの; cf. scalar field 1》. 〘1976〙
véctor fùnction *n.*〘数学〙ベクトル値関数《値がベクトルであるような関数; vector valued function ともいう》. 〘1873〙
vectórial ángle *n.*〘数学〙有向角, ベクトル角. 〘1882〙
véctor méson *n.*〘物理〙ベクトル中間子《スピン 1 の中間子で, ロー (ρ), オメガ (ω), ファイ (φ) 中間子などがある; ベクトル場 (vector field) で記述されるのでベクトル中間子という》. 〘1942〙
véctor pròduct *n.*〘数学〙ベクトル積《二つのベクトル *a*, *b* に垂直で, かつ *a*, *b* の大きさの積に *a*, *b* のなす角の正弦を掛けたものを大きさとするベクトル; cross product, outer product ともいう; cf. scalar product》. 〘1878〙
vec·tor·scope /véktəskòup | -təskəup/ *n.* ベクトルスコープ《カラーテレビの色度信号など, 応用信号の状態を表示する器械》. 〘1957〙
véctor spàce *n.*〘数学〙ベクトル空間, 線形空間《体を作用域とする加群 (module); linear space ともいう》. 〘1937〙
véctor sùm *n.*〘数学〙ベクトルの和, 合ベクトル. 〘*c*1890〙
véctor válued fùnction *n.* =vector function.
VED〘略〙Vehicle Excise Duty.
Ve·da /véɪḍə, víː- | -də; *Hindi* ʋeːdə/ *n.* [the ~(s)]〘バラモン教〙ベーダ(吠陀). ★ インド最古の宗教文学でバラモンの根本聖典; Rig-Veda「リグベーダ(詩篇吠陀)」, Sama-Veda「サーマベーダ(詠歌吠陀)」, Yajur-Veda「ヤジュルベーダ (祭詞吠陀)」, Atharva-Veda「アタルバベーダ(呪文吠陀)」の四部から成り, さらに各ベーダは次の四つの構成要素から成る: (1) 祭式に用いる賛歌・祭詞・呪詞を集録する

V

Samhita「サンヒター(本集)」, (2) その起源・意義・用法を詳説する Brahmana「ブラーフマナ(梵書)」, (3) 特に神聖で村落を離れ森林中で伝授されるべき極秘の秘法を集録する Aranyaka「アーラニヤカ(森林書)」, (4) 個人我と宇宙我との一致を説いた当時の哲学思想の最高潮を示す Upanishad「ウパニシャッド(奥義書)」. 〖(1734) □ Skt *veda* 《原義》knowledge ← IE **weid-* to see (L *vidēre*): cf. vision〗

Ve·da·ic /vɪdéɪɪk, veɪ-/ *adj.* =Vedic.

Ve·da·ism /véɪdəɪzm̩, víː- | -də-/ *n.* =Vedism.

ve·da·lia /vɪ̀déɪljə, -liə | vɪ-/ *n.* 〘昆虫〙ベダリヤテントウ (*Rodolia cardinalis*) 《オーストラリア原産の小甲虫; 柑橘類のカイガラムシ駆除のため, 米国 California 州, 日本などに移入され成功した》. 〖(1889) ← NL ~ ← ?〗

Ve·dan·ta /vɪdάːntə, vɛ-, dǽn- | -tə; *Hindi* ved̪ant̪a/ *n.* 〘インド哲学〙ベーダーンタ哲学 《汎神論的観念論的一元論で, Upanishad 哲学の嫡系をもって任じ Shankara (800年ころ)以後盛んになったインド哲学主派》. **Ve·dán·tic** /-tɪk | -tɪk/ *adj.* 〖(1788) □ Skt *vedānta* ← *veda* 'VEDA'+*anta* an end〗

Ve·dán·tism /-tɪzm̩/ *n.* ベーダーンタ哲学. 〖1849〗

Ve·dán·tist /-tɪst | -tɪst/ *n.* ベーダーンタ哲学(信奉)者. — *adj.* ベーダーンタ哲学(者)の. 〖1849〗

V-É Dày, VE D- /víːíː- | -/ *n.* (第二次大戦で連合軍の)ヨーロッパ戦勝記念日 《1945 年 5 月 8 日; cf. V-Day, V-J Day》. 〖《略》← *Victory in Europe Day*〗

Ved·da /védə | -də; *Sinhalese* vedda:/ *n.* (*pl.* ~, ~s) (*also* **Ved·dah** /~/) **1** [the ~(s)] ヴェッダ族 《スリランカの先住民である狩猟・採集民族》. **2** ヴェッダ族の人. 〖(1681) □ Sinhalese *vedda* hunter〗

Ved·doid /védɔɪd/ 〘人類学〙 *n.* ベッドイド人 《波状毛・暗褐色の皮膚をもち, 体形の細い, 南アジアに住んだ古代の人種》. — *adj.* ベッドイド人の. 〖(1948): ⇨ ↑, -oid〗

ve·dette /vɪdét/ *n.* **1** 〘海軍〙 **a** 哨戒艇 《敵の見張りや偵察に任ずる高速艇; vedette boat ともいう》. **b** 艦載水雷艇 《見張りや偵察に利用したことから》. **2** 〘陸軍〙騎馬哨兵 (mounted sentry). 〖(1690) □ F ~ □ It. *vedetta* 《変形》← *velatta* ← Sp. *vela* watch ← *velar* to watch < L *vigilāre* ← *vigil* awake: cf. vigil〗

Ve·dic /véɪdɪk, víː- | -dɪk/ *adj.* **1** ベーダ (Veda) の. **2** (紀元前 1500 年ころインドに移住した)アーリア人の; ベーダ語の: ~ literature ベーダ文学[聖典]. — *n.* 〘言語〙ベーダ語, 古代インド語 《Vedic Sanskrit ともいう》. 〖(1848): □ F *védique* // G *vedisch*: ⇨ Veda, -ic[1]〗

Ve·dism /véɪdɪzm̩, víː-/ *n.* ベーダ (Veda) の教え. 〖(1882) ← VED(A)+-ISM〗

vee /víː/ *n.* **1** V または v の字; V 字形. **2** 《米俗》5 ドル紙幣 (five-dollar bill). — *adj.* V 字形の: a ~ neckline. 〖(1883): ⇨ V〗

vee·jay /víːdʒèɪ/ *n.* 《口語》=video jockey. 〖(1982) 略称 VJ の発音; cf. deejay〗

vee·na /víːnə/ *n.* =vina[1].

veep /víːp/ *n.* 《米口語》 **1** =vice president. **2** [しばしば V-] (米国の)副大統領. 〖(1949) 《短縮》← *v*(*ice*-) *p*(*resident*)〗

veer[1] /vɪə | vɪə(r)/ *vi.* **1** 向きが変わる, 方向[進路]を変える (turn round) (⇨ deviate SYN): The shadows slowly lengthened and ~*ed*. 影はゆっくり伸びて向きが変わった / We ~*ed away from* it. それからそれていった. **2** 〈人・思想・感情などが〉変わる (change): ~ *around* in opinion [conduct] 意見[行為]が変わっていく / He [His passions] ~*ed around to* the opposite party. 彼[彼の感情]は反対党の方へ移っていった / ~ *between* extremes 極端から極端に走る / The conversation ~*ed toward* [(*away*) *from, off*] politics. 会話は政治の方に向いていった[からそれていった]. **3** 〘気象〙〈風向きが〉順転する 《東風が南風になるように時計回りに移動する; ↔ back; cf. haul 3 a》. **4** 〘海事〙 **a** 〈船が〉変針する, (特に)船首を風上から離す, 下手回しになる (wear). **b** 〈船員が〉船を風下に移す, 下手回しをする. **c** 〈風向きが〉追風に変わる (cf. haul 3 b). **5** 急に変わる[曲がる]: The car ~*ed* to the right. 車が急に右に曲がった / The road ~*ed* to the right. 道路が急に右に曲がっていた. — *vt.* **1** …の向きを変える; …の方針を変える. **2** 〘海事〙〈船〉の針路を変える, (特に)下手回しにする (wear): ~ a ship. **3** 急に変える[曲げる]: I ~*ed* the car to the right. 車を急に右折させた.

véer and hául 〈風向きが〉変わる: The wind ~*s and hauls* forward. 風向きが刻々と変わる, こちらから吹いてくると思うとまたあちらから吹いてくる.

— *n.* 方向の変化; 転回: take [make, do] a sharp ~ *to* the right 右に急旋回する.

〖(1582) □ (O)F *virer* < VL **vīrāre* 《変形》← L *gyrāre* 'to GYRATE': *v-* は L *vibrāre* (cf. vibrate) の影響〗

veer[2] /vɪə | vɪə(r)/ *vt.* 〘海事〙〈索などを〉ほどいて伸ばす, 繰り出す. ***véer and hául*** 〘海事〙《索綱などを》ゆるめたり引いたりする. ***véer óut*** [***awáy***] 〘海事〙 (1) 〈索などを〉繰り出す, 伸ばす. (2) 〈浮標・ボートなどを〉索を伸ばして遠くへ流す. 〖(c1460) □ (M)Du. *vieren* to slacken〗

veer·ing /vɪ́ərɪŋ | vɪ́ər-/ *adj.* 方向転換する; 〈心・意見など〉浮動する, 変わりやすい (vacillating, changeful). **~·ly** *adv.* 〖(1598) ← VEER[1] (v.)〗

vee·ry /vɪ́əri | vɪ́əri/ *n.* 〘鳥類〙ビリーチャツグミ (*Catharus fuscescens*) 《米国東部によく見られるツグミの一種; Wilson's thrush ともいう》. 〖(1838) 擬音語 ?〗

veg[1] /védʒ/ *n.* (*pl.* ~) 《英口語》野菜; 野菜料理. 〖(1918) 《略》← VEGETABLE〗

veg[2] /védʒ/ *vi.* [次の成句で] ***vég óut*** 《口語》無為に暮らす, のんびり過ごす: ~ *out* in front of the TV テレビの前でぶらぶら過ごす. 〖《略》← VEGETATE〗

veg. 《略》vegetable(s); vegetation.

ve·ga /véɪgə/ *n.* **1** (チリやアルゼンチンの)低湿地帯. **2** (キューバの)たばこ畑. 〖(c1645) □ Sp. ~ ← ? Basque *ibaiko* of the river ← *ibai* river〗

Ve·ga /víːgə, véɪ-/ *n.* 〘天文〙ヴェガ, 織女星 《こと(琴)座 (Lyra) の α 星で, 青白色の 0 等星; cf. Altair》. 〖(1638) □ Sp. *vega* // ML ~ □ Arab. (*alnasr*) *alwāqi'* 《原義》the falling (vulture)〗

Ve·ga /véɪgə; *Sp.* béɣa/, **Lo·pe de** /lópe ðe/ *n.* ベーガ 《1562-1635; スペインの劇作家・詩人・小説家; 本名 Lope Félix de Vega Carpio》.

ve·gan /víːgən, védʒən | víːgən/ *n.* 厳格な菜食主義者. — *adj.* 厳格な菜食主義(者)の. 〖(1944) 《短縮》← VEGETARIAN〗

vég·an·ism /-nɪzm̩/ *n.* 極端な菜食主義. 〖(1944) 《短縮》← VEGETARIANISM〗

Vegas *n.* ⇨ Las Vegas.

Veg·e·bur·ger /védʒəbə̀ːgə | -dʒɪ̀bə̀ːgə(r)/ *n.* 〘商標〙ベジバーガー 《肉を使わず野菜と大豆で作ったパテをはさんだサンドイッチの商品名》. 〖(1972) ← VEGE(TABLE)+BURGER〗

Veg·e·mite /védʒəmàɪt | -dʒɪ-/ *n.* 《豪》〘商標〙ベジマイト 《酵母エキス, 塩等から作られるチョコレート色のペースト》.

vege·ta·ble /védʒtəbl̩, -dʒət- | -dʒtə-, -dʒɪt-/ *n.* **1** 野菜 (cabbage, lettuce, onion, pea, bean, asparagus, beet, carrot, turnip, tomato, potato など; 時には potato を除外することもある): green ~*s* (根菜に対して)青物; (干し豆料理などに対して)新鮮な野菜料理 / root ~*s* 根菜 / garden ~*s* 園芸野菜. **2** 植物 (plant). **3 a** 《口語》(脳の損傷で)植物状態にある人, 植物人間. ★ 差別的な表現. **b** 単調でつまらない人, 無気力な人.

becòme a (***mère***) ***végetable*** 〈人が〉(全く植物のように)不活発になる, 植物人間になる; 単調な生活をする.

— *adj.* [限定的] **1** 野菜の: a ~ diet 菜食 / ~ soup 野菜スープ / a ~ dish 野菜料理 / a ~ garden 菜園. **2** 植物の; 植物性の: ~ fibers 植物繊維 《綿・麻など》 / ~ life 植物の生命; [集合的] 植物 / ~ tissue 植物組織 / ~ matter [substance] 植物質 / ~ anatomy [physiology] 植物解剖学[生理学] / ⇨ vegetable fat, vegetable oil. **3** 単調な, 退屈な, 植物的な (dull): a ~ somnolence 無為な眠気.

〖adj.: (*a*1398) □ (O)F *végétable* // LL *vegetābilis* animating, vivifying ← L *vegetāre* to animate ← *vegetus* active ← *vegēre* to be active: ⇨ wake[1]. — n.: (1582) ← (adj.)〗

végetable bùtter *n.* **1** 植物性バター 《常温で固体の植物油, カカオバターなど》. **2** 〘植物〙=avocado. 〖1836〗

végetable fàt *n.* 植物性脂肪, 植物脂. 〖1884〗

végetable gòld *n.* 〘植物〙=saffron 1 a. 〖1667〗

végetable ìvory *n.* **1** 植物象牙(ぞうげ) 《南米産のゾウゲヤシ (ivory palm) の胚乳; 象牙の代用品としてボタンなどにする》. **2** ゾウゲヤシの実 (ivory nut); その実の殻. 〖1842〗

végetable kìngdom *n.* [the ~] =plant kingdom.

végetable màrrow *n.* 〘園芸〙ペポカボチャ (*Cucurbita pepo*) に属する卵形をした summer squash の類の野菜用カボチャの総称 《zucchini, cocozelle など》. 〖1816〗

végetable òil *n.* 植物油. 〖1926〗

végetable òyster *n.* 〘植物〙=salsify. 〖1845〗

végetable pàrchment *n.* 硫酸紙, パーチメントペーパー 《水・油に強い羊皮紙に似た紙; 食品の包装などに用いる; parchment paper ともいう》. 〖1860〗

végetable pathòlogy *n.* =plant pathology.

végetable plàte *n.* 野菜料理[コース] 《数種類の野菜を料理し一皿に盛りつけた, 肉を用いないメインコース》.

végetable shèep *n.* 《NZ》〘植物〙ザンセツソウ (残雪草) 《キク科ザンセツソウ属 (*Raoulia*) の低木; 白毛におおわれ, 遠くから羊のように見えるところから》. 〖*c*1861〗

végetable sìlk *n.* 植物絹 《ブラジル産パンヤ科の木 (*Chorisia speciosa*) の種子に生じるパンヤに似た繊維で, クッションなどの詰め物にする; ⇨ kapok》. 〖1853〗

végetable spaghètti *n.* 《英》〘野菜〙ソウメンカボチャ, キンシウリ(金糸瓜). 〖1973〗

végetable spònge *n.* ヘチマの皮 (luffa) (cf. dishcloth gourd). 〖1889〗

végetable tàllow *n.* 植物脂 《植物から採れる脂肪様物質の総称》. 〖1846〗

végetable wàx *n.* 木蠟(もくろう) 《ハゼノキやウルシなどの果実から採る》. 〖1815〗

végetable wòol *n.* ⇨ wool 4 c. 〖1884〗

vég·e·ta·bly /-bli/ *adv.* 植物のように, 植物的に; 単調に. 〖1651〗

veg·e·tal /védʒətl̩ | -dʒɪtl/ *adj.* **1** 植物の, 植物性の (vegetable). **2** (理性・意志作用がなく吸収・栄養・成長などのみを性質にもつ点で)植物的な. **3** (植物的)発育成長の, 営生機能の (vegetative). **4** 植物[野菜]から成る: a ~ diet 菜食. **5** 〘生物〙植物極の. — *n.* 《まれ》植物, 野菜 (vegetable). 〖(*c*1400) □ ML **vegetālis* ← L *vegetāre*: ⇨ vegetable〗

végetal pòle *n.* 〘生物〙植物極, 静極 《後生動物の卵において, 卵黄のかたよっている側の極をいう; vegetative pole ともいう; cf. animal pole, equator 3》. 〖1914〗

veg·e·tar·i·an /vèdʒətέ(ə)riən | -dʒɪtέər-/ *adj.* **1** 菜食の, 菜食主義(者)(のため)の: ~ principles 菜食主義. **2** 野菜ばかりの, 菜食の: a ~ diet 菜食, 菜食[精進]料理 《時に鶏卵・牛乳・バターなども禁じられる》 / a ~ restaurant 野菜[精進]料理屋. — *n.* **1** 菜食主義者; 菜食者 (cf. fruitarian). **2** 草食動物 (herbivore). 〖(1839) ← VEGET(ABLE)+-ARIAN〗

vèg·e·tár·i·an·ìsm /-nɪzm̩/ *n.* 菜食(主義). 〖1851〗

veg·e·tate /védʒətèɪt | -dʒɪ-/ *vi.* **1** 〈植物が〉生長する; 植物のように生長する[増大する]. **2** 〈土地が〉植物の生成するに任せる, 植物を生長させる: fields permitted to ~ 植物[草木]の生えるに任されている野原. **3** 植物的に生きる, 草木に等しい生活をする, 無為徒食する. **4** 〘病理〙〈こぶ・ぜい肉などが〉増殖する: a *vegetating* papule 増殖性丘疹(きゅうしん). — *vt.* 〈ある土地〉に植物を生長させる: ~ a patch of ground, a hillside, etc. 〖(1605) ← L *vegetātus* (p.p.) ← *vegetāre* to animate: ⇨ vegetable〗

vég·e·tàt·ed /-tɪ̀d | -tɪd/ *adj.* 植物の生育している, 草木のある. 〖1804-20〗

veg·e·ta·tion /vèdʒətéɪʃən | -dʒɪ-/ *n.* **1** [集合的] 植物, 草木; (一地方に特有の)植物, 植生: mountaintops bare of ~ 草木一本生えていない山頂 / the luxuriant ~ of tropical forests 熱帯林のうっそうたる草木 / The ~ is sparse. 植物はまばらだ. **2** 植物性機能, 植物の生長: *Vegetation* is at its height in spring. 植物の生長は春が一番盛んだ. **3** 植物的な生活, 無為の生活: live a life of ~. **4** 〘病理〙増殖(症) (morbid growth), 疣腫(ゆうしゅ), こぶ, ぜい肉 (excrescence). **~·al** /-ʃnəl, -ʃənl/ *adj.* **~·al·ly** *adv.* 〖(1564) □ ML *vegetātiō(n-)* power of growth: ⇨ vegetate, -tion〗

veg·e·ta·tive /védʒətèɪtɪv | -dʒɪtət-, -tèɪt-/ *adj.* **1 a** 〈植物が〉生長する; (植物のような)生長能力のある (growing): be in the ~ stage, not in the reproductive stage 生長期であって生殖期でない. **b** (植物的)生長の, (新陳代謝・栄養など)営生機能の; 発育生長に関する (cf. reproductive 2). **2** 〈生殖が〉無性の (asexual). **3** 植物を生長させる力がある, 〈土地が〉肥えた (fertile): ~ soil. **4** 植物界の, 植物の: the ~ world. **5** 不活発な, 静的な (inactive); 無為に日を送る, 草木のようにただ生きている (vegetating): a ~ sort of life 草木にも等しいような無為な生活. **6** 〘生理〙植物(性)の, 自律神経の. **7** 〘細菌〙栄養型[性]の. **~·ly** *adv.* **~·ness** *n.* 〖(*a*1398) □ (O)F *végétatif* // ML *vegetātīvus*: ⇨ vegetate, -ive〗

végetative céll *n.* 〘生物〙栄養細胞. 〖1882〗

végetative fúnctions *n. pl.* 〘生理〙植物性機能 《消化・吸収・呼吸・排泄など; cf. animal functions》.

végetative póle *n.* 〘生物〙=vegetal pole.

ve·gete /vɪdʒíːt/ *adj.* 《古》生き生きした, 元気のいい (lively). 〖(1639) □ L *vegetus*: ⇨ vegetable〗

veg·e·tive /védʒətɪv | -dʒɪt-/ *adj.* **1** =vegetable. **2** =vegetative. 〖1526〗

veg·gie /védʒi/ 《口語》 *n.* **1** 野菜. **2** 菜食主義者. **3** 《米俗》疲れはてて何もしない人. — *adj.* 菜食主義(者)の. 〖1: (1955). 2: (1975)〗

véggie bùrger *n.* (野菜と大豆で作った) 野菜ハンバーガー (cf. Vegeburger).

veg·gy, veg·ie /védʒi/ *n.* =veggie.

ve·he·mence /víːəməns, víːhə- | víːɪ-, víːhɪ-/ *n.* **1** 激しい熱意, 熱情, (物事をする)熱 (violent ardor). **2** 激烈さ, 猛烈さ, 激しさ, 強さ (violence, intensity): the ~ of the storm あらしの猛威 / be carried away by the ~ of one's own eloquence [passion] 自らの熱弁[激情]に駆られる / cry *with* ~ 激しく叫ぶ. 〖(1402) □ (O)F *véhémence* // L *vehementia*: ⇨ vehement, -ence〗

vé·he·men·cy /-mənsi/ *n.* 《古》=vehemence. 〖1538〗

ve·he·ment /víːəmənt, víːhə- | víːɪ-, víːhɪ-/ *adj.* **1 a** 熱情的な, 熱狂的な, 熱烈な, 猛烈な (ardent): a ~ supporter 熱烈な支持者 / a ~ speech 熱烈[激烈]な演説, 熱弁 / ~ opposition 猛烈な反対 / ~ passion 激情. **b** 悪意[怒り]に燃えた (rancorous): ~ hostility. **2 a** 〈思想・感情など〉激しい, 強い (passionate): ~ praise, hatred, dislike, etc. **b** 〈議論・争いなど〉苛烈な, 激烈な (heated): a ~ debate. **c** (表現が)強調的な (emphatic). **3** 〈動作が〉力がはいった, 元気のいい (lively): ~ applause, clapping, etc. **4** 《古》〈疑惑・証拠など〉明確な, 断固とした: a ~ suspicion of heresy 異端の深い疑惑. **5** 《古》 **a** 〈自然の力など〉激しい, 猛烈な: a ~ wind, current, etc. **b** 〈苦痛・寒暑など〉強烈な, 厳しい. **~·ly** *adv.* 〖(?*a*1425) □ (O)F *véhément* // L *vehementem*, *vehemēns* very eager, violent (変形) ? ← **vēmēns* deprived of mind ← *vē-* (cf. L *vēcors* cowardly)+*mēns* 'MIND'〗

ve·hi·cle /víːɪkl̩, víːhɪ- | víːɪ-/ *n.* **1** 運搬具, 輸送機関; (特に, 陸上の)車, 車両, 乗物: space ~*s* 宇宙船 / motor ~*s* 自動車類 / road ~*s* 一般道路用車両 / off-road ~*s* オフロード用車両 / commercial ~*s* 商用車. **2 a** 媒介物, 伝達物, 媒質, 伝達手段[方法] (medium): Air is the ~ *of* sound. 空気は音響の媒質である / Language is a ~ *of* [*for*] human thought. 言語は人間思想の伝達手段である. **b** (天分などの)はけ口, 表現手段: Poetry was a ~ *for* [the ~ *of*, the ~ *for*] his genius. 詩作が彼の天分を表す手段だった. **3** 〘薬学〙ビヒクル, 賦形剤, 基剤 《水薬における単シロップ, 軟膏におけるワセリン, 散薬における乳糖など》. **4** 〘絵画〙展色剤, 媒材 《絵の具を使う前にのばす亜麻仁油・水など》. **5** 〘修辞〙 (隠喩における)媒体 (⇨ tenor[2] 4). 〖(1612) □ F *véhicule* // L *vehiculum* conveyance ← *vehere* to bear, carry ← IE **wegh-* to move in a vehicle (⇨ weigh)+*-culum* '-CULE'〗

véhicle-áctuated *adj.* 〈交通信号が〉(路面にはめ込まれて)車両の通過を感知する装置 (⇨ pad[1] *n.* 19) により制御される: ~ signals. 〖1937〗

véhicle registràtion dòcument *n.* =registration document.

ve·hic·u·lar /viːhíkjʊlə | viːhíkjʊlə^(r), vɪ̀ə-/ *adj.* **1** 運搬具の, 車の, 乗物の[に関する, のための, による]: ～ traffic 車類の交通. **2** 車[乗物]となる, 運搬具として使われる: a ～ contrivance 運搬具, 車. **3** 乗物(の衝突)から生じた: a ～ accident 乗物事故. **4** 伝達物の, 媒介物の; 媒介をする: a ～ language (異なる言語をもつ人たちの間で用いる)媒介言語. 〖《1616》□ LL *vehiculāris*: ⇨ vehicle, -ar¹〗

V́-éight *adj., n.* (*also* V́-8)〖自動車〗V 型 8 気筒エンジン(の), V 型 8 気筒エンジンをもつ(自動車). 〖1930〗

V́-éight èngine *n.*〖機械〗V 型 8 気筒エンジン《4 気筒ずつ 2 列に V 字形に配列された形式の内燃機関》. 〖1936〗

Ve·ii /víːjaɪ, véɪ-/ *n.* ウェイイ《イタリア中部, 古代 Etruria の都市; しばしばローマ人と戦い, B.C. 396 に滅ぼされた》.

veil /véɪl/ *n.* **1** ベール《普通は女性が装飾的に用いる薄地のかぶり物; 時には日除け·風除け, または, 特に習慣的に顔を隠すために用いるかぶり物》: wear a ～ / a bridal ～ / lower [lift, raise] a ～ ベールを下げる[上げる]. **2** 覆って[隠して]見えなくする物: a ～ of mist over the landscape 風景を覆う霧の帳(とばり). **3** 覆い隠す物 (mask), 見せかけ, 口実 (pretence, guise): under the ～ of charity [religion] 慈善[宗教]の名に隠れて, 慈善[宗教]の美名[仮面]の下に / The facts are hidden in [under] a ～ of mystery. 事実は謎のベールに包まれている. **4 a** (修道女の用いる)ベール. **b** [the ～] 修道女の生活; 修道女の立てる誓願: ⇨ *take the* VEIL. **5** (歌で声が)少々不明瞭になること (cf. veiled 1). **6**《方言》=caul 1 a. **7**〖写真〗かすかな曇り. **8**〖カトリック〗=humeral veil. **9**〖解剖·植物·動物〗=velum 1, 2, 3.

beyònd* [*behìnd*] *the véil 死後の世界に, あの世に, 天国に (cf. *Heb.* 6:19). ***dráw* [*thrów*] *a* [*the*] *véil òver* …** を隠す, …の説明を回避する. ***líft the véil*** (1) ベール[覆い]をとる. (2) 真相を明らかにする. ***páss the véil*** 幽界に入る, 死ぬ. ***táke the véil*** 〈女子が〉修道院に入る, 尼になる (cf. 4 b). ***within the véil*** =beyond [behind] the VEIL.

— *vt.* **1** …にベールを掛ける, ベール(状の物)で覆う: ～ one's face [head, oneself] ベールで顔[頭, 体]を隠す / The mist ～*ed* the fields. 霧が野原をベールを掛けたように覆っていた. **2** (見えないように)覆う, 隠す (conceal): ～ one's dislike, intentions, suspicion, etc. / ～ the reality 現実を覆い隠す / be ～*ed* in mystery 〈真相などが〉謎に包まれて[閉ざされて]いる. — *vi.* ベールをかぶる; ベールに包まれている.

〖《?a1200》□ AF *veile* (F *voile*) < L *vēlum* sail, covering ← IE **wegslo-* ← **weg- to weave a web*: VOILE と二重語〗

Veil /véɪ, víːl | víːl, váɪl; *F.* vɛj/, **Simone** *n.* ヴェーユ (1927– ; フランスの女性法律家·政治家; 欧州議会議長 (1979–82)).

veiled *adj.* **1** 隠された, 包み隠した, 仮面をかぶった (hidden, disguised); 明瞭でない, 明確に述べられていない (obscure): a ～ protectorate 仮装保護国 / a ～ threat あからさまに言わない脅迫 / a ～ voice 不明瞭な声, かすれ声. **2** ベールを掛けた[で覆った]: a ～ nun / with ～ eyes 目を覆って. 〖1593〗

véil·ing /-lɪŋ/ *n.* **1** ベールで覆うこと; 包み隠し. **2** ベール生地《ネット·レースなど》. **3** ベール (veil); カーテン (curtain). 〖1398〗

véiling lúminance *n.*〖物理〗隠蔽光《霧の中を照らす自動車のヘッドライトの光のように浮遊する微粒子による散乱光, またその現象》.

véil·less *adj.* ベールのない; ベールで覆われていない, あからさまの (exposed). 〖1822〗

vein /véɪn/ *n.* **1** 静脈 (cf. artery 1);《俗》血管 (blood vessel): pulmonary ～*s* 肺静脈. **2 a** (表現などの)仕方, 調子, スタイル; (一時的)気分, 気持ち (spirit) (⇨ mood¹ SYN): in the giving ～ 鷹揚(おうよう)な気分で / say in a humorous [down-to-earth] ～ 面白半分[現実的]に言う / say other things in the same [a similar] ～ 同じ[同じような]趣旨で別のことを言う / I am not in the ～ *for* work [writing, trifling]. 仕事をする[書く, ふざける]気分になっていない / I am not in the ～ just now. 今は気が向かない. **b** (心身の)よい調子[状態] (fettle). **3 a** (性格·行為·文章などに見られる)特質, 性質, 気質 (strain, trait); 素質, 才能 (talent): his characteristic ～ of humor [sarcasm] 彼一流のユーモア[皮肉]味 / of (an) imaginative ～ 想像にふけるたちの / a poetic ～ 詩人肌 / There is a ～ of cruelty in him. 彼には何だか不快なところがある. **b** (思考·行動·感情などの)筋道, 流れ, 方向; (情報の)源 〔*of*〕. **4 a** (葉の)葉脈 (nerve). **b** (昆虫の)翅(し)脈. **c** 鉱脈 (seam, lode)《金属などの裂力充填鉱床》: a ～ of ore [coal] 鉱[石炭]脈. **d** (地層中の)水脈; その流水. **5** (木材·大理石などの)不規則な筋(すじ), 縞(しま), 木目, 石目. **6** 裂け目, 割れ目 (crack).

bréathe* [*ópen*] *a véin 《古》(静脈を切って)放血する (let blood).

— *vt.* [通例 p.p. 形で] **1** …に脈(のような筋)をつける: his black hair ～*ed with* silver 銀糸のような白いものの光る黒髪. **2** …の上を通って脈のように延びる[走る]: The country is ～*ed* by railroads. その地方は鉄道網が張りめぐらされている.

〖《?a1300》□ (O)F *veine* < L *vēnam* ← ?〗

veined *adj.* 筋[脈]がある, 筋の入っている; 静脈[葉脈, 翅脈, 鉱脈, 水脈, 木目, 石目]がある: a ～ leaf. 〖1529〗

véin·ing *n.* **1** 線条(をつけること). **2** [集合的] 筋 (veins). 〖1686〗

véin·less *adj.* 静脈[葉脈, 翅脈, 鉱脈, 水脈, 木目, 石目]のない. 〖1793〗

vein·let /véɪnlɪ̀t/ *n.* **1**〖植物〗細脈, 小脈, 支葉脈. **2**〖動物〗(昆虫の)小翅脈. **3**〖解剖〗小静脈. 〖1831〗

vein·ous /véɪnəs/ *adj.* **1** 〈手·腕などが〉静脈の目立つ[浮いた]; 静脈の多い (veined). **2**〖生理〗=venous 2. 〖《1634》← VEIN (n.)+-OUS〗

véin quàrtz *n.*〖鉱物〗脈石英《鉱脈の構成鉱物として産出する石英》. 〖cf. *veins of quarts* 《1813》〗

véin·stòne *n.*〖鉱山〗=gangue. 〖1709〗

vein·ule /véɪnjuːl/ *n.* =veinlet.

vein·u·let /véɪnjʊlɪ̀t/ *n.* =veinlet.

vein·y /véɪni/ *adj.* (**vein·i·er; -i·est**) 静脈[葉脈, 翅(し)脈, 鉱脈, 水脈, 木目, 石目]のある[多い, 目立つ] (veined): a ～ hand. 〖1594〗

veitch·ber·ry /víːtʃbèri | -b(ə)ri/ *n.*〖園芸〗ビーチベリー《ラズベリーとブラックベリーの交雑種》; その実. 〖《1925》← *Veitch* (英国の園芸業者の一族)+-BERRY〗

vel. 《略》〖製本〗vellum; velocity.

vela *n.* velum の複数形.

Ve·la /víːlə, véɪ-/ *n.*〖天文〗ほ(帆)座《南天の星座; 旧アルゴ座 (Argo) を 4 部に分けた一つ; the Sail ともいう》. 〖□ L *vēla* (pl.) ← *vēlum* sail〗

ve·la·men /vɪ̀ˈléɪmən | vɪléɪmɛn/ *n.* (*pl.* **ve·lam·i·na** /-lǽmənə | -mɪ̀-/) **1**〖解剖〗被膜, 卵膜; 軟口蓋 (velum). **2**〖植物〗根被《気根の多層表皮》. 〖《1882》□ L *vēlāmen* covering ← *vēlāre* to cover: cf. velum〗

velamenta *n.* velamentum の複数形.

vel·a·men·tous /vèləméntəs | -təs⁻/ *adj.* **1**〖解剖〗被膜の[に関する, に似た]. **2**〖植物〗根被の[に関する, に似た]. 〖《1891》: ⇨ ↓, -ous〗

vel·a·men·tum /vèləméntəm | -təm/ *n.* (*pl.* **-men·ta** /-tə | -tə/)〖解剖〗=velamen 1. 〖← NL ～ ← L *vēlāmentum* 〗

velamina *n.* velamen の複数形.

ve·lar /víːlə | -lə^(r)/ *adj.* **1**〖解剖〗帆の, 膜の, 口蓋帆 (velum) の. **2**〖音声〗軟口蓋音の: ～ consonants 軟口蓋子音. — *n.*〖音声〗軟口蓋音《軟口蓋と後舌面とで調音される音; [k], [g], [x], [ŋ] など》. 〖《1726》□ L *vēlāris* ← *vēlum* curtain: ⇨ velum, -ar¹〗

velaria *n.* velarium の複数形.

ve·lar·ic /vɪlǽrɪk, vɪ̀ə-, -lér- | viːlǽr-, vɪ-/ *adj.*〖音声〗〈閉鎖音が〉軟口蓋において内部閉鎖を伴う; 軟口蓋気流による (cf. pulmonic 3, glottalic). 〖1934〗

veláric áirstream *n.*〖音声〗軟口蓋気流《舌打ち音 (click) を発するときに生じる気流》.

ve·lar·i·ty /vɪlǽrəti, vɪ̀ə-, -lér- | viːlǽrɪ̀ti, vɪ-/ *n.*〖音声〗軟口蓋(音)性. 〖《1952》: ⇨ velar, -ity〗

ve·lar·i·um /vɪ̀ˈlɛ́ə^riəm | -lɛ́ər-/ *n.* (*pl.* **-i·a** /-riə/) **1** (古代ローマの劇場の)日除け, 天幕 (awning)《座席の上に日除けまたは雨除けとして張った》. **2**〖動物〗擬縁膜《アンドンクラゲなどのかさの口にある環状の薄い膜; cf. velum》. 〖《1836》□ L *vēlārium*: ⇨ velar, -ium〗

ve·lar·i·za·tion /viːlərɪ̀zéɪʃən | -raɪ-, -rɪ-/ *n.*〖音声〗軟口蓋(音)化《英語の暗い l (dark l) などに見られる》. 〖1915〗

ve·lar·ize /víːləraɪz/ *vt.*〖音声〗軟口蓋(音)化する (cf. palatalize). 〖1915〗

vé·lar·ìzed *adj.*〖音声〗軟口蓋(音)化された. 〖1915〗

Ve·lás·quez /vəláːskɛs, -lǽs-, -keɪs | vɪ̀ˈlǽskwɪz, vɛ-, -kɪz, -kɛz; *Sp.* beláskeθ/ *n.* =Velázquez.

ve·late /víːlɪ̀t, -leɪt/ *adj.* **1** ベールをかぶった (veiled). **2**〖解剖·生物〗velum のある. 〖《1857》□ L *vēlātus* (p.p.) ← *vēlāre* to cover: ⇨ -ate²〗

ve·la·tion /viːléɪʃən/ *n.* **1** ベールをかぶる[かぶっている]こと. **2**〖解剖·生物〗velum 形成. 〖《1891》□ LL *vēlātiō(n-)* ← L *vēlātus* (↑)〗

Ve·láz·quez /vəlǽskɛs, -láːs-, -keɪs | vɪlǽskwɪz, vɛ-, -kɪz, -kɛz; *Sp.* beláθkeθ/, **Diego** (**Rodríguez de Sil·va y** /sílβai/) *n.* ベラスケス (1599–1660; スペインのバロックの画家).

Velázquez de Cué·llar /-dəkwéɪ(l)jaː | -(l)jɑː^(r)/, **Diego** *n.* ベラスケス デ クエリャル (*c*.1465–1524; スペインのコンキスタドール(conquistador); 1514 年ころキューバの征服を完了したのち, 初代総督となった).

Vel·cro /vɛ́lkroʊ | -krəʊ/ *n.*〖商標〗ベルクロ《ナイロン製の付着テープ,「マジックテープ」》. 〖《1960》: VEL(VET) に基づく恣意的造語〗

veld /vɛ́lt, fɛ́lt; *Afrik.* fɛ́lt/ *n.* (アフリカ南部·東部地方の, 低木やまばらな林のある)草原 (cf. pampas, prairie, steppe). 〖《1785》□ Afrik. ～ □ Du. *veld*, (古形) *veldt* 'FIELD'〗

veld·schoen /vɛ́ltskùːn, fɛ́lt-/ *n.* (*also* **veld·skoen** /～/) (*pl.* ～**s**, ～) (アフリカ南部で用いられる)生皮製の靴《釘を用いずに縫製した, しばしば中底のない靴》. 〖《1822》(変形) ← Afrik. *velskoen* ← Du. *vel* 'FELL⁴'+Du. *schoen* shoe〗

veldt /vɛ́lt, fɛ́lt | vɛ́lt; *Afrik.* fɛ́lt/ *n.* =veld.

veldt·schoen /vɛ́ltskùːn, fɛ́lt-/ *n.* =veldschoen.

ve·le·ta /vəlíːtə | vɪ̀ˈlíːtə; *Sp.* beléta/ *n.* ベレタ《ワルツに似た三拍子の踊り; valeta ともいう》. 〖《1900》□ Sp. ～ 'weathervane' ← *vela* 'cloth, VEIL'〗

ve·lic /víːlɪk/ *adj.* **1**〖解剖〗口蓋帆の, 軟口蓋後縁の. **2**〖音声〗軟口蓋背面の: ～ articulation 軟口蓋背面調音. 〖《1943》← VEL(UM)+-IC¹〗

vélic póint *n.*〖海事〗=CENTER of effort.

ve·li·ger /víːlɪ̀dʒə, vɛ́l- | -lɪdʒə^(r)/ *n.*〖動物〗ベリジャー, 被面子幼生《頭足類を除く軟体動物のトロコフォア (trochophore) に続く幼生形》. 〖《1877》← NL ～ ← L *vēlum* 'VELUM'+-*iger* (cf. -igerous)〗

vel·i·ta·tion /vɛ̀lətéɪʃən | -lɪ̀-/ *n.* 《古》小競り合い (skirmish); 言い争い (dispute). 〖《1607》□ L *vēlitātiō(n-)* ← *vēlitārī* to skirmish ← *vēlit-*, *vēles* light-armed soldier (↓)〗

ve·li·tes /víːlətiːz | -lɪ̀-/ *n. pl.* (古代ローマの)軽装歩兵隊. 〖《1600》□ L *vēlitēs* (pl.) ← *vēles* (cf. *vēlox* swift): cf. velocity〗

vel·le·i·ty /vəlíːəti | vɛlíːɪ̀ti, və-/ *n.* (努力や行動の伴わない)かすかな意欲, 単なる願望. 〖《1618》□ ML *velleitātem* ← L *velle* to wish〗

Vel·lei·us Pa·ter·cu·lus /vɛléɪəspətə́ːkjʊləs | -tə́ː-/, **Marcus** *n.* ウェレイウス パテルクルス (*c*. 19 B.C.–30 A.D. よりあと; ローマの軍人·歴史家; Tiberius 帝に仕えた; 未完の *Historiae Romanae*「ローマ史」がある).

vel·li·cate /vɛ́ləkèɪt | -lɪ̀-/《まれ》*vt.* **1** ぴくぴく動かす, けいれんさせる (twitch). **2** つねる, つまむ (nip). **3** くすぐる (tickle). — *vi.* ぴくぴく動く, けいれんする. **vel·li·ca·tion** /vɛ̀ləkéɪʃən | -lɪ̀-/ *n.* **vel·li·cat·ive** /vɛ́ləkèɪtɪv | -lɪ̀kèɪt-/ *adj.* 〖《1604》□ L *vellicātus* (p.p.) ← *vellicāre* (freq.) ← *vellere* to pluck: ⇨ -ate³〗

Vel·lore /vɛlɔ́ə | vəlɔ́ː^(r), vɛ-/ *n.* ベロール《インド南東部 Tamil Nadu 州北東部の都市; 付近は 18 世紀イギリス·フランスがインド支配をめぐり争った古戦場》.

vel·lum /vɛ́ləm/ *n.* **1** ベラム: **a** 子牛の皮などで作った上等の書写·製本材. **b** 上質の羊皮紙 (fine parchment). **2** ベラム文書. **3 a** =vellum paper. **b** =vegetable parchment. **c** ベラム《子牛皮に似せた製本用クロス》. **d** ベラム《トレーシングペーパーの一種》. — *adj.* ベラムに似た, ベラム製の; ベラム装丁の. 〖《c1430》 *velym*, *velyn* □ (O)F *vélin* ← OF *veel* 'VEAL'〗

véllum pàper *n.* ベラムペーパー《ベラムに似た丈夫なクリーム色の紙》. 〖1888〗

Vel·ma /vɛ́lmə/ *n.* ヴェルマ《女性名; cf. Vilma》. 〖(dim.) ← WILHELMINA〗

ve·lo·ce /veɪlóʊtʃeɪ | vɪ̀ˈləʊ-; *It.* velóːtʃe/ *It. adj., adv.*〖音楽〗速いテンポの(で), 速い(く). 〖《c1823》□ It. ～ 'quick': cf. velocity〗

vel·o·cim·e·ter /vɛ̀ləsímətə | -mɪ̀tə^(r)/ *n.* (特に, 発射物·音などの)速度計. 〖《1842》← VELOCI(TY)+-METER¹〗

ve·loc·i·pede /vɪ̀ˈlɑ́(ː)səpìːd | -lɔ́sɪ̀-/ *n.* **1** 速歩機《自転車の前身, 両足で地を蹴りながら進ませた》. **2** (昔の)自転車, 三輪車; 《まれ》(子供用の)三輪車 (tricycle). **3**〖鉄道〗手動車 (handcar) (velocipede car ともいう).

ve·lóc·i·pèd·ist /-dɪ̀st | -dɪst/ *n.* 〖《1818》□ F *vélocipède* ← L *vēlōci-*, *vēlōx* swift+*pedem*, *pēs* 'FOOT'〗

ve·loc·i·rap·tor /vɪ̀ˈlɑ́(ː)səræ̀ptə | -lɔ́sɪræ̀ptə^(r)/ *n.*〖古生物〗ベロキラプトル《白亜紀後期の小形の二足歩行肉食恐竜》. 〖NL *Vēlōciraptor* (属名) ← L *vēlōc-*, *vēlox* (↑)+RAPTOR〗

ve·loc·i·tize /vɪ̀ˈlɑ́(ː)sətàɪz | -lɔ́sɪ̀-/ *vt.*《米》(長時間の高速度運転の結果)〈運転者〉の速度感を鈍らせる[誤らせる], …を眠くさせる.

ve·loc·i·ty /vɪ̀ˈlɑ́(ː)səti | -lɔ́sɪ̀ti/ *n.* **1** (運動·動作などの)速さ, 速力 (speed), (特に)高速: dart off with the ～ of a falcon ハヤブサの飛ぶ速さで走り去る / gain [lose] ～ 速度を増す[落とす] / at a ～ of 100 miles per hour 時速 100 マイルの速さで / be rushed into war with startling ～ 驚くべき速さで戦争に突入する. **2**〖物理·機械〗速度 (speed に対して velocity は方向をも含む場合が多い): accelerated ～ 加速度 / final [initial, muzzle] ～ (砲弾などの)終[初]速度, 終[初]速 / uniform [variable] ～ 等[可変]速度 / The *velocities* of light [sound] in air and in water are different. 空気中と水中の光[音]の速度は違う. **velócity of circulátion**〖経済〗(貨幣の)流通速度. **velócity of escápe**〖物理·宇宙〗=escape velocity. **velócity of líght** [the —]〖物理〗光速度, 光速《真空中を光や電磁波が伝わる速さ; 1 秒間に約 30 万 km》. 〖《?a1425》□ (O)F *vélocité* // L *vēlōcitātem* swiftness ← *vēlōci-*, *vēlōx* swift ← IE **wegslo-* ← **weg-* to be strong〗

velócity hèad *n.*〖物理〗速度ヘッド, 速度水頭, 速度落差《流体のもつ運動のエネルギーを水柱の高さで表したもの; cf. elevation head, pressure head》. 〖1884〗

velócity micròphone *n.*〖電気〗ベロシティーマイクロフォン, 速度マイクロフォン《音響振動速度に比例する電気出力を出すようなマイクロフォン》. 〖1931〗

velócity modulátion *n.*〖電気〗速度変調. 〖1949〗

velócity poténtial *n.*〖機械〗速度ポテンシャル. 〖1867〗

velócity ràtio *n.*〖機械〗速度比. 〖1887〗

ve·lo·drome /víːlədròʊm, víːl-, vél- | -drəʊm/ *n.* 自転車競走場, 競輪場. 〖《1902》□ F *vélodrome* ← *vélo* (略) ← *vélocipède* 'VELOCIPEDE': ⇨ drome〗

ve·lour /vəlʊ́ə | -lʊ́ə^(r), -lɔ́ː; *F.* vəluːʁ/ *n.* (*pl.* ～**s** /～(z); *F.* ～/) **1**〖紡織〗ベロア《綿·絹·レーヨンの交織りで, ビロード状にけば立てた座席張り生地·服地·帽子用生地》. **2** ウサギ·ビーバーなどの毛皮で作ったフェルト《帽子用》. — *adj.* ベロアの[に似た]: a ～ hat ベロア帽. 〖《1706》(変形) ← F *velours* velvet (変形) ← OF *velous* < L *villōsum* hairy ← *villus* shaggy hair: ⇨ villus〗

ve·lours /vəlʊ́ə | -lʊ́ə^(r); *F.* vəluːʁ/ *n.* (*pl.* ～) = velour. 〖《1706》□ F ～ (↑)〗

ve·lou·té /vəluːtéɪ, —⌐— | —⌐—; *F.* vəlute/ *n.* ブルーテ: **a** 鶏·子牛肉·魚などの出し汁で作った滑らかなソース; velouté sauce ともいう. **b** ブルーテを土台にした濃いスープ. 〖《1835》□ F ～ ← *velours* (⇨ velour)〗

Vel·sen /vɛ́lsən, -sn̩; *Du.* vɛ́lsə/ *n.* ベルセン《オランダ西

V

部の都市; アムステルダムと北海とを結ぶ北海運河の西の出口に位置; 漁業・重工業の中心地》.

vel·skoen /véłskù:n, fél-/ *n.* (*pl.* ~s, ~) **1** = veldschoen. **2** =desert boot.

ve·lum /ví:ləm/ *n.* (*pl.* **ve·la** /-lə/, *4* では ~) **1** 〘解剖〙帆, ベール状のもの, (特に)口蓋帆, 軟口蓋 (soft palate). **2** 〘植物〙(唇(しん)形花の)小唇, 菌膜. **3** 〘動物〙ベールに似た膜[構造]; 面盤《軟体動物の幼生の繊毛が生えた膜》; (クラゲなどの)縁膜 (cf. velarium). **4** 〘気象〙《積雲の上にかかる》薄く広がった雲. 〚《1753》□ L *vēlum* sail, covering〛

ve·lure /vəlúə | -lúə(r), -ljúə(r)/ *n.* 《古》ビロード (velvet), 高級ベロア; ビロードに似た生地. 〚《1587》《変形》← VELOUR〛

ve·lu·ti·nous /vəlú:tənəs, -tṇ- | -tɨn-, -tṇ-/ *adj.* 〘生物〙ビロード状の表面をもつ, ビロード状の (velvety). 〚《1826》← NL *velutinus* ← ML *velutum* 'VELVET'〛

vel·ver·et /vèlvərét, ←―ᐟ/ *n.* (しばしばプリント柄のついた)綿ビロード, 別珍. 〚《1769》《変形》↓〛

vel·vet /vélvɨt/ *n.* **1** ベルベット, ビロード: cotton ~ 綿ビロード, 別珍, 唐天(とうてん) / silk ~ 絹天 / pile ~ =terry ~ わな天, わなビロード / (as) smooth [soft] as ~ ビロードのように滑らかな[柔らかい] / ⇨ cut velvet. **2** ビロード状のもの[表面]《ももの皮・産毛の生えたほお・こけの生えた石や樹幹など柔らかく滑らかなもの》. **3** (鹿の)袋角, 鹿茸(ろくじょう). **4** 《口語》快適な(望ましい)状況. **5** 《俗》勝ち越し金; 賭博[投機]で得た金銭 (winnings); 利益 (profit). **6** ベルベット《シャンパンとポーター (porter) を半々に入れたカクテル; cf. black velvet 1》. **7** 〘動物〙=velvet sponge.

on vélvet 勝ち越し金で; (投機・賭博で)有利な地位にある, 勝っている; 楽な[安全な, 恵まれた]地位にある: gamble [play] *on* ~ 勝ち越し金で賭ける / be [stand] *on* ~ 勝っている / We are *on* ~ financially. 我々は財政的には楽だ. ***to the vélvet*** もうかって: We were £500 *to the* ~. 我々は 500 ポンド黒字だった.

— *adj.* **1** ビロード(製)の, ベルベットの. **2** (感触または外観が)ベルベット[ビロード]のような, 柔らかな, 手触りの滑らかな (soft, velvety): with (a) ~ tread 足音を立てずに / ~ lawns ビロードのような芝生.

〚《1327》□ OF *veluotte* ← *velu* velvety □ ML *villūtus* ← L *villus* shaggy hair ← IE **welmes* ← ? **welə*- wool: ⇨ villus〛

vélvet ànt *n.* 〘昆虫〙アリバチ《アリバチ科の昆虫の総称; 体が鮮やかな毛で覆われてベルベット状をしているものがあるのでこの名がある; 雌は羽がない》. 〚1748〛

vélvet bèan *n.* 〘植物〙米国南部に栽培されるマメ科の一年生つる草 (*Stizolobium* [*Mucuna*] *deeringianum*) (Florida velvet bean ともいう); その種《しばしば家畜の飼料にする》. 〚1898〛

vélvet cárpet *n.* ビロードじゅうたん《毛羽の長い上等品》. 〚1860〛

vél·vet·ed /-tɨd | -tɨd/ *adj.* ビロード(製)の, ベルベットの (velvet). 〚1611〛

vel·ve·teen /vèlvətí:n | vèlvɨtí:n, ←―ᐟ/ *n.* **1** ベルベティーン, 綿ビロード, 別珍, 唐天(とうてん) (cotton velvet). **2** [*pl.*] ベルベティーンの衣服; (特に)ベルベティーンのズボン. — *adj.* 綿ビロード[別珍]製の: a ~ dress. 〚《1776》← VELVET+-EEN¹: cf. F *velventine*〛

vélvet glóve *n.* **1** ビロードの手袋: with ~s=*with* KID GLOVES. **2** うわべだけの優しさ[丁重さ]: the [an] iron hand in the [a] ~ 外柔内剛 / handle with ~s 当たりは柔らかいが強い意志をもって扱う. 〚1850〛

vélvet·lèaf *n.* 〘植物〙滑らかで柔らかい葉をもつ数種の植物: **a** イチビ (Indian mallow). **b** モクアオイ (tree mallow). **c** =mullein. 〚1707〛

vélvet revolútion *n.* ビロード革命《1989 年 12 月に平和的に達成されたチェコスロバキアの民主化》. 〚《なぞり》← Czech *sametová revoluce*〛

vélvet scòter *n.* 〘鳥類〙ビロードキンクロ (*Melanitta fusca*)《ガンカモ科クロガモ属の鳥; 北欧・アジア産》.

vélvet shànk *n.* 〘植物〙エノキタケ (*Flammulina velutipes*)《キシメジ科エノキタケ属のキノコ》.

vélvet spònge *n.* 〘動物〙ビロードカイメン (*Hippiospongia equina meandriformis*)《メキシコ湾・西インド諸島付近産の目の細かい良質のもの》. 〚1882〛

vélvet stòut *n.* =black velvet.

Vélvet Ùnderground *n.* ベルベット アンダーグラウンド《米国のニューヨーク市で結成された前衛的ロック・バンド (1965–73)》.

vélvet wòrm *n.* 〘動物〙=peripatus.

vel·vet·y /vélvɨti | -vɨti/ *adj.* **1 a** ビロードのような, 滑らかで柔らかい: a ~ turf ビロードのような芝生. **b** 〈手触り・音など〉柔らかな: a ~ touch ビロードのような感触 / a ~ voice 柔らかな声. **2** 〈酒など〉口当たりのよい (smooth): a ~ wine. 〚1752〛

Ven. 《略》Venerable; Venice.

ven- /vi:n, vɛn/ (母音の前にくるときの) veno- の異形.

ve·na /ví:nə/ *n.* (*pl.* **ve·nae** /-ni:, -naɪ/) 〘解剖〙静脈 (vein). 〚《*a*1400》□ L *vēna*: ⇨ vein〛

véna cá·va /-kéɪvə, -ká:və/ *n.* (*pl.* **ve·nae ca·vae** /-ni:kéɪvi:, -ká:-/) 〘解剖〙大静脈《superior vena cava (上大静脈)と inferior vena cava (下大静脈)がある; ⇨ heart 挿絵》. **véna cá·val** /-vəl/ *adj.* 〚《1598》□ L *vēna cava* hollow vein: ⇨ ↑, cava¹〛

véna con·trác·ta /-kəntrǽktə/ *n.* (*pl.* **venae con·trac·tae** /-ti:, -taɪ/) 〘水力学〙縮流《容器の壁の穴から流出する射出水が, 外気に接してその流線のくびれる現象》. 〚□ L *vēna contracta* contracted vein〛

venae *n.* vena の複数形.

ve·nal¹ /ví:nl/ *adj.* **1** 〈人が〉金で動かされる, 金で自由になる, 報酬目当ての, 買収されやすい (purchasable); 堕落した, 腐敗した (corrupt): a ~ judge, politician, etc. **2** 〈行為・動機など〉利によって動く, 金銭ずくの, 打算的な; 〈地位など〉買収しうる: a ~ agreement 金銭ずくの承諾 / a ~ office 金銭で得た役職 / ~ practices 収賄(しゅうわい)行為 / a ~ vote 買収された投票. 〚《1652》□ L *vēnālis* for sale ← *vēnum* sale < IE **wesno*- ← **wes*- to buy (Gk *ônos* price / Skt *vasna*)〛

ve·nal² /ví:nl/ *adj.* 《古》=venous.

ve·nal·i·ty /vi:nǽləti, vi:- | vi:nǽlɨti, vɨ-/ *n.* 金銭ずくで動くこと, 金で自由になること; 金銭ずくの行動; (金銭上の)無節操, 不正. 〚《1611》□ F *vénalité*: ⇨ venal¹, -ity〛

vé·nal·ly /-nəli, -nli/ *adv.* 金銭ずくで, 金次第で. 〚1756〛

ve·nat·ic /vi:nǽtɪk, vi:- | vi:nǽt-, vɪ-/ *adj.* **1** 狩猟の. **2** 狩猟好きな, 狩猟で生活する. 〚《1656》□ L *vēnāticus* ← *vēnātus* (p.p.) ← *vēnārī* to hunt ← IE **wēnā*- ← *wen*- to buy〛

ve·nát·i·cal /-tɨkəl, -kl | -tɪ-/ *adj.* =venatic. **~·ly** *adv.*

ve·na·tion /vi:néɪʃən/ *n.* **1 a** 〘植物〙葉脈の分布状態; 脈相, 脈系, 脈状. **b** [集合的] 葉脈 (veins). **2** 〘昆虫〙**a** 翅(し)脈の分布状態; 脈相, 脈系. **b** [集合的] 翅脈 (veins). **~·al** /-ʃnəl, -ʃənl/ *adj.* 〚《1646》← NL *vēnātiō(n-)* ← L *vēna* vein+-ATION〛

vend /vénd/ *vt.* **1** 売る (sell); (特に)売り歩く, 行商する (peddle): ~ fruit. **2** (自動販売機で)売る. **3** 〈意見などを〉述べる, 発言する (publish): ~ an opinion. — *vi.* **1** 〈品物が〉売れる. **2** 販売する, 販売に従事する. — *n.* 《英》販売 (sale). 〚《1622》□ F *vendre* // L *vendere* to sell ← *vēnum dare* to offer for sale: ⇨ venal¹〛

Ven·da /véndə/ *n.* (*pl.* ~, ~s) **1 a** [the ~(s)] ベンダ族《南アフリカ共和国の北東部に居住する種族》. **b** ベンダ族の人. **2** ベンダ語 (Bantu 語族に属する). **3** ベンダ《ベンダ族の Bantustan; 1979 年南アフリカ政府が独立を承認したが, 国際的に認知されることなく 1994 年南ア共和国に再統合》. 〚1908〛

vend·a·ble /véndəbl/ *adj.* =vendible.

ven·dace /véndɨs, -deɪs/ *n.* (*pl.* ~, ~s) 〘魚類〙イングランドおよびスコットランドの湖水に産するホワイトフィッシュ (whitefish) の一種 (*Coregonus vandesius*). 〚《1769》□ OF *vendese*, *-doise* dace □ Gaulish **vindēsia* ← Celt. *vend* white〛

ven·dange /vɑ̃:(n)dɑ́:(n)ʒ, vɑ:dɑ́:ʒ; *F.* vɑ̃dɑ̃:ʒ/ *n.* (年に一度の)ぶどうの取入れ[収穫]. 〚《1766》□ F ~: ⇨ vintage〛

Ven·de·an /vendí:ən/ *adj.* バンデ (Vendée) の; バンデの住民の《特にその王党派についていう》. — *n.* バンデ王党員《1793–96 年革命政府に反抗した Vendée 地方の住民》. 〚《1796》□ F *Vendéen* ← VENDÉE〛

ven·dee /vèndí:/ *n.* 〘法律〙買主, 買受人 (buyer) (cf. vendor). 〚《1547》← VEND+-EE¹〛

Ven·dée /vɑ̃:(n)déɪ, vɑ:n-; *F.* vɑ̃de/ *n.* バンデ(県)《フランス西部のビスケー湾 (Bay of Biscay) に面する県; ⇨ Vendean; 面積 6,720 km², 県都 La Roche-sur-Yon /laʀɔʃsyʀjɔ̃/》.

Ven·dé·miaire /vɑ̃:(n)deɪmjέə, vɑ̀:n- | -mjέə(r); *F.* vɑ̃demjε:ʀ/ *n.* 葡萄月《フランス革命暦の第 1 月; ⇨ Revolutionary calendar》. 〚《1799》□ F ~《原義》of vintage ← L *vindēmia* 'grape gathering, VINTAGE': Fabre d'Églantine の造語 (1793)〛

vénd·er *n.* =vendor.

ven·det·ta /vendétə | -tə; *It.* vendétta/ *n.* **1** (昔 Corsica 島やイタリアの諸地方で行われたような, 被殺害者の一族が殺害者の一族に対して何代にもわたり殺したり殺されたりを繰り返す)交互復讐(ふくしゅう), (連続的な)交互仇討ち, (孫子の代まで続く)かたき討ち (blood feud) (cf. feud¹ 1 a). **2** 長期にわたる不和, 宿恨, 怨念(おんねん). 〚《1855》□ It. ~ < L *vindictam* vengeance: cf. vindictive〛

ven·dét·tist /-tɨst | -tɪst/ *n.* 復讐者, 報復者. 〚1904〛

ven·deuse /vɑ̃:(n)dɜ́:z, vɑ:n-, -dú:z; *F.* vɑ̃dø:z/ *F. n.* (特に, 流行服店の)女性販売員, 女性店員 (saleswoman). 〚《1895》□ F ~ (fem.) ← *vendeur*〛

vend·i·ble /véndəbl | -dɨ-/ *adj.* **1** 売ることができる, 売れる, さばける. **2** 《廃》金銭で左右される, 金銭ずくの (venal). — *n.* [通例 *pl.*] 《まれ》販売可能品, 売れる物 (salable things). **vend·i·bil·i·ty** /vèndəbíləti | -dɨbílɨti/ *n.* **~·ness** *n.* **vénd·i·bly** /-bli/ *adv.* 〚《1330》□ L *vendibilis*: ⇨ vend, -ible〛

vénd·ing machìne *n.* 自動販売機 (automat ともいう). 〚1895〛

ven·di·tion /vendíʃən/ *n.* 販売すること, 販売 (sale). 〚《1542》□ L *venditiō(n-)*: ⇨ vend, -tion〛

Ven·dôme /vɑ̃:(n)dóum, vɑ:n- | -dəum; *F.* vɑ̃do:m/, **Duc de** *n.* バンドーム (1654–1712; フランスの将軍・元帥; 本名 Louis Joseph de /lwi ʒozεf də/ Bourbon).

ven·dor /véndə | -də(r)/ ★ vendee と対比する場合には /véndɔə, ←ᐟ | vendɔ́:(r), ←ᐟ/ とも発音される. *n.* **1** 売る人, 売り主; ベンダー, 販売店; 売り歩く人, 行商人 (peddler) (cf. vendee). **2** 〘英法〙(不動産の)売り主, 売り手. **3** =vending machine. 〚《1594》□ AF *vendo(u)r*: ⇨ vend, -or²〛

Ven·dry·es /vɑ̃:(n)drjés, vɑ̀:n-; *F.* vɑ̃dʀjεs/, **Joseph** *n.* バンドリエス (1875–1960; フランスの言語学者; *Le langage*「言語」(1921)).

ven·due /véndu:, -dju:, ←ᐟ | véndju:, ←ᐟ/ *n.* 《米》公売, 競売: at (a) ~=by ~ 公売で[によって]. 〚《1680》□ Du. *vendu* □ (O)F *vendue* sale ← *vendre* 'to VEND'〛

ve·neer /vɨníə | -níə(r)/ *n.* **1** [通例 a ~] うわべの飾り, 見せかけ, 虚飾 (gloss): *a* thin ~ of education [respectability] うわべだけの薄っぺらな教育[体面] / barbarians with *a* ~ of culture 教養の皮をかぶった野蛮人 / behind the ~ of friendship 見せかけだけの友情の背後には. **2** 張り板, 着せ板, 化粧板, 単板, ベニヤ《合板 (plywood) (日本でいうベニヤ板)の上に張った上質の薄板》. 日英比較 日本語の「ベニヤ板」に当たる英語は plywood. **3** 合板を成す各層の一枚. **4** 化粧張り, 表面仕上げ《れんが・石などによる外壁》. — *vt.* **1** 〈木材・家具などに〉〔優良な木・象牙・良質のべっこうなどの薄板を〕張る, 着せる, 化粧張りする, 合板をかぶせる〔*with*〕: ~ furniture *with* mahogany 家具をマホガニー材で化粧張りする. **2** (外観をよくするため)高価な材料で薄く覆う. **3** (合板を造るために)〈薄板を〉張り合わせる. **4** …の見せかけをよくする, うわべを飾る; (うわべを飾って)〈欠点などを〉隠す (conceal)〔*with*〕. **~·er** /-níərə | -níərə(r)/ *n.* 〚《1702》□ G *Furnier* (n.) & *furniren* to cover with a veneer (v.) □ F *fournir* 'to FURNISH'〛

ve·néer·ing /-níərɪŋ | -níər-/ *n.* **1** ベニヤ張り(作業), 化粧張り, 張り合わせ. **2** 化粧張り[合板]材料. **3** 化粧張りされた表面. **4** うわべだけの虚飾: a ~ of humanity うわべだけの人道主義. 〚1706〛

ven·e·nate /vénəneɪt | -nɨ-/ *vt.* …に毒物を注入する. — *vi.* 毒物を投与する. **ven·e·na·tion** /vènənéɪʃən | -nɨ-/ *n.* 〚《1623》← L *venēnātus* (p.p.) ← *venēnāre* ← *venēnum* poison〛

ven·ene /véni:n/ *n.* 〘生化学〙=venin.

ven·e·nose /vénənòus | -nɨnəus/ *adj.* 《古》有毒な (poisonous). 〚《1673》← L *venēn(um)* poison+-OSE¹〛

ve·ne·punc·ture /ví:nəpʌ̀ŋ(k)tʃə, vénə- | -tʃə(r)/ *n.* 〘医学〙=venipuncture.

Ve·ner /véɪnə | -nə(r)/ *n.* =Väner.

ven·er·a·bil·i·ty /vèn(ə)rəbíləti | -lɨti/ *n.* 尊敬すべき[尊い, 古くて神々しい]こと. 〚《1664》□ ML *venerabilitātem* (↓): ⇨ -ity〛

ven·er·a·ble /vén(ə)rəbl, -nəbl | -n(ə)rəbl/ *adj.* **1** 〈人が〉(人格高潔・高位・高齢・威厳などがあって)尊敬するに足る, 尊ぶべき; りっぱな, 神々しい: a ~ old man / a ~ statesman 尊敬すべき老政治家. **2** 〈土地・建物など〉(宗教的・歴史的その他の高尚な連想から)尊い, 神聖な, 神々しい, 森厳な (hallowed): a ~ building 古くおもむきのある建物 / a ~ oak (神木のような)オークの老木 / ~ relics 神聖な遺物. **3 a** 〘英国国教会〙[大執事 (archdeacon) の敬称として] …師: the *Venerable* [*Ven.*] Archdeacon Brown. **b** 〘カトリック〙尊者《教皇庁が英雄的な徳行ある人に与える尊号で, 福者 (Blessed) に列せられる前段階; ただし the Venerable Bede (尊者ビード)の場合は通常の尊称》. **4** 古い (ancient); 古くさい: ~ age 高齢 / ~ antiquity 太古 / a ~ institution 古い歴史のある団体 / a ~ automobile 時代物の自動車. — *n.* 尊敬すべき人, 尊敬に値する人; (特に) Venerable の称号を持つ人. **~·ness** *n.* **vén·er·a·bly** *adv.* 〚《*c*1410》□ (O)F *vénérable* // L *venerābilis* ← *venerārī*: ⇨ venerate, -able〛

Vénerable Béde *n.* [the ~] ⇨ Saint BEDE.

ven·er·ate /vénəreɪt/ *vt.* 尊敬する, 崇拝する. **vén·er·à·tive** /-tɪv | -tɪv/ *adj.* **vén·er·à·tor** /-tə | -tə(r)/ *n.* 〚《1623》← L *venerātus* (p.p.) ← *venerārī* to reverence ← *vener-*, *venus* love: ⇨ Venus, -ate³〛

ven·er·a·tion /vènəréɪʃən/ *n.* 尊敬, 崇敬; 尊敬[崇敬]の念 (reverence) (⇨ awe SYN): be filled with ~ *for* …に対して尊敬の念に満たされる / have [hold] … in ~ …を尊敬[崇拝]する / in ~ of the dead 死者に敬意を表して. **~·al** /-ʃnəl, -ʃənl←/ *adj.* 〚《*c*1410》□ (O)F *vénération* // L *venerātiō(n-)*: ⇨ ↑, -tion〛

ve·ne·re·al /vɨníəriəl | vɨníər-, vi:-/ *adj.* **1 a** 〈病気が〉(異性との)性交から起こる[と関連ある]: ⇨ venereal disease. **b** 性病の; 性病にかかった; 性病治療に適した: a ~ patient 性病患者 / a ~ remedy 性病治療薬. **c** 性器に起こる[を冒す]: a ~ sarcoma. **2 a** 性欲の, 性交の: ~ desire 性欲. **b** 性欲をそそる, 催淫的な. 〚《?*a*1425》← L *venereus* ← *vener-*, *venus* sexual love: ⇨ Venus, -al¹〛

venéreal diséase *n.* 〘病理〙性病 (略 VD) (cf. chancroid, gonorrhea, lymphogranuloma 2, syphilis). ★ 最近は通例 STD (sexually transmitted disease 性行為感染症)を用いる. 〚1658〛

ve·nè·re·ól·o·gist /-dʒɪst | -dʒɪst/ *n.* 性病科医. 〚1934〛

ve·ne·re·ol·o·gy /vɨnìəriá(:)lədʒi | -nìəriɔ́l-, vi:-/ *n.* 性病学. **ve·ne·re·o·log·i·cal** /vənìəriəlá(:)dʒɨkəl, -kl | -nìəriəlɔ́dʒɪ-/ *adj.* 〚《1894》← VENERE(AL)+-LOGY〛

ven·er·er /vénərə | -rə(r)/ *n.* 《古》猟人, 猟師 (huntsman). 〚《1845》← VENER(Y)²+-ER¹〛

veneres *n.* venus (⇨ Venus 4) の複数形.

ven·er·ol·o·gy /vènərá(:)lədʒi | -rɔ́l-/ *n.* =venereology.

ven·er·y¹ /vénəri/ *n.* 《古》**1** 性交. **2** 情欲にふけること, 好色. 〚《*a*1450》□ ML *veneria* ← L *vener-*, *venus*: ⇨ venereal, -ery〛

ven·er·y² /vénəri/ *n.* 《古》**1** 猟, 狩り, 狩猟 (hunting). **2** 猟獣. 〚《?*a*1300》□ (O)F *vénerie* ← *vener* to hunt < L *vēnārī*: ⇨ -ery〛

ven·e·sect /vénəsèkt, ví:n-, ←―ᐟ | vènɨsékt, ←―ᐟ/

vt.〘外科〙…の静脈を切開する, 刺胳(しらく)する. 〘(1833)〘逆成〙↓〙

ven·e·sec·tion /vènəsékʃən, vìːn- | -nɪ̀-/ *n.*〘外科〙静脈切開 (phlebotomy), 瀉血(しゃけつ), 刺胳(しらく). 〘(1661) ▭ ML *vēnae sectio* cutting of a vein: ⇨ vein, section〙

Ven·e·ti /vénətàɪ/ *n. pl.* (*also* **Ven·e·tes** /-tìːz/) **1** ベネティ人《紀元前 56 年に Caesar に征服された Gaul 地方のケルト民族》. **2** ベネティ人《北東イタリアに居住した古代民族で政治的にはローマと同盟した》. 〘(?) ▭ L *Venetī, Henetī*〙

Ve·ne·ti·a¹ /vɪ̀níːʃiə, -ʃə/ *n.* ベネシア: **1** イタリア北部, Po 川と Alps との中間の古代ローマの一地方. **2** = Venezia 2.

Ve·ne·ti·a² /vɪ̀níːʃiə, -ʃə/ *n.* ベネシア《女性名》. 〘▭ L ~ ▭ Welsh *Gwyneth* ← *gwyn* white〙

Ve·ne·tian /vɪ̀níːʃən/ *adj.* **1** ベネツィアの, ベニスの. **2**〘美術〙ベネツィア派の: ⇨ Venetian school. — *n.* **1 a** ベネツィア人. **b** (イタリア語の)ベネツィア方言. **2** [しばしば v-] = Venetian blind. **3** ベネチアン《Venetian cloth ともいう》: **a** 繻子(しゅす)織または綾織の光沢ある服地用の織物. **b** 光沢のある綿サテンで裏地に用いられる. **4**〘活字〙ベネチアン《15 世紀の古典ローマン体, 手書き書体をもとに彫られた書体; 縦と横の線の太さにあまり差がない; cf. type¹ 3 ★》. 〘(1432) *Venecian, Venicien* ▭ OF *Venecien* (F *Vénitien*) // ML *Venetiānus* ← L *Venetia* 'VENICE'〙

Venétian báll *n.* ベネチアンボール《内部に紋様・物などを封じ込めた球型のガラス製の文鎮[玩具]》. 〘1851〙

Venétian blínd, v- b- *n.* ベネチアンブラインド, 板すだれ《ひもで小札(こふだ)を開閉する》. 〘1770〙

Venétian cárpet *n.* ベニスじゅうたん《通例縞模様の実用品で階段や廊下などに用いる》. 〘1845〙

Venétian chálk *n.* チャコ (French chalk)《柔らかいチョークで布地を裁断するための線描きに用いる》. 〘1839〙

Venétian déntil *n.*〘建築〙ベニス歯飾《通常の歯飾の歯が一つおきに斜に切られた形式の歯飾》. 〘1881〙

Venétian dóor, v- d- *n.* ベネチアンドア《側戸が二つある; cf. Palladian window》. 〘1731〙

Venétian gláss, v- g- *n.* **1** ベネチアングラス《Venice 北部の Murano 産の高級ガラス器; そのコップに毒を盛れば自然に砕けるといわれる》. **2** 装飾ガラス《各種の色ガラスを溶合させて作った精巧な装飾的ガラス》. 〘1845〙

Venétian láce *n.* Venice 産の種々のレース. 〘1882〙

Venétian mást *n.* 飾り柱《Venice の町に見られるだんだら模様に彩った標柱で, 舟をつなぐための装飾的な柱》. 〘1883〙

Venétian péarl, v- p- *n.* ベニス真珠《ガラス製の模造真珠》.

Venétian réd *n.* **1** ベニス赤《もとは天然の酸化鉄から採ったが, 今は石灰と硫酸鉄の混合物を焼いて造る赤色顔料》. **2** [しばしば v- r-] 黒みがかった橙赤色. 〘1753〙

Venétian schòol *n.*〘美術〙ベネチア派《15–16 世紀に Venice で活躍した画家グループとその作風; 華麗な色彩表現が特徴; Giorgione, Titian, Veronese, Tintoretto などが代表》.

Venétian súmac *n.*〘植物〙= smoke tree 1. 〘1755〙

Venétian wíndow, v- w- *n.*〘建築〙= Palladian window. 〘1779〙

Ve·net·ic /vɪ̀nétɪk | -tɪk/ *n.* ヴェネト語《Este などイタリア北東部地方出土の 200 余の碑文の言語; 紀元前 6–1 世紀ころのもので, 印欧語族のイタリック語派に属する》. — *adj.* ヴェネト語の. 〘1880〙

Ve·ne·to /vɪ̀néɪtoʊ | -təʊ; *It.* vɛ́ːneto/ *n.* ヴェネト(州)《イタリア北東部のアドリア海 (Adriatic Sea) に臨む州; 面積 18,377 km², 州都 Venice; Venezia Euganea ともいう》.

Venez. (略) Venezuela; Venezuelan.

Ve·ne·zi·a /venéttsjɑː, -tsiə; *It.* venéttsja/ *n.* ベネツィア: **1** Venice のイタリア語名. **2** イタリア北部の旧地方; ほぼ Venetia 1 に相当; 1947 年に東部の Venezia Giulia をユーゴスラビアに割譲. 〘▭ It ~ < ML *Venētia*: cf. Venetian〙

Venézia Eu·gá·ne·a /-èɪugáːniə/ *n.* = Veneto.

Venézia Giú·lia /-dʒúːljə; *It.* -dʒúːlja/ *n.* ベネツィアジューリア《Venezia 2 の東部, Julian Alps および Istria を含む地方; 大部分がスロヴェニアとクロアチア領; 面積 8,847 km²》.

Venézia Tri·den·tí·na /-trìːdɛntíːnə; *It.* -tridentíːna/ *n.* ベネツィア トリデンティーナ《1947 年までの Trentino-Alto Adige の名》.

Ven·e·zu·e·la /vènəzwéɪlə, -zwíː- | -nɪ̀zwéɪ-, -nɛ-; *Am.Sp.* beneswéla/ *n.* ベネズエラ《南米北部の共和国; 面積 912,050 km², 首都 Caracas; 公式名 the Republic of Venezuela ベネズエラ共和国》.

Venezuela, the Gulf of *n.* ベネズエラ湾《ベネズエラ北東沿岸の湾, カリブ海 (Caribbean Sea) に面する; 幅約 240 km》.

Ven·e·zu·e·lan /vènəzwéɪlən, -zwíː- | -nɪ̀zwéɪ-, -nɛ-/ *adj.* ベネズエラ(人)の. — *n.* ベネズエラ人. 〘1820〙

venge /vénʤ/ *vt.* 《古》…のあだを報いる, …に復讐(ふくしゅう)する (avenge): ~ my cousin's death いとこの死の恨みを晴らす (Shak., *Romeo* 3. 5. 87). 〘(*c*1303) ▭ OF *veng(i)er* < L *vindicāre* 'to VINDICATE'〙

ven·geance /vénʤəns/ *n.* **1** 復讐, あだ討ち, かたき討ち: inflict [take, wreak] ~ *on* [*upon*] a person *for* …のことで人に復讐する / take bloody ~ *on* the murderer 殺害者を殺してかたきを取る / exact ~ from a person *for* … 人に…の復讐をする / Heaven's ~ is slow but sure. (諺) 天罰は遅いが必ず来る (cf.「天網恢々(かいかい)疎にして漏らさず」). **2** 《古》害, 危害 (harm). **3** 《古》畜生, くそ《荒々しいまたは冒瀆的なののしりの言葉》: a ~ *on't* くそっ食らえ.

with a véngeance 《口語》(1) 強く, 激しく, きつく: He whipped a child *with a* ~. 子供を激しくむち打った. (2) 大いに, 徹底的に: go native *with a* ~ すっかり現地人化する.

— *adv.* 《廃》ひどく, 恐ろしく (extremely): he's ~ proud ひどく傲慢な男である (Shak., *Corio* 2. 2. 6). 〘(?*a*1300) ▭ (O)F ~ ← *veng(i)er* (↑): ⇨ -ance〙

venge·ful /vénʤfəl, -fl/ *adj.* **1** 〈人が〉復讐(ふくしゅう)心のある, 恨み深い, 執念深い (⇨ vindictive SYN). **2** 〈行為・感情が〉復讐の, あだ討ちの: a ~ war 復讐戦. **3** 復讐を加える, あだ討ちに用いる (retributive): a ~ weapon 報復兵器. **~·ly** /-fəli/ *adv.* **~·ness** *n.* 〘*a*1586〙

V-èngine /víː-/ *n.*〘機械〙V 型エンジン, V 型発動機, V 型機関 (cf. V-eight engine). 〘1924〙

ve·ni- /víːnɪ̀, -ni, vén-/ veno- の異形 (⇨ -i-).

ve·ni·al /víːniəl, -njəl/ *adj.* **1** 〈罪が重くない, 軽い, 許される; 小罪の, 微罪の (cf. deadly 8, mortal 3): ⇨ venial sin. **2** 〈誤り・過ちなど〉許される, 許すべき (pardonable); 軽い, ささいな (trivial): a ~ slip, error, etc. — *n.* 微罪の人, 小さな罪のある人. **~·ly** *adv.* **~·ness** *n.* 〘(*c*1303) ▭ OF ~ (F *véniel*) ▭ LL *veniālis* gracious, pardonable ← L *venia* grace, pardon (cf. *venus* love)〙

ve·ni·al·i·ty /vìːniǽləṭi | -lɪ̀ti/ *n.* 許しうること. 〘1628〙

vénial sín *n.* 軽い罪;〘カトリック〙小罪, 微罪 (cf. mortal sin). 〘*c*1400〙

Ven·iám·i·nof Cràter /vənjǽmənɔ̀(ː)f-, -nɑ̀(ː)f- | -mɪ̀nɔ̀f-/ *n.* ベニアミノフ山《米国 Alaska 州南西部, アラスカ半島中部, アリューシャン (Aleutian) 山脈にある火山 (2,507 m)》.

Ven·ice /vénɪ̀s | -nɪs/ *n.* ベネツィア, ベニス《イタリア北東部の港市; アドリア海 (Adriatic Sea) のベネト潟湖(せきこ) (Lagoon of Venice) 中の 117 個の小島上にある; 14–15 世紀には強力な都市国家として繁栄した; イタリア語名 Venezia》. 〘▭ F *Venise* < ML *Venetia* ← *Venetī* 'VENETI'〙

Venice, the Gulf of *n.* ベネツィア湾《アドリア海 (Adriatic Sea) の北部で, ベネト潟湖(せきこ) (Lagoon of Venice) とは砂洲(さす)によって隔てられている》.

ven·in /vénɪ̀n | -nɪn/ *n.*〘生化学〙ベニン《ヘビの毒液中の毒の成分》. 〘(*c*1330) ← VEN(OM) + -IN²〙

ve·ni·punc·ture /víːnəpʌ̀ŋ(k)ʧə, vénə- | -nɪpʌ̀ŋ(k)ʧə(r)/ *n.*〘医学〙静脈穿刺(せんし), 静脈注射. 〘(*c*1903) ← VENO- + PUNCTURE〙

ve·ni·re /vɪ̀náɪri/ *n.* 《米》〘法律〙**1** (sheriff に対して発する)陪審員呼出命令状《venire facias ともいう》. **2** 陪審員候補者名簿. 〘(1665)(略)↓〙

veníre fá·ci·as /-féɪʃiæ̀s/ *n.*〘法律〙= venire 1. 〘(1440) ▭ L *venīre faciās* ← *venīre* to come + *faciās* you are to cause (← *facere* to do)〙

veníre·man /-mən/ *n.* (*pl.* **-men** /-mən, -mèn/) 《米》〘法律〙陪審員呼出命令状 (venire) で呼び出された人; 陪審員候補者. 〘(1776) ← VENIRE + -MAN〙

ven·i·sec·tion /vènəsékʃən | -nɪ̀-/ *n.*〘外科〙= venesection.

ven·i·son /vénəsən, -sn, -zən, -zn | -nɪ̀-/ *n.* **1** (狩猟でとった)獲物の肉; (特に)鹿肉. **2** 《古》猟獣; 鹿 (deer) (cf. *Gen.* 27:25). 〘(?*a*1300) ▭ OF *veneson* (F *venaison*) < L *vēnātiō(n-)* hunting ← *vēnārī* to hunt: cf. venery²〙

Ve·ni·te /vɪ̀náɪṭi, -níːteɪ, -ṭi | -teɪ/ *n.*〘キリスト教〙ベニテ, 詩編第 95 編《ラテン訳聖書および Douay 聖書では第 94 編; *Venite, exultemus Domino* (= O come, let us sing unto the Lord) の句で始まる》; (時禱(じとう)の)招詞, (特に)朝の祈りに歌うその頌歌(しょうか); その楽曲. 〘(?*a*1200) ▭ L *venīte* (2nd pers. pl. imper.) ← *venīre* to come〙

ve·ni, vi·di, vi·ci /véɪniːvíːdiːvíːkiː, -víːʧiː, wéɪniːwíːdiːwíːkiː/ *L.* われ来たれり, 見たり, 勝てり (I came, I saw, I conquered)《Julius Caesar がローマの友人に戦勝を報告した時 (47 B.C.) の言葉》.

Ve·ni·ze·los /vènɪ̀zéɪlɑ(ː)s, -lɔ(ː)s | -nɪzéɪlɒs; *Mod. Gk.* venizélos/, **E·leu·the·rios** /elefθérjos/ *n.* ベニゼロス (1864–1936; ギリシャの政治家; 首相 (1910–15, 1917–20, 1928–32, 1933)).

Ven·loo /vénloʊ | -ləʊ; *Du.* vénlo/ *n.* (*also* **Ven·lo** /~/) ヴェンロー《オランダ南東部 Limburg 州, Maas 川に沿う都市》.

Vénn dìagram /vén-/ *n.*〘数学・記号論理〙ベン図(式)《集合を平面上の円や長方形などで表し, 集合相互の関係を視覚化する図》. 〘(1894) ← *John Venn* (1834–1923: 英国の論理学者)〙

ven·nel /vénl/ *n.* 《スコット》(市街地の)路地, 小道, 狭い通り; 《北英》下水道, どぶ. 〘(1435) ▭ OF *venel(l)e* (dim.) ← (O)F *veine* 'VEIN'〙

ve·no- /víːnoʊ, vén- | -nəʊ/「静脈, 葉脈, 翅脈, 鉱脈」の意の連結形. ★ 時に veni-, また母音の前では通例 ven- になる. 〘← L *vēna* 'VEIN'〙

ve·no·gram /víːnəgræ̀m, -nə- | -nə(ʊ)-/ *n.*〘医学〙静脈造影[撮影]図[像]; 静脈波図.

ve·nog·ra·phy /viːnɑ́(ː)grəfi | -nɔ́g-/ *n.*〘医学〙静脈造影[撮影](法). 〘1935〙

ven·om /vénəm/ *n.* **1** 悪意, 恨み, 憎悪 (malice); 悪意[恨み]の行為, 悪意のある言葉, 毒舌: the ~ of malignant tongues 毒々しい恨みの言葉 / a look of ~ 毒々しい憎悪の顔つき. **2** (ヘビ・サソリ・クモ・ハチなどの分泌する)毒液, 毒: a ~ duct [fang, gland] 毒管[牙(が)], 腺(せん)]. **3** 《まれ》毒, 毒物 (poison). — *vt.* 《古》**1** …に毒を入れる. **2** 毒々しくする, 悪意で満たす (envenom): a ~*ed* tongue 毒のある言葉 / a ~*ed* vengeance 悪意に満ちた復讐. ★ 今は通例 envenom を用いる. — *adj.* 《古》毒の, 有毒の (venomous). **~·less** *adj.* 〘(*a*1250) *venim* ▭ (O)F *venim* (F *venin*) < VL **venimen* ← L *venēnum* poison, (原義) love potion ← *venus* love: ⇨ Venus〙

vénom'd móuth'd *adj.* 毒舌の: This butcher's cur is ~. 肉屋のせがれめ, 狂犬のような毒舌を吐いておる (Shak., *Henry VIII* 1. 1. 120).

ven·om·ous /vénəməs/ *adj.* **1** 人を毒する, 悪意に満ちた, 害をなす (malignant): a ~ disposition 意地の悪い性質 / a ~ attack 悪意ある攻撃 / a ~ tongue 毒舌. **2** 〈動物が〉毒液を分泌する: a ~ snake 毒へび. **3** 毒のある, 有毒の (poisonous): a ~ sting. **~·ly** *adv.* **~·ness** *n.* 〘(*c*1300) ▭ (O)F *venimeux* ← *venim*: ⇨ venom, -ous〙

ve·nose /víːnoʊs | -nəʊs/ *adj.* **1** 静脈のある (veined); 葉脈[翅脈]の多い (veiny). **2** = venous 2. 〘(1661) ▭ L *vēnōsus* ← *vēna*: ⇨ vein, -ose¹〙

ve·nos·i·ty /viːnɑ́(ː)səṭi | -nɔ́sɪ̀ti/ *n.* **1** (静)脈の多い[見える]こと; 葉脈[翅脈]の多いこと. **2**〘生理〙(器官などが)静脈血の多いこと, 静脈鬱血(うっけつ); (動脈血の)静脈血混和. 〘(1855): ⇨ ↑, -ity〙

ve·no·sta·sis /vìːnəstéɪsɪ̀s | -sɪs/ *n.*〘医学〙静脈鬱血. 〘(1931) ← NL ~: ⇨ veno-, -stasis〙

ve·nous /víːnəs/ *adj.* **1** 木目[石目] (vein) のある; 葉脈[翅脈]の多い. **2**〘生理〙静脈の (cf. arterial 1): ~ blood 静脈血 / the ~ valve 静脈弁. **~·ly** *adv.* **~·ness** *n.* 〘(1626) ▭ L *vēnōsus*: ⇨ venose, -ous〙

vent¹ /vént/ *n.* **1 a** (空気・液体などを抜いたり送り込んだりする)口, 穴, 抜け口, 漏れ口. **b** 通風[通気]孔. **c** (大砲の)火門 (touch hole). **d** (たるの鏡における)通気孔 (venthole). **e** (管楽器の)指穴 (finger hole). **f**〘地質〙火道《煙突状のマグマ通路; cf. plug 16; ⇨ volcano 挿絵》; 火口. **g** 《スコット》(煙突の)煙道 (flue). **2** はけ口, 出口 (outlet); のがれる道[機会]; 発露, 表出 (expression): give ~ *to* one's feelings 自分の気持ちを表す, 口に出す, 漏らす / give ~ *to* a sigh ため息を漏らす / find [make] a ~ *in* …に漏れ口を求める, 出る; 現れる / find (a) ~ *for* …の出口[はけ口]を見つける / He found some ~ *for* his emotion in violent exercise [bad language]. 彼はその感情のはけ口を激しい運動[悪口]に求めた / The enclosed steam must find a ~ or burst the boiler. 密閉された蒸気は出口を求めなければボイラーを破裂させる / His impatience found a ~. 彼の焦燥は爆発した. **3**〘動物〙(鳥類・爬虫類・魚類などの)肛門 (anus). **4** (カワウソ・ビーバーなどが)呼吸するため水面に浮かび上がること. **5** 《廃》漏らすこと, 吐き出すこと (emission), (言葉などの)発言.

— *vt.* **1** 〈感動・激情などを〉(…に向けて)口に出す, 発する, 漏らす〔*on, upon*〕: ~ opinions 意見をぶちまける / ~ one's anger [frustration] *on* [*upon*] a person 人に向かって怒り[欲求不満]を漏らす / ~ one's spite *on* [*upon*] a person 人に腹いせを言う[する]. **2** [~ oneself として] はけ口を見出す, 漏れる; はけ口を見つけて息抜きをする; 〔…になって〕現れる〔*in*〕: His anger ~*ed itself in* curses. 怒りはののしりとなって現れた / She frequently ~*ed herself in* convulsive sobs. 彼女はしばしばしゃくりあげて泣いた. **3** 〈煙などを〉吐き出す, 出す (let out). **4** …に口[通気孔]をつける; 〈たるに〉通気孔をあける: ~ a cask. — *vi.* **1** (口・通気孔を通って)出ていく, 出る. **2 a** 通気する. **b** 《スコット》〈煙突などが〉煙が通る. **3** 〈カワウソ・ビーバーなどが〉呼吸のために水面に浮かび上がる.

〘v.: (*c*1390) *vente(n)* (頭音消失) ← *evente(n)* ▭ OF *éventer* (変形) ← *e(s)venter* (F *éventer*) to create wind, expose to the air < VL **exventāre* ← EX-¹ + L *ventum* 'WIND¹'. — n. (1508) (頭音消失) ← (O)F *évent* ← *éventer* // F *vent* wind < L *ventum* 'WIND¹': VENT² と混同された〙 V

vent² /vént/ *n.* **1** ベンツ, スリット (slit)《上衣の背[両脇], スカートなどの裾や, 袖の下の部分などに入れる開き》: a sleeve ~ / a jacket with a ~ [two ~s] at the back 腰の所に一つ[二つ]のベンツの入ったジャケット. **2** 《廃》(城壁の)銃眼 (crenel). — *vt.* …にベンツ[スリット]を入れる[つくる]. 〘(1429) (変形) ← ME *fente* ▭ (O)F ← *fendre* to cleave, split < L *findere* to cleave〙

vent·age /vénṭɪʤ | -tɪʤ/ *n.* **1** (管楽器の)指穴 (finger hole), 小穴 (small hole) (cf. Shak., *Hamlet* 3. 2. 357). **2** 出口, はけ口. 〘(1600–01) ← VENT¹ (n.) + -AGE〙

ven·tail /vénteɪl/ *n.*〘甲冑〙(16 世紀のかぶとの)面頰(めんぼお)《上下に開閉する; ⇨ armor 挿絵》. 〘(?*c*1300) ▭ OF *ventaille* (F *ventail*) ← *vent* wind (⇨ vent¹): cf. ventilate〙

ven·ter¹ /vénṭə | -tə(r)/ *n.* **1 a**〘解剖・動物〙腹部 (belly), 筋腹; (特に, 昆虫などの)腹状腔(こう); 腹状突出. **b**〘植物〙(シダ類の造卵器 (archegonium) の)腹部. **2**〘法律〙(子の母親を表す)腹 (womb), 妻, 母: a son by [the son of] another ~ 腹違いの子, 異母子 / brothers of the same ~ 同腹の兄弟 / in ~ 受胎した. 〘1: (1544) ▭ L ~ 'belly, womb'. 2: ▭ AF ~ = (O)F *ventre* < L *ventrem*〙

vént·er² /-ṭə | -tə(r)/ *n.* **1** 怒り[不平, 私見など]を漏らす人, 当たり散らす人. **2** 穴[通気孔]をつける人, たるに通気孔をあける人. 〘(1611) ← VENT¹ (v.) + -ER¹〙

vént·hòle *n.* (空気・光・煙・ガスの)出口, 通気孔, 漏れ口. 〚1577〛

ven·ti- /véntɪ̬, -ti | -tɪ, -ti/ vento- の異形 (⇨ -i-).

ven·ti·duct /vénṭədʌ̀kt | -tɪ-/ *n.* 〘建築〙通風管, 空気抜き. 〚(1615) ← VENTO-+DUCT〛

ven·ti·fact /vénṭəfæ̀kt | -tɪ-/*n.* 〘地質〙風食礫(ᶠᵘ), 三稜(ᵃⁿ)石. 〚(1911) ← VENTO-+L *fact(us)* ((p.p.) ← *facere* to make)〛

ven·til /vént̬l | -tl/ *n.* (金管楽器の)ピストン, 活栓. 〚(1876) □ G *Ventil* □ ML *ventile* ← L *ventus* (↓)〛

ven·ti·late /vénṭəlèɪt, -ṭl- | -tɪl-, -tl-/ *vt.* **1** 〈部屋・建物・坑内・衣服などに〉空気を通す, …の通風[通気]をよくする; 換気する: ~ the room (風を入れて)部屋を換気する. **2** 〈問題などを〉(世人に公表して)自由に検討[論議]させる; 自由に検討[論議]する; 公表する: ~ questions of policy 政策問題を世に問う. **3** 〈意見を〉言う, 述べる; 〈感情などを〉表す, 表現する: ~ grievances 苦情を言う. **4** 呼吸によって〈血液〉に酸素を送る, 〈血液を〉新鮮な空気で浄化する (aerate): The lungs ~ the blood. 肺は血液を浄化する. **5 a** 〈風・空気などが〉…によく通る, 当たる: The wind ~*s* the room. その部屋は風がよく通る. **b** …に(空気・ガスなどの)逃げ口を付ける, 換気孔を設ける. **6 a** (乾燥または保存するために)〈物〉に空気[風]を当てる. **b** 《廃》〈穀物を〉ふるい分ける (winnow). **vén·ti·làt·a·ble** /-ṭəbl | -tə-/ *adj.* 〚(*c*1425) ← L *ventilātus* (p.p.) ← *ventilāre* to fan, winnow ← *ventus* 'WIND¹': ⇨ -ate³〛

vén·ti·làt·ed cár /-ṭɪd- | -tɪd-/ *n.* 〘鉄道〙通風口付き有蓋車.

vén·ti·làt·ing brìck /-ṭɪŋ- | -tɪŋ-/ *n.* 通風用孔あきれんが.

véntilating shàft *n.* 〘鉱山〙換気[通気]立坑. 〚1889〛

ven·ti·la·tion /vènṭəléɪʃən, -ṭl- | -tɪl-, -tl-/ *n.* **1** 風通し, 換気, 通気, 通風(状態); 換気装置: a room with good ~ 換気[通気]のよい部屋 / a ~ tower 通風塔, 換気塔. **2** (感情などの)発露, 表出 (expression): the ~ of one's grievances 苦情のぶちまけ. **3** (問題の)自由な討議, 世に問うこと: a full ~ *of* the problem 問題の自由[公開]討議. **4 a** 〘生理〙(特に, 肺と外気, 肺胞と血液間の)換気. **b** 〘精神医学〙換気(作用)《恐怖・不快・欲望・衝動などを外に表出させて悩みを除去すること; cf. catharsis 1 b》. 〚(1456) □ (O)F ~ // L *ventilātiō(n-)*: ⇨ ventilate, -ation〛

ven·ti·la·tive /vénṭəlèɪṭɪv, -ṭl- | -tɪlèɪt-, -lət-/ *adj.* **1** 風通しのよい. **2** 通風の, 換気の. 〚1791〛

ven·ti·là·tor /-ṭə | -tə^(r)/ *n.* **1 a** 換気する人[物]. **b** 通風設備, 換気装置. **c** 通風機, 送風機. **d** (鉱山の)通風坑, 通風管. **e** (帽子の)風通し穴. **2** 世に訴える[世論に問う]ため問題を持ち出す人. 〚1743〛

ven·ti·la·to·ry /vénṭələtɔ̀ːri, -ṭl- | -tɪlèɪtəri, -tri/ *adj.* **1** 換気[通風]の; 換気装置のある. **2** 〘生理〙(肺)換気の. 〚1850〛

vént·less *adj.* 漏れ口[はけ口, 通気孔]のない. 〚1603〛

ven·to- /véntou | -təu/「風 (wind)」の意の連結形. ★ 時に venti- になる. 〚← L *ventus*〛

Ven·to·lin /vénṭəlɪn, -ṭl- | -tə(u)lɪn, -tl-/ *n.* 〘商標〙ヴェントリン (salbutamol 製剤; 気管支拡張薬).

ven·tose /véntous | -təus/ *adj.* 《古》ほら吹きの, から威張りの. 〚(1721) □ L *ventōsus* (↓)〛

Ven·tôse /vɑ̃ː(n)tóuz, vɑːn- | -táuz; *F.* vɑ̃toːz/ *n.* 風月《フランス革命暦の第 6 月; ⇨ Revolutionary calendar》. 〚(1802) □ F ~ 'windy' □ L *ventōsus* ← *ventus* wind: ⇨ -ose¹: Fabre d'Églantine の造語〛

vent·ouse /véntuːs/ *n.* 〘医学〙(分娩時に赤ん坊の頭に当てて分娩をたすけるカップ形の)吸盤, 吸角. 〚(1960) □ F ~ □ LL *ventōsa (cucurbita)* cupping (glass), 《原義》windy (gourd) (fem.: ↑)〛

vént·pèg *n.* (たるの)通気孔の栓(ˢ). 〚(1707): ⇨ vent¹ (n.)〛

vént pìpe *n.* 排気管, 通気管. 〚? ⇨ vent¹ (n.)〛

vént·plùg *n.* =vent-peg.

ven·tr- /ventr/ (母音の前にくるときの) ventro- の異形.

ven·trad /véntræd/ *adv.* 腹の方に, 腹側に向けて. 〚(1847) ← VENTRO-+-AD³〛

ven·tral /véntrəl/ *adj.* **1** 腹の, 腹部の (abdominal). **2** 〘解剖・動物〙腹側の, 腹側にある (cf. dorsal¹): a ~ scale of a snake. **3** 〘植物〙(花弁などの)下面の, 内面の, 腹側の, 腹面の. — *n.* 腹部; (特に)腹びれ (ventral fin). **~·ly** *adv.* 〚(1739) □ F *ventral* // L *ventrālis* ← *venter* belly *wend(t)ri ← IE *udero- abdomen: ⇨ venter¹, -al¹〛

véntral canál cèll *n.* 〘植物〙腹溝細胞《シダ類などの雌器に見られる》.

véntral fin *n.* **1** 〘魚類〙**a** 腹びれ《pelvic fin ともいう》. **b** 尻びれ (anal fin). **2** 〘航空〙腹びれ, ベントラルフィン《飛行機の胴体後部下面に設けられた機体の方向および横安定を調整するひれ状の張出し》. 〚1752〛

véntral ròot *n.* 〘動物〙腹根, 前根《脊椎動物の脊髄の前柱から出る脊髄神経の末端部分; cf. dorsal root》. 〚*c*1923〛

ven·tre à terre /vɑ́ː(n)tr(ə)ɑːtéə, vɑ́ːn- | -téə^(r); *F.* vɑ̃tʁatɛːʁ/ *F. adv.* 全速力で. 〚(1847) □ F ~ 'belly to the ground'〛

ven·tri- /véntrɪ, -tri/ ventro- の異形 (⇨ -i-).

ven·tri·cle /véntrɪkl | -trɪ-/ *n.* 〘解剖〙**1** 室 (cavity); (脳髄の)脳室: the ~ of the larynx 喉頭室 / the ~ of memory 記憶を司る房室 (Shak., *Love's LL* 4. 2. 68). / ⇨ third ventricle. **2** (心臓の)心室: the right [left] ~ of the heart 右[左]心室 (⇨ heart 挿絵). 〚(*a*1400) □ L *ventriculus* (dim.) ← *venter* belly: ⇨ -cule〛

ven·tri·cose /véntrɪkòus | -trɪkəus/ *adj.* **1** 太鼓腹の, ほてい腹の (big-bellied). **2** 〘生物〙片側に[不均衡に]膨れた, 突き出た, 飛び出た (protuberant). **3** 太った, 肥満の (corpulent). **ven·tri·cos·i·ty** /vèntrɪkɑ́(ː)səṭi | -trɪkɔ́sɪti/ *n.* 〚(1756) ← NL *ventricōsus*: ⇨ venter¹, -ic¹, -ose¹〛

ven·tric·u·lar /ventríkjulə, vən- | -lə^(r)/ *adj.* **1 a** 腹の (abdominal). **b** (昆虫の)胃の. **2** 〘解剖〙室の, 心室の, 脳室の. **3** (腹が)膨れた, 飛び出た. 〚(1822): ⇨ ventricle, -ar¹〛

ventriculi *n.* ventriculus の複数形.

ven·tric·u·lo·gram /ventríkjuləgræ̀m/ *n.* 〘医学〙脳室造影[撮影]図. 〚(1918) ← VENTRICUL(US)+-O-+-GRAM〛

ven·tric·u·log·ra·phy /ventrɪ̀kjulɑ́(ː)grəfi | -lɔ́g-/ *n.* 〘医学〙脳室造影[撮影](法), 脳室写. 〚1918〛

ven·tric·u·lus /ventríkjuləs, vən- | ven-/ *n.* (*pl.* -u·li /-lài/) **1** 〘解剖〙**a** 胃 (stomach). **b** =ventricle. **2** (昆虫の)胃《食道の消化・吸収の行われる部分》. **3** (鳥の)砂嚢(ˢᵃ) (gizzard). 〚(1693) □ L ~: ⇨ ventricle〛

ven·tril·o·qual /ventríləkwəl/ *adj.* =ventriloquial.

ven·tri·lo·qui·al /vèntrəlóukwiəl | -trɪlə́u-/ *adj.* 腹話(術)の[による]: the ~ art 腹話術. **~·ly** *adv.* 〚(1836) ← LL *ventriloqu(us)* (⇨ ventriloquy)+-AL¹〛

ven·tríl·o·quism /-kwɪzm/ *n.* 腹話(術). 〚1797〛

ven·tríl·o·quist /-kwɪst | -kwɪst/ *n.* 腹話術師[者]. 〚1656〛

ven·tril·o·quis·tic /ventrɪ̀ləkwístɪk⁻/ *adj.* **1** 腹話術(師)の, 腹話術的な. **2** 〈音が〉(実際の音源以外の)別の所から出て来るような. 〚1830〛

ven·tril·o·quize /ventríləkwàɪz/ *vi.* 腹話術を使う. — *vt.* 腹話術で話す[言う]. 〚(1844) ← VENTRILO-QU(Y)+-IZE〛

ven·tril·o·quous /ventríləkwəs/ *adj.* =ventriloquistic.

ven·tril·o·quy /ventríləkwi/ *n.* =ventriloquism. 〚(1584) ← LL *ventriloqu(us)* one who apparently speaks from the belly (← VENTRO-+L *loquī* to speak)+-Y¹〛

ven·trip·o·tent /ventrípəṭənt, -tnt | -tənt, -tnt/ *adj.* 《戯言》大食いの, 食いしんぼうの (gluttonous). 〚(1611) (1823): ⇨ ventri-, potent¹〛

Ven·tris/véntrɪs/, **Michael George Francis** *n.* ベントリス (1922–56; 英国の建築技師・考古学者; 線文字 B の解読に成功).

ven·tro- /véntrou | -trəu/「腹; 腹部の」の意の連結形. ★ 時に ventri-, また母音の前では通例 ventr- になる. 〚← L *venter* belly; ventral〛

vèntro·dórsal *adj.* 〘医学〙腹背方向の. **~·ly** *adv.* 〚1895〛

vèntro·láteral *adj.* 〘医学〙腹側外側の. **~·ly** *adv.* 〚1835〛

vèntro·médial *adj.* 〘医学〙腹内側の, 腹下側の. 〚1908〛

ven·trot·o·my /ventrɑ́(ː)ṭəmi | -trɔ́t-/ *n.* 〘外科〙= laparotomy. 〚1887〛

Ven·tu·ra /ventú^(ə)rə, -tjú^(ə)rə | -tjúərə/ *n.* ベントゥーラ《米国 California 州南部の港湾都市; 同州第 2 の油田をもつ石油採掘の中心地; 公式名 San Buenaventura》.

ven·ture /véntʃə | -tʃə^(r)/ *n.* **1** 投機, 思惑; 投機的事業[企業] (project, speculation): a new ~ 新規開発事業 / a business [an artistic, a publishing] ~ 投機的[美術関連, 出版]事業 / a profitable ~ 有利な投機 / a lucky ~ 当たったやま / a speculative [risky] ~ 投機的な[危なっかしい]事業 / A bold ~ is often successful. 大胆な思惑はしばしば当たるものだ. 日英比較「ベンチャービジネス」は和製英語. start-up company [business] などという. **2** 冒険的試み[行為], 賭け: be ready for any ~ どんな危険も辞さない. **3** 投機[やま]のかかっている物《船・船荷・商品・賭博の賭け金など》: The ship was his last ~. その船が彼の最後の冒険[やま]であった. **4** 《Shak》売春婦, 淫売: diseas'd ~*s* 病気もちの淫売婦.

at a vénture 運任せに, 向こう見ずに, でたらめに, 行き当たりばったりに (at random): draw a bow *at a* ~ 当て推量で(物を)言う (cf. *1 Kings* 22: 34) / *At a* ~, I'd say he was about 30. 思いつきで言うのだけれども, 彼は 30 歳くらいだった.

— *vi.* **1** 危険を冒して試みる, 一か八かやってみる 〔*on, upon*〕: ~ *on* an ambitious project 野心的な計画に乗り出す / Will you ~ *on* another glass of wine? もう一杯ワインをやってみませんか. **2** [場所の副詞(句)を伴って] 思い切って進む, 危険を冒して行く: ~ ashore [*out of* doors] 思い切って上陸する[戸外へ出てみる] / ~ *into* a cave [disco] 思い切ってほら穴[ディスコ]に入る / I would not ~ so near the edge [*forth* in this rain] if I were you. 私ならそんなに端の方には行かない[この雨の中, あえて出かけることはしない]. — *vt.* **1 a** (反対・非難を覚悟の上で)〈意見などを〉持ち出す, 言ってみる: ~ an opinion [an explanation, a guess] 思い切って意見を述べる[説明する, 推測を述べる]. **b** [しばしば婉曲に] あえて…する, 勇を奮って[大胆にも]…する (dare), …しさえする 〈*to* do〉: I ~ *to* differ with you. 失礼ながら君の意見には同意できない / I hardly ~ *to* say it, but … 申し上げかねますが… / May I ~ *to* ask your opinion [*to* write to you]? ご意見をお伺いできますでしょうか[失礼ながら, お便りを差し上げるのをお許し下さいましょうか]. **2** 危険にさらす, 賭ける (risk) 〔*on, upon*〕: ~ one's life [happiness] *on* a doubtful enterprise 疑わしい事業に生命[幸福]を賭ける / ~ all one's money *on* a throw of the dice 有り金をさいの一振りに賭ける. **3 a** 危険を冒して…する, 思い切ってやってみる; 〈危険なものに〉思い切って立ち向かう, 敢行する (brave): ~ a flight in a storm 嵐の中に飛行を敢行する / ~ a guess 思い切って推測してみる / I won't ~ a step farther. もう一歩も進む勇気はない / Nothing ~*d*, nothing gained. ⇨ nothing *pron.* 1. **b** [~ *oneself* で] 《古》危険を冒す; 思い切って出かける (dare to go): He ~*d himself upon* the high seas. 危険を冒して大海に乗り出した. **4** 《古》信頼する, 信用する (trust).

〚(?*a*1400) 《頭音消失》← ME *aventure*: ⇨ adventure〛

vénture càpital *n.* 〘経済〙危険(負担)資本, 投機資本《新しいまたは膨張していく私企業への投資; 値上がりと配当の期待はあるが, 株所有者の危険を伴う; risk capital ともいう》. **vénture càpitalism** *n.* **vénture càpitalist** *n.* 〚1943〛

vén·tur·er /-tʃ(ə)rə | -tʃərə^(r)/ *n.* **1** 冒険者, やま師, 投機師 (adventurer); (特に; 16–17 世紀の)貿易商人 (merchant venturer). **2** [V-] =Venture Scout. 〚1530〛

Vénture Scòut *n.* =senior scout 2. 〚1966〛

ven·ture·some /véntʃəsəm | -tʃə-/ *adj.* **1** 冒険好きな, 大胆な, 向こう見ずの (daring). **2** 危険な, 危険を伴う (dangerous): a ~ act, performance, etc. **~·ly** *adv.* **~·ness** *n.* 〚1661〛

Ven·tu·ri, v- /ventú^(ə)ri, -tjú^(ə)ri | -tjúəri; *It.* ventúːri/ *n.* 〘水力学・航空〙ベンチュリ管《流速を測定する管; Venturi tube ともいう》. 〚(1887) ← *G. B. Venturi* (1746–1822: イタリアの物理学者)〛

Ven·tu·ri /ventú^(ə)ri, -tjú^(ə)ri | -tjúəri; *It.* ventúːri/, **Robert (Charles)** *n.* ヴェントゥーリ (1925– ; 米国の建築家; 機能主義的な現代建築の潮流を批判して, post-modernism の先駆者となった).

Ventúri tùbe, v- t- *n.* 〘水力学・航空〙=Venturi.

ven·tur·ous /véntʃ(ə)rəs/ *adj.* **1** 冒険好きな, 向こう見ずの, 大胆な: a ~ spirit. **2** 冒険的な, 危険な, 投機的な: a ~ enterprise. **~·ly** *adv.* **~·ness** *n.* 〚(1565) 《頭音消失》← ADVENTUROUS: cf. venture〛

ven·ue /vénjuː/ *n.* **1** (行為・事件の)現場; (競技・会議などの)開催指定地. **2** 〘法律〙**a** 犯行地; 訴訟原因発生地. **b** 裁判地《訴訟が提起された州, その他の地理的区域を指し, その地域の陪審員名簿から陪審員が構成される》: change the ~ (騒乱を避けたり公正を期したりするため他州・中央刑事裁判所などに)裁判地を変更する (cf. CHANGE of venue) / lay [fix, place] the ~ 裁判地を指定する. **c** (申し立て (pleading) における)裁判管轄区の表示. **d** 口供書 (affidavit) 宣誓地および担当官名指示, 公判地指示. **3** 《米》(議論・討論などの)論拠, 理由 (ground). **4** 《廃》(フェンシングなどの)突き (hit); 試合, 勝負 (match): a quick ~ of wit 機知の一突き (Shak., *Love's LL* 5. 1. 58). 〚(?*a*1300) □ (O)F ~ 'arrival, coming' (fem.) ← *venu* (p.p.) ← *venir* < L *venīre* 'to COME'〛

ve·nule /víːnjuːl, vén-/ *n.* **1** 〘解剖〙小静脈, 細静脈 (small vein). **2** 〘動物〙(昆虫などの)小翅(ˢ)脈.

ven·u·lar /vénjulə | -lə^(r)/ *adj.* 〚(1850) □ L *vēnula* (dim.) ← *vēna* 'VEIN'〛

ven·u·lose /vénjulòus | -ləus/ *adj.* 小脈[小翅(ˢ)脈]のある. 〚(1857): ⇨ ↑, -ose¹〛

ven·u·lous /vénjuləs/ *adj.* =venulose.

Ve·nus /víːnəs/ *n.* (*pl.* ~·es, 4 では **ve·nus·es, ven·er·es** /vénəriːz/) **1 a** 〘ローマ神話〙ウェヌス, ヴィーナス《春・花園・豊饒の女神; 後にギリシャ神話の愛・美の女神 Aphrodite と同一視された》. **b** 美女, 美人: a pocket ~ 小柄で人形のような美人. **2** 〘天文〙金星, 太白星《太陽系で内側から 2 番目の惑星; Hesperus [Vesper] (宵(ᵇ)の明星)および Lucifer (明けの明星)として現れる》. **3** 〘錬金術〙銅 (copper). **4** [v-] 〘貝類〙=Venus shell.

Vénus and Adónis「ヴィーナスとアドーニス」《Shakespeare 作の物語詩 (1592–93)》.

Vénus de Mílo [the ~] =VENUS of Melos [Milo].

Vénus of Mélos [Mílo] [the ~]「ミロのビーナス」《有名な古代ギリシャの彫刻, 紀元前 2 世紀作; 1820 年 Melos [Milo] 島で発見, Louvre 博物館所蔵; Venus de Milo, Aphrodite of Melos ともいう》.

〚OE ~ □ L *Venus*: *venus* physical love (← IE *wen- to desire: ⇨ wish) の擬人化: cf. venerate, venereal, venial〛

Ve·nus·berg /víːnəsbɜ̀ːg | -bɜ̀ːg; *G.* véːnʊsbɛʁk/ *n.* [the ~] ウェーヌスベルク, ウェーヌス山《中世ドイツ伝説で語られる Schwaben や Thüringen にある山の名で, 伝説では Venus (Teuton 族の大地の女神を表す)がこの山の洞穴に宮廷を持ち, 遊楽にふけって男を官能の快楽へ誘ったという; cf. Tannhäuser》. 〚(1890) □ G ~ 'Venus's Mountain'〛

Vénus cómb *n.* 〘植物・貝類〙=Venus's-comb.

Vénus flýtrap *n.* 〘植物〙=Venus's-flytrap.

Vénus·hàir *n.* 〘植物〙ホウライシダ (*Adiantum capillus-veneris*) 《北半球に広く分布するクジャクシダ属の多年草; 葉が美しい》. 〚1548〛

Ve·nu·sian /vɪnúːʃən, -njúː-, -ʒən | -njúːsiən, -ziən/ *adj.* 金星の. — *n.* (SF 小説の)金星人 (cf. Martian 1). 〚1874〛

Vé·nus's-básin[-báth] /víːnəs(ɪz)-/ *n.* 〘植物〙= fuller's teasel. 〚1551〛

Vénus's-cómb *n.* **1** 〘植物〙=lady's-comb. **2** 〘貝類〙ホネガイ (*Murex pecten*). 〚1597〛

Vénus's-flówer-bàsket *n.* 〘動物〙カイロウドウケツ《太平洋・インド洋の深海に生息する六放星目カイロウドウケツ属 (*Euplectella*) のガラス海綿類の総称; アスパラカイロウドウケツ (*E. aspergillum*) など美しいガラス繊維で編んだかご

のような骨格をなし，一対のドウケツエビ (*Spongicola venusta*) が胃腔内にすむ)．〘1872〙

Vénus's-flýtrap *n.* 〘植物〙ハエジゴク (*Dionaea muscipula*) 《北米産のモウセンゴケ科の食虫植物; cf. sundew, pitcher plant, butterwort》．〘1770〙

Vénus's-gírdle *n.* 〘動物〙オビクラゲ (*Cestum* 属の帯状のクラゲの総称)．〘1653〙

Vénus's-háir *n.* 〘植物〙＝Venushair. 〘1548〙

Vénus's-háir·stone /-hέəstòun | -hέəstəun/ *n.* 〘鉱物〙細針状の金紅石を含んだ石英の結晶 (貴石の一種)．〘1884〙

Vénus shèll *n.* 〘貝類〙マルスダレガイ科 (Veneridae) の二枚貝 (ガリアハマグリ (*Venus gallina*) など)．

Vénus's lóoking-glass *n.* 〘植物〙オオミゾカクシ (*Specularia speculum*) 《ヨーロッパ原産のキキョウ科の一年生草本; 花は青または白》．〘1597〙

Vénus's-shóe[-slípper] *n.* 〘植物〙米国産アツモリソウ属 (*Cypripedium*) のランの総称 (cf. lady's slipper)．〘1836〙

ver. 《略》verse(s); version.

ver·a /vέrə/ *adj., adv.* 《スコット》＝very.

Ve·ra /víᵊrə | víərə; *Russ.* vʲérə/ *n.* ヴェラ《女性名; 19 世紀末より用いられるようになった》．〘□ Russ. *Vera* 《原義》faith: cf. L *vēra* (fem.) true〙

ve·ra·cious /vɪ̈réɪʃəs | vɪ̈-, vɛ-/ *adj.* **1** 〈人が〉うそを言わない，正直な (honest): a ～ historian, witness, etc. **2** 〈物語・報告など〉真実の，正しい，本当の; 正確な，確実な: a ～ narrative, report, etc. **～·ly** *adv.* **～·ness** *n.* 〘(*a*1677) ← L *vērāci-*, *vērāx* truthful (← *vērus* true)＋-OUS: cf. verify, very〙

ve·rac·i·ty /vɪ̈rǽsəṭi | vɪ̈rǽsɪ̈ti, vɛ-/ *n.* **1 a** 常に真実を語ること，(人の)真実性，正直さ (truthfulness) (⇨ honesty SYN): His ～ is unquestioned. 彼の真実性[正直さ]は疑う余地がない． **b** 事実との一致，真実性: The ～ of the statement is doubtful. その言葉の真実性は疑わしい． **2** (感覚・科学器具などの)正確さ，正確度[率] (accuracy): with ～ 正確に． **3** 真理，真相．〘(1623) □ ML *vērācitātem*: ⇨ ↑, -ity〙

Ver·a·cruz /vèrəkrúːz, -krúːs | vɪərəkrúːz, vèrə-, vèrə-; *Am.Sp.* berakrús/ *n.* **1** ベラクルス(州)《メキシコ東部の州; 面積 72,815 km², 州都 Jalapa》． **2** ベラクルス《Veracruz 州の都市; メキシコ湾に臨むメキシコ第一の要港; 旧名 Vera Cruz》．

ve·ran·da /vərǽndə/ *n.* (*also* **ve·ran·dah** /～/) **1** 〘建築〙ベランダ，縁側《家の正面または側面に屋根付きで吹放しに作られる; cf. loggia, lanai》． 日英比較 日本語の「ベランダ」は地上階にあるものも，階上にあるものも指すが，英語の *veranda* [《米》porch] は地上階にあるもののみを指し，階上にあるものは balcony という． **2** 《NZ》ベランダ《店の前の路上にかけた屋根》．〘(1711) □ Hindi *varaṇḍā* □? Port. *varanda* ← ?: cf. VL **barra* barrier〙

ve·rán·daed *adj.* (*also* **ve·rán·dahed**) ベランダのある[付いた]．〘1823〙

ve·rap·a·mil /vərǽpəmɪl/ *n.* 〘薬学〙ベラパミ(ー)ル ($C_{27}H_{38}N_2O_4$) 《カルシウムチャネル遮断薬; 塩酸塩を冠血管拡張薬にする》．

ve·rat·ric /vɪ̈rǽtrɪk/ *adj.* 〘化学〙ベラトルム酸の．〘(1843) ← L *vērātr(um)* hellebore＋-IC¹: ⇨ veratrum〙

verátric ácid *n.* 〘化学〙ベラトルム酸 ($(CH_3O)_2C_6H_3COOH$) 《sabadilla の種子中に存在し，またベラトリジン (veratridine) などの分解によっても得られる》．〘1843〙

ve·rat·ri·dine /vɪ̈rǽtrədìːn, -dɪ̈n | -trɪdìːn, -dɪn/ *n.* 〘化学〙ベラトリジン ($C_{36}H_{51}NO_{11}$) (hellebore (*Veratrum album* など) や sabadilla の種子中にベラトリンと共に存在するアルカロイドの一種)．〘(1907) ← VERATR(INE)＋-IDINE〙

ver·a·trin /vérətrɪ̈n | -trɪn/ *n.* 〘化学〙＝veratrine.

ver·a·tri·na /vèrətráɪnə/ *n.* 〘化学〙＝veratrine.

ver·a·trine /vérətrìːn/ *n.* 〘化学〙ベラトリン《sabadilla の種子から採る有毒アルカロイドの混合体; 神経痛・関節炎の反対刺激剤に用いる; veratrin, veratrina ともいう》．〘(1822) □ F *vératrine*: ⇨ ↓, -ine³〙

ve·ra·trum /vɪ̈réɪtrəm/ *n.* **1** 〘植物〙ユリ科バイケイソウ属 (*Veratrum*) の植物 (有毒)． **2** その干した根茎《昔は高血圧の薬》．〘(1398) □ L *vērātrum* hellebore, 《原義》a plant which reveals truth ← *vērus* true〙

verb /vɜ́ːb | vɜ́ːb/ *n.* 〘文法〙動詞: a dative ～ 与格動詞《give, offer, lend など二重目的語を従える動詞》/ a causative [factitive] ～ 使役[作為]動詞 / an intransitive [a transitive] ～ 自[他]動詞 / an irregular [a regular] ～ 不規則[規則]動詞 / a substantive ～ 存在動詞 (すなわち be) / ⇨ auxiliary verb, copulative verb, deponent verb, finite verb, impersonal verb, REFLEXIVE verb, STRONG verb, WEAK verb.

vérb of percéption 〘文法〙知覚動詞《feel, hear, see など》．

〘(*c*1395) □ (O)F *verbe* ∥ L *verbum* verb, word ← IE **wer-* to speak (cf. word): L *verbum* の文法的な意味は Gk *rhêma* word, verb のなぞり; word →verb の意味変化は動詞が最重要語 (the word of words) であるところから (cf. Bible)〙

vérb-ádverb combinàtion *n.* 〘文法〙動詞・副詞結合《例: put on, take off, give in, make up, break out, turn over, etc.》．〘1933〙

ver·bal /vɜ́ːbəl, -bl | vɜ́ː-/ *adj.* **1** 《口語》話し言葉で表した，口頭の (oral) (↔ written): ～ tradition 言い伝え / a ～ agreement [contract] 口約束 / a ～ dispute 口論 / ～ evidence 口証，証言 / a ～ message [communication] 口頭報告，口上，伝言 / ⇨ verbal note. ★ oral は "spoken," verbal は "in words" の意であるが，verbal は両者にしばしば区別なしに用いられる． **2** 語の，言葉の，語に関する; 言葉の使用に関する: ～ symbols 言語記号 / ～ felicities [infelicities] 言葉による適切[不適切]な表現 / ～ wit (言葉の)しゃれ / a ～ test 〘教育〙言語検査 (適性検査中の言語に関するもの) / ～ abuse, not physical abuse 肉体的虐待ではなく言葉による虐待． **3** 言葉の上の，言葉から成る，言葉で伝達する (⇨ oral SYN): a ～ picture of a scene ある場面の言語による描写 / ～ mistakes 言葉の誤り． **4 a** (内容よりも)言葉の上だけの，語句だけの，字句上の (↔ substantial): ～ criticism 字句[語句]の批評 / ～ pedantry 言葉だけの学者ぶり / a ～ promise 口先だけの約束，口約束 / The difference between the two accounts is merely ～. 二つの説明の相違は単に字句の上だけである． **b** (行動よりも)言葉を使うだけの: a ～ protest, recognition, etc. **5** 文字通りの，一語一語の，逐語的な (literal, verbatim): a ～ copy [quotation] 言葉通りの写し[引用] / a ～ translation 逐語訳，直訳 (cf. FREE translaton) / a good ～ memory 言葉の正確な記憶． **6 a** 〈人が〉言葉を使う; 言葉の使用のうまい; (作品の内容よりも)言葉(の効果的使用)に関心のある: a ～ poet / a ～ critic. **b** 《廃》言葉数の多い，くどくどしい (verbose). **7** 〘文法〙動詞の，動詞からきた，動詞的な: ～ inflection 動詞の屈折[変化] / a ～ suffix 動詞接尾辞 / ⇨ verbal adjective, verbal noun. — *n.* **1** 〘文法〙準動詞(形) (gerund, infinitive, または participle; cf. verbid)． **2** 《口語》有罪を認める口頭陳述，自白． **3** 《戯言》口論，けんか (quarrel)． — *vt.* 《英俗》(有罪を認めた，または自白したとして)罪に陥し入れようとする．〘(?*a*1425) □ (O)F ～ ∥ LL *verbālis*: ⇨ verb, -al¹〙

vérbal ádjective *n.* 〘文法〙動詞的形容詞 ((i) 動詞の現在分詞・過去分詞から派生した形容詞; しばしば分詞形容詞 (participial adjective) ともいう. (ii) 分詞の総称として用いることもある)．〘1706〙

vérbal auxíliary *n.* 〘文法〙助動詞 (auxiliary verb).

vérbal definítion *n.* 〘論理〙＝nominal definition.

vérbal fállacy *n.* 〘論理〙言語的虚偽．

vérbal ímage *n.* 〘心理〙言語心像 (言語によって起こされる心像)．

vérbal inspirátion *n.* 〘神学〙逐語霊感[神感](説)，聖書言語霊感説 (聖書の語句は霊感によって書かれたとする説; cf. plenary inspiration)．〘1841〙

ver·bal·ism /-bəlɪzm/ *n.* **1** 言語表現，言い回し; 語，語句． **2** (あまり意味のない)形式的文句，決まり文句，(一片の)辞令 (formal expression)． **3** 字句拘泥(ⁿ)，語句穿鑿(ᵗ)，言語偏重． **4** 言葉の冗長多言 (wordiness)．〘1787〙

vér·bal·ist /-lɪ̈st | -lɪst/ *n.* **1** 言語使用の達人，言葉の使い方のうまい人． **2** 字句拘泥(ⁿ)家，語句穿鑿(ᵗ)家． **ver·bal·is·tic** /vɜ̀ːbəlístɪk | vɜ̀ː-⁻/ *adj.* **ver·bal·is·ti·cal·ly** *adv.* 〘*c*1609〙

ver·bal·i·ty /vəːbǽləṭi | vɜːbǽlɪ̈ti/ *n.* **1** 多言，冗長，冗慢 (wordiness)． **2** 言葉による表現． **3** 〘文法〙動詞の性格[性質]．〘1645〙

ver·bal·ize /vɜ́ːbəlàɪz | vɜ́ː-/ *vt.* **1** 言葉で表現する． **2** 〘文法〙動詞化する，動詞的に使う (verbify) (cf. nominalize)． — *vi.* **1** 言葉数が多過ぎる，冗長である． **2** 言葉で表現する． **ver·bal·i·za·tion** /vɜ̀ːbəlɪ̈zéɪʃən | vɜ̀ːbəlaɪ-, -lɪ-/ *n.* **vér·bal·iz·er** *n.* 〘1609〙

vér·bal·ly /-bəli, -bḷi/ *adv.* **1** 言葉で，言葉(の上)で． **2** 口頭で，口で (orally) (cf. writing *n.* 1)． **3** 一語一語，逐語的に． **4** 〘文法〙動詞的に，動詞として．〘1588〙

vérbal nóte *n.* 〘外交〙口頭通牒，無署名親書[文書]，口上書．〘(1860) 《なぞり》← F *note verbale*〙

vérbal nóun *n.* 〘文法〙動詞的名詞《指す内容はさまざまであるが，大別すると (i) 動詞の性質をもつ名詞(動名詞と不定詞，特に the *writing* of English における -ing 形)の場合と，(ii) 動詞から派生された名詞 (arrival, satisfaction など)の場合とに区別できる; cf. gerund》．〘*c*1706〙

ver·bas·cum /vəːbǽskəm | vɜː-/ *n.* 〘植物〙＝mullein. 〘(1562) □ L ～〙

ver·ba·tim /vəːbéɪṭɪm | vɜːbéɪtɪm, -bάː-/ *adv.* 一語一語，逐語的に; 全く同じ語で，言葉[文字]通りに (literally): report a speech ～ 演説を言葉通りに伝える． — *adj.* **1** 一語一語の，逐語的な，言葉通りの: a ～ report [translation] 逐語的報告[翻訳]． **2** 逐語的報告の巧みな: a ～ reporter. — *n.* 逐語的報告[翻訳]．〘(1481) □ ML *verbātim* ← L *verbum* 'word, VERB': cf. literatim〙

ver·be·na /və(ː)bíːnə | və(ː)-/ *n.* 〘植物〙**1** バーベナ《クマツヅラ属 (*Verbena*) の各種草本; 特にビジョザクラ (garden verbena) を指す; vervain ともいう》． **2** バーベナに似た植物の総称．〘(1562) ← NL *verbēna* ← L ～ 'leafy branch'〙

Ver·be·na·ce·ae /vɜ̀ːbənéɪsiìː | vɜ̀ːbɪ-/ *n. pl.* 〘植物〙クマツヅラ科． **vèr·be·ná·ceous** /-ʃəs⁻/ *adj.* 〘← NL ～: ⇨ ↑, -aceae〙

ver·bi·age /vɜ́ːbiɪdʒ, -bɪdʒ | vɜ́ː-/ *n.* **1** (文章・言葉に)無用の語の多いこと，多言，冗長，冗漫，冗舌 (verbosity)． **2** 言葉遣い，言い回し (diction)．〘(*a*1721) □ F ～ ← MF *verbier* to gabble ← L *verbum* word: ⇨ verb, -age〙

ver·bi·cide /vɜ́ːbəsàɪd | vɜ́ːbɪ̈-/ *n.* 《戯言》**1** 言葉の意味を故意に歪曲すること． **2** 言葉の意味を歪曲する人． **ver·bi·cid·al** /vɜ̀ːbəsáɪdḷ | vɜ̀ːbɪsáɪdl⁻/ *adj.* 〘(1867) ← L *verbi-*, *verbum* (↑)＋-CIDE〙

ver·bid /vɜ́ːbɪ̈d | vɜ́ːbɪd/ *n.* 〘文法〙準動詞(形)《infinitive と participle; 文法家によっては gerund なども含める; cf. verbal 1》．〘(1914) ← VERB＋-ID³〙

verb·i·fy /vɜ́ːbəfàɪ | vɜ́ːbɪ̈-/ *vt.* 〘文法〙〈名詞などを〉動詞にする，動詞化する． **ver·bi·fi·ca·tion** /vɜ̀ːbəfɪ̈kéɪʃən | vɜ̀ːbɪ̈fɪ-/ *n.* 〘(*a*1813) ← VERB＋-IFY〙

ver·big·er·a·tion /və(ː)bɪ̀dʒəréɪʃən | və(ː)-/ *n.* 〘精神医学〙語唱，音誦症，言語反復症 (cataphasia) (無意味なあるいは同じ音・語・文を繰り返す状態)．〘(1886) ← L *verbigerātus* ((p.p.) ← *verbigerāre* to chat ← *verbum* word): ⇨ -ATION〙

ver·bile /vɜ́ːbaɪl | vɜ́ː-/ *n.* 〘心理〙言語的心像型の人《言語的心像が優位を占める人; cf. audile》．〘← L *verb(um)* (↑)＋(AUD)ILE〙

vérb·less *adj.* 動詞をもたない，動詞を欠いた．〘*a*1849〙

ver·boo·juice /vəːbúːdʒùːs | vɜː-/ *n.* 《戯言》冗長，口数が多すぎること，冗漫なこと (verbiage)．

ver·bose /və(ː)bóus | və(ː)bə́us/ *adj.* 言葉数が多い，口数が多過ぎる (⇨ wordy SYN); くどくどしい，冗長な (prolix): ～ speakers, writers, etc. / a ～ argument くどくどしい議論． **～·ly** *adv.* **～·ness** *n.* 〘(*a*1400) □ L *verbōsus* full of words ← *verbum* word: ⇨ verb, -ose¹〙

ver·bos·i·ty /və(ː)bάːsəṭi | və(ː)bɔ́sɪ̈ti/ *n.* 言葉数[口数]の多いこと (wordiness); 冗長，冗漫 (prolixity). 〘(1542) □ M)F *verbosité* ∥ LL *verbōsitātem*: ⇨ ↑, -ity〙

ver·bo·ten /vəbóutṇ, fə- | vəbə́u-, fə-; G. fɛɐbóːtṇ/ *G. adj., n.* (法律・当局により)禁止された(もの)．〘(1912) □ G ～ (p.p.) ← *verbieten* to prohibit < OHG *farbiotan* 'FORBID'〙

vérb pàttern *n.* 〘文法〙動詞型．

vérb phràse *n.* 〘文法〙動詞句《句をその機能からみて動詞の働きをするもの: (i) 動詞を中心としてその目的語・補語などで形成される句; 名詞句 (noun phrase) などに対する; 略 VP; cf. predicate. (ii) 単一の動詞と同じ働きをする動詞群; 例: is coming, may be coming, was forgotten; cf. phrasal verb》．

verb. sap. /vɜ́ːbsǽp | vɜ́ːb-/ 《略》*L.* verbum sapienti /sæpiéntaɪ/ sat est 賢者には一語にて足る (a word is sufficient to the wise)．〘1649〙

ver·bum sap. /vɜ́ːbəmsǽp | vɜ́ː-/ 《略》＝verb. sap.

vérbum sát. /-sǽt/ 《略》＝verb. sap.

Ver·cel·li /vəːtʃéli, və(ː)- | vɛə-, və(ː)-; *It.* vertʃélli/ *n.* ベルチェッリ《イタリア北西部 Piedmont 州北部の都市》．

Vercélli Bòok *n.* [the ～] ベルチェッリ写本《Vercelli の聖堂図書館に所蔵されている 10 世紀後半の古英語の詩と説教の写本》．

Ver·cin·get·o·rix /vɜ̀ːsɪndʒétərɪks, -gét- | vɜ̀ːsɪn-dʒét-, -gét-/ *n.* ウェルキンゲトリクス (?–? 45 B.C.; Caesar に征服されたガリア (Gaul) の族長; ローマの凱旋式に引き回されたあと処刑された)．

verd- /vəːd | vɜːd/ (母音の前にくるときの) verdo- の異形．

ver·dan·cy /vɜ́ːdənsi, -dn- | vɜ́ːdən-, -dn-/ *n.* **1** (草木が)青々としていること[状態]，新緑，深緑 (greenness): ～ of the fields and woods 林野の深緑． **2** 未熟さ，若さ; うぶ，無邪気 (innocence)．〘(1631): ⇨ verdant, -ancy〙

Ver·dan·di /vέədændi | vέə-/ *n.* 〘北欧神話〙ヴェルダンディ《運命の三女神の一人で現在を司る; ⇨ Norn》．〘□ ON *Verdhandi*〙

ver·dant /vɜ́ːdənt, -dnt | vɜ́ːdənt, -dnt/ *adj.* **1** 緑の草木で覆われた，青葉の茂った: a ～ valley, landscape, etc. **2** 緑の，青々とした，新緑の (green): ～ grass, trees, lawns, etc. **3** 経験の浅い，未熟な (inexperienced); うぶな，他愛のない (innocent) (cf. green 5): in one's ～ youth うぶな青年時代に． **～·ly** *adv.* 〘(1581) □ ? OF *verdeant* (pres.p.) ← *verdoier* (F *verdoyer*) ← *verd* (F *vert*) green < L *viridem* green: ⇨ vert¹〙

vérdant gréen *n.* 浅緑，若緑．

vérd antíque /vɜ́ːd- | vɜ́ːd-/ *n.* **1** (青銅器などの)緑青(ᵃ) (verdigris)，さび (patina)． **2** 〘岩石〙蛇紋岩大理石《緑色の斑点または線条があり，古代ローマ人が室内装飾に使用した》．〘(1745) □ OF ～ 'antique green' ← *verd* (⇨ verdant)＋ANTIQUE〙

Verde /vɜ́ːd | vɜ́ːd; *Port.* vérdɯ/, **Cape** *n.* ベルデ岬 (⇨ Cape VERT).

vérde antíque /vɜ́ːd- | vɜ́ːd-/ *n.* ＝verd antique. 〘1857〙

Ver·del·ho /vəːdéljuː, -ljou | vɜːdélju:, -ljəu/ *n.* (*pl.* ～**s**) ヴェルデリョ: **1** Madeira 島原産の白ぶどう; ポルトガル・シチリア・オーストラリア・南アフリカなどでも栽培される． **2** この白ぶどうで造ったやや辛口から甘口のマデイラワイン．〘(1824) □ Port. ～〙

ver·der·er /vɜ́ːdərə | vɜ́ːdərə^(r)/ *n.* (*also* **ver·der·or** /～/) (中世イングランドの)御料林管理官 (cf. vert¹)．〘(1541–42) □ AF ～ 《延長》← OF *verdier* ← *verd*: ⇨ verdant〙

Ver·di /vέədi | vέədiː, -di; *It.* vérdi/, **Giuseppe (For·tu·ni·no** /fortuníːno/ **Francesco)** *n.* ヴェルディ (1813–1901; イタリアの歌劇作曲家; *Rigoletto*「リゴレット」(1851), *La Traviata*「椿姫」(1853), *Aida*「アイーダ」(1871))．

Verd·i·an /vέədiən | vέədi-/ *adj.* ヴェルディの(ような); 感情を吐露した． — *n.* ヴェルディの愛好家[崇拝者]．〘(1947) ↑〙

Ver·di·cchio /vəːdíːkiòu | vɜːdíːkiəu; *It.* verdíkkjo/ *n.* ヴェルディッキオ《イタリア産の淡白な辛口の白ワイン》．〘(1940) □ It. ～ (ブドウの品種名から)〙

ver·dict /vɜ́ːdɪkt | vɜ́ː-/ *n.* **1** 〘法律〙(小陪審の)評決，答申 (cf. jury¹ 1): a ～ *for* the plaintiff 原告勝訴の評決

V

/ a special ~ 特別評決《陪審が法の適用に疑義を生じた場合に事実の審理を止めて判決を裁判官に一任するもの; 刑事事件では極めてまれ》/ ⇨ open verdict, partial verdict, privy verdict, sealed verdict / bring in [return, deliver, give] a ~ of "guilty" ["not guilty"] 有罪[無罪]の評決を下す / The ~ was in. 評決が下された. **2** 裁断, 判断, 意見 (judgment): a popular ~ in favor of the government 政府に有利な世論の判定 / the ~ of the public 世間の審判 / give one's ~ *on* ...に判断を下す[所見を述べる] / What is your ~ *on* the coffee? 今のコーヒー(の風味)はどうですか / My ~ differs from yours in this matter. この事に関しては私は君と意見が違う.
〖《15C》□ ML *vēr(ē)dictum* verdict, 《原義》truly said ← *vērē* truly (← *vērus* true)+*dictus* ((p.p.) ← *dicere* to say) ∞ 《*c*1300》*verdit* □ AF=OF *voirdit* 《原義》true saying: cf. very, veracious, diction〗

ver·di·gris /vә́ːdәgrìːs, -grɪ̈s, -grìː | vә́ːdәgrɪs, -grìːs/ *n.* 〖化学〗緑青(ろくしょう)《通常は水酸化炭酸銅 ($Cu(OH)_2 \cdot CuCO_3$) のことで, 水酸化酢酸銅 ($Cu(OH)_2Cu(CH_3COO)_2$) を指すこともある》. — *vt.* [通例 p.p. 形で] 緑青で覆う: a ~*ed* cannonball 緑青の生じた砲弾.
〖《1300–01》*verdegres(e)* □ AF *vert de Grece* green of Greece: cf. vert[1]〗

vérdigris ágaric *n.* 〖植物〗=verdigris toadstool.

vérdigris tóadstool *n.* 〖植物〗モエギタケ (*Stropharia aeruginosa*)《モエギタケ科のキノコ; 林内地上に発生する; 傘の表面が青緑色》.

ver·din /vә́ːdṇ | vә́ːdɪn/ *n.* 〖鳥類〗アメリカツリスガラ (*Auriparus flaviceps*)《米国南西部やメキシコの乾燥地方にすむツリスガラ科に属する頭の黄色い小鳥》. 〖《1881》□ F 《廃》~ 'yellowhammer'〗

ver·di·ter /vә́ːdɪṭә | vә́ːdɪtә(r)/ *n.* 〖化学〗**1** =blue verditer 2. **2** =green verditer 1. **3** 《廃》= verdigris. 〖《1505–06》□ OF *verd de terre* 《原義》green of earth: ⇨ vert[1], terra〗

vérditer blúe *n.* 青緑色 (azurite blue). 〖1864〗

vérditer gréen *n.* 青竹色 (malachite green). 〖1551〗

ver·do- /vә́ːdoʊ | vә́ːdәʊ/「緑色をした」の意の連結形: *verdo*hemoglobin. ★ 母音の前では通例 verd- になる. 〖← OF *verd*: ⇨ verdant〗

Ver·dun /vәːdʌ́n, vɛә-, ⸗⸗ | vәːdʌ́n, vɛә-, ⸗⸗; *F.* vɛʁdœ̃/ *n.* ベルダン: **1** フランス北東部の要塞都市; 第一次大戦中 (1916 年), ドイツ軍の攻撃が激戦の後ここで食い止められた. **2** カナダ Quebec 州南部の都市; Montreal 郊外の住宅都市.

Tréaty of Verdún [the —] ⇨ treaty.

ver·dure /vә́ːdʒә | vә́ːdʒә(r)/ *n.* **1** (草木の)緑, 新緑. **2** 緑の草木, 新緑の若葉; 緑草, 青草. **3** (青春を思わす)新鮮さ, 生気, 活力; 隆盛. **4** 草木[木の葉・花など]の模様を織ったつづれ織り. 〖《?*c*1390》□ (O)F ~ ← *verd* green: ⇨ verdo-, -ure〗

vér·dured *adj.* 緑の草木で覆われた; 青々とした. 〖*a*1718〗

vér·dure·less *adj.* 緑のない, 青草のない; 不毛の; 生気のない. 〖1824〗

ver·dur·ous /vә́ːdʒәrәs | vә́ː-/ *adj.* 新緑の, 青々とした, 緑したたる; 新緑[緑の草木]で覆われた; 新緑[緑の草木]から成る: ~ pastures, hills, etc. / ~ glooms 新緑の暗闇, 木(こ)の下闇. **~·ness** *n.* 〖《1604》: ⇨ verdure, -ous〗

Vere /vɪә | vɪә(r)/ *n.* ヴィア《男性名》. 〖← *de Vere* (17 世紀に絶えた Oxford 伯爵の家族名: cf. Edward de VERE) ← *Ver* (Normandy の地名)〗

Vere, Aubrey Thomas de *n.* ⇨ de Vere.

Vere, Edward de *n.* ビア《1550–1604; 英国の Elizabeth 一世時代の廷臣・詩人 (⇨ Oxford theory); 称号 17th Earl of Oxford》.

ver·e·cund /vérәkʌ̀nd | -rɪ̈-/ *adj.* 《古》はにかみ屋の, 内気な (bashful). 〖《*c*1550》□ L *verēcundus* ← *verēri* to reverence, fear: cf. revere[1]〗

Ve·ree·ni·ging /vәríːnәhɪŋ, -réɪn-; *Afrik.* fәríәnәxәŋ/ *n.* フェレーニヒング《南アフリカ共和国北東部 Gauteng 州南部の Vaal 川に臨む市; ブール戦争 (Boer War) の講話条約締結地 (1902)》.

Ver·ein, V- /vәráɪn, fә-; *G.* fɛʁáɪn/ *G. n.* (*pl.* **~s**) 連盟, 同盟, 組合, 協会, 結社 (union, association). 〖□ G ~ ← *ver-* 'FOR-[1]'+*einen* to unite (← *ein* 'ONE')〗

Ve·re·na /vәríːnә/ *n.* ヴェリーナ《女性名》. 〖← *St. Verena* (3 世紀に殉教した聖女) ← OHG *Varin* 《原義》defender〗

Ve·re·shcha·gin /vèrɪ̈ʃáːgɪ̈n, -rәʃtʃá- | -rɪʃáːgɪn, -ʃtʃáː-; *Russ.* vʲɪrʲɪʃ(tʃ)ágʲin/, **Va·si·li** /vasʲílʲij/ **Vasilievich** *n.* ベレシチャーギン《1842–1904; ロシアの戦争画家, 旅順港で提督 Makarov と共に戦死》.

Ver·ga /vέәgɑː | vέә-; *It.* vérga/, **Giovanni** *n.* ベルガ《1840–1922; イタリアの小説家; イタリア小説における真実主義 (verismo) の創始者; *Cavalleria rusticana*「田舎騎士道」(1880)》.

verge[1] /vә́ːdʒ | vә́ːdʒ/ *n.* **1 a** 端, ふち, へり (edge, brink): brought to the ~ of bankruptcy 破産に追い込まれそうになって / ⇨ *on the* VERGE *of*. **b** 《英》(道に沿った)草[芝生]の生えたふち(⇨ border SYN); (花壇などの)へり取り. **c** 《廃》(金属などの)円, ふち: the inclusive ~ of golden metal 黄金の冠 (Shak., *Rich III* 4. 1. 58). **2 a** 境界, 果て, きわ, 間際, 限界: hunted to the ~ of extinction 絶滅に瀕するまで狩り立てられて. **b** 《古》境界内, 範囲: within the ~ *of* one's ability 能力内で. **c** 辺境, はずれの地. **3** 《古》水平線, 地平線 (horizon): The sky was clear from ~ to ~. 空はすみずみまで晴れていた. **4 a** (権威・職権の象徴として持つ)杖(つえ), 棒 (rod, wand); (特に, 行列などの際に高位の聖職者の前に捧持してその職権を表象する)権標 (cf. verger 1). **b** 《廃》荘園領主が土地を貸与する際, 借地人の手に持たせて忠誠を誓わせた棒: a tenant by the ~ 誓約借地人. **5** 《英》**a** (昔の)宮内大臣 (Lord Steward of the Household) 管区およびその裁判所《王宮の周囲 12 マイル以内; この地域内に起こった犯罪に対しては宮内司法官 (knight marshal) が裁判権をもっていた》. **b** (昔の)司法権限区域: within the ~. **6** 〖建築〗けらば《切妻屋根の破風に突き出た部分》. **7** 〖時計〗(初期の機械時計に使われた脱進機の)テン真 (cf. verge escapement).

on the vérge of ...の間際に, 今にも...するばかりになって (cf. *on the* BRINK *of*): be *on the* ~ *of* collapse [destruction] 今にもくずれ[破壊し]そうになっている / *on the* ~ *of* tears 泣かんばかりになって / He is *on the* ~ *of* 70. 彼は 70 歳になろうとしている / He was *on the* ~ *of* betraying his secret [(making) an important discovery]. 彼はすんでのことで秘密を明かす[もう少しで重大な発見をする]ところだった.

— *vi.* **1** 〔...の〕縁にある, きわどい所にある, 今にも〔...に〕なろうとしている, 境界に達しようとする 〔*on, upon*〕: be *verging on* tears 今にも泣き出しそうである / He is already *verging on* old age. 彼はすでに老齢に近づいている / carelessness *verging on* negligence 怠慢にも近い不注意 / an explanation *verging on* the ridiculous ばかばかしいほどの説明. **2** 〔...に〕近接する 〔*on, upon*〕: the streets *verging on* Fifth Avenue 五番街に隣接する街路.
— *vt.* ...の境界をなす, 境となる: a hedge *verging* the lane 小道をふちどっている生け垣.
〖《*a*1400》□ (O)F ~ < L *virgam* rod: ⇨ virga〗

verge[2] /vә́ːdʒ | vә́ːdʒ/ *vi.* **1** 〈太陽が〉沈む (sink); 〔...に〕傾く, 向かう (tend, incline) 〔*to, toward*〕: ~ *to* a close 終わりに近づく / the sun now *verging toward* the horizon 今地平線に傾いている太陽 / ~ *toward* old age 老齢に向かう / We were gradually *verging nearer* the cliff. 段々がけの方へ向かっていった. **2** 〔ある状態に〕移ろうとしている, 変わっていく 〔*into*〕: Evening ~*s into* night. 夕暮が夜になっていく. 〖《1610》□ L *vergere* to turn, incline ← IE **werg-* ← **wer-* to turn〗

vérge·bòard *n.* 〖建築〗=bargeboard. 〖1827〗

vérge escàpement *n.* 〖時計〗(ごく初期の機械時計に使われた)冠形脱進機. 〖《1875》: ⇨ verge[1]〗

ver·gence /vә́ːdʒәns | vә́ː-/ *n.* 〖眼科〗両眼運動《他眼との関連で一眼を水平または垂直に動かすこと》. 〖《1902》← VERGE[2]+-ENCE〗

verg·er /vә́ːdʒә | vә́ːdʒә(r)/ *n.* 《英》**1** (教会・大学などの)権標捧持者《高位聖職者や学部長の権標を捧持してその先導を勤める; cf. verge[1] 4 a》. **2** 会堂番, 堂守, 堂務者, 聖堂番《教会堂の掃除をしたり礼拝者を座席に案内したりする役》. 〖《1469》□ AF **verger* ← OF *verge* rod, wand: ⇨ verge[1], -er[1]〗

vérge ràfter *n.* 〖建築〗破風板受け《最もけらばに近い垂木(たるき)》.

Ver·gil /vә́ːdʒɪ̈l | vә́ː-/ *n.* (*also* **Vir·gil** /~/) ウェルギリウス, バージル《70–19 B.C.; ローマの詩人; *Eclogae*「牧歌」(37 B.C.), *Georgica*「農耕歌」(37–30 B.C.), *Aeneis*「アエネーイス」(30–19 B.C.); ラテン語名 Publius Vergilius Maro》. 〖□ L *Vergilius*: ローマの家族名〗

Ver·gil·i·an /vә(ː)dʒíliәn | vә(ː)-/ *adj.* ウェルギリウス (Vergil) (風)の. 〖1513〗

ver·glas /vɛәglάː | vɛә-; *F.* vɛʁgla/ *n.* (*pl.* **~es** /~(z); *F.* ~/) 〖登山〗ベルグラ《岩の表面を薄く覆った氷》. 〖《1808》□ F ~ ← *verre* glass+*glace* ice〗

Ver·hae·ren /vɛәhάːrәn | vɛә-; *F.* vɛʁaʁɛn/, **Émile** *n.* ベルアーレン《1855–1916; ベルギーの象徴派詩人; *Les Flamandes*「フランドル風物詩」(1883)》.

ve·rid·i·an /vɪ̈rídiәn | -diәn/ *n.* =viridian. 〖1882〗

ve·rid·i·cal /vɪ̈rídɪ̈kәl, -kḷ | verídɪ-, vɪ̈-/ *adj.* **1** 真実を告げる, 真実の (truthful). **2** 事実と合致する; 本物の, 真正の (genuine); 〈夢が〉正夢の. **~·ly** *adv.* 〖《1653》← L *vēridic(us)* truth-telling (← *vērus* true+*dīc-*, *dīcere* to speak, say)+-AL[1]〗

ve·rid·i·cal·i·ty /vɪ̈rìdɪ̈kǽlәṭi | -dɪ̈kǽlɪ̈ti/ *n.* 真実性, 真実. 〖*a*1901〗

verier *adj.* ⇨ very *adj.* 4 b ★.

veriest *adj.* ⇨ very *adj.* 4 b ★.

ver·i·fi·a·ble /vérәfàɪәbḷ, ⸗⸗⸗⸗ | -rɪ̈-/ *adj.* 確かめることができる, 証明できる, 実証[検証]しうる. **ver·i·fi·a·bil·i·ty** /vèrәfàɪәbíləṭi | -rɪ̈fàɪәbílɪ̈ti/ *n.* **vér·i·fi·a·bly** *adv.* 〖1593〗

ver·i·fi·ca·tion /vèrәfɪ̈kéɪʃәn | -rɪ̈fɪ-/ *n.* **1** 確かめること, 照合; 立証, 証言, 証明, 検証, (器具・物品の)検査, 検定. **2** 批准 (ratification). **3** 〖法律〗(陳述・嘆願・弁論に付けられる)陳述が真であることの確言[宣誓]. **~·al** /-ʃnәl, -ʃәnḷ⁻/ *adj.* 〖《1523》□ (O)F *vérification*: ⇨ verify, -fication〗

verificátion prínciple *n.* 〖論理〗検証可能性(の)原理《事実命題は経験的に検証されてのみ有意味という原理》.

ver·i·fi·ca·to·ry /vérәfɪ̈kәtɔ̀ːri, -tri | -rɪ̈fɪkәtәri, -kèɪt-, -tri/ *adj.* 証明を助ける, 立証となる. 〖《1834》: ⇨ -atory〗

vér·i·fì·er *n.* **1** 立証[証明]者, 検証者. **2** 検定器《前の記録の正確さをチェックする装置》. 〖1648〗

ver·i·fy /vérәfàɪ | -rɪ̈-/ *vt.* **1** (事実を対照・調査して)確かめる, 確実にする, 引き合わす, 校合(きょうごう)する (ascertain, check): ~ a date, spelling, quotation, etc. **2** ...の真であることを証明する, 立証[実証]する, 確証する (prove, confirm): Events have *verified* the prophecy. 事件は予言の真実であったことを証拠立てた / The deed *verified that* he was entitled to own the estate. その証書によって彼がその不動産を所有する権利があることが確かめられた. **3** 《古》支持する (back up). **4** 〖法律〗(証拠・宣誓書などによって)立証する: ~ documents, claims, pleadings, etc. 〖《*a*1325》□ (O)F *vérifier* □ ML *vērificāre* ← L *vērus* true: ⇨ very (adj.), -ify〗

vér·i·ly /-rәli | -rɪ̈li/ *adv.* 《古》まことに, 本当に, 確かに (truly, really): *Verily* I say unto you. まことになんじらに告ぐ (*Matt.* 5:18) / *Verily* this is a strange saying. 真にこれは不思議な言葉なり. 〖《*c*1303》*verrayly*, *verali*: ⇨ very (adj.), -ly[1]〗

ver·i·sim·i·lar /vèrәsím(ә)lә | -rɪ̈sím(ә)lә(r), -mɪ-⁻/ *adj.* 真実らしい, 本当らしい, もっともらしい; ありそうな (likely, probable): a ~ story. **~·ly** *adv.* 〖《1681》← L *vērisimil(is)* (↓)+-AR[1]〗

ver·i·si·mil·i·tude /vèrәsɪ̈míləṭùːd, -tjùːd | -rɪ̈sɪ̈mílɪ̈tjùːd/ *n.* **1** ありそうなこと, 真実らしさ, 本当らしさ (probability, likelihood) (⇨ truth SYN); 迫真(性): His story has at least great ~. 彼の話はとにかく大分本当らしい / *Verisimilitude* is not proof. 本当らしいということは証拠にはならない. **2** 本当らしく見えるもの[事, 話]: the ~*s* of fiction. **ver·i·si·mil·i·tu·di·nous** /vèrәsɪ̈mìlәtúːdәnәs, -tjúː-, -dṇ- | -rɪ̈sɪ̈mìlɪ̈tjúːdɪ̈n-, -dṇ-⁻/ *adj.* 〖《1603》□ L *vērisimilitūdo* likeness of truth ← *vērisimilis* ← *vērī* ((gen.) ← *vērum* truth)+*similis* 'SIMILAR': cf. very, similitude〗

ve·rism /víәrɪzm, vér- | víәr-, vér-/ *n.* **1 a** 〖音楽〗ヴェリズモ, 現実主義《1890 年代にイタリアで起こったオペラ運動; 神話や英雄物語ではなく, 日常生活の現実的出来事をオペラの題材とする》. **b** 〖美術〗20 世紀初頭の極端な現実主義美術. **2** 〖文学〗ヴェリズモ, 真実主義 (cf. Verga). 〖《1892》□ It. *verismo* ← *vero* (< L *vērum* true)+*-ismo* '-ISM'〗

ve·ris·mo /verízmoʊ | verízmәʊ, vә-; *It.* verízmo/ *n.* 〖音楽・美術・文学〗=verism.

ve·rist /víәrɪ̈st, vér- | víәrɪst, vér-/ *n., adj.* ヴェリズモ[現実[真実]主義] (verism) 擁護[主張]者(の). **ve·ris·tic** /vɪrístɪk, ver- | vɪәr-, vɛr-/ *adj.* 〖《1884》: ⇨ verism, -ist〗

ver·i·ta·ble /vérәṭәbḷ | -rɪ̈tә-/ *adj.* **1** [しばしば比喩の適切さを強調して] 本当の, 全くの (true): a ~ mountain of cards 全くのカードの山. **2** 本当の, 真の, 真実の, 真正の (real, genuine): a ~ triumph, hero, etc. **~·ness** *n.* **vér·i·ta·bly** *adv.* 〖《1474》□ (O)F *véritable*: ⇨ verity, -able〗

ve·ri·tas /vérәtὰːs, -tæ̀s | -rɪ-/ *n.* **1 a** 真理. **b** [V-] 真理《米国の Harvard および South Dakota 大学のモットー》. **2** [the V-] (フランスの)船級協会 (Bureau Veritas /*F.* -veʁitaːs/ ともいう; cf. Lloyd's Register). 〖□ L *vēritās* truth: ⇨ verity〗

vérité *n.* 〖映画〗⇨ cinéma vérité.

vé·ri·té sans peur /vèrɪteɪsɑ̃ː(m)pә́ː(r), -sɑːm- | -rɪ̈téɪsɑ̃ː(m)pә́ː(r), -sɑːm-; *F.* veʁitesɑ̃pœːʁ/ *F.* 恐怖なき真理. 〖□ ? F ~ 'truth without fear'〗

ver·i·ty /vérәṭi | -rɪ̈ti/ *n.* **1** 真実であること, 真実さ, 真実性 (veracity), 真実 (⇨ truth SYN): a man of unquestioned ~ 真っ正直な男. **2** [通例 *pl.*] 真実の陳述, 正しい言明; 事実; 真理: the eternal *verities* 永遠の真理 / the four *verities* 〖仏教〗(苦・集・滅・道の)四諦(したい) / the *verities* of the Christian religion キリスト教の真理 / These things, alas! are *verities*. これらのことは残念ながら事実である.

in áll vérity 《古》(誓言に用いて)真実に, まことに (verily). ***in vérity*** 真に, 全く, 実際 (in truth). ***of a vérity*** 《古》まことに, 真に (really).
〖《*c*1375》□ (O)F *vérité* < L *vēritātem* truth ← *vērus* true: ⇨ very, -ity〗

Ver·i·ty /vérәṭi | -rɪ̈ti/ *n.* ベリティ《女性名》. 〖↑〗

ver·juice /vә́ːdʒuːs | vә́ː-/ *n.* **1** (未熟のぶどう・りんごなどの)酸味の強い果汁《以前は酢の代用とした》. **2** (気質・表情などの)しかめっつら, 気難しさ (sourness). — *adj.* **1** 酸味の強い果汁の; 酸っぱい (sour). **2** 〈気質・表情などが〉意地悪そうな, 苦虫をかみつぶしたような, 気難しい. 〖《1302–03》*verj(o)us* □ OF *vertjus* (F *verjus*) ← *vert* green+*jus* 'JUICE'〗

vér·juiced *adj.* =verjuice.

Ver·khne-U·dinsk /vὲәknәuːdɪnsk, vә̀ːk- | vὲәknәuːdɪn-, vә̀ːk-; *Russ.* vʲirxnʲiudʲinsk/ *n.* ベルフネウジンスク (Ulan-Ude の旧称).

Ver·kho·yansk /vὲәkoʊjǽnsk | vὲәkәʊ-; *Russ.* vʲirxajánsk/ *n.* **1** ベルホヤンスク(山脈)《ロシア連邦 Yakutia の Lena 川の東方にある山脈; the Verkhoyansk Khrebet /xrʲibʲét/ [Mountains] ともいう》. **2** ベルホヤンスク《ロシア連邦 Yakutia の都市; 寒極 (poles of cold) の一つ》.

ver·kramp /fәkrǽmp | fә-; *Afrik.* fәrkrámp/ 《南ア》*n., adj.* =verkrampte. 〖《*c*1970》□ Afrik. ~ ← ?*bekrompe* narrow-minded (cf. Du. *bekrimpen* to shrink)〗

ver·kramp·te /fәkrǽmptә | fә-; *Afrik.* fәrkrámptә/ 《南ア》*n.* アフリカーナー (Afrikaner) 国民主義者; 超保守主義者, 頑迷な保守派, (対黒人対策で)反動的な人 (cf. verligte). — *adj.* 超保守的な. 〖《1967》□ Afrik. ~ ← *verkramp* (↑)+*-te* (n.suf.)〗

Ver·laine /vɛәléɪn, vә-, -lén | vә-, vɛә-; *F.* vɛʁlɛn/, **Paul** *n.* ベルレーヌ《1844–96; フランスの詩人; *Poèmes saturniens*「サチュルニアン詩集」(1866), *Fêtes galantes*「みやびなる宴」(1869), *Sagesse*「叡智」(1881)》.

ver·lig /fəlíg | -líx/ 《南ア》 *n., adj.* =verligte.

ver·lig·te /fəlíktə | fəlíx-; *Afrik.* fərəxtə/ 《南ア》 *n.* (人種差別問題に関して)穏健派(の人), 寛大な人 (cf. verkrampte). — *adj.* 穏健派の. 〘(1967) □ Afrik. ～ ← *verlig* enlightened＋*-te* (n.suf.)〙

Ver·meer /vəmíə, -méə | vəmíə^(r), vəː-, -méə^(r); *Du.* vərmé:r/, **Jan** *n.* フェルメール《1632–75; オランダの画家; 別名 Jan van der Meer van Delft》.

ver·meil /və́ːmɪl, -meɪl | və́ːmeɪl, -mɪl/ *n.* **1** 《詩》朱色, 鮮紅色 (vermilion). **2** /《米》veəméɪ; *F.* vɛʀmɛj/ 金めっきした銀[銅, 青銅]. **3** 赤色ワニス《光沢を添えるためにめっき面に塗る》. **4** 赤橙色のざくろ石. — *adj.* 《詩》朱色の, 鮮紅色の. 〘(?a1400) □ OF *vermail* (F *vermeil*) bright red < L *vermiculum* little worm: ⇨ vermilion〙

vermes *n.* vermis の複数形.

ver·mi- /və́ːmɪ, -mɪ | vəː-/「虫 (worm)」の意の連結形: vermiform. 〘← L *vermis* worm, 《原義》 that which twists〙

ver·mi·an /və́ːmiən | və́ː-/ *adj.* **1** 〖動物〗蠕虫(ぜんちゅう)類の, 蠕虫のような (wormlike). **2** 〖解剖〗(小脳)虫部 (vermis) の. 〘(1878): ⇨ ↑, -an¹〙

ver·mi·cel·li /vəːmɪtʃéli, -séli | vəːmɪ-/ *n.* **1** バーミセリ《パスタ (pasta) の一種で, 細いスパゲッティ; cf. macaroni 1》. **2** 《ケーキの飾りに使う》小さくて細長いチョコレート. 〘(1669) □ It. ～ (pl.) ← *vermicello* (dim.) ← *verme* worm < L *vermem*: ⇨ vermi-〙

ver·mi·cide /və́ːməsàɪd | və́ːmɪ-/ *n.* 殺虫剤; (特に)駆虫剤, 虫下し. **ver·mi·cid·al** /vəːməsáɪdl | vəːmɪsáɪdl/ *adj.* 〘(1849) ← VERMI-＋-CIDE〙

ver·mic·u·lar /və(ː)míkjʊlə | vəːmíkjʊlə^(r)/ *adj.* **1** 蠕虫(ぜんちゅう)状の (vermiform); 蠕動する (peristaltic): ～ motion (腸の)蠕動(作用). **2** 虫食い形の, 虫跡形の, うねうねした (sinuous). **3** 蠕虫の[に関する, による]. **～·ly** *adv.* 〘(1655) □ ML *vermiculāris* ← L *vermiculus* (dim.) ← *vermis* worm〙

vermícular wórk *n.* 〖石工〗=vermiculated work. 〘1728〙

ver·mic·u·late /və(ː)míkjʊlèɪt | vəː-/ *vt.* [通例 p.p. 形で] …に虫食い形[虫跡形]装飾を施す. — /-lɪt, -lèɪt/ *adj.* **1** 虫食い形の; 虫食い形[虫跡形]装飾の. **2** 〈考え方など〉妙に回りくどい, 当てこすりの (insinuating). **3** 虫の食った, 虫食いの (worm-eaten).

ver·mic·u·la·tion /və(ː)mìkjʊléɪʃən | vəː-/ *n.* 〘(1605) □ L *vermiculātus* wormeaten (p.p.) ← *vermiculārī* to be worm-eaten: ⇨ vermicular, -ate²,³〙

ver·míc·u·làt·ed /-tɪd | -tɪd/ *adj.* =vermiculate.

vermículated wórk *n.* 〖石工〗虫食い形, 虫跡形《vermicular work ともいう》. 〘1712〙

ver·mi·cule /və́ːməkjùːl | və́ːmɪ-/ *n.* 〖動物〗=ookinete. 〘(1713) □ L *vermiculus*: ⇨ vermicular〙

ver·mic·u·lite /və(ː)míkjʊlàɪt | vəː-/ *n.* 〖鉱物〗バーミキュライト, 蛭石(ひるいし)《加熱すると蛭(ひる)のように伸びる; 断熱材などに用いる》. 〘(1824): ⇨ ↑, -ite¹〙

ver·mi·form /və́ːməfɔ̀əm | və́ːmɪfɔ̀ːm/ *adj.* 蠕虫(ぜんちゅう)状の (wormlike), 虫様の, 虫状の. 〘1730〙

vérmiform appéndix *n.* 〖解剖〗虫垂, 《古くは》虫様突起《vermiform process または単に appendix ともいう; ⇨ digestive 挿絵》. 〘1778〙

vérmiform pròcess *n.* 〖解剖〗=vermiform appendix. 〘1836〙

ver·mi·fuge /və́ːməfjùːdʒ | və́ːmɪ-/ *adj.* 虫を下す, 駆虫剤の. — *n.* 駆虫剤, 虫下し《anthelminthic, anthelmintic, helminthic ともいう》. **ver·mif·u·gal** /və(ː)mífjʊgəl, vəːməfjúː-ˈ | vəːmɪfjúː-ˈ, vəːmífjʊ-/ *adj.* 〘(1697) ← VERMI-＋-FUGE〙

ver·mil·ion /vəmíljən, -liən | və(ː)-/ (*also* **ver·mil·lion** /～/) *n.* **1** 朱色. **2** 〖顔料〗朱《硫化水銀 (HgS); もと辰砂 (cinnabar) から採ったが, 現在は水銀と硫黄から合成される赤色顔料》. — *adj.* 朱の, 朱色の, 朱染めの, 朱塗りの. — *vt.* 朱に染める, 朱塗りにする. 〘(1296) □ OF *vermeillon* (F *vermillon*) bright red ← *vermeil* vermeil < L *vermiculum* (dim.) ← *vermis* worm, i.e. cochineal insect〙

ver·min /və́ːmɪn | və́ːmɪn/ *n.* (*pl.* ～) [集合的; 通例複数扱い] **1 a** 害獣, 害鳥《作物などに害を及ぼすネズミ・ハツカネズミ・モグラなど; 英国では猟鳥獣に害をするキツネ・イタチ・タカ・フクロウなどにもいう》. **b** 害虫, 悪虫 (noxious insects)《特に家・衣類などの害虫またはノミ・シラミ・ナンキンムシなど》. **c** 寄生虫 (parasitic worms). **2** 世の中の害虫, 世を毒する者(ども), ならず者(ども), 人間のくず: the ～ that infest racecourses 競馬場荒しのならず者ども. 〘(?a1300) □ OF *vermin* (F *vermine*) < VL **verminum* ← L *vermis* worm〙

ver·mi·nate /və́ːmənèɪt | və́ːmɪ-/ *vi.* 寄生虫が湧く; 害虫[寄生虫]にたかられる. 〘(1693) ← L *verminātus* (p.p.) ← *vermināre* to have worms of gripping pains: ⇨ vermi-, -ate³〙

ver·mi·na·tion /vəːmənéɪʃən | vəːmɪ-/ *n.* 《古》《ノミ・シラミ・ナンキンムシなどの》虫が湧くこと; 寄生虫発生; 寄生虫病. 〘(1628) □ L *verminātiō(n-)*: ⇨ ↑, -ation〙

ver·min·o·sis /vəːmənóʊsɪs | vəːmɪnə́ʊsɪs/ *n.* (*pl.* **-o·ses** /-siːz/) 〖病理〗寄生虫症. 〘← NL ～: ⇨ vermin, -osis〙

ver·min·ous /və́ːmənəs | və́ːmɪ-/ *adj.* **1** 《ノミ・シラミ・ナンキンムシなどの》虫の(ような). **2** 《ノミ・シラミ・ナンキンムシなどの》虫によって生じた, 害虫による: ～ diseases. **3** 虫のたかった[湧いた]; 不潔な (filthy): ～ persons, slums, lodgings, etc. **4** [軽蔑的に]〈人が〉不愉快な, いやな (nasty). **～·ly** *adv.* **～·ness** *n.* 〘(c1616) □ (O)F ～, *vermineux* ∥ L *verminōsus* full of worms, wormy: ⇨ vermin, -ous〙

ver·mis /və́ːmɪs | və́ːmɪs/ *n.* (*pl.* **ver·mes** /-miːz/) 〖解剖〗(小脳)虫部. 〘(1890) □ L ～ 'worm'〙

ver·miv·o·rous /vəːmív(ə)rəs | vəː-/ *adj.* 虫を食う, 食虫の. 〘(1704) ← VERMI-＋-VOROUS〙

Ver·mont /və(ː)mɑ́(ː)nt | və(ː)mɔ́nt/ *n.* バーモント《米国北東部 New England の州 (⇨ United States of America 表)》. 〘□ F ～ ← *vert* green＋*mont* mountain〙

Ver·mónt·er /-tə | -tə^(r)/ *adj.* (米国) Vermont 州(人)の. — *n.* Vermont 州人. 〘1787〙

ver·mouth /vəmúːθ | və́ːməθ, -muːθ, və(ː)múːθ; *F.* vɛʀmut/ *n.* ベルモット《ワインをベースにして薬草で味をつけた甘味果実酒で, 食前酒またはカクテル用に用いる》: ⇨ French vermouth, Italian vermouth. 〘(1806) □ F *vermout* □ G *Wermut(h)* 'WORMWOOD'〙

vermóuth cassís *n.* ベルモットカシス《フレンチベルモット・クレームドカシス・ソーダ水を混合したカクテル》. 〘1911〙

ver·muth /vəmúːθ | və́ːməθ, -muːθ, və(ː)múːθ/ *n.* =vermouth.

Vern /və́ːn | və́ːn/ *n.* バーン《男性名》. 〘(dim.) ← VERNON〙

Ver·na /və́ːnə | və́ː-/ *n.* バーナ《女性名》. 〘□ L *Vērna* 《原義》 of spring ← *vēr* spring〙

Ver·nac·cia /və(ː)nǽtʃə | və(ː)-; *It.* vernáttʃa/ *n.* ヴェルナッチャ: **1** イタリア中部・南部や Sardinia 島で栽培されている醸造用ぶどう品種. **2** このぶどうから造られる辛口の白ワイン.

ver·nac·u·lar /vənǽkjʊlə, və- | vənǽkjʊlə^(r)/ *adj.* **1 a** 〈言語が〉その土地[地方, 国]特有の, 地方語[お国言葉]の (native), 方言の, 方言を使った: a person's ～ language [tongue] 人の地方語[お国言葉]《しばしば literary [learned] language に対する》/ the ～ languages of India インド現地語 / a ～ idiom 土地の慣用語 / English is our ～ tongue. 英語は我々の母語だ. **b** 《文語や外国語を用いず》その土地[地方, 国]の言葉を用いる, 母語[土地言葉, 方言]を使う: a ～ newspaper 母語新聞; (土地言葉による)地方語新聞 / the ～ poems of Burns バーンズの土地言葉(スコットランド語)の詩 / William Barnes, the ～ poet of Dorset ドーセットの方言詩人ウィリアムバーンズ. **c** 平易な言葉を使った, 日常語による: in a ～ style. **2** 〈建築・工芸など〉民衆趣味の, その土地[時代]特有の, 民芸的な: Japanese ～ architecture 日本に特有の建築様式. **3** 〈動植物名が〉(ラテン語の学名でない)通俗の: the ～ name 俗名 (cf. scientific name). **4** 《廃》〖病理〗風土的な (endemic): a ～ disease 風土病.
— *n.* **1** (特に, 口語としての)自国語, 母語, 国語; 土地言葉 (⇨ dialect SYN): in the ～ その土地[国]の言葉で / Latin gave place to the ～. ラテン語に代わって自国語が用いられるようになった / In Europe, the rise of the ～*s* meant the decline of Latin. ヨーロッパでは自国語の台頭はラテン語の衰微を意味した. **2 a** (標準語に対して)方言. **b** 階級[職業]の特殊な言葉, 隠語, 仲間言葉. **c** 一地方または仲間だけに通じる卑俗な言語[言い回し]. **3** (動植物の)通り名, 俗称, (通)俗名, 土俗名. **4** (建築・工芸などの)民衆趣味, 民芸風.
～·ly *adv.* 〘(1601) ← L *vernācul(us)* homeborn, native (← *verna* homeborn slave ← ?Etruscan)＋-AR¹〙

ver·nác·u·lar·ìsm /-lərɪzm/ *n.* **1** その土地[地方, 国]の言葉使用, お国言葉風, 国なまり; 自国語[母語]使用. **2** その土地[地方, 国]特有の語. 〘1846〙

ver·nac·u·lar·ize /vənǽkjʊləràɪz, və- | və-/ *vt.* 自国語[母語]にする, 土地言葉化する; (文語や標準語よりも)口語[土地言葉]で表現する. **ver·nac·u·lar·i·za·tion** /vənæ̀kjʊlərɪzéɪʃən, və- | vənæ̀kjʊlərai-, -rɪ-/ *n.* 〘1821〙

ver·nal /və́ːnl | və́ː-/ *adj.* **1** 春の: the ～ migration of birds 鳥の春の渡り. **2 a** 春に起こる, 春に生える, 春咲きの: ～ flowers [bloom] 春の花 / ～ breezes 春風. **b** 〈渡り鳥が〉春繁殖地に来る. **3** 春のような, 春にふさわしい, 春めいた: ～ weather / the ～ aspect of the woods and fields 林野の春景色. **4** (春のような)清新さと力のある, いきいきした; 青春の, 若々しい: ～ years 若い時, 青春時代, 妙齢 / the ～ spirits of youth 青春時の潑剌(はつらつ)たる元気. **～·ly** *adv.* 〘(1534) □ L *vernālis* ← *vernus* of spring, vernal ← *vēr* spring ← IE **wesṛ* spring〙

vérnal équinox *n.* [the ～] 〖天文〗**1** 春分. **2** 春分点《春季昼夜平分点; vernal point ともいう; cf. autumnal equinox》. 〘1594〙

vérnal gràss *n.* 〖植物〗ハルガヤ (⇨ sweet vernal grass). 〘1762〙

ver·nal·i·za·tion /vəːnəlɪzéɪʃən, -nl- | vəːnəlaɪ-, -lɪ-, -nl-/ *n.* 〖農業〗春化, 春化処理. 〘(1933) 《なぞり》 ← Russ. *yarovizatsiya*: ⇨ vernal, -ization〙

ver·nal·ize /və́ːnəlàɪz, -nl- | və́ː-/ *vt.* 〖農業〗低温によって〈植物〉の花芽の形成を促進する, 〈植物を〉春化させる. 〘(1930) 《逆成》 ↑〙

vérnal póint *n.* 〖天文〗=vernal equinox 2.

ver·na·tion /və(ː)néɪʃən | vəː-/ *n.* 〖植物〗芽型《芽中の幼葉の重なり方; cf. aestivation 2》. 〘(1793) ← NL *vernātiō(n-)* ← L *vernātus* (p.p.) ← *vernāre* to bloom ← *vēr* spring: ⇨ vernal, -ation〙

Verne /və́ːn | və́ːn, véən; *F.* vɛʀn/ *n.* バーン《男性名》. 〘(dim.) ← VERNON〙

Verne /və́ːn, véən | véən, və́ːn; *F.* vɛʀn/, **Jules** *n.* ベルヌ《1828–1905; フランスの小説家; 空想科学小説で知られる; SF 小説の先駆者; *Le Tour du monde en quatre-vingts jours*「八十日間世界一周」(1873), *Vingt mille lieues sons les mers*「海底二万マイル」(1870)》.

Ver·ner /və́ːnə, véə- | və́ːnə^(r), véə-; *Dan.* vɛ̀ɐ̯ˀnʌ/, **Karl Adolph** *n.* ヴェルネル《1846–96; デンマークの言語学者; Verner's law を発見 (1875)》. **Ver·ner·i·an** /vəːníəriən, veə- | vəːníər-, veə-/ *adj.*

Vérner's láw *n.* 〖言語〗ヴェルネルの法則《印欧祖語の無声閉鎖音は, その直前の音節にアクセントがない場合には, ゲルマン基語で無声摩擦音とならず, 有声摩擦音になったという法則; これによって Grimm's law の例外が解決された; ⇨ 語源解説 5. 2》. 〘1878〙

Ver·net /veənéɪ | veə-; *F.* vɛʀnɛ/, **Claude Joseph** *n.* ベルネ《1714–89; フランスの風景画家》.

Vernet, (Émile Jean) Horace *n.* ベルネ《1789–1863; フランスの画家; C. J. Vernet の孫》.

Ver·neuil /veənə́ː, vəːnɔ́ɪ | veənə́ː, vəːnɔ́ɪ; *F.* vɛʀnœj/, **Henri** *n.* ヴェルヌイユ《1920–2002; フランスの映画監督; *Des Gens sans Importance*「ヘッドライト」(1956)》.

Vernéuil pròcess [mèthod] *n.* [the ～] ヴェルヌイ法《人造宝石を造る際, 原料粉末を溶融して滴下させ, 下の種子結晶上で成長させる方法》. 〘(1912) ← A.V.L. *Verneuil* (1856–1913: フランスの化学者)〙

ver·neuk /fə(ː)núːk, -njúːk | fə(ː)njúːk/ *vt.* 《南ア俗》だます, だまして…させる. 〘(1871) □ Afrik. ～ □ Du. *verneuken*〙

ver·ni·cle /və́ːnɪkl | və́ːnɪ-/ *n.* =veronica 1. 〘(a1376) □ OF ～ 《変形》 ← *vernique* (F *véronique*) □ ML *veronica*: ⇨ Veronica〙

ver·ni·er /və́ːniə | və́ːniə^(r)/ *n.* **1** (測定値を正確に読むための)副尺, 遊標, 遊尺, バーニヤ《vernier scale ともいう》. **2** (微調整のための)補助装置. **3** 〖宇宙〗=vernier engine. — *adj.* 副尺[バーニヤ]付きの: a ～ condenser バーニヤ[微細調整]蓄電器 / a ～ gage バーニヤ付きゲージ《バーニヤ付き高さ[深さ]ゲージなど》/ ⇨ vernier caliper, vernier compass. 〘(1766) □ F ～ (↓)〙

vérnier cáliper *n.* ノギス《副尺付きカリパス; vernier micrometer ともいう》. 〘(c1876) ← *Pierre Vernier* (1580–1637: フランスの数学者)〙

vérnier còmpass *n.* 副尺付きコンパス, バーニヤコンパス.

vérnier éngine *n.* 〖宇宙〗補助エンジン《主ロケットエンジンの推力が切られた後に, 速度の微調整, 姿勢の制御などを行う小さいロケットエンジン》.

vérnier micrómeter *n.* =vernier caliper.

vérnier rócket *n.* 〖宇宙〗=vernier engine. 〘1958〙

vérnier scále *n.* =vernier 1.

ver·nis·sage /vèənəsáːʒ | vèənɪ-; *F.* vɛʀnisaːʒ/ *n.* (*pl.* **～s** /～/) **1** 展覧会の非公開展示, 内覧. **2** =varnishing day. 〘(1912) □ F ～ ← *vernis* 'VARNISH': ⇨ -age: ⇨ varnishing day〙

ver·nix ca·se·o·sa /və́ːnɪkskèɪsióʊsə | və́ː-, -ə́ʊ-/ *n.* 〖医学〗胎脂《胎児の体表のチーズ様付着物; 角質層・脂性分泌物・胎児表皮の残渣などからなる; 単に vernix ともいう》. 〘((1573)) (1846) ← NL *vernix (caseōsa)* cheesy varnish ← ML *ver(o)nix* fragrant resin; ⇨ varnish〙

Ver·no·le·ninsk /vèənəlínsk | vèə-; *Russ.* vʲɪrnəlʲénʲinsk/ *n.* ベルノレニンスク《Nikolaev の旧称》.

Ver·non /və́ːnən | və́ː-/ *n.* バーノン《男性名》. 〘← F *Vernon* (フランスの地名) 《原義》 alder tree: もと家族名〙

Ver·non /və́ːnen | və́ː-/, **Edward** *n.* バーノン《1684–1757; 英国の提督; grog の考案者; 愛称 Old Grog》.

Ver·non /və́ːnən | və́ː-/, **Mount** *n.* ⇨ Mount Vernon.

Ver·ny /və́ːni | və́ː-; *Russ.* vʲérnij/ *n.* ベルヌイ《Almaty の旧称》.

Ve·roia /vériə; *Mod.Gk.* vérja/ *n.* ヴェリア《ギリシャ北東部の町; 商業の中心地で, ギリシャ正教会の首都大司教座の所在地》.

Ve·ro·na /vɪróʊnə | vɪrə́ʊnə, vɛ-; *It.* veróːna/ *n.* ベローナ《イタリア北東部の都市》.

Ver·o·nal /vérənl | -nl/ *n.* 〖商標〗ベロナル《barbital の商品名》. 〘(1903) □ G ～ ← *Verona* (↑): 発明者 Emil Fischer が Verona に向かう途中命名〙

Ver·o·nese /vèrəníːz, -níːs | -níːzˈ/ *adj.* ベローナ (Verona) (風)の. — *n.* (*pl.* ～) ベローナ人. 〘(1673) □ It. ～ < L *Veronesis* ← *Verona*: ⇨ -ese〙

Ve·ro·ne·se /vɪrounéɪsi, -zi | -rə(ʊ)néɪzə, -zeɪ; *It.* veroneːze/, **Paolo** *n.* ベロネーゼ《1528–88; イタリアのベネチア派の画家; 本名 Paolo Cagliari》.

ve·ron·i·ca /vɪrɑ́(ː)nɪkə | vɪrɔ́nɪkə, vɛ-/ *n.* **1** [時に V-] **a** ベロニカ, 聖顔(像)《イエスが十字架を負って処刑の地 Calvary に行く途中, St. Veronica がイエスの顔の汗をぬぐったという布に印されたと伝えられるイエスの顔(の像); cf. sudarium 2》. **b** ベロニカ, 聖顔布《イエスの顔を描いた布片》. **2** 〖植物〗ゴマノハグサ科クワガタソウ属 (*Veronica*) の植物の総称 (cf. speedwell). (cf. lateGk *berenikion* ← *Berenikē* (女性名)) **3** ベロニカ《闘牛士が両足を静止させて牛の突撃からケープをゆっくりと振って身をかわすこと》. (□ Sp. *verónica*) 〘(1526) ← ST. VERONICA ← ?*vēra īcōn* true image: ↓ (1933)〙

Ve·ron·i·ca /vɪrɑ́(ː)nɪkə | vɪrɔ́nɪkə, vɛ-/ *n.* ベロニカ《女性名; 愛称形 Nicky, Ronky》. 〘□ LL *Veraiconica* ← ? L *vērus* true＋*īcōnicus* belonging to an image (← *īcōn* image): cf. Gk *Bereníkē* (⇨ veronica 2)〙

Ve·ron·i·ca /vɪrɑ́(ː)nɪkə | vɪrɔ́nɪkə, vɛ-/, **Saint** *n.* ベロニカ《イエスが十字架を負って処刑の丘 Calvary へ行く途中, 顔の汗をぬぐったと伝えられる女性; cf. veronica 1》. 〘(c1700) ↑〙

V

Ve·ro·nique /vèrəníːk; *F.* veʁɔnik/ *adj.*〘料理〙種なし白ぶどうを含むソースを添えた, ベロニカ風の. 〘(1907) □ F *Véronique* (⇨ VERONICA): このソースを始めてつくった London のフランス人料理長の命名で, 当時上演されていた André Messager のオペラの題名からとされる〙

Ver·ra·za·no /vèrəzáːnou | -nəu⁻/; *It.* verrattsáː-no/, **Giovanni da** *n.* ベラツァーノ《1485?–?1528; イタリアの航海者; 北米海岸を探検》.

Vérrazano-Nárrows Brídge *n.* [the ~] ベラザーノナロウズ橋《米国 New York 市の Brooklyn と Staten Island を結ぶつり橋; 全長 1,300 m; 径間が世界最長》.

Ver·raz·za·no /vèrəzáːnou | -nəu⁻/; *It.* vèrrattsáː-no/ *n.* =Verrazano.

ver·re é·glo·mi·sé /vέəèɪglɑ(ː)miːzéɪ | vέə(r)èɪ-gləm-; *F.* vɛʁeglɔmize/ *n.* 金箔ガラス《裏側に金箔または絵付けで装飾を施した工芸ガラス》. 〘(1967) □ F ~ ← *verre* < L (*vitrum* glass)+*églomisé* (← *Glomy* (18 世紀パリの額縁工))〙

ver·ric·u·late /vərɪ́kjulɪ̀t, ve-, -lèɪt/ *adj.*〘昆虫〙長毛塊のある. 〘1826〙

ver·ri·cule /vérəkjùːl | -rɪ-/ *n.*〘昆虫〙長毛塊《直毛の密生したもの》. 〘(1826) □ L *verriculum* net ← *verrere* to sweep: ⇨ -cule〙

ver·rière /vèriέə | -έə(r; *F.* vɛʁjɛːʁ/ *n.* (*pl.* **~s** /~z; *F.* ~/) ベリエール《フランス製ポンチ用の鉢》. 〘□ F ~ ← *verre* glass〙

Ver·roc·chi·o /vəróukiòu | -rɔ́kiəu; *It.* verrɔ́k-kjo/, **Andrea del** /del/ *n.* ベロッキョ《1435–88; イタリアの Florence の金工家・彫刻家・画家; Leonardo da Vinci の師; 本名 Andrea di Michele Cione /mikéːle tʃóːne/》.

ver·ru·ca /vərúːkə, ve-/ *n.* (*pl.* **-ru·cae** /-kiː, -kaɪ/) **1**〘病理〙疣贅(ゆうぜい), いぼ (wart). **2**〘動物〙(ヒキガエルの背などの)いぼ状突起. **3**〘植物〙(葉などの)いぼ状突起. 〘(1565) □ L *verrūca*〙

verrúca vul·gá·ris /-vʌlgέ(ə)rɪs | -gέərɪs/ *n.*〘病理〙(手足にできるウイルス性の)いぼ, 疣贅(ゆうぜい) (wart). 〘(1903) ← NL *verrūca vulgāris* common wart: ⇨ ↑, vulgar〙

ver·ru·cose /vərúːkous, ve-, vérəkòus | vərúːkəus, ve-/ *adj.*〘生物・医学〙疣贅(ゆうぜい)[いぼ]の(多い) (warty), いぼ状の(突起でおおわれた). **ver·ru·cos·i·ty** /vèrəkɑ́(ː)səti, -rju- | -r(j)ukɔ́sɪti/ *n.* 〘(1686) □ L *verrūcōsus*: ⇨ verruca, -ose¹〙

ver·ru·cous /vərúːkəs, ve-, vέərə- | vərúːkəs, ve-/ *adj.* いぼの, いぼ状の. 〘1656〙

vers /vέːs | vέːs/《記号》〘数学〙versed sine.

Ver·sa·ce /vəːsáːtʃeɪ, -tʃi | vəː-; *It.* versáːtʃe/, **Gianni** /dʒánni/ *n.* ヴェルサーチ《1946–97; イタリアのファッションデザイナー》.

Ver·sailles /vεəsáɪ, və(ː)- | vεə-, vəː-; *F.* vɛʁsɑːj/ *n.* ベルサイユ《フランス北中部 Paris の南西 22 km にある都市; Yvelines 県の県都; ベルサイユ宮殿の所在地; 第一次大戦後の講和条約 (1919) 締結地》.

ver·sal¹ /vέːsəl, -sl | vέː-/ *adj.*《古》全体の (entire): in the ~ world 全世界で. 〘(1595–96)《略》← UNIVERSAL〙

ver·sal² /vέːsəl, -sl | vέː-/ *n.* (写本の章・節などの文頭に使われる)飾り大文字. 〘(1895) ← VERSE¹+-AL¹〙

ver·sant¹ /vέːsənt, -snt | vέː-; *F.* vɛʁsɑ̃/ *n.* **1** (山または山脈の一方の)斜面, 傾斜地 (slope). **2** (一地方の)全斜面; 傾斜 (inclination). 〘(1851) □ F ~ (pres.p.) ← *verser* to turn < L *versāre*: ⇨ versatile, -ant〙

ver·sant² /vέːsənt, -snt | vέː-/ *adj.* **1** 気づかう, 関心をもつ (interested). **2** 経験のある, 訓練を受けた (practiced). **3** […に]精通している (conversant)〔*with*〕. 〘(1645) □ L *versant-*, *versāns* (pres.p.) ← *versāre* (↓)〙

V **ver·sa·tile** /vέːsətl | vέːsətàɪl/ *adj.* **1**〈人・性格・才能など何にでも向く, 多才の, 多芸な, 多方面な (many-sided): a ~ mind, writer, actor, etc. **2**〈ものがいろいろに使える, 多目的の: a ~ material, topcoat, etc. **3** (軸などを中心として)自由に回しうる[回転する], 可転[反転]性の. **4**《文語》変わりやすい, 移り気の, 気まぐれな, 浮薄な (changeable). **5**〘植物〙丁字着の《葯が中央または中央近くで付着して自由に揺れる; cf. basifixed》: a ~ anther 丁字着葯(?)《雄蕊(?)の葯の中央部に花糸が付いて, 全体が T 字形をしている》. **6**〘動物〙上下・左右・前後に回しうる, 可転性の, 反転性の: a ~ joint, muscle, toe of a bird, etc. **~·ly** /-tli, -tḷi | -tàɪlli/ *adv.* **~·ness** *n.* 〘(1605) □ F ~ ∥ L *versātilis* turning about ← *versātus* (p.p.) ← *versāre* (freq.) ← *vertere* to turn〙

ver·sa·til·i·ty /vὲːsətɪ́ləti | vὲːsətɪ́lɪti/ *n.* **1** 融通がきくこと, 多方面にわたること; 多能, 多芸: a person of ~ 多才[多芸]の人, 才人. **2** 可転性. **3** 変わりやすいこと, 気まぐれ, 浮薄. 〘(1755) □ F *versatilité*: ⇨ ↑, -ity〙

vers de so·cié·té /vέədəsousiːeɪtéɪ, -sòːsjeɪtéɪ | vέədəsɔ̀sjeɪtéɪ; *F.* vɛʁdəsɔsjete/ *F. n.* =society verse. 〘(1796) □ F ~ 'verse of society'〙

vers d'oc·ca·sion /vέədɔ̀(ː)kɑːzjɔ̃ː(ŋ), -zjɔ́ːŋ | vέədɔ̀k-; *F.* vɛʁdɔkazjɔ̃/ *F. n.*〘文芸〙(祝宴・冠婚葬祭の折などの)贈答詩. 〘(1867) □ F ~ 'verse of the occasion'〙

verse¹ /vέːs | vέːs/ *n.* **1 a** (文学形式としての)韻文 (cf. prose 1 a): express [write] in ~ 詩の形で表現する[書く] / be good at ~ 詩才がある / His prose lapses into [rises to] ~ at moments of emotion. 彼の散文は感情が高まった時には詩になる. **b** [集合的] (詩人・時代・国の)詩, 詩歌 (poetry): English lyrical ~ イギリス叙情詩 / Elizabethan ~ エリザベス時代の詩. **c** (一編の)詩, 詩編 (poem): an elegiac ~ 哀歌 / a long ~ 長詩. **2** (特定の格調を持った)詩の 1 行 (metrical line): quote some ~*s* of the *Iliad* [Bible, Koran]「イリアッド」[聖書, コーラン]の数行を引用する / put [turn] one's thought into ~*s* 思いを詩に作る. **3 a** 詩形, 詩格: elegiac [iambic, trochaic] ~ / rhymed [rhyming] ~ / ⇨ blank verse, free verse, heroic verse 2. **b** 詩節, 連 (stanza): a poem of five ~*s* 5 連の詩. **4** (聖書の章を細分した)節 (略 v.): give [quote] chapter and ~ for …の出所を明らかにする[出典を示す] / ⇨ CHAPTER *and verse*. **5**〘キリスト教〙=versicle 2. **6**〘音楽〙**a** ヴェルスス《グレゴリオ聖歌で詩編・カンティクムその他聖書からとられた文章を歌詞とする独唱部; 記号 ℣》. **b** (英国国教会のアンセム (anthem) などの)独唱部, ヴァース.

cáp vérses 語句のしり取りをする《前の人の出した語句の最後の文字で始まる語句を引用して争う遊び》.

— *adj.* [限定的] 韻文の, 韻文で書かれた: (a) ~ drama 詩劇.

— *vt.* 詩で表す, 詩に作る (versify): ~ one's emotions. — *vi.* 詩を作る, 詩作する (versify): be taught to ~ 詩作を教わる.

〘OE *fers* □ L *versus* furrow, line, row, verse (p.p.) ← *vertere* to turn ← IE **wer-* to turn (cf. worth¹·²): ⇨ version〙

verse² /vέːs | vέːs/ *vt.* [~ *oneself* で]〔…に〕精通する, 熟達する (cf. versed)〔*in*〕: He ~*s himself in* music. 音楽通である. 〘(1673)《逆成》↓〙

versed /vέːst | vέːst/ *adj.* [叙述的に, または名詞のあとに用いて]〔学問・技術などに〕熟達している, 精通している, 詳しい (skilled, proficient)〔*in*〕: He is well ~ *in* architecture. 建築学の造詣が深い / a man ~ *in* Eastern history 東洋史に精通している人. 〘(*a*1610) ← F *versé* ∥ L *versātus* (p.p.) ← *versārī* to move about in a place, be engaged in ← *vertere* to turn: ⇨ verse¹, -ed 2〙

vérsed cósine /vέːst- | vέːst-/ *n.*〘数学〙=coversed sine.

vérsed síne *n.*〘数学〙正矢(せいし)《角の余弦を 1 から引いたもの; 記号 vers》. 〘(1596)《なぞり》← NL *versus sinus*: ⇨ verse¹, sine¹〙

verse·let /vέːslɪt | vέːs-/ *n.* 小詩, 短詩. 〘1836〙

vérse·màker *n.* =verseman.

vérse·màking *n.* =versemongering.

vérse·man /-mən/ *n.* (*pl.* **-men** /-mən, -mèn/) 作詩家, 詩人. 〘1652〙

vérse·mònger *n.* 作詩家; (特に)へぼ詩人 (poetaster). 〘(1634) ← VERSE¹ (n.)+MONGER〙

vérse·mòngering *n.* (へぼ)詩作り. 〘1875〙

vérs·er *n.* =versifier. 〘*c*1611〙

vérse-spèaking chóir *n.* 詩のシュプレヒコール団. 〘1933〙

vers·et /vέːsɪt, -set | vέː-/ *n.* **1** (特に聖書・コーランなどの聖典からの)短詩, 小詩, 短句. **2**〘音楽〙バーセット《カトリックのミサでグレゴリオ聖歌のヴェルスス (verse) の代わりに演奏されるオルガン用の小曲》. **3**《古》=versicle. 〘(?*a*1200) □ (O)F ~ (dim.) ← *vers*: ⇨ verse¹, -et〙

ver·si·cle /vέːsɪkl, -sɪ- | vέːsɪ-/ *n.* **1** 短詩, 小詩 (little verse). **2**〘キリスト教〙(唱和用)短句[小詩句]《礼拝式で司式者が唱えまたは歌う短句で, 聖歌隊または会衆がこれに答える; しばしば詩編から引用される; 記号 ℣; cf. response 3 a》. 〘(*a*1380) □ (O)F *versicule* ∥ L *versiculus* (dim.) ← *versus*: ⇨ verse¹, -cle〙

ver·si·col·or /vέːsɪkʌ̀lə | vέːsɪkʌ̀lə(r/ *adj.* **1** 色が変わる, 光線によって色が変わって見える, 玉虫色の; にじ色の, 真珠色の (iridescent): ~ silk. **2** 種々の色の, 雑色の (parti-colored); 多色の, 多彩な: a ~ flower. 〘(1628) □ L *versicolor*: ⇨ verse¹, color〙

vér·si·còl·ored *adj.* =versicolor.

ver·sic·u·lar /vəːsɪ́kjulə | vəːsɪ́kjulə(r/ *adj.* **1** 短詩の; 詩句の. **2**〘キリスト教〙(唱和用)短句 (versicles) の. **3** (聖書の)節 (verses) の. 〘(1812) ← L *versicul(us)* 'VERSICLE'+-AR¹〙

ver·si·fi·ca·tion /vὲːsəfɪkéɪʃən | vὲːsɪfɪ-/ *n.* **1** 作詩, 詩作. **2** 作詩法, 韻律法 (prosody). **3** 格調, 韻律(形式) (meter). **4** (散文の)韻文化. 〘(1603) □ L *versificātiō(n-)*: ⇨ versify, -ation〙

ver·si·fi·ca·tor /vέːsəfəkèɪtə | vέːsɪfɪkèɪtə(r/ *n.* =versifier. 〘1611〙

vér·si·fì·er *n.* **1** (散文を)韻文にする人. **2** 詩人 (⇨ poet SYN); (特に)へぼ詩人 (versemonger). 〘?1340〙

ver·si·fy /vέːsəfàɪ | vέːsɪ-/ *vi.* **1** 韻文で述べる, 韻文で語る. **2** 韻文(の形)にする. **3** [しばしば軽蔑的に] 詩を作る, 詩作する. — *vt.* **1**〈散文を〉韻文にする, 詩にする, 韻文化する. **2** 韻文で述べる[語る]. 〘(*c*1378) □ (O)F *versifier* ∥ L *versificāre* to put into verse: ⇨ verse¹, -fy〙

ver·sine /vέːsaɪn | vέː-/ *n.* (*also* **ver·sin** /~/)〘数学〙=versed sine. 〘(1943)《短縮》← *versed sine*〙

ver·sion /vέːʒən, -ʃən | vέːʃən, -ʒən/ *n.* **1 a** (文芸作品などの)改作, 脚色, …版: the dramatic ~ *of* a novel 小説を演劇化した脚本, 小説の翻案劇 / an abridged ~ *of* a novel 小説の簡約版 / the film ~ *of the Tale of Genji* 映画版源氏物語. **b** (原型に対する)異形 (variant); (特定の)型, 様式 (type, style): a Dali ~ *of* Lady Macbeth ダリ筆のマクベス夫人(の絵) / a modern ~ *of* the legend その伝説の現代版. **c** (音楽の)編曲 (arrangement). **d** (特定の楽曲・役割などに対する独自の)解釈, 奏法, 演技(など), 型. **e**〘電算〙版, バージョン《ソフトウェアに修正・改訂がなされて異形がある場合の一つ》. 日英比較「バージョンアップ」は和製英語. 英語では upgrade. **2** (ある事柄について個人的または特定の立場から行われる)説明, 話, 異説, 異見: Let me hear your own ~ *of* it. 君の立場からその話を聞かせてください / There are two ~*s of* the affair [story]. その事件[話]は二様に伝えられている. **3 a** 翻訳, 訳文 (⇨ translation SYN): a neat ~ *of* some of Horace's *Odes* ホラチウスの「オード」の一部のうまい翻訳 / the Browning ~ of the *Agamemnon* of Aeschylus アイスキュロス作「アガメムノン」のブラウニング訳 / the French and English ~*s of* the document その文書のフランス語訳と英訳. **b** [しばしば V-] 聖書の翻訳: ⇨ Authorized Version, Revised Version. **4 a**〘病理〙子宮の傾斜, 子宮斜位 (cf. anteversion, retroversion 4, anteflexion, retroflexion 2). **b**〘産科〙(特に, 子宮内胎位の)回転(術). **~·al** /-ʒnəl, -ʒənl, -ʃnəl, -ʃənl | -ʃnəl, -ʃənl, -ʒnəl, -ʒənl/ *adj.* 〘(*a*1420) □ (O)F ~ ∥ ML *versiō(n-)* a turning ← L *versus*: cf. verse¹, -sion〙

vers li·bre /vέəlíːbr(ə) | vέə-; *F.* vɛʁlibʁ/ *F. n.* (*pl.* **~s** /~(z); *F.* ~/) =free verse. 〘(1902) □ F ~ 'free verse'〙

vers-li·brist /vέəlíːbrɪst | vέəlíːbrɪst/ *n.* 自由詩作者. 〘1926〙

vers-li·briste /vέəlíːbrɪst | vέəlíːbrɪst; *F.* vɛʁlibʁist/ *n.* (*pl.* **~s** /~(s); *F.* ~/) =vers-librist. 〘1916〙

ver·so /vέːsou | vέːsəu/ *n.* (*pl.* **~s**) **1**〘印刷・製本〙**a** (原稿の)第二ページ, 裏ページ, 紙の裏面. **b** (本の)偶数ページ, 左ページ《reverso ともいう; ↔ recto》. **2 a** (本の)裏表紙 (back cover). **b** 裏カバー. **3** (貨幣・メダルなどの)裏, 裏面 (↔ obverse). 〘(1839) □ L *versō* (*foliō*) on the turned (leaf) abl. sing.) ← *versus* turned: ⇨ version〙

verst /vέːst | vέːst/ *n.* ヴェルスタ, ロシアマイル《ロシアの里程; =0.6629 miles, 1.067 km》. 〘(1555) □ F *verste* & G *Werst* □ Russ. *versta*《原義》verse, row, line: cf. verse¹〙

ver·sus /vέːsəs | vέː-/ *prep.* **1** …と対照して, 比較して; (二者択一で)…に代わるものとして: country ~ town 都会と比較した田舎. **2** (訴訟・競技などで)…対, …に対して (against) (略 vs., v.): (John) Smith *v.* (Jack) Jones (原告)(ジョン)スミス対(被告)(ジャック)ジョーンズ事件 / Smith *v.* Smith (離婚訴訟などで)スミス対スミス事件 (cf. people *n.* 9) / Wales *v.* Scotland ウェールズ対スコットランドの(ラグビー)試合 / peace ~ war 戦争か平和か. 〘(1447–48) □ ML ~ ← L ~ 'against, towards' (p.p.) ← *vertere* to turn: ⇨ verse¹〙

vert¹ /vέːt | vέːt/ *n.* **1**〘英法〙**a** (特に, 鹿の隠れ場所としての)森林中の草木. **b**〘英史〙緑樹伐採権 (cf. verderer); 森林で動物を放牧する権利. **2**〘紋章〙緑色 (green)《無彩色図では盾の向かって左上から右下へかけての斜線で示す》. — *adj.*〘紋章〙緑色の. 〘(*a*1450) □ (O)F ~ 'green' < L *viridem*, *viridis*: ⇨ viridity〙

vert² /vέːt | vέːt/《英口語》*n.* (英国国教からカトリックへの)改宗者 (convert); 背教者; 変節者. — *vi.* (英国国教からカトリックへ)改宗する. 〘(1864)《略》← CONVERT, PERVERT〙

vert³ /vέːt | vέːt/ *vt.*〘医学〙回転させる. 〘(1578) □ L *vertere* to turn: ⇨ verse¹〙

Vert /vέːt | vέːt; *F.* vɛːʁ/, **Cape** *n.* ベール岬, ベルデ岬《セネガルの Dakar にあるアフリカ大陸最西端の岬; Cape Verde ともいう》.

vert. vertebra; vertebrate; vertical;〘病理・獣医〙vertigo.

vertebr- /vέːtəbr | vέːtɪ-/ (母音の前にくるときの) vertebro- の異形.

ver·te·bra /vέːtəbrə | vέːtɪ-/ *n.* (*pl.* **-te·brae** /-brèɪ, -brìː, -bràɪ | -brìː, -bràɪ, -brèɪ/, **~s**)〘解剖・動物〙**1** 椎骨, 脊椎骨, 椎 (⇨ skeleton 挿絵). **2** [the vertebrae] 脊椎, 脊柱, 背骨 (backbone). 〘(?*a*1425) □ L ~ ← *vertere* to turn: ⇨ verse¹〙

ver·te·bral /vέːtəbrəl, vəːtíː- | vέːtɪ-/ *adj.*〘解剖・動物〙**1** 脊椎の[に関する]. **2** (脊)椎(骨)から成る[を有する]. **3** (脊)椎(骨)に似た. — *n.* 脊椎動脈[静脈]. **~·ly** *adv.* 〘(1681) ← NL *vertebrālis*: ⇨ ↑, -al¹〙

vértebral canàl *n.*〘解剖〙脊柱管, 椎管 (spinal canal). 〘1831〙

vértebral còlumn *n.*〘解剖〙脊柱 (spinal column), 背骨. 〘1822〙

Ver·te·bra·ta /vὲːtəbráːtə, -bréɪ- | vὲːtɪbráːtə, -bréɪ-/ *n. pl.*〘動物〙脊椎動物門. 〘(1826) ← NL ~ (neut.pl.) ← L *vertebrātus* (↓)〙

ver·te·brate /vέːtəbrɪt, -brèɪt | vέːtɪ-/ *n.* 脊椎動物. — *adj.* **1** 脊椎のある, 背骨のある: a ~ animal 脊椎動物. **2** 脊椎動物(特有)の. **3** 整然と構成[組織]された. — /-brèɪt/ *vt.* (脊椎を思わせるように)結びつける, 結合する. 〘(1826) □ L *vertebrātus* jointed: ⇨ vertebra, -ate¹·²·³〙

vér·te·bràt·ed /-brèɪtɪd | -tɪd/ *adj.* **1** 脊椎のある (vertebrate). **2** (脊)椎骨から成る; 背骨状構造の. 〘1828〙

ver·te·bra·tion /vὲːtəbréɪʃən | vὲːtɪ-/ *n.* **1** 椎骨[脊椎]形成. **2** 気骨 (backbone); 堅固さ (firmness). 〘1888〙

ver·te·bro- /vέːtəbrou, vəːtíː- | vέːtɪbrəu/「(脊)椎骨; (脊)椎骨と…との」の意の連結形. ★ 母音の前では通例 vertebr- になる. 〘← NL ~: ⇨ vertebra〙

ver·tex /vέːteks | vέː-/ *n.* (*pl.* **~·es, ver·ti·ces** /-təsìːz | -tɪ-/) **1** 最高点, 頂点, 絶頂 (top, summit). **2**〘解剖・動物〙頂(ちょう), 頭頂, 顱頂(ろちょう), 頭蓋頂点. **3**〘人類学〙頭蓋(とうがい)頂点《頭蓋が Frankfurt horizontal に

ある時, 左側から見た mid-sagittal plane 上の最高点). **4** 〖数学〗頂点, 交点《直線または曲線が交わる点》. **5** 〖天文〗**a** 向点. **b** 頂点. **c** 〖光学〗(レンズの)頂点. 〖(1570)□L ~ 'whirl, crown of the head (cf. vortex)' ← *vertere* to turn: ⇨ verse[1]〗

ver·ti·cal /vɚ́ːtɪkəl, -kl | vɜ́ːtɪ-/ *adj.* **1 a** 水平面に直角の (cf. horizontal 1); 垂直の, 鉛直の (plumb), 直立した, 縦の (upright): ~ motion 上下運動, 上下動 / a ~ takeoff 〖航空〗垂直上昇 (略 VTO) / a ~ wind tunnel 〖航空〗垂直風胴 / a ~ turn 〖航空〗垂直旋回 / ⇨ vertical line, vertical plane, vertical section. ★ vertical はほぼ垂直の上昇(または下降)に, perpendicular は垂直の下降または上昇に用いられることが多い (⇨ SYN). **b** (画面などの)上から下に向かっての, 縦の; 〈写真が〉上から(真)下に向けて撮った, 垂直の: a ~ photograph 垂直写真. **2** 頂上にある, 頂点の, 絶頂の, 天頂にある, 真上にある: the ~ point (of the heavens) 天頂, 天心. **3** さまざまな身分の人から成る, 成層社会の: the ~ arrangement of society 社会の成層配列. **4** 空から投下する: ~ warfare 空爆戦. **5** 〖植物〗**a** 〈葉の面が〉垂直をなす《従って裏表がない》. **b** 茎軸と同方向の, 軸に沿った (lengthwise). **6** 〖経済〗(製品の製造・販売などの各段階を)縦に連ねる, 縦に一貫した, 垂直的な: a ~ merger 垂直的合併 / ⇨ vertical integration, vertical union. **7** 〖解剖・動物〗頂(ちょう)の, 頭頂の. — *n.* **1** 垂直線[面]: out of [off] the ~ 垂直でない. **2** 直立位置, 垂直位. **3** 垂直写真 (cf. *adj.* 1 b). **4** 〖建築〗縦材, 垂直材《柱・束(つか)などの鉛直の材》. **5** 〖天文〗=vertical circle. **~·ness** *n.* 〖(1559)□(O)F ~ // LL *verticālis* ← L *vertic-*: ⇨ ↑, -al[1]〗

SYN 垂直の: **vertical** 水平面に対して直角をなしている, 垂直の: This cliff is almost *vertical.* この崖はほとんど垂直だ. **perpendicular** 線や面に対して直角をなしている: The pole was *perpendicular* to the ground. 柱は地面に対して垂直であった. **plumb** 水平面に対して垂直な《主に大工・石工などの用語》: This wall is not quite *plumb.* この壁は完全な垂直とはいえない. **ANT** horizontal.

vértical ángle *n.* **1** 高角, 仰角, 鉛直角. **2** 〖数学〗対頂角 (vertically opposite angle). 〖1571〗

vértical círcle *n.* **1** 〖天文〗**a** 垂直圏《天頂を通り地平線に垂直な天球上の大円; cf. azimuth circle》. **b** 鉛直目盛盤. **2** 垂直環. 〖1559〗

vértical combinátion *n.* 〖経営〗=vertical integration. 〖1927〗

vértical cúrve *n.* 〖鉄道〗縦曲線《路線上の二つの勾配線を円滑に結びつけるために, その間に挿入する曲線》.

vértical éngine *n.* 〖機械〗(ピストンが垂直に動く)縦形機関. 〖1888〗

vértical envélopment *n.* 〖軍事〗**1** 立体包囲, 垂直包囲《空挺部隊による包囲》. **2** 立体包囲作戦《地上機動部隊との協力による空挺部隊の攻撃》.

vértical fìle *n.* (書類を立てて整理する)バーチカルファイル; 縦型記録整理棚. 〖1906〗

vértical fín *n.* **1** 〖動物〗垂直ひれ《胸びれ・腹びれのように左右に広がり対(つい)をなすひれ (paired fins) に対して, 背びれ・尾びれ・尻びれのように垂直面に立ち, かつ対をなさないひれ (unpaired fins)》. **2** 〖航空〗=vertical tail. 〖1880〗

vértical gróuping *n.* =family grouping.

vértical gýro *n.* 〖航空〗垂直ジャイロ《回転軸を鉛直にした自由ジャイロで, 航空機の前後および左右傾斜を指示するための基準を与える》.

vértical integrátion *n.* 〖経営〗垂直的[縦断的]企業結合, 垂直統合《生産過程上, 前後に関連ある数企業の結合; vertical combination ともいう; cf. conglomerate integration, horizontal integration》. 〖1975〗

ver·ti·cal·i·ty /vɚ̀ːtɪkǽləti | vɜ̀ːtɪkǽlɪti/ *n.* 垂直性, 垂直(状態). 〖1570〗

vértical kéel *n.* 〖造船〗立てキール, 竪竜骨《汽船の flat keel に対して, 横流れを防ぐため垂直になっている帆船のキール》.

vértical líne *n.* 垂直線, 鉛直線.

vér·ti·cal·ly *adv.* 垂直に, 直立して, 縦に, 垂直の方向に; 直上[下]に. 〖1646〗

vértically ópposite ángle *n.* 〖数学〗対頂角 (vertical angle).

vértical mobílity *n.* 〖社会学〗垂直移動《異なる社会的レベルへの地位・身分の移動や文化の普及; cf. horizontal mobility, upward mobility, downward mobility》. 〖1976〗

vértical pláne *n.* 垂直面, 鉛直面, 直立面, 縦面. 〖1704〗

vértical sáw *n.* 竪鋸(たてのこ), 竪鋸盤《上下に往復する鋸を多数もった製材機械; 同時に多量の薄板を製材する》.

vértical scánning *n.* 〖テレビ〗垂直走査 (cf. horizontal scanning).

vértical séction *n.* 縦断面.

vértical stábilizer *n.* 〖航空〗垂直安定板《通例垂直尾翼の前半部》.

vértical swéep *n.* 〖電気〗垂直掃引《ブラウン管面などの上下方向の掃引》.

vértical synchronizátion *n.* 〖電気〗垂直同期《テレビ画面などの上下方向の同期; これがはずれると画像は上または下方へ流れてしまう》.

vértical táil *n.* 〖航空〗垂直尾翼《垂直安定板および方向舵からなる》.

vértical tásting *n.* 垂直的利き酒, たて飲み《特定ワインの異なる年度産のものを飲み比べること》.

vértical thínking *n.* 垂直思考《問題に対して一定のアプローチをとり, そこで生ずる障害を克服して解決をはかろうとする思考方法》. 〖1966〗

vértical únion *n.* =industrial union. 〖1933〗

vertices *n.* vertex の複数形.

ver·ti·cil /vɚ́ːtəsɪl, -sl | vɜ́ːtɪ-/ *n.* 〖生物〗輪生, 環生, 輪 (whorl), 環 (circlet). 〖(1793)□L *verticillus* (dim.) ← *vertex*: ⇨ vertex〗

ver·ti·cil·las·ter /vɚ̀ːtəsɪlǽstə | vɜ̀ːtɪsɪlǽstə(r)/ *n.* 〖植物〗輪状集散花序, 輪繖(りんさん)花序. **vèr·ti·cil·lás·trate** /-lǽstreɪt/ *adj.* 〖(1832)← NL ~: ⇨ ↑, -aster[2]〗

ver·tic·il·late /vɚ(ː)tísəlɪt, -leɪt, vɚ̀ːtəsílɪt, -leɪt | vɜ(ː)tísɪ-, vɜ̀ːtɪsíl-/ *adj.* **1** 〖植物〗〈葉など〉輪生の; 〈植物が〉輪生葉または輪生花を有する (cf. alternate 3, opposite 3): ~ arrangement 輪状配列 / ~ leaves 輪生葉 / ~ phyllotaxis 輪生葉序. **2** 〖動物〗輪生の, 環生の. **~·ly** *adv.* 〖(1686)← NL *verticillatus*: ⇨ verticil, -ate[2]〗

ver·tic·il·lat·ed /vɚ(ː)tísəlèɪtɪd | vɜ(ː)tísɪlèɪt-/ *adj.* =verticillate.

ver·tic·il·la·tion /vɚ(ː)tìsəléɪʃən | vɜ(ː)tìsɪ-/ *n.* 〖生物〗輪生, 環生. 〖1830〗

ver·ti·cil·li·o·sis /vɚ̀ːtəsɪlióusɪs | vɜ̀ːtɪsɪlióusɪs/ *n.* 〖植物病理〗バーティシリウム属 (*Verticillium*) の土壌菌類に冒されて起こる植物の萎(い)凋病. 〖← NL ~: ⇨ verticil, -osis〗

ver·ti·cil·li·um /vɚ̀ːtəsíliəm | vɜ̀ːtɪ-/ *n.* 〖植物〗バーティシリウム《有用植物の害菌となる不完全菌類のバーティシリウム属 (*Verticillium*) の, 菌糸の上に車軸状に並ぶ柄と単細胞の分生子を生じるカビの総称》. 〖(1971)← NL ~: ⇨ verticil, -ium〗

verticíllium wìlt *n.* 〖植物病理〗=verticilliosis. 〖1916〗

vertigines *n.* vertigo の複数形.

ver·tig·i·nous /vətídʒənəs | vɜːtídʒɪ-/ *adj.* **1** ぐるぐる回る, 旋回する (rotary): a ~ wind つむじ風. **2** 目まいがする, 目が回る (dizzy): feel [grow] ~ at great heights 非常な高さに目が回る. **3** 目まいを起こさせる, 目まいがするほどの, 目が回るような: a ~ height, speed, etc. **4** 目まぐるしい, 変化の激しい; 不安定な, 変わりやすい (unstable). **~·ly** *adv.* **~·ness** *n.* 〖(1608)□L *vertīginōsus* suffering from giddiness ← *vertigin-*, *vertīgō*: ⇨ ↓, -ous〗

ver·ti·go /vɚ́ːtɪgòu | vɜ́ːtɪgəu/ *n.* (*pl.* **~es, ver·tig·i·nes** /vətídʒəniːz | vɜːtídʒɪ-/) **1** 〖病理〗めまい, 眩暈(げんうん) (dizziness)《しばしば高所にいるという意識から起こる》. **2** 〖獣医〗(馬・羊などの)旋回病 (cf. stagger 4 a, gid). 〖(?a1425)□L *vertīgō* a whirling round, dizziness ← *vertere* to turn: ⇨ verse[1]〗

ver·ti·sol /vɚ́ːtɪsɔ̀(ː)l | vɜ́ːtɪsɒl/ *n.* 〖土壌〗バーティゾル《湿潤気候と乾燥気候が交互に現われる地域における有機物をほとんど含んでいない粘土質の土壌》. 〖(c1960)← VERTICAL+L *solum* soil〗

ver·tu /vəːtúː, ← | vɜːtúː/ *n.* =virtu.

Ver·tue /vɚ́ːtjuː | vɜ́ːtjuː, -tʃuː/, **George** *n.* バーチュー《1684–1756; 英国の美術家・彫版画家》.

Ver·tum·nus /vətʌ́mnəs | vɜː-/ *n.* 〖ローマ神話〗ウェルトゥムヌス《四季・庭園・果樹園の神; Pomona の夫; Vortumnus ともいう》. 〖□L ~ ← *vertere* to turn: ⇨ verse[1]〗

Ver·u·lam /vérjʊləm | -rʊ-, -rjʊ-/, 1st Baron *n.* Francis Bacon の称号.

Ver·u·la·mi·an /vèrjʊléɪmiən | -rʊ-, -rjʊ-/ *adj.* Francis BACON の[に関する]. 〖1671〗

Ver·u·la·mi·um /vèrjʊléɪmiəm | -rʊ-, -rjʊ-/ *n.* ウェルラミウム《イングランド St. Albans 市の古名》.

ver·vain /vɚ́ːveɪn | vɜ́ː-/ *n.* 〖植物〗クマツヅラ科クマツヅラ属 (*Verbena*) の植物の総称; (特に)クマツヅラ (*V. officinalis*)《もと, 民間薬として用いられた; European vervain ともいう》. 〖(a1393)□(O)F *verveine* □L *verbēna* green bough〗

vérvain máilow *n.* 〖植物〗ばら色の花の咲くアオイ科ゼニアオイ属の植物 (*Malva alcea*). 〖1548〗

verve /vɚ́ːv | vɜ́ːv/ *n.* **1** (文学作品・美術作品に見られる)生気, 熱, 活気, 力 (enthusiasm, spirit). **2** 精力, 気力, 活力 (energy, vigor). **3** 《古》才能, 特性 (talent). 〖(1697)□(O)F ~ 'enthusiasm, fancy' □L *verba* (pl.) ← *verbum* 'WORD'〗

ver·velle /vɚ́ːvél | vɜ́ː-/ *n.* 〖甲冑〗(basinet に camail を付ける)鐶(かん), 留金. 〖□F《廃》~ ← LL *vertibulum* joint ← L *vertebra*: cf. vertebra〗

ver·vet /vɚ́ːvɪt | vɜ́ː-/ *n.* 〖動物〗ベルベットモンキー (*Cercopithecus aethiops pygerythrus*)《アフリカ南部および東部産のオナガザル科オナガザル属のサル; vervet monkey ともいう. cf. green monkey, grivet》. 〖(1893)□F ~ ← *ver(t)* green+(*gri*)*vet* 'GRIVET'〗

Ver·viers /vɛəvjéɪ | vé:vièɪ; F. vɛʁvje/ *n.* ヴェルヴィエ《ベルギー東部 Liège の東にある都市; 羊毛工業の中心地》.

Ver·woerd /fəvúət | fəvúət, fɛə-; *Afrik.* fɛrvúːrt/, **Hendrik Frensch** /frénʃ/ *n.* フルウールト《1901–66; 南アフリカ共和国の政治家, 首相 (1958–66); アパルトヘイト政策を進め, 英連邦から脱退 (1961); 暗殺された》.

ver·y /véri/ *adv.* **1 a** [通例, 形容詞・副詞を修飾して] 非常に, 大変, 大そう, きわめて (extremely): a ~ good omen きわめていい前兆 / a ~ lucky chance 非常な好機 / It is ~ good of you. ご親切ほんとうにありがとう / *Very* few [many] (people [of the people]) believe in it. それを本当と信じる者はきわめて少ない[多い] / *Very* much [little] of it is true. そのほとんどが真実だ[真実でない] / He ~ often fails. 彼は実によくしくじる / That is ~ easily done. それは全くわけなくできる / This road is ~ much used by motorists. この道路はドライバーに非常によく使われている / She writes ~ much more interestingly now than before. 彼女は今は以前よりずっと興味を引く書き方をする / You know ~ *well* what you should do. やるべきことがよく分かってるね.

語法 (1) 形容詞・副詞の原級を修飾する: ~ earnest, dangerous, etc. / ~ earnestly, dangerously, etc. (cf. much *adv.* 1; cf. 2). (2) 分詞を修飾する場合はその分詞が形容詞化しているときに限る; 特に過去分詞を修飾する場合には, それが主に人の心的または肉体的状態を述べる語であるときだけである; ただし《口語》では上記に限らず very を用いる傾向がある: a ~ exciting story / a ~ interesting book / He wore a ~ puzzled expression. ひどく当惑したような顔つきをしていた / I was ~ (much) pleased, delighted, tired, annoyed, surprised, etc. (cf. a *much* [*highly*] respected person). (3) 強意的に繰り返すことがある: ~ ~ big / It was ~, ~ cold. とてもとても寒かった.

b [否定語の後に用いて] あまり, さほど, 大して(…ではない); ちっとも(…でない): I can*'t* see it ~ well. あまりよく見えない / I *can't* ~ *well* take it back now (that) I've worn it, can I! 着てしまったのでとても返品なんてできません / Is he a good pitcher?—No, *not* ~. 彼はいい投手かね—いーや, 大して(★ 肯定の答は Yes, ~. ええとても) / She wasn*'t* ~ sorry he had gone. 彼がいなくなってほっとした. **2** [強意語として the, one's, または one's own に添えて] (cf. *adj.* 1) 本当に, まさに, 全く (truly): That's *the* ~ best [~ much *the* best] thing you can do. それこそ君にできる最善のことだ / That's ~ much *the* most useful thing you can do. 君にできる一番有益なことだ / Nothing but *the* ~ best for you, my dear! あなたには一番すばらしいものをあげたい / *the* ~ first [next, last] いの一番[すぐ次, どんじり] / He drank it to *the* ~ last drop. 最後の一滴まで飲み干した / It is *the* ~ last thing I expected. それは全く思いもよらなかったことだ / He gave me *the* ~ same account as you had. 彼は君と全く同じ話[説明]をした / at *the* ~ most [least, earliest, latest] せいぜい[少なくとも, 最初に, 最後に] / in *the* ~ opposite direction まるで[ちょうど]反対の方向に / *one's* ~ *own* doll ほんとに自分の人形 / May I keep it for *my* ~ *own*? これほんとに私がもらっていいのですか.

Véry fine! [しばしば反語的] けっこう; りっぱりっぱ, 見事見事. ***Vèry góod.*** 承知しました, かしこまりました. ★ 次の Very well. よりは丁寧な言い方: Will you call a taxi for me?—*Very good,* sir. タクシーを呼んでくれないか—かしこまりました. ***Vèry wéll.*** 承知し(まし)た, いい(です)よ, よし: You have to do it.—*Very well,* then, I'll do it. 君はそれをしなければなりません—分かりました. ではいたします.

— *adj.* [限定的] (**ver·i·er; -i·est**) **1** [強意語として the, this, that または one's に伴って] ちょうど[まさに]その, まさにぴったりの; 本当の, 全くの (truly such) (cf. *adv.* 2): *the* ~ hat she wanted to get ちょうど彼女が欲しがっていた帽子 / This is *the* ~ thing *for* you (to have [to do]). これは君(が持つ[する])にはもってこいのものだ / He is *the* ~ picture of his father. 彼は父親に生き写しだ / I'll help you to *the* ~ end [limit of my resources]. 最後の最後まで[資金の限り]君の援助をしよう / It happened at *the* ~ beginning [end] of last year [of the book]. 昨年の[本の]最初[最後]に起こった / at *the* ~ bottom of the lake 湖の一番底に / full to *the* ~ brim [top] 縁ぎりぎりまで一杯の / *the* ~ center of the target 的(まと)のまんまん中 / to *the* ~ bone 骨の髄まで / I was *the* ~ last to arrive. 一番あとに着いた / at *this* ~ minute 今の今, 今すぐ / in *that* ~ place ちょうどあの場所で / do *one's* ~ best 精一杯の努力をする / from *my* ~ childhood 私がほんの子供の時から / under *your* ~ eyes 君の目の前で / Those were *her* ~ words! 以上は彼女のことばどおりだ. **2 a** …ですら (even): His ~ children despise him. 子供たちまで彼を軽蔑する. **b** 単なる…すら, …だけでも (mere): The ~ thought of it is sickening. それを考えるだけでも気持ちが悪い / The ~ fact of his presence is enough. 彼がそこにいるというだけで十分だ. **3** 《古》〈感情など〉純粋な, 心底からの, 全くの (sheer): *for* [*from*] ~ pity 心底から哀れんで. **4** 《古》**a** 真の, 真実の, 本当の (true, genuine): in ~ truth [deed] 本当に, 実に, 実際 / the ~ God of peace まことの平和の神 (*1 Thess.* 5:23) / *Very* God of ~ God まことの神よりのまことの神《Nicene Creed 中の句》/ This is the ~ Christ. これはまことのキリストである (*John* 7:26). **b** [強意語として]〈好ましくない人・物事が〉その名の通りの, 真の, 徹底した, 全くの (utter): show oneself a ~ knave 悪党の本性を表す. ★ 通例, 最上級 (veriest) または比較級 (verier) で用いて: *the veriest* cowardice この上もなく浅ましい卑怯さ / *The veriest* fool knows it. どんな大ばかでも知っている / A *verier* tyrant will never appear. これよりひどい暴君が現われることはあるまい. 〖adj.: (c1275)《古義》true □ OF *ver(r)ai* (F *vrai*) < VL **vērācum*=L *vērāx* ← L *vērus* true ← IE **wero-* to be friendly. — adv.: (a1325) ← (adj.)〗

Ve·ry /véri, víəri | víəri, véri/, **Jones** *n.* ベリー《1813–80; 米国の詩人; *Essays and Poems* (1839)》.

véry hárd *adj.* 〈チーズが〉超硬質の; おろすのに適した. 〖1943〗

véry hìgh fréquency *n.* 〖通信〗超短波《30–300 megahertz の範囲内にある周波数; 略 VHF》. 〖1920〗

véry lárge-scàle integrátion *n.* 〖電子工学〗超高密度[超大規模]集積回路, 超 LSI (略 VLSI).

V

Vé·ry lìght /víᵊri-, véri- | víəri-, véri-/ *n.* ベリー式信号(光)《夜間, 特殊なベリー式ピストル (Very pistol) から打ち出す色彩閃光; その組合わせが暗号となる; Very signal, Very's night signal ともいう》. 〘(1907) ← *Edward W. Very* (1847-1910: 1877 年にこれを発明した米国海軍士官)〙

véry lóng báseline interferòmetry *n.* 〘天文〙超長基線(電波)干渉法《複数の電波望遠鏡を用いて宇宙の超遠方の物体を観測する技術; 略 VLBI》.

véry lòw fréquency *n.* 〘通信〙超長波《3-30 kilohertz の範囲内にある周波数; 略 VLF》. 〘1938〙

Vé·ry pìstol /víᵊri-, véri- | víəri-, véri-/ *n.* ベリー式信号拳銃[ピストル] (⇨ Very light). 〘1915〙

Véry Réverend *n.* …師 (dean, canon, rector, superior (修道院長)などの聖職者に対する敬称).

Vé·ry sìgnal /víᵊri-, véri- | víəri-, véri-/ *n.* ＝Very light.

Vé·ry's níght sìgnal /víᵊriz-, vériz- | víəriz-, vériz-/ *n.* ベリー式夜間信号 (⇨ Very light).

VESA /víːsə/ 《略》 Video Electronics Standards Association 《パーソナルコンピューターのビデオ規格の標準化を目指す, ビデオコントローラー・ディスプレー・モニターなどの製造業者の団体; SVGA 規格を策定》.

Ve·sak /vésæk/ *n.* 〘仏教〙ウェーサク[ベーサカ]祭《ブッダの生誕・悟り・入滅を祝う南方仏教の重要な祭》. 〘(1927) □ Skt *vaiśākha* the month April-May〙

Ve·sa·li·us /vɪ̈séɪliəs/, **Andreas** *n.* ベサリウス《1514-64; イタリアなどに在住した Flanders の医学者; 近代解剖学の祖》.

ve·si·ca /vésɪkə, vɪ̈sáɪ-/ *n.* (*pl.* **-si·cae** /vésɪ̈sìː, -kìː, vɪ̈sáɪsìː, -kìː | -sɪ-/) **1** 〘解剖〙嚢(のう) (bladder); (特に)膀胱(ぼうこう) (urinary bladder). **2** 〘昆虫〙内鞘《昆虫の雄交尾器の内側に存在する》. **3** 〘建築〙＝vesica piscis. 〘(1683) □ L *vēsīca* bladder, blister ← IE *udero- abdomen: cf. Skt *vasti* bladder〙

ves·i·cal /vésɪ̈kəl, -kḷ | -sɪ-/ *adj.* **1** 〘解剖〙嚢(のう)の; (特に)膀胱(ぼうこう)の: a ～ calculus 膀胱結石. **2** (形が)嚢状の, 楕円形の. 〘(1797) □ F *vèsical*: ⇨ ↑, -al[1]〙

ves·i·cant /vésɪ̈kənt | -sɪ-/ *adj.* 水疱を生じる, 発疱させる (blister-producing). ― *n.* **1** 発疱剤. **2** 〘軍事〙糜爛(びらん)ガス, 糜爛性毒ガス (lewisite など). 〘(1661) ← L *vēsīca* 'VESICA'＋-ANT〙

vésica pís·cis /-páɪsɪ̈s, -pís-, pískɪ̈s | -ɪs/ *n.* 〘建築〙(中世ゴシック宗教建築における聖像の)後光《先が尖った楕円形の装飾; mandorla ともいう》. 〘(1809) □ L *vēsīca piscis* fish bladder: ⇨ vesica, fish[1]〙

ves·i·cate /vésəkèɪt | -sɪ-/ *vt.* 〈皮膚などを〉発疱させる, …に水疱を生じさせる. ― *vi.* 発疱する, 水疱を生じる (blister). 〘(1657) ← ML *vēsīcātus* (p.p.) ← *vēsīcāre*: ⇨ vesica, -ate[3]〙

ves·i·ca·tion /vèsəkéɪʃən | -sɪ-/ *n.* 〘医学〙水疱, 発疱; 発疱疹. 〘1543〙

ves·i·ca·to·ry /vésɪ̈kətɔ̀ːri, vəsíkə- | vésɪkèɪtəri/ *adj.*, *n.* ＝vesicant.

ves·i·cle /vésəkḷ, -sɪ- | -sɪ-/ *n.* **1** 小嚢(のう), 小胞 (small sac). **2** a 〘解剖〙小(水)疱, (特に)小液胞, (分泌)小胞: air ～s 肺胞 / the seminal ～s 精嚢. **b** 〘動物〙小胞, 小嚢. **3** 〘病理〙小疱, (小)水疱, 小疱疹. **4** 〘細菌〙(真菌の)頂嚢. **5** 〘植物〙小気嚢, 小気胞. **6** 〘岩石〙(火山岩中の)気孔, 小孔. 〘(?a1425) □ L *vēsīcula* small blister, sac, etc. (dim.) ← *vēsīca* 'VESICA'〙

ves·i·co- /vésəkou, -sɪ- | -sɪkəu/ 〘解剖〙「膀胱(ぼうこう)の; 膀胱と…との」の意の連結形: *vesicoureteral*. 〘← L *vēsīca* (↑)〙

ves·i·cot·o·my /vèsəkɑ́(ː)təmi | -sɪkɔ́t-/ *n.* 〘外科〙膀胱(ぼうこう)切開(術). 〘⇨ ↑, -tomy〙

vèsico·uréteral *adj.* 〘医学〙膀胱尿管の《膀胱と尿管に関する》.

V

vésicoureteral réflux *n.* 〘医学〙膀胱尿管逆流(現象)《尿が膀胱から尿管へ逆流すること; 略 VUR》. 〘1982〙

vèsico·uretéric *adj.* 〘医学〙＝vesicoureteral.

vésicoureteric réflux *n.* 〘医学〙＝vesicoureteral reflux.

ve·sic·ul- /vɪ̈síkjʊl/ (母音の前にくるときの) vesiculo- の異形.

ve·sic·u·lar /vɪ̈síkjʊlə, vɛ- | -lə(r)/ *adj.* **1** 小嚢(のう)の, 小胞の. **2** 小嚢[小胞]状の. **3** 小胞を有する, 小嚢[小胞]から成る. **4** 〘医学〙 **a** 小胞(性)の, 小嚢(性)の, 小水疱(性)の: ～ rale 水疱音. **b** 肺胞の (alveolar): ～ murmur 肺胞音. **～·ly** *adv.* **ve·sic·u·lar·i·ty** /vɪ̈sìkjʊlǽrəti, vɛ-, -lér- | -lǽrɪ̈ti/ *n.* 〘(c1715) ← L *vēsīcula* (⇨ vesicle)＋-AR[1]〙

vesícular exanthéma *n.* 〘獣医〙水疱疹《鵞口瘡(がこうそう)に似た豚の伝染病》.

vesícular stomatítis *n.* 〘獣医〙水疱性口炎. 〘c1903〙

ve·sic·u·late /vɪ̈síkjʊlɪ̈t, -lèɪt/ *adj.* **1** 小嚢(のう)のある, 小胞でおおわれた. **2** 小嚢[小胞]性の. **3** 〘病理〙小(水)疱を生じた. ― /-lèɪt/ *v.* ― *vt.* **1** 小嚢[小胞]状になる. **2** 〘病理〙…に小(水)疱を生じる. ― *vi.* **1** 小嚢[小胞]状になる. **2** 〘病理〙水疱を生じる. **ve·sic·u·la·tion** /vɪ̈sìkjʊléɪʃən/ *n.* 〘(1865) ← NL *vesiculatus* ← L *vēsīcula*: ⇨ vesicle, -ate[2,3]〙

ve·sic·u·lo- /vɪ̈síkjʊlou | -ləu/「小嚢(のう), 小胞 (vesicle); 小嚢と…との」の意の連結形. ★ 母音の前では通例 vesicul- になる. 〘(1898) ← L *vēsīcula*: ⇨ vesicle〙

Ves·pa·sian /vɛspéɪʒən, -ʒiən | -ziən, -ʒiən/ *n.* ウェスパシアヌス《9-79; ローマ皇帝 (69-79); ラテン語名 Titus Flavius Sabinus Vespasianus》.

ves·per /véspə | -pə(r)/ *n.* **1** 夕べの祈り[礼拝, 聖歌], 晩禱 (evensong). **2** 晩課[晩禱]の鐘 (vesper bell). **3** [V-] 宵の明星 (Hesperus) (⇨ Venus 2). **4** 《詩・古》夕暮, 夕べ, 晩 (evening). **5** [しばしば Vespers, 単数または複数扱い] **a** (ローマカトリック教会で)晩課《時禱の第 6 時, 日没時に行う; cf. canonical hour 1》; 晩課の時刻: ⇨ Sicilian Vespers. **b** (英国国教会で)晩禱《昔の晩課 (Vespers) と終課 (Compline) からなる》; 晩禱の時刻. **c** 晩課[晩禱]礼拝《午後遅くあるいは夕方に行われ, 通例音楽を伴う》. 〘(1611) □ OF *vespres* (F *vêpres*) □ eccl.L *vesperās* (acc.pl.) ← L *vespera* (*hōra*) evening (fem.) ← *vesperus* 'of VESPER': cf. Gk *hespérā*〙 **6** 《詩》(祈りを捧げるような)夕暮れの鳥のさえずり. ― *adj.* [限定的に] 夕べの, 晩の, 夕暮れの; 晩課の, 晩禱の: a ～ prayer 夕べの祈り / ～ service 晩課[晩禱]礼拝 / a ～ bell＝*n.* 2. 〘(a1393) □ L ～ 'evening (star)' ← IE* *wespero-* (原義) ? the setting of the sun (Gk *hésperos* / OIr. *fescor*): cf. Hesperus, west〙

ves·per·al /véspərəl/ *n.* 〘キリスト教〙 **1** 晩課集, 晩禱書, 晩禱対唱聖歌集. **2** 祭壇掛布 (altar cloth) の覆い《儀式以外のときに白色の祭壇掛布を保護する掛布》. ― *adj.* 《まれ》夕べの, 夕暮れの. 〘(1623) □ F *vespéral*: ⇨ ↑, -al[1]〙

vésper bìrd *n.* 〘鳥類〙＝vesper sparrow.

vésper mòuse *n.* 〘動物〙＝white-footed mouse. 〘1859〙

vésper ràt *n.* 〘動物〙ヨルネズミ《中米・南米産の樹上性で夜行性のネズミ》: **a** ヨルネズミ (*Nyctomys sumichrasti*) (1 属 1 種). **b** ユカタンヨルネズミ (*Otonyctomys hatti*) (1 属 1 種).

vésper spàrrow *n.* 〘鳥類〙オジロヒメドリ (*Pooecetes gramineus*) (北米産のホオジロ科の鳥の一種). 〘(1869): 夕暮れに鳴くところから〙

vésper·tìde *n.* 晩課[晩禱]の時間; 夕暮れ, 夕べ (evening). 〘1808〙

ves·per·til·i·an /vèspətíliən | -pə-˝/ *adj.* 〘動物〙ヒナコウモリの[に関する]. 〘(1874) ← L *vespertīliō*: ⇨ Vespertilionidae, -an[1]〙

ves·per·til·i·o·nid /vèspətíliənɪd | -pə-/ *adj.*, *n.* 〘動物〙ヒナコウモリ科の(コウモリ). 〘(1875) ↓〙

Ves·per·til·i·on·i·dae /vèspətìliɑ́(ː)nədìː | -pə-tìliɔ́nɪ-/ *n. pl.* 〘動物〙ヒナコウモリ科. 〘← NL ～ ← L *vespertīliō* bat ← *vesper* 'VESPER': ⇨ -idae〙

ves·per·til·i·o·nine /vèspətíliənàɪn, -nɪ̈n | -pə-tíliənàɪn, -nɪn/ *adj.* 〘動物〙＝vespertilionid. 〘(1875): ⇨ ↑, -ine[1]〙

ves·per·ti·nal /vèspətáɪnḷ | -pə-˝/ *adj.* ＝vespertine.

ves·per·tine /véspətɪ̈n, -tàɪn | -pətàɪn/ *adj.* **1** 晩の, 夕べの, 夕方になされる, 夕方起こる: a ～ shadow 夕暮れの影. **2** 〘植物〙〈花が〉夕方に開く, 夕咲きの. **3** 〘動物〙夕方に現れる[飛ぶ, 餌を捕る] (crepuscular). **4** 〘天文・占星〙〈惑星が〉日没時[直後]に(太陽に続いて)地平線に没する. 〘(1502) □ L *vespertīnus* belonging to the evening: ⇨ vesper, -ine[1]〙

ves·pi·ar·y /véspièri | -piəri/ *n.* スズメバチの巣; 巣の中のスズメバチの集団. 〘(1817) ← L *vespa* 'WASP'＋(AP)IARY〙

ves·pid /véspɪ̈d | -pɪd/ *adj.*, *n.* 〘昆虫〙スズメバチ科の(ハチ). 〘(c1900) ↓〙

Ves·pi·dae /véspədìː | -pɪ-/ *n. pl.* 〘昆虫〙(膜翅目)スズメバチ科. 〘← NL ～ ← L *vespa* 'WASP'＋-IDAE〙

ves·pine /véspaɪn, -pɪ̈n | -paɪn, -pɪn/ *adj.* スズメバチ類 (wasp) の, スズメバチのような. 〘(1843) ← L *vesp(a)* (↑)＋-INE[1]〙

Ves·puc·ci /vɛspúːtʃi; *It.* vespúttʃi/, **A·me·ri·go** /amerí:go/ *n.* ベスプッチ《1454-1512; イタリアの商人・冒険家・航海家; 2 度にわたってアメリカ大陸に航海; ラテン語名 Americus Vespucius /əmérɪ̈kəs vespjúːʃiəs, -ʃəs | -rɪ-/》. ★ America という名称は通例この人の名 Amerigo のラテン語名から考えられている.

ves·sel /vésəl, -sḷ/ *n.* **1 a** 船《普通の rowboat より大型のもの; ⇨ ship SYN》: a passenger ～ 客船 / a merchant ～ 商船 / ⇨ sailing vessel, war vessel. **b** 飛行船 (airship); 航空機. **2** 容器, 入れ物, 器《水差し・コップ・つぼ・はち・びん・なべ・皿など》: acoustic ～s (昔劇場で用いた)伝声器 / consecrated [holy, sacred] ～s (聖餐用のパンやぶどう酒に直接触れる)聖器: drinking ～s. **3** 〘解剖・動物〙導管, 脈管, 管 (duct); (特に)血管 (blood vessel): the lymphatic ～s リンパ管 / capillary ～ 毛細血管 (⇨ capillary 1). **4** 〘植物〙(被子植物の木部にある)道管, 導管 (trachea) (cf. tracheid). **5** (聖書の慣用から, 比喩的に, またしばしば戯言的に, ある精神的特質を入れる器と見た)人: a ～ of grace [mercy] 恩寵(おんちょう)[慈悲]を受ける人 / a chosen ～ 選ばれる器, (神に)選ばれた人 (cf. *Acts* 9:15) / a weak ～ 弱き器, 頼みにならぬ人 / ～s of wrath 怒りの器, 神の怒りに遭うべき人々 (cf. *Rom.* 9:22) / ⇨ weaker vessel. 〘(c1303) □ AF ～＝OF *vaissel* (F *vaisseau*) <LL *vāscellum* (dim.) ← *vās*: ⇨ vase〙

vest /vést/ *n.* **1 a** チョッキ, ベスト; 女性用チョッキ, ベスト: a ～ pocket チョッキのポケット. ★《英》では今は主に商業用語. **b** (救命着のような袖なしの)防護用胴着. **2** 《英》肌着, シャツ, T シャツ. **3** (婦人服の通例 V 字型の)胴衣前飾り (cf. dickey[1] 2 c). **4** 《古》 **a** (Charles 二世時代に男子が着た) cassock に似た長衣. **b** 外衣; 長上衣. **c** 聖職服, 僧服, 祭服.

pláy it clóse to the vést 《米口語》不必要な危険を避ける, 無用な危険を冒さない.

― *vt.* **1** [通例 p.p. 形で] **a** 〈権利・財産などを〉〔人の〕管理に置く, 〔…に〕帰属させる, 付与する〔*in*〕: ～ property [rights, authority, power] *in* trustees 財産[権利, 権力, 機能]を管理人の管理に置く / become ～*ed in* …に帰属する, …のものとなる / The jurisdiction of the district is ～*ed in* him. その地方の裁判権は彼に付与されている / By the authority ～*ed in* me I hereby pronounce you man and wife. 私に与えられている権限によりここにあなたがたを夫婦と宣言します. **b** 〔権利・財産などを〕〈人〉に与える, 授ける (endow) 〔*with*〕: ～ a person *with* rights in an estate 人に財産権を与える / He is ～*ed with* authority. 彼は権力を与えられている **2** [通例 ～ *oneself* または p.p. 形で] 《詩》…に祭服[僧服]をまとわせる; …に衣服を着せる (clothe, dress): a priest ～*ed with* a chasuble 上祭服を着けた司祭 / The celebrant ～*s himself* in the vestry [sacristy]. (ミサ執行の)司祭は祭服室[聖具室]で祭服を着る. **3** 〈祭壇〉に布を掛ける, 布で覆う (cover, drape): ～ the altar. **4** 〈金を〉投ずる, 投資する (invest). ― *vi.* **1** 〈権利・財産などが〉〔…に〕属する, 帰する, 帰属する〔*in*〕: ～ *in* possession 所有物として帰属する / Upon the death of the father, the estate ～*ed in* his son. 父の死後は財産はその息子に帰属した. **2** 祭服を着ける.

～·like *adj.* **～·less** *adj.*

〘n.: (1613) □ F *veste* □ It. < L *vestem*, *vestis* garment ← IE *wes- to clothe (Gk *esthḗs* garment / Skt *vastra*): cf. wear[1]. ― v.: (c1425) □ OF *vestir* (F *vêtir*) < L *vestīre* to clothe ← *vestis*〙

Ves·ta /véstə/ *n.* **1** 〘ローマ神話〙ウェスタ《炉と炉の火の女神; 国家を象徴するその祭壇では聖火 (vestal fire) が絶えることなく燃やされていた; ギリシャ神話の Hestia に当たる; cf. vestal virgin》. **2** [v-] 短い蠟(ろう)軸マッチ; 短い木製マッチ. **3** 〘天文〙ベスタ《小惑星番号 4 番の小惑星》. **4** ベスタ《女性名》. 〘(a1387) □ L ～: cf. *Hestiā* goddess of the home (*heetiā* hearth, home の擬人化)〙

ves·tal /véstḷ/ *adj.* **1** 女神 Vesta の[に捧げた]: the ～ fire ウェスタの神殿に絶えることなく燃え続けた聖火. **2** ウェスターリス (vestal virgin) のような; 貞潔な, 純潔な, 処女の: in pure and ～ modesty 汚れぬ乙女の慎しみで (Shak., *Romeo* 3. 3. 38). ― *n.* **1** ＝vestal virgin 1, 2. **2** 《まれ》尼. **～·ly** *adv.* 〘(1432-50) □ L *Vestālis*: ⇨ ↑, -al[1]〙

véstal vírgin *n.* **1** ウェスターリス《女神 Vesta に身を捧げた処女; 終生の(一説には 30 年の)貞潔を誓い, ローマにおける女神の祭壇に燃える不断の聖火 (vestal fire) を守った 4 人(後には 6 人)の処女の一人》. **2** 処女 (virgin); 純潔の未婚女性. **3** 神に身を捧げた女性, 修道女, 童貞, 尼 (nun). 〘1600〙

vést·ed *adj.* **1** 〘法律〙〈権利・財産権など〉所有の定まった; 確定の, 既得の: ⇨ vested interest, vested right (cf. contingent). **2** 祭服を着た: a ～ choir 祭服を着た聖歌隊. **3** チョッキを含んだ, 三つぞろいの: a ～ suit 三つぞろいの背広. 〘1671〙

vésted estáte *n.* 〘法律〙確定的不動産権《占有しているか否かにかかわりなく, 停止条件その他の不確定な条件の付けられていない無条件に享有しうる不動産権》. 〘1818〙

vésted ínterest *n.* **1 a** 〘法律〙既得権, 確定的権利〔*in*〕《特に, 無条件に不動産権を享有しうる権利; vested estate, vested right ともいう; cf. contingent interest》. **b** (経済・政治・社会的な)現存体制による受益[恩恵]. **2** 既得権者. **3** [*pl.*; 集合的] 現存体制の受益階層[団体], (現存体制に利害関係をもつ)支配階層[団体]. **4** 〘法律〙(被雇用者の)年金受給権 (vested right). 〘1818〙

vésted ríght *n.* 〘法律〙 **1** (個人の基本権としての)私有財産尊重の法原理. **2** 既得権, 確定的権利《絶対的かつ完全な権利で, 私人の行為によって侵されず, 通常憲法上の保障が与えられる; cf. vested estate, vested interest 1 a, 4》. 〘a1797〙

vest·ee /vestíː/ *n.* **1** ベスティー《女性のジャケットまたはブラウスの開いた端から見せる装飾的前飾り》. **2** ＝dickey[1] 2. 〘(1904) ← VEST (n.)＋-EE[2]〙

Ves·ter·å·len /véstərɔ̀ːlən, -rɑ̀ː- | -rɔ̀ː-; *Norw* véstərɔːlən/ *n. pl.* [the ～] ヴェステルオーレン諸島《ノルウェー北西岸沖 Lofoten 諸島の北東にある島群; 周辺海域は優良な漁場》.

ves·ti·ar·y /véstièri | -tiəri/ *adj.* 《まれ》服装の, 衣服の; (特に)祭服の. ― *n.* **1** (教会の)祭服室 (vestry); (僧院の)衣服室[箱]. **2** [集合的] 衣服 (clothing); (特に)祭服. 〘(c1300) □ OF *vestiarie* □ L *vestiārium*: ⇨ vest, -ary〙

ves·tib·u·lar /vestíbjʊlə | -lə(r)/ *adj.* **1** 玄関の, 入口の間の. **2** (客車の)連廊の. **3** 〘解剖〙前庭[前室]の: ～ function tests (耳の)前庭機能検査 / the ～ glands (膣の)前庭腺. 〘(1836): ⇨ vestibule, -ar[1]〙

vestíbular nèrve *n.* 〘解剖〙前庭神経《聴神経の一部で, 平衡感覚を司る》. 〘1872〙

vestíbular sỳstem *n.* 〘解剖〙前庭系《内耳の平衡感覚の仕組み》.

ves·ti·bule /véstəbjùːl | -tɪ̈-/ *n.* **1 a** 入口の間, 玄関 (entrance hall)《玄関のドアの内側のホール》. **b** (奥の部屋へ通じる)控え室, 次の間 (antechamber). **2** (教会の)ポーチ (porch). **3** 〔新しいものへ〕近づく道〔*to*〕: a ～ *to* a new enterprise. **4** 《米》連廊《客車の前後にある出入用の小室, 前後の客車の連絡廊となる》; 手荷物置き場: ⇨ vestibule car. **5** 〘解剖・動物〙(耳・鼻・口腔・喉頭・大脳・膣などの)前庭, 前房, 前室; (特に)内耳腔: the ～ of the ear 内耳腔. ― *vt.* **1** …に入口の間を設ける. **2** 《米》…に連廊を設ける; 〈列車を〉連廊で連結する: a ～*d* train＝vestibule train. **vés·ti·bùled** *adj.* 〘(1623) □ F ～ ∥ L *vestibulum* entrance, forecourt〙

véstibule càr n. 《米》連廊付きの車両.

véstibule làtch n. 玄関錠《外からは鍵であけ, 内からは取っ手を回すだけで開く錠》.

véstibule schòol n. 《米》(工場の)工員養成所, 新入工員訓練所. 〘1918〙

véstibule tràin n. 《米》連廊列車, 貫通式(各車両通り抜け)列車 (《英》corridor train). 〘1889〙

ves·tìb·u·lo·cóchlear nérve /vestìbjʊloʊ- | -ləʊ-/ n. 〘医学〙前庭蝸牛(かぎゅう)神経, 聴神経 (auditory nerve). 〘1962〙

ves·tìb·u·lo·spínal adj. 〘医学〙前庭脊髄の.

ves·tige /véstɪdʒ/ n. 1 (消滅したものの)跡, 痕跡, 形跡, おもかげ, 名残り (mark) (⇨ trace[1] SYN): the ~s of an old castle 古城の跡 / the last ~s of an ancient civilization 古代文明の最後の名残り / There is hardly a ~ left of his former self. 昔の彼のおもかげはほとんど残っていない. 2 [通例否定語を伴って] ほんの少し(も…ない) 〔of〕: *without* a ~ *of* clothing 全く衣服を着ないで, 一糸まとわず / There is *not* a ~ *of* [the *slightest* ~ *of*] humor in the book. その本にはこれっぱかしのユーモアもない / Only a few last ~s *of* hope remained. 最後の望みがごくわずかに残っているにすぎなかった. 3 〘生物〙(昔あった器官・構造の)痕跡, 痕跡器官 (vestigium): the ~s of (a) tail in the human body 人体における尾の痕跡. 4 (人・動物の)足跡 (footprint, track). 〘(1602) □ F ~ □ L *vestigium* footprint〙

vestigia n. vestigium の複数形.

ves·ti·gi·al /vestídʒiəl, -dʒəl, -dʒl/ adj. 痕跡の, 跡に残った, 名残りの; 〘生物〙痕跡器官の: ~ organs 〘生物〙痕跡器官. **~·ly** adv. 〘(1877): ⇨ vestige, -al[1]〙

vestígial side bànd n. 〘通信〙残留側波帯《側波帯の一方の大部分を除去した通信方式; cf. single side band》. 〘1940〙

ves·ti·gi·um /vestídʒiəm/ n. (pl. **-gi·a** /-dʒiə/) 〘生物〙痕跡, 痕跡器官 (vestige). 〘(1637) □ L *vestigium*: ⇨ vestige〙

ves·ti·ment /véstəmənt/ n. 《古》=vestment.

ves·ti·men·ta·ry /vèstəméntəri, -tri/ adj. 《文語》衣服の. 〘1803〙

ves·ti·men·tif·e·ran /vèstɪmentífərən/ n. 〘動物〙ハオリムシ《海底の熱水噴出孔周辺に群体で生息する細長い蠕(ぜん)虫状の動物; みずから分泌したキチン質の棲管の中にすみ, みずからの組織内部に共生する硫化物を食べる細菌から有機栄養分を得る; 有鬚(しゅ)動物門 (Pogonophora) に分類されるが, 時に独立した門 (Vestimentifera) ともみなされる》. 〘← NL *vestimentifera* ← L *vestimentum* 'VESTMENT'+-FER+-AN〙

vést·ing n. 1 チョッキ地《シルク・ピケ (piqué)・バーズアイ (bird's eye) など》. 2 (被雇用者による全部または一部の)年金受給権(の保有). 〘(1813) ← VEST (n., v.)+-ING[1]〙

vésting òrder n. 〘法律〙権利移転命令. 〘1922〙

ves·ti·ture /véstətʃə, -tʃʊə | -tɪtʃə(r)/ n. 1 (権力・爵位などの)授与 (investiture). 2 [集合的] 衣類 (clothing). 3 〘動物〙体表を覆うもの. 〘(1387) □ ML *vestitura* ← L *vestire* 'to VEST'〙

Vest·man·na·ey·jar /*Icel.* véstmənnaèijar/ n. [the ~] ヴェストマンナエイヤル: 1 アイスランドの南の 14 の島からなる島群; 英語名 Westman Islands. 2 同島群の中心の町.

vest·ment /vés(t)mənt/ n. 1 a 衣服, 衣装; (特に)正服, 式服. b [pl.] 《古》衣類. 2 祭服, 法衣《一般に聖職者・聖歌隊員が礼拝の際に着る cassock, stole, surplice など》; (特に)ミサ祭服; [the ~] 上祭服 (chasuble): Eucharistic [Mass] ~s 聖餐式[ミサ]祭服. 3 (衣服のように)覆うもの: the verdant ~ over the land 野に広がる緑の装い. **vest·ment·al** /vɛs(t)méntl | -tl/ adj. **~·ed** /-tɪd | -tɪd/ adj. 〘(?a1300) □ OF *vestement* (F *vêtement*) □ L *vestimentum* clothing: ⇨ vest, -ment〙

vést-pòcket adj. [限定的] 《米》〈カメラ・書物などが〉(ベストのポケットにはいるような)小型の; 非常に小さい (very small): a ~ dictionary ポケット辞典 / a ~ edition ポケット版. 〘1848〙

vést-pocket cámera n. ベスト判[ベストポケット]カメラ《4.6 cm 幅の裏紙付きロールフィルムにベスト判 (4×6.5 cm) の撮影をするカメラ》. 〘1912〙

vést-pocket párk n. (市内にある)小公園. 〘1966〙

ves·try /véstri/ n. 1 (教会の)祭服室, 聖具室《祭服や聖器具が保管され, また祭服の着替えや教区事務が執り行われる; cathedral その他大教会では通例 sacristy と呼ぶ》. 2 教会付属室《いくつかの教室や小礼拝室・事務室・祈禱会室・日曜学校教室などに用いる》. 3 a [集合的] (米国聖公会・英国国教会の)教会(区)委員《米国聖公会では教会員の選挙によるもので, 英国国教会では教区税負担者の団体; 教区委員 (churchwardens) を選挙して教会事務を司る; 通例 vestry 内で会合を催し, rector または vicar が座長を務める》. b (もと英国国教会の)教会(区)総会 (vestry meeting). **vés·tral** /-trəl/ adj. 〘(1388) *vestrie* (変形)? ← OF *vestiarie*: ⇨ vestiary〙

véstry bòok n. 《英》=parish register. 〘1773〙

véstry-clèrk n. 《英》教会(区)書記 (parish clerk). 〘1706〙

véstry·man /-mən/ n. (pl. **-men** /-mən, -mèn/) 教会(区)委員 (cf. vestry 3). 〘1614〙

ves·ture /véstʃə | -tʃə(r)/ n. 1 《古・詩》 a [集合的] 衣服, 衣類 (garments, clothing). b 衣服(一枚) (garment, robe): the queen in a ~ of gold 黄金の衣を着た女王 (*Prayer Book, Ps.* 45:10; cf. *Ps.* 45:9). 2 《詩・古》(衣服のように)覆うもの, 覆い (covering): a ~ of mist [verdure] 霧のとばり[緑の装い]. 3 〘法律〙(家屋・樹木・鉱山以外の穀物・牧草・下ばえなど)地上育成物に対する権利を内容とする土地占有, 土地収益. — vt. 《古・詩》…に衣服を着せる, 装わせる, 覆う (clothe, cover). **vés·tur·al** /-tʃərəl/ adj. 〘(?c1380) □ OF ~ (F *vêture*) ← *vestir*: ⇨ vest, -ure〙

vés·tur·er /-tʃərə | -rə(r)/ n. (cathedral または collegiate church の)祭服係, 聖具室係. 〘1779〙

Ve·su·vi·an /vɪsúːviən | -súː-, -sjúː-/ adj. 1 Vesuvius 火山の(ような); 火山(性)の (volcanic). 2 急に爆発する, 怒り狂った (furious): a ~ rage 烈火の怒り. — n. [v-] 1 (もと葉巻き用に用いられた)耐風マッチ (fusee). 2 〘鉱物〙=vesuvianite. 〘(1673) ← VESUVI(US)+-AN[1]〙

ve·su·vi·an·ite /vɪsúːviənàɪt | -súː-, -sjúː-/ n. 〘鉱物〙ベスブ石《Vesuvius 火山に多い褐色または緑色の石; idocrase, vesuvian ともいう》. 〘(1888): ⇨ ↑, -ite[1]〙

vesúvianite jáde n. 〘鉱物〙緑色ベスブ石《ベスブ石 (vesuvianite) の緑色のもので貴石の一種; vesuvian jade ともいう》.

vesúvian jáde n. 〘鉱物〙=vesuvianite jade.

Ve·su·vio /*It.* vezúːvjo/ n. ベスビオ《Vesuvius のイタリア語名》.

Ve·su·vi·us /vɪsúːviəs | -súː-, -sjúː-/, **Mount** n. ベスビオ[ベスビアス]山《イタリア南西部, Naples 東方の活火山 (1,281 m); イタリア語名 Vesuvio; ⇨ Pompeii, Herculaneum》.

vet[1] /vét/ 《口語》 n. 獣医(師). — v. (**vet·ted; vet·ting**) — vt. 1 a 〈動物を〉診察する, 治療する. b 《戯言》〈人を〉診察する, 治療する. 2 (詳細に)検査する, 吟味する, 調査する: ~ motorcars. — vi. 獣医(の仕事)をする. 〘(1862) 《略》← VETERINARIAN〙

vet[2] /vét/ 《米口語》 n. 老兵, 在郷軍人. — adj. 老兵の, 在郷[復員]軍人の. 〘(1848) 《略》← VETERAN〙

vet. 《略》veteran; veterinarian; veterinary《veteran を除き, veter. とも略》.

vetch /vétʃ/ n. 〘植物〙 1 a マメ科ソラマメ属 (*Vicia*) の草本の総称《カラスノエンドウ (common vetch) など数種は飼料および土地改良のために栽培される》. b これに類似の植物の総称. 2 vetch の種子[実]. **~·like** adj. 〘(c1384) *feche* □ ONF *veche* (F *vesce*) < L *vicia*〙

vetch·ling /vétʃlɪŋ/ n. 〘植物〙マメ科レンリソウ属 (*Lathyrus*) の植物の総称《特にキバナノレンリソウ (meadow vetchling); スイートピーに似た植物; cf. sweet pea》. 〘(1578): ⇨ vetch, -ling[1]〙

vetch·y /vétʃi/ adj. (**vetch·i·er; -i·est**) カラスノエンドウが生えた[多い]. 〘1579〙

vet·er·an /vétərən, -trən | -tərən, -trən/ n. 1 (長期の兵役または戦役の経験のある)古参兵, 老練兵: Wellington's ~s ウェリントン公指揮下で戦った老兵 / a ~ of many battles 千軍万馬の古兵(ふるつわもの), 歴戦の勇士 / a Vietnam ~ =a ~ of the Vietnam War ベトナム戦争の帰還兵. 日英比較 日本語の「ベテラン」は老練家, 熟練者の意で用いられるが, 英語の *veteran* の最も一般的な意味は「退役軍人」. 日本語の「ベテラン」に当たる最も一般的な英語は an expert, an experienced person [teacher, lawyer] など. 2 経験の豊かな人, 老練家, 古兵: a ~ of the law [stage] 法曹界[劇壇]の古兵 / war [combat] ~s 古参兵. 3 《米》退役軍人, 在郷[復員]軍人 (ex-serviceman)《戦争の経験のある退役軍人で, 服役の期間・種類・廃疾の程度などにより特別の恩典を受ける資格がある; 略 Vet., vet.》. 4 長く使ったもの. 5 老木 (old tree); (特に, 人間の胸の高さあたりにおいて)直径 2 フィート以上の木.

Véterans of Fóreign Wárs (of the Uníted Státes) [the —] (米国)海外従軍軍人会, 外戦従軍将兵協会 (1899 年創設; 略 VFW).

— adj. 1 a (軍事に)老練な, 歴戦の, 千軍万馬の, 古参兵の; 老練な, 老巧な, 経験を積んだ: a ~ campaigner, soldier, golfer, teacher, member of Parliament, etc. / a ~ sailor 老練の水夫 / ~ troops 老練兵部隊. b 《米》退役軍人の. 2 長期にわたる (prolonged): ~ service 長期勤続. 3 長く使った. 4 =veteran car. 〘(1509) □ L *veterānus* (adj., n.) ← *veter-, vetus* old ← IE **wet-* year: ⇨ wether, -an[1]〙

véteran càr n. 《英》(1919 年, 特に 1905 年以前の)クラシックカー (cf. vintage car). 〘1965〙

vet·er·an·ize /vétərənàɪz, -trə- | -tərən-, -trən-/ vi. (兵士として)再応募する (reenlist). — vt. (長期勤務などにより)老練兵とする. 〘1902〙

Véterans Administràtion n. [the ~] (米国の)退役軍人援護局, 在郷軍人局《1930 年設立; 退役軍人援護のための独立行政機関; 略 VA》.

Véterans Dày n. 1 《米》復員軍人の日《11 月 11 日, 法定休日; cf. Armistice Day》. 2 =Remembrance Day 1. 〘1952〙

véteran's préference n. 〘軍事〙《公務員試験の成績評定で特別に配慮するなどの》復員軍人優遇措置. 〘c1941〙

vet·er·i·nar·i·an /vètərənéəriən, -trə- | vètərɪnéəriən, -trɪ-/ n. 《米》獣医(師) (veterinary). 〘1646〙

vet·er·i·nar·y /vétərənèri, -trə- | -tərɪn(ə)ri, -trɪ-/ n. 獣医(師). — adj. 獣医(学)の[に関する]: ~ medicine [science] 獣医学 / ~ surgery 獣医外科学 / a ~ hospital 動物[家畜]病院 / a ~ school [college] 獣医学校. 〘(1790) □ L *veterinārius* ← *veterinus* of cattle ← *veterina (bestia)* draft animal, 《原義》one-year-old animal ← *vetus* old: ⇨ veteran〙

véterinary súrgeon n. 《英》=veterinarian. 〘1802〙

vet·i·ver /vétəvə | -tɪvə(r)/ n. 〘植物〙ベチベルソウ, カスカスソウ (⇨ khuskhus). 〘(1858) □ F *vétyver* □ Tamil *veṭṭivēru* dug-up root ← *vēr* root〙

vétiver òil n. ベチベル油《vetiver の根を蒸留して採る; 香水の原料》.

vet·i·vert /vétəvə | -tɪvə(r)/ n. 〘植物〙=vetiver.

vet·koek /fétkuːk; *Afrik.* fétkuk/ n. (pl. ~, ~s) フェトクック《南アフリカの揚げパンの一種》. 〘□ Afrik. ~ ← *vet* 'FAT' (□ Du.)+*koek* 'CAKE' (□ Du.)〙

Vet MB 《略》Bachelor of Veterinary Medicine 獣医学士.

ve·to /víːtoʊ | -təʊ/ n. (pl. ~es) 1 拒否権《君主・大統領・知事などが議会の法案などに対して有する; また国連の安全保障理事会常任理事国に与えられている; veto power ともいう》; 拒否権の行使: ⇨ pocket veto / The ~ of the Crown has not been exercised since the reign of Queen Anne. 英国元首の拒否権はアン女王の治世以来行使されたことがない / Britain has the power of ~ in the EU and the Security Council of the UN. 英国は欧州連合と国連安全保障理事会とに拒否権を有している / The President used his ~ on the bill [law], but the Congress overrode it. 大統領はその法案に拒否権を行使したが, 議会は再可決した. 2 《米》(大統領の)拒否通告書, 拒否教書《veto message ともいう》. 3 禁止, 禁制, 法度(はっと) (prohibition): A public ~ *on* such performances is only to be expected. こういう興行物を世論の力で差し止めるのは至極当然だ. 4 禁止権, 禁制権限.

***pút* [*sét*] *a* [*one's*] *véto on* [*upon*]** …を拒否する, 否認する: *put a ~ on* the proposal 提案を否決する.

— vt. 1 〈提案・議案などを〉拒否する; (拒否権によって)否認する, 不認可にする (reject): The Crown may, but never does, ~ a bill that has passed both Houses. 英国王は両院を通過した議案を拒否することはできるが事実上そうすることはない / Will the USA ~ any more Security Council resolutions? 合衆国は安全保障理事会の決議案をさらにもっと拒否するだろうか / The President ~*ed* the law [bill] after Congress had passed it. 議会通過後大統領は法案を拒否した. 2 〈行為などを〉差し止める, 禁止する (prohibit): ~ an action 行為を禁止する / In our school smoking by the boys is ~*ed*. 我々の学校では生徒の喫煙は禁止されている. 〘(1629) □ L *vetō* I forbid ← *vetāre* to oppose, forbid〙

vé·to·er n. 拒否者, 拒否権行使者; 禁止者. 〘1893〙

véto·less adj. 拒否権のない.

véto mèssage n. 《米》=veto 2.

véto pòwer n. =veto 1.

Vets /véts/ n. 〘商標〙ベッツ《米国製のペットフード》.

vet·tu·ra /vetúᵊrə | -túərə; *It.* vettúːra/ *It.* n. (pl. **-tu·re** /-reɪ; *It.* -re/) ヴェットゥーラ《イタリアの四輪の辻馬車》. 〘(1851) □ It. ~ < LL *vectūram* ← L *vectus*: ⇨ vex〙

vet·tu·ri·no /vètəríːnoʊ | -tərìːnəʊ; *It.* vetturíːno/ *It.* n. (pl. **-ri·ni** /-niː; *It.* -ni/) ヴェットゥーラ (vettura) の御者[貸主]. 〘(1617) □ It. ~ (↑)〙

Ve·vey /vəvéɪ; *F.* vəvɛ/ n. ブベー《スイスの Geneva 湖畔の保養地》.

vex /véks/ vt. (**~ed; vext**) 1 a [しばしば p.p. 形で] いらいらさせる, うるさがらせる, じらす, 怒らせる (irritate, provoke): ~ oneself じれる, 怒る / This would ~ a saint. これでは仏様でも腹を立てよう / I was ~*ed* by visitors all day. 一日中訪問客に悩まされた / He was often ~*ed at* that naughtiness of his son's. 彼はしばしばそういった息子のいたずらに腹を立てた. b …の心を乱す, 悩ます, 困惑させる (disturb, worry): Those questions kept ~*ing* his mind [him]. それらの問題が彼の心[彼]を悩まし続けた / It ~*ed* him to think about those questions. そういった問題について考えることは彼を苦しめた / It ~*ed* him that those questions were still [should still be] unanswered. そういった問題が未解決なので彼は心を痛めた. 2 〈問題を〉長々と論じる, 綿密に検討する (cf. vexed 2). 3 《詩・文語》騒がす, かき立てる (stir up, agitate): winds that ~ the sea 海に荒波を立てる風. 4 《古》〈病気などが〉…に苦痛を与える, 苦しませる (afflict): ~*ed with* a bad headache ひどい頭痛に苦しんで. 〘(c1415) □ (O)F *vexer* □ L *vexāre* to agitate ← *vexus*=*vectus* (p.p.) ← *vehere* to carry ← IE **weghs-* ← **wegh-* to go in a vehicle: ⇨ vehicle〙

vex·a·tion /vekséɪʃən/ n. 1 いらいらさせる[いらいらする]こと, じらす[じらされる]こと; 悩ます[悩まされる]こと. 2 (心の)苦痛, 悩み, くやしさ, 腹立たしさ, 煩わしさ (mental distress, irritation): in ~ of spirit [mind] 心悩ませて, 心痛して / Much to my ~ I just missed a chance of a good profit. いまいましくてたまらないが私はいいもうけ口をまんまと取り逃した / Just conceive my ~. 私の苦境を考えてもみてください / All is vanity and ~ of spirit. もの皆空(くう)にして心痛ましむ (*Eccles.* 1:14). 3 [しばしば *pl.*] 苦しめるもの, 苦悩[苦痛, 不安]の種, 小うるさいもの[事]: He was subjected to many ~s. 色々な苦しい目に出会った / Your children were ~ to your youth. あなたのお子さんたちはあなたの若き日の悩みの種だった (Shak., *Rich III* 4.4.305). 〘(?c1400) □ (O)F ~ // L *vexātiō(n-)*: ⇨ vex, -ation〙

vex·a·tious /vekséɪʃəs/ adj. 1 煩わしい, じれったい, 腹立たしい, しゃくな, いまいましい (troublesome, annoying): lead a ~ life 煩わしい[苦労の多い]生活を送る / Moving is a ~ business. 引っ越しはやっかいな仕事だ / How ~ to miss one's train! 列車に乗り遅れるのは実にいまいましいことだ / What a ~ person! 何て煩わしい[いまいましい]やつだ. 2 混乱した, 不安な, 乱れた (unquiet, troubled): a ~ period in one's life 生涯の悩みの時期. 3 〘法律〙〈訴訟など〉人いじめの, いやがらせの, 濫訴(らんそ)の: a ~

V

suit [action, proceeding] 濫訴《裁判所によって中止させられることがある》. **～·ly** *adv.* **～·ness** *n.* 〖1534〗

vexed *adj.* **1** いらいらした, 心の休まらない, 困った, 怒った (harassed, annoyed). **2** 《難しくて》長々と論じられる: a ～ question 議論紛々とした[やかましい]問題, 難問題. **3** 《古》(波などの)立ち騒ぐ (agitated): a ～ sea. **véx·ed·ness** /-sɨdnɨs, -st-/ *n.* 〖1440〗

véx·ed·ly /-sɨdli, -st-/ *adv.* いらいらして, 怒って. 〖1748〗

véx·er *n.* 悩ますもの, じらすもの, 腹を立てさせるもの. 〖1530〗

vexilla *n.* vexillum の複数形.

vex·il·lar·y /véksəlèri | -sɨləri/ *n.* **1** 《古代ローマの軍隊で, ある軍旗に属した》古参兵, 老兵. **2** 旗手 (standard-bearer). **— *adj.*** **1** 《古代ローマの》軍旗の. **2** 〖植物〗旗弁 (vexillum) の. **3** 〖動物〗羽弁 (vexillum) の. 〖(1591) ◻ L *vexillārius* standard-bearer: ⇨ vexillum, -ary〗

vex·il·late /véksəlèɪt, -lɨt | -sɨ-/ *adj.* **1** 〖植物〗旗弁のある. **2** 〖動物〗羽弁のある. 〖⇨ vexillum, -ate²〗

vex·il·lol·o·gy /vèksəlɑ́(ː)lədʒi | -sɨlɔ́l-/ *n.* 旗学, 旗の研究. **vex·il·lo·log·ic** /vèksɪlòulɑ́(ː)dʒɪk | -lɔ́dʒ-ˈ/ *adj.* **vèx·il·lo·lóg·i·cal** /-dʒɨkəl, -kl | -dʒɪk-ˈ/ *adj.* **vèx·il·lól·o·gist** /-dʒɨst | -dʒɪst/ *n.* 〖(1959): ⇨ ↓, -logy〗

vex·il·lum /veksíləm/ *n.* (*pl.* **-il·la** /-lə/) **1** 《古代ローマの》軍旗 (military standard); その軍旗下の部隊. **2** 〖動物〗(鳥の羽の)羽弁, 羽板, 羽(う) (vane). **3** 〖植物〗(蝶形花冠の)旗弁. 〖(1726) ◻ L ～ 'military standard' (dim.)? ← *vēlum* sail, cloth〗

véx·ing *adj.* **1** いらだたせる, うるさがらせる, いまいましい. **2** 面倒な, 厄介な. **～·ly** *adv.* 〖*a*1586〗

VF, v.f. 《略》〖気象〗very fair [fine] 天気晴朗; 〖カトリック〗vicar forane; video frequency; visual field; 〖通信〗voice frequency.

VFD 《略》《米》volunteer fire department.

VFL 《略》《豪》Victorian Football League.

V́-formàtion *n.* (鳥・飛行機の) V 字隊形.

VFR 《略》〖航空〗visual flight [flying] rules.

VFW 《略》《米》Veterans of Foreign Wars (of the United States).

v.g. 《略》*L.* verbi grātiā (=for examle).

VG 《略》very good; Vicar-General.

VGA 《略》〖電算〗videographics array《IBM PC 用のビデオ規格の一つ; 一画面の表示ピクセル数を 640×480 ドット(テキストモードでは 720×400 ドット)などとしたもの》.

vgc 《略》〖広告〗very good condition.

VHF /víːèɪtʃéf/ 《略》〖通信〗very high frequency; 〖病理〗viral hemorrhagic fever ウイルス性溶血熱.

VHS /víːèɪtʃés/ 《略》〖商標〗Video Home System《ビデオテープレコーダーの一規格》.

VHT 《略》very high temperature.

Vi /váɪ/ *n.* ヴァイ《女性名》. 〖(dim.) ← VIOLA, VIOLET〗

Vi 《記号》〖化学〗virginium.

VI 《記号》〖米郵便〗Virgin Islands.

VI 《略》Vancouver Island; Virgin Islands; 〖化学〗viscosity index; volume indicator.

vi., v.i. 《略》〖文法〗verb intransitive 自動詞.

v.i. *L.* 《略》vide infra.

vi·a¹ /váɪə, víːə/ *prep.* **1** …を経て, …を通って, …経由で (by way of): He travelled from Dover to Edinburgh ～ London. ドーヴァーからロンドン経由でエジンバラまで旅をした / ～ Canada カナダ経由で. **2** …の媒介で, …を通して, …によって (through the medium of): ～ airmail 航空便で / send a file ～ e-mail ファイルを電子メールで送る / ～ the mass media マスメディアによって. 〖(1779) ◻ L *viā* (abl.) ← *via* (↓)〗

V **vi·a²** /váɪə, víːə/ *L. n.* (*pl.* **～s, vi·ae** /váɪiː, víːaɪ/, 2 では **viae**) **1** 道, 道路, 公道 (way, road). **2** [通例 *pl.*] 〖解剖・医学〗管 (passage, vessel). **3** 〖ローマ法〗(他人の土地に対する)通行権. 〖(1615) ◻ L ～ 'way, street, passage' ← IE **weghyā* ← **wegh-* to go in a vehicle: ⇨ vehicle〗

vi·a³ /víːə/ *int.* 《廃》行け, 立ち去れ, さあ (go on, away). 〖(1596) ◻ It. ～ 'onward' ← *via* way < L *viam* (↑)〗

Vía Áp·pi·a /-ǽpiə; *It.* viːaáppja/ *n.* [the ～] アッピア街道 (Appian Way のラテン語名). 〖1432–50〗

vi·a·bil·i·ty /vàɪəbíləti | -lɨti/ *n.* **1** 生存能力, 生活(能)力; 《特に, 胎児・新生児の》生育力. **2** 実行可能性. 〖(1843) ◻ F *viabilité*: ⇨ ↓, -ity〗

vi·a·ble /váɪəbl/ *adj.* **1** 〈計画などが〉ものになる, 実行できる (practicable). **2** 《独立した社会・経済・政治単位として》発展能力をもつ: a new ～ country 新興国. **3** 知性・想像力に訴える, 興奮をそそる. **4** 生存能力[生活力]のある; 《特に》〈胎児・新生児が〉(胎外で生育可能程度に)成熟した: a 7-month ～ fetus 生育可能の 7 か月の胎児. **5** 育ちうる, 生育しうる; 〈種子が〉発芽しうる: ～ seeds, eggs, etc. **ví·a·bly** *adv.* 〖(1828–32) ◻ F ～ ← *vie* life < L *vītam*: ⇨ vita, -able〗

Vía Cru·cis /-krúːsɨs | -sɪs/ *L. n.* 十字架の道 (cf. STATIONS of the cross); [v- c-] 苦難の道. 〖(1844) ◻ L ～ 'way of the cross'〗

vía do·lo·ró·sa /-dù(ː)lərόusə, -dòulə- | -dɔ̀ləráu-/ *n.* **1** [the V- D-] ヴィアドロローサ《イエスが十字架を負って処刑の地 Golgotha まで歩いた道》. **2** 悲しみの道, 苦しい経験の連続. 〖(1878) ◻ LL *via dolorōsa*: ⇨ dolorous, via²〗

vi·a·duct /váɪədʌ̀kt/ *n.* 《谷の上などに道路・鉄道などを通すための》陸橋, 高架橋[道]《石造りまたはコンクリート造り; 米国では特に鋼鉄の桁(けた)造りのものをもいう》. 〖(1816) ← L *via*+(AQUE)DUCT: ⇨ via²〗

viaduct

viae *n.* via² の複数形.

Vía Fla·mín·i·a /-fləmíniə/ *n.* [the ～] フラミニア街道 (Flaminian Way のラテン語名).

Vi·ag·ra /vaɪǽgrə, -áːg- | vaɪǽg-, vi-/ *n.* 〖商標〗バイアグラ《米国ファイザー (Pfizer) 社製のクエン酸シルデナフィル製剤 (sildenafil citrate); 男性の勃起不全治療薬》. 〖(1998) ← V(IGOR)+(N)IAG(A)RA〗

vi·al /váɪəl/ *n.* ガラス瓶; バイアル《注射薬などを入れる小型の瓶; cf. ampul》. ***póur óut the víals of*** *one's* ***wráth on*** [***upon***] (1) …に怒りを浴びせる. (2) …に恨みを晴らす (cf. *Rev.* 15:7, 16:1). **— *vt.*** (**vi·aled, -alled; -al·ing, -al·ling**) ガラス瓶に入れる[入れて貯蔵する]. 〖(?*c*1380) *viole*《変形》← *fiole* 'PHIAL'〗

Vía Lác·te·a /-lǽktiə/ *L. n.* [the ～] ウィアラクテア, 銀河, 天の川. 〖(1555) ◻ L ～ 'Milky Way'〗

via me·di·a /váɪəmíːdiə, víːəméɪdiə, -méd- | -diə/ *L. n.* (両極端を避けた)中道, ヴィアメディア, 中庸 (mean)《特に, カトリックとプロテスタントとの中間を行く英国国教会の立場を指すことが多い》. 〖(1673) ◻ L ～ 'middle path'〗

vi·and /váɪənd/ *n.* **1** 食品. **2 a** [*pl.*; 集合的]《文語》食物, 食料 (food). **b** 《特に》珍味(佳肴(こう)), ごちそう. 〖(*c*1400) ◻ (O)F *viande* food < VL **vivandam* =L *vivenda* things to be lived on ← *vīvere* to live〗

vía negatíva /-nègətíːvə/ *n.* 〖神学〗否定の道, ヴィアネガティヴァ《否定表現で事物を規定する方法; 例えば神は…ではない (体をもたない, 変化しない, 測りえない, 見えない, など) と言うことによって神の属性を規定する》. 〖(1856) ◻ L ～ 'negative path'〗

ví ápple /víː-/ *n.* 〖植物〗タマゴノキ (⇨ Otaheite apple). 〖*vi*: ← Tahitian〗

Via·reg·gio /vìːərédʒou | -dʒəu; *It.* vjaréddʒo/ *n.* ビャレッジョ《イタリア中部 Tuscany 地方の, リグリア海 (Ligurian Sea) に臨む海港, 避暑地; 詩人 Shelley の溺死体が打ち上げられた所 (1822)》.

vi·át·i·cal séttlement /vaɪǽtɨkəl-, -kɪ- | -tɪ-/ *n.* 〖保険〗生前譲渡, 末期換金《末期患者の生命保険証券を慈善機関などの第三者に割引で売却して代金を患者の医療費などに使うこと; cf. death futures》.

vi·at·i·cum /vaɪǽtɨkəm, vi- | -tɪ-/ *n.* (*pl.* **-i·ca** /-kə/, **～s**) **1** [しばしば V-] 〖キリスト教〗臨終の聖餐, 臨終に授けられる聖体 (cf. extreme unction). **2** 《古代ローマの》公務旅行用給与物, 旅費手当. **3** 旅費手当, 旅行用品. 〖(1562) ◻ L *viāticum* (neut. sing.) ← *viāticus* of a road or journey ← *via* 'VIA²': VOYAGE と二重語〗

vi·a·tor /vaɪéɪtə, viáːtɔə | vaɪéɪtə^(r), viáːtɔː^(r)/ *n.* (*pl.* **-a·to·res** /vàɪətɔ́ːriːz, vìːətɔ́ːreɪs/, **～s**) 旅人, 旅行者. 〖(1504) ◻ L *viātor* ← *viātus*: ⇨ via², -or²〗

vibe¹ /váɪb/ *n.* [通例 *pl.*]《口語》=vibration 4 b. 〖(1967)《短縮》〗

vibe² /váɪb/ *n.* [*pl.*; 通例単数扱い]《口語》=vibraphone. 〖(1940)《短縮》〗

vib·ist /váɪbɨst | -bɪst/ *n.*《口語》=vibraphonist. 〖1955〗

Vi·borg¹ /*Swed.* víːbɔrj/ *n.* Vyborg のスウェーデン語名.

Vi·borg² /víːbɔəg, -bɔəg | -bɔːg, -bɔː^(r)/ *n.* ビボル《デンマーク Jutland 半島中北部の町》.

vi·brac·u·lum /vaɪbrǽkjuləm/ *n.* (*pl.* **-u·la** /-lə/) 〖動物〗(コケムシ類の)振鞭(べん)体. **vi·brác·u·lar** /-lə | -lə^(r)/ *adj.* 〖(1854) ← NL ～ ← L *vibrāre* (⇨ vibrate)+*-culum* (⇨ -cule)〗

vi·bra·harp /váɪbrəhɑ̀əp | -hɑ̀ːp/ *n.* 《米》=vibraphone. **～·ist** /-pɨst | -pɪst/ *n.* 〖(1930) ← L *vibrāre* (↑)+HARP〗

Vi·bram /váɪbrəm/ *n.* 〖商標〗ビブラム《イタリア製の靴底材; 登山靴やハイキングシューズなどに用いられる》.

Vi·bra·my·cin /vàɪbrəmáɪsɨn, -sn | -sɪn/ *n.* 〖商標〗ビブラマイシン《ドキシサイクリン (doxycycline) 製剤》.

vi·brance /-brəns/ *n.* =vibrancy. 〖1921〗

vi·bran·cy /váɪbrənsi/ *n.* 震[振]動; 鳴渡ること, 反響; 脈打ち; 活気充満. 〖(*c*1890): ⇨ ↓, -cy〗

vi·brant /váɪbrənt/ *adj.* **1 a** 〈活力・熱意などで〉うち震える, 鼓動する, 脈打つ (pulsating) 〈*with*〉: a ～ street / cities ～ *with* life and energy 活気に満ちた都会 / a nation ～ *with* enthusiasm 熱意のみなぎる国民. **b** 活気の横溢(おう)する, 力強い (powerful): a ～ youth 元気あふれる若者. **2** 固唾(ず)を飲むような, ぞくぞくするような, スリリングな (exciting): a ～ performance. **3** 〈色・光など〉明るく輝く, きらめく: ～ colors. **4 a** 振動して音を発する: a ～ string. **b** 〈音・声が〉震え響く, 響き渡る (resonant): a ～ baritone voice. **5** 震える, 振動する (vibrating). **6** 《環境・刺激などに》すぐ反応する, 感化されやすい (sensitive). **～·ly** *adv.* 〖(*c*1550) ◻ L *vibrantem* (pres. p.): ⇨ vibrate, -ant〗

vi·bra·phone /váɪbrəfòun | -fəun/ *n.* ビブラホン《marimba に似た打楽器; vibraharp, vibes ともいう》. 〖(1926) ← VIBRA(TE)+-PHONE〗

ví·bra·phòn·ist /-nɨst | -nɪst/ *n.* ビブラホン奏者. 〖1929〗

vi·brate /váɪbreɪt | ─ˊ/ *vi.* **1** 《振子のように》揺れる, 振動する (oscillate); 《特に, 急速に小止みなく》震える (tremble). **2** 〈音響が〉震える, 反響する (resound): His voice still ～*s* in my ear. 彼の声がまだ耳に響いている. **3** 《感情的反応として》震える, 心がおののく, 胸がどとろく, 身内がぞくぞくする (thrill): ～ *with* passion 感情にうち震える / ～ *at* a person's touch 人にさわられてぞっとする. **4** 〔両端・両者の選択の間を〕揺れ動く, 動揺する (fluctuate); 迷う, ためらう (vacillate)〔*between*〕: ～ *between* art *and* religion 芸術と宗教の間を揺れ動く, 芸術か宗教か決めかねる. **— *vt.*** **1** 揺り動かす; 振動させる, 震わせる; おののかす: Anger ～*d* her voice. 怒りで彼女の声は震えた. **2** 〈音・光などを〉振動して出す: The star ～*s* light. 星は振動で光を放つ. **3** 〈振子などが〉振って[揺れて]示す: A pendulum ～*s* seconds. 振子は揺れて秒を刻む. **4** 振動を与えて処理する[詰めこむ]. **5** 《古》〈雷鳴・言葉などを〉投げつける (throw).

ví·brat·ing /-tɪŋ | -tɪŋ/ *adj.* **ví·brat·ing·ly** *adv.* 〖(1616) ◻ L *vibrātus* (p.p.) ← *vibrāre* to shake, swing ← IE **weip-* to turn: cf. waive, wipe〗

ví·brat·ed cóncrete /-tɨd- | -tɪd-/ *n.* 振動打ちコンクリート《打込みに際し振動を与えて充填したコンクリート》. 〖1930〗

vi·bra·tile /váɪbrətl̩, -tàɪl | -tàɪl/ *adj.* 振動可能の; 振動する; 振動(性)の. 〖(1826): ⇨ vibrate, -ile¹〗

vi·bra·til·i·ty /vàɪbrətíləti | -lɨti/ *n.* 振動(性). 〖1747〗

víbrating scréen *n.* 振動ふるい《ふるいに振動を与えて能率的にふるい分けをする機械》. 〖1959〗

vi·bra·tion /vaɪbréɪʃən/ *n.* **1** 振動させる[する]こと; 震え, 振動; ひと震え, ひと揺れ (oscillation). **2** 《心・気持ち・意見などの》動揺, 不安定, 迷い (vacillation). **3** 胸のときめき, 感動, おののき, 身震い (thrilling); 鼓動, 脈打ち (throbbing). **4 a** 《秘儀の参加者に感じられる》霊気. **b** [通例 *pl.*]《口語》《感じやすい人が他の人・物から発散されると感じとる》精神的電波, 感情的反応作用, 《第六感的》感じ《略 vibes》: get good ～*s* from a place [situation, person] ある場所[状況, 人]からいい感じ[印象]を受ける. **5** 〖物理〗振動: amplitude of ～ 振幅 / forced ～=forced oscillation / free ～=free oscillation / lateral [longitudinal] ～ 側[縦]振動 / the phase [period] of ～ 振動位相[周期] / transversal [transverse] ～ 横振動. 〖(1655) ◻ L *vibrātiō(n-)*: ⇨ vibrate, -ation〗

vi·brá·tion·al /-ʃnəl, -ʃənl̩/ *adj.* 振動の; 振動する. 〖1878〗

vibrátion·less *adj.* 振動のない. 〖1896〗

vibrátion-próof *adj.* 振動防止の, 振動に耐える. 〖1917〗

vibrátion sỳndrome *n.* 〖病理〗振動症候群; 白蠟病.

vi·bra·tive /váɪbrətɪv | vaɪbréɪt-/ *adj.* =vibratory. 〖1667〗

vi·bra·to /vɪbrάːtou, vaɪ- | -təu; *It.* vibráːto/ *n.* (*pl.* **～s**) 〖音楽〗ビブラート, 振動音《声楽や弦楽器などで声や音を震わせること; cf. tremolo》. 〖(1876) ◻ It. ～ (p.p.) ← *vibrare* < L *vibrāre*: ⇨ vibrate〗

ví·bra·tor /-tə | -tə^(r)/ *n.* **1 a** 振動する[させる]もの. **b** 振動装置. **c** 《マッサージ用・性具などの》バイブレーター. **2 a** 〖電気〗振動子《電鈴内のハンマーなど》; 発振器 (oscillator). **b** 振動器《低圧直流を高圧直流または交流に変える装置》. **3** 〖音楽〗振動して音を出すもの《バイオリンの弦, リードオルガンのリードなど》. **4** 〖印刷〗インク練りローラー《印刷機の, インク移しローラーから送られたインクをよく練り伸ばすためのローラー》. 〖1862〗

vi·bra·to·ry /váɪbrətɔ̀ːri | váɪbrətəri, -tri, vaɪbréɪtəri/ *adj.* **1** 振動を生じる, 振動させうる; 振動する, 震え響く. **2** 振動(性)の, 振動から成る. 〖1728〗

vib·ri·o /víbriòu | -əu/ *n.* (*pl.* **～s**) 〖細菌〗ビブリオ《螺旋菌科ビブリオ属 (*Vibrio*) の細菌; コレラ菌・病原性好塩菌などを含む》. **vib·ri·oid** /víbriɔ̀ɪd/ *adj.* 〖(1835) ← NL ← L *vibrāre* 'to VIBRATE'+*-iō* -ion〗

vib·ri·on /víbriɑ̀(ː)n | -ɔ̀n/ *n.* 〖細菌〗=vibrio. 〖(1882) ◻ F ～ (↑)〗

vib·ri·on·ic /vìbriɑ́(ː)nɪk | -ɔ́n-ˈ/ *adj.* ビブリオ菌による, ビブリオの. 〖1850〗

vibriónic abórtion *n.* 〖獣医〗(羊や牛の)ビブリオ性流産.

vib·ri·o·sis /vìbrióusɨs | -óusɪs/ *n.* (*pl.* **-o·ses** /-siːz/) 〖獣医〗ビブリオ病; 《特に》=vibrionic abortion. 〖(1950) ← NL ～: ⇨ vibrio, -osis〗

vi·bris·sa /vaɪbrísə/ *n.* (*pl.* **vi·bris·sae** /-siː/) **1** 〖解剖〗鼻毛. **2** 〖動物〗感覚毛, 震毛《猫のひげ・鳥のくちばしの周辺のひげ状の羽毛など》. **vi·brís·sal** /-səl, -sl̩/ *adj.* 〖(1693) ◻ L *vibrissae* (pl.) hairs in the nostrils ← *vibrāre*: ⇨ vibrate〗

vi·bro- /váɪbrou | -brəu/「振動」の意の連結形: *vibro*-massage 振動マッサージ. 〖(1875) ← L *vibrāre* 'to VIBRATE'〗

vi·bro·graph /váɪbrəgræ̀f | -brə(u)grɑ̀ːf, -græ̀f/ *n.* 〖機械〗振動(記録)計 (vibrometer ともいう). 〖(1875): ⇨ ↑, -graph〗

vi·brom·e·ter /vaɪbrɑ́(ː)mətə | -brɔ́mɨtə^(r)/ *n.* 〖機械〗=vibrograph. 〖1887〗

vi·bron·ic /vaɪbrɑ́(ː)nɪk | -brɔ́n-/ *adj.* 〖物理〗電子振動の. 〖(1941) ← VIBRO-+(ELECTR)ONIC〗

Ví·bro·pac blòck /váɪbroupæ̀k- | -brə(u)-/ *n.* 〖商標〗バイブロパック ブロック《ニュージーランド製の成形済みコンクリートブロック》.

vi·bro·scope /váɪbrəskòup | -skɔ̀up/ *n.* 振動計. **vi·bro·scop·ic** /vàɪbrəskɑ́(ː)pɪk | -skɔ́p-⁻/ *adj.* 〖(1875) ← VIBRO-＋-SCOPE〗

vibro·táctile *adj.* 振動を触覚により感知する, 振動触覚の. 〖(1934): ⇨ vibro-, tactile〗

vi·bur·num /vaɪbə́ːnəm | -bə́ː-/ *n.* **1** 〘植物〙スイカズラ科ガマズミ属 (*Viburnum*) の高木・低木の総称 (guelder rose, cranberry bush, dockmackie など). **2** viburnum の乾燥した樹皮 (薬用). 〖(1731) □ L *vīburnum* wayfaring tree〗

vic /vík/ *n.* 《英俗》飛行機の V 字形編隊(飛行). 〖(1927): 英国の信号手のアルファベット V の呼び名: cf. ack-ack〗

Vic /vík/ *n.* ヴィック (男性名). 〖(dim.) ← VICTOR¹〗

vic. 《略》vicar; vicarage; vicinity.

Vic. 《略》Vicar; Vicarage; Victoria; Victorian.

Vic. Ap. 《略》Vicar Apostolic.

vic·ar /víkə | -kə^(r)/ *n.* **1** 〘英国国教会〙**a** 教会区(代理)司祭[牧師]; 助任司祭, 副牧師 (rector や parson に代わって parish の司祭を務める聖職者; 以前は十分の一税 (tithes) を収入とせず聖職禄を受けた; cf. clergyman 2). **b** ＝clerk vicar, vicar choral. **2** 〘米国聖公会〙**a** (教区教会の付属礼拝堂を受け持つ)専任牧師. **b** (教会または伝道区を受け持つ主教 (bishop) の)主教補佐. **3** 〘カトリック〙**a** 教皇代理, 司教代理. **b** [the V-] ＝VICAR of (Jesus) Christ. **4** 代理(者) (deputy); 代わりとなるもの: regard the pope as being God's ～ 教皇を神の代理人と考える / There is no ～ *for* poetry on earth. この世で詩に代わるものはない.

Vícar [vícar] of Bráy /bréɪ/ [the ―] 情勢によって変節する人, 日和見主義者 (timeserver) (*Vicar of Bray* (Henry 八世から Elizabeth 一世までの治世に宗教界の転変に応じ, 4 回も新教あるいは旧教に改宗したという英国 Berkshire 州の Bray の教会区(代理)司祭のことを歌った 18 世紀の俗謡から)).

Vícar [vícar] of (Jésus) Chríst [the ―] 〘カトリック〙キリストの代理(者), ローマ教皇 (Pope). 〖(なぞり) ← L *Vicārius Christī*〗

〖(*a*1325) *vicare, vikere* □ AF＝(O)F *vicaire* □ L *vicārius* deputy, substitute ← *vicis* (gen.) change: ⇨ vice³, -ar²: VICARIOUS と二重語〗

vic·ar·age /vík(ə)rɪdʒ/ *n.* **1** vicar の住宅, 牧師館 (cf. rectory). **2** vicar の聖職禄. **3** vicar の職. 〖1425〗

vícar apostólic *n.* (*pl.* **vicars a-**) 〘カトリック〙**1** 代牧 (布教地における司教の資格を有する教区長). **2** (以前は)教皇代理(大)司教, 教皇使節. 〖1766〗

vic·ar·ate /víkərɪ̀t, -rèɪt/ *n.* ＝vicariate. 〖1883〗

vícar capítular *n.* (*pl.* **vicars c-**) 〘カトリック〙司教座聖堂参事会代表 (司教の死後参事会 (chapter) の選挙で選ばれ, 後任の決まるまでその管区を治める). 〖1846〗

vícar chóral *n.* (*pl.* **vicars c-**) 〘英国国教会〙ヴィカーコラール, 聖歌助手, 大聖堂礼拝役員[委員] (大聖堂の礼拝歌詞の一部を歌う牧師または信徒役員). 〖*a*1661〗

vic·ar·ess /víkərɪ̀s | -rɪ̀s, -rès/ *n.* **1** 尼僧院長代理. **2** vicar の夫人. 〖*c*1613〗

vícar fo·ráne /-fɔːréɪn/ *n.* (*pl.* **vi·cars f-**) 〘カトリック〙＝dean¹ 2 b. 〖(1888) *forane*: □ ML *forāneus* living outside: cf. foreign〗

vícar-géneral *n.* (*pl.* **vicars-g-**) **1** 〘英国国教会〙主教[大主教]代理法務官 (主教または大主教の司法行政事務を代行する). **2** 〘カトリック〙司教総代理 (教区行政における司教の代理). **3** 《英》宗務代官 (1535 年 Henry 八世が Thomas Cromwell に与えた称号で, 教会問題に関する王の代理者). 〖(*a*1393) (なぞり) ← ML *vicārius generālis*〗

vi·car·i·al /vaɪkéᵊriəl, vɪ̀- | vɪ̀kéər-, vaɪ-/ *adj.* **1** vicar の: ～ duties. **2** vicar を務める, vicar の職にある. **3** 代理の (vicarious): ～ power 代理権. 〖1617〗

vi·car·i·ance /vaɪkéᵊriəns, vɪ̀- | vɪ̀kéə-, vaɪ-/ *n.* 〘生物〙分断分布, 異所的不連続化 (地殻の移動の結果生じた山脈・海洋などの障壁によって姉妹種が地理的に隔てられて分布すること). 〖(1957) ← L *vicārius* (⇨ vicar)＋-ANCE〗

vicáriance biogeògraphy *n.* 〘生物〙分断生物地理学.

vi·car·i·ate /vaɪkéᵊriɪ̀t, vɪ̀-, -rièɪt | vɪ̀kéər-, vaɪ-/ *n.* **1** vicar の職[権限, 在職期間] (vicarship). **2** vicar の所管区域. **3** 代理による政府[行政]機関; 代理の所管区域. **4** 代理, 代用 (substitution). ― *adj.* 代理権のある (vicarious). 〖(1610) □ ML *vicāriātus*: ⇨ vicar, -ate¹·²〗

vicáriate apostólic *n.* (*pl.* **vicariates a-**) 〘カトリック〙代牧区.

vi·car·i·ous /vaɪkéᵊriəs, vɪ̀- | vɪ̀kéər-, vaɪ-/ *adj.* **1** 他に代わってする[受ける], 代わってなされた, 身代りの: ～ punishment 身代り刑罰 / the ～ sufferings [sacrifice, atonement] of Christ 〘神学〙キリストが罪人の身代わりとなった受難[犠牲]. **2** (他人の経験を)想像[同感]して感じる, 他人の身になって経験する: His success gave her ～ pleasure. 彼の成功に彼女は我がことのように喜びを感じた. **3** 代理としての義務を遂行する, 代理をする (vicarial): a ～ agent 代理人. **4** 代理の, 名代の (deputed): ～ authority 代理権能 / ～ power 代理権. **5** 〘医学〙代償(性)の: ～ menstruation [hemorrhage] 代償月経[出血] (月経周期に合致して子宮以外の部位から出血すること). **～·ness** *n.* 〖(1637) □ L *vicārius* substituted: ⇨ -ous: VICAR と二重語〗

vi·cár·i·ous·ly *adv.* 自分も同じ経験をしているように, 相手の身になって感じて; 代理で: experience overseas travel ～ by reading books 本で海外旅行の体験を味わう. 〖1796〗

víc·ar·ly *adj.* vicar の地位をもつ, vicar らしい[に関する, に似た]. 〖1596〗

vícar·ship *n.* vicar の職[地位, 任期]. 〖1534〗

vice¹ /váɪs/ *n.* **1** 不道徳, 悪徳, 邪悪 (cf. crime, sin¹; ↔ virtue): ～ and virtue 不徳と徳 / *Vice* of all kinds exists in all big cities. 大都会にはあらゆる種類の罪悪が存在する. **2** 不徳行為, 堕落行為, 悪習, 不品行, 悪癖, 非行; 性的不道徳行為, 売春: a ～ of intemperance 飲酒の悪習 / Avarice and cruelty are among the most detestable ～*s*. 貪欲と残忍は最も忌むべき罪悪に属する. **3** (人格・社会制度・文体・芸術作品などの)欠陥, 欠点, 不備: a ～ *of* literary style 文体上の欠陥 / the ～*s of* our social system わが社会組織の欠陥. **4** 肉体的欠陥, 病気: a constitutional ～ 体質上の欠陥. **5** **a** (馬・犬などの)悪い癖: Crib-biting is a ～ of horses. 鰭癖(さく)は馬の悪い癖だ. **b** ＝stable vice. **6** [the V-] (英国の道徳劇 (morality play) における)悪玉 (通例ある悪徳の名のついた道化役); 道化 (buffoon). 〖(*c*1300) □ (O)F ～ □ L *vitium* ← IE **wei-* fault, guilt: cf. vitiligo〗

vice² /váɪs/ *n.* **1** 《英》〘機械〙＝vise. **2** 《古》(石造の)らせん階段. ― *vt.* 《英》＝vise. 〖(?*a*1300) □ (O)F *vis* screw, winding stair < VL **vītium*＝L *vītis* vine ← IE **wīti-* ← **wei(ə)-* to turn〗

vi·ce³ /váɪsi, -sə, váɪs/ *prep.* 《文語》…の代わりに, …に代わって (in place of): be Brigade Major ～ Captain X promoted 昇進した X 大尉に代わって旅団副官となる / He was appointed as treasurer ～ Jones resigned. 彼はジョーンズ氏辞任の後任として会計官に任命された. 〖(1770) □ L *vice* (abl.) ← *vicis* a change, turn ← IE **w(e)ik-* to bend, wind (Skt *viṣṭi* changeable): ⇨ weak〗

vice⁴ /váɪs/ *n.* 《口語》vice-chancellor, vice president などの略; 代理(者) (substitute, deputy). ― *adj.* 代理の, 副… (cf. vice-). 〖(1597) ↑〗

vice- /váɪs/ *pref.* 官職・官等を表す名詞について「代理者, 次位の人」の意: *vice*-agent, *vice*-president, *vice*-warden. 〖□ OF *vis-* □ L *vice* instead of: ⇨ vice³〗

více ádmiral *n.* 《米》海軍中将. 〖1520〗

více ádmiralty *n.* 《米》海軍中将の職[地位, 任期]. 〖1679–88〗

více-ádmiralty còurt *n.* 〘英法〙副海事裁判所 (英国の海外領土に所在する海事管轄権をもった裁判所). 〖1761〗

vice an·glais /víːsɑ̃(ː)(ŋ)gléɪ, -sɑːŋ-; *F.* visɑ̃glɛ/ *n.* [しばしば le ～] イギリス人の悪癖 (English vice), (特に)体罰, 加虐趣味. 〖(1942) □ F ～ 'English vice'〗

více-cháirman *n.* 副議長, 副会長, 副委員長; 議長[会長, 委員長]代理. 〖1839〗

více-cháirman·shìp *n.* vice-chairman の職[地位, 任期].

více-chámberlain *n.* 《英》副官; 内大臣, 副侍従. 〖1545〗

více-cháncellor *n.* **1** 《英》大学副総長 (実質的管理上の最高責任者) (cf. chancellor 4 a). **2** 副長官[大法官]; 長官代理. **～·shìp** *n.* 〖?*a*1425〗

více-cómmodore *n.* (ヨットクラブの)副提督. 〖1858〗

více-cónsul *n.* 副領事. 〖1559〗

více-cónsular *adj.* 副領事の. 〖1836〗

více-cónsulate *n.* **1** 副領事館. **2** ＝vice-consulship. 〖1819〗

více-cónsul·shìp *n.* 副領事の職[地位, 任期]. 〖1587〗

více-déan *n.* 〘英国国教会〙＝subdean. 〖1697〗

vice·ge·ral /vàɪsdʒíᵊrəl | -dʒíər-⁻/ *adj.* 代官(職)の; 代理人の, 代理職の. 〖← VICEGER(ENT)＋-AL¹〗

vice·ge·ren·cy /vàɪsdʒíᵊrənsi | -dʒér-, -dʒíər-/ *n.* 代官[代理職]の地位[職務]; 代官[代理職]の統治[管区]. 〖1596〗

vice·ge·rent /vàɪsdʒíᵊrənt | -dʒér-, -dʒíər-⁻/ *n.* **1** 代官 (最高支配者に代わってその権力を行使する権能を与えられた者): God's ～ 教皇 (Pope). **2** 代理人, 名代 (deputy); 代理の者. **3** 《古》(精霊などの)代理人; 呪術師, 巫女. ― *adj.* 代理支配権をもつ, 代理権を行使する; 代理権力の, 代理を務める. 〖(1536) □ ML *vicegerentem* (pres.p.) place-holding, substituting: ⇨ vice-, gerent〗

více-góvernor *n.* 副知事, 副総督. 〖1598〗

více-góvernor·shìp *n.* 副知事[総督]の職[地位, 任期]. 〖1876〗

více-kíng *n.* 副王, 太守 (viceroy). 〖1579〗

více·less *adj.* 悪徳[邪悪さ, 欠陥]のない. 〖1560〗

více·like *adj.* 《英》＝viselike.

více-márshal *n.* 〘英空軍〙＝air vice-marshal. 〖1690〗

více-mínister *n.* 次官. 〖1976〗

vi·ce·na·ry /vísənèri | -nəri/ *adj.* **1** 二十の[から成る]. **2** 〘数学〙二十進法の (vigesimal ともいう): ～ notation 二十進法. 〖((1603)) (1826) □ L *vīcēnārius* ← *vīcēnī* twenty each ← *vīgintī* twenty: ⇨ -ary〗

vi·cen·ni·al /vaɪséniəl/ *adj.* **1** 20 年の, 20 年間の[続く]. **2** 20 年ごとに繰り返す, 20 年に 1 回の: a ～ celebration 20 周年記念祝賀. 〖(1737) ← L *vīcenni-um* period of 20 years ← *vīciēs* twenty times＋*annus* year: ⇨ -al¹〗

Vi·cen·te /vɪ̀sénti | vɪsénti; *Sp.* biθénte, *Am.Sp.* -sén-, *Port.* visẽtɯ, *Braz.* visẽtʃi/ *n.* ビセンテ (男性名). 〖□ Sp. ～〗

Vi·cén·te Ló·pez /-lóupez | -lə́u-; *Am.Sp.* -lópes/ *n.* ビセンテ ロペス (アルゼンチンの Buenos Aires の北の衛星都市).

Vi·cen·za /vɪtʃéntsə; *It.* vitʃéntsa/ *n.* ヴィチェンツァ (イタリア北東部, Veneto 州の都市).

Vice-Pres. 《略》Vice-President.

vice présidency *n.* vice president の職[地位, 任期]. 〖1804〗

vice pres·i·dent /váɪsprézədənt, -dnt | -zɪ̀dənt, -dnt/ *n.* **1** 副大統領, 副総裁, 副会長, 副社長, 副総長, 副頭取: the *Vice-President* (of the United States) (アメリカ合衆国)副大統領. **2** 大統領[総裁, 会長, 社長, 総長, 頭取]の代理. **více presidéntial** *adj.* 〖1574〗

více-príncipal *n.* 副校長. 〖1810〗

vìce·régal *adj.* 副王[太守] (viceroy) の: the ～ palace. **～·ly** *adv.* 〖(1836) ← VICE-＋REGAL¹〗

více-régency *n.* 副摂政[摂政代理]の職[地位, 任期]. 〖1930〗

více-régent *n.* **1** 副摂政. **2** 摂政代理. 〖1556〗

vice·reine /váɪsrèɪn | ⁻⁻, ⁻⁻/ *n.* **1** 副王[太守]夫人 (viceroy's wife). **2** 女性の副王[太守] (woman viceroy). 〖(1823) □ F ～ ← VICE-＋*reine* queen (⇨ regina)〗

více rìng *n.* 犯罪組織. 〖1938〗

vice·roy /váɪsrɔ̀ɪ/ *n.* **1** 副王, 太守: the *Viceroy* of India 〘英国史〙インド副王 (東インド会社の統治から本国の直轄統治になったとき (1858 年), Govenor-General of India (インド総督)が廃止されてできた). **2** 〘昆虫〙チャイロイチモンジ (*Limenitis archippus*) (北米産タテハチョウ科のチョウの一種). **3** [V-] 〘商標〙ヴァイスロイ, バイスロイ (米国製のキングサイズの紙巻きタバコ). 〖(1524) □ F ～ ← VICE-＋*roi* king (⇨ rex²)〗

viceroy 2

více·róyal *adj.* ＝viceregal. 〖*c*1728〗

více·róyalty *n.* 副王[太守] (viceroy) の位[官職, 権力, 任期, 支配地域]. 〖1703〗

víceroy·ship *n.* ＝viceroyalty. 〖1609〗

vi·ces·i·mo /vaɪsésəmòu | -sɪ̀məu/ *n.* 〘製紙〙＝twentymo. 〖□ L *vīcēsimō* (abl.) ← *vīcēsimus* twentieth ← *vīgintī* twenty〗

vicésimo-quárto *n.* 〘製紙〙＝twenty-fourmo. 〖1927〗

více squàd *n.* [単数または複数扱い] (売春・賭博・麻薬などを取り締まる, 警察の)風俗取締班. 〖1905〗

více-tréasurer *n.* 副会計官. 〖1541–42〗

vi·ce ver·sa /vàɪsɪvə́ːsə, váɪsə-, váɪsvə́ː- | -və́ː-/ *L. adv.* 逆に, あべこべに, 逆もまた同じ (略 v.v.): call black white, and ～ 黒を白と言い白を黒と言う / The teacher blames his students, and ～. 先生は学生を学生は先生を非難する. 〖(1601) □ L *vice versā* ← *vice* 'VICE³'＋*versā* ((fem.abl.) ← *versus* (p.p.) ← *vertere* to turn)〗

Vi·chy /víʃi, víː- | víːʃi, víʃi; *F.* viʃi/ *n.* **1** ビシー (フランス中部の都市, 鉱泉地 (cf. Vichy water); 第二次大戦中ドイツ軍支配下のフランスで成立した Pétain を国家首席とする親独政府所在地 (1940 年 7 月–1944 年 8 月)). **2** ＝Vichy water. 〖1858〗

Vi·chy·ite /víːʃiàɪt, víʃ-/ *n.* (第二次大戦中 Henri Pétain 元帥の下に成立し, ドイツの Nazis に経済協力した)ビシー(政府)派の人. 〖(1943): ⇨ ↑, -ite¹〗

vi·chys·soise /vìʃiswáːz, vìː∫i- | vìːʃi-, vìʃ-; *F.* viʃiswaːz/ *F. n.* ビシソワーズ (じゃがいも・たまねぎ・ポロねぎ・鶏のだし汁に牛乳と生クリームを加えて作る冷たいクリームスープ). 〖(1939) □ F ～ (fem. adj.) ← VICHY＋-ss- (←?)＋-oise '-ESE'〗

Víchy wàter, v- w- *n.* ビシー水 (Vichy 産の発泡性鉱泉水; 消化器病・痛風などに有効); (ビシー水に類似の)ミネラルウォーター. 〖(*c*1858) ← VICHY〗

Vi·ci /váɪsaɪ, víːki/ *n.* 〘商標〙バイサイ (靴用の子やぎ革の一種; クロムなめしで光沢がある). 〖(1888) ← ? L *vīcī* I have conquered ← *vincere* to conquer〗

vic·i·nage /vís(ə)nɪdʒ, -sn-/ *n.* **1** 近所, 近隣, 付近 (neighborhood). **2** 近所であること, 近接, 隣接 (vicinity). **3** [集合的] 近所の人たち, 隣人同士. 〖(*a*1325) □ OF *visenage* (F *voisinage*) ← *vesin* (F *voisin*) ← VL **vecīnus*＝L *vīcīnus* near, neighboring ← *vīcus* district of a city, village ← IE **weik-* clan (L *villa* 'VILLA' / Gk *oîkos* house): ⇨ -age〗

vic·i·nal /vís(ə)nl, -sn-/ *adj.* **1** 付近の, 近所の; 隣接の (neighboring, adjacent). **2** 〈道路が〉一地方だけの (local): a ～ way [road] 里道, 支道 (cf. highway 1 a). **3** 〘結晶〙微斜面の: a ～ face [plane] 微斜面 (指数が簡単でよく出現する面に対してわずかな傾斜で交わる面). **4** 〘化学〙隣位の, 隣接の: ～ position 隣位. 〖(1623) □ L *vīcīnālis*: ⇨ ↑, -al¹〗

vic·i·nism /vísənìzm | -sɪ̀n-/ *n.* 〘生物〙ヴィシニズム, にせ先祖返り (false atavism) (異種の植物が近接して生育していることから起こる形質の変異傾向). 〖(1905) ← L *vīcīnus* (⇨ vicinage)＋-ISM〗

vi·cin·i·ty /vɪ̀sínəti | vɪ̀sínɪ̀ti/ *n.* **1** 近所, 近辺, 近隣, 付近, 近傍: in the ～ *of* London ロンドン付近に / Tokyo and its ～ 東京およびその近辺. **2** 近いこと, 近

V

接, 接近: towns in close ~ 非常に近接している都市 / this ~ *to* the great city 大都市にこんなに近いこと / He is in the ~ *of* 50. 彼はおおよそ 50 歳だ / They were unaware of my ~. 近くに私がいるのに気がつかなかった / He is in the ~ *of* death's door. 死にかけている. **3** 《廃》(血縁などの)密接な関係; 近似. 〖(1560) □ F *vicinité* // □ L *vicinitātem* ← *vicinus* near ← IE **woiko-* ← **weiko-* clan: ⇨ vicinage, -ity〗

vi·cious /víʃəs/ *adj.* **1 a** 残酷な, 狂暴な (cruel, savage, ferocious): a ~ criminal. **b** 〈動物が〉癖の悪い, 御し難い, 狂暴な (unruly, dangerous): a ~ mule, bull, dog, etc. **2** 悪意のある, 意地の悪い, 敵意のある: a ~ look 意地の悪い目つき / ~ criticism 悪意のある批評 / ~ remarks 敵意のある言葉 / have a ~ tongue 毒舌家である. **3 a** 《口語》すごい, ひどい (severe): a ~ headache ひどい頭痛 / a ~ tumor 悪性腫瘍. **b** 激しい, 鋭い; 猛烈な (violent): a ~ blow 強打 / a ~ hurricane 暴風. **4** 悪徳の, 悪徳に耽る, 不道徳な, 堕落した, 不品行の (depraved); 悪い, 邪悪な: a ~ life, person, etc. / a ~ book 悪書 / ~ companions 悪友 / a ~ habit 悪癖, 悪習. **5** 《古》間違いの, 正しくない (wrong, mistaken); 欠点のある, (法的に)不備な (faulty, defective): ~ reasoning 誤った推論 / a ~ argument 通らない議論 / a ~ style 悪文 / a ~ syllogism えせ三段論法, 奇弁 / a ~ text 誤りの多いテキスト / a ~ prounciation 正しくない発音 / ~ union 〘外科〙(骨折の)不正癒合 / Though I perchance am ~ in my guess. 推測を誤っているかもしれませんが (Shak., *Othello* 3. 3. 145). **6** 《廃》不純な, ひどく汚れた (impure): ~ air, water, etc. **~·ly** *adv.* **~·ness** *n.* 〖(*c*1340) □ OF ~ (F *vicieux*) □ L *vitiōsus* faulty ← *vitium*: ⇨ vice¹, -ious〗

SYN 邪悪な: **vicious** 邪悪·悪意などの性質を持った: a *vicious* temper 意地悪. **villainous** 悪党のようにひどく邪悪な (*vicious* よりも意味が強い): a *villainous* deed 下劣な行為. **sinful** 道徳的·道義的なニュアンスで悪い, 不埒(ふらち)な, の意: a *sinful* thought ばちあたりの考え. **iniquitous** 極端に邪悪で公正さや公序良俗の念に欠けた《格式ばった語》: *iniquitous* bargain 不正な取引. **nefarious** 言語道断に邪悪で道徳を全く無視する (*iniquitous* よりも強意的; 格式ばった語): a *nefarious* crime 極悪な犯罪. ⇨ bad. **ANT** virtuous, righteous.

vícious círcle *n.* **1** 悪循環《一つの悪条件を改善しようとすれば, かえって新しい悪条件を生じたりする好ましくない原因·結果の連鎖》. **2** 〘経済〙悪循環《低成長—低所得—低成長のように, 事態が一向に改善されない状態》. **3** 〘病理〙悪循環《甲が原因で乙が起こり, その乙が原因となって元の甲をさらに悪化させるような症状》. **4** 〘論理〙循環論証[論法]. 〖*c*1792〗

vícious cýcle *n.* =vicious circle.

vícious intromíssion *n.* 〘スコット法〙遺産干渉《裁判所の許可なくまたは遺言の検認を受けずに, 被相続人の動産に対して行われる不法な干渉; 干渉者は被相続人の債務に対して責任を負う; cf. legal intromission》. 〖1772〗

vícious spíral *n.* 〘経済〙悪化のスパイラル《相互作用的に悪化すること》, (物価騰貴と賃金上昇の場合のような)悪循環. 〖1940〗

vi·cis·si·tude /vɪ̀sísətùːd, vaɪ-, -tjùːd | vaɪsísɪ̀tjùːd, vɪ̀-/ *n.* **1** [*pl.*] (人生·運命などの)栄枯盛衰, 浮沈 (ups and downs): the ~*s* of life [fate] 人生[運命]の浮き沈み / a life marked by ~*s* 変化に富んだ生涯, 浮き沈みの多い人生. **2** (状態·物事の)変化, 変動, 変遷, 移り変わり (change, mutability): the ~ of the sea 海の変化. **3** 《古·詩》規則的な変化, 推移 (alternation): the ~ of night and day [of the seasons] 昼夜[四季]の推移. 〖(1565) □ (O)F ~ // L *vicissitūdo* a change ← *vicissim* in turn ← *vicis* a turn: ⇨ vice³, -tude〗

vi·cis·si·tu·di·nar·y /vɪ̀sìsətúːdənèri, vaɪ-, -tjúː-, -dn- | vaɪsìsɪ̀tjúːdɪ̀n(ə)ri, vɪ̀-, -dn-, -dnəri/ *adj.* =vicissitudinous. 〖(1624) ← L *vicissitūdin-*, *vicissitūdō* (↑)+-ARY〗

vi·cis·si·tu·di·nous /vɪ̀sìsətúːdənəs, -dn-, -tjúː-, -dn- | vaɪsìsɪ̀tjúːdɪ̀-, vɪ̀-, -dn-/ *adj.* 移り変わりのある, 変化のある, 盛衰のある, 推移する, 有為転変の. 〖(1846): ⇨ ↑, -ous〗

Vick /vík/ *n.* ヴィック《男性名》. 〖(dim.) ← VICTOR¹〗

Víck·ers hárdness tèst /víkəz- | -kəz-/ *n.* 〘冶金〙ビッカース硬さ試験《対面角 136 度の正四角錐のダイヤ製圧子を用いる金属の硬さ試験; cf. Brinell hardness》. 〖(1913) ← *Vickers Armstrong Ltd.* (英国の鉄鋼会社)〗

Vick·ie /víki/ *n.* ヴィッキー《女性名》. 〖(dim.) ← VICTORIA²〗

Vicks /víks/ *n.* 〘商標〙ヴィックス《米国の Procter & Gamble 社製のせき止めドロップ》.

Vicks·burg /víksbəːg | -bəːg/ *n.* ヴィクスバーグ《米国 Mississippi 州の Mississippi 河畔の都市; 南北戦争当時の南軍の要地で, Grant 将軍によって包囲攻略された (1863 年)》. 〖← *Rev. Newitt Vick* (?–1819: この地の開拓者であるメソジスト派の牧師): ⇨ -burg〗

Vick·y /víki/ *n.* ヴィッキー《女性名》. 〖(dim.) ← VICTORIA²〗

Vi·co /víːkou, vík- | -kəu; *It.* víːko/, **Giam·bat·tis·ta** /dʒambattísta/ *n.* ヴィーコ (1668–1744; イタリアの歴史哲学者; *Scienza Nuova* (1725)).

vi·comte /viːkɔ̃ː(n)t, -kɔ́nt; *F.* vikɔ̃ːt/ *F. n.* (*pl.* ~**s** /~/) (フランスの)子爵 (cf. viscount). 〖(1847) □ F ~ 'VISCOUNT'〗

vi·com·tesse /vìːkɔ̃ː(n)tés, -kɔːn-; *F.* vikɔ̃tɛs/ *F. n.* (*pl.* ~**s** /~/) (フランスの)子爵夫人[未亡人]; (フランスの)女子爵 (cf. viscountess). 〖(*c*1786) □ F ~ (fem.) (↑)〗

vi·con·ti·el /vaɪkά(ː)ntiəl | -kɔ́nt-/ *adj.* 《英古》州奉行の, 州長官 (sheriff) の, 子爵 (viscount) の[に関する]. 〖(1607) □ AF ~ ← OF *viscontel* 'VISCOUNT'〗

Vic·ta /víktə/ *n.* 〘商標〙ヴィクタ《オーストラリアの Victa 社製の回転式芝刈り機; 1952 年に初めて製造された》.

vic·tim /víktɪ̀m | -tɪm/ *n.* **1 a** (境遇·事故などの)犠牲(者), 被害者, 遭難者, 罹災者 (sufferer): ~*s of* the war =the war ~*s* 戦争被害者 / a ~ *of* crime=a crime ~ 犯罪の被害者 / ⇨ victim support / a ~ *of* circumstance(s) 境遇の犠牲者《境遇のために失敗したり罪を犯したりした人》. 日英比較 日本語の「犠牲者」は「死者」を意味することが多いが, 英語の *victim* は「被災者」「被害者」ということで必ずしも死者は意味しない. **b** (他人の怒り·悪意·迫害·詐欺·いたずらなどの)被害者, 犠牲者, 食いもの, だまされた人, 餌食 (dupe, prey): a ~ *of* another's greed [oppression] 他人の貪欲[虐待]の犠牲者 / the ~ *of* one's own folly 自分自身の愚行の犠牲《自分の不始末の結果引き受けるような人》/ ~*s of* disease 罹病者 / a ~ *of* a swindler 詐欺師の食いもの / be [become] a ~ *of* temptation 誘惑の犠牲者である[犠牲となる]. **2** (宗教的儀式における)いけにえ, 犠牲, 人身御供(ごくう).

fàll (a) víctim to …の犠牲となる; 〈魅力など〉のとりこになる: *fall (a)* ~ *to* a woman's charms 女の色香に迷う / He *fell (a)* ~ *to* his own ambition. 彼は自らの野心の犠牲になった / *fall* ~ *to* temptation 誘惑の犠牲になる.

〖(1497) □ L *victima* beast for sacrifice ← IE **weik-* to set apart: cf. witch〗

vic·tim·ise /víktɪ̀màɪz/ *v.* 《英》 =victimize.

vic·tim·i·za·tion /vìktɪ̀mɪ̀zéɪʃən | -maɪ-, -mɪ-/ *n.* 犠牲にすること; 迫害. 〖1840〗

vic·tim·ize /víktɪ̀màɪz/ *vt.* **1** 犠牲にする (sacrifice); 犠牲として殺す. **2** いじめる, 迫害する; だます, ぺてんにかける, 欺く (deceive, swindle): be ~*d* by rogues 悪漢たちのためにひどい目に遭う. **3** 〈植物を〉全滅させる (destroy). **4** (労働組合などで)〈首謀者などを〉犠牲にする, 処分[馘首]する. **víc·tim·ìz·a·ble** /-zəbl/ *adj.* **víc·tim·ìz·er** *n.* 〖1830〗

víctim·less *adj.* 犠牲者[被害者]のない: a ~ crime 犠牲者なき犯罪《売春·賭博など一般に被害者の同意があり, 直接的な暴力を伴わない犯罪》. 〖1965〗

vic·tim·ol·o·gy /vìktɪ̀mά(ː)lədʒi | -tɪmɔ́l-/ *n.* 〘法律〙被害者学. **vic·tim·ól·o·gist** /-dʒɪst | -dʒɪst/ *n.* 〖(1958) ← VICTIM+-O-+-LOGY〗

víctim suppòrt *n.* 被害者サポート《犯罪被害者に対する支援·カウンセリング》.

vic·tor /víktə | -tə^r/ *n.* **1** 勝利者, 戦勝者, 征服者 (conqueror). **2** (試合·競技などの)勝者, 勝利者. **3** [形容詞的に] 勝利者の; 勝利の, 勝ち誇る: a ~ sword 勝利の剣 / ~ troops 勝利軍, 戦勝隊. 〖(*c*1340) □ AF *victo(u)r* // L ~ ← *victus* (p.p.) ← *vincere* to vanquish ← IE **weik-* to fight against a foe (cf. wight²): ⇨ -or²〗

Vic·tor¹ /víktə | -tə^r; *F.* viktɔːʀ, *G.* víktoːɐ, *Dan.* vígtʌ/ *n.* **1** ヴィクター《男性名; 愛称形 Vic, Vick》. **2** 〘通信〙文字 v を表わす通信コード. 〖□ L ~ (↑)〗

Vic·tor² /víktə | -tə^r/ *n.* ローマ時代に Jupiter, Mars, Hercules につけられた勝利者という形容辞.

Víc·tor Em·mán·u·el I /víktəɪmǽnjuəl- | -tə(r)ɪm-/ *n.* ヴィットリオエマヌエレ一世 (1759–1824; Sardinia 王 (1802–21); イタリア語名 Vittorio Emanuele I /emanùɛːle/).

Víctor Emmánuel II *n.* ヴィットリオエマヌエレ二世 (1820–78; Sardinia 王 (1849–61) およびイタリア初代の国王 (1861–78); イタリア語名 Vittorio Emanuele II).

Víctor Emmánuel III *n.* ヴィットリオエマヌエレ三世 (1869–1947; イタリア国王 (1900–46), 1944 年 6 月王権を皇太子 Humbert に譲ったが, 国王の称号とサボイ家 (House of Savoy) の家長である地位とを君主制の終わりまで保持した; イタリア語名 Vittorio Emanuele III).

víctor·fish *n.* 〘魚類〙 =oceanic bonito.

vic·to·ri·a /vɪktɔ́ːriə/ *n.* **1** 四輪の幌馬車《一頭または二頭立て二人乗り》. **2** 後部座席の覆いが折りたためるオープン型の自動車. **3** 〘植物〙南米産スイレン科オオオニバス属 (*Victoria*) の植物の総称. **4** 《英》〘植物〙ヴィクトリアプラム (victoria plum)《大形で赤·黄色の甘いプラム》. 〖((1844)) (1870) ← *Queen Victoria*〗

Vic·to·ri·a¹ /vɪktɔ́ːriə/ *n.* ヴィクトリア: **1** オーストラリア南東部の州; 面積 227,620 km², 州都 Melbourne. **2** カナダ南西部の Vancouver Island 東南端にある港湾; British Columbia 州の州都. **3** セイシェル (Seychelles) 共和国の首都. **4** Hong Kong 島北部の金融の中心地. **5** 米国 Texas 州の都市. **6** カナダ北部 Banks Island の南東にある島. **7** オーストラリア中北部連邦直轄地北西部の川; 563 km.

Vic·to·ri·a² /vɪktɔ́ːriə/ *n.* **1** ヴィクトリア《女性名; 愛称形 Vickie, Vicky, Vikki, Queenie; 異形 Victorine, Vittoria》. **2** 〘ローマ神話〙ウィクトーリア《Victory のラテン語名; ギリシャ神話の Nike に当たる》. 〖□ L *Victōria* 'VICTORY'〗

Vic·to·ri·a /vɪktɔ́ːriə/, **Lake** *n.* ヴィクトリア湖《アフリカ大陸中東部の Kenya, Tanzania, Uganda の国境にある湖; 世界第 2 位の大淡水湖で, Nile 川の主源流; 1858 年 J. H. Speke によって発見された; 面積 69,000 km², 湖面の高度 1,134 m; Victoria Nyanza ともいう》.

Victoria, Mount *n.* ヴィクトリア山《Papua New Guinea 南西部 Owen Stanley 山脈中の最高峰 (4,073 m)》.

Vic·to·ri·a /vɪktɔ́ːriə/, **Queen** *n.* ヴィクトリア(女王) (1819–1901; 英国女王 (1837–1901), インド女帝を兼ねた (1876–1901); 全名 Alexandrina Victoria).

Vic·to·ri·a /vɪktɔ́ːriə; *Sp.* biktórja/, **Tomás Luis de** *n.* ビクトリア (1548?–1611; スペインの作曲家).

Victória and Álbert Muséum *n.* [the ~] ヴィクトリア アンド アルバート博物館《英国の London の South Kensington にある応用美術および絵画博物館; Victoria 女王によって 1857 年に開館; 略 V & A》.

Victória Cróss *n.* [the ~] ヴィクトリア十字勲章《英国の軍人で武勲のあったものに授けられるマルタ十字の英国最高の勲章; For Valour と刻まれている; 1856 年 Victoria 女王により制定; 略 VC》. 〖1856〗

Victória Dày *n.* 《カナダ》ヴィクトリアデー《Victoria 女王誕生日 (5 月 24 日)を祝う日で, カナダの法定休日; 5 月 25 日直前の月曜日; 今は Elizabeth 二世誕生日も兼ねる; Commonwealth Day ともいう》. 〖1901〗

Victória de Durango *n.* ⇨Durango.

Victória Désert *n.* =Great Victoria Desert.

Victória Embánkment *n.* [the ~] =Thames Embankment.

Victória Fálls *n. pl.* [通例 the ~; 複数扱い] ヴィクトリア滝: **1** アフリカ南部 Zambezi 川の大滝; 四つの部分から成り, 高さ 108 m, 幅 1.7 km 以上; Livingstone が発見 (1855 年). **2** Iguaçú Falls の旧名.

Victória Ísland *n.* ヴィクトリア島《カナダ Northwest Territories と Nunavut にまたがる島》.

Victória Lànd *n.* ヴィクトリアランド《南極大陸の Ross 海の東の地域; 大部分が Ross Dependency に含まれる, 1841 年 Sir James Ross が発見》.

Victória líly *n.* 〘植物〙 =victoria 3. 〖1880〗

Vic·to·ri·an /vɪktɔ́ːriən/ *adj.* **1** ヴィクトリア女王 (Queen Victoria) の, ヴィクトリア女王(治世)時代の, ヴィクトリア朝の (cf. Edwardian, Georgian): ~ statesmen, writers, habits, etc. / the ~ age ヴィクトリア朝 (1837–1901). **2** ヴィクトリア朝風の; (尊大·お上品ぶり·因襲墨守·偏狭などを特徴とした)ヴィクトリア(女王)時代の人風の: ~ dress / a ~ gentleman / a strict ~ upbringing 厳格なヴィクトリア朝的しつけ. **3** 〈建築·家具類など〉ヴィクトリア朝様式の《1830 年代から 1900 年ころまでの英国に流行した, 堂々とし, かつ豪華な装飾を施した室内装飾·家具·調度の様式をいう》: a ~ sideboard, mansion, etc.
— *n.* ヴィクトリア(女王)時代の人, (特に)ヴィクトリア朝の文学者[名士]. 〖(1839) ← *Queen Victori(a)*+-AN¹〗

Vic·to·ri·an·a /vɪktɔ̀ːriǽnə, -άːnə | -άːnə/ *n.* [集合的] ヴィクトリア朝に関する資料[文献](のコレクション). 〖(1918): ⇨ ↑, -ana〗

Victórian Cháin *n.* [the Royal ~] ヴィクトリア鎖章《1902 年 Edward 七世により制定され, 特別のことがあった場合元首により与えられる勲章》.

Victórian Góthic *n.* 〘建築〙ヴィクトリアンゴシック《ヴィクトリア朝期に盛行したゴシック復興様式》. 〖1910〗

Victória Níle *n.* [the ~] ヴィクトリアナイル(川)《Nile 川上流, Victoria 湖から Albert 湖へと注ぐ部分 (480 km)》.

Vic·tó·ri·an·ìsm /-nìzm/ *n.* **1** ヴィクトリア朝風《偽善者的な道徳主義や堅苦しさなどが特色; cf. Victorian *adj.* 2》. **2** ヴィクトリア朝風のもの. 〖1905〗

Vic·to·ri·an·ize /vɪktɔ́ːriənàɪz/ *vt.* ヴィクトリア朝風[様式]にする. **Vic·to·ri·an·i·za·tion** /vɪktɔ̀ːriənɪ̀zéɪʃən | -naɪ-, -nɪ-/ *n.* 〖1905〗

Victórian Órder *n.* [the (Royal) ~] ヴィクトリア勲位[勲章]《1896 年 Victoria 女王が制定; 元首に対して勲功のあった者に与えられる; 略 VO; Knight [Dame] Grand Cross (略 GCVO), Knight [Dame] Commander (略 K[D]CVO), Commander (略 CVO), Member (略 MVO), の 4 階級がある》. 〖1897〗

Victória Ny·án·za /-niǽnzə, -njǽn-, -naɪǽn-/ *n.* ヴィクトリアニアンザ (⇨ Lake VICTORIA).

Victória Péak *n.* ヴィクトリアピーク, 太平山頂《香港島の最高峰 (554 m) で観光名所》.

Victória sándwich [spònge] *n.* ヴィクトリアサンドイッチ[スポンジ]《同量のヘット·小麦粉·砂糖·卵をクリーム状に混ぜて作ったスポンジケーキ; ジャム·クリームなどを間にはさむ》.

vic·to·ri·ate /vɪktɔ́ːriɪ̀t, -rièɪt/ *n.* ヴィクトリエイト《古代ローマ時代の銀貨; 裏面に Victoria の像がある; $^3/_4$ denarius に相当》. 〖(1601) □ L *victōriātus*: ⇨ victory, -ate¹〗

vic·to·rine /vìktəríːn/ *n.* ヴィクトリーン《毛皮の細く長い婦人用肩掛け》. 〖(1849) ← ? *Queen Victoria*: ⇨ -ine³〗

Vic·to·ri·nox /vɪktɔ́ːrɪnὰ(ː)ks | -nɔks; *F.* viktɔʀinɔks/ *n.* 〘商標〙ヴィクトリノックス《スイスの Victorinox 社製のナイフ·包丁類》.

vic·to·ri·ous /vɪktɔ́ːriəs/ *adj.* **1** 勝利を得た, 勝った, 勝ち誇る (triumphant): a ~ general 戦勝将軍 / the ~ team 優勝チーム / ~ troops 勝利軍 / a ~ smile 勝ち誇った微笑 / come out ~ 勝利を得る, 戦勝する. **2** 勝利の, 戦勝の[を示す, を象徴する]: a ~ day 勝利の日 / a ~ flag 勝利の旗. **3** 勝利をもたらす: ~ strategy. **~·ness** *n.* 〖(*c*1390) □ AF ~ =(O)F *victorieux* □ L *victōriōsus*: ⇨ victory, -ous〗

vic·tó·ri·ous·ly *adv.* **1** 勝って, 勝利を得て; 勝ち誇って. **2** 勝つように, 勝利を得るほど. 〖1502〗

víctor lu·dór·um /-luːdɔ́ːrəm/ *n.* 《英》(学校·大学の競技会の)最優秀選手. 〖(1901) □ L ~ 'victor of the games'〗

vic·to·ry /víktəri, -tri/ *n.* **1** 勝ち, 勝利 (↔ defeat): a decisive ~ 決定的勝利 / have [get, win, gain] the [a] ~ *over* …に勝利を得る, 勝つ / carry … to ~ …に勝

利をもたらす / sweep to ～ 圧勝する / naval *victories* 海軍の勝利 / ⇨ SWEEP *into* [*in*] *victory*. 日英比較 優勝選手の場内一周を「ヴィクトリーラン」というのは和製英語. 英語では *victory* lap, lap of honor. **2** 〔反対・困難などの〕征服, 克服, 制圧, 勝利 〔*over*〕: a ～ *over* every difficulty あらゆる困難の克服 / a ～ *over* one's lower self [*over* oneself] 克己. 〘(?*a*1300) ▭ AF *victorie* ∥ L *victōria*－*victor*: ⇨ victor, -y¹〙

SYN 勝利: **victory** 戦争や競争で勝つこと: earn a *victory* 勝利を得る. **triumph** めざましい勝利や成功で喜びの感じをもち, *victory* より格式ばった語: win a *triumph* 大勝利を得る. **ANT** defeat.

Vic·to·ry /víktəri, -tri/ *n.* **1** 〖ローマ神話〗 ＝Victoria² 2. **2** [the ～] ヴィクトリー号《英国の提督 Nelson が Trafalgar 沖の海戦を指揮した旗艦; Portsmouth 港に現存》. 〘(1569) ↑〙
víctory bònd *n.* ヴィクトリー国債《カナダおよび英国政府が第一次世界大戦中 (1914–18) またはその終戦直後に発行した国債》. 〘1917〙
víctory gàrden, V- g- *n.* 《米》(第二次大戦中, 庭園などを変えて作った)野菜畑, 勝利菜園. 〘1944〙
víctory·less *adj.* 勝利のない.
Víctory Mèdal *n.* [the ～] 戦勝記念章: **1** 第一次大戦米軍参加記念章《青銅製円形の勲章》. **2** (第一次大戦参加記念章と似た)第二次大戦米軍参加記念章.
víctory rìbbon *n.* Victory Medal の略章《虹色のリボンで左胸につける》.
víctory ròll *n.* 勝利の宙返り《飛行機が敵機を撃墜したときなどにそれを祝って行う》.
víctory sìgn *n.* ＝V sign.
vic·tress /víktrɪ̈s/ *n.* 女性の勝利者. 〘(1586) (fem.) ← VICTOR〙
vic·trix /víktrɪks/ *n.* (*pl.* **-tri·ces** /-trəsìːz | -trɪ-/) **1** ＝victress. **2** [V-] ウィクトリクス《古代ローマで Venus, Diana などに用いられた形容辞》. 〘(1651) ▭ L ～ (fem.) ← *victor* 'VICTOR'〙
víctrix ludórum *n.* 《英》(学校・大学の競技会の)最優秀選手《女性; cf. victor ludorum》. 〘▭ L ～ (fem.)〙
Vic·tro·la /vɪktróulə | -trə́u-/ *n.* 〖商標〗 ヴィクトローラ《米国の Victor 社製の蓄音機の商品名》. 〘(1905) ← *Victor* (会社名: ⇨ victor)＋*-ola* (cf. viola¹)〙
vict·ual /vítḷ | -tḷ/ *n.* **1** [*pl.*] 食糧(品) (provisions). **2 a** 《古・方言》食べ物 (food). **b** 《古》野菜作物. **c** 《スコット》穀物 (grain). ── *v.* (**vict·ualed, -ualled; -ual·ing, -ual·ling**) ── *vt.* …に食糧を供給する[貯える, 積み込む]: ～ an army, a ship, etc. ── *vi.* **1** 食糧を仕込む, 〈船が〉食糧を積み込む. **2** 《古》食物を食べる (eat); 〈動物が〉食べる. **～·less** *adj.* 〘n.: (?*a*1300) *vitaille* ▭ OF (F *victuaille*) < LL *victuālia* (neut. pl.) provisions ← L *victus* nourishment ← *vīvere* to live. —v.: (?*a*1300) ▭ OF *vitaillier* ← (n.): cf. vital〙
vict·ual·age /vítḷɪdʒ | -tḷ-/ *n.* 食物, 食料, 糧食. 〘1622〙
vict·ual·er, 《英》 **vict·ual·ler** /-tḷə, -tlə | -tḷə^(r)/ *n.* **1** (軍隊・船舶などへの)食糧供給者 (sutler). **2** 食糧輸送船, 糧食船[艦] (supply ship). **3** 《英》飲食店主, (特に)酒類販売免許所有の飲食店主, 酒屋の主人 (publican) 《licensed victualler ともいう》. 〘(1377) *vitailler* ▭ OF: ⇨ victual, -er¹〙
víct·ual·ing bìll /-tḷɪŋ-, -tl- | -tḷ-, -tl-/ *n.* 船用食品積込申告書.
víctualing hòuse *n.* 《英》飲食店 (eating house). 〘1602–05〙
víctualing shìp *n.* ＝victualer 2. 〘1711〙
victualler *n.* ＝victualer.
vi·cu·ña /vaɪkúːnə, vɪ̈-, -kjúː-, -njə | vɪ̈kjúː-, vaɪ-, kúː-; *Am.Sp.* bikúɲa/ *n.* (*also* **vi·cu·na** /-nə/) **1** 〖動物〗 ビクーナ (*Lama vicugna*) 《ペルー・ボリビア・エクアドル地方のラクダ科の哺乳類》. **2** ビクーナの毛; ビクーナ織物《ビクーナの毛で織った柔らかいラシャ》. 〘(1604) ▭ Sp. ～ ▭ Quechua *wikúña*〙

vicuña 1

vi·cus /váɪkəs, víː-/ *n.* (*pl.* **vi·ci** /váɪki, víː-/) (古代ローマの)村落, 集落《町の域内にある行政単位》. 〘(1842) ▭ L *vīcus* village, group of dwellings〙
Víc-Wélls Bállet /víkwélz-/ *n.* ヴィック ウェルズ バレエ団 (Ninette DE VALOIS が設立した英国のバレエ団で, Royal Ballet の前身).
vid /víd/ *n.* 《口語》＝video. 〘(略) ← VIDEO〙
VID 《略》 Volunteers for International Development.
vid. 《略》 vide.
Vi·da /víːḍə, váɪ- | -də/ *n.* ヴィーダ, ヴァイダ《女性名》. 〘(dim.) ← DAVIDA〙
Vi·dal /vɪ̈dáːl, -dǽl/, **Eugene Luther Gore** /gɔ́ə | gɔ́ː^(r)/ *n.* ヴィダル (1925–2012; 米国の小説家・批評家).
Vi·dal Sas·soon /vɪdǽlsæsúːn, -sæs-/ *n.* 〖商標〗 ヴィダルサスーン: **1** 米国製のシャンプー・リンスなどのヘアケア用品. **2** 米国製のヘアドライヤー・電気ヘアカーラーなど.
Vi·dar /víːdɑə | -dɑː^(r)/ *n.* 〖北欧神話〗 ヴィーダル (Odin の息子で, 怪力無双の無言の神; cf. Fenrir).
vi·de /váɪdiː, -ḍi, víːdeɪ | váɪdiː, -di, víːdi, -deɪ/ *L. v.* …を見よ, 参照せよ (略 v., vid.): ～ [*v., vid.*] p. 30 30 ページ参照 / ～ Rev. 2. 3「黙示録」第 2 章第 3 節を見よ / ～ the press passim 新聞各所を参照せよ / ⇨ quod vide. 〘(1565) ▭ L *vidē* (imper.) ← *vidēre* to see〙
víde án·te /-ǽnṭi | -ti/ *L.* 前を見よ, 前文参照 (略 v.a.). 〘▭ L *vidē ante* see before〙
víde ín·fra /-ínfrə/ *L.* 下を見よ, 下文参照 (略 v.i.). 〘▭ L *vidē infrā* see below〙
vi·de·li·cet /vɪ̈déləsèt, vaɪ-, -sḷt, -déɪlɪ̈kèt | -díːlɪ̈sèt, -déɪlɪkèt/ *L. adv.* [ある語句を更に詳しく説明する場合に用いて] すなわち (that is to say, namely) 《通例, 前にコンマをつけ, viz. と略す; 改まった文に用い, 'namely' に置き換えて読むことが多い (cf. i.e.): The animal kingdom may be divided into three great groups, *viz.* the vertebrates, invertebrates, and protozoa. 動物界は三大部門, すなわち脊椎動物・無脊椎動物・原生動物に分けられる. 〘(*a*1456) ▭ L *vidēlicet* (短縮) ← *vidēre licet* It is permitted to see〙
vid·e·o /víḍiòu | -diə̀u/ *n.* **1** ビデオ(映像); 〖電算〗 (静止画に対して)動画. **2 a** ＝videotape. **b** ＝videocassette. **c** ＝video recorder. **3** (テレビの音響関係に対して)映像関係[部門]. **4** 《米》(時に, 音響のみのラジオと対照して)テレビ (television) (cf. audio). **5** 《口語》テレビの画質. ── *adj.* **1** テレビ映像受送(用)の (cf. audio); ビデオの: ⇨ video signal. **2** ビデオ周波数の: ⇨ video amplifier. **3** ビデオに録画された.
vídeo òn demánd 〖テレビ〗 ビデオ オン デマンド《サーバーに蓄えておいた番組を, 利用者からの要求に応じてネットワークを通じて配信するテレビ形態; 略 VOD》.
── *vt.* (**-e·os; -e·oed; ～·ing**) ビデオに録画する. 〘(1935) ← L *videō* I see (cf. audio)〙
vídeo ámplifier *n.* 〖電子工学〗 ビデオ周波数増幅器. 〘1937〙
vídeo arcàde *n.* 《米》ゲームセンター. 〘(1980) 1982〙
vídeo càmera *n.* ビデオカメラ. 〘1978〙
vídeo càrd *n.* 〖電算〗 ビデオカード《コンピューターのグラフィックス処理回路を搭載した拡張カード; cf. video controller》.
vídeo cártridge *n.* 〖テレビ〗 ＝videocassette.
vídeo·cassétte *n.* 〖テレビ〗 ビデオカセット. 〘1970〙
vídeocassette recòrder *n.* ビデオカセットレコーダー (略 VCR). 〘*c*1971〙
vid·e·o·cast /víḍioukæ̀st | -diə(ʊ)kàːst/ *v., n.* ＝telecast.
vídeo·cònference *n.* テレビ会議《テレビ・電話・人工衛星などを使って遠隔地の人たちと意見を交わす会議》.
vídeo·cònferencing *n.* 〘1977〙
vídeo contròller *n.* 〖電算〗 ビデオコントローラー《コンピューターのグラフィックス処理回路; 同回路を搭載した拡張カード》.
vídeo dìary *n.* ビデオ日記, ビデオダイアリー《カムコーダーで撮ったある個人の生活の, または特定の出来事の記録》.
vídeo·dìsc *n.* (*also* **vídeo·dìsk**) 〖テレビ〗 ビデオディスク. 〘1967〙
vídeo displáy tèrminal *n.* 〖電算〗 ディスプレー端末, ビデオ表示端末装置; 略 VDT; visual display terminal, 《英》では visual display unit ともいう》. 〘1970〙
vídeo·fìt *n.* ビデオフィット《コンピューター画面に呼び出せる, 目撃者の証言をもとに合成した人物の顔の画像》. 〘1994〙
vídeo frèquency *n.* 〖テレビ〗 映像周波数. 〘1943〙
vídeo gàme *n.* ビデオゲーム, テレビゲーム (TV game). 〘1973〙
vid·e·o·gen·ic /vìḍiouʤénɪk | -diə(ʊ)-⁻/ *adj.* ＝telegenic. 〘⇨ -genic²〙
vídeo·gràm *n.* ビデオグラム, ビデオソフト《あらかじめ録画されたビデオテープ[カセット]》. 〘1963〙
vídeo·gràphics *n. pl.* ビデオグラフィックス: **1** [複数扱い] コンピューターを使って生成した画像. **2** [単数扱い] コンピューターによる画像操作.
vid·e·og·ra·phy /vìḍiɑ́(ː)grəfi | -diɔ́g-/ *n.* ビデオ(カメラ)撮影(術). **vìd·e·óg·ra·pher** /-grəfə | -fə^(r)/ *n.*
vid·e·o·ize /víḍiouàɪz | -diəʊ-/ *vt.* 〖テレビ〗 ビデオ化する, テレビで放映できるようにする.
vídeo jòckey [jòck] *n.* ビデオジョッキー, VJ 《テレビやディスコで, 音楽ビデオクリップを流しながらおしゃべりをする司会者; cf. disc jockey》. 〘1982〙
vídeo múltiplex bròadcast *n.* 〖テレビ〗 映像多重放送《テレビ電波の隙間を利用して画面に写真や文字を重ねて流す方式; cf. sound multiplex broadcast》.
vídeo násty *n.* 《口語》悪趣味ビデオ《セックス・暴力・ホラーなどを扱ったもの》. 〘1982〙
vídeo·phìle *n.* ビデオ愛好者, ビデオマニア. 〘1978〙
vid·e·o·phone /víḍioufòun | -diəufə̀un/ *n.* ビデオフォーン, テレビ電話 (cf. Picturephone). **vid·e·o·phon·ic** /vìḍioufɑ́(ː)nɪk | -diəufɔ́n-⁻/ *adj.* 〘1955〙
vídeo pìracy *n.* 海賊版ビデオ製造販売. 〘1980〙
vídeo·plàyer *n.* 〖テレビ〗 ビデオプレーヤー《ビデオテープ再生装置》. 〘1970〙
Vídeo·Plús *n.* 〖商標〗 ビデオプラス《ビデオで番組の録画予約を行うための数字による予約システム; G コードの一種》.
vídeo RÁM *n.* 〖電算〗 ビデオ RAM: **1** 画面表示内容を保持するための RAM. **2** そのために使用される, 2 つの装置から同時にアクセス可能のタイプの RAM.
vídeo recòrder *n.* 〖テレビ〗 ビデオ録画機[装置]. 〘1951〙
vídeo recòrding *n.* 〖テレビ〗 **1** ビデオレコーディング《ブラウン管の映像をフィルムに撮影して作る映画》. **2** ＝videotape recording. 〘1949〙
vídeo sìgnal *n.* 〖テレビ〗 映像信号, ビデオ信号 (picture signal). 〘1937〙
vídeo swìtcher *n.* 〖テレビ〗 **1** ビデオスイッチャー[スイッチ卓]《映像を切換えたりダブらせたり, 徐々に消したり表したりする装置》. **2** ビデオスイッチャーを操作する人.
vid·e·o·tape /víḍioutèɪp | -diəu-/ *n.* 〖テレビ〗 **1** ビデオテープ《テレビの録画・録音用磁気テープ》. **2** ＝videocassette. **3** ＝videotape recording 2. ── *vt.* ビデオテープに録画する, …のビデオどりをする. **～d** *adj.* 〘1953〙
vídeotape recòrder *n.* 〖テレビ〗 ＝video recorder (略 VTR). 〘1954〙
vídeotape recòrding *n.* 〖テレビ〗 **1** ビデオテープ式録画録音《音声・映像信号を磁気テープに記録して行うテレビ番組の収録》. **2** テープ上に収録されたもの. 〘1954〙
vídeo·tèlephone *n.* ＝videophone.
vídeo·tèx *n.* (*also* **vìdeo·téxt**) ビデオテックス《電話回線を用いて文字や図形などの情報を端末機[テレビ]の画面に呼び出すシステム》. 〘1978〙
víde póst /-póust | -pə́ust/ *L.* 後ろを見よ (略 v.p.). 〘▭ L *vidē post* see after〙
víde sú·pra /-súːprə | -súː-, -sjúː-/ *L.* 上を見よ (略 v.s.). 〘▭ L *vidē suprā* see above〙
vi·dette /vɪ̈dét | vɪ-/ *n.* ＝vedette.
Vi·dette /vɪ̈dét | vɪ-/ *n.* ヴィデット《女性名》. 〘(dim.) ← DAVIDA〙
víde ut súpra /-ʌtsúːprə | -súː-, -sjúː-/ *L.* 前掲指示の通り参照せよ. 〘▭ L *vidē ut suprā* see as above〙
Vi·dhan Sab·ha /vɪdáːnsʌ́bə/ *n.* (インドの)州議会. 〘▭ Hindi *vidhān sabhā* ← *vidhān* legislation (▭ ← Skt *vidhāna* rule)＋*sabhā* assembly (▭ Skt)〙
vid·i·con /víḍɪkɑ̀(ː)n | -dɪkɔ̀n/ *n.* [しばしば V-] 〖テレビ〗 ビディコン《光伝導効果を利用した低速型撮像管の一種》. 〘(1950) 〖商標〗 ← VID(EO)＋ICON(OSCOPE)〙
vi·di·mus /víḍəməs, váɪ- | -dɪ-/ *n.* **1** 帳簿の検査, 書類の調査. **2** 検査済書類. 〘(1436) ▭ L *vīdimus* we have seen ← *vidēre*: ⇨ vide〙
vid·i·ot /víḍiət | víd-/ *n.* 《米俗》テレビ浸りのやつ, ビデオオタク. 〘(1966) 《混成》← VID(EO)＋(ID)IOT〙
Vi·dor /víːdɔə | -dɔː^(r)/ *n.* ヴァイドー《米国 Texas 州東部の都市》.
Vi·dor /víːdɔə | -dɔː^(r)/, **King (Wallis)** *n.* ヴィダー (1894–1982; 米国の映画監督; *The Big Parade* (1925), *War and Peace* (1956)).
vi·du·i·ty /vɪ̈djúːəṭi, -djúː- | vɪdjúːɪ̈ti/ *n.* 寡婦であること; やもめ暮らし; 寡婦である期間. 〘(1420) ▭ (O)F *viduité* ∥ L *viduitātem* ← *vidua* widow: ⇨ -ity〙
vid·ya /vídjə/ *n.* 〖ヒンズー教・仏教〗 学問, 知識, 呪術, 明(みょう) (cf. avidya). 〘▭ Skt *vidyā* knowledge: cf. Veda〙
vie /váɪ/ *v.* (**～d; vy·ing**) ── *vi.* 〔…と〕優劣を争う, 競う, 競争する 〔*with*〕 (⇨ compete **SYN**): ～ *with* another *in* doing something [*for* something] ある事をするのに[あるものを得ようと]他と張り合う. ── *vt.* **1** 《廃》(トランプで)賭(か)ける. **2** 《古》〈ある物を〉〔…と〕対抗させる, 競わせる (match) 〔*with, against*〕. **ví·er** *n.* 〘(1565) 《頭音消失》← ME *avie(n)*, *envie(n)* ▭ OF *envier* to challenge < L *invītāre* 'to INVITE'〙
vie de Bohème /víːdəbouém | -dəbəu-; *F.* vidbɔɛm/ *n.* [しばしば la ～] ボヘミアン的生き方《芸術家・作家などの, 社会のしきたりにとらわれない生き方》. 〘(1888) ▭ F ～ 'Bohemian's life'〙
vi·elle /viéḷ/ *n.* 〖音楽〗 ヴィエール (12–13 世紀の五弦琴; のちに hurdy-gurdy). 〘(1768) ▭ F ～; cf. viol〙
Vi·en·na /viénə/ *n.* ウィーン (Danube 川に臨むオーストリアの首都; ドイツ語名 Wien: the Congress of ～ ⇨ congress / the ～ Convention for the Protection of the Ozone Layer オゾン層保護に関するウィーン条約《オゾン層保護のための国際的な枠組みとなる条約; 1985 年採択; 日本は 1988 年加入》. 〘← L *Vindobona* ← ? Celt. (原義) estuary of white river〙
Viénna Círcle *n.* [the ～] 〖哲学〗 ウィーン学団[学派]《Vienna を中心に 1924 年ころから約 10 年間国際的に影響を与えた科学重視の急進的実証主義者の団体》. 〘1934〙
Viénna Internátional [Únion] *n.* [the ～] ウィーンインターナショナル (⇨ international 2) 《Two-and-a-half international ともいう》.
Viénna sáusage *n.* ウィンナソーセージ. 〘*c*1902〙
Viénna schnítzel *n.* ＝Wiener schnitzel.
Viénna Secéssion *n.* 〖美術〗 ウィーン分離派 (Gustav Klimt が 1897 年に創設した, ゼツェッション「Sesession」の一派; ユーゲントシュティール (Jugendstil) 様式の推進に大きく寄与した).
Viénna stéak *n.* ウィーン風ステーキ《牛ひき肉にたまねぎ・香味野菜・ケチャップなどを合わせて平たくまとめ, 両面を焼いたもの; 揚げたたまねぎを添える》. 〘1951〙
Vienne /viέn; *F.* vjɛn/ *n.* **1** ヴィエンヌ(県)《フランス西部の県; 面積 6,985 km², 県都 Poitiers》. **2** ヴィエンヌ《フランス南東部 Rhône 川沿岸の都市; 大規模なローマ遺跡がある; 古名 Vienna》. **3** [the ～] ヴィエンヌ(川)《フランス中西部の川 (350 km); Loire 川に合流》.
Vi·en·nese /vìːəníːz, -níːs | -níːz⁻/ *adj.* ウィーン(人)の, ウィーン風の. ── *n.* (*pl.* ～) ウィーン人. 〘(1839) ← VIENN(A)＋-ESE〙
Viennese cóffee *n.* イチジクのエキスで香りをつけたブレンドコーヒー.

V

Víennese wáltz *n.* ウィンナワルツ《特に 19 世紀に Vienna を中心に広まったワルツで, テンポが速く, 第 2 拍がつまってわずかに第 1 拍にずれこむのを特徴とする; ドイツ語 Wiener Walzer》. 〖1915〗

Vien·tiane /vjèntjɑ́ːn; *F.* vjɛ̃tjan/ *n.* ビエンチャン《ラオス (Laos) 北西部にある Mekong 川に臨む同国の首都》.

Vie·reck /víərɛk | víər-/, **Peter** (**Robert Edwin**) *n.* ヴィレック《1916–2006; 米国の詩人・歴史家》.

Víe·ren·deel trúss [**gírder**] /víərəndèɪl- | víər-; *Du.* víːrəndèːl-/ *n.* 〖土木〗フィーレンデールトラス [ガーダー]《トラスの斜材をはずした形で, 格点を剛結したもの》. 〖← *M. Vierendeel* (1896 年にこれを発明したベルギーの技師)〗

Vier·wald·stät·ter See /*G.* fiːɐvált∫tɛtɐzéː/ *n.* Lucerne 湖のドイツ語名.

Vi·et /viːέt, vjέt | vjέt, viːέt/《米口語》*n.* ベトナム; ベトナム人. — *adj.* ベトナムの. 〖((1958))《略》← VIET(NAM) // VIET(NAMESE)〗

vi et ar·mis /váɪetɑ́əmɪs | -etɑ́ːmɪs/ *L. adv.* 〖法律〗武力によって, 暴力を用いて. 〖((1618)) □ L *vi et armis* with force and arms: ⇨ vis〗

Vi·et·cong /vìːetkɑ́(ː)ŋ, vìet-, vjèt-, -kɔ́(ː)ŋ | -kɔ́ŋ⁻/ (*also* **Vi·et Cong** /～/) — *n.* (*pl.* ～) [the ～; 集合的] **1** ベトコン《かつての南ベトナム民族解放戦線》. **2** ベトコン《一員》. — *adj.* ベトコンの: a ～ guerrilla ベトコンゲリラ. 〖((1957)) □ Vietnamese ～《略》← *Viêt Nam Công San* Vietnamese Communist〗

Vi·ète /viét; *F.* vjɛt/, **François** *n.* ヴィエト《1540–1603; フランスの数学者; 近代幾何学の発達に大きな貢献をした》.

Vi·et·minh /vìːetmín, vìet-, vjèt-⁻/ (*also* **Vi·et Minh** /～/) — *n.* (*pl.* ～, ～s) **1** [the ～; 集合的] ベトナム独立同盟《第二次大戦中日本軍に反抗するために起こった国民戦線諸団体の結合体で, その後共産主義的なベトナムの中核団体となった》. **2** ベトナム独立同盟員, ベトミン. — *adj.* ベトナム独立同盟の, ベトミンの. 〖((1945)) □ Vietnamese ～《略》← *Viêt Nam Dôc-Lâp Dông-Minh* Vietnam Federation of Independence〗

Vi·et·nam /vìːetnɑ́ːm, vìet-, vjèt-, -nǽm | -nǽm, -nɑ́ːm⁻/ *n.* (*also* **Viet-Nam** /～/, **Viet Nam** /～/) ベトナム《インドシナ半島 (Indochina) の東部海岸地方 Tonkin, Annam, Cochin China を含む地域にある国; 面積 337,870 km²; 1954 年以来北緯 17 度付近で North Vietnam と South Vietnam に二分されていたが, 1976 年統一; 首都 Hanoi; 公式名 the Socialist Republic of Vietnam ベトナム社会主義共和国; 漢名は越南》.

Vi·et·nam·ese /vìetnəmíːz, vjèt-, -míːs | -míːz⁻/ *adj.* ベトナムの; ベトナム人の; ベトナム語の. — *n.* (*pl.* ～) **1** ベトナム人. **2** ベトナム語. 〖((1947)): ⇨ ↑, -ese〗

vi·et·nam·ize /viétnəmàɪz, vjét-/ *vt.* ベトナム化する《ベトナム戦争当時の 1970 年ごろ, 米軍がベトナムから漸次撤退して, あとを南ベトナム軍に肩代わりさせようとしたことをいう》. **Vi·et·nam·i·za·tion** /vìetnəmɪzéɪ∫ən, vjèt- | -maɪ-, -mɪ-/ *n.* 〖1957〗

Víetnam Véterans Memòrial *n.* [the ～] ベトナム戦没者慰霊碑《Washington D. C. にある》.

Viétnam Wár *n.* [the ～] ベトナム戦争《1954–73; 北ベトナム政府と南ベトナムの解放勢力対南ベトナム政府と米軍などとの戦い; 後者の敗退で終結》.

Vi·ë·tor /fíːetɔə | -tɔː; *G.* fíːetoːɐ/, **Wilhelm** *n.* フィエトル《1850–1918; ドイツの言語学者・音声学者》.

vieux jeu /vjúːʒúː, -ʒə́ː; *F.* vjøʒø/ *F. adj., n.* 時代遅れの(事柄), 古くさい(話). 〖((1896)) □ F ～《原義》old game〗

Vieux·temps /vjuːtɑ́ː(ŋ), -tɑ́ːŋ; *F.* vjøtɑ̃/, **Henri** (**François Joseph**) *n.* ヴュータン《1820–81; ベルギーのバイオリン奏者・作曲家》.

view /vjúː/ *n.* **1** 所見, 意見, 見解 (⇨ opinion SYN); 知的素養, 見識: a difference of ～(s) 見解の相違 / ⇨ a POINT *of view* / in my (own personal) ～ 私の(個人的な)考えでは / You know my ～s. 私の考えはご存じのとおりです / give one's ～ *of* ...について意見[見解]を述べる / have [take] a strong ～ *about* ...について強硬な意見を抱く / hold extreme [similar] ～s 過激な[同様な]意見をもつ / What are your [the official] ～s *on* the new proposal? 新提案に対する君の[公式な]意見はどうですか / I agree with your ～s. 私は君の見解に賛成する / an exchange of ～s 意見の交換 / She takes [holds] the ～ that strong action is needed. 彼女は強硬な処置が必要だという意見だ. **2** 考察, 観測, 観察, 概観 (survey); 概説; 〔...に対する〕(特別な)見方 (grasp, perspective) 〔*of*〕: a ～ *of* postwar literature 戦後文学の概観 / take a general ～ *of* ...を概観する / take a dark [favorable, impartial, pessimistic, optimistic] ～ *of* ...を悲観的に[好意的に, 公平に, 悲観的に, 楽天的に]見る / take the [a] long [short] ～ (物事を)長い目で[短期的に]見る / take a dim [poor] ～ of ...をよく思わない, ...に賛成しない; ...を悲観的に見る / give a ～ *of* the matter その問題を概説する / He presented quite a new ～ *of* the affair. 彼はその事件について全く新しい見方を示した / I have not yet formed a clear ～ *of* the situation. 私はまだ事態に対するはっきりした見定めがついていない. **3 a** 光景, 景色, 眺め (scene) (⇨ sight SYN); 《広々とした》眺望, 展望, 見晴らし (prospect): a distant ～ 遠景 / a fine ～ *of* [*over*] the surrounding country 周囲の土地のすばらしい風景[景色, 眺め] / get [have] a good ～ *of* the procession 行列をよく見る[行列がよく見える] / a ～ *of* ...を見渡す[見晴らす], ...が見える / ⇨ bird's-eye view / The mountain blocks [obstructs] the ～ *of* the lake. 山にさえぎられて湖が見えない / I want a house [room] with a (good [better]) ～. (もっと)見晴らしのよい家[部屋]がほしい. **b** (景色の)絵, 風景画, 風景写真; ...図: a postcard with ～s *of* the town 町の風景の絵葉書 / a back ～ 背面図 / an end ～ 側面図 / a front ～ 正面図 / a perspective ～ 配景図, 透視図 / do [take] some ～s *of* the lake その湖水の風景を描く[写す]. **4 a** 見る力, 視力 (sight, vision): be lost to [out of, hidden from] ～ 見えなくなる / be exposed to public ～ さらしものになる / a field of ～ 視界, 視野. **b** 視界, 見える範囲, 目の届く所: objects *in* ～ 視界内の物 / *in* plain ～ はっきり見えて / A ship came *into* ～. 船が見えてきた / *within* one's ～ 見える所で[に] / pass *from* one's [*out of*] ～ 視界から消える, 見えなくなる. **5 a** 見ること, 眺めること, 一覧, 一見 (seeing); 視察 (inspection): a private ～ (展覧会などの)内見 / These ruins are well worth our ～. これらの廃墟(はいきょ)は我々が一見する価値が十分ある. **b** 〖法律〗(事件の審理中または審理前に, 陪審や裁判官の行う犯罪現場・不動産などの)点検, 検分, 実地検証 (formal inspection): The jury had a ～ of the body. 陪審員はその死体の検分をした. **6 a** 目的, 計画 (intention, purpose); 考慮 (consideration): a project *in* ～ 考慮中の計画 / an end *in* ～ 目的 / leave ... *out of* ～ ...を考慮の外に置く, 問題外とする, 考えに入れない / *with* this [that] ～ この[その]目的で, この[その]ために / We had a ～ *to* bettering our condition. 事態の改善を目指していた. **b** 期待, 見込み (expectation): They have no hope *in* ～. 彼らには今後の希望が何もない / He has quite other ～s for his son's future. 彼は息子の将来には全く違った期待をもっている. **7** 《方言》外観, 外貌 (appearance, show).

in view (1) 見える所に, 見えて (in sight); 心に, 記憶に (in mind): keep [have] something *in* ～ 何かを目を離さずに見ている[目の届く所に置く]; あることを心[記憶]に留めている. (2) 考慮して, 考慮されている (under consideration); もくろんで, 目的として: have a plan *in* ～ ある計画をもくろんでいる / with that *in* ～ それを目的として, その目的で, それを見込んで. (3) 希望して, 期待して (in expectation): have something *in* ～ あることを目当て[当て]にしている. ***in view of*** (1) ...が見える所に, ...から見える所に (in the sight of): come *in* (full) ～ *of* ...が(すっかり)視界にはいる, が見えるようになる, が見える所に来る / I came *in* (full) ～ *of* the sunset. (一面の)夕焼け空が見えてきた / stand *in* full ～ *of* the crowd 群衆がすっかり見える[からすっかり見える]所に立つ. (2) ...にかんがみて, ...の点から見て, ...を顧慮して (considering); ...の故に (on account of): *In* ～ *of* these circumstances, it seems better to wait till the next opportunity. このような事情を考えると次の機会まで待つほうがよいようだ. (3) ...を見込んで, を予想して (in anticipation of). ***on view*** 展示[公開]して(いる), 展覧中で[の] (on exhibition). ***to the view*** 公然と, 公に (openly). ***with a view to*** (1) ...の目的で, ...をもくろんで; ...を(得ようと)望んで, ...を期待して: He bought the land *with a* ～ *to* building houses on it. 家を建てる目的でその土地を買った《★ この場合 *with a* ～ *to* doing の代わりに *with a* ～ *to* do を用いて *with a* ～ *to build* houses ...とするのは俗語》/ He said this *with a* ～ *to* the vacant secretaryship. 空いている秘書の地位がほしいのでこう言った. (2) ...を見込んで, ...を予想して (in the hope of): I saved the money *with a* ～ *to* being able to travel abroad someday. いずれ海外旅行のできるようになることを見込んでその金を貯めた. ***with the*** [《俗》***a***] ***view of*** = *with a* VIEW *to* (1).

— *vt.* **1** 〈問題などを〉吟味する, 考える (contemplate); (ある見方で)見る, みなす (consider): I can ～ the future only *with* misgivings. 私にはどうも将来が懸念されてならない / The proposal is ～*ed* unfavorably by the authorities. その提案は当局によく思われていない / I ～ his conduct *in* the gravest light. 私は彼の行為を最も重大視する / These cases are ～*ed as* typical. これらの例は典型的なものとみなされている. **2** 検分する, 検査する, 調べる (inspect, examine) (⇨ see¹ SYN): ～ the pictures (買おうと思うときなど)絵をよく調べて見る / ～ the house and grounds (買う前に)家と地所を検分する / ～ the place of a crime 犯罪の現場を臨検する / ～ the body 〈陪審員が〉死体を検視する, 検屍する. **3 a** 〈展示物・風景などを〉(注意して)見る, 眺める, 展望する (see, look upon): Paris ～*ed* from Montmartre モンマルトルから見たパリ. **b** 〈テレビ・映画・ビデオなどを〉見る, 〈番組を〉テレビで見る, 視聴する (watch): ～ a CD-ROM [video]. **4** 〖狐狩〗〈狐が〉隠れ場から飛び出してくるのを見つける. — *vi.* テレビを見る.

〖((1415–16)) □ AF *vewe* = OF *veue* (F *vue*) 《俗》(fem.p.p.) ← *veoir* (F *voir*) to see < L *vidēre*: ⇨ vision〗

view·a·ble /vjúːəbl/ *adj.* **1** 見ることができる, 見える, 見られる (visible). **2** 見るに値する, 見るに耐える: a ～ television program. 〖1909〗

víew càmera *n.* 〖写真〗ビューカメラ《レンズ板・感材取枠・蛇腹式ボディー等を棒状の台に取り付け, あおりが自由にできるようにした, 焦点板を見てピント合わせをする大判カメラ》.

víew·dàta *n.* = videotex. 〖1975〗

view·er /vjúːə | vjúːə^r/ *n.* **1** 眺める人, 観察者 (observer), 見物人 (spectator); テレビ視聴者 (televiewer) (cf. auditor 2). **2** 検分者, 検査官, 監督官, 鑑定人 (inspector). **3** (スライドなどの)ビューアー《フィルムの画面を拡大して見ながら運動効果も確認できるのぞき眼鏡式の編集機器》. **4** 《口語》接眼部, ファインダー (eyepiece). **5** 〖電算〗ビューアー《特定形式のファイル内容を見るためのプログラム》. 〖1415–16〗

víewer·ship *n.* (テレビ番組の)視聴者(数[層]); 視聴率. 〖1954〗

view·find·er /vjúːfàɪndə | -də^r/ *n.* 〖写真〗(被写体の撮影範囲を定める)ファインダー. 〖1889〗

víew·gràph *n.* (オーバーヘッドプロジェクターやテレビ会議で使うデータや図などの)スライド.

víew hallóo [**hallóa**] *n.* (*pl.* ～s) 〖狩猟〗「出たぞ」《狐がその隠れ場所から飛び出したときに発する猟師の掛け声》. 〖1761〗

view·ing /vjúːɪŋ/ *n.* **1** 見ること; (特に)テレビを見ること; [集合的に] テレビ番組. **2** (埋葬前の最後の)故人との対面; 対面期間. 〖1535〗

view·less *adj.* **1** 《詩・文語》(目に)見えない. **2** 意見のない, 無定見な. **3** 見晴らしのきかない. **～·ly** *adv.* 〖1535〗

víew·phòne *n.* = videophone.

view·point /vjúːpɔ̀ɪnt/ *n.* **1** 見地, 見解, 観点: from the ～ *of* history 歴史の観点から. **2** (ある物の)見える地点. 〖1855〗

víew·pòrt *n.* **1** (宇宙船・潜水艦の潜望塔・石油掘削機の司令塔などの)窓. **2** 〖電算〗= window 10. **3** 〖通信〗ヴューポート《通信衛星使用の指定時間枠》. 〖1957〗

view·y /vjúːi/ *adj.* (**view·i·er**; **-i·est**) 《口語》**1** 非現実的な考えをもった; 空想的な (visionary). **2** 自説を曲げない. **3** 人目を引く, 見場(みば)のいい (showy). **view·i·ness** *n.* 〖1848〗

VIFF, viff /víf/ *n.* 《英》《空軍俗》垂直離着陸機がジェットエンジンの推力の方向を変えて飛行方向を変える技術. — *vi.* 〈垂直離着陸機が〉急に方向を変える. 〖((1972))《頭字語》← *v*(*ectoring*) *i*(*n*) *f*(*orward*) *f*(*light*)〗

vig /víg/ *n.* 《俗》= vigorish.

vi·ga /víːgə/ *n.* (米国南西部の古いスペイン風家屋の, 天井の)太梁(はり). 〖□ Sp. ～ 'beam'〗

Vi·gee-Le·brun /viʒéɪləbrɜ́ː(ŋ), -brɑ́ːŋ; *F.* viʒeləbʀœ̃/, **Marie Anne Louise Élisabeth** *n.* ヴィジェルブラン《1755–1842; フランスの女流肖像画家; Marie Antoinette に仕えた》.

vi·ges·i·mal /vaɪdʒésəməl, -ml | -sɪ-/ *adj.* **1** 二十の, 二十を基礎にした: the ～ system 二十進法. **2** 20 分の 1 の, 20 等分された (twentieth). **3** 〖数学〗= vicenary. 〖((1656)) ← L *vigēsim*(*us*) twentieth ((変形)) ← *vīcēsimus*) + -AL¹: cf. vingt-et-un, vicenary〗

vi·ges·i·mo /vaɪdʒésəmòʊ | -sɪməʊ/ *n.* (*pl.* ～s), *adj.* 〖製紙〗= twenty-mo. 〖□ L *vigēsimō*: ⇨ ↑, -mo〗

vigésimo-quárto *n.* (*pl.* ～s), *adj.* 〖製紙〗= twenty-fourmo. 〖1864〗

vi·gi·a /vɪdʒíːə | vídʒiə; *Sp.* bixía/ *n.* (*pl.* ～s /～z; *Sp.* ～s/) (主にスペインの海図で)危険な岩礁[浅瀬]の記号. 〖((1867)) □ Sp. ～ 'VIGIL, reef'〗

vig·il /vídʒəl/ *n.* **1 a** 徹夜, 寝ずの番 (watching): keep ～ 寝ずの番をする; (看病などで)徹夜する; 通夜(つや)をする / keep ～ *over* a patient all night 徹夜で病人の看病をする. **b** (厳しい)見張り, 監視: keep ～. **2** 眠れないで目を覚ましていること, 不眠 (sleeplessness). **3** 〖キリスト教〗**a** (信心からの)徹夜, 寝ずの行(ぎょう). **b** [通例 *pl.*] (祝祭日の前夜の)徹夜の祈り, 徹夜課. **c** (徹夜で祈る)前宵(ぜんしょう)祭, 祝祭日の前日; 教会祝祭日の前日[前夜]. 〖((?a1200)) □ (O)F *vigile* < L *vigiliam* watch ← *vigil* awake, wakeful ← *vegēre* to be lively ← IE **weg(e)li-* ← **weg-* to be strong, lively: ⇨ wake¹〗

vig·i·lance /vídʒələns | -dʒɪ-/ *n.* **1** 不寝番; 用心, 警戒 (watchfulness): keep a strict ～ *over* ...に厳重な警戒を続ける. **2** 刺激に対する反応が敏感なこと. **3** 〖医学〗覚醒(状態, 活動); 不眠症 (insomnia). 〖((1533)) □ (O)F ～ // L *vigilantia*: ⇨ vigilant, -ance〗

vígilance committèe *n.* 《米》自警団: **a** 治安維持および犯罪人処刑の目的で民衆が自発的に組織する団体. **b** 19 世紀米国の南部地方で, 黒人および奴隷廃止論者を圧迫し, 南北戦争中は連邦への忠誠を禁圧するために組織された団体. 〖1835〗

vig·i·lant /vídʒələnt | -dʒɪ-/ *adj.* **1** 油断がない, 注意深い, 用心深い, 気を配っている (keenly attentive) (⇨ watchful SYN): a ～ eye 警戒怠りない目. **2** 寝ずの番をする: a ～ sentry 不寝番兵. **～·ly** *adv.* **～·ness** *n.* 〖((c1480)) □ (O)F ～ // L *vigilantem* (pres. p.) ← *vigilāre* to watch, be wakeful: ⇨ vigil, -ant〗

vig·i·lan·te /vìdʒəlǽnti, -lɑ́ːn- | -dʒɪlǽnti⁻/ *n.* **1** 自警団員 (vigilance man). **2** [形容詞的に] 自警団員の: a ～ system 自警団員の組織 / ～ corps 自警団. 〖((1856)) □ Sp. ～ 'vigilant'〗

vig·i·lan·tism /vìdʒəlǽntɪzm, -lɑ́ːn-, vídʒələntɪzm | vìdʒɪlǽntɪzm/ *n.* 自警; 自警主義[制度]. **vig·i·lán·tist** /-tɪst | -tɪst/ *adj.* 〖1937〗

vígil lìght *n.* **1** 〖カトリック〗(教会で信者が聖者像などの前でともす)ろうそく. **2** 灯明. 〖*c*1931〗

vi·gin·til·lion /vàɪdʒɪntíljən/ *n.* 10⁶³; 《英古》10¹²⁰ (⇨ million 表). — *adj.* vigintillion の. 〖((*c*1903)) ← L *vigintī* twenty + (MI)LLION〗

Vi·gneaud /víːnjoʊ | -njəʊ/, **Vincent du** /duː, djuː | djuː/ *n.* ヴィーニョー《1901–78; 米国の生化学者; Nobel 化学賞 (1955)》.

vi·gne·ron /vìːnjərɔ́ː(ŋ), -rɔ́ːŋ | víːnjərɔ̀ŋ; *F.* viɲʀɔ̃/ *n.* ぶどう栽培者. 〖((1456)) □ (O)F ～ ← *vigne* 'VINE'〗

vi·gnette /vɪnjét, viː- | -njét, -nét; *F.* viɲɛt/ *n.* **1** (書物の扉・章頭・章末などに置かれる, ぶどうの葉・巻きひげ・枝などのからみ合った)装飾模様; 小さな飾り模様[カット]. **2** ビネット《輪郭をぼかしにした絵画, または頭部(と肩)だけを示し輪郭をぼかした肖像写真》. **3** (中世手写本の飾りのついた)冒頭の頭文字. **4 a** (人物・情景の)短い文学的描写. **b** (劇・映画の中の)挿話, 場面. **5** 〖郵趣〗ビネット《まわりが次第にぼけていく図; 2 色刷りの時, 刷り合わせのずれを少な

く見せるため用いる方法; 切手では主に中心図案を指す).
— *vt.* **1** …のビネットを作る. **2** 〈絵・写真などを〉ビネット風にぼかす (shade off). **3** (ビネット風に)品よく[簡潔に]描く[書く]. **—** *vi.* 〘写真〙(周辺部が)ぼける. 〖(1751) □ F ～ (dim.) ← *vigne* 'VINE': ⇨ -ette〗

vi·gnétt·er /-tə | -tə^(r)/ *n.* **1** 〘写真〙ビネット写真用焼き枠. **2** =vignettist. 〖1875〗

vi·gnétt·ing /-tɪŋ | -tɪŋ/ *n.* 〘写真〙 **1** レンズによる像の周辺部が暗くなること. **2** プリントの際に画像の周辺部をさえぎり, 輪郭をぼかす技術. 〖(1611) (1842)〗

vi·gnétt·ist /-tɪst | -tɪst/ *n.* ビネット写真製作者; ビネット画家; 小品作者. 〖1884〗

Vi·gno·la /viːnjóulə | -njáu-; *It.* viɲɲɔ́ːla/, **Giacomo da** *n.* ヴィニョーラ (1507–73; イタリアの建築家; 本名 Giacomo Barocchio /baróːkkjo/ *or* Barozzi /barɔ́ttsi/).

Vi·gnóles ráil /vɪnjóulz-, -njá(ː)lz- | vínjəulz-, víː-, -njɔlz-, vɪnjɔ́lz, -jəulz/ *n.* 〘鉄道〙 =T-rail. 〖← *Charles B. Vignoles* (19 世紀の英国の技師)〗

Vi·gny /viːnjíː; *F.* viɲi/, **Alfred (Vicotr) de** *n.* ヴィニー (1797–1863; フランスの詩人・小説家・劇作家・初期ロマン派の主導者; 称号 Comte de Vigny; *Stello* (1832), *Chatterton* (1835)).

Vi·go /víːgou | -gəu; *Sp.* bíɣo/ *n.* ビゴ (スペイン北西部の海港).

Vi·go /víːgou | -gəu; *F.* vigo/, **Jean** *n.* ヴィゴ (1905–34; フランスの映画監督; 前衛的手法とリリシズムを合わせた作品で知られる; *L'Atalante*「アタランタ号」(1934)).

vig·or, (英) **vig·our** /vígə | -gə^(r)/ *n.* **1** (精神的・肉体的な)力強さ, 活力, 精力, 気力, 活気, 元気 (strength, vitality): ～ of mind 精神の力 / *with* ～ 勢いよく, 元気よく / vim and ～ ⇨ vim / be *in* full ～ 元気いっぱいである / in the full ～ of manhood 男盛りで / His youthful ～ is still unimpaired. 彼の若い力はまだ損なわれていない. **2** (論旨・文体・性格などの)強さ, 迫力 (intensity, verve): a picture lacking (in) ～ 力のない絵 / the ～ of a person's argument 議論の迫力. **3** (動植物の)成長力, 活動力 (activity). **4** 〘法律〙有効性, 拘束力 (validity): laws that are still *in* ～ まだ有効な法律. 〖(?a1300) □ OF ～ (F *vigueur*) // L *vigor* liveliness ← *vigēre* to be lively: cf. vigil〗

vig·or·ish /vígərɪʃ/ *n.* (俗) **1** (競馬の賭屋の)手数料; 寺銭. **2** (高利貸しに払う)借金の利子. 〖(1912) □ ? Yid. ～ □ Russ. *vyigrysh* profit〗

vig·o·ro /vígəròu | -rəu/ *n.* (豪) 〘スポーツ〙ヴィゴロ (クリケットと野球の要素を備えた女性の競技). 〖(c1930) ← ? VIGOR+-O〗

vi·go·ro·so /vìgəróusou, vìːg- | -ráusəu; *It.* vigoróːzo/ *adv., adj.* 〘音楽〙力強く[い], 勢いよく[い]. 〖(c1724) □ It. ～ □ ML *vigōrōsus* (↓)〗

vig·or·ous /víg(ə)rəs/ *adj.* **1** 〈行動など〉精力的な; (効果が)強烈な, 強硬な, 断固たる: a ～ attack [defense] 猛烈な攻撃[防御] / ～ operations [efforts] 積極的行動[努力] / take ～ measures to stop the practice その慣行を止めさせるための強硬な手段をとる. **2** 生気[活気]にあふれた, 精力的に行動する, 活発な (⇨ active SYN), 元気な, 強健な (robust, strong): a ～ old man [manhood] 元気な老人[男盛り]. **3** 力強い, 迫力のある (forceful, animated): a ～ thinker, writer, commander, etc. / The idea has ～ supporters and opponents. その考えには熱烈な支持者も反対者もいる / be expressed in ～ English [style] 力強い英語[文体]で表現されている. **4** 〈植物など〉よく育つ. **～·ly** *adv.* **～·ness** *n.* 〖(?a1300) □ OF ～ (F *vigoureux*) // ML *vigōrōsus*: ⇨ vigor, -ous〗

vigour *n.* =vigor.

vi·gou·reux /vìːgəráː; *F.* viguʁø/ *n.* (*pl.* ～) ビゴロ, ビグルー (ビゴロ捺染で染めた霜降りの織物). 〖(1907) ← *Vigoureux* (19 世紀のフランスの織物染色業者)〗

vigouréux prìnting *n.* 〘染色〙ビゴロ捺染 (霜降り糸を作るためのトップ (top)・トウ (tow)・スライバー (sliver) などに行う捺染).

Vi·grid /víːgrɪd/ *n.* 〘北欧神話〙ヴィーグリド (神々のたそがれ (Ragnarok) の際, 神々がムスペルヘイム (Muspelheim) の一門と戦う原).

vi·ha·ra /vɪháːrə | vɪ-/ *n.* 〘仏教〙ヴィハーラ (僧の会合所, 僧房; 僧院または寺院, 精舎(しょうじゃ)). 〖(1681) □ Skt *vihāra* (原義) a place of recreation〗

vi·hue·la /vɪwéɪlə; *Sp.* biwéla/ *n.* 〘音楽〙ビウエラ (ギターに似たスペインの古弦楽器). 〖(1832) □ Sp. ～ ← OProv. *viula, viola* 'VIOLA'〗

Vii·pu·ri /*Finn.* víːpuri/ *n.* ヴィープリ (Vyborg のフィンランド語名).

Vi·ja·ya·wa·da /vìːdʒəjəwáːdə | -də/ *n.* ヴィジャヤワダ (インド南東部 Andhra Pradesh 中東部, Krishna 川に臨む都市; ヒンズー教巡礼の中心地; 旧称 Bezwada).

Vi·king /váɪkɪŋ/ *n.* **1** ヴァイキング, 北欧海賊 (8–11 世紀にヨーロッパの北部および西部海岸を略奪したスカンジナビア人; Norseman, Northman ともいう). **2** [v-] 海賊 (pirate). **3** スカンジナビア人 (Scandinavian). ★ 語源的に無関係でありながら sea king と混同されることがある. **4** [形容詞的に] ヴァイキングの[に関係ある]. a ～ ship. 日英比較 日本で言われる「バイキング」は和製英語で, 英語では smorgasbord という. **5** ヴァイキング (米国の無人火星探査機; 1975 年に 2 機打ち上げ). **6** ヴァイキング (ノルウェー南部と Shetland 諸島間の公海を範囲とする海上気象予報の海域). 〖(1807) □ ON *víkingr* freebooter, pirate ← *vík* creek+-*ingr* -ing³: cog. OE *wīcing*-〗

Vik·ki /víki/ *n.* ヴィキィ (女性名). 〖(dim.) ← VICTORIA²〗

vil. (略) village.

Vi·la /víːlə/ *n.* ヴィラ (⇨ Port-Vila).

vi·la·yet /viːláːjɛt, vìːləjét | vɪláːjɛt/ *n.* (オスマン帝国の)州 (province) (cf. sanjak). 〖(1869) □ Turk. *vilâyet* □ Arab. *wilāyaʰ* district〗

vild, vilde /váɪld/ *adj.* (廃) =vile.

Vil·drac /vɪldrǽk; *F.* vildʁak/, **Charles** *n.* ヴィルドラック (1882–1971; フランスの詩人・劇作家; *Le Paquebot "Tenacity"*「商船テナシティー」(1920)).

vile /váɪl/ *adj.* (**vil·er; vil·est**) **1** (口語) ひどく悪い, ひどい: a ～ climate 悪天候 / ～ handwriting ひどい悪筆 / the *vilest* evil この上ない悪. **2** 不快な, いかがわしい (objectionable); いやな, いやでたまらない (disgusting): a ～ odor 不快なにおい / ～ food とても食べられない食べ物 / ～ slander 卑劣な中傷 / a ～ temper 気難しい[怒りっぽい]気性. **3** 堕落した, 下劣な, 不道徳な (base): a ～ character 劣等な人物 / a ～ thought [action] 下劣な考え[行動]. **4** 〈言葉など〉きたない, 下品な (foul): a very ～ phrase ひどくきたない文句 / use ～ language 下品な言葉を使う. **5** 〈境遇など〉下等な, 卑しい (low, degraded): ～ servitude 卑しい奴隷の身 / the ～ trade of an informer 密告者という卑しい商売. **6** (口語) 貧弱な, ひどく劣る, ひどい, 不体裁な: ～ articles ひどい品物 / a perfectly ～ hat ひどくみっともない帽子. **7** (古) 値打ちがない, 取るに足らない (mean): a poor man in ～ raiment 粗末なる衣を着たる貧しき者 (*James* 2:2) / our ～ body われらの卑しきさまの体(からだ) (*Philip.* 3:21). **～·ly** /váɪlli/ *adv.* **～·ness** *n.* 〖(?a1300) *vil* □ (O)F < L *vīlem, vīlis* of small value, base ← ?〗

vil·ia·co /vɪljáːkou | -kəu/, **vil·ia·go** /vɪljáːgou | -gəu/ *n.* (廃) 卑怯者, 悪漢, ならず者. 〖(1590–91) □ It. *vigliacco* < VL **viliaccum* ← L *vīlis* 'VILE'〗

vil·i·fi·ca·tion /vìləfɪkéɪʃən | -lɪfɪ-/ *n.* 悪口, そしり, 中傷. 〖(1630) □ ML *vilificātiō(n-)*: ⇨ ↓, -ation〗

vil·i·fy /víləfàɪ | -lɪ-/ *vt.* **1** 悪く言う, けなす, そしる, 中傷する (defame). **2** (廃) 卑しくする, 下劣にする, 堕落させる (degrade). **víl·i·fì·er** *n.* 〖(a1500) □ LL *vilificāre*: ⇨ vile, -ify〗

vil·i·pend /víləpɛ̀nd | -lɪ-/ *vt.* (古) **1** 軽蔑してあしらう, さげすむ (despise). **2** けなす, ののしる (vilify). **～·er** *n.* 〖(a1471) □ (O)F ～ *vilipender* // L *vilipendere* ← *vīlis* 'VILE'+*pendere* to weigh〗

vill /víl/ *n.* **1** (英) 村 (hundred) (封建制度下の行政・税政上の区画; ほぼ manor と同じで, のち parish となる). **2** (詩) 村 (village). 〖(1596) □ AF ～=OF *ville* (F *ville* town) < L *villam* (↓)〗

vil·la /vílə/ *n.* **1** (英) (通例一戸建てまたは二戸続きの)郊外住宅; (NZ) 土地付中型郊外住宅. **2** (郊外または海岸の)別邸, 別荘 (cf. cottage 1). **3** (地主が所領内に構える)田園風の邸宅 (cf. country house). **4** (古代ローマの)荘園. **～·lìke** *adj.* 〖(1611) □ It. ～ < L *villam* country house, seat, farm < ? **vīc-slā* (cf. village / L *vīcus*: ⇨ vicinage)〗

Vil·la /víː(j)ə; *Am.Sp.* bíja/, **Francisco** *n.* ビーヤ (1878–1923; メキシコの革命家; 本名 Doroteo Arango /doɾotéo aɾáŋɡo/, 通称 Pancho Villa).

Vil·lach /fílaːk, -laːx; *G.* fílax/ *n.* フィラッハ (オーストリア中南部, Drava 川に臨む都市).

vil·la·dom /vílədəm | -dəm/ *n.* [集合的] (英) 郊外住宅 (villas); 郊外住宅地帯, 郊外社会 (suburbia). 〖(1880): ⇨ villa, -dom〗

Vil·la·fran·chi·an /vìləfrǽŋkiən⁻/ *adj.* 〘地質〙(第一氷河期前の)下部[初期]更新生の. 〖(1893) ← *Villafranca* (イタリア北西部の都市名)〗

vil·lage /vílɪdʒ/ *n.* **1** 村, 村落 (略 Vlg). ★ hamlet よりも大きく town よりも小さい; 英国では通例, 教区教会 (parish church) を有し, これが教区 (parish) の居住中核を成す; 米国では 3 名以上の評議員 (trustees) と 1 名の議長 (president) から成る委員会に治められる地方自治体. **2** [集合的] 村民 (village people). **3** (動物の)群落: a prairie dog ～. **4** (米) **a** [the V-] (ニューヨーク市の)グリニッチビレッジ (Greenwich Village). **b** [形容詞的に] (グリニッチ)ビレッジ(風)の[に住む]: *Village* hippies. **5** (豪・NZ) ショッピングセンター. **—** *adj.* [限定的] 村[村落]の; 田舎の (rustic): ～ life 農村生活 / a ～ pump 村の共同ポンプ井戸 / a ～ school 村の小学校 / ～ industry 農村工業. **～·lìke** *adj.* 〖(c1390) □ (O)F ～ ← *ville* < L *villam*: cf. L *villāticus* connected with a villa: ⇨ villa, -age〗

víllage còllege *n.* (英) 数か村連合の教育・レクリエーションセンター (community college ともいう).

víllage commúnity *n.* 〘経済〙村落共同体 (農民による自給的な社会経済的集合).

víllage ídiot *n.* (古) (村のみんなが知っている)村のばか[与太郎], あほう.

vil·lag·er /vílɪdʒə | -dʒə^(r)/ *n.* 村の人, 村民; 農民, 田舎者. **—** *adj.* (アフリカ東部) 発達の遅れた, 素朴な, 文盲の. 〖1570〗

vil·lage·ry /vílɪdʒ(ə)ri/ *n.* [集合的] 村 (villages); 村人 (village people): the maidens of the ～ 村の娘たち (cf. Shak., *Mids N D* 2. 1. 35). 〖1590〗

vil·lag·i·za·tion /vìlɪdʒɪzéɪʃən | -dʒaɪ-, -dʒɪ-/ *n.* (アジア・アフリカで)散在している住民を中心の村へ集中[定住]させること; 土地の村有化. 〖1963〗

Vi·lla·her·mo·sa /vìːjəɛəmóusə | -əəmáu-; *Am. Sp.* bijaeɾmósa/ *n.* ビヤエルモサ (メキシコ東部 Tabasco 州の州都, 旧称 San Juan Bautista).

vílla hòme *n.* (豪) (平屋の)ガレージで区切られたテラスハウス.

vil·lain /vílən/ *n.* **1 a** 悪人, 悪漢, 悪者 (scoundrel) (⇨ knave SYN). **b** (英口語) 犯人 (criminal). **2** [通例 the ～] (特に, 劇・小説などの定型的な)悪漢, 悪役. **3** (口語・戯言) 野郎, こいつ (wretch) (cf. rascal 1c, rogue 2): The young ～ has finished the jam. 小僧めジャムをみな平らげおった / You little ～! こいつめ. **4** (古) 下衆, 土百姓, 田舎者. **5** /(英) ではまた -lɪn, -leɪn/ (英) = villein.
pláy the víllain 悪役を務める; 悪事を働く. ***the víllain of the pìece*** (口語) 非難されるべき人[物]: 問題を起こした張本人, 元凶.
— *adj.* [限定的] **1** 悪人[悪漢]の. **2 a** 下劣な, 卑しい. **b** 生まれの卑しい.
〖(c1303) *vilein* □ OF (F *vilain* villain; low, ugly) < VL **villānum* farm servant ← L *villa* villa: ⇨ villa, -an¹〗

vil·lain·age /vílənɪdʒ/ *n.* =villenage.

vil·lain·ess /vílənɪs | vìlənés/ *n.* 悪女, 毒婦 (she-villain). 〖1586〗

vil·lain·ous /vílənəs/ *adj.* **1** 悪人の, 悪党の; 悪者のような, 悪党[悪人]らしい: a ～ countenance. **2** 下等な, 極悪の, 下劣な (base, wicked) (⇨ vicious SYN): ～ conduct. **3** (口語) ひどく悪い, ひどい, 嫌な: a ～ hotel [dinner] ひどいホテル[食事] / ～ weather 嫌な天気. **—** *adv.* (古) =villainously. **～·ness** *n.* 〖(c1386) □ OF *vileneus*: ⇨ villain, -ous〗

víl·lain·ous·ly *adv.* 悪党らしく, 悪人風に; ひどく. 〖1484〗

vil·lain·y /víləni/ *n.* **1** 極悪, 凶悪, 悪辣(あくらつ)非道, 邪悪. **2** 悪事, 悪行, 罪悪 (crime). **3** (廃) **a** 粗野, 不作法. **b** 不名誉, 恥 (disgrace), 腐敗 (depravity). **4** (廃) =villenage. 〖(?a1200) *vileinie* □ OF: ⇨ villain, -y¹〗

Vil·la-Lo·bos /vìːləlóubous, -bəs | -láubɔs; *Braz.* vilalóbus/, **Hei·tor** /eitóʁ/ *n.* ヴィラロボス (1887–1959; ブラジルの作曲家・指揮者).

vil·lan /vílən/ *n.* =villein.

vil·lan·age /vílənɪdʒ/ *n.* =villenage.

vi·llan·ci·co /vìːjaːnsíːkou | -kəu/ *n.* ビリャンシーコ (スペインの降誕祭・クリスマスの歌; もとは 吟遊詩から派生して 15 世紀に成立した民衆的な短い歌). 〖(1822) □ Sp. ～ (dim.) ← *villano* peasant〗

vil·la·nel·la /vìlənélə; *It.* villanélla/ *n.* (*pl.* **-nel·le** /-néli; *It.* -nélle/) 〘音楽〙ヴィラネラ: **a** イタリアの古い田舎風の踊り; その伴奏歌. **b** 16 世紀イタリアの Naples に起こった田舎風の無伴奏の合唱曲で, 洗練された対位法的 madrigal とは対照的に, 軽快なリズム・和法様式による通俗的性格のもの. 〖(1596) □ It. ～ ← *villano* peasant: ⇨ villain, -ella〗

vil·la·nelle /vìlənél; *F.* villanɛl/ *n.* 〘詩学〙ヴィラネル (通例五つの三行連と一つの四行連句から成る 19 行詩で 2 種の脚韻が繰返される; 本来イタリアの民謡に由来するフランスの詩型; 英詩では 19 世紀以後用いられている). 〖(a1586) □ F ～ □ It. *villanella* (↑)〗

Vil·la·no·van /vìlənóuvən | -náu-⁻/ 〘考古〙 *adj.* ヴィラノーヴァ文化(期)の (イタリア初期鉄器時代). **—** *n.* ヴィラノーヴァ(文化)人. 〖(1901) ← It. *Villanova* (Bologna 近郊の遺跡)〗

Vil·lard /vɪláə, -láəd | vɪláː^(r), -láːd/, **Oswald Garrison** *n.* ヴィラール (1872–1949; ドイツ生まれの米国のジャーナリスト・著述家).

Vil·lá·ri efféct /vɪláːri- | vɪ-; *It.* villáːri/ *n.* 〘物理〙ヴィラリー効果 (磁歪(じわい)の逆効果). 〖← *E. Villari* (19 世紀のイタリアの物理学者)〗

Vil·lars /viláə | -láː^(r); *F.* vilaːʁ/, **Claude-Louis-Hector de** *n.* ヴィラール (1653–1734; フランスの陸軍元帥; 称号 Duc de Villars).

vil·lat·ic /vɪlǽtɪk | -tɪk/ *adj.* 農村の; 農場の; 田舎の: ～ fowl 家禽. 〖(1671) □ L *villāticus*: ⇨ villa, -ic¹〗

-ville /vɪl/ *suf.* **1** (米口語)「…という特徴をもった場所・状態・物」の意の名詞・形容詞を造る. ★ 通例 -sville の形をとり, またしばしば, 小ささ・時代遅れ・鈍重さなどの軽蔑的ニュアンスを含む: dull*sville* / nowheres*ville* つまらない, 二流どころの / drags*ville* 退屈なもの / be Despair*ville*「絶望街」にいる (絶望している). **2** 地名の接尾辞として用い,「町・都市」を表す. 〖← *-ville* (地名語尾) □ (O)F ～ 'farm, VILLAGE'〗

Ville-de-Pa·ris /víːldəpæríː, -paː-; *F.* vildəpaʁi/ *n.* ヴィルドパリ(県) (フランス北中部の県; 面積 105 km², 県都 Paris).

vil·leg·gia·tu·ra /vɪlèdʒətúᵊrə | -dʒətúərə, -tjúərə; *It.* villèddʒatúːra/ *n.* **1** (休暇で)田舎に滞在する[引きこもる]こと; 田舎での休日: go into ～ at the farm 農場で休暇を過ごす. **2** (都会から離れた)休暇に適する場所. 〖(1742) □ It. ～ ← *villeggiare* to stay at a country house ← *villa* 'VILLA'〗

vil·lein /vílɪn, -leɪn/ *n.* (英) 農奴, 隷農 (封建制度下で領主に対して賦役や貢納の義務を負っていた半自由民; その身分は漸次改善され, 後に copyholder となった; cf. serf 1). 〖(a1325) □ AF ～ (変形) ← VILLAIN〗

vil·len·age /vílənɪdʒ, -leɪn-/ *n.* (*also* **vil·lein·age** /～/, **villainage**) 〘中世ヨーロッパ〙 **1** 農奴土地保有(条件), 農奴制, 隷農制 (領主から賦役・貢納を代償に土地を与えられている保有形態). **2** 農奴[隷農]の身分[地位]. 〖(a1325) □ AF & OF *vilenage*: ⇨ ↑, -age〗

Ville·neuve /vìːlnúːv | víːlnəːv; *F.* vilnœːv/, **Pierre-Charles-Jean-Baptiste-Silvestre de** *n.* ヴィルヌーヴ (1763–1806; フランスの提督).

Vil·leur·banne /vìːjəːbǽn, -báːn | -jəː-; *F.* vilœʁban/ *n.* ヴィルールバンヌ (フランス中東部, Lyon の東方郊外の都市).

villi *n.* villus の複数形.

Vil·liers /víləz, -ljəz | -ləz, -ljəz, -liəz/, **George** *n.* ⇨ 1st Duke of BUCKINGHAM, 2nd Duke of BUCKINGHAM.

Vil·liers de l'Isle-Adam /vi:ljéɪdlí:lɑ:dɑ́:(ŋ), -dɑ́:ŋ; *F.* viljedliladɑ̃/, **Philippe-Auguste** *n.* ヴィリエドリラダン《1838–89; フランスの詩人・小説家・劇作家; 称号 Comte de Villiers de l'Isle-Adam; *Contes cruels*「残酷物語」(1883, 続篇 '88)》.

vil·li·form /víləfɔ̀əm | -lɪ̀fɔ̀:m/ *adj.* 〘動物〙〈ある種の魚の歯など〉ビロードのけばのような, 絨毛(じゅう)状の. 〖(1849) ← NL *villiformis*: ⇨ villus, -form〗

Vil·lon /vɪjɔ́:(ŋ), -jɔ́:ŋ; *F.* vijɔ̃/, **François** *n.* ヴィヨン《1431–?63; フランスの叙情詩人; 放蕩無頼の生活を送って罪を重ね, 危うく死刑を免れた; *Le petit testament*「小遺言書」(1456), *Le grand testament*「大遺言書」(1461); 本名は François de Montcorbier /mɔ̃kɔʁbje/ または François des Loges とされる》.

Villon, Jacques *n.* ヴィヨン《1875–1963; フランスの画家; 初め立体派に属したが, のち抽象的風景画家となった; M. Duchamp の兄; 本名 Gaston Duchamp-Villon》.

vil·lose /vílous | -ləus/ *adj.* =villous.

vil·los·i·ty /vɪlɑ́(:)səti | -lɔ́sɪ̀ti/ *n.* **1** 軟毛[絨毛(じゅう)]の多いこと; 絨毛のある表面. **2** [集合的]〘植物〙絨毛 (villi); 絨毛組織. **3**〘医学〙絨毛性《絨毛の多い状態》. 〖(1777): ⇨ ↓, -ity〗

vil·lous /víləs/ *adj.* **1** 軟毛で覆われた; 軟毛に富む; けばのある. **2**〘植物〙絨毛(じゅう)[長軟毛]に覆われた. **3**〘解剖〙絨毛の[多い, で覆われた]. **~·ly** *adv.* 〖(*a*1400) □ L *villōsus* hairy: ⇨ villus, -ous〗

víllous hówler mònkey *n.*〘動物〙ビロードホエザル (*Alouatta villosa*)《中米産の黒色のホエザル》.

vil·lus /víləs/ *n.* (*pl.* **vil·li** /vílaɪ, -li:/) **1**〘解剖〙《小腸粘膜などの》絨毛; 柔突起. **2**〘植物〙《果実・花などの》絨毛, 長軟毛. 〖(1704) □ L ~ 'shaggy hair, tuft of hair'《転訛》← *vellus* fleece〗

Vil·ma /vílmə/ *n.* ヴィルマ《女性名; 異形 Velma, Welma》. 〖(dim.) ← WILHELMINA〗

Vil·ni·us /vílniəs; *Lith.* vílnjus/ *n.* (*also* **Vil·ny·us** /~/) ヴィリニュス《リトアニア共和国の首都, 以前はポーランド領; ロシア語名 Vilno, ポーランド語名 Wilno》.

Vil·no /vílnou | -nəu; *Russ.* vílʲnə/ *n.* ヴィルナ《Vilnius のロシア語名》.

vim /vím/ *n.*〘口語〙精力, 活力, 元気, 活気 (vitality, energy). ★ しばしば vim and vigor の成句で用いて: be full of ~ *and vigor* 活力に満ちている. 〖(1843) □ L ~ (acc.) ← *vīs*: ⇨ vis〗

Vim /vím/ *n.*〘商標〙ヴィム《英国の Lever Brothers 社製の粉末洗剤》.

vi·ma·na /vɪ̀mɑ́:nə | vɪ-/ *n.* ヴィマーナ, 妙宮, 天宮, 楼閣《聖所・門をも含めたインドの寺院全体の呼び名; cf. gopura, shikara》. 〖(1863) □ Skt *vimāna* ← *vimāti* he measures〗

vi·men /váɪmen/ *n.* (*pl.* **vim·i·na** /vímənə | -mɪ̀-/) 〘植物〙長いしなやかな細枝. **vim·i·nal** /vímənl | -mɪ̀-/ *adj.* 〖(1691) □ L *vīmen* twig ← *viēre* to bend〗

Vim·i·nal /vímənl | -mɪ̀-/ *n.* [the ~] ヴィミナリスの丘《ローマ七丘 (Seven Hills) の最北東の丘》. 〖□ L *Vīminālis*: ⇨ ↑, -al¹: 丘の上に柳の木が多かったことから〗

vi·min·e·ous /vɪmíniəs/ *adj.* **1**〘植物〙細長い小枝の[を生じる]. **2**《まれ》小枝から成る[で作った]. 〖(1657) ← L *vīmineus*: ⇨ vimen, -eous〗

v. imp.《略》〘文法〙verb impersonal 非人称動詞 (impersonal verb).

vim·pa /vímpə/ *n.*〘カトリック〙ヴィンパ《司教・大修道院長のミサの際, 侍祭 (acolyte) が肩にかける絹のベール》. 〖□ ML ~ ← OF *guimple* 'WIMPLE'〗

Vi·my /ví:mi, vími; *F.* vimi/ *n.* ヴィミー《フランス北部 Pas-de-Calais 県の町; cf. Vimy Ridge》.

V **Vímy Rídge** *n.* [the ~] ヴィミーの尾根《フランス北部 Arras の北, Vimy 町付近の尾根; 第一次大戦では西部戦線の要所で, 激戦地となった》.

vin /vǽ(n), vǽŋ; *F.* vɛ̃/ *F. n.* (*pl.* **~s** /~/) ワイン, ぶどう酒 (wine): ⇨ vin blanc, vin rouge, vin rosé. 〖(1699) □ F ~ < L *vīnum* 'VINE'〗

VIN《略》vehicle identification number 自動車登録番号.

vin- /vɪn/《母音の前にくるときの》vini- の異形.

vi·na¹ /ví:nə, -nɑ:/ *n.* ヴィーナ《インドの撥弦楽器; 大きな椀形の胴・棹(さお)・首・ふくべ(共鳴器)の 4 部分から成る》. 〖(1788) □ Hindi *vīnā* // Skt *vīṇā*〗

vina² *n.* vinum の複数形.

vi·na·ceous /vaɪnéɪʃəs, vɪn-/ *adj.* **1** ぶどうの[に似た]; ワインの[に似た]. **2** (赤)ワイン色の, 暗赤色の (wine-colored). 〖(1686) ← L *vīnāceus*: ⇨ vine, -aceous〗

Vi·ña del Mar /ví:njədelmɑ́ə | -mɑ́:ʳ; *Am.Sp.* bíɲaðelmár/ *n.* ビニャデルマール《チリ中部の都市, 海岸行楽地》.

vi·naigre /vi:négr(ə), -néɪg-; *F.* vinɛgʁ/ *F. n.* = vinegar.

vin·ai·grette /vɪ̀nɪ̀grét | -nɪ̀-, -neɪ-/ *n.* **1** 気付け薬入れ《金銀製などの小箱で, 香料を入れた酢 (aromatic vinegar) をしみ込ませた海綿や気付け薬 (smelling salts) などを入れて携帯した》; 嗅(か)ぎびん (smelling bottle). **2** =vinaigrette sauce. 〖(1698) □ F ~ (dim.) ← *vinaigre*: ⇨ vinegar, -ette〗

vinaigrétte sàuce [drèssing] *n.* ヴィネグレットソース《酢と油を混ぜ, 塩・こしょう・香辛料などで調味したもの; 主にサラダに用いる; French dressing ともいう》. 〖1880〗

vi·nal¹ /váɪnl/ *adj.* ワインの[に関する] (vinous). 〖(1652)〗(1658) □ L *vīnālis*: ⇨ vine, -al¹〗

vi·nal² /váɪnl/ *n.*〘化学〙ビナル《主にビニールアルコール単位から構成される長鎖合成重合体の人造繊維》. 〖← (*poly*)*vin*(*yl*) *al*(*cohol*)〗

vi·nasse /vɪ̀næs | vɪ-/ *n.* 蒸留残渣(ざんさ), 蒸留かす《酒類蒸留後, 蒸留器に残るかすで, カリ塩を含む; cf. slop¹ 6》. 〖(1895) □ F ~ □ Prov. *vinassa* < L *vīnāceam* grape skin: cf. vinaceous〗

vin blanc /vǽ(m)blɑ́:(ŋ), vǽmblɑ́:ŋ; *F.* vɛ̃blɑ̃/ *F. n.* (*pl.* **vins blancs** /~/) 白ワイン, 白ぶどう酒 (white wine) (⇨ wine¹). 〖(1792) □ F ~ 'white wine'〗

vin·blas·tine /vɪnblǽsti:n/ *n.*〘化学〙ビンブラスチーン ($C_{46}H_{58}N_4O_9$)《ニチニチソウ (periwinkle) から得られるアルカロイドの一種; 白血病・リンパ腫の治療に用いる抗癌剤》. 〖(1962)《略》← VINCA-LEUKOBLASTINE〗

vin·ca /víŋkə/ *n.*〘植物〙=periwinkle¹ 1. 〖(1868) ← NL ~《略》← L *vincaperivinca* periwinkle ← *vincīre* to bind + *pervincīre* to bind〗

vin·ca·leu·ko·blas·tine /vɪ̀ŋkəlù:kəblǽsti:n | -lù:kə(ʊ)-, -lju:-/ *n.*〘化学〙=vinblastine. 〖← VINCA + LEUCO- + -BLAST + -INE³〗

Vince /víns/ *n.* ヴィンス《男性名》. 〖(dim.) ← VINCENT〗

Vin·cennes¹ /væ̃(n)sén, væn-; *F.* vɛ̃sɛn/ *n.* ヴァンセンヌ《Paris の東郊外; 14 世紀の城で有名》.

Vin·cennes² /vɪnsénz/ *n.* ヴィンセンズ《米国 Indiana 州南西部の都市》.

Vin·cent /vínsənt, -snt; *F.* vɛ̃sɑ̃/ *n.* ヴィンセント《男性名; 愛称形 Vince, Vinnie, Vinny》. 〖□ F ~ □ L *Vincentius* ← *vincēns* (pres.p.) ← *vincere* to conquer: cf. vincible〗

Vin·cent /vínsənt, -snt/, Saint *n.* ヴィンセンチウス《?–304 A.D.; スペインの聖職者, 殉教者; ぶどう栽培者の守護聖人; 祝日 1 月 22 日; Vincent of Saragossa ともいう》.

Víncent de Pául /-də-; *F.* vɛ̃sɑ̃dpɔl/, Saint /*F.* sɛ̃/ *n.* ヴァンサンドポール《1580?–1660; フランスのカトリック聖職者で社会改良家》.

Vin·cen·tian /vɪnsénʃən/ *n.*〘カトリック〙聖ヴィンセンシオ布教会の会員, ラザロ会の会員《1625 年 Saint Vincent de Paul がフランスに創立した布教を目的とした会の会員; Lazarist ともいう》. — *adj.* ヴィンセンシオ布教会会員の. 〖1854〗

Víncent's angína /vínsənts-, -snts-, væ̃(n)sɑ́:(n)z-, vænsɑ́:nz-; *F.* vɛ̃sɑ̃-/ *n.*〘病理〙潰瘍性偽膜性アンギナ, ヴァンサン口峡炎《第一次大戦中 trench mouth ともいった》. 〖(*c*1903) ← *Jean Hyacin the Vincent* (1862–1950: フランスの医師)〗

Víncent's inféction [disèase] *n.*〘病理〙ヴァンサン感染(病)《Vincen't angina と同じバクテリアによって起こる壊死性の潰瘍歯肉炎》.

Vinci, Leonardo da *n.* ⇨ da Vinci.

vin·ci·ble /vínsəbl | -sɪ̀-/ *adj.* 打ち勝つことができる, 征服しうる. **vin·ci·bil·i·ty** /vɪ̀nsəbíləti | -sɪ̀bílɪ̀ti/ *n.* **~·ness** *n.* 〖(1548) □ L *vincibilis* ← *vincere* to conquer: ⇨ victor, -ible〗

vin·cris·tine /vɪnkrísti:n, -tɪ̀n | -ti:n, -tɪn/ *n.*〘薬学〙ニチニチソウ (*Vinca rosea*) より得られる抗腫瘍性アルカロイド, 抗白血病薬. 〖(1962) ← L *vinca* 'VINCA' + *crista* 'CREST' + -INE³〗

vin·cu·lum /víŋkjuləm/ *n.* (*pl.* **-cu·la** /-lə/, **~s**) **1** つなぎ, 結束, きずな (bond, tie). **2**〘解剖〙ひも, 紐(ちゅう)《指趾の腱・舌・小脳舌部などに関連した固定用の結合組織》; 靱帯(じん) (ligament). **3**〘数学〙括線《括弧と同じ役割を果たす線; 例えば $\overline{a+b}\times c = ac+bc$ や $a-\overline{b+c}=a-b-c$ における ‾》. 〖(1678) □ L ~ 'fetter' ← *vincīre* to bind: ⇨ -cle〗

vin·cu·lum ma·tri·mo·ni·i /vɪ́ŋkjuləm-mæ̀trəmóuniàɪ, wɪ́ŋkulummɑ̀:trɪmóunii: | -máu-/ *L. n.* 婚姻のきずな. 〖□ L *vinculum mātrimōniī* bond of matrimony〗

vin·da·loo /vɪ̀ndəlú:/ *n.* (*pl.* **~s**) ヴィンダルー《ニンニクと酢で調味したインドのカレー料理》. 〖(1888) □ ? Marathi (Kokani) *vindalu* □ Port. (Creole) *vin d'alho* ← Port. *vinho* wine + *de* of + *alho* garlic〗

vin de garde /vǽ(n)dəgɑ́əd, vǽn- | -gɑ́:d; *F.* vɛ̃dgaʁd/ *n.* (*pl.* **vins de garde** /~/) ヴァンドガルド《保存して熟成すれば品質がよくなるワイン》. 〖□ F ~ 'wine for keeping'〗

vín de páille /-pɑ́:i; *F.* -pɑ:j/ *n.* ヴァンドパイユ, 藁のワイン《フランス東部の Jura, Savoie 地域で生産されるやや辛口(糖分 4% ほど)のワイン; 収穫したぶどう (Savagnin 種など) を麦わら (paille) の敷物の上で乾燥させ, 糖分を高めてから果汁をしぼって発酵させるので, この名がある》. 〖(1964) □ F ~ 'straw wine'〗

vín de páys /-péɪ; *F.* -pei/ *n.* (*pl.* **vins de pays**) ヴァンドペイ《フランスのワイン法により, 生産地と地酒保証マークが表示されているワイン; 産地名がそのままワインの名称となっている》. 〖□ F ~ 《原義》wine of country〗

vín d'hon·néur /-dɑ(:)nə́: | -dɔnə́:ʳ; *F.* -dɔnœːʁ/ *n.* (主賓の名誉のために飲む)乾杯のワイン; 祝杯をあげる宴会; カクテルパーティー; カクテル. 〖(1920) □ F ~ 'wine of honor'〗

Vínd·hya Hílls [Móuntains] /víndjə-, -diə-/ *n. pl.* [the ~] ビンドヤ山脈《インド中部 Narbada 川の北方の山脈; Vindhya Range ともいう》.

vin·di·ca·ble /víndɪ̀kəbl | -dɪ-/ *adj.* 弁護[擁護]できる, 正当化[立証]しうる (justifiable). **vin·di·ca·bil·i·ty** /vɪ̀ndɪ̀kəbíləti | -dɪkəbílɪ̀ti/ *n.* 〖(1632) (1647) □ LL *vindicābilis*: ⇨ ↓, -able〗

vin·di·cate /víndəkèɪt | -dɪ-/ *vt.* **1 a** …に対する非難[疑い]を取り去る; 〔汚名・嫌疑などから〕免れさせる, 守る (exonerate) 〔*of*〕: ~ a person *of* an accusation [a charge] 人の汚名を晴らす[人を非難から守る] / ~ one's honor 名誉を守る. **b** 〔反対・侵害・攻撃に抗して〕〈権利・主張などを〉守る, 擁護する (defend) 〔*against*〕: ~ the glory of his name *against* all detractors あらゆる中傷者から彼の名の栄誉を守る. **2** (論証・証拠によって)…の正しいことを立証する, 〈物事を〉正当化する (justify): Subsequent events ~*d* their policy [behavior, views]. 彼らの政策[行動, 見解]の正しさが後の成り行きから立証された. **3** 〈権利・主張などを〉主張する, 要求する (claim): ~ one's claim [rights, innocence] 要求[権利, 無罪]を主張する / ~ oneself 自分の主張[権利]を擁護する, 弁明する. **4**《廃》復讐する, …のあだを討つ (avenge). **5**《廃》解き放つ, 自由にする (set free). **6**《廃》罰する (punish). **7**〘ローマ法〙…の所有を回復する. 〖(1533) ← L *vindicātus* (p.p.) ← *vindicāre* to claim, set free, punish ← ? *vim*, *vīs* force + *dicere* to say (⇨ diction)〗

vin·di·ca·tion /vɪ̀ndəkéɪʃən | -dɪ-/ *n.* **1** (非難・嫌疑・汚名などから)免れさせること, 免罪 (exoneration); 免罪の事実. **2** (名誉・要求などの)擁護, 弁護 (defense) 〔*of*〕: ~ *of* one's honor 名誉の擁護 / in ~ *of* one's liberty 自由を擁護して. **3** 立証, 正当化 (justification); 弁明[立証]するもの: The success of his plan was the real ~. 計画の成功したことが(計画の良かったことの)何よりの証明となった. 〖(1484) □ L *vindicātiō(n-)*: ⇨ ↑, -ation〗

vin·dic·a·tive /vɪndíkətɪv, víndəkèɪ- | víndɪkətɪv, -kèɪ-, vɪndíkə-/ *adj.* **1** 擁護する, 弁明する, 弁護的な. **2**《古》懲罰の (punitive). **3**《廃》復讐の (retributive). 〖(1521) (1610) □ (O)F *vindicatif* // ML *vindicātīvus*: ⇨ vindicate, -ive〗

vín·di·cà·tor /-tə | -tə(ʳ)/ *n.* 擁護者, 弁護者 (defender); 立証者; 弁明者. 〖(1566) □ LL *vindicātor*: ⇨ ↑, -or²〗

vin·di·ca·to·ry /víndɪ̀kətɔ̀:ri | víndɪkèɪtəri, -kə-/ *adj.* **1** 擁護する, 弁護になる; 擁護の, 弁護の (justificatory). **2**〘法律〙懲罰の (punitive); 制裁的な; 報復の (retributive). 〖1647〗

vin·dic·tive /vɪndíktɪv/ *adj.* **1 a** 復讐心のある, 執念深い (revengeful); 報復的な: a ~ person, spirit, action, punishment, etc. **b** 悪意のある, 意地の悪い (spiteful, vicious): a ~ comment. **2** 刑罰的な, 懲罰的な (punitive). **~·ly** *adv.* **~·ness** *n.* 〖(1616) ← L *vindicta* vengeance (⇨ vindicate) + -IVE〗

SYN 執念深い: **vindictive** 他人から受けた非行・損害などに対して報復を望んでいる: a *vindictive* person 執念深い人. **vengeful, revengeful** 両者とも同義だが, 前者は特に文語的なニュアンスを持つ. 復讐心に燃えている《*vindictive* よりも実際に行動に出る意味が強い》: a *revengeful* spirit 復讐心 / The motivation was personal and *vengeful*. 動機は個人的で復讐心から出たものだった. **spiteful** 他人に対して悪意を抱いている: a *spiteful* woman 意地悪女.

---

vindíctive dámages *n. pl.* =punitive damages.

vin du pays /vǽ(n)dupéɪ, vǽn-, dju-; *F.* vɛ̃dypei/ *F. n.* その土地のワイン, 地酒. 〖(1822) □ F ~ 'wine of the country'〗

vine /váɪn/ *n.* **1**〘植物〙ブドウ (*Vitis vinifera*)《(米) では通例 grapevine を用いる》. **2** つる植物; (つる植物の)つる: a *vine*-covered doorway, house, wall, etc. / ⇨ clinging vine.
die* [*wither*] *on the vine 〈計画・運動などが〉実を結ばずに終わる. ***dwéll under* one's (*ówn*) *vine and fig trèe*** わが家で安全に暮らす (cf. *1 Kings* 4:25).
— *vi.* つるを形成する; つる状に成長する.
~·less *adj.* **~·lìke** *adj.* 〖(?*a*1300) □ OF ~ (F *vigne*) < L *vīneam* vineyard ← *vīnum* 'WINE¹'〗

Vine /váɪn/, **Frederick John** *n.* ヴァイン《1939–88; 英国の地理学者; 同僚の Drummond H. Matthews (1931–97) とともに, 大西洋の下の地球地殻からの磁気データが海洋底拡大を証明することを示して, プレートテクトニクスの理論に貢献した》.

vin·e·al /víniəl/ *adj.* ワインの[に関する]. 〖(1659) □ L *vīneālis*: ⇨ vine, -al¹〗

víne bòrer *n.* ぶどうの木に穴をあける各種の害虫.

vined *adj.* つるのからんだ, つる植物に覆われた: a little ~ house つるのからんだ小さな家. 〖1577〗

víne·drèsser *n.* ぶどう園園丁. 〖1560〗

víne frùit *n.* つるになる果物, (特に)ぶどう.

vin·e·gar /vínɪ̀gə | -nɪgəʳ/ *n.* **1** 酢; 食用酢: ~ of lead 酢酸鉛, 鉛酢 / ⇨ aromatic vinegar, OIL *and vinegar*. **2** 不機嫌 (sourness); 気難しい顔, ひねくれた言葉[性質]. **3**《米口語》精力, 元気, 活気, 活力 (vigor, vim). — *vt.* …に酢を入れる[加える]; (酢のように)酸っぱくする. 〖(*a*1325) *vinegre* □ OF *vyn egre* (F *vinaigre*) < VL **vīnum acrum* sour wine: ⇨ vine, eager¹〗

Vínegar Bíble *n.* [the ~] 1717 年出版の欽定訳聖書 (Authorized Version) の俗称《*Luke* 20 の heading を vineyard とすべきところを, parable of the vinegar と誤って印刷したことから》. 〖1834〗

vínegar èel *n.*〘動物〙スセンチュウ (*Turbatrix aceti*)《古い酢や酸敗した果実の中に生じる小形の線虫; vinegar worm ともいう; cf. eelworm》. 〖1836–39〗

vin·e·gar·ette /vɪ̀nɪ̀gərét/ *n.* =vinaigrette.

vínegar flỳ *n.*〘昆虫〙ショウジョウバエ (*Drosophila* 属

のハエの総称); (特に)キイロショウジョウバエ (*D. melanogaster*). 〖1901〗

vín·e·gar·ish /-g(ə)rɪʃ/ *adj.* **1** 少し酸っぱい; 酢に似た. **2** 〈性質・態度・言葉など〉意地の悪い, 皮肉な, 辛らつな (tart, acidulous). 〖1648〗

vin·e·gar·roon /vìnɪ̀gəróun, -rúːn | -nɪgərúːn/ *n.* 〘動物〙 ムチサソリの一種 (*Mastigoproctus giganteus*) 《米国南部・メキシコ産のサソリモドキ科の酢のようなにおいを発散する動物》. 〖(1853) ◻ Mex.-Sp. *vinagrón* ← *vinagre* vinegar〗

vínegar trèe *n.* 〘動物〙 =staghorn sumac. 〖1874〗

vínegar·wèed *n.* 〘植物〙 米国西海岸産の青い花の咲くシソ科の草本 (*Trichostema lanceolatum*).

vínegar wòrm *n.* 〘動物〙 =vinegar eel. 〖1896〗

vin·e·gar·y /vínɪ̀g(ə)ri | -nɪ-/ *adj.* **1** 酢の, 酢の味がする, 酢のような; 酸っぱい (sour). **2** 不機嫌な, 気難しい, 意地の悪い (crabbed); すぐ怒る, 短気な (choleric): a ~ spinster 意地の悪いオールドミス / a ~ smile 意地の悪い笑い. 〖1730〗

víne·lànd *n.* ぶどうの発育に適した土地; ぶどう生産地.

Vine·land /váɪnlənd/ *n.* =Vinland.

víne màple *n.* 〘植物〙 カリフォルニアカエデ (*Acer circinatum*) 《米国北西部産のつる状の幹の小高木》.

vin·er /váɪnə | -nə^(r)/ *n.* 《えんどう豆の》さやむき器; えんどう豆摘取り機. 〖(1902): ⇨ vine, -er¹〗

vin·er·y /váɪnəri/ *n.* **1** つる植物栽培園; (特に)ぶどう温室 (grapery); ぶどう園[畑] (vineyard). **2** [集合的]《米》つる植物, ぶどうの木. 〖(*c*1420) 《1789》〗

víne snàke *n.* 〘動物〙 ツルヘビ 《熱帯地方にすみ, 樹上性で体のきわめて細長いヘビ科 *Oxybelis* 属のヘビの総称; アメリカツルヘビ (*O. acuminatus*) など》.

Vi·net /viːnéɪ; F. vinɛ/, **Alexandre Ro·dolph** /ʁɔdɔlf/ *n.* ヴィネ 《1797–1847; スイスのプロテスタント神学者・批評家》.

víne wèevil *n.* 〘昆虫〙 クチブトゾウムシ (*Otiorhynchus sulcatus*) 《にぶい黒色で翅(はね)のないゾウムシ科の昆虫; 成虫・幼虫共に庭の花にはひどい害虫》.

vine·yard /vínjəd | -jəd, -jɑːd/ *n.* **1** ぶどう園[畑]. **2** 仕事場, (特に)精神的・霊的努力の場所 (cf. *Matt.* 20:1; 21:28, 40): laborers in one's ~ 仲間の労働者, 仕事の同僚 / The priest's ~ was in the slums of the city. 牧師はその都市のスラム街で働いていた. 〖(*c*1340) ← VINE＋YARD² ∽ OE *wīngeard*〗

víne·yard·ist /-dɪ̀st | -dɪst/ *n.* ぶどう園経営者. 〖1848〗

vingt-et-un /vǽnteɪə́ːn, -teɪʌ́ŋ | vǽ(n)teɪɜ́ː(ŋ), vǽnteɪə́ːŋ; F. vɛ̃teœ̃/ *n.* 〘トランプ〙 =twenty-one 1. 〖(1781) ◻ F ~ 'twenty and one'〗

vi·nho ver·de /víːnouvə́ːdi | -nəuvə́ːdi/ *n.* ヴィーニョ ヴェルデ 《ポルトガル北西部の Minho 地方で造るさわやかな味の若飲み用ワイン; 赤・白・ロゼがある》. 〖(1962) ◻ Port. ~ 《原義》 green wine〗

vin·i- /víni̥, -ni | -nɪ, -ni/ 「ぶどう; ワイン」の意の連結形. ★ 時に vino-, vin- になる. 〖← L *vīnum* 'WINE¹'〗

vi·nic /váɪnɪk, vín-/ *adj.* ワインの[に関する], ワインから採る: ~ alcohol. 〖(1835): ⇨ ↑, -ic¹〗

vin·i·cul·ture /vínəkʌ̀ltʃə, váɪn- | vínɪkʌ̀ltʃə^(r), váɪn-, ⌐ – ⌐ – / *n.* =viticulture. **vin·i·cul·tur·al** /vìnəkʌ́ltʃ(ə)rəl, vàɪn- | -nɪ-/ *adj.* 〖1871〗

vin·i·cul·tur·ist /vìnəkʌ́ltʃ(ə)rɪ̀st, vàɪn-, ⌐ – ⌐(–)– | vɪnɪkʌ́ltʃ(ə)rɪst, ⌐ – ⌐(–)–/ *n.* ぶどう栽培者. 〖1888〗

vi·nif·er·a /vɪníf(ə)rə, vaɪ-/ 〘園芸〙 *n.*, *adj.* ヴィニフェラブドウ(の) (*Vitus vinifera*) 《ヨーロッパで最も普通に栽培されるワイン用ぶどう》; そのワイン(の). 〖(1888) ← NL ~ ← LL *vinifer* wine-producing: ⇨ vini-, -fer〗

vi·nif·er·ous /vaɪníf(ə)rəs, vɪ-/ *adj.* ワインに適した; ワイン用に栽培される. 〖(1832) ← VINI-＋-FEROUS〗

vin·i·fi·ca·tion /vìnəfɪ̀kéɪʃən, vàɪn- | -nɪfɪ-/ *n.* 〘醸造〙 果汁[含糖液]のアルコール発酵. 〖(1880) ← VINI-＋-FICATION〗

vin·i·fi·ca·tor /vínəfɪ̀kèɪtə, váɪn- | vínɪfɪkèɪtə^(r)/ *n.* 酒精凝結装置 《ワイン発酵の際に発散する酒精蒸気を凝結させる装置》. 〖⇨ ↑, -or²〗

vin·i·fy /vínəfàɪ, váɪn- | vínɪ̀-/ *vt.* 〈ブドウ〉からワインを造る. 〖(1969): ⇨ vini-, -fy〗

vin·ing /váɪnɪŋ/ *n.* 収穫した豆[えんどう豆]からつるとさやを取り除くこと. — *adj.* 〈植物が〉(ぶどうの木のような)巻きついてのぼる茎をもった. 〖[n.: (1928); adj.: (1814)]〗

vin jaune /vǽ(n)ʒóun, vǽn- | -ʒə́un; F. vɛ̃ʒoːn/ *n.* (*pl.* **vins jaunes** /~/) ヴァン ジョーヌ, 黄ワイン 《フランス東部のジュラ地方でソーヴィニョン種のぶどうから造る黄金色で辛口の白ワイン》. 〖◻ F ~ 《原義》 yellow wine〗

Vin·land /vínlənd/ *n.* ヴィンランド 《ヴァイキング時代の紀元 1000 年ごろ Leif Eriksson などのスカンジナビア人が到達し, ぶどうが豊かに実っていたのでこう呼んだ北米海岸; New England, Labrador あるいは Newfoundland とされる; Wineland, Vineland ともいう》. 〖1967〗

vin mous·seux /vǽ(n)muːsə́ː, vǽm-; F. vɛ̃musø/ *F. n.* (*pl.* **vins mous·seux** /~/) ヴァンムスー, 発泡性ワイン (sparkling wine). 〖(1789) ◻ F ~ 'foaming wine': ⇨ mousseux〗

Vin·nie /víni/ *n.* ヴィニー 《男性名》. 〖(dim.) ← VINCENT〗

Vin·ny /víni/ *n.* ヴィニー 《男性名》. 〖↑〗

Vin·ny·tsya /vínɪ̀tsə | -nɪ-; *Ukr.* vʲínnɪtsʲa/ *n.* (*also* **Vin·ni·tsa**) ヴィンニツァ 《ウクライナ中西部の都市》.

vi·no /víːnou | -nəu; *Sp.* bíno, *It.* víːno/ *Sp.*, *It. n.* (*pl.* ~**s**) 《口語》 ワイン; 安ワイン (cf. plonk). 〖((1673)) 《1919》 ◻ Sp. ~ 'wine'〗

vin·o- /vínou | -nəu/ vini- の異形.

vi·no da ta·vo·la /víːnoudɑːtɑ́ːvəlɑ̀ː | -nəu-; *It.* viːnodatáːvola/ *n.* ビーノ ダ タヴォーラ 《食中酒に適するイタリア産のテーブルワイン》. 〖◻ It. ~ 'table wine'〗

vi·no de pas·to /víːnoudəpɑ́ːstou | -nəudəpɑ́ːstəu; *Sp.* bínoðepásto/ *n.* ビーノ デパスト 《スペイン産の薄色の辛口シェリー酒》. 〖(*c*1870) ◻ Sp. ~ 《原義》 everyday wine〗

Vi·no·gra·dov /vìnəgrǽdɔ(ː)f | -dɔf; *Russ.* vʲɪnagrádəf/, **Ivan Matveevich** /ivánmatvʲéjvʲɪtʃ/ *n.* ヴィノグラドフ 《1891–1983; ロシアの数学者; 解析的整数論を発展させた》.

vin·om·e·ter /vɪnɑ́(ː)mətə, vaɪ- | -nɔ́mɪ̀tə^(r)/ *n.* ワイン酒精計 《ワイン中のアルコール含有量を測る液体比重計》. 〖(1863) ← VINI-＋-METER¹〗

vin or·di·naire /vǽ(ŋ)ɔ̀ədənéə, vǽŋ- | -ɔ̀ːdɪnéə^(r); F. vɛ̃ɔʁdinɛːʁ/ *F. n.* (*pl.* **vins or·di·naires** /vǽ(n)zɔ̀ədənéə, vǽnz- | -ɔ̀ːdɪnéə^(r); F. vɛ̃zɔʁdinɛːʁ/) ヴァンオルディネール 《普通の食事用の並ワイン》. 〖(1820) ◻ F ~ 'common wine'〗

vi·nos·i·ty /vaɪnɑ́(ː)səti | -nɔ́sɪ̀ti/ *n.* **1 a** (特定の)ワインの質 《こく・風味・色合いなどを含める》. **b** ワインの性質をもつこと, ワインらしさ. **2** (赤)ワイン色. **3** ワイン好き. 〖(1624) ◻ L *vīnōsitātem*: ⇨ ↓, -ity〗

vi·nous /váɪnəs/ *adj.* **1** ワインの[に関する, で造られる]. **2** (味・香りなど)ワインのような[に似た]. **3** (赤)ワイン色の, 暗赤色の (wine-colored). **4** ワインを好んで飲む; ワインによる[酔った]: ~ eloquence 一杯機嫌の気炎 / in a somewhat ~ condition いくらか酔って. **~·ly** *adv.* 〖(1664) ◻ L *vīnōsus* of wine: ⇨ vine, -ous〗

vin ro·sé /vǽ(ŋ)rouzéɪ, vǽŋ- | -rəu-; F. vɛ̃ʁoze/ *F. n.* (*pl.* **vins ro·sés** /~/) (ヴァン)ロゼー (rosé) (⇨ wine¹). 〖(1931) ◻ F ~ 'rosy wine'〗

vin rouge /vǽ(ŋ)rúːʒ, vǽŋ-; F. vɛ̃ʁuːʒ/ *F. n.* (*pl.* **vins rouges** /~/) 赤ワイン, 赤ぶどう酒 (red wine) (⇨ wine¹). 〖(1917) ◻ F ~ 'red wine': ⇨ rouge¹〗

Vin·son /vínsən, -sn̩/, **Fred(erick) M(oore)** *n.* ヴィンソン 《1890–1953; 米国の法律家; 連邦最高裁判所長官 (1946–53)》.

Vín·son Massíf /vínsən-, -sn̩-/ *n.* ヴィンソン山 《南極大陸の最高峰; 5140 m》.

vint¹ /vínt; *Russ.* vʲint/ *n.* 〘トランプ〙 ロシアホイスト 《auction bridge の前身となったロシアのトランプ遊びの一種》. 〖(1639) ◻ Russ. ~〗

vint² /vínt/ *vt.* (果実から)〈ワイン・果実酒を〉造る. 〖(1728) (1857) 《逆成》 ↓〗

vin·tage /víntɪdʒ | -tɪdʒ/ *n.* **1 a** ある一収穫[作柄]から採れるワイン: wine of the ~ of 1947 [the 1947~] 1947 年仕込みのワイン / What's your best ~? こちらの最優良銘柄は何ですか / What ~ is that wine? そのワインは何年ものですか. **b** (上作の年に醸造した)優良ワイン, 年号物のワイン, ビンテージワイン 《特に, ぶどうの当たり年の年号を記して販売する; vintage wine ともいう; cf. nonvintage》: He brought out his rare old ~. 彼は貴重な年代ものの酒を出して来た. **c** 《詩・文語》 ぶどう酒 (wine); (特に)美酒 (good wine). **2 a** ぶどう収穫年産, (一期の)ぶどう収穫量. ★ 特に, それから造られるワインに関連して用いる: a poor [an abundant] ~ this year 今年のぶどうの不作[豊作] / the great ~*s* of the seventies 70 年代のぶどうの大豊作 / The ~ is abundant. ぶどうは大豊作. **b** (ワイン醸造のための)ぶどうの収穫, ぶどうの取入れ; ぶどうの収穫期; ワイン醸造期. **3 a** ワイン醸造 (wine making). **b** あるワインが造られた年[地域]. **4** 《口語》 ある年[時期]の製品, (特に, 古い)製作, 型 (type, model): a car of prewar ~ 戦前の型の車 / a joke of ancient ~ 古い冗談 / words of (a) recent ~ 最近の造語. **5** 成熟度; 年齢 (age): a man of 60 years' ~ 60 歳の人. — *adj.* [限定的] **1** ワインの, ワイン醸造の. **2** 優良ワインの: ⇨ vintage wine. **3** [しばしば固有名詞と用いて] (作者の)特徴が最もよく表れている, 上々の: They praised the play as ~ Shaw. その劇をショー最高の劇とほめた. **4 a** 古典的な, 古くて価値のある (classic); 古風な (old-fashioned). **b** すたれた (obsolete), 時代遅れの (outdated). **5** 《英》 (1917–30 年に造られた)クラシックカーの. — *vt.* **1** (ワイン醸造用に)〈ぶどうを〉収穫する, 摘む. **2** (ぶどうから)〈ワインを〉造る: a region which ~*s* good wine 良質のワインのできる地方. — *vi.* ぶどうの収穫をする. 〖(*c*1425) 《変形》 ← ME *vendage* ◻ (O)F *vendange* < L *vindēmiam* grape-gathering ← *vīnum* 'WINE¹'＋*dēmere* to take away: 現在の形は ME *vin(e)ter* vintner の影響による〗

Vin·tage /víntɪdʒ | -tɪdʒ/ *n.* 〘商標〙 ヴィンテージ 《米国の Adams Packing Association 社製の果物ジュース》.

Víntage Bòoks *n.* 〘商標〙 ヴィンテージブックス 《米国の Random House 社の一部門が刊行しているペーパーバックシリーズ》.

víntage cár *n.* 《英》 ヴィンテージカー 《1917–30 年に造られたクラシックカー; cf. veteran car》. 〖1958〗

víntage pórt *n.* **1** ヴィンテージポート 《ポルトガル北部 Douro 川中流域で生産される酒精強化ワイン (port) で, 特定年度(表示年)のぶどうのみが用いられたもの》. **2** 《上流韻俗》 あとからの思いつき, 追加, 付け足し (afterthought).

vín·tag·er *n.* ぶどう収穫者. 〖1589〗

víntage wíne *n.* =vintage 1 b. 〖1980〗

víntage yéar *n.* **1** ビンテージワイン (vintage wine) の製造の年, ぶどうの当たり年. **2** 抜群の功績[成功]のあった年, 実りの年. 〖1932〗

vint·ner /víntnə | -nə^(r)/ *n.* **1** ワイン卸し商, ワイン商人. **2 a** ワイン醸造業者. **b** ワイン醸造所所有者. 〖(?*a*1410) 《変形》 ← ME *vyn(e)tere* ◻ OF *vinetier* ◻ ML *vīnetārius* wine seller ← L *vīnētum* vineyard ← *vīnum* (↓)〗

vi·num /váɪnəm/ *n.* (*pl.* **vi·na** /-nə/) 薬用ワイン; それに用いる薬剤. 〖(*c*1440) ◻ L *vīnum* 'WINE¹': ⇨ vine〗

vin·y /váɪni/ *adj.* (**vin·i·er; -i·est**) つる植物[ぶどうの木]の(ような), つる草に覆われた. 〖1570〗

vi·nyl /váɪnl̩ | -nɪl, -nɪ̀l/ 〘化学〙 *n.* **1** ビニル基 (CH_2=CH–) (vinyl group). **2** ビニル化合物の重合体 《ビニル樹脂 (vinyl resin), 繊維など》. 日英比較 日本語の「ビニール」に当たる英語は plastic で, 「ビニール袋」は a plastic bag という. 英語の *vinyl* は化学用語. ⇨ plastic 日英比較. **3** レコード盤. — *adj.* ビニル基の[を含む]. **vi·nyl·ic** /vaɪnílɪk/ *adj.* 〖(1863) ◻ L *vīn(um)* 'WINE¹'＋-YL〗

vínyl ácetal *n.* 〘化学〙 =polyvinyl acetal.

vínyl ácetate *n.* 〘化学〙 酢酸ビニル (CH_3COOCH=CH_2) 《甘いにおいのある引火性の無色の液体》. 〖1933〗

vinyl·acétylene *n.* 〘化学〙 ビニルアセチレン (CH_2=CHC≡CH) 《甘い香りを有する無色の液体; 合成ゴムの原料として用いられる》.

vínyl álcohol *n.* 〘化学〙 ビニルアルコール (CH_2=CHOH) 《重合体ポリビニルアルコールの単位としてのみ存在する》. 〖1873〗

vi·nyl·ate /váɪnəlèɪt, -nl̩- | -nɪ̀l-, -nl̩-/ *vt.* 〘化学〙 ビニル化する.

vi·nyl·a·tion /vàɪnəléɪʃən, -nl̩- | -nɪ̀l-, -nl̩-/ *n.* 〘化学〙 ビニル化 《活性水素のある化合物にアセチレンを作用させてビニル基を導入すること》.

vìnyl·bénzene *n.* 〘化学〙 ビニルベンゼン (⇨ styrene). 〖1926〗

vínyl bútyral *n.* 〘化学〙 ビニルブチラール 《ポリビニルアセタール (polyvinyl acetal) の一種》.

vínyl chlóride *n.* 〘化学〙 塩化ビニル (CH_2=CHCl) 《無色, 可燃性の気体または液体; 塩化ビニル樹脂を造るのに用いる; chloroethylene ともいう》. 〖1872〗

vínyl éther *n.* 〘薬学〙 ビニルエーテル ((CH_2=CH)$_2$O) 《無色の液体; 短時間手術用の麻酔剤に使用》. 〖1970〗

vinyl·éthylene *n.* 〘化学〙 ビニルエチレン (butadiene).

vínyl fórmal *n.* 〘化学〙 ビニルホルマール (polyvinyl formal).

vínyl gròup *n.* [the ~] 〘化学〙 ビニル基 (CH_2=CH–) (vinyl radical ともいう).

vi·nyl·i·dene /vaɪnílədìːn | -lɪ̀-/ *n.* 〘化学〙 ビニリデン基 (CH_2=C<). — *adj.* ビニリデン基を含む. 〖(1898) ← VINYL＋-ID³＋-ENE〗

vinýlidene chlóride *n.* 〘化学〙 塩化ビニリデン樹脂 ((CH_2=CCl_2)$_n$) 《エチレン誘導剤としての合成物, たやすく重合して, ポリ塩化ビニリデンを生成する》. 〖1940〗

vinýlidene fluóride *n.* 〘化学〙 フッ化ビニリデン (CH_2=CF_2) 《合成ゴムを造るのに使われる無色のガス》.

vinýlidene gròup [ràdical] *n.* [the ~] 〘化学〙 ビニリデン基 (CH_2=C<).

vinýlidene résin *n.* 〘化学〙 ビニリデン樹脂 《polyvinylidene resin ともいう》. 〖1934〗

Vi·nyl·ite /váɪnəlàɪt, vín-, -nl̩- | -nɪ̀l-, -nl̩-/ *n.* 〘商標〙 ビニライト 《レコード材料として用いられる合成樹脂; 熱可塑性に優れ丈夫で音再生の忠実度が高い》. 〖(1929) ← VINYL＋-ITE¹〗

vínyl plástic *n.* 〘化学〙 =vinyl resin.

vínyl pólymer *n.* 〘化学〙 ビニル重合体.

vínyl ràdical *n.* [the ~] 〘化学〙 =vinyl group.

vínyl résin *n.* 〘化学〙 ビニル樹脂 《ビニル化合物の重合で造られる合成樹脂; polyvinyl resin ともいう》. 〖1934〗

Vin·yon /vínjɑ(ː)n | -jɔn/ *n.* 〘商標〙 ビニヨン 《ナイロンに似た合成繊維; 塩化ビニルと酢酸ビニルなどの共重合体》.

vi·ol /váɪəl, váɪl, váɪoul | váɪəl, váɪl/ *n.* ビオール, バイオル 《主に 16–17 世紀に用いられた通例 6 弦の擦弦楽器(属)で, 指板にフレットをもつ; 通例 treble, alto (または tenor), bass および contrabass の四つの型がある》: a bass ~ =viola da gamba / a tenor ~ =viola da braccio. 〖(1483) *vyell* ◻ (O)F ◻ OProv. *viola*〗

vi·o·la¹ /vióulə | viə́ulə, vaɪ-/ *n.* ビオラ: **1** violin 属の 4 弦の擦弦楽器; violin よりやや大型で 5 度低く調弦され, 弦楽四重奏やオーケストラでは中音域を受けもつ. **2** 弦楽器のような音色を出すパイプオルガンの 8 フィートまたは 4 フィートの音栓. 〖(1797) ◻ It. ~ ◻ OProv. ~ ← ML *vītulla* fiddle (↑)〗

vi·o·la² /vaɪóulə, vióu-, víːə-, váɪə- | váɪə-, víːə-, váɪəu-, viə́u-, vaɪ-/ *n.* 〘植物〙 スミレ 《スミレ科スミレ属 (*Viola*) の植物の総称》. 〖(*c*1430) ◻ L ~ 'VIOLET'〗

Vi·o·la /vaɪóulə, vióu-, víːə-, váɪə- | váɪə-, víːə-, váɪəu-, viə́u-, vaɪ-/ *n.* **1** ヴァイオラ 《女性名; 愛称形 Vi, Vye》. **2** ヴァイオラ 《Shakespeare 作 *The Twelfth Night* の女主人公の一人》. 〖← L *viola* (↑)〗

vi·o·la bas·tar·da /vìóuləbɑːstɑ́ːdə | viə́uləbɑːstɑ́ːdə; *It.* violabastárda/ *n.* ビオラバスタルダ 《小型の bass viol; 中世の擦弦楽器リラダガンバ (lyra da gamba) にならって調弦・演奏されるので lyra viol とも呼ばれた》. 〖(1724) ◻ It. ~ 'bastard viol'〗

vi·o·la·ble /váɪələbl̩/ *adj.* 犯しうる, 破りうる, 汚しうる. **vi·o·la·bil·i·ty** /vàɪələbíləti | -lɪ̀ti/ *n.* **~·ness** *n.* **ví·o·la·bly** *adv.* 〖(*a*1470) ◻ L *violābilis*: ⇨ violate, -able〗

vi·o·la·ceous /vàɪəléɪʃəs⁻/ *adj.* **1** 〘植物〙 スミレ科の. **2** すみれ色の, 青紫色の. **~·ly** *adv.* 〖(1657) ◻ L *violāceus* violet-colored: ⇨ viola², -aceous〗

vi·ó·la clèf /vióulə- | viə́u-/ *n.* 〘音楽〙 ハ音記号, アルト記号 (alto clef) (⇨ C clef). 〖1806〗

vi·o·la da brac·cio /vióulədəbráːtʃou | viə́ulədəbrǽtʃiəu; *It.* -dabráttʃo/ *n.* (*pl.* **vi·o·le da braccio** /vióuleɪ- | viə́u-; *It.* vióːle-/, ~**s**) ビオラダブラッチョ 《主に 16–17 世紀に用いられたビオール属の弦楽器; 今日の violin

V

のような姿勢で演奏される; 後に viola の出現により衰微した; tenor viol ともいう》. 〖(1864) □ It. ～《原義》viol for the arm〗
vióla da gám·ba /-dəgáːmbə, -gǽm- | -dəgǽm-; *It.* -dagámba/ *n.* (*pl.* **viole da gamba, ～s**) ビオラダガンバ: **1** 主に16–18世紀前半に用いられたビオール属の低音弦楽器 (bass viol); 腰かけた奏者の両脚の間に支えて演奏された; 後に cello の出現により衰微した. **2** 弦楽器に似た音を出すパイプオルガンの8フィート(時には, 16フィートまたは4フィート)の音栓. 〖(1597) □ It. ～《原義》viol for the leg〗
vióla d'a·mó·re /-dəmɔ́ːri, -reɪ | -dəmɔ́ːr-; *It.* -damɔ́ːre/ *n.* (*pl.* **viole d'amore, ～s**) ビオラダモーレ: **1** 17–18世紀半ばに用いられたビオール属の弦楽器 (tenor-viol); 形状は viola da braccio に似ており5–7本の演奏弦と多数の共鳴弦をもち, 非常に柔らかい優雅な音を出す. **2** 柔らかい弦楽器に似た音を出すパイプオルガンの8フィートまたは16フィートの音栓. 〖(*c*1700) □ It. ～《原義》viol of love〗
vi·o·lan·throne /vàɪəlǽnθroun | -θrəʊn/ *n.* 〘化学〙ビオラントロン《建染め染料の一種》. 〖← VIOLA²＋ANTHRONE〗
vi·o·late /váɪəlèɪt/ *vt.* **1** 〈法律を〉犯す, 〈約束・誓い・条約・条件などを〉破る, 無視する, 〈良心〉にそむく, …に違反[違背]する (break, transgress): ～ an agreement [a law, a rule] 協定[法, 規則]を破る. **2** …に侵入する, 侵害する, 乱す, 妨害する, 邪魔する (disturb): ～ a person's privacy [peace] 人の私生活[平和]を乱す. **3** 禁を犯して触れる[取る]; (暴力でまたは正当の権利なく)通過する, 通り抜ける: ～ a frontier 不法に越境する. **4** …の神聖を汚す, …に不敬を働く, 〈神聖なものを〉粗末に扱う (desecrate, profane): ～ a church [shrine] 教会[神社]の神聖を汚す / ～ a tomb 墓をあばく. **5** 〈女性〉に暴行を加える, 凌辱(りょうじょく)する, 強姦する (rape, ravish). **6** 〈感情などを〉傷つける, 無視する (offend): ～ a person's sense of honor 人の自尊心を傷つける. **7** 《廃》手荒く[乱暴に]扱う; 酷使する (mishandle, abuse); (暴力で)破壊する. ― *adj.* 《古》冒瀆された; 名誉を傷つけられた. 〖(?*a*1425) ← L *violātus* (p.p.) ← *violāre* to treat with violence ← *vīs* force, violence: ⇨ vis, -ate〗
vi·o·la·tion /vàɪəléɪʃən/ *n.* **1 a** 犯す[破る]こと; 侵害, 違反, 違背 (breach, transgression): ～ *of* a contract [an oath, law] 契約[誓言, 法律]違反 / a traffic ～ 交通違反 / in ～ *of* the law 法律に違反して. **b** 《スポーツの》バイオレーション《ルール違反》. **2** 妨害, 邪魔 (interruption, disturbance): ～ *of* privacy, a sleep, etc. **3** 神聖を汚すこと, 冒瀆 (desecration): ～ *of* a church, tomb, etc. **4** (女性への)暴行, 凌辱(りょうじょく), 強姦 (ravishment, rape). **5** 意味[事実]の歪曲, 曲解 (distortion). **6** 《廃》乱暴な取扱い, 酷使. **～·al** /-ʃnəl, -ʃənl/ *adj.* 〖(*a*1400) □ (O)F ～ ∥ L *violātiō(n-)*: ⇨ ↑, -ation〗
vi·o·la·tive /váɪəlèɪtɪv, váɪələ- | -lətɪv, -lèɪt-/ *adj.* 犯す, 破る; 侵害する; 汚す: be ～ *of* …を犯す, 侵害する, 汚す. 〖1856〗
ví·o·là·tor /-tə | -tə(r)/ *n.* **1** 犯す[破る]人, 違反者, 違背者: an election ～ 選挙違反者. **2** 妨害者. **3** 神聖を汚す人, 冒瀆者 (desecrator). **4** 暴行者, 強姦者 (ravisher). 〖(?*a*1425) □ L *violātor*: ⇨ violate, -or²〗
viole da braccio *n.* viola da braccio の複数形.
viole da gamba *n.* viola da gamba の複数形.
viole d'amore *n.* viola d'amore の複数形.
vi·o·lence /váɪələns, -lənts/ *n.* **1 a** 暴行, 暴力, 手荒さ, 乱暴; 暴力行為: an outbreak of ～ いきなり暴力行為に及ぶこと / die by ～ 横死する, 非業の死を遂げる / handle a person with ～ 人を乱暴に扱う / offer ～ to 《古》…に暴力を加える, を襲う / resort to ～ 暴力に訴える / use ～ 暴力を用いる / The mob behaved with great ～. 群衆は狂暴にふるまった / crimes of ～ 暴力犯罪[事件] / *Violence* erupted [escalated] shortly thereafter. その後間もなく暴力が勃発[拡大]した. **b** 害, 損傷: ⇨ *do* VIOLENCE *to*. **2** (自然の力・物の働き・人の感情の)激しさ, 猛烈さ (vehemence), 熱烈, 激烈 (intensity, fervor): attack an enemy *with* ～ 激しく敵を攻める / the ～ of a storm [the wind and waves] あらし[風と波]の猛威. **3** 意味[事実]の曲解, こじつけ, (文言・字句などの)不当な変更, 改竄(かいざん) (distortion).
dò víolence to (1) …の暴行を加える, …を害する: *do* ～ *to* prisoners. (2) 〈感情・美観など〉を損なう: *do* ～ *to* a person's feelings 人の感情を害する. (3) 〈主義など〉に背く. (4) 〈真実など〉を曲げる, 〈話など〉の内容[意図]をゆがめる: *do* ～ *to* a text 本文を勝手に改変する[解釈する] / The translation *does* ～ *to* the original. その翻訳は原文を勝手に変えている.
〖(*c*1300) □ (O)F ～ □ L *violentia*: ⇨ ↓, -ence〗
ví·o·lent /váɪələnt/ *adj.* **1 a** 乱暴な, 暴力的な (⇨ fierce SYN): ～ measures 乱暴な処置 / a ～ deed 暴行 / lay ～ hands on a person 人に暴行を加える / resort to ～ means 暴力(的)手段に訴える / ～ clashes with the police 警察との激しい[暴力を伴った]衝突 / ～ criminals [crimes] 粗暴犯[暴力犯罪] / turn [get] ～ 突然暴れ出す, 手がつけられなくなる. **b** 《映画など》暴力シーンの多い, 血なまぐさい. **2 a** (自然力・努力など)激しい, 激烈な, 猛烈な (strong and uncontrolled): a ～ storm [wind, earthquake, explosion] 猛烈なあらし[風, 地震, 爆発] / a ～ attack 激しい攻撃, 猛攻撃 / ～ efforts 猛烈な努力 / a ～ struggle to escape 逃げようとする奮闘 / a ～ blow 猛打. **b** 激情的な, 熱烈な, 激した, 激しい: a ～ rage, speech, dislike, controversy, temper, etc. **3** 極端な, ひどい, 猛烈な (intense, extreme): ～ fluctuations [changes] of temperature [mood, share prices] 温度[気分, 株価]の激しい変動[変化] / a ～ cough [headache] 猛烈なせき[頭痛] / ～ heat 猛暑 / ～ colors どぎつい色彩 / a ～ contrast of circumstances 極端な境遇の対照 / in ～ haste ひどく急いで. **4** 〈死が〉不自然な (by violence, unnatural): a ～ death 非業(ひごう)の死, 横死, 変死, 事故死 (cf. natural 3 a) / die [meet] a ～ death＝come to a ～ end 非業の死を遂げる, 横死[変死]する. **5** 〈解釈など〉無理な, こじつけの: a ～ interpretation ひどい曲解. ― *vi.* 《Shak》激しく怒り狂う, 激しく振る舞う. 〖(*c*1340) □ (O)F ～ □ L *violentus* ← *vīs*: ⇨ vis, -lent〗
víolent fluctuátions *n. pl.* (相場の)乱高下.
ví·o·lent·ly *adv.* 激しく, 猛烈に; 乱暴に; ひどく. 〖*c*1384〗
víolent presúmption *n.* 〘法律〙極めて有力かつ強力な推定《必ずしも決定的で争いえない推定ではない》.
víolent stórm *n.* 〘気象〙暴風 (⇨ wind scale).
vi·o·les·cent /vàɪəlésənt, -sṇt⁻/ *adj.* すみれ色がかった[を帯びた]. 〖(1847) ← VIOLA²＋-ESCENT〗
vi·o·let /váɪəlɪ̀t/ *n.* **1** 〘植物〙スミレ《スミレ属 (*Viola*) の植物の総称》; スミレの花. ★ 米国 Illinois, New Jersey, Rhode Island, Wisconsin 諸州の州花. **2** すみれ色《青紫色》. **3** 《口語》控え目[内気]な人, 引っ込み思案の人: a shrinking [modest] ～ 内気な人. ― *adj.* **1** 〘植物〙スミレ科の. **2** すみれ色の. **～·like** *adj.* 〖(?*a*1300) □ OF *violete* (F *violette*) (dim.) ← L *viola*: ⇨ viola², -ette〗
Vi·o·let /váɪəlɪ̀t/ *n.* ヴァイオレット《女性名; 愛称形 Vi, Violetta, Violette》. 〖□ OF *violete* (↑)〗
víolet-èar *n.* 〘鳥類〙アオミミハチドリ《熱帯アメリカ産ハチドリ科アオミミハチドリ属 (*Colibri*) の緑色と茶色のハチドリ4種の総称; 耳羽は光沢のある青紫色》. 〖1861〗
víolet íris *n.* 〘植物〙北米東部産のすみれ色の花の咲くアヤメ属の植物 (*Iris verna*).
víolet làyer *n.* 〘天文〙紫色層《火星の大気層にある粒子の層; 波長の短い電磁波を吸収・散乱するため, 青・紫の光線や紫外線の通過を妨げる》.
víolet rày *n.* 〘物理〙**1** 紫線, 紫光線《可視スペクトル中最短線; 波長 3,850 オングストローム》. **2** 《俗用》紫外線 (ultraviolet ray). 〖1903〗
víolet ságe *n.* 〘植物〙ヨーロッパおよびアジア西部産のシソ科サルビア属の多年生草本 (*Salvia nemorosa*).
víolet snàil *n.* 〘貝類〙アサガオガイ (violet sea snail)《アサガオガイ科の, 多くは淡紫色の小さな巻貝の総称; 足から泡状の多くの浮袋を出して海面に浮かびあがって浮遊する》. 〖1845〗
Vi·o·let·ta /vìːouléṭə | -əʊlétə; *It.* violétta/ *n.* ヴィオレッタ《女性名》. 〖□ It. ～ 'VIOLET'〗
Vi·o·lette /vàɪəlét, váɪəlɪ̀t; *F.* vjɔlɛt/ *n.* ヴァイオレット《女性名》. 〖□ F ～ 'VIOLET'〗
víolet típ *n.* 〘昆虫〙ギモンフタテハ (*Polygonia interrogationis*)《米国産タテハチョウ科の赤・茶まだらの先が紫色の羽をもったチョウ》.
víolet wòod *n.* 〘植物〙＝kingwood. 〖1703〗
víolet wóod sòrrel *n.* 〘植物〙米国東部産の薄い赤紫の花の咲くカタバミ属の草本 (*Oxalis violacea*).
vi·o·lin /vàɪəlín/ *n.* **1** バイオリン, 提琴 (fiddle): play the ～. **2** (オーケストラや室内楽団の中の)バイオリン奏者 (violinist): the first [second] ～ 第一[第二]バイオリン / He is second ～. 彼は第二バイオリン(奏者)だ.
plày fírst violín 音頭を取る, 指導的役割を演じる (cf. *play first* FIDDLE).
〖(1579) □ It. *violino* (dim.) ← VIOLA¹〗

violin 1
1 scroll
2 pegs
3 pegbox
4 fingerboard
5 soundboard
6 bridge
7 string holder
8 sound hole
9 chin rest
10 bow

violín clèf *n.* 〘音楽〙ト音記号 (G clef) (⇨ clef 挿絵). 〖1876〗
vi·o·lin·ist /vàɪəlínɪ̀st | -nɪst/ *n.* バイオリン奏者. 〖(*c*1670) □ It. *violinista*: ⇨ violin, -ist〗
vi·o·lin·is·tic /vàɪəlɪ̀nístɪk⁻/ *adj.* バイオリンの, バイオリン向けの, バイオリン奏者の. **vì·o·lin·ís·ti·cal·ly** *adv.*
vi·o·list¹ /vióulɪ̀st | viə́ulɪst/ *n.* ビオラ (viola) 奏者. 〖(*c*1670) ← VIOLA¹＋-IST〗
vi·ol·ist² /váɪəlɪ̀st | -lɪst/ *n.* バイオル (viol) 奏者. 〖(*c*1670) ← VIOL＋-IST〗
Viol·let-le-Duc /vìːəléɪlədúːk, -djúːk; *F.* vjɔlɛldyk/, **Eugène Emmanuel** *n.* ヴィオレルデュク (1814–79; フランスの建築家; ゴシック理論家, 修復工事技師として活躍).
vi·ol·o·gen /vaɪóulədʒən, -dʒṇ | -ɔ́ʊ-/ *n.* 〘化学〙ビオロゲン《塩基の塩化物で, 酸化還元指示薬として用いるもの》. 〖(1933) ← VIOL(ET)＋-O＋-GEN〗
vi·o·lon·cél·list /-lɪ̀st | -lɪst/ *n.* ＝cellist. 〖1835〗
vi·o·lon·cel·lo /vìːələntʃélou, vàɪ-, -lɑ(ː)n- | vàɪələntʃéləʊ/ *n.* (*pl.* ～**s**) **1** チェロ (cello). **2** ビオロンチェロ《チェロに似た表情豊かな響きを出すパイプオルガンの8フィートの音栓》. 〖(1724) □ It. ～ (dim.) ← *violone* (↓)〗
vio·lo·ne /vìːəlóuneɪ | váɪələʊn, vìːəláʊneɪ; *It.* violóːne/ *n.* ビオローネ: **1** 16–17世紀に用いられたビオール属の最低音の弦楽器 (double bass viol)《contrabass, double bass の前身》. **2** 低音弦楽器に似た力強い音を出すパイプオルガンの16フィート, 8フィートのペダル音栓. 〖(1724) □ It. ～ (aug.) ← VIOLA¹; cf. -oon〗
vio·lot·ta /vìːəlɑ́(ː)ṭə | -lɔ́tə; *It.* violɔ́tta/ *n.* ビオロッタ《viola よりやや大きく4度低く調弦された擦弦楽器》. 〖← It. *viola* 'VIOLA¹'＋*-otta* (aug.)〗
vi·o·my·cin /vàɪəmáɪsɪ̀n, -sṇ | -sɪn/ *n.* 〘薬学〙バイオマイシン ($C_{23}H_{36}N_{12}O_8$)《結核菌に対して発育阻止作用が強い抗生物質》. 〖(1950) ← VIO(LET)＋-MYCIN〗
vi·os·ter·ol /vaɪɑ́(ː)stəròː(ː)l | -ɔ́stərɔ̀l/ *n.* 〘生化学〙ビオステロール《ergosterol を紫外線照射して製造するビタミン D》. 〖(1929) ← (ULTRA)VI(OLET)＋(ERG)OSTEROL〗
VIP /víːàɪpíː/ *n.* (*pl.* **VIPs**)《口語》要人, 大物: get (the) ～ treatment 要人待遇を受ける. 〖(1933) ← *v*(*ery*) *i*(*mportant*) *p*(*erson*): cf. spiv〗
VIP 《略》〘生化学〙vasoactive intestinal polypeptide [peptide] 血管活性腸管ポリペプチド.
vi·pas·sa·na, V- /vɪpǽsənə/ *n.* (上座部仏教で)ヴィパッサナー瞑想《自分を見つめることによる自己浄化の方法で, 意識を鋭く研ぎ澄ませ, 心と体に起こっている変化を観察する》. 〖□ Pali *vipassanā* inward vision〗
vi·per /váɪpə | -pə(r)/ *n.* **1** 〘動物〙ヨーロッパクサリヘビ (*Vipera berus*)《ヨーロッパから Sakhalin まで周極的に広く分布する毒蛇; asp ともいう》; (その他)同じ属や近縁属に含まれる毒蛇の総称: abominate [hate] a person like a ～ 人を蛇蝎(だかつ)のように嫌う. **2 a** 悪意のある[意地の悪い]人間. **b** (二心のある)腹黒い人, 恩知らずの人 (treacherous person). **3** ＝pit viper. **4** 《米俗》**a** 麻薬(特にマリファナ)常用者. **b** 麻薬(特にマリファナ)売人.
chérish [nóurish] a víper in one's bósom ＝*warm a* SNAKE *in one's bosom*. **～·like** *adj.* 〖(?*a*1425) □ (O)F *vipère* ∥ L *vīpera* ← *vīvus* alive＋*parere* to bring forth ∽ (?*a*1300) *wivere*, (⇨ wyvern)〗
víper·fìsh *n.* 〘魚類〙ホウライエソ科の魚類の総称.
vi·per·ine /váɪpəràɪn/ *adj.* **1** クサリヘビ (viper) の[に関する]. **2** 悪意のある (venomous). 〖(*a*1550) □ L *vīperīnus*: ⇨ viper, -ine¹〗
vi·per·ish /váɪp(ə)rɪʃ/ *adj.* クサリヘビのような; 悪意のある, 意地の悪い (venomous). **～·ly** *adv.* 〖1755〗
vi·per·ous /váɪp(ə)rəs/ *adj.* **1** クサリヘビの[に関する, のような] (viperine). **2** 〈行動・性質など〉まむしのような; 邪悪な, 意地の悪い, 腹黒い (malignant, treacherous). **～·ly** *adv.* 〖1535〗
víper's búgloss *n.* 〘植物〙シベナガムラサキ (blueweed). 〖1597〗
víper's gràss *n.* 〘植物〙キクゴボウ, キバナバラモンジン (*Scorzonera hispanica*)《南欧原産》. 〖1597〗
VIR 《略》*L.* Victoria Imperatrix Regina (＝Victoria, Empress and Queen).
vi·rae·mi·a /vaɪríːmiə/ *n.* 〘病理〙＝viremia.
vi·ra·go /vɪ̀rɑ́ːgou, -réɪ- | -gəʊ/ *n.* (*pl.* ～**es**, ～**s**) **1** 口やかましい女, がみがみ女. **2** 《古》女丈夫, 勇婦. **vi·rag·i·nous** /vɪ̀rǽdʒənəs | -rǽdʒɪ-/ *adj.* **～·like** *adj.* 〖lateOE ～ □ L *virāgō* manlike woman, female warrior ← *vir* man: ⇨ virile〗
vi·ral /váɪrəl | váɪ(ə)r-/ *adj.* 〘医学〙ウイルス(性)の: disease caused by a ～ infection ウイルス感染による病気. **～·ly** *adv.* 〖(1937) ← VIR(US)＋-AL¹〗
víral hepatítis *n.* 〘病理〙ウイルス性肝炎《A, B, C, D, E 型がある》.
Vir Chak·ra /víətʃʌ́krə | víə-/ *n.* 〘インド〙ヴィールチャクラ《勲功のあった兵士に政府より与えられる賞》. 〖□ Hindi *vīr cakr* ← *vīr* hero (← Skt *vīra* (brave) man)＋*cakr* wheel (← Skt *cakra*)〗
Vir·chow /fíəkou, víə- | fíəkəʊ, víə-; *G.* fɪʁço:, vɪʁ-/, **Rudolf Ludwig Karl** *n.* フィルヒョー (1821–1902; ドイツの病理学者・人類学者・政治家).
vir·e·lay /vírəlèɪ/ *n.* (*also* **vir·e·lai** /～/) 〘詩学〙ヴィルレー《中世フランスの定型詩の名称》: **a** 折り返し句と2種の押韻から成る短詩型. **b** 長短不同の行から成る連形式の詩型; 各連の韻の一つが次の連に引き継がれる. **c** 舞踏用歌謡の一種. 〖(*c*1386) □ (O)F *virelai* 《変形》← *vireli* (もとは意味のないはやし言葉): cf. F *virer* to turn & *lai* 'LAY⁴'〗
vire·ment /váɪəmənt, vɪəmɑ̃́ː(ŋ), -mɑ́ːŋ | váɪəmənt, víəmɑ̃ː(ŋ), -mɑːŋ; *F.* viʁmɑ̃/ *n.* 〘財政〙(資金の)流用, (予算の)費目転換. 〖((1873)) (1902) □ F ～ ← *virer* 'to turn, VEER¹'〗
vi·re·mi·a /vaɪríːmiə | vàɪəríː-/ *n.* 〘病理〙ウイルス血症. **vi·re·mic** /vaɪríːmɪk/ *adj.* 〖(1946) ← VIR(US)＋-EMIA〗
Vi·ren /víˑrən | víər-; *Finn.* víren/, **Las·se** /lɑ́sse/ *n.* ヴィレン (1949– ; フィンランドの長距離走者).
vir·e·o /víriòu | -riəʊ/ *n.* (*pl.* ～**s**) 〘鳥類〙モズモドキ《モズモドキ科の鳥の総称》. **vir·e·o·nine** /víriənàɪn/ *adj., n.* 〖(1830) □ L ～ ? 'greenfinch' ← *virēre* to be green〗
vires *n.* vis の複数形.
vi·res·cence /vɪ̀résəns, vaɪ-, -sṇs/ *n.* **1** 緑色化. **2** 〘植物〙異常緑変《葉緑素過多のために起こる花弁などの緑色変化》. 〖1888〗
vi·res·cent /vɪ̀résənt, vaɪ-, -sṇt/ *adj.* **1** 緑変する. **2** 緑色がかった. 〖(1826) □ L *virescentem* (pres.p.) ← *virēscere* to grow green ← *virēre* to be green〗

vires inertiae *n.* vis inertiae の複数形.
vires majores *n.* vis major の複数形.
vires vivae *n.* vis viva の複数形.
Virg. 《略》 virgil; Virginia; *L.* virgō (=virgin).
vir·ga /vɜ́ːgə | vɜ́ː-/ *n.* 〖気象〗尾流雲《降下中に消散する雨または雪で雲層の下に降下する様が見られる; cf. praecipitatio》. 〘(1908) □ L ～ 'rod, twig, streak (in the sky)' ← ? IE *wei- to turn, twist (OE *wīr* 'WIRE')〙
vir·gate¹ /vɜ́ːgeɪt, -gɪt | vɜ́ː-/ *adj.* **1** 棒状の (rod-shaped). **2** 多くの小枝のある[を生じる]. 〘(1821) □ L *virgātus* made of twigs or osiers ← *virga* (↑)〙
vir·gate² /vɜ́ːgeɪt, -gɪt | vɜ́ː-/ *n.* 《英》ヴァーゲート《古代英国の面積の単位; =¼ hide, 30 acres》. 〘(1655) □ ML *virgāta (terrae)* 《なぞり》← OE *ġeard landes* yard of land) ← L *virga* rod ← IE *wei- to turn (↑)〙
vir·ger /vɜ́ːdʒə | vɜ́ːdʒə(r)/ *n.* 《英》=verger.
Vir·gie /vɜ́ːdʒi | vɜ́ː-/ *n.* ヴァージー《女性名》. 〘(dim.) ← VIRGINIA²〙
Vir·gil /vɜ́ːdʒɪl | vɜ́ː-/ *n.* **1** ヴァージル《男性名》. **2** = Vergil. 〘□ ML *Virgilius* 《誤形》← L *Vergilius*〙
Vir·gil·i·an /və(ː)dʒíliən | və(ː)-/ *adj.* =Vergilian.
vir·gin /vɜ́ːdʒɪn | vɜ́ːdʒɪn/ *n.* **1 a** 処女. **b** 童貞の男性. **2** 娘, 少女, 若い女性, 未婚女性. **3 a** 〖キリスト教〗聖処女; 敬虔で純潔な女性, 修道女, 童貞. **b** [the (blessed) V-] =the Virgin Mary. **c** [V-] the Virgin Mary の絵[像] (Madonna). **4** 交尾したことのない雌(の動物). **5** 〖動物〗単性生殖をなす雌の昆虫. **6** [the V-] **a** 〖天文〗おとめ(乙女)座 (⇨ Virgo 1). **b** 〖占星〗おとめ座, 処女宮 (⇨ Virgo 2).
— *adj.* [通例 限定的] **1 a** 処女の, 処女でいる[を守る]: a ～ life / ⇨ Virgin Mother, Virgin Queen. **b** 童貞の. **2** 処女特有の, 処女にふさわしい, 処女らしい; 純潔な, 貞潔な, つつましやかな, はにかみがちな (chaste, modest, virginal): ～ modesty, blushes, purity, etc. **3 a** 汚されない, 汚点のない (unsullied); 清らかな, 純粋な: ～ snow 処女雪 / ～ whiteness 純白 / ～ gold 純金. **b** 触れられた[使われた]ことのない; 〈要塞・都市など〉陥落したことのない; 人跡未踏の (untrodden): ～ clay 火を通してない粘土 / ～ paper 白紙 / waters ～ *of* ships 《古》まだ船の通ったことのない海 / a ～ blade まだ血を見ない刀 / a ～ peak 処女峰 / a ～ fortress まだ陥落したことのない要塞 / ⇨ virgin forest, virgin soil. **c** 初めて使われる; 新鮮な (fresh), 新しい (new); 初めての (first, maiden): a ship's ～ voyage 船の処女航海 / a team ～ *to* harness 《古》馬具[引き具]を知らない(数頭立ての)馬[牛] / a batter's ～ homer (選手生活初めての)第1号ホーマー[本塁打]. **4** 〈元素が〉天然のままで産する (native): ～ sulfur 天然硫黄. **5** 〈オリーブ油など〉加熱せず第1回の圧搾で得られる: ～ olive oil. **6** 〖動物〗交尾のすまない, 受精しない (unfertilized): ⇨ virgin queen. **7** 〖冶金〗鉱石からじかに造られた, 第一溶錬からできる (cf. secondary 15): ～ metal 一次金属.
— *vt.* 《まれ》(it を伴い)処女を守る.
〘(?a1200) □ OF *virgine* (F *vierge*) □ L *virginem* (acc.) ← *virgō* maiden ← ? (cf. *virga* slender branch: ⇨ virga)〙
vir·gin·al¹ /vɜ́ːdʒənl, -dʒənl | vɜ́ː-/ *adj.* **1 a** 処女の, 処女[乙女]らしい: ～ modesty / ～ bloom 娘盛り. **b** 処女[貞潔]を守り続ける. **2** 汚れない, 純潔な (pure); まだ手を触れられ(てい)ない (untouched); 新鮮な (fresh): ～ purity. **3** 〖動物〗まだ受精し(てい)ない. **～·ly** *adv.* **～·ness** *n.* 〘(c1400) □ (O)F ～ // L *virginālis* maidenly: ⇨ ↑, -al¹〙
vir·gin·al² /vɜ́ːdʒənl, -dʒənl | vɜ́ː-/ *n.* [時に the ～s または a pair of ～s として] バージナル《16–17 世紀ごろ英国で用いられたハープシコード属の小型の鍵盤楽器の一種》.
— *vi.* 《Shak》(楽器に触れるように)指でいじる, もてあそぶ. 〘(1530) □ F ～ // L *virginālis* (↑): 主に少女が弾いたことから〙
vírginal generátion *n.* 〖生物〗単為生殖, 処女生殖 (parthenogenesis). 〘1879〙
vir·gin·al·ist /vɜ́ːdʒənəlɪst, -nl- | -dʒɪnəlɪst, -nl-/ *n.* バージナル (virginal) 奏者. 〘1913〙
vírginal mémbrane *n.* 〖解剖〗処女膜 (hymen). 〘1867〙
Vírgin Atlántic Áirways *n.* バージン アトランティック航空《英国の民営航空会社; 1984 年創立》.
vírgin bírth *n.* **1** [しばしば the V- B-] 〖キリスト教〗(キリストが処女マリアから生まれたという)処女降誕(説) (cf. Immaculate Conception). **2** 〖動物〗単為発生, 処女生殖 (parthenogenesis). 〘1652〙
vírgin cómb *n.* 蜜を貯えるためにただ1回使っただけで幼虫のためには使ったことのない蜂の巣(房). 〘1867〙
vírgin fórest *n.* 処女林, 原生林. 〘1851〙
vírgin hóney *n.* (ふたがされていない蜂の巣房から自然にたれ落ちる)新蜜, 生蜜. 〘1707〙
vírgin·hòod *n.* =virginity. 〘1636〙
Vir·gin·ia¹ /vədʒínjə, -niə | və-/ *n.* ヴァージニア: **1** 米国大西洋岸中部の州 (⇨ United States of America 表). **2** Virginia 産たばこ. 〘← *Virgin Queen* (=Elizabeth I): ⇨ -ia¹〙
Vir·gin·ia² /vədʒínjə, -niə | və-/ *n.* **1** ヴァージニア《女性名; 愛称形 Ginger, Ginnie, Virgie》. **2** 〖ローマ伝説〗ウィルギニア《貞操を守るために父親の手にかかって刺し殺されたローマの娘》. 〘□ L ～ (fem.) ← *Virginius, Verginius* (ローマの家族名): ⇨ -ia¹〙
Virgínia Béach *n.* ヴァージニアビーチ《米国 Virginia 州南東部, 大西洋岸の都市》.
Virgínia blúebell *n.* 〖植物〗=Virginia cowslip. 〘c1922〙
Virgínia Cíty *n.* ヴァージニアシティ《米国 Nevada 州西部の鉱山町; 現在は廃鉱だがゴーストタウンとして観光名所となっている》.
Virgínia cówslip *n.* 〖植物〗北米東部産のムラサキ科ハマベンケイソウの一種 (*Mertensia virginica*) 《園芸用の多年草; Virginia bluebell, 単に cowslip ともいう》. 〘1901〙
Virgínia créeper *n.* 〖植物〗アメリカヅタ (*Parthenocissus quinquefolia*) 《装飾用として壁などにはわせる; 秋に美しく紅葉する; American ivy [joy], ivy vine ともいう》. 〘1704〙
Virgínia déer *n.* 〖動物〗**1** 《米東部》オジロジカ (⇨ white-tailed deer). **2** 尾の白いシカ. 〘1893〙
Virgínia fènce *n.* (木製の)矢来(やらい)塀 (⇨ worm fence). 〘1671〙
Virgínia hám *n.* ヴァージニアハム《特殊な育て方をした razorback の肉から作ったハム》. 〘1824〙
virgínia·mỳcin *n.* 〖薬学〗ヴァージニアマイシン ($C_{28}H_{35}N_3O_7$) 《放線菌 (*Streptomyces virginiae*) から得られる抗生物質; グラム陽性菌の感染症に有効》. 〘(1969) ← NL (*Streptomyces*) *virginiae* (放線菌)+-MYCIN〙
Vir·gin·ian /vədʒínjən, -niən | və-/ *adj.* **1** (米国) Virginia 州(人)の. **2** アルゴンキン語 (Algonkian) の[に関する] 《Virginia 州東部, North Carolina および Maryland 州に住むインディアンによりかつて話された》. — *n.* Virginia 州人.
Virgínian snákeroot *n.* 〖植物〗=Virginia snakeroot.
Virgínian stóck *n.* 〖植物〗ヒメアラセイトウ, ハマアラセイトウ (*Malcolmia maritima*) 《アブラナ科》. 〘1844〙
Virgínia opóssum *n.* 〖動物〗キタオオポッサム (*Didelphis virginiana*) 《米国東部産のオポッサム》.
Virgínia píne *n.* 〖植物〗ヴァージニアマツ (*Pinus virginiana*) 《米国東部産の小形のマツ; Jersey pine ともいう》. 〘1897〙
Virgínia ráil *n.* 〖鳥類〗コオニクイナ (*Rallus limicola*) 《アメリカ産》. 〘1813〙
Virgínia réel *n.* **1** ヴァージニアリール《米国のフォークダンスの一種; 英国の Sir Roger de Coverley に似た踊りで, 8–16 人位で対列を組んで踊る; リール形式で次々と相手と代わり合うところに特徴がある》. **2** ヴァージニアリールの曲. 〘1817〙
Virgínia Slíms *n.* 〖商標〗ヴァージニアスリム(ズ) 《米国 Philip Morris 社製のフィルターつき紙巻きたばこ》.
Virgínia snákeroot *n.* 〖植物〗米国東部産のウマノスズクサ属のつる草 (*Aristolochia serpentaria*). 〘1694〙
Virgínia stóck *n.* 〖植物〗=Virginian stock.
Virgínia trúmpet flòwer *n.* 〖植物〗=trumpet creeper.
vir·gin·i·bus pu·er·is·que /vədʒínəbəspjùːəríːskwi, vɪəgínɪbùspùːəríːskweɪ, wɪə- | vəːgínɪbəspuərískwi, -dʒíni-, -pjuə-/ *L. adv., adj.* 少年少女のために[に適した]. 〘(1881) ← L *virginibus puerīsque* for girls and boys〙
Vírgin Íslands /vɜ́ːdʒɪn- | vɜ́ːdʒɪn-/ *n. pl.* [the ～] ヴァージン諸島《West Indies 諸島中 Puerto Rico の東方に連なる小群島; 米国領と英国領に分かれる; ⇨ British Virgin Islands》.
Vírgin Íslands of the Unìted Státes [the —] 米国領ヴァージン諸島《Virgin Islands 中の西部を占める部分で米国がデンマークから買収 (1917); 面積 344 km², 主都 Charlotte Amalie》.
Vírgin Íslands Nátional Párk *n.* ヴァージン諸島国立公園《米国領 Virgin Islands の St. John 島にあり, 有史前の遺跡がある; 1956 年指定》.
vir·gin·i·ty /və(ː)dʒínəṭi | və(ː)dʒínɪti/ *n.* **1** 処女[童貞]であること, 処女性, 童貞; 純潔: lose [keep] one's ～. 日英比較 日本語と異なり「(男性の)童貞」の意味にも用いる. **2** 新鮮さ. **3** 独身. 〘(c1303) □ (O)F *virginité*: ⇨ virgin, -ity〙
vir·gin·i·um /və(ː)dʒíniəm | və(ː)-/ *n.* 〖化学〗ヴァージニウム《1930 年発見を主張されたが, 後に否定されたので元素名としては誤りで, 正しくは francium; 記号 Vi》. 〘(1932) ← NL ～ ← VIRGIN(IA)¹+-IUM〙
Vírgin Máry *n.* **1** [the ～] 聖母マリア, 処女マリア (the (Blessed) Virgin, the Blessed (Virgin) Mary, Saint Mary, Our Lady, the Mother of God とも呼ばれる). **2** 《米》ヴァージンマリー《(ノンアルコールの)ブラディマリー (bloody Mary); カクテル》.
Vírgin Móther *n.* [the ～] =Virgin Mary.
vírgin párchment *n.* バージンパーチメント《新生の羊や山羊の皮で作った上等の羊皮紙》. 〘1706〙
vírgin quéen *n.* **1** 未受精の女王蜂. **2** [the V-Q-] 処女女王《英国の Elizabeth 一世のこと; cf. Virginia¹》. 〘1655〙
vírgin's bówer *n.* 〖植物〗センニンソウ・ボタンズルの類の *Clematis* 属のつる植物. 〘1597〙
vírgin sóil *n.* 未開墾地, 処女地. 〘1828〙
vírgin wóol *n.* 新毛《刈られたばかりの羊毛; 特に, 紡織される以前の羊毛》. 〘1915〙
Vir·go /vɜ́ːgoʊ | vɜ́ːgəʊ/ *n.* **1** 〖天文〗おとめ(乙女)座《黄道帯に属する星座; 獅子座と天秤座の間にあり, Spica という α 星をもつ; the Virgin ともいう; cf. Astraea》. **2** 〖占星〗**a** おとめ(乙女)座, 処女宮《黄道 12 宮の第 6 宮; the Virgin ともいう; cf. zodiac》. **b** おとめ座生まれの人.
Vir·go·an /vəːgóʊən | vəːgə́ʊ-/ *n., adj.* 〘OE *Virgo* □ L ～ 'VIRGIN'〙
vírgo in·tác·ta /-ɪntǽktə/ *L. n.* 〖法律〗触れられざる処女, 完全な処女. 〘(1726) □ L ～ 'untouched virgin': ⇨ virgin, intact〙
vir·gu·late /vɜ́ːgjʊlɪt, -lèɪt | vɜ́ː-/ *adj.* 棒状の (virgate). 〘(1840) ← L *virgula* (↓)+-ATE²〙
vir·gule /vɜ́ːgjuːl | vɜ́ː-/ *n.* 〖印刷〗斜線 (slash) (⇨ diagonal 3). 〘(1837) □ F ～ □ L *virgula* little rod (dim.) ← *virga*: ⇨ virgate¹〙
vir·i·al /víriəl/ *n.* 〖物理〗ビリアル《多体系で, 各粒子の座標ベクトルとそれに働く力との内積の総和に $-\frac{1}{2}$ をかけたもの》. 〘(1870) □ G *Virial* ← L *vīrēs* (pl.) ← *vīs* 'VIS'〙
vírial coeffìcient *n.* 〖物理〗ビリアル係数《気体の状態方程式で, 理想気体からのずれを表す係数》.
vi·ri·cide /váɪrəsàɪd | váɪ(ə)rɪ-/ *n.* 殺ウイルス剤. **vi·ri·ci·dal** /vàɪrəsáɪdl | vàɪ(ə)rɪsáɪdl⁻/ *adj.* **vì·ri·cí·dal·ly** *adv.* 〘((1766)) (1924) ← VIR(US)+-I-+-CIDE〙
vir·id /vírɪd | -rɪd/ *adj.* 鮮かな緑色の, 青々とした. 〘(1600) □ L *viridis*: ⇨ verdant〙
vir·i·des·cent /vìrədésənt, -snt⁻ | -rɪ-/ *adj.* 淡緑色の, 緑がかった. **vir·i·dés·cence** /-désəns, -sns/ *n.* 〘(1826) □ L *viridescentem* (pres.p.) ← *viridescere* to grow green ← *viridis* (↓): ⇨ -escent〙
vi·rid·i·an /vɪrídiən | -diən/ *n.* **1** ヴィリジアン《酸化クロムを主成分とする青緑色顔料》. **2** 青みがかった緑色.
— *adj.* 緑色の, 青々とした. 〘(1882) ← L *virid(is)* (↓) +-IAN〙
vi·rid·i·ty /vɪrídəṭi | -dɪti/ *n.* **1** (草・若葉の)緑, 鮮緑, 若緑 (greenness). **2** (精神的・肉体的な)若々しさ, 生気 (freshness). **3** 未熟さ, 無経験. 〘(c1430) □ (O)F *viridité* // L *viriditātem* greenness ← *viridis* green ← *virēre* to be green ← ? : ⇨ -ity〙
vir·ile /vírəl | -raɪl/ *adj.* **1** 男性の, 男性的な, 男らしい (masculine, manly): ～ strength, courage, intelligence, etc. / a ～ voice 男性的な声 / ～ sports 男性的なスポーツ. **2** 力強い, 雄々しい, 剛健な (strong, vigorous): a ～ government 強力な政府 / a ～ literary style 力強い文体. **3** 〈男性が〉生殖力のある (cf. impotent 4 a), 性欲の強い; 生殖の. **4** 大人の, 成年男子の (cf. puerile): the ～ age 男盛りの年配. 〘(1490) □ (O)F *viril* // L *virīlis* ← *vir* man < IE *wiros (原義) the strong one (OE *wer* man / Goth. *waír* / Skt *vīra*) ← ? *weiə- vital force: cf. vis, werewolf, world: ⇨ -ile¹〙
vírile mémber *n.* 《古》陰茎, 男根 (penis). 〘1607〙
vir·i·les·cence /vìrəlésəns, -sns | -rɪ-/ *n.* (老いた雌動物の)雄性[男性]化. 〘(1836–39) ← VIRILE+-ESCENCE〙
vir·i·les·cent /vìrəlésənt, -snt⁻ | -rɪ-/ *adj.* 〈老いた雌動物が〉雄性[男性]化する. 〘(1836–39): ⇨ ↑, -escent〙
vir·il·ism /vírəlìzm/ *n.* 〖医学〗(女性の)男性化(症). 〘((1896)) (1922) ← VIRILE+-ISM〙
vi·ril·i·ty /vɪríləṭi | -lɪti/ *n.* **1** (性格などの)男らしさ, 男盛り (manliness). **2** 精力, 活力, 活気, 力強さ, 雄渾(ゆうこん) (vigor, force): ～ of style 文体の力強さ. **3** (男性の)子を産ませる力, 生殖能力 (potency). **4** (成年)男子であること, 成年. 〘(1586) □ (O)F *virilité* // L *virīlitātem*: ⇨ virile, -ity〙
vir·il·ize /vírəlàɪz | -rɪ-/ *vt., vi.* 〖医学〗男性化させる[する] 《男の二次性徴を獲得させる[する]》. **vir·il·i·za·tion** /vìrələzéɪʃən | -rɪlaɪ-, -lɪ-/ *n.* 〘(1951): ⇨ virile, -ize〙
vir·i·lo·cal /vìrəlóʊkəl, -kl | -rɪláʊ-⁻/ *adj.* 〖文化人類学・社会学〗父方居住の, 父居性の (⇨ patrilocal). 〘(1948) ← L *vir* man+-I-+LOCAL¹〙
vi·ri·no /vɪríːnoʊ | -nəʊ/ *n.* (*pl.* ～s) 〖獣医〗ビリノ《牛スポンジ様脳症 (BSE) やそれに関連する疾患の原因因子として仮定されている粒子》. 〘(dim.) ← VIRUS〙
vi·ri·on /váɪriɑ̀(ː)n, vír- | váɪ(ə)riɒn, vír-/ *n.* 〖医学〗ヴィリオン, ウイルス粒子. 〘(1959) ← VIR(US)+-ON²〙
virl /vɜ́ːl | vɜ́ːl/ *n.* 《スコット》=ferrule 1. 〘(1440) □ (O)F *virole*: ⇨ ferrule〙
vi·ro·gene /váɪroʊdʒìːn | váɪ(ə)rəʊ-/ *n.* 〖生化学〗ウイルス遺伝子《特に正常細胞の中に発癌性ウイルスをつくり出す遺伝子》. 〘(1969) ← VIR(US)+-O+GENE〙
vi·roid /váɪrɔɪd | váɪ(ə)r-/ *n.* 〖生物〗ウイロイド《ウイルスより小さい感染性の一本鎖 RNA から成る植物病原体》.
— *adj.* **1** ウイロイドの. **2** =viral. 〘((1946)) (1971) ← VIR(US)+-OID〙
vi·ról·o·gist /-dʒɪst | -dʒɪst/ *n.* ウイルス学者. 〘1946〙
vi·rol·o·gy /vaɪrɑ́(ː)lədʒi | vaɪrɒ́l-/ *n.* ウイルス学. **vi·ro·log·ic** /vàɪrəlɑ́(ː)dʒɪk | -lɒ́dʒ-/ **vi·ro·log·i·cal** /vàɪrəlɑ́(ː)dʒɪkəl, -kl | vàɪ(ə)rəlɒ́dʒɪ-⁻/ *adj.* **vi·ro·lóg·i·cal·ly** *adv.* 〘(1935) ← VIR(US)+-O-+-LOGY〙
vi·rol·y·sin /vaɪrɑ́(ː)ləsɪn | -rɒ́lɪsɪn/ *n.* 〖生化学〗ヴィロリシン《ウイルスによって正常な細胞中につくられる酵素で, 細胞壁を破壊し, 他の細胞への感染を引きおこす》. 〘← VIR(US)+-O-+LYSIN〙
vi·ro·pex·is /vàɪroʊpéksɪs | -rə(ʊ)-/ *n.* 〖医学〗ウイルス固定《ウイルス粒子が細胞膜に吸着し, その細胞の食作用によって内部に取り込まれる過程; ウイルスの侵入にとって重要》. 〘(c1948) ← VIRUS+Gk *pêxis* fixing〙
vi·rose /váɪroʊs | váɪ(ə)rəʊs/ *adj.* **1** 有毒の, 毒性の (poisonous). **2** 悪臭のある (fetid). 〘(1680) □ L *vīrōsus* ← *vīrus* poison: ⇨ virus, -ose¹〙
vi·ro·sis /vaɪróʊsɪs | -rə́ʊsɪs/ *n.* (*pl.* **vi·ro·ses** /-siːz/) ウイルスによる感染[病気]. 〘(1927) ← NL ～: ⇨ virus, -osis〙
v.irr. 《略》〖文法〗verb irregular 不規則動詞.
Vir·ta·nen /víətənən, -nèn | víət-; *Finn.* vírtɑnen/, **Art·tu·ri Il·ma·ri** /ártturi ílmɑri/ *n.* ヴィルタネン (1895–1973; フィンランドの生化学者; Nobel 化学賞 (1945)).

V

vir·tu /vəːtúː, ←ˊ | vəːtúː/ *n.* **1** (美術品・骨董品などの)良さ, 優秀性: articles [objects] of ~ 骨董品, 珍品. **2** [集合的] 優れた美術品, 骨董品: a piece of ~. **3** 美術品愛好, 骨董趣味. 〘(1722) □ It. *virtù* excellence < L VIRTŪTEM 'VIRTUE'〙

vir·tu·al /vəːtʃuəl, -tʃʊl | vəːtʃuəl, -tʃʊl, -tjuəl, -tjʊl/ *adj.* **1** (表面上または名目上はそうではないが)事実上の, 実質上の, 実際(上)の: the ~ ruler of a country ある国の実質上の統治者 / It was a ~ promise. (約束ではないが)約束も同様だった. **2** 〘電算〙 **a** バーチャルな, 仮想の《物理的な実体がなく, ソフトウェア的に[ネットワーク上に]実現される》. **b** 仮想記憶[メモリー] (virtual memory) の[を用いる, に関する]. **3** 〘光学〙 虚(像)の (↔ real): ⇨ virtual focus, virtual image. **4** 〘物理〙 仮想の: ~ mass 仮想質量 / ~ work 仮想仕事. **5** 《まれ》(本来備わった力や特性のため)実効のある, 効果的な (effective). 〘(*a*1398) □ ML *virtuālis*: ⇨ virtue, -al¹〙

vírtual displácement *n.* 〘機械〙 仮想変位. 〘1877〙

vírtual fócus *n.* 〘光学〙 虚焦点. 〘1704〙

vírtual héight *n.* 〘電気〙 電離層の実効高度[見掛けの高さ]. 〘1967〙

vírtual ímage *n.* 〘光学〙 虚像. 〘1859〙

vir·tu·al·i·ty /vəːtʃuǽləti | vəːtʃuǽlɪ̀ti, -tju-/ *n.* **1** 本質, 実質. **2** 潜在性, 潜(能)力; 潜在物. 〘(1483) □ ML *virtualitātem*: ⇨ virtual, -ity〙

vir·tu·al·ly /vəːtʃuəli, -tʃʊli | vəːtʃuəli, -tʃʊli, -tjuəli, -tjʊli/ *adv.* **1** 大部分は, 大体は; ほとんど完全に[全く]; まずどうやら; 事実上: She is ~ unknown. 彼女はほとんど知られていない / He is ~ blind in one eye. 彼は片目がほとんど見えない / They are ~ the same. それらは実際上は同一物だ / He is ~ dead. 死んだも同然. **2** 《廃》本質的に. 〘*c*1430〙

vírtual mémory [stórage] *n.* 〘電算〙 仮想記憶[メモリー]《コンピューターの外部記憶をあたかも内部記憶であるかのように使用する方式》. 〘1959〙

vírtual reálity *n.* 〘電算〙 バーチャルリアリティー, 仮想現実(感)《コンピューター技術を用いて作り出された擬似的な空間・環境; 体験者の動きをフィードバックしたり, 知覚に人工的な刺激を加えたりして, 実際にその擬似的現実の中にいるような感覚を与える; 略 VR》. 〘1987〙

vir·tue /vəːtʃuː | vəːtʃuː, -tjuː/ *n.* **1** (道徳的な)徳, 善 (⇨ goodness SYN); 徳行, 善行 (↔ vice); 高潔, 廉直, 方正 (integrity, righteousness): a man [woman] of ~ 有徳の人 / cultivate ~ 徳を修める / ~ and vice 善徳と悪徳, 徳と悪 / *Virtue* is its own reward. 《諺》 徳行は自ら報ゆ. **2** (ある特定な)徳, 道徳的美点, 美徳: the ~ of charity 慈善の美徳 / Patience is a ~. 忍耐は美徳である / Humility is a ~ difficult [a difficult ~] to attain (to). 謙遜は容易に到達できない美徳である / the Christian ~*s* 〘神学〙 キリスト教的徳《通例 the seven principal virtues (七元徳)のこと》/ ⇨ cardinal virtues, natural virtues, theological virtues. **3** 美質, 美点, 長所 (merit): Brevity is often a ~. 簡潔はしばしば美点だ / At least this story has the ~ of brevity. この物語には少なくとも短いという美点がある / The coat has the ~ of being reversible. そのコートは表も裏も使えるという長所がある / Such measures have no particular ~*s over* the traditional ones. そのような方策は伝統的なものに特に勝るところはない. **4** 《婉曲》(女性の)節操, 貞操 (chastity): preserve [lose] one's ~ 操を守る[失う] / a woman of ~ 貞淑な婦人 / a woman of easy ~ 身持ちのよくない女, 浮気女 (cf. *a* WOMAN *of easy virtue*). **5 a** 《古》効力, 実効; 効能, 効き目 (potency, efficacy): There is no ~ in such measures. そんな方法を取っても実効はない / the ~ of a remedy 治療上の効能 / a medicine without (healing [therapeutic]) ~ 効き目のない薬 / the ~ of the magnet 磁石の力 / a medicine of sovereign ~ 霊験あらたかな薬. **b** 《古》(効果的な)能力, 力 (power): *Virtue* had gone out of him. 彼より能力(ちから)出でたり; 彼の(身心の)力が抜けてしまった, 弱り果てた (cf. *Mark* 5:30, etc.). **6** 《古》男らしさ, 雄々しさ, 元気 (spirit), 勇気 (valor): Trust to thy single ~. ただ汝一人の勇気を頼りにせよ (Shak., *Lear* 5. 3. 103). **7** [*pl.*; しばしば Virtues] 〘神学〙 力天使《天使の九階級中の第五階級の天使; cf. angel 1 a》.

by* [*in*] *virtue of …の力で, …によって, に基づいて: He was promoted *by* [*in*] ~ *of* his abilities. 彼は才能のおかげで出世した. ***màke a virtue of necéssity*** (1) やむを得ぬことを潔くする. (2) 当然しなければならぬことをして手柄顔をする.

〘(?*a*1200) □ (O)F *vertu* < L *virtūtem*, *virtūs* manliness, excellence, valor ← *vir* man: ⇨ virile〙

vírtue·less *adj.* **1** 徳のない, 徳に欠ける (immoral). **2** 長所[価値]のない. **3** 効力のない. 〘*c*1374〙

vir·tu·o·sa /vəːtʃuóusə, -zə | vəːtʃuə́u-, -tju-; *It.* virtuóːza/ *n.* (*pl.* **-o·se** /-seɪ, -zeɪ; *It.* -ze/, **~s**) 女性の virtuoso. 〘(1668) □ It. ~ (fem.) ← VIRTUOSO〙

vir·tu·ose /vəːtʃuòus | vəːtʃuə̀us, -tju-/ *adj.* =virtuosic.

virtuosi *n.* virtuoso の複数形.

vir·tu·os·ic /vəːtʃuɑ́(ː)sɪk, -óus- | vəːtʃuɔ́s-, -tju-, -ə́us-←/ *adj.* 名手の, 大家の, 巨匠風の. **vìr·tu·ó·si·cal·ly** *adv.* 〘1889〙

vir·tu·os·i·ty /vəːtʃuɑ́(ː)səti | vəːtʃuɔ́sɪ̀ti, -tju-/ *n.* **1** 芸術上(特に音楽)の妙技[技巧], 名人芸; 技巧主義: a pianist noted for his ~ 技巧のうまさで有名なピアニスト. **2** (特に, 素人の)美術趣味[愛好心], 骨董趣味, 骨董眼. **3** 美術愛好家. 〘*a*1470〙

vir·tu·o·so /vəːtʃuóusou, -zou | vəːtʃuə́usəu, -tju-, -zəu←; *It.* virtuóːzo/ *n.* (*pl.* **~s, -o·si** /-siː, -ziː; *It.* -zi/) **1** 名人, 妙手, 大家, 巨匠. **2** 音楽の名手, 名演奏家, 技巧家: a violin ~. **3** 美術品愛好[鑑賞]家, 美術[骨董]鑑識家, 美術[骨董]通 (connoisseur); 骨董収集家. **4** 《廃》学者. **— *adj.*** 名手の, 技巧家の, 巨匠風の: a ~ performance. 〘(1620) □ It. ~ 'learned, skilful' < LL *virtuōsum*: cf. virtu, virtuous〙

virtuóso·shìp *n.* 芸術(特に音楽)の巨匠であること; 美術通[骨董通]であること, 美術[骨董]鑑識眼. 〘*a*1711〙

vir·tu·ous /vəːtʃuəs | vəːtʃu-, -tju-/ *adj.* **1 a** 有徳の, 徳の高い; 高潔な (honorable); 道徳的な (⇨ moral SYN): a ~ act. **b** 高潔ぶる, 品行方正ぶる. **2** 《婉曲》貞潔な, 操の正しい, 貞淑な (chaste). **3** 《古》有効な, 効力[効能]のある (potent, efficacious): by your ~ means あなたのお力で. **4** 《廃》勇気のある, 勇ましい (brave). **~·ly** *adv.* **~·ness** *n.* 〘(?*a*1300) □ OF ~ (F *vertueux*) □ LL *virtuōsus* ← L *virtūs* 'VIRTUE'〙

vírtuous círcle *n.* 善循環《良い効果が繰り返されていくこと; vicious circle に対して造語されたもの》. 〘1953〙

Vir·tus /vəːtəs | vəːt-/ *n.* 〘ローマ神話〙 ウィルトゥス《勇気の女神》. 〘□ L *Virtūs*: *virtūs* 'VIRTUE' の擬人化〙

vir·tu·te et ar·mis /vəːtúːtiːtɑ́ːəmɪs, -tjúː- | və(ː)tjúːtɪ̀tɑ́ː-/ *L.* 勇気と武力で《米国 Mississippi 州の標語》. 〘□ L ~ 'by virtue and arms'〙

vi·ru·cide /váɪrəsàɪd | váɪ(ə)rju-, -ru-/ *n.* =viricide. **vi·ru·cid·al** /vàɪrəsáɪdl̩ | vàɪ(ə)rjusáɪdl̩, -ru-←/ *adj.* **vi·ru·cíd·al·ly** *adv.*

vir·u·lence /vírjʊləns, -rʊ-/ *n.* **1** ひどい悪意, 憎悪; 毒々しさ, 辛辣(しんらつ)さ. **2** 有毒, 毒性. **3** 〘細菌〙 ビルレンス, 菌力, 毒力. 〘(1663): ⇨ virulent, -ce〙

vír·u·len·cy /-lənsi/ *n.* =virulence. 〘(*a*1617): ⇨ ↓, -cy〙

vir·u·lent /vírjʊlənt, -rʊ-/ *adj.* **1** 毒気を含んだ, 敵意に満ちた, 悪意のある (malignant); 辛辣(しんらつ)な, 苛酷な (harsh): ~ abuse [invective] 毒舌 / in a ~ tone 毒気を含んだ語調で. **2** 猛毒のある, 劇毒性の (poisonous): ~ serpents 毒へび / ~ plants 有毒植物 / a ~ poison 猛毒. **3** 〘病理〙 有毒の, 悪性の (malignant), 伝染力の強い (highly infectious) (cf. avirulent): a ~ disease [ulcer] 悪性の病気[潰瘍] / have a ~ attack of fever 悪性の熱病にかかる. **4** 〘細菌〙 毒力のある, 病毒性を有する. **5** (嫌悪感・不快感を抱かすほど)強烈な: a ~ purple. **~·ly** *adv.* 〘(*a*1400) □ L *virulentus* poisonous ← *vīrus*: ⇨ virus, -lent〙

vir·u·lif·er·ous /vìrjʊlíf(ə)rəs, -rʊ-←/ *adj.* 病原体を有する[産生する, 伝播する]. 〘(*c*1899) ← VIRUL(ENCE) + -IFEROUS〙

Vi·rún·ga Mountains /vɪ̀rúŋgə- | vɪ-/ *n. pl.* [the ~] ヴィルンガ(山地)《アフリカ中東部, コンゴ民主共和国・ウガンダ・ルワンダ国境に沿って延びる火山性山地》.

vi·rus /váɪrəs | váɪ(ə)r-/ *n.* **1 a** ウイルス: the common cold ~ かぜウイルス / the smallpox ~ 痘瘡ウイルス / Yellow fever is caused by a ~. 黄熱病はウイルスが原因だ. **b** 〘病理〙 =virus disease. **2** 〘電算〙 ウイルス (computer virus)《フロッピーディスクやネットワークを介して次々に他のコンピューターに感染し, データの破壊を行うプログラム》. **3** (道徳上・精神上の)害毒 (evil influence): the ~ of war, heresy, etc. **4** 《古》病毒, 病原体. **5** 《古》(動物の)毒(液) (venom): the ~ of an asp. **6** 〘医学〙 (牛痘から採取した)痘苗《種痘材料》. **~·like** *adj.* 〘(1392) □ L *vīrus* slimy liquid, poison < IE **wiso-* ← **weis-* to flow (Gk *iós* (< **wisós*) poison / Skt *viṣa*)〙

vírus disèase *n.* 〘病理〙 ウイルス(性)疾患. 〘1860〙

vírus hepatítis *n.* 〘病理〙 =viral hepatitis.

vi·ru·stat·ic /vàɪrəstǽtɪk | vàɪərəstǽt-←/ *adj.* 〘病理〙 ウイルスの増殖を阻止する. 〘← L *virus* 'VIRUS' + STATIC〙

vírus wàrfare *n.* =biological warfare.

vírus X́ *n.* 〘病理〙 ウイルスエックス《下剤の作用に似た腸障害を起こす正体不明のウイルス》.

vis /vís/ *L. n.* (*pl.* **vi·res** /váɪriːz | váɪ(ə)riːz/) 力 (force). 〘(1601) □ L *vīs* physical or mental strength ← IE **wei-* vital force: ⇨ virile〙

vis. 《略》 viscosity; visibility; visual.

Vis. 《略》 Viscount; Viscountess.

vi·sa /víːzə, -sə | -zə/ *n.* (旅券・書類などの)裏書, 査証, ビザ: an exit [entry, entrance] ~ 出国[入国]ビザ / Do you need a ~ *for* that country? その国にはビザが要りますか. **— *vt.*** (**~ed, vi·sa'd**) **1** 〈旅券・書類などに〉裏書する, 査証する (endorse): ~ a passport. **2** 〈人〉にビザを与える. **~·less** *adj.* 〘(1831) □ F *visa* □ L (*carta*) *vīsa* (paper) seen, i.e. verified (fem. p.p.) ← *vidēre* to see (↓)〙

Ví·sa càrd /víːzə-, -sə- | -zə-/ *n.* 〘商標〙 ビザカード《米国の代表的なクレジットカードの一つ; 単に Visa ともいう》.

vis·age /vízɪdʒ/ *n.* 《文語》 **1** 顔, 顔つき, 容貌 (face): a smiling ~. **2** 様相, 姿 (appearance). **3** (太陽・月の)見える表面. 〘(?*a*1300) □ (O)F ~ ← *vis* face < L *vīsum* sight, look ← *vidēre* to see: ⇨ vision, -age〙

vís·aged *adj.* [しばしば複合語の第 2 構成素として] 《文語》 顔が…の, …顔の: ~ like a lamb 羊のような顔をした / dark-[long-]*visaged* 黒い[長い]顔の. 〘?*a*1300〙

vi·sa·giste /vìːzɑːʒíːst; *F.* vizaʒist/ *n.* メーク係, メーキャップアーティスト. 〘(1958) □ F ~: ⇨ visage, -ist〙

Vi·sā·kha /vɪsɑ́ːkə/ *n.* 〘仏教〙 =Vesak.

Vi·sa·kha·pat·nam /vɪsɑ̀ːkəpʌ́tnəm/ =Vishakhapatnam.

vis a·ni·mi /vísǽnəmàɪ, -mìː | -ǽnɪ-/ *L. n.* 勇気. 〘□ L *vīs animī* strength of life, courage〙

vis·ard /vízəd | -zəd/ *n.* =vizard.

vis-à-vis /vìːzəvíː, -zɑː-← | vìːzɑːvíː, vìːz-, -zə-←/ *adv.* 向かい合って, 相対して (opposite) 〔*to, with*〕: sit ~ at the table 食事で向かい合って座る / talk ~ *with* him 彼と顔と顔を突き合わせて語る. **— *adj.*** 向かい合った: ~ seats. **— *prep.*** **1** …と向かい合って, と相対して: dine ~ him 彼と向かい合って食事する. **2** …と比較して(みた場合の), …に対して: generative grammar ~ structural grammar 構造文法に対する生成文法. **3** …に関して: a discussion ~ the problem その問題に関する論議. **— *n.*** (*pl.* ~) **1** 向かい合っている人[もの]; (向かい合っている)踊り[フェンシングなど]の相手: speak to one's ~. **2** (18–19 世紀初期の)座席が向かい合っている馬車. **3** (二人が互いに逆方向に隣り合って座る) S 字形ソファー (tête-à-tête). **4 a** =opposite number 1. **b** 《米》(社交・デートの)相手, 同伴者 (date). **5** 同じ[似た]地位にある人. **6** 打ち解けた対話. 〘(1753) □ F ~ 'face to face': ⇨ visage〙

Vi·sa·yan /vɪ̀sáɪən | vɪ-/ *n.* (*pl.* ~, **~s**), *adj.* = Bisayan.

Visáyan Íslands *n. pl.* [the ~] ビサヤ諸島《フィリピン中部の群島, Panay, Negros, Cebu, Bohol, Leyte, Samar, Masbate および Romblon 小島群などを含む; 面積 61,000 km²; Visayas ともいう; スペイン語名 Bisayas》.

Vi·sa·yas /vɪ̀sáɪəz | vɪ-/ *n. pl.* =Visayan Islands.

Vis·by /vízbi; *Swed.* víːsbʏ/ *n.* ヴィスビ《バルト海上のスウェーデン領 Gotland 島の海港; かつてのハンザ同盟に属していた; ドイツ語名 Wisby》.

Visc. 《略》 Viscount; Viscountess.

visc- /vɪsk/ (母音の前にくるときの) visco- の異形.

vis·ca·cha /vɪskɑ́ːtʃə/ *n.* 〘動物〙 =vizcacha.

vis·ca·che /vɪskɑ́ːtʃi/ *n.* 〘動物〙 =vizcacha.

vis·cer- /vísər/ (母音の前にくるときの) viscero- の異形.

viscera *n.* viscus の複数形.

vis·cer·al /vísərəl/ *adj.* **1 a** 内臓の; 腹部の (abdominal): the ~ cavity 腹腔(ふくこう). **b** 〈病気が〉内臓を犯す; 内臓性の. **2** 内臓[腹]で感じる(ような); (知的・理性的よりむしろ)本能的な, 感情的な: ~ delight / a ~ reaction to …に対する本能的反応. **3** 洗練されていない, 野卑な, 俗悪な (crude): a ~ play. **~·ly** *adv.* 〘(1575) □ ML *viscerālis*: ⇨ viscus, -al¹〙

vísceral árch *n.* 〘動物〙 内臓弓《脊椎動物の頸部両側に横走するひだ; 普通, 発生の一定時期に現れる》. 〘1870〙

vísceral cléft *n.* 〘生物〙 =branchial cleft.

vísceral gánglion *n.* 〘動物〙 内臓神経節.

vísceral leishmaníasis *n.* 〘病理〙 =kala azar. 〘1932〙

vis·cer·ate /vísərèɪt/ *vt.* 《古》 …の内臓を取り出す, の臓腑を抜く. 〘(1727) ← VISCERO- + -ATE³: cf. eviscerate〙

vis·cer·i- /vísərɪ̀, -ri/ viscero- の異形 (⇨ -i-).

vis·cer·o- /vísərou | -rəu/ 「内臓の (visceral); 内臓と…との」の意の連結形. ★ 時に visceri-, また母音の前では通例 viscer- になる. 〘(1888) ← L *viscera* (pl.) ← *viscus*: ⇨ viscus〙

vìscero·génic *adj.* 〘医学〙 臓器(因)的な, 内臓起源の; 体内から起こる. 〘(1951): ⇨ ↑, -genic¹〙

vìscero·mótor *adj.* 〘解剖・動物〙 内臓運動性の, 内臓の働きの[を促す]. 〘1888〙

vìscero·tónia *n.* 〘心理〙 内臓(緊張)型 (W.H. Sheldon によるパーソナリティー型の一つ; 消化器が発達し, 食べることを好み, 社交的で感情の表現に富む型; cf. cerebrotonia, somatotonia). 〘1950〙

vìscero·tónic *adj., n.* 〘心理〙 内臓型性格[内臓緊張型気質]の(人). 〘1937〙

vìscero·tróp·ic /-trɑ́(ː)pɪk, -tróup- | -trɔ́p-←/ *adj.* 〘医学〙 内臓向性の. 〘(1935) ← VISCERO- + -TROPIC〙

vis·cer·ot·ro·pism /vìsərɑ́(ː)trəpìzm | -rɔ́trə-/ *n.* 〘医学〙 内臓向性《病原体などが好んで内臓を冒すこと, 内臓に親和性をもつこと》.

vis·cid /vísɪd | -sɪd/ *adj.* **1** ねばねばする, 粘着性の (sticky): a ~ liquid. **2** 〘植物〙 〈葉など〉粘着性物質で覆われた. **~·ly** *adv.* **~·ness** *n.* 〘(1635) □ LL *viscidus* sticky ← IE **weis-* to flow: ⇨ viscum, -id⁴〙

vis·cid·i·ty /vɪsídəti | -dɪ̀ti/ *n.* **1** 粘性, 粘着性 (stickiness). **2** 粘着性物質. 〘1611〙

vis·cin /vísɪn, -sn̩ | -sɪn/ *n.* ヤドリギ (mistletoe) の実から採れる粘質物《鳥もち (birdlime) として用いる》. 〘(1838) □ F ~: ⇨ viscum, -in²〙

vis·co- /vískou | -kəu/ 「粘着性(のある); 粘着性があって…の」の意の連結形: viscoscope. ★ 母音の前では通例 visc- になる. 〘← L *viscum* mistletoe〙

vìsco·elástic *adj.* 〘物理・化学〙 粘弾性のある; 粘弾性物質の[を構成する]. 〘1944〙

vìsco·elastícity *n.* 〘物理〙 粘弾性《弾性変形に伴って粘性流動が現れる性質》. 〘1944〙

vis·coid /vískɔɪd/ *adj.* 少しねばねばする, やや粘性のある. 〘(1877) ← VISCO- + -OID〙

vis·coi·dal /vɪskɔ́ɪdl̩ | -dl/ *adj.* =viscoid.

vis·com·e·ter /vɪskɑ́(ː)mətə | -kɔ́mɪ̀tə(r)/ *n.* 粘度計. **vis·co·met·ric** /vìskəmétrɪk←/, **vìs·co·mét·ri·cal** /-trɪ̀kəl, -kl̩ | -trɪ-←/ *adj.* **vis·com·e·try** /vɪskɑ́(ː)mətri | -kɔ́m-/ *n.* 〘(1883) ← VISCO- + -METER¹〙

Vis·con·ti /viːskɔ́(ː)nti:, -kɑ́(ː)n- | -kɔ́nti; *It.* viskónti/ *n.* [the ~] ヴィスコンティ家《1277–1447 年間にイタリアの Milan および Lombardy を支配した名家》.

Vis·con·ti /viːskɔ́(ː)nti, -kɑ́(ː)n- | -kɔ́nti; *It.* vɪskónti/, **Lu·chi·no** /lukíːno/ *n.* ヴィスコンティ《1906–76; イタリアの映画監督》.

V

vis·cose /vískous, -kouz | -kəus, -kəuz/ *n.* **1**〘化学〙ビスコース《繊維素を水酸化ナトリウムと二硫化炭素で処理して製した粘質水溶液; 人造絹糸・セロハンの原料》. **2** ＝viscose rayon. **—** *adj.* **1** ビスコースの[から製した]. **2** ＝viscous. 〖《(1896)》□ LL *viscōsus*: ⇨ viscous〗

víscose ráyon *n.* ビスコースレーヨン, 人絹. 〖1930〗

vis·co·sim·e·ter /vìskəsímətə | -mɪ̀tə⁽ʳ⁾/ *n.* ＝viscometer. **vis·co·si·met·ric** /vɪskɑ̀(ː)səmétrɪk | -kɔ̀sɪ̀-ˊ/ *adj.* 〖《(1868)》← L *viscōs(us)* 'VISCOUS'＋-I-＋-METER[1]〗

vis·cos·i·ty /vɪskɑ́(ː)səṭi | -kɔ́sɪ̀ti/ *n.* **1** ねばつき, 粘着性 (stickiness). **2**〘物理〙**a** 粘性. **b** ＝absolute viscosity. **c** ＝coefficient of viscosity. 〖《(*c*1425)》□ (O)F *viscosité* // ML *viscōsitātem*: ⇨ viscous, -ity〗

viscósity brèaking *n.*〘化学〙ビスブレーキング《重質原料油を熱分解し低粘度の燃料軽油とすること》.

viscósity ìndex *n.*〘化学〙粘度指数《潤滑油の粘度が温度によって変化する程度を示す数値》. 〖1929〗

vis·count /váɪkàunt/ *n.* **1** 子爵《英国で baron の上で earl の下の位の貴族; 伯爵嗣子の尊称としても用いる》. **2** (英国で)州長官 (sheriff)《州内の治安・行政を司どる民選行政官》. **3** (アングロサクソン時代のイングランドの)州太守 (earl) の代理. **~·shìp** *n.* 〖《(?*a*1387)》□ AF *viscounte*＝OF *visconte* (F *vicomte*): ⇨ vice-, count[2]: cf. ML *vicecomes*〗

vis·count·cy /váɪkàuntsi/ *n.* 子爵の地位[身分]. 〖《(1868)》: ⇨ ↑, -cy〗

vis·count·ess /váɪkàuntɪ̀s | vàɪkauntés, váɪkauntɪ̀s/ *n.* **1** 子爵夫人[未亡人]《伯爵嗣子の夫人の尊称としても用いる》. **2** 女子爵. 〖《(1475)》(fem.) ← VISCOUNT〗

vis·count·y /váɪkàunṭi | -ti/ *n.* ＝viscountcy.

vis·cous /vískəs/ *adj.* **1** ねばねばする, ねばり気のある, 粘着性のある (sticky). **2** 〈文体など〉ねちねちした, 歯切れの悪い. **3**〘物理〙粘性の: a ~ body 粘性体. **~·ly** *adv.* **~·ness** *n.* 〖《(1392)》□ L *viscōsus* ← *viscum* 'VISCUM': ⇨ -ous: cf. viscid〗

víscous flów *n.*〘流体力学〙＝streamline flow.

Visct. (略) Viscount; Viscountess.

vis·cum /vískəm/ *n.* 鳥もち (birdlime). 〖□ L ~ 'mistletoe': cf. viscid〗

vis·cus /vískəs/ *n.* (*pl.* **vis·cer·a** /vísərə/) **1 a**〘解剖・動物〙内臓《心臓・肝臓・腸など》. **b** [*pl.*]《俗用》臓腑, はらわた (intestines). **2** [*pl.*] 中身, 内容 (contents). 〖《(1643)》□ L *viscus* internal organs of the body ← IE **weis-* ← **wei-* to turn〗

vise /váɪs/ *n.*〘機械〙万力(まんりき): a grip like a ~ 万力のようにしっかりしたつかみ方 / (as) firm as a ~ 万力のようにしっかりして / He grasped my hand as in a ~. 彼は万力でもつかむようにしっかり私の手を握った. **—** *vt.* 万力で[のように]つかむ[締める]. 〖《(1500)》*vis* spiral staircase □ (O)F *vis* screw < L *vītem*, *vītis* vine〗

vi·sé /víːzeɪ, ―ˊ | ―ˊ―/; *F.* vize/ *n.*, *v.* (**~ed, ~d, ~'d; ~·ing**)《古》＝visa. 〖《(1810)》□ F ~ (p.p.) ← *viser* to inspect < VL **vīsāre* (freq.) ← L *vīs-* (p.p. stem) ← *vidēre* to see〗

víse·lìke *adj.* 万力(まんりき)のような(働きをする): a ~ grip. 〖1909〗

Vish·a·kha·pat·nam /vɪʃɑ̀ːkəpʌ́tnəm/ *n.* ヴィシャカパトナム《インド東部, Andhra Pradesh 州のベンガル湾に臨む港市; 造船・精油で有名; Visakhapatnam ともいう》.

Vish·in·sky /vɪ̀ʃínski | vɪ-; *Russ.* viʃínsk[j]ij/ (*also* **Vysh·in·sky** /~/), **Andrei Ya·nu·ar·e·vich** /jinuár[j]iv[j]itʃ/ *n.* ヴィシンスキー (1883-1954; ロシアの法律家・政治家; 外相 (1949-53)).

Vish·nu /víʃnuː/ *n.*〘ヒンズー教〙ヴィシュヌ(毘瑟拏)《Brahma, Siva と共にインド教の三大神格の一つ; 世界の維持を司るとされる; Krishna はその一つの化身》. 〖《(1638)》□ Skt *viṣṇu* worker, all-pervader ← *viṣ-* to be active, work ← ?〗

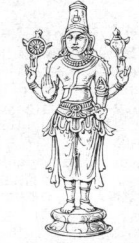

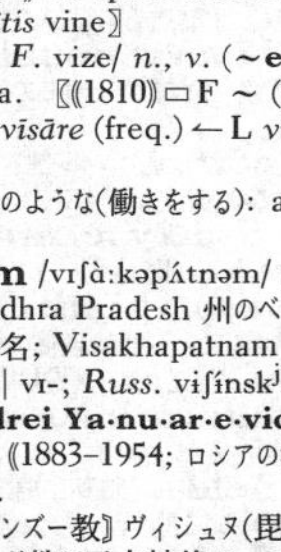

Vishnu

Vísh·nu·ìsm /-nuːìzm/ *n.* ヴィシュヌ崇拝[信仰], ヴィシュヌ教. 〖1871〗

vis·i·bil·i·ty /vìzəbíləṭi | -zɪ̀bílɪ̀ti/ *n.* **1**〘気象・航空・海事〙視程《大気の混濁の程度を表す量で, 突出した物体が認められる最大水平距離で示す》: high [low] ~ 高[低]視程. **2** 注目度, 人目をひくこと. **3 a** 目に見えること[状態, 程度], 可視性. **b**〘光学〙鮮明度; 視感度. **4** [通例 *pl.*]《古》見えるもの. 〖《(1581)》□ F *visibilité*: ⇨ visible, -ity〗

visibílity cùrve *n.*〘光学〙鮮明度曲線, 視感度曲線《干渉縞などの明暗の対比度を表す曲線; 波長に対する視感度の変化を指すこともある》. 〖1922〗

visibílity mèter *n.*〘気象・航空・海事〙視程計.

vis·i·ble /vízəbl̩ | -zɪ̀-/ *adj.* **1** 目に見える, 可視的な, 視覚に感じられる: lights no longer ~ もう見えない光 / stars not ~ *to* the naked eye 肉眼では見えない星 / Airplanes are audible long before they are [become] ~. 飛行機は姿の見えるずっと前から音が聞こえる / ~ and invisible exports〘商業〙目に見える輸出と見えない輸出《有形輸出(商品)と無形輸出(投資・サービスなど)のこと》. **2** 容易に見てとれる, 明らかな, 明白な (manifest): a ~ bruise on his cheek 彼の頬のそれと認められる打ち傷 / with ~ impatience ありありと焦燥の色を浮かべて / without [with no] ~ means of support これというほどの支えがなくて. **3 a** 目立った, 人目につく: a highly ~ necktie すごく目立つネクタイ. **b** テレビ[新聞など]によく出る, 注目度の高い: a highly ~ politician. **4** 〈人が〉訪問者に会う気がある, 面会できる: Is he ~? 彼に面会できますか / He is ~ only to his most intimate friends. ごく親しい友人にしか会わない. **5** 頭に浮かんで来る, 思い浮かぶ: There is no ~ solution to this. このことに対して思い浮かぶ解決法はない. **6** 目に見えるようにされた[作られた, 表された]: a ~ typewriter 印字露出式タイプライター. **7** 地上の; 現世の: ⇨ church visible. **8**〘商業〙現物の, 手持ちの: ⇨ visible supply. **—** *n.* **1** [しばしば *pl.*] 目に見えるもの. **2** [the ~] (不可視のもの, または霊界に対して)物質 (material); 物質世界, 現世 (visible world) (↔ the invisible). **3** (輸出入の)有形の品, 商品. **~·ness** *n.* 〖《(*c*1340)》□ (O)F ~ // L *visibilis* ← *vīsus* (p.p.) ← *vidēre* to see: ⇨ vision, -ible〗

vísible chúrch *n.* [the ~]〘神学〙＝church visible.

vísible horízon *n.*〘天文〙視地平線 (apparent horizon). 〖1727-51〗

vísible líght *n.*〘物理〙可視光線.

vísible radiátion *n.*〘物理〙可視放射.

vísible sóund *n.*〘物理〙音波のオシログラム (oscillogram).

vísible spéctrum *n.*〘物理〙可視スペクトル《可視光線の波長範囲のスペクトル; 3800-7600 Å》. 〖1869〗

vísible spéech *n.*〘音声〙**1** 視話法《A. M. Bell が 1867 年に発明し, 後に Organic Alphabet の名で呼ばれた音声記号で, これによって発音器官の実際の位置を表示する》. **2** ヴィジブルスピーチ《音声の特徴的構造を電気・機械的方法により可視表示した図》. 〖1865〗

vísible supplý *n.*〘商業〙(穀物その他農産物の)有形供給高, 出回り高 (cf. invisible supply). 〖1882〗

vísible tráde *n.*〘経済〙有形的貿易, 商品貿易 (cf. invisible trade). 〖1928〗

vis·i·bly /vízəbli | -zɪ̀-/ *adv.* 目に見えて, 目に見えるように, ありありと (clearly): He was ~ excited [moved]. 明らかに興奮[感動]していた / It is not ~ larger than it was an hour ago. 1 時間前と比べて目につくほどは大きくなっていない. 〖*c*1380〗

Vis·i·goth /vízɪ̀gɑ̀(ː)θ, víz- | -zɪgɔ̀θ, -sɪ-/ *n.* **1** [the ~s] 西ゴート族《ゲルマン民族の一支族で, 4 世紀末にイタリアに侵入し, 続いてピレネー山脈 (Pyrenees) の南北にわたる王国を建設したが, 711 年アラビア人のために滅ぼされた; West Goth ともいう; cf. Ostrogoth》. **2** 西ゴート族の人. **Vis·i·goth·ic** /vìzɪ̀gɑ́(ː)θɪk, vìs- | -zɪgɔ́θ-, -sɪ-ˊ/ *adj.* 〖《(1647)》□ LL *Visigothi* (pl.) the good Goths, (later) Western Goths ← Gmc **westaz* (< IE **westo-* west)＋LL *Gothī* (⇨ Goth)〗

vis·ile /vízəl, -zɪl, -ʒəl, ʒɪl | -zaɪl/ *n.*〘心理〙＝visualizer 2. 〖《(1909)》← L *vīsus* sight＋*-ile* (cf. tactile, audile)〗

Vi·sine /váɪziːn, ―ˊ/ *n.*〘商標〙バイシン《米国 Pfizer 社製の目薬》.

vis i·nér·ti·ae /-ɪnə́ːʃiː | -ɪnə́ː-/ *L.* *n.* (*pl.* **vires inertiae**) 惰性, 惰力 (inertia). 〖□ L *vis inertiae* 'force of inertia'〗

vi·sion /víʒən/ *n.* **1** 見えること, 視力, 視覚 (sight): double ~＝diplopia / beyond one's ~ 目に見えない / impair one's ~ 視力を損なう / the distance [field] of ~ 視距[視界, 視野] / the organ of ~ 視覚器官 / the axis of ~〘光学〙視軸 / His distant ~ is gone. 彼は遠目が利かなくなった / Tears clouded her ~. 涙で視野が曇った. **2 a** 見抜く力, 予見力; 直観力, 洞察力 (insight): a man of ~ 先見の明のある人, 識見の高い人 / lack ~ in dealing with great problems 大きな問題を処理するのに洞察を欠く. **b** 未来像, 理想像, ビジョン: a statesman without ~ ビジョンのない政治家. **c** (ものの)見方, 見解 (view)〔*of*〕: one's ~ *of* the world 世界観. **3** (心に描く)幻, 幻影, 幻想, 夢想, 空想, 想像: a poet's ~ 詩人の空想 / romantic ~*s* of youth 青春のロマンチックな夢想 / ~*s* of wealth [eternal fame] 幻想に描く富[永遠の名声の幻影] / see ~*s* 幻を見る, 夢想する. **4** 幻視; (非実在的な)幻, 幽霊; 夢[幻]に現れる人; 夢や幻にしか見えないような人[姿]: She was a ~ of delight. 彼女は歓喜の幻[歓喜の姿そのもの]であった. **5** 見えるもの, 目に映じる姿, 有様, 光景 (sight): a hideous ~ 二目と見られない有様 / the lovely ~ of the bride 花嫁の美しい姿. **6** 見ること, 一目, 瞥見(べっけん) (look): Their ~*s* met. 二人の視線が合った / catch a ~ *of* …をちらりと見る / have a momentary ~ *of* the sea 海がちらりと見える. **7** 非常に美しいもの《美人・美景など》: The bride was a ~ in her bridal costume. 花嫁衣装を着て花嫁はとても美しかった. **8**〘映画〙幻想の場《作中人物の想像または回想を示す二重写しなどの場面》. **9**〘修辞〙現写法《過去・想像上の事件などを眼前にありありと見えるように描く》. **10**〘テレビ〙映像. **—** *vt.* **1** 幻(のように)見る, 夢想する (imagine). **2** 心に描く (envision). **3** (目や心に)はっきり見せる. 〖《(*c*1300)》□ (O)F ~ □ L *visiō(n-)* sight ← *vīsus* (p.p.) ← *vidēre* to see ← IE **weid-* to see (Gk *idein*: cf. wit[2]): ⇨ -sion〗

vi·sion·al /víʒnəl, -ʒənl/ *adj.* **1** 幻の[に関する]; 幻影の, 幻像の. **2** 幻(のよう)に見える, 幻影的な; 幻想的な, 夢想的な. **~·ly** *adv.* 〖1588〗

vi·sion·ar·y /víʒənèri | -ʒ(ə)nəri/ *adj.* **1 a** 〈人が〉先見の明のある, 独創的な: a ~ leader. **b** 〈物が〉将来を見通して作られた, 独創的な: a ~ architecture. **2** 幻にしか見えない, 架空の (unreal); 実行不可能な, 非現実的な, ユートピア的な (impracticable): ~ evils ありもしない害悪 / ~ schemes, projects, etc. **3** 幻を見る; 幻想的な, 空想的な (dreamy): a ~ mystic 幻を見る神秘家 / her ~ eyes 彼女の夢を見ているようなまなざし. **4** 幻の, 幻影の; 幻に見えた, 幻影に現れる: a ~ image 幻影 / the ~ world 幻影の世界, 夢幻界. **—** *n.* **1** 先見の明のある人. **2** 空想家, 夢想家 (dreamer). **3** 幻を見る人, 幻想家. **ví·sion·àr·i·ness** *n.* 〖1648〗

ví·sioned *adj.* **1** 幻の中に見た. **2** 幻の中で経験する; 幻によって生じる[た]: ~ fear. **3** 直観力[洞察力]のある; 未来像[ビジョン]のある. 〖1510〗

vísion·less *adj.* **1** 視力のない, 目の見えない (blind). **2** 洞察力[想像力, ビジョン]のない. **3** 幻を見ない; 幻想[夢想, 空想]のない. 〖1820〗

vísion-mìx *vi.*〘テレビ・映画〙ビジョンミックスする《画面を切り換えたりダブらせたりしていろいろに構成することにいう》.

vísion-mixer *n.*〘テレビ・映画〙ビジョンミックスする係[操作卓]. 〖1938〗

vísion quèst *n.*〘文化人類学〙霊界との交わりを求める儀式《特に北米インディアンの一部で, 成年に達した男子が一人になって断食や祈禱を続け, 恍惚のうちに見た幻によってこれを行う》. 〖1922〗

vis·it /vízɪt | -zɪt/ *vt.* **1** 訪問する (call upon); 慰問する, 見舞う: ~ a friend 友人を訪ねる / ~ a new neighbor 隣へ越して来た人を(挨拶に)訪ねる / ~ a sick person 病人を見舞う. **2** 見物に行く, 参観[見学]する, 参詣する; (買物・用事などで)…へ行く[来る]: ~ Rome, foreign countries, a museum, a shrine, etc. / ~ a class 授業を参観する / The President will ~ the battlefield. 大統領は戦場を訪れるだろう / a much [frequently] ~*ed* place 訪問者の多い場所. **3** …の所に客として滞在する: He was ~*ing* his uncle in the country. 田舎のおじの所へ行っていた. **4** (職業上・役職上)訪ねる, 視察[調査]に行く, 巡視[臨検]する; 〈医者が〉〈患者を〉往診する; 〈医者〉へ診察[治療]してもらいに行く. **5** 〈ある場所〉へ度々行く[来る], 行きつけにする: ~ pubs [nightclubs] パブ[ナイトクラブ]に出入りする / Many migratory birds ~ these shores at this time of the year. 毎年今ごろこの海岸地帯に渡り鳥がたくさんやって来る. **6 a** 〈病気・災害・考えなどが〉襲う, …に降りかかる (attack): Plague and famine ~*ed* the country. 疫病と飢饉がその国を襲った / The town was ~*ed by* [*with*] the plague. その町は疫病に見舞われた. **b** 〈考え・夢などが〉…(の心)に現れる: He was ~*ed by* a strange dream. 彼は奇妙な夢を見た. **7 a**《文語》〔災難などで〕苦しめる (afflict)〔*with*〕. **b** 〈人に〉〈苦痛・罰を〉加える, 〈災難を〉こうむらせる (inflict); 〈罪〉の報いをする (avenge)〔*on, upon*〕: God ~*ed* everlasting punishment *on* them.＝God ~*ed* them *with* everlasting punishment. 神は彼らに永遠の罰を課された / The sins of the fathers are ~*ed upon* the children.《諺》親の罪は子に報いてくる,「親の因果が子に報い」. **c**《古》〈人の罪などを〉罰する (punish): I will ~ their sin *upon* them. われ彼らの罪を罰せん (*Exod.* 32:34). **8 a**《古》〈神が〉…に祝福をもたらす, 祝福する (bless), 慰める (comfort): ~ a person *with* salvation 人に救いをもたらす / The Lord had ~*ed* his people. 主はその民を顧み給えり (cf. *Ruth* 1:6; *Luke* 7:16).

— *vi.* **1 a** 訪問をする; 観光旅行をする: I'm just ~*ing*: I don't live here. 旅行中なのです. ここに住んでいるのではありません. **b**《米》客として滞在する: ~ *at* the Carlton Hotel カールトンホテルに泊まる. **2 a** 行き来する, 互いに交際する〔*with*〕: ~ *with* the gentry 上流の人々と行き来する / We don't ~. 私たちは交際していない. **b**《米》話をする, 談話する (chat, talk)〔*with*〕: Just stay and ~ *with* me for a minute. ちょっとお立ち寄りになって少しお話ししましょうよ / Let's sit here and ~ *together*. ここに座って話し合おう. **3**《古》罰を加える, 罰する.

— *n.* **1** 訪問, 来訪, 見舞い: an Imperial [a Royal] ~ 行幸, 行啓 / a state [an official] ~ 国賓としての[公式な]訪問 / pay a person a ~＝pay [make] a ~ *to* a person 人を訪問する[見舞う] / receive a ~ from a person 人の訪問を受ける / return a ~ 答礼の訪問をする. **2** 参観, 観光(旅行), 遊覧(旅行), 参詣; (船の)寄港: an educational ~ *to* a glassworks ガラス工場見学 / make a ~ *to* the Tower ロンドン塔見物に行く / He is [has gone] on a ~ *to* Europe. ヨーロッパ旅行中です / The ship was to make a day's ~ *to* the port. 船はそこへ一日寄港する予定だった / just a flying ~ 急ぎの旅行 / I have to pay [make] a ~ (to the bathroom). (トイレに)ちょっと失礼します. **3** (主に, 客としての)滞在, 逗留 (stay): He was on a ~ *to* a friend. 彼はある友人の家に泊まっていた / I paid him a long ~. 彼の家に長らく逗留した. **4** (役職上・職業上の)公式訪問, 巡回, 視察, 巡視; (医者の)往診; 受診のため(医者を)訪ねること: receive a ~ from a policeman 巡査の訪問を受ける / a domiciliary ~《法律》家宅捜索; (医者などの)家庭訪問, 往診 / a ~ of inspection 参観, 巡視 / The doctor charged $50 for each (home) ~. 医師は往診 1 回につき 50 ドルの往診料を請求した / He made regular ~*s to* the hospital. 彼は規則正しく通院した. **5**《米口語》話, 談話 (chat, talk): I have enjoyed this pleasant ~ (*with* you). 君と話して実に愉快だった. **6**〘国際法〙臨検 (visitation): ⇨ *the* RIGHT *of visit* (*and search*).
〖《(?*a*1200)》□ (O)F *visiter* // L *vīsitāre* to go to see (freq.) ← *visere* to look at attentively ← *vīsus* (p.p.) ← *vidēre* to see: ⇨ vision〗

V

vis·it·a·ble /vízɪ̥təbl̩, -ztə- | -zɪtə-/ *adj.* **1** 訪問できる, 参観できる; 見物の価値のある: a gallery ~ only at certain hours ある時間にだけ見学できる美術館 / There was hardly anything ~ in the place. そこには見るに足るものはほとんど何もなかった. **2** 客の訪問を受けるに適した. **3** (社交上)訪問できるような, 行き来してもよいような: There are few ~ neighbors. 近所には訪ねて行けるような家はない. **4** 公式訪問[視察]を受ける: an institution ~ by the bishop 司教の公式訪問を受ける施設. 〘1605〙

Vis·i·tan·dine /vìzətǽndɪ̥n, -diːn | -zɪtǽndɪn, -diːn/ *n.* 〘カトリック〙 聖マリア訪問童貞会の修道女 (⇨ visitant 3). 〘(1747) □ F ~ ← L *visitandum* (ger.) ← *visitāre* 'to VISIT'〙

vis·i·tant /vízɪ̥tənt, -tn̩t | -zɪtənt, -tn̩t/ *n.* **1** (特に, 異国からの)訪問客 (⇨ visitor SYN); (一時的な)逗留客; 観光客; 巡礼 (pilgrim). **2** 霊界から訪れるもの, 亡霊: a ghostly ~ 亡霊. **3** [V-] (1610 年 St. Francis de Sales (1567–1622) と St. Jane de Chantal (1572–1641) によって瞑想と教育事業を目的として設立されたカトリック女子修道会)聖マリア訪問童貞会 (the Order of the Visitation of the Blessed Virgin Mary) の修道女. **4** (一時的に人を襲う)気分, 感情. **5** 〘鳥類〙 渡り鳥 (visitor), 候鳥 (migratory bird): summer [winter] ~*s*. — *adj.* 《古・詩》訪問する, 訪問の (visiting). 〘(1599) □ F ~ (pres.p.) ← *visiter* // L *visitantem* (pres.p.) ← *visitāre*: ⇨ visit (v.), -ant〙

vis·i·ta·tion /vìzətéɪʃən | -zɪ-/ *n.* **1 a** 訪問, 往訪, 来訪, 見舞い, 見物 (visit). **b** 《口語》尻の長い訪問, 長っちり. **2** (高官・高僧などの)公式訪問, 儀礼的訪問, 視察; 巡視, 巡回: The bishop holds periodical ~*s* in his diocese. 司教は定期的に自分の管区を視察する / the *Visitation* of the Sick 牧師の病気信者の訪問; (*Prayer Book* に記されている) その時の祈り,「病者訪問式」. **3** (神などの慰め・助け, または苦痛・罰をもっての)訪問; 天恵, 恩寵, 祝福; 天の配剤, 天の怒り; 天罰のような事件[経験], 災厄, 禍 (cf. *Jer.* 8:12): a blessed ~ from on high 天からのありがたい恵み / Plague was formerly regarded as a ~ of God for the people's sins. 悪疫は昔は人々の罪に対する神の怒りとみなされた / The late gale was a disastrous ~. この間の大風は天罰のような災難だった. **4** (超自然的な力・霊などの)訪れ, 一時的感化. **5** 《英》(紋章官の)出張・調査・登録 《紋章の違法な使用を取り締まるため 1528–1687 年まで続いた制度で, Clarencean, Norroy の両 Kings of Arms がそれぞれの担当地域に出向き, 調査ならびに登録を行った》; その調査報告. **6** [the V-, the ~] 〘キリスト教〙 聖母マリアの洗礼者ヨハネの母 Elizabeth 訪問 (cf. *Luke* 1:39–56); [the V-] (その日を記念する)聖母訪問の祝日 (7 月 2 日). **7 a** (離婚または別居している親が)子供を訪問する権利. **b** (離婚した親が子供を)訪問すること. **8 a** 喪に服している家族を訪問する習慣. **b** 喪中の家族への訪問. **9** 〘動物〙 (鳥・動物などの)異常な時季[大群]の集合[移住]. **10** 〘国際法〙 臨検 (visit): ⇨ *the* RIGHT *of visitation (and search)*.

Órder of the Visitátion [the —] ⇨ visitant 3.

~·al /-ʃnəl, -ʃənl̩⁻/ *adj.* 〘(c1303) □ (O)F ~ // L *vīsitātiō(n-)*: ⇨ visit, -ation〙

visitátion rìghts *n. pl.* 〘法律〙 訪問権, 往訪権 《離婚・別居の際に認められた一方の親の監護の下にある子供に会いに行く権利》.

vis·i·ta·tor /vízətèɪtə | -zɪtèɪtə(r/ *n.* 〘カトリック〙 公式視察者. 〘(1536) □ LL *visitātor*: ⇨ visit, -or²〙

vis·i·ta·to·ri·al /vìzɪ̥tətɔ́ːriəl | -zɪtə-⁻/ *adj.* **1** (職務的)巡回(者)の, 巡視の, 臨検(者)の: ~ power. **2** 巡視[臨検]権 (right of visit) のある. 〘(1688) ← ML *visitātōri(us)* (← L *visitātus* ← *visitāre* 'to VISIT') + -AL¹〙

Visitatórial Bóard *n.* (英国 Oxford 大学の) 検察評議員会 《大学の教職員を監督支配する恒久的機関》. 〘1880〙

V **vis·it·ing** /vízɪ̥tɪŋ | -zɪt-/ *n.* **1** 訪問, 見舞い; 視察, 臨検, 巡視. **2** [形容詞的に] 訪問[見舞い, 視察]の(ための): ⇨ visiting hours. — *adj.* **1** (職業・任務として)訪問[視察]する: a ~ housekeeper 派出婦 / a ~ committee 視察[巡視]委員会. **2** 訪問し合うほどの, 行き来し合うような: have a ~ acquaintance with = be on ~ terms with …と行き来し合うほどの親しい間柄である. 〘*a*1300〙

vísiting bòok *n.* 訪問帳, 訪客帳 《人から受けた訪問, 自分でした訪問, これからする予定の訪問などを書き込む》. 〘1818〙

vísiting càrd *n.* (訪問用)名刺 (《米》 calling card) (cf. business card). 〘1782〙

vísiting dày *n.* 面会日, 接客日. 〘1709〙

vísiting fíreman *n.* 《米口語》 **1** (大いにもてなす必要のある)大切な客, おえら方. **2 a** 大いに金を使う観光客[大会参加者(など)]. **b**「おのぼりさん」. **3** 来訪者団体の一人. 〘1926〙

vísiting hòurs *n. pl.* (病院などの)面会時間; 訪問時間. 〘1851〙

vísiting lìst *n.* 訪友表[録], 訪問録: He is not on my ~. 彼とは懇意でない. 〘1825〙

vísiting núrse *n.* 《米》 **1** 巡回保健婦 《入院できない患者の家を巡回して保健の指導を行う》. **2** 訪問看護婦[士] 《自分が受け持つ患者を訪問し, 必要な任務を行う》. 〘*c*1924〙

vísiting proféssor *n.* (一定期間だけ講義をする他の大学からの)派遣教授, 客員教授. 〘1950〙

vísiting téacher *n.* 《米》 **1** 訪問[往診, 巡回]教員 《病臥(ʙʏᴏ̄ɢᴀ)中の生徒や身体不自由児を定期的に家庭訪問して授業をする教員》. **2** (生徒の品行問題を扱う)社会福祉主事.

vísiting téam *n.* 〘スポーツ〙 遠征軍, 遠征チーム, 来訪チーム (cf. HOME team).

vis·i·tor /vízɪ̥tə | -zɪtə(r/ *n.* **1 a** 訪問者, 来訪者, 来客, 見舞客 (caller, guest) (cf. residnet 1). **b** 滞在客, 泊まり客: ~*s at* a hotel. **2** 来遊者, 観光客, 参観者, 縦覧者: a ~ in San Francisco / ~*s* to a shrine 参詣人 / *Visitors* not admitted. 部外者立ち入り[入室]禁止 / No ~*s* (allowed). 面会謝絶. **3** [*pl.*] 〘スポーツ〙 遠征軍, ビジター. **4** 渡り鳥 (visitant). **5** 《英》(大学などの)視察員, 巡視官, 巡察官, 監察官, 評議員. **6** (苦しみを癒す)慰問者, 神父. 〘(*c*1370) □ AF *visitour* = (O)F *visiteur*: ⇨ visit, -or²〙

SYN 訪問者: **visitor** 社交・用務・遊覧などのため人や場所を訪れる人 《一般的な語》: *visitors* from America 米国からの観光客. **visitant** 異国からの訪問者, 特に別世界から来た(ように思われる)客: a ghostly *visitant* 霊界からの訪問者(亡霊). **guest** 他人の家やホテルで食事・宿などを提供される来客: entertain one's *guest* with a good meal お客においしい食事を出す. **company** 集合的に訪問者の一行, 一団: We are expecting *company* this evening. 今晩お客様方がおみえになるはずです. **caller** 用務または社交の目的で短い(しばしば儀礼的な)訪問をする人: I am not at home to *callers*. 今日は訪問客に会わない.

---

vis·i·to·ri·al /vìzətɔ́ːriəl | -zɪ-⁻/ *adj.* = visitatorial.

vísitors' bòok *n.* (旅館の)宿泊者名簿, 宿帳; (私宅・博物館などの)来客[訪問者]名簿. 〘1846〙

vis·i·tress /vízɪ̥trɪ̥s | -zɪ-/ *n.* 《古》女性の visitor. 〘1827〙

Vis·king /vískɪŋ/ *n.* 〘商標〙 ヴィスキング 《米国 Visking 社製の, 縫い目のないセルロース製のチューブで, 人工透析用膜およびソーセージの食用ケーシングとして用いられる; Visking tubing ともいう》.

vis major /vísméɪdʒə | -dʒə(r/ *L. n.* (*pl.* **vi·res ma·jo·res** /váɪriːzmədʒɔ́ːriːz | váɪ(ə)riːz-/) 〘法律〙 不可抗力 《当事者はその責めに帰しえない原因(たとえばストライキ・暴風雨・落雷など)から生じた損害から免責される; cf. force majeure 1, ACT of God》. 〘(1601) □ L *vīs mājor* greater force: ⇨ vis, major¹〙

vís med·i·cá·trix na·tú·rae /-mèdɪkéɪtrɪksnətʊ́ᵊriː, -tjʊᵊr- | -mèdɪkéɪtrɪksnətjʊ́ə-/ *L. n.* 自然治癒力. 〘(1804) □ L *vīs medicātrix nātūrae* curative power of nature〙

vís mo·tí·va /-moutáɪvə | -məʊ-/ *L. n.* 原動力. 〘□ L *vīs mōtīva* motive power〙

vis·na /vísnə | víz-, vís-/ *n.* 〘獣医〙 ビスナ 《レトロウイルスによって起こるヒツジの脳脊髄炎で, 2–3 年以上の潜伏期をもつ遅発性・進行性・致死性の疾患》. 〘(1957) ← ON ~ 'to wither'〙

Vi·so /víːzou | -zəʊ/, **Mount** [**Monte**] *n.* ヴィーゾ山, モンテヴィーゾ 《イタリア北西部 Turin の南西, フランス国境近くにある山 (3841 m); イタリア語名 Mon·vi·so /monvíː-zo/》.

Vi-Sols /váɪsɑ(ː)lz | -sɒlz/ *n.* 〘商標〙 ヴァイソルズ 《米国 Bristol Myers 社製のビタミン剤》.

vi·sor /váɪzə | -zə(r/ *n.* **1** 〘甲冑〙 (かぶとの)まびさし, ほお隠し 《上下に開閉する》. **2** 《米》(帽子の)まびさし (eye-shade); バイザー 《スポーツ用などのひさし帽》. **3 a** 覆い隠すもの. **b** 覆面, 仮面; 仮装. **c** (熔接工の防護面の)可動のガラス面頰(ᴍᴇɴᴘᴏ). **4** (自動車のフロントガラスにつける)日よけ板, サンバイザー. **5** 競走馬用遮眼フード 《脇と後方の視界をさえぎる》. — *vt.* ほお隠しで覆う; 覆面する.

~·less *adj.* 〘(?*a*1300) *viser* □ AF ← (O)F *vis* face: ⇨ visage〙

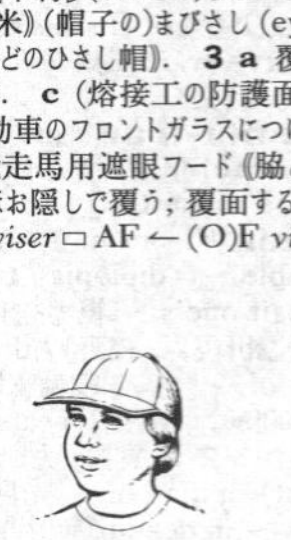

visor 1 **visor 2**

ví·sored *adj.* **1** 面頰(ᴍᴇɴᴘᴏ)[覆面, 仮面]をつけた; 仮装した (disguised). **2** 面頰[まびさし]のある: a ~ helmet. 〘*c*1380〙

vis·ta /vístə/ *n.* **1** 眺め, 展望, 眺望 (view, prospect); (特に, 両側に並木・山などのある狭く長い)見通し. **2** 見通しのきく場所 《並木道・通路など》. **3** (過去・未来の)想見, (過去の)回想, (未来の)展望: the dim ~ of one's childhood 幼少時のおぼろげな回想 / look back through the ~*s* of the past 過去の追憶をたどる / The book opens splendid ~*s* to the reader. その本は読者にすばらしい展望を与える. 〘(1644) □ It. ~ (fem.) ← *visto* sight, view (p.p.) ← L *vīsus*: ⇨ vision〙

VISTA /vístə/ 《略》《米》 Volunteers in Service to America.

vísta dòme *n.* (ガラス窓を広くした)列車の展望台. 〘1945〙

vis·taed /vístəd/ *adj.* (*also* **vis·ta'd** /~/) **1** 眺望[展望]のある, 見通しのきく. **2** 将来の展望[過去の追憶]によって心に描いた. 〘1835〙

vísta·less *adj.* 眺望[展望]のない, 見通しのきかない. 〘1890〙

Vis·ta Vi·sion /vístəvìʒən/ *n.* 〘商標〙 ビスタビジョン 《米国の Paramount Pictures 社が開発したワイドスクリーン方式の映画撮影法および映写法; 35 ミリ 2 こま分の画面で水平駆動のフィルムによる映画; cf. Cinerama, CinemaScope》; そのフィルム[カメラ, 関連部品]. 〘(1954): cf. vista〙

Vis·tu·la /vístʃʊlə | -tjʊ-/ *n.* [the ~] ビスワ(川) 《ポーランドの川, Carpathian 山脈に発しバルト海に注ぐ (1,086 km); ポーランド語名 Wisła》.

Vístula Lagóon *n.* ビスワ湖 《バルト海南西岸の潟湖(ˢᵉᵏⁱ); ポーランド語名 Zalew Wislany》.

vi·su·al /víʒuəl, -ʒʊl | -ʒuəl, -zjuəl, -ʒuəl, -ʒʊl/ *adj.* **1** 視覚の[に関する]; 視覚による, 目で得られた (cf. auditory): the ~ sense 視覚 / ~ signaling 視覚信号法 / the ~ nerve 視神経 / the ~ organ 視覚器官 / ~ knowledge 視覚によって得られた知識 / within [not] ~ range of a person 人から見える所で[に] / the [a] ~ type 〘心理〙 視覚型 (cf. visualizer 2) / ⇨ visual arts, visual field. **2** 目に見える (visible): The apparition was ~, not a product of the imagination. その幽霊は目に見えたのであって, 想像の所産ではなかった. **3** 〈詩など〉心象を生み出す, ありありと目に浮かぶ (vivid). **4** (レーダーなどの装置によらず)目で行う: ⇨ visual flight. **5** 〘教育〙 視覚教材[教具]の[を用いる]: ⇨ visual aid. **6** 〘光学〙 視覚の, 光学上の (optical): the ~ focus of a lens レンズの視焦点 / ⇨ visual axis. — *n.* **1** [*pl.*] 視覚教材[資料], 視覚用表示物: a dull presentation enlivened by [with] first-rate ~*s* 退屈だが一流の視覚資料によって生気を与えられた発表[説明]. **2** (広告の)割付け原図, ラフスケッチ, レイアウト (cf. comprehensive 2). **3 a** (ドキュメンタリー映画や TV ニュース放送に使われる)フィルムの一部, スチール写真. **b** [*pl.*] (映画・テレビなどの音声部分に対する)映像部分. **4** (写真やディスプレーなど)宣伝用ディスプレー資料. 〘(*a*1420) □ LL *vīsuālis* of sight ← L *vīsus*: ⇨ vision, -al¹〙

vísual acúity *n.* 〘眼科〙 視力 (20 フィートの距離で直径 1/3 インチの文字・記号が識別できるものを twenty-twenty (20/20), この 2 倍の大きさの文字・記号しか識別できないものを twenty-forty (20/40) などとする). 〘1889〙

vísual agnósia *n.* 〘医学〙 視覚失認(症) 《見ることはできるが, それが何であるか認識できない状態で, 脳皮質の障害による》.

vísual áid *n.* 〘教育〙 視覚教材[教具] 《学習者の視覚を利用する図形・図表・映画・スライドなどの補助教材・教具; cf. audiovisual aid》. 〘1911〙

vísual ángle *n.* 〘光学〙 視角. 〘1833〙

vísual área *n.* 〘生理〙 (大脳の)視覚野. 〘1889〙

vísual árts *n. pl.* [the ~] 〘美術〙 視覚芸術.

vísual ártist *n.* 〘1955〙

vísual-áural rádio rànge *n.* 〘航空〙 可視可聴式無線航路標識 《VOR の前に使用された機空機用航法援助装置の一種; 操縦席に視覚および聴覚による針路表示を与える; visual-aural range ともいう; 略 VAR》.

vísual áxis *n.* (測量機械などの)視軸 《眼球または望遠鏡の中心と対象点とを結ぶ直線》. 〘1874〙

vísual bínary [**dóuble**] *n.* 〘天文〙 実視[眼視]連星 《望遠鏡で両星が分離して観測される連星; cf. binary star》.

vísual córtex *n.* 〘解剖〙 視覚皮質 《視覚上の刺激をうけ処理する大脳皮質の部位》.

vísual displáy tèrminal *n.* 〘電算〙 = video display terminal (略 VDT).

vísual displáy ùnit *n.* 〘電算〙 (CRT を用いた)表示装置, ディスプレー端末装置 《通例入力用のライトペン・キーボードなどを備える; 略 VDU》.

vísual educátion *n.* 〘教育〙 = visual instruction. 〘1961〙

vísual field *n.* 〘眼科〙 視野, 視界 (field of vision) 《眼(球)を動かさずに同時に見える範囲》. 〘1880〙

vísual flíght *n.* 〘航空〙 有視界飛行: the ~ rules 有視界飛行規則 (略 VFR).

vísual ímages *n. pl.* 〘心理〙 視覚像 《視覚器官への刺激がない場合, 思い浮かべる視覚的な心像》. 〘1890〙

vísual instrúction *n.* 〘教育〙 視覚教育 《視覚教具 (visual aids) を利用する教授[教育]》.

vísual ínstrument *n.* 〘美術〙 視覚楽器 《鍵盤によってスクリーン上に光や色の像を操作する機械; 音楽の伴奏として, または単独で操作される》.

ví·su·al·ist /-lɪ̥st | -lɪst/ *n.* = visualizer. 〘1895〙

vi·su·al·i·ty /vìʒuǽləti | -ʒuǽlɪ̥ti, -zju-/ *n.* **1** 視覚性; 可視性, 有視性 (visibility). **2** 心像 (mental image). 〘1840〙

vi·su·al·i·za·tion /vìʒuəlɪ̥zéɪʃən, -ʒʊl- | -ʒuəlaɪ-, -zjuəl-, -ʒʊl-, -lɪ-/ *n.* **1** 目に見えるようにすること[力], ありありと心中に浮かび上がらせること[力], 視覚化. **2** 心像, 心に浮かび上がった事物. **3** 事物をありありと心中に浮かび上がらせる芸術的能力; 視覚表象化, 芸術的具象(化). **4** 〘医学〙 **a** 外科的操作により器官を見えるようにすること. **b** 映像化, (レントゲンによる)内臓透視. 〘1883〙

vi·su·al·ize /víʒuəlàɪz, -ʒʊl- | -ʒuəl-, -zjuəl-, -ʒʊl-/ *vt.* **1 a** 心中にありありと浮かび上がらせる; 心に描く, 視覚化する, 思い浮かべる; 〈抽象的なものを〉具象化する: I can easily ~ the scene. 容易にその場面を思い浮かべることができる / ~ a scheme 計画を具体的に考える. **b** 予見する (foresee). **2** 目に見えるようにする. **3** 〘医学〙 (外科またはレントゲンによって)〈内臓を〉見えるようにする, 透視する, 可視化する. — *vi.* **1** 事物を目に見えるようにはっきりと心に浮かび上がらせる, 事物を心像化する. **2** 〈内臓が〉見えるようになる. 〘1817〙

ví·su·al·iz·er *n.* **1** 事物を目に見るように心に思い浮かべる(ことのできる)人. **2** 〘心理〙 視覚型の人 《視覚像が特に鮮明な人; cf. motile, audile》. 〘1886〙

vísual líne *n.* = visual axis. 〘1667〙

ví·su·al·ly *adv.* **1** 視覚的に, 目に見えるように. **2** 視覚(教具)によって. 〘1448-49〙

vísually hándicapped *adj.* **1** (全盲など通常の生活を制限する)視覚[視力]障害のある. **2** [the ～; 集合的] 視覚[視力]障害者. **vísual hándicap** *n.*

vísually impáired *adj.* **1** (程度を問わず)視覚[視力]障害のある. **2** [the ～; 集合的] 視覚[視力]障害者 (cf. partially sighted). **vísual impáirment** *n.*

vísual mágnitude *n.* 〘天文〙 実視等級 《肉眼で見られる星の明るさ》.

vísual pígment *n.* 〘生化学〙 視物質, 視(覚)色素 《光受容体 (photoreceptor) に存在する光覚に関係のある色素; rhodopsin, porphyropsin などがある; photopigment ともいう》. 〘1971〙

vísual póint *n.* 〘眼科〙 視点. 〘1626〙

vísual pollútion *n.* 視覚公害 《看板・ポスター・高層建築などによる自然環境の汚損》.

vísual púrple *n.* 〘生化学〙 視紅 (⇨ rhodopsin). 〘1878〙

vísual ránge *n.* 〘気象・航空・海事〙 ＝visibility 1. 〘1953〙

vísual ráy *n.* 視感光線 《視野内の光線》. 〘1625〙

vísual télescope *n.* 眼視用望遠鏡.

vísual víolet *n.* 〘生化学〙 視紫 (⇨ iodopsin).

visu·o- /víʒuou | -ʒuəu, -zju-/ 「視覚」の意の連結形. 〘← L *visus* 'sight, VISION': ⇨ -o-〙

vìsuo·mótor *adj.* 視覚運動の. 〘1942〙

vìsuo·spátial *adj.* 〘心理〙 空間視覚に関する. 〘1962〙

vís ví·va /-váɪvə/ *L. n.* (*pl.* **vi·res vi·vae** /váɪri:z-váɪvi:, -vaɪ | vá(ɪ)ri:z-/) 〘物理〙 活勢, 活力 《運動のエネルギー (kinetic energy) を意味する昔の用語》. 〘□ L *vis viva* living force〙

vi·ta /ví:ṭə, vάɪ- | -tə/ *n.* (*pl.* **vi·tae** /ví:taɪ, -ti:, vάɪti: | ví:taɪ, vάɪti:/) 《米・カナダ》 **1** (短い)伝記, 自伝. **2** 履歴書 (curriculum vitae). 〘(1939) □ L *vīta* life: ⇨ vital〙

Vi·ta[1] /ví:ṭə | -tə/ *n.* ヴィータ 《女性名》. 〘(dim.) ← DAVIDA // ← VITA〙

Vi·ta[2] /vάɪṭə | -tə/ *n.* 〘商標〙 バイタ 《紫外線を透過するガラス》. 〘1925〙

Vi·ta·ce·ae /vaɪtéɪsiì:/ *n. pl.* 〘植物〙 (クロウメモドキ目) ブドウ科. **vi·tá·ceous** /-ʃəs/ *adj.* 〘(1847) ← NL ～ ← *vītis* 'VINE'＋-ACEAE〙

vitae *n.* vita の複数形.

Vi·ta·glass /vάɪṭəglæ̀s | -təglὰ:s/ *n.* 〘商標〙 ＝Vita[2].

vi·tal /vάɪṭl | -tl/ *adj.* **1** きわめて重大な; 緊要な, 肝要な 〔*to*〕 (⇨ essential SYN): a ～ question [error] 重大問題[失策] / a ～ necessity 必要欠くべからざるもの / ～ resources 重要資源 / a point ～ *to* the scheme その計画の核心をなす重要点 / a ～ part of the scheme その計画の枢要部 / a matter of ～ importance きわめて重大な事柄 / Your support is ～ *to* the plan.＝It is ～ that you (should) support the plan. その計画にはあなたの支援が是非必要です. **2 a** 活気のある, 生き生きした (lively, animated): a ～ style 生気のある文体 / a ～ leader 元気あふれる指導者. **b** 生気[活力, 生命力]を与える, 元気づける (vitalizing): ～ food. **3** 致命的な (fatal): a ～ wound 致命傷 / a ～ blow to the organization 組織に対する致命的な打撃. **4 a** 命の, 生命の[に関する]: ～ energies [power] 生命のエネルギー, 生命力, 活力 / the ～ spark 生気, 活気 / ～ phenomena 生活現象 《成長・栄養・繁殖・運動・知覚など》 / ⇨ vital function. **b** 生命の源泉である, 命の宿る; 生命維持に必要な (⇨ living SYN): the ～ organs [parts] (身体の)重要器官 (cf. *n.* 1) / a ～ spot [part] 急所. **5** 人口動態に関するデータを記録した: ⇨ vital statistics. **6** 〘生物〙 生体染色に関する: ～ staining. — *n.* [*pl.*] **1** 生命の維持に絶対必要な器官 (vital organs) 《心臓・脳・肝臓・肺・腸など》. **2** 枢要部, 急所, 核心 (essential parts): the ～*s* of the matter 問題の核心 / tear the ～*s* out of a subject 問題の核心[急所]をつかむ. **～·ness** *n.* 〘(*c*1385) □ (O)F ～ // L *vītālis* ← *vīta* life ← IE **gwei-* to live (L *vivere*): cf. quick, bio-: ⇨ -al[1]〙

vítal capácity *n.* 肺活量 (breathing capacity). 〘1852〙

vítal fórce *n.* **1** ＝vital principle. **2** ＝élan vital. 〘1843〙

vítal fúnction *n.* 〘生理〙 生活機能 《血液の循環・呼吸・消化など, 生命に直接関係する身体の機能》. 〘1964〙

vítal índex *n.* 人口指数 《出生・死亡の比率》.

Vi·tal·is /vaɪtǽlɪs | -lɪs/ *n.* 〘商標〙 バイタリス 《米国の Bristol Myers 社製の男性用整髪料》.

ví·tal·ìsm /-ṭəlɪzm, -ṭl- | -təl-, -tl-/ *n.* **1** 〘生物〙 生気論 《生命現象は物質の機能以上の vital principle によるとする説》. **2** 〘哲学〙 **a** 生気論 《有機体には無機的物質の機械的結合以上の生命原理があるとする説; cf. voluntarism 1, dynamism; ↔ mechanism》. **b** 生命主義 《Bergson らに代表される生の創造的進化説; cf. Bergsonism, élan vital》. **vi·tal·is·tic** /vàɪṭəlístɪk, -ṭl- | -təl-, -tl-⁻/ *adj.* 〘(1822) □ F *vitalisme*: ⇨ vital, -ism〙

ví·tal·ist /-ṭəlɪst, -ṭl- | -təlɪst, -tl-/ *n.* 生気論者; 生命主義者. — *adj.* 生気論の; 生命主義の. 〘1860〙

vi·tal·i·ty /vaɪtǽləṭi | -lɪti/ *n.* **1 a** 生命力, 活力, 生命(の根源), 生気; (生命の条件としての)体力: *Vitality* is greatly reduced in old age. 老年には活力が著しく低下する. **b** 生存能力, 生きる力; (植物の)発芽力. **2** 精神的活力, 活気, 元気 (spirit, vigor); (文学・美術作品の)生気, 迫力: He is full of ～. 元気いっぱいだ. **3** 持続力, 永続性 (durability): the ～ of slang スラングの寿命の長さ. **4** 生命力[活力, 生気]のあるもの. 〘(1592) □ L *vītālitātem*: ⇨ vital, -ity〙

vi·tal·ize /vάɪṭəlàɪz, -ṭl- | -təl-, -tl-/ *vt.* **1** …に生命[活力]を与える; …に生気を与える, 生気を吹き込む, 鼓舞する (animate): ～ the patriotic spirit 愛国心を鼓吹する. **2** (文学・絵画などで)生き生きと描く. **vi·tal·i·za·tion** /vàɪṭəlɪzéɪʃən, -ṭl- | -təlaɪ-, -lɪ-, -tl-/ *n.* **ví·tal·ìz·er** *n.* 〘1678〙

Vi·tal·li·um /vaɪtǽliəm/ *n.* 〘商標〙 バイタリウム 《コバルト・クローム・モリブデンの合金でプラチナ白色; 歯科義歯床用》. 〘(1935) ← VITAL＋-IUM〙

vi·tal·ly /vάɪṭəli, -ṭli | -təli, -tli/ *adv.* **1** 生命的に, 生命にかかわるほどに, 致命的に; 生命上, 活力上. **2** きわめて重大に, 肝要に, 真に, 非常に: ～ important. 〘(1661) 1770〙

vítal príncíple *n.* (物理力・化学力と関係のない, 仮定的な)生命力, 活力, 生命の根源. 〘1701〙

vítal sígns *n. pl.* 〘医学〙 生命[生存]徴候 《脈拍・呼吸・体温など》. 〘*c*1919〙

vítal stáining *n.* 〘生物〙 生体染色. 〘1907〙

vítal statístics *n.* [単数または複数扱い] **1** 人口(動態)統計 《生死・結婚・移動などの統計》. **2** 《口語》 女性のバスト・ウエスト・ヒップの寸法[サイズ]. 〘1837〙

vi·ta·mer /vάɪṭəmə | -təmə(r)/ *n.* 〘生化学〙 ビタマー 《ビタミンとしての生理作用が同じで化学構造が異なるものの総称; ビタミン D_2, D_3 など》. **vi·ta·mer·ic** /vàɪṭəmérɪk | -tə-⁻/ *adj.* 〘← VITA(MIN)＋(ISO)MER〙

vi·tam im·pen·de·re ve·ro /ví:tɑ:mɪmpéndərevéᵊrou | -tæmɪmpéndərivéərəu/ *L.* 真実に一生をささげる (⇨ 巻末).

vi·ta·min /vάɪṭəmɪn | vítəmɪn, vάɪt-/ *n.* 〘生化学〙 ビタミン 《ごく少量であっても栄養に不可欠で, 欠乏するとそれぞれ特有の症状が出てくるものの総称》. ★ 1920 年の初めまで vitamine とつづった. **vi·ta·min·ic** /vàɪṭəmínɪk | vɪtə-, vaɪt-⁻/ *adj.* 〘(1912) □ G *Vitamina* ← L *vīta* (⇨ vital)＋*Amin* 'AMINE': ポーランド生まれの米国の生化学者 Casimir Funk による命名; 初め成分がアミンと思われたことによる〙

vítamin Á *n.* 〘生化学〙 ビタミン A 《油脂・卵黄に含まれる成長因子で, 上皮細胞の角質化や夜盲症を予防するのに必要; 視覚と深く関係していて, カロチンから体内で生成される; retinol ともいう》.

vítamin Á₁ ビタミン A_1 ($C_{20}H_{29}OH$) 《哺乳類・鳥類・両生類および海産魚に見出されるビタミン A; 肝油・卵黄などに含まれる》.

vítamin Á₂ ビタミン A_2 ($C_{20}H_{27}OH$) 《淡水魚とウシガエルの幼生に見出される; A_1 と同様の働きをもつ; dehydroretinol ともいう》. 〘1920〙

vítamin B́ *n.* 〘生化学〙 **1** ＝vitamin B complex. **2** ビタミン B 《水溶性でビタミン B 複合体を構成する各種ビタミン》.

vítamin B́₁ ビタミン B_1 (thiamine のこと; 必須性不飽和脂肪酸).

vítamin B́₂ ビタミン B_2 (⇨ riboflavin).

vítamin B́₆ ビタミン B_6 (⇨ pyridoxine).

vítamin B́₁₂ ビタミン B_{12} ($C_{63}H_{90}CoN_{14}O_{14}P$) 《悪性貧血に有効なビタミン; 肝臓に多く含まれる; cyanocobalamin ともいう》.

vítamin B́c ビタミン B_c (⇨ folic acid). 〘1920〙

vítamin B́ còmplex *n.* 〘生化学〙 ビタミン B 複合体 《ビタミン B_1, B_2, B_6, B_{12} に nicotinic acid (niacin), pantothenic acid, biotin, paraaminobenzoic acid, choline, folic acid, inositol やビタミン L などを含む》. 〘1928〙

vítamin Ć *n.* 〘生化学〙 ビタミン C 《抗壊血病剤; ⇨ ascorbic acid; 柑橘類・緑黄色野菜などに含まれる》. 〘1920〙

vítamin D́ *n.* 〘生化学〙 ビタミン D 《抗佝僂(くる)病要素; 牛乳や肝油などに含まれる》.

vítamin D́₁ ビタミン D_1.

vítamin D́₂ ビタミン D_2 ($C_{28}H_{43}OH$) 《ergosterol の紫外線照射によって得られる; calciferol ともいう》.

vítamin D́₃ ビタミン D_3 ($C_{27}H_{43}OH$) 《自然にあるビタミン D; 魚の肝油中に発見され, D_2 と分子の構造が多少異なる; cholecalciferol ともいう》.

vítamin D́₄ ビタミン D_4 ($C_{28}H_{45}OH$) 《その作用はビタミン D_2, D_3 に同じ》.

vítamin D́₅ ビタミン D_5 ($C_{29}H_{47}OH$) 《ビタミン D_4 と共に 22- デヒドロエルゴステロール -7- デヒドロシトステロールから生じる活性物質》. 〘1921〙

vit·a·mine /vάɪṭəmɪn, -mì:n | vítəmɪn, vάɪt-, -mì:n/ *n.* 《まれ》 〘生化学〙 ＝vitamin (⇨ vitamin ★). 〘(1912) 《古形》: ⇨ vitamin〙

vítamin É *n.* 〘生化学〙 ビタミン E 《脂溶性ビタミン; 植物の葉・麦芽油中にある; この不足は不妊や筋肉の萎縮を起こす; cf. tocopherol》. 〘1925〙

vítamin Ǵ *n.* 〘生化学〙 ビタミン G (⇨ riboflavin). 〘1929〙

vítamin H́ *n.* 〘生化学〙 ビタミン H (⇨ biotin). 〘*c*1935〙

vi·ta·min·ize /vάɪṭəmɪnàɪz | vít-, vάɪt-/ *vt.* **1** 〈食品〉にビタミンを添加する, …のビタミンを強化する. **2** (ビタミンを与えたように)生き生きさせる. **vi·ta·min·i·za·tion** /vàɪṭəmɪnɪzéɪʃən | vìtəmɪnaɪ-, vàɪt-, -nɪ-/ *n.* 〘1930〙

vítamin Ḱ *n.* 〘生化学〙 ビタミン K 《抗出血要素; 緑葉野菜・トマト・魚肉に発見される》.

vítamin Ḱ₁ ビタミン K_1 (($C_{20}H_{39}$)$C_{11}H_7O_2$) 《野菜の葉・米ぬか・豚の肝臓などに発見され, 血液の凝固を促進する; phylloquinone, phytonadione ともいう》.

vítamin Ḱ₂ ビタミン K_2 (($C_{30}H_{49}$)$C_{11}H_7O_2$) 《ビタミン K_1 によく似た化合物; menaquinone ともいう》.

vítamin Ḱ₃ ビタミン K_3 (⇨ menadione). 〘(1935) ← Dan. *k(oagulation)* coagulation〙

vítamin Ĺ *n.* 〘生化学〙 ビタミン L 《ネズミの催乳因子として知られたもの; L_1 と L_2 がある》.

vítamin Ḿ *n.* 〘生化学〙 ビタミン M (⇨ folic acid).

vi·ta·min·ol·o·gy /vàɪṭəmɪnά(:)ləʤi | vìtəmɪnɔ́l-, vàɪt-/ *n.* ビタミン学. 〘← VITAMIN＋-O-＋-LOGY〙

vítamin Ṕ *n.* 〘生化学〙 ビタミン P 《レモン類の汁の中に vitamin C と共に発見される; 毛細血管の出血に対する抵抗を促進すると考えられている; cf. citrin》. 〘(1942) *P*: ← P(APRIKA) // P(ERMEABILITY)〙

vítamin ṔP̀ *n.* 〘生化学〙 ビタミン PP, 抗ペラグラビタミン 《ビタミン B 類の一つ》. 〘*PP*: ← *p(ellagra)-p(reventive)*〙

vítamin X́ *n.* 《廃》 〘生化学〙 ビタミン X 《vitamin P の旧名》.

Vi·ta Nuo·va /ví:tɑ:nuóuvə: | -nuə́u-; *It.* vì:tanwɔ́:va/, **La** *n.* 「新生」 《Dante 作の詩を交えた論文 (1292?); Beatrice に対する精神的な愛と讃美がうたわれている》. 〘(*a*1850) □ It. ～ 'new life'〙

Vi·ta·phone /vάɪṭəfòun | vάɪtəfəun/ *n.* 〘商標〙 ヴァイタホーン 《1910 年代に米国で開発された, 録音盤を用いた初期の有声映画制作の一方式》.

vi·ta·scope /vάɪṭəskòup | -təskəup/ *n.* ヴァイタスコープ 《初期の映写機; Thomas Edison の発明》. **vi·ta·scop·ic** /vàɪṭəskά(:)pɪk | -təskɔ́p-⁻/ *adj.* 〘(1896) ← VITA＋-SCOPE〙

vi·te /ví:t/ *adv.* 〘音楽〙 速く, 活発に. 〘□ F ～ < OF *viste*〙

Vi·tebsk /ví:tɛbsk; *Russ.* vʲitʲipsk/ *n.* ヴィテプスク 《Belarus 北東部 Dvina 河畔の都市》.

vi·tel·lar·i·um /vàɪṭəlέᵊriəm, vɪt- | vàɪtəléər-, vɪt-/ *n.* (*pl.* **-i·a** /-riə/) 〘生物〙 卵黄巣 《昆虫などの卵小管内で, 卵母細胞が成熟する部分》. 〘(1865) ← NL ～: ⇨ vitellus, -arium〙

vitelli *n.* vitellus の複数形.

vi·tel·lin /vaɪtélɪn, vaɪ- | vɪtélɪn/ *n.* 〘生化学〙 ビテリン, 卵黄素 《卵黄の主成分をなすリン蛋白質; ovovitellin ともいう》. 〘(1857) ← VITELL(US)＋-IN[1]〙

vi·tel·line /vaɪtélɪn, vɪ-, -li:n, -laɪn | vɪtélaɪn, -lɪn/ *adj.* **1** 卵黄の; 卵黄に似た. **2** 卵黄色の, 黄色の (yellow). — *n.* 卵黄. 〘(?*c*1412): ⇨ ↑, -ine[2]〙

vitélline còrd *n.* 〘生物〙 卵黄索.

vitélline glànd *n.* 〘生物〙 卵黄腺.

vitélline mémbrane *n.* 〘生物〙 卵黄膜. 〘1845〙

Vi·tel·li·us /vɪtéliəs/, **Au·lus** /ɔ́:ləs | ɔ́:-/ *n.* ウィテリウス (15-69 A.D.; ローマ皇帝 (69 年 1-12 月); Tiberius, Caligula, Claudius および Nero の寵臣).

vi·tel·lo·gen·e·sis /vaɪtèlouʤénəsɪs, vɪ- | vɪtèl-ə(u)ʤénɪsɪs, vaɪ-/ *n.* 〘生物〙 卵黄形成. 〘(1947): ⇨ vitellus, -genesis〙

vi·tel·lo·gen·in /vɪtèlouʤénɪn, vàɪtəlou-, -ṭl- | vɪtèlə(u)-, vàɪtələ(u)-, -tl-/ *n.* 〘生化学〙 ビテロゲニン 《雌の卵黄蛋白; エストロゲンの刺激によって合成される》. 〘(1969): ⇨ vitellus, -gen, -in[1]〙

vi·tel·lo ton·na·to /vɪtéloutɑ(:)nά:ṭou | -ləutə-nά:təu; *It.* vitèllotonnά:to/ *n.* 〘料理〙 子牛肉のツナソースがけ 《マリネにして煮た子牛肉の薄切りにツナの入ったソースをかけたイタリア料理》. 〘□ It. ～ ← *vitello* veal＋*tonno* tuna〙

vi·tel·lus /vaɪtéləs, vɪ- | vɪ-, vaɪ-/ *n.* (*pl.* **～·es, -tel·li** /-laɪ/) 卵黄. 〘(1728) □ L ～ 'yolk of an egg, little calf' (dim.) ← *vitulus* calf: ⇨ veal〙

vit·i- /víṭɪ, -ṭi | -ti/ 「ぶどう (vine)」の意の連結形: *viti*culture. 〘← L *vītis* grapevine, vine branch〙

vi·ti·a·ble /víʃiəbl/ *adj.* 損じる[悪くする]ことができる; 汚される, 不潔にされる; 無効にされる. 〘⇨ ↓, -able〙

vi·ti·ate /víʃièɪt/ *vt.* **1** …の価値を低下させる, 質を損なう, 悪くする, 害する (impair); 退廃させる, 腐敗させる (deprave): ～ the truth [style] 真実[文体]を傷つける / an argument by exaggeration 誇張のために議論の力をそぐ / the generation ～*d* by luxury ぜいたくに慣れて退廃した世代. **2** 〈空気・血などを〉汚す, よごす, 汚染する, 不潔にする (pollute). **3 a** 〈契約などを〉法的に無効にする, …の効力を失わせる (invalidate): ～ a will [contract] 遺言[契約]を無効にする. **b** 〈議論・理論・証拠などを〉説得力のない[疑わしい]ものにする. **ví·ti·à·tor** /-ṭə | -tə(r)/ *n.* 〘(1534) ← L *vitiātus* (p.p.) ← *vitiāre* to spoil ← *vitium*: ⇨ vice[1], -ate[3]〙

vi·ti·a·tion /vìʃiéɪʃən/ *n.* 減損; 腐敗; 汚染; 無効にすること, 失効.

vit·i·ce·tum /vìṭəsí:ṭəm, vàɪ- | -tɪsí:t-/ *n.* (*pl.* **～s, -ce·ta** /-ṭə | -tə/) ぶどう栽培. 〘← NL ～: ⇨ viti-, -etum〙

vit·i·cul·ture /víṭəkʌ̀lʧə, vάɪ- | vítɪkʌ̀lʧə(r), vάɪ-/ *n.* **1** ぶどう栽培. **2** ぶどう栽培学[法]; ワイン[ぶどう酒]醸造学. **vit·i·cul·tur·al** /vìṭəkʌ́lʧ(ə)rəl, vàɪ- | -tɪ-⁻/ *adj.* **vit·i·cul·tur·er** /víṭəkʌ̀lʧ(ə)rə, vάɪ- | -tɪkʌ̀lʧ(ə)rə(r)/ *n.* 〘(1872) ← VITI-＋CULTURE〙

vit·i·cul·tur·ist /vìṭəkʌ́lʧ(ə)rɪst, vàɪ-, ⁻⁻⁻(⁻)⁻ | vìtɪkʌ́lʧ(ə)rɪst, vàɪ-, ⁻⁻⁻(⁻)⁻/ *n.* ぶどう栽培者. 〘1882〙

Vi·ti Le·vu /ví:ṭilévu: | -ti-; *Fijian* vitilévu/ *n.* ヴィ

ティレヴ《Fiji 諸島中の最大島; フィージー諸島共和国の首都 Suva がある; 面積 10,400 km²》.

vit·i·li·go /vɪ̀təláɪgoʊ, -lí:-, -tl̩- | -tɪ̀láɪgəʊ, -tl̩-/ *n.* 〘病理〙白斑, 白皮 (leukoderma). 〖《1657》□ L *vitiligō* tetter ← *vitium* 'VICE¹'〗

Vi·tim /vɪ̀tí:m | vɪ-; *Russ.* vʲitʲím/ *n.* [the ~] ヴィティム(川)《東シベリア南部を北流して Lena 川に合流する (1,823 km)》.

vi·ti·os·i·ty /vɪ̀ʃiá(:)səṭi | -ʃiɔ́sɪ̀ti/ *n.* 《古》堕落, 邪悪 (depravity). 〖《(1538)》《1603》□ L *vitiōsitātem*: ⇨ vicious, -ity〗

Vi·ton /váɪtɑ(:)n | -tɒn/ *n.* 〘商標〙ヴァイトン《米国のデュポン社 (E. I. Du Pont de Nemours & Co.) 製の耐熱・耐寒・耐油・耐薬品性に富むフッ素ゴム》.

Vi·to·ria /vɪtɔ́:riə; *Sp.* bitórja/ *n.* ビトリア《スペイン北東部の都市; Wellington 率いる英軍がナポレオン率いるフランス軍に勝利を収めた地 (1813)》.

Vi·tó·ria /vɪtɔ́:riə; *Braz.* vitɔ́ria/ *n.* ヴィトリア《ブラジル東部の都市で海港》.

Vi·to·ria /vɪtɔ́:riə; *Sp.* bitórja/, **Francisco de** *n.* ビトリア《1486?–1546; スペインの学者・神学者; 国際法の父といわれている》.

vitr- /vɪtr/ (母音の前にくるときの) vitro- の異形.

vit·rain /vítreɪn/ *n.* 〘地質〙ビトレイン《瀝青(れきせい)炭中で輝度が高く狭い縞状を成している成分; cf. clarain, durain, fusain》. 〖《1919》← VITRO-＋(FUS)AIN〗

vit·rec·to·my /vɪtréktəmi/ *n.* 〘医学〙硝子体切除(術). 〖《1968》← VITRE(OUS)＋-ECTOMY〗

vit·re·ous /vítriəs/ *adj.* **1 a** ガラスの, ガラス質[状]の, ガラスから得た; ガラスのような, ガラスに似た: ~ luster ガラス光沢. **b** ビトレアスな《陶磁器で素地(きじ)が高度の溶化 (vitrification) の結果, 気孔率が著しく小さいものにいう》. **2** 〘解剖〙(目の)硝子体(液)の: ~ vitreous body, vitreous humor. **~·ly** *adv.* **~·ness** *n.* 〖《1646》□ L *vitreus*: ⇨ vitro-, -ous〗

vítreous bódy *n.* 〘解剖〙(目の)硝子体 (⇨ eye 挿絵). 〖1831〗

vítreous chína *n.* 〘窯業〙ビトレアスチャイナ《工業的な目的をもたない無釉または施釉の磁器》. 〖1967〗

vítreous electrícity *n.* 〘電気〙ガラス電気, 陽電気《ガラスを絹で摩擦して生じる陽電気》. 〖1860〗

vítreous enámel *n.* 琺瑯(ほうろう) (porcelain enamel). 〖1946〗

vítreous húmor *n.* 〘解剖〙(目の)硝子体液. 〖1663〗

vítreous púre sílica *n.* 〘化学・鉱物〙シリカガラス.

vítreous sílica *n.* 〘ガラス製造〙融解石英《二酸化ケイ素だけからなるガラス; 透明なものと不透明なものがあり, 耐薬品性・耐熱性にすぐれている; fused quartz, quartz glass, silica glass ともいう》. 〖1925〗

vi·tres·cence /vɪ̀trésəns, -sns/ *n.* ガラス質[状]; ガラス化. 〖《1796》↓〗

vi·trés·cent /-sənt, -snt/ *adj.* **1** ガラス化する(傾向のある). **2** ガラス化できる. 〖《1756》← VITRO-＋-ESCENT〗

vit·re·sci·ble /vɪ̀trésəbl̩ | -sɪ̀-/ *adj.* =vitrifiable. 〖《1754》□ F ~ ← *vitre* glass: ⇨ -ible〗

vit·ri- /vítrɪ̀, -tri/ vitro- の異形 (⇨ -i-).

vit·ric /vítrɪk/ *adj.* (陶器 (ceramic) に対して)ガラスの[に関する]; ガラス質[状]の. 〖《1915》← VITRO-＋-IC¹〗

vit·rics /vítrɪks/ *n.* **1** [単数扱い] ガラス製造術, ガラス加工術; ガラス製造学. **2** [複数扱い] ガラス器具(類). 〖《1875》: ⇨ ↑, -ics〗

vit·ri·fac·tion /vɪ̀trəfǽkʃən | -trɪ-/ *n.* =vitrification. 〖1728〗

vit·ri·fi·a·ble /vɪ̀trəfáɪəbl̩ | -trɪ̀-⁻/ *adj.* ガラス化できる, 溶化性の. **vit·ri·fi·a·bíl·i·ty** /-fàɪəbíləṭi | -lɪ̀ti/ *n.* 〖1646〗

vítrifiable cólor [pígment] *n.* 琺瑯(ほうろう)絵具, 七宝絵具, (上絵)ガラス絵具, 上絵具《上絵彩色に用いる顔料と融剤の混合物》. 〖1839〗

vit·ri·fi·ca·tion /vɪ̀trəfɪ̀kéɪʃən | -rɪ̀fɪ-/ *n.* **1** ガラス状態; 溶化, ガラス化, 磁器化《粘土や陶磁器素地(きじ)などの焼成工程における漸進的な部分的溶融》. **2** ガラス化[磁器化]した物. 〖1612〗

vít·ri·fied *adj.* ガラス化した; 焼き締めた, 磁化した: ~ brick 溶化れんが / a ~ pipe 溶化粘土質管. 〖1646〗

vit·ri·form /vítrəfɔ̀ɚm | -trɪ̀fɔ̀:m/ *adj.* ガラス状の (glasslike). 〖1796〗

vit·ri·fy /vítrəfàɪ | -trɪ̀-/ *vt., vi.* ガラス化する, 溶化する. 〖1594〗

vi·trine /vɪ̀trí:n/ *n.* 陳列用ガラスケース. 〖《1880》□ F ← *vitre* pane of glass〗

vit·ri·ol /vítriəl, -ɔ̀(:)l | -əl, -ɔ̀l/ *n.* **1** 〘化学〙硫酸塩, 礬(ばん)類の一つ: copper ~=copper sulfate / oil of ~ (濃)硫酸 / ⇨ blue vitriol, green vitriol, red vitriol, white vitriol. **2** 〘化学〙硫酸 (sulfuric acid): throw ~ over [at] …(の顔)に硫酸を浴びせる. 《《略》← *oil of vitriol*》 **3** 辛辣な言葉[批評], 痛烈な皮肉: put plenty of ~ in a speech 演説に多分の辛辣さを加える / dip one's pen in ~ 毒筆を振るう.
— *vt.* (**-ri·oled, -olled; -ol·ing, -ol·ling**) **1** 硫酸で傷つける, 硫酸で〈人〉にやけどを負わせる. **2** 〘冶金〙希硫酸につける (pickle), 硫酸処理する. 〖《c1395》□ (O)F ~ // ML *vitriolum* ← L *vitrum* glass〗

vit·ri·ol·ic /vɪ̀triá(:)lɪk | -triɔ́l-⁻/ *adj.* **1** 硫酸(塩)の; 硫酸(塩)に似た; 硫酸(塩)から成る[得られる]. **2** 痛烈な, 刺すような, 激しい: ~ criticism 辛辣な批評. 〖1670〗

vit·ri·ol·ize /vítriəlàɪz/ *vt.* **1** 硫酸(塩)で処理する; 硫酸塩化する. **2** …に硫酸を浴びせ(てやけどをさせ)る.

vit·ri·ol·i·za·tion /vɪ̀triəlɪ̀zéɪʃən | -əlaɪ-, -lɪ-/ *n.* 〖1694〗

vítriol-thrówing *adj.* (復讐に)人の顔に硫酸をかける.

vit·ro- /vítroʊ | -trəʊ/「ガラス (glass); ガラスの (glassy)」の意の連結形. ★ 時に vitri-, また母音の前では通例 vitr- になる. 〖← L *vitrum* glass, woad〗

Vi·tru·vi·an /vɪ̀trú:viən/ *adj.* ウィトルウィウス (Vitruvius) の創案した: ⇨ Vitruvian scroll. 〖《1762》← *Vitruvius Pollio*: ⇨ -an¹〗

Vitrúvian scróll *n.* 〘建築〙(frieze の装飾に用いた) ウィトルウィウス式渦形 (cf. wave molding). 〖1837〗

Vi·tru·vi·us Pol·li·o /vɪ̀trú:viəspá(:)lioʊ | -pɔ́liəʊ/, **Marcus** *n.* ウィトルウィウスポリオ《紀元前 1 世紀 Augustus 時代のローマの建築家; *De Architectura*「建築十書」》.

Vi·try-sur-Seine /vɪtrí:sʊəséɪn | -sʊə-; *F.* vitʀisyʀsɛn/ *n.* ヴィトリ シュル セーヌ《フランス北部, パリ南南東の衛星都市》.

Vi·tsebsk /ví:tsjɛbsk; *Russ.* vʲitʲpsk/ *n.* =Vitebsk.

vit·ta /víṭə | -tə/ *n.* (*pl.* **vit·tae** /-ti:, -taɪ/, **~s**) **1** 〘植物〙(ある種のセリ科植物の果実中に存する)油道, (導)油管. **2** 〘生物〙(色の付いた)筋, 縞(しま), 色帯. 〖《1693》□ L ~ 'band, fillet, ribbon'〗

vit·tate /víteɪt/ *adj.* **1** 〘植物〙油道[油管]を有する. **2** 〘生物〙縦縞(たてじま)のある. 〖《1826》□ L *vittātus*: ⇨ ↑, -ate²〗

Vit·tel /vɪtɛ́l, ⁻⁻; *F.* vitɛl/ *n.* 〘商標〙ヴィッテル《フランス東部の町 Vittel の鉱泉から採った無炭酸のミネラルウォーター; Vittel water ともいう》.

vit·tle /víṭl̩ | -tl̩/ *n., v.* 《廃・方言》=victual.

Vit·to·ria /vɪtɔ́:riə; *It.* vittɔ́:rja/ *n.* ヴィットーリア《女性名》. 〖□ It. ~ 'VICTORIA²'〗

Vit·to·rio /vɪtɔ́:rioʊ | -riəʊ; *It.* vittɔ́:rjo/ *n.* ヴィットーリオ《男性名》. 〖□ It. ~: ⇨ Vittoria〗

vit·u·line /vítʃʊlàɪn, -l̩n | -tjʊlàɪn, -lɪn/ *adj.* **1** 子牛 (calf) の[に似た]. **2** 子牛肉 (veal) の[に似た]. 〖《1656》□ L *vitulīnus* ← *vitulus* calf: ⇨ vitellus, -ine¹〗

vi·tu·per·ate /vaɪtú:pərèɪt, vɪ̀-, -tjú:- | vɪtjú:-, vaɪ-/ *vt.* …の悪口を言う, 非難する, ののしる. — *vi.* 悪口を言う, ののしる. **vi·tú·per·à·tor** /-tə | -tə(r)/ *n.* 〖《1542》← L *vituperātus* (p.p.) ← *vituperāre* ← *vitium* 'VICE¹'＋*parāre* to prepare, provide: ⇨ -ate³〗

vi·tu·per·a·tion /vaɪtù:pəréɪʃən, vɪ̀-, -tjù:- | vɪtjù:-, vaɪ-/ *n.* 悪口を言うこと, 非難, ののしり, 毒舌, 悪罵(あくば). 〖《c1449》□ (O)F ~ // L *vituperātiō(n-)*: ⇨ ↑, -ation〗

vi·tu·per·a·tive /vaɪtú:p(ə)rəṭɪv, vɪ̀-, -tjú:-, -pərèɪt- | vɪtjú:-, vaɪ-, -pərèɪt-/ *adj.* 悪口を言う, ののしる, 毒舌を振るう (abusive): a ~ speech. **~·ly** *adv.* **~·ness** *n.* 〖《1727》□ LL *vituperātīvus*: ⇨ vituperate, -ive〗

vi·tu·per·a·to·ry /vaɪtú:p(ə)rətɔ̀:ri, -tjú:- | vɪtjú:p(ə)rətəri, vaɪ-, -tri/ *adj.* =vituperative.

Vi·tus /váɪṭəs | -təs; *Dan.* ví:tus, *G.* ví:tʊs/ *n.* ヴァイタス《男性名》. 〖□ G & Dan. ~ (↓)〗

Vi·tus /váɪṭəs | -təs/, **Saint** *n.* ウィトゥス《?–?303; ローマ皇帝 Diocletian に迫害された Sicily の殉教者; 舞踏病 (chorea, St. Vitus's dance) にかかった人が祈った聖人; 十四救難聖人の一人; 祝日 6 月 15 日》.

Viv /vív/ *n.* ヴィヴ: **1** 男性名. **2** 女性名. 〖1: (dim.) ← VIVIAN¹. 2: (dim.) ← VIVIEN¹〗

viv. 《略》〘音楽〙vivace.

vi·va¹ /ví:və; *It.* vi:va/ *I. int.* ビバ, 万歳 (long live). — *n.* 万歳の声; 歓声: ~*s* of the crowd. 〖《1644》□ It. ~ (3rd pers. sing. pres. subj.) ← *vivere* to live < L *vīvere*: cf. vivat〗

vi·va² /váɪvə, ví:- | váɪ-/ 《英口語》 *n.* (大学で)口頭試験[試問]. — *vt.* …に口頭試験[試問]をする. 〖《1891》《略》← VIVA VOCE〗

vi·va·ce /vivá:tʃeɪ, -tʃi; *It.* vivá:tʃe/ 〘音楽〙 *adj., adv.* 速い[く], 活発な[に], 生き生きと(した), 溌剌(はつらつ)と(した), ヴィヴァーチェの[で] (略 viv.). — *n.* ヴィヴァーチェ(の楽章[楽節]). 〖《1683》□ It. ~ 'vivacious(ly)' < L *vīvācem, vīvāx* (↓)〗

vi·va·cious /vɪ̀véɪʃəs, vaɪ- | vɪ-, vaɪ-/ *adj.* **1** 快活な, 活発な, 元気のある, 陽気な (⇨ lively SYN): a ~ conversation, girl, manner, style, etc. **2** 《古》長生きの, なかなか死なない (long-lived). **~·ly** *adv.* **~·ness** *n.* 〖《c1645》← L *vīvāc-, vīvāx* vigorous (← *vīvere* to live)＋-IOUS〗

vi·vac·i·ty /vɪ̀vǽsəṭi, vaɪ- | vɪvǽsɪ̀ti, vaɪ-/ *n.* **1** 快活, 元気, 活発, 陽気 (liveliness). **2** 快活[陽気]な行為[言葉]; はしゃぎ, ふざけ. 〖《?a1425》□ (O)F *vivacité* // L *vīvācitātem*: ⇨ ↑, -ity〗

Vi·val·di /vɪvá:ldi | -vǽl-; *It.* viváldi/, **An·to·nio** *n.* ヴィヴァルディ《1678–1741; イタリアの作曲家・バイオリン奏者; *Le quattro stagioni*「四季」(1725)》.

vi·van·dière /vì:vɑ:(n)djéə, -vɑ:n- | -djéə(r); *F.* vivɑ̃djɛ:ʀ/ *F. n.* (*pl.* **~s** /~(z); *F.* ~/) 女性の酒保商人《もとフランスその他ヨーロッパ大陸の軍隊について歩いて酒類を売った女性》. 〖《1591》□ F ~ (fem.) ← *vivandier* ← *viande* 'VIAND'＋*-ière* ((fem.) ← -IER²)〗

vi·var·i·um /vaɪvé(ə)riəm, vɪ̀- | vaɪvéər-, vɪ-/ *n.* (*pl.* **~s, -i·a** /-riə/) (自然の生息状態に近くした)動物[植物]育成場, 飼育箱, 生態動物[植物]園 (cf. terrarium, aquarium). 〖《1600》□ L *vīvārium* enclosure for live game ← *vīvus* alive ← *vīvere* to live〗

vi·vat /váɪvæt, ví:-/ *L. int.* 万歳 (long live): *Vivat* Rex [Regina] 国王[女王]万歳. — *n.* 万歳の声; 歓声. 〖《1663》□ L *vīvat* (3rd pers. sing. pres. subj.) ← *vīvere* (↑)〗

vi·va-vo·ce /váɪvəvóʊsi, ví:və-, -vóʊtʃeɪ | -vəʊtʃi, -vəʊsi/ *vt.* …に口頭試験[試問]をする. 〖《1880》↓〗

vi·va vo·ce /váɪvəvóʊsi, ví:və-, -vóʊtʃeɪ | -vəʊtʃi, -vəʊsi/ *adv.* 声に出して; 口頭で (orally): an examination conducted ~ 口頭で行われた試験. — *adj.* 口頭の, 口述の (oral): a ~ examination 口頭試験[試問] / ~ voting 口頭投票. — *n.* 口頭試問 (viva ともいう). 〖《1581》□ ML *vīvā vōce* with the living voice (abl.) ← *viva* alive＋*vōx* 'VOICE'〗

vi·vax /váɪvæks/ *n.* 〘細菌〙三日熱(マラリア)プラスモジウム (*Plasmodium vivax*) 《マラリア原虫の一種》. 〖《1930》□ L *vīvāx* vigorous: cf. vivacious〗

vívax malària *n.* 〘病理〙三日熱(マラリア)《vivax の寄生により, 42–47 時間ごとに発熱する; tertian malaria ともいう; cf. falciparum malaria》. 〖*c*1941〗

vive /ví:v; *F.* vi:v/ *F. int.* 万歳 (long live) (cf. qui vive): *Vive* la France /*F.* -lafʀɑ̃:s/! フランス万歳 / *Vive* le roi /*F.* -ləʀwa/! 国王万歳 (long live the king) / *Vive* l'amour /*F.* -lamu:ʀ/! 恋愛万歳 / *Vive* la république /*F.* -laʀepyblik/! (フランス)共和国万歳. 〖《c1592》□ F ~ (3rd pers. sing. pres. subj.) ← *vivre* to live < L *vīvere*: cf. vivat〗

Vi·ve·ka·nan·da /vì:veɪkɑ:nʌ́ndə/ *n.* ヴィヴェーカーナンダ《1863–1902; インドの宗教家; 俗名 Narendranath Datta; Ramakrishna の指導をうけた; のち世界各地で講演し 1897 年 Ramakrishna Mission を創設; ヒンズー教を復興した》.

vive la dif·fé·rence /ví:vlɑ:difərɑ́:(n)s, -rɑ́:ns; *F.* vivladifeʀɑ̃:s/ [しばしば 戯言] 男女差万歳! 〖《1963》□ F ~ 'long live the difference'〗

vi·ver·rid /vaɪvɚrɪd | -rɪd/ *adj., n.* 〘動物〙ジャコウネコ科の(動物). 〖《1902》↓〗

Vi·ver·ri·dae /vaɪvérədì:, vɪ̀- | vaɪvérɪ-, vɪ-/ *n. pl.* 〘動物〙ジャコウネコ科. 〖《1849–52》← NL ~ ← L *viverra* ferret＋-IDAE〗

vi·ver·rine /vaɪvéraɪn, vɪ̀-, -rɪn | vaɪvéraɪn, vɪ-/ *adj.* 〘動物〙ジャコウネコ科の. — *n.* ジャコウネコ科の動物. 〖《1800》← NL *viverrīnus* ← L *viverra* (↑): ⇨ -ine¹〗

vi·vers /ví:vəz, váɪ- | váɪvəz/ *n. pl.* 《スコット》食物, 食糧. 〖《1536》□ (O)F *vivres* ← *vivre* to live < L *vīvere* to live〗

vives /váɪvz/ *n. pl.* [通例単数扱い]〘獣医〙(馬の)顎下腺(がっかせん)肥大. 〖《1523》□ F ~《頭音消失》← *avives* □ Sp. *adibas* □ Arab. *adh-dhi'bah* the she-wolf〗

vi·ve va·le·que /váɪvivəlí:kwi, ví:veɪvɑ:léɪkweɪ/ *L.* 生きて健康であれ[栄えよ]《手紙の終わりに用いられる》. 〖□ L *vīve valeque* 'live and be well': Horace, *Satires* II. 5. 110 にある句〗

viv·i- /vívɪ̀, -vi/「生きている (living, alive)」の意の連結形: vivisection. 〖← L *vīvus*〗

Viv·i·an¹ /víviən/ *n.* ヴィヴィアン《愛称形 Viv; 異形 Vyvyan》: **1** 男性名. **2** 《まれ》女性名. 〖□ L *Viviānus* ← *vīvus* alive: cf. F *Vivien* (masc.), *Vivienne* (fem.)〗

Viv·i·an² /víviən/ *n.* 〘アーサー王伝説〙=Vivien².

Vi·via·ni /vivjá:ni; *F.* vivjani/, **René Raphaël** *n.* ヴィヴィアーニ《1863–1925; フランスの政治家; 首相 (1914–15)》.

viv·i·an·ite /víviənàɪt/ *n.* 〘鉱物〙藍(らん)鉄鉱 ($Fe_3(PO_4)_2 \cdot 8H_2O$). 〖《1823》← *J. G. Vivian* (19 世紀の英国の鉱物学者): ⇨ -ite¹〗

viv·id /vívɪ̀d | -vɪd/ *adj.* (**~·er; ~·est**) **1 a** 〈印象・記憶などがはっきりした, 鮮やかな, 生々しい (clear, distinct) (⇨ graphic SYN): a ~ recollection [dream] 鮮明な記憶[夢] / It is still ~ in my memory. それは今なお私の記憶に生々しい. **b** 〈描写・記述など〉目に見えるような, 真に迫った: a ~ description [picture] of country life 田園生活の目に見えるような描写 / a ~ style 生き生きした文体. **2** 生き生きした, 生気[活気]にあふれた, 元気な, 活発な (animated, lively): a ~ personality 生気にあふれた人柄 / ~ features 生き生きした顔. **3** 〈色・光など〉鮮やかな, 鮮明な, 強烈な, 目のさめるような (bright, intense); 鮮明な色の: ~ coloring 鮮やかな色彩 / the ~ green of leaves 木の葉の滴るような緑 / a ~ dress 目立つ[人目を引く]ドレス / a ~ reflection in the water はっきり水に映った影 / a ~ flash of lightning ぱっと輝く電光. **~·ly** *adv.* **~·ness** *n.* 〖《1638》□ F *vivide* // L *vīvidus* animated ← *vīvere* to live: ⇨ vital〗

Viv·i·en¹ /víviən/ *n.* ヴィヴィアン《愛称形 Viv》**1** 女性名. **2** 《まれ》男性名. 〖↓〗

Viv·i·en² /víviən/ *n.* 〘アーサー王伝説〙ヴィヴィアン《女魔法使いで Merlin の愛人; the Lady of the Lake とも呼ばれる》. 〖□ F *Vivienne* ← L *Viviānum* //《誤読》← NINIAN〗

Viv·i·enne /víviən, vìvién; *F.* vivjɛn/ *n.* ヴィヴィアン《女性名》. 〖□ F ~ (fem.) ← *Vivien*: ⇨ Vivian¹〗

vi·vif·ic /vaɪvífɪk/ *adj.* 元気[活力]を与える. 〖《1551》□ L *vīvificus* ← *vīvus* alive〗

viv·i·fi·ca·tion /vɪ̀vəfɪ̀kéɪʃən | -vɪ̀fɪ-/ *n.* 〘医学〙蘇生. 〖《a1548》□ LL *vīvificātiō(n-)*: ⇨ ↓, -ation〗

viv·i·fy /vívəfàɪ | -vɪ̀-/ *vt.* **1** …に生命[生気]を与える; 生き生きさせる, 活気づける, 勢いづける; よみがえらせる, 蘇生させる. **2** 鮮やかにする (brighten). — *vi.* 生き返る; 活気づく. **vív·i·fi·er** *n.* 〖《1392》□ (O)F *vivifier* □ L *vīvificāre* to make alive: ⇨ vivi-, -fy〗

vi·vip·a·ra /vaɪvípərə, vɪ̀- | vɪ-, vaɪ-/ *n. pl.* 〘動物〙胎生動物 (viviparous animals) (cf. ovipara). 〖《1684》□ L *vīvipara* (pl.) ← *vīviparus*: ⇨ viviparous〗

vi·vi·par·i·ty /vìvəpǽrəṭi, vàɪv-, -pέr- | vìvɪpǽrɪ̀ti/ *n.* **1** 〖動物〗胎生. **2** 〖植物〗母株上発芽, 胎生. 〘(1864): ⇨ ↓, -ity〙

vi·vip·a·rous /vaɪvíp(ə)rəs, vɪ̀- | vɪ-, vaɪ-/ *adj.* **1** 〖動物〗胎生の (cf. oviparous). **2** 〖植物〗**a** 〈種子・芽など〉母株上で発芽する, 胎生の (proliferous): ~ seeds 胎生種子《ヒルギ科の植物に多い》. **b** むかごのできる. **~·ly** *adv.* **~·ness** *n.* 〘(1646) ← L *vīvipar(us)* bringing forth living young (← VIVI-+L *parere* to bear, bring forth (young))+-OUS〙

vivíparous lízard *n.* 〖動物〗コモチカナヘビ (*Lacerta vivipara*)《ユーラシア産の灰褐色の小形のカナヘビ; 胎生》. 〘1838〙

viv·i·sect /vívəsèkt, ⌐―⌐ | vìvɪ̀sέkt, ⌐―⌐/ *vt.* 〈動物を〉生体解剖に付する. ― *vi.* 生体解剖を行う. 〘(1859)《逆成》↓〙

viv·i·sec·tion /vìvəsέkʃən, ⌐―⌐― | vìvɪ̀sέk-/ *n.* **1** 生体解剖, 生体(解剖)実験. **2** 綿密な[厳しい]吟味, 綿密[苛酷]な批評. **~·al** /-ʃnəl, -ʃənl̩/ *adj.* **~·al·ly** *adv.* 〘(1707) ← VIVI-+SECTION〙

viv·i·sec·tion·ist /vìvəsέkʃ(ə)nɪ̀st | -vɪ̀sέkʃ(ə)nɪst/ *n.* **1** 生体解剖者 (vivisector). **2** 生体解剖(賛成)論者. 〘1879〙

vív·i·sèc·tor *n.* 生体解剖者. 〘1863〙

vi·vo /víːvoʊ | -vəʊ; *It.* víːvo/ *adj., adv.* 〖音楽〗= vivace. 〘□ It. ~ 'lively' ← L *vīvus* alive〙

vix·en /víksən, -sn̩/ *n.* **1** 雌ぎつね (she-fox) (cf. fox 1 a). **2** 口やかましい女, がみがみ女, 意地悪女. 〘(*c*1410)《南部方言》← ME *fixen* < OE **fyxen* (fem.) ← FOX: *v-* の形が文献に現われるのは 16 C 末以降: cf. G *Füchsin*〙

víx·en·ish /-sənɪʃ, -sn̩-/ *adj.* **1** 雌ぎつねの(ような). **2** 〈女が〉口やかましい, がみがみ言う, 意地の悪い (ill-tempered). **~·ly** *adv.* **~·ness** *n.* 〘1828〙

Vi·yel·la /vaɪέlə/ *n.* 〖商標〗ヴィエラ《英国の William Hollins 社が開発した細い羊毛と木綿の混紡生地の商品名》. 〘(1894): 恣意的造語〙

viz., viz /víz/ ★ videlicet とも読むが, 一般にはむしろ namely と読むのが普通. ⇨ videlicet. 〘(*a*1540) □ ML ~ 'namely'《短縮》← L *vidēlicet* 'VIDELICET': 語尾 *-z* は ML で語尾 -et, -(b)us, -m などの省略記号, さらに一般的な省略記号として用いられた ʒ を表す: cf. oz〙

viz·ard /vízəd | -zəd/ *n.* **1** 面, 覆面 (mask). **2** 《古》見せかけ, ふり (guise). **3** 《廃》(かぶとの)面頬(めんぽお) (visor). ― *vt.* 仮面で覆う, 覆面する. **~·ed** /-dɪ̀d | -dɪ̀d/ *adj.* 〘(1558)《変形》← VISOR〙

viz·ca·cha /vɪskáːtʃə/ *n.* 〖動物〗ビスカチャ (*Lagostomus maximus*)《南米産の齧歯(げっし)類の一種; chinchilla に似てそれより大きくその毛皮は珍重される》. 〘(1604) □ Sp. ~ □ Quechuan *wiskácha*〙

Viz·ca·ya /vɪskáɪə; *Sp.* biθkája/ *n.* ビスカヤ《スペイン北部 Biscay 湾沿岸の県; Basque 地方の県の一つ; 県都 Bibao; Biscaya ともいう》.

Viz·e·tel·ly /vìzətéli | -zɪ̀téli/, **Frank Horace** *n.* ヴィゼテリ《1864–1938; 英国生まれの米国の辞書・百科事典編集者》.

vi·zier /vɪ̀zíə, vízjə | vɪzíə^r, vízɪə^r/ *n.* 《イスラム教国・特にオスマン帝国の》宰相, 大臣 (cf. grand vizier). **vi·zier·i·al** /vɪ̀zíᵊriəl | vɪzíər-/ *adj.* 〘(1562) □ F *vizir* // Sp. *visir* □ Turk. *vezir* □ Arab. *wazīr* counsellor, 《原義》one who bears burdens〙

vi·zier·ate /vɪ̀zí(ə)rɪ̀t, -rèɪt | vɪ-/ *n.* 《イスラム教国の》宰相 (vizier) の権能[地位, 在任期間]. 〘(1687): ⇨ ↑, -ate¹〙

vi·zir /vɪ̀zíə | vɪzíə^r/ *n.* =vizier. 〘1753〙

vi·zor /váɪzə | -zə^r/ *n., vt.* =visor.

vizs·la /víːzlə; *Hung.* víʒlɒ/ *n.* ヴィズラ《ハンガリー産の中形の猟犬》. 〘(1945) ← *Vizsla* (ハンガリーの町)〙

VJ /víːdʒéɪ⌐/ *n.* ビデオジョッキー (video jockey) (cf. DJ). 〘1983〙

VJ 《略》《豪》Vaucluse Junior 小型ヨット.

V-J Dày *n.* (第二次大戦の連合軍の)対日戦勝記念日《正式には降伏調印日の 1945 年 9 月 2 日; 英国では日本が降伏を発表した 8 月 15 日をいうこともある; cf. V-E Day, V-Day》. 〘(1945) *V-J*: ← *V(ictory over [in]) J(apan)*〙

VL 《略》Vulgar Latin.

v.l. 《略》*L.* varia lectio.

VLA 《略》〖天文〗Very Large Array《米国国立電波天文台の大型の干渉計型電波望遠鏡の一つ》; 《英》Voluntary Licensing Authority《胎生学研究・不妊治療などを監視する英国の自主団体》.

Vlaan·de·ren /*Flem.* vláːndərə/ *n.* =Flanders.

Vlaar·ding·en /vláədɪŋən | vláː-d-; *Du.* vláːrdɪŋə/ *n.* ヴラールディンゲン《オランダ西部の港市; South Holland 州にあり, オランダ第三の港》.

Vlach /vláːk, vlǽk | vláːk/ *n.* ヴァラキア人《ヨーロッパ南東部, 主にルーマニアのラテン系の人; その言語は著しくスラブ語に影響されている; Wallach, Wallachian ともいう》. 〘(1841) □ Bulg. & Serb. ~ □ OHG *Walh* foreigner: cf. Wallachia〙

Vlad·i·kav·kaz /vlæ̀dɪ̀kɑːvkáːz, -kæfkǽz | -dɪ-kævkáːz/ *n.* ヴラディカフカス《ロシア南西部 North Ossetia 共和国の首都; 旧名 Ordzhonikidze (1932–44, 54–91), Dzaudzhikau》.

Vla·di·mir¹ /vlǽdɪ̀mɪə, vlədíːmɪə | vlǽdɪmɪə^r, -mə^r; *Russ.* vladʲímʲir/ *n.* ヴラディーミル《ロシア連邦 Moscow 東方にある都市》.

Vla·di·mir² /vlǽdɪ̀mɪə, vlədíːmɪə | vlǽdɪmɪə^r, -mə^r, vlædíːmɪə^r; *Russ.* vladʲímʲir/ *n.* ヴラディーミル《男性名》. 〘□ Russ. ~《原義》ruler of the world ← *vlad-* (cf. *valdet'* to rule)+*-mir* (cf. *mirnyĭ* peaceful)〙

Vla·di·mir I /vlǽdɪ̀mɪə-, vlədíːmɪə- | vlǽdɪmɪə-, -mə-, vlædíːmɪə-/, Saint *n.* ヴラディーミル一世《956?–1015; ロシアの Kiev 大公 (980–1015); 通称 'Vladimir the Great'; 988 年にキリスト教を国教とした; 祝日は 7 月 15 日》.

Vlad·i·vos·tok /vlæ̀dɪ̀vɑ́(ː)stɑ(ː)k, vlæ̀dɪ̀vəstɑ́(ː)k | vlæ̀dɪvɒ́stɒk; *Russ.* vlədʲɪvastók/ *n.* ヴラディヴォストーク, ウラジオストク《ロシア連邦沿海地方南東端, Peter the Great 湾に臨む海港; Primorsky Kray の主都》. 〘□ Russ. ~ 'to rule the east'〙

Vla·minck /vləmǽ(ŋ)k, -mǽŋk; *F.* vlamɛ̃ːk/, **Maurice de** *n.* ヴラマンク《1876–1958; フランスのフォービスム (Fauvism) の画家》.

vlast /vlɑ́ːst | vlǽst/ *n.* (*pl.* **vlas·ti** /-stiː/) 《旧ソ連の国々で》政治権力, 国家権力, 政権; (the vlasti) 官憲, 当局; 政治権力者たち. 〘(1959) □ Russ. *vlast'*〙

VLBI 《略》〖天文〗very long baseline interferometry.

VLCC 《略》very large crude carrier (20–40 万トン級の)超大型原油タンカー.

VLDL 《略》〖生化学〗very low density lipoprotein 超低密度リポ蛋白質.

vlei /fléɪ, vléɪ; *Afrik.* fléi/ *n.* **1** 《南ア》雨期には湖水になる低地. **2** 《米北部》沼地 (swamp). 〘(1793) □ Du.《方言》*vlei* ← Du. *vallei* 'VALLEY'〙

vléi ràt *n.* 〖動物〗ヤブカローネズミ《アフリカ産のヤブカローネズミ属 (*Otomys*) の, 長毛で耳が大きく鱗質の尾をもつ小形のネズミ; swamp rat ともいう》.

VLF /víːὲlέf/ 《略》〖通信〗very low frequency.

Vlg. 《略》village.

Vlis·sing·en /*Du.* vlísɪŋə/ *n.* フリシンゲン《Flushing のオランダ語名》.

Vlo·rë /vlɔ́ːrə; *Alb.* vlórə/ *n.* ヴロレ《アルバニア南西部の海港; 旧名 Avlona; イタリア語名 Valona》.

VLSI 《略》〖電子工学〗very large-scale integration.

Vl·ta·va /vʌ́ltəvə | vʊ́l-; *Czech* vl̩tava/ *n.* [the ~] ヴルタヴァ(川)《Prague を流れて Elbe 川に注ぐチェコの川 (435 km); ドイツ語名 Moldau》.

vm. 《略》〖電気〗voltmeter.

V-màil *n.* V 郵便《第二次大戦中, 米本国と海外の米国将兵間往復の手紙をマイクロフィルムに撮影して送り, 到達地でこれを引き伸ばし焼付けして配達したもの》. 〘(1942) ← V(ICTORY)+MAIL〙

VMC 《略》〖航空〗visual meteorological condition 有視界気象状態.

VMD 《略》*L.* Veterināriae Medicīnae Doctor (= Doctor of Veterinary Medicine).

VN 〖自動車国籍表示〗Vietnam.

v.n. 《略》〖文法〗verb neuter 中性動詞, 自動詞.

V-ń diagram /víːέn-/ *n.* 〖航空〗ヴィエヌ線図《航空機の耐空性基準の一つで, 飛行速度・荷重倍数面上の亀甲形の閉曲線で表され, 航空機はこの線上および曲線の内部の条件下で使用することが許される》.

V nèck *n.* (シャツなどの) V ネック《前中心が三角のポイントにカットされたネックライン》. 〘1905〙

V-nècked *adj.* 〈シャツなど〉V 形ネックラインの. 〘1971〙

vo. 《略》verso.

VO /vìːóʊ | -ə́ʊ/ 《略》verbal order; very old《ブランデー, ウイスキーなどの熟成を表す》; Victorian Order.

VOA /víːòʊéɪ | -əʊ-/ 《略》Voice of America; Volunteers of America.

vo-ag /vóʊæ̀g | vóʊ-/ *n.* 《米口語》(学科としての)農業(の教師[推進者]). 〘(1953) ← *vo(cational) ag(riculture)*〙

vob·la /vɑ́(ː)blə | vɔ́b-/ *n.* ボブラ《干して薫製(くんせい)にしたローチ (roach); ロシアで珍味とされる》. 〘□ Russ. ~〙

voc. 《略》vocational; 〖文法〗vocative.

vocab. /vóʊkæb | vә́ʊ-/ 《略》vocabulary.

vo·ca·ble /vóʊkəbl̩ | vә́ʊ-/ *n.* **1** 語, 言葉 (word, term); (特に)音語《意味に関係なく音または文字の構成として見た語》. **2** 個々の音. ― *adj.* 発声[発音]できる (utterable). **vó·ca·bly** *adv.* 〘(1530) □ F ~ // L *vocābulum* name ← *vocāre* to call: cf. L *vōx* 'VOICE'〙

vo·cab·u·lar /voʊkǽbjʊlə, və- | və(ʊ)kǽbjʊlə^r/ *adj.* 語[語句]の[に関する] (verbal). 〘(1608) ← L *vocābul(um)* (↑)+-AR¹〙

vo·cab·u·lar·y /voʊkǽbjʊlèri, və- | və(ʊ)kǽbjʊləri/ *n.* **1** (個人・著者・ある階級の人などの)用語数, 用語範囲, 語彙(ごい): Shakespeare's rich ~ シェークスピアの豊富な語彙 / the ever-increasing scientific ~ 絶えず増加していく科学用語 / have a large ~ of English words [have a large English ~] 英語の語彙が豊富である, 英語の単語をよく知っている / have a limited ~ 語彙が限られている, 用語の範囲が狭い / They have a ~ of only a few hundred words. 彼らの使用する言葉の範囲はせいぜい 200–300 語ぐらいのものだ / exhaust one's ~ 知っている限りの言葉を用いる / "Pity" ["Impossible"] is a word that has no place in his ~. 彼は「哀れみ」[「不可能」]ということを知らない. **2** (ある著書中の用語・特殊専門用語, また全体の単語をアルファベット順に並べこれに対訳あるいは定義を施した)単語表, 語彙(集), 語解, 辞書 (⇨ glossary SYN): the ~ at the end of the book 巻末についている単語集 / a Livy with notes and ~ 注および語解つきのリウィウス(のローマ史). **3** (ある国語の)全[総]語彙. **4** (芸術・建築などの)表現手段[形式], 様式. **5** (言葉によらない)象徴[記号]の体系《コンピューター言語・速記文字・手旗信号など》. 〘(1532) □ ML *vocābulārium* a list of words ← L *vocābulum*: ⇨ ↑, -ary〙

vocábulary èntry *n.* 辞書[単語表]の(アルファベット順になった)記載項目; (辞書の)見出し(語). 〘*c*1934〙

vocábulary tèst *n.* 〖心理〗語数検査《知能テストの一つとして行われる》. 〘1972〙

vo·cal /vóʊkəl, -kl̩ | vә́ʊ-/ *adj.* **1** 声の, 音声の[に関する]: the ~ organs 発声[音声]器官. **2** (意見などを遠慮なく)言葉に表す, 自由にしゃべる; (要求などを)やかましく[声高に]主張する: a ~ opponent うるさく反対する人 / ~ opposition to the scheme 計画に対する声高な反対 / be ~ *about* one's rights 自分の権利をうるさくいう / Public opinion has at last become ~. ついに世論の声がやかましくなってきた. **3** 声楽(用)の (cf. instrumental 2): ~ music 声楽 / a ~ performer 歌手 / a ~ quartet 四重唱 / a ~ score ボーカルスコア《オペラ・オラトリオなどの声楽用楽譜》/ a ~ solo 独唱. **4** 〖音声〗有声の (voiced); 母音(性)の (vocalic). **5** 口上の, 口頭の (oral): ~ communication 口頭伝達 / ~ and silent prayer 声を出して行う祈りと黙禱. **6 a** 音を発する, 声のある; 《詩》〈樹木など〉鳴る, 響く, 〈水流などが〉ささやく: a ~ being 声のあるもの. **b** 《古》〈場所が〉(…の音・声が)響く 〔*by, with*〕: the valley made ~ *by* my song わが歌の鳴り響く谷 (cf. Milton, *Paradise Lost*). ― *n.* **1** [しばしば *pl.*] **a** (特にポピュラー音楽の)ボーカル[歌](のパート) (cf. instrumental 2). **b** ボーカル曲. **2** 〖音声〗有声音, 母音. **3** 〖カトリック〗(ある選挙の)選挙権者. **~·ness** *n.* 〘(*a*1396) □ F ~ // L *vōcālis* ← *vōc-*, *vōx* 'VOICE': ⇨ -al¹: VOWEL と二重語〙

vócal còrds *n. pl.* 〖解剖〗声帯 (=vocal folds) (⇨ throat 挿絵). 〘1852〙

vo·ca·lese /vòʊkəlíːz, -líːs | -líːz/ *n.* 〖ジャズ〗ボーカリーズ《ボーカルを楽器に見立てて, 楽器のパートをなぞって歌う歌唱スタイル》. 〘(1955) ← VOCAL+-ESE〙

vócal fòlds *n. pl.* 〖解剖〗声帯 (true vocal cords) (cf. true vocal folds [cords], false vocal folds [cords]). 〘1924〙

vo·cal·ic /voʊkǽlɪk, və- | və(ʊ)-/ *adj.* **1** 母音の, 母音的な, 母音性の. **2** 多くの母音を含む: Italian and Japanese are highly ~. イタリア語と日本語は非常に母音が多い. **3** 母音変化の, 母音変化を引き起こす; 母音交替の. **4** 〖音声〗母音として働く, 音節主音的な. ― *n.* 〖音声〗音節主音的母音. **vo·cál·i·cal·ly** *adv.* 〘1814〙

vocálic alliterátion *n.* 母音頭韻《同一または異なる母音による頭韻; ⇨ alliteration》.

vocálic hármony *n.* 〖言語〗=vowel harmony. 〘1893〙

vo·cal·ise¹ /vóʊkəlàɪz, -kl̩- | vә́ʊ-/ *v.* 《英》=vocalize.

vo·ca·lise² /vòʊkəlíːz | vә̀ʊ-; *F.* vɔkaliːz/ *n.* 〖音楽〗**1** 母音唱法《言葉や階名を用いず, a, e, i, o, u の母音を用いる発声(練習)法; cf. solfège》. **2** 母音唱法のみを用いた楽曲. 〘(1872) □ F ~ ← *vocaliser* to vocalize〙

vo·cal·ism /vóʊkəlɪzm | vә́ʊ-/ *n.* **1** 〖音声〗(ある言語の)母音体系[組織]; 母音性 (cf. consonantism). **2** (談話・声楽などの)音声使用, 発声, 音声器官の働き. **3** 〖音楽〗発声法[練習]; 歌唱法. 〘(1864) ← VOCAL+-ISM〙

vo·cal·ist /vóʊkəlɪ̀st | vә́ʊkəlɪst/ *n.* (ポピュラー音楽のバンド・グループの)ボーカリスト; (一般に)歌い手, 歌手 (singer). 〘1613〙

vo·cal·i·ty /voʊkǽləṭi | və(ʊ)kǽlɪ̀ti/ *n.* **1** 発声能力があること, 声を発すること, 発声. **2** 〖音声〗母音[有声音]性. 〘1597〙

vo·cal·i·za·tion /vòʊkəlɪ̀zéɪʃən, -kl̩- | vә̀ʊkəlaɪ-, -lɪ-, -kl̩-/ *n.* **1** 声を出すこと, 発声. **2** 〖音楽〗発声法, (特に)母音による歌唱(練習)法, 母音唱法. **3** 〖音声〗母音化; 有声音化. **4** 〖言語〗(ヘブライ語・アラビア語などのように通例母音符が略された言語での)母音符使用. 〘1842〙

vo·cal·ize /vóʊkəlàɪz, -kl̩- | vә́ʊ-/ *vt.* **1 a** 発声する (utter); はっきり発音する (articulate); (特に)歌う (sing). **b** 《戯言》言う, 叫ぶ. **2** 〖音声〗**a** 〈子音を〉母音化する: 'R' is ~*d* in English. r は英語では母音化する. **b** 有声化する (voice): 'F' is ~*d* into 'v'. f は有声化されて v となる. **3** 〖言語〗(ヘブライ語・アラビア語などの)〈子音で書かれたテクスト〉に母音[母音符]を付ける (vowelize). ― *vi.* **1 a** 発声する, 声を出す. **b** 《戯言》歌う (sing); しゃべる, 怒鳴る, うなる. **2** 〖音声〗**a** 〈子音が〉母音化する. **b** 有声音化する. **3** 〖音楽〗声楽曲を演唱する; (特に)母音で歌唱の練習をする, 母音唱法で歌う. **vó·cal·iz·er** *n.* 〘1669〙

vócal ligaments *n. pl.* 〖解剖〗=vocal cords. 〘1842〙

vó·cal·ly /-kəli, -kl̩i/ *adv.* 声で, 音声で, 言葉で, 口頭で; 声楽で. 〘1483〙

vócal órgans *n. pl.* 〖音声〗=ORGANS of speech. 〘1751〙

vócal sác *n.* 〖動物〗(カエルなどの)鳴き袋. 〘1858〙

vócal tráct *n.* 〖音声〗声道《声門から唇および鼻孔までの通路を 1 個の管と考えた時の呼び名》. 〘1940〙

vocat. 《略》vocative.

vo·ca·tion /voʊkéɪʃən | və(ʊ)-/ *n.* **1** (宗教生活または職業への)神のお召し, 召命, 神命 (divine calling); (神のお召しによる)霊的[精神的]生活: I felt no ~ *for* [*to*] the ministry. 私には牧師になれとの神のお召しが感じられなかった. **2** 天職, 使命 (calling) (⇨ occupation SYN): find one's ~ in life 一生の天職を見つける / He has never had a sense of ~. 彼はかつて天職というものの自覚を持ったことがない. **3 a** (生計の手段としての)職業, 業務, 商売 (profession, business, calling): mistake [miss] one's

～ 職業の選択を誤る / change one's ～ 転業する / take up the ～ of engineering エンジニアを職業として選ぶ. **b** [集合的] ある職業に従事している人たち. **4** (特定の職業に対する)適性, 才能, 素質: a ～ for business life 実務生活の才 / He has little or no ～ for literature. 彼には文学に対する適性はまずない. 〘(?a1430) □ (O)F ～ // L *vocātiō(n-)* a calling ← *vocātus* (p.p.) ← *vocāre* to call ← *vōc-, vōx* 'VOICE'〙

vo·ca·tion·al /-ʃnəl, -ʃənl/ *adj.* **1** 職業の, 職業上の; 職業として従事する: ～ aptitude 職業適性 / ～ diseases (ある職業に特有な)職業病 / ～ guidance〘教育〙職業[就職]指導 / a ～ test 職業適性検査 / ⇨ vocational bureau, vocational education. **2**〘教育〙職業指導の, 職業訓練の: a ～ adviser [expert] 職業指導主事[専門家]. 〘1652〙

vocátional búreau *n.* 職業相談所.

vocátional cóunselor *n.* 職業指導カウンセラー.

vocátional educátion *n.* (高校・大学などにおける)職業教育 (cf. CLASSICAL education, technical education). 〘1914〙

vo·cá·tion·al·ìsm /-ʃ(ə)nəlìzm/ *n.* 職業教育重視.

vo·cá·tion·al·ist /-lɪst | -lɪst/ *n.* 〘1924〙

vo·cá·tion·al·ìze /-ʃ(ə)nəlàɪz/ *vt.* 職業化する. 〘1912〙

vo·cá·tion·al·ly /-ʃ(ə)nəli/ *adv.* 職業的に, 仕事として; 職業的見地から; 職業指導上. 〘1890〙

vocátional nùrse *n.* =practical nurse.

vocátional òffice *n.* =vocational bureau.

vocátional psychólogy *n.* 職業心理学.

vocátional schòol *n.* 職業(訓練)学校.

voc·a·tive /vá(ː)kətɪv | vɔ́kət-/ *adj.* **1** 呼び掛けの. **2**〘文法〙呼格の: the ～ case 呼格. **3** おしゃべりの, 多弁の (voluble). — *n.*〘文法〙呼格; 呼格[呼び掛け]の語. **～·ly** *adv.* 〘(c1432) □ (O)F *vocatif* // L *vocātīvus* (← *vocātus* (なぞり)) ← Gk *klētikḗ* (*ptôsis*): ⇨ vocation, -ive〙

voces *n.* vox の複数形.

vo·cif·er·ant /vousífərənt, və- | və(ʊ)-/ *adj.* 大声で[やかましく]叫ぶ (clamorous) (vociferous の方が一般的). — *n.* (まれ) 大声で[やかましく]叫ぶ人. **vo·cíf·er·ance** /-rəns/ *n.* 〘(1609) □ LL *vōciferantem* (pres. p.) ← L *vōciferārī*: ⇨ ↓, -ant〙

vo·cif·er·ate /vousífərèɪt | və(ʊ)-/ *vi.* 大声で叫ぶ, やかましく怒鳴る, 怒号する, わめく (shout, bawl). — *vt.* 怒鳴って[わめいて]言う (shout out): ～ oaths さかんに畜生呼ばわりをする / ～ 'Sit down!'「すわれ」と怒鳴る.

vo·cíf·er·à·tor /-tə | -tə^(r)/ *n.* 〘(1599) ← LL *vōciferātus* (p.p.) ← L *vōciferārī* to shout ← *vōc-, vōx* 'VOICE' + *-fer* '-FEROUS': ⇨ -ate[3]〙

vo·cif·er·a·tion /vousìfəréɪʃən | və(ʊ)-/ *n.* わめき, 怒号.

vo·cif·er·ous /vousíf(ə)rəs | və(ʊ)-/ *adj.* **1** 大声で叫ぶ (⇨ loud SYN); 怒号の, やかましい, 騒々しい (⇨ noisy SYN): a ～ mob 騒々しい野次馬 / ～ cheers 耳を聾(ろう)する万歳の声. **2** うるさく言い立てる: ～ demands. **～·ly** *adv.* **～·ness** *n.* 〘(c1611) ← *vōciferārī* 'vociferate': ⇨ -ous〙

vo·cod·er /voukóudə | vəukə́udə^(r)/ *n.*〘通信〙ボコーダー《音声情報を電気的信号に分解して伝送し, 受信側でそれを合成してもとの音声情報を再生する装置》. 〘(1939) ← VO(ICE) + CODER〙

vo·coid /vóukɔɪd | vóu-/〘音声〙*n.* ヴォーコイド, 音声学的母音《声道 (vocal tract) で何らの摩擦も生ぜずに呼気が舌の中央を通って発せられる音; cf. contoid》. — *adj.* ヴォーコイドのような. 〘(1943) ← VOC(AL) + -OID〙

VOD /víːòudíː | -əu-/ (略) video on demand.

Vo·da·fone /vóudəfòun | vóudəfəun/ *n.*〘商標〙ボーダフォン《英国の携帯電話》. 〘1984〙

VODER /vóudə | -də^(r)/ (略) Voice Operation Demonstrator《人間の音声の合成機》.

vod·ka /vá(ː)dkə, vɔ́(ː)d- | vɔ́d-; *Russ.* vótkə/ *n.* ウオツカ《大麦を主に発酵蒸留し, 白樺の炭層で濾過精製したロシア産の無色無臭の酒》. 〘(1802–03) □ Russ. ～ (dim.) ← *voda* 'WATER' + *-ka* (愛称的指小辞)〙

vod·ka·ti·ni /và(ː)dkətíːni | vɔ̀d-/ *n. pl.* ウオツカティーニ《ジンの代わりにウオツカを用いた martini》. 〘(1955) ← VODKA + (MAR)TINI〙

vo·dun /voudúːn | vəu-/ *n.* =voodooism 1. 〘□ Haitian Creole ～ ← Afr.〙

voe /vóu | vɔ́u/ *n.* (Orkney および Shetland 諸島の)入江, 小湾 (inlet). 〘(a1688) □ ON *vāgr*〙

vo-ed /vóuèd | vɔ́u-/ *n.* (米口語) =vocational education.

voet·gang·er /fúːthæ̀ŋə | -ŋə^(r); *Afrik.* fútxaŋər/ *n.*〘昆虫〙まだ翅(はね)が生えずに地面を歩く褐色飛蝗(ばった) (*Locustana pardalina*) の幼虫[若虫]《アフリカ南部にすむバッタで, 農作物の大害虫》. 〘(1824) □ Afrik. ～ □ Du. ～ 'pedestrian' ← *voet* 'FOOT' + *ganger* walker〙

voet·sek /fúːtsèk; *Afrik.* fútsɛk/ *int.* (南ア俗) しっしっ, 行け《動物を追い払うときに用いられる》. 〘(1837) □ Afrik. *voe(r)tsek* ← Du. *voort seg ik* be off, say I〙

voet·stoots /fúːtstʊ̀əs/ (*also* **voet·stoets** /～/) *adj., adv.* (南ア) 商品の品質について売り主が責任を負わない(という条件で). 〘(1945) □ Afrik. ～ ← Du. *met de voet te stotem* to push with the foot〙

VO5 /víːòufáɪv | -əu-/ *n.*〘商標〙VO ファイブ《米国 Alberto-Culver 社製のヘアケア用品》.

Vo·gel /vóugəl, -gḷ | vɔ́u-/, Sir **Julius** *n.* ヴォーゲル (1835–99; ニュージーランドの政治家; 首相 (1873–75, 1876)).

Vogelweide *n.* ⇨ Walther von der Vogelweide.

vo·ge·site /vóugəsàɪt | vɔ́ugɪ̀-/ *n.*〘岩石〙フォーゲサイト《角閃石または輝石に富むランプロファイアー (lamprophyre) の一種》. 〘(1891) □ G *Vogesit* ← *Vogesen* the Vosges Mountains: ⇨ -ite[1]〙

vogue /vóug | vɔ́ug; *F.* vɔg/ *n.* **1** [しばしば the ～] 流行, はやり (⇨ fashion SYN); 流行品: *the* ～ *for* [*of*] miniskirts ミニスカートの流行 / a mere passing ～ ほんの一時的流行 / be (very much) *in* ～ (大いに)はやっている / be *in* full ～ 流行のまっさかりである / a style *in* ～ many years ago 何年も前にはやった型 / be *out of* ～ はやらない, すたれて[人気を失って]いる / go *out of* ～ 流行しなくなる, すたれる / come *into* ～ 流行し出す, はやり出す / give ～ *to* … =bring … *into* ～ …を流行させる, はやらせる / Long skirts were then (all) *the* ～. そのころはロングスカートが(大)流行であった / What will the next ～ be? 次には何が流行するだろうか. **2** [通例 a ～] 人気, (世間の)受け (popularity): have *a* short ～ 人気が短い / The song had *a* great ～ in its day. その歌は受けた当時は大いにはやったものだ. **3** [V-]『ヴォーグ』《米国の女性ファッション雑誌》.
— *adj.* [限定的] 流行の, はやっている (fashionable): a ～ word 流行語, はやり言葉.
〘(1571) □ F ～《原義》swaying motion, course ← *voguer* to sway, row □ ? MLG *wōgōn* ← *wagōn* to float ← IE *wegh- to go in a vehicle: 意味の変化については cf. swim[1] (n.) 4〙

vogu·ish /vóugɪʃ | vɔ́u-/ *adj.* **1** 流行の, しゃれた, スマートな (smart). **2** 急に[一時的に]はやる. **～·ness** *n.* **～·ly** *adv.* 〘1926〙

Vo·gul /vóuguḷ | vɔ́u-; *Russ.* vagúl/ *n.* (*pl.* ～, ～**s**) **1 a** [the ～(s)] ヴォグル族《Ural 山脈北部に住むフィンゴル語族 (Finno-Ugrians) の一種》. **b** ヴォグル族の人. **2** ヴォグル語《Finno-Ugric 語族中の Ugric 語派に属する》. 〘(1780) □ Russ. ～ □ Ostyak *Uogal'*〙

voice /vɔ́ɪs/ *n.* **1** (特に, 人間の)声, 音声: a high [low, deep] ～ 高い[低い, 深い]声 / a good ～ いい声 / a sweet ～ 甘美な声 / in [with] a loud [soft] ～ 大きな[穏やかな]声で / shout at the top of one's ～ 声を限りに叫ぶ[どなる] / I told them to keep their ～*s* down [lower their ～*s*] 声を下げるように彼らに言った / project one's ～ (遠くで聞こえるよう)はっきりと声を出す / throw one's ～ ⇨ throw *vt.* 14 / the breaking of a boy's ～ 男の子の声変わり / recognize one's master's ～ 主人の声だとわかる / a ～ (crying) in the wilderness 荒野に呼ばわる者の声; 世にいれられない道徳家・改革者などの叫び (cf. *Matt.* 3:3). **2** 声の(よく出る, 出ない)状態, 声の調子: be *in* [*out of*] ～ (歌手・演説家など)声がよく出る[出ない] / be *in* good [bad, poor] ～ 声がよく出る[出ない]. **3** 声を出す[ものを言う, 歌う]力; (意志・感情の)表明 (speech, expression): lose one's ～ 声が出なくなる[かれる]; 歌えなくなる (cf. 6 a) / recover one's ～ (きけなくなった)口がきけるようになる / find ～ *in* song 歌に表す[される] / find one's ～ =*find one's* TONGUE / Indignation gave me ～. 腹が立ってそれが言葉に出た / I count on your ～. 君の声援を頼りにしている. **4 a** (表明された)意見, 選択, 希望(など): give one's ～ *for* compromise 妥協に賛成する / His ～ was *against* war [*for* peace]. 彼は戦争に反対[平和に賛成]の表明をした. **b** 意見[希望]を述べる権利, 発言権, 選択権; 投票権 (vote, say): give a person a ～ in …について人に発言権を与える / have a [no] ～ in …に発言[投票]権がある[ない]. **5 a** (鳥などの)鳴き声 (cf. cry 1): the ～ of the [a] cuckoo かっこうの声. **b** (人の声にたとえた, またはそれに似た自然物の)声, 音: the ～ of a waterfall 滝の音 / the ～ of the wind 風の声[音]. **c** (人間の言葉にたとえた天・理法などの)声; (主義などの)表明者[するもの], 代弁者[するもの]: the ～ of nature [the law] 自然[法律]の声《理法・要求・命令》/ the ～ of the tempter 悪魔の声《誘惑》/ the ～ of conscience 良心の声 / They took it for the ～ of God. 彼らはそれを神の声だと解した / The ～ of the people is the ～ of God. (諺) 民の声は神の声 (cf. vox populi, vox Dei) / A, now the sole ～ of the old liberalism 今では旧式な自由主義の唯一の代弁者である A 氏. **6**〘音楽〙**a** (歌を歌う)声, 声楽(の声): a singing ～ 声 / a male [female] ～ 男[女]声 / a mixed-*voice* choir 混声合唱団 / She has lost her ～. =She is out of ～. 彼女は(歌う)声が出なくなった (cf. 2, 3). **b** 歌手 (singer): a chorus of 100 ～*s* 百人の合唱. **c** 音声の使用法: study ～ 発声(法)を勉強する / a ～ coach 発声訓練士 / ～ training [production] 発声訓練[発声]. **d** (歌手の)声域 (register); (曲の)声(音)部 (voice part): a song for three ～*s* [for ～ with piano obbligato] 3 声部[ピアノ伴奏付き]の歌. **e** (ピアノ・オルガンなど)音程・音色・強度などの微妙な調整[調律]. **7**〘音声〙(母音や子音に伴う)声, 有声《左右の声帯が接近して声を伴う状態; cf. breath 6》. **8**〘文法〙(動詞の)態, 相: ⇨ middle voice / the active [passive] ～ 能動[受動]態. **9**〘廃〙うわさ (rumor); 名声, 評判 (reputation). **10**〘廃〙(訴訟などで)味方になること, 支持すること.

a* [*the*] *still small voice 静かなる細き声《良心のささやき; cf. *1 Kings* 19:12》. ***give voice to*** …を口に出す, 漏らす, 表明する (cf. 3): He *gave* ～ *to* his indignation in a pamphlet. 彼は憤りを小冊子に漏らした. ***in my voice*** (Shak) 私の名で, 私の名にかけて (in my name). ***lift* (*úp*) *one's voice*** (1) (声を出して)歌う, 話す. (2) 声を高める[張り上げる]; 叫ぶ (cry out) (cf. *Gen.* 21:16). (3) =*raise one's* VOICE (3). ***like the sound of one's own voice*** 長口舌をふるう, 自分の発言に酔う. ***make one's voice heard*** 自分の考え[気持ち]を聞いて[わかって]もらう. ***raise one's voice*** (1) (声を出して)話す. (2) 声を上げる[荒くする]: *raise one's* ～ in anger 怒って声を張り上げる. (3) 〔不法などに〕強く反対する, 抗議する〔*against*〕. (***speak***) ***under* (*one's*) *voice*** 低い声[小声]で(言う). ***with one voice*** 口をそろえて, 異口同音に; 満場一致で (unanimously): He was chosen *with one* ～. 彼は満場一致で選出された.

Vóice of América [the —] アメリカの声《米国政府が政策宣伝の目的でする海外向け放送; 略 VOA》.

— *vt.* **1** 声に出す, 言葉に表す, 表明する (⇨ utter[1] SYN); 述べる, 告げる (declare, proclaim): ～ one's discontent [grievance] 不平[苦情]を言う / ～ the feelings of the meeting [the sentiments of the nation] 会衆の気持ち[国民の感情]を言い表す. **2**〘音楽〙**a**〈オルガンのパイプなどを〉調整[調音]する (tune). **b**〈楽譜〉に声部 (voice parts) を記入する. **3**〘音声〙有声音で発する, 有声音にする, 有声化する (⇨ voiced 3).

〘(c1300) □ AF *voiz, voice* =OF *vois* (F *voix*) < L *vōcem, vōx* voice (cf. *vocāre* to call) ← IE *wek^w to speak (Gk *épos* 'word, EPOS' / Skt *vāk* voice)〙

vóice bòx *n.* (口語) **1** 喉頭 (larynx). **2** ボイスボックス《ボーカルのような効果を出すためのエレキギターの付属装置; talkbox ともいう》. 〘1912〙

vóice chànnel *n.*〘通信〙音声チャンネル《音声を伝送するのに十分大きな帯域幅をもつチャンネル》. 〘1959〙

vóice còil *n.*〘電気〙音声コイル《スピーカーのコイル; 電流を流すとその波形に対応する音になる》. 〘1934〙

voiced *adj.* **1** [しばしば複合語の第 2 構成素として] 声が…の, (…の)声をした: sweet-[loud-]*voiced* いい[大きな]声をした / ～ like the lark ひばりのような声をした. **2** 声に表した, 表明した: one's ～ grievance. **3**〘音声〙有声(音)の (↔ voiceless): ～ sounds [consonants] 有声音[子音]. 〘1593〙

vóiced·ness /-stnəs, -sɪ̀d-/ *n.*〘音声〙有声 (↔ voicelessness).

vóiced t *n.*〘音声〙有声の t《しばしば米語の発音に聞かれる; 普通は /ṭ/ で示すが, 本辞典では /t/ で示す; ⇨ 発音解説》.

vóice frèquency *n.*〘通信〙音声周波数. 〘1961〙

voice·ful /vɔ́ɪsfəl, -fl/ *adj.* **1** 声(量)のある; 多くの声に満ちた; 鳴り響く: a ～ stream, sea, etc. **2** 声高な, 議論の多い: ～ criticism. **～·ness** *n.* 〘*c*1611〙

vóice ìnput *n.*〘電算〙音声入力.

vóice-lèad·ing /-lìːdɪŋ | -dɪŋ/ *n.* (米)〘音楽〙= part-writing.

vóice·less *adj.* **1** 声がない; 口がきけない (dumb). **2** 無言の, 黙した (silent). **3** 口では言わない, 言い表されない. **4** 歌の歌えない声の, 音痴の. **5** 選挙権のない, 投票権をもたない. **6**〘音声〙無声(音)の (↔ voiced): ～ consonants 無声子音 / a ～ vowel 無声母音《東京方言の「北」/ki̥ta/,「草」/ku̥sa/ など》. **～·ly** *adv.* 〘1535〙

vóice·less·ness *n.*〘音声〙無声 (↔ voicedness). 〘1843〙

vóice màil *n.* ボイスメール《音声を伝える電子メール》. 〘1980〙

vóice-òver *n.*〘テレビ・映画〙(画面に映らない)ナレーター[解説者, アナウンサー]の声, 説明の語り. — *adv.* 画面外で[から]. 〘1947〙

vóice pàrt *n.*〘音楽〙(声楽または器楽曲の)声部. 〘1776〙

vóice pìpe *n.* =speaking tube. 〘1893〙

vóice·prìnt *n.* 声紋《周波数分析装置で人間の声を複雑なグラフ状に表したもの》. 〘(1962): cf. fingerprint〙

vóice prìnter *n.* 声紋記録[描出]装置.

vóice·prìnting *n.* 声紋鑑定(法).

vóic·er *n.* **1** (主にオルガンのパイプの)調整師. **2** (意見などの)表明者; 投票者 (voter). 〘(1638) 1879〙

vóice recognítion *n.*〘電算〙音声認識.

vóice règister *n.*〘音声〙声域.

vóice respònse *n.*〘電算〙音声応答.

vóice sỳnthesizer *n.*〘電算〙音声合成装置《デジタル信号処理によって人工的に音声を作り出す装置》.

vóice tùbe *n.* =speaking tube.

vóice vòte *n.* (米) 発声投票《賛成か反対かを声の大小で判断する議決法; cf. rising vote》. 〘1924〙

vóic·ing *n.* **1**〘音楽〙(正しい音程・音色・強度を得るために行う, オルガンのパイプ・ピアノのハンマーのフェルトなどの)調整, 調音. **2**〘音声〙有声(音)化. 〘(1623) 1840〙

void /vɔ́ɪd/ *adj.* **1**〘法律〙法的効力のない, 無効の (invalid) (⇨ nullify SYN): a ～ contract 無効契約 / The contract was declared [made] ～. その契約は無効と判定された / ⇨ NULL *and void*. **2** 無益な, 役に立たない (useless). **3** 空虚な, 空な, からっぽの, 中身のない (vacant) (⇨ vain SYN): a ～ space 空間; 真空. **4**〈家・土地など〉住む人のない, 借り手のない, あいた;〈地位・職など〉欠員になった (unoccupied, vacant): a ～ lot 空き地 / The bishopric fell ～. 司教座が空いた. **5** 〔…が〕ない, 欠けた (devoid, empty)〔*of*〕: a landscape ～ *of* all beauty 美しさの全然ない風景 / a proposal wholly ～ *of* sense 全く無分別な提議. **6**〘トランプ〙…が 1 枚もない: a hand ～ *of* [*in*] hearts ハートが一枚もない手.

— *n.* **1 a** 空虚(の感じ), むなしさ, もの足りなさ (emptiness, vacancy, voidness): Nothing can fill the ～ made [left] by his death. 彼の死によって生じた(ままの)空虚は何ものも満たすことができない / an aching ～ ⇨ aching. **b** 空白, 空位. **2 a** [the ～] 空所, 空間 (empty space): *the* ～ of heaven 天空 / disappear [vanish] into the ～ 空に消える. **b** 真空 (vacuum). **3 a** (壁などの)すきま, 割れ目 (gap, opening). **b**〘土木〙空隙(くうげき), 間隙《土・砂・砂利など粒状物の粒と粒のすき間》. **4**〘トランプ〙(ブリッジなどで)ボイド, 欠落《手札の中に特定のスーツ

(suit) の札が 1 枚もないこと): have a ～ in spades スペードが初めから 1 枚もない. **5** 〖印刷〗谷 (⇨ counter² 7).
— *vt.* **1** 無効にする, 取消す (nullify): ～ a check [contract]. **2** 出す, 排泄する (discharge, evacuate): ～ excrement, urine, etc. **3** 《古》…から[…を]取り除く (clear) 〔*of*〕; 〈場所などを〉去る, あける (leave). **4** 《廃》避ける (avoid); 追払う, 追放する (dismiss). **—** *vi.* 排便[排尿]する (defecate).
～·er *n.* **～·ly** *adv.* **～·ness** *n.*
〖(*c*1300) □ OF *voide* (変形) ← *voit* empty (F *vide*) < VL **vocitum*=L *vocīvum* empty ← *vocāre* to be empty: ⇨ vacant, vacuum〗

void·a·ble /vɔ́ɪdəbl | -də-/ *adj.* **1** 無益[空虚]にされうる. **2** 〖法律〗(絶対的に無効 (void) ではなく)無効にできる, 取消しうる. **～·ness** *n.* 〖1485〗

void·ance /vɔ́ɪdəns, -dṇs | -dəns, -dṇs/ *n.* **1** 放出; 排泄 (evacuation). **2** 投げ捨てること, 放棄, 取除き (removal). **3** (契約などの)取消し, 無効宣告 (annulment). **4** 〖キリスト教〗聖職から放逐する[される]こと; (聖職の)空位, 空席. 〖*a*1398〗

vóid·ed /-dɪd | -dɪd/ *adj.* **1** 空虚にされた; すきまのある, 穴のある. **2** 〖法律〗無効にされた: a ～ contract 無効契約. **3** 〖紋章〗〈紋章図形が〉輪郭を残し中抜きの図形となった (cf. fimbriated 2). 〖((1382)) ((1572))〗

voi·là /vwɑːlɑ́ː; *F.* vwala/ *F. int.* (*also* **voi·la** /～/) ご覧, 見よ (behold), そら (there) 《成功・満足などを表す》. 〖((1739)) □ F ～ 'see there'〗

voile /vɔ́ɪl; *F.* vwal/ *n.* ボイル《木綿・羊毛・絹・レーヨン製の比較的強いよりの糸を使用したやや粗い薄織物; 女性のドレス, カーテン, 装飾部分に用いる》. 〖((1889)) □ F ～: VEIL と二重語〗

Voi·o·tía /*Mod.Gk.* vjotía/ *n.* Boeotia の現代ギリシャ語名.

voir dire /vwɑ́ədíə | vwɑ́ːdíə^r; *F.* vwaʁdiːʁ/ *n.* (*also* **voire dire** /～/) 〖法律〗**1** 予備尋問《裁判官が証人または陪審に対して行う一種の予備的尋問; 尋問に対しては真実を述べることが要求され, その結果不適格であると認められれば, 証人または陪審となることができない》. **2** 予備尋問宣誓《予備尋問に当たって真実を述べる旨の宣誓》. 〖((1676)) □ AF & OF ～ ← *voir* true, truth+*dire* to say〗

voi·ture /vwɑːtúə, -tjúə | vwɑːtjúə^r; *F.* vwatyːʁ/ *n.* (*pl.* **～s** /～z; *F.* ～/) 馬車, 車 (carriage). 〖((1698)) □ F ～ < L *vectūram* transportation ← *vehere* to convey〗

voi·tur·ette /vwɑ̀ːtjurét; *F.* vwatyʁɛt/ *n.* 小型自動車. 〖((1897)) □ F ～ (dim) ← *voiture* (↑): ⇨ -ette〗

voi·vode /vɔ́ɪvoud | -vəud/ *n.* **1** (東欧諸国の)地方都市の領主《特に 1700 年以前の Wallachia, Moldavia 両公国の君主》. **2** (スラブ諸国の)軍指令官. 〖(*c*1560) □ Slav. (cf. Bulg., Serbo-Croat & Slovenian *vojvoda* / Pol. *wojewode*)〗

Voi·vo·di·na /vɔ̀ɪvədíːnə/ *n.* =Vojvodina.

voix cé·leste /vwɑ́ːsəlést; *F.* vwaselɛst, vwa-/ *n.* 〖音楽〗ヴォワセレスト《うなりの効果をもつ神々(こう)しい顫音(せん)を出すオルガンの 8 フィートの特殊音栓》. 〖((1876)) □ F ～ (原義) heavenly voice〗

Voj·vo·di·na /vɔ̀ɪvədíːnə; *Serb.* vǒjvodina/ *n.* ヴォイヴォディナ《セルビア共和国北部の自治州; 州都 Novi Sad; Voivodina ともいう》.

vol /vɑ́(ː)l | vɔ́l/ *n.* 〖紋章〗基部で連結して先端が上を向いている一対の翼.
a vól /ɑː-/ 〈一対の翼が〉基部で連結して先端が上を向いている.
〖((1722)) □ F ～ 'flight' ← *voler* to fly < L *volāre*〗

vol.¹ 《略》volatile; volcanic; volcano; volunteer.

vol.² /vɑ́(ː)l | vɔ́l/ ★ volume とも読む. 《略》(*pl.* **vols.**) volume: *Vol.* I.

VÓ lànguage *n.* 〖言語〗VO 言語《直接目的語が動詞の後にくるタイプの言語; cf. OV language》.

Vo·lans /vóulænz | vóu-/ *n.* 〖天文〗とびうお(飛魚)座《南天の星座; Piscis Volans, the Flying Fish ともいう》. 〖□ L *volāns* (pres.p.) ← *volāre* (↓)〗

vo·lant /vóulənt | vóu-/ *adj.* **1** 飛ぶ, 飛ぶ力のある. **2** 《文語》飛ぶように速い, 快速な, 敏捷な (nimble, rapid). **3** 〖紋章〗〈鳥が〉水平に飛ぶ姿の (cf. rising 6, soaring 1 b). 〖(*a*1548) □ F ～ // L *volantem* (pres.p.) ← *volāre* to fly ← ? : ⇨ -ant: cf. volley〗

vo·lan·te /voulɑ́ːnteɪ | vəu-; *It.* volánte/ *adv.* 〖音楽〗飛ぶように, 軽快にして迅速に. 〖(*c*1854) □ It. ～ (pres. p.) ← L *volāre* (↑)〗

Vo·la·pük /vóuləpùːk, vɑ́(ː)l-, -pʊ̀k | vɔ́l-, vɔ́ul-; *G.* voːlapýːk/ *n.* (*also* **Vo·la·puk** /～/) ヴォラピュック《1879 年ドイツ人 Johann M. Schleyer の案出した国際補助語 (international auxiliary language); cf. Esperanto》. 〖((1885)) (原義) world's speech ← *vol* ((変形) ← WORLD)+*-a-* (連結辞)+*pük* ((変形) ← SPEAK): J. M. Schleyer による造語 (1879)〗

Vól·a·pük·ist /-kɪst | -kɪst/ *n.* ヴォラピュック学者[使用者]. 〖1886〗

vo·lar¹ /vóulə | vóulə^r/ *adj.* 〖解剖〗手掌の, 手のひら (palm) の; 足底の, 足の裏 (sole) の; (特に)手のひら側の, 手のひらと同じ側にある. 〖((1814)) ← L *vola* hollow of hand or foot+-AR¹〗

vo·lar² /vóulə | vóulə^r/ *adj.* 《まれ》飛翔(ひしょう)の, 飛翔に用いられる. 〖((1840)) ← L *vol*(*āre*) to fly+-AR¹〗

vo·la·ry /vóuləri, vɑ́(ː)l- | vɔ́ul-, vɔ́l-/ *n.* **1** 大型の鳥籠, 鳥小屋 (aviary). **2** [集合的] **a** 鳥小屋の鳥. **b** 鳥の一群. 〖((1630)): ⇨ ↑, -ary〗

vol·a·tile /vɑ́(ː)lətḷ | vɔ́lətàɪl/ *adj.* **1 a** 〈物事が〉変わりやすい, 不安定な: a highly ～ social situation 一触即発の社会情勢. **b** 移ろいやすい, 一時的な (transient). **2 a** 〈人・性質など〉気の変わりやすい, 移り気の, 気まぐれな, 軽薄な (changeable), 激しやすい (explosive): a ～ temper かっとなりやすい気性. **b** 快活な, はしゃいだ (lively). **3** 揮発する, 揮発性の: ～ liquids 揮発性液体 / ～ matter 揮発物, 揮発性物質. **4** 〖電算〗〈記憶装置など〉揮発性の《電源を切ると失なわれる》. **5** 《古》〈鳥・蝶など羽のある生物が〉飛べる. **—** *n.* 《まれ》**1** 飛ぶ生物. **2** 揮発性物質. **～·ness** *n.* 〖(*a*1325) 《廃》wild fowl □ L *volātilis* flying ← *volātus* (p.p.) ← *volāre* to fly: ⇨ volant, -atile〗

vólatile òil *n.* 〖化学〗揮発性油; (特に)精油 (essential oil) (cf. fixed oil). 〖1800〗

vólatile sàlt *n.* 〖化学〗揮発性塩; (特に) =sal volatile. 〖1639〗

vol·a·til·i·ty /vɑ̀(ː)lətíləti | vɔ̀lətíləti/ *n.* **1** 揮発性; 揮発度. **2** 移り気, 軽薄; 快活. 〖1626〗

vol·a·til·iz·a·ble /vɑ́(ː)lətəlàɪzəbḷ, -tḷ- | vɔlǽtəlàɪz-, və(ʊ)-, vɔ́lət-, -tḷ-/ *adj.* 揮発させることができる, 蒸発可能な. 〖1818〗

vol·a·til·ize /vɑ́(ː)lətəlàɪz, -tḷ- | vɔlǽtəlàɪz, və(ʊ)-, vɔ́lət-, -tḷ-/ *vt.* 揮発[蒸発]させる. **—** *vi.* 揮発[蒸発]する. **vol·a·til·i·za·tion** /vɑ̀(ː)lətəlɪzéɪʃən, -tḷ- | vɔlæ̀təlaɪ-, və(ʊ)-, vɔ̀lət-, -lɪz-, -tḷ-/ *n.* **vól·a·til·ìz·er** *n.* 〖1657〗

vol-au-vent /vɔ̀(ː)louvɑ́ː(ŋ), vɑ̀(ː)-, -vɑ́ːŋ | vɔ̀lə(ʊ)-vɑ̀ː(ŋ), -vɑ̀ːŋ, ⌐⌐⌐; *F.* vɔlovɑ̃/ *n.* (*pl.* **～s** /～z; *F.* ～/) 〖料理〗ヴォロヴァン《パイ生地に肉や魚のクリーム煮を詰めた料理》. 〖((1828)) □ F ～ (原義) flight in the wind〗

vol·can·ic /vɑ(ː)lkǽnɪk | vɔlkǽn-/ *adj.* **1** 火山の, 火山性の: ～ activity 火山活動 / a ～ eruption 噴火. **2** 火山作用による, 火成の: ～ ash(es) 火山灰 / ⇨ volcanic bomb, volcanic rock. **3** 火山のある, 火山の多い: a ～ country 火山国. **4** 火山を思わせるような, 急に爆発する; 猛烈な, 激しい (violent): a ～ character / ～ energy. **—** *n.* 〖岩石〗=volcanic rock. **vol·cán·i·cal·ly** *adv.* 〖((1774)) □ F *volcanique* ← *volcan* 'VOLCANO': ⇨ -ic¹〗

volcánic bómb *n.* 〖地質〗火山弾. 〖1798〗

volcánic gláss *n.* 〖岩石〗火山玻璃(はり), 黒曜岩 (obsidian). 〖*c*1840〗

vol·ca·nic·i·ty /vɑ̀(ː)lkənísəti | vɔ̀lkənísəti/ *n.* 〖地質〗=volcanism. 〖1836〗

vol·can·i·clas·tic /vɑ̀(ː)lkænɪklǽstɪk | vɔ̀l-⌐/ *adj.* 〖地学〗火山砕屑物からなる. **—** *n.* 火山砕屑岩. 〖((1961)) ← VOLCANI(C)+CLASTIC〗

volcánic múd *n.* 〖地質〗火山泥 (cf. mud flow).

volcánic néck *n.* 〖地学〗火山岩頸, 岩栓《火道を満たした熔岩や火砕岩が周囲が侵食されたあとも塔状の岩体として残っているもの》.

volcánic róck *n.* 〖岩石〗火山岩. 〖1831〗

vol·can·ism /vɑ́(ː)lkənɪzm | vɔ́l-/ *n.* 〖地質〗火山性, 火山活動; 火山作用[現象]. 〖(*c*1864) □ F *volcanisme*: ⇨ volcanic, -ism〗

vól·can·ist /-nɪst | -nɪst/ *n.* **1** 火山学者. **2** 岩石火成論者 (plutonist). 〖((1796)) □ F *volcaniste*〗

vol·can·ize /vɑ́(ː)lkənàɪz | vɔ́l-/ *vt.* …に火山熱を作用させる, 火山熱で変化させる. **vol·can·i·za·tion** /vɑ̀(ː)lkənɪzéɪʃən | vɔ̀lkənaɪ-, -nɪ-/ *n.* 〖((1828)) □ F *volcaniser*: ⇨ -ize〗

vol·ca·no /vɑ(ː)lkéɪnou | vɔlkéɪnəu/ *n.* (*pl.* **～es, ～s**) **1** 火山: an active ～ 活火山 / a dormant ～ 休火山 / a submarine ～ 海底火山 / an extinct ～ 死火山. **2** 噴火口. **3** 火山に似たもの: **a** 一触即発の事態. **b** (抑圧された)激情; (感情の)激発. **c** 激しやすい人.
sít on a volcáno 《口語》いつ危険[問題]が突発するかもしれないところにいる.
〖((1613)) □ It. ～ < L *Volcānum* Vulcan (火の神): ⇨ Vulcan〗

1 crater *or* volcano
2 conduit *or* vent
3 parasitic volcano
4 ashes and lava
5 sedimentary and metamorphic rock
6 igneous rock
7 reservor of hot magma

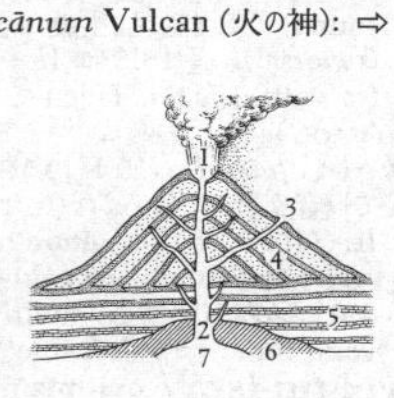

volcano 2

vol·ca·no·gen·ic /vɑ(ː)lkèɪnoudʒénɪk | vɔlkèɪnə(ʊ)-⌐/ *adj.* 火山でできた: ～ sediments. 〖((1965)): ⇨ ↑, -genic¹〗

Volcáno Íslands *n. pl.* [the ～] 硫黄(いおう)列島, 火山列島《硫黄島 (Iwo Jima) ほか 2 小島から成る》.

vol·ca·nol·o·gist /vɑ̀(ː)lkənɑ́(ː)lədʒɪst | vɔ̀lkənɔ́lədʒɪst/ *n.* 火山学者. 〖1890〗

vol·ca·nol·o·gy /vɑ̀(ː)lkənɑ́(ː)lədʒi | vɔ̀lkənɔ́l-/ *n.* 火山学. **vol·ca·no·log·ic** /vɑ̀(ː)lkənəlɑ́(ː)dʒɪk | vɔ̀lkənəlɔ́dʒ-⌐/ *adj.* **vòl·ca·no·lóg·i·cal** *adj.* 〖((1886)) ← VOLCANO+-LOGY〗

vole¹ /vóul | vɔ́ul/ *n.* 〖動物〗ハタネズミ亜科の小型種の総称《ハタネズミ・ヤチネズミ・カゲネズミなど》. 〖((1805)) 《略》← *vole mouse* field mouse □ Norw. **vollmus* ← *voll* field (cf. world¹)+*mus* mouse〗

vole² /vóul | vɔ́ul/ *n.* 〖トランプ〗総取り《écarté, quadrille, ombre などで, 出た札を全部取ること; cf. grand slam 1》.
gó the vóle (1) 一か八かやってみる. (2) あれもこれもみんなやってみる.
〖((1679)) □ F ～ ← *voler* < L *volāre* to fly〗

vo·ler·y /vóuləri, vɑ́(ː)l- | vɔ́ul-, vɔ́l-/ *n.* =volary. 〖((1693)) (変形) ← F *volière* ← *voler* (↓)〗

vol·et /vóuleɪ, ⌐⌐ | vɔ́leɪ; *F.* vɔlɛ/ *n.* (*pl.* **～s** /～z; *F.* ～/) 三枚絵 (triptych) の両側の一枚; 三連祭壇画の一翼. 〖((1398)) ((1847)) □ F ～ 'shutter' ← *voler* to fly: ⇨ vole², -et〗

Vol·ga /vɑ́(ː)lgə, vóul- | vɔ́l-; *Russ.* vólgə/ *n.* [the ～] ボルガ(川)《Moscow 北西 Valdai Hills に源を発し, 東流, 次いで南流してカスピ海 (Caspian Sea) に注ぐ; ヨーロッパ最長の川 (3,530 km)》.

Vólga-Dón Canál *n.* [the ～] ボルガドン運河《Volga 川と Don 川とを結ぶ運河(全長 101 km)》.

Vol·go·grad /vɑ́(ː)lgəgræ̀d, vóul- | vɔ́lgə(ʊ)-; *Russ.* vəlgagrát/ *n.* ボルゴグラード《Volga 河畔の工業都市; 第二次大戦で独軍大敗北の地 (1942–43); 旧名 Stalingrad, Tsaritsyn》.

vol·i·tant /vɑ́(ː)lətənt, -tṇt | vɔ́lɪt-/ *adj.* **1** 飛ぶ, 飛べる. **2** よく動き回る, 活発な. 〖((1847)) □ L *volitantem* (pres.p.) ← *volitāre* (freq.) ← *volāre* to fly〗

vol·i·ta·tion /vɑ̀(ː)lətéɪʃən | vɔ̀lɪ-/ *n.* 飛ぶこと, 飛翔(ひしょう) (flight); 飛ぶ力. **～·al** /-ʃnəl, -ʃənḷ/ *adj.* 〖((1646)) □ ML *volitātiō*(*n*-): ⇨ ↑, -ation〗

vo·li·tion /voulíʃən, və- | və(ʊ)-/ *n.* **1** 意志の働き[作用], 意欲. **2** 意志力, 決断力, 選択(力); 意志 (will), 決意, 決断 (determination).
of* [*by*] *one's ówn volítion 自分の意志で, 自由意志で.
〖((1615)) □ F ～ // ML *volitiō*(*n*-) ← L *vol-*, *velle* to wish: ⇨ will¹〗

vo·lí·tion·al /-ʃnəl, -ʃənḷ/ *adj.* 意志の[に関する], 意志的な, 意志による: ～ power 意志力. **～·ly** *adv.* 〖1802–12〗

vo·lí·tion·àr·y /-ʃənèri | -ʃ(ə)nəri/ *adj.* =volitional. 〖1890〗

volítion·less *adj.* 意志のない, 意志の力の欠けた. 〖1881〗

vol·i·tive /vɑ́(ː)lətɪv | vɔ́lɪt-/ *adj.* **1** 意志(作用)の, 意志から発する: ～ faculty 意志力. **2** 〖文法〗意志または願望を表す: the ～ future 意志未来. 〖((1660)) □ ML *volitivus*: ⇨ volition, -ive〗

volk /fóulk | fə́ulk; *Afrik.* fɔ́lk/ *n.* 《南ア》(特に Afrikaner の) 国民, 国家. 〖((1880)) □ Afrik. ～ 'people, nation' □ Du. ～: ⇨ folk〗

Völk·er·wan·der·ung /fɔ́ːkəvɑ̀ːndəruŋ | -kə-; *G.* fœ́lkɐvandəʁʊŋ/ *G. n.* (*pl.* **-ung·en** /～ən; *G.* ～ən/) 民族大移動《2–11 世紀ごろにかけて行われたゲルマン諸民族の移動; 特に, 5–6 世紀には絶頂に達し, ヨーロッパ西部および南部に大挙移住して西ローマ帝国の滅亡を促した》. 〖((1855)) □ G ～ ← *Völker* peoples+*Wanderung* migration: L *migrātiō gentium* のなぞり〗

völk·isch /fɔ́ːkɪʃ; *G.* fœ́lkɪʃ/ *adj.* (*also* **volk·isch** /fɔ́ːlk- | fɔ́lk-/) 〈人・イデオロギーが〉国粋的な, 民族主義的な, 人種主義的な. 〖((1939)) □ G ～ 'national': cf. folk, -ish〗

Vólk·mann's contracture /fóu(l)kmənz- | fə́u(l)k-/ *n.* 〖医学〗フォルクマン拘縮(こうしゅく)《ひどいけがや不適切な止血器の使用後に起きる指・手首・足首の拘縮》.

Volks·deut·scher /fɔ́ːksdɔ̀ɪtʃə, fɑ́ːl- | fɔ́lksdɔ̀ɪtʃə^r, vɔ́lks-; *G.* fɔ́lksdɔʏtʃɐ/ *G. n.* (*pl.* **-deut·sche** /-tʃə; *G.* -tʃə/) 外国に住むドイツ人《1945 年までの時期に, ドイツ (1937 年現在の版図)およびオーストリア以外の国, 特に東・東南ヨーロッパに定住していたドイツ人》. 〖((1961)) □ G ～ ← *Volks* ((gen.) ← *Volk* 'nation, FOLK')+*Deutscher* (n.) German (⇨ Dutch)〗

Volks·lied /fɔ́ːkslìːt, fɑ́ːlks- | fɔ́lkslìːd, vɔ́lks-; *G.* fɔ́lkslìːt/ *G. n.* (*pl.* **-lied·er** /-lìːdə | -də^r; *G.* -dɐ/) 民謡 (folk song). 〖(*c*1854) □ G ～ 'people's song'〗

Volks·sturm /fɔ́ːksʃtʊ̀əm, fɑ́ːks- | fɔ́lksʃtʊ̀əm, vɔ́lks-; *G.* fɔ́lksʃtʊʁm/ *G. n.* 地域防衛軍, 人民軍, 市民軍《第二次大戦後期に正規の兵役に適しない成年・少年により組織されたドイツの軍隊》. 〖((1944)) □ G ～ (原義) folk-storm〗

Volks·wa·gen /vóukswɑ̀ːgən, -wæ̀g-, fɔ́ːlks-, fɑ́ːks-, vɔ́ːlks-, vɑ́ːlks- | vɔ́lkswæ̀gən, vɔ́uks-, fɔ́lks-, -wɑ̀ːg-; *G.* fɔ́lksvaːgṇ/ *G. n.* (*pl.* ～) 〖商標〗フォルクスワーゲン《ドイツの Volkswagen 社製の大衆車; 略 VW》. 〖((1938)) □ G ～ 'people's wagon or vehicle'〗

vol·ley /vɑ́(ː)li | vɔ́li/ *n.* **1** (矢や弾丸などが)一斉に飛ぶこと; (矢や弾丸などを)一斉に射ること, 一斉射撃, 斉射: a ～ *of* arrows, stones, missiles, etc. **2** 〈悪口・質問などの〉連発 〔*of*〕: a ～ *of* oaths, abuse, protests, etc. / a ～ *of* questions 矢継ぎ早の質問. **3** 〖球技〗ボレー: **a** 〖テニス〗ボールが地面に触れる前に打ち返すこと (cf. half volley). **b** 〖サッカー〗空中にあるボールを地面に触れる前にキックすること. **c** 〖クリケット〗=full toss. **4** 〖鉱山〗一斉爆発《岩の中で数個の爆薬が一時に爆発すること》. **5** 〖生理〗斉射《人工的に起こした筋肉の連続的収縮》.
at* [*on*] *the vólley (1) 手当たり次第に (at random); ついでに. (2) 〖球技〗〈球が〉地上についていない, ボレーの (in flight).
— *vt.* **1** 〈矢・弾丸などを〉一斉射撃する; 一斉射撃のように射出する, 斉発させる. **2** 〈悪口・質問などを〉連発する, 浴びせる: ～ forth [out] cries. **3** 〖球技〗〈球を〉ボレーで打ち返す[蹴り返す]; 〈相手に〉ボレーで打ち返す[蹴り返す].
— *vi.* **1** 〈銃などが〉一斉に発射する; 〈弾丸などが〉一斉に飛ぶ. **2** 非常な速さで動く[進む]. **3** 一斉に[続けざまに]高い音を出す. **4** 〖球技〗ボレーをする.
～·er *n.* 〖((1573)) □ (O)F *volée* flight < VL **volāta* (p.p. fem.) ← L *volāre* to fly: ⇨ volant〗

V

vol·ley·ball /vά(ː)libɔ̀ːɫ, -bὰːɫ | vɔ́libɔ̀ːɫ/ *n.* **1** バレーボール．**2** バレーボール用のボール．〚1896〛

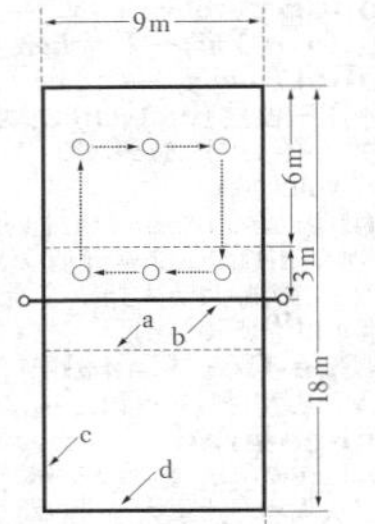

volleyball court
a attack line
b net
c side line
d end line

Vo·log·da /vɔ́(ː)lәgdә, vά(ː)- | vóu-; *Russ.* vólәgdә/ *n.* ヴォログダ《ロシア中北部 Moscow の北北東の都市》.

Vo·los /vɔ́(ː)lα(ː)s, vά(ː)l- | vɔ́lɔs; *Mod.Gk.* vɔ́lɔs/ *n.* ボロス《ギリシア中東部の港市; ギリシャ語名 Vólos》.

vo·lost /vóulα(ː)st | vóulɔst; *Russ.* vólәstʲ/ *n.* **1** 郷《帝政ロシアおよび 1930 年までのソ連邦の行政区域》．**2**《古代ロシアの》領地．〚(1889) □ Russ. *volost'*〛

vol·plane /vά(ː)lplèin | vɔ́l-/ *vi.* **1**〈飛行機などが〉滑空する．**2**（飛行機のように）滑空する: ～ from tree to tree. — *n.*（飛行機などの）滑空．〚(1910) □ F *vol plané* gliding flight ← *vol* flight (← *voler* to fly)+*plané* ((p.p.) ← *planer* to glide, soar: ⇨ plane¹)〛

vols.《略》volumes.

Vol·sci /vɔ́(ː)lsai, vά(ː)lski | vɔ́lski:, -sai/ *n. pl.* [the ～] ウォルスキ族《昔イタリア南部の Latium に住んでいた民族; 紀元前 4 世紀末にローマに征服された》．〚(*c*1909) □ L *Volscī* (pl.) ← *Volscus*〛

Vol·scian /vά(ː)lʃәn, vɔ́(ː)lskiәn, vά(ː)l- | vɔ́lskiәn, -ʃәn/ *adj.* ウォルスキ人の; ウォルスキ語の．— *n.* **1** ウォルスキ族の人, ウォルスキ人．**2** ウォルスキ語《Italic 語派に属する》．〚(1513): ⇨ ↑, -ian〛

Vól·stead Àct /vά(ː)lsted- | vɔ́l-/ *n.* [the ～]《米》ヴォルステッド法, 禁酒法《酒の製造・運搬・販売を禁止した米国憲法修正第 18 条の施行を規定した 1919 年の法律, 1933 年廃止; National Prohibition Act, Prohibition Enforcement Act ともいう》．〚(1920) ← *Andrew Joseph Volstead* (1860–1947: 米国の国会議員)〛

Vól·stead·ism /-stεdìzm/ *n.*《米》(法による)酒類売買禁止主義[政策]．〚(1920): ⇨ ↑, -ism〛

Vol·sung /vά(ː)lsuŋ | vɔ́l-/ *n.*〘北欧伝説〙**1** ヴォルスング《*Volsunga Saga* で Odin の孫息子, Sigmund と Signy の父》．**2 a** [the ～s] ヴォルスング族．**b** ヴォルスング一族の一人．〚□ ON *Vǫlsungr*〛

Vól·sun·ga Sá·ga /vά(ː)lsuŋgә- | vɔ́l-/ *n.* [the ～]〘北欧伝説〙「ヴォルスンガサガ」《民族移動時代のゲルマン王族ヴォルスング一族についての伝説で, 未知の典拠による Volsung の先祖を初めに扱い, 他は古エッダの英雄詩を散文化したもの; 中心人物の Sigurd は *Nibelungenlied* の Siegfried に相当する》．〚□ ON *Vǫlsunga saga* saga of the Volsungs (↑)〛

volt¹ /vóult | vóult, vɔ́lt/ *n.*〘電気〙**1** ボルト《電圧の単位; 略 V》．**2** 国際ボルト《1908 年に London で国際的に定められた旧定義のボルトで, 新定義(絶対ボルト)で表すと 1.000335 ボルトに相当する; international volt ともいう》．〚(1873) ← *A. Volta*〛

volt² /vóult, vɔ́(ː)lt, vά(ː)lt | vɔ́lt/ *n.* **1**〘フェンシング〙ボルト《突きを避けるための素早い体の動作》．**2 a**〘馬術〙馬の円を描く動き, 巻乗り．**b** 巻乗りの軌跡《馬場運動の一つで直線行進から直径 6–8 m の円を描いてもとの直進に移る; cf. demivolt》．〚(1586) □ F *volte* □ It. *volta* turn < VL **volvitam* ← L *volvere* to turn〛

vol·ta /vóultә, vά(ː)l- | vɔ́l-; *It.* vɔ́lta/ *n.* (*pl.* **vol·te** /-teɪ | -ti; *It.* -te/)〘音楽〙**1** ヴォルタ《16–17 世紀に流行したイタリア起源の軽快なダンス; volte, lavolte ともいう》．**2** 回, 度 (turn, time): prima ～ 第 1 回 / seconda ～ 第 2 回 / una ～ 1 度, 1 回 / due *volte* 2 度, 2 回．〚(1642) □ It. ～ (↑)〛

Vol·ta /vά(ː)ltә, vɔ́(ː)l-, vóul- | vɔ́l-; *F.* vɔlta/ *n.* **1** [the ～] ボルタ(川)《アフリカ西部ガーナの川; Black Volta 川と White Volta 川との合流したもので, Bight of Benin に注ぐ; 両河を合わせて約 1,600 km》．**2** [Lake ～] ヴォルタ湖《アフリカ西部ガーナにある人造湖》.

Vol·ta /vóultә, vά(ː)l- | vɔ́l-, vóul- | vɔ́l-; *It.* vɔ́lta/, Conte **Alessandro** *n.* ボルタ (1745–1827; イタリアの物理学者; ボルタ電堆(でんたい) (voltaic pile)・ボルタ電池 (voltaic cell) の発明者).

vol·ta- /vóultә | vɔ́l-, vóul-/「電流の」の意の連結形: *volta*meter, *volta*plast. 〚← VOLTAIC〛

Vólta efféct *n.*〘電気〙ボルタ効果《異種の金属と金属を接触させると, その間に接触電位差が現れる現象; contact potential ともいう》.

volt·age /vóultɪdʒ | vóult-, vɔ́lt-/ *n.* **1**〘電気〙電圧, 電位差, ボルト数．**2**（感情などの）強烈さ, 力(強さ)．〚(1890) ← VOLT¹+-AGE〛

vóltage amplificàtion *n.*〘電気〙電圧増幅.

vóltage àmplifier *n.*〘電気〙電圧増幅器．〚1937〛

vóltage clàmp *n.*〘生理〙電圧固定, 膜電位固定法, ボルテージクランプ《細胞の膜電位をフィードバック増幅器を用いてある設定レベルに固定し, 膜におけるイオンの流れを研究する電気生理学的方法》．〚1952〛

vóltage divìder *n.*〘電気〙分圧器《potential divider ともいう》．〚1922〛

vóltage fóllower *n.*〘電子工学〙ボルテージフォロアー《演算増幅器を用いた電力増幅回路の一種; cf. cathode follower》.

vóltage regulàtion *n.*〘電気〙電圧変動率.

vóltage règulator *n.*〘電気〙電圧調整器．〚1961〛

vóltage stànding wáve ràtio *n.*〘電気〙電圧定在波比《分布定数線路の特性を表す量》．〚1961〛

vóltage transfòrmer *n.*〘電気〙計器用変圧器 (potential transformer)．〚1934〛

vol·ta·ic /vα(ː)ltéɪɪk, voul- | vɔl-/ *adj.* **1**〘電気〙《化学作用により生じた》流電気の; 電流の (galvanic)．**2** [V-] Alessandro Volta の．〚(1812) ← *A. Volta*+-IC¹: cf. volt¹〛

Vol·ta·ic /vα(ː)ltéɪɪk, vɔ(ː)l-, voul- | vɔl-/ *adj.* **1** ブルキナファソ (Burkina Faso) の[に関する]《以前は Upper Volta と呼ばれた》．**2** グル語派 (Gur) の属する．— *n.* =Gur．〚(1939): ⇨ Volta, -ic¹〛

voltáic báttery *n.* ボルタ電池《voltaic cell を数個連結したもの》．〚1813〛

voltáic céll *n.* ボルタ電池 (galvanic cell)．〚1855〛

voltáic cóuple *n.*〘電気〙=galvanic couple．〚1863–72〛

voltáic electrícity *n.* ボルタ電気, 動電気, 流電気, 電流 (dynamical electricity)．〚1816〛

voltáic píle *n.*〘電気〙ボルタ電堆(でんたい), ボルタのパイル (⇨ pile¹ 6)．〚1815〛

Vol·taire /voultέә, vα(ː)l- | vɔltέә(r, vәul-, ←—; *F.* vɔltε:ʁ/ *n.* ヴォルテール《1694–1778; フランスの作家・哲学者・啓蒙思想家; *Lettres philosophiques*「哲学書簡」(1734), *Candide*「カンディード」(1759); 本名 François-Marie Arouet /aʁwε/》.

Vol·tair·e·an /voultέ(ә)riәn, vα(ː)l- | vɔltέәr-, vәul-/ (*also* **Vol·tair·i·an** /～/) — *adj.* ヴォルテールの; ヴォルテール流の, 懐疑的な (skeptical)．— *n.* ヴォルテール主義者．〚(1833): ⇨ ↑, -ian〛

Vol·táir·i·an·ism /-nìzm/ *n.* Voltaire の哲学・宗教的懐疑[相対]主義．〚1848〛

vol·ta·ism /vóultәɪzm, vά(ː)l- | vɔ́l-, vóul-/ *n.* **1** 流電気学．**2** 流電気 (galvanism)．〚(1811) ← VOLTA-+-ISM〛

vol·tam·e·ter /voultǽmәtә, vα(ː)l- | vɔltǽmɪtә(r, vәul-/ *n.*〘電気〙ボルタ計, 電解電量計 (coulometer).
vol·ta·met·ric /vòultәmétrɪk, vὰ(ː)l- | vɔ̀l-˗/ *adj.*
vol·tá·met·ry *n.*　〚(1836) ← VOLTA(IC)+-METER¹〛

vólt-ámmeter *n.*〘電気〙電圧電流計《一つの計器で電圧も電流も計れるもの》．〚← VOLT¹+AMMETER〛

vólt-ámpere *n.*〘電気〙ボルトアンペア, 皮相電力《volt と ampere の積; 直流の場合には watt に等しい, 交流ではこれに力率(りきりつ)を掛けたものが watt となる; 略 VA, va》．〚(1896) ← VOLT¹+AMPERE〛

Vol·ta Re·don·da /vóultәrɪdά(ː)ndә, vά(ː)l-, vɔ́(ː)l- | vɔ́ltәrɪdɔ́n-; *Braz.* vɔ́wtaɾedóda/ *n.* ボルタ レドンダ《ブラジル南東部, Rio de Janeiro 州西部の工業都市》.

Vólta's píle *n.*〘電気〙=voltaic pile.

vólt bòx *n.*〘電気〙分圧箱.

vólt-cóulomb *n.*〘電気〙ボルトクーロン《1 ボルトの電圧のところに 1 クーロンの電荷が移動した時の電気エネルギーの単位で, 1 ジュールに等しい》.

volte¹ /vóult, vɔ́(ː)lt, vά(ː)lt | vɔ́lt; *F.* vɔlt/ *n.*〘馬術〙=volt² 2.

vol·te² /vóulteɪ, vά(ː)l-, -ti | vɔ́lti/ *n.*〘音楽〙**1** (*pl.* ～) =volta 1．**2** volta の複数形．〚1586〛

volte-face /vά(ː)ltfὰ:s, vóult- | vɔ́ltfά:s, -fǽs; *F.* vɔltәfas/ *n.* (*pl.* ～) **1** 方向逆転, 転回, 反転 (turning round)．**2**（意見・主義・政策などの）改変, 豹変, 転向 (reversal)．〚(1819) □ F ～ □ It. *volta faccia* ← *volta* (⇨ volt²)+*faccia* face (< VL **faciam*=L *faciēs* 'FACE')〛

vol·ti /vɔ́(ː)lti, vά(ː)l- | vɔ́l-; *It.* vɔ́lti/ *v.*〘命令形で用いて〙〘音楽〙ページをめくれ (turn over the leaf)．〚(1724) □ It. ～ (imper.) ← *voltare* to turn: cf. volta〛

-vol·tine /vóulti:n | vóul-/〘生態〙「(…の)世代をもった」の意の形容詞連結形: multi*voltine*．〚□ F ～ ← It. *volta* time: ⇨ volta, -ine¹〛

vol·tin·ism /vóultnɪzm | vóul-/ *n.*〘動物〙化性(かせい)《昆虫が 1 年間に繰り返す世代数が種によって決まっていること》．〚← (BI)VOLTINE+-ISM〛

vólt·mèter /vóult- | vóult-, vɔ́lt-/ *n.*〘電気〙電圧計（略 vm.)．〚(1882) ← VOLT¹+-METER¹〛

Vol·tur·no /vɔ(ː)ltә́:nou, vα(ː)l-, voul- | vɔltә́:nәu; *It.* voltúrno/ *n.* [the ～] ボルトゥルノ(川)《イタリア中南部アペニン山脈に発し, ティレニア海に注ぐ (175 km)》.

Vol·tur·nus /vα(ː)ltә́:nәs | vɔltә́:-/ *n.*〘ローマ神話〙ウォルトゥルヌス《東または南東の風の擬人化; cf. Eurus》．〚□ L ～〛

vol·u·bil·i·ty /vὰ(ː)ljubílәṭi | vɔ̀ljubílɪti/ *n.* **1** 多弁, 冗舌, おしゃべり (talkativeness): speak with ～ べらべらとしゃべる．**2** 軸を中心に回転する力．〚(1579) □ F *volubilité* ∥ L *volubilitātem*: ⇨ ↓, -ity〛

vol·u·ble /vά(ː)ljubl | vɔ́l-/ *adj.* **1**〈舌が〉よく回る; 舌のよく回る, 流暢(りゅうちょう)な (fluent); よくしゃべる; 能弁な: a ～ tongue よく回る舌 / a ～ eloquence さわやかな弁舌 / ～ excuses 口達者な弁解．**2**〘植物〙巻き付く[からみ付く]（習性のある)．**3**《古》よく転がる[回る], 回転する; 変わりやすい．**～·ness** *n.*　**vól·u·bly** *adv.*〚(?*a*1425) □ F ～ ∥ L *volūbilis* ← *volvere* to turn (↓)〛

vol·ume /vά(ː)lju:m, -ljәm | vɔ́l-/ *n.* **1**（大きな)かさ, 大きさ (bulk); 体積, 容積, 容量 (cubic magnitude): The ～ of the sun is 1,200,000 times greater than that of the earth. 太陽の体積は地球の 120 万倍だ / The ～ of a body is equal to its mass divided by its density. 物体の容積はその質量を密度で除したものに等しい．**2** 量, 分量 (quantity, amount); 出来高: atomic [molecular] ～ 原子[分子]量 / the ～ *of* business [transactions] 取引高 / gather ～ 量が増す, 増大する / The protests are gathering (in) [increasing in] ～. 抗議の輪が広がりつつある / the ～ of travel on a railroad for a given period 一定期間中における鉄道の交通量．**3** 音量, ボリューム;（音の)大きさ: a voice of great [little] ～ 音量の豊かな[少ない]声 / raise [turn up, lower, turn down] the ～ of the radio ラジオの音量[ボリューム]を上げる[下げる]．**4** [しばしば *pl.*] 大きなかたまり, 多量, 大量 (considerable mass) (⇨ bulk¹ SYN): a great ～ *of* water 多量の水 / ～*s of* smoke [vapor] もくもくと立ち昇る煙[水蒸気] / pour out ～*s of* abuse 盛んに悪口を言う．**5**（2 巻以上から成る著作・刊行物の)巻, 冊(略 v., vol.)(cf. copy 2, part 7 a);（定期刊行物 1 年分の)巻;（全集[シリーズ]形式の組物レコードの) 1 巻[枚]: a work in six ～*s*=a six-*volume* work 全 6 巻の著作 / *Volume* I [The first ～] (of three) has just appeared.（全 3 巻のうち)第 1 巻が出たところだ / I have written ～*s* on the subject. その主題に関しては何巻も書いた．**6**（特に, 大きな)本, 書物 (book): a library of many thousands of ～*s* 数千冊の蔵書．**7**（パピルス・羊皮紙または古写本の)巻物 (roll, scroll)．**8**〘美術・建築〙量感, 立体感．**9**〘電算〙ボリューム《記憶媒体の単位》.
spéak* [*sáy*] *vólumes 多くのことを言う, 大いに意味がある;〔…を〕証明して余りがある〔*for*〕: This *speaks* ～*s for* his bravery. このことは彼の勇猛さを十分証明している.
— *adj.* [限定的] 大量の: ～ production 大量生産 / ～ sales 大量販売.
— *vi.* 大量に上がる;〈煙などが〉もくもくと上がる．— *vt.* 大量に出す.
〚(c1384) □ (O)F ～ □ L *volūmen* roll, book ← *volvere* to turn, roll: ⇨ volute: 大きさ, 量などの意は「本の大きさ」から派生した〛

vólume contròl *n.*（ラジオなどの)音量調節(器)．〚1927〛

vól·umed *adj.* **1** [通例複合語の第 2 構成素として] …冊[巻]から成る, …冊[巻]の: a four-*volumed* novel 4 巻物の小説 / a many-*volumed* work 数巻にわたる大作．**2**〈煙など〉大きなかたまりとなった, もくもくした: ～ mist もうもうと立ちこめた霧．**3** かさのある, 大量の (massive)．〚1596〛

vol·u·me·nom·e·ter /vὰ(ː)ljumәnά(ː)mәṭә | vɔ̀ljumɪnɔ́mɪtә(r/ *n.*〘物理〙容積計．〚(1857) ← L *volūmen* 'VOLUME'+-O-+-METER¹〛

vólume-prodúce *vt.* 大量生産する (mass-produce).

vol·u·me·ter /vά(ː)ljumì:ṭә, vәlú:mә- | vɔlú:mɪtә(r, vә-, -ljú:-/ *n.*〘物理〙**1** 容積計．**2** 比重計 (hydrometer) の一種．〚(1829) ← VOLU(ME)+-METER¹〛

vol·u·met·ric /vὰ(ː)ljumétrɪk | vɔ̀l-˗/ *adj.* 容積[体積]測定の (cf. gravimetric 1)．〚1857〛

vòl·u·mét·ri·cal /-trɪkәl, -kl˗ | -trɪ-˗/ *adj.* = volumetric．**～·ly** *adv.*〚1853〛

volumétric análysis *n.*〘化学〙**1** 容量分析 (cf. gravimetric analysis)．**2** ガス容量分析．〚1857〛

volumétric displácement *n.*〘機械〙行程容積《内燃機関において, 吸入・排出時の圧力が大気と同じときの一回転あたりの空気の量; swept volume ともいう》.

volumétric efficiency *n.*〘機械〙体積効率《内燃機関において, 実際に有効な仕事がなされた流体の体積と機械が仕事をした体積の比》.

vo·lu·me·try /vәlú:mәtri | vәlú:mɪtri, -ljú:-/ *n.* 容積[体積]測定．〚(1863) ← VOLU(ME)+-METRY〛

vólume ùnit *n.*〘電気〙ボリュームユニット《音声信号の強さのレベルを表す単位; 略 VU》.

vólume vàriance *n.*〘会計〙操業度差異.

vólume velócity *n.*〘物理〙体積速度《弾性波が伝播している時の媒質粒子の速度》.

vo·lu·mi·nal /vәlú:mәnḷ | vәlú:mɪ-, vɔ-, -ljú:-/ *adj.* 容積の, 体積の．〚(1872) ← L *volūmin-*, *volūmen* 'VOLUME'+-AL¹〛

vo·lú·mi·nìze /-nàɪz/ *vt.*〈髪・筋肉などに〉ボリュームを与える, の量を多く見せる.

vo·lu·mi·nos·i·ty /vәlù:mәnά(ː)sәṭi | vәlù:mɪnɔ́sɪti, vɔ-, -ljù:-/ *n.* 容量[冊数, 巻数]の多いこと．〚1782〛

vo·lu·mi·nous /vәlú:mәnәs | vәlú:mɪ-, vɔ-, -ljú:-/ *adj.* **1** 冊数[巻数]の多い; 大部な: a ～ work 大(部)作．**2** 多作の, 著書の多い: a ～ writer．**3**（1 巻または数巻の本にわたる[になる]ほどの)おびただしい (abundant): a ～ correspondence おびただしい文通．**4**（重量の割に)かさ[容量]の大きい, かさ張る, たくさんの (bulky): a ～ bag．**5**〈衣服など〉ゆったりした (loose, full): ～ coats．**6**《古》渦形の多い, くねくねした．**～·ly** *adv.*　**～·ness** *n.*〚(1611) □ LL *volūminōsus* full of rolls or folds ← L *volūmin-*: ⇨ voluminal, -ous〛

Vö·lund /vә́:lund/ *n.* ⇨ Wayland 1.

vol·un·tar·i·ly /vὰ(ː)lәntérәli, ←—— | vɔ́lәntәrɪli, vɔ̀lәntέәrɪ-/ *adv.* 自由意志で, 任意に, 自発的に．〚*c*1374〛

vól·un·tàr·i·ness *n.* 任意, 自由意志, 随意, 勝手．〚1612〛

vol·un·ta·rism /vά(ː)lәntәrɪzm | vɔ́lәnt-/ *n.* **1**（教育・社会活動・兵役などの)任意[自由]参加, 随意制, 自由

志願制, ボランティア制. **2**〘哲学〙主意説[主義]《意志をもって精神活動の根底または世界の根源とする説; cf. intellectualism 1, vitalism 2》. **3** =voluntaryism. 〘1838〙

vól·un·ta·rist /-rɪ̆st | -rɪst/ *n.* **1** 任意[自由]参加者, ボランティア志願者. **2**〘哲学〙主意主義者. **3** =voluntaryist. **vol·un·ta·ris·tic** /vɑ̀(ː)ləntərístɪk | vɔ̀lənt-ˊ/ *adj.* 〘1841〙

vol·un·tar·y /vɑ́(ː)lənterì | vɔ́ləntəri, -tri/ *adj.* **1** (強制されないで)自由意志でする, 自ら進んでする[なされた], 自発的な, 任意の (↔ involuntary, obligatory, forced): a ~ helper 自発的な援助者, 篤志家 / ~ work [contributions] 自発的にする仕事[寄付] / a ~ appearance 任意出頭 / a ~ confession (罪人の)任意自白, 自供 / ~ euthanasia 本人の希望による安楽死 / under ~ control 自主規制して / ⇨ voluntary service. **2** 篤志家[ボランティア]によって成った, 任意寄付によって維持[経営]される: ~ agencies [organization] ボランティア機関[組織] / ⇨ voluntary school, voluntary hospital. **3** 自由意志をもった, 選択力のある: Man is a ~ agent. 人間は自由行為者だ. **4** 自然の衝動から出てくる, 自然の (spontaneous): ~ laughter 思わず起こる笑い. **5**〘法律〙任意の; 故意の; 無償の: a ~ grantee 任意譲渡の譲り受け人 / go into ~ liquidation (会社・党などが)自発的に解散する / ⇨ voluntary conveyance, voluntary manslaughter. **6**〘生理・解剖〙随意(的)の (↔ involuntary): ~ movements [motions] 随意運動 / ⇨ voluntary muscle.
— *n.* **1 a** 自発的行為; 自発的な寄付[援助]. **b** (競技で)自由演技. **2** =voluntarist. **3** 根拠の不十分な[不当な]落馬. **4**〘音楽〙ヴォランタリー《特に教会で礼拝中またはその前後に奏される即興的なオルガン独奏(曲)》. 〘《c1385》□ L *voluntārius* ← *voluntās* free will ← *volō* I wish: ⇨ volition, -ary〙

SYN 自発的な: **voluntary**〈行為が〉本人の自由意思による: *voluntary* work 自発的にする仕事. **willing** 自分から進んで積極的に行う意味での自発的な: a *willing* help 自発的にする援助.

Vóluntary Áid Detàchment *n.*《英》(第一次世界大戦中の)救急看護奉仕隊 (略 VAD).

vóluntary-áid·ed *adj.*《英》〈voluntary school が〉主に地方自治体からの資金で運営される (cf. voluntary-controlled).

vóluntary ármy *n.* 義勇軍.

vóluntary associátion *n.*〘法律〙任意団体, 自発的結社《法人格のない団体で種々の目的で設立され, 取引や直接金銭上の利益を目的としないもの》. 〘1889〙

vóluntary cháin *n.* 任意連鎖店, ボランタリーチェーン《独立店が自分たちの自発的意思で作った連鎖組織》.

vóluntary-contrólled *adj.*《英》〈voluntary school が〉100 パーセント地方自治体からの資金で運営される (cf. voluntary-aided).

vóluntary convéyance [disposítion] *n.*〘法律〙任意不動産譲渡, 無償不動産譲渡《約因 (consideration) なしの不動産譲渡》.

vóluntary hóspital *n.*《英》寄付財団病院.

vól·un·tàr·y·ism /-riɪ̀zm/ *n.* **1** (宗教・教育の)任意寄付主義[制度]《教会・学校などは国家的保護や補助に頼らずに各人の自発的寄付によって維持運営されるべきだとする; cf. voluntary *adj.* 2》. **2** 志願兵制度. 〘1835〙

vól·un·tàr·y·ist /-riɪ̆st | -riɪst/ *n.* 任意寄付主義者. 〘1842〙

vóluntary mánslaughter *n.*〘法律〙故殺《殺意はないが, 不法に害を与える意志のあった場合をいう; cf. involuntary manslaughter》.

vóluntary minórity *n.* 自発的[意志的]少数派《祖先の伝統や習慣を保持するため, 多数派に同化することなく, あえて少数派であり続けることを選択した民族的・宗教的・人種的少数集団》.

vóluntary múscle *n.*〘解剖〙随意筋 (↔ involuntary muscle). 〘1788〙

vóluntary rétailer *n.* =symbol retailer.

vóluntary schòol *n.* (英国の)任意寄付制学校《宗教団体設立の初等・中等学校; 地方公共団体から公費による補助を受ける点で, 公費補助を受けない independent school と異なる; aided school, controlled school がある》. 〘1960〙

vóluntary sérvice *n.* **1**〘軍事〙志願兵役. **2** 自発的奉仕. 〘1960〙

Vóluntary Sérvice Overséas *n.*《英》海外協力隊[奉仕団]《発展途上国で 2 年以上生活して知識と技術を現地人と共有する人びとを派遣する組織; 略 VSO》. 〘1960〙

vóluntary simplícity *n.* 自発的な質素《最小限の消費と環境に対する責任とを特徴とする, 物質主義拒否の哲学[生き方]》.

vol·un·teer /vɑ̀(ː)ləntíə | vɔ̀ləntíə(r)ˊ/ *n.* **1** 志願者, 有志者, 篤志家, ボランティア: One ~ is worth two pressed men. 進んでやる一人は強いられてやる二人分の価値がある《もと英国で海兵募集に用いたことば; cf. press-gang》. **2** 志願兵, 義勇兵 (cf. conscript, draftee). **3** [V-] アメリカ義勇軍 (Volunteers of America) の一員. **4** [V-] 米国 Tennessee 州の住民 (cf. Volunteer State). **5**〘法律〙**a** 無償不動産譲り受け人; 無償労務提供者; 義務なく他人の債務を支払う者. **b** 任意無償行為者. **6**〘植物〙自生植物 (volunteer plant).

Voluntéers in Sérvice to América 米国貧困地区奉仕活動《貧困地区でのボランティアの救援活動を促進するため, 連邦政府により, 1964 年に設立された; 略 VISTA》.

Voluntéers of América [the ―] アメリカ義勇軍《1896 年 Ballington Booth 夫妻が救世軍を辞して組織した救世軍類似の宗教的社会事業団体; 略 VOA》.
— *adj.* [限定的] **1** 有志の, 志願の; 自発的な; 志願[義勇]兵の: ~ activities ボランティア活動 / a ~ corps 義勇軍 / a ~ fleet 義勇艦隊 / a ~ fireman 自警消防士 / a ~ nurse 篤志看護婦. **2**〘植物〙(種をまかないのに)自生した: a ~ plant 自生植物 / a ~ crop 自生作物.
— *vt.* **1** 自発的に申し出る; 自ら進んで提供する[引き受ける, 伝える, 述べる] (offer freely): ~ one's services 奉仕を申し出る / ~ oneself 自ら進んで出る / ~ a difficult duty 進んで困難な義務を引き受ける / ~ help [a song] (買って出て)手伝う[歌を歌う] / ~ a remark [an opinion, an explanation] 進んで話す[意見を述べる, 説明する]. **2** 〈…しようと〉自発的に申し出る〈*to do*〉: ~ *to* do the job その仕事を進んでしようと申し出る. **—** *vi.* **1** 進んで事に当たる[従事する]; (何かを)しようと申し出る: ~ in an undertaking 進んで企画に参加する. **2** 志願する; 志願[義勇]兵になる: ~ *for* military service 兵役を志願する / ~ *as* a nurse 看護婦を志願する. **3**〈植物が〉自生する. 〘《c1600》□ F *volontaire* □ L *voluntārius*: ⇨ voluntary, -eer〙

voluntéer bùreau, V- B- *n.*《英》ボランティア斡旋センター《ボランティア活動希望者を適切な奉仕機関に紹介する》.

vòl·un·téer·ism /-tíərɪzm | -tíər-/ *n.* =voluntarism 1. 〘1844〙

Voluntéer Stàte *n.* [the ~] 米国 Tennessee 州の俗称. 〘1853〙

Vo·lup·tas /vəlʌ́ptəs/ *n.*〘ローマ神話〙ウォルプタース《快楽の女神》. 〘□ L *Voluptās*: *voluptās* (⇨ voluptuous) の擬人化〙

vo·lup·té /vɑ̀(ː)lʊptéɪ, vɑ̀(ː)l- | vɔl-; *F.* vɔlypte/ *F. n.* (官能的)快楽; なまめかしさ (voluptuousness). 〘《1712》□ F ~ □ L *voluptātem*: ⇨ voluptuous〙

vo·lup·tu·ar·y /vəlʌ́pʧuèri | -ʧuəri, -tjuə-/ *adj.* 酒色にふける. **—** *n.* 酒色にふける人. 〘《1605》□ L *voluptuārius* (変形) ← *voluptārius* ← *voluptās*: ⇨ ↓, -ary〙

vo·lup·tu·ous /vəlʌ́pʧuəs, -ʧəs | -ʧuəs, -tjuəs/ *adj.* **1** 官能的な (⇨ sensuous **SYN**); 官能的快楽を求める; 肉欲にふける, 酒色におぼれる (sensual): a ~ person, woman, etc. / a ~ life 遊蕩(ゆうとう)生活 / ~ pleasures [desires] 官能的快楽[欲望]. **2** 情欲を起こさせる, 挑発的な, みだらな: a ~ book, picture, etc. **3** 肉感的な; あだっぽい, なまめかしい, 色っぽい: a full ~ mouth / ~ beauty あだっぽい美しさ / a ~ glance あだっぽいまなざし. **4** 感覚に訴える[心地よい]. **~·ly** *adv.* **~·ness** *n.* 〘《c1380》□ (O)F *voluptueux* // L *voluptuōsus* ← *voluptās* pleasure ← *volō* I desire〙

vo·lute /vəlúːt | və(ʊ)lúːt, vɔ-, -ljúːt/ *n.* **1** 渦巻形. **2**〘建築〙(イオニアおよびコリント式柱頭装飾の)渦形, 渦巻. **3**〘機械〙**a** (渦巻ポンプの羽根車の回りの)渦形室. **b** = volute pump. **4**〘動物〙**a** (巻貝の)渦巻. **b** ヒタチオビガイ科の巻貝の総称. **—** *adj.* **1** 渦巻形の, ぐるぐる巻いた (rolled up). **2**〘機械〙渦巻形の, 螺旋(らせん)状の; (特に, 側方運動と合体した場合に)回転運動する: ⇨ volute spring. 〘《1696》□ F ~ // L *volūta* scroll fem. p.p.) ← *volvere* to roll, turn ← IE **wel-* to turn, roll (Gk *eileîn*): cf. waltz, well[2]〙

vo·lút·ed /-tɪ̆d | -tɪd/ *adj.* **1** 渦巻形の, 螺旋(らせん)状の (scroll-shaped). **2**〘建築〙渦形[渦巻]装飾の(ある). 〘1801〙

volúte pùmp *n.*〘機械〙渦巻式遠心ポンプ.

volúte spring *n.*〘機械〙竹の子ばね. 〘1862〙

vo·lu·tin /vɑ́(ː)ljʊtɪ̆n | vɔ́ljutɪn/ *n.*〘生物〙ボルチン《ある種の微生物の中に含まれている顆粒(かりゅう)状の貯蔵物質》. 〘《1908》□ G *Volutin* ← L *volūtantem* ← *volūtāre* to roll, wallow (freq.) ← *volvere* (↓)〙

vo·lu·tion /vəlúːʃən | və(ʊ)lúː-, vɔl-, -ljúː-/ *n.* **1** 回転, 旋回 (revolving); 渦巻 (twist). **2**〘動物〙(巻貝の)渦巻 (whorl). **3**〘解剖〙=convolution 3. 〘《1610》← L *volūt(us)* ((p.p.) ← *volvere* to turn (⇨ volute)) + -TION: revolution などからの類推による〙

vol·va /vɑ́(ː)lvə | vɔ́l-/ *n.*〘植物〙つぼ, 菌包《マツタケ・ハラタケなどの茎の中ほどにあるコップ状の帯; 初めかさを包んでいた膜がかさの成長によってはじけ残ったもの; cf. annulus 2 c》.

vól·vate /-vɪ̆t, -veɪt/ *adj.* 〘《1753》□ L ~ 'covering' (異形) ← *vulva*: ⇨ vulva〙

vol·velle /vɑ́(ː)lvel | vɔ́l-/ *n.*〘天文〙中世の天文機器で, 月と太陽との関係位置, 太陽・月の出没時刻等を求める装置. 〘□ ML *volvella*: ⇨ ↓, -ella〙

vol·vent /vɑ́(ː)lvənt | vɔ́l-/ *n.*〘動物〙捲着(けんちゃく)刺胞《刺胞の一種で, 刺糸が短く他の動物に巻きついてそれを捕える》. 〘《1898》□ L *volventem* (pres.p.) ← *volvere* to roll, turn: ⇨ volute〙

Vol·vo /vɑ́(ː)lvoʊ, vóʊl- | vɔ́lvəʊ, vɔ́ul-; *Swed.* vɔ́lvu/ *n.*〘商標〙ボルボ《スウェーデンの Volvo 社製の自動車》.

vol·vox /vɑ́(ː)lvɑ(ː)ks | vɔ́lvɔks/ *n.*〘生物〙ボルボックス, オオヒゲマワリ《鞭毛をもつ多数の緑色細胞が集まって群体をなしているボルボックス属 (*Volvox*) の生物の総称; 原生動物にも緑藻類にも入れられている》. 〘《1798》← NL ~ ← L *volvere* to turn, roll〙

vol·vu·lus /vɑ́(ː)lvjʊləs | vɔ́l-/ *n.*〘病理〙軸捻, 腸管軸転《腸捻転の一型》. 〘《1679》← NL ~ ← L *volvere* (↑)〙

Volzh·sky /vɑ́(ː)lʒski, -ʃski | vɔ́l-; *Russ.* vólʂskʲij/ *n.* ヴォルシスキー《ロシア西部 Volgograd の東方, Volga 川沿岸の工業都市》.

vo·mer /vóʊmə | vəʊmə(r)/ *n.*〘解剖〙(鼻の)鋤骨(じょこつ).

vo·mer·ine /vóʊməràɪn, -rɪ̆n | vəʊməràɪn, vɔ́m-, -rɪn/ *adj.* 〘《1704》□ L *vōmer* plowshare〙

vom·i·ca /vɑ́(ː)məkə | vɔ́mɪ-/ *n.* (*pl.* **-i·cae** /-məsìː | -mɪ̆-/)〘病理〙**1** (化膿や壊死(えし)によってできた, 特に肺の)空洞. **2** 腐敗物[膿]の喀出(かくしゅつ). 〘《1572》《1693》□ L ~ 'ulcer' ← *vomere* (↓)〙

vom·it /vɑ́(ː)mɪ̆t | vɔ́mɪt/ *vt.* **1** (胃から)吐く, 嘔吐(おうと)する, もどす (throw up) 〈*out, up*〉: ~ one's dinner / ~ blood 吐血する. **2**〈煙・言葉などを〉吐き出す, 噴出する (eject, send out) 〈*forth, out*〉: A chimney ~*s forth* smoke. 煙突が煙を吐き出す / Trains ~*ed out* crowds of travelers. 列車から旅行者の群れがどっと吐き出された / The volcano ~*ed* lava. 火山は溶岩を噴出した / Dragons were said to ~ fire and smoke. 竜は口から火と煙を吐くと言われていた / ~ insults [abuse, curses] 侮辱の言葉[悪口, 呪い]を吐く. **3**《古》〈人〉に吐かせる, もどさせる; (特に)吐剤で吐かせる: In the 17th and 18th centuries people were periodically ~*ed*, purged, and bled. 17–18 世紀には定期的に吐薬や下剤を飲まされたり瀉血をほどこされたりした. **—** *vi.* **1** 嘔吐する, 吐く, もどす (throw up): Pornography makes me want to ~. ポルノにはへどが出そうになる. **2**〈火山が〉溶岩・灰などを噴出する, 噴火する; 〈溶岩・灰などが〉激しく流出する (issue violently) 〈*out*〉. **—** *n.* **1** 吐くこと, 嘔吐; 嘔吐を伴う病気. **2** 吐いた物, へど; 〘医学〙吐物(とぶつ): bilious ~ 胆汁吐物 / ⇨ coffee-ground vomit / black ~ =vomito **3** 口汚い言葉[文章]: the foul ~ of lampoonists 諷刺家のひどく汚い言葉[作品]. **4** (へどが出るような)いやな人[物]. **5**《古》吐剤 (emetic). **~·er** /-tə | -tə(r)/ *n.* 〘*v.*: (?a1425) □ L *vomitāre* (freq.) // ← *vomitus* (p.p.) ← *vomere* ← IE **wemə-* to vomit (Gk *emeîn* to vomit). — n.: 《c1385》□ OF *vomite* // L *vomitus*〙

vóm·it·ing /-tɪŋ | -tɪŋ/ *n.* **1** 吐くこと, 嘔吐(おうと) (retching). **2** 吐いた物, へど. 〘1495〙

vom·i·tive /vɑ́(ː)mətɪv | vɔ́mɪ̆t-/ *adj.* 吐かせる, 吐き気を催させる. **—** *n.*《廃》吐剤 (emetic). 〘1580〙

vom·i·to /vɑ́(ː)mətòʊ, vóʊm- | vɔ́mɪ̆təʊ; *Sp.* bómito/ *n.*〘病理〙(黄熱病患者の)黒色吐物 (black vomit, vomito negro ともいう). 〘《1833》□ Sp. *vómito* □ L *vomitus* a vomiting: ⇨ vomit〙

vómito né·gro /-níːgroʊ | -grəʊ/ *n.*〘病理〙**1** = vomito. **2** =yellow fever.

vom·i·to·ri·um /vɑ̀(ː)mətɔ́ːriəm | vɔ̀mɪ̆-/ *n.* (*pl.* **-ri·a** /-riə/) =vomitory. 〘《1754》□ LL *vomitōrium* (↓)〙

vom·i·to·ry /vɑ́(ː)mətɔ̀ːri | vɔ́mɪ̆təri, -tri/ *adj.* **1** 嘔吐(おうと)の. **2**《古》吐き気を催させる, 吐かせる (emetic). **—** *n.* **1** 吐き口, 放出口. **2** 吐き出す人[もの]. **3** (古代ローマの円形劇場・劇場などの)出入口. **4**《廃》吐剤 (emetic). 〘《1601》 adj.: □ L *vomitōrius*: ⇨ vomit, -ory[1,2]. — n.: □ L *vomitōrium* (neut.) ← *vomitōrius*〙

vom·i·tous /vɑ́(ː)mətəs | vɔ́mɪ̆t-/ *adj.*《米》吐き気を催させるような; むかむかする; 不快な. 〘《1952》← VOMIT + -OUS〙

vom·i·tu·ri·tion /vɑ̀(ː)mətʃʊríʃən | vɔ̀mɪ̆tjʊ-/ *n.*〘病理〙**1** 空嘔(からえずき)《激しい吐き気がありながら吐かないこと》. **2** (吐物が少量ずつしか出ない)頻回嘔吐(おうと). 〘《1842》← NL *vomitūritiō(n-)* ← **vomiturīre* to desire to vomit ← L *vomitāre* (⇨ vomit): cf. micturition〙

vom·i·tus /vɑ́(ː)mətəs | vɔ́mɪ̆t-/ *n.*〘医学〙**1** 嘔吐(おうと). **2** 吐物. 〘《c1899》□ L ~: ⇨ vomit〙

von /vɑ(ː)n, fɑ(ː)n | vɒn, fɒn; *G.* fɔn/ *prep.* =from, of. ★ ドイツ人やオーストリア人の家名の前に用い, 特に貴族出であることを示す (cf. de[2], van[5]): Friedrich ~ Schlegel / Fürst ~ Bismarck (=Prince Bismarck) ビスマルク公. 〘□ G ~〙

Von Braun, Wernher *n.* =Wernher von BRAUN.

V́-óne *n.* =V-1.

von Giér·ke's disèase /-gíəkəz- | -gíə-; *G.* -gíːɐkə-/ *n.*〘病理〙フォン ギールケ病《糖原病 (glycogenosis) の一型; 特に肝臓と腎臓にグリコーゲンが蓄積する》. 〘← *Edgar Otto Konrad von Gierke* (1877–1945: ドイツの病理学者)〙

von Jáksch's anémia /-jáːkʃɪ̆z-; *G.* -jáːkʃ-/ *n.*〘病理〙(フォン)ヤクシュ貧血(症), 小児偽性白血病性貧血. 〘← *Rudolf von Jaksch* (1855–1947: オーストリア・チェコスロバキアの医師)〙

Von·ne·gut /vɑ́(ː)nɪ̆gət, vɔ́(ː)n- | vɔ́n-, **Kurt(, Jr.)** *n.* ヴォネガット《1922–2007; 米国の小説家; *Slaughterhouse-Five* (1972)》.

von Neu·mann /-nɔ́ɪmən/, **John** *n.* フォン ノイマン《1903–57; ハンガリー生まれの米国の数学者》.

von Néumann compùter [machìne] *n.*〘電算〙フォン ノイマン型計算機《von Neumann が提案した基本構成をもつコンピューター; プログラム内蔵, 逐次実行を特徴とする; 現在のコンピューターはほとんどこのタイプ》.

von Réck·ling·hau·sen's disèase /vɑ(ː)nréklɪŋhaʊzənz-; *G.* fɔnʀɛ́klɪŋhaʊzn/ *n.*〘病理〙フォン レックリングハウゼン病: **1** 神経線維腫症 (neurofibromatosis) の一型で, 皮膚に多発性の神経線維腫が発生し, カフェオレ斑と呼ばれる色素沈着が出現する常染色体優性遺伝病. **2** 線維性変性と嚢胞を特徴とする粗鬆(そしょう)性骨炎で, 副甲状腺亢進症からくる激しい破骨作用が原因; osteitis fibrosa cystica ともいう. 〘《1899》← *Friedrich Daniel von Recklinghausen* (1833–1910: ドイツの病理学者)〙

Von Sternberg, Josef *n.* ⇨ Sternberg.

Von Stroheim, Erich *n.* ⇨ Stroheim.

von Wíl·le·brand's disèase /-vɪ́ləbrɑ̀ːnts-/ *n.*

〘病理〙フォン ヴィレブラント病《血管性血友病》. 〘← E. A. *von Willebrand* (1870–1949: フィンランドの医師)〙

voo·doo /vúːduː/ *n.* (*pl.* ～s) **1** ＝voodooism. **2** ヴードゥー教のまじない師. **3** ヴードゥー教のまじない; ヴードゥー教の儀式: work ～ ヴードゥー教のまじないを行う. **4** ヴードゥー教の呪物. **5** 魔術, 魔法, 黒魔術, 邪術, 邪教 (black magic). **— *adj.*** ヴードゥー教の(まじないを行う): a ～ doctor, priest, etc. **— *vt.*** …にヴードゥー教のまじないを施す. 〘(1850) □ Lousiana-F *voudou* □ W-Afr. (Ewe) *vodu*, (Fon) *vodun* demon, fetish: cf. hoodoo〙

vóodoo dòll *n.* ヴードゥー人形《ヴードゥー教で使われる呪(のろ)いの人形》.

vóodoo económics *n.* 《米》〘経済〙ヴードゥー経済学《非現実的な仮定に基づく[妄想的な]経済理論》. 〘(1980): G. Bush が大統領予備選で, R. Reagan の政策を批判して用いたのが最初とされる〙

vóo·doo·ism /-duːìzm/ *n.* **1 a** ヴードゥー教《West Indies および米国南部の黒人間で見られる民間信仰; 呪術・魔術的性格の強い慣行を含む》. **b** ヴードゥー教のまじない[信仰]. **2** 魔術. 〘1865〙

vóo·doo·ist /-duːɪst | -ɪst/ *n.* ヴードゥー教のまじない師; ヴードゥ教信者. 〘1929〙

voo·doo·is·tic /vùːduːístɪk←/ *adj.* **1** ヴードゥー教のまじない[信仰, 迷信]の, ヴードゥー教のまじない師[信者]の. **2** ヴードゥー教信仰に似た.

voor·ka·mer /fóəkàːmə | fúəkàːmə(r, vúə-/ *n.* 《南ア》(ボーア人の家の)居間, 広間, 客間. 〘(1775) □ Afrik. ～ □ Du. ← *voor* 'FOR, before'＋*kamer* chamber: cf. fore-room〙

voor·trek·ker /fóətrèkə | fúətrèkə(r, vúə-; *Afrik.* fóːrtrɛkər/ *n.* **1** 《南ア》開拓者《特に, 1830 年代に, Cape Colony から Transvaal および Orange Free State へ入植した初期のオランダ系白人》. **2** 1931 年に創設された Afrikaner の青少年組織のメンバー. 〘(1878) □ Afrik. ～ □ Du. ← *voor* (↑)＋*trekken* to go, trek〙

VOP, vop 《略》〘保険〙valued as in original policy 協定保険価格は原証券通り.

VOR 《略》〘航空〙VHF omnidirectional (radio) range [VHF omnirange] 超短波全方向式無線標識《DME と共に航法援助方式の主力をなすもので, 有効距離内の航空機に対し地上局 (VOR 局) の真北から見た当該機の方位を連続的に示す; cf. TACAN》.

-vo·ra /← v(ə)rə/「…を食するものたち」の意の名詞連結形 (cf. -vore). 〘← NL ～ (neut. pl.) ← L *-vorus* '-VOROUS'〙

vo·ra·cious /vɔ(ː)réɪʃəs, və- | vərέɪʃəs, vɔː-, vɔ-/ *adj.* **1 a** むさぼり食う, がつがつ食う, 大食する, 暴食する (ravenous). **b** しきりに食べ物を欲しがる, がつがつしている: a ～ appetite. **2** ひどく熱心な, 飽くことを知らない: a ～ reader 非常な多読家. **～·ly** *adv.* **～·ness** *n.* 〘(1635) ← L *vorāc-, vorāx* greedy to devour ← *vorāre* to devour ← IE **gʷerə-* to swallow (Gk *borá* food): ⇨ ious〙

vo·rac·i·ty /vɔ(ː)rǽsəti, və- | vərǽsɪ̀ti, vɔː-, vɔ-/ *n.* 大食, 暴食; 猛烈な食欲; 熱心さ. 〘(1526) □ (O)F *voracité* ∥ L *vorācitātem*: ⇨ ↑, -ity〙

vo·rant /vɔ́ːrənt/ *adj.* 〘紋章〙〈動物が〉のみ込もうとしている (cf. engoulée). 〘(1618) □ L *vorantem* (pres.p.) ← *vorāre*: ⇨ voracious, -ant〙

Vor·arl·berg /fɔ́ːrɑːlbὲəːg | fɔ́ːrɑːlbὲəːg, -bɜ̀ːk; *G.* fóːɐaːlbɛʁk/ *n.* フォーアアルベルク《オーストリア西部のスイスと接する山岳の州; 面積 2,601 km², 州都 Bregenz》.

VOR/DME *n.* 〘航空〙ボルディミ《VOR と DME とを併設し, 有効距離内の空域にある航空機に地上局からの方位と距離とを連続的に示す航法援助方式またはその地上局》.

-vore /← vɔ̀ə | -vɔ̀ː(r/「…を食するもの」の意の名詞連結形 (cf. -vora). 〘□ F ～: ⇨ -vora〙

Vor·la·ge, v- /fɔ́əlàːgə | fɔ́ː-; *G.* fóːɐlaːgə/ *G. n.* (*pl.* ～, ～s) 〘スキー〙フォアラーゲ, 前傾姿勢《滑降の時, かかとをスキーにつけたままで前かがみになった状態》. 〘(1936) □ G ～ 'forward position' ← *vor-* 'FORE-'＋*Lage* position (cf. lay², lie¹)〙

V

Vo·ro·nezh /vərɔ́(ː)nɪʃ, -rɑ́(ː)- | -rɔ́(ː)-; *Russ.* varónjiʃ/ *n.* ヴォロネジ《ヨーロッパロシア中南部 Don 川に近い都市》.

Vo·ro·noff /vɔ́(ː)rənɔ̀(ː)f, vɑ́(ː)r-, -nɑ̀(ː)f | vɔ́rənɔ̀f; *F.* vɔʁɔnɔf/, **Serge** /sɛʁʒ/ *n.* ヴォロノフ (1886–1951; パリで活躍したロシアの医学者; 動物器官の移植による若返り法を研究).

Vo·ro·shi·lov /vɔ̀(ː)rəʃíːləf, vɑ̀(ː)r-, -lɔ(ː)f, -ləv, -lɑ(ː)v | vɔ̀rəʃíːləf, -lɔf; *Russ.* vərafílәf/, **Kli·ment E·fre·mo·vich** /klʲimʲént jifrʲémәvʲitʃ/ *n.* ヴォロシーロフ (1881–1969; ソ連の将軍・政治家; 第二次大戦の元帥; ソ連邦最高会議幹部会議長(元首) (1953–60)).

Vo·ro·shi·lov·grad /vɔ̀(ː)rəʃíːləfgræ̀d, vɑ̀(ː)r-, -ləv- | vɔ̀r-, -grɑːd; *Ukr.* voroʃɪlowgrád, *Russ.* vəraʃilavgrát/ *n.* ヴォロシロフグラード《ウクライナ共和国東部の都市; Luhansk の旧称》. 〘□ Russ. ～ (原義) Voroshilov's city: ⇨ ↑, ↑〙

-vo·rous /← v(ə)rəs/「…を食とする (feeding on)」の意の形容詞連結形: carni*vorous* 肉食の / gramini*vorous* 草食の / herbi*vorous* 草食の / omni*vorous* 何でも食べる, 雑食の. 〘← L *-vor(us)* devouring (← *vorāre*: cf. voracious)＋-OUS〙

vor·spiel /fɔ́əspìːl | fɔ́ː-; *G.* fóːɐʃpiːl/ *n.* 〘音楽〙前奏曲, 序曲, 楽曲の導入部. 〘(1876) □ G *Vorspiel* ← *vor-* 'FORE-'＋*Spiel* performance〙

Vor·stel·lung /fɔ́əʃtèlʊŋ | fɔ́ː-; *G.* fóːɐʃtɛlʊŋ/ *n.* 心的な表れ, 表象, イメージ. 〘(1807–8) □ G ～ ← *vor-* (↑)＋*Stellung* standing, position〙

Vor·ster /fɔ́əstə | fɔ́ːstə(r/, **Balthazar Johannes** *n.* フォルスター (1915–1983; 南アフリカ共和国の政治家; 首相 (1966–78); 大統領 (1978)).

VOR·TAC /vɔ́ətæk | vɔ́ː-/ *n.* 〘航空〙ボルタック《VOR と TACAN とを併設し, 有効距離内の空域にある航空機に地上局からの方位と距離とを連続的に知らせる方式またはその地上局》.

vor·tex /vɔ́ətɛks | vɔ́ː-/ *n.* (*pl.* **vor·ti·ces** /-təsìːz | -tɪ̀-/, ～**·es**) **1** (水・空気・火炎などの)渦(うず), 渦巻 (whirlpool, eddy); (しばしば渦巻状の)飛行雲 (contrail); 旋風 (whirlwind). **2** (人を巻き込む力を有する社会運動や組織などの)渦巻: the ～ of revolution 革命の渦 / in the ～ of war 戦乱の渦中で / They were drawn into the ～ of religious controversy. 宗教的論争の渦中に巻き込まれた. **3** (Descartes などの古い学説で)宇宙物質の渦動《これによって宇宙の諸現象を説明しようとした》. **4** 〘物理〙渦. **5** 〘解剖〙渦《心臓の筋肉繊維の渦状配列》. 〘(1652) □ L ～ (変形) ← VERTEX〙

vórtex dràg *n.* 〘航空〙＝trailing vortex.

vórtex gènerator *n.* 〘航空〙渦発生片, ボルテックスジェネレーター《航空機の翼や胴体後部の表面に並べて突出させた小さい金属板で, それぞれの小片から渦を出し, 下流で起こる気流の剝離を防止する》.

vórtex rìng *n.* 渦巻状の輪《たばこの煙など》.

vórtex shèdding *n.* 〘流体力学〙渦の離脱《渦が渦列の形をとって下方に流されること》.

vórtex strèet *n.* 〘流体力学〙渦列(うずれつ)《強さの等しい渦が規則的に並んでいること; cf. Karman trail》.

vor·ti·cal /vɔ́ətɪ̀kəl, -kl̩ | vɔ́ːtɪ-/ *adj.* **1** 渦巻の; 渦巻に似た, 渦巻状の. **2** 渦巻く, 旋回する. **～·ly** *adv.* 〘(1653) ← L *vortic-, vortex* 'VORTEX'＋-AL¹〙

vor·ti·cel·la /vɔ̀ətəsélə | vɔ̀ːtɪ-/ *n.* (*pl.* **-cel·lae** /-liː/, ～s) 〘動物〙ツリガネムシ《淡水中にも海水中にもいるツリガネムシ属 (*Vorticella*) のベル形の単細胞纖毛動物の総称; bell animalcule ともいう》. 〘(1787) ← NL ～ (dim.) ← L *vortex* (↑)〙

vortices *n.* vortex の複数形.

vor·ti·cism /vɔ́ətəsìzm | vɔ́ːtɪ̀-/ *n.* 〘美術〙渦巻派《1910 年代英国に起こった未来派の一派で, 立体派が立方体を用いたのと同じく好んで渦巻を用いて現代の機械文明を象徴しようとした》. 〘(1914) ← L *vortic-* (⇨ vortical)＋-ISM〙

vór·ti·cist /-sɪ̀st | -sɪst/ *n.* 渦巻派の画家. 〘1914〙

vor·tic·i·ty /vɔətísəti | vɔːtísɪ̀ti/ *n.* **1** 渦巻運動[状態]. **2** 〘物理〙渦度(うずど)《流体の渦の強さ》. 〘1888〙

vor·ti·cose /vɔ́ətɪ̀kòus | vɔ́ːtɪkəʊs/ *adj.* ＝vortical. **～·ly** *adv.* 〘(1783) □ L *vorticōsus* ← *vortic-*: ⇨ vortical, -ose¹〙

vor·tig·i·nous /vɔətídʒənəs | vɔːtídʒɪ̀-/ *adj.* 《古》＝vortical. 〘(1671) ← L *vortiginem, vortigō* a whirling (変形) ← *vertigō*: ⇨ vertigo, -ous〙

Vor·tum·nus /vɔətʌ́mnəs | vɔː-/ *n.* 〘ローマ神話〙＝Vertumnus.

Vosges /vóuʒ | vəʊʒ; *F.* voːʒ/ *n.* **1** ボージュ(県)《フランス北東部の県; 面積 5,871 km², 県都 Épinal /epinal/》. **2** [the ～ (Mountains)] ボージュ(山脈)《フランス北東部の山脈; 第一次大戦の戦跡》.

Vos·tok /vɑ́(ː)stɑ(ː)k, vɔ́(ː)s- | vɔ́stɔk; *Russ.* vastók/ *n.* ヴォストーク《旧ソ連の打ち上げた一連の有人衛星船; 第 1 号は 1961 年打ち上げ》. 〘(1969) □ Russ. ～ (原義) east, orient〙

vós·tro accóunt /vɑ́(ː)strou- | vɔ́strəʊ-/ *n.* 〘銀行〙先方勘定《外国銀行が自国の銀行に開設している国内通貨建て預金勘定; 英国の場合, 外国の銀行が英貨で保有する勘定; cf. nostro account》. 〘*vostro*: ← It. ～ 'your' < L *vestrum, vester*〙

vot·a·ble /vóutəbl̩ | vəʊt-/ *adj.* 投票権を有する; 投票で決めることができる. 〘1754〙

vo·ta·ress /vóutərɪ̀s | vəʊtərɪ̀s, -rès/ *n.* 女性の votary. 〘1589〙

vó·ta·rist /-tərɪ̀st | -tərɪst/ *n.* ＝votary. 〘(1604): ⇨ ↓, -ist〙

vo·ta·ry /vóutəri | vəʊtəri, -tri/ *n.* **1** 誓いを立てて神に仕える人, 神に身を捧げた人; 修道僧, 修道尼. **2 a** (宗教などの)信奉者, (熱心な)信者: a ～ of God. **b** (事業・研究などに)熱心な人, 献身者; (理想・主義などの)唱導者, 主張者, 支持者 (ardent adherent): a ～ of science 科学に献身している人 / a ～ of celibacy [total abstinence, vegetarianism] 独身主義[絶対禁酒, 菜食主義]の実行者. **c** (ある人の)崇拝者, 傾倒者, 支持者 (admirer). **d** 耽溺(たんでき)者, 愛好者, 心酔者, 凝り屋 (devotee): a ～ of pleasure, athletic sports, hunting, etc. **— *adj.*** **1** 誓いによって捧げられた. **2** 誓いの, 誓願の. 〘(1546) ← L *vōt(um)* vow (↓)＋-ARY〙

vote /vóut | vəʊt/ *n.* **1 a** (選挙・採決などでの)賛否表示, 投票, 票決: be chosen by ～ 投票によって選ばれる / ask for [propose] a ～ of confidence [nonconfidence, censure] 信任[不信任]投票を要求[提案]する / come to a ～＝go to the ～ 票決に付される / put a question [bill, motion] to the ～ 議題[議案, 動議]を票決に付する / take a ～ *on* a question 問題について採決する / A ～ of thanks to the chair was passed. 議長に対し感謝決議[謝意票決]がなされた. **b** 投票方法: ⇨ plural vote / a cumulative ～ 連記累積投票 (⇨ cumulative voting) / a limited ～ 制限投票 / a single ～ 単記[式]投票 / an open ～ 公開[記名]投票 / a secret ～ 秘密[無記名]投票 / a secret ～ with plural entry＝ballot with a plural ～ 無記名連記投票 / a roll-call ～ 点呼採決 / a ～ by acclamation [rising, a show of hands] 発声[起立, 挙手]採決 / a voice ～ 発言や拍手による採決. **2** 投票用紙 (ballot); (個々の)票, 投票: the deciding ～ 決定票 / ⇨ casting vote / a spoiled ～ 無効票 / spoil one's ～ 無効投票をする《抗議の意思表示などのため》/ cast a ～ *for* [*against*] …に賛成[反対]の投票をする / give one's ～ *to* [*for*] …に一票を投じる / You'll get [You have] my ～! 君に賛成だ / canvass for ～*s* 投票獲得運動をする / The candidate polled two thousand ～*s*. その候補者は 2,000 票を得た / The motion was carried [lost, defeated] by fourteen ～*s*. その動議は 14 票で通過した[否決された]. **3** 投票[票決]権; 選挙権, 参政権 (suffrage franchise): He was without a ～. 投票権がなかった / We demand ～*s* [the ～]! 選挙権を要求するぞ[与えろ]! **4** [しばしば the ～; 集合的] **a** 全[総]投票, 投票総数, 得票; (特定の投票者集団のもつ)票, 票田: a large [heavy] ～ 多数の投票 / a majority ～ 過半数の得票 / ⇨ floating vote / get out *the* ～ 見込み投票をかき集める / ⇨ SPLIT *the vote* / A light ～ was polled. 少しの票しか得られなかった / He will lose *the* Labour [working class] ～. 彼は労働党[労働者階級]の票を失うだろう / The Opposition ～ was cast against the bill. 野党はその議案に反対投票した. **b** (特定集団から成る)投票者, 有権者 (voters): the farm ～ 農民票. **5** (票決されるべき)議決事項; 議決された特別支出額, 議決額 (appropriation): a ～ of £300,000 *for* a new building 新建築に対する 30 万ポンドの議決額 / the army ～ 《英》陸軍軍事費議決額. **6** 投票者, 有権者 (voter). **7** 《廃》誓い (vow); 祈願; 熱望.

óne mán, óne vóte＝《英》**óne mémber óne vóte** (略 OMOV)＝**óne pérson óne vóte** 一人一票(主義).

— *vi.* **1** 投票[選挙]する; 投票権[参政権]を行使する: ～ *for* [*in favor of*] a measure 議案に対して賛成投票をする / ～ *for* [*against*] Labour 労働党に賛成[反対]投票をする / ～ *against* a person [party] 人[政党]に対して反対投票をする / ～ *on* a bill [motion] 議案[動議]について投票[採決]する / ～ a straight ticket ⇨ straight ticket / the right to ～ 投票権 / How [When] will the country ～? 選挙はどうなる(だれが選ばれる)[いつ]だろうか. **2** 〔…への賛否を〕表明する〔*for, against*〕.

— *vt.* **1 a** (投票によって)可決[議決]する: ～ a petition to the King 国王への請願を議決する / ～ an appropriation 特別支出を議決する / ～ £100,000 in aid of [for] the expedition その遠征に対して 10 万ポンドの補助金を決議する / The measure was ～*d* by a two-thirds majority. 議案は 3 分の 2 の多数決で可決された. **b** 〈…する[という]ことを〉票で決める, 票決する 〈*to do, that*〉: We ～*d that* the organization (should) continue.＝We ～*d* to continue the organization. その組織の存続を票決した. **2** 投票して支持する: ～ the Republican ticket 《米》共和党を支持して投票する (cf. ticket 4 a) / ～ Conservative [Labour, Republican, Democrat, Newman] 保守党[労働党, 共和党, 民主党, ニューマン]に投票する. **3** [目的補語または *that*-clause を従えて] (世間一般の意見として)…と認める, 評判にする, 決める (declare): The public ～*d* the new play success. 今度の劇は成功だという世評だ / He was ～*d* a bore. 彼は退屈な男だという定評だった / We ～*d that* the best person for the post was you. 一番適任なのは君だということになった. **4** 《口語》〈…しようと〉提案する (suggest, propose) 〈*that*〉: I ～ (*that*) we go to the movies tonight. 今夜は映画に行こうじゃないか. ★ 通例 that を省略し clause 内の述語動詞には仮定法現在形を用いる. **5** …に従って[…のために]投票する: *Vote your consciences!* 良心に従って投票せよ.

vóte dówn (1) (投票によって)否決する: ～ *down* a measure 議案を否決する / ～ *down* slavery 奴隷制の廃止を議決する. (2) 〈人〉の動議(など)を否決する. ***vóte ín*** [***ínto***] 〈人を〉…に選出[選挙]する, …に当選させる: ～ *in* the whole slate of candidates 全公認候補者を当選させる / ～ a person [candidate] *into* Parliament [the chair] 人[候補者]を選挙によって議会に送る[議長にすえる]. ***vóte óut*** (***of***) 〈人を〉…から投票によって追い出す, (みんなの意見で)やめさせる[廃止する]: ～ an incumbent *out of* office 現職者を落選させる / The Assembly ～*d* democracy *out* (*of* existence). 議会は投票で民主制を廃止した. ***vóte thróugh*** 〈議案などを〉投票で通過させる: ～ a bill *through* (Congress). ***vóte with one's féet*** その場にとどまる[から離れる, に戻る]こと(など)によって反対の意思表示をする: The soldiers ～*d* (against the war) *with their feet* by deserting in droves. 兵士たちは集団脱走によって(戦争反対の)意思表示をした.

〘(?a1300) □ L *vōtum* vow (neut. p.p.) ← *vovēre* 'to vow¹'〙

vote·a·ble /vóutəbl̩ | vəʊt-/ *adj.* ＝votable.

vóte bànk *n.* 《インド》票のたくわえ, 票田《同じ政党の支持者で, 得票が見込める人々》. 〘1963〙

vóte-gètter *n.* 《口語》高得票者; 有力候補者. 〘1906〙

vóte·less *adj.* 投票[選挙]権のない. 〘1672〙

vot·er /vóutə | vəʊtə(r/ *n.* **1** 投票する人: an absentee ～ 不在投票者 / a floating ～ 浮動投票者. **2** (特に, 国会議員選挙での)有権者, 選挙人 (elector): a casting ～ 決定投票者《議長など》. 〘a1578〙

vót·ing /-tɪŋ | -tɪŋ/ *n.* 投票, 投票権行使, 選挙: the right of ～ 投票権, 選挙権. 〘1575〙

vóting bòoth *n.* 《米》(選挙人が一人ずつ入るように間仕切りした)投票用紙記入所 (《英》polling booth).

vóting machìne *n.* (自動)投票集計機. 〘1900〙

vóting pàper *n.* 《英》投票用紙 (ballot). 〘1861〙

vóting trùst *n.* 〘経営〙議決権信託《会社の持株支配

者または金融機関その他の債権者が，特定目的を実現するまでの一定期間受託者となって，多数の株主から議決権を信託させ，会社の支配権を維持または一時掌握する方法)．〘1902〙

vo·tive /vóutɪv | vóut-/ *adj.* **1** (誓いによって)捧げられた，奉納の，奉献の (dedicated): a ~ sacrifice / a ~ picture [tablet] 奉納絵馬[額]. **2** 祈願成就のためになされる，祈願成就の結果なされる: ~ abstinence 物断ち / a ~ pilgrimage 祈願成就の巡礼. **3** 祈誓の[を表す]，祈願[願い]をこめた，願(ﾞ)をかける: a ~ song, prayer, etc. **4** 〖カトリック〗随意的に行われる; 規程のない. **~·ly** *adv.* **~·ness** *n.* 〘(1593) ◻ L *vōtīvus* pertaining to a vow: ⇨ vote, -ive〙

vótive càndle *n.* 常灯明 (vigil light) として使用される小ろうそく《敬神行為として，聖堂内でともされる》.

vótive Máss, v- m- *n.* 〖カトリック〗随意ミサ，特志ミサ《日課書に記載してある以外の臨時のミサで，教皇選挙・戴冠式・平和祈願などのために行うもの》. 〘1738〙

vótive óffering *n.* 〖キリスト教〗献納，誓願の供え物 (cf. *Lev.* 7: 16). 〘1939〙

vo·tress /vóutrɪs | vóu-/ *n.* 《古》 =votaress. 〘1590〙

Vo·ty·ak /vóutiæk | vóut-; *Russ.* vatják/ *n.* **1 a** [the ~(s)] ヴォチャーク族《ロシア連邦の Udmurt 共和国に住む》. **b** ヴォチャーク族の人. **2** ヴォチャーク語《フィンウゴル語族 (Finno-Ugric) に属する; Udmurt ともいう》. 〘(1841) ◻ Russ. ~ 'member of *Vot* (Votyak people)': cf. Vyatka〙

vou. 《略》voucher.

vouch /váutʃ/ *vi.* **1 a** 〔人の正直などを〕保証する，請け合う，〔…の〕保証人になる〔*for*〕: ~ *for* a person's honesty 人の正直を保証する / I will ~ *for* him. 彼は私が保証する / I cannot ~ *for* the accuracy of my memory. 記憶が正しいかどうか請け合いかねる. **b** 〈ものが〉〔…の〕保証[証拠]となる〔*for*〕: The paper will ~ *for* the payment of his debts. その書類は彼の借金支払いを証明するであろう. **2** [~ for it that として] 断言する (assert): I can't ~ *for it that* the house is not already sold. その家がまだ売られていないとは断言できない. — *vt.* 《古》 **1 a** 保証する (warrant, attest): ~ one's statement. **b** 請け合って〈…だと〉言う，断言する，請け合う (affirm, declare) 〈*that*〉: He ~*es that* he has seen God. 彼は神を見たと言う. **2** 例証として挙げる，引証する (cite). **3** 〖法律〗(裁判所へ)出頭を命じる，(権原の保証・擁護のために)召喚する. **4** 証人として喚問する[採用する]. — *n.* 《廃》 **1** 保証すること，保証 (attestation). **2** 証言，主張 (testimony). 〘(*a*1325) ◻ OF *voucher* to summon < ? L *vocāre* to call ← *vōc-*, *vōx* 'VOICE'〙

vouch·ee /vàutʃíː/ *n.* 被保証人. 〘1485〙

vouch·er /váutʃə | -tʃə(r)/ *n.* **1** 証拠物件[書類]，証票，バウチャー; (特に，金銭の支払いを証明する)領収[受領]証 (voucher of warranty ともいう); 給与明細書: a sales ~. **2** 《英》(商品・サービスの)引換券，購入券，クーポン(券)，金券 (cf. token 3): a luncheon ~ 昼食(引換)券 / a gift ~ ギフト券. **3** 保証人，証明者. **4** 〖会計〗証憑(ｼｮｳﾋｮｳ): **a** 企業と企業外部者との取引上作成される原始記録. **b** voucher system で支払いの正当性を立証する内部書類. — *vt.* **1** 証明する. **2** …の領収書を作る. 〘(1531) ◻ AF ~ (n.) ← OF *vo(u)cher* 'to VOUCH': ⇨ -er[3]〙

vóucher chèck *n.* 《米》〖会計〗証憑(ｼｮｳﾋｮｳ)式小切手 (voucher system で振り出される特殊形式の小切手).

vóucher plàn *n.* 〖米教育〗ヴァウチャープラン《私立学校の授業料の代わりに公的な支払証書を適用できる制度》.

vóucher règister *n.* 《米》〖会計〗証憑(ｼｮｳﾋｮｳ)記入帳.

vóucher sỳstem *n.* **1** 〖会計〗証憑(ｼｮｳﾋｮｳ)式記入帳制度《米国の大企業で採用される支払管理制度で，小口現金払い以外のすべての支払いについて証憑を作成し，支払期限が到来した場合，責任者がその証憑をチェックして承認したのちにこれを小切手で支払う方法》. **2** 〖教育〗 = voucher plan. 〘1881〙

vouch·safe /vautʃséɪf, ⌐–⌐/ *vt.* **1 a** [時に二重目的語を伴って] (好意またはお情けで)与える，賜わる，下さる (⇨ grant SYN): Can you ~ me a few minutes' conversation? 2, 3 分お時間をいただくことができましょうか / He did not ~ a reply. 一言の返事もくれなかった / He did not ~ a glance at me. 私を見向きもしてくれなかった. **b** 親切にも…する，…して下さる (condescend) 〈*to do*〉: He ~*d to* listen to us. 親切にも我々に耳を傾けて下さった. **2** (好意で)許す (allow, permit): It was ~*d* him to speak. 彼は許されてしゃべった. **3** 《廃》(快く)受け入れる (accept): *Vouchsafe* good morrow from a feeble tongue. 病人の口から朝のご挨拶をさせていただきます (Shak., *Caesar* 2. 1. 313). **~·ment** /-mənt/ *n.* 〘(*c*1303) *vouche(n)* … *safe* 《原義》to guarantee as safe: ⇨ vouch, safe〙

Vouet /vwéɪ; *F.* vwɛ/, **Simon** *n.* ヴーエ (1590–1649; フランスの宮廷画家; 肖像画・歴史画・装飾画を描いた).

vouge /vúːʒ; *F.* vuʒ/ *n.* ヴージュ《長い柄の先に斧に似た刃のついた武器; 14 世紀以降歩兵が使用した》. 〘◻ (O)F ~ < LL *vidubium* ◻ Celt. (Welsh *gwyddif* scythe)〙

vou·lu /vuːlúː; *F.* vuly/ *adj.* 故意の，意図的な. 〘(1909) ◻ F ~ (p.p.) ← *vouloir* to wish〙

vous·soir /vuːswáə, ⌐–⌐ | vuːswáː(r); *F.* vuswaːʀ/ *n.* 〖建築〗迫石(ｾﾘｲｼ)，ブーソア《アーチを造るくさび形の石材; 両側の力を支える頂上中心にあるものは keystone (要石)という》. 〘(1728) ◻ F ~ ∞ (1359–60) *vousore* ◻ OF *vous-soir* < VL **volsōrium* ← L *volvere* to roll: ⇨ volute〙

Vou·vray /vuːvréɪ | ⌐–⌐; *F.* vuvʀɛ/ *n.* ヴーヴレ(ワイン)《フランス Touraine 地方産の白ぶどう酒》. 〘(1885): 産地のフランス中部 Loire 県の町の名〙

vow[1] /váu/ *n.* **1** (神に対しての，また神かけての)誓い，誓約，祈誓 (solemn promise): baptismal ~*s* 洗礼時の誓約 / a ~ of celibacy [secrecy] 独身の[秘密を守るという]誓い / marriage ~*s* 結婚の誓言 / lovers' ~*s* 恋人同士の誓い / ⇨ MONASTIC vows / take [make] a ~ 誓いを立てる，願(ｶﾞﾝ)をかける / I am under [bound by] a ~ to drink no wine. 禁酒の誓いを立てている. **2** 誓いの趣意[内容]，誓ったこと: perform a ~ 誓いを果たす / Is this your ~? これが君の誓ったことなのか. **3** 願い，祈願. *táke (the) vóws* (修道誓願を立てて)修道会[修道院]にはいる. — *vt.* **1** おごそかに誓う; 〈…することを〉誓約する 〈*that, to do*〉: ~ a pilgrimage 巡礼に出ると誓う / They ~*ed that* they will be loyal to the king. 国王に忠誠を尽くすと誓約した / He ~*ed* never *to* drink liquor again. 二度と酒を飲まないと誓った. **2 a** 〈報復などを〉誓う: ~ vengeance against the oppressor 圧制者に必ず報復すると誓う. **b** …の奉納を誓う〔*to*〕: ~ an abbey *to* God for one's victory. **c** [~ one*self* で] …に一身を捧げると誓う〔*to*〕: ~ one*self to* a life of self-sacrifice 自己犠牲の生涯を送ると誓う. — *vi.* 誓う，誓約する. 〘(*c*1300) ◻ AF & OF *vou* (F *vœu*) < L *vōtum* vote ← *vovēre* to vow ← IE **wogʷheyo-* ← **wegʷh-* to speak solemnly (Gk *eukhḗ* vow): VOTE と二重語〙

vow[2] /váu/ *vt.* 《古》語気を強めて〈…だと〉言う，明言する，断言する (assert, asseverate) 〈*that*〉: He ~*ed that* he would never return to such an unpleasant place. そんないやな所に二度と戻らないと断言した / I ~ you are in a pretty mess. 君はひどく困っているな. 〘(?*c*1300) 《頭音消失》← AVOW〙

vow·el /váuəl, váuɫ/ *n.* **1** 〖音声〗母音《口腔内において呼気が妨害されないか，または摩擦の音が生じるほどの狭めがなく発せられる音; cf. consonant 1》. **2** 母音字《英語では a, e, i, o, u の 5 字と，時に w, y をも加える》. — *adj.* 母音の: ⇨ vowel gradation, vowel mutation. — *vt.* (vow·eled, -elled; -el·ing, -el·ling) **1** =vowelize. **2** 《廃》(博打(ﾊﾞｸﾁ)などで)〈人〉に「借りておく (I owe you)」と言う，〈人〉に借用証 (IOU) を渡す (cf. three vowels). 〘(*c*1308) ◻ OF *vouel* (F *voyelle*) < L (*litteram*) *vōcālem* vocal (letter) ← *vōc-*, *vōx* voice: VOCAL と二重語〙

vówel gradátion *n.* 〖言語〗母音交替 (ablaut) (cf. gradation 5). 〘1887〙

vówel hàrmony *n.* 〖言語〗母音調和《Altaic, Finno-Ugric 語・古代日本語などで第二音節以下の母音が第一音節の母音に同化すること》. 〘1900〙

vówel héight *n.* 〖音声〗母音の高さ《ある母音を発音する際の舌の表面の口腔内での高さ; cf. close vowel, mid vowel, open vowel》.

vow·el·ize /váuəlàɪz/ *vt.* **1** 〖言語〗〈ヘブライ語・アラビア語などのテキスト〉に母音符号[母音点]を付ける. **2** 〈子音を〉母音化する. **vow·el·i·za·tion** /vàuəlɪzéɪʃən | -laɪ-, -lɪ-/ *n.* 〘1816〙

vówel·less *adj.* 母音のない; 母音をなくして発音した. 〘1870〙

vówel létter *n.* 母音字.

vówel·lìke 〖音声〗*adj.* 母音に類似した，母音類似音の. — *n.* 母音類似音《[l], [m], [n], [ŋ], [r], [w], [j] などのように，きこえが大きく口腔内での呼気の妨害も少ない音》. 〘1855〙

vówel mutátion *n.* 〖言語〗母音変異 (umlaut).

vówel pòint *n.* 〖言語〗母音符号，母音点《ヘブライ語・アラビア語などにおいて子音字の上または下，エチオピア語では後に付けて母音を示す》. 〘1764〙

vówel redùction *n.* 〖音声〗母音弱化 (cf. reduce *vt.* 16). 〘1972〙

vówel rhỳme *n.* 〖詩学〗 =assonance 2 a. 〘1838〙

vówel shift *n.* 〖音声〗(英語における)母音推移 (cf. sound shift): ⇨ Great Vowel Shift. 〘1909〙

vówel sỳstem *n.* 〖音声〗母音体系[組織] (cf. consonant system). 〘1855〙

vówel tríangle *n.* 〖音声〗母音三角形. 〘1918〙

vów·er *n.* 誓う人，誓言者，誓約者. 〘1546〙

vów·less *adj.* 誓い[誓約]のない. 〘1620〙

vox /vɑ́(ː)ks | vɔ́ks/ *L. n.* (*pl.* **vo·ces** /vóusiːz | vóu-/) 声，音声 (voice). 〘(*a*1550) ◻ L *vōx* 'VOICE'〙

vóx an·gé·li·ca /-ændʒélɪkə/ *n.* 〖音楽〗 **1** =voix céleste. **2** ヴォックスアンジェリカ《音高のわずかに異なるふたつの音管を同時に鳴らし，不協和音によってたゆたうような微妙な音を出させるパイプオルガンの特殊音栓》. 〘(1852) ← NL *vōx angelica* angelic voice〙

vóx bár·ba·ra /-báəbərə | -bɑ́ː-/ *n.* 野蛮語《特に，動植物学名として採用されるギリシャ語ともラテン語ともつかない新造ラテン語》. 〘◻ L *vōx barbara* barbarous voice〙

vóx cae·lés·tis /-siːléstɪs | -tɪs/ *n.* 〖音楽〗 =vox angelica. 〘◻ L *vōx caelestis* heavenly voice〙

vox De·i /vɑ́(ː)ksdíːaɪ | vɔ̀ks-/ *n.* 神の声: ⇨ vox populi, vox Dei. 〘(*a*1520) ◻ L *vōx Dei* voice of God〙

vox·el /vɑ́(ː)ksel | vɔ́k-/ *n.* (立体画像を構成する) 3D 画素. 〘← *vo(lume) el(ement)*: pixel にならったもの〙

vóx hu·má·na /-hjuːmɑ́ːnə, -méɪ- | -mɑ́ː-/ *n.* 〖音楽〗ヴォックスフマーナ《人声に似た音を出すパイプオルガンの 8 フィートの音栓》. 〘(1710) ← NL *vōx hūmāna* human voice〙

vóx póp *n.* 《俗》〖ラジオ・テレビ〗街頭などで一般の声を聞くインタビュー. 〘(1964) ↓〙

vox po·pu·li /-pɑ́(ː)pjʊlàɪ, -pɑ́(ː)pjʊlìː | -pɔ́p-/ *n.* 人民の声，世論 (public opinion). 〘(*c*1550) ↓〙

vóx pópuli, vóx Déi *L.* 民の声は神の声 (cf.「天声人語」). 〘(*a*1520) ◻ L *vōx populi, vōx Dei* 'people's voice, God's voice': Alcuin, *Epistles* (*c*800) から〙

voy·age /vɔ́ɪɪdʒ/ *n.* **1 a** (特に，遠路の)船旅，航海 (⇨ trip[1] SYN): a sea ~ / a ~ to Australia / a ~ around the world 世界一周航海，世界周航 / a rough ~ 難航海 / a whaling ~ 捕鯨航海 / on the ~ out [back, home] 往航[帰航]で / the ~ of life 人生の航海[旅路] / a ~ of exploration [discovery] 探検[発見]の航海 / go on a ~ 船旅に出る / ⇨ bon voyage / make a short ~ 短い航海をする. **b** (飛行機・宇宙船などによる)飛行; 航空旅行，空の旅: a ~ to the moon. **c** 《古》旅，旅行. **2** [しばしば *pl.*] 航海記 (cf. travels). **3** 《廃》企て，冒険的事業. — *vi.* 航海する，海[水路]の旅をする; 空の旅をする，旅行する (travel): ~ around the world. — *vt.* (船で)渡る，航海する; (飛行機で)越える (traverse): ~ the seven seas. 〘(?*a*1300) *viage, voiage* ◻ AF & OF *veiage, vo(i)age* (F *voyage*) < L *viāticum* provisions for a journey: VIATICUM と二重語〙

vóy·age·a·ble /-dʒəbl/ *adj.* 航海ができる，航行できる. 〘1819〙

vóyage pòlicy *n.* 〖海上保険〗航海保険証券. 〘1848〙

voy·ag·er /vɔ́ɪɪdʒə | -dʒə(r)/ *n.* **1** 航海者; (特に)冒険[探険]的航海者; 旅行者 (traveler). **2** [V-] ボイジャー《米国の惑星探査機; 1 号は木星 (1979)，土星 (1980) に接近，2 号は木星 (1979)，土星，天王星，海王星 (1989) に接近した》. 〘1477〙

vo·ya·geur /vɔ̀ɪəʒə́ː, vwɑ̀ːjɑː- | vwɑ̀ːjɑːʒə́ː(r); *F.* vwajaʒœːʀ/ *n.* (*pl.* **~s** /~/) 《カナダ》船頭《特に，昔カナダの毛皮貿易商会の雇い人で，湖水・河川に臨む各出張所間の運送に従事した船頭で，多くはフランス系カナダ人またはインディアンとの混血》. 〘(1793) ◻ F ~ 'traveler': ⇨ voyage, -er[1]〙

Voyagéurs Nátional Párk *n.* ヴォイアジャーズ国立公園《米国 Minnesota 州北部のカナダ国境沿いにある湖水地方; 面積 888 km²》.

voy·eur /vwɑːjə́ː, vɔɪə́ː | vwɑːjə́ː(r), vɔɪə́ː(r); *F.* vwajœːʀ/ *n.* (*pl.* **~s** /~z; *F.* ~/) **1** 観淫者，窃視(ｾｯｼ)狂，「出歯亀」，「のぞき屋」(Peeping Tom) (cf. voyeurism). **2** (醜聞などを)やたらにせんさくする人，のぞき趣味の人. 〘(1900) ◻ F ~ ← *voir* to see (< L *vidēre*: ⇨ vision) + *-eur* '-OR'〙

voy·éur·ism /-jə́ːrɪzm | -jə́ːr-/ *n.* 〖精神医学〗窃視(ｾｯｼ)症《性器・性行為に対する病的なのぞきの欲求》. 〘(1924): ⇨ ↑, -ism〙

voy·eur·is·tic /vwɑ̀ːjəːrístɪk, vɔ̀ɪ- | vwɑ̀ːjəːr-, vɔ̀ɪ-⌐/ *adj.* 窃視(ｾｯｼ)症[狂]の; のぞき趣味的な. **vòy·eur·ís·ti·cal·ly** *adv.*

Voz·ne·sen·sky /vɑ̀(ː)znəsénski | vɔ̀z-; *Russ.* vəznʲɪsʲénskʲɪj/, **Andrei Andreyevich** *n.* ヴォズネセンスキー (1933–2010; ロシアの詩人).

VP 《略》verb phrase; Vice President.

v.p. 《略》vapor pressure; variable pitch; various pagings; various places; 〖文法〗verb passive 受動態動詞; *L.* vide post.

V́-párticle *n.* 〖物理〗V 粒子《1947 年発見された新粒子で，今ではさらに分類され，K 中間子，Λ ハイペロンと呼ばれている》. 《その崩壊過程で霧箱 (cloud chamber) の中に残した V 字型の飛跡にちなむ》

VPL 《略》《口語》visible panty line.

V. Pres. 《略》Vice President.

VR 《略》variant reading; *L.* Victōria Rēgīna (=Queen Victoria); 〖電算〗virtual reality; Volunteer Reserve.

v.r. 《略》〖文法〗verb reflexive 再帰動詞.

VRA 《略》voluntary restraint agreement 自主規制協定.

vrai·sem·blance /vrèɪsɑ̃ː(m)blɑ́ː(n)s, -sɑːm-blɑ́ːns; *F.* vʀɛsɑ̃blɑ̃s/ *F. n.* 真実らしく見えること，本当らしさ，もっともらしさ (verisimilitude). 〘(1802) ◻ F ~ ← *vrai* true + *semblance* appearance〙

VRAM /víːræm/ 《略》video RAM.

Vree·land /vríːlənd/, **Diana (Dalziel)** *n.* ヴリーランド (1903–89; フランス生まれの米国のファッション雑誌編集者; *Harpar's Bazaar* 誌を経て *Vogue* 誌の編集長 (1962–71)).

v. refl. 《略》〖文法〗verb reflexive 再帰動詞.

V. Rev. 《略》Very Reverend.

Vries, Hugo De *n.* ⇨ De Vries.

vrille /vríl/ 〖航空〗*n.* きりもみ，ブリル. — *vi.* きりもみする. 〘(1918) ◻ F ~ 《原義》tendril〙

VRM 《略》〖金融〗variable rate mortgage.

VRML /vɚ́ːmɫ | vɜ́ː-/ 《略》〖電算〗Virtual Reality Modeling Language (三次元画像や音声も含むハイパーテキストを記述する規約; cf. HTML).

vroom /vrúːm, vrʊ́m/ 《米口語》*n.* ブルルン，ブルンブルン《自動車・バイクなどの加速音》. — *vi.* 加速音を出す. — *vt.* 加速音を出させる. 〘(1967): 擬音語〙

vrouw /fróu, vróu, fráu, vráu | fráu, vráu; *Afrik.* fráu/ *n.* (*also* **vrow** /~/) (オランダ人・南アフリカ共和国生まれの白人の)女性; …夫人 (Mrs.) (cf. Frau). 〘(*c*1620) ◻ Du. ~ & Afrik. *vrou*: cog. G *Frau*〙

vs. /vɚ́ːs | vɜ́ːs/ 《略》versus (訴訟・競技などで)…対，…に対して.

vs. 《略》verse.

v.s. 《略》variable speed; *L.* vide supra; 〖音楽〗*It.* volti subito (=turn over quickly).

VS 《略》Veterinary Surgeon; 〖化学〗volumetric solution 標準液.

V́-shàped *adj.* V 字形の，V 字形をした. 〘1835–36〙

V́ sign *n.* V サイン (victory sign): **a** (第二次大戦中から広まった)勝利の印; 平和 [賛同，OK] の印《手の甲を内に向けて中指と人指し指を V 字形に広げる; cf. peace sign》. **b** 卑俗な軽蔑・挑戦・怒りなどの印《上と同じ V 字形を作

り手の甲を外に向ける). 〘(1941) ← v(ICTORY)〙

V́-síx *adj.*, *n.* (*also* **V- 6**) 〘自動車〙 V 型 6 気筒 [V6] エンジン(の), V 型 6 気筒エンジンをもつ(自動車).

VSO 《略》 very superior [special] old 《通例 12–17 年のブランデーの貯蔵年数の表示》; 《英》 Voluntary Service Overseas.

V́SÓ lànguage *n.* 〘言語〙 VSO 言語 《ウェールズ語・古典アラビア語・タガログ語などのように動詞 (verb)—主語 (subject)—目的語 (object) の基本語順をもつ言語》.

VSOP 《略》 very superior [special] old pale 《通例 18–25 年のブランデーの貯蔵年数の表示》.

vss. 《略》 verses; versions.

V/STOL /víːstɔ̀(ː)l, -stɑ̀(ː)l | -stɔ̀l/ *n.* 〘航空〙 ヴィストール 《垂直/短距離離着陸》; ヴィストール機 《VTOL 機および STOL 機の総称》. 〘(1960) 《頭字語》 ← *v(ertical) s(hort) t(ake off and) l(anding)*〙

VSWR, vswr 《略》 voltage standing wave ratio.

VT 《記号》 〘米郵便〙 Vermont (州).

VT 《略》 vacuum tube; *L.* Vetus Testāmentum (=Old Testament); voice tube.

VT, v.t. 《略》 variable time.

vt., v.t. 《略》 〘文法〙 verb transitive 他動詞.

Vt. 《略》 Vermont.

V́T fùze *n.* 〘軍事〙 variable time fuze.

VTIR 《略》 visible and thermal infrared radiometer 可視熱赤外放射計.

VTO 《略》 〘航空〙 vertical takeoff 垂直上昇, 垂直離陸.

VTOL /víːtɔ̀(ː)l, -tɑ̀(ː)l | -tɔ̀l/ *n.* 〘航空〙 ヴィトール 《垂直離着陸》; ヴィトール機 《垂直離着陸性能をもつ航空機; cf. STOL》. 〘(1955) 《頭字語》 ← *v(ertical) t(ake) o(ff and) l(anding)*〙

V́TOL·pòrt *n.* 〘航空〙 VTOL 空港.

VTR /víːtìːɑ́ə | -ɑ́ː(r)/ 《略》 〘テレビ〙 videotape recorder.

V́-twó *n.* =V-2.

V́-tỳpe éngine *n.* 〘機械〙 (内燃機関の) V 型機関, V 型発動機[エンジン].

vu 《記号》 Vanuatu (URL ドメイン名).

VU 《略》 〘電気〙 volume unit.

Vuel·ta Aba·jo /vwéltəəbɑ́ːhoʊ | -həʊ; *Am.Sp.* bwélt(a)aβáho/ *n.* ブエルタアバホ 《キューバ西部の地域; タバコで有名》.

vug /vʌ́g, vúg | vʌ́g/ *n.* (*also* **vugg** /~/, **vugh** /~/) 〘鉱山〙 がま 《鉱脈中の小空洞》. **vúg·gy, vú·ghy** /-gi/ *adj.* 〘(1818) □ Corn. *vooga* cave〙

Vuil·lard /vwiːjɑ́ə | -jɑ́ː(r); *F.* vɥijaːʁ/, **(Jean) Édouard** *n.* ヴュイヤール 《1868–1940; フランスの画家; ナビ派の代表者の一人》.

Vuitton *n.* ⇨ Louis-Vuitton.

Vul. 《略》 Vulgate.

Vul·can /vʌ́lkən/ *n.* 〘ローマ神話〙 ウルカヌス 《火と鍛冶(かじ)仕事の神; ギリシャ神話の Hephaestus に当たる》. 〘(1513) □ L *Vulcānus* ← Etruscan: cf. volcano〙

Vul·ca·ni·an /vʌlkéɪniən/ *adj.* (*also* **Vul·ca·ne·an** /~/) **1** ウルカヌス (Vulcan) の. **2** [v-] 火山の (volcanic). **3** [v-] 鍛冶(かじ)仕事の, 金工の. **4** [v-] 〘地質〙 火成説の (plutonic): the *vulcanian* theory 火成説. 〘1602〙

vul·ca·nic·i·ty /vʌ̀lkənísəṭi | -s̬ti/ *n.* 〘地質〙 = volcanism. 〘1873〙

vúl·can·ìsm /-nɪ̀zm/ *n.* 〘地質〙 =volcanism. 〘1877〙

vúl·can·ist /-n̩ɪst | -nɪst/ *n.* =volcanist. 〘1802〙

vul·can·ite /vʌ́lkənàɪt/ *n.* ヴァルカナイト, 硬化ゴム (hard rubber, ebonite). 〘(1836) ← VULCAN+-ITE¹〙

vul·ca·niz·a·ble /vʌ́lkənàɪzəbl̩/ *adj.* 硬化[加硫, 硫化]できる. 〘1860〙

vul·ca·ni·zate /vʌ́lkən̩ɪzèɪt/ *n.* 加硫ゴム製品. 〘(1942) 《逆成》 ↓〙

V

vul·ca·ni·za·tion /vʌ̀lkən̩ɪzéɪʃən | -naɪ-, -nɪ-/ *n.* **1** (ゴムの)加硫, 硫化 《生ゴムに硫黄(いおう)を化合させて行う硬化操作; ⇨ cure 4》. **2** 硬化操作. 〘1846〙

vul·ca·nize /vʌ́lkənàɪz/ *vt.* **1** 〈ゴムを〉加硫する, 硫化する. **2** 〈ゴム以外の物質を〉(類似の方法で)硬化する. **3** (薬品と熱で処理して)〈ゴム・タイヤなどを〉修理する. — *vi.* 加硫処理をうける. 〘1827〙

vúl·ca·nized fiber *n.* (バルカン)ファイバー 《木綿またはパルプの繊維を塩化亜鉛で角質に硬化させたもの; 電気絶縁材・事務用品などに利用する》. 〘(1884) ← *Vulcanized Fibre* (商標名)〙

vúl·ca·nìz·er *n.* 加硫装置. 〘1862〙

vul·ca·no·log·i·cal /vʌ̀lkənəlɑ́(ː)dʒɪkəl, -kl̩ | -nəlɔ́dʒɪ-ˉ/ *adj.* =volcanologic. 〘1888〙

vùl·ca·nól·o·gist /-dʒ̩ɪst | -dʒɪst/ *n.* =volcanologist. 〘1858〙

vul·ca·nol·o·gy /vʌ̀lkənɑ́(ː)lədʒi | -nɔ́l-/ *n.* =volcanology. 〘1858〙

vulg. 《略》 vulgar; vulgarity; vulgarly.

Vulg. 《略》 Vulgate.

vul·gar /vʌ́lgə | -gə(r)/ *adj.* **1** 教養のない, 洗練されていない, 悪趣味な, 下品な, 無作法な, 下卑た, 野卑な (low) (⇨ coarse SYN); 俗悪な; 猥褻(わいせつ)な (obscene): a ~ fellow 下品な男 / ~ manners 無作法 / a ~ display of wealth 野卑な富の誇示 / ~ tastes 俗悪な趣味 / ~ words 野卑な言葉 / a ~ gesture みだらなしぐさ. **2 a** 一般大衆の(間に行われる), 民間の, 俗間の: ~ errors 一般に誤り信じられている事柄 / ~ superstitions 俗間の迷信 / ⇨ vulgar purgation. **b** 一般に行われている, 普通の, 通俗の (popular). **3** 《古》〈言語が〉民衆一般が話す[使用する] (cf. colloquial 2); 自国語による[に訳された, を用いた] (vernacular): the ~ tongue [speech] 自国語 《以前は特にラテン語に対して言った》 / the ~ translation (into Latin) of the Greek text of the New Testament 新約聖書のギリシャ語原典からの(ラテン語)訳. **4** 《古》 (上流階級に対して)平民の, 庶民の, 民衆の: ~ circles 平民[庶民]社会 / the ~ herd 一般民衆, 庶民. — *n.* **1** [the ~; 集合的] 一般人民, 民衆, 庶民 (common people). **2** 《廃》 自国語 (vernacular). **~·ness** *n.* 〘(1391) □ L *vulgāris* of the common people ← IE **wolgo-* multitude ← *vulgus* the common people ← IE **wel-* to press (Gk *eílein*): ⇨ -ar¹〙

vúlgar éra *n.* [the ~] キリスト紀元 (Christian Era). 〘1716〙

vúlgar fráction *n.* 〘数学〙 =common fraction. 〘1674〙

vul·gar·i·an /vʌlgέ(ə)riən | -gέər-/ *n.* 下卑た人, 俗物; (特に)俗悪な成り上がり者. — *adj.* 俗物の, 低俗な. 〘1650〙

vúl·gar·ìsm /-gərɪ̀zm/ *n.* **1** =vulgarity. **2 a** 野卑[卑猥(ひわい)]な言葉. **b** (主に無教養な人の使う)卑俗語句[表現], 語法違反, 非標準的な語法. 〘1644〙

vul·gar·i·ty /vʌlgǽrəṭi, -gέr- | -gǽr̩ɪti/ *n.* 俗悪, 野卑, 卑俗, 下品 (rudeness); 卑俗な行為[言葉遣い], 無作法 (indecorum). 〘(1579) □ LL *vulgāritātem*: ⇨ vulgar, -ity〙

vul·gar·i·za·tion /vʌ̀lgər̩ɪzéɪʃən | -raɪ-, -rɪ-/ *n.* **1** 卑俗化, 俗悪化 (debasement). **2** (高級な学術・技術・知識を)通俗[平俗]化すること; わかりやすい解説. 〘1656〙

vul·gar·ize /vʌ́lgəràɪz/ *vt.* **1** 俗化する, 俗悪[野卑, 下品]にする: The tripper has ~*d* many of the loveliest spots in England. 旅行者によって英国の最も景色の美しい場所がたくさん俗悪化した. **2** 通俗[平俗]化する, 俗間に普及させる (popularize). **vúl·gar·iz·er** *n.* 〘1605〙

Vúlgar Látin *n.* 俗ラテン語 《文学・学術書によって伝えられている文語としての古典ラテン語に対し民衆が口語として用いていたラテン語で, 多くのロマンス諸語の起源となったもの》. 〘1659〙

vúl·gar·ly *adv.* **1** 通俗に, 世間一般に, 俗間に, 俗に (commonly, popularly): be ~ supposed to be a cure 治療になると俗に思われている. **2** 俗悪に, 野卑に, 下品に: behave [speak] ~. 〘*c*1385〙

vúlgar Márxism *n.* (極度に単純化された)俗流マルクス主義.

vúlgar purgátion *n.* 俗間の無罪証明 《探湯(くかたち)などによる》. 〘← *vulgar* (教会が是認しなかったことから)〙

Vul·gate /vʌ́lgeɪt, -g̩ɪt/ *n.* **1** [the ~] (カトリック教会で用いている)ラテン語訳聖書, ウルガタ聖書 《St. Jerome が 4 世紀の終わり近くに訳したもので, 印刷された最初の刊本 (1455 年ごろ); cf. Gutenberg Bible》. **2** [v-] 一般に通用しているテキスト, 定本, 流布本. **3** [the ~] **a** 日常語, 口語. **b** 卑俗な[非標準的な]言葉. — *adj.* **1** ラテン語訳[ウルガタ]聖書の. **2** [v-] 一般に通用している, 普通認められている, 普通の (common): a ~ text, reading, etc. 〘(1609) □ L *vulgāta* (*ēditiō*) popular (edition) (fem. p.p.) ← *vulgāre* to make general or common ← *vulgus* the common people (↓)〙

vul·gus¹ /vʌ́lgəs/ *n.* [集合的] 平民, 庶民, 民衆 (the common people). 〘(*a*1687) □ L ~, *volgus* the common people: ⇨ vulgar〙

vul·gus² /vʌ́lgəs/ *n.* (もと英国の public school で課した)ラテン語短詩の作詩. 〘(1857) ← ? 《廃》 *vulgars* 'ラテン語作文のための英文課題' (-*us* は GRADUS との連想か): cf. vulgar〙

vuln /vʌ́ln/ *vt.* 〘紋章〙 傷つける (wound). 〘(1583) ← L *vulnerāre* ← *vulner-*, *vulnus* wound〙

vulned /vʌ́lnd/ *adj.* 〘紋章〙 〈人・動物など傷ついて血を流している. 〘(1572) ← L *vuln*(*us*) a wound+-ED 2〙

vul·ner·a·bil·i·ty /vʌ̀ln(ə)rəbíləṭi, -nəb- | vʌ̀ln(ə)rəbíl̩ɪti, vʌ̀n(ə)r-/ *n.* **1** 傷[非難]を受けやすいこと, 弱点があること. **2** 傷つきやすい[もろい]ところ. 〘1808〙

vul·ner·a·ble /vʌ́ln(ə)rəbl̩, -nəbl̩ | vʌ́ln(ə)rəbl̩, vʌ́n(ə)r-/ *adj* **1** (精神的な)害をこうむりやすい, 〔非難・攻撃などを〕受けやすい; (誘惑などに)負けやすい 〔*to*〕; 弱味[弱点]のある: ~ years (精神的に)傷つきやすい年頃 / be ~ *to* criticism, calumny, temptation, etc. / a ~ point 弱味, 弱点 / Unlike Madonna, Marilyn Monroe always seemed ~ on the screen. マドンナと違ってマリリンモンローは銀幕ではいつもよろめきやすそうだった. **2** (武器で)傷つけることができる, 傷を受けやすい; 〔病気に〕かかりやすい 〔*to*〕: Achilles' only ~ point [spot] was his heel. アキレスの唯一の傷つけられる所はかかとであった. **3** 〈場所・要塞など〉攻撃されやすい, 攻落されそうな, 堅固でない. **4** 〘トランプ〙 (contract bridge で) バル 《rubber で一ゲーム勝った後の状態; ダウンした場合のマイナス点が倍になる》. **~·ness** *n.*

vúl·ner·a·bly *adv.* 〘(1606) □ LL *vulnerābilis* wounding ← L *vulner-*, *vulnus* a wound ← IE **welə-* to tear, wound (Gk *oulḗ* scar): ⇨ -able〙

vul·ner·ar·y /vʌ́lnərèri | -nərəri/ *adj.* **1** 傷を治すのに用いる, 傷につける; 傷薬になる: a ~ herb. **2** 傷を付ける, 傷つける (wounding). — *n.* (特に, 薬用植物から採った)傷薬. 〘(1599) ← L *vulnerārius* ← *vulnus* wound (↑)〙

vul·ning /vʌ́lnɪŋ/ *adj.* 〘紋章〙 〈ペリカンが〉胸に傷をうけて血を流している (cf. a PELICAN in her piety). 〘(1780) ← 《廃》 *vuln* to wound □ L *vulnerāre* ← *vulnus* a wound: ⇨ vulnerable〙

Vul·pec·u·la /vʌlpέkjʊlə/ *n.* 〘天文〙 こぎつね(小狐)座 《はくちょう座とわし座の間にある北天の星座; the Little Fox ともいう》. 〘(1866) □ L *Vulpēcula* (dim.) ← *vulpēs* fox〙

vul·pec·u·lar /vʌlpέkjʊlə | -lə(r)/ *adj.* 狐の (vulpine). 〘1884〙

vul·pi·cide /vʌ́lpəsàɪd | -p̩ɪ-/ *n.* 《英》 (猟犬で狩る狐狩の方法によらずに)狐を捕えて殺す人; 狐殺し. **vul·pi·cid·al** /vʌ̀lpəsáɪdl̩ | -p̩ɪsáɪdl̩ˉ/ *adj.* 〘(1826) ← L *vulpi-*, *vulpēs* fox+-CIDE〙

vul·pine /vʌ́lpaɪn, -p̩ɪn | -paɪn/ *adj.* **1** 狐の. **2** (顔つき・性格が)狐のような (foxy); ずるい, 悪賢い (sly, crafty). 〘(1628) □ L *vulpīnus* ← *vulpēs* fox ← IE **wl̥pē-* fox (Gk *alṓpēx* fox): ⇨ -ine¹〙

vul·pi·nite /vʌ́lpənàɪt | -p̩ɪ-/ *n.* 〘鉱物〙 バルピナイト (硬石膏の一種). 〘(1823) □ G *Vulpinit* ← *Vulpino* (Lombardy にある地名): ⇨ -ite¹〙

vul·ture /vʌ́ltʃə | -tʃə(r)/ *n.* **1** 〘鳥類〙 **a** ハゲワシ 《旧世界の熱帯および温帯地方にすむ大形のワシタカ科の数種の鳥の総称; クロハゲワシ (black vulture) など; cf. griffon vulture, lammergeier》. **b** コンドル 《南北アメリカ産コンドル科の数種の鳥の総称; トキイロコンドル (king vulture) など; cf. condor》. **2** 強欲な人. **~·like** *adj.* 〘(*c*1380) □ AF *vultur*=OF *voltour* (F *vautour*) < L *vulturium* ← *vultur*, *voltur* ← ? IE **gʷl̥tur-* vulture: cf. L *vellere* to pluck〙

vulture 1

vul·tur·ine /vʌ́ltʃəràɪn, -r̩ɪn | -tʃəràɪn, -tjʊr-/ *adj.* **1** ハゲワシ[コンドル]の. **2** =vulturous. 〘(1647) □ L *vulturīnus*: ⇨ ↑, -ine¹〙

vul·tur·ish /vʌ́ltʃ(ə)rɪʃ/ *adj.* =vulturous. 〘1826〙

vul·tur·ous /vʌ́ltʃ(ə)rəs | -tʃə-, -tjʊ-/ *adj.* ハゲワシ[コンドル]のような; 強欲な. 〘1623〙

vulv- /vʌlv/ (母音の前にくるときの) vulvo- の異形.

vul·va /vʌ́lvə/ *n.* (*pl.* **vul·vae** /-viː, -vaɪ | -viː/, **~s**) 〘解剖〙 陰門, (女性の)外陰(部). **vúl·val** /-vəl, -vl̩/ *adj.* **vúl·var** /-və | -və(r)/ *adj.* **vúl·vate** /-veɪt, -v̩ɪt/ *adj.* 〘(1392) □ L ~ 'covering, womb' ← *volvere* to roll: ⇨ volute〙

vul·vi·form /vʌ́lvəfɔ̀əm | -v̩ɪfɔ̀ːm/ *adj.* **1** 〘動物〙 外陰部に似た形の. **2** 〘植物〙 (植物の形態が)哺乳動物の膣前庭のような縁をもった. 〘(1849): ⇨ vulvo-, -form〙

vul·vi·tis /vʌlváɪṭ̩ɪs | -tɪs/ *n.* 〘病理〙 陰門炎, 外陰炎. 〘(1859): ⇨ ↑, -itis〙

vul·vo- /vʌ́lvoʊ | -vəʊ/ 「陰門(の), 外陰(の)」の意の連結形. ★ 母音の前では通例 vulv- になる. 〘(1849) ← L *vulva* 'VULVA'〙

vùlvo·vaginítis *n.* 〘病理〙 外陰(部)膣炎. 〘1897〙

vum /vʌ́m/ *vi.* (**vummed**; **vum·ming**) 《米方言》 誓約する, 誓う (vow, swear). 〘(1785) 《転訛》 ← ? vow²〙

vv. 《略》 verbs; verses; violins.

v.v. 《略》 vice versa.

vv. ll. 《略》 *L.* variae lēctiōnes 《v.l. の複数形; ⇨ varia lectio》.

VVSOP 《略》 very very superior old pale 《25–40 年のブランデーの貯蔵年数の表示》.

VW 《略》 Very Worshipful; Volkswagen.

V́-wèapon *n.* V 兵器, 報復兵器 (cf. V-1, V-2).

V́X (gàs) *n.* VX ガス ($C_{11}H_{26}NO_2PS$) 《米軍の高致死性の神経ガス; 皮膚や肺から吸収される》. 〘1966〙

v.y. 《略》 various years.

Vyat·ka /viɑ́ːtkə; *Russ.* vʲátkə/ *n.* **1** ヴィヤトカ 《Kirov の旧称》. **2** [the ~] ヴィヤトカ(川) 《ロシア連邦西部を流れる Kama 川の支流 (1,314 km)》.

Vy·borg /víːbɔəg | -bɔːg; *Russ.* víbərk/ *n.* ヴィボルグ 《ロシア連邦北西部, Finland 湾に臨む海港; 以前はフィンランド領 (1917–40); フィンランド語名 Viipuri》.

Vy·cheg·da /vítʃ̩ɪgdə; *Russ.* vítʃʲɪgdə/ *n.* [the ~] ヴィチェグダ(川) 《ロシア連邦西部を西流して Northern Dvina 川に合流する (1,129 km); 冬期は結氷》.

Vy·cor /váɪkɔə | -kɔː(r)/ *n.* 〘商標〙 バイコール 《石英ガラスに近い組成と性質をもったガラス; 耐熱性にすぐれる》.

vy·gie /féɪxi/ *n.* 《南ア》 =mesembryanthemum. 〘(1924) □ Afrik. ~ (dim.) ← *vyg* □ Du. *vijg* fig〙

Vy·got·sky /v̩ɪgɑ́(ː)tski, -gɔ́(ː)ts- | vɪgɔ́ts-; *Russ.* vigótskʲij/, **Lev Semenovich** *n.* ヴィゴツキー 《1896–1934; ロシアの教育心理学者》.

vy·ing /váɪɪŋ/ *adj.* 競争中の, 張り合っている (competing): the ~ candidates 張り合っている候補者 / They are ~ *against* [*with*] one another for the championship. 彼らはお互いに優勝を競っている. **~·ly** *adv.* 〘(1633) (pres.p.) ← VIE〙

Vyshinsky, Andrei Yanuarevich *n.* ⇨ Vishinsky.

Vyv·yan /vívjən/ *n.* ヴィヴィアン: **1** 男性名. **2** 女性名. 〘《異形》 ← VIVIAN¹〙

W w

W, w /dʌ́bljùː, -lju/ *n.* (*pl.* **W's, Ws, w's, ws** /~z/) **1** 英語アルファベットの第 23 字. ★ 通信コードは Whiskey. **2** (活字・スタンプなどの) W または w 字. **3** [W] W 字形(のもの). **4** 文字 w が表す音 (way, week などの [w]). **5** (連続したものの)第 23 番目(のもの); (J を数に入れないときは)第 22 番目(のもの). 〖11 世紀ごろからノルマンフランス人の写字生によりルーン文字 ƿ (cf. wen²) の代わりに用いられ, 初めは VV, vv のような連字として書かれ, そこからこの文字の名称 'double u' (＝vv) が来ている〗

W (略) Washington; 〘軍事〙 Waterloo; Welch; westerly; Western ロンドンの郵便区の一つ; widow; widower; William; Women('s).

W (記号) energy; gross weight; very wide; 〘化学〙 tungsten (← G. Wolfram); wolframium; 〘放送〙 米国の一部のラジオ・テレビ放送局の呼び出し符号の頭字; 〘貨幣〙 won.

W, W. (略) Wales; Wednesday; Welsh; Wesleyan.

W, W., w, w. (略) 〘電気〙 watt(s); west; western; withdrawal; withdrawn; withdrew; withheld.

w. (略) waist; wall; war; warm; waste; weak; weather; week(s); wet; 〘クリケット〙 wicket; 〘クリケット〙 wide; wife; win; wind; wire; with; woman; 〘海事〙 wooden; word; wrong.

w. (記号) 〘気象〙 wet dew 湿り露.

w., W. (略) warden; warehouse; water; weight; white; width; withdrawal; work.

w/ (略) 〘商業〙 with.

wa /wáː/ (スコット・英方言) ＝way¹; we; woe.

Wa /wáː/ *n.* (*pl.* ~, ~**s**) **1 a** [the ~(s)] ワ族 (ミャンマー北東部から中国雲南省にかけて居住する先住民). **b** ワ族の人. **2** ワ語 (Mon-Khmer 語族). 〖(1860) □ Mon-Khmer (Wa) ~〗

WA (略) West Africa; 〘米郵便〙 Washington (州); Western Approaches (to Britain); West(ern) Australia; 〘海上保険〙 With Average 分損担保, 単独海損担保.

wa' /wɔ́ː, wáː/ *n.* (スコット) ＝wall¹.

WAAAF /wǽf/ (略) Women's Auxiliary Australian Air Force オーストラリア空軍婦人補助部隊 (cf. WRAAF).

Waac¹ /wǽk/ *n.* (米国の)陸軍婦人補助部隊員 (cf. WAAC). 〖(頭字語) ← *W*(*omen's*) *A*(*rmy*) *A*(*uxiliary*) *C*(*orps*)〗

Waac² /wǽk/ *n.* (英国の)陸軍婦人補助部隊員 (cf. WAAC). 〖(1917) (頭字語) ← *W*(*omen's*) *A*(*uxiliary*) *A*(*rmy*) *C*(*orps*)〗

WAAC /wǽk/ (略) Women's Army Auxiliary Corps (米国の)陸軍婦人補助部隊 (第二次大戦中に創設, のちに WAC に変わった; cf. Waac¹); Women's Auxiliary Army Corps (英国の)陸軍婦人補助部隊 (第一次大戦中に創設, のち ATS に, さらに WRAC に変わった; cf. Waac², WRNS, WRAF).

Waadt /G. váːt/ *n.* ヴァート (Vaud のドイツ語名).

Waaf /wǽf/ *n.* (英国の)空軍婦人補助部隊員 (cf. WAAF). 〖(1939) (頭字語) ← *W*(*omen's*) *A*(*uxiliary*) *A*(*ir*) *F*(*orce*)〗

WAAF /wǽf/ (略) Women's Auxiliary Air Force (英国の)空軍婦人補助部隊 (1939 年組織; WRAF の前身; cf. Waaf).

Waal /váːl; *Du.* vaːl/ *n.* [the ~] ワール(川) (Rhine 川下流の南方支流; オランダを西流して Meuse 川に注ぐ (84 km)).

Waals, Johannes Diderik van der *n.* ⇨ van der Waals.

wab /wáːb/ *n.* (スコット・北英) ＝web.

Wa·bash /wɔ́ːbæʃ, wáː- | wɔ́ː-/ *n.* [the ~] ウォバッシュ(川) (米国 Ohio 州西部に発し Indiana 州を通って Ohio 川に注ぐ川 (764 km)). 〖← N-Am.-Ind. (Illiois) *ouabouskigou* (原義) white-shining: その上流の河床が石灰岩であるところから〗

wab·bit /wǽbɪt | -bɪt/ *adj.* (スコット) 疲れた, へとへとの. 〖(1895) ← ?: cf. woubit〗

wab·ble¹ /wɑ́(ː)bl | wɔ́bl/ *v., n.* ＝wobble.

wab·ble² /wɑ́(ː)bl | wɔ́bl/ *n.* ＝warble².

wáb·bler /-blə, -blə | -blə^(r), -bl-/ *n.* ＝wobbler.

wáb·bling /-blɪŋ, -bl-/ *adj.* ＝wobbling. **wáb·bling·ly** *adv.*

wab·bly /wɑ́(ː)bli, -bli | wɔ́b-/ *adj.* (**wab·bli·er; -bli·est**) ＝wobbly.

wa·boom /wáːvuəm/ *n.* (南ア) 〘植物〙 ヤマモガシ科プロテア属の常緑小高木 (*Protea grandiflora*) (南アフリカ Cape 地方の乾燥地に生育; 材は荷馬車の車輪に用いられる). 〖(1946) (変形) ← *wagenboom* (1790) □ Du. ~ ← *wagen* 'WAGON'＋*boom* tree〗

Wac /wǽk/ *n.* (米国の)陸軍婦人部隊員 (cf. WAC). 〖(1943) (頭字語) ← *W*(*omen's*) *A*(*rmy*) *C*(*orps*)〗

WAC /wǽk/ (略) Women's Army Corps (米国の)陸軍婦人部隊 (1943 年 7 月創設; 以前は WAAC といった; cf. Wac, Air Wac, WAVES, WAF).

WACC (略) World Association for Christian Communication 世界キリスト教コミュニケーション連盟.

Wace /wéɪs, wáːs | wéɪs/ *n.* ウェイス (1100?–?74; Norman 系の英国の詩人・年代記作者; *Geste des Bretons*「ブルターニュ武勲詩」(1154?); 誤って Robert Wace とも呼ばれる).

wack¹ /wǽk/ (米俗) *n.* 変人, 奇人. — *adj.* 悪い, 劣った, くずの. 〖(1938) (逆成) ? ← WACKY〗

wack² /wǽk/ *n.* (英方言) (主にリバプールで) (親しみを込めた呼び掛け語として)おい兄弟, お前. 〖(1963) ← ? *wacker* pal, Liverpudian ← ?: cf. whacker〗

wack·e /wǽkə/ *n.* 〘岩石〙 ワッケ (粘土基質に富む砂岩). 〖(1796) □ G *Wacke* < OHG *wacko* gravel〗

wacked /wǽkt/ *adj.* (俗語) ＝whacked.

wack·o /wǽkoʊ | -kəʊ/ (米俗) *adj.* ＝wacky. — *n.* (*pl.* ~**s**, ~**es**) ＝wacky.

wack·y /wǽki/ (米俗) *adj.* (**wack·i·er; -i·est**) 風変わりな, 突飛な, 無茶な, いかれた (eccentric). — *n.* いかれた人, 奇人. **wáck·i·ly** /-kɪli/ *adv.* **wáck·i·ness** *n.* 〖(*c*1935) ← ? (英方言) *whacky* fool〗

wácky báccy *n.* (米俗) いかれタバコ, マリファナ. 〖(?*c*1965): *baccy* (短縮) ← TABACCO〗

wácky báck·y /-bǽki/ *n.* (*also* **wácky tab·báck·y** [**t'báck·y**] /-təbǽki/) (米俗) ＝wacky baccy.

Wa·co /wéɪkoʊ | -kəʊ/ *n.* ウェイコー (米国 Texas 州中部の Brazos /brǽzəs/ 川に臨む都市). 〖□ Sp. *Hueco* □ N-Am.-Ind. (Wichita) *wekoh* (部族名)〗

wad¹ /wɑ́(ː)d | wɔ́d/ *n.* **1** (綿・紙・毛などの)塊, 小塊: a ~ of hair, cloth, paper, cotton, etc. **2** (柔らかい物を丸めた)詰め物 (stuffing), 込め物 (packing), 当て物 (padding), 中入れ綿. **3** (先込め銃・薬包の玉・火薬を押さえる綿・紙・布・フェルトなどの)押さえ (plug), 詰め綿, おくり (⇨ shell 挿絵). **4** (紙幣の)束 (roll): a thick ~ of paper money 厚い札束 / a ~ of 100 marks 100 マルクの束. **5** (米口語) **a** [しばしば *pl.*] 多量: ~*s* of popularity 大変な人気. **b** 持ち金: He bet his ~ on the race. レースに持ち金を賭けた. **c** 多額の金: quite a ~ なかなかの大金. **6** (英方言) (わら・干し草などの)小さな束 (bundle): a ~ of hay. **7** (英俗) パン (bun), サンドイッチ (sandwich). **8** (米) (チューインガム・かみたばこなどの)一固まり: a ~ of gum, tobacco, etc. ***shóot one's wád*** (口語) 持ち金を全部賭ける; 一か八かやってみる.

— *vt.* (**wad·ded; wad·ding**) **1** 〈綿・わらなどを〉丸める, 玉にする 〈*up*〉: ~ tow 麻くずを丸める / ~ *up* a paper into a ball 新聞紙を丸めて玉にする. **2** (米) 〈紙などを〉くるくる巻く 〈*up*〉: He ~*ded* his notebook into the pocket. ノートをくるくると巻いてポケットにねじ込んだ. **3** 〈火薬や弾丸を〉詰め綿などで押さえる; 〈銃器〉におくりを入れる: ~ a bullet in a gun 弾丸を銃に入れて詰め綿で押さえる / ~ a gun 銃におくりを入れる. **4** 〈穴を〉(詰め物で)ふさぐ (*with*), …に込め物をする; 〈貴重品などを〉込め物をして荷造りする: ~ one's ears *with* cotton 耳に綿を詰める. **5** 〈衣服〉に綿を入れる: ~ a cloak, coverlet, etc. **6** 〈人を〉ぎっしり詰め込む: They were ~*ded* into a taxi. タクシーにぎっしり詰め込まれた.

~·der /-də | -də^(r)/ *n.* 〖n.: (1540) ← ?: cf. Du. *watten* (pl.) / G *Watte* a wadding. — v.: (1579) ← (n.)〗

wad² /wɑ́(ː)d | wɔ́d/ *n.* 〘地質〙 マンガン土 (マンガン酸化物による黒色または暗褐色の土塊). 〖(1614) (方言) black lead ← ?〗

wad³ /wéd/ *n.* 〘スコット法〙 担保, 抵当 (pledge). ***in*** [***to***] ***wád*** 入質して, 抵当になって; 人質になって. 〖OE *wædd* ← *wedd* 'WED²'〗

wad⁴ /(弱) wəd; (強) wɑ́ːd/ *v.* (スコット・英方言) ＝would. 〖(17C) (変形) ← (古形) *wald*(*e*) < OE (Anglian) *walde* 'WOULD'〗

wa·da /wɑ́ːdə | -də/ *n.* ＝vada.

wad·a·ble /wéɪdəbl | -də-/ *adj.* 〈川など〉歩いて渡れる: a ~ stream. 〖1611〗

Wa·dai /wɑːdáɪ/ *n.* ワダイ (アフリカ中北部に 16 世紀から 19 世紀末にかけて栄えた王国; 現在のチャド共和国の東部地方).

wád·cùtter *n.* 〘射撃〙 つづみ弾 (つづみ形の射的用弾丸). 〖(1957): ⇨ wad¹〗

Wad·den·zee /wɑ́(ː)dənzèɪ, -dn- | wɔ́dən-, -dn-; *Du.* vɑ́dənzèː/ *n.* (*also* **Wad·den Zee** /~/) [the ~] ワッデン海 (オランダ本土と西部 Frisian Islands との間の北海の浅いところ).

wád·ding /-dɪŋ | -dɪŋ/ *n.* **1** 詰め物, 込め物 (wad) (綿・羊毛・わらなど); (衣服などの)入れ綿. **2** (鉄砲や薬包の)押さえ, 詰め綿, おくり材料 (綿・フェルトなど). **3** 〈詰め物・入れ綿・押さえなどを〉入れること. 〖(1627) ← WAD¹ (v.)＋-ING¹〗

Wad·ding·ton /wɑ́(ː)dɪŋtən | wɔ́dɪŋ-/, **Mount** *n.* ワディントン山 (カナダ British Columbia 州南西部, Coast 山脈の高峰で同州の最高峰 (4,042 m)).

wad·dle /wɑ́(ː)dl | wɔ́dl/ *vi.* **1** 〈カモ・アヒルなどが〉よたよた歩く; 〈幼児・脚の短い肥えた人などが〉(アヒルのように)よたよた[よちよち]歩く[進む] (toddle): The ducks ~*d about* in the yard. アヒルは中庭をよたよた歩き回った. **2** ゆらゆら[ぐらぐら]しながら進む: The steamer ~*d out* into the river. 汽船はゆらゆら揺れながら川へ出て行った. — *n.* よたよた[よちよち]歩き. 〖(1595) (freq.) ← ? WADE: ⇨ -le³〗

wád·dler /-dlə, -dlə | -dlə^(r), -dl-/ *n.* よたよた[よろよろ]歩く人. 〖1828〗

wád·dling /-dlɪŋ, -dl- | -dl-, -dl-/ *adj.* よたよた歩きの, よろよろ歩きの. **~·ly** *adv.* 〖1662〗

wád·dly /-dli, -dli | -dli, -dli/ *adj.* よたよた歩く, よたよた歩きの: a ~ walk [person].

wad·dy¹ /wɑ́(ː)di, wɔ́(ː)di | wɔ́di/ (豪) *n.* **1** (オーストラリア先住民の)戦闘用棍棒(こんぼう) (war club). **2** 木の棒; 木くぎ, ステッキ. — *vt.* 戦闘用棍棒で打つ[攻撃する]. 〖(1788) □ Austral. (Dharuk) ~ (変形) ? ← WOOD¹〗

wad·dy² /wɑ́(ː)di | wɔ́di/ *n.* (米西部) カウボーイ (cowboy); 牛泥棒. 〖(1897) ← ?〗

Wad·dy /wɑ́(ː)di | wɔ́di/ *n.* 男性名. 〖(dim.) ← WADSWORTH〗

wade /wéɪd/ *vi.* **1** (川・雪・泥・砂などの中を)歩いて渡る, 徒渉する, 踏み渡る, 歩いて行く: ~ *across* [*through, in, out, ashore*] / ~ *across* a stream / ~ *in* the snow / ~ *through* the mud, tall grass, etc. / ~ *through* slaughter to a throne 戦場の血潮を踏み渡って王位につく (Gray, *Elegy Written in a Country Churchyard*). **2** [比喩的に] 骨を折って進む, (やっと)切り抜ける (*through*): ~ *through* a book (退屈な, または厚い)本を骨折って読んでいく / ~ *through* a hundred pages in a day 一日に 100 ページ読み進む / ~ *through* difficulties やっと困難を切り抜ける. **3** 毛鉤釣りをしながら川の中を歩く. **4** (浅い)水の中で遊ぶ: ~ in the river 川の中で遊ぶ. **5** (廃) 行く (go), 進む, 通る. — *vt.* 〈川などを〉歩いて渡る[通る] (ford): ~ mud [a stream].

wáde in (1) 浅瀬に入る. (2) (口語) 猛烈に敵[相手]を攻撃する: The two men ~*d in*, exchanging blows. 二人の男は猛烈に相手を攻撃してなぐり合った. (3) (口語) 元気よく仕事に取りかかる, 威勢よく始める: I ~*d* straight *in*. すぐ元気よく仕事に取りかかった. (4) 無理に入り込む, じゃまする; 精力的に参加する: Do you just stand idly by or do you ~ *in* and try to do something? 何もしないで立っているのか, それとも入ってきて何かやる気があるのかい.

wáde ínto (口語) (1) 〈敵・相手〉を猛烈に攻撃する: He ~*d into* his opponent with his fists flying. こぶしを振りかざして相手を猛烈に攻撃した. (2) 元気よく〈仕事など〉に取りかかる, 威勢よく…を始める: ~ *into* one's work, discussion, food, etc.

— *n.* **1** 歩き渡り, 徒渉. **2** 浅瀬.

〖OE *wadan* to go < Gmc **waðan* (G *waten*) ← IE **wadh-* to go (L *vādere* to go & *vadāre* to wade)〗

Wade /wéɪd/, **George** *n.* ウェード (1673–1748; 英国の軍人; Jacobite Rebellion (1715) ののち, スコットランド高地地方の部族を巧妙に宥和・武装解除し, 舗装した軍事道路と 40 に及ぶ橋 ('Wade' bridges) を建設 (1726–37)).

Wade, Sir Thomas Francis *n.* ウェード (1818–95; 英国の外交官・中国学者; Wade(-Giles) system を考案).

wade·a·ble /wéɪdəbl | -də-/ *adj.* ＝wadable.

Wáde-Gíles sỳstem /-dʒáɪlz-/ *n.* [the ~] ウェード(ジャイルズ)式 (中国語のローマ字表記法の一つ; cf. Pinyin). 〖← *T. F. Wade, Herbert Allen Giles* (1845–1935: 英国の東洋学者)〗

wád·er /-də | -də^(r)/ *n.* **1** (水の中などを)歩いて渡る[徒(と)渉る]人. **2** 〘鳥類〙 ＝wading bird. **3** [しばしば *pl.*] (釣り師などのはく, ふとももまたは胸まで届く)防水長靴. 〖1673〗

Wáde sỳstem *n.* [the ~] ＝Wade-Giles system.

wadge /wɑ́(ː)dʒ | wɔ́dʒ/ *n.* (英口語) 分厚い束, 塊 (wodge).

wa·di /wɑ́ːdi | wɔ́di; *Arab.* wáːdiː/ *n.* (*pl.* ~**s**, ~·**es**) **1** ワジ, 涸(か)れ谷 (アラビア・北アフリカ地方で降雨時以外には水のない河床, 谷川岸にはしばしばオアシスができる); 砂漠地方における同上の涸れ谷; 涸れ谷に生ずる流水. **2** オアシス (oasis). 〖(1615) □ Arab. *wādi* channel of a river, valley〗

Wa·di Hal·fa /wɑ́ːdiháːlfə | wɔ́dihǽl-/ *n.* ワディハルファ (スーダン北部のナイル川に臨む都市; 古代エジプト中王国時代の遺跡があるが Aswan High Dam により一部が水没).

wád·ing bìrd /-dɪŋ- | -dɪŋ-/ *n.* 〘鳥類〙 渉禽(しょうきん) (wader) (ツル・サギ・シギ・チドリなど, 浅い水中を渡渉して餌をあさる脚の長い鳥; cf. shorebird). 〖*c*1843〗

wáding bòots *n. pl.* ＝wader 3.

W

wáding pòol *n.* (公園などの)子供の水遊び場. 〖1921〗

wad·mal /wá(ː)dməl, -mɫ | wɔ́d-/ *n.* (*also* **wad·mol** /~/, **wad·mel** /~/, **wad·maal** /~/) 粗く厚くてけば立った毛織地《昔, イングランドやスカンジナビアで冬服に用いられた》. 〖(1392) ◻ ON *vaðmāl* ← *vāð* 'cloth, weed[2]' + *māl* 'measure, MEAL[1]'〗

Wad Me·da·ni /wáːdmədáːni/ *n.* ワドメダニ《スーダン東部, 青ナイル (Blue Nile) 川に臨む町; Gezira 灌漑計画の中心地》.

wad·na /wáːdnə/ 《スコット・英方言》 = would not. 〖← WAD[1] + NA〗

wad·set /wɑ́(ː)dsèt | wɔ́d-/ *n.*, *v.* (**-set·ted; -set·ting**) 〖スコット法〗 = mortgage. 〖(*a*1338) *wedset* ← OE *tō wedde settan* to set for pledge: ⇨ wed[2], set〗

wád·sèt·ter /-tə | -tə(r)/ *n.* 〖スコット法〗 **1** = mortgagee. **2** = mortgagor. 〖1625〗

Wads·worth /wá(ː)dzwə(ː)θ | wɔ́dzwə(ː)θ/ *n.* ウォッズワース《男性名; 愛称形 Waddy》. 〖もと地名: 《原義》 homestead of *Wade* (⇨ wade)〗

wa·dy /wáːdi | wɔ́di/ *n.* = wadi.

wae /wéɪ/ *n.* 《スコット・北英》 = woe. 〖ME 《北部方言》 *wa* < OE *wā* 'WOE'〗

w.a.e. 《略》 when actually employed 雇用時.

wae·sucks /wéɪsʌks/ *int.* (*also* **wae·suck** /-sʌk/) 《スコット》 = alas. 〖(*a*1774) ← WAE + *sucks* 《変形》 ← *sakes*): ⇨ sake[1]〗

waf /wǽf, wáːf/ *adj.* 《スコット》 = waff[2].

Waf /wǽf/ *n.* (米国の)空軍婦人部隊員《俗に Air Wac ともいう; cf. WAF》. 〖(1948) 《頭字語》 ← W(*omen in the*) A(*ir*) F(*orce*)〗

WAF /wǽf/ 《略》 Women in the Air Force (米国の)空軍婦人部隊 (cf. Waf, WAC, WAVES). 〖1948〗

w.a.f. 《略》〖商業〗 with all faults.

Wafd /wáːft | wɔ́ft, wæ̀ft/ *n.* [the ~] ワフド党《エジプトの民族主義的愛国党; 1919 年に結成; 1952 年エジプト革命の結果解散》. 〖◻ Arab. ~ 《原義》 deputation〗

Wafd·ist /-tɪ̥st | -dɪst/ *adj.* ワフド党 (Wafd) の. — *n.* ワフド党員. 〖1926〗

wa·fer /wéɪfə | -fə(r)/ *n.* **1** ウエハース: (as) thin as a ~ ひどく薄い. **2** 〖教会〗 (カトリック・英国国教会でミサのときに用いるパン種を入れずに作った)薄焼きパン, ウエーファー. **3** (ウエハースのように)薄い平らなもの. **4** 封緘(ふうかん)紙. **5** 〖医学〗 カシェ剤《薬を入れまたは包んで飲むための澱粉製などの薄い紙状の物質; cachet ともいう》: a ~ capsule カプセル / ~ paper (sheet) オブラート. **6** 〖電子工学〗 ウェーファー《集積回路の基板となるシリコンやガリウムヒ素などの薄板; cf. chip[1] 2》. — *vt.* **1** 封緘紙で…の封をする: ~ a letter. **2** 〈干し草などを〉きっちりと小さく固める. **3** 〖電子工学〗 〈シリコンロッドなどを〉ウェーファーに分割する. 〖(*c*1378) *wafre* thin cake ◻ AF 《変形》 ← ONF *waufre* (F *gaufre*) ◻ MLG *wāfel* 'honeycomb, WAFFLE[1]': cf. OHG *waba* honeycomb〗

wáfer-càke *n.* **1** 《皮肉》 = wafer 2. **2** 《まれ》 (ウエハースのように)もろく壊れやすい物. 〖1585〗

wáfer chìp *n.* = wafer 6.

wáfer-thín *adj.* 非常に薄い: the party's ~ majority in Parliament その党が議会で占めるぎりぎりの過半数. — *adv.* 非常に薄く. 〖*a*1911〗

wa·fer·y /wéɪfəri/ *adj.* ウエハースのような, ウエハースのように薄い. — *n.* 《まれ》 ウエハース製造所[室]. 〖1880〗

waff[1] /wǽf, wáːf/ *n.* 《スコット・北英》 **1** 手などを振る合図: put out [set forth] a ~ 合図として手などを振る. **2 a** (風などの)一吹き (blast, puff). **b** ぷんとくるにおい[香り] (whiff): a ~ of roses. **3** 軽い病気: a ~ of cold 風邪引き. **4** 一目 (glimpse). **5** 幽霊 (wraith). — *vi.* 〈旗などが〉はためく. — *vt.* 〈旗などを〉はためかせる, 振る. 〖(1600) 《変形》 ← WAVE〗

waff[2] /wǽf, wáːf/ 《スコット》 *adj.* **1** 〈動物が〉さまよう, まよった (stray); 〈人が〉孤独な (solitary), 仲間のない. **2** くだらない, つまらない, 役に立たない, 無益な. — *n.* 浮浪者 (vagrant). 〖(1720) 《変形》 ← WAIF〗

Wáf·fen SS /váːfən-; G. váfn/ *n.* バッフェン SS, 武装親衛隊《第二次大戦前および大戦中のナチスドイツ国防軍 (Wehrmacht) の戦闘部隊》. 〖(1944) ◻ G ~ ← *Waffen* weapons + *SS* (⇨ SS)〗

waff·ie /wǽfi, wáːfi/ *n.* 《スコット》 浮浪者, やくざ者 (vagrant). 〖(1808) ← WAFF[2] + -IE〗

waf·fle[1] /wá(ː)fɫ | wɔ́fɫ/ *n.* ワッフル《小麦粉・牛乳・卵・ベーキングパウダーなどを合わせた生地を, 焼き型 (waffle iron) で焼いた菓子》. — *adj.* (ワッフルに似た)格子形の刻み目のついた: a ~ weave ワッフル織《蜂巣織 (honeycomb) の一種》. 〖(1744) ◻ Du. *wafel* wafer < MDu. *wāfel(e)* ◻? MLG *wāfel*: cf. wafer〗

waf·fle[2] /wá(ː)fɫ | wɔ́fɫ/ *vi.* **1** 《英口語》 あいまいなことを言う, ためらって言う; のべつ幕なしにしゃべる; むだ口をきく, 駄文(だぶん)を草する. **2** 《米口語》 決心できない, 決めかねる (*on, about, over*). — *n.* **1** 《英口語》 早口のおしゃべり; むだ口, 駄弁, 駄文. **2** 《米口語》 優柔不断. **3** 小犬のほえ声. **wáf·fler** /-flə, -flə | -flə(r), -fl-/ *n.* **wáf·fly** /-fli, -fli/ *adj.* 〖(1698) (freq.) ← 《廃》 *waff* to yelp 《擬音語》〗

wáffle clòth *n.* 〖紡織〗 = honeycomb 2 c.

wáf·fled *adj.* = waffle[1].

wáffle iron *n.* ワッフル焼き型《格子などの模様のついた 2 枚の鉄板をちょうつがいでつないだ器具》. 〖1794〗

wáf·fling /-flɪŋ, -fl-/ *adj.* 《口語》 あいまいな (vague), どっちつかずの (indecisive), 煮えきらない: a ~ resolution. 〖(1847) ← WAFFLE[2]〗

waft[1] /wáːft, wǽft | wáːft, wɔ́ft/ *vi.* **1** (空中に)ふんわりと漂う[浮かぶ] (float): A fragrance ~*ed* (*in*) from the meadow. 牧場からいい香りが漂って来た. **2** 〈風が〉そよそよと吹く: A soft breeze ~*ed in* through the open door. 微風が開いたドアからそよそよと入ってきた. — *vt.* (空中・水上などを)ふわりと運ぶ, 軽く漂わせる, ふんわり送る[飛ばす]: a fragrance ~*ed* by the wind from the meadow 牧場から風に漂ってくる香り / be ~*ed* (*along*) on the breeze 〈音などが〉風で伝わる / A breeze ~*ed* the boat over the water. ボートは微風で水上を漂った. — *n.* **1** (風の)一吹き (puff): a ~ of wind. **2** 一吹きの風 (blast, gust). **3** ふんわり漂ってくる香り, 風に運ばれてくる物音; (音・香りなどの)漂い. **4** ふわふわと動く運動, 揺り, 揺れ; 翻り, 羽ばたき. **5** 〖海事〗 信号のために掲げた旗(またはそれに代わるもの); そういう手段による信号: make a ~ 信号として旗またはそれに代わるものを掲げる. 〖v.: (1513) 《逆成》 ← 《廃》 *wafter* armed escort vessel ◻ Du. & LG *wachter* guard — n.: (1542) ← (v.) & WAFT[3] (WAFF[1])〗

waft[2] /wǽft/ *n.* 〖紡織〗 《スコット》 = weft[1].

waft[3] /wǽft/ *vt.* **1** 《廃》 (手・旗などを振って)合図する, …に合図する (signal), 呼び招く (summon). **2** 〖Shak〗 (軽蔑するように)目をそらす. 〖(1578) 《変形》 ? ← WAFF〗

waft·age /wáːftɪdʒ, wǽf- | wáːf-, wɔ́f-/ *n.* 《古》 **1** ふわりと送る[送られる]こと. **2** (船による)輸送 (conveyance). 〖(1558) ← WAFT[1] (v.) + -AGE〗

wáft·er *n.* 吹き送る人[もの]; (特に送風機の)回転翼.

waft·ure /wáːftʃə, wǽf- | wáːftʃə(r), wɔ́f-/ *n.* **1** ふわりと送ること, 漂ってくること. **2** 漂ってくるもの, 漂流物, ほのかな香り. **3** 《古》 手を振ること. 〖(1599) ← WAFT[1] (v.) + -URE〗

wag[1] /wǽg/ *v.* (**wagged; wag·ging**) — *vt.* **1** 〈尾などを〉振る, (上下・前後・左右に)振る, 振り動かす (shake, swing): ~ one's head (あざけってまたは面白がって)頭を振る / ~ one's finger at a person ⇨ finger *n.* 1 / A dog ~*s* its tail. 犬は喜んで尾を振る / The tail ~*s* the dog. 下の者が上の者を支配する, 主客転倒 / The boy ~*ged* his flag *about*. 少年はしきりに旗を振った. **2** (しゃべるために)〈舌などを〉動かし続ける: ~ one's tongue [chin] うるさく[ぺらぺら, 絶えず]しゃべる. **3** [~ it として] 《英俗》 〈学校を〉ずる休みする, さぼる (cf. wag[2] 2). — *vi.* **1** 〈頭・尾などが〉せわしげに揺れる, しきりに動く: He sat still with his head ~*ging* in time to the music. 音楽に合わせて頭を振りながら静かに座っていた. **2** 〈舌・あごなどが〉絶えず動く: The scandal set tongues [chins, beards] ~*ging*. その醜聞が伝わると世間はいろいろ取りざたした / Your tongue ~*s* too freely. 君は口が軽すぎる. **3** (頭や指を振って)合図する. **4** 体を揺する; 〈犬が〉体を揺すって歩く. **5** 〈世の中・時勢が〉移り行く, 進行する (go on, proceed) (*on, along*): let the world ~ (as it will) 成り行きを傍観する / This is how the world ~*s*. 世の中はこんなものだ (cf. Shak., *As Y L* 2. 7. 23) / How ~*s* the world (with you)? 景気はどうかね. **6** 《古》 立ち去る, 行ってしまう (depart): We must ~. **7** 《古》 動く, 活動する; [主に否定構文で] 体[手足]を動かす: *No* creature ~*ged* to help him. 彼を助けるために体を動かす者はいなかった. **8** 《英俗》 〈学校を〉ずる休みする (play truant): ~ *from* school. — *n.* (頭・尾などの)振り, 揺すり, 振り動かし: with a ~ of the tail [head] 尾[頭]を一振り振って. **wág·ger** *n.* 〖(?*a*1200) ◻ ? ON *vaga* to rock (a cradle): cf. OE *wagian* to shake〗

wag[2] /wǽg/ *n.* **1** ひょうきん者, おどけ者 (joker). **2** 《英俗》 ずる休みする生徒, なまけ者. ★ 次の成句で: ***play (the) wág* = *hóp the wág*** (学校を)ずる休みする, さぼる (play truant). 〖(*a*1553) 《略》 ? ← 《廃》 *waghalter* gallows bird (子供またはおどけ者にいう戯語): または WAG[1] (v.) の転用?〗

WAG 〖自動車国籍表示〗 West Africa Gambia.

Wa·ga·du·gu /wàːgədúːguː, wæ̀g-/ *n.* = Ouagadougou.

wage /wéɪdʒ/ *n.* [通例 *pl.*; ときに単数扱い] **1** 労賃, 給金; 賃金, 給料 (pay) (cf. salary): He gets [earns] good ~*s* [a good ~]. 給料がよい / a fair day's work for a fair day's ~ 相当の労賃に対する相当の労働 / at a ~ [the ~*s*] of $20 a week 一週 20 ドルの給料で / one's weekly [monthly, daily, hourly] ~*s* 週[月, 日, 時]給 / a ~ raise 《米》 hike, boost, increase, rise] 賃上げ / ~ restraint [control] 賃金統制. **2** 〖経済〗 賃金, 労働賃金: high ~*s* and low prices 高賃金と低物価 / a living ~ 生活賃金 / ⇨ IRON law of wages, incentive wage, minimum wage, real wages, subsistence wages. **3** 報い, 応報 (requital, reward): The ~*s* of sin is death. 罪の報いは死なり (*Rom.* 6: 23). ★ 古くはしばしば単数扱い. **4** 《廃》 抵当, 担保 (pledge). — *vt.* **1** 〈戦争・闘争を〉する, 行う (carry on): ~ a battle 戦闘を行う / ~ (a) war [a campaign] against [on] price increases 物価上昇と戦う / We must ~ peace as vigorously as we used to ~ war. 我々は今, かつて戦争を行ったと同じくらい精力的に平和の闘争をしなければならない. **2** 《廃》 抵当に入れる (pledge); 賭ける (stake); 思い切って試す (hazard); 支払う (pay). **3** 《英方言》 〈人を〉雇う (hire). — *vi.* **1** 《古》 〈戦争・論争などが〉行われる, 続く. **2** 《廃》 戦う, 争う (struggle, contend). 〖n.: (?*a*1300) ◻ AF ~ = OF *guage* (F *gage*) ◻ Gmc **waðjam* pledge (⇨ wed[1,2]). — v.: (?*a*1200) *wage(n)* ◻ AF *wagier* = OF *guagier* (F *gager*) ← *guage* (n.): GAGE[1] と二重語〗

SYN 給料: **wages** 特に手先または肉体労働に対して通例週ごとに支払われる賃金. **salary** 特に事務的または専門的な仕事をする人に通例一か月ごとに支払われる給料. **stipend** 特に牧師・判事などに規則的に支払われる一定の給料. **fee** 医師・弁護士・芸術家などの専門的な奉仕に対して支払われる 1 回ごとの謝礼. **pay** 上のどの語の代わりにも使える一般語.

---

wáge clàim *n.* 賃上げ要求(額).

wáge contròl *n.* [通例 *pl.*] 〖経済〗 賃金統制《国家権力による賃金の上昇を抑制する政策》. 〖1910〗

wáge còuncil *n.* = wages council.

waged *adj.* 定期的に賃金を支払われる. 〖*c*1449〗

wáge detèrmination *n.* 賃金率設定.

wáge drift *n.* 〖経済〗 賃金ドリフト《労働不足の際, 実際の賃金率が労働協約の規定以上に上昇する現象》. 〖1963〗

wáge èarner *n.* **1** 賃金労働者. **2** 給料[月給]取り; 給料生活者. 〖1885〗

wáge frèeze *n.* 賃金凍結: a one-year ~ 一年間の賃金凍結. 〖1967〗

wáge-fùnd thèory *n.* 〖経済〗 賃金基金説《資本が増すか人口が減るかしない限り賃金は上がらないという J. S. Mill の説; wages-fund theory ともいう》.

wáge hìke *n.* 賃上げ, ベースアップ (raise). 日英比較 「ベースアップ」は和製英語.

wáge incèntive *n.* (生産性向上のための)奨励金, 報奨金.

wáge·less *adj.* 賃金のない, 無給の. **~·ness** *n.* 〖(1615) 1828〗

wáge lèvel *n.* 賃金水準.

wáge pàcket *n.* 《英》 **1** 給料袋 (《米》 pay envelope). **2** 給料. 〖1951〗

wáge plùg *n.* 《豪口語》 賃金労働者 (wage earner).

wáge-pùsh inflàtion *n.* 〖経済〗 賃金インフレ《賃金上昇が, (労働組合勢力などにより)物的労働生産性の改善を上回った結果生じる物価騰貴; 単に wage inflation ともいう》. 〖1968〗

wa·ger /wéɪdʒə | -dʒə(r)/ *n.* 賭(か)け (bet), 賭け事 (betting); 賭けた物, 賭け金; 賭けの対象: lay a ~ 賭けをする / have a ~ on …に賭けている / win [lose] one's ~ 賭けに勝つ[負ける] / take up a ~ 賭けに応じる.

wáger of báttle 〖英史〗 = TRIAL[1] by battle.

wáger of láw 〖古英法〗 免責宣誓, 雪冤(せつえん)宣誓裁判《被告が自分の無罪, 無責任を誓い, さらに一定数(通例 11 人)の隣人がその言の虚偽でないことを宣誓すれば被告が責を免れた制度; cf. compurgation》.

— *vt.* **1** 賭ける (stake); …に賭けをする (bet): ~ $100 *on* a horse 馬に 100 ドル賭ける / ~ a watch against a pen *on* …に対して時計とペンを賭け合う. **2** 保証する, 請け合う 〈*that, to do*〉: I ~ *that* it shall be so. きっとそうなるよ. — *vi.* 賭けをする, 賭ける; 保証する (*on*): He might come, but I couldn't ~ *on* it. 彼は来るかもしれないが, 保証はできない. 〖(*c*1303) ◻ AF *wageure* (F *gageure*) ← *wagier* 'to WAGE': ⇨ -ure〗

wáge ràte *n.* (一定の時間・出来高に応じ算定する)賃率. 〖1898〗

wáger-bòat *n.* レース用ボート. 〖1844〗

wáger-cùp *n.* 競技の賞としてのカップ.

wá·ger·er /-dʒərə | -rə(r)/ *n.* 賭ける人, 賭事師. 〖1660〗

wáge scàle *n.* 〖経済〗 (業種別の, またはある事業所の)賃金スケール, 賃金算定方式. 〖1902〗

wáges còuncil *n.* 賃金審議会《団体交渉が制度化されていない分野での最低賃金, その他の労働条件を決めるために労資の代表者および中立的第三者で組織される; wage council ともいう》. 〖1945〗

wáges-fùnd thèory *n.* 〖経済〗 = wage-fund theory.

wáge slàve *n.* 《皮肉》 賃金のために(不愉快な仕事を忍んで)働く人, 賃金の奴隷. 〖1886〗

wáge-stòp *vt.* 《英》 〈失業者〉に賃金ストップをかける. 〖1963〗

wáge stòp *n.* 《英》 賃金ストップ《失業者に, 働いている場合に得られる以上の金額の失業保険を与えない政策》. 〖1940〗

wáge·wòrker *n.* 《米》 = wage earner. 〖1876〗

wáge·wòrking *n.* 賃金労働. — *adj.* 賃金労働の. 〖1898〗

wag·ga /wá(ː)gə | wɔ́gə/ *n.* 《豪》 (穀物用大袋を縫い合わせて作った)掛け布またはベッドカバー. 〖(1900) ↓〗

Wag·ga Wag·ga /wá(ː)gəwá(ː)gə | wɔ́gəwɔ́gə/ *n.* ウォガウォガ《オーストラリア New South Wales 州南部, Murrumbidgee 川沿いの都市》.

wag·ger·y /wǽgəri/ *n.* **1** 滑稽(こっけい), おどけ (drollery). **2** 冗談, 悪ふざけ. 〖(1594) ← WAG[2] + -ERY〗

wag·gish /wǽgɪʃ/ *adj.* **1** 〈人・性格など〉おどけた, ひょうきんな, ふざけた: a ~ boy, girl, etc. **2** 〈行為・言葉など〉いたずらの, ふざけ半分の (jocular, prankish): She cried with a ~ shake of her head. いたずらっぽく首を振って叫んだ. **~·ly** *adv.* **~·ness** *n.* 〖(1589) ← WAG[2] + -ISH〗

wag·gle /wǽgɫ/ *vt.* **1** (上下・前後・左右に繰り返し)振る, 揺する (wag): ~ one's finger at a person ⇨ finger *n.* 1 / A dog ~*s* his tail. 犬は喜んで尾を振る / He ~*d* his head at me. 私に向かって首を振ってみせた / I know you by the *waggling* of your head. 頭の振り方であなたとわかります (Shak., *Much Ado* 2. 1. 115). **2** 〖ゴルフ〗 〈クラブを〉ワッグルする. — *vi.* **1** 〈頭・尾などが〉(上下・前後・左右に繰り返し)振れる, 揺れる. **2** 尻を振って[腰をくねらせて]歩く. — *n.* **1** (上下・前後・左右への)振り, 振り動か

し．**2**〘ゴルフ〙ワッグル《スイングにはいる前にクラブヘッドを左右に小さく振る予備運動》．〖《1440》(freq.) ← WAG[1]: ⇨ -le[3]〗

wággle dànce n.〘昆虫〙(ミツバチの)尻振りダンス, ワッグルダンス《見つけた食糧の方向や距離を仲間に知らせるダンス》．〖1952〗

wag·gler /wǽglə, -glə | -glə(r), -gl-/ n.〘釣〙ワグラー《根元だけを釣り糸につけてある浮き》．〖《1975》: ⇨ waggle, -er[1]〗

wag·gly /wǽgli, -gli/ adj. **1** 曲がりくねった, くねくねした: a ～ path. **2** 揺れ動く: a ～ dog よく尾を振る犬．〖1894〗

waggon n., v.《英》=wagon.

wag·gon·ette /wæ̀gənét/ n.《英》=wagonette.

wagh /wɔ́ː, wɑ́ː/ int. =waugh.

wag-'n-bie·tjie /vɑ́xənbìki/《南ア》〘植物〙n. 湾曲した強いとげをもつ低木: **a** ユリ科クサスギカズラ[アスパラガス]属 (*Asparagus*) の低木《*A. capensis* など》. **b** よく衣類にひっかかるとげをもつ低木 (wait-a-bit)《アカシア (acacia) など》．〖《1785》□ Afrik. ～《原義》wait a bit: cf. wait-a-bit〗

Wag·ner /vɑ́ːgnə | -nə(r); G. váːgnɐ/, **Adolph Heinrich Gott·hilf** /gɔ́thɪlf/ n. ワーグナー《1835–1917; ドイツの財政学者》.

Wagner, (Wilhelm) Richard n. ワーグナー《1813–83; ドイツの作曲家で近代楽劇の創始者; *Tannhäuser*「タンホイザー」(1844), *Der Ring des Nibelungen* (4 部作)「ニーベルンゲンの指輪」(1853–74)》.

Wág·ner Àct /wǽgnə- | -nə(r)-/ n. [the ～]《米国の》ワグナー法《団体交渉権を確立し組合結成および交渉代表者選出の自由を保障した 1935 年制定の労働関係法; 詳しくは Wagner-Connery Labor Relations Act (ワグナー コナリー労働関係法)といい, 公式には National Labor Relation Act 1935 (1935 年全国労働関係法)という; のちに Taft-Hartley Act で修正された》．〖《1935》← R. F. *Wagner* (1877–1953: New York 州選出の上院議員) & *W. P. Connery* (1888–1937: Massachusetts 州選出の下院議員)〗

Wág·ner féstival /vɑ́ːgnə- | -nə-; G. váːgnɐ/ n. [the ～] ワーグナー音楽祭《毎年 6 月ドイツ Bavaria の Bayreuth で行われる; Bayreuth festival ともいう》.

Wag·ne·ri·an /vɑːgníəriən, -nɛ́ər- | -níər-/ adj. (Richard) Wagner 作の, ワーグナー風の: a ～ soprano ワーグナーの曲を専門とするソプラノ歌手. — n. ワーグナーの崇拝者[愛好者]; ワーグナー風の作曲家．〖1873〗

Wagnérian féstival n. [the ～] =Wagner festival.

Wag·ner·ism /vɑ́ːgnərìzm/ n. **1** Wagner の作曲理論《伝統的なイタリア歌劇を批判し, leitmotiv を多用するなどして, 特に劇の流れと音楽が一体となった表現を重視》. **2** (音楽界に及ぼした)ワーグナーの影響．〖1852〗

Wág·ner·ist /-nərɪst | -rɪst/ n. =Wagnerian.〖1891〗

Wag·ner·ite /vɑ́ːgnəràɪt/ n. =Wagnerian.〖1855〗

Wág·ner Lábor Àct /wǽgnə- | -nə-/ n. [the ～] =Wagner Act.

Wág·ner tùba /vɑ́ːgnə- | -nə-; G. váːgnɐ/ n.〘音楽〙ワーグナーテューバ《Wagner が考案した金管楽器; フレンチホルンの音質を改良したテノールテューバ・バステューバ・コントラバステューバ》.

Wag·ner von Jau·regg /vɑ́ːgnəvɑ(ː)njáʊrɛk, -fɑ(ː)n- | vɑ́ːgnəvɔnjáʊ-, -fɔn-; G. váːgnɐfɔnjáʊʁɛk/, **Julius** n. ワーグナーフォンヤウレック《1857–1940; オーストリアの神経学・精神病学者; Nobel 医学生理学賞 (1927)》.

wag·on,《英》**wag·gon** /wǽgən/ n. **1** 四輪大型荷馬車《通例 2 頭以上の馬が引き, 取りはずしのできる屋根のあるものもある; cf. cart》;《米》(子供のおもちゃ用の)四輪車, 手押し車. **2**《英》〘鉄道〙無蓋(がい)貨車 (open railway truck) (cf. van[1] 1). **3** =station wagon (cf.《英》estate car). **4** (牛乳・パンなどの)配達用トラック,《英》貨物トラック (lorry). **5** =dinner wagon. **6** [the ～]《米》(警察の)囚人護送車. **7**〘鉱山〙(鉱石などを運ぶ)鉱車. **8**《米》乳母車 (baby carriage). **9**《米》(街路上の)物売り車: a hotdog [popcorn, ice-cream] ～. **10** [the W-]〘天文〙北斗七星 (the Big Dipper, Charles's Wain ともいう). **11** =coaster wagon. **12**〘劇場〙回り舞台; (大道具を固定した)台車. **13**《米俗》自動車. **14** 人や荷物を運ぶ車. **15**《廃》戦車 (chariot);《詩》(太陽神などが乗る)凱旋車. ***circle the wágons***《米口語》全面的な防戦態勢をとる《インディアンなどの襲撃に備えて幌馬車隊を円陣に組んだことから》. ***fix a person's wágon***《米俗》〈子供を〉ぴしゃりと打つ (spank);〈大人〉の成功の邪魔をする, 生活[名声, 期待]をだめにする. ***hítch one's wágon to a stár*** 高邁(こうまい)な理想を抱く《Emerson, *Society and Solitude* (1870), 'Civilization' 中の句》. ***on* [*óff*] *the wágon*** =on [off] the WATER WAGON. — vt. **1**《米》大型荷馬車で〈荷物を〉運送する. **2** 〈荷物を〉大型荷馬車に積む. — vi.《米》大型荷馬車で行く[物を運ぶ]. **～·less** adj.〖《a1475》*wagan, waghen* □ Du. *wagen*,《廃》*waghen*: cf. OE *wæ̈gn* 'WAIN'〗

wag·on·age /wǽgənɪdʒ/ n.《古》**1** 大荷馬車輸送. **2** 大荷馬車輸送の料金. **3** [集合的] 大型荷馬車隊．〖1609〗

wágon bòss n. =wagon master.

wág·on·er,《英》**wág·gon·er** n. **1** 荷馬車の御者. **2** [the W-]〘天文〙ぎょしゃ(馭者)座 (⇨ Auriga). **3**〘鉱山〙鉱車係. **4**《廃》戦車の御者 (charioteer).〖《1544》□ Du. *wagenaar* wagoner〗

wag·on·ette /wæ̀gənét/ n. (四輪の)遊覧馬車《普通 6–8 人乗り》．〖《1858》: ⇨ -ette〗

wágon-hèad[-hèaded] adj.〘建築〙〈天井・屋根など〉(大型荷馬車の覆いを広げたような)半円形の, 半筒形の．〖《1823》1842〗

wa·gon-lit /vɑ̀ːgɔ̃ː(n)líː, -gɔːn-; F. vagɔ̃li/ n. (pl. **wa·gons-lits** /～, ～z; F. ～/, **～s** /～(z) | ～z/) (ヨーロッパ大陸鉄道の)寝台車(の個室)．〖《1884》□ F ～ ← *wagon* railway coach (□ E WAGON)+*lit* bed〗

wágon·lòad n. 四輪大型荷馬車一台分の荷: We'll have to stand ～*s of* abuse. 大型荷馬車何台分もの悪口に耐えなければならない．〖1721〗

wágon màster n. 荷馬車隊[ほろ馬車隊]の隊長．〖1645〗

wágon ròof n.〘建築〙=barrel vault．〖1866〗

wágon sèat n. ワゴンシート《挽物部材と横木の背もたれ (slat back) からなる長椅子; 米国の田舎の家庭や馬車で用いた; rumble seat ともいう》.

wágon sòldier n.〘軍俗〙野砲兵．〖c1865〗

wágon tràin n. **1**〘軍事〙(軍需品を輸送する)車両縦列, 大荷馬車隊. **2** (鉄道敷設以前に米大陸を横断して貨物を運んだ通例 25 両編成の)ほろ馬車隊．〖1810〗

wágon vàult n. =barrel vault.

wágon whèel n.〘ダンス〙=mill[1] 9.

wágon·wrìght n. =wainwright.

Wa·gram /vɑ́ːgrɑːm; G. váːgʁam/ n. ヴァーグラム《オーストリア北東部の村; 1809 年 Napoleon 一世がオーストリア軍を破った戦場》.

wág·tàil n.〘鳥類〙**1** セキレイ《セキレイ科の鳥類の総称》: ⇨ pied wagtail, yellow wagtail. **2** (セキレイ以外の)地上を歩行するとき尾を振る鳥類の総称《米国産 water thrush など》;(特に) =willie wagtail. **3**《廃》おべっか使い. **4**《廃》売春婦．〖《1510》← WAG[1] (v.)+TAIL[1]〗

wah /wɔ́ː, wɑ́ː | wɔ́ː/ int. =waugh.

Wa·ha·bi /wəhɑ́ːbi, wɑː-/ n.〘イスラム教〙=Wahhabi.

Wa·há·bism /-bɪzm/ n.〘イスラム教〙=Wahhabism.

Wah·ha·bi /wəhɑ́ːbi, wɑː-/ n. (*also* **Wah·ha·bee** /～/) (pl. **～s**)〘イスラム教〙ワッハーブ派の信徒《Koran の教義を厳守しようとする 18 世紀に興った復古的イスラム教徒》．〖《1807》□ Arab. *Wahhābī* ← (*Abdul-*)*Wahhāb* (1691?–1792: この派の創始者)〗

Wah·há·bi·ìsm /-bìːzm/ n.〘イスラム教〙=Wahhabism.

Wah·há·bism /-bɪzm/ n.〘イスラム教〙ワッハーブ主義, Koran の教義厳守主義《サウジアラビアの国教》．〖1826〗

Wah·ha·bite /wəhɑ́ːbaɪt, wɑː-/ n.〘イスラム教〙=Wahhabi．〖1810〗

wa·hi·ne /wɑːhíːni, -neɪ; *Hawaii.* wahíne/ n. **1**《ハワイ・NZ》女性, 妻, 愛人. **2** 女性サーファー．〖《1773》← Maori & Hawaiian〗

wa·hoo[1] /wɑ́ːhuː, ––́/ n. (pl. **～s**)〘植物〙**1** 北米産ニシキギ属の低木 (*Euonymus atropurpureus*) (burning bush ともいう). **2** =strawberry bush 1 a.〖《1860》□ N-Am.-Ind. (Dakota) *wāhu*《原義》arrowwood〗

wa·hoo[2] /wɑ́ːhuː, wɔ́ː-, ––́/ n.〘植物〙米国産の数種の木または低木の総称《basswood, rock elm, winged elm, cascara buckthorn, umbrella tree など; 特に winged elm》．〖《1770》□ N-Am.-Ind. (Creek) *ûhawhu* cork or winged elm〗

wa·hoo[3] /wɑːhúː, ––́/ n. (pl. ～, **～s**)〘魚類〙カマスサワラ (*Acanthocybium solandri*)《暖海に生息するサワラに似た大きい魚》．〖《1909》← ?〗

wa·hoo[4] /wɑ́ːhuː, ––́/ int.《米西部》わーい《あふれる喜び・浮き立つ気分・熱意などを表す叫び声》．〖c1924〗

wah-wah /wɑ́ːwɑ̀ː/ n. **1** ワウワウ音《トランペットなどの開口部を弱音器などでふさいだり開けたりして出す音》. **2** (エレキギターにつないで)ワウワウ音を出すための装置 (cf. wawa pedal)．〖《1925》: 擬音語〗

wáh-wah pèdal n. =wawa pedal.

wai·a·ta /wáɪətə | -tə/ n. (通例重要な記念行事で歌われる)マオリの歌．〖《1807》□ Maori ～〗

Wai·chow /wàɪdʒóʊ | -dʒáʊ/ n. =Huizhou.

waif /wéɪf/ n. **1** 放浪者, 浮浪人; (特に)浮浪児. **2** 持ち主不明の[迷い]動物 (stray animal). **3** 持ち主不明の物品; 拾い物, 漂着物. **4**〘海事〙信号旗 (waft). **5** [pl.]《古》〘法律〙遺棄盗品《窃盗が逃走中放棄した盗品; 国王や荘園領主に没収された盗品》. ***wáifs and stráys*** (1) (がらくたの)寄せ集め (odds and ends).〖c1378〗 (2) 浮浪児たち. — adj.《スコット》**1** 帰る家のない, 無宿の. **2** 今の, 最新の. **wáif·lìke** adj. (やせて)がりがりの.〖《c1378》□ AF ～ □ ? ON *veif* flapping thing〗

Wai·ka·re·mo·a·na /waɪkɑ́(ː)rəmoʊɑ̀ːnə | -kɔ́rəməʊ-/ n. ワイカレモアナ(湖)《ニュージーランドの北島東部にあり, 北島最大の国立公園の一部を成す》.

Wai·ka·to /wáɪkɑːtoʊ | -təʊ/ n. [the ～] ワイカト(川)《ニュージーランド北島にあり Tasman 海に注ぐ同国最長の川 (354 km)》.

Wai·ki·ki /wàɪkɪkíː, –––́ | -kɪ-; *Hawaii.* wáikiːkí/ n. ワイキキ《米国 Hawaii 州 Honolulu 湾内の海水浴場》.〖□ Hawaiian *Wai-kiki*《原義》shooting water ← *wai* water+*kiki* to shoot《(加重) ← *ki* to shoot》〗

wail /wéɪl/ vi. **1** (悲しみ・苦痛などのために)泣き叫ぶ (⇨ cry SYN): ～ with pain 痛いのでおーおーと泣く / ～ *for* bread 泣き叫んでパンを求める / "Don't leave me!" he ～*ed* (to her). 彼は「置いていかないで」と(彼女に向かって)泣き叫んだ. **2** 〈風・音楽が〉泣くような音を出す, 悲しげな音を出す: The wind ～*ed* in the trees. 風が木々の間にむせび泣くような音を立てていた / When the air-raid siren ～*ed* we took cover. 空襲のサイレンが鳴ると私たちは身を隠した. **3** (涙を流して)嘆き悲しむ (lament): ～ *over* a person's death 人の死を泣いて悲しむ. **4**〘ジャズ〙ウェイルする, (感情を込めて)熱演する. **5**《俗》絶妙に感情を表現する. **6** 不平を言う (complain)〔*about, over*〕. — vt.《詩・文語》嘆く, 泣き悲しむ (wail over, bewail): ～ a person's death 人の死を嘆き悲しむ. — n. **1** 泣き叫ぶこと; 嘆き悲しむこと. **2** 泣き叫び; 泣き叫ぶ声: Her voice rose in a shrill ～. 彼女の声が高まって泣き叫ぶような甲高い声になった. **3** (風などの)物悲しい音, むせぶ音 (mournful sound): The siren gave another ～. サイレンが再び鳴った.〖v.: 《?a1300》□ ON *væla* to lament ← *væ*=*vei* (int.) 'WOE'. — n.: 《c1300》← (v.)〗

wáil·er /-lə | -lə(r)/ n. 泣き叫ぶ人; 嘆き悲しむ人．〖1647〗

wail·ful /wéɪlfəl, -fl/ adj.《詩》嘆き悲しむ (plaintive); 〈声・音など〉悲しげな, むせぶような, 哀調の (mournful). **～·ly** adv.〖1544〗

wáil·ing /-lɪŋ/ adj. **1** 嘆き悲しむ. **2** 〈叫び・声など〉悲しみを表す; 〈音が〉泣き叫ぶ声に似た.
Wáiling Plàce of the Jéws [the ～] =Wailing Wall.
～·ly adv.〖1382〗

Wáiling Wáll n. **1** [the ～] 嘆きの壁[石垣]《エルサレム (Jerusalem) の西側の城壁の一部で, その壁は高さ 18 m あって, 昔の Solomon の神殿 (the Temple) の石で築かれていると伝えられている; 毎週金曜日ユダヤ人はこの壁の前に集まって聖なる都の荒廃を嘆き, その回復を祈る; Wailing Wall of the Jews または Western Wall ともいう》. **2** [w- w-] 悲しみ[心の悩み]をいやす場所．〖1919〗

wail·some /wéɪlsəm/ adj.《古》嘆き悲しむ (wailing), 哀調の (plaintive).〖《1566》← WAIL (n.)+-SOME[1]〗

wain /wéɪn/ n. **1**《詩・方言》(特に, 農作物運搬用の)四輪大荷車 (cart). **2** [the W-]〘天文〙北斗七星 (Charles's Wain). **3**《古》=chariot.〖OE *wæg(e)n, wæn* < Gmc **waȝnaz, *weȝnaz* (Du. *wagen* / G *Wagen*: cf. OE *wegan* to carry) ← IE **wegh-* to go, carry (Gk *ókhos* chariot): cf. wagon, way[1], weigh〗

Wain /wéɪn/, **John (Barrington)** n. ウェイン《1925–94; 英国の小説家・詩人, "Angry Young Men" の一人; *Hurry on Down* (1953)》.

wain·age /wéɪnɪdʒ/ n. [集合的]〘古英法〙(封建時代農奴の用いた)農耕道具や牛馬車．〖《c1500》□ AL *wainnāgium* ← AF *wai(g)ner* to till (⇨ gain[1]): ⇨ -age〗

wain·scot /wéɪnskət, -skɑ(ː)t, -skoʊt | -skət, -skɒt/ n. **1** (家の内壁の)板張り, 羽目. **2** 異なった材料[色彩]で仕上げた内壁の下部《通例, 床から 1 m 内外》; 腰羽目 (dado), 腰張り. **3**《英》〘建築〙(昔, 内壁仕上げ用に輸入していた)上質オーク材. — vt. (**wain·scot·ed, -scot·ted; -scot·ing, -scot·ting**) **1** 〈内壁〉に羽目[腰板]を張る, 板張りにする. **2** 〈壁〉にタイル[大理石, 鏡, 絵画]を張る.〖《1352–53》(部分訳) ← MLG *wagenschot* ← *wagen* 'WAIN'+*schot* ? board〗

wáinscot chàir n. 17 世紀ごろの英国のオーク材のひじ掛け椅子《背板は彫刻や象眼で装飾された》．〖1663〗

wáin·scot·ing, -scot·ting /-tɪŋ | -tɪŋ/ n. **1** (内壁の)板張り材料; 羽目板. **2** [集合的] 板張り壁, 羽目板張り, 腰羽目, 腰張り．〖1580〗

wáin·wright n. 荷馬車製造[修理]人 (wagon maker).〖OE *wæ̈gnwyrhta*: ⇨ wain, wright〗

Wain·wright /wéɪnraɪt/, **Jonathan May·hew** /méɪhjuː/ n. ウェインライト《1883–1953; 米国の将軍》.

wairsh /wɛ́əʃ | wéəʃ/ adj.《スコット》味のない, まずい (wersh).

WAIS《略》〘心理〙Wechsler Adult Intelligence Scale.

waist /wéɪst/ n. **1 a** (人体の)腰(のくびれた部分), ウエスト, 腰部《胸部 (thorax) と hips との間の部分; ⇨ body 挿絵》: a slender [small] ～ ほっそりした腰 / bow from the ～ 腰を曲げて(丁寧に)お辞儀をする / walk with one's arm around a girl's ～ 女の子の腰を抱くようにして歩く / How big are you around the ～?=What's your ～ size [measurement]? ウエストはどのくらいですか. **b** 腰のくびれ; ほっそりした腰, 細腰: He has no ～. 腰のくびれがない, ずんどうである. 日英比較 日本語の「腰」は背中の下位部から尻の上の左右に張り出した部分までのかなり広い部分を指すが, 英語の *waist* は胴のくびれた部分のみを指す. なお, 背中の下位部は lower back, 左右に張り出した部分は hips という. **2** 腰に似た部分, (ギター, 鞍(くら), 靴など)の中央部のくびれ: the ～ of a violin, bell, etc. **3** ウエスト: **a** 肩から腰[腰下]までの長さの衣服; 衣服のその部分 (cf. bodice 1 a). 日英比較 日本語で腰回りの寸法を「ウエストサイズ」というが, 英語では *waist* measurement という. **b** 短かめのブラウス (shirtwaist). **c** =waistline: trousers with elastic at the ～ ウエストにゴムのはいったズボン. **4** すそにボタンをつけ他の下着に留めつける子供用の)短い下着 (underwaist). **5**〘海事〙(船首と船尾の間の)船体の中央部. **6**〘航空〙(飛行機の)胴体の中央部 (center section). **7**〘動物〙(ハチなどの)腰のくびれ.〖《c1350》*wast(e)* < OE **wæst, *weahst* ← *w(e)axan* 'to grow, increase in size, WAX[2]': 「腰」の意は growth (of body) から: cf. ON *vǫxtr* / OHG *wahst* growth〗

wáist ànchor n.〘海事〙=sheet anchor．〖1846〗

wáist·bànd n. (スカート・ズボンなどの上部に回した)ウエストバンド．〖1584〗

wáist bèlt n. 帯革, ベルト.

wáist·clòth n. 腰巻, 腰布 (loincloth)．〖1615〗

waist·coat /wéskət, wéɪs(t)kòʊt | wéɪs(t)kàʊt,《古》wéskət/ n. **1**《英》(男子用)チョッキ (《米》vest). **2 a**

《廃》(ガウンの下に着た)女子用ベスト. **b** ブラウスの代わりに着るベスト. **3** (もと doublet の下に用いた)男性用胴衣. 〖(1519) ← WAIST＋COAT〗

wáist·coat·ed /-tɪ̬d | -tɪd/ *adj.* チョッキを着た. 〖1798〗

wáist·coat·ing /-tɪŋ | -tɪŋ/ *n.* 《英》チョッキ用生地. 〖1809〗

wáist-déep *adj., adv.* **1** 〈水など〉腰までの深さの[に]. **2** 〈水などに〉腰までつかった[て]〔*in*〕. 〖*c*1760〗

wáist·ed *adj.* **1** [通例複合語の第 2 構成素として] …の腰をもった; …腰の: short-*waisted* ウエストの短い, ウエスト位置の高い. **2** 〈容器など〉腰部がくびれた形の. 〖1582〗

wáist·er *n.* 〖海事〗(捕鯨船などの)中央部 (waist) に配置されている新参[老朽]船員, 役に立たない船員. 〖1815〗

wáist-hígh *adj., adv.* 腰までの高さの[に]. 〖*c*1595〗

wáist·less *adj.* 腰のくびれのない, ずんどうの. 〖1500〗

wáist·lìne *n.* **1** 〖服飾〗ウエストライン: **a** 胴の最も細い部分を回った線. **b** 婦人服の身ごろとスカートの接合線. **2** 胴まわり(の寸法) (girth). 〖(1896) 1897〗

wait /wéɪt/ *vi.* **1** 待つ, 待ち受ける, 待ち合わせる (⇨ stay[1] SYN); 待ち構える, 期待する〔*for, till, until*〕: ～ and ～ 待ち続ける / Ask him to ～ a minute. ちょっとお待ち下さいと言ってくれ / I cannot ～ any longer; I have ～*ed* long enough already. これ以上待てません, ずいぶん待ちましたから / *Wait till* he comes. 彼が来るまで待ちなさい / *Wait* here while I get a policeman. 巡査をつれてくるからここで待ってくれ / I was kept ～*ing* for two hours. 2 時間待たされた / Are you ～*ing for* somebody? だれかと待ち合わせているのですか / What are you ～*ing for*? 何を待ってるの, さっさとやりなさい / What are we ～*ing for*? (ぐずぐずせずに)さっさとやろうよ / be (well) worth ～*ing for* (待たされても)待つだけのこと[価値]はある / ～ *for* an answer [a signal] 返事[合図]を待つ / ～ *for* the gate *to* open 門が開くのを待つ / She was ～*ing for* her husband *to* come home from work. 夫が仕事から帰宅するのを待っていた / They were made to ～ an hour. 1 時間待たされた / He always has to be ～*ed for*. 彼はいつも人を待たせる / They were ～*ing* to see the champion win. チャンピオンが勝つのを見ようと待ち構えていた / Don't ～ to be reminded: do it now! 言われるまで待ってないで, 今やりなさい / I can't ～ (to see you again)! (またお会いするのが)待ちきれない思いです / Everything comes to those who ～. 《諺》「待てば甘露[海路]の日和あり」,「果報は寝て待て」/ Time and tide ～ *for* no man. ⇨ time *n.* 1 / *Wait for* me! (そんなに速く歩かないで)待って下さいよ / (Just) you ～! 今に見ていろよ《復讐のおどし文句》. **2** [通例 ～ing で] 〈物が〉〈人のために〉用意されて[手近に来て]いる〔*for*〕: Dinner was ～*ing for* them. 彼らに夕飯が準備されていた / There's a letter ～*ing for* you on the table. テーブルの上に手紙が来ていますよ. **3 a** 急を要しない, 延ばせる, ほっておける: a matter that cannot ～ any longer これ以上ほっておけない事柄 / This can ～. (重要でないから)これは先へ延ばせる / The decision will have to ～ till I come back. その決定は私が帰るまで延期しなければならない. **b** [～ *to* do として] (…するのを)延ばす (delay): Why should we ～ *to* do this? これをするのをなぜ延ばさなければならないのか. **4** (職業として)給仕をする: ～ at [(米) on] table 食事の給仕をする, ボーイ[ウエートレス]をする. **5** 《英》(道路わきに)停車[駐車]する: No ～*ing*.

— *vt.* **1** 待つ, 待ち受ける, 待機する. ★ 今は普通 wait for, await を用いる: ～ a person's arrival 人の到着を待つ / ～ one's turn at the barber's 床屋で順番を待つ / ～ a person's convenience [signal, orders] 人の都合[合図, 命令]を待つ / ～ one's chance [opportunity, time, hour] 機会[時]の来るのを待つ / He ～*ed* his turn to speak. 自分の話す順番を待った. **2** 《口語》(人の来るまで)〈食事を〉延ばす, 遅らせる (postpone): Don't ～ dinner for me. 私を待って夕食を遅らすようなことはしないで下さい. **3** 《米・スコット》〈食卓の〉給仕をする (cf. *vi.* 4): ～ table. **4** 《古》付き添う, はべる (escort). **5** 《古》〈物が〉待ち受けている (await), …に用意されている: Tea and coffee ～ your pleasure in the drawing room. いつでも召し上がれるように客間にお茶とコーヒーが用意してございます. **6** 《廃》…に(結果として)伴う.

wáit aróund [(英) ***abóut***] 《口語》ぶらぶらしながら待ち受ける: We ～*ed around* for something to happen. 何かが起こるのをぶらぶらしながら待ち受けた. ***wáit and sée*** 成り行きを待つ, 静観する《英国首相 Asquith が 1910 年の国会で自由党の政綱を説明するのに用い世に流布された句; cf. wait-and-see》. ***wáit behínd*** (他の人々が帰った後も)居残る. ***Wáit for it!*** 《口語》まあせかせずに待ちなさい, ちょっと待った《適当な時機がくるまで話したり動いたりするな》, これを聞いて驚くなよ. ***wáit in*** 《英》〈人の訪問・連絡などを〉家で待つ〔*for*〕. ***wáit it óut*** (不愉快な事が終わるまで)じっと待つ (cf. WAIT *out* (2)). ***wáit on*** [***upòn***] (1) 〈人〉に仕える: ～ *on* a gentleman, lady, etc. / ～ *on* an invalid 病人の世話をする / She has no one to ～ *upon* her. 身の回りの世話をしてくれる人がいない / Don't think I'm going to ～ *on* you hand and foot! 私が何から何まであなたの世話をすると思わないでくれ. (2) 〈客〉に応対する (serve): ～ *upon* a visitor, customer, diner, etc. / Are you being ～*ed on*? (店員が客に向かって)だれか御用をお伺いしているでしょうか. (3) 〈食事の〉給仕をする (cf. *vi.* 4): ～ *on* [*upon*] oneself 自分で給仕する. (4) 《米口語》〔…を求めて〕…(の出方)を待つ, …に期待をかける〔*for*〕; 〈人〉の…するのを待つ〈*to do*〉: The people ～*ed on* the government *for* action during the energy crisis. 国民はエネルギー危機に当たって政府の方策を期待した / He ～*ed on* me *to* speak. 彼は私が話すのを待ち構えた. (5) 《古》(用事でまたは儀礼的に)〈長上者〉を訪問する, 敬意を表する, 伺候する (call upon, visit): He ～*ed upon* the mayor with a letter of introduction. 紹介状を持って市長を訪問した. (6) 《古》…を護衛する, …の供をする (escort). (7) (競走などでわざと)〈相手〉のすぐ後について走る. (8) 《文語》〈結果などが〉…に従う, 伴う (follow, attend): Ruin will ～ *upon* such conduct. そんな行為には破滅が伴う / May good luck ～ *upon* you! ご幸運を祈る. ***wáit ón*** (1) 〖鷹狩〗〈鷹が〉待っている《獲物が飛び出るまでハンターの頭上で弧を描いて飛ぶ》. (2) 《豪》(何もしないで)待つ. ***wáit óut*** (1) 外で待つ. (2) 〈嵐・危機など〉の間じっと待つ, の好転するのを待つ (cf. WAIT *it out*): ～ *out* a storm. ***wáit until*** [***till***] (1) …するまで待つ (cf. *vi.* 1). (2) [命令形で] …するのを(楽しみに)待ってよ: *Wait till* you see my report card. 僕の成績表を見て驚くなよ. ***wáit úp*** (1) 〔人の帰りなどを〕寝ないで待つ〔*for*〕: Don't ～ *up for* me. / ～ *up* to see the Oscar ceremony live from LA. オスカー賞の受賞式をロサンゼルスからの生中継で見るため寝ないで待つ. (2) [とくに命令形で] 《口語》〈人が〉追い付くのを待つ〔*for*〕: *Wait up!* 待ってくれ / Let's ～ *up* (*for* him). He seems rather tired. (彼が)追いつくのを待ってやろうよ, だいぶ疲れているようだから.

— *n.* **1** 待つこと; 待つ時間, 待つ間: a one-hour ～ / after a ～ of two hours 2 時間待ったあとで / be charged for the ～ 待ち賃を取られる / have a long ～ for the bus 長い間バスを待つ / a ～ between the acts 幕間(まくあい)の待ち時間. **2** 待ち伏せ: lie in ～ for …を待ち伏せする. **3 a** [the ～s] ウェイツ《15–16 世紀の英国の市や町のお抱えの楽隊》, 聖歌隊: *the* city ～*s*. **b** その一員. **4** 《主に英》[the ～s] (クリスマス季節の夜)家々の前で聖歌 (carol) などを歌って歩く唱歌隊; その聖歌. **5** 〖演劇〗 **a** 幕間. **b** ＝stage wait.

〖*v.*: (?*a*1200) ☐ ONF *waitier* 《原義》to watch for＝OF *guaitier* (F *guetter*) Frank. **wahtōn* (cf. OHG *wahhēn* (G *wachen*)) ← Gmc **wak-* 'to WAKE[1]'. — *n.*: (*a*1300) ☐ ONF **wait*, **wet* ← *waitier*: cf. watch〗

wáit-a-bìt *n.* 〖植物〗強いとげがあって人の通行を妨げる各種の樹木の総称《New Zealand bramble, greenbrier, アフリカ南部産の grapple plant など》. 〖(1785) 《なぞり》← Afrik. 《古形》*wachtenbitje*〗

wáit-and-sée *adj.* 静観主義的な: a ～ policy 静観政策 / a ～ attitude 静観主義的な態度. 〖1870〗

Wai·tan·gi /waɪtǽŋi/ *n.* ワイタンギ《ニュージーランド北島の集落; ここで英国政府と 50 人に及ぶマオリ族族長との間に 1840 年ワイタンギ条約 (Treaty of ～) が締結された; この条約によって英国はニュージーランドを併合したが, マオリ族の土地所有権を保証するという約束は守られず, その結果 2 次にわたるマオリ戦争 (Maori Wars) が起こった》.

Waitángi Dày *n.* ワイタンギデー《Waitangi 条約締結記念日; 2 月 6 日; ニュージーランドで 1960 年以降祝日となっている》.

Waite /wéɪt/ *n.* 男性名. 〖ME ☐ ONF *waite* watchman: ⇨ wait〗

Waite /wéɪt/, **Morrison Rem·ick** /rémɪk/ *n.* ウェイト《1816–88; 米国の法律家; 第 7 代連邦最高裁判所長官 (1874–88)》.

wait·er /wéɪtə | -tə[r]/ *n.* **1** (レストランなどの)給仕人, ウエーター《男性; cf. waitress》. **2** (食べ物を運ぶ)盆 (tray, salver). **3** 待つ人. **4** 《英》(昔の)税関吏 (cf. tide-waiter 1). **5** 《廃》＝dumbwaiter 2. **6** 《英》(ロンドン証券取引所の立会場に配置されている制服姿の)取引所従業員. 〖(*c*1384) *waitere* 《廃》watcher, attendant: ⇨ wait, -er[1]〗

wáit·er·ing /-tərɪŋ | -tər-/ *n.* 給仕人仕事. 〖1849〗

wáit·ing /-tɪŋ | -tɪŋ/ *n.* **1** 待つこと; 待機. **2** 給仕すること. **3** 待ち時間. **4** 停車: No ～. 停車禁止.

in wáiting (1) (王・女王などに)仕える, 奉仕する: ⇨ lady-in-waiting, lord-in-waiting, GROOM in waiting. (2) 《英軍》〈当番・権利など〉次の番になっていて.

— *adj.* **1** 待つ, 待っている. **2** 仕える, 奉仕する. 〖(*c*1200) 1697〗

wáiting gàme *n.* (ゲームなどでの)チャンス待ち, 待機戦術: play a ～. 〖1890〗

wáiting lìst *n.* 空席待ち名簿: be on the ～ 補欠になっている, 番の来るのを待っている. 〖1897〗

wáiting màid *n.* 侍女, 腰元. 〖1561〗

wáiting màn *n.* 下男, 従者 (valet). 〖1518〗

wáiting pèriod *n.* **1** (結婚許可証の入手と実際の結婚との間などに見られる公式の意向表明とその実行との間の, 法律で定められた一定の)遅延期間. **2** 〖保険〗待ち期間《傷病・失業などの場合の保険給付を傷病・失業の発生後一定期間支払わないのが例であるが, その支払わない期間をいう》.

wáiting ròom *n.* (病院・駅などの)待合室. 〖1683〗

wáiting wòman *n.* ＝waiting maid. 〖1565〗

wáit·lìst *vt.* (航空機の座席をとるために)空席待ち名簿 (waiting list) に載せる. **—** *n.* ＝waiting list. 〖1960〗

wáit·lìst·ed *adj.* (航空機の座席をとるための)空席待ち名簿に載っている.

wáit·pèrson *n.* ウエーター, ウエートレス. 〖1980〗

wait·ress /wéɪtrɪs/ *n.* (レストランなどの)ウエートレス. **—** *vi.* ウエートレスをする[として働く]. 〖((*c*1586)) (1834) 《廃》handmaid: ⇨ waiter, -ess[1]〗

wai·tron /wéɪtrɑn/ *n.* 《米》ウエーター, ウエートレス《性差別による呼称の違いを避けるために用いる》. 〖(1980) 《混成》? ← WAITER, WAITRESS＋(AUTOMAT)ON: cf. (pa)tron; (neu)tron (中性を戯言的に示す)〗

Wai·trose /wéɪtrouz | -trəuz/ *n.* 〖商標〗ウェイトローズ《英国のスーパーマーケットチェーン》.

wáit stàff *n.* 《米》[単数または複数扱い] 給仕人, 給仕スタッフ, ウェーター, ウェートレス《集合的》.

wáit stàte *n.* 〖電算〗(CPU の)待ち状態《CPU が遅いメモリーにアクセスする場合など》.

waive /wéɪv/ *vt.* **1** 〈権利・要求などを強いて主張しない, 放棄する (⇨ relinquish SYN): ～ one's own claim. **2** 〈主張・行動などを〉差し控える (refrain from); 〈機会などを〉利用しようとしない, 無視する (neglect). **3** 〈問題などを〉当分見送る, 棚上げにする, 先送りにする (defer). **4** 〖法律〗〈権利・主張などを〉自発的に放棄する: The defense ～*d* cross-examination. 弁護側は反対尋問を放棄した. **5** 〈規則・法律を〉適用しない. **6** 《古》〈危険・義務などを〉避ける, 回避する (evade). 〖(*c*1290) *weyve*(*n*) 《廃》to outlaw (a woman) ☐ AF *weyver*＝OF *gaiver* to abandon ☐ ? ON *veifa* to fluctuate: cf. waif〗

waiv·er /wéɪvə | -və[r]/ *n.* **1** 〖法律〗(契約上の債権や不法行為による損害賠償請求権などの)自発的な放棄, 任意放棄; それを表示する文書. **2** 〖野球〗ウェイバー, 公開移籍.

wáiver of prémium 〖保険〗保険料払込み免除.

〖(1628) ☐ AF *weyver* (n.: ↑): ⇨ -er[3]〗

wa·jang /wáːdʒæŋ/ *n.* ＝wayang.

Waj·da /váɪdə | -də; *Pol.* vájda/, **Andr·zej** /ándʒɛj/ *n.* ワイダ (1926–　; ポーランドの映画監督).

wa·ka /wáːkə/ *n.* 《NZ》伝統的なマオリの丸木舟. 〖(1770) ☐ Maori ～〗

Wakamba *n.* Kamba の複数形.

wa·kan·da /wɑːkáːndɑː/ *n.* ワカンダ《アメリカ先住民 Sioux 族によって信じられている, 生物・無生物に宿る超自然力》. 〖← N.-Am.-Ind. (Sioux)〗

Wa·kash·an /wɑːkǽʃən, wɔ́ːkəʃæ̀n | wɑːkǽʃən, wɔ́ːkəʃɑ̀ːn/ *n.* (*pl.* ～, ～**s**) **1 a** [the ～(s)] ワカシ族《ワカシ語を話す民族》. **b** ワカシ族の人. **2** (アメリカ先住民の)ワカシ語族《British Columbia や Washington 州で用いられる語族で, Vancouver Island の Nootka 語および British Columbia の Kwakiutl 語を含む》. 〖(*c*1895) ← N-Am.-Ind. (Nootka) *Wa*(*u*)*kash* 《原義》good＋-AN[1]〗

wake[1] /wéɪk/ *v.* (**woke** /wóuk | wə́uk/, 《まれ》～**d**; ～**d**, 《まれ》**wo·ken** /wóukən | wə́u-/, 《まれ》**woke** /wóuk | wə́uk/) **—** *vi.* **1** (眠り・失神などから)目が覚める, 起きる (awake) 〈*up*〉: ～ (*up*) early / ～ from a long sleep 長い眠りから覚める / ～ *up* with a start がばっと起きる / ～ at the sound of the alarm clock 目覚まし時計の音で目が覚める / All nature seemed suddenly to ～. 自然界が突然目が覚めたように思われた / A nagging fear was *waking* in him. つきまとって離れない恐れが心の中に目覚めつつあった / He *woke* (*up*) (to find himself) in a foreign country. 目を覚すと外国にいた. **2** (精神的に)〔…に〕目覚める, 覚醒(かくせい)[自覚]する, 気づく〈*up*〉〔*to*〕: ～ *to* the gravity of a situation 事態の重大性に気づく / He *woke up to* a realization of the truth. やっと[初めて]真実を認識した / ～ *up to* the possibility of losing her 彼女を失うかもしれないことにやっと気がつく. **3** 生き返る, よみがえる (revive): ～ *into* life 生き返る. **4** [～ing 以外は《古》] 目が覚めている, 目を覚ましている, 起きている: *waking* or sleeping 寝ても覚めても / This thought kept me *waking*. このことを考えて眠れなかった / whether I ～ or sleep 《古》寝ても覚めても (waking or sleeping). **5 a** 《方言》寝ずの番をする. **b** (主にアイルランドで)通夜を行う (hold a wake). **6** 《廃》夜を徹して騒ぐ.

— *vt.* **1** …の目を覚まさせる, 起こす (awake(n)) 〈*up*〉: Please ～ me (*up*) at six. 6 時に起こして下さい / be ～*d* by a sound 物音で目が覚める. **2** (精神的に)目を覚まさせる, よみがえらせる (revive) 〈*up*〉; 〔…を〕思い出させる〔*to*〕: The sight *woke* his sad memories. その光景は彼に悲しい記憶をよみがえらせた / ～ *up* latent possibilities 隠れた可能性を呼びさます / ～ a person *to* a fact 人にその事実を思い出させる. **3** 覚醒させる, 自覚させる, 奮起させる 〈*up*〉: The event will serve to ～ him (*up*) a little. この事件で少しは目が覚めるだろう. **4** 〈疑い・欲望などを〉起こさせる, 〈不幸などを〉引き起こす, 喚起する, 〈音などを〉起こす: ～ ambition, envy, anger, etc. **5 a** 《方言》寝ずに…の番をする. **b** (主にアイルランドで)…の通夜を行う (hold a wake for). **6** 〈死者を〉生き返らせる, よみがえらせる: shout loud enough to ～ the dead 死者をよみがえらせるほどの大声で叫ぶ. **7** 《古》(物音で)…の静けさを乱す, 静寂を破る, 騒がす.

Wáke úp! (1) 起きなさい. (2) 《口語》よく聞きなさい.
Wáke úp and smέll the cóffee! 《米口語》目を覚まして現実を見なさい.

— *n.* **1** (祭式上の)通夜 (vigil)《しばしば祝宴や祭り騒ぎを伴う》. **2** (英国国教会で年々行う)献堂[守護聖人]記念祝祭; (その前夜に行う)通夜《この慣習は地方的に残っている》. **3** (現在は主にアイルランドで埋葬前夜の)通夜: hold a ～ (*for* …) (…の)通夜を行う. **4** [通例 the ～*s*; 単数または複数扱い] 《英》(Lancashire, Yorkshire などの工業都市で年 1 回の)労働者の公休日. **5** 《古》目覚めていること[状態]: in sleep or [and] ～ 寝ても覚めても / between ～ and dream 夢とうつつの間で[の].

～·like *adj.* 〖*v.*: ME *wake*(*n*) < OE *wacian* to be awake, watch & **wacan* to arise < Gmc **wak-* (Du. *waken* / G *wachen* / ON *vaka* to wake, watch) & **wakōjan* ← **wak-* ← IE **weg-* to be lively (cf. watch). — *n.*: OE (*niht-*)*wacu* (night-)watch ← Gmc **wak-*: 1, 2 ☐ ? ON *vaka* watch, vigil, eve: WATCH (v.) と二重語〗

wake[2] /wéɪk/ *n.* **1** 船の通った跡, 航跡, 船跡, 澪(みお): the foam at the ～ of the ship 船の通った跡の泡 / We followed *in her* ～. 我々はその船の通った跡について行った. **2** (物の)通った跡, 跡: the ～ of a meteor, typhoon, etc. **3** 〖物理〗伴流, 後流《流体中を運動する物

体の後ろに生じる乱流).
in the wáke of (1) 〘海事〙〈船〉の通った跡について: steer *in the* ~ *of* another vessel 他の船の通った跡を進む. (2) …に引き続いて, …の結果として; …にならって: Miseries follow *in the* ~ *of* a war. 戦争のあとには苦しみが続く. 〘(a1547) ◻ ON *vǫk* hole in the ice (made for itself by a vessel) < Gmc **wakwō* moist: cf. humor〙

wáke·bòard *n.* ウェークボード用の板. 〘↓〙

wáke·bòard·ing *n.* ウェークボード《スノーボード状の板に乗ってモーターボートに引っぱってもらい, ジャンプなどをする水上スポーツ》. 〘(1995): ⇨ wake²〙

Wake·field¹ /wéɪkfiːld/ *n.* **1** ウェイクフィールド《イングランド West Yorkshire 州南東部にある同州の州都で毛織物の産地》. **2** ⇨ Bridges Creek. 〘OE *Wacafeld* ← **waca* 'WAKE¹, annual festival'+*feld* 'FIELD'〙

Wake·field² /wéɪkfiːld/ *n.* ウェイクフィールド《男性名》. 〘↑〙

Wake·field /wéɪkfiːld/, **William Wavell** *n.* ウェイクフィールド《1898–1983; 英国ラグビーの名選手》.

wake·ful /wéɪkfəl, -fl/ *adj.* **1** 眠らない, 目を覚ましている, 起きている (sleepless): remain ~. **2** 〈夜など〉眠れない, 不眠の, まんじりともしない: pass a ~ night 眠れない夜を過ごす. **3** 寝ずに見張っている, 不寝番をしている; 用心深い, 油断のない (vigilant): a ~ enemy. **~·ly** *adv.* **~·ness** *n.* 〘(1549) ← WAKE¹+-FUL¹〙

Wáke Ísland /wéɪk-/ *n.* ウェーク島《北太平洋の米国領の小島; 太平洋横断飛行基地; 面積 7.8 km²》.

wáke·less *adj.* 《眠りが》深い (deep), 途切れない (unbroken): a ~ sleep. 〘1824〙

wak·en /wéɪkən/ *vt.* **1** …の目を覚まさせる, 起こす (wake) 〈*up*〉: ~ a person *from* [*out of*] sleep 人を眠りから覚まさせる. **2** 覚醒(かくせい)させる, 奮起[自覚]させる, 起こす 〈*up*〉〔*to*〕. **3** 活気づかせる, 〈戦争・風・火などを〉起こす, 〈行動を〉起こさせる, 〈感情などを〉かき立てる, 〈音楽・音を〉呼び起こす 〈*up*〉: What a crowd of emotions were ~*ed up* in his breast! 彼は万感こもごも胸に迫った. **4** 〘スコット法〙〈訴訟手続を〉1 年後に(裁判要領書によって)復活させる. **— *vi.*** **1** 目を覚ます, 起きる: ~ *from* [*out of*] sleep. **2** 活気づく; 悟る, 自覚する〔*to*〕: He is ~*ing to* the truth. その真相を悟りかけている. **~·er** *n.* 〘OE *wæcnan* to come into exitence ← **wacan* to arise (⇨ wake¹)+-*n* (inchoative suf.: ⇨ -en¹): awake の意味は 12C に ON *vakna* からの借入か〙

wák·en·ing /-k(ə)nɪŋ/ *n.* **1** =awakening. **2** 〘スコット法〙《訴訟手続きの》1 年後の復活. 〘?a1400〙

wake·rife /wéɪkràɪf/ *adj.* 《スコット・北英》=wakeful. **~·ness** *n.* 〘(c1480) ← WAKE¹ (n.)+RIFE〙

wáke-ròbin *n.* 〘植物〙 **1** 《英》=cuckoopint. **2** 《米》 **a** =trillium. **b** =jack-in-the-pulpit. 〘(1530): ⇨ wake¹, robin¹〙

wáke sùrfing *n.* ウェークサーフィン《サーフボードをモーターボートに引かせるスポーツ》.

wáke-ùp *n.* **1** 目が覚めること, 目覚め. **2** 目を覚まされること, 起こされること: a ~ at 6 in the morning 朝 6 時に起こされること. **3** 目覚める時刻; 起床時間. **4** 《豪口語》利口な人. **5** 〘米口語〙〘鳥類〙=flicker². **— *adj.*** 目覚ましの: the morning ~ call (ホテルの)モーニングコール. 〘(1832) ← *wake up* (⇨ wake¹ (vt.) 1)〙

wáke-up càll *n.* **1** (ホテルなどの)モーニングコール. **2** 関心をひき起こすできごと, 注意を喚起する発言. 〘1976〙

wak·ey /wéɪki/ *int.* 《英口語》起きろ (wake up). 〘(1945) ← WAKE¹〙

wákey-wákey *int.* 《英口語》=wakey.

wak·ing /wéɪkɪŋ/ *n.* **1** 目覚めて[起きて]いること. **2 a** 夜番, 夜警. **b** 《方言》通夜. **3** 目覚める[起きる]こと. **— *adj.*** [限定的] **1 a** 目覚めて[起きて]いる (cf. wake¹ *vi.* 4). **b** 油断のない: a ~ owl. **2** 目を覚ました: the melody of the ~ birds 目覚めた鳥のさえずり. **3** 目覚めているとき[人]の: a ~ dream 白日夢, 空想 / in one's ~ hours 目覚めているときに / one's ~ life 起きているときの生活 / The news absorbed all my ~ thoughts. 起きている間中そのニュースのことを考え続けた. **wák·ing·ly** *adv.* 〘?lateOE〙

wa·kis /váːkɪs/ -kɪs/ *n.* (*pl.* ~·**te**) 《南ア》御者席, ボックスシート. 〘(1953) ◻ Afrik. ~ ← *wa* wagon+*kis* chest〙

wa·kon·da /wɑːkɑ́(ː)ndə | -kɔ́n-/ *n.* =wakanda.

Waks·man /wǽksmən/, **Sel·man** /sélmən/ **Abraham** *n.* ワックスマン《1888–1973; ロシア生まれの米国の細菌学者, streptomycin を発見; Nobel 医学生理学賞 (1952)》.

Wal /wɑ́(ː)l | wɔ́l, wɔ́ːl/ *n.* ウォル《男性名》. 〘(dim.) ← WALTER, WALLACE〙

WAL 〘自動車国籍表示〙West Africa Leone (=Sierra Leone); 《略》Western Airlines.

Wal. 《略》Wallachian; Walloon.

Wal·ach /wɑ́(ː)lək, wɔ́(ː)l- | wɔ́l-/ *n.* =Vlach. 〘(1786) ◻ G *Wal(l)ache* ◻ OChSlav. *Vlachŭ* ◻ OHG *Walh* 《原義》foreigner: cf. Wales, Welsh〙

Wa·la·chi·a /wɑːléɪkiə, wə- | wə-/ *n.* =Wallachia.

Wa·lá·chi·an /-kiən/ *n.*, *adj.* =Wallachian.

Wa·la·pai /wɑ́ːləpàɪ/ *n.* =Hualapai.

Wał·brzych /vɑ́ːlbʒɪç; *Pol.* váwbʒɨx/ *n.* (*also*, **Wał·brzych** /~/) ヴァウブジフ《ポーランド南西部, Silesia 地方の都市; 旧ドイツ語名 Waldenburg》.

Wal·bur·ga /vɑːlbʊ́əgɑː | vælbʊ́ə-, vɑː-; *G.* valbʊ́rga/, **St.** *n.* ワルブルガ (710?–?779; 英国の修道女, ドイツ Heidenheim の修道院長をつとめた; 祝日 2 月 25 日; ⇨ Walpurgis Night 1).

Wal·che·ren /váːlkərən | wɔ́l-, vɑ́ː-; *Du.* vɑ́lxərə/ *n.* ワルヘレン(島)《オランダ南西部の Scheldt 川の河口にある島; 第二次大戦および 1953 年の洪水で堤防が決壊し甚大な被害を受けた; 面積 212 km²》.

Wal·cott /wɔ́ːlkɑt, wɑ́ːl-, -kɑ(ː)t | wɔ́ːlkət, wɔ́l-, -kɒt/, **Derek Alton** *n.* ウォールコット《1930– ; セントルシア (St. Lucia) 生まれの詩人・劇作家; Nobel 文学賞 (1992)》.

Wald /wɔ́ːld, wɑ́ːld | wɔ́ːld/, **George** *n.* ウォールド《1906–97; 米国の生化学者; Nobel 医学生理学賞 (1967)》.

Wald, Lillian *n.* ウォールド《1867–1940; 米国の社会事業家》.

Wal·de·mar I /wɑ́ːldəmɑ̀ə-, vɑ́ːl- | vǽldɪmɑ̀ː(r-, vɑ́ːl-, wɔ́ːl-; *Dan.* váldəmà/ *n.* ヴァルデマー(ル)一世《1131–82; デンマークの王 (1157–82); Waldemar the Great ともいう; デンマーク語名 Valdemar》.

Wal·den·books /wɔ́ːldənbʊ̀ks, wɑ́ːl-, -dn̩- | wɔ́ːl-, wɔ́l-/ *n.* ウォールデンブックス《米国の小売書店チェーン》.

Wal·den·burg /*G.* váldn̩bʊʁk/ *n.* ヴァルデンブルク《Wałbrzych の旧ドイツ語名》.

Wál·den, or Lífe in the Wóods /wɔ́ːldən-, wɑ́ːl-, -dn̩- | wɔ́ːl-, wɔ́l-/ *n.* 「ウォールデン, 森の生活」《Thoreau の作 (1854) で森の中での自然観察と思索生活の記録》.

Wál·den Pónd /wɔ́ːldən-, wɑ́ːl-, -dn̩- | wɔ́ːl-, wɔ́l-/ *n.* ウォールデン湖《米国 Massachusetts 州 Concord 近くにある小湖; Thoreau の小屋 (1845–47) のあった所》. 〘*Walden*: ← *(Saffron) Walden* (英国 Essex の町) 《原義》the valley of the Britons ← OE *Wēalas* 'WALES'+*denu* 'DENE²'〙

Wal·den·ses /wɔːldénsiːz, wɑːl- | wɔːl-, wɔl-/ *n. pl.* ワルドー派《1170 年ごろ Lyons の商人 Peter Waldo の唱導により南フランスに起こったキリスト教の一派で, カトリック教会の慣行に反対し, 初期教会のような清純な生活を主張した; 彼らの後継者は 16 世紀の宗教改革運動に加わりその後長い期間カトリック教会から迫害され, その信者の一部は今もイタリア Piedmont 地方に残っている; Vandois ともいう》. 〘(1537) ◻ ML *Waldensēs* ← *Peter Waldo*〙

Wal·den·si·an /wɔːldénsiən, wɑːl-, -ʃən | wɔːldén-siən, wɔl-/ *adj.* ワルドー派の. **— *n.*** ワルドー派の人. 〘(c1645): ⇨ ↑, -ian〙

wald·glas /vɑ́ːldglɑ̀ːs; *G.* váldglas/ *n.* ヴァルトグラス《中世・ルネサンス期の普通のガラス製品; 十分精製してない原料を用い, 緑色を特色とする》. 〘◻ G *Waldglas* 《原義》forest glass ← *Wald* forest+*Glas* glass: cf. wold¹〙

wald·grave /wɔ́ːldgrèɪv, wɑ́ːld- | wɔ́ːld-, wɔ́ld-/ *n.* **1** (中世ドイツの)帝室所有林管理官. **2** (ライン川河口地域に定住の中世ドイツの)世襲貴族. 〘◻ G *Waldgraf* ← *Wald* forest+*Graf* count: cf. wold¹, Graf〙

Wald·heim /wɔ́ːlthaɪm, wɑ́ːlt- | vɑ́ːlt-; *G.* vált-haɪm/, **Kurt** *n.* ワルトハイム《1918–2007; オーストリアの政治家; 国連第 4 代事務総長 (1972–81); 大統領 (1986–92)》.

wald·horn /vɑ́ːlthɔ̀ən | -hɔ̀ːn; *G.* vált-hɔʁn/ *n.* ヴァルトホルン《バルブのつかない自然ホルンのドイツ語名》. 〘(1852) ◻ G *Waldhorn* ← *Wald* forest (cf. wold¹)+HORN〙

wal·do /wɔ́ːldoʊ, wɑ́ːl- | wɔ́ːldəʊ, wɔ́l-/ *n.* ウォールドー《マジックハンドのこと; Robert A. Heinlein の SF 作品に登場する発明家 Waldo F. Jones から》. 〘1942〙

Wal·do /wɔ́ːldoʊ, wɑ́ːl- | wɔ́ːldəʊ, wɔ́l-/ *n.* ウォールドー《男性名》. 〘◻ OHG ~ ← *waltan* to rule〙

Wal·do /wɔ́ːldoʊ, wɑ́ːl- | wɔ́ːldəʊ, wɔ́l-/, **Peter** *n.* ヴァルデス《d. 1217; フランスの宗教家; フランス語名 Pierre Valdès; ⇨ Waldenses》.

Wal·dorf-As·to·ri·a /wɔ́ːldɔəfəstɔ́ːriə, wɑ́ːl-, -æs- | wɔ́ːldɔ́ːf-, wɔ́l-/ *n.* [the ~] ウォールドーフアストリア《米国 New York 市にある高級ホテル》.

Wál·dorf sálad /wɔ́ːldɔəf-, wɑ́ːl- | wɔ́ːldɔːf-, wɔ́l-/ *n.* ウォールドーフサラダ《さいの目に切ったセロリ・りんご・くるみなどにマヨネーズをかけて作るサラダ》. 〘(1911) ↑: そこで初めて供された〙

wal·drapp /wɔ́ːldræp, wɑ́ːl- | wɔ́ːl-/ *n.* 〘鳥類〙ホオアカトキ (*Geronticus eremita*)《トキ科; 現在ではモロッコ・トルコにのみ繁殖》. 〘(1924) ◻ G ~ ← *Wald* forest+*Rapp* (《異形》← *Rabe* 'RAVEN')〙

Wald·stein /vǽltʃtaɪn, vɑ́ːld- | vǽldstaɪn, vɑ́ːld-, -ʃtaɪn; *G.* váltʃtaɪn/ *n.* =Wallenstein.

Wald·ster·ben /vɑ́ːltstɜ̀ːbən | -stɜ̀ː-; *G.* váltʃtɛʁ-bn̩/ *n.* [しばしば w-] (大気汚染による)森林の枯死. 〘(c1985) ◻ G ~ ← *Wald* forest+*Sterben* death〙

wale¹ /wéɪl/ *n.* **1** むちあと, みみずばれ (weal). **2 a** (織物の)うね (ridge), うね織; 織地 (texture). **b** 〘服飾〙(ニット地の)縦の目[筋] (cf. course¹ 9). **c** (かごの)うね. **3** 〘造船〙[通例 *pl.*] (木造船の)外部腰板 (bend)《舷側(げんそく)に張った外板のうち特別厚く幅広のもの》. **4** 〘馬具〙馬の首輪の外側の隆起《二つの一方, この間にはもがはまる》. **5** (*also* **whale**) 〘建築〙腹起こし, 胴貫(どうぬき)《型枠(かたわく)・土留めなどの工事で矢板 (sheet pile) を支持するため横に取り付ける木材または鋼材》. **— *vt.*** **1** みみずばれにする; むち打つ (flog). **2** うねに織る, 〈織物〉にうねを出す; 〈かごなど〉をうねを立てて編む. **3** 〘建築〙腹起こしで支える. 〘OE *walu* mark of a blow, ridge < Gmc **walō* (ON *vǫlr* / Goth. *walus* rod, wand) ← IE **wel-* to turn: cf. channel², gunwale〙

wale² /wéɪl/ 《スコット・北英》*n.* **1** (多数あるものの中からの)選択 (choice). **2** [the ~] えり抜きのもの, 最上等品 (the pick). **— *adj.*** 極上の, 最上の. **— *vt.*** えり抜く (select, pick out). 〘(a1310) *wal(e)* ◻ ON *val* choice ← Gmc **wal-*, **wel-* to be pleasing ← IE **wel-* 'to wish, WILL¹': cf. G *Wahl*〙

wále knòt *n.* 〘海事〙=wall knot. 〘(1627) 《変形》〙

Wal·er /wéɪlə | -lə(r/ *n.* **1** ウェーラー《(19 世紀に)オーストラリアの New South Wales から英領インドに輸出された騎兵馬》. **2** オーストラリア馬. 〘(1849) ← *(New South) Wales*+-ER¹〙

Wales /wéɪlz/ *n.* ウェールズ《Great Britain 島南西部の地域; 連合王国の一部; ⇨ Great Britain, United Kingdom; 1282 年にイングランド人に征服され, 1536–43 年に正式にイングランドに併合された; 面積 21,000 km², 首都 Cardiff; 公式名 the Principality of Wales》. ★ ウェールズ語系形容詞: Cymric. 〘OE *Wēalas* (pl.) ← *wealh* foreigner, Briton: cf. Welsh〙

Wa·łę·sa /wɑːlénsə | vɑː-, və-, wə-, væ-; *Pol.* va-wɛ̃sa/, **Lech** /léx/ *n.* ワレサ《1943– ; ポーランドの独立自治労働組合「連帯」の委員長 (1980–90); 大統領 (1990–95); Nobel 平和賞 (1983)》.

Wa·ley /wéɪli/, **Arthur** *n.* ウェイリー《1889–1966; 英国の東洋文学者; 日本・中国文学の翻訳者; *The Tale of Genji* (1925–1932), *Chinese Poems* (1946); 旧姓名 Arthur David Schloss》.

Wál·fish Bày /wɔ́ːlfɪʃ-, wɑ́ːl- | wɔ́ːlfɪʃ-, wɔ́l-/ *n.* =Walvis Bay.

Wal·hal·la /wælhǽlə, wɑːlhɑ́ːlə | wælhǽlə/ *n.* (*also* **Wal·hall** /wælhǽl, ⌐―⌐/) 〘北欧神話〙=Valhalla.

wa·li /wɑ́ːli, vɑːlíː/ *n.* **1** (イスラム諸国の地方行政における)総督. **2** =vali 1. **3** (イスラム教の)聖人, 聖者. 〘(1811) ◻ Arab. *walīy*〙

wál·ing /-lɪŋ/ *n.* 〘建築〙腹起こし(材). 〘(1837) ← WALE¹+-ING¹〙

walk /wɔ́ːk, wɑ́ːk | wɔ́ːk/ *vi.* **1 a** 歩く, 歩む: ~ fast, slowly, heavily, steadily, etc. / ~ ten miles / ~ backward(s) 後ずさりする / The baby cannot ~ yet. 赤ん坊はまだ歩けない / *Walk*, don't run. 走らないで, 歩けよ / ~ in one's sleep 夢中歩行する. **b** 〈宇宙飛行士が〉宇宙遊泳をする. **2** 歩いて行く, 徒歩で行く; 散歩する, ぶらつく (roam), (徒歩)遠足をする (hike): ~ arm in arm 腕を組んで歩く / go ~*ing* 散歩に行く; 《英》徒歩旅行に行く / ~ *around* 歩き回る, ぶらつく / ~ a few paces 二, 三歩歩く / ~ *about* the countryside (=be [go] out ~*ing* in the countryside) 田舎を歩き回る / ~ with a stick ステッキをついて歩く / Is it too far (away) to ~? 歩いて行くには遠すぎますか / ~ *on* crutches 松葉杖をついて歩く / ~ for one's health 健康のために歩く / ~ *away* 歩き去る, 行ってしまう / ~ *into* a shop 店へ入って行く / Please ~ *in*. (遠慮しないで)どうぞお入り下さい / ⇨ WALK *up* / ~ *out* of a room 部屋から出て行く / I generally ~ *to* my office. たいてい歩いて事務所へ行く / We left the car at the bridge and ~*ed* the rest of the way. 橋の所で車を捨てて残りの道を歩いた / Let's take a bus there and ~ back afterwards. そこまでバスで行ってそのあと歩いて帰ろう / I ~*ed* the mile to his house. 彼の家までの 1 マイルを歩いた / Don't ~ on the grass. 芝生の上は歩かないで / I'll ~ with you as far as the corner. 街角まで一緒に歩いて行きましょう. **3** 〈幽霊が〉現れる, 出る (appear): Ghosts ~ at night. 幽霊は夜現れる. **4** 〘野球〙〈打者が〉四球で一塁に歩く. **5** 〘バスケットボール〙トラベリングをする (travel). **6** 〈馬・乗馬者が〉並足で行く, 歩む. **7** (振動などにより)〈物が〉移動する, 動く. **8** 《古》世を渡る, 身を処する, 生活する (live): ~ through life [the world] 世を渡る / ~ in God's way 神の道を歩む / ~ in the path of righteousness 正道を踏む / ~ in one's own way 独自の道を行く / ~ in the light 光に歩む, 正しい生活をする (cf. *1 John* 1:7) / ~ after the flesh 肉に従いて歩む, 肉欲の生活をする (cf. *Rom.* 8:1) / ⇨ *walk with* GOD / ~ humbly with thy God へりくだりてなんじの神と共に歩む (cf. *Mic.* 6:8) / ~ by faith 信仰によりて歩む, 信仰の生活をする (cf. *2 Cor.* 5:7). **9** 〘海事〙〈船が〉進んで行く. **10** 《米》容疑[嫌疑]が晴れる: ~ free (裁判所で)嫌疑が晴れる, 無罪放免になる. **11** 《廃》 **a** 動いている, 活動している. **b** 〈舌などが〉しきりに動く.

— *vt.* **1** 〈道などを〉歩く: ~ a familiar road [route] 歩きなれた道を行く / ~ the floor (焦燥・心配などのために)部屋の中を行ったり来たりする / ~ the earth 〈悪魔が〉地上を歩く, 〈幽霊が〉地上に迷い出る / ~ the [a] round=~ one's round(s) 巡回する / ⇨ *walk the* STREETS / We ~*ed* the countryside for miles. その付近の田舎を何マイルも歩き回った / the dear might of Him that ~*ed* the waves 波の上を歩きたまいしキリストの御力 (Milton, *Lycidas*) / They ~*ed* the deck, talking. 話しながら甲板を歩き回った. **2** 歩いて[散歩して]〈時を〉過ごす〈*away*〉: I ~*ed* the afternoon *away*. 散歩で午後を過ごした. **3 a** 〈馬・犬などを歩かせる, 歩かせて訓練する, 散歩に連れて歩く: ~ a horse 馬を歩かせる / ~ a dog (on a leash) 犬にひもを付けて散歩に連れて歩く. **b** (レース後に興奮を静めるために)〈馬を〉歩かせる. **4** [方向の副詞語句を伴って]〈人を〉歩かせる, 連れて歩く, 引っ張って行く; 歩かせて[歩いて]…の状態にする: The policeman ~*ed* him *away*. 巡査は彼を引き立てて行った / ~ a friend *around* a village 友人を連れて村を案内して歩く / He ~*ed* her *home* [to the corner]. 彼女を歩いて家まで[街角まで]送った / He ~*ed* me *to* exhaustion. 彼に歩かされてへとへとになった / He ~*ed* his shoes to shreds. 彼は歩いて靴をぼろぼろにした. **5** 〈重い荷などを〉歩かせるようにして運ぶ; 〈自転車などを〉押して歩く: ~ a heavy box on its corners 重い箱の角を立ててごとごと動かす / ~ a bicycle *up* a slope 自転車を押して坂を上がる. **6** [~ it として] **a** 《口語》歩く, てくる: It's not far: you can ~ *it* easily. 遠くないから, 楽に歩けるよ. **b** 〈競走馬などが〉楽勝する. **7** 〘野球〙 **a** 〈打者を〉(四球で)歩かせる. **b** (満塁で打者を歩かせて)〈押し出しの

W

1 点を)得させる ⟨*in*⟩. **8** 〘バスケットボール〙⟨ボールを⟩もってトラベリングを犯す (cf. *vi.* 5). **9** 歩測する: ~ the boundary [pubic footpaths] 境界線[歩道]を歩測する. **10** 〘海事〙 **a** 歩いて⟨車地 (capstan) を⟩回す. **b** [~ up として] 車地を回して[ロープを引いて]⟨錨を⟩引き上げる. **11** ゆるやかに⟨ダンスを⟩する: ~ a dance.

wálk abróad ⟨流行病・死・放火などが⟩広まる, 広がる. ***wálk àll óver*** 《口語》 (1) (…を)圧倒的に打ち負かす. (2) =WALK *over* (3). ***wálk aróund*** (1) 《米口語》(黒人の)ダンスをする. (2) …を多角的に検討する; …を慎重に扱う: ~ *around* a problem. ***wálk awáy*** (1) (人が困るのもかまわず)立ち去る. (2) (責任があるのに)かかわりをもつことを避ける. (3) たいしたこともなく切り抜ける. ***wálk awáy from …*** (1) …よりもずっと速く進む, (競争などで)…に楽々と勝つ (cf. walkaway). (2) ⟨責任などを⟩回避する, …にかかわりをもつことを避ける. (3) ⟨事故⟩を大したこともなく切り抜ける. ***wálk awáy with*** =WALK *off with*. ***wálk before òne can rún*** 困難なことに取り組む前に基礎的なことを理解する (cf. RUN[1] *before one can walk*). ***wálk dówn*** (1) 歩いて⟨毒を⟩中和する. (2) 歩いて⟨連れを⟩へたばらせる. ***wálk in òff the stréet*** (医者などに)予約なしにかかる. ***wálk ín on …*** 突然入って来て…の邪魔をする. ***wálk ínto*** 《俗》 (1) …にうっかりぶつかる: He ~*ed into* a wall and got bruised. 塀にぶつかってあざをつくった. (2) うっかり⟨打撃など⟩をくらう; ⟨わななど⟩にまんまと陥る: He ~*ed into* a left hook. 左のフックをくらった / He ~*ed into* the trap. まんまとそのわなにはまった. (3) ⟨仕事・地位などに⟩簡単につく; ⟨人の愛情⟩をまんまとかち得る: She ~*ed into* the top position [his affections]. まんまと最高の地位[彼の愛情]をかち得た. (4) …をたらふく食う[飲む]: ~ *into* a pie / ~ *into* beer. (5) …をなぐる (thrash); しかる, ののしる (abuse): He ~*ed into* us all. 我々みんなをしかった. ***wálk one's légs òff*** 歩いてへとへとになる. ***wálk óff*** (1) 突然歩き[立ち]去る. (2) 歩いて⟨酔いなどを⟩除く: ~ *off* a headache 歩いて頭痛を治す / ~ *off* (the effects of) a drink 歩いて酔いをさます. (3) 立ち去らせる; ⟨罪人などを⟩引き立てて行く (cf. *vt.* 4). ***wálk a person òff his légs [féet]*** ⟨人を⟩歩き疲れさせる. ***wálk óff with*** 《口語》 (1) …を盗む, 持って逃げる. (2) ⟨賞品などを⟩さらって行く, 簡単に獲得する: John ~*ed off with* the championship. ジョンが優勝をさらった / ⇨ *walk off with* the SHOW. ***wálk ón*** 《口語》(芝居などで)端役をやる (cf. walk-on). ***wálk on áir*** ⇨ air 成句. ***wálk óut*** (1) (不賛成・抗議の表示に会議の席などから)退場する, 席をけって出る: He ~*ed out* of the meeting. 会議の席から退場した / You can't just ~ *out* after 20 years of marriage! 結婚して 20 年もたってただ出て行く訳にいかないぞ. (2) ストをする (cf. walkout 1): The employees ~*ed out* in protest. 従業員は抗議してストをした. (3) 《英古》(結婚を前提に)〔異性と〕付き合う (go out) 〔*with*〕; 求愛する, 口説く: He was ~*ing out with* her. 彼女と付き合っていた. (4) ⟨人を⟩家の外まで送り出す: She ~*ed* me *out*. 彼女は私を家の外まで送り出してくれた. (5) 大股で歩く. (6) 〘軍事〙(許可を取って兵営から)外出する. ***wálk óut on*** 《口語》⟨人を⟩見捨てる; ⟨仕事などを⟩捨てる: She ~*ed out on* her husband after a fight. けんかの末に夫を見捨てた / Are you ~*ing out on* this good job? こんなにいい仕事を捨てるつもりか. ***wálk óver*** (1) 〘競馬〙⟨馬が⟩(他に出走馬がいないので)並足で歩いて勝つ, 単走する (cf. walkover 1). (2) 《口語》(試合などで)…に楽勝する. (3) 《口語》…の気持ちを無視する; …を踏みにじる, …をこき使う, 尻に敷く. ***wálk róund*** 《米口語》⟨相手⟩を簡単に負かす. ***wálk táll*** 《米口語》自分に誇りを持つ, 自尊心を抱く. ***wálk the hóspital(s) [wárds]*** ⟨医学生が⟩病院に実習勤務する (cf. intern[1]). ***wálk thróugh*** (1) 〘演劇〙…を動きを中心に稽古する[させる]; (初期のリハーサルなどで)⟨役⟩をおざなりに演じる. (2) ⟨仕事・試験などを⟩おざなりに扱う[済ます]. (3) ゆるやかに⟨ダンスを⟩終える: ~ *through* a dance. (4) ⇨ *vi.* 8. ***wálk a pérson thróugh*** 人に…を丹念に教える, 手ほどきをする. ***wálk úp*** (1) 近寄る, 進む: She just ~*ed up* [*over, across*] to me and struck up a conversation. 彼女はすっと私に近寄ってきて話し始めた / *Walk up! Walk up!* さあさあお立ち寄り《見世物の木戸番などがいう言葉》. (2) (猟犬などを使って)獲物を飛び出させる. (3) ⇨ *vt.* 10 b.

W

— *n.* **1 a** 歩くこと; 歩き, 歩行. **b** 宇宙遊泳 (space walk). **2** 徒歩; 散歩 (stroll): a morning ~ 朝の散歩 / go for a ~ =take [have] a ~ 散歩する / take a person [dog] for a ~ 人[犬]を散歩に連れて行く / accompany a person on a ~ 人のお供をして散歩する / take [do] a long ~ every day 毎日長い散歩をする / I have been for a little ~. 少し散歩して来た / Ten minutes' brisk ~ took us to the place. 急ぎ足 10 分でその場所へ着いた. **3** 歩行距離, 歩程: an hour's [five minutes', a five-minute] ~ 歩いて 1 時間 [5 分]の距離 / It is within an easy ~ of the town. 町から楽に歩いて行ける所にある / It is a long [short] ~ from here. ここから歩いて遠い[近い]道のりだ. **4** 歩道 (path, footpath), 人道 (sidewalk); 散歩道, 遊歩道 (promenade); 並木道 (avenue): a gravel ~ (庭園などの)砂利道 / a shady ~ under the trees 木陰の道 / a person's favorite ~ 好きな散歩道. **5** 歩き方, 歩きぶり (gait): a dignified [graceful, peculiar, funny] ~ 威厳のある[上品な, 一種独特な, おかしな]歩き方 / He has a ~ like a gorilla. ゴリラのような歩き方をする. **6 a** (人・動物の)並足 (cf. gait[1] 3): go at a ~ 並足で歩く / slow to a ~ ⟨駆けていた馬が⟩並足になる. **b** (馬の)鎮静運動. **7** 《古》生活ぶり, 世渡り, 暮らし方, 行為, 行動 (conduct, behavior): an honest ~ 正直な暮らし方. **8** 〘野球〙フォアボール, 四球 (a base on balls, pass): an intentional ~ 敬遠 / give the batter a ~ 打者を四球で歩かせる. 日英比較 「フォアボール」は和製英語. **9** 〘スポーツ〙競歩 (walking race). **10** 縄製造場 (rope walk). **11** 《英》牧羊場 (sheepwalk) などになっている広い土地. **12** 家禽(かきん)飼育場, 鶏舎: ⇨ COCK[1] *of the walk*. **13** (西インド諸島の)農園 (plantation), コーヒー[バナナ]園. **14** 《英》(呼び売り商人・郵便配達人などの)通り道, 巡回区域. **15** 《廃》(林務官の監督区域となっている)森. **16** (特にしぎの)群れ: a ~ of snipes. **17** 《廃》人のよく出入りする所 (haunt, resort). **18** 《英》(儀式的な)行列 (procession). **19** [W-] ウォーク《数人が一列に並んで歩くようなステップで踊るディスコダンスの一種》. **20** 《英》(猟犬を種々な環境に慣らすために送る)農場, 田舎家: at ~ ⟨犬が⟩農場に預けられて / put to ~ ⟨犬を⟩農場に預ける.

a spónsored [chárity] wálk 慈善ウォーク《慈善の寄付金集めのためにスポンサーによって定められたコースを歩く》. ***in a wálk*** 《口語》楽々と (cf. walkover 1): win *in a* ~ 楽勝する. ***táke a wálk*** (1) ⇨ *n.* 2. (2) (会の中途で)退場する. ***wálk the wálk*** 人々が(必要と)期待することを実行する, 約束どおりにする (cf. *talk the* TALK).

walk of life 身分; 職業, 職業: people in every ~ [from all ~*s*] *of life* あらゆる身分の人々.

〖v.: OE (*ge*)*wealcan* to roll, toss, go ← Gmc **welk-* (Du. & G *walken* to full (cloth) / ON *vālka* to toss) ← ? IE **wel-* to turn, roll (⇨ volute). — n.: (*a*1250) ← (v.)〗

walk·a·ble /wɔ́ːkəbḷ, wɑ́ːk- | wɔ́ːk-/ *adj.* **1** 徒歩向きの[用の]: a ~ road / ~ shoes 散歩靴. **2** 歩くことのできる, 歩ける: a ~ distance. **walk·a·bil·i·ty** /wɔ̀ːkəbíləṭi, wɑ̀ːk- | wɔ̀ːkəbílɪ̀ti/ *n.* 〖1736〗

wálk·abòut *n.* **1** 《英》徒歩旅行. **2** 《豪》(先住民が通常の仕事を一時離れて送る)森林地での短期間の放浪生活. **3** 王族や有名人などが人込みの中を非公式に歩き回ること. — *adv.* 動き回って: go (on) ~. 〖1908〗

walk·a·thon /wɔ́ːkəθɑ̀(ː)n, wɑ́ː- | wɔ́ːkəθɔ̀n/ *n.* **1** (耐久力を競う)長距離競歩 (walking marathon). **2** ウォーカソン《慈善募金などを目的とした長距離を歩いて行進すること》. 〖(1932): ⇨ walk, -athon〗

wálk·awày *n.* 《口語》 **1** 楽に得た勝利, 楽に勝った勝負, 楽勝. **2** 楽に成就できる事柄. **3** 徒歩脱獄者. 〖(1888) ← *walk away* (*from*) (⇨ walk (v.) 成句)〗

wálk-dòwn *n.* **1** (出入りに階段を使う)路面より低い店舗[住居]. **2** 《口語》ウォークダウン《西部劇などでヒーローと悪役が決闘のためにゆっくりと近づくこと》. — *adj.* ⟨店舗・住居などが⟩路面より低い, 地下の. 〖*c*1905〗

walk·er /wɔ́ːkə, wɑ́ːkə | wɔ́ːkə^(r)/ *n.* **1 a** 歩く人, 歩行者 (pedestrian), 散歩好きな人; 競歩選手: a good [poor] ~ 足の達者な[弱い]人 / He is not a rapid ~. 足の速い方ではない / He is a very brisk ~. とてもきびきび歩く人だ / He is much of a ~. よく散歩する, 散歩好きである / ⇨ shopwalker, streetwalker. **b** (地面をぴょんぴょんはねる鳥に対して)歩く鳥. **2** (幼児の)歩行練習器 (go-cart, baby walker ともいう); (病人・身体障害者などの)歩行器 (walking frame). **3** [通例 *pl.*] 散歩靴. **4** [*pl.*] =walking shorts. ***gó by Wálker's bùs*** 《俗》歩いて行く, テクシーで行く. 〖*a*1376〗

Wal·ker[1] /wɔ́ːkə, wɑ́ː- | wɔ́ːkə^(r)/ *n.* ウォーカー《米国産のフォックスハウンド種の猟犬》. 〖(1904) ← *John W. Walker* (19 世紀米国の狩猟家)〗

Wal·ker[2] /wɔ́ːkə, wɑ́ː- | wɔ́ːkə^(r)/ *int.* 《英俗》まさか, ばかな《不信を表す; Hookey Walker ともいう》. ★ That is all ~. のように名詞的に用いることもある. 〖(1811): かぎ鼻で Hookey Walker というあだ名の人がいたことからか〗

Wal·ker /wɔ́ːkə, wɑ́ː- | wɔ́ːkə^(r)/, **Alice Malsenior** *n.* ウォーカー《1944– ; 米国の作家; *The Color Purple* (1982)》.

Walker, John *n.* ウォーカー《1952– ; ニュージーランドの中距離ランナー; 1 マイル走で史上初めて 3 分 50 秒を切る (3 分 49 秒 4) 記録を出した》.

Walker, Sarah Breedlove *n.* ウォーカー《1867–1919; 米国の黒人女性実業家; くせ毛をまっすぐに伸ばす薬剤の製法を考案 (1905), 富を築いた》.

Wálker Cúp *n.* [the ~] ウォーカーカップ《隔年に開催される米国と英国のアマチュアゴルフチームの対抗試合またはそのカップの名; フォーサム (foursome) とシングルの 2 種目からなる; もと 全米ゴルフ協会会長でこの対抗試合の創始者 George H. Walker の名にちなむ》.

Wálker hòund *n.* =Walker[1]. 〖1904〗

wálker-ón *n.* (*pl.* **walkers-**) 〘演劇〙=walking part. 〖1897〗

walk·ie-look·ie /wɔ́ːkilúki, wɑ́ːki- | wɔ́ːki-/ *n.* 〘テレビ〙ウォーキールッキー《無線送信機を備えた携帯用テレビカメラ》. 〖(1946): ⇨ walk, look, -ie〗

walk·ies /wɔ́ːkiz, wɑ́ː- | wɔ́ː-/ *n.* (*pl.* ~) 《英口語》(特に犬の)散歩: go ~. 〖(1938): ⇨ walk, -ie〗

walk·ie-talk·ie /wɔ́ːkitɔ́ːki, wɑ́ːkitɑ́ːki | wɔ́ːkitɔ́ːki/ *n.* 〘通信〙携帯用無線電話機, ウォーキートーキー. 〖(1933): ⇨ walk, talk, -ie〗

wálk-in 《口語》 *adj.* **1 a** 通りがかりの, ふりの: ~ customers. **b** ふりの客[患者]を扱う: a ~ clinic. **2** 立って入れる位の大きさの: a ~ closet [cooler] 人が入れるほどの大きな収納室[冷蔵室]. **3** 《米》(ロビーを通らずに)通りから直接に入れる: a ~ apartment. — *n.* **1** 立って入れるくらいの大きさの冷蔵庫[冷凍室, 収納室]. **2** (選挙などの)楽勝. **3** ふりの客[患者]. **4** 志願者, 有志; (特にスパイなどでありながら)自発的に外国[敵国]に寝返る人. 〖1928〗

walk·ing /wɔ́ːkɪŋ, wɑ́ːk- | wɔ́ːk-/ *n.* **1** 歩くこと, 歩行, 徒歩, 散歩, ウォーキング; 歩き方, 歩きぶり (gait): brisk ~ 活発な歩行 / go ~ ⇨ walk *vi.* 2 / take a person ~ 人を散歩に連れて行く / He is fond of ~. 歩くことが好きだ. **2** 競歩. **3** (歩く立場から見た)道路などの状態 (condition), 道具合, 足場: The ~ is dry [easy]. 道は乾いている[楽だ]. **4** [形容詞的に] 徒歩の; 散歩用の, 歩行用の: a ~ tour [trip] 徒歩旅行 / ⇨ walking shoe / at a ~ pace 人の歩く位の速度で / within ~ distance (of a place) (ある場所から)歩ける距離にある / Crabs have five pairs of ~ legs. カニは歩行用の脚を 5 組持っている. — *adj.* **1** 歩く, 歩行する. **2** ⟨機械・器具などが⟩歩くように動く, 移動する; 歩く人[動物]によって用いられる: a ~ plow [cultivator] (トラクター用でない)牛馬用の犂(すき)[耕運機] / ⇨ walking beam, walking chair. **3** (患者が)歩行できる; ベッドを離れてもよい (ambulatory) (cf. bedridden 1): a ~ case [patient] 歩行可能な程度の症状[患者] / ⇨ walking wounded. 〖*c*1400〗

wálking-aróund mòney *n.* **1** (ふだん持ち歩く)小遣い, ポケットマネー. **2** 《俗》(選挙の運動員などにばらまく)運動資金.

wálking báit *n.* 〘釣〙遊動えさ《固定しないで常に遊動させるえさ; cf. ledger bait》.

wálking báss /-béɪs/ *n.* 〘音楽〙運歩風低音, 歩行[ウォーキング]ベース《ブルースで, 特にピアノの左手に反復して現れる低音の音型》. 〖1939〗

wálking bèam *n.* 〘機械〙動桁(どうこう), ウォーキングビーム《支点の回りに往復運動をして動力を伝達するてこ; ポンプなどに用いられる》. 〖1845〗

wálking cátfish *n.* 〘魚類〙ヒレナマズ (*Clarias batrachus*)《アジア原産ヒレナマズ科ヒレナマズ属の陸上にはい登ることができる魚》. 〖1968〗

wálking chàir *n.* (幼児用の)歩行器 (go-cart).

wálking cràne *n.* 〘機械〙移動起重機.

wálking délegate *n.* **1** 《米》巡察員《以前, 各工場の労働状況などを視察して歩いた労働組合の役員》. **2** 《NZ》港湾視察員《埠頭に分散した職場を視察する労働組合役員》. 〖1889〗

wálking dándruff *n.* 《米俗》シラミ.

wálking díctionary *n.* 生き字引. 〖1835〗

wálking disáster *n.* どじ[人騒がせ]なやつ《きまって何か落としたり, 間違えたり, 事故を起こしたりする》.

wálking dràgline *n.* **1** (砲車などを運ぶ)歩行引き綱, 誘導索. **2** 運歩ドラッグライン《ショベル型簡易掘削機》.

wálking drèss *n.* (実用的な)外出着. 〖1753〗

wálking encyclopédia *n.* 生き字引, 大の物知り. 〖1868〗

wálking fèrn *n.* 〘植物〙北米産のクモノスシダに似た植物 (*Camptosorus rhizophyllus*). 〖1829〗

wálking físh *n.* 〘魚類〙水中以外でもかなりの時間生存できる種類の魚類の総称《タイワンドジョウ (snakehead), キノボリウオ (climbing perch), トビハゼ, ムツゴロウ (mudskipper) など》. 〖1863〗

wálking fràme *n.* 《英》(身体障害者や衰弱した人が使用する)歩行補助用フレーム, 歩行器. 〖1961〗

wálking gèntleman *n.* 〘演劇〙(外見の立派な)仕出し《端役で出る男優》. 〖1794〗

wálking hòliday *n.* 《英》(特に田園で)散歩[徒歩旅行]を楽しむ休日.

wálking làdy *n.* 〘演劇〙仕出しの女優. 〖1860〗

wálking lèaf *n.* **1** 〘植物〙=walking fern. **2** 〘昆虫〙コノハムシ (⇨ leaf insect). 〖1659〗

wálking lèg *n.* 〘動物〙歩脚《節足動物が歩行に使う胸肢》. 〖1909〗

wálking lìne *n.* 歩行線《階段の踏み幅を設定するための基準線で, 一般に手すりの内側から約 18 インチ (49 cm) のところに引かれる》.

wálking-òn *n.*, *adj.* =walk-on. 〖1948〗

wálking òrders *n. pl.* =walking papers. 〖1835〗

wálking-óut *adj.* 《英》⟨軍服が⟩外出用の: a ~ uniform. 〖1905〗

wálking pàpers *n. pl.* 《米口語》免職, 解雇(通知) (cf. marching order 2): get one's ~ 解雇される / give a person his ~ 人を解雇する. 〖1825〗

wálking pàrt *n.* 〘演劇〙舞台をちょっと歩くだけの役, 「仕出し」(walk-on) (cf. bit[2] 5 b).

wálking ràce *n.* 〘スポーツ〙競歩. 〖1866〗

wálking rèin *n.* (幼児の歩行練習用の)手引きひも.

wálking shòe *n.* ウォーキングシューズ《長時間の歩行・ハイキングなどに適した靴》.

wálking shòrts *n. pl.* 《米》ウォーキングショーツ《バーミューダショーツに似ているがよりゆったりしたズボン; 裾(すそ)が折り返しになったものが多い》. 〖1963〗

wálking stàff *n.* (歩行用の)杖. 〖1546〗

wálking stìck *n.* **1** ステッキ (cane). **2** 《米》〘昆虫〙ナナフシ (stick insect). 〖1580〗

wálking tìcket *n.* =walking papers. 〖1829〗

wálking tòur *n.* 徒歩旅行.

wálking wóunded /-wúːndɪ̀d/ *n.* [the ~; 集合的] **1** 歩行可能な負傷兵[者]. **2** 《俗》(日常生活はやっていける)精神的[情緒的]障害者. 〖1917〗

Walk·man /wɔ́ːkmən, wɑ́ːk- | wɔ́ːk-/ *n.* (*pl.* **~s**) 〘商標〙ウォークマン《携帯できるヘッドホン式小型ステレオカセットプレーヤー・CD プレーヤーなどの商品名》.

wálk-òff *n.* **1** 歩いて去ること. **2** (会議などからの)突然の退場 (walkout). **3** 別れ[退去]のしるし, 別れの挨拶(あいさつ). 〖1936〗

walk-on /wɔ́ːkɑ̀(ː)n, wɑ́ːk-, -ɔ̀(ː)n | wɔ́ːkɔ̀n/ *n.* 〘演劇〙 **1** =walking part. **2** 仕出しの俳優. **3** 〘スポーツ〙《米》チームへの選抜テストを受ける選手《ドラフトや奨学金の対象外の選手》. — *adj.* **1** 〘演劇〙仕出し役の: a ~ part.

2 舞台に現れる. 3 〈飛行機便が〉事前予約不要の, 無予約制の. 〘1902〙
walk·out /wɔ́ːkàut, wáːk- | wɔ́ːk-/ *n.* **1** ストライキ (cf. WALK *out* (2)): They staged a four-day ~ to protest the lack of staff. 人員不足に抗議して4日間のストを行った. **2 a** (抗議の意思を表示するための)退場, 欠席. **b** (抗議のための)会議の長期欠席. **3 a** 冷やかしの客. **b** (店を)冷やかすこと. 〘1888〙
wálk·òver *n.* **1** 〘競馬〙(他に出走馬がいないので)コースを並足で歩くこと, 単走《特に, 傑出した馬が出走する場合, 他の馬主の登録馬が出走を取り消し, 一頭で走ることがある; cf. WALK *over* (1), *in a* WALK》. **2** 《口語》不戦勝; 楽勝: have a ~. **3** 楽に達成できる仕事. 〘1838〙
wálk shòrts *n. pl.* =walking shorts.
wálk sòcks *n. pl.* 《NZ》ひざまでの長さのストッキング.
wálk-thròugh *n.* **1** 〘演劇〙 **a** 立ちげいこ, 動きを中心としたリハーサル (cf. WALK *through* (1)). **b** (台本の)おざなりな演技. **c** 端役. **2** 〘テレビ〙(カメラなしの)リハーサル. **— *adj.*** 通り抜けられる. 〘1940〙
walk-up /wɔ́ːkʌ̀p, wáːk- | wɔ́ːk-/ 《米口語》 *n.* **1** エレベーターのない建物[アパート](の部屋): a second floor ~ エレベーターのない建物の2階(の部屋). **2** 〘競馬〙並足発走《スタートラインまで馬を並足で歩かせてスタートすること》.
— *adj.* **1 a** エレベーターのない建物の2階以上にある: a ~ apartment. **b** (数階の建物で)エレベーターのない: a ~ tenement エレベーターのない安アパート. **2** (歩行者が)建物に入らなくても用事が済ませる: the ~ window of a bank. 〘(1919) 1925〙
Wal·kü·re /vɑːlkjúːᵊrə, vælˑ- | -kjúərə; *G.* valkýːʁə/, **Die** /diː/ *n.* 「ワルキューレ」(⇨ Ring of the Nibelung). 〘□ G ~ □ ON *valkyrja* 'VALKYRIE'〙
wálk·wày *n.* **1** (庭園・公園などの)歩行者専用通路, 散歩道. **2** (工場内などの)通路, 渡り廊下; 使用人通路. **3** 〘海事〙(機関室などの)通路. **4** 道路から玄関までの道. 〘1792〙
Wal·kyr·ie /wælkíᵊri, vælˑ- | -kíəri/ *n.* 〘北欧神話〙= Valkyrie.
walk·y-talk·y /wɔ́ːkitɔ́ːki, wáːkitáːki | wɔ́ːkitɔ́ːki/ *n.* 〘通信〙=walkie-talkie.
wall[1] /wɔ́ːl, wáːl | wɔ́ːl/ *n.* **1** (建造物の)壁, 外壁; 仕切り壁, 隔壁 (partition wall); 内壁; 壁面: the four ~*s* of a house 家の四方の壁 / hang pictures on the ~ 壁に絵をかける / ⇨ fourth wall / *Walls* have ears. 《諺》壁に耳あり. ★ ラテン語系形容詞: mural. **2** [the W-] **a** ベルリンの壁《冷戦時代に東西ベルリンの境界をなしていた全長42 kmに及ぶ壁; 1989年11月に崩壊》. **b** =Wailing Wall. **3** (石・れんがなどの)塀: a stone [brick] ~ 石[れんが]塀 / build a ~ ten feet high 高さ10フィートの塀を建てる / They stood him against a ~ and shot him. 塀の前に立たせて銃殺した. 日英比較 日本語では「壁」は屋内の仕切り,「塀」は屋外の仕切りと区別するが, 英語の *wall* は両方を意味する. **4** [通例 *pl.*] 城壁, 防壁, 防備 (fortifications): within the ~*s* of a city 都市の周囲に築いた城壁の中で. **5** [しばしば *pl.*] (器官・容器などの)内側, 内壁: the ~*s* of a boiler ボイラーの内側 / the ~*s* of the chest [abdomen] 胸[腹]壁 / the stomach ~*s* 胃壁. **6** 壁のようにそびえる[さえぎる]もの, 障壁: a mountain ~ びょうぶのようにそびえ立つ山 / a ~ of clouds in the west 西空のびょうぶのような雲 / a ~ of guards 壁のように並んだ警備員 / a ~ of fire [bayonets] 壁のように燃えさかる火[銃剣をかまえて立ち並んだ兵士の列], 火[銃剣]の壁 / ⇨ tariff wall. **7** (知的・精神的・社会的な)隔て, 壁, 障害; (運動選手が直面する体力的な)壁: a ~ of partition 隔ての壁, 隔壁 (cf. *Ephes.* 2:14) / break through a ~ of tradition [silence] 伝統[沈黙]の壁を破る. **8** 土手 (embankment), 堤防 (levee); 石垣: ⇨ retaining wall. **9** 〘鉱山〙磐(ばん), 側壁: ⇨ footwall, hanging wall. **10 a** 《古》(街路・歩道の)壁[家]寄りの側. **b** (道路の中央に対して)道路の端.
béat* [*báng*] *one's héad agàinst a* (*brìck* [*stóne*]) *wáll ⇨ head 成句. ***be clímbing the wálls*** いらいらする; 頭にくる, しゃくにさわる. ***be úp the wáll*** =go up the WALL. ***clímb* (*úp*) *the wáll*(*s*)** =go up the WALL. ***dríve a person to the wáll*** 〈人を〉窮地に陥らせる, せっぱ詰まらせる. 《1546》 ***dríve a person ùp the wáll*** 《口語》〈人を〉狂わせる; ひどく怒らせる. 《1956》 ***gò óver the wáll*** 《口語》〈囚人などが〉脱獄する, 脱獄する; 逃げ出す. ***gó to the wáll*** (1) 窮地に陥る, 追い詰められる; 負ける: The weakest go(es) to the ~. 《諺》弱者は負ける. 《1589》 (2) (事業などに)失敗する (fail): The newspaper has *gone to the* ~. その新聞はつぶれてしまった. ***gò úp the wáll*** 《口語》逆上する, 気が狂いそうになる, 半狂乱になる. ***háve by the wáll*** 放っておかれる, 使われずにある. ***hàving one's báck to the wáll*** ⇨ back[1] 成句. ***hít the wáll*** (長距離走者などがレース途中)力の限界に達する,「壁にぶつかる」. ***júmp* [*léap*] *òver the wáll*** 教会[教団, 聖職]を離れる. ***knóck one's héad agàinst a* (*brìck* [*stóne*]) *wáll*** ⇨ head 成句. ***òff the wáll*(*s*)** 《米口語》風変わりな, 普通でない (off-the-wall). ***púsh a person to the wáll*** = *drive a person to the* WALL. ***rún one's héad agàinst a* (*brìck* [*stóne*]) *wáll*** ⇨ head 成句. ***sée thròugh a* (*brìck* [*múd, stóne*]) *wáll*** 鋭い洞察力がある, 洞察力に富む, 慧眼である. ***sénd a person to the wáll*** 〈人を〉邪魔者扱いする. ***sénd a person ùp the wáll*** =*drive a person up the* WALL. ***thèse fóur wálls*** この私的な[秘密の]部屋. ***túrn one's fáce to the wáll*** ⇨ face 成句. ***úp agàinst a* (*brìck* [*stóne*]) *wáll*** 窮地に陥って, 壁に突き当たって. ***with one's báck to the wáll*** ⇨ back[1] 成句. ***within fóur wálls*** 室内で; 内密に.
Wáll of Déath [the ~] 死の壁《直立した円筒の内側の壁をオートバイで乗り回す見世物》. 〘1946〙
— *adj.* [限定的] **1** 壁の, 塀の. **2** 〈植物が〉壁や石垣に生える: a ~ plant [plum]. **3** 壁に掛ける[取り付ける], 壁際の: a ~ safe / a ~ candlestick.
— *vt.* **1** …に壁を築く, 石垣[れんが塀]で囲う. **2** 〈都市に〉城壁をめぐらす, 城壁を築いて防備する: ~ a town 町の周囲に城壁を築いて防備する. **3** 〈入口・窓などを〉壁でふさぐ (block) 〈*up*〉. **4** (壁や塀で)さえぎる, 隔てる 〈*off*〉. **5** 〈人や物を〉壁に塗り込める, 封じ込む 〈*up*〉. **6** 塀で囲い込む 〈*in*〉: a small yard, ~*ed in* by a low stone wall 低い石塀で囲い込まれた小さな中庭. **7** (塀のように)…の境界になる: The avenue was ~*ed* with blooming lilacs. 並木道の両側には花咲くライラックが植わっていた. **8** […で]壁を覆う [*with*]: The room was ~*ed with* books. その部屋の壁は本がいっぱい並べてあった.
〘n.: OE *w*(*e*)*all* □ L *vallum* rampart (cf. vallum) ← *vallus* stake ← IE **walso-* a post. — v.: 《*c*1250》 *wall-e*(*n*) < OE **weallian* ← *weall* (n.)〙
wall[2] /wɔ́ːl | wɔ́ːl/ 《米》 *vt.* 〈目を〉くるくる動かす. **— *vi.*** 〈目が〉くるくる回る. 〘《*c*1480》 (1817) *waul, wawl*: cf. wall-eyed〙
wal·la /wá(ː)lə, -lɑː | wɔ́lə/ *n.* =wallah.
wal·la·ba /wá(ː)ləbə | wɔ́l-/ *n.* 〘植物〙ギアナおよびブラジル北部産マメ科の樹木 (*Eperua falcata*); その木材《赤褐色で耐久性が強く, 屋根板や囲いに用いられる》. 〘《1825》← S-Am.-Ind. (Arawak)〙
wal·la·by /wá(ː)ləbi | wɔ́l-/ *n.* (*pl.* **-la·bies**, ~) **1** 〘動物〙ワラビー《カンガルー科カンガルー属 (*Macropus*) の小形のカンガルーの総称; 中にはウサギ大のものもある; cf. pademelon, rock wallaby, swamp wallaby》. **2** [W-] [*pl.*] 《口語》オーストラリア人たち; (特に)オーストラリア国際ラグビーユニオンチーム. ***on the wállaby* (*tràck*)** (1) 《豪》やぶの中を通って. (2) 《口語》(仕事を求めたりして)歩き回って, 放浪して (on the tramp); (仕事に)あぶれて (unemployed). 〘《*c*1798》□ Austral. (Dharuk) *walaba, waliba, walabi*〙

wallabies 1

Wal·lace /wá(ː)lɪ̀s, wɔ́(ː)l- | wɔ́l-/ *n.* ウォレス《男性名; 愛称形 Wal, Wallie, Wallis, Walsh, Wally》. ★ ビクトリア朝期に用いられるようになった. 〘← 《スコット》~ (家族名) 《原義》Welsh: スコットランドの国民的英雄 Sir William Wallace にちなんで普及〙
Wal·lace /wá(ː)lɪ̀s, wɔ́(ː)l- | wɔ́l-/, **Alfred Russel** *n.* ウォレス《1823-1913; 英国の博物学者; Charles Darwin とは別に自然選択 (natural selection) の理論を提唱した (1858)》.
Wallace, De Witt *n.* ウォレス《1889-1981; 米国の出版人; 妻 Lilla Bell Acheson Wallace (1889-1984) と *Reader's Digest* を発刊 (1922)》.
Wallace, Edgar *n.* ウォレス《1875-1932; 英国のスリラー作家; *The Four Just Men* (1906)》.
Wallace, George C(**or·ley**) /kɔ́əli | kɔ́ː-/ *n.* ウォレス《1919-98; 米国 Alabama 州知事 (1963-67, 71-78, 83-87); cf. Wallaceism》.
Wallace, Henry A·gard /éɪgaəd | -gaːd/ *n.* ウォレス《1888-1965; 米国の政治家・農学者; 副大統領 (1941-45)》.
Wallace, Lew(**is**) *n.* ウォレス《1827-1905; 米国の軍人・小説家; *Ben Hur* (1880)》.
Wallace, Sir **Richard** *n.* ウォレス《1818-90; 英国の美術収集家・慈善家; ⇨ Wallace Collection》.
Wallace, Sir **William** *n.* ウォレス《1272?-1305; スコットランドの国民的英雄; イングランド王 Edward 一世に反抗してスコットランド独立のために戦い, 一時はイングランド軍を打ち破ったが, 後捕えられて処刑された》.
Wall·a·ce·a /wɑ(ː)léɪsiə, wɔ(ː)-, -ʃiə | wɔléɪsiə/ *n.* 〘動物〙ウォレシア《動物地理区の東洋区とオーストラリア区の境界線になっているウォレス線 (Wallace's line) の東にある両区の推移帯; 一般には2つの大陸棚の間にある Sulawesi 島その他の島々がその範囲とされる》. 〘《1928》← A. R. Wallace: cf. Wallace's line〙
Wállace Colléction *n.* [the ~] ウォレスコレクション《London にあり, その収集品は Sir Richard Wallace から死後国に寄贈された; 18世紀のフランス絵画・陶磁器・家具などの名品がある》.
Wál·lace·ìsm /-sìzm/ *n.* **1** ウォレス主義《人種差別撤廃反対と南部諸州の権利の擁護を主張》. **2** ウォレス的言辞. 〘← *George C. Wallace*〙
Wál·lace's líne /-sɪ̀z-/ *n.* [the ~] 〘動物地理〙ウォレス線《アジアとオーストラリアの動物分布上の境界線; Bali 島と Lombok 島の間, Borneo と Celebes および Philippine 諸島との間に位置する》. 〘《1868》← *A. R. Wallace* (この境界線の発案者)〙
Wal·lach /wá(ː)lək, wɔ́(ː)l- | wɔ́l-/ *n.* =Vlach. 〘《1786》: ⇨ Walach〙
Wal·lach /wá(ː)lək | wɔ́l-; *G.* válax/, **Otto** *n.* ヴァラッハ《1847-1931; ドイツの化学者; Nobel 化学賞 (1910)》.
Wallach. 《略》Wallachian.
Wal·la·chi·a /wɑ(ː)léɪkiə, wə- | wɔ-, wə-/ *n.* ワラキア《ヨーロッパ南東部の旧公国; 1861年 Moldavia と統合してルーマニアの一部となった; 主都 Bucharest》.
Wal·la·chi·an /wɑ(ː)léɪkiən | wɔl-, wə-/ *n.* **1** ワラキア (Wallachia) 人. **2** =Vlach. **— *adj.*** **1** ワラキアの. **2** ワラキア人の. 〘1603〙
wal·lah /wá(ː)lə, -lɑː | wɔ́lə; *Hindi.* ʋaːlaː/ *n.* 《インド口語》(ある仕事に)使われる人[もの], …係: ⇨ box wallah / a competition ~ 《インドで》競争試験の上採用された官吏 / a ground ~ 《空軍俗》陸上勤務兵 / a howdah ~ かごを載せて歩く象 / a punkah ~ やしの大扇を動かす召使 / a sanitary [signals] ~ 《軍俗》衛生[通信]兵 / a ticket ~ 切符係. 〘《1776》□ Hindi *-vālā* -er[1]〙
wal·la·roo /wɑ̀(ː)lərúː | wɔ̀l-/ *n.* (*pl.* ~**s**, ~) 〘動物〙ワラルー《中形のカンガルー属 (*Macropus*) の動物の総称》; (特に)ケナガワラルー (*M. robustus*). 〘《1826》□ Austral. (Dharuk) *walaru*〙
Wal·la·sey /wá(ː)ləsi | wɔ́l-/ *n.* ウォラシー《イングランド北西部 Mersey 河口 Liverpool 対岸にある港町》. 〘ME *Waylayesegh* ← OE *Walaēg* island of the British + *-es* (gen. suf.) + ME *ei* 'ISLAND'〙
wáll-attàchment effèct *n.* 〘流体力学・航空〙= Coanda effect.
wáll bàrley *n.* 〘植物〙ムギクサ (*Hordeum murinum*)《ヨーロッパ原産オオムギ属の帰化植物; 道路わきなどに生える》. 〘1548〙
wáll bàrs *n. pl.* 肋木(ろくぼく)《左右の柱の間に丸い横木を渡した体操器具》. 〘1903〙
wáll·bòard *n.* ウォールボード, 壁板《特に, パルプ・岩綿・石灰などで作った人造壁板》. 〘1906〙
wáll bòx *n.* 〘建築〙 **1** 梁受壁枠. **2** (電気配線などの)壁内の金属箱. 〘1887〙
wáll bròwn *n.* 《英》〘昆虫〙=gatekeeper 2.
wáll·chàrt *n.* ウォールチャート《特に教室の壁に貼る大きな図表》. 〘1958〙
wáll clòck *n.* 柱時計, 掛け時計.
wáll clòud *n.* 〘気象〙=eyewall.
wáll·còvering *n.* ウォールカバリング《プラスチック・繊維製などの壁紙の総称》. 〘1970〙
wáll crèeper *n.* 〘鳥類〙カベバシリ (*Tichodroma muraria*)《ヨーロッパと南アジアの高山地帯に生息し, 岩の壁面を移動する; クモ・昆虫などを捕食するので spider catcher ともいう》. 〘1667〙
wáll crèss *n.* 〘植物〙アブラナ科ハタザオ属 (*Arabis*) の植物の総称. 〘1796〙
walled /wɔ́ːld, wáːld | wɔ́ːld/ *adj.* 壁をつけた; 壁で取り囲んだ, 塀をめぐらした; 城壁をめぐらした, 城壁で防備した: a ~ garden / a ~ cemetery 塀をめぐらした共同墓地 / a ~ town 城壁をめぐらした町. 〘lateOE〙
wálled-ín *adj.* 塀をめぐらした, 囲い込んだ. 〘1777〙
wálled pláin *n.* [the ~] 〘天文〙壁(へき)平原《月面にある周囲を城壁のように囲まれた広い区域, ほぼ円形で 50-300 km に及ぶ水平の底をもつ; ringed plain ともいう》.
Wal·len·berg /vá(ː)lənbə̀ːg, wá(ː)l- | wɔ́lənbə̀ːg; *Swed.* válənbærj/, **Raoul** *n.* ヴァレンベリー《1912-?47; スウェーデンの外交官; 第二次大戦中 Budapest でスウェーデン大使の職にあり, ナチの手から救うために 5000 人分のパスポートをユダヤ人に発行した》.
Wal·len·stein /wá(ː)lənstàɪn | wɔ́l-; *G.* válənʃtaɪn/ *n.* 「ワレンシュタイン」《Friedrich Schiller 作の歴史悲劇三部作 (1798-99); *Wallenstein's Camp, The Piccolomini, Wallenstein's Death* から成る》.
Wal·len·stein /wá(ː)lənstàɪn | wɔ́l-; *G.* válənʃtaɪn/, **Albrecht Wen·zel Eu·se·bi·us** /véntsl̩ɔyzéːbius/ **von** *n.* ワレンシュタイン《1583-1634; ボヘミア生まれの傭兵隊長, 神聖皇帝 Ferdinand 二世の将軍; 三十年戦争その他で勇名をとどろかした》.
Wal·ler /wá(ː)lə | wɔ́lə[(r)]/, **Edmund** *n.* ウォラー《1606-87; 英国の詩人》.
Waller, Fats *n.* ウォラー《1904-43; 米国のジャズピアニスト・歌手; 本名 Thomas Waller》.
wal·let /wá(ː)lɪ̀t | wɔ́l-/ *n.* **1** (主に男性用の大型)札入れ, 財布; (皮製の)書類カバン: carry a ~ 札入れを持ち歩く / lose one's ~ 札入れを紛失する (⇨ purse 日英比較). **2** 道具袋. **3** 《古》(旅人・巡礼・乞食などの)物入れ袋, 合切(がっさい)袋, ずだ袋. 〘《*c*1385》*walet* □? AF **walet* ← Gmc **wall-* ← IE **wel-* to turn, roll (⇨ volute): ⇨ -et〙
wall·eye /wɔ́ːlàɪ/ *n.* (*pl.* ~**s**, ~) **1** 〘眼科〙(外斜視・角膜の濁りなどから生じた)白目. **2** 〘病理〙=leucoma. **3** 〘眼科〙外斜視《divergent squint, exotropia ともいう; cf. cross-eye 1》. **4** 〘眼科〙外斜視眼. **5** 〘魚類〙目玉の大きい北米産パーチ科の食用淡水魚 (*Stizostedion vitreum vitreum*)《外形はややスズキに似る; walleyed pike ともいう》. 〘《1523》《逆成》↓〙
wall·eyed /wɔ́ːlàɪd, wáːl- | wɔ́ːl-/ *adj.* **1** (外斜視のため)白目がちの; 角膜の白く濁った, 白目の. **2** 《米》〈魚など〉大きく突き出た目をした. **3** (恐怖・怒り・興奮などで)目を異様にみひらいた, 異様な[ねめつける]目付きの: in ~ fear [astonishment] 恐怖[驚き]のために目を異様にみひらいて. 〘《?*a*1400》*waldeyed, wawileghed* 《部分訳》← ON *vagleygr* ← *vagl* film over an eye + *-eygr* -eyed (← *auga* eye)〙
wálleyed hérring *n.* 〘魚類〙=alewife[2].
wálleyed pérch *n.* 〘魚類〙=walleyed pike.
wálleyed píke *n.* 〘魚類〙=walleye 5.
wálleyed póllack *n.* 〘魚類〙スケトウダラ (*Theragra chalcogrammus*)《Alaska pollack ともいう》. 〘1907〙
wálleye súrf fish *n.* 〘魚類〙California 海域に生息するウミタナゴ科の魚 (*Hyperprosopon argentum*).

W

wálleye súrfperch *n.* 〖魚類〗=walleye surf fish.
wáll fèrn *n.* 〖植物〗オオエゾデンダ (*Polypodium vulgare*) 《ウラボシ科エゾデンダ属のシダ》. 〖1639〗
wáll·flòwer *n.* **1** 〖植物〗ニオイアラセイトウ (*Cheiranthus cheiri*) 《ヨーロッパでは石垣などに自生する香気のある黄色の花をつけるアブラナ科の植物; 園芸種には赤・紫などがある; gillyflower ともいう》. **2** 〖植物〗アブラナ科ニオイアラセイトウ属 (*Cheiranthus*) およびエゾスズシロ属 (*Erysimum*) の多年生・一年生園芸植物の総称 《エゾスズシロ (*E. cheiranthoides*) など》. **3** 《口語》壁の花 《舞踏会で, 特に相手がなくて壁側で見ている人, 特に女性》. 〖1578〗
wáll frùit *n.* (壁面に)垣根仕立[整枝]した樹になった果実 《セイヨウナシ・リンゴなど; 以前ヨーロッパに多く普及した栽培法による; cf. espalier 1》. 〖1669〗
wáll gàme *n.* 《英》ウォールゲーム 《Eton 校の伝統的なスポーツでサッカーとラグビーが合わさったような荒っぽい球技; 敵味方の密集する中, 塀に沿って敵ゴールまでボールをドリブルして行くが, ボールを奪うために相手の顔を塀に押しつけるなどのプレーも許されていて, 得点に至るのはまれ》. 〖1883〗
wáll hànging *n.* 壁掛け, 装飾用壁掛け布; (横木などを受ける)箱金物. 〖1896〗
wáll-hùng *adj.* 壁掛けの, 壁取付け式の, 壁付けの. 〖1876〗
Wal·lie /wɑ́(ː)li | wɔ́li/ *n.* ウォーリー: **1** 男性名. **2** 女性名. 〖1: (dim.) < Wallace, Walter. 2: (dim.) ← Wallis[2] 2〗
wal·lies /wǽliz/ *n. pl.* 《スコット・方言》入れ歯, 義歯. 〖(1954) (*pl.*) ← wally[3]〗
wáll·ing /-lɪŋ/ *n.* **1** 壁作り. **2** 壁材; [集合的] 壁. 〖*a*1382〗
wáll ìron *n.* (堅樋(たて)・避雷針などを留めるため)壁の外面に取り付ける腕金.
Wal·lis[1] /*G.* válɪs/ *n.* Valais のドイツ語名.
Wal·lis[2] /wɑ́(ː)lɪ̀s, wɔ́(ː)l- | wɔ́lɪs/ *n.* ウォリス: **1** 男性名. **2** 女性名. 〖(dim.) ← Wallace〗
Wal·lis /wɑ́(ː)lɪ̀s, wɔ́(ː)l- | wɔ́lɪs/, Sir **Barnes** (**Neville**) *n.* ウォリス 《1887–1979; 英国の航空技師・発明家》.
Wal·lis, John *n.* ウォリス 《1616–1703; 英国の数学者》.
Wállis and Fu·tú·na Íslands /-fətúːnə-/ *n.* ワリー・エ・フトゥーナ諸島 《南太平洋 Fiji の北にある二つの諸島から成るフランスの海外領; 面積 255 km²》.
wáll knòt *n.* 〖海事〗うね結び 《先端が解けないようにロープの股(こ)をより合わせて結んだもの》. 〖(1627) 《部分訳》? ← Swed. & Norw. *valknut*, Dan. *valknude* double knot〗
wáll-less *adj.* 壁[塀]のない. 〖1849〗
wáll·like *adj.* 壁[塀]のような.
wáll lìzard *n.* 〖動物〗イワカナヘビ (*Lacerta muralis*) 《地中海地方などにみられるカナヘビ科の小形のトカゲ》.
wáll-mòunted *adj.* 壁面に取り付けられた, 壁付けの. 〖1964〗
wáll mùstard *n.* 〖植物〗=stinkweed.
wáll nèwspaper *n.* 壁新聞; 掲示板の通達事項. 〖1935〗
Wal·lo·ni·an /wɑ(ː)lóʊnjən | wɔlə́ʊ-, wə-/ *n., adj.* =Walloon.
Wal·loon /wɑ(ː)lúːn | wɔ-, wə-/ *n.* **1** ワロン人 《ベルギー南東部およびその付近に住む》. **2** ワロン語 《ワロン人の話すフランス語方言; フランス語名 Wallon /*F.* walɔ̃/》. — *adj.* ワロン人の; ワロン語の. 〖(1530) □ F *Wallon* < ML *Wallōnem* ← Gmc **walχaz* foreigner (OE *wealh* / OHG *walh* foreigner): cf. Welsh, walnut〗
Wallóon swòrd *n.* =pappenheimer.
wal·lop /wɑ́(ː)ləp | wɔ́l-/ *vt.* 《口語》ひどく打つ, なぐりつける (thrash); がんと打つ; (試合などで)打ち負かす 〔*in*〕: ~ a ball ボールをかっ飛ばす. — *vi.* **1** 《口語・方言》**a** ばたばたとあわてて進む, あわてふためく. **b** じたばたする, もがく. **c** ぶざまに重苦しく歩く, よたよた歩く (waddle) ⟨*along*⟩: The old car ~*ed along*. 古自動車はがたがた走って行った. **2** 〈液体が〉激しく沸騰する. **3** 《スコット》〈ぼろ布などが〉ひらひらする (flop). **4** 《廃》=gallop.
— *n.* **1** 《口語》ひどい一撃 (heavy blow): I gave him a sound ~. 彼をしたたかなぐりつけた. **2** 《ボクシングなどの》強打力, 強烈なパンチ力. **3** 《口語》《広告などの》効果, 効き目, 訴える力. **4** 《口語》《愉快な》興奮, スリル (thrill, kick): We got a big ~ out of the game. そのゲームを大いに楽しんだ. **5** 《方言・口語》じたばた, ぶざまなもがき. **6** 《廃》=gallop. **7** 《英俗》ビール (beer). ***páck a wállop*** ⇨ pack[1] 成句. — *adv.* 《口語》どんと, どさっと, がんと: go (down) ~ どさっと落ちる.
〖n.: (*a*1375) □ ONF *walop* (F *galop*) ← *waloper*. — v.: ((1375)) (1579) □ ONF *waloper* (F *galoper*) 'to gallop'〗
wál·lop·er *n.* **1** 《口語》打つ人; なぐる物, 棒. **2** 《英方言》途方もなく大きなもの, とてつもないもの[事]. **3** 《豪俗》警官. 〖1832〗
wál·lop·ing 《口語》*adj.* でっかい; すばらしい; べらぼうな (whopping): a ~ baby, lie, etc. ★ 後に big, great 等を伴うときは副詞とも解される: a ~ big city ばかでかい都市. — *n.* **1** なぐりつけ(ること). **2** 圧勝. 〖(adj.: ?*a*1400; n.: 1440)〗
wal·low /wɑ́(ː)loʊ | wɔ́ləʊ/ *vi.* **1 a** 〈人や動物が〉(泥・砂・水中などを)ごろごろする, 転がり回る (roll about) 〔*in*〕. **b** よたよた進む, もがきながら進む: She came ~*ing* like a woman with child. おなかの大きい女性のようによたよたと歩いて来た. **2** 〈海・波が〉波打つ (surge); 〈煙・炎・水などが〉ほとばしって出る, 吹き出る ⟨*up*⟩; 〈風が〉吹きまくる. **3 a** 〈船などが〉大揺れ[横揺れ]に揺れる: The boat ~*ed in* the sea. 船は海上で横揺れに揺れた. **b** 無力になる, どうしようもなくなる. **4 a** 〔酒色・ぜいたくなどに〕ふける, 〔感情などに〕おぼれる (indulge, revel) 〔*in*〕: He ~*ed in pleasures* [luxury]. 快楽[ぜいたく]にふけっていた. **b** 気ままに暮らす, ぜいたくに過ごす. **5** 〔富などを〕いやというほど持っている 〔*in*〕: He's ~*ing in* money [wealth, it]. うなるほど金を持っている.
— *n.* **1** (ぜいたくなどに)ふけること, (感情などに)おぼれること. **2** (泥や砂の中などに)転がること; (水牛などが)転がりに来る所; 動物が転がって作ったくぼみ.
〖OE *w(e)alwian* to turn, roll < WGmc **walwōjan* (Goth. *walwjan*) ← Gmc **walw-*, **welw-* ← IE **wel-* to turn, roll (L *volvere* to roll: cf. volute)〗
wál·low·er *n.* (泥や砂などの中を)転がる人[動物]. 〖1611〗
wáll pàinting *n.* 壁画, フレスコ (fresco). 〖1688〗
wáll·pàper *n.* **1** 壁紙 《通例色刷の模様がある; 天井にも張る》: put ~ on the walls 壁に壁紙を張る. **2** (目立たない)装飾的背景となるもの. — *vt.* 〈壁〉に壁紙を張る; 〈部屋など〉の壁に壁紙を張る. — *vi.* 壁紙を張る. 〖1827〗
wállpaper mùsic *n.* 《英》(事務所・レストランなどへ流す)有線放送バックグラウンドミュージック (BGM). 〖1966〗
wáll pàss *n.* 〖サッカー〗壁パス 《一度味方の選手にボールをパスした後にすぐダッシュして再度ボールを受け取るプレー; one-two ともいう》. 〖1958〗
wáll pèllitory *n.* 〖植物〗ヒカゲミズ (*Parietaria officinalis*) 《古い石塀などに生えるイラクサ科の雑草; 利尿に効がある》.
wáll pènnywort *n.* 〖植物〗=navelwort.
wáll pèpper *n.* 〖植物〗=stonecrop. 〖1578〗
wáll plàte *n.* **1** 〖建築〗敷桁(しきげた) (⇨ beam 挿絵). **2** 〖電気〗=switch plate. **3** 〖鉱山〗ウォールプレート 《長方形断面の立坑で, 坑枠の長手方向に平行に置かれた坑木; また, 坑道の枠組の水平ガーダーと壁面との間に挿入される四角い木片; 圧縮されて圧力を軽減し, あるいは荷重を分散するために用いられる》. 〖((1394)) (*a*1395) *walplate*〗
wáll plùg *n.* 壁に取り付けたコンセント. 〖1888〗
wáll pòcket *n.* 〖劇場〗舞台の壁に取り付けた照明用のコネクター箱. 〖1880〗
wáll·pòster *n.* (中国の)壁新聞, 大字報 《文化大革命時に主に政治的メッセージが盛り込まれ全国に貼り出されたが, 現在では批判的内容のものは禁止されている》. 〖1962〗
wáll rìb *n.* 〖建築〗壁つき肋材, 壁つきリブ 《ヴォールト天井のアーチの肋(ろく)のうち, 垂直に壁に沿った部分; formeret ともいう》. 〖1835〗
wáll ròck *n.* **1** 〖鉱山〗磐岩(ばんがん), 周囲の岩盤. **2** 〖地質〗母岩 (country rock). 〖1876〗
wáll ròcket *n.* 〖植物〗ロボウガラシ (*Diplotaxis tenuifolia*) 《黄色の花をつけるヨーロッパ原産のアブラナ科の多年草》. 〖1611〗
wáll rùe *n.* 〖植物〗イチョウシダ (*Asplenium rutamuraria*) 《石灰岩によく生える小形のシダ, 葉がイチョウに似ている; wall rue spleenwort ともいう》. 〖1548〗
Walls·end /wɔ́ːlzend, wɑ́ːlz- | wɔ́ːlz-/ *n.* **1** ウォールズエンド 《イングランド北東部 Newcastle 東方, Tyne 河口に近い都市》. **2** ウォールズエンド炭 《家庭用上等石炭》. 〖OE *Wallesende* 《原義》the end of the Roman Wall〗
wáll-sìded *adj.* 〖海事〗舷側が垂直に切り立った.
wáll sòcket *n.* =wall plug.
Wáll Strèet /wɔ́ːl-, wɑ́ːl- | wɔ́ːl-/ *n.* **1** ウォール街 《New York 市 Manhattan 島南端部にあり, 米国の金融の中心地; ニューヨーク証券取引所所在地》: The US stock exchange is on ~. 米国の証券取引所はウォール街にある. **2** New York 金融市場, 米国金融界[街] (cf. Lombard Street, Throgmorton Street). 〖1653 年にオランダ人が建設した防御壁から〗
Wáll Strèet Cràsh *n.* [the ~] ウォール街大暴落 《ニューヨーク株式市場で 1929 年 10 月に始まった株価の大暴落; Great Depression の決定的な引き金になった》.
Wáll Strèet·er /-ṭə | -tə(r)/ *n.* ウォール街の証券業者. 〖1885〗
Wáll Strèet Jóurnal *n.* [the ~] 「ウォールストリートジャーナル」《米国の経済専門日刊紙》.
wáll tènt *n.* (四方が垂直な壁面の)家屋形テント.
wáll-to-wáll *adj.* **1** 床一面の: ~ carpeting. **2** 《口語》端から端までの, 全面的な; 《口語》残る限なく埋め尽くした. **3** どこにでもある. 〖1946〗
wáll tòwer *n.* (昔のとりでの)壁塔. 〖*c*1480〗
wáll ùnit *n.* ウォールユニット 《棚や戸棚などの区画にわかれた, 壁面に付けて置くタイプの家具》. 〖1962〗
wáll·wàsher *n.* ウォールウォッシャー 《壁面だけを照射するために据え付けられた照明器具》. 〖1966〗
wal·ly[1] /wéɪli/ 《スコット・廃》*adj.* **1** 立派な, 見事な, 結構な (fine, excellent). **2** 大きい, 強い, たくましい (big, strong). **3** 心地よい, 愉快な (agreeable). — *adv.* すばらしく (finely). — *n.* 見かけ倒しの物, 安ぴかもの (gewgaw), くだらないもの. 〖(1500) ← ? wale[2]+-y[4]〗
wal·ly[2] /wéɪli/ *int.* 《スコット・北英》=waly[2].
wal·ly[3] /wéɪli/ 《スコット・方言》*adj.* 陶製の, 陶器の; 陶製の[セラミック]タイルを並べた. — *n.* 入れ歯, 義歯. 〖(1904) ← ? wally[1]〗
wal·ly[4] /wɑ́(ː)li | wɔ́li/ *n.* 《英俗》まぬけ, ばか. 〖(1964) ← ? *Wally* (↓)〗
Wal·ly /wɑ́(ː)li | wɔ́li/ *n.* ウォーリー: **1** 男性名. **2** 女性名. 〖1: (dim.) ← Wallace, Walter. 2: (dim.) ← Wallis[2]〗
wál·ly·bàll /wɑ́(ː)li-, wɔ́(ː)li- | wɔ́li-/ *n.* 《米》ウォーリーボール 《スカッシュのように四角い箱のようなコートで行う 2–4 人制のバレーボール》. 〖(1985) 《混成》← wall+(vol-le)yball〗
wal·ly·drag /wéɪlidræ̀g, wɑ́(ː)l-, -drɑ̀ːg | wǽli-, wɔ́li-/ *n.* 《スコット》**1** (弱々しい)発育不全の動物[人]; 巣の中のひよこ. **2** だらしのない人[女性]. 〖((1508)): ⇨ waly[2], drag〗
wálly·dràigle /-drèɪgl/ *n.* 《スコット》=wallydrag. 〖((1817)): ⇨ ↑, draggle〗
Wal-Mart /wɔ́ːlmɑət, wɑ́ːl- | wɔ́ːlmɑːt/ *n.* 〖商標〗ウォルマート 《米国の大手ディスカウントストアチェーン; 会員制卸売り組織やスーパーマーケットとディスカウントストアの結合店も経営; 1969 年設立》.
wal·nut /wɔ́ːlnʌ̀t, wɑ́ːl-, -nət | wɔ́ːl-/ *n.* **1** (食用)クルミ: over the ~*s* and the wine (食後に)クルミを食べワインを飲みながら, デザートで. **2** 〖植物〗クルミ 《クルミ科クルミ属 (*Juglans*) の各種の木》. **3** クルミ材 《銃床や家具の製造に用いる》: a ~ bureau クルミ材の衣装だんす. **4** クルミ色 《クルミの木の心材の色》, 茶色. **5** 《ニューイングランド》ヒッコリーの実. — *adj.* [限定的] **1** クルミ(材)の. **2** クルミ色の. 〖OE *walhhnutu* 《原義》foreign nut ← *wealh* foreign+*hnutu* 'nut': cf. Wales, Welsh〗
Wálnut Cányon Nátional Mónument *n.* ウォルナットキャニオン国定記念物 《米国 Arizona 州中北部 Flagstaff の東南東にある特別保存地区; 断崖に古代先住民の洞窟住居跡がある》.
wálnut trèe *n.* 〖植物〗=walnut 2. 〖*a*1400〗
Wal·pole /wɔ́ːlpoʊl, wɑ́ːl- | wɔ́ːlpəʊl, wɔ́l-/, **Horace** *n.* ウォルポール 《1717–97; 英国の作家; Robert Walpole の息子; *The Castle of Otranto* (1764); 称号 4th Earl of Orford /ɔ́əfəd | ɔ́ːfəd/》.
Walpole, Sir **Hugh** (**Seymour**) *n.* ウォルポール 《1884–1941; New Zealand 生まれの英国の小説家; *Mr. Perrin and Mr. Traill* (1913)》.
Walpole, Sir **Robert** *n.* ウォルポール 《1676–1745; 英国の政治家; ホイッグ党の指導者; 首相 (1715–17; 1721–42); Horace Walpole の父; 称号 1st Earl of Orford》.
Wal·pol·i·an /wɔːlpóʊliən, wɑː- | wɔːlpə́ʊ-, wɔl-/ *adj.* (*also* **Wal·pol·e·an** /~/) (Horace, Robert) Walpole (流)の. 〖1867〗
Wal·pur·gis·nacht /*G.* valpʊ́ʁgɪsnaxt/ *n.* = Walpurgis Night. 〖((1822)) □ G ~ ← *Walpurgis* St. Walburga's+*Nacht* 'night'〗
Wal·púr·gis Níght /vɑːlpʊ́əgɪs- | vælpʊ́əgɪs-, vɑː-, -pɔ́ː-/ *n.* **1** ワルプルギスの夜 《ドイツの民間伝承では May Day の前夜, この夜は魔女たち (witches) が Harz 山脈の最高峰 the Brocken (1,142 m) に集まって魔王と酒宴を張るという; St. Walburga の祝日の一つが May Day に当たる》. **2** 飲めや歌えの(悪夢のような)大騒ぎ, 飲み騒ぎ (revelry). 〖((1823)) (*c*1895) 《なぞり》← G *Walpurgisnacht* (↑)〗
Wal·ras /vælrɑ́ː; *F.* valʁa/, **Marie Es·prit** /ɛspʁi/ **Léon** *n.* ワルラス 《1834–1910; フランスの代表的数理経済学者》.
wal·rus /wɔ́ːlrəs, wɑ́ːl- | wɔ́ːlrəs, wɔ́l-, -rʌs/ *n.* (*pl.* ~, ~·es) **1** 〖動物〗セイウチ 《セイウチ科セイウチ属 (*Odobenus*) の巨獣の総称》: **a** セイウチ (*O. rosmarus*) 《大西洋や北極海にいる》. **b** ベーリング海やアラスカやシベリアの北海海岸にいる *O. divergens*. **2** 《俗》太った特に不器用な人; 水泳[ダンス]のできない人. 〖((1655)) □ ? Du. ~ □ Norw. & Dan. *hvalros* 《音位転換》← ON *hrosshvalr* (cf. OE *horschwæl*) 《原義》horse whale ← *hross* 'horse'+*hvalr* 'whale[1]': cf. G *Walross*〗
wálrus móustache *n.* せいうちひげ 《だらりと下がった口ひげ》. 〖1918〗
Wal·sall /wɔ́ːlsɔːl, wɑ́ːlsɑːl | wɔ́ːlsɔːl, wɔ́l-, -sl/ *n.* ウォルソル 《イングランド中西部 West Midlands 州の都市》. 〖lateOE *Waleshō*, *Waleshale* 《原義》Briton's valley ← *Wealh* 'Welsh'+*h(e)alh* 'haugh'〗
Walsh /wɔ́ːlʃ, wɑ́ːlʃ | wɔ́ːlʃ, wɔ́lʃ/ *n.* ウォルシュ 《男性名》. 〖(dim.) ← Wallace〗
Wal·sing·ham /wɔ́ːlsɪŋəm, wɑ́ːl- | wɔ́ːl-, wɔ́l-/, Sir **Fran·cis** *n.* ウォルシンガム 《1532?–90; 英国の政治家; Elizabeth 一世時代の枢密院議員, 国務大臣 (1573–90)》.
Walt /wɔ́ːlt, wɑ́ːlt | wɔ́ːlt, wɔ́lt/ *n.* ウォルト 《男性名》. 〖(dim.) ← Walter〗
Wált Dísney Co. *n.* [The ~] ウォルトディズニー(社) 《1938 年に Walt Disney が設立した漫画映画制作会社 Walt Disney Productions が母体となった映像制作・遊園地経営会社》.
Wált Dísney Wòrld *n.* 〖商標〗Disney World の公式名.
Wal·ter /wɔ́ːltə, wɑ́ːl- | wɔ́ːltə(r), wɔ́l-; *G.* váltɐ/ *n.* ウォルター 《男性名; 愛称形 Wal, Wallie, Wallis, Wally, Walt》. 〖□ ONF *Waltier* (F *Gautier*) □ ? OHG *Walthari*, *Waldhere* (=OE *Wealdhere*) 《原義》ruler of the army ← *waltan* to rule+*hari*, *heri* army〗
Wal·ter /vɑ́ːltə | -tə(r); *G.* váltɐ/, **Bruno** *n.* ワルター 《1876–1962; ドイツ生まれの米国の指揮者; 本名 Bruno Schlesinger》.
Wal·ter /wɔ́ːltə, wɑ́ː- | wɔ́ːltə(r), wɔ́l-/, **John** *n.* ウォルター 《1739–1812; 英国のジャーナリスト・出版業者; *The Times* の創始者》.
Wálter Mít·ty /-mɪ́ṭi | -ti/ *n.* 途方もなく自分の成功を夢想する平凡な人. **~·ish** *adj.* /-tiɪʃ | -ti-/ 〖James Thurber の短編 *The Secret Life of Walter Mitty* (1939) 中の主人公の名から〗
Wal·tham[1] /wɔ́ːlθəm, wɑ́ːl- | wɔ́ːl-, wɔ́l-/ ★ 現地の発音ではまた /-θem/ *n.* ウォルサム 《米国 Massachusetts 州東部, Boston 西方の工業都市; 時計の製造地》. 〖同名の英国の町の名から: ⇨ Waltham Forest〗

W

Wal·tham[2] /wɔ́ːlθəm, wáːl-, -θæm | wɔ́ːl-, wɔ́l-/ *n.* 〘商標〙ウォルサム《スイス(もと米国) Waltham 社製の腕時計・懐中時計》.

Wál·tham Fórest /wɔ́ːlθəm-, wáːl- | wɔ́ːl-, wɔ́l-/ *n.* ウォルサムフォレスト《London 北部の自治都市》. 〖*Waltham*: ← OE *W(e)aldhām*《原義》home at the wood (⇨ weald, home)〗

Wal·tham·stow /wɔ́ːlθəmstòʊ, wáːl- | wɔ́ːlθəmstəʊ, wɔ́l-/ *n.* ウォルサムストー《London 北東部の郊外都市・旧自治都市; 現在は Waltham Forest に含まれる》. 〖ME *Walthamstowe* (*Waltham Abbey* と連想: ↑) ∽ OE *Wilcumestōwe* ← *Wilcume* (女子修道院長の名) // *wilcuma* welcome person or guest＋*stōw* place (⇨ stow[1])〗

Wal·ther von der Vo·gel·weide /váːltə-vɑ(ː)ndəfóʊgəlvàɪdə, -fɑ(ː)n-, -gl- | -təvɔndəfóʊgəl-vàɪdə, -fən-; G. váltɐfɔndeːɐfóːglvaɪdə/ *n.* ワルターフォン デル フォーゲルワイデ《1170?–?1230; 中世ドイツ最大の吟遊詩人》.

Wal·ton /wɔ́ːltən, wáːl-, -tn̩ | wɔ́ːl-/**, Ernest Thomas Sin·ton** /síntn̩/ *n.* ウォールトン《1903–95; アイルランドの物理学者; Nobel 物理学賞 (1951)》.

Walton, Izaak *n.* ウォールトン《1593–1683; 英国の随筆家・伝記作者; *The Compleat Angler, or the Contemplative Man's Recreation*「釣魚大全」(1653, '55)》.

Walton, Sir **William** (**Turner**) *n.* ウォールトン《1902–83; 英国の作曲家》.

waltz /wɔ́ːlts, wáːlts | wɔ́ːls, wɔ́ls, wɔ́ːlts, wɔ́lts/ *n.* **1** ワルツ《二人で踊る三拍子の舞踏》. **2** ワルツ(曲), 円舞曲《ドイツ舞曲・レントラー (ländler) から発達した三拍子の舞踏曲》. **3 a**《口語》楽々とできるもの, 楽な仕事 (breeze) (cf. *vi.* 3); 楽勝: The exam turned out to be a ～! 試験は楽勝だったよ.
— *vi.* **1** ワルツを踊る. **2**《口語》浮き立って踊る, 踊るような足取りで歩く, 軽やかに[ゆうゆうと]動く: He ～*ed away* [*in*]. 踊るような足取りで去った[入って来た] / ～ *along* the street [*out* of the room] 踊るような足取りで町を通って行く[部屋から出て行く] / ～ *in* without warning 予告なしにすうっと入ってくる / She just ～*ed up* (*to* me) and introduced herself. さっと近寄って来て自己紹介をした. **3**《口語》うまくやる, 首尾よく[楽々と]通り抜ける (breeze)〔*through*〕: ～ *through* an exam 試験にやすやすと合格する / How could she just ～ *into* a job like that when there were so many other applicants? あんなに大勢ほかに候補者がいたのにどうしてそんな仕事にありつけたんだろう. **4** [～ *up* として]《口語》厚かましく近寄る〔*to*〕.
— *vt.* **1** ワルツで〈パートナーを〉リードする; 〈人〉とワルツを踊る: He began to ～ her around the hall. ホールの中をぐるぐると彼女とワルツを踊り始めた. **2**《口語》〈人を〉かっさらうように[有無を言わさず]連れて行く; 〈物を〉引きずるように運ぶ (lug): She seized me and ～*ed* me into the hall. 彼女は私をつかんでさっさとホールへ連れ込んだ.
wáltz awáy with ＝WALTZ *off with* (2). ***wáltz ínto*** …をひどく叱る (storm at). ***wáltz óff with*** (1) 楽勝して〈賞〉を勝ち取る: ～ *off with* top marks in an exam 試験でやすやすと最高点をとる. (2)〈人〉を連れていってしまう, さらう; 〈物〉を盗む.
— *adj.* [限定的] ワルツ(曲)の, ワルツ風の: a ～ step [tune].
～·like *adj.* 〖《1781》□ G *Walzer* ← *walzen* to roll, dance a waltz: cf. walk〗

wáltz·er *n.* **1** ワルツを踊る人. **2** 博覧会のメリーゴーラウンド. 〖1811〗

Wáltz·ing Matílda *n.*「ウォルツィングマティルダ」《オーストリアの国民歌; 邦題「旅にはスワッグ (swag) をもって」》.

wáltz-lènght *adj.* (服などが)ふくらはぎの中ほどまでの.

wáltz tìme *n.* 〘音楽〙＝three-four.

waltz·y /wɔ́ːltsi, wáːl- | wɔ́ːlsi, wɔ́l-, wɔ́ltsi, wɔ́l-/ *adj.* ワルツのような, ワルツを思わせるような, ワルツ調の.

Wál·vis Báy /wɔ́ːlvɪ̀s-, wáːl- | wɔ́ːlvɪs-, wɔ́l-; *Afrik.* válfəs/ *n.* ウォルビスベイ《ナミビア共和国の西部にある港市; 南アフリカ共和国 Cape 州の飛領土であったが 1994 年ナミビア共和国に譲渡された》.

wal·y[1] /wéɪli/ *adj., adv., n.*《スコット》＝wally[1].

wal·y[2] /wéɪli/ *int.*《スコット・北英》ああ (alas)《悲しみ・嘆きを表す》. 〖《*a*1724》《短縮》? ← WELLAWAY: cf. woe, OE *wālāwa* alas!〗

wam·beng·er /wɑ(ː)mbéŋə | wɔmbéŋə[r]/ *n.*《豪》＝tuan[2]. 〖← ? Austral. (Nyungar)〗

wam·ble /wɑ́(ː)mbl̩, wǽm- | wɔ́m-, wǽm-/《英方言》*vi.* **1**〈人が〉不安定な歩き方をする, よろめく (stagger); 〈話などが〉もたもた進む. **2** 身をよじる (twist), のたうつ (writhe)〈*about, over*〉. **3 a** (不消化のため)〈胃が〉ごろごろ鳴る, もどしそうになる. **b**〈人が〉吐きそうになる, 吐き気を催す. — *vt.* (繰り返し)回す, 引っくり返す. — *n.* **1** 不安定な歩き方, よろめく足取り, 千鳥足 (wambling gait): on [upon] the ～ よろめく足取りで, 千鳥足で. **2** 胃のごろごろ鳴る音; 吐き気. **wám·bli·ness** *n.* 〖《?*c*1380》*wamle(n)* ← Scand. (cf. Norw. *vamla* to stagger // Dan. *vamle* to feel nausea: cf. vomit)〗

wám·bly /-bli/ *adj.* (**wam·bli·er**; **-bli·est**)《方言》**1** 不安定な, 揺れる, よろよろする (unsteady). **2** 吐き気のする. **3** 吐き気を起こさせるような. 〖1872〗

wame /wéɪm/ *n.*《スコット・北英》**1** 腹, おなか (belly); 胃 (stomach). **2** 子宮 (womb). 〖《*c*1425》《スコット》《変形》← WOMB〗

wam·mus /wɑ́(ː)məs | wɔ́m-/ *n.* ＝wamus.

Wam·pa·no·ag /wɑ̀(ː)mpənóʊæg | wɔ̀mpənə́ʊ-/ *n.* (*pl.* ～, ～s) **1 a** [the ～(s)] ワンパノーアグ族《Rhode Island, Narragansett Bay 近辺に住むアメリカ先住民の種族》. **b** ワンパノーアグ族の人. **2** ワンパノーアグ語《マサチューセッツ語の一方言》. 〖《1676》← N-Am.-Ind. (Algonquian)《原義》people of the east〗

wam·pee /wɑ(ː)mpíː | wɔm-/ *n.* 〘植物〙**1** ワンピ (*Clausena lansium*)《ミカン科の木で中国・インド産, Hawaii で栽培される》. **2** ワンピの実《キンカンに似て食用》. 〖《1830》□ Chin. *hwangpī* ← *hwang* (黄)＋*pī* (皮)〗

wam·pum /wɑ́(ː)mpəm | wɔ́m-/ *n.* **1** 貝殻玉《貝殻を磨いて作った玉; ばらばらにまたは数珠のように糸に通して, 昔北米先住民が貨幣または装飾として用いた; 白玉 (wampumpeag) が普通で, 色玉は白玉の倍の価値があった; sewan, seawan ともいう》. **2**《米俗》金, ぜに (money) 《peag, peage ともいう》. 〖《1636》《短縮》← *wampumpeag* □ N-Am.-Ind. (Algonquian) *wampompeag* ← *wampan* white＋*api* string＋*-ag* (pl. suf.)〗

wámpum·pèag /-pìːg/ *n.* ⇨ wampum 1. 〖1627〗

wam·pus[1] /wɑ́(ː)mpəs | wɔ́m-/ *n.*《方言》風変わりな[いやな, 恐ろしい]人[物].

wam·pus[2] /wɑ́(ː)mpəs | wɔ́m-/ *n.* (*pl.* ～·es) ＝wamus.

wa·mus /wɑ́(ː)məs | wɔ́m-/ *n.*《方言》(厚地の布で作られたベルト付きの)カーディガンジャケット. 〖《1805》□ Du. *wammes, wambuis* □ OF *wambois* leather doublet □ OHG *wamba* belly (⇨ womb)〗

wan /wɑ́(ː)n | wɔ́n/ *adj.* (**wan·ner**; **wan·nest**) **1**〈顔が〉(病気・心配などで)青白い, 青ざめた (⇨ pale[1] SYN): a ～ face / His face was ～ and pale [pale and ～]. 彼の顔は青ざめていた. **2** 病弱な, 弱々しい, 力のない: a ～ smile 弱々しい微笑. **3** 力強さ[効果]のない, 効き目のない: ～ efforts, attempts, etc. **4**〈星など〉光のない, ぼんやりした; 〈光など〉かすかな: ～ stars / ～ glimmerings of sunshine. **5**《古》〈夜・水など〉暗い (dark), 陰気な (dismal). — *vi.* (**wanned**; **wan·ning**)《詩》青白くなる.
～·ly *adv.* **～·ness** *n.* 〖OE *wan(n)* gloomy, dark ← ?: cf. wane〗

WAN[1] /wǽn/《略》Wide Area Network.

WAN[2] 〘自動車国籍表示〙West Africa Nigeria.

Wan·a·ma·ker /wɑ́(ː)nəmèɪkə | wɔ́nəmèɪkə[r]/**, John** *n.* ワナメーカー《1838–1922; 米国の実業家》.

wan·chanc·y /wɑ(ː)ntʃǽnsi | wɔn-/ *adj.*《スコット》不運な (unlucky); 気味の悪い (uncanny); 危険な (dangerous). 〖《1768》←《廃》*wanchance* misfortune (← ME *wan-* un- (⇨ wane)＋CHANCE)＋-Y[4]〗

wand /wɑ́(ː)nd | wɔ́nd/ *n.* **1 a** (魔法使いの)しなやかな棒, 魔法の杖. **b** [*pl.*] ワンド《一部のタロットにおける棍棒の一組》. **2** (官職を示す)職杖, 官杖. **3**《口語》〘音楽〙指揮棒 (conductor's baton). **4**《詩》(やなぎなどの)しなやかな細枝, 若枝. **5**〘アーチェリー〙**a**《米》的板《長さ 6 フィート幅 2 インチで男子には 100 ヤード, 女子には 60 ヤードの距離に立てる》. **b**《英》標的として立てた皮をはいだ棒. 〖《?c1200》□ ON *vǫndr* < Gmc **wanduz* (Goth. *wandus*) ← IE **wendh-* 'to WIND[2]'〗

Wan·da /wɑ́(ː)ndə | wɔ́n-/ *n.* ワンダ《女性名》. 〖□ G ← ? OHG *vand* stock, stem: Ouida の同名の小説 (1883) の主人公の名により一般化した〗

wan·der /wɑ́(ː)ndə | wɔ́ndə[r]/ *vi.* **1** (当てもなく)歩き回る, さすらう; ぶらぶら散歩する〈*about, around, up and down*〉: ～ *around* ぶらぶら歩き回る / ～ *about* the world 世界を放浪する / ～ on the earth 地上をさまよう / ～ *up and down* あちこちさまよう / ～ into the woods ぶらぶらと森の中へ入って行く / ～ *down* to the town center 町の中心街にぶらりと出かける / I ～*ed* lonely as a cloud. 雲のごとくひとり寂しくさまよえり (Wordsworth). **2**〈山脈・川・道などが〉うねりくねって続く[延びる, 走る, 流れる] (meander): a stream ～*ing* through the meadow 牧場の中をうねりくねって流れる小川. **3** (本道から)それる, 横道へそれる, 踏み迷う (stray, go astray)〔*off, from, out of*〕: ～ *off* the track [*out of* one's way] 道を踏み迷う / ～ *from* the right path 正しい道を踏みはずす / ～ *from* the subject (議論など)横道へそれる / She ～*ed off* on [*back* to] the subject of her former lodgers. 話題がそれて以前の下宿人のことに及んだ[話題が以前の下宿人のことに戻った]. **4**〈考え・言葉などが〉とりとめがなくなる, 集中[統一]ができなくなる (stray); (熱などに)浮かされる, うわごとを言う (rave): ～ in one's talk 言うことにとりとめがない / Sorry. What did you say? My mind was ～*ing*. すみません, 何とおっしゃったのですか, 気が散っていたもので / His attention was beginning to ～. 注意力が散漫になりかけていた. **5**〈視線・手・ペンなどが〉とりとめなく(あちこちと)動く: His glance ～*ed* from her to John. 彼の視線は彼女からジョンの方へと動いた / I saw his eyes ～ *away* from the picture. 彼の視線が絵からそれるのを見た. **6**〈行動・信条などが〉正道を踏みはずす, 逸脱する: ～ *from* proper conduct 正道からそれる. — *vt.* 〈道などを〉さまよう, 歩き回る, 放浪する (wander over): ～ the moors [world] 荒野[世界中]をさまよう / jobless men ～*ing* the streets 通りをさまよう失職者たち.
wánder in the wílderness (1) 荒涼たる場所をさまよう (*Num.* 14:33, etc.). (2)〈政党などが〉(政権を離れて)野(*)にある, 下野(*)[失脚]している (be out of office).
— *n.* **1** さすらい, 放浪, ぶらぶら歩き: go for [go on, have] a ～ in [around, through] a new place 新しい所へぶらぶら歩きにいく. **2**〘物理〙(ジャイロスコープなどの)ドリフト移動 (cf. drift 14).
〖OE *wandrian* < (WGmc) **wandrōjan* (MDu. *wanderen* / G *wandern*) ← **wand-*, **wend-* 'to WEND': ⇨ -er[4]〗

SYN さまよう: **wander** 特別な目的もなくあちこち歩き回る: I *wandered* lonely as a cloud. 雲のように独りさまよった. **roam** 当てもなく広い地域を歩き回る《自由と喜びを暗示; 格式ばった語》: *roam* (over) the hills 丘をさまよう. **ramble** ぶらぶら歩き回る《無造作・無目的を暗示》: *ramble* through the woods 林の中をぶらつく. **rove**《文語》あちこちさまよう《特殊な目的・活動を暗示する》: They *roved* through the area hunting game. 彼らはその地帯を獲物を求めて歩き回った. **range** 物を捜して広い地域を歩き回る: buffalo *ranging* over the plains 平原を歩き回る野牛. **stray** 一定の場所・進路からさまよい出る: *stray* from one's companion 連れとはぐれる.

wán·der·er /-dərə, -drə | -dərə[r], -drə[r]/ *n.* **1** (当てもなく)歩き回る人, さまよう人; 放浪者, さすらい人. **2** 邪道に踏み込んだ人. **3** [W-]〘スコット史〙放浪の長老主義者, 流浪盟約者《Charles 二世および James 二世の迫害に対し監督制を拒否して反逆し, 追放された長老派牧師に従って故国を去った長老派信徒; cf. covenanter 2》. 〖1440〗

wán·der·ing /-dərɪŋ, -drɪŋ/ *adj.* **1**〈人や動物が〉歩き回る, さまよう, さすらいの; 遊牧の, 放浪性の: ～ tribes 遊牧民 / a ～ knight [knight-errant] 遍歴の騎士. **2**〈山・道などが〉うねりくねって続く, 〈川が〉うねりくねって流れる. **3** 踏み迷う, 横道へそれる; とりとめのない; うわごとを言う; 〈視線が〉あちこちと動く. **4**〘医学〙遊走性の (floating): a ～ kidney 遊走腎(じん). **5**〘植物〙長い匍匐枝(ほふくし)[巻きひげ]を持った. — *n.* [通例 *pl.*] **1** ぶらぶら歩き, さすらい, 放浪; 漫遊: return from one's ～*s* さすらいの旅から帰る. **2** とりとめのない言葉, うわごと (delirious speech). **3** 常軌を逸脱していること, 脱線. **～·ly** *adv.* 〖adj.: late-OE *wandriġende*: ⇨ wander, -ing[2]. — n.: 《*a*1376》: ⇨ -ing[1]〗

wándering álbatross *n.* 〘鳥類〙ワタリアホウドリ (*Diomedea exulans*)《南極域にいる大アホウドリ》.

wándering ánt *n.* 〘昆虫〙軍隊アリ.

wándering céll *n.* **1**〘生物〙遊走細胞. **2**〘解剖〙＝leukocyte. 〖1896〗

wándering Jéw *n.* 〘植物〙ツユクサ科の匍匐(ほふく)性の多年草: **a** シマフムラサキツユクサ (*Zebrina pendula*)《メキシコ原産》. **b** シロフハカタツユクサ (*Tradescantia fluminensis*)《南米原産》. 〖1882〗

Wándering Jéw, the *n.* **1** さまよえる[さすらいの]ユダヤ人《刑場へ引かれて行くキリストを侮辱した罰として最後の審判の日まで世界をさすらう運命を与えられたという 13 世紀にさかのぼる伝説上の人物》. **2** 世界を放浪して歩く人, さすらい人. 〖《1632》cf. F *le Juif errant* / G *der ewige Jude*〗

wándering sáilor *n.* 〘植物〙＝moneywort. 〖1881〗

wándering sálly *n.* 〘植物〙＝moneywort.

wándering táttler *n.* 〘鳥類〙(米国産)メリケンキアシシギ (*Heteroscelus incanus*), (アジア産)アシシギ (*H. brevipes*)《夏は Alaska, Siberia 地方に, 冬は太平洋の島々にすむ》.

Wan·der·jahr /váːndəjàə | -dəjàː[r]; G. vándɐjaːɐ/ *G. n.* (*pl.* **-jah·re** /-jàːrə; G. -jàːrə/) **1** (徒弟修業のための)遊歴修業時代. **2** 長い旅行[放浪]期間. 〖《1893》□ G ～《原義》wander-year〗

wan·der·lust /wɑ́(ː)ndəlʌ̀st | wɔ́ndə-; G. vándɐlʊst/ *n.* 旅心, 放浪癖. 〖《1902》□ G *Wanderlust* ← *wandern* 'to WANDER'＋*Lust* desire, joy (⇨ lust)〗

wan·der·oo /wɑ̀(ː)ndərúː | wɔ̀n-/ *n.* 〘動物〙**1** ＝langur. **2** ＝macaque. 〖《1681》□ Sinhalese *wanderu* monkey〗

wánder plùg *n.* 〘電気〙遊び差し込み. 〖1923〗

Wan·der·vo·gel /váːndəfòʊgəl, -gl̩ | -dəfə̀ʊ-; G. vándɐfoːgl/ *n.* (*pl.* **Wan·der·vö·gel** /-føːgəl, -gl̩/) ワンダーフォーゲル《19 世紀末のドイツで, 若者の野外活動, 民族文化の振興の目的で設立された組織の会員》; 放浪者, 徒歩旅行者. 〖《1924》□ G ～《原義》bird of passage ← *wandern* 'to WANDER'＋*Vogel* bird〗

wánder·yèar *n.* ＝Wanderjahr.

wan·dle /wɑ́(ː)ndl̩ | wɔ́n-/ *adj.*《スコット・北英》**1**〈物が〉柔軟な, しなやかな (flexible, supple). **2**〈人が〉敏捷(びんしょう)な, はしっこい. 〖《1803》(i)《逆成》? ← OE *wandlung* changeableness // (ii) ← WAND＋-LE[2]〗

wan·doo /wɑ(ː)ndúː | wɔ́nduː/ *n.* (*pl.* ～s)〘植物〙ワンドゥー (*Eucalyptus redunca*)《オーストラリア産のユーカリの一種; 樹皮が白く材質は硬い》. 〖《1837》□ Austral. (Nyungar) *wandu*〗

Wands·worth /wɑ́(ː)ndzwə(ː)θ | wɔ́ndzwə(ː)θ/ *n.* ウォンズワース《London 中央部の自治区》. 〖OE *Wendles wurð*《原義》Vandals' enclosed homestead ← *Wendel* Vandal＋*worþ* (enclosure round) a homestead〗

wane /wéɪn/ *vi.* **1**〈光・力・権勢・名声などが〉弱る, 衰える, 衰微する (decline): wax and ～ ⇨ wax[2] *vi.* 3 / *waning* popularity [enthusiasm] 段々衰えていく人気[熱意] / His popularity has ～*d*. 彼の人気は衰えた / My passion for her has ～*d*. 彼女への情熱は衰えた. **2**〈期間が〉終わりに近づく: ～ to a close 終わりに近づく / Summer is *waning* fast. 夏は日一日と終わりに近づいていた. **3**〈月が〉欠ける (↔ wax): The moon waxes and ～*s*. 月は満ち欠けする / ⇨ waning moon. **4**《まれ》(次第に)小さくなる (dwindle).
— *n.* **1** 衰え, 衰微; 衰退期, 減退期. **2** 終わり, 終末: the ～ of life. **3** (月の)欠け; 月の欠ける時期. **4** 丸身《製材のかどに丸太の面の一部が残った下級品》.
on the wáne [***wáning***] (1) 衰えて, 衰微して: an empire *on the* ～ 衰退期の帝国 / His prosperity is *on the*

W

～. 彼の繁栄は下火になった. (2) 終わりに近づいて: The year is *on the* ～. 年末が近づいてくる. (3) 〈月が〉欠けて: The moon is *on the* ～. 月は欠け始めた.
〖v.: OE *wanian* to lessen < Gmc **wanōjan* (OS *wanon* / OHG *wanōn*) ← **wanaz* lacking ← IE **eu-* lacking (L *vānus* 'WAIN'). — n.: (《OE》) 《*a*1400》 *wana* ← *wanian* (v.): cf. want, wanton〗

SYN 衰退する: **wane** 月が欠けるように〈力や権勢が〉衰える: His influence *waned* rapidly. 彼の勢力は急速に衰えた. **abate** 程度・強度などが漸進的に低下する《格式ばった語》: His ardor is *abating*. 彼の熱は冷めかけている. **ebb** 〈変動するものの力や勢力が〉徐々に減少する《格式ばった語》: His strength is *ebbing* fast. 体力が急激に減退している. **decline** 量・質の点で低下・減少し, 衰えていく: My health began to *decline* in my early sixties. 60 代の初めに私の健康は衰えはじめた. **subside** 〈あらし・不穏などが〉静まってくる: The excitement *subsided*. 興奮が静まった. **flag** 〈気力・興味などが〉衰える: His interest in history *flagged*. 彼の歴史への興味は薄れた.
ANT wax, increase, revive.

---

wan·ey /wéɪni/ *adj.* (**wan·i·er; -i·est**) **1** 〈月など〉欠けていく; 〈光・力・名声など〉衰えていく; 減少した. **2** 〈材木が〉丸身の. 〖《1662》: ⇨ ↑, -y[4]〗

Wang·a·nui /wɑ̀(:)ŋ(g)ənúːi, wɔ̀(:)ŋ- | wɔ̀ŋ-/ *n.* ワンガヌイ《ニュージーランド北島 Wellington 州にある港市》.

Wang Jing·wei /wáːŋdʒìŋwéɪ, wæ̀n-; *Chin.* uāŋtɕīŋuèɪ/ *n.* 汪精衛(ワンチンウェイ)《1883–1944; 中国の政治家; 本名兆銘; 傀儡(かいらい)の南京国民政府主席 (1940–44)》.

wan·gle /wǽŋgḷ/ 《口語》 *vt.* **1** 策略で手に入れる, うまくやり遂げる, 工面する (contrive, finagle): ～ an extra holiday うまくやって余分の休暇をせしめる / ～ a forged passport 偽造旅券を何とかして手に入れる / ～ an invitation to [one's way into] the ball まんまと舞踏会の招待状を手に入れる[に入りこむ] / He ～*d* himself [his way] *into* a percentage of the profits. うまいこと利益の一部をせしめた / ～ five pounds *out of* a person まんまと人から 5 ポンド巻き上げる / ～ oneself [one's way] out of a tight spot 何とか窮地を逃れる / ～ it for a person to do 人がうまく…するようにする / She ～*d* him a job [a job for him] in the Foreign Office. 何とかして外務省での職を見つけてやった. **2** もっともらしく見せる, ごまかす (fake, falsify): ～ an account [a report, prices] 勘定[記録, 値段]をごまかす. **3** 《英》振り動かす, ゆする. — *vi.* **1** なんとか切り抜ける[やっていく] 〈*through, along*〉. **2** 策略を用いる, ごまかしをやる: It takes more than just *wangling* to succeed. 成功するにはただ策略を使うだけではだめだ. **3** 《英》ふらつく, よろめきながら歩く. — *n.* うまく切り抜ける[ごまかす, せしめる]こと; うまく手に入れたもの. **wán·gler** *n.* 〖《1888》《混成》? ← 《方言》 *wan(kle)* unsteady (< OE *wancol*)+(WAG)GLE〗

Wan·hsien /wɑ̀ːnʃjén/ *n.* ＝Wanxian.

wan·i·gan /wɑ́(:)nɪ̈gən | wɔ́nɪ-/ *n.* 《米》 **1** 糧食を入れる大びつ[トランク]. **2** (木材切り出しの飯場で仮事務所に使われる車上またはいかだ上の)移動簡易小屋. **3** (Alaska および米国北西部太平洋岸で)差掛け小屋[屋根]. 〖《1848》□ N-Am.-Ind. (Abnaki) *waniigan* a trap, 《原義》 that into which something strays〗

wán·ing *n.* 〖天文〗満月後月が欠けていくこと (↔waxing). 〖OE *wanung*: ⇨ wane, -ing〗

wáning móon *n.* (満月後の)欠けていく月 (old moon) (cf. new moon) (↔ waxing moon). 〖(OE) *c*1485〗

wan·ion /wɑ́(:)njən | wɔ́n-/ *n.* 《古》不運 (bad luck); 復讐, 報復 (vengeance): with [in] a (wild) ～ ひどく, やけに, 激しく. ***A (wíld) wánion on …!＝With a wánion to …!*** …に呪いあれ. 〖《1549》《変形》← ME 《北部方言》 *waniand* (pres. p.) ← *wanien* 'to WANE': 月の欠けるのを不吉とした迷信から〗

wank /wǽŋk/ 《英卑》 *vi.* 自慰を行う, マスターベーションをする. — *n.* マスターベーション. 〖《1948》?〗

W

Wán·kel éngine /wɑ́(:)ŋkəl-, wǽŋ- | wǽŋ-, -kḷ-; *G.* váŋkḷ-/ *n.* 〖自動車〗バンケルエンジン《ロータリーエンジンの一種; 単に Wankel ともいう》. 〖(《1961》) 《1963》← *Felix Wankel* (1902–88: ドイツの技師)〗

wánk·er *n.* 《英卑》 **1** 手淫者. **2** ばか者, ろくでなし. 〖1950〗

wan·kle /wǽŋkḷ/ *adj.* 《英方言・スコット》不安定な, ぐらつく. 〖OE *wancol*: ⇨ wonky〗

wan·na /wɑ̀(:)nə, wɔ̀(:)nə, wʌ̀nə | wɔ̀nə/ 《口語》＝want to (☞ want *vt.* 2 ★). 〖1896〗

wan·na·be /wɑ́(:)nəbi, -bìː | wɔ́n-/ *n.* (*also* **wan·na·bee** /～/) 《米口語》ワナビー《あこがれのアイドルのようになりたいと願う人》, 熱狂的ファン, …予備軍. 〖1981〗

Wan·ne-Eick·el /vɑ́ːnəáɪkəł; *G.* vánəáɪkḷ/ *n.* ヴァンネアイケル《ドイツ西部ルール地方の都市》.

wan·ni·gan /wɑ́(:)nɪ̈gən | wɔ́nɪ-/ *n.* ＝wanigan.

wan·nish /wɑ́(:)nɪʃ | wɔ́n-/ *adj.* やや青ざめた. 〖《?*a*1412》← WAN (adj.)+-ISH[1]〗

Wan·quan /wǽntʃuɑ́ːn; *Chin.* uàntɕyǽn/ *n.* 万全(ワンチュエン)《中国河北省 (Hebei) 張家口 (Zhangjiakou) 西部の県》.

wan·rest·ful /wɑ(:)nréstfəł, -fḷ | wɔn-/ *adj.* 《スコット》落ちつかない, 不安な (restless). 〖《1783》← 《スコット》 *wanrest* 《*c*1550》 restlessness ← *wan-* (⇨ wanton)+REST: ⇨ -ful[1]〗

want /wɑ́(:)nt, wɔ́(:)nt, wʌ́nt | wɔ́nt/ *vt.* **1 a** 欲する, …が欲しい, 望む (long for) (⇨ desire SYN); 手に入れたい; 買いたい: She ～*s* friends [love]. 友人[愛]を欲している / She ～*s* everything in this room. この部屋の物を何でも欲しがる / Tell me what you ～. 何が欲しいか言ってごらん / What I ～ is a good watch. 欲しいのはいい時計だ / What do you ～ (*with* [*of, from*] me)? ご用は何ですか, 何の用だ. **b** [しばしば受身で] 〈人〉に会いたい, 用がある: Who(m) do you ～? だれにご用ですか / You won't be ～*ed* this afternoon. 今日の午後は君に用はない / You are ～*ed* in the office. 事務室で君を呼んでいる / You are ～*ed* on the phone. あなたに電話です / He is ～*ed* by the police *for* robbery. 強盗容疑で彼は警察に手配されている (cf. vt. 5, wanted 2) / (Do) you ～ a piece of me? 《米口語》(喧嘩を)やる気か (cf. want a PIECE of a person). **c** 《口語》〈人を〉(性的に)求める, …がほしい. **2** ★ くだけた会話では want to …の /t/ が 1 つ落ちて /-nṭə | -ntə/ となり, 《米》では更にその /t/ も落ちて単に /-nə/ となることが多い (⇨ wanna) **a** [不定詞を伴って] …したい, …したがる: I ～ *to* see it. それが見たい / I don't ～ *to* go. 行きたくない / Do you ～ *to* sit here? ここにお座りになりますか / Drop in on me whenever you ～ (*to*). 気が向いたらいつでも寄って《★ to は代不定詞 (pro-infinitive); cf vi. 3》 / The car didn't ～ *to* start. 車が動こうとしなかった / Were you ～*ing* to see anything else, madam? 奥様, ほかにご覧になりたいものがございますか《★ want は普通進行形にしないが, 表現を和らげたり, その場の一時的な欲求や必要を表したりするときに進行形を用いることがある; なお, 過去形の Were は更に丁寧さを加えている》 / They don't ～ *to* know. 《英口語》(そのことには)全然興味がない. **b** [目的語＋不定詞で] 〈人などに〈…して〉ほしい, もらいたい: I ～ you *to* come at once. 君にすぐ来てもらいたい《★ I ～ you to come. の代わりに I ～ for you to come. または I ～ (that) you should come. とするのは非標準的な言い方とされているが, 以下の例文のように very much (ほかに only, solely, just など)が介在する場合は可とされる. I ～ *very much* for you to come.＝I ～ *very much* that you should come. (＝What I ～ very much is for you to come.)》 / You may ～ to go, but I don't ～ you *to*. 君は行きたいかもしれないが, 私は君に行ってほしくない (cf. *vi.* 3) / I don't ～ there *to* be any trouble. ごたごたはご免ですよ / I ～ it (*to* be) here [ready] by tomorrow! それは明日までにここに欲しい[用意してもらいたい]. **c** [-ing 形の目的補語を伴って; 特に否定構文で] …に…してほしい: I don't ～ you stand*ing* there. 君にそこに立ってもらいたくない / He ～*s* me work*ing* for him. 彼は私に仕事をしてもらいたがっている. **d** [過去分詞形などの目的補語を伴って] 〈…が〉〈…される[である]ことを〉望む: Do you ～ this box (to be) *opened*? この箱を開けてほしいのか / Where do you ～ it (to be) (*put*)? それをどこに置いてもらいたいですか / I ～ it *painted* white. それを白く塗ってほしい / Do you ～ your coffee black? コーヒーはブラックがいいんですか《★ *vt.* 2 b の最後の例も参照》. **3 a** …が必要である, …がなければならない (need, require): We don't ～ a fire on such a warm day. こんな暖かい日には火はいらない / What he ～*s* is plenty of sleep. 彼に必要なものは十分な睡眠だ / You badly ～ a new tie. (そのネクタイはひどい)ぜひ新しいのを買いなさい / These shoes ～ repairing. この靴は修繕の必要がある / The man ～*s* watching [to be watched]. その男は監視する必要がある / It ～*s* careful handling. それは取扱いに注意を要する / It ～*s* to be handled with care. それは注意して扱われなければならない / These shoes ～ laces. この靴にはひもが必要だ. 語法 (1) 動名詞を目的語にするのは《主に英口語》. (2) 目的語が動名詞の場合は受身的意味になる. 受動不定詞を従える場合は want よりも need の方が普通. **b** [不定詞を伴って]《口語》…すべきである (ought), …した方がいい: You ～ *to* see a doctor at once. すぐ医者に行かなければならない / One ～*s to* be very careful in handling poisons. 毒を扱うときには細心の注意が必要だ / You don't ～ *to* work so hard. そんなに働かなくてもいい / You don't ～ *to* be rude. 不作法をしてはいけない. **4** 欠けている (⇨ lack SYN); 〔…に〕…だけ足りない (fall short) 〔*of*〕: He ～*s* judgment. 判断に欠けている / The statue ～*s* the head. その像には首がない / The sum ～*s* a few dollars *of* the required amount. その金は必要額に 2,3 ドル足りない / It ～*s* five minutes to noon. 正午まであと 5 分だ《★ 今は It is five minutes to twelve. の方が普通》 / It ～*s* something *of* perfection. それは少し不完全だ. **5** [p.p. 形で] (広告文で)…を求める; (警察の張り紙で)指名手配中である (cf. *vt.* 1 b, wanted 2): Cook *Wanted* 料理人入用 / Situations *Wanted* 求職(欄) / Help *Wanted* 求人(欄) / *Wanted for* Robbery 強盗犯手配中.
— *vi.* **1** 〔…に〕欠ける, 不足する, 足りない, 事欠く〔*for, in*〕: He never ～*ed for* friends. 友達のないようなことはなかった / You shall ～ *for* nothing. 君には何も不自由はさせない. **2** 困窮する, 困る, 不自由する: He must not be allowed to ～ in his old age. 年をとってから(生活に)困るようなことにさせてはならない. **3** [しばしば後に to を伴って; cf. *vt.* 2 a, b] …したい, 望む: We can stay home if you ～ (*to*). あなたが望むならば私たちは家に居てもよい / Ring this bell whenever you ～ (*to*). ご用のときはこのベルを鳴らして下さい. **4** [後に to come, to go などを略し, 方向を表す副詞を従えて]《米口語・スコット》(…へ)来たがる, 行きたがる: He ～*s* back [down, off]. 戻り[降り, 去り]たがっている. **5** 《古》欠けている: There ～*s* but his approval. これで彼の承認が要るだけである.
wánt ín* [*ínto*]** (1) 《米口語・スコット》(…の)中に入りたがる. (2) 《口語》(物事に)加わり[加入し]たがる. ***wánt óut (1) 《米口語・スコット》外に出たがる. (2) 《口語》〔物事から〕抜け(出)たがる〔*of*〕, 手を引きたがる.
— *n.* **1** 欠乏 (lack), 不足 (shortage): suffer from ～ *of* food 食料の欠乏に苦しむ / Your work shows ～ *of* thought. 君の仕事にはよく考えずにした跡が見える / There is no ～ *of* anything. 不足しているものは何一つない. **2** [通例 in ～ of の形で] 必要, 入用 (need): be *in* ～ *of* money [good assistants] 金[よい助手]が入用だ, 金[よい助手]がなく困っている / Our house is *in* ～ *of* repair. 家は修繕の必要がある / He is *in* no ～ *of* money. 金は少しも必要としていない, 金はたんまりある. **3** 困窮, 貧乏 (⇨ poverty SYN): live in ～ 貧乏な生活をする, 生活に困る / the bitterness of ～ 貧乏のつらさ / be reduced [come] to great ～ 大いに困窮する / *Want* is the mother of industry. 《諺》貧困は勤勉の母 / Willful waste makes woeful ～. ⇨ waste *n.* 1. **4** [通例 *pl.*] (必要な物に対する)欲望 (craving, desire); 欲しい物, 必要物, 入用品 (thing needed): It fills [fulfills, meets] a long-felt ～. それは長い間感じられていた不足を満たすものだ / A great ～ is a good hospital. 非常に必要なものはよい病院だ / a person of few ～*s* 欲の少ない人 / We can supply all your ～*s*. 当方では御用の品は何でも供給できます.
for* [*from, through*] *wánt of …がないため, …の不足で (for lack of): *for* ～ *of* a better よりよいのがないから / *for* [*from*] ～ *of* water 水がないために / fail *for* ～ *of* funds 資金不足で失敗する / She paused *for* ～ *of* breath. 息が切れてきたので立ち止まった / He may have failed, but (it was) not *for* ～ *of* trying [effort]. 失敗したかもしれないが, 努力しなかったわけではない. 〖v.: 《?*a*1200》 *wante(n)* □ ON *vanta* to lack ← Gmc **wan-* ← IE **eu-* lacking empty. — n.: 《?*c*1200》 □ ON *vant* (neut.) ← *vanr* (adj.) lacking: cf. wane〗

wan't /wɑ́(:)nt, wɔ́(:)nt | wɔ́nt/ 《米・方言》＝wasn't. 〖1702〗

want·a /wɑ̀(:)nṭə, wɔ̀(:)n-, wʌ̀n-, -nə | wɔ̀ntə/ *v.* 《口語》＝want to (☞ want *vt.* 2 ★). 〖1894〗

want·a·ble /wɑ́(:)nṭəbḷ, wɔ́(:)nṭ-, wʌ́nṭ- | wɔ́nt-/ *adj.* 好ましい (desirable); 魅力的な (attractive). 〖1970〗

wánt àd *n.* 《口語》(新聞の三行広告欄に載る)広告《譲渡・貸家・借家・求職・求人などの数行の個人的広告; cf. classified ad, want column》. 〖1897〗

want·age /wɑ́(:)nṭɪdʒ, wɔ́(:)nṭ-, wʌ́nṭ- | wɔ́nt-/ *n.* 《米》〖商業〗不足額, 不足高 (shortage). 〖1828〗

wánt còlumn *n.* 《米》三行広告欄 (cf. want ad).

wánt·ed /-ṭɪ̈d | -tɪ̈d/ *adj.* **1** 欠けている; 必要とされている: a ～ work. **2** 〈人が〉指名手配されている (cf. want 1 b, 5): a ～ man お尋ね者. — *n.* [通例 *pl.*] 求められている人, 指名手配されている人. 〖1697〗

wánt·er /-ṭə | -tə(r)/ *n.* **1** 望んでいる人, 必要としている人. **2** 《方言》配偶者を求めている人.

want·ing /wɑ́(:)nṭɪŋ, wɔ́(:)n-, wʌ́n-, -nɪŋ | wɔ́ntɪŋ/ *adj.* **1** 足りない, 不足で (lacking, missing): sounds ～ in English 英語に欠けている音 / One volume is still ～ to complete the set. セットが揃(そろ)うのに 1 冊足りない / What was ～ was a competent leader. 足りないものは有能な指導者であった / Nothing is ～ to make me happy. 私の幸福に欠けているものは何一つない. **2** 〔性質などに〕欠けて (lacking) 〔*in*〕: be ～ *in* courtesy [zeal, common sense] 礼儀[熱心さ, 常識]が欠けている / He is ～ *in* tact. 彼は機転がきかない. **3** 不十分で, 標準以下で, 期待に添わない (unequal) 〔*to*〕: He has never been ～ *to* the occasion [his duty]. 彼はその場になって期待にそむくようなことをした[義務を果たさなかった]ことがない / be (tried and) found ～ (試された上で)不十分[役に立たない]とされる. **4** 《方言》頭が悪い, 低能な: He's a bit ～. 少々足りない.
— *prep.* **1** …のない, …を欠いて (without): a book ～ several pages 数ページ欠けている[落丁のある]本 / *Wanting* courage [Courage ～], nothing can be done. 勇気がなければ何事もできない. **2** 《古》…だけ不足して (less, minus): a month ～ three days ひと月に 3 日不足 / an hour ～ ten minutes 1 時間に 10 分不足.
〖《*a*1325》: ⇨ want, -ing[2]: cf. notwithstanding, excepting, regarding, etc.〗

wánt·less *adj.* **1** 不足のない; 不自由のない, 事欠かない. **2** 欲求物のない; 欲求のない, 欲のない. **～·ness** *n.* 〖1586〗

wánt·lìst *n.* 入手希望品目表[一覧]《収集家・図書館などで入手希望品目を記載し業者に回覧するリスト》.

wan·tok /wɑ́(:)ntɑ(:)k | wɔ́ntɔk/ *n.* 《パプアニューギニア》親類, 縁者; 同族の者. 〖□ Tok Pisin ～ 《原義》 one speaks the same language ← E ONE＋TALK〗

wan·ton /wɑ́(:)ntṇ, wɔ́(:)n-, -ṭən | wɔ́ntən/ *adj.* **1** これという理由のない, 無茶な, 理不尽な (unjustifiable); 悪意のある (malicious); 野蛮な (brutal), 無慈悲な (merciless): ～ destruction, mischief, attack, insults, prejudice, etc. / a ～ murder 理由のない殺人 / in a ～ way 身勝手に / the ～ cruelty of men 人間の理不尽な残忍さ / ～ use of strength 力の横暴な行使. **2** 〈人・性質・考え・言行・顔つきなど〉みだらな, 浮気な, 多情な, 不貞な (unchaste, lewd), 猥褻(わいせつ)な (licentious): a ～ woman / ～ looks, thoughts, novels, etc. / a ～ expression みだらな表現. **3** 《古》抑制[抑止]されない (unrestrained), 奔放な, 自由な: the ～ imagination of poetry 詩の自由奔放な想像力. **4** 《古》〈草木など〉生い茂った (luxuriant), はびこった (rank): ～ vegetation. **5** 《古詩》〈動物の子が〉はね回る (frolicsome), ふざける (sportive); 〈風など〉気まぐれな (capricious): ～ children, kids, etc. / ～ play, tricks, etc. / a ～ wind 気まぐれに吹きまくる風 / a ～ stream 元気にさらさらと流れる小川. **6** 《廃》〈人が〉御し難い, 手に負えない, 〈子供が〉いたずらな, 手に負えない (unruly). **7** 《廃》〈衣服・食事が〉はなはだぜいたくな.
— *n.* **1** 《古》浮気な人, 好色な人; (特に)浮気女. **2** 《廃》甘やかされた子; いたずらっ子.
pláy the wánton (1) 戯れる, いちゃつく (dally) 〔*with*〕.

(2) おもしろ半分にやる; 〔物事を〕もてあそぶ (trifle) 〔*with*〕. ― *vi.* **1** 〈子供や動物の子が〉はね回る, ふざける (frolic). **2** 《古》浮気をする, いちゃつく〔*with*〕. **3** 〈言葉・行為が〉行き過ぎる〔*in*〕: He ~*ed in* paradoxes. むやみに逆説を飛ばした. **4** 〈庭・植物が〉咲き乱れる, 生い茂る. **5** 〈資産などを〉むだ使いする, 浪費する〔*with*〕: ~ *with* one's property. ― *vt.* 〈人生・時間・金などを〉浪費する, 濫費する〈*away*〉.

~·er *n.* **~·ly** *adv.* **~·ness** *n.*

〖(adj.: *a*1325; n.: 1526; v.: 1582) *wantoun, wantowen* ← OE *wan-* not (⇨ wane: cf. 《廃》 *wanhope* despair)+*togen* ((p.p.) ← *tēon* to draw, discipline (⇨ tow¹: cf. G *gezogen*))〗

wánts lìst *n.* =wantlist.

wánt-wìt *n.* 《口語》間抜け, ばか. 〖*c*1410〗

Wan·xian /wà:nɕiá:n; *Chin.* uànɕièn/ *n.* 万県(ワンシェン) 《中国四川省 (Sichuan) 東部に位置する長江に臨む都市》.

wan·y /wéɪni/ *adj.* (**wan·i·er; -i·est**) =waney.

wap¹ /wá(:)p, wǽp | wɔ́p, wǽp/ *vt.* (**wapped; wap·ping**) 《方言》 **1** さっと[乱暴に]投げる. **2** なぐりつける. ― *n.* 《方言》 **1** 殴打, 打撃 (blow). **2** 《スコット》突然の(雪)あらし. **3** ばたばた動かすこと (flap). **4** 《スコット》なぐり合い; けんか (quarrel). ***at a wáp*** 《方言》一撃のもとに, 突然 (suddenly). 〖(*c*1400)?〗

wap² /wá(:)p, wǽp | wɔ́p, wǽp/ 《方言》 *vt.* (**wapped; wap·ping**) 包む, くるむ (wrap). ― *n.* 包む[巻く]もの 《ひもなど》. 〖(*c*1375) *wappe(n)* ← ?: cf. wrap〗

wap·a·too /wá(:)pətù: | wɔ́p-/ *n.* (*pl.* ~**s**) 《植物》クワイ《オモダカ科オモダカ属 (*Sagittaria*) で塊茎を食用とする植物の総称; *S. latifolia, S. cuneato* など》. 〖(1807) ◻ Chinook Jargon ~ ← N-Am.-Ind. (Cree) *wāpatowa* white mushroom〗

wap·en·take /wɔ́(:)pəntèɪk, wǽp- | wɔ́p-, wǽp-/ *n.* **1** 小邑(ゆう), 百戸村, 郡《昔の英国北部または中部地方のデーン人が多くいた州 (shire) の下位区分, 他地方の hundred に相当する; cf. ward *n.* 3 b》. **2** (昔の英国の)小邑裁判所. 〖OE *wǣpen(ġe)tæc* ◻ ON *vāpnatak* 《原義》 taking of weapons, i.e. show of weapons at public voting ← *vāpna* ((gen.pl.) ← *vāpn* 'WEAPON')+*tak* an act of taking (← *taka* 'to TAKE'): その長の着任に際し住民が信任の意を表すため剣をとり打ち振った儀式からか〗

wap·i·ti /wá(:)pəti | wɔ́pɨ̞ti/ *n.* (*pl.* ~, ~**s**) 《動物》ワピチ (*Cervus canadensis*) 《北米・アジア北東部と中北部産の大形のシカで, アカシカに近縁》. 〖(1806) ← N-Am.-Ind. (Algonquian) 《原義》 white deer〗

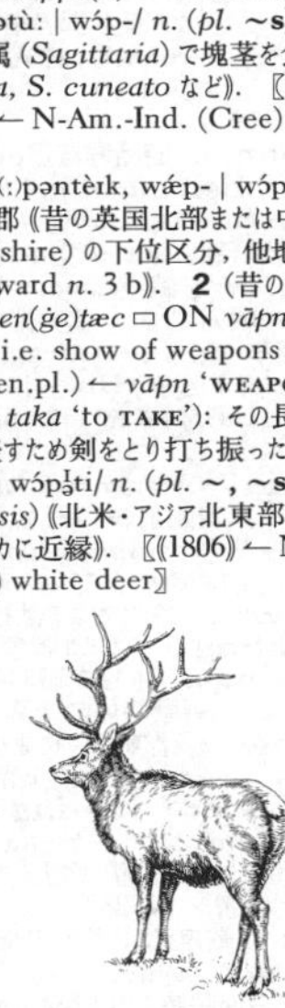

wapiti

wap·pened /wá(:)pənd, -pn̩d | wɔ́p-/ *adj.* 《Shak》疲れた; 使い古された (cf. *Timon* 4. 3. 38). 〖(1607) ← ? *wappen* 《方言》 'WEAPON'〗

wap·pen·schaw·ing /wá(:)pənʃɔ̀:ɪŋ, wǽp-, -ʃà:- | wɔ́pənʃɔ̀:-, wǽp-/ *n.* (昔スコットランド各地で行われた)武装点検 (wappenschaw ともいう). 〖(1424) 《北部方言》 *wapynschawing* weapon-showing ← *wapen* (◻ ON *vāpn* 'WEAPON')+*schawing* (← *schawen* 'to SHOW'+-ING¹): cf. wapentake〗

wap·per·jaw /wá(:)pədʒɔ̀: | wɔ́pə-/ *n.* 《米口語》突き出た[ゆがんだ]下あご. **wáp·per·jàwed** *adj.* 〖(*a*1848) ← *wapper* (← ?: cf. wave (v.))+JAW¹〗

Wap·ping /wá(:)pɪŋ | wɔ́p-/ *n.* ウォッピング 《London 東部の Tower Hamlets 自治区にある Thames 河畔の一地区; 古い船着き場の Wapping Old Stairs が残っている》. 〖ME *Wappingge* ← ?: cf. OE *wapol* bubble〗

waqf /vákf/ *n.* (イスラム法にのっとった)遺贈(品), 寄贈(品)《宗教・慈善・社会事業などの目的に用いられる》. 〖(1836) ◻ Arab. *waqf* 《原義》 religious endowment ← *wáqafa* to dedicate, bequeath as a religious endowment〗

war¹ /wɔ́ə | wɔ́:ʳ/ *n.* **1 a** 戦争, 戦役; [the ~] 《英》第二次世界大戦 (World War II): ⇨ civil war, cold war, holy war, hot war, world war, TOTAL war / a declaration of ~ 宣戦(布告) / a seat [theater] of ~ 戦場 / a ~ to end ~ 戦争を根絶する目的の戦争《第一次大戦は一時こう呼ばれた》/ between the ~s 両大戦の間に / during the ~ 戦争中に / declare ~ 宣戦を布告する〔*on, upon, against*〕/ ⇨ *make* [*wage*] WAR / be against ~ 戦争に反対である / be killed in (a) ~ 戦死する / ~*s* and rumors of ~*s* 戦争と戦争の噂(うわさ) (*Matt.* 24:6) / What did you do in the ~, daddy? お父さん, 戦争のとき何をしたの / Things have changed a lot since *the War*. 大戦後世の中がだいぶ変わった. **b** =STATE of war. **2** (対立する力の)争い, 闘争, 戦い; 反目[抗争](の状態): a ~ of words 舌戦, 言論戦 / the ~ *between* science and religion 科学と宗教の争い / the ~ *against* disease [crime, poverty] 病気[犯罪, 貧困]に挑む闘い / a ~ of the elements 大暴風雨 (⇨ element 4) / This means ~! こうなれば徹底的に戦うぞ. **3** 軍事, 軍務; (政府の一部門として)陸軍 (army): the art of ~ 戦術, 兵法 / ⇨ COUNCIL of war / the trade [profession] of ~ 軍職, 軍人の職業 / the Department of *War*=the *War* Department (米国の)陸軍省《現在は the Department of the Army といい the Department of Defense の一部門》/ the Secretary of *War* (米国の)陸軍長官《現在は the Secretary of the Army という》. **4** 《トランプ》 **a** 戦争 (ゲーム) 《52 枚の札を均等に分け, 各自 1 枚ずつ札を出して高位の者が他の札を全部取る, 同位の場合はもう 1 枚ずつ出してそれで勝負する》. **b** 戦争(ゲーム)で同位の札が出ること. **5** 《廃》 **a** 戦い, 戦闘, 会戦 (battle). **b** 武具, 武器類.

at wár (1) 〔ある国と〕戦って, 交戦[戦争]中で〔*with*〕 (↔ at peace): countries *at* ~ 交戦国. (2) 〈人と〉争って, 戦って; 〈思想などが〉〔…に〕反して, 〔…と〕相容れない, 反目して (in conflict)〔*with*〕. ***cárry the wár ìnto the énemy's cámp* [*cóuntry*]** (1) (防衛から)攻勢に転じる. (2) さかねじを食わせる, 逆襲する. ***gó to the wár(s)*** 《古》(外地に)出征する. ***gó to wár*** (1) 〔…と〕戦争を始める〔*against*〕. (2) 出征する. ***hàve a góod wár*** 《口語》戦争で[戦時中に]大活躍をする. ***have béen in the wárs*** 《口語・戯言》(事故・けんかなどによる)けがの跡がある, 負傷している; ひどい目に遭っている. 〖(1850)〗 ***màke wár*** (1) 戦争を始める, 戦う〔*on, upon, against, with*〕: Make love, not *make* ~. 戦争よりセックスをしよう《ベトナム戦争中の反戦運動家の合言葉》. (2) 〔疫病・害悪などと〕闘う, 挑戦する〔*on, upon, against*〕: *make* ~ *on* cancer [pollution] がん[公害]撲滅のために闘う. ***the dógs of wár*** ⇨ dog 成句. ***a túg of wár*** ⇨ tug¹ 成句. ***wáge wár*** = *make* WAR. ***wár to the knífe*=*wár to the déath*** (主に個人同士の)血戦; 死闘, 徹底的な闘争. 〖(なぞり) ← Sp. *guerra al cuchillo*〗

Wár and Péace「戦争と平和」《Napoleon 一世のロシア遠征を扱った Leo Tolstoi 作の小説 (1865–69)》.

Wár Betwèen the Státes [the ―] 《米史》南北戦争 (⇨ civil war 2 a) 《南部史の立場から用いられる言葉》.

Wár in the Pacífic [the ―] 太平洋戦争 (Pacific War) 《太平洋・アジアを戦域とした日本と米・英などの連合国間との戦争で, 第二次大戦の一部; 1941–45》.

Wár of (Américan) Indepéndence [the ―] 《英》= American Revolution.

Wár of attrítion 消耗戦.

Wár of 1812 [the ―] 1812 年戦争, 米英戦争 (1812–15).

wár of nérves 神経戦《政治的宣伝・圧力・脅迫などの心理的手段による戦い; nerve war ともいう; cf. shooting war, hot war, cold war》.

Wár of Secéssion [the ―] 《米史》南北戦争 (⇨ civil war 2 a).

Wár of the Áustrian Succéssion [the ―] オーストリア継承戦争《オーストリア・英国対プロイセン・フランス・スペインの間の戦争; 1740–48; cf. King George's War》.

Wár of the Gránd Allíance [the ―] アウグスブルク同盟戦争, ファルツ(継承)戦争 (1688–97) 《英国・オランダ・スペイン・神聖ローマ帝国などのアウグスブルク同盟と Louis 十四世のフランスとの戦争; Rijswijk で講和》.

Wár of the Pacífic [the ―] 太平洋戦争《チリとボリビア・ペルー間の戦争; 1879–84》.

Wár of the Rebéllion [the ―] 南北戦争 (⇨ civil war 2 a).

Wár of the Spánish Succéssion [the ―] スペイン(王位)継承戦争《スペイン王 Charles 二世死後その王位の継承に関してフランスとスペインに対して英国・オーストリアおよびオランダが戦った; 1701–14; cf. Queen Anne's War》.

Wárs of Relígion [the ―] 宗教戦争《1562–98 年のフランスの内乱; ローマカトリック教徒とユグノー教徒との間の紛争, およびフランス諸王と大貴族たちとの間の反目が主な原因; cf. MASSACRE of St. Bartholomew, EDICT of Nantes》.

Wárs of the Róses [the ―] 《英史》ばら戦争《王位継承に関する Lancaster 家と York 家との争い (1455–85) で, 前者は紅ばらを後者は白ばらを記章にした》.

― *adj.* [限定的] 戦争の, 戦争に関する; 戦争の結果生じた; 戦争で用いられる: the ~ dead [bereaved] [集合的] 戦死者[戦争遺族] / a ~ novel 戦争小説 / ~ supplies 軍需品 / ~ expenditure 軍事費 / ~ funds 軍事資金.

― *vi.* (**warred; war·ring**) **1** 戦争する, 戦う, 争う〔*against, on, upon, with*〕. **2** 激しく対立する, 両立しない; 葛藤状態にある.

〖n.: (*a*1122) *werr(e)* ◻ ONF *werre*=(O)F *guerre* ◻ OHG *werra* strife < Gmc **wersō* ← IE **wers-* to confuse: ⇨ worse. ― v.: (1154) *werrie(n)* ← (n.)〗

war² /wɔ́ə | wɔ́:ʳ/ *adj., adv.* 《スコット》=worse. ― *vt.* 《スコット》征服する, 打ち勝つ (defeat). 〖(?*c*1200) *werre* ◻ ON *verre* (adj.) & *verr* (adv.): cf. worse〗

war. 《略》 warrant.

War. 《略》 Warwickshire.

wa·ra·gi /wǽrəgi/ *n.* ワラギ《バナナまたはキャッサバから造るウガンダの蒸留酒》. 〖(1916) ◻ Swahili *wargi*〗

Wa·ran·gal /wɔ́(:)rəŋgəl, -gl̩ | wɑ́r-/ *n.* ワランガル《インド中南部 Andhra Pradesh 州北部の都市》.

wár àrtist *n.* 従軍画家. 〖1890〗

war·a·tah /wá(:)rətà: | wɔ́r-/ *n.* 《植物》オーストラリア産のヤマモガシ科テロペア属 (*Telopea*) の美しい赤色の花をつける植物の総称 (*T. speciosissima, T. oreades* など). 〖(1793) ← Austral. (Dharuk)〗

warb /wɔ́əb | wɔ́:b/ *n.* 《豪俗》薄汚いやつ, とるに足らない人 (wanb, worb ともいう). **~·y** *adj.* 〖(1933) ← ? WARBLE²〗

wár bàby *n.* **1** 戦争時に生まれた[みごもった]子供; (特に)戦争私生児. **2** 戦争の産物《軍需産業など》; 戦争で暴騰した有価証券. 〖1901〗

War·beck /wɔ́əbek | wɔ́:-/, **Per·kin** /pə́:kɪ̞n | pə́:kɪn/ *n.* ウォーベック (1474–99; ベルギー生まれの英王位要求者; Henry 七世時代に Edward 四世の第二子と詐称して王位要求の反乱を起こし (1497), 敗れて処刑された).

wár·bìrd *n.* **1** 軍用機; 軍用機搭乗員, 飛行兵. **2** 《方言》《鳥類》=scarlet tanager. 〖1936〗

war·ble¹ /wɔ́əbl̩ | wɔ́:-/ *vi.* **1** 〈鳥が〉さえずる; 〈人が〉(さえずるように)声を震わせて歌う. **2** 《古》〈小川などが〉さらさらと音をたてて流れる (babble): The brook ~*d* over its rocky bed. 小川はその石の多い川床をさらさら流れた. **3** 《米》=yodel. **4** 〈電子装置が〉震音を出し続ける. ― *vt.* **1** さえずるように〈アリアなどを〉歌う〈*forth, out*〉. **2** 音楽的に[歌で]表現する: ~ the praises of God 神を賛美して歌う. ― *n.* **1** さえずり. **2** さえずるような歌い方; 歌 (song, carol). **3** (電子装置の)震音. 〖(*c*1385) *werble* (*n*) (v. & n.) ◻ ONF *werbler* to quaver (v.) & *werble* (n.) ← Gmc: cf. G *wirbeln* / whirl〗

war·ble² /wɔ́əbl̩ | wɔ́:-/ *n.* **1** ウシバエ (warble fly) の幼虫. **2** 《獣医》 **a** ウシバエ幼虫寄生による家畜の背部の浮腫. **b** (馬の背の)くらこぶ. 〖(*a*1585) ◻ ? Scand.: cf. Swed. *varbulde* boil〗

wár·bled *adj.* 《獣医》〈家畜の皮膚が〉ウシバエの幼虫が寄生した. 〖1885〗

wárble flỳ *n.* 《昆虫》ウシバエ《ウシバエ科の双翅類昆虫の総称; 幼虫は牛馬の皮膚下に寄生し, 老熟すると皮膚に穴を開けて脱出し地表で蛹化(ようか)する; まれに人体に寄生することもある; cf. common cattle grub》. 〖1877〗

wár·bler /-blə, -blə | -bləʳ, -bl-/ *n.* **1** 《鳥類》 **a** 旧大陸産ウグイス科の鳴鳥の総称《ズグロムシクイ (blackcap), ヨーロッパヨシキリ (reed warbler), スゲヨシキリ (sedge warbler) など》. **b** アメリカムシクイ科に属する美しい小鳥の総称《オージュボンアメリカムシクイ (Audubon warbler), マミジロアメリカムシクイ (Tennessee warbler), キイロアメリカムシクイ (yellow warbler) など; wood warbler ともいう》. **c** オーストラリアに生息するウグイス科アオゴウシュウムシクイ属 (*Malurus*) と *Gerygone* 属の小鳥の総称. **2** 歌う人, 歌手 (singer). 〖(1611) ← WARBLE¹+-ER¹〗

wár·bling /-blɪŋ, -bl-/ *n.* さえずり. ― *adj.* さえずる(ような): He spoke French with a ~ accent. フランス語をさえずるような調子で話した. 〖1549〗

wárbling víreo *n.* 《鳥類》ナキモズモドキ (*Vireo gilvus*) 《背が灰色がかった緑色で下部が白っぽい調子よくさえずる北米産のモズモドキ》. 〖*c*1835〗

wár·bònnet *n.* 《魚類》タウエガジ科フサギンポ属 (*Chirolophis*) の数種の魚《北太平洋産の細長い魚; 眼の上, 頭部の背面, 長い背びれの前に枝状皮弁をもつ》.

wár bònnet *n.* (わしの羽で飾ったアメリカ先住民の)出陣用のかぶりもの. 〖1845〗

war bonnet

wár·bòrn *adj.* 戦争中に生産[開発]された; 戦争によって生じた.

wár brìde *n.* **1** 戦争中の花嫁《戦争で海外に出征する軍人と結婚する女性》. **2** 戦争花嫁《外国の軍人と結婚して夫の国へ移住する女性》. 〖1916〗

War·burg /wɔ́əbə:g | wɔ́:bə:g; *G.* vá:ɐbʊʁk/, **Otto Heinrich** *n.* ヴァルブルク (1883–1970; ドイツの生理学者; Nobel 医学生理学賞 (1931)).

wár càbinet *n.* 戦時内閣. 〖1916〗

wár chèst *n.* 《米》戦費; 軍資金, 活動[運動]資金: presidential-election ~ 大統領選挙の運動資金. 〖1901〗

wár clòud *n.* 戦争になりそうな雲行き, 戦雲. 〖1827〗

wár clùb *n.* (アメリカ先住民などの用いる)戦闘用棍棒(こんぼう). 〖1776〗 **W**

wár correspòndent *n.* 従軍記者. 〖1844〗

wár·cràft *n.* (*pl.* ~) **1** 戦時用の船舶・航空機. **2** 軍学, 兵法. 〖*a*1661〗

wár crìme *n.* [通例 *pl.*] 戦争犯罪, 戦犯《大量虐殺・捕虜虐待など》. 〖1906〗

wár crìminal *n.* 戦争犯罪人, 戦犯. 〖1929〗

wár crỳ *n.* **1** 鬨(とき)の声 (battle cry). **2** (政党などの)標語, スローガン (slogan). **3** [The W- C-]「ときのこえ」《Salvation Army の週刊機関紙》. 〖1748〗

ward /wɔ́əd | wɔ́:d/ *n.* **1** (病院の)共同病室; 病棟: a 3-bed ~ 3 ベッドの病室 / a fever [an accident, an isolation, a maternity, a convalescent] ~ 熱病患者[救急, 隔離, 産科, 回復期患者]病棟 / a cancer ~ 癌病棟 / an emergency ~ 急患室. **2 a** (刑務所内の)区画 (division); 部屋, 監房: a condemned ~ 死刑囚監房. **b** 《英》(昔の養老院, 救貧院などの)収容室, 寮: a casual ~ 臨時収容室. **3 a** (行政区画としての)区, 選挙区. **b** (イングランドの Cumberland, Northumberland およびスコットランドの数州における)郡, 小邑(ゆう) 《他地方の hundred, wapentake に相当》. **c** (選挙)区民, 郡民, 小邑の住民. **4** 《法律》(未成年者や精神障害者が)後見されている状態: a man to whom the child is in ~ その子供の後見人. **5** 《法律》 **a** 後見を受けている未成年者, 被後見者 (cf. guardian 2): a ~ in Chancery 大法官庁における被後見人《大法官庁 (Chancery) においてその未成年者のために後見人を選任することから》. **b** =WARD of court. **c** 《スコット》被後見地 (かつて軍務免除の代わりに国王に献上された土地). **6** 《古》防護 (guard), 見張り, 監督, 保護 (watch). ★ 今は WATCH *and ward* としてだけ用いる. **7** 《廃》防御(手段) (protection). **8** 《モルモン教》ワード部 (stake) を小区分した教区で, 監督 (bishop) が統轄する). **9** 《廃》《フェンシング》受けの構え, 受け太刀 (guard). **10** (一定以外の鍵(ｶｷﾞ)の回転を妨げるための)錠の中の突起; (その突起に対する)鍵の切込み (cf. warded). **11** 《古》監禁, 抑留 (confinement, custody): be under ~ 監禁されている / put a person in ~ 人を監禁する. **12** 《築城》**a** 城の外側の防壁; (城壁・堡塁の内側の)空地. **b** (防護されている)入口. **c** (特別兵が管轄する)要塞地区. **13 a** 《古》守備隊 (garrison); 護衛隊. **b** (行進する部隊の)前[中, 後]衛. **14** 《まれ》=warden.

kèep wátch and wárd ⇨ WATCH *and ward*.

wàrd of cóurt [the —] 《法律》法廷被後見人 (大法官府などの法廷の保護を受けている未成年者・精神障害者など; 単に ward ともいう).

— *vt.* **1** 病室に入れる[収容する]. **2** 《古》守る, 保護する (guard, protect); 後見する. — *vi.* 《古》攻撃をかわす; 守勢に立つ. ***wárd óff*** (1) 〈打撃・武器を〉受け流す (parry): ~ *off* a blow, an attack, etc. (2) 防ぐ, かわす, 避ける (avert, keep off): ~ *off* reporters 取材記者を避ける.

〖OE *weard* (n.) & *weardian* (v.) < Gmc **warðō* & **warðōjan* (G *warte(n)*) ← **war-* to watch (⇨ ware²) ← IE **wer-* to heed (L *verērī* to respect): 語形・語義共に ONF *warder* の影響を受けた: GUARD と二重語: cf. award, regard, reward, warrant〗

Ward /wɔ́ɚd | wɔ́:d/ *n.* ウォード《男性名》. 〖↑〗

Ward /wɔ́ɚd | wɔ́:d/, **Aaron Montgomery** *n.* ウォード《1843–1913; 米国の商人・実業家; 通信販売会社を設立 (1872)》.

Ward, Ar·te·mas /ɑ́ɚtəməs | ɑ́:tɪ̀-/ *n.* ウォード《1727–1800; 独立戦争当時の米国の将軍》.

Ward, Artemus *n.* ⇨ Charles Farrar BROWNE.

Ward, Barbara *n.* ウォード《1914–81; 英国の経済学者; *Economist* の編集者》.

Ward, Mrs. **Humphry** *n.* ウォード《1851–1920; 英国の小説家; Matthew Arnold の姪; 旧姓名 Mary Augusta Arnold》.

Ward, Sir **Joseph George** *n.* ウォード《1856–1930; ニュージーランドの政治家; 首相 (1906–12, 1928–30)》.

Ward, Nathaniel *n.* ウォード《1578?–1652; 英国生まれの米国の牧師》.

-ward /wəd | wəd/ *suf.* 方向を表す副詞・形容詞・前置詞を造る: after*ward*, back*ward*, for*ward*, home*ward*, north*ward*, river*ward*, to*ward*. ★ -s を伴った -wards の形は英用法では普通に, また米用法ではときに用いられるが, 形容詞の場合は英米ともに -ward が用いられる. 〖OE *-weard* toward < Gmc **-warð* (異形) ← **werþ* ← IE **wer-* to turn: cf. *weorþan* 'to WORTH²'〗

wár dàmage *n.* 戦争による損害. 〖1939〗

wár dànce *n.* (北米先住民などの)出陣[戦勝]の踊り. 〖(1711) 1757〗

wárd bòss *n.* 《米》(ward 3 a の)政治的指導者; (選挙)区長. 〖1890〗

wár dèbt *n.* 戦債.

wárd·ed /-dɪ̀d | -dɪ̀d/ *adj.* 〈錠が〉(中に)突起のある, 〈鍵が〉刻み目のある (cf. ward *n.* 10). 〖1572〗

wárd éight *n.* ウォードエイト《ウイスキー・レモン果汁・グレナディンにしばしば砕いた氷とソーダ水を加えたカクテル》. 〖← *Ward Eight* (米国 Boston 市の区の一つでその発祥地)〗

war·den /wɔ́ɚdn | wɔ́:-/ *n.* **1 a** 保管・監視・監督・法律の執行などを託される各種の官吏 (guard, keeper): ⇨ air-raid warden, traffic warden. **b** =fire warden, game warden. **c** 《英》(刑務所の)看守. **2** (建物・区域などの)監視[管理]人, 番人, 保管者. **3 a** (病院・刑務所など各種官公署の)長官, …長; 《米》刑務所長 (《英》governor): the ~ of port 港務所長. **b** (昔の, 町・地方などの)首長, 太守; 知事; 摂政. **c** 《米》(Connecticut 州の)自治町村長. **d** 《カナダ》(Quebec 州などの)州会議長. **4** =churchwarden 2. **5** [W-] 《英》(Oxford の個々の学寮の)学(寮)長, 校長: *Warden* of Merton College. **6** 《英》(同業組合・病院などの)理事 (trustee); シティー (City) の同業組合員. **7** 《古》門番 (gatekeeper). — *vi.* 猟区監視官 (game warden) として見張る[保護する]. 〖(?a1200) ◻ ONF *wardein*=OF *guarden* 'GUARDIAN'〗

War·den¹ /wɔ́ɚdn | wɔ́:-/ *n.* ウォーデン《男性名》. 〖(dim.) ← WARD〗

War·den², w- /wɔ́ɚdn | wɔ́:-/ *n.* 《英》《園芸》ウォーデン《果肉がしまった料理用のセイヨウナシ; セイヨウナシの英国への導入を記す記念碑的存在》. 〖(a1400)?〗

wár·den·ing /-dnɪŋ, -dn-/ *n.* (動植物保全のための)自然保護区の監視[監督]. 〖1962〗

war·den·ry /wɔ́ɚdnri | wɔ́:-/ *n.* warden の職権[管轄区]. 〖(1375) ← WARDEN¹+-RY〗

wárden·shìp *n.* warden の職[管轄]. 〖a1300〗

Wár Depàrtment *n.* [the ~] 陸軍省 (⇨ war¹ *n.* 3; cf. War Office). 〖1789〗

ward·er¹ /wɔ́ɚdɚ | wɔ́:də^(r)/ *n.* (*fem.* **wardress**) **1** 番人, 見張り人; (入り口に立つ)番兵, 見張り. **2** 《英》(刑務所の)看守 (gaoler). ★ 今は prison officer という. **~·shìp** *n.* 〖(?a1400) ◻ AF *wardere* ← *warder*=(O)F *garder* 'to GUARD': cf. ward〗

war·der² /wɔ́ɚdɚ | wɔ́:də^(r)/ *n.* 《歴史》(王や司令官の持つ)権杖(ｹﾝｼﾞｮｳ), 権標. 〖(1440) ← ? WARD (v.)+-ER¹〗

wárd hèeler *n.* 《口語》(政党のために票を集めたり何くれと御用を務める)院外団員, (政界ボスの)腰ぎんちゃく (cf. heeler 3). 〖1888〗

Wárd·i·an cáse /wɔ́ɚdiən- | wɔ́:diən-/ *n.* ウォード箱《上面と側面がガラス張りで, 底が金属製・陶製または木製の箱; 長い航海による植物の運送や多湿度を好む植物の栽培に用いる》. 〖(1842) *Wardian*: ← *Nathaniel B. Ward* (1791–1868: 英国の植物学者): ⇨ -ian〗

wárd·ing fìle /-dɪŋ- | -dɪŋ-/ *n.* 極薄平やすり《主に鍵(ｶｷﾞ)の切り込み (ward) を作るための細いやすり》. 〖1846〗

Wárd Léonard sỳstem *n.* 《電気》(ウォード)レオナード方式《直流電動機の速度制御方式の一種》. 〖(1902) ← *Harry Ward Leonard* (1861–1915: 米国の電気技師)〗

wárd·less *adj.* 〈鍵が〉刻み目のない: a ~ key. 〖1927〗

wárd·mòte /-mòut | -mə̀ut/ *n.* 《英》(London シティー内の)区の集会[寄り合い]. 〖(c1378) *ward(e)mot(e)* ← WARD+*mot(e)* 'MOOT': cf. witenagemot〗

Wár·dour Strèet /wɔ́ɚdɚ- | wɔ́:də-/ *n.* **1** ウォーダー街 (英国 London, Soho 区の Piccadilly Circus 近くの街路; もと古道具商が多く並んでいたので有名, 今では映画会社が多い). **2** 映画産業 (film trade). — *adj.* [限定的] 擬古的な (pseudoarchaic): ~ English ウォーダー街英語《歴史小説などに多い擬古体の英語》. 〖(1888) *Wardour*: ← ME *Werdore* < OE *Weardora* 《原義》watch hill and slope: ⇨ ward: cf. OE *ōra* bank, shore〗

ward·ress /wɔ́ɚdrɪ̀s | wɔ́:drɪ̀s, -drɛs/ *n.* 《英》女性看守. 〖(1878) ← WARDER¹+-ESS¹〗

ward·robe /wɔ́ɚdròub | wɔ́:drə̀ub/ *n.* **1** 衣装だんす, 洋服だんす. **2 a** 衣装部屋, 納戸 (clothes closet, dressing room). **b** (劇場の)衣装部屋. **3** (個人または劇団などの)所有衣類, 持ち衣装, ワードローブ: have a large [small, limited, slender] ~ 衣装持ちである[ない] / her spring ~ 彼女の春服(全部) / She has her ~ constantly added to. 絶えず洋服が増える / Her ~ was the envy of her friends. 友達がうらやむほどの衣装持ちであった. **4** (王室・大家の)衣装[納戸]係[部屋]: a gentleman of the *Wardrobe*. 〖(a1325) ◻ ONF *warderobe* (=(O)F *garderobe*) ← *warder* (⇨ warder¹)+ROBE〗

wárdrobe càse *n.* 衣装かばん[ケース]《衣服をハンガーにかけたままで運べる》.

wárdrobe dèaler *n.* 古着屋. 〖1896〗

wárdrobe màster *n.* 劇場[劇団]の衣装係. 〖1897〗

wárdrobe mìstress *n.* 劇場[劇団]の女性衣装係. 〖1897〗

wárdrobe trùnk *n.* 衣装トランク《一方の側には服をつるすようにハンガーが付き, 反対側には小物を入れる引出しが付いている; 立てると衣装だんすとなる》. 〖1890〗

wárd·ròom *n.* **1** 《海軍》**a** (軍艦の)士官室《艦長以外の士官の食堂兼集会室》. **b** [集合的] 士官室士官. **2** 《英陸軍》=guardroom. 〖1885〗

wár drùm *n.* 陣太鼓.

-wards /wədz | wədz/ *suf.* 《英》=-ward: home*wards*, to*wards*. 〖OE *-weardes* (gen.): ⇨ -ward, -s² 1〗

wárd·shìp *n.* 《法律》後見人であること; 後見人の任務, 後見, 保護 (guardianship): be under the ~ of …に後見されている / have the ~ of …を後見する. 〖(1454): ⇨ ward (n.), -ship〗

wárd sìster *n.* 《英》病棟看護婦. 〖1918〗

ware¹ /wɛ́ɚ | wɛ́ə^(r)/ *n.* **1** /wɛ̀ɚ | wɛ̀ə^(r)/ [通例複合語の第 2 構成素として] 細工品, 製品: ⇨ earthenware, glassware, hardware, ironware, silverware, software, tableware, tinware. **2** [通例 *pl.*] **a** 商品 (commodities): a peddler and his ~s 行商人とその商品 / cry one's ~s 呼び売りする / display one's ~s 商品[店]を広げる / praise one's own ~s 自画自賛する. **b** (無形の)商品; 売り物《俳優・芸など》: an actor's ~s 役者の売り物の芸. **c** 《英方言》売り物になる大きさのジャガイモ. **3** [通例産地名を冠して] 陶器, …焼; …細工: ⇨ Chelsea ware, delftware, Tunbridge ware, Wedgwood ware. **4** 《考古》(形や色彩よりも上薬や硬度などによって分類された)陶器の型の一群. 〖OE *waru* goods < Gmc **warō* 《原義》object of care (G *Ware*) ← **war-* (↓)〗

ware² /wɛ́ɚ | wɛ́ə^(r)/ *adj.* [叙述的] **1** 《詩》気づいている (aware) 〈*of, how, that*〉: Thou speak'st wiser than thou art ~ of. 君は自分でわかっているよりも賢いことをいう (Shak., *As Y L* 2. 4. 57). **2** 《古》注意深い, 用心深い, 油断のない; 賢い, 抜け目のない. 〖OE *wær* cautious, aware < Gmc **waraz* (ON *varr*) ← **war-* ← IE **wer-* to perceive, watch out for (L *verērī* to respect, fear)〗

ware³ /wɛ́ɚ | wɛ́ə^(r)/ *vt.* 《古》[主に命令文で用いて] 気をつける, 用心する (beware of), 慎む, 避ける (avoid): *Ware* hounds [wheat, traps, wire]! 犬[麦, わな, 針金]に気をつけよ / *Ware* the bottle! 瓶に用心せよ《飲み過ぎるな》. 〖OE *warian* to guard (against) ← Gmc **waraz* (↑)〗

ware⁴ /wɛ́ɚ | wɛ́ə^(r)/ *v.* 《スコット・北英》 **1** =spend. **2** =squander. 〖(?c1390) ◻ ON *verja* to invest, clothe < Gmc **wazjan* 'to WEAR¹'〗

ware⁵ /wɛ́ɚ | wɛ́ə^(r)/ *n.* 《スコット・北英》春. 〖((a1300)) (c1340) ◻ ON *vār* spring: cf. L *vēr* (⇨ vernal) / Gk *éar* spring〗

wa·re⁶ /vɑ́:rə/ *adj.* 《南ア》本物の, 正真正銘の. 〖(1840) ← (古形) *waare* ◻ Afrik. *waar* true〗

wár èagle 《鳥類》イヌワシ (golden eagle).

wár éffort *n.* 戦争遂行に傾ける努力, 戦争への努力: We were asked to make the ~. 戦争への努力を求められた. 〖1919〗

wáre gòose *n.* 《鳥類》コクガン (brant).

wa·re·hou /wɑ́:rəhàu/ *n.* (*pl.* ~) 《NZ》=sea bream. 〖(1848) ◻ Maori ~〗

ware·house /wɛ́ɚhàus | wɛ́ə-/ *n.* (*pl.* **-hous·es** /-hàuzɪ̀z/) **1** 倉庫; 保税倉庫 (bonded warehouse): a furniture ~ 家具倉庫 / deposit goods in a ~ 品物を倉庫に預け入れる. **2 a** 卸売店, 問屋 (wholesale store). **b** 《英》大型の小売店. — /-hàuz, -hàus/ *vt.* **1** 倉庫に入れる, 倉庫に貯蔵する. **2** 〈輸入品を〉保税倉庫に入れる. **3** 《米口語》〈精神障害者・老人などを〉施設に収容する. 〖(n. 1349; v. 1799)〗

wárehouse clùb *n.* ウェアハウスクラブ《会員制の郊外型大型ディスカウントショップチェーン; そのチェーン店》.

wárehouse·man /-mən/ *n.* (*pl.* **-men** /-mən, -mɛ̀n/) **1** 倉庫業者, 倉庫主; 倉庫で働く人, 倉庫管理係. **2** 《英》卸売商人, 卸商 (wholesale merchant). 〖1635〗

wárehouse pàrty *n.* 《英》ウェアハウスパーティー《空いている倉庫・格納庫などを利用して行われる大規模な商業ダンスパーティー; cf. acid-house party》.

wáre·hòus·er /-zɚ, -sɚ | -zə^(r), -sə^(r)/ *n.* =warehouseman 1. 〖c1927〗

wárehouse recèipt *n.* 倉庫証券. 〖c1885〗

wárehouse-to-wárehouse clàuse *n.* 《海上保険》倉庫間約款《貨物海上保険で荷送り人の倉庫から荷受人の倉庫まで危険を担保する約款》. 〖1924〗

wáre·hòus·ing /-zɪŋ, -sɪŋ/ *n.* **1** 倉庫に入れる[保管する]こと, 倉庫[保管]業務. **2** 《金融》短期倉入れ《つなぎ短期融資を受けるため長期抵当権を担保として商業銀行に差し入れること》. **3** 《証券》株式の倉庫積上げ《買収の対象としてねらう企業の株を少しずつ替え玉名義で買いためておくこと》. 〖1795〗

wáre·ròom *n.* 商品貯蔵室; 商品陳列室. 〖1811〗

wár estàblishment *n.* (軍隊の)臨戦体制[編制].

war·fare /wɔ́ɚfɛ̀ɚ | wɔ́:fɛ̀ə^(r)/ *n.* **1** 戦争(行為, 状態) (war); 交戦, 戦闘: air ~ 空中戦 / modern ~ 近代戦 / chemical ~ 化学戦 / economic ~ 経済戦 / the science of ~ 戦術. **2 a** 武力闘争: guerrilla ~ ゲリラ戦. **b** 闘争, 戦い, 争い (struggle): class ~ 階級闘争 / literary ~ 文学論争 / His ~ is over. (死んで)彼の戦いは終わった. 〖(1456) 《原義》military expedition: ⇨ war¹, fare〗

war·fa·rin /wɔ́ɚfərɪ̀n | wɔ́:fərɪn/ *n.* 《化学》ワルファリン ($C_{19}H_{16}O_4$)《殺鼠剤の一種; 抗凝血剤として使用される》. 〖(c1950) ← W(*isconsin*) A(*lumni*) R(*esearch*) F(*oundation*) (その特許権所有者)+(COUM)ARIN〗

wár fèver *n.* 戦争に対する熱狂[昂揚], 戦争熱.

wár·fìghting *n.* ミサイル戦争.

wár fòoting *n.* (軍隊の)戦時編制[編成]; 戦時体制: industry on a ~ 戦時体制産業. 〖1847〗

wár-gàme *vt.* 〈作戦計画などを〉机上[図上]作戦演習で検討する. — *vi.* 机上[図上]作戦演習をする, 兵棋研究をする. **~·er** *n.* **~·ing** *n.* 〖1942〗

wár gàme *n.* **1** ウォーゲーム (⇨ kriegspiel). **2** (参謀将校の)机上作戦演習, 図上作戦, 兵棋. **3** [*pl.*] (実戦を模した)演習. 〖1828〗

wár gàs *n.* 戦用ガス, 戦争用毒ガス. 〖1934〗

war·gasm /wɔ́ɚgæzṃ | wɔ́:-/ *n.* 《米》**1** 全面戦争の勃発. **2** 全面戦争を引き起こしかねない危機, 全面戦争へと発展する危険. 〖(1968) ← WAR¹+(OR)GASM〗

wár gòd *n.* 軍神《ローマ神話の Mars, ギリシャ神話の Ares など》. 〖c1611〗

wár gòddess *n.* 軍(ｲｸｻ)の女神《ギリシャ神話の Athena, ローマ神話の Minerva など》. 〖1860〗

wár gràve *n.* 戦没者の墓. 〖1917〗

wár hàmmer *n.* 戦槌《よろいやかぶとを破るため槌とつるはしを組み合わせた武器》.

wár hàwk, W- H- *n.* 《米》主戦論者 (jingo), タカ派の議員; (特に) 1812 年の米英戦争に際し開戦を主張した西部や南部出身の Henry Clay を中心とした若手議員. 〖1798〗

war·head /wɔ́ɚhɛ̀d | wɔ́:-/ *n.* (魚雷・爆弾・ミサイルなどの)弾頭《信管・火薬・化学剤・焼夷剤・核物質などから成る; cf. practice head》: an atomic [a nuclear] ~ 原子[核]弾頭 / a multiple ~ 多核弾頭. 〖1898〗

wár hèro *n.* 戦争の英雄. 〖1898〗

War·hol /wɔ́ɚhɔ(:)l, -houl | wɔ́:həul, -hɔl/, **Andy** *n.* ウォーホル《1929–87; アメリカの芸術家・映画製作者; Pop Art の代表者の一人》.

wár·hòrse *n.* **1** 軍馬 (charger). **2** 《口語》老兵 (veteran); (政界・演劇界などの)古つわもの (old campaigner): a seasoned old ~ 千軍万馬の古つわもの / a Liberal ~ 自由党の古つわもの / like an old ~ 過去の戦闘の思い出(など)に興奮する老兵のように. **3** 《口語》(始終演奏され[演じられ]て)陳腐になった音楽[劇, オペラ]. 〖1653〗

war·i·son /wǽrɪ̀sən, -sn/ *n.* 《俗》攻撃(開始)の合図. 〖((?a1300)) (1805) 《廃》'wealth' ◻ ONF *warison* protection=OF *garison* 'GARRISON': 現在の意味は W. Scott, *Lay of the Last Minstrel* (1805) での誤用から〗

wark¹ /wɑ́ɚk | wɑ́:k/ 《英方言》*n.* 苦痛, 痛み (pain, ache). — *vi.* 痛む (ache); ずきずきする. 〖OE *wærċ* (n.) & *wærċan* (v.) < Gmc **werkiz* & **werkjan* (ON *verkja, virkja*) ← **werkam* 'WORK'〗

wark² /wɑ́ɚk | wɑ́:k/ *n.*, *v.* 《スコット》=work.

War·ka /wəkɑ́: | wə-/ *n.* ワルカ (Erech の現代名).

Warks. 《略》Warwickshire.

wár·less *adj.* 戦争のない, 戦争の行われていない. **~·ly** *adv.* **~·ness** *n.* 〖1436〗

War·ley /wɔ́ɚli | wɔ́:-/ *n.* ウォーリー《イングランド中西部 Birmingham 西隣の工業都市》.

wár·lìke *adj.* **1** 戦争好きな, 好戦的な, 戦闘的な (bellicose), 勇武の (⇨ martial SYN): a ~ tribe [nation] 好戦民族[国] / ~ spirit 尚武(しょうぶ)の精神, 好戦心 / ~ exploits 武功, 戦功. **2** 戦争が起こりそうな, 戦争のおそれがある: a ~ note 戦争の起こりそうな調子. **3** 戦争の, 戦争に関する, 軍事の: ~ preparations 戦備 / ~ actions 軍事行動. **4** 兵士の, 武人の: be dressed in ~ armor よろいかぶとに身を固める. **~·ness** *n.* 〖*c*1420〗

wár·lòad *n.* 戦闘機などの軍用乗り物に積載した武器.

wár lòan *n.* 《英》戦時公債.

war·lock /wɔ́ərlɑ(ː)k | wɔ́ːlɔk/ *n.* **1** 魔法使い, 魔術師, 妖術師 (sorcerer, magician). ★ witch の男性版 (cf. wizard 1). **2** 手品師 (conjurer). 〖《(OE)》《?*c*1380》《スコット》*warlocke* ∞ ME *warlow(e)* < OE *wǣrloga* oath-breaker, devil ← *wǣr* covenant (← Gmc **wēra-* ← IE **wero-* true (L *vērus* 'true, VERY')) +**loȝ* (← *lēogan* 'to LIE²')〗

War·lock /wɔ́ərlɑ(ː)k | wɔ́ːlɔk/, **Peter** *n.* ウォーロック《1894–1930; 英国の作曲家; 本名 Philip Arnold Heseltine》.

war·lord /wɔ́ərlɔ̀ərd | wɔ́ːlɔ̀ːd/ *n.* **1** (一地方の覇権を握った)軍司令官. **2** 大将軍; (特に)ドイツ皇帝 (William II), (中国の)督軍 (tuchun), 軍閥. **~·ism** /-dɪzṃ/ *n.* 〖1856〗

Warl·pi·ri /wɔ́ərlpɪ̀ri | wɔ́ːl-/ *n.* ワルピリ語《オーストラリア Northern Territory のアボリジニーの言語》. 〖◻ Austral. (Walpiri) ~〗

warm /wɔ́ərm | wɔ́ːm/ *adj.* (**~·er; ~·est**) **1 a** 〈天候・気候・風など〉暖かい, 温暖な (cf. hot, tepid, cool, cold): a ~ climate, country, room, etc. / a ~ south wind 暖かい南の風 / It is getting ~*er* day by day. 一日増しに暖かくなってきた. **b** 〈部屋・風呂など〉(人為的に熱して)暖かい: a ~ bath ほどよい熱さの風呂 / Come and get ~ by the fire. こっちへ来て火のそばで温まりなさい. **c** 暖かさを保つ, 温かくする: a ~ coat, sweater, fire, etc. / keep (oneself) ~ (服を着て)暖かくしている. **2 a** 〈身体・血など〉常温の, 温かい: ⇨ warm-blood / new milk, ~ from the cow しぼり立ての温かい牛乳 / He kissed her ~ cheek. 彼女の温かいほおにキスした. **b** やや暑い, 暑苦しい: be ~ from exercise [running] 運動をして[走ったので]暑い / I got ~ playing in the sun. 日なたで遊んで暑くなった / I find the room rather ~. 部屋は少し暑過ぎる / I am ~ after playing tennis. テニスをしたあとなので暑い. **3** 〈心が〉温かい, 思いやりのある (affectionate) (⇨ tender¹ SYN); 親しい (intimate); 心からの, ねんごろな (hearty); 熱心な (ardent): a ~ heart 温かい心 / ~ friends 親しい友達 / ~ thanks 心からの感謝 / a ~ greeting 心のこもったあいさつ / a ~ interest 熱心な興味 / ~ support(ers) 熱心な支持(者たち) / ⇨ *give a person a* WARM *reception* [*welcome*]. **4** 熱した, 激しい, 激しやすい (vehement) (↔ cool); 興奮した, 立腹した; 活発な, 元気な (lively): a ~ temper 短気 / a ~ debate [argument] 激論 / when (he was) ~ *with* wine 酒で上機嫌のときに / She stood there, her brown eyes ~ with indignation. 憤然としてとび色の目でにらみながら彼女はそこに立っていた / They grew ~ over the debate. 議論に熱中した[興奮した] / The debate grew ~. 議論が熱した / Her voice was ~ *with* admiration. 彼女の声は感嘆の念で熱っぽかった. **5** 〈色が〉暖かい《赤や黄の勝った; cf. cool 3 a》: ~ colors 温色, 暖色 (red, yellow および orange 系統). **6** 〈人・描写など〉激情的な (passionate), 挑発的な, 好色的な (amorous): a ~ kiss [embrace] 熱烈なキス[抱擁] / a ~ temperament 多情な性質. **7 a** 《口語》(隠れんぼやクイズなどで)もう少しで当たる, 目標[正解]に近い (↔ cold): You are getting ~. もう少しで見つかる[当たる]. **b** 《狩猟》〈遺臭が〉生々しい (fresh), 強い (strong): a ~ scent. **8** 《口語》〈仕事など〉骨の折れる, つらい, 危険な; 〈場所など〉不愉快な, 気持ちの悪い, いたたまれない: ~ work 骨の折れる仕事; 激戦, 苦闘 / have ~ work to do it それをするのに骨が折れる / The place became rather too ~ for him. 彼はそこに居づらくなった. **9** 《英古》〈人が〉暮らし向きのいい, 身分など安定した, 金のある (well-to-do, rich): He is a ~ man. 金持ちだ. **10** 《廃》快適な (comfortable), 安定した, 落ち着いた.

give a person a wárm recéption* [*wélcome*]** (1) 人を心から歓迎する. (2) 人に頑強に抵抗する, 強い敵意を示す. ***kéep a person's séat* [*pláce, póst*] *wárm* (*for a person*)** (人に代わって)席を暖めておく《ある人が資格を得るまで代わってその地位についている》. ***máke it* [*things*] *wárm* [*hót*] *for a person 〈人〉を不愉快な立場に追い込む, 〈人〉をいたたまれなくする. ***wárm with*** = HOT *with*.

— *vt.* **1** 暖[温]める, 暖[温]かくする (make warm, heat) 〈*up*〉: ~ (*up*) a room 部屋を暖める / ~ *up* the soup スープを温める / ~ oneself [one's hands] at the fire 火に当たる[手をあぶる] / The drink was beginning to ~ her. その酒で体が温まってきた / ~ oneself with a whiskey ウイスキーを一杯飲んで温まる. **2** 熱心にする, 興奮させる, 励ます: drink wine to ~ one's heart 酒を飲んで元気を出す. **3** 温かい[優しい]気持ちにする: It ~*s* one's heart to hear such a story. そういう話を聞くと心が温まる ⇨ heart-warming / The sight ~*ed* her with pity. その光景は彼女に哀れみの情を起こさせた. **4** 《口語》(熱くなるほど)打つ, なぐる (flog, beat): ~ a person [a person's jacket] 人をなぐる. — *vi.* **1** 暖かくなる, 暖まる 〈*up*〉: The room is ~*ing up*. 部屋はだんだん暖まってきた. **2** 熱心になる; 興奮する; 激する 〈*up*〉〔*to*〕: He ~*ed to* his work [subject]. 仕事[話題]がおもしろくなって[に油がのって]きた. **3** 同情を寄せる, 心を引かれる; 愛情を感じる, 好意をもつ〔*to, toward*〕: She failed to ~ *to* him. 彼に心を引かれなかった / My heart is ~*ing to* [*toward*] him. 彼に心引かれている, 彼がなつかしい. **4** (喜び・幸福などで)心温まる, 幸福感を覚える, 幸せな気分になる: His face ~*ed to* a smile at her sight. 彼女を見ると彼の顔は笑顔に変わった.

wárm óver 《米》(1) = WARM *up* (*vi.*) (4); (*vt.*) (3). (2) 《口語》〈考え・提案などを〉(新鮮味なく)焼き直す, 再提示する: *warmed-over* clichés 焼き直した[陳腐な]決まり文句. ***wárm úp*** 《英》(*vt.*) (1) ⇨ *vt.* 1. (2) 〈選手などに〉ウォーミングアップさせる; 〈エンジンなどを〉十分温める, 暖機(運転)する: I ~*ed up* the engine before moving off. 出発する前にエンジンを温めた. (3) 〈料理などを〉温め直す. (4) 興奮[熱中]させる; 活気づける; (観客の)雰囲気を盛り上げる. — (*vi.*) (1) ⇨ *vi.* 1. (2) 《米》(競技などの前に)軽い運動[練習]をする, ウォームアップする (cf. warm-up); (一般に)準備する: You must ~ *up* before entering the pool. プールに入る前には軽い運動をしなければならない. (3) 〈エンジンなどが〉十分に温まる. (4) 〈食べ物が〉(温め直して)温まる. (5) 興奮[熱中]する; 活気づく; 激化する. (6) いっそう友好[好意]的になる〔*to*〕: I could never ~ *up to* him. どうしても彼に友好的にはなれなかった.

— *n.* 《口語》 **1** 暖[温]めること, 暖まること, 暖まり, 暖め: have a ~ by the fire 火に当たる / give it a ~ それを温める. **2** 暖かさ, 暑さ (heat); 《口語》暖かい所. **3** = British warm. ***in the wárm*** 〈溶液など〉温かくなって.

— *adv.* [通例複合語の第 1 構成素として]: *warm*-clad 暖かく服を着て / *warm*-kept 暖かく保った.

〖adj.: OE *wearm* < Gmc **warmaz* (Du. & G *warm*) ← IE **gwher-* to heat; warm (L *formus* warm / Gk *thermós* 'THERMO-'). — v.: OE *werman* (vt.) & *wearmian* (vi.) < Gmc **warmjan* & **warmǣjan* ← **warmaz*. — n.: (*c*1250) ← (adj.)〗

wár machìne *n.* (一国が戦争を遂行するための)軍事資源; 兵器, 武器.

wár·màker *n.* = warmonger.

wár·màking *adj.* 戦争をしかける[始める].

wárm-blòod *n.* ワームブラッド《アラブまたはアラブに近縁の種と輓馬(ばんば)またはポニータイプの種の雑種の馬》.

wárm-blóoded *adj.* **1** 〖動物〗定温[恒温, 温血]の (homoiothermic ともいう; cf. cold-blooded 4): ~ animals 定温[恒温]動物. **2** 熱烈な, 熱血の, 激しやすい, 怒りっぽい (passionate). **~·ly** *adv.* **~·ness** *n.* 〖1793〗

wárm-dòwn *n.* 〖スポーツ〗整理運動, ウォームダウン.

wármed-óver *adj.* 《米》= warmed-up. 〖1887〗

wármed-úp *adj.* **1** 〈食べ物を〉温め直した. **2** 《英》〈作品など〉焼直しの; 〈趣向など〉陳腐な. 〖1897〗

wár memòrial *n.* 戦没者記念碑. 〖1912〗

wárm·er *n.* 温める人[物]; 加温器, 保温器: a foot ~ 足温器. 〖*a*1595〗

wárm frònt *n.* 〖気象〗温暖前線 (cf. cold front). 〖1921〗

wárm fúzzy *n.* 《米口語》ほめことば, お世辞.

wárm·héarted *adj.* 心の温かい, 情に厚い, 思いやりのある, 同情心に富む (⇨ tender¹ SYN): a ~ and lovable person 心の温かい愛すべき人. **~·ly** *adv.* **~·ness** *n.* 〖1500–20〗

wárm·ing *n.* **1** 温めること, 暖まること, 加温, 温暖化: ⇨ global warming. **2** 《俗》打つこと, 殴打: get a ~ 打たれる / give a person's jacket a good ~ 背中をしたたか打つ. 〖*c*1330〗

wárming pàn *n.* **1** 長柄付きあんか《ふたのある十能状の容器; 燃えている石炭を入れて昔寝床を温めるために用いた》. **2** (本人就任までの)臨時の代理人. 〖1573〗

wárming-úp *adj.* 準備運動(用)の. 日英比較 日本語の「ウォーミングアップ」は「準備運動」の意の名詞として用いるが, 英語の *warming-up* は形容詞である. 名詞は warm-up. 〖1874〗

wár·min·ster bróom /wɔ́ərmɪnstər- | wɔ́ːmɪnstə-/ *n.* 〖植物〗ヨーロッパ産マメ科エニシダ属の低木 (*Cytisus praecox*) 《細い枝に硫黄色の花が密集して咲き観賞植物として栽培される》. 〖← *Warminster* (英国 Wiltshire 州の一地方)〗

wárm·ish /-mɪʃ/ *adj.* やや暖かい. 〖1597〗

wárm·ly *adv.* **1** 暖かく: be ~ clothed 暖かく服を着込んでいる. **2** 熱心に, 興奮して, 激して (eagerly, fervently): I prayed ~ for him. 彼のために熱心に祈った. **3** (心情的に)温かく, 心から: welcome ~ / She shook me ~ by one hand. 〖1529〗

wárm·ness *n.* = warmth.

wár·mònger *n.* 戦争挑発者, 主戦論者 (jingo). 〖1590〗

wár·mòn·ger·ing /-mʌ̀ŋg(ə)rɪŋ/ *n., adj.* 戦争挑発行為(の); 戦争挑発者のやり口(の). 〖1940〗

war·mouth /wɔ́ərmàʊθ | wɔ́ː-/ *n.* (*pl.* **~, ~s** /-màʊðz, -θs/) 〖魚類〗サンフィッシュ科の淡水魚 (*Lepomis gulosus*) 《米国東部産; 通例褐色または黄褐色に黒っぽい斑点がある; warmouth bass [perch] ともいう》. 〖*c*1883〗

wárm sèctor *n.* 〖気象〗暖域《温帯性低気圧の寒冷前線と温暖前線とによって囲まれた区域》.

wárm spòt *n.* **1** 〖生理〗(皮膚の)温点. **2** 《口語》(心のうちの)ほのぼのとした気持ちになるところ; 心温まる思い出; 感じやすさ, 涙もろさ (cf. soft spot). 〖1951〗

wárm spríng *n.* (温度 36°C 以下の)温泉 (cf. hot spring).

warmth /wɔ́ərmθ | wɔ́ːmθ/ *n.* **1** 暖かさ, 暖かみ, 温暖: the ~ of the fire. **2** 激しさ; 熱心, 熱誠; (心の)温かさ, 温情: the ~ of welcome 歓迎の温かさ / She has no ~ of heart. 心が冷たい / He felt a rising ~ toward the girl. その娘に対して温情が湧いてくるのを感じた. **3** 興奮, 軽い怒り: reply with much ~ 多少気色ばんで答える. **4** (色の)暖かい感じ: a ~ of coloring. 〖?lateOE *wermþe*: ⇨ warm (adj.), -th²〗

warm-up /wɔ́ərmʌ̀p | wɔ́ːm-/ *n.* **1 a** (競技・演技などにはいる前の)軽い予備練習[運動], ウォーミングアップ; 準備運動[練習]の時間. **b** 《ラジオ・テレビ》(演芸番組の生放送にはいる前の)軽い余興. **2** (エンジンなどの)暖機. **3** (行事のための)予行, 準備. **4** [しばしば *pl.*] 《米》(運動競技の前後などに着る)トレーニングウエアー《warm-up suit ともいう》. **5** [形容詞的に] 準備運動用の, 練習のための. 〖(1878) ← *warm up* (⇨ warm (v.) 成句)〗

wárm wòrk *n.* **1** 体の温まる仕事. **2** 骨の折れる[危険な]仕事; 激突, 苦戦. 〖1760〗

wárm wórking *n.* 〖金属加工〗温間加工《再結晶温度以下, 室温以上の温度で行う塑性加工》.

warn /wɔ́ərn | wɔ́ːn/ *vt.* **1** 〔危険などについて〕〈人〉に警告する, 注意する (caution) 〔*of, about*〕 / 〈*that*〉: ~ a person *of* danger 人に危険があると注意する / He ~*ed* us *about* the landslide. 我々に山崩れがあると注意した / ~ (a person) *that* there is danger ahead 前方に危険があると人に注意する / ~ a person *against* someone [*against* going] 人にだれそれに気をつけよと[行くなと]警告する / Before you do it, please ~ us. 実行する前に警告してください / Don't come any closer. You have been ~*ed*. それ以上近寄るな. 警告しただろう. **2** 戒める, 訓戒する (admonish), 忠告する 〈*to be, to do*〉: ~ a person *to be* more punctual もっと時間を守れと訓戒する / I ~ you not *to* do so. 悪いことは言わないからそんなことはやめておけ. **3** 〈人〉に通告する, 予告する (notify); 呼び出す: ~ a person *to* appear in court 人に出廷を通告する / ~ a tenant *out of* [*from*] a house 借家人に家の明渡しを通告する.

— *vi.* **1** 警告を与える, 注意する (caution): ~ *of* danger 危険があることを知らせる / ~ *against* going 行かないように注意する / Scientists ~ *of* global warming. 科学者が地球の温暖化を警告している. **2** 《英方言》〈時計が〉…時を打つ, 時刻を知らせるに先立って音を立てる.

Bé wárned. 気をつけなさい, 注意しなさい. ***wárn awáy*** (1) 立ち退けと通告する: ~ a person *away* 人に立退きを通告する. (2) 警告して去らせる[近づけない]: He was afraid that any abrupt sound would ~ *away* approaching animals. 急に音を立てたりすれば近づいて来る動物が警戒して逃げるのではないかと思った. ***wárn óff*** (1) (…に)近づくなと言う: ~ trespassers *off* (private land) (立札などで私有地に)無断で立ち入ることを禁じる / ~ a person *off* bad companions 悪い仲間に近寄るなと注意する. (2) = WARN *away* (2). (3) …しないように警告する: ~ a person *off* drinking too much 酒を飲みすぎるなと注意する. (4) 〖競馬〗〈騎手クラブの掟の不履行者〉に(…の)出走・騎乗・馬券購入を禁止する, 競馬関与を禁止する (cf. RULE *off*).

~·er *n.* 〖OE *war(e)nian* to beware of < (WGmc) **warnōjan* (G *warnen*) ← **war-* to be cautious ← IE **wer-* to cover: ⇨ ward, ware²〗

SYN 警告する: **warn** 危険などのことを前もって告げる; この意味では最も普通の語: The patrol boat *warned* us not to go there. 巡視船は私たちに対して, そこへ行かないようにと警告した. **forewarn** しばしば受け身で用いられ, あることが起こる前に警告する: He was *forewarned* against going there alone. 一人でそこへ行くなと前もって注意された. **caution** 注意するように警告する: They were *cautioned* to protect the fruit from frost. 果物を霜から守るように注意された.

War·ner /wɔ́ərnər | wɔ́ːnə(r)/ *n.* ウォーナー《男性名; 米国に多い》. 〖◻ ONF *Warnier* ← OF *warrennier* 'WARRENER'〗

War·ner /wɔ́ərnər | wɔ́ːnə(r)/, **Charles Dudley** *n.* ウォーナー《1829–1900; 米国の小説家・随筆家; *My Summer in a Garden* (随筆集, 1870)》.

Warner, Harry Morris *n.* ウォーナー, ワーナー《1881–1958; 米国の映画事業家; Warner Brothers Pictures を 4 兄弟で設立 (1923) し, その社長となる》.

Warner, Rex *n.* ウォーナー《1905–86; 英国の小説家; *The Aerodrome* (1941)》.

Warner, Sylvia Townsend *n.* ウォーナー《1893–1978; 英国の女流小説家・詩人; *Lolly Willowes* (1926)》.

Wárner Bróthers *n.* ワーナーブラザーズ《米国 Hollywood の大手映画会社; 正式名は Warner Brothers Pictures, Inc.; 現在は AOL Time Warner グループの一部》.

wár neuròsis *n.* 〖精神医学〗戦争神経症 (⇨ shell shock). 〖1920〗

warn·ing /wɔ́ərnɪŋ | wɔ́ːn-/ *n.* **1 a** 警告, 警報, 注意: a flood [an air-raid] ~ 洪水[空襲]警報 / ⇨ storm warning / give [receive] (a) ~ 警告を与える[受ける] / sound a ~ *that* floods are imminent [of imminent floods] 洪水になるぞと警報を鳴らす. **b** 訓戒, 戒め (admonition): a ~ *against* drinking [*for* the future] 飲酒に対する[将来への]戒め / take ~ from someone's example 人の例を見て戒めとする / Let his example be a ~ to you. 彼の例を見て戒めとしたがよかろう. **2 a** 予告, 通告: at a moment's ~ 直ちに, 即座に / without (previous [prior, any]) ~ 予告なしに / give a person fair ~ 人にかなり事前に予告[通告]する. **b** 《古》解雇[辞任, 立退き]通告. **3** 前触れ, 前兆, 兆候 (premonition): This happened without the slightest ~. 何の前触れもなく[全く突然]起こった. **4** [形容詞として限定的に] 警告[警戒](用)の: a ~ gun 警砲 / a ~ look 警戒の目配せ / a ~

W

shot 威嚇射撃. 〘OE *war(e)nung*: ⇨ warn, -ing¹: 形容詞的用法は 16C 半ばから〙

wárning colorátion *n.* 〖動物〗警戒色. 〘*c*1928〙

wárning làmp *n.* 警報ランプ.

wárn·ing·ly *adv.* 警告して, 警告的に. 〘1840〙

wárning nèt *n.* (防空)警報網.

wárning pàth *n.* 〖野球〗=warning track.

wárning pèriod *n.* 〖時計〗打方機構が作動してから時計が打つまでの短い期間.

wárning tràck *n.* 〖野球〗ウォーニングトラック《外野手にフェンスが近いことを知らせるために, 外野の周囲に石炭殻などで作った警告帯》. 〘1966〙

wárning tríangle *n.* ウォーニングトライアングル《故障や事故の際にドライバーが危険信号として路上に置く, 反射材でできた赤い三角形のフレーム》.

wár nòse *n.* =warhead.

Wár Òffice *n.* [the ~] (昔の英国の)陸軍省《1964 年以降は the Ministry of Defence に統合; 旧称 War Department》. 〘1721〙

warp /wɔ́əp | wɔ́ːp/ *vt.* **1** 〈平らな物やまっすぐな物を〉そらせる, かがめる, ひずませる, 曲げる, いびつにする (⇨ deform SYN): timber ~*ed* by heat 熱のために(乾燥して)ゆがんだ材木. **2 a** 〈心・真実・意味などを〉曲げる, ゆがめる, 歪曲する; 〈意見・判断などを〉偏らせる, ゆがめる; ひがませる, 偏屈にする (pervert, bias): ~ the meaning 意味をゆがめる / a ~*ed* life ゆがんだ生活[生涯] / a ~*ed* mind ゆがんだ心 / ~ the Scriptures *into* Erastianism 聖書をゆがめてエラストゥス主義にする / The misfortune ~*ed* his character. 不幸にあって彼は性格がゆがんだ / He had been ~*ed* by a disappointment in love. 彼は失恋のためひがんでいた. **b** 《廃》(正しい道から)逸脱させる (deviate). **3** 〖航空〗(均衡を保つために)〈翼の翼端部を〉たわめる, ねじる《初期の飛行機で行われた》. **4** 〖海事〗引き綱 (warp) を引いて〈船を〉移動させる 〈*out, off, in,* (a)round〉. **5** 〖農業〗(潮水その他の水を引いて)沈泥で〈土を〉肥やす. **6** 〖紡織〗〈糸を〉縦糸に仕掛ける, 整経する. **7** (ひもなどで)束ねる: ~ two sticks together 2 本の棒を束ねる. — *vi.* **1** 〈板などが〉そる, ゆがむ, ひずむ, 曲がる, いびつになる: Black ebony will not ~ readily. 黒檀は容易にそることはない. **2** 〈意見・判断などが〉偏る, ゆがむ, 曲がる. **3** 〖海事〗〈船が〉引き綱で引かれて移動する. **4** 〖紡織〗縦糸を紡機に掛ける. **5** 〖地質〗〈地層が〉(褶曲(しゅうきょく)・断層を生じない程度に)わずかに曲がる, 撓曲(とうきょく)する.

— *n.* **1** [the ~] **a** (織物の)縦糸 (↔ woof, weft). **b** =*the* WARP *and woof.* **2** (板などの)そり, ゆがみ, ひずみ, 曲がり; (時空間の)ゆがみ, ワープ: ⇨ time warp. **3** (心などの)ゆがみ, ひがみ, 根性曲がり, 偏屈. **4** 〖海事〗引き綱, もやい綱《船と船, あるいは船を岸につなぐ綱》. **5** 〖農業〗(畑に水を引いて得た)沈泥, 沈泥肥料. **6** (タイヤを強化するために用いられる)より糸. ***the wárp and wóof*** 基本的[必須の]要素, 基本構造, 土台, 根本 (foundation). 〘OE *weorpan* (v.) to throw & *wearp* (n.) ← Gmc **werp-* (G *werfen* (v.)) ← IE **wer-* to turn, bend〙

warp·age /wɔ́əpɪdʒ | wɔ́ːp-/ *n.* ひずみ[たわみ]の程度[状態]. 〘⇨ ↑, -age〙

wár pàint *n.* **1** (アメリカ先住民が)出陣するときに顔面・身体に塗る絵具; 出陣化粧. **2** 《口語》盛装 (full dress), 官服. **3** 《口語》化粧; 化粧品. 〘1826〙

wár pàrty *n.* **1** 〖米史〗戦争の出陣に備えるアメリカ先住民の一隊. **2** 好戦的な[主戦派の]政党. 〘1755〙

wár·pàth *n.* **1** アメリカ先住民の出征路. **2** 敵対行為, 敵がい心. ***on the wárpath*** (1) 戦いに行く途中で, 戦おうとして: The police were [went] *on the* ~ against speeders. 警察はスピード違反者の取締りを行っていた[に乗り出した]. 《1827》 (2) けんか腰で, 気負い立って. 《1880》 〘1768〙

wárp bèam *n.* 〖紡織〗(織機の)縦糸巻き, 千切(ちぎり). 〘1831〙

warped *adj.* **1** 〈心が〉ゆがんだ: a ~ mind ひねくれた心. **2** 〈板などが〉そった, ゆがんだ. 〘(*a*1400) *werpede*〙

wár pènsion *n.* 戦傷病者[戦没者遺族]年金.

W **wár pènsioner** *n.* 〘1930〙

wárp·er *n.* 〖紡織〗 **1** 縦糸巻き機械整経機. **2** 縦糸仕掛け人, 整経手. 〘(OE) (1611) *weorpere* 《廃》 thrower: ⇨ warp, -er¹〙

wárp·ing *n.* 〖地質〗撓曲(とうきょく). 〘1829〙

wárp knìt *n.* 〖紡織〗縦編み《縦編みにした編物; 伝線しにくい》. 〘1946〙

wárp-knìtted *adj.* 〈織物が〉縦編みの, 縦メリヤスの.

wárp knìtting *n.* 〖紡織〗縦編み, 縦メリヤス《多数の縦糸を用いた編み方; cf. weft knitting》.

wárp lànd *n.* 〖地質〗沖積土壌地.

war·plane /wɔ́əplèɪn | wɔ́ː-/ *n.* 軍用機, (特に)戦闘用飛行機. 〘1911〙

wár pòet *n.* 戦争詩人《特に, 第一次, 第二次大戦をテーマにする詩人》.

wár poténtial *n.* (一国の政治・経済・産業・社会・心理・軍事面での)戦争遂行能力, (国家)戦力.

wár pòwers *n. pl.* 戦力; (特に, 戦争遂行のため行政府によって拡大行使される)非常大権. 〘1766〙

wár-pròof *n.* 《Shak》戦いで示す勇気. 〘1599〙

wárp·wise *adv.* 〖紡織〗横糸に直角に, 縦に.

wár·ra·gal /wɔ́(ː)rəgəl, -gl | wɔ́r-/ *n.*, *adj.* =warrigal.

war·rant /wɔ́(ː)rənt, wɑ́(ː)r- | wɔ́r-/ *n.* **1** 〖法律〗(逮捕・拘引・捜索・出頭などの)令状; (民事の)召喚状: a ~ of arrest 逮捕令状 / a ~ of attachment 差押え令状 / a ~ to search the house 家宅捜索令状 / apply for a ~ (of arrest) 逮捕状を請求する / arrest a suspect without a ~ 令状なしに容疑者を逮捕する / A ~ is out *against* [*for*] him. 彼の逮捕状が出ている / The policeman produced a ~ *for* her arrest. 警官は彼女に対する逮捕状を取り出した / ⇨ bench warrant, death warrant, search warrant. **2** 正当な理由 (justification), 根拠 (ground); 権限 (authority): What ~ do you have *for* saying so? 君にそんなことを言う権限がどこにあるのか / You have no ~ *for* what you are doing. それは君の越権行為だ / without (a) ~ いわれもなく. **3** 保証 (guarantee); 保証となるもの: Diligence is a sure ~ *of* success. 勤勉は成功の確かな保証だ / I will be your ~. 私が君の保証に立とう. **4** (行為・権利などを保証する)証明書 (certificate), 認可証 (license), 領収証 (voucher), 委任状 (commission). **5** 支払い命令書: a treasury ~ 国庫支払い命令. **6** 《英》倉荷証券 (warehouse receipt): a dock ~ ドック倉荷証券. **7 a** (通例, 歳入を見込んで自治体などが発行する)短期債券. **b** ワラント《会社が発行し所持人にその有価証券(一般に通常株)を一定の価格で, 通常一定期間中に買う権利が与えられる証書》. **8** 〖軍事〗准尉[准士官] (warrant officer) 任命辞令.

wárrant of attórney 〖法律〗(訴訟)委任状.

Wárrant of Fítness 《NZ》(6 か月有効の)車検証 (略 WOF).

— *vt.* **1 a** …を正当化する (justify), …の十分な理由[根拠]となる: Nothing can ~ such insolence [their behaving so insolently]. そんな無礼なことをされて黙っているわけにはいかない / The facts ~ the statement. この言葉の正しいことは事実が証明している / His fear is ~*ed*. 彼の恐れには根拠がある. **b** …に権限を与える, …を是認する (authorize). **2 a** 〈商品の品質などを〉保証する, 請け合う (vouch for, guarantee): ~ something (to be) true 何かが正しいことを保証する / ~ the quality [safe delivery] of an article 品質[安全な配達]を保証する / *Warranted* for three years. 3 年間保証付き / *Warranted* pure wool. 保証付き純毛 / Coffee ~*ed* (to be) pure. 純良保証付きコーヒー. **b** 〈商品の買い手〉に商品が表示通りであることを保証する, 商品のアフターサービスを保証する. **3** 〖法律〗 **a** 〈権利を〉保証する. **b** 〈財産・土地など〉の権利を(…に)保証する 〔*to*〕. **4** 《古》確かに…だと断言する, 〈人〉に請け合う: I [I'll] ~ (you). 確かに《挿入的または付加的に用いる》/ I ~ (you) it's all true.=It's all true, I ~ (you). 確かにそれはみな本当だ.

〘(?*c*1200) ▫ ONF *warant*=(O)F *garant* ← Frank. **warand* (pres.p.) ← **warjan* to protect ← Gmc **war-* (MLG *warend* warranty) ← IE **wer-* to watch out for: cf. ward〙

war·rant·a·ble /wɔ́(ː)rənṭəbl, wɑ́(ː)r- | wɔ́rənt-/ *adj.* **1** 保証できる, 請け合える; 正当な. **2** 〖狩猟〗〈雄鹿が〉狩るに適した《5–6 歳の》: a ~ stag. **war·rant·a·bil·i·ty** /wɔ̀(ː)rənṭəbíləṭi, wɑ̀(ː)r- | wɔ̀rəntəbílɪ̀ti/ *n.* **~·ness** *n.* **wár·rant·a·bly** *adv.* 〘1597〙

wárrant càrd *n.* (警察官などの)身分証明書, 身分証. 〘1920〙

war·ran·tee /wɔ̀(ː)rəntíː, wɑ̀(ː)r- | wɔ̀r-/ *n.* 〖法律〗被保証人, 被担保人 (cf. warrantor). 〘(1706) ← WARRANT (v.)+-EE¹〙

wár·rant·er /-ṭə | -tə^(r)/ *n.* **1** 保証する人. **2** 〖法律〗=warrantor. 〘1583〙

wárrant·less *adj.* 保証[裏付け]のない (unwarranted). 〘1863〙

wárrant òfficer *n.* 〖軍事〗准尉, 准士官. ★ 米陸・空軍・海兵隊では chief warrant officer (上級准尉)と warrant officer (准尉)の 2 階級があり, 米海軍でも同一の呼称を用いるが, 前者は上級兵曹長, 後者は兵曹長と和訳する. 英陸・空軍・海兵隊にも warrant officer があり, 陸・空軍については准尉, 海兵隊については兵曹長と和訳する. カナダ陸・空軍では chief warrant officer (上級准尉), master warrant officer (中級准尉), warrant officer の 3 階級がある. 〘1693〙

war·ran·tise /wɔ́(ː)rəntàɪz, wɑ́(ː)r- | wɔ́r-/ *n.* 《古》 **1** 保証. **2** 土地譲渡契約. 〘(*a*1325) ▫ OF ~: ⇨ warrant, -ise²〙

war·ran·tor /wɔ́(ː)rəntɔ̀ə, wɑ́(ː)r-, -ṭə, wɔ̀(ː)rəntɔ́ə, wɑ̀(ː)r- | wɔ́rəntɔ̀ː^(r), -tə^(r), wɔ̀rəntɔ́ː^(r)/ *n.* 〖法律〗保証人, 担保人. 〘1685〙

wárrant sàle *n.* 〖スコット法〗借金未払いのために差し押えられた物件の売却.

war·ran·ty /wɔ́(ː)rənṭi, wɑ́(ː)r- | wɔ́rənti/ *n.* **1 a** (商品の品質などの)保証書. **b** 保証 (assurance): in ~ 保証されて, 保証付きで. **2** 〖法律〗 **a** (商品の品質などの)担保契約 (cf. condition A 2). **b** (土地譲渡における)瑕疵(かし)担保. **c** (保険契約者による)契約事項の真実または条件実行の保証. **d** 令状 (warrant, writ). **3** 正当な理由 (justification), 権限, 根拠 〔*for doing*〕. ***ùnder wárranty*** 保証期間中で: This TV set is still *under* ~. このテレビはまだ保証期間中である.

〘(*a*1338) ▫ ONF *warantie*: ⇨ warrant, -y¹: GUARANTY と二重語〙

wárranty dèed *n.* 〖法律〗(土地譲渡の)瑕疵(かし)担保証書 (cf. quitclaim 2). 〘1779〙

war·ren /wɔ́(ː)rən, wɑ́(ː)r- | wɔ́r-/ *n.* **1** ウサギの飼育場, 養兎(ようと)場; ウサギの繁殖地《ハチの巣のように穴が開いている》; [集合的] そこに住むウサギ: like rabbits in a ~ (養兎場のウサギのように)大勢うようよして. **2** 大勢の人がうようよ住んでいる家[アパート, 地区]; 迷路の多い地区. **3** 〖英史〗 **a** 野生鳥獣(主としてウサギ, 野ウサギ)飼育特許地 (cf. forest 4, chase¹ 3, park 3)《特に beasts of warren, fowls of warren という成句で用いる》. **b** 野生鳥獣狩猟許可. 〘(*c*1378) ▫ AF *warenne* (F *garenne*) game-park ← OF *warir* to preserve ▫ Frank. **warjan*: ⇨ warrant〙

War·ren /wɔ́(ː)rən, wɑ́(ː)r- | wɔ́r-/ *n.* ウォレン《男性名; 米国に多い》. 〘▫ ONF *Warenne* ← *La Varenne* (フランスの地名)《原義》sandy soil: もと家族名〙

War·ren /wɔ́(ː)rən, wɑ́(ː)r- | wɔ́r-/, **Earl** *n.* ウォレン《1891–1974; 米国の法律家; 第 14 代最高裁判所長官 (1953–69)》.

Warren, Robert Penn *n.* ウォレン《1905–89; 米国の詩人・小説家・批評家; *All the King's Men* (小説, 1946)》.

wár·ren·er *n.* **1** 養兎(ようと)場主. **2** 〖英史〗野生鳥獣飼育特許地の管理人. 〘(1297) 《廃》 'an officer employed to watch over the game in a park or preserve' ▫ ONF *warrennier*: ⇨ warren, -er¹〙

Wárren gìrder *n.* 〖建築〗ワーレン桁(けた)《斜材が交互に引張材と圧縮材になって桁腹を分割して三角形を構成する橋などの骨組み; Warren truss ともいう》. 〘(1852) ← *Russell Warren* (1783–1860: 米国の建築家)〙

wárren hòe *n.* ワーレンホー《ジャガイモの植付けのうねを作るのに使うホー[くわ]》. 〘商標名〙

Wárren Repórt *n.* [the ~] ウォレン報告書《米国大統領 J. F. Kennedy の暗殺事件を調査するために設置された Warren Commission の報告書 (1964); 単独犯行説を採っている》. 〘← *Earl Warren*: 調査委員長〙

Wárren trùss *n.* 〖建築〗=Warren girder. 〘1911〙

war·ri·gal /wɔ́(ː)rɪ̀gəl, -gl | wɔ́r-/ 《豪》 *n.* **1** 〖動物〗=dingo 1. **2** 飼いならしてない馬. **3** 野生の原住民. — *adj.* 野生の (wild), 飼いならしてない (untamed). 〘(1838) ▫ Austral. 《Dharuk》 *warrigal*〙

war·ring /wɔ́ːrɪŋ/ *adj.* 闘争する; 敵対する; 両立しない: ~ creeds [principles] 相容れない信条[主義] / ~ countries [nations] 交戦国. 〘1702〙

War·ring·ton /wɔ́(ː)rɪŋtən, wɑ́(ː)r- | wɔ́r-/ *n.* ウォリントン《イングランド中西部 Liverpool 東方 Mersey 北岸の古都・工業都市》. 〘ME *Werington*《原義》the farm of the people of *Wǣr* (人名): ⇨ -ing³, -ton〙

war·ri·or /wɔ́(ː)riə, wɑ́(ː)r- | wɔ́riə^(r)/ *n.* **1** 《文語・詩》 **a** 軍人, 武士 (soldier, fighter); (昔の, または未開人の)戦士. **b** (特に)老兵, 古つわもの, 勇士 (veteran soldier): ⇨ Unknown Warrior. **2** (広く政治などで)勇気・堅忍・熱意・戦闘性を見せた人, 戦士, つわもの. — *adj.* 〈国民など〉戦士のような, 武勇の (martial): a ~ nation 勇武な国民[民族]. 〘(?*a*1300) *werreour* ▫ ONF *werreieor*= OF *guerreieor* (F *guerroyeur*) ← *werreier* to make war: ⇨ war¹, -or²〙

wárrior ànt *n.* 〖昆虫〗アカヤマアリ (*Formica sanguinea*)《ヨーロッパから日本に至る寒冷地に広く分布し, 若い女王は一時的にクロヤマアリの巣を乗っ取りその働きアリを使う》. 〘1834〙

wár rìsk insùrance *n.* 〖保険〗戦争保険《戦争によって生じた損害に対する保険》. 〘1934〙

Warr·nam·bool /wɔ́ənəmbùːl | wɔ́ː-/ *n.* ウォーナムブール《オーストラリア Victoria 州南西岸の港市》.

war·saw /wɔ́əsɔː, -sɑː | wɔ́ːsɔː/ *n.* 〖魚類〗(南大西洋やメキシコ湾岸に生息する)ハタ科マハタ属の魚 (*Epinephelus nigritus*). 〘(1884) 《変形》← Sp. *guasa*〙

War·saw /wɔ́əsɔː, -sɑː | wɔ́ːsɔː/ *n.* ワルシャワ《ポーランド中部にある同国の首都; ポーランド語名 Warszawa》.

Wársaw Convéntion *n.* [the ~] ワルシャワ航空協定《国際線航空機事故の際に乗客・荷主に対して航空会社の支払う補償金額を定めた条約; 1929 年署名》.

Wársaw Páct *n.* [the ~] ワルシャワ協定《1955 年 NATO に対抗して東欧八か国(アルバニア・ブルガリア・チェコスロバキア・東ドイツ・ハンガリー・ポーランド・ルーマニア・ソ連)が Warsaw で結んだ相互援助条約機構; 1991 年解体; Warsaw Treaty Organization ともいう》.

Wársaw Tréaty Organizàtion *n.* [the ~] ワルシャワ条約機構 (⇨ Warsaw Pact).

war·ship /wɔ́əʃɪp | wɔ́ː-/ *n.* 軍艦 (cf. man-of-war 1). 〘1533〙

war·sle /wɑ́əsl̩ | wɑ́ː-/ *n.*, *v.* 《スコット・北英》=wrestle. **wár·sler** /-slə, -sl̩ə | -slə^(r), -sl̩-/ *n.* 〘(*a*1325) *werstil* (音位転換) ← WRESTLE (v.): cf. OE *wǣrstlič*〙

wár sòng *n.* 軍歌; (特に北米先住民が war dance と共に歌い士気を鼓舞する)出陣の歌, 戦いの歌. 〘1757〙

war·stle /wɑ́əsl̩ | wɑ́ː-/ *n.*, *v.* 《スコット・北英》=wrestle. 〘(1828) 《異形》← WARSLE〙

wár sùfferer *n.* 戦災者.

War·sza·wa /*Pol.* varʃáva/ *n.* ワルシャワ (Warsaw のポーランド語名).

wart /wɔ́ət | wɔ́ːt/ *n.* **1 a** 〖病理・解剖〗いぼ, 疣贅(ゆうぜい); (特に手足にできる)ウイルス性いぼ (verruca vulgaris ともいう). **b** 乳頭. **2** (木の皮などにできた)いぼ, こぶ. **3** 欠点, 欠陥 (blemish). ***páint a person with his wárts*** 〈人を〉善悪をありのままに描く. ***wárts and áll*** 欠点を少しも隠さずに. 《1930》

〘OE *wearte* < Gmc **wartōn* (Du. *wrat* / G *Warze*) ← IE **wer-* ? high raised spot (L *verrūca* 'VERRUCA')〙

War·ta /vɑ́əṭə | vɑ́ːtə; *Pol.* várta/ *n.* [the ~] ヴァルタ(川)《ポーランド西部を流れ Oder 川に注ぐ川 (808 km)》.

wárt-bìter *n.* 〖昆虫〗セスジギス (*Decticus verrucivorus*)《ヨーロッパ・西アジア・シベリアなどに分布するキリギリス科の昆虫》. 〘(1864): かつてスウェーデンでいぼを噛み切るのに用いられたことから: cf. G *Warzenbeisser* / Sw. *värtbitare*〙

Wart·burg /wɔ́ətbəːg | wɔ́ːtbəːg; *G.* váʁtbʊʁk/ *n.* [the ~] ワルトブルク城《ドイツ中部 Thuringia 州の Eisenach の近くにある古城の名; Luther がここで新約聖書をドイツ語に訳した (1521–22)》.

wárt crèss *n.* 〖植物〗アブラナ科カラクサガラシ[ナズナ]属 (*Coronopus*) の草本 (*C. squamatus, C. didymus* (カラクサガラシ, カラクサナズナ)など; swine's cress ともいう).

wárt disèase *n.*〖植物〗ジャガイモ癌腫(がんしゅ)病《塊茎にいぼ状の突起が生じ, 病状が進むとこぶ状になる; ツボカビ目の *Synchytrium endobioticum* が病原体》.

wárt·ed /-tɪ̈d | -tɪ̈d/ *adj.* いぼのある. 〖1615〗

wárt gràss *n.*〖植物〗=wartweed.

wárt·hòg *n.*〖動物〗イボイノシシ (*Phacochoerus* [*Macrocephalus*] *aethiopicus*)《アフリカ南部に野生するイノシシで顔面の左右に二対のいぼ状突起がある》. 〖1840〗

warthog

war·time /wɔ́ətàɪm | wɔ́ː-/ *n.* 戦時 (cf. peacetime): in ~ 戦時に. — *adj.* 戦時の: ~ activities, propaganda, etc. 〖*a*1387〗

wárt·lìke *adj.* いぼのような, いぼ状の.

War·ton /wɔ́ətn̩ | wɔ́ː-/, **Joseph** *n.* ウォートン《1722–1800; 英国の聖職者・詩人・文芸評論家; Thomas Warton の兄; *Essays on Pope* (1756, 1782)》.

Warton, Thomas *n.* ウォートン《1728–90; 英国の詩人・批評家; 桂冠詩人 (1785–90); *The History of English Poetry* (3 vols., 1774, '78, '81)》.

wár-tòrn *adj.* [限定的]〈場所が〉戦争で破壊された[疲弊した].

wárt snàke *n.*〖動物〗ヤスリミズヘビ, イボミズヘビ《東インド諸島産の水生無毒のヘビ; ヤスリミズヘビ科ヤスリミズヘビ属 (*Acrochordus*) に属し, だぶだぶの皮膚がいぼ状のうろこで覆われている》. 〖*c*1880〗

wárt·wèed *n.*〖植物〗その汁はいぼを治す効力があるといわれていた数種の植物の総称《チャボタイゲキ (*Euphobia peplus*), トウダイグサ (*E. helioscopia*), クサノオオ (celandine), ヤブタビラコ (nipplewort) など》. 〖1573〗

wárt·wòrt *n.*〖植物〗=wartweed. 〖*a*1400〗

wart·y /wɔ́əṭi | wɔ́ːti/ *adj.* (**wart·i·er; -i·est**) **1** いぼ状の. **2** いぼのできた, いぼの多い, いぼだらけの: a ~ leaf いぼのできている葉. 〖?*c*1475〗

wárty néwt *n.*〖動物〗=crested newt.

wár vèssel *n.* 軍艦 (warship).

Warw. 《略》Warwickshire.

wár-wèaried *adj.* =warworn. 〖1589–90〗

wár-wèary *adj.* **1** (長い戦争の末期[後]に)戦争に疲れ果てた[倦(う)んだ], 厭戦(えんせん)的な. **2** 〈戦闘用飛行機が〉修理不能なほど使い古された[損傷を受けた].

wár-wèa·ri·ness *n.* 〖1895〗

wár whòop *n.* (アメリカインディアンの)鬨(とき)の声. 〖1739〗

War·wick[1] /wɔ́(ː)rɪk, wɑ́(ː)r- | wɔ́rɪk/ *n.* ウォリック: **1** イングランド Warwickshire 州の州都. **2** =Warwickshire. 〖lateOE *Warwic* < OE *Wæringwīc* ← **wæring* (=*wering* dam: cf. weir) // *Wæringas* 'Wær's people' (⇨ Warrington)+-*wīc* 'WICK[1]'〗

War·wick[2] /wɔ́əwɪk | wɔ́ː-/ *n.* ウォアウィック《米国 Rhode Island 州南東部, Narragansett Bay に臨む都市》.

War·wick[3] /wɔ́ːrɪk, wɑ́(ː)r- | wɔ́rɪk/ *n.* ウォリック《男性名》.

War·wick /wɔ́(ː)rɪk, wɑ́(ː)r- | wɔ́rɪk/, **Richard Neville** *n.* ウォリック《1428–71; 英国の貴族・政治家; ばら戦争当時 York 家の Edward 四世と Lancaster 家の Henry 六世を交互に擁立して王位につけたため Warwick the Kingmaker と呼ばれた; 称号 Earl of Warwick》.

War·wick·shire /wɔ́ːrɪkʃə, wɑ́ː-, -ʃɪə | wɔ́rɪkʃə(r), -ʃɪə(r)/ *n.* ウォリックシャー《イングランド中部の内陸州; 面積 2,028 km², 州都 Warwick》. 〖OE *Wæringwīcsċīr*: ⇨ Warwick[1], shire〗

wár wìdow *n.* 戦争未亡人. 〖1866〗

wár-wòrk *n.* (一般市民が)戦時に[戦争のために]する仕事. 〖1890〗

wár-wòrn *adj.* **1** =war-weary 1. **2** 戦いで傷ついた, 戦いで荒らされた. 〖1599〗

war·y /wé(ə)ri | wéəri/ *adj.* (**war·i·er; -i·est**) 注意深い, 用心深い (⇨ cautious **SYN**); 油断のない; 慎重な, 周到な: a ~ diplomat [politician] 注意深い外交官[政治家] / a ~ expression 油断のない表情 / keep a ~ eye on someone [something] だれか[何か]を油断なく見張る / Be ~ *of* stangers. 見知らぬ人に用心せよ / You had better be ~ *of* your words and actions. 言行を慎むほうがよい / A businessman ought to be ~ *of* [*about*] offering too much credit. 実業家は信用貸しをしすぎぬよう用心しなければならない / a ~ observation 慎重な観察 / ~ answers 慎重な答え. **wár·i·ly** /-rəli | -rɪ̈li/ *adv.* **wár·i·ness** *n.* 〖(1470) ← WARE[2]+-Y[1]〗

wár zòne *n.*〖国際法〗交戦地帯. 〖1914〗

was /(弱) wəz; (強) wɑ́(ː)z, wʌ́z | wɔ́z/ *v.* be の第一人称・三人称単数直説法過去形. 〖OE *wæs* ← *wesan* to be ← Gmc **wos-* (G *war*) ← IE **wes-* to dwell, remain: cf. wassail〗

wa·sa·bi /wɑ́ːsəbi/ *n.*〖植物〗ワサビ (*Eutrema wasabi*) (Japanese horseradish ともいう). 〖(1903) □ Jpn.〗

Wá·satch Ránge /wɔ́ːsætʃ-, wɑ́ː- | wɔ́ː-/ *n.* [the ~] ウォーサッチ山脈《米国 Utah 州北部から Idaho 州南東部に連なる山脈, Rocky 山脈の一部》. 〖← N-Am.-Ind. (Ute)《原義》mountain pass〗

wase /wéɪz/ *n.*《英方言》**1** わら[葦(あし)]の束. **2** (荷物を頭に載せて運ぶときの)わら製の頭当て. 〖(*a*1400) ~ ←? : cf. MLG *wase* 'bundle of sticks, pad for head'〗

wash /wɑ́(ː)ʃ, wɔ́(ː)ʃ | wɔ́ʃ/ *vt.* **1 a** 洗う, 洗濯[洗浄]する (cleanse): ~ one's hands, hair, clothes, the dishes, a car, etc. / Where can I ~ my hands? 《婉曲》手洗いはどこですか. **b** [~ oneself で] 体を洗う, 顔や手を洗う. **2** 〈よごれ・しみなどを〉洗い落とす, 洗い取る[流す]〈*away, off, out, up*〉: ~ the dirt *away* [*off, up*] = ~ *away* [*off, up*] the dirt ごみを洗い落とす / ~ a stain *out* = ~ *out* a stain しみを洗い取る / *Wash* the dirt *out of* these socks with that detergent. その洗剤でこの靴下のよごれを取りなさい / ~ the mud *off* the car 車の泥を洗い落とす / ~ something clean 洗ってきれいにする / He went into the bathroom to ~ the blood *from* his face. 彼は顔についた血を洗い落とすために浴室へ入って行った. **3 a** 〈波や海・川などの水が〉…を洗う, …に打ち寄せる (lave): cliffs ~*ed* by the sea=sea-*washed* cliffs 海に洗われる断崖(だんがい) / a district ~*ed* by the sea 沿海地方 / The castle walls are ~*ed* by the waters of the river. 城壁は川の水に洗われている. **b** 〈水・露・涙などが〉ぬらす, 潤す (make wet); ずぶぬれにする: roses ~*ed* with dew 露にぬれたバラ. **c** 〈光が〉…を一面に照らす: the garden ~*ed* with moonlight 月光に照らされた庭. **4** [主に p.p. 形で] 流す, 運ぶ, 流し去る〈*away, off, along, up, down*〉: houses and bridges ~*ed away* by the flood 大水に流された家や橋 / an empty boat ~*ed ashore* by the tide 潮流のために岸に流れついたからのボート / A huge wave ~*ed* the man *overboard*. 大波がその人を甲板から海へさらった / Her body was ~*ed up* two days later. 彼女の死体は2日後に浜に打ち上げられた. **5** 〈流水や波などが〉掘る, えぐる, 削る, 浸食する (wear)〈*out*〉: The rain ~*ed* channels in the ground. 雨が地面にみぞを掘った / The road was ~*ed out* by the rain. 雨で道路がえぐられた. **6** 〈猫などが〉〈自分の[他の]体を〉なめてきれいにする. **7** (宗教的・道徳的な意味で)洗い清める (purify)〈*away*〉: ~ *away* a person's sin(s) [guilt] 人の罪[咎(とが)]を洗い清める / *Wash* me thoroughly from mine iniquity. わが不義よりわれをことごとく洗い清めよ (*Ps.* 51:2). **8**〖鉱山〗〈鉱石を洗鉱する, 〈金などを〉洗鉱して採る: ~ gravel for gold 砂利を洗って砂金を採る / ~ tin ore すず鉱を洗鉱する. **9** 〈ニス・水彩絵具などを〉…に薄く塗る〔*with*〕: ~ a table *with* varnish テーブルにニスを塗る / ~ a table over *with* blue 薄く青色を上塗りする. **10** 〈金属〉に〔…で〕薄くめっきする〔*with*〕: brass ~*ed with* gold 薄く金めっきをした真鍮(しんちゅう). **11**〖化学〗**a** (液体中を通過させ可溶物質を溶かして)〈気体を〉浄化する. **b** 〈濾過器中の沈澱物〉に蒸留水を通す. **12** 〈水や洗剤などが〉…が洗える, …を洗う力がある: This soap will ~ silks. この石鹸で絹物が洗える. **13** 〈コーヒーなどを〉かきまぜる. **14** 〈麻雀のパイやトランプなどを〉かきまぜる (shuffle): ~ the tiles パイをかきまぜる.

— *vi.* **1** 顔や手を洗う, 手水(ちょうず)を使う: ~ before a meal 食事の前に手を洗う / ~ in [with] cold water 冷水で顔を洗う. **2** 洗濯する: ~ once a week 一週一回洗濯する / She ~*es* for a living. 洗濯をして暮らしを立てている. **3** 〈しみなどが〉洗って落ちる[きれいになる]〈*off, out*〉: stains that will ~ *out* [*off*] 洗えばきれいになる汚れ. **4 a** 〈織物・色などが〉洗っても傷まない[落ちない], 洗濯ができる[きく]: Will this material ~? この生地は洗濯がきくでしょうか / Don't worry: these clothes will ~ clean. 心配りません. この服は洗えばきれいになります. **b** 〈水・洗剤が〉洗浄力がある: This soap ~*es* well. この石鹸はよく落ちる. **5** (水・波などに)流される, 流れて行く, さらわれる〈*along, away, out*〉: The bridge had ~*ed out*. 橋は流されていた. **6 a** 〈波が〉〈岸を〉洗う, ざぶざぶ打ち寄せる〔*against, on, (up)on*〕: ~ ashore 岸を洗う / hear the waves ~*ing (up)on* the shore [*against* the cliff] 波が岸を洗う[がけに打ち寄せる]音を聞く. **b** 洗うように流れる[殺到する]: He felt the wind ~ pleasantly *against* his face. 風が心地よく顔に当たるのを感じた. **7** (雨・流水などで)掘れる, えぐれる, 削られる〈*away*〉: The hillside has ~*ed away*. 山腹は雨ですっかり削られてしまった. **8**〖鉱山〗〔鉱石を求めて〕洗鉱する〔*for*〕: ~ *for* gold (砂を洗って)砂金を採る. **9** [否定構文で]《口語》**a** (調査・実験などに)耐える, 当てになる: His story [patriotism] *won't* ~. 彼の話[愛国心]は当てにならない. **b** 〈話などが〉受け入れられる, 信じられる: His story did*n't* ~ *with* me. 私には彼の話は信じられなかった.

wásh abóut (あたかも液体の中にいるように)当てもなく漂う. ***wásh dówn*** (1) (流水で)すっかり洗う: He ~*ed* his car *down*. (2) 〈食べ物・飲み物などを〉流し込む: ~ *down* food *with* beer ビールをあおって食事を流し込む / He ~*ed down* the whiskey *with* water. ウイスキーをあおっておいて水を飲んだ. (3) 〈波などが〉押し流す. ***wásh óut*** (*vt.*) (1) ⇨ *vt.* 2. (2) ⇨ *vt.* 5. (3) 〈口・容器などの〉中を洗う: ~ one's mouth *out with* water 口を水ですすぐ. (4) (洗って)色をはげ[さめ]させる. (5) 疲れ切らす. (6) 〈雨などが〉〈計画・競技などを〉だめにする, 中止[延期]させる; 〈人が〉中止[延期]する: The rain last night ~*ed* the match *out*. 昨夜の雨で試合は中止された. (7) 〈屈辱などを〉消し[洗い]去る. (8) 《米口語》(だめなものとして)取り除く, はねる; 〈学生などを〉落とす, 落第させる. — (*vi.*) (1) (洗って)色がはげ[さめ]る: Be careful: the colors may ~ *out*. 注意しろよ. 色が落ちるかもしれないから. (2) 《米口語》(だめなものとして)はねられる; 〈学生などが〉落とされる. (3) 疲れ切る. ***wásh óver*** (1) 〈感情などが〉〈人〉を突然襲う: A deep feeling of remorse ~*ed over* her. 彼女は突然深い後悔の念に襲われた. (2) 〈騒音・非難などが〉〈人〉にあまりこたえない: The row outside ~*ed* right *over* him. 外の騒ぎにも彼は平気だった. ***wásh thróugh*** =wash over (1). ***wásh úp*** (*vi.*) (1) 《米》顔や手を洗う. (2) 《英》(食後の)皿[食器]洗いをする, 後片付けをする. — (*vt.*) (1) 〈食器類を〉洗う. (2) [通例受身で]《口語》失敗させる, 敗北させる (cf. washed-up 2): Their marriage was ~*ed up*. 二人の結婚は失敗した. (3) [しばしば受身で] 疲れ切らす: I'm all ~*ed up*. くたくたに疲れた (⇨ washed-up 3). (4) ⇨ *vt.* 2. (5) ⇨ *vt.* 4. (6) ⇨ washed-up 4.

— *n.* **1 a** 洗うこと, 洗濯: have [get] a ~ (手や顔を)洗う / do the [one's] ~ 《米》洗濯をする / give it a good ~ それをよく洗う / send the shirts to the ~ ワイシャツを洗濯に出す / be at [in] the ~ 〈衣類などが〉洗濯に出してある[洗濯中である]. **b** 洗い場, 洗車場: a car ~ 洗車場. **2** [集合的] 洗い物, 洗濯物 (washing, laundry): hang the ~ out to dry 洗濯物を掛けて干す / When will the ~ come back from the laundry? 洗濯物はいつ洗濯屋から返って来ますか. **3** (水の)流れ, 奔流 (rush); (水や波の)打寄せ, 寄せ波; 岸を洗う水音, 打ち寄せる波音; 波の浸食: listen to the ~ of waves 岸を洗う波の音を聞く / Neptune's salt ~ 海 (Shak., *Hamlet* 3. 2. 156). **4 a**〖海事〗(船の通ったあとの)波のうねり: The boat rocked in the ~ of another one. ボートは別のボートの余波をくらって揺れた. **b**〖海事〗=backwash 3. **c**〖航空〗(飛行機が通ったあとの)気流の乱れ, 後流, ウォッシュ. **5** 洗剤, 化粧水: a hair ~ 洗髪剤 / a ~ for the eyes 洗眼水. **6** 洗濯水, つけ水, 染水; [上塗り用の]薄く溶いたセメント液: ⇨ whitewash 1 a. **7** (水彩絵具の)薄い一塗り; (金属の)薄いめっき; (クッキーなどの上に塗る)照り. **8 a** (豚などの飼料にする)水っぽい残飯 (swill): ⇨ hogwash. **b** 水っぽい飲食物, 流動食: This soup [claret] is mere ~. このスープ[クラレット]は水っぽくてまずい. **c** つまらない話[文章]. **9** 発酵麦芽汁《火酒を作るもと》. **10** (海水・河水などに洗われる)低地; 湿地, 沼地 (bog); 浅瀬, 浅い水たまり. **11** (流水の運んで来る)沈澱物, 沈泥 (silt). **12** (海水・河水などの)浸食 (erosion); (流水の作った)みぞ. **13**〖鉱山〗洗鉱で貴重な物質の採れる鉱物. **14**〖建築〗**a** 水垂れ, 水勾配《雨水を流すための勾配》. **b** 水垂れのある建物部材. **15** 《米口語》強い酒の直後に飲む水[ソーダ水, ビール(など)] (chaser). **16** 《俗》=wash sale. **17** 《米西部》(峡谷の乾いた川床《dry wash ともいう》). **18** 《米口語》損得なし, 差引ゼロ.

còme out in the wásh (1) よい結果になる, 上首尾に終わる. (2) 知れ渡る, ばれる. 《1903》

— *adj.* 《米》洗濯のきく (washable): ~ goods [fabrics] 洗濯のきく服地[織物].

〖v.: OE *wæsċan* < Gmc **waskan* (Du. *wasschen* / G *waschen*) ← **wat-* 'WATER'. — n.: (1440) ← (v.): cf. OE *(ġe)wæsċ* washing movement of the waves〗

Wash /wɑ́(ː)ʃ, wɔ́(ː)ʃ | wɔ́ʃ/ *n.* ウォッシュ《男性名》. 〖(dim.) ← WASHBURN, WASHINGTON[2]〗

Wash /wɑ́(ː)ʃ, wɔ́(ː)ʃ | wɔ́ʃ/, **The** *n.* ウォッシュ(湾)《イングランド東部, Norfolk と Lincolnshire 両州の中間にある入江; 長さ約 32 km; 幅約 24 km》. 〖OE *(ġe)wæsċ*: ⇨ wash〗

Wash. 《略》Washington.

wash·a·ble /wɑ́(ː)ʃəbl̩, wɔ́(ː)ʃ- | wɔ́ʃ-/ *adj.* **1** 洗濯のきく: ~ silk / a ~ cotton 洗濯のきく木綿服. **2** 水に溶ける, 水溶性の: ~ ink. — *n.* 《米》洗濯のきく織物[衣服]. **wash·a·bil·i·ty** /wɑ̀(ː)ʃəbíləṭi, wɔ̀(ː)ʃ- | wɔ̀ʃəbíləti/ *n.* 〖1623〗

wásh-and-wéar *adj.* (*also* **wash and wear**) ウォッシュアンドウェアの, ノーアイロンの (cf. dripdry): a ~ shirt. 日英比較「ノーアイロン」は和製英語. 〖1959〗

wásh·awày *n.* 《豪口語》=washout.

wásh·bàg *n.* 《英》洗面用具を入れるバッグ. 〖1972〗

wásh·bàsin *n.* =washbowl. 〖1812〗

wásh·bòard *n.* **1 a** 洗濯板. **b** (交通ですりへってできた)舗装路の波形路面; (ガラスの)底しわ. **2** 《米》=baseboard, skirting board. **3**〖海事〗(船べりの)制水板, 防波板, 波よけ板《splashboard ともいう》. **4**〖音楽〗ウォッシュボード《カントリーウエスタンなどで使う洗濯板風のパーカッション》. 〖1742〗

wásh·bòiler *n.* 洗濯用大がま. 〖1875〗

wásh bòring *n.*〖土木〗ウォッシュボーリング, 水洗(式)ボーリング《強力な水流を送りながら掘削する方法》.

wásh bòttle *n.*〖化学〗=washing bottle 1. 〖1849〗

wásh·bòwl *n.* **1** 洗面器. **2 a** 洗面台 (cf. washstand 1 b). **b** (洗面台の)水溜(た)め. 〖(*a*1529) 1883〗

wásh búlkhead *n.*〖海事〗制水隔壁《バラストタンクの中で自由水の流動を押えるために設ける縦隔壁》.

Wash·burn /wɑ́(ː)ʃbəːn, wɔ́(ː)ʃ- | wɔ́ʃbəːn/ *n.* ウォッシュバーン《男性名; 愛称形 Wash》. 〖←? OE *walcēres burna* 'the fuller's BOURN[1]': もと地名〗

wásh·clòth *n.* **1** 《米》=facecloth 1. **2** 《英》(皿洗い用)ふきん (dishcloth). 〖(*c*1900) 1915〗

wásh·dày *n.* (家庭などの決まった)洗濯日. 〖1846〗

wásh-dòwn *n.* きれいに洗う[洗い流す]こと.

wásh dràwing *n.* (黒・セピアなどの色調の)透明な水彩絵具による絵画, 墨絵 (cf. wash *n.* 7). 〖1889〗

wáshed-óut *adj.* **1** (洗濯で)色のあせた, 洗いざらしの: ~ jeans 洗いざらしのジーンズ. **2** 《口語》疲れ果てた, 元気のない (worn-out); やつれた, 青ざめた: be ~ 疲れてぐったりしている / look ~. **3** 〈岩など〉浸食された. 〖(1796) 1837〗

wáshed-úp *adj.* **1** きれいに洗った. **2** 《口語》しくじった, だめになった; 捨てられた, 用済みの. **3** 《口語》疲れ果てた (washed-out). **4** [通例 washed up]〔…と〕縁が切れた〔*with*〕: I'm *washed up with* him. 彼とは手が切れた. 〖1923〗

wash·er /wɑ́(ː)ʃə, wɔ́(ː)ʃə | wɔ́ʃə(r)/ *n.* **1** 座金, ワッシャー. **2** 《口語》洗濯機; 食器洗い機; 洗鉱機: put dirty clothes in the ~ 汚れた衣類を洗濯機に入れる. **3** 洗う人, 洗濯人: a window ~ (ビルなどの)窓掃除人.

W

4 ガス浄化装置. **5** 《豪》=facecloth 1. 〖*c*1325〗

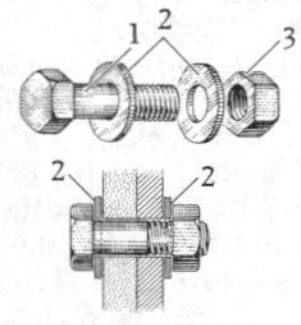

washers 1
1 bolt
2 washes
3 nut

wásh·er-drý·er *n.* (*also* **wásh·er-drí·er**) 乾燥機つき洗濯機. 〖1968〗

wásher·man /-mən/ *n.* (*pl.* **-men** /-mən, -mèn/) **1** 洗濯屋 (laundryman); 洗濯夫. **2** (製造過程の)洗浄機係. 〖1715〗

wásher-úp *n.* 《英口語》食器洗い係 (dishwasher). 〖1907〗

wásher·wòman *n.* (*pl.* **-women**) 洗濯女. 〖1632〗

wash·er·y /wɑ́(ː)ʃəri, wɔ́(ː)ʃ- | wɔ́ʃəri/ *n.* 【鉱山】(石炭の)洗鉱場. 〖(1875) ← WASH+-ERY〗

wash·e·te·ri·a /wɑ̀(ː)ʃətíᵊriə, wɔ̀(ː)ʃ- | wɔ̀ʃɪ̀tíəriə, -ʃə-/ *n.* 《英》コインランドリー, コイン洗車場. 〖(1959) ← WASH+(CAF)ETERIA〗

wásh gìlding *n.* =water gilding.

wásh·hànd *adj.* 《英》手を洗うための, 洗面用の: a ~ basin [bowl]=washbowl / a ~ stand=washstand 1. 〖1759〗

wásh·hòuse *n.* 洗濯場, 洗濯所; 洗濯屋 (laundry). 〖(1577): cf. OE *wæschūs* bath-house: cf. Du. *waschhuis* / G *Waschhaus*〗

wásh·ìn *n.* 【航空】(翼端の迎え角を増す)ねじり上げ (cf. washout 4). 〖1916〗

wash·ing /wɑ́(ː)ʃɪŋ, wɔ́(ː)ʃ- | wɔ́ʃ-/ *n.* **1 a** 洗濯; 洗浄: bear [stand] ~ 洗濯がきく / do the ~ 《英》洗濯をする. **b** 体を洗うこと: I gave myself a good ~. 体を十分に洗った / Children dislike ~. 子供は体を洗われるのがきらいだ. **2** [集合的] 洗濯物 (wash, laundry): hang out the ~ to dry 干すために洗濯物を掛ける / She was so poor she had to take in ~ to support her family. 彼女はとても貧乏だったので家族を養うために洗濯物を引き受けねばならなかった. **3** [通例 *pl.*] (物を洗った後の)洗い水, 洗液. **4** [*pl.*] **a** 洗(精)鉱 《洗鉱して得た物; 砂金など》. **b** (波・水によって)流されたもの, 流出物. **5** (試掘者・鉱夫が洗い流した)砂鉱. **6** 【美術】ウォッシュをかけること, ウォッシング 《水彩絵具などで薄く色を塗ること》. **7** (金属の)めっき. **8** 【証券】仮装売買 (wash sale) をすること. **9** [形容詞的に] 洗濯用の; 洗濯のきく. 〖?*a*1200〗

wáshing bòttle *n.* 【化学】**1** 洗瓶 《ポリエチレン製で押すと水が出る》. **2** ガス洗浄瓶. 〖1857〗

wáshing dày *n.* =washday. 〖1626〗

wáshing lìne *n.* 《英》物干し綱 (clothesline).

wáshing lìquid *n.* 液体洗剤.

wáshing machìne *n.* (通例自動の)洗濯機 (washer). 〖*c*1754〗

wáshing pòwder *n.* (石鹸・合成洗剤の)粉末状洗剤. 〖1869〗

wáshing sòda *n.* 洗濯ソーダ. 〖1865〗

Wash·ing·ton[1] /wɑ́(ː)ʃɪŋtən, wɔ́(ː)ʃ- | wɔ́ʃ-/ *n.* **1 a** ワシントン 《米国の首都; 市域は District of Columbia と同一; 正式には Washington, D.C. という》. **b** 米国政府 (the U. S. Government). **2** ワシントン州 《米国北西部, 太平洋沿岸の州 (⇨ United States of America 表)》. **3** ワシントン 《イングランド北東部 Newcastle 南東の炭鉱町》. 〖← *George Washington*〗

Wash·ing·ton[2] /wɑ́(ː)ʃɪŋtən, wɔ́(ː)ʃ- | wɔ́ʃ-/ *n.* ワシントン 《男性名; 愛称形 Wash》. 〖ME *Wassyngtona* 《原義》'the farm of the people of *Wassa* (人名)': cf. -ing³, -ton: もと地名, 家族名〗

Wash·ing·ton /wɑ́(ː)ʃɪŋtən, wɔ́(ː)ʃ- | wɔ́ʃ-/, **Booker T(al·ia·ferro)** /búkə tɑ́(ː)ləvə | -kə tɔ́lɪ̀vəʳ/ *n.* ワシントン 《(1856–1915; 米国の黒人で教育家; Tuskegee Institute (⇨ Tuskegee) を設立 (1881)》.

Washington, George *n.* ワシントン 《(1732–99; 米国独立戦争の総指揮官で同国初代大統領 (1789–97); cf. Mount Vernon》.

Washington, Lake *n.* ワシントン湖 《Washington 州西部にあり Seattle 市の東の境界となる湖; Puget Sound と運河で結ばれている; 全長約 32 km》.

Washington, Mount *n.* ワシントン山 《米国 New Hampshire 州 White Mountains の最高峰 (1,917 m)》.

Wáshington clám *n.* 【貝類】=butter clam.

Wáshington Cónference *n.* [the ~] ワシントン会議 《第一次大戦後 1921–22 年に Washington, D.C. で海軍軍備縮小に関して開かれた米国・ベルギー・英国・中国・フランス・イタリア・日本・オランダ・ポルトガルの九か国の代表による会議》.

Wáshington Convèntion *n.* [the ~] ワシントン条約 《CITES の通称》.

Wáshington, D.C. *n.* =Washington[1] 1 a.

Wáshington Élm *n.* [the ~] ワシントン記念のニレ 《米国 Massachusetts 州 Cambridge にあったニレの木; George Washington が 1775 年にこの木の下で植民地軍を指揮したという; 1924 年に切り払われた》.

Wash·ing·to·ni·an /wɑ̀(ː)ʃɪŋtóuniən, wɔ̀(ː)ʃ- | wɔ̀ʃɪŋtə́u-ˊ/ *adj.* **1** (米国) Washington 州(人)の; Washington 市(民)の. **2** George Washington の. — *n.* Washington 州人; Washington 市民. 〖(1789) 《廃》'believer in the political principles of George Washington': ⇨ Washington[1], -ian〗

Wáshington líly *n.* 【植物】米国太平洋岸に産する大きな白い花をつけるユリ (*Lilium washingtonianum*) 《広く観賞用に栽培される》. 〖1859〗

Wáshington Mónument *n.* [the ~] ワシントン記念塔 《George Washington を記念して Washington, D.C. の国会議事堂の西方に建てられた白大理石製の方尖塔(ほう); 高さ 169.3 m》.

Wáshington pálm *n.* 【植物】オキナワシントンヤシ, ロウジンヤシ (*Washingtonia filifera*) 《北米 California 湾東岸地方に自生する扇状葉のヤシ, 幹は巨大な直立円柱状で葉の裂片からは 15–30 cm の白い繊毛が垂れる; California fan palm ともいう》. 〖(1945): ← *George Washington*〗

Wáshington píe *n.* 《米》ワシントンパイ 《ジャムやゼリーなどを入れたレヤーケーキ》. 〖(1878) ← *G. Washington*〗

Wáshington Póst *n.* [The ~]「ワシントンポスト」 《Washinton, D.C. で発行されている朝刊新聞; 1877 年創刊》.

Wáshington's Bírthday *n.* ワシントン誕生記念日 《米国の大部分の州で以前は 2 月 22 日を祝祭日に指定; 現在は 2 月の第 3 月曜日》. 〖1829〗

Washington Squáre *n.* ワシントン広場 《米国 New York 市 Manhattan 南部 Fifth Avenue 南端の広場; Greenwich Village の東側にある》.

Wáshington Státe *n.* (Washington, D.C. と区別して)ワシントン州.

Wáshington thórn *n.* 【植物】北米東部産バラ科サンザシ属の小高木 (*Crataegus phaenopyrum*) 《赤い実をつけ, 秋に美しく紅葉する》.

Wáshington Tréaty *n.* [the ~] ワシントン条約 《Washington Conference において締結された五か国(米・英・伊・仏・日)条約, 四か国(英・仏・日・米)条約または九か国条約をいう》.

wash·ing-up /wɑ́(ː)ʃɪŋʌ́p, wɔ́(ː)ʃ- | wɔ́ʃ-/ *n.* 《英》 **1** (食後の)皿[食器]洗い: do the ~ 皿洗いをする / a ~ machine 食器洗い機. **2** (食後の汚れた)食器 (the dishes). 〖1972〗

wáshing-úp lìquid *n.* 《英》食器用液体洗剤 (《米》 dishwashing liquid).

Wash·i·ta /wɑ́(ː)ʃɪ̀tɔː, wɔ́(ː)ʃ- | wɔ́ʃɪ̀tɑː/ *n.* [the ~] **1** ワシタ(川) 《米国 Texas 州北西部に発して Oklahoma 州中央部を南流し, Red River と合流する川 (800 km)》. **2** =Ouachita. 〖cf. Ouachita〗

wásh·lànd *n.* 時期によって定期的に冠水する土地. 〖1794〗

wásh·lèather *n.* **1** (セーム皮 (chamois) を模造した)柔皮. **2** 《英》(ちり・ほこりをぬぐうための)柔皮, 柔らかい布. 〖*c*1662〗

wásh·màn *n.* =washerman.

wásh'n·wéar *adj.* =wash-and-wear.

wásh òil *n.* 【化学】吸収油, 洗浄油 《石炭乾留ガスからガス軽油を回収するために使用される油類》.

wásh·òut *n.* **1 a** (大雨・大水などによる土手・鉄道などの)土砂の流失, 決壊, 崩壊. **b** 流出[崩壊]箇所. **2** (口などの中を)すすぐ[洗う]こと, 洗浄すること. **3** 《口語》 **a** 的はずれ, 大失敗. **b** 失敗者; (訓練・勉学の)落第生. **4** 【航空】捩(ね)り下げ 《翼端の迎え角を減じること; cf. washin》. 〖((1873)) (1877) ← *wash out* (⇨ wash (v.) 成句)〗

wásh plàte *n.* 【造船】制水板 《船のタンク内などで水の自由面を少なくし, 動揺による内部衝撃を少なくするために設けた船首尾方向の垂直板》.

wásh·pòt *n.* **1** (ブリキ製造用の)すず溶解槽(そう). **2** 《米》=washboiler. **3** 《古》手を洗う器, たらい (cf. *Ps.* 60:8). 〖1535〗

wásh·ràg *n.* 《米》=facecloth 1. 〖1890〗

wásh·ròom *n.* **1 a** (ホテルなどの)洗面所. **b** 《米》 [婉曲的に] 便所 (lavatory). **2** (染物工場の)洗い場. 〖1806〗

wash sàle *n.* 《米》【証券】仮装売買 《同時または短期間に同じ証券の売りと買いを行う見せかけの売買》. 〖1848〗

wásh·stànd *n.* **1 a** (旧式の)洗面台 《水道設備のない寝室などで, 水差し (pitcher), 洗面器 (washbowl) などを載せる台; 下に slop pail を置く》. **b** (水道と排水設備のある)洗面台. **2** 《米》(車庫の隅などの)洗車場. 〖1789〗

wásh·tròugh *n.* 洗い桶; (特に) 【採鉱】洗鉱槽 (buddle). 〖1557〗

wásh·tùb *n.* (洗濯用の)たらい. 〖1602〗

wásh·ùp *n.* **1 a** 《米》手洗いや洗面, 体を洗うこと. **b** 《英》(食後の)皿[食器]洗い. **c** 《英口語》(レストランなどの)皿洗い(人). **2** 【採鉱】洗鉱; 洗鉱して残った金. **3** 岸に打ち上げられた物[死体]. **4** 《豪》結果, 結末 (outcome): in the ~ 結果として. 〖1884〗

wásh-wìpe *n.* ウォッシュワイプ 《車などに組み込まれている窓の洗浄システム; ワイパーとタンクからなる》.

wásh·wòman *n.* =washerwoman. 〖1590〗

wash·y /wɑ́(ː)ʃi, wɔ́(ː)ʃi | wɔ́ʃi/ *adj.* (**wash·i·er**; **-i·est**) **1** 〈酒類・飲料など〉水っぽい, 薄い (thin, watery): ~ ale, tea, coffee, etc. **2** 〈色が〉薄い, 淡い, ぼんやりした (pale). **3** 〈文体・言葉・感情など〉弱々しい, 力のない (feeble). **wásh·i·ly** /-ʃɪ̀li/ *adv.* **wásh·i·ness** *n.* 〖(1566) ← WASH (n.)+-Y⁴〗

was·n't /wɑ́(ː)znt, wʌ́z- | wɔ́z-/ 《口語》was not の縮約形.

wasp /wɑ́(ː)sp | wɔ́sp/ *n.* **1** 【昆虫】スズメバチ, ジガバチ 《主としてスズメバチ上科とジガバチ上科に属するハチの総称; 一般に体が細く腰がくびれていて, 翅が発達している; cf. potter wasp, hornet》: a waist like a ~'s くびれた腰. ★ラテン語系形容詞: vespine. **2 a** 怒りっぽい人, 意地悪な人, 気難し屋. **b** 刺すもの, 怒らせるもの. **~·lìke** *adj.* 〖OE *wæsp* 《音位転換》← *wæps* ← (WGmc) **waps-* (Du. *wesp* / G *Wespe*) ← IE **wopsā* wasp (L *vespa*) ← ? **webh-* 'to WEAVE¹'〗

Wasp[1] /wɑ́(ː)sp | wɔ́sp/ *n.* (米国の)陸軍航空隊婦人操縦士隊の隊員 (cf. WASP²). 〖《頭字語》← *W*(*omen's*) *A*(*ir Force*) *S*(*ervice*) *P*(*ilots*)〗

WASP[1], **Wasp**[2] /wɑ́(ː)sp | wɔ́sp/ *n.* 《通例軽蔑》アングロサクソン系白人新教徒, ワスプ 《米国社会において強固な排他的団結を維持し支配的特権階級を形成しているとみなされている》. **WÁSP·ish, Wásp·ish** /-pɪʃ/ *adj.* **Wásp·y** /wɑ́(ː)spi | wɔ́s-/ *adj.* 〖(1957) 《頭字語》← *W*(*hite*) *A*(*nglo*)-*S*(*axon*) *P*(*rotestant*)〗

WASP[2] 《略》Women's Air Force Service Pilots (米国の)陸軍航空隊婦人操縦士隊 《1944 年解散; cf. Wasp¹》. 〖1943〗

wásp bèe *n.* 【昆虫】キマダラハナバチ (cuckoo bee). 〖1844〗

wásp bèetle *n.* 【昆虫】トラカミキリ 《甲虫類カミキリムシ科の昆虫の総称; 多くの種類があり, ハチに擬態するものが多い》. 〖1704〗

Wasp·dom /wɑ́(ː)spdəm | wɔ́sp-/ *n.* WASP¹ の特徴[信条, 態度]. 〖1969〗

wásp flỳ *n.* 【昆虫】ハチモドキアブ 《双翅目ハナアブ科の昆虫の総称; 多くの種類があり, ハチに擬態するものが多い》. 〖1681〗

wasp·ie /wɑ́(ː)spi | wɔ́spi/ *n.* 《古》【服飾】ワスピー 《女性の細いウエストをきわだたせるためのコルセットまたはベルト》. 〖(1957): ⇨ wasp, ie〗

wásp·ish /-pɪʃ/ *adj.* **1** スズメバチ[ジガバチ]のような, ジガバチのように腰のくびれた (wasp-waisted). **2** 怒りっぽい, 短気な, がみがみ言う, かんしゃくもちの. **3** 〈文体など〉刺すような, 皮肉な (biting): a ~ wit 辛らつな機知. **4** 〈体形が〉ほっそりした. **5** スズメバチでいっぱいの. **~·ly** *adv.* **~·ness** *n.* 〖(1566): ⇨ wasp, -ish¹〗

wásp-stùng *adj.* 《Shak》(スズメバチにさされたように)いらつく (irritable). 〖1596〗

wásp wàist *n.* くびれた細い腰, (特に女性の)コルセットできつく締めた腰の線. **wásp-wàisted** *adj.* 〖1870〗

wasp·y /wɑ́(ː)spi | wɔ́s-/ *adj.* (**wasp·i·er**; **-i·est**) = waspish. 〖1658〗

was·sail /wɑ́(ː)səl, wǽs-, -sḷ, -seɪl, wɑ(ː)séɪl | wɔ́seɪl, wǽs-, -səl/ *n.* **1 a** 《古》(昔 Christmas Eve, Twelfth night などに行われた)酒宴, 酒盛り (drinking bout). **b** 酒宴の酒 《香料を入れたビールやぶどう酒》. **2** 《古》乾杯の挨拶. **3** 《古》酒宴の歌. **4** 《英》クリスマスソングを歌いながら家々を回ること. — *vi.* **1** wassail に列する, 飲み騒ぐ, 痛飲する (carouse). **2** 乾杯する. **3** 《英》クリスマスソングを歌いながら家々を回る. — *vt.* …のために乾杯する (toast). **~·er** /-lə, -slə | -ləʳ, -sḷ-/ *n.* 〖(?*a*1200) *wes hail* ⊏ ON *ves heill* ← *ves* (imper. sing.) ← *vesa, vera* to be ← Gmc **wes-*)+*heill* HALE¹ (cf. hail²,³) ∽ OE *wes hāl* be hale or whole! ← *wes* ((imper.) ← *wesan* to be)+*hāl* 'HALE¹': cf. was〗

wássail bòwl [cùp] *n.* wassail 用大杯; wassail の酒. 〖1606〗

Was·ser·mann /wɑ́(ː)səmən, vɑ́(ː)s- | wǽsə-, vǽs-/ *n.* =Wassermann test. 〖(1909) ↓〗

Was·ser·mann /wɑ́(ː)səmən, vɑ́(ː)s- | wǽsə-, vǽs-; *G.* vásɐman/, **August von** *n.* ワッセルマン 《(1866–1925; ドイツの細菌学者》.

Wassermann, Jakob *n.* ワッセルマン 《(1873–1934; ドイツ生まれでユダヤ系のオーストリアの小説家; *Der Fall Maurizius*「マウリツィウス事件」(1928)》.

Wássermann reàction *n.* (梅毒の)ワッセルマン反応. 〖(1911) ← *A. von Wassermann*〗

Wássermann tèst *n.* (梅毒の)ワッセルマン検査. 〖(1909) ↑〗

Was·ser·stein /wɑ́(ː)səstàɪn | wɔ́sə-/, **Wendy** *n.* ワッサースタイン 《(1950–2006; 米国の劇作家; 現代女性の生き方をユーモラスに描いた作品が多い; *The Heidi Chronicles* (1989)》.

Was·si·ly /vɑ́(ː)səli, -vǽs- | -sɪ̀-; *Russ.* vasʲílʲɪj/ *n.* ヴァシリ 《男性名》. 〖⊏ Russ. *Vasiliy*: cf. Basil〗

wast /(弱) wəst; (強) wɑ́(ː)st | wɔ́st/ *vi.* 《古》be の第二人称単数直説法過去形 (cf. wert): Thou ~.=You were. 〖(1534) 《変形》← WERE: WAS と ART² との影響からか: cf. Goth. *wast* / ON *vast*〗

wast·age /wéɪstɪdʒ/ *n.* **1** 消耗, 損耗; 浪費; 損耗高. **2** 廃物, 廃液, くず: factory ~ 工場廃水. **3 a** (定年退職・希望退職など)解雇以外で従業員を失うこと: natural ~ 労働力の自然減. **b** (成績不良などによる)自主退学で学生を失うこと. **4** 【地質】融解[蒸発]による雪塊[氷塊]の縮小(量). 〖(1756): ⇨ ↓, -age〗

waste /wéɪst/ *vt.* **1** 〈金・時間などを〉浪費する, 無駄遣いする, 無駄にする, 〈機会などを〉逸する 〔*on, upon, over, in*〕: ~ money, energy, time, efforts, resources, etc. / ~ an opportunity 好機を逸する / Kind words are ~*d upon* him. 親切な言葉も彼には無駄だ / Sarcasm is ~*d on* John. 皮肉を言ってもジョンには通じない / I have no sympathy to ~ *on* him. 彼にむざむざくれてやる同情などもち合わせていない / Mary is ~*d in* such a job. そんな仕事ではメアリーの才能は発揮できない / Don't worry: nothing will be ~*d*. 心配するな. 何一つ無駄になることはないだろう. **2 a** 徐々に破壊する, 摩滅させる. **b** 〈病気・高齢・老朽などが〉徐々に衰えさせる, 消耗させる, 衰弱させる, やせ衰えさせる: a child [body] ~*d* by disease 病気のために衰弱した子供[体] / a ~*d* arm やせ衰えた腕. **3** 〈土地・国などを〉荒らす, 荒廃させる: a country ~*d* by war 戦争のために荒廃した国. **4** 【法律】〈借地・借家人などが〉〈土地・建物などを)(永久的に)毀損(きそん)する, 〈価値を〉低下させる. **5** 〈文書を〉反古(ほご)として扱う. **6** 《米俗》殺す.
— *vi.* **1** だんだん消耗する, だんだん減る, なくなってゆく: The resources of the country are rapidly *wasting* away. 国の資源は急速に消耗している. **2** 〈人・動物が〉だんだん衰えていく, 衰弱する, やせ衰える 〈*away*〉: ~ *away* from disease 病気のため衰弱する / ~ *away* for lack of food 食物の欠乏のために衰弱していく / She ~*d away* with grief. 悲しみのために衰弱していった. **3** 浪費する: *Waste* not, want not. 《諺》むだをしなければ不自由はしない. **4** 《古》〈時が〉経つ, 過ぎる (pass away). **5** 〘スポーツ〙運動して減量する.
wáste onesèlf dówn 〘スポーツ〙運動して減量する.
wáste wórds [*one's bréath*] 無駄な言葉を費す, あれこれ言っても無駄である: It's no use *wasting words* on him [it]. 彼に[それを]とやかく言っても無駄だ.
— *n.* **1** 浪費, 無駄使い, 空費, 〔機会などを〕逸すること 〔*of*〕: ~ *of* time and money 時間と金の浪費 / ~ *of* opportunity 機会の逸失 / It is a mere ~ *of* labor to do such a thing. そんな事をするのは全くの労力の空費だ / Willful ~ makes woeful want. 《諺》気ままな浪費は激しい欠乏を招く,「気ままにやって泣く貧乏」. **2** 消耗, 衰弱, 漸衰: the ~ of bodily tissue [vigor] 身体組織の消耗[元気の消衰]. **3 a** 残り物, 余り物, (生産過剰による)無駄物; 役に立たない物[人]; (工場の)廃棄物; 台所のごみ, くず (garbage, rubbish), 灰殻 (ashes): reactor's ~*s* 原子炉の廃棄物 / radioactive [nuclear] ~ 放射性[核]廃棄物. **b** 欠陥製品; (織物製造中に生じる)くず綿, くず毛 《織り糸として再生するか機械の掃除などに用いる》. **c** むだに漏れ出る蒸気. **4** [*pl.*] (体からの)排泄(はいせつ)物. **5** 荒れた土地, (未開墾の)荒地, 荒野 (wilderness); 広々とした寂しい地域: a ~ of waters 果てしない大海原 / a ~ of snow 見渡す限りの雪の原 / the flat, white ~*s* of fen 平坦な白い荒れた沼沢地. **6** 《廃》(戦争・火災などによる)破壊, 荒廃 (ruin); (戦争・火災などにより)荒廃した地: repair the ~*s* of war 戦争による荒廃を復旧する. **7** 〘地質〙 **a** 岩屑(がんせつ) 《岩石が風化作用や諸種の浸食作用あるいは火山爆発などによって破壊されたかけらで, 崖(がけ)下に積もったり川または氷河などによって運ばれたりする》. **b** 鉱山の廃石. **8** 〘法律〙(借地・借家人などの故意, 怠慢による土地・建物などの永久的な)毀損(きそん) (cf. *without* IMPEACHMENT *of waste*). **9** =waste pipe.
gó* [*rún*] *to wáste (1) 無駄になる, 浪費される: Don't worry: nothing will *go to* ~. 心配するな. 何も無駄になることはないだろう. (2) 〈液体が〉無駄に流(さ)れる.
a wáste of spáce 無能な人, 役立たず.
— *adj.* **1 a** (利用して)不用になった, 廃物の, 役に立たない, 無益な: ~ steam [gas] (排気管や安全弁などから漏れる)廃棄蒸気[廃ガス] / a ~ pitch 〘野球〙捨て球, 遊び球. 日英比較 野球の「ウエストボール」は和製英語. 英語では pitchout, waste pitch という. **b** (作りすぎて)残った, 余った, 余分な: ~ energy 利用していないエネルギー. **2** 〈土地が〉耕されていない, 未開墾の; 無人の, 不毛の, 荒廃した: ⇨ wasteland / lie ~ 〈土地が〉荒れている, 荒地になっている. **3** 不用[余分]な物を入れる[運ぶ]: a ~ container 廃棄物容器. **4** 〘生理〙(組織に)不用な, 不用になった, 老廃の, 排泄される: ~ matter 老廃物.
láy wáste 〈土地・建物を〉荒らす, 荒廃させる, 破壊する (ravage): The land was *laid* ~ by war. 国土は戦争で荒廃した / A single nuclear bomb could *lay* ~ (*to*) the whole city. 原爆が一発落ちればその都市全体は廃墟と化すだろう.
〘adj.: (*c*1300) ◻ ONF *wast*=OF *g(u)ast* < L *vāstum* ← IE **eu-* empty ∽ OE *wēste* (cf. G *wüst*). — v.: (?*a*1200) ◻ ONF *waster*=OF *g(u)aster* (F *gâter* to spoil) < L *vāstāre* to lay waste ← *vāstus* ∽ OE *wē-stan*. — n.: (?*a*1200) ◻ ONF *wast(e)* =OF *g(u)ast(e)* ← (adj.) ∽ OE *wēsten*: cf. vain, want〙

SYN 荒れ地: **wastes** やや文語的な表現で, 耕作も人の住むこともできない荒れ地. **wasteland** 荒廃して使い道のない土地. **desert** 不毛の乾いた, 通例砂の平原. **wilderness** 人の住まない荒れ地で, 特に木や下生えで厚く覆われて道らしいものが見えない地帯.

wáste·bàsket *n.* 《米》(紙)くずかご (wastepaper basket). — *vt.* 紙くずかごに入れる. 〘1850〙
wáste bìn *n.* 《英》くず入れ (dustbin).
wást·ed *adj.* **1 a** 役に立たなかった, 無駄になった: ~ efforts 無駄な努力. **b** 利用できなかった: a ~ opportunity 失った機会. **2** 疲れきった, 衰弱した. **3** 荒廃した. **4** 《俗》麻薬[アルコール]中毒の; (麻薬・酒で)酔っぱらった. 〘*a*1440〙
wáste dispòsal *n.* **1** 廃棄物処理. **2** 《英》= waste disposal unit. 〘1968〙
wáste dispòsal ùnit *n.* ディスポーザー (disposer) 《流し台に取り付け生ごみをくだいて下水に流す装置》. 〘1967〙
waste·ful /wéɪstf(ə)l, -fl/ *adj.* **1** 無駄な, 浪費的な, 不経済な, 〔…を〕無駄にする 〔*of, with*〕: ~ methods 不経済な方法 / be ~ *of* resources 資源を浪費する / Answering such a letter is ~ *of* our time. そんな手紙に返事を出すのは時間の無駄だ / ~ use of water 水の無駄遣い. **2** 無駄遣いする, 散財する (squandering): a ~ man / ~ habits 物を無駄遣いする習慣. **3** 《古》破壊的な (destructive): ~ war. **4** 《古》荒れた, 荒廃した. **~·ly** *adv.* **~·ness** *n.* 〘(*a*1325): ⇨ waste (n.), -ful[1]〙
wáste gàte *n.* **1** (貯水池などの余分な水を排出する)放水口[門]. **2** 〘自動車〙ウェイストゲート 《排気の一部を外に排出してターボ過給機のノズルボックス内の圧力を制御する装置》. 〘1: (1791). 2: (1948)〙
wáste gròund *n.* 荒廃地.
wáste hèat *n.* 廃熱; 余熱. 〘1908〙
wáste-hèat bòiler *n.* 〘機械〙廃熱ボイラー. 〘1930〙
wáste hèat recòvery *n.* 廃熱利用.
waste·land /wéɪs(t)læ̀nd, -lənd/ *n.* **1** 荒地 (⇨ waste SYN). **2** (知的・精神的に)不毛の時代[時期, 土地, 活動]: a ~ of the spirit 精神の荒廃(状態) / the television ~ テレビによる知的不毛の時代. 〘1887〙
Wáste Lànd *n.* [The ~]「荒地」(T. S. Eliot の長詩 (1922); 現代生活の不毛を象徴的に描いた英国現代詩の古典).
wáste·less *adj.* 使い切れない, 無尽蔵の. 〘1589〙
wáste·lòt *n.* 《カナダ》都会の中の荒廃地.
wáste·màker *n.* 廃棄物を出す人[会社, 産業]. 〘1961〙
wáste·ness *n.* 荒廃, 不毛. 〘(*c*1384) 1608〙
wáste·pàper *n.* **1** 紙くず. **2** 反故(ほご), 故紙. **3** [通例 waste paper] 〘製本〙=endpaper. 〘1585〙
wáste·paper bàsket [**bìn**] *n.* (紙)くずかご (wastebasket). 〘1859〙
wáste·pìle *n.* 〘トランプ〙捨て山 (⇨ talon 5 b). 〘1975〙
wáste pìpe *n.* **1** 〘機械〙排水管, ドレン管. **2** (台所・洗面所などの)排水管. 〘*c*1512〙
wáste pròduct *n.* **1** (生産過程で出る)廃品, 廃産物. **2** [通例 *pl.*] (糞(ふん)尿など, 生物の)排泄物, 老廃物.
wást·er *n.* **1** (時間・金などを)無駄にする人[もの]: a great ~ of words. **2** 浪費者; 無駄遣いするぜいたく屋 (spendthrift). **3** 《俗》やくざ者, ろくでなし (good-for-nothing). **4** (製造中での)できそこない品, きずもの, ろうずもの. **5** 荒らす人, 破壊者 (devastator). 〘(*c*1353) *wastoure* ◻ AF *wastere, wastour*: ⇨ waste (v.), -er[1]〙
wáste·wàter *n.* (工場)廃水.
wáste·wày *n.* 余水路, 廃水路. 〘1881〙
wáste·wèir *n.* 余水堰(せき), 廃水堰. 〘1793〙
wást·ing *adj.* **1** 徐々に衰弱させる, 消耗性の: a ~ disease [fever] 消耗性疾患[熱病]. **2** 荒廃させる, 破壊的な (devastating). **~·ly** *adv.* 〘?*c*1200〙
wásting ásset *n.* 〘会計〙消耗資産, 枯渇資産 《鉱山など》. 〘1930〙
wast·rel /wéɪstrəl/ *n.* **1** 浪費者. **2** やくざ者, ろくでなし; 浮浪児 (waif). **3** =waster 4. 〘(1589-90) ← WASTE (v.)+-REL〙
wast·ry /wéɪstri/ *n.* 《スコット・北英》浪費; 濫費. 〘← WASTE (v.)+-RY〙
Wást Wàter /wɑ́(ː)st- | wɔ́st-/ *n.* ワスト湖 《イングランド北西部, 湖水地方 (Lake District) にあるイングランド最深の湖 (水深 79 m)》.
wat[1] /wɑ́(ː)t | wɔ́t/ *adj., n.* 《スコット》=wet.
wat[2] /wɑ́(ː)t | wɔ́t/ *n.* (タイ・カンボジアの仏教)寺院, 僧院: ⇨ Angkor Wat. 〘(1844) ◻ Thai ~ 'Buddhist temple' ← Skt *vāṭa* enclosure〙
Wat /wɑ́(ː)t | wɔ́t/ *n.* ワット 《Walter の愛称形; cf. Walt》. 〘(dim.) ← WALTER, WATKINS〙
Wat. 《略》Waterford.
wa·tap /wətɑ́ːp, wɑː-/ *n.* アメリカ先住民が針葉樹の根から作る糸 《樹皮を縫い合わせてカヌーを作ったりするときに使用する》. 〘(1761) ◻ N-Am.-Ind. (Ojibwa) *watappi*〙
watch /wɑ́(ː)tʃ, wɔ́(ː)tʃ | wɔ́tʃ/ *vi.* **1** 〈動きのあるものを〉じっと見ている, 見守る, 観察する: Are you going to play or only ~? 君もやるかね, それともただ見ているかね / Watch closely and see how I do it. よく観察して. 私がどうやるかを見ていなさい / You [Just] ~. (言った通りになるから)まあ見ていろ. **2 a** 注意する, 用心する: ~ like a cat 猫のように待ち構える / *Watch* when you cross the street. 通りを横切るときは気をつけなさい. **b** (注意して)待ち構える, 待ち設ける 〔*for*〕: ~ *for* an opportunity to speak しゃべる機会を待っている / He ~*ed for* the bus. バスが来るのを待ち構えた. **3 a** 警戒する, 用心する, 見張りをする, 監視する (keep guard): There is a policeman ~*ing* outside the house. 家の外に巡査が見張っている. **b** 守る, 番をする (guard) 〔*over*〕: My guardian angel will ~ *over* me. 守護天使が私を守って下さる. **4** 寝ずに看病する 〔*with*〕: ~ *with* a sick person / ~ all night beside a sickbed 一晩中病床に寄り添って看護する. **5** 《文語》(祈りなどのために)寝ずにいる, 起きている (be awake); 徹夜をする (keep vigil): ~ and pray 目を覚ましていて祈る (*Matt.* 26:41; cf. *Mark* 14:38, etc.) **6** 〘海事〙〈船員が〉当直する. — *vt.* **1** (動きを)じっと見ている, (興味をもって)見守る, 見とれる, 観察する (⇨ see SYN): ~ a person's face じっと人の顔を見ている / ~ a game ゲームを見物する / ~ television テレビを見る / ~ hockey on TV テレビでホッケーの試合を見る / I ~*ed* him do [doing] it. 彼がそれをする[している]のを見守った / ~ the development of a case 事件の進展を見守る / *Watch* what I do. 私のすることをよく見ていなさい / *Watch* what you're doing! 気をつけろ / A ~*ed* pot never boils. ⇨ pot[1] 1. **2** 〈子供・病人・羊などを〉守る, 番をする, 看護する, 世話をする: ~ a flock of sheep 羊の群れの番をする / ~ a patient carefully 注意して患者の世話をする. **3** 監視する, 見張る: I knew I was (being) closely ~*ed*. 厳重に監視されているのを知っていた / We'd better ~ the costs carefully. コストを注意深く監視したほうがよい. **4 a** 〈機会などを〉待つ, うかがう (abide): ~ a good opportunity 好機をうかがう / ~ one's time [chance, moment] 時[好機]の至るのを待つ. **b** 注意する, 用心する (pay heed to), 気をつける: *Watch* your head. 頭上注意 《掲示》 / *Watch* your language. 言葉遣いに気をつけなさい / *Watch* that the baby doesn't fall. 赤ん坊が転ばないように気をつけなさい. **5** 〘狩猟〙鷹を馴らすために眠らせずにおく.
wátch a person's dúst [***smóke***] 《俗》(人が)仕事をすばやく片付けるのを見守る: I'll do it in a minute. So ~ *my dust.* すぐにやってみせるよ, 見てなさい. ***wátch ín*** 〈新年を〉寝ずに迎える: ~ *in* the New Year. ***wátch it*** [*onesèlf*] 《口語》注意する, 用心する: *Watch* it! 気をつけなさい / You'll stumble if you don't ~ *it.* 注意[用心]しないとつまずくよ. (1916) ***wátch óut*** 注意する, 用心する, 見張る (look out) 〔*for*〕: You must always ~ *out for* the traffic [pickpockets] here. ここではいつも交通[すり]に注意しなければならない / You'll stumble if you don't ~ *out*. 注意していないとつまずくよ. ***wátch óver*** …を守る, …の番をする; …を監督[監視]する (superintend) (cf. *vi.* 3 b). ***wátch one's stép*** ⇨ step 成句.
— *n.* **1** 腕時計 (wristwatch), 携帯時計 《携帯用の小型時計; cf. clock[1]》: a pocket ~ 懐中時計 / It's ten by my ~. 私の時計では 10 時だ. **2 a** 見張り, 用心, 警戒, 注意, 監視 (lookout): keep (a) ~ *over* [*on*] a person [one's valuables] 人[貴重品]を監視している / They kept (a) close [careful] ~ (*up*)*on* him. 彼を厳重に監視していた. **b** (発見するための)注視, 観察 〔*for*〕: keep a ~ *for* the cape 岬を発見しようとじっと見ている. **c** 見張り時間. **3 a** 寝ずの番[看護] (vigil): I kept ~ all night. 一晩中寝ずの番をした. **b** 通夜 (wake). **c** 《廃》起きていること. **4** [集合的にも用いて] (一人または一組の)番人, 番兵, 警備員[隊], 夜警: set a ~ on a person 人に警備[見張り]をつける. **5 a** (ヘブライ人・古代ギリシャ人・ローマ人などが夜間を三分・四分・五分した)夜間の一区切り (cf. night watch 2 a): the fourth ~ of the night 夜の 4 時 《明け方》. **b** [*pl.*] 夜目が覚めている時間: the still ~*es* of the night 眠られない静かな夜の時間. **6** 〘海事〙(原則としては 4 時間交代の)当直, 当直時間 (cf. dogwatch 1); [集合的] 当直員: the first ~ 初夜直 (8–12 p.m.) / the mid ~ 夜半直 (12–4 a.m.) / the morning ~ 朝直(4–8 a.m.) / the forenoon ~ 午前直(8–12 a.m.) / the afternoon ~ 午後直(12–4 p.m.) / the evening ~ 薄暮直 (4–8 p.m.) / the port [starboard] ~ 左[右]舷直 / ⇨ WATCH and watch. **7** 〘海事〙(船の)クロノメーター, 経線儀, 時辰儀 《天測用の正確な時計》. **8** 《廃》(時間をしるした)ろうそく時計. **9** 《俗用》nightingales の群れ (flock).
in the wátches of the night (1) =in the night watches (⇨ night watch 2 b). (2) 《古》夜分に. ***òff the wátch*** 〘海事〙非番で (off duty): the sailors who were below and *off the* ~ 非番で船室にいた水夫たち. ***on the wátch*** 待ちかまえて, 油断なく警戒して 〔*for*〕 / 〈*to* do〉. ***on wátch*** 〘海事〙当直[番]で: men *on* ~ 当直員. ***páss as*** [***like***] ***a wátch in the níght*** 夜のひと時のごとく過ぎる, つかの間に忘れられる (cf. *Ps.* 90:4). ***stánd upòn one's wátch*** 《古》見張り(所)に立つ (*Hab.* 2:1). ***wátch and wárd*** (昼夜の警戒の意味から)厳しい警戒, 不断の監視 《現在では主として地域社会のモラルの守護者を自任する組織の名称の中で用いられる》: keep ~ *and ward* 不断の警戒をする. (1523) ***one's wátch belów*** [***óff***] 〘海事〙非直, 非番: He was having *his* ~ *off*. 彼は非番だった.
wátch and wátch 〘海事〙半舷当直.
〘v.: OE **wæċċan* < Gmc **wakǣjan* 'to WAKE[1]'. — n.: (OE) (1375) *wæċċe* ← (v.)〙
watch·a /wɑ́(ː)tʃə, wɔ́(ː)tʃə | wɔ́tʃə/ =wotcha.
wátch·a·ble /-əbl/ *adj.* 見る価値がある, 見て楽しい. 〘(1611) 1933〙
wátch·bànd *n.* 《米・豪》腕時計のバンド 《鎖・革など; 《英》では watchstrap》. 〘1924〙
wátch bèll *n.* 《古》〘海事〙半時鐘 (ship's bell). 〘1497〙
wátch bòx *n.* 歩哨詰め所, 哨舎 (sentry box); (夜警や警官などの)詰め所. 〘1699〙
wátch càp *n.* 《米海軍》(寒天や荒天の任務につく下士官兵用のぴったりした毛編みの)縁(ふち)なし帽子. 〘1886〙
wátch·càse *n.* (金属, 特に金または銀の)携帯時計の側(がわ). 〘1598〙
wátch chàin *n.* 懐中時計の鎖. 〘1739〙
Wátch Committee *n.* 《英》(昔の市会の)公安委員会 《警察行為・灯火の見回りなどを行った》. 〘1835〙
wátch·crỳ *n.* **1** 夜警の(定時の)触れ声. **2** = watchword 2. 〘1882〙
wátch crỳstal *n.* 《米》=watch glass 1.
watch·dog /wɑ́(ː)tʃdɔ̀(ː)g, wɔ́(ː)tʃ-, -dɑ̀(ː)g | wɔ́tʃdɔ̀g/ *n.* **1** 番犬: This ~ guards the store at night. この番犬は夜店の番をする. **2** 厳格な番人, 監視者[機関]: a citizens' ~ agency (官庁の不正などを監視する)市民の監視機関. — *vt.* …の番犬(役)を務める. 〘1611〙
wátch·er *n.* **1** 番人, 見張人, 監視人. **2** [複合語の形成要素として] 観察者; (政治動向などの)観測者: ⇨ bird-watcher, China watcher. **3** 寝ずに付き添う人, 看病人; 通夜をする人. **4** 《米》(選挙投票所の)立会人. 〘1509〙
wátch·fìre *n.* (信号用のまたは夜警のたく)かがり火. 〘1801〙
watch·ful /wɑ́(ː)tʃf(ə)l, wɔ́(ː)tʃ-, -fl | wɔ́tʃ-/ *adj.* **1** 注意深い, 用心深い; 油断のない (vigilant) 〔*about, against, for, of, over*〕: a man with a pair of ~ eyes 用心深い目をした男 / be ~ *of* one's behavior 行動に注意する / be ~ *against* enemies 敵に用心する. **2** 《古》眠らない, 不眠の (wakeful). **~·ly** *adv.* **~·ness** *n.* 〘(1548) ← WATCH (n.)+-FUL[1]〙

SYN 用心深い: **watchful** 危険を防いだり好機を捕らえたりするために注意を怠らない; この意味では以下の語の中

W

で最も一般的: You must be *watchful* of your health. 健康に十分注意しなければならない. **vigilant** 危険に備えて厳重に警戒している《格式ばった語》: a *vigilant* sentinel 厳重に警戒している歩哨. **alert** 用心して危険に立ち向かう用意をしている: We must be *alert* for intruders. 侵入者に対して目を光らせていなければならない. **guarded** 〈態度・言葉遣いなどが〉慎重で用心深い: a *guarded* answer 用心深い答え. **wideawake** 特に好機をねらって絶えず周囲に気を配っている: a *wideawake* young man 抜け目のない青年. ⇨ careful, cautious. **ANT** thoughtless.

wátch glàss *n.* **1** 携帯時計の文字盤のふたに用いられるガラス. **2** 時計皿《理化学の実験に用いる小型の円形平底ガラス皿》. 〖《1637》《廃》sand glass〗

watch guàrd *n.* 懐中時計の鎖[ひも]. 〖1834〗

watch gùn *n.* 〖海事〗号砲《初夜直の始まる午後 8 時に鳴らされた》. 〖1768〗

wátch hànd *n.* 腕時計の針. 〖1773〗

wátch·hòuse *n.* 見張所, 番小屋. 〖1482〗

-watch·ing /wɑ̀(ː)tʃɪŋ, wɔ̀(ː)tʃ- | wɔ̀tʃ-/ *n.* [複合語の形成要素として] …観察, …ウォッチング: ⇨ whale-watching.

wátching brìef *n.* 〖英法〗訴訟警戒依頼(書)《訴訟当事者でない第三者が, その訴訟について行う用心のための訴訟依頼》. 〖1886〗

wátch·kèeper *n.* 〖海事〗当直員. 〖1900〗

watch kèy *n.* (旧式懐中時計に使われた)巻きねじ.

wátch·less *adj.* **1** 警戒を怠る, 油断した: ～ eyes. **2** 番人[歩哨]なしの: a ～ fortress. **3** 〈夜が〉目覚めることのない: a ～ night. **～·ness** *n.* 〖1622〗

wátch·lìst *n.* 警戒[監視]事項一覧表, 監視リスト, (要注意[危険]人物などの)ブラックリスト. 〖1974〗

wátch·màker *n.* 時計屋《時計の製造修理をする》. 〖1630〗

wátch·màking *n.* 時計屋の仕事, 時計製造業. 〖1729〗

wátch·man /-mən/ *n.* (*pl.* **-men** /-mən, -mɛ̀n/) **1** (建物などの)夜警, 夜番; (夜間)警備員. **2** (昔あった)夜回り. **3** 〖印刷〗＝flag[1] 8. 〖?*a*1400〗

watch mèeting *n.* (教会の)除夜の集会, 除夜の礼拝(式)《新年が来るとともに終わる; watch-night service ともいう》.

wátch nìght *n.* **1** [W- N-] 除夜, 大みそかの夜. **2** ＝watch meeting. 〖1742〗

wátch-nìght sèrvice *n.* ＝watch meeting.

wátch òfficer *n.* 〖海軍〗当直士官《航海中の呼称; cf. officer of the deck》; 〖海事〗(商船の)当直士官[航海士]. 〖1898〗

wátch òil *n.* 時計油. 〖1870〗

wátch·òut *n.* 見張り, 警戒, 注意 (lookout): keep a ～ for city corruption 市の汚職を警戒する. 〖1845〗

wátch pòcket *n.* (ズボン・チョッキなどの)懐中時計用ポケット《fob ともいう》. 〖1831〗

wátch sprìng *n.* (携帯時計の)ぜんまい. 〖1760〗

wátch·stànd *n.* (机上に置く)懐中時計立て[掛け]. 〖《1610》《廃》a look-out position for a watchman〗

wátch stràp *n.* 腕時計のバンド.

wátch tàckle *n.* 〖海事〗ウォッチテークル《船舶の小型の滑車装置》. 〖1840〗

wátch·tòwer *n.* **1** 望楼, 物見の塔. **2** 観点. **3** 《古》灯台. **4** [The W-]「ものみの塔」《宗教団体エホバの証人 (Jehovah's Witnesses) が発行する機関誌》. 〖1544〗

wátch·wòrd *n.* **1** (昔番兵などが用いた)合言葉. **2** 金言, 標語; (党派などの)スローガン (⇨ slogan **SYN**). 〖?*a*1400〗

wa·ter /wɔ́ːṭə, wɑ́(ː)- | wɔ́ːtə(r)/ *n.* **1 a** 水: fresh ～ 清水, 淡水 / sweet ～ (新鮮な)真水 / cold ～ 水 / iced ～ 冷水 / hot ～ 湯, 熱湯 / boiling ～ 熱湯 / hard [soft] ～ 硬[軟]水 / well ～ 井戸水 / tap ～ 水道水 / ⇨ hot water, salt water, strong waters. 日英比較 日本語では「水」と「湯」は別語であるが, 英語ではいずれも *water* という. 必要に応じて cold *water*, hot *water* のように形容詞をつけて意味を分けるが, 前後関係から明らかな場合は *water* は「水」「湯」のいずれをも指す. **b** (古代哲学で, 四大 (four elements) の一つとしての)水. **2 a** 飲料水; [*pl.*] 鉱泉水 (mineral water(s)): a cup [glass] of ～ 水一杯 / (a) brandy [whiskey] and ～ ブランデー[ウイスキー]の水割り(一杯) / sparkling [fizzy] ～ 発泡性の水 / table ～*s* 食卓水《瓶詰の鉱泉水》 / drink *the* ～*s* (療養のため湯治場で)鉱泉水を飲む / ⇨ *take the* WATERS. **b** (水道などの)水, 用水: turn on [off] the ～ (コックをひねって)水を出す[止める]. **c** [通例 *pl.*] (何回かの)洗い水: rinse *in* two tepid ～*s* ぬるま湯で 2 回ゆすぐ. **3 a** [通例 the ～] (空中・陸地に対する場所としての)水; (川・海・湖などの)水, 水中: Fish live in (*the*) ～. / across [over] *the* ～ 海[湖, 川]の向こう側に / ⇨ KING over the Water / jump in(to) *the* ～ 水に飛び込む / swim in *the* ～ 川[湖など]で泳ぐ. **b** 《英》湖, 池. ★ しばしば湖水地方 (Lake District) の湖水名に用いられる: ⇨ Derwent Water, Ullswater, etc. **c** 《古》海, 湖, 川(など). **d** 《スコット・北英》川, 小川. **e** (狐狩などで, 馬が飛び越える)小川 (streams), 溝 (ditches). **4 a** [しばしば the ～s] (海・川・滝・池などの)水, 流水, 積水; 海水, 河水, 波; [*pl.*] 大水, 洪水 (flood): a vast waste of dark ～(*s*) 荒涼たる暗黒の大海原 / harness *the* ～*s* of Niagara ナイアガラの水を動力化する / cross *the* ～(*s*) 海を渡る / The castle walls are washed by *the* ～*s* of the lake. 城壁には湖の水が打ち寄せる / *The* ～*s* are out [have fallen]. 水が出た[減った] / Still ～*s* run deep. ⇨ deep *adv.* **b** [*pl.*] 水域, 海域, 領海, 近海: in Japanese ～*s* 日本水域において / international ～*s* 国際水域. **5** 水深, 水位, 水面; 潮位: above [below] the ～ 水面上[下] / ⇨ *on* [*upon*] *the* WATER / a boat drawing 12 feet of ～ 吃水(きっすい)12 フィートの船 / ⇨ high water, low water. **6 a** 溶液 (solution); 化粧水 (lotion): ammonia [camphor] ～ アンモニア[カンフル]水 / lavender ～ ラベンダー香水 / soda ～ ソーダ[炭酸]水. **b** 《古》蒸留液, 蒸留酒. **7 a** 水状分泌液; 涙, 汗, 尿, つばき; 水腫 (cf. dropsy 1): ～ *on* the brain [chest, knee] 脳[胸, 膝(ひざ)]水 / red ～ 血尿 / pass ～ 小便する (cf. piss, urinate) / ⇨ *make* WATER (1) / hold (one's) ～ 小便をこらえる / The smell brought the ～ to his mouth. いいにおいでよだれが出た. **b** [通例 the ～, a person's ～s として] 羊水 (cf. amniotic fluid): *The* [*Her*] ～*s* have broken. (出産の前に)羊水が出た, 破水した / ⇨ false water 2. **8** [*pl.*] (複雑な, 困難な)状況: ⇨ *in deep* WATERS. **9** (宝石, 特にダイヤモンドの光沢・透明度などによる)品質, 品位; 優秀性: ⇨ first water / a genius of the purest ～ 真正の天才. **10** (織物・金属板などの)波紋, 波形 (cf. *vt.* 6). **11** 《口語》**a** 水彩絵具 (water paint, watercolor(s)): paint in ～. **b** [しばしば *pl.*] 水彩画: oils and ～*s* 油絵と水彩画. **12** 〖海事〗(船の)漏水: ⇨ *make* WATER (2). **13** 〖経済〗(実資産を伴わない株の増発による)水増し(評価額); 水増し株; 水増し株の発行 (cf. *vt.* 7).

abòve wáter (1) 水面より上に[高く]. (2) (経済上などの)困難を免れて: ⇨ *keep one's* HEAD *above water*. ***A lòt of* [*Mùch*] *wáter has flówed* [*pássed, rún*] *ùnder* [*benèath*] *the brídge* (*since thén*).** (あれから)いろいろなことが起こった[変わった], ずいぶん[長い]時が流れた (cf. WATER *under the bridge*). ***(as) wéak as wáter*** (肉体的に)ひどく弱い, 力が抜けて; ふがいない (cf. *Ezek.* 7:17) (cf. *unstable as* WATER). ***báck wáter*** (1) (船を後進させるために)オールを逆にこぐ, 推進器を逆転させる. (2) 《米》説を翻す, 前言を取り消す 〈*on*〉. ***bréak wáter*** (1) 〈魚・鯨(くじら)・潜水艦などが〉水中から現れる. (2) 〖水泳〗(平泳ぎのかえる足で)水面を蹴る. ***búrn the wáter*** (川で)たいまつをともしてやす (spear) で鮭を突く. ***by wáter*** 船で (by ship), 水路で. ***Còme ón in, the wáter's fìne.*** 《口語》(1) いい水だ, きみも入れよ《人を水泳に誘うとき》. (2) いいぞ, きみも(ぜひ)加われよ《仕事・活動などへの誘い》. ***dráw wáter to one's mill*** 我田引水をする (cf. miller 1). ***físh in tróubled wáters*** どさくさ紛れにうまいことをする, 火事場泥棒を働く,「漁夫の利を占める」. 《1625》 ***gèt wáter from a flínt*** 《古》至難の業を成しとげ(ようとす)る. ***gò óver the wáter*** (1) 川[湖, 海]を越える. (2) 島流しになる. ***hóld wáter*** (1) 〈容器が〉水を漏らさない. (2) [通例, 否定・疑問構文で] 〈計画・陳述・理論などが〉すきがない, 筋が通る: His argument doesn't *hold* ～. 彼の議論は筋道が立たぬ / *No* theory of coincidence will *hold* ～ for a minute. 偶然説はすぐくずれてしまうだろう. (3) (ボートを止めるときオールを水中に立てて)水に逆らう. (4) ⇨ 7 a. 《1622》 ***in* [*into*] *déep wáter(s)*** 非常に困って[苦しんで], 苦境に (cf. *Ps.* 69:2): be *in deep* ～ (over) (…で)苦境に陥っている / get *into deep* ～ 苦境に陥る. 《1861》 ***in hót wáter*** ⇨ hot water. ***in lów wáter*** ⇨ low water. 《1785》 ***in róugh wáter(s)*** 苦しんで, 苦境に. ***in smóoth wáter(s)*** 平穏に, 故障なく, 順調に. ***líke wáter*** どんどん, 惜し気もなく, 湯水のように: He spends money *like* ～. ***líke wáter off* [*from*] *a dúck's báck*** ⇨ duck[1] 成句. ***màke fóul wáter*** 〖海事〗〈船が〉(浅瀬に差しかかって)水を濁す. ***màke wáter*** (1) 小便する (cf. 7 a). (2) 〖海事〗〈船が〉漏水する, 水をかぶる (cf. 12). 《1375》 ***móving of the wáters*** 騒ぎ, 興奮; (事件の進行中に起こる)変化, 動乱 (cf. *John* 5:3). ***Múch wáter has flówed* [*pássed, rún*] *ùnder* [*benèath*] *the brídge* (*since thén*).** ＝A lot of WATER has flowed [*passed, run*] under [*beneath*] the bridge (*since then*). ***óil and wáter*** ⇨ oil 成句. ***on the wáter*** 水上[水面]に; 海上に; 船に乗って[積まれて]. ***páss wáter*** ＝*make* WATER (1). ***póur cóld wáter on*** ＝*throw cold* WATER *on* [*over*]. 《1893》 ***tàke in wáter*** 〖海事〗＝*make* WATER (2). ***táke the wáter*** ＝*take* WATER (1), (2), (3). ***tàke wáter*** (1) 水に入る, (水に入って)泳ぎ始める. (2) 乗船する (embark). (3) 〈船が〉進水する. 〈飛行機が〉着水する. (4) 〖海事〗＝*make* WATER (2). (5) 《米口語》(議論・競争などで)弱気になる, 引き下がる,「下りる」. ***táke (the) wáters*** (保養地で治療の一環として)温泉[鉱泉]水を飲む; (療養のために)温泉[鉱泉]を訪れる: *take the* ～*s* at Bath バースの温泉で療養[湯治]する. ***tést the wáter(s)*** 探りを入れる, 可能な方策を探る: Let's *test the* ～ before we commit ourselves. 確約する前にまず当たってみよう / The Prime Minister wants to *test the* ～ before calling an election. 首相は選挙を施行する前に様子を見たいと思っている. ***the wáter of lífe*** (1) 〖聖書〗生命の水, 霊的覚醒(かくせい) (cf. *Rev.* 22:1). (2) (伝説の)起死回生の霊水, 不老不死の水. (3) (ブランデーやウイスキーのような)強い酒. ***the wáters of forgétfulness*** (1) ＝Lethe 1. (2) 忘却 (oblivion); 死 (death). ***thrów cóld wáter on*** [*òver*] 〈計画などに〉水を差す, けちをつける. 《1808》 ***tréad wáter*** 立泳ぎをする. ***ùnder wáter*** (1) 水中に, 水面下に没して; 〈土地など〉浸水して: swim *under* ～ / land [a house] *under* ～ 浸水地[家屋]. (2) 生活に落伍して, 困窮して. ***unstáble as wáter*** (ひどく)気が変わりやすい, 意志が弱い, 当てにならない (cf. *Gen.* 49:4) (cf. *(as) weak as* WATER). ***upòn the wáter*** ＝*on the* WATER. ***wáter ùnder the brídge*** [***òver the dám***] 過ぎてしまったこと, 今さら考えてもしかたがないこと: That's all ～ (that has passed [flowed]) *under the bridge* now. 今となってはすべて過ぎたことだ. ***wríng wáter from a flínt*** 《古》＝*get* WATER *from a flint*. ***wrít(ten) in* [*on*] *wáter*** 〈名声・業績などが〉はかない, すぐ消えてしまう (ephemeral) (cf. Shak., *Hen VIII* 4. 2. 46): Here lies one whose name was *writ in* ～. 水に書かれた名の者ここに眠る《Keats 自作の墓碑銘》.

wáter of constitútion 〖化学〗構成水《化合物中に 2:1 の割合で含まれる水素と酸素で, 熱分解により水として除かれるもの》.

wáter of crystallizátion 〖化学〗結晶水.

wáter of hydrátion 〖化学〗水和水.

— *adj.* [限定的] **1** 水の[に関する]: ⇨ water supply. **2** 水を入れる(ための): a ～ bucket. **3** 水力の[による]; 水を利用する: a ～ turbine 水力タービン. **4** 水中[水上]で行う[用いられる]: ～ sports 水上競技[スポーツ] / ～ transport(ation) 水上運輸. **5** 水上[水中, 水際]にある[での]: a ～ life 水上生活 / ⇨ water front. **6** 水際[水中]に住む, 水上を支配する: ～ people / a ～ deity [god] 水神. **7** 水分を含む; 水性の: ⇨ water blister, water paint. **8** 〖占星〗水性三角形の《かに(蟹)座, さそり(蠍)座, うお(魚)座の; cf. air, earth, fire》.

— *vt.* **1** 〈道・植物などに水をかける, 水をまく, 水をやる: ～ a street [garden] 街路[庭]に水をまく / ～ plants 植物に水をやる. **2 a** 〈動物に水をやる, 水を飲ませる. **b** 〈軍隊・船などに水を補給する. **3** 〈作物・田畑〉に水を供給する, 灌漑(かんがい)する (irrigate): the district ～*ed* by the river その川によって灌漑される地方. **4** 〈飲み物を〉湯や水で薄める, 水で割る, 水増しする 〈*down*〉: ～ soup, tea, milk, wine, etc. **5** 〈文章などを〉希薄にする, 〈表現の厳しさを〉和らげる, 手加減する 〈*down*〉: a statement somewhat ～*ed down* いく分内容を希薄にした[表現をぼんやりさせた]叙述. **6** [主に p.p. 形で] 〈織物・金属板などに〉波形模様をつける (cf. *n.* 10, watered 2 a): ～ silk. **7** 〖経済〗(実資産を伴わない株などを発行して)〈資本を〉水増しする (cf. *n.* 13, watered 3): ～ capital [securities]. — *vi.* **1** 分泌液を出す, 水状液を分泌する; 〈目が〉涙を出す, 〈口に〉つばが湧く: The smoke made our eyes ～. 煙くて涙が出た / My mouth was ～*ing* at the smell of the food. 食べ物のにおいで口につばが出てきた. **2** 〈動物が〉水を飲む, 水を飲みに行く. **3** 〈機関車・船などが〉水の供給を受ける, 水を積み込む: The ship put into port to ～. 船は水の補給に入港した.

máke a person's móuth wàter ⇨ mouth 成句. ***wáter dówn*** (1) ⇨ *vt.* 4, 5. (2) 〈道路に〉水をまく. ***wáter ín*** (周囲の土を固めるために)〈植物・種子などに〉植えた直後に水をやる.

〖n.: OE *wæter* < WGmc **watar* (Du. *water* / G *Wasser*) ← Gmc **wat-* (ON *vatn* / Goth. *watō*) ← IE **wed-* ← **aw(e)-* water; wet (L *unda* wave: cf. undine / Gk *húdōr* water: cf. hydro-). — v.: OE (*ġe*)*wæterian* ← (n.): cf. wet, winter〗

water II /-tú:/ *n.* 〖物理・化学〗＝poly water.

wa·ter·age /wɔ́ːtərɪdʒ, wɑ́ː- | wɔ́ːt-/ *n.* 《英》(貨物の)水上輸送; 水上輸送料金. 〖1688〗

wáter ànchor *n.* 〖海事〗＝sea anchor 1.

wáter àrum *n.* 〖植物〗ミズイモ, ミズザゼン, ヒメカイウ (*Calla palustris*)《北半球温帯産の湿地性のサトイモ科の宿根草; 赤い漿果(しょうか)を生じる》.

wáter bàck *n.* 《米》(ストーブやかまなどの後部に設けた)湯沸し (《英》back-boiler).

wáter bàg *n.* **1** 水入れ袋《特に, 飲料用の水を蒸発によって冷たくしておくために表面に小さい孔をあけた袋》. **2** 胎児を包む羊膜. 〖1638〗

wáter bàiliff *n.* 《英》**1** 〖歴史〗(英国税関の)船舶検査官. **2** (船積み・密漁などを取り締まる)水上監視官. 〖*c*1437 *watir-bailiff*: ⇨ water, bailiff〗

wáter bàlance *n.* 〖生物〗水分平衡, 水分経済《生物の体内での水分の吸収量と排出量との平衡関係》. 〖1911〗

wáter bàllast *n.* 水バラスト《安定をとるためのバラスト用に船や気球に積載してある水》. 〖1878〗

wáter bàllet *n.* 水中バレエ《水中で音楽に合わせて泳ぎながら踊る演技; cf. aquacade, synchronized swimming》. 〖1926〗

wáter-bàsed *adj.* **1** 〈塗料など〉溶剤に水を用いる, 水性の. **2** 〈スポーツが〉水上の. 〖《1955》: cf. *water-base* 《1949》〗

wáter bàth *n.* **1** 〖料理〗湯煎(ゆせん)用の鍋 (bain-marie ともいう; cf. double boiler). **2** (蒸し風呂に対して, 水を用いた)風呂. **3** 〖化学〗水浴《水を適温に温めておだやかに加熱する間接的加熱法; または加熱用の鍋》. 〖1824〗

wáter bèar *n.* 〖動物〗**1** ＝polar bear. **2** ＝tardigrade. 〖1706〗

Wáter Bèarer *n.* [the ～] **1** 〖天文〗みずがめ(水瓶)座 (⇨ Aquarius 1). **2** 〖占星〗みずがめ座, 宝瓶宮 (⇨ Aquarius 2). 〖1594〗

wáter bèd *n.* **1** ウォーターベッド《中に水を入れたゴムのマットレスで病人の床ずれを防ぐ》. **2** 水分の多い土壌[岩石層]. 〖1844〗

wáter bèetle *n.* 〖昆虫〗ゲンゴロウ科・ミズスマシ科・ガムシ科などの水生甲虫の総称. 〖1668〗

wáter bèllows *n. pl.* 〖冶金〗＝trompe 1.

wáter bènch *n.* 《英》*n.* (19 世紀前期ペンシルベニアダッチが使用した)調理台《下部には牛乳容器と飲料水容器を置くドア付き棚があり, 下部には浅い引き出しがある》.

wáter bìrd *n.* 水鳥. 〖*c*1440〗

wáter bírth *n.* 水中分娩, 水中出産《分娩の後半に母体を温水に浸す分娩法; 娩出を水中で行うとはかぎらない》.

wáter biscuit *n.* 小麦粉と水で作る薄くて堅いクラッカーの一種. 〖*c*1790〗

wáter·blìnk *n.* 〖気象〗＝water sky.

wáter blìster *n.* 水ぶくれ. 〚1895〛

wa·ter·blom·me·tjie /vá:ṭəblɑ̀(:)məki | -tə-blɔ̀m-/ *n.* 《南ア》〘植物〙=Cape pondweed. 〚(1950) ← Afrik. ～ ← *water* 'WATER'+*blom* 'BLOOM'+-IE〛

wáter blòom *n.* 〘生態〙 **1** 水の華《淡水, 特に湖水面に藻類が急激に増殖したために生じた膜; それにより水面が変色する》. **2** 青粉(あおこ)《淡水の池, 金魚鉢などに多量に繁殖して, 水を緑色にいろどる微小藻類》. 〚1903〛

wáter blúe, W- B- *n.* 〘化学〙=soluble blue.

wáter bòa *n.* 〘動物〙=anaconda 1. 〚1802〛

wáter bòat *n.* 給水船.

wáter bòatman *n.* 〘昆虫〙=boatbug 1. 〚1815〛

wáter·bòdy *n.* 〘地理〙(自然地理学の対象としての)水, 水域《海・貯水池など》. 〚1897〛

wáter bòiler reàctor *n.* 〘原子力〙ウォーターボイラー(湯沸かし)型原子炉 (cf. swimming-pool reactor).

wáter bòmb *n.* 水爆弾《二階の窓のような高いところから下の通行人などに落とす水を入れた紙袋》.

wáter-bòmber *n.* 《カナダ》ウォーターボマー《森林火災などの際に現場の上空で胴体内のタンクから大量の水や化学消化液を投下して消化活動を行なう飛行機》. 〚1961〛

wáter·bòrne *adj.* **1** 水に浮いている. **2** 水上輸送の, 船で運ばれた: ～ trade 水上貿易, 海外貿易 / ～ traffic 水上交通. **3** 〘病理〙〈伝染病が〉飲料水の媒介による, 水系感染[流行, 伝染]の: ～ diseases. 〚1558〛

wáter bòttle *n.* **1** (食卓用・洗面台用の)水差し. **2** (兵士・旅人などの用いる)水筒 (canteen). **3** 採水瓶. 〚1591〛

wáter bòuget *n.* **1** 水袋《昔兵士などが天秤棒の両端に下げて水を運んだ革袋》. **2** 〘紋章〙水嚢《十字軍遠征など長行軍に使用されたもので, 馬の背などにかけた対の水嚢を図案化したもの》. 〚*a*1566〛

wáter bòy *n.* **1** (兵士・労働者などに飲料水を運ぶ)給水具; (タイムアウトのときに)選手にタオルや水を運ぶ助手. **2** (家畜の)水やり係. 〚1640〛

wáter·bràin *n.* 〘獣医〙旋回病 (⇨ gid).

wáter bràke *n.* 〘機械〙水ブレーキ, 水圧制動機, 水動力計.

wáter bràsh *n.* 胸やけ (heartburn, pyrosis). 〚1802〛

wáter brùsh *n.* 水ブラシ《馬のたてがみや尾をぬらしたり脚を洗ったりするための毛の柔らかいブラシ》.

wáter·bùck *n.* (*pl.* ～, ～s) 〘動物〙ウォーターバック, ミズカモシカ (*Kobus ellipsiprymnus*)《アフリカ南部および中部の水辺にすむ大レイヨウ》. 〚(1850)《なぞり》← Afrik. *waterbok*〛

wáter bùffalo *n.* 〘動物〙スイギュウ (*Bubalus bubalis*)《東南アジアに分布し, 農業用の家畜として飼われている; water ox ともいう》. 〚*c*1890〛

wáter bùg *n.* **1** 〘昆虫〙水生半翅(し)類コオイムシ科の昆虫の総称《タガメ (*Lethocerus deyrollei*), コオイムシ (*Diplonychus japonensis*) など》. **2** 《俗用》ゴキブリ (cockroach). 〚1750〛

Wa·ter·bur·y /wɔ́:ṭəbèri, wá:-, -ṭə- | wɔ́:təb(ə)ri/ *n.* ウォーターベリー: **1** 米国 Connecticut 州西部の都市. **2** 同市の Waterbury Clock Co. (現 Timex Corporation) で作られた時計の名. 〚周辺に川が多いことから: cf. Canterbury〛

wáter-bùs *n.* (湖・川などの決まったルートを運行する)水上バス, 乗合ランチ. 〚1929〛

wáter bùtt *n.* **1** 天水桶(おけ). **2** (噴水・便所などの)水槽. 〚1833〛

wáter càbbage *n.* 〘植物〙 **1** ニオイヒツジグサ, シハイスイレン (*Nymphaea odorata*)《北米原産の白い花が咲くスイレン》. **2** =water lettuce.

wáter càlla *n.* 〘植物〙=water arum.

wáter càltrop *n.* 〘植物〙=water chestnut 1 b. 〚1866〛

wáter càncer *n.* 〘病理〙水癌, 壊死性口内炎《本当の癌ではない》.

wáter cànnon *n.* 放水砲《普通トラックに積んで, デモ隊を散らすなどに使用する》. 〚1968〛

wáter càrriage *n.* **1** 水上輸送, 水上運送, 水運. **2** 水上輸送機関[施設]. **3** (流水による)下水処理. 〚1536〛

wáter càrrier *n.* **1** 水上輸送をする人. **2** **a** 水を運搬する人[動物]. **b** 送水用の水槽[パイプ, 水路]. **c** 雨雲. **3** [the W- C-] 〘天文〙みずがめ(水瓶)座 (⇨ Aquarius 1). 〚1764〛

wáter càrt *n.* (街路の)撒水車; 水売りの車. ***on the wáter càrt*** =on the WATER WAGON. 〚1707〛

wáter cèlery *n.* 〘植物〙=tape grass.

wáter-cemént ràtio *n.* 〘建築〙水セメント比《コンクリート練りの際のセメント量と水量の重量比》.

wáter chèstnut *n.* **1** **a** 〘植物〙ヒシ《ヒシ属 (*Trapa*) の水生植物の総称》. **b** ヒシの実《water caltrop ともいう》. **2** **a** 〘植物〙オオクログワイ, シナクログワイ (*Eleocharis tuberosa*)《直立円筒形の葉を有し, 水辺に群生する中国原産の植物》. **b** その塊茎《料理用》. 〚1854〛

wáter chìnquapin *n.* **1** 〘植物〙キバナハス, アメリカハス (*Nelumbo lutea*)《米国産の薄黄色の花をつけるハス》. **2** キバナハスの種子《食用》.

wáter chùte *n.* ウォーターシュート《ボートが傾斜路を滑り降りて下の池へ突進する遊戯施設》. 〚1899〛

wáter clòck *n.* (昔の)水時計, 漏刻 (cf. clepsydra). 〚1601〛

wáter clòset *n.* **1** 水洗便所 (略 WC) (cf. earth closet). **2** 水洗便器. **3** 便所 (privy). 〚1755〛

wáter còck *n.* 〘鳥類〙ツルクイナ (*Gallicrex cinerea*)《東南アジア産》.

wa·ter·col·or /wɔ́:ṭəkʌ̀lə, wá:-, -ṭə- | wɔ́:təkʌ̀lə(r/ *n.* **1** 水彩絵具, 水絵具: paint with ～s 水彩絵具で描く. **2** 水彩画: paint a ～ 水彩画を描く / an exhibition of ～s 水彩画展. **3** 水彩画法: study ～. ― *adj.* 水彩絵具で描いた, 水彩の. 〚(*c*1425)《廃》the color of wa·ter〛

wáter·còlored *adj.* =watercolor.

wáter·còlorist *n.* 水彩画家. 〚1870〛

wáter còlumn *n.* 〘機械〙水位計; 水柱《水位計のガラス管の中をせり上がる水の柱》.

wáter convèrsion *n.* (海水の)淡水化.

wáter-còol *vt.* 〈エンジンなどを〉水冷式にする (cf. air-cool 1). **～·ing** *adj.* 〚1915〛

wáter-còoled *adj.* 水冷式の. 〚1905〛

wáter-cooled transfórmer *n.* 〘電気〙水冷変圧器.

wáter còoler *n.* **1** 冷水タンク. **2** (飲用水を冷やす)冷水器, ウォータークーラー. 〚1846〛

wáter·còurse *n.* **1** 水流, 河川, 地下水流. **2** 水路, 流路 (channel) (cf. course[1] 1 e); 運河 (canal). **3** 河床. **4** 〘法律〙流水権《他人の土地の上に水を流す[引く]権利》. 〚1510〛

wáter cràcker *n.* =water biscuit. 〚1825〛

wáter·cràft *n.* **1** 水上技術《漕艇・水泳など》. **2** (*pl.* ～) 船, ボート; [集合的] 船舶, 船艇. 〚1566〛

wáter cràke *n.* 〘鳥類〙 **1** フイリクイナ (spotted crake). **2** ムナジロカワガラス (dipper, water ouzel). **3** 《英方言》クイナ (water rail). 〚1678〛

wáter cràne *n.* **1** (蒸気機関車に給水するためのがん首形)給水柱. **2** 水圧クレーン (hydraulic crane). 〚1658〛

water·cress /wɔ́:ṭəkrès, wá:- | wɔ́:tə-/ *n.* 〘植物〙オランダガラシ, ミズガラシ, クレソン, ウォータークレス (*Nasturtium officinale*)《アブラナ科の多年草; 葉をサラダやスープに用いる》. 〚(?*a*1300) *watercresse*〛

wáter crìcket *n.* 〘昆虫〙=water strider. 〚*c*1711〛

wáter cròwfoot *n.* 〘植物〙キンポウゲ科キンポウゲ属の沈水性多年草 (*Ranunculus aquatilis*).

wáter cùlture *n.* 〘園芸・農業〙=hydroponics.

wáter cùre *n.* **1** 〘医学〙水治療法 (⇨ hydropathy). **2** 《口語》一度に多量の水を飲ませる拷問の方法. 〚1843〛

wáter cùrtain *n.* (建物の外壁や屋根への類焼を避けるためにスプリンクラーから一斉に放射される)水の幕.

wáter cỳcle *n.* **1** 水上自転車. **2** =hydrologic cycle. 〚1928〛

wáter dèer *n.* 〘動物〙キバノロ (⇨ Chinese water deer). 〚1877–82〛

wáter dèvil *n.* 〘昆虫〙 **1** ゲンゴロウダマシ (*Dytiscus dauricus*) の幼虫. **2** =hellgrammite.

wáter divìner *n.* 《英》=waterfinder 2. 〚1896〛

wáter dòg *n.* **1** 射止めた水鳥を水中から持って来るように訓練された猟犬. **2** 〘動物〙 **a** オオサンショウウオの総称 (hellbender など). **b** 《方言》=otter 1. **3** 《口語》老練な水夫, 泳ぎのうまい人. 〚?*a*1300〛

wáter dràgon *n.* **1** 〘動物〙オーストラリアミズトカゲ (*Physignathus lesueurii*)《オーストラリア産の半水生オオトカゲ》. **2** 〘植物〙=lizard's-tail. 〚1578〛

wáter-drìnker *n.* **1** 水[鉱水]を飲む人. **2** 禁酒家. 〚1440〛

wáter-drìnking *adj.* **1** 水[鉱水]を飲むのを好む[飲む習性のある]. **2** アルコール飲料よりも水の方が好きな. 〚1698〛

wáter·dròp *n.* 水滴; 涙滴 (teardrop). 〚1593〛

wáter dròpwort *n.* 〘植物〙セリ科セリ属の有毒植物 (*Oenanthe crocata*). 〚1597〛

wáter drúm *n.* 〘音楽〙ウォータードラム: **1** 手桶の水に逆さに浮かべたひょうたんなどのボウルを打って鳴らす西アフリカの楽器. **2** ピッチや音色を調節するため半分水を入れたアメリカ先住民のドラム. 〚1923〛

wá·tered *adj.* **1** **a** 水をまいた. **b** 灌漑(かんがい)された. **2** **a** 〈絹・金属板など〉波紋のある (cf. water *vt.* 6): ⇨ watered silk. **b** 〈刀の刃が〉焼きの雲形[にえ]がある: ⇨ watered steel. **3** 〘経済〙〈資本など〉水増しした, 擬制の (cf. water *vt.* 7): ～ assets 水増し資産 / ～ capital 擬制資本. **4** 水を割った: ～ milk [whiskey]. **5** =watered-down. 〚*a*1400〛

wàtered-dówn *adj.* (水で薄めて)味が薄くなった; 面白味が薄れた. 〚1898〛

wàtered sílk *n.* ウォータードシルク, 波紋絹布《布面に波状の模様があらわれている絹布; water silk ともいう》. 〚(1665): ⇨ watered 2〛

wàtered stéel *n.* =Damascus steel.

Wa·ter·ee /wɔ́:ṭəri:, wá:-, ⏑⏑⏑ | wɔ́:təri:, ⏑⏑⏑/ *n.* [the ～] ⇨ Catawba[1]. 〚← ? N-Am.-Ind. (Siouan) *wateran* to float〛

wáter èlm *n.* 〘植物〙ミズニレ (⇨ planer tree). 〚1820〛

wáter equìvalent *n.* 〘物理〙水当量《熱量計の全構成物の熱容量を相当量の水の量で表したもの》.

wá·ter·er /-ṭərə | -tərə(r/ *n.* **1** 水をまく人[機械]. **2** **a** 飲料水補給係. **b** (家畜などへの)給水器. 〚1549〛

wáter·fàll *n.* **1** 落ち水, 滝 (cf. cataract 1 a, cascade 1). **2** (落水を容易にする)傾斜した土地. **3** **a** (滝のように)ゆるくウェーブした髪. **b** 滝を思わせるもの; 殺到: a ～ of suggestions. 〚OE *wætergefeall* (⇨ water, fall (n.)): cf. G *Wasserfall* / ON *vatnfall*〛

wáter-fàst *adj.* **1** 〈色彩・染料が〉水で落ちない. **2** 《スコット》=watertight. 〚1550〛

wáter fèather *n.* 〘植物〙 **1** 北米産サクラソウ科の水生植物 (*Hottonia inflata*). **2** アリノトウグサ科フサモ属の一種 (*Myriophyllum proserpinacoides*). 〚1818〛

wáter fèrn *n.* 〘植物〙サンショウモ・デンジソウの類の水生シダ《*Azollaceae, Marsileaceae, Salviniaceae* の》.

wáter·fìnder *n.* **1** 水脈を捜す[発見する]人. **2** 《米》(特に, 地下水脈発見のために占い杖を使う)水脈占い師 (cf. dowser[2], diviner). 〚(1883): cf. G *Wasserfinder*〛

wáter flàg *n.* 〘植物〙 **1** キショウブ (*Iris pseudacorus*)《yellow iris ともいう》. **2** (水辺に生える)ハナショウブ, アヤメ. 〚1578〛

wáter flèa *n.* 〘動物〙ミジンコ《ミジンコ科ミジンコ属 (*Daphnia*) のミジンコ (*D. pulex*) などやキクロプス科 *Cyclops* 属の甲殻類動物の総称》. 〚1585〛

wáter-flòod *n.* 水攻法《油井の周囲の地中にポンプで水を送り込んで石油をにじみ出させること》. ― *vi.* 水攻法を用いる. 〚(1928): cf. OE *wæterflōd* inundation〛

wáter flỳ *n.* **1** (トンボなど)水辺を飛ぶ昆虫. **2** 《Shak》取るに足りない人. 〚1600〛

wáter fòg *n.* (消防の)放射水煙《2 本のホースから噴出する圧搾水を V 字状に衝突させて生じる霧状の放射水》.

Wa·ter·ford /wɔ́:ṭəfəd, wá:- | wɔ́:təfəd/ *n.* **1** ウォーターフォード《アイルランド共和国の南部 Munster 地方の州; 面積 1,838 km²》. **2** 同州の州都, 海港.

Wáterford Crýstal *n.* 〘商標〙ウォーターフォードクリスタル《Waterford glass の商品名》.

Wáterford gláss *n.* ウォーターフォードグラス《アイルランドの Waterford 地方で造られたカットグラスまたはめっきしたガラスで, 微量のコバルトが入っているためわずかに青みを帯びているのが特徴》. 〚1783〛

wáter fòuntain *n.* 水飲み台, 水飲み場. 〚1946〛

wáter·fòwl *n.* (*pl.* ～, ～s) 水鳥, 水禽(すいきん); [集合的; 複数扱い] (特に)ガンカモ類の泳ぐ鳥 (cf. seafowl). 〚*a*1325〛

wáter·fòwl·er *n.* 水鳥の狩猟家. 〚1968〛

wáter·fòwl·ing *n.* 水鳥猟. 〚1980〛

wáter fràme *n.* 水力紡績機《R. Arkwright が発明した最初の紡績機で水力を利用した》. 〚1825〛

wáter·frònt *n.* **1** (都市の)川[湖, 海]に接した土地, 河岸[湖岸, 海岸]地区, 波止場地区, ウォーターフロント: a ～ café. **2** =water back. ***cóver the wáterfront*** 〔ある問題を〕論じ尽くす, あらゆる角度から論じる〔*on*〕. 〚1766〛

wáter gàge *n.* =water gauge.

wáter·gàin *n.* 〘土木〙ウォーターゲイン《まだ固まらないコンクリートあるいはモルタルの中から水が上昇する現象》.

wáter gàp *n.* 水隙(すいげき)《河流のために山地が切り開かれてできた峡谷または隘路(あいろ)》. 〚1756〛

wáter gàrden *n.* 池・小川・噴水・滝などのある庭; 水生植物園. **wáter gàrdening** *n.* 〚1891〛

wáter gàs *n.* 水性ガス《白熱した石炭やコークスの上に水蒸気を通したときに生じる水素と一酸化炭素を主成分とする混合気体; 燃料あるいは水素の原料; cf. gas generator》. 〚1851〛

Wa·ter·gate /wɔ́:ṭəgèɪt, wá:- | wɔ́:tə-/ *n.* **1** ウォーターゲートビル《米国 Washington, D.C. にある建物で, 民主党本部がある》. **2** **a** ウォーターゲート事件《1972 年 6 月に共和党の 5 人の運動員が民主党本部に侵入して行った政治的スパイ活動; 1974 年 8 月 R. Nixon 大統領はその責任を追求され辞任》. **b** (政府高官が関係する)政治的スキャンダル. 〚1972〛

wáter gàte *n.* **1** =floodgate. **2** (船着場などの)水際までの通路. 〚1408〛

wáter gàuge *n.* 水面計, 水位計《ボイラー・タンク・貯水池などの水位を示す装置》.

wáter gìlding *n.* 水金めっき《5–20% の亜鉛を含む光輝黄銅を装飾品などにめっきする作業》. 〚1783〛

wáter glàss *n.* **1** 箱眼鏡, のぞき眼鏡《底にガラスを張った箱または筒で, 浅い海底などをのぞくのに用いる; cf. hydroscope》. **2** **a** 水瓶; 大コップ (tumbler). **b** 〘園芸〙水盤. **3** 〘化学〙水ガラス《ケイ酸アルカリガラスの濃厚水溶液のことであるが, 一般にはケイ酸ソーダ水溶液をいう; 空気中で乾かせばガラス状となる; 人造石・ガラス・陶磁器の粘着剤, 耐火[耐酸]塗料の製造, 洗剤・媒染剤, 卵の保存料》. **4** =water clock. **5** =water gauge. **6** 《古》ガラス製のフィンガーボール. 〚((1610)) (1848) 'surface of water serving as a mirror'〛

wáter-glass pàinting *n.* 水ガラスを用いて描く画法《フレスコとは異なるが耐久性に富み壁画の製作に応用される; stereochromy ともいう》.

wáter-gròund *adj.* 水車の臼で碾(ひ)いた.

wáter grùel *n.* 薄いかゆ, 水がゆ. 〚1400〛

wáter guàrd *n.* [集合的] 水上警察官; 水上巡邏(じゅんら)税関吏. 〚1646〛

wáter gùm *n.* 〘植物〙 **1** =tupelo. **2** 《豪》テンニンカ科トベラモドキ属の低木 (*Tristania laurina*)《水辺に生え美しい花をつける》.

wáter gùn *n.* water pistol. 〚1951〛

wáter-hàmmer *vi.* 〘機械〙〈水が〉水撃を起こす.

wáter hàmmer *n.* 〘機械〙 **1** 水撃作用, ウォーターハンマー《管を通っている水を急に止めたり流したりするとき, 水が管の内壁を打つこと》. **2** 水撃音. 〚1805〛

wáter hàul *n.* 無駄な努力. 〚(1823): 水以外は何もかからない網の意から〛

wáter hàwthorn *n.* 〘植物〙=Cape pondweed.

wáter hàzard *n.* 〘ゴルフ〙ウォーターハザード《ゴルフコース中に障害として設けてある池・川・溝など; cf. casual water》.

wáter hèater *n.* (家庭用の)温水器; 湯沸し装置. 〚*c*1876〛

wáter hèmlock *n.* 〘植物〙ドクゼリ《セリ科ドクゼリ属 (*Cicuta*) の植物の総称; ヨーロッパ産のドクゼリ (*C. virosa*),

W

北米産のアメリカドクゼリ (*C. maculata*) など; 有毒). 〚1764〛

wáter hèn *n.* 〔鳥類〕水辺に生息するクイナ科の数種の鳥の総称《バン (gallinule), オオバン (coot), アメリカオオバン (American coot) など》. 〚a1529〛

wáter hòg *n.* 〔動物〕 **1** =capybara. **2** =bush pig. 〚1774〛

wáter hòle *n.* **1** (水のかれた河床などの)水たまり, 小池 (pond). **2** (砂漠の)泉, 井戸. **3** (池などに張った)氷の表面の穴. 〚c1653〛

wáter hòrehound *n.* 〔植物〕=bugleweed.

Wa·ter·house /wɔ́ːţəhàus, wɑ́ː- | wɔ́ːtə-/, **Alfred** *n.* ウォーターハウス《1830–1905; 英国の建築家; ゴシックリバイバルの指導者》.

Waterhouse, George Marsden *n.* ウォーターハウス《1824–1906; ニュージーランドの政治家; 首相 (1872–73)》.

Waterhouse, Keith (Spencer) *n.* ウォーターハウス《1929–2009; 英国の作家・劇作家・ジャーナリスト; *Billy Liar* (1959)》.

wáter hỳacinth *n.* 〔植物〕ホテイアオイ, ホテイソウ (*Eichhornia crassipes*)《熱帯産の浮草》. 〚c1890〛

wáter ìce *n.* **1** (水が凍ってできた)水氷(すいひょう), ウォーターアイス《雪が氷結した snow ice と区別していう》. **2** (水に砂糖と果汁などを加えて凍らせた)氷菓《シャーベット (sherbet) に比べて固く凍らせる》. 〚1818〛

wáter-ínch *n.* 〔水力学〕水インチ《直径 1 インチの管口からの流量で, 24 時間に約 500 立方フィート》. 〚1855〛

wá·ter·ing /-ţərɪŋ, -trɪŋ | -tərɪŋ, -trɪŋ/ *n.* **1** 水まき, 散水, 植物に水をやること. **2** (絹・刀などの)波紋, 波形. **3** [形容詞的に] **a** 散水[灌水, 給水]用の. **b** 鉱泉の, 温泉の; 海水浴の. 〚OE *wæterung*: ⇨ -ing¹: 形容詞的用法は 14C 前半から〛

wátering càn *n.* =watering pot 1. 〚1839〛

wátering càrt *n.* =water cart. 〚1764〛

wátering hòle *n.* **1** 《俗・戯言》社交場; (特に) =watering place 3. **2** (動物が水を飲む)水たまり. 〚1882〛

wátering plàce *n.* **1** 温泉場, 湯治場; 海水浴場. **2** (動物の)水飲み場; (船・隊商などの)水補給地. **3** 飲酒ができる場所《バー・ナイトクラブなど》. 〚a1387〛

wátering pòt *n.* **1** じょうろ (watering can). **2** 〔貝類〕=watering-pot shell. 〚1580〛

wátering-pot shèll *n.* 〔貝類〕ハマユウ科ジョウロガイ属 (*Brechites*) やツツガキ属 (*Clavagella*) の貝の総称. 〚1861〛

wátering spòt *n.* =watering hole 1.

wáter injèction *n.* 〔機械〕水噴射《ガスの温度を下げるために, ガスタービンの燃焼室, 空気圧縮機または内燃機関のシリンダー内に水を噴射すること》. 〚1940〛

wá·ter·ish /-ţərɪʃ | -tə-/ *adj.* **1** 水のような. **2** 水の混ざった, 水っぽい: ~ wine / a ~ taste 水っぽい味. **3** 〈天候・空気・霧など〉水分を含んだ, 湿気の多い: a ~ sky. **~·ness** *n.* 〚1530〛

wáter-jàcket *vt.* …に水ジャケット (water jacket) を付ける[装備する]. 〚1877〛

wáter jàcket *n.* **1** 〔機械〕水ジャケット《機械(特に内燃機関)のシリンダーの過熱を防ぐためその周囲に設けた水を入れる装置》. **2** (冷水式機関銃の)冷却筒, 水套(すいとう)《過熱冷却装置》. 〚1869〛

wáter jùmp *n.* (障害物競馬などでの)水濠(すいごう), 溝. 〚1875〛

wáter jùnket *n.* 〔鳥類〕=sandpiper.

wáter-làid *adj.* **1 a** 〈綱が〉左撚りの. **b** =cable-laid. **2** 〔地質〕水の作用で沈積した (sedimentary). 〚1895〛

wáter-lánce *vt.* 筒先の付いた管を用いて掃除する.

wáter lànce *n.* 〔機械〕(放水用)筒先の付いた管.

wáter·lèaf *n.* **1** (*pl.* ~s) 〔植物〕北米産ハゼリソウ科 *Hydrophyllum* 属の多年草の総称. **2** (*pl.* ~s, -leaves) 〔製紙〕水漉(す)紙, 無サイズ紙. 〚1760〛

wáter lèaf *n.* (ギリシャ美術の)アイビーの葉を思わせるハート形の飾り. 〚1851〛

wáter lèmon *n.* 〔植物〕 **1** =Jamaica honeysuckle. **2** 西インド諸島産トケイソウ属の植物 (*Passiflora maliformis*)《リンゴ大の食用の果実をつける》. 〚1785〛

wáter lèns *n.* 水レンズ《適当な形状の透明容器に水を入れ, 凸レンズの作用をするようにしたもの》.

wáter·less *adj.* **1** 水のない, 水分のない, 乾いた. **2** 〈料理など〉水を必要としない. **3** 空冷式の. **~·ly** *adv.* **~·ness** *n.* 〚OE *wæterlēas*〛

waterless cóoker *n.* **1** 無水なべ《ふたが密閉でき小量の水で料理ができる》. **2** =pressure cooker.

wáter lèttuce *n.* 〔植物〕ボタンウキクサ (*Pistia stratiotes*)《熱帯産サトイモ科の浮遊性水草で厚いくさび形の葉を一箇所から多数生じる; water cabbage ともいう》. 〚1866〛

wáter lèvel *n.* **1 a** 水位. **b** 静かな水の表面, 水平面. **2** =water table 1. **3** (水を用いた)水準器, 水盛り. **4** (船の)水線, 喫水線 (waterline). **5** (鉱山などの)排水坑道およびその坑道の位置の高さ. 〚1563〛

wáter light *n.* 〔海事〕水(すい)灯, 自己点火灯《救命具に付ける信号灯で水を吸うと自動的に点火する》.

wáter·like *adj.* 水のような.

wáter lìly *n.* 〔植物〕 **1** スイレン《スイレン科の植物の総称; cf. lotus 2》: **a** ヒツジグサ属 (*Nymphaea*) の水生植物の総称. **b** コウホネ属 (*Nuphar*) の水生植物の総称. **2 a** =floating heart. **b** =water hyacinth. 〚1549〛

wáter-lìly tùlip *n.* 〔植物〕中央アジア・小アジア産のチューリップ (*Tulipa kaufmanniana*)《鮮やかな色の反曲花弁をもつユリ科の観賞植物》.

wáter·lìne *n.* **1** 〔海事〕水線, 喫水線《船側と水面とが相接する線; cf. light² *adj.* 1 c》. **2** 地下水面 (water table). **3** 送水管[線]. **4** =watermark 1. **5** 海岸線 (shoreline). **6** (水槽・ボイラーの)水位. **7** (紙の)漉(す)き目. 〚c1625〛

wáter·lòcked *adj.* 周囲を水[海]で囲まれた: a ~ nation.

wáter lòcust *n.* 〔植物〕米国南部の沼地などに生育するマメ科サイカチ属の木 (*Gleditsia aquatica*)《光沢のある黒ずんだ重い木質で, 短い卵形のさやをつける; swamp locust ともいう》. 〚1817〛

wáter·lòg *vt.* **1** 〈海水漏れが〉〈船を〉浸水させて操船不可能にする. **2** 水浸しにして台無しに[役に立たなく]する. — *vi.* 水浸しになる, びしょびしょになる. 〚《1779》(逆成) ↓〛

wáter·lògged *adj.* **1** 〈船が〉浸水した, 水浸しの. **2** 〈木材・地面など〉極度に水のしみ込んだ. **3** =edematous. 〚《1769–76》← WATER (n.)+LOG¹ (n.)+-ED 2〛

Wa·ter·loo /wɔ́ːţəlùː, wɑ̀ː-, ⌐–⌐ | wɔ̀ːtəlúː–; *Du.* ʋáːtərloː/ *n.* **1** ワーテルロー《ベルギー中部, Brussels 南方の村落; 1815 年 6 月 18 日 Napoleon 一世が英国の Wellington 指揮下の連合軍に大敗戦を喫した地》: The battle of ~ was won in the playing fields of Eton. ワーテルローの戦いの勝利はイートン校の運動場で得られた《Wellington の言葉として伝えられる》. **2** 大敗戦, 惨敗, (再起できないような)挫折(ざせつ) (crushing defeat): meet one's ~ 大敗北を喫する, 苦杯をなめる. 〚□ Du. ~ (原義)? place of water, i.e. meadow: ⇨ water, locus〛

wáter lòuse *n.* 〔昆虫〕ミズムシ《等脚目ミズムシ属 (*Asellus*) の昆虫の総称; 水草の茂る水中に生息》.

wáter màin *n.* 給水本管, 水道本管, メーン. 〚1803〛

wáter·man /-mən/ *n.* (*pl.* **-men** /-mən, -mèn/) **1** 船頭, 船夫 (boatman, ferryman). **2** (船の)こぎ手 (oarsman): a good [bad] ~ 上手な[下手な]こぎ手. **3** 水産業で生計を立てる人, 漁業従事者, 漁師. **4** 水の精, (男の)人魚 (merman). **5** 給水[散水, 灌漑(かんがい)]係; 水門管理人; (鉱山の)排水係. 〚《?a1400》'seaman': cf. G *Wassermann*〛

Wa·ter·man /wɔ́ːţəmən, wɑ́ː- | wɔ́ːtə-/ *n.* 〔商標〕ウォーターマン《米国人 Louis E. Waterman (1837–1901) が創業した万年筆メーカーのブランド; 現在は米国 Newell Rubbermaid 社の手に移っている》.

wáterman·shìp *n.* waterman の仕事[務め, 技能], 船をこぐ腕前; 水泳その他の技術[知識]. 〚1882〛

wáter màrigold *n.* 〔植物〕米国産のキク科タウコギの類の植物 (*Bidens beckii*).

wáter·màrk *n.* **1** (川・入江等の)水位標, 量水標 (tidemark)《川等の増水の跡を示すもの》. **2** (紙の)透かし(模様); 透かしを出す金属製の図柄[意匠]. — *vt.* **1** 〈紙〉に透かし模様をつける, 透かしを入れる, すき入れをする. **2** 〔製紙〕〈文字・意匠を〉すき込む. **3** 水の跡をつける: a ~*ed* washbasin 水あかのついている洗面台. 〚1632〛

wáter màss *n.* 〔海洋〕水塊. 〚1912〛

wáter mèadow *n.* 河水によって灌漑(かんがい)される牧草地. 〚1733〛

wáter mèasurer *n.* 〔昆虫〕イトアメンボ《イトアメンボ属 (*Hydrometra*) の異翅類昆虫の総称》.

wáter·mèlon *n.* **1** 〔植物〕スイカ: **a** ウリ科スイカ属の植物 (*Citrullus vulgaris*). **b** その果実: a slice of ~ / I like ~. / He ate too much ~. **2** 〔魚類〕=bonito 1. ***swállow a wátermelon séed*** 《米口語》妊娠する. 〚《1615》← WATER+MELON: cf. F *melon d'eau* (原義) melon of water: 水分が多いところから〛

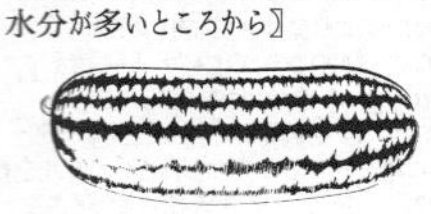

watermelon

wáter mèter *n.* 水量計《水道のメーター》. 〚c1858〛

wáter mìlfoil *n.* 〔植物〕アリノトウグサ科フサモ属 (*Myriophyllum*) のキンギョモの類の水草の総称《オオフサモ (*M. brasiliense*) など》. 〚1578〛

wáter mìll *n.* **1** 水車場, 水力製粉所. **2** 水車. 〚c1425〛

wáter mìnt *n.* 〔植物〕ウォーターミント (*Mentha aquatica*)《ベルガモット (bergamot) に似た香りのするヨーロッパ・北アフリカ・アジア原産の湿地に繁茂するハッカ; ⇨ mint¹ 挿絵》. 〚1542〛

wáter mòccasin *n.* **1** 〔動物〕ヌママムシ (*Agkistrodon piscivorus*)《北米南東部産の毒ヘビ; cottonmouth, moccasin ともいう》. **2** ミズヘビ (water snake). 〚1821〛

wáter mòld *n.* 〔植物〕水生菌類; (特に)ミズカビ目のカビ. 〚1899〛

wáter mòle *n.* 〔動物〕 **1** =desman. **2** =platypus. 〚1770〛

wáter mònkey *n.* 熱帯地方で冷水器として用いるまっすぐな垂直のくびのある丸い素焼きの容器.

Wáter Mònster *n.* [the ~] 〔天文〕うみへび(海蛇)座 (⇨ hydra 4).

wáter mòth *n.* 〔昆虫〕トビケラ (caddis fly). 〚1668〛

wáter mòtor *n.* 水車, 水力原動機, 水力機関.

wáter nỳmph *n.* **1** 〔ギリシャ・ローマ神話〕水の精 (naiad, Nereid, Oceanid など; cf. water sprite). **2** 〔植物〕 **a** ニオイヒツジグサ (*Nymphaea odorata*)《スイレン科ヒツジグサ属の白色のスイレン》. **b** ヒツジグサ属の水生植物の総称. **c** イバラモ属 (*Naias*) の水生植物の総称. 〚a1393〛

wáter òak *n.* 〔植物〕北米東南部の沼沢地に生えるカシワの類の植物 (*Quercus nigra*). 〚1687〛

wáter opòssum *n.* 〔動物〕ミズオポッサム (⇨ yapock). 〚1846〛

wáter òuzel *n.* 〔鳥類〕ムナジロカワガラス (*Cinclus cinclus*)《ヨーロッパ産のカワガラス》. 〚1622〛

wáter òx *n.* 〔動物〕=water buffalo 1. 〚1863〛

wáter pàint *n.* 水性塗料, 水性ペイント.

wáter pàrsnip *n.* 〔植物〕水中[水辺]に生育する丈の高いセリ科植物 (*Sium latifolium*). 〚1957〛

wáter pàrting *n.* 《米》=watershed 1. 〚1859〛

wáter pèpper *n.* 〔植物〕ヤナギタデ (*Polygonum hydropiper*)《smartweed ともいう》. 〚《1538》: cf. G *Wasserpfeffer*〛

wáter phèasant *n.* 〔鳥類〕 **1** =merganser. **2** レンカク (*Hydrophasianus chirurgus*)《インドなどに生息するレンカク科のキジに似たところがある鳥》. 〚1781〛

wáter·phòne *n.* =hydrophone 1.

wáter pìck *n.* 〔歯科〕=water toothpick.

wáter pìllar *n.* (機関車に水を給する)給水柱.

wáter pìmpernel *n.* 〔植物〕 **1** =brookweed. **2** =scarlet pimpernel. 〚c1760〛

wáter pìpe *n.* **1** 送水管. **2** 水ぎせる《たばこの煙を水にくぐらせて吸う; cf. hookah, nargileh》. 〚c1384〛

wáter pìpit *n.* 〔鳥類〕タヒバリ (*Anthus spinoletta*)《北半球に一般に見られるセキレイ科の小鳥》. 〚1881〛

wáter pìstol *n.* 水鉄砲. 〚1905〛

wáter plàne *n.* **1** (船側の水線に接する)水(線)面. **2** 水上機. 〚1861〛

wáter plànt *n.* 淡水生植物, 水草. 〚1768〛

wáter plàntain *n.* 〔植物〕サジオモダカ (*Alisma plantagoaquatica*)《サジオモダカ科の浅水域に生える水草》. 〚1538〛

wáter plàtter *n.* 〔植物〕 **1** =Santa Cruz water lily. **2** =royal water lily.

wáter plùg *n.* 消火栓 (fireplug).

wáter pòcket *n.* **1** (岩などにできた)水のたまるくぼみ. **2** 滝つぼ (plunge basin). 〚1890〛

wáter pollùtion *n.* 水質汚染[汚濁].

wáter pòlo *n.* 水球, ウォーターポロ. 〚1884〛

wáter-pòloist *n.* ウォーターポロ競技者.

wáter pòppy *n.* 〔植物〕ウォーターポピー, ミズヒナゲシ (*Hydrocleis nymphoides*)《ブラジル原産ハナイ科の水草の一種; ケシに似た黄色の花をつける》.

wáter pòre *n.* **1** 〔動物〕水孔《バッタやコオロギの卵にある特別な構造で, この穴を通して土中から水を吸収する》. **2** 〔植物〕水孔 (⇨ hydathode). 〚1884〛

wáter pòt *n.* 水入れ, 水差し; じょうろ. 〚《c1384》*water-pot(te)*〛

wáter·pòwer *n.* **1** 水力. **2** (水力に利用できる)滝, 傾斜水流. **3** (水車などの)用水権. — *adj.* [限定的] 水力の, 水力による: ~ electricity 水力電気 / a ~ plant [station] 水力発電所. 〚1817〛

wáter pòx *n.* 〔病理〕=chickenpox.

wáter prèssure *n.* 水圧. 〚1849〛

wáter prìvilege *n.* 〔法律〕《米》(動力源としての)水利権. 〚1804〛

wa·ter·proof /wɔ́ːţəprùːf, wɑ́ː- | wɔ́ːtə-/ *adj.* 水を通さない, 防水の, 耐水の (cf. water-repellent, water-resistant): a ~ hat. — *n.* **1** 《英》防水服, レインコート. **2** 防水布, 防水材料. — *vt.* …に防水処理をする, 防水する. **~·ness** *n.* 〚《adj.: 1736; n.: 1799; v.: 1841》〛

wáter·pròof·er *n.* **1** 防水処理をする人. **2** (屋根などの)防水材料. 〚1858〛

wáter·pròof·ing *n.* **1** 防水剤. **2** 防水処理. 〚1845〛

wáter·pròofing sàlt *n.* 〔化学〕防水用塩《布の防水処理用の金属塩; 特に, 酢酸アルミニウム ($Al(C_2H_3O_2)_3$)》.

wáter pùlse *n.* 食物のかすを取るためにスプレーで歯にかける水.

wáter pùmp *n.* 水ポンプ. 〚1530〛

wáter pùrslane *n.* 〔植物〕 **1** =marsh purslane. **2** 米国中部・メキシコ産のミソハギ科の小さな水生植物 (*Didiplis diandra*)《葉は線状》.

wáter ràce *n.* (産業用の)水路.

wáter ràil *n.* 〔鳥類〕クイナ (*Rallus aquaticus*)《旧世界産のくちばしが赤く長い水鳥》. 〚1655〛

wáter ràm *n.* =hydraulic ram. 〚1806〛

wáter ràt *n.* **1** 〔動物〕川や池などの水辺に生息する齧歯(げっし)類の動物の総称. **2** 〔動物〕 **a** =water vole. **b** =muskrat. **c** ミズネズミ《オーストラリア・ニューギニア・フィリピンにすむミズネズミ亜科の総称; 後足が大きく, 多くは水生》. **3** 《俗》水辺[海岸通り]の浮浪者[泥棒]. **4** 《口語》水上スポーツの好きな人. **5** 海賊, [軽蔑的に]水夫, 船乗り. 〚《1552》: cf. G *Wasserratte*〛

wáter ràte *n.* **1** 《英》水道料金. **2** 〔機械〕蒸気消費率《蒸気機関または蒸気タービンの一馬力あたりの蒸気消費量》. 〚1837〛

wáter rènt *n.* =water rate 1. 〚1802〛

wáter-repèllent *adj.* (完全防水ではないが)水をはじく, 撥水(はっすい)加工の (cf. waterproof). **-repèllency** *n.* 〚1896〛

wáter-resìstance *n.* 防水性, 耐水性《水や湿気が中に侵入するのを防ぐ性能》. 〚1935〛

wáter-resìstant *adj.* (完全防水ではないが)水の作用[浸透]に抵抗する, 耐水性の (cf. waterproof): a ~ watchcase 耐水性の腕時計の側(がわ). 〚1921〛

wáter-rèt /-rèt/ *vt.* 〔紡織〕〈麻などを〉水に浸して繊維を取る[柔かくする], 浸水する. 〚1797〛

wáter rhèostat *n.* 〔電気〕水抵抗器《電解液中に電

極を入れた抵抗器).

wáter rìght *n.* 〖法律〗(灌漑(かんがい)用などの)水利権, 用水権. 〖1793〗

wáter rùdder *n.* 〖航空〗(飛行艇や水上機の)水中舵.

wáter rùg *n.* 《Shak》毛長の水鳥狩猟犬. 〖1606〗

Wa·ters /wɔ́ːtəz, wɑ́ː- | wɔ́ːtəz/, **Muddy** *n.* ウォーターズ《1915–83; 米国のブルースシンガー・ギタリスト; *Rollin' Stone* (1948); 本名 McKinley Morganfield》.

wáter sàil *n.* 〖海事〗 **1** 第一斜檣(しゃしょう) (bowsprit) の下に張る三角形の縦帆. **2** スクーナー船の主檣下桁帆のブームに取り付ける補助帆. **3** 下部スタンスルのブームに取り付ける帆. 〖1675〗

wáter sàpphire *n.* 〖鉱物〗透明な菫(すみれ)青石 (iolite) 《Sri Lanka, Madagascar などに産する》. 〖《(1727–41)》《1829》《なぞり》← F *saphir d'eau*〗

water·scape /wɔ́ːtəskèɪp, wɑ́ː- | wɔ́ːtə-/ *n.* 水景, 水景画 (cf. landscape). 〖《1854》← WATER＋(LAND-)SCAPE〗

wáter scàvenger bèetle *n.* 〖昆虫〗ガムシ《腐敗物や水草を食するガムシ科の水生甲虫の総称; ガムシ (*Hydrophilus acuminatus*) など; cf. predaceous diving beetle》.

wáter scòrpion *n.* 〖昆虫〗タイコウチ, ミズカマキリ《半翅目タイコウチ科の捕食性の水生昆虫の総称》. 〖1681〗

wáter sèal *n.* 水封じ《下水管内などの悪臭の漏れを防ぐために管の湾曲部にためておく水》.

wáter·shèd *n.* **1** 分水界 (《米》water parting, divide). **2** 《米》(川の)流域. **3** (二つの様相・状態などの)分岐点, 転機: approach an unavoidable ～ 避けがたい分岐点に差しかかる. **4 a** 〖建築〗＝wash 14. **b** 〖海事〗(丸い)船窓のひさし (eyebrow). 〖《1803》← WATER (n.)＋SHED² (n.): cf. G *Wasserscheide*〗

wáter shìeld *n.* 〖植物〗 **1** ジュンサイ (*Brasenia schreberi*). **2** フサジュンサイ (⇨ fanwort). 〖*c*1818〗

wáter·shòot *n.* **1** 排水どい, 排水管, 射水路. **2** 〖植物〗＝water sprout. **3** ＝water chute. 〖《1585》《廃》sucker growing from the root of a tree〗

wáter shrèw *n.* 〖動物〗トガリネズミ科の水生の齧歯(げっし)動物《ユーラシア産のミズトガリネズミ (*Neomys fodiens*), 北米産のミズベトガリネズミ (*Sorex palustris*) など》. 〖1769〗

wáter-sìck *adj.* 〖農業〗〈土地が〉(作物栽培に不適当なほど)水分の多過ぎる. 〖《1555》← WATER＋SICK¹: cf. OE *wæter-seoc* dropsical〗

wáter·sìde *n.* [the ～] (川・海・湖の)水辺. — *adj.* **1** 水辺にすむ, 水辺にある. **2** 水辺で働く; 水辺労働者の: a ～ strike. 〖?*a*1300〗

wáter·sìder *n.* 《英・豪》港湾労働者 (docker). 〖1914〗

wáter sìlk *n.* **1** ＝watered silk. **2** 波紋絹布を使った衣服. **3** (表紙裏などに使う)波紋模様の紙. 〖《1852》: ⇨ water n. 10〗

wáter skàter *n.* 〖昆虫〗アメンボ (water strider). 〖1941〗

wáter-skì *vi.* (～ed, ～'d; ～·ing) 水上スキーをする: go ～*ing* 水上スキーに行く. **～·er** *n.* **～·ing** *n.* 〖1953〗

wáter skì *n.* 水上スキー(板). 〖1931〗

wáter·skìn *n.* 水を運ぶ皮袋.

wáter·skỳ *n.* 〖気象〗水空(みずぞら)《極地方で水平線を見た時に, 結氷しない水面上に現れる黒味がかった空の色; waterblink ともいう; cf. blink 4 b》. 〖1823〗

wáter slìde *n.* ウォータースライド《プールにすべり降りるすべり台; 通例 流水があり, 曲がりくねっているものが多い》.

wáter snàke *n.* **1** 〖動物〗水中または水辺にすむヘビ, 水ヘビ《特に, ユウダ属 (*Natrix*) の半水生の無毒のヘビ; ヨーロッパヤマカガシ (*N. natrix*) など》. **2** [the W- S-] 〖天文〗 **a** うみへび(海蛇)座 (⇨ hydra 4). **b** みずへび(水蛇)座 (⇨ Hydrus). 〖1601〗

wáter snòwflake *n.* 〖植物〗ガガブタ (*Nymphoides indicum*)《アジア産の星状の白い花をつけるリンドウ科の浮草》.

wáter-sòak *vt.* 水につける, …に水を含ませる. — *vi.* びしょびしょになる. 〖1791〗

wáter sòftener *n.* **1** 硬水軟化剤. **2** 硬水軟化タンク[容器]. 〖1906〗

wáter sòldier *n.* 〖植物〗欧州や温帯アジア産トチカガミ科の葉が銃剣に似た水草 (*Stratiotes aloides*). 〖1889〗

wáter-solubílity *n.* 〖生化学〗水に可溶であること, 水溶性. 〖1979〗

wáter-sòluble *adj.* 〖生化学〗〈ビタミンなど〉水に溶解する, 水溶性の. 〖1978〗

wáter spàniel *n.* ウォータースパニエル《縮毛の大型スパニエル; 水に慣れる種類で, 水鳥猟に用いる; American water spaniel と Irish water spaniel との 2 種がある》. 〖1566〗

wáter spèedwell *n.* 〖植物〗カワヂシャ (*Veronica anagallis-aquatica*)《沼沢地に生えるゴマノハグサ科の草》.

wáter spìder *n.* 〖動物〗ミズグモ (*Argyroneta aquatica*)《ミズグモ科のクモ; 水中の水草の間に糸を張って釣り鐘形の巣を作り, そこに体毛の間にたくわえた空気を運び込んですむ》. 〖1552〗

wáter·splàsh *n.* **1** (川の)浅瀬. **2** 川や水たまりにつかった道路の一部. 〖1835〗

wáter·spòrts *n. pl.* 水上スポーツ《水泳・水上スキー・ウインドサーフィンなど水中や水上で行うスポーツ》.

wáter·spòut *n.* **1** (水が吐き出される)水口, 樋口(ひぐち); (樋口などから)吐き出される水. **2** (屋根の水を下に落とす)竪樋(たてどい). **3** (海上・湖上の)竜巻 (cf. sand column, windspout). **4** 土砂降り, 豪雨 (torrential rain). 〖(*a*1393): ⇨ water (n.), spout (n.)〗

wáter sprìte *n.* 水の精 (water nymph). 〖1798〗

wáter spròut *n.* 〖植物〗徒長枝《果樹などの幹などから非常に勢いよく伸び, 通例実をつけない若枝》. 〖*c*1892〗

wáter stàin *n.* 〖建築〗水性ステイン, 水溶性着色液《木部の着色剤》. 〖1913〗

wáter stàrwort *n.* 〖植物〗水中や湿地に生えるアワゴケ属 (*Callitriche*) の植物の総称《ミズハコベ (*C. verna*) など》. 〖1597〗

wáter stìck ìnsect *n.* 〖昆虫〗ミズカマキリ (*Ranatra linearis*)《タイコウチ科の水生昆虫; 体色や体形が植物にまぎれて目立たない》.

wáter stòma *n.* 〖植物〗＝hydathode. 〖1884〗

wáter·stòne *n.* 水砥石(といし)《油砥石 (oilstone) に対して水を使う普通の砥石》. 〖(1379) 1891〗

wáter strìder *n.* 〖昆虫〗 **1** アメンボ《アメンボ科の昆虫の総称》. **2** カタビロアメンボ科の昆虫の総称. 〖1849〗

wáter supplỳ *n.* **1** 給水, 給水法; 上水道. **2** 上水. 〖*c*1882〗

wáter sỳstem *n.* **1** 水系《支流と本流とから成る川すじの全系統》. **2** ＝water supply 1. 〖1833〗

wáter tàble *n.* **1** 地下水面 (groundwater level ともいう). **2** 〖建築〗(外壁から突き出た)水切り石, 雨押え石. **3** 道路わきの排水溝, 側溝. 〖1428〗

wáter tànk *n.* 水槽(すいそう), 水タンク.

wáter thrùsh *n.* 〖鳥類〗 **1** 北米産アメリカムシクイ科カマドムシクイ属 (*Seiurus*) の鳴鳥の総称《キタミズツグミ (*S. noveboracensis*), ミナミミズツグミ (*S. motacilla*) など》. **2** ムナジロカワガラス (*Cinclus cinclus*)《ヨーロッパ産》. **3** 《英方言》＝pied wagtail. 〖1668〗

wáter tìger *n.* 〖昆虫〗＝water devil 1. 〖1889〗

wáter·tìght *adj.* **1** 水を通さない, 水の漏らない, 水密の (cf. tight *adj.* 8): a ～ box 水の入らない[漏らない]箱 / ⇨ watertight compartment 1. **2** 〈議論・法文など〉完璧な, 反撃[誤解]されるすきのない, 水も漏らさぬ: a ～ document 完全に手落ちのない文書 / a ～ argument 反撃のすきのない議論 / I've got a ～ alibi. 私には完璧なアリバイがある. **～·ness** *n.* 〖1387〗

wátertight compártment *n.* **1** (船などの)水密区画, 防水区画, 防水室: be [live] in ～*s* 他と全く隔絶[孤立]している. **2** (観念・主題などの)明確[完全]な分離[区分], 峻別. 〖1858〗

wáter tòn *n.* ウォータートン《容積の単位で 224 英(国標準)ガロンに等しい》.

Wá·ter·ton-Glácier Internátional Péace Pàrk /wɔ́ːtətn̩-, wɑ́ː-, -tən- | wɔ́ːtətən-, -tn̩-/ *n.* ウォータートン グレーシャー国際平和公園《カナダ Alberta 州南部の Waterton Lakes National Park と米国 Montana 州の Glacier National Park から成る広大な自然公園》.

Wáterton Lákes Nátional Párk *n.* ウォータートン湖国立公園《カナダ Alberta 州南部の国立公園; 面積 526 m²》.

wáter tòothpick *n.* 〖歯科〗ウォーターピック《水を歯に吹きつけて歯を掃除する装置》. 〖1976〗

wáter tòrture *n.* 水責め《絶えず滴水の音にさらしたり, 額にゆっくり水を浴びせ続けたりする拷問》. 〖1928〗

wáter tòwer *n.* **1** 貯水塔, 給水塔, 配水塔. **2** 消火用放水やぐら. 〖1887〗

wáter tràp *n.* 〖ゴルフ〗ウォータートラップ《池・小川など, ゴルフコースの水のある障害地域》.

wáter tùbe *n.* 水管. 〖*a*1877〗

wáter-tùbe bòiler *n.* 水管ボイラー, 水管罐(かん) (cf. fire-tube boiler). 〖1875〗

wáter tùnnel *n.* 〖航空〗回流水槽《物体の回りの流れを研究するために水を循環させて測定部に水流を作るようにした水槽; cf. wind tunnel》. 〖1940〗

wáter tùrbine *n.* 〖電気〗水タービン, 水車.

wáter tùrkey *n.* 〖鳥類〗アメリカヘビウ (*Anhinga anhinga*)《新大陸に生息する, 首が長く鵜(う)に似た鳥》. 〖1836〗

wáter vàpor *n.* 水蒸気《臨界点 (374°C) 以下における気体の水》. 〖1880〗

wáter-váscular sỳstem *n.* 〖生物〗(棘皮(きょくひ)動物の)水管系, 歩管系. 〖1870〗

wáter vìolet *n.* 〖植物〗ヨーロッパ・北アジア産サクラソウ科の水生多年草 (*Hottonia palustris*)《白または薄紫の花をつけ, 水槽で栽培される》. 〖1597〗

wáter vòle *n.* 〖動物〗ミズハタネズミ (*Arvicola amphibius*)《水辺に生息するキヌゲネズミ科ミズハタネズミ属の動物》. 〖1828〗

wáter wàgon *n.* (行軍中の軍隊などの用いる)水運搬用荷車, 給水車. ***òff the wáter wàgon*** 《俗》酒をまた飲み出して, 禁酒をやめて: be [fall, go] *off the* ～ 禁酒をやめている[やめる]. ***on the wáter wàgon*** 《俗》酒を断(た)って: be [go] *on the* ～ 禁酒している[する]. 〖1815〗

wáter wàgtail *n.* 〖鳥類〗 **1** ＝pied wagtail. **2** ＝water thrush 1. 〖1611〗

wáter·wàll *n.* 水管壁《ボイラーで炉の内壁に沿って設置された水管群》.

wa·ter·ward /wɔ́ːtəwəd, wɑ́ː- | wɔ́ːtəwəd/ *adv.* 水のある方へ. 〖《*c*1220》: ⇨ -ward〗

wáter-wàve *vt.* 《髪》にウォーターウェーブをつける. **wáter-wàved** *adj.* 〖1599〗

wáter wàve *n.* **1** (重力で生じる)水の波. **2** (髪を水でぬらしてドライヤーで整える)ウォーターウェーブ. 〖*c*1560〗

wa·ter·way /wɔ́ːtəwèɪ, wɑ́ː- | wɔ́ːtə-/ *n.* **1** 水路 (water route)《川・運河など》: transport goods by ～ 水路で荷物を運ぶ. **2** (湾内などの)航路, 澪(みお) (fairway). **3** 〖海事〗(甲板の外周沿いに続く)舷側(げんそく)排水溝. **4** 〖造船〗(木造船の)梁圧(りょうあつ)材《甲板が舷側に接している所を, 舷側沿いに縦走する厚い甲板張板》. **5** 〖機械〗水口. 〖《1440》: ⇨ water, way¹: cf. OE *wæterweġ*〗

wáterway plànk *n.* 〖海事〗＝margin plank.

wáter·wèed *n.* 〖植物〗水草《水生植物数種の総称》: **a** カナダモ (*Elodea canadensis*)《北米産カナダモ属の植物》. **b** カナダモ属の植物の総称. 〖1842〗

wáter·whèel *n.* **1** 水車 (undershot waterwheel と overshot waterwheel がある). **2** (バケツをつけた水車状の)水揚げ車 (cf. noria). **3** (外輪式汽船の)外車 (paddle wheel). 〖1408〗

wáter-whìte *adj.* 無色透明な. **～·ness** *n.*

wáter wìllow *n.* 〖植物〗 **1** ＝purple loosestrife. **2** ＝swamp loosestrife. **3** 北米産キツネノマゴ属 (*Justicia*) の植物の総称; (特に)アメリカキツネノマゴ (*J. americana*). 〖1585〗

wáter wìngs *n. pl.* (水泳初心者の用いる)両脇用浮袋. 〖1907〗

wáter wìtch *n.* **1** 水中に住む魔女. **2** 《米》＝waterfinder. **3** 〖鳥類〗 **a** ＝dabchick. **b** 《英方言》＝storm petrel. **4** (各種の)水探知機. 〖*a*1680〗

wáter wìtcher *n.* 《米》＝waterfinder. 〖1917〗

wáter wìtching *n.* **1** 《米》占い杖 (divining rod) を用いてする地下水脈の探知. **2** 水探知. 〖1877〗

wáter·wòrk *n.* 《廃》(ディステンパーなどで描かれた)模造のタペストリー. 〖*a*1548〗

wáter·wòrks *n. pl.* **1** [単数または複数扱い] 上水道, 水道設備. **2** [単数扱い] (水道設備の)揚水ポンプ場, 浄水場. **3 a** 《俗》涙(を流すこと). **b** 《英・婉曲》泌尿系統. **4** [通例複数扱い] 噴水. ***túrn ón the wáterworks*** 《俗》涙を流す, 泣く. 〖(1443) 1621〗

wáter·wòrn *adj.* 水の作用で摩滅した[滑らかになった]. 〖1815〗

wa·ter·y /wɔ́ːtəri, wɑ́ː- | wɔ́ːtəri/ *adj.* **1 a** 〈液体が〉水のような, 水様の (water-like): a ～ fluid 水様液. **b** 〈色が〉淡い, 青白い (pale): pale, ～ light 青白い薄光. **2** 〈食物が〉水っぽい, 味のない, 気の抜けた (diluted): ～ wine [soup] 水っぽい[薄い]ぶどう酒[スープ]. **3 a** 〈土地が〉水を多く含んだ; よく灌漑(かんがい)された (well-watered): ～ plains 水の多い平原. **b** 〈雲・風・季節などが〉雨を含んだ; 雨模様の (rain-presaging): ～ clouds 雨雲 / a ～ sky 雨もよいの空 / a ～ moon (雨もよいの時に出る)薄くかすんだ月. **4** 〈思想・感情・文体・表現など〉希薄な, 力のない, 味わいのない (weak, insipid): a ～ style 無気力な文体. **5** 水の, 水の性質をもった; 〈溶液など〉水で作った: the ～ vapor in the atmosphere 大気中の水蒸気 / the ～ arch 《詩》虹 / a ～ solution 水溶液. **6** 〈目が〉涙ぐんだ, 〈嘆きなど〉涙ながらの, 〈眼病にかかった目が〉涙が出る (tearful): with a ～ eye 目に涙を浮かべて. **7** 《詩》水から成る: a ～ way 船路 / a ～ waste 海原 / go [sink] to a ～ grave 水死して水の底に沈む. **8** 〈皮膚や身体の部分が〉水様液を分泌する, 水様液がつまっている. **9** 《廃》よだれを垂らした; 涙を流している. **wá·ter·i·ly** /-təɾəli | -tərəli/ *adv.* **wá·ter·i·ness** *n.* 〖OE *wæteriġ*: ⇨ water, -y⁴〗

Wat·ford /wɑ́(ː)tfəd | wɔ́tfəd/ *n.* ワトフォード《イングランド Hertfordshire 南西部の町》.

Wat·kins /wɑ́(ː)tkɪ̀nz | wɔ́tkɪnz/ *n.* ワトキンズ《男性名》. 〖《原義》son of *Watkin* ((dim.) ← WALTER): ⇨ -kin〗

Wát·kins Glén /wɑ́(ː)tkɪ̀nz- | wɔ́tkɪnz-/ *n.* ワトキンズグレン《米国 New York 州西部の村, 湖端にあり 3 マイルにわたる峡谷には多数の滝がある》.

Wát·ling Ísland /wɑ́(ː)tlɪŋ- | wɔ́t-/ *n.* ワットリング島《San Salvador の旧名》.

Wátling Strèet *n.* ウォトリング街道《古代ローマ人が作った街道で, London から Shrewsbury 付近に至る道, または Dover から Canterbury を通り London に至る道》. 〖OE *Wætlingastræt* ← *Wæclingastræt* 《原義》? the road to St. Albans〗

WATS /wɑ́(ː)ts | wɔ́ts/ 《略》《米》Wide Area Telecommunication [もとは Telephone] Service《月決め定額料金で何回でも長距離通話ができる; 企業に利用されている》. W

Wat·son /wɑ́(ː)tsən, -tsn̩ | wɔ́tsən, -tsn̩/, **Dr.** *n.* ワトソン博士《Conan Doyle の推理小説に登場する医師; Sherlock Holmes の親友・引立て役で事件の語り役》.

Watson, James Dewey *n.* ワトソン《1928– ; 米国の生化学者; DNA の構造解明に寄与; Nobel 医学生理学賞 (1962)》.

Watson, John *n.* ワトソン《1850–1907; スコットランドの牧師; Ian Maclaren という筆名で小説家として知られている; *Beside the Bonnie Brier Bush* (1894)》.

Watson, John Broa·dus /brɔ́ːdəs, brɑ́ː- | brɔ́ːdəs/ *n.* ワトソン《1878–1958; 米国の心理学者, 行動主義 (behaviorism) の主唱者》.

Watson, John Christian *n.* ワトソン《1867–1941; オーストラリアの政治家; 首相 (1904)》.

Watson, Tom *n.* ワトソン《1949– ; 米国のゴルファー; 本名 Thomas Sturges Watson》.

Watson, Sir William *n.* ワトソン《1858–1935; 英国の詩人; Tennyson の死を悼(いた)む詩を書いた》.

Wátson-Críck /-krík/ *adj.* ワトソンクリック模型の. 〖1964↓〗

Wátson-Críck mòdel *n.* 〖生化学〗ワトソンクリック模型《1953 年に J. D. Watson と F. H. C. Crick によって提出された DNA の分子模型》.

wat·so·ni·a /wɑ(ː)tsóuniə | wɔtsə́u-/ *n.* 〖植物〗ヒオウギスイセン《アフリカ南部産アヤメ科ヒオウギスイセン属 (*Watsonia*) の植物の総称》. 〖《1801》← NL ～ ← *Sir William Watson* (1715–87: 英国の植物学者): ⇨ -ia¹〗

Wátson-Wátt, Sir **Robert Alexander** *n.* ワトソンワット《1892–1973; スコットランドの物理学者; radar の発達に貢献》.

watt /wɑ́(ː)t | wɔ́t/ *n.* 〖電気〗ワット《電力の単位》. 〖(1882) ↓〗

Watt /wɑ́(ː)t | wɔ́t/, **James** *n.* ワット《1736–1819; スコットランドの機械技師で蒸気機関の完成者》.

watt·age /wɑ́(ː)tɪdʒ | wɔ́t-/ *n.* **1** 〖電気〗ワット数. **2** ある電気器具[装置]を動かすに要するワット量. 〖(1903) ← WATT＋-AGE〗

wátt cùrrent *n.* 〖電気〗有効電流《active current ともいう; cf. WATTLESS current》.

Wat·teau /wɑ(ː)tóu | wɔ́təu; *F.* vato/ *adj.* **1** ワトーの: a ～ school ワトー派. **2** 〈婦人服・婦人帽が〉ワトーの絵にあるようなスタイルの, ワトー型の: a ～ back 首の辺から幅広のはこひだが床まで一直線にたれた婦人服 (gown) の背 / a ～ bodice 四角いネックラインでラッフルのついたそでのある身ごろ / a ～ hat 山が浅く広いつばの後ろがはね上がり花飾りのある帽子. 〖(1864) ↓〗

Wat·teau /wɑ(ː)tóu, wɔ(ː)t- | wɔ́təu; *F.* vato/, **Jean Antoine** *n.* ワトー《1684–1721; フランスロココの代表的画家》.

wátteau plèat *n.* ワトープリーツ《ガウンなどの後ろ中央につけた大きなボックスプリーツでネックラインに固定されすそに向って身体から離れるデザイン》. 〖1873〗

watteau pleat

Wat·ten·scheid /vɑ́ːtn̩ʃàɪt; *G.* vátn̩ʃaɪt/ *n.* バッテンシャイト《ドイツ North Rhine-Westphalia 州中部, Essen 市の東にある工業都市》.

Wat·ter·son /wɑ́(ː)təsən, -sn̩ | wɔ́tə-/, **Henry** *n.* ワターソン《1840–1921; 米国のジャーナリスト・政治家; Marse Henry として知られる》.

wátt-hòur *n.* 〖電気〗ワット時《1 ワット 1 時間の電力量》. 〖1888〗

wátt-hour méter *n.* 〖電気〗電力量計《積算電力計ともいう, 俗に「電気のメートル」というもの》.

Wat·tie's /wɑ́(ː)tiz | wɔ́tiz/ *n.* 〖商標〗ワッティーズ《ニュージーランドの食品会社 Watties Industries 社 (現 Heinz-Wattie's Australasia 社; 本社オーストラリア)製の冷凍食品・缶詰など》.

wat·tle /wɑ́(ː)tl̩ | wɔ́tl̩/ *n.* **1 a** 編み枝, 編み枝細工《細い木を芯に細枝などを編み合わせたもので, 垣根・壁・草ぶき屋根の骨組などに用いる》. **b** 編み枝(細工)用の材料. **c** [*pl.*] (屋根ふき材料 (thatch) を支える)木の棒. **2** 《英方言》**a** 小枝, 杖, さお. **b** (移動式)編み垣 (hurdle). **3** 〖植物〗**a** オーストラリア産クノニア科の低木 (*Callicoma serratifolia*)《昔, その細長い小枝が植民者たちによって編み枝として用いられた》. **b** オーストラリア産マメ科アカシア属 (*Acacia*) の植物の総称《ピクナンサアカシア (golden wattle), モリシマアカシア (green wattle), フサアカシア (silver wattle など》. **c** 南アフリカ産のマメ科トゲナシジャッツ属の木 (*Peltophorum africanum*). **4 a** 〖鳥類〗(鶏や七面鳥の)肉垂(にくすい). **b** (魚の)触鬚(しょくしゅ) (barbel). **c** (トカゲなどの)のど袋. **d** 《俗》(人の)のどのだぶだぶした肉.

wáttle and dáub [dáb] 〖建築〗荒打ちしっくい, 泥壁《編み垣に粘土や泥を塗って造った粗末な壁》: a ～ hut. 《1808》 — *adj.* [限定的]〈屋根・家が〉編み枝で造られた.

— *vt.* **1** 〈垣根・壁・屋根・家などを〉編み枝で造る: ～ a fence. **2** 〈小枝などを〉編む.

〖n.: ME *wat(t)el* < OE *watul* < Gmc **waðlaz* ← IE **aw-* to weave. — v.: (1355–56) *watele(n)* ← (n.)〗

W

wáttle·bìrd *n.* 〖鳥類〗**1** ミツスイ科ミミダレミツスイ属 (*Anthochaera*) の鳥の総称《オーストラリア・タスマニア産で耳の辺りに著しい肉垂(にくすい)がある》. **2** ニュージーランド産のホオダレムクドリ科 (Callaeidae) の鳥の総称《肉垂がある》. 〖1773〗

wáttle cròw *n.* 〖鳥類〗＝kokako.

wát·tled *adj.* **1** 編み枝で作った: a ～ fence. **2** 〈小枝など〉絡み合った: ～ branches. **3 a** 〈鳥が〉肉垂(にくすい)のある. **b** 〈魚が〉触鬚(しょくしゅ)のある. **4** 〖紋章〗〈鶏などが〉肉垂が体の色と異なる. 〖1548〗

Wáttle Dày *n.* ワトルデー《オーストラリアの祭日; 各州の wattle (アカシア) の花の咲く時期によって 8 月 1 日または 9 月 1 日》.

wáttle-èye *n.* 〖鳥類〗メガネヒタキ《アフリカ産ヒタキ科メガネヒタキ属 (*Platysteira*) の総称; 眼の上に赤色などのとさか状突起がある》.

wátt·less *adj.* 〖電気〗無効の: a ～ current 無効電流《reactive current ともいう; cf. watt current》. 〖1902〗

wáttless compónent *n.* 〖電気〗＝reactive component.

wáttle·wòrk *n.* 編み枝細工, かご細工 (wickerwork).

wát·tling /-tlɪŋ, -tl̩- | -tlɪŋ, -tl̩-/ *n.* ＝wattlework.

wátt·mèter *n.* 〖電気〗電力計, ワット計. 〖1887〗

Watts /wɑ́(ː)ts | wɔ́ts/, **George Frederick** *n.* ワッツ《1817–1904; 英国の画家・彫刻家》.

Watts, Isaac *n.* ワッツ《1674–1748; 英国の神学者・賛美歌作者; 'O God, Our Help in Ages Past' (1719)》.

Watts-Dun·ton /wɑ́(ː)tsdʌ́ntn̩ | wɔ́tsdʌ́ntən/, **Walter Theodore** *n.* ワッツダントン《1832–1914; 英国の批評家・詩人・小説家; *Aylwin* (小説, 1898)》.

wátt-sécond *n.* 〖電気〗ワット秒《1 ワット 1 秒の電力量; 1 ジュール (joule) に相当》. 〖1893〗

Wát Týler's Rebéllion *n.* ＝Peasants' Revolt.

Wa·tu·si /wətúːsi/ *n.* (*also* **Wa·tut·si** /-tútsi/) **1** (*pl.* ～, ～s) ＝Tutsi. **2** [w-] ワトゥーシ《腕と頭の力強い痙攣(けいれん)的な動きを特徴とする 2 拍子の踊り》. — *vi.* ワトゥーシを踊る. 〖1899〗

waucht /wɑ́(ː)xt, wɔ́(ː)xt | wɔ́xt/ *n.*, *v.* 《スコット・北英》＝waught.

waugh[1] /wɔ́ːf, wɑ́ːf | wɔ́ːf/ *adj.* 《スコット・北英》**1** 味のない (insipid). **2** いやな味のする, いやな匂いの; 古くさい (stale). **3** 〈味・匂い・音など〉弱い, 薄い. 〖(1703) 《変形》← 《方言》*wallow* < ME *walk* < OE *wealġ* nauseous〗

waugh[2] /wɔ́ː, wɑ́ː | wɔ́ː/ *int.* わーっ, わーん, わー, えーん《特に 子供の泣き声》. 〖(1761): 擬音語〗

Waugh /wɔ́ː, wɑ́ː | wɔ́ː/, **Alec** *n.* ウォー《1898–1981; 英国の小説家; Evelyn Waugh の兄》.

Waugh, Arthur *n.* ウォー《1866–1943; 英国の文芸批評家・出版者・編集者; Alec と Evelyn の父》.

Waugh, Evelyn (**Arthur St. John**) *n.* ウォー《1903–66; 英国の小説家; *Decline and Fall* (1928), *Brideshead Revisited* (1945)》.

waught /wɔ́ːt, wɑ́ːt | wɔ́ːt/ 《スコット・北英》*n.* がぶ飲み. — *vt.*, *vi.* がぶ飲みする. 〖(1508) ← ? : cf. quaff〗

wauk[1] /wɔ́ːk, wɑ́ːk | wɔ́ːk/ *v.*, *n.* 《スコット》＝wake[1]. 〖(1703) 《変形》← *walk* < ME *walke(n)*? 《逆成》← *walker(e)* // ? ▭ (M)Du, MLG *walken*〗

wauk[2] /wɔ́ːk, wɑ́ːk | wɔ́ːk/ *vt.* 《スコット》＝waulk.

Wau·ke·gan /wɔːkíːgən, wɑː- | wɔː-/ *n.* ウォーキーガン《米国 Illinois 州北東部の Michigan 湖畔の都市; 避暑地》.

Wau·ke·sha /wɔ́ːkəʃɔ̀ː, wɑ́ː-, -ʃɑ̀ː | wɔ́ːkəʃɔ̀ː/ *n.* ウォーケショー《米国 Wisconsin 州南東部の Milwaukee 市の近くの都市》.

wauk·rife /wɔ́ːkràɪf, wɑ́ːk- | wɔ́ːk-/ *adj.* 《スコット》＝wakeful.

waul /wɔ́ːl, wɑ́ːl | wɔ́ːl/ *vi.* (ねこや赤ん坊のように)にゃーにゃー[ぎゃーぎゃー]鳴く. — *n.* にゃーにゃー[ぎゃーぎゃー]鳴く声. 〖(*a*1550) 《古形》*wawill* 《擬音語》〗

waulk /wɔ́ːk, wɑ́ːk | wɔ́ːk/ *vt.* 〈毛織物を〉縮充(しゅくじゅう)する (full). 〖《変形》← *walk* ▭ MLG & MDu. *walken*〗

waur[1] /wɑ́ɚ | wɑ́ː(r)/ *adj.*, *adv.* 《スコット》＝worse. 〖《異形》← WAR[2]〗

waur[2] /wɑ́ɚ | wɑ́ː(r)/ *adj.* 《スコット》＝wary.

Wau·wa·to·sa /wɔ̀ːwətóusə, wɑ̀ː- | wɔ̀ːwətə́u-/ *n.* ウォーワトサ《米国 Wisconsin 州南東部の Milwaukee 市近郊の都市》.

WAV 《略》〖電算〗wave sound 《拡張子》.

wave /wéɪv/ *vt.* **1** (合図に)〈手などを〉振る, 振り動かす; (手や旗を振って)合図する, 指図する, 表示する: ～ a light [flag, handkerchief] (合図に)光(懐中電灯など)[旗, ハンカチ]を振る / ～ one's hand in farewell 手を振って別れの挨拶をする / ～ a person to come nearer もっと近寄れと手を振って人に合図する / He ～*d* his men *on* [back] with his sword. 剣を振って進め進め[戻れ]と部下に合図した / ～ a farewell [goodby] (to us) 手[帽子, ハンカチなど]を振って(私たちに)別れの挨拶をする / He ～*d* us goodbye. 我々に手を振って別れの挨拶をした / He ～*d* his visitor to a seat. 手振りで客に椅子を勧めた / He ～*d* me *to* silence. 手振りで黙るように合図した / He ～*d* her *down*. 手を振り彼女を座らせた. **2** 揺する, 揺り動かす; 振る, 振り回す (brandish); ひらひらさせる, 翻す: ～ one's sword (around [about]) 刀を振り回す / He ～*d* the stick at them. 彼らに向かってステッキを振り回した / The wind ～*d* the branches [flag]. 風が木の枝を揺り動かした[旗をひらひらさせた]. **3** 波打たせる, うねらせる; 〈髪を〉ウェーブする, 〈絹布などに波紋をつける: have one's hair ～*d* 髪をウェーブする[してもらう]. **4** 《廃》〈頭を〉上下に動かす.

wáve asíde* [*awáy, óff*]** 手を振って横へどかす[追い払う]; だめだめと手を振って退ける; はねつける, …はごめんこうむる: ～ the children *away* 子供達にあっちへ行けと手を振って合図する / ～ *aside* [*away*] a proposal 提案を退ける / He ～*d away* the compliment. (いやいやと)手を振ってお世辞をかわした. ***wáve dówn (1) 手を振って〈車などを〉止める. (2) ⇨ *vt.* 1. ***wáve goodbýe*** (1) ⇨ *vt.* 1. (2) ＝KISS goodbye (2).

— *vi.* **1** (手・旗などを振って)合図する: ～*ing* crowds 手を振る群衆 / He ～*d* to me (in farewell). 手を振って私に別れの挨拶をした / She ～*d* toward a chair. 手を振って椅子を勧めた / He ～*d* angrily to her to be silent. 彼女に向かって腹立たしげに手を振って黙るように合図した. **2** うねる, うねうね動く; 波立つ, 波動する, 揺れる (sway); ひらひらする, 翻る (flutter): The branches [flag] ～*d* in the wind. 枝[旗]は風に揺れた / *waving* grain 風に波打つ穀草. **3** (波状に)起伏する, うねっている (undulate): Her hair ～*s* in beautiful curves. 髪の毛が美しいウェーブをなしている. **4** 《廃》〈意見や行動が〉二転三転する, ぐらつく (waver).

— *n.* **1** 波, 波浪, 風波: monstrous ～*s* 巨大な波 / mountainous ～*s* 山なす波 / surging ～*s* 寄せ来る波浪 / *Waves* break. 波が砕ける / The ～*s* swept over the deck. 波が甲板を洗った. **2** [the ～(s)] 《詩》(川・湖・海などの)水, 海: Britannia rules the ～*s*. 英国は海洋を制覇する (Thomas Campbell, *Ode to the Germans*). **3 a** 波形のもの, 波動, 起伏, うねり (undulation): golden ～*s* of grain 黄金の穂波 / ～*s* of dark August leaves 波のように揺れる緑濃い 8 月の木の葉 / the ～*s* of mountains 起伏する山々. **b** 〈群衆などが〉波のように押し寄せること; 波のように押し寄せる群れ, 進撃する軍隊[飛行機]の隊列, (動物などの)集団移動する群れ: turn back ～ after ～ of the enemy 次から次へと押し寄せる敵を撃退する / arrive with the first ～ of troops 第一部隊について到着する. **c** (人口の)急増. **4** 〖行動・形勢・感情などの〗波, 高まり 〔*of*〕: a ～ *of* prosperity [depression] 好景気[不景気]の波 / a ～ *of* unemployment 押し寄せる失業の波 / a new ～ *of* buying 新しく起こった買人気 / cause a ～ *of* popular indignation 大波のような衆人の憤りを引き起こす / Crime ～*s* generally follow wars. 犯罪の波は通例戦後にやってくる / A ～ *of* horror swept over him. 恐怖が波のように襲ってきた / He felt a sudden ～ *of* apprehension. 不安が突然波のように押し寄せるのを感じた / A ～ *of* indignation overwhelmed him. 憤りがどっと彼のように襲ってきた. **5** (手・旗などの)振り; (手・旗などを振る)合図 (signal): He motioned her to be silent with a ～ of his [the] hand. 手を振って黙るように合図した. **6 a** (髪の)ウェーブ: the neat ～*s* of her hair きれいにウェーブした髪 / Her hair has a natural ～. 彼女の髪は自然にウェーブがかかっている. **b** (絹布の)波紋 (cf. WATERED SILK, WAVED silk). **7 a** 〖物理〗波, 波動: the shock ～*s* of the earthquake 地震の震動波 / ⇨ longitudinal wave, transverse wave, sound waves. **b** 〖電気〗電波; (電圧・電流などの)波形《waveform ともいう》: radar [radio] ～*s* レーダー[ラジオ]電波. **8** 〖気象〗(気圧・温度などの)変動, 波: a cold [heat] ～ 寒[熱]波. **9** 《米》(スポーツの観客の)ウェーブ, ウェービング《(英) Mexican [Mexico] Wave》《競技場の観客が次々に手を上げて立ち上がってはすわり, うねる波のような視覚的効果を出すこと》. **10** 〖昆虫〗＝wave moth.

in wáves 波状に[の]: attack *in* ～*s* 波状攻撃. ***màke wáves*** 《口語》波乱を起こす: He's not a man who *makes* ～*s*. 事なかれ主義だ. (1962) ***the wáve of the fúture*** 未来の波《将来必ず支配的になると思われる勢力・動向など》.

wáve of translátion 〖物理〗移動波《水の粒子が波の進行方向に移動するような波》.

〖v.: OE *wafian* to wave, brandish ← ? Gmc **wab-* (MHG *waben* to fluctuate / ON *vāfa* to swing) ← IE **webh-* 'to WEAVE[1]'. — n.: (1526) ← (v.) ∞ ME *wawe* < OE *wǣġ* < Gmc **wēʒaz* ← IE **wegh-* (cf. way[1])〗

SYN 波: **wave** 波: 特に海で風や潮流によって起こされた動く水のうね《一般的な語》. **ripple** さざ波: 微風などのために水面に立つ最も小さい波. **roller** 大うねり: あらしの時などに海岸に向かってうねりながら激しい勢いで打ち寄せる大波. **breaker** 波浪: 海岸や岩に当たって泡になって砕ける波. **surf** 集合的に＝*breakers*. **whitecaps** 白い波頭, 白波を指す. **billow** 《文語》大波. **surge** 高い大きなうねり波《*billow* よりも意味が強い》. **undulation** 大きなうねりの波《格式ばった語》.

Wave /wéɪv/ *n.* **1** (米海軍の)婦人予備部隊員 (cf. WAVES). **2** (米海軍の)婦人隊員. 〖(1942) 《頭字語》← W(*omen*) A(*ccepted for*) V(*olunteer*) E(*mergency Service*)〗

wáve ànalyzer *n.* 〖電気〗波形分析器. 〖1931〗

wáve bànd *n.* 〖通信〗周波帯, ウェーブバンド. 〖1923〗

wáve bàse *n.* 波浪作用限界深度, 波浪ベース《湖・海などの水面の波動の影響が及ばなくなる水深》. 〖1899〗

wáve bòmbing *n.* 〖軍事〗波状爆撃.

wáve crèst *n.* 〖電気〗波高点, 波高値.

wáve-cùt plátform *n.* 〖地質〗波食台.

wáve cỳclone *n.* 〖気象〗波動性低気圧.

waved *adj.* **1** 波形の, 波状の, 起伏する: one's ～ hair / a ～ sword 刃が波形の剣. **2** 〈生地が〉波紋のある: ～ silk. **3** 前後に振られた: with ～ hand 手を振って. 〖1599〗

wáve·dòwn *n.* (車などを)手を振って止めること.

wáve ènergy *n.* 波動エネルギー《波の力を利用して得られるエネルギー》. 〖1976〗

wáve equàtion *n.* **1** 〖数学・物理〗波動方程式《波の運動を表す微分方程式》. **2** 〖物理〗＝Schrödinger equation. 〖1926〗

wáve fìlter *n.* 〖電気〗＝filter 6. 〖1908〗

wáve·fòrm *n.* 〖物理〗波形《waveshape ともいう》. 〖1845〗

wáve frònt *n.* **1** 〖物理〗(波の)等相面[線], 波面. **2** 〖電気〗波頭(はとう) (cf. wave tail). 〖1864〗

wáve fùnction *n.* 〖物理〗波動関数《量子力学的状態を記述する関数; その絶対値の自乗は確率を与える》. 〖1925〗

wáve·guìde *n.* 〖電子工学〗導波管. 〖1932〗

wáve hèight *n.* 〖海事〗波高《波の谷と峰の鉛直距離》. 〖1975〗

wave·length /wéɪvlèŋ(k)θ/ *n.* **1** 〖物理〗波長. **2** 《口語》個人の物の考え方,「波長」. ***on different wávelengths＝on a different wávelength*** (人と)波長が合わないで, うま[そり]が合わないで. ***on the sáme wávelength* (*as*)** (…と)同じ波長で, 気が合って (in tune with). (1964) 〖1850〗

wáve·less *adj.* 波[波動]のない, なめらかな, 静かな. **～·ly** *adv.* 〖? *a*1597〗

wave·let /wéɪvlɪ̀t/ *n.* 小波, さざなみ. 〖*c*1810〗

wáve·lìke *adj.* 波のような, 波状の. 〖1685〗

Wa·vell /wéɪvəl, -vl̩/, **Archibald** (**Percival**) *n.* ウェーヴェル《1883–1950; 英国の陸軍元帥; 第二次大戦中の中東方面軍司令官 (1939), インド・ビルマ方面軍司令官

(1942), インド総督 (1943–47); 1st Earl Wavell).
wa·vell·ite /wéɪvəlàɪt/ *n.* 〚鉱物〛銀星石, ウェーベライト ($Al_3(PO_4)_2(OH)_3 \cdot 5H_2O$). 〖(1805) ← *William Wavell* (d. 1829; 英国の医者で, その発見者): ⇨ -ite¹〗
wáve machìne *n.* (プールの)波起こし機.
wáve màking dràg *n.* 〚航空〛 =compressibility drag.
wáve mechànics *n.* 〚物理〛波動力学 (Schrödinger の確立した量子力学の一体系; cf. matrix mechanics). 〖1926〗
wáve·mèter *n.* 〚電気〛周波計, 波長計. 〖1904〗
wáve mòde *n.* 〚物理〛 =mode¹ 9.
wáve mòlding *n.* 〚建築〛(断面形が砕ける波を思わせる)波線形 (cf. Vitruvian scroll).
wáve mòth *n.* 〚昆虫〛波形の模様のあるシャクガ科の小さいガの総称.
wáve mòtion *n.* 波動. 〖1846〗
wáve nòde *n.* 〚物理〛波節.
wáve nùmber *n.* 〚物理〛波数 (単位長当たりに含まれる波の数を示す物理量). 〖1873〗
wáve·òff *n.* 着陸[着艦]中止[復行]合図. 〖1951〗
wáve òffering *n.* 〚聖書〛揺祭(ようさい) (供え物の犠牲獣を左右に揺り動かし, それが祭司と家族の取り分となることを表す; *Exodus* 29 : 24 etc.). 〖1530〗
wáve pàcket *n.* 〚物理〛波束 (空間的に限定された波). 〖1928〗
wáve pàttern *n.* (原始的な装飾として陶器などに見られる)波紋, 波模様. 〖1905〗
wáve pòwer *n.* 波力, 波エネルギー (wave energy).
wáve-pòwer stàtion *n.* 波力発電所.
wa·ver¹ /wéɪvə | -və(r)/ *vi.* **1** 〈決意・勇気などが〉ぐらつく, くじける, ためらう, 迷う〔*in, between*〕(⇨ hesitate SYN): ~ in one's judgment 判断に迷う / ~ before agreeing 承諾する前にためらう / ~ *between* two opinions 二つの意見の間に立って迷う / I have never ~*ed in* my faith. 私の信仰は揺らいだことがない. **2** 〈光などが〉ちらちらする, きらめく; 〈声などが〉震える, 〈目が〉おどおどする: A light ~*ed* in the distance. 遠方に光がちらちらしていた / Her voice ~*ed* with exasperation. 声が怒りで震えた. **3** あちこちに揺れる, ゆらゆら揺れる, ひらひらする (flutter, oscillate): ~*ing* shadows ゆらゆら揺れている影. **4** 〈軍隊・戦線などが〉たじろぐ, 浮足立つ, 乱れ始める (falter): The line began to ~ before the attack. 攻撃を受けて戦線が動揺し始めた. **5** 〈物価などが〉変動する (fluctuate). **6** (まれ) よろめく, よろける (reel).
— *n.* 揺れること; 動揺; ためらい: be on the ~ ためらっている.
〖(*a*1333) *wavere*(*n*) (廃) to wander ◻ ON *vafra* to move unsteadily, flicker ← Gmc **wab-*: ⇨ wave (v.), -er⁴〗
wáv·er² *n.* **1** 振る[揺する]人[物]. **2** (髪に)ウェーブをつける人; ウェーブをつける道具 (アイロンなど). 〖(1835) (廃) 'one who vacillates': ⇨ wave (v.), -er¹〗
wá·ver·er /-v(ə)rə | -rə(r)/ *n.* 気迷いする人, 決断に迷う人, ためらう人. 〖1595〗
wá·ver·ing /-v(ə)rɪŋ/ *adj.* **1** 揺れ動く, ゆらゆらする, 揺らめく, ちらちらする, 震える. **2** 気迷いする, 決しかねている, 心の定まらない, ためらう. **~·ly** *adv.* 〖(*a*1333) (廃) 'wandering': ⇨ waver¹, -ing²〗
Wá·ver·ley Nóvels /wéɪvəli- | -və-/ *n. pl.* [the ~] ウェーヴァリー小説 (Sir Walter Scott の一連の歴史小説の総称; 第一作 *Waverley* (1814) の名にちなむ).
WAVES, Waves /wéɪvz/ (略) Women Accepted for Volunteer Emergency Service (米海軍の)婦人予備部隊 (1948 年以降正規の海軍部隊となる; cf. WAC, WAF).
wáve·shàpe *n.* 〚物理〛 =waveform. 〖1907〗
wáve sòund *n.* 〚電算〛ウェーブサウンド (音声データの符号化形成).
wáve spèed *n.* 〚物理〛 =phase velocity.
wáve sùrface *n.* 〚物理〛 **1** =wave front. **2** 波面 (多数の源から放出された波の包絡面). 〖1833〗
wáve·tàble *n.* 〚電算〛ウェーブ テーブル (実際の楽器音などを録音し, デジタル化したデータを収めたファイルや ROM など).
wáve tàil *n.* 〚電気〛波尾(はび) (cf. wave front 2).
wáve thèory *n.* [the ~] **1** 〚光学〛(光の)波動説 (undulatory theory ともいう; cf. corpuscular theory). **2** 〚言語〛波紋説 (ドイツの言語学者 Johannes Schmidt (1843–1901) の説で, 言語は祖語から波紋状に分派していくとする仮説; cf. family-tree theory).
wáve thèory of cýclones [the ―] 〚気象〛低気圧波動論 (極前面での風速の不連続変化がもとで大気が不安定な状態になり, 極前面の波動が大きくなって低気圧を生じるとする説).
wáve thèory of mátter [the ―] 〚物理〛物質波動説 (de Broglie が確立し E.Schrödinger が発展させた). 〖(1833): 2 は G *Wellentheorie* のなぞり〗
wáve tràin *n.* 〚物理〛波列. 〖1897〗
wáve tràp *n.* 〚通信〛ウェーブトラップ (特定の波長の電波を取り入れるための付加回路; cf. acceptor 2, rejector 2). 〖1875〗
wáve velòcity *n.* 〚物理〛 =phase velocity.
wáve wìnd·ing /-wàɪndɪŋ/ *n.* 〚電気〛波巻 (電機子の巻線法の一種; series winding ともいう; cf. lap winding). 〖1892〗
wáve-wòrn *adj.* 波のため摩滅した: ~ rocks. 〖1611〗
wa·vey /wéɪvi/ *n.* 〚鳥類〛 =snow goose. 〖(1795) ← N-Am.-Ind. (Algonquian): cf. Cree *wehwew* goose〗
wa·vi·cle /wéɪvɪkl/ *n.* 〚物理〛ウェービクル, 波粒子 (量子力学で, 粒子と波の二重性をもつ物質をいう戯語). 〖(1928) (混成) ← WAV(E)+(PART)ICLE〗
wav·y¹ /wéɪvi/ *adj.* (**wav·i·er**; **-i·est**) **1** 波のように揺れる, 波動する, うねる: ~ flames ゆらゆら揺れる炎. **2** 〈線・表面が〉波打っている, 起伏する, 波状の: a ~ line 波状の線 / ~ hair 波打つ頭髪 / a ~ country 起伏する土地. **3** 波の多い, 波立っている: the ~ seas 波立つ海. **4** (髪に)ウェーブがかかった. **5** 〚植物〛〈葉のへりなど〉波状の; 波状のへりのある. **6** ぐらぐらする, 不安定な (wavering): the restless ~ world 落着きのない不安定な世界. **7** 〚紋章〛〈区画線など〉波線状の (undé). **wáv·i·ly** /-vəli/ *adv.* **wáv·i·ness** *n.* 〖(1562) ← WAVE+-Y⁴〗
wa·vy² /wéɪvi/ *n.* 〚鳥類〛 =wavey.
Wáv·y Návy /wéɪvi-/ *n.* [the ~] (英口語) 英国海軍義勇予備隊. 〖(1918): 階級を示す袖(そで)章の金すじが波形であることから〗
waw /wáʊ; *Heb.* wáw/ *n.* ワウ (ヘブライ語アルファベット 22 字中の第 6 字: ו (ローマ字の F に当たる); ⇨ alphabet 表). 〖(1832) ◻ Heb. *wāw* (原義) hook, peg〗
wa·wa¹ /wáːwàː/ (カナダ俗) *n.* 話, 言葉. — *vi.* 話す. 〖(1860) ◻ Chinook Jargon ~〗
wa·wa² /wáːwàː/ *n.* (カナダ) =wavey.
wa-wa /wáːwàː/ *n.* =wah-wah.
wá·wa pèdal /wáːwaː-/ *n.* 〚音楽〛ワウワウペダル (電気ギターなどでこもった波動音を出すためにアンプに接続してペダルで操作する電気装置). 〖1968〗
wawl /wɔ́ːl, wáːl | wɔ́ːl/ *vi., n.* (方言) =waul.
wax¹ /wǽks/ *n.* **1** 蝋(ろう), 蜜蝋(みつろう) (beeswax); 精製蜜蝋 (ろうそく・模型・つや出し剤などに用いる). **2** (柔らかさ・扱いやすさなどで)蝋にたとえられるもの, 思い通りになる人: fit like ~ ぴったりと合う / stick to a person like ~ 人にくっついて離れない / He was (like) ~ in their hands. 彼らの手にかかると彼は思うままにされた / mold a person like ~ 人(の性格など)を思い通りの型に仕込む, 人を思うままにする. **3** 蝋, ワックス (各種の蝋状物質): mineral ~ 鉱物性蝋 (ozocerite, paraffin wax など) / animal ~ 動物性蝋 (Chinese wax, spermaceti など) / ⇨ vegetable wax. **4** 耳あか (earwax): Take the ~ from [out of] your ears and listen well. 耳の穴をかっぽじってよく聞け. **5** 封蝋 (sealing wax). **6** (靴屋が縫糸につける)蝋. **7** (口語) **a** [集合的にも用いて] (蓄音機の)レコード (もと蝋管). **b** レコード用の材料. **8** (米) (サトウカエデから製する)糖蜜. **9** 〚医学〛骨蝋(こつろう) (蝋・油・炭酸の混合物で切断した骨の表面に塗って止血するのに用いる).
pút on wáx (口語) レコードに録音する. ***the whóle báll of wáx*** ⇨ ball¹ 成句.
— *adj.* [限定的] 蝋(ろう)製の (cf. waxen¹): ⇨ wax doll, wax flower.
— *vt.* **1 a** …に蝋(ろう)を塗る, 蝋を引く, 蝋を掛ける, 蝋で磨く, 蝋で固める.: ~ a thread, table, etc. / ~ one's moustache 口ひげを蝋で固める / ~ a red tiled floor 赤いタイルを張った床にワックスを掛ける. **b** …のむだ毛を蝋で固めて抜く. **2** (口語) レコードに録音する. **3** (色づけした材料で)〈装飾大理石の〉割れ目を埋める.
〖OE *weax* < Gmc **waχsam* (Du. *was* / G *Wachs* / ON *vax*) ← IE **wokso-* wax〗
wax² /wǽks/ *vi.* (**~ed**; **~ed**, (古) **~·en** /~ən, ~n̩/) **1** 〈物が〉(大きさ・数量・強度などが)増す; 〈日・夜が〉長くなる. **2** 〈人・国家などが〉盛んになる, 強くなる〔*in*〕: ~ *in* power [importance, prosperity] 一層強くなる[重要になる, 繁栄する]. **3** 〈月が〉次第に大きくなる, 満ちて来る (↔ wane): ~ and wane 〈月が〉満ちたり欠けたりする; 盛衰する, 消長する, 増減する. **4** [補語を伴って] **a** (話して[書いて]いるうちに)だんだん…になる: ~ indignant [lyrical, eloquent, romantic]. **b** (古) 〈人が〉だんだん[次第に]…になる (become, grow): ~ old 年が寄る / ~ merry 陽気になる / ~ angry 腹を立てる / ~ strong [feeble] 強く[弱く]なる. **5** (古・方言) 〈人間・動物が〉次第に大きくなる.
— *n.* **1** 増大, 成長. **2** (月の)満ち. 〖OE *weaxan* to grow < Gmc **waχsjan* (G *wachsen* / ON *vaxa*) ← IE *(*a*)*weg-* to increase (L *augēre*)〗
wax³ /wǽks/ *n.* (英口語) 腹立ち, かんしゃく (fit of anger): be in a ~ 怒っている / get into a ~ 怒る / put a person in a ~ 人を怒らせる. 〖(1854) (転用)? ← WAX²〗
wáx bèan *n.* (米) 〚園芸〛 **1** (インゲンの)蝋莢(ろうさや)種 (成熟前の莢の表面が蝋のようなつやをもつ種類; cf. green bean). **2** 成熟前の蝋莢種の莢 (食用になる). 〖1897〗
wax·ber·ry /wǽksbèri | -b(ə)ri/ *n.* 〚植物〛 **1** =wax myrtle. **2** =snowberry. 〖(1835): ⇨ wax¹〗
wáx·bìll *n.* 〚鳥類〛アフリカまたは南洋産カエデチョウ科カエデチョウ亜科の鳥類の総称; (特に)カエデチョウ属 (*Estrilda*) の鳥 (蝋のようなくちばしのある飼鳥; カエデチョウ (*E.cinerea*) など). 〖(1751) ← WAX¹+BILL²〗
wáx càndle *n.* (wax, paraffin などで製した)ろうそく (cf. tallow candle). 〖OE *wexcandel, weaxcondel*〗
wáx càp *n.* 〚植物〛ヌメリガサ科 (*Hygrophoraceae*) のキノコの総称; ひだは厚く蝋(ろう)質.
wáx-chàndler *n.* ろうそく製造[販売]人, ろうそく屋. 〖(1418): ⇨ wax¹, chandler〗
wáx clòth *n.* **1** 蝋(ろう)[パラフィン]引き防水布. **2** 油団(ゆとん); 油布 (oil cloth). 〖1816〗
wáx dòll *n.* 蝋(ろう)人形; 蝋人形のような(活気に乏しく無表情な)女. 〖1786〗
waxed *adj.* 蝋(ろう)を塗った[引いた], 蝋[ワックス]で磨いた[固めた]: a ~ floor / a ~ moustache. 〖*a*1380〗
wáxed clòth *n.* =wax cloth.
wáxed énd *n.* =wax end.
wáxed jàcket *n.* ワックストジャケット (ワックス加工をした防水コットンを素材としたパーカなどのアウトドアジャケット). 〖1990〗
wáxed pàper *n.* =wax paper.
wáxed táblet *n.* =wax tablet.
wax·en¹ /wǽksən, -sn̩/ *adj.* **1** 蝋(ろう)製の (wax): a ~ figure 蝋人形 / a ~ image (人を呪うのに用いた)蝋の人形(ひとがた). **2** 蝋を塗った, 蝋を引いた (waxed). **3** 蝋のような; (蝋のように)すべすべした, 光沢のある, (顔が)青白い, 生気のない (pallid): ~ arms すべすべした腕 / ~ paleness 蝋のような青白さ. **4** 〈性格など〉柔軟な, どうにでもなる, 感じやすい, もろい: a ~ disposition 柔軟な性格. 〖(?*c*1390) ~ ← WAX¹ (n.)+-EN² ∽ OE *wexen*〗
waxen² *v.* (古) wax² の過去分詞. 〖OE *weaxen*〗
wáx ènd *n.* くつ屋の縫糸 (手縫用毛針をつけるため蝋引き糸の先端を細くしたもの). 〖1825〗
wáx·er *n.* 蝋(ろう)引き師; 蝋引き機. 〖1875〗
wáx·èye *n.* (豪) 〚鳥類〛 =white-eye.
wáx flòwer *n.* **1** 蝋細工の花. **2** 〚植物〛 **a** ミカン科エリオステモン属 (*Eriostemon*) の常緑の低木 (オーストラリア産; 早春に蝋(ろう)質の花をつける). **b** =wax plant 1. 〖1: (1843). 2 a (*c*1910)〗
wáx glànd *n.* 〚動物〛蝋腺(ろうせん) (多くの昆虫類で見られる蝋を分泌する腺). 〖1899〗
wáx gòurd *n.* 〚植物〛 **1** トウガ, カモウリ (*Benincasa hispida*) (熱帯アジア産ウリ科のつる草; gourd melon ともいう). **2** トウガの果実 (食用になる).
wáx·ing¹ *n.* **1** 蝋(ろう)を塗ること; 蝋で磨くこと. **2 a** レコード製作. **b** (一枚の)レコード. 〖*c*1440〗
wáx·ing² *n.* 〚天文〛満月前月が満ちてゆくこと (↔ waning). 〖(OE) *a*1325〗
wáxing móon *n.* (満月前の)満ちてゆく月 (↔ waning moon). 〖1666〗
wáx ìnsect *n.* 〚昆虫〛ロウカイガラムシ (蝋(ろう)を分泌する昆虫の総称); (特に)イボタロウカイガラムシ (*Ericerus pela*) (中国に分布する; この虫の分泌する蝋は, イボタ蝋 (Chinese wax) という). 〖1815〗
wáx jàck *n.* 封蝋(ふうろう)溶かし (中央の心棒に巻きつけた長い細ろうそくの先を軸受けでとめて火をともし, 封蝋を溶かすのに用いた 18 世紀の卓上器具; taper jack ともいう).
wáx light *n.* =wax candle. 〖1599〗
wáx·like *adj.* 蝋(ろう)に似た.
wáx mòth *n.* 〚昆虫〛 =bee moth. 〖1766〗
wáx musèum *n.* (歴史上の人物などの)蝋(ろう)人形館 (cf. Madame Tussaud's). 〖1953〗
wáx mỳrtle *n.* 〚植物〛シロヤマモモ (*Myrica cerifera*) (ヤマモモ科の植物; その実は bayberry, candleberry と呼ばれる; candleberry myrtle, American vegetable-tallow tree ともいう). 〖1806〗
wáx pàinting *n.* 蝋(ろう)画(法) (encaustic painting) (溶けた蝋に顔料を混ぜ, 鏝(こて)で焼き付ける技法). 〖1854〗
wáx pàlm *n.* 〚植物〛 **1** アンデスロウヤシ (*Ceroxylong andicolum*) (南米 Andes 山脈中に生えるヤシの一種で, 幹から蝋(ろう)を分泌する). **2** ブラジルロウヤシ (*Copernicia cerifera*) (ブラジルに生えるヤシの一種で, その若葉から分泌する蝋がカルナウバ蝋 (carnauba) の原料; carnauba ともいう). 〖*c*1828〗
wáx pàper *n.* 蝋紙(ろうがみ), パラフィン紙. 〖1844〗
wáx pìnk *n.* 〚植物〛マツバボタン (*Portulaca grandiflora*) (garden portulaca, rose moss ともいう). 〖1891〗
wáx·plànt *n.* 〚植物〛 **1** サクララン (*Hoya carnosa*) (日本南部からアジア熱帯産のガガイモ科のつる植物). **2** = Indian pipe. **3** =wax myrtle. 〖1801〗
wáx pòcket *n.* (ミツバチの腹部下面にある)蜜袋. 〖1815〗
wáx·pòd (bèan) *n.* 〚植物〛 =wax bean.
wáx prìvet *n.* 〚植物〛 =Japanese privet.
wáx resìst *n.* 蝋抜き (陶器製造・印刷で行われ, 蝋染めに似た工程).
wáx tàblet *n.* 蝋(ろう)タブレット (古代ローマ時代・中世時代尖筆 (style) で書くのに用いた蝋引きの木または骨の書板; waxed tablet ともいう). 〖1807〗
wáx trèe *n.* 〚植物〛 **1** =Japanese wax tree. **2** トウネズミモチ (*Ligustrum lucidum*) (モクセイ科の造園樹木). **3** =wax myrtle. 〖1791〗 W
wáx·wèed *n.* 〚植物〛北米東部産ミソハギ科タバコソウ属の草本 (*Cuphea petiolata*). 〖(1884) ← WAX¹+WEED¹〗
wáx·wìng *n.* 〚鳥類〛レンジャク (次列風切羽の先端に蝋状の角質突起があるレンジャク科レンジャク属 (*Bombycilla*) の鳥の総称): a Bohemian ~ キレンジャク (*B. garrulus*) / a Japanese ~ ヒレンジャク (*B. japonica*) / ⇨ cedar waxwing. 〖(1817) ← WAX¹ (n.)+WING〗
wáx·wòrk *n.* **1** 蝋(ろう)細工; (特に)蝋人形. **2** [*pl.*; 単数扱い] 蝋細工[蝋人形]の陳列(館). **3** 〚植物〛 =bittersweet 2 b. 〖(1697) ← WAX¹+WORK (n.)〗
wáx·wòrker *n.* 蝋細工人, 蝋人形師. 〖1821〗
wax·y¹ /wǽksi/ *adj.* (**wax·i·er**; **-i·est**) **1** 蝋(ろう)の, 蝋の多い, 蝋質の, 蝋で覆われた. **2** 蝋のような (waxen), 青白い (pallid). **3** 〈人・心など〉柔軟な (pliable): a ~ mind [heart]. **4** 〚病理〛アミロイド変性 (waxy degeneration) にかかった: a ~ liver. **wáx·i·ly** /-səli/ *adv.* **wáx·i·ness** *n.* 〖(*a*1425) ← WAX¹+-Y⁴〗
wax·y² /wǽksi/ *adj.* (**wax·i·er**; **-i·est**) (英俗) 怒った, 立腹した: get ~ かっとなる. 〖(1853) ← WAX³+-Y⁴〗
wáxy degenerátion *n.* 〚病理〛 =amyloidosis.
way¹ /wéɪ/ *n.* **1** 仕方, やり方, 風(ふう) (manner); 手段, 方法 (means) (⇨ method SYN): (in) this ~ こんな風に / (in) a different ~ 違った方法で / (in) a polite ~ 丁寧に / (in) an old-fashioned ~ 古風に, 旧式に / in the same old ~ (as before) 以前と同様の方法で / in such a ~

that … [as to *do*] …となるような[…するような]形で / a new ~ of thinking 物の新しい考え方 / to my ~ of thinking 私の考え方によれば, 私の意見では / the Japanese ~ of living [life] 日本人の生活様式 / I don't like her ~ of smiling [the ~ (that) she smiles]. 彼女の笑い方が気に入らない / She had no ~ of telling what she thought. 彼女は自分の考えを伝えるすべを知らなかった / That's the (right) ~ (to do it). それがそのやり方だ / That's the right [wrong] ~ up [round]. それで上下[左右]正しい[逆だ] / There are [There's] no two ~*s* about it. (そのことには)他に考えようがない, それに違いない / There's no ~ around it—let's ask him. だめだ—彼に頼もう / That's no ~ to talk about your boy. 自分の子供のことをそんな風に言うものじゃない / I like the ~ you're wearing your hair. 君の髪型が気に入った / ⇨ *more* WAY*s than one* / Where there's a will, there's a ~. ⇨ will[2] 1 / That's the ~ it is [things are]. まあそんなものだ(物事って) / to put it (in) another ~ 別の言い方をすれば, 言葉を変えて言えば. ★ しばしば in なしで副詞句をなす: Do it (in) your own ~. あなたの方法で[思う通りに]しなさい / I did it my ~ and nobody else's. 他の人の方法でなく, 自分自身のやり方でやった / ⇨ *that* WAY, *this* WAY.

2 a (個人的な)やり方, 流儀, 式, 癖: That's her usual ~. それは彼女のいつもの癖だ / That's always the ~ *with* him. 彼はいつもあんな具合だ / That's because you do not know women's ~*s*. それは君が女の癖を知らないからだ / He has a little ~ of doing such things now and then. 時々そういうことをする癖がある / It is not his ~ to be generous. 気前のよさは彼の持前ではない / I soon got into [got used to] his ~*s*. すぐに彼のやり方に慣れた / That's only [just] his ~. あれは彼の癖にすぎない《別に気にしなくてもよい》/ ⇨ *set in one's* WAYS. **b** [*pl.*] 行状, 行い, 身持ち: get into bad ~*s* 悪の道に落ちる / change one's ~*s* 行いを改める; 生き方を変える / mend one's ~*s* 行いを改める, 心を入れ替える.

3 [しばしば *pl.*] 人世[世間]の常道, 習わし; 慣行, 風習, しきたり: the ~ of the world 世の習わし / the good old ~*s* 昔ながらの風習 / That is always the ~. それがいつもの習わしだ / affect foreign ~*s* 外国風をまねる.

4 a 道, 道路 (road); 通路, 道筋 (route, path): the shortest ~ to the park 公園へ行く一番の近道 / a house over [across] the ~ 道の向こう側の家 / the other side of the ~ 道の向こう側 / cross the ~ 道を横切る / block [clear] the ~ 道をふさぐ[開ける] / ask the ~ to the station 駅へ行く道を聞く / Please show me the ~ to the station. 駅へ行く道を教えて下さい / I passed that ~ once. 一度その道を通ったことがあった / The fare is 160 yen each ~. 料金は片道 160 円 / The ~*s* were bad. 道は悪かった / ⇨ *the* PARTING *of the ways* / The longest [furthest] ~ about [round] is the nearest [shortest] ~ home.《諺》急がば回れ. **b** [しばしば W-]《英》(古代ローマ人が造った)街道: ⇨ Appian Way, Icknield Way. **c** [しばしば W-]《英》(町の小さい)通り: They live in Trinity Way. トリニティー通りに住んでいる. **d** ＝permanent way.

5 (特定の)方向 (direction): Which ~ is the wind blowing? 風向きはどちらですか / Walk [Step, Come] this ~, please. どうぞこちらへ / Look both ~*s* before you cross the street. 道を横断する前に左右を見よ / I looked this ~ and that, but I couldn't see her. あっちこっち見たが, 彼女の姿は見えなかった / I didn't know which ~ to look [turn]. どちらを見たら[どちらに曲がったら]よいかわからなかった / face two [both] ~*s* (どちらかを選ばなければならない)岐路に立つ / "This Way to the Exit"「出口はこちら」/ ⇨WAY of the wine.

6《口語》付近 (neighborhood), 地域, 方面 (district): He lives somewhere (up [down, round]) Hampstead ~. どこかハムステッドあたりに住んでいる / go down Ginza ~ 銀座方面へ行く / if you happen to come our ~ こちらへおいでの節は / The weather has been good out our ~. 私たちの住んでいるあたりでは天気はずっとよかった.

7 a 進路, 行路, 目標に至る道: lose one's [the] ~ 道に迷う / We must go our separate [different] ~*s*. 我々は別の道を行かなければならない《行動を共にすることができない》/ go (on) one's ~ (道を)進んで行く, 立ち去る / open a new ~ 新しい道を開く / proceed on one's ~ 道をたどる[進む] / find a ~ to peace 平和への道を探す / the ~ forward 前進[成功]への道 / This will advance him a bit on his ~. このことは多少彼の前進を助ける[彼の役に立つ]だろう / Is there a ~ out of the difficulty? 困難から抜け出す道はあるのだろうか / That left the ~ clear for [open for, open to] new negotiations. それで新しい交渉への道が開けた / cheer the ~ with songs 歌で元気づけて道を進む. **b** (人生)行路 (course of life).

8 進行, 前進, 進歩; 行動の自由: ⇨ *make one's* WAY (1) / keep [hold] (to) one's ~ in spite of obstacles 障害をものともせず前進を続ける.

9 道のり, 距離, 道程 (distance)《しばしば比喩的に用いる》: He lives a little [good, great] ~ off. 近くに[遠くに]住んでいる / Our house is a little ~ off the road. うちは道路から少し離れている / It's a long ~ from here. ここから遠い / It can be seen a long ~ off. 遠方から見える / I will go a little ~ with you. 少し一緒に行きましょう / We have still some [part of the] ~ to go. もう少し行かねば[やらなければ]ならない / I walked all the ~ (a)round it. まわりをぐるりと歩いた / Christmas is still a long ~ off [away, apart]. クリスマスはまだだいぶ先のことだ / It is still a long ~ off [from] perfection. それは完全にはほど遠い / It's a long ~ from saying to doing. 言うこととすることの間には大きな距離がある《言うは易く行うは難し》. ★《米口語》ではしばしば ~*s* の形で副詞句に用いられる: run a long ~*s* 遠くへ走る / quite a ~*s* かなりの距離(に), かなり遠く(に) / not long ~*s* away あまり[たいして]遠くでなく.

10 (…の)点, 事柄 (respect): in every ~＝in all ~*s* あらゆる点で / be different in several ~*s* いくつかの点で違っている / be good in some [many] ~*s* 幾つかの[いろいろな]点ですぐれている / ⇨ *in a* [*one*] WAY, *in no* WAY / a spot very attractive in a scenic ~ 景色の点では非常に魅力のある場所 / Your daughter doesn't take after you in any ~. 娘さんは少しも君に似ていない.

11 (経験や観察の及ぶ)範囲: Such things have never come my ~. そういうことは私の経験にはかつてなかった / An accidnet threw it (in) my ~. 偶然の事でそれを知った.

12 規模: ⇨ *in a big* [*great*] WAY, *in a small* WAY.

13《口語》[修飾語を伴い単数形で] (健康・景気などの)状態, 具合, 情況 (condition): We were all in the same ~. 我々はみんな同じ状態だった / ⇨ *in a bad* WAY.

14 職業, 商売 (line): be in the grocery [stationery] ~ 食料品[文房具]商をしている.

15 [*pl.*] (物が分割された)部分[前置詞なしで副詞句を作る]: Split [Divide] it four ~*s*. それを四つの部分に分けなさい.

16 [in a ~ として]《英口語》(怒り・悲しみ・失望などによる)興奮状態 (cf. *in a* [*one*] WAY): be *in a* (great, terrible) ~ (ひどく)興奮して[怒って, 悲しんで, 悔しがって, ヒステリーを起こして]いる.

17〖法律〗通行権 (⇨ right-of-way).

18 [the ~] (宗教上の目標基準達成への)道 (path); [the W-] キリストの道, キリスト教: follow *the* ~ of truth 真理への道に従う / ⇨ Middle Path (Way).

19 [*pl.*; 時に単数扱い]〖造船〗進水台, スリップウェイ (launching ways).

20 [*pl.*]〖機械〗案内, ガイド《工作機械などでベッドがそれに沿って運動するように作られた案内路》.

21 a〖海事〗(船の)行きあし《船やボートが水中を進むこと》, 航進の速度: gather [lose] ~ 行きあしがつく[を失う] / The ship had ~ on. 行きあしがついていた / ⇨ *under* WAY (2). **b** 前進力, 勢い.

áll the wáy (1) はるばる, わざわざ; 道すがら, ずっと: He went *all the* ~ to France. はるばるフランスまで出かけた / I slept *all the* ~ back. 帰り道はずっと眠っていた. (2) (…から…までの)広い範囲で, さまざまに (anywhere): Estimates of the casualties range *all the* ~ from 100 to 200. 死傷者推定人数は 100 から 200 までいろいろだ. (3) 完全に, 全面的に: agree *all the* ~ 全面的に賛成する / ⇨ *go all the* WAY *with*.

áll this wày はるばるここまで.

alòng the wáy 途中(に).

ány óld wáy《口語》ぞんざいに, 雑に.

ány wày ＝anyway.

ány which wày《米口語》(1) あらゆる方向に, 散乱して, めちゃくちゃに散らかって. (2) 行き当たりばったりに (haphazardly).

às is the wáy〔…に〕よくあることだが〔*with*〕.

bláze a wáy ⇨ blaze[3] 成句.

bóth wáys (1) 往復とも; 両方とも (cf. 5): ⇨ *cut both* WAYS, *have it both* WAYS. (2)《英》＝each WAY (1).

by a lóng wày (1) はるかに, ずっと, 大差をつけて: This is, *by a long* ~, the best beefsteak I've ever had. これは今まで食べたステーキの中で最高においしい. (2) [否定構文で] 少しも, 決して: He wasn't such a fool as he looked, *not by a long* ~. 一見抜けて見えるが決してそうではなかった.

by the wáy (1) ついでながら, ちなみに, 時に, ところで; ついでの話として (incidentally): Johnson, *by the* ~, was dead at that time. ところでジョンソンは当時死んでいた / (Oh,) *by the* ~, I have something to tell you. 時に君にちょっと話がある.《*a*1614》(2) [叙述的] (本題でなくついでの話で, 余談で (incidental): But this is *by the* ~.《1556》(3) 道端で; (旅などの)途中で: perish *by the* ~ ⇨ perish *vi.* 1. (4) 副業として. (5)《Shak》間接的に, 人づてに.

by wáy of (1) …を通って, 経由して (via): go [come] *by* ~ *of* Siberia シベリア経由で行く[来る]. (2) …として, のつもりで; 代用として: *by* ~ *of* excuse 言い訳として / say a few words *by* ~ *of* introduction 紹介として二言三言言う / take a poker *by* ~ *of* a weapon 武器として火かき棒を取る / I said so *by* ~ *of* a joke. 冗談のつもりでそう言ったのだ.《14C》

by wáy of dóing (1) …するつもりで: He said it *by* ~ *of* comforting me. 私を慰めるつもりでそう言った. (2) いつも…して: He was *by* ~ *of* being particular about his appearance. 彼は身なりにはいつもきちょうめんであった. (3) …するようになって: He is *by* ~ *of doing* better work now than formerly. 彼は現在以前よりもよい仕事をするようになっている. (4)《英》…ということになって, …と自称して: She is *by* ~ *of* being a fine pianist. 彼女は立派なピアニストということになっている.

cléar the wáy (1) 邪魔物を取り除く. (2)〔…の〕準備をする〔*for*〕. (3) 道をあける, わきへ寄る.

cóme a lóng wáy (1) 〈人・物事が〉大いに進歩する[よくなる], 成功する (cf. *go a long* WAY): His English *has come a long* ~.＝He *has come a long* ~ since he began to learn English. 彼の英語はずいぶん進歩した. (2) 〈人が〉はるばるやってくる.

cóme a person's wáy (1) 人と一緒する (cf. *go a person's* WAY (1)). (2) 〈事が〉人に起こる: Some lucky chance will *come our* ~. 何か幸運がめぐって来るだろう. (3)《口語》〈事が〉人の思い通りになる, うまくゆく.

cút bóth [***twó***] ***wáys*** 〈議論などが〉どちらの側にも役立つ, 有利と不利の両面をもつ.《1605》

èach wáy (1)《英》〖競馬〗(出走馬に賭ける場合)複勝へ(の): bet £50 on a horse *each* ~ 馬に複勝へ 50 ポンド賭ける. (2) どちらもあり得る, 五分五分の: an *each way* bet 五分五分の賭け. (3) 片道で(⇨ 4 a).

éither wáy (1) どちらにも: The decision could go *either* ~. 決定[裁定]はどちらの場合もありうる. (2) いずれにしても, どっちみち: I have no opinion *either* ~. どちらにしても意見はありません.

évery which wày《米口語》＝*any which* WAY.

fáll báck ìnto one's ***óld wáys*** 昔の(悪い)癖に戻る.

fínd one's [***its***] ***wáy*** (1) 道を求めて行く, たどりつく, 骨折って進む (cf. *win one's* WAY): I managed to *find my* ~ home in time for supper. どうにか夕食に間に合うように帰り着いた / Rivers *find their* ~ *to* the sea. 川は海へ流れて行く / Some of us *found our* ~ *to* the gallows. 仲間の中には絞首刑になった者もいた / How did it *find its* ~ *into* print? どうしてそれが印刷されるようになったか《新聞[本]に出たか》. (2)〔ある場所に〕もたらされる, 入り込む, 繰り込まれる〔*to, into,* etc.〕; 結局〔人の手に〕渡る〔*into*〕: Many precious art objects *found their* ~ *across* the sea [*into* the hands of collectors from abroad]. 多くの貴重な美術品が海外に流れて行った[海外から来た収集家たちの手に渡った] / The ideals of the president *found their* ~ *into* the curriculum. 学長の理想が教科課程の中に繰り込まれた.

find one's ***wáy about*** [(***a***)***róund***] (地理に明るいので)自分でどこへでも行ける; 事情がわかってくる.

gèt ínto [***óut of***] ***the wáy of dóing*** …するように[しないように]なる: I soon *got into the* ~ *of* speaking French. 私はすぐにフランス語がしゃべれるようになった.

gét one's (***ówn***) ***wáy*** ＝*have one's* (*own*) WAY.

gíve wáy (1) 崩れる, 壊れる: The bridge *gave* ~.《1640》(2) 取って代わられる〔*to*〕.《1758》(3) 退く, 屈服する; 譲歩する〔*to*〕. (4)《英》道をゆずる (《米》yield): *give* ~ *to* oncoming traffic 近づいて来る車に道をゆずる. (5)〔悲しみなどに〕身をゆだねる〔*to*〕: Don't *give* ~ *to* grief. 悲しみに負けてしまってはいけない. (6) 〈株が〉下落する. (7) 〈こぎ手が〉こぎ始める, 力を込めてこぐ.

gó a líttle [***a lóng, a good, sòme***] ***wáy*** [未来形で] 少しは[大いに, かなり, 何らかの]役に立つ〔*to, toward, with*〕(cf. *come a long* WAY): Ten dollars will *go a long* [*a little*] ~. 10 ドルあれば大したものだ[少しはいい] / This will *go a long* [*some*] ~ *toward* settling the question. この事は問題の解決に大いに[多少は]役立つだろう / His kindly manner *goes a long* ~ *with* the old ladies. 彼の親切な態度は老婦人にはとても受けがいい.

gò áll the wáy with (1) …に完全に同意する: I *go all the* ~ *with* you about it. その点では全く同感です / He *went all the* ~ *with* my plan. 私の計画に全面的に賛成した. (2)《俗》〈異性〉と行くところまで行く (sleep with): I know she likes me, but will she go *all the* ~? 彼女がぼくのことが好きなのはわかってるけど, 行くところまで行く気があるかな.《1915》

gó dówn the wróng wáy 〈飲食物が〉気管に入る.

gó óut of the [one's] ***wáy to dó*** わざわざ[故意に]…する: He *went out of his* ~ *to* assist me. わざわざ助けてくれた / He *went out of his* ~ *to* be rude. わざわざ無作法なまねをした.《1748》

gó one's ***ówn*** (***swéet***) ***wáy*** (特に, 他人の忠告を無視して)独自の道を行く, 自分の好きなようにやって行く.

gó the wáy of 〈人・物事が〉…の道をたどる, のように滅びる: go *the* ~ *of* Napoleon (ナポレオンのように)滅びる / *go the* ~ *of* one's wasteful father 浪費家の父親の二の舞いを演じる / The hairstyle *went the* ~ *of* (all) fashions. (流行の常として)その髪型はすたれた.

gó the wáy of áll flésh [***náture, áll the éarth***] 世の人のみな行く道を行く, 死ぬ (cf. *Josh.* 23:14; *1 Kings* 2:2).

gó the wróng wáy (1) 道を間違える; 〈物事が〉うまく行かない. (2) ＝*go down the wrong* WAY.

gó *a person's* ***wáy*** (1) 人と同じ方向に行く; 人と一緒に行く. (2) ＝*come a person's* WAY (3).《1903》

hálf the wáy 半分, 半ば.

have a wáy of dóing (いやなことが)いつも…する, …するのが普通である.

hàve a wáy with …の扱い方[こつ]を心得ている: He *has a* ~ *with* children. 子供を扱うのがうまい.《1711》

hàve a wáy with [***abòut***] one 魅力がある: She *has a* ~ *with* her. 彼女には魅力がある.

hàve éverything [***it*** (***áll***)] one's (***ówn***) ***wáy*** ＝*have one's* (*own*) WAY.

hàve it [***things***] ***bóth wáys*** 相反する二つのことを同時にする; (議論などで)両天秤[二また]をかける, 態度をはっきりさせない (cf. *eat one's* CAKE *and have it too*): You can't *have it both* ~*s*.《1914》

hàve one's (***ówn***) ***wáy*** 思い通りにする, 勝手を通す: He *has his own* ~ of doing things. 事をするのに彼には彼の流儀がある / You cannot *have your* ~ in everything. 何でも思い通りにするというわけにはいかない / He's always *had his* ~ *with* me. 私に対していつでも好きな通りにしてきた / *Have it your own* ~! 勝手にしなさい!《これ以上は議論はしない》/ They *had* it all [pretty much] *their own* ~ in the second half. 後半戦では全く好きなようにプレーした.

háve one's (***wícked***) ***wáy with*** *a person*《戯言》(強引に)人と性交する.

if I hád my wáy 私なら, 私だったら.

in a bád wáy (1) (病気で)ひどく悪く, 気づかわしい容態で. (2) (財政が)左前で, (金に)困って: Things are *in a*

bad ～. 景気は振るわない. (3) 困ったはめ[こと]になって (in trouble). ⦅1809⦆
in a bíg [gréat] wáy (1) 大規模に, 大々的に, 派手に: live *in a big* ～ / do business *in a big* ～. (2) ⦅口語⦆〈行事など〉大張り切りで, にぎやかに, 派手に. ⦅1927⦆
in a fáir wáy to dó [to dóing, ⦅廃⦆ ***of dóing]*** …しそうで (likely) (cf. fair[1] *adj.* 4 a): He is *in a fair* ～ *to* succeed(ing). 彼は成功しそうだ. ⦅*a*1618⦆
in a géneral wáy ⇨ general 成句.
in a kínd [sórt] of wáy ＝*in a* WAY (2).
in a [óne] wáy (1) ある点では, 見方によれば: *In a* ～ this statement is true. ある意味ではこの言葉は真実だ. (2) 多少, 幾分: I like it *in a* ～. ちょっと好きだ. (3) ⇨ 16. ⦅1885⦆
in a smáll wáy 小規模に; つつましく, 細々と, 地味に: live *in a small* ～ / contribute *in a small* ～ ささやかながら貢献する. ⦅1833⦆
in móre wáys than óne いろいろな意味で (cf. *more* WAYs *than one*).
in nó wày＝nót in ány wày (at áll) どの点においても[決して]…ない (cf. 10; noway): I am *in no* ～ to blame. 私は少しも悪くない / Without *in any* ～ wishing to cause trouble, I do have a few objections. 決して迷惑をかけたいという気はありませんが, 私には 2,3 異議があります.
(in) óne wáy or anóther [the óther] どうにか, 何とかして (by some means); どっちみち: We are all *in one* ～ *or another* naturally lazy. 我々はだれしもどのみち生来怠け者である / *One* ～ *or another* she's bound to win. どっちみち彼女が勝つに決まっている / It doesn't matter *one* ～ *or the other*. どっちみちどうでもよいことだ.
in one's [its] (ówn) wáy 自分のやり方で; (…は)…なりに, (それは)それとして: *in one's (own)* sweet ～ ⇨ sweet / He is a poet *in his own* ～. 彼は彼なりに詩人だ / Verdi's operas are splendid *in his* ～, but Mozart's are pure perfections. ヴェルディのオペラはそれなりに素晴しい.しかしモーツァルトのは絶品だ. ⦅1711⦆
in the [a] fámily wày ⇨ family 成句.
in the wáy (1) 行く道に, 行く手に. (2) 道にふさがって, 邪魔[妨害]になって: be [stand] *in the* ～ 邪魔になっている, 行手をふさいでいる, 障害となっている / get *in the* ～ 邪魔[障害]になる / Am I *in the* [*your*] ～? 私が邪魔になっていますか. (3) ⦅英古⦆〈人が〉手近に (at hand), 居合わせて (present). ⦅1500–20⦆
in the wáy of (1) …の邪魔になるように: Great difficulties stand *in the* ～ *of* its achievement. その完成には大きな困難がある / He doesn't want to stand *in the* ～ *of* your marriage. 結婚の邪魔をしようとは思っていない. (2) …の点で, …は, …として: *in the* ～ *of* business 商売として, 仕事上 / *in the* ～ *of* recompense 報酬として / We have lots *in the* ～ *of* summer wear. 夏物をたくさん取りそろえてあります / There is nothing remarkable *in the* ～ *of* scenery. 景色の点では大したことはない.
(in) the wórst wáy ⦅米口語⦆ 非常に, ひどく, とても: I want a car *(in) the worst* ～. とても車がほしい.
in a person's wáy (1) 人の行手に; 人が得られるように: A good opportunity lay *in my* ～. よい機会が私の前にあった. (2) 人の邪魔[妨害]になって: get *in a person's* ～ 人の邪魔[妨害]になる / Am I *in your way*? あなたの邪魔になっていますか / Don't stand *in my* ～. 道をふさがないでくれ. (3) お手のもので, 専門で, 得意で: That's not *in my* ～. それは私の専門外[不得手]だ. (4) ⇨ 11.
in wáy of ⦅海事⦆ …のそばに, …と隣り合わせて.
knów [léarn] one's wáy abòut [(a)ròund] (1) (ある場所の)地理に明るい[明るくなる]. (2) …の事情に通じている[通じる]; …について詳しく知っている[知る].
lábor one's wáy 困難を冒して進む.
léad the wáy (1) 先に立って行く, 先導する; (道)案内する. (2) 率先する, 先鞭(ㅤ)をつける: He *led the* ～ *in* the adoption of the new system. 彼は率先して新制度を採用した.
lóok óne wày and rów anóther ある事をねらうと見せて実は他の物をねらう (cf.「敵は本能寺にあり」).
lóok the other wày (人の視線を避けて)顔を背ける, そっぽを向く; (物事を)故意に無視する.
máke its wáy 引き合う, もうかる.
máke one's (ówn) wáy in lífe [in the wórld] (努力によって)出世する, 成功する. ⦅1605–06⦆
máke the bést of one's wáy ⇨ best 成句.
màke wáy 〔…のために〕道をあける, 道を譲る 〔*for*〕: All traffic has to *make* ～ *for* a fire engine. すべての車両および歩行者は消防車に道をあけなければならない. ⦅*c*1200⦆
máke one's [its] wáy (1) 進む, 行く (proceed): *make one's* ～ on foot 歩いて行く / *make one's* ～ home 家路につく / He *made his* ～ *through* the rain to the station. 雨の中を駅へ歩いて行った. ★ 進み方をはっきり表現するために, make の代わりに他のいろいろな動詞を用いることがある. ⇨ CUT, ELBOW, FEEL, FIGHT, FORCE, PUSH, SHOVE, THREAD, WORK, *etc.*; また後に行先, 進路を示す語句 out [through, to the top, etc.] を伴うことが多い. (2) ＝*make one's (own)* WAY *in life* [*in the world*]. (3) 〈考え・趣向などが〉(世間に)受け入れられる. ⦅*c*1400⦆
móre wáys than óne＝móre than óne wáy 幾つもの方法, いろいろなやり方: It can be done in *more* ～*s than one*. いろいろな方法でできる / There's *more than one* ～ to succeed. 成功するには幾つものやり方がある. ⦅*a*1600⦆
móst of the wáy 大部分(は), ほとんど.
nó wáy (1) ⇨ 1. (2) ⦅口語⦆ 決して…でない (in no way): This is *no* ～ inferior to that. これは決してそれに劣らない. (3) ⦅口語⦆ (絶対)だめだ: Do it before tomorrow.—*No* ～ (am I going to). それを今日じゅうにしてほしい—だめだ(やらないよ). ⦅*c*1968⦆
ónce in a wáy ⇨ once 成句.
óne wày and anóther あれやこれやで, あれこれ考え合わせて.
óne wáy or anóther ＝*(in) one* WAY *or another*.
on the [one's] wáy (1) (…へ行く)途中で[に]; 輸送中で; 出発し(ようとし)て (cf. 7 a): *on the* [*one's*] ～ *to* [*from*] …へ行く[から帰る]途中に / *on the* [*one's*] ～ home [back, in] 家へ帰る[戻る, 入る]途中で / perish *on the* ～ ⇨ perish *vi.* 1 / The store is *on my* ～. 店は通り道にある / The remittance is now *on the* [*its*] ～. もう金は送金した(やがて届くでしょう) / I must be *on my* ～ now. もう失礼しなければ / (Be) *on your* ～! 立ち去れ. (2) 〔ある事態に向けて〕進行中で〔*to*〕; …しそうになって 〈*to doing*〉; 起ころうとして, 近づいて: We're *on our* ～ to victory. 勝利に近づいている / be *on the* ～ in [down] ⦅口語⦆ はやりかけている[落ち目である] / He's well advanced *on the* ～ *to* recovery. 相当回復してきている / He's *on the* ～ *to* becoming an alcoholic. アル中になりかけている / Snow is *on the* ～. 雪になりかけている. (3) ⦅口語⦆〈子供が〉(お腹に)できて: She was a [the] mother of three, with another *on the* ～. 彼女は三児の母親で, また次の子がお腹にいた. ⦅1523⦆
on the [one's] wáy óut (1) 出る途中で; 退出[退職]しかかって, 去るところで: The U.S. seems well *on its* ～ *out* of recession. 米国は不況からだいぶ抜け出しているようだ. (2) ⦅口語⦆ すたれ[消え]かかって, 〈人気などが〉落ち目で; 死にかかって (dying): The miniskirt was *on its* ～ *out*. ミニスカートはすたれかけていた. ⦅1937⦆
óut of the [a person's] wáy (cf. out-of-the-way) (1) 邪魔にならない所に, 片付けられて: get *out of the* [*my*] ～ よけ(させ)る; 片付ける, 処理する / keep drugs *out of the* ～ of adolescents 覚醒剤を若者の手に入らない所にしまっておく / Let's meet up when all this work is *out of the* ～. この仕事が片付いたら会おう / keep [stay] *out of a person's* ～ 人の邪魔にならないようにする / put a person *out of the* ～ (邪魔な)人を殺す[片付ける, 監禁する]. (2) 道を離れて, 道をはずれて: go *out of the* ～ 寄り道をする / keep *out of* harm's ～ 禍を避ける. (3) 常軌を逸した, 異常な: There is nothing *out of the* ～ about him. 彼には何も異常な点はない. (4) 不適当で, 誤った: He has never been known to say anything *out of the* ～. 今まで誤った事を言ったことがない. (5) 人里離れた所に. (6) [out of one's ～ として] ⦅英⦆ 自分の専門外で, 不得手で. (7) ⦅廃⦆ 失われて (lost). ⦅*a*1225⦆
òut a person's wáy ⦅口語⦆ 近所に[で]: He lives *out my* ～. うちの近所に住んでいる.
párt of the wáy 途中(まで): I'll go with you *part of the* ～. 途中までいっしょに行くよ.
páve the wáy for [to] …のために道を開く, …の準備をする; …を容易にする, …を可能にする. ⦅*a*1585⦆
páy its wáy 〈事業などが〉損をしない, 収支相償う, もうかる. ⦅1885⦆
páy one's wáy (1) (旅行などで)きちんと費用を払っていく, 他人に迷惑をかけない: *pay one's* ～ through college 働きながら大学を出る. (2) 借金をしないでやっていく. ⦅1803⦆
prepáre the wáy 準備(工作)をする (cf. *Matt.* 3:3).
pút a person in the wáy of …の[する]道を〈人〉につけてやる, 〈人〉に…ができる[得られる]ようにしてやる: He was *put in the* ～ *of* earning a living. 彼は生計を立てるようにしてもらった / I *put* him *in the* ～ *of* a good bargain. 彼に金もうけの機会を与えてやった.
pút onesèlf òut of the wáy (他人のために)骨を折る 〔*for*〕/ 〈*to* do〉: He *put himself out of the* ～ *for* her sake. 彼女のために骨折った / Why should I *put myself out of the* ～ *to* welcome such a man? あんな男の歓迎になぜ骨を折らなければならないのか. ⦅1692⦆
rúb the wróng wáy ⦅米⦆ ＝***rúb úp the wróng wáy*** ⦅英⦆ (1) 〈人・髪・毛皮を〉逆にこする, 逆なでする. (2) 〈人を〉怒らせる, じらす. ⦅1862⦆
sée one's wáy (cléar) (行動やその結果の)見通しがつく, できるように思う[する]; (要求などに応じて)(…するように)努める 〈*to doing*〉: I cannot *see my* ～ *to* complying with your request. ご要望には応じかねます / I can *see my* ～ *to* lending you the money. どうにかそのお金のご用立てができそうです. ⦅1774⦆
sét in one's wáys (年のせいなどで)自分の流儀に凝り固まって, 一徹で (cf. set *adj.* 4 a): He seems very *set in his* ～*s*. とても頑固[一徹]そうだ.
sét a person on his wáy (1) 人に旅立ちの用意をしてやる. (2) (道を間違えないよう)〈人を〉途中まで送る.
spénd one's wáy 金を使って〔…に〕達する, 金を使い果たして〔…に〕なる 〔*to, into*〕.
spláshone's wáy ⇨ splash *vt.* 3b.
squéeze one's wáy ⇨ squeeze *vt.* 3 b.
stórm one's wáy 激しい勢いで突進する 〔*into, through, across*〕.
táke one's wáy 道をたどる, 行く 〔*to, toward*〕; 旅をする. ⦅1338⦆
Thát's the wáy. その通り, そうそう, その調子 《相手のやっていることをほめる言い方》.
thát wáy (1) あんな風に[で]: What makes him behave *that* ～? どうしてあんなふるまいをするのか. (2) ⦅口語⦆ 〔…に〕惚れて; 〔…が〕大好きで 〔*about, for*〕: They are *that* ～ *about* each other. お熱い仲だ / She's *that* ～ *about* [*for*] cakes. ケーキに目がない / I like you, but I don't feel *that* ～ about you. 君が好きだけど惚れているわけではない. ⦅1597⦆
the hárd wáy (1) 苦労して, 地道に; 厳格に: learn *the hard* ～ (that …) (…ということを)苦労して知る / bring up a child *the hard* ～ 子供を厳しく育てる. (2) ⦅ダイス⦆ (craps で)ぞろ目 (doublet) が出て: He made 10 *the hard* ～. 5 と 5 のぞろ目で 10 を出した. ⦅1945⦆
the óther wày abóut [(a)róund] あべこべに, 逆に. ⦅1879⦆
the ríght wáy [副詞的に] 正しいやり方で, 適切に; 正常な方向に.
the wáy (1) [接続詞的に] ⦅口語⦆ …のように (as); …によれば: I don't see how he can act *the* ～ he does. どうしてああいう風にふるまえるのかわからない / *The* ～ I see it, there is no hope for him. 私の見るところでは彼には見込みがない / We want to stay *the* ～ we are. 私たちは今の状態のままでいたい. (2) …の仕方[やり方]: *The* ～ she spoke hurt me. 彼女の話し方が私を傷つけた / That is not *the* ～ we do things here. ここではそういうやり方はしない / It's wonderful *the* ～ he writes. 彼の書きっぷりはすばらしい. (3) [接続詞的に] ⦅アイル⦆ …するために (in order that). (4) ⇨ 18.
the wáy of áll flésh 生きとし生けるものの道, 世の常道 / ⇨ *go the* WAY *of all flesh*.
the wáy the lánd líes＝*how the* LAND[1] *lies*.
the wáy thìngs áre [stánd] 現状(では).
the wáy thìngs are góing 現状では.
the whóle wáy ＝*all the* WAY. ⦅1924⦆
the wróng wáy [副詞的に] 間違って; 逆に: The S stands [is] *the wrong* ～ up [(a)round]. その S は上下逆になっている.
(the) wróng wáy abóut [(a)róund] ＝*the other* WAY *about* [*(a)round*].
thís wáy (1) ⇨ 5. (2) こんな風に[で]: We want to stay *this* ～. いつまでもこんな風でいたい.
ùnder wáy (1) 始まって, 進行中で, 進捗(ㅤ)して: Preparations are well *under* ～ for the party. パーティーの準備はすでに始まっている / There were widespread fears that a coup was *under* ～. クーデターが始まっているのではないかという不安が広まっていた. (2) ⦅海事⦆〈船が〉行きあしがついて, 進み始めて (cf. 21 a, underway): The ship got *under* ～. 船は出帆した[進み始めた]. ⦅1743⦆
wánt it [things] bóth wáys ＝have it [things] both ways.
Wáy enóugh! ⦅海事⦆ 漕ぎ方止め.
Wáy óut! ⦅米⦆ うわー, すばらしい, すごい! 《1970 年代に流行した; cf. way-out》.
Wáy to gó! ⦅米⦆ そうだ, そうだ! やれやれっ! 《相手のやることを承認・応援する言い方》: So I told him just what I thought of him.—*Way to go*. それであいつのことをどう思っているかを言ってやったよ—そうだとも.
wín one's wáy うまく進んで行く; 出世[栄達]する: *win one's* ～ in the world 出世する, 成功する / This custom has *won its* ～ among all classes. この習わしはすべての階級に普及している.
wórk one's wáy ⇨ work *vt.* 7.
Wáy of the Cróss [the ―] (1) ＝STATIONs of the cross. (2) ＝via dolorosa 1. ⦅1868⦆
wáy of the wíne [the ―] (食卓で次々に)ワイン(の瓶)を回す順 《左から右》.
wáys and méans (1) 方法, 手段 (methods). (2) (政府の)歳入の道[方法, 立法]: ⇨ COMMITTEE on [of] Ways and Means. ⦅1433⦆
wáy(s) of Gód [the ―] ⦅聖書⦆ 神の道, 天道.
〚OE *weġ* < Gmc **weʒaz* (Du. *weg* / G *Weg* / ON *vegr* / Goth. *wigs*) ← IE **wegh-* to go, carry in a vehicle (L *vehere* to carry): cf. wain, weigh: L *via* との語源的関係は不詳〛

way[2] /wéɪ/ *adv.* (*also* **'way** /～/) **1** ⦅口語⦆ [above, ahead, behind, below, down, off, out, over, up のような副詞・前置詞を強めて] はるかに, 遠くに, ずっと向こうまで: ～ *back* 昔 / ～ *back* in the Middle Ages ずっと中世では / ～ *down* upon the Suwannee はるか遠くスワニー川のほとりに / He lives ～ *down* South. はるか南部に住んでいる / He went ～ *over* [*across*] the valley. 谷を越えて行った. **2** ⦅口語⦆ ずっと, はるかに (by far, much): ～ too much あまりにも多すぎる. **3** ⦅米⦆ ずっと最後まで: pull the switch ～ back スイッチを最後まで戻す. **4** ⦅方言⦆ 非常に: ～ early ずっと早く(の時刻に).
from wáy báck 昔から(の), 古くから(の): They were friends *from* ～ *back*. 古くからの友人同士だった.
〚⦅?*a*1200⦆ 《頭音消失》← AWAY〛

way[3] /wéɪ/ *int.* ⦅英方言⦆ どう 《馬を制止する掛け声》. 〚⦅1836⦆ ← ?: cf. woe〛

way[4] /wéɪ/ *adj.* [数詞の後に複合語の第 2 構成要素として] …(人)の参加者による, …の方向の (cf. one-[two-, three-, four-]way): a three-*way* discussion [conversation] 3 人での議論[話], 鼎談(ㅤㅤ).

-way /wèɪ/ *suf.* ＝-ways: any*way*, every-*way*. 〚ME: ⇨ way[1]〛

wa·yang /wɑ́ːjæŋ/ *n.* ワヤン 《音楽に合わせて人形または人間が伝説・説話などを演じるインドネシア・マレーシア[(特に) Java 島]の影絵芝居; wajang ともつづる》. 〚⦅1808⦆ □ Jav. ～ 'shadow'〛

wáy·bàck *n.* ⦅口語⦆ 奥地(の人), 遠隔地.

way bènnet [bènt] *n.* ⦅植物⦆ ＝wall barley. ⦅1597⦆

wáy·bìll *n.* **1** 乗客名簿; 貨物運送状: a ～ of lading 貨物引換証. **2** ⦅商業⦆ ＝air waybill. **3** (旅行者のために整えた)旅行日程. 〚⦅1791⦆ ← WAY[1]＋BILL[1]〛

wáy·brèad *n.* ⦅植物⦆ オニオオバコ (*Plantago major*). 〚OE *weʒbrǣdae, -brǣde*: ⇨ way, broad〛

way·far·er /wéɪfɛ̀ə'rə | -fɛ̀ərə(r/ *n.* **1** 旅人, (特に)徒

歩旅行者. **2** (旅館・ホテルの)短期宿泊客. 〖(1440): ⇨ way[1], farer〗

way·far·ing /wéɪfɛ̀ᵊrɪŋ | -fɛ̀ər-/ *n.* (徒歩)旅行, 道中, 旅. **—** *adj.* [限定的] (徒歩)旅行をする, 旅の: a ~ man. 〖adj.: OE *weġfarende.* — n.: (1536)〗

wáyfaring trèe *n.* 〘植物〙 **1** スイカズラ科ガマズミ属の低木 (*Viburnum lantana*). **2** =hobblebush. 〖(1597)〘略〙← 〘廃〙 *wayfaring man's tree*〗

wáy·gòing 〘スコット〙 *adj.* 去り行く (departing); 去り行く人の. **—** *n.* 別れ, 告別 (leave-taking). 〖(1633) ← WAY[2]〗

wáygoing cróp *n.* 〘法律〙 =away-going crop.

wáy ín *n.* 〘英〙 入口 (entrance) (↔ way out).

waylaid *v.* waylay の過去形・過去分詞.

Way·land /wéɪlənd/ *n.* **1** 〘北欧伝説〙 ウェーランド《創意工夫に富む姿の見えない鍛冶屋で, 妖精たちの王; Wayland (the) Smith ともいい, Scandinavia では Völund, ドイツでは Wieland と呼ばれる》. **2** ウェーランド《男性名》. 〖OE *Wēland*: cf. ON *Völundr* / OHG *Wielant*〗

way·lay /wéɪlèɪ, ⌐⌐ | ⌐⌐/ *vt.* (**-laid**) **1** (強盗や殺害の目的で)〈人・物を〉待ち伏せする, 要撃する (ambush): A ruffian *waylaid* her in the street. 暴漢が通りで彼女を襲った. **2** 道に待ち構えて呼び掛ける: I *waylaid* him for the news. そのニュースを聞くために道に待ち構えて声をかけた. **~·er** *n.* 〖(1513): ⇨ way[1], lay[2]〗

wáy·lèave *n.* **1** 〘法律〙 (採鉱や鉱石の運搬のために他人の所有地を通る)通行権 (right-of-way). **2** その通行料. 〖(1427–28): ⇨ way[1], leave[2]〗

wáyleave rènt *n.* =wayleave 2.

way·leg·go /wèɪlɛgóʊ | -gə́ʊ/ *int.* 〘NZ〙 さあ行け! (away here! let go!) 《羊飼いが仕事を終えた犬に言う》. 〖(1945) 〘転訛〙? ← *away here, let go*〗

wáy·less *adj.* 通り道[道路]がない (trackless). 〖OE *weġlēas*〗

wáy·màrk *n.* (*also* **wáy·màrk·er**) 道しるべ, 道路標識. **~ed** *adj.* 〖1611〗

Wayne /wéɪn/ *n.* ウェイン《男性名》. 〖cf. OE *wæġnmann* waggon-maker: ⇨ wain〗

Wayne /wéɪn/, **Anthony** *n.* ウェイン《1745–96; 米国独立戦争当時の愛国派の将軍; 勇敢な戦法で Mad Anthony と呼ばれた》.

Wayne, John *n.* ウェイン《1907–79; 米国の映画俳優; 本名 Marion Michael Morrison》.

wáy-óut *adj.* 〘口語〙 **1** 〈スタイルなど〉最先端をいく, 前衛的な (far-out); 風変わりな, 型破りの, 因習にとらわれない (unconventional); 深遠な, 難解な (esoteric). **2** すぐれた (excellent). **—** *n.* 因習にとらわれない[急進的な]意見の持ち主. **~·ness** *n.* 〖(*c*1954) ← *way out*: ⇨ way[2]〗

wáy óut *n.* **1** 〘英〙 出口 (exit) (↔ way in). **2** (困難などの)解決法: take the easy [quick, simplest] ~ (of ...) 〘口語〙 (苦境などからの)安易な[すばやい, 最も簡単な]解決策をとる.

wáy pàssenger *n.* 〘米〙 中間駅の乗降客, 短距離の旅客 (local passenger). 〖1799〗

wáy pòint *n.* 〘米〙 **1** (重要な地点間の)中間地点. **2** =way station. 〖1880〗

wáy·pòst *n.* 〘米〙 道しるべ (guidepost). 〖1773〗

ways /wéɪz/ *n. pl.* [単数扱い] 〘米口語〙 ⇨ way[1] 9 ★.

-ways /wèɪz/ 位置・方向・様態を示す副詞を造る複合語形成要素 (cf. -way, -wise): length*ways*, side*ways*, front*ways*, any*ways*. 〖ME: ⇨ -way, -s[2]〗

wáy shàft *n.* 〘機械〙 =rockshaft.

wáy·sìde *n.* 道端, 路傍; 沿道. ***fáll by the wáyside*** 途中でだめになる, 落伍する (cf. *Matt.* 13: 4, *Luke* 8: 5). (1965) ***gó [lèt gó] by the wáyside*** (他の重要[緊急]事などのために)わきにやられる[やる], 棚上げされる[する], 捨てられる[捨てる]. **—** *adj.* [限定的] 路傍の: ~ flowers 路傍の花 / a ~ inn 路傍の宿屋. 〖?*a*1400〗

wáyside púlpit *n.* (教会などの外にある)聖書の抜粋や格言を記した掲示板, 路傍の説教壇. 〖1925〗

W **wáy stàtion** *n.* 〘米〙 (主要駅間の)中間駅《急行は通過》; 中継点[所]. 〖1850〗

wáy tràin *n.* 〘米〙 各駅停車列車 (local train). 〖1873〗

way·ward /wéɪwəd | -wəd/ *adj.* **1** 不従順な (disobedient); 強情な, 片意地の (perverse); わがままな (willful): a ~ child だだっ子. **2** 気まぐれな, むら気な (capricious): a ~ fancy 気まぐれな空想. **3** 〈主義など〉定まらない, ぐらつく, 不規則な, 不安定な (irregular): a ~ course of action 不安定な[常にぐらついている]行動方針. **4** 〘古〙 〈物が〉予想外の, 望ましくない, やっかいな (untoward): We war with ~ fate. やっかいな運命と戦う. **5** 〘古〙 邪悪な, ひねくれた.
~·ly *adv.* **~·ness** *n.* 〖(*c*1384) 〘頭音消失〙 ← ME *awayward* turned away: ⇨ away, -ward〗

wáy-wìse *adj.* **1** 〘米〙 〈馬が〉道[競馬場]に慣れた. **2** 〘方言〙 〈人が〉経験に富む (experienced). 〖1775〗

wáy·wìser *n.* 旅行距離測定器. 〖1651〗

wáy·wòrn *adj.* (徒歩の)旅に疲れた[やつれた]: ~ travelers. 〖1777〗

wayz·goose /wéɪzgùːs/ *n.* (*pl.* **wayz·goos·es**) (夏期に行われる)印刷工の年 1 回の慰労宴会[旅行会]. 〖(1731) 〘変形〙 ← 〘廃〙 *waygoose* ← ? WAY[1]+GOOSE〗

wa·zir /wəzíə | -zíə^(r)/ *n.* =vizier.

Wa·zir·i·stan /wəzìᵊrɪstǽn, -stɑ́ːn | -zɪərɪstɑ́ːn/ *n.* ワジリスタン《パキスタン北西部の山岳地帯》.

wa·zoo /wɑzúː/ *n.* (*pl.* **~s**) 〘米俗〙 しり, けつ, 肛門. ***up [out] the wazóo*** たんまり, だぶついて. 〖← ? KAZOO〗

waz·zock /wǽzək/ *n.* 〘英俗〙 へまなやつ, ばか, まぬけ. 〖(*c*1985) ← ?〗

Wb 〘略〙 weber(s).

WB 〘略〙 washable base; weather bureau; wet bulb; World Bank; World Brotherhood.

WB, W/B 〘略〙 waybill.

w.b. 〘略〙 water ballast; warehouse book; 〘通信〙 wave band; waybill; westbound; wheelbase; wool back.

WBA 〘略〙 World Boxing Association.

WBC 〘略〙 white blood cell; white blood corpuscle; white blood count; World Boxing Council.

ẂB Cùt *n.* 〘商標〙 WB カット《米国 UST 社製のかみたばこ》.

w.b.i. 〘略〙 will be issued 交付の予定.

WbN 〘略〙 west by north.

W bòson *n.* 〘物理〙 W ボソン《弱い相互作用を媒介すると考えられる重いボーズ粒子; intermediate (vector) boson, W particle ともいう》.

WbS 〘略〙 west by south.

w.b.s. 〘略〙 〘保険〙 without benefit of salvage「保険者は救助物の利益にあずからない」ことを示す条項.

WC 〘略〙 war cabinet; war communications; war council; war credits; water closet; Wesleyan Chapel; West Central 《ロンドンの郵便区; cf. EC》; Western Command; working capital; workmen's circle; workmen's compensation 労働者災害補償.

W/C 〘略〙 Wing Commander.

w.c. 〘略〙 water closet; without charge.

WCA 〘略〙 Women's Christian Association; Workmen's Compensation Act 労働者災害補償法.

WCC 〘略〙 War Crimes Commission 戦争犯罪委員会; World Council of Churches.

W/Cdr. 〘略〙 Wing Commander.

W chròmosome *n.* 〘生物〙 W 染色体《カイコなどのように雌に 2 種の性染色体がある生物で, 雌にあって雄にない性染色体; cf. Z chromosome》.

WCTU 〘略〙 Women's [Woman's] Christian Temperance Union キリスト教婦人矯(きょう)風会, (米国)キリスト教婦人禁酒同盟. 〖1888〗

WD 〘略〙 War Damage; War Department; Water Department; 〘法律〙 wife's divorce; 〘自動車国籍表示〙 (Windward Islands) Dominica; Works Department.

wd. 〘略〙 ward; warranted; wood; word; would.

WDC 〘略〙 War Damage Commission 戦時損害委員会; War Damage Contribution 戦時損害分担金; World Data Center 世界資料センター.

WDM, wdm 〘略〙 wavelength division multiplex.

wds 〘略〙 words.

wd. sc. 〘略〙 wood screw.

we /(弱) wi; (強) wíː/ *pron.* [人称代名詞, 一人称複数形主格; 所有格 **our**; 目的格 **us**] **1 a** 我々, 私たち: *We* are brothers. 私たちは兄弟です / *We* are in the same class. 私たちは同級生です / *We* who are young ... 我々若者は... / It is *we* (not you [not they]) who are to blame. 悪いのは(君たち[彼ら]でなく)私たちです / [同格語を伴って] *We* the living 私たち生きている者 / *We* girls have our rights, too. 私たち女性にも権利がある / *We* Americans can understand this feeling. 私たちアメリカ人はこの気持ちがよく理解できる / *We* the people of the United States of America ... 我々アメリカ合衆国の国民は.... **b** [話者または筆者の属する特定の職業・政党・会社などの(者)を指して]: *we* doctors [in the medical profession] 我々医者[医業に携わる者]は / *We* don't carry that type of watch. 当店ではその種の時計は置いておりません / *We* are sold out. 手前どもではその品は売り切れました / *We*'re parked over the road. (私たちの)車は道の向こう側に駐車してあります. **c** [話者または筆者の乗物などを指して]: *We* were sailing the coast. 我々の船は海岸沿いに航行していた. **2** [総称的に一般の人を指して] (cf. one 3 a, they[1] 3 a, you 2)]: *We* find good in everything. 何にでもいい所はある / *We* had much rain last year. 去年は雨が多かった. **3 a** [新聞雑誌の社説などで筆者および同僚の意見を代表させ, あるいは著者・講演者が自己の意見に読者・聴衆などの意見も含めて] ★ editorial "we" といわれる: *We* will not go on to tell of his last years. 彼の晩年の話には立ち入らないことにしよう. **b** [国王が公式に自己を表示して] ★ royal "we" といわれる (cf. ourself): *We* are not amused. 朕(ちん)は面白うない《誰かが真面目な席上でしゃれを飛ばしたとき Queen Victoria が不興気に言った言葉》/ Know that *we* have divided in three *our* kingdom. わしが王国を三分したことを知ってもらいたい (Shak., *Lear* 1. 1. 38-39). **4** 〘口語〙 [子供・患者・気取り屋などの相手に親しみ・おだて・激励・皮肉などの気持ちを示して] =you ★やや相手を見下した感じがあるので対等の相手には用いられない.: How are *we* this morning, child [Mrs. Jones]? 今日の気分はどう [ジョーンズさん, 気分はいかがですか《医師から患者に対して》] / *We* really should work a little harder. もう少し頑張った方がいいよ / Oh, *we* ARE proud! おやなかなか気位が高いんだね.
wé and théy 我々と彼ら《自分の属する階級とそれと対立すると考えられる階級》.
〖OE *wē* < Gmc **wīz* (Du. *wij* / G *wir* / ON *vēr* / Goth. *weis*) < IE **weis* ← **we-* we + *-*i* (pl. suf.) + *-*es* (nom. suf.)〗

WEA 〘略〙 〘英〙 Workers' Educational Association 社会人教育協会.

weak /wíːk/ *adj.* (**~·er**; **~·est**) (↔ strong) **1 a** 〈人・身体・四肢など〉弱い, 力[気力]のない, 弱々しい, もろい; 〈器官など〉衰弱した; 〈音など〉小さい: a ~ old woman / ~ eyes [eyesight] 視力の弱い目 / a ~ stomach 弱い胃 / ⇨ weaker sex, weak VESSEL, weaker vessel / be [get] too ~ to walk 体が弱って歩けない[歩けなくなる] / answer in a ~ voice 力のない声で答える / a ~ sound かすかな音 / a ~ smile 弱々しい微笑 / (as) ~ as a kitten (子猫のように)弱虫で / (as) ~ as water ⇨ water 成句 / a ~ handshake [grip] 弱い握手[握力]. **b** 〈物が〉壊れそうな, もろい: a ~ railing ぐらぐらしている手すり. **2** 〈精神・知力・能力・性格など〉弱い, 薄弱な, 知力の足りない; (学科などに)劣った, 下手な, 弱い (*in, at*): a ~ mind 薄弱な知能, 低能 / a ~ intelligence 薄弱な知力 / a person's ~ point [side] 弱点 / a man [woman] of ~ character [resolution] 性格[決断力]の弱い人 / be ~ *in* judgment [faith, decision] 判断力[信仰心, 決心]が弱い / be ~ *in* [*at*] spelling つづり字が不得意である / He is ~ *at* [*in*] English [mathematics]. 英語[数学]に弱い / I am ~ *on* names. 名前が覚えられない / He is ~ *of* will. 〘古〙 彼は意志が弱い / Are the ~ in need of protection from the strong? 弱者は強者の保護を必要とするか. **3** 〈行動・抵抗など〉力[気]の弱い, 不十分な: a ~ defense / ~ compliance [surrender, refusal] 力のない承諾[降伏, 拒絶] / in a ~ moment (常になく)素直な[誘惑されやすい]気分のときに. **4** 〈政治力・経済力・権威・国力など〉弱い, 薄弱な, 力[資源]のない: a ~ monarch 無力な国王 / a ~ government 弱体な政府 / the ~*er* nations 弱小国 / The ruble is ~ nowadays. 当節ルーブルは弱い / be dealt a ~ hand (of cards) (トランプで)悪い手を配られる. **5** 〈議論・証拠・文体・表現など〉弱い, 説得力のない, 不徹底な; 迫力のない, だらだらした: a ~ argument 説得力のない議論 / a ~ sentence, style, etc. / ~ evidence 不十分な証拠. **6** (濃度が)弱い, 薄い, 水っぽい; 効力の弱い[乏しい]; 〈陰画が〉コントラストに欠けている: ~ tea, coffee, wine, etc. / a ~ negative コントラストに欠けている陰画 / The tea was as ~ as water. 茶は薄くて白湯(さゆ)みたいだった / a ~ drug (効力の)弱い薬. **7** 〈乗組員が〉人手不足で (shorthanded). **8** 〈小麦粉が〉薄力(はく)の《軟質小麦 (soft wheat) で作った麩質(ふっ) (gluten) 分の含有量が少ないものをいう; cf. strong 13》. **9** 〈相場が〉下向きの, 〈市況が〉弱含みの (↔ firm, strong); (手形の)引受け能力が薄弱な: a ~ market / There was a ~ demand for wheat. 小麦の需要は少なかった. **10** 〘文法〙 **a** 〈動詞・活用が〉弱変化の, 規則変化の (regular): a ~ conjugation 弱変化 / a ~ verb 弱変化動詞《歴史的には OE の -ed(e), -od(e) の語尾によって活用変化した動詞をいい, 現代英語の規則動詞のほか, burn, lean, show などがこれに属する》. **b** 〈名詞・形容詞・屈折が〉弱変化の: ~ nouns, adjectives / a ~ declension 弱変化[屈折]. **11** 〘音声〙 弱い, 強勢のない (unstressed): ⇨ weak stress, weak vowel. **12** 〘化学〙 〈酸・塩基が〉弱い《水溶液中でわずかしか電離しない》. **13** 〘廃〙 取るに足りない (inconsiderable).
wéak at the knées ⇨ knee 成句.
〖(*a*1325) *waike, wek* ◻ ON *veikr* pliant < Gmc **waikaz* (Du. *week* / G *weich* soft) ← IE **weik-* to bend, wind ∽ ME *woke* < OE *wāc* < Gmc **waikaz*: cf. *week*〗

SYN 弱い: **weak** 肉体的・精神的・道徳的な力が欠けている《最も意味の広い語》: *weak* eyes 弱い目 / a man of *weak* character 性格の弱い人. **feeble** 病気・老齢などで情けないほど肉体的・精神的に弱くなっている: a *feeble* old man 弱々しい老人. **frail** 肉体的に虚弱な: a *frail* child 虚弱な子供. **delicate** 〈物が〉壊れやすい, 〈人・体質が〉弱々しい: He is in *delicate* health. 彼は体が弱い. **infirm** 老齢や病気で体や精神が弱くなった《格式ばった語》: He is *infirm* with age. 彼は老衰している. **decrepit** 〈人や物が〉老齢・長期の使用などによってよぼよぼ[がたがた]になった: a *decrepit* old man よぼよぼの老人 / a *decrepit* chair がたがたの椅子. **faint** 〈音・光などが〉充分でなくかすかで弱い: a *faint* light 弱い光.
ANT strong, sturdy, robust.

wéak accumulátion pòint *n.* 〘数学〙 弱集積点 (⇨ accumulation point).

wéak deríved sét *n.* 〘数学〙 =derived set.

weak·en /wíːkən/ *vt.* **1** 弱くする, 弱める, もろくする, 薄弱にする, 軟弱にする, 虚弱にする (↔ strengthen): ⇨ *weaken a person's* HAND(*s*) / He had been severely ~*ed* by a series of heart attacks. 何回かの心臓発作で体力がひどく衰弱していた / Will the new evidence ~ our case? 新しい証拠は私たちの訴えを弱体化するだろうか / The Government has been ~*ed* by several by-election defeats. 政府は数回の補欠選挙の敗北で弱体化している / The Goverment must not ~ its stand now. 政府は今弱腰になってはならない. **2** 〈溶液・酒・茶などを〉薄くする, 薄める, 希薄にする. **—** *vi.* **1** 弱くなる, 弱まる, 弱る, 弱っていく, 衰弱する: His love for her ~*ed*. 彼の女への愛が弱まった / Investment ~*ed* in 1976. 1976 年に投資が弱まった / Has the lira been ~*ing*? リラはここのところ弱くなってきていますか. **2** 優柔不断になる, 屈する, 譲る: The Government must not ~ now. 政府は今弱気になってはいけない. **~·er** /-k(ə)nə | -nə^(r)/ *n.* 〖(1530): ⇨ weak, -en[1]〗

SYN 弱める: **weaken** 力・健全さを減少させる《最も一般的な語》: He was *weakened* by illness. 病気で弱っていた / Doubts *weakened* his resolve. 疑惑のため決心が鈍った. **exhaust** 体力・気力などを使い果たしてしまう: They were *exhausted* by disease. 彼らは病気のためすっかり弱ってしまった. **enervate** 〈ぜいたく・怠惰・風土などが〉体力・気力を弱める《格式ばった語》: He was *enervated* by the climate. その気候で無気力になった. **under-**

mine 〈健康や権威を〉徐々に弱める: Poor food *undermined* his health. 食べ物が悪くて彼は健康を害した. **sap** 〈健康・自信・勇気などを〉徐々に弱める: Disease *sapped* his strength. 病気のため体力が徐々に衰えた. **ANT** strengthen, energize.

---

wéak énding *n.* 〘詩学〙弱行末 《blank verse において通例アクセントのおかれない語 (and, as, or, than, if などの接続詞, at, by, from, in などの前置詞および can, may, do などの助動詞)を行末の強勢部位置においたもの; cf. feminine ending》. 〘1857〙

wéak·en·ing /-k(ə)nɪŋ/ *n.* 〘音声〙弱化 (reduction).

wéaker bréthren *n.* (グループの中で)意志の弱い人たち, 誘惑に負けそうな人たち, 足手まとい.

wéaker séx *n.* [集合的; 単数または複数扱い] 女性. 〘1613〙

wéaker véssel *n.* 〘聖書〙《戯言》弱き器, 女性 (*1 Pet.* 3:7). 〘1526〙

wéak-éyed *adj.* 目[視力]の弱い.

wéak·fìsh *n.* 〘魚類〙=squeteague. 〘(1791) ▭ Du. 《廃》*weekvisch* 《原義》soft fish〙

wéak fórce *n.* 〘物理〙弱い力 《弱い相互作用による素粒子間の力; cf. weak interaction, strong force》. 〘1971〙

wéak fòrm *n.* 〘音声〙弱形 《and の /ən/, some の /səm/, he の /(h)i/ など》.

wéak gráde *n.* 〘文法〙弱階梯 (⇨ grade 8).

wéak-hánded *adj.* **1** 手の力が弱い. **2** 元気がない (dispirited). **3** 人手不足の (shorthanded). 〘1539〙

wéak-héaded *adj.* **1** 目まいを起こしやすい; すぐに酔う. **2** 意志力[精神力]を欠いた. **3** 頭の弱い, 低能の, 愚鈍な. **~·ly** *adv.* **~·ness** *n.* 〘1654〙

wéak·héarted *adj.* 気の弱い, 勇気のない. **~·ly** *adv.* **~·ness** *n.* 〘1549〙

wéak interáction *n.* 〘物理〙弱い相互作用 《素粒子の間に働くごく弱い相互作用で, 原子核のベータ崩壊や π 中間子, μ 粒子など多くの素粒子の不安定性の原因でもある; cf. weak force, strong interaction》.

wéak·ish /-kɪʃ/ *adj.* やや弱い, やや柔弱な; 〈味など〉やや薄目の. **~·ly** *adv.* **~·ness** *n.* 〘1594〙

wéak-knéed *adj.* **1** ひざの弱い. **2** 弱腰の, 決断力のない, 優柔不断の (irresolute): ~ cowards. **~·ly** *adv.* **~·ness** *n.* 〘1863〙

wéak knées *n. pl.* 決断力のなさ, 優柔不断 (cf. weak-kneed).

weak·ling /wíːklɪŋ/ *n.* 弱い人[動物]; 虚弱者, 病身者; 柔弱者, 弱虫. **—** *adj.* 病身の; 弱虫の. 〘(1526) ← WEAK + -LING[1]: cf. G *Weichling* effeminate man〙

weak·ly[1] *adv.* **1** 弱く, 弱々しく, 力なく, 薄弱に: He grinned ~. 力なくにっと笑った. **2** 優柔不断に, 意気地なく. **3** 薄く, 水っぽく. **4** わずかに, かすかに. **5** 不十分に, 効果なく. **6** 説得力なく. 〘(*a*1398): ⇨ weak, -ly[1]〙

weak·ly[2] /wíːkli/ *adj.* (**weak·li·er**; **-li·est**) 丈夫でない, 弱々しい, 虚弱な, 病弱な, 病身の (feeble, sickly).

wéak·li·ness *n.* 〘(1577): ⇨ weak, -ly[2]〙

wéak-mínded *adj.* **1** 気の弱い, 優柔不断の. **2** 低能な, 愚鈍な: ~ children. **3** 〈行動など〉決断力を欠いた: a ~ decision. **~·ly** *adv.* **~·ness** *n.* 〘1716〙

weak·ness /wíːknɪ̀s/ *n.* **1** 弱いこと, 弱々しさ, 力のないこと; 軟弱, 虚弱, 薄弱 (debility) (↔ strength). **2** 優柔不断, 柔弱, 気弱さ (irresolution). **3** 証拠不十分, 論拠薄弱. **4** 欠点, 弱点, 短所, 欠陥 (slight defect) (⇨ fault SYN): His chief ~ is being too easily amenable to flattery. 彼の主な弱点は容易に人のお世辞に乗ることだ / be patient with human ~(*es*) 人間の欠点を我慢する. **5** 偏愛, (ばかげた)好み, 趣味; 好きでたまらないもの: have a ~ *for* the bottle [tobacco, strawberries] 酒[たばこ, イチゴ]に目がない / Strawberries [Detective stories] are my ~. **6** 〘証券〙市場が弱いこと 《売りが優勢であること》. 〘*a*1325〙

wéak rhýme *n.* 〘詩学〙=feminine rhyme.

wéak síde *n.* **1** (性格の)弱点. **2 a** 〘アメフト〙ウィークサイド 《アンバランスラインフォーメーションにおいて人数の少ない方の薄弱なサイド》. **b** 〘バスケットボール・サッカー〙ボールから遠くて選手が少ない方のサイド. 〘1940〙

wéak-síghted *adj.* 弱視の. 〘*a*1591〙

wéak síster *n.* 《米口語》**1** 臆病(おくびょう)者, 頼りにならない人. **2** (全体の中で)他よりも弱い[劣る]部分[分子]. 〘1857〙

wéak spòt *n.* 弱いところ, 弱点, 弱み (soft spot).

wéak stréss *n.* 〘音声〙弱強勢 《第一強勢 (primary stress) および第二強勢 (secondary stress) 以外の強勢; 例: separate /sépərèɪt/ の第 2 音節に置かれた強勢; cf. strong stress》.

wéak vówel *n.* 〘音声〙弱母音 《英語において弱い強勢の音節に現れる母音; butter /bʌ́tə | -tə(r)/ の /ə | ə/, happy /hǽpi/ の /i/ など》.

wéak-wílled *adj.* 意志の弱い, 決断力に欠ける. 〘1885〙

weal[1] /wíːl/ *n.* **1** 《文語》繁栄, 福利, 幸福, 安寧 (prosperity, welfare): the common ~ 公共の福利 / in ~ and [or] woe 幸いにも災いにも / for the general [public] ~ 一般[公共]の福利のため. **2** 《廃》富 (riches). **3** 《廃》国家. 〘OE *wela* prosperity < (WGmc) **wel-on* ← IE **wel-* to wish: cf. well[1]〙

weal[2] /wíːl/ *n.* =wale[1] 1. **—** *vt.* =wale[1] 1. 〘(n.: 1821; v.: 1722) 《混同による変形》 ← W(ALE)[1] + (WH)EAL[1]〙

weald /wíːld/ *n.* 《英古》**1** 森林地帯 (wooded district). **2** 未開拓の土地, 広野 (open country). 〘OE (WS) ~ = *wald* 'WOLD[1]'〙

Weald /wíːld/ *n.* [the ~] ウィールド地方 《イングランド南東部, North Downs と South Downs の間で, Kent, Surrey, Hampshire, East Sussex の諸州にまたがる地方; もと森林であったが, 今は農業地帯》. 〘↑〙

wéald clày *n.* 〘地質〙ウィールド粘土 《ウィールド地方 (the Weald) に特有の粘土・砂岩・石灰岩および鉄鉱などから成る粘土質; 多くの化石類を含む》. 〘1822〙

Weald·en /wíːldən, -dn̩/ *adj.* (英国の)ウィールド地方 (the Weald) の; ウィールド地方の地質に似た. **—** *n.* 〘地質〙ウィールデン層 《ウィールド地方に典型的に発達した下部白亜系の陸成層》. 〘(1828) ← WEALD + -EN[2]〙

weals·man /wíːlzmən/ *n.* (*pl.* **-men** /-mən, -mèn/) 《Shak》公共の福利のために働く人, 政治家. 〘1607–08〙

wealth /wélθ/ *n.* **1 a** 豊富な財貨; 富, 富裕 (riches, affluence): with all the ~ of India インドの富をもってして(も) / a man [woman] of great ~ 大富豪 / acquire ~ 富を得る. **b** 貴重な産物, 資源, 幸(さち): oil and other mineral ~ 石油その他の鉱物資源. **2** 豊富, たくさん (abundance, profusion): a ~ of experience [imagination, wit, fruit, dark hair, detail(s)] 豊富な経験[想像力, 機知, 果実, 黒髪, 詳細] / *Wealth* of words is not eloquence. 多弁は雄弁にあらず. **3** [集合的] 富裕階級: be patronized by ~ and fashion 富豪と上流(人士)の愛顧を受ける. **4** 〘経済〙富 《すべて貨幣価値・交換価値または利用の価値のあるもの》. **5** 《廃》幸福, 福利, 繁栄 (well-being, prosperity): Grant her in health and ~ long to live. 女王に健康と平安なる長寿を与えたまえ (*Prayer Book*, 'A Prayer for Queen's majesty').

Wéalth of Nátions [The —]「諸国民の富」,「国富論」《Adam Smith の経済論 (1776)》.

~·less *adj.* 〘(*c*1250) *welthe* well-being, riches ← *wele* 'WELL[1], WEAL[1]' + -TH[2]: HEALTH との類推から〙

wéalth·fàre *n.* (税の面での)法人[資産家]の優遇.

wéalth tàx *n.* 富裕税. 〘1963〙

wealth·y /wélθi/ *adj.* (**wealth·i·er**; **-i·est**) **1** 財産の多い, 富んだ, 富裕な (↔ poor) (⇨ rich SYN): a ~ spinster 金持ちのオールドミス / a ~ nation 富んだ国. **2** 豊かな, 豊富な, たくさんの 〈*in*〉: ~ in knowledge.

wéalth·i·ly /-θɪli/ *adv.* **wéalth·i·ness** *n.* 〘(*c*1375) 《廃》'prosperous': ⇨ wealth, -y[4]〙

Weal·thy /wélθi/ *n.* 〘園芸〙ウェルシー 《米国のリンゴの品種名; 早生で赤い》. 〘1869 ↑〙

wean[1] /wíːn/ *vt.* **1 a** 〈赤ん坊・動物の子を〉乳離れさせる, 離乳させる; 哺乳瓶離れさせる 〔*from*, *on*〕: ~ a baby *from* the mother [breast] / ~ a baby *on* baby food 赤ん坊に離乳食を与えて離乳する. **b** [p. p. で形容詞的に] (強い影響を受けて)育った〔*on*〕: youth ~*ed on* TV and comics 幼時からテレビと漫画を見て育った若者たち. **2** 〔(好ましくない)習慣・興味・交友などから〕〈人を〉徐々に引き離す, 〈人〉に〔悪癖などを〕捨てさせる 〈*away*〉〔*from*〕: That experience ~*ed* me (*away*) *from* any ambition to be a poet. その経験で私は詩人になろうという野望を次第に捨てるようになった. 〘OE *wenian* to accustom, wean < Gmc **wanjan* (Du. *wennen* / G *gewöhnen* / ON *venja*) ← **wanaz* accustomed ← IE **wen-* to desire, strive for: ⇨ wont〙

wean[2] /wéɪn/ *n.* 《スコット・北英》=child. 〘(1692) 《短縮》 ← 《スコット》*wee ane* 《原義》little one: ⇨ wee[1], one〙

wéan·er *n.* **1** 離乳させる人[もの]; (特に)家畜用の離乳器具. **2** 離乳したばかりの幼獣. 〘1579〙

wéan·ing *n.* **1** 離乳: the ~ period [process] 離乳期[離乳の過程]. **2** 〘医学〙(人工呼吸器の)取りはずし. 〘1382〙

wean·ling /wíːnlɪŋ/ *n.* 乳離れ[離乳]したばかりの小児[動物の子]. **—** *adj.* 離乳したての (newly weaned). 〘(1532) ← WEAN[1] + -LING[1]〙

weap·on /wépən, -pn̩/ *n.* **1 a** 武器, 兵器; 凶器: ~*s* of mass destruction 大量破壊兵器 / nuclear ~*s* 核兵器 / a ~ of war 兵器 / I beat him at his own ~(*s*). 私は彼に得意な武器を取らせて勝った. **b** (動植物の)武器 《角・牙(きば)・爪・とげなど》. **2** (比喩的な意味で)武器となるもの, 対抗手段: women's ~*s*, waterdrops 女性の武器である水のしずく《涙》(Shak., *Lear* 2. 4. 280) / use the ~ of a general strike ゼネストという武器を行使する / Argument was his only ~. 議論が彼の唯一の武器だった. **3** 《俗》=penis. **—** *vt.* 武装させる (arm). 〘n.: OE *wǣpen* < Gmc **wǣpnam* (Du. *wapen* / G *Waffe*) ← ?. — v.: OE *wǣpnian* ← (n.)〙

wéap·oned *adj.* 武器を持った. 〘lateOE *gewǣpnod*: cf. OE *wǣpned* male (cf. *weapon* 《廃》penis)〙

weap·on·eer /wèpəníə | -níə(r)/ *n.* 〘軍事〙**1** 核爆弾発射調整[準備]係. **2** 核兵器設計者. 〘(1945) ⇨ weapon, -eer〙

wéapon·less *adj.* 武器のない: a ~ army. 〘lateOE *wǣpenlēas*〙

weap·on·ry /wépənri, -pn̩-/ *n.* **1** [集合的] 武器[兵器]類: nuclear [strategic] ~ 核[戦略]兵器類. **2** 兵器製造, 兵器設計, 軍備開発, 造兵学. 〘(1844): ⇨ -ry〙

wéapon sỳstem *n.* 〘軍事〙武器体系 《武器およびその使用に関する戦術的装備・技術; weapons system ともいう》. 〘1956〙

wear[1] /wéə | wéə(r)/ *v.* (**wore** /wɔ́ə | wɔ́ː(r)/; **worn** /wɔ́ən | wɔ́ːn/) **—** *vt.* **1 a** (習慣的にまたは何かの折に)身につけている, 着ている, はいて[かぶって, はめて]いる (cf. HAVE *on*, PUT *on*): ~ a coat, a hat, shoes, a clean collar, a sword, a cane, a watch, a ring, diamonds, etc. / ~ black [mourning] 黒衣[喪服]を身につけている / ~ white 白衣を身にまとっている / ~ the crown [sword, gown, the purple] 王[軍人, 法律家, 皇帝]である / He (always) ~*s* a gray suit. (いつも)グレーの服を着ている / She was ~*ing* [She *wore*] new shoes (at the party). (パーティーで)新しい靴をはいていた / What shall I ~ *to* the theater? 芝居には何を着て行こうかしら / She claimed she had nothing to ~. 着るものが何もないと言い張った / What size dress [shoes] does she ~? 彼女は何サイズの服[靴]を着て[はいて]いるのですか. **b** 流行として身につける: a dress that is much *worn* 流行の服. **c** 〈船が〉〈旗を〉掲げている (fly): ~ a flag.

2 〈髪・ひげなどを〉たくわえる, (ある状態に)しておく, 〈香水を〉つけている, 〈化粧を〉している: ~ a mustache / ~ one's hair waved [long, parted in the middle] 髪を縮らせて[長く伸ばして, 真ん中で分けて]いる / She ~*s* her hair down to her waist. 髪を腰まで長く垂らしている / ~ a wig かつらをつけている / She *wore* no makeup. 全然化粧していなかった.

3 〈態度・表情などを〉示す, 帯びる (exhibit, display): ~ a smile [scowl] 笑みを浮かべて[しかめつらをして]いる / ~ a worried look 心配そうな顔をしている / The house ~*s* a neglected look. その家は手入れがよく行き届かない様子である / She ~*s* her years well. 年の割に若く見える[ふけていない].

4 〈名前・肩書などを〉帯びる, 持つ (bear): ~ a title 爵位を持っている.

5 〈衣類・靴などを〉すり減らす, すり切らす, 摩滅させる, 摩損する, 使い古す: ~ one's clothes *to* rags [《英》one's shoes *into* holes] すり切らして服をぼろぼろにする[靴を穴だらけにする] / The rocks are *worn* by waves. 岩は波ですり減っている (cf. *vi.* 26) / The gloves are *worn* at the fingertips. 手袋は指先がすり切れている / a dress that is badly *worn* ひどくすり切れた服 (cf. 1 b) / My jeans are *worn* threadbare [thin, to rags]. ジーパンがすり切れて縫糸が見えるくらいに[薄く, ぼろぼろに]なっている.

6 (摩擦・摩滅させて)〈穴や溝などを〉作る, 掘る, うがつ: ~ a hole in one's trousers [shoes] 着[はき]古してズボン[靴]に穴をあける / Water has *worn* a channel down the slope. 水の流れで傾斜面に溝が掘られた / A track was *worn* across the field. (人の足で)野原を横切る道ができた.

7 疲労させる, 疲れ切らせる (exhaust); 衰弱させる, やせ衰えさせる (waste): Sorrow and anxiety ~ one (*down*) more than hard work. 悲しみと心配は骨折り仕事よりも人をやつれさせる / He was *worn to* a shadow with care and anxiety. 苦労と心配で見る影もなくやせ衰えた.

8 [通例否定構文で] 《英口語》耐える, 我慢する, …に同意する: I won't ~ *it* [that, that idea]! そんなこと[そんな考え]を我慢するもんか.

9 〈時を〉過ごす, 費やす (⇨ WEAR *away*, WEAR *out*).

10 《スコット》〈羊や牛を〉囲いにかり集める 〈*in*, *up*〉.

11 《古》自分のものとして所有する: Win her and ~ her. 《諺》口説いてものにしろ.

— *vi.* **1 a** 使用に耐える, 使える, もつ (last): This color won't ~. この色はもちが悪かろう / ~ well [badly] もちがよい[悪い] / She's *worn* well because she's had a happy life. 幸福な人生を送ったので年の割にふけていない / This overcoat has *worn* wonderfully for years. このオーバーはすばらしくよくもった / Fustian ~*s* better than velvet. ファスチアン織はビロードよりもちがいい / Among my old friends he is ~*ing* best. 私の旧友の中では彼がいちばんふけない. **b** (長く使って[付き合って]も)飽きがこない: Some slang words ~ well. 長もちする俗語もある / Her ideas have *worn* well over the years. 彼女のアイデアは長年にわたってよく使われてきた. **2 a** (徐々に)すり減る, すり切れる. **b** [形容詞補語を伴って] (徐々にすり減って)…になる (cf. *vt.* 5): The rocks have *worn* smooth [to pebbles]. 岩がすり減ってなめらか[丸石]になった / 《英》My shoes have *worn* into holes. 靴がすり切れて穴だらけになった. **3** 〈時が〉徐々に[だらだらと]過ぎる, たつ, 経過する (pass): The day ~*s* (*on*) toward its close. 日はだんだん暮れていく. **4** 〔人・神経に〕いらだたしさを与える〔*on*〕: The noise *wore on* his nerves. その騒音は彼の神経にさわった. **5** 《古》〈服飾品が〉流行している.

wéar awáy (*vt.*) (1) すり減らす, 摩滅させる: ~ *away* stone steps (大勢の人の足が)段をすり減らす. (2) 〈時を〉過ごす: He *wore away* his youth in trifles. くだらないことばかりして青春を過ごした. — (*vi.*) (1) 摩滅する: The stone [inscription] has *worn away*. その石[碑銘]は摩滅している (⇨ (*vt.*) (1)) / He has *worn away* to a shadow. 見る影もなくやせ衰えてしまった. (2) 徐々になくなる[薄れる]: My patience began to ~ *away*. 次第に我慢がし切れなくなってきた. (3) 〈時が〉(徐々に)たつ, 経過する (pass): The long winter night *wore away*. 長い冬の夜がふけていった. ***wéar dówn*** (*vt.*) (1) すり減らす, すり減らして低くする: The heels of my shoes are *worn down*. 私の靴のかかとはすり減った. (2) (頑強に抵抗して)くじく, 勝つ: ~ *down* opposition [resistance, opponents]. (3) 疲労させる, 疲れ切らせる (cf. *vt.* 7); うんざりさせる (weary): The traveling *wore down* her nerves. その旅で彼女の神経は参ってしまった. — (*vi.*) (1) すり減る, すり減らして低くなる: The tires are ~*ing down*. タイヤがすり減ってきた / The heels of my shoes have *worn down*. 靴のかかとがすり減ってきた (⇨ (*vt.*) (1)). (2) 徐々になくなる[薄れる]. (1803) ***wéar ín*** (*vt.*) はき慣らす (break in): ~ *in* tight [new] shoes きつい[新しい]靴をはき慣らす. ***wéar óff*** (*vt.*) すり減らす, すり切らせる: The paint is *worn off* (the surface). ペンキがはげた. — (*vi.*) (1) すり減る[切れ

W

る]: The nap will soon ~ *off* (the surface). けばはじきすり切れるだろう. (2) (徐々に)なくなる, 消える: The feeling of strangeness will soon ~ *off*. 変だという感じはすぐなくなるだろう. ***wéar ón*** (1) 〈時などが〉徐々に[だらだらと]経つ, 過ぎる (cf. *vi.* 3): The time *wore on* toward midnight. 時が経って真夜中に近づいた / The discussion *wore on*. 論議は長々と続いた. (2) ⇨ *vi.* 4. 《1886》 ***wéar óut*** (*vt.*) (1) すり減らす, 使い古す, 着古す: ~ *out* one's clothes, a machine, etc. / These cheap shoes will soon be *worn out*. この安い靴はすぐにだめになるだろう. (2) 〈我慢・忍耐などを〉尽きさせる; 〈人を〉疲れ切らす (tire out): His patience was *worn out* at last. とうとう我慢しきれなくなった / The long journey has *worn* him *out*. 長旅で彼はすっかり疲れてしまった / I am *worn out with* this work. この仕事でくたくたに疲れた / Take rest or you'll ~ yourself *out*. 休みをとりなさい, 疲れ果ててしまいますよ / ⇨ *wear out one's* WELCOME. (3) 〈時を〉過ごす, 費やす (pass): ~ *out* one's life [time, youth] in idleness ぶらぶらして生涯[時, 青春]を過ごす. — (*vi.*) (1) すり減る: Cheap shoes will soon ~ *out*. 安い靴はじきにだめになる (⇨ (*vt.*) (1)). (2) 〈我慢・忍耐などが〉尽きる: His patience has *worn out*. 忍耐力が尽きてしまった (⇨ (*vt.*) (2)). 《1390》 ***wéar the tróusers*** [《古》 ***bréeches***, 《米口語》 ***pánts***] 〈女が〉はばをきかす, 亭主を尻に敷く, かかあ天下である. 《1577》 ***wéar thín*** ⇨ thin 成句. ***wéar thróugh*** (*vi.*) (1) 〈物が〉すり減る. (2) 〈時が〉(単調に)過ぎていく. (3) すり減って穴があく (wear into holes): My shoes [clothes] have *worn through*. 靴[着物]がすり減って穴があいてしまった. — (*vt.*) (1) 〈時を〉どうやら過ごす: ~ *through* the day どうやら一日を過ごす. (2) すり減らして穴をあける: My shoes [clothes] are *worn through* (⇨ (*vi.*) (3)).

— *n.* **1** 着用, 使用 (use): clothes for winter [everyday] ~ 冬[普段]着 / materials for hard ~ 激しい使用に耐える生地 / The hat shows signs of ~. その帽子はかぶった形跡がある / It will stand any amount of [a couple of years'] ~. それはいくら[2, 3 年]使ってももつだろう. **2** 耐久性, もち (durability): There is plenty [a great deal] of ~ *in* it. それはまだまだ使える / There is not much ~ left *in* it. もうあまり長くはもたない / These shoes will give double ~.=You will get double ~ from [out of] these shoes. この靴は 2 倍もつでしょう. **3** [しばしば複合語に用いて] 服, 衣服; 身につけるもの: children's ~ 子供服 / men's ~ 紳士服 / women's [woman's] ~ 婦人服 / everyday [summer] ~ 普段着[夏着] / ⇨ footwear, neckwear, sportswear, underwear, ready-for[to]-wear. **4** 使いべり, すり切れ, 損耗, 摩耗; 摩耗量: The carpets are showing (signs of) ~. じゅうたんがすり切れてきた / There's been a lot of ~ on the clutch. クラッチがだいぶ摩耗している / (normal [everyday]) ~ and tear = tear and ~ (普段の使用による)損耗, 衰耗, 消耗, 損傷. ***in wéar*** 〈衣服・飾りなど〉着用されて; 流行して: clothes that are *in* constant ~ いつも着ている衣服 / The carpet has been many years *in* ~ じゅうたんは多年用いられてきた / *in* general ~ 流行して. ***the wórse for wéar*** ⇨ worse *adj.* 成句. 《1782》

〖v.: OE *werian* to wear (clothes), clothe < Gmc **wazjan* (ON *verja* / Goth. *wasjan*) ← **was-* ← IE **wes-* to clothe (L *vestis* 'VEST'). — n.: 《1464》〗

wear[2] /wéə | wéə^r/ 〖海事〗 *v.* (**wore** /wɔ́ə | wɔ́:^r/; **worn** /wɔ́ən | wɔ́:n/, **wore**) — *vt.* 〈船を〉下手(しもて)回しにする: ~ (a) ship. — *vi.* 〈船が〉下手回しに回る (cf. tack[1] 1). — *n.* 下手回し. 〖《1614》《変形》? ← VEER[1]: WEAR[1] (v.) との連想による?〗

wear[3] /wíə | wíə^r/ *n.* =weir.

Wear /wíə | wíə^r/ *n.* [the ~] ウィア(川) 《イングランド北部 Durham 州を東流して, Sunderland 付近で北海に注ぐ (105 km)》.

wear·a·bil·i·ty /wèərəbíləti | wèərəbílɪ̀ti/ *n.* (衣類の)耐久性, もちのよさ. 〖1927〗

wear·a·ble /wéərəbl | wéər-/ *adj.* 着られる, 身につけられる; 着用に適する: a ~ artificial kidney 身につけられる人工腎臓. — *n.* [通例 *pl.*] 衣服, 着物. 〖1590〗

W

wear·er /wéərə | wéərə^r/ *n.* **1** 着用者, 携帯者, 身につけている人. **2** すり減らすもの, 摩損物, 消耗物. 〖《1402》 ← WEAR[1] (v.)+-ER[1]〗

wea·ried /wíərid | wíər-/ *adj.* 疲れ切った: a ~ sigh 疲れたような吐息. **~·ly** *adv.* **~·ness** *n.* 〖1538〗

wea·ri·ful /wíərifəl, -fl | wíər-/ *adj.* **1** 疲れる, くたびれる (wearisome), 退屈な (tedious). **2** 疲れ切った (wearied). **~·ly** *adv.* **~·ness** *n.* 〖*c*1454〗

wéa·ri·less *adj.* 疲れを知らない, くたびれることのない; 退屈しない: a ~ fighter 疲れを知らぬ闘士. **~·ly** *adv.* **~·ness** *n.* 〖*c*1430〗

wéa·ri·ly /-rəli | -rɪ̀li/ *adv.* 疲れて; 退屈して, 飽きて. 〖1481〗

wéa·ri·ness *n.* **1** 疲れていること, 疲労. **2** 倦怠, 退屈. **3** 退屈させるもの. 〖OE *wērignesse*〗

wear·ing /wéərɪŋ | wéər-/ *adj.* 消耗させる; 疲れさせる, 疲労させる: a ~ life / a ~ companion. — *n.* **1** [形容詞的に] 着用の: ~ apparel 衣類, 着物. **2** 《廃》 衣服. 〖1418〗

wéaring còurse *n.* 〖土木〗 摩耗層 《舗装道路の最上層部分》. 〖1940〗

wéaring ìron *n.* =wear iron.

wéar·ing·ly *adv.* 疲れさせるように. 〖1870〗

wéar ìron *n.* (摩滅に対して用いる)防摩鉄板, すれ鉄.

wear·ish /wíərɪʃ | wíər-/ *adj.* 《英方言》 **1** 風味のない (tasteless); 味気ない (insipid) **2** 病弱な (sickly). **3** 間抜けの (stupid). 〖*a*1398〗

wea·ri·some /wíərisəm | wíər-/ *adj.* **1** うんざり[飽き飽き]する, 退屈な: a ~ book, lecture, etc. **2** 疲れさせる, 疲労させる: a ~ march, task, etc. **~·ness** *n.* 〖《*c*1450》: ⇨ weary (adj. & v.), some[1]〗

wéa·ri·some·ly *adv.* うんざり[飽き飽き]して; 疲れさせられて, 疲れて. 〖*c*1735〗

wéar lànd *n.* 〖機械〗 摩耗部.

wéar plàte *n.* =wear iron.

wéar-pròof *adj.* 損耗に耐える, 耐久力にある.

wéar-resìstant *adj.* =wearproof.

wea·ry /wíəri | wíəri/ *adj.* (**wea·ri·er**; **-ri·est**) **1 a** 疲れた, 疲労した, 疲れ果てた (⇨ tired[1] SYN): ~ eyes, arms, legs, feet, soldiers, etc. / a ~ brain / I was ~ *with* waiting. 待ちくたびれた. **b** 〈足取り・声など〉疲れの色を示した: a ~ voice / ~ footsteps. **2** 〔…が〕いやになった, 〔…に〕飽きた (tired, bored) 〔*of, with*〕: be ~ *of* reading 読書に飽きている / She is ~ *of* dance and play. ダンスや遊びに飽きている. **3** 退屈な, 飽きあきさせる, いやな (tedious, irksome): a ~ journey, task, wait, day, etc. / this ~ world [life] この憂き世. **4** 疲れさせる, 疲労させる: a ~ road. — *vt.* **1** 疲れさせる, 疲労させる. **2** 退屈[飽き]させる, うんざりさせる, 困らせる (bore, harass): ~ a person *by* [*with*] flattery, apologies, etc. / I was *wearied* by the sheer flow of words. 全くの洪水のような言葉にうんざりした / I won't ~ you with the account of how they quarreled. 彼らがどんなにけんかをしたかをお話してあなたを退屈させたくありません. — *vi.* **1** 疲れる, 疲労する: His poetic mind never *wearied*. 彼の詩魂は疲れることを知らなかった. **2 a** 退屈する, 飽きる: I ~ when I am alone. 一人でいると退屈する. **b** いやになる 〔*of*〕 / 〈*to* do〉: He had *wearied of* his task. 彼は仕事がいやになっていた / The eye never *wearies to* see [*of* seeing] beauty. 目は美を見ていやになることは決してない. **3** 《スコット》 待ちこがれる, あこがれる 〔*for*〕 / 〈*to* do〉: ~ *for* home / I was ~*ing to* speak with you. あなたとお話するのを待ちこがれていました / She *wearies for* her absent children. 家にいない子供(の帰り)を待ちわびている.

wéary óut (1) (疲れて)へとへとにさせる; (退屈して)うんざりさせる. (2) 〈月日を〉(単調に)過ごす, 費やす: ~ *out* the months and years. 《1647》

〖adj.: OE *wērig* < (WGmc) **wōriʒa* (OS *wōrig* weary / OHG *wuarag* drunk: cf. OE *wōrian* to wander) ← ? IE **wōr-* giddiness, faintness (Gk *hōrākiân* to faint). — v. OE *wēr(i)gian* ← (adj.): WEAR[1] とは語源上無関係〗

Wéary Wíl·lie /-wíli/ *n.* 《口語》 怠け者, ものぐさ太郎; 浮浪者 (tramp).

wea·sand /wí:zənd, -zn̩d/ *n.* 《古・方言》 **1** 気管, のど笛 (trachea, windpipe). **2** 食道 (esophagus); のど (throat): cut [slit] a person's ~ 人ののどを切る. 〖OE **wǣsend, wāsend* gullet ← (WGmc) **wāsand-* (pres. p.) ← ? IE **weis-* to flow out〗

wea·sel /wí:zl̩/ *n.* (*pl.* **~s**, ~) **1 a** 〖動物〗 イタチ 《イタチ科イタチ属 (*Mustela*) の小さい肉食動物の総称; ヨーロッパミンク (*M. lutreola*), アメリカミンク (mink), イイズナ (*M. nivalis*), ケナガイタチ (*M. putorius*), オコジョ, エゾイタチ (ermine) など》. **b** イタチの毛皮. **2 a** 《口語》 (イタチのように)こそこそした男, ずるい人, 裏切り者. **b** 《米俗》 密告者 (informer). **3** ウィーズル自動輸送車 《2 種類のうち一つは陸上用で氷上・砂上・ジャングル地帯・45 度の傾斜面などを走破でき, 他は水陸両用式》. **4** =weasel word. **5** [通例 W-] 《米》 South Carolina 州人 《あだ名》.

cátch a wéasel asléep 抜け目のない人を欺く, 生き馬の目を抜く.

póp góes the wéasel ⇨ pop[2] *adv.*

— *vi.* **1** 《口語》 (義務・責任を)免れる, 回避する 〔*on, out of*〕: ~ *on* paying 支払いをしぶる / He tried to ~ *out of* his misstep. 自分の過失から免れようとした. **2** 《口語》 あいまいにする, 言葉を濁す. **3** 《米俗》 密告する.

〖OE *wes(u)le* < (WGmc) **wisulōn* (G *Wiesel*) ← ? IE **weis-* (↑): 異臭を放つところからか〗

wéasel-fàced *adj.* (イタチのように)細くとがった顔をした, 抜け目のない顔つきの. 《1807》

wéasel lèmur *n.* 〖動物〗 イタチキツネザル (*Lepilemur mustelinus*) 《nattock ともいう》.

wéa·sel·ly /-zli, -zli/ *adj.* 〈顔つき・態度が〉イタチに似た, イタチを思わせる. 〖1838〗

wéasel's-snòut *n.* 〖植物〗 ユーラシア産ゴマノハグサ科キンギョソウ属の一年草 (*Misopates orontium*). 〖cf. *weasel-snout* 《1796》: 花冠の形から〗

wéasel wòrd *n.* [通例 *pl.*] 《米口語》 (逃げ口上に使う)あいまいな言葉, (意味を)ぼかすための語. 〖《1900》: イタチが鳥の卵の中身を吸ったあと, 卵を何事もなかったように見せかける習性があるといわれていることから; Theodore Roosevelt の言葉〗

wéasel-wòrded *adj.* 《米》 (わざと)あいまいな言葉を使った, ぼかした; 逃げ口上の. 〖1923〗

weath·er /wéðə | -ðə^r/ *n.* **1 a** 天気, 天候, 気象: look at the ~ 空模様を見る, 天気を見る / How's the ~? 天気はどうですか / The ~ improved [settled]. 天気がよくなった[定まった] / ⇨ weather eye / ⇨ CLERK of (the) weather. **b** [形容詞を伴って]: broken ~ 不順な天気 / good [bad] ~ よい[悪い]天気 / hot [cold, warm] ~ 暑い[冷たい, 暖かい]天気 / fair [fine] ~ 上天気, 晴天 / foggy ~ 霧深い天気 / rough ~ 荒天 / seasonable ~ 順調な天候 / settled ~ 安定した天気 / soft ~ なま暖かい日和, しめっぽい天気 / stormy ~ 暴風雨 / ⇨ April weather / in fair ~ or foul 降っても照っても, 晴雨にかかわらず. **c** [*pl.*] ★ 次の句のみに用いる: all ~*s* あらゆる天気 / in all ~*s* (=in all kinds of ~) あらゆる天候に, どんな天気でも. **2** 悪天候, 荒天 《雨・霜・波浪など》: This mackintosh will keep out the ~. この防水外套は雨風を防ぐだろう. **3 a** (運命の)移り変わり, 浮沈, 有為転変 (vicissitudes): His honesty has endured all ~*s*. 彼の正直は世のあらゆる移り変わりに耐えてきた. **b** 風潮, 雰囲気; (心の)状態. **4** 〖海事〗 風の吹いて来る方向, 風上: drive with the ~ 風と波のまにまに漂う / have the ~ of 〈他船〉の風上に立つ / up to ~ 風上に向かって / luff nigh the ~ 風の近くを帆走する. **5** 風化 (weathering).

abòve the wéather (1) 〖航空〗 天候に左右されないほど高い所に. (2) 《口語》 (もう)体の具合が悪くない; (もう)酔っていない. 《1958》 ***a bréak in the wéather*** ⇨ break[1] *n.* 成句. ***hàve*** [***kéep***] ***the wéather of*** (1) 〖海事〗 …の風上にいる[を通る]. (2) …より有利である, …にまさる. 《1557》 ***in the wéather*** 風雨に当たる場所に; 戸外に. 《1588》 ***màke góod*** [***bád, fóul, héavy***] ***wéather*** (***of it***) 〖海事〗 〈船が〉しけに遭って揺れない[揺れる]. 《1781》 ***màke héavy wéather*** 〔困難な物事で〕苦労する 〔*with*〕. 《1915》 ***màke héavy wéather of*** [***òver***] 〈小事〉を大事に考えすぎる, 仰山に考える, 難儀がる. 《1915》 ***ùnder the wéather*** 《口語》 (1) 体の具合が悪くて; (気が)くさくさして: be [feel] *under the* ~. (2) 少し酔って; 二日酔いで. 《1827》 ***wéather permítting*** [独立句を成して] 天候が許せば. 《1712》

— *vt.* **1** 風雨[外気]に当てる; 乾かす, 干す (dry, season): ~ wood. 木材を外気で乾かす. **2** 〈嵐・困難などを〉乗り切る, 切り抜ける, しのぐ (survive) 〈*out*〉: ⇨ *weather the* STORM / ~ many bitter winters 幾年も厳冬を経る / ~ a financial crisis 経済的危機を切り抜ける. **3** [通例 p.p. 形で] 〖地質〗 〈岩石などを〉風化させる. **4** 〖海事〗 …の風上を通る[走らせる]: ~ a cape, another ship, etc. / ⇨ *weather a* POINT. **5** 悪天候のために動けなくする 〈*in*〉. **6** 〖建築〗 〈屋根・窓敷居などに〉水切りの勾配をつける; 〈外壁〉に水切り石をつける. **7** 〈鷹を〉戸外の止まり木につなぐ. — *vi.* **1** 外気で傷む[変化する], 風化する 〈*away*〉: The rock has ~*ed*. 岩石が風化してしまった / His skin has ~*ed*. 肌が荒れてしまった. **2** 風雨に耐える, もつ 〈*out*〉. ***weather alóng*** 〖海事〗 荒天をものともしないで進む. 《1836》 ***wéather on*** [***upòn***] (1) 〖海事〗 〈他船〉の風上に出る. (2) …を出し抜く. 《*c*1595》 ***wéather thróugh*** 〈暴風雨・危機・困難など〉を切り抜ける, 乗り切る: ~ *thruogh* a storm / ~ *through* financial difficulties 財政困難を切り抜ける.

— *adj.* [限定的] **1** 天気の, 天候に関する: ~ conditions 天候状態. **2** 〖海事〗 **a** 風上の (windward) (↔ lee); 風上に向かった: ⇨ weather beam, weather bow, weather quarter. **b** 風雨にさらされた, 露天の: ⇨ weather deck.

〖n.: OE *weder* < Gmc **weðram* (Du. *weer* / G *Wetter* / ON *veðr*) ← IE **we-* to blow (OSlav. *vedro* good weather). — v.: 《15C》 ← (n.): cf. wind[1]〗

weath·er·a·bil·i·ty /wèð(ə)rəbíləti | -lɪ̀ti/ *n.* 風雨に耐えうること. 〖1961〗

wéather ànchor *n.* 〖海事〗 (双錨泊の場合の)風上錨(ようびょう). 〖1867〗

wéather bàck *n.* 壁の仕上げ面の内側に耐候性のある建築材を用いること.

wéather ballòon *n.* 気象観測気球. 〖1940〗

wéather bèam *n.* 〖海事〗 風上側正横(せいおう): on the ~. 〖1790〗

wéather-bèaten *adj.* **1** 雨風にさらされた, 雨風にさらされて傷んだ: an old, ~ village church 雨風にさらされた古い村の教会. **2** 〈人・顔など〉雨風[荒天](や炎暑)に鍛えられた, 日焼けした, ごつい: a ~ farmer 日焼けした農夫 / a wrinkled ~ face 日焼けしたしわだらけの顔. 〖1530〗

wéather·bòard *n.* **1** 下見板, 羽目板 (clapboard). **2 a** (ドアの最下部の)雨よけ板. **b** 〖海事〗 風上舷(げん); (ボートの)波よけ板. **3** 《主に豪》 下見張りの壁の家 《weatherboard house ともいう》. — *vt.*, *vi.* (…に)下見板を付ける. **~·ed** *adj.* 〖1539–40〗

wéather·bòarding *n.* 〖建築〗 下見張り; [集合的] 下見板 (weatherboards). 〖1515〗

wéather-bòund *adj.* 悪天候のため出帆[出発]できない (cf. windbound). 〖1590〗

wéather bòw /-bàu/ *n.* 〖海事〗 風上側斜め前方: on the ~. 〖1626〗

wéather bòx *n.* =weather house. 〖1848〗

wéather brèeder *n.* (悪天候の前兆となる)静穏な好天気の日. 〖1655〗

Wéather Bùreau *n.* [the ~] 《米》 気象局 《National Weather Service の旧名》. 〖1871〗

wéather·bùrned *adj.* 〈顔など〉(強い)日と風で焼けた. 〖1906〗

wéather·càst *n.* (ラジオ・テレビの)天気予報. 〖《1866》 ← WEATHER+(FORE)CAST〗

wéather·càster *n.* 天気予報係, 天気予報キャスター. 〖《1607》 *c*1904〗

wéather cèntre *n.* (特に英国気象庁 (the Meteorological Office) の)気象情報センター. 〖1961〗

wéather chàrt *n.* 天気図 (weather map).

wéather clòth *n.* 〖海事〗 雨覆い 《甲板上の当直員を雨風から守るためのターポーリン(テント)》. 〖1856〗

wéather còat *n.* 《英》 ウェザーコート 《防水・防寒用コート》.

wéather·còck *n.* **1** 風見鶏(どり); 風見. **2** 心の変わりやすい人, 移り気の人 (fickle person); 日和見主義者. — *vt.* **1** …に風見を付ける: ~ a church. **2** …の風見となる. — *vi.* 〖航空〗 〈飛行機・ミサイルが〉風の方向に向く. 〖《*a*1300》 *veder-coc*: ⇨ weather, cock[1]〗

wéather còntact *n.* 〖電気〗 雨天接触.

wéather cròss *n.* 〖電気〗雨天混線.
wéather dèck *n.* 〖海事〗 **1** 露天甲板. **2** 風上側の甲板. 〖1850〗
wéather dòor *n.* **1** 〖建築〗(越屋根や頂部に設けた) 開口部. **2** 〖鉱山〗 =trapdoor 2. **3** 雨戸 (storm door). 〖1753〗
wéather-drìven *adj.* 暴風に吹きやられた. 〖*a*1513〗
wéath·ered *adj.* **1** 風雨にさらされた: a ~ wooden house 風雨にさらされた木造家屋. **2 a** 〈木材が〉乾燥した (seasoned). **b** 〈木材など〉(風雨にさらしたり人工的な方法を用いたりして)古めかしさを出した, 古色(こしょく)に仕上げた. **3** 〖地質〗風化した. **4** 〖建築〗〈屋根·窓敷居など〉(水切りの)勾配のついた. 〖1789〗
weath·er·er /wéðərə | -rə(r)/ *n.* 風雨に耐える人[物].
wéather èye *n.* **1** (経験による)天気を見る[当てる]勘. **2** 油断[ぬかり]のなさ: keep one's [a] ~ open (*for*) =have one's ~ open (*for*) (…に)絶えず注意している, 警戒を怠らない. **3** 気象観測用レーダー; 気象衛星. (weather-satellite) 〖1829〗
wéather-fàst *adj.* =weather-bound.
wéather-fènd *vt.* 風雨から護る (cf. Shak., *Tempest* 5. 1. 10). 〖1611〗
wéather·fìsh *n.* 〖魚類〗ドジョウ《ヨーロッパ·アジア産ドジョウ属 (*Misgurnus*) の魚の総称》: **a** ヨーロッパドジョウ (*M. fossilis*) 《川や池の底の泥にもぐり, 雷雨の際に活発に泳ぎ回るとされる; weather loach ともいう》. **b** (アジア産) ドジョウ (*M. anguillicaudatus*) 《oriental weatherfish ともいう》. 〖1886〗
wéather fòrecast *n.* 天気予報: give ~*s* for the day 〈新聞などが〉その日の天気予報を掲げる / The ~ says it will be rainy tomorrow. 天気予報によれば明日は雨だ. 〖1883〗
wéather fòrecaster *n.* 天気予報官[係]. 〖1900〗
wéather gàuge *n.* 〖海事〗《特に, 帆船において, 他船の》風上にある位置関係 (cf. lee gauge): have [keep] the ~ of 〈他船〉の風上にいる; …より地の利を占める. 〖⇨ gauge (n.) 9 b〗
wéather gìrl *n.* 女性の天気予報キャスター.
wéather·glàss *n.* 晴雨計 (barometer). 〖1626〗
wéather hèlm *n.* 〖海事〗[号令]舵柄(だへい)風上へ《昔の言い方で, 舵柄を風上に取ること; 従って舵面は風下に行き, 船首は風下に曲がる; 1930 年ごろにこの言葉は世界的に廃止され, 同じ動作を lee wheel というようになって現在に至っている》. 〖1882〗
wéather hòuse *n.* 晴雨表示箱, 晴雨(せいう)人形 (weather box) 《湿度の変化に応じて男女の人形が出たり入ったりして晴雨を示すおもちゃの家》.
wéath·er·ing /-ð(ə)rɪŋ/ *n.* **1** 〖地質〗風化(作用). **2** 〖建築〗水たれ, 水勾配《窓台外方などの排水傾斜》. **3** すき間ふさぎ用材料 (cf. weather strip). **4** 〖鷹狩〗鷹を種々の天候にさらすこと. 〖((lateOE)) (1548) *wæderung* weather conditions: ⇨ weather, -ing[1]〗
weath·er·ize /wéðəràɪz/ *vt.* **1** 〈繊維〉に(化学薬品などにより)耐候性をもたせる. **2** 〈建物を〉(断熱材·防風窓などで)耐寒[耐気候]構造にする. **weath·er·i·za·tion** /wèðərɪzéɪʃən | -raɪ-, -rɪ-/ *n.* 〖1943〗
wéather jòint *n.* (石·れんが工事の)水切り目地; 斜め目地《水切りをよくするために斜めに仕上げた目地》.
wéather lòach *n.* 〖魚類〗 =weatherfish a.
wéath·er·ly *adj.* 〖海事〗〈船が〉風上に切り上がりがちな, 切り上がりのよい (cf. leewardly). **wéath·er·li·ness** *n.* 〖((1729)) ((廃)) pertaining to the weather: ⇨ -ly[2]〗
wéather·màn /-mæ̀n/ *n.* (*pl.* **-men** /-mèn/) **1 a** (放送局などの)天気予報係. **b** 気象台[局]員; 予報官. **c** ((俗)) 気象学者 (meteorologist). **2** [W-] (1970 年ころに活動した米国の)闘争的革命青年組織の一員. 〖1859〗
wéather màp *n.* 天気図, 気象図 (weather chart). 〖1871〗
wéather màrk *n.* (風向を示す)風向標識.
wéather mìnima *n. pl.* 〖航空〗最低気象条件《雲底および滑走路上の見通し距離について規定し, それらが規定以下になったら飛行機の離着陸を禁止する; meteorological minima, ceiling and visibility minima ともいう》.
wéather·mòlding *n.* 〖建築〗雨押え繰形, 雨押え石 (dripstone). 〖1841〗
wéather·mòst *adj.* 〖海事〗最も風上の. 〖1557〗
weath·er·om·e·ter /wèðərá(ː)mətə | -rɔ́mɪ̀tə(r)/ *n.* ウェザロメーター《ペンキ·塗料の耐候性をテストする機械》. 〖((1929)) ((商標名)) *Weather-Ometer*: ⇨ -o-, -meter[1]〗
wéather·pèrson *n.* 天気予報係[官], 天気予報キャスター (⇨ weathercaster). 〖1974〗
wéather-pròof *adj.* 〈衣類など〉風雨に耐える, 耐候性のある. **—** *vt.* 〈建物など〉に耐候工事を施す, 風雨に耐えるようにする. **~·ness** *n.* 〖*c*1620〗
wéather pròphet *n.* **1** 天気予報者. **2** 天気のわかる装置, 天気予報器; 天気予報に役立つもの《鳥·蛙など》. 〖1866〗
wéather quàrter *n.* 〖海事〗風上側斜め後方: on the ~. 〖1626〗
wéather ràdar *n.* 気象レーダー. 〖1946〗
wéather repòrt *n.* (気象台の)気象通報, 天気予報. 〖1863〗
wéather-sàtellite *n.* 気象衛星. 〖1960〗
wéather sèrvice *n.* (一国の)気象業務(局) 《米国では国立気象局 (National Weather Service) がその最上層機関》.
wéather shìp *n.* 気象観測船. 〖1946〗
wéather shòre *n.* 風上浜 (↔ lee shore). 〖1626〗
wéather sìde *n.* [the ~] 〖海事〗風上舷 (↔ lee side); 風[風雨]の当たる側. 〖1399〗
wéather sìgnal *n.* 気象信号《気温·雨·雪·風向きの予想情報を知らせる旗·光などの信号; cf. storm signal》.
wéather stàin *n.* 風雨にさらされたための変色, 雨のしみ. 〖1815〗
wéather-stàined *adj.* 風雨のため変色した[しみのできた]. 〖1849〗
wéather stàtion *n.* 測候所, 気象観測所. 〖1895〗
wéather·strìp [-strìpping] *n.* (風雨の侵入を防ぐため, ドアと敷居の間·窓と窓がまちの間などに付ける)すき間ふさぎ. 〖1846〗
wéather-strìp *vt.* …にすき間ふさぎを当てる[付ける]. 〖1908〗
wéather·strùck jòint *n.* 〖石工〗 =struck joint.
wéather tìde *n.* 〖海事〗風向きと反対の潮流, 風上に向かって流れる潮 (cf. leeward tide). 〖1815〗
wéather·tìght *adj.* 風雨に耐える, 風雨を通さない. 〖1832〗
wéather tìle *n.* 〖建築〗(家の外壁に張る)下見がわら. 〖1875〗
wéather vàne *n.* =weathercock 1. 〖1721〗
wéather whèel *n.* 〖海事〗 **1** [号令] 舵輪風上へ《結果として船首は風上に回る; cf. lee helm》. **2** 風上操舵員《舵輪に 2 人以上の操舵員がつくとき, その風上側に位置する操舵員(上級者)》. 〖1867〗
wéather wìndow *n.* (山頂登攀など, ある目的のために)望ましい天候が続く期間[時間帯]. 〖1974〗
wéather-wìse *adj.* **1** 天気をよく当てる, 天気予測のうまい. **2** 世論の変化[動向]に敏感な, 世論観測の上手な. 〖((*c*1378)): ⇨ wise[1]〗
wéather·wòrn *adj.* 風雨に打たれた, 風雨で傷んだ. 〖1609〗
weave[1] /wíːv/ *v.* (**wove** /wóʊv | wə́ʊv/, (特に *vt.* 5, *vi.* 5) **~d**; **wo·ven** /wóʊvən | wə́ʊ-/, ((商用)) **wove**) **—** *vt.* **1** 〈糸を〉(布に)織る; 〈織物を〉(糸から)織る. **2** 〈花輪·かごなどを〉編む, 組む; 〈葉·花などを〉編む, 組む; 〈クモなどが〉〈巣を〉作る: ~ a garland / The spider *wove* its web. クモは巣を作った. **3** 織って[編んで]作る; つづり合わせる〔*into*〕: ~ wicker *into* baskets = ~ baskets out of wicker 小枝細工でかごを編む / ~ flowers *into* one's hair 花を髪の毛に編み込む / ~ facts *into* a story 事実を物語の中に織り込む, 事実を編んで物語を作る / ~ words *into* a song 言葉をつづり合わせて歌を作る / The writer can ~ metaphysics *into* the homespun of daily life. その作家は日常生活の描写の中に形而上学を織り込むことができる. **4** 〈詩·物語·筋などを〉組み立てる, 作り上げる, 仕組む: ~ a story, plot, etc. / ~ a new romance about [around] it それについて新しい伝奇小説を作り上げる. **5 a** (障害物を避けるために)〈車などを〉くねりながら[ジグザグに]進ませる: He ~*d* his car *through* the London traffic to his house. ロンドンの往来をジグザグに車を走らせて家に帰った. **b** 〈左右に〉くねりながら〈道を〉進む: ~ one's way *through* [*out of*] a crowd 人込みの中を縫って通る[抜け出る]. **—** *vi.* **1** 織物を織る, 機(はた)を織る. **2** 〈クモなどが〉巣を作る. **3** 織り合わされる. **4** (種々の要素を結合して)統一体を作る, まとめる. **5 a** (左右に障害を避けて)〈くねりながら[縫うように]進む: ~ in and out *through* the crowd [among the people] 人込みの中を出たり入ったりして進む / A path ~*d through* the valley. 一本の小道が谷間を縫うように通っていた. **b** 〖英空軍俗〗(敵の砲火などを)縫って逃げる, くぐり抜ける, 遁走(とんそう)する: ~ *through* the searchlights サーチライトをくぐり抜ける. **6** 行きつ戻りつする. ***get wéaving*** 〖英口語〗 =*get* CRACKING.
— *n.* **1** 織り方, 編み方, 組織: a close ~ 目のつんだ織り[編み, 組み]方. **2** 織った[編んだ]もの, (特に)織物. **3** ヘアピース (hair weave).
〖v.: OE *wefan* < Gmc **weƀan* (Du. *weven* / G *weben* / ON *vefa*) ← IE **webh-* to move to and fro, weave (Gk *húphainein* to weave). —n.: ((1581)) ((1888)) ((廃止)) 'a woven fabric' ← (v.): cf. wasp, wave (v.), web, weft[1]〗
weave[2] /wíːv/ *vt.* ((古)) 〈船·船客〉に手を振って合図を送る. **—** *vi.* **1** 左右に揺れる; よろめきながら進む. **2** 〖ボクシング〗ウィービングする《パンチを避けるため上体や頭を左右に動かす》. 〖((?*a*1200)) *weve(n)* to wander, brandish ← *waive(n)* to move to and fro, wave ▭ ON *veifa* < Gmc **weiƀjan* (Du. *weiven* / OHG *-weiben*): cf. vibrate〗
wéav·er *n.* **1** 織り手, 織工, 織屋; 編む人, 組む者. **2** 〖鳥類〗 =weaverbird. **3** 〖昆虫〗ミズスマシ (whirligig beetle). 〖*a*1376〗
Wea·ver /wíːvə | -və(r)/ *n.* ウィーバー《男性名》. 〖↑〗
wéaver ànt *n.* 〖昆虫〗幼虫が出す絹糸で葉をつづり合わせて巣を作る熱帯産のアリ《ツムギアリ属 (*Oecophylla*), オオアリ属 (*Camponotus*) に属する》. 〖1913〗
wéaver·bìrd *n.* 〖鳥類〗ハタオリドリ《アジア·アフリカ産のハタオリドリ科 (*Ploceidae*) の鳥の総称》. 〖((1826)): その巣を精巧に作ることから〗
wéaver fìnch *n.* 〖鳥類〗 =weaverbird.
wéaver's knòt [hìtch] *n.* 〖海事〗 =sheet bend.
wea·zand /wíːzənd, -zṇd/ *n.* ((スコット)) =weasand.
wea·zen /wíːzən, -zṇ/ *v., adj.* =wizen.
wea·zened /wíːzənd, -zṇd/ *adj.* =wizened.
web /wéb/ *n.* **1** クモの巣 (cobweb); (テンマクケムシ (tent caterpillar) などの)巣, (蚕の)繭: a spider's ~. **2 a** クモの巣状のもの, 網状組織 (network). **b** ラジオ[テレビ]網: a ~ of railroads 鉄道網. **3** 織物; (一機(はた)分の)織布: a ~ of calico / an india-rubber ~ ゴム布, ゴム織. **4** (水鳥や飛ぶ動物の)指の間の皮膜, 水かき. **5** 〖鳥類〗羽弁(うべん), 羽板, 冊(さく) (vane, vexillum). **6** 仕組んだもの, たくらんだもの, わな (snare): a ~ of lies うそで固めた話[わな]. **7** 入り組んだもの, もつれ: the ~ of destiny 運命の網 / a ~ of mental complexes 入り組んだ精神複合 / He was caught in a ~ of indecision. 不決断の網に補らえられた, どうにも決心がつきかねた. **8** 〖電算〗[the W-] = World Wide Web. **9** 〖印刷〗(web press に用いる)巻取紙. **10** 〖機械〗添え骨, 腹板, 力板: a ~ of a crank クランク腕 / a ~ of a girder 桁(けた)腹, 桁腹材. **11** 薄い金属板: the ~ of a saw のこぎりの身 / the ~ of a sword 刀身. **12** (金敷の平面と台との)中間部, (レールや I 型鋼の頭と台との中間の)垂直部, 腹, ウェブ. **13** 〖解剖〗膜 (membrane). **14** 〖建築〗(肋(ろく) (rib) と肋との間の)ヴォールト天井の曲面部. **15** (ペルシャじゅうたんなどの)耳, 厚べり. **16** 〖金属加工〗鋳ばり, 耳 (fin). **17** 〖宇宙〗内面燃焼型固体ロケット推進薬の厚さ.
— *v.* (**webbed**; **web·bing**) **—** *vt.* **1 a** …にクモの巣を張る: ~ the corner of a ceiling 天井のすみにクモの巣を張る. **b** クモの巣状に覆う: Roads ~*bed* the country. その地域は道路がクモの巣状に走っていた. **2** クモの巣にひっかける, わなで補らえる (ensnare): The spider ~*bed* a fly. クモがハエを巣にひっかけた. **—** *vi.* クモの巣を作る, クモの巣状になる.
~·less *adj.* 〖OE *web(b)* < Gmc **waƀjam* (Du. *web(be)* / (M)LG *webbe*) ← IE **webh-* 'to WEAVE'〗
Webb /wéb/, **Beatrice** *n.* ウェブ《1858–1943; 英国の社会研究家; Sidney Webb の妻; 旧姓 Potter》.
Webb, Mary *n.* ウェブ《1881–1927; 英国の女流小説家; *Precious Bane* (1924)》.
Webb, Matthew *n.* ウェブ《1848–83; 英国の水泳家; 初めてイギリス海峡を泳いで渡った (1875)》.
Webb, Sidney (James) *n.* ウェブ《1859–1947; 英国 Fabianism の指導的経済学者·社会研究家; 称号 1st Baron Passfield; *History of Trade Unionism* (1894) など妻 Beatrice との共著が多く, 1913 年 *New Statesman* の創刊に協力》.
webbed *adj.* **1** 水かきのある, 指間に皮膜のある: ~ feet. **2** クモの巣の張った (cobwebbed). 〖1664〗
wéb·bing *n.* **1** (吊り革·馬の腹帯などに用いる丈夫に織った)帯ひも. **2** (薄織物などの両側を特に強い材料で織った)みみ. **3** (手引き印刷機の版盤の出し入れに使う)ひも帯. **4** 〖動物〗(水かきの)膜 (web). **5** 皮膜 (web) 状のもの. **6** (ひもなどを編み合わせた)網状のもの《テニスのラケット面など》. 〖((1440)) (1754): ⇨ -ing[1] 2〗
web·by /wébi/ *adj.* (**web·bi·er**; **-bi·est**) **1** クモの巣状の. **2** 水かき[皮膜]のある[のような]. 〖1661〗
we·ber /wébə, véɪ- | -bə(r)/ *n.* 〖電気〗ウェーバー《磁束の実用単位; 10^8 maxwells に相当》. 〖((1872)) ← *W. E. Weber*〗
We·ber /véɪbə | -bə(r); *G.* véːbɐ/, **Ernst Heinrich** *n.* ウェーバー《1795–1878; ドイツの生理学者; W. E. Weber の兄》.
Weber, Baron **Karl Maria von** *n.* ウェーバー《1786–1826; ドイツの作曲家; *Der Freischütz*「魔弾の射手」(1820)》.
Weber, Max *n.* ウェーバー《1864–1920; 近代ドイツの代表的社会科学者; 業績は社会·経済·政治·歴史におよび, 大きな影響力がある; *Die protestantische Ethik und der Geist des Kapitalismus*「プロテスタンティズムと資本主義の精神」(1904)》.
Weber, Max *n.* ウェーバー《1881–1961; ロシア生まれの米国の画家》.
Weber, Wilhelm Eduard *n.* ウェーバー《1804–91; ドイツの物理学者; E. H. Weber の弟》.
Wé·ber-Féch·ner làw /véɪbəféknə-, -féç- | -bəféknə-, -féç-; *G.* véːbɐféçnɐ-/ *n.* [the ~] 〖心理〗ウェーバーフェヒナーの法則《感覚の大きさが刺激の強さの対数に比例して増加するという精神物理学的法則》. 〖((1891)) ← *E. H. Weber*+*G. T. Fechner*〗
We·bern /véɪbən | -bən; *G.* véːbɐn/, **Anton von** *n.* ウェーベルン《1883–1945; オーストリアの作曲家; Schönberg の弟子で十二音技法を継承; *Five Pieces for Orchestra* (1911–13)》.
Wéber's làw *n.* 〖心理〗ウェーバーの法則《刺激の量的増加を弁別する閾(いき)は, 刺激の量の増大に比例して増大するという精神物理学的法則》. 〖((1890)) ← *E. H. Weber*〗
wéb-fèd *adj.* 〖印刷〗〈印刷機が〉巻取紙 (web) 用の (cf. sheet-fed). 〖1947〗
wéb·fòot *n.* (*pl.* **-feet**) **1** 水かき足. **2** 水かき足のある動物《カエル·鳥など》. **3** [通例 W-] ((米)) Oregon 州人《あだ名》. 〖((1765)) ⇨ web (n. 4)〗
wéb fòot *n.* 先端部が水かき状になっているテーブルや椅子の(曲線型の)脚.
wéb-fòot·ed *adj.* 水かき足の(ある). 〖1681〗
Wéb·fòot·er *n.* =webfoot 3.
Wébfoot Stàte *n.* [the ~] 米国 Oregon 州の俗称《この州は湿地が多いことから》.
wéb fràme *n.* 〖海事〗特設肋骨(ろっこつ), ウェブフレーム 《transverse ともいう》. 〖1883〗
wéb·lìke *adj.* クモの巣[水かき]のような, クモの巣[水かき]状の.
wéb·màster *n.* 〖電算〗ウェブマスター《WWW のホームページを作成管理する人》.
wéb mèmber *n.* 〖土木〗腹材, ウェブ材《トラスの斜材·垂直材などの総称》. 〖*c*1890〗
wéb-òffset *n., adj.* [限定的] 〖印刷〗巻取紙オフセット(印刷)(の), オフセット輪転印刷(の). 〖1959〗
Wéb pàge *n.* 〖電算〗ウェブページ《World Wide Web のシステム上で閲覧できる個々の文書[ハイパーテキストファイル], また その画面表示》.

W

wéb plàte *n.*〘機械〙腹板(ﾌｸﾊﾞﾝ), ウェブ板(ﾊﾞﾝ), ウェブプレート《上下フランジ間の部分を構成する板》.〘1908〙

wéb prèss *n.*〘印刷〙巻取紙印刷機.〘1875〙

wéb-prìnting *n.*〘印刷〙巻取紙印刷.〘1890〙

Wéb sèrver *n.*〘電算〙ウェブサーバー《World Wide Web において情報送信などを行うコンピューター, またはソフトウェア》.

Wéb sìte *n.* (*also* **wéb·sìte**)〘電算〙ウェブサイト《Web server のあるコンピューター, またはそのコンピューター上の(ひとまとまりの) Web page》.

wéb spìnner *n.* (*also* **wéb·spìnner**)〘昆虫〙**1** シロアリモドキ《熱帯・亜熱帯産のシロアリモドキ目の昆虫の総称; 前肢節に特殊な絹糸の分泌器官があり, 分泌した絹糸で樹皮上・岩石上・石下・地中などに巣を作る》. **2** =webworm.〘*c*1907〙

web·ster /wébstə | -stə(r/ *n.*《古》=weaver.〘lateOE *webbestre* (fem.) ← *webba* weaver: ⇨ web, -ster〙

Web·ster /wébstə | -stə(r/ *n.* ウェブスター《男性名》.

Web·ster /wébstə | -stə(r/**, Daniel** *n.* ウェブスター《1782–1852; 米国の政治家・雄弁家》.

Webster, Jean *n.* ウェブスター《1876–1916; 米国の女流児童文学者; *Daddy-Long-Legs* (1912)》.

Webster, John *n.* ウェブスター《1580?–?1625; 英国の劇作家; *The White Devil* (1612), *The Duchess of Malfi* (1614 年ごろ上演, '23 出版)》.

Webster, Noah *n.* ウェブスター《1758–1843; 米国の辞書編纂者・著述家; *An American Dictionary of the English Language* (1828)》.

Web·ste·ri·an /webstíəriən | -stíər-/ *adj.* **1** (政治家)ウェブスター (Daniel Webster) の(ような)[に関する]. **2** (辞書編纂者)ウェブスター (Noah Webster) の(ような); 〈表音記号が〉ウェブスター式の.〘《1874》: ⇨ -ian〙

wéb-tòed *adj.* =web-footed.

wéb·whèel *n.*〘機械〙板車輪《輻(ﾔ)の部分が平板になっているもの》.〘1875〙

wéb·wòrk *n.* 網状組織, 網.〘1790〙

wéb·wòrm *n.*〘昆虫〙植物の葉を糸で紡いでつづり合わせ, その中にすむノメイガ類の幼虫 (cf. fall webworm).〘1797〙

Wéchs·ler Adúlt Intélligence Scàle /wékslə- | -lə-/ *n.*〘心理〙ウェクスラー成人用知能尺度.〘《1981》← *D. Wechsler* (↓)〙

Wéchsler-Bélle·vue scàle /-bélvjuː-/ *n.*〘心理〙ウェクスラーベルヴュー知能尺度《成人を対象とする知能検査の一種; 1939 年作成》.〘← *David Wechsler* (1896–1981; 米国の臨床心理学者)+*Bellevue Psychiatric Hospital*〙

Wéchsler Intélligence Scàle for Chíldren *n.*〘心理〙ウェクスラー式児童用知能検査《5 歳から 15 歳に適用; 1949 年作成; 略 WISC》.〘← *D. Wechsler* (↑)〙

WECPNL《略》weighted equivalent continuous perceived noise level 加重等価感覚騒音レベル《空港周辺において航空機騒音の継続時間・機種・機数・時間帯などを考慮した騒音評価量》.

wed[1] /wéd/ *v.* (**wed·ded**, ～; **wed·ding**) ★ *vt.* 1–3, *vi.* 1 は marry と同義であるが, p.p. として用いる以外は《文語》. — *vt.* **1** 〈結婚の当事者が〉…と結婚する, めとる, …に嫁ぐ: He ～*ded* a king's daughter. 王の娘と結婚した. **2 a** 〈牧師などが〉…の結婚式を司式する, 結婚させる: The minister ～*ded* the couple. 牧師が二人を結婚させた. **b** [受身で]〔…と〕結婚している〔*to*〕: He was [is] ～*ded to* Mary. 彼はメアリーと結婚していた[いる]. **3** 〈親が〉息子・娘を結婚させる: ～ one's daughter *to* a composer 娘を作曲家へ嫁がせる. **4** [主に受身で]〔意見・意志・習性などに〕固執[執着]する〔*to*〕: He is ～*ded to* the town. その町に愛着をもっている / He was ～*ded to* his own will. 自分の意志に固執していた. **5** 密接に結び付ける, 結合させる (unite, combine)〔*to, with*〕/〈*together*〉: ～ efficiency *to* [*with, and*] economy 経済と能率を一緒にする / ～ science *to* [*with, and*] poetry 科学と詩とを密接に結び付ける / ～ two words (*together*) 二つの単語を密接に結び付ける. — *vi.* **1** 結婚する, 夫[妻]を得る: Famous Movie Stars To *Wed* 有名映画俳優結婚の予定《新聞の見出し》. **2** 結び付く, 溶け合う〔*with*〕.
wéd·der /-də | -də(r/ *n.*〘OE *weddian* to marry, 《原義》to pledge < Gmc **waðjōjan* (G *wetten* to bet) ← **waðjam* pledge (↓)〙

wed[2] /wéd/ *n.*《英方言》担保, 抵当 (pledge), 質物 (pawn). ***in wéd*** 入質して, 抵当になって.
〘OE *wed*(*d*) pledge < Gmc **waðjam* (Du. *wedde* / G *Wette*) ← IE **wadh-* a pledge; to pledge (L *vad-*, *vas* surety): cf. wed[1]〙

Wed.《略》Wednesday.

we'd /wiːd/《口語》**1** we would の縮約形. **2** we had の縮約形.

wed·ded /wédɪd | -dɪd/ *adj.* **1** 結婚した, 結婚の: a newly ～ pair [couple] 新婚の二人 / ～ life 結婚生活 / ～ love 夫婦愛 / ～ bliss 結婚の幸福. **2** 執着した, 固執した (devoted)〔*to*〕: a youth ～ *to* peace and study 平和と研究に没頭している青年. **3** 密接に結合した〔*to*〕: style ～ *to* content 内容にぴったり合った文体.〘OE *ġeweddod* (p.p.) ← *weddian* 'to WED[1]'〙

Wed·dell /wədél, wédl | wədél, wédl/**, James** *n.* ウェッデル《1787–1834; 英国の航海者; 南極探険家; cf. Weddell Sea, Weddell seal》.

Wéd·dell Séa /wédl-, wədél- | wédl-/ *n.* [the ～] ウェッデル海《南極大陸の南大西洋側の大湾入》.〘↑〙

Wéddell séal *n.*〘動物〙ウェッデルアザラシ (*Leptonychotes weddelli*)《南極産の茶色のアザラシ; 肉と皮下脂肪は珍重される》.〘《1914》← *James Weddell*〙

wed·ding /wédɪŋ | -dɪŋ/ *n.* **1** 結婚すること; 結婚式, 婚礼 (⇨ marriage SYN): attend a ～ 結婚式に出る / Their ～ was held on April 3. 彼らの結婚式は 4 月 3 日に行われた. **2** (異質のものの)結合: a happy ～ of talent and technique 才能と技法との見事な結合. **3** 結婚式招待状用の上質紙. **4** 結婚記念式[日]. ★ 贈り物の種類によって次のように呼ばれる.

	結婚日		結婚日
paper ～	1 周年	china ～	20 周年
straw ～	2 周年	silver ～	25 周年
candy ～	3 周年	pearl ～	30 周年
leather ～	4 周年	coral ～	35 周年
wooden ～	5 周年	ruby ～	40 周年
floral ～	7 周年	sapphire ～	45 周年
tin ～	10 周年	golden ～	50 周年
linen ～	12 周年	emerald ～	55 周年
crystal ～	15 周年	diamond ～	60 [時に 75] 周年

〘OE *weddung*: ⇨ wed[1], -ing[1]〙

wédding bànd *n.* =wedding ring.

wédding bèd *n.* 新婚[初夜]の床.〘1595–96〙

wédding bèll *n.* 結婚を知らせる教会の鐘, 結婚式の鐘: All went merry as a ～. 万事愉快に進行した.〘*a*1849〙

wédding brèakfast *n.* 結婚披露宴《以前結婚式後花嫁の家で新婚旅行の出発前に行われた》.〘1850〙

wédding càke *n.* ウェディングケーキ《結婚披露の宴会に引出物として来客に切って分配される大型のケーキ》.〘1648〙

wédding càrd *n.*《英》=wedding invitation.〘1847〙

wédding cèremony *n.* 結婚式, 婚礼.

wédding chàpel *n.* (米国の)結婚式用の教会[礼拝堂].

wédding chèst *n.* (嫁入衣装を収める)装飾のある衣装箱.〘1874〙

wédding dày *n.* 婚礼の日; 結婚記念日.〘*a*1553〙

wédding drèss *n.* ウェディングドレス, 花嫁衣装.〘1863〙

wédding fàvor *n.*《古》結婚式参列者が付ける白花形記章または結びリボン.〘1681〙

wédding gàrment *n.* **1** 結婚式の式服. **2** 祝い事への参加資格 (cf. *Matt.* 22: 11-12).〘1526〙

wédding gòwn *n.* =wedding dress.〘1767〙

wédding hàll *n.* 結婚式場.

wédding invitàtion *n.*《米》結婚披露案内状《新郎と新婦の名が記してある》.

wédding màrch *n.* (特に, Mendelssohn の)結婚行進曲.〘1850〙

wédding pàrty *n.* 結婚式参列者の一行.〘1873〙

wédding pìcture *n.* 結婚記念写真.

wédding prèsent *n.* 結婚祝の贈物 (cf. wedding 4 ★).〘1898〙

wédding recèption *n.* 結婚披露宴.

wédding rìng *n.* 結婚指輪《結婚式に相手の左手の薬指にはめる指輪》.〘*c*1395〙

wédding shèet *n.* 新婚の床に敷くシーツ《花嫁が自分のきょうかたびら (shroud) として用いるため保存されることがある》.〘1604〙

wédding tàckle *n.*《英俗》結婚具, 一物 (penis).

We·de·kind /véɪdəkɪnt, -kɪnd | -dəkɪnd, -kɪnt; G. véːdəkɪnt/**, Frank** *n.* ウェーデキント《1864–1918; ドイツの詩人・劇作家; *Frühlings Erwachen* (英訳名 *The Awakening of Spring*) (1891)》.

we·del /véɪdl | -dl; G. véːdl/ *vi.*〘スキー〙ウェーデルンをする.〘《1961》《逆成》↓〙

we·deln /véɪdəln, -dln | -dəln, -dln; G. véːdln/ *n.* (*pl.* ～**s**, ～)〘スキー〙ウェーデルン《連続の小回り滑走》.〘《1957》《名詞用法》← G ～ 'to wag (the tail)'〙

wedge /wédʒ/ *vt.* **1** くさびで留める[締める], くさび留めにする: ～ a rail in place レールをくさびで留める / ～ up くさびで〈物を〉しっかり締める / ～ a door open [shut] くさびでドアを開いたままにして[閉じて]おく / The door is ～*d* tight [shut]. ドアはくさびでしっかり閉じてある. **2 a** 〈くさびで割る: ～ open a log 丸太をくさびで二つに割る. **b** 〈(くさびで割るように)分離させる, 押し離す[のける]〈*off, away*〉: ～ *away* 〈物を〉押しのける, 押しやる / ～ *off* 〈物を〉押し離す, 押しのける. **3 a** 無理に押し込む〈*in*〉〔*into, in, under, between*〕: ～ oneself *in* 無理に割り込む / be ～*d in* a rocky crevice 岩の割れ目に押し込められる / be ～*d in between* [*among*] …の間に押し込まれて[はさまって]いる / He appeared, his precious books ～*d under* his right arm. 大事な本を右の小脇にかかえて姿を見せた / ～ more passengers *into* a crowded train 込んだ列車にさらに乗客を押し込む. **b** [～ one's way として] 押しのけて進む, 無理に割り込む. **4** (のこぎりのひき目に)くさびを打ち込んで〈木を〉倒す. **5**〘窯業〙(気泡を除くために)〈土を〉練る, もむ. — *vi.* (くさびのように) 押し込まれる[留められる]〔*in, into, through*〕: The car ～*d into* a line of waiting cabs. 車は客を待っているタクシーの列の中に割り込んで行った.
— *n.* **1** くさび;〘登山〙(岩隙に打ち込む)くさび. **2** くさび形 [V 字形](の物): a ～ of cake [cheese] くさび形に切った菓子[チーズ] / a ～ of wild ducks V 字形[かぎ形]になって飛んでいる野鴨の群れ / arrange the seats in ～*s* 座席を V 字形に配置する. **3** 楔形(ｹﾂｹｲ)(ｸｻﾋﾞｶﾞﾀ)文字 (cuneiform) の一画. **4**〘軍事〙くさび形隊形, かさ形隊形《装甲機械化部隊を頂点として V 字形に自動車隊・歩兵部隊が続く》: draw up one's men in a ～ 部下をくさび形隊形に集合させる. **5**〘数学〙直三角柱, くさび形. **6**〘気象〙くさび形の高気圧圏. **7**〘光学〙=optical wedge. **8 a** ものを割る[分解させる]力のあるもの: a ～ to disrupt a political party 政党を分裂させるくさび. **b** (大事などの)発端, もと. **9**〘ゴルフ〙ウェッジ《頭部がくさび形のアイアンクラブ; number ten iron の通称》. **10**〘金属加工〙へら絞り用工具. **11** =wedge heel.
drive a wédge betwèen …の間を離反させる: Unemployment can *drive a* ～ *between* husband and wife. 失業は夫婦の間を離反させることもある. ***knóck óut the wédges***《俗》人を苦境に陥れて傍観する. ***the thín* [*líttle, smáll*] *énd* [*édge*] *of the wédge*** 将来重大な結果を来たすような小さな糸口: That one small concession turned out to be *the thin end of the* ～. その一つの小さな譲歩が結果として将来重大なことになる糸口だった.《1856》
〘n.: OE *weċġ* < Gmc **wazjaz* (Du. *wegge* simnel cake & *wigge* wedge / G *Weck*《方言》wedge-shaped cake) < ? IE **wogwhnis* plowshare, wedge. — v.: 《1440》← (n.)〙

wedge·a·ble /wédʒəbl/ *adj.* くさびで締められる, くさび留めのできる.

wédge·bìll *n.*〘鳥類〙カンムリチャイロガラ (*Sphenostoma cristatum*)《豪州産》.〘1848〙

wedged *adj.* くさび形の: the ～ tail of a bird 鳥のくさび形の尾.〘1552〙

wédge héel *n.* ウェッジヒール, 舟底形(ヒール)《くさび形のヒール; 単に wedge ともいう》.

wédge·lìke *adj.* くさびのような, くさびに似た.〘1594〙

wédge-shàped *adj.* くさび形の, くさび状の, V 字形の.〘1788〙

wédge shèll *n.*〘貝類〙ナミノコガイ《フジノハナガイ科の海産の二枚貝の総称; 殻は丸みのある三角形をしている》.〘1820〙

wédge spèctrograph *n.*〘光学〙くさび分光写真器.

wédge-tàiled *adj.* 〈鳥が〉くさび形 [V 字形] の尾のある.〘1848〙

wédge-tailed éagle *n.*〘鳥類〙オナガイヌワシ (*Aquila audax*)《オーストラリア産; eagle-hawk ともいう》.

wédge·wìse *adv.* くさび形[状]に.〘《1548》← WEDGE (n.)+-WISE〙

wedg·ie /wédʒi/ *n.* [通例 *pl.*] ウェッジー《wedge heel の婦人靴》.〘《1940》: ⇨ -ie〙

Wedg·wood /wédʒwʊd/ *n.* **1**〘商標〙ウェッジウッド《融剤と着色剤を加えた炻器(ｾｯｷ)素地表面に, 薄い軟磁器素地の精巧な図柄をはりつけて焼いたウェッジウッド社の代表的な陶器》. **2** =Wedgwood blue. — *adj.* 〈陶器類が〉ウェッジウッド(風)の.〘《1787》↓〙

Wedg·wood /wédʒwʊd/**, Josiah** *n.* ウェッジウッド《1730–95; 英国の陶芸家; 陶器メーカーウェッジウッド社の基礎を確立した》.

Wédgwood blúe *n.* 淡い[灰色がかった]青色.〘1900〙

Wédgwood gréen *n.* 灰色がかった黄緑色.

Wédgwood wàre *n.* =Wedgwood 1.

wedg·y /wédʒi/ *adj.* (**wedg·i·er**; **-i·est**) くさび形[状]の, V 字形の, くさびの用をなす.〘《1799》: ⇨ wedge (n.), -y[4]〙

wed·lock /wédlɑ(ː)k | -lɒk/ *n.* 結婚生活, 夫婦生活 (⇨ marriage SYN): a child born in [out of] ～ 嫡出[庶出]の子供.〘OE *wedlāc* ← *wed* 'WED[2], pledge'+-*lāc* actions, practice〙

Wednes·day /wénzdeɪ, -di | wénz-, wédnz-/ *n.* 水曜日 (略 Wed., Weds., W.): ⇨ Ash Wednesday. — *adv.*《米》水曜日に (on Wednesday).〘ME *Wednesdei* < OE *Wōdnesdæġ* 'DAY of WODEN' (cf. Du. *woensdag* / ON *ōðindagr*)《なぞり》← LL *diēs Mercurī* 'day of MERCURY' (cf. F *mercredi*)〙

Wednes·days /wénzdeɪz, -diz | wénz-, wédnz-/ *adv.*《米》水曜日に (on any Wednesday), 水曜日ごとに (on every Wednesday), たいてい水曜日(中)に (during most Wednesdays).〘⇨ -s[3] 1〙

Weds.《略》Wednesday.

wee[1] /wiː/ *adj.* (**we·er**; **we·est**) **1 a**《小児語・スコット》ちっぽけな, ちいちゃい: a ～ daughter ちいちゃい娘 / ⇨ wee folk. **b**《口語》ごく小さい (tiny): a ～ bit ほんの少し, ちょっと / a ～ bit tedious 少し退屈で. **2** 〈時間が〉非常に早い: the ～ hours =small hours. — *n.*《スコット・北英》ほんの少し (a little bit); ほんの少しの間 (a little while): bide a ～ ちょっと待つ.〘《*a*1325》*we*(*i*) < OE (Anglian) *wēġ*(*e*) amount, weight ← Gmc **wæʒ-* ← IE **wegh-*: ⇨ weigh: cf. wean[2], wey〙

wee[2] /wiː/ *n.*, *vi.*《英口語》=wee-wee.

wee·bill /wíːbɪl/ *n.*〘鳥類〙コバシムシクイ (*Smicrornis brevirostris*)《ヒタキ科; オーストラリア産》.〘《1931》← WEE[1]+BILL[2]〙

weed[1] /wiːd/ *n.* **1** 雑草; 水草, 海草: grow like a ～ 雑草のようにはびこる / the soothing [fragrant, Indian] ～《古》たばこ / Ill ～*s* grow apace.《諺》悪草は生長が早い, 「憎まれっ子世にはばかる」. **2** [(the) ～]《口語》**a** たばこ (tobacco); 葉巻 (cigar); 巻たばこ (cigarette). **b** マリファナ. **3**《口語》ひょろひょろしてやせた人[動物]; (競走馬や種馬に適さない)駄馬. **4** いやな物[人].
— *vt.* **1** …の雑草を除く, 草を取る; 〈雑草を〉除く〈*out, up*〉: ～ a garden 庭の草を取る / ～ onions たまねぎの雑草を取る / ～ grass *out of* [*from*] the ground 土地から雑草を除く. **2** 〈無用な物・有害な物などを〉除く, 除去する, 一掃する (eradicate), えり除く (sort)〈*out*〉; …から無用[有害]な物を取り除く: ～ *out* useless books from one's library 蔵書の中からつまらない本を取りのける / This may ～ him *of* his folly. これで彼も愚行をやめるかもしれない.

W

— *vi.* **1** 雑草を除く, 草取りをする: *Weeding* can be hard work. 草取りは時として大変な仕事である. **2** 有害[無用]な物を取り除く.
〖n.: OE *wēod* < *Gmc *wiuđ-* (OS *wiod* / OHG *wiota* fern) ← ? — v.: lateOE *wēodian* ← *wēod* (n.) (cf. Du. *wieden* to weed)〗

weed² /wíːd/ *n.* **1** [通例 *pl.*] 喪服: ⇨ widow's weeds / a widow in ~s 喪服を着た未亡人. **2** 《まれ》(帽子の周囲または腕に巻く)喪章: a man wearing a ~. **3** [しばしば *pl.*]《古》衣服《特に職業・地位などを示すもの》.
〖ME *wede* (i) OE *wǣd* clothing < Gmc **wēđiz* (OS *wād* / ON *vāđ*) ← IE **aw-* to weave¹ // (ii) OE (*ġe*)*wǣde* clothing < Gmc **ʒawēđjam* (Du. *gewaad* / OHG *giwāti*) ← ?〗

Weed /wíːd/, **Thur·low** /θə́ːlou | θə́ːləu/ *n.* ウィード《1797–1882; 米国のジャーナリスト・政治家; Whig 党指導者》.

wéed·ed /-ḍɪd | -dɪd/ *adj.* **1** 雑草を取った. **2** 雑草のはびこった (weedy). 〖1766〗

wéed·er /-ḍə | -də(r)/ *n.* **1** 草取り人. **2** 除草器. 〖《1534》: ⇨ weed¹ (v.), -er¹〗

wéed-gròwn *adj.* 雑草の生い茂った, 雑草の多い. 〖1856〗

weed·i·cide /wíːḍəsàɪd | -dɪ-/ *n.* =herbicide.

wéed·ing hòe /-ḍɪŋ- | -dɪŋ-/ *n.* 除草用のくわ. 〖1639〗

wéeding-òut *adj.* 除去する, 淘汰する: a ~ process 淘汰作用. 〖1592–93〗

wéed·kìller *n.* 除草剤 (herbicide). 〖1745〗

wéed·less *adj.* **1** 雑草のない: a ~ garden. **2**《釣》〈釣針など〉草などにからまないようになった, 根がかり除け付きの: a ~ hook. 〖1611〗

wéed·lìke *adj.* 雑草のような.

wéed whàcker *n.*《米》電動草刈り機 (cf. Strimmer).

weed·y /wíːḍi | -di/ *adj.* (**weed·i·er**; **-i·est**) **1** 雑草の多い, 雑草の生えている: a ~ barnyard. **2** 雑草のような; 雑草のように成長の早い; 早く広がる: a ~ rumor. **3**《口語》**a**〈馬・猟犬が〉ひょろひょろした, やせっぽちの (thin, lanky). **b**〈人が〉ひょろ長い; 体格の貧弱な: a thin ~ young man やせてひょろ長い若者. **wéed·i·ly** /-ḍəli, -ḍḷi | -dɪli, -dḷi/ *adv.* **wéed·i·ness** *n.* 〖《*c*1450》: ⇨ weed¹, -y⁴〗

wée fòlk *n. pl.* 妖精たち (fairies). 〖1819〗

Wee Frees /wíːfríːz/ *n. pl.* [the ~]《口語・しばしば軽蔑》少数自由教会派《1900 年に合同自由教会 (United Free Church) に合流することを拒んだスコットランド自由教会派の少数派に対するあだ名》. 〖1904〗

Wee·juns /wíːdʒənz/ *n. pl.* **1**《商標》ウィージャンズ《米国 G. H. Bass 社製のローファー; ノルウェー製 (Norwegian) のモカシンが開発のヒントになったところからの命名》. **2** [w-]《米俗》モカシン (moccasins), ローファー (loafers). 〖《*c*1955》《短縮・変形》← NORWEGIANS〗

week /wíːk/ *n.* **1** 週, 週間: a day of the ~ 曜日 / What day of the ~ is it? 今日は何曜日ですか / three times a ~ 週に三回 / work a 40-hour ~ 週に 40 時間働く / ⇨ Holy Week, Passion Week, FEAST of Weeks.

> Monday's child is fair of face,
> Tuesday's child is full of grace.
> Wednesday's child is full of woe,
> Thursday's child has far to go,
> Friday's child is loving and giving,
> Saturday's child works hard for his living,
> And the child that is born on the Sabbathday
> Is bonny and blithe, and good and gay.
> 月曜生まれは 器量がよくて
> 火曜生まれは 品がよい
> 水曜生まれは 悩みが多く
> 木曜生まれは 遠い旅に出る
> 金曜生まれは 人を愛して気前がよく
> 土曜生まれは せっせと働き
> そして安息日(日曜日)に 生まれた子は
> 愛らしくて楽しく 親切でほがらかだ
> (英国の童謡集 *Mother Goose's Melodies* の中の歌)

2 a 一週間《普通は日曜日から数えて土曜日までの 7 日間; (ある一定の日から数えて)一週間: this [next] ~ 今[来]週 / She will come in a ~ [《英》~'s time]. 一週間たてば来るでしょう / in a ~ or two 1, 2 週間のうちに / She sulks for a ~ at a time 彼女はまる一週間も機嫌の悪いことがある / I have not seen you for [in] ~s. 久しくお目にかかりませんでした. **b** [しばしば W-] (特定の行事あるいは催しのある)週, …ウィーク: ⇨ Easter week / Bird *Week* 愛鳥週間 / Safety First *Week* 安全第一週間. **3** 月曜日から土[金]曜日までの 6 [5] 日, 就業日 (cf. workweek, weekday): Shall it be on Sunday or in [during] the ~? 日曜にしようかそれとも普通の日にしようか. **4**《英》一週間前[後]の…: this day [today] ~=a ~ ago [from] today 先[来]週の今日 / a ~ ago tomorrow 先週のあす / a ~ from tomorrow=a ~ tomorrow 来週のあす / He left yesterday ~ [a ~ yesterday]. 先週のきのう出発した / Monday ~ 来週の金曜日に来ます.
★ yesterday ~ よりも a ~ ago yesterday の方が普通.
a wéek abóut*=*wéek and wéek abóut 隔週に. 《1891》 ***a wéek of Súndays*** ⇨ Sunday 成句. 《1898》 ***by the wéek*** 週決めで. ***èvery other [sécond] wéek*** 1 週おきに. ***èvery wéek*** 毎週. ***for wéeks*** 何週間も (cf. 2 a). ***ìn by the wéek***《廃》つかまって, 恋に落ちて. 《1546》 ***knóck [sénd] a person ìnto the míddle of néxt wéek*** ⇨ middle *n.* 成句. ***the wéek àfter néxt*** 再来週(に). ***the wéek befòre lást*** 先々週(に). ***wéek àfter wéek*** 毎週毎週 (cf. DAY *after day*). ***wéek by wéek*** 週ごとに (cf. DAY *by day*). ***wèek ín, (and) wèek óut*** 毎週毎週 (cf. DAY *in, day out*).
〖OE *wic(e)*, *wicu* < Gmc **wikōn*《原義》turning, succession (Du. *week* / OHG *wehha* (G *Woche*) / ON *vika* / Goth. *wikō*) ← IE **weik-* to bend: ⇨ weak〗

week·day /wíːkdèɪ/ *n.* (日曜日または weekend 以外の)平日, ウィークデー (cf. week 3): on a ~ / He works on ~s. — *adj.* 平日の, 普通の日の (cf. workaday 1). 〖《OE》《*c*1546》*wicdæg*〗

wéek·dàys /-dèɪz/ *adv.*《米》平日は[に] (on weekdays), たいてい平日(中)には (during most weekdays). 〖《1777》: ⇨ -s³ 1〗

week·end /wíːkènd | wìːkénd˝/ *n.* 週末《土曜日の午後または金曜日の夜から月曜日の朝まで》; 週末休み: on ~s《米》=《英》at ~s / last [next] ~ / a long ~ 週末の前後に一, 二日加わった休暇 / He was in Scotland over the ~. 週末はスコットランドにいた / He went to Scotland for the ~. 週末を過ごすためにスコットランドへ行った. — *adj.* [限定的] 週末の: a ~ journey / one's ~ house in the country 週末を過ごす田舎の別荘. — *vi.* (どこかで)週末(休み)を過ごす, 週末旅行をする: She used to ~ with him at his house on the river. 彼女は川っぷちの彼の家で週末を過ごすのを常としていた. 〖1638〗

wéekend bàg [càse] *n.* =weekender 3.

wéek·ènd·er *n.* **1** (習慣的な)週末旅行者. **2** 週末訪者. **3** 週末旅行用鞄(かばん). **4** (週末遊航用の通例 4 人乗り)小型遊覧船, (特に)帆船. **5**《豪》週末用の小別荘[バンガロー]. **6** [W-]《商標》ウィークエンダー《米国 Adams-Millis 社製の靴下》. 〖1880〗

wéek·ènds *adv.*《米》(毎)週末に; 週末には(ほとんど)いつも (on weekends): It's so cheap to phone your friends after six and ~. 6 時以後および週末に友人に電話をするととても安い. 〖《1892》: ⇨ -s³ 1〗

wéekend wárrior *n.*《米軍俗》(兵役義務を果たすため所属部隊の週末会議に出席する)週末予備兵.

Week·ley /wíːkli/, **Ernest** *n.* ウィークリー《1865–1954; 英国の英語学者・語源学者; *An Etymological Dictionary of Modern English* (1921)》.

wéek·lòng *adj.* 一週間にわたる. — *adv.* 一週間にわたって. 〖1898〗

week·ly /wíːkli/ *adj.* **1** 毎週の, 一週一度の, 一週の: ~ wages 週給 / a ~ bulletin 週報 / his ~ haircut 週一度の散髪 / ~ meetings 週ごとの会合. **2** 一週間にする[した]: ~ work. — *adv.* 毎週, 一週一回, 各週に: be published ~. — *n.* 週刊誌, ウィークリー《新聞・雑誌》. 〖《adj.: 1489; adv.: 1465; n. 1846》: ⇨ -ly¹,²〗

wéek·nìght *n.* 平日[ウィークデー]の夜: on a ~ / She must be home by ten on ~s. 平日の夜は 10 時までに帰宅しなければならない. 〖1859〗

wéek·nìghts /-nàɪts/ *adv.*《米》平日[ウィークデー]の夜には (on weeknights). 〖《1965》: ⇨ -s³ 1〗

weel /wíːl/ *adv., adj., int.*《スコット》=well¹

Weelkes /wíːlks/, **Thomas** *n.* ウィールクス《1575?–1623; 英国のマドリガルの作曲家》.

Weems /wíːmz/, **Mason Locke** *n.* ウィームズ《1759–1825; 米国の聖職者・伝記作家; 通称 Parson Weems》.

ween /wíːn/ *vt.*《古》**1** [通例 I ~ の形式で挿入句として] …と思う, 信じる, 考える (think, believe): A stalwart knight, *I* ~, was he. 彼はたくましき騎士であったと信じる. **2** 期待する, 予期する (hope, expect) 〈*to do*〉. — *vi.*《廃》期待する. 〖OE *wēnan* to think, expect < Gmc **wēnjan* (Du. *wanen* to fancy / G *wähnen* to imagine) ← **wēniz* opinion, expectation ← IE **wen-* to desire: cf. wish〗

wee·nie /wíːni/ *n.* (*also* **wee·ny¹** /~/)《米口語》ウィンナー (wienie). 〖《*c*1906》← WIEN(ER)+-IE〗

wee·ny² /wíːni/ *adj.*《口語》小さい, ちっぽけな (tiny). 〖《*c*1781》← WEE¹+(TI)NY〗

wéeny-bòp·per /-bɑ̀(ː)pə | -bɒ̀pə(r)/ *n.*《口語》ウィーニーボッパー《teenybopper をまねるもっと若い女の子》. 〖1972〗

weep¹ /wíːp/ *v.* (**wept** /wépt/) — *vi.* **1** 涙を流す, 泣く (cry) (⇨ cry **SYN**): I *wept for* joy. うれし泣きに泣いた / ~ *with* pain [vexation] 苦痛[いらだたしさ]のあまりに泣く / She *wept* to hear the news. その知らせを聞いて泣いた / I *wept* over its pages. その本を読んで泣いた / She was ~*ing* into her handkerchief. ハンカチに顔を埋めて泣いていた / ~ with the bereaved 遺族と共に泣く. **2** 悲しむ, 嘆く (lament, bewail) 〔*for, over*〕: ~ *for* the deceased 故人をしのんで泣く / She *wept over* her lost happiness. 身の不幸を悲しんで泣いた / ~ *for* one's indiscretions 失態を嘆く / I could have *wept at* his incompetence. 彼の無能ぶりに泣きたいくらいだった. **3** 〈傷口などが〉分泌液でじくじくする, 〈物が〉露を吹く, 水滴を出す, 水滴が一面に出る; したたる; 〈コンクリートが〉汗をかく. **4** 〈木が〉枝を垂れる, しだれる: ⇨ weeping willow.
— *vt.* **1** 〈涙を〉流す, こぼす (shed): ~ tears of joy 喜びの涙を流す / ~ sad [bitter] tears 悲しくて[辛くて]涙を流す / My heart ~*s* (tears of) blood to see your glory lost. あなたの栄光が失われたのを見て私の心は血(の涙)を流す. **2** 泣いて悲しむ; 泣きながら言う: ~ one's sad fate 泣いて身の不運を嘆く. **3** [~ *oneself* として] 泣いて(…に)する 〈*into, to*〉: ~ *oneself* out 思う存分泣く / ~ *oneself to* sleep 泣きながら寝入る, 泣き寝入りする. **4** 〈土・岩石・植物などが〉〈水気・しずく・露・液などを〉しみ出させる, 吹き出す, たらす 〈*forth*〉.
wéep awáy (1) 泣いて過ごす: ~ *away* one's life 一生を泣き暮らす. (2) 〈悩みなどを〉涙によってぬぐい去る: ~ *away* a person's grief 同情の涙で人に悲しみを忘れさせる. 《1599》 ***wéep one's éyes [héart] óut*** 目を泣きはらす[(胸も張り裂けんばかりに)泣きくずれる]. 《1887》 ***wéep óut*** 泣きながら言う; 泣いて取り除く[消す]. 《1606》
— *n.* **1** [しばしば *pl.*] 泣くこと; ひと泣き (a fit of weeping): Cry! You'll feel better once you've had a good ~. 泣きなさい. たっぷり泣いたら気がすむだろう. **2** (液体の)浸出, 滴下.
〖OE *wēpan* to bewail < Gmc **wōpjan* to wail (OHG *wuoffan* / Goth. *wōpjan* to call) ← ? IE **wāb-* to cry〗

weep² /wíːp/ *n.*《英方言》《鳥類》=lapwing. 〖擬音語〗

weep·er /wíːpə | -pə(r)/ *n.* **1** (すぐに)泣く人, 悲しむ人. **2** (葬儀の)泣き男[女] (professional mourner). **3** 墓碑などに浮き彫りにされた喪主を表す小像. **4** [通例 *pl.*] (昔, 男子の帽子に付けた)喪章 (weed); (寡婦のかぶった)黒クレープのベール; (寡婦の用いたリンネルなどの)白カフス. **5** (木の枝などから)垂れ下がった苔; 苔の巻きひげ. **6**《米俗》(劇・映画・本などの)お涙ちょうだいもの (tearjerker). **7** [*pl.*] 長いほおひげ. **8**《動物》ノドジロオマキザル (capuchin monkey). **9** =weep hole. 〖*c*1384〗

wéep hòle *n.*《建築》排水孔, 水抜き穴, 涙孔(なみだあな)《石垣・擁壁などの背面の水を浸出させるための小孔》. 〖1851〗

weep·ie /wíːpi/ *n.*《口語》お涙ちょうだい式の本[映画, 芝居など] (tearjerker). 〖1928〗

weep·ing *adj.* **1** 涙を流す, 泣く; 涙ながらの: a ~ good-night 涙ながらのお休みの言葉. **2** 涙もろい, 泣き癖のある. **3** (水滴などが)しみ出る, 滴下する: ~ rocks 水滴のしみ出る岩. **4** 〈木が〉枝を垂れている: ⇨ weeping cherry, weeping willow. **5** 雨降りの: ~ skies.
— *n.* **1** 泣くこと: She burst into loud ~. 大声でわっと泣き出した. **2** 嘆き, 悲しみ. **3** 浸出. **~·ly** *adv.*
〖adj.: OE *wēpende*. — n.: 《?*a*1200》〗

wéeping chérry *n.*《植物》シダレザクラ (*Prunus pendula*).

wéeping króss *n.* 泣き十字《昔, 懺悔(ざんげ)の涙を捧げて祈った路傍の十字架》. ***còme hóme [retúrn] by wéeping króss*** 悲しい目に遭う, 失敗する; 自分のした事[取った方法]を悔いる. 《1579》 〖《1564》《なぞり》← ML *crux lacrimāns*〗

wéeping éczema *n.*《病理》滲出(しんしゅつ)性湿疹. 〖1899〗

wéeping fíg *n.*《植物》ベンジャミン (*Ficus benjamina*)《東南アジアおよびオーストラリア原産のクワ科の低木; 細い枝が垂れ下がり葉は優雅で光沢がある; 鉢植えにして温室や室内に置かれる; Java fig ともいう》.

wéeping forsýthia *n.* =weeping golden bell.

wéeping gólden bèll *n.*《植物》レンギョウ (*Forsythia suspensa*)《中国原産モクセイ科の低木で, 枝がしだれ, 黄色い花をつける》.

wéeping ívy *n.* =weeping fig.

wéeping lóve gràss *n.*《植物》ウィーピングラブグラス (*Eragrostis curvula*)《アフリカ南部原産のイネ科の多年草で, 高速道路などの土留めに使う》.

Wéeping Philósopher *n.* [the ~] Heraclitus の異名 (cf. Laughing Philospher).

wéeping-rípe *adj.*《廃》今にも泣きそうな. 〖1548〗

wéeping sínew *n.*《口語》結節腫《滑液を含む》.

wéeping wídow *n.*《植物》ムジナタケ (*Lacrymaria velutina*)《ヒトヨタケ科; ユーラシア・北米産》.

wéeping wíllow *n.*《植物》シダレヤナギ (*Salix babylonica*). 〖*c*1731〗

weep·y¹ /wíːpi/ *adj.* (**weep·i·er**; **-i·est**) **1**《口語》涙もろい, 涙ぐんだ (tearful): the ~, womanly eyes 涙ぐんだ女性らしい目. **2**《英方言》(液体の)しみ出る, 漏れる (oozy). **3**《口語》お涙ちょうだいの. **wéep·i·ly** /-pḷi/ *adv.* **wéep·i·ness** *n.* 〖《(1602)》《1863》: ⇨ weep¹, -y⁴〗

weep·y² /wíːpi/ *n.*《口語》=weepie.

weet /wíːt/ *n.*《廃・方言》=wit¹. — *v.*《古》=wit². 〖《*a*1547》《変形》← WIT¹,²〗

Wee·ta·bix /wíːṭəbɪks | -tə-/ *n.*《商標》ウィータビックス《英国 Weetabix 社製のシリアル; 全粒小麦を砕いて小判形に固めてある》.

wee·ver /wíːvə | -və(r)/ *n.*《魚類》トラギスに似たハチミシマ属 (*Trachinus*) の海産食用魚の総称《ハチミシマ (*T. draco*), マムシミシマ (*T. vipera*) など》. 〖《1622》□ ONF *wivre* (OF *guivre*) serpent, dragon < L *vīperam* 'VIPER': cf. wivern〗

wee·vil /wíːvəl, -vɪl | -vɪ̀l, -vḷ/ *n.*《昆虫》**1** ゾウムシ《ゾウムシ科の甲虫の総称; コクゾウ (rice weevil), ワタミハナゾウムシ (boll weevil) など》. **2** マメゾウムシ《マメゾウムシ科の甲虫の総称; エンドウマメゾウムシ (pea weevil) など》. 〖《1440》*wevyl* □ ? MLG *wevel* < Gmc ∞ OE *wifel*, *-il* beetle < Gmc **weƀilaz*《原義》that which moves briskly ← **weƀ-* to move briskly ← IE **webh-* 'to WEAVE¹'〗

wée·viled *adj.* (*also* **wée·villed**) =weevily.

wée·vil·y /-vəli, -vḷi | -vḷi, -vḷi/ *adj.* (*also* **wee·vil·ly** /~/) コクゾウムシのついた, コクゾウに食い荒らされた. 〖1757〗

wee-wee /wíːwìː/ 《小児語》*n.* おしっこ, 小便 (urination, urine): do a ~. — *vi.* (**~d**; **~·ing**) おしっこをする, 小便する. 〖《1930》: 擬音語〗

w.e.f. 《略》with effect from.

weft¹ /wéft/ *n.* **1**《紡織》(織物の)横糸 (woof) (↔ warp). **2** 織物 (web). 〖OE *weft(a)* ← *wefan* 'to WEAVE¹': ⇨ -t³〗

W

weft² /wéft/ *n.* 〖海事〗＝waif 4.
wéft-knìt[-knìtted] *adj.* 〈織物が〉横編みの, 横メリヤスの. 〖1943〗
wéft knìtting *n.* 〖紡織〗横編み, 横メリヤス (cf. warp knitting).
wéft·wìse *adv.* 〖紡織〗横に, 水平に. 〖⇨ -wise〗
We·ga /wíːgə/ *n.* 〖天文〗＝Vega.
We·ge·ner /véɪgənə | -nə^(r; *G.* véːgənɐ/, **Alfred Lothar** *n.* ウェーゲナー《1880-1930; ドイツの気象学者・地球物理学者; 大陸移動説の提唱者》.
wé-gròup *n.* 〖社会学〗われわれ集団, 内集団 (⇨ in-group).
Wehr·macht /véəmɑ̀ːkt, -mɑ̀ːxt | véə-; *G.* véːɐmaxt/ *n.* [the ～; 集合的] (第二次大戦中の)ドイツ軍. 〖《1935》□ G ～ ← *Wehr* defense＋*Macht* force: cf. weir, might²〗
wei ch'i /wèɪtʃíː; *Chin.* uéɪtɕʰí/ *n.* 囲棋, 囲碁. 〖《1871》□ Chin. ～ ← *wei* to surround＋*qi* chess〗
Weich·sel /*G.* váɪksl̩/ *n.* ヴァイクセル《Vistula のドイツ語名》.
Wei·er·strass /váɪəstrɑ̀ːs, -ʃtrɑ̀ːs | váɪə-; *G.* váɪɐʃtraːs/, **Karl Theodor** *n.* ワイエルシュトラース《1815-97; ドイツの数学者; ⇨ Bolzano-Weierstrass theorem》.
Wéierstrass approximátion thèorem *n.* [the ～] 〖数学〗ワイエルシュトラースの近似定理《閉区間で定義された連続関数は, 多項式でもってどれだけでも精密に, かつ変数の値に対して一様に近似できるという定理》. 〖↑〗
Wei·fang /wèɪfǽŋ; *Chin.* uéɪfɑ́ŋ/ *n.* 濰坊(ウェイファン)《中国山東省 (Shandong) 中東部, 青島(チンタオ)北西の都市》.
wei·ge·la /waɪgíːlə, -dʒíːlə | -dʒíː-, -gíː-/ *n.* 〖植物〗スイカズラ科タニウツギ属 (*Weigela*) の低木の総称《ハコネウツギ (*W. coraeensis*), タニウツギ (*W. hortensis*) など》. 〖《1846》← NL ～ ← C. E. Weigel (1748-1831: ドイツの医師): ⇨ -a²〗
wei·ge·li·a /waɪgíːliə, -dʒíː- | -dʒíː-, -gíː-/ *n.* 〖植物〗＝weigela.
weigh¹ /wéɪ/ *vt.* **1 a** はかりにかける, …の目方を量る 〈*up*〉: ～ grain, iron, etc. / ～ oneself (自分で)体重を量る / ～ something on a scale 物をはかりで量る / be ～*ed* in the balance and found wanting ⇨ balance 5 a. **b** (手に持って)…の重さを見る, (重さをみるかのように)手に持つ: ～ one's stick in one's hand. **2** 考量[考察]する, 比較考量する (⇨ consider SYN): ～ a proposal (in one's mind) 提案を(頭の中で)考量する / ～ one argument with [*against*] another 二つの議論を比較考察する / ～ (the claims of) rival candidates 対立候補者たち(の主張)を比較考量する / ～ (up) the consequences [pros and cons] 結果[賛否]を考量する. **3** 〖海事〗〈錨を〉引き揚げる: ～ anchor 抜錨(ばつびょう)する, 出帆(準備を)する. **4** 〈沈没した船などを〉海底から引き揚げる 〈*up*〉. **5** (重さで)圧迫する, 押し下げる: ⇨ WEIGH *down*. **6** 〖競馬・ボクシング・レスリング〗〈騎手・選手〉の体重検査をする: ⇨ WEIGH *in* (2) (3), WEIGH *out* (2). **7** 《廃》重要視する, 尊重する.
— *vi.* **1** 目方を量る; (…の)重量がある: ～ a ton 目方が 1 トンある / ～ light 軽い (cf. 3) / ～ little ほとんど目方がない (cf. 3) / ～ heavy [a lot] 重い / How many pounds [How much, What] do you ～? 君の目方は何ポンドありますか. **2** (重荷となって)〈人・精神を〉圧(迫)する, 押しかかる, 苦しめる 〔*on, upon*〕: ～ heavily [heavy] (*up*)*on* a person's mind 心に重くのしかかる, ひどく気になる / The matter ～*ed* (*up*)*on* his conscience. その事が彼の良心を苦しめた / The thought ～*ed on* him like lead. その思いは鉛のように彼の心にのしかかった. **3** 〔…にとって〕重きをなす, 重要視される, 重きを置かれる 〔*with*〕: ～ light 重要でない (cf. 1) / ～ little 大したものではない (cf. 1) / ～ nothing なんでもない, 全く重きをなさない / The point ～*s with* me. その点は私にとって重要だ / His opinion would ～ *with* any judge. 彼の意見はどんな判事にも重要視されるだろう. **4** 考量する, 考察する. **5** 〖海事〗錨を揚げる, 出帆する 〔*from, out of*〕: ～ *out of* a port 港から出帆する / We ～*ed from* Bristol. ブリストルから出帆した. **6** 〖競馬・ボクシング・レスリング〗〈騎手・選手が〉体重検査を受ける: ⇨ WEIGH *in* (3), (4), WEIGH *out* (2).
wéigh agàinst (*vt.*) 〈物〉の重さを…の重さと比べてみる; ⇨ *vt.* 2: ～ one thing *against* another. (*vi.*) …に不利である (tell against): Lack of experience will ～ *against* the applicant. 経験不足がその志願者にとって不利となろう. 《1590》 ***wéigh dówn*** (1) (重さで)圧迫する, 押し下げる, しなわせる (press down): branches ～*ed down* with [by] fruit 果実でたわんだ枝. (2) [しばしば受身で] 〔…で〕悩ます, 圧迫する 〔*with*〕: Deep grief ～*ed* me *down*. = I was ～*ed down with* deep grief. 深い悲しみが私の心にのしかかった. (3) ＝WEIGHT *down* (1). 《1565》 ***wéigh ín*** (*vt.*) (1) …の目方を量る: ～ *in* one's bags. (2) 〖競馬〗〈騎手を〉競馬の後(時に前)に検量[体重検査]する, …の後検量をする. (3) 〖ボクシング・レスリング〗〈選手を〉試合前に体重検査する (cf. *vt.* 6, weigh-in). ― (*vi.*) (1) 《口語》〔…をもって〕参加する, 加わる; 援助する; 仲裁に入る 〔*with*〕: ～ *in with* lots of suggestions [flurry of punches] いろいろ提案をして議論[突然パンチを食わせてけんか]に加わる. (2) 体重が〔いくら〕ある 〔*at*〕: The champion ～*ed in at* 145 pounds today. チャンピオンは今日は 145 ポンドあった. (3) 〖競馬〗〈騎手が〉レース直後に検量[体重検査]を受ける. (4) 〖ボクシング・レスリング〗〈選手が〉試合前に体重検査を受ける, 計量する (cf. *vi.* 6). 《1868》 ***wéigh óut*** (*vt.*) (1) (はかりで)量り分ける, 〈一定量を〉配分する: ～ *out* (portions of) butter. (2) 〖競馬〗〈騎手を〉競馬の前に検量[体重検査]する, 前検量する (cf. *vt.* 6, weigh-out). ― (*vi.*) (1) 〔…の〕目方がある 〔*at*〕. (2) 〖競馬〗〈騎手が〉競馬の前に検量[体重検査]を受ける, 前検量を受ける. 《1877》 ***wéigh úp*** (1) ⇨ *vt.* 1. (2) 比較考量する: He ～*ed up* the consequences [his options, whether to go or stay]. ことの成り行き[選択肢, 行くべきか留まるべきか]の品定めをする: I haven't ～*ed up* the newcomer yet. 新参者の評価はまだしていない. (4) 一定の重みではね上げる. (5) ＝WEIGH *out* (*vt.*) (1). 《1421》
— *n.* 目方を量ること.
〖OE *weġan* to carry, weigh < Gmc **weʒan* (Du. *wegen* / G *wägen* to weigh) ← IE **wegh-* to transport in vehicle (L *vehere* to carry / Skt *vah-* to carry): cf. way¹〗
weigh² *n.* 〖海事〗＝way¹ 21 a: under ～＝*under* WAY¹ (1). 〖《1777》(変形) ← WAY¹: weigh¹ *vt.* 3 の影響〗
weigh·a·ble /wéɪəbl̩/ *adj.* 目方を量ることができる. 〖1429〗
wéigh·bàr *n.* 《英》〖機械〗逆転軸《蒸気機関の回転方向を逆転するために用いる; weighbar shaft ともいう》. 〖1841〗
wéigh bèam *n.* 大さおばかり. 〖1804〗
wéigh·brìdge *n.* 橋ばかり, 計重台《地面と同一平面にある鉄板でできている一種の台ばかり; 車両や家畜などの目方を量る》. 〖1796〗
wéigh·hòuse *n.* (官設の)貨物計量所. 〖《1438》 *weyhous*: cf. G *Wagehaus*〗
wéigh-ìn *n.* **1** 〖ボクシング・レスリング〗(選手の試合前の)体重検査, 計量, 検量. **2** 〖競馬〗(騎手の)レース直後の検量, 後検量 (cf. WEIGH *in*) 〖1939〗
wéigh·ing machìne *n.* 計量機, 衡器《通例, 特に重い物を量るもの, または複雑な装置のものをいう》. 〖1796〗
wéighing scàle *n.* [通例 *pl.*] 計量器.
wéigh·lòck *n.* 〖海事〗検量水門《運河通行税徴収のため船を入れてそのトン数を量る水門》. 〖《1835》← WEIGH (v.)＋LOCK¹ (n.)〗
wéigh·man /-mən/ *n.* (*pl.* **-men** /-mən, -mèn/) **1** 計量員, 計量係. **2** 〖鉱山〗(炭坑の)石炭計量員. 〖1917〗
wéigh-òut *n.* 〖競馬〗(騎手の)レース前の体重検査, 前検量 (cf. WEIGH *out*). 〖1886〗
wéigh·shàft *n.* 〖機械〗＝rockshaft.
weight /wéɪt/ *n.* **1** 重さ, 重量, 目方: ～*s* and measures 度量衡 / gain [put on] ～ 体重がふえる, 肥える / lose [take off] ～ 体重が減る / What is your ～? 君の体重はどれくらいですか / give short ～ 目方をごまかす / keep one's ～ down 体重がふえないようにする / watch one's ～ 太らないように気をつける (cf. weight-watcher) / He reached the ～ of 12 stone. 体重が 12 ストーン (76.25 キロ)に達した / He has a ～ problem. 彼は太りすぎだ / The gun must be light in ～. 銃は目方が軽くなくてはならない (cf. lightweight) / put the whole ～ of one's body into a punch [swing (of the bat)] 全体重をパンチ[(バットの)振り]にこめる / a punch with one's whole [full] ～ behind it 全体重をこめたパンチ / Just feel the ～ of this gun. (手で持ち上げて)この銃の重さを確かめてくれ. **2** 重力: the ～*s* of the planets 惑星の重力 / *Weight* is a general property of matter. 重さは物質の一般的性質である. **3 a** 重い物[物体]; (はかりの)分銅; おもし, おもり; 文鎮; 風鎮: keep papers down with a ～ 文鎮で書類を押さえておく (⇨ paperweight) / You must not lift (heavy) ～*s*. 重い物をあげてはいけない / a pound [an ounce, a one-ounce] ～ 1 ポンド[オンス]の分銅 / a clock worked by ～*s* 分銅の作用で動く時計. **b** (陸上競技用の)砲丸, 円盤, ハンマー; [通例 *pl.*] (重量挙げの)ウェート《重量となるディスク》, バーベル: keep fit by lifting ～*s* ウェートリフティングをして体の調子をよくしておく / put [throw] the ～ for a new record 新記録をめざして砲丸を投げる. **4** 勢力, 有力, 影響力 (⇨ influence SYN); 重要さ, 重み, 貫禄 (⇨ importance SYN): a man [woman] of ～ 勢力家, 有力者 / a man [woman] of political ～ 政治的に有力な人 / an opinion of no (great) ～ (大して)重要でない意見 / It has no [some, a great] ～ with me. それは私には何でもない[多少重要な, 非常に重要な]ことだ / Her opinion carries great [no] ～ with him. 彼女の意見は彼には非常に力がある[全く無力だ] / The ～ of evidence is against him [in his favor]. 証拠は彼に不利[有利]だ. **5** 圧迫, 重荷, 重圧; 責任, 負担: the ～ of cares, responsibility, sorrows, the years, etc. / under the ～ of …の重さのために[に耐えかねて] / That's a (great) ～ off my mind. それで私も(大きな)心の重荷がおりる. **6** 衡法, 衡量単位: ⇨ avoirdupois weight, troy weight. **7** 目方に相当する量: one-ounce ～ of gold dust 砂金 1 オンス分. **8** 〖統計〗(加重法および度数分布において各項のもつ)加重値, 評量値, 秤(ひょう)量値, 重み, ウェート. **9** [季節を表す形容詞を伴って] (季節に応じて変わる衣服の)重さ, 厚さ: a suit of summer [winter] ～ 夏[冬]向きの服. **10** 〖詩学〗(音・音節・韻律単位の)強勢[アクセント]価, 聞こえ. **11** 〖印刷〗ウェート《欧文活字の筆線の太さ; 太さによって boldface, medium face, lightface という》. **12** 〖スポーツ〗ウェイト, 級《ボクシングやレスリングで選手の体重によって分けられる階級; ⇨ 表》: boxing ～*s*. **13** 〖競馬〗負担重量《レースで馬に課せられる総重量; 騎手・鞍・おもりなどの総計》. **14** 《俗》麻薬[(特に)マリファナ] 1 ポンド分.
ádd wéight to …に重み[重要性]を加える, を強める. ***attách wéight to*** …に重きをおく: I didn't *attach* any ～ *to* the rumor. そのうわさは全くとるに足らないと思った. ***by wéight*** 目方によって: sell *by* ～ 目方で売る. 《*a*1325》 ***chúck one's wéight abóut* [*aròund*]** ＝*throw one's* WEIGHT *about* [*around*]. 《1917》 ***gét* [*táke*] *the wéight òff one's féet* [*légs*]** [しばしば命令形で] (腰を下ろして)休む. ***give* (*awáy*) *wéight*** 〖競馬〗(ハンディキャップ

各競技における重量制限　単位 kg ((　)内は lbs)

	boxing (amateur)	boxing (professional)	wrestling (freestyle)	weight lifting (Olympic lifting)
light flyweight	48	—	48	—
junior flyweight		48.99 (108)		
flyweight	51	50.802 (112)	52	52
bantamweight	54	53.525 (118)	57	56
junior featherweight		55.34 (122)		
featherweight	57	57.152 (126)	62	60
junior lightweight	—	58.967 (130)		—
lightweight	60	61.237 (135)	68	67.5
light welterweight	63.5	—		
junior welterweight	—	63.503 (140)	—	
welterweight	67	66.678 (147)	74	—
light middleweight	71	—		
junior middleweight	—	69.853 (154)	—	
middleweight	75	72.574 (160)	82	75
light heavyweight	81	79.378 (175)	90	82.5
mid-heavyweight			100	
middle heavyweight			—	90
heavyweight	81*	79.378 (175)*	100*	110
super heavyweight	—	—	—	110*

* …を越える.

レースなどで)〈馬が〉他よりも重いハンディを背負う. ***give wéight to*** (1) 〈意見・事情など〉に重きを置く, を重視する: *give* due ～ *to* an argument ある議論に十分重きを置く. (2) 〈事が〉…を重要なものとする, …の確実性を強める. 《1796》 ***láy* [*pláce, pút*] *wéight on* [*upòn*]** …を重要視する: She *lays* too much ～ *on* money. 金を重要視しすぎる. 《1600》 ***lénd wéight to*** ＝*give* WEIGHT *to*. ***púll one's* (*ówn*) *wéight*** (1) 《口語》一人前の働きをする, 務めを果たす, 努力する. 《1897》 (2) 自分の体重を利用して(ボートを)こぐ. ***swíng one's wéight*** 《口語》顔[幅]をきかす. ***thrów* (*ín*) *one's wéight behínd*** …を支持する, 援助する. ***thrów one's wéight abóut* [*aròund*]** 《口語》自分の権力[地位]を利用する, いばり散らす. 《1941》 ***ùnder* [*òver*] *wéight*** 目方が足りない[多すぎる]. ***wéight of númbers*** 数量の多さ: win by sheer ～ *of numbers* 単に数の力で勝つ. ***wórth one's* [*its*] *wéight in góld* [*sílver, etc.*]** 〈人・物が〉それと同じ目方の金[銀など]くらいの価値がある, 千金の値打ちがある; 大いに助かる, 大変親切な. 《*a*1500》
weight for áge 〖競馬〗馬齢重量《年齢によって競走馬に割り当てられる負担重量》.
— *vt.* **1** …に重みを付加する, 重くする; 負わせる, 積載する: The camel is sufficiently ～*ed*. ラクダには十分荷がつけてある / The trees in the park were ～*ed* (down) *with* snow. 公園の木は雪で重くなっていた. **2** …に重荷を負わせる, 積み過ぎる; 〔悲しみ・失望などで〕圧迫する, 苦しめる 〔*with*〕: He ～*s* himself *with* care. 彼は心配事で苦しむ. **3** 〖統計〗(加重法および度数分布において)〈ある項〉に加重値[ウェート]を与える. **4** (ある一方に有利なように)…に手心を加える, 操作する: evidence ～*ed against* [*in favor of*] the defendant 被告人に不利[有利]なように処理された証拠. **5** 〖競馬〗〈競走馬〉にウェートを負わせる, 重量を課す: ～ a racehorse *with* 100 pounds. **6** 〖スキー〗…に重みを掛けかえる. **7** 〈織物など〉に混ぜ物をして重くする (adulterate). ***wéight dówn*** (1) 〈物を〉〔おもりなどで〕押さえる 〔*with*〕. (2) ＝WEIGH *down* (1).
～·er /-tə | -tə^(r/ *n.* 〖n.: OE (*ġe*)*wiht* < Gmc **(ʒa)weχtiz* & **(ʒa)weχtjam* (Du. (*ge*)*wicht* / G *Gewicht* / ON *vētt*) ← IE **wegh-* (⇨ weigh): ⇨ -t³. ― v.: 《1647》← (n.): 現在の形は WEIGH の母音と ON 形の影響から〗
wéight bèlt *n.* 〖スキューバダイビング〗ウェートベルト《水中でのダイバーの浮力を調節するために腰につけるベルト》.
wéight-càrrying *adj.* 〈馬が〉体重の重い騎手を乗せることができる. 〖1883〗
wéight clòth *n.* 〖馬具〗(鉛の薄板をつけた)鞍下布《騎手の体重が負担重量に達しないときに用いる; cf. saddle-cloth 2》. 〖1887〗
wéight dénsity *n.* 〖物理〗単位量当たりの重量.
wéight·ed /-tɪ̣d | -tɪ̣d/ *adj.* **1** 荷重した; 荷を積んだ; 加重した. **2** (立法議員の投票などで)代表する有権者数に従って票の効力を調整した, ウェートをかけた. **～·ly** *adv.* **～·ness** *n.* 〖*a*1732〗
wéighted áverage [méan] *n.* 〖統計〗加重平均, 重みつき平均. 〖1845〗
wéight·ing /-tɪŋ | -tɪŋ/ *n.* **1** (他と比較可能にするために)重みをかけること, 重みづけ; 重し. **2** 《英》(給与に上積みされる)手当, (特に)地域手当: Salary range—£3,900 to £4,500 p.a. plus a London ～. [広告] 給与限度—年俸 £3,900–£4,500 (別にロンドン地域手当あり). 〖1946〗

wéighting allòwance *n.* =weighting 2.

wéight·less *adj.* **1** 重量のない, 重量のほとんどない; 無重量の. **2** 無重力(状態)の. **~·ly** *adv.* **~·ness** *n.* 〖*a*1547〗

wéight lifter *n.* 重量挙げ選手. 〖1897〗

wéight lifting *n.* 重量挙げ, ウェイトリフティング. 〖1896〗

wéight màn *n.* 〘スポーツ〙投てき(競技)選手《砲丸投げ・ハンマー投げ・円盤投げ・やり投げなど》. 〖*c*1949〗

wéight·ròom *n.* ウェートトレーニング室.

wéight tràining *n.* ウェートトレーニング. 〖1955〗

wéight-wàtcher *n.* 体重を気にする人, (体重調整のために)規定食をとっている人 (dieter). **wéight-wàtching** *adj., n.* 〖1961〗

Wéight Wàtchers *n.* 〘商標〙ウェイトウォッチャーズ《米国 Weight Watchers International 社製のダイエット用冷凍食品; 同社は世界各地で同名のウェイトコントロール教室も経営》.

weight·y /wéɪṭi | -ti/ *adj.* (**weight·i·er; -i·est**) **1** 重要な (important): ~ affairs of state 重大な政務. **2** 〈議論など〉人を納得させる, 心服させる, 有力な (convincing): a ~ argument, deduction, reason, etc. **3** 〈人が有力な, 勢力のある (influential): a ~ banker, statesman, etc. **4 a** (大きさの割に)重い, 重量のある (heavy) (⇨ heavy¹ SYN): a ~ spear. **b** 〈人・動物が〉太った (corpulent): a very ~ man. **5** 耐え難い, 重苦しい (oppressive), 由々しい (grievous): ~ cares. **wéight·i·ly** /-ṭəli, -ṭli | -tʃli, -tli/ *adv.* **wéight·i·ness** *n.* 〖(*a*1398): ⇨ weight, -y¹〗

Wei·hai /wèɪhái; *Chin.* uēɪxǎɪ/ *n.* 威海(ウェイハイ)《中国山東省 (Shandong) の港市, 1898 年から 1930 年まで英国の租借地; 面積 738 km²; 旧名威海衛 (Weihaiwei)》.

Wei He /wéɪhə:; *Chin.* uèɪ xɤ́/ *n.* [the ~] 渭河(ウェイホー)《中国北部の川; 甘粛省 (Gansu) から陝西省 (Shanxi) を貫流して黄河に注ぐ (787 km)》.

Wei Ho /wéɪhóu | -hóu/ *n.* [the ~] =Wei He.

Weil /véɪl; *F.* vɛj/, **André** *n.* ベーユ《1906–98; フランスの数学者; Bourbaki 派の創始者の一人》.

Weil, Simone *n.* ベーユ《1909–43; フランスの哲学者・神秘主義者; André Weil の妹》.

Weill /váɪl; *G.* váɪl/, **Kurt** *n.* ワイル《1900–50; 米国に在住したドイツのオペラ・バレエ・喜歌劇の作曲家; *Die Dreigroschenoper*「三文オペラ」(1928)》.

Wéil's disèase /váɪlz-, wáɪlz-; *G.* váɪl/ *n.* 〘病理〙ワイル病《黄疸(おうだん)・出血を伴う熱性伝染病》. 〖(1889) ← *Adolf Weil* (1848–1916: ドイツの医師)〗

Wei·mar /váɪmaə | -ma:ʳ; *G.* váɪmaʁ/ *n.* ワイマール《ドイツ中東部の都市; Goethe, Schiller, Liszt などの住んだ土地;「ワイマール憲法」制定の地 (1919)》. 〖□ ML *Wīmare, Winmari* ← OHG *win* pasture // *wīh* holy + *mari* source, lake〗

Wei·ma·ran·er /váɪmərà:nə, wáɪ- | -nəʳ; *G.* vaɪmaʁá:nɐ/ *n.* ワイマラナー《ドイツ原産の大形のイヌ; 灰色の短い毛をしたポインターの類》. 〖(1943) □ G ~: ⇨ Weimar, -an¹, -er¹〗

Wéimar Constitútion *n.* [the ~] 〘ドイツ史〙ワイマール憲法《第一次大戦直後 (1919 年), Weimar で開催された国民議会 (National Assembly) で採択され, 同年 8 月に発布された共和制のドイツ国憲法の通称》.

Wéimar Repúblic *n.* [the ~] ワイマール共和国《第一次大戦後に成立した共和制ドイツの通称; 1933 年崩壊して第三帝国 (Third Reich) となった》. 〖1934〗

Wein·berg /wáɪnbə:g | -bə:g/, **Steven** *n.* ワインバーグ《1933–　; 米国の物理学者; Nobel 物理学賞 (1979)》.

Wéinberg-Salám thèory *n.* 〘物理〙ワインバーグ サラム理論《電磁作用と弱い相互作用を統一する理論で, S. Weinberg と A. Salam が独立に提唱した》.

wei·ner /wí:nə | -nəʳ/ *n.* =wiener.

Wein·gart·ner /váɪŋgɑətnə, wáɪn- | -gɑ:tnəʳ; *G.* váɪngaʁtnɐ/, **Felix von** *n.* ワインガルトナー《1863–1942; オーストリアの作曲家・指揮者》.

Wein·stu·be /váɪnʃtù:bə, -stù:-; *G.* váɪnʃtu:bə/ *n.* (ドイツの小さな)ワイン酒場, ワインバー. 〖(1899) □ G ~ 'wine room'〗

weir /wíə | wíəʳ/ *n.* **1** (水車用・灌漑(かんがい)用に水位を上げるための)ダム (dam); せき止められた水. **2** (魚を取るための)魞(えり), 簗(やな), 筌(うけ). **3** (流水量測定用の)せき, 量水ダム. **4** 《英方言》(川の流れを止めたり新しい水路に流すための)土手, 堤防. 〖OE *wer* dam, pond ← *werian* to defend, dam up (a pool) < Gmc **warjaz* (G *Wehr* defense) ← IE **wer-* to cover (cf. L *aperīre* < **ap-werīre* to uncover)〗

Weir /wíə | wíəʳ/, **Robert Walter** *n.* ウィアー《1803–99; 米国の画家; 米国国会議事堂にある *Embarkation of the Pilgrims* が知られている》.

weird /wíəd | wíəd/ *adj.* (**~·er; ~·est**) **1** 《口語》変な, 奇妙な, 古風な, 不可解な: a ~ dress / How ~! **2** 超自然的な (supernatural), 不思議な, 気味の悪い (uncanny, eerie), この世のものでない (unearthly): a ~ appearance, look, sound, etc. **3** 《米俗》見事な, すばらしい, かっこいい: You look ~. かっこいい. **4** 《古》運命の, 宿命の. ***wéird and wónderful*** 奇妙だがおもしろい[すばらしい]. **—** *n.* 《スコット・古》**1** 運命 (fate); (特に)不運: dree one's ~ 運命に甘んずる. **2 a** [the Weirds] 運命の三女神 (the Fates). **b** 魔女 (witch), 予言者 (soothsayer). **3** 予言 (prediction). **4** 不思議な事件[話]. **5** 事件, 出来事: After word comes ~. 《諺》言葉に出せば事件[何か]が起こる, うわさをすれば影. **—** *vt.* 《スコット》運命づける; 予言する. **~·ly** *adv.* **~·ness** *n.* 〖OE *wyrd* fate, destiny, 《原義》what is to befall (to one) ← Gmc **wurð-* ← IE **wer-* to turn, bend (L *vertere* to turn): cf. OE *weorðan* 'to become, WORTH²': 現在の形は ME 《北部方言》*wērd, weird* による〗

SYN 不気味な: **weird** 自然でないため不思議で時に恐ろしい: a *weird* noise 不気味な物音. **uncanny** 不思議で少し恐ろしい: an *uncanny* sensation 不気味な感じ. **eerie** 神秘と恐怖の感情を引き起こす; 上記二語とほぼ同じだが, この順序で不気味さが強く感じられる: the *eerie* hooting of an owl フクロウの薄気味の悪いホーホーという鳴き声. **unearthly** この世の物とは思えないほど不思議な: an *unearthly* light in the sky 空の不思議な光.

weird·ie /wíəḍi | wíədi/ *n.* =weirdo.

weird·o /wíədou | wíədəu/ *n.* (*pl.* **~s**) 《口語》変人, 奇人; 奇妙な[変な]もの. **—** *adj.* 風変わりな, 変な. 〖(1955) ← WEIRD + -O〗

Wéird Sísters, w- s- *n. pl.* [the ~] **1** 〘ギリシャ・ローマ神話〙運命の三女神 (the Fates). **2** 〘北欧神話〙運命をつかさどる三女神 (the Norns). **3** Shakespeare 作の *Macbeth* 中に出てくる三人の魔女.

weird·y /wíəḍi | wíədi/ *n.* =weirdo.

weis·en·heim·er /wáɪzənhàɪmə, -zṇ- | -məʳ/ *n.* =wisenheimer.

Weis·mann /váɪsmɑ:n, wáɪsmən; *G.* váɪsman/, **August** *n.* ワイスマン《1834–1914; ドイツの生物学者; ワイスマン説 (Weismannism) の提唱者》.

Wéis·mann·ism /-nìzm/ *n.* 〘生物〙ワイスマン説《自然選択を唯一の進化の根拠とする進化説; Neo-Darwinism と同義》. 〖(1894): ⇨ ↑, -ism〗

wéiss béer /váɪs-, wáɪs-/ *n.* ワイスビール《色が淡く泡立ちの強いドイツビール》. 〖← G *Weissbier* white beer〗

Weiss·horn /váɪshɔən | -hɔ:n; *G.* váɪshɔʁn/ *n.* [the ~] ワイスホルン《スイス南部, Pennine Alps 中の山 (4,505 m)》. 〖□ G ~ 《原義》white horn〗

Weiss·mul·ler /wáɪsmʌlə | wáɪsmʌləʳ, váɪs-/, **Johnny** *n.* ワイズミュラー《1904–84; 米国の水泳選手・映画俳優; Tarzan 映画に主演; 本名 John Peter ~》.

weiss·wurst, W- /wáɪswə:st, váɪsvuəst | -wə:st; *G.* váɪsvuʁst/ *n.* 白ソーセージ《主に子牛の肉で作るドイツのソーセージ》. 〖(1963) □ G *Weisswurst* ← *weiss* 'WHITE' + WURST〗

Weit·ling /váɪtlɪŋ; *G.* váɪtlɪŋ/, **Wilhelm** *n.* ワイトリング《1808–71; ドイツの社会主義者; ドイツ共産主義の父といわれる》.

Wei·xian /wèɪʃjén; *Chin.* uéɪɕièn/ *n.* 濰県(ウェイシェン)《WEIFANG (濰坊)の旧称》.

Weiz·mann /váɪtsmən, wáɪts-/, **Cha·im** /xáɪjim/ *n.* ワイツマン《1874–1952; ロシア生まれのイスラエルの化学者; シオニズム (Zionism) 指導者; イスラエル初代大統領 (1949–52)》.

Weiz·säck·er /váɪtszɛkə | -kəʳ; *G.* váɪtszɛkɐ/, **Carl Friedrich von** *n.* ヴァイツゼッカー《1912–2007; ドイツの物理学者》.

Weizsäcker, Richard von *n.* ヴァイツゼッカー《1920–　; ドイツの政治家; 西ドイツ大統領 (1984–90); 統一ドイツ大統領 (1990–94)》.

we·jack /wí:dʒæk/ *n.* 〘動物〙=fisher 4. 〖(1796) ← N-Am.-Ind. (Algonquian)〗

we·ka /wéɪkə, wí:kə/ *n.* 〘鳥類〙コバネクイナ (*Gallirallus australis*)《ニュージーランド産の翼の退化したクイナ》. 〖(1845) ← Maori: 《擬音語》〗

Wel·a·mo /wéləmòu | -məu/ *n.* (*pl.* **~, ~s**) ウェラモ族《エチオピアの南西部に住む民族》; ウェラモ語.

We·land /wéɪlənd/ *n.* 〘北欧伝説〙=Wayland.

welch /wéltʃ/ *v.* 《俗》=welsh. **~·er** *n.*

Welch /wéltʃ, wélʃ/ *adj., n.* 《古》=Welsh.

Welch /wéltʃ/, **Raquel** *n.* ウェルチ《1940–　; 米国の映画女優; 1960 年代のセックスシンボル》.

Welch /wéltʃ, wélʃ/, **William Henry** *n.* ウェルチ《1850–1934; 米国の病理学者; ウェルシュ菌 (*Clostridium welchii*) を発見 (1892)》.

Welch·man /wéltʃmən, wélʃ-/ *n.* (*pl.* **-men** /-mən, -mèn/) =Welshman.

Welch's /wéltʃɪz/ *n.* 〘商標〙ウェルチ《米国 Welch's 社製のジュース・ジャム・ゼリー》.

wel·come /wélkəm/ *vt.* (**~d**) **1** 歓迎する, 愛想よく迎える, …にようこそと言う: We ~*d* him *home* [*back*]. 彼の帰りを喜んで迎えた / He ~*d* her *to* his house. 彼女を家に喜んで迎えた / She ~*d* me with an outstretched hand [with open arms]. 片手を差し出しながら[心から]私を迎えてくれた (cf. open arms) / I ~ the government's new attitude. 政府の新しい姿勢は歓迎です. **2** 喜んで受け取る[入れる]: We'd ~ some generous donations. 多額の寄付は喜んで受けます / He ~*s* candid criticism. 忌憚(きたん)ない批評を喜んで受け入れる / ~ the new year *in* 新年を喜び迎える / The *welcoming* committee met her at the station. 歓迎委員会が駅で彼女を出迎えた. **3** 〔特に不愉快な反応で〕迎える (greet), …に応じる 〔*with, by*〕: They ~*d him with* a brace of bullets. 彼を 2 発の弾丸でもって迎えた.

— *adj.* **1** うれしい, ありがたい: a ~ gift, rest, change etc. / ~ news うれしい知らせ / ~ signs of improvement 喜ぶべき進歩のしるし / It was a ~ sight to see. 見るもうれしい光景だった / I received a ~ letter. 吉報を受け取った / as ~ as the flowers of spring 春の花のようにとても喜ばしい / Generous donations are always ~. 気前のよい寄付金はいつもありがたい. **2** 歓迎される, 喜んで迎えられる: a ~ guest, visitor, etc. / make a person (feel) ~ 人を歓迎する, もてなす / You're always ~ here. あなたは(うちではいつも)歓迎です / You're always ~ to come back here. いつでも自由に当地に戻って来てください / ("Thank you." などに答えて) You're (very, quite) ~. どういたしまして. **3** 自由[勝手]に…してよい, 自由に〔…を〕使ってよい (willingly permitted) 〔*to*〕: You are ~ *to* any book in my library. 私の書斎の本はどれでも自由にお使い下さい / Your sister is ~ *to* (use) my piano. 妹さんに私のピアノを自由に使っていただいて結構です. **4** [皮肉に] 勝手に…するがいい, …しようとこっちの知ったことではない 〈*to* do〉 〔*to*〕: He is ~ *to* break his neck. (乱暴なことばかりして)首の骨でも折るがいい / You are ~ *to* take what steps you please. どうでもお好きなようにしてください / You are ~ *to* any opinion you like. 勝手な熱を上げるがいい.

and wélcome [しばしば反語的に] それで結構: You may do so *and* ~. そうなさるならそれも結構 / He may go bankrupt *and* ~. 彼が破産しようとこっちの知ったことではない. 〖1491〗

— *n.* 歓迎(の言葉), 歓待, もてなし: a speech of ~ 歓迎の辞 (welcoming speech) / bid a person ~ 人に歓迎の意を示す / receive [get] a hearty [cold, chilly] ~ 心からのもてなしを受ける[冷たく迎えられる] / He gave me a cordial [warm] ~ on my arrival. 私が到着するとねんごろに迎えてくれた / Our dictionary got an enthusiastic ~ from the buying public. 我々の辞典は一般購買者層から熱烈な歓迎を受けた.

give a person a wárm wélcome ⇨ warm 成句. ***outstáy*** [***overstáy, outsít, wéar óut***] ***one's wélcome*** (長居したりなどして)嫌な顔をされる: He has *worn out* his ~. 長居しすぎて嫌われている.

— *int.* [しばしば副詞語句を伴って] ようこそ(おいでなさいました): *Welcome* to Japan! / *Welcome* home [back] (again)! お帰りなさい / *Welcome* on (board) JAL Flight 176. JAL 176 便のご利用ありがとうございます.

wél·com·er *n.* **~·ly** *adv.* **~·ness** *n.* 〖n.: OE *wilcuma* welcome guest ← *wil-* 'WILL²' + *cuma* comer (← *cuman* 'to COME'): OE *wil-* が ME *wel* 'WELL¹' と混同された. — v.: OE *wilcumian* ← (n.): cf. L *bene venistī, bene veniās* / F *bienvenu*〗

wélcome màt *n.* 《米》靴ぬぐい (door mat)《通例 Welcome という語が入れてある》. ★ 主に次の句で用いる: ***pùt*** [***ròll***] ***óut the wélcome màt*** 〔…を〕大いに歓迎する〔*for*〕. 〖1946〗

wélcome wàgon *n.* 《米》新参歓迎車《ある地域に新しく転入して来た人のためにその地域社会に関する情報・贈物・見本物産などを届ける車》. 〖1970〗

wél·com·ing *adj.* **1** 歓迎する, 友好的な. **2** 〈部屋・建物などが〉居心地のよい. 〖(?*a*1300) *wolcomming, welcoming(e)*〗

wélcoming pàrty *n.* 歓迎会.

weld¹ /wéld/ *vt.* **1** 〈金属・プラスチックを〉鍛接[溶接]する; 鍛接[溶接]して作る[修理する]. **2** 結合[接合]する, 合一する, 密着させる: ~ words *into* a sentence 単語を結合して文を作る / The two were ~*ed together* by friendship. 二人は友情によって堅く結ばれていた. **—** *vi.* 鍛接[溶接]される: Different metals ~ at different temperatures. 金属はそれぞれ違った温度で溶接される.

— *n.* **1** 鍛接[溶接]点, 接合点. **2** 鍛接, 溶接. **~·less** *adj.* 〖(1599) 《変形》? ← *welled* (p.p.) ← WELL² (v.)〗

weld² /wéld/ *n.* **1** 〘植物〙キバナモクセイソウ (*Reseda luteola*)《ヨーロッパ産; dyer's rocket ともいう》. **2** 〘染色〙キバナモクセイソウから採った黄色天然染料. 〖(*c*1380) *welde* < OE **w(e)alde* (cf. G *Wau*): cf. wold¹〗

Weld /wéld/, ***Sir* Frederick Aloysius** *n.* ウェルド《1823–91; 英国生まれのニュージーランドの政治家; 首相 (1864–65)》.

Weld, Theodore Dwight *n.* ウェルド《1803–95; 米国の奴隷制度廃止運動指導者》.

weld·a·ble /wéldəbl/ *adj.* 鍛接[溶接]できる; 結合[接合]できる. **weld·a·bil·i·ty** /wèldəbíləṭi | -lɪti/ *n.* 〖1855〗

wéld·er *n.* **1** 溶接工, 溶接手. **2** 溶接機. 〖1846〗

wéld·ing *n.* 鍛接, 溶接. 〖1691〗

wélding blòwpipe *n.* 溶接吹管, 溶接トーチ.

wélding ròd *n.* 溶接棒.

wélding tòrch *n.* =welding blowpipe.

wéld·ment *n.* **1** 鍛接, 溶接. **2** 溶接物. 〖1950〗

Weld·mesh /wéldmèʃ/ *n.* 〘商標〙ウェルドメッシュ《英国製の, 建築用補強材などとして使用される溶接金網》. 〖(1935): ⇨ weld¹, mesh〗

wéld mètal *n.* 溶着金属.

wél·dor /-də | -dəʳ/ *n.* =welder 1.

We·len·sky /wəlénski/, Sir **Roy Roland** *n.* ウェレンスキー《1907–91; ローデシアの政治家; 中央アフリカ連邦 (Central African Federation) の首相 (1956–63)》.

wel·fare /wélfɛə | -fɛəʳ/ *n.* **1** 幸福, 福利, 福祉, 繁栄 (well-being); 健康 (health): public [social] ~ 公共[社会]福祉 / ~ legislation 福祉立法 / a city's ~ budget 市の福祉予算 / I am concerned about the child's ~. その子の幸せについて心配しています. **2** 生活保護; 補足給付 (《英》supplementary benefit). **3** 福祉[社会]事業, 厚生事業 (welfare work): be engaged in child ~ 児童福祉事業に従事する. **4** [the ~; 集合的] 《英》(貧困者・失業者などを援助する政府の)社会福祉機関.

on wélfare 《米》(貧困・失業などのため政府の)福祉援助[生活保護](金)を受けて (cf. *on* RELIEF¹): live [be] *on* ~ 福祉援助[生活保護]手当で生活する[を受けている] / She went *on* ~ to feed her two children. 彼女は二人の子

W

供を養うために福祉援助を受けた.
wélfare to wórk [時に W- to W-] 福祉から労働へ(政策)《失業者など 労働可能でありながら生活給付を受けている人が 仕事を得られるよう推進する政策; 職業訓練や雇用者への援助などを行う》.《1996》
— *adj.* [限定的に] (社会)福祉の; 福祉援助を受けている: ～ spending 福祉支出 / ～ agencies 福祉団体.
〖《c1303》 *wel fare* (⇨ well¹ (adv.), fare (v.))《なぞり》? ← ON *velferð*: cf. farewell〗

wélfare bènefits *n.* [通例 *pl.*] 福祉[生活保護]手当.

wélfare cápitalism *n.* 厚生資本主義. 〖1960〗

wélfare cènter *n.* 福祉事業所[事務所]《診療所・健康相談所などがある》. 〖1917〗

wélfare económics *n.* 厚生経済学《国民の厚生を極大化する経済政策を追究する経済学の一分野; 代表は英国の Pigou》.

wélfare entítlement *n.* 社会保障を受ける権利.

wélfare fùnd *n.* 福祉厚生基金. 〖1947〗

Wélfare Ísland *n.* ウェルフェア島《米国 New York 市の East River の中の島; もと刑務所が, 現在は病院その他福祉事業施設がある; 旧名 Blackwells Island》.

wélfare mòther *n.* 生活保護を受けている母子家庭の母親.

wélfare stàte *n.* **1** 福祉国家《無料医療・養老年金など各種の社会保障事業を実施する国家》. **2** 社会保障制度 (social security). 〖1941〗

wélfare-to-wórk *adj.* 福祉から労働への (⇨ WELFARE to work).

wélfare wòrk *n.* 福祉事業《貧困者・身体障害者などの生活条件を改善するための地域社会・団体・個人による組織的な活動》.

wélfare wòrker *n.* 福祉事業家.

wél·far·ìsm /-fɛ(ə)rìzm | -fɛər-/ *n.* **1** 福祉国家 (welfare state) 主義[政策]. **2** (福祉国家・公共福祉機関が与える)福祉援助(金). 〖1949〗

wél·far·ist /-fɛ(ə)rɪst | -fɛərɪst/ *n.* 福祉国家主義者.
— *adj.* 福祉国家主義の. 〖1941〗

Wel·ha·ven /vɛ́lhɑːvən; *Norw.* vɛ́lhaːvən/, **Jo·han Se·bas·ti·an Cam·mer·mey·er** /júːhan sebástian kámmərmeːər/ *n.* ヴェルハーヴェン《1807–73; ノルウェーの詩人・批評家》.

welk /wɛ́lk/ *vi.* **1**《英方言》〈花・植物が〉しおれる, しぼむ (wither) 〈*away*〉. **2**《廃》〈色・名声などが〉あせる (fade), 失(う)せる; 減少する (decrease). 〖《c1250》 *welke(n)* ← Gmc **welk-* ((M)Du. *welken* to fade, decay)〗

wel·kin /wɛ́lkɪn | -kɪn/ *n.*《古・詩・文語》空, 大空, 青空 (sky); 天国: make the ～ ring [roar] (笑い声などで)空まで響かせる. — *adj.* [限定的]《廃》空のように青い: her ～ eyes. 〖ME *welkne* < OE *wolcen* cloud ← Gmc **welk-* (G *Wolke* cloud) ← IE **welg-* wet〗

Wel·kom /wɛ́lkəm, vɛ́l-/ *n.* ヴェルコム《南アフリカ共和国Free State 州の町》.

well¹ /wɛ́l/ *adv.* (**bet·ter** /bɛ́tə | -tə(r)/; **best** /bɛ́st/) **1 a** 上手に, うまく, 巧みに, よく (skillfully): dance and sing ～ / *Well* done! うまいぞ, いいぞ, あっぱれ / *Well* played! うまいプレーだ, やった / The work is ～ done. 仕事は上できだ / *Well* run! よく走った. **b** 満足に, 申し分なく, 立派に: The invalid is eating ～ now. 病人はもうよく食べている / She dressed ～. よい着こなしだった / The plan worked ～. その計画はうまくいった. **2 a** たっぷりと, 十分に, 全く (thoroughly); かなり, よほど, うんと (to a considerable degree) (cf. well-): sleep ～ よく眠る / knead the dough ～ 粉をよくこねる / How ～ do you remember the long poem? その長い詩をどのくらいよく覚えていますか / He very ～ deserved it. 十分それに値した / It is ～ worth trying. それはやってみる値打ちは十分ある / lean ～ back ぐっと後ろにそる / ⇨ well-nigh / be ～ past forty 40歳を優に超している / ～ over a hundred years 100年をはるかに超えて / be ～ on [advanced] in life 非常に高齢である / smack a person ～ 人をしたたか打つ / He is ～ among the leaders of thought. 彼は押しも押されもしない一流の思想家だ / He is ～ up in the list. 彼は名簿でずっと頭の方にいる. **b** 個人的に, 親しく: I know him ～. 彼のことはよく知っている. **c** 念を入れて, よくよく (carefully): He thought the matter ～ over. その事をよくよく考えてみた / He looked at himself ～ in the glass. 鏡に映った自分の姿をしげしげと見つめた / Look ～ to him. 十分に彼の世話をしてあげなさい. **3** 適当に, 適切に (properly): That is ～ said. うまいことを言ったものだ, まことに至言 / judge ～ and truly 誤らぬようによく裁決する / It will do very ～. それはいかにも結構だろう / as the poet ～ says 詩人がいみじくも言っているように / ⇨ *do* WELL *to do*. **4 a** 裕福に, 安楽に: ⇨ *live* WELL (1). **b** [通例 do ～ として] 健康に, 元気で: He has a cold, but will *do* ～. 風邪を引いているが元気になるでしょう / Both mother and child are *doing* ～. 母子ともに健全. **5** はっきりと (clearly), 正確に: I saw it ～. そのことがはっきりとわかった / He could ～ remember it. そのことをはっきりと思い出すことができた. **6 a** 首尾よく (successfully), 都合よく (fortunately), 無事に: All went ～. 万事首尾よくいった / I was ～ rid of them. 彼らを厄介払いできてよかった / You are ～ out of it. 君はそれを免れてよかった / ⇨ COME *off well* / *Well* begun is half done.《諺》始めうまくいけば半分成ったも同様 / *Well* met!《古》いい所で会った / It was ～ done of you to come. よく来てくれた. **b** (物質的に)有利に, 得をして (profitably): You have done very ～ for yourself in marriage. あなたは良縁を得ましたね / I sold my horse ～ at York. ヨークで馬をいい値で売った. **7** (道徳的に)よく, 善良に, 立派に: act [do] ～ 善良な行いをする / ⇨ *live* WELL (2). **8** 心から (heartily), 親切に (kindly), 好意的に (favorably): I love [like] him ～. 彼を心から愛している[好いている] / use a person ～ 人を親切に扱う / receive a person ～ 人を厚遇する / wish ～ to one's country 祖国を大事に思う / He treated me ～. 私を親切にもてなした / I wish him ～. 彼の幸福を祈っている / ⇨ SPEAK *well for*. **9** 容易に (easily), 即座に (readily): ⇨ *can't very* WELL *do* / before he could ～ finish his sentence その文句を終わりもしないうちに. **10** 雄々しく (gallantly), 勇ましく (bravely): acquit oneself ～ 雄々しくふるまう / They fought ～ against their enemy. 勇ましく敵と戦った. **11** [may, might に伴って] もっともで, 当然で, 恐らく (probably): ⇨ *may* WELL *do*, *as* WELL *a person may* [*might*] / It *may* ～ be true. それは多分本当かも知れない. **12** [通例 take に伴って] 善意に, 悪く取らずに: He *took* the joke ～. その冗談を平気で聞き流した / He did not *take* it very ～. それをあまりよくは思わなかった.

as wéll なお, おまけに, その上 (in addition, besides): Take this book *as* ～. この本も持って行きなさい / He has knowledge, and experience *as* ～. 知識もあり, さらに経験もある / He is a judge, but (he is) a Christian *as* ～. 彼は裁判官であるがまたキリスト教信者でもある.《1303》

as wéll as (1) …と同様に, …だけでなく: He gave me clothes *as* ～ *as* food. 食べ物のほかに着る物もくれた / You [He] *as* ～ *as* I are [is] wrong. 私だけでなく君[彼]も間違っている.《1530》

語法 (1) 時に and also の意味にも用いる: French, Spanish, Italian, *as* ～ *as* some other languages フランス語, スペイン語, イタリア語, その他いくつかの言語. (2) 時に接続詞的または前置詞的にも用いる: I intend to build the boat *as* ～ *as* plan it. ＝*As* ～ *as planning* the boat, I intend to build it. そのボートを設計するばかりでなく自分で造るつもりだ. (3) …と同じようにうまく: He speaks English *as* ～ *as* John. ジョンと同じくらいうまく英語を話す.

---

as wéll a person máy [míght] もっともで(あるが), 当然で(あるが): She agreed to marry him, *as* ～ she *might*. 彼女は彼との結婚を承諾したが, もっともなことだった. ***be wéll ín with*** ⇨ IN *with* (1). ***be wéll úp in* [*on*]** ⇨ up *adv.* 10. ***can't* [*couldn't*] *véry wéll dó*** とても…できはしない[しなかった]: I *can't very* ～ tell you. とてもそれをお話しするわけにはいかない. ***could as wèll dó*** ＝*may as* WELL *do*. ***còuld wéll dó*** …かもしれない: He *could* ～ be [have been] a spy. ひょっとすると彼はスパイかも[だったかも]しれない; cf. *may* WELL *do* (2). ***dó onesèlf wéll*** (1) 自分で(うまく)やり遂げる[成功する]. (2) ぜいたくをする, ぜいたくに暮らす (cf. do² *vt.* 12).《《なぞり》← G *sich gutlich tun*》 ***dò wéll by*** ⇨ DO² *by*.《1387》 ***dò wéll for onesèlf*** 商売[仕事]が繁盛する, 成功する. ***dò wéll* (*òut of*)** (…で)得をする, もうける. ***dò wéll to dó*** …するのがよい: You *do* ～ *to* tell him. 彼に話すのがよい / You would [will] *do* ～ *to* keep silent. あなたは黙っていたほうがよい(だろう) / You *did* ～ *to* come. 来てくれてよかった / You will *do better* not to mention it now. 今そのことは言わないほうがよい. ***líve wéll*** (1) 食べ物にぜいたくをする, 裕福に暮らす. (2) 正しい生き方をする. ***máy* [*míght*] *as wèll dó* (*as* …)** (…するのと同様に)…してもよろしい: We *may* (just) *as* ～ begin at once (*as* not). すぐに始めるほうがいい. ***máy* [*míght*] *as wèll dó* (*as* …)** (…するのは)…するのも同様だ, (…するくらいなら)いっそ…した方がましだ; …して(くれて)もよいだろう: You *may* [*might*] *as* ～ throw your money into the sea *as* lend it to him. 彼に金を貸すのは海に投げ込むようなものだ《どちらもむだなこと》/ You *may* [*might*] *as* ～ go abroad (*as* not). むしろ外国へ行った方がよい / You *may* [*might*] *as* ～ give me some candies. キャンディーをくれたっていいでしょう《ねだり口調》. ***mày* [*mìght*] *wéll do*** (1) …するのはもっともだ: She *may* ～ be proud of her son. 彼女が息子を自慢するのも無理はない. (2) 多分…するだろう (cf. 11). ***stánd wéll with*** 〈人〉の気に入る: She *stands* ～ *with* my father. 彼女は私の父の受けがよい. ***wéll and trúly*** (1) (全く)正しく, 適切に (properly): lay a foundation stone ～ *and truly* 礎石をきちんと据える. (2) 徹底的に (thoroughly). (3)《古》忠実に.《1458》 ***wéll awáy*** (1) (競走で)出足がよくて; (仕事などで)かなりはかどって〔*on*〕. (2)《口語》ほろ酔いで.《1910》 ***wéll óut of*** …から幸運にも免れて. ***wéll óff*** ＝well-off.

— *adj.* (**better**; **best**) **1** [叙述的] **a** 〈人が〉健康で, 壮健で, 達者で (in good health) (cf. strong; ↔ ill) (⇨ healthy SYN): I am perfectly ～. / You don't look ～. 顔色がさえないね / Quite ～, thank you. (How are you? に対する決まりの挨拶として)ありがとうとても元気です / She is ～ enough. 彼女はまずまず元気だ / You will soon be *better*. じきによくなるでしょう / I hope you are ～. お元気のことと存じます / I am *best* in the summer. 私は夏が一番健康です. **b** 〈健康状態が〉良好で (sound); 〈病気が治って (cured): His health is not ～. 彼の健康は良好でない / My cold is ～ enough. 風邪はだいぶよくなった. **2** [叙述的] **a** 満足な (satisfactory); 運がいい, 好都合な (favorable, fortunate, propitious); 安楽な, 不自由のない (comfortable): All's ～. 万事申し分ない / All's ～ that ends well. ⇨ all *pron.* 2 b. / Very ～. (同意・承認などを表して)よろしい, 結構だ / It was ～ that he was our mutual friend. 彼が私たちの共通の友であることは好都合だった / ⇨ well-to-do, well-off / I am very ～ where I am. 私は今の地位[状態]でとても満足です / It is ～ with him. 彼は無事だ. **b** 適当な, 当を得た (suitable, advisable): It would be ～ to do it at once. すぐした方がいいでしょう / It is ～ that you came. 君は来てよかった / It is not ～ to anger him. 彼を怒らせることはよくない / It would have been [It would be] ～ for him. そうすれば彼にとってはよかった[よか]ろうに. **3 a** [限定的に用い, 通例否定語を伴って]《米》健康な, 丈夫な, 心身健全な (healthy): He is not a ～ man. 彼はあまり健康がすぐれない. ★この意味では比較級・最上級は用いられない. **b** [the ～; 名詞的] 健康な人々: *The* ～ are impatient of the sick. 丈夫な人には病人の態度がまだるっこい. **4** [叙述的] 〔…と〕折り合いがよくて, 〔…に〕受けがよくて 〔*with*〕: He is ～ *with* many people. 多くの人と折り合いがよい.

***(áll) vèry wéll* [*wéll enóugh*]** [不満足・不同意を表すときの決まり文句; 後に but を伴うのが普通] いかにも結構だ(けど): It [That] is *all very* ～ (for …), *but* … それは(…にとっては)いかにも結構だが / This is ～ *enough, but* I cannot afford the time. これはなかなか結構だが, その時間の都合がつかない.

(áll) wéll and góod [冷静な同意または何か不満を感じる場合に用いて] 結構, 仕方がない: If you truly think so, ～ *and good*. 君が本当にそう考えるなら仕方がない[それでいい].《1699》

as wéll [しばしば just を伴って] …のほうが(ちょうど[かえって, やっぱり])よい: It was *just as* ～ you didn't marry her. 彼女と結婚しないでかえってよかったのだ / That is *just as* ～. あの方がちょうどいいのだ《後悔には及ばない》/ It would [might] be *as* ～ to ask. 聞いてみるほうがよいだろう / It would be *just as* ～ if you were present. やっぱり君が出席する方がよいだろう.

— /(強) wɛ́t; (弱) wəł/ *int.* **1** [次に続く言葉との間を埋めるために] ええと, それで, そして: *Well*, let me see. ええと, そうですね. **2** [譲歩, 賛成] そうだね, それじゃ, なるほど, そうだとして: *Well*, come if you like. じゃ来たければ来なさい / *Well*, perhaps you are right. そうだね, ひょっとすると君の言うとおりかもしれない / *Well*, but what about payment? それはいいとして, 支払いの方は? / *Well* then, say no more about it. それじゃもうそのことは言うな. **3** [会話をまた続けて] ところで, それで: *Well*, who was it? ところでそれはだれだったの. **4** [安心] やれやれ: *Well*, we have at last finished the work. やれやれ, やっと仕事が終わった / *Well*, that is over. まあまあこれも片付いた. **5** [催促・期待] それで(どうなのか, 言いたいことは何): *Well* then? それから, そうするとどうなる. **6** [あきらめ] いやもう, ままよ: Oh [Ah] ～, it can't be helped. もう仕方がない. **7** [大きな驚き] まあ, おや, へえー: *Well*, who would have imagined him to be a genius? へえー, あの男が天才だなんてだれが想像したろう / *Well*, to be sure! ＝*Well*, I never (did)! ＝*Well* now! へえーこいつは驚いた.

wéll I méan ＝I MEAN¹. ***Wéll, wéll*** やれやれ《驚き》.《1388》

— *n.* よいこと《健康・幸福など》; 満足なこと: let ～ (enough) alone ⇨ let¹ 成句 / I wish him ～. 彼の幸福[成功]を祈る.

〖adv.: OE *wel(l)* in a great degree ← Gmc **wel-* (Du. *wel* / OHG *wela* (G *wohl*) / ON *vel* / Goth. *waila*) ← IE **wel-* to wish (⇨ will¹). — adj.: 《(OE)》《c1385》 *wel* ← (adv.). — int.: OE *wel* ← (adv). — n.: 《c1386》 ← (adv.)〗

well² /wɛ́l/ *n.* **1** 井戸: an oil ～ 油井 / ⇨ artesian well / bore [dig, drill, sink] a ～ 井戸を掘る / a ～ dries up 井戸が枯れる. **2 a** 泉; 鉱泉 (mineral spring). **b** [*pl.*] 鉱泉地, 温泉地. **3** (感情・知識などの)源, 源泉: Dan Chaucer, ～ of English undefiled 純正英語の源チョーサー大人(うし) (Spenser, *The Faerie Queene*). **4** (井戸状の)くぼみ; (周囲を家で囲まれた)空所; 階段吹き抜け (wellhole); (エレベーターの)縦穴 (elevator well); (万年筆の)インクつぼ. **5**〖海事〗**a** あか筒《船底の汚水をくみ出すつるべの通る筒》. **b** 船のポンプを囲んだ区画部. **c** 船楼間の甲板. **6 a** 漁船のいけす. **b** (飛行機の)車輪収納室, 操縦室 (cockpit). **c** (机の)インクつぼ受け穴 (inkwell). **d** (大皿・肉焼き器具などの)肉汁受け. **7 a**《英》(法廷の)判事席前の一段低い部分, 弁護士席. **b** (階段式の教室や会議室などの)講壇[演壇]のある低い部分. **8**〖土木〗(構造物の基礎の)井筒. **9**〖物理〗ポテンシャル[位置エネルギー]の谷《位置エネルギーが最低の領域》.

— *vi.* 湧き出る, 噴出する (spring) 〈*up, out, forth, down*〉: A spring has ～*ed up* just lately. つい最近泉が湧き出た / Water ～*ed* (*up*) out of the ground. 水が地面から湧き出た / (The) tears ～*ed up* in her eyes. 彼女の目に涙があふれてきた. — *vt.* 湧出させる 〈*forth*〉: a fountain ～*ing forth* its crystalline waters 水晶のように透明な水を噴出する泉.

— *adj.* **1** 井戸の(ような); 井戸状の(部分のある). **2** 井戸用の.

〖n.: OE (Anglian) *wella* spring,《原義》rolling or bubbling water ← Gmc **wall-* (G *Welle* wave / ON *vella* a boiling, ebullition). — v.: OE (Anglian) *wellan* to boil, bubble up < Gmc **walljan* ← IE **wel-* to turn, roll (⇨ volute)〗

well- /wɛ́l/ well¹ の連結形 (↔ ill-). ★「うまく, 適当に, ほどよく」の意の複合語形成要素; 限定的に用いるときには必ずハイフンを付けるが, 叙述的に用いるときには通例分離して2語に書かれる. 〖← WELL¹〗

we'll /wiːł/《口語》**1** we will の縮約形. **2** we shall の短縮形.

wéll-acquáinted *adj.* 〔人・事物を〕よく知っている, 熟知している, なじみの (familiar) 〔*with*〕: He is ～ *with* Latin. ラテン語に精通している. 〖1565〗

wéll-ácted *adj.* 好演の: a ～ play. 〖1792〗

well·a·day /wɛ́lədèɪ/ *int.* ＝wellaway. 〖《c1570》《変形》← WELLAWAY〗

wéll-adjústed *adj.* 〈人が〉心の均衡のとれた, 社会に適合した. 〖(1735) 1939〗

wéll-advísed *adj.* **1** 〈人が〉(用意)周到な, 慎重な, 賢明な (prudent, wise): You would be ～ to set out at once. すぐに出発した方がよかろう. **2** 〈計画・行為など〉慎重審議した上での, 熟慮した, 慎重な: a sound and ～ judgment 健全で慎重な判断. **～·ly** *adv.* 〖(*c*1390) *wel avised*〗

wéll-afféeted *adj.* 好感[好意]をもっている〔*to, toward*〕. 〖1563〗

Wel·land /wélənd/ *n.* ウェランド《カナダ Ontario 州南東部の港町; ウェランド運河に面する》.

Wélland Canál *n.* [the ～] ウェランド運河《カナダ南部にあり Erie と Ontario の両湖を結ぶ, 長さ 44 km; Welland Ship Canal ともいう》.

wéll-appóinted *adj.* 十分に支度[準備]の整った, 〈艦船など〉十分に装備の整った, 〈家など〉設備の行き届いた: a ～ ship / a ～ chemist's shop 設備の行き届いた薬屋 / a ～ dinner 行き届いた晩餐(ばん). 〖1530〗

wéll-ármed *adj.* 十分に武装した. 〖?*a*1300〗

wéll-attésted *adj.* 証拠の十分な. 〖1667〗

well·a·way /wéləwéɪ/ *int.* 《古》ああ, 悲しいかな《悲しみ・嘆きを表す》. **—** *n.* 嘆き, 悲しみ (woe). 〖ME *welawei* (WELL[1] の影響による変形) ← OE *weilāwei* (ON *vei* 'WOE' の影響による変形) ← *wā lā wā* woe, lo! woe!: ⇨ lo〗

well-bal·anced /wélbǽlənst, -lən(t)st/ *adj.* **1** 〈人・精神が〉分別のある, 常識のある (sensible): a ～ mind / a ～ young man. **2** バランスのとれた, 釣り合いのよい: a ～ diet. 〖1629〗

wéll-becóming *adj.* よく似合う. 〖1530〗

wéll-beháved *adj.* 行儀[品行]のよい: a ～ child / a ～ prisoner 模範囚. 〖1597〗

well-be·ing /wélbíːɪŋ/ *n.* 幸福, 福利, 安寧 (welfare) (↔ ill-being): He had a sense of ～ and a delight in Christine's company. クリスティンと一緒にいると幸福感と喜びとを感じた. 〖(*a*1613) ← WELL-＋BEING (n.): cf. F *bien-être* / NL *bene esse*〗

wéll-be·lóv·ed /-bɪlʌ́vɪd, -lʌ́vd/ *adj.* **1** 非常に愛された(ている), 最愛の. **2** 心から敬愛する (highly respected)《君主・領主などの書簡・布告で用いる》: our trusty and ～ cousin 我が信頼すべき敬愛するいとこ. **—** *n.* 最愛の人. 〖*c*1390〗

wéll-bórn *adj.* 家柄のよい, 生まれのよい, 素姓のよい: ～ girls 良家の子女. 〖OE *wel-boren*〗

wéll-bréd *adj.* (↔ ill-bred). **1** 育ちのよい, しつけのよい, 行儀のよい, 上品な: She spoke in a pleasant ～ voice. 感じのいい上品な声で話した. **2** 〈馬・犬など〉良種の. 〖1598〗

wéll-bròught-úp *adj.* 〈子供が〉しつけのよい, 行儀のよい. 〖1611〗

wéll-búilt *adj.* 体格のよい: a ～ truck driver. 〖*c*1611〗

wéll càr *n.* 〖鉄道〗大物車《大型貨物輸送用の貨車; well-hole car ともいう》.

wéll-chósen *adj.* 正しく選択された, 精選された; (特に)〈言辞・語句が〉精選された, 適切な (apt): He replied to my remarks in ～ words. 私の意見に適切な言葉で答えた / a few ～ words 簡潔なスピーチ. 〖*a*1586〗

wéll-condítioned *adj.* **1** 調子のよい, 好調な, 健康な: a ～ horse. **2** 性質のよい, 〈行いや考えが〉正しい, 善良な: a ～ mind. 〖*c*1482〗

wéll-condúcted *adj.* **1** 行儀のよい; 品行方正な: a ～ convict 行いのよい受刑者. **2** 管理[経営]のよい. 〖1749〗

wéll-connécted *adj.* **1** 身内に有力者のいる, 有力な縁故[引き]のある. **2** 〈文章など〉つながりのよい, よく練られた. 〖1734〗

wéll-consídered *adj.* **1** 〈意見など〉よく[十分に]考慮した上での, 慎重な, 賢明な. **2** 〈人が〉高く評価された, 尊敬された. 〖1769〗

wéll-contént[-conténted] *adj.* 十分満足した. 〖*a*1450〗

wéll-cóoked *adj.* うまく[上手に]料理された. 〖1836〗

wéll-cóvered *adj.* 《英口語》やや太りぎみの. 〖(1697) 1943〗

wéll cùrb *n.* ＝well kerb.

wéll-cút *adj.* **1** 〈服が〉仕立てのよい: a dark ～ suit. **2** 〈髪など〉巧みにカットした. 〖1635〗

wéll-dáy *n.* 健康な日, 発作などの起こらない日. 〖1652〗

wéll dèck *n.* 〖海事〗凹(おう)甲板, ウェル甲板《船首楼 (forecastle) と船尾楼 (poop) との間の低い部分の甲板》. 〖(1888): cf. well[2] (n. 5 c)〗

wéll-dècked *adj.* 凹(おう)甲板のある. 〖1888〗

well-defined /wéldɪfáɪnd/ *adj.* **1** 〈輪郭・限界など〉はっきりした, 明瞭な, くっきりした: a ～ boundary / She had ～ features. はっきりした顔立ちをしていた. **2** はっきりと述べられた, 明確に定義された: ～ policies. 〖1704〗

wéll-desérved *adj.* 十分受けるに値する: He has the ～ reputation of being one of the best singers of the day. 彼は当代きっての歌手の一人であるという正に当然な名声を得ている. 〖*a*1586〗

wéll-devéloped *adj.* よく発達した: a ～ bosom. 〖1835〗

wéll-diréeted *adj.* **1** 〈打撃・弾丸など〉上手[正確]に狙った. **2** 見当の違わない. 〖*a*1586〗

wéll-dísciplined *adj.* **1** よく訓練された. **2** 規律の行き届いた, 規律正しい. 〖1595〗

wéll-dìsh *n.* 底に肉汁がたまるへこみのある皿. 〖(1880): cf. well[2] (n. 6 d)〗

wéll-dispósed *adj.* **1** 気立てのよい; 親切な, 同情のある. **2** 好意を寄せている〔*to, toward*〕. **3** 正しく[適切に]配置された. 〖*c*1390〗

wéll-dócumented *adj.* 〈事実など〉十分に記録されている, 文書による十分な裏づけのある. 〖1937〗

wéll-dóer *n.* 善行者, 徳行家. 〖*c*1450〗

wéll-dóing *n.* **1** 善行, 徳行. **2** 繁栄, 成功. 〖*c*1385〗

wéll-dóne *adj.* **1 a** [間投詞的に] いいぞ, やった, おみごと. **b** 立派に[巧みに]なされた, 出来のよい: a ～ translation. **2** 〈肉など〉よく火が通った[焼けた] (cf. underdone, medium 3, rare[2]): a ～ steak. 〖((?*a*1200)) (*c*1449) 《廃》'wise, prudent'〗

well-dressed /wéldrést/ *adj.* 身なりのよい, 立派な服装をした: a ～ man. 〖1576〗

wéll drèssing *n.* 井戸祭り《英国の田園地方で古くから行われた井戸を花で飾る儀式; 清水が豊富に出ることへの感謝を表す》. 〖1860〗

wéll-drílled *adj.* よく訓練された. 〖1817〗

wéll-éarned *adj.* 自分の力[働き]でかち得た, 十分受けるに値する (well-deserved): a ～ holiday 立派に働いてかち得た休暇 / a ～ punishment 自業自得(の罰) / have a ～ tea break 仕事をきちんと片付けてお茶の休みをとる. 〖1730–46〗

wéll-éducated *adj.* 立派な教育を受けた; 教養のある. 〖1594–95〗

wéll-endówed *adj.* 《口語・戯言》持ち物のりっぱな, 巨根[巨乳]の. 〖(1690) 1951〗

Wel·ler /wélə | -lə(r)/, **Thomas Huck·le** /hʌ́kl/ *n.* ウェラー《1915–2008; 米国の微生物学者; Nobel 医学生理学賞 (1954)》.

Wel·ler·ism /wélərìzm/ *n.* 名言[名句]をふざけて引用すること. 〖(1839) ← *(Sam) Weller* (C. Dickens の *The Pickwick Papers* に登場する頓智に富んだ少年)〗

Welles /wélz/, **(George) Or·son** /ɔ́ːsən, -sn | ɔ́ː-/ *n.* ウェルズ《1915–85; 米国の演出家・映画俳優; *Citizen Kane* (1941)》.

Welles, Gideon *n.* ウェルズ《1802–78; 米国のジャーナリスト・政治家; 奴隷制をめぐり民主党から共和党に移る (1855); 海軍長官 (1861–69)》.

Welles, Sum·ner /sʌ́mnə | -nə(r)/ *n.* ウェルズ《1892–1961; 米国の外交官》.

Welles·ley /wélzli/, **Arthur** *n.* ⇨ Wellington.

Wellesley, Richard Col·ley /kɑ́(ː)li | kɔ́li/ *n.* ウェルズリー《1760–1842; 英国の政治家; インド総督 (1797–1805); Wellington 公の兄; 1st Marquis Wellesley》.

well-es·tab·lished /wélɪstǽblɪʃt, -es-/ *adj.* **1** 〈慣習・語法など〉確立した, 定着した; 〈名声など〉ゆるぎのない. **2** 〈会社など〉基礎のしっかりした, 押しも押されもしない: a ～ store 老舗(しにせ). 〖1709〗

Wel·lesz /véles/; G. véles/, **E·gon** /éːgɔn/ *n.* ウェレス《1885–1974; オーストリアの音楽学者・作曲家》.

wéll-fávored, 《英》**-fávoured** *adj.* 〈男・女が〉器量のよい, 美貌の (handsome, good-looking). **～·ness** *n.* 〖*c*1420〗

wéll-féd *adj.* **1** 栄養の十分な. **2** 肥えた, 太った. 〖?*a*1400〗

wéll-fíxed *adj.* 《米口語》裕福な, 金持の (well-to-do). 〖1822〗

wéll-fórmed *adj.* 〖論理・言語〗〈式としての記号表現が〉適格な, 整った《一定の構成規則に従って構成された; ↔ ill-formed》: a ～ formula 《論理》整式, 式. **～·ness** *n.* 〖*c*1520〗

wéll-fóught *adj.* (勇敢に)奮戦した, 力戦した: a ～ fight. 〖1599〗

wéll-fóund *adj.* **1** 設備[装備]の行き届いた: a ～ steamer 艤装の完備した汽船. **2** 《廃》折紙付きの, 推賞に値する (commendable) (cf. Shak., *All's W* 2. 1. 102). 〖(?*c*1350) 1793〗

wéll-fóunded *adj.* 〈容疑・所信など〉事実に立脚した, 正当な理由のある. 〖*c*1369〗

wéll-fúrnished *adj.* **1** 十分な給与を受けた. **2** 設備の十分な. 〖1474〗

wéll-gróomed *adj.* **1** 〈馬など〉手入れが行き届いている. **2** 〈人が〉服装に一分のすきもない, りゅうとした(身なりの) (very neat). **3** 〈芝生など〉手入れが行き届いた, きちんとした. 〖1886〗

wéll-gróunded *adj.* **1** 十分に根拠のある, 正当な理由のある (well-founded). **2** 十分な基本教育[訓練]を受けた〔*in*〕: He is ～ *in* linguistics. 言語学の十分な基礎知識をもっている. 〖1369〗

wéll-grówn *adj.* 発育のよい. 〖1597〗

wéll-hándled *adj.* **1 a** 〈商品が〉(いじり回されて)汚れた. **b** 〈商品が〉よく扱われる, よく出る; よく使われる. **2** 能率的に行われた, 手際よく扱われた[処理された]. 〖1477〗

wéll·hèad *n.* **1** 水源. **2** 《比喩》源泉. **3** 井戸を覆う屋根. 〖*c*1340〗

wéll-héeled *adj.* **1** 《口語》金持ちの, 富裕な (cf. well-fixed): a ～ clientele 金持ちの常連. **2** 《米俗》武器を携えた. 〖1897〗

wéll·hòle *n.* **1** 井戸穴. **2** 〖建築〗階段吹き抜け (stairwell). 〖1680〗

wéll-hòle càr *n.* 〖鉄道〗＝well car.

wéll hòuse *n.* 井戸の覆屋, 井戸小屋. 〖1354〗

wéll-húng *adj.* **1** 〈舌が〉よく動く[回る]: a ～ tongue. **2** 〈馬車・門・スカートなど〉巧みにつるされた[取り付けた]: a ～ skirt 上手にはいたスカート. **3** 〈肉・猟の獲物が〉十分長くつるされた《風味や柔らかさが増す》. **4** 《卑》〈男性が〉巨根の, 〈女性が〉巨乳の. 〖1611〗

wel·lie /wéli/ *n.* [通例 *pl.*] 《英口語》＝Wellington boot 1.

well-in·formed /wélɪnfɔ́ːəmd | -fɔ́ːmd/ *adj.* **1** 〔ある事柄を〕よく知っている, 熟知[精通]している, 十分な情報をもった〔*in, about*〕(↔ ill-informed): ～ quarters [sources] 消息筋 / He is ～ *about* the topics of the day. 時事的な話題によく通じている. **2** 博識の, 見聞の広い, 消息通の. 〖?*a*1450〗

Wel·ling·bor·ough /wélɪŋbə:roʊ | -b(ə)rə/ *n.* ウェリングバラ《イングランド中部 Northamptonshire 州中東部の都市》.

Wel·ling·ton[1] /wélɪŋtən/ *n.* ウェリントン《ニュージーランド北島南部の海港で同国の首都》. 〖英国の地名にちなんでの命名か〗

Wel·ling·ton[2], **w-** /wélɪŋtən/ *n.* ＝Wellington boot. 〖1817〗

Wel·ling·ton /wélɪŋtən/, 1st Duke of ～ *n.* ウェリントン公《1769–1852; 英国の将軍・政治家; Waterloo で Napoleon 一世を破る, 首相 (1828–30); 本名 Arthur Wellesley, 通称 the Iron Duke》.

Wéllington bóot, w- b- *n.* [通例 *pl.*] 《英》 **1** ウェリントンブーツ《ひざやふくらはぎまでのゴム(プラスチック)製長靴》. **2** (前面がひざ上までであり, 後部がひざを曲げやすいように切り取ってある)軍用革製長靴. 〖1818 ↑〗

wel·ling·to·ni·a /wèlɪŋtóʊniə | -tóʊ-/ *n.* 〖植物〗＝giant sequoia. 〖(1853) ← *1st Duke of Wellington*: ⇨ -ia[1]〗

wéll-inténtioned *adj.* 〈人が〉善意の; 〈行動が〉善意で企てた[行った] (well-meaning) 《通例残念な結果に終わったとの意を含む》. 〖1598〗

wéll-júdged *adj.* 正しい判断による, 賢明な; 機宜(きぎ)を得た (timely): a ～ action, reply, gift, etc. 〖1725〗

wéll-képt *adj.* 世話[手入れ]の行き届いた: a ～ garden. 〖1400〗

wéll kèrb *n.* 井げた, 井筒《通例, 石造りの井戸口の円形構造》. 〖1889〗

wéll-knít *adj.* **1** 〈人・骨格が〉がっしりした, 筋骨たくましい, 引き締まった (sinewy): a ～ frame, figure, etc. **2** 〈組織体など〉よく統一された, よくまとまった, 整然とした. **3** 〈議論など〉整然とした, よくまとまった, 隙のない; 〈文体など〉引き締まった, 簡潔な. 〖1445〗

well-known /wélnóʊn | -nə́ʊn/ *adj.* **1** 有名な, 知名な, 周知の (widely known) (⇨ famous SYN): a ～ brand 有名ブランド / This restaurant is ～ *for* its good wine. このレストランはワインがよいのでよく知られている. **2** 〈顔など〉見なれた, 〈声など〉聞きなれた, なじみの深い. 〖*c*1470〗

wéll-láid *adj.* 〈計画など〉周到に練った: ～ plans for burglary 周到に練った夜盗の計画. 〖1679〗

wéll-líking *adj.* 《古》〈人が〉具合のよさそうな, 健康そうな; 太った (plump). 〖(*c*1350) *wele likand, wel likyng*: cf. OE *wel-līcendlic* pleasing〗

wéll-líned *adj.* **1** 立派な裏当て[裏張り]のついた. **2** 《口語》〈財布など〉金の一杯入った; 〈胃袋が〉満腹の. 〖1562〗

wéll-lóoking *adj.* 《まれ》〈男・女が〉美貌(ぼう)の, 見目麗しい (good-looking); 〈建物・動植物など〉立派な. 〖1702〗

wéll-máde *adj.* **1** 〈人が〉格好のいい, 釣り合いのよくとれた: a ～ woman of about fifty 50 がらみの均整のとれた体つきの女性. **2** 〈細工が〉よくできている. **3** 〈劇・小説など〉(手際)よくできている; (手際はいいが)型[定石]どおりの《新鮮さや芸術味に欠けた》: a ～ play. 〖*c*1300〗

wéll-mánnered *adj.* 行儀のよい, 礼儀正しい, 丁寧な. 〖(?*a*1387) 《廃》'endowed with good morals'〗

wéll-márked *adj.* 明確な, はっきりしている (distinct): ～ differences. 〖1797〗

wéll-mátched *adj.* 似合いの, 〈力・能力などが〉互角の, 〈試合・選手が〉好取組の: a ～ couple 似合いの夫婦 / two ～ fighters 二人の互角のボクサー. 〖1687〗

well-mean·ing /wélmíːnɪŋ/ *adj.* 〈人・行為が〉善意のある[による], 悪気のない《通例善意が通じなかったことを含意する》: a ～ mother / His ～ attempts were set aside. 彼の善意ある試みは退けられた. 〖*c*1385〗

W

wéll-méant *adj.* 〈言葉・行為が〉善意から出た[でした, で言った]《通例善意が通じなかったことを含意する》: his ill-timed, though ～, request 善意から出たものではあるが時機を失した依頼. 〖?1476〗

wéll-móunted *adj.* 立派な馬に乗った. 〖1595〗

wéll·ness *n.* (特にダイエット・運動などの結果として)健康であること[状態]. 〖1654〗

well-nigh /wélnáɪ/ *adv.* 《文語》ほとんど全く (almost). 〖lateOE *wel nē(a)h*: ⇨ well[1] (adv.), nigh〗

well-off /wélɔ́(ː)f, -ɑ́(ː)f | -ɔ́f/ *adj.* [叙述的] **1** 裕福な (wealthy): They are quite ～. 彼らはかなり裕福だ. **2** 〈事業など〉具合のいい, うまくいっている. **3** 〈人が〉(…に)事欠かない, 不自由しない, 〔…が〕豊富な〔*for*〕: We are ～ *for* wild flowers here. 当地には野の花はたっぷりあります. 〖(1733): ⇨ well[1] (adv.), off (adv. 11)〗

wéll-óiled *adj.* **1** お世辞たっぷりの (flattering). **2** 〈事が〉円滑[順調]に運んでいる: a ～ machine 効率的[能率的]な組織[制度]. **3** 《口語》酔った. 〖1740〗

wéll-órdered *adj.* よく整った, よく整頓(せいとん)された; 秩序のある: a ～ nation. 〖1589〗

wéll-òrdered sét *n.* 〖数学〗整列集合《全順序集合で, 空でないどのような部分集合も最小元をもつようなもの; cf. partially ordered set, totally ordered set》. 〖1902〗

wéll-órdering thèorem *n.* 〖数学〗整列(可能)定理《どのような集合も, その上に順序関係を定めて整列集合にできるという定理》. 〖1970〗

wéll-órganized *adj.* 高度に組織化された (⇨ orderly SYN). 〖1857〗

wéll-pádded *adj.* **1** 〈椅子など〉十分に詰め物をした. **2** 〈人が〉よく肥えた[太った] (plump, stout). 〖1933〗

well-paid /wɛ́lpéɪd⁻/ *adj.* 十分に給料[報酬]を与えられている, 給与のよい: a ~ job, worker, etc. 〖*c*1400〗

wéll-pléased *adj.* 大変喜んだ, 満悦した. 〖*a*1384〗

wéll-pléasing *adj.* 《古》非常に喜ばしい, この上なくうれしい, 満足な 〔*to*〕: a sacrifice ~ *to* God 神のよみしたもういけにえ (cf. *Phil.* 4:18). 〖*c*1384〗

wéll pòint *n.* 〖土木〗ウェルポイント, (水切り掘削工法に使う)穴あき鉄管の列. 〖1951〗

wéll-presérved *adj.* **1** よく保存された, 保存[手入れ]のよい; 真新しく見える: a ~ coat. **2** 〈年配の人が〉年の割に若い, 若く見える. 〖1854〗

wéll-propórtioned *adj.* よく釣り合いのとれた, 均衡のとれた. 〖*c*1395〗

wéll-réad /-rɛ́d⁻/ *adj.* 多読の, 博覧の; 博識の, 博学の 〔*in, on*〕: a ~ scholar / a man ~ *in* literature 文学に精通している人. 〖1593–94〗

wéll-régulated *adj.* よく整った, きちんとしている. 〖1709〗

wéll-remémbered *adj.* よく記憶された, 忘れもしない. 〖1482〗

wéll-repúted *adj.* 評判のよい, 好評の. 〖1594〗

wéll ròom *n.* 鉱泉室《鉱泉地で鉱泉を客に給する部屋》. 〖1769〗

wéll-róunded *adj.* **1** 〈文章・文体など〉優雅で均斉のとれた. **2** (均斉のとれるように)よく計画された, 包括的な: a ~ education 釣り合いのとれた教育. **3** 多方面に関心[能力]を見せる, 円満な: a ~ character 円満な人柄. **4** よく発達[発育]した; 《戯言》丸々と肥えた, 肥満した (plump). **5** 《俗》=well-stacked. 〖1752〗

wéll-rún *adj.* 経営内容のよい.

Wells /wɛ́lz/ *n.* ウェルズ《イングランド南西部 Somerset 州の歴史的な都市; 12 世紀の大聖堂がある》.

Wells /wɛ́lz/, **H**(**erbert**) **G**(**eorge**) *n.* ウェルズ《1866–1946; 英国の小説家・文明批評家; *The Time Machine* (1895), *The Outline of History* (1920)》.

Wells, John Christopher *n.* ウェルズ《1939– ; 英国の音声学者; *Accents of English: An Introduction* (1982), *Longman Pronunciation Dictionary* (1990, 2000²)》.

wéll-séeming *adj.* 見かけはよい[申し分のない]. 〖1595–96〗

wéll-séen *adj.* 《古》熟達した (accomplished), 精通した (skilled) 〔*in*〕: be ~ *in* music. 〖(*a*1325) (1528) *wel sene* 《廃》 well-provided〗

wéll-sét *adj.* **1** 〈骨格など〉引き締まった, がっしりした (knit); 均斉のとれた. **2** 正しく[巧みに]据え付けた[配置した]. **3** 〖クリケット〗〈打者が投手の投球癖に慣れていてなかなかアウトにならない. 〖(?*a*1300) *wel(l) set*〗

wéll-sèt-úp *adj.* =well-set 1.

Wélls Fárgo /-fáəgou | -fáːgəu/ *n.* ウェルズファーゴ《アメリカの西部開拓時代の駅馬車による急送便会社 (1852 年設立); 創立者は Henry Wells (1805–78) と W. G. Fargo (1818–81); American Express 社などの前身》.

wéll-sháped *adj.* 形[格好]のよい: ~ hands. 〖(*c*1350) *well ischaped*〗

wéll shrìmp *n.* 〖動物〗ヨコエビ《地下水などにすむ》.

Wells·i·an /wɛ́lziən/ *adj.* ウェルズ (H. G. Wells) (流)の. 〖(1912) ← *H. G. Wells*: ⇨ -ian〗

wéll-sífted *adj.* 〈事実・証拠など〉十分に吟味[調査]した, 精査した. 〖1833〗

wéll sìnker *n.* 井戸掘り人足, 井戸屋. 〖1604〗

wells·ite /wɛ́lzaɪt/ *n.* 〖鉱物〗ウェルサイト ($(Ba, Ca, K_2)Al_2Si_3O_{10}\cdot 3H_2O$) (バリウム・カルシウム・カリウムとアルミニウムのケイ酸塩). 〖← *H. L. Wells* (1855–1924: 米国の化学者): ⇨ -ite¹〗

wéll smàck *n.* =smack³ 2.

wéll-spént *adj.* **1** 〈時間・労働・金銭など〉有効[有益]に使われた. **2** 〈人生など〉有益に過ごされた, 悔いるところのない. 〖1534〗

wéll-spóken *adj.* **1** 〈人が〉上品な言葉遣いの: She is wise and ~. **2** 〈表現が〉上品な; 適切な, そつのない; 容認[標準]発音を使う. **3** 流暢(りゅうちょう)に話す. 〖1440〗

wéll·spring *n.* **1** 水源, 源泉; 泉 (spring). **2** 資源, (一般に)源泉 (source): a ~ of affection. 〖OE *welsprγng*: ⇨ well², spring (n.)〗

wéll-stácked *adj.* 《俗》〈女性が〉胸が豊かな, 豊満な, むっちりとした. 〖1952〗

wéll-stócked *adj.* 在庫の豊富な. 〖1634〗

wéll-súited *adj.* 適切な, 打ってつけ[ぴったり]の 〔*to*〕. 〖1855〗

wéll swèep *n.* =sweep 11.

wéll-táken *adj.* 十分な根拠のある, 妥当性のある (justifiable). 〖1639〗

wéll-témpered *adj.* **1** 〖音楽〗〈音階が〉平均律の, 〈鍵盤楽器が〉平均律に調律された. **2** 気だてのよい, 温厚な. **3** 〖冶金〗〈鋼鉄が〉適度な硬度・弾力性に鍛えられた; 〈刀剣が〉十分に焼きを入れてある. **4** 〈粘土・しっくいが〉よく練ってある, よく練り合わせた. 〖(1422) *wel temperit* 《廃》 having a good constitution〗

wéll-thóught-òf *adj.* 〈人が〉評判のいい (cf good repute). 〖1579〗

wéll-thòught-óut *adj.* 熟考された, 熟慮の上での.

wéll-thúmbed *adj.* 〈辞書・トランプ札など〉指あとの付いた, 手あかでよごれた; 頻繁に読まれ[使われ]た. 〖1826〗

wéll-tímbered *adj.* **1** 〈土地が〉よく樹木の茂った. **2** 頑丈(がんじょう)な, 丈夫な. 〖1596〗

wéll-tímed *adj.* 時宜を得た, 時機に投じた (⇨ timely SYN). 〖1634〗

well-to-do /wɛ́ltədúː⁻/ *adj.* (**better-to-do**) **1** (ほどよく)裕福な, 何不足のない (well-off) (⇨ rich SYN): a ~ man / an Englishman of ~ appearance 裕福そうな様子をしたイギリス人. **2** [the ~; 名詞的に] 富裕な階級. 〖(1825): ⇨ well¹ (adj. 2 a)〗

wéll-tráined *adj.* よく訓練された: one's ~ servant. 〖*c*1611〗

wéll-tráveled *adj.* 旅行しつけている, 旅慣れた. 〖1525〗

wéll-tríed *adj.* 多くの試練に耐えた, 十分に吟味した: a ~ friend. 〖*c*1449〗

wéll-tród *adj.* 《詩》=well-trodden.

wéll-trόdden *adj.* **1** 〈道など〉人によく踏まれた, 踏みならされた. **2** 〈題目など〉しばしば研究[調査]された; 陳腐な, 古くさい (hackneyed). ***a wéll-trόdden páth* [*gróund*]** 常道, 定石. 〖1825〗

wéll-túrned *adj.* **1** 〈容姿など〉均斉のとれた, 格好のよい. **2** 〈語句が〉巧みな, うまく言い表された, 適切な (felicitous): a ~ phrase 巧みな句. **3** 〈円柱など〉旋盤仕上げの見事な, 見事に仕上げられた. 〖1616〗

wéll-tùrned-óut *adj.* 流行の服を着こなした, スマートな. 〖1903〗

wéll-uphólstered *adj.* 《口語・戯言》〈人が〉太った. 〖1932〗

wéll-úsed /-júːzd⁻/ *adj.* よく使われた; 使い古された. 〖*c*1470〗

wéll-vérsed *adj.* [叙述的]〔ある事柄に〕精通して, 熟達して, 熟知して 〔*in, on*〕. 〖*a*1610〗

wéll-wìsher *n.* 他人[物事]の幸い[成功]を願う人, 好意を寄せる人 〔*to, of*〕. 〖1590〗

well-wìshing *adj.* 人の成功を願う[祈る], 好意を寄せる. — *n.* 人の成功を願うこと, 好意. 〖1569〗

wéll-wòman *n.* (*pl.* **-women**) ウェルウーマン《予防・健康増進のために積極的に各種検診・健康教育などを受ける女性》. — *adj.* [限定的] (予防医学的見地から)女性の健康診断をする: a ~ clinic 女性の健康診断をする診療所. 〖1977〗

wéll-wórn *adj.* **1** 使い古した, 使って傷んだ: a ~ carpet, dictionary, hat, etc. **2** 月並みになった, 平凡化した, 陳腐な (hackneyed): a ~ phrase, quotation, etc. **3** (まれ) 〈態度など〉(その人・その場に)ふさわしい, もっともな: ~ dignity いかにもふさわしい威厳(のある態度). 〖1621〗

wéll-wróught *adj.* 〈物が〉うまく作られた; 〈話・主張など〉巧みに構成された, まとまりのよい. 〖1338〗

wel·ly /wɛ́li/ *n.* **1** 《英口語》=Wellington boot 1. **2** 《英俗》蹴り; 加速. — *vt.* 《英俗》蹴る; (足をひっぱって)こする. 〖(1961) ← WELL(INGTON)² + -Y²〗

wélly bóot *n.* 《英口語》=Wellington boot 1.

wels /vɛ́ls; G. vɛ́ls/ *n.* 〖魚類〗=sheatfish. 〖◻ G *Wels* catfish〗

Wels /vɛ́ls; G. vɛ́ls/ *n.* ヴェルス《オーストリア中北部 Upper Austria 州の工業都市》.

Wels·bach /wɛ́lzbæk, -baːk; G. vɛ́lsbax/ *n.* 〖商標〗ウェルスバッハ《ブンゼン灯に Welsbach mantle をかぶせて明るい白熱光を発するガス灯の商品名》. 〖(1887) ← *Karl Auer von Welsbach* (1858–1929: その考案者であるオーストリアの化学者)〗

Wélsbach bùrner *n.* =Welsbach.

Wélsbach màntle *n.* ウェルスバッハ式マントル《酸化トリウムと酸化セリウムを木綿などの網に付着させたものをガスまたは電気によって加熱するマントル; 赤外線光源として用いられる》. 〖1980〗

welsh /wɛlʃ/ 《俗》 *vt.* 競馬の賭け金の払い戻し金を〈勝者〉に支払わずに逃げる. — *vi.* **1** 賭け金を持ち逃げしてごまかす 〔*on*〕. **2** 〔人への〕借金[義務]をごまかす 〔*on*〕; 〔約束を〕たがえる 〔*on*〕. **~·er** *n.* 〖(1857) ← ? *Welsher* Welshman: 19 世紀の俗語から〗

Welsh /wɛlʃ/ *adj.* **1** ウェールズ (Wales) の: a ~ village. **2** ウェールズ人[語]の: the ~ language. — *n.* **1** [the ~; 集合的] ウェールズ人. **2** ウェールズ語《ケルト語派に属す; cf. Old Welsh》. **3** (牛・豚の)ウェールズ種《ベーコン加工用の豚の一品種; 毛色は白, 胴が長く, 耳が垂れている》. **4** =Welsh pony. 〖OE (Anglian & Kentish) *wælisć, welisć* Celtic, foreign ← *wealh, walh* Briton, foreigner (i.e. not of Saxon origin) ◻ Celt. **volk-*: cf. G *welsch* foreign, Italian: cf. Vlach, Walach〗

Wélsh árch *n.* 〖建築〗=flat arch.

Wélsh bláck *n.* 〖畜産〗ウェルシュブラック《ウェールズ原産の肉用・乳用に飼育される黒色で長角の牛》. 〖1919〗

Wélsh cób *n.* ウェルシュコブ《ウェールズ原産の強健な中形乗用馬; 体幅が広く脚が比較的短い》.

Wélsh cór·gi /-kɔ́əgi | -kɔ́ː-/ *n.* ウェルシュコーギ《ウェールズ産の顔がキツネに似て耳の立った脚の短いイヌ; Cardigan と Pembroke の 2 種がある》. 〖(1926) *corgi*: ◻ Welsh ← *corr* dwarf + *ci* dog〗

Wélsh drágon *n.* **1** ウェルシュドラゴン, ウェールズの竜《ウェールズの紋章である赤いドラゴン》. **2** =Wales. 〖1857〗

Wélsh drésser *n.* 《英》ウェルシュドレッサー《上部が棚, 下部が引出しになった食器戸棚》. 〖1910〗

Wélsh Guárds *n. pl.* [the ~] ⇨ Foot Guards.

Wélsh hárp *n.* ウェルシュハープ《3 列の弦をもつ大ハープ》. 〖*a*1637〗

Wélsh hóok *n.* 《廃》刃のまがった剣. 〖*a*1593〗

Wélsh lámb *n.* 〖畜産〗(ウェールズ産の)小羊の肉.

Welsh·man /wɛ́lʃmən/ *n.* (*pl.* **-men** /-mən, -mɛ̀n/) (一人の)ウェールズ人. 〖OE *wilisc man*〗

Wélshman's bútton *n.* 〖昆虫〗トビケラの一種 (*Sericostoma personatum*) (釣り人による俗称). 〖1787〗

Wélsh móuntain shèep *n.* 〖畜産〗ウェルシュマウンテンシープ《主にウェールズの山地で飼育される小形で強健な羊; Welsh Mountain sheep ともいう》.

Wélsh móuntain pòny *n.* 〖動物〗ウェルシュマウンテンポニー《ウェールズの山地原産の小形で頑丈でほっそりしたポニー》. 〖1899〗

Wélsh múttton *n.* (ウェールズ産の)小形の羊の肉. 〖1771〗

Wélsh Òffice *n.* [the ~] (英国政府の)ウェールズ省. 〖1964〗

Wélsh ónion *n.* 〖植物〗ネギ, ネブカ (*Allium fistulosum*). 〖1731〗

Wélsh póny *n.* =Welsh mountain pony. 〖1771〗

Wélsh póppy *n.* 〖植物〗ケシ科の多年生植物 (*Meconopsis cambrica*) 《西ヨーロッパで広く栽培され, 花梗(かこう)のある派手な薄黄色の花をつける》. 〖1741〗

Wélsh rábbit *n.* ウェールズ風トースト《ビール・バター・香辛料などを溶かし混ぜたチーズをトースト(クラッカーのこともある)にぬって焼き色をつける》; そのチーズ. 〖1725〗

Wélsh rárebit *n.* =Welsh rabbit. 〖(1785) (変形) ↑〗

Wélsh spríngger spániel *n.* ウェルシュスプリンガースパニエル《ウェールズとイングランドの西部に産する作業目的用の水猟犬種のイヌ》. 〖*c*1929〗

Wélsh térrier *n.* ウェルシュテリア《ウェールズ産のカワウソ・キツネ・アナグマなどの狩猟犬種のイヌ》. 〖1885〗

Wélsh váult *n.* 〖建築〗=underpitch vault.

Wélsh Wízard *n.* [the ~] ウェールズの賢者《Lloyd George の異名》.

Wélsh·wòman *n.* ウェールズ人の女性. 〖1442〗

welt /wɛ́lt/ *n.* **1** ウェルト, 細革(ほそがわ)《靴の底革と甲革とをつなぐ細い革: cf. storm welt; ⇨ shoe 挿絵》. **2** へりまたは継ぎ目の細い当てぎれ, へりかがり, ふち飾り. **3** 《口語》(棒やむちによる)みみずばれ (wale). **4** (みみずばれができるような)ひどい殴打 (heavy blow). — *vt.* **1** …に細革を付ける; …に細い当てぎれを付ける, ふち飾りを付ける. **2** 〈人の皮膚〉にみみずばれを作る. **3** 殴打する, さんざん殴りつける (strike, thrash). 〖(*c*1425) *welte, walte* ← ?: cf. OE *w(i)eltan, wæltan* 'to roll,' WELTER¹〗

Welt /vɛ́lt; G. vɛ́lt/ *G. n.* 世界. 〖◻ G ~ 'WORLD'〗

Welt·an·schau·ung, w- /vɛ́ltàːnʃauuŋ | -æn-; G. vɛ́ltanʃauuŋ/ *G. n.* (*pl.* **~s, ~·en** /~ən/; G. ~ən/) 〖哲学〗(一個人または一民族などの)世界観; 世界像. 〖(1868) ◻ G ~ ← *Welt* (↑) + *Anschauung* view〗

Welt·an·sicht /vɛ́ltàːnzɪkt | -æn-; G. vɛ́ltanzɪçt/ *G. n.* 〖哲学〗世界観《世界・現実に対する自己の洞察・直観・解釈など》. 〖(1892) ◻ G ~ ← *Welt* (↑) + *Ansicht* view〗

wel·ter¹ /wɛ́ltə | -tə^(r)/ *vi.* **1** 転がる, 転がり回る, (砂・血などの中で)のたくる (roll); (動物のように)ごろごろ寝る, 転げ回る. **2** 〔快楽などに〕ひたる, ふける 〔*in*〕: ~ *in* pleasures and idleness 快楽と怠惰をむさぼる. **3** 《詩》〈波・海が〉うねる, 逆巻く. **4** 〈群衆などが〉混乱する, 動揺する, 騒然とする. **5** 《方言》よろめく (stagger). **6** 〈船が〉横揺れする; 〈死体が〉波にもまれる. **7** 〈川が〉流れる. — *n.* **1** 転がる[転げ回る]こと. **2** (波・海の)うねり, 逆巻き. **3** 混乱, ごたごた: the ~ of a crowd / a confused ~ / stir a ~ of controversy 混乱した論争を巻き起こす. 〖v.: (*a*1325) *weltre(n)* ◻ ? MDu. *welteren* (freq.) ← 《廃》 *welt* to roll < Gmc **waltjan* (OE *w(i)eltan* to roll) ← IE **wel-* to turn (⇨ volute). — n.: (1596) ← (v.): ⇨ -er⁴〗

wel·ter² /wɛ́ltə | -tə^(r)/ *n.* **1** 《口語》ウェルター級 (welterweight) の騎手[ボクサー, レスラー]. **2** 《口語》ひどい殴打 (heavy blow); 大きな人[物]. — *adj.* [限定的] (welterweight を課して行う)ウェルターレースの: ⇨ welterweight, welter race. 〖(1804) ← ? WELT + -ER¹〗

wélter ràce *n.* 重量負荷競馬, ウェルターレース (cf. welterweight). 〖1880〗

wélter·wèight *n.* **1 a** 〖競馬〗(障害物競馬で)馬に負わせる特別の重量《馬齢重量に 28 ポンド (12.7 kg) を加重した重量》. **b** (障害物競馬の)平均体重以上の騎手, 本職の騎手としては体重の重い乗り役. **2** (ボクシング・レスリングの)ウェルター級の選手 (⇨ weight 表). — *adj.* ウェルター級の. 〖(1825) ← WELTER² + WEIGHT〗

Welt·geist /vɛ́ltgàɪst; G. vɛ́ltgaɪst/ *G. n.* **1** 〖哲学〗世界精神 (Hegel の用語). **2** 時代精神. 〖◻ G ~ ← *Welt* (⇨ Weltschmerz) + *Geist* spirit〗

wélt pòcket *n.* =slit-pocket.

Welt·po·li·tik, w- /vɛ́ltpoulɪtìːk | -pəu-; G. vɛ́ltpolitiːk/ *G. n.* (一国の)世界政策, 対外政策 (cf. world politics). 〖(1903) ◻ G ~ ← *Welt* (↓) + *Politik* politics〗

Welt·schmerz, w- /vɛ́ltʃmɛ̀əts | -ʃmɛ̀əts; G. vɛ́ltʃmɛrts/ *G. n.* 世界苦, 悲観的世界観, 厭世(えんせい); 感傷的な悲観主義 (sentimental pessimism). 〖(1875) ◻ G ~ ← *Welt* 'WORLD' + *Schmerz* pain〗

Wel·ty /wɛ́lti/, **Eu·do·ra** /juːdɔ́ːrə/ *n.* ウェルティ《1909–2001; 米国の小説家; *Delta Wedding* (1946)》.

wel·witsch·i·a /wɛlwítʃiə/ *n.* (*pl.* ~) 〖植物〗ウェルウィッチア, サバクオモト (*Welwitschia mirabilis*) 《アフリカ南部ナミブ砂漠にのみ自生する裸子植物; 高さ 1 フィートに満たない短い幹の両側に一対の緑の葉(幅 2–3 フィート, 長さ 4–6 フィート)を伸ばす; 寿命 600–1000 年; 珍奇な植物として知られ, 「奇想天外」と呼ばれる》. 〖(1862) ← NL *Welwitschia* (属名) ← *Friedrich Welwitsch* (1806–72: オーストリアの植物学者で, 発見者)〗

Wél·wyn Gárden Cíty /wélɨn- | -lɪn-/ *n.* ウェリンガーデンシティー《イングランド南東部, Hertfordshire 州の町; 1920 年に London の最初の衛星都市として, 住宅地域と工業地帯を合わせて企画開発された》.

wem /wém/ *n.* **1** 《古》(道徳的)汚れ, 汚点. **2** 《方言》(物の)傷, よごれ. **3** (肉体的)傷跡. 〘(?a1200) ← ME *wemme(n)* to disfigure, impair < OE *wemman* ← *wam* ∽ OE *wam(m)*, *wom(m)* spot, blemish〙

Wem·bley /wémbli/ *n.* ウェンブリー: **1** 《London の郊外住宅地, 現在は Brent の一部. **2** London 北部にある国設スポーツ競技場; 1923 年開設; FA Cup の決勝戦の会場として有名. 〘OE *Wemba lēah* 《原義》'the LEA[1] of *Wemba* (= *Wamba*) 'the name of a Gothic king (⇨ womb)〙

Wemyss /wíːmz/ *n.* ウィームズ《スコットランド東部 Firth of Forth 北岸の村 (parish); 有名な Wemyss 城がある》. 〘ME *Wemys* ← Gael. *uaim* cave＋-s[1]〙

wen[1] /wén/ *n.* **1** 《病理》(頭・首などにできる)皮脂嚢腫(ᵃⁿ)(sebaceous cyst), 腫瘍, できもの. **2** 人口の多い[膨大な]都市, 大都市: the great ~ ロンドン市《Cobbett のことば (1821) で一般化したが, 初例は J. Tucker (1783)》. **3** 《廃》こぶ, いぼ. 〘OE *wenn* ← ?: cf. Du *wen* / MLG *wene* tumor〙

wen[2] /wén/ *n.* ウェン《古期英語で [w] 音を表すために用いられたルーン文字 (runes) 'ƿ' の字母名; 近代英語の 'w' に相当する》. 〘OE *wenn*, *wynn* joy (cf. winsome): この語をその頭字の字母名とした: cf. thorn (＝þ)〙

Wen·ces·las /wénsɨslə, -lɔ̀(ː)s, -lɑ̀(ː)s | -ləs, -læ̀s/ *n.* ヴェンツェスラウス《1361–1419; 神聖ローマ皇帝 (1378–1400), ボヘミア王 (1378–1419, Wenceslas 四世)》.

Wenceslas, Saint *n.* 聖ヴェンツェスラウス《907?–29; Good King Wenceslaus として知られる; ボヘミア大公 (925?–29); ボヘミアの守護聖人, 祝日 9 月 28 日》.

wench /wéntʃ/ *n.* **1** **a** 《古・方言・戯言》少女, 女の子, 若い女: a strapping [buxom] ~ 大柄の[丸ぽちゃの]娘. **b** 田舎娘, 労働階級の娘. **2** 《古》ふしだらな女, 売春婦; 情婦. **3** 《古》女中. **4** 《米方言》インディアンの女 (cf. squaw); 黒人女, 黒人女中. — *vi.* 《古》〈男が売春婦と遊ぶ. 〘(c1300) *wenche* (短縮) ← *wenchel* < OE *wenčel* child, 《原義》the inconstant one ← Gmc **waŋkil-* (OE *wancol* unsteady, weak) ← IE **weng-* to bend (⇨ wink[1]): cf. winch[1]〙

wénch·er *n.* 《古》遊里客, 遊蕩客. 〘1593〙

wench·man /wéntʃmən/ *n.* (*pl.* **-men** /-mən, -mèn/) 《魚類》大西洋産のフエダイ科ヒメダイ属の魚 (*Pristipomoides andersoni*). 〘? ← **wench* angler's reel (《廃・異形》← *winch*)＋MAN〙

Wen·chow /wʌ̀ntʃáu/ *n.* ＝Wenzhou.

wend /wénd/ *v.* (~·**ed**, 《古》**went** /wént/) — *vt.* [~ one's way として]《文語》転じる, 進む, 行く (direct): ~ *one's way* (to …) (…へ)行く / ~ *one's way* home 家路をたどる. — *vi.* 《古》進む, 行く (go). 〘OE *wendan* to turn, go < Gmc **wandjan* (caus.) ← **windan* 'to WIND[2]' (cf. wander): 過去形《古》went は go の過去形として用いられる〙

Wend /wénd | wénd, vénd/ *n.* ウェンド人《ドイツ北東部に住むスラブ族の人, この種族の大部分は現在 Lusatia 地方の農民; Sorb ともいう》. 〘(1786) ◻ G *Wende* < OHG *Winida* ← Gmc **Weneda* (OE *Winedas* Wends) ← ? IE **wen-* to desire: cf. win[1]〙

Wen·dell /wéndḷ/ *n.* ウェンデル《男性名》. 〘← ? Gmc **wendla* wanderer〙

Wend·ic /wéndɪk | wén-, vén-/ *adj.* ウェンド族の; ウェンド語の (Sorbian). 〘1848〙

wen·di·go /wéndɨgòu | -dɪgəu/ *n.* (*pl.* ~**s**, ~**es**) ＝windigo.

Wend·ish /wéndɪʃ | wén-, vén-/ *adj.* ＝Wendic. — *n.* ウェンド語 (Sorbian). 〘(1614) ◻ G *Wendisch*: ⇨ Wend, -ish[1]〙

Wen·dy /wéndi/ *n.* ウェンディ: **1** 女性名《特に, 演劇人に好まれる》. **2** J. M. Barrie の童話劇 *Peter Pan* に登場する姉妹の長女.

Wén·dy hòuse, w- h- /wéndi-/ *n.* **1** 《英》(子供が入って遊ぶ)おもちゃの家 (cf. playhouse 2). **2** 《南ア》庭園の小屋[あずまや]. 〘(1949) ← WENDY (2): Peter Pan が Wendy の身体のまわりに作った小さな家にちなむ〙

Wen·dy's /wéndiz/ *n.* 《商標》ウェンディーズ《米国のハンバーガーチェーン》.

Weng·er /wéŋə | -ŋə^(r); G. véŋɐ/ *n.* 《商標》ウェンガー《スイス Wenger 社製の折りたたみ多機能ポケットナイフ》.

wen·nish /wénɪʃ/ *adj.* ＝wenny. 〘⇨ wen[1]〙

wen·ny /wéni/ *adj.* (**wen·ni·er**; **-ni·est**) **1** こぶ[皮脂嚢腫]のような. **2** こぶのできた. 〘(1597): ⇨ wen[1]〙

Wens·ley·dale, w- /wénzlidèɪl/ *n.* ウェンズリーデール: **1** イングランド North Yorkshire 州産の毛の長い品種の羊. **2** Wensleydale 産のチーズの一種. 〘(1881) イングランドの産地名から〙

went /wént/ *v.* **1** go[1] の過去形 (⇨ wend). **2** 《古》wend の過去形・過去分詞. 〘もとは WEND の過去形だったが 15 C から GO[1] の過去形として用いられる〙

wen·tle·trap /wéntḷtræ̀p | -tl-/ *n.* 《貝類》イトカケガイ《イトカケガイ科の各種の貝の総称》. 〘(1758) ◻ Du. *wenteltrap* spiral staircase ← *wentel* a turning＋*trap* stair, step〙

Went·worth /wéntwə(ː)θ | -wə(ː)θ/, **Thomas** *n.* ⇨ 1st Earl of STRAFFORD.

Wentworth, William Charles *n.* ウェントワース《1793–1872; オーストラリアの探検家・政治家》.

Wéntworth scále *n.* 《地質》ウェントワース尺度《堆積粒の直径を測る尺度》. 〘← *C. K. Wentworth* (1891–1961: 米国の地質学者)〙

Wen·zhou /wʌ̀ndʒóu | -dʒə́u; *Chin.* uə́ntʂōu/ *n.* 温州(ᵂᵉⁿᶻʰᵒᵘ)《中国浙江省 (Zhejiang) 南東部の港湾都市》.

wept /wépt/ *v.* weep の過去形・過去分詞. 〘(13–14C) ~ ∽ ME *we(o)p* (pret.) & *wopen* (p.p.) < OE *wēop* & *wōpen*〙

were /wə; wə́ː | wə^(r); wə́ː^(r)/ *vi.* be の直説法複数[第二人称単数]過去形および仮定法単数・複数過去形. ★ I wonder if he *was* [*were*] telling lies. においては was が正しいが, were を用いることがある. 〘ME *were(n)* < OE *wǣron* ← Gmc **wæz-* (G *waren*) ← IE **wes-* to remain (cf. was)〙

we're /wɪə | wɪə^(r)/ 《口語》we are の縮約形.

were·gild /wə́ːgɪld | wə́ː-/ *n.* ＝wergild.

weren't /wə́ːnt | wə́ːnt/ 《口語》were not の縮約形.

were·wolf /wéəwùlf, wíə-, wə́ː- | wéə-, wíə-, wə́ː-/ *n.* (*pl.* **-wolves** /-wùlvz/) **1** (伝説で)狼になった人, 狼人間 (lycanthrope). **2** (狼人間のように)残忍な人. 〘OE *werewulf* ← *wer* man (< Gmc **weraz* (ON *verr*) ← IE **wiro-* man (L *vir* man)) ← ? **wei-* vital force)＋*wulf* 'WOLF'〙

werf /və́ːf | véːf/ *n.* 《南ア》農家の庭. 〘(1818) ◻ (古・方言) Du. *werf* 《原義》a raised ground on which a house is built; cf. wharf〙

Wer·fel /véəfəl, -fḷ | véə-; G. vέʁfl/, **Franz** *n.* ウェルフェル《1890–1945; Prague 生まれのオーストリアの詩人・小説家・劇作家; *Das Lied von Bernadette*「ベルナデットの歌」(1941)》.

Wer·ge·land /véəgəlɑ̀ːn(d) | véəlæ̀nd; *Norw.* vǽrgəlɑn/, **Hen·rik Ar·nold** /hέenrik ɑ́ŋul/ *n.* ベルゲラン《1808–45; ノルウェーの詩人・劇作家》.

wer·gild /wə́ːgɪld, wéə- | wə́ː-, wéə-/ *n.* (*also* **wer·geld** /-gɛld/) 贖罪(ˢʰᵒᵏᵘᶻᵃⁱ)金《アングロサクソン時代のイングランドおよび中世ゲルマン諸国で, 人の生命や身体に傷害を与えた場合体刑を免れるため代償として被害者の親族に支払った金》. 〘lateOE *wergild* (＝Ws) *wer(e)gild* ← *wer* man (⇨ werewolf)＋*gild* 'payment, YIELD': cf. G *We(h)rgeld*〙

Wer·ner /wə́ːnə | wə́ːnə^(r); G. vέʁnɐ/ *n.* ウェルナー《男性名》. 〘《異形》← WARNER〙

Wer·ner /wə́ːnə, véə- | wə́ːnə^(r), véə-; G. vέʁnɐ/, **Abraham Gott·lob** /gɔ́tloːp/ *n.* ウェルナー《1750–1817; ドイツの地質学者; すべての岩石は海水中に沈澱・沈積して生じたという岩石水成論の創始者として著名》.

Werner, Alfred *n.* ウェルナー《1866–1919; スイスの化学者; Nobel 化学賞 (1913)》.

Wer·ne·ri·an /wəːníəriən, vεə- | wəːníər-, vεə-/ *adj.* ウェルナー (A. G. Werner) の[に関する]; ウェルナー説[水成説]の[による]. 〘(1811): ⇨ ↓, -ian〙

wer·ner·ite /wə́ːnəràɪt | wə́ː-/ *n.* 《鉱物》柱石 (⇨ scapolite). 〘(1811) ← *A. G. Werner*: ⇨ -ite[1]〙

Wérner's sýndrome *n.* 《医学》ヴェルナー症候群《早老を特徴とする常染色体劣性遺伝性疾患で, 皮膚の強皮症様変化・白内障・骨粗鬆症・性機能低下症などが現れる》. 〘(1972) ← *Carl O. Werner* (1879–1936: ドイツの医師)〙

Wér·nick·e-Kórsakoff sỳndrome /véənɪkə-, wə́ː- | véə-, wə́ː-; G. vέʁnɪkə/ *n.* 《医学》ヴェルニッケコルサコフ症候群《意識障害・眼筋麻痺・小脳性運動失調・記銘障害・作話などを特徴とする; チアミンの欠乏により生じ, アルコール中毒者に多い》. 〘(1966) ← *Carl Wernicke* (1848–1905: ドイツの神経科医), *Sergei Korsakoff* (⇨ Korsakoff's psychosis)〙

Wérnicke's aphásia *n.* 《医学》ヴェルニッケ失語(症), 皮質性感覚(性)失語(症)《Wernicke's area の機能障害に起因する失語症》. 〘(1887) ↑〙

Wérnicke's àrea *n.* 《医学》ヴェルニッケ野, ヴェルニッケ中枢, 感覚性言語中枢《脳の左後頭葉で言語を理解する能力をつかさどる》. 〘(1968) ↑〙

Wérnicke's encephalópathy *n.* 《医学》ヴェルニッケ脳症[脳障害]《特に慢性アルコール中毒患者に起こるチアミン欠乏による炎症性出血性脳症で, 眼振・複視・失調症・退行性精神障害を特徴とする; Wernicke's syndrome ともいう》. 〘(1939) ↑〙

Wérnicke's sỳndrome *n.* 《医学》ヴェルニッケ症候群 (⇨ Wernicke's encephalopathy).

wersh /wéəʃ | wə́ːʃ, wéəʃ/ *adj.* 《スコット》**1** 味のない, まずい. **2** 酸っぱい, にがい. **3** 〈天候・空気など〉じめじめして寒い[冷たい]. 〘((c1480)) (1599) 《縮約》← ? WEARISH〙

wert /(弱) wət | wət; (強) wə́ːt | wə́ːt/ *vi.* 《古》be の第二人称単数直説法・仮定法過去形: Thou ~＝You were. ★ 直説法にはまた wast が用いられる. 〘(16C) 《混成》← WER(E)＋(AR)T[2]〙

Wért·heim efféct /véəthaɪm- | véət-; G. véʁthaɪm-/ *n.* [the ~]《電気》ウェルトハイム効果 (⇨ Wiedemann effect).

Wert·hei·mer /véəthaɪmə | véəthaɪmə^(r); G. véʁthaɪmɐ/, **Max** *n.* ウルトハイマー《1880–1943; ドイツの心理学者; cf. Gestalt psychology》.

Wer·the·ri·an /vεətíəriən | vεətíər-/ *adj.* ウェルテル的に感傷的な, 病的に感傷的な. 〘(1831): ⇨ ↓, -ian〙

Wer·ther·ism /véətərɪzm | véətə-/ *n.* ウェルテル的な感傷性, 病的感傷性 (morbid sentimentality). 〘(1831) ← *Werther* (Goethe, *Die Leiden des Jungen Werthers* (1774) の主人公名): ⇨ -ism〙

wer·wolf /wéəwùlf, wíə-, wə́ː- | wéə-, wíə-, wə́ː-/ *n.* (*pl.* **-wolves** /-wùlvz/) ＝werewolf.

Wes /wés/ *n.* ウェス《男性名》. 〘(dim.) ← WESLEY〙

WES 《略》World Economic Survey.

We·sak /vésæk/ *n.* ＝Vesak.

We·ser /véɪzə | -zə^(r); G. véːzɐ/ *n.* [the ~] ウェーザー(川)《ドイツ北西部を流れて北海に注ぐ川 (440 km)》. ★ R. Browning 作の *The Pied Piper of Hamelin* では韻の関係で /wíːzə | -zə^(r)/ と発音される.

We·ser·mün·de /G. veːzɐmʏ́ndə/ *n.* ウェーザーミュンデ (Bremerhaven の 1947 年までの旧名).

Wes·ker /wéskə | -kə^(r)/, **Arnold** *n.* ウェスカー《1932–; 英国の劇作家; *The Kitchen* (1959)》.

wes·kit /wéskɨt/ *n.* 《口語》ウェスキット (vest)《特に, 女性用のベスト》. 〘(1856) 《変形》← WAISTCOAT〙

Wes·ley /wésli, wéz- | wéz-, wés-/ *n.* ウェズリー《男性名》. 〘OE *Westlēah* '(from the) WEST LEA[1]': もと地名・家族名〙

Wes·ley /wésli, wéz- | wéz-, wés-/, **Charles** *n.* ウェズリー《1707–88; 英国の牧師・賛美歌作者; 兄 John と共にメソジスト教会の創始者の一人》.

Wesley, John *n.* ウェズリー《1703–91; 英国の牧師・神学者, メソジスト教会の創始者; Charles Wesley の兄》.

Wes·ley·an /wésliən, wéz-/ *adj.* ウェズリー (John Wesley) の, (彼が創始した)メソジスト派[教会]の. — *n.* **1** ウェズリーの信奉者. **2** 《英》メソジスト教徒. 〘(1771): ⇨ ↑, -an[1]〙

Wés·ley·an·ìsm /-nìzm/ *n.* ウェズリー主義, メソジスト主義 (Methodism)《John Wesley の唱道したキリスト教の教義》. 〘1774〙

Wésleyan Méthodist *n.* ウェズリー(系)メソジスト教徒《ウェズリー (John Wesley) の唱道した教義を奉じるプロテスタント; (特に)その教義に基づいて創設された各地の教会の一員》. 〘1796〙

Wes·sex /wésɨks | -sɪks/ *n.* **1** ウェセックス王国《イングランド南西部にあった Saxons の古王国; 首都 Winchester; cf. heptarchy 2 b》. **2** ウェセックス(地方)《ほぼ昔の Wessex に当たる, 今の Dorsetshire およびその周辺地方; T. Hardy の Wessex Novels はこの地方を背景に描かれた》. 〘OE *West Seaxe* the West Saxons: もと部族名: cf. Essex, Sussex〙

west /wést/ *n.* **1** [通例 the ~] 西, 西方, 西部 (略 W, W.); 西部地方(の住民): in *the* ~ 西部に / The wind is in *the* ~. 風が西から吹く / on *the* ~ 西部に(接触して) / be to *the* ~ of London ロンドンの西方にある / travel in *the* ~ of England イングランド西部地方を旅行する / face *the* ~ 西に面している. **2** [the W-] **a** 西側(諸国): *The West* stood up to communism. 西側諸国は共産主義に立ち向かった. **b** 西洋; (時には東洋と区別して)欧米: the customs of *the West* 西洋の風習 / Oh, East is East, and *West* is *West*, and never the twain shall meet. 東は東, 西は西, 両者相まみえることなかるべし (Kipling, *The Ballad of East and West*) / the Empire of *the West*＝the Western Empire. **c** 西半球. **d** 《米》西部地方《通例 Mississippi 川以西の大草原と太平洋諸州を含む; かつては Allegheny 山脈以西の地方; cf. east 2 c》: ⇨ Far West, Middle West, Wild West. **e** (ローマ帝国が東西に二分した後の)西ローマ帝国 (the Western Roman Empire). **3** [the W-]《キリスト教》西方教会 (the Western Church). **4** (教会堂の)西(側), 西端《祭壇の反対側》. **5** 《詩》西風 (the west wind). **6** [しばしば W-]《トランプ》(ブリッジなどで)ウェスト, 西家《テーブルで西の席に座る人》.

wést by nórth (1) (*n.*) 西微北《西から 11°15′ 北寄り; 略 WbN》. (2) (*adj.*, *adv.*) 西微北に(ある)[から(の), へ(の)]. ((1760))

wést by sóuth (1) (*n.*) 西微南《西から 11°15′ 南寄り; 略WbS》. (2) (*adj.*, *adv.*) 西微南に(ある)[から(の), へ(の)]. ((1577))

— *adj.* **1** 西の; [しばしば W-] (大陸・国などの)西部の, 西にある: the ~ coast 西部沿岸, 西海岸 / the ~ longitude 西経. **2** 〈風が〉西方から吹く: the [a] ~ wind 西風 (★ 英国ではふつう西風は温暖で快い風). **3** 西に面した, 西向きの: a ~ window, gate, etc. **4** (教会堂で)祭壇と反対側の.

— *adv.* 西に, 西へ, 西方に: sail due ~ 真西へ航海する[進む] / lie [be] ~ of … の西方にある / lie east and ~ 東西に横たわる / face ~ 西に面する / a *west*-facing wall 西側の塀 / The wind is blowing ~. 風は西へ[(まれ) 西から]吹いている (⇨ north ★). ***gò wést*** (1) 〈太陽が〉西に傾く. (2) 《口語》死ぬ《第一次大戦で一般に用いられ出したが, 起源は 16 世紀》. (3) 《俗》〈金などが〉なくなる; だめになる, 失敗する. ((c1400)) ***òut wést*** 《米口語》西で[に], 西の方で[に].

— *vi.* 西へ向かう; 西方へ針路を取る.

〘adv.: OE ~ < Gmc **westaz* (Du. *west* / G *West*) ← IE **westo-* ← **wespero-* evening, night (L *vesper* / Gk *hésperos*) ← **wes-* down or away from: 《原義》the region where the sun goes down. — n.: (c1180) ← (adv.). — adj.: (c1375) ← (adv.)〙

West /wést/, **Benjamin** *n.* ウェスト《1738–1820; 英国で活躍した米国の歴史画家》.

West, Mae *n.* ⇨ Mae West.

West, Nathanael *n.* ウェスト《1903–40; 米国の小説家, 本名 Nathan Wallenstein Weinstein; *The Day of the Locust* (1939)》.

West, Dame **Rebecca** *n.* ウェスト《1892–1983; 英国の小説家・批評家; *The Return of the Soldier* (1918); 本名 Cicily Isabel Fairfield》.

wést·abòut *adv.* 西の方に (westward).

Wést África *n.* 西アフリカ《Sahara 砂漠南西の地方》.

Wést África̱n *adj.*

Wést Ál·lis /-ǽlɨs | -lɪs/ *n.* ウェストアリス《米国 Wisconsin 州南東部, Milwaukee 南西郊の都市》.

Wést Atlántic *n.* **1** [the ~] 西大西洋《特に北米大

W

陸寄りの海域). **2** ウェストアトランティック語派 (Niger-Congo 語族に属し, 西アフリカで用いられるフラニ語・ウォロフ語などを含む).

Wést Bánk *n.* [the ~] ウェストバンク (ヨルダン川西岸地区; 1967 年の第三次中東戦争 (the Six-Day War) 以降イスラエルが占領した旧ヨルダン領; 面積約 6,000 km^2). **Wést Bánk·er** *n.*

Wést Bengál *n.* 西ベンガル(州) (インド北東部の Bangladesh に接する州 (cf. Bengal); 面積 87,617 km^2, 州都 Calcutta).

Wést Berlín *n.* 西ベルリン (かつて米・英・仏の管理下にあり, 第二次大戦後は西ドイツの一州であった Berlin の西半分; 面積 479 km^2). **Wést Berlíner** *n., adj.*

wést·bòund *adj.* 西行きの, 西回りの; 〈貨物列車・船が〉西行きの便の: a ~ trip, ship, etc. 〖1881〗

Wést Bríton *n.* (軽蔑) 西ブリトン人 (英国との緊密な政治的関係を支持するアイルランド人). **Wést Brítish** *adj.* 〖((1712)) (c1810): cf. West Saxon〗

Wést Bróm·wich /-brʌ́(ː)mɪtʃ | -brɔ́mɪtʃ, -brʌ́m-, -wɪdʒ/ *n.* ウェストブロミッチ (イングランド中部の都市, Birmingham の西に当たる). 〖⇨ west, broom, wick[3]〗

Wést Céntral *n.* [the ~] (London の)中央西部郵便区 (略 WC).

Wést Cóast *n.* **1** (米国の)西海岸, 太平洋沿岸地域, ウェストコースト (特に California を指すこともある). **2** West Coast jazz の音楽家[曲風]. — *adj.* (米国の)西海岸の.

Wést Còast jázz *n.* ウェストコーストジャズ (1940 年代末から 50 年代初頭にかけて米国西海岸ではやった知的でクールなジャズ; cf. cool jazz).

West·cott /wés(t)kət/ *n.* 〘商標〙 ウェストコット (米国 Acme United 社製の学校・オフィス・学術用の定規).

Wést Cóuntry *n.* [the ~] (イングランド・スコットランドの)西部地方; (特にイングランドの)南西部地方 (Southampton から Severn 川に至る線から西). — *adj.* 西部地方の. 〖a1398〗

wést cóuntryman *n.* 西部地方の人. 〖1678〗

wést cóuntrywoman *n.* 西部地方の女性.

Wést Co·ví·na /-kouvíːnə | -kəʊ-/ *n.* ウェストコビーナ (米国 California 州南西部, Los Angeles 西郊の都市).

Wést Énd *n.* [the ~] (ロンドンの)ウェストエンド (明確な境界はないが, 大体東は Charing Cross Road から西は Hyde Park あたりまでの地域で, 大部分が the City of Westminster に含まれる; Bond Street などのあるファッショナブルなショッピング街として有名で, 国会議事堂以下諸官庁・四大公園・高級ホテル・有名クラブ・劇場・映画館のほか公共建造物なども多い; Mayfair を含む住宅地域もあるが, 昔の面影はない; cf. East End). **Wést-Énd·er** *n.* 〖(1807) ← *west end* < OE *westende*〗

west·er[1] /wéstə | -tə(r)/ *vi.* **1** 〈太陽・月・星が〉西(方)に動く[進む]: the ~*ing* sun 西に傾く太陽. **2** 〈風が〉西(方)に向きが変わる. 〖(c1385) *westre(n)* to go west: ⇨ west (adv. & adj.), -er[5]〗

west·er[2] /wéstə | -tə(r)/ *n.* 西風; (特に)西から吹く強風[暴風]. 〖← WEST+-ER[1]〗

west·er·ling /wéstəlɪŋ | -tə-/ *n.* (古) =westerner. 〖(1630) ← WESTER[1]+-LING〗

west·er·ly /wéstəli | -təli, -tḷi/ *adj.* **1** 西寄りの, 西方の, 西向きの. **2** 西から吹く: a ~ breeze, wind, etc. — *adv.* **1** 西方に[へ], 西寄りに. **2** 〈風が〉西方から: The wind blew ~. 風は西から吹いた. — *n.* **1** (米) 西風. **2** [*pl.*] 偏西風. 〖(adj.: 1577; adv.: 1470) ← (廃) *wester* western+-LY[1,2]. — n.: (1876) ← (adj.)〗

Wes·ter·marck /véstəmàək, wés- | véstəmàːk, wés-; *Finn.* véstərmark/, **Edward Alexander** *n.* ウェステルマルク (1862–1939; フィンランドの哲学者・人類学者; 英国で活躍した).

west·ern /wéstən | -tən/ *adj.* **1** 西の, 西方の: the ~ half of the country その国の西半分 / the ~ front 西部戦線. **2 a** [通例 W-] (共産圏に対し)西側(諸国)の: the *Western* emphasis on individualism. **b** [W-] 西洋[西欧, 西洋風]の (Occidental): in *Western* style 西洋風に / ⇨ Western civilization. **3** 西向きの: the ~ window. **4** 〈風が〉西から吹く. **5** [しばしば W-] 西方の, 西部地方(特有)の, 西部地方出身の[原産の, に住む, に育つ], (特に)米国西部の: the *Western* States (Mississippi 川以西の西部諸州) / a *Western* bronco [cowboy, ranch]. **6** [W-] 〘キリスト教〙 西方教会の.
— *n.* **1** [通例 W-] 西国人; (米) 西部諸州の人. **2** [W-] 西欧人, 欧米人. **3** 西部もの, 西部劇, 西部音楽, ウェスタン (開拓時代の西部地方を描いた小説・映画・テレビ): an Italian [a spaghetti] ~ イタリア製作の西部劇映画, マカロニウェスタン. **4 a** =western sandwich. **b** [W-] =western omelet. **5** =General American. 〖adj.: lateOE *westerne*. — n.: (1708) ← (adj.): ⇨ west (adv.), -ern〗

Wéstern Austrália *n.* ウェスタンオーストラリア (オーストラリア西部の同国最大の州; 面積 2,527,636 km^2, 州都 Perth).

wéstern bírch *n.* 〘植物〙 =western paper birch.

Wéstern blót *n.* 〘生化学〙 ウェスタンブロット (蛋白質を固定したニトロセルロースシート (blot); 抗体の検出に用いる). 〖*Southern* blot からの連想〗

Wéstern blótting *n.* ウェスタンブロット法. 〖↑〗

Wéstern Cápe *n.* 西ケープ, ウェスタンケープ (南アフリカ共和国南西部の州; 面積 129,370 km^2, 州都 Cape Town).

wéstern cédar *n.* 〘植物〙 (米国太平洋岸産の)ヒノキ科ビャクシン属の高木 (*Juniperus occidentalis*); その材 (western juniper ともいう).

Wéstern Chúrch *n.* [the ~] 〘キリスト教〙 **1** 西方教会 (Roman Catholic Church のこと; 広義では西ヨーロッパのキリスト教会(ラテン系教会), さらに他の地域における同系統の諸教会をもいう; cf. Eastern Church). **2** (総括的に)欧米キリスト教会. 〖1628〗

Wéstern civilizátion *n.* 西洋文明 (ヨーロッパおよびアメリカ文明; cf. ORIENTAL civilization).

wéstern cráb àpple *n.* 〘植物〙 =crab apple 1 b.

wéstern díamondback ráttlesnake *n.* 〘動物〙 ニシヒシモンガラガラヘビ (*Crotalus atrox*) (米国南西部からメキシコにかけての乾燥地に生息する有毒大形のヘビ; 単に western diamondback ともいう).

Wéstern Dviná *n.* [the ~] 西ドビナ(川) (ロシア連邦西部 Valdai Hills に源を発し, 西に流れて the Gulf of Riga に注ぐ川 (1,020 km)).

Wéstern Émpire *n.* [the ~] =Western Roman Empire.

west·ern·er /wéstənə, -tə- | -tənə(r), -tṇ-/ *n.* **1 a** 西部人, 西国人; [W-] (特に米国の)西部諸州の人. **b** [W-] 西欧人; 西洋人. **2 a** [W-] 西側諸国の政策[思想]の支持者. **b** (特に 19 世紀ロシアで)西洋の思想と生活を信奉する人. 〖(1599) 1837〗

Wéstern Éuropean Únion *n.* [the ~] 西欧同盟, 西ヨーロッパ連合 (英・仏・オランダ・ベルギー・ルクセンブルクの間で 1948 年調印された Brussels 条約を基とする同盟; 1954 年西ドイツ・イタリア, '89 年スペイン・ポルトガル, '92 年ギリシャが加盟).

wéstern fráme *n.* 〘建築〙 お神楽(かぐら), 太神楽(だいかぐら)軸組み (⇨ platform frame).

Wéstern Frónt *n.* [the ~] 西部戦線 (第一次大戦におけるドイツ西方の戦線; 1914 年ドイツ軍の侵攻以来 4 年にわたって膠着状態が続いた).

Wéstern Gháts *n. pl.* [the ~] 西ガーツ(山脈) (⇨ Ghats).

wéstern grébe *n.* 〘鳥類〙 クビナガ[アメリカ]カイツブリ (swan grebe) (北米西部産).

Wéstern Hémisphere, w- h- *n.* [the ~] 西半球: **a** 本初子午線から西回りで 180 度の子午線に至る範囲[半球]. **b** 南北アメリカ大陸の全体. 〖1624〗

wéstern hémlock *n.* 〘植物〙 アメリカツガ (*Tsuga heterophylla*) (建築用材; Washington 州の州木). 〖1908〗

Wéstern Íslands *n. pl.* [the ~] =Hebrides.

Wéstern Ísles [the ~] *n.* ウェスタンアイルズ (スコットランド西部の旧州; Outer Hebrides 諸島よりなる; 州都 Stornoway).

wést·ern·ism, W- /-nìzm/ *n.* **1** (米) 西部地方風 (西部特有の言葉遣い・風習など). **2 a** 西洋の思想[制度]. **b** 西洋の伝統・技術の信奉. 〖1838〗

west·ern·ize /wéstənàɪz | -tə-/ *vt.* **1** 〈考え方・生活様式・国家などを〉西洋風にする, (西)欧化させる. **2** (米) 西部的にする. — *vi.* 西洋化する. **west·ern·i·za·tion, W-** /wèstənəzéɪʃən | -tənaɪ-, -nɪ-/ *n.* 〖1837〗

wéstern júniper *n.* 〘植物〙 =western cedar.

Wéstern Lánd *n.* [the ~] =Hesperia.

wést·ern·ly *adj.* (まれ) =westerly.

wéstern méadowlark *n.* 〘鳥類〙 ニシマキバドリ (*Sturnella neglecta*) (北米西部に生息するムクドリモドキ科マキバドリ属の鳴鳥).

wéstern médicine *n.* 西洋医学[医療] (conventional medicine) (cf. alternative medicine).

wéstern·mòst *adj.* 最も西の, 最西端の. 〖1703〗

wéstern móuntain ásh *n.* 〘植物〙 北米太平洋沿岸産バラ科ナナカマド属の木 (*Sorbus sitchensis*) (mountain ash ともいう).

Wéstern Ócean *n.* [the ~] North Atlantic Ocean の古名. 〖1697〗

wéstern ómelet *n.* ウェスタンオムレツ (ハム・ピーマン・玉ねぎ入りのオムレツ; Western ともいう). 〖1951〗

wéstern páper bìrch *n.* 〘植物〙 北米西部産アメリカシラカンバの一亜種 (*Betula papyrifera* var. *subcordata*) (褐色がかった樹皮を有する; mountain birch, western birch ともいう; cf. paper birch).

Wéstern Próvince *n.* **1** アフリカ東部ケニアの一地方. **2** サウジアラビアの一地方; 面積 349,648 km^2; 主な都市 Mecca, Jiddah.

wéstern réd cédar *n.* 〘植物〙 **1** =Rocky Mountain juniper. **2** =canoe cedar. **3** =western cedar. 〖1886〗

Wéstern Resérve *n.* [the ~] 西部保留地 (米国 Ohio 州北東部 Erie 湖に臨む特別保留地; 1786 年 Connecticut 州の西部の土地が連邦政府に割譲されたとき, 同州で移住者のために保留した土地; 1800 年に Ohio 州に譲渡).

Wéstern róll *n.* 〘走り高跳び〙 ウェスタンロール (バーから遠い方の脚をまず挙げ, バーに対して身体の側面を向けてクリアするフォーム). 〖1929〗

Wéstern Róman Émpire *n.* [the ~] 西ローマ帝国 (ローマ帝国 (Roman Empire) が 395 年東西に分裂したのち Rome を首都とした西方の帝国; 476 年滅亡; cf. Eastern Roman Empire).

Wéstern sáddle, w- s- *n.* 〘馬具〙 西部風の鞍(くら), ウェスタンサドル (カウボーイ用の鞍革(あおり)付きのサドル; stock saddle ともいう; cf. English saddle). 〖1897〗

Wéstern Sahára *n.* 西サハラ (アフリカ北西部大西洋岸の地域, もとスペイン領 (Spanish Sahara); 1975 年スペインが撤退し, '76 年モロッコとモーリタニアによって分割された; '79 年のモーリタニア撤退後, モロッコとポリサリオ戦線 (Polisalio (Front)) が対立; '97 年住民投票準備の国連監視団が派遣された; 面積 266,000 km^2).

Wéstern Samóa *n.* 西サモア (Samoa 国の旧名). **Wéstern Samóan** *adj., n.*

wéstern sándwich *n.* ウェスタンサンドイッチ (ウェスタンオムレツ (western omelet) 入りのサンドイッチ). 〖1926〗

Wéstern Slávs *n. pl.* [the ~] ⇨ Slav.

wéstern swíng *n.* ウェスタンスウィング (1930 年代のジャズの影響を受けたカントリーミュージック).

wéstern tánager *n.* 〘鳥類〙 キムネフウキンチョウ (*Piranga ludoviciana*) (北米西部産).

Wéstern Únion *n.* [the ~] ウェスタンユニオン (米国の電信会社; 正式名 the Telegraph Company of Western Union の略称).

Wéstern Wáll *n.* [the ~] =Wailing Wall.

West·fa·len /G. vɛstfáːlən/ *n.* ウェストファーレン (Westphalia のドイツ語名).

Wést Flánders *n.* 西フランドル(州) (北海に沿うベルギー西部の州; 州都 Brugge).

Wést Flémish *n.* 西フラマン語 (西フランドル地方のフラマン語の一方言).

Wést Frísian *n.* 西フリジア語 (Friesland 西部で使われるフリジア語の一方言).

Wést Frísian Íslands *n. pl.* ⇨ Frisian Islands.

Wést Germánic *n.* 西ゲルマン語 (ゲルマン語族の一区分で, ドイツ語・オランダ語・フランダース語・英語を含む). 〖1894〗

Wést Gérmany *n.* 西ドイツ (第二次大戦後ドイツの東西分割によって 1949 年に成立した旧共和国; 1990 年東西ドイツの統合により統一ドイツ (Unified Germany) となった).

Wést Glamórgan *n.* ウェストグラモーガン (ウェールズ南部の旧州 (1974–96); 面積 816 km^2; 州都 Swansea).

Wést Góth *n.* 西ゴート人 (Visigoth).

Wést Hám *n.* ウェストハム (イングランド南東部, Thames 河畔の都市で Greater London の Newham に含まれる). 〖ME *Westhamma*: ⇨ ham[2]〗

Wést Hártford *n.* ウェストハートフォード (米国 Connecticut 州の州都 Hartford の西にある町).

Wést Hárt·le·pool /-háətlɪpùːl, -tḷpùːl | -háːtḷ-pùːl, -tḷpùːl/ *n.* ウェストハートリプール (イングランド北東部にあった港町; 今は Hartlepool の一部). 〖*Hartlepool*: ← ME *Hertelpol* (異化) ← *Herterpol* ← OE **Heorotēgpōl*: ⇨ hart, island, pool[1]〗

Wést Háven *n.* ウェストヘイブン (米国 Connecticut 州南西部, New Haven 近郊の町).

West·heimer /wésthàɪmə | -ə(r)/, **(Karola) Ruth (Siegel)** *n.* ウェストハイマー (1928– ; ドイツ生まれの米国の性科学者・心理学者; 通称 Dr. Ruth).

Wést Highland *n.* ウェストハイランド(種) (スコットランドの西部高地原産の肉牛). 〖1875〗

Wèst Highland white térrier *n.* ウェストハイランドホワイトテリア (スコットランド産の小型犬; 白色で毛が長く, 耳と尾が直立, 脚は短い).

West·ie /wésti/ *n.* =West Highland white terrier. 〖(1959) ← WEST+-IE〗

Wèst Índian (*also* **Wèst·indian**) *adj.* 西インド諸島 (West Indies) の[から来た]. — *n.* 西インド諸島人[の住民]. 〖(1584) ← WEST IND(IES)+-IAN〗

Wèst Índian cédar *n.* 〘植物〙 =Spanish cedar.

Wèst Índian córkwood *n.* 〘植物〙 =balsa 1.

Wést Índies *n. pl.* [the ~] **1** 西インド諸島 (北米南東部と南米北部の間の諸島; Greater Antilles, Lesser Antilles および Bahamas の諸島に分かれる; 総面積約 236,000 km^2). **2** =FEDERATION of the West Indies. 〖1555〗

Wést Índies Assóciated Státes *n. pl.* [the ~] 西インド連合州 (西インド諸島の Lesser Antilles 中の Antigua, Dominica, Grenada, St. Christopher, St. Lucia, St. Vincent などが連合して 1967 年に結成した英連邦内の内政自治権をもつ州連合; 現在はそれぞれが国家として独立したため解消).

Wést Índies Federátion *n.* [the ~] ⇨ FEDERATION of the West Indies.

wést·ing *n.* **1** 〘海事〙 西航東西距 (cf. easting 1); 偏西航行. **2** (風向きの)西寄り; 西風に変わること. **3** 西に向かうこと; (天体などの)西進. **4** 〘測量〙 偏西距離 (南北の基準線から西方に測った距離). 〖(1628) ← WEST+-ING[1]〗

West·ing·house /wéstɪŋhàus/, **George** *n.* ウェスティングハウス (1846–1914; 米国の発明家・企業家; 空気ブレーキを発明 (1868)).

Wes·ting·house /wéstɪŋhàus/ *n.* 〘商標〙 ウェスティングハウス (米国第 2 位の総合電機メーカー; 正式名 Westinghouse Electric Company).

Wéstinghouse bráke *n.* ウェスティングハウス式エアブレーキ (圧縮空気を利用したブレーキ; 鉄道車両・大型車両に用いられる). 〖← *George Westinghouse*〗

Wést Írian *n.* 西イリアン (New Guinea 島の西半分を占めるインドネシアの州; もとオランダの植民地で Netherlands [Dutch] New Guinea といったが, 1963 年インドネシア領になって現在名に変わった; West New Guinea ともいう; 面積 416,990 km^2, 州都 Jayapura; インドネシア語名 Irian Jaya).

West·land /wés(t)lənd/ *n.* ウェストランド (米国 Michigan 州南東部 Detroit 西郊の都市).

west·lin /wéstlɪn | -lɪn/ *adj.* (スコット) =westerly. 〖⇨ westlins〗

west·ling /wéstlɪn, -lɪŋ | -lɪŋ/ *adj.* (スコット) =westerly.

west·lins /wéstlənz | -lɪnz/ *adv.* (*also* **west·lings** /wéstlənz, -lɪŋz | -lɪŋz/《スコット》西方へ. 〖(1718) ← WEST＋《スコット》*-lins* (⇨ lings)〗

Wést Lóthian *n.* ウェストロージアン《スコットランド南東部の旧州; Edinburgh の西隣; 旧名 Linlithgow》.

Westm. 《略》Westmeath; Westminster; Westmorland.

Wést Maláysia *n.* ⇨ Malaysia 1.

Wést·man Íslands /véstmən-, wést-/ *n.* [the ～] ウェストマン諸島《Vestmannaeyjar の英語名》.

Westmd. 《略》Westmorland.

West·meath /wèstmíːð/ *n.* ウェストミーズ《アイルランド共和国中北部, Leinster 地方の州; 面積 1,763 km², 州都 Mullingar》.

Wést Mídlands *n.* ウェストミッドランズ《イングランド中西部の metropolitan county; Wolverhampton, Walsall, Dudley, Sandwell, Birmingham, Solihull, Coventry の 7 つの独立自治体に分かれている》.

West·min·ster[1] /wés(t)mɪnstə, ⌐⌐⌐ | -stə(r)/ *n.* **1** ウェストミンスター《London 中央部の自治区; Westminster Abbey, 国会議事堂, Buckingham 宮殿などの大建築物がある; 正式名は the City of Westminster》. **2** ＝Westminster Abbey. **3** (英国の)国会議事堂; (英国)議会; 議会政治: at ～ 議会で. **4 a** ＝Westminster School. **b** 同校の生徒: an old ～ ウェストミンスター校卒業生. 〖OE *Westmynster*《原義》Western monastery (London 西部に位置したことから): ⇨ west, minster〗

West·min·ster[2] /wés(t)mɪnstə | -tə(r)/ *n.* ウェストミンスター: **1** 米国 California 州南西部の都市. **2** 米国 Colorado 州中央部 Denver 近郊の都市.

Wéstminster Ábbey *n.* **1** ウェストミンスターアベイ, ウェストミンスター寺院《London にあるゴシック式建築の教会堂; 正式名は the Collegiate Church of St. Peter in Westminster という; Edward the Confessor が 1050 年ごろ建立に着手, 歴代の国王の戴冠(たいかん)式はここで行われる; 国王・名士の墓があり, ここに葬られることは英国人最高の栄誉とされる; 単に the Abbey ともいう; cf. Poets' Corner 1》. **2** (同寺院に葬られる資格のある)名誉の死.

Westminster Abbey 1

Wéstminster Assémbly *n.* [the ～] ウェストミンスター会議《1643-49 年 London の Westminster で開催された宗教会議; その時制定された信仰告白 (Westminster Confession of Faith) は今日の長老教会の信仰規準となっている》. 〖1719〗

Wéstminster Brídge *n.* ウェストミンスター橋《London の Thames 川にかかる橋; 1862 年建造》.

Wéstminster Cathédral *n.* ウェストミンスター大聖堂《London の Westminster Abbey の近くにあるローマカトリック教会の大聖堂; 1895 年着工》.

Wéstminster Conféssion of Fáith *n.* [the ～] ウェストミンスター信仰告白《英国ピューリタン革命の過程で, 大部分の改革派教会の信仰規準となった詳細な Calvinism の信仰告白; 英語圏における長老派教会の信仰規準となっている; 単に Westminster Confession ともいう》.

Wéstminster Háll *n.* ウェストミンスター会館《London の Westminster にある国会議事堂付属の会館; もとの Westminster Palace の一部で, 1834 年の同宮殿の火災にも焼け残った; 古くから国家的大裁判や国王の戴冠(たいかん)式などが行われた》. 〖*a*1614〗

Wéstminster Pálace *n.* ウェストミンスター宮殿《London の Westminster にあった王宮で, 16 世紀前半から国会議事堂として使われたが, 1834 年火災により焼失; 現在の国会議事堂はその跡に建っている》.

Wéstminster Schóol *n.* ウェストミンスター校《London の Westminster にある英国屈指の public school の一つ》.

West·mor·land /wés(t)mələnd, -mɔː- | -mə-/ *n.* ウェストモーランド《イングランド北西部の旧州; 1974 年 Cumbria 州の一部となる; 一部は湖水地方 (Lake District) を成す; 州都 Kendal》. 〖OE *Westmōringaland* ← *Westmōringas* people west of the Yorkshire moors＋LAND: ⇨ west, moor[1], -ing[3]〗

wést·mòst *adj.* ＝westernmost. 〖(1510): cf. OE *westmest*: ⇨ -most〗

Wést Nèw Guínea *n.* ＝West Irian.

wést-northwést *n.* 西北西 (略 WNW). **—** *adj., adv.* 西北西の[に, へ, から]. 〖*c*1490〗

wést-northwéstward *adv.* 西北西へ[に]. **—** *adj.* 西北西にある, 西北西に向いた. **—** *n.* [通例 the ～] 西北西(方).

Wes·ton /wéstən/, **Edward** *n.* ウェストン (1886-1958; 米国の写真家).

Weston, Walter *n.* ウェストン (1861-1940; 英国の宣教師・登山家; 日本における近代的登山の発展に貢献).

Wéston céll *n.* 〖電気〗ウェストン電池《陽極に水銀, 陰極にカドミウムを用いた標準電池; Weston standard cell ともいう》. 〖(1963) ← *Edward Weston* (1850-1936: 英国系米人の製造者)〗

Weston-su·per-Mare /wèstənsùːpəméə | -sùːpəméə(r), -sjùː-/ *n.* ウェストンスーパーメア《イングランド南西部の Bristol 海峡に臨む町・保養地》.

Wést Órange *n.* ウェストオレンジ《米国 New Jersey 州北東部, Newark の北西にある町》.

Wést Pákistan *n.* 西パキスタン《現在の Pakistan の旧名; cf. East Pakistan》.

Wést Pálm Béach *n.* ウェストパームビーチ《米国 Florida 州南東部, Miami 北方の都市, 避寒地》.

West·pha·li·a /wes(t)féɪliə/ *n.* ウェストファーレン《ドイツ西部 North Rhine-Westphalia 州の地方; もとプロイセンの一州; 三十年戦争の講和条約締結地 (1648); ドイツ語名 Westfalen》. 〖(*c*1650) □ ML ～ ← OHG *Westfalo* Westphalian: cf. G *Westfalen*〗

West·pha·li·an /wes(t)féɪliən/ *adj.* ウェストファーレン (Westphalia) の, ウェストファーレン人[文化]の. **—** *n.* ウェストファーレンの人[住民]. 〖(1604): ⇨ ↑, -an[1]〗

Westphálian hám *n.* ウェストファーレンハム《ビャクシン (juniper) の木でいぶした独特の風味のある固いドイツハム》.

Wést Póint *n.* ウェストポイント: **1** 米国 New York 市の北方約 80 km, Hudson 河畔にある軍用地; 陸軍士官学校 (Military Academy) がある (cf. Annapolis). **2** (同地の)陸軍士官学校. 〖⇨ point (n. 6): Hudson 川の西岸にあるところから〗

Wést Póint·er /-tə | -tə(r)/ *n.* 《米》(West Point の)米国陸軍士官学校出身者または士官候補生. 〖1863〗

West·po·li·tik /véstpoulɪtiːk | -pəu-; *G.* véstpolitiːk/ *G. n.* 西欧政策《特に共産国の, 西欧諸国と正常な外交・通商関係を確立しようとする政策》. 〖(1970) □ G ～: ⇨ west, politics〗

Wést Prússia *n.* 西プロイセン《もと Prussia の一州; 現在はポーランド領》.

Wést Punjáb *n.* ⇨ Punjab.

Wést Ríding *n.* [the ～] ⇨ Yorkshire.

Wést Ríver *n.* [the ～] 西江 (Xi Jiang の英語名).

Wést Sáxon *n.* **1** ウェストサクソン語《古英語の最も重要な一方言; イングランドの南部で話され, Norman Conquest に先立つ時期の主要な文献はこの方言で書かれている》. **2** ウェストサクソン人. **—** *adj.* ウェストサクソン語[人]. 〖(*a*1387): cf. OE *West-Seaxe* (pl.) West Saxons: cf. Wessex〗

Wést Síde *n.* [the ～] ウェストサイド《New York 市 Manhattan 区西部の地区; Fifth Avenue の西側; cf. East Side》. **Wést-síd·er** /-də | -də(r)/ *n.* 〖1903〗

Wést Sìde Stóry *n.*「ウェストサイド物語」《Broadway ミュージカル(初演 1957); *Romeo and Juliet* の筋書を New York のスラム街に移してミュージカル化したもの; Leonard Bernstein 作曲; 映画化 (1961)》.

Wést Slávic *n.* ⇨ Slavic.

Wést Smíthfield *n.* ウェストスミスフィールド《London の St. Paul's Cathedral の北西部の一地区; 肉市場で有名》.

wést-southwést *n.* 西南西 (略 WSW). **—** *adj., adv.* 西南西の[に, へ, から]. 〖1398〗

wést-southwéstward *adv.* 西南西へ[に]. **—** *adj.* 西南西にある, 西南西に向いた. **—** *n.* [通例 the ～] 西南西(方).

Wést Súffolk *n.* ⇨ Suffolk[1].

Wést Sússex *n.* ウェストサセックス《イングランド南部の English Channel に面する州; 1974 年新設, 旧 Sussex 州の西部; 面積 2,015 km², 州都 Chichester》.

Wést Virgínia *n.* ウェストバージニア《米国東部の州; ⇨ United States of America 表》.

Wést Virgínian *adj.* (米国) West Virginia 州(人)の. **—** *n.* West Virginia 州人.

West·wall /wéstwɔːl, -wɑːl | -wɔːl; *G.* véstval/ *n.* [the ～] ＝Siegfried line. 〖□ G ～ 'west rampart'〗

west·ward /wés(t)wəd | -wəd/ *adv.* 西方へ[に], 西方に向かって: *Westward* ho! ⇨ ho 1. **—** *adj.* 西方への; 西向きの. **—** *n.* 西方, 西部. 〖OE *westweard(e)*: ⇨ -ward〗

wést·ward·ly *adj.* **1** 西向きの. **2** 〈風が〉西から吹く. **—** *adv.* 西向きに, 西方へ; 〈風が〉西方から. 〖1653〗

west·wards /wés(t)wədz | -wədz/ *adv.* ＝westward. 〖(1540): ⇨ -wards: cf. OE *westweardes*〗

wést·wòrk *n.* 〖建築〗(ドイツのロマネスク建築で, 教会堂の高大で威厳のある)西構, 西側正面《階下に通路を, 階上に礼拝所をもつ(多)塔の形をとる》.

Wést Yórkshire *n.* ウェストヨークシャー《イングランド北部の metropolitan county; Bradford, Leeds, Calderdale, Kirklees, Wakefield の各独立自治体に分かれている》.

wet /wét/ *adj.* (**wet·ter**; **wet·test**) (↔ dry) **1** 湿った, ぬれた; 湿気のある; 〈ペンキ・インクが〉まだ乾いていない: ～ clothes, hands, etc. / ～ eyes 涙にぬれた目 / a ～ floor, pavement, surface, etc. / get ～ ぬれる / be ～ *with* perspiration 汗でぬれている / Her cheeks were ～ *with* tears. ほおが涙でぬれていた / wipe with a ～ sponge ぬれたスポンジでぬぐう / *Wet* Paint. [掲示] ペンキ塗りたて / ink still ～ まだ乾いていないインク / be ～ through ずぶぬれになっている / be [get] ～ to the skin びしょぬれになっている[なる], ぬれねずみである[になる]. **2** 〈日・天気が〉雨の, 雨降りの, 雨の多い, 雨がちの (rainy); 〈空気・風など〉湿気を含んだ, 湿っぽい, 霧[靄]の深い: ～ days, weather, etc. / the ～*test* spring on record 史上最も雨の多い春 / a ～ wind 湿気を含んだ風 / the ～ season 雨季 / a ～ sky 降り出しそうな空 / ～ or fine 晴雨にかかわらず / too ～ for a picnic ピクニックするには湿っぽ過ぎる. **3** 《米・カナダ口語》〈州・町など〉酒類(の製造販売)を禁止していない; 〈選挙の候補者など〉(政治的に)禁酒反対の (↔ dry): a ～ town, state, etc. / a ～ candidate 禁酒反対の候補 / go ～ 酒類の販売を許すようになる; 非禁酒主義になる. **4** 《英口語》ばかげた (foolish), 感傷的な (sentimental); 意志薄弱な, 優柔不断の. **5** 《口語》酒を飲んだ, 酔った, 酒の好きな: a ～ driver 酔った運転手 / make a ～ night of it 一晩飲む. **6** 《英俗》〈女性が〉性的に興奮して. **7** 《豪俗》怒った, いらいらした. **8** 〖化学〗湿式の: a ～ process 湿式法. **9** 〖音声〗湿音の (mouillé). **10** 液中に漬けて保存した: ～ specimens. **11** 〖医学〗湿性の: ⇨ wet pack. **12** 〈乳牛が〉乳を出す: a ～ cow. **13** 〈人が〉良い人間とは思われていない, 変な. **14** 〖化学〗〈天然ガスが〉湿性の《すぐに濃縮できる炭化水素をかなり含んでいる; ↔ dry》. **15** 〈飛行機の翼が〉補助燃料タンクを積んでいる.

áll wét 《米俗》全く間違って, まるで見当違いで: He [His claim] is *all* ～. 彼[彼の主張]は全く間違っている. ***wét behínd the éars*** ⇨ ear[1] 成句.

— *n.* **1** 雨降り, 雨天 (rainy weather); 雨 (rain): come in out of the ～ 雨の降る戸外から中に入る. **2** 《英口語》(穏健な)保守派の政治家 (↔ dry); 意志薄弱者, 無能者, 退屈なやつ; ばか. **3** 湿気, 水分, 湿り (moisture); 液体 (liquid). **4** 《米・カナダ口語》酒類禁止反対論者 (↔ dry). **5** 《英俗》酒 (drink): have a ～. **6** [the ～] 《豪》雨期 (the rainy season).

— *v.* (～, **wet·ted**; **wet·ting**) **—** *vt.* **1** 湿す, 湿らせる, ぬらす 〈*down, through*〉: be ～(*ted*) to the skin ずぶぬれになる / He ～*ted* his lips with the tip of his tongue. 舌先で唇をぬらした / I was slightly ～*ted* by the rain. 私は雨で少しぬれてしまった / I was ～*ted through* by the rain. その雨でずぶぬれになった / He ～*ted* the wall (with water) before cleaning it. 壁を洗う前に(水で)ぬらした. **2 a** 〈ベッドなど〉に小便する: ～ the [one's] bed おねしょをする / ～ one's pants 小便をもらしてズボンをぬらす. **b** [～ *oneself* で] おもらしする, おねしょをする. **3** 《口語》酒を飲んで祝う[行う]: ～ a bargain 酒を飲んで契約を結ぶ (cf. wet bargain). **4** 《方言》熱湯を注いで〈茶を〉出す: ～ (a cup of) tea. **—** *vi.* **1** ぬれる 〈*down, through*〉. **2** 〈動物・子供が〉放尿する, 小便する. **3** 《方言》雨が降る (rain). ***wét one's whístle*** ⇨ whistle *n.* 成句. ***wét óut*** 〖紡織〗〈織物原料を〉完全に浸潤する (cf. wetting agent). 〖1882〗

wét and drý 潤滑油[水]と共に用いることもできる紙やすりの一種.

〖adj.: (14C) *wett* (p.p.) ← *wete(n)* < OE *wǣtan* to wet ⊂ ME *weet* < OE *wǣt* < Gmc **wētaz* (OFris. *wēt* / ON *vātr*) ← IE **wed-* 'WATER, wet'. — n.: OE *wǣt*. — v.: OE *wǣtan*: n., v. の幹母音も 15C ごろから adj. との類推で短母音化した〗

SYN **1** 濡れた: **wet** 水その他の液体を含んでいる; この意味では最も一般的な語: *wet* clothes 濡れた服. **damp** 濡れていて, それが不快感を与える場合に用いる: a *damp* towel じめじめしたタオル. **moist** やや湿っているが, *damp* と違ってそれが気持ちよい: Use a *moist*, not a damp, cloth. じめじめした布ではなく湿ったのを使いなさい. **humid** 天候に関して不愉快なほど空気中に湿気がある: *humid* air むしむしする空気. **soaked** 雨などでずぶぬれになった: get *soaked* to the skin 全身ずぶぬれになる.
ANT dry.
2 ぬらす: **wet** 水など液体でぬらすこと《一般的な語》: *wet* the towel with water タオルを水でぬらす. **dampen** じめじめした状態になるように少しぬらす: *dampen* the cloth before ironing it アイロンをかける前に布をぬらす. **moisten** 軽く湿らす《*dampen* よりも軽いぬらし方》: *moisten* one's lips nervously くちびるを神経質になめて湿らす. **soak** 液体にある時間つけておく: *soak* bread in the milk パンを牛乳にひたす. **saturate** 水分をたっぷり吸収させる: *saturate* a sponge with water スポンジに水をしみこませる. **drench** 液体, 特に雨でずぶぬれにする: They were *drenched* by the heavy shower. 激しいにわか雨でずぶぬれになった. **steep** 通例エキスを抽出するために液体につける: *steep* the onions in vinegar たまねぎを酢につける.

W

WET 《略》West(ern) European Time.

we·ta /wéɪtə, wétə | -tə/ *n.* 〖昆虫〗ニュージーランド産カマドウマ科の無翅で長い触角をもつ昆虫の総称; (特に)体長 10 cm に達する大きいもの (*Deinacrida heteracantha*). 〖(1843) □ Maori ～〗

wét-and-drý-bùlb thermómeter [hygrómeter] *n.* 〖気象〗＝psychrometer.

wét·bàck *n.* 《米口語》米国に不法入国するメキシコ人 (cf. bracero). 〖(1929): ⇨ wet (adj.), back[1] (n.): その多くの者が Rio Grande 川を泳ぎ渡って不法入国したことから〗

wét bàr *n.* 《米》(水道設備のある)自宅やホテルの部屋にあるバー. 〖1968〗

wét bárgain *n.* 《口語》＝Dutch bargain (cf. wet *vt.* 3).

wét bìke *n.* 水上オートバイ.

wét-blánket *vt.* **1** 〈火を〉ぬれ毛布で消す. **2** …の興をそぐ, …に水を差す: His appearance ～*ed* the merry atmosphere. 彼が顔を出したので(せっかくの)愉快な雰囲気が湿っぽくなってしまった. 〖(1866) ↓〗

wét blánket *n.* **1** 《口語》けちをつける人[物], 座興をそぐ人[物], 座を白けさせる人[物]. **2** (消火の)ぬれ毛布. 〖1662〗

wét bób *n.* 《英俗》(Eton 校の)水上競技部員, (特に)ボート部員 (cf. dry bob). 〖(1872) ← WET＋BOB〗

wét búlb *n.* (乾湿球湿度計の)湿球. 〖1849〗

wét-bùlb témperature *n.* 湿球温度. 〖1916〗

wét-bulb thermómeter *n.* 湿球温度計. 〘1849〙
wét cèll *n.* 〘電気〙湿電池 (cf. dry cell).
wét chinóok *n.* 〘気象〙=Chinook 3 b.
wét cómpass *n.* 〘海事・航空〙液体コンパス《磁気コンパスの一種で, コンパスカードが液体中に入っているもの; liquid compass ともいう; cf. dry compass》.
wét cóntact *n.* 〘電気〙直流が流れる接触.
wét dòck *n.* 〘海事〙 **1** 湿船渠(ドック)《船が水に浮いたまま各種の修理をするドック内の場所》. **2** 係船ドック《潮の満干にかかわらず船の高さを一定に保って荷の積み降ろしに便利なように水門を閉じるドック》. 〘1689〙
wét dréam *n.* 夢精; 性夢. 〘1851〙
wét físh *n.* 鮮魚, 生魚《冷凍魚・料理した魚・干物に対していう表現》.
wét flý *n.* 〘釣〙ウェットフライ, 沈み毛ばり《水面下に沈めて用いる毛ばり; cf. dry fly》. 〘1875〙
wét gòods *n. pl.* 液体商品《酒類・ペンキ・油》; (特に)酒類 (cf. dry goods 2).
weth·er /wéðə | -ðə(r)/ *n.* **1** (通例生後数週間で)去勢した雄羊. **2** =wether wool. 〘OE *weþer* sheep, lamb < Gmc **weþruz*? yearling (G *Widder*) ← ? IE **wet-* year (L *vitulus* calf, yearling & *vetus* old / Gk *étos* year): cf. veal〙
wéther wòol *n.* すでに毛を刈ったことのある羊から採った羊毛.
wét làb *n.* (潜水者が仕事の準備をする)海中作業室.
wet·land /wétlænd, -lənd/ *n.* [通例 *pl.*] (野生生物保護地域としての)沼地, 湿地. 〘1743〙
wét lánding *n.* (宇宙船の)着水 (splashdown).
wét léase *n.* 乗務員・機関士その他の完備した航空機のリース (cf. dry lease). 〘1962〙
wét-léase *vt.* 〈航空機を〉wet lease で借りる[貸す].
wét-lòok *adj.* **1** 光沢仕上げの: ~ shoes. **2** 〈髪が〉ウェット仕上げの.
wét lòok *n.* **1** (布地・革・プラスチックなどの)光沢(仕上げ). **2** (髪の)ウェット仕上げ《ジェルやムースなどでぬれた感じを出す》. 〘1968〙
wét·ly *adv.* **1** ぬれて, 湿って. **2** 〘英口語〙意気地なく. 〘(1562) 1822〙
wét machíne *n.* 〘製紙〙ウェットマシン, 漉(す)き機《かゆ状のパルプから脱水する機械; decker ともいう》.
wét mòp *n.* (床を掃除するための)長柄付きモップ.
wét·ness *n.* ぬれていること; 湿気. 〘OE *wǣtnes*, *wētnis*〙
wét nóodle *n.* 〘米口語〙お人よし, めめしい男.
wét-nùrse *vt.* **1** …の乳母になる, 乳母になって〈乳児〉に乳をやる (cf. dry-nurse 1). **2** 〘口語〙…に至れり尽くせりの世話をする, 過保護にする. 〘1784〙
wét nùrse *n.* (他人の子供に乳を与える)乳母 (cf. dry nurse 1). 〘1620〙
wét pàck *n.* 〘医学〙湿包布. 〘1928〙
wét pán *n.* 〘窯業〙湿式パンミル, ウェットパン《水分を含んだ, または粘着性の物質を粉砕するのに用いるエッジランナー (edge runner); wet pan mill ともいう》.
wét pláte *n.* 〘写真〙湿板 (cf. dry plate 1). 〘1859〙
wét pléurisy *n.* 〘病理〙湿性肋膜炎.
wét-pròof *adj.* =waterproof.
wét pùddling *n.* 〘冶金〙湿式パドル法《錬鉄を作る方法; 炉底を鉄鉱石で築く; cf. dry puddling》.
wét rót *n.* **1** 〘植物病理〙(木材の)ぬれ腐れ, 湿蝕, 湿朽 (cf. dry rot 1). **2** 〘植物〙イドタケ (*Coniophora puteana*)《ぬれ腐れの原因となる木材腐朽菌; wet rot fungus ともいう》. 〘1865〙
wét stéam *n.* 〘化学〙湿り蒸気《浮遊水滴を含む飽和蒸気; saturated steam ともいう; cf. dry steam》. 〘1858〙
wét stréngth *n.* 〘製紙〙湿潤強度. 〘1960〙
wét sùit *n.* ウェットスーツ《ダイバーなどの用いる体にぴったりと合う(合成)ゴム服》. 〘1955〙
wet·ta·bil·i·ty /wètəbíləṭi | -təbílɪ̀ti/ *n.* **1** 湿潤性. **2** 吸湿度, 吸湿力. 〘1913〙
wet·ta·ble /wéṭəbl | -tə-/ *adj.* **1** ぬらせる, 浸潤できる. **2** 湿気で溶かせる; 湿気を吸う; 水和性の. 〘1885〙
wét·ted súrface /-ṭɪ̀d- | -tɪ̀d-/ *n.* 〘海事〙(船体の)浸水(表)面. 〘1916〙
wét·ter /-ṭə | -tə(r)/ *n.* **1** ぬらす[湿す]人[物]. **2** 〘化学〙=wetting agent. 〘1737〙
Wet·ter·horn /véṭəhɔ̀ən | -təhɔ̀:n; G. vέtɐhɔʁn/ *n.* [the ~] ウェッターホルン《スイス南部にある Bernese Alps 中の高峰; 3,700 m》.
wét·ting /-ṭɪŋ | -tɪŋ/ *n.* **1** ぬれる[ぬらす]こと: get a ~ (雨などで)ぬれる. **2** 〘化学〙湿潤, ぬれ《2 種の物質が触れたときに付着する現象》: ~ power 湿潤力 / ⇨ wetting agent. 〘*c*1300〙
wétting àgent *n.* 〘化学〙湿潤剤, 浸潤剤《織物工業などで表面を浸潤させるのに用いる; cf. WET *out*》. 〘1927〙
wétting-óut àgent *n.* =wetting agent.
wétting solùtion *n.* コンタクトレンズ保存液.
wét·tish /-ṭɪʃ | -tɪʃ/ *adj.* やや湿っぽい, やや水分のある. 〘1648〙
wét·wàre *n.* 〘電算俗〙(人間の)脳, 脳みそ. 〘(1975): *hardware, software* からの連想〙
wét wàsh *n.* **1** 洗っただけで乾かしていない洗濯物 (cf. dry wash). **2** (車・航空機などの)洗うだけの洗浄(方法).
WEU 《略》Western European Union. 〘1954〙
we've /(弱) wiv, wɪv; (強) wí:v/ 〘口語〙we have の縮約形.
Wex. 《略》Wexford.
Wex·ford /wéksfəd | -fəd/ *n.* ウェックスフォード: **1** アイルランド共和国南東部 Leinster 地方の州; 面積 2,351 km². **2** 同州の州都, 海港.
wey /wéɪ/ *n.* ウェイ: **a** かつて英国でチーズ・羊毛・塩などを量るのに用いた重さの単位; 量るものによって一定しないが, 羊毛では 182 ポンド. **b** スコットランド・アイルランドの石炭・穀物などの容量単位; 41.28 ブッシェル (bushels) に相当. 〘OE *wǣg(e)* weight, scales, balance: cf. weigh〙
Wey·den /váɪdn, véɪ-; *Du.* wέɪdə/, **Ro·gier van der** /ro:gí:r vɑn dər/ *n.* ヴァイデン《1399?–1464; フランドルの画家; ⇨ Flemish school》.
Weyl /váɪl; G. váɪl/, **Hermann** *n.* ヴァイル《1885–1955; ドイツの数学者; 1933 以後米国に住んだ》.
Wey·mouth[1] /wéɪməθ/ *n.* ウェイマス: **1** イングランド南西部 Dorset 州のイギリス海峡に臨む港町・保養地. **2** 米国 Massachusetts 州 Boston 南郊の町.
Wey·mouth[2] /wéɪməθ/ *n.* 〘馬具〙 **1** ウェイマス(ビット)《double bridle に用いられる単純な大勒銜(だいろくはみ) (curb bit); Weymouth bit ともいう》. **2** ウェイマス(ブライドル)《1 を大勒銜とする double bridle; Weymouth bridle ともいう》. 〘(1792) ← ?〙
wey·ward /wéɪwəd | -wəd/ *adj.* 《Shak》=weird.
w.f., wf 《略》〘活字〙wrong font.
WFF 《略》〘論理〙well-formed formula.
WFlem 《略》West Flemish.
WFris 《略》West Frisian.
WFTU 《略》World Federation of Trade Unions. 〘1947〙
wg 《略》weighing; wing.
WG 《略》Welsh Guards; West German; West Germanic; Westminster Gazette.
WG, wg 《略》water gauge; weight guaranteed; wire gauge.
WG 〘自動車国籍表示〙(Windward Islands) Grenada.
WGA 《略》Writers Guild of America.
WgCdr, Wg. Comdr 《略》wing commander.
W. Glam. 《略》West Glamorgan.
WGmc 《略》West Germanic; West Germanic protolanguage 西ゲルマン基語.
Wh 《略》〘電気〙watt-hour.
wh. 《略》wharf; which; whispered; white.
wh- ★(1) [発音]: wh- で始まる語の発音は, 米音では /hw-/ が一般的だが, /w/ と発音する人が増えている. 英音では詩の朗読とか特に格式ばった発音以外では /w-/ が一般的である. 本辞典では簡略化して white /(h)wáɪt/ のように表記してある. (2) [語源]: wh- は通例 OE *hw-* (< Gmc **χw-* < IE **kw-*) からの音位転換 (metathesis) による変形であって, 上記発音の種々相もこれに関連するものがある; 'wh-words' と総称される who (< OE *hwā*), what (< OE *hwæt*), which (< OE *hwilċ*), when (< OE *hwænne*), why (< OE *hwī*), how (< OE *h(w)ū*), whither (< OE *hwider*) などの疑問詞, 関係詞は IE **kwo-*, **kwi-* にさかのぼるが, この基語が広く印欧諸語の疑問詞・関係詞を構成する要素となっている. (cf. Jpn. 「いくつ」「いずこ」「いずれ」「いかに」などの「い」, 「どこ」「どれ」「どんな」「どちら」などの「ど」).
wha /(h)wɔ́:, (h)wá:/ *pron.* 《スコット》=who.
whack[1] /(h)wǽk/ *vt.* **1** 〘口語〙(ステッキなどで)強く[がんと]打つ, ぴしゃりと打つ (thwack). **2** 〘英〙〈相手を〉やっつける, 負かす. **3** ぶった切る (chop): ~ *off* a turkey's head 七面鳥の首を切り落とす / The House ~*ed* $60 million *out of* [*off*] the proposed budget. 下院は提案されている予算から 6 千万ドルをカットした. **4** 激しく攻撃する. — *vi.* 〘口語〙強く打つ: She ~*ed* (away) at it with a cleaver. 肉切り包丁で強くたたいた.
whack off (1) ⇨ *vt.* 3. (2) 《卑》〈男性が〉自慰する. ***whack out*** 《俗》勢いよく作り出す[演じる]; 《米俗》殺す; 《米俗》賭けで無一文になる. ***whack up*** 《俗》増す, 〈…の〉スピードを速める.
— *n.* **1** 〘口語〙(ステッキなどによる)殴打, 強打 (heavy blow): Give it another ~.=Have another ~ at it. もう一度強打せよ. **2** 〘口語〙分配, 分け前 (portion, share): get [have, take] one's ~ 分け前にあずかる / I have had my ~ of pleasure. 私も人並みに楽しみました **3** 〘口語〙(よい)具合 (condition, order): My stomach seems *out of* ~. どうも腹の調子が悪い / What John does is *out of* ~ *with* what he says. ジョンのすることは言うことと一致しない.
at a* [*one*] *whack 〘口語〙一度ですばやく, 一気に. ***have* [*take*] *a whack at*** 〘口語〙(1) …を試みる: *have* [*take*] *a* ~ *at* skating スケートをやってみる / He *took a* ~ *at* the dish. 彼はその料理を食べてみた / It's hard, but at least we can *have a* ~ (*at* it). 難しいけれど, 少なくともやってみることはできる. (2) …に一撃を加えようとする, 殴りかかる. 〘1891〙 ***That's* [*It's*] *a whack.*** 〘米口語〙承知した, 約束した, そういうことに決めた (It's a bargain). ***with one whack*** =*at a* [*one*] WHACK. 〘1860〙
— *int.* ぴしゃ; ぴしっ, ばしっ, ばしん.
〘(1719)《擬音語》: cf. thwack〙
whack[2] /(h)wǽk/ *n.* =wack.
whacked *adj.* 〘口語〙疲れ切った; 《俗》酔っぱらった, 麻薬でぼうっとした. 〘1919〙
whácked-óut *adj.* 《俗》 **1** 疲れきった. **2** 風変わりな, 狂気じみた. **3** 酔っぱらった, 麻薬でふらふらになった.
whack·er /(h)wǽkə | -kə(r)/ *n.* **1** 〘口語〙(同種類のものの中で)でかいもの[人]. **2** 〘口語〙信じ難い物, だぼら, 大うそ (big lie). **3** 〘方言〙打撃 (blow). **4 a** 家畜の群れを追う人. **b** 〘鉄道〙=car knocker. 〘1823〙
whack·ing 〘英口語〙 *adj.* すごく大きい, でっかい: a ~ lie 大うそ. — *adv.* ひどく, とてつもなく: a ~ tall fellow すごいのっぽ / a ~ big lie とてつもない大うそ. — *n.* ひどい殴打. 〘1806〙
whack·o /(h)wǽkou | -kəu/ *int.* 〘英俗〙すごい, やったあ《賛嘆・興奮を表す》. — *n.* (*pl.* ~**s**) 《米俗》=wacko. — *adj.* 《米俗》=wacko. 〘int.: (1937) ← WHACK[1]+-o. — n., adj.: (1977) ← WHACKY+-o〙
whack·y /(h)wǽki/ *adj.* (**whack·i·er**; **-i·est**) 《米俗》=wacky.
whae /(h)wéɪ/ *pron.* 《スコット》=who.
whale[1] /(h)wéɪl/ *n.* (*pl.* ~, ~**s**) **1** 〘動物〙クジラ《海洋哺乳動物クジラ目の大形種の総称; コクジラ (gray whale), ホッキョククジラ (bowhead), ザトウクジラ (humpback), セミクジラ (right whale), マッコウクジラ (sperm whale) など》. **2** [the W-] 〘天文〙くじら(鯨)座 (⇨ Cetus).
a whále of a … 〘口語〙並外れて大きな, すばらしい (no end of a …): He was having *a* ~ *of a* time. すごく楽しく過ごしていた / *a* ~ *of a* wrestler [scholar, story] すごい力士[えらい学者, すてきな物語]. 〘1890〙 ***a whále on* [*at, for*]** 〘英口語・古〙…の非常な名人[熱心家]: *a* ~ *on* reading 熱心な読書家 / *a* ~ *at* tennis [*for* work] テニスの名人[仕事の虫] / You're *a* ~ *on* psychology. あなたは心理学の大家です. 〘*c*1893〙 ***véry like a whále*** いかにも仰せの通り, 全くその通りで《ばかばかしい話に対する皮肉な答え; cf. Shak., *Hamlet* 3. 2. 399》. 〘*c*1850〙
— *vi.* 捕鯨に従事する, 捕鯨する.
〘OE *hwæl* < Gmc **χwaliz* (ON *hvalr* / G *Wal(fisch)*) ← ? IE **(s)kwalo-* big fish (L *squalus* a kind of sea fish)〙
whale[2] /(h)wéɪl/ *vt.* 〘米口語〙 **1** むち打つ (thrash). **2** 強打する: ~ the ball for a home run ホームランをかっ飛ばす. **3** 完全に負かす. — *vi.* 激しく攻撃する 〈*away*〉: The boxer ~*d away* at his opponent. そのボクサーは相手を激しく攻撃した. 〘(1790)《転訛》? ← WALE[1] (v.)〙
whale[3] /(h)wéɪl/ *n.* 〘建築〙=wale[1] 5. 〘《異形》← WALE[1] (n.)〙
whále·bàck *n.* **1** 〘海事〙亀甲(きっこう)甲板《激浪を防ぐために船首または船尾に設けた亀の甲状の鋼鉄甲板, turtleback, turtle deck ともいう》. **2** 〘海事〙亀甲甲板貨物船《甲板が中高に盛り上がった汽船で, 主に米国五大湖地方で小麦の運搬に用いる》. **3** (丘・波などのように形状が)鯨の背のように盛り上がったもの. — *adj.* =whale-backed. 〘1886〙
whále-bàcked *adj.* クジラの背のように盛り上がった. 〘1869〙
whále·bìrd *n.* 〘鳥類〙クジラドリ《捕鯨船の出すくずを食べ, その後を追って移動する *Pachyptila* 属の群集性の海鳥の総称》. 〘1768〙
whále·bòat *n.* ホエールボート《両端がとがった細長い形で, 昔は手漕ぎの捕鯨用, 今はモーター付きで救難用》. 〘1756〙
whále·bòne *n.* **1** クジラのひげ (baleen). **2** クジラのひげ製品《扇の骨・コルセットなど》. 〘?*a*1200〙
whálebone whàle *n.* 〘動物〙ヒゲクジラ《口中にいわゆるひげ (whalebone) のあるヒゲクジラ亜目のクジラの総称; コクジラ (gray whale), セミクジラ (right whale), ナガスクジラ (finback) など; baleen whale ともいう; cf. toothed whale》. 〘1725〙
whále càlf *n.* 子クジラ《1 歳未満のもの》.
whále càtcher [**chàser**] *n.* 捕鯨船.
whále fáctory shìp *n.* 捕鯨母[工]船.
whále fìn *n.* クジラのひげ (baleen). 〘1612〙
whále físhery *n.* **1** 捕鯨業. **2** 捕鯨場. 〘1704〙
whále físhing *n.* =whale fishery 1.
whále·hèad, whále-hèaded stórk *n.* 〘鳥類〙=shoebill. 〘1884〙
whále lìne *n.* **1** (捕鯨用の)もり綱. **2** 《俗》(カウボーイの用いる麻製の)輪なわ.
whále·man /-mən/ *n.* (*pl.* **-men** /-mən, -mèn/) **1** 〘米〙捕鯨船員. **2** 捕鯨船. 〘1716〙
whále mèat *n.* 鯨の肉, 鯨肉.
whále òil *n.* 鯨油《工業的に使途が広い; train oil ともいう》. 〘*c*1435〙
whál·er[1] /-lə | -lə(r)/ *n.* **1** 捕鯨船員; 捕鯨船 (whaling ship). **2** =whaleboat. **3** 〘魚類〙ニューギニア・オーストラリアに分布するメジロザメ科 *Eulamia* 属の魚類の総称. **4** 〘豪俗〙(働かずに施し物を得て暮らす奥地の)浮浪者. 〘1684〙
whál·er[2] /-lə | -lə(r)/ *n.* **1** むち打つ人. **2** 《俗》とてつもなく大きい物 (whopper). 〘*a*1860〙
whále ròpe *n.* =whale line.
Whales /(h)wéɪlz/, **the Bay of** *n.* ホエールズ湾《南極大陸の Ross 海の入り江, Ross Ice Shelf の一部を成す; 米国の南極探険基地 Little America の所在地》.
whále's bòne *n.* 〘廃〙(セイウチまたはクジラと混同された動物の)きば: as white as ~.
whale shàrk *n.* 〘魚類〙ジンベイザメ (*Rhincodon typus*)《熱帯の海全域に生息するサメの一種; プランクトンなどを食べ無害; 体長 18 m に及ぶものがある》. 〘*c*1885〙
whále sùcker *n.* 〘魚類〙オオコバン (*Remilegia australis*)《クジラやイルカにくっつく大きな青いコバンザメ》.
whále-wàtch *vi.* 海に出て鯨を見る. — *n.* =whale-watching.
whále wàtching *n.* 鯨観察(会), ホエールウォッチング《鯨に近づいて船上などから観察する》.
whal·ing[1] /(h)wéɪlɪŋ/ *n.* 捕鯨業, 鯨猟. 〘1688〙
whál·ing[2] *n.* 〘口語〙殴打. 〘1852〙
whal·ing[3] *adj.* 〘口語〙でっかい. — *adv.* 〘口語〙[強意語として] ひどく, すごく.
wháling gùn *n.* 捕鯨砲, もり発射砲.
wháling màster *n.* 捕鯨船船長. 〘1863〙
wháling pòrt *n.* 捕鯨船の母港.

wháling shìp *n.* 捕鯨船. 〖1836〗

wham /(h)wǽm/ *n.* **1** どしん[ぐゎん, ばーん]という音《激しい衝突・打撃や爆発の音》. **2** 《口語》強い衝撃. — *int.* 《口語》どしん, ばーん. — *vt.* どしん[ぐゎん, ばーん]と打つ. — *vi.* どしん[ぐゎん]とぶつかる. — *adv.* 突然, だしぬけに. 〖(1739)《擬音語》〗

wham-bam[-bang] *adv.* 荒っぽく, 乱暴に, どしんばたんと. — *adj.* 荒っぽい, 乱暴な, 騒々しい, ものすごい, 強烈な. 〖1956〗

wham·mo /(h)wǽmou | -məu/ 《米俗》 *int.* ＝wham. — *n.* 躍動感, 活気. — *adj.* 力強い, にぎやかな. — *adv.* ＝wham.

wham·my /(h)wǽmi/ *n.* 《米俗》 **1** (幸・不幸をもたらすための)まじない, 魔法. **2** 不吉をもたらすもの, 縁起の悪いもの (jinx); 邪眼 (evil eye): put a [the] ～ on …にまじないをする, にけちをつける. **3** 強い力[攻撃], (特に)致命的な一撃. 〖(1940): ⇨ wham, -y²〗

wham·o /(h)wǽmou | -məu/ *int., n., adj., adv.* 《米俗》＝whammo.

whang /(h)wǽŋ/ *vt.* **1** 《口語》ぴしゃりと打つ, 強く打つ (beat, whack). **2** 《方言》むち打つ (thrash). **3** 《スコット》たたき切る (chop off). — *vi.* **1** 《口語》強く打つ. **2** 激しく攻撃する 〈*away*〉. **3** 《口語》〈太鼓などが〉どんと鳴る. — *n.* **1** 《口語》ぴしゃりと打つこと, 強打; 打つ音. **2** 《口語》ごーん, どーんという音. **3** 《英方言》**a** 革[皮]ひも (thong). **b** 革[皮]ひもを作る生皮. **4** 《英方言》厚切れ. **5** 《卑》＝penis. 〖(1536)《変形》← ME *thwang* 《異形》← THONG〗

Whang·a·rei /(h)wàːŋaːréɪ/ *n.* ワンガレー《ニュージーランド北島北部の港湾都市》.

wháng·dòodle *n.* 《俗》 **1** わけのわからぬ空想的生物. **2** 嫌いな物を激しく攻撃する人. **3** くだらないもの, たわごと (poppycock). **4** [*pl.*]《トランプ》＝rangdoodles. 〖(1858): ⇨ whang, doodle¹〗

whan·gee /(h)wæŋ(g)íː/ *n.* **1** 《植物》中国産マダケ属の数種のタケの総称《マダケ (*Phyllostachys bambusoides*), ハチク (*P. nigra*) など》. **2** それで作ったステッキ[乗馬むち]. 〖(1790) □ Chin. *huang-li* (黄黎)〗

whap /(h)wá(ː)p, (h)wǽp | (h)wɔ́p/ *v., n.* 《口語》＝whop.

whap·per /(h)wá(ː)pə, (h)wǽpə | (h)wɔ́pə^(r)/ *n.* 《口語》＝whopper.

whap·ping /(h)wá(ː)pɪŋ, (h)wǽp- | (h)wɔ́p-/ *adj., adv.* 《口語》＝whopping.

wha·re /(h)wá(ː)ri | (h)wɔ́ri/ *n.* 《NZ》 **1** (マオリ人の)小屋[住居]. **2** (特に海岸の低木地の)仮小屋. 〖((1778)) (1814) □ Maori *fare*〗

wha·re·pu·ni /(h)wá(ː)rɛpùni | (h)wɔ́r-/ *n.* 《NZ》マオリ族の大きな公会堂. 〖((1820)) (1846) □ Maori *fare-puri* ← *fare* (↑)＋*puni* covered up〗

wharf /(h)wɔ́əf | (h)wɔ́ːf/ *n.* (*pl.* **wharves** /(h)wɔ́əvz | (h)wɔ́ːvz/, **～s**) **1** 波止場, 岸壁, 埠頭(ふとう) (quay, pier). **2** 《Shak》河岸 (river bank); 海岸. — *vt.* **1** 〈船を〉波止場につなぐ. **2** 〈貨物を〉波止場に陸揚げする. **3** …に波止場の設備をする. — *vi.* 〈船が〉波止場に着く 〔*at*〕. 〖OE *hwearf* bank, crowd《原義》place where people move about ← Gmc **χwarb-* (Du. *werf* / G *Werft* pier) ← IE **kwerp-* to turn oneself〗

wharf·age /(h)wɔ́əfɪdʒ | (h)wɔ́ːf-/ *n.* **1 a** 波止場使用. **b** 波止場での物貨保管. **2** 波止場使用料, 埠頭料. **3** [集合的] 波止場. 〖(1469–71): ⇨ ↑, -age〗

wharf·ie /(h)wɔ́əfi | (h)wɔ́ː-/ *n.* 《豪口語》港湾労働者. 〖(1911): ⇨ wharf, -ie〗

wharf·in·ger /(h)wɔ́əfəndʒə | (h)wɔ́ːfɪndʒə^(r)/ *n.* 波止場の持ち主, 波止場[埠頭]管理人[会社]. 〖(1552–53)《変形》← *wharfager: ⇨ wharf, -er¹: -n- の挿入については MESSENGER, PASSENGER〗

whárf·màster *n.* 波止場の管理人. 〖*a*1618〗

whárf ràt *n.* **1** 《動物》ドブネズミ (brown rat)《波止場・倉庫などに多い普通のドブネズミ》. **2** 《口語》波止場ごろ《波止場あたりをごろごろして船や倉庫から品物をくすねたりする》. 〖1823〗

whárf·sìde *n.* 波止場のまわり. — *adj.* 波止場のまわりの. 〖1942〗

Whar·ton /(h)wɔ́ətn̩ | (h)wɔ́ː-/, **Edith** (**New·bold** /núːbould, njúː- | njúːbəuld/) *n.* ウォートン (1862–1937; 米国の小説家; *Ethan Frome* (1911), *The Age of Innocence* (1920); 旧姓 Jones).

wharve /(h)wɔ́əv | (h)wɔ́ːv/ *n.* ＝whorl 3. 〖OE *hweorfa* ← *hweorfan* to turn ← Gmc **χwarb-*: cf. wharf〗

wharves *n.* **1** wharf の複数形. **2** wharve の複数形.

what /(h)wát, (h)wá(ː)t | (h)wɔ́t/ *pron.* **1** [疑問詞として] **a** 何, どんなもの[こと], 何物, 何ごと; (金額などが)どれだけ, いかほど: *What*'s that (on the table)? (テーブルの上にある)あれは何ですか / *What* was that you said? 何とおっしゃったのですか / *What* made you do it? 何でそんなことをしたのですか / *What* is he? 彼は何をしている人[どういう人, どこの人]ですか《職業・性格・身分・国籍などを問う場合; cf. Who is he?》/ *What* do you take me for? 私を何者だと思っているのかね / *What* is he like? 彼はどんな風な人か (What kind of man is he?) / *What* do you call that? それは何という名前ですか / *What* will you name your child? 子供にどういう名前をつけますか / *What* is your name? お名前は / *What* is the price? 値段はいくらですか / *What*'s the meaning of 'wharfinger'? 'wharfinger' はどういう意味ですか / *What* will it cost? いくらかかるだろうか / *What* do you know about it? それについて君は何を知っているか / *What* do you know about that! これは驚いた, や, ほんとか (How surprising!) / *What*'s o'clock? 《英》＝*What*'s the time? 今何時ですか / *What of* him? ⇨ WHAT *of* …? / *What* is that to you? それが君にとってどうだというのか《かまわないではないか》/ *What* will people say? 世間は何というだろう / *What* is this doing on my desk? 何で机の上にこんな物があるんだ / I asked him ～ he remembered of it. それについてどんな事を覚えているか彼に聞いた / I don't know ～ he said. 彼が何を言ったか知らない / He knows ～ to do. 彼は何をすべきかを心得ている / I wonder ～ it is. はてなそれは何だろう / I know ～ it is to be in love. 恋がどんなものか知っている / I cannot guess ～ he was attempting. 彼が何を企てていたか推量しかねる / *What* followed is doubtful. その後がどうなったかよくわからない / *What* wouldn't I give to see her! 彼女に会えるなら何だってくれてやるのに / *What* don't I know about you? 君のことは何でも知ってるぞ / *What* can't he do? 彼にできないものがあるだろうか (He can do anything). **b** [前に言われたことの説明・反復を求めて; しばしば省略的に] 何(ですか): *What* (did you say)? ＝*What* (is it)? ＝*What* is it now? 何ですって, 何だね / You told him ～? 彼に何と言ったって / You need five ～? 五つ必要って, 何がですか / You claim to be ～? 自分が何者だと主張しているのですか / My ～, did you say? 私の何だとおっしゃったのですか. **c** [特に文末に用いて]《英口語》そう思いませんか, ええ: It's rather late, eh ～? 少々遅いじゃないか, ええ / A sort of anarchical fellow, ～? いわば無政府主義者じゃないか, ええ / That's a bit thick, ～? そいつは少々ひどいぜ, おい. **d** 《古》＝who.

2 /(h)wʌt, (h)wa(ː)t, (h)wət | (h)wɔt/ [関係代名詞として] (…する)もの[こと] (the thing(s) which, that or those which, anything that): *What* you say is true. ＝It is true ～ you say. 君の言うことは本当だ / Give me ～ you can. くれるだけ下さい / I will do ～ I can for you. できる事は何なりといたしましょう / Tell me ～ you remember of it. それについて覚えているだけのことを話して下さい / *What* followed was unpleasant. 次に起こったことは不愉快だった / *What* they need is [are] competent managers. 彼らが必要としているのは有能な支配人だ / Air is to us ～ water is to fish. 空気と人間との関係は水と魚との関係に等しい / *What* I have said I have said. 言ったことは言ったことだ《悪びれたりはしない》/ Say ～ you will [like, want], I still think it's a good idea. 君が何と言おうと, 私は今でもそれがよい考えだと思っている / But, ～ even you must condemn, he was lying. だが, 君だってとがめずにはいられまいが, 彼はうそを言っていたのだ / He said it, and, ～ is more (surprising), he did it. 彼はそう言ったし, さらに驚いたことにはそれを実行したのだ / Come ～ will [may], I am prepared for it. 何事があろうとも私は覚悟を決めている / That's not ～ I wanted. それは私の欲しかったものではない / *What* I wanted was for you to make me some tea. 私が望んだのはあなたにお茶を入れてもらうことでした / *What* must [will] be must [will] be. 《諺》《物事は》成るようにしかならぬ.

3 [感嘆用法]: *What* he has (not) suffered! どんなに彼は苦しんだことだろう / *What* these ancient walls could tell us! この古い城壁はいかに多くの事を物語ることか.

4 /(h)wʌt, (h)wa(ː)t, (h)wət | (h)wɔt/ [関係代名詞として] …するところの(人, 物) (that, which, who(m))《非標準的な用法》; 《廃》…するだれでも[だれであれ] (whoever): Mary is his own daughter ～ he's brought up. メアリーは彼が手塩にかけて育てた実の娘だ.

and* [*or*] *whàt nòt ＝***and* [*or*] *whàt háve you*** (列挙した後に)何やかや, など: I brought with me a knife, a can opener, a magnifying glass, *and* ～ *not*. ナイフや缶切りや拡大鏡などいろいろな物を持って来た / He called me fool *and* ～ *not*. 私をばかだの何だのとののしった. (1576) ***but whàt*** [否定語に続いて] …ない(ところの); …以外には: (There's) *Not* a man *but* ～ likes that ballerina. あのバレリーナを好まない男は一人もいない / Nobody saw the play *but* ～ it moved him deeply. その芝居を見て深く感動しない者はなかった / (There's) *Not* a day *but* ～ we hear some music. 音楽が耳に入らない日は一日もない / I *never* see him *but* ～ I think how nice he is. 彼に会うと必ず何ていいやつなんだろうと思う / I *don't* know *but* ～ I will. ほかにどうしようという気はない《まあそんなことにでもしよう》. ★ but what は but, but that などと意義・用法は同じであるが, 後者より口語的. (1586) ***Do you knów whát?*** ＝***Guéss whát!*** [相手が驚くことを知らせて]知らないだろう, 驚くなよ. ***Í knòw whát.*** ⇨ know¹ 成句. ***(I (will)) téll you whàt.*** 《口語》まあ聞きなさい, いい話[考え]がある. ***knów whàt's whát*** (1) 世事にたけている, 常識がある. (2) (ある事の)事情に通じている, 要領を心得ている 〔*about, in*〕. (*c*1400) ***nót but whàt*** ⇨ but¹ *conj.* 成句. ***Nów whát?*** それで(次は)どうなの[どうするの]. ***or whát?*** それとも何か[何をしようというのか]: Is it raining, or snowing, *or* ～? 降っているのは雨かね, 雪かね, それとも何かね / Are you trying to fool me, *or* ～? 私を愚弄しようとしてるのか, それともどうしようというのだ. (1842) ***or whàt nòt*** ＝***or whàt háve yòu*** ＝*and* WHAT NOT. ***sée … for whát it is* [*he is, she is, they are*]** …の正体[真価]を知る. ***Sò whát?*** [軽蔑・無関心・拒絶を表して]《口語》だからどうした(というのか), うんそれで, さあね. (1934) ***Téll you whát.*** ＝*I* (*will*) *tell you* WHAT. (1576) ***You knów whát?*** ⇨ know¹ 成句. ***Yòu whát?*** 《口語》 (1) [(ぞんざいに)聞き返して] 何だって. (2) [相手の発言に驚いて] 何だって. ***Whàt abòut … ?*** ⇨ about *prep.* 成句. ***Whàt abóut thàt!*** ＝*How about that!* (⇨ how¹ 成句) ***Whát do you sáy?*** 《口語》今日は, やあ《挨拶の言葉》. ***Whát do you sáy* (*to*) … ?** 《口語》…してはどうですか: *What do you say to* a game of chess [taking a walk]? チェスを一番どうですか[散歩はいかがですか] / *What* (*do you*) *say* we have a drink? 一杯やることにしないかね. ***whàt éver*** ⇨ whatever. ***whàt fór*** (1) 《口語》何のために, なぜ (why): We must study English.—*What for*? 我々は英語を学ばなければならない—何のために. (2) ⇨ what-for. (*c*1760) ***Whát … fòr?*** 何のために, なぜ: *What* are you studying English *for*? 何のために英語を学んでいるか. (1857) ***Whát if …?*** (1) …ならどうだろう: *What if* we were to try? やってみたらどうだろう. (2) …したってかまうものか: *What if* it's true? 本当だってかまうもんか. (1667) ***whàt is*** ＝WHAT's *what*. ***whát it tákes*** 《口語》(成功・人気を収めるのに)必要なもの《才能・勇気・魅力など》: She has (got) ～ *it takes*. ***Whát néxt!*** ⇨ next 成句. ***Whát of …?*** …はどうなのか[したのか]: *What of* him? 彼はどうした. ***Whàt óf it?*** ＝*What* ABOUT *it*? ***Whàt sáy?*** 《米口語》(1) 何ですって《聞き返す言葉》. (2) ＝WHAT *do you say* (*to* …)? (1825) ***Whát's to dó?*** 《米口語》(1) どうしたものか. (2) どうしたのか. ***Whát's úp?*** ⇨ up *adv.* 14 a. ***whàt's whát*** 《口語》ものの道理; (物事の)真相, 事情: I told him ～'s [～ *was*] ～. ⇨ *know* WHAT's *what*. ***Whàt thén?*** それから[その結果]どうなるのか; それでどうだと言うのか (What of that?). (1847) ***Whát though …?*** [*!*] 《古》たとえ…だって何だ: *What though* I fail! 失敗したってかまうものか. (1599) ***whát you may càll it*** ＝what-do-you-call-it.

— *adj.* ★ what に続く名詞が目的語のときはその名詞のほうが強く発音される. **1** [疑問詞として] どんな, いかなる, 何の (cf. which); いかほどの (how much, how many): *What* interesting books have you read? どんな本が面白かったですか / *What* good [use] is it? 何の役に立つのか / *What* manner of man is he? どういうタイプの人ですか / *What* matter? どうした; それがどうしたというのか《かまわないではないか》(What does it matter?) / *What* news? 何か変わったことがありますか / I don't know ～ plan he will try. 彼がどんなたくらみをするか私は知らない / I can always get by on my reputation.—*What* reputation? 私は名前が売れているのでいつも何とかやっていける—どんな名前ですか / *What* money have you got? いくら金を持っているか / *What* pudding is there left? プディングはどれくらい残っているのか. ★ What は不定の数について用い, 次のように特定の数について用いるのは《口語》: *What* (＝Which) book have you chosen? どの本を選んだのですか. **2** [感嘆用法] 何という (cf. how; しばしば反語的; cf. 副詞の感嘆用法): *What* an idea [ideas]! 何という途方もない考えだ / *What* a genius he is! 何という天才だろう / *What* a blessing! 何という幸せだろう / *What* impudence! 厚かましいにもほどがある / *What* rubbish you're talking! 何たるたわごとを言っているのか / *What* a pity it is! 情けないこともあればあるもの / She said ～ a fool he was. 彼は何というばかだろうと彼女は言った. **3** /(h)wʌt, (h)wa(ː)t, (h)wɔ(ː)t, (h)wət | (h)wɔt/ [関係詞として] (…する)その[あの], (…する)それら[あれら]の (that or those … which), (…する)だけの, (…する)どんな (as much [many] … as): Wear ～ clothes you please. どんな服でも好きなのを着なさい / I will give you ～ (little) help is possible. (たいしたことはできませんが,)できるだけの御援助はいたしましょう / Lend me ～ money [books] you can. 君の都合できるだけの金[本]を貸して下さい.

Whàt príce …? ⇨ price 成句. (1893) ***whàt tíme*** 《古》＝when, whenever *conj.* (1357) ***whàt wáy*** (1) 《英方言》＝how: *What way* was he killed? 彼はどのようにして殺されたのか. (2) 《スコット》＝why. (1570)

— *adv.* **1** どの程度, どのくらい (how much): *What* does it benefit you? それがどのくらい君の役に立つのか / *What* do I care? (そんなこと)かまうもんか / *What* does it matter? どうってことがあるもんか. **2** [感嘆用法] どれほど, どのくらい: *What* good [strange] ideas! 何というよい[変わった]考えだろう. **3** 《古》どんな風に[点で] (in what respect, how): *What* can I help you? / *What* are men better than sheep? どんな点で人間は羊より優れているか. **4** 《廃》何のために, 何故に (why).

whát with … and (***whát with***) **…** ＝***whát betwèen … and*** …や…(の理由)で. ★ 後の what with は省く方が普通: *What with* drink(ing) *and* being frightened he did not say much about the facts. 酔ってもおりおびえてもいたので彼はあまり事実を語らなかった / *What with* one thing *and* another, I'm afraid the work is still not finished. あれやこれで, 残念ですが仕事はまだ終わっていません. (1476)

— *conj.* /(h)wʌt, (h)wa(ː)t, (h)wət | (h)wɔt/ **1** 《方言》…だけ (as much as), …かぎり (as far as): He helped me ～ he could. 私にできるだけの援助をしてくれた. **2** [than の後で節を導く機能語として]: She can run better *than* ～ I can. 彼女は私よりもうまく走る.

— *int.* **1** [通例疑問文を伴って] 何だって, ええっ, おや, あら《驚き・怒り・困惑などを表す》: *What*, do you really mean it? へえー, 君それは本気で言ってるのか / *What*! no dinner? なに, 食事がないんだって / *What* ho! 《古》やあ, おい, おーい《挨拶または呼びかけ》. **2** (数量を表現するときにためらって)まあ, さあ: It is ～—some twenty miles off. まあ, 約 20 マイル離れている.

— *n.* [the ～] (物の)本質, (基本的)性格: *the* ～ of a thing / uncover *the* ～ and why of their relationship それらの関係の本質と理由を明らかにする.

〖OE *hwæt* (neut.) < Gmc **χwat* (Du. *wat* / G *was* / ON *hvat*) ← IE **kwod-* (L *quod*) (neut.) ← **kwo-* 'WHO'〗

what·cha·ma·call·it /(h)wʌ́tʃəməkɔ̀ːlɪ̥t, (h)wá(ː)-, -kɑ̀(ː)l- | (h)wɔ́tʃəməkɔ̀ːlɪt/ *n.* 《口語》＝what-

W

do-you-call-it. 〖(1928)《転訛》← *what you may call it*〗

what'd /(h)wάṭḷd, (h)wά(:)ṭ- | (h)wɔ́t-/《口語》what did の縮約形: *What'd* you say?

whát-do-you-càll-it[-them, -her, -him] /-ʤu- | -ʤu-, -dju-/ *n.*《口語》あの何とかいったもの[人たち, 女性, 人]. ★ 名前を忘れたときなどに代用する言葉; 普通は -d'you- または -d'ye- /-ḍi- | -di-/ と書くことが多い: Hand me one of those *what-d'you-call-thems*. その何とかいうやつを一つ渡してくれ. 〖1639〗

whàt·é'er *pron., adj.*《詩》=whatever.

what·ev·er /(h)wʌṭévə, (h)wα(:)ṭ-, (h)wəṭ- | (h)wɔt-évə^(r), (h)wət-/ *pron.* **1** [強意関係詞として] (…する)もの[こと]は何でも, (…する)もの[こと]は皆 (anything that): *Whatever* I have is yours. 私の持っている物は何でも君の物だ / Do ～ you like. 何でも好きなことをなさい / He will give ～ you may need. 君の必要なものは何でも[いくらでも]くれるだろう / *Whatever* next! ⇨ next *adv.* 成句. **2** [譲歩節を導いて] 何が[を]…しようとも, (…は)どんなものでも (no matter what): *Whatever* happens [may happen], I will go. 何事が起ころうと行くぞ / We will continue our policy, ～ your objections (may be). どんな反対があっても方針は変えない. **3**《口語》[強意疑問詞として; =what ever] いったい何が[を] (what in the world): *Whatever* (=What ever) has happened to [become of] him? 彼に一体何事が起こったのだ / *Whatever* do you want? 一体全体何がほしいんだ. ★ この場合 what ever と 2 語に書くのが正しいとされる; なお whenever 1, wherever 1, whichever 3, whoever 3 の ever でも同じことがいえる.

and whatèver élse その他同類のものを何でも.

or whatéver《口語》あるいは何でも[何か]類似のもの (or anything [something] similar): He is ill in bed with (the) measles *or* ～. はしかか何かそんなものにかかって床についている. 〖1905〗

── *adj.* **1** [強意関係詞として] どんな…でも, いかなる…でも, いくらの…でも: *Whatever* orders he gives are obeyed. 彼の命令は何事によらず服従される / Take ～ measures are considered best. 何なりと最良と考えられる処置をとりなさい. **2** [譲歩節を導いて] たとえ…でも (no matter what …): *Whatever* results (may) follow, I will go. どんな結果が起ころうともかまわず行こう / *Whatever* excuses he may make, we do not believe him. どんな言い訳をしようと我々は彼の言うことを信じない. **3 a** [主に any または否定辞のつく名詞・代名詞の後に置いて] 何らかの, 何らの…も, どの…でも (any kind, at all): Is there *any* chance ～? 少しは見込みがありますか / There is *no* doubt ～. 全く疑いはない / *No* one ～ would accept. だれにしたって承知はしないだろう / *Any* person ～ knows that. それはだれだって知っている. **b** [名詞の前に用いて] どんな…でも, 何らかの…(でも) (any … at all): I want any box of ～ size. どんな大きさでもよい, 何か箱が欲しい. **4** [強意疑問詞として] 一体どんな: *Whatever* contrivance is that? あれは一体全体どんな仕掛けなのか / I wonder ～ queer thing he'll do next. 彼は次には一体どんな変なことをするのかしら.

── *adv.* いずれにせよ, ともかく (whatever may be the case). 〖*a*1325〗

whát-fór *n.*《口語》罰; (特に)ひどくぶつこと, ひどくしかりつけること, 大目玉: give a person ～ ひどく打ち懲らす; きつくしかる. 〖← *what for* (⇨ what (pron.) 成句)〗

whát-íf *adj.* [限定的] 仮の, 仮説の. ── *n.* もしそうなったらという事態, 仮説の場合, 仮定. 〖1970〗

whàt-ís-it *n.*《口語》なんとかいう人[もの], 何やら, 某. ★ 名前を忘れたときなどに代用する語. 〖*a*1882〗

what'll /(h)wάṭḷ, (h)wά(:)ṭḷ; (h)wəṭḷ | (h)wɔ́ṭḷ/《口語》what will の縮約形.

what·man /(h)wά(:)tmən | (h)wɔ́t-/ *n.* ワットマン紙《画用紙の一種》. 〖(1880) ← *James Whatman* (18 世紀英国の製紙家)〗

whát·nòt *n.* **1** (骨董(こっとう)品・書籍などを載せる 19 世紀の)置き棚, すみ棚, 飾り棚. **2**《口語》何やかや, いろんな物, くだらない物; 得体の知れないもの[人]: intuitionism or ～ 直覚説だの何だの. **3** [*pl.*] (特に, 軽薄なスタイルの)下着. 〖(1540) ← *and* [*or*] *what not* (⇨ what (pron.) 成句)〗

what're /(h)wάṭə, (h)wά(:)ṭə, (h)wəṭə | (h)wɔ́tə^(r), (h)wɔt-/《口語》what are の縮約形.

what's /(h)wάts, (h)wά(:)ts; (h)wəts | (h)wɔ́ts/《口語》**1** what is の縮約形. **2** what has の縮約形. **3** what does の縮約形.

whàts-her-nàme ⇨ what's-its-name. 〖1816〗

whàts-his-nàme ⇨ what's-its-name. 〖1697〗

whats·is /(h)wάtsḷz, (h)wά(:)ts- | (h)wɔ́tsɪz/ *n.*《口語》=what's-its-name.

whats·it /(h)wάtsḷt, (h)wά(:)ts- | (h)wɔ́tsɪt/ *n.*《口語》=what's-its-name. 〖*a*1882〗

whát's-its[-his, -her]-nàme *n.* (*pl.* **what's-their-name**)《口語》何とかいうもの[男性, 女性] (thingamy): I never heard of John *what's-his-name*. ジョンなにがしという人のことは聞いたことがない. ★ 名前を忘れたときなどに代用する語. 〖1610〗

whát·sò *pron., adj.*《古》=whatever. 〖(?*c*1200)《短縮》← OE *swā hwæt swā*: ⇨ what, so[1]〗

whàt·so·é'er /-souέə | -έə^(r)/ *pron., adj.*《詩》=whatsoever.

what·so·ev·er /(h)wʌ̀tsouévə, (h)wὰ(:)t- | (h)wɔ̀t-səuévə^(r)/ *pron., adj.* whatever の強意形 (cf. whensoever). 〖*c*1250〗

what've /(h)wάṭəv, (h)wά(:)ṭ- | (h)wɔ́t-/《口語》what have の縮約形.

whát-you-may-càll-it[-them, -her, -him] *n.* =what-do-you-call-it[-them, -her, -him]. 〖1848〗

whau /(h)wɔ́:, (h)wά:/ *int.*《北英》=well[1], why. 〖擬音語〗

whaup /(h)wɔ́:p/ *n.* (*pl.* ～, ～**s**)《スコット・北英》〖鳥類〗ダイシャクシギ (*Numenius arquata*) (cf. curlew). 〖(*c*1512)《擬音語》: cf. OE *hwilpe* curlew: 鳴き声から〗

whaur /(h)wɔ́ə | (h)wɔ́:^(r)/ *adv., conj., pron., n.*《スコット》=where.

wheal[1] /(h)wí:ł/ *n.* **1**〖医学〗(蕁麻疹などの)膨疹, 丘疹. **2** (むち打ちなどによる)みみずばれ. 〖(1808)《変形》← WALE[1]: 《廃》*wheal* to suppurate (< OE *hwelian*) との連想による変形: cf. whelk[2]〗

wheal[2] /(h)wí:ł/ *n.*《英方言》鉱山. 〖(1830) ▭ Corn. *huel*〗

wheat /(h)wí:t/ *n.* **1** (穀物としての)小麦《植物も穀粒もいう》: ⇨ durum wheat, spring wheat, winter wheat / a ～ field 小麦畑 / (as) good as ～《米口語》非常によい. **2**〖植物〗コムギ (*Triticum aestivum*).

a gráin of whéat in a búshel of cháff ⇨ grain[1] 成句.

séparate (the) whéat from (the) cháff よいものと悪いものとを分ける.

〖OE *hwǣte* < Gmc **χvaitjaz* (Du. *weit* / G *Weizen* / ON *hveiti* / Goth. *hwaiteis*) ← **χwit-* 'WHITE'〗

barley oats rye wheat

whéat bèlt *n.* 小麦(栽培)地帯. 〖1863〗

whéat bùlb flỳ *n.*〖昆虫〗幼虫が小麦の茎を食害するヨーロッパ産のハエ.

whéat bùnt *n.*〖植物病理〗=bunt[3].

whéat càke *n.*《米》パンケーキ (pancake). 〖1772〗

whéat·èar *n.*〖鳥類〗ハシグロヒタキ (*Oenanthe oenanthe*)《サバクヒタキの類の小鳥》. 〖(1591) *wheatears*《変形》← **whiteeres*: ⇨ white, arse: その臀部(でんぶ)が白いことから〗

wheat·en /(h)wí:tṇ/ *adj.* 小麦(製)の, 小麦色の: ～ bread. 〖OE *hwǣten*: ⇨ wheat, -en[2]〗

whéaten térrier *n.* ウィートンテリア《アイルランド産の淡黄褐色の豊かな被毛の中形テリア》.

whéat gèrm *n.* 小麦麦芽. 〖1897〗

whéat·gràss *n.*〖植物〗=couch grass.

Wheat·ies /(h)wí:ṭiz | (h)wí:t-/ *n.*〖商標〗ホイーティーズ《米国 General Mills 社製の小麦のシリアル食品》.

Wheat·ley /(h)wí:tli/, **Phillis** *n.* ウィートリー (1753?–84; 米国の詩人; アフリカ生まれの女性で, 奴隷として連れてこられた).

whéat·mèal *n.*《英》ホイートミール《混ぜ物のない小麦をひいた無漂白の粗粉》. 〖OE *hwǣtemelu*: ⇨ wheat, meal[2]〗

whéat mìdge *n.*〖昆虫〗**1** ヨーロッパ・アメリカに生息するタマバエ科の昆虫 (*Sitodiplosis mosellana*)《その幼虫が畑の麦を食害する》. **2** =Hessian fly. 〖1840〗

whéat mosáic *n.*〖植物病理〗小麦などのウイルス病 (wheat rosette ともいう).

Whea·ton /(h)wí:tṇ/ *n.* ホイートン《米国 Illinois 州 Chicago の西にある都市》. 〖← *W. L. Wheaton* (初期の入植者)〗

whéat pìt *n.* (商品取引所における)小麦取引場所.

whéat rosétte *n.*〖植物病理〗=wheat mosaic.

whéat rùst *n.*〖植物病理〗小麦の銹(さび)病; 小麦の銹病菌.

Wheat·stone /(h)wí:tstoun | -stən, -stəun/, **Sir Charles** *n.* ホイートストーン (1802–75; 英国の物理学者; Wheatstone bridge の考案者).

Whéatstone bridge *n.*〖電気〗ホイートストーンブリッジ《4 個の抵抗および検流計を用いた電気抵抗測定回路; Wheatstone's bridge ともいう; cf. Schering bridge》. 〖(1872) ↑〗

whéat·wòrm *n.*〖動物〗コムギツブセンチュウ (*Anguina tritici*)《小麦などに寄生して小麦の穀粒に似た虫癭(ちゅうえい)をつくる線虫》.

whee /(h)wí:/ *int.* ひゃー, わーい《喜び・興奮・歓喜などを表す》. ── *vt.* [～ up として]《米俗》興奮させる, 有頂天にする. 〖(1898) 擬音語〗

wheech /(h)wí:x, (h)wí:k/ *vt.*《スコット》ひったくる, すばやく取り去る[奪う]. ── *vi.* 急ぐ, 急いで[すっとんで]行く. 〖(1808): 擬態語〗

whee·dle /(h)wí:dḷ | -dl/ *vt.* **1 a** 〈人を〉甘言で誘う, 口車に乗せる. **b** 口車に乗せて…させる〔*into*〕(⇨ coax[1] SYN): The salesman ～*d* me *into* buying the car. 外交員は私を口車に乗せてその車を買わせた / She ～*d* me *into* a good mood. うまいことを言って私に機嫌を直させた. **2 a** 〈人から〉〈物を〉甘言で得る〔*from, out of*〕: She ～*d* a promise [the money] *from* [*out of*] him. 彼を言いくるめて約束させた[その金を巻き上げた]. **b** 〈人〉から〈物を〉甘言で奪い取る〔*out of*〕: He ～*d* me *out of* the money. 口車に乗せて私からその金を巻き上げた.

── *vi.* 人の機嫌を取る, 甘言を用いる, お世辞を使う.

whéedle one's wáy 人を口車に乗せて[人に取り入って]進む〔*toward, into*〕: ～ *one's way into* a managership 上役などに取り入って支配人になる.

〖(1661) ← ? G *wedeln* to wag the tail, flatter ← *Wedel* tail: もと隠語〗

whée·dler /-dlə, -dlə | -dlə^(r), -dl-/ *n.* 口車に乗せる人. 〖1773〗

whée·dling /-dlɪŋ, -dl-/ *adj.* 口車に乗せる(ような). 〖1674〗

whée·dling·ly *adv.* 甘言で, 口車に乗せて. 〖1856〗

wheel /(h)wí:ł/ *n.* **1** (車の)輪, 車輪, ホイール (⇨ car 挿絵): an annular ～ 内歯歯車 / an eccentric ～ 偏心輪. **2** 車輪状の物: **a** (製陶用の)ろくろ(台) (potter's wheel): turn [make] pottery *on* a ～ ろくろを回して陶器を作る. **b** (ルーレットの円盤のような)賭博用の回転円盤. **c** (形・模様などが)円盤状のもの: a ～ of cheese 円盤状のチーズ. **d** 輪転花火. **e** 紡ぎ車 (spinning wheel). **3** (船の)舵輪(だりん), (自動車の)ハンドル (steering wheel) (⇨ handle 日英比較); (船の)舵手 (steersman): take the ～ ハンドルを握る / ⇨ *at* [*behind*] *the* WHEEL / put the ～ port [starboard] (⇨ port[2] *adv.*, starboard *adv.*). **4 a**《米口語》自転車. **b**《まれ》三輪車. **c** [*pl.*]《口語》自動車: Have you got ～*s*, or will you use public transportation? 車を持っていますか, それとも公共交通機関を使いますか. **5** 運命の車: Fortune's ～=the ～ of Fortune 運命の女神の紡ぎ車; 運命, 有為転変 / We may be rich at the next turn of the ～. 今度運が向けば金持ちになるかも知れない. **6** [通例 *pl.*] (事を動かす)原動力, 機構 (machinery): the ～*s* of government 政治機構, 政府機関 / turn back the ～*s* of progress 逆行する, 進歩を妨げる / the ～*s* of life (人体の)内臓とその機能 (cf. WHEEL of life). **7** [通例 the ～] 刑車《昔の拷問具》: break a person on *the* ～ 刑車に縛りつけて殺す / ⇨ *break a butterfly* [*fly*] *on the* WHEEL. **8 a** 輪転, 回転, 旋転 (cf. cartwheel): turn ～*s* とんぼ返りを打つ / the ～*s* and somersaults of gulls かもめの旋回と宙返り. **b** (時・歴史などの)反復, 変転 (cycle, round), 着実な進行: the ～ of history 変転する歴史. **9**〖軍事〗(軍隊・艦隊が隊列を組んだまま基準の軸を中心に行う)旋回運動. **10**〖海事〗**a** (汽船の)外輪, 外車 (paddle wheel). **b** (船の)プロペラ, 推進器. **11** [しばしば big を伴って]《口語》勢力家, 大物 (influential person): a *big* ～ in the party 党内の大立物. **12**《米俗》1 ドル. **13**〖古〗畳句, リフレイン《脚韻を踏んだ, stanza の最後の 4–5 行》(⇨ bob[3] 6).

at* [*behind*] *the whéel (1) (船・車の)舵輪(だりん)[ハンドル]を握って, 操縦[運転]して: sit *at* [*behind*] *the* ～ ハンドルの前に座(って運転す)る / fall asleep *at the* ～ ハンドルを握ったまま寝入る / Don't speak to the man *at the* ～. 舵手[運転手]に話しかけるな; 執務中の人の邪魔をするな. (2) 支配権を握って, 支配して, 管理して. 〖1840〗

bréak* [*crúsh*] *a bútterfly* [*flý*] *on the whéel (か弱いちょう[はえ]を刑車で殺すように)小さな事に過大な[大げさな手段]を用いる, 鶏を裂くに牛刀をもってする (cf. Pope, *Prologue to the Satires*). 〖1735〗

gréase* [*óil*] *the whéels (金の力で)事を円滑に運ばせる. 〖1809〗

on óiled whéels =*on* WHEELS (2).

on whéels (1) 車で, 車に乗って; 〈車が〉動いて (in motion). (2) 円滑に, するすると, すらすらと (smoothly, quickly): go [run] *on* ～*s*.

pùt a spóke in a person's whéel ⇨ spoke[2] 成句. 〖1656〗

pút* [*sét*] *one's shóulder to the whéel ⇨ shoulder 成句. 〖1621〗

sét* [*sít*] *high on the whéel 非常に幸運にする[である] (cf. *n.* 5).

sèt* [*pùt*] *the whéels in mótion 事を実行に移す, 行動を開始する.

spin one's whéels 〈努力などが〉空回りする, 無駄骨を折る, 効果が上がらないまま働きつづける (cf. wheelspin).

a whéel within a whéel = ***whéels within whéels*** 込み入ったからくり[事情], 複雑な機構; 底に底のある魂胆, 秘密行動 (cf. *Ezek.* 1: 16, 10: 10): There are more damn ～*s within* ～*s* here than you can possibly imagine. ここには想像もつかないようなひどく込み入った事情がある. 〖1709〗

whéel and áxle [the ―]〖機械〗輪軸《大円筒(=輪)と小円筒(=軸)とを一つの中心軸に固定し, 大円筒に巻いた綱を引いて小円筒に巻いた綱につるした重量を引き上げる装置; 重い物体を小さい力で引き上げることができる; 単一機械 (simple machine) の一種》. 〖*c*1773〗

whéel of fórtune [the ―] (1) 運命の女神の回す輪[紡ぎ車]; (人生の)変転 (cf. *n.* 5). (2) 回転円盤式賭博器[抽選器].

whéel of lífe (cf. *n.* 6) (1) =zoetrope. (2) [the ―] (仏教でいう)輪廻(りんね) (transmigration).

── *vt.* **1** 〈車を〉動かす, 押す, 引く: ～ a cart 荷車を動かす / ～ a barrow 手押し車を押す. **2** 車で運ぶ, 車に載せて運ぶ; (車の付いている物を)ごろごろと動かす: ～ a load of bricks れんがの荷を車で運ぶ / ～ *out* a table (脚輪 (casters) の付いている)テーブルをごろごろ引っ張り出す / Two bellboys ～*ed in* the trunks. 二人のボーイがトランクをごろごろと運び込んだ / I ～*ed* the invalid [child] to the door. 病人[子供]をドアのところまで車いすで運んだ. **3** 〈隊などを〉旋回させる. **4** …に車輪を付ける. **5** 回転させる (rotate). **6**《口語》〈人を〉(面接室などに)連れてくる, 通す〈*in*〉〔*into*〕. **7**《米》送電する. ── *vi.* **1** 方向を変える[転じる]〈*a*(*round*), *about*〉: He ～*ed around* in his chair. 椅子に腰かけたままぐるっと向き直った. **2**〖軍事〗〈隊などが〉旋回する: Right [Left] ～! 右[左]に向きを変え進め. **3** 〈鳥などが〉旋回する, ぐるぐる回る: An eagle ～*ed* (*around*) overhead. わしが上空を旋回していた. **4** 円滑に[すらすらと]進む. **5** 車に乗る, 車に乗って旅行する; 《口語》自転車[三輪車]に乗る. **6** 旋回する, (軸を中心に)回転する. **7** 〈意見・態度などが〉変わる〈*about, around*〉. **8** 揺れる (sway), よろめく (reel).

whéel and déal《口語》(商売や政治で)思いのままに事を運ぶ, 敏腕[辣腕(らつわん)]をふるう, 策略をめぐらす, 目的のためには手段を選ばぬ: He did a lot of ～*ing and dealing* to

W

get where he is. 彼は大いに敏腕を振るって[策を弄(ろう)して]今日の地位を築いた.《1961》 ***whéel óut*** (1) ⇨ *vt.* 2. (2)《(の良い)議論などを》持ち出す;〈人を〉担ぎ出す.
〖n.: OE *hwēol, hweogol* < Gmc **χwe(ʒ)ula* (Du. *wiel* / ON *hjōl*) ← IE **kwel-* to revolve (Gk *kúklos* 'CYCLE'). — v.: 《(?a1200)》← (n.)〗

wheel
1 strake
2 felly
3 spoke
4 linchpin
5 axle
6 hub *or* nave
7 axletree

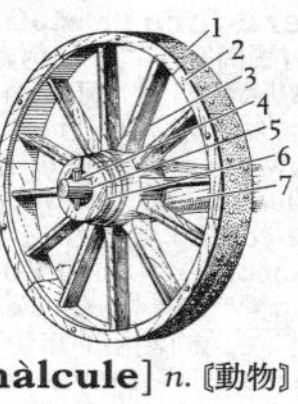

whéel ànimal [animàlcule] *n.*〖動物〗ワムシ (⇨ rotifer).〖1788〗
whéel àrch *n.*〖自動車〗ホイールアーチ《車体において, 車輪をその下に収めるためのアーチ状の部分》.
whéel·bàck *n.* ホイールバック《輪形の背のある椅子; その輪形の背板》.〖1902〗
whéel·bàrrow *n.* **1** 一輪(時に二輪以上)の手押し車, 猫車. **2** 手押し車競走《二人一組で一人が両手を地面につき, その両足をもう一人が支えて進む競走》: play ～ 手押し車の遊びをする. — *vt.* 手押し車で運ぶ.
〖《(n.: *c*1340; v.: 1721)》: ⇨ wheel, barrow[1]〗
whéelbarrow ràce *n.* =wheelbarrow 2.
whéel·bàse *n.* 軸距, ホイールベース《自動車などの前後の車輪間の距離, または前・後輪接地面中心間の距離; cf. tread 3》.〖1886〗
whéel bày *n.* =wheel well.
whéel bèarer *n.*〖動物〗ワムシ (⇨ rotifer).
whéel bràce *n.* ホイールブレース: **1** 車のホイールナットを締める[ゆるめる]ための工具. **2** ホイールを回転させて使うハンドドリル.〖1920〗
whéel bùg *n.*〖昆虫〗サシガメ (*Arilus cristatus*)《北米産; 背部に半円歯車状の突起がある; cf. conenose》.〖1815〗
whéel·chair /(h)wíːltʃɛ̀ə | -tʃɛ̀ə[r]/ *n.* (病人・身障者用の)車いす: roll a ～ 車いすを押して動かす / push a person in a ～ 車いすの人を押して行く / help a person into [out of] a ～ 車いすに乗る[から降りる]のを手助けする.〖*a*1700〗
whéelchair hòusing *n.*〖社会福祉〗車いす使用者用住宅 (cf. mobility housing).
whéel-clàmp *vt.*〈車〉に車輪クランプをはめる,〈人〉の車に車輪固定具をはめる.〖1980〗
whéel clàmp *n.* ホイールクランプ, 車輪固定具《違法駐車の車の車輪を固定する装置; 取り外すためには車の所有者は罰金を支払わねばならない; Denver boot ともいう》.
whéel còver *n.* ホイールキャップ《hubcap より大きく, 凝ったデザインのもの》.
whéel dòg *n.* ホイールドッグ《そり犬チームの中でそりに最も近くつながれる犬》.〖1922〗
wheeled *adj.* **1** [しばしば複合語の第 2 構成素として] 車輪のある, (…の)車[輪]の付いた: a four-*wheeled* carriage. **2** 車輪によって移動[機能]する: the entire absence of ～ traffic 車の交通が全然ないこと.〖1606〗
whéel·er /-lə | -lə[r]/ *n.* **1** 車で運ぶ者, 荷車引き. **2** =wheelhorse 1. **3** [複合語の第 2 構成素として] 車のある物, 車付きの物: ⇨ four-wheeler, side-wheeler. **4** 《口語》自転車乗り (cyclist). **5** 車大工 (wheelwright). **6** 《米俗》実力者, やり手.〖《1379》《廃》'wheeler dog': ⇨ wheel, -er[1]〗
Whee·ler /(h)wíːlə | -lə[r]/, **John Archibald** *n.* ホイーラー《1911–2008; 米国の物理学者》.
Wheeler, Joseph *n.* ホイーラー《1836–1906; 南北戦争当時の南軍の将軍, 後に米西戦争にも従軍した》.
Wheeler, Sir **(Robert Eric) Mortimer** *n.* ホイーラー《1890–1976; 英国の考古学者; 発掘・記録・解釈・保存という現代的方法を確立; Mohenjo-Daro や Harappa の遺跡の発掘で知られる》.
whéeler-déaler 《米口語》 *n.* 敏腕家, 辣腕(らつわん)家, やり手, 策士《wheeler and dealer ともいう》. — *vi.* 抜け目ない商売[策動]をする.〖1954〗
whéeler-déaling *n.* 《米口語》敏腕, 辣腕(らつわん), 策動.〖1968〗
Whée·ler Péak /(h)wíːlə- | -lə-/ *n.* ホイーラー山: **1** 米国 Nevada 州東部 Snake 山脈中の山 (3,982 m). **2** 米国 New Mexico 州北部 Sangre de Cristo 山脈中の山; 同州の最高峰 (4,011 m).
whéel èxcavator *n.*〖土木〗車輪形掘削機.
whéel·hòrse *n.* **1** (四頭立てまたは縦並びの二頭引き馬車の)後馬 (wheeler) (cf. leader 2 b). **2** 《米》堅実で有能な働き手.〖1708〗
whéel·hòuse *n.* 《米》〖海事〗=pilothouse.
wheel·ie /(h)wíːli/ *n.* (自転車・オートバイ・軽自動車などの)後輪走行, 曲乗り.〖《*c*1965》: ⇨ wheel, -ie〗
whéelie bin *n.* ホイーリービン《移動用ホイール付きの大型ごみ収容器》.
whéel·ing /-lɪŋ/ *n.* **1** 車で運ぶこと. **2** 《口語》自転車に乗ること. **3** (走っている車から見た)道の具合: It is good [bad] ～. 道がいい[悪い]. **4** 輪転, 回転.〖15C〗
Whee·ling /(h)wíːlɪŋ/ *n.* ホイーリング《米国 West Virginia 州北部, Ohio 河畔の都市》.〖□ ? N-Am.-Ind. (Lenape) *wihlink*《原義》the place of the head: ここで敵の囚人が処刑され, その首がさらされたことから〗
whéel làthe *n.*〖機械〗車輪旋盤.
whéel·less *adj.* **1** 車輪[外輪]のない. **2** 車のない.〖1824〗
whéel lòck *n.*〖銃砲〗**1** (輪燧(りんすい)銃の)輪燧発火機《回転する鉄輪に火打ち石を当てて発火させる仕掛け》. **2** 輪燧銃.〖1670〗
whéel·man /-mən/ *n.* (*pl.* **-men** /-mən, -mèn/) **1** 《米》(船の)舵手(だしゅ), 操舵員 (steersman). **2** 自転車乗り (cyclist). **3** 《俗》(特に逃走用の)自動車の運転手.〖1865〗
whéel òre *n.*〖鉱物〗車骨鉱 (⇨ bournonite).
whéel pànts *n. pl.*〖航空〗=spat[2] 2.
whéel·sèat *n.* 輪座《車輪の心棒がこしきにはまる所》.
whéel sèt *n.* ホイールセット《車軸 (axle) に取りつけた一対の車輪》.
whéels·man /-mən/ *n.* (*pl.* **-men** /-mən, -mèn/) 《米》=wheelman 1.〖1866〗
whéel·spìn *n.* ホイールスピン, 車輪の空回り[空転].〖1928〗
whéel stàtic *n.*〖通信〗車輪空電《車輪の回転で発生する静電気により自動車内のラジオに入る雑音》.
whéel-trèad *n.* (車輪の)踏面(ふみづら), トレッド (tread).〖⇨ tread (n.) 2 b〗
whéel-tùrned *adj.*〈陶器など〉ろくろにかけ(て造っ)た: ～ pottery.
whéel wèll *n.*〖航空〗(飛行機の脚を収納する)脚室《wheel bay ともいう》.〖1959〗
whéel wìndow *n.*〖建築〗(教会正面などの)車輪状の窓, 車輪窓《Catherine wheel ともいう》.〖1821〗
whéel·wòrk *n.*〖機械〗歯車仕掛け.〖1670〗
whéel·wrìght *n.* 車大工, 車輪製造人; 自動車の車輪の修理工.〖《1281》: ⇨ wheel, wright〗
Wheel·wright /(h)wíːlraɪt/, **John (Brooks)** *n.* ホイールライト《1897–1940; 米国の詩人》.
wheely bin *n.* =wheelie bin.
wheen /(h)wíːn/ 《スコット・北英》*adj.* 少しの (few): a ～ books わずかの本. — *n.* 少数, 少量; かなりの数[量]. ***a whéen*** (1) 少数(の) (a few)〔*of*〕: just *a* ～ *of* parcels 少しの包み. (2) [副詞的に] 少し, やや (a little).
〖OE *hwēne, hwǣne* a little, somewhat (instr.) ← *hwōn* few, little〗
wheesht /(h)wíːʃt/ 《スコット》*int.* しっ, 静かに. — *vt.* 静かにさせる. — *vi.* 静かになる. — *n.* 静けさ, 沈黙. ***Háud [Hóld] your whéesht!*** 静かにしろ.〖《1824》《異形》← WHISHT〗
wheeze /(h)wíːz/ *vi.* **1** ぜいぜい[はあはあ]息をする: He was still *wheezing* from his race. 走ったのでまだはあはあいっていた. **2** ぜいぜい[はあはあ]あえぐような音を出す. — *vt.* [～ out として] ぜいぜい息をして言う. — *n.* **1** ぜいぜい[はあはあ]いう音; ぜいぜい息をすること. **2** 《俗》[通例 a good ～ として] 策略, 方便, 名案. **3** 《俗》陳腐な冗談[格言, 逸話].〖《*a*1460》*whese(n)* □? ON *hvæsa* to hiss: cf. OE *hwǣst*〗
whéez·ing·ly *adv.* ぜいぜいあえぐような音を出して.〖1886〗
whee·zle /(h)wíːzl/ *vi.* 《スコット・北英》=wheeze.〖⇨ wheeze, -le[3]〗
wheez·y /(h)wíːzi/ *adj.* (**wheez·i·er; -i·est**) **1** ぜいぜい[はあはあ]言う; ぜいぜいする: a slightly ～ voice ややぜいぜいした声 / He gave a ～ chuckle ぜいぜい声でくつくつ笑った. **2** 《口語》巧妙な, 抜け目のない, 如才ない. **3** 《俗》古臭い, 陳腐な. **whéez·i·ly** /-zəli/ *adv.* **whéez·i·ness** *n.*〖《1818》: ⇨ wheeze, -y[4]〗
whelk[1] /(h)wélk | wélk/ *n.*〖貝類〗**1** エゾバイ《北大西洋・北太平洋にすむエゾバイ科の貝の総称》; (特に)ヨーロッパバイ (*Buccinum undatum*)《カキの養殖場に害を与える》. **2** *Busycon* 属の各種の大型エッチュウバイの類の総称《カキ・オオノガイなどに有害》. — *vi.* エゾバイを採取する.
〖OE *weoloc* ← Gmc **weluka-* (MDu. *welc* whelk / ON *vil* intestines) ← IE **wel-* to roll (L *volvere* to turn)〗
whelk[2] /(h)wélk/ *n.* **1** 吹出物 (pimple); 小膿包 (pustule). **2** みみずばれ (welt).〖OE *hwylca* ← ? *hwelian* to suppurate: cf. wheal[1]〗
whelked /(h)wélkt | wélkt/ *adj.* 巻き貝状の, ねじれた: a ～ horn ねじれた角(つの).〖*a*1560〗
whélk tìngle *n.*〖貝類〗=dog whelk.
whelk·y /(h)wélki/ *adj.* 吹出物のある.〖《1822》: ⇨ whelk[2], -y[4]〗
whelm /(h)wélm/ *vt.* **1** 《方言》(物を覆うために)〈皿・器などを〉伏せる;〈物を〉(…の上に)かぶせる〔*over, on*〕: He ～*ed* a pot *over* each plant. 各々の植物の上に鉢をかぶせた. **2** 《詩・文語》水に沈める (submerge),〈洪水・雪・闇などが〉のみ込む, すっぽりと覆う (engulf): Darkness ～*ed* the whole village. 村はどこもすっぽりと闇に包まれた. **3** 《詩・文語》〈驚き・悲しみなどで〉圧倒する, 押しつぶす (overwhelm)〔*in, with*〕: ～ a person *in* sorrow(s) 人を悲嘆に暮れさせる.〖《*a*1325》*whelme(n)* to turn over《混成》? ← *whel(ven)* (< OE *hwylfan* to bend over)+(*hel*)*men* (< OE *helmian* 'to cover, HELM[2]')〗
whelp /(h)wélp/ *n.* **1 a** 犬の子, 子犬 (puppy). **b** 《古》(ライオン・トラ・ヒョウ・クマ・オオカミ・オットセイなどの)子 (cub). **2 a** 《軽蔑》青二才, 若造. **b** 《戯言》子供, ちびすけ. **3**〖機械〗=sprocket 2 a. **4** [通例 *pl.*]〖海事・機械〗(巻揚げ機 (windlass) の)胴のうね. — *vt.* **1**〈犬・ライオンなどが〉〈子を〉産む: The bitch ～*ed* a large litter. 雌犬はたくさんの子犬を産んだ. **2** 《軽蔑》〈女性が〉〈子を〉産む. — *vi.* 子を産む.〖n.: OE *hwelp* puppy < Gmc **χwelpaz* (G *Welf* / ON *hvelpr*): 《擬音語》?. — v.: 《(?*c*1200)》← (n.)〗
when /(h)wén/ *adv.* **1** [疑問詞として] **a** いつ (at what time, on what occasion): *When* did you see him last? この前彼に会ったのはいつでしたか / *When* shall we see his like again? 彼のような人にはまたいつ会えるだろうか《会えまい》/ *When* will he return? いつ帰って来るのか / *When* is the meeting? 会合はいつですか / *When* will the wedding be? 結婚式はいつ行われますか / *When* is it? いつですか / I don't know ～ it was. いつのことだったか知らない / I asked him ～ it was. それはいつだか彼に尋ねた / He asked us ～ to eat. いつ食べたらよいかを尋ねた. **b** どの時点で (at what point): *When* shall I stop pouring? 注ぐのをいつ止めましょうか.
2 /(h)wɛn/ [関係詞として] **a** [制限的用法] (…する[した])ところの(とき): It was a time ～ personal computers were rare. それはパソコンが珍しい時代であった / There are occasions ～ we are unreasonably dispirited. むやみに元気のない時がある. **b** [非制限的用法] (…すると)そのときに, (…して)それから; (…と)ちょうどそのときに (and (just) then, whereupon): I shall be back before noon, ～ we shall send for him. 正午までには帰って来るから, それから彼を呼ぶことにしよう / I was about to reply, ～ Jones cut in. 返事をしようとしているとジョーンズが口をはさんだ / The conflict began, ～ it soon appeared which was the stronger. 闘争が始まるとすぐどっちが強いか明らかになった / We were just coming to the point, ～ the bell interrupted us. ちょうど要点にさしかかるとベルが鳴って邪魔された. ★ 2 番目以下の例の when は接続詞と解してもよい. **c** [先行詞なく名詞節を導いて] (the time when): That's ～ we are busiest. それは我々が一番忙しい時だ / Now is ～ I need him most. 今が彼を一番必要とする時だ / I told him ～ to eat. いつ食べたらよいかを彼に教えた. **3** 《米口語》以前, (特に)今のように有名でなかった時に: I knew him ～. 昔[無名時代]の彼と知り合いだった. **4** 《廃》(いらだちの叫びとして)さあ.
Sáy whén! 《口語》いいとき言いたまえ. ★ 相手に酒をつぐときなどの言葉; この返事は 'When.' 「いいよ」, あるいは 'That's enough [fine].' など. ***whèn éver*** 一体いつ: *When* will they *ever* learn? 一体いつになったら彼らは覚えるのだろうか / *When* did I *ever* say so? = *When ever* did I say so? 一体いつ私がそう言ったか.
— /(h)wɛn/ *conj.* **1 a** (…する[した])ときに: *When* it rains, he stays at home. 雨が降ると彼は外出しない / *When* push comes to shove, firmness is needed. いよいよとなると断固たる態度が必要だ / It was past two ～ we began. 始めたときは 2 時を過ぎていた / He exclaimed ～ he saw me. 私を見たときに彼は叫んだ / He will go ～ he has had his dinner. 食事をしたら行くでしょう / ～ due 期限には / ～ in position 位置に収まると / ～ ready 用意ができると / ～ seated 席に着くと / ～ speaking 話しているとき / *When* (he was) king, ... 王であったころ... / He looked in ～ passing. 通りすがりに立ち寄った / *When* found, make a note of it. 見つかったら書き留めておきなさい / His mind went back to ～ he was a student. 彼の思いは学生時代へ戻って行った / You were lucky to buy it ～ you did. あのとき買っていて君は運がよかった. **b** [特に過去完了の主節に続いて] (主節の動作について)...するとすぐ (cf. SCARCELY ...*when*): He had just fallen asleep ～ someone knocked at the door. 眠ったと思ったらだれかがドアをノックした. **2** ...のときにはいつも (whenever): It is cold ～ it snows. 雪が降ると寒い / *When* he reads books, he falls asleep. 彼は本を読むといつも寝てしまう. **3** ...にもかかわらず, ...なのに (whereas, although): He walks ～ he might ride. 彼は車に乗ってもいいのに歩く / How can you do so, ～ you know it annoys me? 私の気に障ることを知りながらどうしてそんなことをするのか / How can I convince him ～ he will not listen? 耳を傾けようとしないのにどうして説き伏せられようか. **4** ...を思うと, ...と考えると (considering): How can I refuse ～ refusal means death? 拒めば殺されるのにどうして拒めよう / *When* I think what I have done for him! あの男にあんなに尽くしてやったことを思うと《感無量だ》. **5** ...ならば (if): You shall have it ～ you say, 'Please'. 「どうぞ」と言ったらそれをあげますよ.
— *pron.* ★ 前置詞の目的語として用いられる. **1** [疑問詞として] いつ (what time): *Till* ～ can you stay? いつまで滞在できますか / *From* ～ does it date? それはいつからのことですか / *Since* ～ has he been ill? いつから具合が悪いのですか / *Since* ～ are you an expert on wine? いつからワインの専門家になったんだ. **2** [関係詞として] そのとき (which time): He came on Monday, *since* ～ things have been better. 彼は月曜に来たが, そのとき以来事情は好転した.
— *n.* [the ～] 時 (time), 場合 (occasion): *the* ～ and where [how] 時と所[方法] / I don't remember *the* ～ of my first visit. 最初の訪問がいつだったか思い出せない.
〖adv. & conj.: OE *hwænne, hwanne* ← Gmc **χwana* (MDu. *wen* / G *wann* when & *wenn* if / Goth. *hwan*) ← IE **kwo-*. — pron.: 《14C》← (adv.). — n.: 《1616》← (adv.): cf. who, what〗
whèn·ás *conj.* **1** 《古》=when, whenever; inasmuch as, while. **2** 《廃》=whereas, although.〖《1423》← WHEN+AS[1]〗
whence /(h)wéns, (h)wénts/ 《古・文語》*adv.* ★ 今はこの代わり from where, where ... from, from which などを用いるのが普通 (cf. whither). **1** [疑問詞として] **a** いずこより, どこから (from what place): *Whence* did you come? 君はどこから来たのか (Where did you come from?) / No one knows ～ she comes. 彼女がどこの出身かだれも知らない. **b** どうして, なぜ (how, why): *Whence* comes it that he is here? いかなる理由で彼がここにいるのか (How comes it that ...?).
2 /(h)wens/ [関係詞として] **a** [場所の先行詞を伴って] (そこから)...するところの (from which): the source ～ (=

W

from which) these evils spring これらの悪の起こる源. **b** [先行詞を伴わずに] (そこから)…するところの場所へ[で, から] (to [in, from] the place from which): Return ~ (=to the place from which) you came. 君の来た所へ戻れ / He abides ~ (=in the place from which) he sent me. 私をよこしたその所に彼はいる / She comes ~ he came. 彼が来たのと同じ所から彼女は来ている. **c** [非制限的用法] (そして)そこから (from which place [source]); (そして)そのために (wherefore): There was no reply, ~ he inferred [concluded] that all had gone. 返事がなかったので皆出かけたのだと推論[推断]した.

— *pron.* [from の目的語として] ★ これは冗長であるとする見方もある. **1** [疑問詞として]: *From* ~ is he? 彼はどこから来た人か / He inquired (*from*) ~ the water came. 彼は水はどこから来るのかと尋ねた. **2** [関係詞として]: the source (*from*) ~ (=from which) it springs それが発する[生ずる]源.

— *n.* 由来, 来た所, 根源 (source): We know neither our ~ nor our whither. 我々はどこから来てどこへ行くか知らない.

〖(?*c*1225) *when(ne)s, whannes* ← *whenne, whanne* (< OE *hwanon(e)* whence ← Gmc **χwan-* (OHG *(h)wanana* whence): cf. when) + -s²: cf. once, thence〗

whènce·soéver *adv.* 《文語》どのような場所[原因, 由来]で…しても. — *conj.* どこから…しても. 〖1511〗

whèn·é'er *adv., conj.* 《詩》=whenever.

when·ev·er /(h)wènévə, (h)wən- | -və⁽ʳ⁾/ *conj.* **1** (…するときは)どんなときでも, いつ…しても (at whatever time): I'll see him ~ he wants to come. 彼が来たいときにいつでも私は会いましょう / I am ready ~ the summons comes. いつ呼び出しが来ようと用意ができている / I hope you'll come and play ~ you feel inclined to. 気の向いたときはいつでも来てお弾(ᵒ)き下さい. **2** 《スコット・アイル》…のときはすぐ (as soon as): We will go to have our dinner ~ the clock strikes two. 時計が2時を打つとすぐ正餐を食べに行く. — *adv.* 《口語》 **1** 一体いつ (when ever) (⇨ whatever *pron.* 3 ★): *Whenever* did I say so? **2** [or ~] そのころ: in 1947 *or* ~ 1947年かそのころ / I'll see him at 9 or 11 *or* ~. 9時か11時かあるいはそのころに彼に会います. 〖(?1380): ⇨ when, ever〗

whén-íssued *adj.* 〈有価証券が〉発行日付の.

when'll /(h)wénl/ 《口語》when will の縮約形.

when's /(h)wénz, (h)wéndz/ 《口語》 **1** when is の縮約形. **2** when has の縮約形.

whèn·soé'er *conj., adv.* 《詩》=whensoever.

whèn·soéver *adv., conj.* 《文語》whenever の強意形 (cf. whosoever, whatsoever, etc.). 〖*c*1390〗

whe·nu·a /(h)énuə/ *n.* 《NZ》=land¹. 〖(1770) ◻ Maori *fenwa, wenua*〗

where /(h)wéə | (h)wéə⁽ʳ⁾/ *adv.* **1** [疑問詞として] どこに[で, へ], どの位置に[へ], どっちへ, どの方向へ (in what direction or part); どこから (from what place); どうして, どの点で (in what respect); どういう情況に (in what circumstances): **a** [直接疑問で]: *Where* is my hat? 私の帽子はどこにありますか / *Where* are the children? 子供たちはどこにいますか / *Where* is everybody? みんなどこにいるのか / *Where* is there a hotel? (この辺に)どこかホテルはありませんか / *Where* am I? ここはどこですか《気絶していた人などが気がついて言う言葉》/ *Where* are you going? どこへお出かけですか / *Where* are you looking? どこを見ているのですか / *Where* did you read [hear] that tale? どこでその話を読んだか[聞いたか] / *Where* does the analogy fail? その類推はどの点で誤っているか / *Where* does it concern us? それはどの点で私たちに関係があるのか / *Where* do you feel the pain? どこが痛むのか / *Where* did we leave off reading? この前どこまで読んだっけ / *Where* are you getting off? (バスなどで)どこで降りますか (cf. *tell where to* GET *off*) / *Where* shall we be if prices go up now? 今物価が上がったら我々はどうなるだろうか / *Where* will you be if you offend him? 彼を怒らせたら君はどうなるのか. **b** [間接疑問で]: I told [asked] him ~ she lived. 彼女の住んでいるところを彼に教えた[尋ねた] / Nobody knows ~ she lives. 彼女がどこに住んでいるのか知っている者がない / He showed me ~ they were. 彼らの居所を教えてくれた / I don't know ~ to find him. 彼がどこにいるのかわからない / He doesn't know ~ to look. (恥じ入って)目のやり場がない / He went away I don't know ~. どこか知らない所へ行ってしまった. **c** 《古》[see, look, behold の目的節として]: *See* [*Look, Behold*] ~ he comes! ほら彼がやって来た (Here [There] he comes!). **2** /(h)wεə | (h)wεə⁽ʳ⁾/ [関係詞として] **a** [制限的用法] (…する[した])ところの(場所, 点, 状況, 段階) (at, in which): the place ~ they live 彼らの住んでいる所 / This is the house ~ he was born. ここが彼の生まれた家だ / the place (~) the treasure is buried 宝の埋めてある場所 / The situation has reached a stage ~ we need mass intervention of the Federal government. 状況は連邦政府の大規模な介入を必要とする段階に達している. ★ where の代わりに関係副詞 that を用いたり,《口語》ではこれらの語を省くことがある. 先行詞が place の場合は省略が特に多い. **b** [先行詞なく名詞節を導いて] …する場所[点]: This is ~ I live. これが私の住んでいる所[住まい]です / That is ~ you are wrong. そこが君の間違っている点だ / I walked over to ~ she sat. 彼女の座っている所へ歩いて行った / It happened a yard from ~ I stood. それは私の立っている所から1ヤード離れた所で起こった / *Where* he is weak is in his reasoning. 彼の弱点は推論のやり方だ. **c** [非制限的用法] (…すると)そこで (and there): I went to Honolulu, ~ I found her. 私がホノルルへ行ったら彼女がいたのだ.

whère awáy (1)〖海事〗どっちの方向だ (in what direction)《海上で見張りの者が陸地などを認めたという報告に対しての反問》: *Where away?* (2) =whereaway. 〖1535〗

whère éver 一体どこに[へ]: *Where ever* are you going? 一体どこへ行くのですか / *Where ever* have you been all this time? 一体今までどこに行っていたのか.

— /(h)wεə | (h)wεə⁽ʳ⁾/ *conj.* **1 a** …する[した]所に[へ, を]; …する場合に[で]: He now lives ~ he used to. 今はもといた所に住んでいる / Go ~ you like. (どこでも)好きな所へ行きなさい / *Where* there's a will, there's a way. ⇨ will² 1 / *Where* there's life, there's hope. 《諺》命あっての物種 / Some people worry ~ it does no good. 何の役にも立たないのにくよくよする人もある. **b** …する点で, …することに関して; …する限りでは: *Where* you affirm, he denies. 君が肯定する事に関して彼は否定する / He is a good psychologist ~ women are concerned. 女性にかけては心理を読むのが上手だ. **c** =whereas 1. **2** 《米口語》=that. ★ この用法は広く用いられているが, よくないという人もある: I see ~ (=that) prices are going up. 物価が上がっていることがわかる.

— *pron.* **1** [疑問詞として] どこ, どんなところ; どの点 (what place): *Where* from? どこから / *Where* to? どこへ / *Where* have you come from? どこからおいでになりましたか / *Where* do you come from?=*Where* are you from? どこから来ましたか, 出身地はどこですか / *Where* is he *at*? 彼はどこにいるのか / *Where* are you going (*to*)? どこへおいでですか. ★ 上の例で at を添えるのは非標準的用法; to は《口語》で, 冗長的. **2** [関係詞として]《俗用》(…する[した])ところの(場所) (which): That is the place ~ he comes from. それが彼の出身地です. ★ where のない the place he comes from が普通.

whére a person is át 《俗》人の本当の地位[状態, 性質]: I know ~ *she's at*. 彼女の本当の状態を私は知っている.

whére it's (áll) át 《俗》(場所・物事など)一流のもの, 流行の先端を行くようなもの[出来事]; 核心, 真相; その物ずばり: This is ~ *it's at*. ずばりこれだ. ★ 現在ではあまり使われない. 〖(1903)〗 *whére a person is cóming fròm* 《俗》〈人が〉何を考えているのか, どういうつもりなのか; (人の)言いたいこと, 意図: I got through to her because I knew ~ *she was coming from*. 私は彼女が何を考えているのか知っていたので彼女に話を理解してもらえた.

— *n.* その場所, そこ, その光景: The ~s and whens [hows] are important. その場所と日時[方法]が重要だ.

〖OE *hwǣr* < Gmc **χwar* (Du. *waar* / G *wo* (cf. *warum* why) / ON *hvar* / Goth. *hwar*) ← IE **kwo-*: cf. who, when〗

where·a·bout /adv. ⌐—⌐, ⌐—⌐ | ⌐—⌐; *n.* ⌐— ⌐/ *adv., n.* =whereabouts. 〖*a*1300〗

where·a·bouts¹ /(h)wὲᵊrəbáuts, ⌐—⌐ | (h)wὲərə-báuts/ *adv.* **1** どの辺に, どのあたりに, どこいらに (about where): I don't know even ~ to look. どのあたりを捜していいのかさえわかりません / *Whereabouts* did you put it? どの辺に置いたのか. **2** 《廃》何の用で, どんな仕事で: *Whereabouts* goest thou? 何の件で出かけるのか. 〖(*a*1415): ⇨ -s² 1〗

where·a·bouts² /(h)wέᵊrəbàuts | (h)wέər-/ *n. pl.* [単数または複数扱い] 居所, 所在, ありか, 行方: They knew his ~. / His present ~ are [is] unknown. 彼の現在の居所は不明だ.

whère·áfter *adv.* 《文語》その後, それ以来. 〖(*c*1410) *wherafter*〗

where·as /(h)wὲᵊrǽz, (h)wὲr-; (h)wər- | (h)wὲər-; (h)wər-/ *conj.* **1** [主節と対照・反対の節を導いて] …のに, …のにかえって, ところが(事実は) (when in fact); …その反対に, それに反して: I hate, ~ you merely dislike, him. 君は単に彼を嫌うに過ぎないが私は彼を憎む / One calls it politeness, ~ in fact it is nothing but weakness. 人はそれを礼儀正しさというが, ところが実は, 弱さ以外の何ものでもない / He believes X, ~ I believe Y. 私は Y を信じるのに彼は X を信じる. **2** …で見ると, …という事実から見れば (considering that); …なるがゆえに (since), …なるについては. ★ 特に, 法律的用語として緒論を述べる際に用いる: *Whereas* it hath seemed good to the King's majesty, …国王陛下の聖旨に基づき…. **3** 《古》=where 1.

— *n.* **1** ("whereas" という語で始まる)但し書き[制限]条項. **2** 〖法律〗前文 (preamble).

〖(*c*1350): ⇨ as (conj.)〗

where·at /(h)wὲᵊrǽt, (h)wὲr-, (h)wər- | (h)wὲər-, (h)wər-/ *adv.* 《古》 **1** 何で (at what): *Whereat* are you offended? 何で腹を立てているのか. **2** [関係詞として] **a** [制限的用法] (それで…する)ところの (at or upon which): I know the things ~ you are displeased. 君の気に入らない点を知っている. **b** [非制限的用法] すると, そこで (whereupon): The girl wept; ~ he shed a few tears himself. 少女が泣いた, そこで彼も少しもらい泣きをした. 〖*c*1250〗

whére·awày *adv.* 《方言》=whereabouts¹.

where·by /(h)wὲəbáɪ | (h)wὲə-/ *adv.* **1** [関係詞として] **a** (それによって…する)ところの (by which): Tell me the signs ~ he shall be known. 彼だとわかるしるしを教えて下さい / a deal ~ the workers got more and the stockholders got less 労働者がより多くを, 株主がより少なく得た協約. **b** 《古》それによって, そこで (whereupon): *Whereby* I saw that he was angry. それによって私は彼が怒っていると知った / We heard firing, ~ we made for the place. 銃声が聞こえたのでそちらへ向かった. **2** 《古》[疑問詞として] 何で, 何によって (by what), どうして (why), いかにして (how): *Whereby* shall we know him? 何によって彼を見分けるか. 〖?*a*1200〗

where'd /(h)wέəd | (h)wέəd/ 《口語》 **1** where would の縮約形. **2** where had の縮約形. **3** where did の縮約形.

wher·e'er /(h)wὲᵊréə, (h)wər- | (h)wεəréə⁽ʳ⁾, (h)wər-/ *adv.* 《詩》=wherever.

whère·fór *adv.* 《古》そのために (for which). 〖(*c*1300): ⇨ for¹ (prep.)〗

where·fore /(h)wέəfɔə | (h)wέəfɔː⁽ʳ⁾/ *adv.* **1** 《古・文語》[疑問詞として] **a** 何のために (for what): *Wherefore* was I born? 私は何のために生まれたのか (Shak., *Richard II* 2. 3. 122). **b** どうして, どういうわけで, なぜ (why): I know not ~ it befell. どうしてそうなったか私は知らない / *Wherefore* do you weep? なぜ泣くのか / *Wherefore* (are you) so sad? なぜそんなに悲しいのか / O Romeo, Romeo, ~ art thou Romeo? ああロメオ, ロメオ, なぜあなたはロメオなのですか (Shak., *Romeo* 2. 2. 33). **2** [関係詞として] **a** [制限的用法] (…した)ところの (for which): the reason ~ I say so 私がそう言う理由. **b** [非制限的用法] その理由で, そんなわけで (and therefore): *Wherefore*, let us not despise our neighbor. だから隣人を軽蔑するのはよそう. — *n.* [通例 *pl.*] いわれ, 理由 (reason): the whys and ~s of it その理由. ★ しばしば why を伴う. 〖(*c*1200): ⇨ for (prep.)〗

whère·fróm *adv.* 《古》 **1** [疑問詞として] どこから, どっちから. **2** [関係詞として] (そこから…する)ところの (from which); そこから, それから. 〖1490〗

where·in /(h)wὲᵊrín, (h)wər- | (h)wὲər-, (h)wər-/ *adv.* 《文語・古》 **1** [関係詞として] (そこで…する)ところの (in which); そこに, そのときに, その点で: points ~ we differ 我々の意見の相違する点 / A long battle ensued, ~ we got the better. 長い戦闘が続き, その戦いで我々が勝った. **2** [疑問詞として] 何の中に (in what); 何で, どこに, どの点で: *Wherein* does this differ from the other? これはどの点で他と違うのか. 〖?*c*1200〗

whèrein·soéver *adv.* 《文語・古》wherein の強意形. 〖1526〗

where·ínto *adv.* 《古》 **1** [疑問詞として] どこへ, 何の中へ. **2** [関係詞として] (その中へ…する)ところの (into which): I have a room ~ no one enters save myself. 私以外だれも入らない部屋がある. 〖1539〗

where'll /(h)wέəl | (h)wέəl/ 《口語》 **1** where will の縮約形. **2** where shall の縮約形.

whère·óf *adv.* 《古・文語》 **1** [疑問詞として] 何の, 何について, だれの, 何から: *Whereof* was the house built? その家は何で造られているのか. **2 a** [関係詞として] (それ[その人]について…する)ところの (of which or whom); そのことについて: the matter ~ we spoke 我々が話したその問題. **b** 《廃》そのために. 〖?*a*1200〗

whère·ón *adv.* 《古》 **1** [疑問詞として] 何の上に, だれの上に, だれに: *Whereon* is your trust? 君はだれを当てにしているか. **2** [関係詞として] (その上に…する)ところの(…); すると (whereupon): the rock ~ the house is built 家の建ててある土台岩 / *Whereon* she smiled. すると彼女はほほえんだ. 〖?*a*1200〗

whère·óut *rel. adv.* 《古》=out of which. 〖1340〗

where're /(h)wέᵊrə | (h)wέərə⁽ʳ⁾/ 《口語》where are の縮約形.

where's /(h)wέəz | (h)wέəz/ 《口語》 **1** where is の縮約形. **2** where has の縮約形.

whére·sò *conj., adv.* 《古》=wheresoever.

where·so·é'er *adv.* 《詩》=wheresoever.

whère·so·év·er *conj., adv.* 《文語・古》wherever の強意形. 〖*a*1325〗

whère·thróugh *rel. adv.* 《古》 **1** (…を通って…する)ところの (through which). **2** (…の)そのために (on account of which). 〖(*c*1225): cf. G *wodurch*〗

whère·tó *adv.* **1** [疑問詞として] **a** 《文語》何へ, 何まで, どこへ. **b** 《廃》何の目的で, 何のために. **2** [関係詞として]《文語・古》(…へ…する)ところの (to which); するとそれに対して: the point ~ they hasten 彼らの急いで行く地点 / He asked them their business, ~ they replied. 彼は彼らに用件を尋ねた, すると彼らはそれに答えた. 〖?*c*1200〗

whère·únder *rel. adv.* 《古》(その下で…する)ところの (under which); その下で: the trees ~ they rested 彼らがその下で休んだ木. 〖(*a*1325): cf. G *worunter*〗

whère·untíl *adv.* 《方言》=whereto.

whère·untó *adv.* 《古》=whereto. 〖1423〗

where·up·on /(h)wὲᵊrəpá(ː)n, -pɔ́(ː)n, ⌐—⌐ | (h)wεərəpɔ́n, ⌐—⌐/ *adv.* **1** [関係詞として] **a** (物語などの文頭によく用いて)そのゆえに, その結果として (in consequence), そこで, それから (after which): *Whereupon* he left us. それから彼は立ち去った. **b** 《古》(その上に[そこで]…する)ところの (upon which). **2** [疑問詞として] =whereon. 〖*a*1325〗

where've /(h)wέəv | (h)wέəv/ 《口語》where have の縮約形.

wher·ev·er /(h)wεᵊrévə, (h)wær-, (h)wər- | (h)wεərévə⁽ʳ⁾, (h)wər-/ *conj.* **1** (…するところは)どこでも, どこに[へ]でも, どこで[に, へ]…しても: Sit ~ you like. どこでもお好きな所にお掛けください / He will get lost ~ he goes. 彼はどこへ行ってもきっと道に迷う / He goes ~ I go. 私の行くところはどこへでも彼も行く / *Wherever* she went she made new friends. 彼女はどこへ行っても新しい友だちができた / He comes from Glossop, ~ that may be. 彼はグロソップの出身だ, どこにあるのか知らないが. **2** …するどのような場合にも: *Wherever* there is genius, there is pride. 天才にはいつでも高慢が付きまとう. — *adv.* [疑問詞 where の強意形として驚き・当惑を表す] **1** 《口語》一体どこに[へ] (where ever) (⇨ whatever *pron.* 3 ★): *Wherever* are you going? 一体どこへ行くつもりなのか.

W

2《口語》[or ～] どんな所で[へ]でも: I'll go to London, Paris, *or* ～. ロンドンでもパリでもどこへでも行く. 〖(*c*1300): cf. OE *hwǣr ǣfre*〗

whère·wíth *adv.*《古》**1** [疑問詞として] 何で, 何によって (with what): *Wherewith* shall they be fed? 彼らに何を食べさせたらいいのか. **2** [関係詞として] **a** (それで…する)ところの (with which): He was without even a shirt ～ *to* cover his body. 体を覆うシャツさえなかった. **b** そのために (by reason of which). **c** そこで (whereat): *Wherewith* I woke. そこで私は目を覚ました. ― *pron.* [次に不定詞を伴って]それで…するところのもの: Here is ～ *to* build the school. ここに学校を建てる資金がある. ― *n.*《まれ》=wherewithal. 〖?*c*1200〗

whére·withàl *adv.*《古》=wherewith. ― *pron.* =wherewith. ― *n.* [the ～]《口語》(目的を達するのに要する)資力, 資金: He lacked *the* ～ *to* bring up his family. 子供を養育するだけの資力がなかった. 〖1535〗

wher·ret /(h)wɛ́rɪt | (h)wɛ́rət/《方言》*vt.* 打つ, なぐる. ― *n.* 打撃, 平手打ち. 〖(1577) ← ?《擬音語》〗

wher·rit /(h)wɛ́rɪt | (h)wɛ́rɪt/ *vt.* 悩ませる, 気をもませる. ― *vi.* **1** 悩む, 気をもむ. **2** 不平を言う, 嘆く. 〖(1762) ← ?《方言》*thwert* 'THWART'〗

wher·ry /(h)wɛ́ri/ *n.* **1** (主に川で貨物や人を運ぶための)はしけ, (喫水の浅い手漕ぎの)小舟, 渡船. **2**《米》一人乗り競漕用スカル. **3**《英》はしけとしては大型の幅広い帆船《貨物の運搬・魚漁用》; ウェリー型小舟《人を乗せる手漕ぎの小舟》. ― *vt.* wherry で運ぶ. 〖(1443) *whery* ← ?: cf. wharf, whir(r), ferry〗

whérry·man /-mən/ *n.* (*pl.* **-men** /-mən, -mɛ̀n/)《英》ウェリー型小舟の水夫. 〖1535〗

whet /(h)wɛ́t/ *vt.* (**whet·ted; whet·ting**) **1**〈刃物を〉研ぐ, 磨く (sharpen): ～ a knife [scythe] ナイフ[かま]をとぐ. **2**〈食欲・欲望・好奇心などを〉刺激する, 鋭敏にする, 増進する (stimulate): ～ the [a person's] appetite / His words ～*ted* my curiosity. 彼の言葉で私は好奇心をそそられた. **3**《廃》〈人を〉そそのかす (incite); …するように勧める. ― *n.* **1** 鋭くすること, 研磨. **2** 刺激物, (特に)食欲を増進するもの, (食前の)一杯 (dram). **3**《方言》**a** ひと仕事 (turn). **b** (鎌などの一度研いでから次に研ぐまでの)使用期間. **c** 間, 時間 (time, while). 〖*v.*: OE *hwettan* < Gmc **χwatjan* (Du. *wetten* / G *wetzen*) ← **χwattaz* sharp (OE *hwæt* bold, sharp) ← IE **kwed-* to sharpen. ― *n.*: (*a*1628) ← (v.)〗

wheth·er /(h)wɛ́ðə | -ðə(r)/ *conj.* **1** [間接疑問を導いて] …かどうか; …かまたは…か.

語法 (1) 名詞節を導く whether には whether … or not, whether or not …と or not を省略した三つの形がある. or not が or no となることもあるが前者が一般的: I wonder ～ he will go himself *or* (～ he will) send you. 彼が自分で行くかあるいは君を代わりに出すかどちらだろうか / It doesn't matter ～ he is here *or* (～ he is) in London. 彼がここにいようとロンドンにいようとそれは問題ではない / I don't know ～ it is raining (*or not*).=I don't know ～ (*or not*) it is raining. (=I don't know if it's raining (*or not*).) 雨が降っているかどうか知らない / I don't know ～ he will be here. 彼が来るかどうか知らない / He asked ～ he could help. お手伝いできましょうかと尋ねた / I doubt (～) he can help. 彼が助けることができるかどうか疑わしい / It is doubtful [uncertain] ～ he will come. 彼が来るかどうか疑わしい[確かでない] / I am doubtful (as to) ～ it is true (*or not*). それの真偽については私には疑いがある / A question arose (as to) ～ it is true *or not* [～ *or not* it is true]. その真偽について問題が生じた / *Whether* we shall go to him *or* he will come to us will not matter much. 我々が彼のもとへ行くかまたは彼が我々の所へ来るかは大した問題でなかろう / *Whether or not* these books are satisfactory as textbooks depends on the way the teacher makes use of them. これらの本が教科書として満足なものであるかどうかは教師の使用法のいかんによる. (2) 同じ用法に if も用いるが, 上の最後の 2 例のように名詞節が文頭に立つときには if でなく whether を用いる; また or not などが続くときは whether が普通であるが, (特に米国の)口語では if も用いる: I asked him if (=whether) he was coming or not. (3) whether は不定詞句も導く: I don't know ～ to go away *or* stay where I am. 行くべきか今いるところに留まるべきかわからない / I don't know ～ to go away *or* stay where I am *or* return home.《俗》行くべきか今いるところに留まるべきか家に戻るべきかわからない. (4) 古くは直接疑問にも用いた: *Whether* shall we live or die? 生きるべきか死ぬべきか.

2 [譲歩の副詞節を導いて] …であろうとなかろうと(いずれにせよ): ～ for good *or* for evil よかれあしかれ / *Whether* good *or* evil, the result will be interesting. よかれあしかれおもしろい結果になりそうだ / *Whether* he comes *or not*, the result will be the same. 彼が来ようが来まいが結果は同じだろう / *Whether* we help *or not*, the enterprise will fail. 我々が手を貸しても貸さなくてもその事業は失敗するだろう / *Whether* we like it *or not* [*Whether or not* we like it], such are the facts. 気に入ろうと入るまいと事実はその通りだ / I'll see you again―～ (it is,《古》it be) in London *or* in New York I don't know. またお会いしましょう―ロンドンかニューヨークかはわかりませんが. ★ 古くは対をなす各 clause に帰結文を伴うこともあった: *Whether* we live, we live unto the Lord; and ～ we die, we die unto the Lord. 我ら生くるも主のために生き, 死ぬるも主のために死ぬるなり (*Rom.* 14:8).

whéther or nót [《古》***nó***] いずれにせよ, どっちみち (in either case); いやでも応でも, 必ず; ともかく (in any case): We must stick to it ～ *or not.* どうしてもそれを固守しなければならない / I hate officiousness at all times, ～ *or not.* いつでもお節介は絶対に嫌いだ. 《1650》

― *pron.*《古》**1** 二者のいずれか, どちらか (which of the two) (cf. *Acts* 1:24)): *Whether* of them, think you, is the worse? どちらが悪いと思うか. **2** 二者のどちらでも: Let them take ～ they will. どちらか好きな方を取らせよ. 〖OE *hwæþer* which of two < Gmc **χwaþaraz* (G *weder* neither / ON *hvaðarr* / Goth. *hwaþar*) ← **χwa-* 'WHO' + **-þar* '-THER': cf. either〗

whét·stòne *n.* **1** 砥石(といし), 砥. **2** 刺激物, 興奮剤; 才知をみがく物; 激励者, 他山の石. 〖OE *hwetstān*: ⇨ whet, stone: cf. Du. *wetsteen* / G *Wetzstein*〗

whét·ter /-tə | -tə(r)/ *n.* **1** (刃物を)研ぐ物, 研磨器. **2** (食欲・欲望・好奇心などを)刺激する人[物]. 〖1556〗

whew /hwjúː, hjúː/ ★ 実際の発音は口笛ないしささやきに似たような音. 単語として読むときには /fjúː, hjúː/ と発音する. *int.* ひゃー, へえーっ, やー《通例, おどけた驚き・失望・不快・安心などを表す; ⇨ phew》. ― /fjúː, hjúː/ *n.* 'whew' という音[声]. 〖(?*a*1400) *quhewe*:《擬音語》〗

Whew·ell /hjúːəl | hjúːəl, -ɛl/, **William** *n.* ヒューエル《1794–1866; 英国の哲学者・数学者》.

whey /(h)wéɪ/ *n.* 乳漿(にゅうしょう), 乳清, ホエー《チーズを造るとき凝乳と分離した液》: ⇨ CURDS and whey. **～·like** *adj.* 〖OE *hwæġ* ← Gmc **χwaja-* ← ?: cf. Du. *wei*〗

whéy bùtter *n.* ホエーバター《乳清中に含まれている脂肪分を集めて造ったバター》. 〖*a*1722〗

whéy chèese *n.* ホエーチーズ《乳清で造った質の悪いチーズ》.

whey·ey /(h)wéɪi/ *adj.* 乳清のような. 〖(1547): ⇨ whey, -y[1]〗

whéy·fàce *n.* (恐怖・病気などのために)青ざめた顔; 顔色の青白い人. 〖1597〗

whéy-fàced *adj.* (恐怖で)顔の青ざめた. 〖1649〗

whey·ish /(h)wéɪɪʃ/ *adj.* 多少乳清のような. 〖1565〗

whf.《略》wharf.

whfg.《略》wharfage.

Whi.《略》(London の) Whitehall.

which *pron.* **1** /(h)wítʃ/ [疑問詞として, 特定数の事物について] どの人, どっちの人[もの] (cf. what): *Which* do you like better? どちらの方が好きか[よいか] / *Which* of you am I to thank for this? これに対してはあなた方のどちらにお礼申し上げたらいいのですか / *Which* of the ladies has come? その女性のうちだれが来たのですか / *Which* of the two is the prettier [《口語》prettiest]? その二人のうちどちらがきれいですか / *Which* of you shall we say doth love us most? おまえたちのうちだれがいちばん愛してくれるかな (Shak., *Lear* 1. 1. 53) / *Which* will you take, tea or coffee? 紅茶とコーヒーのどちらにしますか / I don't mind ～. どちらでもかまいません / Says ～?《米俗》何ですって / Say ～ you would like (the) best. どれがいちばん欲しいか言ってごらん / I don't know ～ is ～. どれがどれかわからない / to see ～ went best with ～ どれがどれと一番よく調和するかを確かめるために.

2 /(h)wɪtʃ/ [関係詞として] ★ 所有関係は of which で表すが, 口語では whose も用いられる. **a** (1) [制限的用法] (…する)ところの: This is the book (～) I chose. これが私の選んだ本です / The meeting (～ was) held in the park was a failure. 公園で開かれた会合は失敗に終わった / the house in ～ I once lived 私が一時住んだことのある家 / a thing for ～ there is no use 全く用のない物 / I gave him a year in ～ to write it. それを書くのに 1 年間の余裕を与えた / the room of ～ the door was closed=the room the door of ～ was closed=the room *whose* door was closed ドアの閉まっている部屋 / a city *whose* mayor I once was [of ～ I once was (the) mayor] 私がかつて市長をした市. (2) [that を先行詞として] (…する)ところの: There was *that* about the place ～ filled me with a sense of dreariness. その場所には私をすっかりわびしくさせるものがあった / That ～ (=What) is done is done. 済んだことは済んだことだ. (3)《古》=who: Our Father ～ art in heaven, Hallowed be thy name. 天にましますわれらの父よ, 願わくは御名のあがめられんことを (*Matt.* 6:9). (4) [性格・機能・役割を示す人を先行詞として]: He is not the man ～ his father wants him to be. 彼は父親が望んでいるタイプの人間ではない / John is not the scholar ～ Mary is. ジョンはメアリーと違って学者ではない. **b** [非制限的用法; 名詞・文または文の一部を先行詞として] ところがそれは[を], ところが…であるが: He said he saw me there, ～ was a lie. そこで私を見たと言うがそれはうそだった / The river, ～ is tidal, is full of shipping. この川は潮がさし込むので船舶の出入りが多い / He looked like a soldier, ～ indeed he was. 彼は軍人のように見えたが, 事実その通りだった / If anything bad should happen―～ God forbid!―What will you do? 万一何か悪いことが起こったら―そんなことがありませんように―あなたはどうしますか / She desired me to dine, ～ I did. 彼女が私に食事をしてほしいと言ったので私はそうした / [先行詞に先立って] Moreover, ～ you will hardly credit, he was not there himself. おまけに, 君はこんなことは信じないだろうが, 彼自身そこにいなかったのだ. **c**《古》[接続詞を伴って]: *Which* when he saw, thither ran he. それを見るとそちらへ走って行った. **d** [先行詞なしに名詞節を導いて] どれでも(…する)もの (one [any] that, whichever): Here are three books; choose ～ you like best. 本が 3 冊ある, そのうちのどれでもいちばん好きなのを取りなさい. **e** [通例前置詞の後で the ～ として]《古》=which: For *the* ～, as I told you, Antonio shall be bound. それに対しては, 今も言うとおり, アントーニオが責任をもつ (Shak., *Merch* V 1. 3. 4).

whìch éver 一体どちら: *Which ever* are you going to choose? 一体どっちを選ぶつもりか.

― /(h)wɪtʃ/ ★ which に続く名詞が目的語のときはその名詞のほうが強く発音される. *adj.* **1** [疑問詞として, 特定数の事物について] どっちの, どちらの, どの (cf. what): *Which* way shall we go? どちらの道を参りましょうか / *Which* teacher of all those you were under did you like best? 教わったすべての先生のうちどの先生がいちばん好きでしたか / Say ～ chapter you prefer. どっちの章の方がよいと思うか言ってごらん.

2 [関係詞として] **a** そしてこの[これらの]. ★ 通例先行詞の細目を総合再説する名詞に付けて用いる: A smile and a sixpence, ～ equipment is within most people's reach, will suffice. ほんの微笑と 6 ペンス銀貨一つ, これくらいの用意は大抵の人にできるが, それでことは足りよう / He told me all he had suffered, ～ things were well-nigh incredible. 彼は自分の受けた苦しみの一切を話したがそれはほとんど信じ難いことだった / He came at noon, at ～ time I am usually in the garden. 彼は正午にやって来たがその時刻には私はたいてい庭にいる / He began insulting me, at ～ point I left. 彼は私を侮辱し始め, その時点で私は立ち去った. ★ the man ～ his (=whose) head was cut off「首をはねられた人」のような構文は方言. **b** (…するところの)どの[どんな]…でも (whichever, any … that): Try ～ method he pleased, he could not succeed. どんな方法を試みても成功しなかった / *Which* way I fly is Hell. どちらへ逃げても地獄だ (Milton, *Paradise Lost*). **c** [the ～]《古》=which: Of *the* ～ thing I spoke unto her. そのことについて彼女に話した.

〖OE *hwilċ* < Gmc **χwalīkaz* what like (Du. *welk* / G *welch*) ← **χwa-* 'WHO' + **līka-* body: ⇨ lich〗

which·awáy *adv.*《米口語・方言》**1** [疑問詞として] どこへ[に], どこで; どのように(して) (cf. thataway). **2** [関係詞として] (…する)どんな仕方でも. ***every whichaway*** 乱雑に. 〖1909〗

which·ev·er /(h)wɪtʃɛ́və | -və(r)/ *adj., pron.* ★ 特定数の人・事物について用いる. **1** [強意関係詞として] どちら(の…)でも, どっち(の…)が…でも, どっち(の…)でも (any that): I will take ～ (book) you reject. どちら(の本)でも君がいやだというのをもらおう / Please take ～ (of them) suits you best. (それらのうち)どれでも一番都合のよいのをお取り下さい / Which one do you want?―*Whichever.* どれが欲しいですか―どれでも. **2** [譲歩の副詞節を導いて] どちら(の…)が…でも, どちら(の…)を…にせよ (no matter which … may): *Whichever* side wins, I shall be satisfied. どちら側が勝とうと私は満足だ / *Whichever* you may choose, it must be once and for all. どちらを選ぶにせよ一度限りにしなければならない. **3** [強意疑問詞として]《口語》一体どちら (which ever) (⇨ whatever *pron.* 3 ★): *Whichever* are you going to choose? 一体どっちを選ぶつもりか. 〖*c*1395〗

which·soéver *adj., pron.*《古》whichever の強意形. 〖*c*1450〗

whick·er /(h)wíkə | -kə(r)/ *vi.* **1** くすくす[忍び]笑いをする (snicker, titter). **2**〈馬が〉いななく, ひんひんなく (whinny). ― *n.* いななき. 〖(*a*1656)《擬音語》: ⇨ -er[4] 2: cf. G *wiehern* to neigh〗

whid[1] /(h)wíd/ *vi.* (**whid·ded; whid·ding**)《スコット》音を立てずにさっと動く. 〖(1728) ←《廃》～ (n.) squall of wind ← ? ON *hviða*〗

whid[2] /(h)wíd/ *n.* **1** [通例 *pl.*]《英俗》語, 言葉 (word). **2**《スコット》うそ (lie), ほら. 〖(1567) ← ? OE *cwide* speech, word〗

whid·ah /(h)wídə | (h)wídə/ *n.*〖鳥類〗=whydah.

whiff[1] /(h)wíf/ *n.* **1** (風の)一吹き (puff, gust); (たばこの)一服; ぷんとくるにおい (waft): a ～ of sea air, decaying leaves, etc. / I got [caught] a ～ of a good cigar as he passed. 彼が通ったとき上等の葉巻の香りがぷんとした / take [have] a ～ or two (たばこを)一, 二服吸う / a very faint ～ of gas とてもかすかなガスのにおい / I want a ～ of fresh air. 新鮮な空気が一息ほしい. **2** 気味, におい (savor, smack): This book has some [a certain] ～ of anarchism. この本には多少無政府主義のにおいがある. **3** (たばこを吸う人や機関車などの出す)一吹きの煙, ぽっと立ち昇る湯気: a ～ of smoke. **4** 悪臭: There's quite a ～ (of garlic) in here! この中はひどくニンニクの嫌なにおいがする / ⇨ whiffy. **5** ぷーっと[ひゅーっと]いう音. **6 a** (ちょっとした癇癪(かんしゃく)などの)破裂: This little ～ of temper seemed to cool him down. こうして少々むかっ腹を立てたので冷静になったらしい. **b** (弾丸などの)発砲, 発射 (discharge). **c** 醜聞 (scandal). **7** 小さい葉巻. **8**《米口語》(ゴルフ・野球で)ボールの打ち損じ, 空振り; 三振.

a whiff of grápeshot ぶどう弾の発射《民衆運動の抑圧に銃砲を用いること; 1795 年の Napoleon の行動から; Carlyle, *The French Revolution*》. 《1837》

― *vt.* **1** 柔らかく吹き送る, ぷっと吹き飛ばす. **2**〈たばこの煙を〉吹き出す;〈パイプなどを〉ふかす, 吸う. **3**〈においなどを〉かぐ (sniff). **4**《俗》〖野球〗〈打者を〉三振させる. ― *vi.* **1** 風に漂う. **2** ぷっと吹くような音を出す. **3** たばこをふかす. **4**《口語》(不快な)においがする〔*of*〕: It ～*s of* garlic in here!=This room ～*s of* garlic! ここは[この部屋は]ニンニクのにおいがする. **5**《米口語》〖野球〗〈打者が〉三振する;〖ゴルフ〗空振りする.

～·er *n.* 〖(1591)《擬音語》: cf. ME *weffe* gust, vapor ← ?〗

whiff[2] /(h)wíf/ *n.*〖魚類〗**1** 北大西洋産のヒラメ科の魚 (*Lepidorhombus whiffiagonis*). **2** ヒラメ科 *Citharichtys* 属の魚類の総称. 〖1713?〗

whiff[3] /(h)wíf/ *vi.*〖釣〗水面近くえさを引いて釣る. 〖(1836) ← ? WHIFF[1] (v.): cf. whip〗

whiff[4] /(h)wíf/ *n.* 《英》小舟, スカル. 〚《1859》: ⇨ whiff[1]〛

whif·fet /(h)wífɪt | -fɪt/ *n.* **1** 《米》小犬 (small dog). **2** 《米口語》小男, 若造, つまらない人. 〚《1839》《変形》← WHIPPET: WHIFF[1] との連想による: ⇨ -et〛

whif·fle /(h)wífl/ *vi.* **1 a** 〈風が〉ひとしきり吹く, 軽く吹く, そよぐ. **b** 〈風などが〉ひゅっという音を発する. **2** 〈木の葉・炎が〉揺れる (flicker); 方向が変わる. **3** 意見[行動]をあれこれと変える, いろいろに言い抜ける, いい加減なことを言う. — *vt.* **1** (風の一吹きなどで)吹き散らす, 吹き払う. **2** 〈旗・剣などを〉振り動かす. **3** 〈船を〉あちこちの方角へ向ける. **4** 〈意見・行動などを〉ぐらつかせる. — *n.* **1** 空気のかすかな揺れ, そよぎ. **2** 《米口語》ホイッフル《第二次大戦中に米軍兵士の間で広まった, 短く刈り込んだ髪型; whiffle cut ともいう》. 〚《1568》(freq.) ← WHIFF[1]: ⇨ -le[3]〛

whíffle·bàll *n.* ホイッフルボール《あまり飛ばないように幾つか穴をあけた中空のプラスチックのボール; ゴルフの練習用》; ホイッフルボールでやる野球ごっこ. 〚1965〛

whíffle cùt *n.* 《米口語》=whiffle 2.

whíf·fler[1] /-flə, -flə | -flə(r), -fl-/ *n.* **1** 意見[態度]がしばしば変わる人. **2** 議論で意見が定まらない人, 言い抜けする人. 〚《1659》: ⇨ whiffle, -er[1]〛

whif·fler[2] /(h)wíflə | -flə(r)/ *n.* 〔歴史〕(行列の)露払い, 先導役《武装して行列や見せ物の先導を務める》. 〚《1539》《廃》*wiffler* armed attendant ← *wifle* (< OE *wifel* battle-ax)+-ER[1]〛

whíffle·trèe *n.* 《米》=whippletree. 〚異形〛

whif·fy /(h)wífi/ *adj.* ぷんとにおう, いやなにおいのする, 臭い (smelly). 〚《1849》← WHIFF[1] (n.)+-Y[4]〛

whig /(h)wíg/ *vi.* (**whigged; whig·ging**) 《スコット》てくてく歩く (jog along). 〚《1666–67》《廃》to drive briskly: cf. OE *wecgan* to agitate & *wicg* horse〛

Whig /(h)wíg/ *n.* **1** 《英》ホイッグ党員; [the ~s] ホイッグ党《1688 年以後は Tory 党と並ぶ英国の二大政党; 19 世紀中葉以後は今の自由党 (Liberal Party) となった》. **2** 〔米史〕**a** (独立戦争当時の)独立党員, 革命派の人《Loyalist または Tory の反対党員》. **b** ホイッグ党員《1834 年ごろ民主党 (Democratic Party) に対抗して結成され, 1856 年共和党 (Republican Party) がこれを引き継いだ》. **3** ホイッグ: **a** 17 世紀のスコットランドの長老教会員または(反徒とみなされた)盟約者 (Covenanter) (cf. true blue 2 a). **b** 1679 年王弟(後の James 二世)をカトリック教徒という理由で王位継承から排除しようとする法案の支持者を軽蔑的に呼んだ語 (cf. Tory 1 a). **4** [また w-] ホイッグ党的歴史解釈者. **5** 自由放任経済唱導者. — *adj.* ホイッグ党(員)の; [また w-] ホイッグ党的歴史解釈《歴史を反動勢力に対する連続的進歩と見なし, しばしば現在を過去の不可避的結果と見る》. 〚《c1645》← 《英方言・廃》*whig* yokel《短縮》← *whiggamore* ← 《スコット》*whiggamaire*《原義》one who drives a horse ← ? WHIG (↑)+MARE[1]: 1648 年の西部スコットランドの反徒による Edinburgh への進軍が 'the whiggamore raid' と呼ばれたことから〛

Whig·ger·y /(h)wígəri/ *n.* 《軽蔑》**1** ホイッグ党の主張, ホイッグ主義. **2** ホイッグ党; [集合的] ホイッグ党員. 〚1682〛

Whíg·gish /-gɪʃ/ *adj.* 《軽蔑》ホイッグ党らしい, ホイッグ党臭い. **~·ly** *adv.* **~·ness** *n.* 〚1680〛

Whíg·gism /-gɪzm/ *n.* (*also* **Whig·ism** /~/) =Whiggery 1. 〚?1666〛

whig·ma·lee·rie /(h)wìgməlíəri | -líəri/ *n.* (*also* **whig·ma·lee·ry** /~/) 《スコット》**1** 気まぐれ, ばからしい考え (whim). **2** 風変わりな飾り, 奇妙な仕掛け. 〚《1730》← ? 《英方言・廃》*whig* yokel: cf. Whig〛

while /(h)wáɪl/ *n.* **1** 間, 時間; 暫時; 一定の時 (period): a ~ ago [back] しばらく前に / after a ~ しばらく[少し]して / all the ~ 始終 / all this [that] ~ この[その]間中ずっと / quite a ~ かなり長い間 / a wee ~ 《口語》ほんのちょっとの間 / all the ~ その間中 / between ~s ⇨ between 成句 / for a (short) ~ しばらくの間 / Let's talk (for) a ~. ちょっとお話ししましょう / in a (little) ~ 間もなく (fairly soon) / once in a ~ 時々, 時たま / I have been waiting all this ~. 今までずっと待っていた / I have not seen him for [in] a long [good, great] ~. 私は長いこと彼に会っていない / I shall be away (for) some [a] ~. しばらく留守をします / What a ~ you have been! ずいぶん手間取るんですね / It happened a long ~ ago [back]. それは大分前のことだ / Why not stay a ~ longer? もうしばらくここにいたらどうなの. **2** 《古・方言》(特定の)時[場合]: There were ~s when ...したときもあった. **3** (仕事などにかける)時間, 労, 骨折り. ★ 今は worth (a person's) ~ で用いる (⇨ worth *adj.* 成句).

the while (1) (…している)その間中, そうしている間に, 同時に: We rowed the boat and sang the ~.=We rowed the boat, *the* ~ we sang. 我々はボートをこぎそしてその間中歌った《こぎながら歌った》. ★ 上の第 2 文における用法は (2) に推移する. (2) 《古・詩》=while *conj.* 1.

— /(h)waɪl/ *conj.* **1** …の間, …する間は[に], …するうち, …と共に, …と同時に. ★ while に導かれる節の主語は主節の主語と同じ場合にはしばしば動詞 be と共に省略される: *While* (I was) reading I fell asleep. 本を読んでいるうちに私は眠ってしまった / He retained the consciousness of it ~ (he was) asleep. 彼は眠っていてもそれを意識していた / You are safe ~ (you are) in my care. 私が面倒を見ている間は君は安全だ / He died ~ (he was) eating his dinner. 正餐をとっている最中に死んだ / the pauses ~ one is thinking of the right word 適当な語を考えている間の間(ま) / *While* there is life there is hope. 《諺》生命がある限り希望もある,「命あっての物種」/ ~ I am [you are] about it ⇨ about *prep.* 6. **2** …なのに, しかるに (whereas), ところが一方; 同時に, [主に新聞雑誌口調で] そして (and): *While* I have no money to spend, you have nothing to spend money on. 私は使う金がないのに, 君は(使う金があっても)買うものがない. **3** …とはいえ (although): *While* I admit his good points, I can see his bad ones. 私は彼の長所を認めるが彼の弱点も目につく / *While* I grant his honesty, I suspect his memory. 正直な男というには異議はないが記憶の点では怪しいと思う. **4** 《スコット・北英》=until.

— *vt.* (楽しく)〈時を〉過ごす 〈*away*〉: ~ *away* the time / He ~*d away* two hours at the movies. 映画館で楽しく 2 時間を過ごした.

— /(h)waɪl/ *prep.* 《古》…まで (until): *While* then, God be with you. それまで神のご加護を (Shak., *Macbeth* 3. 1. 43).

〚n.: OE *hwīl* space of time < Gmc *χwīlō (G *Weile*) ← IE *kweiə- quiet (L *tranquillus* 'TRANQUIL'). — conj.: 《a1121–60》← OE *þā hwīle þe* during the time that. — v.: 《1606》《廃》'to occupy for a time' ← (n.)〛

while-ere /(h)wàɪléə | -léə(r)/ *adv.* (*also* **whil·ere** /~/) 《古》たった今, 先ほど (erewhile). 〚OE *hwīle ǣr*: ⇨ while, ere〛

whiles /(h)wáɪlz/ *n.* [the ~ として] 《古》=*the* WHILE. — /(h)wáɪlz/ *adv.* 《スコット》時折, 時々 (at times). — /(h)waɪlz/ *conj.* **1** 《古・方言》=while, whilst. **2** 《廃》=until. 〚《a1250》← WHILE+-s[2] 1: cf. whilst〛

whíle-you-wáit *adj.* すぐ行われる, お待たせしない《サービスなど》. 〚《1929》: *while-u-wait*〛

whilk /(h)wílk/ *pron.* 《古・方言》=which.

whil·li·kers /(h)wílɪkəz | -lɪkəz/ *int.* 《口語》ひゃー (gee, golly の後で用いて驚き・喜びなどを表す). 〚?〛

whil·li·kins /(h)wílɪkɪnz | -lɪkɪnz/ *int.* =whillikers.

whi·lom /(h)wáɪləm/ 《古》*adv.* かつて (once), 以前に (at one time), 往時 (formerly). — *adj.* 以前の (former), 前の (quondam): one's ~ friend 旧友. 〚OE *hwīlum* at times (dat. pl.) ← *hwīl* 'time, WHILE'〛

whilst /(h)waɪlst/ *conj.* 《英》《米方言》=while. — /(h)wáɪlst/ *n.* 《古》=while. ***the whilst*** =*the* WHILE. 〚《a1400》← WHILES+-*t*: cf. against, amongst, amidst〛

whim /(h)wím/ *n.* **1** 気まぐれ, むら気, 出来心 (⇨ caprice SYN): the passing ~s of fashion はかない流行の気まぐれ / satisfy a person's every ~ 人の気まぐれをすべて満たす / It's just a [a mere] ~ of his. それはただ彼の気まぐれに過ぎない / He is full of ~s (and fancies). 気まぐれだ, 酔狂だ / at the ~(s) of …の気まぐれのままに / while the ~ lasts 気の向いている間に / as the ~ takes me 気まぐれのままに. **2** 〔鉱山〕(昔の鉱石・鉱水の)巻揚げ機の胴.

— *vt., vi.* (**whimmed; whim·ming**) 気まぐれ[衝動的]に欲する. 〚《1641》《略》← *whim-wham*: cf. ON *hvima* to wander with the eyes〛

whim 2
1 frame
2 shaft
3 crossbar
4 drum
5 pulley
6 hoisting rope

whim·brel /(h)wímbrəl/ *n.* 〔鳥類〕チュウシャクシギ (*Numenius phaeopus*)《シャクシギ属》. 〚《1530–31》← *whimp* (↓)+-REL: その鳴き声から〛

whim·per /(h)wímpə | -pə(r)/ *vi.* **1** 〈小児などが〉めそめそ泣く, べそをかく (⇨ cry SYN); 〈犬などが〉くんくん鳴く. **2** ぶつぶつ不平を言う 〔*for, after*〕: ~ *for* mercy. — *vt.* めそめそしながら言う, 泣き声で言う. — *n.* めそめそ泣く声; くんくん鳴く声, 鼻を鳴らす音 (whine). **~·er** *n.* 〚《1513》← 《方言》*whimp* to whimper《擬音語》+-ER[4]: cf. whine / G *wimmern* to whimper〛

whím·per·ing /-p(ə)rɪŋ/ *adj.* めそめそ泣いている, 鼻を鳴らしている. **~·ly** *adv.* 〚1522〛

whim·sey /(h)wímzi/ *n., adj.* =whimsy.

whim·si·cal /(h)wímzɪkəl, -kl | -zɪ-, -sɪ-/ *adj.* **1** 〈人・行動・考えなどが〉気まぐれな, むら気な (capricious, freakish): a ~ notion 気まぐれな考え. **2** 奇妙な, 妙な, 滑稽な (fantastic, quaint): a ~ smile 奇妙な微笑. **3** 突然変わりがちな, 不確かな. **~·ly** *adv.* **~·ness** *n.* 〚《1653》← WHIMS(Y)+-ICAL〛

whim·si·cal·i·ty /(h)wìmzəkǽləti | -zɪkǽlɪti, -sɪ-/ *n.* **1** 気まぐれ(性), むら気なこと. **2** [*pl.*] 気まぐれな言葉, 奇想, 奇行. 〚1760〛

whim·sy /(h)wímzi/ *n.* **1** 風変わりな考え, 気まぐれ, むら気, 物好き (⇨ caprice SYN). **2** (文章・美術・装飾などの)奇想, 奇抜な趣向; 奇想の産物. — *adj.* 風変わりな, 変な. 〚《1605》← WHIM(-WHAM)+(FANTA)SY〛

whim-wham /(h)wím(h)wæ̀m/ *n.* **1** 奇妙な物 (odd thing), 奇妙な飾り[服]; つまらない物 (trumpery, gimcrack). **2** むら気, 気まぐれ (whimsy). **3** [the ~s] 《米口語》そわそわ, いらいら, 神経質 (the jitters). 〚《a1529》← ?: cf. flimflam, jimjams〛

whin[1] /(h)wín/ *n.* 〔植物〕**1** ハリエニシダ (⇨ furze). **2** ヒトツバエニシダ (⇨ woodwaxen). 〚《?c1350》*quyn, whyn(ne)* ← ? ON (cf. Norw. *hvine* / Swed. *hven*)〛

whin[2] /(h)wín/ *n.* =whinstone. 〚?〛

whín·chàt *n.* 〔鳥類〕マミジロノビタキ (*Saxicola rubetra*)《ヨーロッパ産ノビタキ属の小鳥》. 〚《1678》← WHIN[1]+CHAT〛

whine /(h)wáɪn/ *n.* **1** (幼児・犬などが苦しみや悲しみのためあげる)長いかん高い泣き声. **2** めそめそした泣き言[ぐち]. **3** (風・弾丸などの)ひゅーひゅーいう音: the ~ of a vacuum cleaner. — *vi.* **1** 〈幼児が〉(むずかって)泣く, 〈犬が〉哀れっぽく泣く. **2** めそめそと泣き言を言う[ぐちをこぼす] 〈*out*〉. **3** 〈風・弾丸などが〉ひゅーひゅーと音を立てる. — *vt.* 鼻を鳴らして言う, 哀れな声で言う 〈*out*〉 (cf. bark[1]). **whín·er** *n.* **whín·ey** /-ni/, **whín·ing** *adj.* 〚OE *hwīnan* to hiss, whistle < Gmc *χwīnan (ON *hvína* to whir, whiz (as an arrow)) ← IE *kwei- to hiss, whistle: cf. OE *hwinsian* to whine〛

whing-ding /(h)wíŋdɪŋ/ *n.* 《米俗》=wingding.

whinge /(h)wíndʒ/ 《豪・英方言》*vi.* **1** 泣き言[不平]を言う. **2** しくしく[めそめそ]泣く (whine). — *n.* 泣き言, 不平, 不満. **whíng·ing** *n., adj.* 〚lateOE *hwinsian*〛

whing·er /(h)wíŋ(g)ə, (h)wíndʒə | -ŋə(r), -ndʒə(r)/ *n.* 《スコット》短剣, 短刀. 〚《1540》《変形》← *whinyard* short-sword ← ?〛

whín·ing·ly *adj.* 哀れっぽく泣いて[鼻を鳴らして]. 〚1660〛

whin·ny[1] /(h)wíni/ *vi.* 〈馬が〉低くいななく, ひんひん鳴く. — *vt.* いなないて表す, いななくように言う. — *n.* (馬の)低いいななき; いななくような音: She gave a little ~ of laughter. 小声で馬がいななくように笑った. 〚《1530》《変形》? ← WHINE // 《擬音語》?: cf. L *hinnire* to whinny / G *wiehern*〛

whin·ny[2] /(h)wíni/ *adj.* ハリエニシダ (whin) が一面に生えている. 〚c1482〛

whín·sìll *n.* 〔岩石〕=whinstone.

whín·stòne *n.* 〔岩石〕玄武岩 (basalt)・粗粒玄武岩 (dolerite)・角石 (chert)・トラップ (trap) などの緻密で硬い岩石の総称. 〚《1513》← WHIN[2]+STONE〛

whin·y /(h)wáɪni/ *adj.* (**whin·i·er; -i·est**) めそめそ泣く[泣き言を言う]: a ~ child. 〚《1854》: ⇨ whine, -y[4]〛

whip /(h)wíp/ *v.* (**whipped; whip·ping**) — *vt.* **1** 〈子供などを〉むち打つ (lash), 折檻(せっかん)する (⇨ beat[1] SYN); 〈馬〉にむちを当てて飛ばす 〈*up*〉, 〈こまを〉むち打って回す: ~ a naughty child / ~ a child for wetting his bed 寝小便をしたために子供をむち打つ / ~ *up* one's horse むちを当てて馬を飛ばす / ~ a top こまをむち打って回す / He ~*ped* his car through the side road. わき道を抜けて車を飛ばした. **2** (むち打つように)激しくたたく[打つ]: The pelting rain is ~*ping* the pane. どしゃ降りの雨が窓ガラスを激しく打っている. **3** [通例方向の副詞語句を伴って] 急に動かす (jerk); ひったくる, ひっつかむ (snatch), 投げる (dart); 手早くやる: ~ *off* one's coat 上衣をさっと脱ぐ / ~ *out* a sword 刀をさっと抜き放つ / ~ *out* a pistol ピストルをさっと取り出す / ~ *out* a tit-for-tat reply 間髪を入れずにやり返す[答える] / He ~*ped* me *off* to play bridge. 彼はブリッジをやろうと私を引っ張っていった / ~ *up* a pen and start writing ペンを手早くつかんで書き始める / I ~*ped* my hand *away* from the fire. 手を火からさっと引いた / I ~*ped* a cover *on* the pot to keep the heat in. 熱を逃がさないようポットにさっとふたをかぶせた / He ~*ped* a notebook *from* his pocket. ポケットから手帳をさっと取り出した. **4** (むち打って)〈人に〉教え込む 〔*into*〕; (むち打って)〈悪癖・迷信などを〉〈人から〉なくさせる 〔*out of*〕: ~ sense *into* a child 子供を(むち打って)聞き分けさせる / ~ a fault [bad habit] *out of* a person (むち打って)人の短所[悪癖]を直させる. **5** 〈卵・生クリームなどを〉(泡立て器・フォークなどで)かき立てて泡立たせる (cf. beat[1] *vt.* 11): ~ (*up*) cream [eggs] クリーム[卵]を泡立てる. **6** 励ます, 盛んにする, 刺激する (urge) 〈*up*〉: Physical exercise ~*s up* the circulation. 運動は血行を盛んにする / ~ *up* public opinion against the arms deal 世論をかき立てて兵器交渉に反対させる / ~ *up* support for [opposition to] a plan 計画への支持[反対]をかき立てる / They have to ~ themselves *up* for their work. 自らをむち打って仕事をしなければならない. **7** 《口語》…に勝つ, 負かす (excel, defeat, beat) (cf. whip hand): We can ~ the British. 我々はイギリス人に勝つことができる. **8** 厳しく懲らしめる (chastise), しかり飛ばす (scold severely). **9** 《英口語》盗む: Who's ~*ped* my pen? だれが私のペンを取ったのか. **10** 〈ロープなどの端〉にひもをぐるぐる巻き付ける, 端止めする (cf. whipping 6). **11** (統一行動のために)駆り集める 〈*up, in*〉: ~ *up* all the members of one's party 自党の全議員を駆り集める. **12** 〔服飾〕〈裁ち目・縁などを〉かがる, まつる. **13** 〔海事〕〈石炭などを〉小滑車 (whip) で引き揚げる. **14** 〔釣〕〈川・湖など〉でたたき釣りをする; むち打つように〈毛ばりなどを〉水面に投げ込む: ~ a stream 小川でたたき釣りをする.

— *vi.* **1** [通例方向の副詞語句を伴って] 急に動く, すばやく動く; 飛びかかる; 逃走する; 突進する, 飛び入る[出る]; 〈旗などが〉はためく: ~ *behind* a piano ピアノの陰にさっと隠れる / ~ *off* 急に出立する / ~ *out of* a door [*to* the shops] 戸外に飛び出す[店に飛んで行く] / Her loosened hair ~*ped back* and *forth*. 束ねてない髪がぱっぱと前後になびいた / ~ *round* くるりと振り向く / He ~*ped upstairs* in a flash. またたく間に二階にかけ上がった / They ~*ped away* [*off*, *back*] to France. 彼らはフランスへ高飛びした[飛んで帰った] / The motorcycle ~*ped past* (me). オートバイが(私の)そばをさっと走り過ぎた. **2** 激しくたたく[打つ]: Rain was ~*ping* against the window. 雨が窓を激しくたたいていた. **3 a** むちを使う, 折檻(せっかん)する; 馬にむちを当てる. **b** (むちのように)曲がる, しなう. **4** 〈卵・クリームなどが〉泡立つ (cf. *vt.* 5): This cream ~*s* easily. このクリームはすぐ泡立つ. **5** 〔釣〕たたき釣りをする (cf. *vt.* 14). **6** 〔フェンシング〕相手の刃をこするように押しつける[小きざみにたたく].

whíp ín (1) 〈猟犬を〉(むちで呼び集めて)散らさぬようにする. (2) 〈議員〉に登院を励行させる (⇨ *vt.* 11). 《1742》

whíp into shápe (所期の目的のために)…を(強引に)まとめ上げる, ものにする. ***whíp óff*** (*vt.*) (1) むちで追い払う;

〈猟犬を〉むちでかけ散らす. (2) 急に連れ去る (⇨ *vt.* 3). (3) 急いで書き上げる. (4) 手荒く脱ぐ (⇨ *vt.* 3). (5) 《俗》〈酒を〉ぐいと飲む. — (*vi.*) 急に出発する (⇨ *vi.* 1). 《1859》 ***whip ón*** 〈馬などを〉むち打って駆り立てる; 〈人を〉駆り立てる: The fear of capture ~*ped* them *on*. 捕らえられるかもしれないという不安が彼らを駆り立てた. ***whip ópen*** さっと開ける: He ~*ped open* the door. ***whip óut*** (1) 急に引き出す, 〈剣・ピストルなどを〉引き抜く (⇨ *vt.* 3). (2) だしぬけに言う. ***whip róund*** (1) 急に振り向く (⇨ *vi.* 1). (2) 募金する. ***whip thróugh*** 《米俗》〈仕事などを〉すばやく[簡単に]片付ける: ~ *through* a book without remembering anything 何も記憶することなく本をすばやく読み通す / ~ *through* work in a flash 仕事をすばやく片付ける. ***whip togéther*** (1) 〈猟犬を〉むちで寄せ集める. (2) (議会で)〈与党を〉糾合する. ***whip úp*** (1) 〈興味などを〉刺激する, かき立てる (cf. *vt.* 6): ~ *up* enthusiasm. (2) 《口語》〈食事・計画などを〉手早く作る: She ~*ped* (us) *up* some lunch.=She ~*ped up* some lunch (for us). (我々のために)昼食を手早く作った. (3) ⇨ *vt.* 1. (4) すばやくつかむ. (5) =WHIP *off* (5). (6) 〈議員・寄付金などを〉駆り集める (cf. *vt.* 11): ~ *up* subscriptions [an audience] 寄付金[聴衆]を駆り集める.

— *n.* **1 a** (馬を御したり人を罰したりするための)むち: the crack of a ~ (馬に当てる)むちの音 / a loaded ~ (中に鉛などを仕込んだ)仕込みむち / ⇨ *whip and* SPUR / He wants the ~. 彼はむち打たないといけない. **b** むちの役を果たす物, しもと (scourge): a ~ for all liars. **c** 〖音楽〗ホイップ《打楽器のむち》. **d** むち打ちなどによる外傷. **2** 〖政治〗 **a** (議院の)院内幹事《主要議事の予定されている日などの議員の出席励行を監督する; a party whip ともいう》: the ministerial [government] ~ 政府与党の院内幹事 / the opposition ~ 野党の院内幹事 / The ~ was withdrawn after they had voted with the opposition. 彼らが野党支持の投票をした後院内幹事は退かされた. **b** 《英》(重大議案の採決のある日に政党が自党議院の登院を促す)登院命令: a three-line ~ (強調のためにアンダーラインを3本引いた)緊急登院命令《医師の診断書の提出なしにまたは党首の許可なしに欠席した場合には除名処分を受けることがある; 昔は5線引きの five-line whip を用いた》. **c** (議員などを)駆り集めること; 党の規律・指示. **d** 院内幹事の身分. **3 a** ホイップ《泡立てた卵・生クリームなどを用いたデザート用の菓子》. **b** 泡立て器 (whisk). **4** 〖狩猟〗猟犬指揮係 (whipper-in). **5** [通例形容詞を伴って] 《英》御者: a good [poor] ~ 上手な[下手な]御者. **6 a** (主に軽い荷を揚げるのに用いる)滑車装置, 小滑車 (滑車1個とロープ1本のものを single whip, 滑車2個とロープ1本のものを double whip という). **b** =WHIP and derry. **7** むちを振る(ような)動作. **8** (風車の)翼 (vane). **9** ホイップ《ロープなどの端止め (whipping) のための押さえ》. **10** 〖機械〗(軸の)振れ回り. **11** 屈曲性, 湾曲性; 柔軟性. **12** 〖電気〗むち形空中線, ホイップアンテナ《自動車や携帯用無線機などの導体棒1本だけの》. **13** 〖服飾〗まつった[かがった]縫い目. **14** (遊園地の)急にぎくっぎくっと動く車で場内を回る遊び. **15** 〖レスリング〗ホイップ《つかんだ腕を軸に相手を回して投げる技》. **16** 〖映画・テレビ〗=whip pan.

a fáir cráck of the whip ⇨ crack 成句. ***applý*** [***cráck***] ***the whip*** 罰するとおどして服従させる. 《1647》 ***whips of*** 《豪口語》多くの, 大量の: ~*s* of cash 多額の現金.

whíp and dérry (derrick に whip を取り付け船や鉱山の荷役に使う)簡易起重機 (whipsy-derry). 《1875》

〖*v.*: 《*c*1250》 *whippe*(*n*) ☐ (M)LG & (M)Du. *wippen* to swing < Gmc **wippon* (G *wippen* to move up and down, seesaw) ← IE **weip-* to turn: cf. wipe. — n.: 《*c*1325》 ← (v.)〗

whip àerial [antènna] *n.* 〖電気〗ホイップアンテナ (cf. whip 12). 《1941》

whíp-and-tóngue gràft [gràfting] *n.* 〖園芸〗 **1** =tongue graft. **2** 合わせ接ぎ《ともに斜めに切った接ぎ穂と台木とを合わせる接ぎ木》.

whíp·bìrd *n.* 〖鳥類〗=coachwhip bird.

whíp·còrd *n.* **1** むちなわ: His veins stood out like a ~. 血管が太く筋立っていた. **2** ガット, 腸線 (catgut). **3** 〖紡織〗急傾斜の綾線を出した織物. — *adj.* 強靭な, たくましい (sinewy): ~ muscles たくましい筋肉. 《《1318–19》 *wyppecord*》

whíp·cràck *n.* ぴしっとむちを打ちならすこと[音]; 迫力, パンチ. 《1893》

whíp-cràcker *n.* **1** むちを鳴らす人. **2** 地位を笠に着て権威を振り回す人.

whip cràne *n.* 滑車 (whip) 付き起重機. 《1883》

whíp·fìsh *n.* 〖魚類〗ハタタテダイ (*Heniochus acuminatus*) 《背びれのとげが1本むちのように長く延びている》.

whíp-gìn *n.* =whip 6 a.

whip gràft *n.* 〖園芸〗舌接ぎ (⇨ tongue graft).

whip hànd *n.* [通例 the ~] **1** 優勢, 優位 (advantage) (cf. upper hand): get [have, hold, keep] *the* ~ of [over] …より優勢である, …に勝つ, …を支配[左右]する. **2** (乗馬者・御者などが)むちを持つ方の手, 右手 (right hand). 《1680》

whíp·làsh *n.* **1** むちの先のしなやかな部分, むちひも. **2** 刺激, 鞭撻(べんたつ), 気合い: He wants the ~. 彼はむち打たなければだめだ. **3** 〖病理〗=whiplash injury. — *vt.* むち打つ; 痛めつける. 《1573》

whíplash ìnjury *n.* 〖病理〗むち打ち症. 《*a*1953》

whíp·less *adj.* 《英》〈国会議員が〉正式に離党した, 党員身分を剥奪された. 《1962》

whíp·like *adj.* むち状の.

whíp-pàn *vi.* ホイップパンする, ぼやけた写真を撮る.

whíp pàn *n.* 〖映画・テレビ〗ホイップパン《カメラをすばやく左右[上下]に動かしながら撮影すること; ぼやけた像を生む》. 《1960》

whipped *adj.* **1** むち打たれた. **2** 〈クリームなど〉泡立てた: ~ cream. **3** 打ち負かされた, 打ちのめされた (broken, defeated). **4** [しばしば ~ up] 《米口語》疲れきった. 《1673》

whíp·per *n.* **1** むち打つ人. **2** (小滑車 (whip) で)船の荷揚げをする人. **3** 〖政治〗=whip 2 a. 《*c*1520》

whípper-ín *n.* (*pl.* **whippers-in**) **1** 〖狩猟〗=whip 4. **2** 〖政治〗=whip 2 a. **3** 《英古》〖競馬〗しんがり入線の馬. 《1739》

whip·per·snap·per /(h)wípəsnæ̀pə | -pəsnæ̀pə(r)/ *n.* 小男, つまらない人間, (特に)こしゃくな若造. 〖《1674》《混成》← WHIP(STER)+《方言》(*snip*)*per-snapper* young insignificant fellow ← ?〗

whip·pet /(h)wípɪ̀t | -pɪt/ *n.* **1** ホイペット《小形の English greyhound といろいろな terrier との異種交配の後イタリアの greyhound の血を注入されたイヌ; Lancashire や Yorkshire で競走に用いる》. **2** 〖軍事〗=whippet tank. 〖《*c*1500》《廃》'light wine' ← WHIP+-ET // ← 《廃》*whippet* to move briskly ← *whip it* ← WHIP (v.)〗

whíppet tànk *n.* 〖軍事〗(第一次大戦時に連合軍が用いた)軽戦車. 《1918》

whíp·ping *n.* **1** むち打ち; むち打ちの刑罰 (flogging). **2** (卵・クリームなどをかき混ぜて)泡立てること. **3** 急動; 飛びかかること. **4** 《口語》敗北 (defeat): The enemy got a good ~. 敵は散々な敗北を喫した. **5** 〖釣〗たたき釣り (cf. whip *vt.* 14, *vi.* 5). **6** 糸やひもを巻きつけること: **a** 〖海事〗端止(はしど)め《ロープの端のほぐれを防ぐため, ひもを詰めて数回巻き付けて締める結び方》. **b** 〖服飾〗かがり[まつり]縫い. **7** (小滑車 (whip) による)荷揚げ. 《1540》

whípping bòy **1** (昔, 王子と共に学び)王子の身代わりにむち打たれた少年. **2** 身代わり, 犠牲 (scapegoat). 《1647》

whípping crèam *n.* ホイップクリーム《乳脂肪含有量の多い泡立て用の生クリーム; cf. coffee cream》. 《1921》

whípping pòst *n.* (昔, 罪人が)むち打ちの刑のときに縛りつけられた柱. 《1600》

whípping tòp *n.* むち打って回すこま, ぶちごま. 《1809》

Whip·ple /(h)wípl̩/, **George Hoyt** /hɔ́ɪt/ *n.* ホイップル (1878–1976; 米国の病理学者; Nobel 医学生理学賞 (1934)).

whíp·ple·trèe /(h)wípl̩-/ *n.* 馬具の引き革 (trace) を結びつける横木《その中心に鍬(すき)や車を連結する; swingletree, whiffletree ともいう》. 〖《1733》← *whipple* (⇨ whip, -le¹)+TREE〗

whippletree
1 whippletree or swingletree
2 doubletree
3 plowbeam
4 trace

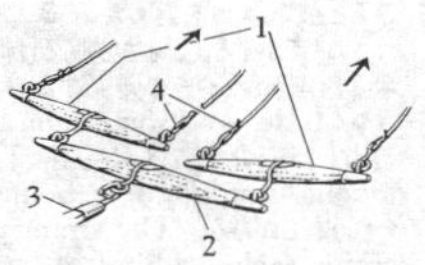

Whíp·ple trùss /(h)wípl̩-/ *n.* 〖建築〗ホイップルトラス (垂直の圧縮材と二つのパネルにわたる斜めの引張材からなるトラス; cf. Pratt truss). 〖← *Squire Whipple* (1804–88: 米国の土木技師)〗

whip·poor·will /(h)wípəwìl | -pə-, -puə-, -pɔː-/ *n.* (*pl.* ~, ~**s**) **1** 〖鳥類〗ウイップアーウィル (*Caprimulgus vociferus*) 《北米産のヨタカ (goatsucker) の一種》. **2** 《ニューイングランド》〖植物〗ランキ科アツモリソウ属の植物 (*Cypripedium acaule*). 〖《(1709)》《1747》: 擬音語〗

whip·py /(h)wípi/ *adj.* (**whip·pi·er**; **-pi·est**) **1** むちのような形の. **2** 弾力性のある, しなやかな (flexible). **3** 《口語》生意気な (pert); 快活な, きびきびした. 〖《1867》← WHIP (n.)+-Y⁴〗

whip rày *n.* 〖魚類〗=stingray.

whip ròll *n.* 〖紡織〗バックローラー《織機の部品》. 《1863》

whíp-ròund *n.* 《英口語》(特に, 慈善のための)募金. 〖《1887》← *whip round* (⇨ whip (v.) 成句)〗

whíp·sàw *n.* **1** (わくで弓弦のように張った)細身の長のこぎり. **2** (二人で挽く)横挽きのこぎり. — *vt.* **1** whipsaw で挽く. **2** 〖トランプ〗 **a** 《米》(faro で)〈相手〉にダブルパンチを与える《負け札と勝ち札の両方で勝つ》. **b** (ポーカーで)〈客を〉巻き添えにしてカモる (2人が結託して互いに賭け高を吊り上げ合い, 客を巻き込んで最後に1人が勝ち, 賭け金をさらう). **3** 《米》二重に損害を与える; (特に)相場の天井で買って底で売るようにさせる. — *vi.* **1** whipsaw を挽く. **2** (前後に)揺らぐ. **3** 《米》結託して勝つ, 競合させる. 〖《1538》← WHIP+SAW²〗

whíp·sàwed *adj.* 〖証券〗(上げ相場と下げ相場の両面で)二重に損をした. 《1892》

whíp scòrpion *n.* 〖動物〗シリオムシ, ムチサソリ《サソリモドキ目 *Thelyphonus* 属の外形はサソリに似ているが, 無毒の節足動物; ジャワサソリモドキ (*T. candatus*) など; scorpion spider ともいう》. 《*c*1890》

Whíp·snade Párk /(h)wípsneɪd-/ *n.* ウィップスネード動物園《イングランド Bedfordshire 州の Dunstable 付近にある自然動物園》. 〖← ME *Wibsnede* ← OE *Wibba* (人名)+*snǣd* a piece of woodland〗

whip snàke *n.* **1** 〖動物〗ムチヘビ《尾がむちのように細長いヘビの総称; 特に, アジア産ハナナガムチヘビ属 (*Dryophis*) のヘビなど》. **2** オーストラリア産のコモチコブラ属 (*Denisonia*) などの毒ヘビの総称. 《1774》

whip stàll 〖航空〗*n.* 急上昇失速《垂直上昇したとき, 機首が急激に揺れて失速すること》. — *vt.* 急上昇失速させる. — *vi.* 急上昇失速する. 〖《1924》: ⇨ stall¹ (n. 4)〗

whip·ster /(h)wípstə | -stə(r)/ *n.* **1** むちを使う人. **2** つまらない人間 (whippersnapper): every puny ~ どんなにつまらないやつも (cf. Shak., *Othello* 5. 2. 244). 〖《1589》← WHIP+-STER〗

whíp·stìtch *vt.* **1** 〖服飾〗〈裁ち目を〉かがる, まつる. **2** 〖製本〗=overcast¹ 3 a. — *n.* **1** 〖服飾〗裁ち目かがり (overcast). **2** 〖製本〗重ねかがり綴じ. **3** 《米俗》一瞬, 瞬間. ***(at) évery whipstitch*** ちょくちょく, しょっちゅう (every now and then). 《1640》

whíp·stòck *n.* **1** むちの柄. **2** ホイップストック《油井に下ろしてビットの掘進方向を変えるのに用いる逆くさび形の器具》. 《1530》

whip·sy-der·ry /(h)wípsidèri/ *n.* =WHIP and derry. 《1865》

whíp·tàil *n.* 〖動物〗むち状の細長い尾のある動物の総称: **a** =whip scorpion. **b** ムチオトカゲ《アメリカ産テグトカゲ科ハシリトカゲ属 (*Cnemidophorus*) のトカゲの総称》. — *adj.* =whip-tailed. 《1771》

whíp-tàiled *adj.* むち状の細長い尾をもった.

whip-tailed lízard *n.* =whiptail b.

whíptail wállaby *n.* 〖動物〗エレガントワラビー (*Macropus parryi*) 《オーストラリア東部にすむ, 尾の長い, 顔に独特の白い筋のある比較的大きなワラビー; pretty-face wallaby ともいう》. 《1900》

whíp·wòrm *n.* 〖動物〗ベンチュウ(鞭虫)《人間には *Trichuris trichiura* が寄生する》. 《1875》

whir /(h)wə́ː | (h)wə́ː(r)/ *v.* (**whirred**; **whir·ring**) — *vi.* ひゅーと飛ぶ[動く], ぶんぶん回る. — *vt.* ひゅーと運ぶ, 速やかに動かす: The car ~*red* them through the night. 車がぶーんと彼らを夜の中を運んで行った. — *n.* **1** ひゅーという音, びゅー, ぶんぶん, ごーごー, しゅーしゅー《鳥のはばたき・昆虫の羽音・車輪の回転・空中を飛ぶ物体などの立てる絶え間ない震動音を表す》: the ~ of cars on a highway ハイウエーを疾走する車の音. **2** (気持ちの)動揺, 精神的ショック. **3** 荒々しい動き, 大急ぎ. 〖《?*a*1400》 *whirre*(*n*) ← ? ON (cf. Dan. *hvirre* to whir / Norw. *kvirra* / ON *hverfa* to turn) 《擬音語》: ⇨ wharf, whirl〗

whirl /(h)wə́ːl | (h)wə́ːl/ *vt.* **1** ぐるぐる回す, …に渦を巻かせる, 回転[旋回]させる: ~ a top こまを回す / ~ one's head to the left 左に急に振り向く / He ~*ed* his partner around (the ballroom). (ダンスの)相手を引っ張って(舞踏室を)ぐるぐる回った. **2** 〈風などが〉渦を巻いて持っていく 〈*along, away, off*〉: The wind ~*ed away* my hat. 風が渦を巻いて私の帽子をさらっていった. **3** 〈乗り物が〉〈人を〉さっと運ぶ, すばやく連れていく 〈*away, along, off*〉: We were ~*ed away* in an airplane. 我々は飛行機でさっと運ばれていった / He ~*ed* me *off* [*away*] to his country cottage. 彼は私を田舎の小別荘へさっと連れて行ってくれた. **4** 《廃》ほうり投げる (hurl). **5** 《古》めまいを起こさせる, くらくらさせる. — *vi.* **1** ぐるぐる回る (spin rapidly), 渦を巻く, 旋転[旋回]する, (回りを)回る, 周行する (⇨ turn SYN): a ~*ing* top くるくる回るこま / dancers ~*ing around* a ballroom 舞踏室をぐるぐる回る舞踏者たち / ~*ing* dust [water] 渦を巻くほこり[水]. **2** 〈車が〉疾走する, 〈人が乗り物で〉急行する, 急行する 〈*away*〉: The carriage ~*ed* out of sight. 車はたちまち視界から去った / He ~*ed* into action. すみやかに行動を起こした. **3** [head, brain を主語にして] めまいがする, ぐるぐる回るように感じる: His head was ~*ing* (with drink [excitement]). (酔って[興奮して])頭がくらくらしていた / These are but wild and ~*ing* words, my lord. 殿下, おっしゃることが途方もなくとりとめがございませんね (Shak., *Hamlet* 1. 5. 133). **4** 急に向き直る, 急に回る, 急にそれる: ~ from the path 小道から急にそれる. **5** 〈思想・感情などが〉相次いで起きる, しきりに湧く.

— *n.* **1** 回転, 旋回; ぐるぐる回る物; 渦巻き, 旋風: the ~ of a top こまの回転 / give a top a ~ こまを回す / a ~ of dust ほこりの渦巻き / in a ~ ぐるぐる回って, 旋回して. **2** 騒動 (tumult), 騒ぎ (bustle): I plunged into a ~ of work [activity]. 騒々しい仕事[活動]に飛び込んだ / live in the ~ of London society ロンドン社交界の騒がしさの中で過ごす. **3** (思想・感情の)混乱, 乱れ: My thoughts are [head is] in a ~. 心が千々に乱れている / His mind was a ~ of conflicting emotions. 彼の心は葛藤する感情で千々に乱れていた. **4** 《口語》試み, 試行 (attempt, trial): give it a ~ 試す, やってみる / have a ~ at the intellectual life 知的生活を試みる. **5** (会合・事件などの)めまぐるしい一続き: a ~ of entertainments めまぐるしい余興の連続. **6** 〖生物〗=verticil. **7** 〖機械〗=whip 10. **8** 〖金属加工〗鋳型(いがた)内の溶湯が回転するように配置すること. **9** 急行, 駆け歩き: The ~ of cars filled the streets. 疾駆する車が通りにあふれていた. **10** 《口語》短い旅行.

~**·ing** /-lɪŋ/ *adj.* ~**·ing·ly** /-lɪŋli/ *adv.*

〖《*c*1300》 *whirle*(*n*) ☐ ? ON *hvirfla* to whirl ← Gmc **χwerbilaz* (ON *hvirfill* circle / G *Wirbel* whirlwind) ← IE **kwerp-* to turn oneself〗

whírl·abòut *n.* 回転, 旋回(すること). — *adj.* ぐるぐる回る, 旋回する. 《1786》

whírl·er /-lə | -lə(r)/ *n.* **1** 旋回するもの. **2** (製綱用)よりかけ鉤(かぎ)[車]. **3** 仕上げろくろ. 《1606》

whirl gàte *n.* 〖金属加工〗回し堰(せき)《円柱状の鋳型(いがた)内の溶湯が型内でよく流れるように型の接線方向に付けた堰》. 《1550》

whirl·i·cote /(h)wə́ːlɪ̀kòut | (h)wə́ːlɪkəut/ *n.* 《豪華な》大型馬車 (coach). 〖《*c*1381》 *whirlecole* ← *whirle* 'WHIRL'+-*cole* '-CULE'〗

W

whirl·i·gig /(h)wə́ːlɪ̩gìg | (h)wə́ːlɪ-/ *n.* **1** 回転するもの．**a** 回転おもちゃ《こま・風車など》．**b** 回転木馬 (merry-go-round)．**c** 旋回装置．**2** 回転運動，旋回運動; 変転，輪廻(りんね): the ~ of taste 趣味の移り変わり / the ~ of time 時運の変転 (Shak., *Twel N* 5. 1. 385)．**3**〘昆虫〙=whirligig beetle．**4**《古》軽薄な人，落ち着きのない人．**5**《廃》奇想 (fanciful notion)．〖(1440) ← WHIRL (n.)+-I-+GIG²〗

whírligig bèetle *n.*〘昆虫〙ミズスマシ《ミズスマシ科の水生甲虫の総称》．〖1855〗

whírling dérvish *n.* =dervish.

whírling disèase *n.* (ニジマスの)旋回病《粘液胞子虫 (*Myxosoma cerebralis*) の頭骨や脊椎骨への寄生に起因する疾病》．〖1961〗

whirl·pool /(h)wə́ːlpùːl | (h)wə́ːl-/ *n.* **1** 渦巻き，渦 (eddy, vortex): get caught in a ~ 渦に巻き込まれる / The boat was drawn into a ~ ボートは渦巻きに引き込まれた: a ~ of traffic．**2** 混乱，騒ぎ (whirl); 巻き込む力．**3**〘紋章〙=gurges．— *vi.* 渦巻く，ぐるぐる回る．〖(1529): ⇨ pool¹〗

whírlpool báth *n.*《米》渦巻き風呂《渦巻く湯に身体(の一部)を浸す療法》．〖*c*1916〗

whirl·wind /(h)wə́ːlwìnd | (h)wə́ːl-/ *n.* **1** 旋風，つむじ風: like a ~．**2** (感情の)嵐; (嵐にも似た)めまぐるしい動き: a ~ of applause 嵐のような拍手喝采 / a ~ tour めまぐるしい旅行．**3** 破壊力，破滅させるもの．**4** あわただしい[せっかちな]人．

ride (in) the whirlwind 〈天使が〉旋風を御する; 革命の機運に乗じる，風雲に乗じる (cf. Addison, *The Campaign*; Pope, *The Dunciad*)．(1704)　***(sów the wind and) réap the whirlwind*** (悪事を働いて)幾倍もひどい目に遭う (cf. *Hos.* 8: 7): *The wind* has *been sown, and the* ~ must *be reaped*. 悪事を働いたのだから幾倍もひどい目に遭わなければならない / The Republicans are *reaping a* political ~. 共和党は(過去の失策のゆえに)政治的に何倍もひどい目に遭っている．(1583)

— *vi.* 旋風のように動く．

〖(*c*1340)《なぞり》← ON *hvirfilvindr*: cf. G *Wirbelwind*〗

whirl·y /(h)wə́ːli | (h)wə́ː-/ *n.* 小旋風．— *adj.* (**whirl·i·er; -i·est**) ぐるぐる回る，渦巻く．〖(1806): ⇨ whirl, -y⁴〗

whírly·bìrd *n.*《口語》=helicopter.

whirr /(h)wə́ː | (h)wə́ː$^{(r)}$/ *v., n.* =whir.

whir·ry /(h)wə́ːri | (h)wʌ́ri/《スコット》*vi.* 急ぐ，急いで行く．— *vt.* 速やかに運ぶ; 〈家畜を〉急いで追って行く．〖(1582)? ← WHIR+(HUR)RY〗

whish¹ /(h)wíʃ/ *vi.* ぴゅーっ[すーっ]と鳴る[動く，飛ぶ] (whiz, swish)．— *vt.* ぴゅーっ[すーっ]と動かす．— *n.* [間投詞的に] ぴゅーっ[ひゅーっ，すーっ](という音)．〖(1518) 擬音語〗

whish² /(h)wíʃ/ *vi.*《英方言》[しばしば命令文で] 静かにする．〖(1542) ← *whish* (int.) Hush! ← WHISHT〗

whisht /(h)wíʃt/ *vi.* =whish²．— *n.* [主に間投詞的に用いて] 沈黙 (silence)．〖(1553)《異形》← WHIST¹〗

whisk /(h)wísk/ *n.* **1** (柄の先に編んだ針金の輪をつけた)泡立て器 (whip)．**2** (はたきや鳥・獣の羽や尾などによる)ひと払い; すばやく軽快な動き: There was a ~ of feminine skirts down the passage. 廊下を歩いて行く女性のスカートのさらさらいう音がした．**3 a** =whisk broom．**b** (干し草・わら・羽毛などの)小さな束．***with [in] a whisk*** あっと言う間に，たちまち (in an instant)．(1375)

— *vt.* **1** 〈卵・クリームなどを〉かき回す，泡立てる (whip, beat up)〈*up*〉．**2** 急に持ち去る，かっさらう，さらって[連れて]行く〈*away, off*〉: The ruler was ~*ed away from* his palace. 王は宮殿から連れ去られた / The waiter ~*ed* my plate *off* (the table) [*away* (*from* the table)]. 給仕は私の皿を(テーブルから)引っさらうように持って行った / They ~*ed* him *off* [*away*] *to* the spot in question. その(問題の)場所へ彼を連れ去った．**3** 〈ちり・はえなどを〉払う，はたく〈*away, off*〉: ~ crumbs *off* one's coat 上衣からパンくずを払う / ~ flies *away* [*off*] はえを追い払う．**4** さっと動かす[取る，振る]: He went along ~*ing* a cane. ステッキを振り振り行った / The horse was ~*ing* his tail. 馬は尾を振っていた．— *vi.* すばやく[さっと]動く，速やかに動く[走る]: ~ *out of* the room / ~ *out of* sight 急に見えなくなる / The mouse ~*ed* (*away* [*off*]) *into* its hole. ハツカネズミは急に穴へもぐり込んだ．

— *adv.* さっと，ぱっと《突然の速やかな運動を表す》．

〖(1375) *wysk* □ ON *visk* wisp: cf. Dan. *viske* / G *wischen* to wipe〗

whísk bròom *n.* (毛・わら・小枝などを束ねて作った)ブラシ《ちり・ほこりを払う》．〖1857〗

whis·ker /(h)wískə | -kə$^{(r)}$/ *n.* **1 a** [通例 *pl.*] ほおひげ (cf. moustache, beard); (ネコ・ネズミなどの)ひげ; (鳥の)くちばしの周囲の羽毛，ヒゲ; (ナマズなどの)ひげ．**b** 一本のほおひげ．**c** [a ~]《口語》ほんのわずかな距離 (hairbreadth): be [come] within a ~ of …からわずかな距離にある[のところまでくる]，…にすれすれである[のところまでこぎつける]．**d** [*pl.*]《古》口ひげ (moustache)．**2** 掃く人; (ちりなどを)払う物．**3** [通例 *pl.*]〘海事〙=whisker boom．**4**〘軍事〙星型起爆装置《魚雷が目標を斜めにかすめても必ず爆発するように，先端から星型に出ている起爆用の短い角》．**5**〘結晶〙(サファイア・金属などの)髭(ひげ)結晶，ウィスカー《繊維強化材用の針状の長い結晶》．**6** [通例 *pl.*]〘活字〙=hairline 4 a．**7**《卑》(セックスの相手としての)女，ふしだらな女，売春婦．**8**〘通信〙=cat whisker.

by a whisker《口語》(1) 間一髪の差[ところ]で (by a hairbreadth): win [lose] *by a* ~．(2) ほんの少しだけ: move the sights of a rifle *by a* ~ ライフル銃の照準をごくわずか動かす．(1984)

〖(?*c*1425) *wisker* fan, brush,《原義》something that whisks: ⇨ whisk, -er¹:「ほおひげ」の意 (*c*1600) は戯言的用法から〗

whísker bòom *n.*〘海事〙第一斜檣(しゃしょう) (bowsprit) の両側から突き出ている木製または鉄製の円材《ジブ斜檣 (jibboom) の左右の支索をこの先端に固定する》．

whis·kered /(h)wískəd | -kəd/ *adj.* [しばしば複合語の第 2 構成素として] (…の)ほおひげのある: a ~ man / gray-*whiskered* ほおひげがごま塩の．〖1769〗

whískered bát *n.*〘動物〙ホオヒゲコウモリ属 (*Myotis*) の各種コウモリ，(特に)ホオヒゲコウモリ (*M. mystacinus*).

whísker pòle *n.*〘海事〙=whisker boom.

whis·ker·y /(h)wískəri/ *adj.* ほおひげのある; ほおひげのような．**whís·ker·i·ness** *n.*〖1848〗

whis·key /(h)wíski/ (*also* **whisky**) *n.* **1** ウイスキー《大麦・ライ麦・とうもろこしなどを原料に発酵させ蒸留してオーク材の樽で熟成させた酒; 原料や製法によって種類がある; ⇨ corn whiskey, grain whiskey, malt whiskey; blended whiskey, straight whiskey; bourbon whiskey, Irish whiskey, Scotch whisky》．★ スコッチ，カナディアン，日本のウイスキーは whisky と綴り，バーボン，アイリッシュは whiskey と使い分けし，米国では国産品には whiskey を，輸入品には whisky を用いる: drink ~ neat ウイスキーをストレートで飲む / ~ toddy ⇨ toddy 1．**2** ウイスキー一杯: Give me a ~ [two ~*s*] / a ~ and soda ⇨ soda 1 a．**3** [W-] w の通信コード: W for ~ ウイスキーの W．〖(1715)《略》← *whiskybae*《変形》← USQUEBAUGH〗

whískey jàck *n.*〘鳥類〙ハイイロカケス (⇨ Canada jay)．〖(1772)《変形》←《廃》*whisky-john*《なぞり》← N-Am.-Ind. (Cree) *wiskatjân* gray jay〗

whískey lìver *n.* ウイスキー過飲による肝臓病．

whískey sóur *n.* ウイスキーサワー《ウイスキーにレモンジュースや砂糖を加えたカクテル》．〖*c*1889〗

whis·ki·fied /(h)wískɪ̩fàɪd | -kɪ-/ *adj.*《戯言》ウイスキーに酔っぱらった．〖1802〗

whis·ky¹ /(h)wíski/ *n.* =whiskey.

whis·ky² /(h)wíski/ *n.* (一頭立ての)軽二輪馬車《一種の gig》．〖(1769): ⇨ whisk, -y⁴: その軽快なところから〗

whísky mác /-mǽk/ *n.*《英》ウイスキーマック《ウイスキーとジンジャーワインを混ぜたカクテル》．〖(1960): cf. Mac〗

whis·per /(h)wíspə | -pə$^{(r)}$/ *vi.* **1** ささやく，小声で話す; 私語する，耳打ちする: ~ in a person's ear 人に耳打ちする / Don't ~ (like that)! (そのように)私語するな．**2** (中傷・陰謀などの目的で)ひそひそ話す，こそこそ話し合う: His companions ~*ed against* [*about*] him. 彼の仲間はひそひそと彼の悪口を言った．**3** 〈木・風・流れなどが〉さわさわ[ざわざわ]音がする，さらさら鳴る[流れる] (rustle, murmur)．**4**〘音声〙ささやきで発話する．— *vt.* **1** 小声で話す，ささやく: He ~*ed* something into her ear. 彼女に何か耳打ちした．**2** [しばしば受身で] ひそかに言いふらす (rumor)〈*about, around*〉: It is (being) ~*ed* (*around*) that … ということがある / The strangest things were ~*ed* concerning [about] him! 彼について奇怪きわまるうわさが立った．**3** ささやき声[小声]で〈人〉に話しかける: He ~*ed* me to shut the window. 小声で窓を閉めろと言った．**4**〘音声〙〈言語音を〉ささやきで発する．

— *n.* **1** ささやき，耳語; こそこそ話，密談: ⇨ stage whisper / give a ~ ヒントを与える，こっそり教えてやる / He spoke in ~*s*. ひそひそ声で話をした / He always talks in a ~ [in ~*s*]. 彼はいつも内緒話をする / Their voices never rose above a ~. 彼らの声は決してささやき声より大きくならなかった / Their voices fell to a ~. 彼らは声をひそめてささやき声になった．**2** (風などの)さわさわ(いう音): the ~ of the leaves 木の葉の音 / a ~ from the air conditioning 空調のさわさわいう音．**3** うわさ，風説: There were ~*s* [was a ~] that he was put to death without trial. 彼は裁判もなしに処刑されたというわさがあった / You'll have to resign if there's (even) the least ~ of scandal. ほんの少しでもスキャンダルのうわさがあればあなたは辞職しなくてはならないだろう．**4** 微量，わずか (trace): a ~ of a perfume ほのかな香水．**5**〘音声〙ささやき《声門を声 (voice) の状態まで狭めるが震動させないで発する音》．

〖v.: OE *hwisprian* ← Gmc **xwis-* (G *wispern*): ⇨ whistle. — n.: (1595) ← (v.)〗

whis·per·er /-pərə | -rə$^{(r)}$/ *n.* ささやく人; (特に)うわさをして回る人．〖*c*1550〗

whís·per·ing /-p(ə)rɪŋ/ *n.* **1** ささやき，耳打ち; 密語．**2** うわさ，ゴシップ．**3** (風や流れの)ざわざわいう音，さわさわ，さらさら．— *adj.* **1** ささやく，ささやくような音を立てる．**2** さらさらと鳴る．**3** 私語癖のある; 口さがない; (中傷的な)内緒話を広める．**4** ささやき声で話す，ひそひそ話の: a ~ voice．**~·ly** *adv.*〖n.: OE *hwisprunge*〗

whíspering campàign *n.*《米》(政治家・公務員の名誉を棄損するための)デマ[中傷]戦術: start a ~ against the mayor 市長に対する中傷戦術を展開する．〖1920〗

whíspering gàllery [dòme] *n.* ささやきの回廊[丸天井室]《音響が壁に反射しながら進むため，ささやきでも遠くの人に聞こえる回廊または丸天井室; St. Paul's Cathedral にあるものが有名》．〖*a*1700〗

whis·per·ous /(h)wísp(ə)rəs/ *adj.* =whispery.

whis·per·y /(h)wísp(ə)ri/ *adj.* ささやきの，ささやくような; さわさわ[さらさら]いう: the ~ chatter of girls 少女たちのささやき声でのおしゃべり / a ~ place さわさわいう場所．〖1834〗

whist¹ /(h)wíst/ *int.*《古・方言》しっ，静かに．— *vi.*《古・方言》静かになる，話をやめる．— *vt.*《廃》黙らせる (silence)．— *n.*《アイル》沈黙: Hold your ~! 黙れ．— *adj.*《古・方言》[通例叙述的] 静かな，無言の (silent)．〖(*c*1384)《擬音語》: cf. hist, hush, whisht〗

whist² /(h)wíst/ *n.*〘トランプ〙ホイスト《ブリッジの前身; 配り終わりの札を表に向けて切札の種類 (suit) を決定すること，4 人が全員プレーすること，得点の数え方などがブリッジと異なる; cf. long whist, short whist》．〖(1663)《変形》←《廃》*whisk*: ⇨ whisk (v.): 卓上の札を whisk off するのでもとは *whisk* といったが，後に勝負の際の静けさから WHIST¹ と結び付けられたもの〗

whíst drìve *n.*《英》〘トランプ〙(進行式)ホイスト競技会 (cf. progressive game)．〖1903〗

whis·tle /(h)wísl/ *vi.* **1** 口笛を吹く; 笛[呼び子，ホイッスル]を吹く; (口笛などで)合図する: ~ *to* one's dog 犬に向かって口笛を吹く．**2** ぴーぴー鳴く，さえずる: The bird ~*s*．**3** 汽笛を鳴らす: The driver ~*s*．**4** ぴゅーと鳴る，ぴゅーと飛ぶ，うなって飛ぶ: The wind ~*s*. / The bullet ~*d* through the air. 弾丸がひゅーと空中を飛んで行った．**5** (のどが)ひゅーひゅーいう: ~ in one's throat．**6**《まれ》密告する，告げ口する．— *vt.* **1** 口笛で吹く: ~ a lively tune 口笛で陽気な曲を吹く．**2** 〈犬を〉口笛で呼ぶ，笛で呼び集める，笛で合図する〈*up*〉: ~ a dog *back* 口笛を吹いて犬を呼び戻す．**3** 〈調子などを〉笛で合わせる．**4** 〈矢・銃弾などを〉ひゅーっ[ぴゅーん]と放つ．

bíd [lèt] a person gò whístle 〈人〉にだめだとあきらめさせる，〈人〉の願いを聞いてやらない．(1453)　***gó whístle*** 無益なことをする，悪魔に食われる．***whístle for*** (1)《口語》…を望んでもむだである: You can [may] ~ *for* it．(2) …を口笛で呼ぶ: ~ *for* a taxi．(1605)　***whístle in the dárk*** ⇨ *in the* DARK. (1958)　***whístle in the wínd*** ⇨ wind¹ *n.* 成句．***whístle one's life awáy*** 一生をのんきに暮らす．***whístle óff*** **1**《口語》ぶいと立ち去る．**2** (口笛を吹いて鷹を飛ばすように)見捨てる，見限る．(1689)　***whístle úp*** (1) 〈犬を〉(口)笛で呼び集める．(2) 〈援軍を〉急いで呼ぶ．(3)《口語》〈料理を〉手早く作る; 〈計画などを〉大急ぎで作る[まとめる]．

— *n.* **1** 笛，呼び子，号笛，警笛，ホイッスル: a steam ~ 汽笛 / a warning ~ 警笛 / a police ~ 呼び子．**2** 口笛: play a ~ 口笛で曲を奏する / dance to a person's ~ ⇨ dance *v.* 成句 / He gave a low ~. 彼は低く口笛を吹いた．**3** (口笛などによる)合図，招集，呼び出し．**4** (ぴーという)呼び子[汽笛]の音; (木の葉を渡る)風の音，(銃弾などの)ぴゅーと飛ぶ音，(鳥や動物の)鋭い鳴き声: the shrill ~ of a fife 鋭い横笛の音．**5**《口語》口，のど: ⇨ *wet one's* WHISTLE.

(as) cléan as a whístle (1) きれいさっぱりして，とてもきれいで[きちんとして]．(2) 完全に，見事に．(1828)　***(as) cléar as a whístle*** 極めて明白で; すっかり澄んで．(1880)　***(as) drý as a whístle*** すっかり乾いて．(1842)　***blów the whístle on***《口語》(1) 〈仲間など〉を密告する (inform against)，…を裏切る (betray); 〈事〉を暴露する: Someone *blew the* ~ *on* the bank robbers. だれかが銀行強盗の密告をした．(2) 〈不正行為など〉をやめさせる，…の中止を命じる: The mayor *blew the* ~ *on* gambling. 市長は賭博の中止を命じた．(1934)　***nót wòrth the whístle*** 呼ぶ[招く]だけの値打ちのない; 全く無益で[くだらない]．(*a*1529)　***páy (tóo déar) for one's whístle*** つまらない物を高く買う; ひどい目に遭う《Franklin の逸話から》．(1854)　***wét one's whístle***《口語》のどを湿す，一杯飲む．(1530)

〖v.: OE *(h)wistlian* to make hissing sound ← Gmc **xwis-* (ON *hvisla* to whisper) ← IE **kwei-* to hiss, whistle《擬音語》: cf. whisper. — n.: OE *(h)wistle*〗

whis·tle·a·ble /(h)wísləbl̩, -sl-/ *adj.* 口笛で吹ける: a ~ tune．〖1962〗

whístle-blòwer *n.*《口語》密告者，内部告発者; 〈物事を〉やめさせる人．〖1970〗

whístle-blòwing *n.*《口語》告発，密告．

whís·tler /-slə, -slə | -slə$^{(r)}$, -sl-/ *n.* **1** 口笛を吹く人，ぴゅーと鳴る音[物]，さえずる者．**2**〘動物〙ロッキーマーモット (*Marmota caligata*)《北米産のマーモット; whistling marmot ともいう》．**3**〘鳥類〙**a** =widgeon．**b** モズヒタキ《オーストラリア・ポリネシア産モズヒタキ属 (*Pachycephala*) などの鳥類の総称; shrike, thickhead ともいう》．**4**〘獣医〙喘鳴(ぜんめい)症の馬．**5**〘電気〙電光・高エネルギー電子などが出す電磁波《地磁場線に沿って流れ，ラジオ受信機ではぴゅーと聞こえる》．〖OE *hwistlere*: ⇨ whistle, -er¹〗

Whis·tler /(h)wíslə | -lə$^{(r)}$/, **James (Abbott) McNeill** /məkníːl/ *n.* ホイスラー (1834–1903; 英国に在住した米国の画家・銅版画家; 革新的な画風は異端視された).

Whis·tle·ri·an /(h)wɪslí^{ə}riən | -líər-/ *adj.* Whistler 風の．〖(1891): ⇨ ↑, -ian〗

whístle-stòp *n.*《米》**1 a**〘鉄道〙=flag station．**b** 田舎町．**2** (選挙遊説中に)列車の後部デッキから行う短い演説．**3** (選挙遊説などで)小さな町に止まって顔を出す[演説する]こと．— *adj.* [限定的] 地方遊説の: a ~ tour [campaign]．— *vi.* **1** 田舎駅に全部止まりながら遊説する．**2** 小さな町に顔を出す[演説する]．〖*c*1925〗

whís·tling /-slɪŋ, -sl-/ *adj.* 〈動物・鳥が〉ぴーと鳴く．— *n.* **1** ぴゅーと鳴る音[こと]: the ~ of the wind．**2**〘獣医〙(喘鳴(ぜんめい)症の馬の)喘息．**~·ly** *adv.*〖n.: OE *hwistlung*; adj.: (*c*1387–95): ⇨ -ing¹˒ ²〗

whístling búoy *n.*〘海事〙ホイッスルブイ《波の動揺によって笛が鳴る霧中用ブイ》．〖1880〗

whístling dúck *n.*〘鳥類〙**1** =goldeneye．**2** リュウキュウガモ《温帯産リュウキュウガモ属 (*Dendrocygna*) のカモの総称; tree duck ともいう》．〖1699〗

whístling kéttle *n.* 笛吹きケトル《湯が沸騰するとぴーぴー音を立てる方式のやかん》．〖1961〗

whístling mármot *n.*〘動物〙=whistler 2.

whístling swán *n.*〘鳥類〙コハクチョウ (*Cygnus co-*

lumbianus)《鳴き声の優美な北米産の野生ハクチョウ》. 〖1785〗

whit /(h)wít/ *n.* 微少, 極少 (bit, particle): I felt a ~ uneasy. ほんの少し不安を感じた / no [not a, never a] ~ 少しも…ない (not at all) / every ~ 全部; 全く / I don't care a ~. 一向に構いません. 〖《1480》《変形》← ME *wi(g)ht* < OE *wiht* thing, creature: ⇨ wight[1]: cf. aught[1], naught〗

Whit[1] /(h)wít/ *n.* ウィット《男性名》. 〖《dim.》← WHIT-COMB〗

Whit[2] /(h)wít/ *adj.* 聖霊降臨日 (Whitsunday) の. 〖《1959》《略》← WHIT(SUNDAY)〗

Whit·a·ker /(h)wítəkə, -tɪ- | -təkə(r, -tɪ-/, Sir **Frederick** *n.* ホイッティカー《1812–91; 英国生まれのニュージーランドの政治家; ニュージーランド首相 (1863–64, 1882–83)》.

Whít·a·ker's Álmanack /(h)wítəkəz-, -tɪ- | -təkəz-, -tɪ-/ *n.* ホイッティカー年鑑《1868 年英国の出版業者 Joseph Whitaker (1820–95) が創始し, 今も続刊されている英国の年鑑》.

Whit·by /(h)wítbi/ *n.* ウィットビー, ホイットビー《イングランド北東部 North Yorkshire 州北東部の港市・行楽地; 昔の修道院の遺跡がある》. 〖OE *Hwitebī* ← *hwīt* 'WHITE'+*bȳ* (← ON *bȳr* village)〗

Whit·comb /(h)wítkəm/ *n.* ウィットコム《男性名》. 〖《原義》wide or withy valley: もと地名〗

white /(h)wáɪt/ *adj.* (**whit·er**; **whit·est**) **1** 白い, 白色の, 雪白の, 白髪の, 銀白の, 銀色の; 銀(製)の: a mountain ~ with snow 雪で白い山 / Our detergent washes clothes ~*er* (than ~). わが社の洗剤を使えば衣類を(この上なく)白く洗えます / ⇨ white hands, white gloves, white night / (as) ~ as snow 雪のように白い; 潔白な (cf. snow-white) / (as) ~ as a lily [a swan, a whale's bone, milk, flour, wool, curds] ユリの花[白鳥, クジラの骨, 牛乳, 小麦粉, 羊毛, 凝乳]のように白い / ~ hair 白髪, 銀髪 / Her hair has turned ~. 髪が白くなった. **2** 雪の降る (snowy), 雪の積もった (snow-covered): a ~ winter / a ~ Christmas 雪のクリスマス. **3 a** 白色人種の, コーカサス人種の: ~ civilization [culture] 白人文明[文化] / a single ~ female 独身の白人女性 / The suspect is a ~ male aged about 40. 容疑者は 40 歳ぐらいの白人男性だ / ~ folks and black folks 白人と黒人 / ⇨ White Australia, white man, white race. **b** 白人支配[専用]の: a ~ school [club]. **4 a** 色の淡い. **b** 〔恐怖などで〕青ざめた〔*with*〕: Her lips were ~ *with* fear [tension]. 恐怖[緊張]で唇に血の気がなかった / (as) ~ as a sheet (恐怖で)血の気のうせた, 真っ青な / turn [go] ~ (*with* fear) (恐怖で)真っ青になる / clench one's fist so tight that one's knuckles are ~ 指関節部が白くなるほどこぶしをしっかり握る. **5 a** 〈コーヒーが〉ミルク[クリーム]を入れた (with milk) (cf. black 3 b, café au lait): Do you want your coffee white or black? コーヒーはミルクを入れますかブラックですか. **b** 〈パンが〉精白(小麦粉)で作った. **6** 〈ワインが〉白の, (薄い)琥珀色の: ~ wine. **7** 〈水・空気・光・ガラスが〉透明な, 透き通った (transparent), 無色の (colorless): ~ glass. **8** 〔印刷〕空白の, 余白の: ⇨ white space. **9** 白熱の (at white heat); 熱烈な, 気色ばんだ (passionate): ~ rage [fury] 激怒. **10** 白衣の, 白衣を着た: a ~ sister 白衣の修道女 / ⇨ White Friar. **11** 無邪気な, 罪のない (innocent), 汚れを知らない (unstained): make one's name ~ again 汚名をそそぐ. **12** 善意の, 悪意のない, よいことに用いる: ⇨ white lie, white magic, white witch. **13** 《口語》公正[公平]な, 正しい, (人格の)立派な, 信頼できる (fair, righteous): That's very [mighty] ~ of you. それはなかなか正直だ. **14** 〈銀器がぴかぴかに磨いてない, どんよりした光沢のある (unburnished). **15** [限定的] [時に W-] 〈政党・政策など〉保守反動的な, 反革命的な (cf. red[1] *adj.* 4, pink[1] *adj.* 3): *White* Guards 白(衛)軍 / ⇨ White Terror. **16** 《古》〈皮膚・顔色が〉色白の (fair, blond): a ~ skin. **17** 〔音楽〕〈音質が〉温かみや色つやのない. **18** 《まれ》〈時節などが〉縁起のよい, 幸運の (auspicious): one of the ~(*est*) days of one's life 一生涯の(最も)縁起のよい日の一つ. **19** 〔軍事〕(裏面工作に対して)正面工作の, 公式の (official) (cf. black 14). **20 a** 〔甲冑〕磨き鋼鉄の: ~ armor. **b** 磨き鋼鉄のよろいを着た: a ~ knight ⇨ white knight. **21** 〈戦争が〉間接手段による: a ~ war of propaganda 宣伝による白い戦争, 宣伝戦. **22** 〔物理〕〈光・音など〉白色の《あらゆる周波数のものを含む: cf. white light, white noise》.

be white about the gills ⇨ gill[1] 成句. ***bleed white*** ⇨ bleed 成句.

— *n.* **1 a** 白, 白色. [日英比較] 「好きな色は何色か」と聞かれて,「白」と答えても日本語では差し支えないが, 英米人にはこのような場合「白」を色と見なさない人もいる. **b** (顔の)色白. **c** 純潔 (purity), 潔白 (innocence). **2** [しばしば W-] 白人, コーカソイド (white man): ⇨ poor white. **3 a** (卵の)白身 (cf. yellow *n.* 2 c, yolk[1] 1): the ~ of an egg 卵 (1 個)の白身 / Take the ~*s* of three eggs. 卵 3 個分の白身を取りなさい. ★ 物質として考えている場合には (the) white of egg のように複数にならない. **b** (肉・木材などの)白身. **c** (物の)白い部分. **4** 白ワイン (white wine); 白パン (white bread). **5** 白目: the ~ of one's eye / turn up the ~*s* of one's eyes (偽りの信心, 死んだ時, 驚き・恐怖などで)白目を見せる, 目を白くする. **6** [*pl.*] **a** 白衣, 白い服《僧侶またはスポーツ選手用》: tennis ~*s*. **b** 白ズボン. **7 a** 白衣: be dressed in ~ 白衣を着ている / a lady (all) in ~ 白衣の[白ずくめの服装をしている]女性. **b** [*pl.*] (シーツなど)白布製品 (cf. white goods). **8** 白絵具; 白色染料[顔料]: Chinese [zinc] ~ 亜鉛白. **9 a** (ハト・犬・猫などの)白色種. **b** [W-] ホワイト《豚の白色品種》: ⇨ Chester White. **c** 〔昆虫〕シロチョウ《シロチョウ科の翅の白いチョウ総称; (オオ)モンシロチョウ (cabbage white) など》. **10** [通例 *pl.*] **a** 〔印刷〕空白, 余白, あき. **b** (絵などの)ホワイトスペース《空白の部分》. **11** [主に *pl.*] 極上の小麦粉[砂糖]. **12** =whitebeard. **13** [*pl.*] 《口語》こしけ, (白)帯下 (leukorrhea). **14** 〔アーチェリー〕**a** 的の 5 番目[最も外側]の輪; そこに当たった矢. **b** 《古》標的の中央の白い部分. **15 a** 〔チェス・チェッカー〕白(をもった競技者). **b** (ビリヤードなどの)白球. **16** [しばしば W-] 保守反動的[反革命的]な政党の党員 (cf. red[1] 5): The Reds beat the *Whites* between 1917 and 1922. 赤軍が白軍を 1917 年と 1922 年の間に破った. **17** [the W-] 〔英史〕《17 世紀に英国の艦隊が Blue, Red, White に分かれていたときの》白色艦隊 (White Squadron).

cáll whíte bláck*＝*túrn whíte into bláck 白を黒と言いくるめる. 《1672》 ***in th whíte*** (1) 〈布が〉白生地のままで. (2) 〈革製品・家具など〉染色[塗装, 磨き]が施されないままで. 《1810》

black and white ⇨ black *n.* 《1612》

— *vt.* **1** 〔印刷〕**a** 空白を作る, (インテルなどを入れて)〈語間を〉あける 〈*out*〉. **b** (写真製版の準備に)ホワイトをかける 〈*out*〉. **2** 《古》白くする (whiten, make white): ⇨ whited sepulcher. ***white óut*** (*vi.*) (雪や霧などのため)視界がきかなくなる; 〈視力が〉(白光にさらされて)くらむ (cf. whiteout). — (*vt.*) (1) (印刷で)…に余白を残す. (2) 〈誤字などを〉白色修正液で塗りつぶす; (検閲して)削除する. 〖adj.: OE *hwīt* < Gmc **χwītaz* (Du. *wit* / G *weiss*) ← IE **kʷei-* white (Skt *śveta* white). — n.: OE《独立用法》← (adj.). — v.: OE *hwītian* ← (adj.)〗

White /(h)wáɪt/ *n.* [the ~] ホワイト(川)《米国 Arkansas 州北西部から Missouri 州南部を通って Mississippi 川に流入する川 (1,110 km)》.

White /(h)wáɪt/, **Andrew Dickson** *n.* ホワイト《1832–1918; 米国の教育家・外交官; Cornell 大学創設者の一人で, 初代学長 (1868–85)》.

White, Byron Raymond *n.* ホワイト《1917–2002; 米国の弁護士・法律家; 最高裁判所陪席判事 (1962–93)》.

White, Edward Douglass *n.* ホワイト《1845–1921; 米国の法律家; 上院議員 (1891-94); 最高裁判所第 9 代長官 (1910–21)》.

White, Elwyn Brooks *n.* ホワイト《1899–1985; 米国のジャーナリスト・作家》.

White, Gilbert *n.* ホワイト《1720–93; 英国の牧師・博物学者; *The Natural History and Antiquities of Selborne* (1789)》.

White, Patrick Victor Martindale *n.* ホワイト《1912–90; オーストラリアの小説家; *The Vivisector* (1970); Nobel 文学賞 (1973)》.

White, Stanford *n.* ホワイト《1853–1906; 米国の建築家; New York 市の Madison Square Garden など》.

White, T(erence) H(an·bur·y) /hǽnbəri/ *n.* ホワイト《1906–64; 英国の小説家; *The Once and Future King* (1958)》.

White, Theodore Harold *n.* ホワイト《1915–86; 米国の作家・ジャーナリスト; *The Making of the President, 1960* (1961) で Pulitzer 賞》.

White, Walter (Francis) *n.* ホワイト《1893–1955; 米国の黒人運動指導者・著述家》.

White, William Allen *n.* ホワイト《1868–1944; 米国のジャーナリスト・著述家; *Autobiography* (1946)》.

White, William Hale /héɪl/ *n.* ホワイト《1831–1913; 英国の小説家; *The Revolution in Tanner's Lane* (1887); 筆名 Mark Rutherford》.

white ácid *n.* 〔化学〕白酸《フッ化水素酸と二フッ化水素アンモニウムとの混合物で, ガラスの腐食用》.

white·àcre *n.* (blackacre と区別して)ある仮定の土地《以前法律書に例示として用いられた任意名》. 〖1642〗

white ádmiral *n.* 〔昆虫〕イチモンジチョウ《タテハチョウ科イチモンジチョウ属 (*Limenitis*) の翅に白い帯のあるチョウの総称》. 〖1906〗

white ágaric *n.* 〔植物〕エブリコ (⇨ purging agaric).

white alért *n.* **1** 防空警報白, 白(防空)警報《敵機の攻撃がさし迫っているとも, またはありそうにも考えられない段階; cf. alert 1》, 警報解除; (警報解除の)発令, 合図. **2** (警報解除後の)常態復帰期間.

white álkali *n.* **1** 〔農業〕白アルカリ土《硫酸ナトリウム・硫酸マグネシウム・塩化ナトリウムなどの塩類を含む雨の少ない地方の土壌》. **2** 精製ソーダ灰.

white amúr *n.* 〔魚類〕=grass carp.

white ánt *n.* 〔昆虫〕シロアリ (⇨ termite). 〖1684〗

white área *n.* **1** 利用計画などが白紙状態の地域. **2** 〔ラジオ〕難聴取地域.

White Ármy *n.* [the ~] 白衛軍《ロシア革命以後の反革命軍; 1920 年赤軍との闘いに破れ, 壊滅; cf. Red Army》. 〖1918〗

white ársenic *n.* 〔化学〕三二酸化ヒ素, 白ヒ (As_2O_3), (俗に)亜ヒ酸.

white ásh *n.* 〔植物〕アメリカトネリコ (*Fraxinus americana*)《American ash ともいう》. 〖1683〗

White Austrália *n.* 白人独占のオーストラリア; (有色人種の移住を許さない)白豪主義. 〖1921〗

White Austrália pólicy *n.* 白豪主義 (略 WAP).

white bácklash *n.* (公民権運動に対する)白人の巻き返し. 〖1964〗

white·bàit *n.* (*pl.* ~) 〔魚類〕**1** シラス《イワシ・ニシンなどの稚魚; 特に, タイセイヨウニシン (*Clupea harengus*) などの稚魚》. **2** (日本・中国産の)シラウオ (⇨ icefish). **3** 北米太平洋沿海産のキュウリウオの類 (smelt) の魚 (*Allosmerus elongatus*). **4** (ニュージーランド産の) inanga の稚魚. 〖《1758》: ⇨ bait: 餌として使用したため〗

white bálance *n.* ホワイトバランス, 白バランス《ビデオなどの電子映像で光源の色に関わらず白い被写体が白く再現されるように調節する機能》.

white báneberry *n.* 〔植物〕北米産キンポウゲ科ルイヨウショウマ属の植物 (*Actaea pachypeda*).

white báss /-bǽs/ *n.* 〔魚類〕北米東部に分布するペルキクチス科の淡水食用魚 (*Morone chrysops*)《silver bass, streaker ともいう》. 〖1813〗

white bát *n.* 〔動物〕毛皮の白い中南米産のコウモリ: **a** シロサシオコウモリ属の各種のコウモリ, (特に)シロサシオコウモリ (*Diclidurus virgo*). **b** シロヘラコウモリ (*Ectophylla alba*)《ヘラコウモリ科》.

white·bèam *n.* 〔植物〕ヨーロッパ産バラ科のウラジロノキの類の低木 (*Sorbus aria*). 〖1705〗

white béar *n.* 〔動物〕**a** ホッキョクグマ, シロクマ (polar bear). **b** 《米》=grizzly bear. 〖1600〗

white·bèard *n.* (あごに)白ひげをはやした老人; 老人. 〖1450〗

white béet *n.* 〔植物〕=chard.

white-bèllied swállow *n.* 〔鳥類〕ミドリツバメ (*Iridoprocne bicolor*)《北米に広く分布するツバメの一種; 樹木の穴に巣を造り, 背は緑青色で腹は白色》.

white bélt *n.* (柔道の)白帯 (cf. black belt[2]).

white bírch *n.* 〔植物〕**1** オウシュウシラカバ (*Betula alba*)《ヨーロッパで最も普通なシラカバの一種》. **2** = paper birch. 〖1789〗

white blóod cèll *n.* 白血球 (leukocyte). 〖1885〗

white blóod còrpuscle *n.* =white blood cell.

white·bòard *n.* 白板, ホワイトボード. 〖《1966》← WHITE+(BLACK)BOARD〗

white bóok *n.* 白書《国内事情に関して政府が発行する白表紙の報告書; cf. blue book 1, white paper 3, Yellow Book》. 〖1437〗

white·bòy *n.* **1** 《古》寵児(ちょうじ), お気に入り (favorite boy). **2** [W-] 白衣党員《1761 年アイルランドで地主階級に反抗して結成された農民の秘密結社の一員》. 〖1599〗

white bréad *n.* (小麦粉, 特に精白した粉で作った)白パン (cf. black bread, brown bread). 〖14C〗

white-bread, white bréad·y *adj.* 《米口語》中流白人 [WASP] 的な, 中流白人好みの; あたりさわりのない, 毒にも薬にもならない, つまらない, ありきたりの. 〖*c*1975〗

white bréam *n.* 〔魚類〕ブリッカ (silver bream).

white-brèasted núthatch *n.* 〔鳥類〕カオジロゴジュウカラ (*Sitta carolinensis*)《米国産》.

white brónze *n.* 〔冶金〕白色青銅《スズの含有量が多い》. 〖1884〗

white brýony *n.* 〔植物〕=bryony 1.

white búrley *n.* [しばしば W & B] =burley[1].

white búsh *n.* 〔植物〕ケシ科ロムネヤ属 (*Romneya*) の低木の総称《California, メキシコに 2 種産する》.

white cámpion *n.* 〔植物〕ヒロハノマンテマ, マツヨイセンノウ (*Lychnis alba*)《ナデシコ科の草; 夜に花が開くので evening campion ともいう》. 〖1578〗

white cáne *n.* 《米》=white stick.

white cánon *n.* 〔カトリック〕白衣参事会員《プレモントレ会の修道士; cf. Premonstratensian》.

white·càp *n.* **1** [通例 *pl.*] (泡をかぶった)波頭, 白波 (⇨ wave SYN). **2** 白帽の人. **3** [W-] 《米》白帽団員《私設の自警団員; 地域社会の共同生活に有害な分子に対して暴力的制裁を加える》. **4** 〔鳥類〕=redstart. **5** 〔植物〕=horse mushroom. 〖1773〗

white cást íron *n.* 〔冶金〕白鋳鉄 (⇨ white iron). 〖1795〗

white cédar *n.* 〔植物〕**1** ヌマヒノキ(材) (⇨ southern white cedar). **2** ニオイヒバ(材) (⇨ northern white cedar). **3** 南米産ノウゼンカズラ科タベブイア属 (*Tabebuia*) の数種の常緑樹. **4** =incense cedar. **5** = Port Orford cedar. **6** =macnab cypress. **7** = canoe cedar. **8** =arborvitae. 〖1674〗

white cèll *n.* =white blood cell.

white cemént *n.* (酸化鉄の量がごく少ない)白色セメント.

W

White·chap·el /(h)wáɪttʃæ̀pəl, -pl̩/ *n.* **1** ホワイトチャペル《London 東部 Tower Hamlets 区の一地区; ユダヤ人などの移民が多い; London 塔がある》. **2** 〔トランプ〕(ホイストで)一枚札 (singleton) の打出し《あとでその スーツ (suit) を切る (trump) ことができる》. **3** 〔玉突〕相手の球をポケットに入れること. **4** =Whitechapel cart. **— *vi.*** 〔トランプ〕(ホイストで)一枚札を出す. 〖*a*1700〗

Whitechapel cárt *n.* 二輪の軽荷車《商品配達用》. 〖1859〗

white chárlock *n.* 〔植物〕アブラナ科の野生ダイコン (*Raphanus raphanistrum*)《ヨーロッパ産》.

white-chèeked góose *n.* 〔鳥類〕シジュウカラガンの変種 (Western Canada goose ともいう).

white chócolate *n.* ホワイトチョコレート《カカオを含まないチョコレート風味の白色の糖菓》.

white Chrístmas *n.* ホワイトクリスマス《降雪[積雪]のあるクリスマス》.

white cínnamon *n.* 〔植物〕=canella.

white clóver *n.* 〔植物〕**1** シロクローバー (⇨ white Dutch clover). **2** =white sweet clover.

white cóal *n.* (動力源としての)水, 水力; 電力. 〖1885〗

white·còat *n.* **1** ホワイトコート《幼いタテゴトアザラシ; 純白の毛皮が珍重された》. **2** 《英俗》白コート《London のタクシー運転手の試験を受け持つ警察公共輸送課の上級試験官》. 〖《1555》1792〗

white-cóllar *adj.* 〈労働者・仕事が〉筋肉労働に従事し

ない, 事務系の, ホワイトカラーの (cf. blue-collar): a ～ worker / ～ jobs 事務系の職業 / ～ wage earners ホワイトカラーの給料取り. 〖c1920〗

whíte-còllar críme *n.* ホワイトカラーの犯罪《横領・脱税・贈収賄・不当広告などホワイトカラーの職務に関連して犯された罪》.

Whíte Cóntinent *n.* [the ～] 白い大陸《南極大陸》.

whíte córal *n.* 〖動物〗シロサンゴ (*Amphihelia* (or *Madrepora*) *oculata*)《地中海産の白いビワガライシの類のイシサンゴ; 100–200 m の海底に産する》. 〖1624〗

whíte córpuscle *n.* 白血球 (leukocyte).

whíte cráppie *n.* 〖魚類〗米国東部産サンフィッシュ科の淡水魚 (*Pomoxis annularis*) (cf. crappie). 〖c1926〗

whíte cróp *n.* 実が白くなって収穫する作物, 穀類 (cf. black crop, green crop, root crop). 〖1816〗

whíte crów *n.* **1** 白いカラス《珍奇なもの》. **2** 〖鳥類〗エジプトハゲワシ (*Neophron percnopterus*). 〖1579〗

whíte-cròwned spárrow *n.* 〖鳥類〗ミヤマシトド (*Zonotrichia leucophrys*)《北米北部・西部産ホオジロ科の頭に白と黒のしまのあるスズメ; cf. white-throated sparrow》. 〖1839〗

whíte·cùp *n.* 〖植物〗ギンパイソウ, ギンサカズキ (*Nierembergia rivularis*)《アルゼンチン産の匍匐(ほふく)性で白色まれには青やばら色の混じった花をつけるナス科の宿根草》.

whíte cúrrant *n.* 〖植物〗シロスグリ《液果を食用にするスグリ属 (*Ribes*) のある種の植物の総称》.

whít·ed /-tɪd | -tɪd/ *adj.* **1** 白くなった, 漂白した. **2** 水しっくいを塗った. 〖1340〗

whíte dáisy *n.* 〖植物〗フランスギク (⇨ daisy 2 a).

whíte dámp *n.* 炭鉱内の毒ガス《主成分は一酸化炭素 (carbon monoxide)》. 〖1881〗

whíte déath *n.* 《口語》ヘロイン.

whíte diarrhéa *n.* 〖獣医〗白痢, (特に)ひな白痢 (pullorum disease).

whíted sépulcher *n.* 偽善者 (hypocrite). 〖《1582》イエスが律法学者とパリサイ人(びと)を「白く塗りたる墓」になぞらえたところから: cf. *Matt.* 23:27〗

whíte Dútch clóver *n.* 〖植物〗シロツメクサ (*Trifolium repens*)《マメ科の植物; Dutch clover, white clover ともいう》. 〖1794〗

whíte dwárf *n.* 〖天文〗白色矮星(わいせい)《光度が低く非常に高温で白色の光を放つ恒星; 直径は小さく惑星ぐらいであるが, 質量は普通の恒星並みのため極めて大きな密度をもつ; シリウス星の伴星などがその例》. 〖1924〗

whíte éardrops *n.* (*pl.* ～) 〖植物〗=Dutchman's-breeches.

whíte élephant *n.* **1** 白象《インド・スリランカ・タイ・ミャンマーなどで神聖視される; 国王がきらいな臣下を困らせる時にはこれを下賜したといわれる》. **2** やっかいな所有物, もてあまし物. **3** 持主には無用であるが他人には価値があるかも知れないもの: a ～ sale (慈善などのための資金調達のため行う)不要品持寄りセール. **4** 白象の付いた記章. 〖1607〗

whíte élm *n.* 〖植物〗=American elm.

Whíte Énglish *n.* 《米》(黒人英語に対し)白人英語 (cf. Black English). 〖1974〗

whíte énsign *n.* 英国軍艦旗《白地に赤十字の左上側の部分に英国国旗を描いたもの; cf. red ensign》. 〖1879〗

whíte-èye *n.* **1** 〖鳥類〗メジロ (⇨ silvereye). **2** 〖魚類〗**a** =haddock. **b** =walleye 5. 〖1848〗

whíte-èyed víreo *n.* 〖鳥類〗メジロモズモドキ (*Vireo griseus*)《米国東部産の小鳥で虹彩が白い》.

whíte·fàce *n.* **1** 顔が白い動物, (特に)ヘレフォード種 (Hereford) の牛. **2** 顔を白くするメーキャップ. **3** 《俗》サーカスの道化役者. **4** 〖鳥類〗オーストラリア産ヒタキ科カオジロムシクイ属 (*Aphelocephala*) 鳴鳥の総称. 〖1860〗

whíte-fàced *adj.* **1** 顔の青白い: John, ～ with rage, glared at me. ジョンは激怒で顔を青くして私をにらみつけた. **2** 〈馬など〉額[顔]に白い斑点のある: a ～ horse. **3** 前面[表面]の白い. 〖1594–96〗

whíte-faced hórnet *n.* 〖昆虫〗北米産のクロスズメバチ属の頭部などに白い線がある大形のスズメバチ (*Vespula maculata*) (bald-faced hornet ともいう).

Whíte Fáther *n.* アフリカ派遣宣教師団の一員《同団は 1868 年に Charles Lavigerie により設立》.

whíte féather *n.* 臆病者の証拠: show the ～ 臆病風を吹かす, 弱音を吐く / find a ～ in a person's tail 人の臆病を見破る. 〖《1785》雄鶏の尾羽に白い羽があると闘鶏に弱いという言い伝えから〗

Whíte·field /(h)wɪ́tfiːld/, **George** *n.* ホイットフィールド《1714–70; 英国のメソジスト派の説教者》.

whíte fínger *n.* 〖病理〗白蝋病 (Raynaud's disease). 〖1939〗

whíte fír *n.* 〖植物〗**1 a** コロラドモミ (*Abies concolor*)《北米西部産の直立性の狭い樹冠に青白い葉をしたモミ属の木》. **b** コロラドモミ材《材質が軟らかい》. **2** コロラドモミに類する北米西部産のモミの木の総称 (lowland fir, alpine fir など); その材. 〖1850〗

whíte·fìsh *n.* **1** 〖魚類〗**a** 北米・ヨーロッパ・アジアに分布するシロマス属 (*Coregonus*), *Prosopium* 属の魚類の総称《北米産 lake whitefish, *C. nasus* (broad whitefish), *C. nipigon* (humpback whitefish) やヨーロッパ産 *C. albula* など》. **b** アマダイ科の海洋食用魚 (*Caulolatilus princeps*)《米国 California 州産》. **c** 白い魚, 白身の魚 (ポーラン (pollan), メンハーデン (menhaden), cod, haddock, bluefish (幼魚)など). **2** whitefish の魚肉. **3** 〖動物〗=beluga 1. 〖1461–62〗

whíte flág *n.* 白旗《降伏・休戦・伝染病患者のいないことなどを示す旗》. ***háng úp* [*hóist, rún úp, shów, wáve*] *the whíte flág*** 白旗を掲げる, 降参する. 〖1600〗

whíte fláx *n.* 〖植物〗=gold-of-pleasure.

whíte flíght *n.* 白人中産階級の都心から郊外へ[ある郊外から別の郊外へ]の脱出《他の人種との混住を避けるため》. 〖1967〗

whíte flínt *n.* =flint glass.

whíte flóur *n.* 白色粉, 精白粉《胚芽とふすまを取り去った小麦粉》.

whíte·flỳ *n.* 〖昆虫〗コナジラミ《半翅目コナジラミ科の害虫の総称; 白または灰色の粉で覆われている》. 〖c1889〗

whíte-fòoted móuse *n.* 〖動物〗米国東部産シロアシマウス属 (*Peromyscus*) のネズミの総称; (特に)シロアシマウス[ネズミ] (*P. leucopus*) (deer mouse, vesper mouse, wood mouse ともいう). 〖1869〗

whíte fóx *n.* 〖動物〗白ギツネ (ホッキョクギツネ (arctic fox) の冬季白色型). 〖1696〗

Whíte Fríar, w- f- *n.* カルメル会の修道士 (Carmelite). 〖《1412》: 白衣を着用していることから〗

Whíte·fri·ars /(h)wáɪtfràɪəz | -fràɪəz/ *n.* ホワイトフライアーズ《London 中央部の一地区; ⇨ Alsatia 2》. 〖《1561》↑: London の Fleet Street にカルメル会の修道院 (1241–1538) があったことから〗

whíte-frínged béetle *n.* 〖昆虫〗ゾウムシの一種 (*Pantomorus leucoloma*)《アルゼンチン原産; 近年オーストラリア・米国南東部に移動; 栽培植物の害虫》. 〖1939〗

whíte-frònted góose *n.* 〖鳥類〗マガン (*Anser albifrons*)《ヨーロッパ北部・北米産の灰褐色の額が白いガン》. 〖1766〗

whíte fróst *n.* 霜 (hoarfrost). 〖1382〗

whíte fúel *n.* (エネルギー源としての)水. 〖1913〗

whíte gásoline [**gás**] *n.* 白ガソリン, 無鉛ガソリン《四エチル鉛を添加していないガソリン》.

whíte glóbe lìly *n.* 〖植物〗ユリ科の球根植物 (*Calochortus albus*)《米国 California 州産で, 紫がかった茎部のある球状の白い花をつける》.

whíte glóves *n. pl.* 〖英法〗白手袋《もと巡回裁判で, 審理すべき刑事事件がない時(特に, 以前は死刑宣告のなかった時), 州の長官 (sheriff) から判事に贈られた一対の白手袋; cf. glove-money 2》. 〖1851〗

whíte góld *n.* **1** ホワイトゴールド《ニッケル・亜鉛などと金との合金》. **2** 精製すれば白くなる産物《砂糖・綿花など》. 〖1666〗

whíte góldenrod *n.* 〖植物〗=silverrod 2.

whíte gòods *n. pl.* **1** (大型)家庭用品, 白物《冷蔵庫・ストーブ・洗濯機など白い塗料を塗ったもの》. **2** 家庭用白色綿布《シーツ・テーブル掛け・タオルなど》. **3** 漂白品《木綿・麻布など》. 〖c1871〗

whíte gróuse *n.* 〖鳥類〗=ptarmigan.

whíte grúb *n.* 〖昆虫〗ネキリムシ《コガネムシ類の幼虫》. 〖c1817〗

whíte gúm *n.* 〖植物〗オーストラリア産の樹皮の白いユーカリノキ属 (*Eucalyptus*) の植物の総称. 〖1827〗

whíte gýrfalcon *n.* 〖鳥類〗シロハヤブサ (*Falco rusticolus*)《白羽の多い時期のハヤブサ (gyrfalcon); 鷹狩り用に最も珍重される》. 〖1863〗

whíte-háired *adj.* =white-headed. 〖c1400〗

whíte háke *n.* 〖魚類〗ニューイングランド沿岸産タラ科の主要食用魚 (*Urophycis tenuis*).

Whíte·hall /(h)wáɪthɔːl, -hɑːl | (h)wáɪthɔːl, ⌐⌐/ *n.* **1** ホワイトホール《London 中央部にあった旧宮殿; 正式には Whitehall Palace; 中世には York 大司教の London での居館であったが, 1529 年 Henry 八世が時の York 大司教 Wolsey から没収し, 以後王宮になった; Charles 一世の処刑場; 1698 年焼失》. **2** London の官庁街《Trafalgar Square から国会議事堂に及ぶ街路で, 諸官庁が立ち並ぶ》. **3** [形容詞的にも用いて] 英国政府(の政策): a ～ statement イギリス政府の声明. 〖1827〗

Whítehall bòat *n.* もと米国の海岸で用いられた数人用の手こぎ舟《遊覧船・ヨットの専属船・港内運送用》. 〖1849〗

whíte-hánded *adj.* **1** 白い手をした, 労働しない. **2** 潔白な, 正直な, 廉直な (pure, innocent). 〖1594–95〗

whíte hánds *n. pl.* **1** (労働をしない)白い手. **2** 潔白.

whíte·hèad *n.* **1** 〖鳥類〗頭部の辺りが白い鳥類の総称 (アオハクガン (blue goose), アラナミキンクロ (surf scoter), 頭の白いイエバトなど). **2** 《俗称》稗粒腫 (milium). **3** [*pl.*; 単数または複数扱い] 〖植物病理〗=take-all. 〖c1931〗

Whíte·head /(h)wáɪthɛd/, **Alfred North** *n.* ホワイトヘッド《1861–1947; 英国の数学者・論理学者・哲学者; 1924 年以後米国に住んだ; *Principia Mathematica*「数学原理」(B. Russell と共著) (1910–13), *Science and the Modern World* (1925)》.

whíte-héaded *adj.* **1** 白頭の, 白髪頭の. **2** 亜麻色の髪の. **3** 《口語》お気に入りの (favorite): one's ～ boy / the ～ boy of the literary world 文壇の寵児. 〖1525〗

whíte-hèaded éagle *n.* 〖鳥類〗=bald eagle.

whíte héart *n.* **1** 〖植物〗カナダケマンソウ (⇨ squirrel corn). **2** 〖園芸〗ホワイトハート《薄黄色, 多汁で品質良好な一品種の甘果オウトウ》. 〖1733〗

whíte héarts *n.* (*pl.* ～) =Dutchman's-breeches.

whíte héat *n.* **1** 白熱 (1000°C 以上). **2** 激情; 極度の緊張, 熾烈な状態: ～ of love [wrath] 熱愛[激怒] / study *at* a ～ 猛烈に勉強をする / The campaign was *at* a ～. キャンペーンは熾烈を極めていた. 〖c1710〗

whíte héllebore *n.* 〖植物〗バイケイソウ《ユリ科シュロソウ属 (*Veratrum*) の草本》.

whíte héron *n.* 〖鳥類〗**a** =great white heron. **b** =snowy egret.

whíte hóle *n.* **1** 〖印刷〗白スペース (⇨ pigeonhole 5). **2** 〖物理・天文〗ホワイトホール《ブラックホール (black hole) の物理的反天体; 物質が流出する》. 〖1971〗

whíte hópe *n.* 《口語》**1** 期待をかけられている人, 希望の星, ホープ. **2** (黒人チャンピオンを倒す可能性をもつ)白人ボクサー. 〖《1911》: もとヘビー級チャンピオンの黒人 Jack Johnson 打倒の期待をになう白人ボクサーに対して用いた表現から〗

Whíte Hórde *n.* [the ～] 〖歴史〗白帳汗(はくちょうかん)の一族《Genghis Khan の孫オルダを祖とする一家の率いるモンゴル族; 14 世紀に Aral 海北方に白帳汗国を建てキプチャク汗国に従属した》.

whíte hórehound *n.* 〖植物〗=horehound 1.

Whíte·horse /(h)wáɪthɔəs | -hɔːs/ *n.* ホワイトホース《カナダの Yukon 準州の州都》.

whíte hórse *n.* **1** 《英》[通例 *pl.*] =whitecap 1. **2** 〖魚類〗=white sucker. **3** ホワイトホース, 磨崖馬《白亜の斜面に彫られた馬; 新石器, 青銅器, 鉄器時代のものがあり, 英国 London 西部の Uffington のものが有名》.

Whíte Hórse *n.* 〖商標〗ホワイトホース《スコットランド White Horse Distillers 社製のブレンデッドウイスキー》.

whíte-hót *adj.* **1** 〈温度が〉白熱の (cf. red-hot). **2** 白熱的, 熱烈な, (極度に)興奮した: She was in a ～ rage. 彼女は激怒していた. 〖1820〗

Whíte Hóuse *n.* [the ～] **1** ホワイトハウス《Washington, D.C. にある米国大統領官邸の通称》. **2** 米国大統領の職権・政策; 米国政府. 〖1811〗

whíte húnter *n.* アフリカのサファリへの案内人兼ハンターの役をする白人.

whíte íbis *n.* 〖鳥類〗**1** シロトキ (*Eudocimus albus*)《南米産の白色小形のトキ》. **2** クロトキ (*Threskiornis melanocephalus*)《アジア産でアフリカクロトキ (sacred ibis) によく似た鳥; 背中の飾り羽は白い》.

whíte informátion *n.* (銀行などが, 信用評価がプラスの個人について保有する)白の信用情報. 〖1993〗

whíte íron *n.* 白銑, 白鋳鉄《white cast iron ともいう》. 〖1839〗

whíte ìron pýrites *n.* 〖鉱物〗白鉄鉱 (⇨ marcasite 1). 〖1896〗

whíte kérria *n.* 〖植物〗シロヤマブキ (jetbead).

whíte knìght *n.* **1** 政治改革者, 主義のために闘う人. **2** 〖経済〗白い騎士《買収などの危機にある会社[人]を救済するために介入する組織[人]; cf. black knight》. 〖1895〗

whíte-knuck·le /(h)wáɪtnʌ̀kl⁻/ *adj.* (*also* **whíte-knuck·led** /-nʌ̀kld⁻/) 《米口語》緊張[不安, パニック]を引き起こす, ぞっとする: ～ time 緊迫時 / a ～ ride (ジェットコースターなどの)緊張でぞっとする乗り物. 〖1973〗

whíte lábel *n.* ホワイトレーベル《宣伝用などで, 発売前のレコードに付けた無標のレーベル; また そうしたリリース前のレコード》. 〖1927〗

Whíte Lábel *n.* 〖商標〗ホワイトラベル《スコットランド John Dewer & Sons 社製のブレンデッドウイスキー》.

whíte lády *n.* **1** ホワイトレディ《ジン・コアントロー・レモンジュースから造るカクテル》. **2** 《豪口語》変成アルコール. **3** 《俗》コカイン. **4** [the W- L-] 〖ドイツ民間伝承〗(ある家に不幸の起こる前兆として現れるという)白衣の(貴)婦人.

whíte lánd *n.* 《英》開発禁止指定地. 〖1960〗

whíte láuan *n.* 白ラワン《白色がちのラワン材; 特にフィリピン産シロラワン (*Pentacme contorta*) から採れる木材》.

whíte léad /-lɛ́d/ *n.* **1** 〖化学〗鉛白 ($2PbCO_3 \cdot Pb(OH)_2$)《塩基性炭酸鉛; 白色顔料として用い, 毒性がある; ceruse ともいう》. **2** 〖化学〗(鉛白粉と油とを混ぜて作る)火傷用軟膏; (同じ方法で作る)パテ (putty). **3** 〖鉱物〗=white lead ore. 〖c1440〗

whíte léad òre *n.* 〖鉱物〗=cerussite.

whíte léather *n.* =whitleather.

whíte lèg *n.* 〖病理〗=milk leg.

Whíte Léghorn *n.* ハクショクレグホン《イタリア原産の卵用品種のニワトリ》.

whíte lías *n.* 〖岩石〗石灰石と泥灰岩から成る岩 (cf. Lias 2).

whíte líe *n.* 罪[悪意]のない[たわいない]うそ (cf. black lie). 〖a1741〗

whíte líght *n.* **1** 〖物理〗白色光《真昼の太陽の光のように, 各波長の光を等しい密度で含む光》. **2** 偏見のない[公平な]判断. 〖《1526》: cf. white noise 1〗

whíte líghtning *n.* 《米俗》(無色の)自家製ウイスキー; (特に)コーンウイスキー. 〖1915〗

whíte líme *n.* (石灰を水で溶いた)石灰塗料, 水しっくい (whitewash). 〖1528〗

whíte·lìne *n.* =codline.

whíte líne *n.* **1** 〖印刷〗(行間の)空白行. **2** 〖獣医〗馬のひづめの白色層. **3** (道路の)白線《交通整理用》. 〖1683〗

whíte-lípped *adj.* (恐怖で)唇の血の気が失せた.

whíte-lìpped péccary *n.* 〖動物〗クチジロペッカリー (*Tayassu albirostris*)《たてがみが長く, ほおから胸にかけて白い体長 110 cm 位のペッカリー》.

whíte líquor *n.* 白液《製紙用パルプを作るときに用いるパルプ材溶解剤; 苛性ソーダ・次亜硫酸ナトリウムを基本とする; cf. black liquor》.

whíte lìst *n.* 白表 (blacklist に対し, よしとされる[好感をもたれている]もののリスト): **a** 労働者の待遇その他の点で引立てに値する優良企業リスト. **b** 道徳上の理由などで問題ないとされる本・映画・芝居などのリスト. **c** 企業が採用上適当と考える人物リスト. **d** 官吏から正式認可を得ている個人・組織などのリスト. **whíte-lìsted** *adj.* 〖1900〗

whíte-lìvered *adj.* **1** 臆病な (cowardly). **2** 血色の悪い, 青白い (pale). 〖《1549》: ⇨ livered: 古くは肝臓

は激情・勇気の源と考えられ, 胆汁の分泌が悪いときその色は白くなると信じられていたことによる〕

white lúpine *n.* 〘植物〙ヨーロッパ産マメ科ハウチワマメ属のシロバナルピナス (*Lupinus albus*). 〘1601〙

white·ly *adv.* 白く. 〘*a*1398〙

white mágic *n.* 白魔術 (善神・天使などの助けを借りた善意の治療・救済などに採用された魔術; cf. black magic). 〘1718〙

white mahógany *n.* **1** 〘植物〙オーストラリア産のユーカリの一種 (*Eucalyptus acmenoides*). **2** その木材 (重く堅い; 鉄道の枕木用). **3** ＝primavera 2. 〘1884〙

white màn *n.* **1** 白人 (特にヨーロッパ以外の国を征服した白人). **2** (口語) 公平[立派]な人, 清廉潔白な人; 育ち[行儀]のよい人: play a ～'s game 正々堂々とやる. 〘1695〙

white màn's búrden *n.* [the ～] (発展途上国を指導する)白人の責務. 〘(1899) R. Kipling の詩 "*The White Man's Burden*" (1899) から〙

white Maripósa, w- m- *n.* 〘植物〙シロチョウユリ (*Calochortus venustus*) (赤い点の入った白い花をつける北米 California 州原産のユリ科の多年草; cf. mariposa lily).

white márket *n.* (配給券などの)合法的[公認]市場 (↔ black market). 〘1943〙

white márlin *n.* 〘魚類〙ニシマカジキ (*Makaira albida*) (大西洋産の小形マカジキ). 〘1959〙

white màtter *n.* 〘解剖〙(脳の)白質 (cf. gray matter). 〘*c*1847〙

white mèat *n.* **1** 白身の肉 (鶏の胸肉・子牛肉・豚肉など; cf. dark meat). **2** (古) (バター・チーズなどの)酪農製品. **3** (俗) 女優 (actress). 〘(*c*1425) *wyttemet*〙

white mélilot *n.* 〘植物〙＝white sweet clover.

white métal *n.* 〘冶金〙 **1** 軸受メタル (鉛・スズなどを成分とした軸受用の減摩合金). **2** ホワイトメタル (ピューター (pewter)・ブリタニアメタル (britannia metal) のような非鉄系合金の一般名). 〘1613〙

white méter *n.* (英) 〘電気〙白色メーター (契約により低料金で供給されるオフピーク時[夜間]の電力消費量を表示する積算電力計). 〘1972〙

white míneral òil *n.* 〘化学〙＝liquid petrolatum.

white mónk *n.* 白い修道士 (Cistercian). 〘1387〙

White Móuntains *n. pl.* [the ～] ホワイト山脈: **1** 米国 New Hampshire 州の山脈; アパラチア (Appalachian) 山系の一支脈; 最高峰 Mt. Washington (1,917 m). **2** 米国 California 州東部から Nevada 州南西部に連なる山脈; 最高峰 White Mountain (4,342 m).

white móuse *n.* 〘動物〙ハツカネズミの白子 (実験・愛玩用).

white múlberry *n.* 〘植物〙トウグワ, マグワ (*Morus alba*) (クワの一種で中国・朝鮮原産; 日本でも栽培). 〘1610〙

white múle *n.* (米俗) 密造酒 (エチルアルコールを水で薄めただけの酒など). 〘1889〙

white mústard *n.* 〘植物〙シロガラシ (*Brassica hirta*) (アブラナ科の植物でからし(油)を採る). 〘1731〙

whit·en /(h)wáɪtn/ *vt.* **1** 白くする: Snow ～*ed* the wheat-tawny countryside. 雪が小麦で黄色い田舎を白くした. **2** …に水しっくいを塗る (whitewash); 〈金属を〉スズで覆う: get one's house ～*ed* 家に水しっくいを塗る. **3** 漂白する: ～ cloth. **4** 正しく[良く, 純潔に]見せる, もっともらしく見せる: Any society may be relatively ～*ed*. どんな社会でも比較的もっともらしいものに見せることはできる. — *vi.* **1** 白くなる: His hair is ～*ing*. 髪の毛に白いものが見え始めている / The dawn ～*ed*. 東の空が白んできた. **2** (恐怖などで)青ざめる: His cheek ～*ed*. **3** 正しく[良く, 純潔に]見える. 〘(*c*1300): ⇨ white, -en[1]〙

white-nècked ráven *n.* 〘鳥類〙シロエリガラス (*Corvus cryptoleucus*) (米国南西部産; 頸(くび)の羽毛の基部が白い).

white Négro *n.* (混血などにより)皮膚の白い黒人. 〘1765〙

whit·en·er /(h)wáɪtnə, -tnə | -tnə(r), -tn-/ *n.* **1** 白く[漂白]する人[物]. **2** 白色染料, 白色塗料. **3** (コーヒー・紅茶に入れる)粉状ミルク. **4** (製造過程で)白色染料[塗料]・漂白剤などを用いる人. 〘1611〙

white·ness *n.* **1** 白いこと, 純白, 白色. **2** 純潔 (purity), 潔白 (innocence). **3** 青白いこと (paleness). **4** 白いもの: The water lilies lifted their ～ to the sunbeams. スイレンはその白い花を日差しに向けていた. 〘OE *hwītnes*〙

white níght *n.* **1** 眠れぬ夜. **2** 白夜 (夏の高緯度地方にみられる). 〘(1872) (なぞり) ← F *nuit blanche*〙

White Níle *n.* [the ～] 白ナイル (⇨ Nile).

whit·en·ing /-tnɪŋ, -tn-/ *n.* **1** 白くする[なる]こと. **2** ＝whiting[2] 1. 〘1601〙

white nóise *n.* **1** 〘物理〙白色雑音, ホワイトノイズ (すべての周波数成分を等しい密度で含む雑音). **2** 白色ノイズ (耳ざわりな騒音を消すためにそれにかぶせる音). 〘(1943): cf. white light 1〙

white óak *n.* 〘植物〙 **1** 北米産のオークの一種 (*Quercus alba*) (樹皮は淡灰色または白色, 材が堅い). **2** 英国産のオークの一種 (*Quercus sessiliflora*). **3** 樹皮の白っぽいオーク. **4** 以上各種のオーク材. 〘1634〙

white óil *n.* 〘化学〙ホワイト油, 白油 (無色・無味・無臭の鉱物油; 機械の潤滑油として用いる). 〘1913〙

white·òut *n.* 〘気象〙ホワイトアウト (北極地方で地面が雪に, 空が雲に覆われているとき, 黒い物質を除いては地平線をはじめあたり一面が白く見えて見分けがつかない現象). 〘(1942): cf. blackout〙

White Òut *n.* (米) 〘商標〙白い修正液 (誤字やタイプミスなどを訂正するのに用いられる; cf. Tipp-Ex).

White Ówl *n.* 〘商標〙ホワイトアウル (米国 General Cigar 社製の葉巻).

white pàges, W- P- *n. pl.* [the ～] (電話帳の)個人名の部, 個人別電話帳 (cf. yellow pages).

white pap·er *n.* **1** /(h)wáɪtpéɪpə | -pə(r)/ 白紙. **2** /ーˊーー/ 白書 (政府発行の報告書). **3** [White Pàper] (英) 白書 (政府発行の報告書; cf. green paper, blue book, command paper, white book). **4** 長たらしい権威ぶった報告書[政治宣伝]. 〘1569〙

white párk càttle *n.* 〘畜産〙ホワイトパーク(キャトル) (英国のいくつかの邸宅の付属庭園で半野生状態で飼育されている, 耳と鼻が黒っぽい白牛(の品種); 古代ローマ人により持ち込まれて一旦野生化したものが約 700 年前に再び家畜化されたもので, 原牛に近い; park cattle ともいう).

White Páss *n.* [the ～] ホワイト峠 (米国 Alaska 州南東部, Skagway の近くの山道; 高さ 880 m).

white péar *n.* 〘植物〙 **1** 南アフリカ南部産ニシキギ科の有用樹 (*Pterocelastrus rostratus*). **2** アフリカ南部産ボロボロノキ科の有用樹 (*Apodytes dimidiata*).

white pélican *n.* 〘鳥類〙 **1** アメリカシロペリカン (*Pelecanus erychrorhynchos*). **2** モモイロペリカン (*P. onocrotallus*) (ヨーロッパ産).

white pépper *n.* 白こしょう (完熟したコショウの実を発酵させ, 外皮と果肉を取り除いたもの; cf. black pepper 2). 〘1538〙

white pérch *n.* 〘魚類〙 **1** ベルキクチス科の食用魚 (*Morone americana*) (米国大西洋岸および大西洋側河口でとれる). **2** ＝freshwater drum. **3** ＝white crappie. **4** ＝silver perch. 〘1775〙

white péril, W- P- *n.* [the ～] 白禍 (白色人種の有色人種に対する圧迫; cf. yellow peril).

white phósphorus *n.* 〘化学〙黄燐 (yellow phosphorus ともいう).

white pígweed *n.* 〘植物〙シロザ (lamb's-quarters).

white píne *n.* 〘植物〙 **1** ストローブマツ (*Pinus strobus*) (北米東部産; eastern white pine ともいう). **2** ストローブマツ材. **3** ストローブマツに類似した松の種類. 〘1682〙

white píne blíster rùst *n.* 〘植物病理〙ストローブマツさび病 (さび菌の一種 (*Cronartium ribicola*) がストローブマツ・ゴヨウマツ・ハイマツ・スグリ類に寄生して起こす病害); ストローブマツさび病菌. 〘1911〙

white píne wèevil *n.* 〘昆虫〙ストローブマツキボシゾウムシ (*Pissodes strobi*) (ストローブマツ (white pine) などの若枝を食い荒らすゾウムシ科の昆虫). 〘1905〙

white plágue *n.* [the ～] **1** 〘病理〙肺結核 (pulmonary tuberculosis). **2** ヘロイン中毒. 〘1906〙

White Pláins *n.* ホワイトプレーンズ (米国 New York 州南東部, New York 市付近の都市, 独立戦争の戦跡 (1776)). 〘(なぞり) ← N-Am.-Ind. *quaropas* (原義) white marshes〙

white póinter *n.* (豪) 〘魚類〙＝great white shark.

white póplar *n.* 〘植物〙 **1** ハクヨウ, ウラジロハコヤナギ (*Populus alba*) (ヨーロッパ・アジア原産のポプラ; 葉裏に銀白の細毛が密生する; silver poplar, abele ともいう). **2** ユリノキ (⇨ tulip tree); ユリノキ材. 〘1774〙

white potàto *n.* (米) ジャガイモ (Irish potato). 〘*c*1890〙

white precípitate *n.* 〘化学〙白降汞(はくこう): **a** 不溶融性白降汞 (⇨ ammoniated mercury). **b** 溶融性白降汞 ($Hg(NH_3)_2Cl_2$) (塩化アンモニウムを含む塩化第二水銀にアンモニア水を加えて作る白色の結晶). 〘1825〙

white prímary *n.* (米国の民主党の南部諸州での)白人予選会 (白人だけが投票できた; 1944 年違憲となる).

white·prìnt *n.* 〘印刷〙陽画写真, 白写真 (原図の線や像が黒または色でその他は白くやける複写の一種; 俗に「白やき」); 白写真法. 〘1919〙

white púdding *n.* ホワイトプディング (豚血を加えず豚肉と脂身で作る淡色のソーセージ; cf. black pudding).

white quebrácho *n.* 〘植物〙＝quebracho 1.

white ráce *n.* [the ～] (俗用) 白色人種, コーカサス人種 (Caucasian race).

white ráinbow *n.* 〘気象〙＝fogbow.

white rát *n.* 〘動物〙シロネズミ (ドブネズミ (*Rattus norvegicus*) の生物実験用白変種 (albino)).

white rént *n.* 〘古英法〙白地代 (銀で支払われた地代; cf. black rent). 〘1463〙

white rhinóceros *n.* 〘動物〙シロサイ, ヒロクチサイ (*Ceratotherium simus*) (アフリカに生息する 2 本の角のあるシロサイ属の動物). 〘1838〙

white ríbbon *n.* (米) 白リボン (禁酒のバッジ). 〘1974〙

White Ríver *n.* [the ～] ＝White.

white-róbed *adj.* 白いローブをまとった. 〘1625〙

White Róck *n.* ホワイトロック (白色のプリマスロック (Plymouth Rock) 種の鶏).

white ròom *n.* ＝clean room. 〘1961〙

white róse *n.* 〘英史〙白ばら (York 家の記章; cf. Wars of the Roses). 〘1558〙

White Róse *n.* 〘商標〙ホワイトローズ (米国 Di Giorgio 社製の缶詰・乾物・冷凍食品・乳製品など).

white róse màllow *n.* 〘植物〙アメリカフヨウ (*Hibiscus oculiroseus*) (米国北東海岸沿いの沼地に見られる白またはピンクの花をつけるアオイ科の植物).

white rót *n.* 〘植物病理〙 **1** 木材の白腐れ (樹幹がリグニン分解菌に冒され, 材組織中にセルロースが残って白色・軟質となる). **2** ブドウ白腐病 (*Coniothyrium diplodiella* 菌に冒され, 果梗や果実が灰白色より淡褐色となる). **3** タマネギの白腐病 (タマネギ・ニンニクなどが *Sclerotinia cepivorum* 菌に冒され, 白色菌糸によって包まれる).

white-rùmped sándpiper *n.* 〘鳥類〙コシジロウズラシギ (*Calidris fuscicollis*) (シギ科の小さい渡り鳥; 北米の北極圏に営巣・繁殖し, 南米南部で越冬する).

White Rússia *n.* 白ロシア (⇨ Belorussia).

White Rússian *n.* **1** 白ロシア人 (White Russia 地方に住むロシア人; ⇨ Belorussian 1). **2** ロシア革命の時の反ボルシェビキ派のロシア人, 白系ロシア人. **3** ＝Belorussian 2. 〘1850〙

white rúst *n.* **1** 〘植物病理〙しろさび病 (しろさび病菌属 (*Albugo*) の細菌によって乳白色の斑点を生じる植物の病気). **2** しろさび病菌. 〘*c*1848〙

white ságe *n.* 〘植物〙 **1** キク科ヨモギ属の雑草 (*Artemisia ludviciana*). **2** シソ科の多年草 (*Salvia polystachya*) (米国 California 州産の白い毛に覆われた葉と白い花を有する多年生低木).

white sàle *n.* (シーツ・枕カバーなど)白布製品のセール. 〘1914〙

white sálmon *n.* 〘魚類〙 **1** ＝yellowtail a. **2** ＝silver salmon. **3** ＝inconnu 2.

white sándalwood *n.* 〘植物〙＝sandalwood.

White Sánds Nátional Mónument *n.* ホワイトサンズ国定記念物 (米国 New Mexico 州中南部にある広大な石膏砂の砂丘; 1933 年指定).

white sapóta [sapóte] *n.* 〘植物〙ミカン科の高木 (*Casimiroa edulis*) (熱帯アメリカ原産; トマトのような食用果実をつける; 収斂(しゅうれん)性の葉, 麻酔性のある種子がある; Mexican apple ともいう). 〘1895〙

white sápphire *n.* 〘鉱物〙白青玉, 白サファイア. 〘1668〙

white sàuce *n.* 〘料理〙ホワイトソース (小麦粉・バターで作ったルー (roux) を, 牛乳・生クリーム・だし汁などで延ばした白いソースの総称; ⇨ béchamel sauce, velouté; cf. brown sauce). 〘1723〙

white scóurge *n.* (肺)結核 (white plague). 〘1909〙

White Séa *n.* [the ～] 白海 (ロシア連邦北西部, Kola 半島と Kanin 半島との間の Barents Sea の湾入部).

white séa bàss /-bæs/ *n.* 〘魚類〙ホワイトシーバス (*Atractoscion nobilis*) (北米太平洋岸産の大形のニベ科の魚).

white shárk *n.* 〘魚類〙＝great white shark.

white shéep *n.* **1** 〘動物〙＝Dall sheep. **2** 信用できない連中の中にいるまともな人.

white shéet *n.* ざんげ者の着る白布: stand in a ～ ざんげする. 〘1594〙

white-shóe *adj.* **1** (米俗) アイビーリーグ (Ivy League) 風の. **2** (米俗) ワスプ (WASP) のエリートが所有[経営]する〈法律事務所など〉. **3** 女みたいな, うぶな. 〘1957〙

white sláve *n.* **1** (外国に売られたりして強制的に売春させられる)売春婦. **2** (古) 白人奴隷 (工場などで酷使される白人). 〘1789〙

white sláver *n.* (白人)売春婦売買業者. 〘1922〙

White-Sláve Tráffic Àct *n.* [the ～] 〘米法〙＝Mann Act.

white slávery *n.* (白人)売春婦売買, 強制売春; (白人)売春婦の境遇; 白人奴隷売買. 〘1835〙

white-sláving *n.* (白人)売春婦[白人奴隷]売買. 〘1960〙

white·smìth *n.* **1** ブリキ職人 (tinsmith). **2** 金属器磨き[仕上げ]職人 (cf. blacksmith). 〘1302〙

white snákeroot *n.* 〘植物〙マルバフジバカマ (*Eupatorium rugosum*) (北米産キク科ヒヨドリバナ属の草本; これを食べた動物が振顫(しんせん)を伴う中毒症 (trembles) を起こし, その動物の乳を飲んだ人間が戦慄症 (milk sickness) にかかる; squaw-weed ともいう). 〘1856〙

white spàce *n.* (印刷物中の)ホワイトスペース, 余白. 〘1849〙

white spírit *n.* [しばしば *pl.*] (英) 石油の蒸留物 ((米) turpentine) (テレビン油の代用). 〘1920〙

white sprúce *n.* 〘植物〙北米産トウヒ属の常緑針葉樹 (*Picea glauca*); その材 (軽くて柔らかく, パルプの原料や箱などの材料に用いる). 〘1770〙

White Squádron *n.* 〘英史〙[the ～] 白色艦隊 (⇨ white *n.* 17). 〘1666〙

white squáll *n.* 〘気象〙ホワイトスコール, 無雲疾風(はやて) (熱帯地方の海に突如現れる疾風; 嵐雲を伴わず白波の前進によって接近が知られる; cf. black squall). 〘1801〙

White Stág *n.* 〘商標〙ホワイトスタッグ (米国 White Stag Manufacturing 社製のカジュアルウェア).

white stíck *n.* (盲人用の)白いつえ ((米) white cane). 〘1961〙

white stórk *n.* 〘鳥類〙コウノトリ, (特に, ヨーロッパ産の)シュバシ(朱嘴)コウ (*Ciconia ciconia*) (⇨ stork) (cf. black stork). 〘1792〙

white stúrgeon *n.* 〘魚類〙シロチョウザメ (*Acipenser transmontanus*) (北米太平洋沿岸産で, 北米最大の淡水魚; cf. beluga 2). 〘1881〙

white súcker *n.* 〘魚類〙北米産サッカー科の食用魚の一種 (*Catostomus commersoni*). 〘*c*1902〙

white súgar *n.* 白砂糖, (特に)グラニュー糖.

white suprémacist *n.* 白人優越論者. 〘1945〙

white suprémacy *n.* (黒人・他の有色人種に対する)白人優越論. 〘1867〙

white swámp hòneysuckle *n.* 〘植物〙＝swamp azalea.

white swéet clóver *n.* 〘植物〙コゴメハギ, シロバナシナガワハギ (*Melilotus alba*) (白花をつけるマメ科の二年草でミツバチの蜜源; white melilot ともいう).

W

whíte·tàil *n.* 〘動物〙 (white-tailed deer など)尾の白い各種の動物の総称. 〚1872〛

whíte-tàiled déer *n.* 〘動物〙 オジロジカ (*Odocoileus virginianus*) 《北米で最も普通のシカ, 尾の下面が白い; 夏季毛の赤い間は red deer と呼ばれ, また特に米国東部では Virginia deer と呼ばれる》. 〚1849〛

whíte-tailed éagle *n.* 〘鳥類〙 =white-tailed sea eagle.

whíte-tailed gnú *n.* 〘動物〙 オジロヌー (*Connochaetes gnou*) 《アフリカに生息するウシ科ヌー属の動物》. 〚1889〛

whíte-tailed jáckrabbit *n.* 〘動物〙 オジロジャックウサギ (*Lepus townsendii*) 《北米西部産の野ウサギ; 冬季には全身の毛が白くなる》.

whíte-tailed kíte *n.* 〘鳥類〙 オジロトビ (*Elanus leucurus majusculus*) 《温帯[熱帯]アメリカ産で頭部・胸・尾などが白い》.

whíte-tailed ptármigan *n.* 〘鳥類〙 オジロライチョウ (*Lagopus leucurus*) 《キジ科の鳥; Alaska から New Mexico 州にかけての山岳地帯に産する; 冬季は純白》.

whíte-tailed séa eàgle *n.* 〘鳥類〙 オジロワシ (*Haliaeetus albicilla*) 《尾が短いくさび型で白い; gray sea eagle, white-tailed eagle ともいう》.

whíte tássel flòwer *n.* 〘植物〙 米国中西部草原産マメ科の白花の穂状花序をつけるクローバー (*Petalostemon candidus*) 《white tassels ともいう》.

Whíte Térror *n.* [the ～] **1** 〘フランス史〙 王政復古時代初期のフランス南東部で復帰した王党派が革命派に対して行った残虐な報復行為. **2** 反革命派[反動派]の恐怖政治, 白色テロ (cf. Red Terror). 〚(1883) もと白百合がフランス王権の表徴だったことから〛

whíte·thòrn *n.* 〘植物〙 =hawthorn. 〚*c*1265〛

whíte·thròat *n.* 〘鳥類〙 **1** ノドジロムシクイ (*Sylvia communis*) 《ヨーロッパ産ウグイス科の小鳥; nettle creeper ともいう》. **2** =white-throated sparrow. 〚1676〛

whíte-thròated spárrow *n.* 〘鳥類〙 ノドジロシトド (*Zonotrichia albicollis*) 《北米産ホオジロ科シトドモドキ属ののどに白い斑紋のある小鳥の一種; white-throat ともいう》. 〚1811〛

whíte-tíe *adj.* 正式夜会服の; 正装を要する (cf. black-tie). 〚1936〛

whíte tíe *n.* **1** (燕尾(えんび)服と共に着用する)白蝶ネクタイ (cf. black tie). **2** (男子の)正式夜会服 《燕尾服に白の蝶ネクタイ》: a ～ function 正装を要する会合. 〚1853〛

whíte·tíle *adj.* 白タイルの 《第二次大戦後に昇格・新設された英国大学にいう; cf. plateglass, redbrick》: a ～ university. 〚建物の特徴から〛

whíte-tòothed shréw *n.* 〘動物〙 ジネズミ 《トガリネズミ科ジネズミ属 (*Crocidura*) の各種のネズミ; ユーラシア・アフリカ産》.

whíte tóp *n.* 《米口語》 老いぼれ.

whíte trásh *n.* [集合的] 《米・軽蔑》 **1** (米国南部の)貧乏白人, プアホワイト. **2** 貧乏白人, プアホワイト (poor whites). 〚1831〛

whíte trúffle *n.* 〘植物〙 シロトリュフ, シロセイヨウショウロ (*Tuber magnatum*).

whíte trúmpet lìly *n.* 〘植物〙 テッポウユリ (*Lilium longiflorum*).

whíte trúmpet narcìssus *n.* 〘植物〙 シロバナラッパズイセン (*Narcissus moschatus*).

whíte túrnip *n.* 〘植物〙 カブ (⇨ turnip 1 a).

whíte úpland áster *n.* 〘植物〙 テリアツバギク (*Aster ptarmicoides*) 《北米原産キク科の白い舌状花をつける多年草》.

whíte vítriol *n.* 〘化学〙 皓礬(こうばん), 硫酸亜鉛七水化物 ($ZnSO_4 \cdot 7H_2O$) 《媒染剤・防腐剤》. 〚1676〛

Whíte Vólta *n.* [the ～] 白ボルタ(川) 《アフリカ西部, Ghana の川; Volta 川の支流; 長さ 885 km》.

whíte vúlture *n.* 〘鳥類〙 =Egyptian vulture.

whíte wágtail *n.* 〘鳥類〙 ハクセキレイ (*Motacilla alba*) 《セキレイ科の鳥; ユーラシア大陸に広く分布》.

W

whíte·wàll *n.* 《米》 ホワイトウォール 《側面に白い帯が出るように作った自動車タイヤ; whitewall tire ともいう》. 〚1953〛

whíte wálnut *n.* 〘植物〙 **1** =butternut 1 a. **2** =walnut 2.

whíte·wár *n.* 経済戦 (economic warfare). 〚1932〛

whíte·wàre *n.* 〘窯業〙 ホワイトウェア, 白色陶磁器 《施釉または無釉素地からできている焼成品で, 一般には白色で微細な組織をもった陶磁器全般の総称》. 〚1577〛

white·wash /(h)wáɪtwɑ̀(ː)ʃ, -wɔ̀(ː)ʃ | -wɔ̀ʃ/ *n.* **1 a** 石灰水, 水しっくい, のろ 《石灰水に胡粉(ごふん)・のりを混ぜた溶液で, 壁・天井などの上塗りに用いる》. **b** 水おしろい. **2** 《口語》 (欠点・過失などを隠すための)体裁のいいごまかし, 糊塗(こと)するもの. **3** 《米口語》 《競技》 完封, 零敗. **4** (れんが表面の)白華(はっか). **5** 〘ガラス製造〙 =glass gall. — *vt.* **1 a** …に水しっくいを塗る: He ～*ed* the ceiling. 天井に水しっくいを塗った. **b** …に水おしろいを塗る: She ～*ed* her face. 顔に水おしろいを塗った. **2** (いい加減な手段で)…の汚名をすすごうと試みる; ごまかす, …の表面を飾る, 体裁を繕う. **3** [受身に用いて] 《英》 〈破産者〉に負債の弁済を免れさせる. **4** 《米口語》 《競技》 で零敗させる. **5** 〈れんが〉の表面に白華を発生させる. **～·er** *n.* **～·ing** *n.* 〚(n.: 1689; v.: 1591): ⇨ white (n.) 8, wash (vt.) 9〛

whíte-wàter *adj.* 急流を下る 《カヤック・ゴムボートなどで》: ～ rafting ゴム製の救命いかだによる急流下り.

whíte wáter *n.* **1** (波頭・急流・滝などの)白くあわ立つ水. **2** (砂底の透ける)明るい色をした海水. 〚1586〛

whíte wáter lìly *n.* 〘植物〙 シロスイレン; 《特に》ニオイヒツジグサ (*Nymphaea odorata*) 《黄色のスイレン (yellow water lily) と区別して用いる》. 〚1597〛

whíte wáx *n.* 白ろう 《beeswax, Chinese wax など》. 〚1545〛

whíte wáy *n.* 《米》 (大都市の商店・劇場街など)盛り場, 繁華街, 不夜城. 〚(1909) ← *Great White Way*〛

whíte wédding *n.* (花嫁が白の衣装をまとった)純白の結婚式. 〚1949〛

whíte·wèed *n.* 白または白っぽい花をつける草 《フランスギクなど》.

whíte whále *n.* 〘動物〙 シロイルカ (⇨ beluga 1). 〚1697〛

whíte wíllow *n.* セイヨウシロヤナギ (*Salix alba*) 《ユーラシア・北アフリカ原産》.

whíte wíne *n.* 白ぶどう酒, 白ワイン (⇨ wine[1] 1). 〚(1377): cf. L *vinum album* / F *vin blanc*〛

whíte·wìng *n.* **1** 〘鳥類〙 **a** 《英》 =chaffinch. **b** =white-winged scoter. **c** =white-winged dove. **2** 《米》 白い制服を着た人, 《特に》道路掃除夫. 〚1813〛

whíte-winged chóugh *n.* 〘鳥類〙 オオツチスドリ (*Corcorax melanorhamphos*) 《オーストラリア産》.

whíte-winged cóot *n.* 〘鳥類〙 =white-winged scoter.

whíte-winged cróssbill *n.* 〘鳥類〙 ナキイスカ (*Loxia leucoptera*) 《2 本の白い翼帯があるアトリ科の鳥; ユーラシア大陸・北米北部に分布》.

whíte-winged dóve *n.* 〘鳥類〙 ハジロバト (*Zenaida asiatica*) 《米国南部以南産の野生バト》.

whíte-winged scóter *n.* 〘鳥類〙 アメリカビロードキンクロ (*Melanitta deglandi*) 《北米産》.

whíte wítch *n.* (人の幸福のためにのみ力を行使する)善魔女. 〚1621〛

whíte wólf *n.* 〘動物〙 ツンドラオオカミ (*Canis lupus tundrarum*) 《北米北極圏産の大形のオオカミ》.

whíte·wòod *n.* **1** 〘林業〙 白色木材 《シナノキ・ユリノキ・ヒロハハコヤナギなどの材で, 家屋内部仕上げ・ボート・家具などに用いる》. **2** 〘植物〙 白色木材の採れる木の総称. 〚1663〛

whíte wóod àster *n.* 〘植物〙 北米産の白い花をつけ森林地に育つキク科の多年草 (*Aster divaricatus*).

whíte wòrk *n.* (リネンなどの)白布に白色で施した刺繍; 《婉曲》 (女性の)下着. 〚1863〛

whíte wórm *n.* **1** 〘動物〙 シロガネゴカイの一種 (*Nephtys hombergi*) 《シロガネゴカイ科》. **2** 〘昆虫〙 =white grub. 〚1883〛

whit·ey, W- /(h)wáɪṭi | -ti/ *adj.* =whity. — *n.* 《軽蔑》 **1** 白人. **2** [集合的] 白人, 白人社会. 〚1828〛

Whit·field /(h)wítfiːɫd/ *n.* ホワイトフィールド (男性名). 〚《原義》 white field (白亜, 石灰質の土地): もと地名〛

whith·er /(h)wíðə | -ðə[(r)]/ 《古・文語》 *adv.* ★ 今はこの代わりに一般に where, where … to, how far などを用いる (cf. whence). **1** [疑問詞として] いずこへ, どの点まで: *Whither* are they drifting? どこへ漂って行くのか / I see ～ your question tends. ご質問の方向はわかります / [修辞疑問文で動詞なしで] ～ democracy? 民主主義はいずこに. **2** /̀ ‐ ‐/ [関係詞として] **a** (そこへ…する)ところの (to which); そしてそこへ: We know not the place ～ they went. 彼らの行った所を知らない / He is in heaven, ～ I hope to follow. 彼は天国にいるがそこへ私もついて行きたい. **b** [先行詞を省略して] …するどこへでも (to any place that, whithersoever): Go ～ you will. 行きたい所へ行きなさい. — *n.* 行先, 目的地 (destination): our whence and our ～. 我々の出て来た所と行き着く所. 〚OE *hwider* ← Gmc **χwi-* (⇨ which)＋OE *-dre* '-THER': *d* → *th* への変化は FATHER に同じ〛

whìther·so·éver *adv., conj.* 《古》 **1** (…する所は)どこへでも, …所はどこでも. **2** [譲歩節を導いて] どこへ…しようとも. 〚(?c1200) ← *hwiderse, whitherso* (＜ OE (*swā*) *hwider swā*: ⇨ ↑, so[1])＋EVER〛

whith·er·ward /(h)wíðəwəd | -ðəwəd/ *adv.* 《古》 どちらの方へ, いずれに向かって. 〚(*c*1200): ⇨ whither, -ward〛

whith·er·wards /-wədz | -wədz/ *adv.* =whitherward. 〚?*a*1300〛

whit·ing[1] /(h)wáɪṭɪŋ | -tɪŋ/ *n.* (*pl.* ～, ～s) 〘魚類〙 **1** ヨーロッパ産のタラ科の魚 (*Merlangius merlangus*). **2** 北米大西洋沿岸産のニベ科 *Menticirrhus* 属の食用魚の総称. **3** 《豪》 キス科の食用魚. **4** =silver hake. 〚(*c*1425) ▭ (M)Du. *wijting*: ⇨ white, -ing[3]〛

whit·ing[2] /-tɪŋ | -tɪŋ/ *n.* **1** 胡粉(ごふん), 白亜, のろ 《顔料・水しっくい・パテなどに用いる》. **2** 《古》 (漂白・しっくいなどで)白くすること. 〚(1440) ← WHITE (v.)＋-ING[1]〛

whíting pòut *n.* 〘魚類〙 =pout[2] 1.

whit·ish /-tɪʃ | -tɪʃ/ *adj.* **1** やや白い, 白っぽい, 白みがかった. **2** [色彩語を修飾して] 淡い (pale): a *whitish*-blue color 淡青色. **～·ness** *n.* 〚(*a*1398): ⇨ white, -ish[1]〛

Whit·lam /(h)wítləm/, **(Edward) Gough** /gɔ́(ː)f, gɑ́(ː)f | gɔ́f/ *n.* ホイットラム (1916–　; オーストラリアの政治家; 労働党党首 (1967–77), 首相 (1972–75)).

whít·lèather /(h)wít-/ *n.* **1** みょうばんなめし革 《みょうばん・食塩などでなめした柔らかい白色の革. **2** =buff[1] 4. 〚(1366–67) *whittlether*: ⇨ white, leather〛

Whit·ley Báy /(h)wítli-/ *n.* ホイットリーベイ 《イングランド北東部 Newcastle の北東にある Tyne 河口に近い海浜行楽地》.

Whit·ley Cóuncil /(h)wítli-/ *n.* 《英》 (ホイットリー委員会が提唱した)産業別労使会議 (cf. joint industrial council). 〚(1919) ← *J. H. Whitley* (1866–1935: 英国下院議長 (1921–28))〛

Whít·ley·ìsm /-lìɪzṃ/ *n.* 《英》 Whitley Council によって産業問題を討議・調停する方法. 〚1919〛

whit·low /(h)wítloʊ | -ləʊ/ *n.* 〘病理〙 瘭疽(ひょうそ) 《医学用語は paronychia》. 〚(*a*1400) *whitflawe, whitflowe*: ⇨ white, flaw[1]〛

whítlow gràss *n.* 〘植物〙 アブラナ科イヌナズナ属 (*Draba*) の植物の総称. 〚(1597) ↑: それに対する薬効から〛

whítlow·wòrt *n.* 〘植物〙 温帯地方産ナデシコ科 *Paronychia* 属の植物の総称. 〚1650〛

Whit·man /(h)wítmən/ *n.* ホイットマン (男性名). 〚OE *Hwītmann* 《原義》 white or fair man // 'servant of White (人名)': もと家族名〛

Whit·man /(h)wítmən/, **Marcus** *n.* ホイットマン (1802–47; 米国の宣教師, 北西部へ伝道; Oregon 一帯の開拓者).

Whitman, Walt(er) *n.* ホイットマン (1819–92; 米国の詩人; *Leaves of Grass* (1855)).

Whit·man·esque, w- /(h)wìtmənɛ́sk⁻/ *adj.* 〈文体が〉 Walt Whitman 的な, こなれていないアメリカ語法の. 〚(1882): ⇨ ↑, -esque〛

Whit·mon·day, Whit Monday /(h)wítmʌ́ndeɪ, -di/ *n.* Whitsunday 後の第 1 の月曜日 (1967 年以前はイングランド・ウェールズ・アイルランドの法定休日; cf. bank holiday 2). 〚(1557) ← WHITE＋MONDAY: cf. Whitsunday〛

Whit·ney /(h)wítni/ *n.* ホイットニー (男性名). 〚OE *Witenie* 《原義》 white island // 'island of White (人名)': *-n-* は弱変化形容詞の dat. の語尾: もと家族名〛

Whit·ney /(h)wítni/, **Eli** *n.* ホイットニー (1765–1825; 米国の発明家; 綿繰り機 (cotton gin) を発明).

Whit·ney /(h)wítni/, **Mt.** *n.* ホイットニー山 (米国 California 州東部, Sierra Nevada 山脈中の高山; 米本国 (Alaska 州を除く)中の最高峰 (4,418 m)). 〚← *J. D. Whitney* (1819–96: 米国の地理学者)〛

Whitney, William Dwight *n.* ホイットニー (1827–94; 米国のサンスクリット学者・辞書編集者; *The Life and Growth of Language* (1875), *The Century Dictionary* (1889–91)).

whit·rack /(h)wítræk/ *n.* 《英方言》 =whittret.

whit·rick /(h)wítrɪk/ *n.* 《英方言》 =whittret.

whit·ster /(h)wítstə | -tə[(r)]/ *n.* 《古》 漂布業者 (bleacher). 〚(*c*1440): ⇨ white, ster〛

Whit·sun /(h)wítsən, -tsn/ *adj.* Whitsunday の; Whitsuntide の. — *n.* **1** =Whitsunday. **2** =Whitsuntide. 〚(?*a*1200) *whitsone* ← *whitsondei* (↓): *Whitsun Day* と異分析されたもの〛

Whit·sun·day, Whit Sunday /(h)wítsʌ́ndèɪ, -di, (h)wítsəndèɪ, -tsn-/ *n.* 聖霊降臨日, 白衣の日曜日 (復活祭 (Easter) 後第七の日曜日; スコットランドでは四季支払い日の一つ; Pentecost ともいう; cf. quarter day). 〚OE *Hwīta Sunnandæġ* 《原義》 White Sunday (この日は洗礼が多く行われ, 受洗者が白衣を着用したことから): /(h)wít-/ の発音は複合語における母音の短縮による〛

Whítsun·tìde *n.* 聖霊降臨節 (Whitsunday から一週間, 特に最初の三日). 〚(?*a*1200): ⇨ Whitsun, tide[1]〛

Whit·ta·ker /(h)wíṭəkə | -təkə[(r)]/ *n.* ホイッテカー (男性名; 異形 Whitaker). 〚《原義》 white acre (cf. Whitfield): もと地名〛

whit·ter /(h)wíṭə | -tə[(r)]/ *vi., n.* =witter.

Whit·ti·er /(h)wíṭiə | -tiə[(r)]/, **John Green·leaf** /gríːnliːf/ *n.* ホイッティアー (1807–92; 米国の詩人; *Snow-Bound* (1866)).

Whit·ti·er /(h)wíṭiə | -tiə[(r)]/ *n.* ホイッティアー (米国 California 州南西部 Los Angeles 東南東の郊外住宅都市).

Whit·ting·ton /(h)wíṭɪŋtən | -tɪŋ-/, **Richard** *n.* ホイッティントン (1358?–1423; 1 匹の猫のために巨万の富を得たと伝えられる半ば伝説的な人物; 後に 3 度 London 市長になった; 通称 Dick Whittington).

whit·tle /(h)wíṭl | -tl/ *vt.* **1** (ナイフで)〈木を〉少しずつ削る; 少しずつ削って形作る 〈*into*〉: ～ *down* a stick 棒を少しずつ削って細くする / ～ a piece of wood *into* a figure ＝ ～ a figure *from* [*out of*] a piece of wood 木片を少しずつ削って人形を作る. **2** 切り取る, 削り取る 〈*away*〉: ～ *away* the bark 木の皮を削り取る. **3** そぐ, 減らす, 減じる 〈*down, away*〉: ～ *down* a person's salary 人の俸給を減らす / ～ *down* [*away*] the significance of …の重要さを減じる / ～ the distinction between …間の差異を少なくする / ～ the price *down* to one half 値段を半分まで値切る / The hunger ～*d* my body *down* to a mass of skin and bones. 飢えのため私の体はやせ細って骨と皮になってしまった. — *vi.* **1** (ナイフで)〈木片などを〉切る, 刻む, 削る 〔*at*〕. **2** くよくよ[やきもき]して疲れ切る[他人を疲れさせる]. — *n.* 《古・方言》 大ナイフ 《さやに入れて腰に下げるものなど》; (肉屋の)肉切り包丁; 折りたたみナイフ.

whít·tler /-tḷə, -tlə | -tḷə[(r)], -tl-/ *n.* 〚n.: (1404) 《転訛》 ← ME *thwitel* knife ← *thwite* (n.) ＜ OE *þwītan* to shave off ← Gmc **þwīt-* ← IE **twei-* to shake, agitate. — v.: (1552) ← (n.): ⇨ -le[3]〛

Whit·tle /(h)wíṭl | -tl/, **Sir Frank** *n.* ホイットル (1907–96; 英国の技師・発明家; ジェット推進技術の研究者).

whít·tling /-tḷɪŋ, -tl- | -tḷ-, -tl-/ *n.* **1** 削る[切る, 刻む]こと; 削減すること. **2** [しばしば *pl.*] 削りくず, (薄い)木片 (bit, chip). 〚(1614): ⇨ whittle, -ing[1]〛

whit·tret /(h)wítrət/ *n.* 《スコット》 イタチ (weasel). 〚(*c*1440): ⇨ white, rat[1]〛

Whit·tues·day /(h)wíttúːzdeɪ, -tjúːz-, -di | -tjúːz-/ *n.* Whitsunday 後の第一の火曜日. 〚1778〛

Whít Wèek *n.* =Whitsuntide.

Whít·worth scréw thrèad /(h)wítwə(ː)θ- |

-wə(ː)θ-/ *n.* ウイット(ワース)ねじ《上面と下面に丸みがあり, ねじ山の角度が55°の, 英連邦で標準的なねじ》.
〖((1841)) ((1877)) ← *Joseph Whitworth* (1803-87: 英国の機械技術者・考案者)〗

whit·y /(h)wáɪṭi | -ti/ *adj.* (**whit·i·er; -i·est**) [しばしば他の色の名と複合語を成して] 白みがかった (whitish), 白みを帯びた: *whity*-brown. — *n.* 《俗》=whitey.
〖((1593)): ⇨ white, -y¹〗

whiz /(h)wíz/ *v.* (**whizzed; whiz·zing**) — *vi.* **1** ぴゅっと鳴る, ひゅーひゅー鳴る, ぴゅーぴゅーと音を立てる. **2** 《口語》ぴゅーぴゅー音を立てて飛ぶ[回転する]: I heard a bullet ~ past my head. 弾丸がぴゅっと頭のそばを飛ぶのが聞こえた / The airplane *~zed away.* 飛行機はぴゅーんと飛び去った. **3** 《米口語》放尿する. — *vt.* **1** ぴゅーといわせる; ブーンと回転させる. **2** 遠心脱水機 (whizzer) にかける. — *n.* **1** (矢・弾丸などが)風を切る音, ぴゅー, ひゅー. **2** ぴゅーという(音を立てるほどの)速さ; 急ぎの旅行. **3** 《口語》切れ者, やり手, 名人: a ~ *at* omelets オムレツ作りの名人 / a ~ *on* the computer=a computer ~ コンピューターの名人. **4** 《口語》すばらしいもの: a ~ of an automobile すてきな車. **5** 《米俗》合意, 話がつくこと: It's a ~. 承知した, 賛成. **6** 《米口語》放尿.
〖((*a*1547)): 擬音語〗

whíz·bàng *n.* **1** 《米口語》=whiz 3, 4. **2** ぴゅーずどんに類似する爆竹[花火]. **3** 〖軍事〗ぴゅーずどん《小口径高速度砲の榴弾(りゅうだん); 飛来する音と炸裂(さくれつ)する爆音がほとんど同時》. — *adj.* 《口語》ひどく巧みな[役立つ, 立派な], 一流の. 〖((1915)): ⇨ ↑, bang¹〗

whíz kìd *n.* 《口語》神童, (若くて, ずばぬけて頭がよかったり, 成功したりした)怪物青年. 〖((*c*1944)) 《変形》← *Quiz kid* (一時人気があった子供番組の名): cf. whiz (n. 3), wizard (n. 4)〗

whizz /(h)wíz/ *v., n.* =whiz.

whízz·bàng *n., adj.* =whizbang.

whíz·zer *n.* **1 a** ぴゅーっというもの. **b** 遠心脱水機《穀物・砂糖などを乾燥させるのに用いる》. **c** =bullroarer. **2** 際立った才能[魅力]の持主. **3** 抜け目のない[いたずらな]策略: He pulled a ~ on us. 我々をまんまとぺてんにかけた. 〖1881〗

whíz·zing *adj.* ひゅーという(音を立てる). **~·ly** *adv.* 〖1607〗

whízz kìd *n.* 《口語》=whiz kid.

whiz·zo /wízoʊ | -zəʊ/ *adj.* 《俗》超一流の, とびきりの, サイコーの. — *int.* (驚き・称賛などを表して) わーっ, すっごーい, やったー. 〖((1905)) ← WHIZ+-O〗

who *pron.* (目的格 **whom** /(1では)(強) húːm; (2では)(弱) huːm, uːm/, 所有格 **whose** (/(1では)(強) húːz; (2では)(弱) huːz, uːz/) **1** /húː/ [疑問詞として] だれ, どんな人《姓名・地位・資格などを問う; cf. what》: *Who* is he? / *Who* are those men? / *Who* said so? / *Who* among you know(s) the answer? 君たちのうちのだれにその答えが分かるだろうか / *Who* is older, Jim or Roy? ジムとロイとどちらが年上ですか / *Who* on earth [the devil] is it? 一体それはだれですか / *Who* goes there? ⇨ go *vi.* 1 / Mr ~ did you say? だれさんだとおっしゃいましたか / Your name is Mr ~? お名前はだれさんですって / Bill ~? ビルだれですか / *Who* did you say was expected? だれを待っているとおっしゃいましたか / His father was nobody [God (only)] knows ~. 彼の父親はどこのだれだか知れない人だった / I told him *who(m)* to look out for. だれに用心すべきかを彼に教えた / I told him ~ they were. 彼らは何者であるか彼に聞かせてやった / *Who* am I that I should object? 私ごときものがどうして反対などしましょう / (Just) *Who* do you think you are (to do that)? (そんなことをするとは一体)君は自分が何様だと思っているのか / *Who* are the Joneses I would like to know! ジョーンズ家ってどんな人たちだろう, 知りたいものだ / *Who* would have thought it? だれがそんなことを思っただろう《だれも思いはしなかったろう》/ *Who* should come in but John! だれが入って来たと思う, なんとジョンだぜ / It was a question [case] of ~ should have it first. だれが先にそれを取るかが問題だった. ★ 口語では, whom の代りに who を用いるのが普通: *Who* do you mean? だれのことを言っているのですか / (Just) *Who* do you take me for? (一体)私をだれだと思っているんだ / *Who* are you writing to?=To *whom* are you writing? だれに手紙を書いているのですか / *Who* (=Whom) do you introduce to *whom*? だれをだれに紹介するのかね / No matter *who(m)* I meet, … だれに会おうとも… / *Who* do you think I saw just now? さっきだれを見たと思う / *Who* should I meet but John! 会ったのはほかならぬジョンだった.
2 /(弱) huː, uː/ [関係詞として] **a** [制限的用法] (…する)ところの(人) (cf. which, that): the man ~ knows the secret その秘密を知っている人 / a man (*who(m)*) one can trust 信用の置ける人 / the man (*who(m)*) you saw 君の見た人 / Anyone ~ chooses can apply. 好きな人はだれでも申し出ればよい / The person to *whom* I am writing is John. 私が手紙を書いている人はジョンです. ★ 次のような例では who を用いるべきであるが, しばしば後の動詞の目的語と感じられて whom となる: the girl ~ [《俗》*whom*] I hear is to be his wife 彼の妻になると聞いている娘 / There is no one ~ [《俗》*whom*] we can believe is competent. 適任と我々が信じうる人は一人もない. **b** [非制限的用法] すると[だが, もしも, なぜなら]彼[彼女, 彼ら]は[を]: I sent it to Jones, ~ (=and he) passed it to Smith. 私がそれをジョーンズに送ると, ジョーンズはそれをスミスに回した / She is going to marry Dick, *who(m)* she does not love (=though she does not love him). 彼女はディックと結婚しようとしているが, 実は愛してはいないのだ. ★ 先行詞は原則的に「人」および擬人化されたもの(船・国家など)であるが, 時には動物にも適用される: They have a dog, ~ always gives us a welcome. **c** [先行詞を省略して]《古》(…する)その人, 人はだれでも (whoever); (…する)人々 (those who): *Who* Dares Wins. 勇気ある者は勝つ《英国空軍特殊部隊 (SAS) のモットー》/ *Whom* the gods love die young. 《諺》神の愛する人は若死する (Byron, *Don Juan*) / There are ~ refuse to hear. 耳を傾けようとしない人たちもいる / There are *whom* I shall not name. 私が名前を挙げない人達もいます.
as whò should sáy 《古》言いでもする人のように, 言うかのように (as if one should say): He looked at me, *as ~ should say*, "I don't believe you". 彼は「君の言うことは信じない」…とばかりに私を見た. ***Sáys whó?*** 《米俗》うそつけ, まさか. ***whò áll*** 《米口語》=(all) who (cf. all *adj.* 7): I forget *~ all* were there. あそこにだれだれがいたかすっかり忘れてしまった. ***than whóm*** ⇨ than *prep.* a.
whó is it あの何とかさん《名前を思い出せない人に使用する》. ***whó is [whó's] whó*** だれがどんな人であるか (cf. who's who): I know *~'s ~*. / find out *~'s ~* / Soon I had learned *~ was ~* (at work [in the community]). (職場で[そのコミュニティーで])だれがどんな人だかすぐに分かった. 〖((*c*1386))〗
〖OE *hwā* ← Gmc **χwa-* ← **χwaz, *χwez* (Du. *wie* / G *wer*) < IE **kwo-* (関係・疑問代名詞語幹: cf. L *quis* who)〗

Who /húː/ *n.* [the ~] フー《英国のロックグループ; *My Generation* (1965), *Tommy* (1969), *The Kids are Alright* (1979)》.

WHO /dʌ́bljuːèɪtʃóʊ | -əʊ/ 《略》World Health Organization 世界保健機関. 〖1946〗

whoa /(h)wóʊ, hóʊ | (h)wəʊ, həʊ/ *int.* **1 a** どーどー《馬・ろばなどを止める時の掛け声》: ~ back 後へ, どーどー《英》wo back) (cf. gee² 1). **b** 《戯言》(人に向かって)ストップ, 止まれ (Stop). **2** 《廃》[whoa ho ho の形で] おーいおーい《遠くから人に呼び掛ける際の掛け声》. 〖((1597)) 《変形》← 《廃》*who* 《変形》← HO〗

who'd /húːd, huːd/ 《口語》**1** who would の縮約形. **2** who had の縮約形. **3** who did の縮約形.

whó-dòes-whát *adj.* 〖労働〗特定の仕事をどの労組がすべきかに関する: a ~ dispute, strike, etc. 〖1922〗

who·dun·it /hùːdʌ́nɪt | -nɪt/ *n.* (*also* **who·dun·nit** /~/) 《口語》推理小説[劇, 映画]. 〖((1930)) 《転訛》← *Who done it?*: *done* 《俗・詩》=did: D. Gordon (*American News of Books*) の造語〗

who·e'er /hùːέə | -έə(r)/ *pron.* 《詩》=whoever.

who·ever /hùːévə | -və(r)/ *pron.* (目的格 **whom·ev·er**; 所有格 **whose·ev·er, whos·ev·er**) **1** [強意関係詞として] だれ[どんな人]でも (any person(s) who); [所有格]だれの(もの)でもそれ[それら](は): *Whoever* (=Any one who) comes will be welcome. 来る人はだれでも歓迎される / You can invite ~ [*whomever*] (=any one) you like. だれでも好きな人を招いてよい. ★ 《口語》では whomever の代りに whoever を用いることが多い / *Whosever* [《俗》*Whoever's*] (belongings) are left here will be confiscated. ここに残っているものはだれのものであろうと没収される.
2 [譲歩の副詞節を導いて] だれが…とも (no matter who); [所有格]だれの(もの)であっても (no matter whose): *Whoever* else objects, I do not. 他のだれが反対しようとも私はしない / *Whoever* you are, speak! 君がだれか知らんが口をきけ / A person came to see you, ~ he may be. だれだか知らないが君に会いに来たよ / *Whoever* [*Whomever*] I quote, you never change your mind. どんな人の言を私が引いて来ても, あなたは一向に考えを変えない / *Whosever* [《俗》*Whoever's*] (property) it is, I mean to have it. それがだれのだって私は自分のものにするつもりだ.
3 [強意疑問詞として] 《口語》一体だれ(が) (who ever); 一体だれの(もの) (whosever) (⇨ whatever *pron.* 3 ★): *Whoever* [*Who ever*] can he be? 一体彼はだれだろう / *Whoever* [*Who ever*] would have thought it? 一体だれがそんなことを考えただろうか / *Who(m)ever* [*Who(m) ever*] can you possibly mean? まあ, 一体だれのことをあなたは言っているのですか / *Whosever* (candidate) will win, do you think? 一体だれの(候補者)が勝つと思いますか.
4 《口語》[or ~] だれか, だれにでも, そのような人: Give those to Tom, or Mary, *or whoever*. それをトムかメアリーかだれにでもあげてくれ.
〖?lateOE: ⇨ who, ever〗

whole /hóʊl | həʊl/ *adj.* **1** [the, his, her, your などを冠し, 限定的にだけ用いて] 全部の, 全体の, すべての, 全…, 総… (cf. all): *the* ~ world 全世界(の人々) (all the world) / *the* ~ country 全国(民) (all the country) / *the* ~ sum 総数, 総額 / the truth, *the* ~ truth, and nothing but the truth 真相, すべての真相, そして真相のみ / *The* ~ story may never be known. その話全体は決して分からないかも知れない / *the* ~ priesthood 聖職者全体 / *the* ~ body 全身 / *the* ~ duty of man 人のすべての本分 (*Eccles.* 12:13) / *his* ~ energy 彼の全精力 / with *one's* ~ heart 心を込めて, 努力を傾けて, 迷わずに / He loves me with *his* ~ heart and soul. 彼は心のたけを込めて私を愛してくれる / Sobs shook *her* ~ frame. すすり泣きで彼女の体全体が震えた / I never saw her *the* ~ morning. その日の午前中ずっと彼女を見かけなかった / *the* ~ lot 全部, みな (all of it or them) / She lived there *her* ~ life (long). 彼女は一生そこに住んだ / *the* ~ time 始終, 絶えず / *the* ~ length [width] of a thing ものの全長[全幅] / She wrote *the* ~ thing in a couple of hours! 彼女はそのすべてを2,3時間で書いた / *The* ~ thing is ridiculous! すべてばかげている / ⇨ whole hog, whole show. ★ 通例地名を直接修飾しない (cf. *n.* 1). **2 a** [単数普通名詞には不定冠詞をつけて] まる…, ちょうど, 満…, 続いた (no less than) (⇨ complete SYN): a ~ day [year] まる1日[1年] / It rained (for) three ~ days. まる3日間も雨が降った / He spent ~ years in misery. 数年間というものみじめな暮らしを続けた / drink a ~ bottle of milk ミルクを1本まるまる飲み干す. **b** [強意形容詞として] 非常に多数[多量]の; (数量・程度の)大きな: *Whole* towns were left in ruins. 実に多くの町々が廃墟と化した / a ~ army of ants アリの大群. **3 a** 〈人・動物・身体など〉傷を受けない, 無事で (unbroken): I hope you will come back ~. 無事に帰って来られるようお祈りします / with a ~ skin ⇨ skin 成句. **b** 〈物が〉無傷の, 壊れていない, 完全な (intact): The dish is still ~. 皿はまだ無傷だ / There isn't a cup left ~. 壊れずにいるカップは1個もない. **4 a** (部分に)分けない, まるのままの[で], まるごとの(で): cook a pig ~ 豚を1匹まるごと料理する / He swallowed a tablet ~. 錠剤をまるごと飲んだ. **b** 〖数学〗〈数が〉整数の (integral), 分数を含まない (unfractional): ⇨ whole number. **5** 他人の血の混じらない, (特に)〈兄弟・姉妹が〉両親が同じの, 本当の (cf. german 1): ⇨ whole blood 2 / a ~ brother [sister] 父母の同じ兄弟[姉妹] (cf. half brother, half sister). **6** 本来の成分を全部含んだ, 全…: ⇨ whole cloth, whole gale, whole milk, whole meal, whole wheat. **7** 〈知・情・意(の発達)が〉完全に調和した, 完全な, 円満な: education for the ~ man 全人教育. **8** 《古》健康な, 壮健な (well, healthy); (傷・病気などが)治った: be ~ and sound 健康である / be ~ of one's sickness 病気が治る / His hand was made ~. 手(の傷)がいえた / They that are ~ need not a physician. 《諺》健やかな人には医者はいらない (cf. *Mark* 2:17).
a whóle lót 《口語》大いに: I feel *a ~ lot* better now. もうずいぶん気分がよくなった. ***a whóle lót [búnch] of*** 《口語》たくさんの (lots of): He talks *a ~ lot of* nonsense. 彼はばかな事ばかり言う / *A ~ lot of* people think so, too. 多くの人たちもそう思っている. ***gó (the) whóle hóg*** ⇨ whole hog 成句. ***in the whóle (wíde) wórld*** 《口語》ありとあらゆるところで; あらゆる物[者]のうちで. ***òut of whóle clóth*** ⇨ whole cloth 成句. ***the whóle níne yárds*** 《米口語》すべて, 全部, 何もかも: go *the ~ nine yards* できるかぎりのことをやる, 最後までやりとげる (go the whole hog).
— *n.* **1 a** [the ~] 全部, 全体, 総体〔*of*〕(⇨ sum SYN): *The ~ of* (=All) his money was gone. 彼の金は全部なくなった / during *the ~ of* my life 私の全生涯を通じて / *the ~ of* Japan 日本全土[全国] (cf. ALL Japan) / The Golden Rule contains *the ~* of morality. 黄金律は道徳律のすべてを含む / He spent *the ~ of* that year in Paris. その年の全部をパリで過ごした. **b** 全体の人々: *The ~ of* the village knows it. そのことは村全体の人々が知っている. **2** (有機的)統一体 (organic unity), 完全体系 (complete system), 完全物: the ~ and the parts 全体と部分 / *~s* and halves 全体のものと半分のもの / Nature is a ~. 自然は統一体である / Various parts blend into a harmonious ~. 様々な部分が混じり合って調和ある統一体を作っている.
as a whóle 全体として (all together): You must consider the painting [the series] *as a ~*. その絵画[シリーズ]を全体として考えなければならない. ((1698)) ***in whóle*** 全部, すっかり (↔ in part): The work was printed *in ~*. その作品は全部印刷された. ((*c*1440)) ***on [upòn] the whóle*** 全体から見て, 概して, 大体 (all things considered): *On the ~* I am satisfied. 大体満足です. ((1698))
— *adv.* 《口語》全く (wholly, totally): Her announcement made it a ~ new ball game! 彼女の声明で全く新しい事態になった.
〖adj.: OE (*ge*)*hāl* 'healthy, sound, HALE¹' (*w-* は1500年ごろの添加) < Gmc **(ga)χailaz* (Du. *heel* / G *heil*) ← IE **kailo-* whole, good-omened. — n.: ((*a*1398)) ← (adj.): cf. heal, holy〗

whóle bínding *n.* 〖製本〗丸装(丁) (full binding).

whóle blóod *n.* **1** 全血《いかなる成分も除去されてない血液》. **2** 両親が共に同じであること (full blood) (cf. half blood): brothers [sisters] of the ~ 実の兄弟[姉妹]. 〖1444〗

whóle-bóund *adj.* 〖製本〗丸装(丁)の (cf. half-bound). 〖*a*1887〗

whóle chéese *n.* [the ~] 《米俗》=whole show 1.

whóle clóth *n.* 〖紡織〗原反《製造したままのカットしてない生地》. ***òut of whóle clóth*** 《米》全くのでっち上げで[の], 全く根拠なしに[の]: His story was made *out of ~*. 彼の話は全くのでっち上げだった / He told a lie *out of ~*. 全くでたらめのうそをついた. ((1579)) 〖1433〗

whóle-còlored *adj.* 単色の. 〖1857〗

whóle·fòod *n.* 《英》[時に *pl.*] 自然食品, 全体食品《玄米・全粒粉・黒砂糖など, 精製加工を最小限にとどめた無添加の食品; cf. health food, junk food》. 〖1960〗

whóle gále *n.* 〖気象〗全強風. 〖*c*1805〗

whóle-gráin *adj.* 全粒の《穀物の胚芽・ふすまなどを取り除いていない》.

whole·heart·ed /hóʊlhάːṭɪd | hə́ʊlhάːtɪd-/ *adj.* **1** 心から熱中している: a ~ supporter 熱心な支持者. **2** 心をこめた, 心からの (⇨ sincere SYN): You may count upon my ~ cooperation. 私が誠意をもって協力することを期待してください. **~·ly** *adv.* **~·ness** *n.* 〖1840〗

whóle-hóg 《俗》*adj.* 徹底的な, 完全な (complete): a ~ patriot とことんまでの愛国主義者. — *adv.* とことんまで, 完全に (completely): accept ~ 完全に受け入れる. 〖1829〗

whóle hóg *n.* 《俗》全体, 完全 (entireness): believe [accept] the ~ ことごとく信じる[是認する], 丸のみにする.

W

gó (the) whóle hóg 《口語》遠慮なく[徹底的に]やる，とことんまでやる．〖1829〗

whóle-hóg·ger *n.* 極端論者，徹底的な支持者[推進者]．〖《1903》← (*go the*) *whole hog* (↑)＋-ER¹〗

whóle hóliday *n.* 全休日 (cf. half-holiday).

whóle-hóofed *adj.* 〘動物〙単蹄(ひづめ)の，奇蹄の (cf. cloven-footed 1). 〖1601〗

whóle-léather *adj.* 総革の: ～ boots / ～ binding 〘製本〙総革(装).

whóle-léngth *adj.* **1** 〈肖像画が〉(頭から足までの)全長の，全身の: a ～ portrait. **2** 省略[短縮]してない: a ～ report. — *n.* /ㄥㄥ/ 全身画，全身像．〖1748〗

whóle lífe insùrance *n.* 〘保険〙終身保険．

whole·meal /hóʊlmìːl | hə́ʊl-/ *adj.* 全粒小麦粉の (《米》whole wheat).

whóle mèal *n.* 全粒小麦粉．〖1620〗

whóle mílk *n.* 全乳 (脂肪分を取り除かない完全乳; cf. skim milk). 〖1970〗

whóle·ness *n.* **1** 全体，総体，一切．**2** 完全，無傷．**3** 強健．**4** 〘数学〙整数性．〖OE *hālnes*〗

whóle nòte *n.* 《米》〘音楽〙全音符 (semibreve). 〖1597〗

whóle nùmber *n.* 〘数学〙整数 (integer). 〖1557〗

whóle pláte *n.* 《英》〘写真〙八切判 (写真の大きさが$6^{1}/_{2}$ ×$8^{1}/_{2}$ in. (16.5×21.6 cm) のものをいう). 〖1890〗

whóle rèst *n.* 〘音楽〙全休止(符). 〖*c*1890〗

whole·sale /hóʊlsèɪl | hə́ʊl-/ *adj.* **1** 卸売りの，卸しの (cf. retail): a ～ dealer 卸し商人 / ～ prices 卸し値段 / ～ business 卸し業 / Our business is ～ only. 当方の売買は卸しだけです．**2** 大規模の，大仕掛けな: a ～ liar 大うそつき / a ～ arrest of the suspects 容疑者の一斉検挙．**3** 十把一からげの: the ～ destruction of mankind 人類を全滅させること / a ～ slaughter 大量無差別虐殺．— *adv.* **1** 卸売りで: sell [buy] ～ 卸しで売る[買う] / I can get it for you ～. それをあなたに卸しで買ってあげることができます．**2** 大仕掛けに (on a large scale)，大ざっぱに，すっかり: He wasted his money ～. 持ち金をすっかり消費した / I was abused ～ for not having prevented the crimes. その犯罪を防がなかったという理由でこてんぱんにののしられた．— *n.* 卸(売り) (cf. retail). ***by*** [《米》***at***] ***wholesale*** (1) 卸売りで．(2) 大量に; 手広く，十把一からげに．《1579》 — *vt.* 卸売りする．— *vi.* **1** 卸売りをする．**2** 〈物が〉卸売りされる．〖《*a*1417》*holesale* ← *by hole sale* by wholesale〗

whólesale príce ìndex *n.* 〘経済〙卸売物価指数 (cf. INDEX of retail prices).

whólesale pólitics *n.* 《米》テレビなどのマスメディアを利用した選挙運動．

whole·sal·er /hóʊlsèɪlə | hə́ʊlsèɪlə(r)/ *n.* 卸し(商)業者，小口卸商業者，問屋．〖1857〗

whóle-sàling *n.* 卸売り．

whóle-scále *adj.* 大仕掛けな，大規模な，広範な (wholesale). 〖《1960》: *wholesale* の影響による〗

whóle schméar *n.* [the ～]《米口語》あらゆること[物]，全部，何もかも．

whóle-sèas *adj.* [しばしば over を伴って]《口語・戯言》(すっかり)酔っぱらって (completely drunk) (cf. half-seas over 2). 〖《1821》*half-seas over* にならった造語〗

whóle shów *n.* [the ～] **1** 《米俗》花形選手 (principal player); 唯一の重要人物．**2** 《米口語》事柄全体: boss *the* ～ 一切を牛耳る / I hate *the* ～. その事が全部きらいだ．

whóle snipe *n.* 〘鳥類〙タシギ (*Capella gallinago*) (ヨーロッパやアジア・アフリカの一部によくみられるシギ; cf. jacksnipe).

whole·some /hóʊlsəm | hə́ʊl-/ *adj.* (**more** ～, **most** ～; **whole·som·er, -som·est**) **1** (道徳的に)健全な (morally sound)，穏健な，有益な (salutary): a ～ movie for children 健全な児童向き映画 / ～ reading 健全な読み物 / a clean, ～ story 清潔で健全な物語 / good ～ fun [entertainment] 健全な楽しみ[娯楽]．**2** 健康によい，衛生によい (⇨ healthful SYN): ～ air 健康によい空気 / a ～ climate 健康によい気候 / ～ food 滋養になる食物．**3** 健康そうな (healthy-looking): a ～ girl 健康そうな少女．**～·ly** *adv.* **～·ness** *n.* 〖《*c*1200》*holsum* < OE **hālsum*: ⇨ whole, -some¹: cf. G *heilsam*〗

whóle-sóuled *adj.* ＝wholehearted.

whóle stèp *n.* 《米》〘音楽〙全音程 (whole tone). 〖*c*1899〗

whóle-tíme *adj.* 全時間の; 常勤の (full-time). 〖1906〗

whóle tòne *n.* 〘音楽〙全音(程) (半音 (semitone) 2 個を含む音程; 長 2 度). 〖1897〗

whóle-tòne scále *n.* 〘音楽〙全音音階 (全音だけからなる音階[列]; C, D, E, F♯, G♯, A♯, C および C♯, D♯, F, G, A, B, C♯ の両音階が見られるが，調性・主音感や転調の可能性は求められない; Glinka, Mussorgsky, Debussy などの近代の作曲家が好んで用いた音階)．★ 全音階 (diatonic scale) とは別．〖1928〗

whole wheat /hóʊl(h)wíːt | hə́ʊl-/ *adj.* 《米》(胚芽やふすまを取り除かないでひいた)全粒小麦粉の，全麦の: ～ flour 全粒小麦粉 / ～ bread [pasta]. 〖1880〗

who·lism /hóʊlɪzm | hə́ʊ-/ *n.* 〘哲学〙＝holism.

who·lis·tic /hoʊlístɪk | həʊ-/ *adj.* 〘哲学〙＝holistic.

who'll /húːl, huːl/ 《口語》**1** who will の縮約形．**2** who shall の縮約形．

whol·ly /hóʊ(l)li, hóʊli | hə́ʊlli, hə́ʊli/ *adv.* **1** 全く，全然，完全に (completely)，すっかり，徹頭徹尾: a ～ bad example 全くの悪例 / Few men are ～ bad. 全くの悪人は少ない / I am ～ yours. 私は全くあなたのものです (御意のままになります) / I don't ～ agree. 全面的には同意しかねる．**2** 単に，ただ，一概に，もっぱら (exclusively): He devoted himself ～ to this work. ひたすらこの仕事に打ち込んだ．〖《*a*1338》*hōlly* ← *hōl* 'WHOLE'＋-*li* '-LY¹' ∽ 《*a*1325》(y-)*hōlliche*, *hŏlly* < OE **(ġe)hālliċe*: wh- への変化は 16 世紀〗

whólly-ówned *adj.* 株式を完全に所有された，(他社による)全額出資の〈会社〉. 〖1964〗

whom /(疑問代名詞)(強) húːm; (関係代名詞)(弱) huːm, uːm/ *pron.* who の目的格．★ 用法・用例は who の項を見ること．〖OE *hwǣm*, *hwām* (dat.) ← *hwā* 'WHO'〗

whòm·éver *pron.* whoever の目的格．〖?*a*1300〗

whomp /(h)wɑ́(ː)mp | (h)wɔ́mp/ 《口語》*n.* どさん，ばたん，がちゃん，ずどん (激しくぶつかる音)．— *vt.* **1** 〈相手・敵を〉徹底的に負かす．**2** ぴしゃりと打つ，たたく．— *vi.* どん[ぴしゃり]という音を立てる．***whómp úp*** (1) さっと用意する[こしらえる] (whip up, concoct): ～ *up* a story 話をでっち上げる．(2) 〈興味などを〉かき立てる (arouse). 《1955》〖《1926》擬音語〗

whóm·sò *pron.* whoso の目的格．

whòm·soéver *pron.* 《文語》whosoever の目的格．〖*a*1475〗

whoof /(h)wúːf, (h)wʊ́f/ *n.* うー，ふーっ，うぉーという音．— *vi.* うー，ふーっ，うぉーという音を出す．— *int.* わー，うおーっ (安堵・驚きなどの声). 〖*a*1766〗

whoomph, whoomp /(h)wʊ́m(p)f/ *n.* どん，どかん，ぼふっ (衝突音・爆発音など). 〖《1958》: 擬音語〗

whoop /húːp, hʊ́p, (h)wúːp, (h)wʊ́p | wúːp, húːp, wʊ́p/ *int.* わーい (歓喜・興奮・驚きなどの叫び声を表す)．— *vi.* **1** わーいと叫ぶ (halloo); わーいと叫びながら進む[通る]: They ～*ed* with joy. 喜んでわーいと叫んだ / The bill ～*ed* through the Senate その法案は歓呼のうちに上院を通過した．**2** 〈フクロウなどが〉ほーほーと鳴く (hoot). **3** /《米》húːp, hʊ́p/ 〈百日ぜきの病人が〉(せきをしたあと)ぜーぜーいう．— *vt.* **1** 叫び声をあげて言う; 叫んで追う 〈*away, off*〉，叫んでけしかける 〈*on*〉: ～ a dog *on* 犬をけしかける．**2** 盛んに宣伝する (boom). **3** 〈値段などを〉上げる．***whóop it*** [***things***] ***úp*** (1) 《英口語・米俗》わあわあ騒ぎ立てる，大いにはしゃぐ; 飲み騒ぎする．(2) 《米俗》〔…をほめ立てる，〔…への〕人気をあおり立てる，支持[賛成]をしきりに求める 〔*for*〕: The children ～*ed it up for* the movie. 子供たちは映画行きをしきりに希望した．
— *n.* **1** **a** わーい[わあわあ]という叫び声: let out a ～ おーいと声をかける / ～*s* of joy. **b** 猟師[戦闘，追跡している人]の叫び声，ときの声 (war cry). **2** (百日ぜき特有の)ぜーぜーいう音．**3** (フクロウなどの)ほーほーと鳴く声．**4** [否定構文に用いて]《米口語》少し，ごくわずか: I don't care a ～. ちっとも構わない / The book is *not* worth a ～. その本はくだらない，なんの価値もない．**5** かくれんぼの一種．***a whóop and a hóller*** 《米口語》比較的近い距離; 大騒ぎ，喧々囂々(けんけんごうごう)の論議．
〖v.: 《?*a*1400》*whope*(*n*) 《擬音語》: cf. OF *houper* (← *houp* whoop (int.)) / OE *hwōpan* to threaten〗

whóop-de-dó /-didúː/ *n.* (*pl.* **～s**) (*also* **whoop-de-doo** /～/) 《口語》**1** (陽気で騒がしい)お祭り騒ぎ，どんちゃん騒ぎ (merrymaking). **2** 沸騰した世論．**3** 大げさな宣伝[広告]. 〖《1929》← ? WHOOP〗

whoop·ee /(h)wúpiː, (h)wúː-, ㄥㄥ | (h)wupíː/ *int.* 《口語》わーい (歓喜の叫び声を表す)．— *n.* **1** わーい(という声). **2** 愉快な大騒ぎ，お祭り騒ぎ (hilarity, festive time). ***màke whóopee*** (1) 《英古風》ばか騒ぎをする．(2) 《米古風》セックスにふける．
〖《1845》← WHOOP＋-EE²〗

whóopee cùshion *n.* ぶーぶークッション (座ると放屁に似た音を出すゴム製のいたずら用クッション).

whóop·er *n.* **1** 陽気に騒ぐ人．**2** ほーほーと鳴くもの．**3** 〘鳥類〙 **a** ＝whooper swan. **b** ＝whooping crane. 〖《1660》: ⇨ whoop, -er¹〗

whóoper swàn *n.* 〘鳥類〙オオハクチョウ (*Cygnus cygnus*) (最も普通のハクチョウ). 〖1880〗

whóop·ing còugh /húːpɪŋ-, húp-, wúːp-, wúp- | húːp-/ *n.* 〘病理〙百日咳 (pertussis). 〖*c*1670〗

whóoping cráne *n.* 〘鳥類〙アメリカシロヅル (*Grus americana*) (大きな耳障りな声で鳴く北米産の大きなツル; 絶滅に近い). 〖*c*1730〗

whóoping swán *n.* 〘鳥類〙＝whooper swan.

whoop·la /h(w)úːplɑː, (h)wúp-/ *n.* 《米口語》**1** 大騒ぎ，大騒動 (to-do). **2** お祭り騒ぎ (whoopee): throw ～ どんちゃん騒ぎをする．〖《1931》《変形》← HOOPLA〗

whoops /(h)wúps, (h)wúːps/ *int.* 《口語》＝oops. 〖《1925》← WHOOP (int.)＋-*s*- (強調の添加音)〗

whóops-a-dáisy *int.* ＝upsy-daisy.

whoop·sie /(h)wúpsi, (h)wúːp-/ *n.* (*also* **whoop·sy** /～/) 《俗》うんち[くそ](をすること); ちょっとした間違い，へま，とちり．〖《*c*1975》: ⇨ whoops〗

whóop-ùp *n.* 《米口語》浮かれ騒ぎ．〖1931〗

whoosh /(h)wúːʃ, (h)wʊ́ʃ/ *n.* (空気・水などの)ひゅー[しゅー]という音．— *vi.* **1** ひゅー[しゅー]という(音を出す): Some snow slid off the roof with a ～*ing* sound. 雪がしゅーという音を立てて屋根から滑り落ちた．**2** ひゅー[しゅー]という音を立てて速やかに通過する: The train ～*ed* past. 汽車はしゅーと通り過ぎた．— *vt.* ひゅー[しゅー]と動かす．— *int.* ひゅーっ (驚き・疲労などを表す). 〖《1856》擬音語〗

whoo·sis /húːzɪs | -zɪs/ *n.* 《米口語》**1** あれ，それ，何とかさん．★ 名前を知らないかまたは忘れた人や物に用いる．**2** 例の何とか; 例の何とかさん．★ 不特定の典型的な物や人に用いる．〖《転訛》? ← *who's this*〗

whoo·sy /húːzi/ *n.* 《米口語》＝whoosis.

whop /(h)wɑ́(ː)p | (h)wɔ́p/ *v.* (**whopped; whop·ping**) — *vt.* 《口語》**1** (ぴしりと)打つ，むち打つ (thrash). **2** 激しく[勢いよく，急に]引っぱる[動かす]〈*out*〉．**3** (競技などで)完全に破る，負かす (defeat). — *vi.* 《米口語》ばたり[どしん]と落ちる[倒れる]〈*down*〉. — *n.* 《口語》**1** 殴打，ぴしりと打つこと; (どしんと)倒れること．**2** [間投詞的に] ぴしり; ばたん，どしん．〖《?*a*1400》*whappe* 《変形》← *wappe*(*n*) to strike, wap 《擬音語》: cf. whip〗

whóp·per *n.* 《口語》**1** 打つ人，なぐる人．**2** **a** 途方もない大きな物 (jumbo). **b** だぼら，大うそ (big lie). **3** [W-]〘商標〙ウォッパー (米国のハンバーガーチェーン店 Burger King の代表的なハンバーガー). 〖《1785》: ⇨ ↑, -er¹〗

whóp·ping 《口語》*n.* **1** むち打ちの刑，せっかん．**2** 大敗．— *adj.* ず抜けた，ず抜けて大きい，途方[とてつ]もない: a ～ lie 大うそ，大ぼら．— *adv.* [big, great などを修飾して] 非常に，恐ろしく，ばかに (immensely): a ～ great frog ばかでかい蛙．〖《n.: 1812; adj.: *a*1625》〗

whore /hɔ́ə | hɔ́ː(r)/ *n.* **1** **a** 売春婦．**b** みだらな女: ⇨ Scarlet Whore. **2** 〘聖書〙堕落した[偶像崇拝的な]社会: the ～ of Babylon (17 世紀のプロテスタントにとって) ローマカトリック教会 (cf. *Rev.* 17: 1,5).
— *vi.* **1** **a** 〈女が〉私通をする，売春行為をする: She ～*s* around in bars. バーを回って売春をしている．**b** 《古》〈男が〉私通する，娼婦買いをする．**2** 《古》偶像崇拝の罪を犯す; 邪教に迷う．***whóre àfter*** 〈不道徳的[偶像崇拝的]なことなどを〉熱心に追い求める: go a-*whoring after* strange gods 邪教に迷う; 邪欲に迷う[耽る] (cf. *Exod.* 34: 15, 16, *Deut.* 31: 16). 《1913》
〖OE *hōre* < Gmc **χōrōn* (原義) one who desires (G *Hure* / ON *hōra*) ← IE **kā-* to like, desire (L *cārus* dear): *w-* は 16 世紀ごろの添加〗

who're /húːə, huːə | húə | húːə(r, húə(r, huːə(r; huə(r/ 《口語》who are の縮約形．

whóre·bìtch 《米口語》売春婦．

whóre·dom /-dəm | -dəm/ *n.* **1** 売春，醜業; 娼婦買い; 私通，密通; 売春婦社会．**2** 〘聖書〙偶像崇拝，邪教信仰．〖lateOE *hōrdōm* ▭? ON *hōrdōmr*: ⇨ whore, -dom〗

whóre·hòuse *n.* 女郎屋，売春宿 (brothel). 〖*c*1475〗

whóre·màster *n.* ＝whoremonger. 〖*a*1508〗

whóre·mònger *n.* 娼婦買いする人，好色家; 売春業者，ぽんびき．〖1526〗

whore·son /hɔ́əsən, -sn | hɔ́ː-/ 《古》*n.* **1** 私生児 (bastard). **2** 《軽蔑》やつ，野郎．— *adj.* **1** 私生児の．**2** 〈人・物が〉卑しい，浅ましい (scurvy)，嫌な (abominable). 〖《?*a*1300》*hores sone* (原義) son of a whore (なぞり) ← AF *fiz a putain*: cf. Fitz-〗

whóre·sùcker 《米俗》やな野郎，くそったれ．

Whorf /(h)wɔ́əf | (h)wɔ́ːf/, **Benjamin Lee** *n.* ウォーフ (1897–1941; 米国の言語学者・人類学者 (cf. Sapir-Whorf hypothesis); *Language, Thought and Reality* (ed. J. B. Carroll) (1956)).

Whórf·i·an hypóthesis /(h)wɔ́əfiən- | (h)wɔ́ː-/ *n.* [the ～]〘言語〙ウォーフの仮説 (母国語が個人の世界観を決定するとする説; cf. Sapir-Whorf hypothesis). 〖《1954》↑〗

whor·ish /hɔ́ːrɪʃ/ *adj.* **1** 売春婦の(ような); みだらな (lewd). **2** 《廃》背信的な，偶像崇拝的な．**～·ly** *adv.* **～·ness** *n.* 〖《1535》: ⇨ -ish〗

whorl /(h)wɔ́ːl, (h)wɔ́əl | (h)wɔ́ːl/ *n.* **1** 〘動物〙(巻貝の)ひと巻き，階層; (哺乳動物の耳の蝸牛(かぎゅう)殻の)渦巻き，らせん部．**2** 〘生物〙＝verticil. **3** 〘紡織〙(スピンドルの)みぞ車，小はずみ車 (wharve ともいう). **4** 渦巻き，渦型．**5** 渦巻き型の指紋 (線の少なくとも一本は完全な輪になっているもの). 〖《1440》*whorle wharwyl* 《変形》← *wherwille* 'WHIRL': cf. MDu. *worvel*〗

whorled *adj.* **1** 渦巻きのある．**2** 〘生物〙輪生の (verticillate). 〖*c*1776〗

whórled mílkweed *n.* 〘植物〙北米産の輪生の細い葉と緑がかった白色の花を有するガガイモ科トウワタ属の植物 (*Asclepias verticillata*).

whort /(h)wɔ́ːt | (h)wɔ́ːt/ *n.* 〘植物〙**1** ＝whortleberry 1. **2** ＝bearberry 1. 〖《1578》《変形》← 《方言》*hurt* 《略》← HURTLEBERRY〗

whor·tle /(h)wɔ́ːtl̩ | (h)wɔ́ːtl/ *n.* 〘植物〙＝whort.

whor·tle·ber·ry /(h)wɔ́ːtl̩bèri | (h)wɔ́ːtlbèri, -b(ə)ri/ *n.* 〘植物〙**1** **a** ヨーロッパ産ツツジ科コケモモ属の一種 (*Vaccinium myrtillus*) (bilberry, blaeberry, huckleberry, blackheart ともいう). **b** その黒い小果実 (食用). **2** ＝blueberry. 〖《1578》《変形》← HURTLEBERRY〗

who's /(強) húːz; (弱) huːz, uːz/ 《口語》**1** who is の縮約形．**2** who has の縮約形．**3** who does の縮約形．

whose *pron.* (who の所有格; 関係詞としてはまた which の所有格) **1** /(強) húːz/ ★ whose に続く名詞が目的語のときはその名詞のほうが強く発音される．[疑問詞として] だれの (もの): *Whose* (book) is it? それはだれの(本)ですか / I wonder ～ it is. 一体だれのだろうか / *Whose* are these gloves? この手袋はだれのですか / *Whose* fault is it? だれの責任か / *Whose* will last longer? だれのが長くもつだろうか．**2** /(弱) huːz, uːz/ [関係詞として] その…する[ところの]; そしてその (of whom, of which). ★ 生物に限らず無生物にも用いる: the book ～ sale is greatest 一番多く売れている本 / a child ～ parents are dead 両親が死んだ子供 / I saw a house among the trees, ～ roof glittered in the sun. 木の間に家が見えたが，屋根は日に当たってきらきらしていた / the person for ～ sake he did it 彼がそれをしてあげた人．〖《12C》*hwās*, *hwōs* 《変形》← *hwas* < OE *hwæs* (gen.) ← *hwā* 'WHO' & *hwæt* 'WHAT': 長母音化は ME *hwā*, *hwō* 'WHO', *hwām* 'WHOM' の影響〗

whòse·éver *pron.* whoever の所有格.

whòse·soéver *pron.*《文語》whosever の強意形 (cf. whensoever). 〖1611〗

whos·ev·er /huːzévə | -évə(r)/ *pron.* whoever の所有格.

who·sis /húːzɪs | -zɪs/ *n.*《俗》=whoosis.

who·sit /húːzɪt | -zɪt/ *n.*《俗》某, だれそれ (so-and-so). 〖(1948) ← *who's it*〗

whó·sò *pron.*《古》=whosoever. 〖(1154) *wha swa*, *hwa se* ← OE *swā hwā swā*: ⇨ who, so¹〗

whò·soé'er *pron.*《詩》=whosoever.

whò·soéver *pron.* (目的格 **whomsoever**; 所有格 **whosesoever**)《文語》whoever の強意形. 〖?*a*1200〗

whó's whó *n.* **1** [集合的] (共同社会・各界の)名士連: the ~ of the city その町の名士連. **2** [W- W-]「フーズフー」《1849 年英国の A. & C. Black 社から創刊され, 現在では年鑑で出版されている名士録 [紳士録]》. ★ これに類するもの: *Who's Who* in America 現代アメリカ名士録 (1899 年創刊, 隔年発行). 〖(*c*1849) ← *who is who*〗

who've /(強) húːv; (弱) huːv, uːv/《口語》who have の縮約形.

WHP, w.h.p.《略》water horsepower 水(す)馬力.

wh-quéstion *n.*〖文法〗wh-疑問文, 特殊疑問 (who, when, where など疑問詞ではじまる疑問文; yes, no では答えられない; information question ともいう).

whr.《略》〖電気〗watt-hour.

whs.《略》warehouse.

whse.《略》warehouse.

whsle《略》wholesale.

whsng《略》warehousing.

whump /(h)wʌ́mp/ *n.*, *v.*《口語》=thump.

whup /(h)wʌ́p/ *vt.* (**whupped**; **whup·ping**)《米口語》打ちのめす; (スポーツ・けんかなどで)〈相手を〉決定的に打ち負かす. 〖(*c*1875)《異形・方言》← WHIP (v.)〗

wh-wórd *n.*〖文法〗wh-語 (疑問詞のこと; cf. wh-).

why *adv.* **1** /(h)wáɪ/ [疑問詞として] どうして, なぜ, どういうわけで, 何のために (cf. how¹ A 4): *Why* on earth [the hell, ever] did you do it? 一体なぜ君はそれをしたか ★ on earth は驚き, the hell は怒りの気持ちを表し, ever は疑念を強める働きがある / *Why* didn't you try? なぜやってみなかったのか / *Why* does fire burn? なぜ火は燃えるか / *Why* so? どういうわけか, どうしてそうなのか / But ~? でもなぜですか / *Why* not? どうしていけない[悪い]のか《悪いはずがないじゃないか, 構わないではないか》; [肯定の返答を強めて] 無論そうさ (I don't see ~ not.) (cf. *What's* WRONG *with it?*) / *Why* not let him do as he pleases? 彼に好きなようにさせたらいいじゃないか / *Why* whisper so much over there? どうしてそこではそんなに私語をするのですか ★ 動詞の原形を直接伴う場合は, 否定命令に近い意味を表す / Why is it (that) you did it? そんなことをしたのはなぜか / You are late. (Tell me) *Why*? 君は遅かったね, どうして(遅れたか)? / Do you know ~ he said so? 彼がなぜそう言ったか知っていますか / I don't see ~ you are here. なぜ君が来たかわからない. **2** /(h)wɑɪ/ [関係詞として] (なぜ…した[する])かの(理由): The reasons ~ he did it are obscure. 彼がそれをした理由ははっきりしない / She's here; that [which] is ~ I came. 彼女がここにいる, そういう訳で来たのです. ★ 前の例では why を省くことや, 代りに that を用いることができる. 後の例では why の代りに the reason を用いることができる.

Whỳ dòn't we dó? …しようじゃないか: Why don't we play catch? キャッチボールをしようよ. ***Whỳ dòn't you dó?***=***Whỳ nòt dó?*** …してはどうですか, …しませんか, …しなさいよ: *Why don't you* try? やってみたらどうですか / *Why don't you* come with us?—Thanks, I will. 一緒にいらっしゃいませんか—折角ですからそうしましょう. ★ 時に命令文に添え口調を和らげる: Have a drink, *why don't you?* 遠慮しないで一杯やりなさいよ. ***Whý òh whý …?*** 一体どうして: *Why oh why* did I do such a thing? どうしてまたそんなことをしてしまったんだろう.

— /(h)wáɪ/ *n.* (*pl.* **~s**) **1** 理由, いわれ (reason), (なぜそうであるかの)説明: He had very white teeth; he said apples were ~. 彼はひどく白い歯をしていたが, その秘けつはりんごだと言った / I cannot go into the ~*s* and (the) wherefores now. 私は今そのいわれ因縁を説明している暇がない. **2** なぜかという疑問, 謎: the philosopher's ~*s* 哲学者たちの謎.

— *int.* ★ 文中では比較的アクセントが弱く, 《米》でも /h/ が脱落することが多い. **1** [発見・承認などを表して] あら, おや, なに, まあ, そりゃ, もちろん: *Why*, that's Frank over there! おや, あそこにいるのはフランクだよ / *Why*, of course, that was it. そうそう, もちろんその通りだった. **2** [簡単すぎる質問などに対して] 何だ(そんなこと), なあんだ: Who wrote *Hamlet*?—*Why*, Shakespeare(, of course)! ハムレットの作者はだれだったっけ—そりゃ無論, シェークスピアじゃないか / What is two times two?—*Why*, a child could answer that. 2 の 2 倍は—何だ, そんなこと子供だって答えられるよ. **3** [ちゅうちょなどを表して] そうさなあ, さあ, えーっと: Is it true?—*Why*, yes, I think so. それは本当ですか—ええと, そう, まあ本当でしょうね. **4** [反対を表して] 何だって, なに: *Why*, what harm is there in smoking? なあに, たばこを吸ったところで何の害があるものか. **5** [条件文の帰結 (apodosis) の導入語として] そりゃ: If your daughter wants to be a ballet dancer, ~, you had better let her have her own way. お嬢さんがバレエをやりたいというなら, そりゃ, 好きな道に進ませてあげた方がいいでしょう.

〖adv.: OE *hwī*, *hwȳ* ((instr.) ← *hwæt* 'WHAT'). — n.: (*c*1303) ← (adv.). — int.: (1519) ← (adv.)〗

Why·al·la /(h)waɪǽlə/ *n.* ワイヤラ《オーストラリア South Australia 州南部の Spencer 湾に臨む港市》.

why'd /(h)wáɪd/《口語》**1** why would の縮約形. **2** why had の縮約形. **3** why did の縮約形.

whyd·ah /(h)wídə | -də/ *n.*〖鳥類〗テンニンチョウ, ヒメホウオウ《キンパラ科テンニンチョウ亜科のアフリカ産ハタオリドリの総称; 繁殖期の雄は長い尾を有する》. 〖(1783)《変形》← *widow* (*bird*): Ouidah, Whidah (その生息地である Dahomey の海港)との連想から〗

Whym·per /(h)wímpə | -pə(r)/, **Edward** *n.* ウィンパー (1840–1911; 英国の登山家・木版画家, Matterhorn 初登頂 (1865); *Scrambles Amongst the Alps* (1871)).

why's /(h)wáɪz/《口語》**1** why is の縮約形. **2** why has の縮約形.

WI《略》〖米郵便〗Wisconsin (州); West India; West Indian; West Indies;《英》Women's Institute.

w.i.《略》〖金融〗when issued (証券)発行の節は;〖冶金〗wrought iron.

WIA《略》〖陸軍〗wounded in action.

wib·ble /wíbl/ *vi* **1**《口語》=wobble. **2**《英口語》中身のないことを(延々と)話す[書く]. **wib·bly** /wíbli, -bli/ *adj.* 〖(1871) ← *wibble-wobble* to vibrate, oscillate (加重) ← WOBBLE〗

Wic·ca, w- /wíkə/ *n.* 魔術崇拝. **Wíc·can** /-kən/ *adj.* 〖OE *wicca* wizard, magician: cf. witch〗

wich- /wítʃ/ =wych-.

Wich·i·ta /wítʃətɔ̀ː, -tɑ̀ː | -tʃɪtɔ̀ː/ *n.* ウィチタ《米国 Kansas 州南部, Arkansas 河畔の都市》. 〖← N-Am.-Ind. (部族名)〗

Wíchita Fálls *n.* ウィチタ フォールズ《米国 Texas 州中北部の都市; 市郊外は行楽地》.

wick¹ /wík/ *n.* **1** 灯心; (ろうそく・ランプの)芯(しん). **2**〖外科〗傷口にはめ込むガーゼ. **3** =wicking. ***gét on a person's wick***《英口語》人を悩ます, いらいらさせる. (1945) 〖OE *wēoc*(*e*) ← ?: cf. G *Wieke* lint & *Wieche* wick-yarn〗

wick² /wík/〖カーリング〗*n.* **1** 先行競技者の石 (stones) で囲まれた狭いすき間. **2** =inwick. — *vt.* 〈邪魔な石を〉内側からはじきとばす. — *vi.* =inwick. 〖v.: (1786) ← ?: cf. wicket〗

wick³ /wík/ *n.* **1** 町 (town), 部落 (hamlet). ★ 次のように地名に用いられる以外は《古》(cf. -wick¹): Hampton *Wick* (in Middlesex). **2**《英方言》農場, 酪農場 (dairy farm). 〖OE *wīc* □ L *vīcus* village, quarter ← IE **weik-* clan: cf. vicinage, vicinity〗

wick⁴ /wík/ *adj.*《北英方言》**1** 活気のある, いきいきとした. **2** うようよした. 〖(*c*1760)《転訛》← QUICK〗

Wick.《略》Wicklow.

-wick¹ /ɪk/ *suf.* 地名の第二要素として「…の村, 部落」の意を表す: War*wick*(shire), Ber*wick*(shire). ★ Green*wich* /grínɪdʒ, grén-, -nɪtʃ/ の -wich はこの変形. 〖⇨ wick³〗

-wick² /wɪk/ *suf.*「…の管区[管轄]」の意の名詞語尾: baili*wick*. 〖←《廃》*wike* office, duty < OE *wice*〗

wick·a·pe /wíkəpi/ *n.*〖植物〗=wicopy.

wick·ed /wíkɪd/ *adj.* (~·er; ~·est) **1** 〈言行・考えなどが〉よこしまな, 邪悪な (sinful), 不正な, 不法の, 不義の (iniquitous) (⇨ bad¹ SYN); 不埒(らち)な, 不行跡の (vicious): a ~ book 悪書 / a ~ thought 不埒な考え / a ~ murderer 凶悪な殺人者 / a ~ waste of resources 資源のひどい浪費 / a ~ song [joke] きわどい歌[冗談] / a ~ man 悪人 ★ 人に用いるのはやや古風で evil が普通の語 / ⇨ Wicked One / It was ~ of you to attack him like that.=You were ~ to attack him like that.=Attacking him like that was a ~ thing to do. あんなに彼を攻撃するなんて君はひどい / It makes one feel ~ to stay up late.《戯言》夜更かししていると悪いことをしているような感じがする. **2** 悪意[害悪]のある (spiteful), 意地悪な, つむじ曲がりな (ill-tempered); 〈動物が〉どうもうな (savage), 癖の悪い (vicious): a ~ dog 猛犬 / a ~ tongue 毒舌. **3** いたずらな (mischievous), ひょうきんな, 茶目っ気のある: You ~ little thing! このいたずらっ子め / a ~ smile [joke] ほくそえみ[悪い冗談]. **4**《口語》〈寒さ・頭痛など〉厳しい, 激しい; 危険な; 〈道路など〉通りにくい, 厄介な: a ~ climate 厳しい気候 / It was a ~ hot day. ひどく暑い日だった / a ~ toothache 激しい歯痛 / a narrow ~ path 狭く厄介な道. **5**《口語》いやな, 嫌な, 不愉快な (horrid, unpleasant): a ~ task 嫌な仕事 / a ~ smell [taste] 嫌なにおい[味]. **6**《口語》すばらしい (wonderful), 優れた, 上手な (exellent): a ~ CD collection CD のとてもすばらしいコレクション / She plays a ~ game of tennis. 彼女はテニスがすごくうまい / That rave last night was ~, man! おい, 昨夜の乱痴気パーティーはすごかったぞ. **7** とんでもない, 無茶な (outrageous): a ~ price 法外な値段 / a ~ exam とんでもない試験.

Wícked Wítch of the Wést [the —] 西の国の悪い魔女《童話 *The Wizard of Oz* に登場する片目の魔法使い》.

— *n.* [通例 the ~; 集合的] 悪人たち (↔ the good).

~·ly *adv.* 〖(*c*1300) *wikked* wicked, feeble ← *wikke* evil < OE *wicca* wizard: *-ed* は *wretch* ← WRETCHED にならったもの: cf. weak, witch〗

Wícked Bíble *n.* [the ~] 1631 年出版の欽定訳聖書 (Authorized Version) の俗称《*Exod.* 20. 14 の 'Thou shalt not commit adultery.' の not を落として印刷したことから; Adulterous Bible ともいう》.

wíck·ed·ness *n.* 邪悪, 不正; 不行跡, 不道徳; 悪意, 意地悪. 〖*a*1325〗

Wícked Òne *n.* [the ~] 魔王 (Satan, the devil). 〖1582〗

wick·er /wíkə | -kə(r)/ *n.* **1** (編物細工に使う)小枝, 柳の枝 (osier). **2** 枝編み細工. — *adj.* [限定的] 小枝で作った, 柳枝製の, 柳細工の: a ~ basket, chair, etc. 〖(1336) *wyker* osier ← ON (cf. Swed.《方言》*viker* ← *vika* to bend): cf. weak / OE *wīcan* to collapse〗

wíck·ered *adj.* 小枝で編んだ, 柳枝細工の. 〖1725〗

wícker·wòrk *n.* **1** 柳細工, 柳かご, 小枝細工: a ~ cage [chair] 柳細工のかご[椅子]. **2** =wicker 1. 〖1719〗

wick·et /wíkɪt/ *n.* **1** (大きい門や戸の傍らに造った)くぐり門, くぐり戸; 小門. **2** 回転木戸 (turnstile); (駅の)改札口. **3**《米》(銀行の窓口・切符売場などの)格子窓, 窓口 (cf. window 4). **4** (うまやなどで下半分だけ開く)半ドア (half door). **5** (運河の水門の水を放出する)小さな口, (水車などについた水量調節用の)水門. **6**〖クリケット〗**a** 三柱門, ウィケット (cf. stump *n.* 11, bail² 1; この項の挿絵の他に ⇨ cricket¹ 挿絵); (三柱門間の)投球場 (pitch); 投げ方; 打者のウィケットを守る番: five ~*s* down 5 人アウト / a good ~ 良い投球位置 / keep one's ~ up 〈打者が〉アウトにならずにいる / keep ~ 捕手 (wicketkeeper) を務める / at the ~ 打撃中で / The ~ is down [lost, taken]. =The ~ falls. 打者がアウトになる / a match won by 2 ~*s* 3 人がまだアウトにならずにいて勝った試合 / take a ~ 〈投手が〉打者の一人をアウトにする / The sixth ~ fell for 70. 70 点取って 6 番目の打者がアウトになった. **b** 投球場のコンディション: Play began on a perfect ~. 試合は申し分ない(球場の)コンディションで始まった / a sticky ~ (地面が湿ってべたつく)投球場の悪コンディション. **c** 残りのイニング. **d** 打席. **7**《米》〖クロッケー〗門 (hoop).

hit wícket〖クリケット〗《ストローク中の打者が(誤って)バット[身体]を三柱門に打ち当ててその上の横木を落とす, ヒットウィケットでアウトになる (cf. hit wicket). ***on a góod wícket*** 有利な立場にあって (cf. 6 a). ***on a stícky wícket*** 不利な[困った, まずい]立場にあって (cf. 6 b): be *on a sticky* ~. (1882)

〖(?*c*1225) □ AF & ONF *wiket* =(O)F *guichet* ← Gmc **wik-* < IE **weik-* to bend: 原義は the door that turns: cf. weak, -et〗

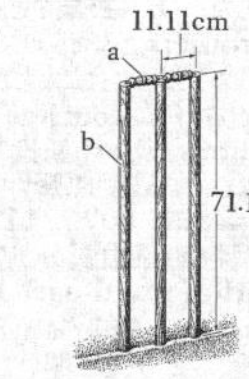

wicket 6 a
a bail
b stump

wícket dòor [gàte] *n.* =wicket 1.

wícket·kèep *n.*〖クリケット〗=wicketkeeper.

wícket·kèeper *n.*〖クリケット〗ウィケットキーパー, 三柱門守備者, 捕手《三柱門の後方にあって球を防ぐ捕手; ⇨ cricket¹ 挿絵》. **wícket·kèeping** *n.* 〖1875〗

wícket màiden *n.*〖クリケット〗無失点[無得点]でかつ打者最低一人アウトの回 (cf. maiden over).

wick·ing /wíkɪŋ/ *n.* ろうそくの芯(しん)の材料, 灯心. 〖(1847) ← WICK¹+-ING¹〗

wick·i·up /wíkiʌ̀p/ *n.* **1** (米国 Nevada 州の砂漠に住むアメリカ先住民や Arizona 州の Apache 族の)枝編み小屋, 苫(とま)小屋. **2**《米西部》一時しのぎの粗末な小屋. 〖(1857) □ N-Am.-Ind. (Algonquian) *wikiyap* dwelling: cf. wigwam〗

Wick·liffe /wíklɪf | -lɪf/, **John** *n.* ⇨ Wycliffe.

Wick·low /wíkloʊ | -ləʊ/ *n.* ウィックロウ: **1** アイルランド共和国東部, Leinster 地方の州; 面積 2,025 km². **2** 同州の州都. 〖← ON *vik* inlet (⇨ Viking)+LOUGH〗

wick·thing /wíkθɪŋ/ *n.*《ランカシャー方言》(ワラジムシ, ダンゴムシのような)地面をはいまわる虫[生き物]. 〖← WICK⁴+THING¹〗

wick·y·up /wíkiʌ̀p/ *n.* =wickiup.

wic·o·py /wíkəpi/ *n.*〖植物〗**1** =leatherwood. **2** =willow herb 1. **3** シナノキ属の高木の一種 (*Tilia glabra*). 〖(1888) □ N-Am.-Ind. (Algonquian) *wik'pi* inner bark〗

wid.《略》widow; widower.

Wi·dal /vidɑ́ːl, -dǽl; *F.* vidal/, **Georges Fernand Isidore** *n.* ヴィダール (1862–1929; フランスの細菌学者).

wid·der /wídə | -də(r)/ *n.*《方言》=widow.

wid·der·shins /wídəʃɪnz | -dəʃɪnz/ *adv.*《スコット》**1** 太陽のめぐりとあべこべに, 左回りの (counterclockwise) (cf. deasil). ★ 通例縁起が悪いとされる. **2** 通常と逆方向に. 〖(1513) *widdersyns* □ MLG *weddersin*(*ne*)*s* ← *wedder* against (cf. with / G *wider*)+*sinnes* ((gen.) ← *sin*(*d*) way): 太陽との関係は第 2 要素を sun と解した通俗語源による〗

wid·dle /wídl | -dl/ 口語・婉曲 *vi.* 小便する (urinate). — *n.* **1** 小便, おしっこ. **2** 排尿. 〖(1968)《混成》← WEE(-WEE)+(PID)DLE〗

wid·dy¹ /wídi | -di/ *n.* (*also* **wid·die** /~/)《スコット》**1** (柳の細枝で作った)ロープ, 索. **2** 絞首索, 首つり縄 (halter). 〖(*c*1470)《変形》← WITHY〗

wid·dy² /wídi | -di/ *n.*《方言》=widow.

wide /wáɪd/ *adj.* (**wid·er**; **wid·est**) (↔ narrow) **1** 幅の広い, 幅広の (⇨ broad SYN): a ~ brim, cloth, ribbon, shelf, etc. / a ~ margin, river, road, etc. / a ~ gap 広い隔たり / He had a ~ forehead. 広い額をしていた. ★ 身体の一部に対しては broad を用いることが多い.

日英比較 日本語の「広い」は「幅」「面積」のいずれにも用いられるが, 英語の *wide* は本質的には「幅」が広いことを意味する. 面積の広いものには原則として large, big を用いる. ただし narrow と違って [⇨ narrow 日英比較] the *wide* ocean, the *wide* world のように面積の広いものにも用いられるが, 前者のような場合は本質的には向こう側との距離の隔たりに重点があり, 後者のような場合は実際の面積というよりも比喩的表現と考えられる. **2** [通例数量を表す語句を伴って] 幅が…の (cf. long 3): How ~ is it? 幅はどれだけありますか / It is 3 feet ~. 幅は3フィートある / a strip 3 feet ~ 幅3フィートの切れ / The window was open just ~ enough for a cat to get through. 窓は猫が通り抜けられるほどの幅に開いていた. **3** 〈面積が〉広い, 広々とした, 広大な, 大きな: the big ~ world《口語》この大きな広い世界 / a ~ domain 広大な領地 / ~ open spaces (建物のない) 広々とした場所. **4** 〈口・目など〉《驚き・興奮・恐怖などで》大きく開いた[広げた]: stare with ~ eyes 目を丸くして見る / Her eyes went ~ with astonishment. 彼女の目は驚きのために大きく見開かれた / Her eyes were ~ with fear. 彼女の目は恐怖で大きく見開かれていた. **5** (範囲の)広い, 該博な, 広汎な, 多方面の: He has a ~ knowledge of literature. 文学について広い知識をもっている / It has a ~ range. 広い範囲にわたっている / be of [have a] ~ distribution 分布が広い, 津々浦々まで行き渡っている / a ~ circle of readers 広い読者層 / a man [woman] of ~ fame 広く知られた人 / a person of ~ culture 幅広い教養の持主 / ~ reading 多方面の読書, 多読 / He has ~ experience. 広い経験の持主だ / have ~ interests 趣味が広い, 多趣味である / There is a ~ difference between humanism and neo-humanism. ヒューマニズムとネオヒューマニズムとは大いに違う / Devolution enjoys ~ support in Scotland and Wales. 地方分権はスコットランドとウェールズで幅広い支持を受けている. **6** 自由な (free); 拘束されない (unrestrained); 放縦な; 偏狭でない, 偏見のない (liberal, unprejudiced): a ~ generalization 包括的な一般化 / take [have] ~ views 偏狭でない[広い]見方をする. **7** 〔標的などから〕遠く離れた, 見当違いの 〔*of*〕: be ~ *of* the mark 的外れである / His remark is ~ *of* the truth. 彼の言ったことは真理[真実]に遠い / He gave me an answer completely ~ *of* the mark. 私に対してまるで見当違いな返事をした. **8** 〈衣類など〉ゆるやかな, たっぷりした (loose): ~ trousers だぶだぶのズボン / This vest is too ~ for me. このベストは私にはだぶだぶ過ぎる. **9**《口語》**a** 〖野球〗〈投球が〉外角の (outside). **b** 〖クリケット〗暴投の: a ~ pitch [throw, shot] 暴投 / ⇨ wide ball. **10**《英俗》抜け目のない, ずるい, 悪賢い (crafty): a ~ man 抜け目のない男 / ⇨ wide boy. **11** 〖音声〗=lax[1] 6. **12**《米》〈家畜の飼料が〉蛋白質分が少ない (cf. narrow 9).

— *adv.* (**wid·er; wid·est**) **1** 広く: search ~ / far and ~ ⇨ far *adv.* 成句 / a *wide*-ranging theory 広範囲にわたる理論. **2** 大きく開いて, 十分にあけて; 完全に, 十分に: She greeted me with arms ~ open. 彼女は腕を大きく広げて私を迎えてくれた / with eyes ~ open 目を大きく見開いて / have one's eyes ~ open 油断がない, 如才がない / leave oneself ~ open to attack 攻撃に身をさらしたままでいる / He is ~ awake. すっかり目が覚めている; 抜け目がない / trees planted ~ apart 十分に離して植えられた木 / The baby yawned ~. 赤ん坊は大きな口を開けてあくびをした / Open (your mouth) ~. 口を大きく開けなさい / open the window ~ 窓を広く開ける[開け放つ]. **3** 見当外れに, 的を外れて: The ball went several yards ~. ボールが数ヤードそれた / bowl [pitch] ~ 〖クリケット〗暴投する《打者の1点となる》/ speak ~ of the mark 要領を得ないことを言う / He is shooting ~. 的外れに撃っている / The arrow fell ~ of the target. 矢は的を外れて落ちた. **4**《方言》〔場所から〕遠く離れて 〔*of*〕.

— *n.* **1** 〖クリケット〗=wide ball. **2 a**《古・詩》広い場所, 広がり. **b** [the ~] 広い世界 (the wide world).

★ 次の成句で (cf. *to the* WORLD): ***bróke to the wíde*** 一文なしになって, 破産して.《1920》 ***déad to the wíde*** 意識を失って; 泥酔して.《*a*1936》 ***dóne*** [(《口語》) ***whácked***] ***to the wíde*** すっかり[くたくたに]疲れて, 参ってしまって.《cf. *whacked to the wide* (1959)》

~·ness *n.* 〖adj.: OE *wīd* < Gmc **wīdaz*《原義》far apart (Du. *wijd* / G *weit* far) ← ? IE **wī-* apart. — adv.: OE *wīde* ← (adj.): cf. with〗

-wide /wàɪd/「全体に(ゆき)わたって」の意の連結形: nation*wide*, industry*wide*. 〖↑〗

wíde-ángle *adj.* **1** 〖写真〗**a** 〈カメラのレンズが〉広角の《普通のレンズより焦点距離が短く撮影できる範囲の角度の広い》: wide-angle lens. **b** 〈カメラ・写真が〉広角レンズを使用した: a ~ camera. **2** 〖映画〗ワイドスクリーンの, 広角レンズによる (cf. CinemaScope, Cinerama). 〖1878〗

wíde área nétwork *n.* 〖電算〗広域ネットワーク《略 WAN》.

wíde·awáke *adj.* **1** すっかり目覚めた. **2** 油断のない, 抜け目のない (wary), 如才ない《特に好機・利益などについていう》(⇨ watchful SYN): be ~ *to* one's interest 自分の利害に抜け目がない. — *n.* **1** (クラウンが低く縁が広いソフトな)フェルト帽《wideawake hat ともいう》. **2**《口語》〖鳥類〗セグロアジサシ (sooty tern). **~·ness** *n.* 〖1818〗

wíde báll *n.* 〖クリケット〗(打者が届かない)無理な方向へ投げられた球, 暴(投)球《打者側の1点となる》.

wíde·bánd *adj.* 〖電子工学〗広帯域の〈アンプなど〉. 〖1935〗

wíde-bódy *adj.* **1** 〈旅客機が〉胴体の広い, 広胴型の, ワイドボディーの《特に, 横並びに3列の座席がとれるほど広い》. **2**《米》〈テニスラケットのヘッドが〉大きい. — *n.*《米》**1** ヘッドが大きいラケット, デカラケ. **2**《口語》大柄でどっしりした体格の人《特にチームスポーツのプレーヤー》. 〖1968〗

wíde bóy *n.*《英俗》詐欺師 (professional cheat). 〖1937〗

wide-eyed /wáɪdàɪd | ⌐⌐⌐/ *adj.* **1** 目を大きく見開いた: She was ~ with astonishment. 彼女は驚いて大きく目を見開いた. **2** びっくり仰天した (amazed). **3** 純真な (naïve): a ~ boy 純真な少年. 〖1853〗

wíde-flúng *adj.* =far-flung.

wide·ly /wáɪdli/ *adv.* **1** (差異が)大きく, すこぶる, はなはだしく: differ ~ 非常に違う. **2** 遠く, 広く; 広範に: be ~ known 広く知られる, 有名である / a ~ traveled man 方々旅行した人 / He is very ~ read. 本を広く読んでいる. 〖1663〗

wíde·mòuthed *adj.* **1** 〈人・動物・器など〉口の大きい, 広い: a ~ fish / a ~ bottle 広口の瓶. **2** 〈人が〉(恐怖・驚き・貪欲で)口を大きく開けた. 〖1593〗

wid·en /wáɪdn̩/ *vt.* **1** 〈幅・面積を〉広くする (broaden) 〈*out*〉: ~ the room by knocking down the wall 壁を壊して部屋を広げる. **2** …の範囲を広げる: ~ one's knowledge 見聞を広める / The word became ~*ed* in its meaning. その語は意味の幅が広くなった. — *vi.* **1** 広くなる, 幅が広がる 〈*out*〉: The cave ~*s* (*out*) into a big one. その洞穴は(奥が)広くなって大きなものになっている / Her eyes ~*ed* in horror [surprise]. 彼女の目はおびえて[驚いて]大きく見開かれた. **2** (範囲が)広がる: The gap between cities and suburbs has ~*ed* yearly since 1960. 貧しい都会と豊かな郊外とのギャップは1960年以来年々広がってきた. **~·er** /-dnə, -dn̩ə | -dnə(r), -dn-/ *n.* 〖《1607》: ⇨ wide, -en[1]〗

wíde-ópen *adj.* **1** 〈窓・口・目など〉十分に[広く]開いた: They stared with ~ eyes and mouths. 彼らは目と口とを大きく開いて見つめていた. **2**《米》〈地域が〉(酒・賭博などに対して)取締りの甘い; (建築規則・酒類取締り法などが)励行されていない: a ~ city. **3** [wide open で] [叙述的] 〔攻撃・非難などに〕もろにさらされて, 攻撃[非難]されやすい; 議論の余地の十分ある 〔*to*〕: be ~ *to* attack [criticism]. **4** (競技・選挙などで)勝者の予測がつかない. 〖1852〗

wíde·òut *n.* 〖アメフト〗ワイドレシーバー (wide receiver). 〖1978〗

wide-rang·ing /wáɪdréɪndʒɪŋ⌐/ *adj.* 広範囲にわたる; 大規模な, 変化の多い: ~ topics 広範囲にわたる話題 / a ~ discussion 広範囲にわたる討論. 〖1816〗

wíde recéiver *n.* 〖アメフト〗ワイドレシーバー《攻撃フォーメーションにおいて普通位置より数ヤード外側に位置するボールレシーバープレーヤー》. 〖1968〗

wíde·scréen *adj.* (*also* **wíde-scréen**) 〖映画〗スクリーン枠の広い, ワイドスクリーンの. — *n.* (*also* **wíde scréen**) 〖映画〗ワイドスクリーン《スクリーン枠の縦横の比率が2対3よりも横広のスクリーン》. 〖1931〗

wíde-spéctrum *adj.* 〖薬学〗=broad-spectrum.

wide·spread /wáɪdspréd⌐/ *adj.* **1** 普及した, あまねく行き渡った, 一般的な, はびこった (⇨ prevailing SYN): a ~ superstition. **2** 大幅な, 広汎な: ~ revisions 大幅な改訂 / ~ support 広汎な支持 / a ~ circle of friends 広汎な友人仲間. **3** 〈翼など〉大きく広げた; 広々とした: ~ wings / an old, ~ brick building 古い広々としたれんが造りの建物. 〖《1705》: ⇨ spread (p.p.)〗

wíde-spréading *adj.* **1** 広範囲に及ぶ, 蔓延(まんえん)した: ~ infection 広範囲に及ぶ感染. **2** 広がっている: ~ plains 広々とした平原. 〖1591〗

wid·geon /wídʒən | -dʒn̩/ *n.* (*pl.* ~, ~**s**) **1** 〖鳥類〗**a** ヒドリガモ (*Anas penelope*) (Eurasian widgeon ともいう). **b** =baldpate 2. **2**《廃》ばか者 (fool). 〖《1513》□ ? AF **wigeon*《変形》← (O)F *vigeon* ← ? L *vipiō(n-)* kind of crane: cf. pigeon[1]〗

wid·ger /wídʒə | -dʒə(r)/ *n.* 〖園芸〗苗木移植用へら. 〖《1956》: 恣意的造語〗

wid·get /wídʒɪt/ *n.*《口語》**1** (名前がわからない[思い出せない])小さな仕掛け, 道具《スイッチ・つまみなど》. **2** (ある会社の代表的製品と見なされる)製品. 〖《1926》《変形》← GADGET〗

wid·gie /wídʒi/ *n.*《豪俗》不良少女, 女のごろつき (cf. bodgie). 〖《1950》← ?〗

wid·ish /wáɪdɪʃ | -dɪʃ/ *adj.* やや広い. 〖1845〗

Wid·nes /wídnɪ̀s/ *n.* ウィドネス《イングランド北西部 Liverpool 東方 Mersey 川北岸の工業都市》.

Wi·dor /víːdɔə | -dɔː(r); *F.* vidɔːʁ/, **Charles Marie** *n.* ヴィドール (1844–1937; フランスのオルガン奏者・作曲家).

wid·ow /wídoʊ | -dəʊ/ *n.* **1 a** 未亡人, 寡婦(かふ), 後家(ごけ) (⇨ widower): He is survived by his ~ and their children. 彼は妻と子を残して亡くなった / ⇨ widow's weeds / a ~*'s* bounty 未亡人扶助料 / a ~*'s* right 寡婦権 / a ~*'s* pension 寡婦年金 / She was left a ~ early in life. 若い時に夫に先立たれて寡婦となった / ⇨ HEMPEN widow, widow's cruse, widow's mite. **b**《口語》=grass widow. **c**《口語》[通例限定詞を伴って] …ウィドー《趣味・スポーツなどに熱中してしばしば家をあける夫をもつ妻》: a golf [poker, fishing] ~. **2** 〖F *Veuve Cliquot* (ワイン醸造会社名)〗[the ~]《英俗》シャンパン(酒) (champagne). **3** 〖トランプ〗(pinochle 系のゲームで)後家札(ふだ)《裏返して場に配った余分の手札で, 切札のせりに勝った者が自由に使える; skat ともいう》. **4** 〖印刷〗ウィドー《ページ[欄]の初行または最終行で, 行いっぱいに組まれていないもの》.

— *vt.* **1** [通例 p.p. 形で] 未亡人[寡婦]にする, 男やもめにする: a ~*ed* mother 夫を失った母親 / A great many women were ~*ed* by [in] the war. 戦争のために非常に多くの婦人が未亡人になった / She was ~*ed* young. 若くして未亡人になった. **2**《比喩》…から〔大切なものを〕奪う (bereave, deprive) 〔*of*〕: The tree was ~*ed of* its fruit. 木は実をもぎとられた. **3**《廃》**a** …の未亡人となる, 〈夫〉に死に別れる. **b** …に寡婦の権利を与える.

〖n.: OE *widewe, wuduwe* < Gmc **widewaz*《原義》woman separated (Du. *weduwe* / G *Witwe*) ← IE **weidh-* to divide (L *vidua* widow ((fem.) ← *viduus* bereft ← (*dī*)*videre* 'to DIVIDE')). — v.: (*a*1325) ← (n.)〗

wídow bìrd *n.* =whydah. 〖《1747》《なぞり》← NL *Vidua* (属名)《原義》widow: 羽毛が黒いところから〗

wid·ow·er /wídoʊə | -dəʊə(r)/ *n.* 妻を失った男, 男やもめ: ⇨ grass widower. 〖(*a*1376) *widewer*〗

wídower·hòod *n.* 男やもめの状態[期間]; 男やもめ暮らし: He married again after a ~ of ten years. 10年間の男やもめ暮らしのあとで再婚した. 〖1796〗

wídow·hòod *n.* **1** 寡婦の状態[期間]; やもめ暮らし: a long ~ 長い間のやもめ暮らし. **2** 〖Shak〗未亡人の権利, 財産. 〖OE *widewanhād* ← *widewan* (gen.) ← *widewe* 'WIDOW': ⇨ -hood〗

wídow hùnter *n.* 金持ちの未亡人を妻にねらう男, 後家あさり(人). 〖1714〗

wídow-màker *n.*《口語》危険なもの, 命取り《荒馬, 銃, 強い酒, 伐採時に落下してくる枝など》. 〖1594〗

wídow's bénefit *n.*《英》国民保険の寡婦給付金.

wídow's cáp *n.* 後家帽《後ろに長いたれ飾りのあるローン (lawn) 製の帽子》.

wídow's-cróss *n.* 〖植物〗ベンケイソウ科キリンソウ属の常緑草本 (*Sedum pulchellum*)《米国東部産で多肉質の葉をして紫がかった花をつける》.

wídow's crúse *n.* 寡婦のつぼ《乏しく見えて実は無尽蔵なもの[供給源]; cf. 1 *Kings* 17: 10–16; 2 *Kings* 4: 1–7》. 〖1816〗

wídow's mán *n.* **1** 寡婦をひきつける男性. **2** 〖海事〗有名無実の水兵《以前, 名簿の上では存在していることにし, その給料は寡婦のための基金に当てられた》. 〖1749〗

wídow's míte *n.* 寡婦の乏しい賽銭(さいせん), 貧者の一燈 (cf. *Mark* 12: 42–43). 〖1595〗

wídow's péak *n.* 女の額のV字形のはえ際,「富士額」《これがあると早く夫と死別するという迷信があった》. 〖《1849》widow のかぶる頭巾のまびさしにちなむ?〗

wídow's thírd [**tíerce**] *n.* 〖法律〗三分の一寡婦産《亡夫の相続財産の3分の1を生涯権 (estate for life) として寡婦に与えたもの; cf. dower 1》.

wídow's wàlk *n.*《米》〖建築〗屋上露台《初期 New England で船を見るための屋根上の狭い台; captain's walk ともいう》. 〖1937〗

wídow's wéeds *n. pl.* 寡婦服《寡婦が喪に服するために用いる》. 〖1715〗

wídow wòman *n.*《古・方言》=widow 1 a. 〖*a*1382〗

width /wɪdθ, wɪtθ/ *n.* **1** 広さ, 幅, 幅員, 横 (wideness, breadth): a river of considerable ~ 相当幅の広い川 / have a ~ of four feet=be four feet in ~ 幅が4フィートある. **2** 〈見解・知識などの〉広さ, 〈心の〉寛大 〔*of*〕: a ~ *of* view 見解の広さ / The ~ *of* his knowledge impressed me. 彼の知識の広さには私は感銘した. **3** ある幅をもつ物, 一定の幅のもの[織物]: The room takes three ~*s* of linoleum. その部屋は三幅のリノリウムが必要だ. **4** (衣服などの)余裕, ゆとり: give ~ to the sleeve 袖にゆとりをもたせる. 〖《1627》← WIDE＋-TH[2] ⇨《古形》*widness*: cf. length, breadth〗

wídth·ways *adv.* =widthwise. 〖《1794》: ⇨ ↑, -ways〗

wídth·wise *adv.* 横に, 横方向に. 〖1882〗

Wi·du·kind /víːdʊkɪnt | -du-; *G.* víːdukɪnt/ *n.* = Wittekind.

Wíe·de·mann efféct /víːdəmɑ̀ːn-, wíːdəmən- | víːdəmɑ̀ːn-, wíːdəmən-/ *n.* [the ~] 〖物理〗ウィーデマン効果《強磁性体の円筒の軸方向に電流を通してこれに平行に磁場を加える時に起こるねじれの現象; Wertheim effect ともいう》. 〖← *Gustav H. Wiedemann* (1826–1899: ドイツの物理学者・化学者)〗

Wie geht's? /viːɡéɪts; *G.* viːɡéːts/ *G.* ご機嫌いかがですか (How are you?). 〖□ G ~ ← *Wie geht es* (*Ihnen*)? How goes it (with you)?〗

Wie·land /víːlɑːnt; *G.* víːlant/ *n.* =Wayland.

Wie·land /víːlɑːnt; *G.* víːlant/, **Christoph Martin** *n.* ヴィーラント (1733–1813; ドイツの詩人・小説家・批評家). *Agathon* (1766–67), *Oberon* (1780).

Wieland, Heinrich *n.* ヴィーラント (1877–1957; ドイツの有機化学者; Nobel 化学賞 (1927)).

wield /wíːld/ *vt.*《文語》**1 a** 〈剣を〉振るう, 振り回す; 〈健筆を〉振るう: ~ a sword, knife, spade, etc. / ~ a brush, pen, etc. / ~ a good baton 巧みな指揮をする / ~ the scepter 王笏(おうしゃく)を採る, 大権を握る / ~ a facile [formidable] pen 健筆[恐るべき筆]を振るう. **b** 〈能力・知識などを〉使いこなす, 操る: ~ two languages with equal facility 2か国語を共に楽々と操る. **2 a** 〈権力・武力などを〉使う, 掌握する, 振るう: ~ authority 権威を振るう / ~ great power 大いに権力を振るう / He ~*s* considerable influence in the new government. 今度の政府で相当な勢力を振るっている. **b** 〈影響・感化を〉及ぼす: ~ great influence on …に大影響を及ぼす. **3**《まれ》言い表す: I love you more than words can ~ the matter. 言葉で言えないほど愛しています (Shak., *Lear* 1. 1. 55). **4**《英方言》うまく処理する, 対処する. **5**《廃》支配する, 統御する. ***wíeld*** [***cárry***] ***a*** [***the***] ***bíg stíck*** ⇨ big stick 成句.

~·a·ble /-dəbl̩/ *adj.* **~·er** *n.* 〖OE *wieldan, wealdan* to rule < Gmc **waldan* to rule (G *walten*) ← IE **wal-* to be strong (L *valēre* 'to be VALIANT')〗

wield·y /wíːldi/ *adj.* (**wield·i·er; -i·est**) 使いやすい, 取り扱いやすい, 手ごろな (manageable). 〖(*c*1385): ⇨ ↑, -y⁴〗

Wien /*G.* víːn/ *n.* ウィーン《Vienna のドイツ語名》.

Wien /víːn; *G.* víːn/, **Wilhelm** *n.* ウィーン《1864–1928; ドイツの物理学者; Nobel 物理学賞 (1911)》.

wie·ner /wíːnə, -ni | wíːnə⁽ʳ⁾/ *n.* 《米》ウィンナー(ソーセージ). 〖(1867)《略》← WIENERWURST〗

Wie·ner /wíːnə | -nə⁽ʳ⁾/, **Nor·bert** /nɔ́əbət | nɔ́ːbət/ *n.* ウィーナー《1894–1964; 米国の電気工学者·数学者; cybernetics の提唱者》.

Wie·ner Neu·stadt /víːnənɔ́ɪʃtɑːt, -stɑːt | -nə-; *G.* víːnənɔ́ʏʃtat/ *n.* ヴィーナー ノイシュタット《オーストリア東部 Lower Austria 州の市》.

wíener ròast *n.* 《米》ウィンナーを焼く(野外)パーティー.

Wie·ner schnit·zel /víːnəʃnɪtsəl, -wíːnəsnɪtsəl, -tsl | -nə-; *G.* víːnɐʃnɪtsl/ *n.* ウィンナシュニッツェル《子牛肉の薄切りカツレツ》. 〖(1862) □ G ～ ← *Wiener* of Vienna＋*Schnitzel* ((dim.) ← *Schnitz* cut, piece)〗

wie·ner·wurst /wíːnəwə̀ːst, -nə- | -nəwə̀ːst; *G.* víːnɐvʊʁst/ *n.* ＝wiener. 〖(1889) □ G *Wienerwurst* 'Viennese sausage'〗

Wie·niaw·ski /vjenjǽfski; *Pol.* vjeɲáfskj/, **Henryk** /xénrik/ *n.* ビエニアフスキ《1835–80; ポーランドのバイオリン奏者·作曲家》.

wie·nie /wíːni/ *n.* 《米口語》＝wiener. 〖← WIEN(ER)＋-IE〗

Wies·ba·den /víːsbɑ̀ːdn | víːsbɑ̀ːdn, víːz-; *G.* víːsbaːdn/ *n.* ヴィースバーデン《ドイツ Hesse 州の州都, Rhine 河畔の都市, 鉱泉保養地》.

Wie·sel /wiːzél, viː-/, **El·ie** /éli/ *n.* ウィーゼル《1928– ; ルーマニア生まれの米国のユダヤ人作家; 人権擁護運動を推進; Nobel 平和賞 (1986)》.

Wiesel, Torsten Nils *n.* ヴィーセル《1924– ; スウェーデン生まれの米国の生理学者; 大脳後頭葉の視覚皮質の構造·機能を解明; Nobel 医学生理学賞 (1981)》.

wie·sen·bo·den /víːznbòʊdn | -bəʊ-; *G.* víːznbòːdn/ *n.* 〖土壌〗低湿地土. 〖□ G *Wiesenboden* ← *Wiesen* ((pl.) ← *Wiese* meadow)＋*Boden* soil: cf. ooze², bottom〗

Wie·sen·thal /víːzəntɑ̀ːl, víː-, -zn-, -θɔ̀ːl, -θɑ̀ːl | wíːzəntɑ̀ːl, víː-, -zn-; *G.* víːzntaːl/, **Simon** *n.* ウィーゼンタール《1908–2005; ポーランド生まれのオーストリア人; ナチ戦争犯罪人追及者》.

Wie·ser /víːzə | -zə⁽ʳ⁾; *G.* víːzɐ/, **Friedrich von** *n.* ウィーザー《1851–1926; オーストリアの経済学者; ⇨ Austrian school》.

wife /wáɪf/ *n.* (*pl.* **wives** /wáɪvz/) **1** 妻, 夫人, 女房, 人妻: husband [man] and ～ 夫婦, 夫妻 / a man and his ～ 男とその妻 / one's wedded [lawful] ～ 正妻 (cf. mistress 9, concubine) / have [take] a ～ 〈男が〉結婚する / She made him a good ～.＝She made a good ～ for him. 彼のよい妻になった / I'd like to introduce my ～. 家内を紹介します. **2 a** 《古》女性; 田舎の女性: an old ～ 老婆; おしゃべりばあさん / ⇨ old wives' tale. **b** [複合語の第二構成素として] (…を職業とする)女性: fishwife, housewife, midwife. ***(áll) the wórld and his wífe*** ⇨ world 成句. ***give* [*táke, háve*] *a woman to wífe*** 《古》〈女を〉嫁にやる[妻にめとる]: I will *give* you my daughter *to wife*. 娘を君の嫁にやろう.
Wife of Báth [the —] バースの女房 (G. Chaucer の *The Canterbury Tales* の登場人物; 5 人の夫と死別した女で, あけすけなセックスの話をする).
— *vi., vt.* 《まれ》＝wive.
〖OE *wīf* woman, wife < Gmc **wīf* (Du. *wijf* / G *Weib*) ← ? IE **weip-* to turn, twist (L *nupta* bride ((fem. p.p.) ← *nūbere* to cover oneself for the bridegroom, marry)): 《原義》the veiled or hidden one: cf. woman〗

wífe·bèater *n.* 妻に暴力をふるう夫. 〖1892〗

wífe-bèating *n.* 妻虐待. 〖1830〗

wífe·dom /-dəm/ *n.* ＝wifehood.

wífe·hòod *n.* **1** 妻であること; 妻の身分. **2** 妻らしさ. 〖*c*1386〗

wífe·less *adj.* 妻のない, 独身の. **～·ness** *n.* 〖OE *wīflēas*〗

wífe·lìke *adj.* ＝wifely. — *adv.* 妻らしく. 〖(1598): ⇨ -like〗

wífe·ly *adj.* 妻らしい, 人妻にふさわしい, 世話女房型の.
wífe·li·ness *n.* 〖OE *wīflic*: ⇨ wife, -ly²〗

wífe-swàpping *n.* 《口語》ワイフスワッピング, 夫婦交換《複数の男性が妻を交換して性交を行うこと》. 〖1959〗

wif·ey /wáɪfi/ *n.* (*also* **wif·ie** /～/) 《口語》＝wife. ★ 夫が冗談に妻を呼ぶ言葉 (cf. hubby). 〖(1841): ⇨ -y²〗

Wíffle bàll /wífl-/ *n.* ＝whiffleball.

wifie ⇨ wifey.

wig /wíg/ *n.* **1 a** かつら (peruke, periwig) 《はげ隠し用·舞台用·装飾用, 英国では法廷で法官·弁護士用などいろいろ; 17–18 世紀には一般に男子が用いた》: catch a person with his ～ off 人がかつらをぬいだところをとらえる, 平常の姿で描く / ⇨ WIGS *on the green*. **b** ＝toupee. **2** 《口語》判事, 裁判官; 偉い人 (cf. bigwig). **3** 《米俗》(長い)髪(の毛); 頭; 精神. **4** 《英口語》＝wigging 1. **5 a** ズキンアザラシ (hooded seal) の雄の肩の毛皮. **b** オットセイ (fur seal) の雄. ***flip one's wig*** ⇨ flip¹ 成句. ***My wigs!***＝***Dásh my wig*(*s*)*!*** いまいましい, くそ. 〖1797〗 ***wigs on the gréen*** 《古》けんか, つかみ合い; 激論, 猛烈な討論《つかみ合いをすればかつらが草の上に落ちることから》. 〖1903〗
— *v.* (**wigged; wig·ging**) — *vt.* **1** …にかつらをかぶせる. **2** 《英口語》ひどくしかりつける, しかる, ののしる (scold, rate). **3** 《米俗》うるさがらせる (annoy), いらいらさせる (upset), 怒らせる (anger); 興奮[陶酔, 熱中]させる 〈*out*〉. — *vi.* **1** しかる (scold) 〔*at*〕. **2** [～ out として] 《米俗》**a** 狼狽[興奮, 熱中]する. **b** 麻薬によって[よるかのように]上機嫌になる[はしゃぐ].
～·less *adj.* **～·lìke** *adj.* 〖n.: (1675)《略》← PERIWIG. — v.: (1826) ← (n.)〗

wig 1 a
1 bob wig 2 back style of bob wig
3 judge's wig 4 barrister's wig

Wig. 《略》Wigtown.

wig·an /wígən/ *n.* ウィガン《綿布を糊で固くした芯地の一種》. 〖(*c*1875) ↓ (その産地)〗

Wig·an /wígən/ *n.* ウィガン《イングランド西部 Manchester 西方の都市》. 〖(*c*1875)《略》? ← *Tref Wigan* 《原義》'homestead of *Wigan* (人名)'〗

wig·eon /wídʒən | -dʒɪn/ *n.* (*pl.* ～, ～**s**) ＝widgeon.

wigged *adj.* かつらを付けている. 〖1777〗

wig·ger·y /wígəri/ *n.* **1** [集合的] かつら. **2** かつら着用. **3** かつら店. 〖(1775) ← WIG＋-ERY〗

Wig·gin /wígɪn | -gɪn/, **Kate Douglas** *n.* ウィギン《1856–1923; 米国の児童文学者·教育家; 旧姓 Smith》.

wig·ging *n.* **1** 《英口語》文句, 叱責(しっせき) (scolding). **2** 《豪》羊の目の回りの毛の刈取り; [*pl.*] その刈取った毛. 〖(1834) ← WIG (vt.) 2＋-ING¹〗

wig·gle /wígl/ *vt.* 〈体·尾などを〉振る, 揺する, 振り動かす (sway, waggle) (cf. wriggle 2). — *vi.* **1** 体を揺り動かす, のたくる. **2** 体を揺り動かして[くねらせて]進む (wriggle): ～ *under* the bed / ～ *out* of… 体を揺り動かして…からのがれる / ～ *through* a crowd うねりくねって人込みの中を進む. — *n.* **1** 揺れ, 揺れること. **2** くねくねした[揺れた]線. **3** えんどうを添えクリームソースをかけたえび[魚]料理. ***gèt a wíggle òn*** 《米俗》急ぐ (hurry up); 加速する (speed up). 〖1896〗
〖v.: (?*a*1200) *wigele*(*n*) to totter □ ? (M)Du. & (M)LG *wiggelen* (freq.) ← **wig-* to wag: cf. wag¹, waggle / OE *wegan* to move: ⇨ -le³〗

wíggle nàil *n.* ＝corrugated fastener.

wíg·gler /-glə, -glə | -glə⁽ʳ⁾, -glə⁽ʳ⁾/ *n.* **1** 揺れ動く人[もの]. **2** 〖昆虫〗ボウフラ (wriggler). 〖1859〗

Wig·gles·worth /wíglzwə̀ːθ | -wə̀ːθ/, **Michael** *n.* ウィグルズワース《1631–1705; 英国生まれの米国の神学者·著述家; *The Day of Doom* (長詩, 1662)》.

wíggle-tàil *n.* 〖昆虫〗ボウフラ (wiggler). 〖1855〗

wig·gle-wag·gle /wíglwǽgl/ *vi., n.* 《口語》くねくねと動く(こと, もの). 〖(1825) ← WIGGLE＋WAGGLE: cf. wig-wag, zig-zag〗

wig·gly /wígli, -gli/ *adj.* (**wig·gli·er; -gli·est**) **1** うごめく, (体を)くねくねさせる. **2** うねる, うねうねした: a ～ line 波状線 / a ～ course うねった道. 〖(1907): ⇨ -y⁴〗

wig·gy /wígi/ *adj.* (**wig·gi·er; -gi·est**) **1** 《まれ》かつらを付けた; もったいぶった (pompous), えらく儀式ばった[上品ぶった]. **2** 《米俗》狂った, 刺激的な, 途方もない (wild, crazy). 〖(1817): ⇨ wig, -y⁴〗

wight¹ /wáɪt/ *n.* **1** 《古·戯言·方言》**a** 人, 人間 (person) 《しばしば保護者的あるいは不憫の気持ちを表す》: an unlucky [a luckless] ～ 不運な人 / a wretched ～ みじめな人. **b** 超自然的存在《fairy や witch など》. **2** 《廃》生き物, 生物 (creature). 〖OE *wiht* creature, person, thing ← ? Gmc **wihti-* (G *Wicht* fellow) ← IE **wekti-* thing, creature〗

wight² /wáɪt/ *adj.* **1** 《古》勇敢な, 勇猛な (valiant). **2** 《方言》活発な, すばやい (active, nimble); 強い (strong). **～·ly** *adv.* 〖(?*a*1200) *wi*(*g*)*ht* □ ON *vígt* (neut.) ← *vígr* doughty ← Gmc **wīk-* (OE *wīg* battle / ON *víg* war) ← IE **weik-* to conquer: cf. victor〗

Wight /wáɪt/, **the Isle of** *n.* ワイト島《Great Britain 島の南海岸沖の島; もと旧 Hampshire 州に属したが 1974 年に独立した州となる; 面積 381 km², 首都 Newport》. 〖OE *Wiht* 《原義》? what has been raised, i.e. island〗

Wíght·man Cúp /wáɪtmən-/ *n.* [the ～] ワイトマンカップ《英米女子のプロテニス選手による選手権大会; その優勝杯; 1923 年の米国のチャンピオン Hazel Wightman が寄贈》.

wig·let /wíglɪt/ *n.* 《米》女性用小型ヘアピース《髪の毛を長く見せたりふくらませたりする》. 〖(1831) ← WIG＋-LET〗

wíg·màker *n.* かつら師[商]. 〖1755〗

Wig·ner /wígnə | -nə⁽ʳ⁾/, **Eugene Paul** *n.* ウィグナー《1902–95; ハンガリー生まれの米国の物理学者; Nobel 物理学賞 (1963)》.

Wigorn. 《略》ML. Wigorniēnsis (＝of Worcester) 《Bishop of Worcester が署名に用いる; ⇨ Cantuar. 2》.

Wig·town /wígtaʊn, -tən/ *n.* ウィグタウン. **1** スコットランド南西部の旧州; 面積 1,711 km². **2** 同州の州都. 〖ME *Wyg*(*g*)*eton* ← OE *wīc-tūn* 《原義》dwelling-place, homestead: ⇨ wick³〗

Wig·town·shire /wígtaʊnʃə, -tən-, -ʃɪə | -ʃə⁽ʳ⁾, -ʃɪə⁽ʳ⁾/ *n.* ＝Wigtown 1.

wíg trèe *n.* 〖植物〗＝smoke tree.

wig·wag /wígwæ̀g/ *v.* (**wig·wagged; -wag·ging**) — *vi.* **1** あちこちに動く[揺れる] (wag). **2** (信号のために)手旗を振る, (手旗·灯火で)信号する. — *vt.* **1** 手旗を振って(通信を)伝える. **2** 〈手旗を〉振る. — *n.* **1** 手旗[灯火]による信号(法). **2** 《米》手旗[灯火]による通信.
wíg·wàg·ger *n.* 〖(1582)《加重》← WAG¹: cf. wiggle-waggle〗

wig·wam /wígwɑ(ː)m, -wɔ(ː)m | -wæm/ *n.* **1 a** (アメリカ先住民の)小屋《通例獣皮·むしろ·木皮などを張った円形または卵形のもので, 主に五大湖地方およびその東方の種族が用いる; cf. tepee》. **b** (それに似た)小屋. **2** 《米》(党大会などに用いられる)急造の大会場: the *Wigwam*＝Tammany Hall. 〖(1628) □ N-Am.-Ind. (Algonquian) *wikwām* 《原義》their dwelling〗

wigwam 1 a

wik·i·up /wíkiʌ̀p/ *n.* ＝wickiup.

Wil·ber·force /wílbəfɔ̀əs | -bəfɔ̀ːs/, **William** *n.* ウィルバーフォース《1759–1833; 英国の政治家·慈善家·奴隷解放運動家》.

Wil·bert /wílbət | -bət/ *n.* ウィルバート《男性名》. 〖□ ? Du. *Wildeboer* 《原義》wild farmer: cf. OE *wilbeorht* 《原義》bright will〗

Wil·bur /wílbə | -bə⁽ʳ⁾/ *n.* ウィルバー《男性名》. ★ アメリカに多い. 〖← OE *wilburh* 《原義》willow town〗

Wil·bur /wílbə | -bə⁽ʳ⁾/, **Richard** (**Purdy**) *n.* ウィルバー (1921– ; 米国の桂冠詩人 (1987-88); *New and Collected Poems* (1988)).

Wil·bur·ite /wílbəràɪt/ *n.* ウィルバー派《クエーカー教徒の保守派の団体の一員; ガーニー派 (Gurneyites) の福音主義に抗議して内なる光 (Inner Light) を守るため 1845 年に米国で創立された Religious Society of Friends の人》. 〖← *John Wilbur* (1774–1856: 米国のクエーカー派の伝道師): ⇨ -ite¹〗

Wil·bye /wílbi/, **John** *n.* ウィルビー《1574–1638; 英国のマドリガル作曲家》.

wil·co /wílkoʊ | -kəʊ/ *int.* 了解《無線通信で受信たメッセージの応諾を示す言葉》. 〖(*c*1938) ← *wil*(*l*) *co*(*mply*)〗

Wil·cox /wílkɑ(ː)ks | -kɔks/, **Ella Wheeler** *n.* ウィルコックス《1850–1919; 米国の詩人; *Drops of Water* (1872)》.

Wil·cóx·on tést /wɪlkɑ́(ː)ksən-, -sn- | -kɔ́k-/ *n.* 〖統計〗ウィルコクスンのテスト, 順位和検定《独立の 2 群のデータが与えられたとき, それらの母集団分布の同一性の仮説を検定するもの; Wilcoxon matched-pairs signed-ranks test ともいう》. 〖← *Frank Wilcoxon* (1892-1965; 米国の統計学者·化学者)〗

wild /wáɪld/ *adj.* (～**·er**; ～**·est**) **1** 〈鳥獣·草木など〉野生の, 野育ちの (↔ domestic, cultivated, garden): a ～ hare, swan, strawberry, etc. / ～ beasts, animals, plants, etc. / ～ honey 天然のはちみつ / a ～ vine 野ぶどう / grow ～ 野に育つ, 野生である, 自然に生える. **2** 〈土地が〉耕作してない, 手を加えない, 荒れ果てた: ～ scenery 荒涼たる景色. **3** 〈人·部族などが〉未開の, 野蛮な (uncivilized); 〈動物が〉荒い, 人慣れしない, 暴れる: ⇨ wild man / the ～ state 未開状態 / The dog is very ～ today. 今日は犬がばかに暴れる. **4** 〈風·夜·時代など〉激しい, 荒い, 騒々しい (violent, tempestuous): a ～ storm 激しい嵐 / a ～ night 嵐の一夜 / a ～ sea 荒海 / ～ times 乱世. **5** 乱暴な, 無情な (lawless, disorderly); 手に負えない, わがままな (wayward); 放埒(ほうらつ)な (licentious): ～ mobs 無法な暴徒たち / a ～ fellow 乱暴者 / a ～ blow めった打ち, 乱打 / He settled down after a ～ youth. 若いころ放蕩(ほうとう)者だったが今は落ち着いた / a ～ party 乱痴気パーティー / She was in ～ spirits. 彼女は荒れた気分になっていた. **6 a** 《口語》かんかんに怒った (infuriated): go ～. **b** 狂乱した, 狂気の (frantic); (狂ったように)激しく興奮して, 熱狂的な (enthusiastic): ～ cheers, grief, etc. / a ～ appearance＝～ looks 狂乱の姿 / ～ eyes 狂気じみた目 / ～ delight 狂喜 / ～ excitement [enthusiasm] 激しい興奮[熱狂] / ～ ecstasy 激しい歓喜 / ～ rage 激怒 / ～ *with* anger 怒り狂って / be ～ *with* excitement 気が狂ったように興奮している / drive a person ～ 人を夢中にさせる[発狂させる] / It made me ～ to listen to such nonsense. あんなくだらない話を聞いていると腹が立った. **c** 《口語》夢中で; (狂気のように)ひどく…したがって (intensely eager) 〔*about, for*〕〈*to do*〉: be ～ *about* fishing [a person] 釣り[人]に夢中になる[熱中する] / I'm not exactly ～ *about* your idea, but I'll go along with it. 私は必ずしも君の案に乗り気ではないが賛成しよう / He was ～ *for* revenge. 復讐(ふくしゅう)の鬼となっていた. **7** 〈計画など〉突飛な (fantastic); 乱暴な, 無謀な (rash, reckless): ～ schemes, notions, etc. / a ～ project 突飛な計画 / ～ fancies とりとめもない夢想 / He cherished a ～ hope. 突飛な望みを抱いていた / You and your ～ ideas! またいつものばかげた考えだ. **8** でたらめな, 当てずっぽうの (random, haphazard): a ～ talk よた話 / a ～ remark 放言 / a ～ guess 当て推量 / a ～ shot 乱射 / a ～ throw 〖野球〗(野手の)悪送球, 暴投 / ⇨ wild pitch / It's only a sort of ～ conjecture. 当て推量のようなものでしかない. **9** 《口語》いかす, すごい (excellent, unusual), しびれる: The piano he played last night was just ～. 昨晩彼のピアノは実にすばらしかった. **10** だらしない, 乱れた (disorderly, disheveled): ～ locks [hair] 乱れ[ぼさぼさの]髪 / The room is in (a state of) ～ disorder. 部屋が散らかし放題になってい

W

る. **11** 〖トランプ〗持主の希望通りになる: ⇨ wild card, deuces wild. **12** 〈証券・商品の相場など〉乱調子の: ～ fluctuations (相場の)乱高下. **13** 〖冶金〗〈溶解した金属が〉(冷却中に)多量のガスを発生して.
gò wíld 乱暴になる, 狂乱する, ひどく怒る, 夢中になる 〔*with, over*〕: *go* ～ *with* joy [enthusiasm] 狂喜[熱狂]する / The town *went* ～ *with* celebration. 町はお祭り騒ぎになった / London *went* ～ *over* the news. ロンドン中がそのニュースで沸き立った. ***rùn wíld*** (1) 〈植物が〉野育ちに伸びる, やたらにはびこる; 〈動物が〉野生の状態で生息する. (2) 〈特に子供が〉したい放題にやる, 乱暴になる. ⦅1774⦆
wíld and wóoly (1) 粗野な, 野蛮な (uncivilized): a ～ *and wooly* town 粗野な町 / the ～ (*and wooly*) West 粗野な西部. (2) 〈理論・計画などが〉よく練られていない.
— *adv.* 無鉄砲に, でたらめに, 途方もなく, 乱暴に (wildly): play ～ 乱暴に遊ぶ / shoot ～ 乱射する / talk ～ でたらめなことをしゃべる.
— *n.* **1** [通例 *pl.*] 荒地, 荒野 (desert); 未開地: the ～*s* of Africa / in the ～*s* of darkest California ⦅戯言⦆ カリフォルニアの最果ての荒野. **2** [the ～] 野性の状態[生活]: the call of *the* ～ 野性の呼び声 / animals living in *the* ～ 野生の状態を住んでいる動物. ***(òut) in the wílds*** ⦅口語⦆ 町から遠く離れて.
— *vi.* (集団で)暴れる, 乱暴をはたらく, 暴動を起こす.
〖OE *wilde* < Gmc **wilpijaz* (Du. & G *wild*) ← IE **wel-* woods; wild: cf. OE *weald* 'WEALD'〗

Wild /wáɪld/, **Jonathan** *n.* ワイルド ⦅1682?–1725; 英国の大盗賊; 盗賊団を結成し盗品故売組織をつくったが, 最後は絞首刑; Fielding の小説 *The Life of Mr. Jonathan Wild the Great* (1743) でも有名⦆.

wild állspice *n.* 〖植物〗 =spicebush.

wild árum *n.* 〖植物〗 =cuckoopint.

wild béan *n.* 〖植物〗 ホドイモ (groundnut).

wild bérgamot *n.* 〖植物〗 ヤグルマハッカ (*Monarda fistulosa*) ⦅北米東部産の芳香のある多年草⦆. 〖1843〗

wild bláck cúrrant *n.* 〖植物〗 アメリカフサスグリ (*Ribes americanum*) ⦅北米産の低木; 花は黄緑色で果実は黒色; ゼリーや製薬に使う; flowering currant ともいう⦆.

wild bléeding hèart *n.* 〖植物〗 米国東部産ケシ科コマクサ属のケマンソウの類の植物 (*Dicentra eximia*).

wild blúe phlóx *n.* 〖植物〗 北米産ハナシノブ科のフロックスの一種 (*Phlox divaricata*) ⦅wild sweet william ともいう⦆.

wild bóar *n.* 〖動物〗 =boar 1.

wild bríer *n.* 〖植物〗 **1** =dog rose. **2** =sweet-brier. **3** (その他の)野バラ.

wild càrd *n.* 〖トランプ〗 **1** 予知[予見]のできないもの, 行動の予測のできない人. **2** ワイルドカード ⦅地区予選などに出場せずに主催者の裁量でトーナメント出場資格を与えられる人またはチーム⦆. **3** 鬼札, 化(ばけ)札, 万能札 ⦅ジョーカー (joker) などのように, 持主の意向によってどの札の代わりとしても使える札⦆. **4** 〖電算〗 ワイルドカード ⦅任意の文字や文字列の代わりを務める特別な文字⦆. 〖1940〗

wild cárrot *n.* 〖植物〗 野菜のニンジンの原種ともみなされる雑草 (*Daucus carota* var. *carota*) ⦅食用にならない; lace flower, Queen Anne's lace ともいう⦆. 〖*c*1538〗

wild·càt *n.* (*pl.* ～s, ～) **1** 〖動物〗 ヤマネコ ⦅各種の小形または中形の野生ネコの総称⦆: **a** オオヤマネコ ⦅北米産オオヤマネコ属 (*Lynx*) のネコの総称⦆; (特に)ボブキャット (bobcat), カナダオオヤマネコ (Canada lynx). **b** ヨーロッパヤマネコ (*Felis sylvestris*) ⦅ヨーロッパの森にすむ; 家ネコに似るがもっと大きい⦆. **c** リビアヤマネコ (*Felis libyca*) ⦅アフリカ産で, 家ネコの祖先とみなされている⦆. **d** その他類似の野生ネコ ⦅サーバルキャット (serval), オセロット (ocelot) など⦆. **2** 野良猫, 野猫 ⦅イエネコ (house cat) の野生化したもの; この場合は通例 wild cat とつづる⦆. **3** =wildcat strike. **4** ⦅米⦆ 無鉄砲な[乱暴な, でたらめの]企業[計画]. **5** ⦅口語⦆ 気短かで荒っぽい人. **6** ⦅米口語⦆ 山ねこ銀行 (wildcat bank) 発行の通貨. **7** ⦅米⦆〖鉄道〗 (操車用)小型機関車. **8** ⦅米⦆ (石油・天然ガスの)試掘井. **9** 〖海事〗 ワイルドキャット, 鎖車 ⦅鎖型の凹部をもつ車で, 錨鎖などの巻き込み用に使われる⦆.
— *adj.* [限定的] **1 a** 〈経営面が〉向こう見ずな, 無謀な, でたらめの: a ～ company [scheme] 山師会社[計画] / ⇨ wildcat bank. **b** ⦅米口語⦆ 〈紙幣など〉山ねこ銀行発行の: ～ currency. **2** 〈ストなどが〉非合法的な; やみ取引の: a ～ still ⦅米口語⦆ 密造酒製造所 / ⇨ wildcat strike. **3** ⦅米⦆〖鉄道〗 〈列車が〉規定時間外に運転される; 勝手に走る: a ～ train / a ～ engine 暴走機関車. **4** (やみくもに)試掘した: a ～ well.
— *vi.* ⦅米⦆ **1** (埋蔵の確実性不明な地域で)〈石油・鉱石・天然ガスなどを〉試掘する. **2** 向こう見ずな企画[仕事]に従事する. — *vt.* ⦅米⦆ (石油・鉱石・天然ガスなどを求めて) 〈埋蔵の確実性不明な地域を〉試掘する.
〖1418〗

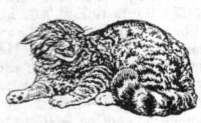

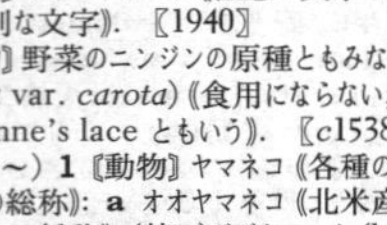
wildcat 1 b

wildcat bánk *n.* ⦅米口語⦆ 山ねこ銀行 ⦅銀行法制定 (1864) 前に紙幣を乱発した銀行; cf. carpetbagger 1 c⦆.

wildcat stríke *n.* 山ねこスト[争議] ⦅組合員の一部が本部の承認を受けずに勝手に行うストライキ⦆. 〖1937〗

wild·càt·ter /-tə | -tə(r)/ *n.* ⦅米口語⦆ **1** (石油・鉱石・天然ガスを求めて)やたらに試掘する山師. **2** 山師. **3** 山ねこストをする人. 〖1883〗

wíld-cáught *adj.* 〈動物が〉野生[自然]のものを捕獲した (捕獲したものからの繁殖ではなく). 〖1949〗

wild célery *n.* 〖植物〗 セキショウモ (⇨ tape grass). 〖1874〗

wild chérry *n.* 〖植物〗 セイヨウミザクラ (sweet cherry).

wild chérvil *n.* 〖植物〗 **1** シャク (*Anthriscus sylvestris*) ⦅アジア・ヨーロッパ産セリ科シャク属の二年草; cow parsley, keck ともいう⦆. **2** =stone parsley 1. 〖1578〗

wild córn *n.* 〖植物〗 ユリ科ツバメノオモト属の植物の一種 (*Clintonia umbellulata*).

wild cótton *n.* 〖植物〗 アメリカフヨウ (rose mallow). 〖1808〗

wild cránesbill *n.* 〖植物〗 米国東部産フウロソウ科の多年草 (*Geranium maculatum*) ⦅spotted cranesbill, alumroot ともいう⦆.

wild dágga *n.* ⦅南ア⦆〖植物〗 カエンキセワタ (*Leonotis leonurus*) ⦅南アフリカ原産のシソ科の低木⦆; カエンキセワタから製した麻薬 ⦅大麻と同様に喫煙する⦆. 〖1786〗

wild dáte *n.* 〖植物〗 トラノオヤシ (*Phoenix sylvestris*) ⦅インド産; 葉は灰緑色の観賞植物⦆. 〖1866〗

wild dóg *n.* 〖動物〗 野生犬 ⦅dingo, dhole など⦆.

wild dúck *n.* 野鴨; (特に)マガモ (mallard). 〖1538〗

Wilde /wáɪld/, **Oscar** (**Fingal O'Flahertie Wills**) *n.* ワイルド ⦅1854–1900; アイルランド生まれで英国の世紀末文学を代表する小説家・劇作家・詩人; *The Picture of Dorian Gray* (1891), *Salomé* (1893), *The Importance of Being Earnest* (1895 上演, '99 出版)⦆. **Wild·e·an** /wáɪldiən/ *adj.*

wil·de·beest /wɪ́ldəbiːst, vɪ́l- | -dɪ-/ *n.* (*pl.* ～s, ～, **wil·de·bees·te** /-tə/) 〖動物〗 =gnu. 〖(1824) □ Afrik. ～ (原義) wild beast〗

wil·der /wɪ́ldə | -də(r)/ ⦅古・詩⦆ *vt.* **1** 道に迷わす. **2** 惑わす (bewilder). — *vi.* さ迷う (stray). 〖(1613) ⦅逆成⦆? ← WILDERNESS: cf. Icel. *villr* astray / MDu. *verwildern* to stray〗

Wil·der /wáɪldə | -də(r)/, **Billy** *n.* ワイルダー ⦅1906–2002; オーストリア生まれの米国の映画制作者・監督・脚本家; *The Lost Weekend* (1945) でアカデミー監督賞⦆.

Wilder, Laura Ingalls *n.* ワイルダー ⦅1867–1957; 米国の児童文学作家; *Little House on the Prairie* (1935) を含む '*Little House*' シリーズで知られる⦆.

Wil·der, Thornton (**Niv·en**) /-nívən/ *n.* ワイルダー ⦅1897–1975; 米国の小説家・劇作家; *The Bridge of San Luis Rey* (小説, 1927), *Our Town* (戯曲, 1938)⦆.

wil·der·ment *n.* ⦅古⦆ 惑い (bewilderment). 〖1830〗

wil·der·ness /wɪ́ldənəs | -də-/ *n.* **1** 植物が生い茂って動物だけがすむ)原野 (wasteland); 砂漠 (desert); (未開墾の)荒野, 荒れ地; 不毛の地 (⇨ waste SYN): a voice (crying) in the ～ 荒ら野に呼ばわる者の声; 世に容れられない道徳家・改革家などの叫び (cf. *Matt.* 3:3) / a howling ～ ⇨ howling 2. **2** [通例 a ～] (水面・空間などの)果てしない広がり: a ～ of ocean 大海原. **3** 荒涼[雑然]たる場所; 味気なさ, 不毛: a ～ *of* a home わびしい家庭 / the ～ in one's heart 心中のむなしさ / She lived in her ～ *of* a home. 荒涼とした家に住んでいた. **4 a** (人や物の)雑然たる集り[群]: a ～ *of* houses ごたごたと続く(わびしい)家並み. **b** とまどう[あきれる]ほどの多数[多量] 〔*of*〕: a ～ *of* antiques / a ～ *of* monkeys 数え切れないほどの猿 (Shak., *Merch* V 3. 1. 128). **5** (庭園内の, しばしば迷路状の)わざと手を加えてない部分. **6** ⦅廃⦆ 乱れた状態, 乱雑な様.
gó ìnto the wílderness 〈政党・政治家などが〉政権を離れる, 野(や)に下る, 下野(げや)する. ***in the wílderness*** 〈政党・政治家などが〉政権を離れて, 下野して, 失脚して (out of office) (cf. *Num.* 14:33, etc.). ⦅1930⦆
〖(*c*1200) *wild(d)ēornes* ← *wild(d)ēor* wild beast: ⇨ wild, deer, -ness〗

Wil·der·ness /wɪ́ldənəs | -də-/ *n.* [the ～] ウィルダネス: **1** 米国 Virginia 州北東部の森林地帯; Grant, Lee 両将軍の激戦地 (1864). **2** パレスチナ東方・南方に広がる不毛の荒地 ⦅Israelites が Promised Land に入る前にさまよった所, また Christ が 40 日間断食をした所⦆. 〖↑〗

wílderness àrea, W- A- *n.* (道路や建物を造ることを禁じられている公有の)自然保護区域. 〖1928〗

Wílderness Róad *n.* [the ～] ウィルダネスロード ⦅米国 Virginia 州南西部から Cumberland Gap を経て Kentucky 州中部に至る道(約 500 km); 1775 年に Daniel Boone が切り開いた⦆.

wild-éyed *adj.* **1** 目が怒りに燃えている, 気違いじみた目つきの. **2** 〈計画・考えなど〉途方もない, 無謀な, 過激な; 〈人が〉極端な政策を支持する: a ～ plan / ～ reformers. 〖1817〗

wild fíg *n.* 〖植物〗 =caprifig.

wild·fìre *n.* **1** (昔, 敵船に火を放つために使用した発火性が高く消しにくい)燃焼物, 爆薬 (Greek fire など). **2 a** 燃え狂う火. **b** 伝播性の強いもの. **3** ⦅まれ⦆ **a** 鬼火, きつね火 (will-o'-the-wisp). **b** 野火. **4** =heat lightning. **5** 〖植物病理〗 野火病 ⦅*Pseudomonus tabaci* 菌によるタバコ・ダイズの病気; 葉に周囲が黄色味を帯びた茶色の小斑点ができ, それが大きくなり黒ずんで腐敗落葉する⦆. **6** ⦅廃⦆〖病理〗 丹毒 (erysipelas). **7** ⦅廃⦆〖獣医〗 羊の皮膚炎 (cf. scabies). ***spréad [gò aróund, rún] like wíldfire*** 〈うわさなどが〉燎原(りょうげん)の火のごとく広まる, 野火のように[急速に]広まる. ⦅1699⦆ 〖lateOE *wildefȳr*〗

wild fláx *n.* 〖植物〗 **1** =GOLD of pleasure. **2** = toadflax.

wild·flow·er /wáɪldflàʊə | -flàʊə(r)/ *n.* 野の花; 野草. 〖1797〗

wild·fòwl *n.* (*pl.* ～, ～s) 猟鳥 (game birds); (特に)ガンカモ(類) ⦅マガモ (wild duck), シジュウカラガン (Canada goose) など⦆. **～·er** *n.* **～·ing** *adj.*, *n.* 〖OE *wild fugel*〗

wild gárlic *n.* 〖植物〗 =ramson.

Wild Géese *n.* [the ～] ワイルドギース ⦅17 世紀の終りから 20 世紀初頭にかけて, ヨーロッパ, 特に, フランスのカトリック勢力と手を組んだアイルランドからの移住者の職業軍人⦆. 〖(1843): cf. wild goose〗

wild geránium *n.* 〖植物〗 米国東部産のフウロソウ科フウロソウ属の植物 (*Geranium maculatum*). 〖1840〗

wild gínger *n.* 〖植物〗 カナダサイシン, アメリカカンアオイ (*Asarum canadense*) ⦅北米産ウマノスズクサ科カンアオイ属の植物; cf. asarum⦆. 〖1804〗

wild góose *n.* 〖鳥類〗 野生のガンやカリの総称: **a** ⦅米⦆ =Canada goose. **b** ⦅英⦆ =greylag. 〖OE *wilde gōs*〗

wild-góose chàse *n.* **1** (雲をつかむような)当てのない追求, 途方もない計画 (futile enterprise). **2** ⦅廃⦆ 変てこな追いかけっこ, いたちごっこ: If our wits run the ～, I am done. 妙な知恵比べをしようというなら, 僕は抜けた (Shak., *Romeo* 2. 4. 71–72). 〖(1592) もとは先頭の馬が(ガンのようにあちこちに曲がりながら)走ったとおりのコースを別の馬が追いかけて行く競技のこと; 1 の意味は Dr. Johnson が「ガンのようにつかまえにくいものを追い求めること」と定義したことから〗

wild-héaded *adj.* 無謀[法外]な考えにとりつかれた. 〖*a*1400〗

wild hóg *n.* 〖動物〗 **1** =wild boar. **2** =peccary.

wild hóllyhock *n.* 〖植物〗 タチアオイに似た数種のアオイ科の, 特にケシバナアオイ属 (*Callirhoe*), キンゴジカモドキ属 (*Sidalcea*), *Sphaeralcea* 属の植物の総称.

wild hórse *n.* 野生の馬: draw with ～s 野生の馬を使って八つ裂きにする ⦅中世の刑罰⦆ / *Wild horses* would not drag it from [out of] me. 野生の馬に八つ裂きにされたってその秘密はしゃべらない. 〖OE〗

Wild Húnt *n.* 〖北欧伝説〗 荒猟師 ⦅深夜に空や荒野を疾走する幽霊のような猟師や猟犬の騒々しい一団⦆.

Wild Húntsman *n.* [the ～] 〖北欧伝説〗 荒猟師 (Wild Hunt) の隊長 ⦅Odin の民話化したものとも考えられる⦆. 〖1796〗

wild hýacinth *n.* 〖植物〗 **1** 北米産ユリ科ヒナユリ属の草本 (*Camassia scilloides*). **2** =wood hyacinth. 〖1847〗

wild hydrángea *n.* 〖植物〗 **1** ユキノシタ科アジサイ属の植物 (*Hydrangea arborescens*) ⦅北米産の白花をつける野生のアジサイで, 観賞用にも栽培される; sevenbark ともいう⦆. **2** タデ科のギシギシの一種 (*Rumex vinosus*).

wild índigo *n.* 〖植物〗 ムラサキセンダイハギ ⦅北米産のマメ科ムラサキセンダイハギ属 (*Baptisia*) の野草の総称; 特に, indigo broom⦆. 〖1744〗

wild·ing[1] /wáɪldɪŋ/ *n.* **1 a** 野生植物, (通例)野生りんご(の木). **b** 野生植物の果実. **2** 野獣. **3** 〖植物〗 逸出植物 (escape). — *adj.* ⦅古⦆ 野生の (wild): a ～ rose. 〖(*c*1525) ← WILD＋-ING[3]〗

wild·ing[2] /wáɪldɪŋ/ *n.* (不良グループなどによる) 暴力的襲撃, ひとしきりの集団凶行[暴行]. 〖1989〗

wild Írishman *n.* ⦅NZ⦆〖植物〗 =tumatakuru.

wild·ish /-dɪʃ/ *adj.* やや乱暴[野蛮, 無謀]な. 〖1714〗

wild·lànd *n.* 荒地, 未開拓地.

wild léttuce *n.* 〖植物〗 荒地に生えるキク科アキノノゲシ属 (*Lactuca*) の雑草の総称 ⦅英国産のチシャ (*L.scariola*), 北米産のチシャに似た植物 (*L.canadensis*) など⦆. 〖1382〗

wild·life /wáɪldlàɪf/ *n.* [集合的] 野生生物 ⦅特に, 猟の対象となる鳥獣魚⦆. — *adj.* [限定的] 野生生物の: a ～ habitat 野生生物の生息地 / a ～ biologist 野生生物学者 / ～ protection 野生動物の保護 / ～ destruction 野生生物を殺すこと. 〖1879〗

wildlife pàrk *n.* 野生動物公園, サファリパーク. 〖1965〗

wild·lìf·er *n.* 野生生物保護論者. 〖1963〗

wild líly of the válley *n.* 〖植物〗 =lesser winter-green.

wild·ling /wáɪldlɪŋ/ *n.* 野生の動物; 野生の花[植物]. 〖(1840) ← WILD＋-LING[1]〗

wild líquorice *n.* 〖植物〗 **1** =milk vetch. **2** = licorice 1. **3** マメ科カンゾウ属の植物 (*Glycyrrhiza lepidota*).

wild·ly /wáɪldli/ *adv.* **1** 乱暴に, 荒々しく, 狂って: My heart beat ～. 私の心臓は激しく鼓動した / The crowd cheered ～. 群衆は熱狂的にかっさいした. **2** むやみに, やたらに: I was ～ in love with her. 彼女を激しく恋していた. **3** 野生で, 野育ちで. 〖1369〗

wild mádder *n.* 〖植物〗 **1** =madder 1. **2** アカネ科ヤエムグラ属 (*Galium*) の植物の総称; (特に)ユーラシア産の *G. mollugo*, 米国産の *G. tinctorium*. 〖1578〗

wild màn *n.* **1** 野蛮人 (savage); 粗野な男, 野蛮な男. **2** (党内の)過激分子 (extremist). **3** 〖動物〗 オランウータン (orangutan) ⦅wild man of the woods ともいう⦆. 〖*c*1300〗

wild mándrake *n.* 〖植物〗 =mayapple 1.

wild márjoram *n.* 〖植物〗 =oregano.

wild mónkshood *n.* 〖植物〗 トリカブトの類の植物 (*Aconitum uncinatum*) ⦅北米産のキンポウゲ科の有毒植物; 青色の花をつけ湿地に育つ⦆.

wild múlberry *n.* 〖植物〗 =yawweed.

wild mústard *n.* 〖植物〗 =charlock.

wild·ness /wáɪldnəs/ *n.* **1** 野生, 野育ち. **2** (土地が)荒れていること, 荒廃. **3** 乱暴, 粗暴, 無謀. **4** 放埒

W

(ほう), 放蕩(とう): the ~es of youth. **5** 狂気, 興奮状態. 〖c1380〗

wild óat *n.* **1** 〖植物〗 **a** カラスムギ属 (*Avena*) の雑草の総称; (特に)カラスムギ (*A.fatua*) 《麦畑や牧場などに生える一年草または二年草; エンバク (oat) の原種と考えられる》. **b** =tall oat grass. **c** 北米東部産ユリ科の黄色の小さいしだれる花をつける森林地植物 (*Uvularia sessilifolia*). **2** [*pl.*] 若い時の放蕩(とう)[道楽]. *sów one's wild óats* 若気の放蕩をする: He has *sown his* ~*s*. 彼も若気の道楽をやったものだ《今はおさまったが》. (《1576》よい種の代わりに野生のカラスムギをまく愚かな行為から) 〖c1475〗

wild óleander *n.* 〖植物〗 =swamp loosestrife.

wild óleaster *n.* 〖植物〗 =buffalo berry.

wild ólive *n.* 〖植物〗 外見や果実がオリーブに類似した樹木の総称 《ニッサ (tupelo), アメリカアサガラ (silver bell) など》. 〖1577〗

wild órange *n.* 〖植物〗 =trifoliate orange.

wild pánsy *n.* 〖植物〗 ビオラトリコロル (*Viola tricolor*) 《北欧原産; pansy はこの改良種; heartsease, Johnny-jump-up ともいう》. 〖c1900〗

wild párslev *n.* 〖植物〗 パセリに類似したセリ科の野生植物の総称; (特に)=corn parsley. 〖c1265〗

wild pársnip *n.* 〖植物〗 アメリカボウフウ (*Pastinaca sativa*) 《米国・ヨーロッパ産セリ科の野生の多年草; 栽培される parsnip の祖先型と考えられるが, 根は苦くて食べられない》. 〖1538〗

wild pássionflower *n.* 〖植物〗 =maypop.

wild pépper *n.* 〖植物〗 ミツバハマゴウ (*Vitex trifolia*) 《熱帯アジア産の低木; 葉は薬用となる》.

wild pínk *n.* 〖植物〗 **1** 米国産ムシトリナデシコの一種 (*Silene caroliniana*). **2** =arethusa. 〖1814〗

wild pítch *n.* 〖野球〗 (投手の)暴投, ワイルドピッチ. 〖1867〗

wild-pítch *vt.* 〖野球〗 〈ランナーを〉暴投で進塁させる.

wild poinséttia *n.* 〖植物〗 ショウジョウソウ (Mexican fire plant).

wild potáto *n.* 〖植物〗 **1** =man-of-the-earth. **2** =groundnut 1 a. **3** =claytonia.

wild púmpkin *n.* 〖植物〗 =prairie gourd.

wild ríce *n.* **1** 〖植物〗 ウコギ科の湿地に生える多年草の総称 《北米産のマコモ (*Zizania aquatica*), アジア産の *Z. latifolia* など》. **2** 菰米(こもまい), ワイルドライス 《マコモの穎果(えいか); かつてアメリカ先住民が食用にしたが, 風味がよいので今日でもしばしば用いられる》. 〖1748〗

wild róse *n.* 〖植物〗 野バラ (sweetbrier, swamp rose など). ★ 米国 Iowa, New York, North Dakota 各州の州花.

wild rósemary *n.* 〖植物〗 **1** =marsh tea. **2** =bog rosemary.

wild rúbber *n.* 野生ゴム 《各種の野生ゴムノキから採る》.

wild rýe *n.* 〖植物〗 =lyme grass.

wild ságe *n.* 〖植物〗 **1** ヨーロッパ・アジア原産で米国に帰化した青い花が咲くシソ科セージの一種 (*Salvia verbenaca*). **2** =sagebrush. **3** =red sage. 〖a1387〗

wild sarsaparílla *n.* 〖植物〗 **1** ウコギ科タラノキ属の草 (*Aralia nudicaulis*) 《北米産の掌状複葉をもつ多年草で, 根はサルサ (sarsaparilla) の代用になる》. **2** ユリ科シオデ属の植物の一種 (*Smilax glauca*). 〖1814〗

wild sénna *n.* 〖植物〗 ツリハブソウ (*Cassia marilandica*) 《北米産マメ科の多年草; 葉は薬用センナの場合と同様に用いられる; cf. senna》. 〖1750〗

wild sérvice trèe *n.* 〖植物〗 ナナカマド属の木 (*Sorbus torminalis*) 《ユーラシア産のバラ科の植物で苦い味の実をつける》.

wild sílk *n.* 〖紡績〗 天蚕 (wild silkworm) から採れる絹 《養蚕から採れる絹よりも粗く強い》.

wild sílkworm *n.* 〖昆虫〗 天蚕(てんさん) 《ヤママユガ科に属する種類のうち, 繭から絹糸を採るガの幼虫の総称; ヤママユ, サクサン, ヒマサンなどを含む》.

wild Spániard *n.* 〖植物〗 ニュージーランド産のセリ科アキフィラ属 (*Aciphylla*) の植物の総称 《spear grass ともいう》.

wild spíkenard *n.* 〖植物〗 =false spikenard.

wild spínach *n.* 〖植物〗 アカザ 《アカザ科アカザ属 (*Chenopodium*) の数種の植物の総称; シロザ (*C. album*), アカザ (*C. album* var. *centrorubrum*) など; 時に食用》. 〖c1710〗

wild swéet pèa *n.* 〖植物〗 =catgut 2.

wild swéet potàto *n.* 〖植物〗 **1** =man-of-the-earth. **2** =sand vine.

wild swèet wílliam, w- s- W- *n.* 〖植物〗 **1** =wild blue phlox. **2** 米国東部産ハナシノブ科フロックス属の草 (*Phlox maculata*) 《青または紫の花をつけしばしば栽培される》. 〖1856〗

wild thýme *n.* 〖植物〗 ヨウシュイブキジャコウソウ (*Thymus serpyllum*) 《ヨーロッパ原産の土手や山腹に生えるシソ科のつる状の多年草; creeping thyme, mother-of-thyme ともいう》.

wild-tráck *adj.* 〈解説など〉(映画・テレビの)画面とは異なる: a ~ commentary 画面とは異なる解説. 〖1940〗

wild týpe *n.* 〖生物〗 野生型 《生物の自然集団において, 最も高頻度に存在する型の系統[個体, 遺伝子]》.

wild-týpe *adj.* 〖1914〗

wild vanílla *n.* 〖植物〗 葉にバニラに似た香りのある米国産キク科の野草 (*Trilisa odoratissima*).

wild·wàter *n.* [しばしば限定的] (川の)急流, 激流: the world ~ canoe championships 世界急流カヌー選手権. 〖1963〗

Wild Wést, w- W- *n.* [the ~] (開拓時代の無法・未開の)米国西部地方 (cf. west *n.* 2 d). 〖1849〗

Wild Wést shòw *n.* 《米》 (初め Buffalo Bill が組織したような開拓時代の)カウボーイやアメリカインディアンの離れ技を呼び物とするサーカス. 〖1895〗

wild wistéria *n.* 〖植物〗 =groundnut 1 a.

wild·wòod *n.* 《古・詩》 天然林 (natural forest). 〖a1122〗

wild yám *n.* 〖植物〗 野生ヤマノイモ 《野生の各種のヤマノイモ属 (*Dioscorea*) の植物の総称, 特に北米東部産の *D. paniculata*》.

wild yéast *n.* 〖生化学〗 野生酵母 《空気中や果実の表面に天然に存在する酵母》.

wile /wáɪl/ *n.* **1** [通例 *pl.*] (特に女性の色香にたよる)巧妙な策略, 手練手管 (⇨ trick SYN): use one's (feminine) ~*s* on a person 人に(女の)手管を使う. **2** 《まれ》 ずるさ, 狡猾(こうかつ) (craftiness, guile). — *vt.* **1** たぶらかす, だます (lure, entice) 〈*away*〉 / 〔*from, into*〕: ~ a person *into* [*out of*] … 人をだまして…に連れ込む[…から連れ出す] / The sunshine ~*d me from* work. 日差しに誘われて私は仕事をやめた. **2** 楽しく〈時を〉過ごす (while) 〈*away*〉. 〖n.: lateOE *wīl* trick □ ? ON **wihl*- craft (cf. OE *wīgle* divination, magic) ← IE **weik*- to augur. — v.: 《c1375》 ← (n.): GUILE と二重語〗

Wi·ley /wáɪli/ *n.* ワイリー 《男性名》. 〖(dim.) ← WILLIAM〗

Wil·fred /wílfrɨd/ *n.* ウィルフレッド 《男性名; 異形 Wilfrid; 愛称 Fred》. 〖OE *Wilfrith* ← *wil* 'WILL²' + *frith* peace (⇨ Winfred): もと Wilfrid とつづられたがヴィクトリア朝以後 Wilfred となった〗

wil·ful /wílfəl, -fl/ *adj.* =willful. **~·ly** *adv.* **~·ness** *n.*

wil·ga /wílgə/ *n.* 〖植物〗 オーストラリア・ニューギニアに産する耐乾性のミカン科 *Geijera* 属の小木 《白い花をつける》. 〖(1889) ← Austral. (現地語)〗

Wil·helm /wílhelm, víl-; *G.* vílhelm, *Swed.* vílelm/ *n.* ウィルヘルム 《男性名》. 〖□ G ~ 'WILLIAM'〗

Wilhelm I /vílhelm-/ *n.* William I 世のドイツ語名.

Wilhelm II *n.* William II 世のドイツ語名.

Wil·hel·mi·na /wìlhelmí:nə, wìləm-; *G.*, *Swed.* vìlhelmí:na, *Du.* wìlhelmí:na:/ *n.* ウィルヘルミナ 《女性名; 愛称形 Minnine, Minny, Vilma, Willa, Willie, Willis, Willy, Wilma》. 〖(fem.) ← WILLIAM (cf. Wilhelm): ⇨ -ina〗

Wil·hel·mi·na I /wìlhelmí:nə-, wìləm-; *Du.* wìlhelmí:na:-/ *n.* ウィルヘルミナ一世 《(1880–1962; オランダの女王 (1890–1948); Wilhelmina Helena Pauline Maria》.

Wil·hel·mine /vílhelmì:n, wíl-, -màɪn/ *adj.* ドイツ皇帝 Wilhelm 二世の, Wilhelm の統治時代の.

Wil·helms·ha·ven /vìlhelmzhá:fən, víləmzhà:fən | vìlhelmzhá:fn; *G.* vɪlhelmshá:fn/ *n.* ウィルヘルムスハーフェン 《ドイツ Lower Saxony 州の北海に臨む海港; 第一次大戦中のドイツ海軍の根拠地》.

Wil·helm·stras·se /vílhelmʃtrà:sə, -strà:-; *G.* vílhelmʃtra:sə/ *n.* **1** [the ~] ウィルヘルムシュトラーセ 《Berlin 中央部の街路; 官庁街》. **2** (旧ドイツ)外務省. 〖1919〗

wil·i·ly /wáɪlɨli/ *adv.* 狡猾(こうかつ)に, ずる賢く. 〖a1400〗

wíl·i·ness *n.* 狡猾, ずる賢さ. 〖(?a1425): ⇨ wily〗

Wilkes /wílks/ *n.* ウィルクス 《男性名》. 〖(dim.) ← WILLIAM: cf. Wilkie〗

Wilkes /wílks/, **Charles** *n.* ウィルクス 《1798–1877; 米国の海軍少将・探検家》.

Wilkes, John *n.* ウィルクス 《1727–97; 英国の政治家・政治評論家; 1760 年代に *The North Briton* 紙上で George 三世を批判して再三下院議員を除名されたが, そのたびに民衆の支持を得て当選した》.

Wilkes-Bar·re /wílksbèrə, -bæri, -bèrə, -bèri | -bærə, -ri/ *n.* ウィルクスバレ 《米国 Pennsylvania 州北東部, Susquehanna 河畔の都市》. 〖← *John Wilkes* + *Isaac Barré* (英国の軍人)〗

Wilkes Lànd *n.* ウィルクスランド 《オーストラリア南方の, 南極大陸の沿岸地方》.

Wil·kie /wílki/ *n.* ウィルキー 《男性名》. 〖(dim.) ← WILLIAM: ⇨ -ie〗

Wil·kie /wílki/, **Sir David** *n.* ウィルキー 《1785–1841; スコットランドの画家; 民衆の日常生活を描いた作品で有名》.

Wil·kins /wílkɨnz | -kɪnz/, **Sir (George) Hubert** *n.* ウィルキンズ 《1888–1958; オーストラリアの飛行家・極地探検家》.

Wilkins, Mary Eleanor *n.* ⇨ Mary Eleanor FREEMAN.

Wilkins, Maurice H(ugh) F(rederick) *n.* ウィルキンズ 《1916–2004; ニュージーランド生まれの英国の生物物理学者; Nobel 医学生理学賞 (1962)》.

Wilkins, Roy *n.* ウィルキンズ 《1901–81; 米国の黒人ジャーナリスト・公民権運動家》.

Wil·kin·son /wílkɨnsən, -sn | -kɪn-/ *n.* 〖商標〗 ウィルキンソン 《英国 Wilkinson Sword 社製の刀剣・刃物類》.

Wil·kin·son /wílkɨnsən, -sn | -kɪn-/, **Ellen Cicely** *n.* ウィルキンソン 《1891–1947; 英国の政治家; 女性参政権運動の指導者》.

Wilkinson, Sir Geoffrey *n.* ウィルキンソン 《1921–96; 英国の化学者; Nobel 化学賞 (1973)》.

will[1] /(弱) wəl, əl, ɫ, l; (強) wíl/ *auxil.v.* (cf. will[3] *vt.* 4). ★ Infinitive, Participle, Gerund の形がなく, 古形の直説法第二人称単数現在形 (thou) **wilt** /(弱) wɨlt, (ə)lt, wílt/ **'lt** /lt/, 同過去形 (thou) **wouldst** /(弱) wədst, wətst, wudst, wutst; (強) wúdst, wútst/, **would·est** /wúdɨst | -dɪst/, **'dst** 以外には語尾変化をせず, 常に to なしの Infinitive と結ぶ; なお《英》でも will が shall の意義用法をも吸収する傾向がある (cf. shall).

1 [話者の予言] **a** [平叙文の場合] …だろう, でしょう: One day I [you, he] ~ die. / You ~ feel better after this medicine. この薬を飲めば気分がよくなりますよ / He ~ die sooner or later. 遅かれ早かれ彼は死ぬだろう / It'*ll* be fine tomorrow, won't it? [.] あしたは好天気だろうね / That ~ be the end of everything. それで全部おしまいになるだろう / Next month you [he] ~ be sixty. 来月君[彼]は 60 歳になる / You never know what he'*ll* do next. 彼がこの次に何をやり出すかわからない / It'*ll* be raining tomorrow. あすは雨が降っているだろう / By then you ~ [you'*ll*] have forgotten all about this. そのころにはこの事についてはすっかりお忘れになっているでしょう / I think I ~ [I'*ll*] meet some of my friends at the party this evening. 今晩のパーティーで何人かの友だちに会うでしょう / God ~ forgive me if I repent. 悔い改めるなら神様も許して下さるだろう. **b** [疑問文の場合]: *Will* he come tomorrow? 彼は明日来るだろうか / How long ~ he live? 彼はいつまで生きるだろうか / *Will* all of you be at the party tomorrow? あしたのパーティーには君たちは皆出席しますか / *Will* I be in time? 私は間に合うだろうか.

語法 (1) 特に《英》では主語が第一人称の場合, まだ shall を用いることもある. (2) *Will* you come tomorrow? のような有意志動詞の場合は勧誘の意味に取られるので, 情報を求める疑問文は普通 *Will* you *be coming* tomorrow? ないしは *Are* you *coming* [*going to* come] tomorrow? のようにする.

---

2 [主語の意志] …しようと思う, するつもりだ: **a** [主語が第一人称の場合]: I ~ hit you. 打つぞ / I'*ll* be a good boy from now on. これからはおとなしくします / I ~ let you know. お知らせします / I ~ not be caught again. 二度と捕まるものか / I ~ do anything for you. 君のためなら何でもします / I ~ take this one. 私はこれを取ります[もらいます] / I ~ be obeyed. 言うことを聞いてもらわなければならない / I ~ have it so. ぜひともそうしてみせる / I ~ never do such a thing again. 二度とこんな事はしません / *Will* you do this?—*Will* I (《米口語》 ever)! これをしますか—私がですか. ★ Will I …? の形は文脈によって Of course I will. (もちろんします)の意味と, Of course I won't. (とんでもありません)の意味にもなりうる. **b** [第二・三人称を主語とする条件節で]: I ~ [shall] be glad [pleased] to go, if you [he] ~ accompany me. 君[彼]が同道してくださるなら喜んで行きましょう. **c** [第二人称を主語とする疑問文・命令文でしばしば依頼・勧誘などを表す]: *Will* you please pass me the salt? その塩をこちらへ回して下さいませんか / *Will* you come for a walk this evening? 夕方散歩に出掛けませんか / *Will* you marry me? 私と結婚しませんか. **d** [第二人称を主語とする平叙文または付加疑問文で命令・指図を表す]: You ~ do it or else! そうしなさい, さもないと / You ~ pack and leave this house at once! 荷物をまとめてすぐこの家を出てもらいたい / Go and answer the phone, ~ you? 電話に出て下さい. ★ この形式は命令的で失礼な感じがするので, 依頼の場合は Would you kindly …? / Would you be good enough to …? の形式を用いる方がよい.

3 /wíl/ [通例主語の固執を表す] (cf. would[1] A 2): Boys ~ be boys. 男の子はやっぱり男の子 《いたずらは仕方がない》 / You ~ have your (own) way, whatever I say. 私が何と言っても君はどこまでも意地を張る / He ~ have his little joke. どうしてもつまらない冗談を止めない / He ~ stop at nothing! 彼は何事もやめようとしない.

4 /wíl/ [主語の習慣・習性] …するものだ (cf. would[1] A 3): Accidents ~ happen. 事故[災難]は起こるもの / People ~ talk. 人の口には戸が立てられぬ / He ~ often sit up all night. 彼はよく徹夜することがある / A large ostrich ~ stand more than 6 feet tall [high]. 大きなダチョウは丈(たけ)が 6 フィート以上になることがある / Murder ~ out. 《諺》 悪事は露顕する (⇨ murder *n.* 1 a) / This door ~ not [*won't*] open. このドアはどうしても開かない.

5 [無生物主語の能力・収容力を表す] …できる (can, be capable of …ing): This metal ~ not crack under heavy pressure. この金属は強い圧力を受けてもひびが入ることがない / It ~ hold another quart. それにはもう 1 クォート入れられる / The hall ~ seat five hundred. そのホールは 500 人収容できる / That'*ll* do (nicely). それで結構です / That'*ll* [That ~] do: stop it at once! もういい, すぐやめなさいったら.

6 [間接話法の場合] ★ 普通は直接話法の will をそのまま引き継ぐ: She says she ~ do her best (="I will do my best"). 彼女は全力を尽くすと言う / You've promised you ~ never do so again (="I will never do so again"). 君はもう二度とそうしないと約束したはずだ / He tells me that I ~ [shall] not understand such things till I'm older (="You will not …"). もっと大きくなるまではそういうことはおわかりになるまいと彼は私に言う / He says that he ~ never manage it (="I ~ [shall] never …"). 私にはそれはとてもできないと彼は言う.

7 [話者の推量] (cf. would[1] B 2): You ~ be Mr. Field, I suppose? あなたはフィールドさんでしょうね / This ~ be our train, I think. これが我々の乗る列車らしい / *Will* they be able to hear at such a distance? こんなに離れていて聞こえるだろうか / By now he ~ be eating. 今ごろは食事をしているだろう / You ~ have heard about it by now. もう今ごろはその事はお聞き及びでしょう.

I will 〈結婚を誓います(結婚式で)〉. ***Will dó*** 《口語》 喜んで 《依頼されたことを進んで引き受ける際の言葉; I の略称》.

W

〖OE *willan, wyllan* < Gmc **wel(l)jan* (Du. *willen*) ← IE **wel-* to wish (L *velle* to wish): cf. G *wollen*〗

will² /wíl/ *n.* **1** 決意, 決心; 意欲, 望み, 願い (wish, desire); 目的, 意図, 欲する所 (purpose, intention): the ~ *to* succeed 成功欲 / the ~ *to* victory [win] 勝利への意志 / have one's ~ 意地を通す, 意のままにする, 望みを遂げる / ⇨ *work one's* WILL / take the ~ for the deed 実行はできなかったけれどもその意図を多とする / Thy ~ be done. み心のごとくなし給わんことを (cf. *Matt.* 6: 10) (★ この be は仮定法現在形) / What is your ~? 《古》君の望みは何ですか / It was the King's ~ that they should die. 彼らの死ぬことが王の望みだった / Where there's a ~, there's a way. 《諺》しようという決意があれば道はおのずから開ける,「精神一到何事か成らざらん」/ The ~ is as good as the deed. 《諺》何事にも志が大切. **2** 意志, 意思: God's ~ =the ~ of God 神意, 神のおぼしめし / ⇨ free will / the freedom of the ~ 意志の自由 / He has no ~ of his own. 彼には独自の意志がない / a ~ of one's own 《婉曲》わがまま, 頑固さ (obstinacy) / My poverty, but not my ~, consents. 私は意志からでなく貧のために同意する (Shak., *Romeo* 5. 1. 75). **3** 意力, 意志力 (will power) (↔ mind): a man of iron ~ 意志が鉄のように堅固な人 / a ~ of iron 不屈の意志 / He has a strong [weak] ~. 意志が強い[弱い]. **4** 〘法律〙遺言(書) (しばしば 'last will and testament' という): ⇨ nuncupative will / leave something by [in one's] ~ 遺言で物を残す / make [draw up] one's [a] ~ 遺言書を作成する / change one's ~ 遺言書を改める. **5** (人に対してもつ)好意・悪意の)気持ち: show good [ill] ~ toward a person 人に好[悪]意を示す. **6** 《古》要求, 命令. **7** 《廃》肉欲 (cf. Shak., *Measure* 2. 4. 164).
agàinst** a person's **wíll 心ならずも, 不本意ながら: He made me come *against my* ~. 私がいやなのを来させた / It was very much *against her* ~. それは決して彼女の本意ではなかった. 《*c*1400》 ***at one's ówn* (*swèet*) *wíll*** 意のままに, 随意に, 勝手(気まま)に: He comes and goes *at his own sweet* ~. 彼は好きな時に来て好きな時に帰る. 《*a*1300》 ***at will*** 思うままに, 随意に: You may go or stay *at* ~. 行くも留まるも自由にしなさい. 《*a*1325》 ***by one's will*** 《廃》自ら進んで: I would not hang a dog *by my* ~. 自分から進んで犬の首をしめたりしない (Shak., *Much Ado* 3. 3. 63). ***dò a person's wíll=dò the wíll of*** …の意志に従う (obey). ***of one's ówn frée will*** 自己の自由意志から, 自ら進んで: I did it *of my own free* ~. ***(the) will to pówer*** (ニーチェ哲学で)権力への意志 (★ G *Wille zur Macht* の訳). 《1907》 ***with a wíll*** 心をこめて; 熱心に, 本気で, 威勢よく (heartily): He went to work on it *with a* ~. 本気でその仕事にかかった. 《1848》 ***with the bést will* [*áll the will*] *in the wórld*** [通例否定構文で] 心掛けはどんなによくても, いくらその気[つもり]で(やって)も: *With the best* ~ *in the world,* I could not eat anything. 精一杯努力しても何も食べられなかった. 《1857》 ***wórk one's wíll*** (人・物に対して)目的[望み]を遂げる (*upon*): *He worked his* wicked ~ *upon* them. 彼らに対して邪念を遂げた.
〖OE *willa* < Gmc **wiljon* (G *Wille*) ← IE **wel-* 'to WILL¹'〗

will³ /wíl/ *v.* (*vt.* 4 は will¹ と同じ変化, その他は規則変化) — *vt.* **1** 意志で定める, 決意する, 欲する (desire strongly), 命じる (decree): He ~*s* his own death. 自殺を決意する / I ~ that he shall die. 彼を生かしておかない決心だ / He who ~*s* success is half way to it. 成功を志す人は(それだけで既に)半ば成功の途上にある / The law ~*s* it. 法律はそれを命じる (それが法律の意思だ) / God ~*s* it. それは神のおぼしめしである / God willing ⇨ God 成句 / Can we ~ what we are told to ~? 我々は他から決意せよと言われたことを決意することができるか / God ~*s* [《古》~*eth*] that man should be happy. 神は人間が幸福ならんことを欲する (人間が幸福であることは神の意志である) / Many wish, but few ~, to be good. 善人でありたいと思う者は多いが, そうなろうと心がける者は少ない / *Willing* and wishing are not the same. ⇨ willing *n.* 1. **2** … に意志の力でさせる: She ~*ed* herself *to* fall asleep. 意志の力で眠った / He ~*s* [is ~*ing*] himself *into* contentment. 強いて満足する[している] / He ~*ed* the genie *into* his presence. 彼は意志の力で精霊を面前に呼び寄せた. **3** 遺言(で指示)する; (遺言で)遺贈する (bequeath by will): He ~*ed that* his lands (should) be sold for payment of his debts. 彼は自分の借金を支払うために土地を売るように遺言した / ~ one's property *to* one's child / I shall ~ my money *to* a hospital. 病院へ金を遺贈しようと思う. **4** [変化は will¹ と同じ] 望む, 欲する, 願う (want, desire) (cf. would¹ B 3). ★ この用法は will¹ の省略用法とも見なされる; 次の最初の例のように名詞・代名詞を目的語にとるのは古体: What *wilt* thou? なんじ何物を欲するや / Let him do what he ~. 何でも彼の好きなことをさせなさい / Say what you ~, I still think she was right. 君が何と言おうとも, 私はやはり彼女が正しかったと思う / Come when you ~. 来たいときに来なさい / Let him come when he ~. いつでも彼の好きなときに来るがよい / It shall be (just) as you ~. それは君の思うままにしたらいい. ***if you will*** (1) (その方が)よろしければ; いうなれば. (2) = if you PLEASE.
— *vi.* **1** 意志を用いる: He has lost the power to ~. 意志を働かせる力を失った. **2** 決定する (decide), 命じる (decree): All shall be as God ~*s*. 万事は神のおぼしめしの通りになる. **3** 欲する, 好む (prefer): The sheep wandered as [wherever] they ~*ed*. 羊はどこへでも好きな所へさまよった. **4** 《古》将に行こうとする.
〖OE *willian* ← *willa* 'WILL²': cf. G *willen*〗

Will /wíl/ *n.* ウィル《男性名》. 〖(dim.) ← WILLIAM: cf. Bill〗

Wil·la /wílə/ *n.* ウィラ《女性名》. 〖(dim.) ← WILHELMINA〗

will·a·ble /wíləbl/ *adj.* 欲することができる; 意志で決定できる. 〖《*c*1450》 ← WILL³+-ABLE〗

Wil·laert /wílɑət, víl- | -lɑ:t; *Du.* wílɑ:rt/, **Adrian** *n.* ウィラールト《1480 (または 1490)–1562; フランドル生まれで Venice で活躍した作曲家》.

Wil·lam·ette /wɪ̀lǽmɪ̀t | wɪlǽmɪt/ *n.* [the ~] ウィラメット(川)《米国 Oregon 州北西部を北流して Portland で Columbia 川に合流する川 (295 km)》. 〖← N-Am.-Ind.〗

Wil·lard /wíləd | -lɑ:d, -ləd/ *n.* ウィラード《男性名》. 〖OE *Wilheard* ← WILL²+*heard* hardy: もと家族名〗

Wil·lard /wíləd | -lɑ:d, -ləd/, **Emma** *n.* ウィラード《1787–1870; 米国の教育家・詩人; 旧姓 Hart; New York 州 Troy に Troy Female Seminary (現在の Emma Willard School) を創設 (1821); 女子教育の普及に貢献した》.

Willard, Frances (**Elizabeth Caroline**) *n.* ウィラード《1839–98; 米国の教育家・社会改革者; 世界 WCTU の設立者 (1883)》.

wíll-cáll *adj.* (デパートなどで客が全額払い込むまでその買物を)留置きにする(ための): a ~ department / ~ services. — *n.* /⌐⌐/ (デパートなどで)買上品を留置きにする制度. 〖← (*the buyer*) *will call*〗

Will·cocks /wílkɑ(:)ks | -kɔks/, **Sir William** *n.* ウィルコックス《1852–1932; 英国の技師; エジプトの Aswan Dam を設計 (1898)》.

wíll còntest *n.* 〘法律〙遺言書の存否[合法性]を争う訴訟.

willed¹ /wíld/ *adj.* [主に複合語の第 2 構成素として] (…の)意志のある: ill-*willed* 悪意のある / strong-[weak-]*willed* 意志の強い[弱い]. 〖《1398》 ← WILL²+-ED 2〗

willed² /wíld/ *adj.* **1** 意志によって決定された; 自発的な: a ~ determination not to remember 思い出すまいという自発的な決意. **2** (催眠術などで)他人の意志に支配された. 〖← WILL³+-ED 1〗

Wil·lem /wíləm/ *n.*; *Du.* wíləm/ *n.* ウィレム《男性名》. 〖□ Du. ~ 'WILLIAM'〗

wil·lem·ite /wíləmàɪt | -lɪ̀-/ *n.* 〘鉱物〙ケイ酸亜鉛鉱 (Zn_2SiO_4). 〖《1850》□ Du. *willemit* ← *Willem I* (1772–1843: オランダ国王 (1815–40)): ⇨ -ite¹〗

Wil·lem·stad /víləmstɑ̀:t; *Du.* wíləmstɑt/ *n.* ウィレムスタト《Netherlands Antilles の主都, Curaçao 島南端の港市》.

Wil·len·dorf /víləndɔəf | -dɔ:f; *G.* vílənd̥ɔʁf/ *n.* ウィレンドルフ《オーストリア北東部の村; 旧石器時代後期オーリニャック期の遺跡があり, 石灰岩の小像ウィレンドルフのヴィーナス (Venus of Willendorf) の発見地》.

Willes·den /wílzdən, -dn/ *n.* ウィルズデン《イングランド南東部, もと Middlesex 州の都市, 現在は Greater London の Brent 区の一部》. 〖OE *Willesdone* 《原義》hill with a spring: ⇨ well², -s², down³〗

wil·let /wílɪ̀t/ *n.* (*pl.* ~, ~**s**) 〘鳥類〙ハジロシギ (*Catoptrophorus semipalmatus*) 《北米産の大形のシギ》. 〖《1791》 ← *pill-will-willet* (その鳴声)〗

wil·ley /wíli/ 〘紡織〙 *n.* =willow 3. — *vt.* =willow. 〖⇨ willy〗

Wil·ley /wíli/, **Basil** *n.* ウィリィ《1897–1978; 英国の文学研究家; *The Seventeenth Century Background* (1934)》.

will·ful, 《英》 **wil·ful** /wílfəl, -fl/ *adj.* **1** 〈行動が〉故意の (⇨ intentional SYN): a ~ injury 故意の傷害 / ~ murder 故意の謀殺. **2** わがままな, 強情な, 片意地な (wayward, obstinate): ~ children わがままな子供ら / ~ ignorance 頑迷(がんめい) / ~ waste 勝手気ままな浪費. **3** 《廃》その気になって (willing). **~·ly** *adv.* **~·ness** *n.* 〖《?*a*1200》 ← WILL²+-FUL¹〗

Wil·liam /wíljəm/ *n.* **1** ウィリアム《男性名; 愛称形 Bill, Billy, Liam, Wilkes, Will, Willie, Willy; アイルランド形 Liam, ウェールズ形 Gwylim》. **2** 《米俗》札, 紙幣: a ten-dollar ~. (William の愛称形 Bill (i.e. bill) にひっかけたもの) 〖《11C》□ ONF *Willa(u)me* □ OHG *Willahelm* ← *willio* 'WILL²'+*helm* 'HELM²': cf. G *Wilhelm* / (O)F *Guillaume*〗

Wil·liam /wíljəm/ *n.* **1** 獅子王ウィリアム (William the Lion) (1143?–1214); スコットランド王 (1165–1214). **2** [Prince ~] ウィリアム王子《1982– ; 英国の Charles 皇太子の長子》.

William I *n.* **1** ウィリアム一世《1027–87; 初めフランスの Normandy 公であったが, 1066 年 Norman Conquest によりイングランドを征服して Norman 王朝初代の王となった (1066–87); 通称 William the Conqueror》. **2** (オラニエ公)ウィレム一世《1533–84; ドイツ生まれのオランダの政治家・軍人; オランダ共和国の初代総督 (1579–84); 称号 Prince of Orange (1544–84); 通称 William the Silent; オランダ語名 Willem van Oranje》. **3** ウィルヘルム一世《1797–1888; プロイセン国王 (1861–88) およびドイツ皇帝 (1871–88); ドイツ語名 Wilhelm》.

William II *n.* **1** ウィリアム二世《1056?–1100; イングランド王 (1087–1100), William 一世の子; 通称 William Rufus, William the Red》. **2** ウィルヘルム二世《1859–1941; ドイツ皇帝およびプロイセン国王 (1888–1918), 第一次大戦後廃位; 通称 Kaiser Wilhelm》.

William III *n.* ウィリアム三世《1650–1702; 英国王 (1689–1702); James 二世の甥でオレンジ公 (Prince of Orange) としてオランダ総督であったが, 名誉革命により妻 Mary 二世と共同で英王位についた》.

William IV *n.* ウィリアム四世《1765–1837; Hanover 朝の英国王 (1830–37); George 三世の第三子で George 四世の弟; 嫡子なく没したため, 姪の Victoria 女王が王位を継承》.

William and Mary *n.* ウィリアム アンド メアリー(様式)《1689–1720 年にわたって英国で流行したオランダ起源の家具の様式; ウォールナットを用い, 優美なデザインが特徴》. 〖《1905》 ← *William III*+*Mary II*〗

Wílliam of Málmes·bur·y /-mɑ́:mzbɛ̀ri, -b(ə)ri | -b(ə)ri/ *n.* マームズベリーのウィリアム《1090?–?1143; 英国の歴史家》.

Wílliam of Órange *n.* オレンジ公ウィリアム《William III のこと》.

Wil·liams /wíljəmz/ *n.* =Williams pear.

Wil·liams, Ben Ames /éɪmz/ *n.* ウィリアムズ《1889–1953; 米国の小説家; *House Divided* (1947)》.

Williams, Charles (**Walter Stans·by** /stǽnzbi/) *n.* ウィリアムズ《1886–1945; 英国の宗教的詩人・小説家・劇作家》.

Williams, Sir **George** *n.* ウィリアムズ《1821–1905; 英国の実業家, Y.M.C.A. の創立者 (1844)》.

Williams, (**George**) **Emlyn** *n.* ウィリアムズ《1905–87; ウェールズ生まれの英国の劇作家・俳優》.

Williams, Hank *n.* ウィリアムズ《1923–53; 米国のカントリー歌手・ギター奏者; *Lovesick Blues, Jambalaya*; 本名 Hiram King Williams》.

Williams, Jody *n.* ウィリアムズ《1950– ; 米国 Vermont 州出身; NGO (非政府組織)の ICBL (地雷禁止国際キャンペーン)を創設; Nobel 平和賞 (1997)》.

Williams, John (**Christopher**) *n.* ウィリアムズ《1941– ; オーストラリアのクラシックギタリスト; 英国を本拠地として活動; 1979 年フュージョングループ Sky を結成》.

Williams, J(**ohn**) **P**(**eter**) **R**(**hys**) *n.* ウィリアムズ《1949– ; ウェールズのラグビー選手; テニスなど他のスポーツもよくし, 医学も修めた》

Williams, Ralph Vaughan *n.* ⇨ Vaughan Williams.

Williams, Roger *n.* ウィリアムズ《1603?–83; 英国生まれで米国に住んだ牧師, Rhode Island 植民地の創設者》.

Williams, Ten·nes·see /ténəsi: | -nɪ̀-/ *n.* ウィリアムズ《1911–83; 米国の劇作家; *A Streetcar Named Desire* (1947); 本名 Thomas Lanier Williams》.

Williams, Theodore Samuel *n.* ウィリアムズ《1918–2002; 米国の野球選手; Boston Red Sox 外野手の強打者; 1941 年に打率 4 割 6 厘を記録; Ted Williams の名で知られる》.

Williams, William Carlos *n.* ウィリアムズ《1883–1963; 米国の詩人; *Paterson* (5 巻, 1946–58)》.

Wil·liams·burg /wíljəmzbə̀:g | -bə̀:g/ *n.* ウィリアムズバーグ《米国 Virginia 州南東部の都市; 英国植民地時代の主都; 植民地時代の建物などが多く保存されている》. 〖← *William III*: -s², -burg〗

Wil·liam·son /wíljəmsən, -sn/, **Henry** *n.* ウィリアムソン《1895–1977; 英国の小説家; 動物を主人公にした *Tarka the Otter* (1927, Hawthornden 賞), 自伝風の大河小説 *A Chronicle of Ancient Sunlight* (1951–69) などがある》.

Wil·liam·son, Mount *n.* ウィリアムソン山《米国 California 州南東部 Sierra Nevada 山脈中の高峰 (4,382 m)》.

Wílliams péar *n.* 梨の一種《William's Bon Chrétien ともいう》.

Wílliam Téll /-tél/ *n.* ウィリアムテル《14 世紀ごろスイスに住んでいたという伝説的な愛国者; オーストリアの悪代官によってわが子の頭上のりんごを弓で射ることを命じられた; Schiller の戯曲や Rossini の歌劇の題材となった》. 〖← G *Wilhelm Tell*〗

Wílliam the Cónqueror *n.* =William I.

Wílliam Yóung·ers /-jʌ́ŋgəz | -gəz/ *n.* 〘商標〙ウィリアムヤンガーズ《英国 Scottish & Newcastle Breweries 社製のビール》.

wil·lie /wíli/ *n.* 《英・婉曲》陰茎, おちんちん. 〖《1905》↓〗

Wil·lie /wíli/ *n.* ウィリー《男性名; 女性名》. 〖(dim.) 1: ← WILLIAM; 2: ← WILHELMINA: ⇨ -ie〗

wil·lies /wíliz/ *n. pl.* [the ~] 《俗》いらだち (jitters), 怖気(おじけ) (the creeps): get *the* ~ at …にぞっとする / give a person *the* ~ 人をぞくぞく[ひやひや]させる. 〖《1896》《短縮》? ← BEWILDER: ⇨ -ie〗

wíl·lie wágtail /wíli-/ *n.* 〘鳥類〙オーストラリア・ニューギニア・Solomon 諸島産オウギヒタキの一種 (*Rhipidura leucophrys*). 〖《1824》← WILLIE+WAGTAIL〗

wil·lie-waught /wíliwɑ̀:kt, -wɑ̀:xt/ *n.* (ビールなどの)大量のひと飲み. 〖《1788》《異分析》← *gudewillie waught*: Robert Burns の 'Auld Lang Syne' の句〗

will·ing /wílɪŋ/ *adj.* **1** [叙述的] …するのを嫌がらない, …してもかまわない, …する用意がある《他者からの要望などに対処する態度を表し, 積極的な気持ちはない》〈*to do*〉〈*that*〉: I'm ~ *to* lend you some money. お金を貸してあげてもいいよ / I asked them to do it and they said they were ~ (*to*). 彼らにそれをしてくれと頼んだら, してもかまわないと言った. **2** [限定的] いそいそとしている, 進んでする (ready [eager] to act) (⇨ voluntary SYN): a ~ mind, worker, guide, etc. / ~ hands 喜んで手助けする人々, 進んで働く手伝い人 / a ~ participant in the plot その陰謀に自ら進んで加わった人 / spur a ~ horse ⇨ horse 成句 / The spirit indeed is ~. ⇨ spirit 2 a. **3** 進んで提供する, 自発的な (voluntary): a ~ gift, help, sacrifice, etc. / ~ aid 心からの援助 / ~ consent 快諾. **4** 〈物が〉言う通りになる (compliant), 〈風が〉好都合な (favorable).

— *n.* 1 《古》欲すること，志すこと． 2 進んでしようとする意志，やる気：⇨ SHOW willing.
Gód wílling ⇨ God 成句. **shów wílling** 《英口語》やる気がある[協力的である]ことを示す：You'd better turn up early just to *show* ～. やる気があることを示すために早く姿を見せた方がいいですよ．
〖adj.: (*a*1325). — n.: OE *willung*. — adj.: (*a*1325)：⇨ will¹, -ing¹·²〗

willing hórse *n.* 働き者：All lay loads on a ～. 《諺》働き者には皆が用事を押しつける．〖*c*1580〗

will·ing·ly /wílɪŋli/ *adj.* 1 喜んで，快く，いそいそとして (readily)：He lent me the money quite ～. 彼は本当に快くその金を貸してくれた / Will you come with me?— Yes, ～. 一緒に来ますか—喜んで． 2 《廃》わざと，故意に (intentionally). 〖*c*1395〗

will·ing·ness *n.* [時に a ～] いやがらずにすること[心持ち]；快く[進んで]〈…する〉こと〈*to* do〉：I showed [expressed] my ～ *to* support the cause. その運動を進んで支持する意向を表明した．〖1561〗

Wil·lis /wílɪ̥s | -lɪs/ *n.* ウィリス《男性名》．〖(dim.) ← WILLIAM〗

Wil·lis /wílɪ̥s | -lɪs/, **Nathaniel Parker** *n.* ウィリス《1806–67; 米国のジャーナリスト・編集者・作家; *The Convalescent* (1859)》．

wil·li·waw /wíliwɔ̀:, -wɑ̀: | -wɔ̀:/ *n.* 1 Magellan 海峡に吹き荒れる激しい突風． 2 《米》大混乱，激動．〖(1842)《変形》← WILLY-WILLY〗

will·less *adj.* 1 意志のない． 2 遺言をしない (intestate). **～·ly** *adv.* **～·ness** *n.* 〖1747〗

will-o'-the-wisp /wɪ̀ləðəwísp | ⌐——⌐, ⌐——⌐/ *n.* 1 きつね火，鬼火 (ignis fatuus, jack-o'-lantern). 2 人を迷わすもの，幻影，とらえどころのない目標． 3 信用のできないとらえどころのない人． **～·ish** /～ɪʃ/ *adj.* **～·y** *adj.* 〖(1661) *Will with the wisp* 《原義》William of the torch ∽ (1608) *Will with the wisp*: cf. jack-o'-lantern〗

Wil·lough·by /wíləbi/ *n.* ウィロビー《男性名》．〖← OE *wyliġ-by* (from the) willow farm〗

wil·low /wílou | -ləu/ *n.* 1 〖植物〗ヤナギ (willow tree) 《ヤナギ属 (*Salix*) の植物の総称; シダレヤナギ (weeping willow), ネコヤナギ (*S. gracilistyla*) など》． 2 柳材． 3 《口語》柳製のもの《特に，クリケット用のバットをいう》：handle [wield] the ～ バットを使う[振る]． 4 《《変形》← WILLY》〖紡織〗開毛除塵機． **wéar the willow** 失恋する；愛人の死を嘆く《昔，柳の葉で作った花輪をつけて恋の悲しみなどを示したことから》．(1584) 1885》
— *adj.* 柳の；柳製の． — *vt.* 開毛除塵機にかける．
～·like *adj.* 〖OE *weliġ* ← (Du. *wilg* / LG *wilge*) ← ? Gmc **wel-* ← ? IE **wel-* to turn, roll (Gk *helíkē* willow)〗

wíl·low·er /-louə | -ləuə^(r)/ *n.* 1 〖紡織〗開毛除塵機． 2 開毛除塵機を操作する人．〖1881〗

willow flỳ *n.* 〖昆虫〗カワゲラの一種 (*Leuctra geniculata*) 《マス釣りの餌》．

willow flýcatcher *n.* 〖鳥類〗メジロハエトリ，メジロタイランチョウ (*Empidonax traillii*) 《北米産のタイランチョウ科のメジロハエトリ属の小鳥》．

willow gòldfinch *n.* 〖鳥類〗米国太平洋岸に生息するオオゴンヒワの一種 (*Spinus tristis salicamans*).

willow gràin *n.* 〖皮革〗揉(も)んで流れ模様をつけた革の銀面．

willow gròuse *n.* 〖鳥類〗= willow ptarmigan.

willow hèrb *n.* 〖植物〗 1 アカバナ属 (*Epilobium*) の植物の総称;《特に》ヤナギラン (*E. angustifolium*), オオアカバナ (hairy willow herb) 《ユーラシア・北米産の多年草; ピンクがかった紫色の花と長い穂状花序をもつ》． 2 = purple loosestrife. 〖1578〗

wíl·low·ish /-louɪʃ | -ləu-/ *adj.* 柳のような，柳に似た．〖1653〗

willow-lèaved jásmine [jéssamine] *n.* 〖植物〗ナス科キチョウジ属の低木 (*Cestrum parqui*) 《南米産でヤナギのような葉をもち，緑がかったうす黄色の円錐花序は夜に芳香を放つ》．

willow mỳrtle *n.* 〖植物〗オーストラリア産フトモモ科の木 (*Agonis flexuosa*) 《葉がヤナギに似る》．〖1898〗

willow òak *n.* 〖植物〗米国東部産ブナ科カシ属のヤナギのような葉をした高木 (*Quercus phellos*); その材《建築用》．〖1717〗

willow pàttern *n.* 1 (中国陶磁器に見る白地に青色の)柳模様《1780 年に英人 Thomas Turner がこの模様を英国製陶磁器に用いた; cf. willowware》． 2 柳模様の陶磁器．〖1848〗

willow ptármigan *n.* 〖鳥類〗ヌマライチョウ，カラフトライチョウ (*Lagopus lagopus*) 《キジ科キジ目の鳥; ユーラシア北部・北米北部に分布; 米国 Alaska 州の州鳥》．〖1872〗

Wíllow Sóuth *n.* ウィロウサウス《米国 Alaska 州南部，Anchorage の北西にある都市》．

willow tìt *n.* 〖鳥類〗コガラ (*Parus montanus*) (cf. black-capped chickadee). 〖1907〗

willow wàrbler *n.* 〖鳥類〗キタヤナギムシクイ (*Phylloscopus trochilus*) 《ヨーロッパ産ムシクイ属の灰緑色の鳴鳥; willow wren ともいう》．〖1846〗

willow·wàre *n.* ウィローウェア《柳模様 (willow pattern) の描かれた陶磁器; 18 世紀後半に中国から英国に入った; cf. willow pattern》．〖1851〗

willow wrèn *n.* 〖鳥類〗 1 = willow warbler. 2 = chiffchaff.

wil·low·y /wíloui | -ləui/ *adj.* 1 柳の多い． 2 〈容姿が〉柳の枝のような，か細い，しなやかな (supple), 優美な (graceful)：a ～ figure / a tall ～ girl 背の高いすらりとした娘．〖(1766)：⇨ -y⁴〗

will·pow·er /wílpàuə | -pàuə^(r)/ *n.* 意志力; 自制力：a woman of great ～ 非常に意志の強い女性 / It requires strong ～ to complete a marathon. マラソンを完走するには強い意志が必要だ．〖(1874)《なぞり》← G *Willenskraft*〗

Wills /wílz/ *n.* ウィルズ《男性名》．〖《原義》'son of WILL'〗

Wills /wílz/, **William John** *n.* ウィルズ《1834–61; 英国生まれのオーストラリアの探検家; Robert O'Hara Burke の探検隊員としてオーストラリア大陸縦断を果たした直後に餓死》．

Will·stät·ter /vílʃtɛtə, -stɛtə | -tə^(r); G. vílʃtɛtɐ/, **Richard (Martin)** *n.* ウィルシュテッター《1872–1942; ドイツの化学者; Nobel 化学賞 (1915)》．

wil·ly /wíli/ *n.* 1 《英方言》柳細工のかご; 柳細工の魚を取る筌(うえ)． 2 = willow 4. 3 = willie. — *vt.* = willow. 〖OE *wiliġe* basket, 《原義》one made of willow twigs: cf. willey〗

Wil·ly /wíli; G. víli/ *n.* ウィリー《男性名; 女性名》．〖⇨ Willie: cf. -y²〗

wil·ly-nil·ly /wìliníli⌐/ *adv.* 1 いやでも応でも (inevitably) (cf. nill). 2 無秩序に，でたらめに． — *adj.* 1 いや応なしの，いや応なしに起こる． 2 《俗用》優柔不断の，決心の定まらない．〖(1608)《変形》← *will I* [*he, ye*], *nill I* [*he, ye*]: cf. will¹, nill〗

willy wágtail *n.* = willie wagtail.

wil·ly·waw /wíliwɔ̀:, -wɑ̀: | -wɔ̀:/ *n.* = williwaw.

wil·ly-wil·ly /wíliwìli/ *n.* 《豪》 1 大旋風 (tornado), 竜巻き (cyclone). 2 (砂漠の)つむじ風．〖(1894) ← Austral. 《現地語》//《加重》← *Willy* 《変形》← *whirly* 《短縮》← WHIRLWIND〗

Wil·ma /wílmə/ *n.* ウィルマ《女性名》．〖(dim.) ← WILHELMINA〗

Wil·ming·ton /wílmɪŋtən/ *n.* ウィルミントン： 1 米国 Delaware 州北部，Delaware 河畔の都市． 2 米国 North Carolina 州南東部，Fear 川に臨む港市．〖← *Spencer Compton, Earl of Wilmington* (1673?–1743)〗

Wil·mot /wílmɑ(:)t, -mət | -mɔt, -mət/ *n.* ウィルモット《男性名》．〖ME *Willmot* ← ONF (dim.)：⇨ William〗

Wílmot Províso *n.* [the ～] 〖米史〗ウィルモット但し書《米国がメキシコから買収した土地での奴隷制度を禁止する修正案; 1846 年議会に提案され，下院は通過したが上院で否決された》．

Wílms' tùmor /wílmz-, vílmz-/ *n.* (*also* **Wílms's t-**) 〖医学〗ウィルムス腫(瘍)，胎生性腎混合腫瘍．〖(1910) ← *Max Wilms* (1867–1918: ドイツの外科医)〗

Wil·no /*Pol.* vʲílnɔ/ *n.* ヴィルノ《Vilnius のポーランド語名》．

Wil·son /wílsən, -sn/ *n.* ウィルソン： 1 男性名． 2 〖商標〗米国 Wilson Sporting Goods 社製のスポーツ用品; 特にグローブ・テニスラケット・ゴルフクラブなど．〖ME *Willeson*：⇨ Will, son¹〗

Wil·son /wílsən, -sn/, **Alexander** *n.* ウィルソン《1766–1813; スコットランド生まれの米国の鳥類学者》．

Wilson, Sir Angus (Frank Johnstone) *n.* ウィルソン《1913–91; 英国の作家; *Hemlock and After* (1952), *Anglo-Saxon Attitudes* (1956)》．

Wilson, Charles Thomson Rees /rí:s/ *n.* ウィルソン《1869–1959; スコットランドの物理学者; 霧箱 (cloud chamber) を発明; Nobel 物理学賞 (1927)》．

Wilson, Colin *n.* ウィルソン《1931–2013; 英国の批評家・作家; *The Outsider* (1956)》．

Wilson, Edmund *n.* ウィルソン《1895–1972; 米国の批評家; *Axel's Castle* (1931)》．

Wilson, Edward Osborne *n.* ウィルソン《1929–　; 米国の生物学者; 社会生物学の第一人者》．

Wilson, (James) Harold *n.* ウィルソン《1916–95; 英国の政治家，労働党党首 (1963–76); 首相 (1964–70, '74–76)》．

Wilson, John *n.* ウィルソン《1785–1854; スコットランドの哲学教授・評論家・詩人; 筆名 Christopher North; *Noctes Ambrosianae*「アンブロウス館夜話」(1822–35) の大部分を執筆》．

Wilson, (John) Dover *n.* ウィルソン《1881–1969; 英国の Shakespeare 学者; *The New Shakespeare* (1921–66)》．

Wilson, John Tuzo ウィルソン《1908–93; カナダの地球物理学者; プレートテクトニクス研究の先駆者》．

Wil·son /wílsən, -sn/, **Mount** *n.* ウィルソン山《米国 California 州南西部，Pasadena 付近の山 (1,740 m); Mount Wilson Observatory がある; cf. Hale Observatory》．〖← *B. D. Wilson* (米国初期の開拓者)〗

Wilson, Robert Wood·row /wúdrou | -drəu/ *n.* ウィルソン《1936–　; 米国の電波天文学者; Nobel 物理学賞 (1978)》．

Wilson, (Thomas) Woodrow *n.* ウィルソン《1856–1924; 米国第 28 代大統領 (1913–21); Nobel 平和賞 (1919)》．

Wílson chámber *n.* 〖物理〗ウィルソン霧箱 (⇨ cloud chamber). 〖(1917) ← *C. T. R. Wilson*〗

Wílson clóud chàmber *n.* 〖物理〗ウィルソン霧箱 (⇨ cloud chamber). 〖(1931) ↑〗

Wílson Dám *n.* [the ～] ウィルソンダム《米国 Alabama 州北西部，Tennessee 河畔の電力用ダム，TVA の事業の一つ; 長さ 1,400 m, 高さ 42 m》．〖← *T. W. Wilson*〗

Wil·so·ni·an /wɪlsóuniən | -sə́u-/ *adj.* (米国大統領) Woodrow Wilson の．〖1924〗

Wil·só·ni·an·ìsm /-nìzm/ *n.* = Wilsonism.

Wil·son·ism /wílsənìzm, -sn-/ *n.* (米国大統領) Woodrow Wilson の主義[政策]．〖1920〗

Wílson's bláckcap *n.* 〖鳥類〗= Wilson's warbler.

Wíl·son's disèase *n.* 〖病理〗ウィルソン病《線状体の変性と肝硬変を伴う遺伝的な家族性疾患》．〖(*c*1915) ← *S. A. K. Wilson* (1878–1936: 英国の神経病理学者)〗

Wílson's pétrel *n.* 〖鳥類〗アシナガウミツバメ (*Oceanites oceanicus*). 〖← *A. Wilson*〗

Wílson's phálarope *n.* 〖鳥類〗アメリカヒレアシシギ (*Steganopus tricolor*) 《夏期北米草原地方で繁殖する水鳥》．〖↑〗

Wílson's snípe *n.* 〖鳥類〗タシギ (*Gallinago gallinago*). 〖↑〗

Wílson's thrúsh *n.* 〖鳥類〗= veery. 〖↑〗

Wílson's wárbler *n.* 〖鳥類〗ウィルソンアメリカムシクイ (*Wilsonia pusilla*) 《北米東部・北部産のハエを捕食する頭部が黒く体が黄色の鳴鳥; Wilson's blackcap ともいう》．〖↑〗

wilt¹ /wílt/ *vi.* 1 〈草花などが〉しぼむ，しおれる (wither, droop)：Vases of flowers were ～*ing* in the hot atmosphere. 暑い天気の中で花瓶の花がしおれていた． 2 〈人が〉元気がなくなる (flag)：He seemed to be ～*ing away* in his anxiety. 不安のあまり元気がなくなっている様子だった． 3 勇気を失う． — *vt.* 1 〈草花を〉しおれさせる，しぼます． 2 しょげさせる，…の意気を消沈させる．
— *n.* 1 しおれること，意気消沈，(熱意・関心などの)冷めること． 2 〖植物病理〗立枯れ病《細菌・ウイルス・菌類・昆虫などによる》． 3 しおれ病《各種のチョウ・ガの幼虫の伝染病; ウイルスによるもので内臓などが溶ける》．〖v.: (1691)《変形》? ← 《廃》*welk* to wither ← LDu. (cf. Du. *welken*). — n.: (1855) ← (v.)〗

wilt² /(弱) wɪ̥lt, (ə)lt; (強) wílt/ *v.* 《古》will¹ の二人称単数直説法現在：Thou ～ = You will. 〖OE ～〗

wílt disèase *n.* = wilt 2, 3.

wílt·ing *n.* 〖植物〗しおれ，凋萎(ちょうい)：⇨ incipient wilting, permanent wilting.

wílting coeffìcient *n.* しおれ係数《永久凋萎(ちょうい)の起こる際の土壌の水分含有量; wilting point ともいう》．〖1980〗

wílting percèntage *n.* しおれ率．

wílting pòint *n.* しおれ点 (⇨ wilting coefficient). 〖1912〗

Wil·ton /wíltn̩, -tən/ *n.* ウィルトンじゅうたん《Brussels carpet のように作ってその輪奈を切ってビロード風にしたもの; Wilton carpet, Wilton rug ともいう》．〖(1773) ← *Wilton* (Wiltshire にあるその最初の産地名) < OE *Wiltūn* 《原義》village on Wylye (川の名)：⇨ -ton〗

Wilts. /wílts/ 《略》Wiltshire.

Wilt·shire¹ /wíltʃə, -ʃɪə | -ʃə^(r), -ʃɪə^(r)/ *n.* ウィルトシャー《イングランド南部の内陸州; 面積 3,484 km², 州都 Trowbridge》．〖OE *Wiltunsċīr* 《原義》'SHIRE dependent on WILTON'〗

Wilt·shire² /wíltʃə, -ʃɪə | -ʃə^(r), -ʃɪə^(r)/ *n.* 1 ウィルトシャー《英国産の角のねじれた純白品種の羊; Wiltshire Horn ともいう》． 2 ウィルトシャーチーズ (Wiltshire cheese) 《derby に似た円筒状のチーズ》．〖(1794) ↑〗

wil·y /wáɪli/ *adj.* (**wil·i·er; -i·est**) 手管の多い，策略のある，陰険な，ずるい (⇨ sly SYN)：～ politicians, schemes, etc. / He was familiar with the ～ ways of diplomacy. 外交の策略の多いやり方はよく知っていた．〖(*a*1325)：⇨ wile, -y⁴〗

wim·ble /wímbl̩/ *n.* 1 きり (gimlet). 2 掘った穴から土や泥をすくい上げる道具． 3 綱をよる道具． — *vt.* 1 (wimble で)…に穴を掘る，穴をあける． 2 綱をよる道具で〈綱を〉よじる[なう]．〖(1295) ◻ AF **wimble* = OF **guimble* ◻ MDu. *wimmel* ← ? Gmc **wimpila-* (⇨ wimple): cf. gimlet〗

Wim·ble·don /wímbl̩dn̩, -dən/ *n.* ウィンブルドン《イングランド南東部，Greater London の Merton 区の一部; ここで全英オープンテニス選手権大会 (All England Lawn Tennis Championships) が開かれる》．〖(1907) OE *Wimbedūn* 《原義》'Down¹ of Winebeald (人名)'〗

wim·min /wímɪn/ *n. pl.* 女性 (women) 《women や female を避けるためにフェミニストなどが好むつづり; 視覚方言 (eye dialect) としても用いられる》．〖1910〗

wimp /wímp/ *n.* 《口語》弱虫，意気地なし，無能な人． **wimp óut** 《口語》しりごみする，おじけづく． **wímp·ish** /-pɪʃ/ *adj.* **wímp·y** /-pi/ *adj.* 〖(1920) ← ? 《英俗》*wimp* girl, woman ← ? WHIMPER〗

WIMP¹ /wímp/ *n.* 〖電算〗ウィンプ《ウインドー，アイコン，マウス，プルダウンメニューなどで操作する利用者の使いやすさに配慮した GUI を表すことば》．〖《頭字語》← *w*(*indows*), *i*(*cons*), *m*(*enus*), *p*(*ointers*)〗

WIMP² /wímp/ *n.* 〖物理〗WIMP, 弱(相互)作用重粒子《通常の物質と弱い相互作用で反応し質量が比較的大きいとされる仮説上の粒子; 暗黒物質 (dark matter) の一構成要素と考えられている》．〖(*c*1975)《頭字語》← *w*(*eakly*) *i*(*nteracting*) *m*(*assive*) *p*(*article*)〗

wim·ple /wímpl̩/ *n.* 1 (修道女の用いる)ベール《首に巻きつけ頭からかぶる; もとは一般の女性も外出時に用いた》． 2 《スコット》 **a** ひだ，折目 (fold). **b** (道路・川などの)曲がり (winding). 3 《英・スコット》さざ波 (ripple). — *vt.* 1 (修道女用の)ベールで包む; (ベールのように)ひだを入れて巻く． 2 …にさざ波を立たせる，…を揺り動かす． — *vi.* 1 《古》ひだになる． 2 《スコット》〈小川・道などが〉うねうねとする，うねる (meander). 3 さざ波立つ．〖lateOE *wim-*

pel neck-covering ← ? Gmc **wimpila-* (Du. *wimpel* / G *Wimpel* streamer) ← IE **weib-* to turn: cf. wimble〕

wím·pled *adj.* ベールで包まれた, 目隠しをされた. 〘(1579): ⇨ ↑, -ed 2〙

Wim·py /wímpi/ *n.* **1**〘商標〙ウィンピー《英国のハンバーガーチェーン店》. **2** ウィンピー《漫画の Popeye の友人; いつもハンバーガーをぱくついている》.

Wim·sey /wímzi/, Lord **Peter** *n.* ウィムジー《Dorothy L. Sayers の推理小説に登場する貴族探偵; 典型的な英国紳士》.

Wíms·hurst machine [gènerator] /wímzhəːst- | -həːst-/ *n.*〘電気〙ウィムズハースト起電機. 〘(1886) ← *James Wimshurst* (1832–1903: 英国の技師)〙

win[1] /wín/ *v.* (**won** /wʌ́n/; **win·ning**) — *vt.* **1** 〈戦争・競争・賭け事などに〉勝つ, …に勝利を得る: ～ a war, battle, race, game, bet, etc. / ～ an argument / ～ an election 選挙に勝つ / She *won* a beauty contest. 美人コンテストで一位になった / She *won* her way to Number 10. 彼女は栄達して英国首相になった. **2** 《戦争・競争など で》〈勝利・賞品などを〉得る, 取る (gain, obtain): ～ $10 10 ドルを得る / ～ a victory in war 戦争で勝利を得る / ～ a fortress 要塞(さい)を占領する[陥れる] / ～ a prize in a contest 競争に勝って賞品を取る / ～ an Oscar (映画の)アカデミー賞を取る / ～ a trophy *for* one's school 学校のためにトロフィーを獲得する / ⇨ *win the* PEACE / ～ one's spurs ⇨ spur 2 b / The party *won* only six seats in (the) Parliament. その党は 6 議席を得たに過ぎない / His abilities *won* him an important post in the Cabinet. 彼はその才能によって閣内の要職に就くことができた / Her achievement *won* her a place in history [the Nobel Prize]. 彼女はその功績によって歴史に残った[ノーベル賞を受賞した] / Her ticket *won* her the jackpot (in the lottery). 彼女の(宝)くじは大当たりだった. **3** 《努力して》〈名声・賞賛などを〉博する, 〈信頼・愛などを〉得る (⇨ get SYN): ～ praise, approval, esteem, etc. / ～ a person's confidence, support, sympathy, love, etc. / ～ fame and fortune 富と名声を得る / ～ a person's [a woman's] heart 人の同情[女性の愛]を得る / ～ a lady's hand 女性から結婚の承諾を得る / The book *won* him fame. その本で彼は有名になった / His unaffected intelligence ～*s* friends. 気取りのない知性が友人を得ている. **4** 《労力の代償として》〈生計などを〉得る (earn): ～ one's livelihood [daily bread] 生計[日々の糧(かて)]を得る[稼ぐ] (cf. breadwinner). **5** 《文語》《努力の末》…に達する, たどり着く (reach): ～ the shore, summit, etc. / ～ repose [tranquillity] 安息[静穏]の境地に達する. **6 a** 〈女を〉口説き落とす, 妻にする: ～ a woman. **b** 《古》説き伏せる (persuade), 説き伏せて…させる (induce)〔*to*〕/〈*to* do〉(cf. WIN *over*). **c** 〈人を〉味方(敵)にする: You have *won* me to your cause. あなたの主張には恐れ入りました《これ以上反対はしない》/ His eloquence *won* the audience. 雄弁をふるって聴衆を説得した / I can always ～ him *to* my point of view. いつでも彼を説き伏せて私の見解に同調させることができる. **7** 《俗》盗む (steal). **8** 〘鉱山〙**a** 〈鉱石を〉掘り当てる: ～ ore 鉱石を掘り当てる. **b** 〈鉱山などを〉開発する. **c** 〈金属を〉鉱石から採る.
— *vi.* **1** 勝つ (↔ lose); 優勝する (cf. place *vi.* 2): ～ *against* [*over*] a person 人と競争して勝つ / ～ *at* cards [dice, roulette] トランプ[さいころ遊び, ルーレット]に勝つ / ～ in a lottery くじ引きに当たる / ～ on the pools サッカー賭博で当てる / ～ by a boat's length 一艇身の差で勝つ / ～ by a neck [head] (競馬で)首[頭]一つの差で勝つ / ～ (by) 5–3 5 対 3 で勝つ / You ～. (議論などで)君の勝ちだ, 君の言うとおりにするよ / We've *won*! 勝ったぞ / May the best man ～! 強いものが勝つように《競技前に用い, 結果に関心が無いことを示す》/ Let those laugh who ～. 《諺》笑っているのも勝てばこそ. **2** 〘スコット〙やり遂げる〈*to do*〉. **3** 《努力して》進む; 達する, たどり着く: ～ *home* 家にたどり着く / ～ *to* shore 〘海事〙(遂に)岸に達する / ～ *back to* sanity やっと正気に返る. **4** 〘補語を伴って〙《努力して》…となる: ～ free [clear, loose] 自由になる, 切り抜ける. **5 a** 〔…を〕(次第に)引き付ける〔*upon, on*〕: ～ *upon* a person, the heart, etc. / Her gentle manner soon *won upon* her neighbors. 彼女の穏やかな物腰はじきに近所の人たちの心を捕えた. **b** 《古》〔…に対して〕勝利を得る, 勝つ〔*on, upon, of*〕.
win aróund ＝WIN *over*. ***win a person awáy from*** …から〈人を〉味方に引き入れる. ***win báck*** 〈失地などを〉回復する, 《努力して》取り戻す: She hoped to ～ *back* his heart again. もう一度彼の気持ちを取り戻したいと思った / We lost the trophy in 1965 but *won* it *back* in 1966. 我々はトロフィーを 1965 年に失ったが, 1966 年にそれを取り戻した. ***win by*** …を(うまく)のがれる (escape, avoid): ～ *by* hanging 絞首刑を免れる. ***wín or lóse*** 勝っても負けても. ***wín óut*** 《長い努力の末》勝ち抜く, 切り抜ける: Right will ～ *out* in the end. 正義は最後には勝つ / We *won out over* the enemy. 最後には敵をやっつけた. 《1896》 ***wín óver*** 説き伏せる, 味方に引き入れる〔*to*〕(cf. *vt.* 6, *vi.* 1): ～ *over* a person *to* a plan 人をある計画に賛成させる / She *won* the jury *over to* her side. 彼女は陪審員たちを自分の方に引き入れた. 《1632》 ***win róund*** ⇨ WIN *over*. ***win one's spúrs*** (1) 名をあげる. (2) 〘歴史〙ナイト (knight) に叙せられる. ***wín thróugh*** (1) …を切り抜ける, やり通す, 勝ち抜く (cf. WIN *out*): ～ *through* to victory despite all difficulties 万難を排して勝利に進む. (2) 病気から回復する. 《1644》 ***win up*** (1) 起き上がる, 立ち上がる. (2) 馬に乗る. 《*a*1300》 ***win one's wáy*** ⇨ way[1] 成句. ***You cán't win 'em áll.*** 《口語》(いつも)成功する[うまく行く]とは限らない《困難を克服しようとしたがうまくいかないときのあきらめの言葉》. 《1954》
— *n.* **1** (競技などでの)勝ち, 勝利 (victory, success): celebrate a ～ 勝利を祝う / He has had three ～*s* and no losses. 3 勝して一度も負けない / I have three ～*s against* him. 私は彼に 3 番勝ち越している / play for a ～, not a draw 引き分けではなく, 勝利を求めて試合する. **2** もうけ, 利益 (profit); 〘通例 *pl.*〙(賭けなどの)賞金, 賞品 (winnings). **3** (競馬などで)第一着, 単勝, 単勝式勝馬投票 (cf. place[1] 15 a ★, show 9).
a nó-win situátion 成功が望めない状況: *a no-win situation* where we can't do anything right 何事もうまくいかない成功不可能な状況.
〔v.: OE *winnan* to fight, toil < Gmc **winn(w)an* (G *gewinnen*) ← IE **wen-* to desire, stirve for (L *Venus* 'VENUS'). — n.: OE (*ġe*)*win*(*n*) toil, strife: 現在の意味は v. から〕

win[2] /wín/ *vi.* (**winned; win·ning**) 《英方言》住む (live). 〘(*c*1375) *wine*(*n*)《異形》← WON[3]〙

win[3] /wín/ *vt.* (**winned; win·ning**) **1** 《北英方言》〈干し草・木材などを〉熱したり風にさらして乾燥させる (dry). **2** 《まれ》＝winnow. 〘(1557) ← ? WIN[1] (方言) to gather, harvest: WIND[1] (vt. 3) との連想か〙

Win /wín/ *n.* ウィン《男性名; 女性名》. 〔1: (dim.) ← WINCHELL, WINFRED, Winston. — 2: (dim.) ← WINIFRED〕

wince[1] /wíns, wínts/ *vi.* **1** (痛さ・こわさなどに)ひるむ, たじろぐ, 縮み上がる, 顔が引きつる: ～ *under* pain [the blows] 苦痛に[打たれて]ひるむ / ～ *at* an allusion ほのめかされてたじろぐ / bear pain without *wincing* 平気で苦痛に耐える. **2** 《古》〈馬などが〉(痛み・いらだちなどで)蹴る. ***Lèt the gálled jáde wínce.*** 傷もつ馬は蹴りもしよう, 侮辱されたと思う人は怒ってみそろ (cf. Shak., *Hamlet* 3. 2. 253). 《1600–01》 — *n.* **1** たじろぎ, ひるみ, 辟易(へきえき). **2** 《古》蹴ること, 蹴り.

wínc·er *n.* 〘(*c*1300) *wynci* to kick restlessly □ ONF **wencir*＝OF *guenc*(*h*)*ir* to give way, turn aside □ Gmc **weŋkjan* ← **waŋkjan* ← IE **weng-* to bend: ⇨ wink[1]〙

wince[2] /wíns/ *n.* 《英》〘紡織〙＝winch[1] 3.

win·cey /wínsi/ *n.* 《英》綿の縦糸と毛の横糸の交織物. 〘(1808)《変形》← LINSEY: LINSEYWOOLSEY の *w-* の影響による〙

win·cey·ette /wìnsiét/ *n.* 《英》両面にけばのある綿ネル《下着・パジャマ・家庭着用》. 〘(1922): ⇨ ↑, -ette〙

winch[1] /wíntʃ/ *n.* **1** ウィンチ, 巻揚げ機《windlass の複雑な種類をいう》. **2** 曲り柄, クランク (crank). **3** 〘紡織〙**a** ウィンチ, ウィンス《仕上げまたは染色過程で用いる浸染機の一種で, 桶 (vat) の中のローラーで布を運ぶ》. **b** 2 個の染色桶の間で布を運ぶローラー. **4** 《英》(釣りざおの)リール.
— *vt.* ウィンチで巻き揚げる[引き上げる]. **～·er** *n.* 〘lateOE *winċe* pulley < Gmc **wiŋkjō-* ← IE **weng-*: ⇨ wink[1]〙

winch[2] /wíntʃ/ *vi.*, *n.* 《廃》＝wince[1].

Win·chell /wíntʃəl, -tʃl/ *n.* ウィンチェル《男性名》. 〔OE *winċel* (from) the bend of road〕

Win·chel·sea /wíntʃəlsiː, -tʃlsi/ *n.* ウィンチェルシー《イングランド East Sussex 州東部の村 (⇨ Cinque Ports)》. 〔OE *Winċeleseia*《原義》island by the bend ← *winċel* corner (↑)＋-s[2]＋OE *ēġ* 'ISLAND'〕

Win·ches·ter /wíntʃestə, -tʃɪ̀s- | -tʃɪ̀stə(r/ *n.* ウィンチェスター: **1** イングランド南部 Hampshire 州の州都; 有名な大聖堂と public school (⇨ Winchester College) がある, 古代 Wessex 王国の首都, 中世時代 England の首都. **2** ＝Winchester quart. **3** ＝Winchester rifle. **4** ＝Winchester disk. 〔OE *Wintanċeaster* ← ML *Venta*《原義》? favored place (← ? Celt. **ven-* to enjoy, love)＋OE *ċeaster* '-CHESTER'〕

Wínchester búshel *n.* 昔英国で用いた乾量単位 (⇨ bushel[1] 1). 〘1702〙

Wínchester Cóllege *n.* ウィンチェスター校《1382 年に Bishop of Winchester である William of Wykeham によって Winchester に創立された英国最古の public school; cf. Wykehamist》.

Wínchester dísk *n.* 〘電算〙ウィンチェスターディスク(装置)《ヘッドとディスクを密封して記録密度容量を大きくした固定磁気ディスク装置; 今日のハードディスク装置はほとんどこの方式を採用しているので hard disk (drive) と同義に用いられることが多い; 初期製品が 30 メガバイトのディスク 2 枚を内蔵していたので Winchester rifle の 30–30 (thirty-thirty) とかけたもの; 単にWinchester ともいう》. 〘(1973) *Winchester rifle* との連想〙

Wínchester quárt *n.* 半ガロン(入りの瓶). 〘1742〙

Wínchester rífle *n.* ウィンチェスター銃《後装式連発銃》. 〘← *O. F. Winchester* (1810–1880: Winchester Repeating Arms Co. の創立者で, その銃の完成者)〙

wínch·man *n.* (*pl.* **-men** /-mən, -mèn/)〘海事〙ウインチマン《揚貨機を操作する人》. 〘1882〙

wínc·ing *adj.* たじろいでいる, ひるんでいる. **～·ly** *adv.* 〘1603〙

Win·ckel·mann /víŋkəlmɑ̀ːn, wíŋkəlmən, -kl-; G. víŋklman/, **Johann Joachim** *n.* ウィンケルマン《1717–68; ドイツの美術史家; 美術考古学・古典考古学の祖》.

wind[1] /wínd/ *n.* **1** 風 (cf. breeze[1], gale[1], blast)《風の強さについて詳しくは ⇨ wind scale》: a gust of ～ 一陣の風 / an adverse ～ 逆風 / a constant ～ 恒風 / a variable ～ 変風 / fair [contrary] ～*s* 順[逆]風 / a high ～ 強風 / a light ～ 微風 / periodic ～*s* 定期風 / a seasonal ～ 季節風 / a wet ～ 雨を含んだ風 / a west ～ 西風 / whistling ～*s* ひゅーひゅー音を立てる風 / ⇨ head wind / the ～ and (the) sea 風波 / like the ～ (風のように)速やかに (swiftly) / ⇨ *with the* WIND / *against* the ～ 風に逆らって, 逆風に向かって / row *against* the ～ ⇨ row[2] 成句 / into the ～ 風にまともに向かって / *on* the ～ 〈音・においが〉風に乗って[運ばれて] / (as) swift as the ～ ＝like the ～ (風のように)非常に速く (cf. wind-swift) / The ～ rises [falls]. 風が起こる[やむ]: 風が強まる[弱まる] / It is an ill ～ that blows nobody (any) good [blows no good]. 《諺》だれの得にもならない風は吹かないものだ,「甲の損は乙の得」. **2** あおり, あおり風 (stream of air): the ～ of the passing train 通過する列車のあおり / the ～ of a fan [bullet, jet, propeller] 扇[弾丸, ジェットエンジン, プロペラ]のあおり風. **3** 破壊的な力[影響力]; 影響力; 傾向 (trend): the ～(*s*) of war 戦争の破壊的な影響力 / current philosophical ～*s* 現代の哲学界の動向 / China's shifting political ～*s* 中国の変動する政治動向 / ⇨ WIND(*s*) *of change*. **4** 大風, 強風, 暴風 (gale, strong wind): ⇨ windstorm. **5** 〘海事〙風利(ふうり), 風上 (windward position): ～ abaft [ahead] 正尾[正首]の風 / ⇨ *before the* WIND, *on the* [*a*] WIND / IN THE ～*'s* eye ＝in the teeth of the ～ 真正面に風に向かって, 風をまともに受けて, 風に逆らって. **6** 《主に詩》〘*pl.*〙風が吹いて来る方角; 方位 (cardinal points) (of the compass): come from the four ～*s* 四方八方から来る (*Ezek.* 37:9, *Matt.* 24:31) / ⇨ *cast* [*fling*] *to the* (*four*) WINDS. **7** (獲物が近くにいる)におい, 臭跡 (scent); (ほのかな)感じ (intimation)〔*of*〕: catch ～ *of* a plan ある計画に感づく. **8 a** ちょっとした情報, ほのめかし (hint): catch ～ *of* …のことを聞き込む[かぎつける] / ⇨ *get* WIND *of*. **b** 《古》(秘密の)漏洩(ろうえい), うわさ (rumor): take [get] ～ 世間のうわさになる, 知れ渡る. **9** (胃・腸内の)ガス, 鼓腸 (flatulence): break ～《婉曲》おならをする / be troubled with ～ 腸[胃]にガスがたまって悩む / bring up ～ げっぷをする / ⇨ *have the* WIND *up*, *put the* WIND *up*. **10** 息, 呼吸 (breath)〘スポーツ〙正常呼吸する能力: ⇨ broken wind, second wind / be short of ～ 息切れがする / get one's ～ (back)＝recover one's ～ 息をつく / have a good [bad] ～ 息がよく続く[続かない] / I have lost my ～. 息が切れた / catch one's ～ 息を殺す / knock the ～ out of a person 人をぐっと突いて息ができなくさせる. **11** 《口語》**a** 身のない言葉[話], むだ話 (idle talk): His speech was mere ～. 彼の演説の内容はまるで空っぽだった / His theory is based on ～. 彼の理論は根も葉もない空論だ. **b** 気取り, うぬぼれ (vanity, conceit): He is all puffed up with ～. すっかりうぬぼれている. **12** (歌・楽器などで)楽音を出すための空気の流れ. **13** 〘音楽〙**a** 吹奏楽器, 管楽器: a wood [brass] ～ 木管[金管]楽器. **b** 〘集合的〙管楽器族, 管楽器類. **c** 〔しばしば *pl.*; 単数または複数扱い〕(管弦楽団の)管楽器部, 管楽器を演奏する人 (cf. string 4, brass 2 b, reed[1] 3): *The* ～*s* is [are] too loud for the strings. (オーケストラの)管楽器部が弦楽器部より強過ぎる. **14** 〘ボクシング〙みぞおち (solar plexus): hit a person in the ～ 人のみぞおちを打つ / have *one's* ～ taken みぞおちを打たれて息ができなくなる[気絶する]. **15** 《古》空気.
béat the wind ⇨ beat *v.* 成句. 《1526》 ***befóre the wínd*** (1) 〘海事〙風下に, 追い風を受けて: ⇨ *sail* [*run*] *before the* WIND. (2) 幸先(さいさき)よく, 順調に. ***betwèen wind and wáter*** (1) 〘海事〙(船の)水線 (waterline) 付近に. ★ここに弾丸が当たれば致命的 (cf. shot[1] *n.* 1 a). (2) 急所に[を]: be shot *between* ～ *and water*. 《1614》 ***búrn the wind*** ⇨ burn[1] *v.* 成句. ***by the wind*** 〘海事〙＝*close to the* WIND. 《1585》 ***cást to the (fóur) winds*** (1) 四方(八方)に散らす, 風に吹き飛ばす (cf. *Ezek.* 17:21, *Dan.* 11:4). (2) 〈慎しみなどを〉全く捨ててしまう: *cast* all caution [anxiety] *to the four* ～*s* 慎しみ[不安]をかなぐり捨てる. ***cátch the wind*** 〘海事〙〈帆などが〉風をはらむ. ***càtch the wind úp*** ⇨ *have the* WIND *up*. ***càtch wind of*** ＝*get* WIND *of*. ***clóse to the wind*** 〘海事〙ほとんど風に逆行して; 詰め開きで: ⇨ *sail close to the* WIND. ***dòwn (the) wind*** (1) 風下に (↔ up (the) wind). (2) 《古》衰微して. 《1604》 ***éat the wind òut of*** 《口語》〘海事〙＝*take the* WIND *of* (1). ***flíng to the (fóur) winds*** ＝*cast to the* (*four*) WINDS. ***gét [gáin] the wind of*** ＝*take the* WIND *of*. ***gét the wind úp*** ＝*have the* WIND *up*. 《1916》 ***gèt wind*** ⇨ *n.* 8 b. ***gèt wind of*** …を感づく[かぎつける], 聞き込む: He *got* ～ *of* where she was. 彼女がどこにいるかかぎつけた. 《1809》 ***góne with the wind*** 風と共に散って, 跡形もなく消え去って (Ernest Dowson, *Non Sum Qualis Eram* iii). 《1896》 ***gó to the winds*** 打ち捨てられる, すっかり無くなる. ***hául on [to, upòn] the wind*** 〘海事〙船首を一層風上に向けて船を停止させる. ***hàve a frée wind*** 〘海事〙順風に航進する. ***háve in the wind*** ＝*have the* WIND *of* (3). 《1601》 ***hàve the wind of*** (1) 〘海事〙〈他船〉の風上にある. (2) 〈他〉よりも優利な位置を占める. (3) 〈獲物〉のにおいをかぎつける (cf. 7); …のうわさを聞く[かぎつける] (cf. 8 b). 《1600》 ***hàve the wind úp*** 《英口語》ぎょっとする, おびえる. ***hóld a clóse [góod] wind*** 〘海事〙風に一杯切り上げて航行する《前進可能では最も風上に船首を向けて進む》. ***hóld the wind*** 〘海事〙風に切り上げて航行する《風圧差による風下への船の流れを余り多くしない程度に船首を風上に向けて進む》. ***in the wind*** (1) 〘海事〙風上に (windward): all *in the* ～ 風に向首し縦帆がばたばたして. (2) 起きていて, 進行中で (astir, afoot); 起ころうとして, さし迫って (imminent): Something unusual was *in the* ～. 何か異常なことが起ころうとしていた. (3) 未決定で: hang *in the* ～ 未決定状態にある. (4) 《口語》酔っぱらって (drunk): I was a little *in the* ～. 少し酔っていた / have a sheet [three sheets]

in the ~ ⇨ sheet[2] 成句 / a straw *in the* ~ ⇨ straw[1] *n.* 2 c. ⟪1580⟫ ***into the wínd*** 風に逆らって. ***kéep the wínd*** (1) 〖海事〗詰め開きを続ける. (2) (狩で)臭跡を失わないようにする (cf. 7); 獲物の風下にいる. ⟪1805⟫ ***kíck the wínd*** ⟪俗⟫ 縛り首になる. ***knów*** [***sée, fínd óut***] ***hów*** [***whére, whìch wáy***] ***the wínd blòws*** [***lìes, sìts***] 風向きを知る, 世論の向かう所を知る (cf. *know which way the wind blows*). ⟪1546⟫ ***lèt gó dòwn the wínd*** ⟪古⟫ 〈物事を〉遺棄[放棄]する (abandon) (cf. *whistle down the* WIND). ***néar the wínd*** 〖海事〗 =*close to the* WIND. ⟪1560⟫ ***òff the wínd*** 〖海事〗 風を船尾から受けて, 順走して ⟪ものによって逆の意味にも使われている⟫. ⟪1813⟫ ***on the*** [***a***] ***wínd*** 〖海事〗 =*close to the* WIND. ⟪1697⟫ ***pút the wínd ùp*** ⟪口語⟫ 〈人〉をぎょっとさせる, おびえさせる (frighten): The noise absolutely *put the* ~ *up* John. その物音はまったくジョンをぎくっとさせた. ⟪1918⟫ ***ráise the wínd*** ⟪英口語⟫ (1) 金を工面する, 資金を調達する. (2) 〔…のことで〕騒ぎを起こす〔*over*〕. ⟪1789⟫ ***sáil agàinst the wínd*** (1) 風に逆航する. (2) 世論[慣習]にさからう. ***sáil*** [***rún***] ***befòre the wínd*** (1) 〖海事〗 追手に帆をかけて走る, 順風に帆をさす. (2) とんとん拍子に行く; どんどん出世する. ***sáil néar*** [***clóse to***] ***the wínd*** (1) 〖海事〗 詰め開きで航行する ⟪ほとんど風に逆行して進む⟫. (2) (法や道徳にすれすれの)きわどい事をする, 危い世渡りをする. (3) つましい生活をする (cf. *sail close to the wind*). ⟪1865⟫ ***sáil with évery*** (***shíft of***) ***wínd*** どんな境遇でも自分の有利に導く. ⟪1710⟫ ***scátter*** [***thrów***] ***to the*** (***fóur***) ***wínds*** =*cast to the* (*four*) WINDS. ***sóund in wínd and límb*** 至って健康で. ***sów the wínd and réap the whírlwind*** ⇨ whirlwind 成句. ⟪1583⟫ ***táke the wínd of*** (1) 〖海事〗〈他船〉の風上に出る. (2) …よりも地の利を得る[有利な地位を占める]. ***táke the wínd òut of*** *a person's* ***sáils*** ⟪口語⟫ (1) 人を面くらわせる. (2) 人の鼻をあかす, 人を出し抜く. ⟪1822⟫ ***tàke wínd*** ⇨ *n.* 8 b. ***The wínd is in thát quárter.*** 事態はそういう状況だ. ***thrów to the*** (***fóur***) ***wínds*** =*cast to the* (*four*) WINDS. ⟪1885⟫ ***trím by*** [***on***] ***a wínd*** 〖海事〗 できるだけ風の方向に帆走する. ***ùnder the wínd*** 〖海事〗 (1) 風下に向かって (to leeward). (2) 風陰に (under the lee). ***ùp*** (***the***) ***wínd*** 風の中へ, 風に向かって (into the wind) (cf. upwind) (↔ down the wind): The airplane landed *up the* ~. ⟪1709⟫ ***whístle dòwn the wínd*** ⟪古⟫ (1) 〈人・物事を〉捨てる, 放棄する (abandon). (2) むだな議論(など)をする. ⟪鷹は獲物を追わせるときは風上に飛ばすが, 自由にするときは風下に飛ばすことから⟫ ***whístle in the wínd*** むだ骨を折る. ***wínd and wéather*** 風雨(の影響), 風雪(など). ⟪*c*1375⟫ ***wínd*(*s*) *of chánge*** 改革への力[傾向]. ***withìn wínd of*** …にかぎつけられる[見つけられる]ほど近く(に). ***with the wínd*** (1) 風と共に, 風のままに: ⇨ *gone with* the WIND. (2) =*before the* WIND. ⟪1577⟫

— *adj.* [限定的] 風の: ~ energy (電力・動力源としての)風力 / *wind*-powered 風力の / a *wind*-surfer ウインドサーフィンをする人.

— *vt.* **1** (過激な運動などで)息切れさせる; みぞおちを強打して一時的に呼吸困難にする: I was ~*ed* by the climb [blow]. 山登りで息切れがした[みぞおちを強打されて息ができなくなった]. **2** 〈馬など〉に息を継がせる[入れさせる], 休ませる: ~ one's horse 馬に息を継がせる. **3** 〈赤ちゃん〉にげっぷをさせる. **4** 〈猟犬などが〉〈獲物を〉かぎつける, かぎ出す (cf. *get* WIND *of*, *have the* WIND *of*); かぎつけて後を追う: The hounds ~*ed* the fox. 猟犬はきつねをかぎ出した / ~ a plot 陰謀をかぎつける. **5** 風に当てる, …に風を通す, 風にさらして乾燥させる. **6** 〈一陣の風を〉ひゅーひゅー吹き立てる (blow). **7** 〈叫び声を〉あげる. — *vi.* **1** 〈犬が〉獲物をかぎつける. **2** ⟪方言⟫ 息をつくために立ち止まる, ひと息入れる.

〘n.: OE ~ < Gmc **windaz* (Du. *wind* / G Wind / ON *vindr*) < IE **wento-* (pres. p. stem) ← **aw*(*e*)- to blow (L *ventus*). — v.: ⟪*c*1410⟫ ← (n.): cf. weather〙

wind[2] /wáɪnd/ *v.* (**wound** /wáʊnd/, (まれ) **~·ed**)

— *vi.* **1** 〈道・川などが〉曲がりくねる, 屈曲する; 〈生物が〉うねって進む 〈*along, up, down, over*, etc.〉: The path ~*s*. その道は曲がりくねっている / The river ~*s* through [across] the field. その川は野をうねって流れる / The lowing herd ~ slowly *o'er* the lea. 牛の群れが鳴きながらゆっくりと草原をうねって行く (Gray, *Elegy Written in a Country Churchyard*) / A car was ~*ing up* [*down*] a hill. 車がうねうねと丘を上って[下って]いた / a parade ~*ing* around the village streets 村の大通りをあちこちうねって進む行列. **2** (行動・議論などで)曲がりくねった[遠回しの, 巧妙な]やり方をする; うまく[巧みに]入り込む (insinuate oneself)〔*in, into*〕: ~ *into* power 次第に権力を握るようになる. **3** 〈板・ドアなどが〉曲がる, ひずむ. **4** 巻きつく, からみつく (twine)〔*about, around, round, upon*〕: the tendrils that ~ *around* the poles 支柱にからみつく巻きひげ. **5** 〈時計が〉巻かれる: a clock which ~*s* with a key かぎで巻く時計. **6** 〖海事〗〈船が〉(停泊中にある方向に)曲がる; 船首を(ある方向に)向けている: How does the ship ~? 船はどう曲がるのか. **7** 〈馬が〉左に回る. **8** (追手をまくために)急角度に身をかわす. **9** ⟪廃⟫ 進む, 行く (go): ~ *away*. **10** ⟪廃⟫ 身もだえする, のたうつ.

— *vt.* **1** 〈糸などを〉巻く, 巻きつける (coil): ~ a tape, wire, etc. / ~ thread *on* [*onto*] a spool 糸を糸巻きに巻く / ~ wool *into* a ball 毛糸を巻いて玉にする / ~ a top こまに糸を巻く / ~ a baby *in* a shawl = ~ a shawl *around* a baby 赤ん坊をショールに包む / The snake *wound* itself *around* its victim. へびはえじきに体を巻きつけた / She *wound* her arms *around* his neck. 彼の首の回りに両腕を巻きつけた / with [wearing] a sash *wound* round his head 飾り帯を頭に巻きつけて. **2** (巻揚機などで)巻き揚げる (draw up) (cf. WIND *up* (*vt.*) (2)): ~ a bucket / ~ water from a well 井戸から水を(つるべで)巻き揚げる. **3** 〈時計などを〉巻く (cf. WIND *up* (*vt.*) (3)): ~ a watch / ~ a toy. **4** 回す (turn): ~ a handle (around). **5** 遠回しに[巧みに]入り込ませる: ~ his prejudices *through* all his writings 書き物すべてに彼の偏見を巧みに持ち込む / ⇨ WIND *oneself into*. **6** 〖海事〗〈船を〉反対の方向に回す: ~ a boat [ship] out of a harbor 船首を転じて出港する. **7** 〈馬を〉左に回す. **8** ⟪古⟫ 〈人を〉意のままに操る: ~ a person *to* one's will 人を意のままに操る. **9** ⟪廃⟫ 〈人を〉巧みに引き入れる 〈*in*〉 / 〔*into*〕: ~ men *in*.

wínd báck 〈フィルム・テープなどを〉巻き戻す. ***wínd dówn*** (*vt.*) (1) 徐々に終わらせる: ~ a war [project] *down* 戦争[事業]を徐々に終結させる. (2) 回して下げる: He *wound down* his (car) window. (車の)窓(の取手)を回して下げた. — (*vi.*) (1) 徐々に終わる: The war [project] is ~*ing down*. 戦争[事業]は徐々に終わりかけている. (2) くつろぐ (relax). (3) 〈時計のぜんまいが〉解けて止まる: The spring ~*s down* in 24 hours. ぜんまいは 24 時間で解ける. ⟪*a*1648⟫ ***wínd ín*** 〈釣り糸を〉リールに巻き付ける. ***wínd óff*** [***from***] 〈巻いたものを〉…から巻きもどす, ほぐす (unwind): ~ thread *off* a spool 糸巻きから糸をほぐす. ⟪1759⟫ ***wínd ón*** 〈フィルム・テープなどを〉巻いて先へ送る. ⟪1947⟫ ***wínd*** *one**sèlf*** ***ìnto*** …にうまく取り入る; こっそりと入って行く: He *wound himself into* her affections. 徐々に彼女に取り入った. ***wínd úp*** (*vt.*) (1) 〈糸などを〉すっかり巻く; 巻き締める, 締める: ~ *up* the strings of a fiddle バイオリンの弦をきつく締める. (2) 〈いかり・つるべ・窓などを〉巻き揚げる: ~ a bucket *up* from a well. (3) 〈時計を〉巻く, 巻き上げる, 〈機械〉のぜんまいを巻く: ~ *up* a watch / ~ *up* a toy car おもちゃの自動車のぜんまいを巻く. (4) [通例受身で] 緊張させる, 興奮させる, …に元気をつける (excite, agitate, provoke): He *was* (all) *wound up* to a high pitch of excitement. 極度に興奮していた / He *was wound up* to fury. かんかんに怒っていた / Keep calm: she's just trying to ~ you *up*. 落着いていなさい, 彼女はあなたを怒らせようとしているだけだ / He is ~*ing* himself *up* for an effort. 一奮発しようと張り切っている / The administration needs ~*ing up*. 管理部は活(かつ)を入れる必要がある. (5) 〈論などを〉結ぶ, 結論する (conclude); 終わりにする, …に結末をつける, かたをつける (stop, finish)〔*by, with, in*〕: He *wound up* his speech *with* a quotation [*by* declar*ing* that …]. 彼は引用句で[…と言って]演説を結んだ. (6) 〈店・会社などを〉たたむ, …に始末をつける, 閉鎖する, 解散する (dissolve); 破産する: ~ *up* a company 会社をたたむ / I had to ~ *up* my affairs there. そこでの身辺の整理をしなければならなかった. (7) ⟪英俗⟫ 〈人を〉かつぐ. (8) [通例受身で] 〈人を〉巻き込む. (9) ⟪英俗⟫ 〈人を〉からかう, 悩ます. — (*vi.*) (1) ⟪口語⟫ 終わる, 終結する; 最後に…になる: I hope this tedious speaker will soon ~ *up*. この退屈な弁士ももう間もなくやめるだろう / He *wound up* (*by*) stabb*ing* himself too. 最後に彼自らも自殺して果てた / He had *wound up in* Lansing. 最後にはランシング刑務所へ入れられてしまった / The firm may ~ *up in* the red. 会社はついに赤字になるかもしれない / He *wound up* as [(by) becoming] a teacher. 結局教師になった. (2) 〈店・会社などが〉解散する; 破産する: The company has *wound up*. ⟪英⟫ その会社は閉鎖した / The committee is to ~ *up* by March 1. 委員会は 3 月 1 日までに解散の予定である. (3) 〖野球〗〈投手が〉投球前に腕を回す, ワインドアップする. (4) 準備する. ⟪*c*1205⟫ ***wínd*** *one's* ***wáy*** うねって進む[行く]: He *wound his way* up the belfry stair. 鐘楼の階段をぐるぐる回りながら上って行った / The river ~*s its way through* the field. その川は野をうねって流れる / a rivulet that ~*s its* silent *way through* the meadow 草原を静かにうねり流れる小川. ***wínd*** *one's* ***wáy ìnto*** =WIND *oneself into*: He *wound his way into* her affections. 徐々に彼女に取り入った.

— *n.* **1** 曲がり, うねり, 曲折. **2** (時計のねじ・糸などの)一回り, 一巻き: give a watch [car window] a ~ 時計を巻く[自動車の窓を巻き上げる]. **3** (ウインチなどで)巻き揚げること.

〘v.: OE *windan* < Gmc **windan* (Du. & G *winden* / ON *vinda*) ← IE **wendh-* to turn, wind. — n.: ⟪1399⟫ *wynde* winch ▭ MDu. & MLG *winde* ∥ ← (v.): cf. wend, wander〙

wind[3] /wáɪnd, wínd | wáɪnd/ *vt.* (⟪まれ⟫ **~·ed, wound** /wáʊnd/) **1** ⟪古・詩⟫ 〈角笛・らっぱなどを〉吹き鳴らす, 吹奏する (blow); 〈角笛などを〉(合図に)吹き鳴らす: ~ a horn, trumpet, call, etc. **2** (吹き)鳴らして〈音を〉出す: ~ a shrill blast 音高く吹き鳴らす. — *vi.* 角笛を吹き鳴らす. 〘⟪*c*1410⟫ *wynde*(*n*) to get the wind of ⟪特殊用法⟫ ← WIND[1] (n.) 7): 発音は WIND[2] の影響による, らっぱの形状からの連想か〙

wind·a·ble /wáɪndəbl̩/ *adj.* 巻くことのできる. 〘⇨ wind[2]〙

wind·age /wíndɪdʒ/ *n.* **1** (飛弾などの起こす)あおり; 気擦. **2** 〖砲術〗 **a** (風による弾丸の)偏流, (風)偏差 (cf. drift 7 a). **b** (偏差に対する)修正量, (照準)調整度. **c** 遊隙(ゆうげき), 空隙 ⟪ガスを逃がし摩擦を少なくするための砲身内壁と砲弾との間隙⟫. **3** 〖海事〗 船体の風上側. **4** 〖機械・電気〗 風損 ⟪発電機・電動機などの回転子が回転中に受ける空気の抵抗によるエネルギー損失; windage loss ともいう⟫. 〘⟪*c*1710⟫ ← WIND[1] + -AGE〙

Win·daus /víndaʊs; G. víndaʊs/, **Adolf** (**Otto Rheinhold**) *n.* ウィンダウス ⟪1876–1959; ドイツの化学者; Nobel 化学賞 (1928)⟫.

wínd·bàg /wínd-/ *n.* **1** 空気袋; (風笛の)革袋; ふいご (bellows). **2** ⟪戯言⟫ 胸 (chest). **3** ⟪口語⟫ おしゃべり(な人); 空虚な(議論をまくし立てる)議論家. 〘1470–73〙

wínd·bàg·ger·y /-gəri/ *n.* ⟪戯言⟫ 大げさな空言. 〘1606〙

wínd bànd /wínd-/ *n.* **1** 吹奏楽器隊; (特に)軍楽隊. **2** [集合的] (オーケストラの)管楽器部. 〘1894〙

wínd-bèll *n.* **1** 風鈴. **2** [通例 *pl.*] ウインドベル ⟪金属片・ガラス片などをひもでつるし, 風で鳴るようにした仕掛け; 風鐸の類⟫. 〘1901〙

wínd·blàst *n.* **1** 一陣の風 (a gust of wind). **2** 〖航空〗 ウインドブラスト ⟪射出座席で高速機から脱出したパイロットに加わる破壊的な風の影響⟫. 〘1942〙

wínd·blòwn *adj.* **1** 風に吹かれた; 吹きさらしの. **2** 〖植物〗 卓越風 (prevailing wind) の影響で形のできた: ~ pines 磯馴(そなれ)マツ. **3** 〈女性の髪が〉短く刈って額の方へなでつけた: the ~ bob of a girl 少女のウインドブロウンボブの髪型. **4** ⟪NZ⟫ 〈木など〉風で倒れた. 〘1600〙

wínd-bòrne *adj.* 風で運ばれた: ~ sand. 〘1842〙

wínd·bòund *adj.* **1** 〖海事〗 強風[逆風]のため閉じ込められた[出港できない], 風のため航行不能の (cf. weather-bound): We lay ~ for a week. 風のため一週間出港できなかった. **2** (行動の)自由を妨げられて, 抑制されて. 〘1588〙

wínd·brèak *n.* **1** 防風林. **2** 防風設備, 風よけ, 防風塀(へい). **3** (樹木の)風折れ. 〘1861〙

wínd·brèaker *n.* **1** =windbreak. **2** [W-] ⟪米⟫ 〖商標〗 ウィンドブレーカー ⟪風を通さない素材でウエストや手首にゴム編みなどのバンドをつけたスポーツ用ジャンパー⟫. 〘⟪1918⟫ ← WIND[1] + BREAKER[1]〙

wínd-bròken *adj.* 〖獣医〗〈馬が〉呼吸困難になった; 喘鳴症の; 喘息の. 〘1603〙

wínd·bùrn *n.* **1** 〖植物病理〗 草木の葉・茎の表皮などが強風を受けて乾燥して起こる病変. **2** 風焼け ⟪強風にさらされたために皮膚に生じる病変⟫. **~ed** *adj.* **wínd-bùrnt** *adj.* 〘1925〙

Wínd Cáve Nátional Párk /wínd-/ *n.* ウィンドケーブ国立公園 ⟪米国 South Dakota 州南西部にあり, 鍾乳洞で有名, 1903 年指定; 面積 1,114 km^2⟫.

wínd·chèater *n.* ⟪英⟫ =windbreaker 2.

wínd-chèst *n.* (パイプオルガンの)風箱 ⟪これに圧搾空気を入れておきパイプに風を送る⟫. 〘1797〙

wínd·chìll *n.* 〖生理〗 風冷え ⟪風による体温の消失⟫. 〘1939〙

wíndchill ìndex [**fàctor**] *n.* 風速冷却指数 ⟪気温と風速を組み合わせた気象条件を身体に対する冷却効果が等しい無風時の気温で表したもの⟫.

wínd chìme /wínd-/ *n.* [通例 *pl.*] =wind-bell 2.

wínd còlic *n.* 〖獣医〗 腸内のガスのために生じる疝痛(せんつう); 風気疝. 〘1593〙

wínd còne *n.* =windsock.

wínd dirèction *n.* 風向.

wínd-dòwn /wáɪnd-/ *n.* 徐々の終了[停止]. 〘⟪1969⟫ ← *wind down* (⇨ wind[2] (v.) 成句)〙

wind·ed[1] /wíndɪd/ *adj.* **1** 風[空気]に当てた. **2** 息が切れて. 〘⟪*c*1440⟫ (p.p.) ← WIND[1] (v.)〙

wind·ed[2] /wíndɪd/ *adj.* [通例複合語の第 2 構成素として] (…の)呼吸[息]をした, 呼吸が…の: a short-*winded* man すぐ息切れのする人. 〘⟪1470⟫ ← WIND[1] (n.) + -ED〙

wínd ègg *n.* (殻の柔らかい)不完全卵; 無精卵. 〘⟪*a*1398⟫: 風による受精のためと考えた迷信から〙

Win·del·band /víndl̩bàːnt; G. víndl̩bant/, **Wilhelm** *n.* ウィンデルバント ⟪1848–1915; ドイツの新カント学派の哲学者; *Präludien*「プレルーディエン」(1884)⟫.

wind·er[1] /wáɪndə | -də(r/ *n.* **1** 巻く人[物]; 曲げる人[物]; 曲がる物. **2** 巻付け器, 巻取り機, 糸巻き. **3** ⟪廃⟫ つる植物. **4** (らせん階段などの)踏面の一方の端が狭く他方が広くなっている踏み段 (cf. flier 8). **5** (時計などぜんまい仕掛けのもの)巻きかぎ, ねじ. 〘⟪1552⟫ ← WIND[2] (v.) + -ER[1]〙

wind·er[2] /wáɪndə, wíndə | wáɪndə(r/ *n.* (らっぱ・笛などを)吹く人, 吹奏者. 〘⟪1611⟫: ⇨ wind[3]〙

wind·er[3] /wíndə | -də(r/ *n.* 息を止めるもの ⟪ひどい打撃・疾走・山登りなど⟫. 〘⟪1825⟫: ⇨ wind[1] (v.)〙

Win·der·mere /wíndəmìə, -də- | -dəmìə(r/ *n.* ウィンダーミア(湖) ⟪イングランド北西部, Cumbria 州にあるイングランド最大の湖; 長さ 17 km, 幅 1.6 km⟫. 〘⟪*c*1160⟫ *Wynandremer* ⟪原義⟫ Vinand's lake ← OSwed. *Vinandus* (人名): ⇨ mere[2]〙

wínd eròsion *n.* 〖地質〗 風食(作用) ⟪風による浸食・運搬作用; deflation ともいう⟫.

Win·dex /wíndɛks/ *n.* 〖商標〗 ウインデックス ⟪米国 Drackett 社製の窓ガラス洗浄液⟫.

wind·fall /wíndfɔ̀ːɫ, -fàːɫ | -fɔ̀ːɫ/ *n.* **1** (棚ぼた式の)意外な授かり物, もっけの幸い, こぼれ幸い ⟪特に, 遺産についていう⟫: For the Democrats, the result was something of a political ~. 民主党にとってはその結果は政治的な棚ぼたといった感があった. **2 a** 風で落ちた果物; 吹倒れの木[枝]: the odor of ~ apples 風で落ちたりんごのにおい. **b** ⟪米⟫ 強風のため樹木が吹き倒された森林中の地域.

— *adj.* 〈利益, 配当などが〉予想外に大きい. 〘⟪1464⟫: ⇨ wind[1], fall: cf. MHG *wintval* (G *Windfall*)〙

wínd·fàllen *adj.* 風で落ちた. 〘1612〙

wíndfall pròfits tàx *n.* 棚ぼた利益税 ⟪ある企業・産業の利潤が正常利潤を上回る場合, 社会的批判を避けるために課される特殊な税; windfall tax ともいう⟫. 〘1973〙

wínd·fànner *n.* ⟪方言⟫ 〖鳥類〗 =kestrel.

wínd fàrm *n.* 風力発電基地[地帯]. 〘1980〙

wínd-fèrtilized *adj.* 〖植物〗 風媒の (anemophilous).

wínd·flàw *n.* 突風 (flaw). 〘⟪1913⟫ (⇨ wind[1],

flaw[2]): cf. *flaw of wind* ⦅1809⦆〗

wínd·flòwer *n.* 〘植物〙 **1** =anemone 1. **2** =rue anemone. 〖⦅1551⦆ ⦅なぞり⦆ ← Gk *anemṓnē* 'ANEMONE'〗

wínd-fòrce *n.* 〘気象〙 風力 (⇨ wind scale).

wínd fùrnace *n.* (試金などに用いられる)風炉. 〖1651〗

wínd·gàll *n.* **1** 〘獣医〙 (馬などの)球腱軟腫 ⦅けづめのすぐ上にできる腫瘍⦆. **2** 〘気象〙 色のついた太陽の傘. **～ed** *adj.* 〖⦅1523–24⦆: ⇨ wind[1], gall[2]〗

wínd gàp *n.* 〘地理〙 風隙(ふうげき) ⦅川の流れ方が変わったために, もとの谷底に当たる部分が山の背の一部に V 字形の鞍部となって残っている所; 風の通り道になる尾根の切れ目; air gap, wind valley ともいう⦆. 〖1769〗

wínd gàuge *n.* **1** 風力計, 風速計 (anemometer). **2** 〘音楽〙 (パイプオルガンに付ける)風圧計. **3** 〘銃砲〙 横尺目盛, 風偏差調節計 ⦅弾丸に対する風の影響を修正するため射撃照準器についている装置⦆. 〖1774〗

wínd hàrp *n.* 〘音楽〙 =aeolian harp.

Wind·hoek /vínthʊk/ *n.* ウィントフーク ⦅アフリカ南西部, ナミビアの首都⦆.

wínd·hòle *n.* **1** (鉱山の)通風口. **2** (オルガンのパイプの根元の)風を入れる穴. **3** 風のためにできた穴. 〖?c1390〗

wínd·hòver *n.* 〘英詩・方言〙 〘鳥類〙 =kestrel. 〖⦅1674⦆ その習性にちなむ〗

Win·dies /wíndiz/ *n. pl.* 西インド諸島人 (West Indians); (特に)西インド諸島のクリケットチーム. 〖⦅1965⦆ ⦅短縮⦆ ← *West Indies*〗

win·di·go /wíndɨgòʊ | -dɪgəʊ/ *n.* (*pl.* **～s, ～es**) ウィンディゴ (北米のアルゴンキン族 (Algonquian) の神話に登場する, 森をさまよう人食い鬼; 道に迷い飢えにかられて人肉を食った狩人の変じたものという). 〖⦅1714⦆ □ Ojibwa *wintiko*〗

wínd ìndicator *n.* 〘航空〙 (空港で用いる大型の)風向指示器.

wind·ing /wáɪndɪŋ/ *adj.* **1** 〈流れ・道など〉曲がりくねる; 〈階段が〉らせん状の (spiral): a ～ stream, passage, path, lane, etc. **2** 〈話など〉回りくどい, 取りとめのない, だらだらした (circuitous, rambling): a ～ narrative 一向にはかどらぬ話[物語]. **3** よろめいて (reeling): send a person ～ 人をよろめかせる. **— *n.*** **1** 曲がること; 屈曲, 曲がり (turn, curve): the ～s of a road [stream] 道[流れ]の曲がりくねり / in ～ 〈板などが〉曲がって, 反(そ)って / out of ～ 曲がっていない. **2** [通例 *pl.*] 曲がった[不正な]行動[方法]. **3** まつわり[巻き]つくこと. **4** **a** (針金などを)巻くこと; 巻いたもの: the ～ of wire on a bobbin 巻枠に巻いた針金. **b** (時計などを)巻くこと. **5** 〘電気〙 巻き方, 巻き: ⇨ compound winding, series winding, shunt winding. **6** 〘獣医〙 巻き足 ⦅馬が歩くとき一方の足を他方の足にからませる癖⦆. **7** 〘楽器〙 (金管楽器, 特に French horn の)巻いた管. 〖⦅1387–88⦆: ⇨ wind[2], -ing[1,2]〗

wínding drùm *n.* (巻揚げ機の)ワイヤロープを巻きつける回転胴.

wínding èngine *n.* 巻揚げエンジン, 巻揚げ機関. 〖1858〗

wínding fràme *n.* 糸巻き器, (糸の)巻取り器.

wínd·ing·ly *adv.* **1** 曲がりくねって, うねって, うねうねと. **2** 巻きついて. 〖1576〗

wínding nùmber *n.* 〘数学〙 回転数 ⦅平面上の閉曲線がその上にない点のまわりを回る回数⦆.

wínding pìnion *n.* 〘時計〙 きち車 ⦅ぜんまい巻き上げ輪列の中の一つの歯車で, 巻真にゆるくはめ込まれ, つづみ車および丸穴車とかみ合う⦆. 〖1885〗

wínding-shèet *n.* **1** 死衣, 経帷子(きょうかたびら). **2** (ろうそくから垂れて固まった)ろう涙 ⦅そのできる方向の人に凶事が起こるという迷信がある⦆. 〖⦅?a1475⦆: ⇨ sheet[1]〗

wínding stàircase *n.* =spiral staircase.

wínding-ùp *n.* **1** 終結, 結末. **2** 清算結了; (会社などの)整理解散. 〖⦅1665⦆ ← *wind up* (⇨ wind[2] (v.) 成句)〗

W

wínd ìnstrument /wínd-/ *n.* 〘音楽〙 **1** 管楽器, 吹奏楽器: brass ～s 金管楽器類 ⦅horn, trombone, trumpet, tuba など⦆ / wood ～s 木管楽器類 ⦅flute, oboe, clarinet, bassoon など; cf. woodwind⦆. **2** [the ～s] **a** 管楽器類. **b** 管楽器部 (cf. orchestra). 〖1582〗

wind·jam·mer /wín(d)ʤæ̀mə | -mə(r)/ *n.* **1** 〘海事〙 (特に, 大きな)帆船; 帆走商船; 帆船の水夫. ★ 元来汽船の水夫などが用いた軽蔑的な言葉. **2** 〘米俗〙 ほら吹き (windbag). **3** 〘俗〙 (サーカスの)金管楽器奏者; (軍隊の)らっぱ手 (bugler). **4** ウィンドブレーカー. 〖1880 ← WIND[1] (n.) + JAM[1] + -ER[1]〗

wind·lass[1] /wíndləs/ *n.* ウィンドラス, 巻揚げ機 ⦅横巻胴を通例クランクで回転してそれにロープをからませて物をつり上げる装置; 特に, 簡単なものについている⦆; (船の)いかり巻き機, 揚錨機. **— *vi., vt.*** windlass で巻き揚げる.

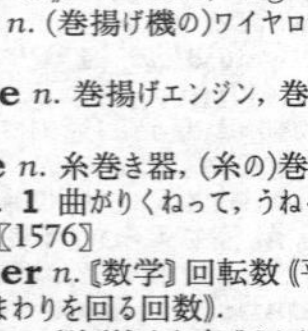

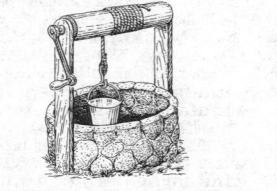

windlass[1]

〖⦅c1400⦆ *wyn(l)elas* ⦅変形⦆ ? ← ME *windas* □ AF = OF *guindas* □ ON *vindāss* ← *vinda* 'to WIND[2]' + *āss* pole, beam ← ?〗

wind·lass[2] /wíndləs/ *n.* 回りくどいやり方, 抜け目ない方策. 〖⦅1530⦆ ⦅変形⦆ ← ⦅廃⦆ *wanlace* □ AF *wanelace* ← ?〗

win·dle /wín(d)l/ *n.* 〘スコット・北英〙 (小麦などの)乾量単位 ⦅地域によって異なるが約 3 bushels⦆. 〖OE *windel* box, basket ← *windan* 'to plait, WIND[2]': ⇨ -le[1]〗

wínd·less *adj.* **1** 風のない, なぎの, 静穏な (calm, still): a ～ sea. **2** ⦅まれ⦆ 息切れのした (breathless). **～·ly** *adv.* **～·ness** *n.* 〖*a*1400〗

win·dle·strae /wín(d)lstrèɪ/ *n.* =windlestraw.

win·dle·straw /wín(d)lstrɔ̀ː, -strɑ̀ː | -strɔ̀ː/ *n.* 〘アイル・スコット・英方言〙 **1** 細長い枯れた草の茎. **2** 各種の茎の長い草. **3** やせた人, 病弱な人; 弱々しい[軽い]物. 〖OE *windelstrēaw* straw for plaiting ← *windel* a twisting (⇨ windle) + *strēaw* 'STRAW'〗

wínd lòad *n.* 〘土木〙 風荷重 ⦅風圧によって構造物に加えられる荷重⦆. 〖1970〗

wínd lòading *n.* 風荷重. 〖1924〗

wínd machìne *n.* 〘演劇〙 突風[風の音]を作る装置. 〖1745〗

wind·mill /wín(d)mɪ̀l/ *n.* **1** **a** 風車小屋. **b** 風車. **c** 風力を利用したポンプまたは発電機. **2** 想像上の悪, 仮想の害悪; 仮想敵 (⇨ *tilt at* WINDMILLS). **3** 〘航空〙 風車タービン. **4** ⦅口語⦆ ヘリコプター. **5** ⦅英⦆ (玩具の)風車 (⦅米⦆ pinwheel). **6** ⦅口語⦆ プロペラ.

fling* [*throw*] *one's cáp òver the wíndmill ⇨ cap 成句. ⦅1885⦆ ***fight* [*tilt at*] *windmills*** 架空の敵[害悪]と戦う; むだ[ばか]な骨折りをする, ひとり相撲をとる ⦅Don Quixote が武者修業の途中風車を巨人と思い込んでこれと戦ったという話から⦆. ⦅1937⦆

— *vt.* **1** (風車のように)回転させる: ～ one's arms. **2** 〘航空〙 (エンジンが作動していない時に)風の力で〈プロペラを〉回転させる. **— *vi.*** **1** (風車のように)回転する. **2** 〘航空〙 〈プロペラが〉風の力で回転する.

〖⦅c1300⦆: ⇨ wind[1], mill[1]: cf. MHG *wintmül* (G *Windmühle*)〗

wíndmill fàrm *n.* =wind farm.

win·dow /wíndoʊ | -dəʊ/ *n.* **1** 窓, 窓口: a stained-glass ～ ステンドグラスの窓 / an arched ～ 弓形窓 / a blank [blind, false] ～ めくら窓 / ⇨ bow window, bay window, French window, lattice window, oriel window, sash window / a car [train, bus, plane] ～ / look [lean] out (of) a ～ 窓から外を見る[体を乗り出す] / look through a ～ 窓を通して[透かして]見る / open [close, shut] a ～ 窓を開ける[閉める] / sit by a ～ 窓のそばに座っている / put a flower-pot in [on] a ～ 植木鉢を窓に置く / get in by [through] a ～ 窓から入る / She is often at the ～. よく窓(のところ)にいる / I saw a light in the ～. 窓に明かりが見えた / install a new ～ 新しい窓を取り付ける / brick up a ～ 窓をれんがでふさぐ. ★ ラテン語系形容詞: fenestral. **2** **a** 窓枠 (window frame): paint a ～ 窓枠にペンキを塗る. **b** 窓ガラス (windowpane): break a ～ 窓(のガラス)をこわす / wash [clean] a ～ 窓ガラスを洗う[きれいにする] / put a sign in [a sticker on] a ～ 窓ガラスに標示[ステッカー]を張る. **3** (商店の)飾り窓, 陳列窓 (show window): goods displayed in the ～ 飾り窓に飾ってある商品. **4** 窓口 (cf. wicket 3): a cashier's [ticket] ～ 出納[切符売]窓口 / *Window* (No.) 33 番の窓口. **5** (窓付き封筒 (window envelope) などの)窓. **6** **a** 窓のような穴. **b** [通例 *pl.*] (心の)窓, 目: The eyes are the ～s of the mind. 目は心の窓. **c** ⦅古⦆ まぶた (eyelid): the ～s of one's eyes まぶた. **7** 観察の機会, 接触の手段, 窓口 〔*on*〕: open a ～ to …を知る[観察する]機会を与える / English is a ～ *on* the world. 英語は世界の窓である / Japan was seeking a ～ *on* Western civilization. 当時日本は西欧文明への窓口を求めていた. **8** =fenestra. **9** 〘空軍〙 (レーダーや電波の)窓: **a** 電磁波反射装置 ⦅レーダーに反射をもたらすために空中に送り込む仕掛けで, 通例空中の物体追跡用か風の追跡標識⦆. **b** レーダー妨害片, レーダーかく乱物体 ⦅敵のレーダーを混乱させるために, 航空機・砲弾・ロケットなどにより散布する金属箔(はく)・ワイヤー・金属片など; chaff ともいう⦆. **10** 〘電算〙 ウインドー ⦅ディスプレイに複数の文書や表などを重ねるような形で表示させる機能⦆: a work-station with ～s ウインドーのあるワークステーション. **11** 都合のよい時間帯, 好機, 機会: a ～ of opportunity (その時以外にはないという)適期, 好期. **12** 〘宇宙〙 **a** =launch window. **b** (宇宙船の)再突入大気回廊. **13** 〘天文〙 電磁窓 ⦅光・熱・電波が地上に貫入できる大気の周波スペクトル帯⦆. **14** 〘地質〙 横臥褶曲(おうがしゅうきょく)した地層の一部が侵食で取り去られて, 下盤層が露出した場所.

còme in by* [*through*] *the wíndow こっそり入る, 忍び入る. 〖⦅1551⦆ ⦅なぞり⦆ ← F *entrer par la fenêtre*〗 ***òut (of) the wíndow*** ⦅口語⦆ もはや問題にされないで: go [fly] *out (of) the* ～ 〈望み・目信などが〉全くなくなる, 消え去る / The old method was *thrown out (of) the* ～. 古い方法は捨て去られた[放棄された]. ***a wíndow of opportúnity*** またとない好機, 千載一遇のチャンス. ***the wíndows of héaven*** 天の窓, 天(そら)の戸 ⦅天空に雨の降る穴があると考えられたことから; ヘブライ語法; cf. *Gen.* 7:11⦆. ⦅1388⦆

— *vt.* **1** 〘電算〙 〈データなどを〉ウインドーに表示させる. **2** …に窓を取り付ける: a high-*windowed* room 高窓のついた部屋. **3** …に(窓のような)穴を幾つもあける. **4** ⦅廃⦆ 窓に置く.

〖⦅?a1200⦆ *windoȝe* □ ON *vindauga* ← *vindr* 'WIND[1]' + *auga* 'EYE' (cf. OE *ēagþyrel*, *ēagdūru* eye-hole, eye-door ← *ēag* 'EYE' + *þyrel* hole & *duru* 'DOOR': 一説では 'まど' < 'めど'(目戸)〗

wíndow bàck *n.* 〘建築〙 (窓の下の)腰壁 ⦅窓台敷居 (windowsill) から床までの板壁部分⦆.

wíndow bàr *n.* 窓桟, 窓格子, 窓連子(れんじ). 〖1607–8〗

wíndow blìnd *n.* (通例上端にローラーがあって上下する)窓の覆い, ブラインド. 〖1730〗

wíndow bòard *n.* 窓膳板 ⦅窓台・窓枠に用いられる水平の板⦆. 〖1805〗

wíndow bòx *n.* **1** 窓台に置く植木箱. **2** (上げ下げ窓の窓枠内の)分銅箱. 〖*c*1885〗

wíndow clèaning *n.* 窓の清掃, 窓ふき(業).

wíndow clèaner *n.* 窓ふき(人).

wíndow cùrtain *n.* 窓掛け, 窓カーテン. 〖1704〗

wíndow-drèss *vt.* 美しく[良く]見せる, 粉飾する. 〖⦅1913⦆ ⦅逆成⦆ ↓〗

wíndow drèsser *n.* **1** 陳列窓装飾家, 飾り付け屋. **2** 体裁を繕う人, 見掛け倒しの人, 粉飾する人. 〖1865〗

wíndow drèssing *n.* **1** 陳列窓装飾(法). **2** **a** 体裁を繕うこと; 見せ掛け, 見掛け倒し: Let's cut out the ～, and get down to brass tacks. 体裁を繕うのは省いて早速本題に入りましょう. **b** (企業の経営状態などの)粉飾. 〖1790〗

wín·dowed *adj.* **1** 窓のある. **2** 〈服飾品など〉飾り穴のある. **3** 穴だらけの. 〖1483〗

wíndow-efficiency ràtio *n.* 〘光学〙 =daylight factor.

wíndow ènvelope *n.* 窓付き封筒 ⦅パラフィン紙を張った中央の窓から宛名が見える⦆. 〖1914〗

wíndow fràme *n.* 窓枠 ⦅窓の建具を取り付ける枠組み⦆.

wíndow-gàrdening *n.* 窓際園芸 ⦅屋内外の窓際で植物を栽培すること⦆.

wíndow-gàze *vi.* =window-shop.

wíndow glàss *n.* 窓用ガラス (cf. windowpane 1).

wíndow, ícon, móuse, póinter *n.* ⇨ WIMP.

wín·dow·ing *n.* 〘電算〙 ウインドーイング ⦅二つ以上の異なったデータをウインドーを用いて同時に画面表示すること⦆.

wíndow lèdge *n.* =windowsill.

wíndow·less *adj.* 窓のない: a small ～ anteroom 小さな窓のない控え室. 〖1760〗

wíndowless mónad *n.* 〘哲学〙 窓のない単子 ⦅Leibniz 哲学で究極の実体である単子が各々独立に世界を写し相互に認識的[因果的]連関を持たない点を形容する言葉⦆.

wíndow·lìght *n.* =windowpane 1.

wíndow·pàne *n.* **1** (はめてある)窓ガラス. ★ はめてなければ window glass という. **2** 〘魚類〙 北米大西洋岸産のヒラメ科の一種 (*Scophthalmus aquosus*). 〖1819〗

Win·dows /wíndoʊz | -dəʊz/ *n.* 〘商標〙 ウィンドウズ ⦅米国 Microsoft 社の開発したパソコン用 OS の総称; Windows NT (1993), Windows 95 (1995), Windows 98 (1998), Windows 2000 (2000), Windows XP (2001) などがある⦆.

wíndow sàsh *n.* 〘建築〙 窓サッシ ⦅窓枠の中で開閉する窓本体の部分; cf. casement 1 b, sash window⦆.

wíndow scrèen *n.* **1** 網戸. **2** 窓格子. 〖1850〗

wíndow sèat *n.* **1** (窓下に取り付けた)窓下腰掛け. **2** (航空機・列車などの)窓側の席. 〖1778〗

wíndow shàde *n.* ⦅米⦆ =window blind.

wíndow-shòp *vi.* (買物をしないで)ショーウィンドーをのぞいて歩く, ウインドーショッピングをする: go ～*ping*. **wíndow-shòpper** *n.* **wíndow-shòpping** *n.* 〖1922〗

wín·dow·sill /wíndoʊsɪ̀l | -dəʊ-/ *n.* 窓敷居, 窓台 (cf. doorsill). 〖1703〗

wíndow tàx *n.* ⦅英⦆ (昔, 窓の数によって課した)窓税 ⦅hearth money に代わるものとして 1691 年新設され, 1851 年廃止⦆. 〖*a*1735〗

wíndow trìmmer *n.* =window dresser 1.

wínd pàck *n.* 風成雪(ふうせいせつ), ウインドパック ⦅風で運ばれて堆積した硬い雪⦆.

wínd·pìpe *n.* のど笛, 気管 (trachea) ⦅専門用語としては用いない; ⇨ respiratory system 挿絵⦆. 〖1530〗

wínd-pòllinated *adj.* 〘植物〙 風媒の (anemophilous). **wínd-pollinàtion** *n.* 〖1884〗

wínd pòppy *n.* 〘植物〙 米国 California 州産の赤褐色の花をつける野生のケシ (*Meconopsis heterophylla*).

wínd pòwer *n.* (動力としての)風力.

wínd pòwer stàtion [plànt] *n.* 〘電気〙 風力発電所.

wínd prèssure *n.* 〘物理〙 風圧.

wínd·pròof *adj.* 〈生地・衣服が〉風を通さない, 防風の: a ～ jacket, coat, etc. 〖1616〗

wínd pùmp *n.* 風車ポンプ ⦅風車の回転によって動くポンプ⦆. 〖1660〗

wínd resìstance *n.* 風圧抵抗 ⦅静止した空気が特に車の運動に示す抵抗⦆.

Wínd Rìver /wínd-/ *n.* [the ～] ウインド川 ⦅米国 Wyoming 州中央西部の川; 東南の方向に流れ Bighorn 川に注ぐ (190 km)⦆. 〖その水源付近で冬季に強風が吹くことから〗

Wínd Rìver Rànge *n.* [the ～] ウインドリバー山脈 ⦅米国 Wyoming 州西部の Rocky 山脈の一部⦆.

wínd ròck *n.* 強風で茎が揺れて起きる稚苗の根の被害. 〖1969〗

wínd-ròde *adj.* 〘海事〙 〈係留した船が〉風がかりの ⦅風を受けて船首を風に向けている; cf. tide-rode⦆. 〖*c*1635〗

wínd ròse[1] *n.* 〘気象〙 風配図: **a** ある地域における一定期間の風向を図示したもの. **b** 風向と他の(雨などの)気象状況をあわせて示す図. 〖⦅1846⦆ □ G *Windrose*: ⇨

wind¹, rose² (n. 4 f)〕

wind ròse² n.〘植物〙ヨーロッパ原産ケシ属の赤い花をつける植物 (*Papaver argemone*)《北米にも移入》.〔1597〕

wìnd·ròw /-ròu | -rəu/ n. **1 a** (刈ったあと乾燥するためにかき集めた)干草の列. **b** (風に当てて干すために立て並べた)麦束や泥炭などの列. **c** (風に吹き寄せられた)落葉やごみなどの列; 寄せ波. **d** 塊, 山 (heap). **2** サトウキビの植え溝《その中に茎を切ったものを横たえ上に土をかけて発芽させる》. ― *vt.* **1** (風で干すために)列に並べる. **2** 〈サトウキビの切断茎を〉植え溝に植える.〔*c*1534〕

wìnd·ròw·er n. ウィンドローワー《穀物を刈り取って列に並べる農業機械》.〔1948〕

wìnd·sàil n. **1**〘海事〙(船内の下方に風を通すための)帆布通風筒, 風取り, ウインドスル. **2** 風車の羽根.〔1725〕

風力	名称	相当風速 (m/sec)	
0	calm (平穏, 静穏)	0–0.2	(煙突の煙がまっすぐ)
1	light air (至軽風)	0.3–1.5	(煙がなびく; 風見は静止)
2	light breeze (軽風)	1.6–3.3	(木の葉が揺れる)
3	gentle breeze (軟風)	3.4–5.4	(小枝が絶えず揺れる)
4	moderate breeze (和風)	5.5–7.9	(砂ぼこりがたつ)
5	fresh breeze (疾風)	8.0–10.7	(葉の繁った小枝が揺れる)
6	strong breeze (雄風)	10.8–13.8	(大枝が揺れ, 電線が鳴る)
7	near gale (強風)	13.9–17.1	(樹木全体が揺れる; 風に向かっては歩行困難)
8	gale (疾強風)	17.2–20.7	(小枝が折れる)
9	strong gale (大強風)	20.8–24.4	(屋根がわらが動く)
10	storm (全強風)	24.5–28.4	(樹木・家屋が倒れる)
11	violent storm (暴風)	28.5–32.6	(被害が広範囲に及ぶ)
12	hurricane (颶風, 台風)	32.7 以上	(被害猛烈をきわめる)

wínd scàle n.〘気象〙風力階級. ★ 今日最も普通に用いられている Beaufort scale は次表の通り.

wínd scòrpion n.〘動物〙ヒヨケムシ《サソリに似たヒヨケムシ目 (*Solpugida*) のクモ形綱の動物の総称; 大きく発達したはさみと触毛でおおわれた細長い体をもち, オーストラリアを除く全世界の温暖地帯の砂漠や平原に生息する; sun spider, solifugid, solpugid ともいう》.〔1912〕

wínd·scrèen n.《英》=windshield 1 a (⇨ car 挿絵).〔1858〕

wíndscreen wìper n.《英》=windshield wiper (⇨ car 挿絵).

wínd shàft n. 風軸《風車羽根で回転される軸》.〔1825〕

wínd shàke n. (強風が木の枝に当たってできたと考えられる)木材の割れ. ★ 集合的にも用いる.〔1545〕

wínd·shàken adj. **1** 風に振り動かされた. **2** 〈木材が〉割れの入っている.〔*c*1550〕

wínd shèar n.〘航空〙ウインドシア, 風のずれ《地表付近で高さが増すにつれて風速が増大しているように, 風向に直角に風速を測ったとき, 風速が変化している状態; 乱流の原因となる》.〔1941〕

wínd·shìeld n. **1 a**《米》(自動車前部の)風防ガラス, フロントガラス (《英》windscreen) (⇨ car 挿絵). 日英比較「フロントガラス」は和製英語. **b** (航空機の)風防. **2** (手首にぴったり合う)風よけ袖口. **3** (弾頭を流線形にするためにつける軽金属製の)仮帽, 防風キャップ.〔1902〕

wíndshield wìper n.《米》(自動車などの)ワイパー (《英》windscreen wiper) (⇨ car 挿絵).〔1927〕

wínd·shìp n. 大型帆船.〔1934〕

wínd·slàb n. ウインドスラブ, 風成雪板《柔かい雪の表面に風によって形成される厚いクラスト; スラブ雪崩を発生しやすい》.〔1920〕

wínd·sòck (*also* **wínd slèeve**) n.〘気象・航空〙風見用円錐筒, 吹流し《wind cone ともいう》.〔1928〕

Wínd·sor¹ /wínzə, -dzə | -zə⁽ʳ, -dzə⁽ʳ/ n. ウィンザー: **1** イングランド南部の都市; Thames 川に臨み William the Conqueror 以来歴代の王宮であった Windsor Castle の所在地; 正式名 New Windsor. **2** カナダ南東部, Ontario 州の都市, 米国 Michigan 州の Detroit 市に相対する. **3** =Windsor soap. **4** =Windsor chair.
Military Knights of Windsor ⇨ military *adj.*
〔OE *Windlesōra*《原義》? landing place with a windlass ← ? *windels* (← *windan* 'to WIND²')+*ōra* bank〕

Wínd·sor² /wínzə, -dzə | -zə⁽ʳ, -dzə⁽ʳ/ n. ウィンザー王朝《英国の現王室の称; 旧称 the House of Saxe-Coburg-Gotha はドイツ系であったため, 第一次大戦中敵国の家名を王室名に戴くのは不穏当との意見により 1917 年改称; George 五世, Edward 八世, George 六世および Elizabeth 二世はこの王家の君主; the House of Windsor ともいう》.

Windsor, the Duke of n. ⇨ Edward VIII.

Wíndsor bénch n. ウィンザー型ベンチ《意匠と構造が Windsor chair に似たベンチ》.

Wíndsor Cástle n. ウィンザー城《William the Conqueror 以来の歴代英国王家の居城》.

Wíndsor cháir n. ウィンザーチェア《18 世紀に英国や米国の植民地で広く用いられた全木製の椅子》.〔1740〕

Wíndsor knót n. ウィンザーノット《ネクタイの結び方の一種で結び目の幅が広いのが特徴》.〔1947〕

Wíndsor rócker n.《米》揺り子つきウィンザーチェア.

wíndsor settée n. =Windsor bench.

Wíndsor sóap n. ウィンザー石鹸《香料入りの通例褐色または白色の化粧石鹸》: brown ~.〔1822〕

Wíndsor tíe n. ウィンザータイ《絹製の幅広のネクタイで前で蝶結びにする》.〔1895〕

Wíndsor úniform n.《英》ウィンザー宮殿朝服《George 三世時代から Windsor Castle で王族などの着用する赤いカラーとカフス付きの紺の燕尾(ᵉⁿᵇⁱ)服・白チョッキ・黒ズボン》.〔1781〕

wínd·spòut n. 旋風 (whirlwind) (cf. waterspout, tornado).

wínd sprìnt n. 肺活量を増進するための短距離競走.〔1948〕

wínd stàr n.〘海事〙風向風力図.

wínd stìck /wáınd-/ n.〘木工〙平面定規《木材等の面が平らであるかどうかを調べる直定規; 普通一端をつないだ二枚一組で用いる》.

wínd·stòrm n. 暴風《雨または雪を全然またはほとんど伴わないもの》.

wíndstorm insùrance n. 暴風保険.

wínd·sùcker n. wind-sucking の習慣をもつ馬.〔1853〕

wínd·sùcking n. (馬が)齰癖(ˢᵃᵏᵘ) (crib-biting) に伴って空気を飲み込む悪癖.〔1844〕

wínd·sùrf vi. ウィンドサーフィン[ボードセイリング]をする: go ~*ing*.〔1969〕

wínd·sùrfer n. **1** ウィンドサーフィン[ボードセイリング]をする人. **2** [W-]〘商標〙ウィンドサーファー《ウィンドサーフィン用ボード》.〔1969〕

wínd·sùrfing n. ウィンドサーフィン, ボードセイリング.〔1969〕

wínd·swèpt adj. **1** 風の当たる, 吹きさらしの: a ~ promontory 吹きさらしの岬. **2** (風に吹かれ(たように))乱れた. **3** ウィンドスエプト《後ろから風が吹きつけて髪が突っ立つようにした髪型》.〔1812〕

wínd·swìft adj. 風のように速い.

wínd tèe n.〘航空〙T 字型吹流し《着陸場付近に設けた大型の風見; landing T ともいう》.〔1932〕

wínd·tìght adj. 風を通さない, 風の通らない, 気密の (airtight).〔1623〕

wínd tùnnel n.〘航空〙風洞 (cf. water tunnel).〔1911〕

wínd tùrbine n. 風力タービン《発電用の風車》.〔1909〕

wínd·up /wáındʌp/ n. **1** 終結, 結末 (conclusion). **2** 仕上げ (finishing). **3**《英口語》悪ふざけ (hoax). **4**〘野球〙ワインドアップ《投球前のモーション》. ― adj.〔限定的〕**1** 巻上げの; 〈おもちゃが〉手巻きぜんまいで動く: a ~ phonograph / ~ toys. **2** 結びの (closing).〔(1665) ← *wind up* (⇨ wind² (v.) 成句)〕

wínd vàlley n.〘地理〙=wind gap.

wínd vàne n. 風向計 (anemoscope).〔1725〕

wínd·ward /wíndwəd | -wəd/ adj. **1** 風上の, 風にさらされている (↔ lee, leeward): on the ~ side of …の風上の側に. **2** 風に向かって[逆らって]進む: a ~ tide / ~ sailing. **3**〘海事〙=weatherly. ― adv. 風上へ, 風上に向かって. ― n. **1** 風上(の方向) (↔ lee): sail *to* the ~ / pass *to* ~ / The church lies *to* ~ of us. 教会は風上の方向にある. **2** (物の)風の当たる[風上の]部分.
éat to windward of 《口語》〘海事〙〈他船〉の風上に出る. ***gét to windward of*** (1)〘海事〙〈他船など〉の風上に出る. (2) (臭気などを避けるために)…の風上に回る. (3) 〈人〉を出し抜く, より優勢な地を占める.〔1882〕 ***kéep to windward of*** …を避けている. ***wórk to windward***〘海事〙〈帆船が〉風上に間切って進む. **~·ness** n.〔1549〕

Wínd·ward Íslands /wíndwəd- | -wəd-/ n. pl. [the ~] ウィンドワード諸島: **1** 西インド諸島, 小アンチル諸島 (Lesser Antilles) 中の Leeward 諸島の南方に続く諸島. **2** 西インド諸島の南東部のもと英領の群島; Dominica, Grenada, Grenadines, St. Lucia, St. Vincent などから成る.

Windward Pássage n. [the ~] ウィンドワード海峡《西インド諸島の Cuba, Hispaniola 両島間の海峡, 幅約 80 km》.

wínd·wày n. **1** 空気の通路, (鉱山の)通風路. **2**〘音楽〙=flue³ 3.〔*c*1875〕

wínd·wìng n.《米》(自動車の換気用の)三角窓 (quarter light).〔1934〕

wínd·y¹ /wíndi/ adj. (**wind·i·er**; **-i·est**) **1 a** 風の; 風の吹く, 風の強い: a ~ night / ~ weather / It is ~ today. 今日は風が強い. **b** (台風などで)風が主力の, 風の強い. **2** 風の当たる, 風を受ける, 吹きさらしの (windswept): a ~ spot, hilltop, plain, etc. / a ~ situation 吹きさらしの場所. **3** あらしのような, 激しい (violent, stormy), たけり狂う: ~ anger. **4 a** 胃腸内のガスの, ガスによって生じる: ~ colic 胃腸内のガスによる腹痛. **b** 〈食物が〉ガスを生じる, ガスのたまる (flatulent): ~ food / ~ dishes 腹の張る食品. **5**《口語》口先ばかりの, おしゃべりな, 空虚な, 実のない (wordy, empty): a ~ speaker, speech, etc. / ~ eloquence 駄弁(ᵈᵃᵇᵉⁿ) / a ~ fellow ほら吹き / ~ logic [rhetoric] 空虚な論法[修辞]. **6**《英口語》びっくりした, おびえた, びくびくした (frightened, nervous) (cf. *have the* WIND *up*). **7**《古》風上の (windward): on the ~ side of the law 法律の手の及ばぬ所に (cf. Shak., *Twel N* 3. 4. 164). **8**《スコット》自慢たっぷりの (boastful)〔*of*〕. **wínd·i·ly** /-dəli, -dḷi | -dʒli, -dḷi/ adv. **wínd·i·ness** n.〔OE *windig*: ⇨ wind¹, -y⁴〕

wínd·y² /wáındi/ adj. 〈道路・川が〉曲がりくねった, 蛇行した.〔*c*1975〕

Wíndy Cíty /wíndi-/ n. [the ~] Chicago の異名. ― adj.〔限定的〕《俗》Chicago の.〔1887〕

wine¹ /wáın/ n. **1** ワイン, ぶどう酒《ブドウの果汁を発酵させて造る酒で, 赤色または紫色のブドウの皮とともに造るものを red wine, 皮をとって造る無色または琥珀色のものを white wine, 発酵後に皮を取り除いて造るものを rosé という; 利用法・産地などによって種々のワインがある; ⇨ dessert wine, table wine; fortified wine, sparkling wine》: Adam's ~《戯言》水 / aromatic ~ 香料入りワイン / dry [sweet] ~ 甘味のない[甘味のある]ワイン / vintage ~ 年号物の優良ワイン / green ~ 新酒《醸造後 1 年間のワイン》/ French ~*s* フランス産の各種ワイン / ~ and women 酒と女 (*Eccles.* 19: 2) / ~, women, and song 酒と女と歌《男の歓楽》, 楽しいうたげ / ⇨ SPIRITS of wine / tears of strong ~ ⇨ tear² 2 / Joy is the best of ~. 喜びは最良の酒《何よりのごちそう》/ the days of ~ and roses 酒とバラの日々, 栄華の時 / Good ~ needs no bush. ⇨ bush¹ 4 b / When ~ is in, wit [truth] is out.《諺》酒がはいれば知恵はお留守 / In ~ there is truth.《諺》酒に真実あり《ラテン語 In vino veritas の英訳》/ Good ~ is a good familiar creature, if it be well used. 良い酒は上手に飲めばなかなかいいものだ (Shak., *Othello* 2. 3. 309–10). **2** 果実酒: apple [currant, fruit, gooseberry, orange, palm] ~ / ⇨ cowslip wine. **3** ワインカラー, (赤)ぶどう酒色, 暗赤色 (dark red). **4**〘薬学〙ぶどう酒溶剤: quinine ~ / ~ of opium 阿片ぶどう酒. **5**〘醸造〙蒸留液[酒]: ⇨ high wine, low wine. **6**《英》(大学で晩餐(ᵇᵃⁿˢᵃⁿ)後に数人でやる)飲酒会 (wine-party): have a ~ in one's room 自室で飲み会を開く / *Wines* have gone out of fashion. 飲み会はもうすたれた. **7** (ワインのように)元気づける[酔わせる, 喜ばせる]もの: The audience tasted the ~ of his eloquence. 聴衆は彼の雄弁の美酒に酔いしれた.
in wine 酒に酔って, 一杯機嫌で (intoxicated).〔1599〕 ***lóok on the wíne when it is réd*** 大酒を飲む, 酒にひたる (cf. *Prov.* 23: 31). ***òver the wálnuts and the wíne*** ⇨ walnut 1. ***néw wine in óld bóttles*** 古い皮袋に新酒を盛る, 旧来の方式に新しい考えを採り入れる (cf. *Matt.* 9: 17).〔1912〕 ***tàke wíne with*** …と健康を祝し合って乾杯する.
wine of órigin《南ア》ワイン オブ オリジン《ワインの瓶のラベルに記す公式の名称; 認定された地域からのものであり, 特定の品種・収穫年度のワインであることを保証する》.〔1972〕
― adj. ワインカラー[レッド]の, 暗赤色の.
― vt. 〈人を〉ワインでもてなす: ~ and dine a person (料亭などで)人に酒食のもてなしをする. ― vi. ワインを飲む: ~ and dine *with* a person 人と酒食を共にする.
~·less adj.〔n.: OE *wīn* < Gmc *wīnam (Du. *wijn* / G *Wein* / ON *vīn*) ▭ L *vīnum* (cf. F *vin*) ← ? IE *woino- (Gk *oînos* wine): 地中海起源. ― v.: (*c*1624) ← (n.): ⇨ vine〕

wine² /wáın/ vi.《カリブ》腰をリズミカルに回転させて踊る.〔《変形》? ← WIND²: twine との連想か〕

Wine /wáın/ n.〘園芸〙ワイン《米国のリンゴの品種名; 赤色, 大果で美しい; Wine apple ともいう》.〔⇨ wine¹: cf. G. *Weinapfel*〕

wíne·bàg n. **1** (皮製の)酒袋 (wineskin). **2**《俗》飲み助, 大酒飲み (wineskin, winebibber).

wíne bàr n. (主に)ワインを飲ませる酒場.〔1938〕

wíne·bèr·ry /-bèri | -b(ə)ri/ n.〘植物〙**1** ウラジロイチゴ, エビガライチゴ (*Rubus phoenicolasius*)《中国・日本産キイチゴ属の低木》. **2** ウラジロイチゴの実. **3** (NZ) = mako-mako.〔OE *wīnberiġe*: ⇨ wine¹, berry〕

wíne·bìbber n. 大酒飲み (drunkard).〔(1535) ← WINE¹+BIBBER: Coverdale によって Luther 訳聖書の *Weinsaüfer* (《なぞり》) ← Gk *oinopotés* wine drinker) の訳語として用いられた: cf. *Matt.* 11: 19〕

wíne·bìbbing adj. 大酒飲みの. ― n. 大酒(飲み).〔1549〕

wíne-bìscuit n. ワインビスケット《ワインと共に供するビスケット》.〔1835〕

wíne·bòttle n. **1** ワインボトル, ぶどう酒びん. **2** = wineskin.

wíne·bòwl n. **1** ワイン用大杯: drown care in the ~ 酒で憂さを忘れる. **2** 飲酒, 飲酒癖.

wíne bòx n. ワインボックス《普通 3 リットル入りの立方体のパック容器に入れて売られるワイン》.

wíne-càrriage n. (食卓上で用いる車付きの)酒瓶転送器.

wíne càsk n. ワイン樽(ᵗᵃʳᵘ).

wíne cèllar n. **1** ワインセラー, (地下の)ぶどう酒貯蔵室. **2** ワインの貯蔵(量).〔1371〕

wíne còlor n. ワインカラー[レッド], 赤ぶどう酒色.

wíne-còlored adj. ワインカラーの, 赤ぶどう酒色の.

wíne còoler n. **1** ワインクーラー《氷を入れ, その中にワインを入れて冷やす容器》. **2** 果汁と炭酸水で割ったワイン《特に白ワインについていう》.〔1815〕

wíne còoper n.《英》=cooper¹ 2.

wíne·fàt n.《古》=winepress (cf. *Isa.* 63: 2).〔(1526) ← WINE¹+《古形》*fat* (⇨ vat)〕

wíne gállon n. ワインガロン《昔英国で用いられていたぶどう酒の量単位; 231 立方インチ, 3.7853 リットル; 現行米ガロンに同じ》.〔1657〕

wíne·glàss n. **1** ワイングラス. **2** =wineglassful.〔1709〕

wíne·glass·fùl /-fʊ̀l/ n. ワイングラス 1 杯 (table-spoon 4 杯の量).〔1824〕

wíne gràpe n. ワイン用ブドウ; (特に)ヨーロッパブドウ (*Vitis vinifera*).〔*c*1250〕

wíne·gròwer n. ブドウ栽培兼ワイン醸造家.〔1844〕

wíne gròwing n., adj. ブドウ栽培兼ワイン醸造業(の).〔1846〕

wíne gùm n. 一口ゼリー, グミ《着色し果物の味がする小

W

さなぜラチン菓子). 〘1953〙
wine·hòuse *n.* =wineshop.
Wine·land /wáɪnlənd/ *n.* =Vinland.
wine lìst *n.* (レストランなどの)ワインの一覧表, ワインリスト: He knows his way down a ～. 彼はワイン通だ. 〘1898〙
wíne·màker *n.* ワイン醸造家. **wíne·màk·ing** *adj., n.* 〘*a*1500〙
wíne-màrc *n.* (ブドウの)しぼりかす.
wine mèasure *n.* ワインの旧英式量単位 (1 gallon を 231 立方インチとする; cf. wine gallon). 〘1728〙
wine mèrchant *n.* 〘英〙 **1** アルコール類の卸売り業者. **2** アルコール類販売店 (普通, 店内での飲酒は許されない).
wine pàlm *n.* 椰子酒の原料となる各種のヤシ (cf. toddy palm). 〘1681〙
wíne-pàrty *n.* 〘英〙 =wine[1] 6.
wíne plànt *n.* 〘植物〙 =rhubarb.
wíne·prèss *n.* ブドウ搾り器. 〘(1526): cf. MHG *wînpresse*〙
wíne prèsser *n.* =wine press.
wine réd *n.* ワインレッド, 赤ぶどう酒色.
wíne ròute *n.* 〘南ア〙 ワインルート (数か所のワイン農場を結ぶツアールート; ワインの試飲や販売をしている).
win·er·y /wáɪnəri/ *n.* 〘米〙 ぶどう酒醸造所, ワイナリー. 〘(1882) ← WINE[1]+-ERY〙
Wine·sap /wáɪnsæp/ *n.* 〘園芸〙 ワインサップ, 初日出 (米国のリンゴの品種名; 貯蔵のきく赤色中形種; cf. winter apple). 〘1826〙
wíne·shòp *n.* ワイン専門のレストラン[酒場]. 〘1848〙
wíne·skìn *n.* **1** (ワインを入れる)皮袋 (やぎなどの全皮を用いる). **2** 〘俗〙 大酒家. 〘1821〙
wine stèward *n.* (レストランなどの)ワイン係 (sommelier). 〘1898〙
wíne stòne *n.* (ワイン樽(たる)の底に沈積する)粗酒石 (argol). 〘1526〙
wíne tàble *n.* (暖炉の前に備える飲酒用の) U 字形のテーブル.
wíne tàster *n.* **1** ワインを試飲して品質検査をする人. **2** ワインの試飲用の杯. 〘1632〙
wine tàsting *n.* ワインの試飲. 〘1936〙
wíne·vàult *n.* **1** ワイン貯蔵地下室. **2** ワイン小売場, 酒場 (taproom, bar). 〘(1791): ⇨ vault[1]〙
wine vínegar *n.* ワインビネガー (ぶどう酒を酢酸発酵させて造る食用酢).
wíne wàiter *n.* =sommelier.
win·ey /wáɪni/ *adj.* =winy.
Win·fred /wínfrɨd | -frɪd/ *n.* ウィンフレッド (男性名; 愛称形 Win, Winnie, Winny). 〘OE *Winfrið* ← *wine* friend (← Gmc **wini-* beloved ← IE **wen-*: ⇨ win[1])+*friðu* peace < Gmc **friþuz* ← IE **prāi-* to love): cf. Edwin, free, Godfrey〙
wing /wíŋ/ *n.* **1 a** (鳥・天使などの)翼, 羽根, (昆虫の)翅(はね): a gray goose ～ 〘古〙 矢 (arrow) / ⇨ WINGS *sprout*. **b** (鶏・鴨などの)羽の部分の肉・皮つき骨. **c** 養育, 庇護, 保護, 指導: ⇨ *under a person's* WING. **2 a** (飛行機などの)翼 (⇨ airplane 挿絵). **b** (風車の)羽根, 翼 (vane). **c** (コウモリなどの)飛膜; (トビウオの)胸びれ. **d** 矢羽根. **e** (water wings の)翼. **3** [*pl.*] **a** 〘口語〙〘軍事〙 航空記章, 翼状章 (2 枚の鳥の翼を広げた形のバッジで, 英空軍の操縦士・爆撃手・観測手などに与えられる; 公式には aviation badge という): get the [one's] ～*s* 航空兵の資格を得る. **b** (ガールスカウトの年少団員がつける緑色の)翼章. **4** 〘建築〙 翼(よく), そで, 翼部 (主要部の側方に伸びた部分); 〘築城〙 翼廊, 翼壁: the north ～ / He built a new ～. そでを建て増した. **5** 〘劇場〙 **a** 舞台脇, そで; 突き出し (舞台のそでにある右または左側の張りもの): ⇨ *in the* WINGS. **b** =wing flat. **6** (党派などの右翼・左翼の)翼, 派 (faction): the left [right] ～ 左[右]派 / the Democrats' liberal ～ 民主党のリベラル派 / belong to the progressive ～ of the party 党の革新派に属する. **7** (サッカー・ホッケーなどの)ウイング(またはその人) (フォワードの両端に位置する競技者): ⇨ right [left] wing. **8 a** 〘戯言〙 (獣の)前脚 (foreleg). **b** (兎の)肩. **c** 〘口語〙 (人の)腕 (arm); (特にピッチャーの)投球する腕: a touch on the ～ 腕の負傷. **9** [集合的にも用いて] 鳥; 群れ (flock): a ～ of sparrows すずめの群れ. **10 a** 飛行, 飛翔 (winged flight). **b** [*pl.*] 飛翔・逃走の手段. **11** [通例 *pl.*] 〘植物〙 (モミジ・トネリコなどの翼果の)翼; (蝶形花冠の)翼弁. **12** 〘海事〙 翼艙(よくそう) (船艙または下甲板の舷側(げんそく)に接する部分). **13 a** 〘軍事〙 翼, (側)部隊: the left [right] ～ (of an army) (軍隊の)左[右]翼部隊 / The cavalry were massed on the left ～. 騎兵は左翼に密集していた. **b** 翼 (飛行隊形で他の飛行機の背後で左右の一方の位置). **14** 〘空軍〙 飛行団, 航空団 (地上部隊の旅団に相当するもの; 英国では 2 個またはそれ以上の squadrons (飛行中隊), 米国では 4 個の groups (航空群)から成る; cf. air command). **15** (本体に関係のある, または, 本体に従属する)支部, 下部系列, 補助機関. **16** (ひじ掛け椅子の)そで (背もたれの上端左右の頭もたせ(の一方); cf. wing chair). **17** 両開きドア[2 枚スクリーンなど]の片方. **18** 〘英〙 (自動車などの)泥よけ (mudguard, fender) (⇨ car 挿絵). **19** [通例 *pl.*] 〘詩〙 (船の)帆 (sail). **20** 〘解剖〙 翼 (ala): the ～ of the nose 鼻翼, 小鼻. **21** 〘ダンス〙 ウイング (社交ダンスステップの一つ; 男子がゆっくり前進する間に女子が男子の前方を数歩回り歩くステップ). **22** 〘米〙 =quarter light. **23** (レーシングカーなどに接地力を高めるために取り付けた)ウイング. **24** (下等動物の)移動のための平たい器官 (トビウオの胸びれのようなものをいう). **25** (すき・すきへらなどの)刃じり. **26** (水路をせまくするための)突堤, ダム. **27** 〘まれ〙 矢についた羽根.
clip the wings of (鳥の翼を切って飛べなくするように)…の活動[力]を阻害する, …から伸びる力を奪う: Time had *clipped the* ～*s of* his love. 時がたって彼の愛する力もなくなってしまった / *His* ～*s* were *clipped* by that setback. その妨げによって彼の活動は阻害された. 〘1599〙 ***find one's wings*** 〈ひな鳥が〉飛べるようになる. ***give wing(s) to*** …を(翼で)飛べるようにする. ***hit ùnder the wing*** 〘俗〙 酔って (「翼の下を撃たれた鳥のようにぐったりして」の意から). 〘1844〙 ***in the wings*** (1) (舞台の)両そでに(隠れて). (2) 〘口語〙 すぐ近くに待機して: He is waiting *in the* ～*s*. すぐ近くに待機している. ***lénd wings to … =lénd … wings*** …の進度を促す, 促進する (accelerate): Fear *lent* him ～*s*. 恐ろしいので一目散に走った. 〘1586〙 ***on the wing*** (1) 飛んで(いる), 飛行中の[で] (flying): birds *on the* ～ 飛んでいる鳥. (2) 動き回って, 旅をして (traveling), 出発しかけて: A traveling salesman is always *on the* ～. セールスマンはいつも旅をしている. (3) 活動して (moving), せっせと働いて (busy): She is *on the* ～ doing things in the lab. ラボでいろいろな用事をしてばたばたしていた. 〘1742〙 ***on the wings of the wind*** (風に乗って飛ぶように)迅速(じんそく)に (cf. *Ps.* 18:10). 〘1837〙 ***on wings*** 翼に乗って; (心も浮々と)足を軽く運んで: His spirits soared *on* ～*s*. 彼の心は浮々と高揚した / *on* ～*s* of song 歌の翼に乗って. 〘1859〙 ***singe one's wings*** ⇨ singe 成句. 〘1626〙 ***spréad [strétch] one's wings*** 全能力を発揮する; 世間の荒波に乗り出す, 古巣を飛び立つ. 〘1876〙 ***spróut wings*** 〘戯言〙 (1) (天使のように)行い澄ます (cf. WINGS *sprout*). (2) 死ぬ. ***táke (to itsèlf) wings*** 〘古〙 〈金などが〉羽が生えたようになくなる. 〘1704〙 ***tàke wing*** (1) 〈鳥が〉飛び立つ, 飛び去る. (2) 逃げる, 逃亡する (make off). (3) 活気を呈する, 活発になる; 歓喜[狂喜]する. 〘1807〙 ***trý one's wing(s)*** 腕試しをする. 〘1864〙 ***ùnder a person's wing*** 人に保護[指導など]されて: I was taken [put] *under* a tutor's ～. 私は家庭教師の指導を受けることになった. 〘*c*1230〙 ***wing and wing*** 〘海事〙 (縦帆船が順走するとき左右両舷(りょうげん)に帆を一つずつ張り出して)ちょうちょう開きで, 観音開きで. 〘1781〙 ***wings spróut*** 〘戯言〙 〈人〉に(天使の)翼(はね)が生える, 天使[君子]のようになる (cf. *sprout* WINGS): His ～*s* are *sprouting*.=He has ～*s sprouting*. 彼は(別人のように)行い澄ましている.
— *vt.* **1** …に翼を付ける; 〈矢〉に羽を付ける: ～ an arrow *with* feathers. **2** 飛べるようにする, …に空をかけさせる; …の速度を増させる: Ambition ～*ed* his spirit. 大望に駆られた / Fear ～*ed* his steps. 恐怖のために足が速くなった / Vengeance ～*ed* the shaft. 復讐(ふくしゅう)の矢は飛んだ. **3** 〈矢などを〉飛ばす (let fly): ～ an arrow at the target 的に向かって矢を飛ばす. **4** 飛ぶ, 飛んで渡る (fly over): ～ the air [sky] 空を飛ぶ / ～ its way 〈鳥が〉飛んで行く (fly). **5 a** 〈鳥〉の翼を傷つける. **b** 〘口語〙 〈人〉の腕[肩など]を傷つける; (決闘などで)〈相手を〉傷つける (wound); 弾丸で傷つける[負傷させる]. **6** 〘口語〙 〈飛行機などを〉撃墜する. **7** 〈建物〉にそで[翼]を付ける. **8** 〘口語〙〘演劇〙 舞台のそでにいるプロンプターにたよって〈役を〉演じる. **9** 〘方言〙 羽ぼうきで掃除する. **10** [～ it として] 〘俗〙 即席でやる (improvise).
— *vi.* **1** 〈鳥・飛行機が〉飛んで行く (⇨ fly[1] SYN): The birds ～*ed* across the lake. 鳥は湖を越えて飛んで行った / His plane [He] ～*ed* home from Paris. 飛行機[彼]はパリから飛んで帰って来た. **2** (羽が生えたように)敏捷に飛ぶ.
〘n.: lateOE *wenge* (pl.) ☐ ON *vængir, vængi* (acc.) (pl.) ← *vængr* < Gmc **wēiŋzaz* ← IE **wē-* to blow. — v.: 〘1486〙 ← (n.): *wenge* > *wing* の変化は *e* が *-ng* の前で *i* に変化したもの (cf. hinge, singe, string, think): cf. weather〙
wing antènna *n.* 〘電気〙 機翼空中線, ウイングアンテナ.
Win·gate /wíŋgeɪt, -gɨt/, **Orde** /ɔ́əd | ɔ́:d/ **(Charles)** *n.* ウィンゲート (1903–1944; 英国の軍人, 第二次大戦中, ビルマ戦線で突撃隊 (the Chindits) を組織し指揮にあたった).
wíng·bàck *n.* 〘アメフト〙 ウイングバック (wing back formation をとったときのバックスのプレーヤー); ウイングバックのポジション. 〘1933〙
wíng·back formàtion *n.* 〘アメフト〙 ウイングバックフォーメーション (鳥の両翼型にバックスが位置するフォーメーション[攻撃陣形]).
wíng bàr *n.* **1** 〘航空〙 翼の横骨. **2** 〘鳥類〙 (翼の)横帯. 〘1855〙
wíng·bèat *n.* 一回のはばたき, 翼のひと打ち. 〘1909〙
wíng bìt *n.* (かぎの先の)平たいかかり.
wíng bòlt *n.* 蝶ボルト.
wíng bòw /-bòu | -bəu/ *n.* 〘鳥類〙 (家禽(かきん)・小鳥などの顕著な色の)肩の羽毛. 〘1867〙
wíng càp *n.* 〘製靴〙 ウイング飾り革 (爪先部のおかめ飾り; wingtip ともいう).
wíng càse *n.* 〘動物〙 =elytron 1.
wíng chàir *n.* そで椅子 (背の上部の左右からそでが延びてすき間風を防ぎ, 頭を支えるようにしたもの). 〘1904〙

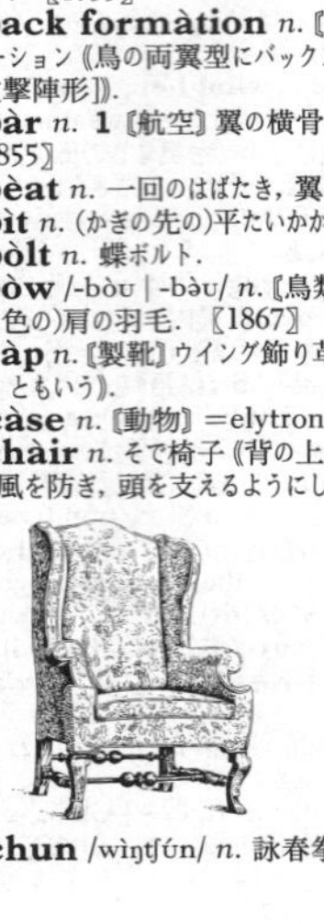

wing chair

wing chun /wìŋtʃún/ *n.* 詠春拳, ウィンチュン (中国拳法の一つで, 主に護身の技法として用いられる簡略化されたカンフーの型). 〘(*c*1975) ← *Yim Wing Chun* (18 世紀の中国人でこの技法の大成者)〙
Wing·co /wíŋkou | -kəu/ *n.* (*pl.* ～**s**) 〘英空軍俗〙 空軍中佐 (wing commander). 〘(1941) (略) ← *Wing Commander*〙
wíng cóllar *n.* ウイングカラー (スタンドカラーの前端が下に折り曲がったカラーで紳士の正装用). 〘1915〙
wing commànder *n.* 〘英〙 空軍中佐. 〘1914〙
wíng còver *n.* 〘動物〙 =elytron 1.
wíng còvert *n.* 〘鳥類〙 雨覆(あまおおい)羽. 〘1815〙
wíng dàm *n.* (流れの方向を変える)導水堤. 〘1809〙
wing·ding /wíndìŋ/ *n.* 〘米俗〙 **1** (麻薬で引きおこされたり, 仮病で装った)発作, けいれん. **2** 激怒; かんしゃく. **3** 騒々しいお祭[パーティー]. **4** 特に目立つ[興味をそそる]もの. 〘(1944): 擬音語的造語〙
wíng dròp *n.* 〘航空〙 ウイングドロップ (飛行機が遷音速域に入って左右の翼のどちらかが衝撃波失速を起こし, 不意に横転する現象).
winge /wíndʒ/ *vi.* =whinge.
winged[1] /wíŋd/ ★ 古くは /wíŋɨd/ と発音されたこともあり, 現在でも詩ではそのように発音されることがある. *adj.* **1 a** 翼[翼状物]のある: ～ creatures 翼のある動物 (鳥類) / a ～ seed (モミジ・トネリコなどの)翼のついている種子, 翼果 (samara) / the ～ god 翼を持った神 (Mercury のこと) / the ～ horse 翼のある馬 (Pegasus のこと); 詩歌 / the *Winged Victory* 翼のある勝利の女神像 (cf. Nike 1). **b** [通例複合語の第 2 構成素として] 翼が…の; 〈建物が〉(…の)翼部をもつ: strong-[swift-]*winged* 翼の強い[速い] / a double-*winged* house 二つの翼部をもつ家. **2** /wíŋɪd, -ŋəd/ 〘詩〙 鳥の群がる: the ～ air 鳥の群がる空 (cf. Milton, *Comus*). **3** 崇高な, 高速な: ～ sentiments, thoughts, etc. **4** 翼に乗って引き行くような, 羽が生えたように飛んでゆく; 迅速な: ⇨ winged words. 〘(*c*1385): ⇨ wing (n.), -ed 2〙
winged[2] /wíŋd/ *adj.* **1** 〈鳥が〉翼を痛めた: a ～ eagle, hawk, etc. **2** 〘口語〙 〈人が〉腕などを負傷した; 弾丸で傷ついた. 〘(1789) (p.p.) ← WING (vt.)〙
wínged acácia *n.* 〘植物〙 オーストラリア産マメ科の薄黄色の頭状花をつけるとげと毛の多いアカシア (*Acacia alata*).
wínged béan *n.* 〘植物〙 シカクマメ, トウサイ (*Psophocarpus tetragonolobus*) (熱帯産マメ科のつる性草本; サヤは食用で, 4 つの翼状の突起がある; 高蛋白の豆を産し, 塊根も食用にされる). 〘1910〙
wínged cháir *n.* =wing chair.
wínged élm *n.* 〘植物〙 北米産ニレ属の植物 (*Ulmus alata*). 〘1820〙
wínged everlásting *n.* 〘植物〙 カイザイク (*Ammobium alatum*) (オーストラリア原産の翼のでる茎と柔毛のある葉を有するキク科の草本で, ドライフラワーにする).
Wínged Hórse *n.* [the ～] 〘天文〙 ペガスス座, 天馬座 (⇨ Pegasus 4).
wínged péa *n.* 〘植物〙 ヨーロッパ産マメ科ミヤコグサ属の一年草 (*Lotus tetragonolobus*) (食用になる 4 翼をもつさやを有する). 〘1739〙
wínged spíndle trèe *n.* 〘植物〙 ニシキギ (*Euonymus alatus*) (中国・日本産のニシキギ科の低木; 枝にコルク質の 4 翼が出る).
Wínged Víctory *n.* [the ～] =NIKE of Samothrace.
wínged wórds *n. pl.* (矢のように)口をついて出る(要領を得た)言葉, すらすらと書かれた(意味深い)言葉 (Homer の句から). 〘(1616) (なぞり) ← Gk *épea pteróenta*〙
wíng élm *n.* 〘植物〙 =winged elm.
wing·er /wíŋə | -ŋə[r]/ *n.* 〘英〙〘スポーツ〙 ウインガー (ラグビー・サッカー・ホッケーなどでウイング (wing) を守っている競技者). 〘1896〙
Wing·field Scúlls /wíŋfi:ld-/ *n. pl.* [the ～] ウイングフィールドスカル競艇 (1830 年以来毎年 Thames 川でアマチュアによって行われるスカル競艇; コースは Putney から Mortlake までの 4[1]/[4] mile (6.8 km); ただし 1849–1860 の間だけコースは Putney から Kew までであった).
wíng flàt *n.* 〘劇場〙 =coulisse 2.
wíng-fòoted *adj.* (Mercury のように)足に翼のある; 〘詩〙 足の速い, 迅速な (swift). 〘1591〙
wíng fórward *n.* ウイングフォワード (wing): **1** 〘サッカー〙 前衛の左右両翼の二人またはそのポジション. **2** 〘ラグビー〙 (スクラムを組むときの) 2 列目の両サイドの選手またはそのポジション (flank forward).
wíng gàme *n.* [集合的] 〘英〙 狩猟鳥 (game birds) (cf. ground game). 〘1879〙
wíng hàlf *n.* 〘サッカーなど〙 ウイングハーフ (右または左のハーフバック). 〘1898〙
wíng·less *adj.* **1** 翼のない. **2** 飛べない; のろのろと進む. **3** (kiwi のように)翼の痕跡(こんせき)しかない. **4** 〘昆虫〙 無翅類の. **～·ness** *n.* 〘1591〙
wing·let /wíŋlɨt/ *n.* **1** 小さな翼. **2** 〘動物〙 小翼 (alula). **3** 〘航空〙 翼端小翼, ウイングレット (抗力を減じるために翼端に取り付けた垂直に近い小翼). 〘(1816): ⇨ -let〙
wíng·lìke *adj.* 翼状の. 〘*c*1804〙
wing lòading [lòad] *n.* 〘航空〙 翼面荷重 (飛行機の全重量を主翼面積で割った値; cf. loading 6). 〘1912〙
wíng·man /-mən/ *n.* (*pl.* **-men** /-mən, -mèn/) **1** 〘空軍〙 編隊僚機 (援護などの目的で編隊の後方から先導機に従う飛行機で通例同一機種); 編隊僚機の操縦士. **2** 〘スポーツ〙 ウイングの選手. 〘1942〙
wíng mirror *n.* (自動車の)サイドミラー (⇨ car 挿絵). 〘1925〙

wíng nùt *n.* 蝶ナット，蝶留めねじ《スパナを用いず指先で回すつまみのあるナット》．〘*c*1900〙
wíng·òver *n.*〘航空〙急上昇反転．〘1927〙
wíng òyster *n.*〘貝類〙ウグイスガイ《*Pteria* 属などウグイスガイ科の食用海産二枚貝の総称; アコヤガイを含む; 殻は平たく薄質で，蝶番に翼状突起がある》．
wíng ràil *n.*〘鉄道〙翼レール，翼軌条《轍叉(てっさ)の先端の両側につける軌条》．〘1875〙
wíng sàil *n.*〘海事〙翼帆，ウイングセール《推進力を得るため船に垂直に付ける，飛行機の翼に似た堅い構造物》．〘1794〙
wíng sèction *n.*〘航空〙翼形，翼断面 (aerofoil section ともいう)．
wíng shèath *n.*〘動物〙=elytron 1.
wíng shèll *n.*〘貝類〙ウグイスガイ科 *Pteria* 属の貝の総称《ウグイスガイ (*P.brevialata*) など》．〘1681〙
wíng shòoting *n.*〘狩猟〙飛鳥狙撃《飛んでいる猟鳥またはクレーを撃つこと》．〘1881〙
wíng shòt *n.*〘狩猟〙**1** 飛ぶ鳥を撃つこと．**2** 飛ぶ鳥を撃つ名射手．〘1875〙
wíng skìd *n.*〘航空〙翼端そり《翼が地に触れぬようにするためのもの; cf. tail skid》．
wíng·spàn *n.*〘航空〙翼幅，スパン．〘*c*1917〙
wíng·sprèad *n.*《鳥・昆虫・飛行機などの》翼幅《翼の一端から他端までの長さ》．〘1897〙
wíng·stròke *n.* =wingbeat.
wíng thrée-quárter *n.*〘ラグビー〙ウイングスリークォーター (⇨ Rugby football 挿絵)．
wíng·tìp *n.* **1** (鳥・航空機の)翼端．**2** ウィングチップ《翼形のつま革[飾り革]のある靴》．〘*c*1908〙
wíng wàlking *n.* ウイングウォーキング《飛んでいる航空機の翼上での曲芸; 第一次大戦後に流行》．**wíng wàlker** *n.*〘1927〙
wíng wàll *n.*〘建築〙袖壁(そでかべ)，翼壁(よくへき)《斜めに作られた擁壁》．〘1791〙
wíng·wèary *adj.* 翼の疲れた，飛び疲れた．
wing·y /wíŋi/ *adj.* (**wing·i·er**; **-i·est**) **1** 翼のある; 迅速な (rapid). **2** 天翔けるような (soaring); 高尚な (lofty). **3** 翼のような．〘(1643): ⇨ wing, -y[1]〙
Win·i·fred /wínəfrɪd | -nɪfrɪd/ *n.* ウィニフレッド《女性名; 愛称形 Freda, Frida, Win, Winnie, Winny》．〘《古形》Wynifreed, Winefred《変形》← Welsh *Gwenfrewi*《原義》white wave: 現在の形は WINFRED の影響 (cf. Guenevere)〙
wink[1] /wíŋk/ *vi.* **1** まばたきする (blink): She had to ~ hard to keep the tears back. 涙を押えるために懸命にまばたきしなければならなかった．**2** 目で合図する，めくばせする; ウインクする〔*at*〕: ~ *at* a girl. **3**〔過失などを〕見て見ぬふりをする，見逃す〔*at*〕: ~ *at* a person's misconduct 人の不行跡を見逃す / ~ *at* an abuse, a fault, etc. **4**〈星・光などが〉ちらつく，きらめく．**5** 懐中電灯[明かり]で合図する．***wink óut*** (1) (急に)終わる．(2)〈明かりが〉消える．
— *vt.* **1**〈目を〉しばたたく，まばたきさせる: ~ one's eye まばたきする．**2** まばたきして〈涙・ちりなどを〉払う: ~ *away* [*back*] one's tears 目をしばたたいて涙を払う[押える] / He tried to ~ dust *out of* his eye. 目をしばたたいてちりを取り除こうとした．**3** まばたきして合図する: ~ one's consent 承認したことをめくばせで知らせる．**4**〈懐中電灯・明かりを〉点滅させて合図する; 懐中電灯[明かり]で〈合図を〉与える．**5** 見て見ぬふりをする，意図的に無視する．
— *n.* **1 a** まばたき (blink). **b** (光・星などの)またたき，ちらつき (twinkle). **2** めくばせ，(めくばせで知らせた)合図，ウィンク: He gave me [said it to me with] a knowing [significant] ~. 彼は私に向かって心得顔に[意味ありげに]ウィンクした[ウィンクしてそう言った] / A nod is as good as a ~.《諺》一を聞いて十を知る (cf. verb. sap.) / A nod is as good as a ~ to a blind horse.《諺》馬の耳に念仏．**3 a** 目を閉じること; ひと眠り，一睡 (nap): She wanted to get a ~. ひと眠りしたいと思った / I couldn't sleep a ~ all night. 一晩中一睡もできなかった / ⇨ forty winks. **b**《Shak》死 (death): the perpetual ~ 永遠の眠り，死 (*Tempest* 2. 1. 285). **4 a** 一瞬間 (instant): in a ~ またたく間に，たちまち / (as) quick as a ~ またたく間に．**b** [通例否定語の後に用いて] (眠りの)少量，ごくわずか: I did *not* get a ~ of sleep. 一睡もしなかった / She did *not* sleep a ~ all night. 一晩中まんじりともしなかった．***tip a person the wink***《英俗》〈人〉にめくばせする，〈人〉にこっそり合図する．〘1676〙
〘OE *wincian* to nod, wink ← Gmc **wiŋk-* (G *winken* to beckon) ← IE **weng-* to bend, curve: cf. wince[1], which[1], wench, gauche〙

SYN まばたきする: **wink** 通例片目をまばたきして合図する: He *winked* at me knowingly. 心得顔に私にウインクしてみせた．**blink** まぶしさ・驚きなどで無意識的にまばたきする: She *blinked* at the sudden light. 突然の光にまばたきした．

wink[2] /wíŋk/ *n.*〘遊戯〙(tiddlywinks で使われる)小円盤，ウインク．〘(1890) ← (TIDDLEDY)WINK(S)〙
Win·kel·ried /víŋkəlrìːt, -kɪ-; G. víŋkl̩riːt/, **Arnold von** *n.* ウィンケルリート (?–1386; スイスの愛国者で国民的英雄)．
wínk·er *n.* **1** まばたきする人，めくばせする人．**2** [通例 *pl.*]〘馬具〙目隠し，遮眼帯 (blinker). **3** [通例 *pl.*]《米口語・英方言》目 (eye); まつ毛 (eyelash); まぶた．**4**《英口語》(自動車の)点滅式方向指示灯，ウインカー (《米》blinker) (⇨ car 挿絵)．〘1549〙
wínk·ing *adj.* **1** まばたきする．**2**《廃》目を閉じた; 盲目の: two ~ Cupids (Shak., *Cymb* 2. 4. 89). — *n.* まばたきすること，またたくこと: (as) easy as ~ (まばたきすることぐらいに)実に容易で[な]．***like winking***《俗》素早く，見るまに，急に; 活発に，元気よく．《1827》〘adj.: OE *wincende*. — n.: lateOE *winkunge*〙
win·kle[1] /wíŋkl̩/ *n.*〘貝類〙**1** ヨーロッパタマキビガイ (periwinkle). **2** =whelk[1] 2. — *vt.* [~ *out* として]《英口語》〈人・物・情報などを〉えぐり取る，引き出す: ~ a rat *out of* a hole 穴からねずみをほじくり出す / ~ the truth *out of* a person 人から真相を引き出す．〘n.: 《1585》《略》← PERIWINKLE[2]: cf. wig〙
win·kle[2] /wíŋkl̩/ *vi.* =twinkle. 〘《1791》← WINK＋-LE[3]〙
win·kle·hawk /wíŋkl̩hɔ̀ːk, -hɑ̀ːk | -hɔ̀ːk/ *n.* (織地の) L 字形の傷[裂け目]．〘□ G *Winkelhaken* ← *Winkel* angle, corner＋*Haken* 'HOOK'〙
wínkle-pìcker *n.* [*pl.*]《英俗》つま先の細くとがった靴[ブーツ]．〘1960〙
win·kler /wíŋklə | -lə(r)/ *n.*《英俗》借家追い出し人，地上げ屋《特に，嫌がらせをしたりして店子を追い出す大家》．〘(《1889》)《1970》: ⇨ winkle[1], -er[1]〙
win·na·ble /wínəbl̩/ *adj.* 勝てる，勝ち取ることができる．〘1544〙
Win·ne·ba·go /wìnəbéɪgoʊ | -nɪ̀béɪgəʊ/ *n.* (*pl.* ~, ~**s**, ~**es**) **1 a** [the ~(s), ~(es)] ウィネバゴー族《米国 Wisconsin 州の Green 湾沿岸を中心として居住し Sioux 語族に属するアメリカインディアン》．**b** ウィネバゴー族の人．**2** ウィネバゴー語《Siouan 語の一方言》．〘《1766》□ F ~ ← N-Am.-Ind. (Algonquian)《原義》people of the muddy water: cf. Winnipeg〙
Win·ne·ba·go /wìnəbéɪgoʊ | -nɪ̀béɪgəʊ/, **Lake** *n.* ウィネベイゴ湖《米国 Wisconsin 州東部の湖，面積 557 km^2》．〘↑〙
Win·ne·pe·sau·kee /wìnəpəsɔ́ːki, -sɑ́ː- | -nɪpɪ̀-sɔ́ː-/, **Lake** *n.* =Winnipesaukee.
win·ner /wínə | wínə(r)/ *n.* **1 a** 勝利者; (競馬の)勝ち馬: ride a ~〈騎手が〉優勝する．**b**《口語》確実に成功しそうな人[物・考え]．**c** 利益を得る人．**2** 受賞者[作品]: the ~ of the first prize, grand prix, etc. **3**〘トランプ〙(ブリッジで)必勝札《それによって場札 (trick) を取れる見込みがある札》．**4** (サッカー・テニスなどの)決勝点[ポイント]．**5** [複合語の第 2 構成素として] (…を)得る人 (earner): ⇨ breadwinner.
be ònto a winner 〔…について〕成功しそうな[金になりそうな]人[物]を手にしている，〔…の〕金の卵を見つける〔*with*〕．***pick a winner*** (1) 勝ち馬を選ぶ[当てる]．(2)《口語》非常によい人[物]を選ぶ．
〘《*c*1375》← WIN[1]＋-ER[1]〙
wínner's cìrcle [enclòsure] *n.*〘競馬〙勝ち馬表彰式場，優勝馬表彰所《優勝馬と騎手が写真撮影や賞品授与のため現れる馬場近くの囲い; cf. unsaddling enclosure》．〘1951〙
wínner-tàke-áll 勝者総取り制度《一つの州で最多投票数を得た候補がその州の選挙人全員の票を獲得したことになる制度》; 勝者ひとり占め．〘1969〙
Win·nie[1] /wíni/ *n.* ウィニー: **1** 男性名．**2** 女性名．〘1: (dim) ← WINSTON. — 2: (dim.) ← WINIFRED〙
Win·nie[2] /wíni/ *n.* ウィニー賞《米国で，優れたファッションデザインに対して毎年与えられる賞》．〘《*c*1944》← WIN-N(ER)＋-IE〙
Win·nie-the-Pooh /wíniðəpúː/ *n.* クマのプーさん (A. A. Milne の同名の児童物語の主人公の熊)．
win·ning /wínɪŋ/ *adj.* [限定的] **1** 勝者としての，勝利を得る，決勝の (victorious): a ~ team, side, stroke, shot, etc. / the ~ hit 決勝(の安)打 / a ~ horse 勝ち馬．日英比較 野球の「決め球」の意の「ウイニングショット」は和製英語．英語では a pitcher's best pitch という．野球で最終回の第 3 アウトをとり，勝利を決したときのボールを「ウイニングボール」というのは和製英語．英語では the ball caught for the game's final out. 優勝選手の場内一周を「ウイニングラン」というのは和製英語．英語では victory lap, lap of honor. **2** 人を引きつける (attracting)，愛きょうのある (charming): ~ manners / a ~ personality / a ~ look [smile] 人を引きつける目つき[笑顔]．
— *n.* **1** [*pl.*] (賭けなどの)勝利金，賞金，所得．**2** 勝利，成功．**3** 獲得，占領 (capture, taking). **4** 人を引きつけること．**5**〘鉱山〙採鉱(場)，採炭(場)．
~·ness *n.* 〘(n.: ?*a*1300; adj.: 1435): ⇨ win, -ing[1,2]〙
wínning combinátion *n.* 最高の組合せ，名コンビ．
win·ning·est /wínɪŋɪst/ *adj.*《口語》最も成功した，最多勝利の．〘1974〙
wínning gàllery *n.* (court tennis で，見物席の向かい側にある網を張った)得点孔．〘1878〙
wínning hàzard *n.* ⇨ hazard *n.* 5.
win·ning·ly *adv.* 心を引きつけるように，愛きょうよく．〘1663〙
wínning òpening *n.* (court tennis で，サーブ側後方の観覧席 (dedans); ハザード側後方の四角い穴 (grille) または得点孔 (winning gallery)．〘1878〙
wínning pòst *n.* (競馬などの)決勝線[点]，ゴール．〘1759〙
Win·ni·peg /wínɪpèg | -nɪ-/ *n.* ウィニペグ: **1** カナダ南部，Red River of the North 河畔の都市，Manitoba 州の州都; 英連邦最大の小麦の集散地．**2** [the ~] カナダ南部の川 (320 km), Lake of the Woods に発し北西流して Winnipeg 湖に注ぐ．**Wìn·ni·pèg·ger** *n.*
〘□ F ~ ← N-Am.-Ind. (Algonquian) *winipig* filthy water〙
Winnipeg, Lake *n.* ウィニペグ湖《カナダ南部，Manitoba 州の湖，長径 418 km，面積 24,514 km^2》．
Wínnipeg cóuch *n.*《カナダ》ウィニペグカウチ《ひじ掛けと背もたれがない長椅子》．
Win·ni·pe·go·sis /wìnɪpəgóʊsɪs | -nɪpɪgə́ʊsɪs/, **Lake** *n.* ウィニペゴシス湖《カナダ南部 Manitoba 州南西部の湖，Winnipeg 湖の西方に当たる; 面積 5,180 km^2》．〘□ N-Am.-Ind. (Algonquian) ~《原義》'little WINNIPEG'〙
Win·ni·pe·sau·kee /wìnɪpəsɔ́ːki, -sɑ́ː- | -nɪpɪ-sɔ́ːki/, **Lake** *n.* ウイニペソーキ湖《米国 New Hampshire 州中央部の湖; 長さ 32 km》．〘□ N-Am.-Ind. (Algonquian) ~ ← ? *winne* good, fine＋*sauk* outlet＋*-ee* (locative ending)〙
win·nock /wínək/ *n.*《スコット》=window. 〘《1492》*windok*《スコット》← *windoȝe* 'WINDOW'〙
win·now /wínoʊ | -nəʊ/ *vt.* **1 a**〈穀物を〉(もみがらやごみなどから)あおぎ分ける，ひる: ~ grain. **b**〈もみがらなどを〉あおぎ除く (fan)〈*away, out*〉/〔*from*〕: ~ chaff. **2**〈良い部分を〉選び出す，抜き出す (select, extract)〈*out, down*〉/〔*from*〕: They were ~*ed from* 30 applicants. 彼らは 30 名の志願者の中から選び出された / ~ *out* the candidates 候補者を選び出す．**3**〈くずなどを〉ふるい捨てる (clear, drive off)〈*away, out*〉: ~ refuse. **4** (悪い分子を除くために)ふるいにかける (sift, sort): ~ the list, multitude, etc. **5**〈真偽・善悪などを〉識別する，吟味する〔*from*〕: ~ the false *from* the true [truth *from* falsehood] 真偽を識別する．**6**《古》羽打つ (fan); 羽ばたきする (flap): ~ the air / ~ the wings / a bird ~*ing* its way 飛んで行く鳥．**7**《詩》〈風が〉〈木の葉・髪などを〉散乱させる，(あおって)乱す (stir). **8**《詩》軽く漂わす (waft)，散らす (diffuse). — *vi.* **1 a** 穀物をひる．**b** 好ましいものとそうでないものを選別する．**2**《詩》羽ばたく (flutter).
— *n.* **1** ひる[ふるい分ける]道具; ふるい．**2** ひること，ふるい分け．〘OE *windwian* ← WIND[1] (n.): cf. L *ventilāre* to winnow (← *ventus* wind)〙
win·now·er *n.* **1** (穀物を)ひる人[機械]．**2** 唐箕(とうみ)，風選機 (winnowing machine)．〘*c*1384〙
wín·now·ing bàsket *n.* (農家で使う)箕(み)．〘1780〙
winnowing-fàn *n.* =winnowing basket.
winnowing machìne *n.* 唐箕(とうみ)，風選機 (winnower)．〘1805〙
Win·ny /wíni/ *n.* =Winnie[1].
wi·no /wáɪnoʊ | -nəʊ/ *n.* (*pl.* ~**s**)《米口語》(安)ワインの飲んだくれ; (俗に)アル中患者．〘《1915》← WINE＋-O-〙
Wi·no·na /wɪnóʊnə | -nə́ʊ-/ *n.* ウィノーナ《女性名》．〘← Sioux Indian ~ 'first-born daughter'〙
Wins·low /wínzloʊ | -ləʊ/ *n.* ウィンズロー《男性名》．〘OE *Wineshlauu* ← *wine* friend (⇨ Winfred)＋-s[2]＋*hlǣw* (burial) mound〙
Wins·low /wínzloʊ | -ləʊ/, **Edward** *n.* ウィンズロー (1595–1655; 英国から派遣されたアメリカ Plymouth 植民地総督)．
win·some /wínsəm/ *adj.* **1**〈人・容姿・態度・微笑などが〉(しばしば子供っぽい魅力と無邪気さのために)人を引きつける，人目を引く，愛きょうのある (attractive, winning): a ~ girl, smile, face, etc. **2**《方言》晴れやかな，快活な (pleasant). **~·ly** *adv.* **~·ness** *n.* 〘OE *wynsum* pleasant ← *wynn* joy: ⇨ -some[1]: cf. win[1]〙
Win·some /wínsəm/ *n.* ウィンサム《女性名》．〘↑〙
Win·sor /wínzə | -zə(r)/, **Justin** *n.* ウィンザー (1831–97; 米国の図書館学者・歴史家)．
Win·ston /wínstən, -stn̩/ *n.* ウィンストン: **1** 男性名《愛称形 Win, Winnie, Winny》．**2**〘商標〙米国 RJR Nabisco 社製の紙巻きたばこ．〘← OE *winnes-tūn* friend's estate: もと地名〙
Win·ston-Sa·lem /wínstənséɪləm, -stn̩-/ *n.* ウィンストンセーレム《米国 North Carolina 州北部の都市; Salem と Winston の合併によりできた (1913); タバコ産業の中心地》．
win·ter /wíntə | -tə(r)/ *n.* **1** 冬，冬季《天文学上は北半球では冬至から春分まで，南半球では夏至から秋分まで; 一般には秋が過ぎて寒い季節を指す; 通俗的には，北半球では大体 12, 1, 2 月，英国では 11, 12, 1 月とすることもある》: a hard ~ 寒さの厳しい冬 / a mild [soft] ~ 暖冬 / in (the) ~ 冬に(なると)．★ ラテン語系形容詞: hibernal, hiemal. **2** (冬特有の)寒い天気 (cold weather). **3** (冬のように)寂しい[つらい，緩慢な]時期; 衰退期，老齢: the ~ of sorrow 冬のように寂しい悲しみ / in the ~ of old age 老齢の霜枯れ時．**4** [*pl.*; 数詞を伴って]《詩》春秋(しゅんじゅう)，…歳 (cf. summer[1]): an old man of eighty ~s 八十路(やそじ)の老人．— *adj.* [限定的] **1** 冬の，冬季の，冬向きの: a ~ day / ~ clothing 冬着，冬支度 / a ~cough (冬に多い)一種の慢性気管支炎 / ~ stock 冬の貯え，冬の仕入れ / ~ sports ウインタースポーツ《スキー・スケートなど》．**2 a**〈野菜・果物が〉冬季貯蔵のできる: ⇨ winter apple, winter melon. **b**〈小麦など〉秋まきの《冬季前にまいて翌年の春または夏収穫される》: a ~ crop 越冬作物，裏作 / ⇨ winter barley, winter oats, winter wheat. **3**《廃》年老いた (wintered) (cf. Shak., *2 Hen VI* 5. 3. 2).
— *vi.* **1** 冬を過ごす，避寒する〔*at, in*〕: ~ *in* the city. **2** 冬眠する (hibernate). **3**〈動植物が〉冬の間飼育[保護]される; 冬の間〔…を〕餌(え)にする〔*on*〕. — *vt.* **1**〈動植物を〉冬の間飼育[保護]する: ~ cows *on* hay. **2** 冬の間囲う，冬囲いする．**3** (寒さで)凍えさす，凍らせる (chill)，萎縮させる．**winter-lìke** *adj.* 〘n.: OE ~ < Gmc **wentrus*《原義》wet season (Du. *winter* / G *Winter*) ← ? IE **aw(e)-* 'WET': WIND[1] とは語源上無関係. — v.: 《*c*1390》← (n.): cf. water〙
wínter áconite *n.*〘植物〙キバナセツブンソウ (*Eran-*

W

this hyemalis)《早春に花を開くキンポウゲ科の植物》.〘1741〙
wínter ápple *n.* 冬リンゴ《冬でもよくもつ晩生のもの; cf. Winesap》.
wínter bárley *n.* 秋まき大麦.
wínter-bèaten *adj.* 冬の寒さに痛められた, 寒気に当てられた.〘1579〙
wínter·bèr·ry /-bèri | -b(ə)ri/ *n.*〘植物〙北米産のモチノキ科モチノキ属 (*Ilex*) の植物の数種の名《black alder, smooth winterberry, mountain winterberry など》.〘1759〙
wínter·bòurne *n.* 夏枯れ川《冬季雨の多い季節だけ水のある川》.〘(1774) OE *winterburna*: ⇨ winter, bourn(e)[1]〙
wínter búd *n.*〘植物〙**1** =statoblast. **2** 冬芽《樹木の越冬する芽》.〘1888〙
wínter chérry *n.* =ground-cherry.
wínter cóunt *n.* ウインターカウント《北米アメリカインディアンのいくつかの部族に伝わる, 年ごとの出来事を絵で表した記録または年代記》.〘1895〙
wínter créss *n.*〘植物〙フユガラシ (*Barbarea vulgaris*)《冬のサラダ用に栽培されることのある黄色の花をつけるアブラナ科ヤマガラシ属の植物》.〘(1548)《なぞり》← Du. *winterkers*〙
wínter cróokneck *n.*〘園芸〙首が長く曲がり, 肉質は硬く貯蔵性があるカボチャ (pumpkin) の一種《winter crookneck squash ともいう》.〘*c*1909〙
wínter égg *n.*〘動物〙冬卵, 耐久卵《ある種の扁形動物で秋の終わりに産み出され冬を越す卵; cf. summer egg》.〘1872〙
win·ter·er /wíntərə, -trə | -tərə[r], -trə[r]/ *n.*《鳥など》冬を越すもの, 越冬者.〘1783〙
wínter fállow *n.* 冬期休閑中の土地. **—** *adj.*〈土地が〉冬期休閑中の.〘1707〙
wínter-fèed *v.* (-fed) **—** *vt.*〈家畜〉に冬期飼料を与える;〈穀物などを〉冬家畜に与える. **—** *vi.* 家畜に冬期飼料を与える. **—** *n.*〈家畜の〉冬期用飼料.〘1605〙
wínter flóunder *n.*〘魚類〙北米北東部産カレイ科の食用魚 (*Pseudopleuronectes americanus*)《特に冬期の重要な市場魚で灰褐色に赤い点がある; blackback flounder ともいう》.〘1814〙
wínter gárden *n.* ウィンターガーデン: **1** 常緑植物を栽培する庭園. **2** 花の咲く植物を冬期に育てる大型温室《屋敷やホテルに隣接して建てられ, コンサートやリサイタルが開催されることもある》.〘1712〙
wínter·grèen *n.* **1**〘植物〙ヒメコウジ (*Gaultheria procumbens*)《北米産のツツジ科の小低木で, 赤い実は checkerberry と称し食用にする; 葉からは香気のある揮発性の冬緑油 (wintergreen oil) を採る; aromatic wintergreen, boxberry, checkerberry, teaberry ともいう》. **2** 冬緑油の芳香; それでにおいをつけた糖菓など. **3**〘植物〙イチヤクソウ, ウメガサソウ《イチヤクソウ属 (*Pyrola*) やウメガサソウ属 (*Chimaphila*) の植物の総称; lesser wintergreen など》. **4** ヒメハギの一種 (*Polygala paucifolia*).〘(1548)《なぞり》← Du. *wintergroen* / G *Wintergrün*〙
wíntergreen bárberry *n.*〘植物〙中国産メギ科メギ属の葉に歯状のとげがある常緑低木 (*Berberis julianae*)《装飾品用》.
wíntergreen òil *n.*〘化学〙ウィンターグリーン油, 冬緑油《ヒメコウジ (wintergreen) の葉から得られる無色·帯黄色または帯赤色の芳香油; 99% サリチル酸メチルから成り, 香料に用いる; gaultheria oil, oil of wintergreen ともいう》.〘1909〙
wínter háil *n.* あられ (cf. summer hail).
Win·ter·hal·ter /víntəhɑ̀ːltə | -təhɑ̀ːltə[r]; G. vɪ́ntɐhaltɐ/, **Franz Xa·ver** /ksáːvɐ/ *n.* ヴィンターハルター《1806–73; ドイツの彫刻家; ヨーロッパの王族や貴族のポートレートで知られる》.
wínter-hàrdy *adj.*〈植物など〉越冬性の, 耐寒性の.
wínter hèdge *n.*《北英方言》干し物掛け (cf. clotheshorse).

wínter héliotrope *n.*〘植物〙ニオイカントウ (*Petasites fragrans*)《ヨーロッパ産の芳香のある薄紫色の頭状花をつけるキク科フキ属の植物; cf. butterbur》.〘1866〙
wín·ter·ing /-tərɪŋ, -trɪŋ | -tərɪŋ, -trɪŋ/ *n.* **1** 避寒; 冬ごもり. **2**〈家畜などの〉冬季飼育[保護].〘1504〙
wín·ter·ish /-tərɪʃ | -tə-/ *adj.* 冬のような.〘1530〙
win·ter·ize /wíntəràɪz | -tə-/ *vt.* **1 a**〈テント·衣類·武器などに〉防寒設備をする, 防寒覆いをする: The camp is not ~*d*. そのキャンプには防寒設備がない. **b**〈植物などに〉霜よけをする. **2**〈除氷器·特殊油·不凍液などを用いて〉〈飛行機·自動車などに〉防寒[冬期]装備をする. **win·ter·i·za·tion** /wìntərɪzéɪʃən | -tərаɪ-, -rɪ-/ *n.*〘(1934): ⇨ -ize〙
wínter jásmine *n.*〘植物〙オウバイ(黄梅) (*Jasminum nudiflorum*)《中国原産ヒイラギ科ソケイ属の冬に黄色の花が咲く低木》.
wínter-kìll *n.*《米》冬枯れ, (寒さによる)枯死.〘1945〙
wínter-kìll《米》*vt.*〈作物などを〉冬の寒さで枯らす, (寒さで)枯死させる;〈家畜を〉凍死させる: The wheat was ~*ed*. 小麦が寒さで枯れた. **—** *vi.* 冬の寒さで枯れる[死ぬ]. **~·ing** *adj., n.*〘*c*1806〙
wínter lámb *n.*〈秋または初冬に生まれ 5 月 20 日前に売られる〉肥えた子羊.
wínter·less *adj.* 冬のない, 冬を知らない: ~ weather 冬を知らない気候.〘1845〙
wín·ter·ly *adj.* **1** 冬の, 冬らしい. **2** わびしい (wintry): a ~ smile. **wín·ter·li·ness** *n.*〘(1559) OE *winterlīc*: ⇨ winter, -ly[2]〙
wínter mélon *n.*〘植物〙フユメロン (*Cucumis melo* var. *inodorus*)《メロンの一品種で貯蔵がきく》.〘*c*1900〙
wínter móth *n.*〘昆虫〙ナミスジフユナミシャク (*Operophtera brumata*)《シャクガ科のガ; オスは冬期, 明かりのついた窓辺に寄ってくる; 幼虫は樹木に害を与える》.
wínter óats *n. pl.* [単数または複数扱い] 秋まきエンバク.
Wínter Olýmpics *n. pl.* [the ~] 冬季オリンピック《オリンピックと 2 年違いで開催されるウィンタースポーツの国際競技会; Winter Olympic Games ともいう》.〘1936〙
Wínter Pálace *n.* [the ~] 冬宮(とうきゅう) (St. Petersburg の Neva 河畔にある建物; 1754–62 年に建造された; ロシアバロックの代表的建築で, 帝政時代は王宮として使用されたが革命後は国有化され, エルミタージュ博物館 (the Hermitage) の一部となっている).
wínter púrslane *n.*〘植物〙北米太平洋岸産スベリヒユ科ヌマハコベ属の白い小花をつける食用一年草 (*Montia perfoliata*).
wínter-quárters *n. pl.* [単数または複数扱い] **1** 冬ごもりの場所. **2**〈軍隊·サーカスなどの〉冬営地, 冬期用営舎.〘1641〙
wínter róse *n.* =Christmas rose.
wínter sávory *n.*〘植物〙ウィンターセボリー (*Satureja montana*)《ヨーロッパ原産セリ科トウバナ属の植物; 料理の香料に用いる; cf. savory》.〘1597〙
Wínter's bárk, w- b- *n.*〘植物〙メキシコ·南米産の芳香性のある葉を有するモクレン科の常緑樹 (*Drimys winteri*).〘(1622) ← *William Winter* (Magellan Straits へ Francis Drake に同行した 16 世紀の英国の船長でその発見者)〙
wínter sléep *n.* 冬眠 (hibernation).
wínter sólstice *n.*〘天文〙**1** 冬至点. **2** 冬至《12 月 21 日または 22 日; cf. summer solstice》.〘*a*1633〙
wínter spóre *n.*〘植物〙冬(ふゆ)胞子 (teliospore)《一種の冬眠胞子; cf. summer spore》.
wínter spórts *n. pl.* ウィンタースポーツ《スキー·スケート·ソリなど》.〘1828〙
wínter squásh *n.*〘園芸〙ウィンタースクワッシュ《成熟果を利用するカボチャの総称; クリカボチャ (*Cucurbita maxima*), ニホンカボチャ (*C. moschata*) などの果実; 主に秋に成熟し貯蔵できる; cf. summer squash》.〘1775〙
Wínter's Tále, The *n.*「冬の夜ばなし」(Shakespeare 作のロマンス劇 (1610–11)).
wínter·swèet *n.*〘植物〙ロウバイ(蠟梅) (*Chimonanthus praecox*).〘1760〙
Win·ter·thur /víntətùə | -tətùə[r]; G. vɪ́ntɐtuːɐ/ *n.* ヴィンタートゥール《スイス Zurich 州の工業都市; 工業大学がある》.
wínter·tìde *n.*《詩》=wintertime.〘OE *wintertīd*: ⇨ tibe[1]: cf. G *Winterzeit*〙
wínter·tìme *n.* 冬, 冬季.〘?*a*1387〙
wínter vétch *n.*〘植物〙=hairy vetch.
Wínter Wár *n.* [the ~] 冬期戦争《ソ連とフィンランドとの戦争 (1939–40); フィンランドは敗れ Karelian Isthmus がソ連領となる》.
wínter-wèight *adj.*〈衣服·布地が〉(厚くて)冬用の.
wínter whéat *n.* 秋まき小麦《秋に植え翌年の春または夏に収穫する小麦》.
wínter wrén *n.*〘鳥類〙ミソサザイ (⇨ wren).
win·ter·y /wíntəri, -tri | -təri, -tri/ *adj.* (**win·ter·i·er; -i·est**) =wintry. **wín·ter·i·ness** *n.*
Win·throp /wínθrəp | -θrɔp, -θrəp/, **John** *n.* ウィンスロップ《1588–1649; 英国生まれのアメリカ Massachusetts Bay Colony の総督》.
Winthrop, John, Jr. *n.* ウィンスロップ《1606–76; J. Winthrop の子, アメリカ Connecticut 植民地の総督》.
win·tle /wíntl̩ | -tl̩/《スコット》*n.* 体をゆさぶること; よろめくこと. **—** *vi.* **1** 前後にゆさぶる. **2** つまずいて転ぶ, ひっくり返る (capsize).〘(1786) ◻ ? Flem. *windtelen* to roll: cf. MDu. *wentelen*〙
Win·ton. /wíntən | -tən/《略》*ML.* Wintoniēnsis (= of Winchester)《Bishop of Winchester が署名に用いる; ⇨ Cantuar. 2》.
win·try /wíntri/ *adj.* (**win·tri·er; -tri·est**) **1**《古》冬の. ★ 今は winter (*adj.* [限定的]) を使用する. **2** 冬らしい, 荒涼たる, 霜枯れの, わびしい: ~ scenes, weather, etc. / a ~ day [sky] 冬らしい日[空] / a ~ chill 冬のような冷え込み. **3** 冷ややかな, 冷淡な (chilly, unfriendly): a ~ smile, greeting, welcome, etc. / with ~ calm 冷ややかに落ち着き払って. **4** 年老いた, 白髪の. **wín·tri·ly** /-trəli | -trɨ̀li/ *adv.* **wín·tri·ness** *n.*〘(1590) ← WINTER+-Y[4]: cf. OE *wintriġ*〙
wín-wín *adj.*〈交渉などで〉両者が満足のいく,〈政策などが〉無難な, 双方[三方]うまくおさまる (↔ lose-lose).
win·y /wáɪni/ *adj.* (**win·i·er; -i·est**) **1** ワインの;〈風味·におい·色など〉ワインのような: a ~ smell. **2** ワインに酔った. **3**〈空気が〉すがすがしく芳香に満ちた.〘(1390) ← WINE+-Y[4]〙
winze[1] /wínz/ *n.*〘鉱山〙坑井(こうせい)《通風や連絡のため一つの切羽から他の切羽へ抜けるようにした掘下げ》.〘(1757)《古形》*winds* (pl.) ← WIND[2] (n.)〙
winze[2] /wínz/ *n.*《スコット》のろい, のろいの言葉 (curse).〘(1785) ◻ Flem. & Du. *wensch* wish: cf. wish〙
WIP《略》work in process [progress]〘会計〙仕掛(しかかり)(しかけ)品(勘定),〘建築·造船〙半成[未成]工事.
wipe /wáɪp/ *vt.* **1** ふく, ぬぐう (⇨ clean SYN): ~ a dish, table, etc. / ~ one's eyes *with* a handkerchief ハンカチで涙をぬぐう / She ~*d* her hands *on* her apron. エプロンで手をぬぐった / He ~*d* the gun free [clean] of fingerprints. 拳銃から指紋をきれいにふき取った. **2**〈水·涙·泥などを〉ぬぐい取る, ふき取る (remove, take)〈*away, off, up, out*〉: ~ one's tears *away* 涙をぬぐう / ~ *up* spilt milk こぼれた牛乳をぬぐい取る / The rain ~*d away* all footprints. 雨が降って足跡をみな消してしまった / She ~*d* the moisture *off* with a cloth. 布でしめり気をふき取った / He ~*d* the sweat *from* his forehead *with* the back of his hand. 手の甲で額の汗をぬぐった / *Wipe* that silly grin *off* your face. ばかみたいににたにたするのはよせ / ~ *off* the fingerprints 指紋をぬぐい取る / I ~*d* my fingerprints *off* the bottle. 瓶から私の指紋をぬぐい取った. **3**〈布片などを〉こすりつける (rub, draw): ~ a cloth *over* the table / He ~*d* his hand *across* his forehead. 彼は手で額(の汗)をぬぐった. **4**〈しみ·汚れを〉抜く (wash);〈記憶などから〉消す (blot)〈*out*〉/〔*from*〕: ~ a stain *out* / His very name was ~*d out from* human memory. 人々の記憶から彼の名さえ全く忘れられた. **5**〈恥などを〉ぬぐう, 消し取る,〈負債を〉消却する〈*off, out*〉: ~ *out* a disgrace [an insult] 不名誉[侮辱]をすすぐ / ~ *out* [*off*] a debt 負債を消却する. **6**〈敵·犯罪などを〉一掃する, 全滅させる (annihilate), 徹底的にやっつける〈*out*〉: ~ *out* an opponent, a regiment, pestilence, etc. / ~ the enemy *out* of existence 敵を撲滅する. **7**〈テープの〉録音[録画]を消す. **8 a**〈油などを〉塗り広げる, 塗布する: ~ oil *into* the surface 油を表面にすり込む. **b**〘金属加工〙〈鉛管工が〉ぬぐい継ぎをする《半ば溶けたはんだを継目に当てて革でなでながらろうづけする》: a ~*d* joint=wipe joint. **9**〘機械〙〈回転軸が摩擦で〈軸受け〉の真鍮(しんちゅう)を溶かす. **10**〘海事〙…の磁場を弱める, 消磁する;〈船体〉に消磁装置を施す. **11**《方言·俗》なぐる, 打つ.
— *vi.* **1 a**〔…を〕ぬぐう, ふく〔*at*〕. **b** ぬぐえる: This bag ~*s* clean with a damp cloth. この鞄は湿った布できれいにぬぐえる. **2**〈刃·つえなどで〉払うようにさっと打つ〔*at*〕: He ~*d at* me with his stick. つえで私を横打ちに払おうとした.
wipe dówn (布で)すっかりふく[ぬぐう]: He ~*d* his car *down*. 車をすっかりふいた. ***wipe òff the máp*＝*wipe òff the fáce of the éarth*** 〈町·村·敵などを〉地上から抹殺する. (1904) ***wipe óut*** (*vt.*) (1) ⇨ *vt.* 4, 5, 6. (2)《口語》殺す (kill), 殺害する (murder). (3)〈うつわ〉の中をきれいにぬぐう. (4)〈サーフィンで〉〈サーファーを〉転倒させる. —(*vi.*)《俗》(1)〈サーフィン·スケートボードなどで〉転倒する, ひっくり返る. (2) すべってころぶ, 制しきれなくなる. (3) 完敗する, 全滅する. ***wipe óver*** 〈机·窓·壁などを〉ざっとふく[ぬぐう]. ***wipe the flóor with*** (*a person*) ⇨ floor 成句. ***wipe the sláte cléan*** ⇨ slate[1] n. 成句. ***wipe the smíle* [*grín*] *òff a person's fáce*** 〈人·物事が〉人のにやにや笑いをやめさせる, …をしゅんとさせる. ***wipe úp*** (1) ⇨ *vt.* 2. (2)《俗》負かす, やっつける (defeat). (3)《英》〈皿などを〉ふく: ~ *up* the dishes.
— *n.* **1** ふく[ぬぐう]こと, ひとふき: Give this plate a ~. この皿をちょっとふいて下さい. **2** こすること (rub). **3 a** さっと[ぴしりと]打つこと (swipe): I fetched [took] a ~ at him. 彼にぴしゃりと一つ食らわせた / He fetched me a ~ over [on] the knuckles with his stick. 杖で私の指関節をぶった. **b**《Shak》殴った跡, 打たれた傷. **4** けんつく (rebuff, snub); あざけり, 嘲弄(ちょうろう), 皮肉 (jeer, gibe) (cf. wiper 5). **5**《廃》ハンカチ (wiper). **6**〘電気〙= wiper 6. **7**〘映画〙ワイプ《ぬぐわれるように画面が転換すること; wipe off ともいう》.
〘OE *wīpian* < Gmc **wīpjan* to move back and forth ← IE **weip-* to turn, vacillate (L *vibrāre* 'to move rapidly, VIBRATE')〙
wíped óut *adj.*《俗》〈酒·麻薬〉に酔っぱらった, 上機嫌の; 疲れきった; 破産した, ポシャった.〘*c*1960〙
wípe jòint *n.*〘金属加工〙ぬぐい継ぎ手.
wípe òff *n.*〘映画〙=wipe 7.
wípe·òut *n.* **1**《俗》全滅, 壊滅. **2**〘通信〙消滅, 消失《無線局の発信する電波が通信距離内で受信されなくなる現象》. **3**《俗》**a** (サーフィンで)波にひっくり返されること. **b** 転倒, 失敗, 敗北, 崩壊. **—** *adj.* [限定的] 消滅[消失]の: a ~ zone [area] 消滅区域.〘(1921) ← *wipe out* (⇨ wipe (v.) 成句)〙
wípe-òver *n.* ざっとふく[ぬぐう]こと.
wíp·er *n.* **1** ふく[ぬぐう, こする]人[物]. **2**〈自動車の〉ワイパー. **3** ふくのに用いる布《手ぬぐい·タオル·ぞうきん·ぼろきれなど》. **4**《俗》ハンカチ (wipe). **5**《俗》殴りつけ, 一殴り, 嘲弄(ちょうろう), 皮肉 (cf. wipe 4). **6**〘電気〙ワイパー《自動交換機などで端子と接続するための移動接触子》. **7**〘機械〙ワイパー《軸などを持ち上げて落とすカム (cam) の一種》. **8**〈銃の腔内掃除用の〉棚杖(さくじょう).〘1552〙
wíper blòck *n.*〘金属加工〙ワイパーブロック (cf. wiping).
wíper fòrming *n.*〘金属加工〙ワイパーフォーミング (⇨ wiping).
wíper sháft *n.*〘機械〙ワイパー軸.〘1844〙
wíp·ing *n.*〘金属加工〙ワイピング《形材·管材を成形型とワイパーブロックとの間にはさんで回しながら曲げる加工方法; wiper forming ともいう》.〘((1398)) (1888): ⇨ wipe, -ing[1]〙
wíping ròd *n.* =wiper 8.
WIPO, Wipo /wáɪpoʊ, dʌ́bljuːàɪpìːóʊ | -pəʊ, -pìːə́ʊ/《略》World Intellectual Property Organization.
Wi·ra·dhu·ri /wɪrɑ́ːdʒʊri | -rǽdʒ-/ *n.* ウィーラージュリー語《オーストラリアのアボリジニーの言語; New South Wales 州中央部の広大な地域で話されていたが現在は失われた》.〘◻ Austral. ~ (現地語)〙
wire /wáɪə | wáɪə[r]/ *n.* **1** 針金: copper [platinum, silver] ~ 銅[白金, 銀]線 / an aerial ~ 空中線, アンテナ / an earth ~ = ground wire / a leading-in ~ 引込み線, 接続線 / an open ~ 裸線 / an overground [overhead, overland] ~ 高架線 / telephone [telegraph]

～(*s*) 電話[電信]線 / ⇨ barbed wire, live wire. **2** 電信[電話]線: a party ～ 共同加入線 / a private ～ 個人専用電信[電話]線 / a subaquatic [subaqueous] ～ 水底線, 海底線 / a subterranean [an underground] ～ 地下線. **3**《米口語》**a** 電信 (telegraphy): Let me know by ～. 電報で知らせて下さい / He was sent for by ～. 彼は電報で呼び寄せられた. **b** 電報 (telegram), 海外電報 (cablegram): receive [send] a ～ 電報を受け取る[打つ] / ～ news. **c** [the ～] 電話 (telephone): We talked a long time over *the* ～. 電話で長時間話をした / ⇨ on the WIRE. **4**《米》(ふつう衣服につける)盗聴装置. **5**《米》(弦楽器の)金属弦; 弦楽器. **6 a** 針金細工, 金網 (wirework, wire netting). **b** 針金状のもの《毛髪など》. **7** 鉄条網;〖海事〗鋼索 (wire rope): under ～ 鉄条網をめぐらして[た]. **8** (金網製の)わな (snare), (特に)うさぎわな. **9** [*pl.*] **a** (人形芝居の)あやつり糸. **b** 陰で引く糸, 秘密の策略. **10 a**《米》〖競馬〗決勝線《コースの上空に線が張られている》. **b** 決勝線: cross the ～. **11**〖鳥類〗線羽《針金のように細長い飾りの羽毛》. **12**〖製紙〗抄(す)き網. **13**《俗》すり (pickpocket). **14** (曲芸師が渡る)針金.

cróss wíres (1) [しばしば受身で] 電話を混線させる. (2) 誤解する (cf. *crossed wires*). 《1884》 ***dówn to the wíre*** 《米》(1) 期限が迫って. (2) 最後の最後まで; (特にレースなどで)最後まで互角に: We kept working *right down to the* ～. 最後の最後まで働き続けた. (3) 資金が底をついて. 《1901》 ***gét one's wíres cròssed*** 《口語》混乱して誤解する (cf. *have* [*get*] *one's* LINES *crossed*). ***give a person the wíre*** 〈人〉に前もって教える. 《1936》 ***láy wíres for*** 《米口語》…の準備をする. ***on the wíre*** 電話で, 電話に出て. 《1929》 ***on wíres*** 《口語》気が立って, いらいらして: be all *on* ～*s* すっかりいら立っている. 《1869》 ***púll (the) wíres*** (1) (人形芝居で)糸をあやつる, 人形を使う. (2)《米》(黒幕となって)陰で糸を引く, 陰で策動する (cf. wirepuller, wire-pulling). 《1813》 ***ùnder the wíre*** (1)〖競馬〗決勝線に達して: the second horse *under the* ～ 2着でゴールした馬. (2) (期限に)やっと間に合って. 《1887》 ***ùnder wíre*** 〈区域など〉有刺鉄線で囲まれて[を巡らして].

— *vt.* 1 a …に針金を付ける, 針金で結び付ける[縛る]; …に針金のしんを入れる; 針金[鋼索]で囲う: ～ two things *together* 二つの物を針金で縛る / ～ the stems of flowers (弱い)草花の茎に針金を巻いてぴんとさせる / ～ beads ビーズに針金を通す / ～ *off* a race course 競馬の走路を鋼索で仕切る. **b** …に電線を架設する, 配線する 〔*up*〕: ～ a house (*for* electricity [electric light]) 家に電線を引く. **2**《米口語》…に電報を打つ, 打電する, 電送する: ～ a person 人に電報を打つ / ～ the news *to* a person その知らせを電報で人に知らせる / ～ a birthday greeting 誕生日の祝電を打つ / Please ～ me as soon as you hear. お耳に入り次第打電して下さい / He ～*d* me (about) the result. その結果を電報で知らせてくれた / I ～*d* him *to* come. 来るように電報した / He ～*d* me *that* I had passed. 私がパスしたと打電してくれた. **3** 〈盗聴装置などを〉…に仕掛ける, 装着する. **4** [しばしば up を伴って] 〈地域・建物・受像機などを〉有線テレビケーブルに接続する, 有線にする. **5** [通例 p.p. 形で]〖クロッケー〗〈選手・球などを〉門 (hoop) で邪魔する. **6**《古》〈鳥・うさぎなどを〉わなで捕える: ～ a hare. **— *vi.*** 《口語》電報を打つ: ～ *to* a person / ～ home *for* money 金送れと家に電報を打つ / ～ *back* 返電する.

wire awáy ＝WIRE *in* (2). 《1888》 ***wíre ín*** (1) …に有刺鉄線をめぐらす. (2)《口語》一生懸命にやる, 全力を傾ける: You had better ～ *in* and finish the job. 《1691》 ***wíre ìnto*** 《英俗》〈食物〉をがつがつ食べ始める; 〈仕事など〉を一生懸命始める.

— *adj.* [限定的] **1** 針金で作られた; 鋼索でできた. **2** 針金に似た. **3** 有線の: ⇨ wire telephone.

wír·a·ble *adj.* 〖n.: OE *wīr* < Gmc **wīraz* (ON **virr*) ← IE **wei-* to turn, twist (L *viriae* armlets). — v.: (?*a*1300) ← (n.): cf. withe, withy〗

wíre àgency *n.* ＝wire service.

wíre·bìrd *n.*〖鳥類〗セントヘレナチドリ (*Charadrius sanctaehelenae*)《St. Helena 産のチドリ科の鳥. 〖1873〗

wíre bróadcasting *n.*〖通信〗有線放送.

wíre brúsh *n.* ワイヤーブラシ《さびを落としたり, ジャズの演奏などでシンバルをこすったりなどする》. 〖1927〗

wíre clóth *n.* ワイヤークロス《細かく織った金網で濾過(ろ)器などに使う》. 〖1798〗

wíre·cóated *adj.* 〈動物, 特に犬が〉被毛が粗くてかたい[粗剛な, 針金状の].

wíre cùtter *n.* [通例 *pl.*] 針金切り, ワイヤー切断具《ペンチの一種》. 〖1875〗

wired *adj.* **1 a** 有線の: ～ telegraphy [telephony] 有線電信[電話]. **b**〖電算〗(ネットワークなどに)接続した. **2** 針金[鋼索]を張った[で囲いをした]: a ～ enclosure. **3** 針金[金網]で補強した: ⇨ wired glass. **4**〖クロッケー〗門 (hoop) で邪魔された: a ～ ball. **5**《米俗》麻薬中毒の: ～ on heroin. **6**《俗》盗聴装置をつけた. **7**《俗》極めて興奮した[神経質な, 混乱した]. 〖1413〗

wíre·dàncer *n.* 針金渡り芸人 (cf. ropedancer). 〖1728〗

wíre·dàncing *n.* 針金渡り (cf. ropedancing). 〖1785〗

wíred bróadcasting *n.* ＝wire broadcasting.

wíred glàss *n.* ＝wire glass.

wíred-ìn *adj.* 鉄条網をめぐらした. 〖(1855) ← *wire in* (⇨ wire (*vi.*) 成句)〗

wíred lógic *n.*〖電子工学〗固定論理, ワイヤドロジック《配線により定められた, 可変でない論理回路》. 〖1976〗

wíred rádio *n.* 有線ラジオ放送《ラジオ番組を電波によらず有線で放送する方式;《英》では wired wireless ともいう》. 〖1924〗

wíre·dràw *vt.* (**wire·drew; -drawn**) **1** 〈金属を〉引き延ばして針金にする. **2** 引き延ばす, 長くする. **3** 〈議論・論点などを〉無理に引っ張る, (引き延ばして)微細にわたらせる, 薄弱にする (attenuate): ～ a subject, a discourse, an argument, etc. **4** 〈意味などを〉こじつける (wrest). 〖(1598)《逆成》↓〗

wíre·dràw·er *n.* **1** 針金を作る人. **2** 議論を長く延ばす人, やかまし屋 (precisian). 〖(1265) *wyrdrare*: ⇨ wire, drawer〗

wíre·dràw·ing *n.* **1** 線引き, 針金製造. **2**〖機械〗(蒸気の)絞り作用. **3** (議論の)引き延ばし. 〖1666〗

wíre·dràwn *adj.* 〈議論・区別など〉細かすぎる. 〖1603〗

wíred télevision *n.* 有線テレビ放送《映像信号を電波によらず有線で伝送する方式; 工業用テレビ (industrial television) などに用いる》. 〖1937〗

wíred wíreless *n.*《英》＝wired radio.

wíre èdge *n.* (とぎ過ぎてできる)刃先のまくれ. 〖1807〗

wíre entànglement *n.* 鉄条網. 〖1876〗

wíre fráme *n.*〖電算〗ワイヤーフレーム《コンピューターの画像表現で多面体を[曲面の場合は小平面に分解して]稜線のみで表わしたもの》. 〖1963〗

wíre fráud *n.* 電子的通信手段を使った詐欺行為.

wíre gàuge *n.* **1** (針金の太さを測る)針金ゲージ (略 WG, wg). **2** (針金の)番手, 線番. 〖1833〗

wíre gáuze *n.* 細目金網. 〖1816〗

wíre gláss *n.* 網入り板ガラス《safety glass の一種; wired glass ともいう》. 〖1900〗

wíre·gràss *n.*〖植物〗**1** ＝Bermuda grass. **2** コイチゴツナギ (*Poa compressa*)《ヨーロッパ産でカナダ・米国に広く帰化したイネ科の牧草; Canada bluegrass ともいう》. **3** ＝yard grass. **4** その他のイネ科の雑草《マツバシバ属 (*Aristida*)・ネズミノオ属 (*Sporobolus*) など》. 〖1751〗

wíre-guíded *adj.* 〈ミサイルなどが〉有線誘導の. 〖1922〗

wíre gùn *n.* 鋼線砲《内筒の上に鋼線を巻いて作った大砲; wire-wound gun ともいう》. 〖(1895): ⇨ gun[1]〗

wíre·hàir *n.* ＝wirehaired fox terrier.

wíre·hàired *adj.* 〈犬が〉硬い縮れた剛(ごう)い被毛をした: a ～ terrier. 〖1801〗

wírehaired fóx térrier *n.* ⇨ fox terrier.

wírehaired póinting gríffon *n.* ワイヤヘアードポインティンググリフォン《19 世紀の末オランダの E. K. Korthals /kɔ́rtəls/ が作出し, フランスで発達した剛(ごう)い毛の猟犬》. 〖1929〗

wíre hèel *n.*〖獣医〗蹄種狭窄《牛や馬の足の欠陥で, 変形蹄の一種》. 〖1819〗

wíre hòuse *n.*〖証券〗ワイヤハウス《支店や取引店との連絡に私設の電話・電信を利用する証券業者》. 〖1904〗

wíre láth *n.*〖建築〗ワイヤーラス《針金を編んで造ったもので, モルタル塗りなどの下地に用いる》. 〖1875〗

wire·less /wáɪələ̀s | wáɪə-/ *adj.* **1**《英》無線の; 無線電信の: a ～ apparatus 無線電信機 / a ～ license 無線通信免許 / a ～ operator (船の)無線電信手 / a ～ station 無線局 / a ～ telegram 無線電報 / be within ～ communication 無電通信圏内にある. **2**《英》ラジオの: a ～ set ラジオ受信機. **— *n.* 1** 無線電信[電話, 電報]; 無線受信装置 (wireless receiving set): carry ～ 〈船が〉無線電信の設備をもつ / send a message by ～ 無電を打つ. **2**《英》ラジオ (radio), ラジオ放送[番組]: over the ～ ラジオで / turn on the ～ ラジオをかける. **— *vt.*** 《英》無電で送る[知らせる]. **— *vi.*** 《英》無電を打つ. 〖(1894) ← WIRE＋-LESS〗

wíreless càbin [ròom] *n.* (船の)無線電信室. 〖cf. (1906) *wireless room*〗

wíreless cómpass *n.*《英》〖電信〗＝radio compass.

wíreless telégraphy [télegraph] *n.*《英》＝radiotelegraph. 〖1898〗

wíreless télephone *n.*〖通信〗＝radiophone 1. 〖1894〗

wíreless teléphony *n.* ＝radiotelephony.

wíre·lìke *adj.* (細さ・柔軟性において)針金のような. 〖1787〗

wíre·lìne *n.* **1** 電話[電報]線. **2** ワイヤーライン《油田の立抗で道具などの備品を上下させるためのケーブル[太索]》. 〖1858〗

wíre·man /-mən/ *n.* (*pl.* **-men** /-mən, -mèn/)《米》架線工夫 (lineman); 電気配線工. 〖*c*1548〗

wíre màrk *n.*〖製紙〗(紙の)ワイヤーマーク《抄(す)き網の網目のあと》. 〖1815〗

wíre máttress *n.* 金網の枠で補強したマットレス. 〖1875〗

wíre nàil *n.* 丸釘. 〖1875〗

wíre nétting *n.* 金網《wire gauze より目の粗いもの; 補強材として用い, 亜鉛メッキしたものが多い》. 〖1801〗

Wire·pho·to /wáɪəfòutou | wáɪəfəutəu/ *n.*〖商標〗ワイヤフォト《電話回線を使って電送される写真》. **— *vt.*** [w-] 〈写真を〉有線電送する. 〖1935〗

wíre plànt *n.*〖植物〗ニュージーランド産のほとんど葉のないつる植物 (*Muehlenbeckia complexa*) (wire vine ともいう).

wíre·pùller *n.*《米》**1** 人形の糸を引く人; あやつり人形師. **2** (政界などの)黒幕 (cf. wire *n.* 9 b). 〖1832〗

wíre-pùlling *n.* (政界などで)黒幕となって策動すること. 〖1847〗

wír·er /wáɪ(ə)rə | wáɪərə(r)/ *n.* **1** 針金を巻く人; 架線工夫 (wireman). **2** (金網やわなで)獲物を取る人. 〖1857〗

wíre·recòrd *vt.* 針金磁気録音をする. 〖《逆成》↓〗

wíre recòrder *n.* 針金磁気録音器 (magnetic wire recorder). 〖1943〗

wíre recòrding *n.* 針金磁気録音. 〖1933〗

wíre ròom *n.* (合法的業務を装った)賭け業者の店, のみ屋《競馬の結果を受信するための設備があるところから》.

wíre rópe *n.* 鋼索, ワイヤーロープ. 〖1841〗

wire·scape /wáɪəskèɪp | wáɪə-/ *n.* 自然の景観を損なう電線. 〖1951〗

wíre sèrvice *n.*《米》(新聞・雑誌社や放送局に無線でニュースを供給する)通信社 (news service, news agency ともいう). 〖1944〗

wíre sìde *n.*〖製紙〗ワイヤーサイド: **a** 手すき紙では漉型に接している面で, 通例は表面 (right side ともいう). **b** 機械すき紙では抄紙機のすき網に接している面で, 通例は裏面 (wrong side ともいう; ↔ felt side).

wire·sonde /wáɪəsɑ̀(ː)nd | wáɪəsɔnd/ *n.*〖気象〗有線ゾンデ《係留気球に装備した自動観測装置で, 気温・湿度・気圧などを有線で地上に送信する》. 〖← WIRE＋SONDE〗

wíre·spùn *adj.* **1** 針金のように引き伸ばした. **2** 〈議論など〉あまりにも微妙な (oversubtle), あいまいな (obscure). **3** 中身[内容]のほとんどない.

wíre·stìtch *vt.*〖製本〗針金とじにする. 〖1902〗

wíre-stìtched *adj.*〖製本〗針金とじの. 〖1921〗

wíre stìtcher *n.*〖製本〗針金とじ機. 〖1887〗

wíre strìpper *n.* ワイヤーストリッパー, 電線被覆はぎとり具《電線の被覆を取るための器具》.

wíre·tàp *n.* **1** (電信・電話の)盗聴. **2** 盗聴装置: use a ～. **— *adj.*** [限定的] (電信・電話の)盗聴の: ～ evidence 盗聴で得た証拠. **— *vt.* 1** …を盗聴して証拠[情報]を集める: The police ～*ped* his house. 警察は彼の家(の電話)を盗聴した. **2** 〈電信・電話を〉盗聴する. **— *vi.*** 盗聴する. 〖(1904)《逆成》↓〗

wíre·tàpper *n.* **1** (電信・電話の)盗聴者. **2** 情報屋, 予想屋《盗聴した情報を提供するのを商売にしている詐欺師》. 〖(1893) ← WIRE＋TAPPER[1]〗

wíre·tàpping *n.* (電信・電話の)盗聴: a ～ device 盗聴器[装置]. 〖1929〗

wíre télephone *n.* 有線電話.

wíre vìne *n.*〖植物〗＝wire plant.

wíre-wàlker *n.* 綱を渡る曲芸師 (tightrope walker). 〖1762〗

wíre·wày *n.* 電線管. 〖1932〗

wíre whèel *n.* **1** (金属細工掃除用の)回転式針金ブラシ. **2** /ᐨᐨ/ (自動車の)針金スポーク車輪, ワイヤーホイール. 〖1909〗

wíre wóol *n.*《英》金属たわし《なべ・かまなどをこする; cf. steel wool》. 〖1958〗

wíre·wòrk *n.* **1** 針金細工, 針金製品. **2** 綱渡りの妙技. 〖1587〗

wíre·wòrker *n.* **1** 針金細工屋, 針金工. **2** ＝ wirepuller. 〖1670〗

wíre·wòrks *n.* (*pl.* ～) [しばしば単数扱い] 針金工場《針金を造る工場または針金を用いて他の物を造る工場》. 〖1598〗

wíre·wòrm *n.* **1**〖昆虫〗ハリガネムシ《コメツキムシ科の昆虫の幼虫; 節の多い堅い皮に覆われた短い針金形の小虫; 土中で植物に害を与える》. **2** ＝millipede. **3**〖動物〗＝stomach worm. 〖1790〗

wíre-wòund gún /-wàund-/ *n.* ＝wire gun.

wíre-wound resístor *n.*〖電気〗巻線抵抗器. 〖(1946): cf. wound[1]〗

wíre-wòve *adj.* **1** 〈便箋など〉光沢があって上質の. **2** 金網製の. 〖(1799) ← WIRE (n.)＋WOVE (p.p.)〗

wír·ing /wáɪ(ə)rɪŋ | wáɪər-/ *n.* **1** 架線(工事), 配線(工事): A break has occurred in the ～. 配線が断線した. **2** [集合的] 針金. **3**〖外科〗針金結索. **— *adj.*** 配線[架線]の. 〖1809〗

wíring diagram *n.*〖電気〗配線図. 〖1946〗

wíring pàrty *n.*〖軍事〗架線隊. 〖1916〗

wir·ra /wírə/ *int.*《アイル》ああ, おお《悲嘆・悲哀を表す》. ★ 通例次のように重ねていう: *Wirra,* ～! ああ, ああ; まあ, まあ. 〖(1829)《略》← *Oh wirra*《変形》← Ir. *a muire* (原義) O Mary〗

wir·rah /wírə/ *n.*〖魚類〗オーストラリア産のスズキ科の海水魚 (*Acanthistius serratus*). 〖(1880) ← ? Austral. (New South Wales)〗

Wir·ral /wírəl, wə́ːr- | wír-/ *n.* [the ～] ウィラル(半島)《イングランド北西部, Mersey 川と Dee 川の河口間にある》.

Wirt·schafts·wun·der /víətʃɑ:ftsvʊ̀ndə | víət-ʃæftsvʊndə(r); *G.* vɪ́rtʃaftsvʊndɐ/ *n.* 奇跡の経済復興《特に西ドイツの第二次世界大戦後の奇跡的復興》. 〖(1959) □ G ～ 'economic miracle'〗

Wirts·haus /víətshàus | víəts-; *G.* vɪ́rtshaus/ *n.* (*pl.* **Wirts·häu·ser** /-hɔ̀ɪzə | -zə(r); *G.* -hɔyzɐ/) (ドイツ語圏の)(飲食店を兼ねる)宿屋. 〖(1829) □ G ～ 'house of the innkeeper'〗

wir·y /wáɪ(ə)ri | wáɪəri/ *adj.* (**wir·i·er; -i·est**) **1** 〈毛・草など〉針金状の, 針金のような; しなやかで強い: ～ grass, hair, etc. **2** 針金製の: a ～ cage. **3** 〈音・声など〉金属性の, 細くて緊張した: a ～ voice. **4 a** 〈音が〉金属線の震動で発する, 弦楽器演奏の: a ～ pizzicato, tone, etc. **b** 〈再生音が〉金属性の. **5** (やせているが)筋張って屈強な: a ～ arm, body, figure, etc. / ～ vigor 筋金入りのたくましさ / She has a lot of ～ strength. 筋金入りの強さが大いにある. **6** 〈脈拍が〉弱くて速い. **wír·i·ly** /-rəli | -rɪ̀li/ *adv.* **wír·i·ness** *n.* 〖(1588) ← WIRE (n.)＋-Y[4]〗

wis /wís/ *vi., vt.*《古》よく知っている (know well). ★ I wis として挿入句的に用いる. 〖(1508) *I wis: ywis, iwis*

W

certainly (< OE ġewiss) を I wis と分け, wis を Spenser などが WIT[2] の過去形 wiste (⇨ wist) の現在形と考えたことから I know と誤解された〕

Wis. 《略》 Wisconsin; 〖聖書〗 Wisdom of Solomon.

Wis·by /G. víːzbi/ n. ウィズビー(島) 《Visby のドイツ語名》.

WISC 《略》〖心理〗 Wechsler Intelligence Scale for Children.

Wisc. 《略》 Wisconsin.

Wis·con·sin /wɪ̀skɑ́(ː)nsən | wɪskɔ́nsɪn/ *n.* 1 ウィスコンシン 《米国中北部の州 (⇨ United States of America 表)》. 2 [the ~] ウィスコンシン(川) 《Wisconsin 州北部から南西流して Mississippi 川に注ぐ川 (690 km)》. 〖◻F *Ouisconsin* (川の名) ◻ N-Am.-Ind. (Algonquian) ← ?〗

Wis·con·si·nite /wɪ̀skɑ́(ː)nsənàɪt | wɪskɔ́nsɪ-/ *n.* Wisconsin 州人. 〖⇨ ↑, -ite[1]〗

Wisd. 《略》 Wisdom of Solomon (聖書外典の)ソロモンの知恵.

Wis·den /wízdən, -dn/, **John** *n.* ウィズデン 《1826–84; 英国のクリケット選手; *Wisden Cricketers' Almanac* (1864) を創刊》.

wis·dom /wízdəm/ *n.* 1 a 賢いこと; 賢明さ (sagacity); 分別, 知恵 (prudence, discretion): He had the ~ *to* refuse the offer. その申し出を断わるだけの分別があった / worldly ~ 世才 / ~ after the event あと知恵 (hindsight) (cf. wise[1] *adj.* 1). b 賢い行い: It is ~ to conceal our meaning. 我々の真意を隠すのが利口だ. 2 学問, 知識 (knowledge, learning): the ~ of the ancients, Babylonians, etc. 3 金言, 格言, 名言 (wise sayings): pour forth ~ 名言を吐く. 4 [しばしば W-] 《古》知者, 賢者 (wise man): all the ~s of the place その地の賢者ことごとく. 5 [W-] (Douay Bible で) = WISDOM of Solomon. 6 《廃》精神の健全さ. 7 《Shak》正気 (sanity).

dóubt [*expréss dóubts about, quéstion*] *the wísdom of* …が賢明かどうか疑問に思う[疑念を呈する]: We cannot help *doubting the* ~ *of* his conduct. 彼の行為が賢明かどうか疑わざるを得ない. *in one's* (*infínite*) *wísdom* 《皮肉》賢明にも, 最善と考えて.

Wísdom of Jésus, the Són of Sírach [The —] 〖聖書〗 = Ecclesiasticus. 《1611》

Wísdom of Sólomon [The —] 〖聖書〗ソロモンの知恵 《外典 (Apocrypha) の一書; 略 Wisd.》. 《1611》

〖OE *wīsdōm* (cf. G *Weistum* precedent / Swed. & Dan. *visdom*): ⇨ wise[1], -dom〗

Wísdom líterature *n.* 1 知恵文学 《古代バビロニア・エジプトで書かれた哲学的人生論の書物》. 2 〖聖書〗知恵文学 《旧約聖書の Job, Proverbs, Ecclesiastes や外典の Ecclesiasticus, Wisdom of Solomon など, 理知的なまた処世訓的な書をさす; Wisdom books ともいう; cf. sapiential books》. 《1887》

wísdom tòoth *n.* 知恵歯, 知歯, 親知らず, 第三大臼歯 (third molar) 《最も遅く生える》.

cút one's wísdom tèeth (1) 知歯[親知らず]が生える (cf. *cut one's teeth of wisdom*). 《1809》 (2) 分別がつく (gain discretion) (cf. *cut one's* EYETEETH).

〖《1668》 *teeth of wisdom* 《なぞり》← L *dentes sapientiae* (pl.): それの生える時期を分別のつく時期と関連づけたもの; なお現在の形は 《1848》 から〗

wise[1] /wáɪz/ *adj.* (**wis·er; wis·est**) 1 a 賢い, 賢明な (sagacious); 思慮[分別]のある (sensible): a ~ judge, leader, etc. / a ~ man 賢人 (cf. wise man) / a ~ woman 賢婦人 (cf. wisewoman) / a ~ saw [saying] 金言 / It would not be ~ to do so. そうするのは賢明であるまい / It is ~ *of* you [You are ~] to keep out of debt. 君が借金しないのは賢明だ / He is ~ *in* money matters. 金銭上のことにかけては利口だ / It is easy to be ~ after the event. 《諺》事が済んでから悟るのはたやすい, 「下司(げす)のあと知恵」/ A ~ man changes his mind sometimes, a fool never. 《諺》賢人は時として考えを変えることがあるが愚者は絶対に変えない, 「君子は豹変(ひょうへん)す」/ Where ignorance is bliss, 'tis folly to be ~. 知らぬが幸いなら知るはかえって愚かなこと, 「知らぬが仏」 (Gray, *Ode On a Distant Prospect of Eton College*). b [the ~] 賢い人[賢人]たち: A word to *the* ~ (is enough). ⇨ word *n.* 2. 2 博学な, 博識な: a ~ professor, treatise, etc. 3 賢そうな, 物知り顔の: look ~ (偉そうに)すまし込む / He answered with a ~ shake of the head. 賢そうに[心得顔に]頭を振って答えた. 4 [通例比較級を用いて] (今までわからなかったことが)わかって; 得るところがあって: He came away none the [not much, no] ~*r*. =He came away as ~ as he went. 彼は何ら得るところなく帰って来た / I was none [《口語》not any] the ~*r* for his explanation. 彼の説明を聞いても少しもわからなかった / Who will be the ~*r*? だれがわかるものか, だれの得にもならない / Nobody will be (any) the ~*r*. だれにも気づかれないだろう / without anyone('s) being the ~*r* だれにも気づかれずに. 5 《口語》知って, わかって, (…に)気がついて (aware), 内部情報に通じている 〔*to, on*〕: be [get] ~ *to* [*on*] …を知っている[知る] / The police are ~ *to* it. 警察はそれに気づいている / put a person ~ *to* [*on*] …を人に知らせてやる[気づかせる]. 6 《口語》生意気な, うぬぼれた (conceited); 生意気な (impudent), 横柄な (insolent): a bunch of ~ kids 生意気な子供らの一群 / ⇨ wise guy / act ~ 《米》生意気な口をきく[態度をとる]. 7 抜け目ない, ずるい, こうかつな. 8 《古》秘法や魔法に通じた: ⇨ wise man, wisewoman. 9 《廃・方言》正気の (sane): Are you ~? (Shak., *Othello* 4. 1. 234).

gèt wíse 《米俗》(1) 真相をつかむ (cf. 5). (2) 生意気[無遠慮]にふるまう, 思い上がった[無礼な]態度をとる 〔*with*〕. 《1896》 *wíse in one's generátion* ⇨ generation 成句.

— *v.* [~ up で] 《口語》 — *vi.* 知る, 気づく 〔*to, on*〕: People are *wising up to* the fact. 人々はその事実に気づきつつある. — *vt.* 教える, 気づかせる 〔*to*〕: I'll ~ you *up*. 君に教えてやろう / He was [got] ~*d up* to a few tricks of the trade. 彼はその商売のこつを少し覚えた.

~·ness *n.* 〖adj.: OE *wīs* < Gmc **wīsaz* (Du. *wijs* / G *weise*) ← IE *w(e)di-* to see (⇨ wit[2]). — v.: 《1905》 ← (adj.)〗

SYN 賢い: **wise** 読書や経験から得た多量の知識をもち, それを有効に使うことができる 《格式ばった語》: a *wise* man 賢人. **sage** 年齢・経験・哲学的思考に基づく尊敬すべき知恵を有する: *sage* advice 思慮深い忠告. **judicious** 知恵と良識を示す 《格式ばった語》: a *judicious* use of money 金銭の賢明な使い方. **prudent** 賢く注意深い 《格式ばった語》: a *prudent* housekeeper 思慮深い主婦. ⇨ clever, intelligent, rational.
ANT foolish, stupid.

wise[2] /wáɪz/ *n.* [単数形でだけ用いて] 《古》方法, やり方, 風(ふう), 具合, 程度 (way, fashion, degree) (cf. -wise): in any ~ どうしても(at all), どうにしても / in like ~ 同じように (cf. likewise 1) / (in) no ~ 少しも…ない, どうしても…ない (not at all) / in some ~ どうにか, (見ようでは)どこか / in [《古》on] this ~ かように / in solemn [stately] ~ おごそかに[堂々と]. 〖OE *wīse* < Gmc **wīsōn* appearance (G *Weise* / ON *vīsa* stanza) ← IE **w(e)di-* (↑): cf. wit[1,2]: GUISE と二重語〗

wise[3] /wáɪz/ *vt.* 《スコット》 1 a 教える, 教授する. b 説き勧める, 助言[忠告]する. c 〈人〉に道を教える, 〈人を〉案内する. 2 〈人〉に方向を変えさせる. 〖OE *wīsian* to show way, guide ← *wīs* 'WISE[1]'〗

Wise /wáɪz/ *n.* 〖商標〗ワイズ 《米国 Wise Foods 社製のポテトチップス・コーンスナックなど》.

Wise /wáɪz/, **Stephen Samuel** *n.* ワイズ 《1874–1949; 米国に在住したハンガリー生まれのユダヤ学者でユダヤ人の指導者》.

Wise, Thomas James *n.* ワイズ 《1859–1937; 英国の古書収集家, 編集者; 希書を偽造販売して物議をかもした》.

-wise /wàɪz/ *suf.* 名詞・形容詞について次の意味の副詞を造る. 1 方法, 方向 (cf. -ways): any*wise*, like*wise*, other*wise*; clock*wise*, cross*wise*. 2 (商業文などで) 「…に関連して (with reference to)」: budget*wise* 予算としては / tax*wise* 税金に関しては / be superior quality-*wise* 質の点で優れている. 〖OE *-wīsan* ← *wīse* manner: ⇨ wise[2]〗

wise·a·cre /wáɪzèɪkə | -kə(r)/ *n.* 1 物知り顔の人, 賢人気取りの人 (know-it-all). 2 [通例軽蔑的に] 賢人 (sage). 〖《1595》 《通俗語源による変形》 ← MDu. *wijsseggher* (*segghen* to say との連想による変形) ← OHG *wīssago* 《*wīs* 'WISE[1]' と *sagen* 'to SAY[2]' から成ると解したための変形》 ← *wīzago* sage, prophet (cf. OE *wītega* prophet) ← Gmc **wīt-* 'to WIT[2]'〗

wíse·àss *n.* 《俗》 = wiseguy 1. — *adj.* 《俗》知ったかぶりの, うぬぼれの強い, 生意気な. 〖1971〗

wíse·cràck 《口語》 *n.* (ぴりっとする)気のきいた冗談[言葉, 返答], 警句, 皮肉 (sarcasm) (⇨ joke SYN). — *vi.* 気のきいた冗談を言う, 警句を吐く, 皮肉を言う. — *vt.* 冗談[皮肉]に言う. **~·er** *n.* 〖《1924》 cf. crack (n.) 5 a〗

wíse·gùy *n.* 《口語》 1 知ったかぶりをする男, うぬぼれの強い男 (know-all). 2 ギャング, マフィア. 〖1896〗

wise·ly /wáɪzli/ *adv.* (**wise·li·er; -li·est**) 賢く, 賢明に, 思慮深く, 抜け目なく: He used the money ~. 彼はその金を賢明に使った / *Wisely*, she declined his proposal. 賢明にも彼女は彼のプロポーズを断った / not ~ but too well 賢明にではないが十二分に(愛した, 酒を飲んだなど) (cf. Shak., *Othello* 5. 2. 344). 〖OE *wīslīce*: ⇨ wise[1], -ly[1]〗

wíse mán *n.* 1 賢人 (sage). ★ しばしば皮肉に fool の意に用いられる: ⇨ wise men of GOTHAM. 2 魔法使い (wizard).

Wíse Mén of Gréece [the —] = SEVEN Wise Men of Greece. 《1588》

Wíse Mén of the Éast [the —] 〖聖書〗東方の三博士 (the Magi) 《星に導かれて Bethlehem に至り, 生まれたばかりのキリストを拝したといわれる三人の賢者 (Balthazar, Caspar, Melchior); cf. *Matt.* 2: 1–12》.

〖OE *wīs man*: ⇨ wise[1] (adj.) 8: cf. witan〗

Wise·man /wáɪzmən/, **Nicholas Patrick Stephen** *n.* ワイズマン 《1802–65; 英国の聖職者; 枢機卿, ローマカトリック教会の Westminster 大司教》.

wis·en·heim·er /wáɪzənhàɪmə, -zṇ- | -mə(r)/ *n.* 《俗》知ったかぶりする人 (wiseacre). 〖《1904》 《戯言的造語》 ← WISE[1] + G *-enheimer* (cf. G *Guggenheimer*, *Oppenheimer* (姓))〗

wi·sent /víːzɛnt, -zṇt/ *n.* 〖動物〗ヨーロッパバイソン, ヨーロッパヤギュウ (*Bison bonasus*) 《1921 年に野生種は絶滅し, ポーランドの森林に保護されて復活; aurochs, European bison ともいう》. 〖《1866》 ← G *Wisent*: ⇨ bison〗

wíse·wòman *n.* 1 魔女 (witch); 占い女 (fortuneteller). 2 助産婦 (midwife). 〖《c1384》 *wise woman*. — 2: 《なぞり》← F *sage-femme*: cf. wiseman〗

wish /wíʃ/ *vt.* 1 [目的語として仮定法過去または過去完了の動詞を有する Clause を伴って実現し難いまたは実現しなかった願いを, 時に穏やかな依頼を表す(ただし that は通例省略される)] …であればよいと思う (⇨ desire SYN): I ~ (that) it would rain. 雨が降ってほしい / I ~ I were [《口語》was] a bird! 鳥だったらいいがなぁ / I (only) ~ I knew. 知っていたらなぁ / I ~ (to God) I had never been born. この世に生まれて来なければよかった / I ~ I could have it. それをもらえるといいんだけれど / I ~ you would be quiet. 静かにしてもらいたい (Please be quiet.) / I ~ you would shut that door when you go out. 出て行くときにその戸を閉めて下さい. ★ I ~ I lived in Tokyo. で wish を過去形にしても lived はそのままで, had lived とならない.

2 [不定詞を目的語として] 望む, …したい (want) 《★ この用法の wish は形式ばった語で, want の方が普通》: I ~ *to* go. 行きたい / I ~ *to* see you. お目にかかりたい / I ~ *to* say a few words. 少し言わせていただきたい / One believes what one ~*es to* believe. 人は自分の信じたいと願うことを信じるものだ / ⇨ *I don't* WISH *to be* [*do*].

3 a [目的補語を伴って] 〈…が〉〈…で〉あればよいと思う: ~ a person away 人が行ってしまえばいいのにと思う / ~ a person happy 人が幸福であるようにと祈る / ~ oneself dead [home, at home] 死んでいたら[家にいたら]と思う / I could not ~ it better. これ以上は望めない / ~ a person further [farther, at the devil] 《口語》人が早くどこかへ行ってしまえばいいと思う / She ~*ed* him miles away. 彼が何マイルも遠くへ去ってくれればいいのにと思った. b [目的語+不定詞を伴って] 〈…に〉〈…して〉ほしい: I ~ you *to* do it. 君にそれをしてもらいたい / What do you ~ me *to* do? 君は僕に何をしてほしいのか / I'll do it, if you ~ (me *to*). お望みなら私がしましょう / I ~ it *to* be finished. 仕上げてもらいたい (★ to be を省略して I ~ it finished とすれば 3 a の例となる). c [目的語+well, ill を伴って] 〈…が〉〈…で〉あれかしと願う (cf. *vi.* 2): He ~*es* me *well*. 私のためを思ってくれる / He ~*es* nobody *ill*. だれにもあしかれとは思っていない. ★ この場合の ill は名詞と見ることもできる. その場合は *vt.* 5 a の用法に属する.

4 a [単一の目的語を伴って] 望む, 願う, 祈る: ~ aid, money, etc. / They say they ~ peace. 彼らは平和を欲すると言う / I ~ success to the enterprise. その事業の成功を祈る / Which do you ~? どちらを望みますか / I will do what you ~. お望みの事をしましょう / You may have whichever you ~. どれでも望みの物を取ってよろしい / At length the day so long ~*ed* came. ついに久しく待ち望んでいた日が来た. ★ この用法では一般には wish for (⇨ *vi.* 1) か, または口語的には want の方が普通. b [to be wished の形で] 望ましい (desirable): It is *to be* ~*ed* that the dispute will soon be settled. 争議が早く解決してもらいたい / 'Tis a consummation devoutly *to be* ~*ed*. それこそ願ってもない人生の終局だ (Shak., *Hamlet* 3. 1. 64).

5 [二重目的語を伴って] a 〈人〉に〈幸運・成功・健康などを〉祈る (invoke upon): We ~*ed* him good luck [good luck to him]. 彼の幸運を祈った / I heartily ~ you success [a happy life, good health]. 心から御成功[幸福, 健康]を祈る / I ~ you joy. おめでとう / I ~ you joy of it. 《皮肉》せいぜいお楽しみなさい (あとでろくなことはないから; cf. joy *n.* 1 a) / I ~ you many happy returns of the day. 誕生日おめでとう / I ~ you a Merry Christmas. クリスマスおめでとう / I ~ you a happy New Year. 新年おめでとう. b 〈人〉に〈あいさつ・別れの言葉を〉述べる: He ~*ed* me goodby [farewell]. 彼は私に別れを告げた / I'll ~ you good morning. じゃごきげんよう (いやな人を追い払ったり, そのそばから立ち去るときに用いる皮肉な決まり文句) / I ~*ed* them good night and left the room. 彼らにお休みと言って部屋を出た.

6 《口語》〈義務などを〉〈人〉に強いる, 無理に押しつける (impose); 〈にせ物などを〉〔人〕に押しつける, つかませる (foist) 〔*on, upon*〕: They ~*ed* another duty *on* him. 彼にまた別な務めを押しつけて来た / He ~*ed* a sorry nag *on* me. 彼にひどい馬をつかませられた.

— *vi.* 1 望む, 欲する 〔*for*〕 (cf. wished-for): Everything came just as he ~*ed*. 何もかも彼が望んだ通りになった / I could see it at any time I ~*ed*. 望めばいつでもそれを見ることができる / We are apt to ~ *for* what we can't have. 人は得られないものを欲しがるものだ / I will send you the book you ~*ed for*. 君が欲しがった本を送ってあげよう / I would [could] not ~ *for* anything better. これ以上のものは望まない[望みえない] / How I ~ *for* a pair of wings! ああ 2 枚の翼があったらなあ / It is no good ~*ing*. 望んだってだめだ / This leaves nothing to ~ *for*. これは申し分がない / The weather was all one could ~ *for* [that could be ~*ed for*]. 天気上々だった. 2 [well, ill を補語として] …であれかしと思う, …ならんことを祈る (cf. *vt.* 3 c): He ~*es well* to all men. あらゆる人の幸福を願っている. 3 願をかける 〔*on, upon*〕: ~ *on* a star 星に願いをかける.

I don't wish to be [*do*] = *withòut wíshing to be* [*do*] …と思われたく[…したく]ないのですが: *I don't* ~ *to be* rude, but I woudn't like to be here. こう言っては何ですがここに居たくないのです. *I* [*You*] *wish!* 《口語》そうだったらいいんだけれど.

— *n.* 1 a (心からの)願い, 願望 (desire, longing): according to one's ~ 望み通りに / with every good ~ 衷心からの好意をもって / make a ~ 願をかける / He had a great ~ to go to sea. 彼は船乗りになりたいという大望があった / I hope your ~ will come true. 君の望みがかなうように希望します / Your ~ is my command. 《戯言》ご希望は何でも承ります / If ~*es* were horses, beggars would ride. 《諺》願望が馬ならこじきも乗ろう, 「とかく浮世はままならぬ」/ She had the [no] ~ to marry him. 彼と結婚したいという気持ちがあった[はなかった] / The ~ is father to the thought. 《諺》望みは考えの親 (こうあってほしいと願う心はやがてそうだと信じるようになる; cf. wishful thinking).

b [*pl.*] 祝福の言葉, 祝辞: good ～*es* 好意 / New Year's ～*es* 新年の祝辞 / Please accept my best ～*es* for your happiness. あなたの御幸福を祈ります / Please send [give] her my best ～*es*. 彼女によろしくお伝え下さい / (With) Best ～*es*, ご多幸を祈ります《カードに書くあいさつや手紙の結び文句》/ You have our good ～*es*. 御成功[幸福]を祈っております. **2** [しばしば *pl.*]《言葉に表した》請い, 要請, 希望 (request), 丁寧な命令: at one's own ～ 自分の希望で / She married at [by] her father's ～. 父親の希望で彼女は結婚した / carry out [attend to] a person's ～*es* 人の希望に添う / disregard [disobey] a person's ～*es* 人の希望を無視する / go against a person's ～*es* 人の意向に反する / I cannot grant your ～. ご希望をいれるわけにはいかない. **3** 望みのもの, 希望するもの (thing desired): I have got my ～. 望むものを手に入れた. **4**〖精神分析〗願望《精神の深層にある原我 (id) に基づき(多くの場合)無意識的に働く》.

wish·less *adj.* 〖v.: OE *wȳscan* < Gmc **wunskjan* (G *wünschen* / ON *æskja*) ← IE **wen-* to desire (Skt *vanati* he desires). — n.: 《*a*1325》← (v.): cf. win¹, ween, wont〗

wish·a /wíʃə/ *int.*《アイル》ほんとに, とっても; ああ《強意・驚きを表す》. 〖《1826》□ Ir.-Gael. *mhuishe* indeed〗

wish·bòne *n.* **1** (鳥の胸の)暢思(ちょうし)骨, 叉骨(さこつ) (furcula)《食事の際, 皿に残ったこの骨を引き合い長い方を取った人はどんな望みもかなうという; wishing bone ともいう》. **2**〖海事〗(schooner または ketch の)ウィッシュボーン式帆装《ウィッシュボーントライスルと称する変形台形の帆をメインマストの下端のグースネック接続から斜めに突き出ている 2 本の sprit》. **3 a** (自動車の)ウィッシュボーン《通常の乗用車で広く用いられている前輪懸架装置の一型式で, 上下一対の鳥の叉骨に似た V 字形アームよりなる》. **b** (電極の)腕木. **4**〖アメフト〗ウィッシュボーン《T formation の変型で鳥の胸骨型にバックスが位置するフォーメーション[攻撃陣形]》. 〖1853〗

wíshbone bóom *n.* (ウィッシュボーン)ブーム《二本の腕で帆をはさむ型の, 特にウィンドサーフィン用ボードの帆桁》.

wíshbone ríg *n.*〖海事〗ウィッシュボーン式帆装.

wísh bòok *n.*《俗》通信販売のカタログ, 通販カタログ. 〖1933〗

wished-fòr *adj.* 望んでいた, 望み通りの (cf. wish *vi.* 1): ～ results, books, etc. 〖1586〗

wísh·er *n.* **1** 願望者, 希望者. **2** …であるようにと願う人, …を祈る人: ⇨ ill-wisher, well-wisher. 〖*a*1586〗

wish·ful /wíʃfəl, -fl/ *adj.* **1** 〈人が〉望んで, 切望して, 希望して (desirous, anxious): be ～ *to* do it それをすることを望んでいる / be ～ *for* happy days 幸せな日々を切望している. **2**〈目つき・顔つきなど〉物欲しそうな (longing, wistful): ～ eyes, curiosity, etc. **3** (現実にではなく)希望に基づく, 希望的な: ⇨ wishful thinking. **～·ly** /-f(ə)li, -fli/ *adv.* **～·ness** *n.* 〖《1523》← WISH＋-FUL¹〗

wish fulfillment *n.* **1** 欲望[願望]の充足. **2**〖精神分析〗願望実現[充足]《望みのかなえられるような状況, 緊張の解消をもたらすような事態を空想したり夢に見たりすることによって願望を充足し緊張を解消すること》. 〖1908〗

wíshful thínker *n.* **1** 希望的観測をする人, 甘い考えの人. **2**〖精神分析〗願望的思考者. 〖1940〗

wíshful thínking *n.* **1** 希望的観測 (cf. HOPEFUL view): It is ～ to pass the exam. 試験に合格するのは希望的観測です. **2**〖精神分析〗**a** 願望的思考《現実の事実に即せず, 感情や欲求のみに基づいた非現実的な思考》. **b** ＝wish fulfillment 2. 〖1932〗

wísh·ing *n.* **1** 願う[望む]こと: can be got for the ～ 望むままに得られる. **2** [形容詞的に] 願いの, 願望のための: ⇨ wishing bone, wishing cap, wishing well. — *adj.*《古》希望している, 願っている; 希望を表す. 〖(n.: *c*1200; a: 1530): ⇨ -ing¹·²〗

wíshing bòne *n.* ＝wishbone 1.

wíshing càp *n.* 魔法の帽子《これをかぶるとどんな望みでもかなうといわれる》. 〖1600〗

wíshing wèll *n.* 願かけ井戸. 〖1792〗

wish list *n.*《口語》(頭の中での)願い事[欲しいもの]リスト. 〖1972〗

wisht /wíʃt/ *adj.*《英方言》不気味な, 陰鬱な. 〖《*c*1800》← ?〗

wísh-wàsh *n.*《口語》**1** (薄くて)水っぽい飲料, 気の抜けた酒. **2** 気の抜けたような[くだらない]話 (foolish talk). 〖《1786》《加重》← WASH (n.)〗

wish·y-wash·y /wíʃiwɑ̀(ː)ʃi, -wɔ̀(ː)ʃi | wíʃiwɔ̀ʃi, ⌐—⌐—/ *adj.*《口語》**1** 〈スープ・コーヒー・茶など〉薄い, 水っぽい (sloppy): ～ wine 気の抜けたようなワイン. **2** 弱々しい, 女々しい, 決断力のない; 気の抜けたような, くだらない: a weak, ～ man 女々しい男 / a ～ novel くだらない小説. **wish·y-wàsh·i·ly** /-ʃəli/ *adv.* **wish·y-wàsh·i·ness** *n.* 〖《*a*1693》《加重》← WASHY〗

Wis·ła /*Pol.* vʲíswa/ *n.* [the ～] ヴィスワ(川)《Vistula のポーランド語名》.

Wis·mar /vísmɑə, víz- | -mɑː(r); *G.* vísmaʁ/ *n.* ヴィスマル《ドイツ北東部, バルト海に臨む港市》.

wisp /wísp/ *n.* **1 a** (干草・わら・小枝などの)ひと握り (handful), 小束 (small bundle): a ～ of straw, hay, grass, etc. **b**《英》(馬の手入れ用の)わら[干し草]束; わら束のたいまつ. **2** (毛髪の)房: a ～ of hair, lock, etc. **3** (物の)断片, はし切れ (fragment, shred); (火をつけるための)ひねり紙: a flaming ～ of paper 燃えているひねり紙. **4** 小さな[か細い]もの (little thing): a thin ～ of smoke 細い一筋の煙 / a mere ～ of an old man 線香のようにやせた老人. **5** ＝will-o'-the-wisp. **6** わずかのほのめかし[暗示] (hint). **7** 〈しぎなどの〉群れ (flock)〔*of*〕: a ～ of snipes. **8**《古》＝whisk broom. — *vt.* **1**《英方言》ひねって[よって]小束にする. **2** (かすみなどで)おおう. **3**《英》〈馬を〉わら[干し草]束でこする. — *vi.* 小束をなして出る[漂う]. **～·like** *adj.* 〖《?*c*1280》～, *wips* ← ? ON (cf. Swed. *visp* a bundle of rushes or twigs): cf. whisk, wipe〗

Wis·pa /wíspə/ *n.*〖商標〗ウィスパ《英国 Cadbury-Schweppes 社製のチョコレートバー》.

wísp·ish /-pɪʃ/ *adj.* 小束[房]のような, 小束[房]に似た. 〖1896〗

wisp·y /wíspi/ *adj.* (**wisp·i·er; -i·est**) **1** 小さい束[房]の[になった], 一握りの. **2** か細い (slender): a ～ arm, woman, tree, etc. **wísp·i·ly** /-pəli/ *adv.* **wísp·i·ness** *n.* 〖《*a*1717》: ⇨ wisp, -y⁴〗

Wis·sen·schaft /vísənʃæft, -sn-; *G.* vísnʃaft/ *n.* 学, 学問, 科学. 〖《1834》□ G ～ 'knowledge'〗

Wiss·ler /wíslə | -lə(r)/, **Clark** *n.* ウィスラー《1870–1947; 米国の人類学者》.

wist /wíst/ *v.*《古》wit² の過去形・過去分詞. 〖OE *wiste* (pret.): p.p. としては 14 C 以降〗

wis·ta·ri·a /wɪstέəriə, -tíə*r*- | wɪstέəriə, -tíər-/ *n.*〖植物〗＝wisteria. 〖《1842》← NL ～ ← *Caspar Wistar* (1761–1818: 米国の解剖学者): ⇨ -ia¹〗

Wís·tar ràt /wístə-, -tɑə- | -tə-, -tɑː-/ *n.*〖生物・医学〗ウィスターラット, ウィスターネズミ《生物学や医学の研究に広く用いられる白ネズミ; 米国のウィスター研究所 (Wistar Institute) で開発された》. 〖《*c*1935》← *Wistar Institute of Anatomy and Biology* (このネズミを開発した米国フィラデルフィアの研究所)〗

Wis·ter /wístə | -tə(r)/, **Owen** *n.* ウィスター《1860–1938; 米国の小説家; *The Virginian* (1902)》.

wis·te·ri·a /wɪstí*ə*riə, -tέə*r*- | wɪstíəriə, -tέər-/ *n.*〖植物〗フジ《マメ科フジ属 (*Wisteria*) の植物の総称; アメリカフジ (American wisteria), シナフジ (Chinese wisteria), フジ (Japanese wisteria) など》. 〖《1876》: ⇨ wistaria〗

wist·ful /wístfəl, -fl/ *adj.* **1** 〈顔つきなど〉(願いがかなわず)かなしそうな, 残念そうな, 思いこがれた, せつない (longing, yearning): a ～ look / ～ eyes. **2** 思いに悩む, 物思いに沈んだ (meditative, pensive): a ～ mood. **～·ly** *adv.* **～·ness** *n.* 〖《1613–16》←《廃》*wist(ly)* intently (← ? WHIST¹)＋-FUL // 《転訛》← WISHFUL〗

wist·ly /wístli/ *adv.*《廃》あこがれるように (longingly), 熱心に (intently). 〖*a*1500〗

wit¹ /wít/ *n.* **1 a** 機知, 気転, ウィット (cf. humor): a man of ～ 機知の人 / pages sparkling with ～ 機知のあふれた紙面 / be possessed of both ～ and humor 機知とユーモアとを兼ね備えている, しゃれもわかれば人情も解する / have a ready ～ 気転がきく. **b** 機知に富む人, 才人, 才子: set up for a ～ 才子をもって任じている, 才人ぶる / ⇨ University Wits. **c** 機知[ウィット]に富んだ文章[スピーチ]. **2** [しばしば *pl.*] 理知, 知力 (understanding), 思考力: be past the ～ of man 人知が及ばない (cf. *not beyond the* WIT *of*) / ⇨ mother wit / exercise one's ～ 才[頭]を働かす / have quick [nimble] ～*s* 気転がきく, 変通自在の才がある / a man of slow ～*s* 気のきかない人. **3** [通例 *the* ～] 良識, 分別 (sense)〈*to do*〉: have not the ～(*s*) [have not ～ enough] *to* do …するだけの分別がない / I had the ～ *to* avoid the topic. その話題を避けるだけの分別があった. **4** [通例 *pl.*] (健全な)精神, 心 (mind); 正気 (sanity) (cf. sense A 6); 記憶 (memory): in [out of] one's (right) ～*s* 正気で[でなく] / lose [regain] one's ～*s* 正気を失う[取り戻す] / collect [gather] one's scattered ～*s* 乱れた心を落ち着ける / He was scared out of his ～*s*. 正気を失うほどおびえていた. **5**《古》**a** 知者, 賢者. **b** 知性, 理性. **c**《廃》知恵, 思慮深さ (cf. Shak., *Hamlet* 2. 2. 90).

at one's wits' [*wit's*] *énd* 途方に暮れて (cf. *Ps.* 107: 27): I was *at my* ～*s' end* for an idea. 考えが浮かばなくて困ってしまった / I'm *at my* ～*s' end* for money. 金策のめどがつかなくて困り果てている. 《1377》 ***bring*** [***drive, pút***] ***a person to his wits'*** [***wit's***] ***énd*** 〈人を〉途方に暮れさせる: The task *drove* me *to my* ～*s' end*. その仕事には途方に暮れた. 《1598》 ***frighten*** [***scáre***] ***a person òut of a person's wits*** 人を(訳がわからなくなるほど)ひどく怖がらせる, びっくりさせる: He was frightened out of his ～*s* by the idea. その考えにびっくり仰天してしまった. ***gèt wit of*** 《スコット・北英方言》…について(聞き)知る. ***háve*** [***kéep***] ***one's wits abòut one*** 抜け目[抜かり]がない; (どんなことがあっても)度を失わない, 上がらない: *Keep your* ～*s about* you. 度を失わないようにしなさい. 《1622》 ***live by one's wits*** (定職がなく)小才をきかして[やりくりで]どうにか暮らす, (ペテン, 詐欺などずる賢い手段で)生活の糧を得る. ***not beyónd the wít of*** [しばしば《戯言》] …の知力の及ばない[手に負えない]ものではない: It should*n't* be *beyond the wit of* man to discover a better source of energy than fossil fuel. 化石燃料より優れたエネルギー源を発見することは人知を超えるものであるはずがない. ***pít one's wits agàinst a person*** 人と知恵比べをする. ***sét one's wits to*** 〈問題など〉(の解決)に知恵をしぼる, 取り組む. ***sét one's wits to another's*** 人と議論を戦わす.

five wits [the ─]《廃》(1) 五感 (five senses). (2) 心の働き《通例 common sense, imagination, fantasy, judgment および memory の五機能》. 《*c*1200》

wit and wisdom 機知と分別[学識]《特に著述家・話し手に望まれるもの》.

〖OE *wit(t)*, *ġewit(t)* mind, intelligence ← Gmc **wit-* (Du. *weet* / G *Witz* / ON *vit*) ← IE **w(e)di-* (↑): cf. wise¹〗

SYN 機知: **wit** 鋭い当意即妙な表現をする能力: She has a lively *wit*. 生気あふれる機知がある. **humor** こっけいな, またはばかげたことを認めて面白く表現する才能: the *humor* of Chaucer チョーサーのユーモア. **repartee** 当意即妙に応答する能力: He is good at *repartee*. 当意即妙の応答がうまい.

wit² /wít/ *vt., vi.* (*pres. 1st pers.* **wot** /wɑ́(ː)t | wɔ́t/, *2nd pers.* **wot·test** /wɑ́(ː)tɪ̣st | wɔ́t-/, *3rd pers.* **wot**; *pl.* 《まれ》**wot**; *past* **wist**; *p.p.* **wist**; *pres.p* **witting**)《古》知る, 知っている (know) (⇨ witting): God *wot*. 神は知りたもう / had I *wist* 私が(それを)知っていたら《そうとは知らなかった》/ I *wot*. 私はよく知っている (I know well).

to wit 〖《略》←《廃》*that is to wit* 《なぞり》← AF *cestasavoir* that is to know〗すなわち (that is to say, namely). ★ 今は主に法律用語.

〖OE *witan* ← Gmc **witan* (Du. *weten* / G *wissen* / ON *vita*) ← IE **w(e)di-* to see (L *vidēre* to see (⇨ vision) / Gk *oîda* to know / Skt *veda* I know)〗

wit·an /wítṇ, -tɑːn/ *n. pl.*《英》(アングロサクソン時代の)国政審議会議員, witenagemot の議員たち; [単数扱い] ＝witenagemot. 〖OE ～ (pl.) ← *wita* councilor, 《原義》wise man ← Gmc **wit-* 'to WIT²'〗

wit·blits /vítblɪts; *Afrik.* vǝ́tbləts/ *n.*《南ア》極めて強い蒸留密造酒. 〖《1934》□ Afrik. ～ ← *wit* 'WHITE'＋*blits* lightening (cf. blitz)〗

witch /wítʃ/ *n.* **1** 女魔法使い, 魔女 (sorceress). ★ 古くは男性の魔法使いにも用いた (cf. warlock 1, wizard 1): ⇨ white witch, Witches' Sabbath. **2** [通例 old ～ として]《口語》鬼ばば, 醜い女性 (hag, crone): an *old* ～ 鬼ばばあ. **3** (すごい)魅力のある女. **4** 魔法 (magic spell): put the ～*es* on …に魔法をかける. **5**《米》＝water witch 1. **6**〖魚類〗タイセイヨウヒレグロ (*Glyptocephalus cynoglossus*)《北大西洋の深海に生息するババガレイ (lemon sole) に近似の魚; 食用として重要》. **7**〖数学〗＝WITCH of Agnesi.

(*as*) ***nérvous as a wítch***《米》ひどくそわそわして. 《1911》 ***The wítch is in it.*** それは魔法がかかっている. 《1885》

witch of A·gné·si /-ɑːnjéɪzi; *It.* aɲɲéːzi/〖数学〗アーネシーのウィッチ《方程式 $x^2y=4a^2(2a-y)$ であたえられる曲線; y 軸に関して対称; $x=0$ で最大, $x=0$ から遠ざかるにつれて x 軸に近づく; 単に witch ともいう》. 〖《1875》← *Maria Gaetana Agnesi* (1718–99: イタリアの数学者): その図形が魔女の帽子に似ているところから〗

— *adj.* [限定的] 魔女の; 魔女を防ぐための.

— *vt.* **1 a** …に魔法をかける (bewitch). **b** [方向の副詞語句を伴って] 魔法で…にする: They were ～*ed into* stone. 魔法で石に変えられた / ～ *away* the lives of men 人の命を魔法で奪う. **2**《古》魅する, 悩殺する (charm, fascinate). — *vi.*《米》＝dowse².

〖OE *wiċċe* (female) (witch ← *wiċċian* to bewitch ← Gmc **wikk-* ← IE **weik-* (cf. guile, victim, wile): cf. OE *wiċċa* wizard: ME 以後の v. は BEWITCH の頭音消失〗

witch 1

witch- /wítʃ/ ＝wych-.

witch bàll *n.* 魔女よけのガラス玉《色付きで中空のガラス玉でかつては田舎家の窓につるしたが, 近年では装飾品として室内につるすこともある》. 〖1866〗

wítch bròom *n.*〖植物病理〗＝witches'-broom.

witch·craft /wítʃkræ̀ft | -krɑ̀ːft/ *n.* **1** 魔法, 魔術, 妖術 (⇨ magic SYN): do [perform, use] ～ 魔法を使う. **2** 魅力, 魔力 (charm). 〖OE *wiċċecræft*: ⇨ witch, craft〗

witch dòctor *n.* **1** (アフリカの Kaffir 族などの)祈禱(きとう)師, 妖術師, 呪医(じゅい). **2**《俗用》＝medicine man. 〖1718〗

wítch èlm *n.*〖植物〗＝wych elm.

witch·er·y /wítʃ(ə)ri/ *n.* **1 a** 魔術, 妖術 (witchcraft) (⇨ magic SYN). **b** [通例 *pl.*] 魔法の行為[例, 顕現]. **2** 魔力, 魅力 (fascination, magic). 〖《1546》← WITCH＋-ERY〗

witch·es'-bèsom /wítʃɪ̣z-/ *n.*〖植物病理〗＝witches'-broom.

witches' brèw *n.* **1** 魔女が作ったといわれる秘薬(など). **2** 奇妙な混合物; ごった混ぜ. 〖1929〗

wítches'-bròom *n.*〖植物病理〗天狗(てんぐ)巣病《菌類や寄生植物によってサクラ・モミなどの枝が異常分岐して密生した小枝となるもの; witch broom, witches'-besom, hexenbesen ともいう》. 〖1881〗

wítches' bùtter *n.*〖植物〗シロキクラゲ目の膠質菌, (特に)ヒメキクラゲ属 (*Exidia*) のキノコ (cf. jelly fungus).

Wítches' Sábbath, w- s- *n.* ＝Sabbat.

witch·et·ty /wítʃəṭi | -ti/ *n.* (*also* **witch·e·ty** /～/)〖昆虫〗オーストラリアに生息し木材中にすむ鉄砲虫やガの大きな白い幼虫, 特にボクトウガ科 (Cossidae) のガの幼虫を指す《原住民が食用にする; witchetty grub ともいう; cf. bardy》. 〖《1894》← Austral. ～ (現地語)〗

witch fìre *n.* 檣(しょう)頭電光 (St. Elmo's fire). 〖1893〗

witch·gràss *n.*〖植物〗**1** ハナクサキビ (*Panicum capillare*)《北米原産イネ科キビ属の雑草の一種》. **2** ＝

W

couch grass. 〖(1790)《変形》← QUITCH GRASS〗

wítch hàzel *n.* **1** 〘植物〙アメリカマンサク (*Hamamelis virginiana*)《北米産; その樹皮と葉を薬用にする》. **2** アメリカマンサクから採った薬物のチンキ《打ち身・切り傷などの洗浄用》. **3** 〘植物〙＝wych elm. 〖(1541–42)《変形》← *wych hazel*: ⇨ wych-〗

witch hòbble *n.* 〘植物〙＝hobblebush.

wítch-hùnt *n.* **1** 魔女狩り. **2** 国家の転覆を図る者を捜し出すこと《実は政敵, 殊に自由主義者を中傷・迫害すること; cf. red hunt》: a ～ *for* reds 赤狩り. **3** 迫害, 誹謗(ひぼう). **～·er** *n.* **～·ing** *n.* 〖1885〗

wítch·ing *n.* **1** 魔法の行使. **2** 魅力. **— *adj.* 1** 魔法の (magic), 魔法を使うのにふさわしい, 妖霊の出現にふさわしい: the ～ hour 夜半に魔法使い[魔女]の横行する時刻, (魔物の横行する)「丑(うし)三つ時」(cf. Shak., *Hamlet* 3. 2. 388). **2** 《まれ》魔力的な, 魅惑的な, 人の力を奪う (fascinating): a ～ smile. **～·ly** *adv.* 〖n.: OE *wiccung*: ⇨ witch, -ing[1]. — adj.: (*a*1387): ⇨ -ing[2]〗

wítch knòt [lòck] *n.* **1** (魔女の仕業といわれる)毛のもつれ. **2** 〘植物病理〙＝witches'-broom. 〖1598〗

wítch·lìke *adj.* 魔女のような, 魔女にふさわしい.

wítch-màrk *n.* ＝witch's mark.

wítch mèal *n.* 〘薬学〙＝lycopodium powder.

wítch mòth *n.* 〘昆虫〙エレブアオオヤガ《米国南部・西インド諸島・南米などに産する大型のヤガ(夜蛾)科 *Erebus* 属および類縁の属のガの総称》.

wítch's màrk *n.* 魔女の印《悪魔の印 (devil's mark) と混同されるが, 正確には魔女が使い魔 (familiar spirit) に血を飲ませるのに用いたとされる皮膚の隆起; しばしば副乳がそれだといわれた》. 〖1627〗

wítch·wèed *n.* 〘植物〙ゴマノハグサ科 *Striga* 属の黄色い花をつける半寄生植物の総称《モロコシ・トウモロコシなどの根に寄生し害をおよぼす》. 〖1904〗

witch·y /wítʃi/ *adj.* (**witch·i·er**; **-i·est**) **1** 魔女のような, 魔女らしい, 魔女に関する, 魔女に特有の, 悪意のある: a ～ old woman. **2** 魔法による, 魔法を思わせる. 〖(1666) ← WITCH＋-Y[4]〗

wite /wáɪt/ *n.* **1** 〘古英法〙(王などが科す)罰金; 贖罪(しょくざい)金. **2** 《スコット・北英方言》罰 (punishment); 叱責(しっせき) (blame), 非難 (reproach), 責任 (responsibility). **— *vt.*** 《スコット》非難する, 告発する. 〖OE *wite* ← Gmc **witi-* ← IE **w(e)di-* to see: cf. wise[1,2], wit[1,2]〗

wi·te·na·ge·mot /wítənəgəmòut, -tn̩-, ˌ---ˈ- | wítɪ̈nəgɪ̈mə̀ut, ˌ---ˈ-/ *n.* (*also* **wi·te·na·ge·mote** /～/) 《英》(アングロサクソン時代の)国政審議会 (national council)《高位聖職者・高官・貴族などで構成し国政に参与した》. 〖OE *witenaġemōt* ← *witena* ((gen. pl.) ← *wita*: ⇨ witan)＋(*ġe*)*mōt* a meeting (← *ġe-* 'together, Y-[1]'＋MOOT)〗

with /(弱) wɪ̈θ, wɪ̈ð | wɪð, wɪθ; (強) wíθ, wíð | wíð, wíθ/ ★ /-θ/ は無声子音が続くときに多く用いられる. *prep.* **1** [同伴・同居・仲間]…と共に, と一緒に; …のところ[もと]で(働いて): go [come, walk, travel] ～ …と一緒に行く[来る, 歩く, 旅行する] / talk ～ a friend 友人と話す / I had many conversations ～ him. 彼と何度も語り合った / drink [eat] ～ …と共に飲む[食べる] / live ～ …と共に暮らす, と同居する, と同棲する / stay ～ …の家に滞在する[世話になる] / play ～ a child 子供と遊ぶ / read a book ～ the pupils [class] ある本を生徒[クラス]に教える / learn English ～ Professor Smith スミス教授について英語を学ぶ / ～ God (死んで)神のみもとに / He has been ～ the company for ten years. 彼はその会社で 10 年勤めている. **2** [交渉・取引・処置] …と, …を, …に: have dealings ～ …と取引関係がある, と取引する / have done ～ …を済ませている, …と関係を断つ / have nothing to do ～ …とは何の関係[交渉]もない / negotiate ～ …と交渉する / meddle ～ …に干渉する / trifle ～ …をもてあそぶ / deal harshly ～ …につらく当たる. **3** [出会い・接触] …と, …に: encounter [meet, fall in] ～ …と出会う / be [keep] in touch [contact] ～ …と接触している / keep up ～ …に遅れないようにする. **4 a** [同時] …と同時に; …につれて (in the course of): coeval [contemporary] ～ …と同時代の / change ～ the seasons 四季と共に[季節につれて]変化する / rise ～ the sun [lark] 太陽[ひばり]と共に起きる《早起きする》/ grow wise ～ age 年を取るにつれて賢くなる / Our hopes died ～ him. 彼の死とともに我々の希望も絶えた / grief that lessened ～ time 時とともに薄れた悲しみ / ⇨ WITH *that* [*this*]. **b** [同様] …と同様に (like): suffer ～ Job ヨブのように苦しむ / I think ～ Nietzsche that we should spare nobody. ニーチェと同じく何人をも寛恕(かんじょ)すべきでないと考える. **c** [同程度] …と同じ割合に (in proportion to), …に応じて(according to): The rate of wages fluctuates ～ the population. 賃金率は人口に応じて上下する / Wines improve ～ age. ワインは年がたつにつれて良質になる. **5 a** [一致・調和・符合・共同・連結]: accord ～ …と一致する / be in harmony ～ …と調和する / be compatible [incompatible] ～ …と両立する[しない] / coincide ～ …と符合する / combine [connect] one thing ～ another ある物を他の物と結合[連結]する / cooperate ～ …と協同する, と協力し合う / hand in hand ～ ⇨ hand *n.* 成句 / in common ～ ⇨ common *n.* 成句 / be one ～ …と一体[同じ]である, と合体する / I agree [disagree] ～ you there. その点では君と意見が一致[相違]する / I am ～ you there. その点ではあなたの言う通りです (cf. WITH *you* [*me*]) / I sympathize [feel] ～ you. 君に同情する. **b** 〈潮流・風〉と同じ方向に (in the same direction as): ～ the stream [the tide] 流れ[潮流]に従って / The boat shifted ～ the wind. ボートは風のまにまに漂った.

6 [包含・提携] …の中に, …を含めて (including); …の側に (on the side of), …に味方して: be numbered ～ the transgressors 違反者の中に数えられる / *With* the stepchildren, the family numbers ten. 継子(ままこ)を入れてその家族の人数は 10 人である / vote ～ the Socialists 社会党側に投票する / He that is not ～ me is against me. 我と友ならぬ者は我にそむくなり (*Matt.* 12:30) / They had the wind ～ them. 彼らは風向きがよかった. **7** [比較・平等・同一] (cf. to 12): compare [contrast] ～ …と比較[対照]する / He is on an equal footing ～ you. 彼は君と対等だ / Goodwill is identical ～ friendship. 友好は友情と同じものだ. **8** [混合・混同]: mingle [blend] ～ …と混合する / wine mixed ～ water 水で割った酒. **9** [battle, compete, conflict, contend, dispute, fight, quarrel, strive, struggle, vie, war などの動詞または go to law, at odds などの句に伴って敵対を表して] …と, …を相手に (against): argue [quarrel] ～ a friend 友と議論[けんか]する / fight ～ an enemy 敵と戦う / vie ～ each other 互いに競う / be at war ～ ⇨ *at* WAR / contend [compete] ～ …と競争する / grapple ～ …と組打ちする. **10** [器具・手段] …で, …を用いて (by the use of) (cf. by[1] 1): cut a branch ～ a knife ナイフで枝を切る / write ～ a pen ペンで書く (cf. in 12) / We see ～ our eyes, and hear ～ our ears. 目で見, 耳で聞く / I have no pen to write ～. 書くペンがない / I have no money to buy it (～). それを買う金がない / fell a person ～ a single blow 人を一撃で倒す. **11** [様態] ★ 次に続く名詞と共に副詞句となる: ～ ease やすやすと, 楽々と, すらすらと (easily) / ～ difficulty 苦労して, やっと / ～ courage 勇敢に / hear ～ calmness 冷静に[落ち着いて]聞く / speak ～ warmth 熱意をこめて[熱心に]語る / work ～ energy 元気一杯に働く / speak ～ a smile 微笑しながら話す / ～ one accord [consent] 全員一致して / ～ delight 大喜びで. ★ この意味では in が with と近似した用法に用いられることがあるが, 例えば *in* surprise は動作の時点における心的状態を示す (cf. in 7) のに対し, *with* surprise は動作に対する感情の随伴の観念を示す: He looked at her *in* surprise. 驚いて彼女を見やった / He noticed the fact *with* surprise. 事実に気づいて驚いた. **12** [材料] …で: fill a glass ～ water コップに水を満たす / fill (up) a box ～ straw 箱にわらを詰める / be covered ～ ice [mud] 氷[泥]で覆われる / be choked ～ emotion 感動して胸がふさがる / be adorned ～ frescoes 壁画で飾ってある / be blessed ～ beauty 美しさに恵まれている / be overflowing ～ water 水があふれている / struck ～ astonishment はっと驚いて / furnish [provide] a person ～ 人に…を供給する / make a cake ～ eggs and butter 卵とバターでケーキを作る / The cart is loaded ～ baggage. その車は荷物が積んである / The coat is lined ～ fur. その上着は毛皮の裏がついている / The garden is enclosed ～ a fence. その庭は垣根がめぐらしてある / The streets are paved ～ stone. 街路には石が敷いてある. **13 a** [所有・付加] …を持って, を有する (having, carrying) (↔ without): an old gentleman ～ a sprinkling of gray hairs 白髪まじりの老紳士 / a man ～ a hot temper かんしゃく持ちの男 / a man ～ a hat on 帽子をかぶった人 / go out ～ no hat on 帽子をかぶらないで外出する / a girl ～ bewitching eyes 魅するような目の娘 / a house ～ a garden 庭つきの家 / a vase ～ handles 取っ手のついた花瓶 / come ～ a letter 手紙を持って来る / walk ～ a stick in one's hand [～ a gun on one's shoulder] ステッキを手にして[銃を肩にして]歩く / a woman ～ a child in her arms 子供を抱いた女 / stand ～ a book under *one's* arm 本をわきにかかえて立つ. ★ 最後の 3 例は 14 の用例に推移する. **b** [前提・条件] (もし)…があれば; …を得た上で (↔ without 3): *With* all his talent, he ought to get a job. 彼ほど才能があれば仕事につけるはずだ (cf. 13 c) / What a lonely world it will be ～ you away! あなたが居なくなったらどんなに寂しい(世の中になる)ことでしょう. **c** [通例 all を伴って譲歩を表す] …がありながら, …をもってしても(なお), …にもかかわらず (in spite of): *With all* his talent, he could not get a job. 才能がありながら仕事につけなかった (cf. 13 b) / England, ～ *all* thy faults, I love thee still. イングランドよ, いろいろ欠点はあっても私はやはりお前を愛する (Cowper, *Task*) / *With* all his many admirable qualities, he failed completely. 多くの立派な資質を持ちながら彼は完全に失敗した. **d** …を除けば: very similar, ～ one important difference 1 つ重要な違いを除けばよく似ている. **14** [付帯事情を示す句を導いて]: speak ～ tears in one's eyes 目に涙を浮べて話す / sit ～ one's back against the wall 壁にもたれて座る / speak ～ one's mouth full 一杯にほおばって話をする / ～ (a) pipe in (one's) mouth パイプをくわえて / ～ one's eyes open 両目を大きく開いて, 油断なく / He sat reading, ～ his wife sewing beside him. 彼は読書をし, 傍らでは妻が縫物をしていた / *With* night coming on, we started for home. 夜になってきたので, 我々は家路についた. ★ 最後の 2 例では with を省けば, 独立分詞構文となる. **15** …の身につけて, のところに持ち合わせて[保管して] (in the hand of), の手に帰して (in the power of) (cf. about 2): bring [carry, take] a thing ～ one 物を持って来る[行く] / I have no money ～ me. お金の持ち合わせがない / Leave the baggage [child] ～ me. 荷物[子供]は私に預けて行きなさい / The next move is ～ you. (チェスで)今度は君の指す番だ / It rests ～ you to decide. 決定するのは君だ《決定権は君にある》.

16 [原因] …のせいで, の故に, のために (because of, owing to) (cf. by 12): roses wet ～ dew 露にぬれたバラ / eyes dim ～ tears 涙にくもった目 / bent ～ age 年のせいで腰が曲がって / numb ～ cold 寒さで凍えて / excited ～ joy 喜びで興奮して / be silent ～ shame 恥ずかしくて黙る / be touched [affected] ～ compassion [pity] 哀れさに心を動かされる, 哀れを催す / be tired [fatigued, worn out] ～ toil 労苦に疲れる / perish ～ hunger 飢えのために死ぬ / be troubled [afflicted] ～ a disease 病気に悩む / shiver [tremble] ～ fear こわくて震える / He is down ～ fever. 熱病でふせっている / He is in hospital ～ his knee. 膝が悪くて入院している / She was almost beside herself ～ joy. 彼女はうれしくて気も狂わんばかりであった / It is pouring ～ rain. 《英》雨がどしゃ降りに降っている (＝Rain is pouring.) / The streets are thronged [alive] ～ people. 往来は人で込み合って[にぎわって]いる / The road is running ～ water. 道に水があふれている. **17** [関係・関連] **a** …については, に関して (in regard to, concerning); …に対して; …にとっては, …の場合, …の見るところでは (in the mind of) (cf. about 5): be angry ～ …に対して怒る / be patient [bear, put up] ～ …を我慢する / have no patience ～ …には我慢ができない / I am in love ～ her. 彼女に恋している / to be frank ～ you 打ち明けて言えば / What do you want ～ me? 私はどんな用があるのですか / What is the matter ～ you? どうしたんですか / How is it ～ you? あなたはどうですか / It is usual [the custom] ～ the French. フランス人にはそれが普通[習慣]だ / He has a great influence ～ the House. 彼は院内で非常な勢力がある / He is popular ～ his men. 彼は部下に人望がある / I can do nothing ～ him. あの人はどうにもしようがない / How are you getting along ～ your work? お仕事の方はいかがですか / Things went well ～ us. 万事がうまく運んだ / *With* God all things are possible. 神には万事が可能である / *With* women, love always comes first. 女性の場合は常に愛情を第一に考える / It is a holiday ～ us. 私たちは休暇です / Such is the case ～ me. 私の方はこういう事情です / She's good ～ her hands. 手先が器用だ. **b** [away, down, off, up などの副詞の後に, 命令法に使った動詞 put, take, throw などを省いて]: *Away* ～ him! 彼を追い払え / *Down* ～ the King! 王を倒せ / *Off* ～ your hat! 帽子を脱げ. **18** [分離] (cf. from 9): He parted ～ her photograph. 彼女の写真を手放した / He broke ～ his family and left home. 家族と縁を切って家を出た. **19** 《海事》…に接近して (close to), に沿うて (alongside): The boat was running close in ～ the land. 船は陸に接近して航行していた.

gèt with it 《口語》(1) (仕事などに)精を出す, てきぱきやる: I told him to *get* ～ *it*. 彼にぼやぼやするなと言ってやった. (2) 時代[流行]に遅れないようにする. ***ín with …*** ⇨ in *adv.* 成句. ***whát with … and*** (***whát with***) *…* ⇨ what *adv.* 成句. (*1476*) ***with it*** 《口語》(1) 時代に遅れないで, 進歩的で; (流行などが)わかっている (cf. *get* WITH *it* (2)). (2) 頭がはっきりしていて[よく働く]. (3) そのうえ, おまけに. ***with thát*** [***this***] そう[こう]言って, そう[こう]して(おいて), それ[これ]と同時に (thereupon): *With that* he went away. そう言って彼は立ち去った. (*c*1250) ***with you*** [***me***] [通例否定・疑問文で] (1) 〈人〉の言うことが分かっている: I'm *not* ～ *you*. あなたの話していることが分かりません / Are you ～ *me*?＝Are you following me? (2) [肯定文, 特に未来形で]《廃》〈人〉に復讐する, 借りを返す. 〖OE *wið* against, alongside, with 《短縮》? ← *wiþer* against < Gmc **wiþrō* against (Du. *weder* against / G *wider* / ON *viðr*) ← IE **wī* apart: 原義は WITHDRAW, WITHSTAND 等に残り, 現在の意味は《廃》*mid* with (cf. G *mit*) から〗

with- /wɪ̈ð, wɪ̈θ | wɪð, wɪθ/「後方へ (back)」「離れて (away)」「反対に (against)」などの意味を表す複合語の構成要素: *with*hold, *with*draw, *with*stand. 〖OE *wiþ-*: ↑〗

with·al /wɪ̈ðɔ́ːl, wɪ̈θ-, -áːl | wɪðɔ́ːl/ 《古》*adv.* **1** その上に (in addition); 同様にまた (besides, as well): He was a man of breeding and a very honest fellow ～. 教養がありまた同時に非常に正直な男だった. **2** 《文語》同時に; それにもかかわらず (nevertheless): His master was severe, but ～ a very good man. 彼の主人は少し厳しいが, しかし同時に大変善良な人でもあった. **3** 《古》それをもって, それとともに (therewith): He will scarce be pleased ～. 彼はとてもそれには気に入るまい. **— *prep.*** 《古》＝with. ★ 常に文尾に置く: What shall he fill his belly ～? 彼は何をもってその腹を満たすべきか / This is the sword he used to defend himself ～. これは彼が護身用とした剣である. 〖(?*c*1200) *with al*(*le*): ⇨ with, all: cf. OE *mid ealle*〗

with·am·ite /wíðəmàɪt/ *n.* 〘鉱物〙ウィザム石《濃紅色または麦黄色の緑簾(りょくれん)石 (epidote) の一種》. 〖(1825) ← *H. Witham* (その発見者である 19 世紀の英国人): ⇨ -ite[1]〗

with·draw /wɪ̈ðdrɔ́ː, wɪ̈θ-, -dráː | wɪðdrɔ́ː, wɪθ-/ *v.* (**with·drew** /-drúː/; **-drawn** /-drɔ́ːn, -dráːn | -drɔ́ːn/) **— *vt.* 1** 引っ込める (draw back), 〈カーテンなどを〉(引いて)開ける: ～ one's head *from* the window / ～ a curtain 幕をあける. **2 a** 《場所・位置から》引き出す, 取り出す《*from*》: ～ (a sum of) money *from* the bank 銀行から金を引き出す / I *withdrew* $500 *from* my bank account. 銀行口座から 500 ドルおろした / He *withdrew* a folded paper *from* his pocket. たたんだ紙をポケットから取り出した. **b** 〈視線を〉《…から》そらす《*from*》: She *withdrew* her eyes *from* the scene. その光景から目をそむけた. **3** 引き取る, 引かせる: ～ a child *from* school 子供を退

W

学させる / ~ a horse *from* the race 馬をレースから引かせる. **4** 〈軍隊を〉引き揚げる, 撤退させる, 撤兵する: ~ troops *from* a country ある国から(軍隊を)撤兵する. **5** 〈恩恵などを〉取り上げる (take away): ~ favor [privilege] *from* a person 人に与えた恩恵[特権]を取り上げる. **6** 〈通貨・書物などを〉回収する, 取り戻す: ~ coins [books] *from* circulation 流通中の通貨[発売中の書籍]を回収する. **7 a** 〈申し出・言明・約束などを〉取り消す, 撤回する (retract): ~ an offer, a statement, a promise, etc. / ~ the word 'offensive' 「けしからぬ」という言葉を取り消す / ~ subscription 購読申し込みを取り消す / ~ one's resignation 辞表を撤回する. **b** 《議会運営手続きで》〈動議を〉撤回する. **8** 〈訴訟を〉取り下げる: ~ a suit. **9** 《まれ》〈人〉に下がらせる, 退出させる.
— *vi.* **1** 引き下がる, 引っ込む, 引き取る (retire, move back); 退出する, 去る (⇨ go¹ SYN): ~ *from* a person's presence 人の面前から引き下がる / After dinner the ladies *withdrew*. 食事のあと女性たちは退出した《食堂から客間 (drawing room) へ行った》. **2** 〔職・学校などを〕やめる, 〔会などから〕脱退する, 引く〔*from*〕: ~ *from* a society / He has practically ~*n from* the business. 事実上その商売から手を引いている. **3** 〈軍隊が〉引き揚げる, 撤退する, 撤兵する: The American forces *withdrew from* their bases in Spain. アメリカ軍はスペインの基地から撤退した. **4** 取り消す, やめにする, 手を引く: After all your promises you can't ~ now. あんなにいろいろ約束したんだから君は今更あとへは引けない / cries of "~" (議会で不穏な言などを)「取り消せ」という叫び. **5** 〔麻薬などの使用を〕やめる〔*from*〕: He could not ~ *from* heroin. ヘロインをやめることができなかった. **6** 《精神医学》(社会的・情緒的に)引きこもる: She had ~*n* by degrees into herself. 彼女は次第に自己の中に引きこもっていった.
~·a·ble /-ðəbl/ *adj.* **~·er** *n.*
〖(?a1200) *wiðdrawe(n)*: ⇨ with-, draw〗

with·draw·al /wɪ̈ðdrɔ́ː(ə)ɫ, wɪ̈θ-, dráː(ə)ɫ | wɪðdrɔ́ː(ə)ɫ, wɪθ-/ *n.* **1** 引っ込めること〔引っ込むこと〕. **2** (預金・出資金などの)払い戻し, 撤回, 回収. **3** 取消し (revocation). **4** 引上げ, 撤退; 撤収, 撤兵: the ~ *of* American forces *from* Indochina インドシナからのアメリカ軍の撤退. **5** 退学; 退会. **6** (禁断症状などを伴う)麻薬使用[施薬]の中止(過程). **7** 《精神医学》引きこもり. **8** = withdrawal method. 〖(1824): ⇨ ↑, -al²〗

withdráwal mèthod *n.* (ペニスの膣からの)抜去による中絶(性交) (coitus interruptus).

withdráwal sỳmptoms *n. pl.* (麻薬の)禁断症状. 〖1924〗

withdráwal sỳndrome *n.* 《医学》離脱[禁断]症候群.

with·dráw·ing ròom *n.* 《古》= drawing room 1. 〖1591〗

with·dráw·ment *n.* = withdrawal.

with·drawn /wɪ̈ðdrɔ́ːn, wɪ̈θ-, -dráːn | wɪðdrɔ́ːn, wɪθ-/ *v.* withdraw の過去分詞. — *adj.* **1** 社会から離れた, 引っ込み思案の, 内向性の (socially unresponsive, introvert). **2** 人里離れた, 引っ込んだ (secluded, isolated). **~·ness** *n.* 〖1615〗

with·drew /wɪ̈ðdrúː, wɪ̈θ- | wɪð-, wɪθ-/ *v.* withdraw の過去形.

withe /wɪθ, wáɪð, wɪð/ *n.* (*pl.* ~s) **1 a** (たきぎなどを束ねるのに用いる)ふじづる, 柳の細枝(など): a small ~ of a man 小柄で細枝のようにやせた男. **b** ふじづる(など)をない合わせて作った縄[輪]. **2** (道具の衝撃を和らげるための)弾性のある柄. **3** (煙突の)煙道隔壁. — *vt.* ふじづるで束ねる[縛る]; ふじづる製の輪縄で〈鹿を〉捕える. 〖OE *wiþþe* < Gmc *wiþjōn, *wiþi (Du. *wis* / OHG *wit*, *withi*) ← IE *wei- to turn, twist (L *vītis* vine): cf. withy〗

with·er /wíðə | -ðə(r)/ *vi.* **1** しぼむ, しおれる, 枯れる (dry up, shrivel); 弱る, 衰える, しなびる (wilt) 〈*up*〉: Fruit(s) and vegetables are ~*ing* for lack of moisture. 果物や野菜は水不足で枯れかかっている / Flowers and beauty ~. 色香は(いつしか)衰える. **2** 〈愛情・希望などが〉薄くなる, 衰える, 消える, 〈産業が〉活気を失う, 衰退する, 〈国家・制度などが〉徐々になくなる 〈*away*〉. — *vt.* **1** しぼませる, しおれさす, しなびさせる (shrivel) 〈*up*〉; 枯らす (decay). **2** 衰えさせる, 弱らせる (languish, decline) 〈*away*〉: Age cannot ~ her. 歳月も彼女の色香を衰えさせる力がない (cf. Shak., *Antony* 2. 2. 240). **3** 〈人を〉委縮させる, ひるませる, どぎまぎさせる (abash, disconcert); (砲火などを浴びせて)戦闘力を失わせる: ~ a person with a look じろりと見て人を縮み上がらせる. **4** 〈名誉・評判などを〉傷つける (blight). ***wither on the vine*** ⇨ vine 成句.
~·er /-ðərə | -rə(r)/ *n.* 〖(?c1380) *wyddere(n)* 《変形》← *wederyn* 'to expose, WEATHER'〗

SYN しおれる: **wither** 〈植物が〉樹液を失って乾燥し, 枯れたりしなびたりする: The grass *withered* after the long drought. 長い日照り続きで草が枯れた. **shrivel** 暑さ・寒さ・乾燥などで縮まったりしわになったり巻き上がったりする: Plants *shriveled* in the heat. 植物は暑さでしおれた. **fade** 次第に勢いがなくなりしおれる: The roses have *faded*. バラがしおれた. **wizen** 老齢・栄養失調などで縮んでしわを寄らせる: a *wizened* old woman しわくちゃな老婦人[老婆].

With·er /wíðə | -ðə(r)/, **George** *n.* ウィザー《1588–1667; 英国の詩人・パンフレット作者; Withers ともいう》.

with·ered *adj.* **1** しぼんだ, しおれた, しなびた; 枯れた: ~ leaves. **2** 衰えた, ひからびた, しわくちゃな: a ~ hand. **3** 〈希望など〉薄れた, 滅じた (blighted, diminished). 〖c1470〗

with·er·ing /-ð(ə)rɪŋ/ *adj.* **1** しぼませる, しおれさせる, しなびさせる, 枯らす: a ~ drought 草木を枯らす日照り続き. **2** 委縮させる, ひるませる, しょげさせるような; 破壊的な (devastating): a ~ glance, sarcasm, etc. / a ~ fire 破壊的な砲撃. **~·ly** *adv.* 〖(1579 ⇨ -ing²)〗

with·er·ite /wíðəràɪt/ *n.* 《鉱物》毒重石 ($BaCO_3$) 《バリウムの原鉱》. 〖(1794) ← W. *Withering* (1741–99: 英国の医師でその組成分析の最初の報告者): ⇨ -ite¹〗

withe ròd *n.* 《植物》米国産スイカズラ科ガマズミ属 (*Viburnum*) の低木の総称《次の2種を指す: *V. cassinoides*, *V. nudum*》. 〖1846〗

with·ers /wíðəz | -ðəz/ *n. pl.* **1** 鬐甲(きこう)《馬や犬の肩甲骨間の隆起; ⇨ dog, horse 挿絵》. **2** 感情, 気持ち (feelings): Our ~ are unwrung. こちらは痛くもかゆくもない (cf. Shak., *Hamlet* 3. 2. 253).
wring a person's withers 人を心配させる, 悩ます《馬の鞍が鬐甲部に擦り傷を与える意から》.
〖(1580)《短縮》←《廃》*widersome*, *-sone* ← OE *wiþer* against (⇨ with) + *-sone* (《変形》? ← SINEW): 原義は「馬の首輪 (collar) に逆らうもの」か: cf. G *Widerrist* (← *wider* against + *Rist* 'WRIST')〗

With·ers /wíðəz | -ðəz/, **George** *n.* = Wither.

with·er·shins /wíðəʃɪ̈nz | -ðəʃɪnz/ *adv.* 《主にスコット》= widdershins. 〖1513〗

With·er·spoon /wíðəspùːn | -ðə-/, **John** *n.* ウィザースプーン《1723–94; スコットランド生まれの米国の神学者, 米国独立宣言書の署名者の一人》.

with·held /wɪ̈θhéld, wɪ̈ð- | wɪθ-, wɪð-/ *v.* withhold の過去形・過去分詞. 〖ME *wiðeld* (pret.), *witholde* (p.p.)〗

with·hold /wɪ̈θhóuɫd, wɪ̈ð- | wɪðháuɫd, wɪθ-/ *vt.* (**with·held** /-héld/) **1** 差し控える, 許さない, 与えない (keep back, refuse to grant) (⇨ keep SYN): ~ something *from* a person 人に物を与えるのを控える / ~ one's consent [payment] 承諾[支払い]を差し控える / ~ one's favor 恩恵を与えない / I *withheld* the whole truth *from* the police. 一切の真相を警察に隠しておいた. **2** 引き止める, …に…させない (check, restrain)〔*from*〕: ~ one's hand 《古》手を控える, 手を出さないでいる / ~ oneself 自制する / What *withheld* him *from* making the attempt? どうして彼はその企てを差し控えたのか. **3** 《米》〈税金などを〉給料[賃金]から控除する[天引きする].
— *vi.* 〔…を〕差し控える (refrain)〔*from*〕.
~·er *n.* 〖(c1200) *wiðholde(n)*: ⇨ with-, hold¹〗

with·hóld·ing tàx *n.* 《米》源泉徴収税(額), 源泉課税(額). 〖1940〗

with·in /wɪ̈ðín, wɪ̈θ- | wɪð-/ *prep.* /–⌐/ **1 a** 《文語》〈空間・地域・容器などの〉内に, …の中に (in): ~ the building / call from ~ the house 家の中から呼ぶ. **b** …の限界[境界]内に, の内部に (↔ without): ~ a city 市内に / ~ board 《海事》船内に / ~ doors 屋内に, 屋内で, 家の中へ / He died ~ the church walls. 彼は教会の内部で死んだ. **2** 《限界・範囲》…の範囲内に, …以内で (inside the limit(s) of), …を越えない (not exceeding): live ~ one's income 収入の範囲内で生活する / a task well ~ one's power(s) 力量で十分できる仕事 / keep ~ bounds 制限を守る, らち外に出ない / ~ the law 法に触れない範囲で / immorality ~ the law (法律の範囲では)不法でない不道徳 / ~ reason 道理にかなって, ほどほどに / keep ~ the law 法則[法律]から外れないようにする / It is ~ the range of possibility. それは可能の範囲内にある《不可能だとは限らない》/ It is true ~ limits. それはある程度まで本当だ / I can tell you the amount to ~ a few cents. 私はその額をセントの細かい数字まで言える. **3** 《距離》…以内の地点に[で] (not farther off than): ~ an ace of ⇨ ace 成句 / ~ an easy walk of …から歩いて楽に行ける所に / ~ call 呼べば聞こえる所で / ~ hearing 聞こえる所で / ~ hearing [earshot] of …から(呼べば)聞こえる所に / ~ sight of …の見える所に / They live ~ easy reach of London. ロンドンからほど遠くない所に住んでいる / ~ easy reach of a couple of hours 2, 3 時間ですぐ行ける所に / The place is ~ three miles of the station. そこは駅から3マイル以内にある / The hotel was ~ sound of the sea, ~ scent of the meadow. ホテルは海の音が聞こえ, 牧草地のにおいの漂ってくるところにあった. **4** 《期間》…以内に (not more than): ~ an hour 1 時間以内に (cf. in an hour 1 時間たったら, 1 時間後に) / ~ a week [month] 1 週間 [1 か月]以内に / *Within* a year (of his death), all was changed. (彼の死後) 1 年とたたないうちにすべてが一変した.
within oneself (1) 心の中に: say [think] ~ *oneself* 心の中で言う[考える]. (2) 自分の力の範囲内で, 余裕[余力]を残して, 控え目に: run ~ *oneself* 余裕を残して走る / fight well ~ *oneself* 余裕しゃくしゃくとして戦う. (3) 《方言》資力の範囲内で: live ~ *oneself*.
— *adv.* (↔ without) 《文語》**1** 内へ, 内に, 内は, 中へ, 中は, 内部は[に] (on the inside, internally): The windows are locked ~. 窓は内側から錠がかけられる / traitors ~ and exiles without 国内の反逆者と国外の亡命者. **2 a** 家の中に (in the house), 屋内に (indoors): stay ~ / go ~ 中に入る / Is Mr. Jones ~? ジョーンズさんはおうちですか / There was nobody ~. 中にはだれもいなかった. **b** 《演劇》舞台奥で: Shout ~. 舞台奥で喚声《ト書き》. **3** 心の内に, 心は, 心中に (inwardly): beauty without and foulness ~ 美しい顔に(引きかえ)醜い心, 「外面如菩薩内心如夜叉」/ be pure ~ 心が清らかである.
within and without 内外共に: He whitewashed the walls ~ *and without*. 壁に内外ともに白色塗料を塗った.
— *n.* [from ~ として] 内, 内部 (the inside): The door opens *from* ~. そのドアは内側から開く / Reform must come *from* ~. 改革は内部から起こるべきものだ / Seen *from* ~, the cave looks larger. 内部から見るとほら穴はもっと大きく見える.
〖lateOE *wiþinnan* on the inside ← *wiþ* 'WITH' + *innan* into, within (adv.): ⇨ in〗

within·dóors *adv.* = indoors. 〖1581〗

withín-nàmed *adj.* 本文書中で称するところの (named in this writing). 〖1570〗

wíth-it *adj.* 《俗》〈人・物が〉流行の先端をいく, 最新の, 世慣れた: the most ~ collections of jewelry in London ロンドンで最も流行の先端をいく宝石のコレクション.
~·ness *n.* 〖(1959) ← *with it* (⇨ with 成句)〗

with·out /wɪ̈ðáut, wɪ̈θ- | wɪð-/ *prep.* /–⌐/ **1** …を持たずに, …なしに; …のない (not with, with no), …がなくて, が欠けて (lacking, in want of) (↔ with): ~ money or friends 金も友もなく / a rose ~ a thorn とげのないばら; 苦しみを伴わない歓楽 / all ~ exception 例外なくすべて / ~ ceremony 儀式ばらずに, 遠慮なく, 打ち解けて; 容赦なく / ~ day 日限なく; 無期限に (sine die) / ~ doubt 疑いもなく (⇨ doubtless SYN) / ~ (any) difficulty (何の)困難もなく, 造作なく (easily) / times ~ number 何度も何度も / ~ end 限りない[なく], 永久の[に], 果てしない[なく] / ~ enthusiasm 熱意なしに / ~ fail 間違いなく, きっと / ~ hesitation ちゅうちょすることなく / ~ regard for …を無視して, …に構わずに / ~ reluctance いやがらずに / ~ reserve 遠慮なく / ~ stint 惜しげなく, 惜しまずに, ふんだんに / He came ~ a hat. 帽子もかぶらずにやって来た / He is ~ money. 彼は金がない / They are ~ servants now. 今は召使を置いていない / He remembered it not ~ regret. その事を思い出して後悔を感じないでもなかった / It is a book that no library should be ~. それはどんな図書館も無しですますことの許されない本である / *Without* her glasses she was very lovely. 眼鏡をはずすと彼女はとても愛らしかった / He was happier ~ the money. その金がないほうが幸せだった. **2** …(すること)なく, …しないで; …(されること)なく, …を免れて; …の感情〕をもたないで[表さないで]: ~ leave 断わりなく, 許可なく, 無断で / ~ making provision 用意をすることなく, 準備もせずに / ~ shedding blood 血を流さずに, 流血の惨を招かずに / ~ taking leave いとま請いもせずに / He did it ~ being discovered. 彼は見つかりもせずそれをした / You cannot do so ~ hurting his feelings. そうすれば必ず彼の感情を害することになる / He never goes out ~ losing his umbrella. 外出すると必ず傘をなくしてくる / One [You] cannot make an omelet ~ breaking eggs. ⇨ omelet / ~ wanting [wishing] to be rude, … 失礼になるのは本意ではないが…. / Not a week passed ~ a row over one thing or another. 何かにかにでけんかをせずに 1 週間が過ぎることはなかった / ~ anyone hearing だれに聞かれることもなく / ~ another word being exchanged あとひと言も言葉を交わさずに. **3** …がなければ (↔ with 13 b): I cannot live ~ her. 彼女がいなくては生きるかいがない / *Without* health, happiness is impossible. 健康なくしては幸福はあり得ない / We could not live ~ water. 水がなければ生きていけない. **4** 《古》…の外に, の外で (outside); …の範囲[限界]を越えて (beyond) (↔ within): ~ doors 戸外で, 外に (out of doors) / things ~ us 我々の外部の事物, 外界の物, 万象 / negotiations within and ~ the House 議院の内外における交渉 / The country is ~ the pale of civilization. その国は文明のらち外にある / ~ his reach 彼の手の届かぬ所に[で].
cóld withóut ⇨ cold *adj.* 成句. ***dó withóut*** ⇨ do² 成句. ***gó withóut*** ⇨ go¹ 成句. ***withóut sò mùch as*** ⇨ much *adv.* 成句.
— *adv.* (↔ within) **1** [前置詞の目的語を省略した形で]《口語》それなしで: Do you want your coffee with milk or ~? コーヒーにはミルクを入れますか, 入れませんか / I have no friends here, but I am better ~. 当地には友人がいないが, いない方がいいのです. **2** 《古・文語》**a** 外は, 外へ[に], 外部は[に]: white within and ~ 内外共に白い (⇨ within *adv.* 成句) / An apple is red ~ and white within. りんごは外は赤く中は白い / Bishopsgate ~ ロンドン市城壁外のビショップスゲート. **b** うわべは, 外面は (externally): He was at ease ~ and at peace within. うわべもくつろいでいて心も平静だった. **3** 《古・文語》戸外に, 外に (out of doors): stand ~ 戸外に立つ / listen to the wind ~ 戸外の風に耳を傾ける / It was cold ~. 戸外は寒かった. **4** 《古》部外の: those (that are) ~ 部外者 (outsiders) (cf. *1 Cor.* 5 : 12).
— *n.* [from ~ として] 外, 外部, 外面 (outside, the exterior) (↔ within): as seen *from* ~ 外から見れば / be supplied *from* ~ 外部から供給される / look at a thing *from* ~ 外から物を見る / Help came *from* ~. 助けが外部から来た.
— *conj.* 《古・方言》…するのでなくては, …しなければ (unless): You will never succeed ~ you work hard. 猛勉強しなければ成功しない / He never goes out ~ he loses his umbrella. 外出すると必ず傘をなくしてくる / You can't go ~ (that) you get permission. 許可を得なければ行ってはいけない.
〖lateOE *wiþūtan* (adv. & prep.) ← *wiþ* 'WITH' + *ūtan* from outside (← *ūt* 'OUT')〗

without·dóors *adv.* **1** 《古》戸外で (out of doors). **2** [通例 without doors として]《古》家庭外で, 国外で; 《廃》(議)院外で. 〖1606–7〗

with-prófits *adj.* 《英》〈保険が〉利益配当付きの.

with ríghts *adv., adj.* 《証券》= cum rights.

with·stand /wɪ̈θstǽnd, wɪ̈ð- | wɪð-, wɪθ-/ *v.* (**with·stood** /-stúd/) — *vt.* **1** 〈人・力・困難などに〉首尾よく抗する, 逆らう, 抵抗する (⇨ oppose SYN): ~ arguments 議論に抗する / ~ the enemy 敵の攻撃に耐える /

W

～ temptation 誘惑に負けない / ～ many difficulties 多くの困難に耐える / ⇨ *withstand the* TEST¹ *of time*. **2** 〈摩擦, その他自然力などに〉よく耐える, (耐えて)持ちこたえる (endure): armor to ～ the terrific hitting power of a gun 銃の恐ろしい衝撃によく耐える装甲. **3** 《古》行く手をさえぎる[阻止する]. **—** *vi.* 抵抗する (resist). **with·stánd·er** *n.* 〚OE *wiþstandan*: cf. ON *viðstanda* to withstand: ⇨ with-, stand〛

with·stood /wɪ̀θstʊ́d, wɪ̀ð- | wɪð-, wɪθ-/ *v.* withstand の過去形・過去分詞.

with·y /wíði, -θi | -ði/ *n.* **1** 〖植物〗ヤナギ, (特に)コリヤナギ (osier). **2** (物を縛るコリヤナギなどの)しなやかな小枝; その小枝で作った輪. **—** /wíθi, -ði, -wáɪði | -ði/ *adj.* (**with·i·er; -i·est**) 〈人が〉しなやかで強い (tough and flexible); ヤナギの小枝のような. 〚OE *wiþiġ* < Gmc **wiþjōn*, **wiþi* 'WITHE'〛

wíth·y bèd *n.* =osier-bed. 〚OE *wīþiġ bed*〛

with·y·wind /wíðiwaɪnd, -θi- | -ði-/ *n.* 〖植物〗 **1** = bindweed. **2** =traveler's-joy.

wít·less *adj.* 機知のない; 気が狂った (crazy); 愚鈍な, ばかな (foolish): scare [frighten] a person ～ 人をぎょっとさせる. **～·ly** *adv.* **～·ness** *n.* 〚OE *witlēas*: ⇨ wit¹, -less〛

wit·ling /wítlɪŋ/ *n.* 小才子, (知恵のないのに)利口ぶる人 (petty wit). 〚《1693》← WIT¹+-LING¹〛

wit·loof /wítlouf, -lu:f | -ləuf, -lu:f/ *n.* 〖植物〗キクニガナ, チコリ (chicory) 《witloof chicory ともいう》; キクニガナ[チコリ]の若葉《サラダ用》. 〚《1885》□ Du. ～ 'white leaf'〛

wit·ness /wítnɪ̀s/ *n.* **1** 目撃者 (eyewitness): be ～ *of* [a ～ *to*] an incident ある事件の目撃者である / The children of Sarajevo have been ～ *to* horrible violence. サラエボの子供たちは恐ろしい暴力の目撃者である / The eyes are very unreliable ～*es*. 目で見たことは実に当てにならない. **2** 〖法律〗 **a** 証人《法廷において宣誓のうえ, ある事実について証拠を提出する者》. ★ 特に, 裁判記録などではしばしば定冠詞を省略する: stand [be] ～ 証人に立つ / challenge ～ 証人を忌避する / call a person as a ～ 人を証人として喚問する / hear [examine] the ～ 証人を審問する / be a ～ *against* [*for*] oneself 自分に不利な[有利な]証言をする / a defense ～ a ～ for the defense 被告側の証人 / a false ～ 《廃》虚偽の申し立てをする証人. **b** (文書の署名に立ち会ってその事実を立証する)副署人, 立会人. **3** 証拠, 証言 (evidence, testimony); 確証 (confirmation): give ～ on behalf of …のために証言する / bear false ～ 《古》虚偽の証言をする (*Exod.* 20: 16, *Matt.* 19: 18, etc.) / It stands there in ～ of the event. それはその事件の証拠としてそこにある / in ～ whereof 右の証拠として《証書の常用文句》. **4** 証拠となる人[物], 証拠物件: He is a living ～ *to* my innocence. 彼は私が潔白であることの生き証人だ / The emptiness of the cupboard is a good ～ *of* their poverty. 戸棚の空なのは彼らの貧しさのよい証拠だ. **5** [W-] 証人(しょうにん) 《エホバの証人 (Jehovah's Witnesses) の一人》.

(as) witness その証拠としては, 例えば: I am innocent, (*as*) ～ my poverty. 私は潔白だ, 私の貧乏がその証拠だ. ★ この例文のコンマから後を of which let my poverty be witness の意と考えて witness を仮定法現在の動詞と解することもできる. 《*a*1300》 ***béar wítness to*** [***of***] …の証言をする, の証人となる. ***cáll*** [***táke***] ***… to wítness*** …の証明を求める, …に証明してもらう, …を証人とする, …に誓う: I *call* Heaven *to* ～ *that* …の偽りなきことは天も照覧あれ. ***with a witness*** 《古》明白に, 疑いなく, 正に (without a doubt); 大いに, 激しく (with a vengence). 《1575》

— *vt.* **1** 目撃する, 目の当たりにする (see personally); …に立ち会う, …の目撃者になる; 見る (see): Many people ～*ed* the incident. 多くの人がその事件を目撃した / Only the pastor's wife ～*ed* the marriage. 牧師の妻だけがその結婚式に立ち会った / ～ a beautiful sight 美しい景色を見る. **2** 証人として…に署名する, 副署する: ～ a document [deed] 書類[証書]に証人として署名する / ～ a person's signature 人の署名に立ち会って(その真正であることを証して)副署する. **3 a** 〈事が〉証する, 示す, …の証拠となる: A blush ～*ed* her confusion. さっと顔を赤らめたことから見ても彼女がろうばいしたのは明らかだった. **b** 〈時・場所が〉…を目撃する, …の舞台となる: The twentieth century has ～*ed* many changes. 20 世紀には多くの変化があった / Westminster Abbey has ～*ed* the coronation of many sovereigns. ウェストミンスターアベイでは何人もの国王の戴冠式があった. **4** 《古》証言する, 証明する (testify to): ～ the antiquity of the settlement of the Scots in Britain ブリテン島にスコットランド人が定住した時代の古さを証明する / None could ～ *that* he was present. 彼のいたことはだれ一人証言できなかった.

— *vi.* **1 a** 証言する (bear witness): ～ *against* a person 人に不利な証言をする / ～ *to* a person's innocence 人の無罪を証言する. **b** 立証する, 証拠となる: Its quality ～*es for* its origin. その品質がその出の確かなことの証拠だ《質で出所がわかる》/ more than words can ～ とうてい言葉では証明できないほど (Shak., *Shrew* 2. 1. 337–8). **2** (言行などで)信仰のあかしを立てる.

～·a·ble /-əbl̩/ *adj.* **～·er** *n.* 〚n.: OE *witnes*. — v.: 《?*c*1300》← (n.): ⇨ wit¹, -ness〛

wítness bòx *n.* 《英》(囲いのある法廷の)証人台 (《米》 witness stand): put a person into the ～ 人を証人に立たせる. 〚1806〛

wítness còrner *n.* 〖測量〗目標柱《近接不能の土地への参照点として立てたくいや目印》. 〚*c*1915〛

wítness màrk *n.* 目印《土地の境界の角などに差して置くくいや石柱など, また測量の目印に立てる棒》.

wítness stànd *n.* 《米》証人台 (《英》 witness box): take the ～ =be on the ～ 証人台に立つ. 〚1853〛

wit·ster /wítstə | -stə^(r)/ *n.* 才人 (wit). 〚← WIT¹+-STER〛

Wit·te /vítə | -tə; *Russ.* vʲítʲe/, Count **Sergei Yulievich** /ʒúlʲjivʲitʃ/ *n.* ウィッテ (1849–1915; ロシアの政治家・外交官, 日露戦争講和会議全権).

-wít·ted /-tɪ̀d | -tɪ̀d/ *adj.* [通例複合語の第 2 構成素として] …の知恵[才]のある: dull-[slow-]*witted* 鈍才の / half-*witted* 知恵の足りない / quick-*witted* 頭の鋭い. 〚《1377》 (*y*)*witted*(*e*): ⇨ wit¹, -ed 2〛

Wit·te·kind /vítəkɪnt | -tə-/ *n.* ヴィドゥキント (?–?807; Charlemagne と戦ったサクソン人の指導者; Widukind ともいう).

Wit·tels·bach /vítl̩sbà:k, -bà:x | -tl̩s-; *G.* vítl̩sba:x/ *n.* ウィテルスバハ(家) 《ドイツのバイエルンの王家 (12 世紀–1918)》.

Wit·ten·berg /wítn̩bə̀:g, vítn̩bɛ̀ək | -bə̀:g, -bɛ̀əg; *G.* vítn̩bɛʁk/ *n.* ウィッテンベルク 《ドイツ Saxony-Anhalt 州, Elbe 河畔の都市; Martin Luther がローマ教皇攻撃の文書を公にして宗教改革ののろしを上げた所》. 〚□ G ～ 《原義》 white burg〛

wit·ter /wítə | -tə^(r)/ *vi.* 《英口語》くだらないことを長々と話す 〈*on*〉. **—** *n.* おしゃべり, 無駄口 《whitter ともいう》. 〚《1808》: 擬音語 ?〛

Witt·gen·stein /vítgənʃtàɪn, -stàɪn | *G.* vítgn̩ʃtaɪn/, **Ludwig** (**Josef Johann**) *n.* ヴィトゲンシュタイン (1889–1951; オーストリア生まれの哲学者; *Tractatus Logico-Philosophicus*「論理哲学論考」(1922), *Philosophical Investigations* (1953)).

Witt·gen·stein·i·an /vɪ̀tgənʃtáɪniən, -stáɪn-⁻/ *adj.* ウィトゲンシュタイン流(の哲学)の. 〚1946〛

wit·ti·cism /wítəsɪzm | -tɪ̀-/ *n.* **1** [通例軽蔑的に] 機知のある言葉, 警句, しゃれ (⇨ joke SYN). **2** 《古》あざけり, ひやかし (jeer). 〚《1651》← WITTY+(CRITI)CISM: *OED* では Dryden の造語〛

wit·ti·cize /wítəsaɪz | -tɪ̀-/ *vi.* 警句を言う[飛ばす]. 〚《1773》: ⇨ ↑, -ize〛

Wit·tig /vítɪk, -tɪç | vít-; *G.* vítɪç/, **Georg** *n.* ヴィッティヒ (1897–1987; ドイツの化学者; ノーベル化学賞 (1979)).

wit·ting /wítɪŋ | -tɪŋ/ *adj.* **1** [叙述的] 知って, 意識して (⇨ wit²): be ～ *of* the fact その事実を知っている / Scarcely ～, he ran forward. 彼はほとんど何も気づかずに前に駆け寄った. **2** 《まれ》[しばしば willing または willfully と共に用いて] 知りつつの, 故意の (deliberate): ～ (and willing) acts, lies, etc. **—** /《米》wítn, wítɪŋ/ *n.* 《方言》 **1** 知る[知っている]こと (knowledge). **2** 情報, 消息 (news). 〚《*c*1378》 (pres.p.) ← WIT²〛

wít·ting·ly *adv.* 知りながら, 承知の上で, 故意に, わざと (deliberately): ～ or unwittingly 故意か偶然か. 〚《*c*1340》: ⇨ ↑, -ly¹〛

wit·tol /wítl̩ | -tl̩/ *n.* 《古》 **1** 妻の不貞を黙認する夫, お人好しのばか亭主 (contented cuckold). **2** 知恵のない人 (fool). 〚《?*a*1475》 *wetewold* ← *wete* 'to WIT²'+(*coke*)*wold* 'CUCKOLD' // 《転訛》 ← 《方言》 *witwal* green woodpecker □ G 《廃》 *Wittewal*=*Widewal* (この鳥の巣が cuckoo の産卵所に利用されることから)〛

wit·tol·ly /wítəli, -tl̩i | -təli, -tl̩i/ *adj.* 《古》妻の不貞を黙認する.

wit·ty /wíti | -ti/ *adj.* (**wit·ti·er, -ti·est; more ～, most ～**) **1** 機知[ウィット]のある[に富んだ] (full of wit): a ～ man / a ～ talker ウィットのある話し手. **2** 〈言葉・文章などが〉気のきいた; しゃれのうまい, 滑稽な: a ～ book, speech, etc. / ～ comments. **3** 《古・方言》賢い, 賢明な (wise), 利口な (intelligent). **wít·ti·ly** /-təli, -tl̩i | -tɪ̀li, -tl̩i/ *adv.* **wít·ti·ness** *n.* 〚OE *wittiġ*: ⇨ wit¹, -y⁴〛

SYN 機知に富んだ: **witty** 賢く面白い言い方をする: a *witty* person 機知に富んだ人. **humorous** 頭のいい, ひょうきんなことを言って人を笑わせたり楽しませたりする: a *humorous* speech ユーモアに富んだスピーチ. **facetious** 軽蔑的に用いて, 不適切と思われるときにおどけたことを言う: *facetious* remarks おどけた言葉. **jocular** 冗談のつもりで言った: a *jocular* reply ふざけた返事.
ANT serious, solemn, sober.

Wit·wa·ters·rand /wítwɔ̀:tərzrænd, -wà:təz- | wɪtwɔ́:təzrænd, -rà:nd; *Afrik.* vɪtvatərsránt/ *n.* ウィトウォーターズランド 《南アフリカ共和国北部 Johannesburg 付近の地方名, 富有な金鉱地; the Rand, the Reef ともいう》.

wive /wáɪv/ 《古》 *vt.* **1** 妻にする, めとる. **2** 妻帯させる. **3** 〈男〉の妻になる. **—** *vi.* 《古》妻をめとる, 妻帯する; 結婚する. 〚OE (*ġe*)*wīfian* ← *wīf* 'WIFE'〛

wi·vern /wáɪvə(:)n | -və(:)n/ *n.* 〖紋章〗 =wyvern 2.

wives /wáɪvz/ *n.* wife の複数形.

wiz /wíz/ *n.* 《口語》非凡の才人, 驚異的な人 (whiz): a ～ *at* mathematics 数学の鬼才. **—** *adj.* 《俗》 =wizard 1. 〚《1902》《短縮》↓〛

wiz·ard /wízəd | -zəd/ *n.* **1** (男の)魔法使い (magician, warlock). **2** 奇術師 (juggler, conjurer). **3** 《口語》奇跡を行う人. **4** 《口語》名人, 専門家 (expert), 鬼才, 奇才: a cue ～ 玉突きの名人 / a ～ of shipbuilding. **5** 〖電算〗ウィザード 《アプリケーションの使い方を段階を追って説明するユーティリティー》. **6** 《古》賢人, 聖人.

Wizard of Óz /á(:)z | ɔ́z/ [the ―] オズの魔法使い (L. Frank Baum 作の童話 *The Wonderful Wizard of Oz* の通称).

Wizard of The Nórth [the ―] Sir Walter Scott の異名. 《1869》

— *adj.* **1** 《英口語》〈人が〉器用な, 巧妙な, 名人の (clever, ingenious); 〈物が〉素敵な, すばらしい: a ～ dancer / That's ～! それは素敵だ / Simply ～! 全くすばらしい. **2** 《古》魔法使いの; 魔法の(ような) (magic). 〚《1440》 *wys*(*e*)*ard* ← OE *wīs* 'WISE¹': ⇨ -ard〛

wíz·ard·ly *adj.* **1** 魔法使い[奇術師]のような; 奇妙な, 不思議な (weird): ～ sayings. **2** 天才的な; 鬼才らしい, 驚異的な. 〚1588〛

wiz·ard·ry /wízədri | -zədri/ *n.* **1** 魔法, 魔術 (⇨ magic SYN). **2 a** 非常な巧妙さ. **b** すぐれた技術[製品]. 〚《1583》: ⇨ -ry〛

wiz·en¹ /wízən, -zn, wí:z- | wíz-/ *vi.* しなびる, しぼむ (⇨ wither SYN). **—** *vt.* しなびさせる. **—** *adj.* = wizened. 〚OE *wisnian* to become dry ← Gmc **wisnan* (ON *visna* to wither) ← IE **wei-* to wither (L *viēscere* to wither)〛

wiz·en² /wízən, wí:z-, -zn/ *n.* 《古》 =weasand.

wiz·ened /wízənd, wí:z-, -znd | wíz-/ *adj.* **1** 〈人・顔つきが〉しぼんだ, 干からびた, しわくちゃの (shriveled, dried-up): a ～ old man しわくちゃの老人 / a ～ appearance しなびた顔つき. **2** 〈植物・果実などが〉しなびた: ～ apples. 〚1513〛

wíz kìd *n.* =whizz kid.

wiz·zo /wízou | -zəu/ *adj.* 《英口語》巧妙な, 素晴らしい (wizard). 〚《異形》← WHIZZO〛

wk 《略》 weak; week; work; wreck.

wkly 《略》 weekly.

wks. workshop.

wkt 《略》〖クリケット〗 wicket.

WL, wl 《略》 F. wagon-lit (=sleeping car); waiting list; waterline; wavelength; West Lothian.

WL 〖自動車国籍表示〗 (Windward Islands) St. Lucia.

Wlad·i·mir I /vlǽdəmɪə | vlǽdɪ̀mɪə^(r), -ma^(r); *Russ.* vladʲímʲir/ *n.* =Vladimir 1.

WLF 《略》《英》 Women's Liberal Federation.

Wlk 《略》 Walk 《道路名の表示で》.

WLM 《略》 women's liberation movement.

Wło·cła·wek /vlɑ(:)tslá:vɛk, vlɔ(:)ts- | vlɔts-; *Pol.* vwotswávek/ *n.* ブウォツワベク 《ポーランド Warsaw の西北西, Vistula 川沿岸の市》.

W. lon., W. long. 《略》 west longitude.

WLTM 《略》 would like to meet お知り合いになりたい, …を募集 《交際相手募集広告の用語》.

WM 《略》〖電気〗 wattmeter; 〖電気〗 wavemeter; 〖冶金〗 white metal; wire mesh; 〖フリーメーソン〗 Worshipful Master.

Wm. 《略》 William.

w/m 《略》 weight and/or measurement 重量および[または]容積.

wmk 《略》 watermark.

WMO /dʌ́blju:èmóu | -ə́u/ 《略》 World Meteorological Organization. 〚1951〛

WNP 《略》 Welsh Nationalist Party.

WNW, w.n.w. 《略》 west-northwest.

wo /wóu | wə́u/ *n.*, *int.* **1** =whoa. **2** 《古》 =woe.

WO 《略》 wait order; walkover; War Office; 〖軍事〗 Warrant Officer; 〖化学〗 water-in-oil 油中水型の; wireless operator; written order 文書命令.

w.o. 《略》 walkover.

w/o 《略》〖商業〗 without; written off.

woad /wóud | wə́ud/ *n.* **1** 〖植物〗タイセイ属 (*Isatis*) の植物の総称; (特に)ホソバタイセイ (*I. tinctoria*) 《ヨーロッパ産アブラナ科の植物; 以前その葉から青色染料を採った; dyer's woad ともいう》. **2** 〖染色〗以前ホソバタイセイの葉から採った青色インジゴ染料. **—** *vt.* ホソバタイセイで染める. 〚OE *wād* ← (WGmc) **waidaz* (Du. *wede* / G *Waid*)〛

wóad·ed /-dɪ̀d | -dɪ̀d/ *adj.* ホソバタイセイで染めた. 〚1579〛

woad·wax·en /wóudwæksən, -sn | wə́ud-/ *n.* 〖植物〗ヒトツバエニシダ (⇨ woodwaxen). 〚《1367》 *wodewexen* < OE *wuduweaxan* (obl.) ← *wuduweaxe* ← *wudu* 'WOOD¹'+**weaxe* (⇨ wax²): 現在の形は WOAD との連想による〛

woald /wóuld | wə́uld/ *n.* =weld¹.

wó bàck *int.* 《英》 =WHOA back. 〚《1887》← WO+BACK¹ (adv.)〛

wob·be·gong /wá(:)bigà(:)ŋ | wɔ́bigɔ̀ŋ/ *n.* 《豪》〖魚類〗 =carpet shark. 〚《1852》□ Austral. 《現地語》〛

wob·ble /wá(:)bl̩ | wɔ́bl̩/ *vi.* **1** よろよろする, よろめく, ぐらぐらする, 動揺する: ～ *about* あちこちよろよろ[ぐらぐら]する / ～ *in* [*out*] よろよろ入る[出る] / This chair ～*s*. この椅子はぐらぐらする / The floorboards ～. この床板はぐらぐらする. **2** 〈声などが〉震える: Her voice ～*d*. **3** 〈政策・気持ちなどが〉ぐらつく (waver): ～ between two opinions. **—** *vt.* **1** よろよろ[ぐらぐら]させる, 動揺させる. **2** 〈政策・気持ちなどを〉ぐらつかせる. **—** *n.* **1 a** よろめき, よろよろ. **b** 揺れ, ゆらゆら. **2 a** (意見などの)ぐらつき, 動揺: with a faint ～ of doubt. **b** (音量などの)断続的変化, (声などの)震え. **3** [*pl.*; 通例単数扱い] 〖獣医〗ヤシ科植物の採食による馬の中毒症《神経系の障害を起こし, 跛行する》. 〚《1657》□ LG *wabbeln* to wobble ← ? Gmc **wabbon* (ON *vafla* to waver) ← IE **webh-* 'to WEAVE¹': cf. wave〛

wóbble bòard *n.* 《豪》曲げると特有の音を出す楽器用の繊維板.

wóbble plàte *n.* =swash plate 1.

wóbble pùmp *n.* 〖航空〗補助手動ポンプ《動力ポンプ

が故障したとき航空エンジンの carburetor に燃料を送入するため使用する). 〖*c*1925〗
wób·bler /-blə, -blə | -blə^(r, -bl-/ *n.* よろよろする[ぐらつく]人[物]; (意見などの)動揺する人: throw a ～=throw a WOBBLY. 〖1785〗
wóbble sàw *n.* 〖機械〗=drunken saw.
wób·bling /-blɪŋ, -bl-/ *adj.* **1** ぐらぐら[よろよろ]する. **2** 不安定な: the country's ～ economy その国の不安定な経済. **～·ly** *adv.* 〖1657〗
wob·bly /wɑ́(ː)bli, -bḷi | wɔ́b-/ *adj.* (**wob·bli·er; -bli·est**) **1** ぐらぐら[よろよろ]する, 不安定な: a ～ chair, desk, etc. / I felt a bit ～ about the knees. ひざの辺が少しがくがくした. **2** 無定見な: a ～ statesman 無定見な政治家. **— *n.*** 《英口語》発作的[突発的]な異常行動: throw a ～ 突然怒り出す[発作を起こす], プッツンする, キレる. **wób·bli·ness** *n.* 〖1851–61〗
Wob·bly /wɑ́(ː)bli | wɔ́b-/ (*pl.* **-blies**) *n.* 《米俗》世界産業労働者組合 (Industrial Workers of the World) の組合員. 〖(1914): 略称 IWW に対する中国なまりの発音 *I wobbly wobbly* からという〗
wó·begòne *adj.* 《古》=woebegone.
w.o.c., WOC 《略》〖政治〗without compensation 無報酬.
Wo·dan /wóʊdṇ | wə́ʊ-/ *n.* 〖ゲルマン神話〗ヴォーダン《OE で北欧神話の Odin に相当する神を呼んだ名》. ★ Wednesday はこの神の名から出た.
Wode·house /wʊ́dhaʊs/, Sir **P(el·ham) G(ren·ville)** /pɛ́ləm/ *n.* ウッドハウス《1881–1975; 英国に生まれ米国に帰化 (1955) したユーモア小説家; Jeeves 物で知られる; *The Inimitable Jeeves* (1923)》.
Wode·hou·si·an /wʊ́dhaʊsiən, -ziən/ *adj.* (*also* **Wode·hou·se·an** /～/) ウッドハウス流[風]の. 〖(1931)→ ↑〗
Wo·den /wóʊdṇ | wə́ʊ-/ *n.* 〖ゲルマン神話〗=Wodan, Wotan. 〖OE *Wōden* ← Gmc **wōdeno-* raging, mad (OS *Wōden* / OHG *Wuotan* (G *Wotan*) / ON *ōðinn* 'ODIN'): cf. wood², Wednesday, Friday〗
wodge /wɑ́(ː)dʒ | wɔ́dʒ/ *n.* 《英口語》大きな塊, ひと塊 (lump). 〖(1860)《変形》? ← WEDGE〗
woe /wóʊ | wə́ʊ/ *n.* **1** 《文語》悲哀, 悲痛 (⇨ sorrow SYN); 悩み, 苦悩: a face of ～ 悲しげな顔 / a tale of ～ 悲しい身の上話, 泣きごと / *Woe* is me. 《古》ああ, 悲しいかな (Alas!). **2 a** [通例 *pl.*] 災い, 難儀 (calamity, misfortune, trouble) (↔ weal): weal and ～ 幸と不幸, 苦楽 / tell all one's ～s 悲しい身の上話をする. **b** 《古》[仮定法の動詞を従えてのろい・非難を表して]: Woe be to [unto] …に災いあれ, …は災いなるかな / *Woe* worth the day! ⇨ worth² / *Woe* betide [to] you! お前に災いあれ; 《口語》(そんなことをすると)ひどい目に遭うぞ. **— *adj.*** 《古》悲しい, 惨めな. **— *int.*** 《古》ああ (alas). 〖OE *wā* (int.) < Gmc **wai* (Du. *wee* / G *weh* / ON *vei*) ← IE **wai-* alas (L *vae* cry of pain): cf. wail, wellaway〗
wóe·begòne *adj.* **1** 悲しそうな, 悩ましそうな: a ～ face 悲しげな顔 / She was ～ with pains of love. 恋の悩みに沈んでいた. **2** 荒れ果てた, 荒廃した. **3** 《古》悲惨な, 痛ましい. 〖(?*c*1300) *wo begon* ← *wo* 'WOE (n.)' + *begon* ((p.p.) ← *begon* to beset < OE *begān*: ⇨ be-, go): cf. ME *Me is wo bigon* (=Woe has beset me).〗
woe·ful /wóʊfəl, -fḷ | wə́ʊ-/ *adj.* **1** 悲惨な, 痛ましい (distressing), 災いの, 凶の (afflicted): a ～ spectacle, day, etc. **2** 悲しみの, 悲しみに満ちた, 悲しそうな, 悲しい (mournful): a ～ song, cry, countenance, etc. **3** ひどい, 情けない, はなはだしい: a ～ mistake はなはだしい誤り / She is a ～ manager of children 子供の扱いがひどく下手だ. **～·ly** /-f(ə)li, -fḷi/ *adv.* **～·ness** *n.* 〖(*a*1325): ⇨ woe, -ful¹〗
woe·some /wóʊsəm | wə́ʊ-/ *adj.* 《古》=woeful. 〖(*c*1815): ⇨ -some¹〗
WOF 《略》《NZ》Warrant of Fitness.
Wof·fing·ton /wɑ́(ː)fɪŋtən | wɔ́f-/, **Margaret** *n.* ウォフィントン《1714?–60; アイルランド生まれの英国の女優; 通称 Peg Woffington》.
wo·ful /wóʊfəl, -fḷ | wə́ʊ-/ *adj.* 《古》=woeful.
wog¹ /wɑ́(ː)g, wɔ́(ː)g | wɔ́g/ *n.* 《英・軽蔑》中東の国の先住民; (通例有色の)外国人. 〖(*c*1929)《略》? ← GOLLIWOG〗
wog² /wɑ́(ː)g, wɔ́(ː)g | wɔ́g/ *n.* 《主に豪俗》インフルエンザ, インフルエンザに類する病気. 〖(1934) ← ?〗
wog·gle /wɑ́(ː)gḷ, wɔ́(ː)gḷ | wɔ́gḷ/ *n.* 《英》(ボーイスカウトがネッカチーフを首元でまとめる)輪, リング. 〖(1930) ← ?〗
Wöh·ler /vɔ́ːlə, vɛ́ː- | -lə^(r; G. vǿːlɐ/, **Friedrich** *n.* ウェーラー《1800–82; ドイツの化学者》.
wok /wɑ́(ː)k | wɔ́k/ *n.* 中華なべ, ウォック. 〖(1952) ◻ Chin. 《広東方言》*wôk* 鑊〗
woke /wóʊk | wə́ʊk/ *v.* wake の過去形・過去分詞. 〖ME *wook* (pret.) & *waken* (p.p.)〗
wo·ken /wóʊkən | wə́ʊ-/ *v.* wake の過去分詞.
Wo·king /wóʊkɪŋ | wə́ʊ-/ *n.* ウォーキング《イングランド南部, Surrey 州の都市; 大共同墓地 (Woking Cemetery) がある》. 〖OE *Woc(c)ingas* 《原義》'the people of Wocca (人名)': ⇨ ing³〗
w.o.l. 《略》〖保険〗wharf-owner's liability 埠頭側責任.
Wol·cott /wʊ́lkət/, **Roger** *n.* ウルコット《1679–1767; 米国の植民地行政官》.
wold¹ /wóʊld | wə́ʊld/ *n.* **1** 《主に文語》(不毛の)高原, 山地, 荒野. **2** [the Wolds] (イングランドの Yorkshire, Leicestershire, Lincolnshire などの)高原地方: Yorkshire *Wolds*, Lincolnshire *Wolds* ⇨ Cotswolds. **3** 《廃》森林 (forest, wood). 〖OE (Anglian) *wald*, (West-Saxon) *weald* forest < Gmc **walþus* (Du. *woud* / G *Wald*) ← IE **welt-* woods; wild: cf. weald, wild〗
wold² /wóʊld | wə́ʊld/ *n.* =weld¹.
wolf /wʊ́lf/ *n.* (*pl.* **wolves** /wʊ́lvz/) **1** 〖動物〗**a** オオカミ《イヌ科イヌ属 (*Canis*) の動物の中で犬に似た比較的大きい動物の総称; シンリンオオカミ (timber wolf) など》; (特に)タイリクオオカミ (gray wolf): (as) greedy [hungry] as a ～ (狼のように)ひどく貪欲な[空腹な] / To mention the ～'s name is to see the same. 《諺》うわさをすれば影 (cf. Talk of the DEVIL, and he is sure to appear.) / Wake not a sleeping ～! やぶをつついてへびを出すな, つまらぬことをして損[災い]を招くな (Shak., 2 *Henry* 4. 1. 2.) (cf. *let sleeping* DOGS *lie*). ★ ラテン語系形容詞: lupine. **b** オオカミの類の動物の総称《タテガミオオカミ (maned wolf), コヨーテ (coyote) など; cf. prairie wolf, Tasmanian wolf, timber wolf》. **2** オオカミ (の類の動物)の毛皮. **3** [the W-]〖天文〗おおかみ(狼)座 (⇨ Lupus). **4** (狼のような)貪欲[残忍]な人. **5** 《口語》しつこく女性のあとを追う男性, 女好きな人, 女たらし (philanderer). **6** 非常な空腹, 飢え, 猛烈な食欲 (ravenous appetite): ⇨ *keep the* WOLF *from the door* / have a ～ in the stomach 非常に空腹を感じる, 猛烈に食欲がある / The ～ is at the door. 飢餓にひんする. **7** 穀倉を荒らす各種の昆虫(の幼虫). **8** 〖音楽〗**a** ウルフ(音), 狼音(ろうおん)《不等分平均律で調律された鍵盤楽器, 特にオルガンの四度音程で生じる吼(ほ)えるような一種のうなり》; その音程 (cf. wolve 2). **b** (弓弦楽器の製作上の欠陥または弦の調律の不完全などから起こる)一種の雑音.
crý wólf* (*tòo óften*)** うそを言って人を騒がす《面白半分に「狼だ」と叫んで村人をだました Aesop 物語の少年の話から》. (1858) ***háve* [*hóld*] *a wólf by the éars (狼の両耳を捕えているように)のっぴきならぬ立場にある, 苦境に陥る, 難局に立つ (cf. *take the* BULL¹ *by the horns*). (1631) ***kéep the wólf from the dóor*** 飢餓を免れる, どうにか食べて生きて行く. (1546) ***sée* [*have séen*] *a wólf*** 口がきけなくなる《狼に遭うと口がきけなくなるという言い伝えから》. (1767) ***thrów to the wólves*** 狼に投げ与える, 平気で犠牲にする. (1927) ***úgly enòugh to trée a wólf*** 《米俗》(狼も恐れて木に登って逃げ出すほどに)不器量な: She was small and *ugly enough to tree a* (barking [curly, gray, white, she-]) ～. ***a wólf in shéep's clóthing* [*a lámb's skín*]** 温順[友情]を装った危険な人物, ねこかぶり, 偽善者 (cf. *Matt.* 7:15; cf. *a wolf in a lamb's skin* (*c*1460)). (1718)
— *vt.* **1** がつがつ食う, むさぼり食う (devour greedily) ⟨*down*⟩: He stopped ～*ing* the oysters. カキをがつがつ食べるのをやめた / He ～*ed down* a piece of pie. パイを一切れぺろりと平らげた. **2** [～ it として] 狼のように[残忍に]ふるまう. **— *vi.*** **1** 狼狩りをする. **2** 攻撃的に女性をあさる.
～·lìke *adj.* 〖OE *wulf* < Gmc **wulfaz* (Du. *wolf* / G *Wolf* / ON *ulfr*) < IE **wḷkʷos* wolf (L *lupus* / Gk *lúkos* / Skt *vṛkas*) ← ? **wel-* to tear, pull: 原義は 'tearing-beast' の意か〗
Wolf /wʊ́lf, vɔ́(ː)lf, vɑ́(ː)lf | wʊ́lf, vɔ́lf; G. vɔ́lf/, **Friedrich August** *n.* ヴォルフ《1759–1824; ドイツの古典学者》.
Wolf, Howlin' ⇨ Howlin' Wolf.
Wolf, Hugo *n.* ヴォルフ《1860–1903; オーストリアの作曲家》.
Wolf, Max *n.* ヴォルフ《1863–1932; ドイツの天文学者; 天文観測に写真を用いた先駆者; 彗星や小惑星を発見》.
wólf·bèr·ry /-bèri | -b(ə)ri/ *n.* 〖植物〗北米西部産のスイカズラ科の白い実がなる低木 (*Symphoricarpos occidentalis*). 〖*c*1834〗
wólf-bòy *n.* (狼に育てられたと考えられる)狼少年. 〖1857〗
wólf càll *n.* 《米》(女性の注意を引くための)口笛[喚声など] (cf. wolf whistle). 〖1948〗
wólf chìld *n.* 狼に育てられたと考えられる子供; (特に)狼少年. 〖1859〗
wólf cùb *n.* **1** オオカミの子. **2** 《英》[W- C-] ウルフカブ《ボーイスカウト運動の 4 部門のうち最年少の部門に属する隊員 (8–11 歳); 現在は Cub Scout という; cf. brownie 2》. 〖1817〗
wólf dòg *n.* **1** 狼狩り用の猟犬, (羊を狼から守る)牧羊犬 (Irish wolfhound の旧名; cf. wolfhound). **2** 狼と飼い犬との雑種. 〖1652〗
Wolfe /wʊ́lf/ *n.* ウルフ (男性名). 〖⇨ wolf〗
Wolfe /wʊ́lf/, **Charles** *n.* ウルフ《1791–1823; アイルランドの詩人; *The Burial of Sir John Moore* (1817)》.
Wolfe, Humbert *n.* ウルフ《1885–1940; 英国の詩人》.
Wolfe, James *n.* ウルフ《1727–59; 英国の将軍; 七年戦争でカナダ派遣軍の将となり, Quebec 攻略に際し仏軍の出城を陥落させたが, 自らは戦死した (cf. Plains of ABRAHAM)》.
Wolfe, Thomas (Clay·ton) /kléɪtṇ/ *n.* ウルフ《1900–38; 米国の小説家; *Look Homeward, Angel* (1929)》.
Wolfe, Tom *n.* ウルフ《1931– ; 米国のジャーナリスト; New Journalism の代表的存在; 本名 Thomas Kennerly Wolfe, Jr.; *The Electric Kool-Aid Acid Test* (1968), *Radical Chic & Mau-Mauing the Flak Catchers* (1970), *The Right Stuff* (1979)》.
wólf èel *n.* 〖魚類〗北米太平洋岸産スズキ目オオカミウオ科の一種 (*Anarrhichthys ocellatus*). 〖*c*1880〗
Wólf·en·den Repòrt /wʊ́lfəndən-/ *n.* ウルフェンデン報告《英国で 1957 年に出された同性愛犯罪と売春に関する委員会報告; 成人間の合意に基づく同性愛の合法化を勧告》. 〖← *J. F. Wolfenden* (1906–85: 英国の教育家; この報告書を作成した委員会の委員長)〗
wólf·er *n.* **1** 狼狩りをする人. **2** がつがつ食べる人 《wolver が一般的つづり》. 〖(1872) ← WOLF + -ER¹〗
Wolff /wʊ́lf, vɔ́(ː)lf, vɑ́(ː)lf | wʊ́lf, vɔ́lf; G. vɔ́lf/ (*also* **Wolf** /～/), **Christian von** *n.* ウォルフ《1679–1754; ドイツの哲学者・数学者》.
Wolff, Kas·par /káspaʁ/ **Friedrich** *n.* ウォルフ《1733–94; ドイツの解剖学者・生理学者》.
Wolff, Wilhelm *n.* ウォルフ《1809–64; ドイツの社会主義者》.
Wolf-Fer·ra·ri /vɔ́(ː)lffərɑ́ːri | vɔ́lf-; It. vɔ̀lfferráːri/, **Er·man·no** /ermánno/ *n.* ヴォルフフェラーリ《1876–1948; イタリアの作曲家; *I Gioielli della Madonna*「マドンナの宝石」(1911)》.
Wólff·i·an bódy, w- b- /wʊ́lfiən-, vɔ́(ː)l-, -vɑ́(ː)l- | wʊ́l-, vɔ́l-/ *n.* 〖生物〗ウォルフ体 (⇨ mesonephros). 〖(*c*1844) ← *K. F. Wolff*: ⇨ -ian〗
Wólffian dúct *n.* 〖解剖・動物〗ウォルフ管 (⇨ mesonephric duct). 〖1879〗
wólf·fish *n.* 〖魚類〗**1** オオカミウオ (*Anarrhichas lupus*)《北大西洋産のギンポ亜目の魚, 歯が強く性質は獰猛(どうもう), 長さ 2 m に達するものがある》. **2** =lancet fish. 〖1569〗
Wolf·gang /wʊ́lfgæŋ; G. vɔ́lfgaŋ/ *n.* ウルフガング (男性名). 〖◻ Gmc ～ 'advancing wolf'〗
wólf hèrring *n.* 〖魚類〗オキイワシ (*Chirocentrus dorab*)《熱帯インド洋・太平洋にいるニシン目オキイワシ科の鋭い歯をもつ大形の細長い魚; dorab ともいう》.
wólf·hòund *n.* ウルフハウンド《狼狩り用の猟犬》: ⇨ Irish wolfhound, Russian wolfhound. 〖(1786) 昔狼狩りに用いたため: cf. wolf dog〗
wólf·ish /-fɪʃ/ *adj.* 狼のような, 貪欲な (greedy), 残忍な (cruel): a ～ pursuit of pleasure 貪欲な快楽の追求 / a ～ smile 残忍な笑い. **～·ly** *adv.* **～·ness** *n.* 〖(1570) ← WOLF + -ISH¹〗
Wol·fit /wʊ́lfɪt | -fɪt/, Sir **Donald** *n.* ウルフィット《1902–68; 英国の舞台俳優・監督》.
wólf·màn /-mæ̀n/ *n.* (*pl.* **-men** /-mɛ̀n/) 狼男 (werewolf)《満月の夜などに狼に変身する男》. 〖1610〗
wólf nòte *n.* 〖音楽〗=wolf 8 b.
wólf pàck *n.* **1** 狼の群れ. **2** 《なぞり》← G *Rudel* 《原義》pack¹ n. 6〗同時に敵を襲う潜水艦[戦闘機]群. 〖1941〗
wol·fram /wʊ́lfrəm/ *n.* **1** 〖鉱物〗=wolframite. **2** 〖化学〗ウォルフラム (⇨ tungsten). 〖(1757) ◻ G *Wolfram* ← MHG *wolf* 'WOLF' + *rām* dirt, soot: スズよりも価値が劣ると考えられたことから ∥ 《変形》? ← G 《古形》*Wolfrumb* 《原義》wolf-turnip: かぶの形をした原鉱にちなむ〗
wol·fram·ate /wʊ́lfrəmèɪt/ *n.* 〖化学〗ウォルフラム酸塩 (⇨ tungstate). 〖⇨ ↑, -ate¹〗
wol·fram·ic /wʊlfrǽmɪk/ *adj.* 〖化学〗=tungstic.
wol·fram·ite /wʊ́lfrəmàɪt/ *n.* 〖鉱物〗鉄マンガン重石 ($(Fe, Mn)WO_4$)《タングステン原鉱》. 〖(1868) ◻ G *Wolframit*: ⇨ wolfram, -ite¹〗
wol·fra·mi·um /wʊlfréɪmiəm/ *n.* 〖化学〗=tungsten. 〖← NL ～: ⇨ wolfram, -ium〗
Wol·fram von Esch·en·bach /wʊ́lfrəm-vɑ(ː)nέʃənbɑ̀ːk, vɔ́(ː)lfrɑːm-, vɑ́(ː)l-, -bɑ̀ːx | wʊ́lfrəm-vɔn-; G. vɔ́lfʁamfɔnέʃn̩bax/ *n.* ウォルフラム フォン エッシェンバハ《1170?–1220; ドイツの叙事詩人; *Parzival*「パルチファル」(*c*1210)》.
Wólf-Ra·yét stár /wʊ́lfraɪέɪ- | -réɪət-; F. vɔlfʁajɛ/ *n.* 〖天文〗ウォルフライエ星《恒星の一種; 極めて高温で光度が大きく, 幅広い輝線スペクトルを示す星》. 〖(1890) ← *Charles Wolf* (1827–1918: フランスの天文学者) + *Georges Rayet* (1839–1906: フランスの天文学者)〗
wólfs·bàne /wʊ́lfs-/ *n.* 〖植物〗**1** トリカブト, レイジンソウ《キンポウゲ科トリカブト属 (*Aconitum*) の植物の総称》; (特に)黄色の花を付ける種類 (*A. lycoctonum*). **2** =winter aconite. 〖(1548)《なぞり》← NL *lycoctonum* 《原義》wolf-killing ◻ Gk *lukoktónon* wolf-slayer〗
Wolfs·burg /wʊ́lfsbəːg, vɔ́(ː)lfsbʊək, vɑ́(ː)lfs- | wʊ́lfsbəːg, vɔ́lfsbʊək; G vɔ́lfsbʊʁk/ *n.* ヴォルフスブルク《ドイツ北部, Lower Saxony 州の都市; 自動車産業が盛ん》. W
wólf's-clàw *n.* 〖植物〗=clubmoss.
wólf's-fòot *n.* 〖植物〗=wolf's-claw.
wólf·skìn *n.* **1** 狼の毛皮. **2** 狼皮製品《敷物・外套(がいとう)など》. **— *adj.*** [限定的] 狼皮製の. 〖*c*1410〗
wólf's-mìlk *n.* 〖植物〗トウダイグサ科トウダイグサ属 (*Euphorbia*) の植物の総称 (*E. esula* など). 〖(1575) その刺激性の乳液から; cf. G *Wolfsmilch*〗
wólf snàke *n.* 〖動物〗旧世界産ナミヘビ科の前牙の長い無毒のヘビ: **a** アフリカ産ヴォルフスラング属 (*Lycophidion*) の夜行性の小形のヘビ《Cape wolf snake (*L. capense*) を含む》. **b** アジア産 *Ophites* 属(旧オオカミヘビ属 (*Lycodon*)) の中形のヘビ《オオカミヘビ (common wolf snake) (*O. aulicus*) を含む》.
Wolf·son /wʊ́lfsən, -sṇ/, Sir **Isaac** *n.* ウルフソン《1897–1991; スコットランドの実業家・慈善家; 1995 年に医学研究および教育を振興するためのウルフソン基金 (Wolfson Foundation) を設立》.
wólf spìder *n.* 〖動物〗コモリグモ, ドクグモ《ドクグモ科のクモの総称; 地面を歩き回って餌を捕え幼虫を背に乗せて運ぶ》. 〖1608〗
wólf tòoth *n.* 〖獣医〗**1** (時に上顎大臼歯の次に生える)異常歯《馬に多く, 舌や歯茎が傷つきやすい》. **2** =needle tooth. 〖1753〗
wólf-whìstle *vi., vt.* (魅力的な女性に)口笛を吹く ⟨*at*⟩. 〖1946〗
wólf whìstle *n.* (魅力的な女性を見たときに鳴らす, 通例高低 2 音調の)口笛 (cf. wolf call): He gave a long ～. ひゅーひゅーと特に長い口笛を吹いた. 〘1946〙
wolf·y /wúlfi/ *adj.* (**wolf·i·er; -i·est**) 狼のような; 猛々しい. 〘1828〙
Wol·las·ton /wúləstən/, **William Hyde** *n.* ウラストン《1766–1828; 英国の化学者·物理学者; プラチナ, タングステンの加工処理法を考案; パラジウム, ロジウムを発見》.
wol·las·ton·ite /wúləstənàɪt/ *n.* 〘鉱物〙 珪(けい)灰石 ($CaSiO_3$). 〘(1823): ⇨ ↑, -ite¹〙
Wol·lon·gong /wúləngɑ̀(ː)ŋ, -gɔ̀(ː)ŋ | -gɔŋ/ *n.* ウロンゴン《オーストラリア東部, New South Wales 州東方の港市; 周辺を含め Greater Wollongong と呼ぶ》.
Wollstonecraft, Mary *n.* ⇨ Mary Wollstonecraft GODWIN.
wol·ly /wɑ́(ː)li | wɔ́li/ *n.* (*pl.* **wol·lies**) 《英方言》 きゅうり[オリーブ]のピクルス. 〘(*c*1900) ← ? OLIVE: 呼び売りの声からか〙
Wo·lof /wóulɔ(ː)f, -lɑ(ː)f | wɔ́ulɔf/ *n.* **1 a** [the ～] ウォロフ族《西アフリカの Senegal 河口付近のアフリカ黒人種族; 大部分はイスラム教徒》. **b** ウォロフ族の人. **2** ウォロフ語. 〘1823〙
Wolse·ley /wúlzli/, **Garnet Josept** *n.* ウルズリー《1833–1913; 英国の陸軍元帥; 称号 1st Viscount Wolseley》.
Wol·sey /wúlzi/, **Thomas** *n.* ウルジー《1475?–1530; 英国の政治家·枢機卿, Henry 八世の宰相; 通称 Cardinal Wolsey》.
Wol·sto·ni·an /wulstóuniən | -stə́u-/ *adj.* 〘地学〙 ウルストニアン氷期の. — *n.* [the ～] ウルストニアン氷期[氷堆石]《英国の更新世の終わりから 2 番目の氷期で, 北欧のザーレ氷期 (Saale) に相当する》. 〘(1969) ← *Wolston* (英国 Warwickshire の村でこの遺跡のある所)+-IAN〙
wolve /wúlv/ *vi.* **1** 狼のようにふるまう[暴れる]. **2** 《パイプオルガンが》狼音(ろうおん)を出す (cf. wolf *n.* 8 a). — *vt.* [～ it として] =*vi.* 1. 〘(1702) ← WOLF (n.): cf. halve (← half)〙
wólv·er *n.* **1** 狼のようなふるまいをする人. **2** 狼狩りをする人 (wolfer). 〘(1883): ⇨ ↑, -er¹〙
Wol·ver·hamp·ton /wúlvəhæ̀m(p)tən | -və-/ *n.* ウルバーハンプトン《イングランド West Midlands 州中部, Birmingham 北西の工業都市》. 〘OE *Wolvrenehamptonia* ← *Wulfrum* (人名)+*Hēa(n)tūne* 《原義》 high town〙
wol·ver·ine /wùlvəríːn, ⌐–⌐ | ⌐–⌐/ *n.* **1** (*pl.* ～) 〘動物〙 クズリ (*Gulo luscus*) 《北米産イタチ科のずんぐりした肉食哺乳動物; carcajou ともいう; ヨーロッパ産は glutton²》. **2** クズリの毛皮. **3** [W-] 《米口語》 Michigan 州の人《あだ名》. 〘(1574) 《変形》 ←《古形》 *wolvering* (dim.) ← WOLVER (n. 1): cf. G *Wölflein*〙

wolverine 1

Wólverine Stàte *n.* [the ～] 米国 Michigan 州の俗称.
wolves /wúlvz/ *n.* wolf の複数形.
woma /wóumə | wə́umə/ *n.* 〘動物〙 ウォマ (*Aspidites ramsayi*) 《オーストラリアの砂漠の砂地にすむニシキヘビ科オオウロコニシキヘビ属のヘビ》. 〘(1935) ← Austral.〙
wom·an /wúmən/ *n.* (*pl.* **wom·en** /wímɪn | -mɪn/) **1** (成人した)女性 (cf. lady, girl): a young [fine] ～ 若い[立派な]女性 / a single [married, middle-aged] ～ 独身[既婚, 中年]女性 / ⇨ litter woman, new woman, old woman / our publicity ～ 会社の広報担当の女性 / She's a dog [outdoors] ～ 犬好きな[アウトドア派の]女性だ / a ～ of action [great beauty] 行動的な女性[大変な美人] / a ～ of letters 教養ある女性; 女流文学者 / a ～ with a past 過去のある[いわく付きの]女性 / Who is the ～ in the black hat? 黒い帽子をかぶった女性はだれですか / That ～ is the [very] person for the job その女性は仕事に(まさに)向いている / *Women* and children first! 女性と子供が先だ《火事や船の沈没などの際に発する指示; ★ children and women の順にはしない》/ *women's* garments 女性用衣類 / a [the] ～'s reason ⇨ reason 2 / *women's* rights=woman's rights / There is a ～ in it. その背後には女がからんでいる / my good ～ 《古》 もしもし, あなた《女性に対する呼び掛け》/ A ～'s work is never done [at an end]. 《諺》 女性の仕事には終わりがない / ⇨ inner woman, outer woman. **2** [単数で無冠詞; 総称的] 女性: Is ～ more intuitive than man? (=Are *women* more intuitive than men?) 女は男より直観的か (★ この用法は文語的で, 一般的には women や a woman または womankind などを用いる) / ⇨ woman's rights. **3** 《口語》 **a** 妻 (wife). **b** 恋人, 愛人 (sweetheart, mistress): the other ～ 愛人. **c** 《主に軽蔑》 [*pl.*] (情交相手としての)女性: quit drink and *women* 酒と女(遊び)をやめる. **4** 女性のような男性, めめしい男 (womanish man): old *women* of both sexes 男女を問わずめめしい老人. **5** [the ～] 女性らしさ, 女らしさ, 女かたぎ (womanliness); 女性の感情, 女の意地, 女心: The kitten brought out the ～ in me. 子猫に女性的感情を呼び覚まされた / He has much of *the* ～ in him. 彼には大分女らしいところがある. **6** 《口語》 雑役婦 (charwoman); お手伝い, 女性の召使: our cleaning ～ うちの掃除婦. **7** 《古》 侍女, 女官 (lady-in-waiting): one of the queen's *women* / ～ of the bedchamber 《英》 女王付きの女官 (lady of the bedchamber よりも下の位).
be one's ówn wóman ⇨ own *adj.* 成句. ***bórn of wóman=of wóman bórn*** 女性から生まれた, 人と生まれた (cf. *Job.* 14: 1). 〘*c*1384〙 ***màke an hónest wóman (out) (of)*** (関係した女性を)正式の妻にする, 妻の座に着かせる: You want to be *made an honest* ～, I gather. どうやら正式に結婚して(もらい)たいらしいね. ***màke a wóman of*** (1) …を服従させる. (2) 《米》 …に女性の仕事をさせる. ***pláy the wóman*** めめしいふるまいをする. ***the óther wòman*** (結婚した男性にできた)愛人, 情婦. ***a wóman about tówn =a wóman of the tówn [the stréet(s), éasy vírtue, the níght]*** 街(まち)の女, 売春婦. ***a wóman of the wórld*** 世情に通じた女性, 世慣れた女性; 社交婦人 (cf. *a* MAN *of the world*). ***the wóman in a person's lífe*** ⇨ life 成句. ***the wóman on [《英》 in] the stréet*** 一般市民[普通]の女性; 素人《女性》. ***wóman to wóman*** (女性同士の対話が)率直に, 腹蔵なく (cf. woman-to-woman).
— *adj.* [限定的] **1** 女らしい, 女性(特有)の (womanly): ～ talk [clothes]. **2** 女の (female) (cf. lady 8): a ～ doctor 女医 / a ～ friend [helper, servant, slave, reporter] 女の友人[助け手, 召使, 奴隷, 新聞記者].
★ この用法における woman は本来同格的な複合語を成す名詞であり, 複数の場合も women doctors のように変化する (cf. man¹ *adj.* [限定的]).
— *vt.* **1** 《まれ》 …に女性を配置する (staff with women). **2** (女性を lady と言わずに) woman と言う[呼び掛ける]: He ～*ed* her. **3** 《廃》 …にめめしいふるまい(泣いたりなど)をさせる, めめしくする, 柔弱にする.
〘OE *wimman, wīfmann* ← *wīf* 'female, WIFE'+*mann* 'person, MAN': 複数形の発音 /wɪ-/ は規則的発達を示しているが, 単数形の発音 /wʊ-/ は語頭音 /w/ の影響により円唇化したもの〙

SYN 女性: **woman** 成人した女性《↔ man; 一般的な語》: a young *woman* 若い女性. **female** =*woman*; 特に性の区別に重点をおく場合で軽蔑的なニュアンスがある: three smart-looking *females* 三人のぱりっとした女たち. **lady** 元来は上流階級の婦人; 今は *woman* の丁寧語: the *lady* next door 隣の婦人. **girl** 若い女性. **womanhood** 集合的に女性全体を指す: the *womanhood* of Japan 日本の女性.

-wom·an /wùmən/ (*pl.* **-wom·en** /wìmɪn | -mɪn/) woman の意の合成語要素 (cf. -man). **a** 「…国女性」「…に住む女性」の意: English*woman*, French*woman*, London *woman*, country *woman*. **b** 職業·身分などを表す: police*woman*, air*woman*, char*woman*, church*woman*, dairy*woman*, horse*woman*, kins*woman*, lay*woman*, needle*woman*. 〘↑〙
wóman chàser *n.* 女性の尻ばかり追いかけている男, 女たらし.
wóman·fòlk *n.* (*pl.* **women·folk, women·folks**) **1** 《方言》 =woman. **2** [*pl.*] ⇨ womenfolk.
wóman hàter *n.* 女ぎらい(の人) (misogynist) (cf. man-hater 2). 〘1607〙
wóman·hòod *n.* **1** 女であること, 女性かたぎ, 女性の本能, 女らしさ. **2** [集合的] 女性たち (women), 女性 (womankind) (⇨ woman SYN): the ～ of Japan 日本の女性. 〘(*c*1385): ⇨ woman, -hood ∽ ME *womanhead*: ⇨ -head〙
wóm·an·ish /-nɪʃ/ *adj.* **1 a** 〈男性·その感情·行動·顔つきなど〉女のような, 女みたいな, めめしい (⇨ female SYN). **b** [通例軽蔑的に, 両性, 特に男性に用いて] 柔弱な (effeminate), 男性らしからぬ. **2** 《古》 〈仕事など〉女性のする: ～ work. **～·ly** *adv.* **～·ness** *n.* 〘(*c*1385): ⇨ -ish¹〙
wóm·an·ist /-nɪst | -nɪst/ *n.* 《米》 ウーマニスト《黒人から見て従来のフェミニズムが白人女性中心であったとする観点から提唱された, feminist に対する言い換え》. 〘1981〙
wom·an·ize /wúmənàɪz/ *vt.* 女のようにする, めめしくする, 柔弱にする. — *vi.* **1** 《口語》 女狂い[女道楽]をする. **2** 《古》 めめしくなる. 〘(1593): ⇨ -ize〙
wóm·an·iz·er *n.* 女狂い[女道楽]をする人, 女たらし. 〘1924〙
wóm·an·iz·ing *n., adj.* 女性(の), 女道楽(の), 女たらし(の). 〘1633〙
wom·an·kind /wúmənkàɪnd | ⌐–⌐/ *n.* [集合的] 女子, 女性: one's ～ 一家の女性たち. 〘(*a*1387): ⇨ woman, kind¹: cf. mankind〙
wóman·less *adj.* 女性のいない: a ～ game. 〘1854〙
wóman·like *adj.* **1** 女のような, 女らしい (⇨ female SYN). **2** 〈男が〉めめしい. — *adv.* 女性のように, 女らしく. 〘*c*1440〙
wom·an·ly /wúmənli/ *adj.* (**more ～, most ～; wom·an·li·er, -li·est**) 〈女性(の感情·行動)が〉女らしい, 女性にふさわしい (⇨ female SYN): ～ feelings, modesty, compassion, intuition, etc. / a truly ～ woman 真に女性らしい女性. — *adv.* 《古》 女らしく. **wóm·an·li·ness** *n.* 〘(?*a*1200) *wummonlich*: ⇨ -ly²〙
wóman mòvement *n.* =woman's movement. 〘1883〙
wóman·pòwer *n.* 女性の(働きで得られる)力 (cf. man power). 〘1927〙
wóman's màn *n.* =ladies' man.
wóman's ríghts *n. pl.* =women's rights. 〘1840〙
wóman's-tóngue trèe *n.* 〘植物〙 =lebbek 1. 《その実のさやからでる騒々しい音から》
wóman súffrage *n.* 婦人参政[選挙]権 (cf. manhood suffrage, universal suffrage). 〘1867〙
wóman-súffragist *n.* (*pl.* **～s, women-suffragists**) 婦人参政権論者. 〘1888〙
wóman-tíred *adj.* 《Shak》 女の尻にしかれた (henpecked). 〘1610–11〙
wóman-to-wóman *adj.* 〈女性同士の対話が〉率直な, 腹蔵ない (cf. WOMAN *to woman*).
womb /wúːm/ *n.* **1** 子宮 (uterus): fruit of the ～ 子供, 子 (child, children) / falling of the ～ =PROLAPSUS uteri / a *womb*-to-tomb program of social welfare 胎児から死までの社会福祉計画 / from the ～ to the tomb=from the cradle to the grave (⇨ cradle *n.* 4). **2** 《廃》 腹 (belly). **3** 内部 (interior): the ～ of the earth. **4 a** 物を包みこむ空洞. **b** 物の発生する所, 包む物: in the ～ of time 未来に, 将来, 将来起こるべき (Shak., *Othello* 1. 3. 377–8). — *vt.* 子宮(のようなもの)に包む, はらむ. — *vt.* 子宮(のようなもの)に包む, はらむ.
～ed, ～·like *adj.* 〘OE ～, *wamb* belly, womb < Gmc **wambō* (Du. *wam* / G *Wamme* / ON *vǫmb*) ← ? (cf. OE *umbor* infant)〙
wom·bat /wɑ́(ː)mbæt | wɔ́m-/ *n.* 〘動物〙 ウォンバット《オーストラリア産のウォンバット科の有袋類の総称; ヒメウォンバット (*Vombatus ursinus* など; 外形はアナグマに類似し, 穴居性, 育児嚢がある》. 〘(1798) ← Austral. 《現地語》〙

wombat
(*Vombatus ursinus*)

womb·y /wúːmi/ *adj.* 子宮のような空洞のある; 中空の. 〘(1599): ⇨ womb, -y⁴〙
wom·en /wímɪn | -mɪn/ *n.* woman の複数形. 〘ME *wommen* ∽ ME *wymmen* < OE *wīfmen*〙
wómen·fòlk *n. pl.* **1** 《口語·方言》 女性たち (women). **2** [通例 the ～] (家族·団体のうちの)女性連中, 女(の人)たち (↔ menfolk): *the* [one's] ～ 一家の女性連中. 〘1833〙
wómen·fòlks *n. pl.* =womenfolk.
wom·en·kind /wímɪnkàɪnd | wímɪnkàɪnd, ⌐–⌐/ *n.* =womankind. 〘(*a*1387): ⇨ kind¹〙
Wómen's Ármy Auxíliary Còrps *n.* [the ～] ⇨ WAAC.
Wómen's Ármy Còrps *n.* [the ～] ⇨ WAC.
Wómen's Auxíliary Ármy Còrps *n.* [the ～] ⇨ WAAC.
wómen's gròup *n.* (社会運動の)女性団体.
Wómen's Ínstitute *n.* 《英》 (地方都市の)女性のための成人教育施設. 〘1906〙
Wómen's Lánd Àrmy *n.* 《英》 (両大戦時の)婦人農耕部隊.
wómen's líb, W- L- *n.* 女性解放運動, ウーマンリブ (cf. men's lib). 〘1970〙
wómen's-líbber, W- L- *n.*=women's liberationist.
wómen's liberátion, W- L- *n.* =women's lib.
wómen's liberátionist, W- L- *n.* 女性解放[ウーマンリブ]運動家. 〘1969〙
wómen's mòvement, W- M- *n.* [しばしば the ～] 女性運動《女性の社会的, 政治的地位向上を目指す運動; cf. women's lib》. 〘1902〙
wómen's pàge *n.* (新聞の)女性欄, 家庭欄. 〘1933〙
wómen's réfuge *n.* 〘社会福祉〙 (虐待された)婦女子の保護施設.
wómen's ríghts *n. pl.* (法的, 政治的, 社会的な)女性の権利《男女同一賃金, 産休など》. 〘1840〙
wómen's ròom *n.* =ladies' room. 〘*c*1937〙
Wómen's Róyal Ármy Còrps *n.* [the ～] 英国陸軍婦人部隊 (略 WRAC; cf. Auxiliary Territorial Service, WAAC). 〘1949〙
Wómen's Róyal Vóluntary Sérvice *n.* 英国婦人義勇隊《1938 年に Women's Voluntary Service として民間防衛を目的として創設された女性団体で, 1966 年に改称; 第二次世界大戦で活躍; 現在は meals on wheels などの福祉·救援活動に従事; 略 WRVS》.
wómen's stúdies *n.* 女性研究《女性史, 女流文学, 女性心理など, 社会における女性の役割, 体験, 業績などの研究》. 〘1972〙
wómen's súffrage *n.* =woman suffrage. 〘1868〙
wómens·wèar *n.* 婦人用衣料. 〘(1919) 1980〙
wom·er·a /wɑ́(ː)mərə | wɔ́m-/ *n.* ウメラ《オーストラリア先住民がやりを投げるのに用いる切り込みのついた細長い棒; woomera ともいう》. 〘(1817) ← Austral. 《現地語》〙
womp /wɑ́(ː)mp | wɔ́mp/ *n.* 〘テレビ〙 白閃(はくせん)《画面上に突然起こる閃光》. 〘擬音語〙
wom·yn /wímɪn/ *n. pl.* 女性 《women または woman を避けるためにフェミニストなどが好むつづり; cf. wimmin》. 〘⇨ wimmin〙
won¹ /wʌ́n/ *v.* win の過去形·過去分詞. 〘ME *wan*, ～ (pret.) & *wonne(n)*, *wunne(n)* (p.p.) < OE *wann*, *wonn* (pret.) & *ġewunnen* (p.p.)〙
won² /wɑ́(ː)n, wɔ́(ː)n | wɔ́n; *Korean* wʌn/ *n.* (*pl.* ～) **1 a** ウォン《韓国の通貨単位; =100 chon; 記号 W》. **b** 1 ウォン硬貨. **2 a** ウォン《北朝鮮の通貨単位; =100 chon; 記号 W》. **b** 1 ウォン紙幣. 〘(*c*1917) ▭ Korean *wǎn*〙
won³ /wʌ́n, wóun | wʌ́n, wə́un/ *vi.* (**wonned; wonning**) 《古》 住む, 居住する (dwell). 〘OE *wunian* <

W

Gmc *wunēn (Du. wonen / G wohnen) ← IE *wen- to desire: cf. wean[1], wish, win[2]〕

won·der /wʌ́ndə | -də^(r)/ *vt.* **1** [who, what, why, how, if, whether などで導かれる Clause を目的語として] **a** …かしら, …だろうか: I ～ *who* he is.＝Who is he, I ～ 彼はだれだろう. / I ～ *what* I should do. どうしたらいいのか / I ～ *if* it will rain. 雨が降るかしら / I ～ *how* [*whether*] to proceed. どうしたものかなあ / I ～ *how* memory works. 一体どういうふうにして記憶(という作用)は行われるのだろう / I ～ *what* time it is. 今は何時かしら / I ～ *who* invented it. だれがそれを発明したのだろう / I can't help ～*ing if* we are wise to do it. それをやるのは果たして賢明かどうかな / I ～ *why* he left. 彼はなぜ行ってしまったのだろう. ★ たとえば I shouldn't wonder if it turned to snow soon. (間もなく雪になったとしても驚かない, きっと雪になるだろう)の意味で I shouldn't wonder if it didn't turn to snow soon. を用いるのは不注意からくる誤用 (⇨ surprise *vt.* 1). **b** [通例一人称主語で] できますかしら, お願いできますまいか. ★ 人に丁寧に頼むとき; 過去形, 過去進行形を用いるとより丁寧な表現になる: I ～ *whether* [*if*] I might ask you a question. 質問してもよろしいでしょうか / I ～ *whether* [*if*] I might trouble you to open the door. お手数でも戸を開けていただけませんかしら / I was just ～*ing* if you could help me. お手伝いしていただけますでしょうか. **2** [*that*-clause を目的語として (that はよく省略される)] …とは不思議に思う, 驚く: I ～ (*that*) he did it at last. とうとう彼がそれをしたとは驚いた / Can you ～ *that* he said so? 彼がそう言ったことはそんなに驚くには当たるまい / He ～*ed* you had done it. 君がそんなことをしたのには彼も驚いていた / I don't ～ you hate him. 《英》あなたが彼を嫌うのは当然ですよ / It is little to be ～*ed that* his students respect him. 学生たちが彼を尊敬するのは少しも不思議ではない. ★ この用法で Clause を原因・理由の副詞節と見て, wonder を *vi.* と解してもよい.

— *vi.* **1** 不思議に思う, 驚嘆する, (…に接して, を見て)驚く (marvel) 〔*at*〕 / ‹*to see*›: the kind of persons that never ～ 何を見ても驚かないたちの人々 / I ～*ed to see* you there. あそこで君に会って驚いたよ / I don't ～ *at* his anxiety. 彼が心配するのも不思議ではない / Can you ～ *at* it? そんなこと驚くに足りないではないか / It is not to be ～*ed at*. 不思議でも何でもない / I ～ *at* you. (いたずらをした子供などに)お前にはほんとにあきれた. **2** どうかしらと思う, 疑う, 怪しむ (doubt): ～ *about* [*as to*] the truth of the report その報道の真偽を疑う / I'm ～*ing about* getting a car. 車を買おうかと迷っています / I ～. さてどうだろうかな《はなはだ怪しいものだ》.

— *n.* **1** 驚異(の念), 驚嘆, 驚き: ⇨ BIRD of wonder / be filled with ～ 不思議な思いで一杯だ, 非常に驚く / Still the ～ grew. (一同の)驚異の念はなおもつのった, 一層驚いた (cf. O. Goldsmith, *The Deserted Village* 1. 210). **2** 驚くべき事[物], 不思議, 驚異, 奇跡 (miracle, marvel); 神童 (prodigy): a ～ of delicate workmanship 驚嘆すべき精巧な細工品 / He is a ～ of generosity. すばらしく気前のいい人だ / the ～*s* of the sea 海の驚異《深海魚・顕微鏡で見たプランクトン・海中の魚群など》/ work [perform, do] ～*s* 奇跡を行う; 驚くほどうまくいく, 〈薬などが〉驚くほどよく効く / He can do ～*s* with pasta. 彼はパスタが得意だ / It is a ～ (that) he is still alive. 彼がまだ生きているのは不思議だ / The child is a ～. あの子は神童だ / ⇨ nine days' wonder, SEVEN Wonders of the World / signs and ～*s* 奇跡としるし (*Act* 2: 43; cf. sign *n.* 5 b) / It's no [little, small] ～ (that) he did not come.＝No [Little, small] ～ (that) he did not come. 彼が来なかったのは少しも不思議でない (cf. *No* WONDER!) / Small [Little] ～ that …でも不思議ではない / The ～ is that he did not come. 不思議なのは彼が来なかったことだ / What ～ if he failed? 彼が失敗したとてそれがなぜ不思議だ《そんなことは当然だ》/ *Wonders* will never cease.＝Will ～*s* never cease? 《皮肉》これは実に不思議なことだ.

and nò* [*lìttle, smàll*] *wónder それもそのはず, 驚くに当たらない, 怪しむに足りない: He refused, *and no* ～. 彼が断ったのも無理はない. ***for a wónder*** 不思議にも (strange to say): *For a* ～ he was in time. 不思議にも彼は遅刻しなかった. ***in wónder*** 驚嘆して, 驚いて: stare *in* ～ あっけに取られて目を見張る / The boy looked at him *in* silent [open-mouthed] ～. 少年はあっけに取られて黙って[口あんぐりと]彼を見た. ***Nó wónder!*** なるほど, 道理で. ***to a wónder*** 《古》不思議なくらいに, 驚くほど.

— *adj.* [限定的] **1** 驚くべき, 非凡な; 〈薬など〉特効の: a ～ child [horse] 神童[駿馬]. **2** 不思議な, 奇跡的な: a ～ book 不思議な物語, 奇談 / a ～ world 不思議な世界. **3** 魔法の (magical): a ～ staff 魔法の杖.

～·er /-dərə | -rə^(r)/ *n.* **～·less** *adj.*

〖n.: OE *wundor* miracle < Gmc *wundram-* (Du. *wonder* / G *Wunder* / ON *undr*) ← ?. — v.: OE *wundrian* ← (n.): cf. G *wundern* to wonder〗

Won·der /wʌ́ndə | -də^(r)/, **Ste·vie** /stíːvi/ *n.* ワンダー《1950– ; 米国の黒人ソウル歌手・ソングライター; 先天性の盲目であるが 10 種以上の楽器をマスター; 本名 Steveland Judkins Morris》.

wónder·bèr·ry /-bèri | -b(ə)ri/ *n.* 〖植物〗イヌホウズキ (black nightshade); イヌホウズキの実 (sunberry ともいう).

Won·der·bread /wʌ́ndəbrèd | -də-/ *n.* 〖商標〗ワンダーブレッド《米国で一般的な食パン》.

wónder drùg *n.* 特効薬 (miracle drug). 〖1939〗

won·der·ful /wʌ́ndəfəl, -fl | -də-/ *adj.* **1** すてきな, すばらしい (remarkable, excellent): a ～ dinner / ～ weather / He was ～ at climbing trees [with his hands]. 木登りがうまかった[手先が器用だった] / It's ～ to be here again. またここに来られてうれしい / *Wonderful!* すばらしい. **2** 不思議な, 驚くべき, 驚くほどの, 驚嘆すべき (amazing, marvelous): a ～ story 不思議な物語 / a man of ～ patience 非常に辛抱強い人 / a ～ sight 珍しい光景, 奇観 / ～ to say 不思議にも. — *adv.* 《方言》＝wonderfully. **～·ness** *n.* 〖adj.: lateOE *wunderfull*. — adv.: (?*a*1400) ← (adj.): ⇨ wonder (n.), -ful[1]〗

wón·der·ful·ly *adv.* **1** すばらしく, すてきに: ～ cool, pleasant weather すばらしく涼しい心地よい天気. **2** 驚くほど, 不思議にも. 〖*c*1340〗

wón·der·ing /-dərɪŋ, -drɪŋ/ *adj.* **1** 不思議に思う, 不思議そうな: a ～ look 不思議そうな顔つき. **2** 感嘆している. **～·ly** *adv.* 〖1590〗

won·der·land /wʌ́ndəlæ̀nd, -lənd | -dəlæ̀nd/ *n.* **1** 不思議の国, おとぎの国 (fairyland): *Alice's Adventures in Wonderland*「不思議の国のアリス」(L. Caroll の童話). **2** (景色のよいまたは肥沃な)すばらしい所 (wonderful place). 〖1790〗

wón·der·ment *n.* **1 a** 驚き, 不思議, 驚嘆 (surprise): in ～ 驚嘆して. **b** 驚きの表現: make a ～ 驚きを表す. **2** 不思議なもの, 奇観 (wonder). **3** 不思議がること, いぶかり. 〖1535〗

wónder-of-the-wórld *n.* 《カリブ》〖植物〗セイロンベンケイ, トウロウソウ(灯籠草) (*Bryophyllum pinnatum*) 《ベンケイソウ科の多年生の多肉植物; 乾かしておくと葉の周辺の鋸歯の間から不定芽を出して繁殖する; マダガスカル, アフリカなど熱帯に広く分布》.

wónder-stricken[-strùck] *adj.* 驚きの念に打たれた, 仰天した, あっけに取られた. 〖*c*1595〗

wónder·wòrk *n.* 驚くべきもの, すばらしいもの, 奇跡. 〖OE *wundorweorc*: ⇨ wonder (n.), work (n.)〗

wónder-wòrker *n.* 奇跡を行う人, 驚くべき事をする人. 〖1599〗

wónder-wòrking *adj.* 奇跡を行う[生む]. 〖1594〗

won·drous /wʌ́ndrəs/ 《詩・文語》 *adj.* 驚くべき, 不思議な. — *adv.* [形容詞を修飾して] 不思議なほど; 非常に, きわめて: ～ kind, beautiful, etc. **～·ly** *adv.* **～·ness** *n.* 〖(*a*1500) ← WONDER＋-OUS ∞ ME *wonders* (adv. & adj.) (gen.) ← WONDER (n.)〗

won·ga /wɑ́(ː)ŋgə, vɑ́(ː)ŋ- | wɔ́ŋ-, vɔ́ŋ-/ *n.* 《英口語》金(かね) (money). 〖(1982) ← ?〗

wong·a·wong·a /wɑ́(ː)ŋəwɑ̀(ː)ŋə | wɔ́ŋəwɔ̀ŋə/ *n.* **1** 〖植物〗オーストラリア産ノウゼンカズラ科ソケイノウゼン属の黄白色の円錐花をつけるつる性低木 (*Pandorea pandorana*). **2** 〖鳥類〗ウォンガバト (*Leucosarcia melanoleuca*) 《オーストラリア産の大きなハト; 単に wonga ともいう》. 〖(1821) ← Austral. 《現地語》〗

wonk /wɑ́(ː)ŋk | wɔ́ŋk/ 《米俗》 *n.* ガリ勉《人》(grind). — *vi.* 〈学生が〉ガリ勉する (cram, grind). 〖(1862) 《逆成》↓ // 《逆綴り》← KNOW〗

won·ky /wɑ́(ː)ŋki, wɔ́(ː)ŋ- | wɔ́ŋ-/ *adj.* (**won·ki·er; -ki·est**) 《英口語》 **1** ぐらぐらする, ぐらつく, よろよろの (shaky, tottery): a ～ desk / This tooth is a bit ～. この歯が少しぐらつく. **2** 〈経営など〉あぶなっかしい; 故障のある, 具合の悪い (amiss): His accounts went a little ～. 会計が少しあぶなっかしくなった / Has anything gone ～ with the clock? 時計は故障したのか. 〖(1919) 《変形》← ?《方言》 *wanky* ← ME *wankel* < OE *wancol* wavering ← Gmc *wankil-* (G *wanken* to totter) ← IE *weng- to bend: cf. wench, wince[1]〗

won·na /wʌ́nə/ 《スコット》＝will not, won't.

won·ner /wʌ́nə | -nə^(r)/ *n.*, *v.* 《スコット》＝wonder.

Wŏn·san /wɑ(ː)nsɑ́ːn | wɔnsǽn/ *n.* Korean *wansan*/ *n.* (*also* **Won·san** /～/) 元山(ｹﾞﾝｻﾞﾝ)《北朝鮮, 日本海側の港湾都市》.

wont /wɔ́(ː)nt, wɑ́(ː)nt, wóunt, wʌ́nt | wə́unt, wɔ́nt/ 《古》 *adj.* [叙述的] …し慣れて, するのを常として (accustomed) ‹*to do*›: as he was ～ *to* say 彼がよく言っていたように / sitting as I was ～ 例のように座って. — *n.* 習慣 (⇨ habit[1] SYN); 風習 (custom): use and ～ 世間の風習 / according to his ～ 彼の習慣に従って / as is one's ～ ＝after one's ～ いつものように / It was his ～ to rise at six. 6 時に起きるのが彼の習慣であった / He came home much later than was his ～. 彼はいつもよりずっと遅く帰宅した. — *v.* (～; ～, ～**ed**) — *vt.* **1** 〈人を〉慣れさせる (accustom) 〔*to*〕. **2** [通例受身で] 〈物を〉習慣的なものにする. — *vi.* …する習慣である ‹*to do*›: as he ～ *to* do 彼がいつもしていたように. 〖adj.: ME *wunt, woned* < OE *ġewunod* (p.p.) ← *wunian* 'to WON[3]'. — n.: (*a*1325) 《変形》← ? ME *wune, wone* custom, habit < OE (*ġe*)*wuna* ← *wunian*. — v.: (*c*1440) ← (adj.)〗

won't /wóun(t), wʌ́n(t) | wə́un(t)/ 《口語》will not の縮約形. 〖(17C) 《短縮》← ME *wol not* will not: ⇨ will[1]〗

wont·ed /wɔ́(ː)ntɪ̀d, wɑ́(ː)n-, wóun-, wʌ́n- | wə́unt-/ *adj.* **1** [限定的だけに用いて] 常の, 例の, いつもの: with his ～ courtesy 例のとおり丁寧に / return at one's ～ hour いつもの時間に帰る / I met with the ～ obstacles. 私はいつもの障害にぶつかった. **2** 《米》慣れた, なついた (accustomed) 〔*to*〕: sheep ～ *to* the fold 小屋に慣れた羊. **～·ly** *adv.* **～·ness** *n.* 〖1408: ⇨ wont (n.), -ed 2〗

won·ton /wɑ́(ː)ntɑ̀(ː)n | wɔ̀ntɔ́n⁻/ *n.* ワンタン; ワンタン入りスープ. 〖(1934) □ Chin. (広東方言) *wan t'an* (餛飩)〗

woo /wúː/ *vt.* 《文語》 **1** 〈人〉に(…するよう)せがむ (importune), なだめすかして〈人〉に…させる (coax) 〔*to*〕 / ‹*to do*›: ～ a person *to* do …してくれと人にせがむ / I ～*ed* him *to* compliance. 彼をなだめすかして同意させた. **2** 〈名誉・財産などを〉得ようとする (try to win), 求める, 追う (pursue); 〈災難などを〉招く (invite): ～ fame [success, slumber] 名声[成功, 睡眠]を求める / ～ one's own destruction 身の破滅を招く. **3** 〈女性に〉求愛する, 求婚する (court): ～ the Muses ミューズの神々の愛を求める, 芸術に精進する. — *vi.* **1** 〈男性が〉求愛する, 求婚する. **2** 懇願[嘆願]する. — *n.* ★ 次の成句で: ***pitch wóo*** 《米俗》愛撫する, 抱き合う (neck). 〖(1935)〗 〖lateOE *wōgian* ← ?〗

woo·but /wúːbət/ *n.* 〖昆虫〗＝woolly bear. 〖ME *wolbode* ← ? WOOL＋OE *budda* beetle〗

wood[1] /wʊ́d/ *n.* **1 a** [the ～] 木質部. **b** 木, 木材; 材木 (timber); まき, たきぎ (firewood): ⇨ hardwood, softwood / cut ～ 木を切る / bundle [chop, collect] ～ まきを束ねる[割る, 集める] / a house made of ～ 木造家屋. **2** [通例 *pl.*] 森, 森林《通例 grove より大きく forest より小さい; ⇨ forest SYN》. ★《口語》では a woods のように複数形でしばしば単数扱い: a ～*s* path 森の小道 / a ～ of larches カラマツの林 / a house in the middle of a ～ 森の真ん中の家 / ride through the ～*s* 森の中を馬で通る. **3** [the ～] (酒類などに対して)たる (cask, barrel): wine [beer] from *the* ～ たるから出したぶどう酒[ビール] / fresh from *the* ～ たるから出したばかりの / in *the* ～ たる詰めの, たる入りの (in case). **4 a** [the ～] (道具などの)木の部分, (テニスラケットなどの)木製の枠. **b** 〖木版〗の版木(はんぎ) (woodcut). **5** [the ～; *pl.*] 〖音楽〗木管楽器 (woodwind の縮約形); [集合的] (オーケストラの)木管楽器部 (cf. brass 2). **6** (lawn bowling に用いる)木球 (bowl). **7** 〖ゴルフ〗ウッド《打球部が木製のクラブ; cf. iron 5》. **8** [the ～] 《俗》説教壇 (pulpit).

cánnot sée the wóod for the trées 木を見て森を見ず, 一部に気をとられて全体の姿を見失う, 小事に心を奪われて大局が見えない. 〖(1546)〗 ***gó to the wóods*** 社会的地位を失う, 社会から追放される. ***hàve*** (***gót***) ***the wóod on*** 《豪口語》…より優位に立つ. ***néck of the wóods*** ⇨ neck. 成句. ***òut of the wóods*** [《英》***wóod***] 危機を免れて, 困難を切り抜けて: Don't halloo till you are *out of the* ～(*s*). 《諺》早まって喜ぶな, ぬか喜びはするな. ***sáw wóod*** 《米俗》(1) (他人にかまわず)自分の仕事をする, 人のことに干渉しない. (2) いびきをかく. ***táke to the wóods*** (1) 森に逃げ込む. (2) 《米口語》逃げて隠れる; 責任を回避する, 務めを怠る. ***tóuch*** [《米》***knóck*** (***on***)] ***wóod*** 木に手(など)を触れる《迷信で, 軽はずみに自慢などをしたあとで Nemesis (応報の女神)の怒りを和らげるため, または子供の遊びで相手につかまらないために, 近くにある木製のテーブルや柱に触れること》: I have been all right so far, *touch* [*knock on*] ～. 今のところすべて順調. おっと(と言って木などに触れる). 〖(1906)〗

— *adj.* [限定的] **1** 木製の (wooden): a ～ ceiling. **2** 木材用の, 木を切る[削る, 持ち上げる]ための. **3** [ときに ～s] 森にすむ, 森林で育つ: a ～ bee.

— *vt.* **1** 樹木で覆う (cf. wooded 1). **2** …に樹木を植える; 植林する (reforest). **3** 〈蒸気船・ストーブなど〉にたきぎ[木材]を供給する[積み込む]. **4** 材木で支える.

— *vi.* (燃料として)たきぎの供給を受ける, たきぎを積み込む ‹*up*›.

〖OE *wudu* < Gmc *widuz (OHG *witu* / ON *viðr*) ← IE *widhu- tree〗

wood[2] /wúːd/ *adj.* 《古》 **1** 気が狂った (mad). **2** 暴れる, 狂暴な (mad, violent). **3** 激怒した (enraged). 〖OE *wōd* < Gmc *wōdaz ← IE *wāt- to inspire: cf. Woden〗

Wood /wʊ́d/, **Grant** *n.* ウッド《1892–1942; 米国の画家; 細密描写による肖像・風景で著名》.

Wood, Mrs. **Henry** *n.* ウッド《1814–87; 英国の作家; 結婚前の名は Ellen Price; *East Lynne* (1861), *The Channings* (1862)》.

Wood, Sir **Henry Joseph** *n.* ウッド《1869–1944; 英国の指揮者》.

Wood, Leonard *n.* ウッド《1860–1927; 米国の将軍・政治家; ⇨ Rough Riders》.

Wood, Natalie *n.* ウッド《1938–81; 米国の映画女優; 本名 Natasha Gurdin; *Rebel Without a Cause*「理由なき反抗」(1955), *West Side Story* (1961)》.

wóod ágate *n.* 〖鉱物〗木瑪瑙(めのう)《木が硅化してできた一種の瑪瑙》.

wóod álcohol *n.* 〖化学〗木精, メチルアルコール (methanol) (cf. grain alcohol). 〖1861〗

wóod-and-iron *adj.* 《南ア》〈建物が〉木枠と波形鉄板の《無秩序に建てられ, 小さくて壊れやすく, 床のない》. 〖1871〗

wóod-and-wáter jòey *n.* 《豪口語》雑役夫, 雑用係. 〖(1882): cf. *Josh.* 9: 21 *hewers of wood, and drawers of water*: ⇨ Joey[1]〗

wóod anèmone *n.* 〖植物〗アネモネ数種の総称《ヨーロッパ産のヤブイチゲ (*Anemone nemorosa*), 北米東部産のアネモネ (*A. quinquefolia*) など》. 〖1657〗

wóod ànt *n.* 〖昆虫〗ヨーロッパアカヤマアリ (*Formica rufa*).

wóod àvens *n.* 〖植物〗＝herb bennet.

wóod bètony *n.* 〖植物〗 **1** ＝betony. **2** ＝lousewort. 〖1657〗

wóod·bin *n.* まき箱.

wóod·bìnd *n.* 〖植物〗＝woodbine. 〖OE *wudubind*(*e*): ⇨ wood[1], bind〗

wood·bine /wʊ́dbaɪn/ *n.* 〖植物〗 **1** 数種のスイカズラの類 (honeysuckle) の総称; 《特に》ヨーロッパ産のつる性低木ニオイニンドウ (*Lonicera* (or *Conicera*) *periclymenum*). **2** (米国産の)スイカズラ (*Lionicera caprifolium*). **3** 《米》＝Virginia creeper. **4** 《豪俗》英国人. 〖(16C) 《変形》↑〗

W

wóod·blòck *n.* **1** =woodcut. **2** (舗装用)木れんが. **3** 〘音楽〙=Chinese block. ― *adj.* 木版(印刷)の. 〘1837〙

wóod bòrer *n.* **1** 〘昆虫〙樹木の木質部に穴をあける各種の昆虫の幼虫. **2** 〘動物〙海中の木材に穴をあける各種の 2 枚貝や甲殻類小動物の総称《フナクイムシ・キクイムシなど》. **3** (圧縮空気を用いる)木材用穿孔(せんこう)器. 〘1850〙

wóod·bòring *adj.* 〈昆虫など〉木に穴をうがつ. 〘1815〙

wóod·bòx *n.* =woodbin.

wóod brìck *n.* 〘建築〙木れんが《仕上材を取り付けるためれんがやコンクリート壁に埋め込まれる木片》. 〘1842〙

Wood·bridge /wʊ́dbrɪdʒ/ *n.* ウッドブリッジ《米国 New Jersey 州中東部の都市》.

wóod bùd *n.* 〘植物〙(花芽とは違って)枝に成長していく芽 (cf. blossom bud, flower bud, fruit bud, leaf bud, mixed bud). 〘1763〙

Wóod Búffalo Nátional Párk *n.* ウッドバッファロー国立公園《カナダ Alberta 州と Northwest 準州南部にまたがる同国最大の国立公園》.

wóod·bùrning *adj.* 〈ストーブなどが〉木を燃やす.

wood·bur·y·type /wʊ́dbɛritàɪp, -b(ə)ri- | -b(ə)ri-/ *n.* ウッドベリ写真版《カーボンレリーフ像に圧着して作った鉛板の凹凸像に顔料を含むゼラチン液を含ませて紙に転写する》. 〘(1869) ← W. B. Woodbury (1834–85: その発明者)〙

wóod-càrver *n.* 木彫師. 〘1859〙

wóod-càrving *n.* 木彫(術); 木彫(物), 木彫り. 〘1847〙

wóod·chàt *n.* 〘鳥類〙 **1** ズアカモズ (*Lanius senator*)《ヨーロッパ産のモズの一種; woodchat shrike ともいう》. **2** 《まれ》コルリ属 (*Larvivora*) の鳴鳥の総称. **3** コマドリ属 (*Erithacus*) の小鳥の総称. 〘(*a*1705) ← **woodcat*《なぞり》← G *Waldkatze*: ⇨ wood¹, chat¹ (n.)〙

wóod·chìp *n.* **1** 木の切りくず, こっぱ, 木材チップ, チップ; [*pl.*] (冬季の根おおい (mulch) に用いる) 木のこっぱなどの木くず. **2** (*also* **woodchip pàper**) 《英》ウッドチップペーパー《木目の感触を出すために木のチップを入れた壁紙》. 〘1958〙

wóod·chòp *n.* 《豪》丸太ぶち切り競争. 〘1918〙

wóod·chòpper *n.* 《米》きこり. 〘1779〙

wood·chuck /wʊ́dtʃʌk/ *n.* 〘動物〙 **1** ウッドチャック (*Marmota monax*)《米国北東部のマーモット; groundhog ともいう》. **2** (北米西部産の)マーモットの類の数種の動物の総称 (cf. marmot). 〘(1674)《通俗語源による変形》← N-Am.-Ind. (Algonquian) *wuchak, otchek*〙

woodchuck 1

wóod cóal *n.* **1** 木炭. **2** 亜炭, 褐炭(かったん) (lignite). 〘1727〙

wóod·còck *n.* (*pl.* ~s, ~) 〘鳥類〙 **1 a** ヤマシギ (*Scolopax rusticola*)《旧世界産のシギ科の鳥》. **b** アメリカヤマシギ (*Philohela minor*)《同類の小形の狩猟鳥》. **2** 《古》うすのろ (simpleton).《この鳥が簡単にわなにかかるところからか》〘lateOE *wuducoc*: ⇨ wood¹, cock¹〙

wóod·cràft *n.* **1** 《米》山林技術《山林での狩猟・通過・生活法など》. **2** 森林学 (forestry). **3 a** 木彫り, 木彫術. **b** 木工(業). 〘(?*a*1390) ← *wod crafte*: 廃語であったが Walter Scott により復活された〙

wóod·cràftsman *n.* (*pl.* -men) **1** 山林技術者. **2** 木彫工[名工].

wóod·crèeper *n.* 〘鳥類〙=woodhewer.

wóod cúdweed *n.* 〘植物〙キク科ハハコグサ属の多年生雑草 (*Gnaphalium sylvaticum*)《chafeweed ともいう》.

wóod·cùt *n.* **1** 板目木版 (cf. wood engraving). **2** 板目木版画. 〘1662〙

wóod·cùtter *n.* **1** きこり. **2** 木版師, 木版彫刻師. 〘1761〙

wóod·cùtting *n.* **1** 木材伐採(業). **2** 木版彫刻. 〘1683〙

wóod dòve *n.* 〘鳥類〙=wood pigeon. 〘*c*1386〙

wóod dùck *n.* 〘鳥類〙アメリカオシ (*Aix sponsa*)《北米産のオシドリに似た水鳥》. 〘1777〙

wood·ed /wʊ́dɪ̀d | -dɪd/ *adj.* **1** 森の多い, 樹木の茂った: a ~ hill / ~ valleys 樹木の茂った谷間 / a well-*wooded* country よく樹木の茂っている地方. **2** [複合語の第 2 構成素として] (…質の)木の, 木が…(質)の: a soft-*wooded* tree 木質の柔らかい木. 〘(1605): ⇨ -ed 2〙

wood·en /wʊ́dn/ *adj.* **1** 木の, 木製の, 木で作った: a ~ hut 木造小屋 / a ~ bucket 手桶 / a ~ bridge 木橋 / a short ~ pipe 短い木製のパイプ / a great ~ door 大きな木製のドア / ⇨ Wooden Horse, wooden spoon, wooden walls. **2** 活気のない (spiritless); 表情のない (inexpressive); 〈音などが〉鈍い: a ~ face 無表情な顔 / a ~ look きょとんとした顔つき / He said it with a ~ inflection. 感情のない抑揚でそう言った. **3** 〈動作などが〉硬い, こわばった; ぎこちない, ぶざまな (awkward, clumsy): ~ manners [motions] ぎこちない素振り[動作] / a ~ smile ぎこちない微笑. **4** 間の抜けた, とんまな, 鈍感な (dull), ばかな: a ~ head 鈍い頭 / a ~ old man 愚鈍な老人. **5** 〈結婚など〉5 周年記念の; ⇨ wooden wedding.
― *vt.* 《豪俗》〈人や動物を〉倒す[殺す]. **~·ly** *adv.* **~·ness** *n.* 〘(1538) ← wood¹ (n.)＋-EN²〙

wóod engràver *n.* **1** 木版師, 木彫師. **2** 〘昆虫〙=engraver beetle. 〘1816〙

wóod engràving *n.* **1** 小口木版 (cf. woodcut). **2** 小口木版画. 〘1816〙

wóoden·hèad *n.* 《口語》間抜け, のろま, ばか (blockhead). 〘1831〙

wóoden·hèaded *adj.* 愚鈍な, のろまな, ばかな (stupid, dull). **~·ness** *n.* 〘*c*1854〙

Wóoden Hórse, w- h- *n.* **1** [the ~] 〘ギリシャ伝説〙(トロイの)木馬《Trojan War で, ギリシャ軍が中に兵士を忍ばせて Troy 城内に送り込み, Troy を攻略した大きな木馬; Trojan horse ともいう》. **2** [w- h-]=horse 4 d. 〘(1599)《廃》'ship': 現在の意味については cf. Gk *híppos douráteos* (*Odyssey* VIII. 492, 512)〙

wóoden Índian *n.* 《米》 **1** (もと, たばこ屋の店頭に広告としておいた)北米先住民戦士 (brave) の木像 (cf. cigar-store Indian). **2** [しばしば w- i-] 《口語》(木彫りの面のように)無表情[無感覚]な人. 〘1879〙

wóoden níckel *n.* **1** 5 セント白銅貨相当の木製の小型記念品[物]. **2** (だまされやすい人が手に入れる)全く無価値なもの. 〘1927〙

wóoden nútmeg *n.* =wooden nickel 2.

wóoden róse *n.* 〘植物〙暖地に生育するヒルガオ科サツマイモ属の多年生つる植物 (*Ipomoea tuberosa*)《黄色の萼片(がくへん)が果実を包んでバラの花のような形になる》.

wóoden shóe *n.* 木靴 (sabot). 〘1701〙

wóoden spóon *n.* **1** 〘英大学〙 **a** 木さじ《元来は Cambridge 大学の数学優等試験で末席の人に与える木製スプーン》. **b** 木さじ受領者. **2** 最下位賞 (booby prize). 〘1803〙

wóoden tóngue *n.* 〘獣医〙(家畜の)舌アクチノミコーゼ症, 木舌. 〘1884〙

wóoden·tòp *n.* 《英俗》(私服の刑事に対して) 制服の警官, おまわりさん; 近衛師団兵; 鈍いやつ, うすのろ. 〘1981〙

wóoden wálls *n. pl.* 木壁, 沿岸警護の軍艦《昔の国の守りとしての木造戦艦; 紀元前 480 年ごろペルシャ軍襲来の際,「木壁のみその進攻を食い止めん」という Pythia の伝えた神託に基づき, Themistocles が「木壁」を船の意に解し海戦によって敵軍を撃破した故事による; cf. *Herodotus* VII. 141, iron walls》. 〘(1598)《なぞり》← Gk *xúlinon teîkhos*〙

wóoden·wàre *n.* [集合的] 木製器具《木さじ・木皿など》. 〘1647〙

wóoden wédding *n.* 木婚式《結婚 5 周年目の記念式[日]: ⇨ wedding 4》. 〘1870〙

wóod fèrn *n.* 〘植物〙オシダ属 (*Dryopteris*) の各種のシダの総称. 〘*c*1880〙

wóod fìber *n.* 〘植物〙=xylem fiber. 〘1875〙

wóod fìller *n.* 木材目止剤.

wóod flòur *n.* 〘化学〙木粉《木材を微粉末にしたもの, またはおがくずなど; ダイナマイトの吸着剤, 合成樹脂形式の充填材用; wood meal ともいう》. 〘1845〙

wóod fràme constrùction *n.* 〘建築〙枠組壁構造, 枠組壁構法, ツーバイフォー構法 (⇨ two-by-four).

wóod-frèe *adj.* 〈紙が〉(砕木パルプを含まない)良[上]質の (cf. groundwood). 〘1904〙

wóod fròg *n.* 〘動物〙アメリカアカガエル (*Rana sylvatica*)《北米東部によく見られる体は茶色で森林の湿地にすむカエル》. 〘1698〙

wóod gàs *n.* 〘化学〙木ガス, まきガス《木材を乾溜して採ったガスで, 炭酸ガス・一酸化炭素および炭化水素類を含む》. 〘*c*1865〙

wóod·gràin *n., adj.* 木目調(の), 木目調の素材[仕上げ]. **~·ing** *n.* 〘⇨ grain〙

wóod gròuse *n.* 〘鳥類〙 **1** 《英》=capercaillie. **2** =spruce grouse.

wóod hèdgehog *n.* 〘植物〙カノシタ (*Hydnum repandum*)《広葉樹林にみられる担子菌類のキノコ》.

wóod·hèn *n.* 《NZ》=weka.

wóod hènge *n.* ウッドヘンジ《イングランドの方々にある, 有史以前の木造建造物; cf. Stonehenge》. 〘(1927) Stonehenge にならった造語〙

wóod·hèwer *n.* 〘鳥類〙オニキバシリ《中南米産のオニキバシリ科の木の幹を登る各種の鳥の総称; cf. creeper 4》. 〘1483〙

wóod hòopoe *n.* 〘鳥類〙カマハシ《熱帯アフリカ産カマハシ科モリヤツガシラ属 (*Phoeniculus*) の鳥の総称》. 〘1908〙

wóod·hòuse *n.* まき小屋 (woodshed). 〘1274〙

Wood·hull /wʊ́dhʌl/, **Victoria Claflin** *n.* ウッドハル《(1838–1927; 米国の社会運動家; 女性として初めて大統領選に立候補 (1872); 旧姓 Claflin)》.

wóod hỳacinth *n.* 〘植物〙つり鐘形の花をつけるヨーロッパ産ユリ科ツルボ属の草本 (*Scilla nonscripta* および *S. nutans*)《wild hyacinth, harebell ともいう》. 〘*c*1870〙

wóod ìbis *n.* 〘鳥類〙アメリカトキコウ (*Mycteria americana*)《中南米, 米国南部にすむコウノトリの一種; wood stork ともいう》. 〘1785〙

wood·land /wʊ́dlənd, -lænd/ *n.* [時に *pl.* で *sing.* 扱い] 森林地方, 森林地帯. ― *adj.* [限定的] 森林の, 森林地の: ~ flowers 森の花 / ~ scenery 森林の景色 / the ~ choir 森に歌うもろもろの鳥の群れ. 〘OE *wudulond*〙

wóod·land·er *n.* 森林に住む人, 森林居住[生活]者. 〘1774〙

wóod·làrk *n.* 〘鳥類〙モリヒバリ (*Lullula arborea*)《ヨーロッパ産のヒバリの一種; 木にとまる習性がある》. 〘(*a*1325) *wodelarke*〙

wóod lèopard *n.* 〘昆虫〙斑点のあるボクトウガ科のガ (cf. leopard moth). 〘1819〙

wóod·less *adj.* 樹木のない, 材木のない. 〘1551〙

wóod lìly *n.* 〘植物〙米国東部産の赤い花をつけるユリ (*Lilium philadelphicum*). 〘(*a*1400) ← *wodelilie* the meadow-saffron〙

wóod·lòre *n.* 森林についての知識. 〘1918〙

wóod·lòt *n.* (農場などの)林地. 〘1643〙

wóod lòuse *n.* (*pl.* **wood lice**) **1** 〘動物〙ワラジムシ, ダンゴムシ《等脚目 (Isopoda) ワラジムシ科・ダンゴムシ科・ミズムシ科の節足動物の総称; ワラジムシ (*Porcellio scaber*) など; slater, sow bug ともいう》. **2** 〘昆虫〙翅のない小さなチャタテムシ類の総称《樹皮下・壁の割れ目・古本の間など陰湿な場所にすむ; コナチャタテ, カツブシチャタテなど》. **3** 〘昆虫〙シロアリ (termite). 〘1611〙

wóod·man /-mən/ *n.* (*pl.* **-men** /-mən/) **1** きこり. **2** 《英》林務官. **3** 森の住人, 山男 (woodlander). **4** 《廃》森林の猟師, 狩人. **5** [W-] (アメリカまたは世界)ウッドメン協会の会員. 〘(*c*1410) *wodeman*〙

wóod méadow gràss *n.* 〘植物〙タチイチゴツナギ (*Poa nemoralis*)《ヨーロッパ産イネ科の草本; 日陰地に見られる》.

wóod mèal *n.* 〘化学〙=wood flour.

wóod mòuse *n.* 〘動物〙 **1** 森にすむネズミの総称. **2** =white-footed mouse. 〘*c*1600〙

wóod mùshroom *n.* 〘植物〙ユーラシア・北米産のハラタケ属の一種 (*Agaricus silvicola*)《森の中に生える, 傘が白色でひだが褐色の食用キノコで, 強いアニスの果実の香りがする》.

wóod·nòte *n.* [通例 *pl.*] (森の小鳥の歌のような)技巧のない歌, 野性[自然]の調べ (cf. Milton, *L'Allegro*). 〘1632〙

wóod nùt *n.* 〘植物〙=filbert 1.

wóod nỳmph *n.* **1** 森の精 (dryad). **2** 〘鳥類〙中南米産の *Thalurania* 属のハチドリの総称. **3** 〘昆虫〙米国産ヤガ科 *Euthisanotia* 属のガの総称. **4** 〘昆虫〙=satyr 3. 〘1577〙

wóod òil *n.* **1** 木材から採る油の総称 (gurjun balsam, 松根油 (pine oil) など). **2** 〘化学〙=tung oil 1. 〘1759〙

wóod òpal *n.* 〘鉱物〙木蛋白石. 〘1816〙

wóod òwl *n.* =tawny owl 1.

wóod pàper *n.* 木材パルプ紙. 〘1800〙

wóod parènchyma *n.* 〘植物〙木部柔組織 (cf. phloem parenchyma, ray parenchyma).

wóod pávement *n.* 木れんが舗道.

wóod·pècker *n.* 〘鳥類〙キツツキ《キツツキ科の鳥の総称; downy woodpecker, great spotted woodpecker など》. 〘1530〙

wóod pèwee *n.* 〘鳥類〙 **1** モリタイランチョウ (*Contopus virens*)《米国東部産タイランチョウ科モリタイランチョウ属の鳥》. **2** ニシモリタイランチョウ (*C. sordidulus*)《北米西部産》. 〘1874〙

wóod·pìe *n.* 〘鳥類〙=great spotted woodpecker.

wóod pìgeon *n.* 〘鳥類〙 **1** =ringdove. **2** =band-tailed pigeon. **3** =passenger pigeon.

wóod·pìle *n.* まき[材木]の山.
in the wóodpile ひそかに悪事をはたらいて. ***a nigger in the wóodpile*** ⇨ nigger 成句. 〘(*c*1552) ⇨ pile¹〙

wóod pìtch *n.* 木(もく)ピッチ《木タール乾溜(かんりゅう)の残渣として得られる》.

wóod pòppy *n.* 〘植物〙=celandine poppy.

wóod·print *n.* =woodcut. 〘1816〙

wóod pùlp *n.* 木材パルプ《製紙原料》. 〘1866〙

wóod pùssy *n.* 《米方言》〘動物〙 **1** (シマ)スカンク (skunk). **2** ケナガイタチ (polecat). 〘*c*1899〙

wóod ràbbit *n.* 〘動物〙=cottontail. 〘1891〙

wóod ràt *n.* 〘動物〙モリネズミ (⇨ pack rat). 〘1763〙

wóod rày *n.* 〘植物〙=xylem ray. 〘1925〙

wóod·rèeve *n.* 《英》林務官, 山林官. 〘(1866) ⇨ reeve¹〙

wóod ròbin *n.* 〘鳥類〙=wood thrush. 〘1808〙

wóod ròsin *n.* 〘化学〙ウッドロジン《松根を溶剤で抽出して得られるロジン》.

wóod ròt *n.* (菌類による)木材の腐朽 (cf. rot *n.* 4). 〘1926〙

Wood·row /wʊ́droʊ | -drəʊ/ *n.* ウッドロー《男性名; 愛称形 Woody》. 〘OE *wudorowe* (dweller at the) hedge by the forest〙

wood·ruff /wʊ́drʌf, -drəf | -drʌf/ *n.* 〘植物〙クルマバソウ《全体に芳香のあるアカネ科クルマバソウ属の植物の総称》. 〘OE *wudurofe* ← *wudu* 'WOOD¹'＋*rōfe* (← ?: cf. MLG *rōve* turnip)〙

Wóod·ruff kèy /wʊ́drʌf-, -drəf- | -drʌf-/ *n.* 〘機械〙ウッドラフキー, 半月キー《直径 2 インチ半以下の軸と車を締結する半月形のキー》. 〘(1892) ← *Woodruff*: 発明者の名か〙

wóod rùsh *n.* 〘植物〙イグサ科スズメノヤリ属 (*Luzula*) の植物の総称. 〘1776〙

Woods /wʊ́dz/, **Lake of the** *n.* ⇨ Lake of the Woods.

Woods /wʊ́dz/, **Tiger** *n.* ウッズ《1975–　; 米国のゴルファー; 本名 Eldrick Woods》.

wóod sàge *n.* 〘植物〙北米東部原産シソ科ニガクサ属の多年草 (*Teucrium scorodonia*). 〘1570〙

wóod scrèw *n.* 〘木工〙木(もく)ねじ (screw nail). 〘1733〙

Woodser *n.* =Jimmy Woodser.

wóod·shèd *n.* まき小屋 (woodhouse). ***sómething násty in the wóodshed*** (抑制の原因となるような)過去の忌まわしい経験《woodshed での母親や姉妹の情事を目撃

して気が動転したの意から; 英国の女流作家 Stello Gibbons (1902–89) の小説 *Cold Comfort Farm* (1932) を通じて一般化した): He has seen *something nasty in the* ～. 過去にショッキングなことを目撃[経験]したことがある. — *vi.* 《俗》(隠し芸などのために)熱心に楽器の稽古をする《特にジャズ, ロックミュージシャンについていう; 昔, 楽器の稽古(けいこ)を woodshed でしたことから》. 〚1844〛

wóod shòt *n.* **1** 〚ゴルフ〛ウッドショット《ウッドによるショット》. **2** 〚テニス・バドミントン〛フレームショット《ラケットの木部でするショット》. 〚1927〛

wood·si·a /wʊ́dziə/ *n.* 〚植物〛ウラボシ科イワデンダ属 (*Woodsia*) のシダの総称《イワデンダ (*W. polystichoides*), ミヤマイワデンダ (*W. ilvensis*) など》. 〚(1815) ← *Joseph Woods* (1776–1864: 英国の植物学者): ⇨ -ia¹〛

wóod slàve *n.* 《カリブ》〚動物〛カブラヤモリ (*Thecadactylus rapicauda*)《中央アメリカ産の尾のつけ根がふくらんでいるヤモリ; しばしば家の中にすむ; 誤って有毒と思われている》. 〚1725〛

Wóod's líght /wʊ́dz-/ *n.* ウッド光線《偽造物の光学鑑定に用いる紫外線》. 〚(1925) ← *R. W. Wood* (1868–1955: 米国の物理学者)〛

woods·man /wʊ́dzmən/ *n.* (*pl.* **-men** /-mən/) **1** 《米》森の住人; 山の事(山林や狩猟など)に明るい人. **2** = lumberman. 〚1688〛

Wóod's métal *n.* 〚商標〛ウッド合金《融点 70°C の易融合金; 防火栓などのヒューズに用いる》.

wóod·smòke *n.* たきぎ[まき]の煙.

wóod sòrrel *n.* 〚植物〛カタバミ《カタバミ属 (*Oxalis*) の草の総称》; 《特に》コミヤマカタバミ (*O. acetosella*)《ヨーロッパ・北米産; sleeping beauty ともいう》. 〚(1525) 《なぞり》← MF *sorrel de boys*〛

wóod spirit *n.* **1** 〚化学〛木精 (wood alcohol). **2** 森の精. 〚1842〛

wóod spùrge *n.* 〚植物〛トウダイグサ科タカトウダイに似た多年草で黄緑色の花序を枝端につける植物《ヨーロッパ産の *Euphorbia amygdaloides* と北米産の *E. commutata* とがある》. 〚1597〛

wóod stàin *n.* 木材着色剤.

wood·star /wʊ́dstɑ̀ːə | -stɑ̀ː^(r)/ *n.* 〚鳥類〛主に南米産のハチドリ数種の総称《フジノドハチドリ属 (*Philodice*), ルリオハチドリ属 (*Chaetocercus*), チビハチドリ属 (*Aceotrura*) など》. 〚1859–62〛

Wood·stock /wʊ́dstɑ̀(ː)k | -stɔ̀k/ *n.* ウッドストック《New York 州南東部の村, 及び 1969 年 8 月にその近辺で行われたロック音楽祭を指す; 60 年代のロックシーンの頂点をなすイベント》.

wóod·stòne *n.* 〚地質〛珪化(けいか)木. 〚1796〛

wóod stòrk *n.* 〚鳥類〛=wood ibis. 〚1884〛

wóod sùgar *n.* 〚化学〛木糖 ($C_5H_{10}O_5$)《木材を酸で加水分解して得られる粗糖 D-グルコース, D-キシロース, D-マンノースなどの混合飲物; 染め物, 皮なめし等に用いられる》. 〚*c*1900〛

wóod swàllow *n.* 〚鳥類〛モリツバメ《オーストラリア・アジア産のモリツバメ属 (*Artamus*) の鳥の総称; ハイイロモリツバメ (*A. fuscus*), マミジロモリツバメ (*A. superciliosus*) など; swallow shrike ともいう》. 〚1869〛

woods·y /wʊ́dzi/ *adj.* (**woods·i·er**; **-i·est**) 《米口語》森林の(ような): a ～ odor 森のにおい. **wóods·i·ness** *n.* 〚(1860) ← WOOD¹+-S¹+-Y⁴: cf. woody〛

wóod tàr *n.* 木(も)タール《木材を乾溜(かんりゅう)して得られる黒色粘液; 木材の防腐剤》. 〚1857〛

wóod thrùsh *n.* 〚鳥類〛モリツグミ (*Hylocichla mustelina*)《北米東部産のツグミの一種》. 〚1791〛

wóod tìck *n.* 〚動物〛モリマダニ《森林中で人を襲うマダニの総称》; 《特に》北米ではロッキー山紅斑熱 (Rocky Mountain spotted fever) を媒介する *Dermacentor andersoni* 《Rocky Mountain wood tick ともいう》. 〚1668〛

wóod-tùrner *n.* ろくろ師, 木地細工師, 木工旋盤工. 〚*c*1835〛

wóod tùrning *n.* ろくろ細工. **wóod-tùrning** *adj.* 〚*c*1876〛

wóod túrpentine *n.* =turpentine 1.

wóod vìnegar *n.* 〚化学〛木酢(もくさく) (pyroligneous acid). 〚1837〛

wóod wàrbler *n.* 〚鳥類〛 **1** =warbler 1 b. **2** モリムシクイ (*Phylloscopus sibilatrix*)《ヨーロッパ産ムシクイ属の小鳥》. 〚1817〛

Wood·ward /wʊ́dwəd | -wəd/, **Robert Burns** *n.* ウッドワード《1917–79; 米国の化学者; Nobel 化学賞 (1965)》.

wóod wàsp *n.* 〚昆虫〛 **1** =horntail. **2** ヨーロッパ産スズメバチ属の木に巣を作るハチ (*Vespa sylvestris*). 〚1868〛

wóod·wàxen *n.* 〚植物〛ヒトツバエニシダ (*Genista tinctoria*)《ユーラシア原産マメ科の落葉低木; 昔その花から採れる黄色の染料とホソバタイセイから採れる青色の染料 (woad) とを混ぜて緑色の染料を作った; dyer's-broom, dyeweed, greenweed, greenwood, whin, woadwaxen ともいう》. 〚OE *wuduweaxan* (oblique) ← *wuduweaxe*: ⇨ wood¹, wax², woadwaxen〛

wóod·wìnd /-wìnd/ 〚音楽〛 *n.* **1 a** 木管楽器. **b** [集合的] 木管楽器類 (cf. wind instrument). **2** [the ～s] (オーケストラの)木管楽器部. — *adj.* [限定的] 木管楽器の, 木管楽器奏者[音楽]の. 〚1876〛

wóod-wòol *n.* (詰め物などで医療・絶縁・梱包に用いる)木毛(もくもう)《細かいかんなくずまたは木質繊維; cf. excelsior 1》. 〚1887〛

wóod wóolly fòot *n.* 〚植物〛ワサビカレバタケ (*Collybia peronata*)《ユーラシア・北米産キシメジ科のキノコ; 茎の下半分が密毛におおわれる; woolly foot ともいう》.

wood·work /wʊ́dwə̀ːk | -wə̀ːk/ *n.* **1 a** 《英》木工技術, 木細工, 木工事 (woodworking). **b** [集合的] (家などの)木造部, 木工部分; 木工品 (cf. stonework 1). **2** 《口語》サッカーのゴールポストの枠. ***còme* [*cràwl*] *óut of the wóodwork*** 《口語》隠れている所から[どこからともなく]出てくる. 〚1650〛

wóod·wòrker *n.* **1** 木細工人, 木工師《木工・指物師など》. **2** 木工機械. 〚1875〛

wóod·wòrking *n.* **1** 木細工, 木工業《大工職・建具職・木地ひきなど》. **2** [形容詞的に] 木工用の, 木工業に従事する. 〚1872〛

wóod·wòrm *n.* **1** 〚昆虫〛=wood borer 1. **2** woodworm による虫食被害.

wood·y¹ /wʊ́di | -di/ *adj.* (**wood·i·er**; **-i·est**) **1** 〈地域が〉樹木の茂った[多い], 森の多い (wooded): a ～ hill 樹木の茂った丘 / ～ land 森林地. **2 a** 木質の (ligneous); 木の, 木に似た: ～ parts of a plant 植物の木質部 / a ～ plant (草本に対して)木本 / a ～ stem 木質茎 / ～ tissue 木質組織. **b** 〈茎や幹が〉堅く繊維の多い. **3** 《廃》森林の (silvan). **wóod·i·nees** *n.* 〚(1375) *woddy*: ⇨ wood¹, -y⁴〛

wood·y² /wʊ́di, wúːdi | -di/ *n.* 《スコット》=widdy¹.

Wood·y /wʊ́di | -di/ *n.* ウッディー《男性名》. 〚(dim.) ← WOODROW〛

wóod·yàrd *n.* 木材置場. 〚1309〛

wóody fìber *n.* 〚植物〛 **1** =xylem. **2** 木部繊維.

wóody nìghtshade *n.* 〚植物〛=bittersweet 2 a.

Wood·y's /wʊ́diz | -diz/ *n.* 〚商標〛ウッディー(ズ)《米国 Anderson Clayton Foods 製のチーズ・加工食品》.

woo·er /wúːə | wúːə^(r)/ *n.* 求婚者, 求愛者 (suitor). 〚OE *wōgere*: ⇨ woo, -er¹〛

woof¹ /wʊ́f, wúːf | wúːf/ *n.* (*pl.* ～**s**) **1 a** (織物の)横糸, ぬき (weft) (↔ warp). **b** [通例 the ～] 基本的要素 (cf. warp 1 b). **2** 織物 (woven fabric), 織地 (texture). ***the wárp and wóof*** ⇨ warp 成句. 〚(1530) 《変形》← ME *oof* < OE *āwef*, *ōwef* ← A-¹+ *wefan* 'to WEAVE¹': 現在の形は他の縁語 WARP, WEFT¹ の語頭音 /w-/ の影響: cf. web〛

woof² /wʊ́f/ *n.* (*pl.* ～**s**) **1** 犬の(ような)低い抑えたほえ声, うーという音. **2** (再生装置から出る)低い音 (cf. tweet 2). — *vi.* うーというような声を出す. 〚(1804): 擬音語〛

woof·er /wʊ́fə, wúːfə | -fə^(r)/ *n.* ウーファー《低音専用スピーカー; cf. squawker 5, tweeter》. 〚(1935) ⇨ ↑, -er¹: その低音から〛

woof·ter /wʊ́ftə, wúːf- | -tə^(r)/ *n.* (*also* **woof·tah** /-tə/) 《英俗》〚軽蔑的〛ホモ, おかま野郎. 〚(1977) 《変形》← POOFTER〛

woo·ing /wúːɪŋ/ *n.* 求愛, 求婚. — *adj.* **1** 求愛する: a ～ lover. **2** 魅惑的な (alluring). **～·ly** *adv.* 〚OE *wōgung*: ⇨ woo, -ing¹〛

wool /wʊ́l/ *n.* **1** 羊毛《山羊・ラマ・アルパカなどの毛にもいう》: pure [all, 100%] ～ / carding [short] ～ 紡毛用の短い羊毛《長さ 2 インチ以下》/ combing [long] ～ 梳毛(そもう)用の長い羊毛《長さ 2 インチ以上》. ★ 毛糸には梳毛糸 (worsted yarn) と紡毛糸 (woolen yarn) とがあり, 前者は長い羊毛を, 後者は短い羊毛を原料としたもの; ただし両方を総称して woolen yarn ということもある. **2** 毛糸 (woolen yarn). **3** 毛織物, ラシャ (woolen cloth); 毛織の衣服: wear ～ 毛織物を着る. **4 a** (毛皮獣の)むく毛, 綿毛 (down). **b** 黒人の頭髪; 《口語》(人の)縮れ毛: ⇨ *lose one's* WOOL. **c** (植物・毛虫などの)綿毛: vegetable ～ 植物毛《マツ・モミジなどの生の毬果(きゅうか)から採る》/ ⇨ cotton wool. **5** 羊毛代用品, 人造羊毛: glass ～ ガラス綿, グラスウール / mineral [slag] ～ 鉱物綿, 鉱滓(こうさい)綿 / rock ～ 岩綿 / ⇨ lead wool, steel wool, wire wool, wood-wool.

agàinst the wóol (1) 逆毛に, 逆に. (2) =*against the* GRAIN. (1531) ***áll wóol and a yárd wíde*** 《米口語》人柄がよい, 申し分のない, 頼りになる, 親切な: He's *all ～ and a yard wide*. ***dráw the wóol òver a person's éyes*** =*pull the* WOOL *over a person's eyes*. (1855) ***dýe in the wóol*** ⇨ dye 成句. (1830) ***gó for wóol and còme hóme shórn*** 反対にやっつけられる, 返り討ちになる, ミイラ取りがミイラになる《「羊の毛を刈りに行ってかえって裸にされて帰る」から》. ***kéep one's wóol òn*** 《英口語》=*keep one's* HAIR *on*. (1890) ***lóse one's wóol*** 《英口語》=*lose one's* HAIR. (1944) ***múch crý and líttle wóol*** ⇨ cry *n.* 成句. (*c*1460) ***òut of the wóol*** 〈羊など〉毛を刈り取られて. (1550) ***púll* [*pút*] *the wóol òver a person's éyes*** 《口語》人の目をくらます, 〈人を〉瞞着(まんちゃく)する (deceive). (1842)

— *adj.* 羊毛(製)の: a pure ～ sweater 純毛セーター. 〚OE *wull* < Gmc **wullō* (Du. *wol* / G *Wolle*) ← IE **welə-* wool (L *vellus* fleece & *lāna* wool / Gk *lênos* wool) ← ? **wel-* to tear, pull〛

wóol bàle *n.* 《豪》羊毛梱(こり)《圧縮した羊毛を入れる立方体の容器》.

wóol·bàll *n.* =hair ball.

wóol càrding *n.* 羊毛のカーディング, 羊毛すき《羊毛のもつれなどを除き, 繊維をほぐすこと》. 〚1806〛

wóol chèque *n.* 《NZ》牧羊業者の年間の収益. 〚1930〛

wóol clàsser *n.* 《豪》=wool grader.

wóol clàssing *n.* 《豪》羊毛評価選別(作業). 〚1874〛

wóol clìp *n.* 羊毛の年産量[額] (cf. clip² 2 d). 〚1862〛

wóol còmber *n.* コーマ, 梳毛(そもう)機. 〚1702〛

wóol còmbing *n.* =wool carding.

wóol drìver *n.* 《英》羊毛仲買人. 〚1555〛

wóol-dýed *adj.* **1** (織る前に)羊毛(のまま)で染めた, 毛染めの, 先染めの (cf. piece-dyed). **2** 《米》頑固な, 徹底的な (thoroughgoing). 〚1832〛

wooled *adj.* **1** 羊毛を有する[刈り取っていない]: ～ lambs. **2** [しばしば複合語の第 2 構成素として] 羊毛が…の: long*wooled*. 〚(1425): ⇨ wool, -ed 2〛

wool·en /wʊ́lən/ *adj.* [限定的] 羊毛(製)の, 毛織の; 紡毛の: ～ cloth 毛織物, ラシャ / a ～ manufacturer 毛織物製造者 / a ～ mill 毛織物工場 / a ～ scarf 毛織のスカーフ / ～ stockings 毛織のストッキング / ～ yarn 毛糸 (⇨ wool *n.* 1). — *n.* **1** 紡毛糸《短羊毛や反毛を材料にして紡績糸をつむぎ, けばだったラシャを織るのに用いる; cf. worsted 1》. **2** 毛織物 (woolen fabric), ラシャ; [通例 *pl.*] 毛織の衣類: be dressed in ～*s* 毛織物を着ている. 〚adj.: lateOE *wullen* ∽ OE *wyllen*. — n.: (*a*1300) ← (adj.): ⇨ wool, -en²〛

wóolen dràper *n.* (昔の)毛織物小売商人. 〚1572〛

wóolen dràpery *n.* (昔の)毛織物類 (woolen goods); 毛織物[ラシャ]店.

wool·en·et /wʊ̀lənét/ *n.* 《米》薄地毛織物, 薄ラシャ. 〚← WOOLEN (n.)+-ETTE〛

wool·er /wʊ́lə | -lə^(r)/ *n.* 採毛用家畜《羊・アンゴラウサギなど》.

Woolf /wʊ́lf/, **Leonard** (**Sidney**) *n.* ウルフ《1880–1969; 英国の文筆家; The Hogarth Press の創立者; Virginia Woolf の夫》.

Woolf, Virginia *n.* ウルフ《1882–1941; 英国の女流小説家・批評家; Sir Leslie Stephen の娘, Leonard Woolf の妻; *Mrs. Dalloway* (1925), *To the Lighthouse* (1927)》.

wóol fàt *n.* 〚化学〛=wool grease.

wóol fèll *n.* 《廃》毛の付いたままの羊皮, 羊毛皮. 〚(1422) *wolle felle*: ⇨ wool, fell⁴〛

wóol·gàther *vi.* とりとめもない空想にふける. 〚(1850) 《逆成》← WOOLGATHERING〛

wóol·gàtherer *n.* **1** 羊毛を集める人. **2** ぼんやりしている人, 空想にふける人. 〚1551〛

wóol·gàthering *n.* **1** 羊毛集め《やぶなどに引っかかっている羊毛を集めること》; つまらない仕事. **2** 放心, ぼんやりしていること; とりとめのない空想 (idle fancies). — *adj.* 放心した, ぼんやりした (absent-minded), うかつな (inattentive); とりとめのない空想にふける: His wits have gone [run] ～. 彼はぼんやりしている, とりとめもない空想にふけっている. 〚n.: 1553; adj.: 1850): ⇨ wool, gather, -ing¹·²〛

wóol gràder *n.* 羊毛鑑定人.

wóol grèase *n.* 〚化学〛羊毛蠟(ろう), 羊毛脂《羊毛に付着している蠟様物質を精製脱水したもの; 無水ラノリンともいう; 軟膏基剤, 含水ラノリンの原料; wool fat, wool wax ともいう; cf. lanolin》. 〚1875〛

wóol·gròwer *n.* 《英》牧羊業者. 〚*c*1805〛

wóol·gròwing *n.* 《英》牧羊(業).

wóol hàll *n.* 《英》羊毛取引所; 羊毛市場.

wóol·hàt *n.* **1** 粗毛フェルトのつば広の帽子. **2** 《米口語》南部の小農, 田舎者. 〚1: (1794) 2: (1830)〛

wool·ie /wʊ́li/ *n.* =woolly.

Wool·ite /wʊ́laɪt/ *n.* 〚商標〛ウーライト《米国の Boyle-Midway Household Products 社製の毛および絹織物用の冷水洗剤》.

Wooll·cott /wʊ́lkət/, **Alexander** (**Hum·phreys** /hʌ́mfriz/) *n.* ウルコット《1887–1943; 米国のジャーナリスト・評論家》.

wool·len /wʊ́lən/ 《英》=woolen.

Wool·ley /wʊ́li/, Sir (**Charles**) **Leonard** *n.* ウリー《1880–1960; 英国の考古学者; Carchemish, Tell el Amarna, Ur などの調査に基づき, オリエント考古学の発展に貢献》.

wóol·lìke *adj.* 羊毛状の.

wool·ly /wʊ́li/ *adj.* (**wool·li·er**; **-li·est**) **1** 羊毛(質)の; 羊毛状の; 羊毛をつけた, 毛の多い: ～ hair もじゃもじゃした頭髪 / ～ clouds むくむくした雲 / the ～ flock 羊の群れ. **2** はっきりしていない, 不鮮明な, ぼんやりした, かすれた (indistinct, vague) (↔ precise): a ～ painting ぼんやりしている絵 / a ～ voice しゃがれ声 / ～ thinking, ideas, etc. **3** 《米口語》(昔の西部地方を連想させる)荒くれて野蛮な, 波乱の多い: a ～ melodrama 波乱に富んだ俗受けのする芝居 / the wild and ～ West 乱暴で波乱に富む西部地方(の生活). **4** 〚植物〛柔毛のある. — *n.* **1** 羊毛[毛糸]製品: [通例 *pl.*] 《口語》(編んだ)ウールの下着. **b** 《英》(ウールの)セーター (sweater) (woolie ともいう). **2** 《米西部・豪俗》羊 (sheep). **wóol·li·ly** /-ləli | -lɪli/ *adv.* **wóol·li·ness** *n.* 〚(adj.: 1578; n.: 1865) ← WOOL+-Y²〛

wóolly áphid *n.* 〚昆虫〛ワタアブラムシ, ワタムシ (半翅目同翅亜目アブラムシ科の綿毛のようなもので覆われている昆虫の総称); 《特に》=woolly apple aphid. 〚1842〛

wóolly ápple àphid *n.* 〚昆虫〛リンゴワタムシ, リンゴワタアブラ (*Eriosoma lanigerum*)《リンゴの木に加害するアブラムシの一種; 世界各地に広く分布》.

wóolly bèar *n.* 〚昆虫〛熊毛虫, 毛虫《特に, 毛の多い毛虫の総称; ヒトリガ (tiger moth) の幼虫など》. 〚*c*1841〛

wóolly·bùtt *n.* 《豪》〚植物〛=bastard mahogany.

wóolly fòot *n.* 〚植物〛=wood woolly foot.

wóolly-héaded *adj.* **1** 羊のような髪をもつ, 縮れ毛の. **2** 考えが混乱している, 頭がもやもやした. **～·ness** *n.* 〚1650〛

wóolly hédge nèttle *n.* 〚植物〛=lamb's ears.

wóolly mámmoth *n.* 〚動物〛マンモス (⇨ mammoth 1).

W

wóolly manzaníta *n.* 〘植物〙米国 California 州産ツツジ科ウワウルシ属の綿毛で覆われた小低木 (*Arctostaphylos tomentosa*).

wóolly-mínded *adj.* =woolly-headed 2.

wóolly mónkey *n.* 〘動物〙ウーリーモンキー《アマゾン地帯の森林に生息するウーリーモンキー属 (*Lagothrix*) のサルの総称; フンボルトウーリーモンキー (*L. lagotricha*) など》. 〖*c*1875–80〗

wóolly rhinóceros *n.* 〘古生物〙毛(け)サイ《更新世の寒冷気候に適応した 2 本の角をもつサイ科の哺乳類; ユーラシア産で, 絶滅した; 長い毛が密生していた》.

wóolly spíder mónkey *n.* 〘動物〙ウーリークモザル, ヨウモウクモザル (*Brachyteles arachnoides*)《ブラジル南東部産の細くしなやかな毛のクモザル》.

wóol·man /-mən/ *n.* (*pl.* **-men** /-mən, -mèn/) 羊毛商人. 〖1390〗

Wool·man /wʊ́lmən/, **John** *n.* ウルマン《1720–72; 米国のクエーカー派の伝道者・奴隷廃止論者・著述家; *Journal* (1774)》.

wóol·màrk *n.* **1** 羊に打つ所有者の刻印. **2** [W-] 〘商標〙ウールマーク《国際羊毛事務局 (International Wool Secretariat) が定めた羊毛製品の品質保証マーク》.

wóol òil *n.* 〘化学〙紡毛油, ウール油. 〖1545〗

wóol·pàck *n.* **1** 羊毛を入れる梱(こ)[俵]; 羊毛の一梱. **2** 〘気象〙(下部が平らな)羊毛状の積雲. 〖(*c*1300) *wolpak*(*ce*): ⇨ pack¹〗

wóol·sàck *n.* **1** 《古》羊毛袋. **2** 《英》羊毛を詰めた座席《上院議長の席》; [the ~] 上院議長[大法官] (Lord Chancellor) の職: reach *the* ~ 大法官[上院議長]になる / take seat on *the* ~ 上院の議事を始める, 上院を開会する. 〖(*a*1300) *wolsacke*: ⇨ sack¹〗

wool·sey /wʊ́lzi/ *n.* =linsey-woolsey.

wóol·shèd *n.* 《豪》羊の毛を刈り市場へ出荷する準備をする小屋. 〖1850〗

wóol·skìn *n.* 《米》=woolfell. 〖*c*1440〗

wóol·sòrter *n.* 羊毛選別者. 〖1834〗

wóol·sòrter's disèase *n.* 〘病理〙脾脱疽(ひだっそ) (anthrax). 〖1880〗

wóol spònge *n.* 羊毛海綿《柔らかく丈夫な市販の海綿》; 《特に》ウマカイメン (*Hippiospongia lachne*)《メキシコ湾・カリブ海地域・Florida 州南東海岸沖に生息する; sheepswool, sheepswool sponge ともいう》. 〖1879〗

wóol stàple *n.* 羊毛の品質, 毛足《長さ》. 〖1835〗

wóol stàpler *n.* **1** 羊毛商人. **2** 羊毛選別者 (woolsorter). **wóol-stàpling** *n., adj.* 〖1709〗

wóol·stòre *n.* 《豪》羊毛梱(こ)用倉庫. 〖1840〗

wóol tàble *n.* 《NZ》羊毛選別台. 〖1856〗

wóol·ward /-wəd | -wəd/ *adj.* 《廃》《特に罪ほろぼしの苦行として》肌の上にじかに毛織の服を着て: go ~. 〖(*a*1333): ⇨ wool, wear〗

wóol wàx *n.* 〘化学〙=wool grease.

Wool·wich /wʊ́lɪdʒ, -lɪtʃ/ *n.* ウリッジ《London 東部の地区 Thames の南岸にある, ドック・兵器庫などがあり, もと Royal Military Academy (陸軍士官学校)があった; 現在は Greenwich 区の一部》. 〖OE *Wullwīc* ← *wull* 'WOOL'+*wīc* '-WICK¹'〗

wóol·wòrk *n.* 毛糸刺繍(しゅう). 〖*c*1475〗

Wool·worth /wʊ́lwə(ː)θ | -wə(ː)θ/, **Frank Winfield** /wínfiːld/ *n.* ウルワース《1852–1919; 米国の実業家; five-and-ten の創始者》.

Wool·worth's /wʊ́lwə(ː)θs | -wə(ː)θs/ *n.* 〘商標〙ウールワース《F. W. Woolworth が初めて米国で開店 (1879) し, 現在はカナダ・英国・ドイツなどにも展開している雑貨店チェーン》.

wool·y /wʊ́li/ *adj.* (**wool·i·er**; **-i·est**), *n.* 《米》= woolly. **wóol·i·ness** *n.*

woom·er·a /wʊ́mərə, wúːm-/ *n.* =womera.

Woom·er·a /wʊ́mərə, wúːm-/ *n.* ウメラ《オーストラリア South Australia 州の町; 兵器実験場がある》.

woomph /wúːmf, wʊ́mf/ *adv., int.* ぼん, ばーん《空気の排出を伴った衝撃[打撃]》. 〖(1955): 擬音語〗

Woo·nerf /vúːnəːf | -nəːf/ *n.* (*pl.* **~s, Woo·ner·ven** /-nəːvən | -nəː-/) 《交通の量・速度を抑え住環境を護るように設計された》住宅地域内の道路. 〖(*c*1975) ◻ Du. ~ ← *woon*- residential+*erf* ground, premises〗

Woon·sock·et /wuːnsɑ́(ː)kɪt, wʊn- | -sɔ́kɪt/ *n.* ウーンソケット《米国 Rhode Island 州北部の都市》.

woop·ie /wúːpi, wʊ́pi/ *n.* 《口語》裕福な老人. 〖(*c*1985)《頭字語》← *w*(*ell*)-*o*(*ff*) *o*(*lder*) *p*(*erson*) [*p*(*eople*)]+-IE, -Y²〗

woops /wʊ́ps, wúːps/ *vi., vt.* 《口語》=vomit. — *int.* =oops. 〖《変形》← OOPS: ⇨ whoops〗

woop·sie /wʊ́psi, wúː-/ *n.* 《俗》=whoopsie.

Woop Woop /wúːpwùːp/ *n.* 《豪俗・戯言》《架空の》村落; 奥地の開拓地. 〖(1918): 造語か戯語的〗

woop·y /wúːpi, wʊ́pi/ *n.* =woopie.

woo·ra·li /wʊrɑ́ːli/ *n.* 《まれ》=curare. 〖(1596)《変形》〗

woosh /wúːʃ, wʊ́ʃ/ *n., v., int.* =whoosh.

Woot·ton /wʊ́tn/, **Barbara** (**Frances**) *n.* ウットン《1897–1988; 英国の経済学者》.

wootz /wúːts/ *n.* インド製鋼鉄《刃物用に古来製造された》. 〖(1795)《変形》← *wook* ◻ Kanarese *ukku* steel〗

wooz·y /wúːzi, wʊ́zi/ *adj.* (**wooz·i·er**; **-i·est**)《米口語》**1** 《飲酒などのために》頭のぼんやりした (befuddled). **2** 気分のすぐれない, 頭がふらふらする. **3** 酔った (drunken). **wóoz·i·ly** /-zəli/ *adv.* **wóoz·i·ness** *n.* 〖(1897)《変形?》← OOZY¹〗

wop¹ /wɑ́(ː)p | wɔ́p/ *v., n.*=whop.

wop², W- /wɑ́(ː)p | wɔ́p/ *n.* 《米俗・軽蔑》《色の浅黒い》南欧移民, イタリア移民 (cf. dago). 〖(1908) ◻ ? It. 《方言》*guappo* braggart〗

wop-wops /wɑ́(ː)pwɑ̀(ː)ps | wɔ́pwɔ̀ps/ *n. pl.* 《NZ口語》[the ~; 単数・複数扱い] へんぴな場所, 奥地. 〖(1959) ← ?: cf. Woop Woop〗

Wor 《略》Worshipful.

Worces·ter /wʊ́stə | -tə(r)/ *n.* ウスター: **1** イングランド (Hereford and) Worcester 州の州都, Severn 河畔にあり, 大聖堂がある; O. Cromwell の軍がこの地で王党軍を破った (1651). **2** =Worcestershire. **3** 米国 Massachusetts 州中部の工業都市. **4** =Worcester china. 〖OE *Wigraceaster* 《原義》'the Roman fort of *Wigoran* (部族名)': cf. -chester〗

Worces·ter /wʊ́stə | -tə(r)/, **Joseph Emerson** *n.* ウスター《1784–1865; 米国の辞書編集者; *Dictionary of the English Language* (1860)》.

Wórcester chína [pórcelain] *n.* ウスター磁器《1751 年に英国 Worcester で最初に作られた軟磁器》. 〖1802〗

Wórcester sàuce *n.* =Worcestershire sauce.

Worces·ter·shire /wʊ́stəʃə, -ʃɪə | -təʃə(r), -ʃɪə(r)/ *n.* **1** ウスターシャー《イングランド西部の州; もと Hereford and Worcester 州の一部; 面積 1,823 km²》. **2** = Worcestershire sauce. 〖OE *Wihraceastrescīr*: ⇨ Worcester, -shire〗

Wórcestershire sàuce *n.* ウスターソース《イングランド Worcester 市原産のソース; しょうゆ・酢・香料などを原料とする; 日本では普通ソースといっているもの; Worcester sauce ともいう》. 〖1843〗

Worcs. 《略》Worcester; Worcestershire.

word /wə́ːd | wə́ːd/ *n.* **1** 語, 単語; 〘文法〙語 (cf. syllable 1, phrase 1, clause 2, sentence 1): a ~ of two syllables 2 音節の語 / an English ~ 英単語 / hard ~*s* 難語 (cf. 2) / ⇨ last word / use long ~*s* つづりの長い言葉を使う / I don't believe a ~ of it. その話は少しも信じない.

2 [しばしば *pl.*] (口で言う)言葉, 語 (speech); 話, 談話 (talk); [*pl.*] 口論, 議論, 論争 (quarrel): a man of few [many] ~*s* 言葉数の少ない[多い]人 / We couldn't get a ~ out of him (about it). 彼は(それについて)語ろうとしなかった / a ~ and a blow 口より手の早いこと《性急な仕打ち》/ a ~ in [out of] season 時宜にかなった[適さない]言葉 / A ~ to the wise (is enough). 賢者には一言にして足る《L *verbum sapienti* のなぞり》/ (I want) a (little) ~ with you. ちょっと一言(お話ししたいことがある, 苦言を呈したい) / I would like a ~ with you. ちょっとお話があります / say a few ~*s* 短いスピーチをする / I have no ~*s* to express my gratitude. お礼の言葉もありません / ⇨ *have no* WORDS *for* / torture ~*s* 言葉をもじる / A truer ~ was never spoken. 一言半句もうそがない, いちいちその通り / beyond ~*s* 言葉に表せぬほど(で), 言いようのない / big ~*s* ほら, 大言壮語 / bitter ~*s* 激しい言葉, 恨みつらみ / burning ~*s* 熱烈な言葉 / fair ~*s* お世辞 / Fair [Fine] ~*s* butter no parsnips. 《諺》口先だけ立派では何の役にも立たない,「巧言令色鮮(すく)なし仁」/ hard ~*s* 激語, ののしり (abuse) (cf. 1) / high [hot, sharp] ~*s* 激論, 口論 / come to (high) ~*s* 言葉が荒くなる, 激論する / We had ~*s* and parted. 口論して別れた / have [exchange] ~*s* with …と激論を交える, 口論する / bandy ~*s* with …と口論する, 言い争う, 議論する / a ~ of command 命令(の言葉); 号令 / a ~ of advice [thanks] 忠告[感謝]の言葉 / give ~*s* to …を言い表す (express) / have a ~ with …とちょっと話をする / have a ~ to say 少し言いたいことがある, 傾聴に値することを知っている / proceed [go] from ~*s* to blows 言い合いから殴り合いになる / put in a ~ 口を出す / put into ~*s* (言葉に)言い表す / say [put in, speak] a (good) ~ for …を推薦する, …のためにとり成す, 弁護する / give a person one's good ~ (地位などに)人を推薦する / take up the ~*s* (他人に代わって)続いて論じる / ~*s* and deeds 言行 / *Words* without actions are of little use. 実行の伴わない言葉は役に立たない / Not a ~ more! もう一言も聞きたくない, もう何も言うな / on [with] the ~ そう言うやいなや, そう言ってすぐ / I never heard a ~ against him. 彼の悪口など聞いたこともない / Life is another ~ for conflict. 人生とは葛藤の別語にほかならない / It is too funny [shameful] for ~*s*. 滑稽で[恥ずかしくて]とても言葉では言い尽くせない / *Words* fail me. 驚きのあまり言葉が出ない / Nobody hinted at the fact in ~*s*. その事実を口に出してほのめかす者はいなかった / He left without (saying) a ~. 彼は一言も言わずに出ていった.

3 a 命令, 指図 (order, command): give the ~ *to* fire 射撃の命令を下す / act promptly at the ~ 命令一下てきぱきと行動する / ⇨ *say the* WORD / Father's ~ was law. 父の命令は法律であった / Mum's the ~. 《口語》黙ってるんだよ, 他言無用 / Sharp's the ~. 《口語》急ぎなさい. **b** [the ~] 合言葉 (password); (政党などの)スローガン: give *the* ~ 合言葉を言う.

4 [be the ~ として] 最も適切な言葉: Rich *is* not *the* ~ for me. 私を金持ちと言うのは当たらない / Commonplace *is the* ~ to describe it. 平凡というのがそれを評するには最もふさわしい.

5 [one's ~ として] 約束, 誓言, 言質(げんち) (promise): be as good as *one's* ~ 約束を果たす, 言ったことを実行する / be better [worse] than *one's* ~ 約束以上のことをする[約束を破る] / break [keep] *one's* ~ 約束を破る[守る] / give [pledge, pass] *one's* ~ 言質を与える, 約束する / I give you *my* ~ for it. それは保証する / I give you *my* ~ that he will come on time. 彼が時間どおりに来ることを保証します / I'm going to hold you to *your* ~. 約束は守ってもらいますよ / You can take *my* ~ that she is innocent. 私の言葉を信じて下さい, 彼女は無実です / I took *his* ~ for it. そうだという彼の保証を信じた / *my* ~ upon it 確かに, 誓って, 間違いなく / a man of his ~ / *one's* ~ of honor 名誉にかけた約束[言明] / *His* ~ is (as good as) his bond. 彼の言葉[約束]は証文も同様《絶対信用していい》.

6 [通例無冠詞] 知らせ, 報知, 便り (news); うわさ (rumor); 伝言, 音信 (message) 〈*that*〉/〔*of*〕: bring ~ 消息を伝える / leave ~ 言い置く, 伝言を残して行く / send ~ 伝言する, 申し送る / *Word* came *of* it. その事について知らせがあった / I received ~ *of* his coming. 彼が来る知らせを受けた / We have never had a ~ from him since. それ以来なんの音信もない / *Word* [The ~] got around *that* he had died. 彼が死んだというそうわさが広まった / The ~ is ((going) around) *that* he has gone away. 彼は去ったとのうわさだ.

7 [*pl.*] (譜に対して)歌詞; (芝居の)せりふ, 台詞: ~*s* and music by Mr. X 作詩作曲 X 氏.

8 [the W-] 〘神学〙**a** (神の)ことば, みことば, 神の言, 聖言 (cf. *John* 1: 1). **b** 啓示 (revelation); 聖書 (the Scriptures); 福音 (the Gospel): ⇨ God's Word / preach *the Word* to the heathen 異教徒に福音を説く / the ministers of *the Word* 聖職者たち (the clergy). **c** (三位一体の第二位である)キリスト (Christ). ★ ともに the Word of God, **a**, **c** は Logos ともいう.

9 〘電算〙語, ワード《記憶装置におけるデータの基本単位; cf. kiloword, gigaword, megaword, teraword》.

10 《古》諺 (proverb), 警句, 金言 (motto).

11 [連結形で]《婉曲》「…の字(のつくあれ)」,「…で始まる何とか」: scold someone for using the f-*word*. 'fuck' という語を使ったことで人をしかる. ★ 不快な語やタブーとなっている語をそのまま使わずに, その頭文字につけて言い表す婉曲語法; ⇨ R-word.

at a* [*óne*] *wórd (1) (命令などの)一言で, 言下に, すぐに. (2) 要するに, 端的に言って (in a word). 〖*c*1375〗 ***be lóst for wórds*** (驚いて)言葉に窮する, 言葉が出てこない. 〖*a*1553〗 ***by wórd of móuth*** 口頭で, 口コミで, 口伝えで. ***éat one's wórds*** (恥を忍んで)前言を取り消す, (前言の誤り[うそ]を認める. 〖1551〗 ***find the wórds*** [しばしば can に伴って] (考え・感情を表す)ふさわしい言葉を見つける 〈*to do*〉: I cannot *find the* ~*s to* thank you. お礼の申し上げようもありません. ***from the wórd 'gó'* [*gó*]** 《口語》(1) 最初から: They were aware of the plot *from the* ~ *go*. 彼らははなからその陰謀に気づいていた. (2) 徹頭徹尾, 全く: He is a poet *from the* ~ '*go*'. 全くの詩人だ. 〖1834〗 ***gèt a wórd in édgeways*** ⇨ edgeways 成句. ***gét the wórd*** 《俗》相手の真意がはっきりわかる. ***hálf a wórd*** ほんのひと言: Might I have *half a* ~ with you? ちょっとお話があるのですが. 〖1700〗 ***háng on** a person's **wórds*** 人の言っていることを熱心に聞く, 人の話を傾聴する. 〖1766〗 ***hàve a góod* [*bád*] *wórd* (*to sáy*) *for*** [否定構文で] …をほめる[けなす], よく[悪く]言う. ***hàve* [*dróp*] *a wórd in** a person's **éar*** 人に耳打ちする, こっそり話す. ***hàve nó wórds for*** …を表す言葉がない. ***hàve the lást* [*fínal*] *wórd*** (1) 最終決定権を持つ 〔*on*〕. (2) 結論[締めくくりの言葉]を述べる. ***in a* [*óne*] *wórd*** 一言[一語]で言えば, 要するに. 〖1594〗 ***in óther wòrds*** 言い替えれば, 別言[換言]すれば. 〖1847〗 ***in sò* [*às*] *màny wórds*** (1) [しばしば否定構文で] その通りの言葉で, 文字通りに, はっきりと (exactly, literally): I told him *in so many* ~*s* that he was a liar. お前はうそつきだとはっきりと彼に言ってやった / He did*n't* refuse *in so many* ~*s*, but he was obviously unwilling. はっきりとは断らなかったが明らかに気が進まなかったのだ. (2) 簡潔に (succinctly). 〖1670〗 ***in wórd*** 口では, 口だけ: be bold *in* ~ only 口先だけ大胆である / love *in* ~ 口先だけで愛する (cf. *1 John* 3: 18) / *in* ~ and deed 言行ともに. ***in wórds of óne sýllable*** 簡単に[はっきり]言えば: *In* ~*s of one syllable*, he's a rogue. はっきり言えば彼は悪党だ. ***My wórd!*** (1) これはこれは, これは驚いた (cf. My God!, My hat!, etc.). (2) 《豪》賛成!, 異議なし! 〖1841〗 ***my wórd upón it*** =*upon my* WORD (1). ***nót hàve a wórd to thrów at a dóg*** ⇨ dog 成句. ***nót mínce** one's **wórds*** ⇨ mince 2. ***nót sáy* [*bréathe*] *a wórd* (*of*)** (…については)話さないでおく 〔*to*〕: Do*n't breathe a* ~ *of* this *to* anyone. このことは誰にも一言も言ってはいけない. ***on my wórd*** =upon my WORD. ***páss* [*spréad*] *the wórd* (*that*)** (1) (…という)伝言を伝える. (2) (…という)指令[命令]を出す. ***pláy upòn* [*on*] *wórds*** しゃれを言う (make a pun); あいまいな事を言う. ***pùt wórds into** a person's **móuth*** (1) 言うべきことを人に授ける[言わせる] (cf. *2 Sam.* 14: 3). (2) 人が言いもしないことを言ったことにする. 〖1382〗 ***sáy** one's **lást* [*fínal*] *wórd*** 最終的判断を下す. 〖1560〗 ***sáy the wórd*** 《口語》命じる, そうだと言う: If you don't like this, (just) *say the* ~. これが気に入らなければそう言ってくれたまえ / (Just) *Say the* ~ and I'll do it. 言っていただければそのようにします. ***swállow** one's **wórds*** =*eat one's* WORDS. ***táke** a person **at his wórd*** 〈人〉の言う通りを信じる, 〈人〉の言葉を真に受ける: I'm inclined to *take you at your* ~. お言葉を真に受けたい気持ちです. 〖1535〗 ***táke the wórds* (*ríght*) *óut of** a person's **móuth*** 人の言おうとしていることを先に言ってしまう. 〖1530〗 ***táke* (*úp*) *the wórd for*** …を信じる, 本気にする. 〖1597〗 ***the fínal wórd*** =*the last* WORD (1). ***the lást wórd*** (1) (会議や議論などをしめくくる)最後の[決定的な]言葉: ⇨ *have the last* WORD, *say one's last* WORD. (2) 最新(流行)のもの[型], 最良のもの, 決定版: *the last* ~ of bikinis ビキニの最新型 / *the last* ~ in luxury ぜいたくの極み. ***the wórd on the stréet*** 《口》巷(ちまた)の噂. ***upón my wórd*** (1) 《古》誓って, 名誉にかけて (on my honor), 確かに, きっ

と, 全く. (2) [Upon my ～!] =*My* WORD! 《1841》 ***wáste wórds*** ⇨ waste 成句. ***wéigh** one's **wórds*** 言葉を選びながら話す, 一言一句もゆるがせにしない: He spoke slowly, *weighing his ～s*. ゆっくりした口調で言葉を選びながら話した. 《1340》 ***wórd by wórd*** =WORD *for word* (1). ***wórds fáil me*** (あまりうれしくて[あまりの驚きで]言葉が出ない, あぜんとしてしまう. ***wórd for wórd*** (1) 一語一語, 逐語的に (literally): translate ～ *for* ～ 逐語訳をする / repeat ～ *for* ～ 一語一語そのまま伝える. (2) そっくり(同じ言葉で), 少しも変えずに. 《*c*1385》

Wórd of Gód [the ～] =*n*. 8. 《1526》

wórd of hónor 名誉にかけた言葉, 誓い.

— *vt*. 1 言葉に表す, 言い表す: a carefully [poorly] ～*ed* address 言葉遣いが慎重な[下手な]演説 / I can ～ it differently. それは別な言葉で表現できる. **2** 《豪口語》通告する, 忠告する ‹*up*›. **3** 《廃》空虚な言葉で言い表す; おだてる (cf. Shak., *Antony* 5. 2. 191).

〚n.: OE ～ < Gmc **wordam* (Du. *woord* / G *Wort*) ← IE **wr̥dho-* ← **wer-* to speak (L *verbum* word / Gk *eírein* to speak). — v.: (?*a*1200) ← (n.): ⇨ verb: cf. irony〛

Wórd *n*. 〚商標〛ワード《Microsoft 社製のワープロソフト》.

wórd àccent *n*. 〚音声〛=word stress.

word·age /wə́ːdɪdʒ | wə́ːd-/ *n*. **1** [集合的] 言葉 (words). **2** (使われた)単語数, 単語の総数. **3** 無用の語が多いこと, 冗長, 多言, 饒舌 (verbiage). **4** 言葉の選択, 言葉遣い (wording). 〚《1829》: ⇨ -age〛

wórd associàtion *n*. 〚心理〛語連想《単語を刺激に使って行う連想》. 《1910》

wórd-associàtion tèst *n*. 〚心理〛言語連想テスト《刺激語を与えて被験者に最初に心に浮かんだ語を言わせ, それによって心の内面を探ろうとする方法》. 《1946》

wórd-blìnd *adj*. 〚病理〛語盲症の, 失読症の. 《1890》

wórd blìndness *n*. 〚病理〛語盲症, 失読症 (alexia). 《1881》

wórd·bòok *n*. **1** 単語集; 辞書. **2** (オペラの)台本 (libretto); (歌曲の)歌詞集. 〚《1598》: cf. Du. *woordenboek* / G *Wörterbuch* / Swed. *ordbok*〛

wórd·brèak *n*. 〚印刷〛行末での単語の分綴(ぶんてつ)箇所.

wórd-bùilding *n*. 〚文法〛=word-formation. 〚《1862》(なぞり) ← G *Wortbildung*〛

wórd clàss *n*. 〚文法〛語類; 品詞. 《1914》

wórd·cràft *n*. (文章や演説における)言葉の技巧, 用語[辞句]の苦心. 《1804》

wórd-dèaf *adj*. 〚病理〛語聾(ろう)(症)の. 《1898》

wórd dèafness *n*. 〚病理〛語聾(症)《言葉を聞いても意味を理解しない状態; 失語症 (aphasia) の一種》. 《1886》

wórd divìsion *n*. 〚印刷〛=wordbreak.

wórd-formàtion *n*. 〚文法〛語形成, 造語法. 《1856》

wórd-for-wórd *adj*. 《翻訳など》逐語的な; 一語ずつの (verbatim): a ～ translation. 《1611》

wórd gàme *n*. (anagram や Scrabble などのような)ことば遊び. 《1910》

wórd-hòard *n*. 《主に詩》語彙(ごい) (vocabulary). 《1869》

word·ing /wə́ːdɪŋ | wə́ːd-/ *n*. 言葉遣い, 用語, 言いまわし, 表現 (expression, phrasing) (⇨ diction SYN): There was a slight ambiguity in his ～. 彼の言葉遣いは少しあいまいなところがあった. 《1649》

wórd lèngth *n*. 〚電算〛語長《1 語中のビット数》. 《1951》

wórd·less *adj*. **1** 言葉のない, 無言の; 物言わぬ. **2** 口に出さない (unexpressed); 口では表現できない. **3** 言葉[歌詞]を伴わない. **～·ly** *adv*. **～·ness** *n*. 《?*a*1200》

wórd-lòre *n*. **1** 単語[語源]研究. **2** (ある言語の)語彙(ごい)とその歴史. 《1861》

wórd mèthod *n*. (言語の)語中心教授法 (cf. ABC method, sentence method). 《1932》

wórd-mòngering *n*. 空虚な[大げさな]単語の使用. 《1879》

wórd-of-móuth *adj*. [限定的] 口頭の[で行う] (oral); 口伝えの: a ～ tale / ～ advertising 口コミ. 《1802–12》

wórd òrder *n*. 〚文法〛語順《構文上の各語の配置法》. 《1892》

wórd-pàinter *n*. (絵のような)精彩のある[生き生きした]文章を書く人 (graphic writer). 《1861》

wórd-pàinting *n*. **1** 絵を見るような描写[叙述], 精彩のある[生き生きした]描写 (graphic writing). **2** 〚音楽〛=tone painting. 《1866》

wórd-pérfect *adj*. **1** ‹俳優・講演者・学生などが›せりふ[文章]を完全に暗記している. **2** 一言一句まで完璧な (《米》letter-perfect). 《1894》

wórd pìcture *n*. (そのものを眼前にほうふつさせるような)精彩のある文章, (絵を見るような)生き生きした文章[描写]. 《1851》

wórd·plày *n*. **1** 軽妙な言葉のやりとり, 丁々発止のやりとり (repartee). **2** しゃれ, 地口 (pun). 《1855》

wórd pròblem *n*. (算数の)文章題. 《1947》

wórd pròcessing *n*. (電子機器を用いた)文書処理: Most computers are used for ～. 大多数のコンピューターは文書処理のために使用されている. 《1970》

wórd pròcessor *n*. ワードプロセッサー, 文書作成編集機. 《1970》

wórd sàlad *n*. 〚精神医学〛言葉のサラダ《精神障害で思考が混乱し, 単語の断片的な羅列が起きる状態; 分裂病に典型的に見られる》. 《1915》

wórd·sèarch *n*. ワードサーチパズル《文字の入った碁盤目に隠された語を方向を問わずに捜すパズル》.

wórd·smith *n*. **1** 言葉の達人, 名文章家《ジャーナリスト・作家などについていう》. **2** 新語造りの名人. 《1896》

wórd-splitter *n*. 言葉の微細な区別立てをする人, 言葉遣いのやかましい人. 〚⇨ split (vt.)〛

wórd-splitting *n*. 言葉の微細に過ぎる区別立て; 言葉遣いのやかましいこと.

wórd squàre *n*. **1** 四角連語《横に読んでも縦に読んでも同じになるように言葉を並べた正方形》. **2** [*pl*.; 単数扱い] 四角連語遊び. 《*c*1879》

wórd·stòck *n*. ある言語[方言, 個人語]の語彙(ごい). 《1911》

wórd strèss *n*. 〚音声〛語強勢《例: separate /sépərèɪt/ における第一音節の第一強勢, 第三音節にかける第二強勢; word accent ともいう; cf. sentence stress》. 《*c*1914》

Words·worth /wə́ːdzwə(ː)θ | wə́ːdzwə(ː)θ/, **Dorothy** *n*. ワーズワース《1771–1855; 英国の女流作家; William Wordsworth の妹》.

Wordsworth, William *n*. ワーズワース《1770–1850; 英国のロマン派を代表する詩人, 桂冠(けいかん)詩人 (1843–50); *Lyrical Ballads*《S.T. Coleridge と共著》(1798), '*Ode: Intimations of Immortality*' (1807), *The Prelude* (1805)》.

Words·worth·i·an /wəːdzwə́ːθiən, -ðiən | wəːdz-wə́ː-/ *adj*. Wordsworth の, Wordsworth 式[流]の.

— *n*. Wordsworth の崇拝者[模倣者など].

～·ism /-nìzm/ *n*. 〚《1815》: ⇨ ↑, -ian〛

wórd tìme *n*. 〚電算〛ワードタイム, 語時間《1 語の情報を処理するのに要する時間》. 《1954》

wórd·wràp, wórd wràp 〚電算〛*n*. 単語の(自動)次行送り《ワープロなどで入力した単語が行内に収まらなかった場合に行う; wraparound ともいう》: reverse ～ 単語の(自動)前行送り《前行での削除でできた余白への送り》.

— *vi*., *vt*. (自動)次行送りする. 《1977》

word·y /wə́ːdi | wə́ːdi/ *adj*. (**word·i·er; -i·est**) **1** 言葉の, 言葉での, 言論の: ～ war(fare) 言論戦, 舌戦, 論争 / a ～ conflict 口喧嘩(くちげんか). **2** 言葉数の多い, 口数の多い, 冗漫な: a ～ speaker 口数の多い人 / a ～ style くだくだしい文体. **wórd·i·ly** /-dəli, -dḷi | -dʒli, -dɪli/ *adv*.

wórd·i·ness *n*. 〚lateOE *wordiġ*: ⇨ -y[1]〛

SYN 冗漫な: **wordy** 話したり書いたりする際に必要以上の語数を使う《一般的な語》: a *wordy* argument 冗長な議論. **verbose** 軽蔑的に用いて, ‹話し・文章などが›だらだらと続く《あいまい・退屈・大ぼらなどの感じを与える; 格式ばった語》: a *verbose* speaker 饒舌な話し手. **lengthy** 文章・話しなどが長ったらしくてくどくどしている: a *lengthy* sermon 冗漫な説教. **diffuse** ‹文体・作家など›言葉数が多くて明晰さがない: a *diffuse* style 散漫な文体. **redundant** 反復的な語句を使用する: a *redundant* sentence 冗漫な文章. ⇨ talkative.

ANT concise, terse, pithy.

---

wore /wɔ́ə | wɔ́ː(r)/ *v*. **1** wear[1] の過去形. **2** wear[2] の過去形・過去分詞. 〚1: 《16C》 ～ ∞ OE *werede* & (15C) *ware*. 2: 《17C》 ～ ∞ 《廃》*wared*〛

work /wə́ːk | wə́ːk/ *n*. **1** 仕事, 働き, 労働 (labor, toil) (⇨ occupatin SYN); 努力 (effort); 勉強, 研究 (study): fall [get] to ～ 仕事に取りかかる / set about one's ～ 仕事を始める / do the ～ of two men 二人前の仕事をする / the ～ of building a house 家を建てる仕事 / the ～ of restoring order 秩序回復の仕事 / have [take] ～ *reading* proofs 《口語》校正の仕事をもっている[引き受ける] (★ reading 以下は work と同格; cf. job 1) / the ～ of a few minutes 数分でできる仕事 / a ～ of time 手間のかかる仕事 / school ～ 学業 / hard [uphill] ～ 骨の折れる仕事 / ⇨ day's work / All ～ and no play makes Jack a dull boy. 《諺》休みなしの勉強[仕事]は子供[人]をばかにする, 「よく学びよく遊べ」/ a man of all ～ =man-of-all-work / He never does a stroke of ～. 彼は少しも仕事をしない / Rich men's luxury makes ～ for the poor. 富者のぜいたくは貧者のためには仕事になる / Many hands make light [quick, slight] ～. 《諺》人手が多ければ仕事は楽だ[早い] / I do all the ～ of the house. 家の仕事はすべて私がします.

2 (なすべき)仕事, 務め, 任務 (task): I have a lot of ～ to do. 私にはする仕事がたくさんある / To fight the devil was his ～. 悪魔と闘うことが彼の務めだった.

3 a 仕事の口, 職; 職業, 商売, 専門: be engaged in ～ 仕事に就いている / be in regular ～ 定職をもっている / go to ～ (at seventeen) (17 歳で)職につく (cf. 3 b) / look for ～ 職を探す / He wants ～. 仕事を探している. **b** 勤め先, 職場, 会社: go to ～ 会社へ行く (cf. 3 a) / leave [get to] (one's) ～ 会社を出る[に着く]. **c** 一日の仕事(の量).

4 a 針仕事, 縫い物, 刺繍(ししゅう) (needlework): ⇨ drawnwork, fancywork, lacework, openwork. **b** [集合的] (仕事の)道具; (製作の)材料: She took her ～ out on the veranda. (縫い物など)仕事をベランダに持って出た /

5 a 製作物; 細工物, 工作物, 工作品, 工芸品: embossed ～ 浮彫り[打出し]細工 / beaten ～ (金属の)打出し細工, 打ち物 / An honest man's the noblest ～ of God. 正直な人間は神の最も高貴な作品 (Pope, *Essay on Man*) / a beautiful piece of ～ 美しい製作品[細工品] / a nasty piece of ～ 《俗》嫌なやつ (objectionable person). **b** [通例複合語の第 2 構成素として] ある材料で作った物: ⇨ brickwork, firework, framework, latticework, waxwork. **c** (芸術または学問上の)著作, 著書 (book); (絵画・彫刻・音楽などの)作品; [*pl*. または総称的に] (ある作者の)全作品, 全集: ⇨ WORK *of art* / a literary ～ 文学作品 / a poetical ～ of Milton ミルトンの詩 / the complete ～*s* of Thomas Hardy トマスハーディ全集 / the ～*s* [a ～] of Beethoven ベートーベンの作品 (cf. opus) / a learned ～ 学術書, 論文 / a ～ attributed to Titian ティツィアーノの作とされている絵. ★ work が著作・絵画・作曲などを表す場合は可算名詞・非可算名詞の両方に用いることができるが, 細工品・工芸品・彫刻などの場合に通例非可算名詞として扱う.

6 仕業(しわざ), 所業; 働き, 作用 (action), 効果; (自然力の)作用によってできたもの: the ～*s* of the devil 悪魔の仕業 / mighty ～*s* 奇跡 / the ～*s* of God 神の働き, (特に)自然 / good ～ 善行 / a ～ [～*s*] of mercy [charity] 慈悲[慈善]の行為 / the ～ of an enemy 敵の仕業 / the ～ of poison 毒の作用 / The wine [medicine] has begun to do its ～. ワイン[薬]が効き始めた / The robbery was the ～ of two people. 強盗は二人の仕業だった.

7 [形容詞に修飾されて] (…な)やり方, 行為, (…なやり方の)仕事, 事 (manner of working, treatment): bloody ～ 殺伐な行為 / dry [thirsty] ～ のどの乾く仕事 / wild ～ 乱暴な行為 / ⇨ *make short* [*quick*] WORK *of* / make sad ～ of it 下手なやり方をする, みそを付ける / It was anxious ～. 心配な事だった / It was sharp ～. 抜け目のないやり方だった / It was hard ～ rowing. ボートをこぐのは大変な仕事だった.

8 a [通例 *pl*.] 土木工事: public ～*s* 公共事業, 土木工事 / the Ministry of *Works* (英国のかつての)建設省. **b** [通例 *pl*. または複合語の第 2 構成素として] 防御工事, 防備施設, 堡塁(ほうるい): The ～*s* were frail. 堡塁はもろいものであった / advance ～(*s*) 前哨(ぜんしょう)線防御工事 / defensive ～(*s*) 防御工事[施設] / ⇨ earthwork, fieldwork, hornwork, outwork[2]. **c** (橋・ダムなどの大規模な)建造物, 構築物.

9 [通例 *pl*.; しばしば単数扱い] 工場, 製作所. ★《米》では plant: brick*works* れんが工場 / iron*works* 鉄工場 / The glass*works* is [are] near the station. そのガラス工場は駅の近くにある / The ～*s* is [are] closed today. 工場は本日休業.

10 [the ～s] (時計などの)仕掛け, 機械 (operative parts): *the* ～*s* of a watch 時計の機械 / Something must be wrong with *the* ～*s*. どこか機械が狂っているに相違ない.

11 [the ～s] 《口語》(いろいろなものを列挙して)何でも全部, 一切合財: the whole ～*s* 一切合財 / ⇨ *give a person the* WORKS.

12 [*pl*.] 《俗・戯言》(動物の)内臓, 臓腑(ぞうふ) (internal organs): take out the ～*s* (鳥などの)内臓を抜く.

13 〚物理〛仕事; 仕事量 (cf. erg[1], joule): effective ～ 有効仕事量 / external [internal] ～ 外[内]部仕事量 / convert heat into ～ 熱を仕事に変える.

14 [通例 *pl*.] 〚神学〛業(わざ), 功徳(くどく) (good deeds): faith and ～*s* 信行《宗教の精神的と実行的の二面》/ good ～*s* 謙虚な行為 / ～*s* of supererogation 〚カトリック〛(自己の魂の救済以上の)余分の立派な業績, 功徳 / ～*s* of necessity 救済に最低限度必要な業.

15 (工作機械・研磨機などで加工される)部品.

16 (酢などに発酵によってできた)泡 (foam).

17 《俗》ひどい扱い; (殴る・けるの)暴力.

18 《卑》性交.

àfter wórk 勤務時間[終業]後に. ***a góod dáy's wórk*** ⇨ day's work 成句. 《1738》 ***áll in the dáy's wórk*** ⇨ day's work 成句. ***at wórk*** 仕事をして, 働いて, 活動中で, 作用して (working, in action): be hard *at* ～ 精出して働いている / The engines are *at* ～. エンジンが動いている / Divide and rule, that's the principle *at* ～ these days. 分割統治, それが今日働いている原則だ / Many firms are *at* ～ on various technological innovations. 多くの会社が種々の技術革新に取り組んでいる. ***befòre wórk*** 勤務[始業]前に. ***gét the wórks*** 《米俗》殺される; 殴られる, ひどい目に遭う. 《1928》 ***gét* (*dówn*) *to wórk*** =*set to* WORK (2). ***give a person the* (*whóle* [*túll*]) *wórks*** 《俗》(1) ‹人を›射殺する, 殺す; ひどい目に遭わす. (2) ‹人に›できるだけのことをする; 何もかも話す. ***gò about one's wórk*** (何事もなかったかのように)仕事に取りかかる. ***gó to wórk*** 仕事にかかる[に出かける]; 働き始める; ‹能力などが›作用し出す: I *went to* ～ *on* it. そのことに取りかかった / His wits *went* instantly *to* ～. 彼の頭はすぐ働き始めた. ***gúm úp the wórks*** (1) 機械の滑り[調子]を悪くする. (2) 《俗》(へまをしたりして)(物事を)狂わせる, だめにする, 頓座(とんざ)させる. 《1938》 ***hàve one's wórk cùt out* (*for one*)** 手一杯の仕事がある, 難しい仕事を抱えている. 《1574》 ***in fúll wórk*** 全時間働いて. ***in góod wórk*** もうけのよい仕事をして. ***in the wórks*** 《口語》準備中で, 進行中で, 完成しかかって: The prints are *in the* ～*s*. 印刷[校正]が進行中です. ***in wórk*** (1) 定職について. (2) 進行中で. (3) ‹馬が›調教中で. ***màke* (*a*) *wórk*** 混乱を起こす, 騒ぎを起こす. ***màke hárd wórk of*** …を難しく見せる, …に(必要以上に)苦労する. ***màke líght wórk of*** ‹難しい仕事を›難なくこなす. ***màke shórt* [*quíck*] *wórk of*** 《口語》…をさっさとする, 手早く片付ける; ‹食物などを›またたく間に平らげる: We will *make short* ～ *of* searching the room. その部屋を手早く捜すことにしよう / She *made short* ～ of the pizza. 彼女はピザをぺろりと平らげた. 《1577》 ***màke wórk for*** (1) …に仕事を与える[あてがう]. (2) ‹人に›面倒[迷惑]をかける. ***òut of wórk*** 仕事にあぶれて, 失業して. 《1599》 ***pút to wórk*** =*set to* WORK (1). ***sèt abòut** one's **wórk*** =*go about one's* WORK. ***sét to wórk*** (1) ‹人・能力などを›仕事にかからせる, 働かせ始める: He *set* himself *to* ～. 仕事にかかった /

W

He *set* his wits *to* ～. 頭を働かせ始めた. (2) 仕事を始める: I *set to* ～ *on* the problem. その問題を解きにかかった.
shóot the wórks (1) 有り金全部を賭ける, のるかそるかの勝負をする; 一か八かやってみる (risk all). (2) 徹底的に[とことんまで]やる. (3) 有り金全部をはたく. ***the wórk of a móment* [*sécond*]** 一瞬に[すぐに]できること, 雑作のないこと. ***tòo múch lìke hárd wórk*** 意外につらい, 手に負えない, 困難が多すぎる.
wórk of árt 芸術品《文学・音楽・美術の優れた作品》.
— *adj.* [限定的] 仕事[作業](用)の: ～ clothes [shoes] 仕事着[靴] (cf. works).
— *v.* (**～ed,** 《古》 **wrought** /rɔ́ːt, rɑ́ːt | rɔ́ːt/) ★ wrought の形は以下に特記した場合だけ今も用いられる.
— *vi.* **1** 働く, 仕事をする; 努力する; 勉強[研究]する (study): ～ *at* a task 仕事をする / ～ *at* [*in, for*] a bank 銀行で働く[に勤める] / ～ hard 一生懸命に働く[勉強する, 研究する] / ～ *for* peace 平和運動をする / ～ *for* [*against*] a cause ある主義のため[に反対して]働く / ～ *among* the poor 貧しい人たちに奉仕する / ～ *for* the public good 公益のために働く / ～ *for* an exam 試験勉強[準備]をする / *under* a master 親方の下で働く / ～ *through* college 苦学して大学を出る (cf. *vt.* 7) / He is not ～*ing* just now. 彼は今は勤めていない / He is ～*ing in* the movies [films]. 彼は映画の仕事をしている / I am going to ～ *with* him. 彼と一緒に仕事をすることになっている.
2 縫い物[針仕事]をする (do needlework), 刺繍をする (embroider); 製作する, 細工をする〔*in*〕: He ～*ed* [*wrought*] *in* silver. 銀で細工をした, 銀細工師だった.
3 〈器官・機械などが〉働く, 作用する, きく, 運転する, 動く (operate), 〈頭が〉働く; 〈車輪などが〉回転する (run, revolve); 〈計画などが〉うまくいく (succeed): ～ smoothly [freely] なめらかに[自由に]動く / The machine ～*s* well. 機械は調子がよい / My watch ～*s* perfectly. 時計は正確に動いている / My mind doesn't ～ that way. 私の心はそんなふうには働かない[そんな考え方はできない] / Does the system ～? その組織はうまくいくか / The hinges ～ stiffly. ちょうつがいの動きが悪い / All these things have ～*ed* together for good. すべてこれらのものは皆共に働いて好結果をもたらした / The mill is not ～*ing*. 水車は休止している / Already the poison was ～*ing*. すでに毒が回ってきていた / The wheel ～*s on* an axle. 車輪は軸を中心として回転する / The plan ～*ed* well. 計画はうまくいった / The charm ～*ed*. まじないが効いた.
4 a [通例方向の副詞語句を伴って] 徐々に[努力して]進む, 抜ける, 動く; 次第に…なる: His elbow has ～*ed* through the sleeve. 服のひじが抜けてしまった / The stockings ～*ed* down. 靴下が次第にずり落ちた / ～ south through the forest 森を南方に抜ける / The ferrule has ～*ed* off. 金たがが脱けた / The poison [symptoms] ～*ed* off gradually. 毒[症状]はだんだん消えていった / The root ～*ed* down between the stones. 根は石の間を通って下へ張った / I ～*ed* through the crowded courtroom. 混雑した法廷内を抜けて行った / Frank ～*ed* through the list. フランクは表[目録]へ目を通した / He is ～*ing* toward his doctorate in theology. 神学博士号を目指して勉強している / The ship is ～*ing* eastward. 船は東方に向かって進んでいる / The wind has ～*ed* round. 風の方向が変わった. **b** [補語を伴って] がたがたして…になる: The handle of the mallet has [The screws have] ～*ed* loose. 木づちの柄[ねじ]ががたがたして緩んだ.
5 発酵する (ferment): The wine is ～*ing in* the tubs. ぶどう酒がおけの中で発酵している.
6 〈物質が〉(ある力の反応で)できていく, 反応[感応]する (react): Cherry wood ～*s* easily. 桜材は細工しやすい.
7 〈顔などが〉ぴくぴく動く, 引きつる (twitch); 〈心・考えなどが〉動揺する, 荒れる; 〈海が〉荒れる, 逆巻く (seethe): His face [features] ～*ed* violently *with* emotion. 彼の顔は感動のために激しく引きつった / The muscles of his throat were ～*ing*. のどの筋肉がぴくぴく動いていた / The sea ～*s* high. 海が大荒れに荒れている / Tempests of feeling were ～*ing within* him. 彼の心中では感情のあらしが吹き荒れていた.
8 〈芽が〉出る, 芽生える (shoot).
9 〖海事〗 **a** 〈帆船が〉ある針路を取って進む, (特に, 風上に)間切って進む: We ～*ed up* the river. 船は川上へ進んで行った / ⇨ *work to* WINDWARD. **b** 〈船が〉難航して船体がゆるむ[がたがたになる]: The ship ～*ed in* a heavy sea. 船は激浪の中で難航して船体ががたがたになった.
10 〖機械〗〈機械が〉なめらかに動かない, ひっかかる.
— *vt.* **1** 〈人を〉働かせる; 〈人・牛馬などを〉使う, こき使う: ～ one's servants [horses] hard 召使[馬]をこき使う / He ～*ed* himself *to* death. 彼は体を酷使して死んだ / He ～*ed* her like a slave ひどくこき使った.
2 〈指・そろばん・ワープロなどを〉動かす, 使用する; 〈船・車・大砲・機械などを〉運転する, 操縦する (operate): ～ a machine [handle] 機械[ハンドル]を操作する / ～ one's jaws あごを動かす / ～ one's fingers nervously 指を神経質に動かす / a mill ～*ed* by water 水力で動く製粉機 / ～ a gun 大砲を操作する / ～ a ship 船を運転[操作]する / He began to ～ his back teeth with a toothpick. つまようじで奥歯をほじり始めた.
3 〈鉱山・農場・事業などを〉経営する, 管理する; 〈石・石炭・鉱石などを〉採掘する, 採鉱する; 〈場所を〉受け持つ, 経営する, …の事業を行う, …で漁業する; 〈土地を〉耕す (cultivate): ～ a mine 鉱山を採掘する / ～ a stream 川を漁場とする / ～ a house *with* one servant 一人の召使で家を切り盛りしていく / This salesman ～*s* the Kansai district. この外交員は関西地区を受け持っている.
4 〈計画などを〉考え出す, 立てる, めぐらす; 計算する, 〈問題などを〉解く (solve)〈*out*〉: ～ a plan [scheme] 計画を立てる / ～ (*out*) a problem 問題を解く / ～ (*out*) a result 結果を算出する / You have ～*ed* your sum wrong. 君は計算を間違えた.
5 [過去形および過去分詞はしばしば wrought] **a** (労力を用いて)造る, 作り出す, 細工する (shape, make); 〈芸術作品などを〉制作する; 〈変化・効果・影響などを〉生じる, 遂げる, 行う (effect, bring about): a vase cunningly *wrought* 精巧な作りの花瓶 / ～ a pair of stockings 靴下を一足編む / noble columns *wrought in* marble 大理石造りの立派な柱 / The wood is easily ～*ed*. その木材は細工しやすい / a belief that has *wrought* much evil 多くの害を及ぼした信仰 / ～ a miracle [change] 奇跡を行う[変化を来す] / ～ wonders 不思議を現出する / the destruction *wrought* by the sea 海のなした破壊 / ～ the oracle ⇨ oracle 成句 / ～ cures 治療を行う / The frost ～*ed* havoc with the crop. 霜は作物に大害を与えた. **b** 《古》〈非行・犯罪などを〉犯す (commit): I *wrought* a murder in a dream. 夢の中で人殺しをした.
6 [補語を伴って; 過去形, 過去分詞はしばしば wrought] (ある状態に)させる; 〈人を〉次第に動かす, 誘致する (induce); 興奮させる (excite)〔*into*〕: A stream will ～ itself clear after rain. 川は雨の後で徐々に澄んでいく / The horse ～*ed* his nose free of the muzzle. 馬は遂に鼻を口輪からはずしてしまった / The rope has ～*ed* itself loose. 綱はひとりでにゆるんだ / ～ oneself ill 働き過ぎて病気になる / ～ a person [oneself] *into* a rage 激怒させる[する] / ～ oneself *into* favor with …にうまく取り入る / The speaker ～*ed* his audience *into* enthusiasm. 演説者は聴衆を次第に熱狂させた.
7 [通例 ～ one's [its] way として] 徐々に[骨折って]…を進む, 通る; 努力して[働いて]得る: ～ *one's way* 進む / ～ *its way* loose 〈ねじなどが〉次第に[自然に]ゆるむ / ～ *one's way* up [to the top] 次第に出世する[努力して一番になる] / ～ *one's way* through the crowd 人込みの中を押し分けて行く / He has ～*ed his way* through college. 彼は苦学して大学を出た (cf. *vi.* 1) / Tom ～*ed* himself into his coat. トムはやっと外套を着た / The bill is ～*ing its way* through Congress. 法案は徐々に議会での審議が進んでいる / The grub ～*s its way* into [out of] it. 虫が次第にその中に食い込む[それを食い破って出る].
8 通す, 通過させる: ～ a knife *through* the card ナイフをカードに突き刺す.
9 a 加工する, 加工して作る〔*into*〕: ～ silver [wood] 銀[木]を加工する / ～ cotton *into* thread 綿を加工して糸にする. **b** 入れ込んで作る: The love of pleasure was *wrought into* his habit. 快楽を愛することが彼の習慣の中へ入り込んでしまった. **c** 〖園芸〗〈台木に〉接(つ)ぎ木する (graft)〔*on*〕: ～ a rose *on* a short stem 短い台木にバラを接ぎ木する.
10 縫う, 編む, 縫い込む, 刺繍する (embroider): ～ a pattern on linen リンネルに模様を縫い込む / ～ embroidery 刺繍する / ～ a shawl 肩掛けを編む / a napkin *wrought with* horse and hound 馬と猟犬を刺繍したナプキン / ～ one's name on blankets 毛布にネームを縫い取る / Can you ～ buttonholes? ボタン穴をかがれますか / I'm going to ～ him a pair of gloves. 彼に手袋を編んであげるつもりです.
11 こねる (knead), 練る; 〈鉄を〉鍛える: ～ dough, clay, etc. / She ～*ed* flour and butter into a paste. 粉とバターをこねて練り粉にした / ～ iron 鉄を鍛錬する.
12 発酵させる (ferment).
13 《口語》利用する (make use of), (コネを利かせて)有利にする: ～ one's social relations in business 社交上の関係を取引にうまく利用する / ～ one's connections コネをきかせる.
14 《口語》だます, ぺてんにかける, かつぐ: I suspected him of ～*ing* us. 彼が私たちをかついでいるのではないかと思った.
15 《俗》(殴ったりけったりして)痛めつける (beat up); 袋だたきにする (work over): I saw a black man getting ～*ed*. 黒人が袋だたきにされるのを見た.
16 《俗》(政治家などが遊説で握手・あいさつをしながら)群衆の中を分け進む.
wórk agàinst (1) …反対して努力する, 戦う (cf. *vi.* 1). (2) 〈物事が〉…に不利に作用する (↔ work in favor of).
wórk aróund … 〈障害・法律など〉をうまく回避する.
wórk aróund to (1) 〈風などが〉向きを…に変える. (2) 〈仕事などに〉徐々に取りかかる; …を言う準備をする: I'll ～ *around to* it very soon. じきにそれに取りかかります. (3) 意見[考え]を…に変える[変えさせる].
wórk at (1) 〈仕事に〉従事する; 〈学科〉を勉強する: ～ *at* social reform 社会改革事業に従事する / ～ *at* Greek history ギリシャ史を勉強する. (2) …を食べる: She was ～*ing* away *at* the macaroons. 彼女はせっせとマカロンを食べていた.
wórk awáy 働き続ける, どしどし働く: She was still ～*ing away at* her antimacassar. まだ椅子の背覆いをせっせと付けていた.
wórk báck 《豪口語》残業する.
wórk dówn 〈値段などを〉下げる.
wórk one's fínger to the bóne ⇨ bone[1] 成句.
wórk from hóme 《英》(会社などではなく)家で仕事をする, 在宅勤務をする.
wórk one's héad* [*táil*] *òff 《俗》一心に[一生懸命に]働く (work hard).
wórk ín (*vt.*) (1) 〈ジョーク・経験などを〉入れる, 交える (put in): Can't you ～ *in* a few jokes? しゃれを二つ三つ入れられませんか. (2) 〈人〉のために時間の都合をつける. (3) こすり[すり]込む: ～ some cream *in* with one's fingers 指先でクリームをすり込む. (4) 〈ボルト・針などを〉徐々に(苦労して)差し込む; 〈バターなどを〉少しずつ混ぜて入れる: ～ *in* the key. ― (*vi.*) (1) 合う, 調和する, しっくりいく; 〔他人と〕協力する〔*with*〕: My plans did not ～ *in with* his. 私の計画は彼のとしっくり合わなかった / I'm willing to ～ *in with* them. 喜んで彼らと協力しよう. (2) 入り込んで来る: The enemy again ～*ed in*. 敵はまた侵入して来た.
wórk in fávor of 〈物事が〉…に有利になる (↔ work against).
wórk … ínto ― (1) 〈ジョーク・経験などを〉〈話など〉に盛り込む. (2) 〈人(との約束)などを〉〈予定〉にうまく入れる. (3) 〈クリームなどを〉―にすり込む (cf. *vt.* 11). ★ その他の用法については ⇨ *vt.* 6, 7, 9 a, b.
wórk it 《俗》なんとかする, やり遂げる: I'll ～ *it* if I can. できればなんとかしたい.
wórk óff (*vt.*) (1) 徐々に取り除く; 片付けてしまう (get rid of); 売りさばく, 売り払う; 〈ストレスなどを〉発散する; 〈カロリー・脂肪・体重などを〉運動して減らす: ～ *off* impurities 不純物を除く / ～ *off* the cold 風邪を抜く / ～ *off* 3,000 copies in a week 1 週間に 3 千部を売りさばく / ～ *off* a debauch 放蕩(ほうとう)を尽くして落ち着く. (2) 〈うっぷんなど〉を晴らす: ～ *off* one's vexation / He ～*s off* his bad temper *on* [*against*] his servants. 彼は召使たちに当たり散らして自分の不機嫌を晴らす. (3) 〈借金などを〉〈金でなく〉働いて支払う: He is always ready to ～ *off* his debts. 借金を働いて返す用意はいつもできている. (4) (他へ)押し付ける (pass off), 〔…を目当てに〕行う (play off)〔*on*〕: He ～*ed off* old jokes *on* me. 私に向かって古臭いしゃれを言った. (5) 印刷する, 刷り上げる (print off): About 500 copies of the book were ～*ed off*. その本が 500 部ばかり刷り上がった. (6) …の仕事を済ませる, 片付ける. (7) 《俗》(縛り首などにして)殺す (kill). ― (*vi.*) ⇨ *vi.* 4 a.
wórk òff … 〈機械などが〉…をエネルギー源とする; …で作動する.
wórk ón (*vi.*) ＝WORK *away*. (*vt.*) 〈…を〉徐々に取りつける.
wórk on … (1) …に効く, 作用する; 〈人・感情など〉を動かす, 左右する (affect), 興奮させる (excite): The drug began to ～ *on* him. 薬が効き始めた / She ～*ed on* his feelings by pretending to be ill. 彼女は病気のふりをして彼の感情に訴えた. (2) 〈人など〉に働きかける, 説得する, 影響を及ぼす. (3) 〈仕事・研究など〉に従事する: He is ～*ing on* a book about Japan. 日本に関する本を書いている / The police are ～*ing on* the case. 警察はその事件を手掛けている. (4) …を改善する; 修理する. (5) 〈仮定など〉に基づいて進める. (6) ＝WORK *off* ….
wórk … ònto ― 〈…を〉―に徐々に取りつける.
wórk óut (*vi.*) (1) 〈金額などが〉〈幾らと〉算定される (be calculated), 結局〔…に〕なる, 〔…に〕当たる〔*at, to*〕: The cost ～*ed out at* 5 dollars a head. 費用は一人当たり 5 ドルとなった. (2) 〈問題が〉解ける; 〈合計が〉出る: The sum won't ～ *out*. この合計はなかなか出ない. (3) ある結果が出る: His plan ～*ed out* well [badly]. 彼の計画はうまくいった[うまくいかなかった]. (4) 《ボクシングの》選手などが〉練習をする (practice): He ～*s out* in the gym one hour in the evening. 夕方 1 時間ジムで練習する. (5) (埋め込まれた所から)出て来る, 外れてくる: Underlays often ～ *out*. (活字の)下張り紙はよく外れてくる. (6) 〈事件・物語が〉ある結末になる: It is impossible to tell how the situation in Ireland will ～ *out*. アイルランドの情況がどんな結末になるかわからない. (7) 〈人が〉十分に仕事をする〔*as, at*〕.
― (*vt.*) (1) 苦心して成就する, 達成する: ⇨ *work out one's own* SALVATION / Things ～ themselves *out* a lot of times. 物事はしばしば自然にうまくいくものだ / Finally a compromise was ～*ed out*. 遂に妥協案が成立した. (2) 計算する, 算出する (calculate); 〈問題などを〉解く (solve) (cf. *vt.* 4): ～ *out* a calculation 計算する / ～ *out* a day's course 一昼夜の航程の算出をする / ～ *out* a problem 問題を解く[解決する] / ～ things *out* 《口語》個人的な問題を解決する[片づける] / I ～*ed out* by the stars that we had flown east. 星の位置から東に飛んだと推測した. (3) 〈計画などを〉細かく立てる, 立案する, 作成する, 練り上げる: ～ *out* a scheme of invasion 侵入の計をめぐらす[画策する] / ～ *out* a code 暗号を考案する / He had ～*ed out* his plan in advance. 前もって計画を立てていた / have … all ～*ed out* …の段取りをすっかり整える / The theory was ～*ed out* with the most elaborate care. その学説はこの上もなく入念に練り上げられた. (4) 《主に英・豪》[しばしば cannot を伴って] 理解する, 知る; 《口語》〈人〉の正体をつかむ: I *can't* ～ Peter *out*. ピーターって人間がわからない / I *can't* ～ *out* what Peter wants. ピーターが何を欲しがっているかわからない. (5) …を実施する (put into practice). (6) [通例受身で] 〈鉱山を〉掘り尽くす, 使い尽くす (exhaust): ～ *out* a mine. (7) 〈借金などを〉働いて返す; 〈道路税などを〉労働を提供して納める: ～ *out* a debt 借金を働いて返す. (8) 〈契約期間などを〉最後まで勤め上げる: He went back to prison to ～ *out* his time. 刑期を勤め上げるために刑務所へ戻った. (9) 除く, 追い出す〔*from, of*〕: ～ poison *out* 毒を出す.
wórk óver (1) 《米》〈原稿などを〉やり[書き]直す, 手を加える (do over again). (2) 〈…を〉徹底的に研究する, 精査する. (3) 《俗》〈人を〉容赦なく打つ, したたか殴る.
wórk róund … ＝WORK *around*.
wórk róund to ＝WORK *around* to.
wórk thìngs ＝WORK *it*.
wórk thróugh (*vt.*) (1) 〈問題などを〉処理する, 折り合いをつける. (2) 〈悲しみ・怒りなどを〉克服する. ― (*vi.*) (1) (長時間)働き抜く. (2) (効果などが)目に見えてくる.
wórk thróugh … (1) (効果などが)…に浸透する. ★ その他の用法については ⇨ *vi.* 1, 4.
wórk … thróugh ― ⇨ *vt.* 7, 8.

wórk to 〈計画などに従って働く: ～ *to* a budget 予算を守る / ⇨ *work to* RULE.
wórk towàrd ⇨ *vi.* 4 a.
wórk úp [過去形・過去分詞にはしばしば wrought を用いて] (*vt.*) (1) (努力して)次第に作り上げる (bring about, achieve): ～ *up* a reputation for oneself 次第に名をあげる / ～ *up* a business 事業を起こす. (2) 興奮[激昂(げっこう)]させる; 煽動する, あおる (instigate) 〔*to, into*〕: get [be] ～*ed up* 《口語》興奮する[している], いらいらする[している], ひどく悩む[悩んでいる] 〔*over, about*〕 / He was so ～*ed up* he stammered. ひどく興奮したのでどもった / ～ *up* a spirit of social unrest 社会不安の気運を醸成する / ～ *up* one's nervous feelings 感情[神経]を刺激する / be *wrought up to* a violent temper 激怒する / He ～*ed* himself *up into* a frenzy. 次第に狂暴になっていった / I have ～*ed* him *up to* publish a book. 彼をあおって本を出版させた / He has never ～*ed up* the courage to approach her. 彼女に言い寄るだけの勇気を奮い起こしたことがない. (3) 〈食欲などを〉かき立てる; 《俗》激しい活動で〈汗を〉かく. (4) 〈話の筋などを〉発展させる (develop) 〔*into*〕: ～ *up* the plot of a novel 小説の筋を作り上げる. (5) 丹精して作る (elaborate): He ～*ed up* a picture elaborately. 彼は入念に一枚の絵を描き上げた. (6) (能率・技術などで)高める, 増す. (7) 〈成分を〉混ぜる, 練る, こねる. (8) 〈材料を〉(あるものに)作り上げる 〔*into*〕; 〈非物質的なものを〉(…に)する 〔*to, into*〕: ～ *up* iron *into* tools 鉄からいろいろな器具を作り上げる / ～ *up* a sketch *into* a picture スケッチをまとめて絵に仕上げる. (9) 〈学科などを〉詳細に研究する, 追求してマスターする: I'm ～*ing up* English for my exam. 試験に備えて英語をおさらいしています / ～ *up* the history of labor unions 労働組合の歴史を研究する / ～ *up* a theme 主題を追求する. (10) 〈事業などを〉発展させる. (11) 〈…に〉心の準備をさせる. (12) 【海事】罰として〈人〉に不必要な労働を強いる: The hands were continually being ～*ed up*. 乗組員は絶えず罰として不必要な労働を強いられていた. — (*vi.*) (1) 徐々に進む[登る, 進展する, 出世する]; 〈天候が〉〈嵐などに〉変わる; 〈話などが〉〈クライマックスに〉向かう 〔*to*〕: He was ～*ing up to* a peroration. 彼は結論に近づきつつあった / He ～*ed up* from the bottom. 彼は社会の底辺から築き上げた. (2) (徐々に)数量を増す 〔*to*〕. (3) (話・交渉などで)少しずつ誘導して(…することに)にまで及ぶ 〔*to*〕.
wórk upon … ＝WORK *on* … (1).
wórk with …を動かそうとする: He is hard to ～ *with*. あの人はなかなか動かない《融通がきかない》.
〚n.: OE *we(o)rc* < Gmc **werkam* (Du. *werk* / G *Werk* / ON *verk*) ← IE **werg-* to do (Gk *érgon* work). — v.: ME *worke(n)* ← (n.) ∞ ME *wirchen* < OE *wyrċan* < Gmc **wurkjan*: cf. erg, organ, wright〛

SYN 仕事: **work** あることを行うための精神的・肉体的な努力《一般的な語》: a day's *work* 一日分の仕事. **labor** 通例骨の折れる肉体的な仕事: hard *labor* 重労働. **business** 職務としての商売・業務上の仕事: go about one's *business* 仕事にとりかかる. **grind** 《口語》退屈で長い仕事: Sawing is a considerable *grind*. のこぎりを使うのはなかなかつらい仕事だ. **toil** 長くて疲れる精神的・肉体的な仕事: hours of *toil* 何時間にもわたる骨折り仕事. ⇨ business, task. **ANT** play.

-work /wə̀ːk | wɜ̀ːk/ work の意味を表す複合語の第 2 構成素: 1「材質」「道具」の意: silver*work*. 2「機械」「構造」の意: clock*work*. 3「装飾」の意: knot*work*.
work·a·bil·i·ty /wə̀ːkəbíləṭi | wɜ̀ːkəbílɪ̀ti/ *n.* 実行[耕作]可能性; 【土木】ウォーカビリチー《まだ固まらないコンクリートの性質》. 〚1874〛
work·a·ble /wə́ːkəbl̩ | wɜ́ːk-/ *adj.* 1 〈計画など〉運用できる, 実行できる, 実行可能な (practicable, feasible): a ～ plan / a ～ agreement [solution] 実行可能な協定[解決法]. 2 〈鉱山など経営[採掘]できる; 〈土地が〉耕される. 3 〈物質・材料などで〉加工[処理, 細工]できる; 〈装置など〉実際に使える: a ～ miniature toilet. **～·ness** *n.*
work·a·bly *adv.* 〚1545〛
work·a·day /wə́ːkədèɪ | wɜ́ːk-/ *adj.* 1 仕事日の, 平常の日の (working-day): ～ clothes. 2 (平凡で)実際的な (practical), 殺風景な, 無味乾燥な, つまらない (dull): this ～ world [life] この無味乾燥な世の中. 〚(?*a*1200) *werkedai*: *-e-* は *sunnedei* 'SUNDAY' などの類推か: cf. Icel. *virkdiggr* working day〛
work·a·hol·ic /wə̀ːkəhɔ́(ː)lɪk, -hɑ́(ː)l- | wɜ̀ːkəhɔ́l-/ *n.* 仕事中毒の人, 仕事の虫: He is a complete ～. 彼は全くの仕事中毒者だ. — *adj.* 仕事中毒の. 〚(1968) ← WORK＋-*a* (connective)＋(ALCO)HOLIC.〛
work·a·hol·ism /wə́ːkəhɔ̀(ː)lɪzm, -hɑ̀(ː)l- | wɜ́ːkəhɔ̀l-/ *n.* 仕事中毒. 〚1968〛
wórk·alike *n.* 同等の仕事ができる[能力をもつ]もの《IBM のコンピューターに対してその互換機など》. 〚(1981) ← WORK (v.)＋ALIKE〛
wórk-and-túmble[-flóp] *adv., adj.* 【印刷】がんどう返しで[の]《表面のくわえを利用して裏面を印刷する方法にいう》. 〚1931〛
wórk-and-túrn *adv., adj.* 【印刷】抱掛けで[の], 打返しの[で], 半裁掛けの[で]《表版・裏版からなる一つの版面で紙の両面を刷り, 裁断後, 2 折丁になるように版面を配列する方法》. 〚1888〛
wórk-and-twíst[-whírl] *adj.* 【印刷】回し刷りの; だるま掛けの《一つの版で 1 枚の紙に 4 面刷りする(版の配列)方法にいう》. 〚1930〛
wórk·aròund *n.* 【電算】(プログラム[システム]の問題の)回避法. 〚1972〛
wórk·bàg *n.* 仕事袋, (特に)針仕事袋, 裁縫道具入れ. 〚1775〛
wórk·bàsket *n.* (裁縫の)仕事用具入れかご, 針仕事かご. 〚1743〛
wórk·bènch *n.* (大工・職工・機械技師などの)仕事台, 細工台 (単に bench ともいう). 〚1781〛
wórk·bòat *n.* (漁業用などの)労務用ボート. 〚1937〛
wórk·bòok *n.* 1 (教科書と並行して, または教科書代わりに生徒に使われる)練習問題集, ワークブック. 2 (仕事の)規則集, 規準書. 3 (仕事の)計画帳, 工程帳. 〚1910〛
wórk·bòx *n.* 道具箱; (特に)裁縫箱, 針箱. 〚1605〛
wórk càmp *n.* 《米》 1 ＝prison camp. 2 (宗教団体などの)奉仕キャンプ, (若者に農業などを体験させる)夏季作業合宿; その参加者全体. 〚1933〛
wórk·dày *n.* 1 《米》平日, 仕事日, 作業日, 就業日 (weekday)(↔ holiday). 2 ＝working day 2. — *adj.* ＝workaday. 〚(*c*1430): cf. workaday〛
worked *adj.* 細工した, 加工した, 縫い付けた (cf. wrought): ～ material 加工原料. 〚1740〛
wórked úp *adj.* ＝wrought-up. 〚1903〛
work·er /wə́ːkə | wɜ́ːkə(r)/ *n.* 1 a 働く人, 仕事をする人; 働く人[動物, 物]: a good ～ よく働く人. b よく働く人[動物], 勉強家: He is a real ～ 彼は本当によく働く / a hard ～ 勤勉家. 2 a 労働者 (laborer); 労働階級の人. b 従業員; 作業員, 工員: office ～*s* サラリーマン. c 細工師: a ～ *in* brass 真鍮(しんちゅう)細工師. d [しばしば複合語で] …職人, …工: steel*worker*, dock*worker*. 3 (特定分野・団体の)活動家, 研究者: a party ～ 政党運動員 / a volunteer ～ (宗教団体などの)ボランティア活動家 / a ～ *in* a cause 主義のために活動する人 / ⇨ social worker. 4 (…を)行う人 (doer): a ～ *of* miracles＝a miracle ～ 奇跡を行う人. 5 【昆虫】働きバチ (worker bee), 働きアリ (worker ant)《社会性昆虫の中の一階級; 一般に不完全な雌からなるが, シロアリでは雌雄両性がある; cf. drone 1, reproductive, soldier 6》. 6 【印刷】実用版, (平版の)刷版(さっ). 7 (梳綿(そめん)機 (carding machine) などの)繊維すき取り小型ローラー. **～·less** *adj.* 〚*c*1340〛
wórker ánt *n.* 【昆虫】働きアリ (⇨ worker 5). 〚1882〛
wórker bée *n.* 【昆虫】働きバチ (⇨ worker 5). 〚1816〛
wórker diréctor *n.* 労働者取締役《取締役会の従業員代表》. 〚1968〛
wórker participàtion *n.* (一般)従業員の経営参加, 労使協議制. 〚1971〛
wórker-príest *n.* (フランスのカトリックの)労働司祭《伝道の目的で平日の一部を工場などで働く》. 〚1949〛
wórkers' compensátion *n.* 労働者災害補償[金[制度]].
wórkers' coóperative *n.* 労働[生産]者協同組合. 〚1937〛
wórk èthic *n.* 労働観[倫理(感)], (特に) ＝Protestant ethic. 〚1953〛
wórk expèrience *n.* 仕事の経験, 職歴; 《英》(特に卒業の近い学生のための)職業実習(期間). 〚1975〛
wórk·fàre *n.* 勤労福祉制度《福祉給付金の受給者が与えられた仕事をしたり職業訓練を受けたりすることを義務づける福祉事業》. 〚(1968) ← WORK＋(WEL)FARE〛
wórk fàrm *n.* (青少年犯罪者の社会復帰のための)更生[労働]農場. 〚1953〛
wórk·fèllow *n.* (同じ仕事に従事している)仕事仲間. 〚1526〛
wórk·flòw *n.* (会社・工場などの)仕事[作業]の流れ. 〚1950〛
wórk·fòlk *n. pl.* 労働者, (特に)農場労務者 《《米口語》 workfolks ともいう》. 〚*c*1475〛
work·force /wə́ːkfɔ̀ːs | wɜ́ːkfɔ̀ːs/ *n.* 1 (企業などの)全従業員: The whole ～ is on strike. 全従業員がスト中である. 2 総労働, 労働力人口: The female ～ is growing. 女性の労働人口が増えている. 〚1943〛
wórk fùnction *n.* 【物理】仕事関数《固体中から固体外部の真空中へ電子を引き出すのに要するエネルギー》. 〚1923〛
wórk·gìrl *n.* 女子工員, 女子作業員.
wórk gròup *n.* 作業グループ《工場などで共同して一つの仕事にたずさわる人の集団》.
wórk-hàrden *vt.* 【金属加工】加工硬化する.
wórk-hàrdening *n.*
wórk·hòrse *n.* 1 荷車馬, 馬車馬, 役馬(えきば). 2 《口語》馬車馬のように働く人; 進んで働く人. 3 耐久力のある[役に立つ]機械[車など]. 4 ＝sawhorse. 〚1543〛
wórk·hòuse *n.* 1 《米》教護院, (酔っぱらい・浮浪者など軽犯罪者を収容する)懲治監 (house of correction). 2 《英》(もと貧民救助法 (poor law) に基づいて貧民を収容した教区(連合)の)救貧院 (cf. poorhouse). 3 《廃》＝workshop. 〚OE *weorchūs*〛
wórk hypértrophy *n.* 【生理】(筋肉の)作業肥大.
wórk-ìn *n.* (工場を占拠して労働者が自主的に作業を継続する)生産管理争議. 〚1675〛
work·ing /wə́ːkɪŋ | wɜ́ːk-/ *adj.* 1 働く, 労働に従事する; 労働者の: ～ people / a ～ woman＝workingwoman / the ～ class(es) 労働階級 / the ～ population 労働人口. 2 (監督でなく実際に)仕事をする, 労務の: a ～ partner (合資会社の)労働出資社員. 3 〈機械などが〉動く; 工作の: the ～ parts of a machine ⇨ working model. 4 実行の; 実用の, 役立つ; 〈立論などの〉基礎となる, 基礎的な; 〈数量・規模など〉十分な: a ～ majority 法案などを通過させるのに十分な過半数 / a ～ knowledge of English 英語の実用的な知識 / ⇨ working hypothesis. 5 〈顔など〉〈激情などで〉ぴくぴく動く, ひきつる. 6 〈イースト菌など〉発酵する. 7 〈家畜が〉荷役用の. 8 a 作業の, 就業の, 仕事の: ～ clothes 仕事着, 作業服 / ⇨ working day, working hours. b 経営の, 営業の, 運営の: ～ expenses 運営[営業]費 / ～ cost 生産費. c 〈木材・石材などの面など〉作業を進める[に取りかかる]ための: ⇨ working face. d 〈食事など〉会合を兼ねた《その間業務・政策などが討議される》: a ～ breakfast [lunch] 用談を伴う朝食[昼食]会.
— *n.* 1 [しばしば *pl.*] 働き, 作用, 活動; (顔・心などの)動き方; (顔などの)ぴくぴくした動き, ひきつり: the ～ of conscience 良心の働き / the ～*s* of the brain 頭脳の働き / the ～ of nature 自然の営み / the ～*s* of a person's features (表情としての)人の顔面の動かし方 / Ghosts are just the ～*s* of a vivid imagination. 幽霊など活発な想像作用の現れにすぎない. 2 a 製作(法), 工作(法), 運転(法), 作業: understand the ～ of a machine 機械の運転法を理解する. b (ある形に)こしらえること. 3 経営; 運営: the ～ of the laws [a business] 法の運用[事業の経営]. 4 (数学問題などの)運算, 計算: the ～ of a problem 問題の計算. 5 《まれ》(努力を伴っての)徐々の進歩[前進], 漸進: the ～ of a ship against the wind 風に逆らって船が徐々に進むこと. 6 [通例 *pl.*] (鉱山・石切場などの)作業場, 現場; 採掘場: old ～*s* 廃坑. 7 (酵母などの)発酵作用 (fermentation).
〚n.: (*a*1325). — adj.: (*c*1385)〛
wórking àsset *n.* 【会計】運転資産. 〚*c*1914〛
wórking bèam *n.* 【機械】＝walking beam.
wórking bèe *n.* 《NZ》慈善ボランティア団体. 〚1883〛
wórking càpital *n.* 【会計】1 運転[営業]資本 (cf. LIQUID capital). 2 (正味)運転資本《流動資産から流動負債を引いた差額のこと》. 3 流動資本 (cf. capital[1] 2 a). 〚*c*1901〛
wórking-càpital fùnd *n.* 運転資金.
work·ing-class /wə́ːkɪŋklæ̀s | wɜ́ːkɪŋklɑ̀ːs/ *adj.* 労働階級の: ～ whites 労働階級の白人 / a ～ district 労働階級の住む地域. 〚1839〛
wórking clàss *n.* [しばしば the ～(es); 集合的] 労働者階級; 《俗に》勤労者層: (*the*) lower ～ 労働者階級の下層(部). 〚1789〛
wórking commìttee *n.* 運営委員会.
wórking condìtions *n. pl.* 労働条件.
wórking-dày *adj.* ＝workaday 1. 〚1533〛
wórking dày *n.* 1 ＝workday 1. 2 (1 日の)労働時間, 勤務時間: a ～ of eight hours (1 日) 8 時間労働. 〚1478〛
wórking dòg *n.* (ペット・狩猟用等ではない)作業犬. 〚1891〛
wórking dràwing *n.* (機械の)工作図, 製作図; (工事の)施行図. 〚1832〛
wórking fàce *n.* 【鉱山】切羽《鉱石や石炭を採掘しているその場所》. 〚1886〛
wórking fìt *n.* 【機械】＝snug fit.
wórking flúid *n.* 【力学】流体作業物質. 〚1903〛
wórking fòrce *n.* ＝work force.
wórking gáuge *n.* 【機械】工作ゲージ.
wórking gìrl *n.* 1 働く女性, 女性労働者. 2 《米俗》売春婦 (prostitute). 〚1865〛
wórking gròup *n.* 調査検討委員会 《《英》 working party》.
wórking hòurs *n. pl.* 労働時間, 勤務時間.
wórking hypóthesis *n.* 作業仮説《立論・研究などの一応の基礎となり得るもの》.
wórking lìfe *n.* 1 (一生のうちの)就労期, 有職生活. 2 (機械などの)耐用年数.
wórking lòad *n.* 【機械】使用荷重. 〚1875〛
wórking lùnch *n.* ＝business lunch.
wórking majórity *n.* (政党などの)安定多数. 〚1858〛
wórking·màn /-mæ̀n/ *n.* (*pl.* **-men** /-mèn/) 労働者, 職人, 工員 (manual laborer). 〚1638〛
wórking mèmory *n.* 1 【電算】作業[短期]記憶, ワーキングメモリー. 2 【心理】作動記憶.
wórking mòdel *n.* 実用模型《実物と同じ働きをするもの》. 〚1966〛
wórking òrder *n.* (機械などの)正常に動く状態: keep a clock in ～ 柱時計を正常に動かせておく / in good [full, perfect] ～. 〚1845〛
wórking óut *n.* 1 細部の計画, 画策, 計画を練ること. 2 【音楽】＝development 10. 3 《米口語》＝workout. 4 計算. 〚(1842) ← *work out* (⇨ work (v.) 成句)〛
wórking pàpers *n. pl.* 1 就業書類《未成年者・外国人の就職の際に必要な公文書》. 2 研究・調査の(中間)報告書. 〚1928〛
wórking pàrty *n.* 1 《英》(生産向上などの方法について助言するため, または特定の問題の調査のために設けられる)調査委員会 (working group): set up a ～ on …について調査委員会を設ける. 2 【軍事】作業班. 〚1744〛
wórking plàn *n.* 1 作業計画. 2 工作図 (working drawing). 〚1880〛
wórking pràctices *n. pl.* 仕事の手順[仕方].
wórking sèction *n.* 仕上げ断面図.
wórking síde *n.* 【歯科】作業側《食物をそしゃくする側の歯列; cf. balancing side》.
wórking stìff *n.* 《米口語》一般労働者.
wórking stòrage *n.* 【電算】作業記憶域. 〚1954〛
wórking stréss *n.* 【機械】使用応力, 許容応力《通常の使用状態で機械部品に許容される応力》.

wórking súbstance *n.* 〘機械〙作動物質, 作動流体《機関内でピストンや翼を動かす流体》. 〖1897〗

Work·ing·ton /wə́ːkɪŋtən | wə́ːk-/ *n.* ワーキントン《イングランド北西部 Cumbria 州の町; Carlisle の南西, Irish 海に臨む Solway 湾岸に位置》.

wórking tròt *n.* (馬の)尋常の速歩.

wórking wèek *n.* 《英》 =workweek. 〖1890〗

wórking·wòman *n.* (*pl.* **-women** /-wɪ̀mɪn/) **1** 女子労働者, 女子工員. **2** 労働者の妻. **3** 《婉曲》売春婦 (prostitute). 〖1853〗

wórk·less *adj.* **1** 仕事のない, 失職した. **2** [the ～; 集合的] 失業者 (cf. unemployed 4). **～·ness** *n.* 〖《1484》《廃》'idle'〗

wórk lòad *n.* 労働量, 作業量. 〖1943〗

work·man /wə́ːkmən | wə́ːk-/ *n.* (*pl.* **-men** /-mən/) **1** 労働者, 職人, 職工, 工員 (laborer) (cf. servant 1 b): ⇨ master workman / a ～'s train (労働者のための)早朝割引列車. **2** 仕事をする人, 仕事ぶりが…の人: a very decent fellow but a poor ～ 大変いい男であるが仕事の下手な人 / a bad [an ill] ～ 下手な職人 / a good [skilled] ～ 良い[腕利きの]職人 / A bad ～ always quarrels with [blames] his tools. 《諺》下手の道具立て[選び], 「弘法筆を選ばず」. 〖OE *weorcmann*〗

wórkman·lìke *adj.* **1** 職人らしい; 名工にふさわしい; 手際のよい, 腕利きの (skillful). **2** [通例軽蔑的に] 職人的な, 悪達者な. 〖1663〗

wórk·man·ly *adj.* =workmanlike. 〖《1545》《まれ》'efficiently'〗

wórkman·shìp *n.* **1** (職人などの)手腕, 技量. **2** 細工の巧拙, 仕上げ, 手際, 出来栄え: be of good ～ よい出来である. **3** 作られたもの, (製)作品, 作, 細工 (work): This box is my ～. / We are of God's ～. 我らは神の造りたもうたもの. 〖*a*1325〗

wórk·màte *n.* 《英》 =workfellow. 〖1851〗

wórkmen's compensátion *n.* =workers' compensation.

wórkmen's compensátion insùrance *n.* 〘保険〙労働者災害補償保険《労働者が就業中に負傷または病気をした場合, それに対する補償を雇い主に請求できる制度》. 〖*c*1917〗

work·out /wə́ːkàut | wə́ːk-/ *n.* **1** 〘スポーツ〙(競技などの)練習(試合), トレーニング: give a person a good ～ (練習で)人をしごく. **2** 体操, 運動: have a ～ in the gym ジムで運動をする. **3** 試験, 試し (test, trial). 〖《1909》← *work out* (⇨ work (v.) 成句)〗

wórk·pèople *n. pl.* 《英》勤労者, 工員, 従業員, 労働者. 〖1708〗

wórk pèrmit *n.* (外国人に与える)労働許可証. 〖1965〗

wórk·pìece *n.* (製造中の)製作品. 〖1926〗

work·place /wə́ːkplèɪs | wə́ːk-/ *n.* [しばしば the [one's] ～ として] 仕事場, 作業場; 職場: Smoking is prohibited in the ～. 職場での喫煙は禁じられている. 〖*a*1828〗

Wórk Prójects Administràtion *n.* [the ～] ⇨ WPA.

wórk ràte *n.* 仕事量, (スポーツ[運動]で費やされる)エネルギー量, 運動量. 〖1969〗

wórk relèase *n.* 労働釈放《受刑者を毎日フルタイムの労働に出勤させる更生制度》. **wórk-relèase** *adj.* 〖1957〗

wórk·ròom *n.* 仕事部屋, 作業室. 〖1828〗

works /wə́ːks | wə́ːks/ *adj.* 〈会・医師など〉企業[社]内の; 〈レーシングカーなど〉メーカー企画の: a ～ outing to Blackpool ブラックプールへの社内旅行.

wórks committee [còuncil] *n.* 《英》 **1** 工場協議会《単一工場内の労働者代表で組織した会議; 経営者に対して労働者側の要求をしたり経営者側の諮問に応じたりする》. **2** (単一工場内で労資双方から選出した)労資協議会. 〖1917〗

wórk-shàring *n.* 仕事の分かち合い, ワークシェアリング《失業を防ぐため一人分の仕事を複数で分担すること》. **wórk-shàrer** *n.* 〖1934〗

wórk shèet *n.* **1** (作業立案のための)企画用紙; 企画参考資料紙[小冊子]. **2** 練習問題用紙; ワークブックの1枚[1ページ]. **3** 〘会計〙(決算報告作成のための)計算用紙. **4** 〘電算〙 =spreadsheet. **5** =job ticket 1. 〖1925〗

work·shop /wə́ːkʃɑ̀(ː)p | wə́ːkʃɔ̀p/ *n.* **1** (工作仕事をする)仕事場, 作業場. **2** 研究集会, 研修会; ワークショップ《参加者に自主的に活動させる方式の講習会》: a theater ～ 演劇研究会 / attend a ～ 研究集会に参加する / hold a ～ on welfare work 福祉の仕事に関する研究会を開く. **3** (文学・芸術作品の)創作の場[方法]. ― *vt.* ワークショップのテーマとする, ワークショップで研究する. 〖《1562》: ⇨ shop (n.)〗

wórk-shỳ *adj.* 《軽蔑》仕事嫌いの, 怠け者の (lazy). 〖1904〗

wórk sìte *n.* 仕事の現場, 労働現場, 工場. 〖1975〗

wórks mànager *n.* (製造会社の)生産部長.

wórk sòng *n.* 労働[作業]歌 (cf. chantey). 〖1911〗

Work·sop /wə́ːksɑ(ː)p, -səp | wə́ːksɔp, -səp/ *n.* ワークソップ《イングランド Nottinghamshire 州にある炭鉱町》.

wórk·spàce *n.* **1** (仕事に必要な)作業空間. **2** 商業用として賃貸される[売られる]場所. **3** 〘電算〙作業領域《作業用に割り当てたメモリー上のスペース》. 〖1959〗

work·sta·tion /wə́ːkstèɪʃən | wə́ːk-/ *n.* ワークステーション: **1** 〘電算〙中央の情報処理システムに連結した端末装置: a ～ connected to a server サーバーに接続されたワークステーション. **2** 一人の労働者に与えられた仕事場所. 〖1: 《1977》. 2: 《1931》〗

wórk stòppage *n.* (ストライキ・ロックアウトなどによる)作業停止. 〖1945〗

wórk stùdy *n.* (能率・生産をあげるために, 作業諸要素とその組合わせの改善をはかる)作業研究 (cf. TIME and motion study). 〖*c*1951〗

wórk-stúdy prògram *n.* 〘米教育〙労働学習課程《高校生・大学生の就労を認めるもの》.

wórk sùrface *n.* 《英》 =worktop.

wórk·tàble *n.* 仕事台, 工作台; 《英》(引出し付きの)裁縫台. 〖1790〗

wórk-to-gráde *n.* (特に順法闘争で)労働者一人一人がそれぞれの職階上割り当てられた仕事しかしないこと.

wórk·tòp *n.* 《英》(台所の)調理台, カウンター, ワークトップ. 〖1953〗

wórk-to-rúle 《英》 *n.* (労働者の)順法闘争. ― *vi.* 順法闘争をする (cf. *work to* RULE). 〖1950〗

wórk tràin *n.* 〘鉄道〙工事列車. 〖*c*1880〗

wórk·ùp *n.* 精密検査. 〖1939〗

wórk·ùp *n.* 〘印刷〙汚れ《空白となる部分が, 込め物の浮上がりによって黒く印刷されてしまうこと》. 〖1903〗

wórk·wèar *n.* **1** 作業着[服]; 仕事着. **2** 作業服スタイル(の服装).

wórk·wèek *n.* 《米》(週休に対し)1週のうちの就業日《全体》, 週労働日数[時間]: a 5-day ～ 週5日労働. 〖1921〗

wórk·wòman *n.* 女子工員, 女性労働者. 〖*c*1530〗

world /wə́ːɫd | wə́ːld/ *n.* **1** [通例 the ～] **a** 世界, 地球 (⇨ earth SYN): go round *the* ～ 世界を一周する / to *the* ～'s end=to the end of *the* ～ 世界の果てまで(も) / all over *the* ～=(all) *the* ～ over=*the* whole ～ over =throughout *the* ～ 世界中(至る所で) / as long as *the* [this] ～ lasts 世界の続く限り, 永久に. **b** 天地 (heaven and earth), 宇宙 (the universe); 万物, あらゆる物, 一切 (everything): the creation of *the* ～ 天地の創造 / *the external* ～ 外界; 宇宙の万象 / ⇨ *all the* WORLD / I wouldn't do it to gain *the* whole ～. 何をもらえてもそんな事は絶対にしたくない (cf. *Matt.* 16: 26, etc.).

2 a [the ～] 世の中, 世間; 世の中の事, 世事, 人事 (human affairs); 俗世間, 俗事; 世俗, 世の習わし: ⇨ *a* MAN [WOMAN] *of the world* / be out of touch with *the* ～ 世間とは没交渉である / begin *the* ～ 世の中に出る (start in life) / begin *the* ～ anew (いったん失敗して)新規まき直しをする, 新生活に入る / come down in *the* ～ 落ちぶれる / come into *the* ～ 生まれる; 出版される / give to *the* ～ 出版する / forsake [renounce] *the* ～ (浮)世を捨てる / get on in *the* ～=rise [come up, go up] in *the* ～ 出世する / go out into *the* ～ 実社会に出る / live out of *the* ～ 世間を避ける / know *the* ～ 世間を知っている / see *the* ～ 世間[世の中]を知る / take *the* ～ as it is=take *the* ～ as one finds it (世の中をあるがままに見て)世と共に移る, 時勢に順応する / let *the* ～ slide 世間の事に構わない, 万事成り行きに任せる; 世間の思惑を気にしない / as *the* [this] ～ goes 今のままでは, 世間なみにいえば / All's right with *the* ～. ⇨ right *adj.* A 4 / All *the* ～'s a stage. 世の中はすべて舞台だ (Shak., *As Y L* 2. 7. 139) / *the* wise old ～ 一般的な経験や習慣 / a religieuse who was, in *the* ～, Kate Smith 世俗にいた頃ケイトスミスといった修道女. **b** (個人の生活・活動などの場としての)世界: My ～ has changed. 私の(目に映る)世界は変わった.

3 [the ～] **a** 世界の人々, 人間(社会); 世人, 世間(の人々); 世論: all *the* [*the* whole] ～ 全世界(の人々) / against *the* ～ 全世界を敵に回して, 世間に逆らって / have *the* ～ against one 全世界を敵に回す, 世人こぞって反対される / make *the* whole ～ kin 四海を同胞となるしめる (cf. Shak., *Troilus* 3. 3. 175) / All *the* ～ knows it. それはだれでも知っている, 世間周知の事だ / All *the* ～ will be there. みんな総出でそこへ行くだろう / ⇨ *all the* WORLD *and his wife* / *The* whole ～ would die of hunger. (そんなことがあったら)全世界の人々は飢え死にするだろう / What will *the* ～ say? 世間は何と言うだろう (cf. Grundy) / How goes *the* ～ with you?=How is *the* ～ using you? 景気はどうです, 近況はいかがですか. **b** 上流[流行]社会: *the* great ～ 流行社会 (fashionable society).

4 [通例 the ～] (地球上のある特定の)地域, 世界: *the* Western ～ 西洋 / *the* civilized ～ 文明世界 / *the* Roman ～ ローマ的世界 / *the* ancient ～ 古代の世界, 古代 / ⇨ New World, Old World, Third World.

5 [the ～] **a** (特定の人種・職業・集団などの)世界, …界: *the* Anglo-Saxon ～ アングロサクソン人種(英国人)の世界 / *the* scientific ～ 科学界 / *the* sporting ～=*the* ～ of sport(s) スポーツ界 / *the* racing ～ 競馬界 / *the* ～ of art 美術界 / *the* literary ～=*the* ～ of letters 文学界, 文壇 / *the* educational ～ 教育界 / *the* industrial ～ 産業界 / *the* theatrical ～ 演劇界. **b** (非現実的な)世界 (realm): *the* spiritual ～ 精神界 / *the* ～ of dreams [romance] 夢[ロマンス]の世界.

6 (この, あの)世; 現世, この世: the [this] ～ この世, 現世 / this ～ and the next 現世と来世 / the other [next] ～ =the ～ to come [to be] =the ～ beyond (the grave) あの世, 未来, 来世 (future life) / ⇨ lower world / ⇨ *the* END *of the world* / the ～, the flesh, and the devil 世と肉と悪魔《名利・肉欲・悪心などのすべての誘惑》(*Prayer Book*, "The Litany") / go to the better ～ あの世へ行く, 死ぬ (die) / go out of [depart, leave] this ～ この世を去る, 死ぬ (die) / be not long for this ～ 死期が近い, もう長くはない / be too good for this ～ あまりによくてこの世のものと思われない.

7 (自然界の区分としての)界 (kingdom): the animal [mineral, vegetable] ～ 動物[鉱物, 植物]界.

8 [a ～ または ～s として] **a** 多数, 多量 〔*of*〕 (cf. sea 3 b): *a* ～ *of* bank notes おびただしい紙幣 / *a* [*the*] ～ *of* difference 格段の差[違い] / *a* ～ *of* trouble(s) きりのない厄介ごと / *a* ～ *of* waters 大洋, 大海 / ～*s* to say [see, do] 言うべき[見るべき, なすべき]ことが山ほど(ある) / The experience gave me *a* ～ *of* confidence. その経験で私は大きな自信を得た / It did him *a* [the] ～ *of* good. それは大いに彼のためになった. **b** [副詞的に] 大いに, 極端に: ⇨ WORLDS *apart*.

9 (地球に似た)天体, 世界 (heavenly body): a universe of ～*s* 全宇宙 / the starry ～*s* 星の世界, 星 / innumerable ～*s* in space. 宇宙(空間)の無数の天体.

áll the wórld (1) 全世界, 世界中の人々 (cf. 3 a). (2) 最も大事なもの, かけがえのないもの (everything): She [It] was [meant] *all the* ～ *to* him. 彼女[それ]は彼にとってすべてだった. ***(áll) the wórld and his wífe*** (男性も女性も)だれも彼も, 猫も杓子(しゃくし)も (everybody) (Swift, *Polite Conversation*, Dialogue): (*All*) *the* ～ *and his wife* were there. 〖1731–38〗 ***bríng into the wórld*** (1) 〈女性が〉〈子を〉産む. (2) 〈医師などが〉〈赤ん坊を〉取り上げる. ***cárry the wórld befóre*** one ⇨ carry 成句. ***déad to the wórld*** 〖cf. dead (adj. 5)〗《口語》 (1) 意識を失って; 熟睡して; 泥酔して. (2) うわの空で. (3) 疲れきって. 《1899》 ***for (áll) the wórld líke*** [***as if, as though***] どの点から見ても…と同様で, まるで…かのように: He is *for all the* ～ *like* a monkey. どう見ても猿そっくりだ. 《1596–97》 ***for (ánything in) the wórld*** =***for wórlds*** [否定を強めて] どうしても, どうあっても: I would *not* do it *for* (*anything in*) *the* ～. どんなことがあってもそれはしない. ***gét the bést of bóth wórlds*** =*make the best of both* WORLDS. ***gíve the wórld*** (…のため[をする]なら)どんな犠牲もいとわない 〔*for*〕 / 〈*to* do〉: I would *give the* ～ *to* know it. それを知るためなら何でもやる, どんなことをしてもそれが知りたい. ***gó to the wórld*** 《廃》結婚する (cf. Shak., *Much Ado* 2. 1. 319) ***háve the wórld befóre*** one 洋々たる前途がある, いくらでも出世ができる. ***in a wórld of one's ówn*** =***in a wórld by onesélf*** 自分だけの世界で[に]; 自分だけの世界に閉じこもって: live [be] *in a* ～ *of one's own*. ***in an idéal*** [***a pérfect***] ***wórld*** 理想的には. ***in the wórld*** (1) [最上級を強調して] 世界中で: the greatest poet *in the* ～. (2) [疑問詞を強調して] 一体全体, いやしくも (on earth): What *in the* ～ does he mean? 一体彼はどういうつもりなのか / Who [How, What] *in the* ～ is it? 一体それはだれ[どう, 何]なのか. (3) [否定を強調して] 少しも, 全く(…でない): Nothing *in the* ～ would persuade him. 彼を納得させることは到底できないだろう. 《1297》 ***líke nóthing in the wórld*** ⇨ nothing *pron.* 成句. ***lóst to the wórld*** (1) 世間から取り残されて, 世に忘れられて. (2) 夢中になって周りのことに気がつかない: When he is reading, he is lost *to the* ～. 読書しているときは没頭して周りのことはすっかり忘れる. ***máke the bést of bóth wórlds*** 世俗的利害と精神的利害の一致を図る; (利害の異なった)二方面でうまくやる[辻褄(つじつま)を合わせる]. ***of the wórld*** [複数形名詞の後で] (演説などで)…の皆さん: Workers *of the* ～! 労働者の皆さん. ***on tóp of the wórld*** ⇨ top 成句. 《*c*1920》 ***óut of this*** [***the***] ***wórld*** (1) 世間を離れて (cf. 2); この世を去って (cf. 6). (2) 《口語》特別上等の, 飛び切りの, 素敵な (superb): Her beauty was *out of this* ～. 素敵な美人だった / He is *out of this* ～ as a cook. コックとしては抜群だ. 《1928》 ***sét the wórld on fíre*** ⇨ fire 成句. ***sét*** [***pút***] ***the wórld to ríghts*** 世の中をいかに正すかを論じる. ***téll the wórld*** 《口語》公言する; (…だと)断言する (assert): I can [will] *tell the* ～ I like it. 断然好きだ. ***the bést of áll póssible wórlds*** (1) この世 (the earth). (2) 最高にすばらしい所[仕事など] 《Leibnitz の楽観論を皮肉った Voltaire の哲学小説 *Candide* (1759) Chap. 6 の言葉から》: He's got *the best of all possible* ～*s*. 彼は最高にすばらしい仕事にありついた / This is *the best of all possible* ～*s*. ここは最高にすばらしい場所だ. ***the ... of this wórld*** [...に複数形名詞を入れて] …という名の人はだれも: *The* Rockfellers *of this world* will always win in the end. (大富豪)ロックフェラーのような人たちは最終的には必ず勝つ. ***the wórld of*** one's ***ówn*** 自分だけの世界, 自閉. ***thínk (áll) the wórld of*** …を非常に重んじる, …が大好きである: She *thinks the* ～ *of* her husband. 夫のことをとても大事に思っている. 《1892》 ***thínk the wórld ówes*** one ***a líving*** 世間は自分を養う義務があると考える, 殿様気取りである. ***to the wórld*** 全く, すっかり (entirely): broke *to the* ～=*broke to the* WIDE / done *to the* ～=*done to the* WIDE. ***wátch the wórld gò bý*** 世の中の動きを眺める[傍観]する. ***Whát is the wórld cóming tò?*** 一体この世の中どうなっていくのだろう(世も末だ). ***wórlds apárt*** =*poles apart* (⇨ pole²). 《1900》 ***wórld withòut énd*** 永久に, 世々限りなく (forever, eternally) (cf. *Ephes.* 3: 21). 《*c*1305》

― *adj.* [限定的] **1** (全)世界の, 世界的な: a ～ championship 世界選手権 / a ～ enterprise 世界企業 / a ～ government 世界政府 / ～ literature 世界文学 / ～ peace 世界平和. **2** 〈人が〉世界的に有名な: a ～ artist. 〖OE *weorold* 《原義》life or age of man ← Gmc **weraz* (← IE **wīro-* man: ⇨ virile)+**alð-* 'OLD': cf. Du. *wereld* / G *Welt* / ON *verǫld*〗

SYN 世界: **world** 特に, 人間とその活動から見た地球《時に *universe* の意味で用いる》: God made the *world*. 神が世界を造った. **universe** 全空間とそこに存在する一切のもの: The *universe* is finite but it is constantly expanding. 宇宙は有限であるが, 常に拡大している. **cos-**

W

mos 秩序と調和の体系としての宇宙 (↔ chaos): The Pythagoreans conceived the *cosmos* as one single system. ピタゴラス学派は宇宙を一つの体系と考えた.

Wórld Álmanac *n.* [the ～]〘商標〙ワールド アルマナック《米国で毎年発行される年鑑》.

Wórld Bánk *n.* [the ～] 世界銀行, 世銀《International Bank for Reconstruction and Development の通称》.〘1930〙

Wórld Bánk Gròup *n.* [the ～] 世界銀行グループ《世界銀行, 国際金融公社, 国際開発協会の 3 つの総称》.

wórld-bèater *n.*《口語》(同類のすべてを)凌駕する人[もの], 第一人者. **wórld-bèating** *adj.*〘*c*1888〙

Wórld Cálendar *n.* [the ～] 世界暦《太陽暦の改良案; 1 年を 4 等分し, 各季節は必ず日曜日に始まり, 3 か月ずつに分かれるが最初の月は 31 日, 次の 2 か月は 30 日ずつとし, 12 月 31 日の代わりに年末休日を置くという案》.

world-class /wə́ːldklǽs | wə́ːldklάːs⁻/ *adj.* (特にスポーツ界などで)世界的に名の通った, 超一流の: a ～ director / a ～ company 世界一流の会社.〘1950〙

Wórld Commúnion Sùnday *n.* 世界聖餐(主)日, 世界教会交わりの日曜《10 月第 1 日曜日; キリスト教会は本来一つであるという意図の下に, 教派を超えて全世界の教会がこの日聖餐式を挙行する》.

Wórld Cóuncil of Chúrches *n.* [the ～] 世界教会協議会《神学·教会·世界の問題に関して超教派的に協力するために 1948 年 Amsterdam で結成された機構》.

Wórld Cóurt *n.* [the ～] **1** (国際連盟の)常設国際司法裁判所《Permanent Court of International Justice (1921–46) の通称》. **2** 国際司法裁判所《International Court of Justice の通俗称》.〘1927〙

Wórld Cúp *n.* [the ～] ワールドカップ《各種のスポーツの世界選手権試合》.〘1950〙

Wórld Dáy of Práyer *n.* [the ～] 世界祈禱日《四旬節 (Lent) の最初の金曜日; 友好関係にあるキリスト教徒が全世界的規模で伝道のために祈る日》.

wórld Énglish *n.* 世界英語, ワールドイングリッシュ: **1** 英米の英語だけでなく, カナダ, オーストラリア, 南アフリカなどすべての地域的変異を含めた英語. **2** 地域的変異に左右されず, 共通言語として用いられる(基本的な)英語.〘1927〙

Wórld Environméntal Dày *n.* [the ～] 世界環境デー《6 月 5 日》.

wórld fàir *n.* =world's fair.

world-famous /wə́ːldféɪməs | wə́ːld⁻/ *adj.* 世界[天下]に名高い: a ～ singer 世界的に有名な歌手 / a place ～ for its beauty 美しい風景で世界的に有名な場所.〘1837〙

wórld féderalism *n.* **1** 世界連邦主義. **2** [W-F-] World Federalists の原理[運動].〘1950〙

wórld féderalist *n.* **1** 世界連邦主義者. **2** [W-F-] (第二次大戦後に興った)世界連邦推進運動の一員.〘1951〙

Wórld Federátion of Tráde Ùnions *n.* [the ～] 世界労働組合連盟, 世界労連《1945 年結成; 略 WFTU; cf. ICFTU》.

Wórld Héalth Organizàtion *n.* [the ～] 世界保健機関《国連の専門機関; 1948 年設立; 略 WHO》.〘1946〙

Wórld Héritage Sìte *n.* 世界遺産登録地.

Wórld Intelléctual Próperty Organizàtion *n.* [the ～] 世界知的所有権機関《1967 年の条約により創設, 1974 年に国連の専門機関となった特許権·著作権などの保護をはかる国際機関; 本部 Geneva; 略 WIPO》.

Wórld Ísland *n.* [the ～] 世界島《アジア·ヨーロッパ·アフリカの総称》.

wórld lánguage *n.* **1** 世界語, 国際語《Esperanto, Ido, Volapuk などの人工語》. **2** 世界語《英語のように多くの国で使用されている言語》.〘1867〙

wórld lìne *n.*〘物理·数学〙世界線《四次元の時空世界で世界点 (world point) が作る曲線》.〘1916〙

wórld·li·ness *n.* 世俗性, 俗っぽさ, 俗心, 俗臭.〘*c*1400〙

world·ling /wə́ːldlɪŋ | wə́ːld-/ *n.* **1** 世俗的名利を追う人, 俗人, 俗物 (worldly person). **2**《廃》人間 (cf. Shak., *As Y L* 2. 1. 48).〘(1549) ← WORLD+-LING[1]: cf. G *Weltling*〙

world·ly /wə́ːldli | wə́ːld-/ *adj.* (**world·li·er; -li·est**) **1** この世の, 現世の, 浮世の, 世俗の (⇨ earthly SYN): ～ pleasures 浮世の楽しみ / ～ affairs [matters] 俗事 / ～ goods [property, possessions, wealth] 全財産 / close one's ～ account 俗世間との交渉を絶つ, 俗界と別れる. **2** 世俗の欲にふける, 凡俗の; 世知にたけた, 世慣れた: ～ life (名利の追求のみを事とする)世俗的生活 / ～ wisdom (特に, 利己的な)世才 / ～ people 俗人たち. **3**《古》地球[地上]の (earthly). **4**《廃》聖職者でない, 平信徒の. ***of the wórld, wórldly*** 俗の俗なる, 世俗的な, 俗臭ふんぷんたる (cf. *of the earth*, EARTHY).
— *adv.*《古》世俗的なやり方で, 俗っぽく.
〘OE *woruldlīc*: ⇨ world, -ly[2]〙

wórldly-mínded *adj.* 俗な, 世俗的な(精神の), 名利を追求する. **～·ly** *adv.* **～·ness** *n.*〘1601〙

wórldly-wíse *adj.* 世才のある, 世慣れた, 世故にたけた.〘*c*1400〙

Wórldly Wíseman *n.* 俗物, 世俗人.〘(1591) Bunyan, *Pilgrim's Progress* 中の人物〙

Wórld Meteorológical Organizàtion *n.* [the ～] (国連の)世界気象機関《1950 年創設; 本部 Geneva; 略 WMO》.

wórld músic *n.* ワールドミュージック《世界各地, 特に第三世界の民族音楽を取り入れたポピュラー音楽; roots music ともいう》.〘*c*1980〙

wórld-óld *adj.* 世界の初めからある; きわめて古い, 昔からある.〘(1840)《なぞり》← G *weltalt*〙

wórld órder *n.* 世界秩序《世界の政治的安定などのために国際的に定められた秩序維持システム》.〘1846〙

wórld póint *n.*〘物理·数学〙世界点《四次元時空世界の点》.〘1923〙

wórld pólitics *n.*〘政治〙世界政治《特に, Morgenthau の唱えたもの; cf. Weltpolitik》.〘(1858)《なぞり》← G *Weltpolitik*〙

wórld pówer *n.* 世界的強国.〘(1866)《なぞり》← G *Weltmacht*〙

wórld premíere *n.*〘演劇〙世界中での初公演.〘1925〙

wórld-ránking *adj.* 世界のトップクラスの, 世界一流の.〘1970〙

wórld relígion *n.* 世界(的)宗教《キリスト教·ユダヤ教·仏教·イスラム教など》.

Wórld [Wórld's] Séries, w- s- *n.* [the ～] **1**〘野球〙ワールドシリーズ《米国 American League と National League の優勝チームの間で行われる選手権試合》. **2** (ワールドシリーズと同様の)選手権試合.〘1951〙

Wórld Sérvice *n.* [the ～] ワールドサービス《BBC World Service (英国 BBC 放送の海外向けラジオ放送部門)の略称》.〘1966〙

wórld's fáir *n.* 世界博覧会《世界各国の美術·工芸品·工業製品·農産物などを展示する》.〘1850〙

wórld-shàker *n.* [しばしば否定構文で] 世界を震撼(しんかん)させるもの, 画期的なもの: His discovery is *no* ～. 彼の発見は画期的なものではない.

wórld-shàking *adj.*《口語》世界を震撼(しんかん)させる, 重大な: be no ～ affair 世界を震撼させるようなものではない.〘1598〙

wórld sóul *n.* 世界霊魂《全世界を支配する統一原理》.〘(1848)《なぞり》← G *Weltseele*〙

wórld spírit *n.* 世界精神《世界に内存してこれを統一支持する生命的原理》.〘(1846)《なぞり》← G *Weltgeist*〙

wórld státe *n.* **1** 世界国家《一つの政府が全世界を支配する》. **2** =world power.〘1890〙

Wórld Tráde Cènter *n.* [the ～] 世界貿易センター《米国 New York 市 Manhattan 南部にあった 110 階建てのツインタワー (Twin Towers) を中心とする高層ビル群; 2001 年 9 月 11 日無差別テロにより航空機の衝突でほとんどのビルが崩壊し, 3 千人以上の死者·行方不明者を出した》.

Wórld Tráde Organizàtion *n.* [the ～] 世界貿易機関《GATT (関税貿易一般協定)の発展型として国際貿易のルールを統括する国際機関; 1995 年発足; 略 WTO》.

wórld·vìew *n.* =Weltanschauung.〘(1858)《なぞり》← G *Weltanschauung*〙

wórld wár *n.* 世界大戦: ⇨ World War I, World War II.〘1909〙

Wórld Wàr I /-wʌ́n/ *n.* 第一次世界大戦 (1914–18)《英国·フランス·ロシアおよびその同盟国側とドイツ·オーストリア·ハンガリーおよびその同盟国側との戦争; 勝利は前者側に帰した; First World War, Great War ともいう; cf. Sarajevo, Versailles》.〘1939〙

Wórld Wàr II /-túː/ *n.* 第二次世界大戦 (1939–45)《戦端は英国·フランスおよびポーランド側とドイツとの間に開かれたが, 後にはほとんど全世界の国々が参戦し, 主として連合国 (the Allies) 側の英国·米国および旧ソ連と枢軸国 (the Axis) 側のドイツ·イタリアおよび日本の間で戦われた; 勝利は連合国側に帰した; the Second World War,《英》では the war ともいう》.〘1939〙

wórld-wèary *adj.* 世の中[人生]が嫌になった, 厭世(えんせい)的な, (特に)物質的快楽に飽きた. **wórld-wèariness** *n.*〘1768〙

world·wide /wə́ːldwáɪd | wə́ːl-⁻/ *adj.* 全世界に広まった, 世界中に知れわたった, 世界的な: ～ fame 世界的名声 / a ～ movement 世界的運動 / the ～ recession 世界的な不況 / the ～ O'Keefe hotel chain 全世界にまたがるオキーフホテルチェーン / of ～ importance 世界的に重要な. — *adv.* 全世界的に; 世界中で: It has been observed ～. それは世界的に観察されている.〘1632〙

Wórld Wíde Fúnd for Náture *n.* [the ～] 世界自然保護基金《国際自然保護団体; 略 WWF; 旧称·別称 World Wildlife Fund (世界野生生物基金)》.

Wórld Wíde Wéb *n.*〘インターネット〙ワールド ワイド ウェッブ, WWW《画像や音声も含めたハイパーテキストからなり, ある情報から関連する情報の参照が容易に行える世界規模の情報ネットワーク》.〘1991〙

wórld-withòut-énd *adj.* 永遠の, 永久の (eternal).〘(1593–99) ← *world without end* (⇨ world (n.) 成句)〙

worm /wə́ːm | wə́ːm/ *n.* **1 a** 虫《一般に, 害となる昆虫の幼虫で, 柔らかくて細長く, 通例足のないもの》: ⇨ glowworm, inchworm, silkworm / become food [meat] for ～s (死んで)うじのえじきとなる / A ～ [Even a ～] will turn. =Tread on a ～ and it will turn.《諺》「一寸の虫にも五分の魂」/ a can of worms ⇨ *can* の成句.
日英比較 英語の *worm* は足のないいわゆる「這い虫」で insect と区別されるが, 日本語の「虫」はそのいずれをも指す. 英語の日常語には日本語の「虫」に当たる総称がない. ⇨ insect 日英比較. **b**〘動物〙蠕虫(ぜんちゅう)《扁形(へんけい)動物·円虫類·環虫類·鉤頭虫(こうとうちゅう)類·紐虫(ひもむし)類などの総称; 条虫 (tapeworm), 回虫 (mawworm) など. ★ ラテン語系形容詞: vermicular. **c** =earthworm. **d** [通例複合語の第 2 構成素として] 蠕虫に似た小動物: ⇨ blindworm, shipworm, slowworm. **2** (虫けら同様の)つまらない[みじめな]人間, (うじのような)卑しい人, 卑劣漢 (wretch): a poor ～ like him 彼のような哀れなやつ / I am a ～ today. 私は今日は元気がない (cf. *Ps.* 22: 6). **3** (人の心をむしばむ)苦しみ (pains), 苦悩: the ～ of conscience 良心のとがめ, 悔恨 (remorse) / where their ～ dieth not 苦労の絶えない所 (*Mark* 9: 44, 46, *Isa.* 66: 24). **4** ねじ (screw); ねじ山 (thread). **5**〘機械〙**a** ウォーム《ウォーム歯車 (worm wheel) とかみ合い, 回転しているときは虫がはうように見える; ⇨ worm gearing 挿絵》. **b** アルキメデスのらせん揚水機 (Archimedes' screw). **6** らせん状のパイプ; (蒸留器の)らせん管. **7**〘動物〙=lytta. **8**《古》蛇 (snake, serpent). **9** [*pl.*]〘病理〙寄生虫病: have ～*s*〈犬·子供などが〉腸虫がわいている. **10**〘解剖〙虫様構造《小脳の虫様体など》. **11**〘冶金〙(加工または鋳造の際にできる金属の表面の)虫状のきず. **12**〘電算〙ワーム《他のコンピューターにいたずらをする独立したプログラム; システムを壊してデータを使用できなくする》.
— *vt.* **1** [通例 ～ *oneself*, ～ *one's way* として] (虫のように)徐々に進める, そろそろ進める; はい込ませる〔*into*〕; はい出させる〔*out of*〕; (自分を)〈人の気に〉入らせる, 次第に〈人に〉取り入る〔*into*〕: ～ *one's way into* society うまく社交界へ乗り込む / ～ *oneself* [*one's way*] *through* the bushes やぶの中を徐々に(はうようにして)通り抜ける / ～ *oneself into* a person's confidence [favor] 巧妙に取り入って人の信頼[寵愛(ちょうあい)]を得る / ～ *one's way out of* (do*ing*) うまくごまかして…(すること)を逃れる. **2**〈秘密などを〉探り出す, 聞き出す (extract),〈金などを〉せがんで手に入れる: ～ *out* information 情報を聞き出す / ～ *out* the whole story 話をすっかり聞き出す / ～ the truth *out of* [*from*] a person 人から真相を聞き出す / ～ money *out of* a person せがんで金を手に入れる. **3**〈人体·犬などの〉寄生虫を除く,〈花壇·草花〉の虫を駆除する: ～ a dog, garden, etc. **4**〘海事〙填巻(てんまき)する《ロープの表面のでこぼこを少なくするために, ロープを形成している子綱と子綱との間の谷間を埋めるよう細ひもなどを巻きつける》. **5**〈犬などの〉舌の虫状の筋線維 (lytta) を取り除く《狂犬病の予防になると考えられていた》. — *vi.* **1**〈鳥などが〉虫を捜す. **2** 徐々に進む, はうようにして進む〔*through, into, out of*〕: He tried to ～ *out of* his difficulties. 何とか困難を切り抜けようとした. **3** こっそり[巧妙に]取り入る〔*into*〕: The boy ～*ed into* his teacher's favor. 少年は教師に巧妙に取り入った. **4** =craze 3.
～·lìke *adj.* **～·ish** /-mɪʃ/ *adj.*〘n.: OE *wyrm* serpent, dragon, worm < Gmc **wurmiz* (Du. *worm* / G *Wurm* / ON *ormr*) ← IE **wer-* to bend (L *vermis*: ⇨ worth[2]). — v.: (1576) ← (n.)〙

WORM /wə́ːm | wə́ːm/ *n.*〘電算〙ライトワンス《データを一回だけ書き込める光ディスク; 変更はできないが, 何回でも読み出しは可能》.〘(1985)《頭字語》← *w*(*rite*) *o*(*nce*), *r*(*ead*) *m*(*any*)〙

wórm·càst *n.* (地面に排泄された)ミミズの糞.〘1766〙

wórm càsting *n.* =wormcast.

wórm-chàrming *n.* ミミズを地面に誘い出す競技《ピッチフォークの先端を 1 インチほど地面に差し込んで木片でたたくなどする》. **wórm-chàrmer** *n.*

wórm convèyor *n.* =screw conveyor.

wórm drìve *n.*〘機械〙ウォーム歯車装置.〘1907〙

wórm-èaten *adj.* **1** 虫の食った, むしばまれた: ～ wood [fruit] 虫の食った材木[果物]. **2** 古臭くなった, 時代遅れの (antiquated): ～ regulations [customs] 古臭い規則[慣習].〘*a*1398〙

wormed *adj.* 虫の食った (worm-eaten).〘1846〙

wórm·er *n.* (鳥獣用の)駆虫剤.〘*c*1934〙

worm·er·y /wə́ːməri | wə́ː-/ *n.* **1** (ガラス製の)実験用虫飼育器. **2** (釣り餌用の)虫飼育場.〘1952〙

wórm fènce *n.* スネークフェンス, 木柵《荒く削った横木の両端を一定の角度で積み上げて作ったジグザグ形の柵; snake fence, Virginia fence ともいう》.〘1652〙

wórm·fìsh *n.*〘魚類〙熱帯の海にすむスズキ目ハゼ亜目の魚の総称.

wórm-fìshing *n.* みみずを餌(えさ)に使う魚釣り, みみず釣り.〘1842〙

wórm·flỳ *n.*〘釣〙ワームフライ《擬似餌の一種》.

wórm gèar *n.*〘機械〙ウォーム歯車; ウォーム歯車装置.〘*c*1876〙

wórm gèaring *n.*〘機械〙ウォーム歯車装置.〘1884〙

wórm gràss *n.*〘植物〙**1** =pinkroot. **2** シロベンケイソウ, シロバナベンケイ (*Sedum album*)《ヨーロッパ産の多年草》.〘1578〙

wórm·hòle *n.* (樹木·果実·衣類·紙などの)虫食い穴.〘1593〙

wórm-hòled *adj.*《文語》虫の穴のある, 虫の食った.〘1870〙

wórm·less *adj.* 虫のいない.〘1837〙

wórm lìzard *n.*〘動物〙ミミズトカゲ《アフリカおよび南米産ミミズトカゲ科ミミズトカゲ属 (*Amphisbaena*) の地中にすむミミズに似た足のないトカゲの総称》.

wórm pòwder *n.* 駆虫粉剤.〘1727〙

wórm·ròot *n.*〘植物〙=pinkroot.

Worms /wə́ːmz, vɔ́ːəms | vɔ́ːmz, wə́ːmz; *G.* vɔ́rms/ *n.* ウォルムス《ドイツ Rhineland-Palatinate 州の Rhine 河畔の都市; 1521 年にここで開かれた議会 (the Diet of Worms) で Luther は異端者と宣告された》.

wórm·sèed *n.* **1** セメンシナ (santonica の乾燥した花頭《駆虫薬》). **2**〘植物〙種子が駆虫剤に用いられる植物 (Levant wormseed, Mexican tea など); その種子.〘*a*1400–50〙

W

wórmseed òil *n.* 〘化学〙=chenopodium oil. 〘1830〙

wórm's-èye víew *n.* 《戯言》(bird's-eye view に対して)下からの眺め, 虫瞰(ちゅうかん)図; 現実[実務]的な見方[観点].

wórm shèll *n.* **1** 〘貝類〙ムカデガイ科 *Vermetus* 属またはその近縁属の貝《岩や貝殻に固着し, 細長い殻は虫の管のように見える》. **2** 〘動物〙カンザシゴカイなど多毛類の曲がった石灰質の管《岩や貝殻に付着していることが多い》. 〘1666〙

wórm snàke *n.* 〘動物〙ミミズヘビ《地中にすむミミズに似た小形無害のヘビの総称; thunder snake, blind snake など》. 〘1885〙

wórm tùbe *n.* 〘動物〙(ケヤリなど着生海産動物の)棲管《石灰質または砂質の管》. 〘1776〙

wórm whèel *n.* 〘機械〙ウォーム歯車. 〘1677〙

worm·wood /wə́ːmwʊ̀d | wə́ːm-/ *n.* **1** 〘植物〙ヨモギ《キク科ヨモギ属 (*Artemisia*) の草本の総称; 臭気の強いものが多い》; (特に)ニガヨモギ (*A. absinthium*)《アブサン (absinthe)・ベルモット (vermouth)・薬などに用いる》. **2** 苦悩, はなはだしい屈辱; 苦悩の種: ⇨ GALL *and wormwood* / The thought was ~ to him. その思いは彼には耐え難い屈辱であった. 〘(*a*1400–50)《変形》← OE *wermōd* ← ? *wer* man (cf. world)+*mōd* 'MOOD', courage': もと媚薬(びやく)として用いられたことから: 今の形は通俗語源 (← WORM+WOOD¹) による: cf. vermouth / G *Wermut*〙

worm·y /wə́ːmi | wə́ːmi/ *adj.* (**worm·i·er; -i·est**) **1** 虫のついた, 虫の食った (worm-eaten): ~ pears, pages, etc. **2** 虫のいる, 虫のわいた: a ~ dog. **3** 虫だらけの, 虫の多い: the ~ earth. **4** 虫けら同然の, 卑屈な, 卑劣な (groveling), 卑しむべき (contemptible). **wórm·i·ness** *n.* 〘(*c*1450) ← WORM+Y⁴〙

worn /wɔ́ən | wɔ́ːn/ *v.* wear¹, wear² の過去分詞.
— *adj.* **1** すり切れた, 使い古した; 〈言葉・考えなど〉陳腐な: ~ clothes 古着, 着古した衣服 / a ~ inscription すりへった墓碑銘 / a ~ and faded letter すり切れて色あせた手紙 / a ~ joke 言い古された冗談. **2** やつれた, 疲れた (wearied, pinched): a ~ face やつれた顔. 《1508》 **~·ness** *n.* 〘(15C) ← ∞ OE *wered* (p.p.) ← *werian* 'to WEAR¹'〙

wórn-dówn *adj.* =worn-out 1, 2: ~ pencils ちびた鉛筆. 〘1814〙

worn-out /wɔ̀ənáʊt | wɔ̀ːn-⁻/ *adj.* **1** 使い古した, すり切れた: a ~ age よぼよぼの老齢 / a ~ garment 着古した衣服. **2** 疲れ切った, やつれ果てた (⇨ tired SYN). **3** 陳腐な: a ~ simile 陳腐な直喩. 〘(1589) ← *wear out* (⇨ wear¹ (v.) 成句)〙

wor·ried /wə́ːrid | wʌ́rid/ *adj.* 心配して(いる), 困った, 当惑した, 迷惑そうな: wear a ~ look 心配そうな顔をする / ~ eyes 当惑したような目 / A ~ expression crossed his face. 困ったような表情が彼の顔にちらと浮かんだ / There was a ~ look in his face. 彼の顔には当惑の色があった. ***be wórried síck*** 《口語》ひどく気に[心配]している (*about*). **~·ly** *adv.* 〘(1559) ← WORRY+-ED〙

wor·ri·er /wə́ːriə | wʌ́riə(r)/ *n.* **1** 悩ます人, 苦しめる人. **2** 取り越し苦労する人, 心配性の人. 〘(1712) ← WORRY+-ER¹〙

wor·ri·less /wə́ːrəlɪ̀s | wʌ́rɪ̀-/ *adj.* 煩い[悩み, 心配, 苦労]のない, のんきな. 〘(1889) ← WORRY+-LESS〙

wor·ri·ment /wə́ːrimənt | wʌ́ri-/ *n.* 《米口語》心配, 苦労, 悩み (anxiety, worry); 心配[苦労]の種. 〘(1833) ← WORRY+-MENT〙

wor·ri·some /wə́ːrisəm | wʌ́ri-/ *adj.* **1** 面倒な, 厄介な, うるさい. **2** 苦労性の, くよくよする. **~·ly** *adv.* **~·ness** *n.* 〘(1845) ← WORRY+-SOME¹〙

wor·rit /wə́ːrɪ̀t | wʌ́rɪt/ *v., n.* 《英方言》=worry. 〘(1818)《変形》← WORRY〙

wor·ry /wə́ːri | wʌ́ri/ *vi.* **1** 悩む, くよくよする, 心配する; いらいらする, やきもきする (fret, chafe) (*about, over*): Don't ~ (*about* little things). (つまらない事に)くよくよするな / She *worried over* her wrinkles. しわのことをくよくよ気にした / I should ~! 《口語》[反語的](迷惑どころか)少しも構いません, 私の知ったことじゃない. **2** 〈犬などが〉(動物などを)口にくわえて振り回す[いじめる] (*at*): There was Floss, ~*ing at* a shoe. (犬の)フロスが靴をくわえて振り回していた. **3** なんとかして進む, やっとのことで動く: He *worried through* the crowd. 人込みの中をなんとかして進んで行った. **4** 《英方言》窒息する.
— *vt.* **1** 心配させる, 苦労させる, いらいらさせる (fret, vex): be very [much] *worried* / Don't let that ~ you. その事で気をもむな / ~ oneself *about* [*over*] one's health 健康のことでくよくよする[気をもむ] / ~ oneself sick [*to* death] 心労のあまり病気になる[死んでしまう] / I was *worried* [~*ing*] *that* he might be late. 彼が遅くなりはしないかと気をもんでいた / One cannot be *worried* by such a thing. そんなことを気にしたらきりがない. **2 a** (しつこい行為などで)うるさく攻める, …にせがむ (harass) 〈*out*〉 (*with*): ~ a person *with* questions 人にうるさく質問する / The child *worried* him *out* till he gave his consent. 子供があまりうるさくせがむのでとうとう承知した / He *worried* her *to* marry him. 彼は彼女に結婚してくれとうるさく申し込んだ. **b** (肉体的に)苦しめる (annoy): His toothache *worries* him a good deal. 歯痛でひどく苦しんでいる. **3 a** 〈犬などが〉くわえて振り回す, かみついて[追いかけまわして]いじめる: The dog *worried* the rat. 犬がねずみをくわえて振り回した. **b** (神経質に)繰り返し触れる[つつく], いじる: She sat there, her hands ~*ing* a rumpled handkerchief. そこに腰かけて, くしゃくしゃになったハンカチを両手でいじっていた / ~ a log *into* the river 丸太を押したり引いたりして川の中へ落とす. **c** (歯で)かむ (bite at) (*with*): He *worried* his mustache *with* his teeth. 歯で口ひげをかんだ. **4** 《英方言》首を絞める, 窒息させる.
Nóthing to wórry abóut. 気にかけないでね, 心配ありません. ***Nót to wórry!*** 《英口語》心配ご無用, くよくよしなさんな. ***wórry alóng*** [***thróugh***] (困難にめげずに)なんとかしてやっていく, 何とかして切り抜ける: She tried to ~ *along* without him. 彼なしでなんとかやっていこうとした / He managed to ~ *through* the piece of work. 何とか工夫して(その仕事を)やり遂げた. ***wórry alóud*** 不平を言う (*about*). ***wórry at*** (1) ⇨ *vi.* 2. (2) (…するように)〈人〉にしつこく食い下がる, せがむ 〈*to* do〉. (3) 〈問題など〉に繰り返し取り組む, 食らいつく: ~ (away) *at* a problem 問題に何回も挑む. ***wórry óut*** (1) ⇨ *vt.* 2 a. (2) 苦しめて[うるさくせがんで]奪い取る[手に入れる]: She *worried* him *out* of his life. 彼をいじめて死なせてしまった. (3) 〈問題などを〉考え抜く, 苦心して解く: He tried to ~ *out* (the meaning of) the text. 苦心してテキスト(の意味)を解明しようとした.
— *n.* **1** 心配; 気苦労, 取り越し苦労: show signs of ~ 心配の様子を見せる / That's his ~. それは彼の仕事だ《私の知った事じゃない》. **2** [しばしば *pl.*] 心配[苦労]の種, 心配事 (⇨ care SYN); うるさいこと[もの] (trouble): the petty *worries* of everyday life 日常生活のつまらない苦労 / have many *worries* 色々な心配事がある / OK, no *worries* friend! オーケーだよ, 何も心配はないよ, 君 / Norma has been a great ~ *to* her father. ノーマは父親にとっては大変な悩みの種であった. **3** 猟犬が獲物にかみつくこと, かみ裂き.
〘v.: OE *wyrgan* to strangle < (WGmc) **wurʒjan* (Du. *wurgen* / G *würgen*) ← IE **wer-* to bend (⇨ worth²). — n.: (1804) ← (v.): cf. wring, worm〙

SYN 苦しめる: **worry** 人を不安などで困らせる: Don't *worry* me with so many questions. そんなにたくさん質問して困らさないでくれ. **trouble** 心配などをかけて精神的に苦しめる: Her sad look *troubled* her mother. 彼女が悲しそうな様子をしているので母は心痛であった. **harass** 〈人を〉絶えず[しばしば]悩ます: He was frequently *harassed* by naughty children. いたずらっ子によく悩まされた. **distress** 人の気持ちを動揺させ, 悲しみ・心痛を与える: It *distresses* me to hear the news. その知らせを聞いて心を痛めています. **pester** しきりにせがんで悩ませる: *pester* a person for money 人にしきりに金をねだる. **tease** ふざけて, または意地悪く人を怒らせようとする: The boys *teased* him about his red hair. 男の子らは彼の赤毛をからかった. **tantalize** 何度も期待をはぐらかせてじらす: It's inhuman to *tantalize* a hungry dog. 腹をすかした犬をじらすのは残酷だ. **plague** 絶えず[しばしば]苦しめる: The child *plagued* her with questions. その子はしつこく質問して彼女を困らせた.

---

wórry bèads *n. pl.* 悩みの数珠《気晴らし用に指先でまさぐる; 指を動かすと神経が鎮まると信じられていることから》. 〘1956〙

wórry·gùts *n.* =worrywart. 〘1932〙

wór·ry·ing *adj.* 厄介な, うるさい (vexatious, annoying); 気がもめる, 心配な: I had a ~ time. ひどく気がもめた / She asked me a most ~ question. ひどく厄介な質問をした. **~·ly** *adv.* 〘1826〙

wórry·wàrt *n.* 《口語》苦労性の人, 気に病む人, 取り越し苦労する人; 厭世(えんせい)家. 〘1936〙

wors /vɔ́əs | vɔ́ːs/ *n.* 《南ア》ソーセージ. 〘(1936) ☐ Afrik. ~ ← Du. *worst* sausage〙

worse /wə́ːs | wə́ːs/ (↔ better) *adj.* [bad, ill の比較級; cf. worst] **1** もっと悪い, 一層悪い, さらに悪い: It is much [far] ~ *than* what I thought. 私が思ったよりずっと悪い[ひどい] / There could be no ~ misfortune *than* this. これ以上の不幸はありえない / It might have been ~. (結果など)ひょっとしたらもっと悪かったかもしれない, これでもましなほうだった. **2** [叙述的] **a** (容体・情勢など)前よりよくない, 一層悪い, 悪化して: grow rapidly ~ どんどん悪くなる / get ~ every day 日に日に悪くなる / get ~ and ~ いよいよ悪化する / make matters [things, it] ~ 事態をいっそう悪くする / The patient is ~ this morning. 病人は今朝は(前より)悪い. **b** [the ~] (…のために)一層悪くなって, さらに困った状態で: so much *the* ~ *for* …のためにそれだけかえって悪い / It is *the* ~ *for* the change. 変化によってかえって悪くなった.
còme óff wórse 他の人より悪い結果になる, 他の人に負ける. ***nòne the wórse for*** (1) (…にもかかわらず)同じ状態で (cf. *adv.* 成句): He was *none the* ~ *for* the accident. 事故にあっても平気だった《どうもなかった》. (2) 《口語》〈人・物が〉…のために(見せ場がよくなって: He would be none the ~ *for* a haircut. 散髪をしたらさっぱりするだろうに. ***the wórse for drínk*** [***líquor***] 酒に酔って. ***the wórse for wéar*** (1) 着古して, 使って傷んで: This coat is none *the* ~ *for wear*. このコートは少しも着古されていない. (2) 《俗》酔っ払って. ***to màke mátters*** [***things***] ***wórse***=(***and***) ***whàt is*** (***èven***) ***wórse***=***which is wórse*** その上さらに悪いことには, おまけに. ***wórse lúck!*** ⇨ luck 成句.
— *adv.* [badly, ill の比較級; cf. worst] **1** もっと悪く, さらに悪く, 一層悪く (more badly): sing ~ than ever 一層下手に歌う / He behaves ~ than ever. 彼の行動はますます悪くなってきた. **2** 一層ひどく, もっとひどく (to a worse degree): It is raining ~ than ever. 雨が一層[いよいよ]ひどく降ってきた / It blew ~ than before. 風が前よりも一層ひどく吹いた / I want [need] it ~ than you do. 私は君よりももっと切実にそれを欲している.
can [***could, might***] ***dò wórse than*** (***to***) ***dó*** 《反語》…するのも悪くはない: One *could do* ~ *than* go into teaching as a profession. 教職につくのも悪くはない. ***nòne the wórse for*** …にもかかわらずやっぱり, 相変わらず, 同じように (cf. *adj.* 成句); *none the* LESS: I like him *none the* ~ *for* being blunt. ぶっきらぼうな男だがやはり彼が好きだ / A good tale is *none the* ~ *for* being twice told. 《諺》よい話は 2 度されたからといって悪くはない《何度でもよい》. ***think nòne the wórse of*** やはり…を重んじる, 相変わらず尊敬する. ***wórse still*** [しばしば and の後で] さらに悪いこと(に)は, もっとまずいのは.
— *n.* もっと悪いこと[物], 一層悪い状態; もっと悪い人: But ~ followed. しかしそれ以上に悪いことが続いて起こった / I have ~ to tell.=*Worse* remains to tell.=There is ~ to tell. (それだけでなく)もっと悪い事がある / *Worse* cannot happen. これ以上悪いことは起こり得ない / or [and] ~ さらに悪いもの.
for bétter (***or***) ***for wórse*** ⇨ better 成句. ***for the wórse*** 悪いほうへ, 一層悪く, 悪化して: turn *for the* ~ 悪化する / The change has been *for the* ~. それは改悪だった. ***gó from bád to wórse*** ますます悪化する, だんだん悪くなる. ***háve the wórse*** (1) 負ける. (2) (相手に対して)不利な立場にある. ***if wórse còmes to wórst*** 《米》最悪の場合には, 万一の場合には (cf. *if the* WORST *comes to the worst*). ***pút a person to the wórse*** =*put a person to the* WORST.
〘OE *wyrsa* (adj.) & *wyrs* (adv.) < Gmc **wersizon* (OHG *wirsiro* / ON *verri*) ← **wers-* (OHG *werra* strife & *werran* to confuse) ← IE **wers-* to confuse: cf. war¹˒², worst〙

wors·en /wə́ːsən, -sn̩ | wə́ː-/ *vt.* より悪くする, 悪化させる: ~ the morale of a nation 国民の士気を低下させる.
— *vi.* より悪くなる, 悪化する: The situation is ~*ing*. 事態はさらに悪化している. 〘(?*a*1200): ⇨ ↑, -en¹〙

wórse óff *adj.* badly off の比較級.

wors·er /wə́ːsə | wə́ːsə(r)/ *adj., adv.* 《古・方言・卑》=worse《非標準的な語》. 〘(1495): ⇨ worse, -er²〙

wor·ship /wə́ːʃɪp | wə́ːʃɪp/ *n.* **1** (神・超自然的なものに対する)崇拝; 敬慕, 尊敬 (veneration): the ~ of beauty [wealth] 美[富]の崇拝 / hero ancestor ~ 英雄[祖先]崇拝 / an object of ~ 崇敬の的, 崇拝される人 / He regarded her with ~ in his eyes. 崇拝の目で[拝まんばかりに]彼女を眺めた. **2** 礼拝(式) (divine service); 参拝, 拝礼: public ~ (教会の)礼拝式 / a house [place] of ~ 礼拝所, 教会 / the hours of ~ 礼拝時間 / the order of ~ ⇨ order n. B 6 b. **3** 《まれ》宗派 (sect). **4** [所有格の人称代名詞と共に用いて; 時に W-] 《英》閣下. ★ 反語的に敬称として用いることもある: Yes, your *Worship*. はい, 閣下《市長・高官に呼び掛けるときの敬称》/ his *Worship* the Mayor of Bath バース市長閣下《言及するとき》. **5** 《まれ》崇拝の対象, 尊敬の的. **6** 《古》尊厳, 尊敬; 名誉, 令名, 名誉ある身分: have ~ 世間にあがめられる, 令名がある / win ~ 令名を得る, 名声を博する.
— *v.* (**wor·shiped, -shiped,** 《英》**-shipped; -ship·ing, -ship·ping,** 《英》**-ship·ping**) — *vt.* **1** 崇拝する, 敬慕する (idolize) (⇨ revere SYN): ~ God / ~ money 金銭を崇拝する / ~ a person from afar 人にひそかに思いを寄せる, 人をひそかに慕う / ⇨ *worship the* GROUND a person walks on. **2** 《廃》名誉をたたえる.
— *vi.* 礼拝する, 参拝する, 拝む (revere and adore): Where does she ~? 彼女はどこの教会に行くのか.
wór·ship·a·ble /-pəbl̩/ *adj.* **wór·ship·er,** 《英》**wór·ship·per** *n.*
〘OE *weorþscipe*: ⇨ worth¹, -ship〙

wor·ship·ful /wə́ːʃɪpfəl, -fl̩ | wə́ːʃɪp-/ *adj.* **1** [通例 W-; 敬称として] 《英》名誉ある, 尊敬すべき (honorable), 高名の (distinguished): the Most [Right] *Worshipful* 閣下 / *Worshipful* Master フリーメーソン支部長(など)《称号; 略 WM》. **2** 信心深い, 敬虔(けいけん)な (devout, religious): a ~ audience 信心深い聴衆. **3** 《古》崇敬[敬慕]すべき: ~ animals. **~·ly** *adv.* **~·ness** *n.* 〘(*c*1300): ⇨ ↑, -ful〙

worst /wə́ːst | wə́ːst/ (cf. worse) *adj.* [bad, ill の最上級] **1** 一番悪い, 最悪の; 一番下手な: the ~ dinner I have ever eaten 今まで食べたうちで一番まずいごちそう / the ~ typist 一番下手なタイピスト. **2** 一番ひどい, 最も激しい: the ~ frost [wind] for a hundred years 百年ぶりのひどい霜[風].
(in) the wórst wáy ⇨ way 成句.
— *adv.* **1** [badly, ill の最上級] 最も悪く, 最悪に, 最もひどく, 最も下手に: play ~. **2** [複合語の第 1 構成要素として] 最も…でなく, 最小限に (least): *worst*-loved いちばん愛されてない.
còme óff wórst =*get the* WORST *of* (⇨ n.). ***wórst of áll*** 何よりも悪いことには, いちばん困ったのは.
— *n.* 最も悪いこと[物, 人], 最悪の事態[成り行き, 場合], 万一(の場合), (病気・寒暑などの)峠: prepare for the ~ 最悪の場合に備える / the ~ of winter 冬の一番寒いころ / if the ~ happens 最悪の事態が起これば / The ~ (of it) is that … 一番悪い[困った]ことには…, 不幸にも[あいにく]…だ / The sick man is over the ~ now. 病人はもう峠を越した.
at (***the***) ***wórst*** (1) =*at one's* WORST. (2) 最も悪くなっても, 最も悪く, どんなに悪くても, いくらひどくても: When things are *at the* ~, they will mend. 《諺》物事がどん底までくるとまた好転する,「窮すれば通ず」. ***at one's wórst*** 最悪の状態で, 最も不出来の場合で: We saw him *at his* ~. 我々は彼の一番悪い状態[最も不出来な所]を見た / Even *at his* ~, he was better than any of them. 最悪の出来の場合でも彼らのだれよりも彼は上手だった / The epidemic was *at its* ~. 流行病は最悪の状態だった.

bring óut the wórst in *a person* 人の最も悪い面を引き出す. ***còme off wórst*** =*get the* WORST *of*. ***dó*** *one's* ***wórst*** 最もひどい[有害な]事をする, できるだけひどい事をする: *Do your* ～. [挑戦的に用いて]どんな(ひどい)ことでもやるならやってみろ, どうとでも勝手にしろ / Let him *do his* ～. やつめどんな(ひどい)事でもやれるものならやってみろ. ***gét*** [***háve***] ***the wórst of*** 〈けんか・議論などに〉負ける, やっつけられる; 〈取引などで(一番)損をする, ひどい目に遭う (cf. *get* [*have*] *the* BEST *of*): He *got the* ～ *of* the argument. 議論でやっつけられた. ***give*** *a person* ***the wórst of it*** 〈人を〉負かす. ***hàve the wórst*** 負ける. ***if*** (***the***) ***wórst còmes to*** (***the***) ***wórst*** 《英》万一の場合には, 最悪の場合には (cf. *if* WORSE *comes to worst*). ***màke the wórst of*** 〈困難などの〉一番悪い面だけを考える[述べる], …に対して善処しない: He *made the* ～ *of* his business failure. 彼は事業の失敗をただ悲観するだけだった. ***pút*** *a person* ***to the wórst*** 《廃》〈人を〉負かす (defeat). ***spéak*** [***tálk***] ***the wórst of*** …をこき下ろす. ***the wórst of áll*** (***póssible***) ***wórlds*** 考えうる限りの最悪の状態.

— *vt.* (争い・議論などで)負かす, やっつける.

〖OE *wierresta, wyrresta* (adj.) & *wyr(r)est* (adv.) < Gmc **wersistaz* ← IE **wers-* to confuse: ⇨ worse, -est[1]〗

wórst-càse *adj.* 最悪の場合を考慮した. 〖1964〗

wor·sted /wʊ́stɪ̀d, wɚ́ːs- | wʊ́s-/ *n.* **1** 梳毛(そもう)糸《長繊維羊毛を長線状に並べてよりをかけた毛糸, サージやギャバジンなどの原糸, またメリヤス糸や編物用糸にする; woolen との違いについては ⇨ wool 1》. **2** ウーステッド, 梳毛織物.

— *adj.* [限定的] ウーステッド製の: ～ socks / ～ damask 毛どんす / ～ suiting ウーステッドの服地. 〖(1293) *w(u)rstede* ← OE *Wurþestede* (英国 Norfolk 州の原産地 Worstead の古名) ← *worþ* enclosure＋*stede* place (cf. homestead)〗

wórsted yárn *n.* =worsted 1.

wórst óff *adj.* badly off の最上級.

wort[1] /wɚ́ːt, wɔ́ət | wɔ́ːt/ *n.* ウワート《発酵前の麦芽浸出液; ビール原料》. 〖OE *wyrt* (↓): cf. G *Würze*〗

wort[2] /wɚ́ːt, wɔ́ət | wɔ́ːt/ *n.* 植物, 草 (plant, herb). ★ 植物名として用いるほかは《古》; 今では複合語を作るのが普通: ⇨ St.-John's-wort, figwort, liverwort, milkwort, ragwort, woundwort. 〖OE *wyrt* root, herb < Gmc **wurtiz* (G *Wurz* / ON *urt* / Goth. *waúrts*) ← IE **w(e)rād-* 'branch, ROOT[1]'〗

wort[3] /wɚ́ːt, wɔ́ət | wɔ́ːt/ *n.* 《植物》=whort.

worth[1] /wɚ́ːθ | wɔ́ːθ/ *adj.* [叙述的; 目的語を取って] **1** (金銭的に)…の値打ち[価値]がある, …の価の: It is ～ more (than that). それはもっと値打ちがある / It is not ～ a penny. それは一文の値打ちもない / How much [What] is it ～? それはどれだけの値打ちがありますか / a book (which is) ～ $10 10 ドルの価値のある本 / be ～ little=《古》be little ～ ほとんど価値がない / be ～ much 大いに価値がある / be ～ nothing=《古》be nothing ～ 全く価値がない. **2** …に値する, …するだけの価値がある (deserving): It is not ～ a fig [pin, damn, etc.]. 全くつまらない / His words are ～ notice. 彼の言葉は注目に値する / He is not ～ his salt. ⇨ salt 成句 / not ～ the candle ⇨ candle 成句 / It is not ～ the trouble. 骨折りがいがない / The work is ～ an effort. その仕事は一奮発のかいがある / be ～ hear*ing* [say*ing*, read*ing*] 聞く[言う, 読む]だけの価値がある, 聞く[言う, 読む]に足る / be ～ every penny 払った金額の価値がある / What is ～ do*ing* at all, is ～ do*ing* well. 《諺》なすに足る事なら立派にやるだけの価値がある / I hope you will be ～ your fee. 謝礼だけの働きをしてほしい / This book was (well) ～ read*ing* [wait*ing* for]. この本は(十分に)読む[待つだけの]値打ちがあった. **3** 〈人が〉〈財産をどれほど〉所有して, 財産が…の: He is ～ a million dollars. 彼は 100 万ドルの身代である / He died ～ a million pounds. 彼は 100 万ポンド残して死んだ / He spent all he was ～ on it. それで全財産をすってしまった.

as múch as … is wórth …の価値に匹敵するほど: It is *as much as* his life *is* ～. それは彼としては命がけのことだ / It is *as much as* my place *is* ～ to let you see it. 君にそれを見せると私の地位が危ない. ***be nòt wórth the páper it is wrítten*** [***prínted***] ***òn*** 〈契約書・本などが〉何の価値もない, 紙くず[ほご]同然である. ***be wórth a fórtune*** 《口語》(1) 〈物が〉大変価値がある, 値が張る. (2) 〈人が〉大金持ちである. ***for áll*** *one* [***it***] ***is wórth*** 《口語》(1) 全力を尽くして: He ran *for all he was* ～. 彼は一生懸命に走った. (2) (物事の)価値をフルに生かして, 最大限に: play the game [《米》one's hand] *for all it is* ～ 勝機[チャンス]をつかむために最善の努力をする. ***for whát it is wórth*** (真偽はわからないが)それだけのこととして: take a story *for what it is* ～ (そんな話もあると)話をそのままに受け取る. ***wórth it*** 《口語》=worthwhile: Forget her! She's not ～ *it!* 彼女なんて忘れてしまいなさい. そんな価値はありません. ***wórth*** *one's* [***its***] ***wéight in góld*** ⇨ weight 成句. ***wórth*** (*one's*) ***while*** 時を費やすだけの価値がある, 骨折りがいがある, (…するのは)むだでない (cf. worthwhile): do something ～ *while* 役に立つ[有用な]事をする / It is not ～ *while* doing [*to* do] it. それはするかいのないことだ / I will make it ～ *your while.* あなたにむだ骨折りはさせませんよ. ★ This book is ～ *your while* reading this book. (この本は読む価値がある)や This book is ～ reading. のほかに It is ～ reading this book. もしばしば見られ, This book is ～ while reading. も時に用いられる.

— *n.* **1** 〔物の〕(幾らだけの)価格相当のもの[分量], …分, …だけ 〔*of*〕 (cf. pennyworth, threeha'porth): fifty cents' ～ *of* sugar 50 セント分の砂糖 / Give me a dollar's ～ *of* this cloth. このきれ地を 1 ドル分だけ下さい / He always gets the ～ of his money. 彼はいつも(支払った)金相当の品を得る《損をしない》/ She wants the money's ～ in coffee. 金に見合う分のコーヒーを求めている. **2** 値打ち, 価値 (⇨ value SYN); 真価 (merit): a jewel of great ～ 大した値打ちの宝石 / a man [woman] of ～ 立派な人物 / a thing of little [no] ～ ほとんど[全く]価値のないもの / before I know his ～ 彼の真価がわからないうちは, 彼の真価を知るまでは / True ～ often goes unrecognized. 真価は往々認められないものだ / Only her husband recognized her ～. 夫だけが彼女の値打ちを認めていた / He appreciates me at my true ～. 彼は私の真の価値をわかってくれている. **3** 財産, 富: one's personal ～ 私有の財産.

pùt in one's twó cénts wòrth 《米口語》(討論などで)自分の意見を述べる, 弁じ立てる (speak up).

〖OE *w(e)orþ* (adj. & n.) < ? Gmc **werþoz* worth, equivalent, toward (Du. *waard* / G *Wert*) ← ? IE **wer-* to turn (↓)〗

worth[2] /wɚ́ːθ | wɔ́ːθ/ *vt.* 《古》…に起こる, 振りかかる (betide, befall). ★ 通例 woe ～ ＋(代)名詞の形にだけ用いて: *Woe* ～ the day! この日にのろいあれ, ああ今日は何という厄日だろう. 〖OE *weorþ* (3rd sg. pres. subj.) ← *weorþan* to become < Gmc **werþan* (Du. *worden* / G *werden*) ← IE **wer-* to turn, bend (L *vertere* to turn): cf. wrath, worry, wrong〗

Worth /wɚ́ːθ | wɔ́ːθ; *F.* vɔʁt/, **Charles Frederick** *n.* ワース, ウォルト《1825–95; 英国のファッションデザイナー; パリのオートクチュールの基礎を築いた》.

worth·ful /wɚ́ːθfəl, -fl | wɔ́ːθ-/ *adj.* **1** 立派な (honorable): a ～ female. **2** 価値のある, 貴重な (valuable): ～ ideas. 〖OE *weorþful*: ⇨ worth[1], -ful[1]〗

wor·thi·ly /wɚ́ːðəli | wɔ́ː-/ *adv.* 立派に, 殊勝に; 相応に. 〖?*a*1200〗

wor·thi·ness /wɚ́ːðinɪ̀s | wɔ́ː-/ *n.* 価値(のあること), ふさわしさ; 立派さ.

Wor·thing /wɚ́ːðɪŋ | wɔ́ː-/ *n.* ワージング《イングランド南部, West Sussex 州にある保養地》.

worth·less /wɚ́ːθlɪ̀s | wɔ́ːθ-/ *adj.* **1** 価値のない, 値打ちのない (of no value); つまらない (of no merit), 役に立たない: ～ knowledge 役に立たない知識 / Inflation has made the currency ～. インフレで貨幣価値がなくなった. **2** 《廃》〔…を伴って〕値しない (unworthy of). **～·ly** *adv.* **～·ness** *n.* 〖(1589–90) ← WORTH[1]＋-LESS〗

worth·while /wɚ́ː(θ)hwáɪl | wɔ́ːθ-⁻/ *adj.* 骨折りがいのある, しがいのある, やりがいのある; 値打ちのある, 相当の, 立派な: a ～ experiment, gift, book, etc. / It is ～ to try. 試みてみる値打ちがある. **～·ness** *n.* 〖(1884) ← WORTH[1]＋WHILE 'labor'〗

wor·thy /wɚ́ːði | wɔ́ː-/ *adj.* (**wor·thi·er**; **-thi·est**) **1** 〔…の〕価値[値打ち]のある, 〔…するに〕足る (good enough); 〔…に〕ふさわしい (deserving) 〔*of*〕 / 〈*to be*, to do〉: a ～ reward 相応の報酬 / find a ～ opponent 相手として不足のない敵を見つける / a matter ～ *to be* considered 考慮する価値のある問題 / a poet ～ *of* the name 詩人の名にふさわしい詩人 / a man [woman] ～ *of* confidence 信頼するに足る人 / Such bravery is ～ *of* praise [being praised]. そのような勇気は称賛に値する / He is ～ *to* lead [to take the lead]. 統率するだけの貫禄がある, 指導者の値打ちがある / He is ～ *of* such a father. さすがはあの人の子だ / His enthusiasm is ～ *of* a better cause. あれほど熱心なのにあんな事をさせておくのは惜しい / in words ～ *of* the occasion その場にふさわしい言葉で. ★ worthy が of なしに直接に名詞を目的語とするのは《古》: He is not ～ my sword [steel]. あんな男を相手にするのは刀の汚れだ. **2** /-—/ [複合語の第 2 構成要素として] **a** (…に)値する (cf. *n.* 1): blame*worthy*, praise*worthy*, trust*worthy*, news*worthy*. **b** (航空・航海などに)耐える: air*worthy*, sea*worthy*. **3 a** 尊い, 尊敬すべき, 立派な, 有徳の (virtuous): a ～ old couple 立派な老夫婦 / a ～ cause 立派な目的 / live a ～ life 立派な一生を送る. **b** (目下の者に対して親しみを込めて)律気(りちぎ)な, 実直な, 善良な (honest): Give our ～ friend one pound. 律気なわが友人に 1 ポンド差し上げてくれ.

— *n.* **1** 立派な人物, 名士 (notable): the *worthies* of Tang 唐(とう)の傑人たち / an Elizabethan ～ エリザベス時代の名士 / village *worthies* 村の長老たち / a local ～ 地方名士 / the nine *Worthies* 九名士, 九英傑《古代および中世紀の九偉人; 3 人のユダヤ人 Joshua, David および Judas Maccabaeus, 3 人の異教徒 Hector, Alexander 大王および Julius Caesar, 3 人のキリスト教徒 Arthur 王, Charlemagne, Godfrey of Bouillon》. **2** 《戯言》人, 御仁(ごじん) (person); お偉方: Who is the ～ over there? あそこにいる御仁はだれですか?

〖(*c*1250) *wurði*: ⇨ worth (n.), -y[1]〗

woss·name /wɑ́(ː)sneɪm | wɔ́s-/ *n.* 《英俗》=what's-its[-his]-name: look a gift horse in the ～ もらい物のあら探しをする《★ look a gift horse in the mouth をもじった表現; wossname 自体には特に意味はない》. 〖《転訛》← WHATSHISNAME〗

wot[1] /wɑ́(ː)t | wɔ́t/ *pron.* 《英・口語・戯言》=what, that: *Wot*? No milk? なに. ミルクなしだと / It's her ～ won it 勝ったのは彼女さ. 〖(1829)《異形》← WHAT〗

wot[2] /wɑ́(ː)t | wɔ́t/ *v.* 《古・方言》wit[2] の第一人称・三人称単数現在形および複数現在形. 〖OE *wāt*〗

wot[3] /wɑ́(ː)t | wɔ́t/ 《英方言》*vt.* 知っている (know).

— *vi.* 知っている 〔*of*〕. 〖(*a*1325)《変形》← WIT[2]: WOT[2] の影響〗

Wo·tan /vóutɑːn | wóutæn, vóu-, -tɑːn; G. vóːtan/ *n.* ウォータン《ゲルマン神話の最高神; 北欧神話の Odin に相当する》. 〖□ G ～: ⇨ Odin〗

wotch·a[1] /wɑ́(ː)tʃə | wɔ́tʃə/ *int.* 《英俗》=wotcher.

wotch·a[2] /wɑ́(ː)tʃə, wɑ́(ː)tʃə | wɔ́tʃə/ 《非標準的短縮形》 **1** =what are you. **2** =what have you. **3** =what do you.

wotch·er /wɑ́(ː)tʃə, wɑ́(ː)tʃə | wɔ́tʃə(r)/ *int.* 《英俗》[特に wotcher cock! として] こんちわ, やあ. 〖(1894)《転訛》← *What cheer!*〗

wot·test /wɑ́(ː)tɪ̀st | wɔ́t-/ *v.* wit[2] の第二人称単数現在.

Wot·ton /wɑ́(ː)tn, wʊ́tn | wɔ́tn, wʊ́tn/, Sir **Henry** *n.* ウォットン《1568–1639; 英国の外交官・詩人; Earl of Essex の外交秘書として活躍》.

wou·bit /wúːbɪ̀t | -bɪt/ *n.* 《英方言》《昆虫》=woobut. 〖15C〗

Wouk /wóuk | wə́uk/, **Herman** *n.* ウォーク《1915– ; 米国の小説家・劇作家; *The Caine Mutiny* (1951)》.

would[1] /(弱) wəd, əd, d; (強) wʊ́d/ *auxil. v.* [will の過去形] **A** [直説法過去] **1 a** [間接話法に用いて] (will の場合に準じる): I said I ～ do it. (<"I will do it.") / He said that he ～ never manage it. (<"I shall never …"). **b** 《文語》[過去から見た未来]: The climbers were moving steadily up the final slope. Soon they ～ see the summit. 登山者は最後の斜面を着実に登っていた. 間もなく山頂を目にすることになろう / The time was not far off when he ～ regret this decision. この決定を悔いることになるのは遠い先のことではなかった.

2 /wʊ́d/ [過去の意志・固執; 通例強勢を置いて, しばしば否定文で] どうしても…しようとした: He ～ eat *nothing*. どうしても物を食べようとしなかった / He ～ have *nothing* to do with it. その事には手を出そうとはしなかった / I asked him to stop but he ～ do it. 彼にやめるように頼んだがどうしてもやるといってきかなかった / The door ～ *not* open. ドアはどうしても開かなかった / The wound ～ *not* heal. 傷がどうしても治らなかった. ★ 最後の 2 例のように物が主語の場合は擬人化.

3 [過去の習慣・反復] よく…したものだ, …するのだった (cf. used[1] 語法 (4)): Now and then a bird ～ call. 時折鳥が鳴くのだった / He ～ sit for hours doing nothing. 何時間も何もしないで座っていることがあった.

4 《古》=wished, desired: He ～ that we should go. 私たちが行くのを望んだ.

B [仮定法過去] **1** [条件文] (条件節中では「意志」を表し「もし…する意志があれば」の意; 主節では will の普通の用法に従う): I could do so, if I ～. しようと思えばそうできるのだが / If she ～ prefer to go, she ～ go. 彼女が行きたいのなら行くだろう / I ～ do so, if I could. できるのならそうするのですが / If I were you, I ～ never do it. 私でしたら決してそれをしません / They ～ have been killed, if they had let go. 彼らは(あのとき)手を放したら命はなかったのだが / If I had been you, I ～ never have done so. 私でしたら決してそうはしなかったでしょう / If it hadn't been for him, I ～ have died. 《米》彼がいなかったら私は死んでいただろう.

2 [推量] (cf. will[1] 7) **a** [過去について]: I suppose she ～ be about 40 when she died. 彼女は死んだ時 40 歳ぐらいだったろう(と思う). **b** [時に関係なく推量の意を強めて]: One ～ have thought that. だれでもそう思った[思う]だろうに / Who ～ have thought it? 実に意外な事がある[あった]ものだ / They are [were] very polite. — They ～ be. 彼らは大変丁重です[でした]—そうでしょうとも / *Would* you be able to hear at such a distance? こんなに離れていて聞こえるでしょうか / I don't know who it ～ be. 一体それがだれなのかわからない.

3 欲する (wish (to)) (cf. will[1] 4): If you ～ be happy, be good. 幸福を欲するならば善良であれ / If you [one, we] ～ understand a nation, you [one, we] must know its language. ある民族を理解したいと思うならその言語を知らなければならない / I ～ rather [sooner] not do it. 私はむしろそうしたくない / I ～ rather [sooner] have died. 死んだほうがましだった / I ～ (=should) like to go. 《口語》行きたいものだ (cf. like[2] *vt.* 2 a) / I ～ fain [gladly, willingly] do so. 喜んでそうしたい (I should like to do so.).

4 [1 の条件節を省略して, 丁寧・遠慮を表す]: *Would* you mind showing me the way? どうか道をご案内願えませんでしょうか / *Would* you help us, please? 手伝っていただけませんでしょうか / Please help us, ～ you? すみません, 手を貸して下さい《いらだちを表す》/ It ～ seem (that) … どうも…らしい, …のように思われる / I ～ say she'd make him a good wife. 彼女は彼の良い妻になるでしょうよ / I ～*n't* go skating today: the ice isn't safe. 私なら今日スケートに行きませんね. 氷が割れるかもしれませんよ. **—** *vt.* **1** 《文語》[仮定法を用いる that-clause を伴って] …であればよいと思う: *Would* that I were young again. もう一度若くなれるとよいがなあ / *Would* to God [heaven] that it were true. それが本当だったらよいのに. **2** 《古》望む, 欲する: What ～ you? 何が望みか.

〖OE *wolde* (pret.) ← *willan* 'to wish, WILL[1]'〗

would[2] /wʊ́d/ *v.* will[3] の過去形.

would-be /wʊ́dbìː, -bi/ [通例軽蔑的に] *adj.* [限定的], *adv.* 自分免許の[で], 独りよがりの[で], 似而非(えせ)の, …のふりをしている; (いつかは)…になりたいと思っている, なるつもりの: a ～ gentleman 自称紳士 / a ～ poet 自称[でも]詩人 / a ～ author 作家志望者 / a ～ suicide 自殺志願者 / a ～ joke 冗談のつもりの言葉, へたな冗談 / ～ ironical 皮肉のつもりの. **—** *n.* こう[そう]なりたいと願っている人; ひとりよがりの人. 〖(1300): ⇨ would[1] (B) 3〗

would·est /wʊ̀dɪ̀st, wʊ́dɪ̀st | wʊ̀dɪ̀st, wʊ́dɪ̀st/ *v.* 《古・方言》=wouldst.

wóuld-have-bèen *n.* =might-have-been. 〖1744〗

would·n't /wʊ́dn̩t/ 《口語》would not の縮約形.

wouldst /wʊ̀dst, wʊ̀tst, wʊ́dst, wʊ́tst/ *v.* 《古》will[1] の第二人称単数直説法過去形. 〖OE *woldest*〗

would've /wʊ́dəv | -dəv/ 《口語》 would have の縮約形.

Wóulff bòttle /wʊ́lf-/ *n.* (*also* **Woulfe bottle** /～/) 〘化学〙ウルフ瓶《ガス発生などに用いる二口または三口の瓶》. 〖《変形》← *Peter Woulfe* (? 1727–1803: 英国の化学者)〗

wound[1] /wáʊnd/ *v.* wind[2], wind[3] の過去形・過去分詞. 〖OE *wundon* (pret. pl.) & (*ge*)*wunden* (p.p.)〗

wound[2] /wúːnd/ *n.* **1 a** 傷, 負傷, けが (injury, hurt); 〘医学〙創傷: a festering ～ 膿傷(のうしょう) / an incised ～ 切創 / a lacerated ～ 裂傷 / a mortal [fatal] ～ 致命傷 / an open ～ 開放創 / a punctured [stab] ～ 刺傷 / operative ～ 手術創 / inflict a ～ on a person 人に傷を負わせる / receive a ～ 傷を受ける / heal a ～ 傷を治す / nurse one's ～*s* 傷の手当をする[かばう, いたわる] / bind up the ～*s* of …の傷に包帯する. **b** (樹木・植物・組織の)傷, 切り口. **2 a** (名誉・信用・感情などへの)痛手, 傷つけるもの, (相手に与える)苦痛; 侮辱 (insult, affront). **b** (政治団体・社会集団への)打撃, 損害. **c** 《詩》恋の痛手.
Gód's wóunds 《古》 ＝zounds. ***líck one's wóunds*** (1) 受けた痛手に意気消沈する, 傷心をいやす. (2) 心の痛手[敗北感, 絶望など]から立ち直ろうとする. ***ópen* (*úp*) [*reópen*] *óld wóunds*** 古傷に触れる, いやなこと[経験]を思い出させる.
— *vt.* **1** (戦争やけんかで)傷つける, 負傷させる (⇨ injure SYN): ～ a person in the head [shoulder, arm, leg] 人の頭[肩, 腕, 足]を傷つける / ～ a person to death 人に深手を負わせて死なせる / be badly ～*ed* in the head 頭をひどくけがする / He was ～*ed* in the battle. その戦闘で負傷した. **2** 〈感情などを〉害する, 傷つける (hurt): be ～*ed* at …について感情を損ねる. **3** 〈物に〉傷をつける, 損傷を与える. — *vi.* 傷つける: willing to ～ 悪意のある.
～·a·ble /-dəbl/ *adj.* **～·er** *n.* **～·ing** *adj.* **～·ing·ly** *adv.* 〖n.: OE *wund* < Gmc **wundō* (Du. *wond* / G *Wunde*) ←? IE **wen-* to beat, wound. — v.: OE *wundian* ← (n.): cf. wen[1]〗

wóund còrk /wúːnd-/ *n.* 〘植物〙傷害コルク, 傷コルク《幹・枝・茎などが傷つけられたとき, 二次的に形成されるコルク組織》.

wound·ed /wúːndɪ̀d/ *adj.* **1** 傷ついた, 負傷した, けがをした: a ～ bird. **2** 傷つけられた, 損なわれた (⇨ wound[2] *vt.* 2): one's ～ feelings 傷つけられた感情 / ～ vanity 傷つけられた虚栄心 / She must satisfy her ～ pride. 傷つけられた誇りを埋め合わさなければならない. — *n.* [the ～; 集合的] 負傷兵, 負傷者, 怪我人. 〖*c*1384〗

Wóund·ed Knée /wúːndɪ̀d-/ *n.* ウーンデッドニー《South Dakota 州南西部の村; この地で 1890 年 12 月 29 日 200 人を超える Sioux 族インディアンが連邦政府軍に虐殺された; 1973 年にアメリカインディアン運動 (AIM) のメンバーによる立てこもり事件があった》.

wóund·fìn /wúːnd-/ *n.* 〘魚類〙米国コロラド河川系の支流にいる細長いうろこのないコイ科の魚 (*Plagopterus argentissimus*).

wóund hòrmone /wúːnd-/ *n.* 〘植物〙傷ホルモン, 傷害ホルモン, 癒傷ホルモン, ネクロホルモン《組織が傷つけられたとき分泌されるホルモン性の物質》.

wóund·less /wúːnd-/ *adj.* **1** 傷[けが]のない. **2** 《廃》傷を受けることのない (invulnerable): hit the ～ air (Shak., *Hamlet* 4. 1. 44). 〖1579〗

wóund-ròtor mótor /wáʊnd-/ *n.* 〘電気〙巻線形電動機 (cf. cage-rotor motor). 〖⇨ wound[1]〗

wounds /wáʊndz, wúːndz/ *int.* 《古》 ＝zounds. 〖《略》← *by God's wounds* (⇨ wound[2] (n.))〗

wound-up /wáʊndʌ́p⁻/ *adj.* 〈神経がぴりぴりした, 興奮した; 怒った. 〖1788〗

wóund·wòrt /wúːnd-/ *n.* 〘植物〙傷薬として使用されてきた草の総称《通例裏に毛のある各種の植物; kidney vetch, allheal など; その葉を傷口に当てて包帯した》; (特に)シソ科イヌゴマ属 (*Stachys*) の植物 (betony など). 〖《1548》《なぞり》← G *Wundkraut*: ⇨ wound[2], wort[2]〗

wound·y /wúːndi, wáʊn-/ 《古》 *adj.* ひどい, 非常な (confounded, excessive): fall into a ～ passion ひどく怒る. — *adv.* ひどく (excessively). 〖《*c*1621》← WOUNDS＋-Y[4]〗

wou·ra·li /wʊráːli | wʊ(ə)r-/ *n.* ＝curare. 〖← S-Am.-Ind〗

wou·ra·ri /wʊráːri | wʊ(ə)r-/ *n.* ＝curare.

wove /wóʊv | wáʊv/ *v.* weave の過去形・過去分詞. — *n.* 織物. 〖OE *wæf* (pret.): p.p. の用法は《17C》〗

wo·ven /wóʊvən | wáʊv-/ *v.* weave の過去分詞. 〖《14C》～ ∞ OE (*ge*)*wefen* (p.p.)〗

wóve pàper *n.* ウーブペーパー, 簀(す)の目なし紙《通常のすき網ですいた紙; 透かすと細かな網目が見える; cf. cream-wove, laid paper》. 〖《1815》: ⇨ wove (p.p.)〗

wow[1] /wáʊ/ *int.* 《口語》まあ, おや, ああ《驚嘆・喜び・苦痛などを表す》. — *n.* 大成功(者); (特に, 芝居の)大当たり, 大ヒット (hit). — *vt.* 《俗》〈聴衆・観客を〉やんやと言わせる: He ～*ed* his audience with a folksy delivery. 親しみのある話し方で聴衆をやんやと言わせた. 〖《1513》: 擬音語〗

wow[2] /wáʊ/ *n.* **1** 〘電気〙ワウ《テープ・レコードなどの回転むらによる再生音のゆっくりした周波数変動; cf. flutter 8》. **2** 《英方言》遠ぼえの声 (howl), 泣き叫び (wail), 哀れな泣き声 (whine). — *vi.* 《英方言》ほえる, 泣き声をたてる (howl, wail). 〖《1806》: 擬音語〗

WOW /dʌ́bljuːòʊdʌ́bljuː | -əʊ-/ 《略》 waiting on weather《特に石油業界で用いる》; War on Want.

wow·ee /waʊíː/ *int.* ＝wow[1].

wow·ser /wáʊzə | -zə(r)/ *n.* 《豪俗》 (*also* **wow·zer** /～/) 清教徒的な狂信者, ひどく堅苦しい人, 人の楽しみをじゃまする人 (spoilsport); 禁酒主義者 (teetotaller). 〖《1899》←?〗

woy·lie /wɔ́ɪli/ *n.* 〘動物〙フサオネズミカンガルー (*Bettongia penicillata*)《夜行性の小さなネズミカンガルーで, 尾の毛が黒くて先端がふさふさしている》. 〖《1928》: 現地語〗

WP 《略》 weather permitting; West Point; wettable powder; White Paper; 〘陸軍〙white phosphorus 黄燐, (正しくは)白燐; 〘法律〙without prejudice; word processing, word processor; Worthy Patriarch; Worthy President.

w/p 《略》〘法律〙without prejudice.

wp. 《略》〘野球〙wild pitch(es).

w.p. 《略》 wastepaper; waste pipe; weather permitting; will proceed; wire payment; working party; 〘機械〙working point; working pressure.

WPA 《略》〘保険〙with particular average 単独海損担保, 分損担保; Work Projects Administration (米国の)公共事業促進局 (1935–43).

W̃ pàrticle *n.* 〘物理〙W 中間子 (⇨ W boson). 〖《略》← *weak particle*〗

WPB 《略》 War Production Board (米国の第二次大戦中の)戦時生産局 (1942–45); (*also* **wpb**) 《口語》 wastepaper basket.

wpc 《略》 watts per candle.

WPC 《略》《英》 woman police constable.

w.p.m. 《略》 words per minute 毎分語数《タイピスト[速記者]の能力・演説の速さ・文字伝送速度などを表す実用上の単位》.

wpn 《略》 weapon.

WPS 《略》 Woman Police Sergeant.

Wr, WR 《略》〘アメフト〙wide receiver.

WR 《略》 wardroom; warehouse receipt; war reserve; Wassermann reaction; West Riding; 〘証券〙Western Region, with rights.

w.r. 《略》〘保険〙war risk 戦争危険.

WRAAC /rǽk/ 《略》 Women's Royal Australian Army Corps オーストラリア陸軍婦人部隊.

WRAAF /rǽf/ 《略》 Women's Royal Australian Air Force オーストラリア空軍婦人部隊.

Wrac /rǽk/ *n.* 英国陸軍婦人部隊員 (cf. WRAC). 〖《1949》↓〗

WRAC /rǽk, dʌ́bljuːɑ̀ːèɪsíː | -ɑ̀ː(r)-/ 《略》 Women's Royal Army Corps 英国陸軍婦人部隊 (cf. WAAC, Ats). 〖1949〗

wrack[1] /rǽk/ *n.* **1** 波に打ち上げられた海草, 漂着海草 (kelp); 波打ち際に生えている海草《肥料などに用いる》. **2 a** 難破船; 漂着物, 難破物 (wreck). **b** 破壊されたものの断片[跡]. — *vt.* 《古》難破させる. — *vi.* 《古》難破する. 〖《*c*1390》□ MDu. *wrak* wreck, wrecked ship // < OE *wræc* misery, something driven ← Gmc **wrakjo-* ← IE **wreg-* to push, drive (⇨ wreak): wreck と混同〗

wrack[2] /rǽk/ *n.* **1** 《古・詩》復讐 (revenge). **2** 《古・方言》損傷, 破壊 (destruction): the ～ of maidenhood 処女の凌辱(りょうじょく) (Shak., *All's W* 3. 5. 22). **3** 破壊されたもの[人]. — *vt.* 破壊する.

wrack[3] /rǽk/ *vt.* 拷問にかける; ひどく悩ます (cf. rack[1]).

wrack[4] /rǽk/ *n.* ＝rack[2]. 〖《1553–55》《異形》← RACK[1]〗

wrack[5] /rǽk/ *n.* 《詩》 ＝rack[3].

Wraf /rǽf/ *n.* 英国空軍婦人部隊員 (cf. WRAF). 〖《1918》↓〗

WRAF /rǽf, dʌ́bljuːɑ̀ːèɪéf | -ɑ̀ː(r)-/ 《略》 Women's Royal Air Force 英国空軍婦人部隊 (cf. WAAF). 〖1918〗

wraith /réɪθ/ *n.* **1** (人の臨終前後に現れるというその人自身の)生霊(いきりょう) (fetch, double) (⇨ ghost SYN). **2** 亡霊, 幽霊 (apparition, specter) (cf. ghost 1). **3** (実体のない)影のようなもの, 影, 幻影. **4** ゆらゆら立ち昇る煙[蒸気]. **～·like** *adj.* 〖《1513》《スコット》～《変形》? ←《古形》 *warth* guardian angel □ ON *vǫrðr* warden, guardian ← *varða* 'to WARD, guard': Scott の使用によって一般化した〗

Wran /rǽn/ *n.* 《豪》オーストラリア海軍婦人部隊員 (cf. WRANS). 〖《頭字語》← W(*omen's*) R(*oyal*) A(*ustralian*) N(*aval Service*)〗

wrang /rǽŋ/ *adj., adv., n.* 《スコット》 ＝wrong.

Wran·gel /rǽŋgəl, -gl; *Russ.* vránʲgʲilʲ/, Baron **Pyotr Nikolayevich** *n.* ヴランゲリ (1878–1928; ロシア革命のときの反革命派将軍).

Wrán·gel Ísland /rǽŋgəl-, -gl-; *Russ.* vránʲgʲilʲ/ *n.* ヴランゲリ島《ロシア連邦北東部, 東シベリア海とチュコト海との間の島; 面積 7,300 km²; ロシア語名 Ostrov Vrangelya /óstrəf vránʲgʲiljə/》.

Wran·gell /rǽŋgəl, -gl/, **Mount** *n.* ランゲル山《米国 Alaska 州南東部にある Wrangell 山脈中の火山 (4,316 m)》. 〖← *Baron F. von Wrangell* (1796–1870: ロシアの探険家)〗

Wrángell Móuntains *n. pl.* [the ～] ランゲル山脈《米国 Alaska 州南東部にある山脈》. 〖↑〗

Wrángell-St. Elías Nátional Párk *n.* ランゲル・セントイライアス国立公園《米国 Alaska 州南部を中心とした森林地帯に広がる世界最大の国立公園; 面積 49,269 km²》.

wran·gle /rǽŋgl/ *n.* 口論, 言い争い (noisy quarrel); 論争 (controversy) (⇨ quarrel SYN). — *vi.* 口論する, 言い争う (brawl, quarrel noisily): ～ *with* a person *about* [*over*] …のことで人と口論する / ～ among themselves 内輪げんかする. — *vt.* **1 a** 言い争って手に入れる. **b** (議論の上)〈人を〉説き伏せて…させる 〈*into, out of*〉: ～ a person *out* of his faith 人を説き伏せて信念を変えさせる. **2** 〖《逆成》← WRANGLER 3〗《米西部・カナダ》(牧場で)〈乗用馬などの〉世話をする, 番をする (tend, herd); 〈物の家畜を〉駆り集める. **wrán·gling** /-glɪŋ, -gl-/ *n.* 〖v.: 《*c*1378》□ ? LG *wrangeln* (freq.) ← *wrangen* to struggle ← Gmc **wraŋʒ-* ← IE **wer-* to turn (⇨ worth[2], wring): ⇨ -le[3]. — n.: 《1547》← (v.)〗

wrán·gler /-glə, -glə | -glə(r), -gl-/ *n.* **1** 口論者, 言い争う人 (angry disputant, brawler). **2** /-glə | -glə(r)/ 《英》(Cambridge 大学で)数学の学位試験における第一級優等合格者 (cf. optime): ⇨ senior wrangler. **3** 《米西部・カナダ》(牧場での)乗用馬の世話係; カウボーイ. 〖*c*1515〗

Wran·gler /rǽŋglə | -glə(r)/ *n.* 〘商標〙ラングラー《米国 Blue Bell 社製のジーンズなど》: a pair of ～*s*.

wrángler·ship *n.* 《英》(Cambridge 大学で) wrangler であること. 〖《1791》← WRANGLER＋-SHIP〗

WRANS /rǽnz/ 《略》 Women's Royal Australian Naval Service オーストラリア海軍婦人部隊.

wrap /rǽp/ *v.* (**wrapped, wrapt** /rǽpt/; **wrap·ping**) — *vt.* **1** 包む, くるむ (enfold, enclose, pack) 〈*up*〉: ～ a present in paper プレゼントを紙に包む / ～ a child in a bath towel 子供をバスタオルにくるむ / He ～*ped* himself *up* in a coat. 外套(がいとう)に身をくるんだ / The handle was ～*ped* with tape. ハンドルはテープがくるんであった. **2** まとう, 掛ける, 巻く, 巻き付ける (roll together) 〔*about, around, round*〕: ～ cellophane [paper] *round* a thing 物のまわりにセロファン[紙]を巻く / He ～*ped* his dressing gown *round* him. 化粧着を体にまとった / He ～*ped* his arms *around* me. 両腕を私の体に巻き付けた. **3 a** [しばしば受身で] 覆い包む, 取り巻く (envelop) 〈*round*〉/〔*in*〕: Darkness ～*ped* him *round*. 暗黒が彼を覆い包んだ / be ～*ped in* conspiracy 陰謀の中に巻き込まれる / be ～*ped in* sleep ぐっすり寝込んでいる, 寝静まっている / The hills are ～*ped in* mist. 山々は霧に覆われている / The affair is ～*ped in* mystery. 事件は謎に包まれている. **b** 没頭させる, ふけらせる〔*in*〕: He walked on ～*ped in* his own thoughts. 考えにふけって歩き続けた. **4** 隠す (conceal), 装う (disguise) 〈*up*〉: ～ *up* a criticism in a polite formula 丁寧な決まり文句の中に非難の意をこめる. **5** 〈ナプキンなどを〉たたむ, 折りたたむ (fold). **6** 《豪口語》ほめる 〈*up*〉(rap ともいう). — *vi.* **1** 包む. **2** 巻き付く (twine): The vine ～*ped round* the elm. つる草がニレに巻き付いていた. **3** (コート・ショールなど防寒具に)身を包む, くるまる 〈*up*〉: Mind you ～ *up* warm(ly) [well] if you go out. 外出するならよくくるまって行くんですよ. **4** 包める, 包装できる 〈*up*〉.
be wrápped úp in 《口語》(1) …に夢中になる, に凝る, に専心する: She *is* quite ～*ped up in* her children [work]. 子供のことに[仕事に]夢中になっている / *be* ～*ped up in* thought 夢中で考え込んでいる / *be* ～*ped up in* oneself 《米俗》自分のことばかり考えている, うぬぼれている. (2) …とからんでいる, …に密接な関係がある: The country's prosperity *is* ～*ped up in* its trade. その国の繁栄はその貿易にかかっている. ***wráp it úp*** ＝WRAP *up* (3). ***wráp óver*** 〈衣服が〉(着たとき)重なる. ***wráp úp*** (*vt.*) (1) ⇨ *vt.* 1. (2) ⇨ *vt.* 4. (3) 〈活動・会を〉終える, …の決着をつける; 完結[完成]する: ～ *up* a meeting / ～ *up* an agreement 協定を結ぶ. (4) 《口語》…の総括的な要約[報告]をする, まとめる. (5) 《俗》台なしにする, ぶち壊す. — (*vi.*) (1) ⇨ *vi.* 3. (2) [命令文で]《英俗》黙れ, 静かにしろ.
— *n.* **1** 《米》包み, 外被, 覆い (wrapper, covering); (食品を包む)(防水)ラップ. **2** [通例 *pl.*] 体を包むもの《ショール (shawl), スカーフ (scarf), 毛布 (blanket), ひざ掛け (rug), マント (cloak) など》. **3** [*pl.*] 機密 (secrecy); 検閲; 抑制, 拘束 (restraint): keep [stay] under ～*s* 秘密にする[秘密になっている] / a new weapon *under* military ～*s* 軍機に属する新兵器 / take [pull] off the ～*s* 制限[禁止]を解く / take [pull] the ～*s* off …を暴く, 公表する. **4** 〘製本〙 ＝wraparound *n.* 2. **5** 《豪口語》賞賛 (rap ともいう).
— *adj.* [限定的] 〈衣服など〉身体に巻き付けて着る (wraparound): a ～ skirt.
〖(v.: ?*a*1300; n.: *c*1460) ← ? Gmc **wrap-* ← IE **wer-* to bend (⇨ worth[2]): cf. lap[1] / Dan. 《方言》 *vravle* to wind〗

wráp·aròund *adj.* **1** 〈衣服など〉身体[腰]に巻く(式の): a ～ skirt [dress, robe]. **2** 取り囲む形の: a ～ windscreen (自動車の)広角型のフロントグラス / He wore ～ dark glasses. 目の周りをすっぽりと包む黒のサングラスをかけていた. **3** 〘印刷〙ラップアラウンド版の. **4** 一切を含む, 包括的な. — *n.* **1 a** 身体に巻く式の衣服. **b** 部分的に重ね合わせる[取り巻く]もの. **2** 〘製本〙 ＝outsert. **3** 〘印刷〙ラップアラウンド版《輪転機印刷の際シリンダーに巻き付ける薄い金属・プラスチック・ゴム版》. **4** 《英》 ＝book jacket. **5** 〘電算〙 ＝wordwrap. 〖1937〗

wráp·òver *adj.* 身体に巻き付けるように着用する《スカートなど; wraparound ともいう》. — *n.* 身体に巻き付けるように着用する衣服《特にスカート》. 〖1935〗

wrap·page /rǽpɪdʒ/ *n.* **1** 包み, 包み紙, 包装 (wrapping(s)). **2** ＝wrapper 4. 〖《1827》← WRAP＋-AGE〗

wrapped *v.* wrap の過去・過去分詞. — *adj.* 《豪口語》たいへん喜んだ, うれしがった《rapt ともいう》. 〖adj.: 《1963》《混成》← *wrapped* (cf. wrap (*vt.*) 3 b)＋RAPT〗

wráp·per *n.* **1** 包む人, 巻き手. **2** 包むもの; 上包み, 包装紙, 包み紙; (雑誌・新聞の)帯封, 帯紙. **3** (書物の)カバー, ジャケット; (パンフレットや小冊子の)紙表紙. **4 a** ラップ[巻き]スタイルの衣服 (cf. wrap *n.* 2). **b** ＝dressing gown. **c** ＝shawl. **d** ベビー服. **5** (葉巻たばこの

良質の)外巻き葉. **6** 〘甲冑〙補強あご当て《armet のあごと首の部分を補強する防具》. 〖c1460〗

wrap·ping /rǽpɪŋ/ *n.* [通例 *pl.*] 包み, 包装 (covering); 体を包むようにして着る衣類. 〖a1387〗

wrápping pàper *n.* 包み紙, 包装紙. 〖1715〗

wráp·ròund *adj.*, *n.* =wraparound.

wrapt[1] *v.* wrap の過去形・過去分詞.

wrapt[2] /rǽpt/ *adj.* =rapt.

wrap-up /rǽpʌ̀p/ *n.* 《米口語》 **1 a** (一続きの中の)結末, 最終的出来事: the ~ of a campaign 運動の結果. **b** 総括報告, (ニュースの)要約: a ~ of today's news 今日のニュースの要約. **2** 《米俗》あっさり売りさばくこと; あっさり買って行く客. — *adj.* 《口語》 **1** 終結する, 結びの (concluding). **2** 要約の. 〖(1938) ← *wrap up* (⇨ wrap (v.) 成句)〗

wrasse /rǽs/ *n.* (*pl.* ~, ~s) 〘魚類〙ベラ《ベラ科 *Labrus* 属の海産魚の総称》. 〖(c1672) □ Welsh *gwrach* & Corn. *wrach* old woman ← ?: cf. oldwife〗

wras·tle /rǽsl/ *v.*, *n.* 《方言》=wrestle.

wrath /rǽθ, rɑ́ːθ | rɔ́θ, rɔ́ːθ/ *n.* 《詩・文語・戯言》 **1** 激怒, 憤怒 (⇨ anger SYN): in ~ 怒って / nurse one's ~ 胸に憤りをいだく / be slow to ~ 怒りっぽくない / A soft answer turneth away ~. 《諺》穏やかな答えは怒りをそらす (cf. *Prov.* 15:1). **2** 復讐(ふくしゅう), 懲罰, 天罰 (vengeance, punishment): children [vessels] of ~ 神罰を受くべき人々 (cf. vessel 5) / the day of ~ 天罰の下る日 / the ~ of God 神の怒り, 神罰, 天罰. **3** (自然現象などの)厳しさ[暴威]: the ~ of winter 冬の厳しさ. **4** 《Shak》(愛の)激情 (ardor).

the grápes of wráth ⇨ grape 成句.

— *adj.* 《廃》激怒して (wroth).

〖OE *wrǣþþu* ← *wrāþ* 'WROTH' + Gmc *-*iþō* '-TH[2]'〗

Wrath /rǽθ, rɑ́ːθ | rɔ́ːθ, rǽθ/ *n.* ラース(岬)《スコットランドの北西端にある岬; Cape Wrath ともいう》.

wrath·ful /rǽθfəl, rɑ́ːθ-, -fl | rɔ́θ-, rɔ́ːθ-/ *adj.* ひどく怒った; 怒りのこもった, 怒ったような: a ~ look 激怒した顔つき / a red and ~ face 怒って赤くなった顔 / He became increasingly ~ on the subject. その件で次第に怒りっぽくなっていった. **~·ly** *adv.* **~·ness** *n.* 〖a1300〗

wrath·y /rǽθi, rɑ́ːθi | rɔ́θi, rɔ́ːθi/ *adj.* (**wrath·i·er**; **-i·est**) 《米古・口語》 **1** 激怒した. **2** (風雨などが)怒り狂う, 激しい (violent). **wráth·i·ly** /-θəli/ *adv.* **wráth·i·ness** *n.* 〖1828〗

wreak /ríːk, rék | ríːk/ *vt.* (~ed; ~ed, **wrought** /rɔ́ːt, rɑ́ːt | rɔ́ːt/) **1** 〈損害などを〉与える 〔*on, upon*〕: The gypsy moths are ~*ing* devastation [destruction] *on* huge areas of woodland. マイマイガが広い森林地帯に大損害を与えている / The bombing ~*ed* havoc *among* the population. 爆撃は住民に大混乱を引き起こした. **2** 〈怒りなどを〉漏らす, 〈恨みを〉晴らす (give vent to); 〈罰などを〉加える, 与える (inflict) 〔*on, upon*〕: ~ one's wrath *upon* ...に怒りをぶちまける / ~ a grudge of ten years 10年間の遺恨を晴らす / ~ one's thought *upon* expression 思うことを述べる / Drink ~*ed* its vengence *on* him. 大酒のばちが当たった《体をこわした》. **3** 〈精力などを〉費やす (expend): ~ one's energies *on* reforms 改革に精力を傾ける. **4** 《古》〈虐待・虐待された人〉の仇(あだ)を討つ: ~ one's father's death. — *n.* 《古》復讐 (revenge). **~·er** *n.* 〖OE *wrecan* to drive, avenge < Gmc **wrekan* (Du. *wreken* / G *rächen*) ← IE **wreg-* to push, drive (L *urgēre* 'to drive, URGE'): cf. wreck, wretch〗

wreath /ríːθ/ *n.* (*pl.* ~s /ríːðz, ríːθs/) **1** (花・葉など木の枝のついた)輪, 花輪, リース, 花冠 (garland); 花輪の彫刻: a ~ of victory 勝利の花冠 / place [lay] a ~ at [on] the tomb of the Unknown Soldier 無名戦士の墓に花輪をささげる. **2** 〔煙・雲・色などの〕輪, 渦巻き (curl, ring) 〔*of*〕: a ~ *of* smoke [cloud] 渦巻く煙[雲]. **3** 《詩》〔踊り手・見物人などの〕輪, 円く並んだ列, 一団 〔*of*〕. **4** (湾曲階段の)手すり[がわげた]の曲部. **5** 雪の吹きだまり[土手]. **6** 〘紋章〙(crest の下, helmet の上に置いた)花冠《2,3 色の布をねじり鉢巻状にしたもので, helmet に mantling を取り付け, crest を安定させる役をなす; torse ともいう》. **7** (磁器・ガラス器などの表面にできる)渦巻き状のきず.

— *vt.*, *vi.* =wreathe. **~·less** *adj.* **~·lìke** *adj.* 〖OE *wriþa* twisted band ← *wrīþan* 'to WRITHE'〗

wreathe /ríːð/ *v.* (~d; ~d, 《古》**wreath·en** /~ən/) — *vt.* **1** [通例受身で] ...に花輪[花冠]をつける, 花輪で飾る: a poet's brow ~*d with* laurel 月桂冠をいただいた詩人の額. **2** 〈花・葉などのついた木の枝を〉輪に作る, 花輪にする; 〈花輪を〉作る: ~ daisies *into* a garland ひなぎくを編んで花輪にする / ~ a garland 花輪を作る. **3** 包む, 取り巻く (cover, surround); 巻く, 巻きつける, からみ合わせる; 〈枝などが〉...にまつわる (encircle); 〈腕を〉からませる 〔*around, round, about*〕: The hills are ~*d* in wild flowers. 丘は野花で包まれている / The mountain top is ~*d* in cloud. 山頂は雲に包まれている / a column ~*d with* vines つるのからみついている柱 / be ~*d in* each other's arms 互いに抱き合っている / ~ one's arms *about* [*around*] a person 人に抱きつく, 腕でからむ / The snake ~*d* itself *around* a mouse. 蛇がねずみに体を巻きつけた. **4 a** 〈手足などを〉よじる, ねじる (twist): ~ one's hands. **b** 〈表情を〉〔微笑に〕変える 〔*in, into, to*〕: He ~*d* his countenance *into* smiles. 彼は表情をくずして微笑した / His face ~*d* itself *in* smiles. 顔をほころばせて笑った / His mouth [He] ~*d in* smiles. 口元は[彼は]微笑していた. — *vi.* **1** 〈枝などが〉からみ合う; 〈蛇などが〉からみつく (wind itself) 〈*round*〉: *wreathing* branches. **2** 〈煙などが〉輪になって立ち昇る, 渦巻く (curlup wards): Smoke ~*ed* up from the fire. 火から煙が立ち昇った.

wréath·er *n.* 〖(1530) (逆成) ← ME *wrethen* (p. p.) ← *writhe(n)* 'to WRITHE': WREATH の影響もある〗

wréathed cólumn /ríːðd-/ *n.* 〘建築〙螺旋円柱, ねじれ柱 (twisted column). 〖1624〗

wréath·en /ríːðən/ *v.* wreathe の過去分詞. — *adj.* 《古》ねじれた (twisted); からみ合った (intertwined). 〖ME *wrethen* (異形) ← WRITHEN〗

wréath góldenrod *n.* 〘植物〙キク科アキノキリンソウ属の植物 (*Solidago caesia*) 《北米産; 黄色の頭状花をつける》.

wréath shèll *n.* 〘貝類〙=turbo[2].

wreath·y /ríːθi, ríːði/ *adj.* 花輪形の; (花)輪を成している. 〖1644〗

wreck /rék/ *vt.* **1** 〈希望・計画などを〉破壊する, くじく (destroy, shatter); 〈体を〉壊す, 台なしにする; 〈銀行・財産などを〉傾かせる, 破産させる, つぶす (bring ruin upon): His business [health, happiness] was ~*ed*. 彼の事業[健康, 幸福]は台なしになった / Ambition ~*ed* his life. 野心のため一生が台なしになった / A sudden misfortune ~*ed* all my prospects [hopes] in life. 突然の不幸で私の将来の見込み[望み]が台なしになった / His drunken insults ~*ed* my dinner party! 彼が酔っぱらって言った侮辱で晩餐会は台なしになってしまった. **2** [しばしば受身で] 〈船を〉難船[難破]させる; 〈人を〉遭難させる (cf. wrecked): The ship was ~*ed* off the shore. 船は沖で難破した / We were ~*ed* in our boat last night. 昨夜難船した. **3** 〈列車・飛行機などを〉大破させる, めちゃくちゃにする; 〈建物を〉取り壊す: They attempted to ~ the express. 彼は急行列車の破壊を企てた / The storm ~*ed* our houses. 嵐で家はめちゃめちゃになった.

— *vi.* **1** 破滅する, 台なしになる (suffer ruin): The plan is sure to ~. 計画はめちゃくちゃになるに決まっている / This is the obstacle your hopes will ~ on. これが君の希望を破壊する障害物だ. **2** 難破する, 難船する (suffer wreck): ~ on a rock. **3** 難破貨物を拾う, 難破船からかすめ取る. **4** 難破船の救助をする. **5** 《米》事故[故障]車を処理する.

— *n.* **1** 大破したもの, めちゃくちゃになったもの, 残骸(ざんがい), 廃虚 (⇨ ruin SYN); 敗残の身, 落ちぶれた人, (病気で)やせ衰えた人 (sorry remnant): The bus was a ~ after the collision. 衝突のあとバスはめちゃめちゃになった / make a ~ of a person's life 人の一生を台なしにする / He is a [the] (mere) ~ of his former self. 彼は昔の面影もない哀れな姿だ / What (a) ~ he is! まあ何と変わり果てた姿だろう / a nervous ~ 神経が参ってしまった人 / He was a ~ from overwork. 彼は過労からすっかり健康を害してしまった. **2 a** 破壊, 大破, めちゃめちゃ(になること) (destruction, ruin) (cf. wrack[1], rack[2]): the ~ of one's life 人生の破滅 / the ~ of one's happiness 幸福が台なしになること / save one's fortunes from ~ 破産[倒産]を免れる / That brought all his wicked scheme to ~. それで彼の悪巧みがとんざしてしまった. **b** 《米》(自動車・列車などの)衝突; 衝突事故: survivors of the train ~ 列車事故の生存者. **3** 難破, 難船 (shipwreck): save a ship from ~ 船の難破を救う / cause many ~s 多くの船を難破させる / A disastrous ~ has happened. ひどい難船があった. **4 a** 難破船 (wrecked ship): The ship was a perfect ~. 船は全くの難破船だった. **b** 〘法律〙(難破船から)岸に打ち上げられた貨物[積荷]: the shore strewn with ~s 難破物の打ち上げられている海岸 / The ~ of the sea belongs to the Crown. 岸に打ち上げられた貨物等は国王[国家]に帰属する.

gó to wréck (and rúin) 《まれ》破滅する, めちゃめちゃになる, 滅びる.

〖n.: (1077) □ AF *wrec* □ ON **wrek* (Norw. & Icel. *rek*) ← Gmc **wrekan* 'to WREAK'. — v.: (a1400) ← (n.): cf. wrack[1]〗

wreck·age /rékɪdʒ/ *n.* **1** [集合的] (難破船・墜落した飛行機などの)残骸(ざんがい), 破片 (remnants of wreck); 難破貨物, 漂着物. **2** 破壊, 破滅, めちゃくちゃになること, 台なしになること (wrecking): the ~ of one's hopes 希望が潰(つい)えること. **3** 難破, 難船. **4** [集合的] (社会の)落後者, 敗残者. 〖(1837): ⇨ ↑, -age〗

wrecked *adj.* **1** [叙述的] 《口語》ぐでんぐでんに酔った, (麻薬で)意識がもうろうとした. **2** [叙述的] 《口語》へとへとに疲れた. **3** 難船[難破]した, 難船の; 遭難した; 壊れた: ~ goods 難破貨物 / ~ sailors 難船の船乗りたち / a ~ typewriter 壊れたタイプライター. 〖1729〗

wréck·er *n.* **1** 壊す人, 破壊者. **2** 《米》建物解体業者 (《英》housebreaker). **3** 《米》レッカー車 (tow car, tow truck, 《英》breakdown van [lorry] ともいう); 救援列車 (wreck train), 救援車. **4** 《米》(自動車などの)解体修理業者. **5** 難船救助者; 破船救助船, 難破船救助作業船. **6** 難船略奪者, (貨物略奪のため船を)難破させる人. 〖1789〗

wrécker's bàll *n.* 建物解体用の鉄製ボール. 〖1967〗

wréck·fìsh *n.* 〘魚類〙=stonebass. 〖難破船の周辺によく見られることから〗

wreck·ful /rékfəl, -fl/ *adj.* 《古》破壊する, 破壊[破滅]をもたらす. 〖1557〗

wréck·ing *n.* **1** 破壊, 大破, 破滅. **2** 救難作業, 救援. **3** 《米》建物解体(業). **4** 難船, 難破, 遭難. **5** [形容詞的に] 難破[遭難]救助に従事する, 救援の, 建物解体作業に従事する. — *adj.* 破壊的な, 破滅的な, めちゃくちゃにする, 台なしにする (causing ruin); 難破させる, 大破させる. 〖1775〗

wrécking amèndment *n.* 《英》〘政治〙(前議案または前動議を台なしにするような)骨抜き修正案. 〖1967〗

wrécking bàll *n.* =wrecker's ball. 〖1952〗

wrécking bàr *n.* 台付きてこ. 〖1924〗

wrécking càr *n.* 《米》〘鉄道〙救援車. 〖1875〗

wrécking cràne *n.* 《米》〘鉄道〙救援クレーン《脱線・転覆などの鉄道事故復旧用のクレーン》. 〖1875〗

wrécking crèw *n.* 《米》〘鉄道〙救援[応急]作業隊 (《英》breakdown gang). 〖1878〗

wréck màster *n.* 難船貨物管理者. 〖1846〗

wréck tràin *n.* 《米》〘鉄道〙救援列車.

Wre·kin /ríːkɪn | -kɪn/ *n.* [the ~] リーキン(山)《イングランド中西部 Telford の西方にある山 (400 m)》.

(áll) ròund the Wrékin 《英方言》ずっと回り道して, 遠回しに.

wren /rén/ *n.* 〘鳥類〙 **1** ミソサザイ (*Troglodytes troglodytes*) 《winter wren ともいう》: ⇨ house wren, marsh wren, rock wren. **2** ミソサザイに似た各種の鳴鳥《特に, ヨーロッパ産のヨーロッパヨシキリ (reed warbler), キタヤナギムシクイ (willow warbler), キクイタダキ (goldcrest) など》. 〖OE *wrenna, wrænna* ← ? Gmc **wrend(il)a-* (OHG *wrendilo* / Icel. *rindill*): cf. OE *wrǣne* lecherous〗

Wren /rén/ *n.* 《口語》英国海軍婦人部員 (cf. WRNS). 〖(1918) (頭字語) ← *W(omen's) R(oyal) N(aval Service)*〗

Wren /rén/, **Sir Christopher** *n.* レン《1632–1723; 英国の代表的バロック建築家; St. Paul's 大聖堂をはじめ多くの教会建築を残した》.

Wren, Percival Christopher *n.* レン《1885–1941; 英国の小説家; インドの生活を描いて成功; *Beau Geste* (1924) など》.

wrench /réntʃ/ *vt.* **1** (一気に)ねじる, ひねる, ねじ回す 〈*about, round*〉: ~ the horse's head *round* 馬首をめぐらす. **2** ねじ取る, もぎ取る; ねじって...する 〈*away, off*〉/ 〔*from, out of*〕: ~ a fruit *off* a branch 果物を枝からもぎ取る / ~ a plant *out of* the ground 植物を土からねじり抜く / ~ a door [box] open 戸[箱]をねじ開ける[こじ開ける] / ~ *off* a lock 錠前をねじ切る / ~ a person's sword *from* him 人の剣をもぎ取る / ~ oneself free 身を振り離す / I ~*ed* myself *away* from her. 彼女から身を振り離した / He ~*ed* his thoughts *away* from the woman. その女性から無理に考えをそらした. **3** 〈足首・ひざなどを〉くじく, ねんざする (sprain): ~ one's ankle 足首の筋をくじく. **4** 〈事実を〉曲げる, 〈意味を〉こじつける (distort, pervert): ~ a fact, one's meaning, etc. **5** 〈心を〉苦しめる: It ~*ed* my heart to listen to her story. 彼女の話を聞くと胸が痛んだ. **6** 〈人〉の生活などをがらりと変える. — *vi.* ひとねじりする, ひねる; ねじれる, 急に曲がる: He ~*ed at* the lock. 錠前をぎゅっとねじった.

— *n.* **1** (別離の)悲痛, 苦痛 (painful parting): the ~ of parting with one's children 子供とのつらい別離 / Leaving home is a great ~. 家を離れるのは切ない思いだ. **2** (激しいまたは急な)ねじり, ひねり: pull out a tooth with one ~ ぐいと一ねじりして歯を抜き取る / give a ~ at the door handle ドアの取っ手をぐっと回す / give a branch a ~ 枝をねじり取る. **3** (足首などを)くじくこと, ねんざ (sprain): give one's ankle a ~ 足首をねんざする. **4** 〘機械〙《米》レンチ, スパナー (《英》spanner). **5** (意味の)こじつけ, 曲解 (strained meaning).

thrów a wrénch (in [into] the wórks) 《口語》(物事の進行に)じゃまだてする, 妨害する (《英》throw a SPANNER in the works).

〖v.: lateOE *wrenċan* < ? Gmc **wrankjan* (G *renken*) ← IE **wer-* to bend (⇨ worth[2]). — n.: (?c1460) ← (v.): cf. wring, wrinkle[1]〗

wrénch·ing·ly *adv.* 悲痛に. 〖1884〗

wrén-thrùsh *n.* 〘鳥類〙ズアカサザイ (*Zeledonia coronata*) 《コスタリカ・パナマの山岳地帯にすむアメリカムシクイ科の小鳥》.

wrén-tìt *n.* 〘鳥類〙ミソサザイモドキ (*Chamaea fasciata*) 《米国 California 州産チメドリ亜科のミソサザイに似た褐色の小鳥》. 〖1872〗

wrest /rést/ *vt.* **1** ねじる (twist, distort) 〈*about, away, round*〉. **2** (一気に)ねじ取る, もぎ取る, 無理に奪う (wrench away) 〈*off*〉/ 〔*out of, from*〕: ~ a weapon *from* [*out of*] a person's grasp 人の手から武器をもぎ取る / ~ the throne *from* the heir 王位をその後継者から奪い取る / ~ the Panama Canal *from* U.S. control パナマ運河を米国の管理から奪い取る. **3** 〈秘密を〉ほじり出す (wring, extract); 骨折って[努力して]取る[得る] (extort) 〔*from, out of*〕: ~ her secrets *from* Nature 自然界の秘密を探り出す / ~ a living *from* the barren land 不毛の土地を耕してやっと暮らしを立てる / ~ a victory 力戦してようやく勝利を得る. **4** 〈法・事実などを〉曲げる, 〈意味を〉こじつける (distort, pervert): ~ the facts / ~ the law to suit oneself 自分に都合のいいように法律を曲解する / ~ a person's meaning 人の言葉の意味を曲解する / ~ a citation *to* a different sense 引用文をこじつけて別義に取る / ~ a word *from* its obvious meaning 言葉の明白な意味を曲げる. — *n.* **1** ねじり, ひねり (wrench). **2** 《古》(ハープ・ピアノなどの)調律鍵(けん) (tuning-key). 〖v.: OE *wrǣstan* < Gmc **wraistjan* (Dan. *vriste*) ← IE **wer-* to bend (⇨ worth[2]). — n.: (a1325) ← (v.): cf. wrist〗

wrést blòck *n.* =pin block. 〖1787〗

wrést·er *n.* こじつけた解釈をする人. 〖1533〗

wres·tle /résl, rǽsl | résl/ *vi.* **1** 〔難事業・誘惑・災禍などと〕戦う, 苦闘する, 〔役目・問題などに〕全力を尽くす (struggle, contend) 〔*with, against*〕: ~ *with* a task [problem] 仕事[問題]と取り組む / ~ *with* a mass of correspondence 懸命になって山のような手紙を処理する / ~ *with* a dictionary 辞書と首っ引きする / ~ *with* [*against*] temptation [adversity] 誘惑[逆境]と戦う / ~

W

with the *Times* crossword「タイムズ」紙のクロスワードパズルと取り組む. **2** レスリング(試合)をする, 組打ちをする, 取っ組み合う; つかみ合う, 格闘する (tussle, grapple) 〔*with*〕: ～ *together* (二人)で取っ組み合う / He challenges all comers to ～ *with* him. 彼はやってくるすべての人に自分と組打ちしろと挑む. **— *vt.* 1** …と組打ちする, 相撲を取る, 投げ倒そうとする: I will ～ you for $5. 君と5ドルかけて相撲を取ろう / ～ a person *down* 人を倒す. **2** レスリングで〈勝負・フォールなどを〉行う: ～ a fall, a bout, a match, etc. **3** 取っ組むようにして[大いに骨折って]動かす[持ち上げる]: ～ a boulder *into* place 大いに骨折って丸石を動かして据える. **4** 《米西部》(焼印を押すために)〈牛などを〉投げ倒す.

wréstle óut 骨折って行う, 奮闘して果たす. ***wréstle with Gód＝wréstle in práyer*** (苦悩の中に)一心不乱に(神に)祈る (cf. *Gen.* 32:24).

— *n.* 1 力戦, 奮闘, 苦闘 (hard struggle): It was quite a ～ to finish the job. その仕事はとても骨が折れた. **2** 組打ち, 相撲, 取っ組み合い (tussle); レスリング(試合): have a ～ *with* a person 取っ組み合いをする.
〖OE **wrǣstlian* (freq.) ← *wrǣstan*: ⇨ wrest, -le^{3}〗

wres·tler /réslə, rǽs-, -slə | résləʳ, -sl-/ *n.* レスラー, レスリング選手, 相撲取り: a champion ～ レスリング選手権保持者. 〖OE *wrǣstlere*: ⇨ ↑, -er^{1}〗

wres·tling /réslɪŋ, rǽs-, -sl- | rés-/ *n.* レスリング; 相撲; 格闘: a ～ match レスリング[相撲]の勝負.
〖OE *wrǣstlung*: ⇨ wrestle, -ing^{1}〗

wrést pìn *n.* (ピアノやハープの)調律ピン. 〖1783〗

wrést plànk *n.* ＝wrest block. 〖1799〗

wretch /rétʃ/ *n.* **1** 不運の人, 悲惨な人, 哀れな人 (miserable person): a poor ～ かわいそうな人 / a ～ of a child かわいそうな[哀れな]子. **2** 恥知らず, 浅ましい人間, 卑劣漢 (scoundrel), (かわいい)やつ (rogue). ★ しばしばふざけたののしり語あるいは愛情の表現として用いられる: You ～! こいつめ, この人でなし / She is an ungrateful old ～. 彼女は恩知らずのばあさんだ / the little ～ ちび助. 〖OE *wrǣċċa* exile, 《原義》one driven out < (WGmc) **wrakjon* 《原義》pursuer; one pursued (G *Recke* hero, warrior) ← IE **wreg-* to push, track down: cf. wrack^{1,2}, wreak〗

wretch·ed /rétʃɪd/ *adj.* (～·**er**, ～·**est**; **more** ～, **most** ～) **1** 悲惨な, 惨めな (miserable); 不運な, 不幸な (unhappy, distressed): ～ mortals 不幸な人々 / lead a ～ life 惨めな生活をする / Children are often ～ when they first go to school. 子供は初めて登校するときよく惨めな気持ちになる / The ～ man lost all his money. かわいそうにその男性は金をすっかりなくした. **2** 実に不快な, 全く嫌な (very unpleasant); ひどい: a ～ cold, toothache, pain, etc. / ～ weather ひどい天気 / ～ health ひどく損じた健康 / a ～ nuisance ひどい厄介物 / ～ food [accommodation] ひどい食べ物[設備] / a ～ inn みすぼらしい宿屋 / ～ insufficiency ひどい不足 / ～ stupidity はなはだしい愚鈍. **3** ひどくまずい, 下手な, 拙劣な, 下等な (very bad, inferior): a ～ horse やくざ[やせ]馬 / a ～ poem [poet] 下手な詩[へぼ詩人] / a ～ scribbler へっぽこ文士. **4** 浅ましい, 見下げ果てた, 卑劣な (confounded, contemptible): ～ ungratefulness 浅ましい忘恩.

féel wrétched ひどく狼狽する; (病気で)ひどく気分が悪い: This cold makes me *feel* ～. 風邪でひどく気分が悪い / I *feel* ～ *about* not having sent her a birthday card. 彼女に誕生日カードを送らなかったのできまりが悪い.

～·ly *adv.* **～·ness** *n.* 〖(*c*1200): ⇨ ↑, -ed 2: cf. wicked〗

Wrex·ham /réksəm/ *n.* レクサム《ウェールズ北東部の町; Chester の南方に位置する; ローマカトリック司教座所在地》.

WRI 《略》《保険》War Risk Insurance.

wrick /rík/ 《英》*vt.* 〈首・背骨などを〉くじく, …の筋を違える (sprain): ～ one's neck, back, etc. **— *n.*** 筋違い, くじき: give one's back a ～ 背骨の筋を違える / have a ～ in one's neck 首の筋を違えている. 〖(*c*1305) *wricke(n)* to twist ▭ MLG **wricken* to sprain: cf. wring, wry〗

wrier *adj.* wry の比較級.

wriest *adj.* wry の最上級.

wrig·gle /rígl/ *vi.* **1 a** 〈人が〉のらりくらりする (be slippery), 何とかして[ごまかして, 口実を設けて]抜ける 〈*out*〉 / 〔*out of*〕: ～ *out of* a difficulty 困難を何とか切り抜ける / ～ *out of* a bargain [an undertaking] 何とかかんとか言って契約を果たさない[引き受けた事をしない] / ～ *out of* an engagement 口実を設けて約束をすり抜ける / ～ *out of* expressing one's opinion 何とかごまかして自分の意見を言うことを逃れる. **b** 上手に取り入る 〔*into*〕: ～ *into* favor 何とか言って取り入る. **2** 〈みみずなどが〉のたくる, のたうつ (squirm, twist about); (みみずのように)のたうち回る, あがく (writhe); そわそわする, もじもじする (fidget about): Keep still, and don't ～. じっとしていなさい, そわそわするんじゃない / ～ *about* のたくる, のたくり回る, もじもじする. **3** のたうちながら進む[出る, 入る] 〈*along, through, out, in*〉 / 〔*into*〕: ～ *underneath* barbed wire 有刺鉄線の下を身をくねらせてくぐり抜ける / He ～*d out* of his undershirt. 体をくねらせてシャツを脱いだ / The snake ～*d into* its hole. 蛇がくねくねと穴の中へ入った. **— *vt.* 1** 〈体・手・尾などを〉うごめかす, のたくらす (cf. wiggle); のたくって…する: ～ oneself うごめく, のたくる / ～ oneself free (縛られたりした体を)よじって自由にする / ～ one's body [hand] 体[手]をうごめかす / ～ oneself out at [through] a small hole 小さな穴から身をひねって出る. **2** [～ one's way として] のたくりながら進む: ～ *one's way* up のたくりながら上る. **3** [通例 ～ *oneself* として] 何とかうまく…させる: ～ oneself *into* a person's favor うまく人に取り入る. **— *n.* 1** あがき, のたうち, のたくり, 身もだえ. **2** のたくった跡. **wríg·gling·ly** /-glɪŋli, -gl-/ *adv.* 〖(1495) ▭ LG *wriggeln* (Du. *wriggelen*) (freq.) ← **wriggen* to twist, turn: ⇨ -le^{3}: cf. wry〗

wríg·gler /-glə, -glə | -gləʳ, -gl-/ *n.* **1** のたくり回るもの. **2** 《昆虫》ぼうふら (wiggler). **3** (ひょうたんなまずで)あいまいな返事をする人, 約束を守らない人. **4** 上手に取り入る人. 〖1631〗

wrig·gly /rígli, -gli/ *adj.* (**wrig·gli·er**; **-gli·est**) **1** のたくる, もがく, もじもじする, のらりくらりの. **2** 曲がりくねった: a ～ street. 〖1866〗

wright /ráɪt/ *n.* 《古》(大工などのような)職人, 工人; (船・車などの)製造人, 木工: The wheel must go to the ～ for repair. その車輪は修繕のため車大工へ出さなければならない. ★ 今は通例複合語の第2構成素として用いる: ⇨ millwright, playwright, shipwright, wainwright, wheelwright. 〖OE *wryhta* 《音位転換》← *wyrhta* worker < (WGmc) **wurhtjo* ← **wurkjan* 'to WORK': cf. wrought〗

Wright /ráɪt/ *n.* ライト《男性名》. 〖ME *(le) Wrichte, (le) Writh* (the) Wright (↑): もと家族名〗

Wright /ráɪt/, **Billy** *n.* ライト《1924–94; 英国のサッカー選手; ウィングハーフののちディフェンダー; イングランド代表に100回以上選ばれた最初の選手》.

Wright, Frances *n.* ライト《1795–1852; スコットランド生まれの米国の女性社会改良家》.

Wright, Frank Lloyd *n.* ライト《1869–1959; 米国の建築家》.

Wright, Joseph *n.* ライト《1855–1930; 英国の言語学者・辞書編集家; *The English Dialect Dictionary* (6 vols, 1896–1905) は独力編集により成る》.

Wright, Judith Arundell *n.* ライト《1915–2000; オーストラリアの女性詩人, 評論家》.

Wright, Louis Booker *n.* ライト《1899–1984; 米国の教育者・司書》.

Wright, Or·ville /ɔ́ːvɪl | ɔ́ːvɪl/ *n.* ライト《1871–1948; 米国の航空技術者, 兄の Wilbur Wright と共に1903年初めて飛行機による飛行に成功した》.

Wright, Richard *n.* ライト《1908–60; 米国の黒人小説家; *Native Son* (1940)》.

Wright, Wil·bur /wílbə | -bəʳ/ *n.* ライト《1867–1912; ⇨ Orville WRIGHT》.

Wright, Willard Huntington *n.* ライト《1888–1939; 米国の美術批評家・推理小説家; 筆名 S. S. Van Dine》.

Wrig·leys /rígliz/ *n.* 《商標》リグレー(ズ)《米国 William Wrigley Jr. 社製のチューインガム》.

wring /ríŋ/ *v.* (**wrung** /rʌ́ŋ/, (まれ) ～**ed**) **— *vt.* 1** 〈金銭などを〉搾り取る, 搾取する: ～ money *from* [*out of*] …から金銭を搾り取る / ～ taxes *out of* the distressed people 苦しんでいる人民から税を搾り取る. **2** 〔…から〕無理に引き出す[出させる] 〔*from, out of*〕: ～ tears *from* a person 人に涙を流させる / ～ a groan *from* a person (苦しめて)人にうめき声を出させる / I *wrung* a promise *from* [*out of*] him. 彼に無理に約束させた / ～ food *out of* the barren soil 不毛の土地から骨折って食糧をとる. **3 a** 〈鳥の首などを〉(ぎゅっと)ひねる; 〈人の手を〉固く握る, 握り締める, 〈人〉の手を固く握る; 〈顔などを〉ゆがめる (contort): ～ the neck of a turkey 七面鳥の首をひねる, 七面鳥をつぶす / ～ a person's hand 人の手を握り締める / ⇨ *wring a person's* NECK / A smile *wrung* his lips. 唇を曲げて笑った. **b** (苦悩・悲嘆などで)手を絞るようにもむ: ⇨ *wring one's* [*the*] HANDS. **4** 〈ぬれた物・果実などを〉絞る (squeeze, twist) 〈*out*〉; 〈ぬれた物から〉〈水分を〉絞り出す 〔*out of, from*〕; 搾り機械 (wringer) にかける: ～ (*out*) a wet towel ぬれタオルを絞る / ～ the washing dry 洗濯物を絞って乾かす / ～ water *out of* a piece of linen リンネルのきれから水分を絞り出す. **5 a** 苦しめる, 悩ます (torture): It ～*s* my heart to hear your story. 君の身の上話を聞くと胸が痛む. **b** 《古》(ねじったりして)〈体の一部を〉痛める, 傷つける: ⇨ *wring a person's* WITHERS. **6** 〈靴が〉〈足を〉締めつける, (締めつけて)〈人を〉苦しめる: ⇨ *where the* SHOE *wrings* (*one*). **7** 巻き付ける: She *wrung* her veil *round* her head. ベールを頭に巻き付けた. **8** 《廃》こじつける, 曲解する (distort). **— *vi.* 1** 絞る, 搾り取る. **2** (苦痛のあまり)もがく, のたうつ (writhe).

wríng dówn (1) 押しつける. (2) むりやりに食べる. ***wríng ín*** 割り込ませる. ***wríng óff*** ねじ切る[折る, 取る]. ***wríng óut*** (1) ⇨ *vt.* 4. (2) [通例受身で] 〔悩みなどで〕くたくたにする 〔*with*〕: She felt *wrung out with* anxiety. 不安でくたくたにした. ***wríng togéther*** 〈2枚のブロックゲージなどを〉押さえながら少しねじるようにつなぐ. ***wríng úp*** 締めつける.

— *n.* 1 絞ること, 絞り, ひねり (squeeze, wringing): give a wet towel a ～ ぬれたタオルを絞る. **2** 手の固い握り, 固い握手: I gave his hand a ～. 彼の手をぐっと握った.
〖OE *wringan* ← Gmc **wreŋʒan* (Du. & G *ringen*) ← IE **wer-* to bend (⇨ worth^{2}): cf. wrangle, wrong〗

wríng·er /-ŋə | -ŋəʳ/ *n.* **1** 絞り手, 絞る人; 搾取者 (extortioner). **2** 搾り機械 (wringing machine) (cf. mangle^{2}). **3** 苦痛[苦労, 消耗など]をもたらす事柄[経験], 苦難, 試練. ★ 主に次の成句で: ***gó through the wrínger*** 《口語》試練を経る. ***pút a person thróugh the wrínger*** 《口語》〈人〉に苦難を味わわせる. 〖*a*1300〗

wríng·ing *adj.* **1** のた打つ. **2** 苦しい (distressing). **3** 圧政的な. **4** 《口語》びしょぬれの. **5** [副詞的に; ～ wet として] 絞るほど: My clothes are ～ *wet*. 服が絞るほどぬれている. 〖*a*1200〗

wrin·kle^{1} /ríŋkl/ *n.* **1** しわ, ひだ (crease): ～*s* in a face, garment, rock, etc. / She pressed [ironed] the ～*s* out of her dress. 彼女はドレスにプレスして[アイロンをかけて]しわを伸ばした. **2** さざ波 (wavelet). **3** (道徳的な)汚点, 欠点 (blemish): without (spot or) ～ 一点の非の打ち所もない.

íron óut the wrínkles (1) アイロンをかけてしわを伸ばす. (2) (小さな)問題点[障害]を解決する.

— *vt.* …にしわを寄らせる, くしゃくしゃにする (crease, corrugate) 〈*up*〉: ～ (*up*) one's forehead [brow] 額にしわを寄せる / ～ one's nose 鼻にしわを寄せる / His face was ～*d* in [with] deep furrows [lines]. 顔には幾筋も深いしわが寄っていた. **— *vi.*** しわが寄る, しわになる (pucker) 〈*up*〉: ～ with age 寄る年波でしわが寄る / His face was *wrinkling* with mirth. 彼は愉快そうに顔をしわくちゃにして笑っていた.

～·less *adj.* 〖n.: (*a*1400) *wrinkel* 《逆成》? ← *wrinkled* < OE *(ġe)wrinclod* winding, serrated (p.p.) ← *(ġe)wrinclian* to wind about (cf. OE *wringan* 'to WRING'): ⇨ -le^{3}〗

wrin·kle^{2} /ríŋkl/ *n.* 《口語》**1** 気の利いた思いつき, うまい考え; 妙案, 新趣向 (dodge): the latest ～ (服装などの)新流行 / He is full of ～*s*. 妙計に富んでいる / up to a ～ うまい事を考えて. **2** 助言, 忠告; 入れ知恵; 聞き込み, 情報 (hint): Give me [Put me up to] a ～ or two. 私に少々知恵を貸してくれ / I can give you a ～. ちょっと良い考えがある. 〖(1402) 《特殊用法》↑ // OE *wrenċ* trick ＋-LE^{1}: cf. wrench〗

wrín·kled *adj.* しわの寄った, くしゃくしゃになった: a ～ face. 〖(*c*1403) < ? OE *(ġe)wrinclod*: ⇨ wrinkle^{1}〗

wrínkle rìdge *n.* 《天文》リンクルリッジ, しわ状隆起《月の海などにある細長い低い山脈》. 〖1944〗

wrin·klie /ríŋkli/ *n.* 《俗》＝wrinkly.

wrin·kling /ríŋklɪŋ, -kl-/ *n.* しわが寄ること. 〖(*a*1387) 1528〗

wrin·kly /ríŋkli/ 《俗》*n.* 年寄り, 老人, じいさん, ばあさん. **— *adj.*** 年寄りの; しわの多い: a ～ forehead. 〖1573〗

wrist /ríst/ *n.* **1** 手関節; 手首 (⇨ hand 挿絵): take a person by the ～ 人の手首をとらえる. ★ ラテン語系形容詞: carpal. **2** (服・手袋などの)手首の部分. **3** (フェンシング・球戯・手品などで)手首から先の)手先の力[業], リストの使用: a wonderful ～ 不思議な手先の力[業] / That was all done by ～. それは全く手先の業によるものだった. **4** 《機械》＝wrist pin.

a sláp* [*táp*] *on the wríst 《米》申し訳程度の罰, 軽い叱責. ***sláp on the*** [*a person's*] ***wríst*** 《米》(人を)申し訳程度に罰する, 軽く叱る.

— *vt.* 手首を使って動かす[投げる].

〖OE *(hand)wrist* hand-turner < Gmc **wristiz* (G *Rist* / ON *rist*) ← IE **wer-* to bend (⇨ worth^{2}): cf. wrest, writhe〗

wrist·bànd *n.* **1** (長袖の)袖口. **2** (腕時計などの)バンド; (汗止め用の)リストバンド. 〖(1571): ⇨ band^{1}〗

wríst·bòne *n.* 《解剖》手根骨 (carpal bone). 〖1552〗

wríst·dròp *n.* 《病理》(鉛毒による)垂手, 下垂手, 垂れ手. 〖1841〗

wrist·let /rístlɪt/ *n.* **1** (袖口や手袋に付ける)幅の広いバンド《防寒用で, 通例毛で編んだものが多い》. **2** 手首飾り, 腕輪. **3** 手錠. 〖(1847): ⇨ -let〗

wrístlet wàtch *n.* 《英》＝wrist watch. 〖1891〗

wríst·lòck *n.* 《レスリング》リストロック《手首をねじって相手を押さえる技》. 〖⇨ lock^{1}〗

wríst pìn *n.* 《機械》**1** ピストンピン《ピストン棒と連接棒とを留める》. **2** 《米》＝gudgeon pin. 〖1875〗

wríst plàte *n.* 《機械》揺り板.

wríst shòt *n.* (ゴルフ・ホッケーなどで, 手首を使って素早く打つ)リストショット.

wríst·wàtch *n.* 腕時計. 〖1896〗

wríst·wòrk *n.* ＝wrist 3. 〖1898〗

wríst wrèstling *n.* 親指相撲《親指と親指を組み合わせて行う腕相撲の一種》. 〖1968〗

wrist·y /rísti/ *adj.* (**wrist·i·er**; **-i·est**) 〈打球など〉手首[リスト]を使った, リストを利かせた. 〖1867〗

writ^{1} /rít/ *n.* **1** 《法律》(国王・大統領・政府・裁判所等の名で出される)令状: a ～ of attachment 差押え令状 / a ～ of habeas corpus 人身保護令状 / a ～ of inquiry 調査令状, 金額確定令状 / serve a ～ on a person 人に令状を執行する, 令状を送達する / The Queen's ～ does not run there. 女王の令状はそこには及んでいない. **2** 《英》(国王が貴族を議会に召集したり国会議員の選挙を命じたりする)勅命. **3** 《古》書き物, 文書 (document, writing): the Writ＝(the) Holy [SACRED] Writ.

wrít of assístance (1) 《米史》(上級植民地裁判所が官吏に下付した)臨検令書. (2) 《古英法》判決執行援助令状《執行官がコモンロー (common law) 上の判決の執行ができないとき, エクイティー裁判所 (equity court) が勝訴原告の土地占有を許す令状》.

wrít of certiorári 《法律》＝certiorari.

wrít of eléction 選挙の告示書《特に補充選挙のときに用いられた》.

wrít of érror 《法律》誤審令状, 覆審令状, 再審令状《記録上欠陥のある判決に対する上訴のために用いられたが, 上訴手続としては不完全であり, 廃止され, 上訴 (appeal) をもって代えることになった》.

wrít of execútion 強制執行令状.

wrít of extént 《英法》(国が債権者の場合の)財産差押え令状.

wrít of prívilege 《法律》特権令状, 釈放令状《民事事件で逮捕されたとき, 釈放の特権を有する国会議員のための令状》.

wrít of prohibítion 《法律》(上級裁判所が係属中の事

件に関して管轄権がないとして下級裁判所に出す)裁判禁止令状.

wrít of protéction〘古英法〙保護令状《海外に駐在する公務員が訴訟の提起を受けぬよう大法官府 (Chancery) の発した令状; 17 世紀以来実例なし》.

wrít of ríght〘法律〙権利令状《古く土地所有者(主として単純封土権 (fee simple) をもつ者)がその権利を主張し土地の占有を回復するための訴訟を開始する令状》.

wrít of súmmons〘英法〙召喚令状, 呼出状《裁判所または裁判官の前に出頭するように命令する令状》.

〖OE (ġe)*writ* a writing ← *wrītan* 'to WRITE': cf. ON *rit* / Goth. *writs* pen-stroke〗

writ² /rít/ *v.*《古・方言》write の過去形・過去分詞.
wrít lárge [smáll] ⇨ write 成句.
〖15C–19C〗

writ·a·ble /ráɪṭəbl | -tə-/ *adj.* 書かれる, 書記しうる.〖1782〗

write /ráɪt/ *v.* (**wrote** /róʊt | rəʊt/, 《古》**writ** /rít/; **writ·ten** /rítn/, 《古》**writ**) — *vi.* **1 a** (ペン・鉛筆・ワープロなどで)字を書く: ~ well [plain, large, small] 上手に[はっきりと, 大きく, 細字で]書く / cannot read or ~ 読み書きができない / ~ in English 英語で書く / ~ with a pen [in ink, in pencil] / ~ on paper 紙に書く. **b** 〈ペンなどが〉(特定の仕方で)書ける: This pen won't ~ well. このペンはうまく書けない / This pen ~s scratchily. このペンは書くときに引っかかる. **c** 草書体で書く (cf. print *vi.* 4).
2 文章を書く; 原稿を書く, 著述[著作]する; 〔…について〕書く〔*about, on, of*〕: ~ *for* a living 文筆を業とする / ~ *for* a newspaper [magazine] 新聞[雑誌]に寄稿する / ~ *against* the regime 体制批判の文章を書く / ~ *to The Times* タイムズ紙に投書する / ~ cleverly 文章がうまい / He ~s. 著述業だ / Her ambition was to ~. 彼女の野心は作家になることだった.
3 手紙を送る, 手紙を書く, 便りをする〔*to*〕(cf. *vt.* 4): ~ *to* a person for money 人に手紙を書いて金を貸してくれと頼む / ~ from Tokyo 東京から手紙を出す / He ~s home every month. 彼は毎月故郷に便りをする / He ought to be *written to*. 手紙で彼に言ってやらなければならない. **4** 書記をする, 筆耕をする. **5**〘電算〙記憶装置に記録する.
— *vt.* **1 a** 〈文字・文章などを〉書く: (ワープロで)書く, 作成する; 〈書物を〉書く, 著す〔*about, of, on, upon*〕; 作曲する (compose); 〈名前・単語などを〉つづる (spell): ~ one's name 名前を書く, 署名する / ~ a book [novel, play, poem] 本[小説, 戯曲, 詩]を書く / ~ a book *on* Japan 日本に関する本を書く / I *wrote* a letter to him. =I *wrote* him a letter (cf. 4). 私は彼に手紙を書いた / ~ a letter on a personal computer パソコンで手紙を書く / ~ a check [an application] 小切手[申込書]を書く / He *wrote* her large checks. 彼女に多額の小切手を書いた (cf. WRITE *out* (2)) / He ~s articles for minor papers. 二流新聞に記事を寄せている / get a lawyer to ~ one's will 弁護士に頼んで遺言状を作ってもらう / ~ three pages 3 ページ書く / ~ the music *for* a song 歌に曲をつける, 歌を作曲する / ~ a symphony [an opera] 交響曲[オペラ]を作曲する / It is *written* in pecil [ink]. 鉛筆で[インクで]書いてある / It is *written* by hand. 手書きで書かれている / ~ a good [bad] hand 字がうまい[まずい] / He *wrote* a beautiful hand. 美しい字を書いた / Words *written* alike are often pronounced differently. 単語はつづりが同じでも発音が異なることがよくある / What I have *written* I have *written*. 書いたものは書いたもの《訂正のしようがない; cf. *John* 19: 22》. **b** 〈草書体を〉書く: ~ cursive. **c** 〈ある言語〉の文字を知っている, …が書ける: ~ French with ease 自由にフランス語が書ける / I can ~ the Greek alphabet. ギリシャ語のアルファベットが書ける / He can ~ shorthand. 速記ができる.
2 [主に p.p. 形で]〔顔などに〕〈ある性質〉を銘記する[刻みつける] (impress, stamp)〔*on, in, over*〕: Innocence is *written in* [*on, over*] his face. 無実が彼の顔にありありと表れている / He has "coast" *written* all *over* him. 海岸地方から来たと彼の全身に書いてある《全くの海育ちだ》/ He stared at me, wonder *written on* his face. 彼は顔に驚きの色をありありと浮かべて私を見つめた.
3〔文書・物語などに〕書き込む, 書き入れる〔*into*〕: His love was *written into* his poems. 彼の愛は詩の中に詠み込まれている.
4 〈人〉に手紙を書く, 便りをする, 手紙で知らせる[伝える], 書き送る〈*how, that*〉(cf. *vi.* 3): He promised to ~ me at once. すぐ私に手紙をくれると約束した / *Write* us all the news. 何でも変わったことがあったら知らせて下さい / *Write* me *how* you got home. どうやって家に着いたか知らせて下さい / He ~s *that* he is leaving tomorrow. 明日たつと書いてある. ★ write a person の形は to の消去によって生じたもので米国に多く, 英国では to を落とさずに write to a person とするのが普通 (⇨ *vi.* 3); ただし英国でも商業文および《口語》には to のない形を用いる: Please ~ us at your convenience. お手数ながらご返事をお待ち申し上げます.
5 a 〈人〉のことを…と書く[称する]: Nature had *written* him a villain on his face. 彼の顔は生まれつき悪党であることを示していた. **b** [~ *oneself*＋補語で] 自分のことを〈…と〉書く, 称する (cf. WRITE *down* (3)): ~ *oneself* 'Judge' 自分の肩書に判事と書く / By this article he *wrote himself* a fool. この論文で彼はばかだということを示した.
6 [*that*-clause を目的語として] (本などの中で)…と書いて[言って]いる: Bacon ~s *that* revenge is wild justice. 報復は野蛮な正義だとベーコンは言っている / It is *written* in the Bible *that* pride goeth before destruction. 高ぶりは滅びに先立つと聖書にある (cf. *Prov.* 16: 18).
7 〈保険証書〉に署名する: ~ life insurance.
8〘電算〙**a** (記憶装置に)〈情報を〉記録する. **b** 書き込む《データを記憶装置から他の記憶装置に転写する》.
to write hóme abòut ⇨ home 成句. ***wríte awày***〔見本・カタログなどを〕手紙で注文[請求]する〔*for*〕/〈*to do*〉(cf. WRITE *in* (*vi.*)): He *wrote away for* the catalog. そのカタログを手紙[郵便]で注文した. ***wríte báck*** 返信する〔*to*〕: I *wrote back to* him at once. すぐ彼に返信した. ***wríte dówn*** (1) 書き下ろす, 書き留める: I *wrote down* his phone number. 彼の電話番号を書き留めた. (2) 〈人・著書などを〉紙上で攻撃する, (紙上で)けなす. (3) 〔…と〕評する (cf. *vt.* 5 b)〔*as*〕: By saying so you ~ yourself *down as* an ass [*as* incapable]. そんな事を言うとつまり君ははかだ[無能だ]ということになる. (4) 程度を下げて書く, (低級な読者にわかるように)易しく書く〔*to*〕. (5)〘会計〙〈資産〉の帳簿価額を下げる, 〈資産価額の一部分を〉費用 a/c または損益 a/c へ振り替える: ~ *down* an account. ***wríte for*** (1) …を手紙[郵便]で注文する. (2) …をほめて書く. (3) ⇨ *vi.* 2. ***wríte in*** (*vi.*) (要望・注文などを)〔官庁・会社などに〕手紙で送る〔*to, for*〕(cf. WRITE *away*): ~ *in to* BBC / I *wrote in* (*to* the travel agency) *for* a brochure. (その旅行社に)パンフレットを送るように手紙を出した. — (*vt.*) (1) 書き込む, (文書中に)書き入れる: We will ~ *in* the date. 日付はこちらで入れます. (2)《米》〈投票用紙に公式に載っていない人〉に(名を書き入れて)投票する (cf. write-in): ~ *in* a candidate's name. ***wríte óff*** (1) ＝WRITE *away*. (2)〘会計〙(減価償却によって)〈資産を〉償却する (cf. write-off 1), 費用に計上する; 損益勘定に賦課する: ~ *off* 80% for wear and tear 8 割を消耗費として計上する. (3)〘簿記〙〈負債などを〉帳消しにする, 棒引きにする, 削除する (cancel): ~ *off* a bad debt 不良債権を帳消しにする. (4)〔無価値な[なかった, 済んだ]もの〕と見なす; 忘れようとする〔*as*〕: Critics *wrote off* the novelist *as* a bore. 批評家たちはその小説家を退屈だとした / ~ *off* an attempt *as* a complete failure 試みが完全な失敗として忘れようとする. (5)《口語》〈車などを〉めちゃくちゃに壊す. (6)《口語》殺す (kill) (cf. written-off): ~ oneself *off*＝get oneself *written off* 殺される, 死ぬ. (7) すらすらと書く, 即座に書く, 筆が早い: She *wrote* the whole thing *off* in a couple of hours. 彼女は数時間でそれをすらすらと書きあげた. ***wríte óut*** (1) 清書[浄書]する; きちんと書く; 〈速記などを〉完全に書き改める: ~ *out* a fair copy 浄書[清書]する / ~ *out* a statement 声明書を清書する / He *wrote out* the address in full. 住所をきちんと書いた. (2) 〈小切手・処方箋などを〉書く: I *wrote* him *out* a check. 彼に小切手を切った (cf. *vt.* 1 a). (3) ＝WRITE *oneself out*. ***wríte onesèlf óut*** 〈作家などが〉頭の中のものを書き尽くす: He has *written himself out*. もう(種切れになって)書くことがない. ***wríte óut of*** 〈俳優の役を〉〔テレビ・ラジオの台本などから〕削る: His part had been *written out of* the script. 彼の役はその台本から削られた. ***wríte óver*** (1) 書き直す, 書き変える (rewrite): It was so bad he had to ~ it *over* again. あまりにもひどかったので書き直さなければならなかった. (2) (余白がないほど)いっぱいに書く. ***wríte úp*** (1) 〈出来事などを〉詳しく[十分に]書き立てる, 詳細に書く (write in detail): Can you ~ me *up* a report on it? それについて詳しく書いてもらえますか / ~ *up* one's notes on a lecture 講演の草稿を詳しく作る. (2)《米》(紙上で)批評を書く; 褒めたてる, 書き立てる: ~ *up* a new actor 新人俳優を褒めたてる. (3) 〈日記・帳簿などを〉最近までつける; きちんと整理する. (4)《米》〘会計〙〈資産など〉の評価引上げをする; 不当に高く評価する. (5) (壁上など)高い所に書く, 掲示する: A notice is *written up* on the wall. 壁に掲示が出ている. (6) …に呼出状を書く. ***wrít*** [***wrítten***] ***lárge*** (1) 特筆大書して; はっきり示されて, よく見えて (clearly observable) (cf. Milton, *On the New Forces or Conscience*). (2) 大規模で, 大々的で (on a large scale). (3) (誤った処置のため)〈弊害などが〉かえってひどくなって (aggravated). ***writ smáll*** 縮小して, 小規模で. ***wrít(ten) in*** [***on***] ***wáter*** ⇨ water 成句.
〖OE *wrītan*《原義》to scratch, score < Gmc **wrītan* (G *reissen* to tear / ON *rīta* to score, write): ← IE **(w)rei-* to scratch (Gk *rhīnē* (< **wrīnē*) file / Skt *vṛhati* he tears, plucks): cf. Jpn.「掻(か)く」「書く」〗

wríte-dòwn *n.*〘会計〙帳簿価格[評価額]の引下げ, 費用の計上; その処置[手続き].〖1932〗

wríte hèad *n.*〘電算〙(磁気記憶装置の)書込みヘッド.

wríte-ìn《米》*n.* 投票用紙に正式に載っていない候補者; その候補者への投票 (write-in vote). — *adj.* [限定的] (候補者名)書き入れ方式の: a ~ vote 書き入れ方式の投票.〖(1932) ← *write in* (⇨ write 成句)〗

wríte-off /ráɪṭɔ̀(ː)f, -ɑ̀(ː)f | -tɔ̀f/ *n.* **1 a**《口語》大破した自動車: The car was a complete ~. その車は完全なぽんこつだった. **b**〘空軍〙(航空機・エンジン・装備品などの)除籍; 《空軍俗》(飛行機などの)大破. **2 a** (税金などの)控除 (deduction), 帳消し, 取消し (cancellation): a ~ of debt 借金の棒引き. **b** 回収不能の勘定. **3**〘会計〙価格引下げ, 資産の除却, 費用の計上.〖(1905) ← *write off* (⇨ write 成句)〗

wríte-ónce *adj.*〘電算〙ライトワンスの〈記録媒体〉《CD-R のように, 記録はできるが消去・書き換えはできない; cf. WORM》: a ~ medium [disc].〖(1993): cf. WORM〗

wríte-protéct *vt.*〘電算〙〈ファイル・記録媒体を〉書込み禁止にする《内容を変更できないようにして保護する》.〖1981〗

wrít·er /ráɪṭə | -təʳ/ *n.* **1** 書く[書いた]人, 筆者, 執筆者; うまく書ける人: the ~ (of this [hereof])＝the present ~ 筆者,「記者」《著者が 'I' を避けるために用いる句》: Surely the ~ of an article should make sure it is accurate. 記事の筆者はもちろん内容が正確であることを確かめなければならない. **2** 著述家, 作家, 著者 (author); 記者 (journalist); 作曲家: modern American ~s 現代アメリカ作家 / a fiction ~ 小説家 / a ~ of mystery stories 推理小説家 / a financial ~ 経済記者. **3** 筆記者, 写字生 (penman); 《英》(ある官庁, 特に海軍の)書記 (clerk); 点字タイプライター (braillewriter). **4** (外国語の)作文教本[独習書]: a French ~ フランス語作文教本 / a letter ~ 書簡文範. **5**《スコット》法律家, 事務弁護士. **Wríter to the Sígnet**《古》〘スコット法〙＝solicitor 3 (略 WS).〖OE *writere*〗

wríter-in-résidence *n.* (*pl.* **writers-**) ライター イン レジデンス《一定期間大学などで教える作家》.〖1957〗

wríter·ly *adj.* **1** 作家に特徴的な, 作家独特の. **2** 書くことができる (cf. readerly): a ~ text 書くテキスト《読者は単なる受け身の消費者ではなく積極的に生産者となるテキスト; フランスの批評家 Roland Barthes の scriptible の訳》.〖1957〗

wríter's blòck *n.* 創作[著述]中断, '壁'《作家などが(心理的要因から)ものが書けなくなること》.〖1950〗

wríter's cràmp *n.*〘病理〙書痙(しょけい) (scrivener's palsy).〖1853〗

wríter·shìp *n.* 書記の職務[仕事] (clerkship).〖1763〗

wríter's pàlsy *n.*〘病理〙＝writer's cramp.〖1885〗

wríte-ùp *n.* **1** 記事, 報告 (report). **2**《口語》(新聞紙上などでの)褒めたて記事, ちょうちん持ち: give the town [school] a ~ その町[学校]を褒めたてる. **3**《米》〘会計〙(資産の)評価引上げ, (法人資産の)過大評価.〖(1885) ← *write up* (⇨ write 成句)〗

writhe /ráɪð/ *vi.* **1** 身もだえする, (苦しみのあまり)のたうち回る: ~ in [with] agony 苦痛のあまりのたうち回る / ~ *with* laughter 身もだえして笑う / The coconuts were *writhing* in the wind. ココヤシの実が風に吹かれて揺れていた. **2** もだえ苦しむ, 苦悩する: ~ *at* [*under*] an insult 侮辱を受けてもだえ苦しむ / ~ *with* shame 恥辱にもだえる / His features ~*d* in agony. 顔が苦悩にゆがんだ. **3** 曲がりくねった模様を示す. **4** 〈蛇などが〉のたくる, くねくねと動く〈*along, about, around*〉. — *vt.* 〈体などを〉くねり曲げる, ねじ曲げる; (苦痛で)のたうち回る, 身もだえする. — *n.* 身もだえ, のたうち回ること; 苦悶, 苦悩. **wríth·ing·ly** *adv.*〖OE *wrīþan* to twist, turn ← Gmc **wrīþ-* (Du.《古形》*wrijten* / OHG *rīdan* (cf. F *rider* to wrinkle)) ← IE **wer-* to bend (⇨ worth²): cf. wreath〗

wri·thled /ríðld/ *adj.*《古》〈人の肌など〉しわになった, しなびた.〖(1565): ⇨ writhe, -el³, -ed〗

writh·en /ríðən/《古》*adj.* **1** からみ合った (intertwined). **2** 曲がった, 曲がりくねった, ねじ曲がった (twisted).〖OE *wriþen* (p.p.): ⇨ writhe〗

writ·ing /ráɪṭɪŋ | -tɪŋ/ *n.* **1** 書き物, 書面, 書類, 書付け, 手紙; 証文, 文書 (written document): The contract should be *in* ~. 契約は必ず書面によること (cf. verbally 2) / submit evidence *in* ~ 書類で証拠を提出する / commit one's ideas to ~ 着想を書き留める / ⇨ *put in* WRITING. **2 a** 書くこと; 執筆, 著作, 著述: magazine ~ 雑誌に物を書くこと / be busy with one's ~ 書き物[執筆]で忙しい / She does a lot of ~ in her spare time. 彼女は暇なときによく物を書く / *Writing* maketh an exact man. 物を書くことは人を精確にする (cf. Bacon, *Essays*, 'Of Studies'). **b** 文体, 筆致; 作曲法: fine ~ 見事な書き方 / good [bad] ~ 上手[下手]な書き方 / shoddy ~ 雑な書き方 / in baroque ~ バロック式文体の[で]. **c** ＝typewriting. **d** 文筆[著述]業: He supports himself by (his) ~. 文筆で生活している. **3 a** [通例 *pl.*] 著作, 著書, 作品 (literary production): the ~s of Milton ミルトンの作品 / the *Writings* of Addison アディスン著作集 / the (sacred [holy]) ~s 聖書 (the Scriptures) / His ~s (on the subject) are interesting [numerous]. (その問題についての)彼の著作は面白い[沢山ある]. **b** 作曲, 楽曲. **4 a** 習字, 手習い, 書写 (penmanship). **b** 筆跡 (handwriting): I know his ~. 彼の筆跡は知っている / in a person's own ~ その人自身の筆跡で. **5** 銘刻, 碑文 (inscription): ~s on tombs 墓碑銘. **6** [the Writings]〘聖書〙＝Hagiographa. **7** [形容詞的に] **a** 書写用の: ~ materials 文房具《ペン・インク・紙など》/ a ~ machine 写字機, タイプライター. **b** 著作に携わる: ~ circles 文筆家たち.
at this (***présent***) ***wríting***＝***at the tíme of wríting*** 現時点において, 現在(のところ)《著述家の用いる常套句》.
pút in wríting 書く, 書面にする. ***the wríting on the wáll***「壁に書き記された文字」, 差し迫った災難の徴(しるし)〔*for*〕《writing の代わりに handwriting も用いる; cf. Belshazzar》: Let's hope the government can read *the ~ on the wall!* 政府が災いの前兆を見て取ることを願おう.〖?a1200〗

wríting bòok *n.* 習字帳, 草紙.〖1580〗

wríting bùreau *n.*《英》＝bureau 2.

wríting càse *n.* 筆箱, 筆入れ, 文房具箱.〖1813〗

wríting chàir *n.* **1** ＝corner chair. **2** ＝tablet-arm chair.〖1483〗

wríting dèsk *n.* **1** 書き物机《引出しや書類整理棚などを備えたもの》. **2** 携帯文具箱《ふたを開ければ写字台となる》.〖1611〗

wríting ìnk *n.* 書写用インキ (cf. printing ink).〖1548〗

wríting màster *n.* 習字教師.〖1582〗

W

wríting pàd *n.* (はぎとり式)書簡紙, 便箋. 〖1865〗

wríting pàper *n.* (印刷用紙に対して)筆記用紙, 書簡用紙. 〖1548〗

wríting sèt *n.* (装飾的な)文房具一式.

wríting tàble *n.* (通例引出し付きの)書き物テーブル, 写字用テーブル (cf. KNEEHOLE table). 〖1526〗

writ·ten /rítn̩/ *v.* write の過去分詞. — *adj.* **1** 〈言葉が〉(文字で)書かれた: the ~ word 書き言葉, 文章 / ~ language 書き言葉, 書記[文字]言語 (cf. SPOKEN language). **2** 書いた, 書物にした, 書面[文書]にした, 書面の, 成文の (↔ oral, verbal; cf. printed 1): a ~ agreement 契約書 / a ~ apology 詫状(わびじょう) / a ~ application 申込書, 依頼状 / a ~ code 成文律 / a ~ contract 成文契約 / ~ evidence 証拠書類 / a ~ examination 筆記試験 / a ~ guarantee 保証書 / a ~ judgment 判決書 / a ~ report [request] 報告[要求]書 / a ~ will 遺言書. **3** 碑文のある: a ~ stone. 〖OE (ġe)writen (p.p.); adj. (a1325)〗

wrítten láw *n.* **1** 成文法 (cf. unwritten law). **2** [W- L-]〘ユダヤ教〙律法 (Torah). 〖a1325〗

wrítten-óff *adj.* **1** 〘空軍〙〈航空機·エンジン·装備品など〉除籍された, めちゃめちゃに壊れた; 〘空軍俗〙戦死した (killed). **2** 完全に破滅して. 〖(1961) ← *write off* (⇨ write 成句)〗

WRNS /rénz, dʌ́bljuːàːənés | -àː(r)-/ 〘略〙 Women's Royal Naval Service 英国海軍婦人部隊 (cf. Wren).

wrnt 〘略〙 warrant.

wroath /róuθ | rə́uθ/ *n.* 〘Shak〙不幸, 災難. 〖(1596–97) 〘変形〙 ← RUTH〗

Wroc·ław /vrɔ́ːtslɑːf, vrɑ́ːts- | vrɔ́tslɑːv, -læv; *Pol.* vrɔ́tswaf/ *n.* ヴロツワフ《ポーランド南西部 Oder 河畔の商工業都市, 旧ドイツ領; ドイツ語名 Breslau》.

wrong /rɔ́(ː)ŋ, rɑ́(ː)ŋ | rɔ́ŋ/ *adj.* (↔ right) **1** [叙述的] 具合が悪くて, 故障して, 狂って (amiss) 〔*with*〕: Something is [There is something] ~ *with* him [the machine]. 彼はどうかしている[機械はどこか故障している] / Has she anything ~ *with* her heart? 彼女は心臓が悪いのか / What's ~ *with* you? 君は具合が悪いのか; 君はどうかしている.
2 間違った, 誤った (mistaken); 正しくない (incorrect): a ~ answer 間違った答え / a ~ belief 間違った信念 / a ~ date 誤った日付 / play a ~ note 音を間違える / a ~ statement [estimate, guess] 誤った陳述[評価, 臆測] / a ~ opinion [judgment, decision] 誤った意見[判断, 断定] / ⇨ wrong number / take the ~ train 間違った列車に乗る / come on the ~ day 日を間違えてやってくる / go the ~ way 道[方法]を間違える / the ~ way to do it それの正しくないやり方 / There is a right and a ~ way of doing [to do] things. すべて物事には正しいやり方と間違ったやり方がある / I can prove you ~. 君が誤っていることは証明できる / I think you are ~. 君は間違っていると思う / My watch is five minutes ~. 時計が5分違っている / You have got all your sums ~. 君の計算はすっかり違っている / I was ~ *about* his age. 彼の年を思い違いしていた / He was ~ *in* his conjecture [thinking so]. 彼の推測は[彼がそう考えたのは]間違っていた.
3 〈行為など〉(道義上または法的に)悪い, 不正な (unjust); 〈人が〉邪悪な (wicked): a ~ act 不都合な行為 / It is ~ to tell a lie. うそを言うのは悪い / It was ~ *for* him *to* desert her.=*For* him *to* desert her was ~. 彼女を見捨てたのは間違っていた / It was very ~ *of* him to mislead you like that. 彼が君をあのように迷わしたのは非常に悪い / What's ~ with (taking) a little time off now and then? 時々休憩をして何が悪い / Is there anything ~ *with* [*in*] that? 何か問題がありますか.
4 不適切な, 不適当な (inappropriate): drive on the ~ side of the road 反対車線を走る / His clothes were ~ *for* the occasion. 彼の服装はああいうときのものではなかった / He always says and does the ~ thing. 彼はいつもへまな事を言ったりしたりする / This is just the ~ book to give to children. これは子供に与える本ではない / You have come to the ~ shop for that. それはお門違いだ / You have come at the ~ time. 君は悪い[困った, まずい]時に来た / He married the ~ type of woman. 彼は間違ったタイプの女性と結婚した / You're in the ~ job.=Your job is ~ for you. この仕事は君に向いていない.
5 あべこべの, 逆の, 裏の: the ~ end 逆の端 (cf. *get hold of the wrong* END *of the stick*) / the ~ side of the cloth 生地の裏 / (the) ~ side out 内側を外にして, 裏返しに / He has a bad habit of telling his stories ~ end foremost. 彼は話をあべこべの順序でするという悪い癖がある.
6 〘口語〙頭がおかしい: He is ~ in the [his] head. 頭がおかしい.
be in the wróng pláce at the wróng tíme 〘口語〙巻き添えになる, とばっちりを受ける. ***gét on the wróng side of***=〘米〙 ***gét in wróng with*** 〈人〉の不興を買う. ***gò dówn the wróng wáy*** 〈食べた物が〉気管に入る. ***on the wróng side of*** ⇨ side 成句. ***táke the wróng túrning [páth]*** 道を誤る; 身を誤る, 堕落する (go wrong). ***(the) wróng wáy aróund [róund]*** 前後あべこべに; 逆さまに. ***What's wróng with it?*** 〘口語〙それがどうしたのか《それでよいではないか》; それをしてもよいではないか (cf. Why not?; ⇨ why *adv.* 1).
— *adv.* (↔ right) **1** 誤って, 間違って, へまをやって (cf. wrongly ★): aim ~ ねらいを誤る / answer ~ 答えを誤る / do a sum (all) ~ 計算を(まるっきり)誤る / hear a name ~ 名前を聞き違える / take ~ (計算を)間違える; 誤解する, 思い違いをする / sort things ~ 物の選別を誤る / guess ~ 推理を誤る / judge ~ 判断を誤る. **2** [比較変化なし] 悪く: right or ~ よかれあしかれ, 善悪いずれにせよ. **3** 方向を誤って, 逆に, あべこべに (in the wrong direction): lead a person ~ 人の方向を誤らせる, 人を迷わせる; 人に間違ったことを教える.
gèt wróng 〘口語〙〈人·物を〉誤解[思い違い]をする: Don't *get* me ~. / You've got it (all) ~! 誤解だ. ***gò wróng*** (1) 〈機械が〉狂う, 故障する (get out of order): Something's *gone* ~ with the machine. 機械がどこか故障した. (2) 〈物事が〉うまくいかない. (3) 間違いをする: You can't *go* ~ *with* this camera. このカメラならきっとうまくいく. (4) 〈食物が〉悪くなる, 腐る. (5) 道を誤る[に迷う]. (6) 身を誤る[持ちくずす], 堕落する (go astray).
— *n.* (↔ right) **1** 不当な行為, 悪事, 非行 (wrong action); 不当な待遇[仕打ち] (⇨ injustice SYN): complain of one's ~*s* 自己が受けた不当な処置を訴える / suffer ~ (他から)害を被る, 虐待を受ける; 不法の処置を受ける / do ~ 罪を行う[犯す] (sin, offend), 法に逆らう (transgress) / do a person ~=do ~ to a person 人に対して悪事[不法]を行う; 人を不当に遇する, 人を誤解する / The king can do no ~. 国王に不法はない《立憲政体では内閣が責任を負うから》/ Two ~*s* don't make a right. 〘諺〙悪事が重なっても善事とはならない《他人も悪事をしているからといって自分の悪事が帳消しされるわけではない》/ You do me ~. それは君の誤解だ / He has done me (a) great ~. 私をひどい目に遭わせた. **2** (道徳的に)悪いこと, 悪, 邪悪, 罪, 不徳義: know the difference between right and ~ 善悪の区別を知る / know right from ~ 正邪をわきまえる. **3** 間違っていること, 間違い, 誤り (mistake, error): ⇨ *in the* WRONG. **4** 〘法律〙違法行為, 権利侵害: a doer of ~ 違法行為を働く人 (wrongdoer) (cf. tort-feasor) / ⇨ civil wrong, private wrong, public wrong.
gét a person in wróng 〘米口語〙〈人〉に(…の)不興を被らす, 受けを悪くさせる (bring into disfavor) 〔*with*〕. ***gét in wróng with ...*** 〘米口語〙〈人〉の不興を買う, …を怒らせる, …に嫌われる. ***in the wróng*** 誤って, 間違って; 非があって, 悪い: You are both *in the* ~. 二人とも悪い / put a person *in the* ~ 人に非があるのを証明する, 過ちを人のせいにする / put oneself *in the* ~ 自分に非があると認める.
— *vt.* **1** …に悪い事をする, 不当な扱いをする (treat unjustly), 不正を行う, 不徳義を行う; 虐待する, …の権利を侵害する (do wrong to) (cf. right 3 a): ~ one's wife deeply 妻を虐待する, (夫が姦通(かんつう)などして)妻をひどく侮辱する / a ~*ed* orphan 虐待を受けた孤児. **2** …にぬれぎぬを着せる, …の名誉を傷つける (disgrace, dishonor); 誤解する, 誣(し)いる, 不当に悪く解釈する: I ~*ed* him in [by] believing him dishonest. 彼を不正直者だと思ったのは誤解で私が悪かった / He ~*ed* her by two years. 彼は彼女を実際より二つ年上に見た. **3** 〘婉曲〙〈女を〉誘惑する, だます (seduce). **4** 〈人〉から〔…を〕だまし取る (defraud) 〔*of*〕: ~ a person of money 人から金をだまし取る.
~·ness *n.* 〖(a1325) wrang □ ON *vrangr, rangr* crooked (Dan. *vrang*) ← Gmc *wraŋgaz ← IE *wer- to bend (⇨ worth[2]): cf. wring, wrath, worry, wrist〗

wróng·dòer *n.* 悪事をする人, 背徳者; 加害者; 違反者, 犯罪者, 罪人 (offender). 〖(c1385): cf. malefactor〗

wróng·dòing *n.* 悪事をすること; 悪行, 非行 (evildoing), 背徳行為; 罪, 犯罪 (transgression, offense). 〖1480〗

wróng·er *n.* 不正を行う人. 〖c1449〗

wróng fónt [fóunt] *n.* 〘活字〙フォント違い《同一サイズ·同一書体の活字群(フォント)の中に混在している別サイズまたは別の書体の活字; 略 w.f., wf》. 〖1771〗

wróng·fóot *vt.* **1** 〘テニス〙〈相手〉にバランスを崩させるように打ち込む. **2** 〈人〉に不意打ちを食わせる. 〖1928〗

wrong·ful /rɔ́(ː)ŋfəl, rɑ́(ː)ŋ-, -fl | rɔ́ŋ-/ *adj.* **1** 悪い, 邪悪な (wicked, unjust): a ~ act. **2** 不法な, 不当な (unfair, unlawful); 理不尽な (unwarranted): ~ dealing 不当処置 / ~ detention 不法拘禁 / ~ dismissal 不当解雇 / ~ taking of property 財産横領. **~·ly** *adv.* **~·ness** *n.* 〖(c1311): ⇨ wrong (n.), -ful[1]〗

wróng·héaded *adj.* 誤った考えを改めようとしない; 片意地な, 頑迷(がんめい)な (obstinate): He has the most ~ opinions. この上もなく片意地な意見を持っている. **~·ly** *adv.* **~·ness** *n.* 〖1732〗

wróng·ly *adv.* **1** 間違って, 不正確に; 不適切に: They interpreted the law ~. 法律の解釈を間違えていた / The letter was ~ addressed. 手紙の宛名が間違っていた / She behaved quite ~. ふるまいが全くおかしかった. **2** 不当に, 不法に: He was very ~ treated. 非常に不当な扱いを受けた. **3** 誤って, 当を得ないことに: rightly or ~ ⇨ rightly 3 / I ~ believed that he was coming. 彼が来るものと思ったのは間違いだった. ★ 副詞として wrongly と wrong は特に「間違って」の意味ではどちらも使えるが, 動詞の後では wrong のほうが一層普通であるのに対し, 動詞·過去分詞の前では通例 wrongly が用いられる: You guessed *wrong(ly)*. / a *wrongly* conceived. 〖(c1303): ⇨ wrong, -ly[1]〗

wróng númber *n.* **1** (電話で)間違った番号; 間違い電話をかけられた人: You have (got) a [the] ~. 番号が違います. **2** 〘米俗〙 **a** 思い違い, 誤解. **b** 信用できない人.

wrong·o /rɔ́(ː)ŋou, rɑ́(ː)ŋ- | rɔ́ŋəu/ *n.* 〘俗〙悪党, 悪者 (wrongdoer). 〖(1937) ← WRONG+-O〗

wrong·ous /rɔ́(ː)ŋəs, rɑ́(ː)ŋ- | rɔ́ŋ-/ *adj.* **1** 〘古〙悪い, 邪悪な (wrongful). **2** 〘スコット法〙不正な, 非合法の (unjust, illegal). **3** 〘古〙不適当な, 似合わない. **~·ly** *adv.* 〖(?c1175) ← WRONG (adj.)+-OUS ∞ ME *wrangwis* (⇨ -wise): cf. righteous〗

wróng síde *n.* 〘製紙〙 **1** ロングサイド《手すき紙の裏面》. **2** =wire side b. 〖1511–12〗

wrong'un /rɔ́(ː)ŋən, rɑ́(ː)ŋ- | rɔ́ŋ-/ *n.* 〘口語〙 **1** 〘クリケット〙グーグリー (googly), 曲球. **2** 悪党, ごろつき. 〖c1890〗

Wron·ski·an /(v)rɑ́(ː)nskiən, (v)rɔ́(ː)n- | (v)rɔ́n-/ *n.* 〘数学〙ロンスキー行列式, ロンスキアン《*n* 個の関数とその (*n*−1) 次までの導関数とで作られる *n* 次の行列式; Wronskian determinant ともいう》. 〖← *Józef [Hoene] Wroński* (1778–1853: ポーランドの数学者): ⇨ -an[1]〗

wrot /rɑ́(ː)t | rɔ́t/ *n.* (少なくとも一面は)かんなをかけて滑らかにした木材, 加工材. 〖(1932) 〘変形〙 ← WROUGHT〗

wrote /róut | rə́ut/ *v.* write の過去形. 〖OE *wrāt*〗

wroth /rɔ́(ː)θ, rɑ́(ː)θ | rə́uθ, rɔ́θ/ *adj.* **1** [叙述的] 〘文語·古〙激怒して, 怒って (angry). **2** 〈風·海など〉荒れ狂う (turbulent): the ~ sea. 〖OE *wrāþ* perverted in temper ← Gmc *wraiþ, *wrīþ- 'to WRITHE' (Du. *wreed* cruel / Dan. & Swed. *vred* angry): cf. wrath〗

wrought /rɔ́ːt, rɑ́ːt | rɔ́ːt/ *v.* wreak の過去形·過去分詞; 〘古〙 work の過去形·過去分詞. — *adj.* **1** [副詞を伴って] 作り[細工]が…の: a well-*wrought* statue よくできた彫像 / a highly [an elaborately] ~ article 精巧な細工品 / a small, exquisitely-*wrought* teakwood chest 小さな精巧な細工のチーク材の箱. **2** 加工した, 製造した: ~ goods (仕上げ加工をした)加工製品. **3** 細工した, 手の込んだ (worked, elaborated); 飾った, 刺繍した: a highly ~ decoration きわめて精巧に作られた装飾品. **4** 〈金物が〉打って作った (beaten): ~ silver (打って作った)銀細工品. **5** すっかり興奮した, 気の立った 〈*up*〉. 〖(c1250) ME *wroght* < OE *wroht(e)* 〘音位転換〙 ← *worhte* (pret.) & (*ġe*)*worht* (p.p.) ← *wyrċan* 'to WORK'〗

wróught íron *n.* 〘冶金〙錬鉄. 〖1678〗

wróught íron càsting *n.* 可鍛鉄鋳造[鋳物] (mitis casting).

wróught-úp *adj.* 〈神経·人が〉興奮した, いらいらした, 気の立った (nervous): one's ~ nerves 高ぶった神経 / be in a highly ~ state 非常に興奮している / She was too ~ to eat. ひどく気が高ぶっていて食事もできなかった. 〖(1810) ← *work up* (⇨ work (v.) 成句)〗

WRP 〘略〙 Workers' Revolutionary Party.

wrung /rʌ́ŋ/ *v.* wring の過去形·過去分詞. — *adj.* **1** 絞った, ねじった. **2** 苦しみ[悲しみ]に打ちひしがれた. 〖OE *wrungon* (pret. pl.) & (*ġe*)*wrungen* (p.p.)〗

WRVS 〘略〙 Women's Royal Voluntary Service (英国の)婦人義勇隊.

wry /rái/ *adj.* (**wri·er**, **~·er**; **wri·est**, **~·est**) **1** 〈目鼻立ち·首などが〉ゆがんだ, ねじれた, 横に曲がった: a ~ mouth [nose] ゆがんだ口つき[鼻]. **2** 〈顔つきなど〉(一時的に)しかめた: make [draw, pull] a ~ face [mouth] 顔をしかめる, 渋面を作る / a ~ smile 苦笑い. **3** 〈言葉·考えなどが〉ふさわしくない, 誤った; 見当違いの; もじった, こじつけの: a ~ word こじつけた言葉. **4** 〈ユーモアなどが〉ひとひねりした, 皮肉な: ~ humor [wit] 皮肉っぽいユーモア[ウィット]. **5** 〈性格が〉つむじ曲がりの, ひねくれた. — *vi.* **1** ゆがむ, ねじれる. **2** 〘まれ〙正しい道から逸脱する. — *vt.* **1** ひねる, ねじる, よじ曲げる. **2** 〈顔〉をしかめて苦痛[不快]を示す 〈*up*〉. **~·ly** *adv.* **~·ness** *n.* 〖adj.: (1523) ← (v.). — v.: OE *wrīgian* to strive, go forward, tend ← Gmc *wrig- ← IE *wer- to bend (⇨ worth[2]): cf. wriggle〗

wrý·bìll *n.* 〘鳥類〙ハシマガリチドリ (*Anarhynchus frontalis*) 《ニュージーランド産のくちばしが右に曲がっているチドリの一種》. 〖1896〗

wrý-bìlled *adj.* くちばしのゆがんだ: a ~ plover=wrybill. 〖1873〗

wrý-fàced *adj.* 顔のゆがんだ; しかめっつらの. 〖1607〗

wrý·mòuth *n.* 〘魚類〙 =ghostfish 2. 〖1652〗

wrý·nèck *n.* **1** 〘鳥類〙アリスイ (*Jynx torquilla*) 《キツツキの一種》. **2** 〘医学〙斜頸(しゃけい) (torticollis). **3** 〘口語〙首が曲がった人. 〖1585〗

wrý-nècked *adj.* 首の曲がった, 斜頸の. 〖1596–97〗

wrý·tàil *n.* 〘生物〙ねじれ尾《家畜に生じる遺伝的な変異で, 尾の根元がねじれ右または左に曲がったもの》. 〖1880〗

WS 〘略〙 water-soluble; West Saxon; Writer to the Signet.

WS 〘記号〙〘自動車国籍表示〙 Western Samoa.

WSPU 〘略〙 Women's Social and Political Union.

WS$ 〘記号〙〘貨幣〙 Western Samoa tala(s).

Ŵ stár *n.* =Wolf-Rayet star.

WSW 〘略〙 west-southwest.

wt 〘略〙 warrant; weight; without.

WT 〘略〙 watertight; wireless technology; wireless telegraphy; wireless telephony; withholding tax.

WTO 〘略〙 World Trade Organization.

Wu /wúː; *Chin.* ú/ *n.* 呉語[方言]《長江下流地域の中国語方言》. 〖□ Chin. ~ (呉)〗

Wu·chang /wùːtʃáːŋ; *Chin.* ǔtʂʰāŋ/ *n.* 武昌(ウーチャン) (⇨ Wuhan).

wud /wúːd/ *adj.* 〘スコット〙気の狂った (insane). 〖〘スコット〙 ~ 'WOOD[2]'〗

wuff /wʌ́f/ *n.* わふ《犬の低い押さえつけたようなほえ声》. — *vi.* 〈犬が〉わふと低くほえる. 〖(1824): 擬音語〗

Wu·han /wùːháːn | -hǽn; *Chin.* ǔxàn/ *n.* 武漢(ウーハン) 《中国東部湖北省 (Hubei) の省都; 武昌 (Wuchang)·漢口 (Hankou)·漢陽 (Hanyang) 三市が合併してできた; Han Cities ともいう》.

Wu·hsi /wùːʃíː/ *n.* =Wuxi.

Wu·hu /wùːhúː; *Chin.* úxú/ *n.* 蕪湖(ウーフー) 《中国東部安徽省 (Anhui) の都市》.

Wu Jiang /wùːdʒáːŋ, -dʒiáːŋ | wùːdʒǽŋ, -dʒiǽŋ; *Chin.* ūtɕiāŋ/ *n.* [the ~] 烏江(ウーチャン) 《中国南西部貴州省

W

(Guizhou) 西部に発し, 四川省 (Sichuan) で長江へ注ぐ川 (805 km)).

wul·fen·ite /wʊ́lfənàɪt/ *n.* 〘鉱物〙黄鉛鉱, 水鉛鉛鉱, モリブデン鉛鉱 ($PbMoO_4$). 〘(1849) ← F.X. *von Wulfen* (1728–1805: オーストリアの鉱物学者): ⇨ -ite¹〙

Wul·fi·la /wʊ́lfɪ̈lə/ *n.* =Ulfilas.

Wulf·stan /wʊ́lfstæn, -stɑːn | -stən/, (*also* **Wul·stan** /wʊ́l-/) Saint *n.* ウルフスタン ((1012?–95; 英国の高位聖職者, Worcester の司教 (1062–95); William 二世の顧問)).

Wu·lu·mu·ch'i /wuːlúːmuːtʃíː/ *n.* =Urumchi.

wun·der·bar /vʊ́ndəbɑ̀ə | -dəbɑ̀ː(r; *G.* vʊ́ndɐbaːɐ/ *G. adj.* =wonderful.

Wun·der·kind, w- /vʊ́ndəkɪ̀nt | -də-; *G.* vʊ́ndɐkɪnt/ *G. n.* (*pl.* **-der·kin·der** /-kɪ̀ndə | -də(r; *G.* -kɪndɐ/, ~s) **1** 神童. **2** (事業などの)若年の成功者. 〘(1891) □ G ~ 'wonder child'〙

Wundt /vʊ́nt; *G.* vʊ́nt/, **Wilhelm** (**Max**) *n.* ヴント ((1832–1920; ドイツの生理学者・心理学者・哲学者; 実験心理学・民族心理学の創始者; *Grundzüge der physiologischen Psychologie*「生理学的心理学綱要」(1874, 1880), *Völkerpsychologie*「民族心理学」(1904)).

wun·ner·ful /wʌ́nəfəl, -fl | -nə-/ *adj.* (非標準) = wonderful ((米国発音ないし方言を表すつづり)).

wun·tun /wʌ́ntʌ̀n, wɑ́(ː)ntɑ̀(ː)n | wʌ̀ntʌ́n, wɔ̀ntɔ́n/ *n.* 〘料理〙=wonton.

Wu·pát·ki Nátional Mónument /wuːpǽtki-/ *n.* ウパトキ国定記念物 ((米国 Arizona 州北部 Flagstaff の北北東に位置し, 先史時代のインディアンの住居跡がある)).

Wup·per·tal /vʊ́pətɑ̀ːl | -pə-; *G.* vʊ́pɐtaːl/ *n.* ヴッパータール ((ドイツ North Rhine-Westphalia 州の工業都市)).

wur·ley /wə́ːli | wə́ː-/ *n.* (*pl.* ~s, **wur·lies**) (豪) **1** (オーストラリア先住民の木の枝と葉で造った)小屋. **2** 巣, (特に)ねずみの巣. 〘(1847) ← Austral. (現地語)〙

Wur·lit·zer /wə́ːlətsə | wə́ːlɪ̈tsə(r/ *n.* 〘商標〙ワーリッツァー ((米国の楽器メーカー The Wurlitzer Co. 製の自動ピアノ・電子オルガン・ジュークボックスなど)). 〘1925〙

Würm /vʊ́əm, wʊ́əm, wə́ːm | vʊ́əm, wə́ːm; *G.* vʏ́ʁm/ *n.* 〘地質〙ウルム氷期, ビュルム氷期 ((ユーラシア大陸の更新世の第四(最終)氷河期; Würm glacial stage ともいう)). 〘(1910) □ G ~ (ドイツ南部の湖・川の名)〙

wurst /wə́ːst, wʊ́əst | wə́ːst, wʊ́əst; *G.* vʊ́ʁst/ *n.* = sausage. ★ しばしば複合語に用いる: brat*wurst*, knack*wurst*. 〘(1855) □ G ~ < OHG (原義) mingle-mangle〙

Würt·tem·berg /wə́ːtəmbə̀ːg, və́ːtəmbɛ̀ək | və́ːtəmbɛ̀əg, wə́ːtəmbə̀ːg; *G.* vʏ́ʁtəmbɛʁk/ *n.* ヴュルテンベルク ((ドイツ南部の地方; 旧王国; 現在は Baden-Württemberg 州の一部)).

Würt·tem·berg-Ba·den /⌐———⌐—/ *n.* = Baden-Württemberg.

wurtz·i·lite /wə́ːtsəlàɪt | wə́ːtsɪ̈-/ *n.* ウルツ石 ((組成が Gilsonite に似たアスファルトの一種)). 〘(1889) ← *Henry Wurtz* (1828–1910: 米国の鉱物学者): ⇨ -lite〙

wurtz·ite /wə́ːtsaɪt | wə́ː-/ *n.* 〘鉱物〙ウルツ鉱, 繊維亜鉛鉱 (ZnS) ((褐黒色繊維状の鉱物で, 塊状をなしていることが多い)). 〘(1868) □ F ~ ← *C. A. Wurtz* (1817–84: フランスの化学者): ⇨ -ite¹〙

Würz·burg /wə́ːtsbəːg, və́ːtsbʊək | və́ːtsbəːg, wə́ːts-; *G.* vʏ́ʁtsbʊʁk/ *n.* ヴュルツブルク ((ドイツ南部 Bavaria 州の大学都市)).

wur·zel /wə́ːzəl, -zl | wə́ː-/ *n.* =mangel-wurzel.

wus /wʌ́s/ *n.* (南ウェールズ方言) ねえ, おい ((気軽な呼びかけ)). 〘□ Welsh *was* (変形) ← *gwas* boy, lad〙

wu shu /wùːʃúː; *Chin.* ǔʂù/ *n.* (中国の)武術, 武道. 〘(1973) □ Chin. ~ (武術)〙

Wu·sih /wùːʃíː, -síː/ *n.* =Wuxi.

wuss /wʊ́s/ *n.* (米俗) 弱虫, いくじなし, だめなやつ. 〘(*c*1975) ← ?〙

wuss·y /wʊ́si/ *n.* (米俗) =wuss. — *adj.* 弱虫の, だめな.

wuth·er /wʌ́ðə | -ðə(r/ *vi.* (英方言) 〈風が激しく吹きすさぶ. **~·ing** *adj.* 〘(1847) (異形) ← *whither, quhidder* < ME *quhedir, -thir* ← ? ON (cf. ON *hviða* squall of wind)〙

Wúth·er·ing Héights /wʌ́ðərɪŋ-/ *n.*「嵐が丘」((Emily Brontë 作の小説 (1847))).

wu-ts'ai /wùːtsáɪ; *Chin.* útsʰǎɪ/ *n.* 〘窯業〙五彩, 硬彩 ((中国明代に完成した透明上絵付け)). 〘(1904) □ Chin. wucai (五彩)〙

wu wei /wùːwéɪ; *Chin.* úuéɪ/ *n.* (道教で)無為 ((自己の行為を自然に従わせること)). 〘(1859) ← Chin. ~ (無為)〙

Wu·xi /wùːʃíː; *Chin.* úɕí/ *n.* 無錫(ウーシー) ((中国江蘇省 (Jiangsu) 南部の都市; 大運河に臨む)).

wuz /(弱) wəz; (強) wʌ́z/ *v.* (非標準) =was ((方言または口語の発音を表す)).

wuzz·y /wʌ́zi/ *adj.* (口語) =woozy.

WV (略) 〘米郵便〙West Virginia (州).

WV (記号) 〘自動車国籍表示〙(Windward Islands) St. Vincent.

WVa (略) West Virginia.

WVS (略) Women's Voluntary Service (英国の)婦人義勇隊 ((今は WRVS)).

WW (略) (米) World War; 〘証券〙with warrants.

W/W (略) 〘保険〙warehouse to warehouse 倉庫から倉庫までの危険担保.

WWDSHEX (略) 〘海運〙Weather Working Days Sundays & Holidays Excluded 日曜・祭日を除く晴天荷役日.

WWF (略) World Wide Fund for Nature.

WWI (略) World War I.

WWII (略) World War II.

WWW (略) 〘インターネット〙World Wide Web; World Weather Watch 世界気象監視.

WX (略) women's extra (size).

WY (略) 〘米郵便〙Wyoming (州).

Wy. (略) Wyoming.

Wy·an·dot /wáɪəndɑ̀(ː)t, wáɪn- | wáɪəndɔ̀t/ *n.* (*pl.* ~, ~s) **1 a** [the ~(s)] ワイアンドット族 ((以前は Huron 族と呼ばれた Iroquois 語族に属する北米インディアン; もと Ohio 州にいたが, Oklahoma 州に移された)). **b** ワイアンドット族の人. **2** ワイアンドット語 ((イロクォイ語 (Iroquoian languages) の一つ)). 〘(1749) □ N-Am.-Ind. (Iroquoian) *Wendat* (原義)? calf of the leg: その種族の特殊な肉の切り方から〙

Wy·an·dotte, w- /wáɪəndɑ̀(ː)t | -dɔ̀t/ *n.* ワイアンドット ((米国産の卵肉鶏のニワトリ一品種)). 〘(1884): ↑〙

Wy·att /wáɪət/ *n.* ワイアット (男性名). 〘□ ONF *Wyat(t), Guyatt* (dim.) ← GUY〙

Wy·att /wáɪət/, **James** *n.* ワイアット ((1746–1813; 英国の建築家)).

Wy·att (*also* **Wy·at** /~/), Sir **Thomas** *n.* ワイアット ((1503?–42; 英国の詩人・外交官; Henry Howard と共にイタリアのソネット形式を英国に輸入した)).

wych- /wɪ́tʃ/ 樹木の名に用いる複合語形成要素. 〘OE *wić(e)* (原義) pliant, drooping ← Gmc **wik*- ← IE **weik*- to bend (L *vicis* change): cf. wicker, weak〙

wých èlm /wɪ́tʃ-/ *n.* **1** 〘植物〙セイヨウハルニレ (*Ulmus glabra*) (ヨーロッパ産). **2** セイヨウハルニレの材. 〘1626〙

Wych·er·ley /wɪ́tʃəli | -tʃə-/, **William** *n.* ウィッチャリー ((1640?–1716; 英国の劇作家; *The Country Wife* (1675), *The Plain Dealer* (1677))).

wých hàzel *n.* 〘植物〙**1** =wych elm 1. **2** = witch hazel 1. 〘1541–42〙

Wých·wood Fórest /wɪ́tʃwʊd-/ *n.* ウィッチウッド ((イングランド中南部の Oxfordshire 州の森林地帯; 今は一部しか残っていない; cf. forest marble)). 〘*Wychwood*: OE *Hwiċċa wudu* (原義) 'forest of the *Hwiċċe* (部族名)'〙

Wyc·liffe /wɪ́klɪf | -lɪf/, **John** *n.* (*also* **Wyc·lif** /~/) ウィクリフ ((1320?–84; 英国の宗教改革家・聖書の英訳者)).

Wýc·liff·ìsm, Wýc·lif·ìsm /-fɪzm/ *n.*

Wyc·liff·ite /wɪ́klɪ̈fàɪt | -lɪ̈-/ (*also* **Wyc·lif·ite** /~/) *adj.* Wycliffe (派)の. — *n.* Wycliffe 派(の人) (Lollard). 〘(1580): ⇨ ↑, -ite¹〙

Wýcliffite Bíble *n.* [the ~] ウィクリフ派訳聖書 ((初期訳と後期改訂訳とがあり, 前者は 1385 年ごろ, 後者は 1395 年ごろ, それぞれ Wycliffe の門下によってラテン語訳聖書から翻訳・編集された; Wycliffite Version (of the Holy Bible) ともいう)).

wye /wáɪ/ *n.* **1** Y 字, Y 字形の物. **2** 〘電気〙Y 字状回路. 〘(1857): Y の文字名から〙

Wye /wáɪ/ *n.* [the ~] ワイ(川) ((ウェールズ南東部に発しイングランド南西部を流れて Severn 川に注ぐ川 (210 km))). 〘OE *Wæġe* (原義) ? the running water ← OE *wegan* 'to carry, WEIGH': cf. Welsh *Gwy* '(原義) ? water'〙

wýe-délta connèction *n.* 〘電気〙星形三角結線 ((三相変圧器の結線法で 1 次側が, 星形 [Y], 2 次側が三角[デルタ]結線のもの; Y-⊿ connection とも書く)).

wýe lèvel *n.* 〘測量〙=Y level.

Wy·eth /wáɪɪ̈θ/, **Andrew** (**Newell**) *n.* ワイエス ((1917–2009; 米国の画家; 細密描写による叙情的風景画で有名)).

Wyeth, N(**ewell**) **C**(**onvers**) *n.* ワイエス ((1882–1945; 米国の画家・挿し絵画家; Andrew Wyeth の父)).

wýe-wýe connèction *n.* 〘電気〙星形星形結線 ((三相変圧器の結線法で 1 次側, 2 次側のそれぞれが星形 [Y] 結線のもの; Y-Y connection とも書く)).

Wyke·ham /wɪ́kəm/, **William of** *n.* ウィカム ((1324–1404; 英国の宗教家・政治家; 大法官 (1367–71, 1389–91); Winchester の司教 (1367–1404); Oxford の New College および Winchester College の創立者)).

Wyke·ham·ist /wɪ́kəmɪ̈st | -mɪst/ *adj.* (英国の)ウィンチェスター校 (Winchester College) の. — *n.* ウィンチェスター校在学生[出身者]. 〘(1758) ← *William of Wykeham* (↑): ⇨ -ist〙

Wyld /wáɪld/, **Henry Cecil** (**Kennedy**) *n.* ワイルド ((1870–1945; 英国の言語学者・辞書編集者; *A History of Modern Colloquial English* (1920), *The Universal English Dictionary* (1932))).

Wy·ler /wáɪlə | -lə(r/, **William** *n.* ワイラー ((1902–81; ドイツ生まれの米国の映画監督)).

Wy·lie /wáɪli/, **Elinor** (**Morton**) *n.* ワイリー ((1885–1928; 米国の詩人・小説家; W. R. Benét の妻)).

Wylie, Philip (**Gordon**) *n.* ワイリー ((1902–71; 米国の小説家・批評家)).

wy·lie·coat /wáɪlikòʊt | -kəʊt/ *n.* (スコット) **1** 毛やフランネルの下着. **2** =petticoat. **3** 婦人[子供]用ナイトガウン. 〘(1478) (スコット) *wyle cot* ← *wyle* (← ?)+*cot* 'COAT'〙

wyn /wɪ́n/ *n.* =wen².

wynd /wáɪnd/ *n.* (スコット) 小路(こみち), 路地. 〘(*c*1425) ← WIND²〙

Wynd·ham /wɪ́ndəm/, **John** *n.* ウィンダム ((1903–69; 英国の SF 作家)).

Wy·nette /wɪnét/, **Tammy** *n.* ウィネット ((1942–98; 米国の女性カントリー歌手; 本名 Virginia Wynette Pugh; 'Stand By Your Man' (1968))).

wynn /wɪ́n/ *n.* =wen².

Wyo. (略) Wyoming.

Wy·o·ming /waɪóʊmɪŋ | waɪə́ʊ-/ *n.* ワイオミング: **1** 米国北西部の州 (⇨ United States of America 表). **2** 米国 Michigan 州南西部, Grand Rapids 近郊にある都市. 〘□ G *Wayomick* □ N-Am.-Ind. (Algonquian) *chewewamink* (原義) large river bottom: Wyoming Valley にちなむ〙

Wy·o·ming·ite /waɪóʊmɪŋàɪt | waɪə́ʊ-/ *n.* Wyoming 州人. 〘⇨ ↑, -ite¹〙

Wyóming Válley *n.* [the ~] ワイオミングバリー ((米国 Pennsylvania 州北東部の Susquehanna 川の谷; 長さ 32 km, インディアンと英国軍による植民者虐殺の地 (1778))).

WYSIWYG /wɪ́ziwɪ̀g/ *adj., n.* (*also* **wys·i·wyg** /~/) 〘電算〙ウィジウィグ(の), 見たまま印字(の) ((ディスプレーに表示される画面を印刷して得られる出力と同じ表現にしようとする概念; 画面上で編集作業を行った通りのものが印刷できる)). 〘(1990) (頭字語) ← *W(hat) Y(ou) S(ee) I(s) W(hat) Y(ou) G(et)*〙

Wys·tan /wɪ́stən/ *n.* ウィスタン (男性名). 〘OE *Wigstān* ← *wig* battle+*stān* 'STONE' (?–849): 少年時代に殉教し, 後に聖人に列せられたマーシャ王〙

Wythe /wɪ́θ/, **George** *n.* ウィス ((1726–1806; 米国の法律家; 独立宣言書の署名者の一人)).

wy·vern /wáɪvə(ː)n | -və(ː)n/ *n.* **1** 飛竜 ((翼と 2 本の鳥のような脚があり尾の先は矢印のようにとがっている架空の動物)). **2** 〘紋章〙ワイバン ((2 本脚の dragon; 敵意を象徴する架空の動物で, England 系の紋章のみ wyvern と呼び, 大陸の紋章ではこれを dragon としている; wivern ともつづる)). 〘(1610) (変形) ← (?*a*1300) *wivere* □ ONF *wivre* =OF *guivre* < L *vipera*m 'VIPER': 語尾 -*n* の添加については cf. bittern²〙

X x

X[1], x[1] /éks/ *n.* (*pl.* **X'(e)s, X(e)s, x'(e)s, x(e)s** /~ɪ̀z/) **1** 英語アルファベットの第 24 字. ★ 通信コードは X-ray. **2** (活字・スタンプの)X または x 字: ⇨ King's X. **3** [X] X 字形(のもの). **4** 文字 x が表す音 《text, six などの /ks/》. **5** (連続したものの)第 24 番目(のもの); (J を数に入れないときは)第 23 番目(のもの); (J, V, W を数に入れないときは)第 21 番目(のもの): Table X 第 24 号表, X 号表. **6** (ローマ数字の) 10: IX=9 / XVI=16 / XX=20 / XL=40 / LX=60 / XC=90 / DXLV=545 / MX=1010. **7** 〖通信〗空電 (atmospherics). 〚OE X, *x* □ L □ Gk *X*, χ (khī): cf. OGk (Ionic) 王, 三 /ks/ ← Phoenician 丯 /s/〛

x[2] /éks/ *vt.* (**x-ed, x'd** /~t/; **x-ing, x'ing** /~ɪŋ/) 《米》 **1** 〈投票用紙などに〉× 印をつける. **2** × 印で消す 〈*out*〉: *x out* a mistake 誤りを × 印で消す. 〚← X[1], x[1]: 誤字などを抹消する際, x 字記号を用いることから〛

x /éks/ (記号) **1** 未知数; 任意の数. **2** 〖数学〗 **a** 掛ける (times, by): 6×7=42. **b** (第 1)未知数[量] (cf. y, z; a, b, c). **c** (第 1)変数. **d** 横座標 (abscissa), (空間の)第 1 座標 (cf. y, z). **3** 物の寸法: a card 3″×5″ (=three by five inches) 縦 3 インチ横 5 インチのカード. **4** 倍率: a 100 *x* telescope 倍率 100 の望遠鏡. **5** 交配: a horse by Only-For Life *x* (=out of) Gold-Planet. **6** 〖演劇〗(ト書きで) cross (the stage). **7** 〖チェス〗 capture. **8** 〖証券〗…なし, …落ち (⇨ ex[1] 2 b). 〚← X[1], x[1]: 1: (1660) Descartes がその著書 *Géométrie* (1637) 中に用いたのに始まる: ← ? Sp. *xei* □ Arab. *šay'* something; または既知数を表すのに *a, b, c* を用いたのに対して, 未知数を表すのに alphabet の終わりから *x, y, z* を用いたもの?〛

x, X /éks/ (記号) **1** 未知の人[もの]: Madam *X* / ⇨ X ray. **2** kiss 《手紙などの末尾に書く》. **3** 誤り (mistake) を示す印. **4** (投票・試験などで)選択を表す× 印; (答案で)誤りを表す× 印. **5** 字が書けない人の署名の印. **6** (地図などの)特定の地点をマークする印.

X[2] /éks/ *n.*, *adj.* 〖映画〗17 歳[《英》18 歳]未満お断わりの(映画) 《《英》では 1982 年 12 月以降は '18' で表記; 一部地域では 16 歳未満の場合もある; cf. British Board of Film Classification》. 〚1950〛

X (記号) **1** Christ; Christian. 〚《略》← Gk *ΧΡΙΣΤΟΣ* Christ〛 **2** 〖電気〗 reactance. **3** 《米》10 ドル紙幣 (ten-dollar bill) (cf. XX). **4** (砂糖・粉などの)精製度. **5** 〖米軍〗 research plane 研究機.

X. (略) experimental; extra.

-x /z/ *suf.* フランス語に由来する名詞に付けて複数形をつくる: beaux, jeux de mots, tableaux.

x.a. (略) 〖証券〗 ex all 金権利落ちで[の].

X-Ac·to /ɪ̀gzǽktou, ɛg- | ɛksǽktəu, ɪ̀gz-/ *n.* 〖商標〗エグザクト 《米国製のホビー用ナイフ・薄刃のこなどの工具類》.

Xan·a·du /zǽnədùː, -djùː | -dùː/ *n.* **1** (元の)上都 《中国の内モンゴル自治区に遺跡のある古都; 元代に Kublai Khan が離宮を建てた土地として S. T. Coleridge の *Kubla Khan* (1798) に歌われている》. **2** 夢のように豪華壮麗な所, 桃源郷. **3** 田園美の土地 《町, 村など》. 〚1816〛

Xan·ax /zǽnæks/ *n.* 〖商標〗ザナックス 《米国 Upjohn 社製の緩和精神安定剤; 抗鬱効果が強い》.

Xan·kän·di /xàːnkændíː/ *n.* ハンケンディ 《アゼルバイジャンの Nagorno-Karabakh 共和国の主都; 旧称 Stepanakert》.

xanth- /zænθ/ (母音の前にくるときの) xantho- の異形.

xan·than /zǽnθən/ *n.* 〖化学〗キサンタン 《炭水化物の発酵で作られる水溶性のゴム; 食品産業・医学・薬学などで濃化剤・安定剤として用いられる; xanthan gum ともいう》. 〚(1964): ⇨ xantho-, -an[2]〛

xan·thate /zǽnθeɪt/ *n.* 〖化学〗キサントゲン酸塩[エステル]. 〚(1831) ← XANTHO- + -ATE[1]〛

xan·tha·tion /zænθéɪʃən/ *n.* 〖化学〗硫化, キサントゲン酸化 《アルカリセルロースに二硫化炭素を反応させてセルロースキサントゲン酸ナトリウムをつくること》. 〚(1927): ⇨ ↑, -ation〛

Xan·the /zǽnθi/ *n.* ザンシ (女性名). ★ 金髪女性につけられる名. 〚← Gk *xanthḗ* (fem.) ← *xanthós* yellow, golden〛

xan·the·in /zǽnθiɪ̀n | -θiɪn/ *n.* 〖化学〗黄色花中の水溶性の黄色色素 (cf. xanthin 1). 〚(1857) □ F *xanthéine* ← Gk *xanthós* yellow (⇨ xantho-): *-éine* は *xanthine* 'XANTHIN' と区別するため〛

xan·thene /zǽnθiːn/ *n.* 〖化学〗 **1** キサンテン ($CH_2(C_6H_4)_2O$) 《無色の結晶で, キサンテン染料や指示薬を作る原料》. **2** キサンテンの種々の誘導体. 〚(1898) ← XANTHO- + -ENE〛

xánthene dýe *n.* 〖顔料〗キサンテン[ザンセン]染料 《分子内にキサンテン環をもつ染料の総称; 色調が鮮明で一般に強い蛍光をもつ; 顔料の製造にも利用》. 〚1930〛

Xan·thi·an /zǽnθiən/ *adj.* ザンサス (Xanthus) の. 〚(1685) ← XANTHUS + -AN[1]〛

Xánthian márbles *n. pl.* [the ~] ザンサス大理石 《小アジアの Xanthus 付近でイギリス人によって 1842–43 年発掘された彫刻など; 今は大英博物館に保存されている》. 〚1842〛

xan·thic /zǽnθɪk/ *adj.* **1 a** 黄色の, 帯黄色の. **b** 〈花が〉黄色の (cf. cyanic 2): ~ flowers 黄色花. **2** 〖生化学〗キサンチンの: ~ calculus 〖医学〗(膀胱(ぼうこう)の)キサンチン結石. 〚(1817) □ F *xanthique*: ⇨ xantho-, -ic[1]〛

xánthic ácid *n.* 〖化学〗 **1** キサントゲン酸 (C_2H_5OCSSH) 《刺激性臭気を放つ油状の液体》. **2** 一般的に ROC(S)SH の化学式をもつ酸. 〚1831〛

Xan·thi·dae /zǽnθədiː | -θɪ-/ *n. pl.* 〖動物〗オウギガニ科. 〚← NL ~ ← *Xanthus* (属名: ⇨ xantho-) + -IDAE〛

xan·thin /zǽnθɪ̀n | -θɪn/ *n.* **1** 〖化学〗黄色花中の非水溶性の黄色色素 (cf. xanthein). **2** =xanthine. 〚(1838) □ F *xanthine*: ⇨ xantho-, -in[2]〛

xan·thine /zǽnθiːn, -θɪ̀n | -θiːn, -θaɪn/ *n.* 〖生化学〗キサンチン ($C_5H_4N_4O_2$) 《血液・尿・肝臓およびある種の植物の葉などに含まれるプリン誘導体, 結晶性化合物》. 〚(1857) □ F ~: ⇨ xantho-, -ine[3]〛

Xan·thip·pe /zæntípi, -θípi | -θípi, -típi/ *n.* **1** クサンチッペ 《Socrates の妻; 口やかましい女で, 悪妻の典型とされる; B.C. 5 世紀末ごろの人》. **2** がみがみ女, 悪妻. 〚(1596) □ Gk *Xanthíppē* (女性名) ← *Xánthippos* (男性名) ← *xanthós* yellow + *híppos* horse〛

xan·thism /zǽnθɪzm/ *n.* 皮膚・羽・毛皮などで黄色が優勢な状態, 黄色化. 〚⇨ xantho-, -ism〛

xan·thite /zǽnθaɪt/ *n.* 〖鉱物〗ザンサイト 《暗黄褐色の結晶体として産するベスブレ (vesuvianite) の一種》. 〚← XANTHO- + -ITE[1]〛

xan·tho- /zǽnθou | zǽnθəu/ 次の意味を表す連結形: **1** 「黄色」: *xantho*derm. **2** 〖化学〗「キサントゲン酸」: *xanth*ate. ★ 母音の前では通例 xanth- になる. 〚(1843) ← Gk *xanthós* yellow ← ?〛

xan·thoch·ro·i, X- /zænθɑ́(ː)krouàɪ | -θɔ́krəu-/ *n. pl.* 白色人種 《皮膚が淡黄ないし白色で, 目および髪が淡色のコーカサス人種; cf. melanochroi》. 〚(1875) ← NL ~ ← XANTHO- + Gk *ōkhroí* ((pl.) ← *ōkhrós* pale)〛

xan·tho·chro·ic /zæ̀nθəkróuɪk | -θə(u)kráu-ˈ-/ *adj.* 白色人種の. 〚1870〛

xan·tho·chroid /zǽnθəkrɔ̀ɪd/ *adj.* (まれ) 白色人種の. — *n.* 白色人種に属する人, 類白色人種. 〚(1865) ← XANTHOCHROI + -OID〛

xan·thoch·ro·ism /zænθɑ́(ː)krouìzm | -θɔ́krəu-/ *n.* 黄変症 《黄色やオレンジ色以外の色素が消える状態; 特に水槽の金魚などにみられる》. 〚(1893) ← NL *xanthochroia* yellow discoloration of the skin (← XANTHO- + Gk *khroía, khróa* skin) + -ISM〛

xan·tho·derm /zǽnθədɜ̀ːm | -θə(u)dɜ̀ːm/ *n.* 皮膚の黄色の人; (特に)黄色人種の人. 〚(1924) ← XANTHO- + -DERM〛

xan·tho·gen·ate /zǽnθədʒənèɪt/ *n.* 〖化学〗=xanthate. 〚← XANTHO- + -GEN + -ATE[1]〛

xán·tho·gen·ic ácid /zæ̀nθədʒénɪk- | -θə(u)-/ *n.* 〖化学〗=xanthic acid.

xan·tho·ma /zænθóumə | -θə́u-/ *n.* (*pl.* ~**s**, ~**·ta** /~tə | ~tə/) 〖病理〗黄色腫. **xan·thóm·a·tous** /-θɑ́(ː)mətəs, -θóum- | -θɔ́mət-, -θə́um-/ *adj.* 〚(1869) ← NL ~: ⇨ xantho-, -oma〛

xàntho·mélanous *adj.* 髪が黒く皮膚がオリーブ色または淡黄色の. 〚(1865) ← XANTHO- + MELANOUS〛

xan·thone /zǽnθoun | -θəun/ *n.* 〖化学〗キサントン ($C_6H_4(CO)(O)C_6H_4$) 《リンドウ科・ウルシ科などの植物にその誘導体が含まれる》. 〚(1894) ← XANTHO- + -ONE〛

xan·tho·phyll /zǽnθəfɪ̀l | -θə(u)-/ *n.* (*also* **xan·tho·phyl** /~/) **1** 〖化学〗キサントフィル 《水酸基を有するカロチノイドの総称》. **2** 〖生化学〗葉黄素 (⇨ lutein 1). **xan·tho·phyl·lic** /zæ̀nθəfílɪk | -θə(u)-ˈ-/ *adj.* **xan·tho·phyl·lous** /zæ̀nθəfíləs | -θə(u)-ˈ-/ *adj.* 〚(1838) □ F *xanthophylle*: ⇨ xantho-, -phyll〛

xán·tho·pro·tè·ic ácid /zǽnθəproutìːɪk- | -θə(u)prə(u)-/ *n.* 〖化学〗キサントプロテイン酸 ($C_{34}H_{24}N_4O_{22}$) 《蛋白質を濃硝酸で分解するとき生じる黄色の物質》. 〚(1843) ← XANTHO- + PROTEIN + -IC[1]〛

xanthoproteic reáction [tést] *n.* 〖化学〗キサントプロテイン反応, 硝黄反応 《蛋白質が示す呈色反応; 蛋白質溶液に濃硝酸を加えて熱すると黄色を呈し, アルカリを加えると橙黄色に変わる》. 〚1873〛

xan·thop·si·a /zænθɑ́(ː)psiə | -θɔ́p-/ *n.* 〖病理〗黄視(症). 〚(1848) ← NL ~ ← XANTHO- + -OPSIA〛

xan·thop·ter·in /zænθɑ́(ː)ptərɪ̀n | -θɔ́ptərɪn/ *n.* 〖生化学〗キサントプテリン (2-アミノ-4,6 ジオキシプテリジン). 〚(1974) ← XANTHO- + PTERO- + -IN[2]〛

xan·thous /zǽnθəs/ *adj.* **1** 黄色の (yellow). **2** 黄色がかった[茶色の, 赤色の]髪の毛をした. **3** 黄色人種の. 〚(1829) ← XANTHO- + -OUS〛

Xan·thus /zǽnθəs/ *n.* **1** ザンサス, ザントス 《小アジア南西部, Lycia の古都; その遺跡および出土品は考古学上貴重な資料とされる》. **2** 〖ギリシャ神話〗 **a** ザンサス (⇨ Scamander 2). **b** ザンサス 《Achilles の戦車を引いていた 2 頭の神馬の一つ; 人間の悲しみを理解し, Achilles の朋友 Patroclus の死を見て涙を流したという》.

Xan·tip·pe /zæntípi/ *n.* =Xanthippe.

Xan·tu·si·i·dae /zæ̀ntəsáɪədìː | -təsáɪɪ-/ *n. pl.* 〖動物〗ヨルトカゲ科. 〚← NL ~ ← *Xantusia* (属名: ← *János Xántus* (*d.* 1894: ハンガリーの鳥類学者) + -IA[2]) + -IDAE〛

xat /xáːt/ *n.* (アメリカインディアンのハイダ族が死者を追悼して立てる)トーテムポール. 〚□ N-Am.-Ind. (Haida) ~〛

Xa·vé·ri·an Bróther /zeɪvíᵊriən-, zæv- | -víər-/ *n.* 〖カトリック〗(特に米国での教育事業のために 1839 年ベルギーに設立された)ザベリオ会の修道士. 〚(1882) ← *Saint Francis Xavier* + -IAN〛

Xa·vier /zéɪvjə, zǽv-, -viə | zǽviəʳ, -vièɪ, zéɪviəʳ, -vjəʳ/ *n.* ザビエル, ハビエル (男性名). 〚□ Sp. *Javier*〛

Xa·vier /zéɪvjə, zǽv-, -viə | zǽviəʳ, -vièɪ, zéɪviəʳ, -vjəʳ/, **Saint Francis** *n.* ザビエル, ハビエル (1506–52; スペインの宣教師; Ignatius of LOYOLA を助けてイエズス会を創設し, 東洋に布教, 1549 年日本へはじめてキリスト教を伝えた; 異名 the Apostle of the Indies; スペイン語名 Francisco Javier /*Sp.* franθísko xaβjér/).

x́-àxis *n.* (*pl.* **-axes**) 〖数学〗 **1** (平面の)横(座標)軸, x 軸. **2** (空間の)第 1 座標軸, x 軸 (cf. y-axis 2, z-axis). 〚1886〛

X́-bòdy *n.* 〖植物病理〗(植物細胞中の)無定形封入体 (cf. inclusion body, X virus).

xc (略) 〖証券〗 ex coupon (⇨ ex[1] 2 b).

XC, X-C (略) 《米・カナダ》 cross-country.

X́-certìficate *adj.* =X-rated.

X́ chròmosome *n.* 〖生物〗X 染色体 《性の決定を支配する性染色体の一種; cf. Y chromosome》. 〚1914〛

x́-coòrdinate *n.* 〖数学〗*x* 座標, 横座標 (abscissa) 《*x* 軸の方向に測った座標; cf. y-coordinate》. 〚1927〛

x-cp. (略) 〖証券〗 ex coupon (⇨ ex[1] 2 b).

X́-cùt *n.* 〖電気〗X 板 《水晶発振器用の振動子で, 水晶の結晶の電気軸(X 軸)に垂直な板面をもつもの》. 〚1930〛

xd, x-d. (略) 〖証券〗 ex dividend (⇨ ex[1] 2 b).

x.'d. (略) executed.

X́-disèase *n.* X 病 《病原不明のウイルス病》: **a** 〖植物病理〗桃(およびその類似種)のウイルス病の一種 《葉に斑点が生じて落葉し, 果実が萎びる; yellow-red virosis ともいう》. **b** 〖獣医〗=blue comb. **c** 〖獣医〗=hyperkeratosis 2. 〚1918〛

X-div., x-div. (略) 〖証券〗 ex dividend.

x.dr. (略) 〖証券〗 ex drawings 抽選権落ちで[の].

Xe (記号) 〖化学〗 xenon.

xe·bec /zíːbɛk/ *n.* ジーベック 《地中海沿岸で用いられている小型の三檣(しょう)帆船; 昔アラブの海賊がよく用いた》. 〚(1756) ← (古形) *chebec* □ F *chébec* □ It. *sciabecco* □ Arab. *šabbāk*: OSp. *xabeque* (Sp. *jabeque*) の影響による変形〛

xeme /zíːm/ *n.* 〖鳥類〗尾が二股に分かれたクビワカモメ属 (*Xema*) のカモメの総称; (特に) =sabine's gull. 〚(1936) ← NL *Xema*〛

Xen. (略) Xenophon.

xen- /zɛn, ziːn/ (母音の前にくるときの) xeno- の異形.

Xe·na·kis /zɛnáːkɪs; *Mod. Gk.* ksɛnákis/, **Ian·nis** /jánnis/ *n.* クセナキス (1922–2001; ルーマニア生まれのギリシャの作曲家).

Xe·nar·thra /zɛnáəθrə | -náːθ-/ *n.* 〖動物〗=Edentata.

xe·nate /zíːneɪt, zɛ́n-/ *n.* 〖化学〗キセノン酸塩[エステル]. 〚← XENON + -ATE[1]〛

-xene /ksiːn/ 〖鉱物〗次の意味を表す名詞連結形: **1** 「…の鉱物と関係の少ない」: anthraco*xene*. **2** 「…の性質の貫入鉱物」: caco*xene*. 〚□ F *-xène* □ Gk *-xenos*: ⇨ xeno-〛

xe·ni·a /zíːniə/ *n.* 〖植物〗キセニア 《交配の雄植物の形質が雌植物の胚乳に現れる現象》. 〚(1899) ← NL ~ ← Gk *xenía* hospitality ← *xénos* (⇨ xeno-): ⇨ -ia[2]〛

Xe·ni·a /zíːniə, zɛ́n-/ *n.* ジーニア (女性名). 〚↑〛

xe·ni·al /zíːniəl/ *adj.* (特に, 古代ギリシャの異なった都市間の人について)賓客と主人との, 主客関係の. 〚(1834) ← XENO- + -IAL〛

xé·nic ácid /zíːnɪk-, zɛ́n-/ *n.* 〖化学〗キセノン酸.

xen·o- /zɛ́nou, zíːn- | / 次の意味を表す連結形: **1** 「賓客 (guest), 異人 (foreigner)」: *xeno*mania. **2** 「外来の, 異質の, 異種の」: *xeno*genesis. ★ 母音の前では通例 xen- になる. 〚← Gk *xénos* stranger, guest〛

xèno·biólogy *n.* 〖生物〗=exobiology.

xèno·biótic *adj.*, *n.* 〘生物・医学〙生体異物(の)《生体に有害な化学物質》. 〚(1965): ⇨ xeno-, -biotic〛

Xe·no·cle·a /zìːnəklíːə/ *n.* 〘ギリシャ・ローマ神話〙クセノクリア《Delphi のみこで, Hercules に予言を拒んだ》.

Xe·noc·ra·tes /zɪnɑ́(ː)krətìːz | zenɔ́k-/ *n.* クセノクラテス《396?–314 B.C.; ギリシャの哲学者》. **Xèn·o·crát·ic** /zènəkrǽtɪk | -krǽt-ˈ/ *adj.*

xen·o·cryst /zénəkrɪ̀st, zíːn-/ *n.* 〘岩石〙捕獲結晶, 外来結晶《火成岩の結晶中外部の岩石から取り込まれたもの》. 〚(1894) ← XENO-+CRYST(AL)〛

xèno·diagnósis *n.* 〘医学〙外因診断法, 媒虫診断法, 代償性診断《昆虫・ダニなどに患者血液を吸わせた後, 虫体で感染の有無を検査する》. **xèno·diagnóstic** *adj.* 〚(c1929) ← NL ～: ⇨ xeno-, diagnosis〛

xe·nog·a·my /zɪnɑ́(ː)gəmi | zɪnɔ́g-/ *n.* 〘植物〙異花授粉[受精], 他花受精 (cross-fertilization) (cf. geitonogamy). **xe·nóg·a·mous** /-məs/ *adj.* 〚(1877) ← XENO-+-GAMY〛

xèno·ge·né·ic /-dʒɪníːɪkˈ/ *adj.* 〘生物・医学〙異種(発生性)の.

xèno·génesis *n.* 〘生物〙 **1 a** 自然発生 (abiogenesis). **b** 世代交代 (metagenesis). **2** 異形発生 (heterogenesis). **xèno·genétic** *adj.* **xèno·génic** *adj.* 〚(1870) ← NL ～: ⇨ xeno-, -genesis〛

xen·o·glos·si·a /zènəglɑ́(ː)siə, -glɔ́(ː)s- | -glɔ́s-/ *n.* (*also* **xen·o·glos·sy** /zénəglɑ̀(ː)si, -glɔ̀(ː)si | -glɔ̀si/) 〘心理〙習ったことのない言語を話したり理解できる能力. 〚(1978): ⇨ xeno-, glosso-, -ia[1]〛

xen·o·graft /zénəgræ̀ft, zíːn- | -nə(ʊ)grɑ̀ːft/ *n.* 〘外科〙異種移植片 (cf. homograft). 〚(1961) ← XENO+GRAFT[1]〛

xen·o·lith /zénəlɪ̀θ, zíːn-, -nl̩-/ *n.* 〘岩石〙捕虜岩《火成岩中に包含された外来岩片》. **xen·o·lith·ic** /zènəlíθɪk, zìːn-, -nl̩-ˈ/ *adj.* 〚(1894) ← XENO-+-LITH〛

xen·o·mor·phic /zènəmɔ́ːfɪk, zìːn- | -mɔ́ːfɪkˈ/ *adj.* **1** 異形の, 不思議な形をした. **2** 〘鉱物〙=allotriomorphic. **xèn·o·mór·phi·cal·ly** *adv.* 〚(1888) ← XENO-+-MORPHIC〛

xe·non /zíːnɑ(ː)n, zén- | -nɒn/ *n.* 〘化学〙キセノン《希ガス元素の一つ; 記号 Xe; 原子番号 54, 原子量 131.30; キセノン放電管に封入して光源として用いられる》. 〚(1898) □ Gk *xénon* (neut.) ← *xénos* strange: ⇨ xeno-〛

xénon diflúoride *n.* 〘化学〙二フッ化キセノン (XeF_2).

xénon hexaflúoride *n.* 〘化学〙六フッ化キセノン (XeF_6).

xénon tetraflúoride *n.* 〘化学〙四フッ化キセノン (XeF_4)

Xe·noph·a·nes /zɪnɑ́(ː)fənìːz | zenɔ́f-/ *n.* クセノファネス《580 または 578?–480 または 475 B.C.; ギリシャの詩人・哲学者, エレア学派 (Eleatics) の祖と伝えられる》.

xen·o·phile /zénəfàɪl, zíːn- | -nə(ʊ)-/ *n.* 外国[外国人]好きの人, 異国[異人]好みの人. **xe·noph·i·lous** /zɪnɑ́(ː)fələs, ziː-, zɪ- | -nɔ́fɪ-/ *adj.* 〚(1934) ← XENO-+-PHILE〛

xen·o·phil·i·a /zènəfíliə, zìːn- | -nə(ʊ)-/ *n.* 外国[外国人]好み, 異国趣味. **xèn·o·phíl·ic** /-fílɪkˈ/ *adj.* 〚(1959): ⇨ ↑, -ia[1]〛

xen·o·phobe /zénəfòʊb, zíːn- | -nə(ʊ)fəʊb/ *n.* 外国[外国人]嫌い[恐怖症]の人, 排外主義者. 〚(1915): ⇨ ↓, -phobe〛

xen·o·pho·bi·a /zènəfóʊbiə, zìːn- | -nə(ʊ)fə́ʊ-/ *n.* 外国[外国人]嫌い, 外国[外人]アレルギー; 他人[外国人]恐怖症. **xen·o·pho·bic** /zènəfóʊbɪk, zìːn- | -nə(ʊ)fə́ʊb-ˈ/ *adj.* 〚(1903) ← XENO-+-PHOBIA〛

Xen·o·phon /zénəfən, -fɑ̀(ː)n | -fən, -fɒn/ *n.* クセノフォン《428 または 427?–354 B.C.; ギリシャの歴史家・軍人・哲学者, Socrates の周囲の一人; *Anabasis*「アナバシス」》. 〚□ Gk *Xenophôn* (cf. xeno-, -phone)〛

xen·o·pus /zénəpəs/ *n.* 〘動物〙ツメガエル属 (*Xenopus*) の各種のカエル《アフリカの Sahara 砂漠以南産》.

xen·o·time /zénoutàɪm | -nə(ʊ)-/ *n.* 〘鉱物〙リン酸イットリウム鉱.

xèno·transplantátion *n.* 〘医学〙異種移植.

xer- /zɪər | zɪər, zer/ (母音の前にくるときの) xero- の異形.

xe·ran·the·mum /zɪrǽnθəməm | zɪər-, zɪ̀ər-/ *n.* 〘植物〙キセランテマム, 乾燥花卉(き)《トキワバナ属 (*Xeranthemum*) の植物の総称; 乾燥しても色や形の変わらないハハコグサ, カイザイクなど》. 〚(1731–37) ← NL ～ ← XERO-+Gk *ánthemon* flower: ⇨ antho-〛

xe·rarch /zɪ́ərɑːk | zɪ́ərɑːk/ *adj.* 〘生態〙《植物の遷移(せん)が》乾燥した土地に源を発した: ～ succession 乾性遷移. 〚(1913) ← XERO-+-ARCH[2]〛

Xe·res /ʃériːz; *Sp.* xeréθ/ *n.* ヘレス (Jerez の旧名).

xe·ric /zɪ́ərɪk, zér- | zɪ́ər-/ *adj.* 〘生態〙 **1** 好乾性の, 耐乾性の (cf. hydric 2, mesic). **2** 乾燥した環境の[に適した]; 乾性植物の (xerophytic). **xé·ri·cal·ly** *adv.* 〚(1926) ← Gk *xērós* (⇨ xero-)+-IC[1]〛

Xe·ri·scape /zɪ́ərɪ̀skèɪp | zɪ́ərɪ-, zér-/ *n.* 〘商標〙ゼリスケープ《乾燥地で節水をしながら行う造園法》.

xe·ro- /zɪ́ərou | zɪ́ərəʊ/「乾燥(した)」の意の連結形. ★ 母音の前では通例 xer- になる. 〚← Gk *xērós* dry〛

xe·ro·der·ma /zɪ̀ərədə́ːmə | zɪ̀ərə(ʊ)də́ː-/ *n.* 〘病理〙乾皮症, 皮膚乾燥症. **xè·ro·der·mát·ic** /-dəːmǽtɪk | -dəːmǽt-ˈ/ *adj.* **～·tous** /-təs | -təsˈ/ *adj.* 〚(1848) ← NL ～: ⇨ xero-, derma〛

xerodérma pig·men·tó·sum /-pɪ̀gməntóʊsəm | -tə́ʊ-/ *n.* 〘医学〙色素性乾皮症.

xe·ro·der·mi·a /zɪ̀ərədə́ːmiə | zɪ̀ərə(ʊ)də́ː-/ *n.* 〘病理〙=xeroderma. 〚1891〛

xe·ro·gel /zɪ́ərədʒèl | zɪ́ər-/ *n.* 〘化学〙キセロゲル, 乾膠(こう)体《多孔性の乾燥ゲルの総称で網状構造を呈する; 気体の吸着や乾燥に用いられる; cf. aerogel》. 〚□ G ～: ⇨ xero-, gel〛

xe·rog·ra·phy /zɪrɑ́(ː)grəfi | zɪərɔ́g-/ *n.* 〘電気〙ゼログラフィ, 静電写真法《光学像を静電像に変え, これにトナーを吸着させて像を得る写真法で, 乾式複写機に応用されている》. **xe·rog·raph·er** *n.* **xe·ro·graph·ic** /zɪ̀ərəgrǽfɪk | zɪ̀ər-ˈ/ *adj.* **xè·ro·gráph·i·cal·ly** *adv.* 〚(1948) ← XERO-+-GRAPHY〛

xe·ro·ma /zɪróʊmə | zɪəróʊ-/ *n.* 〘病理〙=xerophthalmia.

xe·ro·morph /zɪ́ərəmɔ̀ːf | zɪ́ərəmɔ̀ːf/ *n.* 〘植物〙乾性植物. 〚(1934): ⇨ xero-, -morph〛

xe·ro·mor·phism /zɪ̀ərəmɔ́ːfɪzm | zɪ̀ərəmɔ́ː-/ *n.* 〘植物〙乾生形態《乾燥地などに生える植物が乾燥に耐えるために有する形態的特徴》. **xè·ro·mór·phic** /-mɔ́ːfɪk | -mɔ́ː-ˈ/ *adj.* 〚← XERO-+-MORPHISM〛

xe·ro·pha·gi·a /zɪ̀ərəféɪdʒiə, -dʒə | zɪ̀ər-/ *n.* =xerophagy.

xe·roph·a·gy /zɪrɑ́(ː)fədʒi | zɪərɔ́f-/ *n.* 〘東方正教会〙厳斎《Lent の期間中に行われ, 水・パン・塩・野菜だけの食事をすること》. 〚(1656) □ LL *xerophagia* □ Gk *xērophagía* eating of dry food: ⇨ xero-, -phagy〛

xe·ro·phile /zɪ́ərəfàɪl | zɪ́ər-/ *adj.* =xerophilous.

xe·roph·i·lous /zɪrɑ́(ː)fələs | zɪərɔ́fɪ-/ *adj.* **1** 〘植物〙乾燥地に生える[適した], 乾性の. **2** 〘動物〙乾燥地にすむ, 好乾性の. **xe·roph·i·ly** /zɪrɑ́(ː)fəli | zɪərɔ́fɪ-/ *n.* 〚(1863) ← XERO-+-PHILOUS〛

xe·roph·thal·mi·a /zɪ̀ərɑ(ː)fθǽlmiə, -rɑ(ː)p- | zɪ̀ərɔf-, -rɔp-/ *n.* 〘病理〙眼球乾燥症《xeroma ともいう》. **xe·roph·thal·mic** /zɪ̀ərɑ(ː)fθǽlmɪk, -rɑ(ː)p- | zɪ̀ərɔf-, -rɔp-ˈ/ *adj.* 〚(1656) ← NL ～ ← Gk *xērophthalmía*: ⇨ xero-, ophthalmia〛

xe·ro·phyte /zɪ́ərəfàɪt | zɪ́ərə(ʊ)-/ *n.* 〘植物〙(砂漠などの)乾性植物 (cf. hydrophyte, mesophyte). **xe·ro·phyt·ic** /zɪ̀ərəfítɪk | zɪ̀ərəfít-ˈ/ *adj.* **xè·ro·phýt·i·cal·ly** *adv.* **xé·ro·phỳt·ism** /-fàɪtɪzm/ *n.* 〚(1897) ← XERO-+-PHYTE〛

xéro·prìnting *n.* ゼロプリンティング, 静電印刷, 乾式複写印刷. 〚← XERO-+PRINTING〛

xèro·radiógraphy *n.* 乾式放射線写真術, ゼロラジオグラフィ《電子写真法による放射線写真》. **xèro·radiográphic** *adj.* 〚(1949) ← XERO-+RADIOGRAPHY〛

xe·ro·sere /zɪ́ərəsɪ̀ə | zɪ́ərəsɪ̀ə(r)/ *n.* 〘生態〙乾性遷移系列. 〚(1926) ← XERO-+SERE[3]〛

xe·ro·sis /zɪróʊsɪs | zɪəróʊ-/ *n.* (*pl.* **-ro·ses** /-siːz/) 〘医学〙(皮膚・眼球などの)乾燥(症). **xe·rot·ic** /zɪrɑ́(ː)tɪk | zɪrɔ́t-/ *adj.* 〚(1890) ← NL ～ ← Gk *xērōsis*: ⇨ xero-, -osis〛

xèro·thérmic *adj.* **1** (氷河期後の一時代のように)暑くて乾燥した, 暑くて乾燥した気候の時代の. **2** 暑くて乾燥した風土に適応した. 〚1904〛

Xe·rox /zɪ́ərɑ(ː)ks, zíːr- | zɪ́ərɒks/ *n.* 〘商標〙ゼロックス《米国の事務機器メーカー Xerox 社製の乾式複写機・複写法》; ゼロックスによる複写[コピー]. — *vt.*, *vi.* [しばしば x-] ゼロックスで複写[コピー]する: I ～*ed* the letter before sending it. 出す前にその手紙をゼロックスでコピーした. 〚(1952) ← XEROGRAPHY〛

Xer·xes /zə́ːksiːz | zə́ːk-/ *n.* ザークシーズ, クセルクセス《男性名》. 〚□ Gk *Xérxēs* □ OPers. *Xshayārshan*-: ↓ にちなむ〛

Xer·xes I /zə́ːksiːz- | zə́ːk-/ *n.* クセルクセス一世《519?–465 B.C.; 古代ペルシャアケメネス (Achaemenid) 王朝の王 (486?–465 B.C.), Darius 一世の子; 第 2 回ギリシャ遠征を起こしたが, Salamis 湾で大敗》.

XGA 《略》〘電算〙extended graphics array《IBM 社の高解像グラフィックス規格; VGA に上位互換で, 例えば; 1024×768 ドット時 256 色をサポートする》.

x́-hèight /éks-/ *n.* 〘活字〙エックスハイト《a, c, m, x のような小文字の高さ》. 〚c1949〛

Xho·sa /kóʊsə, -zə | kɔ́ːsə, káʊ-, -zə; *Xhosa* ‖ ʰɔ́ːsa/ *n.* (*pl.* **～s**, **～**) **1 a** [the ～(s)] コーサ族《南アフリカ共和国の Cape 州東部に住む部族》. **b** コーサ族の人. **2** コーサ語, ホサ語 (Bantu 語に属する). **Xhó·san** /-sən, -sn̩/ *adj.*

xi /záɪ, sáɪ | sáɪ, ksáɪ/ *n.* **1** クシー《ギリシャ語アルファベット 24 字中の第 14 字: Ξ, ξ (ローマ字の X, x に当たる); ⇨ alphabet 表》. **2** 〘物理〙=Xi particle. 〚(c1891) □ Gk *xî* < (古形) *xeî*〛

X.i., x.i., x-i. 《略》〘証券〙ex interest 利子落ち.

Xia /ʃiá:; *Chin.* ɕià/ *n.* **1** 夏(シァ)《中国最初の王朝(紀元前 21–16 世紀), 伝説上の皇帝禹(う)が創建したといわれる》. **2** 夏王朝の国民.

Xia·men /ʃɑ̀ːmán, ʃià:- | -mén; *Chin.* ɕiàmə́n/ *n.* アモイ, 厦門(シァメン)《中国福建省 (Fujian) 南東部の港湾都市; ⇨ Amoy》.

Xi'·an /ʃìːɑ́ːn | -ǽn; *Chin.* ɕīan/ *n.* 西安(シーアン)《中国, 陝西 (Shaanxi) 省の省都, 旧名長安》.

Xi·ang·gang /ʃiàːŋgɑ́ːŋ; *Chin.* ɕiāŋkǎŋ/ *n.* ⇨ Hong Kong.

Xi·ang Jiang /ʃìːɑːŋdʒiɑ́ːŋ | -ǽŋ; *Chin.* ɕiāŋtɕiāŋ/ *n.* [the ～] 湘江(シァンチァン)《中国広西チワン族自治区 (Guangxi Zhuang Autonomous Region) から洞庭湖 (Dongting Hu) に注ぐ川; 全長約 811 km》.

Xi·ang·tan /ʃiàːŋtɑ́ːn; *Chin.* ɕiāŋtʰán/ *n.* 湘潭(シァンタン)《中国南部の湖南省 (Hunan) の都市》.

Xiao Hing·gan Ling /ʃáʊhìŋgɑ̀ːnlíŋ/ *n.* 小興安嶺《中国北西部の山脈で Amur 川と平行; 最高峰 1,422 m》.

Xiao Xing'·an Ling /*Chin.* ɕiǎuɕīŋānlǐŋ/ *n.* = Xiao Hinggan Ling.

Xi·ga·zê /ʃɪgɑ́ːtsə/ *n.* シガゼ(日喀則)《中国チベット自治区南部の市; Lhasa に次ぐチベット第 2 の都市》.

Xí hỳperon *n.* 〘物理〙クサイハイペロン (⇨ Xi particle).

Xi Jiang /ʃìːdʒiɑ́ːŋ | -ǽŋ; *Chin.* ɕītɕiāŋ/ *n.* [the ～] 西江(シーチァン)《中国南部, 珠江 (Zhu Jiang) の本流; 雲南省 (Yunnan) に発し南シナ海に注ぐ; 2,129 km; 英語名 West River》.

Xi·kang /ʃìkɑ́ːŋ; *Chin.* ɕīkʰɑ̄ŋ/ *n.* 西康(シーカン)省《中国中西部の旧省; 四川省 (Sichuan) とチベットとの間にあったが, 1955 年に廃され, 四川省とチベット自治区に分属; 面積 427,000km²》.

Xi·me·nes de Cisneros /zímɪnìːz-; *Sp.* ximénes/ *n.* =Jimenez de Cisneros.

X·ing /krɔ́(ː)sɪŋ, krɑ́(ː)s- | krɔ́s-/ *n.* (*also* **x·ing**, **X-ing**, **x-ing** /～/) 《米》横断歩道, (鉄道の)踏切; (野生動物の)横断地点《標識》.

Xing·kai Hu /ʃíŋkaɪ xú; *Chin.* ɕiŋkʰǎ ixú/ *n.* 興凱湖(シンカイ) (⇨ Khanka).

Xin·gú /ʃɪŋgúː, ʃiːŋ-; *Braz.* ʃĩgú/ *n.* [the ～] シングー(川)《ブラジル中央部を北流して Amazon 川に注ぐ川 (1,979 km)》.

Xin·hua /ʃìn(h)wáː; *Chin.* ɕīnxuá/ *n.* 新華社 (New China News Agency)《中国の国営通信社; 略 NCNA》.

Xi·ning /ʃìːníŋ; *Chin.* ɕīníŋ/ *n.* 西寧(シーニン)《中国青海省 (Qīnghai) の省都》.

Xin·jiang Uy·gur /ʃìndʒiɑ́ːŋ- | -dʒiǽŋ; *Chin.* ɕīntɕiāŋ-/ *n.* 新疆(シンキョウ)ウイグル自治区《中国北西部の自治区 (Autonomous Region); 面積 1,600,000 km², 区都 Urümqi (ウルムチ)》.

x-int. 《略》〘証券〙ex interest 利子落ち.

x́-íntercept *n.* 〘数学〙x 切片. 〚c1939〛

Xin·xiang /ʃìnʃiɑ́ːŋ; *Chin.* ɕīnɕiāŋ/ *n.* 新郷(シンシャン)《中国河南省 (Henan) 北部の都市》.

-xion /kʃən/ *suf.* 動作・状態を表す名詞語尾《-ction に相当する英国式つづり; 今はあまり使われない》: connex*ion*, inflex*ion*. 〚《変形》← *-ction*: ⇨ -ion (-ct- は語幹語尾)〛

Xí pàrticle *n.* 〘物理〙クサイ [Ξ] 粒子《ストレンジネス (strangeness) −2 のハイペロン, 通例 Ξ-particle と書く; cascade hyperon, Xi hyperon ともいう; 記号 Ξ》. 〚1964〛

xiph- /zɪf/ (母音の前にくるときの) xipho- の異形.

xip·hi- /zɪ́fɪ̀, -fi/ xipho- の異形 (⇨ -i-): *xiphi*sternum.

xiph·i·as /zífiəs/ *n.* (*pl.* ～) **1** 〘魚類〙メカジキ《メカジキ属 (*Xiphias*) の魚類の総称; メカジキ (swordfish) など》. **2** [X-] 〘天文〙かじき座 (⇨ dorado 3)《古い名称》. 〚(1667) □ L ～ □ Gk *xiphías* ← *xíphos*: ⇨ xipho-〛

xiphi·stérnum *n.* 〘解剖〙=xiphoid process. **xìphi·stér·nal** *adj.* 〚c1860〛

xíph·i·um íris /zífiəm-/ *n.* 〘植物〙=Spanish iris. 〚← NL ～ ← Gk *xiphíon* corn flag ← *xíphos* sword〛

xiph·o- /zífou | -fəʊ/「剣の; 剣状の」の意の連結形: *xipho*id. ★ 時に xiphi-, また母音の前では通例 xiph- になる. 〚← Gk *xíphos* sword ← ? Sem.〛

xiph·oid /zífɔɪd/ 〘解剖〙 *adj.* **1** 剣状の. **2** 剣状突起の. — *n.* =xiphoid process. 〚(1746) □ Gk *xiphoeidḗs*: ⇨ ↑, -oid〛

xíphoid cártilage *n.* 〘解剖〙剣状軟骨 (xiphoid process の別名).

xíphoid prócess *n.* 〘解剖〙(胸骨の)剣状突起. 〚1868〛

Xiph·os·u·ra /zìfəsúərə | -sʊ́ərə/ *n. pl.* 〘動物〙剣尾綱《カブトガニ (king crab) などを含む; Merostomata ともいう》. **xì·phos·ú·rous** /-rəsˈ/ *adj.* 〚(1858) ← NL ～ ← Gk *xíphos* sword+*ourá* tail: ⇨ xipho-, -ura〛

xiph·os·u·ran /zìfəsúərən | -súər-ˈ/ *adj.*, *n.* 剣尾綱の(動物). 〚(1888): ⇨ ↑, -an[1]〛

X́-irrádiate *vt.* X 線で照射する. **X́-irradiátion** *n.* 〚1896〛

Xi·zang /ʃìːdzɑ́ːŋ | -dzǽŋ; *Chin.* ɕītsàŋ/ *n.* 西蔵(シーツァン)《中国の自治区 Tibet の中国語名; ⇨ Tibet》.

XL 《略》extra large.

x́-lìne *n.* 〘活字〙エックスライン (⇨ mean line 2).

Xm. 《略》Christmas.

X·mas /krísməs, éksməs/ *n.* 《口語》=Christmas[1] 1. ★ /éksməs/ の発音を好まない人が特に《米》では多い. X'mas と書くのは誤り. 〚(1551) ← *X* (Gk *Xristós* (=Christ) の頭文字)+-MAS〛

Xn. 《略》Christian (⇨ Xmas).

x.n. 《略》《英》〘証券〙ex new (⇨ ex[1] 2 b).

Xnty. 《略》Christianity (⇨ Xmas).

x.o. 《略》examination officer; executive officer.

xo·a·non /zóʊənɑ̀(ː)n | záʊənən/ *n.* (*pl.* **-a·na** /-nə/) 〘考古〙原始的彫像《粗雑な作りで天から降ったと信じられた》. 〚(1706) □ Gk *xóanon* (原義) piece of sculpture in wood: cf. Gk *xúein* to scrape〛

Xo·chi·mil·co /sòʊtʃimíːlkoʊ, sòʊʃɪ-, -míl- | kɒtʃimílkəʊ; *Am.Sp.* sotʃimílko/ *n.* **1** ソチミルコ(湖)《メキシコ南東部の湖》. **2** ソチミルコ《メキシコ南東部, Mexico 市南方の都市; 浮園 (Floating Gardens) で有名》.

X·o·graph /éksəgræ̀f | -grɑ̀ːf, -græ̀f/ *n.* 〘商標〙エクソグラフ《右眼用と左眼用の像を交互に縦縞状にプリントし, その上に縦縞状に円筒形レンズを成形したプラスチックシートを張りつけた立体写真(印刷); またはその方法》. 〚1965〛

X

XOR /ɛ́ksɔə | -sɔːʳ/ *n.* 〖電算〗 排他的論理和 (exclusive or) をつくる演算子 (cf. AND, OR).
Xo·sa /kóʊsə, -zə | kɔ́ːsə, kóʊ-; *Xhosa* ‖ ʰɔ́ːsa/ *n.* = Xhosa.
x. out (略) cross out.
XP /káɪróʊ | -rə́ʊ/ (記号) Christ 《ギリシャ語大文字で Christ を表す *ΧΡΙΣΤΟΣ* の初めの二字》.
x.r. (略) 〖証券〗 ex rights.
X́-rádiate *vt.* 〈患部などに〉X 線を照射する. **X́-radiátion** *n.* 〖1896〗
X́-ràted *adj.* **1** 〈映画が〉成人向けの. **2** (口語) 〈本・ショーなど〉わいせつな, ポルノの, いかがわしい. 〖1970〗
X-ray /ɛ́ksrèɪ/ *n.* **1** [*pl.*] X 線, レントゲン線. **2** X 線写真, レントゲン写真. **3** [X-] 〖通信〗 x の字を表す通信コード. 〖(1895) (なぞり) ← G *X-strahlen*: 発見者 W. K. von Röntgen による命名; その性質が明らかでなかったためにこう名づけた〗
X́-ràỳ, x́-r- *adj.* X 線の: an ~ examination X 線検査. — *vt.* …の X 線検査[治療]をする; …の X 線写真をとる: ~ briefcases. — *vi.* X 線を使う. 〖1896〗
X́-ray astrònomy *n.* X 線天文学 《天体の X 線を観測して天体や宇宙を解析する天文学の一分野; cf. optical astronomy》. **X́-ray astrònomer** *n.* 〖1963〗
X́-ray crystallògraphy *n.* X 線結晶学 《X 線回折を用いて結晶構造などを調べる研究分野》. 〖1930〗
X́-ray diffràction *n.* 〖物理・結晶〗 X 線回折 《物質内の原子間隔が X 線の波長と同程度なので, 干渉の結果, それぞれ特有の回折模様を与える》. 〖1924〗
X́-ray fìlm *n.* X 線フィルム. 〖1926〗
X́-ray fìsh *n.* 〖魚類〗 **1** =glassfish. **2** プリステラ (*Pristella riddlei*) 《南米に分布するカラシン科の透き通って見える小形の淡水魚; 鑑賞魚》.
X́-ray mìcroscope *n.* X 線顕微鏡 《X 線を用いて像を拡大する装置; または X 線の回折像などを拡大する装置》. 〖1948〗
X́-ray nòva *n.* 〖天文〗 X 線新星 《X 線を放射する新星》. 〖1970〗
X́-ray phòtograph *n.* X 線写真, レントゲン写真. 〖1907〗
X́-ray pùlsar *n.* 〖天文〗 X 線パルサー 《強い X 線を放射するパルサー》. 〖1969〗
X́-ray scànning *n.* X 線走査 《X 線を使って固体の異常部分などを診断する方法》.
X́-ray sòurce *n.* 〖天文〗 =X-ray star. 〖1955〗
X́-ray spèctrograph *n.* X 線分光写真機. 〖1983〗
X́-ray spectròmeter *n.* X 線分光計. 〖1915〗
X́-ray spèctrum *n.* X 線スペクトル. 〖1925〗
X́-ray stàr *n.* 〖天文〗 X 線星 《強力な X 線を放射する天体; X-ray source ともいう》. 〖1964〗
X́-ray tèlescope *n.* X 線望遠鏡 《X 線を発する天体を観察する望遠鏡》. 〖1963〗
X́-ray thèrapy *n.* 〖医学〗 X 線療法. 〖1908〗
X́-ray topògraphy *n.* 〖結晶〗 X 線形状解析.
X́-ray tùbe *n.* X 線管 《X 線を出す真空管》.
x.rts. (略) 〖証券〗 ex rights.
x́-sèction /krɔ́ːs-, krɑ́ː)s- | krɔ́s-/ *n.* =cross section. **~·al** /-ʃnəl, -ʃənl/ *adj.*
Xt. (略) Christ (⇨ Xmas).
x·tal /krístl/ *n., adj.* =crystal.
X·tian. /krístʃən | -stʃən, -stiən/ (略) Christian (⇨ Xmas). 〖1664〗
Xty. (略) Christianity (⇨ Xmas).
xu /súː; *Viet.* sū:/ *n.* (*pl.* **xu**) スー 《ベトナムの旧通貨単位; =$^1/_{100}$ dong》; 1 スー貨. 〖(1948) □ Vietnamese *xu* □ F *sou* 'sou'〗
Xuan·hua /ʃwɑ̀ːn(h)wɑ́ː; *Chin.* ɕyænxuá/ *n.* 宣化 (ｼｭｱﾝﾎｱ) 《中国河北省 (Hebei) 北西部の都市》.
Xuan·tong /ʃwɑ̀ːntúŋ; *Chin.* ɕyæ̃ntʰʊ̌ŋ/ *n.* 宣統 (ｼｭｴﾝﾄﾝ) 帝 (1908–67; 中国清朝最後の皇帝 (1908–11), 満州国執政 (1932–34), 満州国皇帝 (1934–45); 溥儀(ﾌｷﾞ) (Henry Pu-yi)).
Xuan Zong /ʃwɑ̀ːntsúŋ | -tsɔ́ŋ; *Chin.* ɕyǽntsʊ̄ŋ/ *n.* 玄宗 (ｹﾞﾝｿｳ) (685–762; 中国唐代の皇帝 (712–756), 楊貴妃を寵愛した).
X́ ùnit *n.* 〖物理〗 X 単位 《X 線分光で用いられる長さの単位, 約 10^{-3} Å》.
Xu·thus /zúːθəs/ *n.* 〖ギリシャ神話〗 クストス 《Hellen の子で Ion の父; イオニア人の祖とされる》. 〖□ L *Xūthos* □ Gk *Xoûthos*〗
Xu·zhou /ʃùːdʒóʊ | -dʒə́ʊ; *Chin.* ɕýtʂōu/ *n.* 徐州 (ｼｭｲﾁｮｳ) 《中国江蘇省 (Jiangsu) 北西部の都市》.
X́ vìrus *n.* 〖植物病理〗 X ウイルス 《植物ウイルスの一種に冒された植物組織の細胞の中にできる封入体 (X-body) の中にはいっているウイルス》.
x.w. (略) 〖証券〗 ex warrants 株式買取権落ちで[の].
X́-wàve *n.* 〖通信〗 X 波 (⇨ extraordinary wave).
X-word /krɔ́(ː)swə̀ːd, krɑ́(ː)s- | krɔ́swə̀ːd/ *n.* =crossword.
XX (記号) **1** (米) 20 ドル紙幣. **2** (英) 〖製紙〗 retree.
XXX *adj.* 〖映画〗 〈ポルノ映画が〉性器の露出を伴う.
xyl- /zaɪl/ (母音の前にくるときの) xylo- の異形.
xy·lan /záɪlæn/ *n.* 〖化学〗 キシラン 《キシロース (xylose) から成る多糖類》. 〖(*c*1894) ← XYLO-+-AN²〗
xý·la·ry ráy /záɪləri-/ *n.* =xylem ray.
xy·lem /záɪləm, -lɛm/ *n.* 〖植物〗 木部, 木質部 (cf. phloem). 〖(1875) □ G *Xylem* ← Gk *xúlon* wood: 19 世紀のドイツの植物学者 K. W. Nägeli の造語〗
xýlem fìber *n.* 〖植物〗 木部繊維 (cf. phloem fiber).
xýlem parénchyma *n.* 〖植物〗 木部柔組織.
xýlem rày *n.* 〖植物〗 木部放射組織 《木部と師部(ｼﾌﾞ)とを横に貫いて存在する組織; cf. phloem ray》. 〖1875〗
xy·lene /záɪliːn/ *n.* 〖化学〗 キシレン, ザイレン ($C_6H_4(CH_3)_2$) 《ベンゼンの水素 2 原子をメチル基で置換したもの; 次の三種がある》: **a** オルト異性体 《無水フタール酸の製造に用いる; ortho-xylene ともいう》. **b** パラ異性体 《テレフタール酸の製造に用いる; para-xylene ともいう》. **c** メタ異性体 《イソフタール酸の製造に用いる; meta-xylene ともいう》. 〖(1851) ← XYLO-+-ENE〗
xy·le·nol /záɪlənɔ̀(ː)l | -lɪnɔ̀l/ *n.* 〖化学〗 キシレノール ($(CH_3)_2C_6H_3OH$) 《コールタール中に存在する一種のフェノール; 消毒剤・防腐剤・フェノール樹脂・有機合成薬品の原料に用いる》. 〖(1872) ← XYLENE+-OL¹〗
xy·lic /záɪlɪk/ *adj.* 〖化学〗 キシリル酸の. 〖(1872) ← XYLO-+-IC¹〗
xýlic ácid *n.* 〖化学〗 キシリル酸, 2,4-ジメチル安息香酸 ($(CH_3)_2C_6H_3COOH$).
xy·li·dine /záɪlədiːn | -lɪ̀-/ *n.* **1** 〖化学〗 キシリジン ($(CH_3)_2C_6H_3NH_2$) 《アニリンに似た油性の液体で, 6 種の異性体がある》. **2** キシリジンの化合物から成る市販用の染料の原料. 〖(1850) ← XYL(ENE)+-IDINE〗
xy·li·tol /záɪlətɔ̀(ː)l | -lɪ̀tɔ̀l/ *n.* 〖化学〗 キシリトール ($C_5H_{12}O_5$) 《キシロース (xylose) の還元によって得られる糖アルコール; 糖尿病患者用の甘味料として用いられる》. 〖(1891) ← XYLO-+-ITOL〗
xylo. (略) xylophone.
xy·lo- /záɪloʊ | -ləʊ/ 次の意味を表す連結形: **1** **a** 「木, 木の」: *xylo*phone. **b** 「木部 (xylem)」. **2** 〖化学〗 **a** 「キシレン (xylene), キシロース (xylose)」. **b** [イタリックで用いて] 「キシロース (xylose) と同じ立体配置をもつ」. ★ 母音の前では通例 xyl- になる. 〖← Gk *xúlon* wood, timber〗
xy·lo·bal·sa·mum /zàɪloʊbɔ́ːlsəməm | -lə(ʊ)-/ *n.* カンラン科の常緑樹ギレアドバルサムノキ (balm of Gilead) の乾枝; その香木. 〖(1616) □ L ~ 'balsam wood' □ Gk *xulobálsamon*: ⇨ xylo-, balsam〗
xy·lo·carp /záɪləkɑ̀əp | -lə(ʊ)kɑ̀ːp/ *n.* 〖植物〗 硬木質果. 〖← XYLO-+-CARP〗
xy·lo·car·pous /zàɪləkɑ́əpəs | -lə(ʊ)kɑ́ː-⁻/ *adj.* 〖植物〗 硬木質果を有する.
xy·lo·gen /záɪlədʒən, -dʒɛ̀n | -dʒɛ̀n/ *n.* 〖植物〗 = xylem.
xy·lo·graph /záɪlougræ̀f, -lə- | -lə(ʊ)grɑ̀ːf, -græ̀f/ *n.* (特に, 15 世紀の) 木版; 木版印刷物. 〖(1864) (逆成) ← XYLOGRAPHY〗
xy·log·ra·pher /zaɪlɑ́(ː)grəfə | -lɔ́grəfəʳ/ *n.* 木版師, 彫版師. 〖1824〗
xy·log·ra·phy /zaɪlɑ́(ː)grəfi | -lɔ́g-/ *n.* (特に, 15 世紀の) 木版術; (活版印刷術に対する) 木版印刷術. **xy·lo·graph·ic** /zàɪlougrǽfɪk | -lə(ʊ)-⁻/ *adj.* **xỳ·lo·gráph·i·cal** /-fɪkəl, -kl | -fɪ-⁻/ *adj.* 〖(1816) □ F *xylographie*: ⇨ xylo-, -graphy〗
xy·loid /záɪlɔɪd/ *adj.* 木材に似た, 木質の (woody). 〖← XYLO-+-OID〗
xy·loi·dine /zàɪlɔ́ɪdn̩ | zaɪlɔ́ɪdɪn/ *n.* 〖化学〗 キシロイジン 《澱粉・木繊維から作る爆薬の一種》. 〖(1850) □ F *xyloïdine*: ⇨ ↑, -ine³〗
xy·lol /záɪlɔ(ː)l | -lɔl/ *n.* 〖化学〗 =xylene. 〖(1851) ← XYLO-+-OL¹〗
xy·lol·o·gy /zaɪlɑ́(ː)lədʒi | -lɔ́l-/ *n.* 木質(構造)学 《樹木学の中の木質の構造を調べる一分科》. 〖← XYLO-+-LOGY〗
-xy·lon /ksəlɑ̀(ː)n | ksɪlɔ̀n/ 「木」の意の名詞連結形 《通例属名に用いる》: Haemato*xylon*. 〖← NL ~ ← Gk *xúlon* wood〗
xy·lón·ic ácid /zaɪlɑ́(ː)nɪk- | -lɔ́n-/ *n.* 〖化学〗 キシロン酸 ($C_4H_5(OH)_4COOH$) 《xylose から導かれるアルドン酸》. 〖*xylonic*: ← XYLO-+-ONE+-IC¹〗
Xy·lo·nite /záɪlənàɪt | -lə(ʊ)-/ *n.* 〖商標〗 ザイロナイト 《非熱硬化性のプラスチック》. 〖(1869) ← XYLO-+-ITE¹〗
xy·lo·phage /záɪləfèɪdʒ | -lə(ʊ)-/ *n.* 〖昆虫〗 木食い虫 《樹木の皮下や材部を食害する昆虫の総称》. 〖(1965) ← XYLO-+-PHAGE〗
Xy·lo·phag·i·dae /zàɪləfǽdʒədiː | -lə(ʊ)fǽdʒɪ-/ *n. pl.* 〖昆虫〗 (双翅目) キアブ科. 〖← NL ~ ← *Xylophagus* (属名: ← Gk *xulophágos* (↓))+-IDAE〗
xy·loph·a·gous /zaɪlɑ́(ː)fəgəs | -lɔ́f-/ *adj.* 〈昆虫など〉木を食う; 木に穴をあける. 〖(1739) □ Gk *xulophágos*: ⇨ xylo-, -phagous〗
xy·loph·i·lous /zaɪlɑ́(ː)fələs | -lɔ́fɪ-/ *adj.* 〖生物〗 木に[木の中に]生活する[育つ]: ~ fungi / a ~ beetle. 〖(1862) ← XYLO-+-PHILOUS〗
xy·lo·phone /záɪləfòʊn, zíl- | -fəʊn/ *n.* **1** ザイロフォーン, 木琴, (俗に) シロフォン (cf. marimba). **2** 木の弾性を計る器具. **xy·lo·phon·ic** /zàɪləfɑ́(ː)nɪk, zɪl- | -fɔ́n-⁻/ *adj.* 〖(1866) ← XYLO-+-PHONE〗

xylophone 1

xy·lo·phon·ist /záɪləfòʊnɪst, zíl- | zaɪlɔ́fənɪst, záɪləfəʊn-, zíl-/ *n.* ザイロフォーン奏者, 木琴演奏家. 〖1927〗
xy·lo·rim·ba /zàɪlərímbə/ *n.* ザイロリンバ 《5 オクターブの音域のある大型の木琴》. 〖(1938) ← XYLO(PHONE)+(MA)RIMBA〗
xy·lose /záɪloʊs, -loʊz | -ləʊs, -ləʊz/ *n.* 〖化学〗 キシロース ($C_5H_{10}O_5$) 《木材や藁(ﾜﾗ)の中に存在する一種の糖》. 〖(*c*1894) ← XYL(AN)+-OSE²〗
xy·lo·stro·ma /zàɪləstróʊmə | -strə́ʊ-/ *n.* (*pl.* **~·ta** /~tə | ~tə/) 〖植物〗 **1** 菌絲体 《ナラタケの菌絲束が樹の割れ目などに作る黒色, 針金状の組織》. **2** 菌褥 《キララタケの菌絲束が作る黄褐色, フェルト状の組織》. 〖← NL ~: ⇨ xylo-, stroma〗
xy·lot·o·mous /zaɪlɑ́(ː)təməs | -lɔ́t-/ *adj.* 〈昆虫が〉木に穴をあける, 木を切る. 〖← XYLO-+Gk *tomós* cutting (⇨ tome, -ous)〗
xy·lot·o·my /zaɪlɑ́(ː)təmi | -lɔ́t-/ *n.* (検鏡用試料切断器などによる) 木材の標本作製. **xy·lo·tom·ic** /zàɪlətɑ́(ː)mɪk | -tɔ́m-⁻/ *adj.* **xỳ·lo·tóm·i·cal** /-mɪkəl, -kl | -mɪ-⁻/ *adj.* 〖← XYLO-+-TOMY〗
-xy·lum /ksələm | ksɪ-/ -xylon の異形: zanthoxy*lum*. 〖← NL ~ ← Gk *xúlon* wood〗
xy·lyl /záɪlɪl | -lɪl/ *n.* 〖化学〗 キシリル ($(CH_3)_2C_6H_3$) 《キシレン (xylene) から誘導される 1 価の原子団》. 〖(1863) ← XYLO-+-YL〗
X́-Ý plòtter *n.* 〖電算〗 X-Y プロッター 《出力装置の一種で, 図形や文字などを描かせるもの》. 〖1977〗
X́-Ý recòrder *n.* 〖電気〗 X-Y レコーダー 《ペン書きオシログラフの一種で, XY 座標(直交座標)上をペンが動いて記録するもの》.
xyst /zíst/ *n.* =xystus.
xysta *n.* xystum の複数形.
xys·ter /zístə | -təʳ/ *n.* 〖医学〗 (外科用の) 骨膜剝離器. 〖(1688) ← NL ~ ← Gk *xustḗr* ← *xúein* to scrape〗
xysti *n.* xystus の複数形.
xys·tum /zístəm/ *n.* (*pl.* **xys·ta** /-tə/) =xystus. 〖1706〗
xys·tus /zístəs/ *n.* (*also* **xys·tos** /~/) (*pl.* **xys·ti** /-taɪ, -tiː/) **1** (古代ギリシャ・ローマで冬期または雨天に用いた屋根のある柱廊の) 屋内体育練習場[競技場]. **2** (古代ローマの) 庭園内の歩道[テラス]. 〖(1664) □ L ~ □ Gk *xustós (drómos)* polished (course) ← *xúein* to scrape ← IE **kes-* to scratch〗
X́ÝÝ sỳndrome *n.* 〖医学〗 XYY 症候群 《Y が 1 本多い性染色体異常のため, 男性で知能が低く攻撃的となる》.

Y y

Y, y /wáɪ/ *n.* (*pl.* **Y's, Ys, y's, ys** /～z/) **1** 英語アルファベットの第 25 字. ★ 通信コード Yoke, Yankee. **2** (活字・スタンプの)Y または y 字. **3** [Y] Y 字形(のもの): ⇨ Y-branch, Y-cartilage. **4** 文字 y が表す音 (young の /j/, symbol の /ɪ/, by の /aɪ/, happy の /i/ など). **5** (中世ローマ数字の)150. **6** (連続したものの)第 25 番目(のもの); (J を数に入れないときは)第 24 番目(のもの); (J, V, W を数に入れないときは)第 22 番目(のもの). 〖OE Y, y ◻ L ◻ Gk Υ, υ: ⇨ V〗

y 《記号》〖数学〗**a** (x を第 1 未知数[量]として用いたときの)第 2 未知数[量] (cf. x, z; a, b, c). **b** (x を第 1 変数として用いたときの)第 2 変数. **c** 縦座標 (ordinate), (空間の)第 2 座標 (cf. x, z). **2** altitude. **3** 〖気象〗dry air. **4** 未知の人[もの].

Y 《略》〖貨幣〗yuan (元).

Y 《記号》〖電気〗admittance; 〖化学〗yttrium; hypercharge.

Y, Y. /wáɪ/ *n.* 《口語》**1** YMCA [YWCA] の省略形: He stayed at the Y in the town. 《1915》 **2** YMHA [YWHA] の省略形.

¥, Y 《記号》〖貨幣〗yen (円): ¥100.

y., Y. 《略》yacht; yard(s); year(s); yellow; yeomanry; young; younger; youngest.

y- /i/ *pref.* 《古》過去分詞・集合名詞などを表す《近代英語にも古風な語として少数残り, Shakespeare などにも用例がある》: yclad (=clad) / yclept (=called) / yslaked (=slaked) / ywis (=surely). ★ *a*like, *a*mong などの a-, *e*nough, *ei*ther などの e-, ei-, また handiwork の -i- などはこの y- の変形. 〖OE *ge-* < Gmc *ʒa- (Du. & G *ge-* (cf. G gesehen) / ON *g-* / Goth. *ga-*) ← IE **kom* beside, near, by, with (L *com-* / Skt *ja-*)〗

-y[1] /i/ *suf.* **1** ラテン語系の抽象語尾で「状態・性質; 行為(の結果)」などを表す: comedy, glory, history, remedy, -logy. **2** 国名の語尾に用いる: Brittany, Italy. **3** 特定の集合体を表す: soldiery. **4** 特定の店や品物を表す: bakery; chandlery; laundry. 〖ME *-ie* ◻ (O)F *-ie* // L *-ia*: ⇨ -ia[1]〗

-y[2] /i/ *suf.* 《口語》**1** 名詞に付ける愛称的指小辞 (cf. -ie) 《小児語に多い》: Betty, Johnny; aunty, nursy, doggy, dolly. **2** 形容詞に付いて同様の名詞を造る: darky 黒人 / fatty おでぶちゃん. ★ (1) -y で終わる名詞形がその基本形に代わって普通語となることがある: baby (← babe). (2) スコットランド方言や古語では -ie の形が普通. (3) 現代俗語調として多音節語の名詞・形容詞の第一音節以外の任意の音節に代用される: comfy (← comfortable) / hanky (← handkerchief) / hubby (← husband) / nighty (← nightdress). 〖ME -y, -i, -ie ◻ ? OF *-i, -e*〗

-y[3] /i/ *suf.* **1** -ate[1] に当たる名詞語尾: county, dutchy; army, deputy, entry. **2** -ate[2] に当たる形容詞語尾: easy, privy. **3** 紋章を表す語の形容詞語尾: gyronny, lozengy. 〖ME *-ie* ◻ (O)F *-é(e)* < L *-ātus, -āta, -ātum* (p.p. suf.)〗

-y[4] /i/ *suf.* 次の意味を表す形容詞語尾: **1** 名詞に付いて. **a** 「…の, …の特徴をもった」: hairy, milky, needy, thorny / bony (← bone), icy (← ice), stony (← stone) / knobby (← knob). ★ (1) y に終わる名詞の後では -ey となる: clayey (← clay) / skyey (← sky). (2) この -y で終わる形容詞に -ly, -ness が付いたときには, -ness の場合は /i/ にそのまま /nɨs/ が付くが, happy /hǽpi/ ← happiness /hǽpinɨs/ となる. -ly が続くときには, /i/ は /ɪ/ または /ə/ に変化して /li/ が付く (例: happily /hǽpɨli/). また語末の /i/ の前の子音が /t, d, n/ のとき -ly が続くと, pretty /príti/ -ti/ → prettily /prítɨli, -tli | -tɨli, -tli/, ready /rédi | -di/ → readily /rédəli, -dli | -dɨli, -dli/, funny /fʌ́ni/ → funnily /fʌ́nəli, -nli | -nɨli, -nli/ という発音になる. **b** 「…の多い, …が一杯な」: muddy, watery. **c** 《口語》「…みたいな, …じみた」: lemony, oniony, homey. ★ しばしば非難・軽蔑の意を伴って用いられる: stagy, churchy. **d** 「…に夢中な」: horsey. **2** 色彩などを表す主に単音節の形容詞に付いて「やや…の, …っぽい」(cf. -ish[1] 4): whity-brown, yellowy. **3** 主に単音節の形容詞に付いてほとんど同義の主に詩語を造る: dusky, paly, steepy, stilly. **4** 動詞に付いて「…しやすい, …しがちの」: clingy, sleepy. 〖OE *-ig*, 《古形》*-æg* < Gmc *-*iʒaz*, *-*aʒaz* (OHG *-ig, -ag* / ON *-igr*): cf. IE *-*iko-* (L *-icus* / Gk *-ikos* / Skt *-ika*): ⇨ -ic[1]〗

-y[5] /i/ *suf.* 動詞から名詞を造る: enquiry, entreaty, expiry. 〖ME *-ie* ◻ AF ◻ L *-ium*〗

ya[1] /jáː/ =yes.

ya[2] /jə/ *pron.* 《俗・方言》=you, your.

yā /jáː; *Arab.* jáː/ *n.* ヤー《アラビア語のアルファベット 28 字中の第 28 字; ي (ローマ字の Y に当たる); ⇨ alphabet 表》.

Y/A, YA 《略》〖海上保険〗York-Antwerp Rules ヨークアントワープ規則《共同海損の精算についての世界的統一規則》.

yaar /jáə | jáː(r)/ *n.* 《インド口語》やあ(きみ)《親しみをこめた呼び掛け》. 〖◻ Hindi *yār* friend〗

yab·ber /jǽbə | -bə(r)/ 《豪》*n.* おしゃべり, 会話 (talk, jabber). — *vi.* おしゃべりをする. 〖《1855》◻ ? Austral. (Wuywurung) *yaba* to talk〗

yab·by /jǽbi/ *n.* (*also* **yab·bie** /～/) 《豪》〖動物〗ヤビー: **1** 小形のザリガニ. **2** スナモグリの一種《アナジャコの類; 釣りのえさとして用いられる》. — *vi.* ヤビーを捕りに行く. 〖《1884》《1894》◻ Austral. (Wemba Wemba) *yabij*〗

Yá·blo·no·vỳ Móuntains /jáːblənəvìː-; *Russ.* jáblənəvij/ *n. pl.* [the ～] ヤブロノボイ山脈《ロシア連邦東部, Baikal 湖東部の山脈; 最高峰 1,680 m; Yablonovy Range, Yablonoi /jàːblənɔ́ɪ/; *Russ.* jiblanój/ ともいう》.

yacht /já(ː)t | jɔ́t/ *n.* ヨット: **a** 競漕用軽快帆船: a racing ～ 競漕用ヨット / a ～ race ヨットレース. **b** 遊覧用のモーター[帆]付きの豪華快走船. **c** =sand yacht. **d** =ice yacht. — *vi.* ヨットに乗る, ヨットを走らす[操る], ヨットで遊航する: go ～*ing* ヨット乗りに行く. 〖《1557》◻ Du. 《古形》*jaghte* (Du. *jacht*) 《短縮》← *jaghtschip* chasing ship (against pirates) ← *jacht* hunting (← *jagen* to hunt < ? Gmc *jaʒōjan) + *schip* 'SHIP': 船足の速さから〗

yacht
1 mast
2 jib
3 hull
4 centerboard
5 mainsail
6 boom
7 tiller
8 rudder

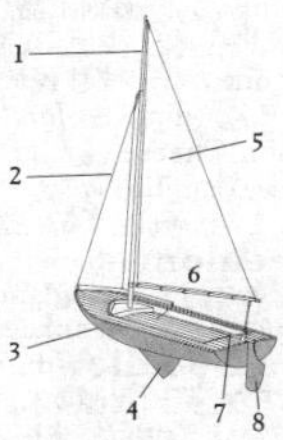

yácht chàir *n.* ヨットチェア《折り畳み式ひじ掛け椅子の一種》.

yácht clùb *n.* ヨットクラブ. 〖1834〗

yácht·er /-tə | -tə(r)/ *n.* =yachtsman. 〖1828〗

yacht·ie /já(ː)ti | jɔ́ti/ *n.* 《豪口語》ヨット所有者; ヨットマニア (yachtman). 〖《1943》← YACHT(SMAN)+-IE〗

yacht·ing /já(ː)tɪŋ | jɔ́tɪŋ/ *n.* **1** ヨットを走らせること, ヨット操縦(術), ヨットレース. **2** [形容詞的に]ヨットレースの: a ～ match [race] ヨット競漕[レース]. 〖1836〗

yácht·ràcing *n.* ヨット競漕[レース]. 〖1868〗

yachts·man /já(ː)tsmən | jɔ́ts-/ *n.* (*pl.* **-men** /-mən/) ヨット操縦者[熱狂者]; ヨット所有者. 〖《1862》← YACHT + -S[2] + MAN ∞ 《1820》*yachtman*〗

yáchtsman·shìp *n.* ヨット操縦術. 〖1862〗

yáchts·wòman *n.* 女性のヨット操縦者[マニア, 所有者]. 〖1888〗

yack /jǽk/ *n., vi.* =yak[3]. 〖擬音語〗

yack·er /jǽkə | -kə(r)/ *n.* 《豪口語》=yakka.

yack·e·ty-yak /jǽkətijǽk | -kɨti-/ 《俗》*n., vi.* (**-yakked; -yak·king**) (*also* **yack·e·ty-yack** /～/) = yak[3]. 〖《1960》《加重》← YACK〗

yáck-yáck *n. vi.* =yak[3].

Yad·kin /jǽdkɨn | -kɪn/ *n.* [the ～] ヤドキン(川)《米国 North Carolina 州中部を流れる川; Pee Dee 川の上流; (321 km)》.

yae /jéɪ/ *adj.* 《スコット》=ae[2].

yaff /jǽf/ *vi.* 《スコット・北英》(犬のように)ほえる; がみがみ言う, ずけずけ言う; しかる (scold). 〖《1609》《擬音語》: cf. ↓, waff[1]〗

yaf·fle /jǽfl/ *n.* 《英方言》〖鳥類〗=green woodpecker. 〖《1792》擬音語〗

Ya·fo /jáːfou | -fəu/ *n.* =Jaffa 1.

YAG /jǽg/ *n.* 〖化学〗YAG, イットリウムアルミニウムガーネット ($Y_3Al_5O_{12}$)《合成イットリウムアルミニウムガーネット; 宝石用原石, レーザー発振に用いられる》. 〖《1964》《頭字語》← *y(ttrium) a(luminum) g(arnet)*〗

ya·ger /jéɪgə | -gə(r)/ *n.* =jaeger 2.

ya·gi /jáːgi, jǽgi/ *n.* 〖電気〗八木アンテナ, 八木空中線《ダイポールアンテナに導波器・反射器を配列した指向性アンテナで, テレビ受信用に広く用いられている; yagi antenna, yagi array ともいう》. 〖《1943》◻ Jpn. ← 八木秀次 (1886–1976: このアンテナの発明者)〗

yag·na /jʌ́gnə/ *n.* 〖ヒンズー教〗=yajna.

yah[1] /jáː, jǽə | jáː/ *int.* やー, やーい《焦燥・あざけり・軽蔑・嫌悪・挑戦を表す》. 〖《1812》擬音語〗

yah[2] /jáː, jǽə/ *adv.* 《英口語》=yes (cf. yeah, yer[1]). 〖《1863》《転訛》← YEA // ◻ G *ja* yes〗

yah[3] /jáː/ *pron.* 《非標準》=you.

Yah·gan /jáːgən; *Am.Sp.* jaɣán/ *n.* (*pl.* ～, ～**s**) **1 a** [the ～(s)] ヤーガン族《Tierra del Fuego に住む狩猟民族》. **b** ヤーガン族の人. **2** ヤーガン語. 〖← *Yahga* (Tierra del Fuego の地名) + -AN[1]〗

Ya·hi /jáːhiː/ *n.* (*pl.* ～, ～**s**) **1 a** [the ～(s)] ヤヒ族《米国 California 州北部 Pitt 川流域に住んでいるインディアンの一部族》. **b** ヤヒ族の人. **2** ヤヒ語. 〖◻ Yahi ～ 'person'〗

ya·hoo /jáːhuː, jeɪ- | jəhúː, jɑː-, jáːhuː/ *int.* やっほー, わーい, やった—《興奮・歓喜・高揚の発声》.

Ya·hoo /jáːhuː, jéɪ-, jɑːhúː | jəhúː-, jɑː-, jáːhuː/ *n.* (*pl.* ～**s**) **1** ヤフー《Swift の *Gulliver's Travels* 中で Houyhnhnms に仕える人間の形をした動物》. **2** [y-] 獣のような粗野な人; 無骨者, 無作法者. **3** [～!] 〖商標〗ヤフー《インターネット検索エンジンの一つ》. 〖《1726》: Swift の造語〗

Yahr·zeit /jáːətsart, jóə- | jáː-; *Yid.* jɔ́rtsart/ *n.* 〖ユダヤ教〗追悼記念祭《偉大な指導者・父母・兄弟姉妹などの命日に行う記念祭で, 24 時間燃えるろうそく (yahrzeit candle) の光で追悼する》. 〖《1852》◻ Yid. *yartsayt* ◻ MHG *jārzīt* (G *Jahrzeit*) anniversary ← *jār* 'YEAR' + *zīt* 'TIME'〗

Yah·veh /jáːveɪ | jáːveɪ, ─⌐, jáːvə/ *n.* (*also* **Yah·ve** /～/) =Yahweh.

Yáh·vism /-vɪzm/ *n.* =Yahwism.

Yáh·vist /-vɨst | -vɪst/ *n.* =Yahwist.

Yah·vis·tic /jɑːvístɪk/ *adj.* =Yahwistic.

Yah·weh /jáːweɪ, -veɪ | jáːweɪ/ *n.* (*also* **Yah·we** /～/) ヤハウェ, ヤーウェ《ヘブライ語の旧約聖書に現れる神の名; 伝統的には Jehovah の形が用いられる; ⇨ Tetragrammaton》. 〖《1869》◻ Heb. *Yahwéh*: 神名を表すヘブライ語子音字 YHWH の発音を学問的に再構成したもの; 《原義》being, existence: ⇨ Jehovah, Tetragrammaton〗

Yah·wism /jáːwɪzm, -vɪzm/ *n.* **1** 古代ヘブライ人のヤハウェ (Yahweh) の崇拝, ヤハウェ信仰. **2** Yahweh を神の名として用いること. 〖1867〗

Yáh·wist /-wɨst, -vɨst | -wɪst, -vɪst/ *n.* ヤハウィスト《旧約聖書の最初の六書 (Hexateuch) の中で神が Elohim でなく Yahweh と称されている部分の記者; cf. Elohist》. 〖1892〗

Yah·wis·tic /jɑːwístɪk | -wís-/ *adj.* ヤハウィストの; ヤハウェ信仰の. 〖1874〗

yaj·na /jʌ́gnə/ *n.* 〖ヒンズー教〗ヤジュニャ《祭祀において, 特定の目的をもつ犠牲》. 〖◻ Skt *yajña*〗

Yáj·ur-Véda /jʌ́dʒʊə- | -dʒʊə-, -dʒɔː-/ *n.* [the ～] 〖バラモン教〗「ヤジュルヴェーダ」(⇨ Veda).

yak[1] /jǽk/ *n.* (*pl.* ～**s**, ～) 〖動物〗ヤク, リギュウ (*Poephagus grunniens*)《チベット・中央アジア産の野牛; しばしば飼いならして運搬用に使う; 肉は食用となる》. 〖《1795》◻ Tibetan *gyak*〗

yak[1]

yak[2] /jǽk/ *n.* 《俗》**1** 大笑い《特に喜劇に対する聴衆の反応》. **2** 冗談. 〖《1948》擬音語〗

yak[3] /jǽk/ *n.* 《俗》おしゃべり, むだ話. — *vi.* (**yakked; yak·king**) おしゃべりする, むだ話する. **yák·ker** *n.* 〖擬音語〗

Ya·ka /jáːkə/ *n.* (*pl.* ～, ～**s**) **1 a** [the ～(s)] ヤカ族《中部アフリカ Kwango 川流域に住む Bantu 系部族》. **b** ヤカ族の人. **2** ヤカ語.

Ya·kan /jáːkən/ *n.* **1 a** [the ～s] ヤカン族《フィリピン Basilan 島奥地に住むイスラム化された一種族》. **b** ヤカン族の人. **2** ヤカン語.

yak·e·ty-yak /jǽkətijǽk | -kɨti-/ *n., vi.* =yak[3]. 〖《1953》《加重》: ← YAK[3]〗

Yak·i·ma /jǽkəmɔ̀ː, -mɑ̀ː | -kɨmɑ̀ː, -mə/ *n.* (*pl.* ～, ～**s**) **1 a** [the ～(s)] ヤキマ族《米国 Washington 州に住むインディアンの一部族》. **b** ヤキマ族の人. **2** ヤキマ語《Shahaptian 語の一方言》. 〖1838〗

Yak·i·ma /jǽkəmɔ̀ː, -mɑ̀ː | -kɨmɑ̀ː, -mə/ *n.* ヤキマ《米国 Washington 州の都市》.

ya·ki·to·ri /jɑ̀ːkitɔ́ːri, jɑ̀ːk- | jæ̀k-/ *n.* 焼き鳥. 〖《1962》◻ Jpn.〗

yak·i·ty-yak /jǽkətijǽk | -kɨti-/ *n., vi.* =yak[3].

yak·ka /jǽkə/ *n.* (*also* **yak·ker** /-kə | -kə(r)/) 《豪口語》(つらい)仕事, 労働. 〖《1888》← Austral. (現地語)〗

Ya·kut /jəkúːt | jækút, jæk-, jɑː-; *Russ.* jikút/ *n.* (*pl.* ～, ～**s**) **1 a** [the ～(s)] ヤクート族《シベリア北東部の Lena 川流域に住むチュルク系の民族》. **b** ヤクート族の人. **2** ヤクート語《シベリア北東部に行われる Turkic 語派の一言語》.

Ya·ku·ti·a /jəkúːtiə | jækútiə, jɑː-; *Russ.* jikútʲɪə/ *n.* ヤクーチア《ロシア連邦に属する共和国; 首都 Yakutsk; 正

Y

式名は the Republic of Sakha サハ共和国》.

Ya·kutsk /jəkúːtsk | jəkʊ́tsk, jæ-, jɑː-; *Russ.* jikútsk/ *n.* ヤクーツク《Yakutia 共和国の首都》.

yák-yák *n.*, *vi.* 《米》 =yak[3].

yale /jéɪl/ *n.* イエール《レイヨウ (antelope) に似た架空の動物; その 2 本の角は自由に動き, どの方向にも向けることができるという》. 〘《*c*1425》 *eale* ◻ L *ealē* (Pliny, *Nat. Hist.*)〙

Yale /jéɪl/ *n.* 〖商標〗 =Yale lock. 〘1869〙

Yale /jéɪl/, **Elihu** *n.* エール《1649–1721; 英国の商人・植民地行政官; Yale 大学創立に尽力した》.

Yále lòck *n.* 〖商標〗 エール錠《ドアなどに用いるシリンダー錠》. 〘《1869》 ← *Linus Yale* (1821–68: 米国の錠前師)〙

Yále Univérsity /jéɪl-/ *n.* エール大学《米国 Connecticut 州 New Haven にあり, 1701 年創立; Ivy League の一つ; ⇨ Elihu YALE》.

y'all /jɔ́ːl, jɑ́ːl | jɔ́ːl/ *pron.* 《米口語》 you-all の縮約形.

Ya·long Jiang /jɑ̀ːlʊ́ŋ dʒiɑ́ːŋ | -dʒǽŋ; *Chin.* iălʊ́ŋtɕiɑ̄ŋ/ *n.* [the ~] 雅礱江(ヤーロンチアン)《中国青海省 (Qinghai) 南部に源を発し, 四川省 (Sichuan) 西部の山岳地帯を南流して金沙江 (Jinsha Jiang) に注ぐ川 (1,167 km)》.

Yal·ow /jǽloʊ | -ləʊ/, **Ros·a·lyn** /rɑ́(ː)zəlɪn | rɔ́z-/ **Sussman** *n.* ヤロー《1921–2011; 米国の女性生化学者; Nobel 医学生理学賞 (1977)》.

Yal·ta /jɔ́ːltə, jɑ́ːl- | jǽltə, jɔ́ːl-, jɔ́l-; *Ukr.* jálta, *Russ.* jáltə/ *n.* ヤルタ《ウクライナ共和国の黒海沿岸, Crimea 半島にある海港・保養地》.

Yálta Cónference *n.* [the ~] ヤルタ会談《第二次大戦の末期 1945 年 2 月 3 日–11 日に Yalta で行われた Roosevelt, Churchill, Stalin の首脳会議; 戦後処理・国連創立などについての重要決定がなされた》.

Ya·lu Jiang /jɑ́ːlùːdʒiɑ́ːŋ | -dʒǽŋ; *Chin.* iɑ̄lùtɕiɑ̄ŋ/ *n.* [the ~] 鴨緑江(ヤールーチャン)《中国と北朝鮮の境を流れて黄海に注ぐ川 (800 km)》.

yam /jǽm/ *n.* **1** ヤマノイモ, ヤムイモ: **a** 〖植物〗 ヤマノイモ属 (*Dioscorea*) の植物の総称: ⇨ Chinese yam. **b** ヤマノイモ属の植物の根《食用》. **2** 《米南部》 サツマイモ (sweet potato). **3** 《スコット古》 ジャガイモ (potato). — *adj.* ヤマノイモ属の. 〘《1588》 *inany, igname* ◻ Port. *inhame* // Sp. 《廃》 *iġname*=*ñame* ← W.-Afr. 《現地語》: cf. Senegal *nyami* to eat〙

Ya·ma /jʌ́mə/ *n.* 〖インド神話〗 (緑面赤衣の)ヤマ《最初に死んだ人間の神格化したもので, 死者の裁判官; 仏教に入って閻魔(えんま)になった》. 〘◻ Skt *Yama* 《原義》? the restrainer ← *Yama* rein, bridle〙

ya·mal·ka /jɑ́ːməlkə, jɑ́ːməkə | jɑ́ːm-, jʌ́m-/ *n.* 〖ユダヤ教〗 =yarmulke.

Ya·ma·ni /jɑːmɑ́ːni/, Sheikh **Ahmed Zaki** *n.* ヤマニ《1930– ; サウジアラビアの政治家》.

Ya·ma·to-e /jɑ̀ːmɑːṭoʊéɪ | jæmǽtəʊèɪ/ *n.* 大和(やまと)絵《単に Yamato ともいう》. 〘《1879》 ◻ Jpn.〙

yám bèan *n.* 〖植物〗 クズイモ (*Pachyrhizus erosus*)《熱帯産マメ科のつる植物; 塊根・さやは食用, 種子は薬用》. 〘1864〙

ya·men /jɑ́ːmən; *Chin.* iámə́n/ *n.* (*pl.* **~s**) 衙門(ヤーメン), 官衙《清代までの中国の官庁》: the Tshungli ~ 総理衙門《清朝時代の外務省》. 〘《1747》 ◻ Chin. *yamen* (衙門)〙

Ya·mim No·ra'im /jɑːmímnɔ̀ːrɑːíːm/ *n.* = High Holidays. 〘◻ ModHeb. *yamím nora'ím* < Heb. *yāmím nōra'ím* awful days〙

yamin tovim *n.* yom tov の複数形.

yam·mer /jǽmə | -mə(r)/ 《口語》 *vi.* **1** 鼻を鳴らす, 不平を言う. **2** (高い声でたて続けに)ぺちゃくちゃしゃべる. **3** 騒々しい音をたてる. **4** 〈動物が〉悲しそうな鳴き声をあげる, 遠ぼえする. — *vt.* 不平顔で話す. — *n.* **1** 鼻を鳴らす[不平を言う]こと. **2** おしゃべり; 騒々しい音. **~·er** *n.* 〘《1481》 *ȝamere(n), ȝomere(n)* < OE *ġeōm(e)rian* to complain ← *ġeōmor* sorrowful: cf. MDu. *jammeren* / G *jammern* to lament〙

Yam·ous·souk·ro /jɑ̀ːməsúːkroʊ | -krəʊ; *F.* jamusukʁo/ *n.* ヤムスクロ《コートジボアールの首都; 1983 年に Abidjan から移転》.

yam·pee /jǽmpi/ *n.* 〖植物〗 =cush-cush. 〘《1796》 ◻ N-Am.-Ind. ~? 《変形》 ← Shoshoni *yampa*〙

yám stìck *n.* ヤマノイモ[ヤムイモ]掘り棒《オーストラリアの先住民が根を掘るのにあるいは武器として用いる先のとがった棒》. 〘1863〙

Y

ya·mun /jɑ́ːmən/ *n.* =yamen.

Ya·na[1] /jɑ́ːnə/ *n.* (*pl.* **~, ~s**) **1 a** [the ~(s)] ヤナ族《米国 California 州北部 Pitt 川流域に住んだインディアンの一部族; 現在はほとんど死滅》. **b** ヤナ族の人. **2** ヤナ語《男女の言語体系が異なるのが特徴であったが, 消滅した》. 〘◻ Yana ~ 'person'〙

Ya·na[2] /jɑ́ːnə; *Russ.* jánə/ *n.* [the ~] ヤナ(川)《ロシア連邦 Yakutia 中東部, Verkhoyansk 山脈より発し Laptev 海に注ぐ (872 km)》.

Yan'·an /jɑ̀ːnɑ́ːn; *Chin.* iɛ́nān/ *n.* 延安(イエンアン)《中国陝西省 (Shaanxi) 北部の都市; 中国共産党の政治的・軍事的拠点 (1935–49)》.

Yan·cheng /jæ̀ntʃʌ́ŋ; *Chin.* iɛ́ntʂʰɤ́ŋ/ *n.* 塩城(イエンチョン)《中国江蘇省 (Jiangsu) 中東部の都市》.

yan·dy /jǽndi/ 《豪》 *vt.* **1** 〈種を〉箕(み)で振り分ける 〈*from*〉. **2** 〈鉱物を〉鉄板皿で選別する. — *n.* **1** 箕. **2** 鉱物選別用鉄板皿.

yang /jɑ́ːŋ; *Chin.* iáŋ/ *n.* 〖中国哲学〗 陽 (⇨ yin[2]). 〘《1671》 ◻ Chin. ~ (陽)〙

Yang Chen Ning /jɑ́ːŋtʃɛ̀nníŋ; *Chin.* iáŋtʂə̀nníŋ/ *n.* 楊振寧(ヤンチェンニン)《1922– ; 中国生まれの米国の物理学者; Nobel 物理学賞 (1957)》.

Yang·chü·an /jɑ́ːŋtʃùːɑ́ːn/ *n.* =Yangquan.

Yang Gui·fei /jɑ́ːŋgwìːféɪ | jǽŋ-; *Chin.* iáŋkuìfēɪ/ *n.* 楊貴妃(ヤンクイフェイ)《719–756; 中国, 唐代の玄宗皇帝が寵愛した妃》.

Yan·gon /jɑ̀ːngóʊn | jæ̀ngɔ́n/ *n.* **1** ヤンゴン《ミャンマーの首都; 旧名 Rangoon》. **2** [the ~] ヤンゴン(川)《Rangoon 川の別名; ⇨ Rangoon》.

Yang·quan /jɑ̀ːŋtʃuɑ́ːn, -tʃwɑ́ːn; *Chin.* iáŋtɕʰyǽn/ *n.* 陽泉(ヤンチュエン)《中国山西省 (Shanxi) 東部の鉱工業都市》.

Yang·tze /jǽŋtsi, jɑ́ːn- | jǽn-; *Chin.* iáŋtsǐ/ *n.* [the ~] 揚子江 (⇨ Chang Jiang).

Yang·zhou /jɑ̀ːŋdʒóʊ | jæ̀ŋdʒə́ʊ; *Chin.* iáŋtʂōʊ/ *n.* 揚州(ヤンチョウ)《中国江蘇省 (Jiangsu) 南西部の都市》.

Ya·ni·na /jɑ́ːnìnɑ̀ː/ *n.* =Ioannina.

yank /jǽŋk/ 《口語》 *vt.* ぐいと引く[引っ張る], (急速に荒っぽく)ぐいと引き抜く: ~ the weed *out* by the root 雑草を根こぎにする / have one's tooth ~*ed* 歯をぐいと抜かれる / ~ open a drawer 引出しを引っ張り開ける / ~ a person *out of* his seat 人を席から引きずり出す. — *vi.* ぐいと引く: ~ *at* the controls 操縦桿をぐいと引く / ~ down *on* the rope 綱をぐっと下に引く. — *n.* ぐいと引くこと (jerk). 〘《1818》 ← ?〙

Yank /jǽŋk/ *n.*, *adj.* 《口語》 =Yankee; (特に, 第一・第二次大戦当時の)米国兵. 〘《1778》 《略》 ↓〙

Yan·kee /jǽŋki/ *n.* **1** 《英・軽蔑》 ヤンキー, 米国人, 米人 (American). **2** 《米》 **a** ニューイングランド人; ニューイングランド人の血を引く人. **b** 米国北部諸州人 (Northerner). **c** (南北戦争当時南部側がつけたあだ名として)北軍の兵士 (cf. buckskin 3 a). **3** ヤンキー英語, (特に)ニューイングランド方言. **4** 〖競馬〗 4 (ないしはそれ以上の)重勝式勝馬投票《4 レース(以上)の勝馬または入着馬を的中させる投票方法》. **5** 〖通信〗 y の文字を表す通信コード. **6** 〖ヨット〗 ヤンキージブ《風が弱いときにステースル (staysail) の前に張る大型のジブ; Yankee jib ともいう》. — *adj.* ヤンキーの, ヤンキー式[流]の: ~ blarney ヤンキー流のお世辞 / ~ notions ヤンキーの細工品, 米国式新案品 / ~ shrewdness ヤンキー一流の抜け目なさ. 〘《1758》 ◻ ? Du. *Janke* (New York のオランダ移民が Connecticut の英国移民を呼んだあだ名) (dim.) ← *Jan* 'JOHN[1]': または Du. *Jan Kees* John Cheese (もとはオランダ人に対するあだ名)あるいは *Jengees* (*English* のアメリカインディアンの発音を表したもの)を pl. とみた逆成とするなど諸説がある〙

Yán·kee·dom /-ḍəm | -dəm/ *n.* **1** ヤンキー国《米国北東部; 特に, New England》; 米国 (United States). **2** [集合的]ヤンキー (Yankees). 〘1851〙

Yánkee Dóo·dle /-dúːḍl̩ | -dl̩/ *n.* **1** 「ヤンキードゥードル」《おそらく英国起源の米国の愛唱歌; 独立戦争当時英軍が歌っていたざれ歌が, 米国軍の間にも流行したもの》. **2** [a ~] 米国人, 米人 (Yankee). 〘《1768》 *Doodle*: (i) 《転訛》 ← TOOTLE (伴奏の横笛を舌を使って吹くときの音から) // (ii) ← DOODLE[1,2] 'to pipe; a fool'〙

Yan·kee·fy /jǽŋkifàɪ/ *vt.* …をヤンキー化する, 米国風にする (Americanize). 〘1846〙

Yán·kee·ìsm /-kiìzm̩/ *n.* **1** ヤンキー[米国人]かたぎ; 米国風. **2** 米国語風, 米国なまり. 〘1820〙

Yánkee·lànd *n.* 《口語》 ヤンキー国: **a** 《英》 米国. **b** 《米南部》 米国北部. **c** 《米北部》 =New England. 〘1803〙

yan·ni·gan /jǽnəgən, -nɪ- | -nɪ-/ *n.* 《米俗》 〖野球〗 二軍選手. 〘《転訛》 ← ? *young'un* young one〙

Ya·no·ma·mi /jɑ́ːnəmɑ̀ːni | jǽn-/ *n.* (*also* **Ya·no·ma·mö** /-mòʊ | -mə̀ʊ/) (*pl.* **~, ~s**) **1 a** [the ~(s)] ヤノマミ族《ブラジル北部とベネズエラ南部の Orinoco 川上流域に住むインディオ》. **b** ヤノマミ族の人. **2** ヤノマミ語《カリブ語系》.

yan·qui, Y- /jɑ́ːŋki; *Sp.* jáŋki/ *n.* (ラテンアメリカでラテンアメリカ人と区別して)ヤンキー (Yankee); 米国人. 〘《1928》 ◻ Am.-Sp. ← YANKEE〙

Yan·tai /jɑ̀ːntáɪ; *Chin.* iɛ̄ntʰáɪ/ *n.* 煙台(イエンタイ)《中国山東省 (Shandong) 北東部の港湾都市》.

yan·tra /jɑ́ːntrə | jǽn-/ *n.* ヤントラ《瞑想の時に用いる幾何学的図形》. 〘◻ Skt ~〙

Yao[1] /jáʊ; *Chin.* iáʊ/ *n.* 堯(ヤオ)《理想的な政治を行ったとされる伝説上の中国の帝王; cf. Shun》.

Yao[2] /jáʊ/ *n.* (*pl.* **~, ~s**) **1 a** [the ~(s)] ヤオ族《アフリカ中部 Nyasa 湖周辺に住むアフリカ先住民》. **b** ヤオ族の人. **2** ヤオ語《Bantu 語族に属する》. 〘← Bantu 《現地語》〙

Yao[3] /jáʊ/ *n.* (*pl.* **~, ~s**) **1 a** [the ~(s)] ヤオ族《中国南西部・タイ・ラオス北部などの山岳地帯に住む山地民》. **b** ヤオ族の人. **2** ヤオ(瑤)語.

Ya·oun·dé /jaʊndéɪ; *F.* jaunde/ *n.* ヤウンデ《アフリカ中西部 Cameroon 南西部にある同国の首都》.

ya·ourt /jɑ́ːʊət | -ə(ː)t, -ʊət/ *n.* 《英》 =yogurt.

yap /jǽp/ *v.* (**yapped; yap·ping**) — *vi.* **1** 〈子犬が〉(騒がしく)ほえ立てる, きゃんきゃんほえる (yelp). **2** 《口語》 がみがみ言う[叱る]; ぺちゃぺちゃしゃべる, おしゃべりする (chatter). — *vt.* がみがみ言う. — *n.* **1** (やかましい)ほえ声 (yelp); [間投詞的] きゃんきゃん. **2** 《俗》 おしゃべり; [間投詞的] ぺちゃくちゃ. **3** 《俗》 不作法者 (bumpkin); 乱暴者, 与太者. **4** 《俗》 口 (mouth): Shut your ~. 黙れ. **yáp·per** *n.* **yáp·ping·ly** *adv.* 〘《1603》: 擬音語〙

Yap /jǽp, jɑ́ːp/ *n.* ヤップ(島)《ミクロネシア連邦北部 Caroline 諸島西部の島; 米国海底電信中継地; 面積 101 km^2》.

Ya·pese /jæ̀píːz, jɑ̀ː-, -píːs | -píːz←/ *adj.* ヤップ島(人)の. — *n.* (*pl.* ~) ヤップ島人.

ya·pock /jəpɑ́(ː)k | -pɔ́k; *Am.Sp.* japó(k)/ *n.* (*also* **ya·pok** /~/) 〖動物〗 ミズオポッサム (*Chironectes minimus*)《中・南米産; water opossum ともいう; cf. opossum》. 〘《1827》 ← *Oyapok* (南米 Guiana と Brazil 北部の境界の川の名)〙

ya·pon /júːpɑ(ː)n, jóʊ-, jɔ́ː-, jɑ́ː- | júːpɔn, jə́ʊ-/ *n.* 〖植物〗 =yaupon.

yapp /jǽp/ *n.* 《英》 〖製本〗 ヤップ式製本《yapp binding ともいう; ⇨ divinity circuit binding》. 〘《1883》 ← *William Yapp* (1860 年ごろ聖書をこの様式で製本した London の本屋の名)〙

yap·py /jǽpi/ *adj.* 《口語》 〈子犬が〉きゃんきゃんほえる; ぺちゃくちゃしゃべる. 〘1909〙

Ya·pu·rá /ʒɑ̀ːpʊrɑ́ː; *Am.Sp.* japuɾá/ *n.* [the ~] = Japurá.

Ya·qui[1] /jɑːkíː; *Am.Sp.* jakí/ *n.* [the ~] ヤキ(川)《メキシコ北西部の川; California 湾に注ぐ (676 km)》.

Ya·qui[2] /jɑ́ːki; *Am.Sp.* jáki/ *n.* (*pl.* **~, ~s**) **1 a** [the ~(s)] ヤキ族《メキシコ Sonora 州に住む種族, もと Yaqui 川の流域に居住した》. **b** ヤキ族の人. **2** ヤキ語《Uto-Aztecan 語族に属する》. 〘◻ Sp. ~ ◻ Nahuatl ~ 《原義》? chief river〙

yar /jɑ́ə | jɑ́ː(r)/ *adj.* =yare 2.

YAR 《略》 Yemen Arab Republic.

yar·ak /jǽræk/ *n.* [次の成句で]: ***in ~*** 〈ならしたタカが〉狩りに適した状態で. 〘《1855》 ◻ ? Pers. *yārakī* power〙

Yar·bor·ough, y- /jɑ́əbəːroʊ | jɑ́ːb(ə)rə/ *n.* 〖トランプ〗 (whist または bridge で)からす《オナーカード (honor card) が 1 枚もない悪い手》. 〘《1900》 ← *Charles A. Worsley, Second Earl of Yarborough* (こんな手は起こり得ないと 1000 対 1 で賭けた 19 世紀の英国の貴族)〙

yard[1] /jɑ́əd | jɑ́ːd/ *n.* **1** ヤード《長さの単位; =3 feet, 36 inches, 約 91.4 cm; 略 yd》. **2 a** 平方ヤード (square yard)《面積の単位; 9 平方フィート, 1,296 平方インチ, 0.836 m^2; 略 sq yd, yd^2》. **b** 立方ヤード (cubic yard)《土や砂を測るときに用いる体積の単位; 27 立方フィート, 46.656 立方インチ, 0.765 m^3; 略 cu yd, yd^3》: a ~ of sand. **3** 《口語》 多量, たくさん: ~*s* of facts たくさんの事実. **4** 〖海事〗 **a** ヤード, 桁(けた), 帆桁 (⇨ yardarm 挿絵): man the ~*s* 登桁(とうこう)礼を行う / ~*s* apeak (喪を表すときなどに)帆桁を X 形に引き上げて / ⇨ foreyard, main yard. **b** 帆船でない船のマストの横棒. **5** 《米俗》 100 ドル; (時に) 1,000 ドル. **6** 《古》 =penis. **7** =yardstick 1.
by the yárd きわめて詳細に, 長々と. ***if a yárd*** ⇨ if 成句. ***a yárd of ále*** 《英》 高さ約 1 ヤードのらっぱ形ビール用グラス《2–3 パイント入る》; その分量. ***a yárd of cláy*** 《英》 長い陶製のパイプ. ***a yárd of tín*** 《英》 御者の使う笛.
〘OE *ġierd, ġyrd* rod, staff < Gmc **ȝazðjō* (G *Gerte* rod) ← Gmc **ȝazðaz* ← IE **ghazto-* rod: cf. gad[2]〙

yard[2] /jɑ́əd | jɑ́ːd/ *n.* **1 a** (建物に隣接し, しばしば舗装された戸外の狭い)囲った地面 (enclosure); 中庭 (court): ⇨ churchyard, farmyard. **b** 《米》 家に隣接した庭 (cf. garden 1 a): a front ~ 前庭. **c** (大学などの)構内 (campus): Harvard *Yard* ハーバードヤード《ハーバード大学のもとの構内》. **d** (刑務所内の)運動場: a prison ~. **2** [しばしば複合語の第 2 構成素として] (れんが・材木・車などの)置場; 仕事場: a builder's ~ 大工の仕事場 / a navy ~ 海軍造船所, 海軍工廠 / ⇨ brickyard, lumberyard. **3** 《豪》 (家畜の)囲い; 家畜場: a chicken ~ 養鶏場 / ⇨ stockyard. **4** 《米》 (鹿類の)冬期草食い場. **5 a** [the Y-] 《英口語》 =Scotland Yard: call in *the Yard*=call in SCOTLAND YARD. **b** 〖鉄道〗 操車場, ヤード. **6** 《NZ》 =saleyard, stockyard.
— *adj.* [限定的] **1** 庭[中庭]の[にある, で用いられる]. **2** 操車場の[で用いられる]. **3** 家畜場の[から出る].
— *vt.* **1 a** 〈家畜などを〉囲いの中に入れる 〈*up*〉. **b** 〈鹿類を〉冬期草食い場に入れる. **2 a** 〈車両を〉操車場に入れる. **b** 〈木材などを〉置場に入れる. — *vi.* 〈鹿類が〉冬期草食い場に集まる 〈*up*〉.
〘OE *ġeard* enclosure < Gmc **ȝarðaz* (Du. *gaard*) ← IE **ghordho-, ghorto-* enclosure ← **gher-* to enclose: GARDEN と二重語〙

yard·age[1] /jɑ́əḍɪdʒ | jɑ́ːd-/ *n.* **1** ヤード数, ヤード尺計算数, ヤードで測った長さ・量・面積. **2** ヤード極め採炭《炭坑夫の賃金決定の基準にする》. **3** =yard goods. **4** 〖アメフト〗 ボールキャリアーが進んだ距離. 〘《1877》 ← YARD[1] + -AGE〙

yard·age[2] /jɑ́əḍɪdʒ | jɑ́ːd-/ *n.* **1** (駅の家畜積みかえ用の)構内使用[権]. **2** 構内使用料. 〘《1867》 ← YARD[2] + -AGE〙

yar·dang /jɑ́ədɑːŋ | jɑ́ː-/ *n.* 〖地質〗 ヤルダン《風蝕によってできた盆地状地形; 特に, Turkestan 地方のもの》. 〘《1904》 ◻ Turk. ~ (abl.) ← *yar* steep bank〙

yárd·àrm *n.* 〖海事〗 ヤーダーム, 桁端(こうたん), けたはし《帆桁(ほげた)の末端; cf. quarter A16 b》. 〘《1553》: ⇨ yard[1]〙

yárd·bìrd *n.* 《米俗》 **1** (清掃・草取りなどの仕事をさせられる)雑役兵, 初年兵. **2** 囚人. 〘《1941》: ⇨ yard[2]〙

yárd gòods *n. pl.* ヤード単位で売られる布地[反物]. 〘1905〙

yárd gràss *n.* 〖植物〗 オヒシバ, チカラグサ (*Eleusine indica*)《荒地などによく生えるイネ科の雑草》. 〘1822〙

Yard·ie /jɑ́əḍi | jɑ́ːdi/ *n.* ヤーディー《西インド諸島の麻薬販売組織のメンバー》. 〘《1986》 ← YARD[2] 《カリブ》 house + -IE〙

yárd·ing /-ḍɪŋ | -dɪŋ/ *n.* (売りに出すために集められた)動物[家畜]の群れ.

yárd·lànd *n.* =virgate[2]. 〘《*c*1450》: ⇨ yard[1]〙

yárd lìne *n.* 〖アメフト〗 ヤードライン《ゴールラインに平行にフィールドに 1 ヤードの間隔で引かれたライン》. 〘1949〙

yárd·man[1] /-mən, -mæ̀n/ *n.* (*pl.* **-men** /-mən, -mɛ̀n/) **1** 〖鉄道〗 操車場係, 構内作業係《転轍(てんてつ)手など》. **2** 材木置場の建築資財監督. **3** 《米》 (芝刈りなど

戸外の仕事をする)日雇い人. 〘(a1825): ⇨ yard[2]〙
yárd·man[2] /-mən, -mæ̀n/ *n.* (*pl.* **-men** /-mən, -mèn/) 〖海事〗船の帆桁(ほた)に仕事を割り当てられた船員. 〘(1886): ⇨ yard[1]〙
yárd·màster *n.* 〖鉄道〗操車場係長, 構内作業係長. 〘1864〙
yárd mèasure *n.* ヤード尺 (1ヤードの長さのテープ尺・さお尺など). 〘1831–34〙
yárd ròpe *n.* 〖海事〗帆桁(ほた)索 (帆桁を上げ下げする綱). 〘1850〙
yárd sàle *n.* =garage sale. 〘1972〙
yard·stick /jáədstìk | jɑ́:d-/ *n.* **1** (木または金属製の)ヤード尺. **2** 判断・比較の標準[尺度],「ものさし」(⇨ standard SYN): Success cannot be measured by the ~ of wealth. 成功は財産の基準では計れない. 〘1816〙
yárd tàckle *n.* 〖海事〗桁端(こうたん)テークル (桁端に付けた滑車装置).
yárd·wànd *n.* 《古》=yardstick.
yárd·wòrk *n.* (芝刈り・木の手入れなどの)庭仕事.
yare /jéə | jéə(r)/ *adj.* (**yar·er; yar·est**) 《古・方言》 **1** 用意のできた. **2 a** 迅速な; 活発な. **b** 〈船が〉舵(だ)ききがいい, 操縦しやすい, 扱いやすい. — *adv.* 《古》迅速に. **~·ly** *adv.* 〘OE ġearu ready ← Gmc *ʒarwaz prepared (Du. *gaar* done / G *gar* ready) ← *ʒarwian to prepare〙
Yar·kand /jɑəkǽnd, jɑ́əkɑ:nd | jɑ:-, jɑ́:-/ *n.* ⇨ Soche.
yar·mel·ke /jɑ́əməlkə, jɑ́:-, jɑ́:məkə | jɑ́:mʊl-, jʌ́m-, -məl-/ *n.* 〖ユダヤ教〗=yarmulke.
Yar·mouth /jɑ́əməθ | jɑ́:-/ *n.* =Great Yarmouth. 〘OE *Ġernemūða* 《原義》 mouth of the River Yare ← *Ġerne* Yare+*mūða* 'MOUTH of river'〙
yar·mul·ke /jɑ́əməlkə, jɑ́:-, jɑ́:məkə | jɑ́:mʊl-, jʌ́m-, -məl-; *Yid.* jármәlkә/ *n.* 〖ユダヤ教〗ヤムルカ, スカルキャップ (祈りのときとトーラー (Torah) を読むときまたは常時, ユダヤ教正統派または保守派の男性信者がかぶる縁なし帽). 〘(1903) □ Yid. ~ □ Pol. *yarmulka* small hat □ ? Turk. *yağmurluk* raincoat ← *yağmur* rain〙
yarn /jɑ́ən | jɑ́:n/ *n.* **1** 紡績糸, 紡ぎ糸 (spun thread), (織物用)綿[絹, 亜麻]糸, (編物用)毛糸; 人造糸: woolen [cotton] ~ 毛[綿]糸. **2** (ロープなどの)もとこ, ヤーン (rope yarn). **3** 《口語》 **a** (旅行者などのあまり当てにならない)話; ほら話, 作り話: a sportsman's ~ 狩猟家[釣り人など]の手柄話 / a spy ~ スパイ物. **b** 《豪》おしゃべり, 会話: have a ~ with him 彼とだべる.
spin a yárn 《口語》物語[奇談, 冒険談など]をする: Come, *spin* us *a* good ~. さあ, 面白い話をして下さい. 〘1812〙
— *vt.* 〈パイプの継ぎ目など〉にまいはだ (oakum) を詰める.
— *vi.* 《口語》 **1** 物語をする, 長話をする; ほら話をする. **2** 《豪》おしゃべりする.
〘OE ġearn < Gmc *ʒarnam string ← IE *gherə- gut, entrails〙
yárn-dỳe *vt.* 〈反物などを〉織らないうちに染める, 糸染め[先染め]する (cf. piece-dye). **yárn-dỳed** *adj.* 〘1885〙
Ya·ro·slavl /jɑ̀:rousláːvl̩ | -rə(ʊ)-; *Russ.* jiraslávlʲ/ *n.* ヤロスラブリ (ロシア連邦北西部 Volga 河畔の都市).
yar·o·vize /jɑ́:rəvàɪz/ *vt.* 〖農業〗=vernalize.
yar·ra /jǽrə, jérə | jǽrə/ *adj.* 《豪口語》気の狂った. 〘(1880)(1943) ← *Yarra Bend* (Victoria 州の地名): 同地にある精神病院にちなむ〙
Yar·ra /jǽrə, jérə | jǽrə/ *n.* [the ~] ヤラ(川) (オーストラリア南東部の川; Great Dividing Range から Melbourne を経て Port Phillip Bay に注ぐ (250 km)).
Yárra-bànker *n.* 《豪俗》ヤラ川の弁士 (Yarra 川の土手から通行人に演説をする人), 世論喚起者. 〘1895〙
yar·ra·man /jǽrəmən, jér- | jǽr-/ *n.* (*pl.* **~s, -men** /-mən/) 《豪》馬. 〘(1842) □ ? Austral. *yiraman* ← *yira* teeth〙
yar·ran /jǽrən, jér- | jǽr-/ *n.* 〖植物〗オーストラリア産マメ科アカシア属の樹木 (*Acacia homalophylla*) (家畜の飼料, 燃料用, パイプの材料などに使う雑用木). 〘(1888) ← Austral. (Kamilaroi etc.)〙
yar·row /jǽrou, jér- | jǽrəu/ *n.* 〖植物〗ノコギリソウ (キク科ノコギリソウ属 (*Achillea*) の植物の総称); (特に)セイヨウノコギリソウ (*A. millefolium*) (milfoil ともいう). 〘OE *ġearwe* ← (WGmc) *ʒarw- (Du. *gerwe* / G *Garbe*)〙
Yar·row /jǽrou, jér- | jǽrəu/ *n.* [the ~] ヤロー(川) (スコットランド南東部 Borders 州の川, Tweed 川の支流 (23 km)). 〘ME *Yarwe* □ ? Gael. *garbh abh* rough stream〙
yash·mak /jɑ́:ʃmɑ:k, jǽʃmæk | jǽʃmæk; *Arab.* jaʃmaq/ *n.* (*also* **yash·mac** /~/, **yas·mak** /~/) ヤシマック (イスラム教徒の女性が人前でかぶる二重ベールで目だけが出る). 〘(1844) □ Arab. *yášmaq* □ Turk. *yaşmak*〙
Yas·na·ya Po·lya·na /jɑ́:snəjəpouljɑ́:nə, -pə- | -pə(ʊ)-; *Russ.* jásnəjəpalʲánə/ *n.* ヤースナヤポリャーナ (ロシア連邦 Tula 南方の村; Lev Tolstoi の生地および居住地で Tolstoi 博物館がある).
yat·a·ghan /jǽtəgæ̀n, -tɪ-, -gən | -təgən; *Turk.* jɑ:tɑ:n/ *n.* (*also* **yat·a·gan** /~/) (トルコの)蛮刀 (つばはなく, 刀身はゆるい S 字形). 〘(1819) □ Turk. *yatağan*〙
ya·ta·ta /jɑ́:tətə, jǽt- | -tətə/ *n.* 《米俗》おしゃべり, むだ話 (empty talk). 〘擬音語〙
yate /jéɪt/ *n.* 〖植物〗オーストラリア産フトモモ科ユーカリノキ属 (*Eucalyptus*) の植物 (特に *E. cornuta, E. occidentalis* など); その材. 〘(1880) ← Austral. (現地語)〙
ya·tra /jɑ́:trɑ:/ *n.* 《インド》旅, (特にヒンズー教徒の) 聖地巡礼の旅. 〘□ Skt ~〙
yat·ter /jǽtə | -tə(r)/ 《スコット俗》 *n.* おしゃべり, むだ話 (idle talk). — *vi.* 《俗》おしゃべりする, ぺちゃくちゃしゃべる. 〘(1825) 《混成》? ← YA(P) // YA(K)[3]+(CHA)TTER〙
yaud /jɔ́:d, jɑ́:d/ *n.* 《スコット・北英》雌馬; (特に)おいぼれ(雌)馬. 〘(1500–20) □ ON *jalda* (詩) mare □ ? Finno-Ugric: cf. jade[2]〙
yauld /jɔ́:(l)d, jɑ́:(l)d/ *adj.* 《スコット・北英》敏捷な (alert); 活動的な (active). 〘(1786) ← ?〙
Yaun·de /jaʊndéɪ/ *n.* =Yaoundé.
yaup /jɔ́:p, jɑ́:p/ *vi., n.* =yawp. **~·er** *n.*
yau·pon /jú:pɑ(:)n, jóu-, jɔ́:-, jɑ́:- | jú:pən, jə́u-/ *n.* 〖植物〗米国南部産のイヌツゲのような葉をしたモチノキ属の低木 (*Ilex vomitoria*) (その葉は茶の代用となる; cf. dahoon). 〘(1709) □ N-Am.-Ind. (Catawba) *yopún* ← *yop* tree, bush+*-un* (dim. suf.)〙
yau·ti·a /jaʊtí:ə; *Am.Sp.* jautía/ *n.* **1** 〖植物〗熱帯アメリカや西インド諸島産サトイモ科の植物で食用とされるもの数種の総称 (アメリカサトイモ (*Xanthosoma sagittifolium*) など; malanga ともいう). **2** 〖植物〗タロイモ (taro). **3** その塊茎 (澱粉(でんぷん)質で食用). 〘(1899) □ Am.-Sp. *yautía* ← Taino〙
Ya·va·ri /jɑ̀:vərí:; *Braz.* ʒavarí/ *n.* =Javari.
yaw[1] /jɔ́:, jɑ́: | jɔ́:/ *vi.* **1** 〖海事〗(航海中)船首が左右に揺れる, ヨーイングする, 揺首する; 停泊中の船が錨を起点として左右に振子運動をする. **2** 〖航空〗針路を逸する, それる (fall off), ぐらぐら不安定に進む, がぶる, 偏(へん)揺れする; 〈ロケット・誘導弾・宇宙船が〉正常な飛行高度からそれる. **3** 偏向する, それる (swerve), 不安定に進む. — *vt.* **1** 〖海事〗ヨーイングを起こさせる, 揺首させる. **2** 〖航空〗…の針路をそらす, がぶらせる, 偏揺れを起こさせる. — *n.* **1** 〖海事〗ヨーイング, 揺首; 振れ. **2** 〖航空〗(進路からはずれて作る)偏揺角; 偏揺れ; (ロケット・誘導弾・宇宙船の)首振り; 角度変位. 〘(1546) ← ?: cf. Icel. *jaga* to move to and fro, 《原義》 to hunt〙
yaw[2] /jɔ́:, jɑ́: | jɔ́:/ *n.* 〖病理〗フランベジアの病巣 (⇨ yaws). 〘(1744) 《逆成》 ← YAWS〙
yáw dàmper *n.* 〖航空〗ヨーダンパー (高速の航空機に広く使用される自動安定増加装置の一つで, 偏揺れ角速度を検知して自動的に方向舵を動かし, 偏揺れを収束させる). 〘1958〙
yaw·ey /jɔ́:i, jɑ́:i | jɔ́:i/ *adj.* 〖病理〗いちご腫 (yaws) の[にかかった]. 〘1679〙
yáw·ing mòment *n.* 〖航空〗偏(へん)揺れモーメント.
yawl[1] /jɔ́:l, jɑ́:l | jɔ́:l/ *n.* **1** ヨール (4本または6本オールの小型の船載雑用艇). **2** ヨール型帆船 (高い前檣(しょう)と短小な後檣に縦帆を装置した一種の小型帆船). 〘(1670) □ MLG *jolle* // □ Du. *jol* a kind of boat ← ?: cf. G *Jolle* / Dan. *jolle* / Swed. *julle* yawl〙
yawl[2] /jɔ́:l, jɑ́:l | jɔ́:l/ *v., n.* 《英方言》=yowl. 〘(?c1390) *yaule(n), yalle(n)* 《擬音語》: cf. yowl〙
yáwl-rìgged *adj.* ヨール型帆船の艤装(ぎそう)をした. 〘1881〙
yáw·mèter *n.* 〖航空〗風向計, 偏揺計 (流れの中に入れ計器の基準線と流れの方向とのなす角を測る). 〘1947〙
yawn /jɔ́:n, jɑ́:n | jɔ́:n/ *vi.* **1** あくびする, あくびをする: ~ heavily 大あくびをする / make a person ~ 人にあくびを催させる, 人をうんざりさせる. **2** 《文語》〈口・割れ目・湾・ふちなどが〉大きく開く (gape), 口が広く開いている: Hell ~s for him. 地獄が彼をのもうと口を開けている. — *vt.* **1** あくびしながら言う[やる]: ~ good night「お休み」とあくびしながら言う / 'What is the use?,' he ~*ed*.「やってもむだだよ」と彼はあくびまじりに言った. **2** [~ one's way として] あくびしながらやりとげる. **3** 《文語》(あくびのように)大きく開ける. — *n.* **1** あくび: give [draw] a ~ あくびをする[誘う] / stifle a ~ あくびをかみ殺す / with a prodigious ~ 大あくびしながら / She patted a ~. あくびをしながら口を軽くたたいた. **2** (大きく開けた口に似た)開き, 割れ目, ふち. **3** 《口語》退屈な人[物] (bore). 〘ME *yane(n)* (*ganien*) (< OE *ġānian* to gape) の影響による変形) ← *yone(n), yene(n)* < OE *ġeonian, ġinian* < Gmc *ʒinōn ← IE *ghāi- to yawn, gape〙
yáwn·er *n.* **1** あくびをする人. **2** 退屈な人[物].
yáwn·ful /-fəl, -fl/ *adj.* (退屈で)あくびの出る, あくびをさせる, あくびの出そうな. **~·ly** /-fəli/ *adv.* 〘1878〙
yáwn·ing *adj.* **1** 口を大きく開いている: a ~ gulf, pit, cave, etc. **2** あくびをしている, 飽き飽きしている, うんざりしている: a ~ audience, congregation, etc. **3** 眠気を催すような. 〘(a12C) *yaning*〙
yáwn·ing·ly *adv.* 口を大きく開けて; あくびしながら, うんざりして.
yáwn·y /-ni/ *adj.* (**yawn·i·er; -i·est**) あくびをする; あくびを引き起こす: a ~ story / ~ listeners. 〘1813〙
yawp /jɔ́:p, jɑ́:p | jɔ́:p/ 《方言・米口語》 *vi.* **1** かん高く叫ぶ; 耳ざわりな声を出す, 大声で不平を言う. **2** 《俗》ぺちゃくちゃしゃべる. **3** 《口語》(聞こえるように)大あくびする. — *n.* **1** かん高い叫び声. **2** 《俗》むだ話; おしゃべり.
~·er *n.* 〘(?c1380) ← *yolpen* ← ? (p.p.) ← *yelpen* 'to YELP'〙
yáwp·ing *n.* かん高い発声[叫び]. 〘1876〙
yaws /jɔ́:z, jɑ́:z | jɔ́:z/ *n. pl.* [通例単数扱い] 〖病理〗いちご腫, 熱帯覆盆子腫 (*Treponema pertenue* による熱帯伝染病; frambesia ともいう). 〘(1679) ← Carib.〙
yáw·wèed *n.* 〖植物〗熱帯アメリカ産の芳香のある白い小さな花をつけるアカネ科の草本 (*Morinda royoc*) (フランベジア (yaws) に効くと考えられていた; wild mulberry ともいう). 〘1864〙
ý-àxis *n.* 〖数学〗**1** (平面の)縦(座標)軸, y 軸. **2** (空間の第2座標軸, y 軸 (cf. x-axis 2, z-axis). 〘1875〙
yay /jéɪ/ *adv.* **1** =yea. **2** 《口語》(しばしば身振りを伴って)これほど: ~ big こんなにでかい. 〘2: (1960)〙
ya·ya /jɑ́:jɑ:/ *n.* (フィリピンの)子守女 (nursemaid).
Ya·yoi /jɑ:jɔ́ɪ/ *adj.* 弥生(やよい)式の (cf. Jomon): ~ ware 弥生式土器. 〘□ Jpn.〙
Yazd /jɑ́:zd/ *n.* =Yezd.
Yaz·oo[1] /jǽzu:, ─ ─́/ *n.* (*pl.* **~, ~s**) **1 a** [the ~(s)] ヤズー族 (米国 Yazoo 川下流域に住むインディアン). **b** ヤズー族の人. **2** ヤズー語. 〘↓〙
Yaz·oo[2] /jǽzu:, ─ ─́/ *n.* [the ~] ヤズー(川) (米国 Mississippi 州北部に発し Vicksburg で Mississippi 川に注ぐ川 (300 km)). 〘□ F ~ ← N-Am.-Ind.〙
Yazóo-tỳpe ríver *n.* 〖地理〗ヤズー川型の川 (本流の自然堤防 (natural levee) に妨げられてなかなか分流できず, その間本流と平行して流れている支流の川).
Yb 《記号》〖化学〗ytterbium.
YB 《略》 Yearbook.
Ý-brànch *n.* Y 字形枝管. 〘1884〙
YC 《略》 yacht club; Young Conservative; youth club.
Ý càrtilage *n.* 〖解剖〗Y (字)軟骨 (腸骨・坐骨・恥骨の結合部にある軟骨). 〘1890〙
Ý chròmosome *n.* 〖生物〗Y 染色体 (性染色体の一種で, X 染色体と組み合わさるもの; cf. X chromosome). 〘1911〙
y·clad /ɪklǽd, i:-/ *v.* 《古》 clothe の過去分詞. 〘(?a1300): ⇨ y-, clad〙
y·clept /ɪklépt, i:-/ *adj.* (*also* **y·cleped** /~/) 《古・戯言》…と呼ばれる (called): a giant ~ Barbarossa 赤ひげと呼ばれる巨人. — *vt.* 《廃》 clepe の過去分詞. 〘OE *ġeclipod* (p.p.) ← *clipian, cleopian* to call: ⇨ y-, clepe〙
Ý connèction *n.* 〖電気〗Y 結線, Y 接続 (⇨ star connection).
ý-coòrdinate *n.* 〖数学〗y 座標, 縦座標 (ordinate) (y 軸の方向に測った座標; cf. x-coordinate). 〘1927〙
yd 《略》 yard(s).
y'day, yday 《略》 yesterday.
yds 《略》 yards.
ye[1] /(強) jí:; (弱) ji/ *pron.* (人称代名詞二人称複数主格; cf. thou[1]). ★ 今は一般に you に代えられている. **1** 《詩・古・聖書・戯言》 **a** [主語に用いて] あなた方は, なんじらは, おまえたちは: *Ye* are the salt of the earth. なんじらは地の塩なり (*Matt.* 5:13). ★ 今では主として Blessed are *ye* that …! (…する者はさいわいなるかな)のような聖書からきた古風な言い方に限って用いられる. **b** [呼掛けに用いて]: *Ye* zephyrs gay! お颯々(さつさつ)と吹く西風たちよ / *Ye* gods (and little fishes)! ⇨ God 成句 / Go it, *ye* cripples! ⇨ *Go it*. **c** [命令法の動詞のあとで]: Hark *ye*. 聞け / Look *ye*. 見よ. **2** 《方言》[二人称単数主格に用いて] あなたは, おまえは (you): What d'*ye* think? / How d'*ye* do? ご機嫌はどうだね. **3** 《方言》[二人称単・複数目的格に用いて] あなた(方)に[を], おまえ(たち)に[を]: Think *ye*. / I tell *ye*. 〘OE *ġē* < Gmc *jiz, *jūz (Du. *gij* / G *ihr*) ← IE *yu- you〙
ye[2] /ji:/ ★ the とも発音される. *article* 《古》=the. ★ 14–15 世紀において 'þ' (=th) を 'y' と混同して生じた形 (*ye*); 今でも擬古体として次のように書くことがある: *ye* olde shoppe (=the old shop).
ye 《記号》 Yemen (URL ドメイン名).
yea /jéɪ/ 《古・文語》(↔ nay) — *adv.* **1** はい, 然り, さよう. ★ aye の方が普通; 今では賛成投票の場合以外には代わりに yes を用いる. **2** げに, 実に (indeed). **3** その上, のみならず (moreover): I therein do rejoice, ~, and will rejoice. われこれを喜ぶ, またこれを喜ばん (*Philip.* 1:18). — *n.* 肯定, 賛成 (affirmation); 賛成の答[投票]; 《米》賛成投票者 (cf. aye[1]): ~s and nays 賛否(の投票) / Let your ~ be ~. 賛成なら賛成と率直に言いたまえ. — *int.* 《米》頑張れ, フレー (hurrah) (運動選手団などに対する応援の掛け声). 〘OE *ġē*, (WS) *ġēa* < Gmc *jă (Du. & G *ja*) ← IE *i- (pron., stem)〙
Yea·ger /jéɪgə | -gə(r)/, **Chuck** *n.* イェーガー (1923– ; 米国のテストパイロット・空軍将校; 本名 Charles E(lwood) Yeager; 初めて音速の壁を破った (1947)).
yeah /jéə, jǽə, jɑ́: | jéə, jɑ́:/ *adv.* 《口語》ええ, そう (yes; cf. yah[2], yer[1]): Are you cold?—*Yeah*. 寒いか—うん / Is it still raining?—*Yeah*. まだ雨が降ってるの—ああ / Oh, ~! [?] ええそうかい, まさか (不信・皮肉などを表す言葉). 〘(1902) 《転訛》 ← YEA, YES // □ Du. & G *ja* yes〙
yéah-yèah *adj., n.* 《口語》=yé-yé.
yean /jí:n/ 《古》 *vt.* 〈羊・やぎが〉〈子を〉産む: ~ a lamb, kid, etc. — *vi.* 〈羊・やぎが〉子を産む. 〘(a1387) *yene(n)* < OE *ġeēanian ← *ġe-* 'Y-'+*ēanian* to bring forth lambs (< Gmc *aunōjan < *aʒwnōjan ← IE *agʷhno- lamb)〙
yean·ling /jí:nlɪŋ/ 《古》 *n.* 子羊, 子やぎ. — *adj.* 生まれたばかりの; 幼い. 〘(1637): ⇨ ↑, -ling[1]〙
year /jíə | jíə(r), jɔ́:(r)/ *n.* **1** 年: calculate [pay] by the ~ 年毎に計算する[払う] / a lean ~ 凶年 / the old ~ 旧年, 行く年 / see the old ~ out 行く年を送る / ⇨ new year / the ~ 1990 千九百九十年という年 / four times a [per] ~ 1年に4回 / $4,000 [4,000 miles] a [per] ~ 1年につき 4,000 ドル[マイル] / about a ~ [three ~s] ago 約1年[3年]前 / a ~ ago today=this day a ~ ago 昨年のきょう / a ~ ago yesterday 昨年のきのう / all the ~ round=《米》all ~ round=all ~ long=the whole ~ round 年中, 年がら年中 / a ~ (from) today [tomorrow] きょう[あす]から1年目に, 来年のきょう[あす] / a ~ from now 来年の今ごろ / the ~ after next 再来年 / the ~ before last おととし / in a ~'s time 1年たてば / *for* ~s=*for* many ~s 多年, 幾年間も / It's going to take [You'll have to spend] ~s (and ~s) to get it ready. それを準備するには何年も(何年も)かかるでしょう / from one

Y

～'s end to another [the other] ある年の年末から翌年の年末まで; 毎年毎年; 長年の間 / this day ～ ⇨ day 成句 / He has not been heard of *for* [*in*] the last ten ～*s*. 彼の消息が絶えて10年になる / It is [It's been] ～*s* since I saw him. 随分久しく彼に会っていない. ★ 次のような「限定語＋year」はしばしば副詞句として用いられる: last ～ 昨年, 去年 / next ～ 来年 / the next [following] ～ その翌年 / this ～ 今年 / every ～ 毎年 / every other [second] ～ 隔年, 一年おきに / We had been married six ～*s* when the accident occurred. 私たちが結婚してから6年たったときにその事件が起こった (*for* six ～*s* とある場合よりも前の継続を表す動詞表現とのつながりが緊密である). **2 a** [数詞の後で] …歳, …年: The baby is just a ～ [two ～*s*] old. その赤ちゃんはちょうど1歳[2歳]だ. ★ a ten-*year*-old girl (10歳の少女)のように数字とともに形容詞的に用いるときは year は複数形にならない. **b** [*pl.*] 年齢; 老年: declining ～*s* 頽齢(たいれい), 老齢 / the ～*s* of discretion ＝AGE of discretion / in one's earlier [later] ～*s* 若いころ[晩年]に / carry one's ～*s* lightly 若く見える / a man *of* ～*s* 高齢の人 / a man of his ～*s* 彼ぐらいの年配の男 / be old in ～*s* but young in vigor 年はとっても元気である / be advanced [well on] *in* ～*s* (大分)年をとっている / be young in ～*s* 年が若い / be getting along [on] in ～*s* 年をとっていく / He is young [old] for his ～*s*. 年齢の割には若い[ふけている] / *Years* bring wisdom. 《諺》 年をとると知恵がつく,「亀の甲より年の功」. **3** (特定の計算法による)一年, 年度: an astral ～＝sidereal year / an astronomical [a natural, solar] ～＝tropical year / a calendar [civil, legal] ～ 暦年 / a Christian [a Church, an ecclesiastical] ～ キリスト教暦年 (Advent (降臨節)に始まる) / the Gregorian [Julian] ～ 新[旧]暦 / the school ～＝academic year / ⇨ common year, financial year, fiscal year, leap year, lunar year. **4** [*pl.*] 時, (特に)長い時, 歳月 (time): the ～*s* of hardship 苦難の歳月. **5** 刑期(年数), …年の禁錮(こ): He was given ten ～*s*. 彼は禁錮10年を申し渡された. **6** …期の学級[組] (class), 学年: We were in the same ～ at college. 大学では我々は同期だった / She was the best student in her ～. 彼女は学年で一番の学生だった / a third-*year* student 3年生. **7** 〘天文〙 惑星が太陽のまわりを一周する時間.

from yéar to yéar 年々. ***nót* [*néver*] *in a húndred* [*thóusand, míllion*] *yéars*** 百年[千年, 百万年]たっても…しない, 絶対…しない. ***… of the yéar*** (1) その年に際立った(ものとして選ばれた)…, 年間最優秀…: the player *of the* ～ 年間最優秀選手. (2) とびきりの…: ⇨ *the* UNDERSTATEMENT *of the year*. ***pùt yéars on a person*** 〈事が〉〈人〉を老(ふ)けさせる. ***tàke yéars óff a person*** 〈事が〉〈人〉を若くさせる[見えるようにする]. ***the yéar óne* [*dót*]** 《口語》 時の始まり, ずっと昔: in [since] *the* ～ *one* [*dot*] 大昔に[から], ずっと前に[から]. (1895) ***yéar àfter yéar*** 毎年毎年 (cf. DAY *after day*). ***yéar by yéar*** 年々, 年一年と (cf. DAY *by day*). ***yèar ín, (and) yèar óut*** 年々歳々 (cf. DAY *in, day out*).

yéar and a dáy [a —] 〘法律〙 満1か年 (死亡が傷害を受けた日から満1か年以内でなかった場合には, 別の原因によったものであると推定される; 現在では医学の発達によりほとんど意義を失った).

yéar of confúsion [the —] 混乱の年 (紀元前46年, ローマ紀元708年に当たり, 太陽暦 (Julian Calendar) が初めて用いられた年).

yéar of gráce [our Lórd] [the —] (通例年数につけて) 恵みの[主の]年 (キリスト紀元, 西暦; cf. Anno Domini): in *the* ～ *of grace* 1616 恵みの年 1616年に / in this ～ *of grace* (1997) (恵みの年 1997年の)今日において.

yéar of our redémption [the —] あがないの年 (人間に救いを開かれたキリスト生誕の年から数えて, すなわち西暦; cf. YEAR of grace): in *the* ～ *of our redemption* 1564 あがないの年 1564年.

〘OE *ġēar* < Gmc **jēram* (Du. *jaar* / G *Jahr*) ← IE **yēr-* year (L *hōra* 'HOUR' / Gk *hôros* year) ← **ei-* to go〙

yéar-aróund *adj.* ＝year-round.

yéar·bòok *n.* **1** 年鑑, 年報 (cf. almanac). **2** 年次刊行物; (大学・高校卒業生の)同期生年報[アルバム]. 〘1588〙

Yéar Bòok *n. pl.* 《英》 (Edward 二世から Henry 八世時代の1535年までの)裁判所年報(の1冊). 〘1588〙

yéar clàss *n.* 〘動物〙 年級 (ある年に産まれた特定の種のすべての個体, 特に魚).

yéar-énd *n.* [the ～] 年末, 歳末. — *adj.* 年末の, 歳末の: a ～ bonus. 〘1872〙

year·ling /jíəlɪŋ, jə́ː-lɪ̀n | jíəlɪŋ, jə́ː-/ *n.* **1** 満一年児(の動物), 一年子. **2** 〘競馬〙 明け2歳馬. **3** ＝yearling bond. — *adj.* [限定的] **1** 〈馬など〉当歳の: a ～ heifer. **2** 1年になる, 1年たつ: a ～ bride 結婚生活1年の花嫁. **3** 1年満期の 〘(1465): ⇨ -ling[1]〙

yéarling bònd *n.* 1年満期の債券.

year·long /jíəlɔ́(ː)ŋ, -lá(ː)ŋ | jíəlɔ́ŋ, jə́ː-ˊ-/ *adj.* 1年続く[にわたる]; 1年を通じた, 1年中の: a ～ contract 1年契約 / a ～ strike 1年にわたるストライキ. 〘1813〙

year·ly /jíəli | jíə-, jə́ː-/ *adj.* **1** 1年1回の; 毎年の: one's ～ travel 年1回の旅行. **2** その年(だけ)の; 1年間の, 1年続く: a ～ income 年収 / a ～ plant 一年生植物. — *adv.* 年に1度; 毎年 (every year). — *n.* 年刊(行物). 〘OE *ġēarlic(e)*〙

Yéarly Méeting *n.* 〘キリスト教〙 (Quaker の)年会 (数個の四季集会 (Quarterly Meeting) を併合した組織). 〘1688〙

yearn /jə́ːn | jə́ːn/ *vi.* **1** あこがれる, 焦がれる, 慕う 〔*for*〕: ～ *for* rest, home, affection, etc. **2** 切に〈…し〉たがる 〈*to do*〉: He ～*s* [is ～*ing*] *to* live in London. 彼はしきりにロンドンに住みたがっている. **3** なつかしく思う, 慕わしく思う, 思慕の情を寄せる 〔*to, toward*〕: ～ *toward* [*to*] a person 人を慕う. **4** 同情する, 心を動かされる 〔*over*〕: She ～*ed over* the orphan. 彼女はそのみなし子をかわいそうに思った. — *vt.* **1** 切々たる声で言う[話す, 読む] 〈*out*〉: ～ *out* a poem. **2** 《廃》 悲しい思いをさせる: It would ～ your heart to see it. それを見たらきっとあなたは気の毒に思うだろう (Shak., *Merry W* 3.5.45). — *n.* ＝yearning.

～·er *n.* 〘OE *ġiernan* < Gmc **ȝernjan* ← IE **gher-* to like, want〙

yearn·ing /jə́ːnɪŋ | jə́ːn-/ *n.* あこがれ, 熱望; 恋々の情, 切なる思い: the man's ～ *for* his dead wife 男の亡妻に対する思慕 / her ～ *to* know the truth of herself 自分の真実を知りたいと願う彼女の思い. — *adj.* あこがれている(ような), 思慕の, 熱望の (longing): a ～ look あこがれのまなざし. 〘OE *ġierning*〙

yéarn·ing·ly *adv.* あこがれて, 恋々として, 慕って. 〘1840〙

yéar-on-yéar *adj.* 〈物価・統計・数値など〉1年前と比較した, 対前年比の.

year-round /jíəráund | jíə-, jə́ː-ˊˊ/ *adj.* 一年中の, 年が年中の, 季節なしの: a ～ invalid 一年中寝たきりの病人. — *adv.* 一年中, 年間を通して. 〘1924〙

yéar's mínd *n.* 〘カトリック〙 (死後1年目に行う)鎮魂[死者, 追悼]ミサ(式) (Requiem) (cf. month's mind 1). 〘(1408) ∽ OE *ġearġemynd*〙

yéa-sàyer *n.* 《口語》 **1** 人生に肯定的な態度の人. **2** ＝yesman. 〘1920〙

yeast /jíːst/ *n.* **1 a** 酵母(菌), パン種, イースト (cf. enzyme, bottom yeast, top yeast). **b** (特に, アルコール発酵する)麦芽酵母菌 (*Saccharomyces cerevisiae*). **c** ＝yeast cake. **2** (特にビールの)泡. **3** 活力[感化]を与えるもの, 刺激素[剤] (leaven); 大騒ぎ, 興奮 (ferment). **4** イースト (酵母菌を含む薬剤でビタミンB不足の病気治療に用いる). — *vi.* 《まれ》 発酵する (ferment); 泡で覆われる, 泡立つ. — *vt.* …にイースト[酵母]を入れる.

～·less, ～·lìke *adj.* 〘lateOE **ġest* (＝wsġist) < Gmc **jestiz* (Du. *gist, gest* / G *Gischt*, 《古形》 *gäscht* yeast) ← IE **yes-* to boil, foam (Gk *zeîn* to boil)〙

yéast càke *n.* 《米》 固形イースト, 生イーストの塊 (パンや菓子を作るときに用いる). 〘1795〙

yéast cèll *n.* ＝yeast plant.

yéast èxtract *n.* 酵母抽出物, 酵母エキス (特有の風味があり, ビタミンB類が豊富).

yéast infèction *n.* 〘病理〙 酵母感染(症) (膣(ちつ)カンジダ症 (candidiasis)).

yéast nucléic ácid *n.* 〘生化学〙 酵母核酸 (⇨ ribonucleic acid). 〘1911〙

yéast plànt *n.* イースト菌, 酵母菌. 〘1857〙

yéast-pòwder *n.* **1** 顆粒状の乾燥イースト. **2** 《米》 ＝baking powder. 〘1795〙

yeast·y /jíːsti/ *adj.* (**yeast·i·er**; **-i·est**) **1 a** 酵母の, 酵母の入った, 酵母のような. **b** 発酵する; 泡立つ: ～ waves. **2** 若い, 元気あふれる. **3** 落着きのない, 不安定な (restless); 動揺する, 興奮する性質の: the ～ years between childhood and maturity 大人と子供時代にはさまれた不安定な年代. **4** 実質のない, 浮薄な: ～ fellows, words, talks, etc. **yéast·i·ly** /-stɪ̀li, -stɪli/ *adv.* **yéast·i·ness** *n.* 〘1598〙

Yeats, Jack Butler *n.* イエーツ (1871–1957; アイルランドの画家; William Butler Yeats の弟).

Yeats, William Butler *n.* イエーツ (1865–1939; アイルランドの詩人・劇作家; Nobel 文学賞 (1923); *The Land of Heart's Desire* (詩劇, 1894); *The Wind among the Reeds* (詩, 1899); *Last Poems* (1940)).

Yeats·i·an /jéɪtsiən/ *adj.* イエーツ(風)の. — *n.* イエーツ研究者. 〘1928〙

yech /jék, jʌ́k, jéx/ *int.* (*also* **yecch** /～/) げー, うぇー (嫌悪・軽蔑を表す; cf. yuck[2]). 〘1969〙

yed·da /jédə | -də/ *n.* (イタリア・日本・フィリピン産の)製帽用麦わら. 〘(1918) ← ?〙

Yéd·do háwthorn /jédoʊ- | -dəʊ-/ *n.* 〘植物〙 シャリンバイ (*Raphiolepis umbellata*) (日本原産のバラ科の常緑低木).

Yéddo sprúce *n.* 〘植物〙 エゾマツ, クロエゾマツ (*Picea jezoensis*) (Japanese spruce ともいう). 〘1932〙

Ye·do /jédoʊ | -dəʊ/ *n.* (*also* **Yed·do** /～/) (日本の)江戸. 〘(1863) □ Jpn.〙

yee·haw /jíːhɔ́ː, -háː | -hɔ́ː/ *int.* 《米》 やっほー, やったー (歓喜の叫び).

yegg /jég/ *n.* 《米俗》 強盗, 金庫破り. 〘(1903) ← ? John Yegg (有名な金庫破りと伝えられる人物)〙

yégg·man /-mən/ *n.* (*pl.* **-men** /-mən/) ＝yegg. 〘1905〙

yeh /jéə, jǽə, jáː | jéə/ *adv.* 《米口語》 ＝yes (cf. yeah).

Ye·hu·di /jɪhúːdi, jɪ̀- | -di/ *n.* ヤフーディ (ユダヤ系の男性名). 〘□ Heb. *Yᵉhūdhī*: ⇨ Jew〙

Yeisk /jéɪsk; *Russ.* jéjsk/ *n.* (*also* **Yeysk** /～/) エイスク (ロシア連邦南西部, Azoy 海に臨む港町; 保養地; Eisk ともいう).

Ye Ji·an·ying /jéɪdʒiàːnjíŋ; *Chin.* ìɛtɕièniŋ/ *n.* 葉剣英(イエチエンイン) (1897–1986; 中国の政治家, 全国人民代表大会常務委員会委員長 (1978–83), 国家中央軍事委員会副主席 (1983–85)).

Ye·ka·te·rin·burg /jɪ̀kǽtərənbə̀ːg, -káːt̬- | -tə-rənbə̀ːg; *Russ.* jikətʲirʲinbúrk/ *n.* エカチェリンブルグ (ロシア連邦西部, Ural 山脈東斜面にある工業都市; Nicholas II とその一家が1918年に処刑された地; 旧名 Sverdlovsk (1924–91)).

Ye·ka·te·ri·no·dar /jɪ̀kæ̀tərínədàə | -tərínədàː(r; *Russ.* jikətʲirʲinadár/ *n.* エカチェリノダル (Kransnodar の旧名).

Ye·ka·te·ri·no·slav /jɪ̀kæ̀tərínəslàːv, -slàːf | -tə-; *Russ.* jikətʲirʲinaslá f/ *n.* エカチェリノスラフ (Dnipropetrovsk の旧名).

yeld /jéld/ *adj.* 《スコット》 ＝eild.

Ye·li·sa·vet·grad /jɪ̀lìzəvétgræd | -græd, -gráːd; *Russ.* jilʲizəvʲitgrát/ *n.* エリザベートグラード (Kirovograd の旧名).

Ye·li·za·ve·ta Pe·trov·na /jɪ̀lìzəvéɪtəpɪ̀tróʊ(ː)vnə | -təpɪ̀tróv-; *Russ.* jilʲizavʲétəpʲetróvnə/ *n.* ＝Elizabeth[4].

Ye·li·za·vet·pol /jɪ̀lìzəvétpɑ(ː)l | -pɔl/ *n.* エリザヴェトポリ (Gäncä の旧称).

yell /jél/ *vi.* **1** 叫び声を発する, (声高く鋭く)叫ぶ, わめく (cf. yelp 2) (⇨ shout SYN): ～ *for* him 大声で彼を呼ぶ / ～ *with* pain, delight, fury, laughter, etc. **2** 《米》 〈応援団などが〉(一斉に)大声をあげる, エールを送る: We ～*ed* together *for* our team. わがチームに一斉に声援を送った. **3** 不満[抗議]の叫び声をあげる. — *vt.* **1** 叫んで言う (shout) 〈*out*〉: ～ an order, curses, a person's name, a refusal, etc. / ～ *out* an oath (畜生などと)のろいの言葉を発する. **2** 大声で[エールを]叫んで…する: ～ the team to victory 声援を送りチームを勝利させる. — *n.* **1** (高く鋭い)叫び声, わめき, 金切り声: a ～ of pain, fear, defiance, anger, delight, etc. / with ～*s* of horror 恐怖の叫び声[悲鳴]をあげて. **2** 《米》 エール (cheer) (大学生などが競技会などで味方の選手応援のためにあげるきまった叫び): a college ～. **～·er** /-lə | -lə(r/ *n.* 〘OE (Anglian) *ġellan* (＝WS *ġiellan*) < Gmc **ȝelnan* ← **ȝel-*, **ȝal-* **ȝel-*, **ȝal-* (Du. *gillen* / G *gellen* to resound) ← IE **ghel-* to call: cf. yelp, nightingale〙

yéll lèader *n.* 《米》 応援団長, チアリーダー.

yel·low /jéloʊ | -ləʊ/ *adj.* (～·**er**; ～·**est**) **1** 黄色の, 黄色い; 黄ばんだ顔色の, 顔色の悪い: go [turn] ～ 黄色くなる / the sear, the ～ leaf 枯れた黄色の葉; 老齢, 老境 (cf. Shak., *Macbeth* 5. 3. 23). **2** 皮膚の黄色い (yellow-skinned), モンゴル[黄色]人種の (Mongolian): ～ men 黄色人種 / ⇨ yellow peril, yellow race. **3** [しばしば軽蔑的に] (黒人との混血白人の皮膚のように)黄みを帯びた. **4** 《口語》 臆病(おくびょう)な, 腰抜けの (cowardly); 卑劣な: ⇨ yellow streak. **5** 〈新聞記事など〉煽情的な; いんちきの: a ～ journal イエローペーパー, 赤新聞 / ⇨ yellow journalism. **6** 《古》 ねたましそうな (envious), 嫉妬(しっと)深い (jealous); 猜疑(さいぎ)の: ～ looks / a ～ mood, feeling, etc. — *n.* **1** 黄色 (yellowness). **2 a** 黄色のもの. **b** 黄色絵具[顔料, 染料]. **c** 卵黄, 黄身 (yolk) (cf. white 3 a). **d** (ビリヤードなどの)黄色い玉. **e** [しばしば軽蔑的に] 皮膚の黄色い人, 黄色人. **3** 〘昆虫〙 モンキチョウ (*Coliai* 属の黄色のチョウの総称; 日本の高山にいるミヤマモンキチョウ (*C. palaeno*) など; 時に, シロチョウ科内の他の黄色の種類を含むこともある). **4** 《口語》 臆病 (cowardice). **5** [the ～s] 《古》 嫉妬. **6** [*pl.*] 《米》 〘植物病理〙 黄化病, 萎黄(いおう)病 (葉が黄変して植物が萎縮する病気): ⇨ peach yellows, cabbage yellows. **7** [*pl.*] 〘獣医〙 子羊の中毒症. **8** [*pl.*] 〘病理〙 黄疸(おうだん) (jaundice). — *vt.* 黄色にする: paper ～*ed* with age [by time] 年月を経て黄色くなった紙 (yellowed paper). — *vi.* 黄色になる, 黄ばむ: leaves ～*ing* in autumn 秋に色づく木の葉 / ～*ing* leaves. **～·ness** *n.* 〘OE *ġeolu* < Gmc **ȝalwaz* (Du. *geel* / G *gelb*) ← IE **ghel-* to shine (L *helvus* yellow / Gk *khlōrós* greenish yellow): cf. gold〙

Yel·low /jéloʊ | -ləʊ/ *n.* [the ～] **1** ＝Yellow River. **2** ＝Yellow Sea.

yéllow alért *n.* 防空警報黄, 黄(防空)警報, 警戒警報第一段階 (敵機・正体不明機が防空地域に向かって飛行中の段階; cf. alert 1); (同警報の)発令, 合図. 〘1968〙

yéllow árchangel *n.* 〘植物〙 ヨーロッパ産の黄色の花をつけるシソ科オドリコソウ属の多年生雑草 (*Lamium galeobdolon*). 〘1976〙

yéllow ársenic *n.* 〘鉱物〙 石黄 (orpiment).

yéllow ávens *n.* 〘植物〙 バラ科ダイコンソウ属 (*Geum*) の植物の総称 (ヨーロッパの *G. strictum* や北米の *G. macrophyllum* など).

yéllow azálea *n.* 〘植物〙 ＝flame azalea.

yéllow·bàck *n.* **1** 黄表紙本 (19世紀後半に読まれた安っぽい感傷的な通俗小説). **2** 〘経済〙 ＝gold certificate. 〘1796〙

yéllow-bàcked *adj.* 黄表紙本の. 〘1783〙

yéllow·bàrk *n.* 〘植物〙 ＝calisaya bark.

yellow báss *n.* 〘魚類〙 北米の淡水に生息するスズキ科またはサンフィッシュ科の魚体の黄色い魚の総称 (*Morone interrupta, Huro floridana* など; streaker ともいう). 〘1888〙

yellow bédstraw *n.* 〘植物〙 キバナノカワラマツバ (*Galium verum*) (アカネ科ヤエムグラ属の植物, 薄黄色の花がつく; Our-Lady's-bedstraw, lady's bedstraw, joint grass, cheese rennet ともいう). 〘1861〙

yéllow-bèllied *adj.* **1** 《俗》 臆病な, 卑劣な (cowardly). **2** 〈鳥が〉(薄)黄色い腹部をした. 〘1709〙

yéllow-bellied sápsucker *n.* 〘鳥類〙 北米東部産のシルスイキツツキの一種 (*Sphyrapicus varius*) (薄黄色の腹部, 黒と白の混った羽毛をもち樹液を吸う). 〘1942〙

yéllow béllS *n.* (*pl.* ～) 〘植物〙 ヒメアリアケカズラ (*Allamanda neriifolia*) (ブラジル産の低木; 黄金色で釣鐘形の花をつける). 〘1850〙

yéllow·bèlly *n.* **1** 《俗》 臆病者 (coward). **2 a** 黄

色い皮膚をした人. **b** 《米南西部》[通例軽蔑的に用いて] メキシコ人. **3** 《方言》イングランド東部 Lincolnshire 生まれの人 《特に沼沢地方 (the Fens) 生まれの人》. **4 a** 《豪》〘魚類〙重要な食用になる腹部が黄色の平たい形をした魚類 (flatfish) の総称 (*Ammotretis guntheri* など). **b** 《アフリカ南部》ハタ科の魚 (*Epinephelus guaza*). **c** = pumpkinseed 2. **d** squawfish 1. 〘1796〙

yéllow bíle *n.* 〘古生理〙(黄)胆汁 (choler) 《肝臓から分泌され立腹の原因と考えられていた; ⇨ humor 5》. 〘(1878) 《なぞり》← Gk *xanthḗ kholḗ*〙

yéllow·bìll *n.* 〘鳥類〙キバシガモ (*Anas undulata*) 《アフリカ産》.

yéllow-bìlled cúckoo *n.* 〘鳥類〙キバシカッコウ (*Coccyzus americanus*) 《北米産, くちばしが黄色で, 多くのカッコウ類と違い自分で巣を作りひなを育てる》.

yéllow-billed mágpie *n.* 〘鳥類〙キバシカササギ (*Pica nutalli*) (cf. magpie 1).

yéllow bírch *n.* **1** 〘植物〙キハダカンバ (*Betula lutea*) 《北米産のカバの木, 樹皮は黄色または銀灰色》. **2** キハダカンバ材. 〘1787〙

yéllow·bìrd *n.* 〘鳥類〙各種の黄色い鳥; (特に)オウゴンヒワ (goldfinch), キガシラコウライウグイス (golden oriole). 〘1738〙

Yéllow Bòok *n.* 黄書 《政府が発行する黄色表紙の報告書; cf. white book》. 〘(1897) 《なぞり》← F *livre jaune*〙

Yéllow Bòok, The *n.* 「イエローブック」(1894–97 年 London で発行された唯美主義運動の季刊雑誌で, Henry Harland, Aubrey Beardsley, Max Beerbohm, Edmund Gosse, Henry James などが関係した).

yéllow bòx *n.* 〘植物〙=yellow jacket 2. 〘1934〙

yéllow bóy *n.* 《英俗》金貨 (gold coin). 〘1662〙

yéllow bráin fùngus *n.* 〘植物〙 **1** =jelly fungus. **2** =brain fungus 1.

yéllow-brèasted chát *n.* 〘鳥類〙オオアメリカムシクイ (*Icteria virens*) 《北米産アメリカムシクイ科の鳥の一種; のどが黄色で体の上部が緑褐色をしている; 他の鳥の鳴きまねがうまい》. 〘1730〙

yéllow bùnting *n.* 〘鳥類〙=yellowhammer. 〘1776〙

yéllow búsh *n.* 〘植物〙米国南東部から西部にかけて産するクロウメモドキ科の低木 (*Rhamnus caroliniana*) 《赤から黒に変わる実をつける; Indian cherry ともいう》.

Yéllow Cáb *n.* 〘商標〙イエローキャブ 《全米最大のタクシー会社 Yellow Cab Co. の, 車体が黄色のタクシー》.

yéllow·càke *n.* 〘化学〙イエローケーキ, ウラン精鉱 《ウラン鉱から金属ウランを製する過程で得られる粗精錬産物》. 〘1950〙

yéllow cálla *n.* 〘植物〙キバナカイウ (*Zantedeschia elliottiana*) (⇨ golden calla).

yéllow cárd *n.* 〘サッカー〙イエローカード 《反則を犯した選手に対し, 審判が警告を与えるために示す黄色のカード; cf. red card》.

yéllow cédar *n.* 〘植物〙 **1** アラスカヒノキ (*Chamaecyparis nootkatensis*) 《北米西部原産の主に装飾用に栽培される常緑樹; Alaska cedar ともいう》; アラスカヒノキ材 《黄色で堅い》. **2** =western cedar. 〘1884〙

yéllow clintónia *n.* 〘植物〙北米南部産ユリ科ツバメオモト属の黄色い花と青い実をつける高山性多年草 (*Clintonia borealis*).

yéllow créss *n.* 〘植物〙アブラナ科イヌガラシ属 (*Rorippa*) の草本 《スカシタゴボウ (marsh cress), フユガラシ (winter cress) など》.

yéllow dáisy *n.* 〘植物〙=black-eyed Susan 1 a.

yéllow-dóg *adj.* 《米》 **1** 下等な, 卑屈な (mean). **2** 〘労働〙黄犬契約の. 〘1880〙

yéllow dóg *n.* 《米》 **1** 野良犬 (cur). **2** 下等な人間; 臆病者 (coward). 〘*c*1770〙

yéllow-dóg còntract *n.* 《米》〘労働〙黄犬契約 《労働組合に入らないことを条件とする労使間の雇用契約; 現代労働法のもとでは一般に禁止されている》. 〘1920〙

yéllow dwárf *n.* 〘植物病理〙黄化矮小 《植物, 特に麦類のウイルス病; 生長が止まり葉が黄変する》. 〘1928〙

yéllow éarth *n.* **1** 山吹色 (yellow ocher) に近い色. **2** 黄土, 黄色土壌. 〘1552〙

Yéllow Égg *n.* 〘園芸〙イエローエッグ 《セイヨウスモモ (plum) の品種名; 果実は卵形で黄色》.

yéllow énzyme *n.* 〘生化学〙 **1** フラビン酵素, 黄色酵素. **2** 旧黄色酵素, 黄色酸化酵素.

yéllow féver *n.* 〘病理〙黄(ᵒᵘ)熱病 《中南米・アフリカ西岸地方などで見られるカの媒介によるウイルス病》. 〘1739〙

yéllow-féver mosquìto *n.* 〘昆虫〙ネッタイシマカ (*Aëdes aegypti*) 《黄熱病・デング熱を媒介する》. 〘1905〙

yéllow·fìn túna *n.* 〘魚類〙キハダ (*Thunnus albacares*) 《単に yellowfin ともいう》. 〘1922〙

yéllow flág[1] *n.* 〘海事〙=quarantine flag. 〘1783〙

yéllow flág[2] *n.* 〘植物〙キショウブ (⇨ yellow iris). 〘*c*1550〙

yéllow fóxglove *n.* 〘植物〙 **1** キバナジギタリス (*Digitalis lutea*) 《ヨーロッパ産ジギタリス属の多年草》. **2** =false foxglove.

yéllow géntian *n.* 〘植物〙 **1** ヨーロッパ・小アジア産のリンドウ属の多年生草本 (*Gentiana lutea*) 《花は黄色; 根は強い強壮薬》. **2** 北米東部産のリンドウ科の草本 (*Dasystephana flavida*) 《花は黄色》. 〘1794〙

yéllow góatfish *n.* 〘魚類〙Florida から Panama に至る大西洋に生息するヒメジ科の魚 (*Mulloidichthys martinicus*).

yéllow góatsbeard *n.* 〘植物〙キバナムギナデシコ (*Tragopogon pratensis*) 《ヨーロッパ原産キク科の草本; meadow salsify ともいう》.

yéllow granadílla *n.* 〘植物〙=Jamaica honeysuckle.

yéllow gráss *n.* 〘植物〙北米産ユリ科キンコウカ属の多年草 (*Narthecium americanum*).

yéllow-gréen *n.* 黄緑色. — *adj.* 黄緑色の. 〘1668〙

yéllow-green álga *n.* 〘植物〙黄緑色藻 (Xanthophyceae 綱の藻, 葉緑体は黄色が強く, 運動性の細胞は 2 本の不等長の鞭毛(ᵇᵉⁿᵐᵒᵘ)がある; ほとんど顕微鏡的大きさ). 〘1930〙

yéllow gróund *n.* 〘地質〙黄地 《地表に出たキンバーライト (kimberlite) が大気に触れて酸化し, 黄色に変化したもの》.

yéllow gúm *n.* 〘植物〙 **1** オーストラリア産の樹皮の黄色いユーカリの総称 (*Eucalyptus gunnii* など). **2** = black gum. 〘1848〙

yéllow·hàmmer *n.* 〘鳥類〙 **1** キアオジ (*Emberiza citrinella*) 《ヨーロッパ産の小鳴鳥》. **2** 《米》ハシボソキツツキ (yellow-shafted flicker) の俗称. 〘(1556) (i) (HAMMER との連想による変形) ← 《廃》*yelambre* < OE **ġeoloamore* ← *ġeolo* 'YELLOW' + *amore* yellow hammer (cf. G *Ammer*) // (ii) 《混成》? ← 《廃》*yellowham* (YELLOW + ? OE *ham* covering) + 《廃》*yelambre*〙

Yéllowhammer Stàte *n.* [the ~] 米国 Alabama 州の俗称.

yéllow·hèad *n.* 〘鳥類〙頭が黄色の鳥の総称 (bush canary, yellow-headed blackbird など). 〘1873〙

yéllow-hèaded bláckbird *n.* 〘鳥類〙キガシラムクドリモドキ (*Xanthocephalus xanthocephalus*) 《北米中西部産; 頭が黄色, 体は黒色》.

yéllow hóneysuckle *n.* 〘植物〙 **1** 米国東部産のスイカズラの一種 (*Lonicera dioica*) 《黄緑の花をつける》. **2** 米国南部産のスイカズラの一種 (*Lonicera flava*) 《芳香のある橙黄色の花をつける》.

yéllow íris *n.* 〘植物〙キショウブ (*Iris pseudacorus*) (corn flag, yellow flag, sword-flag ともいう). 〘1578〙

yel·low·ish /jélouɪʃ | -ləʊ-/ *adj.* 黄ばんだ, 黄色がかった, 帯黄色の. 〘(1379) *yelowische*〙

yéllow jàck *n.* **1** 〘海事〙=quarantine flag. **2** 〘病理〙=yellow fever. **3** 〘魚類〙シマアジの類の食用魚 (*Caranx bartholomaei*) (Florida, 西インド諸島産).

yéllow jàcket *n.* **1** 《米》〘昆虫〙ホホナガスズメバチ 《スズメバチ科クロスズメバチ類の小形のハチ数種の総称; 黒い体色に黄色の模様がある; cf. hornet 1》. **2** 〘植物〙オーストラリア産の帯黄色の樹皮をもつユーカリノキ属 (*Eucalyptus*) の樹木数種の総称 (*E. melliodora*, *E. rostrata* など; yellow box ともいう). **3** 《俗》鎮静剤; 催眠剤 《カプセルの色から; 特に thiopental》. 〘1796〙

yellow jacket 1
(*Dolichovespula diabolica*)

yéllow jérsey *n.* (自転車レースの) 黄色のジャージ, マイヨ ジョーヌ 《Tour de France など数日間にわたるレースで, 毎日 総合首位選手がレース後に着用し, 最終優勝者に贈られる; フランス語 maillot jaune》.

yéllow jéssamine [jásmine] *n.* 〘植物〙 **1** = jasmine 1 b. **2** フジウツギ科のつる植物 (*Gelsemium sempervirens*) 《においの高い黄色の花がつり下がる; 米国 South Carolina 州の州花; Carolina jessamine ともいう》. 〘1709〙

yéllow jóurnalism *n.* 《米》イエロージャーナリズム 《読者の興味をそそるために俗っぽいセンセーショナリズムや誇張などを用いる》. 〘(1898): *New York World* (1895) に掲載の漫画 "Yellow Kid" の印刷に黄色のインクを用いたことから〙

Yel·low·knife /jéləunàɪf, -lə- | -lə(ʊ)-/ *n.* イエローナイフ 《カナダ Mackenzie 地区中部にある Northwest Territories の州都》.

yéllow lády's-slìpper *n.* 〘植物〙米国東部産のアツモリソウ属 (*Cypripedium*) のランの総称 《紫がかった 5 センチ幅の花をつける; *C. calceolus*, *C. parviflorum* など》.

yéllow·lègs *n.* (*pl.* ~) 〘鳥類〙 **1** =greater yellowlegs. **2** =lesser yellowlegs. 〘1772〙

yéllow líght *n.* 黄信号 《黄色の交通信号》. 〘1974〙

yéllow líne *n.* 《英》(駐車制限を示す道路わきの)黄色の線: ⇨ double yellow lines, single yellow line.

yél·low·ly *adv.* 黄色に, 黄ばんで. 〘1611〙

yéllow mèdick *n.* 〘植物〙=sickle medick.

yéllow mélilot *n.* 〘植物〙=yellow sweet clover. 〘1873〙

yéllow mercúric óxide *n.* 〘化学〙酸化水銀 (II), 黄色酸化水銀 《黄色, 無臭の粉末; 軟膏(ⁿᵃⁿᵏᵒᵘ)に用いる; 薬学部門では yellow precipitate という》.

yéllow métal *n.* **1** 〘冶金〙四六黄銅 (⇨ Muntz metal). **2** 金 (gold). 〘1796〙

yéllow mombín *n.* 〘植物〙テリハタマゴノキ (*Spondias mombin*) 《紫がかった緑の花と黄色の卵形の食べられる果実をつける熱帯産ウルシ科の高木; hog plum ともいう》. 〘1920〙

yéllow·ness *n.* **1** 黄色(質). **2** 《古》嫉妬 (jealousy) (cf. Shak., *Merry W* 1. 3. 102).

yéllow ócher *n.* **1** 黄(ᵒᵘ)土 《顔料に用いる》. **2** 淡赤黄色, 山吹色. 〘15C〙

Yéllow Pàges, y- p- *n. pl.* (電話帳の)職業別ページ 《黄色の紙に印刷されていて, 広告欄がある》. 〘1908〙

yéllow pépper *n.* 黄色ピーマン.

yéllow pérch *n.* 〘魚類〙イエローパーチ (*Perca flavescens*) 《北米産パーチ科の淡水魚; 食用およびゲームフィッシュ用; 単に perch ともいう》. 〘1805〙

yéllow péril, Y- P- *n.* [the ~] **1** 黄禍 《白色人種の抱く黄色人種による圧倒的支配の恐れ; cf. white peril》. **2** (そういう恐れを生むと思われる)黄色人種. 〘1898〙

yéllow phósphorus *n.* 〘化学〙=white phosphorus.

yéllow pímpernel *n.* 〘植物〙リシマキア ネモールム (*Lysimachira nemorum*) 《サクラソウ科オカトラノオ属の多年草; ほぼヨーロッパ全域に分布; 花は黄色》.

yéllow píne *n.* **1** 〘植物〙黄色く強い木材の採れる米国産のマツの総称 《ダイオウマツ (longleaf pine), リギダマツ (pitch pine), タエダマツ (loblolly pine) など》. **2** その木材. 〘1709〙

yéllow pónd lìly *n.* 〘植物〙=spatterdock. 〘1938〙

yéllow póplar *n.* **1** 〘植物〙ユリノキ (⇨ tulip tree). **2** ユリノキ材 (⇨ tulip wood). 〘1774〙

yéllow precípitate *n.* 〘薬学〙黄降汞(ᵏᵒᵘᵏᵒᵘ) (⇨ yellow mercuric oxide). 〘1836〙

yéllow préss *n.* [the ~; 集合的] 煽情的な新聞. 〘1898〙

yéllow prússiate of pótash *n.* 〘化学〙黄血カリ (⇨ potassium ferrocyanide). 〘1842〙

yéllow prússiate of sóda *n.* 〘化学〙黄血ソーダ (⇨ sodium ferrocyanide).

yéllow puccóon *n.* 〘植物〙=goldenseal. 〘1866〙

yéllow ráce *n.* 黄色人種 《モンゴル人種 (Mongolian race) のこと》. 〘1893〙

yéllow ráin *n.* 黄色い雨 《1975 年から 85 年にかけ, 東南アジアで米軍機によって散布された mycotoxin を含むとされる黄色で有毒な液状物質》.

yéllow ráttle *n.* 〘植物〙=rattle. 〘1578〙

yéllow-rèd virósis *n.* 〘植物病理〙=X-disease a.

Yéllow Ríver *n.* [the ~] 黄河 《中国北部の川; Tibet に発し渤海 (Bo Hai) 湾に注ぐ同国第二の大河 (5,464 km); 中国語名 Huang He》.

yéllow·ròot *n.* 〘植物〙黄色の根をもつ植物の総称 (goldenseal, goldthread, アメリカタツタソウ (twinleaf) など). 〘1796〙

yéllow rúst *n.* 〘植物病理〙=stripe rust. 〘1907〙

yéllow ságe *n.* 〘植物〙ランタナ, コウオウカ (⇨ red sage).

yéllow sálly *n.* 〘釣〙イエローサリー 《カワゲラ (stonefly) に対する釣り師の呼び名》.

Yéllow Séa *n.* [the ~] 黄海 《中国北東部と朝鮮半島との間の海; 中国語名 Huang Hai》.

yéllow-shàfted flícker [wóodpecker] *n.* 〘鳥類〙ハシボソキツツキ (*Colaptes auratus*) 《北米東部産のキツツキ》. 〘1888〙

yéllow sóap *n.* 普通の家庭用の石鹸. 〘1794〙

Yéllow Spánish *n.* 〘園芸〙イエロースパニッシュ 《甘果オウトウの品種名; ビガロー群 (biggarreau) に属する; 果実は赤みがかった黄色で品質優良, ナポレオンにくらべやや小さい》. 〘1887〙

yéllow spòt *n.* 〘眼科〙(網膜の)黄斑 (macula lutea). 〘1819〙

yéllow stáiner *n.* 〘菌類〙ヨーロッパ産ハラタケ科ハラタケ属の食べられないキノコ (*Agaricus xanthodermus*) 《かさは白く, 裏側は紫がかった茶色で, 傷つけると黄色いしみをつける》.

Yel·low·stone /jéloustòun, -lə- | -lə(ʊ)stəun, -stən/ *n.* **1** [the ~] イエローストーン(川) 《米国 Wyoming 州北西部に発し Yellowstone 湖を経て北東流して Missouri 川に注ぐ川 (1,080 km); 大渓谷と二つの滝が有名》. **2** 〘商標〙イエローストーン 《米国 Glenmore Distilleries 社製のバーボン》. 〘《なぞり》← F *Roche Jaune* // ? (現地語: 河口近くに黄色の岩があるところから)〙

yéllow stónecrop *n.* 〘植物〙=dwarf houseleek. 〘1777〙

Yéllowstone Fálls *n. pl.* [the ~] イエローストーン滝 《Yellowstone 国立公園の中の Yellowstone 川にある二つの滝; 上の滝は 33 m, 下の滝 (Grand Falls) は 94 m》.

Yéllowstone Láke *n.* イエローストン湖 (Yellowstone 国立公園にある湖; 長さ 32 km, 面積 360 km²).

Yéllowstone Nátional Párk *n.* イエローストーン国立公園 《米国 Wyoming 州および Montana, Idaho 両州の一部にわたる; 間欠泉・滝・大渓谷などで有名, 1872 年指定(米国最初の国立公園); 面積 8,991 km²》.

yéllow strèak *n.* 《口語》臆病(ᵒᵏᵘᵇʸᵒᵘ)(風) (cowardice); 卑怯(ʰⁱᵏʸᵒᵘ)なふるまい: show a ~ 卑怯なふるまいをする. 〘1911〙

yéllow swéet clóver *n.* 〘植物〙セイヨウエビラハギ (*Melilotus officinalis*) 《ユーラシア産マメ科の二年草; 黄色の花をつける; yellow melilot, king's clover ともいう》.

yéllow·tàil *n.* (*pl.* ~s, ~) 〘魚類〙黄色の尾びれをもつ魚の総称: **a** アジ科ブリ属 (*Seriola*) の類の食用魚の総称 (California yellowtail, ブリ (*S. quinqueradiata*) など). **b** =silver perch 1. **c** =rainbow runner. **d** =pinfish. **e** 米国沿岸の温海に生息するニベ科の魚 (*Umbrina roncador*). **f** 大西洋西部に生息するフエダイ (*Ocyurus chrysurus*) (yellowtail snapper ともいう). **g** = yellowtail flounder. **h** =yellowtail rockfish. **i** 《豪》マアジ属の魚 (*Trachurus declivis*). 〘1709〙

yéllow-tàil *n.* 〘昆虫〙モンシロドクガ (*Euproctis similis*) 《腹部の端に黄色の毛のふさをもつ白いドクガ; 幼虫は果

Y

樹の害虫になる; yellow-tail moth ともいう).

yéllowtail flóunder *n.* 〔魚類〕北米大西洋沿岸に産する黄色い尾びれをもち体に赤さび色の斑点があるカレイ科マコガレイ属の魚 (*Limanda ferruginea*).

yéllowtail róckfish *n.* 〔魚類〕太平洋東部に生息するフサカサゴ科メバル属のメヌケの類魚 (*Sebastes flavidus*).

yéllowtail snápper *n.* 〔魚類〕=yellowtail f.

yéllow·thròat *n.* 〔鳥類〕アメリカムシクイ属 (*Geothlypis*) の鳥類の総称; (特に)カオグロアメリカムシクイ (*G. trichas*). 〖1702〗

yéllow-thròated márten *n.* 〔動物〕キエリテン (*Charronia flavigula*) (インド・東南アジア産のテンの一種; 毛は粗く, のどから胸にかけて鮮黄色斑がある).

yéllow-throated víreo *n.* 〔鳥類〕キノドモズモドキ (米国東部産のモズモドキ科の一種 (*Vireo flavifrons*); 胸とのどが明るい黄色をしている).

yéllow-throated wárbler *n.* 〔鳥類〕キノドアメリカムシクイ (米国南東部産アメリカムシクイ科の鳥の一種 (*Dendroica dominica*); のど元が黄色).

yéllow tìcket *n.* (米軍俗) 不名誉除隊.

yéllow tríllium *n.* 〔植物〕米国中部産ユリ科エンレイソウ属の多年草 (*Trillium viride* var. *luteum*) (レモンのにおいを出す黄(緑)色の花をつける).

yéllow túft *n.* 〔植物〕ヨーロッパ産アブラナ科の多年草 (*Alyssum argenteum*) (濃黄色房状の花が咲く).

yéllow únderwing *n.* 〔昆虫〕ヤガ科のガ (後方の翅が黄色い).

yéllow wágtail *n.* 〔鳥類〕ツメナガセキレイ (*Motacilla flava*) (ヨーロッパからアジア北部にかけて繁殖するセキレイ). 〖1668〗

yéllow wárbler *n.* 〔鳥類〕キイロアメリカムシクイ (*Dendroica petechia*). 〖1783〗

yéllow wáter lìly *n.* 〔植物〕黄色の花をつけるスイレン科の水生植物の総称; (特に) =spatterdock.

yéllow wéasel *n.* 〔動物〕チョウセンイタチ, シベリアイタチ (*Mustela sibirica*) (東アジア原産の大形のテン; 特に毛皮をとる種類を kolinsky という).

yéllow·wèed *n.* 〔植物〕 **1** キク科アキノキリンソウ属の草本数種の総称. **2** =sneezeweed 1. **3** =rape². **4** =tansy ragwort. 〖1796〗

yéllow·wòod *n.* 〔植物〕 **1** **a** オオバユク, アメリカユクノキ (*Cladrastis lutea*) (米国南東部産のマメ科の小高木; 材は黄色で堅く各種の器具を作る; gopherwood ともいう). **b** =Osage orange. **c** =buckthorn. **d** カスミノキ (smoke tree). **2** その他の黄色い材を産する樹木の総称; その材. 〖1666〗

yéllow·wòrt *n.* 〔植物〕ヨーロッパ産リンドウ科の植物 (*Chlora perfoliata*) (強壮剤として用いられる). 〖1789〗

yel·low·y /jéloui | -ləui/ *adj.* 黄みを帯びた, 黄色がかった (yellowish). 〖1667〗

yéllow-yìte *n.* (スコット) 〔鳥類〕=yellowhammer 1.

yelp /jélp/ *vi.* **1** 〈犬・狐が〉ほえ立てる (yap), きゃんきゃん鳴く (cf. bark², snarl¹). **2** 鋭い叫び声をあげる (cf. yell 1). — *vt.* 叫んで言う. — *n.* **1** (犬などの怒った)ほえ声, きゃんきゃん鳴く声: give a ~ ほえる. **2** 鋭い叫び声; 悲鳴 (squeal): give a ~ 悲鳴をあげる. 〖OE *ġ(i)elpan* to boast, exult < Gmc **ʒelpan* ← IE **ghel-* to call: cf. yell〗

yélp·er *n.* **1** きゃんきゃん鳴く犬. **2** (狩猟家が用いる) 野生の七面鳥の雌鳥の鳴き声をまねた音を出す笛. **3** (犬の鳴き声に似たような)わけのわからぬ音を発する人. 〖(1340) 1673〗

Yelt·sin /jéltsɪn, -tsn; *Russ.* jélʲtsin/, **Boris (Nikolayevich)** *n.* エリツィン (1931–2007; ロシア連邦の政治家; 1990 年に共産党を離脱; 大統領 (1991–99)).

Yem. (略) Yemen; Yemenite.

Yem·en /jémən, jéɪm- | jémən, -mɛn/ *n.* **1** イエメン (アラビア半島南西部の共和国; 1990 年南北イエメンが統合されて成立; 面積 527,970 km², 首都 San'a; 公式名 the Republic of Yemen イエメン共和国). **2** 北イエメン (Yemen Arab Republic) (オスマントルコ支配下にあったが 1918 年に独立). **3** 南イエメン (People's Democratic Republic of Yemen) (英国支配下にあったが 1967 年に独立). 〖□ Arab. *al-Yáman* (原義) the country of the South, the happy country ← *yáman* right hand, right side, south (cf. Benjamin): 東面すると吉方と考えられた右が南になるため (cf. dexter, sinister); ラテン語名は *Arabia Felix* 'Happy Arabia'〗

Y

Yém·e·ni /-ni/ *n., adj.* =Yemenite. 〖□ Arab. *yamanī* ← *Yáman* (↑) +*-ī* (adj. suf.)〗

Yem·en·ite /jémənàɪt, jéɪm- | jémən-, -mɛn-/ *n.* イエメンの住民. — *adj.* イエメン(人)の. 〖⇨ -ite¹〗

yen¹ /jén/ *n.* (*pl.* ~, ~s) **1** 円 (日本の通貨単位; =100 銭; 記号 ¥, Y). **2** 1 円貨. 〖(1875) □ Jpn. *en* (円) □ Chin. *yüan* (圓) round (piece), dollar〗

yen² /jén/ *n.* **1** (口語) 熱望, あこがれ: have a ~ *for* ... を熱望する, にあこがれる / have a ~ *to* climb the Alps アルプスに登りたいという気持ちを強く持っている. **2** (米俗) 麻薬[あへん]に対する強い欲求; 性交に対する欲求, 性欲. — *vi.* (**yenned; yen·ning**) (口語) 願う, 熱望する (long), あこがれる (yearn) 〈*for*〉 〈*to* do〉. 〖(1876) □ Chin. (広東方言) *yan* craving for opium=*yin* (淫) addiction ∥ □ Chin. *yen* (煙) opium, (原義) smoke: のちには *yearn* の転訛形と誤解された〗

Yen·an /jènáːn; *Chin.* iɛ́nān/ *n.* =Yan'an.

Yen-ch'eng /jèntʃʌ́ŋ/ *n.* =Yancheng.

yén crédit *n.* 〔経済〕円借款.

Yeng·lish /jíŋglɪʃ, jínlɪʃ/ *n.* =Yinglish.

yén hòok *n.* (俗) あへんのみのパイプ.

Ye·ni·sei /jènəséɪ | -nɪ̀-; *Russ.* jinʲisʲéj/ *n.* (*also* **Ye·ni·sey** /~/) [the ~] エニセイ(川) (ロシア連邦, シベリア中部の川, 北流して北極海に注ぐ (4,129 km)).

yen-shee /jénʃíː; *Cant.* jīːnʃíː/ *n.* 煙渣 (阿片のパイプの残留物). 〖(1882) □ Chin. (広東方言) *in shi* (煙渣)〗

yen·ta /jénṭə | -tə/ *n.* (米俗) かげ口をきく女; おせっかいな女, うるさい女 (yente ともいう). 〖(1923) □ Yid. ~ □ ? It. *gentile* < L *gentilem* 'GENTLE'〗

Yen·tai /jʌ̀ntáɪ/ *n.* =Yantai.

yeo. (略) yeomanry.

yeom. (略) yeomanry.

yeo·man /jóʊmən | jə́ʊ-/ *n.* (*pl.* **-men** /-mən/) **1** (英) **a** (昔の)自由民, 自由農, ヨーマン (gentleman より位が低く, もと年 40 シリングの収入のある土地を所有することで国会議員選出権を有した自由所有権保有農 (freeholder); 中世では servant であったが, 漸次自由保有農となり英国中堅階級を形成した). **b** 自作農, 小地主. **2** **a** (英) (昔, 王家・貴族に仕えた)従者, 家臣 (官位は sergeant と groom との間の gentleman). **b** 従者 (retainer), 番卒 (guard). **3** (英) (昔の)義勇農騎兵 (⇨ yeomanry 2). **4** 勤勉な奉仕をしてくれる人; 大いに役立つもの. **5** 〔海軍〕 **a** (英) 倉庫係, 補給品係, 信号係(下士官兵). **b** (米) 庶務係(下士官).

yéoman of sígnals 〔英海軍〕信号係下士官兵.

Yéomen of the Guárd [the —] (英国王の)衛士 (1485 年 Henry 七世の制定による; 初めは 50 名であったが, 1669 年以来 100 名になった; 古式の服装をまとい, ほこを持ち, 儀式の際の国王の衛士係とロンドン塔の衛士係とがある; 正式名 the King's [Queen's] Bodyguard of the Yeomen of the Guard; beefeater ともいう).

— *adj.* **1** yeoman の[にふさわしい]; yeoman からなる. **2** (骨の折れる仕事などに)忠勤を励んでくれる, 大いに役立つ: ⇨ yeoman service / give ~ help.

〖(?a1300) *yeman, yoman* (短縮) ? ← *yengman, yung man* young man, attendant〗

Yeoman of the Guard

yéo·man·ly *adj.* yeoman の[に似た, にふさわしい]; 勇敢な, 不屈な, 忠実な. — *adv.* yeoman らしく; 勇敢に. 〖(adj.: 1576; adv.: *c*1387)〗

yeo·man·ry /jóʊmənri | jə́ʊ-/ *n.* [集合的] **1** 自由民, 自由農, ヨーマン; 小地主達, 自作農 (yeomen). **2** (英) (昔の)義勇農騎兵団 (1761 年 yeoman 階級の子弟をもって組織された騎馬義勇兵団; Boer 戦争では Imperial Yeomanry と呼ばれ, 1908 年以降は Territorial Army に編入). 〖(1375): ⇨ yeoman, -ery〗

yéoman sèrvice *n.* (いざという時の)忠勤, 役立ち: It did me ~. それが私に思わぬ役に立った (Shak., *Hamlet* 5. 2. 36). 〖1600–01〗

yéoman's sèrvice *n.* =yeoman service.

Yéoman Úsher *n.* (英) 黒杖官 (Black Rod) 補佐.

Yéoman Wárder *n.* ヨーマンウォーダー (ロンドン塔の衛士の一つで, Yeoman of the Guard と同様の服装をしている; 11 世紀からの歴史があり, 通称は beefeater).

ye·ow /jiáʊ/ *int.* ぎゃーっ, わーっ, ひゃーっ (絶叫).

yep /jép, jéʔ/ *adv.* (米語) =yes. ★ /p/ は破裂しない (⇨ nope). 〖(強調転訛) ← YEAH: cf. nope〗

Ye·pes /jépɛs, jéɪ-; *Sp.* jépes/, **Narciso** *n.* イエペス (1927–97; スペインのギタリスト; フランス映画 *Jeux Interdits* (禁じられた遊び, 1952) の音楽を担当).

yer¹ /jéə, jæə | jéə, jə́ː/ *adv.* (口語) =yeah (cf. yah).

yer² /(弱) jə | jə^(r)/ *pron.* (非標準) =your.

-yer /jə | jə^(r)/ *suf.* (w で終わる名詞に付く) -er¹ の異形: bowyer, lawyer, sawyer. 〖(変形) ← -IER¹ (cf. -eer) ∥ ← ME *-ien* (動詞語尾)+-ER¹〗

yer·ba /jéəbə, jə́ː- | jéə-, jə́ː-/ *n.* **1** =maté. **2** (米俗) マリファナ, くさ. 〖(1818) □ Sp. ~ herb, (Am.-Sp.) yerba maté < L *herba* 'grass, HERB'〗

yer·ba bue·na /jéəbəbwéɪnə, jə́ː- | jéə-, jə́ː-/ *n.* 〔植物〕 **1** ブエナソウ (*Satureia douglasii*) (北米太平洋岸産シソ科の多年草; 古くは催吐剤・駆虫剤などに用いた). **2** 北米西部産シソ科の多年生つる草 (*Micromeria chamissonis*) (古くは駆虫剤などに用いた). 〖(1847) □ Sp. ~ (原義) good herb〗

Yer·ba Bue·na /jéəbəbwéɪnə, jə́ː- | jéə-, jə́ː-/ *n.* イエルバブエナ(島) (米国 California 州, San Francisco 湾内の一島; San Francisco と Oakland との間にあり, 双方を San Francisco-Oakland bridge (全長約 13 km) で結ぶ). 〖↑〗

yer·ba ma·té /jéəbəmáːteɪ, jə́ː- | jéə-, jə́ː-/ *n.* 〔植物〕=maté.

Yer·e·van /jèrəváːn | -rɪ̀vǽn, -váːn/ *n.* エレバン (アルメニア共和国の首都; 英語名 Erivan).

yerk /jə́ːk | jə́ːk/ *vt.* **1** (方言) 打つ (strike), むち打つ (whip). **2** (方言) かき混ぜる; かき立てる, 起こす (arouse); 興奮させる (excite), 煽動する. **3** (方言) 〈体の一部を〉ぐいと動かす. **4** (古) **a** (靴を作る際に)〈縫い糸を〉しっかりと引く. **b** しっかりと縛る. — *vi.* **1** (廃) 蹴る (kick). **2** (方言) 急に立上がる. — *n.* **1** (スコット) 蹴ること (kick). **2** (方言) 急にぐいと引くこと. 〖(*c*1430) ← ? (擬音語): cf. jerk¹〗

Yér·kes Obsérvatory /jə́ːkiːz- | jə́ː-/ *n.* [the ~] ヤーキス天文台 (米国 Wisconsin 州南部の村 Williams Bay にある; 1892 年創立, Chicago 大学に所属し世界最大の屈折望遠鏡(口径 102 cm)を有する). 〖*Yerkes*: ← *Charles Tyson Yerkes* (1837–1905: その寄付者である米国の資本家)〗

Yer·sin /jə́ːsɪn, -sn | jə́ːsɪn; *F.* jɛʁsɛ̃/, **Alexander Emile John** *n.* イェルサン (1863–1943; スイスの細菌学者; ジフテリア抗毒素を研究; ペスト菌を発見, その予防血清を開発; 中国と南ベトナムに Pasteur Institute を設立).

Ye·ru·pa·ja /jèrəpáːhaː/, **Mount** *n.* イエルパハ山 (ペルー中西部, Lima の北北東にある Andes 山脈の高峰 (6,634 m)).

Yér·wa-Maidúguri /jə́ːwə- | jə́ː-/ *n.* =Maiduguri.

yes /jés/ *adv.* **1** [肯定・同意の返事] **a** [質問・呼び掛けなどに答えて] はい (↔ no): Were you there?—*Yes*. あなたはそこにいましたか—はい(いました) / Isn't it raining?—(Oh) *Yes*, it is. 雨は降っていませんか—降っています. ★ 問の形式のいかんにかかわらず答が肯定ならば常に yes と言う. **b** [相手の言葉に同意を表して] (いかにも)そうだ, 左様, 然り: This is an excellent book.—*Yes* /jéːs/, it is. これは立派な本だ—立派だ, 全く / You see it fits you.—(Well) *Yes*, but I prefer that one. お似合いですよ—ええ, だけどあちらのほうがいいね. **c** (ドアのノックに答えて)はい: *Yes*? Who is it? はい, どなたですか. **2** [上昇調に発音して] **a** [相手の言葉に疑いを表し, 相づちとし, また話の先を促して] そう, えー, まさか; ははあ, なるほど, それで (Indeed?, Is that so?); ご用向きは (What is it?): I was always good at drawing.—*Yes*? [Oh ~?] 私はいつも図画は得意だったんだ—そう [本当かい] / I have come to the conclusion that ...—*Yes*? 私はこういう結論に達したのですが—それで. **b** [自分の述べた言葉のあとで] ね (わかるか, そうだろう): We first go two miles west, then bear north and continue in a straight line for several miles—*Yes*? まず西に向かって 2 マイル行き, それから北に方向をとって一直線に 5–6 マイル進むのだ—ね(わかったかい). **3** [強調的に前言を敷衍して] いや(その上), しかも (moreover, in addition): He says he's ready, ~ eager to help you. 喜んであなたのお手伝いをしようと, いや, 是非したいと言っています.

Yés and nó. イエスでもありノーでもある, どちらともいえない.

Yés, pléase. はい, いただきます, お願いします (相手の申し出を感謝して受け入れるとき): Would you like a cup of tea?—*Yes, please*. お茶を 1 杯いかがですか—はい, いただきます. ***yés, yés*** [わずらわしい相手の話を聞き流して] はいはい.

— *n.* (*pl.* ~·es, **yess·es** /~ɪz/) **1** yes という言葉[返事], 肯定, 承諾 (affirmation): say ~「はい」と言う, 承諾する / She said ~ to my proposal [plan, suggestion]. 彼女は私の申し込み[計画, 提案]を承諾した / Confine yourself to ~ and no [~*es* and noes].「はい」と「いいえ」の一点張りで通せ. **2** 賛成(投票); [*pl.*] 賛成(投票)者. ★ この意味では aye のほうが普通.

yés and nó yes と no の答だけで物を当てる遊戯. (1843)

— *vt., vi.* (**yessed; yes·sing; yes·ses**) (逆らわず)「はい」と言う.

〖OE *ġēse, ġise* ← ? *ġēa* 'YEA' +*sī(e)* may it be (so) ∥ +*swā* 'so': 英語に特有の語〗

ye'se /jíːs/ (スコット・北英) ye shall の縮約形 (cf. Ise, I'se).

Ye·se·nin /jɪséɪnɪn | -nɪn; *Russ.* jisʲénʲin/, **Sergei (Aleksandrovich)** *n.* =Esenin.

ye·shi·va /jəʃíːvə/ *n.* (*also* **ye·shi·vah** /~/) (*pl.* ~s, **-shi·voth** /jəʃìːvóʊt, -vóʊθ | -vɔ́ʊt, -vɔ́ʊθ/) 〔ユダヤ教〕タルムード学院, イェシーバ: **1** タルムード (Talmud) およびラビ文学などの研究を行い, またラビ (rabbi) を養成するユダヤ教の学校. **2** 宗教教育のほかに普通教育も行うユダヤ教の小学校. 〖(1851) □ Mish.Heb. *yᵉšībhā^h* academy, (原義) sitting〗

Ye·şil Ir·mak /jəʃíːlɪəmáːk | jɛ̀ʃɪlɪə-; *Turk.* jɛʃíl-ɯrmɑk, jɛʃílɪrmɑk/ *n.* イェシル川 (トルコ北部を北西に流れて黒海に注ぐ川 (402 km); 古代名 Iris).

Ye·şil·köy /*Turk.* jɛʃílkøj/ *n.* イェシルキョイ (San Stefano のトルコ語名).

yés-màn *n.* (*pl.* **yes-men**) (口語) (目上の者の命令を)何でもはいはい言ってきく人, ごますり, おべっか使い, イエスマン (sycophant) (↔ no-man). 〖1912〗

yés-nó quèstion *n.* 〔文法〕一般疑問, yes-no 疑問文 (Yes または No の答えを求める疑問文; cf. WH question).

yes·sir /jésə, jèssə́ː | jésə^(r), jèssə́ː^(r)/ *int.* (口語) (特に目上の相手に同意して)はい; [強い肯定] (米) まったく…だ, 本当だ. — *vt.* 〈人〉に目上として従う, …に「はい」と言う.

yes·sum /jésəm/ *int.* (米黒人・古) はい, イエッサム (女性に対する丁寧な同意の言葉). 〖← *yes ma'am*〗

yest /jést/ *n.* (古) 泡 (yeast). 〖(1530) (異形) ← YEAST〗

yes·ter /jéstə | -tə^(r)/ *adj.* (古・詩) 昨日の. 〖(1577) (逆成) ← YESTERDAY: cf. yester-〗

yes·ter- /jéstə | -tə^(r)/「すぐ前の, 昨…(last)」の意の複合語を作る: *yestereve*, *yester*night. 〖↑〗

yes·ter·day /jéstədèɪ, -dì | -tədèɪ, -di/ *adv.* **1** きのう, 昨日: I told it to him (as recently as [no longer ago than, only, just]) ~. (昨日になって初めて)そのことを彼に話した. **2** 昨今, 近ごろ (only lately). ★ 次の慣用文に用いる場合を除けば (文語).

bórn yésterday [通例否定構文で] 未経験な, うぶな, すぐ

だまされる: I was *not born* ～. きのう生まれた赤ん坊ではあるまいし. 《1757》 ***wánt it yésterday*** 《米口語》〈顧客などが〉(注文品などを)ひどくせっかちに[しつこく]要求する.

— *n.* **1 a** きのう, 昨日: the day before ～ [副詞句としても用いて] おととい, 一昨日《★ 定冠詞を省くのは《米》》/ I read it in ～'s paper. 私はそれをきのうの新聞で読んだ. **b** [形容詞的に] きのうの, 昨日の. ★ 通例副詞句をなす: (early [late]) ～ morning [afternoon] きのうの朝[午後](早く[遅く]) / ～ evening 昨晩, 昨夜 (last evening)《★《英》》/ ～ week＝a week ～《英》先週[来週]のきのう《先週か来週かは前後関係で判断する》. **2**《文語》**a** 昨今, 近ごろ: a thing of ～ つい昨今の事柄[物]. **b** [通例 *pl.*] 過去 (past time): far back in the dim ～*s* はるかに遠い過去の霧の中に / And all our ～*s* have lighted fools the way to dusty death. 過去はすべて, ちりにまみれた死への道へと愚か者どもを照らしてきた (Shak., *Macbeth*, 5. 5. 22–23). ***yésterday's màn*** 過去の人《特に政治家》. ***yésterday's nèws*** 過去の人[物], 旧聞.

〖OE *ġeostran dæġ* ← *ġeostran* (of) yesterday (← Gmc **ʒestra-* (G *Gestern* yesterday) ← IE **dhgh(y)es* yesterday)＋*dæġ* 'DAY'〗

yéster·éve *n., adv.*《古・詩》きのうの晩, 昨晩 (yesterday evening). 〖1603〗

yéster·éven *n., adv.* ＝yestereve. 〖(*c*1420) ← YESTER-＋EVEN[2]〗

yéster·évening *n., adv.*《古》＝yestereve. 〖1715〗

yéster·mórn *n., adv.*《古・詩》きのうの朝, 昨朝 (yesterday morning). 〖(1654–55) ← YESTER-＋MORN〗

yéster·mórning *n., adv.*《古》＝yestermorn. 〖1654–55〗

yes·tern /jéstən | -tən/ *adj.* ＝yester. 〖((OE) 1860)《変形》? ← YESTER: cf. eastern〗

yéster·níght *n., adv.*《古・詩》昨夜 (last night). 〖OE *ġystran niht*: ⇨ yesterday, night〗

yéster·yéar *n., adv.*《文語》昨年, 去年 (last year); 過ぎし年 (past times): Where are the snows of ～? こぞの雪今いずこ (D. G. Rossetti, *Three Translations from François Villon* 中の句). 〖(1870): D.G. Rossetti が F *antan* (< L *ante annum*) の訳語として用いた造語: ⇨ yester-〗

yes·treen /jɛstríːn/ *n., adv.*《スコット》ゆうべ, 昨晩. 〖(*c*1375)《短縮》← ME《スコット》*ʒystrewin, yistrevin* ← *ʒyster-* (⇨ yester-)＋*ewin, evin* 'EVEN[2]'〗

yet /jét/ *adv.* **1** [否定構文で](今まで, またはその時までには)まだ(…ない), (今までのところでは)まだ (so far) (cf. already 3); まだしばらくは: He has *not* come ～. 彼はまだ来ていない / The time of figs was *not* ～. いちじくいまだ時ならず (*Mark* 11:13) / Haven't you learned ～ that he is dead? 彼が死んだということをまだ知らないのか / It's *not* ready ～ [*not* ～ ready]. まだ用意ができてない / It is *not* time to go ～. まだ行く時刻ではない / It will *not* happen just ～. それはまだしばらくは起こるまい / *Not* ～. (いや)まだです.

2 [疑問構文で](今またはその時)もう (cf. already 3): Have you finished ～?—No, not ～. もう終りましたか—いいえ, まだです (★《英》では完了形を用いるが,《米口語》では過去形 Did you finish ～? がよく用いられる; 2 番目の yet は 1 の意) / Need you go ～? もう行かねばならないのですか《まだ行かなくてもよいのではないか》/ Have you called him ～.＝《米》Did you call him ～. 彼をもう起こしたのか《まだ起こさなくともよかったのに》.

3 (今, またはその時)まだ; 今も(なお), 依然として, (やはり)まだ (even now, still): There is ～ time [time ～]. まだ時間はある / There is one ～ missing. まだ足りないのが一つある / Much ～ remains to be done. まだまだなすべきことがたくさんある / I seem to see him ～. 今もなお彼の姿が目に浮かぶ思いがする / There is life in the old dog ～. 老人ながらまだ元気がある. ★ この意味では今は《口語》では still の方が普通.

4 a まだその上に, なお, さらに (in addition, further): another and ～ another また一つまた一つと, 続々 / ～ again もう一度 / ～ once (more) さらにもう一度 / ～ more もう一度 / He hopes to work for another year ～. まだもう一年間働きたいと希望している / There is work ～ to be done. まだこの上しなければならない仕事がある. **b** [nor に伴って強調的に] また(…しない), いわんや(…でない) (even): He will not accept help *nor* ～ advice. 助力はおろか忠告すら受け入れないだろう. **c** [比較級を伴って] まだ一層, さらに一層 (still): a ～ *more* difficult task なお一層むずかしい仕事 / It came nearer and ～ *nearer*. それはなおもますます近づいて来た. **d** [最上級に伴って] 今までのところ(…のうちで)一番…の: the *largest* diamond ～ (found) これまでに発見された最大のダイヤモンド / his *best* book ～ 彼の今までのうちの最良の本.

5 (そのうち)やがては, いずれ, いつかは (some day): He will ～ be victorious.＝He will be victorious ～. 彼はやがて勝利を占めるだろう / You shall ～ repent it. 今に後悔するぞ / I will get even with you ～. 今にうらみを晴らしてやるぞ.

6 a [しばしば and または but に伴って (cf. *conj.*)] それにもかかわらず, しかもなお (⇨ but[1] SYN): It is strange (and) ～ true. 不思議なことだが本当だ / It seems proved, *but* ～ I have my doubts. 立証されたようだが, それでもまだ私は疑わしいと思う. ★ 時に従節の (al)though と相関的に用いられる: *Though* the water is deep, (～) it is clear. 水は深いけれども澄んでいる. **b**《米口語》それなのに, それでも《驚き・不信, 時に不賛成を表す》: She has a husband and two kids, and she says she's unfulfilled ～! 彼女は夫と 2 人の子供がいるのにまだ満たされていないという.

as yét (将来はともかく)今まで[この時まで]のところでは: a conscience *as* ～ clear まだ曇り[汚れ]のない良心 / He has not come *as* (《俗》*of*) ～. まだ来ていない / It has worked well *as* ～. 今までのところは故障がなかった / *As* ～, he has not succeeded, but … 今までのところまだ成功していないが…. ***be yét to dó*** これから…するはずである, まだ…していない: The worst *is* ～ *to* come. 最悪の事態はまだ来ていない / He *is* ～ *to* know the truth. まだ真実を知っていない. ***háve yét to dó*** これから…すべきである, まだ…していない: I *have* ～ *to* learn. (そんなこと)私はまだ知らない.

— *conj.* それにもかかわらず, しかしそれでも (nevertheless), けれども (however) (cf. *adv.* 6). ★ しばしば従節の (al)though と相関的に用いられる: He is still young, (and) ～ he is well up in his profession. 年は若いが職務には明るい / The evidence seems overwhelming, and ～ I (still) have my doubts. 証拠は圧倒的のように思えるが, それでも私は疑いがある.

〖OE *ġiet(a), ġӯt* ← ?: cf. OFris. (*i*)*ēta* yet / MHG *ieze* yet, now (G *jetzt*)〗

yet·i /jéti, jéɪ- | jéti/ *n.* 雪男, イエティー (⇨ Abominable Snowman). 〖(1937) ← Tibetan *yeh-teh* little manlike animal《現地語》〗

yett /jét/ *n.*《スコット》＝gate[1].

ye·uch /jíːəx, jiáːx/ *int.* うへっ, げっ, べーっ《不快・嫌悪などの発声》.

yeuk /júːk/《スコット》*vi.* かゆい, むずむずする. — *n.* かゆいこと, かゆみ. **～·y** /-ki/ *adj.* 〖ME (northern) *gykyn, yukyn* < OE *ġiccan* itch〗

Ye·vrey·ska·ya Autónomous Óblast /jɪvréɪskəjə-; *Russ.* jivrʲejéjskəjə-/ *n.* ⇨ Jewish Autonomous Oblast.

Yev·tu·shen·ko /jèvtʊʃéŋkoʊ | -kəʊ; *Russ.* jiftuʃénkə/, **Yev·ge·ny** /jivɡʲénʲij/ **Aleksandrovich** *n.* エフトシェンコ《1933– ; ロシアの詩人; *Bratsk Station* (1966)》.

yew /júː/ *n.* **1**〖植物〗イチイ《イチイ属 (*Taxus*) の樹木の総称》(yew tree); (特に)セイヨウイチイ (English yew). **2 a** (特に弓の材料として使う)イチイ材. **b**《古》(イチイ材製の)弓. **3** (悲しみ・死などを表す)イチイの木[枝]. — *adj.* イチイ材の. 〖OE *īw, ēow* < Gmc **īwaz* (Du. *ijf* / G *Eibe*) ← IE **ei-* reddish, yew〗

yé-yé /jéɪjéɪ; *F.* jeje/《口語》*adj.* **1**〈服装・音楽など〉イエイエの, イエイエ調の《1960 年代フランスに生まれ流行したモッズスタイルで, 音楽はロックンロール調のものにいう; cf. mod[1] 2》. **2** (10 代の若者のように)流行に敏感な, 流行を追う; 若さでいっぱいの. **3** 10 代の若者らしい. — *n.* (音楽・服装などの)イエイエスタイル. 〖(*c*1960) □ F《俗》～ □ E *yeah, yeah* (特に the Beatles などの歌に使われた間投詞): ⇨ yeah〗

Yeysk *n.* ＝Yeisk.

Yezd /jézd/ *n.* エズド《イラン中央部の都市》.

Yez·i·di /jézɪdiː | -zɪdɪ/ *n.* (*pl.* ～s) (*also* **Yez·i·dee** /～/) **1** [the ～s] ヤジーディ族《イラク北部の Mosul 周辺に住む少数民族; イスラム教とキリスト教の混交した宗教を持つ》. **2** ヤジーディ族の人. 〖(1818) ← ?〗

Ye·zo /jézoʊ | -zəʊ/ *n.* 蝦夷(えぞ)《北海道の旧名》. 〖□ Jpn. 蝦夷〗

Ý-frònts *n. pl.*〖商標〗Y- フロント《男性用のズボン下; 前面の縫い目が逆 Y 字形になっている》.

Yg·dra·sil /ígdrəsɪl/ *n.*〖北欧神話〗ユグドラシル, トネリコの大樹, 宇宙樹, 永遠に緑したたるもの《宇宙を支えその根と枝は天界・地界・地獄にわたるという》. 〖(1770) □ ON *Yg(g)drasil(l), askr Yg(g)drsils* (ash of) the horse of Yggr ← *Yggr* name of Odin (← *yggr*＝*uggr* frightful: ⇨ ugly)＋*drasill* horse〗

Y·gerne /igéən | iɡéən/ *n.*〖アーサー王伝説〗＝Igraine.

Ygg·dra·sil /ígdrəsɪl/ *n.*〖北欧神話〗＝Ygdrasil.

Ý-gùn *n.* 爆雷発射機, Y 型爆雷投射機《通例駆逐艦や駆潜艇などの艦尾に備え, 両舷に同時にまたは別々に爆雷投射のできる Y 字形の対潜用兵器》. 〖(1937) その形から〗

YHA《略》Youth Hostels Association.

YHS《記号》Jesus (cf. IHS 1).

YHVH /jáːweɪ, -veɪ | -weɪ/《記号》⇨ Tetragrammaton.

YHWH /jáːweɪ, -veɪ | -weɪ/《記号》⇨ Tetragrammaton.

yi[1] /jíː; *Chin.* ì/ *n.*〖中国哲学〗義《人間関係において特定の義務を忠実に果すこと》. 〖□ Chin. *yi* (義)〗

yi[2] /jíː/ *pron.*《非標準》＝you《スコットランド英語の発音つづり》.

Yi·bin /jìːbíːn; *Chin.* íp̄ìn/ *n.* 宜賓(ぎひん)《中国四川省 (Sichuan) 南東部の都市; 長江 (Chang Jiang) 上流の重要な港》.

Yi·chang /jìːtʃáːŋ; *Chin.* ítʂʰáŋ/ *n.* 宜昌(ぎしょう)《中国湖北省 (Hubei) の長江に臨む都市》.

Yi·chun /jìːtʃúːn; *Chin.* ìtʂʰūn/ *n.* 伊春(いしゅん)《中国黒竜江省 (Heilongjiang) 中東部の都市》.

Yid /jíd/ *n.*《俗》[通例軽蔑的に用いて] ユダヤ人 (Jew). 〖□ Yid. ～ □ MHG *Jude, Jüde* < OHG *Jud(e)o* □ L *Jūdaeus* 'JEW'〗

Yid.《略》Yiddish.

Yid·dish /jídɪʃ | -dɪʃ; *Yid.* jídɪʃ/ *n.* イディッシュ語《高地ドイツ語方言に Hebrew, Slav 系の語の混ざったもので, ヘブライ文字で書く; ロシア・ヨーロッパ中部・英国・米国のユダヤ人などに用いられている》. — *adj.* イディッシュ語で話された[書かれた]. 〖(1875)《転訛》← G *jüdisch* (*deutsch*) (Jewish-(German) ← *Jüde* 'JEW'〗

Yíd·dish·er /-ʃə | -ʃə(r)/ *adj.* **1** イディッシュ語を話す. **2** ユダヤ人の. — *n.* イディッシュ語を話す人; ユダヤ人. 〖1859〗

Yíd·dish·ìsm /-ʃɪzm/ *n.* **1** イディッシュ語特有の語法[語句]. **2** イディッシュ語[文化]擁護運動. 〖1926〗

Yíd·dish·ist /-ʃəst | -ʃɪst/ *n.* **1** イディッシュ語[文化]擁護者. **2** イディッシュ語研究者. 〖1917〗

Yíddish·kèit /-kàɪt/ *n.* ユダヤ人的特質[性格], ユダヤ人的生き方[生活習慣], ユダヤ人性.

yield /jíːld/ *vt.* **1 a** (特に, 耕作または工業過程の結果として)産する, 生じる (produce) 〈*up*〉: This land ～*s* good crops. この土地から作物が豊富にとれる / Cotton can be treated to ～ many kinds of products. 綿は加工すると種々の製品ができる. **b**〈報酬・利子・収入などを〉もたらす (bring in): My labors ～*ed* but a poor result. 私の労働はたいした成果にならなかった / Investments ～ a profit. 投下資本は利潤を生む / The bond ～*s* 6%. その証券は年 6 分の利回りになる. **c** 引き起こす, もたらす: Sin ～*s* bitter fruit. 罪悪は災いをもたらす, 悪因悪果 / His speech ～*ed* only one good laugh. 彼の話は一度しか皆の笑いを誘い出さなかった. **2** [時に二重目的語を従えて] (当然なものとしてまたは要求されて)許す, 与える (grant, give), 譲る (concede): ～ possession 所有権を譲る / ～ submission 服従する / ～ a point (in argument) (議論で相手の)論点を認める, 一歩譲る / ～ precedence *to* another 人に先を譲る / ～ the palm *to* another 人にかぶとを脱ぐ, 人に勝[名誉]を譲る / He ～*ed* the floor *to* the senator from Washington. 彼はワシントン州選出の上院議員に発言権を譲った / The king ～*ed* them citizenship [～*ed* citizenship *to* them]. 王は彼らに市民権を与えた / ～ the right of way at an intersection 〈車が〉交差点で道を譲る. **3 a** (圧迫または強制されて)譲渡する, 明け渡す, 放棄する 〈*up*〉: ～ one's place 地位を捨てる / ～ oneself prisoner 捕虜として身を差し出す, 降服する / ～ the fortress *to* the enemy 敵に要塞(さい)を明け渡す / ～ *up* the ghost ⇨ ghost *n.* 成句. **b** [～ one*self to* として] …に身をゆだねる, に耽る 〈*up*〉: He ～*ed himself to* the temptation. 彼はその誘惑に負けた / Never ～ *yourself up to* pleasure. 快楽におぼれてはいけない. **4**《古》…に返済する, 償う (recompense), 報いる (reward). **5**〖野球〗〈投手が〈ヒット・得点を〉許す (give up).

— *vi.* **1**〈土地などが〉収穫を与える, 作物ができる, 〈果樹などが〉実る: The peach trees ～*ed* well this year. 桃は今年は実りがよかった / This mine ～*s* poorly. この鉱山は産出高が乏しい. **2**〔強制・懇願・説得などの力に〕服する, 屈する, 従う, 応じる (surrender, submit)〔*to*〕: courage never to submit or ～ 不撓(とう)不屈の勇気 / ～ *to* temptation 誘惑に屈する / ～ *to* a person's request [persuasion] 人の依頼に応じる[説得に屈する] / The garrison ～*ed to* the rebels at the first assault. 城兵は反徒の強襲にひとたまりもなかった / He ～*s to* no one [none] in his respect for the law. 法律を重んじる点では彼は人後に落ちない. **3**〈物が〉〔圧力・物理力のために〕曲がる, へこむ, たわむ, こわれる, 動く (give way, bend, break, move)〔*to*〕: The door ～*ed to* a strong push. ぐいと押すとドアはあいた / Ice ～*s to* heat. 氷は熱で溶ける. **4**《米》**a**〔運転手などに〕道を譲る〔*to*〕(《英》give way): *Yield!* [道路標識](交差交通に)先を譲れ. **b** (議会で)〔…に〕発言権を譲る〔*to*〕: He would not ～ *to* the senator from Washington. 彼はワシントン州選出の上院議員に発言権を譲ろうとはしなかった. **5**〔…に〕とって代わられる〔*to*〕.

yíeld úp (1)〈秘密などを〉漏らす, 明らかにする. (2) ⇨ *vt.* 1 a, 3.

— *n.* **1** 産出 (output); 産額, 産出高, 生産額, 収穫 (⇨ crop SYN): a large ～ 豊作. **2** 報酬 (return); 利回り; 投資収益(率); 歩どまり: the (gross) ～ on a bond 債券の(総)利回り. **3**〖化学〗収量, 収率《化学過程において, 理論的に得られるはずの量に対する実際に得られた量の百分率》. **4**〖原子力〗(特に, 核爆発による)エネルギーの放射量: a 100-megaton ～ 100 メガトンの放射エネルギー.

～·a·ble /-dəbl/ *adj.* 〖OE *ġ(i)eldan* to pay < Gmc **ʒelđan* (Du. *gelden* / G *gelten* to cost, be worth) ← ? IE **gheldh-* to pay〗

SYN 屈服する: **yield** 強制・懇願・説得などに負ける: *yield* to temptation 誘惑に屈する. **submit**「相手の力に服従する」の意で, 前者とほぼ同じだが前者がより口語的: *submit* to a conqueror 征服者に屈服する. **bow** 相手の権威・威厳などに対して幾分の敬意をもって屈服する: *bow* to political pressure 政治的圧力に屈する. **succumb** 戯言的に用いて; 〈弱い人が〉抵抗しがたい強い力に屈服する《格式ばった語》: He *succumbed* to her charms. 彼女の魅力に屈した. **capitulate** 同意した条件で屈服する《格式ばった語》: They *capitulated* to the enemy. 敵に降伏した. **relent** 前よりも厳しくなくなる: He *relented* at the sight of her tears. 彼女の涙を見てふびんに思うようになった. **ANT** resist.

yield·er /jíːldə | -də(r)/ *n.* **1** 降服者: I was not born a ～. 降服者に生まれたのではない, 降服なんかするもんか (Shak., *1 Hen IV* 5.3.11). **2** [通例限定詞を伴って] 物を産出するもの: a good [poor] ～. 〖(1340) 1590〗

yield·ing /jíːldɪŋ/ *adj.* **1** 曲がりやすい, 曲げられる, 屈伸性のある (flexible): a ～ mattress. **2** 影響[感化]を受けやすい, 説得に屈しやすい, 言いなりになる, 従順な (cf. stubborn) (⇨ obedient SYN): a ～ temper. **3** 生む, 産する, 生産する. **～·ly** *adv.* **～·ness** *n.* 〖(1340) 1533〗

yíelding pròp *n.*〖鉱山〗可縮性支柱《外力の増大に伴って徐々に降縮し, 壁面や天盤の一挙に崩壊するのを防ぐ支柱》.

yíeld pòint *n.*〖物理〗降伏点《物体に働く応力が弾性限度を超えてある値に達すると, 応力がほとんど増加しないの

Y

に永久ひずみが急激に増加する; この点の応力を降伏点と呼び, その時の応力値を降伏値[価] (yield value) といい, これを材料の強度という観点からみるときは降伏強度 (yield strength) という》. 〖1889〗

yíeld strèngth *n.* 〖物理〗降伏強度 (⇨ yield point). 〖1935〗

yíeld strèss *n.* 〖物理〗降伏応力《降伏点 (yield point) の上限での応力; cf. proof stress》.

yíeld vàlue *n.* 〖物理〗降伏値[価] (⇨ yield point). 〖1929〗

YIG /jíg/ 《略》〖化学〗yttrium iron garnet.

Yig·dal /jɪgdáːl/ *n.* 〖ユダヤ教〗イグダル(聖歌)《ユダヤ教の13の信条を歌にしたもので, 冒頭の言葉がイグダルで始まる; 通例金曜日と祭日の夕べの礼拝の終わりに歌われる; 最終節は死者の復活に関するもので cantor と会衆との間で応答式に唱えられる》. 〖《1892》□ MHeb. *yighdál* 《原義》he becomes great〗

Yi Jing /íːtʃíŋ, -dʒíŋ | iː-; *Chin.* ìtɕíŋ/ *n.* 易経(えききょう)《中国の古典, 儒教の経典である五経の一つ; 卜筮(ぼくぜい)の書; Book of Changes ともいう》. 〖《1876》□ Chin. ～〗

yike /jáɪk/ 《豪口語》*n.* 議論, けんか. — *vi.* 議論[けんか]をする. 〖《1940》← ?〗

yikes /jáɪks/ *int.* =yipe.

yill /jíl/ *n.* 《スコット》=ale. 〖《1785》《変形》← ALE〗

yin[1] /jín; *Chin.* īn/ *n.* 〖中国哲学〗陰 (cf. yang): the alternating transition in history from ～ to yang 歴史における陰から陽への周期的な変遷.

Yín and Yáng 〖中国哲学〗陰陽: the rhythm of *Yin and Yang* 陰陽のリズム[変転].

〖《1671》□ Chin. ～ (陰)〗

yin[2] /jín/ *adj., n., pron.* 《スコット》=one. 〖《1807》《変形》← ONE〗

Yin /jín; *Chin.* īn/ *n.* 殷(いん) (⇨ Shang). 〖□ Chin. ～〗

Yin·chuan /jìntʃuáːn; *Chin.* íntʂʰuān/ *n.* 銀川(インチョワン)《中国中北部寧夏回(ホイ)族自治区 (Ningxia Hui Autonomous Region) の主都》.

Ying·kou /jìŋkóu, -káu | -kə́u, -káu; *Chin.* íŋkʰou/ *n.* 営口(えいこう)《中国東北部遼寧省 (Liaoning) にある海港》.

Ying·lish /jíŋglɪʃ, jíŋlɪʃ/ *n.* イングリッシュ《特にニューヨークのユダヤ人によって話されるイディッシュ語の構文・語句を含む英語; Yenglish ともいう》. 〖《1951》← YI(DDISH)＋(E)NGLISH〗

ý-intercept *n.* 〖数学〗y 切片. 〖*c*1939〗

Yín-Yáng schòol /jínjáːŋ-, -jǽŋ-; *Chin.* īniáŋ-/ *n.* [the ～] 陰陽五行説《古代中国の哲理で, 宇宙の現象・一切の万物などは陰陽と五行(木・火・土・金・水)によって生じるという説》.

yip /jíp/ 《米口語》*n.* きゃんきゃんほえる声. — *v.* (**yipped**; **yip·ping**) — *vi.* **1** 〈子犬などが〉きゃんきゃんほえる. **2 a** 鋭く叫ぶ, 大声を上げる. **b** 大声で不平を言う. — *vt.* かん高い声で言う. 〖《1903》擬音語〗

yipe /jáɪp/ *int.* ひゃあ, きゃあ《恐怖・驚き・苦痛などを表す》. — *vi.* ひゃあ[きゃあ]と言う. 〖《擬音語》: cf. yap〗

yip·pee /jípi/ *int.* きゃあ, わあい《喜び・はしゃぎなどを表す》. 〖《1920》: cf. hip[4]〗

yip·pie /jípi/ *n.* (*also* **yip·py** /～/) 《俗》イッピー《反戦思想など政治意識の強い米国の hippie 一派の人》. 〖《1968》← *yip* 《頭字語》← Y(*outh*) I(*nternational*) P(*arty*) (イッピー集団の自称名)＋-IE (cf. hippie, yippee)〗

yips /jíps/ *n.* [the ～] 《口語》《特にゴルフなどでの》精神集中の際におこる痙攣(けいれん), 震え. 〖《1963》← ?〗

yird /jə́ːd | jə́ːd/ *n., v.* 《スコット》=earth. 〖《*c*1375》《変形》← EARTH: cf. yard[2]〗

yirr /jə́ː | jə́ː[r]/ 《スコット》*vi.* (犬のように)うなる (snarl, growl). — *n.* (犬のような)うなり声. 〖《1786》《擬音語》: cf. OE *ġeorran* to make a harsh sound〗

yite /jáɪt/ *n.* (*also* **yi·tie** /jáɪti | -ti/) 《スコット》〖鳥類〗=yellowhammer 1. 〖《1812》← ?〗

Yiz·kor, y- /jízkə | -kɔː[r]/ *n.* 〖ユダヤ教〗イズコール《追悼の祈り; 贖(あがな)いの日 (Yom Kippur), 仮庵(かりいお)の祭の8日目 (Shemini Atzereth), 五旬節 (Shabuoth) の2日目, 過越しの祝い (Passover) の最終日に会堂で律法の朗読が終わった後に唱えられる祈り》. 〖《1934》□ MHeb. *yizkōr* 《原義》he remembers〗

Yks. 《略》Yorkshire.

-yl /ɪl, l̩, iːl | ɪl, l̩, aɪl/ 〖化学〗「(通例1価の)基 (radical)」の意の名詞連結形: **a** 飽和直鎖炭化水素の鎖端から水素1原子を除いてできる基: ethyl, methyl, vinyl. ★ (1) 炭化水素名の接尾辞 -ane を -yl に変える. (2) 環状炭化水素でも phenyl, benzyl などは用いてもよい. **b** 酸素[硫黄, セレンなど]を含む基: hydroxyl, cacodyl, uranyl, zirconyl. 〖← Gk *hū́lē* wood, timber, material: 1832年ドイツの化学者 J. von Liebig および F. Wöhler とが *benzoyl* と命名したのが最初〗

y·lang-y·lang /ìːlaːŋíːlaːŋ | -læŋíːlæŋ/ *n.* 〖植物〗=ilang-ilang. 〖1876〗

y·lem /áɪləm/ *n.* **1** 〖哲学〗=hyle. **2** 〖天文・物理〗(膨張宇宙 (expanding universe) の初めにあった)始源物質. 〖《*a*1398》～ □ OF *ilem* □ LL *hylem* (acc.), *hȳlē* matter □ Gk *hū́lē*: ⇨ hyle〗

-y·lene /əlìːn, lìːn | ɪ̀liːn, l̩iːn/ *suf.* 〖化学〗次の意味を表す名詞を造る: **1** 「不飽和炭化水素」: piper*ylene*. **2** 「直鎖アルカン (alkane) の両鎖端から水素原子1原子ずつを除いて導かれる2価の基」: phen*ylene*. 〖← -YL＋-ENE〗

Ý lèvel *n.* 〖測量〗Y レベル, Y 字形水準器《望遠鏡を二つの Y 形支架によって支え, かつ取り外しができる水準器; cf. dumpy level》.

Ý lìgament *n.* 〖解剖〗Y 靱帯(じんたい).

ý-mátrix *n.* 〖電気〗=admittance matrix.

YMCA /wáɪèmsìːéɪ/ 《略》Young Men's Christian Association キリスト教青年会. 〖1881〗

YMCath.A 《略》Young Men's Catholic Association (米国の)カトリック教青年会.

YMHA 《略》Young Men's Hebrew Association ヘブライ青年会. 〖1918〗

Y·mir /íːmɪə | -mɪə[r]/ *n.* (*also* **Y·mer** /íːmə | -mə[r]/) 〖北欧神話〗ユミル, イミル《両性的な原始巨人で, 神々や巨人族の先祖; 神々は彼の体で世界のさまざまな部分を創った》. 〖□ ON ～ ← IE **yemo* twin〗

-yne /aɪn/ *suf.* 〖化学〗「三重結合1個をもつアセチレン系不飽和炭化水素」の意の名詞語尾: eth*yne*. 〖《変形》← -INE[2]〗

Y·nys Môn /*Welsh* ə́nismóːn, ənis-/ *n.* アニスモーン (Anglesey のウェールズ語名).

yo[1] /jóu | jə́u/ *int.* よう《激励・注意の掛け声》. 〖*c*1420〗

yo[2] /jóu | jə́u/ *pron.* 《非標準》=you《黒人英語の発音つづり》.

yob /jáːb | jɔ́b/ *n.* 《英・カナダ俗》**1** (粗暴な)若いの, あんちゃん, ちんぴら, やつ (fellow); 不作法者 (yokel). **2** 新兵. **～·bish** /-bɪʃ/ *adj.* 〖《1859》《逆つづり》← BOY〗

y.o.b. 《略》year of birth.

yob·ber·y /jáː(ː)b(ə)ri | jɔ́b-/ *n.* ちんぴら[ごろつき]的行為, ちんぴら業[道].

yob·bo /jáː(ː)bou | jɔ́bəu/ *n.* (*pl.* **～s**) (*also* **yob·o** /～/) 《英俗》**1** =yob. **2** (生意気な)あんちゃん. 〖《1922》← YOB＋-O〗

yock /jáː(ː)k | jɔ́k/ *n.* 《俗》=yak[2].

yoc·to- /jáː(ː)ktou | jɔ́ktəu/ 「10^{-24}」の意の連結形 (記号 y).

yod[1] /jáː(ː)d | jɔ́d/ *n.* (*also* **yodh** /～/) ヨッド《ヘブライ語アルファベット22字中の第10字: י (ローマ字の I に当たる); ⇨ alphabet 表》. 〖《1735》□ Heb. *yōdh* 《原義》hand〗

yod[2] /jáː(ː)d | jɔ́d/ *n.* 〖音声〗/j/ の音. 〖↑〗

y.o.d. 《略》year of death.

yo·del /jóudl̩ | jə́udl̩/ *n.* **1** ヨーデル《スイスや Tyrol の山間地方で歌われる胸声と裏声 (falsetto) の急速な転換が繰返し行われるのが特徴の民謡とその唱法》. **2** ヨーデル風の叫び. — *v.* (～ed, 《英》-delled; ～·ing, 《英》-del·ling) — *vt.* ヨーデルで歌う: ～ a song, refrain, etc. — *vi.* **1** ヨーデルを歌う. **2** ヨーデル風に叫ぶ. 〖《1830》□ G *jodeln* to yodel《擬音語》〗

yó·del·er, 《英》**yó·del·ler** /-dl̩ə, -dlə | -dl̩ə[r], -dl-/ *n.* ヨーデル歌手. 〖1910〗

yodh /jáː(ː)d | jɔ́d/ *n.* =yod[1].

yo·di·ci·za·tion /jòudəsɪzéɪʃən | jə̀udɪ̀saɪ-, -sɪ-/ *n.* 〖音声〗口蓋化 (palatalization).

yo·di·cize /jóudəsàɪz | jə́udɪ̀-/ *vt.* 〖音声〗口蓋化する (palatalize). 〖← YODH: ⇨ -ic[1], -ize〗

yo·dle /jóudl̩ | jə́udl̩/ *n., v.* =yodel.

yó·dler /-dlə, -dlə | -dlə[r], -dl-/ *n.* =yodeler.

yog /jáː(ː)g | jɔ́g/ *n.* 《ロンドン方言》=goy. 〖《逆つづり》← GOY〗

Yo·ga, y- /jóugə | jə́u-/ *n.* 〖ヒンズー教〗ヨーガ, 瑜伽(ゆが)《観行相応理の義》; 瑜伽派《インド六派哲学の一つ》; ヨーガ[瑜伽]の行(ぎょう)《五感の作用を制して散乱を離れ思念を一事に集中し, 三昧(さんまい)の境地に到達する黙想的修行法》. 〖《1820》□ Hindi ← Skt *yōga* 《原義》yoking, union ← IE **yougo-* ← **yeug-* 'to JOIN': ⇨ yoke[1]〗

yogh /jóuk, jóug, jóux | jɔ́g, jáug/ *n.* (ME の) 'ȝ' 字《有声または無声の摩擦音を表し, 有声音は 'y' (ME *ȝonder* yonder) または 'w' (ME *saȝe* saw) となり, 無声音の方は後に 'gh' と書かれ 'night' /náɪt/ のように黙字になるか, また 'tough' /tʌ́f/ のように [f] 音になった》. 〖《*c*1300》ȝogh=? ȝoc 'YOKE[1]': その形から?〗

yo·ghurt /jóugət | jɔ́gə(ː)t, jə́u-, -guət/ *n.* (*also* **yo·ghourt** /～/) =yogurt.

yo·gi /jóugi | jə́u-/ *n.* **1** ヨーガ修行者, 瑜伽(ゆが)行者. **2** 思慮深い人; 神秘的な人. 〖《1619》□ Hindi *yogi* ← Skt *yogin* ← *yóga* 'YOGA'〗

Yo·gic, y- /jóugɪk | jə́u-/ *adj.* ヨーガの, 瑜伽(の行)の (⇨ yoga). 〖《1921》← YOGA＋-IC[1]〗

yógic flýing *n.* (ヨーガでの)空中浮揚《超越瞑想法 (transcendental meditation) において修行者が蓮華坐の姿勢で行う》.

yo·gin /jóugɪ̀n | jə́ugɪn/ *n.* =yogi.

yo·gi·ni /jóugəni | jə́ugɪ-/ *n.* 女のヨーガ[瑜伽]行者. 〖《1883》← Skt *yoginī* ← *yogin* 'YOGI'〗

Yo·gism /jóugɪzm | jə́u-/ *n.* **1** ヨーガ[瑜伽]の哲理[教理]. **2** [y-] ヨーガ[瑜伽]の行(ぎょう). 〖《1881》← YOGA＋-ISM〗

yo·gurt /jóugət | jɔ́gə(ː)t, jə́u-, -guət/ *n.* ヨーグルト《乳酸菌発酵乳が凝固した食品》. 〖《1625》□ Turk. *yogurt*〗

Yo·gya·kar·ta /jòugjəkáːtə, jà(ː)g- | jɔ̀ugjəkáːtə, jɔ̀g-/ *n.* ヨクジャカルタ《インドネシア Java 島南部の特別地区; その中心都市; Jogjakarta ともいう》.

yó-hèave-hó *int.* よいとまけ, えんやらや《昔, 錨(いかり)などを巻き揚げるときの水夫の掛け声に用いられた》. 〖《1803》《擬音語》: ⇨ yo-ho, heave〗

yo·him·be /jouhímbeɪ, -bi | jəu-/ *n.* 〖植物〗ヨヒンベ(ノキ) (*Pausinystalia* [*Corynanthe*] *johimbe*) 《熱帯アフリカ産アカネ科の高木; 樹皮からヨヒンビン (yohimbine) を採る》. 〖← ? Bantu〗

yo·him·bine /jouhímbiːn, -bɪ̀n | jəuhímbiːn/ *n.* 〖化学〗ヨヒンビン ($C_{21}H_{26}N_2O_3$) 《アフリカ産ヨヒンベ樹皮に存在するアルカロイド; 催淫剤》. 〖《1898》← YOHIMBE＋-INE[2]〗

yo-ho /jòuhóu | jə̀uhə́u/ *int.* (*also* **yo-ho-ho** /-hou-hóu | -həuhə́u/) **1** やっほー, おーい《注意を喚起するときの掛け声》. **2** えんやら《力仕事をするときなどの掛け声》. — *vi.* やっほー[おーい]と叫ぶ. 〖《1769》《擬音語》: ⇨ yo[1], ho〗

Yó·ho Nátional Párk /jóuhou- | jə́uhəu-/ *n.* ヨホ国立公園《カナダ西部 British Columbia 州南東部, Rocky 山脈の西斜面を占める国立公園; 1886年指定》.

yoick /jɔ́ɪk/ *vi.* 「ほいっ (Yoicks!)」と叫ぶ. — *vt.* 「ほいっ (Yoicks!)」と叫んで〈猟犬を〉けしかける 〈*on*〉. 〖《1847》《逆成》← ↓〗

yoicks /jɔ́ɪks/ *int.* 《古》ほいっ《狐狩で猟犬を励ます掛け声》. 〖《1774》《擬音語》: cf. hoicks〗

yok /jáː(ː)k | jɔ́k/ *n.* 《俗》=yak[2].

yoke[1] /jóuk | jə́uk/ *n.* **1** (一対の牛を首のところでつなぐ)軛(くびき): put ... to the ～ …を軛にかける[つなぐ]. **2** (*pl.* ～) [通例 *pl.*] (軛でつないだ牛の)一対: three ～ of oxen 6頭の牛. **3 a** 軛状のもの. **b** (馬車・荷車の長柄 (thill) と馬などの首をつなぐための)首当て. **c** (手おけなどをかつぐ)天びん棒. **d** 上框(うわがまち)《窓枠(まどわく)上部をなす横フレーム》. **e** Y 型の連結パイプ. **4** ヨーク《身頃の肩やスカートの腰の切替え部分の布》. **5 a** 服従[奴隷]のしるし; 軛門; 服従, 隷属, 支配: pass [come] under the ～ 屈服する / send ...under the ～ …を屈服させる, …に支配を受けさせる / submit to a person's ～ 人の支配に服する / We have never endured the ～. 我々はかつて他の支配を受けたことがない《敗れた敵兵を軛または三本やりのアーチの下をくぐらせた古代ローマの風習から》. **b** 《まれ》絆(きずな), 拘束 (bond); 夫婦の縁: the ～ of matrimony 婚姻[夫婦]の絆 / cast [shake, throw] off the ～. 束縛を脱する. **6** 《英・古》一対の牛によって1日に耕作される土地: a ～ of land. **7** 《英方言》**a** (特に, Kent で)(農夫が牛を使って耕作する)ひと仕事する時間, ひと仕事: work two ～s (1日に)ふた仕事をする《午前と午後に働く》. **b** 50–60 エーカーの地域. **8 a** 〖海事〗ヨーク, 横舵柄(よこだへい)《競走艇などで, ひもまたは鎖で舵を取れるように舵の頭に取り付けた水平の横木》. **b** 〖航空〗操縦桿(かん). **9** 〖建築・機械〗繋鉄, かすがい (cramp), 二叉, 枠, (型枠工事の)裏ざん, ヨーク. **10** 〖電気〗**a** 継鉄《変圧器の脚鉄心同士を磁気的に接続する鉄心, モーター・発電機などの磁極間を磁気的に接続する鉄》. **b** ヨーク《2連以上の懸垂碍子を支持物に付ける金物》. **11** 《アイル》仕掛け, 装置.

— *vt.* **1** 〈牛・馬などに〉軛(くびき)をかける, 軛でつなぐ; 〈牛・馬などを〉〈車に〉付ける (attach) 〈*to*〉: ～ cows / ～ a horse *to* a cart. **2** 一緒にする, 結合する, 結び付ける: ～ one *to* another. **3** [しばしば p.p. 形で] 配偶させる (couple): ～ a pair / be ～*d* in marriage 結婚して結ばれている. **4** 働かせる, 就役させる. **5** 《廃》束縛する; 圧迫する. **6** 《まれ》奴隷にする, 隷属させる. — *vi.* **1** 連れになる, 一緒になる, 夫婦になる; 釣り合う; 似合う (match): They do not ～ well. それらはうまく釣り合っていない. **2** 相棒となって働く, 共に働く: ～ *together*, *with* another, etc. **3** 《スコット》〔…に〕精を出す, 仕事をする〔*to*〕.

〖n.: OE *ġeoc* < Gmc **jukam* (Du. *juk* / G *Joch*) < IE **jugom* (L *jugum* / Skt *yugam*) ← **yeug-* 'to JOIN'. — v.: OE *ġeocian* ← *ġeoc* (n.)〗

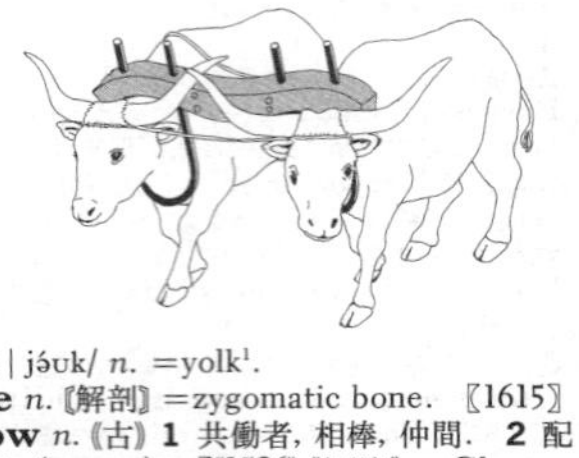

yoke[1] 1

yoke[2] /jóuk | jə́uk/ *n.* =yolk[1].

yóke bòne *n.* 〖解剖〗=zygomatic bone. 〖1615〗

yóke·fèllow *n.* 《古》**1** 共働者, 相棒, 仲間. **2** 配偶者, 連れ合い (spouse). 〖《1526》《なぞり》← Gk *súzugos* ← *sún* with＋*zugón* yoke〗

yóke-frònt chést *n.* 〖家具〗(両側が突出し中央部がくぼみをもった)18世紀の U 字曲面たんす《oxbow chest ともいう》.

yo·kel /jóukəl, -kl̩ | jə́u-/ *n.* 《軽蔑》田舎者《主に都会人によって使われる》. 〖《1812》? ← 《方言》*yokel* green woodpecker, yellowhammer ← ? 《擬音語》〗

yóke·lìnes *n. pl.* 〖海事〗舵取索《yoke の両端に付けた索; これを引いて舵を取る》. 〖1849〗

yó·kel·ish /-k(ə)lɪʃ, -kl̩-/ *adj.* 田舎者の; 無骨な, 粗野な. 〖1886〗

yóke·màte *n.* =yokefellow. 〖*c*1555〗

yóke-ròpes *n. pl.* 〖海事〗=yokelines.

Yók·na·pa·taw·pha Còunty /jáː(ː)knəpətɔ̀ːfə-, -tàː- | jɔ́knəpətɔ̀ː-/ *n.* ヨクナパトーファ郡《米国の W. Faulkner が小説 *Sartoris* (1929) を初めとして, 14編の小説および多くの短編の背景とした Mississippi 州北部の架空の郡》.

Yó·ko·ha·ma béan /jóukəhàːmə- | jə̀ukə(u)-/ *n.* 〖植物〗ハッショウマメ (*Stizolobium hasjoo*) 《日本産のつる草, 濃紫の花をつけ白い毛のさやをつける》.

Yo·kuts /jóukʌts | jə́u-/ *n.* (*pl.* ～) **1 a** [the ～] ヨークツ族《米国 California 州の San Joaquin Valley やその東隣の山麓地帯に住むインディアンの一部族》. **b** ヨークツ族の人. **2** ヨークツ語 (Penutian 語族に属する). 〖← N-Am.-Ind. (現地語)〗

Yo·la /jóulə | jə́u-/ *n.* ヨラ《ナイジェリア東部 Gongola 州の州都》.

Yo·lan·de /joulǽndə, -lǽn- | jə(u)lǽn-; *F.* jɔlɑ̃ːd/ *n.* ヨーランド《女性名; 異形 Yolanda /-də/》. 〖□ OF ～ 《変形》? ← *Violante* ← VIOLA〗

yolk[1] /jóuk, jóulk | jə́uk/ *n.* **1** 卵黄, 黄身 (cf. white 3 a). ★ ラテン語系形容詞: vitelline. **2** 《廃》核心, 中心 (center). **3** 〖生物〗卵子の中に貯えられる栄養素《蛋

白質・脂肪など). 〖OE *ġeol(o)ca* ← *ġeolu* 'YELLOW'〗

yolk² /jóʊk, jóʊɫk | jə́ʊk/ *n.* **1** 羊毛脂 (wool fat). **2** =suint. 〖《1607》《変形》← ? ME *ȝoke* < OE **ēowoca*: cf. Flem. *ieke*〗

yólk-bàg *n.*〖動物〗=yolk sac. 〖1835–36〗

yólk cèll *n.*〖動物〗卵黄細胞. 〖1857〗

yolked *adj.* [通例複合語の第 2 構成素として](…の)卵黄のある: a double-*yolked* egg 黄身の二つある卵. 〖1585〗

yólk glànd *n.*〖動物〗卵黄腺《扁形動物 (flatworm) などの卵殻中で卵黄細胞を作る腺》.

yólk·less *adj.* 卵黄[黄身]のない. 〖1883〗

yólk plùg *n.*〖動物〗卵黄プラッグ, 卵黄栓. 〖1959〗

yólk sàc *n.*〖動物〗**1** 卵黄嚢(のう). **2** (哺乳類の胎児にみられる)痕跡器官. 〖1861〗

yólk stàlk *n.*〖動物〗卵黄柄[茎]《胚体と卵黄嚢を連絡するくびれた部分》. 〖1900〗

yolk·y¹ /jóʊki, jóʊɫki | jə́ʊki/ *adj.* (**yolk·i·er; -i·est**) 卵黄の, 卵黄状の. 〖1528〗

yolk·y² /jóʊki, jóʊɫki | jə́ʊki/ *adj.* (**yolk·i·er; -i·est**) 〈刈った羊毛が〉脂のついている. 〖OE *ēowociġ*: ⇨ yolk², -y⁴〗

y.o.m. 《略》year of marriage.

Yom Kip·pur /jòʊmkípə, jà(ː)m-, jɔ̀(ː)m-, -kɪpʊ́ə | jɔ̀mkípʊ́əʳ, -kípəʳ/ *n.*〖ユダヤ教〗贖罪(しょくざい)の日, 贖(あがな)いの日《Tishri 月 10 日の新年祭に続くざんげの日々の最終日で, 過去一年間を反省し, 犯した罪の赦(ゆる)しを求め, 終日断食して祈る; Day of Atonement ともいう; cf. Jewish holidays》. 〖《1854》□ Mish.Heb. *yōm kippūr* ← *yōm* day＋*kippūr* atonement (← *kippēr* to forgive)〗

Yóm Kíppur Wàr *n.* 第 4 次中東戦争《1973 年 10 月 6 日の贖罪(しょくざい)の日に, エジプト・シリアがイスラエルに対して起こした戦争; 同年 10 月 22 日終結》.

yomp /já(ː)mp | jɔ́mp/ *vi.* 《英軍俗》〈重装備で歩きにくい場所を〉苦労して歩く[行軍する]. 〖《1982》← ?〗

yom tov /jámtəv, -təf | jɔ́mtəv, -tɔ́v, -təv/ *n.* (*pl.* **ya·min to·vim** /jaːmíntə(ː)vím | -tɔv-/)〖ユダヤ教〗祝日, 祭日. 〖《1854》□ Yid. ～ □ Heb. *yōm ṭōb* ← *yōm* day＋*ṭōb* good〗

yon /já(ː)n | jɔ́n/ 《古・詩・方言》*adj.* 《方言》あそこの, あちらの, 向こうの. **—** *adv.* =yonder. **—** *pron.* 《方言》かなた[あそこ]の物[人]. 〖OE *ġeon* (adj.) ← Gmc **jenaz, jainaz* (G *jener* that) ← IE **i-* (pron, stem)〗

yond /já(ː)nd | jɔ́nd/ *adv., adj.* 《古・方言》=yonder. 〖OE *ġeond* ← Gmc **jend-* (Du. *ginds*) ← IE **i-* (↑)〗

yon·der /já(ː)ndə | jɔ́ndəʳ/ 《文語》*adj.* あそこの, 向こうの, かなたの: ～ church tower. **—** *adv.* あそこに, 向こうに (over there): *Yonder* stands an oak. 向こうにオークの木が生えている. **—** *pron.* あそこ[かなた]にある物[人]. 〖《*a*1325》: ⇨ ↑, hinder〗

yon·der·ish /já(ː)ndərɪʃ | jɔ́n-/ *adj.* 《北英》生意気な, うぬぼれた. 〖1894〗

yón·der·ly /-li/ *adj.* 《北英》ぼんやりした, うわのそらの. 〖1828〗

Yonge /jʌ́ŋ/, **Charlotte Mary** *n.* ヤング (1823–1901; 英国の女性の小説家; *The Heir of Redclyffe* (1853)).

Yong·le /jɔ́(ː)ŋgɫ, já(ː)ŋ- | jɔ́ŋ-; *Chin.* yʊ̄ŋlɤ̀/ *n.* 永楽帝 (1360–1424; 明の第 3 代の皇帝 (1402–24)).

Yong·ning /jʊ̀ŋníŋ; *Chin.* yʊ̄ŋníŋ/ *n.* 邕寧(ようねい)《中国広西チワン族自治区 (Guangxi Zhuang Autonomous Region) の県; 同区区都南寧 (Nanning) 郊外にある》.

yo·ni /jóʊni | jə́ʊ-/ *n.*〖ヒンズー神話〗女陰像《インドで Shakti の表象として礼拝する; cf. lingam 1 a》. 〖《1799》□ Skt *yoni* abode, womb〗

Yon·kers /já(ː)ŋkəz | jɔ́ŋkəz/ *n.* ヨンカーズ《米国 New York 州 Hudson 河畔の都市》. 〖□ Du. *De Jonkers* (*Land*)《原義》the young nobleman's (land)〗

yonks /jɔ́(ː)ŋks, já(ː)ŋks | jɔ́ŋks/ *n. pl.* 《口語》長い期間. 〖《1968》← ?〗

Yonne /jɔ́(ː)n, já(ː)n | jɔ́n; *F.* jɔn/ *n.* **1** ヨンヌ《フランス中北部の県; 面積 7,461 km², 県都 Auxerre /ɔseːr, o-/》. **2** [the ～] ヨンヌ(川)《フランス中部を流れる Seine 川の支流》.

yon·nie /já(ː)ni | jɔ́ni/ *n.* 《豪・幼児俗》石ころ. 〖《1941》← ? Austral. 《現地語》〗

yoof /júːf/ *n.* 《軽蔑》若者.

yoo-hoo /júːhùː | ⌐⌐/ *int.* よーお, おーい《注意を引くための呼び声》. **—** *vi.* (よーお[おーい]と呼び掛けて)人の注意を引く. 〖《1924》擬音語?〗

YOP /já(ː)p | jɔ́p/ *n.* 《英》**1** =Youth Opportunities Programme. **2** 1 の計画によって職を得ている若者 (yopper ともいう).

Yo·plait /jóʊpleɪt | jə́ʊ-/ *n.*〖商標〗ヨープレイト《米国 Yoplait USA 社製のヨーグルトとカテージチーズ》.

yóp·per *n.* 《英》=YOP 2.

yore /jɔ́ːʳ/ *n.* 《文語》昔 (old times). ★ 次の成句で: *of yóre* 昔の; 昔は (formerly): in days *of* ～ 昔. **—** *adv.* 《廃》昔は. 〖OE *ġ(e)āra* of years ← ? *ġēar* 'YEAR'〗

Yor·ick /jɔ́ːrɪk, já(ː)r- | jɔ́r-/ *n.* ヨリック: **1** 男性名. **2** Shakespeare の *Hamlet* で先王に仕えた道化師: Alas, poor ～! ああ, 不憫(ふびん)なヨリック《かわいそうに, 彼はもうこの世にいない; cf. *Hamlet* 5.1.202》. 〖cf. Dan. *Georg*: ⇨ Georgeˡ〗

york /jɔ́ək | jɔ́ːk/ *vt.*〖クリケット〗〈打者を〉ヨーカー (yorker) でアウトにする. 〖《1882》《逆成》← YORKER〗

York¹ /jɔ́ək | jɔ́ːk/ *n.* ヨーク: **1** =Yorkshire. **2** イングランド北東部 North Yorkshire 州の都市, 大聖堂 (York Minster) がある (⇨ Canterbury 1). **3** 米国 Pennsylvania 州南東部の都市. 〖OE *Iorvīk* (ON *Jōrvík* の影響による変形) ← *Eoforwīc* (*eofor* boar＋*wīc* village)《通俗語源》← L *Eburacum* ← Gaul. *eburos* yew (cf. Ir. *iubhar*)〗

York² *n.* ヨーク家《York 公 Edmund が興した Edward 四世, Edward 五世, Richard 三世の三代にわたる英国の王家 (1461–85), Plantagenet 王朝の支流; ばら戦争 (Wars of the Roses) で Lancaster 家と対立した; the House of York ともいう》.

York /jɔ́ək | jɔ́ːk/, **1st Duke of** *n.* ヨーク公(一世) (1341–1402; 英国の Edward 三世の子, 1385 年 York 公に封ぜられて York 家を興した; Edmund of Langley).

York, Albert Frederick Arthur George *n.* ヨーク公 (1895–1952; 英国王 George 六世の即位以前の名; 称号 Duke of York).

York, Alvin Cul·lum /kʌ́ləm/ *n.* ヨーク (1887–1964; 第一次大戦で偉勲をたてた米国の軍曹; 通称 Sergeant York).

York /jɔ́ək | jɔ́ːk/, **Cape** *n.* ヨーク岬《オーストラリア北東部 Queensland 州北端の岬》.

Yórk-and-Láncaster ròse *n.*〖園芸〗ヨークアンドランカスター《バラの品種名; 紅白咲き分ける》. 〖ばら戦争を起こした York, Lancaster 両王家の紋章がそれぞれ白と紅のバラであったことから〗

Yórk bòat *n.* (カナダ北西部で用いられる)大型カヌー《毛皮をとる人が品物の運搬に使う》. 〖《1864》*York*: カナダの Manitoba 州北東部の地名で, 最初の製作地〗

york·er /jɔ́əkə | jɔ́ːkəʳ/ *n.*〖クリケット〗ヨーカー《打者のすぐ前, bat の真下に落ちるように投げられたボール》. 〖《1870》← ? YORK (英国の地名)＋-ER¹: この球が Yorkshire チームの特技であったことから〗

York·ie /jɔ́əki | jɔ́ː-/ *n.* =Yorkshire terrier.

York·ist /jɔ́əkɪst | jɔ́ːkɪst/ *n.* **1** ヨーク家の人. **2** ヨーク党員, ヨーク党支持者《ばら戦争当時 York 家を奉じた党員; 党章として白ばらを用いた; cf. Lancastrian》. **—** *adj.* **1** ヨーク家の. **2** ヨーク党員の. 〖《1601》← (*the House of*) *York*〗

Yórk Península *n.* ヨーク半島《オーストラリア南部, Spencer 湾と St. Vincent 湾の間の半島》.

Yórk ríte, Y- R- *n.* [the ～]〖フリーメーソン〗ヨーク儀礼《フリーメーソンが行う儀式の一つ; 米国では 13 級を英国では 4 級を与える; その儀式を行う組織; cf. Scottish rite》. 〖*c*1878〗

Yorks /jɔ́əks | jɔ́ːks/ *n.* (*also* **Yorks.**) =Yorkshire.

York·shire /jɔ́əkʃə, -ʃɪə | jɔ́ːkʃəʳ, -ʃɪəʳ/ *n.* **1** ヨークシャー州《イングランド北東部の旧州; 州都 York; East Riding, West Riding, North Riding の三地区に分かれていた; 1974 年 4 月以降 Humberside, North Yorkshire, South Yorkshire, West Yorkshire の 4 州となる》. **2** ヨークシャー《Yorkshire 原産の耳の立った白色の一品種の豚》.

còme Yórkshire òver [*on*] *a person*＝*pùt Yórkshire on a person* 〈人〉をだます, 一杯食わす, 出し抜く《Yorkshire の人はずるくて抜け目がないとの評判から》.

〖OE *Eoferwīcscīr*: ⇨ York, shire〗

Yórkshire Dáles Nátional Párk *n.* ヨークシャーデールズ国立公園《イングランド North Yorkshire 州から Cumbria にかけての深い谷を含む荒野, 1954 年指定; 面積 1,760 km²》.

Yórkshire flánnel *n.* 自然羊毛で織ったフランネル.

Yórkshire fóg *n.*〖植物〗シラゲガヤ (*Holcus lanatus*)《ヨーロッパ原産イネ科の多年草; 飼料作物; 全体にビロード状の毛がある》.

Yórkshire grít *n.* ヨークシャー砂岩《大理石磨き用》.

Yórkshire·man /-mən/ *n.* (*pl.* **-men** /-mən, -mèn/) ヨークシャー生まれの人, ヨークシャー人. ★ 女性は Yorkshirewoman. 〖1549〗

Yórkshire púdding *n.* 《英》ヨークシャープディング《小麦粉・卵・牛乳を混ぜ, 肉を焼くとき出る汁で焼いたもの; ローストビーフなどにつけ合わせて食べる》. 〖1747〗

Yórkshire stóne *n.* ヨークシャー石《建築材》. 〖1888〗

Yórkshire térrier *n.* ヨークシャーテリア《英国 Yorkshire, Lancashire で作出された小形で濃い鋼青色と黄褐色の絹のような長毛のイヌ》. 〖1871〗

York·town /jɔ́əktaʊn | jɔ́ːk-/ *n.* ヨークタウン《米国 Virginia 州南東部の町; 1781 年英軍の Cornwallis が独立軍の Washington に降服した所》. 〖← *the Duke of York* (＝Charles I)〗

Yo·ru·ba /jɔ́ːrʊbə, -bà: | jɔ́rʊbə/ *n.* (*pl.* ～, ～**s**) **1 a** [the ～(s)] ヨルバ族《アフリカ西部海岸東部一帯の広い範囲にわたる黒人種族; 北米の黒人にはこの種族に属する者が多い》. **b** ヨルバ族の人. **2** ヨルバ語《Kwa 語に属する》. **—** *adj.* ヨルバ族[語]の. **Yó·ru·ban** /-bən/ *adj.*

Yo·ru·ba·land /jɔ́ːrʊbəlæ̀nd, -baː- | jɔ́rʊbə-/ *n.* ヨルバランド《アフリカ西部の旧王国; 今の Nigeria 南西部地域》.

Yo·sem·i·te /joʊsémɪ̥ti | jə(ʊ)sémɪ̥ti/ *n.* [the ～] ヨセミテ渓谷 (Yosemite Valley)《米国 California 州東部 Sierra Nevada 山脈中の深い谷; 長さ 11 km》. 〖□ N-Am.-Ind. *uzumaiti*《原義》grizzly bears, killers〗

Yosémite Fálls *n. pl.* [the ～] ヨセミテ滝《Yosemite 国立公園にある大滝; Upper Fall (436 m), Middle Fall (191 m), Lower Fall (98 m) の三段で全長 770 m》.

Yosémite Nátional Párk *n.* ヨセミテ国立公園《米国 California 州中東部にあり, 渓谷・滝・巨木林で有名, 1890 年指定; 面積 3,061 km²》.

Yosh·kar-O·la /jɑ(ː)ʃkáːoʊlá: | jɔʃká:(r)əʊ-; *Russ.* jəʃʃkáralá/ *n.* ヨシュカールオラ《ロシア連邦西部, Mari 共和国の首都》.

Yō·su /jóʊsùː | jə́ʊ-; *Korean* jʌsu/ *n.* 麗水(ヨス)《韓国南西部, 全羅南道南東部にある港湾都市》.

yot·ta- /já(ː)tə | jɔ́tə/「10²⁴」の意の連結形 (記号 Y).

you /(弱) ju, jə; (強) júː/ *pron.* [人称代名詞, 二人称単・複数主格および目的格; 所有格 **your**]. ★ もとは ye の目的格で複数形 (cf. ye¹, thou¹, thee). **1** あなた(方), 君(たち), お前(たち), なんじ(ら): **a** [主格]: ～ and I [me] 君と私 / *You* are kind [all friends]. 君(たち)は親切だ[君たちは皆友だちだ] / Are ～ there? (電話で)もしもし聞こえてますか / *You*'re a liar.—*You*'re another [So are ～]. 君はうそつきだ—そういう君だって / [主語と同格として] *You* schoolboys must be very careful about it. 生徒諸君はこのことを十分注意しなければならない / [強調的に命令文の主語として] *You* begin, Ben. ベン, 君から始めたまえ / Don't ～ go away. おい, 立ち去るな / [呼び掛け] (Hey) *You* (there), what is your name? おい(そこの)お前の名前は? / *You* angel! うるわしき君よ / *You* darling! ねえお前《愛情の呼び掛け》/ *You* idiot (,～)! このばか者め《強調的な反復》/ Come on, ～ bad dog! さあ, お出で, このしょうのない犬め / *You* poor (old) thing! かわいそうに. **b** [目的格]: all of ～ あなた方みんな, 諸君全員 (you all) / the rest of ～ (君たちの中で)残った者たち / I'll take ～ three with me. 君たち 3 人を連れて行こう / He has left ～ this message. 彼はあなたにこの言づてを残して行った / What's the matter with ～? どうしたのですか / I heard about ～ succeeding in the examination. 君が試験に合格したことを聞いた (I heard about *your* succeeding in the examination. よりも口語的).

★ 弱い you の前に /t/, /d/, /s/, /z/ で終る語が来ると, you の語頭の /j/ が先行の子音と合体して, それぞれ /tʃ/, /dʒ/, /ʃ/, /ʒ/ となることが多い: won'*t you* /wòʊntʃu | wə̀ʊn-/, di*d you* /dɪ́dʒu/, mis*s you* /míʃu/, a*s you* /əʒu/.

2 [総称的に] 人は(だれでも): *You* often find that just when ～ want something ～ haven't got it by ～. 欲しいときにその物が手元にないことはだれでもよく経験することだ / When ～ pat him, he snaps at ～. あの男はなでるとかみつく《恩をあだで返す》/ *You* never can tell.＝*You* never know. (先のことなど)だれも予想できないものだ / *You* can't take it with ～. 《諺》大切な財産もあの世までは持っていけない《死んでしまえば他人のもの》. ★ 同様な意味の語に we, they, one, a person があるが, you がもっとも親密感を帯びている. you が「あなた(たち)」の意にとられ失礼になる文では you は避けられる.

3 a [*for* ～, *to* ～ として; 口調を強めて聴者の注意・関心を引くために添える副詞句]: He's jumping for joy—that's a child *for* ～. 小躍りして喜んでいる, やはり子供だね / Not Tom, if ～ don't mind—Mr. Jones *to* ～. できたら「トム」はよしてくれ,「ジョーンズ君」と言ってほしいね. **b** 《古》[単に語勢を強めるために動詞に添加して; cf. ethical dative]: I will roar ～ an 'twere any nightingale. うぐいすみたいにうなってみせます (Shak., *Mids N D* 1.2.83).

4 《古》=yourself, yourselves: Get ～ gone. 去れ / Stay and rest ～ on this bank. 足を止めて土手の上で休め / You must choose ～ a wife. 君は自分で細君を選ばなくてはならん.

betwèen yóu and mé ⇨ between *prep.* 成句. *yòu áll* /jùːɔ́ːɫ, -áːɫ, jɔ́ːɫ, jáːɫ | juɔ́ːɫ, jɔ́ːɫ/ (1) =all of you (cf. 1 b). (2) 《米南部》=you-all. *Yóu and your ...!* …は君の口癖だね《また始まったなど》. *yóu knòw whàt* [*whò*] 《婉曲》例のあのもの[人]《話し手がわざわざ名前をあげる必要のないもの[人]》. *úp yóu* ⇨ up *prep.* 成句.

— /júː/ *n.* (*pl.* ～**s** /～z/) あなたというもの, 君そのもの, 君のようなもの: She was like another ～. 彼女はもう一人の君のようなものだった / That is the real ～. そういうところが本当の君だ.

〖OE *ēow* (dat. & acc. pl.) < Gmc **izwiz* (Du. *u* / G *euch*) ← IE **yu-* you: cf. ye¹〗

you-all /jùːɔ́ːɫ, -áːɫ, jɔ́ːɫ, jáːɫ | juɔ́ːɫ, jɔ́ːɫ/ *pron.* 《米南部》[you (単数)の複数形として] あなた方, きみたち, あんたら (cf. un, 'un): What are ～ doing? 君たちは何をしている所だね. ★ (1) you all とも書き,《米口語》ではまた you people, you folks ともいう. (2) you-all を純粋に単数に用いるのは非標準的. 〖1824〗

you'd /(弱) jʊd, jəd; (強) júːd/ 《口語》**1** you would の縮約形. **2** you had の縮約形.

you'll /(弱) juːɫ, jʊɫ; (強) júːɫ/ 《口語》**1** you will の縮約形. **2** you shall の縮約形.

young /jʌ́ŋ/ *adj.* (**young·er** /jʌ́ŋgə | -gəʳ/; **young·est** /jʌ́ŋgɪ̥st/) **1** (老年・中年に対して)年の若い, 幼少の, 年のいかない: a ～ singer, animal, plant, etc. / a ～ family 幼児たち, 家族の幼い者たち / We aren't getting [growing] any ～*er*. 年をとる一方だ / You're only ～ once. 《諺》若いときは一度だけ《失敗を恐れずに思い切りやれ》/ ⇨ young lady, young man. **2** (同名の, または同姓の父子・兄弟など)年下の方の (cf. junior 1 a, fils) (↔ elder): ～ (Jim) Jones / Teniers the *Younger* 小テニール (⇨ Teniers) / the *Younger* Pitt＝Pitt the *Younger* 小ピット (⇨ Pitt) / a ～*er* branch of the family 分家 / a ～*er* brother 弟 / a ～*er* son 下の息子; (長男でないために)貴族の出でありながら貧しい男 / the ～*est* son 末子. **3** 若々しい; 清新の, 元気な; 青春時代の, 青年時代特有の (↔ old): ～ love [ambitions] 若い人の恋[大望] / a dreadful ～ boy 腕白盛り[の少年 / a ～ hopeful 前途有望な大事な子供 / in her soft, ～ [*young*-sounding] voice 例のもの静かで若々しい声で / in one's ～(*er*) days 若いころは / ～ in [at] heart 気が若い / ⇨ young blood / He is [looks] ～ for his age [years]. 年の割に若い[若く見える] / A man is as ～ as his arteries. 男の年はその体力次第 / People are ～ at fifty now. 今は 50 でもまだ若い / I am not as ～ as I was. 私にはもうもとの元気はない. **4** [通例 Y-; 特に進歩的な政治的党派・運動の名称に用いて]

進歩派の, 青年党の: join the *Young* Socialists 青年社会党に加わる / ⇨ Young England, Young Ireland, Young Lord, Young Turk. **5** (歴史の)新しい, 新興の, 揺籃(ﾖｳﾗﾝ)期にある: a ~ nation 新興国家 / a ~ institution 発足してまだ日の浅い協会. **6** 〈時日・季節など〉まだ浅い, まだ早い: The night is (still) ~. まだ宵(ﾖｲ)の口である. **7** 未熟な, 経験のない: ~ *in* the trade, study, life, etc. / The world was as yet too ~ *in* wisdom for that. 世人はまだそれを悟るほどには賢くなっていなかった / I am still ~ *at* the work. まだ未熟者です / You ~ rascal [puppy]! [呼び掛け]おい, いたずら小僧さん[若い衆]. **8** 《口語》小型の, 軽便の (miniature): a ~ museum. **9** 〖地質〗(川・山などが)幼年期の; 浸食の度の少ない.

— *n.* **1** [通例 the ~; 集合的] 青年 (youth): *The* ~ have a better time (of it) than their forefathers. 今の若い者は祖先の人たちよりも恵まれ(た時を過ごし)ている / *the* educated ~ of today 今日の教養ある若者たち / a game [fun] for ~ and old alike 若者にも年寄にも向くゲーム[楽しみ]. **2** (主に, 動物の)子 (offspring): the ~ of fish(es) 稚魚, 幼魚 / a bear with her ~ 子を連れた母熊. ***with young*** 〈動物が〉はらんで(いる) (pregnant).

~·ness *n.* 〖OE *ġeong* < Gmc **juŋȝaz* (Du. *jong* / G *jung*) 《短縮》← **juwunȝaz* < IE **yuwn̥kós* (L *juvencus* young bull) ← **yeu-* young〗

SYN 若い: **young** 最も一般的な語で, 人生・成長・発達の初期の段階で: a *young* man 若者. **youthful** 若い人に典型的な特質を持った《ほめる場合もしんしゃくする場合も用いる》: a *youthful* smile 若々しい微笑 / *youthful* indiscretions 若気の過ち. **juvenile** 法律用語などで, 少年・少女の《格式ばった語》: a *juvenile* court 少年審判所. **adolescent** 思春期の《この時期のぎこちなさ・感情の変わりやすさなどを暗示する》: *adolescent* sorrows 思春期の悲しみ. **green** 口語的な表現で, 考え方・経験などが未熟でまだ若いというニュアンス: He is still *green* if he has such opinions. 彼の考えはまだ若い.
ANT old, mature.

Young /jʌ́ŋ/, **Andrew Jackson, Jr.** *n.* ヤング《1932– ; 米国の聖職者・政治家・国連大使 (1977–79); 人権運動の指導者》.

Young, Arthur *n.* ヤング《1741–1820; 英国の農業経済学者・著述家; *Travels in France* (1792)》.

Young, Brigh·am /brígəm/ *n.* ヤング《1801–77; 米国の Mormon 教の指導者》.

Young, Cy *n.* ヤング《1867–1955; 米国の野球選手; 投手として活躍; 本名 Denton True Young; ⇨ Cy Young Award》.

Young, Edward *n.* ヤング《1683–1765; 英国の詩人; *The Complaint: or, Night Thoughts on Life, Death, and Immortality* (1742–45)》.

Young, Francis Brett *n.* ヤング《1884–1954; 英国の小説家; *Portrait of Clair* (1927)》.

Young, Lester *n.* ヤング《1909–59; 米国のテナーサックス奏者; 愛称 Prez (=President)》.

Young, Neil *n.* ヤング《1945– ; カナダのロックギタリスト, シンガーソングライター; *Rust Never Sleeps* (1979)》.

Young, Owen D. *n.* ヤング《1874–1962; 米国の実業家; ⇨ Young plan》.

Young, Stark *n.* ヤング《1881–1963; 米国の劇評家・ジャーナリスト・劇作家・小説家》.

Young, Thomas *n.* ヤング《1773–1829; 英国の医師・物理学者・エジプト学者》.

Young, Victor *n.* ヤング《1900–56; 米国の作曲家・指揮者・映画音楽監督; *Around the World in 80 Days* (1956)》.

Young, Whitney M(oore), Jr. *n.* ヤング《1921–71; 米国の公民権運動指導者; 全国都市同盟 (National Urban League) 会長 (1961–71)》.

yóung ádult offénder *n.* 〖英法〗(17–21 歳の)青少年犯罪者.

young·ber·ry /jʌ́ŋbèri | -b(ə)ri/ *n.* 〖園芸〗ヤングベリー《dewberry の改良品種である Young 種のつる状の低木の濃紫色の大粒の果実》. 〖(1927) ← *B.M.Young* (19 世紀の米国 Louisiana 州の園芸家)〗

yóung blóod *n.* **1** 青春の血潮, 若々しい活力[思想, 情熱]. **2** [集合的] (威勢のいい)若者たち; (党などに新風を吹き込む)若手. 〖1600–01〗

Y

Yóung Éngland *n.* [the ~] イギリス青年党《1840 年代初期の Tory 党の一派; 支配層には博愛を, 労働者には服従を要求して 1842–46 年 Corn Law 撤廃運動に反対した》.

young·er /jʌ́ŋgə | -gə^(r)/ *n.* **1** [通例所有格代名詞とともに] 年下の者 (junior): His brother is two years *his* ~. 彼の弟は 2 歳年下だ. **2** [通例 *pl.*] 若者たち, 子供たち (cf. elder *n.* 1): He is kind to his ~*s*. 若者に親切だ. 〖ME *ȝonger* < OE *ġeongra* disciple, servant 《変形》← *ġyngra* (compar.) ← *ġeong* 'YOUNG': ⇨ -er²〗

young·est /jʌ́ŋgɪst/ *n.* (*pl.* ~) 一番年少の人; (特に, 家族の中で)末の子, 年少の者. 〖ME *yongest(e)* < OE *ġyngesta* ← *ġyngst* (superl.) ← *ġeong* (↑)〗

yóung-èyed *adj.* **1** 目の澄んだ, 明るい目つきの (bright-eyed); 若々しい表情の. **2** 青年らしいものの見方をする; 熱情的な (enthusiastic). 〖1596–97〗

Yóung Fógey *n.* 保守的な考えをする若者, '若年寄'. 〖*c*1909〗

yóung fústic *n.* ハグマノキの黄色の芯材 (fustet); ハグマノキの芯材から採れる染料《黄櫨染(ｺｳﾛｾﾞﾝ)の原料》.

yóung grammárian *n.* 〖言語〗=neogrammarian. 〖1922〗

yóung gún *n.* 《口語》自己主張が強く自信に満ちた若者, 押しが強い若者.

Young·hus·band /jʌ́ŋhʌ̀zbənd/, **Sir Fancis Edward** *n.* ヤングハズバンド《1863–1942; 英国の探検家・著述家; ヒマラヤ登山で知られ, 1936 年よりエベレスト会会長を務めた》.

Yóung Íreland *n.* [the ~] アイルランド青年党《O'Connell の麾下の一部が 1843 年分離して結成; 1848 年独立と共和制を目的として暴動を起こしたが, 失敗した》. 〖1845〗

yóung·ish /jʌ́ŋɪʃ/ *adj.* やや若い; まだ若い. 〖1667〗

Yóung Ítaly *n.* [the ~] 青年イタリア党《1831 年 Mazzini が組織した共和主義的秘密結社》.

yóung lády *n.* **1 a** 若い女性《未婚の洗練された女性にいう》: She is quite a ~ now. **b** [呼び掛けに用いて] お嬢さん. **2** 《古》ガールフレンド, 恋人, 婚約者, フィアンセ (fiancée). 〖?1402〗

young·ling /jʌ́ŋlɪŋ/ *n.* 《文語》**1** 若者, 若い人. **2** 動物の子; 若木. **3** 《まれ》初心者, 新米. — *adj.* 若い (young). 〖OE *ġeongling* ← *ġeong* 'YOUNG' + -LING¹: cf. G *Jüngling*〗

Yóung Lórd *n.* 《米》ヤングロード党員《米国におけるラテンアメリカ系市民の政治・経済的な力を求めるスペイン語系のアメリカ人の急進的団体 Young Lords の一員》.

yóung mán *n.* **1 a** 青年, 若者. **b** [呼び掛けに用いて] お若いの: Look here, ~! おい, お若いの. **2** 若い男の雇人. **3** 《古》ボーイフレンド, 恋人, 婚約者. 〖*a*1122〗

yóung offénder *n.* 〖英法〗少年犯罪者《イングランドおよびウェールズでは 14–17 歳, カナダでは 12–17 歳の犯罪者》.

yóung offénder institùtion *n.* 少年院《イングランドおよびウェールズでは 14–20 歳の犯罪者を収容する; detention centre と youth custody centre の後身》.

yóung-óld *adj.* 年を取っているのに若く見える (cf. old-young). 〖1650〗

yóung one /-(w)ən/ *n.* **1** 若者 (youngster), 子供; [呼び掛け] おい, お若いの. **2** 動物の子; (特に)若駒. 〖1382〗

yóung péople *n.* **1** 若人; (特に, 婚期の)年ごろの人たち. **2** (プロテスタント教会で)青年会会員《12–24 歳の人》. 〖1474〗

yóung pérson *n.* **1** 《古》若い女の人《girl, woman, lady の別を決めかねるとき, 特に召使が下層の女性を取りつぐときなどに用いた》. **2** [the ~] 〖英法〗《保護を要する 14–17 歳の》純真な青少年. 〖1533〗

Yóung plàn *n.* [the ~] ヤング案《第一次大戦後のドイツ賠償支払計画; 1929 年 Owen D. Young が議長となり Dawes 案を改訂して成立した》. 〖1929〗

Yóung Preténder *n.* [the ~] 若僭(ｾﾝ)王, 小王位要求者《James 二世の孫で the Old Pretender の子 Charles Edward Stuart (1720–88) の通称; 父の志を継いで英王位を要求し, 1745 年 Jacobites の反乱を起こしたが失敗; スコットランドでは Bonnie Prince Charlie の愛称で親しまれた; cf. forty-five 4》.

Yóung's módulus *n.* 〖物理〗ヤング率[係数]《弾性率の一種で伸び弾性率ともいう》. 〖(1865) ← *Thomas Young*〗

young·ster /jʌ́ŋstə, jʌ́ŋks- | -stə^(r)/ *n.* **1 a** 若者, 若僧, 青二才. **b** 子供 (child), (特に)少年 (boy). **c** 比較的若い中年の人; 経験の浅い人 (cf. oldster). **2** 子馬, 若駒; 若い獣; 若木. **3 a** 〖英海軍〗勤務経験 4 年以下の少尉候補生. **b** 〖米海軍〗海軍兵学校二年生. 〖(1589) ← YOUNG + -STER: cf. younker〗

yóung·stòck *n.* [集合的] 若い家畜.

Youngs·town /jʌ́ŋztaun/ *n.* ヤングズタウン《米国 Ohio 州北東部の工業都市, 鉄鋼業の中心地》. 〖← *John Young* (1800 年ごろ活躍した米国の開拓者)〗

yóung thíng *n.* **1** 《古》若者; (特に)若い女性. **2** 若い動物; (特に)《訓練を受けていない》子馬. 〖1297〗

Yóung Túrk *n.* **1** 青年トルコ党員《オスマン帝国の末期, スルタン Abdul Hamid 2 世の専制政治に反対して改革運動を進めた勢力のメンバー; 青年将校を中心とし, 1908 年憲政復活の主動力となって権力を握り, 1918 年までオスマン帝国を支配した》. **2** [軽蔑的に] **a** 政党の反対分子. **b** [時に y- T-] (組織内の)変革主張者, 急進派の人 (radical). **3** [y- t-] 腕白者, 乱暴者. 〖1908〗

young 'un /jʌ́ŋən/ *n.* 《口語》若い人; [呼び掛け]お若いの. 〖*c*1810〗

yóung wóman *n.* =young lady.

youn·ker /jʌ́ŋkə | -kə^(r)/ *n.* **1** 《古・文語》=youngster. **2** (18 世紀アメリカの)資産家. **3** 《廃》若[青年]紳士. 〖(1505) ▭ Du. *jonker* ← *jong* young + *heer* sir (cf. G *Herr*): cf. G *Junker*〗

your /(強) júə, jɔ́ə | jɔ́ː^(r), júə^(r); (弱) jə | jə^(r)/ ★ 弱形の /jə | jə^(r)/ は子音の前だけに現われ, あまり使われない. *pron.* [you の所有格; cf. yours] **1** あなた(方)の, 君(ら)の, なんじ(ら)の: by ~ leave お許しを得て, ご免をこうむって / ~ and my friend 君と私との友人 (cf. your friend and mine 君の友人と私の友人) / *Your* (*own*) good sense must tell you that this is right. 賢明な君にはこれが正しいということがわかるだろう / a home of ~ own あなた自身の家. **2** /jə | jə^(r)/ 《口語》(不定・一般的な意味で)皆のよく口にする[よく知っている] (the familiar), いわゆる, かの, 例の. ★ 通例軽蔑的に用いる: So this is ~ good works! ではこれがいわゆる善行なんだね / No one is so fallible as ~ expert. 世にいわゆる「くろうと」なる者ほど誤りに陥りやすいものはない / Take ~ Englishman, now—he'll laugh at anything! ところで, 例の英国人を見たまえ. 彼は何事も一笑に付すだろう / There are more things in heaven and earth, Horatio, than are dreamt of in ~ philosophy. ホレーショー君, 天上天下, いわゆる哲学などの考え及ばないことが色々とあるものだよ (Shak., *Hamlet* 1. 5. 166). **3** [総称的に] 人の, だれもの (one's) (cf. you *pron.* 2): You should obey ~ parents. 親の言うことを聞くべきだ / When you face (the) north, (the) east is on ~ right. 北に向かって右が東です. **4** [しばしば Y-; 敬称を伴って you の代用をなす]: *Your* Highness ⇨ highness 2 / *Your* Lordship ⇨ lordship 2 / *Your* Majesty [Majesties] ⇨ majesty 4. ***yóur áctual*** ⇨ actual *adj.* 成句. 〖OE *ēower* (gen.) ← *ġē* 'YE¹': cf. G *euer*〗

Your·ce·nar /jùəsənáə | jɔ́əsənàː^(r); *F.* juʁsəna:ʁ/, **Marguerite** *n.* ユルスナール《1903–87; ベルギー生まれのフランスの作家; Académie française 初の女性会員 (1980); 本名 Marguerite de Crayencour; *Mémoires d'Hadrien*「ハドリアヌス帝の回想」(1951)》.

you're /(強) júə, jɔ́ə | jɔ́ː^(r), júə^(r); (弱) jə | jə^(r)/ 《口語》you are の縮約形.

yourn /júən, jɔ́ən | jɔ́ːn, júən/ *pron.* 《方言》=yours.

yours /júəz, jɔ́əz | jɔ́ːz, júəz/ *pron.* [you に対する所有代名詞] **1 a** あなた(方)の物, 君(ら)の物: my father and ~ 私の父と君のおとうさん / This seat is ~. この座席は君のです《★ This is *your* seat. よりもやや形式ばった表現法》/ Our help without ~ will not do. 私たちの助力もあなた(方)のお力添えがなくては役に立ちません / *Yours* is the only way. 君のが唯一の方法だ / The fault is much more mine than ~. その罪は君より私にあります / This is ~ if you will accept it. お受け下さるならばこれを差し上げます / With best wishes to you and ~ (=your family). (手紙で)皆さまにもどうぞよろしく. **b** [... of ~ の形式をなして (cf. mine¹ 1 b ★)] あなた(方)の..., 君(ら)の...: that little whim *of* ~ 君の例のちょっとした気まぐれ / those books *of* ~ 君のあの本 / Is he a friend *of* ~? 彼は君の友だちですか. **c** 《古》あなたのなすべきこと, 君の役[責任] (your duty): It is ~ to help him. 彼を救うのは君の責任だ.
2 〖商業〗お手紙 (your letter): ~ of the 15th inst. 今月 15 日付けのお手紙 / *Yours* is just to hand. お手紙確かに落手いたしました.
3 [手紙の結辞用語として]: Sincerely ~ = *Yours* sincerely 敬具《「誠実に貴君のしもべである...」の意から》.

語法 この種の用語は親疎の度合の差を反映している: (1) Respectfully ~, *Yours* respectfully《公式書簡・商用文に適する》/ (2) Very sincerely ~, *Yours* very sincerely; Very truly ~, *Yours* very truly / (3) Sincerely ~, *Yours* sincerely; *Yours* truly / (4) Most sincerely ~, *Yours* most sincerely / (5) Cordially ~, *Yours* cordially / (6) 《英》*Yours* faithfully《Dear Sir / Madam / Colleague などで始めた場合の結辞》. / (7) *Yours* ever, Ever ~ / (8) Always ~, *Yours* always / (9) Affectionately ~, *Yours* affectionately.

yóurs trúly (1) ⇨ 3 語法. (2) 《口語・戯言》=I, me (cf. your UNCLE): But ~ *truly* will not be there. だがおれはそこへ行かん. ***Whát's yóurs?*** 《口語》(酒は)何にしますか, 何を飲みますか. ***úp yóurs*** ⇨ up *prep.* 成句. 〖(*a*1325) *your(e)s* (cf. your, -s² 4): cf. hers, ours〗

your·self /juəsélf, jɔə-, jə- | jɔː-, juə-, jə-/ ★ yourself の文中のアクセントについては ⇨ oneself ★. *pron.* [二人称単数複合代名詞; cf. oneself, himself] (*pl.* **-selves** /-sélvz/) **1** [再帰用法]: Know ~. 自分自身を知れ / Ask ~ whether it is true or not. 本当かどうか自分に聞いてみるがよい《よく考えてみよ》/ Help ~ to some more meat. もっと肉を取って召し上がって下さい / You will wear ~ out. (そんなことをして)今に疲れてしまうよ. **2** [強意用法] あなた自身, 君みずから: Please do it ~. ご自分でして下さい / That's the letter you ~ wrote. それはあなた自身が書いた手紙です / It is ~ I want, not your money. 私がほしいのはあなたそのもので金ではない / Here is a present for ~. これは君自身に上げるものです (cf. Here is something for you.) / See it *for* ~. (人に頼らないで)自分(の目)で確かめてごらん / Just look at ~ —you're dripping wet! いったいどうしたの, ずぶぬれじゃない / Why are you sitting *by* ~? なぜたった一人で座っているのですか / You cannot do it (all) *by* ~. 独力ではできない / How's ~? 《俗》(そう言う)君はいかがです《特に 'How are you?' という問いに答えたあと言う》/ Behave ~! お行儀よくしなさい. **3** (身体的・精神的に)いつもの[正常な]あなた: You are not quite ~ tonight. 君は今夜どうかしている / Be ~! 《口語》しっかりしろ, 元気を出せ. **4** =oneself: It is best to do it ~. 自分でやるのがいちばんだ. 〖(?c1325) *your self(e), youre selven* ∽ *you self* (acc., dat.): ⇨ your, self〗

your·selves /juəsélvz, jɔə-, jə- | jɔː-, juə-, jə-/ ★ yourselves の文中のアクセントについては ⇨ oneself ★. *pron.* [複合人称代名詞; yourself の複数形] **1** [強意用法] あなた方自身, 君らみずから: Do your homework (for) ~. 宿題は各自でしなさい. **2** [再帰用法]: You students ought to be proud of ~. 学生諸君は自尊心をもつべきである / Ask ~ what you can do for your country. 自分たちの国のために何ができるか自問せよ. **3** (身体的・精神的に)いつもの[正常な]あなた方: Both of you will feel more like ~ after a few days' rest. お二人とも 2,3 日お休みになれば元気が出ましょう. 〖(1523) *your selves*: ↑〗

yous /júːz/ *pron.* 《方言》=youse.

youse /júːz/ *pron.* お前ら, 君たち《複数の you として用いられる非標準的な語》. 〖← YOU + -*se* '-s¹'〗

youth /júːθ/ *n.* (*pl.* **youths** /júːðz, júːθs | júːðz/) **1 a** 若い時, 青年時代, 青春期 (adolescence) (cf. middle age, old age): ~ like a summer morn 夏の朝のような青

春(時代) / from ～ onward 青年時代からずっと続いて / in my hot [raw, vigorous] ～ 血気盛んな時代に / *in* (the days of) one's ～ 若き日に, 青春のころに (cf. *Eccl.* 12:1) / *Youth* will have its course. 《諺》若い時にはそれなりの生き方があるもの / She is past her first ～. 娘盛りを過ぎた / *Youth's* a stuff will not endure. 少年老いやすし (Shak., *Twel N* 2. 3. 53). **b** (発生・創設の)初期, 草創期, 発達途上の時期: the ～ of a nation 国[民族]の(歴史が浅く)発達の初期にある時代 / the ～ of the world 古代, 太古 / Our business is still *in* its ～. 事業はまだ草創期にある. **2 a** 幼年, 幼少, 若年(の状態) (cf. childhood, adulthood) (↔ adult, grown-up): in spite of his [her, their] ～ まだ若いのに. **b** 若さ, 若々しさ, 青春 (youthfulness); (青年のような)軽快, 明朗 (buoyancy); 元気, 活発 (vigor): eternal ～ 永遠の若さ, 不老不死 / the secret of keeping one's ～ いつまでも若さを失わない秘訣 / He has all the appearance [bloom] of ～. 非常に若々しく見える, いかにも若々しい. **3 a** (特に, 男子の)若者, 青年 (young man, adolescent): a ～ of twenty 20 歳の若者 / promising ～*s* 前途有望な青年たち / a bevy of ～*s* and maidens 一群れの青年男女 / Two ～*s* were charged with breaking and entering. 二人の若者が家宅侵入罪で告発された. **b** [集合的; 通例複数扱い] 青年男女, 若い人たち (young people): the ～ of our country わが国の青年男女 / Our ～ are industrious. わが国[今日]の若人は勤勉である / *Youth* turns to ～. 若い者は若い者同士. 〘OE *ġeoguth* ← WGmc **juzunþiz* (G *Jugend*) (変形) ← **juwunþiz* ← **ju-wuŋzaz* 'YOUNG': ⇨ -th²〙

Youth /júːθ/, **the Isle of** *n.* ユース島《キューバ南部, カリブ海北西の島; 旧名 Isle of Pines; スペイン語名 Isla de la Juventud》.

yóuth-and-òld-áge *n.* 〖植物〗 =zinnia. 〘1971〙

yóuth cènter *n.* ユースセンター《青年の余暇活動のための場所》.

yóuth clùb *n.* ユースクラブ《青年の余暇活動のためのクラブ》. 〘1940〙

yóuth còurt *n.* 〖英法〗 少年裁判所《イングランドおよびウェールズで 14–17 歳の少年による犯罪を裁く; 旧称 juvenile court》.

yóuth cùlture *n.* 若者文化.

yóuth cústody *n.* 《英》 少年院送致《17–21 歳の犯罪者に対する判決で, 4–18 か月の少年院収容》.

yóuth cústody cèntre *n.* 《英》 少年院《17–21 歳の犯罪者を収容・訓練する施設; 1988 年より young offender institution となる》.

youth·ful /júːθfəl, -fl/ *adj.* **1** 若さをもった, 若々しい (⇨ young SYN); ういういしい (fresh): a ～ bride, mother, etc. **2** 若者の, 青年特有の, 若者らしい, 若者に適した: ～ ambitions / a ～ appearance, smile, etc. / Her clothes were too ～ for her face and figure. 服装が彼女の顔や姿に似合わずはで過ぎた. **3** 〈季節など〉早い (early): the ～ season of the year 初春, 春. **4** 〖地質〗 浸食の度の少ない: a ～ river. **～·ly** *adv.* **～·ness** *n.* 〘(1561) ← YOUTH＋-FUL¹〙

yòuthful offénder *n.* 〖法律〗 青少年犯罪者《特に初犯の 14 歳以上 22 歳未満の青少年, 実刑を科するよりも更生補導をする; youth offender ともいう; 英国では young offender といい, 10 歳以上 14 歳未満を少年 (children), 14–17 歳を青年 (young persons) としている》.

yóuth gròup *n.* (団体や組織の)若い構成員のグループ, 青年部. 〘1966〙

yóuth·hòod *n.* **1** 青年[年若]であること. **2** [集合的] 《廃》 青年たち, 若者たち. 〘(1623) ← YOUTH＋HOOD: cf. OE *ġeoguþhād*〙

yóuth hòstel *n.* ユースホステル (⇨ hostel 1). **～·ing** *n.* 〘(1929) (なぞり) ← G *Jugendherberge*〙

yóuth hòsteler *n.* **1** ユースホステルの会員[利用者]. **2** ユースホステルの管理人. 〘1933〙

yóuth mòvement *n.* (政治・宗教など特に変革を目的とした)青年運動. 〘1921〙

yóuth offénder *n.* 〖法律〗 =youthful offender.

Yóuth Opportúnities Prògramme *n.* [the ～] 《英》 青少年職業機会計画《1981 年に政府が職のない中等教育卒業者のために設置した職業訓練計画; 1983 年に Youth Training Scheme となる; 略 YOP》.

Yóuth Tràining *n.* 《英》 ユーストレーニング《1991 年に Youth Training Scheme を発展させて設けられた青少年職業訓練制度; 略 YT》.

Yóuth Tràining Schème *n.* [the ～] 《英》 青少年職業訓練計画《無職の 16–17 歳の青年に対し職業訓練と臨時の職を提供する政府の計画; 1991 年に Youth Training に変わった; 略 YTS》.

yóuth wòrker *n.* 《英》 ユースワーカー《恵まれない青少年を援助する》.

you've /(強) júːv; (弱) juv, jəv/ 《口語》 you have の縮約形.

yow /jáʊ/ *int.* うー, うえー, わあー《苦痛・当惑・驚き・喜びなどを表す》. 〘(*c*1440) 擬音語〙

yowe /jáʊ/ *n.* 《スコット》 =ewe.

yowl /jáʊl/ *vi.* **1** 悲痛な声を出す, 泣きわめく (wail). **2** 悲痛な声で不平を言う. — *vt.* 悲痛な声で言う. — *n.* (犬や猫などの)もの悲しい鳴き声. **～·er** *n.* 〘(?*c*1200) *yowle*(*n*) ← ? (擬音語): cf. yawl² / ON *gaula* to howl〙

yo-yo /jóʊjòʊ | jə́ʊjə̀ʊ/ *n.* (*pl.* **～s**) **1** ヨーヨー. **2** 《米俗》 ばか者; のろま. — *adj.* 《口語》 上下する; 変動する. — *vi.* 《口語》 **1** 行ったり来たりする. **2** 動揺する (vacillate). **3** 変動する. 〘(1915) ⊏ Tagalog 《現地語》: フィリピンからカナダを通じて米国に持ちこまれたおもちゃ〙

Yo-Yo Ma *n.* ⇨ Ma.

y.p. 《略》 〖物理〗 yield point.

Ý-paràmeter *n.* 〖電気〗 =admittance parameter.

y·per·ite /íːpəràɪt/ *n.* 〖化学〗 イペリット (⇨ mustard gas). 〘(1919) ⊏ F *ypérite* ← YPRES (ベルギーの町名): ⇨ -ite¹〙

Ý potèntial *n.* 〖電気〗 相電圧 (3 相回路で Y 結線されたものの 1 相分の電圧).

Y·pres /íːpr(ə), -prəz; *F.* ipʀ/ *n.* イープル《ベルギー北西部の都市; 第一次大戦の戦場で, この地で初めて毒ガス (yperite) が用いられた; フラマン語名 Ieper》.

Yp·si·lan·ti /ìpsəlǽnti | -sɪ̬lǽnti/, **A·lex·an·dros** /alέksa(n)drɔs/ *n.* イプシランティ (1792–1828; ギリシャ独立運動における愛国者・革命家; 通称 Prince Ypsilanti).

Ypsilanti, De·me·tri·os /ðimítrjɔs/ *n.* イプシランティ (1793–1832; ギリシャの政治家; A. Ypsilanti の弟, 兄と協力して独立のため戦った).

Y·quem /iːkém; *F.* ikɛm/ *n.* イケム《フランス Bordeaux 地方, Sauternes 地区で醸造される甘口の白ワイン; Château d'Yquem ともいう》. 〘1869〙

YR 《記号》 〖貨幣〗 Yemen rial(s).

yr., yr 《略》 year(s); younger; your.

yrbk 《略》 yearbook.

yrly 《略》 yearly.

yrs 《略》 years; yours.

Yr Wyd·dfa /*Welsh* ərwíðva/ *n.* ウール ウィーヴァ《Snowdon のウェールズ語名》.

Y·sa·ÿe /ɪzáɪi, ɪzáɪ; *F.* izai/, **Eugène** *n.* イザイ (1858–1931; ベルギーのバイオリン奏者・作曲家・指揮者).

Y·ser /iːzə, -zəə | iːzə^(r); *F.* izɛːʀ/ *n.* [the ～] イゼール(川)《フランス北部に発しベルギー北西部を貫流して北海に注ぐ川 (77 km); その流域は第一次大戦戦跡》.

Y·seult /ɪsúːlt | ɪzúːlt, ɪsúːlt/ *n.* 〖アーサー王伝説〗 = Iseult.

Ý-shàped cártilage *n.* 〖解剖〗 =Y cartilage.

YSO 《略》 〖天文〗 young stellar object.

Ys·sel /áɪsəl, -sl/ *n.* =IJssel.

yt 《略》 《廃》 that; yacht.

Yt 《記号》 〖化学〗 yttrium.

YT 《略》 Youth Training; Yukon Territory.

Ý-tràck *n.* 〖鉄道〗 Y 線, 方向転換用三角線.

YTS 《略》 Youth Training Scheme.

yt·ter·bi·a /ɪtə́ːbiə | ɪtə́ː-/ *n.* 〖化学〗 酸化イッテルビウム (Yb_2O_3). 〘(1879) ← NL ～ ← *Ytterby* (⇨ ytterbite) ＋-IA¹: cf. terbia, yttria〙

yt·ter·bic /ɪtə́ːbɪk | ɪtə́ː-/ *adj.* 〖化学〗 (特に 3 価の)イッテルビウムの[を含む].

yt·ter·bite /ɪtə́ːbaɪt | ɪtə́ː-/ *n.* 〖鉱物〗 =gadolinite. 〘(1839) ← *Ytterby* (スウェーデンの地名でその発見地)＋-ITE¹〙

yt·ter·bi·um /ɪtə́ːbiəm | ɪtə́ː-/ *n.* 〖化学〗 イッテルビウム《希元素の一つ; 記号 Yb, 原子番号 70, 原子量 173.04》. 〘(1879) ← NL ～: ⇨ ↑, -ium〙

yttérbium mètal *n.* 〖化学〗 イッテルビウム金属.

yttérbium óxide *n.* 〖化学〗 =ytterbia.

yt·ter·bous /ɪtə́ːbəs | ɪtə́ː-/ *adj.* 〖化学〗 (特に)2 価のイッテルビウム (ytterbium^II) の[に関する, を含む].

yt·tri·a /ítriə/ *n.* 〖化学〗 イットリア (Y_2O_3)《イットリウムの酸化物》. 〘(1800) ← NL ～ ← *Ytterby*: ⇨ ytterbite, -ia¹〙

yt·tric /ítrɪk/ *adj.* 〖化学〗 イットリウムの[に関する, を含む]. 〘1860〙

yt·trif·er·ous /ɪtríf(ə)rəs/ *adj.* 〖化学〗 イットリウムを含む. 〘(1877) ← YTTRIUM＋-FEROUS〙

yt·tri·ous /ítriəs/ *adj.* 〖化学〗 イットリウムの. 〘(1823–32): ⇨ ↓, -ous〙

ýt·tri·um /-əm/ *n.* 〖化学〗 イットリウム《ガドリン石 (gadolinite) 中に含まれる希金属元素; 記号 Y, 原子番号 39, 原子量 88.9059》. 〘(1822) ← NL ～: ⇨ yttria, -ium〙

ýttrium íron gárnet *n.* 〖化学〗 イットリウム鉄ガーネット ($Y_3Fe_2(FeO_4)_3$)《フェライトの一種; 略 YIG》. 〘1959〙

ýttrium mètal *n.* 〖化学〗 イットリウム金属《希土類元素の金属の総称》.

ýttrium óxide *n.* 〖化学〗 =yttria.

yt·tro·tan·ta·lite /ìtroʊtǽntəlàɪt | -trə(ʊ)tǽntəl-/ *n.* 〖鉱物〗 イットロタンタル石 (Y, Ta, U, Zr などを含む, Fe, Ca の酸化鉱物). 〘(1805) ← *yttro-* (← YTTRIUM)＋TANTALITE〙

yu 《記号》 Yugoslavia (URL ドメイン名).

Yu, Yü /júː; *Chin.* ỳ/ *n.* 禹(ユー)《中国伝説上の最古の王朝である夏の始祖; 黄河の治水に成功したといわれる》.

YU 〔自動車国籍表示〕 Yugoslavia.

YU 《略》 Yale University.

yuan /júːən, juáːn | juáːn; *Chin.* yέn/ *n.* (*pl.* ～) 元《中華人民共和国の通貨単位; 正規には「圓」; =10 角 (jiao), 100 分 (fen); 略 Y; 記号 RMB; cf. renminbi》. 〘(1914) ⊏ Chin. ～ (圓)〙

Yuan¹, y- /juáːn | -áːn, -ǽn; *Chin.* yèn/ *n.* (*pl.* ～, ～**s**) 院《中華民国の政府機関; 立法・行政・司法・考試・監察の 5 院がある》. 〘(1928) ⊏ Chin. ～ (院)〙

Yuan² /juáːn | -áːn, -ǽn; *Chin.* yén/ *n.* (*also* **Yüan** /～/) 元(ゲン)《フビライカーン (Kublai Khan) が創建した中国のモンゴル人王朝 (1271–1368)》. — *adj.* 元朝磁器の. 〘(1738) ⊏ Chin. ～ (元)〙

Yuan Jiang /juáːndʒiáːŋ | -dʒiǽŋ; *Chin.* yέntɕiāŋ/ *n.* [the ～] **1** 沅江(ゲンコウ)《中国南部貴州省 (Guizhou) に発し湖南省 (Hunan) の洞庭湖 (Dongting Hu) に注ぐ川 (993 km)》. **2** 元江(ゲンコウ)《ベトナムの Song Coi 川の中国領内での名称》.

Yuan Shi·kai /juáːnʃìːkáɪ; *Chin.* yέnʂɨ̀kʰǎi/ *n.* 袁世凱(エンセイガイ) (1859–1916; 中国清朝末期の政治家; 中華民国初代大総統 (1913–16)).

Yu·ban /júːbən/ *n.* 〖商標〗 ユーバン《米国 General Foods 社製のブレンドコーヒー》.

yu·ca /júːkə/ *n.* 〖植物〗 =cassava.

Yu·ca·tán /jùːkətǽn, -táːn | jùːkətáːn, jʊ̀k-, -tǽn; *Am.Sp.* jukatán/ *n.* (*also* **Yu·ca·tan** /～/) **1** ユカタン(半島)《カリブ海とメキシコ湾との境をなす中米の半島; メキシコ南東部・グアテマラ北部・ベリーズ (Belize) を含む》. **2** ユカタン(州)《メキシコ南東部の州; 面積 43,379 km², 州都 Mérida》.

Yucatán Chánnel /～～～/ *n.* [the ～] ユカタン海峡《ユカタン半島とキューバ間にあり, メキシコ湾とカリブ海を結ぶ; 幅 216 km》.

Yu·ca·tec /júːkətèk/ *n.* (*pl.* **～s, ～**) **1 a** [the ～(s)] ユカテク族《メキシコ Yucatán 半島に住むインディアンの一部族》. **b** ユカテク族の人. **2** ユカテク語 (Maya 語の一方言). **3** ユカタン半島の(先)住民. — *adj.* ユカテク族[語, 文化]の. **Yu·ca·tec·an** /jùːkətékən⁻/ *adj., n.* 〘(1843) ⊏ Sp. *yucateco* ← *Yucatán*〙

yuc·ca /jʌ́kə/ *n.* 〖植物〗 ユッカ, イトラン《ユリ科イトラン属 (*Yucca*) の植物の総称; 観賞用, またイトラン (*Y. filamentosa*), キミガヨラン (*Y. recurvifolia*) など葉から繊維を採る; 《米》では Adam's needle, Spanish bayonet ともいう》. ★ その花は米国 New Mexico 州の州花. 〘(1555) ← NL ～ ← Sp. *yuca* ← West Ind.〙

yúcca mòth *n.* 〖昆虫〗 イトランモグリガ (*Tegeticula* 属の白いガ数種の総称; イトランに授粉する). 〘1892〙

yuck¹ /jʌ́k/ *n.* =yak². 〘(1966) (擬音語)?: cf. (スコット) *yuke* itch〙

yuck² /jʌ́k/ *int.* (*also* **yuch** /～/, **yucch** /～/) 《口語》 おえっ, げっ《軽蔑・嫌悪の発声》. 〘(1966): 擬音語〙

yuck·y /jʌ́ki/ *adj.* 《口語》 気持ちわるー, おえっとなる (disgusting). 〘1970〙

Yüen /jùːén/ *n.* = Yuan².

Yug. 《略》 Yugoslavia.

Yu·ga /júːgə, júː-; *Hindi* jūːg/ *n.* 〖ヒンズー教〗 (世界を 4 期に分けた中の)一時代《第一の時代は黄金時代 (Krita Yuga) で 1,728,000 年続き, 第二は薄明時代 (Treta Yuga) で 1,296,000 年, 第三は薄暗時代 (Dvapara Yuga) で 864,000 年, 第四は暗黒時代 (Kali Yuga) すなわち現代で紀元前 3,102 年に始まり 432,000 年続くものとする; 全 4 期を合わせて大世 (Maha Yuga) という》. 〘(1784) ⊏ Skt *yugam* age, (原義) YOKE¹〙

yu·ga·rie /júːgəri/ *n.* =pipi.

Yu·go /júːgoʊ | -gəʊ/ 《略》 Yugoslavia.

Yu·go·slav /júːgoʊslàːv, -gə-, -slæ̀v | júːgə(ʊ)slɑ̀ːv, ～～～/ (*also* **Yu·go-Slav** /～/) — *n.* **1** ユーゴスラビア人 (Serbs, Croats, Slovenes 族; cf. Serbo-Croatian). **2** 南スラブ人. — *adj.* ユーゴスラビア(人)の. 〘(1853) ⊏ Austrian-G ～ ← Serbo-Croatian *jug* south (< OSlav. *jugŭ*)＋SLAV: (原義) the southern Slavs〙

Yu·go·sla·vi·a /jùːgoʊsláːviə | -gə(ʊ)-/ *n.* ユーゴスラビア《ヨーロッパ南部 Balkan 半島にある国; Serbia, Montenegro, Vojvodina, Kosovo から成る; 公式名 the Federal Republic of Yugoslavia ユーゴスラビア連邦共和国; 首都 Beograde; Bosnia and Herzegovina, Croatia, Macedonia, Slovenia の 4 共和国は旧ユーゴスラビア社会主義連邦共和国から分離独立した (1992); 旧名 Kingdom of the Serbs, Croats, and Slovenes (1918–28)》. 〘⊏ Serbo-Croatian *Jugoslavija*: ⇨ ↑, -ia¹〙

Yu·go·sla·vi·an /jùːgoʊsláːviən | -gə(ʊ)-⁻/ *adj., n.* =Yugoslav. 〘1923〙

Yu·go·slav·ic /jùːgoʊsláːvɪk | -gə(ʊ)-⁻/ *adj.* ユーゴスラビア(人)の.

yuh /(強) jəː; (弱) jə/ *pron.* 《非標準》 =you (黒人英語の発音つづり).

yuk¹ /jʌ́k/ *n.* =yak².

yuk² /jʌ́k/ *int.* =yuck².

Yuk. 《略》 Yukon (Territory).

Yu·ká·wa potèntial /juːkáːwɑː-/ *n.* 〖物理〗 湯川型ポテンシャル《中間子場によって媒介される力のポテンシャルで湯川秀樹によって導入された》. 〘1938〙

yuk·ky /jʌ́ki/ *adj.* =yucky.

Yu·kon /júːkɑ(ː)n | -kɒn/ *n.* **1** ユーコン《カナダ北西部の準州; 面積 536,327 km², 州都 Whitehorse; 公式名 Yukon Territory; 略 Yuk.》. **2** [the ～] ユーコン(川)《Yukon 準州を流れ Bering 海に注ぐ川 (3,700 km)》. 〘⊏ N-Am.-Ind. (Athapascan) *yukon-na* big river〙

Yúkon Stándard tìme *n.* =Yukon time.

Yúkon stòve *n.* ユーコンストーブ《軽量の携帯用コンロ; 小さな金属製の箱で, 火を焚く部分と天火部分とに分かれている》.

Yúkon Térritory *n.* [the ～] ⇨ Yukon 1.

Yúkon tìme *n.* ユーコン(標準)時《以前使用されていた米国の標準時の一つで西経 135° にあり, GMT より 9 時間遅い; 現在は Alaska time という》.

yu·lan /júːlɑːn, -læn; *Chin.* ỳlán/ *n.* 〖植物〗 ハクモクレン (*Magnolia denudata*)《中国中部産モクレン科の落葉高木; 大きい白い花をつけ, よく庭木として植えられる》. 〘(1822) ⊏ Chin. ～ (玉蘭)〙

yule /júːl/ *n.* [しばしば Y-] 《古》 クリスマスの季節 (Christmas season); キリスト降誕祭, クリスマスの祝祭 (Christmas festival). 〘OE *ġēol*, *ġohhol* ← Gmc **jeχwla-*, **jeχwla-* (ON *jōl*) ← ?: もとは冬至のころ行われたゲルマン民族の祭りを指した〙

yúle lòg [blòck, clòg] *n.* [しばしば Y-] クリスマス前夜に炉にたく大薪(まき); 薪型のクリスマスケーキ. 〘1725〙

yúle·tìde *n.* [しばしば Y-] 《古》 クリスマス(の)季節

Y

(Christmas season, Christmastide). — *adj.* クリスマスの季節の. 〖*c*1475〗

yum /jʌ́m/ *int.* =yum-yum.

Yu·ma /júːmə/ *n.* (*pl.* **~, ~s**) **1 a** [the ~(s)] ユマ族《もと米国 Arizona 州およびそれに接する Mexico および California 州に住み, 今は California 州南東部の指定保留地に居住するアメリカインディアンの一部族》. **b** ユマ族の人. **2** ユマ語《Yuman 語族の一方言》. **3** ユマ《米国 Arizona 州南西部, Colorado 川沿岸の都市》. 〖□ Sp. ← ? *Yah-may-o* Son of the Captain: 初期のスペインの宣教師が誤ってこの部族の名称にしたという〗

Yu·man /júːmən/ *adj.* **1** ユマ族の[に関する]; ユマ語の. **2** ユマ語族の. — *n.* ユマ語族《米国南西部および Mexico 北西部に居住する Yuma 族·Mohave 族を含むアメリカインディアンの語族》.

Yu·men /jùːmén; *Chin.* ỳmə́n/ *n.* 玉門(ユーメン)《中国甘粛省 (Gansu) の都市》.

yum·my /jʌ́mi/ *adj.* (**yum·mi·er; -mi·est**)《口語》 **1** おいしい, うまい (delicious). **2** 気持ちよい (delightful), 魅力的な, とても素敵な. 〖《1899》← *yum* (喜びを表す叫び声)+-Y[4]〗

yum-yum /jʌ́mjʌ́m/ *int.* おいしい, おいしそう, うまい. — *n.*《米小児語》食べ物,「まんま」(food); 甘い物, 菓子 (sweets). 〖《1878》《加重》← *yum* (↑): もと小児語〗

Yung-lo /jùŋlóu | -lə́u/ *n.* =Yongle.

Yung·ning /jùŋníŋ/ *n.* =Yongning.

Yun·nan /jùnáːn, -nǽn | jùnǽn; *Chin.* ýnnán/ *n.* 雲南(ユンナン)(省)《中国南西部の省; 面積 380,000 km^2, 省都 Kunming (昆明)》.

yup[1] /jʌ́p/ *adv.*《口語》=yep. ★ /p/ は破裂しない.

yup[2] /jʌ́p/ *n.* [しばしば Y-]《口語》=yuppie.

YUP《略》Yale University Press.

Yu·pik /júːpɪk/ *n.* (*pl* **~, ~s**) **1 a** [the ~(s)] ユピック族《アラスカまたはアジアの西部のイヌイット; cf. Inuit》. **b** ユピック族の人. **2** ユピック語. 〖《1951》□ Yupik *Yup'ik* real person〗

yup·pie /jʌ́pi/ *n.* (*also* **yup·py** /~/) [時に Y-]《口語·軽蔑》ヤッピー《1980 年代の大都市郊外に住み裕福な生活をする若いエリート》. — *adj.* ヤッピーの. 〖《1984》← *y*(*oung*) *u*(*rban*) *p*(*rofessional*)+-IE〗

yúppie disèase *n.* =yuppie flu.

yúppie flù *n.* ヤッピー風邪《myalgic encephalomyelitis, chronic fatigue syndrome の俗称》.

yup·pi·fy /jʌ́pəfàɪ | -pɪ̀-/ *vt.* (*also* **yup·pie·fy** /~/) ヤッピー (yuppie) 風[向き, 好み]にする, 〈住環境などを〉おしゃれで高級っぽくする, 〈労働党など〉ヤッピー化する.

yup·pi·fi·ca·tion /jʌ̀pəfɪ̀kéɪʃən | -pɪ̀fɪ-/ *n.*

yúppy·ish *adj.* ヤッピーのような, トレンディーな.

yu·quil·la /juːkíː(j)ə; *Am.Sp.* jukíja/ *n.* (*pl.* **~s** /~z; *Am.Sp.* ~s/)〘植物〙中央アメリカ産トウダイグサ科のマニホットゴムノキの一種 (*Manihot carthaginensis*)《黄緑色の花をつける; 質は劣るが, ゴムが採れる》. 〖□ Sp. ~ ← *yuca* 'YUCCA'+-*illa* (n. suf.)〗

Yu·rak /jʊrǽk | jʊrǽk, jʊ́əræk/ *n.*〘言語〙ユラク語《西シベリアの北部に住む遊牧民の話すウラル語の一方言》.

Yu·rev /jʊ́ərɪ̀f, -rɪv | jʊ́ər-; *Russ.* júrʲif/ *n.* ユーレフ《Tartu の旧名》.

yurt /jʊ́ət, jɚ́ːt | jə́ːt, jʊ́ət/ *n.* ユルト, パオ(包)《中央アジアのモンゴル人やトルコ人が使用する毛皮やフェルト製の円形の折りたたみ式移動住居》. 〖《1784》□ Russ. *yurta* □ Turk. ~ 'dwelling'〗

yus /jʌ́s/ *adv., n.*《非標準》=yes《方言発音のつづり》.

Yu Shan /jùːʃáːn; *Chin.* ỳʂān/ *n.* 玉山(ユーシャン)《台湾中部の山; 標高 3,997 m; 日本語名新高山, 英語名 Mount Morrison; Hsin-kao ともいう》.

Yutang, Lin *n.* ⇨ Lin Yutang.

Yu·zov·ka /júːzəfkə; *Russ.* júzəfkə/ *n.* Donetsk の旧名.

YV〘自動車国籍表示〙Venezuela.

Yve·lines /iːvlíːn; *F.* ivlin/ *n.* イブリーヌ(県)《フランス北中部の県; 面積 2,271 km^2, 県都 Versailles》.

Yves /íːv; *F.* iːv/ *n.* イブ《男性名》. 〖□ F *Yves*《原義》yew〗

Yves Saint Lau·rent /íːvsæ̀(n)lɔːrɑ̃́ː(ŋ), -sæ̀nlɔːrɑ́ːŋ; *F.* iːvsɛ̃lɔʁɑ̃/ *n.*〘商標〙イブサンローラン《フランスのデザイナー Yves Saint Laurent (1936–2008) のデザインした衣料品·香水·化粧品など》.

Y·vette /ɪvɛ́t, iː-; *F.* ivɛt/ *n.* イヴェット《女性名》. 〖□ F ~ (fem.) (↑)〗

YVF《略》Young Volunteer Force.

Y·vonne /ɪvɑ́(ː)n, iː- | -vɔ́n; *F.* ivɔn/ *n.* イヴォンヌ《女性名》. 〖F ~ (fem.) ← *Yvon* ← ? Celt.〗

YWCA /wáɪdʌ̀bljuːsìːéɪ/《略》Young Women's Christian Association キリスト教女子青年会. 〖1887〗

YWHA《略》Young Women's Hebrew Association ヘブライ女子青年会. 〖1918〗

y·wis /ɪwís/ *adv.*《古》=iwis.

Ý-Ý connèction *n.*〘電気〙=wye-wye connection.

Z z

Z, z /zíː | zéd/ *n.* (*pl.* **Z's, Zs, z's, zs** /zíːz | zédz/) **1** 英語アルファベットの第 26 字 (cf. izzard, zed 1, zee). ★ 通信コード Zulu. **2** (活字・スタンプなどの) Z または z 字. **3** [Z] Z 字形(のもの): ⇨ Z-bar. **4** 文字 z が表す音《zoo, seize などの /z/》. **5** (中世ローマ数字の) 2,000. **6** (連続したものの)第 26 番目(のもの); (J を数に入れない時は)第 25 番目(のもの); (J, V, W を数に入れない時は)第 23 番目(のもの). **7** 未知数《不特定の数・要素・人・事物を表す》. **8** 〖自動車国籍表示〗Zambia. ***cátch* [*gét, make*] *sòme* [*a fèw*] *ź's* [*Z's*]** 《米口語》ひと眠りする, うとうとする. ***from Á to Ź*** ⇨ A[1] 成句. 〖OE《まれ》Z, z ◻ L《まれ》◻ Gk *Z, ζ* (zêta) ◻ Phoenician ⵊ: cf. Heb. ⵊ (záyin)《原義》? weapon: フェニキア文字では第 7 字, ギリシャ文字では第 6 字, ラテン語では古く使われたことがあったが, 紀元の初めに再びギリシャ語から Y と共に借入された〗

z 《記号》**1** 〖数学〗**a** (x, y をそれぞれ第 1, 第 2 未知数[量]として用いた時の)第 3 未知数[量] (cf. x, y; a, b, c). **b** (x, y をそれぞれ第 1, 第 2 変数として用いた時の)第 3 変数. **c** (空間の)第 3 座標 (cf. x, y). **2** 〖気象〗dust haze 砂煙霧. 〖cf. x〗

Z 《記号》**1** 〖米軍〗airship 飛行船. **2** 〖化学〗atomic number. **3** 〖電気〗impedance. **4** 〖貨幣〗zaire; zloty(s). **5** 〖物理〗Zee meson.

Z., z. 《略》zero; zinc; zone.

za 《記号》South Africa《URL ドメイン名》.

ZA 〖自動車国籍表示〗南アフリカ共和国《Zuid Africa (South Africa)》.

Zaan·dam /zaːndáːm | záːndæm; *Du.* zaːndám/ *n.* ザーンダム《オランダ西部, Noordholland 州中部の都市; 17 世紀の造船業の中心地; 現在は Zaanstad の一部》.

Zaan·stad /záːnstaːd | -stæd; *Du.* záːnstɑt/ *n.* ザンスタット《オランダ北西部, Noordholland 州の都市》.

za·ba·glio·ne /zɑ̀ːbəljóuni, -bl- | zæ̀bəljáu-, -bl-; *It.* dzabaʎʎóːne/ *n.* 〖料理〗ザバリョーネ《卵と砂糖を泡立てワインを加えたクリーム状のイタリアのデザート; プディングなどのソースとしても用いる》. 〖《1899》◻ It. ～《変形》← *zabaione* ← ? LL *sabaia* an Illyrian drink＋It. *-one* (aug. suf.)〗

za·ba·io·ne /zɑ̀ːbɑjóuni | -jáu-; *It.* dzabajóːne/ *n.* ＝zabaglione.

Zab·rze /záːbʒeɪ; *Pol.* zábʒɛ/ *n.* ザブジェ《ポーランド南部の都市, 旧ドイツ領; 旧ドイツ語名 Hindenburg》.

zac /zæk/ *n.* 《豪俗》6 ペンス. 〖《1898》← ? 《スコット》*saxpence*〗

Zac·a·te·cas /sɑ̀ːkɑtékəs, zæ̀k-; *Am.Sp.* sakatékas/ *n.* **1** サカテカス(州)《メキシコ中部の州; 面積 75,040 km²》. **2** サカテカス《Zacatecas 州の州都》.

zac·a·ton /zæ̀kətóun, sæ̀k- | -tóun; *Am.Sp.* sakatón/ *n.* 〖植物〗米国・メキシコなどの乾燥地に産するイネ科の草本: **a** ＝guinea grass. **b** メキシコ産の草本 (*Epicampes stricta, Festuca amplissima*)《繊維が強く, 製紙の原料となる》. **c** ＝sacaton. 〖《1865》◻ Am.-Sp. *zacatón*: ⇨ sacaton〗

Zac·che·us /zækíːəs, zə-/ *n.* **1** ザキアス《男性名》. **2** 〖聖書〗ザアカイ《イエスを見ようとして桑の木に登った取税人; のちイエスを食卓に招いた; cf. *Luke* 19: 2–10》. 〖◻ LL ～ ◻ Gk *Zakkaîos* ◻ Heb. *Zakkáy*《原義》pure, innocent ← *zākhā^h* to be clean〗

Zach. 《略》Zacharias.

Zach·a·ri·ah /zæ̀kəráɪə/ *n.* **1** ザカリヤ《男性名》. **2** 〖聖書〗＝Zechariah. 〖◻ LL *Zachariās* ◻ Gk *Zakharías* ◻ Heb. *Z^ekharyā^h*《原義》Yahweh has remembered〗

Zach·a·ri·as /zæ̀kəráɪəs | -ráɪəs, -ráɪæs/ *n.* **1 a** 〖聖書〗ザカリヤ《John the Baptist の父; cf. *Luke* 1》. **b** ザカリヤ《イエスによって「最後の殉教者」と呼ばれた男; cf. *Matt.* 23: 35》. **2** ＝Zechariah《Douay 聖書におけるつづり》. **3** ザカライアス《男性名》.

Zach·a·ry /zǽkəri/ *n.* ザカリー《男性名》. 〖(dim.) ← ZACHARIAH〗

zack /zǽk/ *n.* 《豪俗》＝zac.

Za·cyn·thus /zəkínθəs, -sín- | -sín-, -kín-/ *n.* ザキントス(島)《Zante のラテン語の古名》.

Za·dar /záːdɑə | -dɑː^(r); *Croat.* zâdar/ *n.* ザダル《クロアチア共和国南部, Dalmatia 沿岸の海港, もとイタリアの飛び領土 (exclave); イタリア語名 Zara》.

zad·dik /tsɑ́ːdɪk | -dɪk/ *n.* (*pl.* **zad·dik·im** /tsɑːdíkɪm | -kɪm/) **1** (ユダヤ教の基準から見て)有徳で聖人のような人. **2** Hasidism 派の精神的指導者. 〖《1873》◻ Heb. *ṣaddîq*《原義》righteous〗

Zad·ki·el /zǽdkiəl/ *n.* ザドキエル暦《民間に行われた占星術の暦》. 〖《1835》: その編者である英国人 R. J. Morrison (1795–1874) の匿名〗

Zad·kine /zɑːdkíːn | zǽdkiːn; *F.* zadkin/, **Os·sip** /ɔsip/ *n.* ザッキン《1890–1967; フランスに住んだロシアの彫刻家》.

Za·dok /zéɪdɑ(ː)k | -dɔk/ *n.* ゼードック《男性名》. 〖◻ Heb. *Ṣādôq* ← *ṣaddîq* just, righteous〗

zaf·fer /zǽfə | -fə^(r)/ *n.* (*also* **zaf·fre** /～/) 合成呉須(ごす)《コバルト鉱と珪砂との煆焼(かしょう)混合物で, 昔は陶磁器・ガラスの着色剤に使用された; cf. asbolite》. 〖《1662》◻ It. *zaffera* // (O)F *safre, zafre* ◻ ? L *sapphīrus* 'SAPPHIRE'〗

zaf·tig /zɑ́ːftɪg | zǽf-/ *adj.* 《米口語》〈女性が〉ふくよかな体をした, 豊満な, 曲線美の, グラマーな. 〖《c1936》◻ Yid. ～ 'juicy' ← MHG *saf(t)* 'juice, SAP[1]'＋*-ig* '-Y[1]'〗

zag /zǽg/ *n.* **1** ジグザグ(コース)の一方向 (cf. zig 1). **2** 直線から急にそれること. ― *vi.* (**zagged; zag·ging**) ＝zig. 〖《1793》《略》← ZIGZAG〗

Zag·a·zig /zɑ̀ːgəzíːg | zǽg-; *Egypt.* zagɑːzíːg/ *n.* ザガジグ《エジプト北東部, Nile 川デルタ地域にある都市》.

Zagh·lūl Pa·sha /zǽgluːlpɑ́ːʃə, -pǽʃə, -pəʃɑ́ː, -ʃɔ́ː/, **Sa'd** /sɑ́ːd/ *n.* ザグルールパシャ《1857–1927; エジプトの法律家・政治家, 一時首相 (1924)》.

Za·greb /zɑ́ːgrɛb | zɑ́ːg-, zǽg-; *Croat.* zɑ̌ːgreb/ *n.* ザグレブ《クロアチア共和国北西部, Sava 川付近の同国の首都》.

Zag·reus /zéɪgruːs, -grjuːs | zǽgriəs/ *n.* 〖ギリシャ神話〗ザグレウス《オルペウス教 (Orphism) で Dionysus と同一視される幼児神; Zeus と Persephone との子で Zeus の妻 Hera にそそのかされて Titan に殺された》.

Zág·ros Móuntains /zǽgrəs-, -grous- | -grɔs-/ *n. pl.* [the ～] ザグロス山脈《イラン南部から西部にかけてイラン・イラク国境沿いに走る山脈; イランの主要油田がある; 最高峰 Zard Kuh (4,548 m)》.

Za·ha·roff /zəhɑ́ːrəf, -rɔ(ː)f | -rəf, -rɔf/, **Sir Basil** *n.* ザハロフ《1849–1936; トルコ生まれの英国の実業家, 軍需産業で巨万の富を築き「死の商人」(merchant of death),「ヨーロッパの謎の男」(the mystery man of Europe) と呼ばれた》.

Zā·he·dān /zɑ̀ːhɪdɑ́ːn; *Pers.* zɑːhedɑ́ːn/ *n.* ザーヘダーン《イラン南東部の都市》.

zai·ba·tsu /zàɪbɑːtsúː | -bæ-/ *n.* (*pl.* ～) 財閥. 〖《1937》◻ Jpn.〗

za·ire /zɑíːə, zɑ́ːɪə | zɑːíə^(r)/ *n.* (*pl.* **～s, ～**) **1** ザイール《ザイールの通貨単位; ＝100 makuta; 記号 Z》. **2** 1 ザイール紙幣. 〖《1967》← Congo《現地語》〗

Za·ire /zɑíːə, zɑ́ːɪə | zɑːíə^(r)/ *n.* **1** ザイール《コンゴ (Congo) 民主共和国の旧名 (1971–97)》. **2** [the ～] ザイール(川)《Congo 川の旧名》. **Za·ir·ese** /zɑ̀ːɪ^əríːz, -ríːs | zɑ̀ɪərìːz⁻/ *n., adj.*

Za·ir·e·an /zɑːí^əriən | zɑíər-/ (*also* **Za·ir·i·an** /～/) *n.* ザイール人. ― *adj.* ザイール(人)の.

za·kat /zəkɑ́ːt/ *n.* 〖イスラム〗喜捨, ザカート《神への奉仕の義務としての貧者への施し; イスラムの信仰の五柱 (Pillars of Islam) の第 3》. 〖《1802》◻ Pers. *zakāt* ◻ Arab. *zakā^h* alms, purity ← *zákā* to be pure in heart〗

Zá·kin·thos /*Mod.Gk.* zákinθos/ *n.* ザキントス《Zante のギリシャ語名》.

Za·ko·pa·ne /zɑ̀ːkəpɑ́ːneɪ | zæ̀k-; *Pol.* zakɔpáɲɛ/ *n.* ザコパネ《ポーランド南部 Tatra 山脈中の都市; チェコおよびスロバキア国境に近い夏の保養地で同国でも有数の山岳・冬季スポーツの中心地》.

za·kus·ka /zəkúːskə | zækúskə; *Russ.* zakúskə/ *n.* (*pl.* **～, -kus·ki** /-ki/; *Russ.* zakúsk^ji/) (*also* **za·kous·ka** /～/) 〖料理〗ザクースカ《ロシアの酒のさかな, 前菜》. 〖《1885》◻ Russ. ～ ← *zakusit'* to take a light meal〗

Za·łew Wiś·lany /*Pol.* záɫɛv^j vʲiɕlánɨ/ *n.* ヴィスワ潟《Vistula Lagoon のポーランド語名》.

Zam. 《略》Zambia.

Za·ma /zéɪmə, zɑ́ːmə | zɑ́ːmə/ *n.* ザマ《アフリカ北部, カルタゴ (Carthage) の南西方にあった古代都市; Scipio the elder の指揮するローマ軍がこの付近で Hannibal の率いるカルタゴ軍を破った (202 B.C.)》.

za·mar·ra /zəmɑ́ːrə/ *n.* ザマラ《スペインの羊飼いの着用する羊皮のコート》. 〖《1839》◻ Sp. ～ ◻ (i) Arab. *sammūr* sable // (ii) Basque *zamar* sheepskin〗

Zam·be·zi /zæmbíːzi/ *n.* (*also* **Zam·be·si** /～/, **Zam·be·se** /～/) [the ～] ザンベジ(川)《アフリカ南部の川; ザンビア, アンゴラ西部, ジンバブエ, モザンビークを貫流してインド洋に注ぐ (2,740 km)》. **～·an** /-ziən/ *adj.*

Zam·bi·a /zǽmbiə/ *n.* ザンビア《アフリカ南部にある英連邦内の共和国; もと英国保護領で Northern Rhodesia といい Federation of Rhodesia and Nyasaland の一部となったが, 1964 年独立; 面積 752,620 km², 首都 Lusaka; 公式名 the Republic of Zambia ザンビア共和国》.

Zam·bi·an /zǽmbiən/ *adj.* ザンビア(人)の. ― *n.* ザンビア人.

zam·bo /zǽmbou | -bəu/ *n.* (*pl.* **～s**) ＝sambo[1]. 〖◻ Sp. ～: ⇨ sambo[1]〗

Zam·bo·an·ga /zæ̀mbouɑ́ːŋgə | -bəuǽŋ-/ *n.* ザンボアンガ《フィリピンの Mindanao 島南西部の海港》.

zam·buck /zǽmbʌk/ *n.* 《豪口語》セントジョン (St. John) 救急隊の看護係. 〖《1911》← *Zambuk* (万能軟膏の商標名)〗

Za·men·hof /zɑ́ːmənhɑ̀(ː)f, -hòuf | -hɔ̀f; *Pol.* zámɛnxɔf/, **La·za·rus Lud·wig** /lazárus lúdv^jik/ *n.* ザメンホフ《1859–1917; ポーランドの眼科医, 国際語 Esperanto の創案者》.

zam·i /zǽmi/ *n.* 《カリブ》レズ (lesbian).

za·mi·a /zéɪmiə/ *n.* 〖植物〗熱帯・亜熱帯アメリカ産のソテツ科ザミア属 (*Zamia*) の植物の総称《時に, 地中の短い太い幹の上にヤシに似た羽状葉を出す》. 〖《1819》← NL ～ (sing.) ← L *zāmiae* (fem. pl.): Pliny の書中にある L *azāniae* pine nuts の誤読〗

za·min·dar /zæmɪ̀ndɑ̀ə, zəmìːndɑ́ə | zæ̀mɪndɑ́ː^(r)/ *n.* 《インド》ザミンダール: **a** 大地主《独立前に, 英国政府へ地租を納める条件で認められた封建領主》; 地主. **b** (Mogul 帝国時代の)徴税請負人. **c** (独立後の政府と耕作者との間の仲介役を働く)不在地主. 〖《1683》◻ Hindi *zamīndār* landholder ◻ Pers. ← *zamīn* land＋*-dār* owner〗

za·min·da·ri /zæ̀mɪ̀ndɑ́ːri, zəmìːn- | zæ̀mɪn-/ *n.* 《インド》**1** ザミンダール(大地主)による地租納入制度. **2** ザミンダール(大地主)が支配する土地. 〖《1757》◻ Hindi *zamīndārī* ◻ Pers. ← *zamīndār* (↑)〗

Za·mo·ra /θəmɔ́ːrə; *Sp.* θamóɾa/ *n.* サモラ《スペイン北西部の州の州都》.

Za·mo·ra y Tor·res /θəmɔ́ːrəɪtɔ́(ː)rəs | -tɔ́r-; *Sp.* θamóɾaitóres/, **Ni·ce·to Al·ca·lá** /niθéto alkalá/ *n.* サモライトレス《1877–1949; スペインの政治家; スペイン(共和国)初代大統領 (1931–36)》.

Zan. 《略》Zanzibar.

Zan·de /zǽndi/ *n., adj.* ＝Azande.

zan·der /zǽndə, tsɑ́ːn- | -də^(r); *G.* tsándɐ/ *n.* (*pl.* **～s, ～**) ＝pikeperch. 〖◻ G ～ ← ? Slav.: cf. Pol. *sandacz*〗

Zane /zéɪn/ *n.* ゼイン《男性名》. 〖《変形》← JOHN[1]〗

Zang·bo /zǽmbou | -bəu/ *n.* [the ～] ツァンポ(川)《チベット南西部に発する Brahmaputra 川の上流の名称》.

Zang·will /zǽŋ(g)wɪl/, **Israel** *n.* ザングウィル《1864–1926; ユダヤ系の英国の小説家・劇作家; *The Children of the Ghetto* (1892)》.

Zan·tac /zǽntæk/ *n.* 〖商標〗ザンタック《米国 Pfizer 社製の H2 受容体拮抗薬・制酸薬》.

Zan·te /zǽnti | -ti; *It.* dzánte/ *n.* ザンテ《ギリシャ語名 Zákinthos, ラテン語名 Zacynthus》: **1** ギリシャ西岸沖のイオニア諸島中の一島; 面積 407 km². **2** Zante 島の都市, 海港.

zan·thox·y·lum /zænθɑ́(ː)ksələm | -θɔ́ksɪ̀-/ *n.* 〖植物〗サンショウ《サンショウ属 (*Zanthoxylum*) の植物の総称》; ある種のもの (*Z. americanum* など)の乾燥した樹皮《発汗剤・興奮剤用》. 〖《1765》← NL ～: *Xanthoxylum* (Gk *xanthós* yellow＋*xúlon* wood) の誤記から〗

ZA·NU /zɑ́ːnuː, zǽn-/ *n.* (*also* **Za·nu** /～/) ジンバブエアフリカ民族同盟(愛国戦線)《1963 年 ZAPU から脱退した Mugabe たちが結成したジンバブエの解放運動組織; 80 年独立後は政権党》. 〖《頭字語》← *Z(imbabwe) A(frican) N(ational) U(nion)*〗

Zan·uck /zǽnək/, **Dar·ryl** /dǽrəl, dǽr- | dǽrɪ̀l/ **F(rancis)** *n.* ザナック《1902–79; 米国の映画プロデューサー; Twentieth Century-Fox 社の社長を務める》.

za·ny /zéɪni/ *n.* **1** (昔の喜劇で滑稽な身振りで主役のまねをした)副道化役 (merry-andrew): I take them no better than the fools' *zanies.* 彼らは阿呆の手伝いにすぎないと思う (cf. Shak., *Twel N* 1. 5. 96). **2** 道化役 (buffoon). **3** [通例軽蔑的に用いて] 卑屈な従者[部下], へつらい人 (toady). **4** ばか, のろま. ― *adj.* (**za·ni·er; -ni·est**) **1** 変に滑稽な; 頭の少々おかしい. **2** おどけた, 道化の; ばかばかしい, 狂気じみた. **zá·ni·ly** /-nəli, -nɪ̀li | -nɪ̀li, -nəli/ *adv.* **zá·ni·ness** *n.* 〖《1588》◻ F *zani* // It. *zanni*《Venetia 方言》← *Gianni*《短縮》← *Giovanni* John〗

zá·ny·ism /-nìɪzm/ *n.* 道化, ふざけ (buffoonery). 〖1818〗

zan·za /zǽnzə/ *n.* ザンザ《共鳴箱に金属や木の舌を並べ, 指で鳴らすアフリカの楽器》. 〖◻ Arab. *ṣanj* cymbal〗

Zan·zi·bar /zǽnzəbɑ̀ə | zæ̀nzɪ̀bɑ́ː^(r), ⁻⁻⁻/ *n.* ザンジバル: **1** アフリカ東海岸沖の島; 面積 1,660 km². **2** Zanzibar 島のほか Pemba 島その他の小島を合わせたもと英国保護領; 1963 年独立; 面積 2,642 km²; 1964 年 Tanganyika と合併して Tanzania となる. **3** Zanzibar 島の海港.

Zan·zi·ba·ri /zæ̀nzəbɑ́ːri | -zɪ̀-⁻/ *n.* **1** ザンジバル (Zanzibar) 人. **2** ザンジバル語《アラビア語の一方言》. ― *adj.* ザンジバルの. 〖1888〗

Zao·zhuang /zàudʒwǽŋ; *Chin.* tsàutʂuāŋ/ *n.* 棗荘(ツァオチュアン)《中国山東省 (Shandong) 南部の都市》.

Z

zap /zǽp/ 《口語》 *v.* (**zapped; zap·ping**) ― *vt.* **1** なぐる, 殺す; 負かす (defeat). **2** 撃つ, 射る. **3** 急に動かす. **4** 〖電算〗 **a** 画面から消す. **b** 消去する. **5** 〈テレビのチャンネルを〉リモコンですばやく変える. **6** 《米口語》 電子レンジで調理する. ― *vi.* **1** 急に動く, さっと行く. **2** リモコンでテレビのチャンネルを素早く変える. ― *n.* **1** 力, 勢力, 活力, 気力 (pep), 元気 (zip). **2** 敵との対決; 敵の攻撃. ― *int.* **1** さあー, しゅう, さい, あっ《急速・急変・突然などを表す音声》. **2** どーん, ばーん《大砲の音など》. 〘(1929) 《混成》? ← z(ip¹)+(sl)ap¹〙

Za·pa·ta /zəpáːṭə, zæp- | -tə; *Am.Sp.* sapáta/, **E·mil·ia·no** /emiljáno/ *n.* サパタ《1877?–1919; メキシコの政治家・革命家》.

za·pa·te·a·do /zàːpəteɪáːḍoʊ, -ṭi-, sàːpəteɪáʊ | zəpàːtiáːdəʊ; *Sp.* θapateáðo/ *n.* (*pl.* **~s** /~z; *Sp.* ~s/) **1 a** サパテアード《律動的なかかとのタップを特徴とするソロ用のスペインフラメンコ舞踊》. **b** サパテアードのタップ[ステップ]. **2** サパテアードの舞曲. 〘(1845) ◻ Sp. ~ 'clog or shoe dance' 《p.p. の名詞用法》 ← *zapatear* to strike with shoe ← *zapato* shoe: cf. sabot, -ade〙

za·pa·te·o /zàːpətéɪoʊ, sàː- | -əʊ/ *n.* =zapateado 1 a.

Za·po·ro·zhye /zàːpəróʊʒə | zæpəráʊʒeɪ; *Ukr.* zaporʲíʒʲʒʲa, *Russ.* zaparóʒjə/ *n.* (*also* **Za·po·ro·zhe** /~/) ザポロジエ《ウクライナ共和国南部, Dnieper 河畔の都市; 旧名 Aleksandrovsk》.

Za·po·tec /záːpətèk, sáː- | zǽpətèk, záː-/ *n.* (*pl.* **~s**, ~) **1 a** [the ~(s)] サポテック族《メキシコ南部の Oaxaca 州に住むアメリカインディアンの一部族》. **b** サポテック族の人. **2** サポテック語《Zapotecan 語族に属する》. ― *adj.* サポテック(語・族)の. 〘(1797) ◻ Sp. *Zapoteca* ◻ Nahuatl *zapoteca* 《原義》 people of the land of the sapodillas〙

Za·po·tec·an /zàːpətéɪkən, sàː-, -ték- | zæpəʊték-, zàː-/ *n.* **1** サポテカン語族《メキシコ南部で用いられるアメリカインディアン語の一語族》. **2** サポテカン語族の言語を用いる部族. 〘1922〙

Zap·pa /zǽpə/, **Frank** *n.* ザッパ《1940–93; 米国のロック歌手・作詞作曲家・プロデューサー》.

zap·per /zǽpə | -pə⁽ʳ⁾/ *n.* **1** 《口語》 (テレビなどの)リモコン. **2** 《米口語》 (害虫などの)マイクロ波駆除装置. 〘(1969) ← zap+-er¹〙

zap·py /zǽpi/ *adj.* 《口語》 元気いっぱいの, きびきびした, 活発な, すばやい. 〘(1969): ⇨ zap, -y⁴〙

zap·ti·ah /zʌptíːɑː/ *n.* (*also* **zap·ti·eh** /zʌptíːeɪ | zǽptièɪ/) トルコの警官. 〘(1869) ◻ Turk. *ḍabtiyeh* ◻ Arab. *ḍabṭiya*ʰ police ← *ḍábaṭa* to seize〙

ZA·PU /záːpuː, zǽp-/ *n.* (*also* **Za·pu** /~/) ジンバブエアフリカ人民同盟. 〘《頭字語》 ← *Z(imbabwe) A(frican) P(eople's) U(nion)*〙

Za·qa·zig /zǽkəzìːk | zǽkəzìk/ *n.* =Zagazig.

Za·ra /*It.* dzáːra/ *n.* ザーラ《Zadar のイタリア語名》.

Za·ra·go·za /*Sp.* θaɾaɣóθa/ *n.* サラゴサ《Saragossa のスペイン語名》.

Zar·a·thus·tra /zærəθúːstrə, zèr- | zær-, zàːr-; *G.* tsàːʁatústʁa/ *n.* ザラスシュトラ《Zoroaster の古イラン名》. 〘◻ G ~ ◻ Aves. *Zarāthushtra* 'Zoroaster'〙

Zar·a·thus·tri·an /zærəθúːstriən, zèr- | zærəθúː-ˊ/ *adj.*, *n.* =Zoroastrian.

Zàr·a·thús·tric /-trɪkˊ/ *adj.*, *n.* =Zoroastrian.

zar·a·tite /zǽrətàɪt, zér- | zǽr-/ *n.* 〖鉱物〗 翠(すい)ニッケル鉱 ($Ni_3(CO_3)(OH)_4 \cdot 4H_2O$). 〘(1858) ◻ Sp. *zaratita* ← *Zarate* (スペイン人の姓): ⇨ -ite¹〙

zar·da /záːdɑː | záː-/ *n.* (スパイスの味が付いた)インドのかみたばこ. 〘◻ Pers. *zardah* ← *zard* yellow〙

za·re·ba /zəríːbə/ *n.* (*also* **za·ree·ba** /~/) (アフリカのスーダンなどで村や宿営地を野獣・敵から守るいばらなどの)防御柵(さく). 〘(1849) ◻ Arab. *zarība*ʰ pen, enclosure〙

zarf /záːf | záːf/ *n.* (地中海東岸の Levant 地方で取っ手のない小型のコーヒーカップ (finjan) を入れる金属製の)カップ受け. 〘(1836) ◻ Arab. *ẓarf* case, vessel, sheath〙

Za·ri·a /záːriə/ *n.* ザリア《ナイジェリア中北部 Kaduna 州の都市》.

za·ri·ba /zəríːbə/ *n.* =zareba.

Zar·qa /záːkə | záː-; *Arab.* zárqa/ *n.* ザルカ《ヨルダン北部, Amman 北東の都市》.

zar·zu·e·la /zàːzuéɪlə, zaːzwíː- | zàːzwéɪ-; *Sp.* θaɾθwéla/ *Sp. n.* **1** サルスエラ《スペインの伝統歌劇; 必ず対話の部分を含み, 題材は喜劇的諷刺的なものが多い》. **2** 〖料理〗 魚貝類のシチュー. 〘(1888) ◻ Sp. ~ ← ? *La Zarzuela* (1629 年初めて演じられた Madrid 近くの宮殿)〙

zas·tru·ga /zǽstrəgə, záːs-; *Russ.* zastrúgə/ *n.* (*pl.* **-tru·gi** /-gi/) =sastruga.

Zá·to·pek /zǽtəpèk | -tə-; *Czech* záːtɔpɛk/, **Emil** *n.* ザトペック《1922–2000; チェコの長距離走者》.

zax /zǽks/ *n.* 石板切 (sax) 《屋根ふき用のスレートを切るためのなた状の道具》. 〘(1842) ← sax¹: cf. OE *seax* knife〙

ź-àxis *n.* 〖数学〗 (空間の)第 3 座標軸, z 軸 (cf. x-axis 2, y-axis 2). 〘*c*1949〙

za·yin /záɪjɪn | -ɪn; *Hebr.* zájɪn/ *n.* ザイン《ヘブライ語アルファベット 22 字中の第 7 字: ז (ローマ字の Z に当たる); ⇨ alphabet 表》. 〘◻ Heb. *záyin* 《原義》 weapon ← Aram. *zāyin*〙

z.B. 《略》 *G.* zum Beispiel (=for example).

Ź-bàr *n.* Z 形材《断面が Z 形の長い(鋼)材》. 〘1877〙

Ź bòson *n.* 〖物理〗 =Z particle.

ŹB stàtion *n.* ZB 放送局《ニュージーランドの民放ラジオ局》.

Ź chàrt *n.* 〖統計〗 Z 管理図《日・週・月のデータ, 移動年間総額, 年初から当期までの累計値の 3 種の変数を記入》.

Ź chròmosome *n.* 〖生物〗 Z 染色体《性染色体の一種; cf. W chromosome》. 〘1966〙

ZD 《略》 〖電子工学〗 Zener diode; zenith distance; 〖経営〗 zero defects.

Zdár·sky tént /stáəski-, zdáə- | stáː-, zdáː-; *G.* tsdáʁski-/ *n.* 〖登山〗 ツェルト(ザック)《ビバーク用の簡便な小型テント; bivouac sheet ともいう》. 〘← *Mathias Zdarsky* (1856–1940: オーストリアのプロスキーヤー)〙

Ź-DŃÁ *n.* 〖遺伝〗 Z 形 DNA《通常の右巻きと異なり, 左巻き二重らせん構造を呈している DNA》.

Ze·a /zíːə; *It.* dzέːa/ *n.* ゼーア《Keos のイタリア語名》.

zeal /zíːl/ *n.* **1** 熱心, 熱中 (⇨ passion SYN): show ~ *for* music 音楽に熱意を示す / with ~ 熱心に. **2** 《廃》 **a** 熱望. **b** =zealot 1. 〘(*c*1384) *zele* ◻ OF *zel* (F *zèle*) ∥ LL *zēlus* ◻ Gk *zêlos* emulation ← IE **yā-* to be aroused〙

Zea·land /zíːlənd/ *n.* ジーランド(島)《Jutland 半島とスウェーデンの間にあるデンマーク最北の島; この島に Copenhagen がある: 面積7,016km²; デンマーク語名 Sjælland》. 〘◻ Dan. *Sjælland* 《原義》 sealand〙

zeal·ot /zélət/ *n.* **1** 熱中する人, 熱心な人 (enthusiast); 熱狂者 (fanatic). **2** [Z-] 熱心党[ゼロテ党]の人, ゼーロータイ《西暦 6 年, ローマの圧政に反抗してユダヤに発生した政治的・宗教的過激派の人; 66–73 年ローマ軍と戦った》. ― *adj.* 熱中者の; 熱狂者の. 〘(*a*1325) ◻ LL *zēlōtēs* ◻ Gk *zēlōtḗs* zealous follower ← *zêlos*: ⇨ zeal〙

SYN 熱狂者: **zealot** 軽蔑的な意味で特に宗教・政治などで極端に熱心な人: a religious *zealot* 狂信的に信心深い人. **fanatic** 軽蔑的な意味で, あることにあまりにも熱狂的な人: an Islamic *fanatic* イスラム教の狂信者. **enthusiast** ある活動・主義などに強烈に熱意を抱いている人: a fitness *enthusiast* フィットネスに血道をあげている人. **maniac** けなした意味で, 特に性・宗教などにとりつかれている人: a religious *maniac* 宗教に凝った人.

---

zeal·ot·ry /zélətri/ *n.* 熱狂; 熱狂的行動, 狂信的献身. 〘1656〙

zeal·ous /zéləs/ *adj.* 熱中している, 熱心な, 熱狂的な (ardent, fervent); 〈…を〉熱望する〈*for*〉; 〈…しようと〉熱望する〈*to do*〉: ~ efforts 熱心な努力 / be ~ *for* liberty 自由を熱望する / He is ~ *to* please his wife. 熱心に妻を喜ばせようとしている / He is ~ in working. 仕事に熱心である. **~·ly** *adv.* **~·ness** *n.* 〘(1526) ◻ ML *zēlōsus*: ⇨ zeal, -ous: cf. jealous〙

ze·a·tin /zíːəṭn̩ | -tɪn/ *n.* 〖植物〗 ゼアチン《トウモロコシの胚乳から分離した一種のサイトカイニン (cytokinin)》. 〘(1963) ← NL *Zea* (トウモロコシの属名: ← Gk *zeiá* single-grained wheat)+(kine)tin〙

ze·a·xan·thin /zìːəzǽnθɪn | -θɪn/ *n.* 〖生化学〗 ゼアキサンチン ($C_{40}H_{57}O_2$) 《β-カロチンのアルコール型; トウモロコシや緑葉に存在》. 〘(1929) ← zea- (↑)+xanthin〙

ze·bec /zíːbɛk/ *n.* (*also* **ze·beck** /~/) =xebec.

Zeb·e·dee /zébədìː | -bɪ-/ *n.* ゼベダイ《使徒 James と John との父; cf. *Matt.* 4: 21》. 〘◻ LL *Zebedaeus* ◻ Gk *Zebedaîos* ◻ ? Heb. *Zᵉbhadhyā́h* 《原義》 Yahweh has bestowed〙

ze·bra /zíːbrə | zéb-, zíːb-/ *n.* (*pl.* **~s**, ~) **1** 〖動物〗 シマウマ, ゼブラ《アフリカ産の白黒の縞(しま)のあるウマの総称; ヤマシマウマ (*Equus zebra*) など》. **2 a** ゼブラのような縞のあるもの. **b** =zebra crossing. **3** 〖魚類〗 =zebra fish. **4** 〖昆虫〗 =zebra butterfly. **~·lìke** *adj.*

ze·bra·ic /zɪbréɪɪk | zɪ-/ *adj.* 〘(1600) ◻ It. ~ ∥ Port. ~ (i) ← Congo 《現地語》 ∥ (ii) ◻ Sp. *cebra* < OSp. *zebra, zebro, enzebro* wild ass < VL **ecifer-us*=L *equiferus* wild horse ← *equus* horse+*ferus* 'wild, fierce'〙

zébra búttérfly *n.* 〖昆虫〗 アメリカドクチョウ (*Heliconius charitonius*) 《ドクチョウ類の一種》.

zébra cróssing *n.* 《英》 横断歩道 (縞(しま)模様が白ペンキなどで描かれている). 〘(1950): 道路に白黒ペンキなどで塗った縞模様とシマウマとの連想から; cf. pelican crossing〙

zébra dánio *n.* 〖魚類〗 ゼブラダニオ (⇨ zebra fish). 〘1917〙

zébra fìnch *n.* 〖鳥類〗 キンカチョウ (*Poephila* (*or Taeniopygia*) *castanotis*) 《オーストラリア産の小鳥; 飼い鳥にされる》. 〘1889〙

zébra fìsh *n.* 〖魚類〗 ゼブラフィッシュ (*Brachydanio rerio*) 《東南アジア原産の青と銀の縞(しま)のあるコイ科の小形の観賞用熱帯魚; zebra danio ともいう; cf. danio》. 〘1771〙

zébra mùssel *n.* 〖貝類〗 カワホトトギスガイ (*Dreissena polymorpha*) 《イガイ類 (mussel) に似た殻高 5 cm ほどの淡水産の貝; ヨーロッパから小アジアに分布する; 杭などに付着し, 時に 取水管などを詰まらせる》.

ze·bran·o /zɪbréɪnoʊ | zɪbráːnəʊ/ *n.* (*pl.* **~s**) = zebrawood. 〘1928〙

zébra pàrakeet *n.* 〖鳥類〗 =budgerigar. 〘1865〙

zébra plànt *n.* 〖植物〗 トラフヒメバショウ (*Calathea zebrina*) 《ブラジル産のクズウコン科ゼブラソウ属の観葉植物; 黄と薄緑の縞(しま)のある葉をもつ》.

zébra spider *n.* 〖動物〗 ゼブラハエトリ (*Salticus scenicus*) 《黒と白の縞があるヨーロッパ産の小さなハエトリグモ》.

ze·brass /zíːbræs | zíːb-, zéb-/ *n.* 〖動物〗 雄のシマウマと雌のロバとの 1 代雑種 (cf. zebrula). 〘← zebr(a)+ass¹〙

zébra swállowtail *n.* 〖昆虫〗 アメリカタイマイ (*Eurytides marcellus*) 《北米東部産のアゲハチョウの一種; 淡黄色の地に黒条があり, 長い尾状突起がある》. 〘1895〙

zébra-tàiled lízard *n.* 〖動物〗 シマオトカゲ (*Callisaurus draconoides*) 《メキシコや米国南西部の砂漠に見られるトカゲ; gridiron-tailed lizard ともいう》.

zébra·wòod *n.* **1** 〖植物〗 主に Guiana 産マメモドキ科の材質が縞(しま)状の低木 (*Connarus guianensis*). **2** 縞材 (その装飾的な縞のある材; 家具製造用). 〘1783〙

ze·brine /zíːbraɪn | zébraɪn, zíːb-/ *adj.* シマウマの, シマウマに似た, シマウマ模様の. 〘(1868) ← zebr(a)+-ine¹〙

ze·broid /zíːbrɔɪd | zéb-, zíːb-/ *adj.* シマウマの血を引いた; シマウマに似た. ― *n.* 〖動物〗 =zebrula. 〘(1899) ← zebr(a)+-oid〙

ze·bru·la /zíːbruːlə | zéb-, zíːb-/ *n.* (*also* **ze·brule** /zíːbruːl | zéb-, zíːb-/) 〖動物〗 雄のシマウマと雌のウマとの 1 代雑種 (cf. zebrass). 〘← zebr(a)+L *-ula* '-ule'〙

ze·bu /zíːbjuː, -buː | -buː, -bjuː/ *n.* (*pl.* **~s**, ~) 〖動物〗 コブウシ, ホウギュウ (*Bos indicus*) 《インド・東南アジア・アフリカなどの産で, 肩に大隆肉がある家畜のウシ》. 〘(1774) ◻ F *zébu* ◻ ? Tibetan *zeu, zeba* hump of a camel or zebu: 1752 年の Paris fair で初めてヨーロッパに紹介されたという〙

Zeb·u·lon /zébjʊlɑ̀(ː)n, -lən | zébjʊlən, zɛbjúː-, zə-/ *n.* **1** ゼビュロン《男性名》. **2** =Zebulun (Douay 聖書におけるつづり). 〘↓〙

Zeb·u·lun /zébjʊlən, -lɑ̀(ː)n | zébjʊlən, zɛbjúːl-, zə-/ *n.* 〖聖書〗 **1** ゼブルン《Jacob の第 10 子, 母は Leah; cf. *Gen.* 30: 20》. **2** ゼブルン族《ゼブルンを祖とするイスラエルの十二支族の一つ》. 〘◻ LL *Zabulon* ◻ Gk *Zaboulṓn* ◻ Heb. *Zᵉbhūlūn* ← ? *zᵉbhūl* dwelling+*-on* (dim. suf.)〙

zec·chi·no /zɛkíːnoʊ, tsɛk- | -nəʊ; *It.* dzekkíːno/ *n.* (*pl.* **-chi·ni** /-niː; *It.* -ni/, **~s**) =sequin 2.

Zech. 《略》 Zechariah (旧約聖書の)ゼカリヤ書.

Zech·a·ri·ah /zèkəráɪə/ *n.* 〖聖書〗 **1** ゼカリヤ《紀元前 6 世紀のヘブライの預言者; ゼカリヤ書の作者》. **2** (旧約聖書の)ゼカリヤ書 (略 Zech., Zec.). **3** ゼカライア《男性名》. 〘⇨ Zachariah〙

zech·in /zékɪn | -kɪn/ *n.* =sequin 2.

zed /zéd/ *n.* 《英》 **1** Z [z] 字の名 (cf. zee): (as) crooked as the letter ~ すごく曲がった. **2** Z 字形のもの. 〘(15C) ◻ (O)F *zède* ◻ L *zēta* ◻ Gk *zêta*〙

zéd·bàr *n.* 《英》 =Z-bar.

Zed·e·ki·ah /zèdəkáɪə | -dɪ-/ *n.* **1** ゼデカイア《男性名》. **2** 〖聖書〗 ゼデキア《バビロン捕囚の際の Judah の王 (597–586 B.C.); cf. 2 *Kings* 24, 25; *Jer.* 52: 1–11》. 〘◻ Heb. *Ṣidqīyā́h* 《原義》 Yahweh is righteousness〙

Ze·di·llo /zədíːjoʊ | -jəʊ; *Am.Sp.* θeðíjo/, **Ernesto** *n.* セディーヨ《1951–　; メキシコの政治家; 大統領 (1994–2000)》.

zed·o·ar·y /zédoʊèri | zédəʊəri, zədə́ʊ-/ *n.* 〖植物〗 ガジュツ (*Curcuma zedoaria*) 《インド・スリランカ産ショウガ科ウコン属の植物; その根茎は乾かして香料・薬用とする; 漢方で「弘法大師の石芋」と称する健胃剤はこれ》; ガジュツの根茎. 〘(*c*1475) *zeduarye* ◻ ML *zedoaria* ◻ Arab. *zadwār* ◻ Pers. *zadwār*: ⇨ -ary〙

zee /zíː/ *n.* 《米》 Z [z] 字の名 (cf. zed). 〘(1677) ◻ Du. ~〙

Zee·brug·ge /zíːbrʊgə, zéɪbrʌgə, -brʊ- | zìːbrʊ́gə, zeɪ-, ˊ-ˋ-/; *Dutch.* zeːbrʏxə/ *n.* ゼーブリュッヘ《ベルギー北西部の海港; 第一次大戦のドイツ潜水艦基地》.

Zee·land /zíːlənd, zéɪ-; *Du.* zéːlɑnt/ *n.* ゼーラント(州)《オランダ南西部の州; 面積 2,700 km², 州都 Middelburg /mídəlbʏrx/》. **~·er** *n.* 〘◻ Du. ~ 《原義》 sea land: cf. Zealand〙

Zee·man /zéɪmɑːn, -mən | zíːmən; *Du.* zéːmɑn/, **Pie·ter** /píːtər/ *n.* ゼーマン《1865–1943; オランダの物理学者; Nobel 物理学賞 (1902)》.

Zéeman effèct *n.* 〖物理・光学〗 ゼーマン効果《磁場によって物質のエネルギー準位が分裂する現象; 狭義には磁場中の物質のスペクトル線が分裂する現象; cf. anomalous Zeeman effect, normal Zeeman effect》. 〘(1913) ↑〙

Zée mèson /zíː-/ *n.* 〖物理〗 ゼッド (Z) 中間子《ワインバーグサラム理論 (Weinberg-Salam theory) に登場し, 弱い相互作用を媒介する中性の重いベクトル中間子; 記号 Z》.

Zef·fi·rel·li /zèfərέli; *It.* dzeffirέlli/, **Franco** *n.* ゼフィレッリ《1923–　; イタリアの映画・オペラ・舞台監督》.

ZEG 《略》 〖経済〗 zero economic growth.

ze·in /zíːɪn | zíːɪn/ *n.* 〖生化学〗 ゼイン《トウモロコシに含まれる一種の蛋白質》. 〘(1822) ← NL *zēa* maize (← L ← Gk *zeiá*)+-in²〙

Zeiss /záɪs; *G.* tsáɪs/ *n.* 〖商標〗 ツァイス《ドイツの光学精密機器メーカー; 顕微鏡・双眼鏡・カメラのレンズなど》.

Zeiss /záɪs; *G.* tsáɪs/, **Carl** *n.* ツァイス《1816–88; ドイツの技術者・実業家; 1846 年 Jena に近代的光学器械工場を創設した》.

Zeist /záɪst; *Du.* zέist/ *n.* ザイスト《オランダ中部, Utrecht 東方の都市》.

zeit·ge·ber /tsáɪtgèɪbə, záɪtgèɪbə⁽ʳ⁾; *G.* tsáɪgeːbɐ/ *n.* ツァイトゲーバー《生物の概日リズムを外因的な周期に同期させる外的因子; 明暗や温度など》. 〘(1964) ◻ G *Zeitgeber* ← *Zeit* time (⇨ tide)+*Geber* giver (⇨ give)〙

Zeit·geist, z- /tsáɪtgaɪst, záɪt-; *G.* tsáɪtgaɪst/ *G. n.* (*pl.* **~s**) 時代精神, 時代思潮. 〘(1848) ◻ G ~ ← *Zeit* time+*Geist* spirit: ⇨ tide, ghost〙

Zel·da /zéldə/ *n.* ゼルダ《女性名》. 〘(dim.) ← Griselda〙

zel·ko·va /zélkəvə, zɛlkóʊ- | zélkə-, zɛlkə́ʊ-/ *n.* 〖植物〗 ケヤキ《ニレ科ケヤキ属 (*Zelkova*) の植物の総称; 東アジアとカフカス地方に数種が分布; 代表的なものは日本のケヤキ

(*Z. serrata*)). 〖(c1890) ← NL ～ ← Transcaucasia《現地語》*tselkva*〗

Zel·os /zéla(ː)s | -lɔs/ *n.*〖ギリシャ神話〗ゼーロス《熱狂・競争心の擬人化; Pallas と Styx の息子》. 〖□ Gk *Zêlos*: *zêlos* 'ZEAL' の擬人化〗

ze·min·dar /zəmíːndɑː, zəmíːndáə | zémɪndɑːʳ/ *n.* =zamindar.

zem·stvo /zémstvoʊ, -və | -stvəʊ; *Russ.* zʲémstvə/ *n.* (*pl.* ～s)〖ロシア史〗ゼムストヴォ《(帝政ロシア時代の)地方自治会; 1864 年 Alexander 二世によって創設された; 1905–17 年の自由主義運動の中核となった》. 〖(1865) □ Russ. ～ ← *zemlya* land (cf. L *humus* earth)〗

Zen /zén/ *n.*〖仏教〗**1** 禅. **2** 禅宗, 仏心宗. **Zén·ic** *adj.* 〖(1727) □ Jpn. □ OChin. *zien* (禅) ← Skt *dhyāna* meditation: cf. Pali *jhāna*〗

zen. 《略》zenith.

ze·na·i·da /zənéɪdə | zɪnéɪdə/ *n.*〖鳥類〗ハジロバト《ハジロバト属 (*Zenaida*) のハト; 米国南西部以南の熱帯アメリカに分布, 5 種ある; zenaida dove ともいう》. 〖← NL ～ ← *Zénaïde* (*d.* 1854: フランスの鳥類学者 C. L. Bonaparte (1803–57) の妻)〗

ze·na·na /zənɑ́ːnə | zɪ-; *Hindi* zenáːnəː/ *n.* (インド・イランの上流家庭の)婦人部屋 (harem); [集合的] 婦人部屋の婦人たち. — *adj.* 婦人部屋の. 〖(1760) □ Hindi *zenāna*, *zanāna* of woman □ Pers. *zanāna* ← *zan* woman ← IE *g^wen- woman: cf. queen〗

zenána mìssion *n.* インド婦人伝道会《インド婦人の宗教・衛生・教育思想の改善を目的とするキリスト教婦人伝道会》. 〖1908〗

Zén Búddhism *n.*〖仏教〗禅宗 (Zen). 〖1921〗

Zén Búddhist *n.* 禅僧; 禅宗の帰依者[信者].

Zend /zénd; *Pers.* zǽnd/ *n.*〖ゾロアスター教〗**1** [the ～] ゼンド《Pahlavi 語で書かれたゾロアスター教の経典 Avesta の注解書》. **2** Avestan の旧名. **Zénd·ic** /-dɪk/ *adj.* 〖(1700) □ MPers. *zend* commentary: *Zend-Avesta* (↓) の注釈に用いられた言語の意〗

Zend-A·ves·ta /zéndəvéstə; *Pers.* zandavéstɑ/ *n.*〖ゾロアスター教〗[the ～] ゼンドアベスタ《経典 Avesta とその注解書 Zend を合わせたもの》. **Zènd-A·ves·tá·ic** /-əvestéɪɪk⁻/ *adj.* 〖(1630) □ F ～ □ Pers. *Avesta-va-Zend* text and commentary〗

Zé·ner càrds /zíːnə- | -nə-/ *n. pl.*〖心理〗ジーナーカード《ESP 研究用の 25 枚一組のカード》. 〖*Zener*: ← *Karl E. Zener* (1903–61: 米国の心理学者)〗

Zé·ner díode, z- d- /zíːnə-, zénə- | zénə-, zíː-; *G.* tséːnɐ-/ *n.*〖電子工学〗ゼナーダイオード《半導体の定電圧ダイオード; 略 ZD》. 〖(1957) *Zener*: ← *Clarence Zener* (1905–93: 米国の物理学者)〗

Zen·ger /zéŋgə, zéŋə | -gəʳ, -ŋəʳ/, **John Peter** *n.* ゼンガー《(1697–1746; ドイツ生まれの米国のジャーナリスト・印刷業者)》.

Ze·ni·a /zíːniə/ *n.* ゼニア《女性名》. 〖← Russ. *Zenya* ← Gk *xenía* hospitality: ⇨ xenia〗

Zen·ist /zénɪst | -nɪst/ *n.* 禅を唱導する人, 禅をする人, 禅修行者.

ze·nith /zíːnɪθ | zénɪθ, zíːn-/ *n.* **1** [the ～]〖天文〗天頂《天底 (nadir) の正反対の点, 観測者の真上の天球上の点》. **2** 天空. **3** 頂点, 極点, 絶頂, 極度 (⇨ top SYN): at the ～ of one's fame [powers] 名声[権勢]の絶頂に / be at one's ～ (得意・栄光などの)絶頂にある, 全盛をきわめている / reach one's ～ 絶頂に達する, 全盛期を迎える. **4** [Z-]〖商標〗ゼニス《米国 Zenith Electronics 社製のテレビ・レコードプレーヤー・ビデオデッキなど》. — *adj.* 天頂の, 天頂にある. 〖(a1387) *senyth*, *cenyth* □ OF *cenit(h)* (F *zénith*) // ML *cenit(h)* □ Arab. *samt(-ar-rá's)* way (over the head) □ L *sēmita* way: Arab. *samt* が ML *cenit* となったのは誤記によるものか〗

ze·nith·al /zíːnɪθəl, -θl | zénɪ-, zíːn-/ *adj.* **1** 天頂の, 頂点の; 絶頂の. **2**〖地図〗正主距離方位図法の, 中心から実際の方位を示すように描かれた: a ～ map. 〖1860〗

zénithal (equidístant) projéction *n.*〖地図〗=azimuthal equidistant projection.

zénith dìstance *n.*〖天文〗天頂距離《天頂から天体までの角距離; 略 ZD》. 〖1704〗

zénith tèlescope [tùbe] *n.*〖天文〗天頂儀《緯度測定望遠鏡》. 〖1834〗

Ze·no /zíːnoʊ | -nəʊ/ *n.* **1** =Zeno of Elea. **2** = Zeno of Citium.

Ze·no·bi·a /zənóʊbiə | zɪnə́ʊ-, zen-/ *n.* ゼノビア《女性名》. 〖□ L *Zēnobia* □ Gk *Zēnobía* 《原義》force of Zeus ← *Zēn* (← *Zeús* 'ZEUS')+*bía* strength〗

Zenobia, Sep·tim·i·a /sɛptímiə/ *n.* ゼノビア《?–272; シリアの Palmyra の女王; 美貌と教養の深さで知られる; ローマに敗北し捕えられた》.

Zéno of Cít·i·um /-sítiəm, -ʃiəm | -tiəm, -ʃiəm/ *n.* キプロスのゼノン《340 (または 335)–265 (または 263) B.C.; ギリシャの哲学者, ストア学派の祖; cf. Citium, Stoic》.

Zéno of Élea *n.* エレアのゼノン《490?–?430 B.C.; ギリシャのエレア学派 (Eleatic school) の哲学者; Parmenides の弟子; cf. ACHILLES and the tortoise》.

ze·o·lite /zíːəlàɪt/ *n.*〖鉱物〗**1** ゼオライト, 沸石《アルカリ・アルカリ土類元素の含水アルミ珪酸塩で, 多くの種類がある; 紙の充填材・分子ふるいなどの用途がある》. **2** 沸石に似た自然の, また人工の珪酸塩[エステル]; 水を軟水にする. **ze·o·lit·ic** /zìːəlítɪk | -tɪk⁻/ *adj.* 〖(1777) □ Swed. *zeolit* ← Gk *zeîn* to boil+-o-+-*lit* '-LITE'〗

Zep /zép/ *n.* 《俗》=Zeppelin.

Zeph. 《略》〖聖書〗Zephaniah (旧約聖書の)ゼパニヤ書.

Zeph·a·ni·ah /zèfənáɪə/ *n.*〖聖書〗**1** ゼパニヤ《紀元前 7 世紀のヘブライの預言者》. **2** (旧約聖書の)ゼパニヤ書 (略 Zeph., Zep.). 〖□ Heb. *Sᵉphanyā́h* 《原義》Yahweh has hidden〗

zeph·yr /zéfə | -fəʳ/ *n.* **1** [Z-]《詩》(擬人化された)西風 (west wind). **2** 軟風, そよ風 (mild breeze). **3** 薄地の布(製品); (運動選手の着る)薄地のジャージー. — *adj.* 〈布・糸が〉薄地の, 極細の. 〖(1598) □ F *zéphyr* □ L *zephyrus* □ Gk *zéphuros* west wind〗

zéphyr clòth *n.* ゼファークロス《薄地のウーステッドの布》.

zeph·yr·e·an /zèfəríːən | -fɪ-⁻/ *adj.* 西風の, 軟風の, そよ風がいっぱいの. 〖(1837): ⇨ zephyr, -ean〗

zéphyr lìly *n.*〖植物〗サフランモドキ (*Zephyranthes carinata*)《熱帯アメリカ産ヒガンバナ科の球根植物》.

Zeph·y·rus /zéfərəs/ *n.*〖ギリシャ神話〗ゼフュロス《西風の神; cf. Favonius》. 〖□ L ～: ⇨ zephyr〗

zéphyr wórsted *n.* ゼファーウーステッド《薄地のウーステッド織》. 〖1864〗

zéphyr yàrn *n.* ゼファーヤーン《刺繍などに用いる柔らかく軽い毛糸》. 〖1864〗

Zep·pe·lin, z- /zépəlɪn | -lɪn; *G.* tsépəliːn/ *n.* **1** ツェッペリン飛行船《俗に Zep と略す》. **2** 飛行船 (airship). 〖(1900) ← *Count Ferdinand von Zeppelin* (1838–1917: これを設計したドイツの将軍)〗

zep·to- /zéptoʊ | -təʊ/「10^{-21}」の意の連結形(記号 z).

Zer·matt /zéːmɑːt, ⸗⸗ | zéːmæt; *G.* tsɛʁmát/ *n.* ツェルマット《Matterhorn 山の北東にあるスイス南部の村, 保養地; 海抜 1,620 m》.

Zer·ni·ke /zéənɪkə, zéː- | zéə-, zə́ː-; *Du.* zérnɪkə/, **Frits** /fríts/ *n.* ゼルニケ《1888–1966; オランダの物理学者; Nobel 物理学賞 (1953)》.

ze·ro /zíəroʊ, zíːroʊ | zíərəʊ/ *n.* (*pl.* ～s, ～es) **1** (アラビア数字の) 0 (cipher, naught); 零, ゼロ. **2** 零点, 零位; (寒暖計などの)零度: at 20° below ～ (セ氏)零下 20 度で[に]. ★ セ氏および列氏では水の氷点 (freezing point) を零度とし, カ氏ではそれより以下 32° すなわち 'thirty-two degrees of frost' を零度とする; 英米では通例後者が用いられる (⇨ absolute zero). **3 a** 無 (nothing); 《比喩》最下点: Our hopes were reduced to ～. 我々の希望も消え果てた. **b** 取るに足らない人[もの], つまらない人[もの] (nonentity). **4**〖言語〗(形態素 (morpheme) としての)ゼロ表徴, ゼロ形態素, ゼロ交替形《例えば book の複数形 *books* では *s* が, mouse の複数形 *mice* では母音の変化がそれぞれ形態素であるが deer の複数形 *deer* や, cut の過去形 *cut* などでは形態素がゼロであるという; 記号 ø》. **5**〖砲術〗**a** 通常の状況での標準射撃距離における弾道修正するための照準具の規正. **b** 風による偏流があるなど特定の状況での照準具の規正. **6**〖航空〗ゼロ高度 (500 フィート以下の高度): fly at ～. **7**〖軍事〗= zero hour 1.

— *adj.* **1** ゼロの, 零の; 測定できる値のない: ～ degrees 零度. **2**〖気象〗(cf. zero-zero) **a** 水平視程階級 0 の《視程 (visibility) の最大距離が 50 メートル以下の》. **b** 垂直視程階級 0 の《垂直視程の最大距離が 15 メートル以下の》. **3**〖言語〗(表徴が)ゼロの (⇨ *n.* 4): a ～ copula ゼロ繋辞(けいじ) / a ～ element, form, etc. **4**《米口語》全く…ない: This job has ～ interest. この仕事は全くおもしろくない.

— *v.* (三人称単数現在形 ～es) — *vt.* **1**〈計器など〉の零点規正をする. **2**〈差異などを〉無くさせる, 取り除く. **3** [～ *in* として] **a** 零点規正をする《標準射撃距離における弾道修正射撃によって小銃などの照準具の規正を行う》. **b**〈大砲などを〉(…に向けて)狙いを定める〔*on*, *at*〕: ～ *in* mortars *on* the target 臼砲を目標に向けて狙いを定める. — *vi.* [～ *in* として] **1**〈大砲などが〉〈ある目標に〉狙いを定める;〔目標に〕砲火を向ける[集中する]〔*on*〕. **2** (口語)〔…を狙って〕迫る;〔…に〕注意[努力]を集中する〔*on*〕. 〖(1604) □ F *zéro* // It. *zero* (短縮) ← (古形) *zefiro* □ ML *zephirum* □ Arab. *ṣifr* empty: CIPHER と二重語〗

zéro árticle *n.*〖文法〗無冠詞: have [take] (the) ～.

zéro-bàse[-bàsed] *adj.* ゼロベースの《各項目を費用と必要性の点において白紙状態から検討する予算の準備, またその方式をいう》. 〖1970〗

zéro béat *n.*〖通信〗零ビート《周波数の一致》. 〖1928〗

zéro-béat recéption *n.*〖通信〗零ビート受信《搬送波抑圧通信の受信法》. 〖1927〗

zéro-cóupon bònd *n.*〖証券〗ゼロクーポン債《無利息だが割引価格で売られ, 満期に全額償還される債券》.

zéro cròssing *n.*〖数学〗零をまたぐこと《関数・信号が正なら 0 を経て負に, またはその逆に符号を変えること; たとえば, 定符号のピークの微分が 0 をまたぐ点を頂点の位置とすることができる》.

zéro deféct̀s *n. pl.*〖経営〗無欠点運動《従業員一人一人の注意によって仕事上の欠点発生の原因を除去し, はじめから正しく仕事をすることにより品質の向上・原価の低減・納期の短縮が達成できるように従業員を動機づける運動; 略 ZD》.

zéro-divísor *n.*〖数学〗零因子《環において, 0 でない二要素を掛け合わせて 0 になるときのそれらの要素》.

zéro-emíssion vèhicle *n.* 無公害車《略 ZEV》.

zéro-4 /-fɔ́ə | -fɔ́ːʳ/ *n.*〖商標〗ゼロフォー《米国 International Hydron 社製のソフトコンタクトレンズ》.

zéro grávity *n.*〖物理〗無重力状態. 〖1951〗

zéro grázing *n.*〖畜産〗ゼログレージング, (牧草の)青刈給与《牧草を刈取って青草のまま家畜に与えること》. 〖1956〗

zéro grówth *n.* (生産・経済・人口などの)ゼロ成長. 〖1973〗

Zéro Hál·li·bur·ton /-hǽləbəːtn | -lɪbəː-/ *n.*〖商標〗ゼロハリバートン《米国の金属製かばんメーカー; 高級アルミ合金製旅行ケース・アタッシェケースなど》.

zéro hòur *n.* **1 a**〖軍事〗行動発起時刻, 作戦行動開始時刻, 予定行動開始時間《単に zero ともいう; cf. H hour》. **b** (ロケットなどの)発射時刻《単に zero ともいう; cf. countdown》. **2** 《口語》決定的な[きわどい]瞬間, 危機 (crisis). **3** 零時《時間の基本時》. 〖1917〗

Zé·rol gèar /zíərɔ(ː)l- | zíərɔl-/ *n.*〖商標〗ゼロールギヤ《はすば傘歯車の一種》.

zéro mèson *n.*〖物理〗=Zee meson.

zéro mèthod *n.*〖電気〗零位法《未知の量と可変の既知の量との差を零にして行う精密測定の方法》.

zéro-pháse-sèquence *adj.*〖電気〗零相の《3 相回路の電圧・電流などを相回転の方向に分解すると正相, 逆相, 零相となる, 零相は相回転に寄与しない成分》.

zéro-pòint *adj.*〖物理〗零点…, ゼロ点…《絶対零度での量子論的な現象に関する》: ～ energy 零点エネルギー / ～ vibration 零点振動.

zéro-point ènergy *n.*〖物理〗零点エネルギー《絶対零度における物質のエネルギー》. 〖1935〗

zéro populátion grówth *n.* 人口ゼロ成長, 人口増加ゼロ (略 ZPG). 〖1967〗

zéro poténtial *n.*〖電気〗零電位. 〖1919〗

zéro-ráted *adj.* 《英》付加価値税のかからない.

zéro-sùm *adj.* 〈ゲーム・関係など〉ゼロサムの, 零和の《一方の利益[勝ち]と相手の損失[敗点]の総和が 0 になるものにいう》: a ～ game ゼロサム[零和]ゲーム. 〖1944〗

ze·roth /zíərouθ, zíːr- | zíərəʊθ/ *adj.* 第ゼロの, 零番(目)の. **zéroth láw of thermodynámics** [the —]〖物理化学〗熱力学第零法則 (⇨ LAW¹ of thermodynamics (4)).

zéro tólerance *n.* ゼロ容認《ある規則の小さな違反に対しても法律・罰則を厳格に適用する方針》.

zéro·válent *adj.*〖化学〗原子価 0 の. 〖1940〗

zéro vèctor *n.*〖数学〗零ベクトル《成分のすべてが零のベクトル》. 〖c1901〗

zéro-zéro *adj.*〖気象〗水平・垂直ともに視程 0 [ゼロ]の (cf. zero *adj.* 2): a ～ fog 視界ゼロの霧 / ～ landing〖航空〗視程ゼロの状態での着陸《自動着陸装置の能力の表現の一種》/ ～ weather〖航空〗水平・垂直ともに視程ゼロの悪天候《目視飛行不能の状態》. 〖c1939〗

Ze·rub·ba·bel /zərʌ́bəbəl, -bl | zɪ-/ *n.*〖聖書〗ゼルバベル《バビロンの捕囚後 Jerusalem から帰国したユダヤ人の先導者; cf. *Ezra* 2:2; 3:2–13》. 〖□ Heb. *Zᵉrubbābhél* □ Akkad. *Zēr-Bābili* offspring of Babylon〗

zest /zést/ *n.* **1** 強い興味 (keen interest), 熱心 (keenness): a ～ *for* pleasure 快楽への強い関心 / enter into a game [a piece of work] with ～ 熱心に競技[仕事]を始める / eat with ～ おいしそうに食べる. **2** 興味を添えるもの, 痛快味, 妙味 (piquancy): give [add] a new ～ to pleasure 娯楽に新しい味を添える. **3** 風味を添えるもの《レモン・オレンジの皮の小片など》; (酒などに入れる)強い香味: a ～ of lemon. **4** [Z-]〖商標〗ゼスト《米国 Procter & Gamble 社製の石鹸》. — *vt.* …に風味[趣]を添える, …の味を高める. 〖(1674) □ F (古形) ～ (現在の形は *zeste*) lemon peel used for flavoring, skin of walnut kernel ← ?: cf. gusto〗

zest·er /zéstə | -təʳ/ *n.* ゼスター《レモン・オレンジなどの皮むき器》. 〖⇨ ↑, -er¹〗

zest·ful /zéstfəl, -fl/ *adj.* 興味深い; 味のある. **～·ly** *adv.* **～·ness** *n.* 〖1850〗

zest·y /zésti/ *adj.* (**zest·i·er**; **-i·est**) 強い風味のある, ぴりっとした味の (piquant). 〖1934〗

ze·ta /zéɪtə, zíː- | zíːtə/ *n.* ゼータ《ギリシャ語アルファベット 24 字中の第 6 字: Ζ, ζ (ローマ字の Z, z に当たる); ⇨ alphabet 表》. 〖(1828) □ Gk *zēta* ← ? Heb. *záyin* (⇨ Z, z): *êta*, *thêta* との類推〗

Ze·ta /zéɪtə, zíː- | zíːtə/ *n.* ゼータ [ζ] 星《星座の中で 6 番目に明るい星》.

ZE·TA /zéɪtə, zíː- | zíːtə/ *n.*〖物理〗ゼータ《円環形をした熱核反応・プラズマ実験装置》. 〖(頭字語) ← *z*(*ero*-) *e*(*nergy*) *t*(*hermonuclear*) *a*(*ssembly*)〗

zéta fùnction *n.*〖数学〗ゼータ関数《自然数の *x* 乗の逆数を項とする無限級数で定義される関数; Riemann zeta function ともいう》.

zéta pìnch *n.*〖物理〗ゼータ (Z) ピンチ《プラズマ柱を軸方向に流れ電流とそれによって作られる磁場との相互作用でプラズマ柱がしぼられる現象; cf. theta pinch》.

zéta potèntial *n.*〖電気〗ゼータ電位《固体と液体のような二つの異なる物質が相接して相対運動を行ったとき, 両者の界面に生じる電位差; cf. streaming potential》. 〖1939〗

ze·tet·ic /zətétɪk | -tɪk/ *adj.* 質疑によって進めていく. — *n.* 懐疑家 (skeptic). 〖(1645) □ Gk *zētētikós* searching ← *zēteîn* to seek for〗

Ze·thar /zíːθɑə | -θɑːʳ/ *n.*〖聖書〗ゼタル《Ahasuerus 王の宮殿につかえた 7 人の宦官(かん)の 1 人; cf. *Esth.* 1:10》. 〖□ LL ～ □ Heb. *Zēthār* 《原義》? slayer〗

Ze·thus /zíːθəs/ *n.*〖ギリシャ神話〗ゼートス (⇨ Amphion). 〖□ L *Zēthus* □ Gk *Zêthos*〗

Zet·land /zétlənd/ *n.* =Shetland. 〖(スコット) ～, *Yetland* □ ON *Hja(l)land*, *Hjetland*: cf. OIcel. *hjalt* knob, boss〗

zet·ta- /zétə | -tə/「10^{21}」の意の連結形 (記号 Z).

zeug·ma /zúːgmə | zjúːg-, zúːg-/ *n.*〖文法〗くびき語法《一つの形容詞または動詞で異種の 2 個の名詞を無理に修飾または支配させること: 例えば kill the boys and destroy the luggage とすべきを kill だけ用いて kill the boys and the luggage とする類で destroy の意味は補って解釈される; syllepsis ともいう; cf. hypozeugma》. **zeug·mat·ic** /zuːgmǽtɪk | zjuːgmǽt-, zuːg-/ *adj.* **zeug·mát·i·cal·ly** *adv.* 〖(1523) □ L ～ □ Gk

Z

zeûgma band, bond, yoke ← *zeugnúnai* to yoke ← IE **yeug-* 'to JOIN': cf. yoke¹〕

Zeus /zúːs | zjúːs, zúːs, zíːəs/ *n.* 〘ギリシャ神話〙ゼウス《Olympus 山の神々の主神; ローマ神話の Jupiter に当たる》. 〔□ Gk *Zeús* (*Diós* (gen.)) ← IE **dyen- *deiw-* to shine: ⇨ deity: cf. Jupiter〕

Zeux·is /zúːksɪ̈s | zjúːksɪs, zúːk-/ *n.* ゼウクシス《紀元前 5 世紀末のギリシャの画家; 美人画と写実で有名》.

ZEV 《略》zero-emission vehicle.

ZG 《略》Zoological Gardens.

ź-gùn *n.* 《英軍俗》(Home Guards の) 高射ロケット砲.

Zhang·jia·kou /ʤɑ̀ːŋʤiɑ̀ːkóu | ʤæ̀ŋʤiǽkəu; *Chin.* tʂɑ̄ŋtɕiāk^hǒu/ *n.* 張家口(チャンチャーコウ)《中国河北省 (Hebei) 西部の都市; 別名 Kalgan》.

Zhang Xue·liang /ʤɑ́ːŋʃuèiliɑ́ːŋ | ʤǽŋʃuèiliǽŋ; *Chin.* tʂɑ̄ŋɕyéliɑ́ŋ/ *n.* 張学良(チャンシュエリャン)《1899–2001; 中国の軍人・政治家; 張作霖の息子; 台湾で軟禁状態に置かれたが 1990 年名誉回復》.

Zhang Zuo·lin /*Chin.* tʂɑ̄ŋtsuòlín/ *n.* 張作霖(チャンツオリン)《1883–1928; 中国の将軍, 奉天軍閥の首領》.

Zhang·zhou /ʤɑ̀ːŋʤóu |ʤæ̀ŋʤə́u; *Chin.* tʂɑ̄ŋtʂōu/ *n.* 漳州(チャンチョウ)《中国福建省 (Fujian) 南部の都市》.

Zhan·jiang /ʤɑ̀ːnʤiɑ́ːŋ | ʤæ̀nʤiǽŋ; *Chin.* tʂàntɕiɑ̄ŋ/ *n.* 湛江(チャンチアン)《中国広東省 (Guangdong) 南西部の港湾都市》.

Zhao Zi·yang /ʤáudziːjɑ́ːŋ, -zə- | ʧáuziːjɑ́ːŋ; *Chin.* tʂàutsɿ̄iɑ́ŋ/ *n.* 趙紫陽(チャオツーヤン)《1919–2005; 中国の政治家; 首相 (1980–87); 共産党総書記 (1987–89)》.

Zhda·nov /ʒdɑ́ːnəf; *Ukr.* ʒdánʲiw, *Russ.* ʒdánəf/ *n.* ジダーノフ, ジダーニウ《Mariupol の旧名 (1948–89)》.

Zhda·nov /ʒdɑ́ːnəf; *Russ.* ʒdánəf/**, Andrei Aleksandrovich** *n.* ジダーノフ《1896–1948; ソ連の政治家・共産党指導者》.

Zhe·jiang /ʤʌ̀ʤiɑ́ːŋ | ʤèʤiǽŋ; *Chin.* tʂɤ̀tɕiɑ̄ŋ/ *n.* 浙江(チョーチアン)(省)《中国東部の省; 省都杭州 (Hangzhou)》.

Zheng·zhou /ʤʌ̀ŋʤóu | -ʤə́u; *Chin.* tʂɤ̀ŋtʂōu/ *n.* 鄭州(チョンチョウ)《中国河南省 (Henan) の省都》.

Zhen·jiang /ʤʌ̀nʤiɑ́ːŋ | -ʤǽŋ; *Chin.* tʂəntɕiɑ̄ŋ/ *n.* 鎮江(チェンチアン)《中国江蘇省 (Jiangsu) 南部の都市》.

Zhi·fu /*Chin.* tʂɿ̄fú/ *n.* 芝罘(チーフー)《中国山東省 (Shandong) 東部の半島; 渤海 (Bo Hai) に面する》.

Zhili /ʧíːlíː; *Chin.* tʂɿ̄lì/ *n.* 直隷《河北省 (Hebei) の旧名》.

Zhi·to·mir /ʒɪtóumɪə | -tómɪə^(r)/ *n.* ⇨ Zhytomyr.

Zhi·va·go /ʒɪ̈váːgou | -gəu; *Russ.* zivágə/ *n.* [Doctor ～] (ドクトル)ジバゴ《ソ連の詩人 B. Pasternak の同名の小説 (1957) の主人公の医師; Yuri Zhivago》.

Zhiv·kov /ʒɪfkɑ́(ː)f, -kɔ́(ː)f | -kɔ́f; *Bulg.* ʒifkóf/**, Todor** /tódor/ *n.* ジフコフ《1911–98; ブルガリアの政治家; 首相 (1962–71)・国家評議会議長 (1971–89)》.

zho *n.* ＝dzo.

Zhong·shan /ʤʊ̀(ː)ŋʃǽn | ʤɔ̀ŋ-; *Chin.* tʂūŋʂān/ *n.* 中山(チョンシャン)《広東省珠江 (Zhu Jiang) 三角洲南部の都市》.

Zhou /ʤóu | ʤə́u; *Chin.* tʂōu/ *n.* 周(チョウ)《古代中国の王朝; 紀元前 11 世紀に興り, 紀元前 221 年まで続いた》.

Zhou En·lai /ʤóuènlái | ʤə́u-; *Chin.* tʂōuə̄nlái/ *n.* 周恩来(チョウエンライ)《1898–1976; 中国の政治家; 首相 (1949–76)・外相 (1949–58)》.

Zhou·kou·dian /ʤóukòudjáːn | ʤə́ukə̀u-; *Chin.* tʂouk^hǒutièn/ *n.* 周口店(チョウコウテン)《中国, 北京近郊の町; この地の洞窟から北京原人 (Peking man) の人骨や石器が発見された》.

Zhou·shan /ʤóuʃáːn | ʤə́u-; *Chin.* tʂōuʂān/ *n.* 舟山(チョウシャン)《中国浙江省 (Zhejiang), 杭州湾外にある島群; 近海は中国最大の漁場》.

Zhu De /ʤùːdéɪ; *Chin.* tʂūtɤ́/ *n.* 朱徳(チュートー)《1886–1976; 中国の将軍・共産党の指導者; 中華人民共和国副主席 (1949–59), 全国人民代表大会常務委員長 (1959–76)》.

Zhu·hai /ʤùːhái; *Chin.* tʂūxǎi/ *n.* 珠海(チューハイ)《中国南東岸のマカオ (Macao) に隣接する経済特区》.

Zhu Jiang /ʤúːʤiɑ́ːŋ | -ǽŋ; *Chin.* tʂūtɕiɑ̄ŋ/ *n.* [the ～] 珠江(チューチアン)《中国南東部の川; 広東から下流に大デルタを作る; 長さ 2,129 km; 別名 Canton River, Pearl River》.

Zhu·kov /ʒúːkɔ(ː)f, -kɑ(ː)f | -kɔv, -kɔf; *Russ.* ʒúkəf/**, Georgy Konstantinovich** *n.* ジューコフ《1896–1974; ソ連の軍人・政治家; 第 2 次大戦中, Stalingrad 攻防戦で Leningrad 包囲突破作戦を指揮》.

Zhu Rong·ji /ʤúːrúŋʤí; *Chin.* tʂūʐúŋtɕí/ *n.* 朱鎔基(チューロンチー)《1928–　; 中国の政治家; 首相 (1998–2003)》.

Z **Zhu Xi** /ʤúːʃíː; *Chin.* tʂūɕí/ *n.* 朱熹(チューシー)《1130–1200; 中国の思想家; (尊称)朱子 /*Chin.* tʂūtsɿ̌/》.

Zhu·zhou /ʤúːʤóu | -ʤə́u; *Chin.* tʂūtʂōu/ *n.* 株洲(チューチョウ)《中国湖南省 (Hunan) 東部, 長沙の南南東の工業都市》.

Zhu Yuan·zhang /*Chin.* tʂūyɛ́ntʂɑ̄ŋ/ *n.* 朱元璋(チューユエンチャン)(⇨ Hongwu).

Zhy·to·myr /ʒɪtóumɪə | -tómɪə^(r); *Ukr.* ʒɪtómɪr, *Russ.* ʒitómʲɪr/ *n.* ジトミル《ウクライナ北部の都市》.

ZI 《略》〘軍事〙zone of interior.

Zi·a ul Haq /zíːəʊlhɑ́ːk | -hǽk;/**, Mohammed** *n.* ジアウルハク《1924–88; パキスタンの将軍; 大統領 (1978–88)》.

zib·el·ine /zíbəliːn, -làɪn/ (*also* **zib·el·line** /～/) ― *adj.* 黒貂(てん) (sable) の. ― *n.* **1** 黒貂の毛皮. **2** (モヘア・アルパカ・ラクダの毛の混紡の)けばの長い厚地の毛織物. 〔((1585)) □ F *zibelline* □ It. *zibellino* □ ML *sabellinum* ← *sabellum* ← Slav. (cf. Russ. *sobol'* 'SABLE')〕

zib·et /zíbɪ̈t | -bɪt/ *n.* (*also* **zib·eth** /～/) 〘動物〙インドジャコウネコの一種 (*Viverra zibetha*)《インド・東南アジア・中国南部などにすむジャコウネコ属の肉食獣》. 〔((1594)) □ It. *zibetto* civet // ML *zibethum* □ Arab. *zabād*: cf. civet¹〕

Zi·bo /dzʌ́bóu | zìːbə́u; *Chin.* tsɿ̄pó/ *n.* 淄博(ツーポー)《中国山東省 (Shandong) 中部の工業都市》.

zi·do·vu·dine /zɪdóuvjudìːn | zaɪdɔ́v-/ *n.* 〘薬学〙ジドブジン《エイズの治療薬; HIV に対する抗ウイルス薬》. 〔((1987)) 《変形》← AZIDOTHYMIDINE〕

Zieg·feld /zígfɛld, zíːg-/**, Flor·enz** /flɔ́(ː)rənz, flɑ́(ː)r- | flɔ́r-/ *n.* ジーグフェルド《1867–1932; 米国の演劇プロデューサー》.

Zie·gler /tsíːglə | zíːglə^(r); *G.* tsíːglɐ/**, Karl** *n.* チーグラー《1897–1973; ドイツの化学者; Nobel 化学賞 (1963)》.

Ziegler càtalyst *n.* 〘化学〙チーグラー触媒《常温・常圧でエチレン・ポリプレンの重合体を得るための触媒; 三塩化チタンなど》. 〔((1957)) ↑〕

Zif /zíf/ *n.* (古代ヘブライ暦の)ジフの月, 2 月《ユダヤ暦の Iyar の古名; cf. *1 Kings* 6:1》. 〔((1738)) □ Heb. *ziw* □ Akkad. *zīm wu* 《原義》appearance〕

ziff /zíf/ *n.* 《豪口語》あごひげ. 〔((1917)) ← ?〕

ZIF sócket /zíf-/ *n.* 〘電算〙ZIF ソケット, ジフソケット《CPU などのチップを力を入れずに差し込めるソケット; 差し込み時のチップの破損を防げる; 取り外しはレバーによる》. 〔ZIF: 《頭字語》← *z*(*ero*) *i*(*nsertion*) *f*(*orce*)〕

ZIFT /zíft/ *n.* 〘医学〙接合子卵管内移植(法)《体外受精の一つ; cf. GIFT》. 〔《頭字語》← *z*(*ygote*) *i*(*ntra-*)*f*(*allopian*) *t*(*ransfer*)〕

zig /zíg/ *n.* **1** ジグザグ(コース)の急な曲り目; ジグザグ(コース)の一方向 (cf. zag 1). **2** (政策・進行など)急激な変更, 方向転換. ― *vi.* (**zigged; zig·ging**) ジグザグの一方向を進む. 〔((1793)) 《略》← ZIGZAG: cf. zag〕

zig·gu·rat /zígurǽt, -gə-/ *n.* ジッグラト《古代バビロニアやアッシリアの神殿; 階段状になったピラミッド形に構成される; zikurat ともいう》. 〔((1877)) □ Assyro-Babylonian *ziqqurratu* pinnacle ← *zaqaru* to be high〕

Zi·gong /ʤʌ̀gɔ́(ː)ŋ | zìː-; *Chin.* tsɿ̀kùŋ/ *n.* 自貢(ツーコン)《中国四川 (Sichuan) 省中南部の都市》.

zig·zag /zígzæ̀g/ *n.* **1** Z 字形, 電光形, ジグザグ形, 千鳥, がん木形 (⋀⋀). **2 a** ジグザグ形のもの《装飾・線・電光・道路など》. **b** Z 字壕(ごう). ― *adj.* Z 字形の, 稲妻形の, ジグザグ形の, Z 字形を描いている: a ～ line, course, path, fence, trench, flash of lightning, etc / in (a) ～ fashion ジグザグ形に. ― *adv.* ジグザグに, Z 字形に: The road runs ～ across the hills. 道路はジグザグに丘を横断している. ― *v.* (**zig·zagged; -zag·ging**) ― *vi.* **1** ジグザグ形になる, Z 字形に進む: He was ～*ging* slowly homeward. 彼はジグザグ形にゆっくりと家の方へ歩いていた. **2** 《道・川がジグザグ形に走る, Z 字形である: The path continued to ～ upward. 小道は稲妻形に上方に続いていた. ― *vt.* ジグザグ形にする, Z 字形に動かす[進める]. 〔((*c*1712)) □ F ～ □ G *Zickzack* (加重) ← ? *Zacke* 'tooth, TACK¹'〕

zíg·zàg·ger *n.* **1** ジグザグ形に進む人, Z 字形もの. **2** (ミシンの)ジグザグ縫いするための付属品.

zígzag mólding *n.* 〘建築〙＝chevron molding.

zigzag rùle *n.* 千鳥尺, 折たたみ尺.

zik·u·rat /zíkurǽt, -kə-/ *n.* (*also* **zik·ku·rat** /～/) ＝ziggurat.

zilch /zíltʃ/ *n.* 《米・カナダ俗》**1** 無, 零: I have absolutely ～ in the bank. 銀行に預金は 1 円もない. **2** [Z-] 無名の人[一般の人]を指すときの名. 〔((1966)) ? ← Z(ERO) ＋(N)IL ＋G (*ni*)*ch*(*ts*) nothing〕

zil·lah /zílə/ *n.* (*also* **zi·la, zil·la**) (英領インド時代の)州, 郡. 〔□ Urdu *ẓila'* division □ Arab. *dil'* rib, part〕

Zil·lah /zílə/ *n.* ジラー《女性名》. 〔□ Heb. *Ṣillā́h* 《原義》shadow〕

zil·lion /zíljən | -ljən, -liən/ *n.*, *adj.* 《米口語》無慮何千億(の): ～s of gnats＝a ～ gnats 無数のブヨ. 〔((1934)) MILLION, BILLION になならった造語〕

zil·lion·aire /zìljənɛ́ə | -ljənɛ́ə^(r), -liə-/ *n.* 《俗》途方もない大金持ち, 億万長者. 〔((1946)): ⇨ ↑, millionaire〕

Zil·pah /zílpə/ *n.* 〘聖書〙ジルパ《Leah の侍女で, Jacob との間に Gad と Asher とを産む; cf. *Gen.* 30: 9–13》. 〔□ Heb. *Zilpā́h* ← ?〕

zi·mar·ra /zɪ̈máːrə/ *n.* ジマラ《ローマカトリックの聖職者が室内で着る黒のカソック (cassock); simar ともいう》. 〔((1641)) □ It. ～: ⇨ cymar〕

Zimb /zímb/ *n.* ＝Zimbabwe.

Zim·ba·bwe /zɪmbáːbwi, -bweɪ; *Shona* zimbáːbwe/ *n.* ジンバブエ: **1** アフリカ南東部の共和国; もと英国植民地で 1980 年完全独立; 面積 389,400 km², 首都 Harare; 正式名 the Republic of Zimbabwe ジンバブエ共和国. **2** ジンバブエ南東部の廃都で石造建築遺跡; 15 世紀ごろ Bantu 族が建てたと考えられている; 1868 年発見; 現在この地は国立公園になっている. **Zim·bá·bwe·an** /-báːbwiən, -weɪən/ *adj.*, *n.*

Zim·ba·list /zímbəlɪ̈st | -lɪst; *Russ.* zʲimbalʲist/**, Ef·rem** /éfrəm; *Russ.* ifrʲém/ *n.* ジンバリスト《1889–1985; ロシア生まれの米国のバイオリン奏者・作曲家》.

Zimbalist, Efrem, Jr. *n.* ジンバリスト《1923–　; 米国の俳優; Efrem Zimbalist の息子》.

Zim·mer /zímə | -mə^(r)/ *n.* 《英》〘商標〙《傷病者・高齢者用》歩行器 (walker)《Zimmer aid [frame] ともいう》.

Zim·mern /zímən | -mən/**, Sir Alfred** *n.* ジメン《1879–1957; 英国の政治学者》.

zinc /zíŋk/ *n.* 〘化学〙**1** 亜鉛《記号 Zn, 原子番号 30, 原子量 65.38》: flowers of ～ 亜鉛華, 酸化亜鉛 / ～ galvanizing 亜鉛引き. **2** (電池に用いる)亜鉛棒. **3** 《口語》亜鉛メッキした波状の鉄板. ― *vt.* (**zinced, zincked,** 《英》**zinked, zincked; zinc·ing, zinck·ing,** 《英》**zink·ing, zinck·ing**) 亜鉛で処理[メッキ]する, …に亜鉛をきせる. 〔((1651)) □ G *Zink* ← ? *Zinke* spike, prong < ? Gmc **tindkōn* (cf. G *Zinne* merlon): その結晶の形から?: cf. tine¹〕

zínc álkyl *n.* 〘化学〙アルキル亜鉛.

zinc·ate /zíŋkeɪt/ *n.* 〘化学〙亜鉛酸塩《酸化亜鉛と塩基性の金属酸化物からなる塩》. 〔((1872))〕

zínc blènde *n.* 〘鉱物〙＝sphalerite. 〔((1842))〕

zínc chlóride *n.* 〘化学〙塩化亜鉛 ($ZnCl_2$)《水溶性の白色粉末[固体]; 防腐剤・乾電池材料用; 劇薬》. 〔((1851))〕

zínc chróme *n.* 〘化学〙＝zinc yellow 1. 〔((1892))〕

zínc dùst *n.* 〘化学〙亜鉛末《亜鉛の蒸気を冷却して得る灰色の微粉末で, 還元剤に用いる》. 〔((1877))〕

zínc ètching *n.* (主に線画の)亜鉛板エッチング; 亜鉛版画. 〔((1890))〕

zínc fìnger *n.* 〘生化学〙ジンクフィンガー《アミノ酸領域が指状のループ構造の縦列反復を持つ蛋白質; 亜鉛結合部位にシステイン残基 2 個とヒスチジン残基 2 個を含み, 遺伝子の DNA の特定部分に結合することにより転写を調節する; そのループ》.

zínc gréen *n.* **1** 〘顔料〙ジンク緑《zinc yellow と Prussian blue または ultramarine とを混ぜた緑色顔料》. **2** ＝cobalt green 2. 〔((1847))〕

zinc·ic /zíŋkɪk/ *adj.* 亜鉛の, 亜鉛を含む, 亜鉛に似た. 〔((1860))〕

zinc·if·er·ous /zɪŋkíf(ə)rəs, zɪnsíf- | zɪŋkíf-/ *adj.* 亜鉛を含む[生じる]. 〔((1820))〕

zinc·i·fy /zíŋkəfàɪ | -kɪ̈-/ *vt.* …に亜鉛をきせる, 亜鉛を含ませる. **zinc·i·fi·ca·tion** /zɪ̀ŋkəfɪ̈kéɪʃən | -kɪə-fɪ-/ *n.* 〔((1801))〕

zinc·ite /zíŋkaɪt/ *n.* 〘鉱物〙紅亜鉛鉱 (ZnO)《亜鉛の原鉱; red zinc ore ともいう》. 〔((1854)) ← ZINC＋-ITE¹〕

zincked *v.* zinc の過去形・過去分詞. 〔((1841))〕

zinck·en·ite /zíŋkənàɪt/ *n.* 〘鉱物〙＝zinkenite.

zinck·ic /zíŋkɪk/ *adj.* ＝zincic.

zin·ckif·er·ous /zɪŋkíf(ə)rəs/ *adj.* ＝zinciferous.

zinck·i·fy /zíŋkəfàɪ | -kɪ̈-/ *vt.* ＝zincify.

zíncking *v.* zinc の現在分詞. 〔((1841))〕

zinck·y /zíŋki/ *adj.* 亜鉛製の, 亜鉛を含む, 亜鉛類似の. 〔((1757)) ← ZINC＋-Y⁴〕

zin·co /zíŋkou | -kəu/ *n.* (*pl.* ～**s**) 《英》線彫り亜鉛版画. 〔((1887)) 《略》← ZINCOGRAPH〕

zin·co- /zíŋkou | -kəu/「亜鉛 (zinc)」の意の連結形. 〔← ZINC＋-O-〕

zin·co·graph /zíŋkougrǽf, -kə- | zíŋkə(u)grɑ̀ːf, -grǽf/ *n.* 〘印刷〙**1** 《廃》亜鉛凸版; 亜鉛平版, ジンク平版. **2** 亜鉛版画. 〔((1888)) ← ZINCO-＋-GRAPH〕

zin·cog·ra·pher /zɪŋkɑ́(ː)grəfə | -kɔ́grəfə^(r)/ *n.* 亜鉛版画家. 〔((1839))〕

zin·cog·ra·phy /zɪŋkɑ́(ː)grəfi | -kɔ́g-/ *n.* 〘印刷〙**1** 亜鉛凸版術. **2** 亜鉛平版術, ジンク平版術. **zin·co·graph·ic** /zɪ̀ŋkəgrǽfɪk | -kə(ʊ)-⁻/ *adj.* **zin·co·gráph·i·cal** /-fɪ̈kəl, -kḷ | -fɪ-⁻/ *adj.* 〔((1834)) ← ZINCO-＋-GRAPHY〕

zinc·oid /zíŋkɔɪd/ *adj.* 亜鉛の; 亜鉛に似た. 〔((1842))〕

zínc óintment *n.* 〘薬学〙亜鉛華軟膏. 〔((1843))〕

zin·co·type /zíŋkətàɪp/ *n.* 〘印刷〙＝zincograph. 〔((1889))〕

zinc·ous /zíŋkəs/ *adj.* ＝zincic.

zínc óxide *n.* 〘化学〙酸化亜鉛, 亜鉛華 (ZnO)《亜鉛を燃焼させて作る白色の粉末; cf. zinc white》. 〔((1849))〕

zínc phósphide *n.* 〘化学〙リン化亜鉛: **a** (Zn_3P_2)《暗灰色の結晶; 殺鼠剤に用いる》. **b** (ZnP_2)《オレンジ色の結晶》.

zínc spár *n.* 〘鉱物〙＝smithsonite.

zínc stéarate *n.* 〘化学〙ステアリン酸亜鉛 ($Zn(C_{18}H_{35}O_2)_2$)《白色粉末; 冷水・エタノール・エーテルに不溶; 化粧品・軟膏などを作るのに用いる》. 〔((1950))〕

zínc súlfate *n.* 〘化学〙硫酸亜鉛 ($ZnSO_4$)《七水塩は皓(こう)ばんという; 顔料原料・媒染剤・医薬品となる》. 〔((1851))〕

zínc súlfide *n.* 〘化学〙硫化亜鉛 (ZnS)《白色顔料・ペンキ原料・蛍光体》. 〔((1851))〕

zínc whíte *n.* 〘化学〙亜鉛華《酸化亜鉛で作った顔料》. 〔((1847))〕

zinc·y /zíŋki/ *adj.* ＝zincky.

zínc yéllow *n.* **1** 〘化学〙亜鉛黄(おう)《塩基性クロム酸亜鉛 ($4ZnO \cdot K_2O \cdot 4Cr_2O_3 \cdot 3H_2O$) を主成分とする黄色顔料; zinc chrome ともいう》. **2** 明るい鬱金(うこん)色 (light chrome yellow). 〔((1847))〕

zin·da·bad /zíndəbɑ̀ːd/ *vt.* 《インド》…万歳《インド・パキスタンなどでスローガンとして用いられる; cf. murdabad》. 〔□ Urdu *zindābād* may (a person) live!〕

zine /ziːn/ *n.* ＝fanzine.

zin·eb /zínɛb, záɪn-/ *n.* 〘化学〙ジネブ《エチレンビスジチオカルバミン酸亜鉛 ($Zn(CS_2NHCH_2)_2$) を主成分とする農業用殺菌剤; 灰白色の結晶》. 〔((1950)) ← *zin*(*c*) *e*(*thylene*) *b*(*is-dithiocarbamate*): ⇨ bi-¹, dithio-, carbamate〕

zin·fan·del /zínfəndɛ̀l | ⁻⁻⁻, ⁻⁻⁻/ *n.* **1** 〘園芸〙ジンファンデル《California 州産のワイン製造用の小粒の黒ぶどう》. **2** ジンファンデル(ワイン)《それから造った赤ワイン》. 〔((1896)): ヨーロッパの地名から?〕

zing /zíŋ/ *n.* **1** ひゅう[びゅん, ぶん](という音)《急速な運動や風を切って飛んで行く物体をまねていう音》. **2** 《口語》元気, 気力 (energy), 熱意 (enthusiasm); 元気[活力, 興味]を起こすもの: a place with lots of ～ 活気にあふれた場所. ― *vi.* 《口語》ひゅう[びゅん, ぶん]と音を立てる. ― *vt.* **1** ひゅう音を立てて動かす. **2** 強く打つ; 影響を与える. **3** 辛辣に批判する. ***zíng úp*** 《俗》…に活力[生気]を与える. 〖《1911》擬音語〗

zin·ga·ra /zíŋgərɑ̀ː, tsíŋ-; *It.* dzíŋgara/ *It. n.* (*pl.* **-ga·re** /-rèɪ; *It.* -re/) zingaro の女性形. 〖□ It. ～ (fem.)〗↓〗

zin·ga·ro /zíŋgəròʊ, tsíŋ- | -rəʊ; *It.* dzíŋgaro/ *It. n.* (*pl.* **-ga·ri** /-rìː; *It.* -ri/) =Gypsy. 〖《1617》□ It. ～ □ ? Gk *Athígganoi* name of an Oriental people: cf. Pahlavi *asinkār* blacksmith〗

zing·er /zíŋə | -ŋə(r)/ *n.* 《俗》 **1** 当意即妙な言葉[返答, 質問]; あっと言わせるしぐさ. **2** 元気のいい人. **3** 風変わりなもの[こと], 異常なもの[こと]. 〖《1955》← ZING +-ER[1]〗

zin·gi·ber /zíndʒəbə | -dʒɪbə(r)/ *n.* 〘植物〙ショウガ科ショウガ属 (*Zingiber*) の植物の総称《特に, ハナショウガ (*Z. zerumbet*) など観賞用の花を指す》. 〖《1902》← NL ～ ← L *zingiber* 'GINGER'〗

Zin·gi·ber·a·ce·ae /zìndʒəbəréɪsiìː | -dʒɪ-/ *n. pl.* 〘植物〙ショウガ科. **zìn·gi·ber·á·ceous** /-ʃəs⁻/ *adj.* 〖← NL ～: ⇨ ↑, -aceae〗

zing·y /zíŋi/ *adj.* (**zing·i·er; -i·est**) 《口語》 **1** わくわくさせる, 興奮させる, 面白い: a ～ musical. **2** とても魅力的な: a ～ suit. 〖《1945》: cf. zinger〗

zin·jan·thro·pus /zɪndʒǽnθrəpəs/ *n.* (*pl.* **-thro·pi** /-pàɪ/, **～·es**) 〘人類学〙ジンジャントロプス《約 200 万年前に生息したと推測されるジンジャントロプス属 (*Zinjanthropus*) の猿人; 今はアウストラロピテクス属 (*Australopithecus*) に含まれる; タンザニアの Olduvai Gorge で 1959 年その化石を発見》. **zin·ján·thro·pìne** /-θrəpàɪn, -pìːn/ *adj.* 〖《1959》← NL ～ ← Arab. *Zinj* Negroes +-ANTHROPUS〗

zinked *v.* zinc の過去形·過去分詞. 〖1841〗

zin·ken·ite /zíŋkənàɪt/ *n.* 〘鉱物〙ジンケナイト, 輝安鉛鉱 ($Pb_6Sb_{14}S_{27}$). 〖□ G *Zinkenit* ← *J. K. L. Zinken* (1790–1862: ドイツ Anhalt の鉱山長): ⇨ -ite[1]〗

zink·ic /zíŋkɪk/ *adj.* =zincic.

zin·kif·er·ous /zɪŋkíf(ə)rəs/ *adj.* =zinciferous.

zink·i·fy /zíŋkəfàɪ | -kɪ-/ *vt.* =zincify.

zinking *v.* zinc の現在分詞.

zink·y /zíŋki/ *adj.* =zincky.

Zin·ne·mann /zínəmən | -nɪ-; G. tsínəman/, **Fred** *n.* ジンネマン (1907–97; オーストリア生まれの米国の映画監督; *High Noon* (1952), *From Here to Eternity* (1953), *A Man for All Seasons* (1966)).

zin·ni·a /zíniə/ *n.* 〘植物〙ジニア《キク科ヒャクニチソウ属 (*Zinnia*) の植物の総称》; (特に)ヒャクニチソウ (*Z. elegans*). 〖《1767》← NL *Zinnia* ← J. G. Zinn (1727–59: ドイツの植物学者)+-IA[1]〗

zinn·wald·ite /tsínvɑːltàɪt/ *n.* 〘鉱物〙チンワルダイト ($K_2(Li, Fe, (Al)_6(Si, Al)_8O_{20}(OH, F)_4$)《鉄·リチウムを含んだ雲母》. 〖《1861》← *Zinnwald* (これが発見されたボヘミアの村の名)+-ITE[1]〗

Zi·no·vi·ev /zɪnóʊvièv, -vjɛf | zɪnə́ʊ-; *Russ.* zʲinóvʲjif/, **Gri·go·ri Ev·se·e·vich** /jifsjéjivjitʃ/ *n.* ジノービエフ (1883–1936; ロシアの革命家).

Zi·no·vievsk /zɪnóʊvjɛfsk | zɪnə́ʊ-, *Russ.* zʲinóvʲjifsk/ *n.* ジノビエフスク (Kirovograd の旧名 (1924–36)).

Zins·ser /zínsə | -sə(r)/, **Hans** *n.* ジンサー (1878–1940; 米国の細菌学者·著述家).

Zin·zen·dorf /zíntsəndɔ̀əf, -tsṇ- | -dɔ̀ːf; G. tsíntsṇdɔʁf/, Count **Ni·ko·laus** /níkolaus/ **Ludwig von** *n.* ツィンツェンドルフ (1700–60; ドイツの宗教改革者で Moravian 兄弟団の設立者).

Zi·on /záɪən/ *n.* **1** シオン(山)《Jerusalem 旧市東南の丘; ここに David とその子孫は王宮を営み, 神殿を建て, 政治の中心とした》. **2** (ユダヤ主義の象徴としての)ユダヤ民族の故国, イスラエルの地, ユダヤ; エルサレム. **3** [集合的]エルサレムの住民; ユダヤ人. **4** 天における神の都 (City of God, New Jerusalem). **5** ユートピア (Utopia). **6** 天国 (heaven). **7** 神政 (theocracy). ***at éase in Zíon*** ⇨ *at* EASE (1). 〖lateOE *Sion* □ LL *Siōn* □ Gk *Se(i)ṓn* □ Heb. *Ṣiyyṓn* 《原義》? hill〗

Zi·on·ism /záɪənɪ̀zm/ *n.* シオニズム, シオン主義《ユダヤ民族主義に基づいて世界のユダヤ人を Palestine に集結させて国家的統一を与えようとする運動; 1948 年のイスラエル建国をもって目的は一応達成された; cf. Balfour Declaration, Israel[2] 2》. 〖1896〗

Zí·on·ist /-nɪ̀st | -nɪst/ *n.* シオン主義者, シオニスト (Zionite). ― *adj.* シオニズムを信奉[擁護]する, シオン主義の. **Zi·on·ís·tic** /zàɪənístɪk⁻/ *adj.* 〖1896〗

Zi·on·ite /záɪənàɪt/ *n.* **1** 神の都 (City of God) の住民; 神の選民. **2** =Zionist. 〖1675〗

Zíon Nátional Párk *n.* ザイオン国立公園《米国 Utah 州南西部にあり, 深さ 450–750 m に及ぶ大渓谷(ﾀﾞﾆ) (Zion Canyon) があり景観に富む, 1909 年指定; 面積 595 km²》.

Zi·on·ward /záɪənwəd | -wəd/ *adv.* 天国の方へ (heavenward). 〖1705〗

zip[1] /zíp/ ― *n.* **1** ひゅっ, ぴゅー《弾丸などの飛ぶ音》. **2** 《口語》元気, 気力, 活気 (energy). **3** 《俗》ゼロ, 得点ゼロ, 零点. **4** [Z-] 《NZ》〘商標〙ジップ《ニュージーランド Zip 社製の小型電気湯沸かし器》.

― *v.* (**zipped; zip·ping**) ― *vi.* **1** ぴゅーと音を立てる[立てて進む]. **2** 《口語》 **a** 勢いよく進む, 元気よく動く. **b** 迅速にやる: ～ *through* work 仕事をてきぱきやってゆく. ― *vt.* **1** …に速力[力]を加える. **2** …に活気を与える, 活発にする, …に活を入れる 〈*up*〉: He ～*ped up* a monotonous song with a little dash of swing. 少々調子をつけて単調な歌に活気をつけた. ***zíp acròss the horízon*** 《米口語》急に有名になる. 〖《1852》擬音語〗

zip[2] /zíp/ *n.* 《英》 =zipper. ― *v.* (**zipped; zip·ping**) ― *vi.* **1** 〈服などが〉ジッパー[チャック]で締まる[あく]. **2** ジッパーをあける[締める]. ― *vt.* **1** ジッパー[チャック]で締める[あける]: ～ *up* a jacket. **2** ジッパーを締めて[あけて]…する: ～ money into a purse ジッパーをあけて金を財布にしまう / *Zip* me out of my jacket. 上着のジッパーをはずしてくれ. **3** 〈口などを〉とじる (close): *Zip* your lips! 黙れ. ― *adj.* ジッパー[チャック]のついた: a ～ jacket. 〖《1936》《逆成》← ZIPPER〗

zip[3], **ZIP** /zíp/ *n.* =zip code.

zíp-còde *vt.* 《米》…にジップコード[郵便番号]をつける. 〖1964〗

zíp còde, Zíp c-, ZÍP c- /zíp-/ *n.* 《米》ジップコード, 郵便番号 (《英》post code)《5 桁(ｹﾀ)の数字を住所のあとに記すもの; 最初の 3 桁は州と配達地を示し, あとの 2 桁は郵便局または郵便地帯を示している; 1963 年 7 月 1 日より実施》. 〖《1963》*zip*: 《頭字語》← *Z(one) I(mprovement) P(lan)*〗

zíp fástener *n.* 《英》 =zipper 1. 〖1927〗

zíp gùn *n.* 《米俗》《粗製の》手製ピストル《モデルガンを改造したもので, 普通弾丸は 22 口径を使用》. 〖1950〗

zíp·less *adj.* 《俗》短く情熱的な(情事の), 刹那的な.

Zip·loc /zíplɑ(ː)k | -lɔk/ *n.* 〘商標〙ジップロック《米国の主に食品保存用のポリ袋; 開口部に沿ってつけられたかみ合わせ式のジッパーで密閉する》.

― *adj.* [z-] 〈ポリ袋が〉ジップロック式の.

zipped *adj.* =zippered.

zip·per /zípə | -pə(r)/ *n.* **1** 《米》ジッパー, ファスナー, チャック (《英》zip). **2** ジッパー《チャックつきのゴム長靴》. **3** zip[2] する人[物]. ― *vt., vi.* =zip[2]. 〖《1925》← *Zipper* (商標名)〗

zípper bàg *n.* ファスナー付きのかばん. 〖1960〗

zíp·pered *adj.* 《米》ジッパー[ファスナー]のついた. 〖1939〗

zípper·hèad *n.* 《米俗》〘軽蔑的〙東洋人.

zip·po /zípoʊ | -pəʊ/ *n.* 《米口語》元気; ゼロ, 零点.

Zip·po /zípoʊ | -pəʊ/ *n.* 〘商標〙ジッポ《米国製オイルライター》.

Zip·po·rah /zípərə, zɪpɔ́ːrə/ *n.* 〘聖書〙チッポラ《Midian の祭司 Jethro の娘; Moses の妻; cf. *Exod.* 2: 21》.

zip·py /zípi/ *adj.* (**zip·pi·er; -pi·est**) 《口語》張り切っている, 元気な (brisk), きびきびした (snappy). 〖《1904》← ZIP[1]+-Y[4]〗

zíp-tóp *adj.* 缶のふたのまわりについている小片を引っぱって開ける (cf. pop-top): a ～ can. 〖1970〗

zíp-ùp *adj.* ジッパー[チャック]で締まる.

zi·ram /záɪræm/ *n.* 〘化学〙ジラム《ジメチルジチオカルバミン酸亜鉛 ($[(CH_3)_2NCSS]_2Zn$) を主成分とする農業用殺菌剤; 白色の粉末》. 〖《1949》《混成》← ZI(NC)+(THI)RAM〗

zir·ca·loy /zə́ːkəlɔ̀ɪ | zə́ː-/ *n.* (*also* **zir·cal·loy** /～/) 〘冶金〙ジルコニウム合金《少量のスズその他を含む原子炉の高温水に耐食性のある合金》. 〖《1956》《混成》← ZIRC(ONIUM)+AL(L)OY〗

zir·con /zə́ːkɑ(ː)n | zə́ːkən, -kən/ *n.* 〘鉱物〙ジルコン, 風信子鉱 ($ZrSiO_4$)《紅色透明のものは hyacinth と称し宝石; ⇨ birthstone》. 〖《1794》□ F *zircone, jargon* // G *Zirkon* □ Arab. *Zarqūn* □ Pers. *zargūn* golden ← *zar* gold ← Aves. *zari-* gold-colored ← IE **ghel-* to shine: ⇨ jargon[2]〗

zir·con·ate /zə́ːkənèɪt | zə́ː-/ *n.* 〘化学〙ジルコニウム酸塩. 〖《1851》: ⇨ ↑, -ate[1]〗

zir·co·ni·a /zəːkóʊniə | zəːkə́ʊ-/ *n.* 〘化学〙ジルコニア (⇨ zirconium oxide). 〖《1797》← NL ～: ⇨ ZIRCON, -IA[1]〗

zir·con·ic /zəːkɑ́(ː)nɪk | zəːkɔ́n-/ *adj.* 〘化学〙ジルコニウムの, ジルコニウムを含む[に似た]. 〖1804〗

zir·co·ni·um /zəːkóʊniəm | zəːkə́ʊ-/ *n.* 〘化学〙ジルコニウム《金属元素の一つ; 記号 Zr, 原子番号 40, 原子量 91.22》. 〖《1808》← NL ～: ⇨ ZIRCON, -IUM: ドイツの化学者 M. H. Klaproth (1743–1817) の造語〗

zircónium óxide *n.* 〘化学〙酸化ジルコニウム (ZrO_2)《窯業原料·耐火炉材; zirconia ともいう》. 〖1868〗

zir·co·nyl /zə́ːkənɪ̀l, -nɪl | zə́ːkənàɪl, -nɪl/ *n.* 〘化学〙ジルコニル (ZrO^{II} を含む基). 〖← ZIRCON+-YL〗

zisch·äg·ge /tsíʃɛgə; G. tsíʃɛgə/ *n.* (16–17 世紀に東ヨーロッパで用いられた)騎兵用かぶと《上下可動の鼻当て付き》. 〖□ G ～ 《原義》slip-peak〗

Zis·ka /získə, tsís-; G. tsíska/, **Johann** *n.* ジシュカ (1360?–1424; ボヘミアの将軍·宗教改革者; John Huss 門下の指導者; チェコ語名 Jan Žižka /*Czech.* ʒiʃka/).

zit /zít/ *n.* 《俗》吹き出もの, (特に)にきび (pimple). 〖《1966》← ?〗

zith·er /zíðə, -θə | -ðə(r), -θə(r); G. tsítɐ/ *n.* ツィター《オーストリア·南ドイツ·スイスなどで用いられている弦楽器の一種; 右手の親指にはめたつめ (plectrum) と, 人さし指·中指·薬指とで演奏する》. 〖《1850》□ G *Zither* < OHG *zithera, cithera* □ L *cithara* □ Gk *kithárā*: CITHARA, GUITAR と三重語〗

zíth·er·ist /-ðərɪ̀st, -θər- | -rɪst/ *n.* ツィター (zither) 奏者. 〖1887〗

zith·ern /zíðən, zíθ- | -ðən, -θən/ *n.* **1** (*also* **zit·tern** /zítən | -tən/) =cittern. **2** =zither. 〖1864〗

zi·ti /zíːṭi | -ti; *It.* dzíːti/ *n.* ジーティ《中ぐらいの太さの中空のパスタ》. 〖《1845》□ It. *ziti, zite* (pl.) ← *zita* girl & *zito* boy〗

Ziw /zíf/ *n.* =Zif.

Zi·wiye /zíːwiː/ *n.* (*also* **Zi·wiyeh** /～/) ジーウェー, ジヴィエ《イラン北西部の古代都市; 1947 年, B.C. 8–7 世紀頃の象牙·黄金·青銅の加工品などが発見された》.

zi·zith /tsítsɪ̀s | tsítsɪs/ *n. pl.* (*also* **zi·zit** /-t/) [単数·複数扱い] 〘ユダヤ教〙ふさ《男性の外衣のすそや, 祈りの際の肩衣(ｶﾀｷﾞﾇ) (tallith) の四隅につけるふさ; これは神のいましめを憶えるためのもので, 青い紐 1 本と白い紐 3 本を孔に通し, 結んで 8 本のひものふさとする; cf. *Deut.* 22: 12, *Num.* 15: 37–41》. 〖《1675》□ Heb. *ṣiṣíth* tassel, lock〗

Žižka ⇨ Ziska.

zizz /zíz/ *n., vi.* 《英口語》うたたね(する), 居眠り(する). 〖《1824》《1941》: 擬音語〗

Zl 《記号》〘貨幣〙zloty(s).

Zla·to·ust /zlɑ̀ːtʊúːst | -tu-; *Russ.* zlətaúst/ *n.* ズラトウスト《ロシア連邦の Ural 山脈南部の工業都市》.

Zlín /zlíːn; *Czech* zlʲiːn/ *n.* ズリーン《チェコ東部の市; 旧名 Gottwaldov (1948–91)》.

zło·t·y /zlɔ́(ː)ti, zlɑ́(ː)ti | zlɔ́ti; *Pol.* zwɔ́tɨ/ *n.* (*pl.* ～**s**, ～) (*also* **zlot·i** /～/) **1** ズウォティ《ポーランドの通貨単位; =100 groszy; 記号 Zl, Z》. **2** 1 ズオチ硬貨[紙幣]. 〖《1915》□ Pol. *złoty* 《原義》golden ← *złoto* 'GOLD'〗

zm 《記号》Zambia (URL ドメイン名).

Ž-màtrix *n.* 〘電気〙=impedance matrix.

Zn 《記号》〘天文·海事〙azimuth; 〘化学〙zinc.

zo /zóʊ | zə́ʊ/ *n.* =dzo.

Zo 《記号》〘物理〙zero meson.

ZO 《略》Zionist Organization.

zo- /zoʊ | zəʊ/ (母音の前にくるときの) zoo- の異形.

zoa *n.* zoon の複数形.

ZOA /zìːòʊéɪ, zóʊə | zèdəʊéɪ, zə́ʊə/ 《略》Zionist Organization of America 在米シオニスト機構《1898 年 New York で Federation of American Zionists が結成され, 1918 年シオニスト諸派を合併してこの名称となる》.

-zo·a /zóʊə | zə́ʊə/「動物」の意の複数形名詞連結形: Anthozoa, Hydrozoa. 〖← NL *-zōa* ← Gk *zōia* (pl.) ← *zōion* animal: ⇨ zoo-〗

zo·ae·a /zoʊíːə | zəʊ-/ *n.* (*pl.* **zo·ae·ae** /-íːiː/, ～**s**) = zoea.

Zo·an /zóʊæn | zə́ʊ-/ *n.* ゾアン《エジプトの古都 Tanis の聖書中の名》. 〖□ Heb. *Ṣōʿán* 《通俗語源》migration: cf. *Num.* 13: 22, etc.〗

Zo·an·thar·i·a /zòʊənθέ(ə)riə | zəʊənθέər-/ *n. pl.* 〘動物〙(腔腸動物花虫綱)スナギンチャク目. 〖← NL ～ ← *Zoanthus* (← zoo-+Gk *ánthos* flower)+-ARIA: ⇨ antho-〗

zo·an·thar·i·an /zòʊənθέ(ə)riən | zəʊənθέərɪ-/ *adj., n.* 〘動物〙スナギンチャク目の(腔腸動物).

zo·an·thro·py /zoʊǽnθrəpi | zəʊ-/ *n.* 〘精神医学〙獣化妄想《自分が動物になったと信じる精神異常》. 〖《1856》← zoo-+-*anthropy* (⇨ -anthropus, -y[1])〗

Zo·ar /zóʊɑə, zóʊə | zə́ʊɑː(r), zə́ʊə(r)/ *n.* **1** 〘聖書〙ゾアル《Jordan の低地の五つの町の一つ; cf. *Gen.* 19: 22》. **2** 避難の地. 〖□ Heb. *Ṣṓʿar* 《原義》smallness ← *ṣāʿír* little, young: Lot とその子らが Sodom から避難した町の名〗

zo·ca·lo /sóʊkəlòʊ | zɔ́kələ̀ʊ; *Am.Sp.* sókalo/ *n.* (*pl.* ～**s**) (メキシコの都市の)広場 (public square). 〖《1884》□ Mex.-Sp. *zócalo* ← Sp. *socle* □ It. *zoccolo*: ⇨ socle〗

zod. 《略》zodiac.

zo·di·ac /zóʊdiæ̀k | zə́ʊdi-/ *n.* **1** 〘天文〙黄道帯, 獣帯《黄道 (ecliptic) を中心にして南北に各幅 8 度の帯; 主な惑星と月はこの帯内を運行する; 獣帯に属する星座は 12 個ある》. **2** 〘占星〙(黄道)十二宮; 十二宮図. **3** (時などの)一周: Nineteen ～s have gone round. 19 年が巡った (Shak., *Measure* 1. 2. 172). **4** 《まれ》円環, 一周.

signs of the zódiac [the ―] 〘天文·占星〙黄道十二宮《南北に各幅約 8 度で黄道に沿いこれを十二等分したもので次の各宮がある; Aries (おひつじ座, 白羊宮), Taurus (おうし座, 金牛宮), Gemini (ふたご座, 双子宮), Cancer (かに座, 巨蟹(ｷｮｶｲ)宮), Leo (しし座, 獅子宮), Virgo (おとめ座, 処女宮), Libra (てんびん座, 天秤宮), Scorpio (さそり座, 天蝎(ﾃﾝｶﾂ)宮), Sagittarius (いて座, 人馬宮), Capricorn (やぎ座, 磨羯(ﾏｶﾂ)宮), Aquarius (みずがめ座, 宝瓶(ﾎｳﾍｲ)宮), Pisces (うお座, 双魚宮)》.

〖《1391》□ (O)F *zodiaque* □ L *zōdiacus* □ Gk *zōidiakós* (*kúklos*) (circle) containing animals ← *zōidion* (dim.) ← *zōion* animal 《原義》living thing ← IE **gʷei(ə)-* to live (動物の名の星座が多いことから): ⇨ -ac〗

zodiac 2

zo·di·a·cal /zoʊdáɪəkəl, zə-, -kḷ | zə(ʊ)-/ *adj.* 黄道帯内の, 獣帯の; 十二宮の: ～ symbols, constellations, etc. 〖《1576》□ F ～: ⇨ ↑, -al[1]〗

zodíacal líght *n.* 〘天文〙黄道光《太陽を中心に黄道に沿って広がる微光帯で, 北半球では日没後の西天あるいは日出前の東天に見える》. 〖1734〗

Z

zodíacal sígn *n.* (黄道十二宮の)宮 (⇨ signs of the ZODIAC).

Zo·e¹ /zóʊi, zóʊ | zə́ʊi/ *n.* ゾーイ《女性名; 異形 Zoa, Zoë》. ★ 米国に多い. 〖□ Gk *Zōḗ*《原義》life: Heb. *Ḥawwā́* 'EVE' のギリシャ語訳〗

Zo·e² /zóʊi | zə́ʊi; *F.* zɔe/ *n.* (フランスの)研究用原子炉. 〖《頭字語》← F *Z*(*éro*) *O*(*xyde d'urane*) *E*(*au-lourde*) zero oxide of uranium heavy water〗

zo·e·a /zoʊíːə | zəʊ-/ *n.* (*pl.* **-e·ae** /-íːiː/, **~s**)〖動物〗ゾエア《節足動物, 甲殻類のうち主として十脚類の発生中に現れる幼生; 大きい目とくちばし状の突起をもつのが特徴; cf. protozoea, metazoea, mysis》. **zo·é·al** /-əl/ *adj.* 〖(1828) ← NL ~ ← Gk *zōḗ* life (⇨ zoo)+*-ea* (cf. -eous)〗

zo·e·trope /zóʊitròʊp | zə́ʊitrə̀ʊp/ *n.* 回転のぞき絵, ゾーエトロープ (wheel of life)《運動体の一定時間ごとの状態を描いた紙を円筒内に張り, それを回転させながら円筒の外側のすき間からのぞくと動いているように見えるおもちゃ》. **zo·e·trop·ic** /zòʊitrɑ́(ː)pɪk | zə̀ʊitrɔ́p-ˈ/ *adj.* 〖(1867) ← *Zoetrope*(商標名) ← Gk *zōḗ* life (⇨ zoo-)+*trópos* turn (⇨ trope)〗

Zof·fa·ny /zɑ́(ː)fəni | zɔ́f-/, **John** *or* **Johann** *n.* ゾファニー (1733?–1810; ドイツ生まれのイギリスの(肖像)画家).

zof·tic /zɑ́(ː)ftɪk | zɔ́f-/ *adj.* (*also* **zof·tick** /~/) = zaftig.

zof·tig /zɑ́(ː)ftɪg | zɔ́f-/ *adj.* =zaftig.

Zo·har /zóʊhɑə | zə́ʊhɑː(r)/ *n.* [the ~] ゾハール, 光耀編 (こうようへん)《ユダヤ教神秘主義 Cabala の経典; モーセの5書 (Pentateuch) のヘブライの神秘主義的注解書; 2–13 世紀に書かれたもので, The Bible of the Mystics と呼ばれた》. 〖(1862) □ MHeb. *zṓhar*《原義》brightness〗

zo·ic /zóʊɪk | zə́ʊ-/ *adj.* **1** 動物の; 動物生活の. **2**〖地質〗〈岩石など〉化石動植物を含む.《AZOIC と連想》〖(1863) □ Gk *zōikós* of or pertaining to animals ← *zôion* animal: ⇨ zoo-, -ic¹〗

-zo·ic¹ /zóʊɪk | zə́ʊ-/「動物の生活が…様式の」の意を表す形容詞連結形: cytozoic, holozoic. 〖□ Gk *zōikós* (↑)〗

-zo·ic² /zóʊɪk | zə́ʊ-/「(特定の)地質時代の[に関する]」の意を表す形容詞連結形: Mesozoic. 〖← Gk *zōḗ* life (⇨ zoo-)+-IC¹〗

zois·ite /zɔ́ɪsaɪt/ *n.*〖鉱物〗ゾイサイト, 黝簾(ゆうれん)石 ($Ca_2Al_3Si_3O_{12}(OH)$). 〖(1805) □ G *Zoisit* ← *Baron S. Zois von Edelstein* (1747–1819: その発見者であるスロベニアの貴族): ⇨ -ite¹〗

zo·kor /zóʊkɔə | zə́ʊkɔː(r)/ *n.*〖動物〗モグラネズミ《アジア東部産のモグラネズミ属 (*Myospalax*) のネズミ; 標高の高い草原にすみ, 地下にたっぷりと食物を貯蔵する; 6 種いる》. 〖アルタイ山脈地方の現地名から〗

zol /zɑ́(ː)l | zɔ́l/ *n.* (*pl.* **~s, zolle** /~/)《南ア》(特に大麻入りの)手巻きの紙巻きたばこ; 大麻.

Zo·la /zóʊlə, zoʊlɑ́ː | zə́ʊlə; *F.* zɔla/, **Émile** (**Édouard Charles Antoine**) *n.* ゾラ (1840–1902; フランスの自然主義小説家; *Les Rougon-Macquart*「ルゴンマカール双書」(全 20 編) (1871–93)).

Zo·la·esque /zòʊləésk, -lɑː- | zə̀ʊlə-ˈ/ *adj.* ゾラ (Zola) 風の, ゾラ(の小説)を思わせる. 〖(1886): ⇨ -esque〗

Zó·la·ìsm /-ìzm/ *n.* ゾラ主義, ゾラの作風; (悪い意味の)自然主義. 〖1882〗

Zó·la·ist /-ɪ̀st | -ɪst/ *n.* ゾラ主義者, ゾラ風の作家. 〖1886〗

Zo·la·is·tic /zòʊləístɪk, -lɑː- | zə̀ʊlə-ˈ/ *adj.* ゾラ主義の. 〖1886〗

zolle *n.* zol の複数形.

Zól·lin·ger-Éllison sỳndrome /zɑ́(ː)lɪ̀ndʒə- | zɔ́lɪndʒə-/ *n.*〖医学〗ゾリンジャー エリソン症候群《胃十二指腸消化性潰瘍·胃液過酸症·高ガストリン血症·膵ランゲルハンス島異所性腫瘍を主な特徴とする》. 〖← *Robert M. Zollinger* (1903–92), *Edwin H. Ellison* (1918–70) 米国の外科医〗

Zöll·ner illúsion /tsɔ́ːlnə- | tsə́ːlnə-, tsə́ːl-; *G.* tsœ́lnɐ-/ *n.*〖心理〗ツェルナーの錯視 (⇨ Zöllner's lines). 〖(1980) ← *J. K. F. Zöllner* (1834–82: ドイツの物理学者)〗

Zöll·ner's línes /tsɔ́ːlnəz- | tsə́ːlnəz-/ *n. pl.*〖心理〗ツェルナーの平行線《錯視の一種で, 平行線が多くの斜線と交差する時平行線が平行でなく見える》.

Zoll·ver·ein /tsɔ́ːlfəràɪn | tsɔ́lfəràɪn, zɔ́lvə-; *G.* tsɔ́lfɐaɪn/ *G. n.* **1** (ドイツ)関税同盟《特に, 1834–88 年にプロイセンを中心にドイツ各邦国間に結ばれたものを指す》. **2** [z-] 関税同盟 (customs union). 〖(1843) □ G ~ ← *Zoll* 'tax, TOLL¹'+*Verein* union〗

Zom·ba /zɑ́(ː)mbə | zɔ́m-/ *n.* ゾンバ《アフリカ南東部 Malawi 南部にある都市》.

zom·bi /zɑ́(ː)mbi | zɔ́m-/ *n.* **1** ゾンビ《西アフリカ先住民などが崇拝する蛇神》. **2** ゾンビ: **a** 死体にはいってこれを生き返らせるという霊力. **b** ゾンビの霊力で生き返らされた人. **3** =zombie 1. 〖(1819) □ W-Afr. ~: cf. Congo *zumbi* fetish〗

zom·bie /zɑ́(ː)mbi | zɔ́m-/ *n.* **1**《口語》(意志も言葉もない)歩く死人のような人; 風変わりな[異様な]人《zombi ともいう》. **2** ゾンビ《数種のラム酒をベースとし, 果物のジュースやブランデーを加味し, ミントと果物を飾るカクテル》. **3**《カナダ俗》海外勤務を希望しない内地兵. **~·lìke** *adj.* 〖(1936)《変形》↑〗

zom·bi·fy /zɑ́(ː)mbɪ̀fàɪ | zɔ́mbɪ-/ *vt.* ゾンビ(のように)にする. **zom·bi·fi·ca·tion** /zɑ̀(ː)mbɪ̀fɪkéɪʃən | zɔ̀mbɪfɪ-/ *n.*

zóm·bi·ìsm /-bìɪzm/ *n.* ゾンビの信仰[儀式]. 〖1956〗

zon- /zoʊn | zəʊn/ (母音の前にくるときの) zono- の異形: *zoniferous*.

zonae pellucidae *n.* zona pellucida の複数形.

zonae radiatae *n.* zona radiata の複数形.

zon·al /zóʊnl̩ | zə́ʊ-/ *adj.* **1** 帯の, 帯状の: a ~ structure 帯状構造. **2**〖土壌〗成帯の (cf. azonal 2, intrazonal 1): ⇨ zonal soil. **3** 地域[地区, 区域]に分けられた, 区分された (zoned). **~·ly** *adv.* 〖(1867) □ LL *zōnālis* ← L *zōna* 'ZONE': ⇨ -al¹〗

zónal gerànium *n.*〖植物〗=fish geranium.

zónal sóil *n.*〖土壌〗成帯土壌《気候·植生の影響を深く受けて生成した土壌型; cf. azonal soil, intrazonal soil》. 〖1972〗

zónal strúcture *n.*〖鉱物·結晶〗累帯構造《溶液から鉱物が析出される時に, 成分比に従って色彩などが変化して, 成長に応じた帯状模様が生じた構造》. 〖1888〗

zo·na pel·lu·ci·da /zóʊnəpəlúːsədə | zə́ʊnəpɛlúːsɪdə, -pj̵ʊ̀-, -ljúː-/ *n.* (*pl.* **zo·nae pel·lu·ci·dae** /zóʊniːpəlúːsədìː, zóʊnaɪpəlúːsədàɪ | zə́ʊniːpɛlúːsɪdìː, zə́ʊnaɪpɛlúːsɪdàɪ, -pj̵ʊ̀-, -ljúː-/)〖動物〗透明帯《哺乳類の卵にある透明な卵膜で受精の後は卵の最外層となる; cf. zona radiata》. 〖(1841) ← NL ~ 'transparent zone': ⇨ zone, pellucid〗

zóna ra·di·á·ta /-reɪdiɑ́ːtə, -éɪtə | -diɑ́ːtə, -éɪtə/ *n.* (*pl.* **zo·nae ra·di·a·tae** /-tiː, -taɪ/)〖動物〗放射帯《透明帯 (zona pellucida) の表面に見られる多数の直角の縞模様》. 〖(1881) ← NL ~ 'radiate zone': ⇨ zone, radiate〗

zon·a·ry /zóʊnəri | zə́ʊ-/ *adj.* 帯様の, 帯状の, 区分された (zonal). 〖(1881) □ L *zōnārius*: ⇨ zone, -ary〗

zon·ate /zóʊneɪt | zə́ʊ-/ *adj.* 帯(状の斑紋)のある; 帯状に排列された. 〖(1803) ← L *zōna* 'ZONE'+-ATE²〗

zón·at·ed /-tɪ̀d | -tɪ̀d/ *adj.* =zonate. 〖1803〗

zo·na·tion /zoʊnéɪʃən | zəʊ-/ *n.* **1** 帯状斑紋; 帯状排列. **2** (生物の)帯状分布. 〖1898〗

Zond /zɑ́(ː)nd, zɑ́(ː)nd | zɔ́nd; *Russ.* zónt/ *n.* ゾンド《ロシアの一連の惑星·月探査機; 1964 年に最初打ち上げられ, ゾンド 3 号は初めて月の裏側の写真を撮影した》. 〖□ Russ. ~《原義》sonde〗

zone /zóʊn | zə́ʊn/ *n.* **1** (外観·特徴などが他と異なっている)一帯, 地帯, 地域 (belt, area), 環状地帯: an annual ~ (木の)年輪 / a demilitarized ~ 非武装地帯 / a fortified ~ 要塞地帯 / ~ of influence 勢力範囲 / ~ of operations 作戦区域 / the wheat ~ 小麦地帯 / the sterling ~ ポンド圏[地域] / a 200-mile exclusive fishery ~ 200 海里漁業専管水域 / ⇨ Canal Zone, safety zone, war zone. **2 a** (都市を特定の目的のために区分した)地区 (area, precinct): a school [residential] ~ 文教[住宅]地区 / a smokeless [smoke-free] ~ 無煙区域[地帯]. **b** (道路の)交通規制区域: a no-parking ~ 駐車禁止区域 / a bus loading ~ バス乗降区域. **3** (交通機関の)同一運賃区域: the 25-cent fare ~ 25 セント区間. **4 a** (小包郵便の)同一料金区域 (parcel post zone). **b** (大都市の)郵便区 (postal delivery zone) (cf. district). **5** 時間帯 (time zone). **6**《古·文語》帯, ひも (belt, girdle): a maiden [virgin] ~ 処女帯《処女の象徴》/ loose the maiden ~ of …の処女を奪う. **7**〖地理〗(寒帯·熱帯など地球を取り巻く)帯: ⇨ Frigid Zone, Temperate Zone, Torrid Zone. **8**〖生態〗(同種類の動植物の生育によって区分された)帯(たい); (色·組織·外観などで他と区別される)帯状の部分: ⇨ abyssal zone, floral zone / the alpine ~ 高山植物帯. **9**〖地質〗岩帯. **10**〖数学〗帯(たい)《2 枚の平行面にはさまれた球面·錐面·円柱面などの帯状の部分》: a spherical ~ 球(面)帯. **11**〖スポーツ〗ゾーン《競技場·コートなどの特定の地域·範囲》: ⇨ zone defense. **12**〖電算〗ゾーン《文字を表す符号の一部を示す上位のビット》. **13**《NZ》特定の学校の通学区域.

zóne of áction [the —]〖軍事〗行動区域, 戦闘地域《大きい地域を戦術的に区分し, 各部隊の責任範囲を明らかにしたもの》.

zóne of fíre [the —]〖軍事〗射撃区域, 射界, 火制地帯《ある一部隊が射撃する, または射撃準備中の地域》.

zóne of intérior [the —]〖軍事〗内国地帯《交戦圏 (theater of war) 内で作戦地域 (theater of operations) を除く地域》.

zóne of saturátion 飽和帯《水を含む地層のすき間が大気圧より圧力の高い水によって飽和されている部分》.

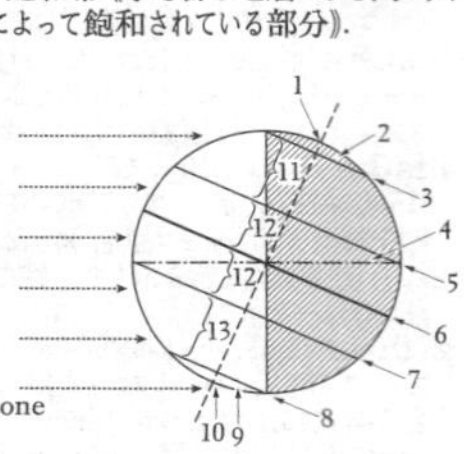

1 north pole
2 North Frigid Zone
3 Arctic Circle
4 ecliptic
5 tropic of Cancer
6 equator
7 tropic of Capricorn
8 Antarctic Circle
9 South Frigid Zone
10 south pole
11 North Temperate Zone
12 Torrid Zone
13 South Temperate Zone

zones 7

— *adj.* [限定的] **1** =zonal 1. **2**〖スポーツ〗ゾーンの.
— *vt.* **1** 〈都市などを〉(文教区·住宅区·商業区などの地区に)区分する: ~ the district as residential その地区を住宅地区にする. **2** (特徴に従って)区分する: ~ the world into climatic regions 世界を風土上の地域に区分する. **3**《古》**a** …に帯状の印を付ける. **b** 帯[ベルト, ひも]で囲む, 帯で巻く (encircle). — *vi.* 帯(状)になる[をなす]. ***zóne óut***《米口語》眠り込む, 意識をなくす, ぼんやり[ぼうっと]する.

zón·er *n.* 〖(*a*1500) □ (O)F ~ ∥ L *zōna* □ Gk *zṓnē* belt, girdle ← *zōnnúnai* to gird ← IE **yō(u)s-* to gird〗

zóne àxis *n.*〖結晶〗晶帯軸《幾つかの結晶面がそれらに平行な一つの方向を共有する時, その方向をいう》. 〖1878〗

zoned *adj.* **1** 地帯[地区, 区域]に区分された. **2**《米口語》(酒·麻薬に)酔って; 〈頭が〉ぼうっとして 〈*out*〉. **3**《古》帯を着けた, 処女帯をつけた; 処女の (virgin). 〖1662〗

zóne defènse *n.*〖スポーツ〗ゾーンディフェンス《バスケットボールやサッカーなどで各選手が守る地域をそれぞれ分担して守備する方法; cf. man-to-man defense》. 〖1927〗

zóne lìne *n.*〖アイスホッケー〗ゾーンライン (⇨ blue line).

zóne mèlting *n.*〖冶金〗ゾーンメルティング, 帯域溶融法《偏析を利用して純粋な物質あるいは溶質濃度の一様な物質を得る方法の総称; cf. zone refining, cage zone melting》. 〖1962〗

zóne nùmber *n.*《米》(電話の)地域番号, 市外局番.

zóne plàte *n.*〖光学〗同心円回折板《回折を利用し光線を焦点に集中させるのに用いる同心円図形をもつガラス板》. 〖1890〗

zóne refìne *vt.*〖冶金〗ゾーン精製法で精錬する. 〖1962〗

zóne refìning *n.*〖冶金〗ゾーン精製法《不純物を含む棒状の金属を帯状に溶かしていって精製する方法; cf. zone melting》. 〖1952〗

zóne thèrapy *n.*〖医学〗ゾーン療法《体の特定の部位をマッサージして体内の他の部位の治癒を促進する; cf. reflexology》. 〖1917〗

zóne tìme *n.* 時刻帯時, 経帯時《地球の表面を 24 の時刻帯に分けそれぞれに 1 時間の時差を設けたもの; cf. Greenwich Time》. 〖1908〗

Zon·i·an /zóʊniən, -njən | zə́ʊ-/ *n.*, *adj.* パナマ運河地帯在住の米国人(の). 〖(1910) ← (*Canal*) *Zone*: ⇨ -ian〗

zón·ing *n.* (都市工場地帯·住宅地帯などの)地帯制, 地域制; (小包郵便)区域制. 〖(1819) 1912〗

zóning làw *n.*〖法律〗土地使用[利用]制限法. 〖1968〗

zo·ni·tid /zóʊnətɪ̀d | zə́ʊnɪtɪd/ *adj.*, *n.*〖貝類〗コハクガイ科 (Zonitidae) の(巻貝). 〖← NL *Zonitidae* ← *zōnites* (属名: ⇨ zono-, -ites¹) +-IDAE〗

zonk /zɑ́(ː)ŋk, zɔ́(ː)ŋk | zɔ́ŋk/ *vt.*《俗》打つ, たたく, 殴る. — *vi.*《俗》気を失う, 動かなくなる. ***zónk óut***《俗》(1) 気を失う, 疲れ果てて[酔って]眠る. (2) 殴り倒す, 気絶させる. — *int.* がつん, がーん. 〖(1950) 擬音語〗

zonked /zɑ́(ː)ŋkt, zɔ́(ː)ŋkt | zɔ́ŋkt/ *adj.*《俗》**1** (麻薬や酒に)酔った (high). **2** 疲れ果てた, くたくたの. ***zónked óut***《俗》すっかり酔った. 〖(1959) ← ?: cf. conk¹〗

zo·no- /zóʊnoʊ | zə́ʊnəʊ/「帯 (belt); 環帯 (zone)」の意を表す連結形: *zono*placental 帯状胎盤のある. ★ 母音の前では通例 zon- になる. 〖□ Gk *zōn-*, *zōno-* ← *zṓnē*: ⇨ zone〗

Zón·ta Clùb /zɑ́(ː)ntə- | zɔ́ntə-/ *n.* ゾンタクラブ (1919 年米国で各職業を代表する女性が一人ずつ集まって国際親善の目的で組織したクラブ). 〖*Zonta*: ← N-Am.-Ind. (Siouan) *zonta* honest〗

Zon·ti·an /zɑ́(ː)ntiən | zɔ́nti-/ *adj.* Zonta Club (会員)の. — *n.* Zonta Club の会員. 〖1934〗

zon·ule /zóʊnjuːl | zɔ́n-, zə́ʊ-/ *n.* **1** 小帯 (little zone). **2**〖解剖〗毛様(体)小帯《眼の毛様体と水晶体を連結し, 後者の固定に役立っている》. **zón·u·lar** /zóʊnjulə | zɔ́njulə(r), zə́ʊ-/ *adj.* 〖(1831) ← L *zōnula* (dim.) ← L *zōna* 'ZONE': ⇨ -ule〗

zo·nure /zóʊnjʊə | zə́ʊnjʊə(r)/ *n.*〖動物〗=girdle-tailed lizard.

zoo /zúː/ *n.* (*pl.* **~s**) **1** 動物園 (zoological garden); [the Z-] (特に)ロンドン動物園 (the Zoological Gardens). **2** 野生動物の集団. **3**《俗》(刑務所·食堂など)雑然と人の込み合った場所. 〖(*c*1847)《略》← *zoological* (*garden*)〗

zoo. *n.*《略》zoological, zoology.

zo·o- /zóʊoʊ | zə́ʊəʊ/ (*also* **zo·ö-** /~/) 次の意味を表す連結形. **1 a**「動物 (animal)」: *zoo*logy. **b**「動物学および」: *zoo*geography. **2**「運動性のある (motile)」: *zoo*gamete. ★ 母音の前では通例 zo- になる. 〖1: □ Gk *zōi*(*o*)- ← *zôion* animal,《原義》living thing ← IE **gʷei-* to live; life: ⇨ quick. 2: □ Gk *zō-*, *zōo-* alive ← *zôion*〗

zo·o·blast /zóʊəblæ̀st | zə́ʊə(ʊ)-/ *n.* 動物細胞 (animal cell). 〖← ZOO-+-BLAST〗

zòo·chémistry *n.* 動物化学《動物を扱う生化学の一分野》. **zòo·chémical** *adj.* 〖1865〗

zo·o·chore /zóʊəkɔ̀ə | zə́ʊəkɔ̀ː(r)/ *n.*〖植物〗動物によって散布される植物. 〖(1905) ← ZOO-+-CHORE〗

zòo·dynámics *n.* **1** 動物力学 (zoomechanics). **2** 動物生理学 (animal physiology). 〖1888〗

zo·oe·ci·um /zoʊíːʃiəm | zəʊ-/ *n.* (*pl.* **-ci·a** /-ʃiə, -siə/)〖動物〗虫室, 虫房《多形性群体をなしているコケムシ類の普通の個虫の収まっている室》. 〖(1880) ← NL ~ ← zoo-+Gk *oîkos* house+-IUM〗

zòo·flágellate *n.*〖動物〗動鞭毛(べんもう)虫類の動物.

zòo·gaméte *n.*〖生物〗運動性配偶子 (⇨ planogamete). 〖1880〗

zo·og·a·my /zoʊɑ́(ː)gəmi | zəʊɔ́g-/ *n.* (動物の)有性生殖. **zo·óg·a·mous** /-məs/ *adj.* 〖← ZOO-+-GAMY〗

zòo·génic *adj.* 動物による, 動物が原因の, 動物原性の. 〖(1864) ← ZOO-+-GENIC¹〗

Z

zo·og·e·nous /zouá(ː)dʒənəs | zəuɔ́dʒ-/ *adj.* =zoogenic.
zòo·geógrapher *n.* 動物地理学者. 〖1875〗
zóogeographical région *n.* 〖動物〗動物地理区 (faunal region)《地球上の特徴ある動物相をもつ主要な区域; Palaearctic, Ethiopian, Oriental, Australian, Nearctic, Neotropical の各区を含む》.
zòo·geógraphy *n.* 動物地理学《動物分布の研究》. **zòo·geográphic** *adj.* **zòo·geográphical** *adj.* **zòo·geográphically** *adv.* 〖1868〗
zo·o·gloe·a /zòuəglíːə | zəu-/ *n.* 〖細菌〗 **1** ゾーグレーア《Zoogloea 属に属する細菌》. **2** [Z-] ゾーグレーア属《グラム陰性, 好気性桿菌; ゼラチン様浮遊物中に増殖; 流水や下水にある》. **zò·o·glóe·al** /-glíːəl⁻/ *adj.* 〖《1877》← NL ～ ← zoo-+Gk *gloía, glía* glue〗
zo·og·ra·pher /zouá(ː)grəfə | zəuɔ́grəfə(r)/ *n.* 《古》動物記載学者. 〖1646〗
zo·og·ra·phy /zouá(ː)grəfi | zəuɔ́g-/ *n.* 動物誌学, 動物記載学. 〖《1593》← zoo-+GRAPHY〗
zo·oid /zóuɔɪd | zə́u-/ *n.* **1** 〖動物〗 **a** 個虫, 個員 (zoon)《群体を構成する各個体》. **b** (両性生殖によらず, 分裂・増殖によって生じる)独立個体. **c** 世代の交代に際して有性生殖と有性生殖との間に現れる個体《ヒドロ虫くらげ体など》. **2** 〖生物〗子虫, 類生物《独立の運動能力をもつ生物体または細胞; 精子など》. — *adj.* =zooidal. 〖《1851》← zoo-+-OID〗
zo·oi·dal /zouɔ́ɪdl | zəuɔ́ɪdl/ *adj.* 動物に似た, 動物性の. 〖1886〗
zóo·kèeper *n.* 動物園の飼育係[管理者].
zooks /zúːks, zúks | zúːks/ *int.* 《古》まあ, ちぇっ《軽いののしりを表す》. 〖《1634》《略》← *gadzkoo's gadsooks*《原義》God's hooks: cf. Gad²〗
zool. 《略》zoological; zoologist; zoology.
zo·ol·a·ter /zouá(ː)lətə, zuá(ː)l- | zəuɔ́lətə(r)/ *n.* 動物崇拝[偏愛]者. 〖1891〗
zo·ol·a·trous /zouá(ː)lətrəs, zuá(ː)l- | zəuɔ́l-/ *adj.* 動物崇拝[偏愛]の. 〖1891〗
zo·ol·a·try /zouá(ː)lətri, zuá(ː)l- | zəuɔ́l-/ *n.* **1** 動物崇拝 (animal worship). **2** 動物偏愛; (特に)ペット動物の偏愛. 〖《1817》← zoo-+-LATRY〗
zo·o·lite /zóuoulàɪt, zóuə- | zə́uə(u)-/ *n.* 《まれ》化石動物 (fossil animal). 〖《1822》□ F *zoölite*: ⇨ zoo-, -lite〗
zo·o·lith /zóuəlɪθ | zə́uə(u)-/ *n.* =zoolite. 〖⇨ ↑, -lith〗
zo·o·log·ic /zòuəlá(ː)dʒɪk | zəuə(u)lɔ́dʒ-, zùːəlɔ́dʒ-⁻/ *adj.* =zoological. 〖1817〗
zo·o·log·i·cal /zòuəlá(ː)dʒɪkəl, -kl | zəuə(u)lɔ́dʒɪ-, zùːəlɔ́dʒ-⁻/ *adj.* 動物学(上)の; 動物の生活や構造に関する. **～·ly** *adv.* 〖《1815》← ZOOLOGY+-ICAL〗
zoológical gárden *n.* 動物園 (zoo). 〖1829〗
zo·ól·o·gist /-dʒɪst | -dʒɪst/ *n.* 動物学者. 〖1663〗
zo·ol·o·gy /zouá(ː)lədʒi, zuá(ː)l- | zəuɔ́l-, zuɔ́l-/ *n.* **1** 動物学. **2** 動物学に関する論文. **3** (特定の地域での)動物の生活. **4** 動物のもつ特性, 特徴. 〖《1669》← NL *zoologia* // NGk *zōiología*: ⇨ zoo-, -logy〗
zoom /zúːm/ *vi.* **1 a** 〈人・飛行機・車などが〉ぶーん[びゅーん]という音を立てる, ぶーんという音を立てて動く: ～ down 〈飛行機が〉爆音を立てて急降下する. **b** 〖航空〗爆音を立てて急上昇する. **2** 〈景気・価格などが〉急上昇する. **3** 〖写真〗ズームレンズ (zoom lens) でとる. **4** [～ *in* [*out*] として]〖映画・テレビ〗〈映像が〉急速に拡大[縮小]する. — *vt.* **1** 〖航空〗〈飛行機を〉急上昇させる. **2** 〖写真〗〈ズームレンズを〉調節する. **3** [～ *in* [*out*] として]〖映画・テレビ〗〈映像を〉急速に拡大[縮小]する.
zóom óff 《口語》急いで立ち去る. *zóom óut* (1) ⇨ *vt.* 3. (2) 《俗》我を忘れる, かっとなる.
— *n.* **1 a** 〖航空〗急上昇. **b** (景気などの)急上昇. **2** ぶーんという音. **3** (映像の)急拡大[縮小]. **4 a** ズームレンズ (zoom lens). **b** ズームレンズで撮る写真. **5** ズーム《ブランデー・蜂蜜・クリームを混ぜたカクテル》.
— *adj.* ズームレンズの付いた, ズームレンズに関する.
〖《1886》: 擬音語〗
zo·o·man·cy /zóuəmæ̀nsi | zə́uə(u)-/ *n.* 動物占い. 〖← zoo-+-MANCY〗
zòo·mechánics *n.* =zoodynamics 1. 〖1891〗
zo·om·e·try /zouá(ː)mətri | zəuɔ́mɪ-/ *n.* 動物測定学《動物の体の各部の長さ・面積などを測定することを目的とする動物学の一部門》. **zo·o·met·ric** /zòuəmétrɪk | zəuə(u)-⁻/, **zò·o·mé·tri·cal** /-trɪkəl, -kl | -trɪ-⁻/ *adj.* 〖《1878》← zoo-+-METRY〗
zóom lèns *n.* 〖写真〗ズームレンズ《焦点距離・写角が自由に変えられて, この時像面の位置が変化しないレンズ; 映画・テレビの撮影に多く使用される》. 〖1936〗
zo·o·mor·phic /zòuəmɔ́əfɪk | zəuəmɔ́ː-⁻/ *adj.* **1** (装飾芸術で)動物形の, 動物をかたどった, 動物くずしの. **2** 〈神・超自然物が〉動物形態の, 獣形神の. 〖《1872》← zoo-+-MORPHIC〗
zo·o·mor·phism /zòuəmɔ́əfɪzm | zəuəmɔ́ː-/ *n.* **1** (図案などに)動物の形を用いること, 獣形使用. **2** 動物形態観《神または超自然物を動物形または動物体の一部(角・きば・突き出した口など)で表すこと; cf. anthropomorphism 1》. 〖《1822》← zoo-+-MORPHISM〗
zo·o·mor·phize /zòuəmɔ́əfaɪz | zəuəmɔ́ː-/ *vt.* 動物形態化する. 〖《1895》← zoo-+-MORPH+-IZE〗
zoom·y /zúːmi/ *adj.* 《口語》スピード感のある, かっこいい, 派手な. 〖《1969》: ⇨ zoom, -y¹〗
zo·on /zóuɑ(ː)n | zə́uɔn/ *n.* (*pl.* **～s, zo·a** /zóuə | zə́uə/) 〖動物〗 **1** (群体動物の)個員. **2** 個体. **3** 《まれ》=zooid 2. **～·al** /-nl/ *adj.* 〖《1864》← NL ～ ← Gk *zôion* animal〗
-zo·on /zóuɑ(ː)n, -ən | zə́uɔn, -ən/ zoon の意の名詞連結形 (⇨ -zoa): hematozoon. 〖← NL ～: ↑〗
zo·on·o·sis /zouá(ː)nəsɪs | zəuɔ́nəsɪs/ *n.* (*pl.* **-ses** /-sìːz/) 〖病理〗 **1** 人獣伝染病, 人畜共通伝染病. **2** 動物原性感染(症). **zo·o·not·ic** /zòuənɑ́(ː)tɪk | zəuənɔ́t-⁻/ *adj.* 〖《1876》← NL ～ ← zoo-+-*nosis* (← Gk *nósos* disease)〗
zòo·párasite *n.* 動物性寄生体. **zòo·parasític** *adj.*
zòo·pathólogy *n.* 動物病理学. 〖1879〗
zo·oph·a·gous /zouá(ː)fəgəs | zəuɔ́f-/ *adj.* 〈動物が〉肉食の, 肉食動物の. 〖《1835》← zoo-+-PHAGOUS〗
zo·o·phile /zóuəfàɪl | zə́uə-/ *n.* **1** 〖植物〗動物媒植物. **2** =zoophilist 1. 〖《1895》← zoo-+-PHILE〗
zo·o·phil·i·a /zòuəfíliə | zəuə-/ *n.* **1** 動物愛好. **2** 〖精神医学〗動物性愛《動物によって性欲を満足させること; zoophilism, zoophily ともいう》. 〖《1906》← NL ～: ⇨ zoo-, -philia〗
zo·o·phil·ic /zòuəfílɪk | zəuə-⁻/ *adj.* =zoophilous. 〖1886〗
zo·oph·i·lism /zouá(ː)fəlɪzm | zəuɔ́fɪ-/ *n.* 〖精神医学〗=zoophilia 2. 〖《1886》← zoo-+-PHIL+-ISM〗
zo·óph·i·list /-lɪst | -lɪst/ *n.* **1** 動物愛好者, (特に, 生体解剖などの反対を唱える)動物保護者. **2** 〖精神医学〗動物性愛者. 〖1829〗
zo·oph·i·lous /zouá(ː)fələs, zuá(ː)f- | zəuɔ́fɪ-/ *adj.* **1** 動物愛好の. **2** 〖植物〗動物によって受粉する[花粉を媒介する] (cf. entomophilous). **3** 〖昆虫〗動物寄生の, 動物食の《下等動物から人類に至る動物を食餌とする昆虫についていう》. 〖1886〗
zo·oph·i·ly /zouá(ː)fəli | zəuɔ́fɪ-/ *n.* 〖精神医学〗=zoophilia 2. 〖《1882》← NL *zoophilia*: ⇨ zoo-, -phily〗
zo·o·pho·bi·a /zòuəfóubiə | zəuəfə́u-/ *n.* 動物恐怖(症). **zo·oph·o·bous** /zouá(ː)fəbəs | zəuɔ́f-/ *adj.* 〖《1901》← NL ～: ⇨ zoo-, -phobia〗
zo·o·phyte /zóuəfàɪt | zə́u-/ *n.* 〖生物〗植虫類《イソギンチャク・サンゴ・カイメン・コケムシなどのように形態が植物に似ている動物》. **zo·o·phyt·ic** /zòuəfítɪk | zəuəfít-⁻/ *adj.* **zò·o·phýt·i·cal** /-tɪkəl, -kl | -tɪ-⁻/ *adj.* 〖《1621》← NL *zōophyton* ← Gk *zōióphuton*: ⇨ zoo-, -phyte〗
zò·o·phy·tól·o·gist /-dʒɪst | -dʒɪst/ *n.* 植虫類の研究者. 〖1849–52〗
zo·o·phy·tol·o·gy /zòuəfaɪtá(ː)lədʒi | zəuəfaɪtɔ́l-/ *n.* 植虫類学. 〖《1828》← ZOOPHYTE+-O-+-LOGY〗
zóo·plànkter *n.* 〖生物〗プランクトン動物 (⇨ plankter). 〖1943〗
zòo·plánkton *n.* 〖生物〗[通例集合的] 動物プランクトン, 浮遊動物 (cf. phytoplankton). **zòo·planktónic** *adj.* 〖1901〗
zo·o·plas·ty /zóuəplæ̀sti | zə́u-/ *n.* 〖外科〗動物組織の人体移植. **zo·o·plas·tic** /zòuəplǽstɪk | zəu-⁻/ *adj.* 〖← zoo-+-PLASTY〗
zòo·psychólogy *n.* 動物心理学.
zo·o·sperm /zóuəspə̀ːm | zə́uəspə̀ːm/ *n.* **1** 〖生物〗=spermatozoon 1. **2** 〖植物〗=zoospore. **zò·o·sperm·át·ic** /zòuəspəːmǽtɪk | zəuəspəːmǽt-⁻/ *adj.* 〖1836–39〗
zòo·sporángium *n.* (*pl.* **-gia**) 〖植物〗遊走子嚢(のう). **zòo·sporángial** *adj.* 〖《1874》← NL ～: ⇨ zoo-, sporangium〗
zóo·spòre *n.* **1** 〖植物〗遊走子《無性生殖を行う胞子の一種で, 鞭毛(べんもう)をもち水中を運動するもの; cf. zygospore》. **2** 〖動物〗精胞子《原生動物のスポロキストから生ずる鞭毛のある, あるいはアメーバ状の生殖細胞》. **zòo·spóral** *adj.* **zòo·spóric** *adj.* **zòo·spórous** *adj.* 〖1846〗
zo·os·ter·ol /zouá(ː)stərɔ̀(ː)l | zəuɔ́stərɔ̀l/ *n.* 〖生化学〗動物ステリン《動物の体内に見出されるコレステロールのようなステロイドアルコールのこと; cf. phytosterol, mycosterol》. 〖《1926》← zoo-+STEROL〗
zo·o·tax·y /zóuətæ̀ksi | zə́uə(u)-/ *n.* 動物分類学 (zoological taxonomy). 〖《1838》← zoo-+-TAXY〗
zòo·téchnics *n.* =zootechny. 〖1891〗
zo·o·tech·ny /zóuətèkni | zə́uə(u)-/ *n.* 畜産技術; 畜産学. 〖《1879》← zoo-+-TECHNY: cf. F *zootechnie*〗
zo·o·the·ism /zóuəθìːɪzm | zə́uə(u)-/ *n.* 動物神崇拝. 〖《1881》← zoo-+-THEISM〗
zo·ót·o·mist /-mɪst | -mɪst/ *n.* 動物解剖者[学者]. 〖1688〗
zo·ot·o·my /zouá(ː)təmi | zəuɔ́t-/ *n.* 動物解剖(学). **zo·o·tom·ic** /zòuətá(ː)mɪk | zəuətɔ́m-⁻/ *adj.* **zò·o·tóm·i·cal** /-mɪkəl, -kl | -mɪ-⁻/ *adj.* **zò·o·tóm·i·cal·ly** *adv.* 〖《1663》← NL *zōotomia*: ⇨ zoo-, -tomy〗
zòo·tóxin *n.* 動物毒素《ヘビ・ハチ・フグなどの毒》. **zòo·tóxic** *adj.* 〖1909〗
zóot sùit /zúːt-/ *n.* 《口語》ズートスーツ《1940 年代初めにティーンエージャーの間で流行した男子服で, 膝まで届く長いルーズな上着と, すそをカフスで絞っただぶだぶのズートパンツ (zoot pants) から成る》. 〖《1942》*suit* の押韻加重形?: cf. Du. *zoet* sweet, good〗
zóot-sùit·er /-tə | -tə(r)/ *n.* 《口語》ズートスーツを着ている人. 〖1943〗
zoot·y /zúːṭi | -ti/ *adj.* 《口語》〈服装・スタイルなど〉はでな, けばけばしい. 〖《1946》← ZOOT (SUIT)+-Y¹〗
zo·o·xan·thel·la /zòuəzænθélə | zəu-/ *n.* (*pl.* **-lae** /-liː/) 〖生物〗造礁サンゴなどの体内に共生する渦鞭毛虫.
Zo·phar /zóufə | zə́ufə(r)/ *n.* 〖聖書〗ゾパル《Job の友達; cf. *Job* 2:11》. 〖□ LL *Sōphar* □ Gk *Sōphár* □ Heb. *Ṣōphar*〗
Zor·ach /zɔ́ːrɑːk/, **William** *n.* ゾラック (1887–1966; リトアニア生まれの米国の彫刻家・画家).
zor·bing /zɔ́əbɪŋ | zɔ́ː-/ *n.* ゾービング《大きな透明な球の中のカプセルに人が入り, 丘を転がり落ちる[地面を転がる]スポーツ》.
zo·ri /zɔ́ːri/ *n.* (*pl.* ～, ～**s**) 草履(ぞうり). 〖《1823》□ Jpn.〗
zor·il /zɔ́(ː)rəl, zá(ː)r- | zɔ́rɪl/ *n.* (*also* **zo·ril·la** /zərílə/, **zo·rille** /zəríl/) 〖動物〗ゾリラ (*Ictonyx striatus*)《アフリカ南部産のイタチの一種; スカンクに似て悪臭を放つ》. 〖《1774》□ F *zorille* □ Sp. *zorilla, zorillo* (dim.) ← *zorra, zorro* fox〗
Zorn /sɔ́ən, zɔ́ən | sɔ́ːn, zɔ́ːn; *Swed.* sóːrn/, **Anders Leon·ard** /léənàrd/ *n.* ソーン (1860–1920; スウェーデンの画家・彫刻家).
Zórn's lémma /zɔ́ənz- | zɔ́ːnz-; *G.* tsɔ́rn-/ *n.* 〖数学〗ツォルンの補題《帰納的な順序集合は常に極大元をもつという集合論の定理》. 〖← *Max August Zorn* (1906–93: ドイツ生まれの米国の数学者)〗
Zo·ro·as·ter /zɔ́ːrouæ̀stə | zɔ̀rəuǽstə(r), ⌐⌐—/ *n.* ゾロアスター《紀元前 600 年ごろのペルシャの宗教家; Zoroastrianism の開祖; 古イラン語名 Zarathustra》. 〖□ L *Zōroastrēs* □ Gk *Zōroástrēs*《転訛》← Avestan *Zarāthushtra*《原義》whose camels are old ← **zarant* old +*ushtra* camel〗
Zo·ro·as·tri·an /zɔ̀ːrouǽstriən | zɔ̀rəu-⁻/ *adj.* ゾロアスターの; ゾロアスター教の. — *n.* ゾロアスター教徒, 拝火教徒. 〖《1743》: ⇨ ↑, -ian〗
Zo·ro·as·tri·an·ism /zɔ̀ːrouǽstriənɪzm | zɔ̀rəu-/ *n.* ゾロアスター教, 拝火教《古代ペルシャに起こった宗教で, 神 Ahura Mazda を至高神としてあがめつつ, 宇宙と人類の歴史を善悪二原理の対立・抗争として説く; その経典は Zend-Avesta でイスラム以前のペルシャを支配し, 現在は Bombay 地方に残る; Mazdaism ともいう》. 〖1854〗
Zo·ro·as·trism /zɔ̀ːrouǽstrɪzm | zɔ̀rəu-/ *n.* =Zoroastrianism.
Zor·ril·la y Mo·ral /zəríːjəìːmərάːl; *Sp.* θoríjaimorál/, **José** *n.* ソリリャイモラル (1817–93; スペインのロマン派詩人・劇作家).
zor·ro /zɔ́(ː)rou | zɔ́rəu; *Am.Sp.* θóro/ *n.* (*pl.* ～**s**) 〖動物〗カニクイイヌ (*Dusicyon thous*)《南米のサバンナに生息するクルペオギツネ属に属するキツネとイヌの中間の種》. 〖《1838》□ Sp. ～ 'fox'〗
Zor·ro /zɔ́(ː)rou | zɔ́rəu; *Am.Sp.* θóro/ *n.* ゾロ《米国の Johnston McCulley の小説 (1919) の主人公; スペイン領 California で活躍する黒覆面の怪傑》.
zos·ter /zá(ː)stə | zɔ́stə(r)/ *n.* **1** 〖病理〗=herpes zoster. **2** (古代ギリシャの男性の)帯 (girdle). 〖《1548》□ L ～ □ Gk *zōstḗr* girdle〗
zos·ter·ops /zá(ː)stəràps | zɔ́stərɔ̀ps/ *n.* 〖鳥類〗メジロ属 (*Zosterops*) の鳥の総称 (cf. silvereye). 〖《1848》← NL ～ ← Gk *zōstḗr* girdle+*ṓps* eye: ⇨ optic〗
Zou·ave, z- /zuάːv, zwάːv; *F.* zwaːv/ *n.* **1** ズワーブ兵《フランスの軽歩兵; もとアルジェリア人をもって編成してアラビア服を着用した》. **2** (米国南北戦争の際の)ズワーブ兵の服装を模した義勇兵. **3 a** [*pl.*] (婦人用の)ズワーブスカート《ズワーブ兵のズボンを真似たもので, すそを上げて裏にとじつけたたっぷりしたもの》. **b** ズワーブジャケット (Zouave jacket)《ズワーブ兵のジャケットを真似たもので丈が短く身頃の開きはつき合わせになっている》. 〖《1830》□ F ～ □ Arab. *Zwāwa* (アルジェリアの Kabyle 族の名)〗
Zoug /*F.* zug/ *n.* Zug のフランス語名.
zouk /zúːk/ *n.* ズーク《西インド諸島に発したビートの強い曲》. 〖《1986》□ F (Antillean Creole) ～《原義》party〗
zounds /záundz, zúːndz/ *int.* 《古》ちえっ, 畜生《軽いののしりを表す》. 〖《1600》《婉曲的短縮》← (*by*) *God's* (i.e. Christ's) *wounds* (*on the Cross*)〗
zow·ie /záui/ *int.* やあ, ああ, うわあ《突然の事がらや速く走る物などに対する驚きや喜びの発声》. 〖《c1913》《擬音語》: cf. wow¹〗
zoy·sia /zɔ́ɪʃə, -ʒə | -siə/ *n.* 〖植物〗シバ(芝)《イネ科シバ属 (*Zoysia*) の草》. 〖← NL *Zoysia* ← *Karl von Zois* (1756–1800: ドイツの植物学者)+-IA¹〗
Ẑ-paràmeter *n.* 〖電気〗=impedance parameter.
Ẑ pàrticle *n.* 〖物理〗Z 粒子《弱い相互作用を伝える中性粒子; Z boson ともいう; cf. W particle》. 〖1983〗
ZPG 《略》zero population growth.
Ẑ-plàsty *n.* 〖外科〗Z 形成術《皮膚を Z 形に切開し, これによりできる 2 つの皮膚片を介置させて拘縮瘢痕組織を修復する外科術》.
Zr 《記号》〖化学〗zirconium.
ZRE 《略》〖自動車国籍表示〗Zaire.
ZS 《略》Zoological Society.
Z$ 《記号》〖貨幣〗Zimbabue dollar(s).
Zsig·mon·dy /ʒígmə(ː)ndi, -mα(ː)n- | -mən-; *G.* ʒígmɔndi/, **Richard** *n.* ジーグモンディー (1865–1929; ドイツの化学者; Nobel 化学賞 (1925)).
Ẑ transformàtion *n.* 〖電気〗Z 変換《サンプル値制御系などでの時間関数を周波数領域で取扱うための種分変換の一種》.
Ẑ-twìst *n.* 〖紡織〗Z より, 左より (cf. S-twist). 〖1935〗
Zuc·ca·ri /tsuːkάːri; *It.* dzukkáːri/ (*also* **Zuc·ca·ro** /-rou | -rəu; *It.* -ro/), **Federico** *n.* ズッカリ (1543?–1609; イタリアの画家).
Zuccari, Taddeo *n.* ズッカリ (1529–66; イタリアの画家; Federico の兄).
zuc·chet·to /zukétou, tsu:- | zuːkétəu; *It.* dzukkétto/ *n.* (*pl.* **-chet·ti** /-tiː; *It.* -ti/, ～**s**) 〖カトリック〗ズケ

Z

トウ《聖職者のかぶる半球形の小ずきん; pope は白, cardinal は緋色, bishop は紫, その他は黒と, 位階によって色が違う; cf. biretta, galero》. 〖((1853)) ▭ It. *zucchetta* small gourd (dim.) ← *zucca* gourd, head ← ?: cf. LL *cucutia* gourd〗

zuc·chi·ni /zuːkíːni, zuk- | zuk-, zuːk-; *It.* dzukkíːni/ *n.* (*pl.* ~, ~s) 《米》〚植物〛ズッキーニ《summer squash に属するカボチャ; 矮性でキュウリのような形をした濃緑色の未熟果を食用とする; 《英》 courgette》. 〖((1929)) ▭ It. ~ (pl.) ← *zucchino* (dim.) ← *zucca* gourd (↑)〗

Zuc·ker·man /zúkəmən | -kə-/, **Sir Sol·ly** /sɑ́(ː)li | sɔ́li/ *n.* ズッカーマン《1904–84; 南アフリカ共和国生まれの英国の動物学者・教育専門家》.

zu·fo·lo /tsúːfəlòu | -ləu; *It.* dzúːfolo/ *It.n.* (*pl.* **-fo·li** /-liː; *It.* -li/) (*also* **zuf·fo·lo** /~; *It.* tsúffolo/) (鳴鳥を仕込むための)小笛. 〖((1724)) ▭ It. ~ ← *zufolare* to whistle (cf. L *sibilāre* to hiss)〗

Zug /tsúːk, zúːg; *G.* tsúːk/ *n.* **1** ツーク(州)《スイス北部の州; 面積 239 km²》. **2** ツーク《Zug 州の州都で Zug 湖の北東岸にある; フランス語名 Zoug》.

Zug, the Lake of *n.* ツーク湖《スイスの Zug 州にある湖; 39 km²》.

Zug·spit·ze /tsúːkʃpɪtsə | zúgʃpɪtsə; *G.* tsúːkʃpɪtsə/ *n.* ツークシュピッツェ《ドイツ南部, オーストリアとの国境にある同国の最高峰 (2,963 m)》.

zug·zwang /tsúːktsvɑ̀ːŋ | zúːgzwæ̀ŋ; *G.* tsúːktsvaŋ/ *n.* 〚チェス〛ツークツワング《相手の手番にして, 自ら形を崩し不利な形にせざるを得ないように手待ちすること》. — *vt.* 〈相手を〉ツークツワングに追い込む. 〖((1904)) ▭ G ~ ← *zug* to tug＋*Zwang* force: cf. tow¹, thong〗

Zui·der Zee /záɪdəzíː, -zéɪ | -də-; *Du.* zœ́ydərzéː/ *n.* [the ~] ゾイデル海《オランダ北西岸にあった浅い湾, 今は堤防で海から遮断され淡水湖 IJsselmeer となっている》.

Zuid Hol·land /zaɪthɔ́lɑːnt; *Du.* zœythɔ́lant/ *n.* ゾイトホラント(州)《South Holland のオランダ語名》.

Zu·lei·ka /zuːléɪkə, zul-, -láɪ-/ *n.* ズーレイカ《女性名》. 〖▭ Pers. ~ 'brilliant beauty'〗

Zu'l-Hij·ja /zúːlhíːdʒɑː/ *n.* ＝Dhu'l-Hijja.

Zu'l-Ka·dah /zúːlkɑ́ːdɑː/ *n.* ＝Dhu'l-Qa'dah.

Zu·lo·a·ga /zùːlouáːgə | -ləu-; *Sp.* θuloáɣa/, **Ignacio** *n.* スロアガ《1870–1945; スペインの画家》.

Zu·lu /zúːluː; *Zulu* zúːlu/ *n.* (*pl.* ~, ~s) **1 a** [the ~(s)] ズールー族《南アフリカ共和国 Natal 州に住む種族で, Bantu 系種族に属する》. **b** ズールー族の人. **2** ズールー語《Bantu 語に属する》. **3** (子供用)あら編み円錐形の麦わら帽. **4** 文字 z を表す通信コード. — *adj.* ズールー族[語]の. 〖((1824)) ← Afr. 《現地語》〗

zúlu clòth *n.* 目のつんだ綾織地《家具用の刺繡布などに使用される》.

Zu·lu·land /zúːluːlæ̀nd/ *n.* ズールーランド《南アフリカ共和国 Natal 州北東部の準州; 面積 26,837 km², 州都 Eshowe /ɛʃəwéɪ/》.

Zun·gar·i·a /zʌŋgέ(ə)riə | -gέər-/ *n.* ＝Junggar Pendi.

Zu·ñi /zúːni, -nji | zúni; *Am.Sp.* suɲi/ *n.* (*pl.* ~, ~s) **1 a** [the ~(s)] ズニ族《米国 New Mexico 州西部に住む Pueblo 族に属するアメリカインディアン》. **b** ズニ族の人. **2** ズニ語. **Zú·ñi·an** /-niən, -njiən | -niən/ *adj.*, *n.* 〖((1834)) ▭ Sp. ~ ▭ N-Am.-Ind. (Keresan) *sĩni* middle 《短縮》 ← *Súnyitsa*〗

Zun·yi /zùːníː; *Chin.* tsūnì/ 遵義(ツンイ)《中国南部, 貴州省 (Guizhou) の都市》.

zun·yite /zúːnjaɪt/ *n.* 〚鉱物〛ズニアイト ($Al_{13}Si_5O_{20}(OH, F)_{18}Cl$). 〖((1885)) ← *Zuñi* (Colorado にある鉱山)＋-ITE¹〗

zup·pa in·gle·se /zúːpəɪŋgléɪzeɪ, tsúː- | zúpɑː-ɪŋgléɪzeɪ, -zi; *It.* dzúppaiŋgléːze/ *n.* ズッパイングレーゼ《ラム酒などにひたしたスポンジケーキとカスタードを層にして, クリームをかけ果物を飾ったイタリアのデザート; cf. trifle 4》. 〖((1941)) ▭ It. ~ 《原義》 English soup〗

Zur·ba·rán /zùəbərɑ́ːn | θùə-, zùə-; *Sp.* θurβarán/, **Francisco de** *n.* スルバラン《1598–1664; スペインの画家》.

Zu·rich /zú(ə)rɪk | zjúər-/ *n.* **1** チューリヒ(州)《スイス北部の州; 面積 1,730 km²》. **2** チューリヒ《Zurich 湖畔にある Zurich 州の州都; 同国最大の都市; ドイツ語名 Zürich /tsýːrɪç/》.

Zurich, the Lake of *n.* チューリヒ湖《スイス北部の湖; 面積 89 km²》.

Zuy·der Zee /záɪdəzíː, -zéɪ | -də-; *Du.* zœ́ydərzéː/ *n.* [the ~] ＝Zuider Zee.

zve·no /zveɪnóu | -nə́u; *Russ.* zvʲinó/ *n.* (ソ連の)コルホーズ (kolkhoz) の作業班《作業の最小単位 (5–14 人)を構成する》. 〖▭ Russ. ~ 《原義》 link (of a chain)〗

zw, ZW 《記号》 Zimbabwe.

Zweig /zwáɪg, swáɪg; *G.* tsváɪk/, **Arnold** *n.* ツヴァイク《1887–1968; ドイツのユダヤ系小説家・劇作家; *Der Streit um den Sergeanten Grischa*「グリーシャ軍曹の争い」(小説, 1927)》.

Zweig, Stef·an /ʃtéfan/ *n.* ツヴァイク《1881–1942; オーストリアのユダヤ系小説家・劇作家・詩人; 1938 年以降, 英米・その他に亡命; *Drei Meister*「三人の巨匠」(1920), *Triumph und Tragik des Erasmus*「エラスムスの勝利と悲劇」(1935)》.

Zwic·kau /tsvíkau; *G.* tsvíkau/ *n.* ツビッカウ《ドイツ南東部, Saxony 州の鉱工業都市》.

Zwick·y /tsvíki; *G.* tsvíki/, **Fritz** *n.* ツウィッキー《1898–1974; ブルガリア生まれのスイスの天体物理学者》.

zwie·back /zwáɪbæk, swíː-, zwíː-, -bɑːk | zwíː-; *G.* tsvíːbak/ *n.* (*pl.* ~, ~s) ツヴィーバック《ドイツ風ラスク (rusk); 甘みのついたパンを用いる》. 〖((1894)) ▭ G ~ 'twice baked' ← *zwie* twice (⇨ twi-)＋*backen* 'to BAKE' 《なぞり》 ← It. *biscotto* ∥ F *biscuit* 'BISCUIT'〗

Zwing·li /zwíŋ(g)li, tsvíŋ- | zwíŋ-, tswíŋ-; *G.* tsvíŋli/, **Ul·rich** /úlrɪç/ *or* **Hul·dreich** /húldraɪç/ *n.* ツウィングリ《1484–1531; スイスの宗教改革者・神学者》.

Zwing·li·an /zwíŋ(g)liən, tsvíŋ- | zwíŋ(g)-, tswíŋ-/ *adj.* ツウィングリ (Zwingli) の, ツウィングリ主義の, ツウィングリ派の. — *n.* ツウィングリ派の信徒. 〖((1532)): ⇨ ↑, -an¹〗

Zwíng·li·an·ìsm /-nìzm/ *n.* ツウィングリ主義《反カトリック的である点では Luther と一致するが, 聖餐を精神的・象徴的なものであるとする点で Luther と異なる》.

Zwíng·li·an·ist /-nɪ̬st | -nɪst/ *n.* ＝Zwinglian. 〖1674〗

zwis·chen·zug /zvíʃənzùːg; *G.* tsvíʃn̩tsuːk/ *n.* 〚チェス〛ツビッシェンツーク《局面改善のために駒の交換を行う戦法》. 〖((1941)) ▭ G *Zwischenzug* ← *zwischen* between＋*Zug* pull, move〗

zwit·ter·i·on /tsvítəàɪən, zwíṭ-, -àɪɑ(ː)n | zwítə(r)-àɪən, tsvít-, -àɪɔn; *G.* tsvítəiòːn, -iːɔn/ *n.* 〚物理〛＝dipolar ion. **zwit·ter·i·on·ic** /tsvìṭəaɪɑ́(ː)nɪk, zwìṭ- | zwìtə(r)aɪɔ́n-, tsvìt-⁻/ *adj.* 〖((1906)) ▭ G ~ 'mongrel ion' ← *Zwitter* hybrid (＜ OHG *zwitaran* ← *zwi-* double, twice: ⇨ twi-)＋ION〗

Zwol·le /zvɔ́(ː)lə, zwɑ́(ː)lə, zwɔ́(ː)-; *Du.* zwɔ́lə/ *n.* ズウォレ《オランダ中東部の都市》.

Zwor·y·kin /zwɔ́ːrɪkɪn/, **Vladimir Kos·ma** /kɑ́(ː)zmə | kɔ́z-/ ズウォリキン《1889–1982; ロシア生まれの米国の技術者・発明家; テレビ開発の先駆者》.

zy·de·co /záɪḍəkou | -dəkəu/ *n.* (*pl.* ~s) ザディコ《米国 Louisiana 州南部発祥の黒人ダンス音楽; フランスの曲, カリブ音楽, ブルースの要素をあわせ持つ》. 〖((1949)) ((1960)) ▭ Louisiana-F ~ 《転訛》? ← F *Les haricots (sont pas salés)* The Snap Beans (Are Not Salty) (曲名): ⇨ haricot〗

zyg- /zaɪg, zɪg/ (母音の前にくるときの) zygo- の異形.

zyg·a·po·phys·e·al /zaɪgəpəfíziəl, zɪg-⁻/ *adj.* (*also* **zyg·a·po·phys·i·al** /~/) 〚動物〛脊椎関節突起の.

zyg·a·poph·y·sis /zaɪgəpɑ́(ː)fəsɪ̬s | -pɔ́fɪ̬sɪs/ *n.* (*pl.* **-y·ses** /-siːz/) 〚動物〛脊椎(せきつい)関節突起《隣接した脊椎骨をつないでいる関節突起》. 〖((1854)) ← ZYGO-＋APOPHYSIS〗

zy·go- /záɪgou, zíg- | -gəu/ 次の意味を表す連結形: **1**「くびき状の, 連結した; 頬骨の」: *zygo*sphene. **2**「一対を成している」: *zygo*dactyl. **3**「接合」: *zygo*spore. ★ 母音の前では通例 zyg- になる. 〖← Gk *zugón* 'YOKE¹'〗

zỳgo·dáctyl *adj.* **1** 〚鳥類〛(二指ずつ前後方に向かう)対指足の. **2** ＝syndactyl. — *n.* 〚鳥類〛対指足類の鳥《キツツキ・オウムなど》. 〖((1831)): ⇨ ↑, dactyl〗

Zy·go·dac·ty·lae /zàɪgədǽktəliː, zɪg- | -gə(ʊ)dǽktɪ-/ *n. pl.* (*also* **Zy·go·dac·ty·li** /-làɪ/) 〚動物〛対指足類. 〖← NL ~: ↑〗

zỳgo·dáctylous *adj.* 〚鳥類〛＝zygodactyl 1. 〖1828–32〗

zỳgo·génesis *n.* 〚生物〛**1** 接合子形成. **2** 配偶子生殖. **zỳgo·genétic** *adj.* 〖((1950)) ← NL ~: ⇨ zygo-, -genesis〗

zy·goid /záɪgɔɪd, zíg-/ *adj.* 〚生物〛接合子 (zygote) の. 〖((1950)) ← ZYGO-＋-OID〗

zy·go·ma /zaɪgóumə, zɪ̬- | zaɪgə́umə, zɪ-/ *n.* (*pl.* ~**·ta** /~ṭə | ~tə/, ~s) 〚解剖〛**1** 頬骨(きょうこつ)突起. **2** 頬骨弓. **3** ＝zygomatic bone. 〖((1684)) ← NL ~ ← Gk *zúgōma*: ⇨ zygo-, -oma〗

zy·go·mat·ic /zàɪgəmǽṭɪk, zɪg- | -gə(ʊ)mǽt-⁻/ 〚解剖〛*adj.* 頬骨(きょうこつ)(突起, 弓)の. — *n.* ＝zygomatic bone. 〖((1709)) ← NL *zygomaticus* ← *zygomat-, zygoma* (↑)＋-IC¹〗

zýgomatic árch *n.* 〚解剖〛頬骨(きょうこつ)弓 (⇨ skull¹ 挿絵). 〖1825〗

zýgomatic bóne *n.* 〚解剖〛頬骨, 顴骨(けんこつ) (cheekbone) (⇨ skull¹ 挿絵). 〖1709〗

zýgomatic prócess *n.* 〚解剖〛頬骨(きょうこつ)突起. 〖1741〗

zỳgo·mórphic *adj.* 〚生物〛左右相称の; 〈花弁が〉左右相称に排列された, 〈花冠が〉不整斉の (cf. actinomorphic). **zýgo·mòrphy** *n.* 〖1875〗

zỳgo·mórphism *n.* 〚生物〛左右相称. 〖1875〗

zỳgo·mórphous *adj.* 〚生物〛＝zygomorphic. 〖1879〗

Zỳgo·mycétes *n. pl.* 〚植物〛接合菌綱《藻菌類の中で有性胞子として接合胞子を生じるもの》. 〖((1887)) ← NL ~: ⇨ zygo-, -mycetes〗

Zy·go·phyl·la·ce·ae /zàɪgoufɪ̬léɪsiiː, zɪg- | -gə(ʊ)-/ *n. pl.* 〚植物〛ハマビシ科. **zỳ·go·phyl·lá·ceous** /-ʃəs⁻/ *adj.* 〖← NL ~ ← *Zygophyllum* (属名: ⇨ zygo-, -phyll)＋-ACEAE〗

zy·go·phyte /záɪgəfàɪt, zíg- | -gə(ʊ)-/ *n.* 〚植物〛接合植物《接合胞子 (zygospore) によって繁殖する藻類》. 〖((1885)) ← ZYGO-＋-PHYTE〗

Zy·gop·ter·a /zaɪgɑ́(ː)ptərə | -gɔ́p-/ *n. pl.* 〚昆虫〛均翅亜目《イトトンボ類・カワトンボ類など前後翅の形が同様でたたんで止まる仲間をいう》. **zy·góp·ter·ous** /-rəs/ *adj.* 〖← NL ~: ⇨ zygo-, -ptera〗

zy·gop·ter·an /zaɪgɑ́(ː)ptərən | -gɔ́p-/ *adj.*, *n.* 〚昆虫〛均翅亜目の(昆虫).

zy·go·sis /zaɪgóusɪ̬s, zɪ̬- | zaɪgə́usɪs, zɪ-/ *n.* 〚生物〛(生殖細胞の)接合. **zy·gose** /záɪgous, zíg- | -gəus/ *adj.* 〖((1880)) ← NL ~: ⇨ zygo-, -osis〗

zýgo·spèrm *n.* 〚植物〛＝zygospore.

zýgo·spòre *n.* 〚植物〛接合胞子《ある種の菌類や藻(も)類において同形の配偶子嚢の接合によって生じる細胞; cf. zoospore》. **zỳgo·spóric** *adj.* 〖1864〗

zy·gote /záɪgout, zíg- | -gəut/ *n.* 〚生物〛**1 a** 接合子《2 個の配偶子あるいは配偶子嚢が接合して生じる細胞》. **b** 受精卵. **2** 接合体《2 個の配偶子結合した細胞が分裂して出来た個体》. **zy·got·ic** /zaɪgɑ́(ː)ṭɪk, zɪ̬- | zaɪgɔ́t-, zɪ-/ *adj.* **zy·gót·i·cal·ly** *adv.* 〖((c1887)) ▭ Gk *zugōtós* yoked ← *zugoûn* to yoke together ← *zugón* 'yoke¹'〗

zy·go·tene /záɪgəṭiːn, zíg-/ *n.* 〚生物〛接合糸期, 合糸期, ザイゴテン期《減数分裂前期の細糸期に続く時期で, 両親からきた相同染色糸が接合する; synaptene ともいう; cf. leptotene》. 〖((1911)) ▭ F *zygotène*: ⇨ zygo-, -tene〗

-zy·gous /záɪgəs, ⁻zɪ̬gəs | záɪgəs, ⁻zɪgəs/ 〚生物〛「接合子 (zygote)的構造をもった」の意の形容詞連結形: homo*zygous*. 〖▭ Gk *-zugos* ← *zugón* 'YOKE¹'〗

Zý·klon B /záɪklɑ(ː)n- | -klɔn-/ *n.* チクロン B《シアン化水素をしみ込ませた顆粒状の毒薬で, 空気に触れると有毒ガスを発生する; 殺虫用燻蒸剤; ナチがガス室で使用した》. 〖((1944)) ← *Zyklon* (商標名) ← ?〗

zym- /zaɪm/ (母音の前にくるときの) zymo- の異形.

zy·mase /záɪmeɪs, -meɪz/ *n.* 〚生化学〛チマーゼ《アルコール発酵にあずかる酵素群の総称》. 〖((1875)) ▭ F: ⇨ zyme, -ase〗

zyme /záɪm/ *n.* 《廃》〚病理〛酵素《昔, 伝染病の病原体がこの名で呼ばれたことがあった; cf. zymosis 2》. 〖((1882)) ▭ Gk *zūmē* leaven ⇨ juice: cf. *zōmos* broth〗

-zyme /zaɪm/ 〚生化学〛「酵素」の意の名詞連結形: en*zyme*, lyso*zyme*. 〖↑〗

zy·mo- /záɪmou | -məu/「酵素, 発酵」の意の連結形. ★ 母音の前では通例 zym- になる. 〖← NL ~ ← Gk *zūmo-*: ⇨ zyme〗

zy·mo·gen /záɪmədʒən, -dʒɛ̀n/ *n.* 〚生化学〛チモーゲン, 酵素原《酵素の母体; ほかの一定の物質の作用を受けて酵素の働きをもつようになる; proenzyme ともいう》. 〖((1877)) ▭ G ~: ⇨ ↑, -gen: 19 世紀ドイツの生理学者 R. P. H. Heidenhain の造語〗

zỳmo·génesis *n.* 〚生化学〛酵素化《チモーゲンが酵素に変じること》. 〖← NL ~: ⇨ zymo-, -genesis〗

zỳmo·génic *adj.* 〚生化学〛**1** 発酵を促進させる. **2** 酵素原 (zymogen) の. 〖((1884)) 1: ← ZYMO-＋-GENIC¹. 2: ← ZYMOGEN＋-IC¹〗

zýmogenic órganism *n.* 〚生物〛発酵有機体《発酵を促進させる微生物》. 〖1884〗

zy·mog·e·nous /zaɪmɑ́(ː)dʒənəs | -mɔ́dʒɪ̬-/ *adj.* 〚生化学〛＝zymogenic.

zy·mól·o·gist /-dʒɪ̬st | -dʒɪst/ *n.* 発酵学者. 〖1846〗

zy·mol·o·gy /zaɪmɑ́(ː)lədʒi | -mɔ́l-/ *n.* 発酵学. **zy·mo·log·ic** /zàɪməlɑ́(ː)dʒɪk | -mə(ʊ)lɔ́dʒ-⁻/ *adj.* **zỳ·mo·lóg·i·cal** /-dʒɪ̬kəl, -kḷ | -dʒɪ-⁻/ *adj.* 〖((1753)) ← NL *zymologia*: ⇨ zymo-, -logy〗

zy·mol·y·sis /zaɪmɑ́(ː)ləsɪ̬s | -mɔ́lɪ̬sɪs/ *n.* 〚生化学〛**1** 酵素分解《酵素による消化・発酵作用》. **2** 酵素分解《酵素による加水分解反応》. **zy·mo·lyt·ic** /zàɪməlíṭɪk | -mə(ʊ)lítɪk⁻/ *adj.* 〖((1890)) ← NL ~: ⇨ zymo-, -lysis〗

zy·mom·e·ter /zaɪmɑ́(ː)məṭə | -mɔ́mɪ̬tə^(r)/ *n.* 発酵計, 発酵度測定器. 〖((1842)) ← ZYMO-＋-METER¹〗

zỳmo·plástic *adj.* 〚化学〛酵素を生じる.

zy·mo·scope /záɪməskòup | -skəup/ *n.* 〚化学〛発酵計. 〖((1868)) ← ZYMO-＋-SCOPE〗

zy·mo·sim·e·ter /zàɪmousímәṭә | -mə(ʊ)símɪ̬tə^(r)/ *n.* ＝zymometer. 〖((1704)) ← Gk *zúmōsis* (↓)＋-METER¹〗

zy·mo·sis /zaɪmóusɪ̬s | zaɪmə́usɪs, zɪ-/ *n.* (*pl.* **-mo·ses** /-siːz/) **1** 発酵 (fermentation). **2** 《廃》〚病理〛**a** 発酵作用《昔はこれによって伝染病が起こると考えられた; cf. zyme》. **b** 発酵病《発酵作用によるとされた伝染病 (zymotic disease); ほうそう・チフスなど》. 〖((1842)) ← NL ~ ← Gk *zúmōsis* fermentation: ⇨ zymo-, -osis〗

zy·mos·then·ic /zàɪməsθénɪk⁻/ *adj.* 〚化学〛酵素の働きを増す. 〖← ZYMO-＋-STHENIC〗

zỳmo·téchnics *n.* 発酵法, 醸造法.

zy·mot·ic /zaɪmɑ́(ː)ṭɪk | -mɔ́t-/ *adj.* **1** 発酵の, 発酵性の. **2** 《廃》〚病理〛発酵病の. **zy·mót·i·cal·ly** *adv.* 〖((1842)) ▭ Gk *zūmōtikós* causing fermentation: ⇨ zymo-, -otic¹〗

zymótic diséase *n.* 《廃》〚病理〛発酵病, 伝染病 (⇨ zyme, zymosis 2).

zy·mur·gy /záɪməːdʒi | -məː-/ *n.* 醸造学. 〖((1868)) ← ZYMO-＋-URGY〗

Zyr·i·an /zí(ə)riən | zír-/ *n.* ズリェーン語《フィンウゴール語 (Finno-Ugric) の一つ; ウラル・アルタイ語系に属する言語; 文献は 13 世紀ごろからある》. 〖((1886)) ▭ F *zyriène*〗

zy·thum /záɪθəm/ *n.* ザイサム《古代エジプトのビール》. 〖▭ L ~ ▭ Gk *zûthos* beer ← ? Egypt.〗

zz 《略》 zigzag.

Zz., zz 《略》 *L.* zingiber (＝ginger).

ZZZ, zzz /zː/ 《記号》ぐうぐう《いびきの音》, ぶんぶん《ハチなどの羽音》, がーがー, ぶーん《電動のこぎりの音》.

FOREIGN PHRASES AND QUOTATIONS

ラテン語を中心に，人口に膾炙(かいしゃ)した外国語慣用表現約800を選んである．単語や短いフレーズなどは一般に本文中に収めるようにし，ここには主として文形式のものを集めることにした．出典の明らかなものは，手にしやすい流布版によって，著者・書名のほか巻・行，章・節なども示すようにし，また必要に応じて相互参照や用法上の指示を与えた．ここに見当らない語句，引用文については，本文の方を検索されたい．(ギリシャ文字のローマ字転写は本文の alphabet 表により，例えば χ は ch でなく kh で転写してある．また，ギリシャ語のアクセント記号やラテン語の長音記号は便宜的に省いた．)

abeunt studia in mores (L) One's habitual pursuits pass over into character; use is second nature. — Ovid, *Heroides* 15: 83.

abiit ad plures [majores] (L) He [She] has gone to the majority; He [She] is dead.

ab incunabulis (L) from the cradle; from the childhood — Livy, *Ab Urbe Condita* 4: 36.

a bisogni si conoscon gli amici (It.: friends are known in time of need) A friend in need is a friend indeed. (cf. au besoin ...)

à bon chat, bon rat (F: to a good cat, a good rat) tit for tat; retaliation in kind.

ab ovo usque ad mala (L: from the egg to the apples) from beginning to end — Horace, *Satirae* 1: 3: 6–7 (昔のローマの宴席では食事は卵で始まり果物で終わったのにちなむ; cf. 本文 ab ovo).

absens haeres non erit (L: the absent one will not be the heir) Out of sight, out of mind.

absit omen (L: let there be no omen) Let there be no bad things. (cf.「つるかめつるかめ」)

ab uno disce omnes (L: from one (offense), learn all (the race)) From one example you may know the rest. — Virgil, *Aeneis* 2: 65–66 (cf. ex pede Herculem; ex ungue leonem; ex uno disce omnes).

a buon vino non bisogna frasca (It.) Good wine needs no bush. (cf. vino vendibili ...)

abusus non tollit usum (L: abuse dose not destroy the use) Abuse is no argument against proper use. (「濫用はその使用を廃せず」の意)

acerrima proximorum odia (L) The hatred of those nearest (to us) is the bitterest. — Tacitus, *Historiae* 4: 70.

ad astra per aspera (L) to the stars through hardships (米国 Kansas 州のモットー; cf. Seneca, *Hercules Furens* 437).

adhuc sub judice lis est (L: the case is still before the court) The dispute is still pending. — Horace, *Ars Poetica* 78.

ad Kalendas [Calendas] Graecas (L: at the Greek calends) never — Suetonius, *Augustus* 87 (⇨ 本文 Greek calends).

ad majorem Dei gloriam (L) to the greater glory of God — Gregorius Magnus, *Dialogi* 1: 2 (イエズス会のモットー; 略 AMDG).

adunaton oun polla tekhnōmenon anthrōpon panta kalōs poiein (Gk) It is impossible for a man who attempts much to do everything well. —Xenophon, *Cyropaedia* 8: 2: 5.

ad unguem (L: to the fingernail) exactly; to nicety — A. C. Celsus (大理石の滑かさを爪で試したことから; ↓).

ad unguem factus homo (L: man polished to the nail) a perfect gentleman —Horace, *Satirae* 1: 5: 32 (**homo factus ad unguem** ともいう; ↑).

ad vitam aut culpam (L: for life or fault) during good behavior; till some misconduct is proved (Scotland の法律用語).

advocatus diaboli (L: devil's advocate) a carping [adverse] critic (弁護する方は **advocatus Dei** という).

aegrescit medendo (L: it [he] becomes worse from the very remedies employed) The remedy is worse than the disease. (cf. Virgil, *Aeneis* 12: 46)

aequam memento rebus in arduis servare mentem (L) Remember to keep an even mind in difficulties. — Horace, *Odae* 2: 3: 1 (cf. mens aequa ...).

aetatis suae (L) of [at] his [her] age.

afflavit Deus et dissipantur (L) God breathed, and they are dispersed. (アルマダ海戦 (1588) の戦勝記念メダルに刻まれた句)

agnōstōi theōi (Gk) to the unknown God — *Acts* 17: 23.

aide-toi et Dieu [le ciel] t'aidera (F) Help yourself and God [Heaven] will help you. — La Fontaine, *Fables* 6: 18.

à la française [la grecque, l'anglaise, l'espagnole] (F) in the French [Greek, English, Spanish] style.

à la Tartuffe (F: like Tartuffe) hypocritically (Molière の喜劇 *Le Tartuffe* (1664) の偽善的な主人公にちなむ).

alieni appetens, sui profusus (L) covetous of another's possessions, lavish of his [one's] own. — Sallust, *Catilina* 5: 4.

aliquando bonus dormitat Homerus (L) (Even) good Homer sometimes nods. (cf. quandoque bonus dormitat Homerus)

alis volat propriis (L) She [He] flies with her [his] own wings. (米国 Oregon 州のモットーの一つ)

alter ego est amicus (L) A friend is another self.

alteri sic tibi (L) (do) to another as to thyself (cf. *Matt.* 7: 12).

amantes amentes (L) Lovers are lunatics. — Terence, *Andria* 1: 3: 13; Plautus, *Mercator* Prol. 81.

amantium irae amoris integratio [redintegratio] est (L) Lovers' quarrels are a renewal of love. — Terence, *Andria* 3: 3: 23.

amare et sapere vix deo conceditur (L) To love and to be wise is scarcely granted (even) to a god. (cf. amar y saber ...)

amari aliquid (L) some touch of bitterness — Lucretius, *De Rerum Natura* 4: 1134.

amar y saber no puede ser (Sp.) No one can love and be wise at the same time. (cf. amare et sapere ...)

a mensa et t(h)oro (L) from table [board] and bed (⇨ 本文 DIVORCE a mensa et thoro).

amicus certus in re incerta cernitur (L) A certain friend is recognised in uncertain [adverse] circumstance. — Ennius (Cicero, *De Amicitia* 17: 64 に引用: cf. a bisogni ...).

amicus Plato, (amicus Socrates,) sed magis amica veritas (L) Plato is my friend, (Socrates is my friend,) but a greater friend is truth. (Aristotle に帰せられる: cf. Plato, *Phaedon* 91 C)

amicus usque ad aras (L: friend as far as the altars) a friend to the last extremity (⇨ usque ad aras).

ami de cour (F: friend of the court) a court friend; a false friend (cf. 本文 amicus curiae).

amor vincit omnia (L) Love conquers all things. (cf. omnia vincit ...)

anguis in herba (L: snake in the grass) unforeseen danger (cf. latet anguis ...).

animal bipes implume (L) a two-legged animal without feathers (Plato の「人間」の定義のラテン語訳; cf. Plato, *Politicus* § 266; **animal implume, bipes** ともいう).

animis opibusque parati (L) prepared in spirits and wealth — Virgil, *Aeneis* 2: 799 (米国 South Carolina 州のモットーの一つ).

anno aetatis suae (L) in the ... year of his [her] age.

anno post Christum natum (L) in the year after the birth of Christ (略 A.P.C.N.).

anno post Romam conditam (L) in the year after the building of Rome (753 B.C.) (略 A.P.R.C.; cf. anno urbis conditae).

annos vixit (L) He [She] lived (so many) years. (略 a.v.)

anno urbis conditae (L) in the year [from the time] of the founded city (=Rome) (cf. anno post Romam conditam).

annuit coeptis (L) He (=God) has smiled on (our) attempt. — Virgil, *Georgica* 1: 30 (米国の国璽(こくじ) (Great Seal) の裏のモットー).

anthrōpos esti pneuma kai skia monon (Gk) Man is but a breath and a shadow. — Sophocles, *Fragmenta* 13.

après nous [moi] le déluge (F) After us [me] the deluge! (Rossbach の戦いでフランス軍がプロシア軍に敗れたとき, Mme. de Pompadour が Louis 十五世に言った言葉, また moi の形では Louis 15 世自身の言葉とも伝えられる; cf.「後は野となれ山となれ」; Gk *emou thanontos gaia mikhthētō puri* 'when I am dead let earth be mingled with fire' (cf. Cicero, *De Finibus* 3: 19; Euripides)).

à propos de bottes [rien] (F: with regard to boots [nothing]) irrelevantly (cf.「藪(やぶ)から棒に」; 話題を変更する時に使う).

Arcades ambo (L: Arcadians both) two persons of like tastes [occupations]; 《戯言》 two rascals — Virgil, *Eclogae* 7: 4 (Corydon と Thyrsis のこと).

argent comptant porte médicine (F) Cash money works wonderful cures.

a rivederci (It.) till we meet again (別れの挨拶).

arma virumque cano (L) Arms and the man I sing. — Virgil, *Aeneis* 1: 1.

arrectis auribus (L: with ears erect) attentively — Virgil, *Aeneis* 2: 303.

ars est celare artem (L) The (true) art is to conceal art.

ars gratia artis (L) art for art's sake.

ars longa, vita brevis (L) Art is long, life is short. (cf. L *vita brevis ars longa* — Seneca, *De Brevitate Vitae* 1: 1; Hippocrates の Gk *ho bios brakhus, hē de tekhnē makrē* から; tekhnē (=ars) はここでは「医術」を意味し，従って原義は「医術の修得には多年を要し，人生が短かすぎる」の意).

asbestos gelōs (Gk) unquenchable laughter — Homer, *Ilias* 1: 599 (cf. 本文 Homeric laughter).

asinus ad lyram (L: ass at the lyre) one unsuited to occupation; an awkward fellow — Aulus Gellius, *Noctes Atticae* 3: 16 (cf. Gk *onos pros luran*).

at rejse er at leve (Dan.) To travel is to live. — Andersen.

au besoin l'on connaît l'ami (F) A friend in need is a friend indeed. (cf. a bisogni ...)

auctor pretiosa facit (L) The giver makes the gift precious. (cf. Ovid, *Heroides* 17: 71–72)

audentes fortuna juvat (L) Fortune favors the bold. — Virgil, *Aeneis* 10: 284.

au dernier les os (F: for the last, the bones) The last comer gets the bones.

audi alteram partem (L) Hear the other side. — St. Augustine, *De Duabus Animabus* 14: 22.

aujourd'hui roi, demain rien (F) Today a king, tomorrow nothing.

au pays [royaume] des aveugles les borgnes sont rois (F) In the country [kingdom] of the blind, the one-eyed men are kings. (cf.「鳥なき里のこうもり」)

au pis aller (F) at the worst; as a last resort.

aurea mediocritas (L) the golden mediocrity [mean] (cf. Horace, *Odae* 2: 10: 5).

auribus teneo lupum (L) I hold a wolf by the ears. — Terence, *Phormio* 3: 2: 21 (ある事を手放しても保持しても苦境に陥ることを言う).

auri sacra fames (L) accursed hunger for gold — Virgil, *Aeneis* 3: 57.

auspicium melioris aevi (L) augury of a better age (St. Michael & St. George 勲爵士団のモットー).

autant d'hommes [de têtes], autant d'avis (F) So many men [heads], so many minds [opinions]. (cf. quot homines ...)

aut Caesar aut nullus (L: either Caesar or nobody) All or nothing.

aut regem aut fatuum nasci oportet (L) One ought to be born either a king or a fool. — Seneca, *De Morte Claudii Caesaris*.

autres temps, autres mœurs (F) Other times, other manners [customs].

avec les hommages de l'auteur (F) with the author's compliments.

ave, Imperator, morituri te salutant (L) Hail, Emperor [Caesar]! Those who are about to die salute thee. — Suetonius, *Claudius* 21: 6 (古代ローマ闘士の言葉).

a vinculo matrimonii (L) from the bond of marriage (⇨ 本文 DIVORCE a vinculo matrimonii).

a vostra salute! (It.) To your health! (乾杯の言葉; ⇨ 本文 à votre santé!)

a vuestra salud! (Sp.) To your health! (乾杯の言葉; ↑)

barbae tenus sapientes (L: men wise as far as the beards) with an appearance of wisdom only.

bella! horrida bella! (L) Wars! horrid wars! — Virgil, *Aeneis* 6: 86.

bellaque matribus [matronis] detestata (L) and wars detested by mothers [matrons] — Horace, *Odae* 1: 1: 24–25.

belle hôtesse un mal pour la bourse (F) A pretty hostess makes the hotel bill heavy.

bellum internecinum [internecivum] (L) war of extermination — Cicero, *Orationes Philippicae* 14: 3; Livy, *Ab Urbe Condita* 22: 58.

bellum nec timendum nec provocandum (L) War is neither to be feared nor provoked. — Pliny (the Younger), *Panegyricus* 16.

belua multorum capitum (L: the many-headed monster) the multitude; the mob — Hor-

ace, *Epistulae* 1:1:76.
benedetto è quel male che vien solo (It.) Blessed is the misfortune that comes alone.
benedicto benedicatur (L) May the blessed one (=God) be blessed!
benedictus benedicat (L) May the blessed one (=God) bless! (Benedict 派の食前の祈禱)
beneficium accipere libertatem est vendere (L) To accept a favor is to sell one's liberty. — Publilius Syrus.
bene merenti [merentibus] (L) to the well-deserving one [ones] — Plautus, *Asinaria* 1:2:3 (略 b.m.).
bene qui latuit bene vixit (L) He has lived well who has lived obscure. — Ovid, *Tristia* 3:4:25 (cf. lathe biōsas).
bene vale (vobis) (L) Good luck (to you); farewell (略 B.V.).
benigno numine (L) by favor of Providence — Horace, *Odae* 4:4:74.
beso las manos [los pies] (Sp.) I kiss your hands [feet]. (挨拶の言葉)
bis dat qui cito dat (L) He gives twice who gives promptly. — F. Bacon (1617年5月7日の演説中に用いた諺; cf. inopi beneficium bis dat, qui dat celeriter (Publilius Syrus);「明日の百より今日の五十」).
bis pueri senes (L) Old men are twice children.
bon avocat, mauvais voisin (F) A good lawyer is a bad neighbor.
bon gré, mal gré (F: good grace, bad grace) willingly or unwillingly; willy-nilly.
bonnes nouvelles adoucissent le sang (F) Good news sweetens the blood.
Borgen macht Sorgen (G) Borrowing makes sorrowing.
brevis esse laboro, obscurus fio (L) Laboring to be brief, I become obscure. — Horace, *Ars Poetica* 25–26.
brûler la chandelle par les deux bouts (F) to burn the candle at both ends — Alain-René Le Sage, *Gil Blas* 7:15.
buen principio, la mitad es hecha (Sp.: good beginning, half is done) Well begun is half done. (cf. dimidium facti ...)

caelum non animum mutant qui trans mare currunt (L) Those who cross the sea change only their climate, not their mind. — Horace, *Epistulae* 1:11:27.
cantabit vacuus coram latrone viator (L) The penniless traveler will sing in presence of the robber. — Juvenal, *Satirae* 10:22 (「持たぬ者は失うものなし」の意).
carpe diem, quam minimum credula postero (L) Seize the (present) day, trust the least possible of the future. — Horace, *Odae* 1:11:8 (cf. 本文 carpe diem).
causa latet, vis est notissima (fontis) (L) The cause (of the fountain) is hidden, but the effect is most clear. — Ovid, *Metamorphoses* 4:287.
cedant arma togae (L: let arms yield to the toga) Let military power give way to civil power. — Cicero, *De Officiis* 1:22:77 (米国 Wyoming 州のモットー).
celui qui ne dit rien consent (F: one who says nothing consents) Silence gives consent. (cf. qui tacet ...)
celui qui veut, celui-là peut (F: he who has the will, has the power) Where there's a will there's a way.
ce n'est que le premier pas qui coûte =il n'y a que le premier pas qui coûte.
certum est quia impossibile est (L) It is true because it is impossible. (cf. Tertullian, *De Carne Christi* 5; credo quia ...)
c'est double plaisir de tromper le trompeur (F) It is a double pleasure to deceive the deceiver. — La Fontaine, *Fables* 1:15.
c'est le commencement de la fin (F) It's the beginning of the end. (Borodino における Napoleon の敗北 (1812) を聞いた時の Charles-Maurice de Talleyrand の言葉と伝えられる.)
chacun (à) son goût (F) every one to his taste. (cf. de gustibus ...)
châteaux en Espagne (F: castles in Spain) castles in the air.
cherchez la femme (F: look for the woman) There's a woman at the bottom of the affair. — Dumas père, *Le Mohicans de Paris* 2:11.
che sarà, sarà (It.) What will be will be.
chi tace acconsente [confessa] (It.: he who is silent consents [confesses]) Silence gives consent. (cf. qui tacet ...)
Christe eleison (Latinized Gk) Christ have mercy.
cicada cicadae cara, formicae formica (L: cicada is dear to cicada, ant to ant) Like draws to like. (cf. simile gaudet ...; similia similibus ...)
circuitus verborum (L: circuit of words) a round-about expression; a circumlocution — Cicero, *De Oratore* 3:49:191.
circulus in probando (L: circle in the proof) arguing in a circle; a vicious circle.
civis Romanus sum (L) I am a Roman citizen. — Cicero, *Orationes in Verrem* 5:5:147 (この申し開きによって死罪などを免れることができたという).
clarum et venerabile nomen (L) an illustrious and venerable name — Lucan, *Pharsalia* 9:203.
cogito, ergo sum (L) I think, therefore I exist. (cf. 本文 cogito)
concordia discors (L) discordant harmony — Horace, *Epistulae* 1:12:19.
conditio sine qua non (L: condition without which the matter cannot be) an indispensable condition.
conscia mens recti famae mendacia risit (L) A mind conscious of rectitude laughs at the falsehoods of rumor. — Ovid, *Fasti* 4:311.
consensus facit legem (L) Consent makes law.
consuetudo pro lege servatur (L) Custom is held as law.
consule Planco (L: when Plancus was consul) in my younger days — Horace, *Odae* 3:14:28.
contraria contrariis curantur (L) Opposites are cured by opposites.
cor ad cor loquitur (L) Heart speaks to heart.
coram populo (L: before the people) publicly; in public.
corruptio optimi pessima (L) The corruption of the best is worst of all.
coup de foudre (F: thunderbolt) an unexpected event [disaster]; love at first sight.
crambe repetita (L: cabbage warmed up again) an old story — Juvenal, *Satirae* 7:154 (cf. Gk *dis krambē thanatos* 'cabbage served twice is death').
credat Judaeus Apella(, non ego) (L) Let Apella, the superstitious Jew, believe it(; I don't). — Horace, *Satirae* 1:5:100.
credo quia absurdum (est) (L) I believe it because it is absurd. (cf. certum est ...)
crescit amor nummi quantum ipsa pecunia crescit (L) The love of money grows as our wealth increases. — Juvenal, *Satirae* 14:139.
crescit eundo (L) It increases as it goes. — Lucretius, *De Rerum Natura* 6:341 (米国 New Mexico 州のモットー).
crux criticorum (L) a crux for critics.
cucullus non facit monachum (L) The cowl does not make the monk.
cui Fortuna ipsa cedit (L) to whom Fortune herself yields — Cicero, *Paradoxa Stoicorum* 34.
cum privilegio (L: with privilege or licence) by leave of the authorities.
cum tacent, clamant (L: although they keep silence, they cry aloud) Their silence is more expressive than words. — Cicero, *Orationes in Catilinam* 1:21.
curiosa felicitas (L) careful felicity of expression — Petronius Arbiter, *Satyricon* 118:5 (Horace についてのべた言葉).

da locum melioribus (L) Give place to your betters. — Terence, *Phormio* 3:2:37.
damnant quod non intelligunt (L) They condemn what they do not understand. — Quintilian, *Institutio Oratoria* 10:1:26.
das Ewig-Weibliche (zieht uns hinan) (G) The eternal feminine (draws us upward). — Goethe, *Faust* (全篇の結句).
date et dabitur vobis (L) Give, and it shall be given to you. — *Luke* 6:38.
Davus sum, non Oedipus (L: I am Davus, not Oedipus) I am not good at riddles. — Terence, *Andria* 1:2:23 (Davus はローマの奴隷, Oedipus は Sphinx の謎を解いたテーベの国王).
decori decus addit avito (L) He adds honor to the ancestral honor.
de gustibus non est disputandum (L) There is no disputing about tastes. (cf. chacun (à) ...;「蓼(たで)食う虫もすきずき」)
de lana caprina rixari (L: to quarrel about goat's wool) to dispute about a worthless thing — Horace, *Epistulae* 1:18:15.
de l'audace, encore de l'audace, et toujours de l'audace (F) audacity, more audacity, and always audacity (Georges Jacques Danton の演説中の言葉).
delenda est Carthago (L: Carthage must be destroyed) The war must be carried on to the bitter end. (Cato, the Elder が元老院で口を開く度にのべた言葉)
de mortuis nil nisi bonum (L) Of the dead say nothing but good. (Solon の法律の一つ)
de nihilo nihil, in nihilum nil posse reverti (L) From nothing nothing can come, and into nothing nothing can return. — Persius, *Satirae* 3:84.
deorum cibus est (L) It is food for the gods.
de rerum natura (L) concerning the nature of things (Lucretius 作の表題).
der Mensch ist was er isst (G) Man is what he eats. — Feuerbach.
desinit in piscem mulier formosa superne (L) What at the top is a lovely woman (should not end below) with a fish's tail. — Horace, *Ars Poetica* 4.
de te fabula narratur (L) ⇨ quid rides? mutato nomine, de te fabula narratur.
detur digniori (L) Let it be given to the more deserving.
detur pulchriori (L) Let it be given to the fairer. (apple of discord に記された言葉)
Deus avertat! (L) God forbid!
Deus det (nobis pacem)! (L) May God grant (us peace)! (昔用いられた食後の感謝の祈り)
Deus nobiscum, quis contra (L) God with us, who (can avail) against us?
deus nobis haec otia fecit (L) It is a god (=Augustus Caesar) that has given us this ease. — Virgil, *Eclogae* 1:6.
Deus vobiscum (L) God be with you. (cf. Dominus vobiscum)
Deus vult (L) God wills it. (第1回十字軍のモットー)
di buona volontà sta pieno l'inferno (It.) Hell is full of good intentions. (St. Bernard of Clairvaux の言葉からという)
dictum sapienti (sat est) (L) A word to the wise (is sufficient). — Plautus, *Persa* 4:7:19 (cf. verbum sat sapienti (est)).
dies nefasti (L) forbidden [unholy] day (古代ローマの法廷非開廷日, 不起訴日のこと).
digito monstrari (L: to be pointed out with the finger) to be famous — Persius, *Satirae* 1:28.
dignus vindice nodus (L) a knot worthy of the untier (cf. nec deus ...).
dii majorum gentium (L) the (twelve) superior gods — Cicero, *Tusculanae Disputationes* 1:13:29.
dimidium facti, qui coepit, habet (L: he who has begun has the work half done) Well begun is half done. — Horace, *Epistulae* 1:2:40 (cf. buen principio ...).
dirigo (L) I direct. (米国 Maine 州のモットー)
dis aliter visum (L) It is otherwise decreed by the gods. — Virgil, *Aeneis* 2:428.
disjecti membra poetae (L) the limbs of the dismembered poet — Horace, *Satirae* 1:4:62 (韻律は整っていなくても詩人の本意の片鱗は認められる時があるということ; cf. 本文 disjecta membra).
ditat Deus (L) God enriches. (米国 Arizona 州のモットー)
docendo discimus (L) We learn by teaching.
doctor utriusque legis (L) a doctor of both (*i.e.* canon and civil) laws (cf. juris utriusque ...).
Domine, dirige nos (L) O Lord, direct us. (London 市のモットー)
Dominus illuminatio mea (L) The Lord is my light. — *Ps.* 27:1 (Vulgate では 26:1; Oxford 大学のモットー).
Dominus vobiscum (L) The Lord be with you. (cf. Deus vobiscum)
domus et placens uxor (L) home and an agreeable wife — Horace, *Odae* 2:14:21–22.
donec eris felix, multos numerabis amicos (L) As long as you are prosperous, you will number many friends. — Ovid, *Tristia* 1:9:5 (友人が群がるのは羽振りのよい間だけ, の意: cf. felicitas multos ...).
donna è mobile (It.) Woman is changeable.
dono dedit (L) gave as a gift (献呈本の献呈者名(著者名)の前にしばしば使われる; 略 d.d.).
dormitat Homerus (L) ⇨ quandoque bonus dormitat Homerus.
dos moi pou stō kai tēn gēn kinēsō (Gk) Give me a place where I may stand, and (with a lever) I will move the earth. — Archimedes, *Pappus Alexandrinus, Collectio* 8:10:11 (⇨ 本文 pou sto).
dulce bellum inexpertis (L) War is sweet to those who have not tried it.
dulce, 'Domum' (L) Sweet is the strain of 'Homeward'. (休暇の前に歌われる Winchester 校などの歌の一節)
dulce est desipere in loco (L) It is pleasant to play the fool on occasion. — Horace, *Odae* 4:12:28.
dulce et decorum est pro patria mori (L) It is sweet and glorious to die for one's country. — Horace, *Odae* 3:2:13.
dum spiro, spero (L) While I breathe, I hope. (米国 South Carolina 州のモットーの一つ)
dum vivimus, vivamus (L: let us live while we live) Let us enjoy life.
dux femina facti (L) The leader [originator] of the deed was a woman. — Virgil, *Aeneis* 1:364.

eau bénite de cour (F: holy water of court)

fair promises; empty words.
ecce agnus Dei (L) Behold, the lamb of God. —*John* 1:29.
écrasez l'infâme! (F) Crush the infamous thing. (Voltaire が 1762 年 11 月 28 日付の A.M. d'Alembert への手紙で, 革命前のフランスの固陋(ころう)な体制派, カトリック教会に対してのべた言葉)
e flamma cibum petere (L: to seek food from the flames) to be reduced to the last extremity —Terence, *Eunuchus* 3:2:38.
ego sum rex Romanus et super grammaticam (L) I am the king of the Romans and am superior to grammar. (ラテン語の誤りを正そうとした枢機卿に対する皇帝 Sigismund の言葉)
eheu! fugaces labuntur anni (L) Alas! the fleeting years slip away. —Horace, *Odae* 2:14:1.
emollit mores, nec sinit esse feros (L) (Learning) softens manners, and does not permit men to be rude. —Ovid, *Epistulae ex Ponto* 2:9:48.
en cueros (vivos) (Sp.: in the (living) skin) naked; without clothing (時に, **en cuerpo** (Sp.) 'in close-fitting dress' を誤用でこの意味に用いることがある).
ense petit placidam sub libertate quietem (L) with the sword she seeks peaceful repose under liberty (Algernon Sidney (1622–83) の作に帰せられる; 米国 Massachusettes 州のモットー).
e pluribus unum (L) one out of many (1956年以前の米国のモットー).
eppur si muove (It.) And yet it does move. (地動説を撤回した際の Galileo の言葉と伝えられる)
epulis accumbere divum (L) to sit at banquets of the gods —Virgil, *Aeneis* 1:79.
e re nata (L) according to the circumstances; as matters are —Terence, *Adelphi* 3:1:8.
errare est humanum (L) =humanum est errare.
errare malo cum Platone (L) I choose rather to err with Plato.
esse est percipi (L) To be is to be perceived. (Berkley 哲学の基本原理)
esse quam videri (L) to be rather than to seem (米国 North Carolina 州のモットー).
est modus in rebus (L) There is a middle course in all things. —Horace, *Satirae* 1:1:106.
esto perpetua (L) Be thou lasting. (故郷 Venice を想う Paolo Sarpi 教父の臨終の言葉といわれる; 米国 Idaho 州のモットー)
et hoc [id] genus omne (L) and all [this] kind (of thing).
et in Arcadia ego (L) I too (lived) in Arcadia; I, too, know all about it. (「Arcadia の羊飼い」という Poussin の絵の中の墓碑銘)
et sic de ceteris [similibus] (L) and so of the rest [the like].
et tu, Brute! (L) And you too, Brutus. (暗殺者の中に Brutus を認めた Caesar の最後の言葉とされる; cf. *The True Tragedie of Richard Duke of York* (1595); Shak. *Caesar* 3:1:77)
eventus stultorum magister (L: the result is the schoolmaster of fools) Fools must be taught by experience. (cf. experientia docet stultos)
ex Africa semper aliquid novi (L) always something new out of Africa —Pliny (the Elder), *Naturalis Historia* 8:17:42.
excelsior (L: higher) ever upward (米国 New York 州のモットー).
exceptio probat regulam (L) The exception proves the rule. (本来は, この後に in casibus non exceptis が続き,「例外は例外でない場合の規則を確認する」だが,「例外があることは規則のある証拠」の意で用いられることが多い)
exegi monumentum aere perennius (L) I have reared a monument more lasting than bronze. —Horace, *Odae* 3:30:1.
ex fructu arbor agnoscitur (L) The tree is known by its fruits. —*Matt.* 12:33.
exitus acta probat (L) The result justifies the deed. —Ovid, *Heroides* 2:85.
ex nihilo nihil fit (L) Out of nothing nothing comes. (cf. Lucretius, *De Rerum Natura* 1:149; 2:287; ⇨ 本文 ex nihilo; cf. de nihilo …)
ex pede Herculem (L: from the foot (we may know) Hercules) the whole from the part shown (Pythagoras が Hercules の背丈をその足の大きさから推し量ったとの言い伝えから; cf. ex ungue …).
experientia docet stultos (L) Experience teaches fools. (cf. eventus stultorum …)
experto credite [crede] (L) Trust one who has had experience. —Virgil, *Aeneis* 11:283.
expertus metuit (L: having had experience, he dreads it) A burnt child dreads the fire. —Horace, *Epistulae* 1:18:87 (cf.「羹(あつもの)に懲りて膾(なます)を吹く」).
ex tempore (L) on the spur of the moment; according to circumstances —Cicero, *De Oratore* 3:50:194 (⇨ 本文 extempore).
extinctus amabitur idem (L) This same man (abused when alive) will be loved after his death. —Horace, *Epistulae* 2:1:14.
ex ungue leonem (L: from the claw (we may judge of) the lion) We may judge of the whole from a part. (Alcaeus などに帰されるギリシャの諺: eks onukhōn leonta; cf. ex pede …)
ex uno disce omnes (L) =ab uno disce omnes.

faber est quisque fortunae suae (L) Every man is the architect of his own fortune. —Sallust, *De Republica* 1:1.
facile est inventis addere (L) It is easy to add to things already invented.
facilis descensus Averno (L: the descent to Avernus is easy) The road to evil is easy. —Virgil, *Aeneis* 6:126.
facit indignatio versum [versus] (L) Indignation makes verse [verses]. —Juvenal, *Satirae* 1:79.
facta non verba (L) deeds, not words.
faex [faeces] populi (L) the scum of the people (cf. Cicero, *Epistulae ad Quintum Fratrem* 2:9:5).
fama clamosa (L) public scandal.
fama semper vivat! (L) May his [her] fame last forever!
fas est et ab hoste doceri (L) It is right to learn even from an enemy. —Ovid, *Metamorphoses* 4:428.
fata obstant (L) The Fates oppose. —Virgil, *Aeneis* 4:440.
fata viam invenient (L) The Fates will find out a way. —Virgil, *Aeneis* 10:113.
fatti maschii, parole femine (It.) Deeds (are) manly, words womanish. (米国 Maryland 州のモットーの一つ; ただしこのモットーでは 'Manly deeds, womanly words' の意と解される)
favete linguis (L: favor with your tongues) Be silent. —Horace, *Odae* 3:1:2.
felicitas multos habet amicos (L) Prosperity has many friends. (cf. donec eris …)
fendre un cheveu en quatre (F: to split a hair in four) to split hairs.
festina lente (L) Make haste slowly.
fiat lux (L) Let there be light. —*Gen.* 1:3.
fide, sed cui vide (L) Trust, but see whom (you are trusting).
finis coronat opus (L) The end crowns the work.
flamma fumo est proxima (L: flame is very near to smoke) Where there's smoke there's fire. —Plautus, *Curculio* 1:1:53.
flectere si nequeo superos, Acheronta movebo (L: if I cannot move the gods I will move Acheron) I will do everything to obtain the end. —Virgil, *Aeneis* 7:312.
foenum habet in cornu (L: he has hay on his horn) Beware of him. —Horace, *Satirae* 1:4:34 (秣(まぐさ)を角につけることで危険な牛を見分けたことから).
forsan et haec olim meminisse juvabit (L) Perhaps some day it will be pleasant to call even these things to mind. —Virgil, *Aeneis* 1:203.
fortes fortuna (ad)juvat (L) Fortune favors the brave. —Terence, *Phormio* 1:4:26.
forti et fideli nihil difficile (L) Nothing is difficult to the brave and faithful.
fortiter in re, suaviter in modo (L) forcibly in deed, gentle in manner.
fortuna favet fatuis [fortibus] (L) Fortune favors fools [the brave].
fortuna vitrea est; tum, cum splendet, frangitur (L) Fortune is glass; just when it becomes bright, it is broken. —Publilius Syrus, *Sententiae* 284.
froides mains, chaud amour [chaudes amours] (F) Cold hands (is the sign of) warm heart(s).
fronti nulla fides (L) There is no trusting to appearances. —Juvenal, *Satirae* 2:8.
fugit hora (L) The hour flies. —Persius, *Satirae* 5:153.
fugit irreparabile tempus (L) Irrecoverable time glides away. —Virgil, *Georgica* 3:284.
fuimus Troes; fuit Ilium (L: we once were Trojans, Troy is no more) We have seen better days. —Virgil, *Aeneis* 2:325.
fulmen brutum ⇨ 本文 brutum fulmen.
furor arma ministrat (L) Rage provides arms. —Virgil, *Aeneis* 1:150.

gens togata (L: people wearing the togas) Roman citizens; civilians —Virgil, *Aeneis* 1:282.
genus irritabile vatum (L) the irritable tribe of poets —Horace, *Epistulae* 2:2:102.
gli assenti hanno torto (It.) The absent are (always) in the wrong.
gnōthi seauton (Gk) Know thyself. —Solon (Delphi にある Apollo 神殿入口の上に刻まれた銘).
Gott mit uns (G) God with us (Hohenzollerns 家のモットー).
gradus ad Parnassum (L: a step to Parnassus) an aid in writing Latin or Greek poetry (cf. 本文 gradus).
graeculus esuriens, in caelum jusseris, ibit (L: tell a hungry Greek to go to heaven, he'll go) A starving man will do anything. —Juvenal, *Satirae* 3:78.
gratia Dei (L) by the grace of God.
graviora manent (L: greater afflictions remain) The worst is yet to come. (cf. Virgil, *Aeneis* 6:84)
grex venalium (L) a venal throng —Suetonius, *De Claris Rhetoribus* l.
grosse tête et peu de sens (F) a big head and little sense.
gutta cavat lapidem, non vi, sed saepe cadendo (L) The drop hollows out the stone not by force, but by constant falling. —Gariopontus, *Passionarius* 1:17 (cf. A rolling stone gathers no moss;「点滴石を穿(うが)つ」).

hanc veniam petimusque damusque vicissim (L) This licence we ask and grant in turn. —Horace, *Ars Poetica* 11.
helluo librorum (L: a devourer of books) a bookworm.
heu pietas! heu prisca fides! (L) Alas for piety! Alas for the ancient faith! —Virgil, *Aeneis* 6:878.
hiatus valde [maxime] deflendus (L) a gap [deficiency] greatly to be deplored.
hic Rhodos, hic salta (L) Here is Rhodes, leap here. (**hic Rhodus, hic saltus** (Erasmus, *Adagia*) ともいう; Æsop, *Fables* 203「ほら吹き」のラテン語訳から; ロドス島で跳躍の大記録を出した選手が故郷に帰ったとき, これを迎えた人が言ったという言葉;「それが本当なら目の前でやってみよ; 実力を示せ」の意で用いられる)
hic sepultus (L) here (lies) buried (略 H.S.).
hinc illae lacrimae [lachrymae] (L: hence those tears) This is the cause of the trouble. —Terence, *Andria* 1:1:99; Horace, *Epistulae* 1:19:41.
hoc erat in votis (L) This was my wish. —Horace, *Satirae* 2:6:1.
hoc monumentum posuit (L) He [She] erected this monument. (略 H.M.P.)
hoc opus, hic labor est (L: this is the task, this the toil) This is the real difficulty. —Virgil, *Aeneis* 6:129 (**hic labor, hoc opus est** ともいう).
hoc saxum posuit (L) He [She] placed this stone.
hoc volo, sic jubeo (L) This I will, thus I command. —Juvenal, *Satirae* 6:223.
hodie mihi, cras tibi (L) It is my turn today, yours tomorrow.
hodie, non cras (L) today, not tomorrow.
homines nihil agendo discunt malum agere (L) By doing nothing, men learn to do ill. (cf.「小人閑居して不善をなす」)
hominis est errare (L) It belongs to man to err. —Cicero, *Orationes Philippicae* 12:2:5 (cf. humanum est errare).
homo doctus in se semper divitias habet (L) A learned man always has riches within himself. —Phaedrus, *Fabulae* 4:23:1.
homo homini lupus (L) =lupus (est) homo homini.
homo sum; humani nihil a me alienum puto (L) I am a man, and I count nothing human indifferent to me. —Terence, *Heautontimormenos* 1:1:25.
homo trium litterarum (L: man of three letters (=*fur* thief)) a thief —Plautus, *Aulularia* 4:46.
homo unius libri (L) a man of one book (Thomas Acquinas の「学者」の定義).
honesta mors turpi vita potior (L) An honorable death is better than a base life. —Tacitus, *Agricola* 33:25.
honi soit qui mal y pense (F) Shame be to him who thinks evil of it. (ガーター勲爵士団 (the Order of the Garter) のモットー)
honos alit artes (L) Honor nourishes the arts. —Cicero, *Tusculanae Disputationes* 1:2:4.
honos habet onus (L: honor has its burden) Honor is burdened with responsibility.
hora fugit (L) =fugit hora.
horresco referens (L) I shudder to tell it. —Virgil, *Aeneis* 2:204.
humanum est errare (L) To err is human. —Hieronyms, *Epistulae* 57:11 (cf. errare est humanum; hominis est errare).
hunc tu, Romane, caveto (L) Roman, beware of that man. —Horace, *Satirae* 1:4:85.
hurtar para dar por Dios (Sp.) to steal in order to give to God.

ich dien (G) I serve. (Prince of Wales のモットー)
idem velle atque idem nolle (L) to like and dislike the same thing —Sallust, *Catilina* 20:4.
Iesus Hominum Salvator (L) Jesus, (the) Savior of Men (⇨ 本文 IHS).
ignorantia legis neminem excusat (L)

Ignorance of the law excuses no one.
ignoti nulla cupido (L: (there is) no desire for what is unknown) Where ignorance is bliss, it is folly to be wise. —Ovid, *Ars Amatoria* 3: 397.
i gran dolori sono muti (It.) Great griefs are silent.
Ilias kakōn (Gk) an Iliad of woes; a host of evils.
Ilias malorum (L) =Ilias kakōn.
il n'y a que le premier pas qui coûte (F) It is only the first step that costs. (Mme. du Deffand の 1763 年 7 月 7 日付 d'Alembert 宛の手紙から)
il sent le fagot (F: he smells of faggot) He savors of heresy. (異端者を火刑にする時の薪の束から)
ils n'ont rien appris ni rien oublié (F) They have learned nothing and forgotten nothing. (フランスの亡命貴族, 特に Bourbons 家の人をさして言う)
imitatores, servum pecus (L) You imitators, you servile herd. —Horace, *Epistulae* 1: 19: 19.
immedicabile vulnus (L) an incurable wound; an irreparable injury —Ovid, *Metamorphoses* 1: 190.
imo pectore (L) from the bottom of one's heart —Virgil, *Aeneis* 11: 377.
imponere Pelio Ossam [Olympo] (L) to pile Pelion on Ossa [Olympus] —Virgil, *Georgica* 1: 281.
in articulo mortis (L: in the article of death) at the point of death; in the last struggle.
in caelo quies [salus] (L) In heaven is rest [salvation].
incedis per ignis suppositos cineri doloso (L) You walk on fires covered with treacherous ash. —Horace, *Odae* 2: 1: 7–8.
in Christi nomine (L) in the name of Christ (略 I.C.N.).
incidis in Scyllam cupiens vitare Charybdim (L) You fall a prey to Scylla trying to avoid Charybdis. (cf.「前門の虎, 後門の狼」)
incredulus odi (L) Being incredulous, I cannot endure it. —Horace, *Ars Poetica* 188.
inde irae (L) hence this resentment —Juvenal, *Satirae* 1: 168.
industriae nil impossibile (L) Nothing is impossible to industry.
in excelsis (L) in the highest; on the heights.
infandum, regina, jubes renovare dolorem (L) You command me, O Queen, to revive unspeakable grief. —Virgil, *Aeneis* 2: 3.
in hoc signo vinces (L) By this sign (=the Cross) thou shalt conquer. (Constantine 大帝のモットー: Constantine 大帝は 312 年ローマへ向けて進軍中, この言葉が空で燃える十字架の下に現われるのを見, キリスト教に改宗したという; 略 I.H.S.V.; ⇨ 本文 IHS)
in initio (L) in the beginning (略 in init.).
in manus tuas commendo spiritum meum (L) Into Thy hands I commend my spirit. —*Luke* 23: 46 (十字架上のイエスの最後の言葉).
in medio tutissimus ibis (L) The middle course is the safest. —Ovid, *Metamorphoses* 2: 137.
inopem me copia fecit (L) Abundance has made me poor. —Ovid, *Metamorphoses* 3: 466.
inops, potentem dum vult imitari, perit (L) The poor man, who imitates the powerful, is lost. —Phaedrus, *Fabulae* 1: 24: 1.
in partibus infidelium (L) in the countries of unbelievers (カトリックで異教国のことをいう; 名儀司教 (titular bishop) などの正式名称につけられる; 略 i.p.i.).
instar omnium (L) worth all (the rest); as good as all —Cicero, *Brutus* 51: 191.
in te, Domine, speravi (L) In thee, O Lord, have I put my trust. —*Ps.* 31: 1 (Vulgate では 30: 2).
integer vitae, scelerisque purus (L) blameless in life and clear of crime —Horace, *Odae* 1: 22: 1.
inter arma silent leges (L) In time of war the laws are silent. —Cicero, *Oratio pro Milone* 4: 11.
inter canem et lupum (L: between the dog and the wolf) at twilight.
interdum vulgus rectum videt (L) Sometimes the public see things aright. —Horace, *Epistulae* 2: 1: 63.
inter pocula (L) over one's cups; between cups —Persius, *Satirae* 1: 30 (食後, 酒を汲み交わしながら芸術などを論じること).
inter spem et metum (L) between hope and fear.
invita Minerva (L: Minerva being unwilling) uninspired; without capacity or genius —Horace, *Ars Poetica* 385.
ira furor brevis est (L) Anger is a brief madness. —Horace, *Epistulae* 1: 2: 62.
ita lex scripta (L) Thus the law (stands) written.

jam proximus ardet Ucalegon (L) Already the neighboring Ucalegon('s house) blazes. —Virgil, *Aeneis* 2: 311.
jam redit et Virgo, redeunt Saturnia regna (L) Now the Virgin and the Saturnian [Golden] age return. —Virgil, *Eclogae* 4: 6.
jam satis(, ohe!) (L) Enough now of this(, stop!).
januis clausis (L: with closed doors) in secret.
jeu de mains (F) a practical joke; a horseplay.
joci causa (L) for the joke.
judex damnatur cum [ubi] nocens absolvitur (L) The judge is condemned when the guilty man is acquitted. —Publilius Syrus.
judicium parium aut leges terrae (L) the judgment of (one's) peers or the laws of the land —*Magna Charta* Ch. 39.
jure divino (L) by divine law.
jure humano (L) by human law.
juris utriusque doctor (L) a doctor of both (*i.e.*canon and civil) laws (略 J.U.D.; cf. doctor utriusque legis).
jus et norma loquendi (L) the law and rule of speech —Horace, *Ars Poetica* 72.
jus summum saepe summa malitia est (L) Extreme law is often extreme wrong. —Terence, *Heauton Timorumenos* 4: 5: 48 (cf. summum jus …).
juste milieu (F) the golden mean.
justitia omnibus (L) justice for all (米国 Washington, D.C. のモットー).
justum et tenacem propositi virum (L) a man who is upright and tenacious of his purpose —Horace, *Odae* 3: 3: 1.
j'y suis, j'y reste (F) Here I am, here I stay. (1855 年, Crimea 戦争で Malakoff の要塞を放棄するように勧められた時の MacMahon の言葉)

kairon gnōthi (Gk) Know your opportunity. —Diogenes Laertius, *Lives of Eminent Philosophers* 1: 4: 79.
khalepa ta kala estin hopē ekhei mathein (Gk) Whatever is good to know is difficult to learn. —Plato, *Cratylus* 1: 384, B.
kratkost' — sestra talanta (Russ.) Brevity is the sister of talent. —Chekhov (cf. Brevity is the soul of wit).
ktēma es aei (Gk) a possession for all time —Thucydides, *History of the Peloponnesian War* 1: 22: 21–22 (価値が長く持続するような文芸のこと).

labitur et labetur in omne volubilis aevum (L) It (=The stream) glides on, and will glide on for ever. —Horace, *Epistulae* 1: 2: 43.
laborare est orare (L) To labor is to pray.
labor ipse voluptas (L) Labor itself is a pleasure.
labor omnia vincit (L) Labor overcomes all (difficulties). —Virgil, *Georgica* 1: 145 (米国 Oklahoma 州のモットー).
laborum dulce lenimen (L) the sweet solace of labors —Horace, *Odae* 1: 32: 14 (lyre を指す).
la donna è mobile (It.) Woman is fickle.
la fortune passe partout (F) Fortune passes everywhere. (「人生の起伏は誰にもある」の意)
l'amour et la fumée ne peuvent se cacher (F) Love and smoke cannot be hidden.
la patience est amère mais son fruit est doux (F) Patience is bitter, but its reward is sweet. —Rousseau.
lapis philosophorum (L) the philosophers' stone.
la povertà è la madre di tutte le arti (It.) Poverty is the mother of all the arts.
l'appétit vient en mangeant (F) Appetite comes with eating —Rabelais, *Gargantua* Ch. 5. (「持てば持つほど欲が深くなる」の意).
la propriété c'est le vol (F) Property is theft. —Pierre Joseph Proudhon, *Qu'est-ce que la Propriété*.
lapsus calami [linguae, memoriae] (L) a slip of the pen [tongue, memory].
lasciate ogni speranza, voi ch'entrate (It.) Abandon all hope, ye who enter here. —Dante, *Inferno* 3: 9 (地獄への門の上にある銘).
lateat scintillula forsan (L) Perhaps a little spark (of life) may lie concealed. (王立投身者救助会 (the Royal Humane Society) のモットー)
latet anguis in herba (L) A snake lies hidden in the grass. —Virgil, *Eclogae* 3: 93 (花や苺を摘む者たちへの警告の言葉).
lathe biōsas (Gk) Remain hidden in life. —Epicurus (Plutarch に引用: cf. bene vixit …)
laudator temporis acti (L) one who praises past times —Horace, *Ars Poetica* 173.
leben sie wohl! (G) Farewell!
lector benevole (L) kind reader!
leges mori serviunt (L) Laws are subservient to custom. —Plautus, *Trinummus* 4: 3: 36.
le grand Monarque (F) the Great Monarch (Louis 十四世のこと).
le monde est le livre des femmes (F) The world is women's book. —Rousseau, *Émile* 5.
le roi est mort, vive le roi (F) The king is dead, long live the (new) king [his successor]!
les absents out toujours tort (F) The absent are always in the wrong. (cf. Néricault-Destouches, *L'Obstacle imprévu* 1: 6)
les murailles ont des oreilles (F) Walls have ears. (cf.「壁に耳あり, 障子に目あり」)
le style est l'homme (même) (F) The style is the man himself. (1753 年 8 月 25 日 Academy での Buffon の演説から; 通例 **le style c'est l'homme** という)
l'état, c'est moi (F) The state, it is I. (Louis 十四世の言葉)
le vrai n'est pas toujours vraisemblable (F) Truth does not always seem probable. (「事実は小説より奇なり」の意)
lex non scripta (L: unwritten law) common law.
lex scripta (L: written law) statute law.
l'homme n'est qu'un roseau, le plus faible de la nature; mais c'est un roseau pensant (F) Man is only a reed, the feeblest thing in nature; but he is a thinking reed. —Pascal, *Les Pensées* 6: 347.
l'homme propose, et Dieu dispose (F) Man proposes, but God disposes; when Heaven appoints man must obey.
licentia vatum (L) the license allowed to poets; poetical license.
limae labor et mora (L: the labor and delay of the file) the slow and laborious polish of a literary work —Horace, *Ars Poetica* 291.
limbus fatuorum [infantum] (L) the paradise of fools [children].
litem lite resolvere (L) to settle strife by strife, to end one controversy by another —Horace, *Satirae* 2: 3: 103.
lit(t)era scripta manet (L) The written word remains.
locus communis (L: commonplace) a place of the dead; a public place; (通例, 複数形 **loci communes** で) general arguments.
longissimus dies cito conditur (L) The longest day quickly comes to an end. —Pliny (the Younger), *Epistulae* 9: 36: 4.
lucidus ordo (L) clearness of order; a perspicuous arrangement —Horace, *Ars Poetica* 41.
l'union fait la force (F) Union makes strength. (ベルギーのモットー)
lupus (est) homo homini (L) Man is a wolf to his fellow man. —Plautus, *Trinummus* 2: 4: 46 (cf. homo homini lupus).
lupus in fabula (L: wolf in the fable) Talk of the devil and he will appear. —Terence, *Adelphi* 4: 1: 21 (噂をすると姿を現わした昔話の中の狼から).
lux in tenebris (L) light in darkness —*John* 1: 5.

macte virtute (L) Be increased in your virtue!; Well done!; Good luck! —Livy, *Ab Urbe Condita* 7: 36: 5; Cicero, *Tusculanae Disputationes* 1: 17.
maestro di color che sanno (It.) the master of those that know (Dante がAristotle についてのべた言葉).
magna civitas, magna solitudo (L) A great city (is) a great solitude. (cf. megalē polis …)
magnae spes altera Romae (L) a second hope of mighty Rome —Virgil, *Aeneis* 12: 168 (Aeneas の息子 Ascanius についてのべた言葉; 前途有望な若者について用いる).
magna est veritas, et praevalet (L) Mighty is the truth, and it prevails. —3 *Esdras* 4: 41 (通例 praevalet の代りに praevalebit 'it will prevail' を用いる).
magna est vis consuetudinis (L) Great is the power of habit. (cf. Cicero, *Tusculanae Disputationes* 2: 15)
magnas inter opes inops (L) poor in the midst of great wealth —Horace, *Odae* 3: 16: 28.
magni nominis umbra (L) the shadow of a mighty name —Lucan, *Pharsalia* 1: 135.
magnos homines virtute metimur, non fortuna (L) Great men we estimate by virtue, not by success. —Cornelius Nepos.
malade imaginaire (F) one who fancies himself an invalid; a hypochondriac (cf. Molière, *Le Malade imaginaire* (1673)).
mali principii malus finis (L) the bad end of a bad beginning.
malis avibus (L: with unlucky birds) under bad auspices (鳥占いから).
manus manum fricat, et manus manum lavat (L) Hand rubs hand and hand washes hand. —Petronius Arbiter, *Satyricon* 45; Seneca の言葉とも伝えられる; cf.「もちつもたれつ」).
materiam superabat opus (L) The workmanship was better than the material. —Ovid, *Metamorphoses* 2: 5.
matre pulchra filia pulchrior (L) a daughter more beautiful than her beautiful mother —Horace, *Odae* 1: 16: 1.
maxima debetur puero reverentia (L) The greatest reverence is due to (the innocence of) a child. —Juvenal, *Satirae* 14: 47.

mea virtute me involvo (L) I wrap myself up in my virtue. — Horace, *Odae* 3: 29: 54–55.
mēden agan (Gk) (Let there be) nothing in excess. (Solon あるいは Chilo に帰される; cf. ne quid nimis).
medice, cura teipsum (L) Physician, heal thyself. — *Luke* 4: 23.
medio tutissimus ibis (L) You will travel safest in a middle course. — Ovid, *Metamorphoses* 2: 137.
megalē polis, megalē erēmia (Gk) A great city is a great solitude. (cf. magna civitas …)
mehr Licht! (G) More light! (Goethe の最後の言葉)
me judice (L: I being judge) in my opinion.
mens aequa (rebus) in arduis (L) an even mind in difficulties (Calcutta にある Warren Hastings の肖像の銘; cf. aequam memento …).
mensa et toro (L) =a mensa et t(h)oro.
mens agitat molem (L) A mind moves the mass. — Virgil, *Aeneis* 6: 727.
mens sibi conscia recti (L: mind conscious to itself of rectitude) a good conscience — Virgil, *Aeneis* 1: 604 (cf. conscia mens …).
merum sal (L) pure salt; true wit.
metiri se quemque suo modulo ac pede verum est (L) It is just that every man should measure himself according to his own measure or standard. — Horace, *Epistulae* 1: 7: 98.
mikron apo tou hēliou metastēthi (Gk) Stand a little out of my sunshine. — Plutarch, *Alexander* 14: 3 (Diogenes が Alexander 大王から臣従を求められた時の返答という).
miseris succurrere disco (L) I am learning to succor the miserable. — Virgil, *Aeneis* 1: 630.
mollissima fandi tempora (L) the most favorable times for speaking — Virgil, *Aeneis* 4: 293.
montani semper liberi (L) Mountaineers (are) always freemen. (米国 West Virginia 州のモットー)
monumentum aere perennius (L) ⇨ exegi monumentum aere perennius.
more majorum (L) after the manner of the ancestors.
morituri morituros salutant (L) Those about to die salute those about to die. (↓)
morituri te salutamus (L) We who are about to die salute thee. (cf. ave, Imperator …)
mors janua vitae (L) Death is the gate of life; everlasting life. (cf. St. Bernard of Clairvaux, *In transitu S. Malachi, sermo* 1: 2: 4)
mors omnibus communis (L) Death is common to all men.
mos pro lege (L) Usage has the force of law. (cf. leges mori serviunt)
multum legendum esse non multa (L) Read much not many (books). — Pliny (the Younger), *Epistulae* 7: 9 (略して **multum, non multa** ということも多い).
munus Apolline dignum (L) a gift worthy of Apollo — Horace, *Epistulae* 2: 1: 216.
musco lapis volutus haud obducitur (L) A rolling stone gathers no moss. — Publilius Syrus (cf. Erasmus, *Adages* 3: 4).
mutato nomine, de te fabula narratur (L) With a mere change of name, the fable applies to you. — Horace, *Satirae* 1: 1: 69.

naturam expellas [expelles] furca, tamen usque recurret (L) You may drive out Nature with a pitchfork, but she will always come back. — Horace, *Epistulae* 1: 10: 24.
natura non facit saltum [saltus] (L) Nature makes no leaps; nature works uniformly.
nec deus intersit nisi dignus vindice nodus (inciderit) (L) Let not a god intervene unless a knot occur worthy such a deliverer (=god). — Horace, *Ars Poetica* 191–92 (劇作についての注意: cf. 本文 deus ex machina).
ne cede malis, sed contra audentior ito (L) Do not yield to misfortunes; on the contrary, go more boldly to meet them. — Virgil, *Aeneis* 6: 95.
necessitas non habet legem (L) Necessity has [knows] no law.
nec habeo, nec careo, nec curo (L) I have not, I want not, I care not.
nec mora, nec requies (L) neither delay nor rest; without intermission — Virgil, *Georgica* 3: 110.
nec pluribus impar (L) no unequal match for several (suns); a match for the whole world (Louis 十四世のモットー).
nec scire fas est omnia (L) Nor is it lawful to know all things. — Horace, *Odae* 4: 4: 22.
nefasti dies (L) =dies nefasti.
ne fronti crede (L) Don't trust to appearances. (cf. nimium ne …)
nekros ou daknei (Gk: dead man bites not) Dead men tell no lies. — Plutarch, *Pompeius* 77.
nemine contradicente (L: no one speaking in opposition) without opposition 略 nem. con.).
nemo me impune lacessit (L) No one provokes me with impunity. (スコットランド王及びあざみ勲爵士団 (the Order of the Thistle) のモットー)
nemo mortalium omnibus horis sapit (L: no mortal is wise at all times) The wisest may make mistakes. — Pliny (the Elder), *Naturalis Historia* 7: 41: 2.
nemo repente fuit turpissimus (L) No man becomes a villain all at once. — Juvenal, *Satirae* 2: 83.
nemo tenetur ad impossibile (L) No one is bound by what is impossible.
ne plus ultra (L: not more beyond) the uttermost point; acme.
ne quid nimis (L) (Let there be) nothing in excess. — Terence, *Andria* 1: 1: 34 (cf. mēden agan).
nervi belli pecunia infinita (L) Endless money is the sinews of war. (cf. Cicero, *Orationes Philippicae* 5: 2: 5)
nessuna nuova, buona nuova (It.) =nulla nuova, buona nuova.
nessun maggior dolore che ricordarsi del tempo felice nella miseria (It.) (There is) no greater sorrow than to remember happy days in present misery. — Dante, *Inferno* 5: 121–23.
ne sutor supra crepidam judicaret (L: let not the shoemaker criticize beyond his last) Let the cobbler stick to his last. — Pliny (the Elder), *Naturalis Historia* 35: 36 (画家の Apelles が, 靴の描き方だけでなく絵画自体を批判した靴職人に言った言葉).
nihil sub sole novum (L) (There is) nothing new under the sun. — *Eccles.* 1: 9 (Vulgate では 1: 10).
nihil tetigit quod non ornavit (L) He touched nothing without embellishing it. (Westminster Abbey にある Oliver Goldsmith 記念碑の Dr. Johnson による銘: *Qui nullum fere scribendi genus non tetigit, nullum quod tetigit non ornavit* 'Who left scarcely any kind of writing untouched, and nothing touched that he did not adorn' から)
nil actum credens [reputans] dum [cum, quum] quid superesset agendum (L) believing nothing done while anything was left to be done. — Lucan, *Pharsalia* 2: 657.
nil conscire sibi, nulla pallescere culpa (L) to have no guilt at heart, to turn pale at no crime — Horace, *Epistulae* 1: 1: 61.
nil consuetudine majus (L) (There is) nothing greater than custom. (cf. Ovid, *Ars Amatoria* 2: 345)
nil desperandum (L) Never despair; there is no reason to despair. — Horace, *Odae* 1: 7.
nil nisi cruce (L) nothing but by the Cross; no reward without suffering (cf. *Gal.* 6: 14).
nil sine numine (L) nothing without the divine will (米国 Colorado 州のモットー).
nimium ne crede colori (L) Do not trust too much to appearances. — Virgil, *Aeneis* 2: 17 (cf. ne fronti crede).
nisi Dominus frustra (L) Unless the Lord (keep the city, the watchman waketh but) in vain. — *Ps.* 127: 1 (Vulgate では 126: 1; Edinburgh 市のモットー).
nitor in adversum (L) I strive in the opposite direction. — Ovid, *Metamorphoses* 2: 72.
nomen atque omen (L) a name and also an omen; an ominous name — Plautus, *Persa* 4: 4: 73.
non Angli sed angeli (L) Not Angles but angels. (奴隷市で売られていた美しい若者がアングル族 (Angles) の出身であると聞いて, 教皇 Gregory 一世がのべたと伝えられる言葉; cf. Bede, *Historia Ecclesiastica* 2: 1)
non cuivis homini contingit adire Corinthum (L) It is not every man's lot to go to Corinth. — Horace, *Epistulae* 1: 17: 36 (Corinth は奢侈の町として有名;「すべての人が, 善行の報いを得ることができるわけではない」の意).
non expedit (L) It is not expedient. (カトリック教徒がイタリアにおける政治的選挙に参加することを禁じる 1874 年教皇庁内赦院 (Sacred Penitentiary) から出された命令 (教皇 Pius 十世により解禁); 本来は一般的に, ローマ教皇が問い合せに対して否定的な答えをする時, その理由をあげる冒頭の言葉; cf. Seneca, *De Ira* 3: 11)
non ignara mali, miseris succurrere disco (L) Not unacquainted with misfortune, I learn to succor [befriend] the wretched. — Virgil, *Aeneis* 1: 630.
non multa, sed multum (L) not many but much (cf. multum legendum …).
non omnia possumus omnes (L) We cannot all do everything. — Virgil, *Eclogae* 8: 63.
non omnis moriar (L) I shall not wholly die. — Horace, *Odae* 3: 30: 6.
non quis, sed quid (L: not who, but what) not the person, but the deed.
non sibi, sed patriae (L) not for himself, but for his native land (cf. Cicero, *De Finibus* 2: 14: 45).
non sum qualis eram (L) I am not now what I once was. — Horace, *Odae* 4: 1: 3.
non tali auxilio (L) not (for) such aid as this — Virgil, *Aeneis* 2: 521.
nonumque prematur in annum (L) And let it (=your piece) be kept until the ninth year. — Horace, *Ars Poetica* 388.
nosce te ipsum [teipsum] (L) Know thyself. (cf.gnōthi seauton)
noscitur a [ex] sociis (L) A man is known by his companions.
nous avons changé tout cela (F) We have changed all that. — Molière, *Le Médecin malgré lui* 2: 4.
nous verrons (ce que nous verrons) (F) We shall see (what we shall see).
nulla dies sine linea (L) no day without a line [without something done] (勤勉な画家についてのべた言葉; cf. Pliny (the Elder), *Historia Naturalis* 35: 10: 36).
nulla nuova, buona nuova (It.) No news is good news.
nulli secundus (L) second to none — Appuleius, *Florida* 1: 9: 32.
nullius addictus [adductus] jurare in verba magistri (L) not bound to swear to the words of any master; to follow no one blindly — Horace, *Epistulae* 1: 1: 14.
nullum quod tetigit non ornavit (L) =nihil tetigit quod non ornavit.
nunc aut nunquam (L) now or never.
nunc est bibendum (L) Now is the time for drinking. — Horace, *Odae* 1: 37: 1.
nunquam minus solus quam cum solus (L) Never less alone than when alone. (cf. Cicero, *De Officiis* 3: 1: 1)

obsta principiis (L) =principiis obsta.
oderint dum metuant (L) Let them hate so long as they fear. — Accius, *Atreus*, Fragment 4 (cf. Cicero: *Orationes Philippicae* 1: 14: 34).
odi profanum vulgus et arceo (L) I hate the vulgar rabble and keep them far away. — Horace, *Odae* 3: 1: 1.
O fama ingens, ingentior armis! (L) O great by fame, greater in arms. — Virgil, *Aeneis* 11: 124.
O fortunatos nimium, sua si bona norint, agricolas (L) O too happy farmers, if they but knew their blessings. — Virgil, *Georgica* 2: 458.
ohne Hast, (aber) ohne Rast (G) without haste, without rest (Goethe のモットー; もと太陽についてのべた言葉).
omne ignotum pro magnifico (L) Everything unknown is thought to be splendid. — Tacitus, *Agricola* 30.
omne tulit punctum qui miscuit utile dulci (L) He has gained every point who has blended the useful and the agreeable. — Horace, *Ars Poetica* 343.
omnia mors aequat (L) Death renders all equal. — Claudianus, *De Raptu Proserpinae* 2: 302.
omnia munda mundis (L) To the pure all things are pure. — *Titus* 1: 15.
omnia praeclara (sunt) rara (L) All excellent things are rare. — Cicero.
omnia vanitas (L) All is vanity. — *Eccles.* 1: 2.
omnia vincit amor, nos et cedamus amori (L) Love conquers all things, let us, too, yield to love. — Virgil, *Eclogae* 10: 69 (cf. amor vincit omnia).
omnia vincit labor (L) =labor omnia vincit.
omnibus idem (L) the same to all men — Virgil, *Aeneis* 10: 112.
omnis amans amens (L) Every lover is demented.
omnis homo mendax [mendacium] (L) All men are liars. — *Ps.* 116: 11 (Vulgate では 115: 11).
on connaît l'ami au besoin (F) =au besoin l'on connaît l'ami.
onus est honos (L) Honour is a burden. — Varro, *De Lingua Latina*.
opprobrium medicorum (L) the reproach of physicians (不治の病気について言う).
optat ephippia bos piger, optat arare caballus (L: the lazy [fat] ox desire horse's trappings, and the horse desires to plow) No one is content with his condition. — Horace, *Epistulae* 1: 14: 43.
O quam cito transit gloria mundi! (L) O how quickly passes away the glory of the world! — Thomas à Kempis, *De Imitatione Christi* 1: 3: 6.
orator fit, poeta nascitur (L) An orator is made, a poet is born. (cf. poeta nascitur …)
ore rotundo (L: with rounded mouth) with well-turned speech; eloquently — Horace, *Ars Poetica* 323.

oro y plata (Sp.) gold and silver (米国 Montana 州のモットー).

O sancta simplicitas! (L) O sacred simplicity! (John Huss の最後の言葉; 主に無邪気な言行を冷笑する時に用いる)

O tempora! O mores! (L: o the times! o the manners!) What an age we live in! —Cicero, *Orationes in Catilinam* 1:1:2.

otia dant vitia (L) Leisure begets vice. (cf. homines nihil agendo discunt malum agere)

ouketi pista gunaixin (Gk) No longer are women trustworthy. —Homer, *Odyssea* 11:456.

pallida mors aequo pulsat pede pauperum tabernas regumque turres (L) Pale Death, with impartial step, knocks at the cottages of the poor and the palaces of kings. —Horace, *Odae* 1:4:13–14.

palmam qui meruit ferat (L) Let him bear the palm who has deserved it. (Lord Nelson のモットー; palm は勝利の象徴)

panem et circenses (L: bread and games) food and recreation at public expense —Juvenal, *Satirae* 10:81.

parce, precor, precor (L) Be merciful, I beg, I beg! —Horace, Odae 4:1:2 (**parce, parce, precor** ともいう).

parcere subjectis et debellare superbos (L) To spare the vanquished and to suddue the proud. —Virgil, *Aeneis* 6:853.

par nobile fratrum (L: noble pair of brothers) a well-matched pair; two just alike —Horace, *Satirae* 2:3:243.

Parthis mendacior (L) more mendacious [lying] than the Parthians —Horace, *Epistulae* 2:1:112.

parturiunt [parturient] montes, nascetur ridiculus mus (L) The mountains are in labor and the result will be a ridiculous mouse. —Horace, *Ars Poetica* 139 (cf.「大山鳴動して鼠一匹」).

parvis componere magna (L) to compare great things with small —Virgil, *Eclogae* 1:23.

paulo maiora canamus (L) Let us sing somewhat loftier things. —Virgil, *Eclogae* 4:1.

pax huic domui (L) Peace be to this house. —*Matt.* 10:12; *Luke* 10:5.

pax vobiscum (L) Peace be to you. —*Gen.* 43:23 (甦(よみがえ)ったイエスが弟子たちに向って言ったときの言葉は Pax vobis (*Luke* 24:36)).

Pelio imponere Ossam (L: to pile Ossa on Pelion) to aggravate what is already aggravated (cf. L *Pelion imposuisse Olympo* 'to have piled Pelion on Olympus' —Horace, *Odae* 3:4:52).

per angusta ad augusta (L) through trial to honors.

per aspera ad astra (L: through hardships to the stars) through suffering to renown (cf. Seneca, *Hercules Furens* 437; ad astra ...).

pereant qui ante nos nostra dixerunt (L) May they perish who have said our good things before us. —Donatus; St.Augustine.

per mare, per terras [terram] (L) over sea and over land —Ovid, *Heroides* 14:101.

per varios casus, per tot discrimina rerum (L) Through various accidents, through so many crises of fortune —Virgil, *Aeneis* 1:204.

pharmakon nēpenthes (Gk) a drug that kills sorrow; the nepenthe of gods.

plus ça change, plus c'est la même chose (F: the more it changes, the more it is the same thing) No superficial change alters its essential nature.

poesis est vinum daemonum (L) Poetry is devil's wine. —St. Augustine.

poeta nascitur, non fit (L) The poet is born, not made. (cf. orator fit ...)

populus vult decipi, (ergo) decipiatur (L) The people wish to be deceived, (therefore) let them be deceived.

porro unum est necessarium (L) But one thing is necessary. —*Luke* 10:42 (Duke of Wellington のモットー).

possunt quia posse videntur (L: they are able because they seem (to themselves) to be able) They can, because they think they can. —Virgil, *Aeneis* 5:231.

post equitem sedet atra cura (L: black care sits behind the horseman) Even the rich man on horseback cannot escape his cares. —Horace, *Odae* 3:1:40.

post factum nullum consilium (L) After the deed no counsel is of avail.

presto maturo, presto marcio (It.) Soon ripe, soon rotten.

pretium laborum non vile (L) The value of labor (is) not trifling. (黄金羊毛勲爵士団 (the Order of the Golden Fleece) のモットー)

principia, non homines (L) principles, not men.

principiis obsta (L) Resist the first beginnings. —Ovid, *Remedia Amoris* 91 (cf. venienti occurrite ...).

prior tempore, prior jure (L) First in time, first by right; first come first served.

pristinae virtutis memores (L) mindful of the valor of former days —Sallust, *Catilina* 60.

pro aris et focis (L: for altars and hearths) for religious and civil liberty —Cicero, *De Natura Deorum* 3:40:94.

probitas laudatur et alget (L) Honesty is praised, and freezes [left to starve]. —Juvenal, *Satirae* 1:74 (cf. virtus laudatur ...).

procul, o procul este, profani (L) Hence, oh get hence, ye profane [uninitiated]. —Virgil, *Aeneis* 6:258.

pro Deo et ecclesia (L) for God and the Church.

profanum vulgus (L) ⇨ odi profanum vulgus et arceo.

proprie communia dicere (L) to utter commonplaces as one's own —Horace, *Ars Poetica* 128.

pro rege, lege, et grege (L) for the king, the law, and the people.

pulvis et umbra sumus (L) We are but dust and shadow. —Horace, *Odae* 4:7:16.

quae fuerant vitia mores sunt (L) What were once vices are now customs [fashions]. —Seneca, *Epistulae* 4:10.

qualis rex, talis grex (L) like king, like people.

quandoque bonus dormitat Homerus (L) Even good Homer sometimes nods; the wisest make mistakes. —Horace, *Ars Poetica* 359.

quantum mutatus ab illo! (L) How changed from what he (=Hector) once was! —Virgil, *Aeneis* 2:274.

que diable allait-il faire dans cette galère? (F) What the devil was he going to do in that galley? —Molière, *Les Fouberies de Scapin* 2:7.

quem di diligunt adolescens moritur (L) He whom the gods love dies young. —Plautus, *Bacchides* 4:7:18 (hon hoi theoi philousin apothnēskei neos (Menander) のラテン語訳).

quem Jupiter [Deus] vult perdere, prius dementat (L) Whom Jupiter [God] means to destroy he first makes mad.

quicquid delirant reges, plectuntur Achivi (L) Whatsoever foolish thing the kings do, it is the Achaeans [the people] who must suffer. —Horace, *Epistulae* 1:2:14.

quicunque vult servari (L) whosoever will be saved (アタナシオス信条 (Athanasian Creed) の冒頭句).

qui desiderat pacem, praeparet bellum (L) Who desires peace, let him make ready for war. —Vegetius, *De Re Militari* 3. Prologue (cf. si vis ...).

quid pro quo (L) something in return; an equivalent.

quid rides? mutato nomine, de te fabula narratur (L) Why do you laugh? Change but the name, and the tale is told of you. —Horace, *Satirae* 1:1:69–70.

qui laborat, orat (L) He who labors, prays. —St. Augustine (cf. laborare est orare).

qui s'excuse, s'accuse (F) He who excuses himself accuses himself.

quis separabit? (L) Who shall separate (us)? (聖パトリック勲爵士団 (the Order of St. Patrick) のモットー; cf. *Rom.* 8:35)

qui stat, caveat ne cadat (L) Let him that standeth take heed lest he fall. (cf. *1 Cor.* 10:12)

qui tacet consentire videtur (L) He who keeps silence is assumed to consent; silence gives consent. (cf. celui qui ne ...; chi tace ...)

qui timide rogat, docet negare (L) He who asks timidly courts denial. —Seneca, *Hippolytus* 593–94.

qui transtulit sustinet (L) He who transplanted sustains (us). (米国 Connecticut 州のモットー)

quod non opus est, asse carum est (L) What is not necessary is dear even at a penny. —Seneca, *Epistulae* 94:27 (Cato の言葉として引用).

quod scripsi, scripsi (L) What I have written, I have written. —*John* 19:22.

quod tibi fieri non vis, alteri ne facias (L) What you do not wish done to yourself, do not to another. (cf. *Matt.* 7:12; *Tob.* 4:16)

quot homines, tot sententiae (L) So many men, so many minds [opinions]. —Terence, *Phormio* 2:4:14; Cicero, *De Finibus* 1:5:15 (時に誤って tot homines, tot sententiae と引用される).

quousque tandem? (L) How long, pray?; to what lengths? —Cicero, *Orationes in Catilinam* 1:1:1.

quo vadis, (Domine)? (L) (Lord,) whither goest thou? —*John* 13:36 (Sienkiewicz の小説 (1896) の題名).

rara avis in terris nigroque simillima cygno (L: a rare bird on the earth, and very like a black swan) a rare person [thing]; a prodigy. —Juvenal, *Satirae* 6:165 (cf. 本文 rara avis).

reculer pour mieux sauter (F) to draw back in order to take a better leap; await a better opportunity.

regnat populus (L) Let the people rule. (米国 Arkansas 州のモットー)

relata refero (L) I tell the tale as I heard it. —Herodotus, *Historiae* 7:152.

religio loci (L) the religious spirit of the place —Virgil, *Aeneis* 8:349–50.

rem acu tetigisti (L: you have touched the matter with a needle) You have described it accurately. (cf. Plautus, *Rudens* 5:2:17)

remis velisque (L) with oars and sails; with all one's might (cf. Cicero, *Tusculanae Disputationes* 3:11:25).

res angusta domi (L) narrow circumstances at home; poverty —Juvenal, *Satirae* 3:165.

respice finem (L) Look to the end; consider the outcome. —*Fabulae Aesopiae* 22:5 (cf. L *respice funem* 《戯言》 'Beware of the (hangman's) rope': Shakespeare, *Comedy of Errors* 4:4:41–43).

revenons à nos moutons (F: let us return to our sheep) Let us come back to our subject. (中世の笑劇 *L'Avocat Pathelin* から)

ridere in stomacho (L) to laugh inwardly; to laugh in one's sleeve —Cicero, *Epistulae ad Familiares* 2:16:7 (cf. rire entre ...).

ride si sapis (L) Laugh, if you are wise. —Martial, *Epigrammata* 2:41:1.

rien n'est beau que le vrai (F) There is nothing beautiful but truth. —Boileau, *Épîtres* 9:43.

rira bien qui rira le dernier (F) He laughs best who laughs last.

rire entre cuir et chair (F: to laugh between skin and flesh) to laugh in one's sleeve (cf. ridere in stomacho).

risum teneatis, amici? (L) Could you help laughing, my friends? —Horace, *Ars Poetica* 5.

rixatur de lana saepe caprina (L: he often quarrels about goats' wool) He quarrels about anything. —Horace, *Epistulae* 1:18:15.

ruat caelum (L) Let the heavens fall.

ruit mole sua (L) ⇨ vis consilii expers mole ruit sua.

rus in urbe (L) the country in the town —Martial, *Epigrammata* 12:57:21.

sal Atticum (L) Attic salt [wit]; delicate wit —Pliny (the Elder), *Naturalis Historia* 31:1:41.

salus populi suprema est lex (L) The welfare of the people is the supreme law. —Cicero, *De Legibus* 3:3:8 (**salus populi suprema lex esto** (米国 Missouri 州のモットー) ともいう).

sans peur et sans reproche (F) without fear and reproach (フランスの騎士 Bayard について用いる慣用的形容語).

satis eloquentiae [loquentiae], sapientiae parum (L) enough of eloquence [talk], but too little wisdom. —Sallust, *Catilina* 5:4.

satis superque (L) enough, and more than enough —Plautus, *Amphitruo* 1:1:74; Horace, *Epodi* 1:31.

satis verborum (L) enough of words; no more need be said.

sat pulchra, si sat bona (L: fair enough if (she is) good enough) Handsome is that handsome does.

scientia est potentia (L) Knowledge is power.

securus judicat orbis terrarum (L) The whole world judges in safety. —St. Augustine, *Contra Epistulam Parmeniani* 3:4:24.

seditio civium hostium est occasio (L) The insurrection of the citizens is the opportunity of the enemy. —Publilius Syrus, *Sententiae* 900.

semel insanivimus omnes (L) We have all been mad at some time. —J.B. Mantuanus, *Eclogae* 1:217.

semper eadem (L) always the same (Queen Elizabeth I [Anne 女王] のモットー; 男性の場合は **semper idem** という).

se non è vero, è ben trovato (It.) If it is not true, it is well imagined [cleverly invented].

sequiturque patrem non passibus aequis (L) (And) he follows his father, but not with equal steps. —Virgil, *Aeneis* 2:724.

sero venientibus ossa (L: (only) the bones for those who come late) Those who come late get the leavings.

servare modum (L) to keep within bounds —Virgil, *Aeneis* 10:502; Lucan, *Pharsalia* 2:381.

servus servorum Dei (L) the servant of the servants of God; the Pope.

sic eunt fata hominum (L) Thus go the destinies of men.

sic itur ad astra (L) Such is the way to the stars [to immortal fame]. — Virgil, *Aeneis* 9:641.
sic semper tyrannis (L) Ever thus to tyrants. (米国 Virginia 州のモットー)
sic transit gloria mundi (L) So earthly glory passes away. (教皇就任式の礼拝に用いる式文; cf. Thomas à Kempis, *De Imitatione Christi* 1:3:30)
sicut patribus sit Deus nobis (L) May God be with us, as He was with our fathers. (米国 Massachusetts 州 Boston 市のモットー)
sic volo, sic jubeo (L) Such is my will and command. (cf. stat [stet] pro ratione …)
sic vos non vobis (L) So you do not (labor) for yourselves. — Donatus, *Vita Vergilii* 17.
si Deus pro nobis [nobiscum], quis contra nos? (L) If God be for us, who shall be against us? — *Rom.* 8:31.
si jeunesse savait, si vieillesse pouvait (F) if youth only knew, if age only could.
sile et philosophus esto (L) Hold your tongue, and you will pass for a philosopher.
silent leges inter arma (L) =inter arma silent leges.
simile gaudet simili (L) Like loves like. (↓)
similia similibus curantur (L: like things are cured by like) Like cures like. (↑; cf. cicada cicadae …; contraria contrariis …)
si monumentum requiris, circumspice (L) If you seek his memorial, look around. (St. Paul 大寺院の建築者 Sir Christopher Wren の墓碑銘の一部)
simplex munditiis (L) simple in elegance — Horace, *Odae* 1:5:5.
sine pennis volare haud facile est (L) It is not easy to fly without wings. — Plautus, *Poenulus* 4:2:49; Icarus の故事から).
si parva licet componere magnis (L) if it be lawful to compare small things with great — Virgil, *Georgica* 4:176.
si quaeris peninsulam amoenam, circumspice (L) If thou seekest a beautiful peninsula, look around. (米国 Michigan 州のモットー)
siste, viator (L) Stop, traveler! (路傍の墓碑銘)
sit tibi terra levis (L) May the earth lie light upon thee. (埋葬の時の言葉; 略 S.T.T.L.)
si vis pacem, para bellum (L) If you want peace, be ready for war. (cf. qui desiderat …)
solitudinem faciunt, pacem appellant (L) They make a desolation and call it peace. — Tacitus, *Agricola* 30.
solventur risu tabulae (L) The bills of indictment [The case] will be dismissed with laughter. — Horace, *Satirae* 2:1:86.
solvitur ambulando (L: it is solved by walking) The theoretical problem is solved by practical experiment.
spero meliora (L) I hope for better things.
spes sibi quisque (L) Let each man's hope be in himself; let him trust to his own resources. — Virgil, *Aeneis* 11:309.
splendide mendax (L: splendidly lying) untruthful for a noble object — Horace, *Odae* 3:11:35 (父の命に従わず, その夫を殺さなかった Hypermnestra についてのべた言葉).
spretae injuria formae (L) the insult to her slighted beauty — Virgil, *Aeneis* 1:27.
stat magni nominis umbra (L) He stands the shadow of a great name. — Lucan, *Pharsalia* 1:135.
stat [stet] pro ratione voluntas (L) My will stands [Let my will stand] for the reason. — Juvenal, *Satirae* 6:223 (cf. sic volo …).
sta, viator, heroem calcas (L) Stop, traveler, thou treadest on a hero's dust. (cf. siste, viator)
stemmata quid faciunt? (L) What is the use of long pedigrees? — Juvenal, *Satirae* 8:1.
studium immane loquendi (L) an insatiable desire for talking — Ovid, *Metamorphoses* 5:678.
sua cuique utilitas (L) to everything its own use — Tacitus, *Historiae* 1:15.
sua cuique voluptas (L) Every man has his own pleasures. (cf. trahit sua …)
suaviter in modo, fortiter in re (L: suavely in manner, firmly in matter) gentle in manner, resolute in execution.
summum jus, summa injuria (L) The rigor of the law is the height of injustice. (cf. Cicero, *De Officiis* 1:10; jus summum saepe summa malitia est)
sunt bona, sunt quaedam mediocria, sunt mala plura (L) Some things (in this book) are good, some middling, but more are bad. — Martial, *Epigrammata* 1:1:16.
sunt lacrimae rerum (L) There are tears for mortal things; misfortunes call for tears. — Virgil, *Aeneis* 1:462.
suppressio veri suggestio falsi (L) The suppression of the truth is the suggestion of a falsehood. (cf. 本文 suppressio veri)
surgit amari aliquid (L) Something bitter arises (in the midst of happiness). — Lucretius, *De Rerum Natura* 4:1128.
suus cuique mos (L) Every one has his own (particular) way. — Terence, *Phormio* 2:3:14.

tantaene animis caelestibus irae? (L) Can resentment so fierce dwell in heavenly breasts? — Virgil, *Aeneis* 1:11.
tantum [quantum] religio potuit suadere malorum (L) For how many evils has religion been responsible?; Such evil deeds could religion prompt. — Lucretius, *De Rerum Natura* 1:95, 102.
telum imbelle sine ictu (L) a feeble dart devoid of force — Virgil, *Aeneis* 2:544.
tempora mutantur, nos et mutamur in illis (L) The times are changed and we with them.
tempori parendum (L) We must move with the times. — Theodosius II.
tempus edax rerum (L) time the devourer of things — Ovid, *Metamorphoses* 15:234.
tempus omnia revelat (L) Time reveals all things. — Tertullianus, *Apologeticus* 7 ad fin.
terra es, terra ibis (L) Dust thou art, to dust thou shalt return. (cf. *Gen.* 3:19)
tertium non datur (L) The third one is not given. (「yes か no か[真か偽か]」の意で, 論理学の原理の一つ)
tot homines, tot [quot] sententiae (L) ⇨ quot homines, tot sententiae.
totus mundus agit histrionem (L: the whole world plays a part of an actor) All the world is a stage. — Petronius Arbiter (**totum mundum agit histrio** 'The actor plays the whole world' ともいう).
toujours perdrix (F: every day partridge) too much of a good thing; a satiating repetition.
tout bien ou rien (F: everything well (done) or nothing (attempted)) all or nothing.
tout comprendre, c'est tout pardonner (F) To understand everything is to forgive everything.
tout le monde est sage après coup (F) Everybody is wise after the event.
traduttori traditori (It.) Translators are traitors; translation is a tricky business. (単数形で **traduttore traditore** ともいう.)
trahit sua quemque voluptas (L) Each man is led by his own taste. — Virgil, *Eclogae* 2:65 (cf. sua cuique voluptas).
tria juncta in uno (L) Three united in one. (バス勲爵士団 (the Order of the Bath) のモットー)
Troja fuit (L: Troy was) Troy is no more. (cf. fuimus Troes; fuit Ilium)
Tros Tyriusque mihi nullo discrimine agetur (L) Trojan and Tyrian shall be treated by me with no discrimination. — Virgil, *Aeneis* 1:574.
truditur dies die, novaeque pergunt interire lunae (L) One day follows hard on another and each new moon hastens to its death. — Horace, *Odae* 2:18:15–16.
tu ne cede malis (L) ⇨ ne cede malis, sed contra audentior ito.

ubi jus incertum, ibi jus nullum (L) Where the law is uncertain, there is no law.
ubi libertas, ibi patria (L) Where there is liberty, there is my country.
ubi mel, ibi apes (L: where honey is, there are bees) Where there is attraction, there will be no want of admirers. — Plautus.
ubi tres medici, duo athei (L) Where there are three physicians, there are two atheists.
ultimus Romanorum (L) the last of the Romans (Brutus が Cassius についてのべた言葉; cf. Tacitus, Annales 4:34).
uni navi ne committas omnia (L) Trust not all in one ship.
unius dementia dementes efficit multos (L) The madness of one makes many mad.
un malheur ne vient jamais seul (F) Misfortunes never come singly.
un roseau pensant (F) a thinking reed — Pascal, *Pensées* 6:347 (cf. l'homme n'est …).
urbem latericiam invenit [accepit], marmoream reliquit (L) He (=Augustus) found the city (=Rome) built of brick, and left it in marble. (cf. Suetonius, *Augustus* 28:3)
usque ad aras (L: even to the altars) to the last extremity; accepting all but what is contrary to religion (cf. amicus usque ad aras).
usque ad nauseam (L: even to nausea) to a disgusting extent (cf. 本文 ad nauseam).
usus est tyrannus (L) Custom is a tyrant.
ut pictura poesis (L) Poetry is like painting. — Horace, *Ars Poetica* 361.

vade in pace (L) Go in peace. — *Exod.* 4:18.
vade retro me, satana (L: get thee behind me, Satan) Stop trying to tempt me. — *Matt.* 16:23; *Mark* 8:33.
vanitas vanitatum, et omnia vanitas (L) Vanity of vanities, all is vanity. — *Eccles.* 1:2.
varium et mutabile semper femina (L) Woman is ever a fickle and changeable thing. — Virgil, *Aeneis* 4:569–70.
vedi Napoli e poi muori (It.) See Naples and then die. (cf.「日光を見ぬうちは結構というな」)
velis et remis (L) =remis velisque.
veluti in speculum (L) even as in a mirror (cf. *1 Cor.* 13:12).
vendidit hic auro patriam (L) He sold his country for gold. — Virgil, *Aeneis* 6:621.
venenum in auro bibitur (L: poison is drunk out of gold) The rich run more risk of being poisoned than the poor. — Seneca, *Thyestes* 3:453.
venienti occurrite morbo (L: meet the coming disease) Prevention is better than cure. — Persius, *Satirae* 3:64 (cf. principiis obsta).
venit summa dies et ineluctabile tempus (L) The last day has come, and the inevitable doom. — Virgil, *Aeneis* 2:324.
vera incessu patuit dea (L) By her gait the true goddess was revealed. — Virgil, *Aeneis* 1:405.
verbatim et literatim (L) word for word and letter for letter.
verbum sat sapienti (est) (L) A word is enough for the wise. — Terence, *Phormio* 3:3 (略 verb. sap., verb. sat.; ⇨ 本文 verb. sap.; cf. dictum sapienti …).
veritas omnia vincit (L) Truth conquers all things.
veritas praevalet (L) Truth will prevail. (cf. magna est veritas …).
veritas vos liberabit (L) Truth will make you free. — *John* 8:32 (Johns Hopkins 大学のモットー).
veritatis simplex oratio est (L) The language of truth is simple. — Seneca, *Epistulae* 49:12.
vestigia terrent, omnia te adversum spectantia, nulla retrorsum (L) The footprints frighten me, all leading to your home, none turning back. — Horace, *Epistulae* 1:1:74–75.
via trita via tutissima (L) The beaten path is the safest.
via, veritas, vita (L) the way, the truth, the life (cf. *John* 14:6).
victi vincimus (L) Conquered, we conquer; the losers win. — Plautus, *Casina* 2:8:74.
victix causa deis placuit, sed victa Catoni (L: if the victor had the gods on his side, the vanquished had Cato) Noble spirits ally themselves to great causes even when there is no hope of ultimate success. — Lucan, *Pharsalia* 1:128.
video meliora proboque, deteriora sequor (L) I see the better and approve it, but I pursue the worse. — Ovid, *Metamorphoses* 7:20–21.
vidit et erubuit lympha pudica Deum (L) The modest water saw its God and blushed. (Canaan での奇跡について)
vilius argentum est auro, virtutibus aurum (L) Silver is of less value than gold, gold than virtue. — Horace, *Epistulae* 1:1:52.
vincet amor patriae (L) The love of country will prevail. — Virgil, *Aeneis* 6:823.
vincit omnia veritas (L) =veritas omnia vincit.
vincit qui se vincit (L) He conquers who conquers himself.
vino vendibili suspensa hedera nihil [non] opus (L) Saleable (good) wine needs no (garland of) vine to be hanged. — Publilius Syrus; Erasmus, *Adagia* (「銘酒は看板を要せず」の意; cf. Good wine needs no bush (⇨ bush[1]))
vir bonus dicendi peritus (L) a good man skilled in the art of speaking — Quintilian, *Institutio Oratoria* 12:1:1.
vires acquirit eundo (L) It (=fame) acquires strength as it goes. — Virgil, *Aeneis* 4:175.
Virgilium [Vergilium] vidi tantum (L: I just saw Virgil) I was not intimate with the great man. — Ovid, *Tristia* 4:10:51.
virtus laudatur et alget (L) Virtue is praised, and is left to starve. (cf. probitas laudatur …)
virtus post nummos (L: virtue after money) money first — Horace, *Epistulae* 1:1:54.
virtute et armis (L) by valor and arms (米国 Mississippi 州のモットー).
vis consilii expers mole ruit sua (L) Force without judgment falls by its own weight. — Horace, *Odae* 3:4:65.
vita brevis, ars longa (L) =ars longa, vita brevis.
vita hominis sine lit(t)eris mors est (L) The life of man, without books, is death. — Seneca.
vitam impendere vero (L) to devote one's

life to the truth —Juvenal, *Satirae* 4:91 (Rousseau の選んだモットー).

vita, si scias uti, longa est (L) Life is long, if you know how to use it. —Seneca, *De Brevitate Vitae* 2:1.

vivere est cogitare (L) To live is to think. —Cicero, *Tusculanae Disputationes* 5:38:111.

vivit post funera virtus (L) Virtue lives after the grave.

vixere fortes ante Agamemnona (L) There were brave men before Agamemnon. —Horace, *Odae* 4:9:25.

vogue la galère! (F: let the galley sail) Here goes!; come what will!

volenti non fit injuria (L) No injury is done to a consenting party. —Justinian, *Digesta* 47:10:1:5.

volo, non valeo (L) I am willing but unable.

vox clamantis in deserto (L) the voice of one crying in the wilderness —*John* 1:23; *Matt.* 3:3; *Mark* 1:3; *Luke* 3:4.

vox et praeterea nihil (L: a voice and nothing more) sound without sense.

vox faucibus haesit (L) His voice stuck in his throat; he was dumb with amazement. —Virgil, *Aeneis* 2:774.

vultus est index animi (L) The countenance is the index of mind. (cf. Cicero, *Orator* 18)

zonam perdidit (L) He has lost his money-belt; he is ruined. —Horace, *Epistulae* 2:2:40.

zonam solvere (L: to untie the girdle (=mark of maidenhood)) to marry a maiden.

zōon politikon (Gk) a political animal; a man —Aristotle, *Politica* 3:4:2.

編集部	永井 一彦	小沼 利英	岡田 穣介				
	池上 勝之	大島 澄子	改田 宏	川田 秀樹	黒澤 孝一	古俣 真希	佐々木則子
	白崎 政男	鈴木 美和	鈴木 康之	関戸 雅男	友清 理士	長井 寛三	長島 伸行
	根本 保行	濱倉 直子	逸見 一好	星野 龍	松原 悟	丸山 京子	三谷 裕
校正・照合・調査協力	鈴木喜久恵	青木 健	赤須 薫	秋山 正彦	浅田 幸善	麻生 夕子	飯田 純
	池田 和夫	石館 弘國	石原 紀子	石原 道子	石渡 華奈	磯崎 聡子	市川 泰男
	井上 清	岩木 泰夫	牛江ゆき子	浦田 和幸	宇留賀佳代子	小倉 宏子	尾崎 久男
	加瀬しのぶ	片野 正人	片山 雅夫	狩野みどり	鎌田 美穂	野村千登世	輿石 哲哉
	崎山真紀子	佐藤 信子	島影東美子	島津千恵子	鈴木 和郎	関 恵理子	高沢 美子
	高橋 潔	高橋 義人	高橋 留美	田代 琴恵	武田 久子	田中 正志	田中 正之
	千葉 由美	茅原 幸子	坪井栄治郎	土肥 充	利根川浩一	冨岡多恵子	直塚 文雄
	永塚 千鶴	中丸 美奈	中村 彰	中村加代子	南條 健助	原田 大介	人見 憲司
	平山真奈美	松山 幹秀	宮元 淳子	村上まどか	望月 羔子	八木 斉子	山岸 和夫
	山本 玉絵	吉田恵美子	吉田 智桂	淀縄 義男	渡辺 勉		
	株式会社 ジャレックス						
組版	小酒井英一郎	橋本 一郎	宮原 直也	島田 功子	米川 由里	髙沢 正紀	丸山 千恵
	浅井 吉一	高村 健一	及川 宏	田中 絵子			
制作	比留間 浩	佐々木重紀	鈴木 隆志				

KENKYUSHA'S
NEW ENGLISH-JAPANESE
DICTIONARY
研究社 新英和大辞典(背革装)

第 6 版　第 1 刷　2002 年 3 月
第10刷　2015 年 10 月

たけ ばやし　しげる
編者代表　竹林　滋
発 行 者　関戸雅男
発 行 所　株式会社 研究社
〒102-8152 東京都千代田区富士見 2-11-3
電話　編集 03(3288)7711
営業 03(3288)7777
振替　00150-9-26710
http://www.kenkyusha.co.jp/

組版·印刷　研究社印刷株式会社
本文用紙　日本製紙パピリア
ク ロ ス　ダイニック株式会社
背革表紙　株式会社 石井
製　　本　株式会社 ブロケード

ISBN 978-4-7674-1016-6　C0582　PRINTED IN JAPAN

聖書書名の略形

Acts *The Acts of the Apostles*
Amos *The Book of Amos*
1 Chron. *The First Book of the Chronicles*
2 Chron. *The Second Book of the Chronicles*
Col. *The Epistle of St. Paul to the Colossians*
1 Cor. *The First Epistle of St. Paul to the Corinthians*
2 Cor. *The Second Epistle of St. Paul to the Corinthians*
Dan. *The Book of Daniel*
Deut. *The Book of Deuteronomy*
Eccles. *The Book of Ecclesiastes*
Ephes. *The Epistle of St. Paul to the Ephesians*
Esth. *The Book of Esther*
Exod. *The Book of Exodus*
Ezek. *The Book of Ezekiel*
Ezra *The Book of Ezra*
Gal. *The Epistle of St. Paul to the Galatians*
Gen. *The Book of Genesis*
Hab. *The Book of Habakkuk*
Hag. *The Book of Haggai*
Heb. *The Epistle of Paul the Apostle to the Hebrews*
Hos. *The Book of Hosea*
Isa. *The Book of Isaiah*
James *The General Epistle of St. James*
Jer. *The Book of Jeremiah*
Job *The Book of Job*
Joel *The Book of Joel*
John *The Gospel according to St. John*
1 John *The First Epistle of St. John*
2 John *The Second Epistle of St. John*
3 John *The Third Epistle of St. John*
Jonah *The Book of Jonah*
Josh. *The Book of Joshua*
Jude *The General Epistle of St. Jude*
Judges *The Book of Judges*
1 Kings *The First Book of the Kings*
2 Kings *The Second Book of the Kings*
Lam. *The Lamentations of Jeremiah*
Lev. *The Book of Leviticus*
Luke *The Gospel according to St. Luke*
Mal. *The Book of Malachi*
Mark *The Gospel according to St. Mark*
Matt. *The Gospel according to St. Matthew*
Mic. *The Book of Micah*
Nah. *The Book of Nahum*
Neh. *The Book of Nehemiah*
Num. *The Book of Numbers*
Obad. *The Book of Obadiah*
1 Pet. *The First Epistle of St. Peter*
2 Pet. *The Second Epistle of St. Peter*
Philem. *The Epistle of St. Paul to Philemon*
Philip. *The Epistle of St. Paul to the Philippians*
Prov. *The Book of Proverbs*
Ps. *The Book of Psalms*
Rev. *The Book of Revelations of St. John*
Rom. *The Epistle of St. Paul to the Romans*
Ruth *The Book of Ruth*
1 Sam. *The First Book of Samuel*
2 Sam. *The Second Book of Samuel*
Song of Sol. *The Song of Solomon*
1 Thess. *The First Epistle of St. Paul to the Thessalonians*
2 Thess. *The Second Epistle of St. Paul to the Thessalonians*
1 Tim. *The First Epistle of St. Paul to Timothy*
2 Tim. *The Second Epistle of St. Paul to Timothy*
Titus *The Epistle of St. Paul to Titus*
Zech. *The Book of Zechariah*
Zeph. *The Book of Zephaniah*

経外典 (Apocrypha)

Baruch *The Book of Baruch*
Bel and Dragon *The Story of Bel and the Dragon*
Ecclus. *Ecclesiasticus*
1 Esd. *The First Book of Esdras*
2 Esd. *The Second Book of Esdras*
Jeremy *The Epistle of Jeremy*
Judith *The Book of Judith*
1 Macc. *The First Book of Maccabees*
2 Macc. *The Second Book of Maccabees*
Pr. of Man. *The Prayer of Manasses*
Rest of Esther *The Rest of Esther*
Song of Three Children *The Prayer of Azariah and the Song of the Three (Holy) Children in the Fiery Furnace*
Susanna *The History of Susanna and Daniel*
Tobit *The Book of Tobit*
Wisd. of Sol. *The Wisdom of Solomon*